quid

W0215754

6 questions que vous vous posez peut-être sur quid

☞ QUE VEUT DIRE QUID ?

● Quoi en latin... C'est le réflexe du curieux qui sommeille en nous et qui ne se satisfait pas des idées toutes faites. Aristote disait : « La science commence avec l'étonnement. » Soyons tous des étonnés !

☞ QU'EST-CE QUE QUID ?

● Une encyclopédie annuelle en un volume bourré de faits, de dates, de chiffres sur tous les sujets... Du sérieux au moins sérieux.

☞ FAUT-IL ACHETER QUID CHAQUE ANNÉE ?

● A vous de juger ! Mais sachez que le premier **quid** (**quid** 1963) était un livre en format de poche de 632 pages et comptait 2 millions et demi de signes. **quid 1987** : 1856 pages contenant plus de 26 millions de signes soit l'équivalent de quelque 70 livres de format de poche à 11 F minimum (200 pages, 370 000 signes).

● Entre-temps, chaque année le *nouveau* **quid** s'est enrichi. Chaque année le *nouveau* **quid** présente des milliers de faits nouveaux. Chaque année le *nouveau* **quid** relève pour vous les derniers chiffres parus dans tous les domaines (économie, finances, défense nationale, transports, démographie, etc.), les derniers records (sportifs ou autres). Chaque année le *nouveau* **quid** vous rappelle les événements qui comptent, qu'ils aient bouleversé la planète ou seulement le monde du cinéma ou de la politique intérieure de la Tanzanie.

● Chaque année le *nouveau* **quid** fait le point sur tout ce qui touche votre vie quotidienne, la législation des loyers, le prix des appartements, les impôts, les droits de succession, les droits des concubins, le montant des bourses, des salaires, les conditions d'entrée dans les grandes écoles, le droit du travail, l'échelle des salaires, la Sécurité sociale.

● Chaque année le *nouveau* **quid** vous permet d'être le mieux informé. Chaque année le *nouveau* **quid** apporte aux jeunes, en cours d'études scolaires ou d'études supérieures, les derniers chiffres, les derniers faits dont ils ont besoin pour préparer leurs exposés, éclairer les cours qu'ils suivent, étayer les réponses qu'ils devront fournir à leurs examens.

☞ OÙ SE TROUVE LA TABLE DES MATIÈRES ?

● Page 3. Consultez aussi l'Index en fin de volume : il contient plus de 35 000 mots clefs.

☞ COMMENT SE SERVIR DE QUID ?

● Voyez page 2, toutes les explications.

☞ PEUT-ON ÉCRIRE À QUID ?

● Bien sûr ! Des milliers de lecteurs français et étrangers nous écrivent chaque année. Si l'abondance de ce courrier nous empêche de répondre individuellement à tous, que chacun sache que nous notons tout soigneusement. Avez-vous des suggestions, des reproches à nous faire ? N'hésitez pas. Bien souvent, nous créons des rubriques nouvelles, développons des chapitres existants à la suite de demandes justifiées de nos lecteurs.

● **Mais attention !** Chaque année des centaines de concours se déroulent. Chaque année des milliers de candidats nous écrivent pour nous poser, au même moment, les mêmes questions (certains n'hésitant pas à nous envoyer la liste complète des questions en nous demandant de répondre à leur place !). Nous les remercions de cette marque de confiance mais nous espérons qu'ils comprendront qu'il nous est difficile de donner satisfaction à de telles demandes (si nous voulons garder un peu de temps pour préparer le prochain **quid**).

Dominique et Michèle FRÉMY

quid vous est indispensable

quid est votre mémoire de secours. Un jeu télévisé ? quid vous souffle la réponse. Un rallye automobile ? Ceux qui veulent gagner emportent quid. Une discussion ? quid vous donne le fait précis qui vous manque.

quid dépanne. Il permet de préparer un exposé, de faire rapidement le tour d'une question.

quid vous apprend ce que les autres ne savent pas. Quelles sont les productions de l'arbre à pain ? Quels sont les plus anciens journaux paraissant en France ? Comment confectionne-t-on un bloody-mary ? Que représente l'aide alimentaire au tiers monde ? Peut-on choisir le sexe de son enfant ?

quid vous amuse. Il vous livre des renseignements cocasses : quel est le tableau le plus grand ? Des précisions surprenantes : combien d'étoiles peut-on voir à l'œil nu ? Quel est le record de gain au loto ? Des indiscrétions : quelles sont les vedettes les mieux payées ? Que représente la fraude fiscale en France ?

quid vous rend sans cesse service. **En famille :** les questions fusent, vos enfants veulent savoir parce qu'ils sont curieux, parce qu'ils ont un exposé à préparer, parce que leur examen les inquiète ? Avec votre quid vous leur répondez.

Au bureau : une référence à chercher, un patron à épater ou... des mots croisés à terminer. Votre quid vous facilite le travail !

Entre amis : votre quid vous permet d'animer brillamment la conversation, de vérifier le bien-fondé de certaines croyances et idées « toutes faites ».

En vacances : à l'étranger, quid vous offre la possibilité de mille et une comparaisons enrichissantes ; sur une plage, aux sports d'hiver, avec quid vous intriguerez vos nouvelles connaissances.
Mais pour vous persuader de la diversité de quid et de l'utilité qu'il peut avoir, prenez votre temps, feuilletez quid, consultez l'index à la fin de l'ouvrage ou la table des matières p. 3.

Avec quid vous en imposerez. Vous pourrez briller sur tous les sujets. Dire ce qu'est l'hystérésis, indiquer quelles étaient les divinités des Celtes, faire le point sur la vidéo-transmission.
Dans une discussion, vous serez celui qui tranche : vous saurez combien il y a exactement d'étrangers en France, ce que nous coûte l'ONU, quel fut le plus court ministère sous la IVe République.

Avec quid vous serez dans le vent. Une première spatiale ? La crise au Proche-Orient ? Un record d'athlétisme à battre ? quid vous permet de suivre l'actualité en connaisseur.

Comment se servir de quid

☞ **Quel est l'ordre des sections ?** **quid est une encyclopédie méthodologique,** c'est-à-dire que les renseignements ne sont pas présentés dans l'ordre alphabétique comme dans un dictionnaire, mais sont regroupés par sujets à l'intérieur de grandes sections. Exemple : littérature, économie, sports, finances, religions, cinéma.

L'actualité détermine l'ordre des sections. Les dernières sections remises à l'imprimeur sont celles pour lesquelles on ne dispose d'éléments que très tard dans l'année (par exemple : les sections Économie, Finances, ou la plupart des statistiques officielles qui ne sont publiées qu'à partir de juin et juillet ; section Sports : la plupart des épreuves se déroulent à partir du printemps). Aussi, ces sections se trouvent-elles à la fin de l'ouvrage.

☞ **Comment trouver ce que l'on cherche ?** La table des matières, ci-contre, vous donne les quelques sujets traités pour vous permettre de vous faire une idée de la diversité de quid.

L'index à la fin du volume vous indique, à partir de plus de 35 000 mots clefs classés par ordre alphabétique, les renvois aux pages traitant des sujets qui vous intéressent. Si le renvoi vous indique par exemple 615 a, reportez-vous à la page 615 et regardez la 1re colonne (colonne de gauche) que désigne « a ». S'il y avait eu 615 b, vous auriez dû chercher dans la colonne du centre et 615 c, dans la colonne de droite.

☞ **Comment chercher un renseignement dans l'index ?** Voulez-vous connaître la vitesse des avions supersoniques ? Vous pouvez trouver ce renseignement en cherchant dans l'index à partir d'un mot clef auquel vous pouvez penser : exemple au mot *vol*, au mot *avion*, au mot *supersonique*, au mot *vitesse* ou aux mots *Concorde, Mirage*.
L'index disposant de plusieurs mots clefs pour vous renvoyer à un même sujet, vous pouvez ainsi trouver un renseignement sans avoir besoin de connaître avec précision un mot déterminé.

☞ **Attention, tous les noms propres cités dans l'ouvrage (noms de personnages ou de lieux) ne figurent pas dans l'index.** Si nous avions voulu mettre dans l'index le nom de tous les acteurs, écrivains, musiciens, hommes politiques ou citer tous les fleuves, villes ou montagnes, il aurait fallu un second volume.
Si vous ne trouvez pas dans l'index le nom propre cherché, reportez-vous à un mot clef. Exemple : si vous cherchez l'âge d'une personnalité, cherchez dans l'index le mot correspondant à son activité ; s'agit-il d'un acteur ? cherchez à *acteur ;* est-ce un chanteur d'opéra ? cherchez à *chanteur ;* est-ce le président d'un État ? cherchez au nom de l'*État ;* le leader d'un syndicat ? cherchez à *syndicat*... Si vous désirez connaître la hauteur d'une montagne ? regardez à *montagne ;* la longueur de la Volga ? regardez à *fleuve ;* le trafic d'un port, regardez au mot *port* (port maritime ou port fluvial), etc.

Table des matières

Abréviations

Abréviations utilisées le plus souvent dans Quid. Vous trouverez en outre, page 1462, les principales abréviations utilisées en France (notamment sigles d'organisations, de sociétés, etc.), p. 248 les abréviations des unités de mesure, p. 233 les abréviations des éléments chimiques et en tête de certains chapitres (ex. : littérature, peinture, personnalités) d'autres abréviations, particulières au sujet traité.

a. : an, année, **aéro.** : aéronautique, **aérosp.** : aérospatial (e), **aff.** : affaires, **Afg.** : Afghanistan, **Afr.** : Afrique, **ag.** ou **agg.** : agglomération, **agr.** : agriculture ou agricole, **A.-H.-P.** : Alpes-de-Haute-Provence, **Alg.** : Algérie, **alim.** : alimentation, alimentaire, **All.** : Allemagne, **dém.** : démocratique, **féd.** : fédérale, **alt.** : altitude, **alum.** : aluminium, **A.-M.** : Alpes-Maritimes, **Amér.** : Amérique, **ameubl.** : ameublement, **anim.** : animaux, **app.** : appareil, **Arg.** : Argentine, **atom.** : atomique, **autom.** : automobile, **av.** : avant, **avr.** : avril, **bât.** : bâtiment, **Belg.** : Belgique, **Berlin-O.** : Berlin-Ouest, **B**^{on} : baron, **B.-du-Rh.** : Bouches-du-Rhône, **B.-R.** : Bas-Rhin, **Brés.** : Brésil, **B.T.P.** : Bâtiment et travaux publics, **C.A.** : chiffre d'affaires, **Cam.** : Cameroun, **Can.** : Canada, **cap.** : capitale, **cf.** : confer, comparer, **ch.** : chambre, château, **chim. org.** : chimie organique, **Ch.-M.** : Charente-Maritime, **cath.** : cathédrale, **C.-d'O.** : Côte-d'Or, **C.-du-N.** : Côtes-du-Nord, **ciném.** : cinématographe, **cir.** : circonscription, **com.** : commerce, communisme, communiste, **conféd.** : confédération, **confect.** : confection, **const.** : constitution, **constr.** : construction, **C**^{te}, **C**^{tesse} : comte, comtesse, **cult.** : cultivé.

D. : densité, **Dan.** : Danemark, **déc.** : décembre, **déf.** : défaite, **dém.** : démocratie, démocratique, **dép.** : département, **D**^{esse} : duchesse, **D**^{r} : directeur, **dr.** : droit, **D.-S.** : Deux-Sèvres. **E.** : Est, **écon.** : économie, **éd.** : édition, **édit.** : éditeur, **E.-et-L.** : Eure-et-Loir, **égl.** : église, **Egyp.** : Égypte, **él.** : élection, **élec.** : électrique, **élect.** : électoral (le), **électro.** : électronique, **emp.** : empereur, **env.** : environ, **ép.** : épouse, **équip.** : équipement, **Esp.** : Espagne, **exp.** : exportation, **expl.** : exploitation. **F** : Franc, **f.** : fils, fille, fondé, **féd.** : fédéral, **ferr.** : ferroviaire, **févr.** : février, **filat.** : filature, **Finl.** : Finlande, **fr.** : frère, **Fr.** : France, **franç.** : français, **fr.-belge** : franco-belge.

g. : guerre, **Gab.** : Gabon, **G.-B.** : Grande-Bretagne, **G**^{al} : Général, **gén.** : général, **géogr.** : géographie, **gouv.** : gouvernement, gouverneur, gouverné, **h** : heure, **h.** : homme, habitant, **ha** : hectare, **hab.** : habitant, **habill.** : habillement, **H.-de-S.** : Hauts-de-Seine, **H.-G.** : Haute-Garonne, **hist.** : histoire, historien, **hl** : hectolitre, **H.-M.** : Haute-Marne, **H.-P.** : Hautes-Pyrénées, **H.-R.** : Haut-Rhin, **H.-S.** : Haute-Savoie, **H. T.** : hors taxes, **h. tens.** : haute tension, **H.-V.** : Haute-Vienne, **hydr.** : hydraulique. **I.-et-L.** : Indre-et-Loire, **I.-et-V.** : Ille-et-Vilaine, **imp.** : importation, **I. M.** : Ile Maurice, **ind.** : industrie, **inf.** : inférieur, **inter.** : international, **Irl.** : Irlande, **Isr.** : Israël, **It.** : Italie.

j : jour, **janv.** : janvier, **J.-C.** : Jésus-Christ, **juill.** : juillet. **L.-A.** : Loire-Atlantique, **larg.** : largeur, **L.-et-C.** : Loir-et-Cher, **lég.** : légumes, **L.-G.** : Lot-et-Garonne, **long.** : longueur, **Lux.** : Luxembourg. **m.** : membre, mètre, **mach.** : machine, **Madag.** : Madagascar, **M**^{al} : Maréchal, **man.** : manufacture, **mat.** : matière, **matér.** : matériel, **mat. plast.** : matières plastiques, **max.** : maximum, **méc.** : mécanique, **mén.** : ménage, **métall.** : métallurgie, **M.-et-L.** : Maine-et-Loire, **M.-et-M.** : Meurthe-et-Moselle, **MF** : millions de F, **min.** : ministre, ministère, minimum, **M**^{is}, **M**^{ise} : marquis, marquise, **mod.** : moderne, **mt** : milliers de tonnes.

N. : Nord, **n.** : né, **nat.** : national, **naut.** : nautique, **nav.** : naval (e), **N.-Guinée** : Nouvelle-Guinée, **Norv.** : Norvège, **N.-Zélande** : Nouvelle-Zélande, **nov.** : novembre, **nucl.** : nucléaire. **O.** : Ouest, **occ.** : occidental, **oct.** : octobre, **off.** : officiel, **or.** : oriental, **ouvr.** : ouvrier. **P.** : Parti, **p.** : pour, **P.-A.** : Pyrénées-Atlantiques, **P.-Bas** : Pays-Bas, **par.** : parenthèses, **P**^{ce} : Prince, **P.-de-C.** : Pas-de-Calais, **P.-de-D.** : Puy-de-Dôme, **P.-O.** : Pyrénées-Orientales, **peint.** : peinture, **p. ex.** : par exemple, **p. f.** : petit-fils ou fille, **pharm.** : pharmacie, **P M** : Premier ministre, **pneumat.** : pneumatique, **pop.** : population, **Port.** : Portugal, **prod.** : produit, production, **Pt** : Président.

R. : réponse, **rég.** : région, **rec.** : recensement, **Rép.** : République, **repr.** : représentant, **rés.** : réserve, **ress.** : ressources, **roy.** : royaume, **R.-U.** : Royaume-Uni. **S.** : Sud, **s.** : siège, **sal.** : salarié, **secr.** : secrétaire, **Sén.** : Sénégal, **sept.** : septembre, **s. f.** : son fils, sa fille, **S.-et-M.** : Seine-et-Marne, **S.-M.** : Seine-Maritime, **sid.** : sidérurgie, **soc.** : socialisme, socialiste, **S.-S.-D.** : Seine-Saint-Denis, **S**^{t}, **S**^{te} : Saint, Sainte, **Sté** : société, **stat. baln. et therm.** : station balnéaire et thermale, **Suè.** : Suède, **Sui.** : Suisse, **suiv.** : suivant, suivante, **sup.** : supérieur.

t : tonne, **Tchéc.** : Tchécoslovaquie, **télécom.** : télécommunications, **text.** : textile, **therm.** : thermique, **t. lab.** : terres labourables, **temp.** : température, **terr.** : territoire, **T.-et-G.** : Tarn-et-Garonne, **tourist.** : touristique, **tr.** : traité, **transp.** : transports, **trib.** : tribunal, **T.T.C.** : toutes taxes comprises, **Turq.** : Turquie. **v.** : vers, voix, voir, **V.-de-M.** : Val-de-Marne, **V.-d'O.** : Val-d'Oise, **vég.** : végétal, **vict.** : victoire, **vign.** : vigne, vignoble, **vis.** : visiteur, **vitic.** : viticulture. **Youg.** : Yougoslavie, **Yv.** : Yvelines.

Crédits photographiques de la couverture

Agences : Gamma, Keystone, Rapho, Sygma. *Photographes :* D. Brogioni, T. Campion, L. Goldman, L. Maous, A. Nogues, C. Rancinan, Richiardi, E. Sereny, M. Serraillier.

Sujets (de haut en bas, de gauche à droite) : *1re de couverture :* comète de Halley ; F. Mitterrand et J. Chirac ; Diego Maradona, capitaine de l'équipe d'Argentine, championne du monde de football 1986 ; Meryl Streep, interprète de « Out of Africa » ; centenaire de la statue de la Liberté à New York ; rencontre du pape Jean-Paul II et du grand rabbin Elio Toaff à la synagogue de Rome le 13-4-1986. *Dos :* Coluche, mort dans un accident de moto le 19-6-1986 ; voile-oiseau. *4e de couverture :* décontamination par une équipe de la Sécurité civile à Brignoles (Var) ; le carnaval de Rio ; spectacle de Jean-Michel Jarre à Houston (U.S.A.) ; colonel Kadhafi ; rencontre entre Ronald Reagan, Pt des U.S.A., et Mikhail Gorbatchev, secr.-gén. du P.C. d'U.R.S.S., à Genève les 19 et 20-11-1985.

Toute la presse a parlé de quid

LES GRANDS QUOTIDIENS DE PARIS

L'Aurore. Une banque d'informations au service de votre mémoire.

La Croix. Un précieux outil de référence.

Les Échos. Un outil indispensable, des renseignements puisés aux sources les plus officielles et très clairement présentés.

Le Figaro. Le QUID est une formidable source de renseignements, donc un précieux outil de travail, ou de plaisir.

France-Soir. Pour tout savoir avant les autres... QUID.

L'Humanité. Une espèce de guide Michelin du Savoir.

Le Monde. Le QUID est une institution... Tout est répertorié dans cet instrument de travail devenu indispensable.

Le Nouveau Journal. En société, on joue au QUID, ce livre dans lequel on trouve réponse à tout.

Le Parisien Libéré. Chaque année, l'édition de QUID est un émerveillement.

Le Quotidien de Paris. Si vous partez au désert avec un seul bouquin, on peut vous conseiller d'emporter QUID.

DE PROVINCE

L'Alsace. Fidèle à sa devise, il entend tout vous dire sur tout.

Berry Républicain. Une mine de connaissances pour les examens, les jeux radiophoniques et télévisés, etc.

Le Bien Public. Le QUID est tout simplement indispensable.

La Bretagne à Paris. On reste confondu devant la somme de labeur que représente un tel travail, chaque année.

Centre-Matin. Sorte de bible de notre temps. Livre pratique et bon marché. Tout y est.

Centre Presse. QUID est l'arbitre indispensable de vos querelles familiales.

La Charente Libre. Un compagnon précis de la vie quotidienne.

Le Courrier de Bourg-en-Bresse. QUID révèle bien des secrets.

Le Courrier de l'Ouest. Des renseignements fondamentaux, souvent introuvables ailleurs.

Le Dauphiné Libéré. Une bibliothèque qui se respecte doit avoir le QUID.

La Dépêche du Midi. QUID, mémoire sans défaillance.

L'Est Éclair. Une encyclopédie annuelle qui fait l'unanimité.

L'Est Républicain. Un ouvrage de référence indispensable.

Le Havre Libre. QUID ne tombe ni ne laisse jamais personne en panne.

Le Havre Presse. Certainement la plus complète encyclopédie qui existe au monde sous un aussi petit volume.

Le Journal du Centre. Il ne devrait jamais quitter votre table de travail.

Le Journal de la Corse. Avec QUID, le lecteur connaîtra tout sur tout.

La Liberté du Morbihan. Tout homme (de l'universitaire au paysan) devrait le posséder.

Le Maine Libre. Cet ouvrage, où l'information de fond côtoie l'anecdote, est une mine.

Le Méridional - La France. Tout s'y trouve résumé, mieux, condensé clairement.

Midi Libre. Conçu pour rendre service en toute occasion, ce document précieux vous aidera à briller sur les sujets les plus divers et à rafraîchir des souvenirs.

La Montagne. Vous ne pouvez vous passer de QUID.

Nice-Matin. Tient le pari de rassembler en un petit volume clair et pratique les réponses aux milliers de questions que tout un chacun se pose quotidiennement.

Nord-Éclair. L'indispensable compagnon.

Nord-Matin. On ne peut s'en passer.

La Nouvelle République du Centre-Ouest. De l'étudiant au cruciverbiste en passant par l'« honnête homme » du XXe siècle, curieux de tout connaître de son époque, tous nous sommes concernés.

Ouest-France. Un stupéfiant ouvrage. On y trouve véritablement ce qu'il est possible de souhaiter savoir dans tous les domaines.

Paris-Normandie. QUID répond aux innombrables questions qui ponctuent la vie quotidienne.

Le Petit Bastiais. Très utile en famille, au bureau, en classe, entre amis, en vacances.

Presse-Océan. QUID est en quelque sorte un S.V.P. écrit. Cet ouvrage précieux a place dans tous les foyers.

Le Progrès. Une institution !... Tout est dans QUID.

Le Provençal. Impossible d'être au courant de tout sans avoir à portée de la main cet ami de tous : des jeunes qui veulent apprendre, des adultes qui souhaitent comprendre, des plus âgés qui redoutent de se méprendre.

Le Républicain Lorrain. Une véritable somme de connaissances auxquelles tout un chacun est obligé quotidiennement de se référer quel que soit son domaine.

La République du Centre. Une encyclopédie aussi originale que pratique.

La République des Pyrénées. Ceux qui « ne peuvent plus s'en passer » sont de plus en plus nombreux.

Sud-Ouest. Des milliers de précisions surprenantes.

Le Télégramme de Brest. On y trouve un savoir qui a nécessité la consultation de milliers d'ouvrages.

La Tribune de St-Étienne. Tout honnête homme y trouvera la réponse aux questions que l'actualité lui pose.

L'Union. QUID mérite bien sa devise : Tout pour tous.

La Voix du Nord. Un « fourre-tout » savant et soigné. Un tour de force.

L'Yonne Républicaine. L'ami indispensable que l'on aime avoir toujours à portée de la main.

LES GRANDS PÉRIODIQUES

Biba. Le QUID dépanne, divertit, vous met « dans le vent ».

Bonne Soirée. Le QUID, une vraie encyclopédie, décontractée et distrayante.

Centre Midi Magazine. Le cadeau parfait.

Le Chasseur Français. Une mine inépuisable, une somme sans rivale, passionnante à ouvrir, même pour une minute, et à lire presque « au hasard ».

Clair Foyer. Des renseignements fondamentaux et variés. Répond aux milliers de questions que l'on peut se poser.

Connaissance du Monde. C'est un ouvrage aussi précieux qu'étonnant.

L'Écho de la Mode. Réponses essentielles à un infini de questions.

Elle. Ce n'est pas un Who's Who, ce serait plutôt un What's What. QUID sera précieux à toutes.

Enfants-Magazine. Les questions les plus invraisemblables ne lui résistent pas.

L'Express. Une sorte de guide annuel du savoir avec des renseignements fondamentaux.

Femmes d'Aujourd'hui. Que vous ayez à l'esprit votre travail, les études de vos enfants, les mots croisés, les « quitte ou double » de la radio et de la T.V., ou tout simplement votre désir de posséder sur toute matière les données les plus neuves, adoptez ce livre... C'est vraiment l'encyclopédie de notre temps.

F. Magazine. Pour faire « banco » au jeu des 1 000 francs.

Le Figaro Magazine. Petits conseils aux fanatiques de scrabble : l'Index, en fin d'encyclopédie, comporte une mine de mots avec les : W, X, Y et Z. Les joueurs du mot le plus long ne seront pas non plus déçus.

France-U.R.S.S. Nos amis russes sont très curieux et posent nombre de questions aux touristes. Le QUID est à prévoir dans les bagages.

Ici Paris. La plus grande partie des informations qu'un Français a besoin d'avoir sous la main.

Le Journal du Dimanche. QUID... attendu comme le beaujolais nouveau.

Jours de France. Il contient des détails précis et nombreux sur le monde moderne et la vie actuelle.

Lui. Le QUID, accroché aux basques de l'actualité, permet de ne jamais avoir un métro de retard.

Marie-Claire. Tout ce qu'il faut savoir sur la France.

Marie-France. Un véritable S.V.P. à domicile.

Minute. Des milliers d'articles vraiment passionnants.

Modes et Travaux. Tout sur tout. Tout le monde y a accès.

Mon Jardin et ma Maison. Un ouvrage dont vous profiterez toute l'année.

Le Nouvel Observateur. Une mine de renseignements qu'on ne retrouve ainsi groupés dans aucune autre publication.

Panorama Chrétien. La plus étonnante encyclopédie de poche.

Paris-Match. QUID dit tout ce que les candidats aux jeux-concours de la T.V. voudraient savoir pour gagner.

Le Pèlerin. On est pris de vertige devant tant d'informations d'un vif intérêt... Il me semble impossible d'offrir un plus utile livre d'étrennes.

Le Point. Ce guide multi-services et multi-usages propose une masse d'informations.

Pour vous Monsieur. Un incomparable instrument de travail pour l'homme moderne.

La Revue des Deux Mondes. Une somme, vous dis-je, un monument.

La Revue Parlementaire. Indispensable, documentation multiple.

Rivarol (H). On achète désormais le « QUID » comme le « Michelin ».

Science et Vie. La « bible » des temps modernes.

Télé Journal. A consulter pour s'informer ou pour se distraire quand la télévision n'est pas aussi bonne qu'elle devrait l'être.

Télé 7 Jours. Un véritable tour de force. Il faut le placer près de son poste de télévision.

Toutes les Nouvelles de Versailles. Alors courez vite acheter le QUID. Vous aurez peut-être besoin, dans une minute, d'y trouver la réponse qui changera votre vie.

La Vie. Bon outil de travail pour l'étudiant, précieux aux amateurs de jeux, et utile à posséder en famille.

Vogue. QUID nous permet d'avoir, quoi qu'il arrive, le dernier mot.

LA PRESSE SPÉCIALISÉE

AGRICOLE. **Le Bas-Rhin Agricole.** Les questions les plus inattendues trouvent ici une réponse immédiate.

La France Rurale Indépendante. Satisfait toutes les curiosités, comble toutes les lacunes.

Le Paysan Français. Une mine de références.

Rustica. Cette petite encyclopédie extrêmement précise, claire et pratique dans tous les domaines abordés. A consulter sans cesse.

ARTS. **Le Jardin des Arts.** Répond à toutes les questions que l'on peut se poser.

AUTOMOBILE, AVIATION. **L'Auto-Journal.** Cet étrange recueil de renseignements en tous genres.

Europe-Auto. Ouvrage précieux : non. Indispensable.

France-Aviation. Instrument de travail pour tous ceux dont l'activité professionnelle exige des réponses immédiates aux questions les plus diverses.

CINÉMA. **Le Film Français.** Documentation, dates et renseignements essentiels sur le cinéma.

COMMERCE. **Boutique de France.** Répond à des milliers de questions de tous ordres.

Le Commerce Moderne. Ce précieux outil de documentation.

Le Coopérateur. Tout est dans QUID. Le monde dans votre main. Un vrai livre de chevet.

L'Écho de la Vente. QUID vous permettra de prendre part à toute discussion... en un mot d'être, sur tout, le plus au fait.

ÉCONOMIQUE ET FINANCIÈRE. **Les Affiches Moniteur.** QUID fournit les renseignements qu'il faut, comme il faut, et surtout quand il faut.

L'Assureur Conseil. Précieux à ceux qui ont besoin de faire rapidement le tour d'une question.

Entreprise. C'est le livre de l'honnête homme du XXe siècle.

Hommes et Techniques. Une documentation précieuse.

Intérêts Privés. Permet d'être au courant d'une foule de détails anodins ou importants.

Le Moniteur des Travaux Publics. Une mémoire de secours, un ouvrage de référence et de culture « au quotidien » ; un outil de travail... et de distraction.

L'Opinion Économique et Financière. Complet, actuel, pratique, facile à consulter, l'on peut y trouver de tout ce dont on a besoin tous les jours.

Valeurs Actuelles. Une documentation de base pour tous.

La Vie Française. Une masse de renseignements d'une variété peu commune. Tout ce qu'il faut savoir pour comprendre les événements et bien se classer dans les rallyes.

La Vie des Métiers. Tout y est, du plus classique au plus imprévu. C'est le livre qui peut donner le désir de « connaître ».

ENSEIGNEMENT. **L'École Normale Supérieure.** QUID reste l'ouvrage de référence capital.

École Ouverte. Bien rôdé, le QUID est devenu un outil de travail précieux, indispensable pour la mise à jour des connaissances sur les matières les plus diverses.

L'Éducation. Devant un tel travail, on est confondu d'admiration.

Éducation Enfantine. Le trésor des curieux.

L'Étudiant. Le QUID balaie large... Indispensable et d'une qualité indiscutable... Il faut l'avoir à la maison au coin d'une table.

L'Instituteur. En tout homme sommeille un curieux. QUID s'adresse à lui.

La Quinzaine Universitaire. QUID s'intéresse à tous les domaines, tout en s'efforçant de rester maniable, complet et lisible.

La Voix des Parents. Instrument de travail pratique et source de divertissement, un ouvrage des plus utiles.

HISTOIRE. **Historia.** Une manne de renseignements... Une idée — et ce n'est point si commun.

Miroir de l'Histoire. Il ne nous semble pas qu'autant de définitions, de données, d'informations, de renseignements de toute nature aient jamais été réunis en un seul volume.

HÔTELLERIE. **L'Hôtellerie.** Avec QUID, vous êtes en état de déconcerter votre interlocuteur.

LITTÉRAIRE. **Le Figaro Littéraire.** Le QUID satisfera les curiosités les plus dévorantes.

Les Lettres Françaises. Une classification originale permet d'en lire beaucoup en peu de mots : c'est une excellente formule.

Lire. Indispensable pour jouer au jeu des mille francs et idéal pour coller ses amis.

Les Nouvelles Littéraires. QUID ? L'anthologie de tout pour tous.

MÉDICALE. **Action Sociale et Santé.** C'est le compagnon de chaque instant.

Le Caducée. QUID n'est pas un livre mais une véritable bibliothèque.

Le Génie Médical. Sa lecture est passionnante. Admirablement mis à jour, QUID renseigne sur tout.

Impact Médecin. Plus jeune et plus utile que jamais.

Lettres et Médecins. Au regard de l'homme pressé que nous sommes, QUID est un guide précieux, fondé sur une solide documentation.

Le Quotidien du Médecin. Un livre pratique qui dépanne, un instrument de culture et un livre de distraction.

MILITAIRE. **Armées d'Aujourd'hui.** QUID répond en un temps record à toutes vos questions et vous permet de rester mieux informé, de comprendre les événements et de les replacer dans leur contexte.

Cols Bleus. Un phénomène de l'édition.

Marine. QUID reste bien l'ouvrage utile qu'il se proposait d'être.

Revue Maritime. QUID vous sera précieux tant à vous-même qu'à vos enfants... Tant pour vous instruire que pour vous divertir, tant pour votre travail que pour votre délassement.

T.A.M. Des données précises qui éviteront tâtonnements et perte de temps.

RELIGIEUSE. **Réforme.** Tout ce que vous ne savez pas est là, avec une quantité stupéfiante de tableaux, de cartes et même de photos.

Témoignage Chrétien. Une réussite.

Tribune Juive. Une encyclopédie de l'honnête homme.

SPORTIVE. **Caravaning.** QUID éclaire, enseigne, divertit.

L'Équipe. Répond à toutes les questions... y compris celles des fanatiques du sport.

SYNDICALE ET DIVERS. **Force Ouvrière.** Unique non seulement par la diversité des matières qu'il traite, mais surtout par sa méthode et par ses points de vue particuliers.

Les Routiers. QUID vous permettra de prendre part à toute discussion politique, économique, scientifique, technique, littéraire...

Le Sapeur-Pompier. QUID a un seul défaut : on a du mal à l'abandonner pour se remettre au travail.

Syndicat (Belgique). QUID est sans doute l'encyclopédie la plus amusante qui existe en langue française. C'est peut-être aussi la plus étonnante.

La Vie Ouvrière. QUID répond aux exigences de la vie moderne.

LA PRESSE DES JEUNES

Formidable. C'est fantastique !

Jacinte. L'antisèche qui comble tous les trous de mémoire et étanche la curiosité.

Loisirs Jeunes. Rend des services tant aux étudiants qu'aux parents.

Mademoiselle Age Tendre. Une foule d'informations passionnantes.

Pilote. De quoi faire de chacun de vous un incollable.

Salut les Copains. Comment assimiler sans effort mais au contraire avec plaisir... simplement en lisant QUID.

Tintin. QUID répond avec beaucoup de précision, il faut absolument vous procurer QUID.

Vingt Ans. Consultez le QUID, avant de vous lancer dans toute affirmation... Faites-le vous offrir, vous y ferez, comme nous, de longues plongées.

PRESSE ÉTRANGÈRE

BELGIQUE

La Cité. Achetez QUID qui sans conteste est la plus parfaite des encyclopédies, l'ouvrage de référence qu'on gardera à portée de la main.

Dernière Heure. Une « Bible » de la connaissance.

Le Jour (Verviers). Un succès croissant que l'on comprend aisément.

Le Journal de Mons. Cet ouvrage est avant tout le livre de la famille.

La Libre Belgique. Un instrument de paix : grâce à lui on tranche le débat qui s'envenime ! Un complice : le tricheur qui vous souffle les bonnes réponses !

La Métropole (Anvers). Le plus amusant des livres de travail.

Le Peuple. Il est peu d'ouvrages aussi surprenants. Il doit être constamment à portée de la main. A toutes les heures du jour, et en toutes circonstances... même en vacances.

Le Phare. Sans commentaires, sans littérature, mais avec une multiplicité aussi grande que l'imagination permet de rêver. QUID est vraiment étonnant. QUID permet aux parents de répondre à (presque) toutes les questions que leur posent leurs enfants.

Pourquoi pas. Cette arme décisive de chasseur de prix et de « bravo vous êtes le plus fort ».

Le Rappel. QUID sert à tout le monde. A l'heure des jeux et des débats, QUID n'est pas en retard au rendez-vous.

Le Soir. Un ouvrage qui accomplit la plus utile des missions, celle de rendre service... C'est aussi une invitation à la découverte, une incitation à la promenade, que ce soit à travers le temps, les pays ou les connaissances.

Spécial. Une encyclopédie providentielle.

SUISSE

Fémina. On a envie d'en faire sa lecture de chevet, attention aux nuits blanches.

La Gazette de Lausanne. Les questions les plus insolites y trouvent leur réponse.

Le Journal de Genève. Un irremplaçable instrument de référence pour l'étudiant, la mère de famille..., l'homme d'affaires.

Le Journal de Payerne. Ravira ceux qui sont curieux de tout, permettra de gagner maints concours.

Le Nouvelliste du Rhône. Le seul dictionnaire qui tienne compte du goût actuel des hommes pour les records et pour la petite histoire du quotidien.

La Tribune de Genève. Une extraordinaire somme d'informations prise aux meilleures sources. QUID me paraît parfaitement adapté à son époque. Il tient sa promesse « Tout pour tous ».

La Tribune de Lausanne. Un remarquable instrument de travail.

PAYS DIVERS

Jeune Afrique. On y trouve « tout ce qu'il faut savoir ».

L'Information d'Israël... à la fois agréable et utile. A posséder.

Le Jour (Beyrouth)... dans les livres qui se vendent le plus au Liban : QUID.

La Presse de Tunis. Tout savoir grâce à QUID.

FAITES CE TEST

Sauriez-vous répondre ?

☞ Voir également p. 1569, 1590, 1742 et 1743.

Que craignent les Français ?

D'après un sondage Sofres-Le Point du 8-4-1985, 23 % ont peur des araignées, 17 % des chauves-souris, 13 % des souris, 12 % des crapauds, 8 % des lézards et des chiens, et 1 % des libellules. 33 % ont peur aussi seuls la nuit dans une maison de campagne, 22 % en montagne ou en haut d'un monument, 14 % seuls dans un appartement en ville, 12 % en avion, 8 % dans l'ascenseur et 2 % pendant un feu d'artifice. 43 % disent ne redouter aucune de ces situations.

Les Français préfèrent-ils les blondes ?

Oui, pour les cigarettes. 51 % des cigarettes fumées en France sont des blondes et plus de 40 % sont de marque étrangère.

Que coûte la fraude aux compagnies aériennes ?

Selon l'I.A.T.A., 500 millions de $ par an. 400 000 billets d'avions sont déclarés « perdus » ou « volés » par an dans le monde.

Peut-on modifier le climat ?

D'après les conclusions de la IVe conférence de l'Organisation météorologique mondiale (O.M.M.) (en septembre 1985), il n'existe aucune méthode miracle en l'état actuel des connaissances pour faire pleuvoir sur commande, pour supprimer les chutes de grêle ou pour atténuer la violence des cyclones tropicaux.

Comment vaccine-t-on les animaux sauvages ?

Par voie orale, en dispersant des virus vaccinants dans des appâts.

Combien reste-t-il de bisons aux États-Unis ?

A peine 2 000, dans les réserves des parcs nationaux. Ils furent décimés par les chasseurs jusqu'en 1894, date à laquelle une loi fédérale interdit de les tuer.

Quel est le taux de la T.V.A. pour les décorations ?

33,33 % pour Légion d'honneur, ordre national du Mérite ou ordre du Mérite agricole ; 18,6 % pour la plupart des autres. La composition de la décoration détermine le taux de T.V.A. : composée en entier ou en partie de platine, d'or ou d'argent : le taux majoré est applicable ; en métal commun, même doré, argenté, plaqué d'or ou d'argent, ou composée totalement ou partiellement d'argent, à l'exclusion de tout autre métal précieux et le poids de l'argent n'excédant pas 20 g, le taux normal s'applique.

Où se trouve le Khalistan ?

C'est le nom de l'État indépendant que voulaient constituer les séparatistes sikhs du Pendjab.

Qu'est-ce que le « zapping » ?

Chaque fois qu'un téléspectateur change de chaîne, il fait du « zapping ».

Condamne-t-on souvent par erreur des innocents à mort ?

Selon l'Association américaine pour les libertés civiques, 25 innocents ont été, depuis 1900, exécutés par erreur aux États-Unis, 318 personnes ont été condamnées à tort à des peines de prison, ou n'avaient pas participé au crime dont elles étaient accusées, ou se voyaient reprocher un délit n'ayant jamais eu lieu.

Quelles distractions les Français préfèrent-ils [1] ?

33 % préfèrent regarder la télévision, 16 % lire, 12 % aller au cinéma, 11 % faire du sport, 8 % écouter de la musique chez eux, 7 % sortir au restaurant, en boîte, etc., 4 % aller au concert ou au théâtre, 2 % visiter les expositions ou les musées. 7 % sont sans opinion.

Quand ils vont au cinéma, qu'est-ce qui guide le choix des Français [1] ?

45 % sont guidés dans leur choix par les acteurs, 34 % par les extraits vus à la télévision, 33 % par les critiques, 29 % par ce qu'en disent leurs amis autour d'eux, 27 % par le « genre » du film (comédie, policier, aventure), 26 % par le metteur en scène, 15 % par la publicité (journaux, radio), 13 % par la bande-annonce vue au cinéma.

Combien de films en moyenne les Français regardent-ils à la télévision [1] ?

41 % en regardent 3 à 5, 25 % 1 ou 2, 23 % plus de 5, 9 % moins d'un et 2 % ne se prononcent pas.

Quels sont les metteurs en scène, acteurs et actrices du cinéma préférés des Français [1] ?

Metteurs en scène : Claude Lelouch (61 %), Bertrand Tavernier, Gérard Oury et Jean-Luc Godard (48 %), Coline Serreau et Claude Zidi (44 %), Bertrand Blier (43 %), Fellini (41 %), Francis F. Coppola (38 %), Steven Spielberg (37 %), Woody Allen (34 %), Roman Polanski (33 %), Claude Miller (29 %), Alain Resnais (26 %), Jean-Jacques Beineix et Éric Rohmer (20 %). *Acteurs :* Lino Ventura (84 %), Philippe Noiret (81 %), Yves Montand (77 %), Michel Serrault (74 %), Jean-Paul Belmondo et Gérard Depardieu (72 %), Bernard Giraudeau (71 %), Pierre Richard (65 %), Gérard Lanvin et Michel Piccoli (64 %), Alain Delon (63 %), Christophe Lambert (54 %), Francis Huster (52 %) et Richard Anconina (45 %). *Actrices :* Catherine Deneuve (81 %), Marlène Jobert (79 %), Nathalie Baye (77 %), Isabelle Adjani (76 %), Annie Girardot (73 %), Miou-Miou (70 %), Fanny Ardant (68 %), Isabelle Huppert (61 %), Nicole Garcia (60 %), Sophie Marceau (55 %), Valérie Kapriski (50 %) et Charlotte Rampling (47 %).

Et des jeunes Français de 18-24 ans [1] ?

Metteurs en scène : Steven Spielberg (désigné par 68 % d'entre eux), Claude Lelouch (61 %), Coline Serreau (58 %), Francis F. Coppola (57 %), Woody Allen (50 %). *Acteurs :* Christophe Lambert (81 %), Bernard Giraudeau (75 %), Lino Ventura (74 %), Philippe Noiret (74 %). *Actrices :* Isabelle Adjani (82 %), Nathalie Baye (72 %), Miou-Miou et Valérie Kapriski (70 %), Catherine Deneuve (69 %), Fanny Ardant (68 %), Marlène Jobert (65 %), Annie Girardot (60 %).

Nota. — (1) Sondage réalisé du 4 au 9 avril 1986 pour Le Monde, R.T.L. et les Cahiers du Cinéma sur un échantillon national de 1 000 Français âgés de 18 ans et plus.

Quelle distance peut parcourir un puceron ?

Avec des courants ascendants favorables, de 1 000 à 2 000 km par jour.

Combien vaut une ceinture de chasteté ?

Une ceinture de chasteté du XVIIIe s., mise à prix 1 000 F, a trouvé preneur à 28 000 F en 1986 à la salle des ventes rue Drouot à Paris.

La rage a-t-elle atteint la région parisienne ?

Sur les 8 départements qui entourent Paris, 6 sont contaminés (Essonne, Val-de-Marne, Seine-St-Denis, Val-d'Oise, Oise, Seine-et-Marne). Seuls Hauts-de-Seine et Yvelines, protégés par la Seine, n'étaient pas encore atteints au début 1986. 2 types de mesures ont été prises : vaccination des animaux domestiques et destruction du plus grand nombre possible de renards.

Quel est le record d'audience sur R.T.L. ?

Les Grosses Têtes, lancé en 1977 par Philippe Bouvard. La 2 500e a été enregistrée le 6 novembre 1985.

L'ésotérisme et l'occultisme font-ils recette en France ?

D'après le S.N.E., 53 407 millions de F de chiffre d'affaires en 1984, 296 titres dont 103 nouveautés, 1 352 688 exemplaires ; tirage moyen : 4 569 ex.

Combien de voyants(es) y a-t-il en France ?

Environ 50 000, officiellement recensés, dont plus de 25 000 à Paris. Leur recette moyenne annuelle est d'environ 350 000 F. Alors qu'auparavant 85 % des voyants étaient des femmes d'un certain âge, depuis quelques années, poussés par le chômage et les gains faciles, les jeunes arrivent en force et les hommes gagnent du terrain.

Les Français sont-ils pantouflards ?

Ils achètent 46 millions de paires de pantoufles par an.

Quels pays ont le plus grand déficit commercial ?

En 1985, les États-Unis 107,4 milliards de $ et l'Arabie Saoudite 25 milliards de $.

Le président Marcos est-il parti les poches pleines ?

Le président des Philippines Marcos percevait un traitement symbolique de 5 700 $ par an, mais il a quitté les Philippines chargé de billets, d'or et de pierres précieuses. Sa véritable fortune se monterait à 3 milliards de $ (la moitié des dépenses militaires annuelles de son pays) — investis pour une part dans des immeubles de Manhattan. L'ancien président de Haïti, Jean-Claude Duvalier, aurait mis de côté, selon la Banque mondiale, 400 millions de $ (près de 2 fois le budget de Haïti).

Les Anglais sont-ils pour le tunnel sous la Manche ?

Au début 1986, 36 % étaient pour, 51 % contre, 13 % ne savaient pas.

Imite-t-on souvent les montres suisses ?

10 millions de fausses montres suisses sont fabriquées dans le monde chaque année. Préjudice : 1 milliard de francs suisses.

Combien y a-t-il de retraités ?

On ne sait pas au juste le nombre de retraités en France aujourd'hui. En 1983, on a recensé plus de 12 millions de prestations vieillesse versées par tous les régimes de base, salariés ou non, mais beaucoup de personnes en recevaient plusieurs. Au recensement de 1982, l'I.N.S.E.E. dénombrait 7 402 180 retraités dont 3 614 000 hommes et 3 788 000 femmes. Mais il s'agissait plutôt de personnes « retirées » d'une ancienne profession, qu'elles pouvaient, surtout les femmes, n'avoir exercé que peu de temps. Et l'I.N.S.E.E. classait en « actifs » les retraités ayant une activité professionnelle, même d'appoint.

Quelle est la taille d'un chihuahua ?

Un chihuahua élégant ne doit pas mesurer plus de 16-20 cm et doit peser de 1,3 à 1,8 kg. 50 g de viande par jour lui suffisent + 1/3 de riz pour 2/3 de légumes.

Les Français aiment-ils les Espagnols ?

73 % des Français estiment que l'Espagne est un pays ami ; 55 % des Espagnols nous considèrent comme une nation hostile (sondage de juin 1985).

Les étudiants sont-ils intéressés par la politique ?

D'après un sondage réalisé en novembre 1985 par la SOFRES (en %) : très intéressés 17, assez intéressés 41, peu 30, pas du tout 12, 21 n'étaient pas inscrits sur les listes électorales.

De quel parti se sentaient-ils le plus proche ?

PS 43, UDF 12, RPR 12, Écologistes 7, Extrême-gauche 4, PC 3, FN 2, ne se prononcent pas 17.

De quelles personnalités politiques ?

Rocard 43, Mitterrand 35, Badinter 35, Barre 31, Fabius 29, Léotard 24, Simone Veil 22, Jospin 19, Lalonde 18, Chevènement 17, Chirac 16, Giscard d'Estaing 10, Toubon 9, Mauroy 6, Marchais 5, Le Pen 4. Ne se prononcent pas 10.

Quel était le meilleur score des personnalités politiques suivant l'origine des élèves ?

Rocard : chez les élèves des grandes écoles (61) et les juristes (50) ; *Mitterrand et Badinter :* juristes (42 et 45) et littéraires (41 et 47) ; *Barre et Léotard :* grandes écoles (54 et 45) ; *Fabius :* scientifiques (38) ; *S. Veil :* scientifiques (30) et grandes écoles (29) ; *Jospin :* littéraires (26) ; *Lalonde :* littéraires (27) et scientifiques (26) ; *Chevènement :* grandes écoles (24) et scientifiques (20) ; *Chirac :* scientifiques (21) ; *Giscard :* grandes écoles (18).
Rocard, Barre, Léotard et Chirac font de meilleurs scores chez les hommes ; S. Veil, chez les femmes ; Fabius, Léotard, Jospin, Chevènement, Chirac et Giscard, chez les plus jeunes.

Dans quels domaines pensaient-ils que la droite ferait mieux ?

Politique industrielle : mieux 39, moins bien 22, même chose 24. *Défense du franc :* mieux 32, moins bien 11, même chose 40. *Lutte contre l'insécurité :* mieux 29, moins bien 19, même chose 40. *Politique extérieure :* mieux 24, moins bien 27, même chose 33. *Politique scolaire et universitaire :* mieux 22, moins bien 22, même chose 40. *Lutte contre l'inflation :* mieux 18, moins bien 28, même chose 42 ; *contre le chômage :* mieux 14, moins bien 23, même chose 53. *Construction européenne :* mieux 14, moins bien 21, même chose 48. *Défense des droits de l'homme :* mieux 4, moins bien 47, même chose 39. *Réduction des inégalités sociales :* mieux 4, moins bien 62, même chose 24.

Quelle opinion avaient-ils ?

De la justice : positive 61, négative 30. *Des entreprises nationalisées :* pos. 47, nég. 32. *Des syndicats de salariés :* pos. 45, nég. 44. *Des organisations patronales :* pos. 38, nég. 42. *De l'Église :* pos. 33, nég. 50. *De l'administration :* pos. 25, nég. 66. *De l'armée :* pos. 22, nég. 67. *Des partis politiques :* pos. 21, nég. 72.

Qu'est-ce qui était pour eux moralement condamnable ?

Le racisme : condamnable 90 ; pas 9. *La drogue :* 66 ; pas 30. *La peine de mort :* 62 ; pas 35. *La pornographie :* 43 ; pas 50. *L'adultère :* 37 ; pas 53. *L'argent, le profit :* 17 ; pas 77. *L'avortement :* 15 ; pas 80. *L'homosexualité :* 13 ; pas 81. *La contraception :* 4 ; pas 96.

Quelles libertés étaient les plus importantes ?

La liberté de la presse 61, le droit de vote 59, le droit de propriété 24, le droit de grève 22, la liberté religieuse 17, le droit à l'avortement 16.

Quels quotidiens lisaient-ils le plus régulièrement ?

Le Monde 55, Libération 39, L'Équipe 14, Le Figaro 13, L'Humanité 5, Le Matin 5, Le Quotidien de Paris 3, La Croix 2, France-Soir 1, Le Parisien 1. Aucun et sans réponse 19.
Le Monde était surtout lu par les juristes (78) et les littéraires (72) et les étudiants de gauche (65) ; Libération par les littéraires (54) et la gauche (56) ; L'Équipe et Le Figaro par les élèves des grandes écoles (21 et 20) et la droite (22 et 32).

Que pensaient-ils de la famille ?

7 % étaient mariés. 11 % vivaient en couple. 73 % pensaient que le mariage n'était pas dépassé. 5 % ne souhaitaient pas avoir d'enfants ; 3 %, 1 ; 36 %, 2 ; 31 %, 3 ; 19 %, 4 et +.

De leur vie future ?

44 % des élèves des grandes écoles et des médecins étaient prêts à faire passer leur vie professionnelle avant leur vie privée ; 29 % des scientifiques ; 40 % des femmes ; 33 % des hommes.

De quelles sommes disposaient-ils ?

31 % travaillaient pour financer leurs études.
13 % disposaient de moins de 500 F par mois ; 30 %, de 500 à 1 000 F ; 19 %, de 1 000 à 1 500 F ; 13 %, de 1 500 à 2 000 F ; 6 %, de 2 000 à 2 500 F ; 13 %, de + de 2 500 F ; 6 % ne se prononcent pas.

Pourquoi ronfle-t-on ?

On confond souvent le ronflement avec le raclement, qui résulte d'une obstruction des fosses nasales empêchant de respirer par le nez. Le ronflement est dû à la vibration du voile du palais, partie flottante que termine la luette. La relaxation musculaire engendrée par le sommeil, la position sur le dos entraînent un rétrécissement du conduit pharyngé. Quand on inspire, l'air en tourbillonnant, se fraie un passage forcé provoquant un tremblement sonore du voile (l'intensité peut atteindre 70 décibels).
Le ronflement s'accroît avec l'âge, qui suscite un relâchement de la peau, des muqueuses et des muscles. L'obésité, l'absorption d'alcool, un repas copieux le facilitent.
Le ronfleur doit déployer des efforts inspiratoires considérables. Il s'éveille las, se traîne, s'aigrit. Il a souvent mal à la tête.
Parfois, le ronflement s'accompagne d'une insuffisance respiratoire chronique. Entre chaque ronflement se produit un arrêt respiratoire (apnée) qui restreint l'oxygénation du cerveau, perturbe l'organisme par des réveils en sursaut, aux limites de l'asphyxie, et peut mener à la syncope.
On peut être guéri grâce à une intervention chirurgicale, l'uvulopalatopharyngoplastie, ou U.p.p.p., qui consiste à élargir le pharynx en supprimant la partie basse du voile mou du palais, ainsi que la luette.

Y a-t-il beaucoup de ronfleurs en France ?

8 hommes sur 10 et 1 femme sur 2.

Que représente le vandalisme scolaire ?

Il coûte chaque année, du graffiti bénin à l'incendie volontaire, plusieurs dizaines de millions de F.

Quels furent les meilleurs ministres des gouvernements Mauroy et Fabius ?

Pour les lecteurs de Témoignage chrétien (en %) : Robert Badinter 87,9, Alain Savary 35,7, Jack Lang 29,5, Edgar Pisani 23,2, Jacques Delors 19,8, Jean-Pierre Cot 15, Jean Auroux 14,5, Georgina Dufoix 14,3, Michel Rocard 10,6, Pierre Bérégovoy 10,1.

Les Français croient-ils à l'astrologie ?

Selon un sondage réalisé pour L'Express, 59 % des Français y croient un peu ou beaucoup.

Que vaut un satellite d'occasion ?

Deux satellites de télécommunications « d'occasion », Westar-6 et Palapa B 2, ont été rachetés par un groupe d'investisseurs américains pour 50 millions de dollars. Lancés en février 1984 par la navette spatiale américaine, ils avaient échoué sur une mauvaise orbite. 9 mois plus tard, des astronautes américains avaient été les ramasser et ramener à Terre.

Qu'est-ce qu'un myrmécologue ?

Un spécialiste des fourmis. Il y a entre 12 000 et 15 000 espèces de fourmis. Certaines colonies comptent 3 millions d'individus.

Que représentent les homosexuels en France ?

De 5 à 7 % de la population. Des enquêtes partielles ont été effectuées, comme le « Rapport gay » (1984, éditions Persona). Sur 1 600, gravitant autour du mouvement homosexuel, qui y ont participé : les 3/4 déclaraient avoir déjà voté pour des candidats de gauche ; 1/4 refusaient de se classer politiquement.

L'homosexualité est-elle permise à l'étranger ?

Algérie : interdite ; peines allant de 2 mois à 2 ans de prison. **Allemagne dém. :** autorisée à partir de 18 ans (14 ans pour les rapports hétérosexuels). **Allemagne féd. :** idem. **Belgique :** autorisée à partir de 18 ans (16 ans pour les rapports hétérosexuels). **Chili :** homosexualité masculine interdite ; 541 j à 3 ans de prison. **Chine :** officiellement, le problème n'existe pas. **Cuba :** interdite ; jusqu'en 1975, des milliers d'homosexuels ont été envoyés dans des camps de rééducation ; ils sont dirigés aujourd'hui vers les hôpitaux psychiatriques. **Danemark :** n'est pas mentionnée dans la loi. **France :** avant 1982, autorisée à 18 ans ; depuis, 15 ans (comme pour les rapports hétérosexuels). **G.-B. :** autorisée, en privé, à partir de 21 ans (16 ans pour les hétérosexuels). **Iran :** punie de mort. **Norvège :** autorisée. **Tchécoslovaquie :** autorisée à partir de 18 ans. **U.R.S.S. :** interdite ; jusqu'à 5 ans de prison. **U.S.A. :** autorisée dans une trentaine d'États ; dans les autres, sujette à discrimination, illégale et parfois réprimée. Officiellement, l'administration de l'Immigration refuse aux homosexuels le droit d'entrer aux États-Unis.

De quand date « Apostrophe » ?

La 1re émission a eu lieu le 10-1-1975 ; la 500e, le 27-9-1985.

Les détournements d'avions sont-ils fréquents ?

De 1969 à 1985, il y a eu dans le monde 594 détournements d'avions.

Les bijoutiers sont-ils souvent cambriolés ?

Chaque jour, en France, un bijoutier est victime d'une agression. Depuis 1980, 2 bijoutiers sur 3 ont été attaqués au moins 1 fois, 3 sur 7 au moins 2 fois, et 4 sur 10, 3 fois ou plus (dans la région parisienne, il y a eu, en 1985, 61 attaques de bijouteries à main armée). Entre 1981 et 1985, 20 bijoutiers ont été pris en otages, dont 9 à leur domicile. Depuis 1981, 56 bijoutiers ont été tués, 600 ont été blessés dont 180 très grièvement.

Vole-t-on souvent des chevaux ?

On compte 1 000 chevaux volés par an en France, la plupart transformés en viande de boucherie.

Y a-t-il des quintuplés-éprouvettes ?

Oui. 5 garçons-éprouvettes sont nés à Londres en mars 1986. Ils pesaient de 828 à 956 g et sont nés par césarienne, 2 mois 1/2 avant terme (le 1er bébé-éprouvette, Louise Brown, est né en 1978).

Quel est l'axe routier le plus dangereux de France ?

Le périphérique. En 1984, il a totalisé 1 182 accidents faisant quelque 1 290 blessés légers, 172 blessés graves et 23 morts. 800 000 à 1 000 000 d'usagers l'empruntent chaque jour de la semaine. Chaque mois 6 000 à 8 000 P.V. y sont dressés pour excès de vitesse (record relevé de 202 km/h : 180 conducteurs ont été « pris » à 180 km/h et 580 entre 140 et 150 km/h).

Où sera construit le premier Disneyland européen ?

A Marne-la-Vallée sur 1 780 ha. Il coûtera env. 15 milliards de F et offrira près de 30 000 emplois.

Y a-t-il beaucoup de bègues en France ?

600 000 (4 fois plus de garçons que de filles). Jean-Jacques Rousseau, Georges Clemenceau, Lewis Carroll, Louis Jouvet bégayaient. Traité précocement chez les petits enfants, les chances de guérison sont très fortes ; chez l'adulte, il y a 50 % de réussite.

Que regrettent le plus les vieillards parmi les choses qui ont disparu ?

En % : les petits métiers (chanteur de rue, rémouleur, etc.) 33 ; les bals, les bals musettes 26 ; les fêtes foraines, les cirques ambulants 25 ; les processions, les pèlerinages 20 ; les défilés du 14 Juillet 15 ; les prêtres en soutane 15 ; la cuisine mijotée 14 ; les cafés d'avant-guerre 14 ; les grands paquebots (Normandie, Mermoz) 14 ; les grandes expositions 7 ; des journaux (« Le Petit Parisien », « Paris-Soir », « L'Œuvre ») 7 ; rien du tout 21.

Quelles inventions ont le plus changé leur vie ?

Les équipements ménagers (réfrigérateur, machine à laver) 78, télévision 72, téléphone 69, chauffage central 52, automobile 48, radio 33, vaccins 32, antibiotiques 29, pilule pour la contraception 24, avion 23, ordinateur 15, cinéma 9.

Quels événements les ont marqués ?

L'occupation allemande 65, la défaite de 1940 et l'exode 64, la montée du chômage dans les 10 dernières années 49, le débarquement en Normandie 37, la fin de la 1re Guerre mondiale 34, le retour du Gal de Gaulle 34, sa mort en 1970 30, l'arrivée de Hitler au pouvoir 29, la guerre d'Algérie 23, le Front Populaire 17, les événements de Mai 68 14, la victoire de la Gauche en 1981 14, la crise de 1929 et ses répercussions 9, les accords de Munich 7, la décolonisation 7. Sans opinion 4.

Quels furent leurs hommes politiques préférés ?

Charles de Gaulle 68, Georges Pompidou 44, Georges Clemenceau 28, René Coty 22, Raymond Poincaré 20, Pierre Mendès France 18, Léon Blum 17, Philippe Pétain 16, Antoine Pinay 15, Édouard Herriot 14, Aristide Briand 9, Maurice Thorez 6, Guy Mollet 5, Édouard Daladier 4, Paul Reynaud 3, Pierre Laval 1. Aucun 7. Sans opinion 4.

Leurs chanteurs préférés ?

Tino Rossi 71, Édith Piaf 62, Maurice Chevalier 54, Luis Mariano 52, Charles Trenet 40, Joséphine Baker 36, Mireille 26, Mistinguett 26, Rina Ketty 21, Jean Sablon 17, Ray Ventura 13, Marie Dubas 9, Henri Garat 9, Pils et Tabet 5, Andrex 4, Germaine Sablon 4, Georgius 4, Django Reinhardt 3.

Leurs acteurs préférés ?

Fernandel 75, Jean Gabin 65, Raimu 49, Simone Signoret 42, Jean Marais 38, Pierre Fresnay 36, Danièle Darrieux 33, Michèle Morgan 33, Gérard Philipe 33, Yves Montand 31, Charles Vanel 31, Louis Jouvet 30, Michel Simon 28, Sacha Guitry 23, Arletty 22, Edwige Feuillère 21, Yvonne Printemps 20, Charles Boyer 13.

Quelles sont leurs activités préférées ?

Regarder la télévision 58 ; lecture 42 ; occupations manuelles (coudre, jardiner, bricoler, etc.) 38 ; écouter la radio 26 ; se réunir entre amis 25 ; participer à une association 17 ; jouer aux cartes, aux échecs, etc. 15 ; activités physiques (sport, promenades) 14 ; voyages 13 ; sorties (cinéma, théâtre, expositions, etc.) 6.

Que craignent-ils le plus pour eux-mêmes ?

La maladie 73, les agressions 28, la solitude 25, les problèmes d'argent 10, la mésentente familiale 4, rien du tout 6.

Quelle est la tendance la plus proche de leurs idées ?

(Personnes âgées et entre parenthèses enquête nationale.) Modérée 27 (17), socialiste 17 (25), gaulliste 15 (13), conservatrice 7 (4), libérale 6 (19), social-démocrate 4 (7), communiste 3 (5), révolutionnaire 1 (2).

Quels leaders politiques actuels préfèrent-ils ?

Raymond Barre 31, Valéry Giscard d'Estaing 29, Michel Rocard 23, Simone Veil 22, François Mitterrand 20, Laurent Fabius 18, Jacques Chirac 17, Jacques Delors 12, François Léotard 10, Pierre Mauroy 7, Jean-Marie Le Pen 5, Georges Marchais 4.

Source : Sondage Sofrès, Figaro-Magazine paru le 16-11-1985.

Combien y a-t-il de moniales en France ?
Voir page 499a

Qu'est-ce qui les inquiète le plus dans la France d'aujourd'hui ?

Les agressions et vols 71, le laisser-aller de la jeunesse 48, la perte du sens de la famille 42, une trop grande liberté sexuelle 41, la perte du respect pour les parents 37, la disparition du petit commerce et des métiers traditionnels 37, le trop grand nombre d'immigrés 37, le manque de solidarité entre les citoyens 35, l'abandon des valeurs religieuses 31, la perte du rôle éducatif de l'école 30.

Combien de vieilles dames ont-elles été tuées à Paris récemment ?

Du 1er au 30 juin 1986, 14. En 1984, 10 dont 9 en 5 semaines, en octobre et en novembre. En 1985, 8.

Combien de tableaux peignit Adolf Hitler ?

Deux mille aquarelles, deux cents dessins et des croquis par centaines à Vienne, puis à Munich. Il était plus doué pour le dessin (notamment le dessin de bâtiments) que pour la peinture (et pour l'architecture, d'ailleurs, que pour le dessin).

Qu'a-t-on appelé le nombre d'or ?

Le nom donné par les artistes de la Renaissance au rapport $\frac{1 - \sqrt{5}}{2}$, soit environ 1,618. Deux dimensions sont alors entre elles dans la même proportion que la plus grande avec leur somme. Cette proportion entre deux grandeurs est considérée comme privilégiée par un certain nombre de penseurs et d'artistes depuis l'Antiquité. Sa formule a été utilisée en architecture (pyramide de Chéops, Parthénon), en sculpture et en peinture.

Un ordinateur peut-il être champion d'échecs ?

Herbert Simon, prix Nobel d'économie en 1978, avait écrit un programme d'échecs en 1958, qui fut battu en 1960 par un enfant de 10 ans. David Lévy, ancien meilleur joueur d'Écosse, a pu remporter à 2 reprises ses paris contre des supercalculateurs en 1978 et en 1983.

Quelles sont les causes de la démence sénile ?

En % : maladie d'Alzheimer 52, accidents vasculaires 17, petites attaques 14, tumeurs cérébrales et affections neurologiques 7, maladie de Parkinson 2, désordres psychiatriques 1, causes indéterminées 7. 1 démence sur 10 est due à une rétention du liquide céphalo-rachidien (hydrocéphalie à pression normale) ou à des troubles hormonaux, métaboliques ou dépressifs, curables. 1 octogénaire sur 5 (ils seront 1 135 000 en France à la fin du siècle) est ou sera un dément.
Décrite en 1906 par un médecin allemand, Aloïs Alzheimer, la maladie qui porte son nom a pu être observée dès 40 ans. Elle se caractérise par un affaiblissement intellectuel progressif, souvent dissimulé par des formules toutes faites. Les troubles de la mémoire immédiate (de fixation) et plus lointaines (de conservation) s'accompagnent souvent de troubles du sommeil avec turbulence nocturne. Le retour à l'enfance se traduit par les troubles du jugement, l'égocentrisme, la gloutonnerie, l'incontinence, la manipulation des excréments. La mort survient en 4 à 15 ans.

Combien y a-t-il de gâteux en France ?

Plus de 350 000. Ils seront 500 000 en l'an 2000.

Les joueurs de base-ball sont-ils souvent drogués ?

40 % des 700 professionnels, et autant parmi les 2 millions d'amateurs, seraient drogués aux États-Unis.

Quelle est la proportion des enfants vaccinés ?

60 % dans le monde. L'Organisation mondiale de la Santé espère voir vacciner tous les enfants dans le monde avant 1990, en luttant principalement contre les maladies suivantes : la rougeole, le tétanos, la polio, la diphtérie, la tuberculose et la coqueluche. La vaccination permettrait d'éviter la mort de 3 500 000 enfants chaque année.

Quelle est la région la plus polluée d'Europe ?

Le nord de la Bohême en Tchécoslovaquie. Les pluies acides y ont déjà détruit plus de 175 000 ha de forêts et la mortalité infantile y dépasse de 12 % la moyenne nationale. En août 1985, les experts estimaient que cette zone serait transformée en désert avant l'an 2000 si les autorités ne réagissaient pas.

Y a-t-il beaucoup de condamnés à mort aux États-Unis ?

Depuis la reprise des exécutions en 1976 à mars 1985, 56.

De quand date le blue-jean ?

De 1853. Cette année-là, Oscar Levi-Strauss, Bavarois, tailla un pantalon dans la toile de tente qu'il vendait aux chercheurs d'or de Californie. En 1870, Davis inventa les rivets. Le tissu, le « Denim » (de Nîmes) venait de cette ville de France. Il habillait les marins de Gênes (jean) et était teint jusqu'à 13 fois dans de l'indigo (blue = bleu).

Combien de sapins de Noël vend-on chaque année en France ?

11 millions, soit une étendue boisée de 6 000 hectares.

Le rhume des foins est-il héréditaire ?

L'allergie saisonnière concerne 5 à 15 % de la population. L'hérédité joue un rôle important : quand les 2 parents sont allergiques, le risque pour leur descendant de l'être aussi est de 40 à 60 %. Si l'un des 2 parents seulement est affecté, le risque est de 25 à 40 %. Si aucun n'est atteint, il est de 3 à 15 %.

Combien de lavabos débordent-ils chaque année ?

D'après les sociétés d'assurances, chaque année, 150 000 lavabos, baignoires ou machines à laver débordent en France.

Le nombre de suicides augmente-t-il en France ?

En 1983, on a compté plus de 12 000 décès par suicide, en 1985, env. 14 000. Le nombre des suicides de jeunes a doublé en 20 ans. Il est passé chez les garçons de 15 à 24 ans de 6,9 pour 100 000 à 15,2 (chaque année de 15 000 à 45 000 tentatives). Chez les plus vieux, on compte 44,7 % de suicides « réussis » pour 100 000 hommes de 45 à 64 ans. Le taux de mortalité des + de 45 ans est plus élevé, car plus on avance en âge, moins on rate son suicide. 1 jeune (de 15-24 ans) sur 25 réussit son suicide. 1 homme de 45 ans sur 4, 1 homme de 60 ans sur 2. Les femmes essaient souvent de se supprimer avec des calmants. Sur 260 tentatives féminines, 1 seulement aboutira. En prison le taux de suicide (presque tous par pendaison) atteint 120 pour 100 000.

Les suicides sont-ils fréquents au Japon ?

23 589 personnes se sont suicidées au Japon en 1985, dont 15 624 hommes et env. 20 % de + de 65 ans, 92 enfants de 12 à 15 ans et 12 de moins de 12 ans.

Les Français font-ils confiance aux syndicats ?

Pour la défense de leurs intérêts, en septembre 1985 sur 100 salariés, 9 leur faisaient tout à fait confiance ; 28, plutôt confiance ; 20, plutôt pas ; 39, pas confiance du tout ; 4 étaient sans opinion.
21 avaient une opinion plutôt bonne de la C.G.T. (38 en mai 1981) ; 60, plutôt mauvaise (39) ; 19 étaient sans opinion (23).

Quelle est la plus ancienne émission de France-Inter ?

Le Pop Club de José Artur, depuis le 4-10-1965.

Que vaut la publicité sur la télé chinoise ?

12 000 F pour 30 secondes à l'heure de la plus forte écoute, entre 19 h 30 et 20 h 30, sur la chaîne nationale (près de 2 fois moins qu'un spot de 30 secondes sur TF1).

Qui possède des armes en France ?

Les militaires (bien sûr), les chasseurs (1 800 000), les tireurs sportifs (135 000 dont 12 000 femmes), les collectionneurs (env. 60 000) et tous les autres.

Quel film ont préféré les Français à la télé en avril 1986 ?

« Le Roi des cons », qui a attiré sur A2 45 % des téléspectateurs, score supérieur à celui de « La Boum 2 » sur A2 (41 %), « L'Ami Maupassant » (39 %), « Le Silencieux » (37 %) et « Marie Besnard » (26 %) sur TF1.

Combien en coûte-t-il d'abandonner un animal domestique ?

De 500 à 15 000 F et un emprisonnement de 15 jours à 6 mois (art. 453 du Code pénal).

Depuis quand les prisonniers peuvent-ils avoir la TV dans leur cellule ?

En France, depuis le 15 décembre 1985, moyennant environ 100 F par mois de frais de location. Il y en avait déjà en Belgique, Danemark, Espagne, États-Unis, Italie, Norvège, Suède.

Les Français ont-ils souvent « mal au cœur » ?

En voyage, 3 millions d'entre eux avouent être affectés (près de 2 millions d'enfants, 900 000 femmes et 150 000 hommes). 50 % essayent de « s'en tirer » avec un médicament.

Combien y a-t-il d'étrangers en France ?

Il y aurait actuellement 4 500 000 étrangers en France (en situation légale ou illégale) dont 859 554 Portugais, 777 037 Algériens, 519 871 Marocains, 426 325 Italiens, 380 282 Espagnols, 214 957 Tunisiens et 144 531 Turcs. Selon l'Office national de l'Immigration, 19 122 familles sont entrées en France en 1985 (14 600 familles en 1984, 15 500 en 1983). 3 350 étaient algériennes, 2 000 marocaines et tunisiennes, 1 700 portugaises, 220 yougoslaves et 770 turques. Près d'un étranger sur 4 a moins de 15 ans.

La France a-t-elle encore des paquebots ?
Voir page 1370a

La foudre fait-elle des ravages en France ?

Chaque année, plus de 1,5 million d'impacts foudre touchent notre sol. Les dégâts causés s'élèvent à plusieurs milliards de F. La foudre serait responsable de 10 % de tous les incendies qui frappent le territoire français. Elle provoque également la mort d'env. 2 000 têtes de bétail et endommage quelque 250 clochers par an. Chaque année, une cinquantaine de personnes meurent foudroyées, soit accidentées ou brûlées par un incendie provoqué par la foudre.

Combien y a-t-il de diables ?

Selon le démonologue du Vatican, 1 758 640 176, dont Lucifer et sa cour, Belzébuth, Astarot, Abracace et Adramélech, Belphégor, Amon, Gaziel, Alastor et Focalor.

Et de possédés ?

Sur 5 000 prétendus possédés, 3 ou 4 authentiques. Presque tous relèvent de la psychiatrie.

Combien de toxicomanes y a-t-il en France ?

30 000 répertoriés, mais leur nombre réel dépasserait 100 000. D'après le C.D.I.A. (Centre de documentation et d'information de l'assurance), ils dépensent entre 10 et 12 millions de F par jour pour acheter de la drogue. Une personne sur 2, présentée au parquet de Paris, a des liens avec la drogue. A Toulouse, la sûreté urbaine considère que 50 à 60 % des casses sont le fait de toxicomanes.

Qu'est-ce que la culture ?

La littérature (pour 57 % des Français), la musique (44 %), les spectacles (43 %), l'informatique (20 %), la technologie (17 %).

Combien la police donne-t-elle à ses informateurs ?

En Allemagne, 50 000 Marks, soit 160 000 F, pour tout renseignement entraînant l'arrestation d'un terroriste considéré comme particulièrement dangereux, pour les moins dangereux, entre 5 000 et 10 000 Marks (16 000 à 22 000 F). *En Suède,* les autorités avaient promis une récompense de 500 000 couronnes (500 000 F) pour toute personne permettant d'arrêter l'assassin d'Olof Palme. *En Italie,* 500 millions de lires (2 400 000 F) ont été offerts en octobre 1985 pour tout élément d'information entraînant l'arrestation du « monstre de Florence » (auquel on attribue l'assassinat de 8 couples ces 15 dernières années). *Les États-Unis* prévoient des primes pouvant aller jusqu'à 500 000 $ (3 500 000 F). *En France,* aucun barème n'a encore été établi, mais on parle de plusieurs dizaines de milliers de F suivant l'importance de l'information révélée.

Quelle place tiendrait l'humanité si l'on regroupait tous les terriens au même endroit ?

En les serrant bien (4 au m²), les 5 milliards d'habitants de la planète tiendraient tous dans le Val-d'Oise (1 246 km²).

De quoi est mort Ramsès II ?

Ramsès II, qui a régné en Égypte, probablement de 1290 à 1224 av. J.-C., a fini ses jours vers 80 ans comme un vieillard courbé par les déformations dues à des rhumatismes chroniques ; en plus, il a sûrement souffert d'épouvantables maux de dents et d'athérosclérose.

De quoi sont morts les égyptologues qui, en octobre 1922, violèrent le secret du tombeau de Toutankhamon ?

D'après la thèse de médecine soutenue en 1985 par Caroline Stenger-Philippe : d'une sorte de pneumonie, due à une allergie à des champignons microscopiques qui s'étaient développés dans le caveau fermé.

De quand date le Coca-Cola ?

De 1886. Il est aujourd'hui consommé 300 millions de fois par jour dans 155 pays. Les Français en consomment 4,3 l par an, les Allemands 25 l, les Américains 35 l, les Mexicains 45 l.

La France est-elle menacée par les catastrophes naturelles ?

10 200 communes sont directement menacées par une ou plusieurs calamités naturelles (7 500 par les inondations, 3 000 par les mouvements de terrain, 1 400 par les séismes et 400 par les avalanches).

Y a-t-il encore des cigognes en Alsace ?

34 couples de cigognes vivent en France en 1985 dont 19 en Alsace. Ils étaient 177 en 1947. Les menaces pesant sur l'espèce sont multiples. Certes la chasse à la cigogne est interdite en France et dans tous les pays européens (sauf le Portugal), mais les cigognes ont à faire aux lignes électriques (près de 25 % des jeunes cigognaux périssent en percutant une ligne), aux produits chimiques fragilisant les coquilles d'œufs, à l'assèchement des marais en Europe, à la disparition des bocages contribuant à raréfier petits rongeurs, serpents, criquets, grenouilles dont les cigognes ont, de tout temps, fait leur nourriture. Réfugiées l'hiver en Afrique, les cigognes en partent de janvier à mars. S'élevant grâce aux courants chauds ascendants elles passent l'ouest (par Gibraltar), ou l'est (vers Israël et le Bosphore). Nés en Europe, les jeunes prendront leur essor vers l'Afrique avec leurs parents, 70 jours après leur naissance. Ils ne reviendront en Europe qu'une fois adultes, 2 ans plus tard, pour se reproduire à leur tour. La cigogne s'acclimate au froid et peut vivre dans des enclos protégés. Au terme de 2 années de résidence fixe, elle a perdu tout désir de migration vers l'Afrique.

Combien de victimes a fait le terrorisme en 1985 dans le monde ?

926, selon une étude américaine de la « Task force on combatting terrorism ».

Le Soleil est-il cancérigène ?

Sur 80 000 cancers de la peau recensés chaque année en France, 77 000 sont dus à une exposition excessive aux ultraviolets B. Tous les spécialistes désignent la mode du bronzage comme la grande responsable. Cependant si le mélanome malin provoqué dans 50 % des cas par le Soleil tue chaque année 2 000 personnes en France, 75 000 des cancers de la peau dus au Soleil guérissent bien.

Combien d'étrangers deviennent français chaque année ?

Chaque année, env. 70 000 étrangers obtiennent la nationalité française : 18 000 à la naissance, 30 000 à la majorité, 22 000 à la suite d'une demande.

De quels pays viennent les travestis du Bois de Boulogne ?

Un contrôle a été opéré dans la nuit du 12 au 13 mai 1986, de 22 h 50 à 5 heures, par la B.S.P. (Brigade des Stupéfiants et du Proxénétisme). 150 personnes ont été contrôlées, dont 54 travestis ou trans-sexuels. Il y avait 12 Argentins, 11 Français, 9 Espagnols, 8 Colombiens, 5 Portugais, 5 Tunisiens, 2 Marocains, 2 Algériens.

Combien de rats y a-t-il en Chine ?

3 milliards. Ils mangent chaque année plus de 15 millions de tonnes de céréales qui suffiraient à nourrir 50 millions de personnes. Cela représente aussi le total des importations chinoises de céréales.

Les Suisses sont-ils pour la vivisection ?

Le 1-12-1985, 70,5 % se sont prononcés par référendum contre le projet de révision constitutionnelle demandant l'interdiction de la vivisection (88,5 % dans le Valais, de langue française).

Pourquoi parle-t-on de rhume de la hanche ?

« Rheuma », en grec, signifie « écoulement ». Dans le coryza, c'est le nez qui coule ; dans le rhume de la hanche, appelé encore « synovite transitoire aiguë bénigne », l'épanchement est intra-articulaire. Il se traduit par une raideur douloureuse et une boiterie, et survient souvent quelques semaines après une rhinopharyngite ou une infection gastro-intestinale.

Combien d'aspirine consomment les Français ?

1 600 tonnes par an (les Américains, 15 000 t). On en produit 100 000 t par an dans le monde.

Combien de prisonniers y a-t-il aux États-Unis ?

Au 31 décembre 1985, il y avait 503 601 détenus. Toutes les prisons d'État sont surpeuplées (entre 6 et 21 % au-dessus de leurs capacités). Il y a 9 ans, il y avait 300 024 détenus.

A quelle fréquence vibre la voix d'un chanteur ?

Chez les chanteurs d'opéra, 80 vibrations par seconde chez les basses à 150 chez les ténors et chez les femmes jeunes, 280 chez les sopranes.

Y a-t-il beaucoup de députés qui ont plus de 25 ans de carrière ?

Au 16 mars 1986 (soir des élections législatives), 8 députés avaient siégé sans interruption durant la Ve République : Marcel Dassault (mort depuis) ; 5 R.P.R. : Chaban-Delmas (Gironde), Grussen-Meyer (Bas-Rhin), Nungesser (Val-d'Oise), Peyrefitte (Seine-et-Marne) et Robert Wagner (Yvelines) ; 1 apparenté socialiste : Aimé Césaire (Martinique) ; et 1 non-inscrit : Jean Royer (Indre-et-Loire).
1 seul avait débuté sous la IIIe Rép., Édouard Frédéric-Dupont, élu député de Paris en 1936 et doyen de l'Assemblée après le décès de Marcel Dassault. 8 autres avaient été députés sous la IVe Rép. et l'étaient restés dans la Chambre de 1958 : Césaire (élu en 1945), Chaban-Delmas (1946), Bénouville (1951) et 5 élus le 2-1-1956 (Féron, Hersant, Seitlinger, Le Pen et Hernu).
Jacques Chaban-Delmas a présidé l'Assemblée nationale à 3 reprises étant, avec Aimé Césaire, le détenteur du record de longévité continue avec 40 années de mandat sans interruption.

Qu'est-ce que le zouk ?

Les zouks sont des fêtes organisées entre amis ou en famille. Le zouk est un style mélangé de calypso, biguine, salsa, mazurka, funk et socca, venu des Antilles.

Combien de Français réchappent à une « attaque cardiaque » par an ?

80 000 Français sont hospitalisés chaque année pour une attaque cardiaque. La durée d'hospitalisation après un infarctus est de plus en plus courte (10 à 12 jours), la convalescence est limitée en général à 3 ou 4 semaines.

Quel serait le modèle de la Statue de la Liberté ?

Pour le visage, Mme Bartholdi, mère du sculpteur.

Combien d'hommes sont morts dans l'espace ?

3 Russes, le 29 juin 1971, asphyxiés en vol, juste avant l'atterrissage de Soyouz 11 ; 7 Américains dans la navette spatiale, le 28 janvier 1986.
Par ailleurs, un nombre indéterminé de savants et techniciens russes ont été tués en U.R.S.S. en octobre 1960, une fusée ayant explosé sur le cosmodrome de Baikonour ; 3 Américains sont morts le 27-1-1967 dans l'incendie d'une cabine Apollo à Cap Kennedy, pendant leur entraînement au sol ; 1 Russe s'est écrasé le 23-4-1967 à bord de Soyouz 1, le parachute de la fusée s'étant mis en torche.

Depuis quand est-il à la mode de se faire bronzer en France ?

En 1925, Coco Chanel lance le hâle. *En mai 1935*, le chimiste alsacien Eugène Schueller, 54 ans, déjà père du shampooing Dop, met au point l'ambre solaire : un dosage d'huiles végétales traditionnelles au parfum « rosé oriental ».

Quelle sera la superficie du Grand Louvre ?

125 000 m² [superficie totale du musée avant extension : 45 000 m², aile Napoléon II, rue de Rivoli, 60 000 m², sous-sols aménagés (projet Grand Louvre), 20 000 m²]. Œuvres répertoriées : + de 250 000 ; œuvres exposées en permanence, 30 000. *Nombre prévu de visiteurs* par an env. 4 millions. *Coût du projet* Grand Louvre : 4,7 milliards.

Est-il facile de devenir Suisse ?

Les enfants d'un Suisse ou d'une Suissesse sont suisses dès leur naissance, quelle que soit la nationalité de l'autre parent. Les conjoints de ressortissants helvétiques se voient accorder des facilités de naturalisation. Il existe 26 régimes de naturalisation différents (1 par canton). Le candidat devra justifier de 12 ans au moins de séjour en Suisse (les années entre 10 et 20 ans comptant double), se soumettre à des enquêtes et à des examens pour prouver qu'il a bien assimilé la mentalité locale.

Les morts de nourrissons sont-elles fréquentes ?

1 500 à 2 000 nouveau-nés ou nourrissons meurent chaque année en France apparemment sans cause.

La comète de Halley va-t-elle disparaître ?

Elle s'approche de la Terre tous les 76 ans depuis plus de 2 millénaires. Elle mesure 15 km sur 4, et en aurait encore pour 200 000 ans à vivre, même si elle perd 60 tonnes d'eau à la seconde.

Y a-t-il beaucoup de demandeurs d'asile en Europe ?

On en comptait, par an, en **Allemagne fédérale** : 108 000 (en 1979-80), 60 000 (en 1985) (dont Polonais 6 000, Sri-Lankais 17 000, Iraniens, Turcs, Libanais, Indiens, Ghanéens, Pakistanais, Éthiopiens, Palestiniens, Afghans, Bengalis) ; en **Belgique** : 6 000 (en 1985) ; au **Danemark** : 330 (en 1983), 7 000 (en 1985) ; aux **Pays-Bas** : 2 600 (en 1984), 5 300 (les 6 premiers mois de 1985, dont 3 500 Tamouls) ; en **Suède** : 2 000 (en 1980), 13 000 (en 1985) ; en **Suisse** : 1 000 (années 70), 8 000 (dep. 1983).

Les estivants sont-ils imprudents ?

En 1985, 84 estivants sont morts noyés et 238 autres ont été blessés.

Manque-t-on de moelle osseuse ?

Dans de nombreux cas d'aplasie médullaire et de leucémie, une greffe de moelle osseuse est nécessaire. 31 000 donneurs sont recherchés. Une dizaine de malades ont bénéficié d'une greffe en 1973, 389 en 1985. Coût d'une greffe : 500 000 F.

La viande aux hormones est-elle autorisée ?

Le 20 décembre 1985, les ministres de l'Agriculture ont décidé que la production, et donc la vente de viande aux hormones devront être interdites à partir de 1988 dans toute la Communauté européenne. La Grande-Bretagne et le Danemark ont voté contre cette décision, l'Irlande s'est abstenue. En 1981, l'utilisation de certaines hormones artificielles (stylbenes et thyrostatiques) avait déjà été proscrite ; aujourd'hui la décision concerne aussi les hormones naturelles. En 1980, les organisations de consommateurs avaient lancé une campagne de boycottage du veau traité aux hormones.

Qu'en est-il de la pilule pour hommes ?

Aucune des méthodes chimiques mises au point jusqu'à présent n'a pu franchir le stade de l'expérimentation. La mise au point d'un procédé chimique de contraception masculine fiable, réversible et sans effet secondaire, est encore à inventer.

La forêt suisse dépérit-elle ?

Oui. 36 % des arbres sont atteints. La Suisse a déjà abaissé la limitation de vitesse pour réduire les gaz d'échappement, et certains cantons incitent les conducteurs à s'équiper de pots d'échappement non polluants.

Que représente le prix d'un café ?

Sur un prix de 2,10 F (en juillet 1985) : personnel 0,94, loyer 0,366, achats 0,25, T.V.A. 0,247, frais généraux 0,132, frais de siège 0,099, chauffage 0,033, amortissements 0,033.

La France, c'est...

Dans le monde. 1,1 % de la population, 0,04 % de la superficie de la Terre.

En Europe (sans U.R.S.S.). 11,2 % de la population, 5,4 % de la superficie.

C'est 22 régions, 325 arrondissements (+ 33 arr. d'outre-mer), 96 départements [+ 4 DOM (département d'outre-mer)], 3 714 cantons (3 830 avec les DOM), 36 433 communes avec les DOM, 543 965 km².

Abandon de famille. 23 237 par an.

Abus de confiance. 19 803 par an.

Académiciens. Environ 600 dont Académie française 40, sciences morales 56, sciences 130, beaux-arts 50, inscriptions et belles-lettres 45, médecine 130, Goncourt 10.

Actifs. 23 830 900 dont 17 889 000 salariés (dont 7 428 000 femmes), 3 366 000 non-salariés (dont 1 191 000 femmes).

Acupuncteurs. 10 500 dont 800 reconnus par un syndicat.

Aérodromes. 730.

Aéronautique (construction). 127 815 employés.

Aéronefs. 9 061 dont 6 589 avions dont 1 318 appartenant à des particuliers, 461 hélicoptères. 17 avions postaux.

Africains noirs. *Francophones* arrivant en France 1 573 090.

Agences de voyages. 1 366.

Agriculteurs. 1 129 567 exploitants dont 781 074 à temps complet. 1 789 880 actifs dont 215 580 de plus de 60 ans (dont 593 860 femmes).

Ail. 58 653 t produites par an.

Allergiques. 5 000 000.

Ambassadeurs en poste. 150 (128 consuls).

Animaux. Dindons 56 000 000, poules pondeuses 40 000 000, 23 672 000 bœufs, 12 845 000 moutons, 11 729 000 porcs, 1 122 000 chèvres, 312 000 chevaux, 2 000 à 3 000 grands tétras, 2 000 castors, 400 faucons pèlerins, 300 loutres, 28 gypaètes barbus, 5 à 10 lynx. Protégés : 2 espèces de hérissons. 9 espèces de mollusques. 30 espèces de serpents. 240 espèces d'oiseaux.

Archevêques. 18, évêques 122 pour 95 diocèses, 6 cardinaux.

Archives. *Nationales et départementales :* 1 785 km de rayonnage.

Armement. 400 000 personnes travaillent pour l'armement.

Artichauts. 96 000 t produites par an.

Artisans. 829 063 dont 94 429 femmes.

Aveugles. 55 000 dont 5 000 travaillent (1 300 standardistes, 1 000 musiciens, 900 masseurs, 150 sténos).

Avortements (déclarés). 170 000 par an.

Asperges. 43 398 t produites par an.

Aspirateurs. 1 597 000 produits par an.

Attentats. *Par explosifs :* 812 par an (dont Corse 513, Bretagne 9, Pays Basque 65).

Attentats à la pudeur. 6 497 par an.

Atterrissages (ou décollages). D'avions commerciaux 721 008.

Auberges de la jeunesse. 330.

Audiovisuel. 17 771 employés du service public dont TDF 3 822, FR3 3 374, Radio-France 2 969, SFP 2 549, TF1 1 420, A2 1 333.

Automobiles. *Parc* 20 940 000. 10 854 000 ménages ont 1 voiture, 4 562 760 en ont 2 ou +. *Conduites :* 2 713 284 (3 220 000 en 1979). *Importées :* 98 500, d'Allemagne 292 300, U.R.S.S. 29 400, U.S.A. 122. *Immatriculées par an :* neuves : 1 758 000, d'occasion 4 777 000. *Payant la vignette :* 23 190 000 dont 213 000 ayant de 21 à 25 ans. *Volées :* 265 030 par an.

Bacheliers. *Baccalauréat général :* 177 760 admis (*1900 :* 5 717, *1950 :* 32 362) ; *Baccalauréat de technicien :* 85 171 admis.

Ballons. 274 montgolfières, 13 ballons à gaz.

Bananes. 420 000 t importées.

Banqueroutes. 4 288 par an.

Caisses d'épargne attaquées. 270.

Banques. 21 000 guichets. **Attaquées :** 1 350.

Baptêmes. 513 000 par an (dont 6 600 après l'âge de 7 ans).

Bateaux de plaisance. 626 000 dont 416 000 à moteurs et 210 000 voiliers. 4 600 voiliers immatriculés en 1983/84 dont 39 de + de 25 tonneaux, 16 000 à voile dont 22 de + de 25 tonneaux.

Beaubourg. 27 000 visiteurs par jour.

B.E.P. 100 900 par an.

Bijouteries, joailleries, orfèvreries en métaux précieux. 2 860. **Attaquées** à main armée 274 par an.

Boissons (production). Cognac 398 000 hectolitres. Bière 21 803 000 hl. Cidre 1 177 700 hl. Champagne 190 millions de bouteilles.

Bombes atomiques. 930 charges nucléaires (U.S.A. 16 000, U.R.S.S. 24 000), totalisant 80 mégatonnes (U.R.S.S. 4 540, U.S.A. 2 100), 80 lanceurs intercontinentaux U.R.S.S. 7 919, U.S.A. 1 854, 52 lanceurs intermédiaires (U.R.S.S. 565, U.S.A. 216).

Bottin mondain. 44 000 inscrits.

Boucheries. 32 906 (hippophagiques 2 357).

Bouilleurs de crus. 1 751 000 dont 792 000 ayant distillé.

Boulangeries. 8 724, boulangeries-pâtisseries 27 523.

Bourreliers. 943.

Brevets d'invention. 24 177 délivrés.

Budget de l'État. *Recettes :* 1 016 milliards de F, dont recettes fiscales : 936 (dont impôts indirects 369, douane 75), T.V.A. 417, enregistrement 41, contributions indirectes 24, divers 10, autres 100 (dont loterie nationale 2,6, P.M.U. 2,9, amendes 2,1). *Dépenses :* 1 018 dont 239 pour l'Éducation et la Culture, 201 pour le secteur social, la santé, l'emploi, 160 pour la Défense nationale.

Bureaux de poste. 17 224 par an. 370 attaqués à main armée par an.

Café. 333 000 t importées.

Camping-cars. *Parc :* 3 922.

C.A.P. 269 800 par an.

Caravanes. *Parc.* 1 210 000.

Caviar. 50 tonnes consommées par an.

Célibataires. Hommes 12 340 000, femmes 10 991 000.

Centenaires. 3 315.

Cercles et clubs. 28 500 « Lions », 28 000 Rotariens, 3 000 Soroptimistes, 20 000 membres du Racing, 2 500 de l'Interallié, 2 100 membres de l'Automobile Club, 2 000 du Golf à St-Cloud, 1 500 du Tir aux Pigeons, 1 100 de Maxim's Business-Club, 1 000 du Jockey, 750 du Yacht-Club, 100 du Club des 100, 40 de l'Académie des Gastronomes.

Chantages. 708 affaires connues par an.

Charbon. 19 millions de tonnes produites en France + 24 millions importées.

Charcuteries. 10 813.

Chars de bataille. 1 339.

Chasseurs. 1 918 000 personnes.

Chaudronneries. 2 941.

Chaussures et autres articles en cuir (magasins). 8 063.

Chemins de fer. 34 688 km, 245 800 employés.

Chèques sans provision. 385 900 par an.

Chercheurs et ingénieurs des recherches. 93 000.

Chevaliers de Malte. 420.

Chômeurs. 2 319 000 dont 1 247 000 femmes, 2 194 000 personnes travaillant à temps partiel, 1 170 000 chômeurs indemnisés.

Cibistes. 200 000.

Cigares et cigarillos. 785 millions de produit par an.

Cigarettes. 62 milliards de produites par an dont 33 sans filtre. 88 milliards consommées.

Comédie-Française. 231 000 spectateurs par an.

Commerce. 749 957 établissements, magasins (pharmacies exclues) 367 610, 549 hypermarchés, 5 440 supermarchés, 5 908 supérettes.

Concours général. 181 lauréats (dont 64 filles) sur 4 518 candidats.

Condamnés. En cour d'assises 2 160 par an. En tribunaux correctionnels 492 000. Tribunaux de police 9 995 371. Tribunaux maritimes commerciaux 64. Juridictions de la jeunesse (décision) 154 382.

Conducteurs. *De voitures :* 9 494 000 femmes ont leur permis de conduire (soit 47 % des femmes), 14 920 000 hommes (soit 80 %). *De cyclomoteurs :* 874 000 femmes conduisent un cyclomoteur, 2 238 000 hommes.

Conduite en état d'ivresse. 53 000 cas constatés.

Conseillers. *Constitutionnels :* 10, *d'État :* 78, *économiques :* 230.

Contrefaçons. 2 400 constatées par an.

Contribuables. 15 242 012 dont 103 603 déclarant plus de 400 000 F de revenus.

Couturières. 5 916.

Crimes et délits. 3 681 453 constatés par an par la police et la gendarmerie. 781 779 Français et 140 204 étrangers mis en cause.

C.R.S. 14 500.

Curistes. 575 843. Thalassothérapie 240 000.

Décorés. 185 686 chevaliers de la Légion d'honneur, 45 318 officiers, 5 652 de la grand-croix, 455 grands officiers, 67 grands-croix, 122 424 chevaliers de l'Ordre national de Mérite (126 grands-croix, 364 grands officiers), 5 243 commandeurs titulaires médaillés militaires de la croix du combattant volontaire de la Résistance, 4 200 chevaliers du Mérite agricole par an, 5 héros de l'Union soviétique ; 2 952 villes décernées de la croix de guerre, 64 villes décernées de la Légion d'honneur, 5 de la croix de la Libération.

Délit de fuite. 44 000 cas constatés par an.

Dette de l'État (1984). 915 milliards de F.

Deux-roues. *Produits par an (ou vendus) :* cyclomoteurs 443 678 (de − de 50 cm³) ; scooters 15 141 ; motos 1 905 ; bicyclettes 1 958 000.

Deux-roues. *A moteur.* Vols 176 000 par an.

Diplômés (par an). *Licenciés* droit 9 148, Sciences éco. 3 849, Sciences 8 865, Lettres 19 410. *Maîtrise.* Droit 7 363, Sciences éco. 4 208, Sciences 8 668, Lettres 10 424. **Doctorat d'État.** Droit 189 (3e cycle 294). Sciences éco. 82 (504), Sciences 1 089 (2 596), Lettres 314 (1 912), Médecine 7 957, Chirurgie dentaire 1 736, Vétérinaire 385, Pharmacie 93 (96). **Agrégation.** 1 125. **Ingénieurs.** 12 285.

Divorces. 98 700 par an. **Divorcés.** 603 000 dont 2 de moins de 20 ans. **Divorcées.** 896 800 dont 369 de moins de 20 ans.

Écrivains. 6 000 à 6 500 publiant au moins un livre dans l'année, 945 écrivains professionnels, moins de 500 vivant de leur plume.

Éditeurs. 3 742 éditeurs (13 148 employés).

Électeurs. 31 162 000 (dont 1 055 000 de 18/19 ans). En 1986, 8 067 000 abstentions, 2 724 000 électeurs du P.C., 8 843 000 du P.S. et parti radical de gauche, 11 378 000 R.P.R.-U.D.F., 2 705 000 du Front national. En 1981 : électeurs de *F. Mitterrand. 1er tour :* 7 505 960 (*2e tour :* 15 708 262). *De V. Giscard d'Estaing. 1er tour :* 8 222 432 (2e : 14 642 306). De *J. Chirac. 1er :* 5 223 840. *G. Marchais. 1er :* 4 456 922.

Élèves. 13 856 000 dont 354 600 pensionnaires dont 1 062 300 étrangers. 5 123 000 élèves dans le secondaire, 1 175 300 dans le supérieur, 794 620 élèves sortant de l'ens. secondaire ou supérieur dont 87 000 diplômés du 2e ou 3e cycle d'études des universités ou des grandes écoles.

Élus. 317 sénateurs (dont 33 femmes), 577 députés, 81 députés européens (17 femmes), 36 473 maires (1 451 femmes), 495 691 conseillers municipaux (70 854 femmes), 1 940 conseillers régionaux.

Empoisonnements. 91 cas constatés par an.

Énarques. 155 admis par an.

Enlèvements pour rançon. *1975 :* 13, *1984 :* 1 (manqué).

Escargots. 40 000 t consommées (16 600 t importées).

Escroqueries. 244 391 par an.

Étudiants. 1 175 300 dont (1983-84). Universités 894 800 (dont droit et sciences économiques 224 000, sciences 160 000, lettres et sciences humaines 288 400, médecine et chirurgie dentaire 150 400, pharmacie 39 800, divers 32 200, instituts universitaires de technologie 57 400, sections de techniciens supérieurs 93 000, classes préparatoires aux grandes écoles 44 000, ENI et centres de formation PEGC 21 100, écoles d'ingénieurs 40 400, écoles supérieures de commerce et de gestion 24 600. 44 003 élèves de prépa. aux grandes écoles, 93 027 aux sections de techniciens supérieurs).

Excès de vitesse. 899 000 cas constatés par an.

Fausse monnaie. 15 550 cas constatés par an.

Faux en écriture. 25 906 par an.

Femmes. 26 000 000 dont 8 459 680 actives.

Fers à repasser. 3 037 000 produits par an.

Films. 113 longs métrages produits, 9 234 distribués, 5 293 projetés dont 3 430 étrangers. A la télé : 450 en 1983 dont 166 français.

Filouteries. 17 310 par an.

Foire à la ferraille. 80 000 visiteurs.

Fonctionnaires. De l'État 2 580 143, des collectivités publiques 1 035 527, agents des hôpitaux, hospices, maisons de retraites 742 067.

Forêts. Incendies 4 659 par an (*en 1976 :* 88 344 ha, *1978 :* 11 360, *1983 :* 53 729).

Français. 55 282 000 habitants. *Jeunes :* il y a en France 16 120 300 de moins de 20 ans. 11 843 500 de moins de 15 ans. 7 073 200 de plus de 65 ans. 781 000 de moins d'un an. 880 000 ont 18 ans. *Nonogénaires :* 159 584 (dont 126 000 femmes). 10 173 400 **Franciliens** (habitant l'Ile-de-France), 2 319 905 **Lorrains**, 2 176 243 **Parisiens**, 1 566 048 Alsaciens, 1 350 979 **Normands**, 332 610 **Auvergnats**, 210 000 **Corses** en Corse (400 000 émigrés), 70 000 **Bretons**, 40 000 **Basques** parlant basque.

Francs-maçons. 54 800 dont Grand Orient 30 000 ; Grande Loge de France 14 800, Grande Loge nationale française 6 200, féminine 6 200.

Fraudes fiscales. 908 constatées par an.

Fromages. 1 202 000 t produites dont d'appellation contrôlée gruyère 38 068, roquefort 14 720, cantal 19 039, camembert 6 724.

Fugueurs mineurs. 30 000 par an.

Gares de voyageurs. 5 520.

Gardes champêtres. 7 874.

Gendarmes. 88 353 (25 tués en service, 1 448 blessés en 1984).

Handicapés. 1 300 000 de moins de 20 ans (dont 40 000 arriérés profonds, 50 000 handicapés moteur, 3 200 aveugles), 2 600 000 de plus de 20 ans.

H.E.C. 256 admis sur 3 264 candidats.

Herboristes. 120.

Homéopathes. 1 500 (plus de 10 000 occasionnels).

Homicides. 2 582 dont 295 crapuleux par an.

Horlogers. 7 443.

Hôtels (homologués). 19 384 (représentant 481 045 chambres) dont 135 de luxe 4 étoiles (18 213 chambres).

Hypermarchés. 580, supermarchés 5 917, supérettes 5 888.

Incendies. 9 060 par an.

Industrie spatiale. 10 400 employés.

Infanticides. 81 cas constatés par an.

Infractions (aux règles de la circulation routière). 17 044 000 cas constatés par an.

Infractions constatées. 20 726 000 par an.

Insoumis. 1 000 par an.

Inspecteurs des Finances. 143.

Instituts de beauté et de manucure. 7 082.

Jésuites. 1 043 (907 Bénédictins, 698 Pères blancs, 107 Carmes Déchaux, 36 Pallotins).

Journaux. 3 146 (143 quotidiens dont 172 bandes dessinées, 25 journaux de cœur, 26 à sensations, 29 journaux de jeunes, 96 journaux sportifs). 8 milliards d'exemplaires par an.

Langues anciennes. 28 779 élèves apprennent le latin en terminale (dont 19 769 filles), 176 422 en 4e (dont 103 332 filles), 4 316 apprenant le grec (dont 2 942 filles [11 115 en 4e (4 703 filles)]. Langues régionales. 10 647 apprennent l'occitan, 3 756 apprennent le breton, 2 962 apprennent le corse, 18 676 apprennent le basque.

Lave-linge. Parc : 17 900 000.

Laveries, blanchisseries, teintureries de détail. 8 179, **laveries automatiques** (au poids). 963.

Lave-vaisselle. 264 000 produits par an.

Légionnaires. 8 356 (1 600 nouveaux par an).

Librairies. 20 800 dont 600 librairies générales.

Lignes EDF (haute tension). 605 490 km.

Livres. 365 millions d'exemplaires de livres produits par an dont 160 millions de nouveautés. 3 771 livres scolaires édités chaque année. 6 029 romans contemporains (2 786 nouveautés), 924 livres d'histoire (551 nouveautés), 5 275 livres pour la jeunesse (2 085 nouveautés), 30 millions de romans rose par an, 5 737 livres de poches (563 polars et espionnages), 2 529 ouvrages traduits (dont 951 de l'anglais, 724 de l'américain, 256 de l'allemand, un en norvégien).

Locomotives. 165 produites par an.

Logement. 19 590 000 résidences principales dont 10 584 000 maisons individuelles (dont 148 000 sans eau). 2 265 000 résidences secondaires. 1 854 000 logements vacants.

Loterie. 21 982 279 billets placés.

Machines à tricoter. 35 600.

Magnétoscopes. 1 000 000.

Maisons de jeunes et de la culture. 1 200, adhérents 1 000 000.

Malades. 10 643 000 hospitalisés par an + 378 358 hospitalisés en établissements psychiatriques. 12 302 cas de tuberculose, 974 de rougeole, 867 de méningite, 740 de scarlatine, 57 cas de coqueluche (5 516 en 1961).

Marbreries funéraires. 1 766.

Marché aux Puces. 1 500 boutiques.

Maréchaux-ferrants. 3 803.

Mariages. 273 000 par an (dont 217 500 mariages religieux).

Mariés. 13 071 300 hommes dont 64 de 17 ans. 12 900 000 femmes dont 27 de 14 ans.

Marins. 24 500 dans la marine marchande. **Embar-** 10 584.

Médecine (exercice illégal). 1 290 cas constatés par an.

Médicaments. 4 721 (10 104 présentations).

Médiateur (national). 1.

Ménages. 20 277 000.

Métro. 3 550 agressions par an. 200 000 fraudeurs par jour.

Militaires. 557 893 (dont terre 296 480, air 95 978, mer 66 345).

Mineurs. Mineurs de fond 25 200, mineurs de jour 19 900.

Ministres. 38 dont 1 Premier ministre, 1 ministre d'Etat, 13 ministres, 10 ministres délégués, 13 secrétaires d'État.

Moissonneuses-batteuses. Parc : 118 200.

Monuments historiques. 11 854 classés dont 4 237 églises, 1 283 châteaux.

Morts. 559 600 par an dont 6 800 de moins d'un an, 13 200 de 95 ans et plus. 134 472 morts par cancer dont 53 706 femmes. 270 décès dus à l'anesthésie (sur 3 500 000 interventions chirurgicales chaque année), 257 morts par overdose (1984), 53 morts de syphilis. **Morts suspectes.** 15 000 par an. **Morts en 1984.** 1 143 tuberculeux. 134 422 cancéreux. 7 208 diabétiques. 111 008 cardiaques. 627 grippés. 10 447 tués sur la route en 1985 (11 525 en 1984) dont 1 760 piétons, 2 149 usagers de 2 roues (dont 536 bicyclettes), 7 561 autom., 55 divers). 58 personnes mortes en mer (25 par chavirement). 220 tués dans des accid. de chemin de fer en 1984 (265 en 1983).

Motocycles immatriculés par an. Neufs 90 283, d'occasion 231 319.

Musées. 1 400 publics (22 millions de visiteurs par an).

Myopes. 4 600 000 portant des lunettes (sur 23 000 000 porteurs de lunettes).

Naissances. 768 000 par an (dont 119 000 enfants naturels) dont 615 enfants de « vieux » (de mère de + de 45 ans).

Naturalisés. 39 695 personnes.

Naturistes. 500 000.

Navires de guerre. 6 sous-marins lanceurs d'engins, 107 bateaux de combat dont 16 sous-marins d'attaque, dont 2 nucléaires, 2 porte-avions, 1 porte-hélicoptères. **Navires marchands.** 349 en service dont 26 navires à passagers dont 2 paquebots, 10 bananiers, 63 pétroliers, 243 cargos.

Nobles. 10 000 familles nobles d'apparence, 3 500 nobles authentiques dont 1 famille remontant au IXe siècle, 2 remontant au Xe s., 9 au XIe s. 823 titres réguliers (40 ducs, 146 marquis, 193 comtes, 37 vicomtes, 406 barons).

Objecteurs de conscience. 1 717 (1984).

Oranges. 1 681 t produites par an.

Ordinateurs. 1 789 grands.

Opéra de Paris. 337 000 spectateurs par an.

Outrages et violence à dépositaire de l'autorité. 20 000 par an.

Pamplemousses. 287 t produites par an.

Parcs. 6 parcs nationaux, 22 parcs naturels régionaux.

Paroisses. 38 370 paroisses dont 15 561 avec un curé résident.

Partis (membres ou militants). R.P.R. 885 000. P.C. 610 000 (104 000 cotisants). U.D.F. 300 000. P.S. 210 000. P.R. 190 000. Parti radical 60 000. C.D.S. 50 000. Front national 25 000. Communistes révolutionnaires (L.C.R.) 2 500. Lecteurs de journaux anarchistes 15 000. Royalistes 3 600. Écologistes Verts (inscrits) 1 000.

Passages à niveau. 22 035 (dont 4 103 gardés).

Pêche. 9 630 navires. 18 677 marins (604 de grande pêche).

Pêcheurs. *Professionnels.* 11 871 ; *à la ligne* 2 266 900 (dont 1 907 300 *au lancer*).

Permis de conduire. *Défaut :* 55 000 cas constatés par an (retraits 233 042 en 1985).

Pétrole. 2 100 000 t produites en France + 72 500 000 t importées.

Pharmacies agressées. 700 par an.

Pilotes de ligne. 1 600.

Piscines. 110 000.

Policiers. 111 000 [dont 2 700 femmes (dont 78 commissaires)], 13 500 inspecteurs de police, 1 900 commissaires, 63 000 policiers en tenue.

Pompistes agressés. 615 par an.

Polytechnique. 367 admis sur 2 041 candidats.

Population urbaine. 73,4 % des Français habitent en ville (94,6 % des Belges).

Port d'arme prohibé. 12 566 cas constatés par an.

Postiers. 478 000.

Préfets de police. 8.

Présidents de conseils régionaux. 22 dont 22 U.D.F., 14 R.P.R., 2 P.S.

Prêtres. 37 550, 115 nouveaux prêtres admis par an (1 020 en 1951), 291 diacres permanents.

Prisonniers détenus. 44 437 (dont 21 989 prévenus au 1-2-1986). Femmes 3,3 % (1985).

Prisunics. 350.

Prix littéraires. 1 500 (de 0 à 300 000 F).

Procès. 2 007 332 en 1re instance (par an), 134 135 en appel, 17 917 en cassation (dont 9 358 différents immobiliers entre voisins, 24 161 litiges en matière de construction, 33 851 au sujet d'accidents de la circulation, 150 237 du droit du travail).

Professeurs. 629 974, dans l'enseignement public dont 39 328 à l'université.

Propriétaires. 9 929 000 Français sont propriétaires de leur logement.

Prostituées. 15 600 à 30 000 professionnelles, 60 000 occasionnelles.

Proxénètes. 15 000.

Proxénétisme. 598 cas constatés par an.

Radio. *Amateurs :* 13 329. *Heures d'émission :* Radio nationale : 38 118 heures, stations décentralisées de Radio-France 109 163 h, en arabe 118 h 45′, en polonais 118 h 45′, en serbo-croate 1 540 h.

Recherches dans l'intérêt des familles. 13 800 par an. *Recherchés.* 237 000 Français sont recherchés par le service central de police de l'air et des frontières.

Réfrigérateurs. 410 000 produits par an.

Religieuses. 76 500 (319 novices).

Religieux. 13 300.

Religion. 45 504 000 catholiques baptisés, 8 800 000 pratiquants, 2 000 000 musulmans, 785 000 protestants, 650 à 750 000 juifs, 60 bouddhistes tibétains.

Résidences principales volées. 236 631 par an. **Secondaires.** 20 841.

Restaurants. *3 étoiles* dans le Guide Michelin 20 (sur 10 405 restaurants cités). *4 étoiles* dans le Bottin gourmand 14 (sur 7 497 cités). Super 4 toques dans le Gault-Millau 9 (sur 3 179 cités).

Rose-croix. 165 000.

Routes nationales. 33 698 km dont 5 467 km d'autoroutes.

Saint-Cyrien. 172 candidats à Saint-Cyr par an (64 candidats à Navale).

Salons de coiffure. 49 859.

Santé. *Professions :* 271 253 infirmiers. 118 000 médecins, 33 648 chirurgiens-dentistes, 43 662 pharmaciens, 8 660 sages-femmes, 33 341 masseurs-kinésithérapeutes, 6 167 pédicures.

Satellites artificiels. 23 lancés.

Scouts. 116 400.

Séminaristes. 1 200 (8 500 en 1949).

Séquestration de personnes. 365 par an.

Service militaire. 433 000 h. par contingent dont 269 000 appelés incorporés, 116 000 exemptés.

Sidérurgistes. 104 561.

Spectacles. 10 400 employés.

Sociétés. 2 887 250 dont 1 834 720 personnes physiques, 371 687 S.A.R.L., 128 137 Stés anonymes, 139 362 associations loi de 1901, 159 498 Stés civiles, 104 823 administrations, 149 023 autres.

Solaire (énergie). 59 000 logements l'utilisent dont 31 000 maisons individuelles. *Énergie géothermique* 111 000.

Sourds. 3 800 000 malentendants (dont 115 000 très sourds) dont 450 000 de moins de 18 ans.

Sportifs pratiquants (hommes et, entre parenthèses, femmes). Rugby 2 116 882, foot 1 682 892 femmes 24 625 hommes, tennis 761 089 (428 527), ski 447 138 (301 624), judo 292 076 (73 067), basket 180 329 (160 802), karaté 77 438 (15 817), golf 34 240 (19 469), parachutisme 29 140 (7 146), jeu à XIII 23 881 (336), tir à l'arc 16 716 (4 565), quilles 16 224 (2 260), boxe 14 177 (334), boxe française 9 481 (124), lutte 9 081 (904), hockey 6 264 (1 799), billard 3 547 (556), longue paume 1 364 (157), char à voile 1 134 (230), ballon au tambourin 713 (51), jeu de paume 572. *Sportifs licenciés.* 11 367 313.

Stewards et hôtesses de l'air. 5 713.

Studios de photographie. 8 340.

Sucre. 1 865 000 t consommées.

Suicides. 11 958 (femmes 3 437) dont 269 en prison, 183 dans le métro et le R.E.R.

Tailleurs. 2 552.

Taxis. 25 551 dont 14 300 à Paris (agressés 161).

Télévision. 18 349 107 postes dont 11 418 000 couleurs, 3 888 000 noir et blanc. 2 155 000 construits par an. Heures d'émission : 10 895 h par an.

Terrains de camping. 8 115. Libres 2 000.

Terrains de sports. Plein air 76 615, couverts 19 824.

Terrorisme international. Attentats 10.

Tracteurs. 1 532 300.

Transplantations cardiaques. 300 réalisées en France.

Trains. 13 900 circulant chaque jour dont 1 400 rapides et express, 3 700 régionaux, 4 300 de marchandises, 4 500 trains de banlieue. 776 millions de voyageurs par an.
825 000 voy. par jour sur le réseau principal, 1 303 000 sur le réseau de banlieue. 45 100 sur le T.G.V.

Truffes. 10 t produites (besoins : 400 t).

Trufficulteurs. 2 100.

Toxicomanes. 1 000 000 (dont 180 000 héroïnomanes, 50 000 cocaïnomanes). 25 519 cas de toxicomanie constatés par an (2 942 en 1974), 3 275 trafics de stupéfiants.

Vacanciers. 31 100 000 dont 29 200 000 partant l'été, 14 300 000 l'hiver. 8 250 000 partant à l'étranger (dont Espagne 1 597 000, Italie 1 269 000, les pays de l'Est 205 000).

Vagabondage, mendicité. 2 597 cas constatés par an.

Veufs. 648 000 dont 9 de 18 ans.

Veuves. 3 207 500 dont 14 de 15 ans.

Vidéoclubs. 4 000.

Vierges noires (statues). 205.

Villes. 221 de + de 30 000 habitants. 3 agglomérations de + de 1 000 000 d'habitants (Paris 8 706 963, Lyon 1 220 844, Marseille 1 110 511).

Vin. 63,2 millions d'hl produits.

Viols. 35 000 par an (1 600 plaintes).

Visiteurs. Centre Pompidou 7 367 000, tour Eiffel 4 369 000, Versailles 3 610 000, Louvre 3 211 000, musées de l'Armée (y compris tombeau Napoléon) 1 270 000, zoo 943 000, Arc de Triomphe 736 000, musée Grévin 606 000.

Viticulteurs. 622 000.

Voies navigables. 6 423 km, péniches 4 769.

Vols (par an). 3 183 662. *A main armée* 7 661 (dont Paris 1 435) par an. *Contre les femmes* 27 553 sur la voie publique. *Cambriolages* (vols avec effraction) 436 000.

Bilan

Économique et financier

Activité économique. Voir aussi les chapitres Situation économique p. 1448, Finances et Fiscalité p. 1591 et Index.

Balance des paiements courants. Solde, en milliards de F. *1976* − 16,4, *1977* − 2,2, *1978* + 31,6, *1979* + 22,1, *1980* − 17,6, *1981* − 25,8, *1982* − 79,3, *1983* − 35,7, *1984* − 6,6, *1985* + 3.

Comparaison avec les autres pays en 1985 (est., entre parenthèses en 1984), en milliards de $: Canada − 1,9 (+ 1,5), U.S.A. − 117,8 (− 107,4), Japon + 49,3 (+ 35), All. féd. + 13,1 (+ 5,6), France + 0,3 (− 0,8), G.-B. + 2,3 (+ 0,7).

Balance du commerce extérieur. Solde (Fab). En milliards de F. *1980* − 62, *1981* − 59,4, *1982* − 93,3, *1983* − 43,6, *1984* − 20, *1985* − 29,6. Comparaison avec les autres pays en 1985 (entre parenthèses en 1984), en milliards de $ (solde Fab-Caf) : Canada + 10,5 (+ 12,9), U.S.A. − 132,2 (− 107,8), Japon + 45,9 (+ 33,7), All. féd. + 25,7 (+ 19), France − 10,1 (− 10,3), G.-B. − 8,4 (− 10,9).

Bourse. *Émissions de valeurs mobilières.* Actions et parts de S.A.R.L., et obligations (émissions brutes, hors titres participatifs) en italique, en milliards de F. *1977* 14,7, *49,4*, *1978* 17,1, *57,8*, *1979* 18, *65,5*, *1980* 26,1, *111,7*, *1981* 33,1, *106,9*, *1982* 44,8, *154,7*, *1983* 45,6, *193,7*, *1984* 51,3, *242,1*, *1985 (est.)* 69,9 *316*.

Capitalisations en milliards de F. 1981 799,7, *1982* 978,3, *22,3*, *1983* 1 305,8, *1984* 1 645,3, *1985* 2 141,4.

Indice général des valeurs françaises à revenu variable. Évolution en % : 1975 + 28,4, *1976* − 17, *1977* − 6, *1978* + 46,6, *1979* + 17, *1980* + 10,3, *1981* − 17, *1982* + 0,2, *1983* + 16,4, *1985* + 45,7.

Budget (total des dépenses) [1]. Évolution en milliards de F (courants) ; entre parenthèses, en % ; en italique, taux d'inflation (en % en moyenne annuelle). *1975* 373,6, *1976* 414,1 (10,8) *9,6*, *1977* 463,1 (11,8) *9,4*, *1978* 537,2 (16) *9,1*, *1979* 616,8 (14,8) *10,8*, *1980* 713,2 (15,6) *13,6*, *1981* 877,1 (23) *13,4*, *1982* 1 016,7 (15,9) *11,8*, *1983* 1 122,7 (10,4) *9,6*, *1984* 1 245,4 (10,9) *7,4*, *1985* n.c. [2].

Nota. — (1) Lois de règlement. (2) Loi de finances initiale 1 006, contre 950,1 en 1984 (+ 5,9 %).

Déficit budgétaire. En milliards de F et, entre parenthèses, en % du P.I.B. *1975* 38,2 (2,6), *1976* 20,2 (1,2), *1977* 18,3 (0,97), *1978* 34,3 (1,6), *1979* 37,6 (1,5), *1980* 30,3 (1,1), *1981* 80,9 (2,6), *1982* 98,9 (2,8), *1983* 129,6 (3,3), *1984* 146,2 (3,4), *1985* 153 (3,3).

Dette extérieure. *Flux d'emprunts annuels autorisés :* voir p. 1595.

Endettement brut total (à moyen et long terme, selon le min. des Fin.). En milliards de F et, entre parenthèses, en milliards de $. *31-12-82* 295,4 milliards de F, 44,2 milliards de $ (1 $ = 6,73 F), *31-12-83* 451 (53,7) (1 $ = 8,401 F), *31-12-84* 528,5 (60,5) (1 $ = 8,739 F), *31-12-85* 469 (52,2) (1 $ = 8,98 F).

Par rapport au P.I.B., la part de l'endettement brut est plus élevée en France que dans les grands pays industrialisés : en % : All. féd. 1, U.S.A. 4, Japon 4, G.-B. 5, *France 10,3*.

Service (remboursement annuel du capital et des intérêts), en milliards de F : *1984* 68, *1985* 77, *1986* 88, *1987* 99, *1988* 119.

Dette interne. En milliards de F : *1980* 418, *1981* 500, *1982* 617, *1983* 780, *1984* 920, *1985* 1 100 (est.). Par rapport au P.I.B., elle est passée de 16,8 % en 1980 à 34,6 % en 1984.

Mais la dette brute des administrations publiques (État, collectivités locales, Séc. soc.) est plus faible en France que dans les autres grands pays ind. Total en % du P.I.B. et, entre parenthèses, intérêts versés : *France 34,8 (2,8)*, All. féd. 42,2 (3), U.S.A. 46,2 (4,9), G.-B. 56,9 (5), Japon 68,4 (4,6), It. 56,9 (9,6).

Charge annuelle. Elle a plus que triplé de 1980 à 1984 : en milliards de F : *1980* 28, *1981* 48, *1982* 53, *1983* 74, *1984* 89, *1985* 92.

Épargne des ménages. *Évolution de la rémunération du livret A :* négative (taux d'intérêt moyen, y compris les primes de fidélité, inférieur au taux d'inflation) dep. 1974, la rémunération est devenue positive à partir de 1984. Écart entre le taux d'intérêt et le taux d'inflation en points : *1974* − 8,9, *1975* − 2,1, *1976* − 3,4, *1977* − 2,5, *1978* − 3,2, *1979* − 5,3, *1980* − 6,3, *1981* − 6,3, *1982* − 1,2, *1983* − 1,2, *1984* + 0,4, *1985* + 1,5.

Création du livret d'épargne populaire (27-4-1982). Voir Épargne p. 1565. Structure. De 1980 à 1984, évolution au profit des placements à long terme : part des valeurs mobilières (actions, obligations) dans le total, en %, *1980* 26, *1984* 31.

Taux d'épargne (en % du revenu disponible). 1975 18,6, *1978* 17,5, *1979* 16,2, *1980* 14,9, *1981* 15,8, *1982* 15,7, *1983* 14,4, *1984* 13,5, *1985* 12,4.

Énergie. *Évolution du cours moyen du pétrole brut en France (en F, par tonne). 1973* 120, *1974* 377, *1975* 381, *1976* 452, *1977* 491, *1978* 464, *1979* 580, *1980* 1 019, *1981* 1 466, *1982* 1 694, *1983* 1 745, *1984* 1 896, *1985* 1 852.

Évolution de la facture pétrolière (en milliards de F constants 1985). 1973 49,5, *1974* 138, *1975* 103, *1979* 129, *1980* 174, *1981* 182, *1982* 159, *1983* 135, *1984* 146, *1985* 126.

Inflation. Après s'être accélérée en 1981, elle s'est nettement ralentie dep. 1982, mais son taux reste supérieur à celui des autres grands pays industrialisés. *Évolution en %, en moyenne annuelle. France 1976* 9,9, *1977* 9,1, *1978* 8,9, *1979* 10,7, *1980* 13,4, *1981* 13,2, *1982* 11,7, *1983* 9,7, *1984* 7,5, *1985* 6. Voir p. 1643.

Investissement industriel (hors énergie, B.T.P. et entreprises nationales [1]). *Évolution en % : 1976* + 9,5, *1977* – 2,3, *1978* – 2,5, *1979* + 0,5, *1980* + 7,5, *1981* – 5,4, *1982* – 6,7, *1983* – 1,6, *1984* + 9,3, *1985* + 9 ; *1976-80* + 12,7, *1981-85* + 4,6.

Nota. — (1) Ces investissements ne représentent que 18,8 % de l'inv. total (en 1985, 160 milliards de F sur 852).

P.N.B. (ou P.I.B.). *En volume,* en % en 81 (1er ch.), 82 (2e ch.), 83 (3e ch.), 84 (4e ch.), 85 (5e ch.). *France : 0,6, 2, 0,7, 1,75, 1,1* [U.S.A. : 1,75, – 1,75, 3,5, 6,75, 2,3 ; Japon : 3,75, 2,50, 3, 4,6, 4,8 ; All. féd. : – 1, 1,25, 1,3, 2,5, 2,3 ; G.-B. : – 2, 0,5, 2,5, 2, 3,4 ; O.C.D.E. : 1,2, 0,4, 2,2, 4,5, 2,8 ; C.E.E. : 0,7, 0,1, 0,8, 2,2, 2,1]. **Moyenne annuelle en 1970-73** (1er ch.), **1974-79** (2e ch.). *France : 5,6, 3,1* [U.S.A. : 4,7, 2,7 ; Japon : 8,1, 3,7 ; All. féd. : 3,9, 2,4 ; G.-B. : 4,2, 1,3].

Prélèvements obligatoires. Évolution en % du P.I.B. du total des prélèvements obligatoires (impôts, cotisations sociales et prélèvements divers). *1975* 37,4, *1976* 39,4, *1977* 39,4, *1978* 39,5, *1979* 41,1, *1980* 42,5, *1981* 42,8, *1982* 43,8, *1984* 45,4, *1985* (est.) 45,4. [Japon *75* 21, *80* 25,9, *85* 28,8 ; U.S.A *75* 29,6, *80* 30,3, *85* 28,7 ; G.-B. *75* 35,7, *80* 36, *85* 37,6].

Pression fiscale sur les revenus des ménages. De 1974 à 1981, augmente pour la plupart des ménages (proportionnellement plus pour les revenus modestes). *De 1981 à 1985,* diminue pour la majorité d'entre eux (env. 15 millions de contribuables) et proportionnellement plus pour les revenus modestes. Le nombre des non-imposables passe de 6,4 à 9,1 millions ; par contre, la pression augmente pour les hauts revenus et grandes fortunes : impôt sur les grandes fortunes (103 000 contribuables), relèvement des droits de succession au-delà de 3,4 millions de F par héritier, tranche d'impôt à 65 % (129 000 contribuables), réduction d'impôts liée au quotient familial pour les revenus de + de 464 000 F (176 000 contribuables).

Variation de la pression fiscale (pour un salaire ayant évolué comme l'inflation). Salaires bruts en F en 1985, entre parenthèses, variation en % en 1981-1974 et en italique en 1986-1981. *Célibataire : 60 000* (+ 10,3) – *8,5. 140 000* (+ 1,9) – *5,6. 300 000* (– 3,3) – *0,1. 400 000* [1] (+ 0,7) + *1,7. 500 000* (+ 0,4) + *2. Marié sans enfant : 60 000* (+ 26,3) – *9,3. 140 000* (+ 13) – *8,3. 300 000* (+ 0,8) – *0,2. 400 000* [1] (– 2,3) –*0,1. 500 000* (– 4,1) – *0,1. Marié deux enfants : 60 000* (n.c.) *(n.c.). 140 000* (+ 11) – *8,3. 300 000* (+ 12,1) – *0,3. 400 000* [1] (+ 2,1) – *0,2. 500 000* (+ 0,7) + *1,7.*

Nota. — (1) Sur 15 millions de contribuables imposables à l'impôt sur le revenu, 330 000 seulement ont un revenu imposable supérieur à celui qui équivaut à un salaire brut de 400 000 F.

Production industrielle. En moyenne, elle a stagné durant la période 1981-85, alors qu'elle a augmenté dans les autres grands pays industrialisés. Variation annuelle, en % (*source :* O.C.D.E.), en 81 (1er ch.), 82 (2e ch.), 83 (3e ch.), 84 (4e ch.), 85 (5e ch.) : *France* – *1,* – *2,* + *1,* + *2, 0* [U.S.A. + 2,2, – 7,1, + 6, + 11,4, + 2,2 ; Japon + 1, + 0,3, + 3,6, + 11,1, + 4,3 ; All. féd. – 1,5, – 2,9, + 0,7, + 3,4, + 5,5 ; G.-B. – 3,1, + 1,5, + 3,6, + 1,3, + 4,8 ; C.E.E. – 2,1, – 1,7, + 0,8, + 3, + 3,5 ; O.C.D.E. + 0,2, – 3,6, + 3,1, + 7,3, + 3,3]. Variation moyenne annuelle (en %) en 1973-78 (1er ch.), 1981-85 (2e ch.) : *France* + *1, 0* [U.S.A. + 2,6, + 2,8 ; Japon + 1,5, + 4 ; All. féd. + 1, + 1 ; G.-B. + 1,8, + 1,6 ; C.E.E. –, + 0,7 ; O.C.D.E. + 1,9, + 2].

Productivité. *Évolution de la productivité horaire du travail, en moyenne annuelle en %.* Ensemble des branches marchandes (hors agriculture et services du logement) dont ind. manufacturières et services : *1973-79* + 3,6 (+ 5,2, + 1,9). *1979-85* + 2,6 (+ 3,9, + 2,4). *Évolution de l'ensemble de la productivité par tête (idem) : 1973-79* + 2,6. *1979-85* + 1,7.

Réserves officielles de change. Après avoir décru en 1982, elles ont augmenté dep. 1983 mais cette progression est en partie liée à la réévaluation du stock d'or (et non à son accroissement) et aux emprunts contractés à l'étranger. En milliards de F, fin mars, *total* dont avoirs en or (2e ch.), en ECU (3e ch.) et en devises (4e ch.) ; *1981 370,8* (227, 80,6, 45,4), *1982 301,4* (197,4, 65,9, 34,3), *1983 351,1* (247,1, 65,3, 30), *1984 430,1* (259,1, 80,6, 75,3), *1985 463,1* (257, 71,7, 116,1), *1986 411,6* (210,3, 78,6, 122,7).

Situation des entreprises. *Nombre de faillites : 1973* 9 441, *1978* 15 589, *1980* 17 375, *1981* 20 895, *1982* 20 462, *1983* 22 474, *1984* 24 378. *Nombre de créations : 1980* 73 500, *1981* 78 600, *1982* 78 800, *1983* 81 400, *1984* 88 500, *1985* (est.) 105 000.

Taux d'épargne (marge disponible après impôts, intérêts et dividendes : % de l'épargne brute par rapport à la valeur ajoutée) : *1971* 15,4, *1975* 10,9, *1976* 11,4, *1977* 11,5, *1978* 12,5, *1979* 12,9, *1980* 11,6, *1981* 9,4, *1982* 9,1, *1983* 9,7, *1984* 11,5, *1985* (estim.) 13,1.

Taux d'autofinancement [1] (% de l'épargne par rapport à la formation brute de capital) : *1971* 66,2, *1975* 61, *1976* 60,5, *1977* 63,6, *1978* 72,3, *1979* 76,1, *1980* 62,7, *1981* 51,5, *1982* 51,7, *1983* 61,1, *1984* 70,7, *1985* 71,6. En % de la valeur ajoutée : *1975* 27, *1980* 29,2, *1983* 29,9, *1985* 29,4. *Endettement* (en milliards de F). *Stés et quasi-stés non financières* [1] : total (1er ch.) en italique, dette à court terme (2e ch.), dette à long terme (3e ch.). *1978 114,1,* 39,6, 46,8 ; *1979 143,* 54,6, 57,4 ; *1980 191,6,* 81,1, 75,3 ; *1981 202,9,* 77,9, 67 ; *1982 239,7,* 102,9, 86,8 ; *1983 250,* 66,2, 112,3 ; *1984 286,9,* 78,2, 105,2. *Entreprises individuelles : 1978 9,* 0,4, 8,6 ; *1979 24,6,* 6,4, 18,1 ; *1980 28,* 5, 23 ; *1981 15,5,* 2,4, 13,1 ; *1982 35,2,* 6,4, 28,8 ; *1983 14,4,* 2,9, 11,5 ; *1984 26,3,* 7,3, 19.

Nota. — (1) Sans les « grandes entreprises nationales » : C.D.F., G.D.F.-E.D.F., S.N.C.F., R.A.T.P., Air France, Air Inter, P.T.T.

La forte hausse des taux d'intérêt réels [1] (*1980* 0,2 %, *1985* 7 %) pénalise l'investissement industriel dont la rentabilité atteint rarement 7 % (au profit du désendettement et des inv. financiers). Taux des emprunts de 1re catégorie diminué de l'inflation. *Taux d'investissement* [2] (formation brute du capital fixe par rapport à la valeur ajoutée). En % : *1974* 18,2, *1975* 16,4, *1976* 17, *1977* 16, *1978* 15,3, *1979* 14,8, *1980* 15,7, *1981* 15,5, *1982* 15,2, *1983* 14,3, *1984* 14,2, *1985* 14,5. *Taux de profitabilité* [1] (différence entre taux de rentabilité et taux d'intérêt réel). En % : *1974* 12,3, *1975* 5,5, *1976* 5,4, *1977* 2,8, *1978* 4,6, *1979* 8,4, *1980* 5,9, *1981* 3, *1982* – 5,1, *1983* – 3,2, *1984* – 4,4, *1985* – 4,2.

Nota. — (1) Taux des emprunts de 1re catégorie diminué de l'inflation. (2) Des sociétés privées non agricoles.

Situation financière du secteur public. *Résultats annuels des entreprises publiques non fin.* (total des excédents et déficits), en milliards de F : anciennes (1er ch.), nouvelles (2e ch.), *total : 1980* + 0,4, – 2,4, – *2, 1981* – 10,6, – 9,3, – *19,9, 1982* – 21,4, – 17,7, – *39,1, 1983* – 22,3, – 12,6, – *34,9, 1984* – 22,3, – 14,1, – *36,4.*

Coût pour le budget de l'État du secteur public, en milliards de F ; loi de Finances initiale (1er ch.) et loi de Finances rectificative (2e ch.), *total : 1980* 34,2, 1,1, *35,3 ; 1981* 36,7, 6,6, *43,3 ; 1982* 45,5, 12,8, *58,3 ; 1983* 64,4, 2,4, *66,8 ; 1984* 73,6, – 1,6, *72, 1985* (l. de F. initiale) 75,4.

Dotations en capital (en millions de F). 1982 7 970, *1983* 14 698, *1984* 13 641, *1985* 14 629, *1986* (l. de F. initiale) 10 915.

Endettement à moyen et long terme de quelques entreprises publiques, en milliards de F, en 1980, 1982, 1983, 1984 : E.D.F. : 93, 150, 189, 234 ; G.D.F. : 11, 22, 25, 30 ; C.D.F. : 8, 12, 15, 18 ; S.N.C.F. : 26, 46, 66, 73 ; total : 138, 230, 295, 355. La dette des Stés du secteur concurrentiel a presque doublé de 1981 (103 milliards de F) à 1985 (+ de 200 milliards de F).

Taux de change en F

Années	$	D.M.	Livre Sterling	Yen
Mars 1980	4,526	2,35	9,715	0,017
Avril 1981	5,407	2,38	11,434	0,0248
Mai 1982	6,09	2,60	11,0055	0,0256
Juin 1983	7,66	3,033	12,17	0,0331
Mai 1984	8,20	3,077	11,535	0,0359
Juin 1985	9,36	3,047	11,97	0,0377
Mars 1986	7,23	3,07	10,58	0,039
30-7-1986	6,80	3,24	10,26	0,042

Valeur du Franc. De mai 1981 à mars 1983, le F a subi 3 dévaluations (5-10-81, 14-6-82, 21-3-83) et il s'est fortement déprécié par rapport aux monnaies des grands pays industrialisés, mais en 1984 il ne s'est déprécié que par rapport au $ et au yen, et en 1985 il s'est apprécié par rapport au $. Il a été dévalué le 6-4-86 (– 6 % par rapport au D.M.).

Social

Voir aussi Enseignement p. 1150, Vie pratique (logement, travail...), Salaire p. 1627 et Index.

● **Chômage.** *Évolution du nombre de chômeurs* (au 31-3, en milliers) *1981* 1 657,2, *1982* 1 964,5, *1983* 2 017,1, *1984* 2 217, *1985* 2 419,8, *1986* 2 388,5 [1].

Chômage en % de la pop. active en 1981, 1982, 1983, 1984, 1985 : *France : 7,3, 8, 8,1, 8,7, 10,3 ;* U.S.A. : 7,5, 9,5, 9,5, 7,7, 7,2 ; Japon : 2,2, 2,4, 2,6, 2,7, 2,6 ; All. féd. : 4,4, 6,1, 7,5, 7,3, 8,4 ; G.-B. : 10,6, 12,3, 13,2, 13,3, 13 ; O.C.D.E. : 6,7, 8,2, 8,7, 8,2, 8,2 ; C.E.E. : 7,8, 9,1, 10,1, 10,4, 10,4.

Évolution du nombre de demandeurs d'emplois : du 31-12-1975 au 31-12-1980 : + 631 000 (+ 68 %) ; *du 31-12-1980 au 31-12-1985 :* + 746 000 (+ 49 %), en tenant compte de 180 000 T.U.C.

Durée du chômage. Moyenne, en jours : *1977* 199, *1981* 265, *1983* 317, *1984* 327, *1985* 334, *1986* (au 31-3) 338.

Évolution de l'emploi. Total de l'effectif dont salariés entre parenthèses en milliers au 31-12 : *1975* 21 184 (17 421), *1976* 21 465 (17 748), *1977* 21 586 (17 909), *1978* 21 581 (17 933), *1979* 21 665 (18 051), *1980* 21 605 (18 030), *1981* 21 508 (17 975), *1982* 21 583 (18 118), *1983* 21 367 (17 969), *1984* 21 082 (17 748), *1985* 21 257 (17 900). Du 31-12-1980 au 31-12-1985, le nombre d'emplois a baissé de 348 000 (salariés : – 130 000) alors que du 31-12-1975 au 31-12-1980 il avait augmenté de 421 000 (salariés : + 609 000).

Nota. — (1) Selon l'indicateur A.R.I.E.S. (interprétant les recommandations du Bureau international du Travail), il y avait 2 776 000 chômeurs au 31-3-1986.

● **Salaires, revenus, pouvoir d'achat et consommation.** A la hausse due à la politique initiale de relance, ont succédé, selon les cas, un ralentissement de celle-ci, une stagnation ou même une baisse, dues à la polit. de rigueur (cf. plan Delors de 1983, p. 1592), puis une légère amélioration en 1985. *Évolution du pouvoir d'achat des revenus* (en %), en 1980, 1981, 1982, 1983, 1984, 1985 : taux de salaire horaire des ouvriers : + 1,6, + 2,1, + 2,7, + 0,7, – 0,7, + 1,1 ; SMIC : + 1,7, + 7,7, + 4,1, + 0,7, + 2,2, + 2,1 ; masse des salaires nets : + 0,1, + 1,4, + 0,4, – 0,9, – 1,9, – 1,1 [1] ; revenu disponible brut : + 0,1, + 2,8, + 2,6, – 0,7, – 0,7, 0,5. *Évolution : 1981-85* 4,5 (0,9/an en moyenne contre 2,6 en 1976-80) [U.S.A. 15,4, Japon 13,9, It. 4,1, G.-B. 3,8, P.-Bas – 0,9, Belg. – 1,2, All. féd. – 1,6]. *Évolution des prestations sociales (en %) : 1972-82* + 6,8/an en moyenne, *1982* + 6,8, *1983* + 2,2, *1984* + 2, *1985* + 1,5. *Évolution de la consommation en volume (en %) : 1972-82* + 3,2/an en moyenne, *1982* + 2,1, *1983* + 0,9, *1984* + 0,5, *1985* + 2,1.

Nota. — (1) Selon le Centre d'étude des revenus et des coûts, d'oct. 1981 à oct. 1985, le pouvoir d'achat des salaires mensuels nets a baissé de 0,6 % par an en moyenne.

● **Budget de la Sécurité sociale.** Dep. 1983, le freinage des dépenses (quasi-blocage des dép. hospitalières, relèvement du ticket modérateur sur certains médicaments) et les majorations de recettes (cotisations majorées, taxes et impôts nouveaux...) ont permis le rétablissement de l'équilibre fin., mais on prévoit pour 1986 un déficit de 17,5 milliards de F pour le régime général.

Évolution des dépenses de l'assurance-maladie (en %), en mars, en F courants 1er ch. et en *F constants : 1981* 16,1, *2,4, 1982* 19,6, *5,2, 1983* 15,4, *4,2, 1984* 11,8, *3, 1985* (est.) 5,5, *0.*

Situation fin. du régime général (en milliards de F) : *1975* – 3,3, *1976* – 0,9, *1977* + 5,8, *1978* – 10,8, *1979* + 0,1, *1980* + 10,7, *1981* – 6,6, *1982* – 7,7, *1983* + 11,2, *1984* + 16,6, *1985* + 18,6 (est.).

Évolution des taux de cotisation du régime général en % du salaire total, au 1-1 de l'année ; total (1er ch.), dont part des assurés (en italique), et des employeurs (entre parenthèses). *1976* 1,4, *0,7* (0,7), *1977-78* 2,5, *1,2* (1,3), *1979* 4,6, *2,6* (2), *1980* 5,8, *3,8* (2), *1981* 5,9, *3,9* (2), *1982-83-84* 6,4, *3,9* (2,5), *1985* 7,2, *4,7* (2,5).

Quelques mesures

• **En faveur des travailleurs et salariés. Travail.** *Réduction de la durée à 39 h par semaine* (ordonnance du 16-1-82) et *généralisation de la 5e semaine de congés payés* (id.).

Nouveaux droits pour les travailleurs : lois du 4-8-82 sur les libertés dans l'entreprise, 28-10-82 sur les institutions représentant le personnel, 13-11-82 sur la négociation collective, 23-12-82 sur le comité d'hygiène, de sécurité et des conditions de travail, et du 21-7-1983 sur la démocratisation du secteur public. Travail temporaire et à temps partiel : meilleure protection des salariés.

Retraite. *Abaissement de l'âge* par le départ volontaire (ordonnance du 26-3-82 et accord du 4-2-83). *Alignement des régimes complémentaires* sur la retraite à 60 ans (accord du 4-2-84).

Sécurité sociale. Rétablissement du principe de l'élection des conseils d'administration des caisses de protection soc. du régime gén. (loi du 17-12-82). Abrogation des ordonnances de 1967.

Chômage. Rétablissement des droits sociaux des chômeurs non indemnisés. Création des travaux d'utilité collective (T.U.C.) pour des jeunes en août 1984 (164 000 fin 1985).

Fonction publique. Renforcement des droits syndicaux, loi sur le principe d'égalité d'accès aux emplois publics.

En faveur de la famille. *Revalorisation des allocations familiales :* de mai 1981 à janvier 1986, elles sont passées de 251,40 F à 532,20 F pour une famille de 2 enfants [augmentation : nominale + 111,7 % (réelle + 46,2 %)], de 710,60 F à 1 213,70 F pour les familles de 3 enfants [+ 70,8 % (+ 18 %)]. *Allocations nouvelles :* parentale d'éducation (1 500 F/mois au 1-1-86), au jeune enfant (764 F/mois au 1-1-86).

En faveur des femmes. Loi du 13-7-1983 sur l'égalité professionnelle entre hommes et femmes.

• **Politique de décentralisation.** *Principales lois :* 2-3-1982 (loi « cadre »), 7-1 et 22-7-1983 (dévolution des compétences de l'État), 2-3 et 30-7-1982 (région Corse), 26-1-1984 (statut de la fonction publique territoriale). Administration locale voir page 654 et Corse page 722.

• **Recours par l'exécutif à certains pouvoirs constitutionnels.** Dénoncés quand la gauche était dans l'opposition.
Ex. ordonnances, vote bloqué.

• **Modification du mode de scrutin de l'élection des députés.** Voir p. 641.

• **Audiovisuel : autorisation des radios privées** (29-7-1982), de la publicité sur les radios privées (1-8-1984). Voir Information p. 1030.

Dernière heure

Académies. Élus. Ac. française. *26-6* Jacques Laurent (n. 1919). **Ac. des Inscriptions et Belles-Lettres.** *6-6* Claude Nicolet (n. 15-9-1930).

Accident maritime. *Juillet* exploration du *Titanic* avec petits sous-marins Alvin et robots (coulé à 3 950 m de prof. le 15-4-1912, à 725 km au S.-E. de Terre-Neuve, 1 513 †).

Agriculture. *Depuis le 21-3* 200 000 hl de vin en provenance d'Italie soumis à contrôle, 55 000 hl contenant du méthanol détruits en France.

Armement. Commandes étrangères d'armement reçues par la France en 1985 : 44,5 milliards de F (61,8 en 1984, 41,6 en 1983).

Astronautique. *20-2* lancement d'une nouvelle station spatiale soviétique, Mir. *22-2* 16e tir de la fusée Ariane (France) ; échec. Destruction de la fusée et de 2 satellites, dont Spot. *18-4* explosion fusée Titan 34-D porteuse d'un satellite espion militaire, 5 mn après sa mise à feu, à Vandeberg (Californie). Coût : 65 millions de $ + 500 millions de $ pour le satellite. *3-5* fusée Thor-Delta porteuse d'un satellite météo., détruite 71 s après son lancement de Cap Canaveral (Floride). Coût : env. 87,6 millions de $. *31-5* 18e tir de la fusée Ariane ; échec. Destruction de la fusée porteuse du satellite Intelsat V-F 14. Coût : 105 millions de $. *15-6* la Chine accepte de lancer, avec ses fusées Longue Marche III, des satellites américains depuis Hawaii.

Astronomie. *29-3* l'Union astron. intern. approuve le projet de donner les noms des victimes de Challenger à 7 astéroïdes situés entre Mars et Jupiter et découverts entre 1980 et 1984 par l'observatoire Lowell de Flagstaff (Arizona). *Juillet* découverte de l'objet céleste le plus éloigné de la Terre : un quasar situé à 12 milliards d'années-lumière. L'univers, selon la thèse du « big-bang », serait né il y a 14 à 15 milliards d'années de l'explosion d'un objet ayant un diamètre inférieur à celui d'un atome, qui contenait une énergie ultra-concentrée. En un dix millième de milliardième de seconde, le diamètre aurait été porté à 10 cm puis, au bout d'une seconde, à mille milliards de km, tandis que seraient apparues les particules constitutrices de la matière actuelle.

Beaux-Arts. Colonnes de Buren. *5-5* communiqué du min. de la Culture annonçant l'achèvement de la commande publique passée à Daniel Buren en juin 1985, pour la cour d'honneur du Palais-Royal. **Ventes publiques.** *10-3* lettre P. Gauguin, 3 pages in-4, 215 000 F. *6-4* fanion personnel du Mal Pétain, en soie brodée, 35 000 F. *9-4* lettre de 3 p. de Léon Trotski (1936), 43 000 F. *9-4* « Jeune fille à l'éventail » de Marie Laurencin (1941), 1 120 000 F. *11-4* statue égyptienne en serpentine représentant la princesse Isis (XVIIIe dynastie du Nouvel Empire), 2 300 000 F. *13-4* « Les enfants luttant », pastel de P. Gauguin (Pont-Aven, 1888), 2 450 000 F ; « l'Age d'airain », bronze de Rodin, Enghien, 1 000 000 F. *20-4* fauteuil d'amour [partie du mobilier de la chambre d'Édouard VII au Chabanais (1890)] 220 000 F ; « Le pianiste », automate à musique, 210 000 F. *26-4* « Autoportrait », pastel de Chardin (1773) 6 603 000 F. *7-5* 2 éléphants en bronze de Bugatti (1907-1908), Paris, 2 261 000 F. *16-5* édition originale de « La Chartreuse de Parme », de Stendhal, Drouot, 125 000 F. *18-5* Psautier du XIIe s. (vers 1200) 7 800 000 F. *Mai* plats de porcelaine provenant du « Geldermalsen », bateau de la Compagnie hollandaise des Indes orientales coulé vers 1747, 334 000 F pièce. *26-5* tapisserie de Bruxelles (1530-50) 650 000 F. *2-6* écran de foyer en ébène massif de Sue et Mare, 220 000 F. *4-6* manuscrit autographe du « Journal du voleur » de Jean Genet, 1 700 000 F ; 1 exemplaire sur Japon ancien de « Calligrammes » d'Apollinaire, relié par Paul Bonet, 800 000 F ; édition originale de « l'Enchanteur pourrissant », d'Apollinaire, illustré par Derain, 350 000 F ; originales de Proust, édition « Du côté de chez Swann », dédicacé à Anatole France, 680 000 F ; « A l'ombre des jeunes filles en fleurs », dédicacé à Robert de Montesquiou, 680 000 F ; manuscrit en partie autographe du « Bal du Comte d'Orgel » de Radiguet, 520 000 F ; Originale des « Poésies » de Cocteau avec envoi à Radiguet, 165 000 F ; 12 lettres autographes d'Éric Satie à Jean Cocteau, 490 000 F ; Seconde édition, en partie originale des « Fleurs du Mal » de Baudelaire, 495 000 F ; « Les Trophées » de J.-M. Hérédia, originale avec reliure de Charles Meunier, 160 000 F ; « La jeune Parque » de Valéry, avec reliure de Legrain, 220 000 F. *16-6* Monet 10 780 000 F. *20-6* Paris : affiche de l'Appel du 18 juin 1940, 100 000 F. *29-6* Mantegna, 17 760 000 F. « La Visite du médecin » par Frans van Mieris, 3 552 000 F. **Vols.** *21-5* Irlande : 1 Goya, 1 Vermeer, 1 Gainsborough, 2 Rubens, 2 Metsu, 2 Guardi, 1 Vestier, 1 Palamadesz, dérobé, vraisemblablement par des nationalistes irlandais *27-5* le « Front de libération de la Franche-Comté » revendique le vol des 9 toiles de maîtres dérobées le 27-10-85 au musée Marmottan, à Paris.

Cours des porcelaines chinoises, voir page 372c

Cinéma. *Coluche* inaugure à Lille le 1er des Restaurants du Cœur, destiné à servir 200 000 repas par jour, entre le 21-12-85 et le 22-3-86. *Best-sellers du marché français,* en 1985 (en millions d'entrées) : Rambo II (U.S.A.) 5,5, Les Spécialistes (Fr.) 5,2, Trois hommes et un couffin (Fr.) 4,6, Les Ripoux (Fr.) 3,4, Le Flic de Beverley-Hills (U.S.A.) 2,8, Terminator (U.S.A.) 2,8, La Déchirure (G.-B.) 2,7, Retour vers le futur (U.S.A.) 2,7, Profs (Fr.) 2,5, Parole de flic (Fr.) 2,5. *Les Français préfèrent le foot au ciné :* par rapport au Mundial 82, la baisse des entrées est de 33 %. Semaine du 17-6-86 : 525 600 entrées (830 000 habituellement). Le 21-6, 47 000 (180 000).

Commerce extérieur. *3-7 France :* après avoir atteint 10 milliards de $, l'endettement extérieur de l'État est ramené à 2,3 milliards de $.

Consommation. Consommation mondiale d'alcool, la France figure au 16e rang (2,2 litres d'alcool pur par an et par hab.), derrière Luxembourg (6,7), Europe de l'Est (2,8 à 5,1), U.S.A., Canada et Espagne (2,8), All. féd. et P.-Bas (2,3), mais devant Suède et Suisse (2,1). Le Français est le 3e consommateur mondial de vin (82 litres/an) derrière l'Italien et le Portugais.

Décès. 1986 *19-2* André Leroi-Gourhan (n. 1912), ethnologue. *8-3* Bernard Malamud (n. 26-4-1914), écrivain américain. *21-3* Duchesse d'Aoste, sœur du comte de Paris. *22-3* Louis Glangeaud (n. 14-7-1907), géologue Académie des Sciences. *3-4* Kléber Berrier (n. 24-12-1889), dernier « Taxi » de la Marne. *12-4* Valentin Kataev (n. 16-1-1897), romancier et auteur dramatique soviétique. *15-4* Jean Genet (n. 1916), écrivain. *20-4* Jean-Jacques Gautier (n. 26-11-1908), critique de théâtre, romancier de l'Académie française. *24-4* la duchesse de Windsor a légué l'essentiel de sa fortune à l'Institut Pasteur. *Avril* Robert Marjolin (27-7-1911), professeur agrégé, membre de l'Institut. Dominique Ponchardier (n. 1917), auteur de la série des « Gorilles » et ambassadeur. *9-5* Arndt von Bolen und Halbach (fils d'Alfried Krupp) (n. 24-1-1934), le dernier des Krupp. *23-5* Altiero Spinelli (n. 1907), Italien, l'un des « Pères de l'Europe ». *5-6* Henri Michel (n. 1907), historien. *14-6* Jorge Luis Borges (n. 1900), écrivain d'origine argentine. *16-6* Christian Beullac (n. 1924), ancien ministre. *23/24-6* Edgar Tailhades (n. 12-1-1904), sénateur du Gard. *28-6* Jean Lacroix (n. 1900), philosophe. *Juin* Benny Goodman (musicien de jazz). Maurice Duruflé (n. 1902), organiste et compositeur. *5-7* Mado Point (n. 1898), restauratrice. *9-7* Gérard Schneider (n. 1896), peintre. *Juillet* Duc de Castries (n. 1908), Fr., académicien. Raymond Loewy (n. 1894), Fr., esthéticien industriel. Claire Motte (n. 1937), Fr., danseuse. *13-7* Édouard Lepinski, Pol., économiste. *19-7* André Lacaze (n. 1918), Fr., journaliste. *24-7* Fernand Pouillon (n. 1912), architecte français. *25-7* Hubert Dubedout (n. 1922) en montagne, PS, ancien maire de Grenoble. Vincente Minnelli (n. 1910), réalisateur américain. *26-7* Averell Harriman (n. 1892), homme politique américain. *30-7* Fritz Albert Lipman (n. 1899), allemand, prix Nobel de médecine, 1953.

Défense nationale. *11-7* un avion Stealth s'écrase en Californie (U.S.A.).

Économie. **Faim dans le monde.** *25-5* à l'appel de l'association Sport Aid, 20 millions de personnes, dans 75 pays courent sur 10 km en signe de solidarité avec « l'Afrique qui a faim ». *26-5* plus de 3 millions d'Américains, main dans la main, forment une chaîne humaine de l'Atlantique au Pacifique, pendant 15 minutes, en faveur des pauvres aux États-Unis. *27-5* session spéciale de l'O.N.U. consacrée aux problèmes de développement de l'Afrique. **Pêche.** *24/26-5* au large de Terre-Neuve, course poursuite entre un garde-côte canadien et 2 chalutiers espagnols qui avaient « kidnappé » 4 contrôleurs canadiens qui leur reprochaient d'enfreindre la réglementation canadienne des pêches. *9/11-6* près de 300 chalutiers basques espagnols bloquent, pour la 2e fois en 2 semaines, l'embouchure du fleuve entre Hendaye et Fontarabie, empêchant les pêcheurs français de sortir. **Chantier naval de Normed.** *26-6* les licenciés toucheront au minimum 200 000 F. **Entreprises les plus déficitaires** (enquête publiée par le magazine américain Fortune, 4-8-1986). Rang mondial en chiffre d'affaires et, en italique, pertes en milliers de $. Renault 30 *1 215,9.* Siderurgica Nacional 470 *771,8.* Y.P.F. 103 *697,1.* I.R.I. 3 *664.* Sacilor 87 *585,1.* British Steel 105 *516.* Petro-Canada 136 *505,9.* Usinor 123 *381,7.* Alusuisse 156 *281,3.* E.F.I.M. 171 *238,8.*

Énergie. *Juillet* chargement de la centrale nucléaire de Cattenom.

Enseignement. **Baccalauréat 1986.** 384 012 candidats, 262 931 admis. *Enseign. général :* 252 851 candidats, 177 760 admis (70,2 %, *67,9 % en 1985*) dont : *A* 67 347 c., 48 130 a. (71,7 %, *69 %*), *B* 68 268 c., 43 905 a. (75,5 %, *62 %*), *C* 44 099 c., 34 656 a. (78,7 %, *75 %*), *D* 63 446 c., 44 246 a. (70,1 %, *67,9 %*), *D'* 1 886 c., 1 155 a. (61,3 %, *62,7 %*), *E* 7 805 c., 5 668 a. (72,3 %, *67,5 %*). *Enseign. technique :* 131 161 c., 85 171 a. (64,7 %, *64,8 %*) dont : *F* 37 099 c., 24 212 a. (65 %, *66,1 %*), *F8* 11 992 c., 8 564 a. (71,2 %, *72,1 %*), *G1, G2, G3* 79 273 c., 50 316 a. (63,3 %, *62,7 %*), *F11, F11'* 339 c., 309 a. (91,1 %, *97,5 %*), *F12* 350 c., 282 a. (78,3 %, *73,1 %*), *H* 2 098 c., 1 488 a. (70,9 %, *70,7 %*).

Environnement. *1-7* la plupart des plages polonaises de la Baltique sont interdites à la baignade (pollution bactériologique). *Juillet* Tchernobyl : 100 000 rennes devront être abattus et enterrés à 3 m sous terre en Suède ; ils présentaient un taux de 2 000 becquerels (limite autorisée 300).

États. **Afghanistan.** *23-6* pour la 1re fois, un représentant officiel de l'Alliance islamique des moudjahidin est reçu à Matignon par J. Chirac. **Afrique du Sud.** *5-6* 2 cargos soviétiques et un bateau cubain touchés lors de l'attaque sud-africaine contre le port angolais de Namibie. *9/10-6* affrontements à Crossroads (près du Cap) : 17 †. *24-6* 2 attentats dans le centre de Johannesburg, 20 blessés. *2-7* bombe à Johannesburg, 8 blessés (5 Blancs). Abolition officielle des lois sur l'« Influx Control » et les « pass ». *4-7* bombe dans la banlieue blanche de Pretoria : 20 bl. dont 5 grièvement (9 Blancs). **All. dém.** *7-5* 12 à 15 Allemands de l'Est auraient tenté de passer à l'Ouest en utilisant une rame du métro est-berlinois. Certains auraient été tués au cours d'une fusillade, les autres exécutés après jugement. *16-6* les autorités distribuent aux Occidentaux de nouveaux laissez-passer infalsifiables et renoncent à leur imposer la présentation de leurs passeports. *1-7* information démentie par l'agence officielle ADN. **All. féd.** manifestations antinucléaires. *18-5* à Wackersdorf : 300 blessés dont 200 policiers, 40 arrestations. *7-6* à Broksdorf (commandos de chocs armés) contre forces de l'ordre : 24 policiers et 3 manifestants blessés, 150 arrestations. *9-7* 1 dirigeant de Siemens et son chauffeur tués par gauchistes. **Algérie.** *21-5* env. 15 000 Touaregs en situation irrégulière ont été reconduits vers le Niger et le Mali. **Angola.** *4-6* l'UNITA perd le contrôle de la ville de Cangumbe. **Argentine.** *28-4* le plan austral qui a permis de réduire l'inflation d'un rythme mensuel de 30 % à 30 % en année pleine, commence à donner des signes d'essoufflement. Amélioration du climat social avec l'annonce de la reprise de la concertation entre le gouvernement et les partenaires sociaux. *28-4* Conseil suprême des forces armées acquitte, « faute de preuves », le lieutenant Astiz, accusé de nombreux enlèvements et disparitions. *16-5* prison pour les principaux responsables de la défaite des Malouines (amiral Jorge Anaya 14 ans, général Leopoldo Galtieri 12 ans, général d'aviation Basilio Lami Dozo 8 ans). Les 3 sont dégradés. *6-7* José Lopez Rega, extradé par les États-Unis. **Australie.** *27-5* à Londres, Greenpace appelle les États de la C.E.E. à boycotter les importations de viande et de peau de kangourous, les quotas d'abattage autorisés étant dépassés chaque année (1,8 million de kangourous tués en 1985, 2,6 millions en 1986). **Autriche.** *9-6* démission du chancelier Fred Sinowatz, remplacé par Franz Vranitzky. *10-6* démissions de Leopold Gratz, min. des Affaires étrangères, et de Günter Haiden, min. de l'Agriculture. *9-7* Kurt Waldheim prend officiellement ses fonctions de président. **Bahreïn.** *26-4* l'armée du Qatar enlève 29 techniciens et ouvriers étrangers sur l'îlot de Facht-al-Dibel, revendiqué par les 2 pays. *12-5* ils sont libérés. **Bangladesh.** *7-5* élections parlementaires : fraudes massives, nombreuses violences (env. 25 † et 500 bl.). *25-5* le général Ershad constitue un nouveau gouvernement marqué par la violence. **Barbade.** *28-5* élections législatives : le parti travailliste démocratique (Errol Barrow remporte 24 sièges sur 27 contre le parti travailliste de la Barbade (et le P.M. sortant, Bernard St-John). *29-5* Errol Barrow, Premier ministre. **Belgique.** *25-6* Paul Vanden Boeynants (ancien P.M.) condamné à 3 ans de prison avec sursis et 620 000 FB (95 000 FF) d'amende pour fraude fiscale et usage de faux. **Brésil.** *9-6* après 100 jours du « plan tropical » lancé le 28-2 (blocage des prix, des salaires et la création d'une monnaie forte, le cruzado), l'inflation est passée des 400-500 % annuels à moins de 1 % en 3 mois. **Canada.** *30-6* remaniement ministériel. **Chili.** *12-6* état d'urgence reconduit pour 90 jours ; manifestations : + de 200 arrestations. *16-6* attentat dans le métro de Santiago (1 †, 7 bl. dont 3 grièvement). Grève dans l'enseignement : une centaine d'étudiants et d'enseignants interpellés. *2-7* grève générale de 48 h ; 3 † à Santiago. **Chine.** *27-5* arrivée à Paris du dalaï-lama pour 4 jours. *6-7* le yuan est dévalué de 15,8 %. *Juillet* 1re faillite d'une usine annoncée depuis 1949. **Colombie.** *25-5* Virgilio Barco, « libéral », élu Pt. *1-7* 30e voyage du pape, retour prévu le 7-7. **Corée.** *20-5* un étudiant s'immole par le feu à Séoul. Bataille entre 5 000 étudiants et 1 000 policiers. **Cuba.** *Mai* total des dettes de l'État envers des créanciers publics : 3,5 milliards de $; ralentissement de la croissance, 3 à 3,5 % (4,8 en 1985) ; mauvaise récolte de sucre, 7 millions de t (8,3 en 1985) ; chute du prix du pétrole (baisse de la valeur des réexportations cubaines de pétrole soviétique). **Égypte.** *21-5* déficit budgétaire 56 milliards de F prévu pour 1986-87 (4,9 à 5,5 milliards de livres égyptiennes). *22-5* Omar El Telmessani (n. 1904), décédé. **Équateur.** *1-6* élections législatives et référendum : 58 % env. des suffrages aux partis de gauche et du centre hostiles au pouvoir. **Espagne.** *29-4* arrestation en France de Domingo Iturbe Abasolo, dit « Txomin », considéré comme le no 1 de l'E.T.A. et recherché pour assassinat en Espagne. *17-6* à Madrid, 3 militaires † dans attentat. *22-6* élections législatives : parti socialiste 44,06 % des voix (46 % en 1982), coalition populaire, 26 % (25 %) ; participation : 70,77 %. *13-7* Txomin expulsé de France. *14-7* attentat à Madrid, 8 †. **États-Unis.** *Mai* déficit commercial des 5 1ers mois de 1986 : 69,7 milliards de $ (55,4 même période de 1985). *17-5* près de Washington, un ptérodactyle mécanique, créé par l'Américain Paul McCready, s'écrase après 5 mn de vol. Coût : 700 000 $. *2-7* la Cour Suprême donne raison à une loi de Georgie assimilant à des crimes la sodomie et les relations sexuelles entre couples illégitimes. *3-7* pour le centenaire de la statue de la Liberté, F. Mitterrand y assiste. *20-6* Reagan opéré (2 polypes au côlon). **Grèce.** *Mai* inflation 24,5 % pour les 12 derniers mois (17 % entre mai 1984 et mai 1985). **Haïti.** *15-4* gel des avoirs de Jean-Claude Duvalier en Suisse. **Hongrie.** *2-7* mort du cardinal-primat Laszlo Lekaï. **Inde.** *23-3* Union Carbide offre 350 millions de $ pour dédommager les victimes de Bhopal. L'Inde réclame 1 milliard de $. *14-4* A Hardwar, lors de la fête religieuse de Khum Mela, ruée vers le fleuve, au moins 50 †. *16/17-6* réunion annuelle du consortium d'aide à l'Inde : 4,5 milliards de $ promis. *13-7* Goudjerât, affrontements entre hindous et musulmans, 40 †. **Irlande.** *8-4* rapt de Mme Guinness (libérée 16-4, ravisseurs arrêtés). **Israël.** *21-7* Shimon Pérès, P.M., reçu par Hassan II, roi du Maroc. **Italie.** *3-6* la lire « lourde » (valant 1 000 anciennes lires) devient la monnaie officielle. *14-6* inculpation de 19 militants d'extrême droite soupçonnés d'avoir participé à l'élaboration de l'attentat contre la gare de Bologne en 1980. *22-6* élections régionales en Sicile : démocrates-chrétiens 38,1 % des voix, socialistes 15 %, communistes 19 %. **Japon.** *6-7* élections générales. Le P.M. Nakasone remporte 304 sièges sur 502 à la Chambre basse (P.L.D.). **Jordanie.** *7-7* fermeture de 25 bureaux de l'O.L.P. **Koweït.** *17-6* incendies d'installations pétrolières (sabotage). *3-7* dissolution de l'Assemblée nationale. **Liban.** *16-6* Georges Saadé succède au Dr Élie Karamé à la présidence du parti phalangiste. *21-6* arrivée à Orly de 2 otages libérés, P. Rochot et G. Hansen. **Malaisie.** *7-5* parti chrétien obtient 60 % des voix au Sabah. *7-7* 2 trafiquants de drogue australiens arrêtés en nov. 83. **Mali.** *6-6* P.M. Mamadou Dembélé. **Maroc.** *27-6* le roi propose à l'Algérie et à la Tunisie la constitution d'une Assemblée maghrébine. *Juillet* + d'1 million de Marocains émigrés (enfants compris) dont : France 605 000, Belgique 123 000, P.-Bas 120 000, All. féd. 43 000, Espagne 32 000. *26-7* Hassan II quitte la présidence du sommet de la Ligue arabe (qu'il occupait depuis 1982). **Micronésie.** *17-5* l'O.N.U. met fin à la tutelle des U.S.A. **Nicaragua.** *3-7* 32 civils tués par une mine de la Contra. **Nigeria.** *5-7* l'ancien Pt Shebu Shagari est libéré après plus de 2 ans et demi de détention. **Nlle-Calédonie.** *26-6* procès de Koindé (assassinat des gendarmes), 10 ans de réclusion pour le principal inculpé. *23-7* Jean Montpezat nommé Haut-Commissaire de la République. **Pérou.** *20-6* mutineries du Sentier lumineux dans les prisons (+ de 350 †). *25-6* attentat contre « train des touristes » à Cuzco : 8 †, 35 bl. **Philippines.** *3-7* 40 miliciens civils exécutés par les rebelles communistes. *6-7* putsch échoue en faveur de M. Tolentino. **Pologne.** *31-5* Zbigniew Bujak, responsable clandestin de Solidarité arrêté. *15/16-6* Wiktor Kulerski le remplace. **Portugal.** *13/14-7* attentat à Lisbonne, 2 †. **Royaume-Uni.** *7-5* des extrémistes protestants tuent une jeune femme prot. ayant épousé un catholique. *8-5* revers des conservateurs aux élections locales et partielles. *10-6* Patrick Magee de l'IRA, reconnu coupable de l'attentat de Brighton contre Mme Thatcher, le 12-10-84. **Sri-Lanka.** *28-6* inflation remonte de 6 % (triplement des dépenses militaires). **Suisse.** *Juin* inflation 0,8 % sur un an. **Thaïlande.** *27-7* élect. législatives : P. dém. thaïl. 100 s., p. Chart Thai 63 s. P.A.S. 51 s. **Tunisie.** *20-6* devant la faible proportion de candidats reçus au baccalauréat, Bourguiba annonce une « session exceptionnelle » pour septembre. *3-7* accord de principe pour le déblocage des avoirs des rapatriés français (concerne 12 à 15 000 Français). *8-7* Bourguiba rem-

Vainqueurs du Tour de France depuis l'origine,
voir page 1684

place le P.M. Mzali par Rachid Sfar (min. de l'Économie et des Finances). **U.R.S.S.** *26-4* annonce de la construction, près de Moscou, du plus grand accélérateur de particules du monde. **Viêt-nam.** *Juillet :* Truong Chinh (n. 1907), secr. gén. du P.C. **Yémen.** *1-7* pour la 1re fois depuis la guerre civile du Sud, les présidents des 2 Yémen se rencontrent à Tripoli.

Famille. *28-4* bombe au siège parisien des associations adversaires de l'avortement. *1-7* application de la loi du 23-12-85 permettant aux Français de rajouter le nom de leur mère à leur patronyme.

Femmes. *11-7* U.S.A. Paula Cooper (16 ans), 1re mineure condamnée à mort (pour meurtre d'une veuve de 78 ans).

Finances. *16-6* la Banque de France ramène le taux d'intervention de 7,25 % à 7 %.

Impôts. *France.* Allègements fiscaux pour 1987 : 25 milliards de F.

Information. Publicité. *Agences. 7-5* Pierre Dauzier (n. 31-1-1939) directeur général d'Havas à la suite de la démission d'André Rousselet (25-4). *30-4* après la fusion entre BBDO, DDB et Needham Harper (U.S.A.), la nouvelle holding devient le no 1 mondial de la publicité. *12-5* le groupe britannique Saatchi and Saatchi les dépasse. *28-6 Festival du film publicitaire à Cannes :* grand prix aux Américains, 16 lions pour la France. **Presse.** *Enquête C.E.S.P. 1985, nombre de lecteurs des principaux quotidiens nationaux* (lecture d'un numéro moyen au cours de la période des 6 derniers jours, échantillon 15 133 personnes) : le Monde 1 473 000, le Parisien 1 255 000, l'Équipe 1 178 000, Libération 886 000, le Matin 445 000, la Croix 287 000. *21-5* « L'Oise libérée » publie son dernier numéro. *26-5* Le « Chasseur Français » diffusé à 545 000 ex. en 1985, racheté par Didot-Bottin. *2-6* « L'Express » annonce la création de 4 suppléments : « L'Express-Sport » (parution le 3-10), « L'Express-Économie » (10-10), « Style-Express » (17-10), « L'Express-Science (24-10). *6-6* l'A.F.P. accuse un déficit de 63,7 millions de F pour 1985 (15 en 1984). *26-6* « Les Nouvelles littéraires » suspendent leur parution. *18-7* Yves Montenay, pétrolier indépendant, rachète la majorité de Minute. **T.V.** *Nombre d'heures diffusées de télévision* (hors publ.). Estimations 1985, source Bipe, par an. TF1 4 800 h, A2 4 800, FR3 nationale 2 000, FR3 (chaînes régionales) 11 000, Canal + 7 700, RTL-TV 4 700, Télé Monte-Carlo 2 100. *TF1 : 31-3* Hervé Bourges annonce un déficit pour 1985 de 85 millions de F (*1983* 10, *1984* 20) et présente pour 1986 un budget en équilibre. *Juillet* rapport de l'Inspection des Finances : déficit (en millions de F) 191,4, endettement à court terme 1981 : 0, 1986 : 500 ; à long terme 1986 : 150. *Privatisation de l'audiovisuel : 14-5* François Léotard annonce que TF1 serait privatisé immédiatement. *21-5* 5 000 personnes manifestent contre. *28-5* sondage IPSOS-Le Point, 56 % des Français sont contre la privatisation de TF1, 29 pour et 15 ne se prononcent pas. *28-5* selon le sénateur Jean Cluzel le déficit réel de TF1 s'élève à 200 millions de F pour 1985 (au lieu des 85 reconnus par H. Bourges). *29-5* le ministère de la Culture annonce qu'une même personne ou société ne pourra détenir plus de 25 % du capital de TF1 privatisée. *7-6* 10 000 personnes à la République manifestent contre la privatisation de TF1. *Antenne 2 : 16-4* J. Seydoux, Pt de la 5e chaîne, offre 4 milliards pour acheter Antenne 2. *La « 5 » : 16-4* le Conseil d'État annule partiellement le décret du 18-1, la « 5 » ne doit plus diffuser de films. *21-4* Havas et la Compagnie luxembourgeoise de télédiffusion prêts à reprendre la 5e chaîne. *S.F.P. : 2-7* Bertrand Labrusse, P.-D.G., démissionne. *9-7* François Lemoine (48 ans) nommé P.-D.G. *2-8* le gouvernement résilie par décrets les concessions de la 5 et de la 6 (entrée en vigueur prévue 31-1-87). **Radios.** *Avril-mai-juin,* enquête Médiamétrie. Durée moyenne d'écoute par auditeur : avril 187 mn, juin 193 mn. *Juin : R.T.L.* 23,1 %, *Europe 1* 21,1 %, *Radio-France* 20,9 % (dont *France-Inter* 16,8 %), *R.M.C.* 8,1 %, *radios locales privées* 22,9 % (*réseau N.R.J.* 6,4 %).

Justice. *28-3* André Olivier, l'un des fondateurs d'Action directe arrêté. *1-4* 800 tableaux du Fonds national d'art contemporain dérobés au Fort d'Issy-les-Moulineaux (retrouvés le 9-4). *2-4* 23 otages, 2 policiers neutralisés au cours d'un hold-up à Poitiers. *3-4* hold-up à la Sté de transports de fonds de Chambéry : 16 millions de F. *15-4* attentat manqué contre Guy Brana, vice-Pt du CNPF (revendiqué par Action directe : 6 suspects déférés au Parquet le 18-4). *20-4* pour 5 ans et demi de détention injustifiée, Roland Agret obtient une indemnisation de 250 000 F. *9-5* inculpation d'un des assassins du juge Michel, tué à Marseille en 1981. *15-5* attentat à Cargèse (Corse) par commando de 13 h. de l'ex-FLNC, 2 † dont 1 gendarme. *15-5* inculpation de 5 personnes soupçonnées d'avoir dérobé 17 babouins au labo. du CNRS, pour les soustraire aux expériences. *16-5* 2 bombes au siège d'Interpol à St-Cloud (Action directe). *19-5* les 2 ravisseurs présumés de Freddy Heineken (9-11-83) seraient extradés vers les P.-Bas. *1-7* prisons : 46 422 détenus en métropole pour 32 500 places (dont 21 668 prévenus, soit 46,47 % contre 53,47 % au 1-6-1983). *3-7* hold-up à la Banque de France de St-Nazaire : 15 employés pris en otage, 88 millions de F dérobés. *6-7* attentat contre Air Liquide et Thomson (Action directe). *7-7* accord France/N.-Zélande, les faux époux Turenge (commandant Alain Mafart, capitaine Dominique Prieur) seront libérés avant le 25-7 et devront rester 3 ans sur l'atoll de Hao (Polynésie fr.). *9-7* bombe à la P.J. (1 policier †, 22 blessés). *22-7* libération des faux époux Turenge.

Littérature. France. Prix décernés. *16-4 P. Fondation Cino del Duca :* Thierry Maulnier (France) pour l'ensemble de son œuvre. *14-5 P. Albert-Londres :* François Hauter, grand reporter au « Figaro » et Philippe Rochot et son équipe d'Antenne 2. *12-6 P. de l'Académie fr. : Littérature :* Béatrix Beck. *Poésie :* Henri Thomas. *Théâtre :* Raymond Devos. *Rayonnement de la langue fr. :* Bela Kopeczi (min. de la Culture, Hongrie). *D'académie :* Louis Amade. *Critique :* André Sernin. *Essai :* René Pomeau. *Grand prix Gobert (histoire) :* Yvan Gloulas. **Jurys.** *24-4* Jacques Brenner (n. 16-9-1922) entre au jury Renaudot. *30-5* Jacques Duquesne entre au jury Interallié.

Médecine. *18-6* 2 jumeaux issus d'embryons congelés pendant 6 mois naissent à Clamart. *23-6* Mme Barzach, min. déléguée à la Santé, va autoriser la publicité pour les préservatifs (mesures de lutte contre le SIDA). **Cœur artificiel.** *10-4* 1re implantation en France d'un cœur artificiel « Jarvik 7 ». L'opéré meurt le *23-4* (infection pulmonaire). *19-6* Murray Haydon (U.S.A.) meurt 487 j. après l'implantation d'un Jarvik 7. *6-8* William Schroeder, doyen des porteurs de cœur artif. (Jarvik 7) meurt 620 jours après l'implantation. **SIDA.** En Europe, le nombre de cas a augmenté de 159 % en 1985. *31-12-85* Europe (2 006 cas), États-Unis (18 000).

Musique. *5-7* fêtes à Paris. 250 000 spectateurs à la Nation pour le groupe Kassav.

Police. *7-7* pour 1987, 1 500 policiers supplémentaires à Paris (env. 10 % des effectifs actuels).

Politique. Élections. *24-6* l'ancien maire communiste de Sarcelles, Henry Canacos, inculpé de fraude électorale lors des élections municipales de 1983. *30-6* l'ancien maire communiste de Villepinte, Ange Baraglioli, condamné à 1 an de prison avec sursis, 10 ans d'interdiction de droits civiques et 10 000 F d'amende pour fraude électorale. *7-7* cantonales par-

Eurêka et les projets technologiques européens

● **Quelques dates.** **1982**-*5/6-6* création d'un groupe de travail Technologie, Croissance, Emploi (T.C.E.) au sommet de Versailles, à l'initiative de F. Mitterrand. *-Déc.* accord du groupe T.C.E. sur 18 programmes (voir ci-dessous). **1983**-*20-3* initiative de Défense Stratégique (I.D.S.) du Pt Reagan aux U.S.A. *-Juin* 1er programme-cadre de Recherche et de Développement (R. et D.) adopté par la C.E.E. (voir ci-dessous). **1984**-*mars* programme European Strategic Programme of Research and Development in Information Technologies (E.S.P.R.I.T.) adopté par la C.E.E. **1985**-*4-6* programme Research and Development in Advanced Communication Technology for Europe (R.A.C.E.) adopté par la C.E.E. (« phase de définition »). *-28/29-6* proposition française (Eurêka) au sommet européen de Milan. *-17-7* réunion des assises europ. de la Technologie (projet Eurêka) à Paris. *-Nov.* conf. min. de Hanovre (Eurêka). **1986**-*30-6* conf. min. de Londres (Eurêka).

● **Projets et programmes technologiques. Programmes du groupe Technologie, Croissance, Emploi (T.C.E.).** *Organisation.* Pays membres (participant aux sommets des pays industrialisés) : Canada, U.S.A., All. féd., France, G.-B., Italie, Japon et la Commission des Communautés européennes. Chaque programme est dirigé par un ou plusieurs pays et/ou par la Commission. **Programmes.** 18. *I — Stimulation des conditions de la croissance par une meilleure gestion des ressources énergétiques.* 1) Énergie solaire photovoltaïque (Italie, Japon). 2) Fusion thermonucléaire contrôlée (C.E.E., U.S.A.). 3) Photosynthèse (Japon). 4) Réacteurs à neutrons rapides (U.S.A., France). *II — Meilleure gestion des ressources alimentaires.* 5) Technologie alimentaire (France, G.-B.). 6) Aquaculture (Canada). *III — Amélioration des conditions de vie et d'emploi et protection de l'environnement.* 7) Télédétection spatiale (U.S.A.). 8) Trains à grande vitesse (Fr., All. féd.). 9) Habitat et urbanisme pour les pays en voie de développement (Fr.). 10) Robotique avancée (Fr., Japon). 11) Impact des nouvelles technologies sur les industries traditionnelles (Fr., It.). 12) Biotechnologie (Fr., G.-B.). 13) Matériaux avancés et normes (U.S.A., G.-B.). 14) Éducation, formation professionnelle et culture utilisant les nouvelles technologies (Canada, Fr.). 15) Acceptabilité des nouvelles technologies (G.-B.). *IV — Progrès généraux en recherche fondamentale.* 16) Biologie (Communautés eur.). 17) Physique des hautes énergies (U.S.A.). 18) Exploration du système solaire (U.S.A.).

1ers programmes de la C.E.E. *Objectifs du 1er programme-cadre de R. et D. 1984-87.* 10 : recherche agronomique ; recherche industrielle (technologies de base, informatique, biotechnologies) ; transport ; matières premières ; énergies (non nucléaires et nucléaires) ; aide au développement scientifique des pays en voie de développement ; recherche médicale ; environnement ; stimulation du potentiel scientifique et technique ; activités générales de politique scientifique. *Programmes.* Environ 60. *Programmes adoptés* par le Cons. des min. en 1984 et 1985 (coût en millions d'E.C.U.) : *stimulation des coopérations et des échanges scient. et techniques europ. :* 1985-88, 60 ; *biotechnologies :* 55 sur 5 ans ; *B.R.I.T.E.* (Basic Research for Industrial Technology in Europe : Recherche de base dans le domaine des technologies ind. pour l'Europe) : 125 sur 4 ans ; *R. et D. dans le domaine de l'énergie non nucléaire* (én. solaire, éolienne, géothermie, biomasse, etc.) : 175 sur 4 ans ; *R. et D. nucléaires :* 4 programmes concernant la fusion nucl. contrôlée et J.E.T., 690 sur 5 ans ; *E.S.P.R.I.T. :* 750 sur 5 ans ; secteurs concernés : micro-électronique, technologie du logiciel, traitement avancé de l'information, système bureautique, prod. intégrée assistée par ordinateur ; *R.A.C.E. :* création à long terme de réseaux et services intégrés à large bande (I.B.C.), en fonction des réseaux numériques à intégration de service (R.N.I.S.).

Eurêka. *But.* Permettre la « renaissance technologique de l'Europe » et relancer le défi technico-économique de l'Initiative de défense stratégique des U.S.A.

Propositions françaises : 24. *Euromatique.* Grands calculateurs, architectures parallèles, intelligence artificielle et systèmes experts, silicium rapide, arséniure de gallium : grand calculateur vectoriel ; architectures informatiques à haut degré de parallélisme ; machine multiprocesseurs à architecture synchrone ; mémoire de masse ; centre de génie logiciel ; circuits dédiés et gamme de machines symboliques ; outils généralisés de réalisation d'applications pour systèmes experts ; système d'information multilingue ; gestion et surveillance des grands processus industriels ; euro-processeur ; mémoire 64 Mégabits ; atelier européen de circuits à arséniure de gallium (AsGa) ; atelier européen de circuits « client ». *Eurobot.* Robotique de la troisième génération, usine automatisée, conception et fabrication assistées par ordinateur (C.F.A.O.), lasers : robots de la sécurité civile ; robots agricoles ; usine automatisée (C.F.A.O.) ; lasers à CO_2, CO, excimères et électrons libres. *Eurocom.* Réseaux de la recherche, équipements pour réseau large bande : réseaux informatiques pour la recherche ; grand commutateur numérique européen ; informatique et bureautique communicante à large bande ; transmission à large bande. *Eurobio.* Semences artificielles ; systèmes de contrôle et de régulation. *Europat.* turbine industrielle de conception avancée.

Projets adoptés : 10 à la Conf. min. de Hanovre (nov. 85), 62 à la Conf. min. de Londres (30-6-1986) ; investissement : 2 milliards d'E.C.U. (14 milliards de F) ; concernent technologies de l'information (18), productique et robotique.

Organisation. 19 pays membres : 12 de la C.E.E., Suède, Norvège, Finlande, Autriche, Suisse, Turquie, Islande.

Financement des projets : réparti entre États (50 % max.) et Stés. *Budgets publics* (1986-87), en millions de F. : *France 350 (1986) + 700 (1987),* G.-B. 7 000 (8 000), All. féd. 1 500.

tielles, le RPR enlève le siège de La Ciotat avec près de 57 % des voix. *9-7* élections législatives annulées en Hte-Garonne (affaire du socialiste dissident Houteer, victime d'une machination politique) et Hte-Corse par le Conseil constitutionnel pour raisons de fraude ; nouvelles élections avant le 8-10. **Divers.** *15-4* le gouv. refuse le survol de la France par les F 111 américains, lors du raid contre la Libye. *15-4* Cyrille de Vignemont, 15 ans (n. 27-12-1970) est nommé chargé de mission au cabinet de Hervé Charette, min. délégué à la Fonction publ. *11-7* Jean Paolini (n. 3-3-1921), préfet de police. **Lois.** *15/20-3* après leur échec aux élections législatives, les socialistes ont voté des décrets et arrêtés ; certaines sont inapplicables. *1-7* « L'amendement Quai d'Orsay » abrogé par l'Assemblée nationale par 324 voix contre 213. *3-7* F. Mitterrand promulgue la loi d'habilitation autorisant le gouvernement à agir par ordonnances dans le domaine économique et social. **Motions de censure. Votes de confiance.** *9-4* la droite vote la confiance à l'Assemblée nationale (292 voix contre 285). *16-5* motion de censure socialiste rejetée, votée par 251 voix (il en fallait 289), projet gouvernemental pour les ordonnances économiques et sociales adopté par les députés. *22-5* motion de censure socialiste rejetée, votée par 284 voix (il en fallait 289), projet de loi rétablissant le scrutin majoritaire adopté. *4-6* loi électorale adoptée par le Parlement. Les socialistes décident de saisir le Conseil constitutionnel. *11-6* motion de censure socialiste rejetée (251 voix pour, il en fallait 289), projet de loi supprimant l'autorisation de licenciement adopté. **Sondages.** *9/14-5* Sofres : Chirac améliore son image, 38 % le trouvent sympa (49 % non) [en nov. 85 : 37 (61)]. *15/21-5 BVA-Paris-Match,* baisse des cotes de Chirac [45 % lui font confiance (53 % en avril)] et Mitterrand 49 % (52 %). *23/28-5* Sofres-« Figaro-Magazine » : Chirac 50 % lui font confiance (56 % avant), Mitterrand 55 % (54 %). *6/12-6* Express sur la cote des présidentielles : Rocard 51 % pour (42 % contre) ; Mitterrand 48 (47) ; Chirac 45 (49) ; Barre 44 (51) ; Léotard 42 (50) ; Fabius 39 (55) ; Giscard d'Estaing 30 (65) ; Mauroy 25 (68) ; Lajoinie 12 (72) ; Le Pen 11 (84). *11/14-6 Gallup-Faits :* 49 % pensent que Rocard serait le meilleur candidat de la gauche pour les présidentielles, 35 % songent à Mitterrand et 16 % sont sans opinion. *3-7 BVA-« Paris-Match » :* Chirac battu face à Rocard ; Barre battu par Mitterrand et Rocard (52 % des suffrages). *4-7 Sofres-« Nouvel Observateur » :* Mitterrand recueillerait 53 % des suffrages face à Chirac (53,5 face à Barre). Si Rocard candidat, il l'emporterait sur Chirac avec 55 % des voix. *7-7 Sofres-« Le Point » :* 71 % des Français sont pour le maintien de la cohabitation jusqu'à l'élection présidentielle, 20 % préfèrent qu'elle s'abrège. Pour 52 % Chirac est le véritable chef de l'exécutif, 68 % approuvent l'action de F. Mitterrand. *9-7 Sofres* 56 % des électeurs communistes souhaitent le départ de G. Marchais ; pour 40 % des électeurs comm., Fiterman serait le meilleur candidat aux présidentielles, 16 % Lajoinie, 9 % Le Pors. **Privatisation.** *16-7* le Pt F. Mitterrand refuse de signer l'ordonnance sur la privatisation. *Raisons :* danger pour le patrimoine et les intérêts nationaux ; manque de garanties pour la détermination du prix de vente (1er exemple d'un refus d'un Pt de signer un texte adopté en cons. des min. sous la Ve Rép.). L'ordonnance est transformée en projet de loi par le gouv. *31-7* loi adoptée par le Parlement.

Salaires. Smicards : moyenne 9,7 % des effectifs dans les établ. de plus de 10 salariés (femmes 16,2 %, hommes 6,2 %).

Sports. **Chasse.** *20-5* le tribunal correctionnel de Valence condamne 22 braconniers, pris en flagrant délit dans le parc naturel de Vercors (Drôme). **Jeux du Commonwealth.** *Juillet :* 27 des 49 États membres boycottent les jeux pour protester contre la politique britannique vis-à-vis de l'Afr. du S. *9-8* 100 m le record de France détenu par R. Bambuck depuis le 14-10-1968 (10″11) est battu par Antoine Richard (10″09).

Tourisme. *Mars* en 1985, 4,95 millions de Japonais se sont rendus à l'étranger, 856 000 à Hawaii, 641 000 en Corée du Sud et 635 000 à Hong Kong, 2,33 millions d'étrangers se sont rendus au Japon. *Été 86* 30 % d'estivants américains en moins (raison : crainte du terrorisme).

Transports. **Aériens.** *4-7* 1er vol de l'avion Rafale, 92e prototype mis au point par Dassault. **Maritimes.** *5-7* revenus du canal de Suez (1-7-85 au 30-6-86) : + de 1 milliard de $.

Jeux

Jeux de cartes

Origine. Très ancienne. Connues en Chine vers le xe s. Semblent liées au développement du papier et de la gravure sur bois. Arrivent en Europe (via le Proche-Orient) v. 1370 et s'y répandent très vite. 3 types de « couleurs » émergent dès le xve s. : c. françaises (cœurs, piques, trèfles, carreaux), latines (coupes, épées, bâtons, deniers), germaniques (cœurs, feuilles, glands, grelots). V. 1430, en Italie, naissent les *tarots :* cartes ordinaires auxquelles est jointe une série spéciale dite « triomphes » ou « atouts ». Les plus anciens jeux conservés (xve s.) sont souvent des fantaisies d'artistes, richement enluminées. Toutes les techniques de la gravure ont été utilisées en Europe, alors qu'en Inde on peint encore les cartes (généralement rondes) à la main. Outre les cartes chinoises, il existe des cartes japonaises, empruntées aux Portugais au xvie s. Les images se fixèrent au xvie s. (arbres, fruits, fleurs puis emblèmes guerriers, surtout en Allemagne).

Désignation. **Cœur** *roi* Charles (Charlemagne, emp. d'Occident), *dame* Judith (héroïne de la Bible), *valet* Lahire (officier du roi Charles VIII). **Pique** *roi* David (roi d'Israël), *dame* Pallas (déesse protectrice des arts), *valet* Ogier (héros de chansons de geste). **Carreau** *roi* César (emp. romain), *dame* Rachel (héroïne de la Bible), *valet* Hector (héros de la g. de Troie). **Trèfle** *roi* Alexandre (Grèce-Perse), *dame* Argine (fille du roi d'Argos), *valet* Lancelot (héros des romans de la Table Ronde).

Prix. *Un jeu flamand du xve s.* a dépassé 1 000 000 F (1983). *Jeux anciens* (avant 1914) 400 à 30 000 F. En avril 1986, vente à Drouot de 340 jeux de cartes du xviie au xxe s. Total : 800 000 F [record : jeu de 52 cartes de Jean Trioullier (v. 1690) 52 000 F]. **Musées.** Museo de Naipes (Vitoria, Espagne) ; Deutsches Spielkarten-Museum (Leinfelden-Echterdingen, All. féd.).

Ventes en France (1982). Env. 30 millions de jeux [dont fabriqués en Fr. 26,2, à l'étranger 3,6 ; commerciales 18, personnalisées (dos publicitaires) 12]. Production en millions : commerciales, et entre parenthèses personnalisées : France-Cartes 5,8 (13), Boéchat 5,5 (1,5), importation 1,4 (2).

Le plus ancien fabr. français : B.P. Grimaud, établi en 1851, introducteur des cartes à coins ronds (qui n'existaient pas avant) à partir de 1858. Position de quasi-monopole de 1910 à 1945. 1er fabr. français.

☞ Jeux de cartes divers, voir page 19.

Bridge

Généralités

● **Origine. XVe s.** jeu de « l'atout » en G.-B. **1830-60** probablement inventé par les Turcs, joué à Constantinople ; l'atout est désigné par la retourne de la dernière carte distribuée (les enchères n'existent pas). **1857** apparition du *duplicate* (on joue les mêmes donnes à 2 tables pour comparer les résultats). **V. 1860-70** introduit en France sous le nom de *khédive.* **1894** introduit aux U.S.A. L'atout est désigné par le donneur qui peut passer pour déléguer ce choix à son partenaire (d'où le nom anglais de *bridge :* transmettre au-delà, jeter un pont) ; les couleurs ont des valeurs différentes (au début rouges plus fortes, noires plus faibles ; ensuite, Pique est la plus forte, puis viennent Cœur, Carreau et Trèfle). *Apparition du bridge aux enchères* (auction bridge) : inventé par 3 membres du British Civil Service privés d'un 4e aux Indes anglaises : le jeu du mort est étalé sur la table dès la 1re carte jouée : celui qui joue avec le mort peut nommer la couleur d'atout comme par une enchère. **1906 et 1907** adapté pour être pratiqué à 4 en G.-B. : l'atout n'est plus désigné par le donneur mais acheté sous la forme d'un pari ; les enchères sont encore rudimentaires. *Apparition du* **bridge-plafond :** seul le joueur qui demande la manche marque la prime correspondante. **1915-25** *apparition du* **bridge-contrat** imposé par l'Américain Harold Vanderbilt, puis adopté par Culbertson : le camp gagnant l'enchère ne marque que ce qu'il annonce pour la manche ; des pénalités sont créées pour les levées de chute. **1927** le Comité du Whist Club (New York) publie les 1res règles officielles. **1935** bridge-contrat introduit en France.

● **Jeux possibles.** 635 013 559 600 « mains ». Factorielle 52 (nombre total de cartes)/Factorielle 13 (nombre de c. d'un joueur) × Factorielle 39 (nombre de c. détenues par les autres j.). **Coups différents.** + de 50 milliards de milliards de milliards.

● **As et honneurs.** Les 4 as se retrouvent dans la même main toutes les 379 donnes en moyenne ; 5 honneurs d'atout toutes les 2 019 donnes et 4 toutes les 93 ; 4 honneurs chez l'un et le 5e chez l'autre, toutes les 279. **Un joueur a en relevant son jeu :** 30,38 % chances de trouver 0 as ; 43,84 : 1 as ; 21,35 : 2 as ; 4,12 : 3 as ; 0,26 : 4 as. **Les as ont des chances :** *1111* (soit 1 dans chaque main) : 10,55 ; *2110 :* 58,43 ; *2200 :* 13,48 ; *3100 :* 16,48 ; *4000 :* 1,06.

● **Scores les plus hauts possibles.** L'adversaire ayant demandé 7 levées à la couleur ou 7 sans atout est contré et surcontré et vulnérable. S'il ne fait aucune levée ; 1re levée de chute 400, 12 levées de chute suivantes (à 600 points) 7 200, tous les honneurs 150,

Le plus ancien jeu de cartes conservé au complet. *(Photo : Sotheby.)*

total 7 750. On annonce un sans atout, contré, surcontré, vulnérable et l'un réussit toutes les levées : 1re levée (40 × 4) 160, 6 levées suppl. (400 × 6) 2 400, 2e robre gagnant 350, tous les honneurs 150, réalisation du surcontré 50 (plus haut score possible) 3 110.

• **Couleurs. Chances d'avoir des couleurs longues** (en %) : 35,08 (4 c). 44,33 (5 c.). 16,54 (6 c.). 3,54 (7 c.). 0,47 (8 c). 0,04 (9 et +). *Des couleurs courtes :* Chicane 5,10. Une 30,55. Deux 53,81. Trois 10,54.

Principales épreuves

• **Championnats du monde** *créés* en 1935, repris à partir de 1950 sous le nom de Coupe des Bermudes. **35** U.S.A., **37** Autriche, **50-55** U.S.A., **56** France, **57/69** Italie, **70** U.S.A. (Italie absente), **72-75** Italie, **76-77-79-81-83-85** U.S.A. **Olympiades par 4 : 1960** France, **64** G.-B., **68** Italie, **72/76 et 78** Brésil, **80, 82** France. **Par paires open : 62** France, **66** Holl., **70** Autr., **74** U.S.A., **78** Brésil, **82** U.S.A. **Coupe Rosenblum : 78** Pologne, **82** France.

Joueurs

• **Classement** publié tous les ans par la Féd. fr. de bridge. Basé sur le nombre de points d'expert et de performances gagnés dans les championnats. *4 séries :* non classés, 4e, 3e, 2e et 1re séries subdivisées : Trêfle, Carreau, Cœur, Pique, Promotion. **Meilleurs joueurs mondiaux.** Assumcao, Barbosa, Branca, Chagas, Cintra, Culbertson Ely (Amér. 1891-1955), Eisenberg, Fonsela, Hamilton, Paulsen, Reese Terence, Ross, Rubin, Simon S.J. (G.-B., 1904-48), Soloway, Stayman Sam (Amér., n. 1909). *Meilleurs joueurs français : hommes :* Albarran Pierre (1893-1960), Aujaleu, Bacherich René (n. 1906), Boulenger, Bourchtof, Chemla, Cronier Philippe, Delmouly, Desrousseaux, Faigenbaum, Ghestem Pierre (n. 1929), Guitta Jais Pierre (n. 1913), Lebel Leclery, Lichtenberger, Mari, Mouiel Hervé, de Nexon Robert (1891-1967), Pariente, Perron, Pilon, Pottier, Poubeau, Romanet, Roudinesco, de Sainte-Marie, Soulet, Stetten, Stoppa, Svarc, Theron Georges (n. 1922), Trezel Roger (n. 1918). *Femmes :* Blouquit Claude, Chevalley Ginette, Cohen Nadine, Delor Elysabeth, Derore Éliane, Dubar A.-Marie, George Michèle, Kitabji A.-Marie, Serf Marianne, Sussel Andrée, de Temmerman, Velut Jacqueline.

La marque du bridge-contrat

Colonne des Trics		Non contré	Contré	Sur-contré
	Chaque tric demandé et fait :			
	à Trèfle ou à Carreau ..	20	40	80
	à Cœur ou à Pique	30	60	120
	à Sans Atout :			
	Le premier	40	80	160
	Chacun des suivants..	30	60	120
	100 points de trics font une manche			

Colonne des Honneurs		Non vulnérable	Vulnérable
	Levées supplémentaires :		
	Non contrées	Valeur du tric	
	Contrées	100	200
	Surcontrées............	200	400
	Contrats contrés ou surcontrés et réussis :		
	Bonification	50	
	Levées manquantes :		
	Non contrées :		
	Chacune	50	100
	Contrées :		
	La première	100	200
	Les suivantes........	200	300
	Surcontrées :		
	La première	200	400
	Les suivantes........	400	600
	Dans une couleur d'atout :		
	4 honneurs dans une seule main	100	
	5 honneurs — —	150	
	A Sans Atout : 4 As dans une seule main.	150	
	Petit Chelem : non vulnérable	500	
	vulnérable	750	
	Grand Chelem : non vulnérable.........	1 000	
	vulnérable	1 500	

Points de partie : en 2 manches : 700 ; en 3 manches : 500.
Partie interrompue : le gagnant d'une manche marque 300.

Cartes manquantes d'une couleur

Tableau des probabilités de leur répartition chez les adversaires

Vous avez dans votre camp	Il y a chez l'adversaire	Répartition entre les deux adversaires	
11 cartes	2 cartes	1-1	52 fois sur cent
		2-0	48 —
10 —	3 —	2-1	78 —
		3-0	22 —
9 —	4 —	3-1	50 —
		2-2	40 —
		4-0	10 —
8 —	5 —	3-2	68 —
		4-1	28 —
		5-0	4 —
7 —	6 —	4-2	48 —
		3-3	36 —
		5-1 ou 6-0	16 —
6 —	7 —	4-3	62 —
		5-2	31 —
		6-1 ou 7-0	7 —
5 —	8 —	5-3	47 —
		4-4	33 —
		6-2, 7-1 ou 8-0	20 —

Nombre de joueurs. *France* 1 500 000 (250 000 pour épreuves homologuées par la Féd. fr. de bridge), 60 000 adhérents à la féd. *U.S.A.* et *Canada* 200 000 affiliés à la féd. **Clubs.** *France* 890 affiliés à la féd. mais il en existe d'autres non affiliés.

Autres jeux

• **Bataille.** Jeu élémentaire très ancien. Le roi Charles VI aurait joué pendant des journées entières avec sa favorite Odette de Champdivers. Se joue à 2 avec un jeu de 32 ou 52 cartes. Les 4 Couleurs sont équivalentes. Ordre : As, Roi, Dame, Valet, 10, 9...

• **Belote** (ou belotte). Origine américaine (les diamantaires hollandais en rapport avec les milieux israélites new-yorkais ramenèrent ce jeu en Europe). Se joue à 2 ou à 4 (par équipes de 2). On utilise un jeu de 32 cartes. Ordre : As, 10, Roi, Dame, Valet, 9, 8, 7. Sauf dans la couleur d'atout : Valet, 9, As, 10, Roi, Dame, 8, 7. *Variantes :* la belote bridgée qui fait intervenir l'annonce de Sans-Atout, le Contre et le Surcontre (un peu dans les mêmes conditions qu'au bridge) ; la belote contrée où les joueurs proposent au cours des annonces de faire un certain nombre de points minimal à une couleur donnée. Pratiquée en compétition par 3 000 000 de Français. La Féd. française de belote créée en 1984 a organisé les 1res coupes de France le 27-4-1986.

• **Canasta.** Jeu inventé en Uruguay vers 1940. Se joue de préférence par 2 équipes de 2 joueurs. Il s'agit de réaliser certaines combinaisons avec les cartes reçues et tirées d'un talon après une défausse.

• **Manille.** Jeu espagnol, surtout répandu dans le midi de la France (très populaire au XIXe s.). On connaît 15 variantes. *Manille parlée :* se joue avec 32 cartes (ordre décroissant : 10, As, Roi, Dame, Valet, 9, 8, 7). Le 10 (appelé manille) vaut 5, l'As vaut 4, le Roi 3, la Dame 2, le Valet 1. L'As est aussi appelé manillon. Se joue à 4.

• **Poker.** Né en Louisiane au début du XIXe s. Le mot vient de l'anglais tisonnier (le joueur attise son partenaire). Se joue en principe à 4 joueurs (ou à 5). La durée de la partie se fixe avant de commencer. *Ordre des cartes* (dans chacune des 4 couleurs) : As, Roi, Dame, Valet, 10, 9... *But :* exposer la combinaison de cartes la plus forte.

Définitions. *Flush royal :* 5 cartes d'une même couleur qui se suivent. *Carré :* 4 c. de même valeur. *Couleur :* 5 c. d'une seule couleur, qui ne se suivent pas. *Full :* 1 brelan (3 c. de même valeur) et 1 paire (2 c. de la même valeur). *Séquence (ou quinte) :* 5 c. qui se suivent mais de couleur quelconque.

Probabilités : nombre de mains possibles et chances d'avoir de telles mains. 4 joueurs, 52 cartes.

Flush royal	4	649 739 à 1
Autre flush	36	72 192 à 1
Carré	624	4 164 à 1
Full	3 744	69 à 13
Couleur	5 108	508 à 1
Quinte	10 200	254 à 1
Brelan	54 912	46 à 1
Deux paires	123 552	20 à 1
Une paire	1 098 240	4 à 3
Rien	1 302 540	1 à 1
Total	*2 598 960*	

• **Tarots.** Le nom a été utilisé pour la 1re fois au XVe s. Dérivé de l'italien *tarocco.* Origine incertaine : *Tora* (la loi juive), *Rota* (la route de l'éternel devenir). Se joue à 3 ou 4 joueurs avec des jetons et 78 cartes. Carte plus grande que les cartes ordinaires et marquée de figures différentes : coupes, deniers, épées et bâtons. Jeux comprenant 4 séries de cartes ordinaires ou couleurs (appelées aussi *arcanes mineurs*), une 5e série de 22 autres cartes (atouts) qui correspondent aux 22 arcanes majeurs de la magie sacerdotale. 21 représentent (dans l'ordre 1, 2...) le bateleur, la papesse, l'impératrice, l'empereur, le pape, l'amoureux, le chariot, la justice, l'ermite, la roue de fortune, la force, le pendu, la mort, la tempérance, le diable, la foudre ou la Maison-Dieu, l'étoile, la lune, le soleil, le jugement, le monde ; le 22e atout sans numéro est appelé Fou ou Excuse [un des 3 oudlers, les 2 autres étant les numéros 1 (le petit) et 21 (la plus forte carte du jeu)].

But du jeu : faire des levées contenant le maximum de points. Un joueur s'engage à réaliser un contrat précis, ses adversaires se liguent contre lui.

• **Jeux de cartes divers. Aluette,** origine espagnole, introduit en France au XVe s. **Ambigu,** jeu pratiqué au XVIIIe s. **Baccara** et **chemin de fer,** jeux de casino, importés d'Italie par les soldats de Charles VIII. **Barbu** (Sans-Cœur). **Bésigue,** jeu originaire du Limousin, répandu à Paris vers 1840. **Boston,** ancêtre du bridge, aurait été inventé à Boston (Massachusetts). **Bouillotte,** ancêtre du poker. **Brelan,** pratiqué au XVIe s. en Espagne. **Écarté,** provient d'un jeu du XVe s. : la Triomphe. **Hombre,** origine espagnole. **Impériale,** connu dès le début du XVIe s. **Lansquenet,** importé d'Allemagne au XVIe s. **May I,** origine nord-américaine. **Nain Jaune,** grande vogue au XIXe s. **Pharaon,** très pratiqué à la cour de Louis XVI. **Piquet,** joué sous Charles VII. **Rami,** origine inconnue. **Reversi,** origine espagnole, pratiqué en France dès le XVIe s. **Whist,** origine anglaise. De whisssst : chut. En 1730, Edmond Hoyle publia un traité de whist. Il fut joué en France sous le règne de Louis XVI.

Échecs

Généralités

• **Organisation. Fédération internationale des échecs** (F.I.D.E.). *Pt :* F. Campomanès. *Fondée* 1924 à Paris (*siège* Lucerne). Groupe 118 fédérations dont : U.R.S.S. 4 000 000 joueurs, Yougoslavie 100 000, All. féd. 74 143, U.S.A. 50 758, Hongrie 41 000, All. dém. 39 000, Tchécosl. 34 200, Suède 33 080, P.-Bas 31 961, Philippines 27 000, Pologne 25 926, Argentine 18 440, Espagne 13 462, *France 13 208,* G.-B. 12 000, etc. **Féd. française** (F.F.E.). Pt : Jacques Lambert, *fondée* 1921.

• **Origine.** *Nom :* viendrait du persan *Shah* (roi). « Échec et mat » signifiant « le roi est mort ». **Jeu.** Né aux Indes aux VIe-VIIe s. ; introduit en Europe par les Arabes ; il y a subi ses dernières modifications : augmentation de puissance de la dame, introduction du roque et de la prise en passant. Les Chinois jouent au Xiang-qi (importé par les Arabes) et les Japonais au Shogi (apparu au XVIe s.).

On estime que la Dame vaut 10 pions, la Tour 5, le Fou ou le Cavalier 3. Les 10 premiers coups d'une partie pouvaient être joués d'env. 170 000 milliards de milliards de milliards de manières.

Meilleurs joueurs du monde avant 1886 : Ruy Lopez (esp., 1570-75), Léonardo (It., 1575-87), Greco (Esp., 1622-34), puis les Français de 1750 à 1850 : Philidor (1726-95), Deschapelles (1780-1847), La Bourdonnais (1797-1840) et Saint-Amant (1800-72). La couronne mondiale fut ensuite disputée par Staunton (Angl., 1810-74), et Adolph Anderssen (All., 1818-79) ch. 1851-58 et 1862-66, Paul Morphy (U.S.A., 1837-84) ch. 1858-62. 1866 (1er match officiel en 1886) William Steinditz (Autr., 1836-1900).

Épreuves

En compétition, le temps de réflexion de chaque concurrent est limité par une pendule différentielle. Cadence internationale 40 coups en 2 h 30'. L'ordinateur « Chess-4.8 » peut battre 99,7 % de tous les joueurs du monde. Il peut analyser de 400 000 à 1 800 000 possibilités lorsqu'il dispose d'un temps de réflexion de 2 mn par coup.

• **Championnats du monde.** Disputés dep. 1886. La Féd. intern. décerne les titres internationaux. En *1979 :* 162 Grands Maîtres (dont U.R.S.S. 41, Yougoslavie 26, Hongrie 14, U.S.A. 14, All. féd. 7, etc.) ; 325 Maîtres internationaux (U.R.S.S. 29, Yougoslavie 36, etc.).

Le titre de champion du monde est disputé tous les 3 ans entre le tenant et son challenger qui se qualifie à la suite de tournois et matches éliminatoires. R. Fischer n'a pas défendu son titre en juin 75 et la F.I.D.E. l'a attribué à A. Karpov (U.R.S.S.).

Champions du monde. *Créés* 1886. W. Steinditz (Autr. 1836-1900). **1894** Emanuel Lasker (All., 1868-1941). **1921** José Raoul Capablanca (Cuba, 1888-1942). **1927** Alexandre Alekhine (France, 1892-1946). **1935** Max Euwe (P.-B., 1901-81). **1937** A. Alekhine (Fr.). **1948** Mikhail Botvinnik (U.R.S.S., n. 1911). **1957** Vassily Smyslov (U.R.S.S., n. 1921). **1958** Mikhail Botvinnik (U.R.S.S.). **1960** Mikhail Tal (U.R.S.S., n. 1936). **1961** M. Botvinnik (U.R.S.S.). **1963** Tigran Petrossian (U.R.S.S., 1929-84). **1969** Boris Spassky (U.R.S.S., n. 1937). **1972** Robert Fischer (U.S.A., n. 1943). **1975** Anatoli Karpov (U.R.S.S., n. 1951). **1978, 1981** A. Karpov vainqueur contre V. Kortchnoï (apatride) (6 à 5 et 6 à 2). **1985**-15-2 décision sans précédent : le match Karpov-Kasparov est arrêté par le Pt de la F.I.D.E. sur le score de 5-3, après 48 parties dont 40 nulles. Le match est rejoué à partir de septembre 1985. -9-11 Garry Kasparov (U.R.S.S., n. 13-4-1963) bat Karpov, -13-11 revanche à Londres en août-sept. 86.

Championnes du monde. De 1927 à sa mort Vera Menchik (G.-B. 1906-44). **1949-50** Roudenko. **52** Bykova. **56** Rubtsova. **58** Bykova. **59** Zvorykina. **60** Bykova. **61** Nona Gaprindachvili. **78** Maya Tchibourdanidzé (U.R.S.S.). A conservé son titre en 84.

Championnat du monde (équipes de 6 joueurs). Disputé pour la 1re fois à Lucerne en déc. 1985 : 1er U.R.S.S., 2e Hongrie, 3e G.-B., 4e France.

• **Jeux Olympiques.** Dep. 1927, tous les 2 ans. *Gagnants* : **1927, 28** Hongrie. **30** Pologne. **31 à 37** U.S.A. **39** Allemagne. **50** Yougoslavie. **52 à 74** U.R.S.S. **76** U.S.A. (U.R.S.S., féd. arabes et de l'Europe de l'Est ne participaient pas). **78** Hongrie. **80** U.R.S.S. **82** U.R.S.S. **84** 1er U.R.S.S. 2e G.-B. 3e U.S.A. 6e France.

• **Championnats de France.** Officiels depuis 1914. **1914** Goetz. **23** Renaud. **24, 25** Crépeaux. **26, 27** Chéron. **28** Gibaud. **29** Chéron. **30** Gibaud. **31** Muffang. **32** Raizman. **33** Gromer. **34** Kahn. **35** Gibaud. **36** Raizman. **37, 38** Gromer. **41** Crépeaux. **42** Daniel. **43** Bigot. **45** Boutteville. **46, 47** Raizman. **48** Rossolimo. **49** Hugot. **50** Boutteville. **51, 52** Raizman. **53** Tartacover. **54, 55** Boutteville. **56** Rolland. **57** Bergraser. **58** Lemoine. **59** Boutteville. **60** non disputé. **61** Mazzoni. **62, 63** Thiellement. **64** M. Roos. **65** Mazzoni. **66** Bergraser. **67** Boutteville. **68** Letzelter. **69** Planté. **70** Maclès. **71** Letzelter. **72** Haïk. **73** Benoît. **74** Letzelter. **75** Todorcevic. **76** Chevaldonnet. **77** L. Roos (fait unique au monde : participation de 3 autres membres de la famille Roos). **78** Giffard. **79** Kouatly. **80, 81** Séret. **82** Giffard. **83** Haïk. **84, 85** Séret.

• **Coupe de France. 1976** Cercle de Jouy-en-Josas. **77** Issy-les-Moulineaux. **78** Toulouse. **79** Évry. **80, 81, 82, 83** Strasbourg. **84** Cannes. **85** Strasbourg. **86** En finale, Rouen-Strasbourg.

Joueurs

Quelques joueurs célèbres. Charlemagne (un jeu d'échecs en ivoire lui fut offert par le calife Haroun-al-Rachid), Henri IV, Gustave-Adolphe et Charles XII de Suède, la marquise de Sévigné, Voltaire, J.-J. Rousseau, Robespierre, Napoléon, Alfred de Musset, Leibniz, Euler, Raymond Poincaré, Einstein.

Meilleurs joueurs du monde (classement officiel au 1-1-86) : 1er Kasparov. 2e Karpov. 3-5e Timman, Vaganian, Ioussoupov. 6e Kortchnoï. 7-8e Beliavsky, Hübner. 9-11e Spassky, Miles, Portisch. 12-13e Ljubojevic, Seirawan. 14e Tal.

Meilleurs joueurs français (janv. 1986) : 1er Spassky. 2e Haïk. 3e Séret. 4e Kouatly. 5e Sharif. 6-8e Andruet, Herb, Vaisman. 9e Renet. 10e L. Roos. 11e Giffard. **Joueuses.** 1re Tagnon. 2e Leroy. 3e Lebel. 4e Merlini.

Scrabble

Généralités

Origine. Breveté en 1948 par l'Américain James Brunot. Inspiré du *« it »* inventé en 1931 par Alfred Butts.

Apparut en Angleterre et en France en 1951.

Règles françaises. *Sont admis* : tous les mots figurant dans le Petit Larousse, les verbes pouvant se conjuguer. *Sont refusés* : préfixes et symboles chimiques, abréviations, mots qui ne sont pas présentés isolément par Larousse. *Pluriels* : les mots variables peuvent se mettre au pluriel sauf les lettres des alphabets étrangers (grec en particulier), les notes de musique, les 4 points cardinaux, oc, exit, quarto, les mots sans définition en dehors d'une expression : fur, dam, tapin, martel, gésine, etc.

Liste de certains pluriels non cités par Larousse et qui seront les seuls acceptés : émails ou émaux, bestiaux (bétail est invariable), camaïeux ou camaïeus, cantals, finals ou finaux, santals ou santaux, tergals, tribals ou tribaux, dentaux, onciaux, marials ou mariaux, enfeus ou enfeux, foirails, tincals, sisals et autres mots en al, rares ou modernes.

Conjugaison : sont refusées les formes que Bescherelle qualifie de non, peu ou guère utilisées ; par exception on acceptera harcelle ou harcèle.

K, W, X et Y, qui valent 10 en France, ne valent que 5, 4, 8 et 4 en Anglet. (fréquence grande).

Mots nouveaux utilisables (1986) : banyuls (n. m.), beur (n.), démarcher (v. tr.), formater (v. tr.), minitel (n. m.), motarde (n. f.), origami (n. m.), philo (n. f.), pubalgie (n. f.), smurf (n. m.), tableur (n. m.), taboulé (n. m.), trek (n. m.), turbo (n. f.), ulmiste (n.), vichyste (n.), zoner (v. tr.).

Épreuves

• **Pratiquants.** En France on a vendu 700 000 scrabble en 1984. 10 000 joueurs jouent régulièrement dans les clubs. Selon l'IFRES, le scrabble est la distraction préférée de 42 % de Français devant les mots croisés (41 %), la belote (38 %), les échecs (12,5 %), le bridge (7,5 %).

• **Championnats francophones.** *Créés* 1972. *Individuel* : **72** H. Wouters (Belg.). **73** A. Lempereur (Belg.). **74** M. Selis (Belg). **75** M. Charlemagne (Fr.). **76** M. Selis (Belg.). **77** J.-M. Bellot (Fr.). **78** Yvon Duval (Belg.). **79** B. Hannuna (Fr.). **80** V. Labbé (Fr.). **81** J.-H. Muracciole (Fr.). **82, 83** M. Duguet (Fr.). **84** B. Hannuna (Fr.). **86** M. Duguet (Fr.).

Championnats de France. *Individuel* : **1976** P. Spaeter. **77** J.-C. Bouet. **78** J.-M. Bellot. **79, 80** B. Hannuna. **81, 82, 83, 84, 86** M. Duguet.

Jeux divers

• **Dames (jeu de). A la française :** 1er traité d'Antonio Torquemada (1547) ; 1er traité français de Pierre Mallet (1668). Les dames seraient une transformation du jeu d'échecs. A l'origine tous les pions s'appelaient dames, et le pion transformé en dame, *dame damée* (recouverte d'une autre dame), puis simplement dame à la fin du XVIIe s. *Principe* : 64 cases, 12 pions sur 3 rangées ; le pion ne peut prendre qu'en avant ; la dame prend comme le pion mais aussi en arrière (jeu encore pratiqué dans les pays anglo-saxons).

A la polonaise : *créé* en 1723 par un officier du Régent qui jouait dans un café de l'hôtel de Soissons avec un Polonais. *Principe* : damier de 100 cases ; chaque joueur joue avec 20 pions sur 4 rangées ; le pion peut prendre en tout sens ; la dame peut prendre en diagonale à toute distance.

• **Dés.** Probabilités en un seul coup avec 2 dés de faire :

2 35 à 1	6 31 à 5	10 11 à 1
3 17 à 1	7 5 à 1	11 17 à 1
4 11 à 1	8 31 à 5	12 35 à 1
5 8 à 1	8 8 à 1	

• **Jacquet.** *Créé* dans la 2e moitié du XVIIIe s., version simplifiée du trictrac. Jeu à 2 sur une table divisée en 2 compartiments (et 4 *jans*) sur lesquels sont dessinées 24 flèches alternativement claires et sombres. On joue avec 15 dames de 2 couleurs différentes.

• **Jeu de l'Oie.** Selon la légende remonterait au siège de Troie. Inventé par Palamède pour abréger les longueurs du siège. Très à la mode au XVIIIe s.

• **Jeux de rôles. Donjons et Dragons (D & D) :** *créé* 1977 par Gary Gigax, inspiré par « le Seigneur des agneaux », roman fantastique de Ronald Reuen Tolkien. *Pratiquants* : U.S.A. 8 000 000, *France 150 000* (dont 20 000 fervents). **L'Appel de Cthulhu de Lovecraf :** auteur de romans fantastiques. **Légendes :** mythologies celtes. **Maléfices :** production française. **Féerie :** *créé* par Philippe Mercier. **Empires Galactiques :** de François Nédelec. **Fédération française des Jeux de stimulations stratégiques et tactiques :** 150, av. d'Italie, 75013 Paris.

• **Juke-box. 1889** gramophone à cylindres public, muni de 4 écouteurs. **1906** phonographe Automatic Entertainer se remontant à la main. **1926** gramophone électrique. **1928** audiophone avec choix de 8 disques. **1941** disques à la verticale. **1948** le M.I.O.O.A. avec 100 disques au choix. **1950** le M.I.O.O.B., 1er appareil à fonctionner avec 45 t. **En service :** *1965* 26 456 ; *70* 31 818 ; *75* 44 457 ; *80* 45 471 ; *84* 32 000.

• **Mah-jong.** Apparu en 1850 en Chine.

• **Mastermind.** Inventé par l'Israélien Mardecai Maerowitz.

• **Monopoly.** Inventé par Charles Darrow (1889-1967) en 1935, en reprenant des rues d'Atlantic City (New Jersey). Existe un ch. du monde.

• **Mots croisés.** Apparu le 21 déc. 1913 dans le New York World. Créés par Arthur Wynne (G.-B.).

• **Nain jaune.** XVIIIe s. appelé jeu de Lindor. Origine incertaine.

• **Othello.** *Origine* : Reversi, recréé en 1971 par Goro Hasegawa (Japon). Lancé en 1973, devient le 2e jeu japonais après le go. *Joueurs* : Japon 25 000 000, Angleterre 500 000, France 300 000 (dont 250 000 affiliés à la Fédération fr. Othello). *Champion du monde* (1984) Paul Ralle, Français (16 ans).

• **Pong.** 1er jeu-vidéo, inventé en 1972 par Noland Buschnel (U.S.A.). Sorte de tennis sur écran. Buschnel créa ensuite Atari.

• **Rubik's cube.** Inventé par le Hongrois Ernö Rubik en 1979. Composé de 27 cubes, plus petits, dont les 6 faces ont une teinte différente. 43 252 003 274 489 856 856 000 combinaisons. *Records monde* : 22″ 95 pour reconstituer le Rubik's cube. *France* : 28″ 6.

• **Trivial pursuit** (chasse aux petites choses). *Créé* 1982 par des journalistes canadiens : Chris Haney et Scott Abbott. Adapté en français en janv. 1984. *Ventes dans le monde* : 45 000 000 (au 1-1-1986) ; en France *84* 20 000, *85* 150 000, *86 est.* 400 000 à 1 000 000. 16 adaptations dans le monde.

Jeux de hasard

☞ *Le Code civil* refuse la notion de jeu et la dette de jeu. *Le Code pénal* interdit les jeux d'argent et de hasard (article 410). Une loi dérogatoire pourtant les autorise (loi du 15-6-1907 modifiée par l'ordonnance du 7-1-1959 et le décret du 22-12-1959). L'ouverture d'un casino peut être autorisée par le min. de l'Intérieur. Le jeu fait vivre env. 200 000 personnes.

Sommes jouées par les Français (1985, en milliards de F) : courses de chevaux (P.M.U. et pari mutuel hippodrome) 30 ; loto 12 ; loterie nationale 3,5 ; casinos 25 ; loto sportif 0,77, jackpots 9 à 10 ; cercles de jeux 3. En 82 *total 70* dont un peu plus de 50 étaient revenus aux parieurs, un 10e avait été prélevé par l'État (et les redevances communes) et le reste avait été remis aux organismes gestionnaires et intermédiaires.

Répartition des enjeux (en %). Part revenant aux joueurs, entre parenthèses à l'État, et en italique frais divers et de fonctionnement. Loterie 60 (22) *18*, loto 51 (35) *14*, loto sportif 48 (42,8 pour l'État et le sport) *9,2*, PMU 72 (19) *9*.

Prélèvements de l'État

Pour 100 F prélevés	Loto	PMU			Total
		Tiercé	Quarté	A. j. [5]	
Part du Trésor	71,2	60,9	64,5	36,5	54,9
Droits de timbre	10,8	13 [1]	11,9 [1]	21,3 [1]	16,4 [1]
TVA	10,8	2,2 [2]	2 [2]	3,6 [2]	
		4,4 [3]	4,1 [3]	7,3 [3]	8,4
Jeunesse et Sports	7,2	1,3	1,2	2,1	1,7
Adduction d'eau		5,3	6,1	10,7	8,2
Ville de Paris		4,7	2,9	5,3	4,7
Élevage (1)		6,5	5,9	10,6	3,8
Protection de la nature		1,7	1,4	2,6	1,9

Nota. — (1) Sur ticket PM. (2) Sur part sociétés. (3) Sur parieurs. (4) En considérant uniquement les prélèvements au titre de l'élevage, hors chevaux de course. (5) Autres jeux sur chevaux.

Loterie nationale

Origine. Antiquité à Rome, après banquet ou spectacle ; Néron offre des esclaves ou des villas ; Héliogabale donne à certains gagnants un chien crevé ou des mouches mortes. **XVIe s.** Gênes choisit ses chefs au hasard sur une liste de 90 personnes. **1530** 1re loterie publique à Florence. Reprise à Rome et Venise. **1539** édit de Châteauregnard : François Ier concède à Jean

Laurent le soin d'établir une loterie, à charge de verser au Trésor royal 2 000 livres. **1659** loterie royale lors du mariage de Louis XIV. **1759** « loteries de charité » (Marseille, Lyon, Tours...). **1776**-*30-6* loterie royale créée pour arrêter l'exportation de l'argent qui va se placer à l'étranger dans les loteries plus séduisantes que les nôtres. **1793** *déc.* supprimée. **1797** *sept.* rétablie (loterie nat. puis impériale, puis royale). **1836** supprimée. **1930** *loi du 29-4* autorisant le gouvernement à permettre aux communes de faire des loteries pour « l'acquisition de matériel d'incendie ou pour l'organisation d'extinction d'incendie ». **1933**-*31-5* Loterie nationale créée. Ses bénéfices iront à la Caisse de retraite des Anciens Combattants et aux victimes des calamités agricoles. *-7-11* 1er tirage au Trocadéro ; le 1er gagnant du gros lot (5 millions d'anciens francs) est un coiffeur de Tarascon : Paul Bonhoure († 1961). *A partir de 1945*, placée sous l'autorité du ministre des Finances (bénéfices comptabilisés dans le budget général). Les émetteurs de billets sont alors la Loterie nationale pour les billets entiers et les Associations de mutilés, anciens combattants et victimes de guerre (Gueules cassées, Fédération Maginot...) pour les dixièmes. Des mutuelles (Confédération des débitants de tabac, Mutuelle des PTT, Mutuelle du Trésor) et des établissements privés pourront plus tard faire les mêmes opérations. **1976**-*29-9* pour la 1re fois, n° 00 000 sorti au tirage ; n° 100 000 est pris en considération.

Tirages. Effectués en public, à Paris, au moyen de sphères fonctionnant automatiquement, brassant des boules en caoutchouc plein avec, en incrustation, les chiffres nécessaires pour la formation des numéros gagnants. Les tirages du *Tac-o-tac* sont retransmis en direct à la télévision.

Billet entier (prix). 92 ou 230 F selon les tranches en 1986.

Gros lot (montant). Généralement 4 000 000 F pour les tranches à 92 F, 5 000 000 F pour les tranches à 230 F (mais exceptions possibles) [26-1-1985 5 500 000 F (retraité d'Avignon)].

Tranches. *Du Zodiaque :* billet entier 92 F, 10e 10 F. Hebdomadaire depuis 1-3-1986 : 360 000 billets affectés par groupe de 30 000 ; dotées de 100 485 lots, dont 1 gros lot de 4 millions de F. *Tranches diverses* (St-Valentin, Ste-Catherine, Vendredi 13, Fête des mères, Noël...) sont émises chaque année à 92 F le billet. 3 *Tranches dites sweepstakes* (gros lot 5 000 000) liées à des courses de chevaux (Prix du Pt de la République, P. de l'Arc de Triomphe, P. d'Amérique) : les billets indiquent une série ; lors du tirage, les chevaux participant à la course sont affectés aux séries et les gains des billets varient suivant le classement des chevaux à l'arrivée de la course.

L'Arlequin (lancé le 13-2-1980 et interrompu dep. le 1-9-84) avait lieu tous les 15 j. Les billets (65 F le billet entier, 7 F le dixième) permettaient de gagner dans l'ordre ou le désordre.

Tac-o-tac (1er tirage 25-1-1984). Loterie instantanée se combinant à la Loterie nationale classique. Billets en 2 parties offrant 2 chances de gagner : la 1re partie (à gratter) permet de gagner immédiatement (gros lot 100 000 F) ; la 2e participe à un tirage télévisé (gros lot 4 000 000 F). 92 F le billet entier, 10 F le dixième. Dep. le 1-9-1984, cette tranche est hebdomadaire.

Tranche du Suspense. Lancée le 2-6-1986. Tirage sur 7 j chaque 1re semaine du mois : possibilité de gagner et de cumuler avec un seul billet des lots de 1 million de F chaque jour de tirage et un gros lot de 6 millions de F le 7e j.

Statistiques. Joueurs. 12 à 15 millions achètent 1 ou 2 dixièmes par an ; 4 millions en achètent chaque semaine. **Lots payés :** env. 1 040 milliards de F (placement des billets : 2 040 milliards de F). **Courtiers.** Ils reçoivent les billets et approvisionnent 25 000 détaillants, vendeurs ambulants, magasins spécialisés, débitants de tabac, dépositaires de presse.

Loto national

• **Nom.** De l'italien *lotto*, lot.

• **Origine : 1955**-*9-10* 1er loto du N.-O. en Rhénanie créé (Nord-Westlotto suivi d'autres dans la plupart des Länder). **1976**-*19-5* 1er tirage en France. **1979**-*1-1* le loto nat. rejoint la loterie nat. dans la Société de la Loterie nat. et du Loto national (Sté d'économie mixte). L'État possède 51 % du capital, les émetteurs de dixièmes 49 %. L'État détient également la majorité à l'assemblée générale des actionnaires et au conseil d'administration.

• **Principe.** On coche d'une croix 6 numéros parmi les 49 qui se trouvent sur chaque grille. Dep. le 7-3-1984, 2 tirages hebdomadaires : mercredi et samedi. Les joueurs peuvent participer au tirage du mercredi seulement ou aux 2 tirages. Dans ce cas, le même bulletin participe aux 2 tirages. Pour le tirage du samedi seulement : *bonus* si une même grille comporte uniquement 3 bons numéros + le complémentaire ; les gains de cette grille sont doublés. *Superbonus* (même principe que le bonus) tiré une fois par mois, gains multipliés par 10. Tirage en direct à la télévision.

Bulletin simple : 8 grilles groupées par 2 ; chacune a 49 cases numérotées. On peut miser autant de grilles que l'on veut, remplir autant de bulletins que l'on désire. *Mise* correspondante à chaque groupe de 2 grilles, mercredi seulement : 2, 4, 6 ou 8 F ; mercredi et samedi : 4, 8, 12 ou 16 F. **Bulletin multiple :** une seule grille sur laquelle on peut cocher 7, 8, 9 ou 10 numéros. Les numéros ainsi choisis forment 7, 28, 84 ou 210 ensembles différents de 6 numéros. Mises correspondantes, mercredi seulement : 7, 28, 84 ou 210 F ; mercredi et samedi : 14, 56, 168 ou 420 F. **Bulletin abonnement :** *simple* permet de faire participer les 8 grilles d'un bulletin simple au tirage de 5 mercredis consécutifs ou 10 tirages consécutifs (mercredi + samedi) ; *multiple* permet de faire participer un bulletin multiple 7, 8 ou 9 numéros pendant 5 mercredis consécutifs ou 10 tirages consécutifs (mercredi + samedi). Env. 85 % des joueurs du mercredi participent au tirage du samedi.

• **Gains.** Payables sur présentation du volet B rendu au joueur après validation. Le volet A, justificatif du jeu et du paiement, est enregistré, microfilmé puis mis sous scellés dans un centre de traitement informatique (Vitrolles et Moussy).

• **Types de gagnants :** *5e rang* ceux qui ont trouvé 3 bons numéros, *4e* 4, *3e* 5, *2e* 5 et le numéro complémentaire, *1er* 6 numéros du tirage.

Rang	*Probabilité*	*1 chance sur :*
1er – 6 numéros	1/13 983 816	1/13 983 816
2e – 5 + compl.	6/13 983 816	1/ 2 330 636
3e – 5 numéros	258/13 983 816	1/ 55 491
4e – 4 numéros	13 545/13 983 816	1/ 1 032
5e – 3 numéros	246 820/13 983 816	1/ 57
	260 624/13 983 816	1/ 54

Un joueur qui jouerait toutes les possibilités (13 983 816) devrait écrire sans erreur 84 millions de croix et faire valider 2 300 000 bulletins (ou 665 896 grilles à 210 F, soit, seulement, près de 6,7 millions de croix). Il faudrait miser en contrepartie 14 millions de F et serait gagnant 1 fois au gros lot, 6 fois le 2e lot et ainsi de suite. Si un joueur, déjà riche, avait fait cela, pour le tirage du 3-9-1980, il aurait gagné : *1er rang* 819 704 F, *2e* 711 847, *3e* 1 093 806, *4e* 1 426 288, *5e* 2 468 200, total de 6 519 845 F (perte 7 463 971 F).

Lorsque les numéros d'un loto sont de petits chiffres, dans la 1re trentaine, on a plus de gagnants. Beaucoup de joueurs cochent les croix correspondant à des anniversaires.

• **Fréquence de sortie.** Jusqu'au tirage du 28-5-1986, **le plus souvent :** *40* 109 fois, *12 et 48* 106, *28 et 34* 102, *45* 101, *26 et 38* 100. **Le moins souvent :** *43* 77 fois, *47* 78, *29* 79, *16 et 17* 80, *8 et 44* 83.

Probabilités de rapports (par grille gagnante pour 1 F). Nombre de numéros gagnants par grille, entre parenthèses, nombre le plus probable de grilles gagnantes sur 13 983 816 grilles, et en italique rapports correspondants. **1er rang** 6 (1) *1 145 274*, **2e** 5 + compl. (6) *95 439*, **3e** 5 (252) *6 817*, **4e** 4 (13 545) *127*, **5e** 3 (246 820) *10*.

• **Gros lot.** Pour gagner, il faut que les 6 numéros sortis au tirage correspondent avec tous ceux cochés dans une même grille. Les gains sont exempts d'impôts sur le revenu et payables au porteur, sans que celui-ci ait à justifier son identité.

• **Parts des gagnants au loto. Sommes reversées aux gagnants** (1985) : 6 253 735 781 F. **Répartition : 1er rang** (15 %), **2e** (7 %), **3e** (22 %), **4e** (22 %), **5e** (32,5 %), fonds de réserve destiné à alimenter les tirages spéciaux (1,5 %).

• **Statistiques. Effectifs** (Sté de la Loterie nationale et Loto national, y compris circuit commercial) 5 000. **Points de vente** (Loto : 14 000 à fin 1985).

• **Enjeux et bulletins.** *3-2-85 :* 280 573 655 F pour 15 966 161 bulletins joués.

• **Record de participation :** 19 094 520 bulletins déposés (15-2-1984).

• **Répartition des enjeux du loto (1985).** En % : gagnants 51, puissance publique et frais de fonctionnement 49.

• **Mises encaissées** (en millions de F) : *1981 :* 7 234,5. *1982 :* 7 755,2. *1983 :* 8 375,8. *1984 :* 10 976,9. *1985 :* 11 804.

• **Gains distribués** (1985) : 6 253 735 781 F entre 216 millions de gagnants.

• **Gros gagnants.** *De mai 1976 à mai 1986*, 2 113 personnes ont gagné plus d'1 million de F, et 84 plus de 5 millions. Un détaillant de Sarreguemines (Moselle) a enregistré 6 fois le gros lot. *Records. 1977-9-11* 8 313 833,40 F ; *78-6-9* 8 077 354 F ; *80-26-3* 9 330 410 F [Mme Arlette Hentinger, 31 ans, habitant La Ciotat ; avait joué depuis des mois, chaque semaine, et pour 7 F, les mêmes numéros (4, 10, 18, 35, 41, 46 et 27 comme numéro complémentaire)] ; *1981 (févr.)* M. et Mme Zambelli, retraités (Toulon) : 9 775 886,80 F avec une grille simple ; *1984-11-1* 38 employés de l'usine Moulinex de Falaise (Calvados) ont gagné 12 368 658 F avec 5 bulletins multiples. 36 ont touché 312 687 F chacun et les 2 autres 625 375 F, ayant misé double ; *(nov.)* Serge (cuisinier, 25 ans) et Louisa (serveuse, 20 ans) travaillant dans le même restaurant parisien : 10 158 535 F ; *29-12* Sandrine Grognet (18 ans, Eure) : 10 583 640 F. *1985-16-1* anonyme de Martigues (B.-du-Rh.) : 10 748 490 F ; *16-2* Jacqueline Bas (Isère) : 10 563 030 F (avec multiple à 14 F) ; *21-12* anonyme d'Orly : 17 086 035 F (multiple à 14 F). *1986-14-5* 2 joueurs de la région parisienne : 32 353 055 F (bulletin simple à 16 F).

Loto sportif

Origine. 1985 *avril*, lancé comme multisports, *juin* interrompu, *27-9* se consacre au football.

Principe. Prévoir les résultats des 16 matches de chaque loto sportif en cochant la case 1, ou 2 selon l'équipe gagnante choisie ou pour un match nul, la case N. Il existe de plus une part de chance : les « 7 numéros de la chance », tirage au sort de 7 matches sur les 16 : gagne tout joueur qui a trouvé les bons résultats de ces 7 matches. **Bulletins.** A gauche, une grille qui reproduit la liste des 16 matches avec en fin de ligne les 3 cases à cocher 1-N-2 ; à droite les 19 possibilités de mise (de 5 F à 1 080 F). **Record d'enjeux de participation.** *6-12-1985 :* 91 218 395 F (7 480 491 bulletins joués). **Répartition (en %).** Gagnants 48, frais de fonctionnement 9,2, État et sport 42,8 dont 22,5 % pour ceux de 1re catégorie (16 bons résultats), 22,5 pour ceux de 2e cat. (15), 22,5 pour ceux de 3e cat. (14), 22,5 pour ceux de 4e cat. (13), 10 pour ceux des « 7 numéros de la chance ». **Gros lots. Record.** (30-7-1986) 14 464 721 F pour un joueur anonyme avec un bulletin à 1 080 F.

Pari mutuel

Généralités

Origine. 1891-*2-6* le Pari mutuel sur l'hippodrome (P.M.H.) est légalisé. **1930**-*16-4* son extension, Pari mutuel urbain (P.M.U.), est autorisée. **1931**-*28-12* pari mutuel autorisé sur les courses de lévriers. **1954**-*22-1* 1er tiercé. **1976**-*26-2* 1er quarté.

Organisation. Le P.M.U. est un « groupement d'intérêt économique » constitué entre les Stés de courses parisiennes : *Sté d'encouragement pour l'amélioration des races de chevaux en France* (Hipp. de Longchamp, Chantilly, Deauville), *Sté des steeple-chases de France* (Auteuil, Pau), *Sté d'encouragement à l'élevage du cheval français* (Vincennes, Caen), *Sté sportive d'encouragement* (St-Cloud, Maisons-Laffitte, Enghien), *Sté de sport de France* (Évry, Vichy), et les sociétés de province bénéficiant du P.M.U. (27 réunions pour 5 sociétés). Il existe 273 sociétés de province.

Le G.I.E. est sous la tutelle du ministre de l'Agriculture et relève d'un contrôleur d'État.

Postes d'enregistrement P.M.U. : 6 218 dont 3 696 bureaux auxiliaires, 2 522 mandataires, 65 agences et bureaux à enregistrement prolongé. Employés titulaires 3 612, « dimanchiers », vacataires 1 748. Automatisation prévue pour 1988 (installation en cours).

En 1985 10 Stés ont tenu 449 réunions avec pari mutuel, etc.

Enjeux 1985 : 25 844 514 343 (prélèvements : Trésor 3 %, Élevage 1,5 %, Sociétés 11,23 %).

Prélèvements légaux (86). P.M.H. Paris 13,86 : (dont 10,5 pour la Sté organisatrice) ; province 14,12 % (dont 11,72 pour la Sté). P.M.U. Paris 14,047 dont 10,183 (Paris), 14,019 % (province) dont 10,229 (province) pour la Sté et le reste à l'État.

A partir du rapport de 30 fois la mise, l'État perçoit un supplément de 6,80 à 23,15 % selon le rapport et le type de pari, les bénéfices sur centimes (résultant de l'arrondissement des rapports à l'issue des calculs de répartition) sont à nouveau affectés au budget général pour tous les paris enregistrés pour les Stés de Courses parisiennes. Ils restent acquis aux Stés de Courses de province pour leurs propres enjeux. De 1982 à 1985, ils étaient affectés à la modernisation du P.M.U. En 1985, les Stés de Courses ont versé plus de 5 593 millions de F à l'État et aux organismes publics et sociaux.

Book (ou *bookmaker*). Personne qui propose ou accepte des paris à cote fixe. Activité interdite en France et dans de nombreux pays (U.S.A.), autorisée dans d'autres (Grande-Bretagne, Belgique, Italie, Allemagne fédérale).

Paris

Différents modes. *P.M.H. pari simple (gagnant ou placé), jumelé, trio, triplet et quarté ; P.M.U. pari simple (gagnant ou placé), par report (g. ou p.) ; couplé (g. et p.), trio, tiercé, quarté.* Minimum d'enjeux 10 F, trio, tiercé et quarté 5 F. P.M.H. 10 F. **Nombre de combinaisons possibles** sur n partants :

Couplé et jumelé : $\frac{n(n-1)}{2}$;

Tiercé avec ordre d'arrivée exact n (n − 1) (n − 2) [6 fois moins dans un autre ordre]. *Ex. :* tiercé dans l'ordre pour une course de 15 partants : 15 (15-1) (15-2) = 15 × 14 × 13 = 2 730. Un parieur n'a donc théoriquement qu'1 chance sur 2 730 de désigner les 3 premiers dans l'ordre exact d'arrivée.

Quarté : ordre exact : n (n-1) (n-2) (n-3) ; 24 fois moins dans un autre ordre.

Limitation des mises. Chaque combinaison de plusieurs chevaux, qu'elle soit seule ou incluse dans une « formule combinée » ou dans un « champ », ne peut être jouée par un même parieur, ou plusieurs postes d'enregistrement, plus de 200 fois en couplé, 20 en trio, tiercé ou quarté. Report : maximum reportable 10 000 F.

Nota — Le Derby, mis en place le 18-9-1985, a été vite abandonné. Il fallait, les mercredis, trouver tous les gagnants des 7 premières courses d'une réunion.

Quelques chiffres

Enjeux (millions de F). *1955* 659. *1985* 29 596 dont 25 844 au P.M.U. (dont 13 488 aux tiercé et quarté) versés par 8 millions de parieurs. **Enjeux P.M.U. par habitant** (*1985* recensement 1982) 475 F ; Paris 1 343 F, Corse 929 F, Lozère 147 F. **Répartition enjeux P.M.U.** en % : paris simples 11,75 ; reports 2,79 ; couplés 23,41 ; trios 4,83 ; Derby 0,37 ; tiercé 35,66 ; quarté 16,53 ; jumelés CPC 4,66. **Bordereaux P.M.U. traités** *(1985) :* 1 360 millions (dont 912 aux tiercé et quarté).

Tiercés. Nombre. *1954 :* 56, *70 :* 77, *85 :* 104 (non compris quartés). **Enjeux :** *1er tiercé (1954)* 28 000 F, *85 :* 9 215 031 505 F, (*record :* prix d'Amérique 30-1-83 : 155 420 760 F).

Quartés. Nombre : *1985 :* 52. **Enjeux** 4 273 412 075 F (record le 11-11-1982 à Auteuil : 114 097 835 F).

Record des enjeux au P.M.U. *1984-29-1* Vincennes, Prix d'Amérique : 198 213 050 F.

Record des sommes gagnées. Tiercé *dans l'ordre :* prix du Pt de la Rép. du 21-4-57 à Auteuil : combinaison 20-18-19 (Quimilgrey-Junia-Xanthor) : 32 459 800 AF pour une mise de 200 AF (aucun parieur n'avait joué cette combinaison dans l'ordre) ; *dans le désordre :* 6 491 960 AF. *Grande course de haies de Printemps* (Auteuil, 21-3-1976) : la combinaison 14-23-3 (Acreon, Maryo, Soyor) 35 985 F pour 1 F.

Quarté. 14-3-85 à St-Cloud la combinaison 24-15-3-12 (Passion Vine-Courtoisie-Set point-Manfulness) 587 696,80 F pour 1 F.

Flipper. *Origine :* XIXe s. le billard anglais ou bagatelle. **1929** John Sloan propose à la In and Outdoor Games Inc. le Whoopee. **1931** Richard T. Moloney crée le ballyhoo. Sté amér. Bally crée le Rockelite. **1938** Samuel Gensberg invente le Beam-Light. **1947** apparition du mot flipper avec le Bermuda et le Humpty Dumpty.

Jackpot. Record : 40 millions de $ (356 millions de F) grâce au report d'une semaine sur l'autre des lots gagnants non attribués, le 1-9-85 à Chicago (Illinois), Michaël Wittowski (28 ans, imprimeur). Recevra 2 millions de $ (17,8 millions de F) chaque année pendant 20 ans (moins 22,5 % d'impôts). Près de 23 millions de billets avaient été vendus pour le tirage. Le vendeur du billet gagnant a reçu 400 000 $ de récompense.

En 1983, les Américains ont misé 24 milliards de $ sur les jeux d'argent.

Jeux de casino

Types de jeux

● **Origine du mot.** De l'italien *Casa* (maison).

● **Baccara banque.** Jeu de cercle. La banque (Baccara à 2 tableaux) se joue avec 6 jeux de 52 cartes placés dans un sabot. Le banquier joue contre les pontes répartis au 1er tableau situé à sa droite et au 2e tableau situé à sa gauche. Au 1er coup, les cartes sont tenues sur chaque tableau par les 1ers pontes assis à sa droite et à la gauche du banquier. La banque tourne ensuite dans l'ordre des numéros. Les pontes doivent se prononcer au 1er tableau puis au 2e. S'il n'a pas abattu, l'ayant main doit poser ses cartes sur le tapis après avoir parlé ; elles ne pourront être retournées qu'après l'annonce du point du banquier. Sur chaque tableau, les cartes passent au joueur suivant, dès que l'ayant main a perdu le coup. Les points sont comptés selon la valeur nominale des cartes, l'as comptant pour 1 et tous les dix et figures pour 0. Si le total dépasse 10, on déduit 10 ou les multiples de 10, par exemple 2 six valent 2 et trois sept valent 1. Le banquier donne 2 cartes alternativement en commençant par le ponte du tableau de droite et en terminant par lui-même. Les joueurs sont tenus de se conformer au tableau de tirage. *Tableau de tirage des pontes :* le ponte demande une carte s'il a Baccara (0), 1, 2, 3 ou 4. Il tire ou reste à son choix s'il a 5. Il reste s'il a 6 ou 7. Il abat s'il a 8 ou 9. Aussitôt que les pontes ont annoncé, le banquier retourne ses cartes, il tire ou reste en tenant compte de sa propre main et des cartes données aux pontes.

● **Black-Jack** (ou Vingt-et-un). Connu au XVIIe s. Se joue avec 6 jeux de 52 cartes, avec un croupier et un nombre indéterminé de joueurs ou pontes. Le but consiste à obtenir « Black-Jack » c'est-à-dire 21 points avec 2 cartes. A défaut, le joueur doit s'efforcer d'obtenir 21 points avec plusieurs cartes ou de s'en approcher. Celui qui dépasse 21 a perdu. Les joueurs déposent leurs enjeux. Puis le croupier distribue une carte à chacun, une à lui-même puis une 2e à chaque joueur. Celui-ci peut demander d'autres cartes. Les joueurs étant servis, le croupier se sert une 2e carte. L'as vaut 1 ou 11 points (selon la volonté du détenteur), les figures valent 10 pts, les cartes numérales gardent leur valeur. Le joueur faisant Black-Jack (21) avec ses 2 premières cartes reçoit 1 fois 1/2 le montant de sa mise. Les titulaires d'une place assise pontent à tous les coups, le croupier plaçant les cartes devant chaque enjeu ; si le joueur est plus près de 21 que le banquier, il est payé, sinon le croupier encaisse la mise. Seul le joueur assis devant une case peut décider du jeu pour cette case. D'autres joueurs peuvent miser avec lui sur cette case si le total des mises ne dépasse pas le max. autorisé.

● **Boule.** Une bille est lancée dans une cuvette circulaire présentant 9 trous numérotés de 1 à 9 : le 5 est jaune ; 1, 3, 6 et 8 sont noirs ; 2, 4, 7 et 9 sont rouges. Le ponte a le choix entre jouer un numéro plein ou une chance simple : pair ou impair, manque (numéros 1 à 4) ou passe (6 à 9), rouge ou noir. *Gain :* 7 fois pour les numéros pleins, 1 fois pour les autres possibilités.

Chances simples : un joueur qui ne mise que sur le noir (nos 1, 3, 6, 8), le rouge (2, 4, 7, 9), le pair (2, 4, 6, 8), l'impair (1, 3, 7, 9) ne peut avoir que 4 chances sur 9 de gagner (le 5 n'étant pas compté).

Numéro plein : le joueur a 1 chance sur 9 de voir sortir son numéro et il ne lui est payé que 8 fois (la mise plus 7). L'espérance mathématique n'est que de 8/9, ce qui est très défavorable pour le joueur. Le prélèvement du casino est de 11,11 % et les risques de se ruiner augmentent avec le nombre de parties.

● **Chemin de fer.** Jeu de cercle. Se joue avec 6 jeux de 52 cartes placés dans un sabot après avoir été mêlés par le croupier et coupés par un joueur. Les joueurs jouent entre eux, le détenteur du sabot est le banquier ; les autres les pontes. Le 1er banquier est le joueur assis à la droite du croupier. La banque tourne ensuite dans l'ordre des numéros. Le banquier met en jeu une somme comprise dans des limites prévues. Le croupier annonce le montant du banco et les joueurs se prononcent dans l'ordre de leurs numéros. *Banco seul :* un joueur couvre seul le montant de la banque et joue contre le banquier. *Banco avec la table :* un joueur couvre la moitié du montant de la banque, l'autre moitié peut être couverte par les autres joueurs. Les cartes sont données au joueur ayant fait l'annonce. Celui-ci a la priorité sur les autres joueurs pour l'éventuel banco seul suivi. *Banco la table marche :* un joueur couvre au moins la moitié du banco et complète les enjeux après tout le monde, s'il y a lieu. Il a les mêmes prérogatives que dans le cas précédent. *La main suit :* quand le banquier a perdu. *La main passe :* quand le banquier le décide. Dans ce cas, elle est rachetée au taux dans l'ordre des numéros de la table, elle est ensuite proposée aux joueurs debout ; à défaut, elle est mise aux enchères par le croupier. Le banquier peut prendre un associé dans sa main ; chaque joueur ne peut s'associer plus d'une fois avec un banquier au cours d'un tour de sabot. L'associé du banquier peut racheter la main au taux, mais ne peut participer aux enchères. Le joueur ayant racheté une main au taux est tenu au premier coup de donner la totalité du banco. L'as compte pour 1 et tous les dix et figures pour 0. Si le total dépasse 10, on déduit 10 ou les multiples de 10, par exemple deux six valent 2, trois sept valent 1. Le banquier donne deux cartes alternativement en commençant par le ponte. Les joueurs, banquier ou ponte, sont tenus de se conformer au tableau de tirage.

Tableau de tirage du ponte : le ponte demande une carte s'il a Baccara (0), 1, 2, 3 ou 4. Il tire ou reste à son choix s'il a 5. Il reste s'il a 6 ou 7. Il abat s'il a 8 ou 9.

Quand le ponte a annoncé, le banquier retourne ses cartes ; il tire ou reste en tenant compte de sa propre main et de la carte qu'il a donnée (V. tableau de tirage Quid 84, p. 1592).

● **Punto y banco.** Jeu de cartes proche de la banque ouverte. Non autorisé en France.

● **Roulette.** L'appareil comprend un plateau mobile dont le bois est divisé en 37 cases. Le plateau est lancé alternativement dans un sens puis, au coup suivant, en sens inverse. Une bille est lancée dans le cylindre, dans un sens inverse de la rotation du plateau. Le cylindre comporte 36 numéros + le zéro = 37. 18 numéros sont rouges, 18 noirs ; 18 sont pairs, 18 impairs ; les numéros 1 à 18 sont manque, 19 à 36 passe. Le joueur touchant un numéro plein reçoit 35 fois sa mise (1 chance sur 37) ; un cheval (2 numéros) 17 fois ; une transversale (3 numéros) 11 fois ; un carré (4 numéros) 8 fois ; un sixain (6 numéros) 5 fois ; une douzaine ou une colonne (12 numéros) 2 fois. Chances simples (jeu, pair, impair, rouge, noir, manque, passe : 18 numéros) 1 fois ; mise à cheval sur 2 colonnes ou 2 douzaines (24 numéros) 0,5 fois.

Maximums autorisés à la roulette

aux tables minimum :	10 F	20 F	50 F
Sur :			
1 plein	300	600	1 500
1 cheval	600	1 200	3 000
1 transversale	1 000	2 000	5 000
1 carré	1 200	2 400	6 000
1 sixain	2 000	4 000	10 000
1 col. ou douz.	5 000	10 000	25 000
1 chance simple	10 000	20 000	50 000
2 col. ou 2 double	20 000	40 000	100 000

● **Roulette américaine.** Comporte 36 numéros et 2 zéros. Moins favorable : le joueur paie 35 fois la mise un numéro qui en vaut 37 (soit un prélèvement double), la maison ramasse entièrement les mises sur les égalités (rouge, noir, manque, passe, pair, impair) lorsque sort le zéro ou le double zéro. Les rapports des enjeux sont les mêmes qu'à la roulette.

● **Roulette anglaise.** Même principe que la r. américaine. Tapis et cylindre français sans double zéro.

● **Trente-et-quarante.** Se joue avec 6 jeux de 52 cartes. Valeur des cartes : figures 10, as 1, la valeur marquée pour les autres. Le croupier étale une 1re rangée de cartes appelée la noire, jusqu'à ce que le total atteigne au moins 31. Puis il étale une 2e, la rouge. La rangée la plus près de 30 gagne. Si la 1re carte de la série noire est de la même couleur que la série gagnante, on dit que *Couleur* gagne ; si elle est de l'autre couleur, c'est *Inverse* qui gagne. Le trente-et-quarante ne comporte que des chances simples, payées à égalité (1 fois la mise), qui sont : noir, rouge, couleur, inverse. Les chances sont inscrites sur un tapis (où sont déposées les mises). Chaque coup entraîne l'annonce de 2 chances : noir et couleur, noir et inverse, rouge et couleur, rouge et inverse. Le casino prélève 1 % environ. Pour le joueur, 0,912175 % quand la mise est « assurée ».

● **Vingt-trois.** Roulette dont les numéros ont des rapports différents : 1, 2, 3, 4 rapportent 23 fois la mise, 5 à 11 : 11 fois et 12, 13, 14 : 7 fois.

Casinos en France

Réglementés par la loi du 15-6-1907. Réunis dans le Syndicat des casinos autorisés de France (S.C.A.F.).

140 casinos autorisés en France dont Deauville, Divonne-les-Bains (Ain), Cannes municipal, Charbonnières (Rhône), Rhul (Nice, fermé dep. le 4-1-1982), Saint-François (Guadeloupe), Trois-Ilets (Martinique), Forges-les-Eaux (Seine-Maritime).

En 1983-84, produit brut 946 millions de F dont l'État et les communes ont prélevé 46 % (435 millions de F), droit de timbre 48 millions de F.

☞ Le casino a le droit d'interdire pour 1 soirée l'entrée de la salle de jeux sans donner d'explications ; en pratique pour tenue négligée, ivresse. L'interdiction pour tricherie est prononcée par l'État (elle concerne tous les casinos et pour toujours). Sont également interdits les mineurs, les gens en tutelle, en curatelle, privés de leurs droits civiques. Un joueur peut, pour lutter contre sa faiblesse, se faire interdire volontairement l'entrée des casinos. Cette interdiction d'une durée de 5 ans est irréversible. (En France, près de 5 000 personnes sont interdites de jeu dont plus de la moitié le sont volontairement.)

Jeux Olympiques

Généralités

Origine. *884 av. J.-C.* date probable de la création de l'*Ekecheiria* (trêve) par Iphitos, roi d'Élide. On trouve des jeux analogues décrits dans l'Iliade : le chant XXIIIe dit comment Achille les a organisés devant le bûcher sur lequel va brûler le corps de Patrocle, afin d'apaiser et réjouir l'âme du mort. L'Iliade décrit les 4 types d'épreuves qui, sous des modes divers, sont toujours disputées : course athlétique, pugilat, lancers et course hippique. Héraklès aurait institué les Jeux d'Olympie et, après avoir vaincu à la course, aurait consacré à Zeus, son père, un site consacré primitivement à Kronos. **776 av. J.-C.** 1re Olympiade historique. **724** à l'épreuve du stade s'ajoute celle du double stade ou diaulique (384,54 m). **720** création de la course longue ou dolique. **708** pour la 1re fois, figure le pentathlon. **688** pour la 1re fois, figure le pugilat. **680** course de chars à 4 chevaux (quadrige), piste de 770 m sur 32 m. A partir de **572**, la Grèce entière se rassemble régulièrement à Olympie chaque fois que 99 mois lunaires sont révolus depuis la dernière Olympiade. La date était fixée plusieurs mois à l'avance par les hellanodikes, magistrats suprêmes des Jeux. 3 spondophores choisis parmi les notables de la cité allaient en porter la nouvelle. N'importe qui, sauf les femmes mariées, pouvait y assister, mais pour y participer, il fallait être Grec. Les cités suspendaient toute action guerrière pendant la trêve olympique. **520** la course en armes apparaît. **468** la durée des Jeux est portée à 5 j. **72** 1re victoire d'un Romain, Gaios (Caius) en course. **68** les courses de chevaux disparaissent du programme. **369 apr. J.-C.** 1re victoire d'un « Barbare », l'Arménien Barasdates, au pugilat. Il fut roi d'Arménie, de 374 à 378 (dernier vainqueur dont le nom nous soit parvenu). **392** les Jeux d'Olympie, comme tous les *ludi* romains et les autres jeux grecs (cérémonies rituelles païennes) sont interdits par l'empereur Théodose Ier, sous l'influence de saint Ambroise, évêque de Milan, qui les jugeait impies. **522** et **551** les tremblements de terre détruisent ce qui reste d'Olympie. **1829** le Français Abel Blouet découvre, sous 3 à 6 m de sable, l'emplacement du temple de Zeus et les 3 fragments de métopes qui sont au Louvre. **1859** tentative de rénovation des Jeux sous l'égide d'un riche Grec d'origine roumaine, Zappas. **1870** 2e tentative, plusieurs attractions non sportives. **1892** (*25-11* en Sorbonne) : Pierre Frédy, baron de Coubertin (1863-1937), déclare : « Il faut internationaliser le sport, il faut organiser les J.O. » **1894**-*23-6* un congrès international, réuni à Paris, vote à l'unanimité, le rétablissement des Jeux et la constitution d'un Comité international. **1896** 1ers Jeux à Athènes. **1924** 1ers J.O. d'hiver à Chamonix. **1948** les J.O. d'hiver s'ouvrent largement au ski alpin.

Principe. Les J.O. sont une manifestation du « Mouvement olympique », animé par le Comité International Olympique (C.I.O. résidant à Lausanne) et inspiré par la morale et la philosophie sportives de Pierre de Coubertin. Ils réunissent tous les 4 ans les athlètes du monde en un « grand festival ». En outre, le Mouvement olympique se préoccupe : de promouvoir les qualités du sportif, de créer dans la jeunesse des amitiés sportives et de susciter la bonne volonté internationale par la pratique du sport.

Devise. Proposée par Pierre de Coubertin : *citius, altius, fortius* (en latin : plus vite, plus haut, plus fort). Son auteur était un dominicain français, le Père Henri Didon (1840-1900).

Emblème des jeux. Anneaux olympiques entrelacés (inaugurés sur le drapeau olympique au XXe anniversaire du C.I.O. en 1914) symbolisant l'union des 5 continents, la primauté de l'esprit mondial sur les nationalismes. Tous les drapeaux du monde comportent au moins 1 des 5 couleurs adoptées : bleu (Europe), jaune (Asie), noir (Afrique), vert (Océanie), rouge (Amérique).

Président du C.I.O. 1980 Juan Antonio Samaranch (élu à Moscou). Il a succédé à Avery Brundage (1889-1975, ancien champion des U.S.A. d'athlétisme complet) et à Lord Killanin (Pt de 1972 à 1980).

Serment olympique. « Au nom de tous les concurrents, je promets que nous nous présentons aux jeux Olympiques en concurrents loyaux, respectueux des règlements qui les régissent et désireux d'y participer dans un esprit chevaleresque pour la gloire du sport et l'honneur de nos équipes » (Charte olympique 1985).

Dopage. Une liste de groupes de substances dopantes interdites est établie par le C.I.O., comprenant plusieurs exemples de chaque groupe. La procédure pour la sélection des athlètes à contrôler, la prise des échantillons et leur analyse sont établies par le C.I.O. Lors des J.O., des contrôles sont effectués en principe sur les 4 premiers athlètes, plus un certain nombre par tirage au sort. Les échantillons d'urine sont analysés par un laboratoire accrédité par le C.I.O. *Principale méthode :* chromatographie en phase gazeuse/spectrométrie de masse, couplée avec un ordinateur qui permet d'analyser 2 000-2 500 échantillons prélevés pendant les J.O. En cas de contrôle positif, une 2e analyse est effectuée en présence des intéressés sur un 2e échantillon gardé en réserve. Si la 1re analyse est confirmée par la 2e, la commission médicale du C.I.O. propose une sanction à la commission exécutive du C.I.O., qui prend la décision finale.

Aux J.O. de 1972, l'Américain Rick Demont est privé de sa médaille d'or pour le 400 m nage libre (il avait absorbé de l'éphédrine). Les cyclistes hollandais de l'épreuve du 100 km contre la montre sont déclassés de la 3e place (Van Den Hoek avait absorbé de la coramine). **1976** plusieurs haltérophiles bulgares déclassés et certains privés de leur médaille. J.O. de 1984 10 athlètes disqualifiés.

Tricheries. *Exemple :* 1976, un escrimeur soviétique a été exclu des Jeux pour avoir truqué le système électrique de son fleuret.

Statistiques

Records. Recette (Munich 1972) 53,6 millions de DM, (Los Angeles 1984) 619 millions de $, 250 millions de bénéfices. **Entrées** Berlin (1936) 3 161 000, Montréal (1970) 3 195 150, Munich (1972) 4 435 583, Moscou (1980) 5 466 321, Los Angeles (1984) 5 797 923 entrées. Sports ayant connu la faveur du public : gymnastique (fréquentée à 99,77 %), tir à l'arc (99,73), boxe (99,19), cyclisme (97,11), volley-ball (94,60), escrime (93,86) et natation (92,21).

Jeux à Los Angeles. Organisation. Pour la 1re fois confiée à une association privée à but non lucratif : le *LAOOC (Los Angeles Olympic Organizing Committee)* créé 1979. Budget (en millions de $) : 469 dont financés par les billets 151, contrats 125, droits de retransmission TV 225.

Droits de télévision (millions de $). *Jeux d'été : 1972 :* Munich 25 (ABC pour les U.S.A.), *76 :* Montréal 34,9, *80 :* Moscou 88, *84 :* Los Angeles 282, *88 :* en mars 1986, accord signé avec N.B.C. pour la retransmission aux U.S.A. 300 millions de $. *Jeux d'hiver : 1976 :* Innsbruck 11, *80 :* Lake-Placid 20, *84 :* Sarajevo 102, *88 :* Calgary 309 (uniquement contrat d'exclusivité d'ABC pour les U.S.A.).

☞ Résultats, voir p. 25.

Palmarès été + hiver de la création aux J.O. de 1984 (inclus)

Nations	Total de médailles	Or	Argent	Bronze
U.S.A.	1 770	739	565	466
U.R.S.S.	1 248	405	352	491
G.-B.	561	169	202	190
Suède	501	160	154	187
France	*487*	*148*	*165*	*174*
Italie	406	146	124	116
All. dém. [2]	390	146	119	125
Finlande	379	125	117	137
Allemagne [1]	363	106	136	121
Hongrie	347	111	105	131
Norvège	262	89	86	86
Japon	237	84	76	78
Suisse	221	59	87	75
Australie	217	70	63	84
Canada	202	48	69	85
All. féd. [2]	194	54	63	77
Pologne	186	43	55	88
P.-Bas	181	53	59	69
Roumanie	179	49	53	77
Autriche	160	40	58	61
Tchécosl.	154	44	53	57
Danemark	144	29	60	55
Belgique	128	36	48	44
Bulgarie	118	28	49	41
Yougoslavie	72	23	26	23
Grèce	66	15	26	25
Cuba	59	23	21	15
Afr. du Sud	53	16	16	21
Turquie	45	23	12	10
Argentine	44	13	18	13
N.-Zélande	41	22	4	15
Mexique	37	9	12	16
Corée du Sud	36	7	11	18
Chine	32	15	8	9
Brésil	30	6	5	17
Iran	29	4	10	15
Espagne	23	4	11	8
Kenya	22	6	7	8
Estonie	21	6	6	9
Jamaïque	20	4	8	8
Égypte	18	6	6	6
Irlande	16	4	5	7
Inde	14	8	3	3
Corée du Nord	13	2	4	6
Liechtenstein	13	3	4	6
Portugal	12	1	4	7
Éthiopie	10	5	1	4
Mongolie	10	0	5	5
Uruguay	9	2	1	6
Pakistan	8	3	3	2
Venezuela	8	1	2	5
Chili	7	0	5	2
Trinité	7	1	2	4
Philippines	6	0	2	4
Luxembourg	5	3	2	0
Tunisie	5	1	3	1
Ouganda	5	1	2	2
Nigeria	5	0	1	4
Colombie	4	0	2	2
Puerto Rico	4	0	1	3
Lettonie	3	0	2	1
Ghana	3	0	1	2
T'ai-wan	3	0	1	2
Maroc	3	2	1	0
Bahamas	2	1	0	1
Haïti	2	0	1	1
Panama	2	0	0	2
Pérou	2	1	1	0
Islande	2	0	1	1
Cameroun	2	0	1	1
Thaïlande	2	0	1	1
Algérie	2	0	0	2
Tanzanie	2	0	2	0
Sri Lanka	1	1	0	0
Singapour	1	0	1	0
Liban	1	0	1	0
Monaco	1	0	0	1
Irak	1	0	0	1
Bermudes	1	0	0	1
Niger	1	0	0	1
Côte-d'Ivoire	1	0	1	0
Syrie	1	0	1	0
Rép. Dominicaine	1	0	0	1
Zambie	1	0	0	1
Guyane	1	0	0	1
Zimbabwe	1	1	0	0

Nota. — (1) Des origines à 1964. (2) Depuis 1968.

Indices d'écoute (1 % = 394 000 téléspectateurs, + les moins de 16 ans qui ne sont pas comptabilisés). *J.O. à Moscou :* après-midi 3,7 %, avant-soirée 3,6, soirée 1,4. *Match France-All. féd.* en demi finale de Coupe du monde de football 70. *Coupes d'Europe de football* 30 à 40. *Finale Noah-Wilander à Roland-Garros* 28. *Match du Tournoi des Cinq Nations* 17 à 20. J.O. de Los Angeles, 2 milliards et demi de téléspectateurs (épreuves reprises dans 146 pays, en direct ou en différé).

Médailles gagnées par la France

J.O. d'hiver	Or	Argent	Bronze
1924 Chamonix			1
1928 St-Moritz	1		
1932 Lake Placid	1		
1936 Garmisch			1
1948 St-Moritz	2	1	1
1952 Oslo			1
1956 Cort. d'Amp.			
1960 Squaw Valley	1		2
1964 Innsbruck	3	4	
1968 Grenoble	4	3	2
1972 Sapporo		1	2
1976 Innsbruck		1	1
1980 Lake Placid			1
1984 Sarajevo		1	2

J.O. d'été	Or	Argent	Bronze
1896 Athènes	5	3	2
1900 Paris	19	29	23
1908 Londres	5	5	9
1912 Stockholm	7	4	3
1920 Anvers	9	22	11
1924 Paris	14	14	11
1928 Amsterdam	6	10	5
1932 Los Angeles	10	5	4
1936 Berlin	7	6	6
1948 Londres	10	6	16
1952 Helsinki	6	7	5
1956 Melbourne	4	4	6
1960 Rome		2	3
1964 Tokyo	1	8	6
1968 Mexico	7	3	5
1972 Munich	2	4	7
1976 Montréal	2	3	4
1980 Moscou	6	5	3
1984 Los Angeles	5	7	16

Jeux olympiques pour handicapés

Organisation. *Créés* en 1960 à Rome sur proposition de Sir Ludwig Guttmann. Réservés aux infirmes (poliomyélitiques, tétraplégiques) et handicapés accidentels (aveugles, amputés, infirmes moteurs cérébraux).

Ils ont lieu tous les 4 ans dans le pays organisateur des J.O. pour sportifs valides, sauf en 1968 (en raison d'impératifs médicaux dus à l'altitude de Mexico) et 1980 (Moscou n'ayant pas pu les organiser dans le contexte actuel).

Rétrospective. 1960 Rome (ville organisatrice) 300 participants (15 pays) ; **64** Tokyo 400 (22) ; **68** Tel-Aviv 750 (29) ; **72** Heidelberg (All. féd.) 1 000 (39) ; **76** Toronto 1 200 (40) ; **80** Arnhem (P.-Bas) 1 800 (42) ; **84** New York 2 000 (50), et Stoke Mandeville (G.-B.) 1 400 (40).

Résultats de l'équipe de France en 84 (New York et entre parenthèses Stoke Mandeville) : or 38 (34), argent 39 (30), bronze 24 (23).

Exploits réalisés en 1984 : *haltérophilie cat. 75-85 kg :* Barberet (France) 185 kg (record du monde) ; *100 m dos :* Duranceau Isabelle (France, amputée d'un bras) 1′31″ (record du monde) ; *100 m :* Smith (U.S.A., aveugle) 11″28 ; *400 m :* Quemond (France, aveugle) 50″53 (record du monde) ; *100 m brasse :* Bettega (France, polio), 1′31″56 (record du monde).

Jeux olympiques des vieux du stade

Ils ont lieu tous les 2 ans. *1983* Puerto Rico, *1985* Rome.

Jeux de l'Olympiade d'hiver

Palmarès des J.O. d'hiver

(dans l'ordre décroissant des médailles d'or aux J.O. de 1984)

Nations	1984				1980				1976				1972			
	O	A	B	T	O	A	B	T	O	A	B	T	O	A	B	T
All. dém.	9	9	6	*24*	9	7	7	*23*	7	5	7	*19*	4	3	7	*14*
U.R.S.S.	6	10	9	*25*	10	6	6	*22*	13	6	8	*27*	8	5	3	*16*
U.S.A.	4	4	0	*8*	6	4	2	*12*	3	3	4	*10*	3	2	3	*8*
Finlande	4	3	6	*13*	1	5	3	*9*	2	4	1	*7*	0	4	1	*5*
Suède	4	2	2	*8*	3	0	1	*4*	0	0	2	*2*	1	1	2	*4*
Norvège	3	2	4	*9*	1	3	6	*10*	3	3	1	*7*	2	5	5	*12*
Suisse	2	2	1	*5*	1	1	3	*5*	1	3	1	*5*	4	3	3	*10*
Canada	2	1	1	*4*	0	1	1	*2*	1	1	1	*3*	0	1	0	*1*
All. féd.	2	1	1	*4*	0	2	3	*5*	2	5	3	*10*	3	1	1	*5*
Italie	2	0	0	*2*	0	2	0	*2*	1	2	1	*4*	2	2	1	*5*
G.-B.	1	0	0	*1*	1	0	0	*1*	1	0	0	*1*	0	0	0	*0*
Tchécosl.	0	2	4	*6*	0	0	1	*1*	0	1	0	*1*	1	0	2	*3*
France	0	1	2	*3*	0	0	1	*1*	0	1	1	*2*	0	1	2	*3*
Japon	0	1	0	*1*	0	1	0	*1*	0	0	0	*0*	1	1	1	*3*
Youg.	0	1	0	*1*	0	0	0	*0*	0	0	0	*0*	0	0	0	*0*
Liechten.	0	0	2	*2*	2	2	0	*4*	0	0	2	*2*	1	2	2	*5*
Autriche	0	0	1	*1*	3	2	2	*7*	2	2	2	*6*	4	3	2	*9*
P.-Bas	0	0	0	*0*	1	2	1	*4*	1	2	3	*6*	0	0	0	*0*
Hongrie		0	0	*0*	0	1	0	*1*	0	0	0	*0*	0	0	0	*0*
Bulgarie	0	0	0	*0*	0	0	1	*1*	0	0	0	*0*	1	0	0	*1*
Pologne	0	0	0	*0*	0	0	0	*0*	0	0	0	*0*	1	0	0	*1*
Espagne	0	0	0	*0*	0	0	0	*0*	0	0	0	*0*	1	0	0	*1*

Nota. — Le C.I.O. ne reconnaît pas les tableaux de médailles.

Sports inscrits. Ski nordique et alpin, patinage de vitesse et artistique, bobsleigh, hockey sur glace, luge et biathlon.

Rétrospective. Année, ville organisatrice, participants, nations représentées. **1924** Chamonix (Fr.) 294 (16). **28** St-Moritz (Sui.) 363 (25). **32** Lake Placid (U.S.A.) 278 (17). **36** Garmisch-Partenkirchen (All.) 756 (28). **48** St-Moritz (Sui.) 878 (28). **52** Oslo (Norv.) 732 (30). **56** Cortina d'Ampezzo (It.) 923 (32). **60** Squaw Valley (U.S.A.) 648 (30). **64** Innsbruck (Autr.) 933 (36). **68** Grenoble (Fr.) 1 293 (37). **72** Sapporo (Jap.) 1 128 (35). **76** Innsbruck (Autr.) (défection de Denver, U.S.A.) 1 261 (37). **80** Lake Placid (U.S.A.) 1 283 (37). **84** Sarajevo (Youg.) 1 490 (49). **88** Calgary (Can.). **92** candidatures d'Albertville, Anchorage, Berchtesgaden, Cortina d'Ampezzo, Falun, Lillehammer, Sofia.

Jeux de l'Olympiade d'été

Sports inscrits. Athlétisme, aviron, basket-ball, boxe, canoë-kayak, cyclisme, escrime, football, gymnast., haltér., handball, hockey s. gazon, judo, lutte, natation, pentathlon moderne, sports équestres, tir, tir à l'arc, volley-ball, water-polo, yachting à voile. Tennis et tennis de table en 1988. Depuis 1984, 2 sports réservés aux femmes : gymnastique rythmique et sportive, natation synchronisée. **Disparus.** Paume, polo, rugby, tennis (1896-1924), pistolet de duel (1896-1920). **Concours d'art :** architecture (1912-48), sculpture (1912-48), reliefs et médailles (1928-48), peinture (1912-48), littérature (1912-48).

Rétrospective. Année, ville organisatrice, nombre de participants et de nations représentés : **1896** Athènes 295 (13) [1]. **1900** Paris 1 077 (21) [1]. **04** St-Louis 554 (21) [1]. **08** Londres 2 034 (22) [1]. **12** Stockholm 2 504 (28) [1]. **16** Berlin : annulés. **20** Anvers 2 591 (29) [1]. **24** Paris 3 075 (44) [1]. **28** Amsterdam 2 971 (46) [1]. **32** Los Angeles 1 331 (38) [1]. **36** Berlin 3 980 (49) [2]. **40** Helsinki : annulés. **44** Londres : annulés. **48** Londres 4 062 (58) [1]. **52** Helsinki 5 867 (69) [1]. **56** Melbourne 3 342 (67) [2] ; Stockholm (29). **60** Rome 5 396 (84) [3]. **64** Tokyo 5 586 (94) [3]. **68** Mexico 6 626 (113) [1]. **72** Munich 7 894 (123) [3]. **76** Montréal 6 189 (88) [4]. **80** Moscou 5 923 (81) [3]. **84** Los Angeles 7 055 (140). **88** Séoul. **92** candidatures d'Amsterdam, Barcelone, Belgrade, Birmingham, Brisbane, Paris.

Nota. — Vainqueurs officieux. (1) U.S.A. (2) Allemagne. (3) U.R.S.S. (4) 34 des 36 pays africains, membres du C.I.O., se sont retirés des Jeux pour dénoncer la participation de la N.-Zélande, accusée de collaborer avec l'Afrique du S. Guyane et Irak se sont également retirés par solidarité.

Boycott des Jeux. *En 1976,* 5 pays sont partis après que leurs athlètes aient concouru à quelques compétitions, et 21 sont partis sans avoir laissé leurs athlètes concourir. *En 1980,* 63 États ont refusé d'envoyer des équipes aux Jeux.

En 1984, 17 États ont décidé qu'ils ne participaient pas : Afghānistān, Albanie, All. dém., Angola, Bulgarie, Corée du N., Cuba, Éthiopie, Hongrie, Iran, Laos, Mongolie, Pologne, Tchécoslovaquie, U.R.S.S., Viet-nam, Yémen du S.

Palmarès des J.O. d'été

Nations	1984				1980				1976			
	O	A	B	T	O	A	B	T	O	A	B	T
Algérie	0	0	2	*2*								
All. dém.					47	37	41	*125*	40	24	25	*89*
All. féd.	17	19	23	*59*					10	12	17	*39*
Argentine												
Australie	4	8	12	*24*	2	2	5	*9*		1	4	*5*
Autriche	1	1	1	*3*	1	2	1	*4*			1	*1*
Belgique	1	1	2	*4*	1			*1*		3	3	*6*
Bermudes											1	*1*
Brésil	1	5	2	*8*	2		2	*4*			2	*2*
Bulgarie					8	16	16	*40*	7	8	9	*24*
Cameroun	0	0	1	*1*								
Canada	10	18	16	*44*						5	6	*11*
Chine	15	8	9	*32*								
Cuba					8	7	5	*20*	6	4	3	*13*
Colombie	0	1	0	*1*								
Corée du N.						3	2	*5*	1	1		*2*
Corée du S.	6	6	7	*19*					1	1	4	*6*
C.-d'Ivoire	0	1	0	*1*								
Danemark	0	3	3	*6*	2	1	2	*5*	1		2	*3*
Égypte	0	1	0	*1*								
Espagne	1	2	2	*5*	1	3	2	*6*		2		*2*
Éthiopie					2		2	*4*				
Finlande	4	2	6	*12*	3	1	4	*8*	4	2		*6*
France	*5*	*7*	*15*	*28*	*6*	*5*	*3*	*14*	*2*	*3*	*4*	*9*
G.-B.	5	11	21	*37*	5	7	9	*21*	3	5	5	*13*
Ghāna												
Grèce	0	1	1	*2*	1		2	*3*				
Guyane							1	*1*				
Hongrie					7	10	15	*32*	4	5	12	*21*
Inde					1			*1*				
Iran										1		*1*
Irlande	0	1	0	*1*		1	1	*2*				
Islande	0	0	1	*1*								
Italie	14	6	12	*32*	8	3	4	*15*	2	7	4	*13*
Jamaïque	0	1	2	*3*			3	*3*	1	1		*2*

Nations	1984				1980				1976			
	O	A	B	T	O	A	B	T	o	A	B	T
Japon	10	8	14	*32*					9	6	10	*25*
Kénya	1	0	2	*3*								
Liban							1	*1*				
Maroc	2	0	0	*2*								
Mexique	2	3	1	*6*		1	3	*4*	1		1	*2*
Mongolie						2	2	*4*		1		*1*
Niger												
Nigeria	0	1	1	*2*								
Norvège	0	1	2	*3*					1	1		*2*
N.-Zélande	8	1	2	*11*					2	1	1	*4*
Ouganda						1		*1*				
Pākistān	1	0	0	*1*							1	*1*
Pays-Bas	5	2	6	*13*		1	2	*3*		2	3	*5*
Pérou	0	1	0	*1*								
Pologne					3	14	15	*32*	8	7	10	*25*
Portugal	1	0	2	*3*						2		*2*
Puerto Rico	0	1	1	*2*							1	*1*
Rép. Dominic.	0	0	1	*1*								
Roumanie	20	16	17	*53*	6	6	13	*25*	4	9	14	*27*
Suède	2	11	6	*19*	3	3	6	*12*	4	1		*5*
Suisse	0	4	4	*8*	2			*2*	1	1	2	*4*
Syrie	0	1	0	*1*								
T'ai-wan	0	0	1	*1*								
Tanzanie						2		*2*				
Tchécoslov.					2	3	9	*14*	2	2	4	*8*
Thaïlande	0	1	0	*1*							1	*1*
Trinité									1			*1*
Tunisie												
Turquie	0	0	3	*3*								
U.R.S.S.					80	69	46	*195*	47	43	35	*125*
U.S.A.	83	61	30	*174*					34	35	25	*94*
Venezuela			3	*3*		1		*1*		1		*1*
Yougoslav.	7	4	7	*18*	2	3	4	*9*	2	3	3	*8*
Zambie	0	0	1	*1*								
Zimbabwe					1			*1*				

Résultats des J.O. d'hiver

Légende. (1) Afrique du Sud. (2) Allemagne dém. (2a) Allemagne. (3) Allemagne féd. (4) Argentine. (5) Australie. (6) Autriche. (7) Belgique. (8) Brésil. (9) Bulgarie. (10) Canada. (11) Corée du Nord. (12) Corée du Sud. (13) Cuba. (14) Danemark. (15) Égypte. (16) Eire. (17) Espagne. (18) Estonie. (19) Éthiopie. (20) Finlande. (21) France. (22) G.-B. (23) Grèce. (24) Hongrie. (25) Inde. (26) Iran. (27) Irlande. (28) Italie. (29) Jamaïque. (30) Japon. (31) Kenya. (32) Liechtenstein. (33) Luxembourg. (34) Mexique. (35) Mongolie. (36) Norvège. (37) N.-Zélande. (38) Ouganda. (39) Pakistân. (40) P.-Bas. (41) Pérou. (42) Pologne. (43) Portugal. (44) Roumanie. (45) Suède. (46) Suisse. (47) Tanzanie. (48) Tchécoslovaquie. (49) Thaïlande. (50) Trinité. (51) Tunisie. (52) Turquie. (53) Ukraine. (54) U.R.S.S. (55) U.S.A. (56) Venezuela. (57) Yougoslavie. (58) Guyane. (59) Bermudes. (60) Liban. (61) Chine. (62) T'ai-wan. (63) Colombie. (64) C.-d'Iv. (65) Maroc. (66) Islande. (67) Zambie. (68) Nigeria. (69) Puerto-Rico. (70) Cameroun. (71) Alg. (72) Syrie.

Ski alpin

Messieurs

Descente. 48 *Oreiller*[21] *2'55".* **52** Colo[28] 2'30"8. **56** Sailer[6] 2'52"2. **60** *Vuarnet*[21] *2'6".* **64** Zimmermann E.[6] 2'18"6. **68** *Killy*[21] *1'59"35.* **72** Russi[46] 1'51"43. **76** Klammer[6] 1'45"73, Russi[46] 1'46"6, Plank[28] 1'46"59. **80** Stock[6] 1'45"50, Wirnsberger[6] 1'46"12, Podborski[10] 1'46"62. **84** Johnson[55] 1'45"59, Mueller[46] 1'45"86, Steiner[6] 1'45"95.

Slalom spécial. 48 Reinalter[46] 2'10"3. **52** Schneider[6] 2'. **56** Sailer[6] 3'14"7- **60** Hinterseer[6] 2'8"9. **64** Stiegeer[6] 2'11"13. **68** *Killy*[21] *1'39"73.* **72** Fernandez-Ochoa[17] 1'49"27. **76** Gros[28] 2'3"29, G. Thoeni[28] 2'3"73, Frommelt[32] 2'4"28. **80** Stenmark[45] 1'44"26, Mahre[55] 1'44"76, Luthy[46] 1'45"06. Appelé **slalom** dep. 84.

Slalom. 84 P. Mahre[55] 1'39"41, S. Mahre[55] 1'39"62, *Bouvet*[21] *1'40"20.*

Slalom géant. 52 Eriksen[36] 2'25". **56** Sailer[6] 3'0"1. **60** Staub[46] 1'48"3. **64** *Bonlieu*[21] *1'46"71.* **68** *Killy*[21] *3'29"28.* **72** G. Thoeni[28] 3'9"62. **76** Hemmi[46] 3'26"97, Good[46] 3'27"17, Stenmark[45] 3'27"41. **80** Stenmark[45] 2'40"74, Wenzel[32] 2'41"49, Enn[6] 2'42"51. **84** Julen[46] 2'41"18, Franko[57] 2'41"41, Wenzel[32] 2'41"75.

● **Épreuve supprimée. Combiné descente-slalom. 36** Pfnur[2a] 4'51"8 + 2'26"6. **48** *Oreiller*[21] *2'55" + 2'22"3.*

Dames

Descente. 48 Schlunegger[46] 2'28"3. **52** Jochum Beiser[6] 1'47"1. **56** Berthod[46] 1'40"7. **60** Biebl[3] 1'37"6. **64** Haas[6] 1'55"39. **68** O. Pall[6] 1'40"87. **72** M.-T. Nadig[46] 1'36"68. **76** R. Mittermaier[3] 1'46"16, B. Totschnig[6] 1'46"48, Nelson[55] 1'47"50. **80** Moser-Proell[6] 1'37"52, Wenzel[32] 1'38"22, Nadig[46] 1'38"36. **84** Figini[46] 1'13"36, Walliser[46] 1'13"41, Charvatova[48] 1'13"53.

Slalom spécial. 48 Fraser[55] 1'57"2. **52** Lawrence-Mead[55] 2'10"6. **56** Colliard[46] 1'52"3. **60** Heggveit[10] 1'49"6. **64** *C. Goitschel*[21] *1'29"86.* **68** *M. Goitschel*[21] *1'25"86.* **72** B. Cochran[55] 1'31"24. **76** R. Mittermaier[3] 1'30"54, C. Giordani[28] 1'30"87, H. Wenzel[32] 1'32"20. **80** Wenzel[32] 1'25"09, Kinshofer[3] 1'26"50, Hess[46] 1'27"89. Appelé **slalom** dep. 84.

Slalom. 84 Magoni[28] 1'36"47, *Pelen*[21] *1'37"38,* Konzett[32] 1'37"50.

Slalom géant. 52 Lawrence-Mead[55] 2'6"8. **56** Reichert[2a] 1'56"5. **60** Ruegg[46] 1'39"9. **64** *M. Goitschel*[21] *1'52"24.* **68** N. Greene[10] 1'51"97. **72** M.-T. Nadig[46] 1'29"90. **76** K. Kreiner[10] 1'29"13, R. Mittermaier[3] 1'29"25, *D. Debernard*[21] *1'29"95.* **80** Wenzel[32] 2'41"66, Epple[3] 2'42"12, *Pelen*[21] *2'42"41.* **84** Armstrong[55] 2'20"98, Cooper[55] 2'21"38, *Pelen*[21] *2'21"40.*

● **Épreuve supprimée. Combiné descente-slalom. 36** Cranz[2a] 5'32"4 + 94"12. **48** Beiser[6] 2'29"1 + 130"5.

☞ Résultats des Jeux olympiques d'été, voir p. 26.

Ski nordique

Messieurs

15 kilomètres (18 km jusqu'en 1952). 24 Haug[36] 1 h 14'31". **28** Groettumsbraaten[36] 1 h 37'1". **32** Utterstroem[45] 1 h 23'7". **36** Larsson[45] 1 h 14'38". **48** Lundstroem[45] 1 h 13'50". **52** Brenden[36] 1 h 1'34". **56** Brenden[36] 49'39". **60** Brusveen[36] 51'55"5. **64** Maentyranta[20] 50'54"1. **68** Groenningen[36] 47'54"2. **72** Lundback[45] 45'28"24. **76** Bajukov[54] 43'58"47, Belaiev[54] 44'1"10, Kolvisto[20] 44'19"25. **80** Wassberg[45] 41'57"63, Mieto[20] 41'57"64, Aunli[36] 42'28"62. **84** Anders Swan[45] 41'25"6, Karvonen[20] 41'34"9, Kirvesniemi[20] 41'45"6.

30 kilomètres. 56 Hakulinen[20] 1 h 44'6". **60** Jernberg[45] 1 h 51'3"9. **64** Maentyranta[20] 1 h 30'50"7. **68** Nones[28] 1 h 35'39"2. **72** Vedenine[53] 1 h 36'31"15. **76** Saveliev[53] 1 h 30'29"38, Koch[55] 1 h 30'57"84, Garanine[54] 1 h 31'9"29. **80** Zimiatov[54] 1 h 27'2"80, Rochev[54] 1 h 27'34"22, Lebanov[9] 1 h 28'03"87. **84** Zimiatov[54] 1 h 28'56"3, Zavialov[54] 1 h 29'23"3, Swan[45] 1 h 29'35"7.

50 kilomètres. 24 Haug[36] 3 h 44'32". **28** Hedlund[45] 4 h 52'3". **32** Saarinen[20] 4 h 28'. **36** Vicklund[45] 3 h 30'11". **48** Karisson[45] 3 h 47'48". **52** Hakulinen[20] 3 h 33'33". **56** Jernberg[45] 2 h 50'27". **60** Haemaelaeinen[20] 2 h 59'6"3. **64** Jernberg[45] 2 h 43'52"6. **68** Ellefsaeter[36] 2 h 28'45"8. **72** Tyldum[36] 2 h 43'14"75. **76** Formo[36] 2 h 37'30"5, Klause[2] 2 h 38'13"21, Soedergren[45] 2 h 39'39"21. **80** Zimiatov[54] 2 h 27'24"60, Mieto[20] 2 h 30'20"52, Zavjalov[54] 2 h 30'51"52. **84** Wassberg[45] 2 h 15'55"8, Swan[45] 2 h 16'00"7, Karvonen[20] 2 h 17'04"7.

4 × 10 km. 36 Finl. 2 h 41'33". **48** Suède 2 h 32'8". **52** Finl. 2 h 20'16". **56** U.R.S.S. 2 h 15'30". **60** Finl. 2 h 18'45"6. **64** Suède 2 h 18'34"6. **68** Norv. 2 h 8'33"5. **72** U.R.S.S. 2 h 4'47"94. **76** Finl. 2 h 7'59"72, Norv. 2 h 9'58"36, U.R.S.S. 2 h 10'51"46. **80** U.R.S.S. 1 h 57'3"46, Norv. 1 h 58'45"77, Finl. 2 h 0'18. **84** Suède 1 h 55'06"30, U.R.S.S. 1 h 55'16"50, Finl. 1 h 56'31"40.

Saut. 70 m. 64 Kankkonen[20]. **68** Raska[48]. **72** Kasaya[30]. **76** Aschenbach[2], Danneberg[2], Schnabl[6]. **80** Innauer[6], Deckert[2], Yagi[30]. **84** Weissflog[2], Nykanen[20], Puikkonen[20].

Saut. 90 m. 24 Thams[36]. **28** Andersen[36]. **32, 36** Rund[36]. **48** Hugsted[36]. **52** Bergmann[36]. **56** Hyvarinen[20]. **60** (80 m) Recknagel[2]. **64** (80 m) Engan[36]. **68** Beloussov[54]. **72** Fortuna[42]. **76** Schnabel[6], Innauer[6], Glass[2]. **80** Tormanen[20], Neuper[6], Puikkonen[20]. **84** Nykanen[20], Weissflog[2], Ploc[48].

Combiné nordique. Saut et fond. 24 Haug[36]. **28, 32** Groettumsbraaten[36]. **36** Hagen[36]. **48** Hasu[20]. **52** Slattvik[36]. **56** Sternesen[36]. **60** Thoma[3]. **64** Knutsen[36]. **68** Keller[3]. **72** Wehling[2]. **76** Wehling[2], Hettich[3], Winkler[2]. **80** Wehling[2], Karjalainen[20], Winkler[2]. **84** Sandberg[36], Karjalainen[20], Ylipulli[20].

Dames

5 kilomètres. 64 Boyarskich[54] 17'50"5. **68** Gustafsson[45] 16'45"2. **72** Kulakova[54] 17'0"5. **76** Takalo[20] 15'48"69, Smetanina[54] 15'49"76, Kulakova[54] 16'7"33. **80** Smetanina[54] 15'06"92, Riihivuori[20] 15'11"96, Jeriova[48] 15'23"44. **84** Haemaelainen[20] 17'04", Aunli[36] 17'14"1, Jeriova[48] 17'18"3.

10 kilomètres. 52 Wideman[20] 41'40". **56** Kosyryeva[54] 38'11". **60** Gusakova[54] 39'46"6. **64** Boyarskich[54] 40'24"3. **68** Gustaffsson[45] 36'46"5. **72** Kulakova[54] 34'17"82. **76** Smetanina[54] 30'13"41, Takalo[20] 30'14"28, Kulakova[54] 30'38"61. **80** Petzold[5] 30'31"54, Riihivuori[20] 30'35"05, Takalo[20] 30'45"25. **84** Haemaelainen[20] 31'44"2, Smetanina[54] 32'02"9, Pettersen[36] 32'12"7.

20 kilomètres. 84 Haemaelainen[20] 1 h 01'45", Smetanina[54] 1 h 02'26"7, Jahren[36] 1 h 03'13"6.

4 × 5 km (3 × 5 km jusqu'en 72). 56 Finl. 1 h 9'1". **60** Suède 1 h 4'21". **64** U.R.S.S. 59'20"2. **68** Norv. 57'30". **72** U.R.S.S. 48'46"12. **76** U.R.S.S. 1 h 7'49"75, Finl. 1 h 8'36"57, All. dém. 1 h 9'57"95. **80** All. dém. 1 h 2'11"10, U.R.S.S. 1 h 3'18"30, Norv. 1 h 4'13"50. **84** Norv. 1 h 06'49"70, Tchéc. 1 h 07'34"70, Finl. 1 h 07'36"70.

Biathlon

10 kilomètres. 80 Ulrich[2] 32'10"69, Alikin[54] 32'53"10, Aljabiev[54] 33'09"16. **84** Kvalfoss[36] 30'53"8, Angerer[3] 31'02"4, Jacob[2] 31'10"5.

20 kilomètres. 60 Lestander[45] 1 h 33'21"6. **64** Melanjin[54] 1 h 20'26"8. **68** Solberg[36] 1 h 13'45"9. **72** Solberg[36] 1 h 13'55"5. **76** Kruglov[54] 1 h 14'12"16, Ikola[20] 1 h 15'54"10, Elijarov[54] 1 h 16'5"57. **80** Aliabiev[54] 1 h 8'16"31, Ullrich[2] 1 h 8'27"79, Rosch[2] 1 h 11'11"73. **84** Angerer[3] 1 h 11'52"7, Roetsch[2] 1 h 13'21"4, Kvalfoss[36] 1 h 14'02"4.

Relais 4 × 7,5 kilomètres. 68 URSS 2 h 13'2"4. **72** URSS 1 h 51'44"9. **76** URSS 1 h 57'55"64, Finl. 2 h 1'45"58, All. dém. 2 h 4'8"61. **80** URSS 1 h 34'3"27, All. dém. 1 h 34'56"99, All. féd. 1 h 37'30"26. **84** URSS 1 h 38'51"7, Norv. 1 h 39'03"9, All. féd. 1 h 39'05"1.

Patinage artistique

Messieurs. 08 Salchow[45]. **20, 24, 28** Grafstroem[45]. **32, 36** Schaefer[6]. **48, 52** Button[55]. **56** H. Jenkins[55]. **60** D. Jenkins[55]. **64** Schnelldorfer[3]. **68** Schwarz[6]. **72** Népela[48]. **76** Curry[32], Kovalev[54], Cranston[10]. **80** Cousins[32], Hoffman[2], Tickner[55]. **84** Hamilton[55], Orser[10], Sabovtchik[48].

Dames. 08 Syers[22]. **20** Julin-Mauroy[45]. **24** Planck-Szabo[6]. **28, 32, 36** Henie[36]. **48** Scott[10]. **52** Altwegg[22]. **56** Albright[55]. **60** Heiss[55]. **64** Dijkstra[40]. **68** Fleming[55]. **72** B. Schuba[6]. **76** D. Hamill[55], Leeuw[40], Errath[2]. **80** Poetzsch[2], Fratianne[55], Lurz[3]. **84** Witt[2], Sumners[55], Ivanova[54].

Couples. 08 Hubler-Burger[2a]. **20** L. Jakobsson-W. Jakobsson[20]. **24** Engelman-Berger[6]. **28** *A. Joly-P. Brunet*[21]. **32** *A. Brunet-P. Brunet*[21]. **36** Heber-Baier[2a]. **48** Lannoy-Baugniet[7]. **52** R. Falk-P. Falk[3]. **56** Schwarz-Oppelt[6]. **60** Wagner-Paul[10]. **64, 68** Beloussova-Protopopov[54]. **72** Rodnina-Ulanov[54]. **76** Rodnina-Zaitsev[54], Kermer-Oesterreich[2], Gross-Kagelmann[2]. **80** Rodnina-Zaitsev[54], Cherkasova-Shakrai[54], Mager-Bewersdorff[2]. **84** Valova-Vassiliev[54], Carrthers-Carruthers[55], Selezneva-Makorov[54].

Danse. 76 Pakhomovo-Gorskhov[54], Moiseeva-Minenkov[54], O'Connor-Millns[55]. **80** Linichuk-Karponosov[53], Regoczy-Sallay[24], Moiseeva-Minenkov[54]. **84** Torvill-Dean[22], Bestemyanova-Boukin[54], Klimova-Ponomarenko[54].

● **Épreuve supprimée. Figures spéciales. 08** Panin[54].

Patinage de vitesse

Messieurs

500 m. 24 Jewtraw[55] 44". **28** Thunberg[20] et Evensen[36] 43"4. **32** Shea[55] 43"4. **36** Ballangrud[36] 43"4. **48** Helgesen[36] 43"1. **52** Henry[55] 43"2. **56** Grichine[54] 40"2. **60** Grichine[54] 40"2. **64** McDermott[55] 40"1. **68** Keller[3] 40"3. **72** Keller[3] 39"44. **76** Kulikov[58] 39"17, Muratov[53] 39"25, Immerfall[55] 39"54. **80** Heiden[55] 38"03, Kulikov[53] 38"37, De Ber[40] 38"48. **84** Fokitchev[54] 38"19, Kitazawa[30] 38"30, Boucher[10] 38"39.

1 000 m. 76 Mueller[55] 1'19"32, Didriksen[36] 1'20"45, Muratov[53] 1'20"57. **80** Heiden[55] 1'15"18, Boucher[10] 1'16"68, Lobanov[53], Roenning[36] 1'16"91. **84** Boucher[10] 1'15"80, Khlebnikov[54] 1'16"63, Engelstad[36] 1'16"75.

1 500 m. 24 Thunberg[20] 2'20"8. **28** Thunberg[20] 2'21"1. **32** Shea[55] 2'57"5. **36** Mathisen[36] 2'19"2. **48** Farstad[36] 2'17"6. **52** Andersen[36] 2'20"4. **56** Grichine[54] et Mikhailov[54] 2'8"6. **60** Aas[36] et Grichine[54] 2'10"4. **64** Antson[54] 2'10"3. **68** Verkerk[40] 2'3"4. **72** Schenk[40] 2'2"96. **76** Storholt[36] 1'59"38, Konadkov[54] 1'59"97, Van Helden[40] 2'0"87. **80** Heiden[55] 1'55"44, Stenshjemmet[36] 1'56"81, Andersen[36] 1'56"92. **84** Boucher[10] 1'58"36, Khlebnikov[54] 1'58"83, Bogiev[54] 1'58"89.

5 000 m. 24 Thunberg[20] 8'39". **28** Ballangrud[36] 8'50"5. **32** Jaffee[55] 9'40"8. **36** Ballangrud[36] 8'19"6. **48** Liaklew[36] 8'29"4. **52** Andersen[36] 8'10"6. **56** Chilkov[53] 7'48"7. **60** Kositchkine[53] 7'51"3. **64** Johannesen[36] 7'38"4. **68** Maier[36] 7'22"4. **72** Schenk[40] 7'23"6. **76** Stensen[36] 7'24"48, Kleine[40] 7'26"47, Van Helden[40] 7'26"54. **80** Heiden[55] 7'02"29, Stenshjemmet[36] 7'03"28, Oxholm[36] 7'05"59. **84** Gustafson[45] 7'12"28, Malkov[54] 7'12"30, Schoefisch[2] 7'17"49.

10 000 m. 24 Skutnabb[20] 18'4"8. **28** Interrompue et annulée. **32** Jaffee[55] 19'13"6. **36** Ballangrud[36] 17'24"3. **48** Seyffarth[45] 17'26"3. **52** Andersen[36] 16'45"8. **56** Ericsson[45] 16'35"9. **60** Johannesen[36] 15'46"6. **64** Nilsson[45] 15'50"1. **68** Hoeglin[45] 15'23"6. **72** Schenk[40] 15'1"35. **76** Kleine[40] 14'50"59, Stensen[36] 14'53"30, Van Helden[40] 15'2"20. **80** Heiden[55]

14'28"13, Kleine [40] 14'36"03, Orxholm [36] 14'36"60. **84** Malkov [54] 14'39"90, Gustafson [45] 14'39"95, Schoefisch [2] 14'46"91.

• **Épreuve supprimée. Combiné 4 courses. 24** Thunberg [20].

Dames

500 m. 60 Haase [2] 45"9. **64** Skoblikova [53] 45". **68** Titova [54] 46"1. **72** A. Henning [55] 43"33. **76** S. Young [55] 42"76, C. Vriestner [10] 43"12, T. Averina [53] 43"17. **80** Enke [2] 41"78, Poulos-Mueller [55] 42"26, Petrusheva [54] 42"42. **84** Rothenburger [2] 41"02, Enke [2] 41"28, Chive [54] 41"50.

1 000 m. 60 Guseva [54] 1'34"1. **64** Skoblikova [54] 1'33"2. **68** Geijssen [40] 1'32"6. **72** M. Pflug [3] 1'31"40. **76** Averina [54] 1'28"43, Poulos [55] 1'28"57, S. Young [55] 1'29"14. **80** Petrusheva [53] 1'24"10, Poulos-Mueller [55] 1'25"41, Albrecht [2] 1'26"46. **84** Enke [2] 1'21"61, Schoene [2] 1'22"83, Petrousseva [54] 1'23"21.

1 500 m. 60 Skoblikova [54] 2'25"2. **64** Skoblikova [54] 2'22"6. **68** Mustonen [20] 2'22"4. **72** D. Holum [55] 2'20"85. **76** Stepanskaya [53] 2'16"58, S. Young [55] 2'17"60, Averina [40] 2'17"96. **80** Borckink [40] 2'10"95, Visser [40] 2'12"35, Becker [2] 2'12"38. **84** Enke [2] 2'03"42, Schoene [2] 2'05"29, Petrousseva [54] 2'05"78.

3 000 m. 60 Skoblikova [53] 5'14"3. **64** Skoblikova [53] 5'14"9. **68** Schut [40] 4'56"2. **72** C. Baas-Kaiser [40] 4'52"14. **76** Averina [54] 4'45"19, Mitscherlich [2] 4'45"23, Korsmo [36] 4'45"24. **80** Jensen [36] 4'32"13, Becker [2] 4'32"79, Heiden [55] 4'33"77. **84** Schoene [2] 4'24"79, Enke [2] 4'26"33, Schoenbrunn [2] 4'33"13.

Bobsleigh

Bob à deux. 32 USA 8'14"74. **36** USA 5'29"29. **48** Suisse 5'29"2. **52** All. féd. 5'24"54. **56** Italie 5'30"14. **60** non disputé. **64** G.-B. 4'21"90. **68** Italie 4'41"54. **72** All. féd. 4'57"7. **76** All. dém. II 3'44"42, All. féd. I 3'44"99, Suisse I 3'45"70. **80** Suisse II 4'9"36, All. dém. II 4'10"93, All. dém. I 4'11"08. **84** All. dém. II 3'25"56, All. dém. I 3'26"04, U.R.S.S. II 3'26"16.

Bob à quatre. 24 Suisse 5'45"54. **28** USA 3'20"50. **32** USA 7'53"68. **36** Suisse 5'19"85. **48** USA 5'20"10. **52** All. féd. 5'07"84. **56** Suisse 5'10"44. **60** non disputé. **64** Canada 4'14"46. **68** Italie 2'17"39. **72** Suisse 4'43"70. **76** All. dém. 3'40"43, Suisse 3'40"89, All. féd. 3'41"37. **80** All. dém. I 3'59"92, Suisse I 4'0"87, All. dém. II 4'0"97. **84** All. dém. I 3'20"22, All. dém. II 3'20"78, Suisse I 3'21"39.

Luge

Messieurs

Simple. 64 Koehler [2] 3'26"71. **68** Schmid [6] 2'52"48. **72** Scheidel [2] 3'27"58. **76** Guenther [2] 3'27"688, Fendt [3] 3'28"196, Rinn [2] 3'28"574. **80** Glass [2] 2'54"796, Huldgartner [28] 2'55"372, Winkler [3] 2'56"545. **84** Hidgartner [28] 3'4"258, Danilin [54] 3'4"962, Doudin [54] 3'5"012.

Double. 64 Autr. 1'41"62. **68** All. dém. 1'35"85. **72** ex æquo All. dém. 1'28"35, It. 1'28"35, All. dém. 1'29"16. **76** Rinn-Hahn [2] 1'25"604, Brandner-Schwarm [3] 1'25"889, Schmidt-Schachner [6] 1'25"919. **80** Rinn-Hahn [2] 1'19"331, Gschnitzer-Brunner [28] 1'19"606, Flickinger-Schrott [6] 1'19"795. **84** Stangassinger [3] 1'23"620, Bclooussov [54] 1'23"660, Hoffmann [2] 1'23"887.

Dames

Simple. 64 Enderlein [2] 3'24"67. **68** Lechner [28] 2'28"66. **72** A.M. Muller [2] 2'59"18. **76** Schumann [2] 2'50"621, Ruehrold [2] 2'50"846, Demleitner [3] 2'51"056. **80** Zozulia [53] 2'36"537, Sollmann [2] 2'37"657, Amantova [53] 2'37"817. **84** Martin [2] 2'46"570, Schmidt [2] 2'46"873, Weiss [2] 2'47"248.

Hockey

20, 24, 28, 32 Canada. **36** G.B. **48, 52** Canada. **56** URSS. **60** USA. **64, 68, 72, 76** URSS. **80** USA, URSS, Suède. **84** URSS, Tchéc., Suède.

Skeleton
(épreuve supprimée)

28 Heaton [55] 3'1"8. **48** Bibbia [28] 5'23"2.

Résultats des J.O. d'été

Légende : voir p. 25.

Athlétisme

Hommes

100 m. 96 Burke [55] 12". **00** Jarvis [55] 11". **04** Hahn [55] 11". **08** Walker [1] 10"8. **12** Craig [55] 10"8. **20** Paddock [55] 10"8. **24** Abrahams [22] 10"6. **28** Williams [10] 10"8. **32** Tolan [55] 10"3. **36** Owens [55] 10"3. **48** Dillard [55] 10"3. **52** Remigino [55] 10"4. **56** Morrow [55] 10"5. **60** Hary [2a] 10"2. **64** Hayes [55] 10". **68** Hines [55] 9"95. **72** Borzov [54] 10"14. **76** Crawford [50] 10"06, Quarrie [29] 10"08, Borzov [54] 10"14. **80** Wells [22] 10"25, Leonard [13] 10"25, Petrov [9] 10"39. **84** Lewis [55] 9"99, Graddy [55] 10"19, Johnson [10] 10"22.

200 m. 00 Tewkesbury [55] 22"2. **04** Hahn [55] 21"6. **08** Kerr [10] 22"6. **12** Graig [55] 21"7. **20** Woodring [55] 22". **24** Scholz [55] 21"6. **28** Williams [10] 21"8. **32** Tolan [55] 21"2. **36** Owens [55] 20"7. **48** Patton [55] 21"1. **52** Stanfield [55] 20"7. **56** Morrow [55] 20"6. **60** Berruti [28] 20"5. **64** Carr [55] 20"3. **68** Smith [55] 19"8. **72** Borzov [54] 20". **76** Quarrie [29] 20"23, Hampton [55] 20"29, Evans [55] 20"43. **80** Mennea [28] 20"19, Wells [22] 20"21, Quarrie [29] 20"29. **84** Lewis [55] 19"80, Baptiste [55] 19"96, Jefferson [55] 20"26.

400 m. 96 Burke [55] 54"2. **00** Long [55] 49"4. **04** Hillman [55] 49"2. **08** Halswell [22] 50". **12** Reidpath [55] 48"2. **20** Rudd [1] 49"6. **24** Liddell [22] 47"6. **28** Barbutti [55] 47"8. **32** Carr [55] 46"2. **36** Williams [55] 46"5. **48** Wint [29] 46"2. **52** Rhoden [29] 45"9. **56** Jenkins [55] 46"7. **60** O. Davis [55] 44"9. **64** Larrabee [55] 45"1. **68** Evans [55] 43"8. **72** Matthews [55] 44"66. **76** Juantorena [13] 44"26, Newhouse [55] 44"40, Frazier [55] 44"95. **80** Markin [54] 44"60, Mitchell [5] 44"84, Schaffer [2] 44"87. **84** Babers [55] 44"27, Tiacoh [64] 44"54, McKay [55] 44"71.

800 m. 96 Flack [5] 2'11". **00** Tysoe [22] 2'1"2. **04** Lightbody [55] 1'56". **08** Sheppard [55] 1'52"8. **12** Meredith [55] 1'51"9. **20** Hill [22] 1'53"4. **24** Lowe [22] 1'52"4. **28** Lowe [22] 1'51"8. **32** Hampson [22] 1'49"7. **36** Woodruff [55] 1'52"9. **48** Whitfield [55] 1'49"2. **52** Whitfield [55] 1'49"2. **56** Courtney [55] 1'47"7. **60** Snell [37] 1'46"3. **64** Snell [37] 1'45"1. **68** Doubell [5] 1'44"3. **72** Wottle [55] 1'45"9. **76** Juantorena [13] 1'43"50, Van Damm [7] 1'43"86, Wohlhuter [55] 1'44"12. **80** Ovett [22] 1'45"4, Coe [22] 1'45"9, Kirov [54] 1'46". **84** Cruz [8] 1'43", Coe [22] 1'43"64, Jones [55] 1'43"83.

1 500 m. 96 Flack [5] 4'33"2. **00** Bennett [22] 4'6"2. **04** Lightbody [55] 4'5"4. **08** Sheppard [55] 4'3"4. **12** Jackson [22] 3'56"8. **20** Hill [22] 4'1"8. **24** Nurmi [20] 3'53"6. **28** Larva [20] 3'53"2. **32** Beccali [28] 3'51"2. **36** Lovelock [37] 3'47"8. **48** Eriksson [45] 3'49"8. **52** Barthel [33] 3'45"1. **56** Delany [27] 3'41"2. **60** Elliot [5] 3'35"6. **64** Snell [37] 3'38"1. **68** Keino [31] 3'34"9. **72** Vasala [20] 3'36"3. **76** Walker [37] 3'39"17, Van Damme [7] 3'39"27, Wellmann [3] 3'39"33. **80** Coe [22] 3'38"4, Straub [2] 3'38"8, Ovett [22] 3'39". **84** Coe [22] 3'32"53, Cram [22] 3'33"40, Abascal [17] 3'34"30.

5 000 m. 12 Kolehmainen [20] 14'36"6. **20** *Guillemot* [21] *14'55"6*. **24** Nurmi [20] 14'31"2. **28** Ritola [20] 14'38". **32** Lehtinen [20] 14'30". **36** Hockert [20] 14'22"2. **48** Reiff [7] 14'17"6. **52** Zatopek [48] 14'6"6. **56** Kuts [54] 13'39"6. **60** Halberg [37] 13'43"4. **64** Schul [55] 13'48"8. **68** Gammoudi [51] 14'5". **72** Viren [20] 13'26"4. **76** Viren [20] 13'24"76, Quax [37] 13'25"16, Hildenbrand [3] 13'25"38. **80** Yifter [19] 13'21", Nyambui [47] 13'21"6, Maaninka [20] 13'22". **84** Aouita [65] 13'5"59, Ryffel [46] 13'7"54, Leitao [43] 13'9"20.

10 000 m. 12 Kolehmainen [20] 31'20"8. **20** Nurmi [20] 31'45"8. **24** Ritola [20] 30'23"2. **28** Nurmi [20] 30'18"8. **32** Kusocinski [42] 30'11"4. **36** Salminen [20] 30'15"4. **48** Zatopek [48] 29'59"6. **52** Zatopek [48] 29'17". **56** Kuts [54] 28'45"6. **60** Bolotnikov [54] 28'32"2. **64** Mills [55] 28'24"4. **68** Temu [31] 29'27"4. **72** Viren [20] 27'38"4. **76** Viren [20] 27'40"38, Lopes [43] 27'45"17, Foster [22] 27'54"92. **80** Yifter [19] 27'42"7, Maaninka [20] 27'44"3, Kedir [19] 27'44"7. **84** Cova [28] 27'47"54, McLeod [22] 28'06"22, Musyoki [31] 28'6"46.

110 m haies. 96 Curtis [55] 17"6. **00** Kraenzlein [55] 15"4. **04** Schule [55] 16". **08** Smithson [55] 15". **12** Kelly [55] 15"1. **20** Thompson [10] 14"8. **24** Kinsey [55] 15". **28** Atkinson [1] 14"8. **32** Saling [55] 14"6. **36** Towns [55] 14"2. **48** Porter [55] 13"9. **52** Dillard [55] 13"7. **56** Calhoun [55] 13"5. **60** Calhoun [55] 13"8. **64** Jones [55] 13"6. **68** Davenport [55] 13"3. **72** Milburn [55] 13"24. **76** *Drut* [21] *13"30*, Casanas [13] 13"33, Davenport [55] 13"38. **80** Munkelt [2] 13"39, Casanas [13] 13"40, Puchkov [54] 13"44. **84** Kingdom [55] 13"20, Foster [55] 13"23, Bryggare [20] 13"40.

400 m haies. 00 Tewkesbury [55] 57"6. **04** Hillman [55] 53". **08** Bacon [55] 55". **12** non disputé. **20** Loomis [55] 54". **24** Morgan-Taylor [55] 52"6. **28** Burghley [27] 53"4. **32** Tisdall [27] 51"7. **36** Hardin [55] 52"4. **48** Cochran [55] 51"1. **52** Moore [55] 50"8. **56** Davis G. [55] 50"1. **60** Davis G. [55] 49"3. **64** Cawley [55] 49"6. **68** Hemery [22] 48"12. **72** Akii-Bua [38] 47"82. **76** Moses [55] 47"64, Shine [55] 48"69, Gavrilenko [54] 49"45. **80** Beck [2] 48"70, Arkhipenko [54] 48"86, Oakes [27] 49"11. **84** Moses [55] 47"75, Harris [55] 48"13, Schmid [3] 48"19.

3 000 m steeple. 00 Orton (1) [55] 7'34"4. **04** Lightbody (1) [55] 7'39"6. **08** Russel (2) [22] 10'47"8. **12** non disputé. **20** Hodge [22] 10'0"4. **24** Ritola [20] 9'33"6. **28** Loukola [20] 9'21"8. **32** Iso-Hollo (3) [20] 10'33"4. **36** Iso-Hollo [20] 9'3"8. **48** Sjostrand [45] 9'4"6. **52** Ashenfelter [55] 8'45"4. **56** Brasher [22] 8'41"2. **60** Kryszkowiak [42] 8'34"2. **64** Roelants [7] 8'30"8. **68** Biwott [31] 8'51". **72** Keino [31] 8'23"6. **76** Gaerderud [45] 8'08"3, Malinovski [42] 8'09"11, Baumgartl [2] 8'10"36. **80** Malinowski [42] 8'9"7, Bayi [47] 8'12"5, Tura [19] 8'13"6. **84** Korir [31] 8'11"80, *Mahmoud* [21] *8'13"31*, Diemer [55] 8'14"06.

Nota. — (1) Sur 2 500 m. (2) Sur 3 200. (3) Par erreur, les concurrents couvrirent un tour de plus.

Saut en hauteur. 96 Clark [55] 1 m 81. **00** Baxter [55] 1 m 90. **04** Jones [55] 1 m 80. **08** Porter [55] 1 m 905. **12** Richard [55] 1 m 93. **20** Landon [55] 1 m 935. **24** Osborn [55] 1 m 98. **28** King [55] 1 m 94. **32** McNaughton [10] 1 m 97. **36** Johnson [55] 2 m 03. **48** Winter [5] 1 m 98. **52** Davis [55] 2 m 04. **56** Dumas [55] 2 m 12. **60** Chavlakadze [54] 2 m 16. **64** Brumel [54] 2 m 18. **68** Fosbury [55] 2 m 24. **72** Tarmak [54] 2 m 23. **76** Wszola [42] 2 m 25, Joy [10] 2 m 23, Stones [55] 2 m 21. **80** Wessig [2] 2 m 36, Wzsola [42] 2 m 31, Freitmuth [2] 2 m 31. **84** Mœgenburg [3] 2 m 35, Sjøberg [45] 2 m 33, Jlanhua [61] 2 m 31.

Saut en longueur. 96 Clark [55] 6 m 35. **00** Kraenzlein [55] 7 m 18. **04** Prinstein [55] 7 m 34. **08** Irons [55] 7 m 48. **12** Gutterson [55] 7 m 60. **20** Petterson [45] 7 m 15. **24** Hubbard (de Hart) [55] 7 m 44. **28** Hamm [55] 7 m 73. **32** Gordon [55] 7 m 64. **36** Owens [55] 8 m 06. **48** Steele [55] 7 m 82. **52** Biffle [55] 7 m 57. **56** Bell [55] 7 m 83. **60** Boston [55] 8 m 12. **64** Davies [22] 8 m 07. **68** Beamon [55] 8 m 90. **72** Williams [55] 8 m 24. **76** Robinson [55] 8 m 35, Williams [55] 8 m 11, Wartenberg [2] 8 m 02. **80** Dombrowski [2] 8 m 54, Paschek [2] 8 m 21, Podluzny [54] 8 m 18. **84** Lewis [55] 8 m 54, Honey [5] 8 m 24, Evangelisti [28] 8 m 24.

Saut à la perche. 96 Hoyt [55] 3 m 30. **00** Baxter [55] 3 m 30. **04** Dvorak [55] 3 m 50. **08** Cooke [55] 3 m 71, Gilbert [55] 3 m 71. **12** Babcock [55] 3 m 95. **20** Foss [55] 4 m 09. **24** Barnes [55] 3 m 95. **28** Carr [55] 4 m 20. **32** Miller [55] 4 m 31. **36** Meadows [55] 4 m 35. **48** Smith [55] 4 m 30. **52** Richards [55] 4 m 55. **56** Richards [55] 4 m 56. **60** Bragg [55] 4 m 70. **64** Hansen [55] 5 m 10. **68** Seagren [55] 5 m 40. **72** Nordwig [2] 5 m 50. **76** Slusarski [42] 5 m 50, Kalliomaeki [20] 5 m 50, Roberts [55] 5 m 50. **80** Koziakiewicz [42] 5 m 78, Volkov [54] 5 m 65. **84** *Quinon* [21] *5 m 75*, Tully [55] 5 m 65, *Vigneron* [21] *5 m 60*.

Triple saut. 96 Connolly [55] 13 m 71. **00** Prinstein [55] 14 m 47. **04** Prinstein [55] 14 m 35. **08** Ahearne [22] 14 m 92. **12** Lindblom [45] 14 m 76. **20** Tuulos [20] 14 m 50. **24** Winter [5] 15 m 525. **28** Oda [30] 15 m 21. **32** Nambu [30] 15 m 72. **36** Tajima [30] 16 m. **48** Ahman [45] 15 m 40. **52** Da Silva [8] 16 m 22. **56** Da Silva [8] 16 m 35. **60** Schmidt [42] 16 m 81. **64** Schmidt [42] 16 m 85. **68** Saneiev [54] 17 m 39. **72** Saneiev [54] 17 m 35. **76** Saneiev [54] 17 m 29, Butts [55] 17 m 18, De Oliveria [8] 16 m 90. **80** Uudmae [54] 17 m 35, Saneiev [54] 17 m 24, De Oliveira [8] 17 m 22. **84** Joyner [55] 17,26, Conley [55] 17,18, Connor [22] 16,87.

Poids. 96 Garrett [55] 11 m 22. **00** Sheldon [55] 14 m 10. **04** Rose [55] 14 m 81. **08** Rose [55] 14 m 21. **12** McDonald [55] 15 m 34. **20** Pothola [20] 14 m 81. **24** Houser [55] 14 m 99. **28** Huck [55] 15 m 87. **32** Sexton [55] 16 m. **36** Woellke [2a] 16 m 20. **48** Thompson [55] 17 m 12. **52** O'Brien [55] 17 m 41. **56** O'Brien [55] 18 m 57. **60** Nieder [55] 19 m 68. **64** Long [55] 20 m 33. **68** Matson [55] 20 m 54. **72** Komar [42] 21 m 18. **76** Beyer [2] 21 m 05, Mironov [54] 21 m 03, Barychnykov [54] 21 m. **80** Kiseliev [54] 21 m 35, Barychnykov [54] 21 m 08, Beyer [2] 21 m 06. **84** Andrei [28] 21,26, Carter [55] 21,09, Laut [55] 20,97.

Disque. 96 Garret [55] 29 m 15. **00** Bauer [24] 36 m 04. **04** Sheridan [55] 39 m 28. **08** Sheridan [55] 40 m 89. **12** Taipale [20] 45 m 21. **20** Niklander [20] 44 m 685. **24** Houser [55] 46 m 15. **28** Houser [55] 47 m 32. **32** Anderson [55] 49 m 49. **36** Carpentier [55] 50 m 48. **48** Consolini [28] 52 m 78. **52** Iness [55] 55 m 03. **56** Oerter [55] 56 m 36. **60** Oerter [55] 59 m 18. **64** Oerter [55] 61 m. **68** Oerter [55] 64 m 78. **72** Danek [48] 64 m 40. **76** McWilkins [55] 67 m 50, Schmid [2] 66 m 22, Powell [55] 65 m 70. **80** Rachupkin [54] 66 m 64, Bugar [48] 66 m 38, Delis [13] 66 m 32. **84** Danneberg [3] 66 m 60, Wilkins [55] 66 m 30, Powell [55] 65 m 46.

Javelot. 08 Lemming [45] 54 m 835. **12** Lemming [45] 60 m 64. **20** Myyra [20] 65 m 78. **24** Myyra [20] 62 m 96. **28** Lundqvis [45] 66 m 60. **32** Jarvinen [20] 72 m 71. **36** Stoeck [2a] 71 m 84. **48** Rautayaara [20] 69 m 77. **52**

Young [55] 73 m 78. **56** Danielsen [36] 85 m 71. **60** Tzybulenko [54] 84 m 64. **64** Nevala [20] 82 m 66. **68** Lusis [54] 90 m 10. **72** Wolfermann [3] 90 m 48. **76** Nemeth [24] 94 m 58, Siitonen [20] 87 m 92, Megelea [44] 87 m 16. **80** Kula [54] 91 m 20, Makarov [54] 89 m 64, Hanisch [2] 86 m 72. **84** Haerkœnen [20] 86 m 76, Ottley [22] 85 m 74, Eldebrink [45] 83 m 72.

Marteau. 00 Flanagan [55] 49 m 73. **04** Flanagan [55] 51 m 23. **06** non disputé. **08** Flanagan [55] 51 m 92. **12** McGrath [55] 54 m 74. **20** Ryan [55] 52 m 875. **24** Tootell [55] 53 m 295. **28** O'Callaghan [16] 51 m 39. **32** O'Callaghan [16] 53 m 92. **36** Hein [2a] 56 m 49. **48** Nemeth [24] 56 m 07. **52** Csemarrk [24] 60 m 34. **56** Connolly [55] 63 m 19. **60** Rudenkov [54] 67 m 10. **64** Klim [54] 69 m 74. **68** Zsivotsky [24] 73 m 36. **72** Bondartchuk [54] 75 m 50. **76** Sedyh [54] 77 m 52, Spiridonov [54] 76 m 08, Bondartchuk [54] 75 m 48. **80** Sedykh [54] 81 m 80, Litvinov [54] 80 m 64, Tamm [54] 78 m 96. **84** Tiainen [20] 78 m 08, Riehm [3] 77 m 98, Ploghaus [3] 76 m 68.

Décathlon. 04 Kiely [55]. **12** Thorpe [55]. **20** Loevland [36]. **24** Osborn [55]. **28** Yrjola [20]. **32** Baush [55]. **36** Morris [55]. **48, 52** Mathias [55]. **56** Campbell [55]. **60** Johnson [55]. **64** Holdord [2a]. **68** Toomey [55]. **72** Avilov [54]. **76** Jenner [55], Kratschmer [3], Avilov [54]. **80** Thompson [22], Kutsenko [54], Zhelanov [54]. **84** Thompson [22], Hingsen [3], Wentz [3].

Marathon. 96 Louys [23] 2 h 58′50″. **00** *Theato* [21] *2 h 59′45″*. **04** Hicks [55] 3 h 28′53″. **08** Hayes [55] 2 h 55′18″4. **12** McArthur [1] 2 h 36′54″8. **20** Kolehmainen [20] 2 h 32′35″8. **24** Stenroos [20] 2 h 41′22″6. **28** *El Ouafi* [21] *2 h 32′57″*. **32** Zabala [4] 2 h 31′36″. **36** Son [30] 2 h 29′19″2. **48** Cabrera [4] 2 h 34′51″6. **52** Zatopek [48] 2 h 23′3″2. **56** *Mimoun* [21] *2 h 25′*. **60** Abebe [19] 2 h 15′16″2. **64** Abebe [19] 2 h 12′11″2. **68** Wolde [19] 2 h 20′26″4. **72** Shorter [55] 2 h 12′19″8. **76** Cierpinski [2] 2 h 09′55″, Shorter [55] 2 h 10′45″8, Lismont [7] 2 h 11′12″6. **80** Cierpinski [2] 2 h 11′3″, Nijboer [40] 2 h 11′20″, Dzhumanazarova [54] 2 h 11′35″. **84** Lopes [43] 2 h 09′21″, Teracy [27] 2 h 09′56″, Spedding [22] 2 h 09′58″.

4 × 100 m. 12 G.-B. 42″4. **20** U.S.A. 42″2. **24** U.S.A. 41″. **28** U.S.A. 41″. **32** U.S.A. 40″. **36** U.S.A. 39″8. **48** U.S.A. 40″6. **52** U.S.A. 40″1. **56** U.S.A. 39″5. **60** All. féd. 39″5. **64** U.S.A. 39″. **68** U.S.A. 38″2. **72** U.S.A. 38″19. **76** U.S.A. 38″33, All. dém. 38″66, URSS 38″78. **80** URSS 38″26, Pol. 38″33, *Fr. 38″53*. **84** U.S.A. 37″83, Jamaïque 38″62, Can. 38″70.

4 × 400 m. 08 U.S.A. 3′29″4. **12** U.S.A. 3′16″6. **20** G.-B. 3′22″2. **24** U.S.A. 3′16″. **28** U.S.A. 3′14″2. **32** U.S.A. 3′8″2. **36** G.-B. 3′9″. **48** U.S.A. 3′10″4. **52** Jamaïque 3′3″9. **56** U.S.A. 3′4″8. **60** U.S.A. 3′2″2. **64** U.S.A. 3′0″7. **68** U.S.A. 2′56″1. **72** Kenya 2′59″8. **76** U.S.A. 2′58″65, Pol. 3′1″43, All. féd. 3′1″98. **80** URSS 3′1″1, All. dém. 3′1″3, It. 3′4″3. **84** U.S.A. 2′57″91, G.-B. 2′59″13, Nigeria 2′59″32.

20 km marche. 56 Spirin [54] 1 h 31′27″4. **60** Golubnichniy [54] 1 h 34′7″2. **64** Matthews [22] 1 h 29′34″. **68** Golubnichniy [54] 1 h 33′58″4. **72** Frenkel [2] 1 h 26′42″4. **76** Bautista [34] 1 h 24′40″6, Reimann [2] 1 h 25′13″8, Frenkel [2] 1 h 25′29″3. **80** Damilano [28] 1 h 23′35″5, Pochinchuk [54] 1 h 24′45″4, Wieser [2] 1 h 25′58″2. **84** Canto [34] 1 h 23′13″, Gonzalès [34] 1 h 23′20″, Damilano [28] 1 h 23′26″.

50 km marche. 32 Green [22] 4 h 50′10″. **36** Whitlock [22] 4 h 30′41″4. **48** Ljunggren [45] 4 h 41′52″. **52** Dordoni [28] 4 h 28′7″8. **56** Read [37] 4 h 30′42″8. **60** Thompson [22] 4 h 25′30″. **64** Pamich [28] 4 h 11′12″4. **68** Hoehne [2] 4 h 20′13″6. **72** Kannenberg [3] 3 h 56′11″6. **76** non disputé. **80** Gauder [2] 3 h 49′24″, Llopart [17] 3 h 51′25″, Ulvchenko [54] 3 h 56′32″. **84** Gonzalez [34] 3 h 47′26″, Gustafsson [45] 3 h 53′19″, Belluci [28] 3 h 53′45″.

Épreuves supprimées

60 m. 00 Kraenzlein [55] 7″. **04** Hahn [55] 7″. **5 miles. 08** Voigt [22] 25′11″2. **Cross country individuel. 12** (8 000 m) Kolehmainen [20] 45′11″6. **20** (8 000 m) Nurmi [20] 27′15″. **24** (10 000 m) Nurmi [20] 32′54″8. **3 000 m (par équipes). 12** U.S.A. **20** U.S.A. **24** Finl. **3 miles (par équipes). 08** G.-B. **5 000 m (par équipes). 00** G.-B./Austr. **Cross country (par équipes). 04** New York A.C. **06-08** non disputé. **12** (8 000 m) Suède. **20** (10 000 m) Finl. **24** (10 000 m) Finl. **200 m haies. 00** Kraenzlein [55] 25″4. **04** Hillman [55] 24″6. **4 000 m steeple. 00** Rimmer [22] 12′58″4. **3 000 m marche. 20** Frigerio [28] 13′14″2. **3 500 m marche. 08** Larner [22] 14′55″. **1 000 m marche. 12** Goulding [10] 46′28″4. **20** Frigerio [28] 48′6″2. **24** Frigerio [28] 47′49″. **28-36** non disputé. **48** Mikaelsson [45] 45′13″2. **52** Mikaelsson [45] 45′2″8. **10 miles marche. 08** Larner [22] 1 h 15′57″4.

Hauteur sans élan. 00 Ewry [55] 1 m 65. **04** Ewry [55] 1 m 60. **08** Ewry [55] 1 m 575. **12** Adams [55] 1 m 63. **Longueur sans élan. 00** Ewry [55] 3 m 21. **04** Ewry [55] 3 m 476. **08** Ewry [55] 3 m 335. **12** Tsiklitiras [23] 3 m 37.

Triple saut sans élan. 00 Ewry [55] 10 m 58. **04** Ewry [55] 10 m 54.

Poids des 2 mains. 12 Rose [55] 27 m 70. **Poids de 56 livres. 04** Desmarteau [10] 10 m 46. **12** non disputé. **20** Mc Donald [55] 11 m 265. **Disque à l'antique. 08** Sheridan [55] 38 m. **Disque des 2 mains. 12** Taipale [20] 82 m 86. **Javelot style libre. 08** Lemming [45] 54 m 45. **Javelot des 2 mains. 12** Saaristo [20] 109 m 42.

Triathlon. 04 Emmerich [55]. **Pentathlon. 12** Thorpe [55]. **20** Lehtonen [20]. **24** Lehtonen [20].

Dames

100 m. 28 Robinson [55] 12″2. **32** Walasiewicz [42] 11″9. **36** Stephens [55] 11″5. **48** Blankers-Koen [40] 11″9. **52** Jackson [5] 11″5. **56** Cuthbert [5] 11″5. **60** Rudolph [55] 11″. **64** Tyus [55] 11″4. **68** Tyus [55] 11″. **72** Stecher [2] 11″07. **76** Richter [3] 11″08, Stecher [2] 11″13, Helten [3] 11″17. **80** Kondratieva [54] 11″06, Goehr [2] 11″07, Auerswald [2] 11″14. **84** Ashford [55] 10″97, Brown [55] 11″13, Ottey-Page [29] 11″16.

200 m. 48 Blankers-Koen [40] 24″4. **52** Jackson [5] 23″7. **56** Cuthbert [5] 23″4. **60** Rudolph [55] 24″. **64** McGuire [55] 23″. **68** Swezinska-Kirszenstein [42] 22″5. **72** Stecher [2] 22″4. **76** Eckert [2] 22″37, Richter [3] 22″39, Stecher [2] 22″47. **80** Wockel [2] 22″03, Bochina [54] 22″19, Ottey [29] 22″20. **84** Brisco-Hooks [55] 21″81, Griffith [55] 22″04, Ottey-Page [29] 22″09.

400 m. 64 Cuthbert [5] 52″. **68** *Besson* [21] *52″*. **72** Zehrt [2] 51″08. **76** Szewinska [42] 49″29, Brehmer [2] 50″51, Streidt [2] 50″55. **80** Koch [2] 48″88, Kratochvukiva [48] 49″46, Lathan [2] 49″66. **84** Brisco-Hooks [55] 48″83, Cheeseborough [55] 49″05, Cook [22] 49″02.

800 m. 28 Radke [2a] 2′16″8. **32-56** non disputé. **60** Chevcova [54] 2′4″3. **64** Packer [22] 2′1″1. **68** Manning [55] 2′0″9. **72** Falck [3] 1′58″55. **76** Kazankina [54] 1′54″94, Chtereva [9] 1′55″42, Zinn [2] 1′55″60. **80** Olizarenko [54] 1′53″42, Minieva [54] 1′54″9, Providokhina [54] 1′55″5. **84** Melinte [44] 1′57″60, Gallagher [55] 1′58″63, Lovin [44] 1′58″83.

1 500 m. 72 Bragina [54] 4′1″04. **76** Kazankina [54] 4′5″48, Hofmeister [2] 4′6″02, Klapezinski [2] 4′6″09. **80** Kazankina [54] 3′56″6, Wartenberg [2] 3′57″8, Olizarenko [54] 3′59″6. **84** Dorio [28] 4′3″76, Melinte [44] 4′3″76, Puica [44] 4′4″15.

3 000 m. 84 Puica [44] 8′35″96, Sly [22] 8′39″47, Williams [10] 8′42″14.

100 m haies. 72 Ehrhardt [2] 12″59. **76** Schaller [2] 12″77, Anisimova [54] 12″78, Lebedeva [54] 12″80. **80** Komisova [54] 12″56, Klie [2] 12″63, Langer [42] 12″65. **84** Fitzgerald-Brown [55] 12″84, Strong [22] 12″88, Turner [55] 13″06.

400 m haies. 84 El Moutawakil [65] 54″61, Brown [55] 55″20, Cojocaru [44] 55″41.

Saut en hauteur. 28 Catherwood [10] 1 m 59. **32** Shiley [55] 1 m 657. **36** Csak [24] 1 m 60. **48** Coachman [55] 1 m 68. **52** Brand [1] 1 m 67. **56** McDaniel [55] 1 m 76. **60** Balas [44] 1 m 85. **64** Balas [44] 1 m 90. **68** Rezkova [48] 1 m 82. **72** Meyfarth [3] 1 m 92. **76** Ackermann [2] 1 m 93, Simeoni [28] 1 m 91, Blagoeva [9] 1 m 91. **80** Simeoni [28] 1 m 97, Kielan [42] 1 m 94, Kirst [2] 1 m 94. **84** Meyfarth [3] 2 m 02, Simeoni [28] 2 m, Huntley [55] 1 m 97.

Saut en longueur. 48 Gyarmati [24] 5 m 69. **52** Williams [37] 6 m 24. **56** Kresinska [42] 6 m 35. **60** Krepkina [54] 6 m 37. **64** Rand [22] 6 m 76. **68** Viscopoleanu [44] 6 m 82. **72** Rosendahl [3] 6 m 78. **76** Voigt [2] 6 m 72, McMillan [55] 6 m 66, Alfeiva [54] 6 m 60. **80** Kolpakova [54] 7 m 06, Wujak [2] 7 m 04, Skachko [54] 7 m 01. **84** Cusmir-Stanciu [44] 6 m 96, Ionescu [44] 6 m 81, Hearnshaw [22] 6 m 80.

Poids. 48 *Ostermeyer* [21] *13 m 75*. **52** Zybina [54] 15 m 28. **56** Tychekevitsch [54] 16 m 59. **60** T. Press [54] 17 m 32. **64** T. Press [54] 18 m 14. **68** Gummel [2] 19 m 61. **72** Chizhova [54] 21 m 03. **76** Christova [9] 21 m 16, Chizhova [54] 20 m 96, Fibingerova [54] 20 m 67. **80** Slupianek [2] 22 m 41, Krachvskaya [54] 21 m 42, Pufe [2] 21 m 20. **84** Losch [3] 20 m 48, Loghin [44] 20 m 47, Martin [5] 19 m 19.

Disque. 28 Konopacka [42] 39 m 62. **32** Copeland [55] 40 m 58. **36** Mauermayer [2a] 47 m 63. **48** *Ostermeyer* [21] *41 m 92*. **52** Romashkova [54] 51 m 42. **56** Fikotova [48] 53 m 69. **60** Ponomaryeva [54] 55 m 10. **64** T. Press [54] 57 m 27. **68** Manoliu [44] 58 m 28. **72** Melnik [54] 66 m 52. **76** Schlaak [2] 69 m, Vergova [9] 67 m 30, Hinzmann [2] 66 m 84. **80** Jahl [2] 69 m 96, Petkova [9] 67 m 90, Lesovaya [54] 67 m 40. **84** Stalman [40] 65 m 36, Deniz [55] 64 m 86, Craciunescu [44] 63 m 64.

Javelot. 32 Didrikson [55] 43 m 68. **36** Fleischer [2a] 45 m 18. **48** Bauma [6] 45 m 57. **52** Zatopkova [48] 50 m 47. **56** Yaunzeme [54] 53 m 86. **60** Ozolina [54] 55 m 98. **64** Penes [44] 60 m 54. **68** Nemeth [24] 60 m 36. **72** Fuchs [2] 63 m 88. **76** Fuchs [2] 65 m 94, Becker [3] 64 m 70, Schmidt [55] 63 m 96. **80** Colon [13] 68 m 40, Gunba [54] 67 m 76, Hommola [2] 66 m 56. **84** Sanderson [22] 69 m 56, Lillak [20] 69 m, Whitbread [22] 67 m 14.

4 × 100 m. 28 Canada 48″4. **32** USA 46″9. **36** USA 46″9. **48** P.-Bas 47″5. **52** USA 45″9. **56** Austr. 44″5. **60** USA 44″5. **64** Pol. 43″6. **68** USA 42″8. **72** All. féd. 42″81. **76** All. dém. 42″55, All. féd. 42″59, URSS 43″09. **80** All. dém. 41″60, URSS 42″10, G.-B. 42″43. **84** USA 41″65, Can. 42″77, G.-B. 43″11.

4 × 400 m. 72 All. dém. 3′23″. **76** All. dém. 3′19″23, USA 3′22″81, URSS 3′24″24. **80** URSS 3′20″02, All. dém. 3′20″04, G.-B. 3′27″05. **84** USA 3′18″29, Can. 3′21″21, All. féd. 3′22″98.

Heptathlon. 84 Nunn [5], Joyner [55], Everts [3].

Marathon. 84 Benoit [55] 2 h 24′52″, Waitz [36] 2 h 26′18″, Mota [43] 2 h 26′57″.

Épreuves supprimées

80 m haies. 32 Didriksen [55] 11″7. **36** Valla [28] 11″7. **48** Blankers-Koen [40] 11″2. **52** Strickland [5] 10″9. **56** Strickland [5] 10″7. **60** Press [54] 10″8. Balzer [2] 10″5. **68** Caird [5] 10″3. **Pentathlon. 64** I. Press [54]. **68** Becker [3]. **72** Peters [22]. **76** Siegl-Thon [2], Laser [2], Pollack [2]. **80** Tkachenko [54], Rukavishnikova [54], Kuragina [54].

Aviron

Hommes

Skiff. 00 *Barrelet* [21] *7′35″6*. **04** Greer [55] 10′8″4. **08** Blackstaffe [22] 9′26″. **12** Kinnear [22] 7′47″6. **20** Kelly [55] 7′35″. **24** Beresford [22] 7′49″2. **28** Pearce [5] 7′11″. **32** Pearce [5] 7′44″4. **36** Schater [2a] 8′21″5. **48** Wood [5] 7′24″4. **52** Tyukalov [54] 8′12″8. **56** Ivanov [54] 8′2″5. **60** Ivanov [54] 7′13″96. **64** Ivanov [54] 8′22″51. **68** Wienese [40] 7′47″80. **72** Malishev [54] 7′10″12. **76** Karppinen [20] 7′29″03, Kolbe [3] 7′31″67, Dreifke [2] 7′38″03. **80** Karppinen [20] 7′9″61, Yakusha [54] 7′11″66, Kersten [2] 7′14″88. **84** Karppinen [20] 7′0″24, Kolbe [3] 7′2″10, Mills [10] 7′10″38.

Double-scull. 04 USA 10′3″2. **20** USA 7′9″. **24** USA 6′34″. **28** USA 6′41″04. **32** USA 7′17″40. **36** G-B 7′20″80. **48** G-B 6′51″30. **52** Argent. 7′32″20. **56** URSS 7′24″. **60** Tchécosl. 6′47″50. **64** URSS 7′10″66. **68** URSS 6′51″82. **72** URSS 7′01″77. **76** F. Hansen-A. Hansen [36] 7′13″20, Baillieu-Hart [22] 7′15″26, Schmied-Bertow [2] 7′17″45. **80** Dreifke-Kroeppelien [2] 6′24″33, Stanulov-Pancic [57] 6′26″34, Vochoska-Pecka [48] 6′29″07. **84** Enquist-Lewis [55] 6′36″87, Crois-Deloof [7] 6′38″19, Stanulov-Pancic [57] 6′39″59.

Deux sans barreur. 04 USA 10′57″. **08** G-B 9′41″. **24** Holl. 8′19″4. **28** All. 7′6″4. **32** G-B 8′. **36** All. 8′16″1. **48** G-B 7′21″1. **52** USA 8′20″7. **56** USA 7′55″4. **60** URSS 7′02″1. **64** Canada 7′32″94. **68** All. dém. 7′26″56. **72** All. dém. 6′53″16. **76** J. Landvoigt-B., Landvoigt [2] 7′23″31, Coffey-Staines [55] 7′26″73, Van Roye-Strauss [3] 7′30″03. **80** Landvoigt frères [2] 6′48″01, Pimenov frères [54] 6′50″50, Carmichaël-Wiggin [22] 6′51″47. **84** Toma-Iosub [44] 6′45″39, Lasurtegui-Climent [17] 6′48″47, Woestmann-Moellenkamp [36] 6′51″81.

Deux avec barreur. 00 P.-Bas 7′34″2. **20** It. 7′56″. **24** Suisse 8′39″. **28** Suisse 7′42″6. **32** USA 8′25″8. **36** All. 8′36″9. **48** Dan. 8′0″5. **52** *Fr. 8′28″6*. **56** USA 8′26″1. **60** All. 7′29″14. **64** USA 8′21″33. **68** It. 8′4″81. **72** All. dém. 7′17″25. **76** Jaehrling-Ulrich [2] 7′58″99, Bekhterev-Shurkalov [54] 8′1″82, O. Svojanosky-P. Svojanosky [48] 8′3″28. **80** Jaehrling-Ulrich [2] 7′2″54, Pereverzev-Kryuchkin [54] 7′3″35, Celent-Mrduljas [57] 7′4″92. **84** Abbagnale Frères [28] 7′5″99, Tomoiaga-Popescu [44] 7′11″21, Espeseth-Still [55] 7′12″81.

Quatre de couple. 76 All. dém. 6′18″65, URSS 6′19″89, Tchécosl. 6′21″77. **80** All. dém. 5′49″81, URSS 5′51″47, Bulg. 5′52″38. **84** All. féd. 5′57″55, Austr. 5′57″98, Canada 5′59″07.

Quatre sans barreur. 04 USA 9′05″8. **08** G-B 8′34″. **24** G-B 7′8″6. **28** G-B 6′36″. **32** G-B 6′58″2. **36** All. 7′1″8. **48** It. 6′39″. **52** Yougosl. 7′16″. **56** Canada 7′8″8. **60** USA 6′26″26. **64** Dan. 6′59″30. **68** All. dém. 6′39″18. **72** All. dém. 6′24″27. **76** All. dém. 6′37″42, Norv. 6′41″22, URSS 6′42″52. **80** All. dém. 6′8″17, URSS 6′11″81, G-B 6′16″58. **84** N.-Z. 6′3″48, USA 6′6″10, Dan. 6′7″72.

Quatre avec barreur. 00 All. 5′59″. **12** All. 6′59″04. **20** Suisse 6′54″. **24** Suisse 7′18″4. **28** It. 6′47″8. **32** All. 7′19″. **36** All. 7′16″02. **48** USA 6′50″3. **52** Tchécosl. 7′33″4. **56** It. 7′19″4. **60** All. 6′39″12. **64** All. 7′00″44. **68** N.-Z. 6′45″62. **72** All. féd. 6′31″85. **76** URSS 6′40″22, All. dém. 6′42″70, All. féd. 6′46″96. **80** All.

dém. 6'14"51, URSS 6'19"05, Pol. 6'22"52. **84** G.-B. 6'18"64, USA 6'20"28, N.-Z. 6'23"68.

Huit. 00 USA 6'9"8. **04** USA 7'50". **08** G-B 7'52". **12** G-B 6'15". **20** USA 6'2"6. **24** USA 6'33"4. **28** USA 6'3"2. **32** USA 6'37"6. **36** USA 6'25"4. **48** USA 5'56"7. **52** USA 6'25"9. **56** USA 6'35"2. **60** All. 5'57"18. **64** USA 6'18"23. **68** All. féd. 6'07". **72** N-Zél. 6'08"94. **76** All. dém. 5'58"29, G-B 6'0"82, N-Zél. 6'3"51. **80** All. dém. 5'49"05, G-B 5'51"92, URSS 5'52"66. **84** Canada 5'41"32, USA 5'41"74, Austr. 5'43"40.

• **Épreuve supprimée. Quatre de pointe barré. 12** Dan. 7'47".

Dames

Skiff. 76 Scheiblich [2] 4'5"56, Lind [55] 4'6"21, Antonova [54] 4'10"24. **80** Toma [44] 3'40"69, Makhina [54] 3'41"65, Schroeter [2] 3'43"54. **84** Racila [44] 3'40"68, Geer [55] 3'43"89, Haesebrouck [7] 3'45"72.

Double-scull. 76 Otsetova-Yordanova [9] 3'44"36, Jahn-Boesler [2] 3'47"86, Kaminskaite-Ramoshkene [54] 3'49"93. **80** Popova-Khloptseva [54] 3'16"27, Westphal-Linse [2] 3'17"63, Homeghi-Rosca Racila [44] 3'18"91. **84** Oleniuc-Popescu [44] 3'26"75, N. et G. Hellemans [40] 3'29"13, S. et D. Laumann [10] 3'29"82.

Deux sans barreuse. 76 Kelbecheva-Grouicheva [9] 4'1"22, Noack-Dahne [2] 4'1"64, Eckbauer Einoder 4'2"35. **80** Klier-Steindorf [2] 3'30"49, Koscianska-Dluzewska [42] 3'30"95, Kubatova-Barbulova [9] 3'32"39. **84** Arba-Horvat [44] 3'32"60, Craig-Smith [10] 3'36"06, Becker-Volkner [3] 3'40"50.

Quatre barré. 76 All. dém. 3'45"08, Bulg. 3'48"24, URSS 3'49"38. **80** All. dém. 3'19"27, Bulg. 3'20"75, URSS 3'90"82. **84** Roum. 3'19"30, Canada 3'21"55, Austr. 3'23"29.

Quatre de couple avec barreuse. 76 All. dém. 3'29"99, URSS 3'32"49, Roum. 3'32"76. **80** All. dém. 3'15"32, URSS 3'15"73, Bulg. 3'16"10. **84** Roum. 3'14"11, USA 3'15"57, Dan. 3'16"02.

Huit. 76 All. dém. 3'33"32, URSS 3'36"17, USA 3'38"68. **80** All. dém. 3'3"32, URSS 3'4"29, Roum. 3'5"63. **84** USA 2'59"80, Roum. 3'0"87, P.-Bas 3'2"92.

Basket-ball

Hommes. 36, 48, 52, 56, 60, 64, 68, 72 USA. **76** USA, Yougosl., URSS. **80** Yougosl., It., URSS. **84** USA, Esp., Yougosl.

Dames. 76 URSS, USA, Bulg. **80** URSS, Bulg., Yougosl. **84** USA, Corée du S., Chine.

Boxe

Mi-mouches (moins de 48 kg). 68 Rodriguez [56]. **72** Gedo [24]. **76** Hernandez [13], Uk Li [11], Pooltarat [49] et Maldonado [69]. **80** Sabirov [54], Ramos [13], Hjuseinov [9], Byong Uk [11]. **84** Gonzalez [55], Todisco [28], Mwila [67].

Mouches. 04 Finnegan [55]. **20** Genara [55]. **24** La Barba [55]. **28** Kocsis [24]. **32** Enekes [24]. **36** Kaiser [2a]. **48** Perez [4]. **52** Brooks [55]. **56** Spinks [22]. **60** Torok [24]. **64** Atzori [28]. **68** Delgado [34]. **72** Kostadinov [9]. **76** Randolph [55], Duvalon [13], Torosyan [54], Blazynski [42]. **80** Lessov [9], Mirochnichenko [54], Varadi [24], Russel [27]. **84** McCrory [55], Redzepovski [57], Can [52].

Coqs. 04 Kirk [55]. **08** Thomas [22]. **20** Walker [1]. **24** Smith [1]. **28** Tamagnini [28]. **32** Gwynne [10]. **36** Sergo [22]. **48** Csik [24]. **52** Hamalainen [20]. **56** Behrendt [2]. **60** Grigoryev [54]. **64** Sakurai [30]. **68** Sokolov [54]. **72** Martinez [13]. **76** Jo Gu [11]. Mooney [55], Cowdel [22], Rybakov [54]. **80** Hernandez [13], Pinango [56], Antony [58], Cipere [44]. **84** Stecca [28], Lopez [34], Walters [10].

Plumes. 04 Kirk [55]. **08** Gunn [22]. **20** *Fritsch* [21]. **24** Fields [55]. **28** Van Klaveren [40]. **32** Robledo [4]. **56** Casanovas [4]. **48** Formenti [28]. **52** Zachara [48]. **56** Safronov [54]. **60** Musso [28]. **64** Stepaschkin [54]. **68** Roldan [34]. **72** Kousnetsov [54]. **76** Herrera [13], Nowakowski [2], Kosedowski [42], Paredes [34]. **80** Fink [2], Horta [13], Ribakov [54], Kosedovski [42]. **84** Taylor [55], Konyegwachie [68], Peraza [56].

Légers. 04 Spanger [55]. **08** Grace [22]. **20** Mosberg [55]. **24** Nielsen [14]. **28** Orlandi [28]. **32** Stevens [1]. **36** Harangi [24]. **48** Dreyer [1]. **52** Bolognesi [28]. **56** McTaggart [22]. **60** Pazdzior [42]. **64** Grudzien [42]. **68** Harris [55]. **72** Szczepanski [42]. **76** H. Davis [55], S. Cutov [44], Solomin [54], Rusevski [57]. **80** Herrera [13], Demanienko [54], Nowakowski [2], Adach [42]. **84** Whitaker [55], Ortiz [69], Ebanga [70].

Super-légers. 52 Adkins [55]. **56** Engibarian [54]. **60** Nemecek [48]. **64** Kulej [42]. **68** Kulej [42]. **72** Seales [55]. **76** Léonard [55], Aldama [13], Kolev [9], Szczerba [42]. **80** Oliva [28], Konakbaev [54], Aguilar [13], Willis [22]. **84** Page [55], Umponmaha [49], Puzovic [57].

Welters (mi-moyens). 04 Young [55]. **20** Schneider [10]. **24** Delarge [7]. **28** Morgan [37]. **32** Flynn [55]. **36** Suvio [20]. **48** Torma [48]. **52** Chychia [42]. **56** Linca [44]. **60** Benvenuti [28]. **64** Kasprzyk [42]. **68** Wolke [2]. **72** Correa [13]. **76** Bachfeld [2], Gammaro [56], Stricek [3], Zilbermann [44]. **80** Aldama [13], Mugabi [38], Kruger [2], Szczerda [42]. **84** Breland [55], An [12], Nyman [20].

Super-welters (super mi-moyens). 52 Papp [24]. **56** Papp [24]. **60** McLure [55]. **64** Lagutin [54]. **68** Lagutin [54]. **72** Kottysch [3]. **76** Rybicki [42], Kacar [57], Garbey [13], Savchenko [54]. **80** Martinez [13], Kochkin [2], Kastner [48], Franek [48]. **84** Tate [55], O'Sullivan [10], Zielonka [3].

Moyens. 04 Mayer [55]. **08** Douglas [22]. **20** Mallin [22]. **24** Mallin [22]. **28** Toscani [28]. **32** Barth [55]. **36** *Despeaux* [21]. **48** Papp [24]. **52** Patterson [55]. **56** Chatkov [54]. **60** Crook [55]. **64** Popenchenko [54]. **68** Finnegan [22]. **72** Lemechev [54]. **76** M. Spinks [55], Riskiev [54], Nastac [44], Martinez [13]. **80** Gomez [13], Savchenko [54], Silaghi [44], Rybicki [28]. **84** Shin [12], Hill [55], Zaoui [71].

Mi-lourds. 20 Eagan [55]. **24** Mitchell [22]. **28** Avendano [4]. **32** Carstens [1]. **36** *Michelot* [21]. **48** Hunter [1]. **52** Lee [55]. **56** Boyd [55]. **60** Clay [55]. **64** Pinto [28]. **68** Pozniak [54]. **72** Parlov [57]. **76** L. Spinks [55], Soria [13], Gortat [42], Dafinoiu [44]. **80** Kacar [57], Skrzecz [42], Bauch [2], Rojas [13]. **84** Josipovic [57], Barry [37], Moussa [71].

Lourds. 84 Biggs [55], Damiani [28], Wells [22].

Super-Lourds. 04 Berger [55]. **08** Oldman [22]. **20** Rawson [22]. **24** Von Porat [36]. **28** Jurado [4]. **32** Lovell [4]. **36** Runge [2a]. **48** Iglesias [4]. **52** Sanders [55]. **56** Rademacher [55]. **60** De Piccoli [28]. **64** Frazier [55]. **68** Foreman [55]. **72** Stevenson [13]. **76** Stevenson [13], M. Simon [44], Tate [55], Hill [59]. **80** Stevenson [13], Zaev [54], Leval [24], Fanghanel [2]. **84** Tillman [55], Dewit [10], Van Derlijde [40].

Canoë-kayak

Hommes

Canoë monoplace. 500 m. 76 Rogov [54] 1'59"23, Wood [10] 1'59"58, Ljubek [57] 1'59"60. **80** Postrekhin [54] 1'53"37, Lubenov [9] 1'53"49, Heukrodt [2] 1'54"38. **84** Cain [10] 1'57"01, Jakobsen [14] 1'58"45, Olaru [44] 1'59"86.

Canoë biplace. 500 m. 76 Petrenko-Vinogradov [54] 1'45"81, Gronowicz-Opara [42] 1'47"77, Buday-Frey [24] 1'48"35. **80** Foltan-Vaskutti [24] 1'43"39, Patzaichin-Capusta [44] 1'44"12, Ananiev-Likov [9] 1'44"83. **84** Ljubek-Nisovic [57] 1'43"67, Potzaichin-Simionov [44] 1'45"68, Miguez-Suarez [17] 1'47"71.

Canoë monoplace. 1 000 m. 36 Amyot [10] 5'32"1. **48** Holecek [48] 5'42". **52** Holecek [48] 4'56"3. **56** Rotman [44] 5'5"3. **60** Parti [24] 4'33"39. **64** Eschert [2] 4'35"14. **68** Tatai [24] 4'36"14. **72** Patzaichin [44] 4'8"94. **76** Ljubek [57] 4'9"51, Urchenko [54] 4'12"57, Wichmann [24] 4'14"11. **80** Lubenov [9] 4'12"38, Postrekhin [54] 4'13"53, Leue [2] 4'15"02. **84** Eicke [3] 4'6"32, Cain [10] 4'8"67, Jakobsen [14] 4'9"51.

Canoë biplace. 1 000 m. 36 Tchécosl. 4'50"1. **48** Tchécosl. 5'7"1. **52** Dan. 4'38"3. **56** Roum. 4'47"4. **60** URSS 4'17"94. **64** URSS 4'4"64. **68** Patzalchin-Covaliov [44] 4'7"18. **72** Chessuynas-Lobanoc [54] 3'52"60. **76** Petrenko-Vinogradov [54] 3'52"76, Danielov-Simionov [44] 3'54"28, Budai-Frey [24] 3'55"66. **80** Patzaichin-Simionov [44] 3'47"65, Heukrodt-Madeja [2] 3'49"93, Yurchenko-Lobanov [54] 3'51"28. **84** Potzaichin-Simionov [44] 3'40"60, Ljubek-Nisovic [57] 3'41"56, *Hoyer-Renaud* [21] 3'48"01.

Kayak monoplace. 500 m. 76 Diba [44] 1'46"41, Sztanity [24] 1'46"95, Helm [2] 1'48"30. **80** Parfenovich [55] 1'43"43, Sumegi [5] 1'44"12, Diba [44] 1'44"90. **84** Ferguson [37] 1'47"34, Moberg [45] 1'48"13, *Bregeon* [21] 1'48"41.

Kayak biplace. 500 m. 76 Mattern-Olbricht [2] 1'35"87, Nagorny-Romanovsky [54] 1'36"81, Serghei-Malihin [44] 1'37"43. **80** Parfenovich-Chukhrai [54] 1'32"38, Menendez-Del Riego [17] 1'33"65, Helm-Olbricht [2] 1'34". **84** Ferguson-Mac Donald [37] 1'34"21, Bengtsson-Moberg [45] 1'35"26, Fisher-Morris [10] 1'35"41.

Kayak monoplace. 1 000 m. 36 Hradetzky [6] 4'22"9. **48** Fredriksson [45] 4'33"2. **52** Fredriksson [45] 4'7"9. **56** Fredriksson [45] 4'12"8. **60** Hansen [14] 3'53". **64** Pettersson [45] 3'57"13. **68** Hesz [24] 4'2"63. **72** Shaparenko [54] 3'48"06. **76** Helm [2] 3'48"20, Csapo [24] 3'48"84, Diba [44] 3'49"65. **80** Helm [2] 3'48"77, *Lebas* [21] *3'50"20*, Birladeanu [44] 3'50"49. **84** Thompson [37] 3'45"73, Janic [57] 3'46"88, Barton [55] 3'47"38.

Kayak biplace. 1 000 m. 36 Autr. 4'3"8. **48** Suè. 4'7"3. **52** Finl. 3'51"1. **56** All. féd. 3'49"6. **60** Suè. 3'34"73. **64** Suè. 3'38"54. **68** URSS 3'37"54. **72** URSS 3'31"23. **76** Nagorny-Romanovski [54] 3'29"1, Mattern-Olbricht [2] 3'29"33, Bako-Szabo [24] 3'30"36. **80** Parfenovich-Chukhrai [54] 3'26"72, Szabo-Joos [24] 3'28"49, Misione-Menendez [17] 3'28"66. **84** Fisher-Morris [10] 3'24"22, *Bregeon-Lefoulon* [21] 3'25"97, Kelly-Kenny [5] 3'26"80.

Kayak à quatre. 1 000 m. 64 URSS 3'14"67. **68** Norv. 3'14"38. **72** URSS 3'14"02. **76** URSS 3'8"69, Esp. 3'8"95, All. dém. 3'10"76. **80** All. dém. 3'13"76, Roum. 3'15"35, Bulg. 3'15"46. **84** N.-Zél. 3'2"28, Suède 3'2"81, *Fr. 3'3"94*.

Épreuves supprimées

Canadien monoplace. 10 000 m. 48 Capek [48] 1 h 2'5"2. **52** Havens [55] 57'41"1. **56** Rottman [44] 56'41". **Canadien biplace. 10 000 m. 36** Tchécosl. 50'33"5. **48** USA 55'55"4. **52** *Fr. 54'8"3*. **56** URSS 54'2"4. **Kayak biplace. 10 000 m. 36** All. 41'45". **48** Suè. 46'9"4. **52** Finl. 44'21"3. **56** Hong. 43'37". **Kayak monoplace (Relais 4 × 500 m). 60** All. 7'39"4. **Slalom : canoë monoplace. 72** Eiben [2] 315,84 ; **canoë biplace. 72** Hofmann-Amend [2] 310,68 ; **kayak monoplace. 72** Horn [2] 268,56 ; **kayak pliant : monoplace 10 000 m. 36** Hradetzky [6] 50'1"2 ; **biplace 10 000 m. 36** Johansson-Bladström [45] 45'48"9.

Dames

Kayak monoplace 500 m. 48 Hoff [14] 2'31"9. **52** Saimo [20] 2'18"4. **56** Dementjeva [54] 2'18"9. **60** Seredina [54] 2'8"08. **64** Khvedosink [54] 2'12"87. **68** Pinaeva [54] 2'11"09. **72** Ryabchinskaya [54] 2'3"17. **76** Zirzow [2] 2'1"05, Korshunova [54] 2'3"07, Rajnai [24] 2'5"01. **80** Fischer [2] 1'57"96, Ghecheva [9] 1'59"48, Melnikova [54] 1'59"66. **84** Andersson [45] 1'58"72, Schuttpelz [3] 1'59"93, Derckx [40] 2'0"11.

Kayak biplace. 500 m. 60 URSS 1'54"76. **64** All. féd. 1'56"95. **68** All. féd. 1'56"44. **72** URSS 1'53"50. **76** Gopova-Kreft [54] 1'51"15, Pfeffer-Rajnai [24] 1'51"69, Koster-Zirzow [2] 1'51"81. **80** Genauss-Bischof [2] 1'43"88, Alexeyeva-Trofimova [54] 1'46"91, Rakusz-Zakarias [2] 1'47"95. **84** Andersson-Olsson [45] 1'45"25, Barre-Holloway [10] 1'47"13, Idem-Schuttpelz [3] 1'47"32.

Kayak à quatre. 500 m. 84 Roum. 1'38"34, Suède 1'38"87, Can. 1'39"40.

Slalom. Kayak monoplace. 72 Bahmann [3] 364,50.

• **Épreuve supprimée.**

Cricket

1900 G.-B.

Croquet

1900 1 balle *Aumoitte* [21]. **2 balles** *Waydelick* [21]. **Doubles** *Fr.* **04 Roque** Jacobus [55].

Cyclisme

Hommes

Vitesse (1 000 m). 96 *Masson* [21]. **00** *Taillandier* [21]. **08** (épreuve annulée). **20** Peeters [40]. **24** *Michard* [21]. **28** *Beaufrand* [21]. **32** Van Egmond [40]. **36** Merkens [2a]. **48** Ghella [28]. **52** Sacchi [28]. **56** *Rousseau* [21]. **60** Gaiardoni [28]. **64** Pettenella [28]. **68** *Morelon* [21]. **72** *Morelon* [21]. **76** Tkac [48], *Morelon* [21], Geschke [2]. **80** Hesslich [2]. *Cahard* [21], Kopylov [54]. **84** Gorski [55], Vails [55], Sakamoto [30].

Kilomètre c. la montre. Sur piste départ arrêté. **96** *Masson* [21] 24". **28** Hansen [14] 1'14"2. **32** Gray [5] 1'13". **36** Van Vliet [40] 1'12". **48** *Dupont* [21] *1'13"5*. **52** Mockridge [5] 1'11"1. **56** Faggin [28] 1'9"8. **60** Gaiardoni [28] 1'7"27. **64** Sercu [7] 1'9"59. **68** *Trentin* [21] *1'3"91*. **72** Fredborg [14] 1'6"44. **76** Grunke [2] 1'5"92, Vaarten [7] 1'7"51, Fredborg [14] 1'7"61. **80** Thoms [2] 1'2"955, Panvilov [54] 1'4"845, Weller [29] 1'5"241. **84** Schmidtke [3] 1'6"104, Harnett [10] 1'6"436, *Colas* [21] *1'6"649*. (La vitesse contre la montre a été disputée en 1896 sur 333,33 m ; depuis 1928 sur 1 000 m.)

Poursuite par équipes (4 000 m). 08 G-B 2'18"6. **20** It. 5'20". **24** It. 5'15". **28** It. 5'1"8. **32** It. 4'53". **36** *Fr. 4'45".* **48** *Fr. 4'57"8.* **52** It. 4'46"1. **56** It. 4'37"4. **60** It. 4'30"90. **64** All. 4'35"67. **68** Dan. 4'22"44. **72** All. féd. 4'22"14. **76** All. féd. 4'21"06, URSS, G-B. **80** URSS 4'15"68, All. dém. 4'19"68. Tchécosl. ab. des It. **84** Austr. 4'25"99, USA 4'29"85, All. féd. 4'25"60. (La poursuite a été disputée en 1900 sur 1 500 m et en 1908 sur 1 810,47 m ; depuis 1920 sur 4 km.)

Poursuite individuelle (4 000 m). 64 Daler [48] 5'4"75. **68** *Rebillard* [21] *4'41"71.* **72** Knudsen [36] 4'45"74. **76** Braun [3] 4'47"61, Ponsteen [40] 4'49"72, Huschke [2] 4'52"71. **80** Dill-Bundi [46] 4'35"66, *Bondue* [21] *4'42"96*, Orsted [14] 4'36"54. **84** Hegg [55] 4'39"35, Golz [3] 4'43"83, Nitz [55] 4'44"03.

Course aux points. 84 Ilegems [7], Messerschmidt [3], Youshimatz [34].

Course sur route (individuelle). 96 Konstantinidis [23] 3 h 23'31" (87 km). **12** Lewis [1] 10 h 42'39" (320 km). **20** Stenquist [45] 4 h 40'1"8 (175 km). **24** *Blanchonnet* [21] *(188 km) 6 h 20'48".* **28** Hansen [14] 4 h 47'18" (168 km). **32** Pavesi [28] 2 h 28'05"6 (100 km). **36** *Charpentier* [21] *(100 km) 2 h 33'5".* **48** *Beyaert* [21] *(194,6 km) 5 h 18'12"6.* **52** Noyelle [7] 5 h 6'3"4 (190,4 km). **56** Baldini [28] 5 h 21'17" (187,7 km). **60** Kapitonov [54] 4 h 20'37" (175,3 km). **64** Zanin [28] 4 h 39'51"63 (194,8 km). **68** Vianelli [28] 4 h 41'25"24 (196,2 km). **72** Kuiper [40] 4 h 14'37" (182,4 km). **76** Johansson [45] 4 h 46'52", Martinelli [28] 4 h 47'23", Nowicki [42] 4 h 47'23" (175 km). **80** Soukhorouchenkov [54] 4 h 48'28", Lang [42] 4 h 51'26", Barinov [54] 4 h 51'26" (189 km). **84** Grewal [55] 4 h 59'57", Bauer [10] 4 h 59'57", Lauritzen [36] 5 h 18".

100 km sur route (par équipes) contre la montre. 12 Suè. (320 km) 44 h 35'33"06. **20** *Fr. (175 km) 19 h 16'43"02.* **24** *Fr. (188 km) 19 h 30'14".* **28** Dan. (168 km) 15 h 09'14". **32** It. (100 km) 7 h 27'15"02. **36** *Fr. (100 km) 7 h 39'16"02.* **48** Belg. (194,6 km) 15 h 58'17"04. **52** Belg. (190,4 km) 15 h 20'46"06. **56** *Fr. (187,7 km) 16 h 10'36".* **60** It. (100 km) 2 h 14'33"53. **64** P-Bas (109,89 km) 2 h 26'31"19. **68** P-B (104 km) 2 h 07'49"6. **72** (100 km) URSS 2 h 11'17"8, Pol. 2 h 11'47"5, P-Bas 2 h 12'27"1. **76** (100 km) URSS 2 h 8'53", Pol. 2 h 9'13", Dan. 2 h 12"20". **80** (101 km) URSS 2 h 1'21"74, All. dém. 2 h 2'53"2, Tchécosl. 2 h 2'53"9. **84** Italie 1 h 58'28", Suisse 2 h 2'38", USA 2 h 2'46".

Épreuves supprimées

1 tour (603,4 m). 08 Johnson [22] 51'2". **5 000 m. 08** Jones [22] 8'36"2. **10 000 m. 96** *Masson* [21] *17'54"2.* **04** Schlee [55] 13'08"2. **20 000 m. 08** Kingsbury [22] 34'13"6. **50 000 m. 20** George [7] 1 h 16'43"2. **24** Wilems [40] 1 h 18'24". **100 km. 96** *Flameng* [21] *3 h 08'19"2.* **08** Bartlett [22] 2 h 41'48"6. **12 heures. 1896** Schmal [6] 314 997 m. **Tandem 2 000 m. 08** *Fr.* **20** G-B. **24** *Fr.* **28** P-Bas. **32** *Fr.* **36** All. **48** It. **52** Austr. **56** Austr. **60** It. **64** It. **68** *Fr.* **72** URSS.

Dames

Course sur route. 84 Carpenter-Phinney [55] 2 h 11'14", Twigg [55] 2 h 11'14", Schumacher [3] 2 h 11'14".

Équitation

Dressage individuel. 12 Bonde [45]. **20** Lundblad [45]. **24** Von Linder [45]. **28** Von Langen [2a]. **32** *Lesage* [21]. **36** Pollay [2a]. **48** Moser [46]. **52, 56** St Cyr [45]. **60** Filatov [54]. **64** Chammartin [46]. **68** Kizimov [54]. **72** Lisenhoff [3]. **76** Stueckelberger [46], Boldt [3], Klimke [3]. **80** Theurer [6], Kovchov [54], Ugriumov [54]. **84** Klimke [3], Jensen [14], Hofer [46].

Dressage (par équipes). 28 All. **32** *Fr.* **36** All. **48** *Fr.* **52, 56** Suè. **64, 68** All. féd. **72** URSS. **76** All. féd., Suisse, USA. **80** URSS, Bulg., Roum. **84** All. féd., Suisse, Suède.

Concours complet individuel. 12 Nordlander [45]. **20** Morner [45]. **24** Van Zyip [40]. **28** Pahud de Mortanges [40]. **32** Pahud de Mortanges [40]. **36** Stubbendorf [2a]. **48** *Chevalier* [21]. **52** Von Blixen-Finecke [45]. **56** Kastenman [45]. **60** Morgan [5]. **64** Checcoli [28]. **68** *Guyon* [21]. **72** Meade [22]. **76** Coffin [55], Plumb [55], Schultz [3]. **80** Roman [28], Blinov [54], Salnikov [54]. **84** Todd [37], Stives [55], Holgate [22].

Concours complet (par équipes). 12, 20 Suè. **24, 28** P-Bas. **32** USA. **36** All. **48** USA. **52** Suè. **56** G-B. **60** Austr. **64** It. **68, 72** G-B. **76** USA, All. féd, Austr. **80** URSS, It., Mex. **84** USA, G.-B., All. féd.

Sauts d'obstacles (individuel). 00 Haegeman [7]. **12** *Cariou* [21]. **20** Lequio [28]. **24** Gemuseus [46]. **28** Ventura [48]. **32** Nishi [30]. **36** Hasse [45]. **48** Mariles Cortes [34]. **52** *Jonquères d'Oriola* [21]. **56** Winkler [3]. **60** R. d'Inzeo [28]. **64** *P. Jonquères d'Oriola* [21]. **68** Steinkraus [55]. **72** Mancinelli [28]. **76** Schockemöhle [3], Vaillancourt [10], Mathy [7]. **80** Kowalczyk [42], Korolkov [54], Perez Heras [34]. **84** Fargis [55], Homfled [55], Robbiani [46].

Sauts d'obstacles (par équipes). 12, 20, 24 Suè. **28** Esp. **32** (non disputé). **36** All. **48** Mex. **52** G-B. **56, 60, 64** All. féd. **68** Can. **72** All. féd. **76** *Fr.*, All. féd., Belg. **80** URSS, Pol., Mex. **84** USA, G.-B., All. féd.

Épreuves supprimées

Manège individuel. 20 Bonckaet [7]. **Par équipes. 20** Belg. **Saut en longueur. 00** Van Langendonck [7] 6,10 m. **Hauteur. 00** *Gardère* [21] 1,85 m.

Escrime

Hommes

Fleuret individuel. 96 *Gravelotte* [21]. **00** *Coste* [21]. **04** Fonst [13] 3. **12** Nadi N. [28] 7. **20** Nadi N. [28] 10. **24** *Ducret* [21] *6.* **28** *Gaudin* [21] *9.* **32** Marzi [28] 9. **36** Gaudini [28] 7. **48** *Buhan* [21] *7.* **52** *D'Oriola* [21] *8.* **56** *D'Oriola* [21] *6.* **60** Zdanovitch [54] 7. **64** Franke [42] 3. **68** Drimba [44] 4. **72** Woyda [42] 5. **76** Dal Zotto [28], Romankov [54], *Talvard* [21]. **80** Smirnov [54], *Jolyot* [21], Romankov [54]. **84** Numa [28], Behr [3], Cerloni [28].

Fleuret par équipes. 04 Cuba. **20** It. **24** *Fr.* **28** It. **32** *Fr.* **36** It. **48, 52** *Fr.* **56** It. **60, 64** URSS. **68** *Fr.* **72** Pol. **76** All. féd., It., *Fr.* **80** *Fr.*, URSS, Pol. **84** It., All. féd., *Fr.*

Épée individuel. 00 Fonst [13]. **04** Fonst [13]. **08** *Alibert* [21] *5* v. **12** Anspach [7] 6. **20** *Massard* [21] 9. **24** Delporte [7] 8. **28** *Gaudin* [21] *8.* **32** Cornaggia-Medici [28] 8. **36** Riccardi [28] 5. **48** Cantone [28] 7. **52** Mangiarotti [28] 7. **56** Pavesi [28] 5. **60** Delfino [28] 5. **64** Kriss [54] 2. **68** Kulcsar [24] 4. **72** Fenyvesi [24] 4. **76** Pusch [3], Hehn [3], Kulcsar [24]. **80** Harmenberg [45], Kolczonay [24], *Riboud* [21]. **84** *Boisse* [21], Vaggo [45], *Riboud* [21].

Épée par équipes. 08 *Fr.* **12** Belg. **20** It. **24** *Fr.* **28** It. **32** *Fr.* **36** It. **48** *Fr.* **52, 56, 60** It. **64** Hongr. **68, 72, 76** Suè., All. féd., Suisse. **80** *Fr.*, Pol., URSS. **84** All. féd., *Fr.*, It.

Sabre individuel. 96 Georgiadis [23] 4 v. **00** *De la Falaise* [21]. **04** Diaz [13] 3. **08** Fuchs [24] 6. **12** Fuchs [24] 6. **20** Nadi N. [28] 11. **24** Posta [24] 5. **28** Tersztyansky [24] 9. **32** Piller [24] 8. **36** Kabos [24] 7. **48** Gerevitch [24] 7. **52** Kovacs [24] 8. **56** Karpati [24] 6. **60** Karpati [24] 5. **64** Pezsa [24] 3. **68** Pawlowski [42] 4. **72** Sidiak [54] 4. **76** Krovopuskov [54], Nazlymov [54], Sidiak [54]. **80** Krovopuskov [54], Burtsev [54], Gedovari [54]. **84** *Lamour* [21], Marin [28], Westbrook [55].

Sabre par équipes. 08, 12 Hong. **20, 24** It. **28, 32, 36, 48, 52, 56, 60** Hong. **64, 68** URSS. **72** It. **76** URSS, Italie, Roumanie. **80** URSS, It., Hong. **84** It., *Fr.*, Roum.

Épreuves supprimées. Masters fleuret 96 Pyrgos [23], **00** Mérignac [21] ; **épée 00** Ayat [21]. **Amateurs et masters épée 00** Ayat [21]. **Masters sabre 00** Conte [28]. **Stick individuel 04** Van Zo Post [55].

Dames

Fleuret individuel. 24 Osiier [14] 5 v. **28** Mayer [2a] 7. **32** Preiss [6] 8. **36** Elek [24] 6. **48** Elek [24] 6. **52** Camber [28] 5. **56** Sheen [22] 6. **60** Schmid [2] 6. **64** Rejto [24] 2. **68** Novikova [54] 4. **72** Ragno-Lonzi [28] 4. **76** Schwarczenberger [24], Collino [28], Belova [54]. **80** *Trinquet* [21], Maros [24], Wyezosanska [24]. **84** Jujie [61], Hanisch [3], Vaccaroni [28].

Fleuret par équipes. 60 URSS. **64** Hongrie. **68, 72** URSS. **76** URSS. *Fr.*, Hongr. **80** *Fr.*, URSS, Hongr. **84** All. féd., Roum., *Fr.*

Football

00 G-B. **04** Canada. **08, 12** G-B. **20** Belg. **24, 28** Uruguay. **36** It. **48** Suè. **52** Hongr. **56** URSS. **60** Yougosl. **64, 68** Hongr. **72** Pol. **76** All. dém., Pol., URSS. **80** Tchécoslov., All. dém. URSS. **84** *Fr.*, Brésil, Yougosl.

Golf

Hommes. 00 Sands [55]. **04** Lyon [10]. **Dames. 00** Abbott [55]. **Équipes. 04** USA.

Gymnastique

Hommes

Concours général individuel. 00 *Sandras* [21]. **04** Lenhart [6]. **08, 12** Braglia [28]. **20** Zampori [28]. **24** Stukelj [57]. **28** Miez [46]. **32** Neri [28]. **36** Schwarzmann [2a]. **48** Huhtanen [20]. **52, 56** Tchoukarine [54]. **60** Shaklin [54]. **64** Endo [30]. **68, 72** Kato [30]. **76** Andrianov [54], Kato [30], Tsukahara [30]. **80** Ditiatin [54], Andrianov [54], Deltchev [9]. **84** Gushiken [30], Vidmar [55], Li Ning [61].

Concours par équipes. 04 USA. **08** Suè. **12, 20, 24** It. **28** Suis. **32** It. **36** All. **48** Finl. **52, 56** URSS. **60, 64, 68, 72** Japon. **76** Japon, URSS, All. dém. **80** URSS, All. dém. Hongr. **84** USA, Chine, Japon.

Anneaux. 96 Mitropoulos [23]. **04** Glass [55]. **24** Martino [28]. **28** Stukelj [57]. **32** Gulak [55]. **36** Hudec [48]. **48** Frey [46]. **52** Shaguinian [54]. **56, 60** Azarian [54]. **64** Hayata [30]. **68, 72** Nakayama [30]. **76** Andrianov [54], Ditiatin [54], Grecu [44]. **80** Ditiatin [54], Tkatchev [54], Tabak [48]. **84** Koji Gushiken [30], Li-Ning [61], Gaylord [55].

Barre fixe. 96 Weigartner [2a]. **04** Heida et Henning [55]. **24** Stukelj [57]. **28** Miez [46]. **32** Bixler [55]. **36** Saarvala [20]. **48** Stalder [46]. **52** Gunthard [46]. **56, 60** Ono [30]. **64** Shakhlin [54]. **68** Nakayama [30] et Voronine [54]. **72** Tsukahara [30]. **76** Tsukahara [30], Kenmotsu [30], *Boerio* [21], Gienger [3]. **80** Deltchev [9], Ditiatin [54], Andrianov [54]. **84** Shinji Morisue [30], Tong Fei [61], Koji Gushiken [30].

Barres parallèles. 96 Flatow [2a]. **04** Eyser [55]. **24** Guttinger [46]. **28** Vecha [48]. **32** Neri [28]. **36** Frey [2a]. **48** Reusch [46]. **52** Eugster [46]. **56** Tchoukarine [54]. **60** Shakhlin [54]. **64** Endo [30]. **68** Nakayama [30]. **72** Kato [30]. **76** Kato [30], Andrianov [54], Tsukahara [30]. **80** Tkatchev [54], Ditiatin [54], Buckner [2]. **84** Conner [55], Kajtani [30], Gaylor [55].

Cheval d'arçon. 96 Zutter [46]. **04** Heida [55]. **24** Wilhelm [46]. **28** Hanggi [46]. **32** Pelle [24]. **36** Frey [2a]. **48** Aaltonen, Huhtanen et Savolainen [20]. **52** Tchoukarine [54]. **56** Shakhlin [54]. **60** Shakhlin [54] et Ekman [20]. **64, 68** Cerar [57]. **72** Klimenko [54]. **76** Magyar [24], Kenmotsu [30], Andrianov [54] et Nikolay [2]. **80** Magyar [24], Ditiatin [54], Nicolaï [2]. **84** Li Ning [61], Vidmar [55], Daggett [55].

Exercices au sol. 32 Pelle [24]. **36** Miez [46]. **48** Pataki [24]. **52** Thoresson [45]. **56** Mouratov [54]. **60** Aihara [30]. **64** Menichelli [28], Lisitsky [54] et Endo [30]. **68** Kato [30]. **72** Andrianov [54]. **76** Andrianov [54], Martchenko [54], Kormann [55]. **80** Bruckner [2], Andrianov [54], Ditiatin [54]. **84** Li Ning [61], Tou Yun [61], Koji Sotomura [30].

Saut de cheval, en longueur. 96 Schuman [2a]. **04** Heida [55] et Eyser [55]. **24** Kriz [55]. **28** Mack [46]. **32** Guglielmetti [28]. **36** Scharzmann [2a]. **48** Aaltonen [20]. **52** Tchoukarine [54]. **56** Mouratov [54] et Bantz [3]. **60** Shakhlin [54] et Ono [30]. **64** Yamashita [30]. **68** Voronine [54]. **72** Koeste [2]. **76** Andrianov [54], Tsukahara [30], Kajiyama [30]. **80** Andrianov [54], Ditiatin [54], Bruckner [2]. **84** Lou Yun [61], Li Ning [61], Koji Gushiken [30].

Épreuves supprimées

Saut de cheval en largeur. 24 *Seguin* [21]. **Massues. 04** Hennig [55]. **32** Roth [55]. **Combiné : 4 épreuves 04** Heida [55] ; **9 épreuves 04** Spinnler [46]. **Montée à la corde. 96** Andriakopoulos [23]. **04** Eyser [55]. **24** Supcik [48]. **32** Bass [55]. **Culbute. 32** Wolfe [55]. **Barres parallèles (équipes). 96** All. **Barre fixe (équipes). 96** All. **Exercices libres et appareils (équipes). 12** Nor. **Système suédois (équipes). 12** Suè.

Dames

Concours individuel. 52 Gorokhovsjaia [54]. **56, 60** Latynina [54]. **64, 68** Caslavska [48]. **72** Touritcheva [54]. **76** Comaneci [44], Kim [54], Touritcheva [54]. **80** Davidova [54], Gnauck [2] et Comaneci [44]. **84** Retton [55], Szabo [44], Pauca [44].

Concours par équipes. 28 P-Bas. **36** All. **48** Tchécosl. **52, 56, 60, 64, 68, 72** URSS. **76** URSS, Roum., All. dém. **80** URSS, Roum., All. dém. **84** Roum., USA, Chine.

Poutre. 52 Bochtcharova [54]. **56** Keleti [24]. **60** Bosakova [48]. **64** Caslavska. **68** Kuchinskaya [54]. **72** Korbut [54]. **76** Comaneci [44], Korbut [54], Ungureanu [44]. **80** Comaneci [44], Davidova [54], Chapochnikova [54]. **84** Szabo [44], Pauca [44], Johnson [55].

Barres. 52 Korondi [24]. **56** Keleti [24]. **60, 64** Astakhova [54]. **68** Caslavska [48]. **72** Janz [2]. **76** Comaneci [44], Ungureanu [44], Egervari [24]. **80** Gnauck [2], Eberle [44], Kraker [2], Filatova [54] et Ruhn [44]. **84** Ma [61], McNamara [55], Retton [55].

Saut au cheval. 52 Kalinchouk [54]. **56** Latynina [54]. **60** Nikolaeva [54]. **64, 68** Caslavska [48]. **72** Janz [2]. 76

Kim [54], Touritcheva [54] et Dombeck [2]. **80** Chapochnikova [54], Kraker [2], Ruhn [44]. **84** Szabo [44], Retton [55], Agache [44].

Exercices au sol. 52 Keleti [24]. **56** Keleti [24] et Latynina [54]. **60, 64** Latynina [54]. **68** Petrik [54] et Caslavska [48]. **72** Korbut [54]. **76** Kim [54], Touritcheva [48], Comaneci [44]. **80** Kim [54] et Comaneci [44], Chapochnikova [54] et Gnauck [2]. **84** Szabo [44], McNamara [55], Retton [55].

Rythmique. 84 Fung [10], Staiculescu [44], Weber [3].

• **Épreuves supprimées. Exercices par équipes avec appareil portable. 52** Suè. **56** Hongr.

Haltères

Mouches. 72 Smalcerz [42] 337,5 kg. **76** Voronine [54] 242,5 kg, Kozsegi [24] 237,5 kg, Nassiri [26] 235 kg. **80** Osmolaliev [54] 245 kg, Chon [11] 245 kg, Gyong Si [11] 245 kg. **84** Guoquiang Zeng [61] 235 kg, Peishun Zhou [61] 235 kg, Karushito Manabe [30] 232,5 kg.

Coqs. 48 De Pietro [55] 307,5 kg. **52** Oudodov [54] 315 kg. **56** Vinci [55] 342,5 kg. **60** Vinci [55] 345 kg. **64** Vakhonine [54] 357,5 kg. **68** Nassiri [26] 367,5 kg. **72** Foeldi [24] 377,5 kg. **76** Nourikian [9] 262,5 kg, Cziura [42] 252,5 kg, Ando [30] 250 kg. **80** Nunez [13] 275 kg, Sarkissian [54] 270 kg, Denbonczyk [42] 265 kg. **84** Shude Wu [61] 267,5 kg, Runming Lai [61] 265 kg, Masahiro Kotaka [30] 252,5.

Plumes. 20 De Haes [7] 220 kg. **24** Gabetti (1) [28] 402,5 kg. **28** Andrysek [6] 287,5 kg. **32** *Suvigny* [21] *287,5 kg*. **36** Terlazzo [55] 312,5 kg. **48** Fayard [15] 332,5 kg. **52** Tchimiskian [54] 337,5 kg. **56** Berger [55] 352,5 kg. **60** Minaev [54] 372,5 kg. **61** Miyake [30] 397,5 kg. **68** Miyake [30] 392,5 kg. **72** Nourikian [9] 402,5 kg. **76** Kolesnikov [54] 285 kg, Todorov [9] 280 kg, Hirai [30] 275 kg. **80** Mazine [54] 290 kg, Dimitrov [9] 287 kg, Seweryn [42] 282,5 kg. **84** Weiquiang Chen [61] 282,5 kg, Radu [44] 280 kg, Wen-Yee Tsai [62] 272,5 kg.

Légers. 20 Neyland [18] 257,5 kg. **24** *Decottignies* [21] *440 kg*. **28** Haas [6] 322,5 kg. **32** *Duverger* [21] 325 kg. **36** Mesbah [15] 342,5 kg et Fein [6] 342,5 kg. **48** Shams [15] et Fein [6] 360 kg. **52** Kono [55] 362,5 kg. **56** Rybak [54] 380 kg. **60** Bushuev [54] 397,5 kg. **64** Baszanowski [42] 432,5 kg. **68** Baszanowski [42] 437,5 kg. **72** Kirzinov [54] 460 kg. **76** Kaczmarek [42] 307,5 kg, Korol [54] 305 kg, *Senet* [21] *300 kg*. **80** Roussev [9] 342,5 kg, Kunz [2] 335 kg, Pachov [9] 325 kg. **84** Jing Yuan [61] 320 kg, Socaci [44] 312,5 kg, Gronman [20] 312,5 kg.

Moyens. 20 *Gance* [21] *245 kg*. **24** Galimberti [28] 492,5 kg. **28** *Roger* [21] *335 kg*. **32** Ismayr [2a] 345 kg. **36** El Touni [15] 387,5 kg. **48** Spellman [55] 390 kg. **52** George P. [55] 400 kg. **56** Bogdanovski [54] 420 kg. **60** Kourynov [54] 437,5 kg. **64** Zdrazila [48] 445 kg. **68** Kourentsov [54] 475 kg. **72** Bikov [9] 485 kg. **76** Mitkov [9] 335 kg, Militosyan [54] 330 kg, Wenzel [2] 327,5 kg. **80** Zlatev [9] 360 kg, Pervyi [54] 357,5 kg, Kolev [9] 345 kg. **84** Radschinsky [3] 340 kg, Demers [10] 335 kg, Ciorosłan [44] 332,5.

Mi-lourds. 20 *Cadine* [21] *290 kg*. **24** *Rigoulot* [21] *502,5 kg*. **28** Nosseir [15] 355 kg. **32** *Hostin* [21] *365 kg*. **36** *Hostin* [21] *372,5 kg*. **48** Stanczyk [55] 417,5 kg. **52** Lomakin [54] 417,5 kg. **56** Kono [55] 447,5 kg. **60** Palinski [42] 442,5 kg. **64** Plyukfeider [54] 475 kg. **68** Selistky [54] 485 kg. **72** Jenssen [36] 507,5 kg. **76** Shary [54] 365 kg, Blagoev [9] 362,5 kg, Stoichev [9] 360 kg. **80** Vardanian [54] 400 kg, Blagoev [9] 372,5 kg, Poliacik [48] 367,5 kg. **84** Becheru [44] 355 kg, Kabbas [5] 342,5 kg, Isaoka [30] 340.

Lourds-légers. 52 Schemansky [55] 445 kg. **56** Vorobiev [54] 462,5 kg. **60** Vorobiev [54] 472,5 kg. **64** Golovanov [54] 487,5 kg. **68** Kangasniemi [20] 517,5 kg. **72** Nikolov [9] 525 kg. **76** Rigcrt [54] 382,5 kg, James [55] 362,5 kg, Chopov [9] 360 kg. **80** Baczako [24] 377,5 kg, Alexandrov [9] 375 kg, Mantek [2] 370 kg. **84** Vlad [44] 392,5 kg, Petre [44] 360 kg, Mercer [22] 352,5 kg.

100 kg. 80 Zaremba [48] 395 kg, Nikitin [54] 392,5 kg, Fernandez [13] 385 kg. **84** Misler [3] 385 kg, Gropa [44] 382,5 kg, Niemi [20] 367,5 kg.

Lourds. 72 Talts [54] 580 kg. **76** Khristov [9] 400 kg, Zaitsev [34] 385 kg, Semerdjiev [9] 385 kg. **80** Tarenko [54] 422,5 kg, Khristov [9] 405 kg, Szakai [24] 390 kg. **84** Oberburger [28] 390 kg, Tasnadi [44] 380 kg, Carlton [55] 377,5.

Super-lourds. 96 1 main Elliot [22] 71 kg, **2 mains** Jensen [14] 111,5 kg. **04 2 mains** Kakousis [23] 111,7 kg, **toutes catégories** Osthoff [55]. **20** Bottino [28] 270 kg. **24** Tonani [28] 517,5 kg. **28** Strassberger [20] 372,5 kg. **32** Skobla [48] 380 kg. **36** Manger [2a] 410 kg. **48** Davis [55] 452,5 kg. **52** Davis [55] 460 kg. **56** Anderson [55] 500 kg, Salvetti [4] 500 kg. **60** Vlassov [54] 537,5 kg. **64** Zhabotinsky [54] 572,5 kg. **68** Zhabotinsky [54] 572,5 kg. **72** Alexeiev [54] 640 kg. **76** Alexeiev [54] 440 kg, Bonk [2] 405 kg, Losch [2] 387,5 kg. **80** Rakhmanov [54] 440 kg, Heuser [2] 410 kg, Rutkowski [42] 407,5 kg. **84** Lukin [5] 412,5 kg, Martinez [55] 410 kg, Nerlinger [3] 397,5 kg.

Nota. — (1) Outre les trois mouvements classiques : arraché, développé et jeté à deux bras, il y avait l'arraché et le jeté à un bras. Les vainqueurs auraient réussi les totaux suivants aux trois mouvements classiques : Gabetti : 260 kg ; Decottignies : 277,5 kg ; Galimberti : 320 kg ; Rigoulot : 322,5 kg ; Tanani : 342,5 kg. (2) Un seul mouvement.

Handball

Hommes. 36 All. **72** Yougosl. **76** URSS, Roum., Pol. **80** All. dém., URSS, Roum. **84** Yougosl., All. féd., Roum.

Dames. 76 URSS, All. dém., Hongr. **80** URSS, Yougosl., All. dém. **84** Yougosl., Corée du S., Chine.

Hockey sur gazon

Hommes

08 Angl. **20** G-B. **28, 32, 36, 48, 52, 56** Inde. **60** Pakistan. **64** Inde. **68** Pakistan. **72** All. féd. **76** N-Zél., Austr., Pakistan. **80** Inde, Esp., URSS. **84** Pakistan, All. féd., G.-B.

Dames

80 Zimbabwe, Tchéc., URSS. **84.** P.-Bas, All. féd., USA.

Judo

Coq. 80 *Rey* [21], Rodriguez [13], Emizh [54] et Kincses [24].

Plume. 80 Solodukhin [54], Damdin [35], Nedkov [9] et Pawlowski [42].

Super-légers. 84 Hosokawa [30], Kim [12], Eckersley [22], Lidie [55].

Mi-légers. 84 Matsuoka [30], Hwang [12], *Alexandre* [21], Reiter [6].

Légers. 64 Nakatani [30]. **72** Kawaguchi [30]. **76** Rodriguez [13], Chang [12], Tunczik [24] et Mariani [28]. **80** Gamba [28], Adams [22], Lehmann [2] et Davaadaiai [35]. **84** Byeong-Reun [12], Gamba [28], Onmura [8], Brown [22].

Mi-moyens. 72 Nomura [30]. **76** Nevzorov [54], Kuramoto [30], *Vial* [21] et Talaj [42]. **80** Khabareli [54], Ferrer [13], *Tchoullouyan* [21] et Heinke [2]. **84** Wieneke [3], Adams [22], *Nowak* [21], Fratica [44].

Moyens. 64 Okano [30]. **72** Sekine [30]. **76** Sonoda [30], Dvoinikov [54], Obadov [57], Park [12]. **80** Roethlisberger [46], Aszcuy [13], Ultsch [2], Iatskevitch [54]. **84** Seisenbacher [6], Berland [55], Nose [30], Carmona [8].

Mi-lourds. 72 Chochosvili [54]. **76** Ninomiya [30], Kharshiladze [54], Roethlisberger [46] et Starbrook [22]. **80** Van de Walle [7], Khubuluri [54], Lorenz [2] et Numan [40]. **84** Ha [12], Vieira [8], Fridriksson [66], Neureuther [3].

Lourds. 64 Inokuma [30]. **72** Ruska [40]. **76** Novikov [54], Neureuther [3], Coage [55] et Endo [30]. **80** *Parisi* [21], Zaprianov [9], Kovacevic [57] et Kocman [48]. **84** Saito [30], *Parisi* [21], Cho [12], Berger [10].

Toutes catégories. 64 Geesink [40]. **72** Ruska [40]. **76** Uemura [30], Remfry [22], Chochishvili [54] et Cho [12]. **80** Lorenz [2], *Parisi* [21], Ozsvar [24] et Mapp [22]. **84** Yamashita [30], Rawshan [15], Cioc [44], Schnabel [3].

Lacrosse

04 Canada. **08** Canada.

Lutte libre

Jusqu'à 48 kg. 04 Curry [55]. **72** Dmitriev [54]. **76** Issaev [9], Dmitriev [54], Kudo [30]. **80** Pollio [28], Jang [11], Kornilaev [54]. **84** Weaver [55], Irie [30], Gab-Do Son [12].

Jusqu'à 52 kg. 04 Menhert [55]. **48** Viitala [20]. **52** Gemici [52]. **56** Tsakalamannidze [54]. **60** Bilek [52]. **64** Yoshida [30]. **68** Nakata [30]. **72** Kato [30]. **76** Takada [30], Ivanov [54], Jeon [12]. **80** Beloglazov [54], Stecyk [42], Selimov [9]. **84** Trstena [57], Jong-Hyu Kim [12], Takada [30].

Jusqu'à 57 kg. 04 Niflot [55]. **08** Mehnert [55]. **24** Pihlajamaki [20]. **28** Makinen [20]. **32** Pearce [55]. **36** Zombori [24]. **48** Akar [52]. **52** Ishii [30]. **56** Dagistanli [57]. **60** McCann [55]. **64, 68** Uetake [30]. **72** Yanagida [30]. **76** Umin [54], Bruchert [2], Arai [30]. **80** Beloglazov [54], Li [12], Ouinbold [35]. **84** Tomiyama [30], Davis [55], Eui-Kon-Kim [12].

Jusqu'à 62 kg. 04 Bradshaw [55]. **08** Dole [55]. **20** Ackerly [55]. **24** Reed [55]. **28** Morrisson [55]. **32** Pihlajamaki H. [20]. **36** Pihlajamaki H. [20]. **48** Bilge [52]. **52** Sit [57]. **56** Sasahara [30]. **60** Dagistanli [52]. **64** Watabane [30]. **68** Kanedo [30]. **72** Abdulbekov [54]. **76** Yang [12], Oidov [35], G. Davis [55]. **80** Abuchev [54], Doukou [9], Hadjiioannidis [23]. **84** Lewis [55], Akaishi [30], Jeug-Keun Lee [12].

Jusqu'à 68 kg. 04 Roehm [55]. **08** Relwyskow [22]. **20** Antilla [20]. **24** Vis [55]. **28** Kapp [18]. **32** *Pacome* [21]. **36** Karpati [24]. **48** Atik [52]. **52** Anderberg [45]. **56** Habibi [26]. **60** Wilson [55]. **64** Dimov [9]. **68** Mohaved [26]. **72** Gable [55]. **76** Pinigin [54], Keaser [55], Sugawara [30]. **80** Absaidov [54], Yankov [9], Sejdi [57]. **84** In-Tak-You [12], Rein [55], Rauhala [20].

Jusqu'à 74 kg. 04 Erickson [55]. **24** Gehri [46]. **28** Haavisto [20]. **32** Van Bebber [55]. **36** Lewis [55]. **48** Dogu [52]. **52** Smith [55]. **56** Ikeda [30]. **60** Blubaugh [55]. **64** Ogan [52]. **68** Atalay [52]. **72** Wells [55]. **76** Date [30], Barzegar [26], Dziedzic [55]. **80** Angelov [9], Davaajav [35], Karabin [48]. **84** Schultz [55], Knosp [3], Sejdi [57].

Jusqu'à 82 kg. 08 Bacon [22]. **20** Leino [20]. **24** Haggmann [46]. **28** Kyburz [46]. **32** Johansson [45]. **36** *Poilve* [21]. **48** Brand [55]. **52** Tsimakouridze [54]. **56** Stanchev [9]. **60** Gungor [52]. **64** Gardjev [9]. **68** Gurevitch [54]. **72** Tediashvili [54]. **76** J. Peterson [55], Novojoilov [54], Seger [3]. **80** Abilov [9], Aratsilov [54], Kovacs [24]. **84** Schultz [55], Nagashima [30], Rinke [10].

Jusqu'à 90 kg. 20 Larsson [45]. **24** Spellman [55]. **28** Sjostedt [45]. **32** Mehringer [55]. **36** Fridell [45]. **48** Wittenberg [55]. **52** Palm [45]. **56** Takhti [26]. **60** Atli [52]. **64** Medved [54]. **68** Ayik [52]. **72** B. Peterson [55]. **76** Tediashvilli [54], B. Peterson [55], Morcov [44]. **80** Oganesyan [54], Neupert [2], Cichon [42]. **84** Banach [55], Ohta [30], Loban [22].

100 kg. 72 Yarigin [54]. **76** Yarygin [54], Hellickson [55], Kostov [9]. **80** Mate [54], Tchervenkov [9], Strnisko [8]. **84** Banach [55], Atiyeh [72], Puscasu [44].

Plus de 100 kg. 04 Hansen [55]. **08** O'Kelly [22]. **20** Roth [46]. **24** Steele [55]. **28, 32** Richthoff [45]. **36** Palusalu [18]. **48** Bobis [24]. **52** Mekokichvill [54]. **56** Kaplan [52]. **60** Dietrich [3]. **64** Ivanitsky [54]. **68** Medved [54]. **72** Medved [54]. **76** Andiev [54], Balla [24], Simon [44]. **80** Andiev [54], Balla [24], Sandurski [42]. **84** Baumgartner [55], Molle [10], Taskin [52].

Lutte gréco-romaine

Jusqu'à 48 kg. 72 Berceanu [44]. **76** Shumakov [54], Berceanu [44], Anghelov [9]. **80** Uchkenplirov [54], Alexandru [44], Seres [24]. **84** Maenza [28], Sherer [3], Saito [30].

Jusqu'à 52 kg. 48 Lombardi [28]. **52** Gourevitch [54]. **56** Soloviev [54]. **60** Pirvulescu [44]. **64** Hanahara [30]. **68, 72** Kirov [9]. **76** Konstantinov [54], Ginga [44], Hirayama [30]. **80** Blagidze [54], Racz [24], Miadenov [9]. **84** Miyahara [30], Aceves [34], Dae-Du Bang [12].

Jusqu'à 57 kg. 24 Putsepp [19]. **28** Leutcht [2a]. **32** Brendel [2a]. **36** Lorincz [24]. **48** Pettersen [45]. **52** Hodos [24]. **56** Vyroupaiev [54]. **60** Karavaev [54]. **64** Ighiguchi [30]. **68** Varga [24]. **72** Karazov [54]. **76** Ukkola [20], Frgic [58], Mustafin [54]. **80** Serikov [54], Lipien [42], Ljungbeck [45]. **84** Passarelli [3], Masaki Eto [30], Holidis [23].

Jusqu'à 62 kg. 12 Koskelo [20]. **20** Friman [20]. **24** Anttila [20]. **28** Vali [18]. **32** Gozzi [28]. **36** Erkan [52]. **48** Oktav [52]. **52** Pounkine [54]. **56** Makinen [20]. **60** Sille [52]. **64** Polyak [24]. **68** Rurua [54]. **72** Markov [9]. **76** K. Lipien [42], Davidian [54], Reczi [24]. **80** Mijiakis [23], Toth [24], Kramorenko [54]. **84** Weon-Kee Kim [12], Johansson [45], Dietsche [46].

Jusqu'à 68 kg. 08 Porro [28]. **12, 20** Vare [20]. **24** Friman [20]. **28** Keresztes [24]. **32** Malmberg [45]. **36** Koskela [20]. **48** Freij [45]. **52** Safine [54]. **56** Lehtonen [20]. **60** Koridze [54]. **64** Ayvaz [52]. **68** Munemura [30]. **72** Khishamutdinov [54]. **76** Nalbadian [54], Rusu [44], Wehling [2]. **80** Rusu [44], Supron [42], Skiold [45]. **84** Lisjak [57], Sipila [20], Martinez [55].

Jusqu'à 74 kg. 32 Johansson [45]. **36** Svedberg [45]. **48** Andersson [45]. **52** Szilvasi [24]. **56** Bayrak [52]. **64** Koletsov [54]. **68** Vesper [2]. **72** Macha [52]. **76** Bykov [54], Macha [52], Helbing [3]. **80** Kocsis [24], Bikov [54], Huhtala [20]. **84** Salomaki [20], Tallroth [45], Rusu [44].

Jusqu'à 82 kg. 08 Martensson [45]. **12** Johansson C. [45]. **20** Westergren [45]. **24** Westerlund [20]. **28, 32** Kokkinen [20]. **36** Johansson [45]. **48, 52** Gronberg [45]. **56** Kartosia [54]. **60** Dobrev [9]. **64** Simic [58]. **68** Metz [2]. **72** Hegedus [24]. **76** Petkovic [58], Tchebokcharov [54], Kolev [9]. **80** Korban [54], Dolgowicz [42], Pavlov [9]. **84** Draica [44], Thanopoulos [23], Claeson [45].

Jusqu'à 90 kg. 08 Weckmann[20]. **12** Ahlgren[45] et Bohling[20]. **20** Johansson[45]. **24** Westergren[45]. **28** Moustafa[15]. **32** Svensson[45]. **36** Cadier[45]. **48** Nilsson[45]. **52** Grondahl[45]. **56** Nikolaev[54]. **60** Kis[52]. **64, 68** Radev[9]. **72** Retzanser[54]. **76** Rezantsev[54], Ivanov[9], Kwiecinski[42]. **80** Novenyi[24], Kanygin[54], Dicu[44]. **84** Fraser[55], Matei[44], Anderson[45].

100 kg. 72 Martinescu[44]. **76** Balbochine[54], Goranov[9], Skrzylewski[42]. **80** Raikov[9], Bierla[42], Andrei[44]. **84** Andrei[44], Gibson[55], Tertelje[57].

Plus de 100 kg. 96 Schumann[31]. **08** Weisz[24]. **12** Saarela[20]. **20** Lindfors[20]. **24** *Deglane*[21]. **28** Svensson[45]. **32** Westergren[45]. **36** Palusalu[18]. **48** Kirecci[52]. **52** Kotkas[54]. **56** Parfenov[54]. **60** Bogdan[54]. **64, 68** Kozma[24]. **72** Roschin[54]. **76** Kolchinski[24], Tomov[9], Codreanu[24]. **80** Kolchinski[54], Tomov[9], Bchara[60]. **84** Blatnick[55], Memisevic[57], Dolispchi[44].

Motonautisme

08 open *Thubron*[21], **8 m** Thornycroft-Redwood[22], **moins de 60 pieds** Thornycroft-Redwood[22].

Natation

Hommes

100 m nage libre. 96 Hajos[24] 1'22"2. **04** Halmay[24] 1'2"8. **08** Daniels[55] 1'5"6. **12** Kahanamoku[55] 1'3"4. **20** Kahanamoku[55] 1'00"4. **24** Weissmuller[55] 59". **28** Weissmuller[55] 58"6. **32** Miyazaki[30] 58"2. **36** Csik[24] 57"6. **48** Ris[55] 57"3. **52** Scholes[55] 57"4. **56** Henricks[5] 55"4. **60** Devitt[5] 55"2. **64** Schollander[55] 53"4. **68** Wenden[5] 52"2. **72** Spitz[55] 51"22. **76** Montgomery[55] 49"99, J. Babashoff[55] 50"81, Nocke[3] 51"31. **80** Woithe[2] 50"40, Holmertz[45] 50"91, Johansson[45] 51"29. **84** Gaines[55] 49"80, Stockwell[5] 50"24, Johansson[45] 50"31.

200 m nage libre. 00 (220 yards) Lane[5] 2'25"2. **04 (id.)** Daniels[55] 2'44"2. **68** Wenden[5] 1'55"2. **72** Spitz[55] 1'52"78. **76** Furniss[55] 1'50"29, Naber[55] 1'50"50, Montgomery[55] 1'50"58. **80** Kopliakov[54] 1'49"81, Krylov[54] 1'50"76, Brewer[5] 1'51"60. **84** Gross[3] 1'47"44, Heath[55] 1'49"10, Fahrner[3] 1'49"69.

400 m nage libre. 96 (500 m) Neuman[6] 8'12"6. **04 (440 yards)** Daniels[55] 6'16"2. **08** Taylor[22] 5'36"8. **12** Hodgson[10] 5'24"4. **20** Ross[55] 5'26"8. **24** Weissmuller[55] 5'4"2. **28** Zorilla[4] 5'1"6. **32** Crabbe[55] 4'48"4. **36** Medica[55] 4'44"5. **48** Smith[55] 4'41". **52** *Boiteux*[21] *4'30"7*. **56** Rose[5] 4'27"3. **60** Rose[5] 4'18"3. **64** Schollander[55] 4'12"2. **68** Burton[55] 4'9". **72** Demont (déclassé)[55] 4'0"26. **76** Goodell[55] 3'51"93, Shaw[55] 3'52"54, Raskatov[54] 3'55"76. **80** Salnikov[54] 3'51"31, Krylov[54] 3'53"24, Stukolkin[54] 3'53"95. **84** Di Carlo[55] 3'51"23, Nykkanen[55] 3'51"49, Lemberg[5] 3'51"79.

1 500 m nage libre. 96 (1 200 m) Hajos[24] 18'22"2. **00 (1 000 m)** Jarvis[22] 13'40"2. **04 (1 mile)** Rausch[2a] 27'18"2. **08** Taylor[22] 22'48"4. **12** Hodgson[10] 22'. **20** Ross[55] 22'23"2. **24** Charlton[5] 20'6"8. **28** Borg[45] 19'51"8. **32** Kitamura[30] 19'12"4. **36** Terada[30] 19'13"7. **48** McLane[55] 19'18"5. **52** Konno[55] 18'30"3. **56** Rose[5] 17'58"9. **60** Konrads[5] 17'19"6. **64** Windle[5] 17'1"7. **68** Burton[55] 16'38"9. **72** Burton[55] 15'52"58. **76** Goodell[55] 15'2"40, Hackett[55] 15'3"91, Holland[5] 15'4"66. **80** Salnikov[54] 14'58"27, Chaev[54] 15'14"30, Metzker[5] 15'14"49. **84** O'Brien[55] 15'5"20, Di Carlo[55] 15'10"59, Pfeiffer[3] 15'12"11.

100 m dos. 04 (100 yards) Brack[2a] 1'16"8. **08** Bieberstein[2a] 1'24"6. **12** Hebner[55] 1'21"2. **20** Kealoha[55] 1'15"2. **24** Kealoha[55] 1'13"2. **28** Kojac[55] 1'8"2. **32** Kiyokawa[30] 1'8"6. **36** Kiefer[55] 1'5"9. **48** Stack[55] 1'6"4. **52** Oyakawa[55] 1'5"4. **56** Theile[5] 1'2"2. **60** Theile[5] 1'1"9. **68** Matthes[2] 58"7. **72** Matthes[2] 56"58. **76** Naber[55] 55"49, Rocca[55] 56"34, Matthes[2] 57"22. **80** Baron[45] 56"53, Kuznetsov[54] 56"99, Dolgov[54] 57"63. **84** Carey[55] 55"79, Wilson[55] 56"35, West[10] 56"49.

200 m dos. 00 Hoppenberg[2a] 2'47". **64** Graef[55] 2'10"3. **68** Matthes[2] 2'9"6. **72** Matthes[2] 2'2"82. **76** Naber[55] 1'59"19, Rocca[55] 2'0"55, Harrigan[55] 2'1"35. **80** Wladar[24] 2'1"93, Verraszto[24] 2'2"40, Kerry[5] 2'3"14. **84** Carey[55] 2'0"23, *Delcourt*[21] *2'1"75*, Henning[10] 2'2"37.

100 m brasse. 68 Mac Kenzie[55] 1'7"7. **72** Taguchi[30] 1'4"94. **76** Hencken[55] 1'3"11, Wilkie[22] 1'3"43, Ivozaytis[54] 1'4"23. **80** Goodhen[22] 1'3"34, Miskarov[54] 1'3"82, Evans[5] 1'3"96. **84** Lundquist[55] 1'1"65, Davis[10] 1'1"99, Evans[5] 1'2"97.

200 m brasse. 08 Holman[22] 3'9"2. **12** Bathe[2a] 3'1"8. **20** Malmroth[45] 3'4"4. **24** Skelton[55] 2'56"6. **28** Tsuruta[30] 2'48"8. **32** Tsuruta[30] 2'45"4. **36** Hamuro[30] 2'41"5. **48** Verdeur[55] 2'39"3. **52** Davies[5] 2'34"4. **56** Furukawa[30] 2'34"7. **60** Mulliken[55] 2'37"4. **64** O'Brien[5] 2'27"8. **68** Munoz[34] 2'28"7. **72** Hencken[55] 2'21"55. **76** Wilkie[22] 2'15"11, Hencken[55] 2'17"26, Colella[55] 2'19"20. **80** Julpa[54] 2'15"85, Vermes[24] 2'16"93, Miskarov[54] 2'17"28. **84** Davis[10] 2'13"34, Beringer[5] 2'15"79, Dagon[46] 2'17"41.

100 m papillon. 68 Russell[55] 55"9. **72** Spitz[55] 54"27. **76** Vogel[55] 54"35, Bottom[55] 54"50, Hall[55] 54"56. **80** Arvidsson[45] 54"92, Pyttel[2] 54"94, Lopez-Zubero[17] 55"13. **84** Gross[3] 53"08, Moralès[55] 53"23, Buchanan[5] 53"85.

200 m papillon. 56 Yorzyk[55] 2'19"3. **60** Troy[55] 2'12"8. **64** Berry[5] 2'6"6. **68** Robie[55] 2'8"7. **72** Spitz[55] 2'0"7. **76** Brunner[55] 1'59"23, Gregg[55] 1'59"54, Forrester[55] 1'59"96. **80** Fesenko[54] 1'59"76, Hubble[22] 2'1"20, Pyttel[2] 2'1"39. **84** Sieben[5] 1'57"04, Gross[3] 1'57"40, Vidal Castro[56] 1'57"51.

200 m quatre nages. 68 Hickcox[55] 2'12". **72** Larsson[45] 2'7"17. **84** Baumann[10] 2'1"42.

400 m quatre nages. 64 Roth[55] 4'45"4. **68** Hickcox[55] 4'48"4. **72** Larsson[45] 4'31"98. **76** Strachan[55] 4'23"68, McKee[55] 4'26"90, Smirnov[54] 4'26"90. **80** Sidorenko[55] 4'22"89, Fesenko[55] 4'23"43, Verraszto[24] 4'24"24. **84** Baumann[10] 4'17"41, Prado[8] 4'18"45, Woodhouse[5] 4'20"50.

4 × 100 m nage libre. 64 USA 3'33"2. **68** USA 3'31"7. **72** USA 3'26"4. **84** USA 3'19"03.

4 × 200 m nage libre. 08 G-B 10'55"6. **12** Austr. 10'11"6. **20** USA 10'4"4. **24** USA 9'53"4. **28** USA 9'36"2. **32** Japon 8'58"4. **36** Japon 8'51"5. **48** USA 8'46". **52** USA 8'31"1. **56** Austr. 8'23"6. **60** USA 8'10"2. **64** USA 7'52"1. **68** USA 7'52"3. **72** USA 7'35"78. **76** USA 7'23"22, URSS 7'27"97, G-B 7'32"11. **80** URSS 7'23"50, All. dém. 7'28"60, Brésil 7'29"30. **84** USA 7'15"69, All. féd. 7'15"73, G.-B. 7'24"78.

4 × 100 m 4 nages. 60 USA 4'5"4. **64** USA 3'58"4. **68** USA 3'54"9. **72** USA 3'48"16. **76** USA 3'42"22, Canada 3'45"94, All. féd. 3'47"29. **80** Austr. 3'45"70, URSS 3'45"92, G-B 3'47"71. **84** USA 3'39"30, Canada 3'43"23, Austr. 3'43"25.

Plongeons du tremplin. 08 Zurner[2a]. **12** Gunther[2a]. **20** Kuehn[55]. **24** White[55]. **28** Desjardins[55]. **32** Galitzen[55]. **36** Degener[55]. **48** Harlan[55]. **52** Browning[55]. **56** Clothworthy[55]. **60** Tobian[55]. **64** Sitzberger[55]. **68** Wrightson[55]. **72** Vasin[54]. **76** Boggs[55], Cagnotto[28], Kosenkov[54]. **80** Portnov[54], Giron[34], Cagnotto[28]. **84** Louganis[55], Tan[61], Merriott[55].

Plongeons de haut-vol. 04 Sheldon[55]. **08** Johansson[45]. **12** Aderz[45]. **20** Pinkston[55]. **24** White[55]. **28** Desjardins[55]. **32** Smith H.[55]. **36** Wayne[55]. **48, 52** Lee S.[55]. **56** Capilla[34]. **60, 64** Webster[55]. **68** Dibiasi[28]. **72** Dibiasi[28]. **76** Dibiasi[28], Louganis[55], Aleynik[54]. **80** Hoffmann[2], Aleinik[54], Ambartsumian[54]. **84** Louganis[55], Kimball[55], Li[61].

Water-polo. 00 G-B. **04** USA. **08, 12, 20** G-B. **24** *Fr.* **28** All. **32, 36** Hongr. **48** It. **52, 56** Hongr. **60** It. **64** Hongr. **68** Yougosl. **72** URSS. **76** Hongr., It., P-Bas. **80** URSS, Yougosl., Hongr. **84** Yougosl., USA, All. féd.

Épreuves supprimées

50 yards nage libre. 04 Halmay[24]. **100 m nage libre pour marins. 96** Matokinis[23]. **800 m nage libre. 04** Rausch[2a]. **4 000 m nage libre. 00** Jarvis[22]. **400 m brasse. 04** Zacharias[2a]. **12** Bathe[2a]. **20** Malmroth[45]. **200 m par équipes. 00** All. **4 × 50 yards nage libre. 04** USA. **Obstacle. 00** Lane[5]. **Nage sous l'eau. 00** *Vendeville*[21].

Plongeon pour la distance. 04 Dickey[55]. **Plongeon simple. 12** Adlerz[45]. **20** Wallman[45]. **24** Eve[5].

Dames

100 m nage libre. 12 Durack[5] 1'22"2. **20** Bleibtrey[55] 1'13"6. **24** Lackie[55] 1'12"4. **28** Osipovitch[55] 1'11". **32** Madison[55] 1'6"8. **36** Mastenbroek[24] 1'5"9. **48** Andersen[14] 1'6"3. **52** Szoke[24] 1'6"8. **56** Fraser[5] 1'2". **60** Fraser[5] 1'1"2. **64** Fraser[5] 59"5. **68** Henne[55] 1'. **72** Neilson[55] 58"59. **76** Ender[2] 55"65, Priemer[2] 56"49, Brigitha[40] 56"65. **80** Krause[2] 54"79, Metschuck[2] 55"16, Diers[2] 55"65. **84** Steinseifer[55] 55"92, Hogshead[55] 55"92, Verstappen[40] 56"08.

200 m nage libre. 68 Meyer[55] 2'10"5. **72** Gould[5] 2'3"56. **76** Ender[2] 1'59"26, S. Babashoff[55] 2'1"22, Brigitha[40] 2'1"40. **80** Krause[2] 1'58"33, Diers[2] 1'59"64, Schmidt[2] 2'1"44. **84** Wayte[55] 1'59"23, Woodhead[55] 1'59"50, Verstappen[40] 1'59"69.

400 m nage libre. 20 Bleibtrey[55] 4'34". **24** Norelius[55] 6'2"2. **28** Norelius[55] 5'42"8. **32** Madison[55] 5'28"5. **36** Mastenbroek[40] 5'26"4. **48** Curtis[55] 5'17"8. **52** Gyenge[24] 5'12"1. **56** Crapp[5] 4'54"6. **60** Von Saltza[55] 4'50"6. **64** Duenkel[55] 4'43"3. **68** Meyer[55] 4'31"8. **72** Gould[5] 4'19"04. **76** Thumer[2] 4'9"89, S. Babashoff[55] 4'10"46, B. Smith[10] 4'14"60. **80** Diers[2] 4'8"76, Schneider[2] 4'9"16, Schmidt[2] 4'10"86. **84** Cohen[55] 4'7"10, Hardcastle[22] 4'10"27, Croft[22] 4'11"49.

800 m nage libre. 68 Meyer[55] 9'24". **72** Rothhammer[55] 8'53"68. **76** Thumer[2] 8'37"14, S. Babashoff[55] 8'37"59, Weinberg[55] 8'42"60. **80** Ford[5] 8'28"90, Diers[2] 8'32"55, Dahne[2] 8'33"48. **84** Cohen[55] 8'24"95, Richardson[55] 8'30"73, Hardcastle[22] 8'32"60.

100 m papillon. 56 Mann[55] 1'11". **60** Schuler[55] 1'9"5. **64** Stouder[55] 1'4"7. **68** Mac Clements[5] 1'5"5. **72** Aoki[30] 1'3"34. **76** Ender[2] 1'0"13, Pollack[2] 1'0"98, Boglioli[55] 1'1"17. **80** Metschuck[2] 1'0"42, Pollack[2] 1'0"90, Knacke[2] 1'1"44. **84** Meagher[55] 59"26, Johnson[55] 1'0"19, Seick[3] 1'1"36.

200 m papillon. 68 Kok[40] 2'24"7. **72** Moe[55] 2'15"57. **76** Pollak[2] 2'11"41, Tauber[2] 2'12"50, Gabriel[2] 2'12"86. **80** Geissier 2'10"44, Schoenrock[2] 2'10"45, Ford[5] 2'11"66. **84** Meagher[55] 2'6"90, Phillips[5] 2'10"56, Beyermann[3] 2'11"91.

100 m dos. 24 Bauer[55] 1'23"2. **28** Braun[40] 1'22". **32** Holm[55] 1'19"4. **36** Senff[40] 1'18"9. **48** Harup[14] 1'14"4. **52** Harrison[1] 1'14"3. **56** Grinham[22] 1'12"9. **60** Burke[55] 1'9"3. **64** Ferguson[55] 1'7"7. **68** Hall[55] 1'6"2. **72** Belote[55] 1'5"78. **76** Richter[2] 1'1"83, Treiber[2] 1'3"41, Garapick[10] 1'3"71. **80** Reinisch[2] 1'0"86, Kleber[2] 1'2"07, Riedel[2] 1'2"64. **84** Andrews[55] 1'2"55, Mitchell[55] 1'2"63, De Rover[40] 1'2"91.

200 m dos. 68 P. Watson[55] 2'24"8. **72** Belote[55] 2'19"19. **76** Richter[2] 2'13"43, Treiber[2] 2'14"97, Garapick[10] 2'15"60. **80** Reinisch[2] 2'11"77, Polit[2] 2'13"75, Treiber[2] 2'14"14. **84** De Rover[40] 2'12"38, White[55] 2'13"04, Patrascolu[44] 2'13"29.

100 m brasse. 68 Bjedov[58] 1'15"8. **72** Carr[55] 1'13"58. **76** Anke[2] 1'11"16, Rusanova[54] 1'13"04, Koshevaia[54] 1'13"30. **80** Geweniger[2] 1'10"22, Vasilkova[54] 1'10"41, Nielson[14] 1'11"16. **84** Van Staveren[40] 1'9"88, Ottenbrite[10] 1'10"69, *Poirot*[21] 1'10"70.

200 m brasse. 24 Morton[22] 3'33"2. **28** Schrader[2a] 3'12"6. **32** Dennis[5] 3'6"3. **36** Maehata[30] 3'03"3. **48** Van Vliet[40] 2'57"2. **52** Szekely[24] 2'51"7. **56** Happe[2a] 2'53"1. **60** Lonsborough[22] 2'49"5. **64** Prozumenchikova[54] 2'46"4. **68** Wichman[55] 2'44"4. **72** Whitfield[5] 2'41"71. **76** Koshevaia[54] 2'33"35, Iurchenia[54] 2'36"08, Rusanova[54] 2'36"32. **80** Kachuschite[54] 2'29"54, Varganova[54] 2'29"61, Bogdanova[54] 2'32"39. **84** Ottenbrite[10] 2'30"38, Rapp[55] 2'31"15, Lempereur[7] 2'31"40.

200 m quatre nages. 68 Kolb[55] 2'24"7. **72** Gould[5] 2'23"7. **84** Caulkins[55] 2'12"64.

400 m quatre nages. 64 De Varona[55] 5'18"7. **68** Kolb[55] 5'8"5. **72** Neall[5] 5'2"97. **76** Tauber[2] 4'42"77, Gibson[10] 4'48"10, B. Smith[10] 4'50"48. **80** Schneider[22] 4'36"29, Davies[22] 4'46"83, Czopek[42] 4'48"17. **84** Caulkins[55] 4'39"24, Landells[5] 4'48"30, Zindler[3] 4'48"57.

4 × 100 m nage libre. 12 G-B 5'52"8. **20** USA 5'11"6. **24** USA 4'58"8. **28** USA 4'47"6. **32** USA 4'38". **36** Holl. 4'36". **48** USA 4'29"2. **52** Hongr. 4'24"4. **56** Austr. 4'17"1. **60** USA 4'8"9. **64** USA 4'3"8. **68** USA 4'2"5. **72** USA 3'55"19. **76** USA 3'44"82, All. dém. 3'45"50, Canada 3'48"81. **80** All. dém. 3'42"71, Suè. 3'48"93, Holl. 3'49"51. **84** USA 3'43"43, P.-B. 3'44"40, All. féd. 3'45"56.

4 × 100 m 4 nages. 60 USA 4'41"1. **64** USA 4'33"9. **68** USA 4'28"3. **72** USA 4'20"7. **76** All. dém. 4'7"95, USA 4'14"55, Canada 4'15"22. **80** All. dém. 4'6"67, G-B 4'12"24, URSS 4'13"61. **84** USA 4'08"34, All. féd. 4'11"97, Canada 4'12"98.

Plongeons du tremplin. 20 Riggin[55]. **24** Becker[55]. **28** Meany[55]. **32** Coleman[55]. **36** Gestring[55]. **48** Draves[55]. **52, 56** McCormick[55]. **60, 64** Kramer[2]. **68** Gossick[55]. **72** King[55]. **76** Chandler[55], Kohler[2], Potter[55]. **80** Kalinina[54], Proeber[2], Guthke[2]. **84** Bernier[10], McCormick[55], Seufert[55].

Plongeons de haut-vol. 12 Johansson G.[45]. **20** Fryland Clausen[14]. **24** Smith[55]. **28** Pinkston[55]. **32, 36** Hill-Poynton[55]. **48** Draves[55]. **52, 56** McCormick[55]. **60** Kramer[2]. **64** Busch[55]. **68** Duchkova[58]. **72** Knape[45]. **76** Vaytsekhovskaia[54], Knape[45], Wilson[55]. **80** Jaschke[2], Emirzyan[54], Tsotadze[54]. **84** Zhou[61], Mitchell[55], Wyland[55].

• **Natation synchronisée. Solo. 84** Ruiz[55], Waldo[10], Motoyoshi[30]. **Duo. 84** Costie-Ruiz[55], Hambrook-Kryczka[10], Kimura-Motoyoshi[30].

Paume

08 Jay Gould[55].

Pentathlon moderne

Individuel. 12 Liliehook[45]. **20** Dyrssen[45]. **24** Lindman[45]. **28** Thofelt[45]. **32** Oxenstierna[45]. **36** Handrick[2a]. **48** Grut[45]. **52, 56** Hall[45]. **60** Nemeth[24]. **64** Torok[24]. **68** Ferm[45]. **72** Balczo[24]. **76** Pyciak-Peciak[42], Lednev[54], Bartu[48]. **80** Starostin[54], Szombathelyi[24], Lednev[54]. **84** Masala[28], Rasmusson[45], Massolo[28].

Par équipes. 52 Hongr. **56** URSS. **60** Hongr. **64** URSS. **68** Hongr. **72** URSS. **76** G-B, Tchécoslov., Hongr. **80** URSS, Hongr., Suè. **84** Italie, USA, *Fr.*

Polo

1900 G-B. **08** G-B. **20** G-B. **24** Arg. **36** Arg.

Rackets

08 simples G-B, **doubles** G-B.

Rugby

1900 *Fr.* **08** Austr. **20** USA b. *Fr.* **24** USA b. *Fr.*

Tennis

Hommes

Plein air. Simple. 96 Boland[27]. **00** Doherty[22]. **04** Wright[55]. **08** Ritchie[22]. **12** Winslow[1]. **20** Raymond[1]. **24** Richards[55]. **84** Edberg[45], Maciel[34]. **Double. 96** Irlande. **00** G-B. **04** USA. **08** G-B. **12** Afr. du Sud. **20** G-B. **24** USA. **Double mixte. 00** G-B. **12** All. **20** *Fr.* **24** USA.

Courts couverts. Simple. 08 Gore[22]. **12** *Gobert*[21]. **Double. 08** G-B. **12** *Fr.* **Double mixte. 12** G-B.

Dames

Plein air. Simple. 00 Cooper[22]. **08** Chambers[22]. **12** *Broquedis*[21]. **20** *Lenglen*[21]. **24** Wills[55]. **84** Graf[3], Goles[57]. **Double. 20** G-B. **24** U.S.A.

Courts couverts. Simple. 08 Eastlake[22]. **12** Hannam[22].

Tir

Hommes

Carabine air comprimé 10 m. 84 *Heberlé*[21], Kronthaler[6], Dagger[22].

Carabine (3 positions). 52 Kongshaug[36]. **56** Bogdanov[54]. **60** Shamburkin[54]. **64** Wigger[55]. **68** Klingner[3]. **72** Writer[55]. **76** Bassham[55], M. Murdock[55], Seibold[3]. **80** Vlassov[54], Hartstein[2], Johansson[45]. **84** Cooper[22], Nipkow[46], Allan[22].

Carabine (position couchée). 08 Garnell[22]. **12** Hird[55]. **20** Nuesslein[55]. **24** *Coquelin de Lisle*[21]. **32** Ronnmark[45]. **36** Rogeberg[36]. **48** Cook[55]. **52** Sarbu[44]. **56** Ouellette[10]. **60** Kohnke[3]. **64** Hammerl[24]. **68** Kurka[48]. **72** Li[11]. **76** Smieszek[3], Lind[3], Lushchikov[54]. **80** Varga[24], Heilfort[2], Zapianov[9]. **84** Etzel[55], *Bury*[21], Sullivan[22].

Fosse olympique. 00 *De Barbarin*[21]. **08** Ewing[10]. **12** Graham[55]. **20** Arie[55]. **24** Halasy[24]. **52** Genereux[10]. **56** Rossini[28]. **60** Dumitrescu[44]. **64** Mattarelli[28]. **68** Braithwaite[22]. **72** Scalzone[28]. **76** Haldeman[55], Silva-Marques[43], Baldi[28]. **80** Giovannetti[28], Iambulatov[54], Damme[2]. **84** Giovannetti[28], Boza[41], Carlisle[55].

Pistolet (5 silhouettes). 96 Phrangudis[23]. **00** *Larrouy*[21]. **08** Van Asbrock[7]. **12** Lane[55]. **20** Paraense[8]. **24** Bailey[55]. **32** Morigi[28]. **36** Van Oyen[2a]. **48, 52** Takacs[24]. **56** Petrescu[44]. **60** McMillan[55]. **64** Linnosvuo[20]. **68, 72** Zapedzki[42]. **76** Klaar[2], Wiefel[2], Ferraris[28]. **80** Ion[44], Wiefel[2], Pétritsch[6]. **84** Kamachi[30], Ion[44], Bies[20].

Pistolet libre (50 m). 96 Paine[55]. **00** Roederer[46]. **12** Lane[55]. **36** Ullman[45]. **48** Vasquez[41]. **52** Benner[55]. **56** Linnosvuo[20]. **60** Gustchin[54]. **64** Markhanen[20]. **68** Kosykh[54]. **72** Skanaker[45]. **76** Potteck[2], Vollmar[2], Dollinger[6]. **80** Melentev[54], Vollmar[2], Diakov[9]. **84** Haifeng Xu[61], Skanaker[45], Yifu Wang[61].

Skeet. 68 Petrov[54]. **72** Wirnhier[3]. **76** Panacek[48], Swinkels[40], Gawlikowski[42]. **80** Rasmussen[14], Carlsson[45], Castrillo[13]. **84** Dryke[55], Rasmussen[14], Scribani-Rossi[28].

Tir sur sanglier courant. 00 *Debray*[21]. **72** Zhelezniak[54]. **76** Gazov[54], Kedyarov[54], Grezkiewicz[42]. **80** Sokolov[54], Pfeffer[2], Gasov[54]. **84** Yuwei Li[61], Bellingrodt[63], Shiping Huang[61].

Épreuves supprimées

Revolver militaire. Équipes 00 Suisse. **08** USA. **12** Suè. et USA. **20** USA.

Fusil libre. 96 Karasevdas[23]. **08** Millner[22]. **Équipes. 08** Nor. **12** Suè. **20, 24** USA. **3 positions. 96** Orphanidis[23]. **08** Helgerud[36]. **12** *Colas*[21]. **20, 24** Fisher[55]. **48** Grunig[46]. **52** Bogdanov[54]. **56** Borissov[54]. **60** Hammerer[6]. **64, 68** Anderson[55]. **72** Wigger[55].

Fusil militaire. 300 m, 3 positions. 00 Kellenberger[46]. **12** Prokopp[24]. **300 m debout. 00** Madsen[14]. **20** Osburn[55]. **300 m à genoux. 00** Staheli[46]. **300 m couché. 00** *Paroche*[21]. **20** Olsen[36]. **600 m couché. 20** Johansson[45]. **600 m n'importe quelle position. 20** *Colas*[21]. **Équipes. 00** Suisse. **08** USA. **12** USA. **20** Dan., USA.

Petit calibre. 08 Fleming[22] et Styles[22]. **12** Carlberg[45].

Carabine miniature. Équipes. 08 G-B. **12** Suè. et G-B. **20** USA.

Cerf courant. 1 projectile, individuel. 08, 12 Swahn[45]. **20** Olsen[36]. **24** Boles[55]. **1 projectile, équipes. 08, 12** Suè. **20, 24** Nor. **2 projectiles, ind. 08** Winans[55]. **12** Lundeberg[45]. **20, 24** Lilloe-Olsen[36]. **2 projectiles, éq. 20** Nor. **24** G-B. **1 et 2 projectiles. 52** Larsen[36]. **56** Romanenko[54].

Pigeons. Argile, équipes. 08 G-B. **12, 20, 24** USA. **Vivants. 00** Lunden[7].

Dames

Pistolet petit calibre. 84 Thom[10], Fox[55], Dench[5].

Carabine air comprimé 10 m. 84 Spurgin[55], Gufler[28], Wu[61].

Carabine petit calibre. 84 Xiaoxuan[61], Holmer[3], Jewell[55].

Tir à l'arc

Hommes

72 Williams[55]. **76** Pace[55], Michinaga[30], Ferrari[28]. **80** Poikolainen[20], Isachenko[54], Ferrari[28]. **84** Pace[55], McKiney[55], Yamamoto[30].

Épreuves supprimées

Cordon doré : 50 m 00 *Herouin*[21] ; **33 m 00** Van Innis[7]. **Au chapelet : 50 m 00** *Mougin*[21] ; **33 m 00** Van Innis[7]. **Sur la perche : à la herse 00** *Foulon*[21] ; **à la pyramide 00** *Grumiaux*[21]. **Double york round. 04** Bryant[55]. **Double american round. 04** Bryant[55]. **Team round. 04** USA. **York round. 08** Dod[22]. **Style continental. 50 m 08** *Grisot*[21]. **Cible-oiseau fixe. 20** Van Moer[7]. **Grand oiseau. 20** Cloetens[7]. **Libre-oiseau mobile : 28 m 20** Van Innis[7] ; **33 m 20** Van Innis[7] ; **50 m 20** *Brulé*[21] ; **équipes 28 m** P-B. ; **33 m** Belg. ; **50 m** Belg.

Dames

72 Wilber[55]. **76** Ryon[55], Kovpan[54], Rustamova[54]. **80** Losaberidze[54], Butuzova[54], Meriluoto[20]. **84** Seo Hyang-Soon[12], Hi Lingjuan[61], Kim Jin-Ho[12].

Épreuves supprimées

Petite distance. 04 Howell[55]. **Grande distance. 04** Howell[55]. **50 et 60 yards. 08** Newall[22]. **Par équipes. 04** USA.

Tir à la corde

1900 Suè. **04** USA. **08** G-B. **12** Suè. **20** G-B.

Volley-ball

Hommes

64, 68 URSS. **72** Jap. **76** Pol., URSS, Cuba. **80** URSS, Bulg., Roum. **84** USA, Brésil, Italie.

Dames

64 Jap. **68, 72** URSS. **76** URSS, Jap., Corée du N. **80** URSS, All. dém.., Bulg. **84** Chine, USA, Jap.

Yachting

(Les catégories de bateaux admis varient d'une olympiade à l'autre.)

1900. *6 m (2 t) :* Suisse « Lerina » à H. de Pourtalès ; *8 m (3 t) : France « Ollé » à Exshaw ; 10 m :* Allemagne « Aschenbrodel » à Wiesner ; *plus de 10 m : France « Esterel ».*

1908. *6 m, 7 m, 8 m, 12 m :* G-B.

1912. *6 m : Fr. 8 m :* Norv. *10 m :* Suè. *12 m :* Norv.

1920. *6 m :* Belg. (type anc.). *6 m :* Norv. (type nouv.). *6 m 50 :* P-Bas (type n.). *7 m :* G-B (type anc.). *8 m :* Norv. (type anc.). *30 m :* Suè. *40 m :* Suè.

1924. *6 m :* Norv. *8 m :* Norv.

1928. *6 m :* Norv.

1932. *6 m :* Suè. *8 m :* USA. *« Star » :* USA.

1936. *6 m :* G-B. *8 m :* It. *« Star » :* All.

1948. *6 m :* USA. *« Dragon » :* USA. *« Star » :* USA. *« Swallow » :* G-B. *« Firefey » :* Elvstrom[14].

1952. *5 m 50 :* USA. *6 m :* Norv. *« Dragon » :* Norv. *« Star » :* It. *« Racer » :* Elvstrom[14].

1956. *5 m 50 :* Suè. (« Rush V »). *« Finn » :* Elvstrom[14]. *« Sharpie » :* N-Z. (« Jost »). *« Star » :* USA (« Kathleen »). *« Dragon » :* Suè. (« Slaghoken II »).

1960. *« Finn » :* Elvstrom[14]. *« Flying Dutchman » :* Norv. *« Star » :* URSS. *« Dragons » :* Grèce. *5 m 50 :* J.L. : USA.

1964. *« Finn » :* Kuhweide[3]. *« Flying Dutchman » :* N-Z. *« Star » :* Bahamas. *« Dragon » :* Dan. *5 m 50 :* Australie.

1968. *« Finn » :* Mankin[54]. *« Flying Dutchman » :* Pattisson-Smith[22]. *« Star » :* North[55]. *« Dragon » :* Friedrich[55]. *« 5,50 m » :* Sundelin[45].

1972. *« Finn » : Maury*[21]. *« Flying Dutchman » :* Pattisson[22]. *« Star » :* Forbes[5]. *« Tempest » :* Mankin[54]. *« Soling » :* Melges[55]. *« Dragon » :* Cuneo[5].

1976. *« Finn » :* Schumann[2], Balashov[54], Bertrand[5]. *« Flying Dutchman » :* J. Diesch-E. Diesch[3], Pattisson-Houghton[22], Conrad-Rickert[8]. *« Tornado » :* White-Osborn[22], McFaull-Rothwell[55], Spengler-Schmall[3]. *« Tempest » :* Albrechtsson-Hansson[45], Mankin-Akimenko[54], Conner-Findlay[55]. *« 470 » :* Huebner-Bode[3], Gorostegui-Millet[17], Brown-Ruff[5]. *« Soling » :* Jensen-Hansen-Bandolowski[14], Kolius-Hoepfner-Glascow[55], Below-Engelhardt-Zachries[2].

1980. *« Finn » :* Rechardt[20], Mayrhofer[6], Balachov[54]. *« Flying Dutchman » :* Abascal, Noguer[17], Wilkins, Wilkinson[27], S. Detre, Z. Detre[24]. *« Tornado » :* Welter, Bjorstroem[8], Due, Kjergrad[14], Marstrom, Ragnarsson[45]. *« Star » :* Mankin, Muzichenko[54], Raudaschl, Ferstl[6], Georla, Praboni[28]. *« 470 » :* Soares, Penido[8], Borowski, Swensson[2], Lindgren, Tallberg[20]. *« Soling » :* Frichard, Bandolowski[14], B. Budnikov, A. Budnikov, Ployakov[54], Boudouris, Gavrilis, Rapanakis[23].

1984. *« Windglider » :* Van den Berg[40], Steele[55], Kendall[37]. *« Finn » :* Coutts[37], Bertrand[55], Neilson[10]. *« 470 » :* Doreste-Molina[17], Benjamin-Steinfeld[55], Peponnet-Pillot[21]. *« Flying Dutchman » :* McKee-Buchan[55], McLaughlin-Bastet[10], Richards-Allam[22]. *« Star » :* Buchan-Erickson[55], Griese-Marcour[3], Gorla-Peraboni[28]. *« Soling » :* Haines-Trevelyan-Davis[55], Grael-Adler-Senfft[8], Foch-Kerr-Calder[10]. *« Tornado » :* Sellers-Timms[37], Smyth-Glaser[55], Cairns-Anderson[5].

● **Épreuves supprimées. Classes.** 5 tonneaux, 5-1 t., 1-2 t., 2-3 t., 3-10 t., 10-20 t., open. **Mètres.** 5,5, 6, 6 (classification de 1907), 6,5, 7, 8, 8 (cl. 1907), 10, 10 (cl. 1907), 10, 10 (cl. 1907), 10 (cl. 1919), 12, 12 (cl. 1907), 12 (cl. 1919). **Mètres carrés.** 12, 30, 40. **Hirondelle. Dragon. Tempête.**

Astronomie

Histoire

Conceptions de l'Univers

● **Avant les Grecs.** Babyloniens, Égyptiens et Chinois observent le Ciel, ils connaissent la révolution des planètes et savent prédire les éclipses. Mais leurs systèmes cosmologiques restent naïfs et imprégnés de mythologie : pour les Babyloniens, l'Univers est une voûte, la Terre flottant sur l'Océan ; pour les Égyptiens, le Nil est un bras de l'Océan et le Soleil y flotte en barque, etc.

● **Systèmes géocentriques grecs.** *Pour Anaximandre* (610-547 av. J.-C.), la Terre a la forme d'un disque (la partie habitée étant limitée à l'une des faces), et elle est comme suspendue dans l'espace, toujours à une même distance de tous les points du Ciel. Autour d'elle, différemment inclinées par rapport à son axe, tournent, à des distances internes respectivement égales à 9, 18 et 27 fois le diamètre terrestre, 3 grandes roues, ayant pour épaisseur chacune le diamètre de la Terre, celle du Zodiaque (des étoiles fixes), celle de la Lune et celle du Soleil. *Pour les Pythagoriciens* (Ve s. av. J.-C.), la Terre est sphérique, de même que la voûte des cieux, qui tourne autour d'elle en une journée sidérale. Il y a en outre 7 autres sphères concentriques à la 1re, tournant autour d'axes passant par le centre de la Terre, mais diversement inclinés (notion de l'obliquité de l'écliptique, découverte par Œnopide de Chio, v. 430 av. J.-C.). Ces 7 sphères étaient, dans l'ordre croissant de leurs distances à la Terre, celles de la Lune, de Mercure, de Vénus, du Soleil, de Mars, de Jupiter et de Saturne.

● **Système d'Aristarque** (de Samos, 310-230 av. J.-C.). Il suppose, 17 siècles avant Copernic, que la Terre tourne sur elle-même et autour du Soleil, toujours considéré comme immobile dans l'Univers. Il a calculé (avec des erreurs considérables) les distances Terre-Lune et Terre-Soleil. Ses idées sont rejetées comme « impures ».

● **Système de Ptolémée** (Claude Ptolémée, Grec, 90-168 apr. J.-C.). Systématisation des conceptions géocentriques antérieures à Aristarque : le cercle (figure parfaite et divine) est le fondement de l'Univers. La Terre est un disque ou une sphère, entouré d'une série de sphères de cristal concentriques ; la sphère extérieure contient les étoiles. Toutes ces sphères se meuvent à une vitesse constante. Pour expliquer les observations de la « sphère des planètes » (car le cours des planètes, observé expérimentalement, ne cadre pas du tout avec la théorie de Ptolémée), on a recours à la théorie des *épicycles,* « cercles secondaires » : chaque planète a un cours circulaire autour d'un centre situé dans la sphère des planètes, mais soumis lui-même à un mouvement circulaire appelé le « déférent ».

● **Systèmes médiévaux.** Ils reprennent le système de Ptolémée avec des précisions sur les orbites des planètes (apportées surtout par les observations arabes) qui ruinent petit à petit la théorie des *épicycles* et des *déférents.*

● **Système de Copernic** (Nikolaj Kopernik, Polonais, 1473-1543). Le Soleil est placé au centre du système planétaire : la Terre tourne autour du Soleil (fixe) ; l'axe des planètes est celui du globe terrestre, la Lune tourne autour de la Terre ; la Terre tourne sur elle-même (dans son manuscrit, Copernic a cité Aristarque, mais il l'a biffé dans son livre imprimé).

● **Système de Kepler** (Johannes Kepler, Allemand, 1571-1630). Les planètes ne tournent pas autour de la Terre ; la Terre est une planète comme elles ; leurs orbites ne sont pas circulaires mais elliptiques ; elles ne se trouvent pas sur des plans parallèles et n'ont pas la Terre pour centre mais le Soleil pour foyer.

> **Mesure de la Terre**
>
> **Ératosthène** (276-v. 193 av. J.-C.), géomètre alexandrin, mesura presque exactement le méridien terrestre. Ses calculs étaient fondés sur 2 observations : le jour du solstice d'été à midi, le Soleil passe à la verticale dans le ciel de Syène (Assouan) puisqu'il y éclaire le fond des puits ; à Alexandrie il fait, avec la verticale, un angle de 7°12'. Après avoir mesuré la distance Alexandrie-Syène (5 000 stades = 840 km), il put calculer la circonférence de la Terre ainsi :
>
> $$\frac{840 \text{ km} \times 360°}{7°12'} = 41\,710 \text{ km.}$$
>
> Vers 70 av. J.-C., le géographe gréco-syrien **Posidonios** d'Apamée évalue à 9 000 lieues la circonférence de la Terre. Ses calculs ont été transmis par les Arabes aux Occidentaux, notamment à Gerbert (le pape Sylvestre II), et furent adoptés par de nombreux savants médiévaux (alors que ceux d'Ératosthène étaient oubliés). Ce fut une des raisons qui fit rechercher une « route plus directe » pour les Indes en partant vers l'Ouest (sur le chemin on découvrit l'Amérique). L'Église admettait que la Terre pouvait être ronde (mais elle n'admettait pas qu'elle puisse tourner autour du Soleil). Après le XVe s., la théorie s'impose : 1° Bartolomé Diaz (1486) découvre l'océan Glacial Arctique, démontrant que le pôle brûlant n'existe pas ; 2° Christophe Colomb et Magellan prouvent la possibilité d'atteindre l'Orient par l'Ouest.

● **Mécanique de Galilée** (Galileo Galilei, Italien, 1564-1642, dit). Les corps ne sont pas immobiles naturellement : ils sont animés d'un mouvement rectiligne uniforme (inertie) ; ils ne sont au repos, apparemment, que par rapport à d'autres corps ayant la même vitesse.

● **Attraction newtonienne** (Sir Isaac Newton, Anglais, 1642-1727). Newton relie la mécanique astrale de Galilée à la notion de chute des corps. Le principe de ces 2 mouvements est la force universelle d'attraction que tout corps exerce sur tout autre corps.

● **Relativité einsteinienne** (Albert Einstein, Germano-Américain, 1879-1955). La masse pesante des objets, telle qu'on la calculait dans le système de Newton, est égale à leur masse inerte et la gravitation est à ranger parmi les inerties : l'Univers est à 4 dimensions, courbe et fini. Sa finitude a été remise en cause à partir de 1928 par les théories expansionnistes. On estime néanmoins aujourd'hui que la formule d'Einstein $E = mc^2$ a été étayée par 11 preuves : 1°) les explosions atomiques prouvent la relativité « restreinte », équivalence de la masse et de l'énergie, la 1re n'étant que la forme figée de la seconde ; 2°) l'augmentation de la masse des particules soumises à l'accélération $E = mc^2$ (si *E* croît, *m* croît aussi) ; 3°) la plus longue durée des mésons *mu* (puisqu'ils ne vivent que 1 millionième de seconde, et qu'ils vont à la vitesse de la lumière, ils devraient parcourir seulement 300 m ; en fait, ils traversent toute l'épaisseur de l'atmosphère, car ils vont aussi vite que le signal annonçant leur fin) ; 4°) l'avance du périhélie de Mercure : celui-ci devrait rester fixe. Or, il se déplace de 43" par siècle, sous l'influence du Soleil qui déforme l'espace/temps dans une vaste zone englobant Mercure ; 5°) l'effet Einstein, variante de l'effet Doppler : la lumière est décalée vers le rouge, sans que sa source bouge, en traversant un champ intense de gravitation (conséquence de la gravité générale) ; 6°) la déviation des signaux lumineux émis par les étoiles et passant près du Soleil ; 7°) le retard infligé aux ondes radio par l'attraction solaire, hypothèse vérifiée par les sondes Mariner 6 et 7 ; puis par les sondes Hélios ; 8°) l'égalité de la masse d'inertie et de la masse pesante ; théorie démontrée par la stabilité de la Lune par rapport à la Terre : l'attraction solaire ne fait jamais osciller l'axe de la Lune (on le sait depuis la mesure au laser de la distance Terre-Lune, à 6 cm près) ; 9°) une horloge atomique faisant le tour du monde vers l'Est (en avion à 10 000 m d'alt.) retarde de 329 nanosecondes sur la même horloge faisant le tour du monde vers l'Ouest : preuve que la gravitation terrestre a un effet sur le temps ; 10°) l'effet Mossbauer gravitationnel prouve l'effet relativiste d'alt. (en utilisant des cristaux émetteurs de rayons gamma) ; 11°) l'existence des trous noirs prouve à la fois la courbure et la non-infinité de l'Univers. Voir Trou noir p. 35.

Découvertes et inventions

● **Avant J.-C. XIIe s.** Chaldée : connaissance du Zodiaque. **1100.** Tchéou Hong (Chinois) : obliquité de l'écliptique. **VIIe s.** Chaldée : connaissance des planètes Jupiter, Mercure, Mars, Vénus. **550.** Anaximandre (Grec v. 610-v. 547) : premier cadran solaire. **V. 440.** Philolaos (Grec) : découverte de Saturne. **V. 250.** Aristarque (Grec 310-230) : distances Terre-Soleil et Lune-Terre (40 % d'erreur). **250.** Ératosthène (Grec 276-v. 193) : sphéricité de la Terre. **127.** Hipparque (Grec IIe s.) : 1er catalogue d'étoiles.

● **Après J.-C. IIe s.** Ptolémée (Grec 90-168) : durée des révolutions planétaires. **V. 1300.** Première utilisation des lentilles de verre.

> **Énigme**
>
> **Planétarium d'Antikythera.** Un trésor sous-marin, datant du Ier s. apr. J.-C., a été récupéré en 1900 au large d'Antikythera, îlot méditerranéen situé à 40 km du Péloponnèse. Il consiste en un assemblage d'axes métalliques et de roues centrées, montés autour d'un axe central ; le tout étant actionné probablement par chute d'eau. Examiné entre 1950 et 1970 par l'Américain Derek Price, le mécanisme s'est révélé comme un « planétarium », représentant le système solaire. Il confirme que le système dit de Copernic (planètes tournant autour du Soleil) était déjà connu de l'Antiquité, et que Copernic s'est inspiré des découvertes faites par des astronomes grecs.

1601-18. Kepler : mesure des orbites planétaires. **1609.** Galilée : 1re lunette d'approche. **1610.** Galilée : les taches solaires. **1659.** Christian Huyghens (Holl. 1629-95) : anneau de Saturne. **1667.** Fondation de l'Observatoire de Paris. **1676.** Olaus Roemer (Danois 1644-1710) : vitesse de la lumière. **1685.** Fond. de l'Observatoire de Greenwich.

1744. Académie des Sciences : démonstration de l'aplatissement du globe. **1781.** William Herschel (Anglo-Allemand 1738-1822) : découverte d'Uranus. **1797.** Wilhelm Olbers (Allemand 1758-1840) : calcul des orbites cométaires.

1845. Léon Foucault (Franç. 1819-68) et Hippolyte Fizeau (Franç. 1819-96) : 1re photographie solaire. **1859.** Ernst Tempel (Allemand 1821-89) : déc. de la 1re nébuleuse, Mérope. **1859.** Gustav-Robert Kirchhoff (Allem. 1824-87) et Robert Wilhelm Bunsen (Allem. 1811-99) : analyse spectrale. **1868.** Norman Lockyer (Britannique 1836-1920) : déc. de l'hélium (astrophysique solaire). **1889.** Edward Emerson Barnard (Amér. 1857-1923) : 1re photo de la Voie lactée.

1917. Albert Einstein (Germano-Amér. 1879-1955) : relativité générale. **1919.** Courbure des rayons lumineux. **1924.** Edwin Hubble (Amér. 1889-1953) :

galaxies. **1927.** Georges Lemaître (Belge 1894-1966) : hypothèse cosmologique de l'atome primitif. **1929.** Edwin Hubble (Américain 1889-1953) : expansion de l'Univers. **1932.** Édouard Branly (Français 1844-1940) : radioastronomie. **1942.** Utilisation du radar en astronomie. **1948.** George Gamow (Amér. d'origine russe 1904-68) : théorie cosmologique de l'expansion primordiale *(big bang).* Bondi, Gold, Hoyle (n. 1915) : théorie cosmologique de l'état stationnaire. **1960.** Déc. des radiosources quasi stellaires (quasars). **1965.** Arno Penzias (Amér. 1933) et Robert Wilson (Amér. 1936) : rayonnement 3K (radiation thermique universelle). **1967.** Déc. des pulsars. **1969-72.** Exploration de la Lune par l'homme. **1970-80.** Exploration intensive du système solaire jusqu'à Saturne par des sondes spatiales. ☞ Voir Astronautique p. 47.

Définitions

• **Amas stellaire.** Groupement d'étoiles situé à l'intérieur d'une galaxie.

Les *amas ouverts,* de forme irrégulière, rassemblent plusieurs centaines d'étoiles nées simultanément. On ne peut observer que ceux situés à l'intérieur de notre Galaxie. Ils se trouvent tous au voisinage du disque galactique. Ex. : amas des Pléiades, dans la constellation du Taureau (190 étoiles dont 6 à 10 visibles à l'œil nu).

Les *amas globulaires,* de forme sphérique, rassemblent plusieurs dizaines voire plusieurs centaines de milliers d'étoiles : au centre de l'amas, les étoiles sont si serrées qu'on ne les distingue plus les unes des autres. Ces amas forment un halo sphérique autour du disque des galaxies. Autour de notre Galaxie, ils se répartissent dans une sphère d'env. 160 000 années de lumière de diamètre. Ex. : amas d'Hercule.

• **Année de lumière.** Voir Index.

• **Astre.** Corps céleste de forme déterminée (ex. : étoiles, Lune, planètes et comètes). Les corps de forme non déterminée sont en général appelés **objets célestes.** Les astres peuvent être lumineux par eux-mêmes (comme le Soleil ou les comètes) ou simplement diffuser la lumière d'un autre astre (ainsi les planètes et leurs satellites, comme la Terre et son satellite la Lune, réfléchissent la lumière solaire). L'**albédo** est le rapport de la quantité de lumière diffusée par une planète à la quantité de lumière reçue. *Albédo* de Vénus 0,61 (elle renvoie de la lumière reçue) ; Neptune 0,54 ; Uranus 0,45 ; Saturne 0,42 ; Jupiter 0,41 ; Pluton 0,4 ; Terre 0,34 ; Mars 0,15 ; Lune 0,07 ; Mercure 0,06.

• **Astrométrie** (anciennement : astronomie de position). Branche traditionnelle de l'astronomie consistant à mesurer la position des astres et leurs mouvements.

• **Astrophysique.** Étude de la constitution, des propriétés physiques et de l'évolution des astres et des divers milieux qui les composent.

• **Comète.** Astre du système solaire d'aspect diffus, observable au voisinage du Soleil. Voir p. 41.

• **Constellation.** Région du ciel reconnaissable à un groupe d'étoiles voisines présentant une forme invariable, à laquelle on a donné un nom particulier. Les étoiles de notre galaxie déterminent 88 constellations sur la voûte céleste (ex. : Grande Ourse, ou Grand Chariot ou, en Chine, Grande Casserole, Orion, Scorpion). En général, l'étoile la plus brillante de la constellation reçoit la lettre α, la suivante la lettre ß, etc. Voir tableau p. 35.

• **Étoile.** Astre doué d'un éclat propre et d'apparence ponctuelle (à l'exception du Soleil). On appelle : **étoile double** ou **triple,** un ensemble de 2 ou 3 étoiles apparemment proches dans le ciel [on distingue : les doubles *optiques,* qui ne sont doubles qu'en apparence, par un effet de perspective, alors qu'elles se situent à des points très différents de l'espace ; les doubles *visuelles* et *spectroscopiques,* qui sont réellement très rapprochées dans l'espace et forment un couple *(système binaire),* chaque partenaire tournant autour du centre de gravité commun ; à l'œil nu ces étoiles paraissent doubles (ex. : Mizar et Alcor dans la Grande Ourse) ; les doubles *visuelles* sont séparables avec un télescope tandis que les doubles *spectroscopiques* ne le sont que par l'analyse spectrale (l'étoile polaire est double et peut être séparée avec un télescope de 75 mm)] ; **étoile géante,** une étoile possédant une très grande luminosité et une très faible densité ; **étoile naine,** une étoile possédant une faible luminosité et une forte densité ; **étoile naine blanche,** une ét. de masse comparable à celle du Soleil mais dont le rayon est 100 fois plus petit [prototype : le compagnon de Sirius (Sirius B) découvert en 1862. Sa densité est de 170 000 (soit 90 000 fois plus que le Soleil) : 1 cm³ pèse 170 kg] ; **étoile variable,** une étoile présentant des variations d'éclat. Les étoiles sont comparables à des fournaises alimentées par des réactions atomiques. Beaucoup d'étoiles sont entourées de planètes, comme le Soleil (qui est une étoile) ; voir p. 37.

• **Galaxie.** Vaste ensemble d'étoiles et de matière interstellaire dont la cohésion est assurée par les forces d'attraction gravitationnelle. On distingue des galaxies spirales, elliptiques et irrégulières. Leur taille souvent est difficile à évaluer (les plus petites ont un diamètre de 10 000 années de lumière).

Notre galaxie (voir p. 37), appelée la *Galaxie,* n'est donc qu'un spécimen parmi les autres (peut-être 500 millions, dont 200 000 ont été cataloguées). Vue par la tranche dans le ciel, elle forme la Voie lactée. Ses voisines les plus proches sont les 2 Nuages de Magellan (visibles dans le ciel austral) à 160 000 années de lumière.

Les galaxies s'associent en amas et en amas d'amas ; notre Galaxie, les 2 Nuages de Magellan, M 31 (dans Andromède) et M 33 (dans le Triangle), font partie d'un ensemble d'une trentaine de galaxies (l'**Amas local**) qui « tiendraient » dans une sphère de 10 millions d'années de lumière de diamètre. Cet amas est situé à la périphérie d'un ensemble beaucoup plus vaste, la « Supergalaxie », de 100 millions d'années de lumière de diamètre, dont le centre, situé dans la direction de la constellation de la Vierge, à 40 millions d'années de lumière env., est lui-même occupé par un amas de 200 ou 300 galaxies.

Historique de la découverte. Jusqu'à 1924, les galaxies étaient classées comme « nébuleuses », au même titre que les autres nébuleuses dont les spectres étaient continus et striés de raies d'émission. Pourtant, on savait depuis la fin du XIXe s. que les « nébuleuses » étaient de 2 types différents. Celles du 2e type se sont révélées être des systèmes d'étoiles et non des nuages de gaz interstellaire [travaux d'Edwin Hubble]. 1re nébuleuse assimilée à une galaxie (« résolue en étoiles ») : Gde nébuleuse d'Andromède située à 2 millions d'années de lumière.

Des amas encore plus riches ont été découverts à l'ext. de la Supergalaxie. Le mieux connu est l'amas de *Coma* (appelé aussi le nid des nébuleuses : *Nebelnest*) : situé à quelque 300 millions d'années de lumière, il contient 1 000 galaxies dans un volume de 10 millions d'années de lumière de diamètre.

Le télescope du mont Palomar, inauguré en 1948, doit permettre de détecter env. 1 milliard de galaxies.

Galaxies les plus brillantes de l'Amas local

Galaxies	Constellations	m	M	Distance millions d'a. de l.
Notre Galaxie [1]	–	–	– 19,8	–
Grand Nuage [1]	Dorade	0,3	– 18,2	0,165
Petit Nuage [1]	Toucan	2,4	– 16,6	0,205
(3)	Sculpteur	7	– 12,6	0,28
(3)	Fourneau	7	– 14	0,55
NGC 6822 [2]	Sagittaire	10,0	– 13,9	2,0
NGC 147 [3]	Cassiopée	9,7	– 14,4	2,2
NGC 185 [4]	Cassiopée	9,4	– 14,7	2,2
M 31 [1]	Andromède	3,4	– 20,7	2,2
M 32 [3]	Andromède	8,2	– 15,9	2,2
NGC 205 [3]	Andromède	9,4	– 14,6	2,1
IC 1613 [2]	Baleine	9,6	– 14,8	2,5
M 33 [1]	Triangle	5,8	– 18,6	2,5
Leo I [3]	Lion	10,8	– 11	0,75
Leo II [3]	Lion	12,3	– 9,5	0,75
(3)	Dragon	10,6	– 8,5	0,22
(3)	Petite Ourse	10	– 9	0,22
NGC 3946	Céphée	15,5	– 8,4	2,0
NGC 2419 [5]	Lynx	11,5	– 7,7	0,225

Légende. m : magnitude apparente.
M : magnitude absolue.

Nota. — Type (1) Spirale. (2) Irrégulière. (3) Elliptique aplatie. (4) Elliptique sphéroïdale. (5) Amas globulaire.

• **Gravitation.** Phénomène d'attraction qui se manifeste par le mouvement orbital d'un corps autour d'un centre d'attraction ou par la chute d'un corps sur l'autre (la force correspondante est la gravité).

D'après la loi de gravitation énoncée par Newton, 2 masses m_1 et m_2 s'attirent avec une force F proportionnelle au produit $m_1.m_2$ et inversement proportionnelle au carré de leur distance r :

$$F = \frac{K m_1 m_2}{r^2}$$

• **Lentille gravitationnelle.** Phénomène prévu par la théorie de la relativité générale et qui permet d'interpréter certaines observations : l'image de certains quasars apparaîtrait dédoublée par une masse de matière située entre ces objets très lointains et nous. C'est ainsi que le quasar 0957 + 561 serait observé 2 fois par les radiotélescopes et les télescopes optiques, les 2 images étant rigoureusement semblables du point de vue spectrographique. Il y aurait là une manifestation de la déflexion de la lumière dans un champ gravitationnel, prévue par Einstein il y a plus de 60 ans. Fin 1982, on connaissait 3 exemples de lentilles gravitationnelles.

• **Nébuleuse.** Vaste nuage de gaz (hydrogène essentiellement) où la densité est nettement supérieure à celle de l'espace interstellaire. Les étoiles se forment à l'intérieur de certaines nébuleuses. On distingue : *les nébuleuses planétaires,* dont l'aspect rappelle parfois celui des planètes. Elles ne sont pas très grandes, possèdent une étoile centrale très chaude, et résultent de l'expansion des couches externes de cette étoile ; *les nébuleuses diffuses* ou *à émission,* dont le gaz est excité par le rayonnement ultraviolet d'étoiles chaudes voisines et qui émettent de la lumière (ex. : nébuleuse d'Orion) ; *les nébuleuses par réflexion,* qui n'émettent pas de lumière propre comme les précédentes mais ne font que réfléchir celle des étoiles voisines ; beaucoup plus grandes que les nébuleuses planétaires ; *les nébuleuses obscures,* qui apparaissent sombres parce qu'elles ne sont éclairées par aucune étoile (ex. : nébuleuse Tête de Cheval dans Orion). Parfois, les nébuleuses sont trop vastes pour être totalement éclairées et comportent certaines parties obscures (ex. : nébuleuse Trifide du Sagittaire).

• **Nova (pluriel : novae).** Étoile qui, par suite de l'explosion de ses couches externes, devient brusquement très brillante, puis s'atténue ou disparaît en faisant place à une nébuleuse, associée à une étoile à neutrons ou « pulsar » (voir ci-dessous). Une supernova présente le même phénomène en beaucoup plus intense (plusieurs milliers de fois : c'est l'étoile entière qui explose).

• **Parallaxe annuelle** (d'une étoile proche : moins de 100 années de lumière). La Terre tournant autour du Soleil en 1 an, une étoile paraît effectuer, pour l'observateur terrestre, une ellipse par rapport à des étoiles lointaines. On appelle parallaxe annuelle l'angle Π sous lequel on voit de cette étoile le rayon de l'orbite terrestre. Cet angle est très petit (inférieur à 1 seconde).

En 1838, l'Allemand Bessel a déterminé le 1er la distance d'une étoile par la méthode des parallaxes, le grand axe T_1 T_2 de l'orbite terrestre fournissant une base de triangulation de longueur parfaitement connue (étoile 61 Cygni, à 11 années de lumière).

• **Parallaxe diurne** (d'un astre du système solaire). Angle sous lequel on voit, de cet astre, le rayon terrestre qui aboutit au lieu d'observation.

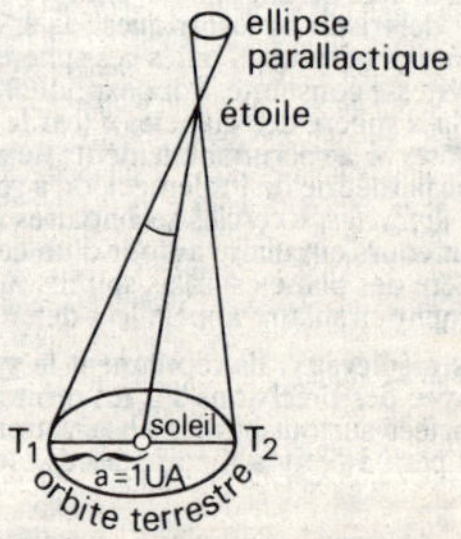

Parallaxe annuelle d'une étoile

• **Parsec.** Distance à laquelle se trouve une étoile dont la parallaxe est d'une seconde. 1 pc = 3,26 années de lumière = env. 30 860.10⁹ km.

• **Planète.** Astre non lumineux par lui-même, tournant autour du Soleil. A un diamètre apparent sensible (ce que n'ont pas les étoiles). Voir p. 38.

Constellations Nom latin (avec génitif), nom français et abréviation officielle	Limites approximatives	Déclinaison	Étendue (en degrés carrés)	Nombre d'étoiles + brillantes que la magn. 6
	Ascension droite			
Andromed*a (-ae)*, Andromède, And [1]	22 h 56 à 02 h 36	+ 21,4° à + 52,9°	722	100
Antli*a (-ae)*, Machine pneumatique, Ant	09 h 25 à 11 h 03	− 24,3° à − 40,1°	239	20
Ap*us (-odis)*, Oiseau du paradis, Aps	13 h 45 à 18 h 17	− 67,5° à − 82,9°	206	20
Aquar*ius (-ii)*, Verseau, Aqr	20 h 36 à 23 h 54	+ 03,1° à − 25,2°	980	90
Aquil*a (-ae)*, Aigle, Aql [2]	18 h 38 à 20 h 36	− 11,9° à + 18,6°	652	70
Ar*a (-ae)*, Autel, Ara	16 h 31 à 18 h 06	− 45,5° à − 67,6°	237	30
Arie*s (-tis)*, Bélier, Ari	01 h 44 à 03 h 27	+ 10,2° à + 30,9°	441	50
Aurig*a (-ae)*, Cocher, Aur [3]	04 h 35 à 07 h 27	+ 27,9° à + 56,1°	657	90
Austral*e (-is)*, Triangle austral, TrA	14 h 50 à 17 h 09	− 60,3° à − 70,3°	110	20
Boot*es (-is)*, Bouvier, Boo [4]	13 h 33 à 15 h 47	+ 07,6° à + 55,2°	907	90
Cael*um (-i)*, Burin, Cae	04 h 18 à 05 h 03	− 27,1° à − 48,8°	125	10
Camelopardalis (-), Girafe, Cam	03 h 11 à 14 h 25	+ 52,8° à + 85,1°	757	50
Canc*er (-cri)*, Cancer (ou Écrevisse), Cnc	07 h 53 à 09 h 19	+ 06,8° à + 33,3°	506	60
Can*es (-um)*, Chiens de chasse, CVn [5]	12 h 04 à 14 h 05	+ 28,0° à + 52,7°	465	30
Canis (-) Major *(-is)*, Grand Chien, CMa [6]	06 h 09 à 07 h 26	− 11,0° à − 33,2°	380	80
Canis (-) Minor *(-is)*, Petit Chien, CMi [7]	07 h 04 à 21 h 57	− 00,1° à + 13,2°	183	20
Capricorn*us (-i)*, Capricorne, Cap	20 h 04 à 21 h 57	− 08,7° à − 27,8°	414	50
Carin*a (-ae)*, Carène, Car [8]	06 h 02 à 11 h 18	− 50,9° à − 75,2°	494	110
Cassiopei*a (-ae)*, Cassiopée, Cas [9]	22 h 56 à 03 h 36	+ 46,4° à + 77,5°	598	90
Centaur*us (i)*, Centaure, Cen [10]	11 h 03 à 14 h 59	− 29,9° à − 64,5°	1 060	150
Cephe*us (-i)*, Céphée, Cep [11]	20 h 01 à 08 h 30	+ 53,1° à + 88,5°	588	60
Cet*us (-i)*, Baleine, Cet [12]	23 h 55 à 03 h 21	− 25,2° à + 10,2°	1 231	100
Chamaele*on (-ontis)*, Caméléon, Cha	07 h 32 à 13 h 48	− 75,2° à − 82,8°	132	20
Circin*us (-i)*, Compas, Cir	13 h 35 à 15 h 26	− 54,3° à − 70,4°	93	20
Columb*a (-ae)*, Colombe, Col	05 h 03 à 06 h 28	− 27,2° à − 43,0°	270	40
Com*a (-ae)* Berenices, Chevelure de Bér., Com	11 h 57 à 13 h 33	+ 13,8° à + 33,7°	386	50
Coron*a (-ae)* Australis, Couronne australe, CrA	17 h 55 à 19 h 15	− 37,0° à − 45,6°	128	25
C. (-ae) Borealis, Couronne boréale, CrB [13]	15 h 14 à 16 h 22	+ 25,8° à + 39,8°	179	20
Corv*us (-i)*, Corbeau, CrV	11 h 54 à 12 h 54	− 11,3° à − 24,9°	184	15
Crater *(-is)*, Coupe, Crt	10 h 48 à 11 h 54	− 06,5° à − 24,9°	282	20
Cru*x (-cis)*, Croix du Sud, Cru	11 h 53 à 12 h 55	− 55,5° à − 64,5°	68	30
Cygn*us (-i)*, Cygne, Cyg [14]	19 h 07 à 22 h 01	+ 27,7° à + 61,2°	804	150
Delphin*us (-i)*, Dauphin, Del	20 h 13 à 21 h 06	+ 02,2° à + 20,8°	189	30
Derad*o (-us)*, Dorade, Dor	03 h 52 à 06 h 36	− 48,8° à − 70,1°	179	20
Draco *(-nis)*, Dragon, Dra [15]	09 h 18 à 21 h 00	+ 47,7° à + 86,0°	1 083	80
Equule*us (-i)*, Petit Cheval, Aqu	20 h 54 à 21 h 23	+ 02,2° à + 12,9°	72	10
Eridan*us (-i)*, Éridan, Eri	01 h 22 à 05 h 09	+ 00,1° à − 58,1°	1 138	100
Forn*ax (-acis)*, Fourneau, For	01 h 44 à 03 h 48	− 24,0° à − 39,8°	398	35
Gemin*i (-orum)*, Gémeaux, Gem [16]	05 h 57 à 08 h 06	+ 10,0° à + 35,4°	514	70
Gru*s (-is)*, Grue, Gru [17]	21 h 25 à 23 h 25	− 36,6° à − 56,6°	366	30
Hercul*es (-is)*, Hercule, Her	15 h 47 à 18 h 45	+ 03,9° à + 51,3°	1 225	140
Horolog*ium (-ii)*, Horloge, Hor	02 h 12 à 04 h 18	− 39,8° à − 67,2°	249	20
Hydr*a (-ae)*, Hydre femelle, Hya [18]	08 h 08 à 14 h 58	+ 06,8° à − 35,3°	1 303	130
Hydr*us (-i)*, Hydre mâle, Hyi	00 h 02 à 04 h 33	− 58,1° à − 82,1°	243	20
Ind*us (-i)*, Indien (Oiseau), Ind	20 h 25 à 23 h 25	− 45,4° à − 74,7°	294	20
Lacert*a (-ae)*, Lézard, Lac	21 h 55 à 22 h 56	+ 34,9° à + 56,8°	201	35
Leo *(-nis)*, Lion, Leo [19]	09 h 18 à 11 h 56	− 06,4° à + 33,3°	947	70
Leo *(-nis)* Minor *(-is)*, Petit Lion, LMi	09 h 19 à 11 h 04	+ 23,1° à + 41,7°	232	20
Lep*us (-oris)*, Lièvre, Lep	04 h 54 à 06 h 09	− 11,0° à − 27,1°	290	40
Libr*a (-ae)*, Balance, Lib	14 h 18 à 15 h 59	− 00,3° à − 29,9°	538	50
Lup*us (-i)*, Loup, Lup	14 h 13 à 16 h 05	− 29,8° à − 55,3°	334	70
Lyn*x (-cis)*, Lynx, Lyn	06 h 13 à 09 h 40	+ 33,4° à + 62,0°	545	60
Lyr*a (-ae)*, Lyre, Lyr [20]	18 h 12 à 19 h 26	+ 25,6° à − 47,7°	286	45
Mens*a (-ae)*, Table, Men	03 h 20 à 07 h 36	− 69,9° à − 85,0°	153	15
Microscop*ium (-ii)*, Microscope, Mic	20 h 25 à 21 h 25	− 27,7° à − 45,4°	210	20
Monocer*os (-otis)*, Licorne, Mon	05 h 54 à 08 h 08	− 11,0° à + 11,9°	482	85
Musc*a (-ae)*, Mouche, Mus	11 h 17 à 13 h 46	− 64,5° à − 75,2°	138	30
Norm*a (-ae)*, Règel, Nor	15 h 25 à 16 h 31	− 42,2° à − 60,2°	165	20
Octan*s (-tis)*, Octant, Ocr	00 h 00 à 24 h 00	− 74,7° à − 90,0°	291	35
Ophiuch*us (-i)*, Ophiucus (ou Serpentaire), oph	15 h 58 à 18 h 42	+ 14,3° à − 30,1°	948	100
Orion *(-is)*, Orion, Ori [21]	04 h 41 à 06 h 23	− 11,0° à + 23,0°	594	120
Pavo *(-nis)*, Paon, Pav	17 h 37 à 21 h 30	− 56,8° à − 75,0°	378	45
Pegas*us (-i)*, Pégase, Peg [22]	21 h 06 à 00 h 13	+ 02,2° à + 36,3°	1 121	100
Perse*us (-i)*, Persée, Per [23]	01 h 26 à 04 h 46	+ 30,9° à + 58,9°	615	90
Phoeni*x (-cis)*, Phénix, Phe [24]	23 h 24 à 02 h 24	− 39,8° à − 58,2°	469	40
Pictor *(-is)*, Peintre (Chevalet du), Pic	04 h 32 à 06 h 51	− 53,1° à − 64,1°	247	30
Pisc*es (-ium)*, Poissons, Psc	22 h 49 à 02 h 04	− 06,6° à + 33,4°	889	75
Piscis (-) Austrin*us (-i)*, Poisson austral, PsA [25]	21 h 25 à 23 h 04	− 25,2° à − 36,7°	245	25
Puppis (-), poupe, Pup	06 h 02 à 08 h 26	− 11,0° à − 50,8°	673	140
Pyx*is (-idis)*, Boussole, Pyx	08 h 26 à 09 h 26	− 17,3° à − 37,0°	221	25
Reticul*um (-i)*, Réticule, Ret	03 h 14 à 04 h 35	− 53,0° à − 67,3°	114	15
Sagitt*a (-ae)*, Flèche, Sge	18 h 56 à 20 h 18	− 16,0° à + 21,4°	80	20
Sagittar*ius (-ii)*, Sagitaire, Sgt [26]	17 h 41 à 20 h 25	− 11,8° à − 45,4°	867	115
Scorpi*us (-ii)*, Scorpion, Sco [27]	15 h 44 à 17 h 55	− 81,0° à − 45,6°	497	100
Sculptor *(-is)*, Sculpteur (Atelier du), Scl	23 h 04 à 01 h 44	− 25,2° à − 39,8°	475	30
Scut*um (-i)*, Écu (de Sobieski), Sct	18 h 18 à 18 h 56	− 04,0° à − 16,0°	109	20
Serpen*s (-tis)*, Serpent, Ser	15 h 08 à 18 h 56	+ 25,7° à − 16,0°	637	60
Sextan*s (-tis)*, Sextant, Sex	09 h 39 à 10 h 49	+ 06,6° à − 11,3°	314	25
Taur*us (-i)*, Taureau, Tau [28]	03 h 20 à 05 h 58	+ 00,1° à + 30,9°	797	125
Telescop*ium (-ii)*, Télescope, Tel	18 h 06 à 20 h 26	− 45,4° à − 56,9°	252	30
Triangul*um (-i)*, Triangle, Tri	01 h 29 à 02 h 48	+ 25,4° à + 37,0°	132	15
Tucan*a (-ae)*, Toucan, Tuc	22 h 05 à 01 h 22	− 56,7° à − 75,7°	295	25
Urs*a (-ae)* Major *(-is)*, Grande Ourse, UMa [29]	08 h 05 à 14 h 27	+ 28,8° à + 73,3°	1 280	125
Urs*a (-ae)* Minor *(-is)*, Petite Ourse, UMi [30]	00 h 00 à 24 h 00	+ 65,6° à + 90,0°	256	20
Vel*a (-orum)*, Voiles, Vel	08 h 02 à 11 h 24	− 37,0° à − 57,0°	500	110
Venatic*i (orum)*,				
Virg*o (-inis)*, Vierge, Vir [31]	11 h 35 à 15 h 08	+ 14,6° à − 22,2°	1 294	95
Volan*s (-tis)*, Poisson volant, Vol	06 h 35 à 09 h 02	− 64,2° à − 75,0°	141	20
Vulpecul*a (-ae)*, petit Renard, Vul	18 h 56 à 21 h 28	+ 19,5° à + 19,4°	268	45

Nota. — Étoiles principales : (1) Alpheratz ou Sirrah, Mirach, Almak. (2) Altaïr. (3) Capella. (4) Arcturus. (5) Cor Caroli. (6) Sirius, Adhara, Mirzam, Wezen. (7) Procyon. (8) Canopus. (9) Schedir, Caph, Tsih. (10) Rigil kentarus. (11) Alderamin. (12) Diphda, Mira. (13) Margarita. (14) Deneb. (15) Etamin. (16) Pollux, Castor. (17) Alnaïr. (18) Alphard. (19) Régulus, Denebola. (20) Véga. (21) Rigel, Bételgeuse, Bellatrix, Alnilam, Alnitak, Saïph, Mintaka. (22) Markab, Scheat. (23) Algénib. (24) Algol, Mirfak. (25) Fomalhaut. (26) Kaus australis, Nunki. (27) Antarès, Schaula, Dschubba, Acrab. (28) Aldébaran, El Nath. (29) Alioth, Alkaïd, Dubhe, Merak, Phecda. (30) Polaire, Kochab. (31) L'Épi.

• **Pulsar** (de l'anglais *pulsating star*). Étoile de très faible diamètre (quelques dizaines de km) émettant des impulsions radioélectriques très régulières avec une période de l'ordre de la seconde ou de la milliseconde. Ce sont des étoiles à neutrons (astres très denses) en rotation rapide sur elles-mêmes. Un morceau de pulsar de la taille d'un sucre pèserait sur Terre 300 millions de t. Découverts en 1967 par des astronomes de Cambridge. *Origine :* on pense actuellement qu'il s'agit d'étoiles 3 à 4 fois plus massives que le Soleil ayant implosé. Un nouveau phénomène découvert en 1982 : des pulsars ultra-rapides. PSR 1937 + 214, dans la constellation du Petit Renard, tourne 642 fois sur lui-même en 1 seconde, c'est-à-dire 20 fois plus vite que le pulsar le plus rapide connu auparavant.

• **Quasar** (de l'anglais *quasi stellar*). Type de radiosources dites quasi stellaires parce qu'associées à des objets visibles ayant une apparence ponctuelle. Découverts en 1960. Leur fort décalage spectral vers le rouge devrait, d'après la loi de Hubble, les faire situer aux confins de l'univers observable (le quasar le plus lointain, 4C 05.34, avec un décalage spectral de 3,877, a été localisé à plus de 10 milliards d'années de lumière). On pense qu'il s'agit de noyaux de galaxies très jeunes. Les observations de Halton Arp (quasars très voisins de galaxies) ont amené une remise en question de la loi de Hubble (voir p. 37).

• **Radiosource.** Astre émettant des ondes radioélectriques. Objets galactiques ou extra-galactiques souvent de grande puissance (10^{32} à 10^{37} watts), souvent restes de novae et de supernovae de notre galaxie ou galaxies singulières. Les principales sont *UAI 00 N 6A* (dans Cassiopée A), *UAI 05 N 2A* (nébuleuse du Crabe dans le Taureau), *3 C 358* (supernova de Kepler dans le Serpent), *UAI 18 S 1A* (nébuleuse Oméga dans le Sagittaire), *UAI 05 NO A* (nébuleuse d'Orion), *3 C 163* (nébuleuse Rosette dans Orion). Première découverte en 1948.

• **Rayonnement cosmologique.** Découvert en 1965. Rayonnement thermique à 3K qui baigne tout l'espace. Selon les tenants de la théorie du « big bang » (voir p. 37), il s'agirait du résidu de la chaleur originelle de l'Univers. Ce rayonnement aurait été émis environ 1 million d'années après le « big bang », alors que la température de l'Univers atteignait encore 3 000 K et il n'aurait cessé de se refroidir depuis, par suite de l'expansion de l'Univers (en perdant de l'énergie, ce rayonnement primitivement lumineux s'est transformé en ondes radio).

• **Satellite.** Corps gravitant autour d'une planète. Astre gravitant autour d'un autre de masse plus importante. La Lune est un satellite de la Terre. *Satellite artificiel,* voir page 48.

• **Supernova.** Voir Nova. L'apparition brusque d'une supernova s'explique par l'explosion d'une grande étoile ayant épuisé sa réserve de combustible nucléaire. Les étoiles moyennes (ex. le Soleil) ne créent jamais de déflagration assez forte pour faire apparaître une *supernova ;* elles se transforment seulement en « géantes rouges », puis en « naines blanches ». Voir Étoiles p. 34. Le noyau infiniment dense des étoiles ne se détruit pas dans l'explosion mais se maintient sous forme de pulsar (voir ci-dessus).

• **Trou noir.** Ultime état d'évolution d'une étoile au moins 3 fois plus lourde que le Soleil et ayant subi un effondrement ou « implosion ». Région de densité extraordinairement forte : aucun rayonnement, aucune matière ne peut s'en échapper. Les trous noirs eux-mêmes sont donc impossibles à détecter. Mais leur présence se manifeste par l'attraction irrésistible qu'ils exercent sur la matière des étoiles voisines (ils la « pompent »). Quand ils attirent du gaz stellaire, ils le réchauffent, ce qui déclenche l'émission de rayons X. Certaines émissions de rayons X dans l'Univers peuvent donc être considérées comme le signe de la présence d'un trou noir. L'un des meilleurs candidats est la source X Cygnus X-1 (dans la constellation du Cygne), découverte en déc. 1972, qui correspond à un système binaire situé à env. 6 000 années de lumière dont l'une des composantes, invisible, aurait une masse égale à 10 fois celle du Soleil tandis que l'autre est une étoile supergéante bleue, cataloguée HDE 226868. Le rayonnement X serait émis par la matière de la supergéante aspirée par le trou noir et se déversant sur lui. Une dizaine d'autres trous noirs possibles ont été détectés depuis, notamment par des astronomes soviétiques. On ignore ce que devient la matière absorbée par le trou noir. *Hypothèse (non vérifiée)* : les matières absorbées par les trous noirs réapparaîtraient sous forme de « trous blancs » en d'autres régions de l'Univers.

D'après certains astronomes, il y aurait un trou noir au centre de notre Galaxie (voir p. 37).

Des mini-trous noirs se seraient formés dans l'Univers très jeune, leur masse ne dépassant pas 10^{14} g.

• **Univers-îles.** Nom donné parfois aux galaxies depuis Kant.

Cosmographie

• **Position conventionnelle.** Quoique ce soit la Terre qui tourne autour du Soleil, on choisit, pour plus de facilité, de faire comme si la Terre était fixe, le Soleil (et le ciel) tournant autour d'elle. On parle donc du **mouvement apparent** du Soleil.

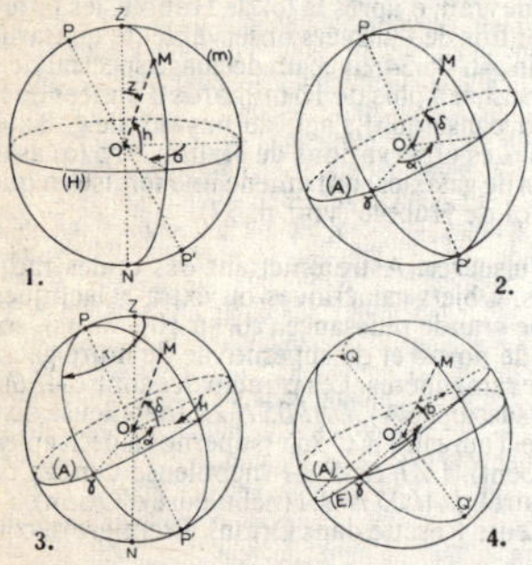

Pôles célestes P *(boréal)* et P′ *(austral)*. Le grand cercle (A) d'axe PP′ est l'*équateur céleste*. Le demi-grand cercle PMP′ est le *méridien céleste* de M. Le grand cercle sur lequel se trouve le méridien de M est son *cercle horaire*. Le petit cercle (p) passant par M est son *parallèle céleste*.

Le méridien de Z (soit m) est dans le même plan que le vertical de P (grand cercle contenant la verticale de P). On l'appelle le *méridien du lieu*. Le plan vertical perpendiculaire au méridien du lieu s'appelle le *premier vertical*.

L'**écliptique** est la trajectoire apparente du Soleil en une année ; c'est aussi le plan (incliné de 23°27′ sur celui de l'équateur) dans lequel se déplace en réalité le centre de la Terre autour du Soleil.

Aux 2 intersections de l'écliptique avec l'équateur correspondent les **équinoxes**. Le **point vernal** (ou **point** γ) est le point où se trouve le Soleil à l'équinoxe de printemps. On distingue un point γ vrai qui se déplace chaque année par rapport aux étoiles fixes, et un point γ fixe conventionnel (il fait ainsi le tour en 25 765 ans). Ce point rétrograde chaque année d'environ 50″26 en raison du mouvement en axe de toupie de l'**axe du monde** autour duquel tourne la Terre (c'est la **précession des équinoxes**), d'où il résulte que le **pôle boréal (Nord)** n'est pas toujours à la même place dans le ciel ; actuellement il se trouve très proche de l'étoile Polaire (étoile α de la Petite Ourse) ; il y a 4 000 ans, il se trouvait dans la constellation du Dragon. Le **pôle austral (Sud)** tourne de la même façon.

• **Coordonnées horizontales d'une direction. 1) l'azimut a,** angle dièdre du vertical de P′ et de celui de M, compté en degrés dans le sens rétrograde, de 0° à 360° ou de − 180° à + 180° (dans la marine française, le vertical de P et non celui de P′ est employé comme origine des azimuts ; il faut donc ajouter 180° à l'azimut astronomique pour obtenir l'azimut des marins) ;

2) la hauteur h, angle de la direction (D) et du plan de l'horizon, comptée en degrés de − 90° à + 90°, à laquelle on substitue parfois la *distance zénithale z*, angle des directions de Z et de M, comptée en degrés de 0° à 180°. On a évidemment z = 90° − h.

• **Coordonnées équatoriales célestes** (de la direction représentée par M).

− **1) la déclinaison** δ, angle de la direction avec le plan de l'équateur céleste, comptée en degrés de − 90° à + 90° (on utilise parfois aussi la distance polaire, angle des directions de P et de M, et qui est le complément algébrique de la déclinaison) ;

− **2) l'ascension droite** α, angle dièdre du méridien de la direction et de celui d'un point donné γ de l'équateur céleste, dit point vernal ou équinoxe ; elle est comptée dans le sens direct, parfois en degrés, de 0° à 360°, plus fréquemment en heures, de 0 h à 24 h (1 h = 15°, 1 mn = 15′, 1 s = 15″.)

• **Coordonnées horaires, temps sidéral local.**

− **1) la déclinaison** δ, déjà définie ;

− **2) l'angle horaire H,** angle dièdre du méridien de la direction envisagée et de celui du lieu. Compté, dans le sens rétrograde, parfois en degrés, plus souvent en h, de 0 h à 24 h, ou de − 12 h à + 12 h.

Le passage du système de coordonnées horaires au système de coordonnées équatoriales est immédiat dès qu'on connaît l'angle horaire T du point vernal, qui est aussi l'ascension droite du zénith. L'angle horaire et l'ascension droite de toute direction sont en effet liés par la relation T = H + α. Cet angle T porte le nom de temps sidéral.

• **Coordonnées écliptiques. 1) la longitude céleste,** angle dièdre des 2 demi-grands cercles dont les extrémités sont les pôles Q et Q′ de l'écliptique, et qui contiennent respectivement le point vernal et le point représentatif de la direction envisagée, comptée de 0° à 360°, dans le sens direct ; **2) la latitude céleste,** angle de la direction envisagée et du plan de l'écliptique, comptée de − 90° à + 90°.

Les **coordonnées équatoriales** (ou écliptiques) d'une direction fixe ne sont pas constantes, car elles sont définies à partir de plans fondamentaux (équateur, écliptique) animés de mouvements dus aux actions perturbatrices de la Lune, du Soleil et des planètes. Ces mouvements sont conventionnellement décomposés en : **nutation** (superposition d'oscillations périodiques de courtes périodes et de faibles amplitudes) et **précession** (mouvement lent, mais de grande amplitude). Si l'on ne tient compte que de ce dernier mouvement, l'écliptique, l'équateur et le point vernal ainsi définis sont dits moyens. Si l'on introduit aussi la nutation, l'équateur et l'écliptique sont dits vrais.

La *précession* modifie la longitude écliptique, puisque celle-ci est mesurée à partir du point γ ainsi que les coordonnées équatoriales.

La position des astres est alors donnée par rapport à la Terre considérée comme le centre de la sphère céleste. L'*ascension droite* donne la position par rapport aux pôles célestes et à un méridien origine, et la *déclinaison* par rapport à l'écliptique céleste.

Cette façon de faire explique les expressions : le Soleil se lève ou se couche.

• **Zodiaque.** Zone de la sphère céleste étendue de 8,5° de part et d'autre de l'écliptique (dans laquelle semblent se mouvoir le Soleil dans son mouvement apparent, la Lune, les grosses planètes et une partie des petites), divisée en 12 parties de 30° de longitude. Les signes doivent leur nom aux constellations avec lesquelles ils coïncidaient il y a 2 000 ans : le passage du Soleil au point vernal (jour de l'*équinoxe* du printemps ; actuellement c'est dans le Bélier, dans 2 000 ans ce sera dans le Verseau) coïncidait alors avec son entrée dans le signe comprenant la constellation du Bélier. Par suite de la *précession* des équinoxes, le point vernal rétrograde sur l'écliptique de 50″26, soit 30° en 2 150 ans.

Actuellement, au printemps le Soleil est au milieu de la constellation des Poissons. Le Zodiaque comprend en fait 13 constellations.

Dates d'entrée du Soleil dans les signes du Zodiaque en 1987 (en temps universel)

Verseau	20 janvier	14 h 41 mn 19 s
Poissons	19 février	4 h 50 mn 52 s
Bélier	21 mars	3 h 52 mn 54 s
Taureau	20 avril	14 h 58 mn 28 s
Gémeaux	21 mai	14 h 10 mn 58 s
Cancer	21 juin	22 h 11 mn 41 s
Lion	23 juillet	9 h 6 mn 59 s
Vierge	23 août	16 h 10 mn 47 s
Balance	23 septembre	13 h 46 mn 13 s
Scorpion	23 octobre	23 h 1 mn 48 s
Sagittaire	22 novembre	20 h 30 mn 20 s
Capricorne	22 décembre	9 h 46 mn 49 s

Nota. − L'entrée du *Soleil* dans le *Bélier* correspond à l'*équinoxe du printemps* ; dans le *Cancer* au *solstice d'été* ; dans la *Balance* à l'*équinoxe d'automne* ; dans le *Capricorne* au *solstice d'hiver*.

L'Univers

Généralités

• **Définition.** L'Univers, que l'on observe actuellement jusqu'à des distances d'environ 12 à 30 milliards d'années de lumière, comprend tout ce qui existe, c'est-à-dire des millions de galaxies séparées dans un espace contenant des poussières, des gaz et des particules atomiques.

Si la distance Terre-Soleil était représentée par un micron (1 millième de mm, or elle est en moyenne de 149 600 000 km), le diamètre de notre galaxie serait de 6,3 km, Andromède serait à 126,6 km, l'amas de la Vierge à 2 278,8 km, l'amas éloigné de la Grande Ourse à 106 344 km et les limites supposées de l'Univers à 759 600 km.

L'Univers est probablement vieux d'env. 15/20 milliards d'années, mais certaines théories (Univers stationnaire) lui donnent un âge infini.

La cosmologie s'efforce de déterminer les lois générales qui gouvernent l'Univers. La plupart des théories cosmologiques modernes admettent les principes de la relativité générale (Einstein, 1917) :

− *l'espace*, à 3 dimensions (longueur, largeur, hauteur), et *le temps*, à 1 dimension (durée), ne sont pas indépendants mais liés : l'Univers est un continuum espace-temps à 4 dimensions (la position d'un point quelconque y est définie par 3 coordonnées spatiales et 1 coordonnée temporelle) ;

− *la matière* et *l'énergie* contenues dans l'Univers le déforment : l'Univers est courbe.

• **Structure de l'Univers.** Dans le cas général, les équations d'Einstein sont extrêmement compliquées. Elles se simplifient beaucoup si l'on admet que l'Univers a les mêmes propriétés dans toutes les directions (isotropie) et que la matière y est uniformément distribuée (homogénéité). Alors, 3 modèles d'Univers sont envisageables (Friedman, 1922) :

− *sphérique*, ou à courbure positive (à 2 dimensions, l'espace peut être représenté par la surface d'une sphère) : Univers fini mais sans frontières ;

− *hyperbolique*, ou à courbure négative (à 2 dimensions, l'espace peut être représenté par la surface d'une selle de cheval) : Univers infini ;

− *euclidien*, ou à courbure nulle (à 2 dimensions, l'espace peut être représenté par une surface plane) : Univers infini.

Dans les 3 cas, le rayon de courbure de l'Univers varie avec le temps : s'il croît, l'Univers est en expansion ; s'il décroît, l'Univers est en contraction. On peut imaginer un type d'Univers pulsant, passant successivement et indéfiniment par des phases d'expansion et des phases de contraction. A un instant donné dans le passé, le rayon de l'Univers était nul : c'est l'origine de l'Univers actuel. Peut-être l'Univers existait-il antérieurement, mais on ne peut pas le savoir. On ignore encore lequel de ces modèles est conforme à la réalité. Toutefois, selon les observations astronomiques, l'Univers semble effectivement homogène et isotrope à grande échelle.

• **Évolution de l'Univers.** Hubble, en 1928, a découvert que les galaxies ont un spectre décalé vers le rouge (le *redshift*) et, en admettant qu'il s'agit d'un effet Doppler (V. index), a tiré de ses observations une loi selon laquelle toutes les galaxies s'éloignent les unes des autres, les + lointaines s'éloignant le + rapidement : V = H.d ; V est la vitesse de récession d'une galaxie dont la distance est d ; H, constante de Hubble, est évaluée à env. 25 km/s par million d'années de lumière.

Si la théorie de la relativité est valable, cela signifie que l'Univers est en expansion. Depuis la découverte de Hubble, la plupart des astrophysiciens admettent aujourd'hui la réalité de l'expansion.

Principales écoles. *Théorie de l'atome primitif* (abbé Lemaître, 1927) : l'Univers actuel résulte de l'explosion, il y a plusieurs milliards d'années, d'une boule de matière extraordinairement dense. *Théorie du big bang (grand boum)* (de George Gamow, Russe naturalisé Amér., 1904-68 ; vulgarisée en 1978 par l'Amér. Steven Weinberg, dans *les Trois Premières Minutes de l'Univers*) : l'Univers actuel serait issu d'une énorme explosion (le big bang) survenue il y a 15 à 18 milliards d'années. Connaissant la vitesse d'éloignement des galaxies par le décalage vers le rouge, et mesurant la distance actuelle des galaxies, on détermine mathématiquement la date de l'explosion primitive. Au moment de l'explosion, l'Univers avait une température infinie et était constitué presque entièrement de rayonnement. Le big bang aurait duré 1/100ᵉ de seconde, et seul ce 1/100ᵉ de seconde demeurerait inexpliqué : on ne prétend connaître ni la cause, ni la nature de l'explosion. La température de l'Univers dépassa alors les 100 milliards de degrés centigrades, puis serait retombée en 3 mn à 1 milliard de degrés, point suffisamment bas pour que protons et neutrons commencent à s'assembler, constituant la matière. Il resterait comme traces de cette explosion : 1°) un rayonnement radioélectrique dit fossile ; 2°) un fond sonore capté par les antennes acoustiques modernes ; 3°) une température résiduelle constante (+ 2,7 °C au-dessus du zéro absolu), découverte en 1965 ; 4°) la présence de deutérium dans la nébuleuse d'Orion et dans la radiosource Sagittaire A (l'hydrogène ne se transforme en deutérium que sous une pression et à une température extrêmement élevées).

Pour l'évolution du monde après le big bang, 2 hypothèses principales sont encore avancées : ou bien la vitesse de libération a été atteinte, et l'expansion ne cessera jamais ; ou bien la vitesse atteinte est insuffisante, et l'Univers est destiné à ralentir d'abord son expansion, puis à rétrécir jusqu'aux dimensions minuscules de ses « 3 premières minutes ».

D'après certaines expériences, il se pourrait que le *neutrino*, particule surabondante dans l'Univers, possède une masse infime. La mer de neutrinos emplissant l'espace provoquerait la contraction de l'Univers vers son point initial, après une très longue expansion.

Selon certains astrophysiciens, l'énergie initiale aurait donné naissance à des quantités égales de matière et d'antimatière qui se seraient regroupées dans 2 régions différentes. L'Univers actuel serait donc formé symétriquement de matière et d'antimatière.

Théories d'un Univers stationnaire, sans commencement ni fin. La plus connue est celle de la *création continue* (Bondi, Gold, Hoyle, 1948) : bien que les galaxies ne cessent de se disperser dans l'espace, la densité de matière de l'Univers resterait constante grâce à la création continue de nouveaux atomes.

A la suite de la découverte du rayonnement thermique à 2,7 °K, Fred Hoyle avait abandonné cette hypothèse. La remise en question de cette découverte (1979) lui permettra sans doute d'y revenir.

Critiques modernes du big bang. Les conclusions de Hubble ont été remises en question par la découverte de nombreux objets extra-galactiques échappant aux lois de la mécanique expansionniste. *Principaux contestataires :* en France, Jean-Pierre Vigier (n. 1919), Jean-Claude Pecker (n. 1923) ; aux U.S.A., Halton Arp. Il s'agit principalement de couples galaxie-objet compact (reliés par des ponts de matière), dont les 2 éléments ne s'éloigneraient pas à la même vitesse, si le *redshift* (décalage vers le rouge) est bien un effet Doppler.

EXEMPLE : Vitesse d'éloignement de NGC 1199 (déterminée en fonction de l'hypothèse : *redshift* = effet Doppler) : 1ᵉʳ élément (petite galaxie bleue) : 13 400 km/s ; 2ᵉ élément (objet compact relié à elle) : 2 600 km/s. Or la galaxie bleue reste dans la même position apparente par rapport à l'objet compact (pour l'observateur terrestre : juste devant). Il est donc impossible qu'elle soit animée d'une vitesse différente.

AUTRE ARGUMENT. *Localisation des quasars :* les quasars (voir p. 35) ont un fort décalage spectral vers le rouge ; de nombreux astronomes les ont localisés beaucoup plus loin que toutes les galaxies connues. Or Halton Arp cite de nombreux cas de galaxies et de quasars qui, tout en ayant des *redshifts* très dissemblables, sont voisins et se trouvent en interaction (extension ou filament lumineux se dirigeant de la galaxie vers le radar). Les écarts entre les *redshifts* ne seraient donc pas imputables à un éloignement différent.

Nouvelle explication du décalage vers le rouge (redshift). Le décalage vers le rouge ne serait pas dû à l'éloignement des galaxies mais à une perturbation de la lumière, à un « vieillissement » (la lumière rougit en vieillissant).

EXPLICATION AVANCÉE : une particule élémentaire, le *boson scalaire* ou *particule* φ, viendrait de la décomposition des neutrinos émis par les réactions nucléaires des étoiles. Les photons lumineux heurteraient les bosons et, perdant ainsi de l'énergie, changeraient de couleur. Les bosons ne dévieraient pas la trajectoire de la lumière lors de la collision. Les images des galaxies restent donc nettes, seule leur couleur est décalée.

Hypothèse de la structure cellulaire de l'Univers. Le rayon de l'Univers observable serait de 15 à 20 milliards d'années de lumière (du fait de l'expansion de l'Univers, il y a un horizon cosmologique au-delà duquel on ne peut plus espérer rien voir ; cet horizon est délimité par la sphère au niveau de laquelle la vitesse de récession des galaxies atteint la vitesse de la lumière). Le nombre d'étoiles repérées serait de 1 000 milliards de milliards. Les étoiles sont groupées en galaxies, les galaxies en amas, les amas en super-amas (3 000 recensés). L'amas dans lequel est situé la galaxie contenant le système solaire contient env. 30 galaxies. Les découvertes les plus récentes prouveraient que les mots *amas* et *super-amas* sont mal choisis, car les galaxies ne seraient pas « en vrac » dans l'Univers. Elles formeraient une structure cellulaire, en se répartissant sur les arêtes, les faces et les sommets de polyèdres, ayant des dimensions moyennes de 200 millions d'années de lumière. Leur disposition serait semblable à celle des molécules de cellulose dans un tissu végétal. L'Univers serait stable et structuré, ses éléments animés de mouvements inexpliqués.

Vie dans l'univers

L'exobiologie recherche les formes de vie extra-terrestre. Pour rendre la vie possible (comme nous la connaissons) et lui permettre de se développer, il est nécessaire de réunir les conditions suivantes :

1. Présence d'eau (de masses d'eau assez importantes pour former des océans). La preuve est faite que la vie s'est développée sur Terre dans les océans, et qu'elle serait détruite en milieu non aqueux. Il y aurait peut-être une planète sur 1 million dans la galaxie qui pourrait contenir des océans (c.-à-d. env. 200 000, puisqu'il y a 200 milliards d'étoiles de type solaire).

2. Présence d'oxygène, qui, en se combinant avec le carbone, libère l'énergie indispensable à l'activité vitale (les anaérobies, vivant en l'absence d'air, tirent leur oxygène de composés organiques qu'ils décomposent).

3. Une certaine température *maximale* (100 °C pour les bactéries, 65 °C environ pour les êtres complexes) et *minimale* (si certaines bactéries ou certains végétaux portés à très basse température restent en vie, ils ne peuvent pas se développer, leurs fonctions vitales étant arrêtées).

L'origine et l'évolution de notre règne vivant impliquent la rencontre au hasard de tant d'éléments favorables et exceptionnels que leur existence, dans une autre planète, peut apparaître improbable. Cependant, si nous raisonnons en « temps géologique » (milliards d'années) et en « espaces cosmiques » (milliards de systèmes solaires), un nombre presque infini d'alternatives apparaît, tel que toute éventualité déjà réalisée une fois (conditions de vie terrestre) doit se retrouver presque sûrement une ou plusieurs autres fois. Ainsi, on peut penser qu'il existe dans certaines planètes du système de notre galaxie, ou ailleurs, les matériaux et les conditions qui ont engendré la vie sur notre globe. Mais une fois apparue, cette « matière vivante » n'a pas nécessairement suivi le même schéma évolutif que le nôtre.

Au cours de son évolution, la vie terrestre aurait eu de multiples occasions de s'arrêter ou de suivre des voies différentes, et il a fallu une longue série de hasards favorables pour qu'elle aboutisse à l'homme. Il existe dans notre histoire une série de « carrefours privilégiés ». L'un des plus spectaculaires fut sans doute l'immense développement du règne végétal, qui enrichit l'atmosphère en oxygène et fournit la ressource énergétique permettant le développement de tout le règne animal. Plus près de nous, le phénomène de l'hominisation apparaît très aléatoire. Il est lié à la transformation d'un tout petit nombre de primates vivant en Afrique centrale. Si ces primates n'avaient pas existé (ou s'ils avaient disparu précocement), nous n'aurions jamais vu le jour. En notre absence, les « maîtres de la Terre » seraient les insectes sociaux, qui sont, en dehors de l'homme, les êtres vivants au psychisme le plus développé et le mieux différencié.

Nota. — La NASA a décelé sur une météorite tombée en Australie le 28 septembre 1969 des traces d'acides aminés d'origine chimique et extra-terrestre témoignant, ailleurs que sur la Terre, d'une évolution chimique du type de celle qui a permis l'apparition de la vie sur la Terre.

La *météorite tombée à Orgueil* (France) le 14-5-1864 et conservée en partie à Montauban, Paris et New York, ainsi que la *météorite tombée à Mokvia* (Nouvelle-Zélande), auraient offert des traces comparables (cela est contesté).

Notre Galaxie

Données générales

• **Forme.** Un disque d'étoiles dont nous voyons la tranche. Devinée pour la 1ʳᵉ fois par Thomas Wright (1711-86). Jusqu'au XXᵉ s., on a cru que le Soleil était en son centre alors qu'il est plutôt sur la périphérie. On sait actuellement qu'elle a un diamètre de 100 000 années de lumière, autour d'un centre vide d'étoiles.

La rotation de l'ensemble sur lui-même n'est pas uniforme, les régions centrales ayant une rotation plus rapide que les régions périphériques. L'ensemble compte 100 milliards d'étoiles et de la matière interstellaire (plasma et poussières). En dehors du bulbe central, la matière se répartit dans des bras spiraux.

Le Soleil est une étoile de dimension médiocre, autour de laquelle gravitent les planètes avec leurs satellites et les comètes. L'ensemble forme le *système solaire* qui parcourt son orbite en 250 millions d'années *(grande année* ou *année cosmique)*. Des systèmes analogues existent sans doute autour de très nombreuses étoiles de notre galaxie.

• **Satellites de la Galaxie.** En dehors du disque d'étoiles, on connaît des amas globulaires, satellites de la Galaxie, qui tournent autour d'un centre situé dans la constellation du Sagittaire, à proximité du centre galactique.

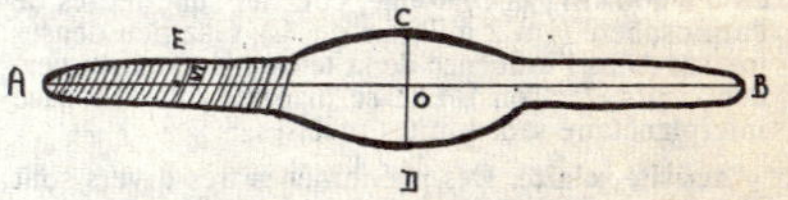

Zone hachurée : domaine accessible aux observations ordinaires. AB = 100 000 années de lumière environ ; direction du « plan galactique ». CD = 15 000 à 20 000 années de lumière. S = position du Soleil (situé en fait à environ 50 années de lumière au nord de la ligne AB). SO = 27 000 années de lumière. Un observateur situé au voisinage de S (sur Terre, par ex.) verra beaucoup plus d'étoiles dans la direction SB (Voie lactée) que dans la direction DE.

• **Énigme du centre de la Galaxie.** On est parvenu à localiser au centre de la Galaxie une radiosource très compacte, *Sagittarius A Ouest* (diamètre inférieur à 100 fois la distance de la Terre au Soleil, masse 5 millions de fois celle du Soleil). C'est aussi une source intense de rayonnement infrarouge, X et gamma. Elle est entourée d'anneaux de gaz en expansion. Certains pensent qu'il s'agit d'un volumineux trou noir capturant la matière environnante, d'autres qu'il s'agit au contraire d'un foyer d'étoiles en formation expulsant du gaz chaud.

Soleil et système solaire

• **Origine. Hypothèses nébulaires. Avec anneaux :** Pierre Simon de Laplace (1749-1827) considère que le Soleil et son système sont issus ensemble, il y a 4,6 milliards d'années, d'un nuage gazeux, nébuleuse primitive qui, en se condensant, a donné des anneaux fractionnés ensuite en différentes planètes. **Sans anneaux** (la plus généralement admise à présent) : le nuage de gaz et de poussière imaginé par Laplace s'est contracté sous l'effet de forces gravitationnelles, ce qui a accru sa pression et sa chaleur. A 10 millions de degrés, les réactions nucléaires de fusion de l'hydrogène ont commencé à se produire. La force centrifuge née de la rotation du nuage l'aplatit au point de lui donner la forme d'un disque (10 milliards de km de diamètre ; 100 millions de km d'épaisseur) dont sont issues les planètes (par condensation et accrétion). Près du Soleil ont subsisté surtout les métaux et le silicium (planètes telluriques), loin du Soleil, les gaz et des glaces d'eau, d'ammoniac, de méthane, etc. (planètes géantes). 2 grandes énigmes : celle de l'« étincelle » initiale qui a déclenché la contraction de la nébuleuse, et celle du processus final d'agglomération des planètes.

Hypothèses de la collision. Le Soleil serait né le premier, puis aurait donné naissance aux planètes au cours d'une collision avec une autre étoile. 2 variantes : 1) *James Jeans* (G.-B. 1877-1946) : une étoile passant près du Soleil lui a arraché un « cigare » de matière qui, en se sectionnant, a donné les planètes (les grosses au centre, les petites aux bouts) ; 2) *Woolfson :* le « cigare » ne vient pas du Soleil mais de l'étoile accrochée au passage.

Hypothèse de l'étoile jumelle. Il n'y aurait pas eu primitivement 1 Soleil mais 2 : le 2e s'est désintégré, et sa matière a fourni les planètes.

Hypothèse des 3 pré-étoiles. Primitivement, il y avait 3 pré-étoiles : le Soleil, Jupiter, Saturne. Mais Jupiter et Saturne, qui ont des satellites comme le Soleil, ont manqué leur explosion thermique faute d'une masse suffisante et sont restés des amas de gaz et de poussière, sans rayonnement lumineux.

● **Caractéristiques. Diamètre :** 1 390 000 km. **Rotation :** 25 à 29 j suivant les régions. **Masse moyenne :** $1{,}989.10^{30}$ kg.

Vitesse de déplacement. Vitesse absolue dans l'espace : 216 km/s ; relative par rapport aux autres étoiles (en direction de la constellation d'Hercule) : 19 km/s.

Émission thermique totale du Soleil : 10^{26} cal. par s. Chaque cm^2 de la photosphère rayonne une puissance de 6,45 kW, et le flux total d'énergie libérée par le Soleil est de 4.10^{23} kW. Sa *lumière* met 8 minutes env. à nous parvenir.

Par rapport à la Terre : densité 0,256 (par rapp. à l'eau 1,41) ; masse 333 432 fois ; surface 11 900 fois ; volume 1 300 000 fois.

Composition. Le Soleil comprend : **le cœur** (taille et composition inconnues, temp. 15 millions °C). Il agit comme un réacteur thermonucléaire et s'échauffe progressivement. **La photosphère** (temp. décroissant vers l'extérieur de 6 600 à 4 500°C) . Épaisseur : 400 km env. ; **la chromosphère,** basse atmosphère du Soleil (temp. croissant de 4 500 à 50 000 °C). Épaisseur : env. 8 000 km ; **la couronne,** couches supérieures de l'atmosphère (1 à 2 millions de °C). Gaz peu denses ionisés (sous l'influence de la temp., les atomes perdent leurs électrons). Elle se disperse dans l'espace interplanétaire sans limites précises.

Activité solaire. Des phénomènes très divers sont observés quotidiennement dans les différentes couches du Soleil : des **taches** sombres [régions plus froides de la photosphère (4 500° au lieu de 6 000°) ; associées à un très fort champ magnétique] soumises à un cycle solaire de 11 ans. Minimum : 50 groupes de taches par an ; maximum : 500. Durée : de quelques jours à plusieurs mois. Étendue maximale : 18 milliards de km^2 (le 8-4-1947). Des **facules** brillantes entourant les taches. Des **explosions** *thermonucléaires* à la température de 14 millions de degrés, 2 atomes d'hydrogène se combinant en *deuton* qui se combine ensuite en *hélium* avec un 3e noyau. Cette fusion libère une énorme quantité d'énergie. Des **éruptions** et **protubérances** gazeuses pouvant s'élever à 1 million de km au-dessus de la chromosphère. Des **émissions** très importantes de rayonnements (X, ultraviolet, radio, etc.) et de particules atomiques dans l'espace interplanétaire : flux d'atomes, noyaux d'hélium, électrons, protons, particules chargées qui sont emprisonnées par le champ magnétique terrestre et créent les « orages magnétiques » (vent solaire).

● **Futur.** Dans 5 milliards d'années env., le Soleil deviendra une étoile géante rouge. Il engloutira sans doute Mercure et Vénus, et la Terre deviendra une fournaise où toute vie sera détruite.

Énigme

Compagnon hypothétique du Soleil. Selon certains astronomes, le Soleil aurait un compagnon, une petite étoile obscure (Némésis). Celle-ci, tous les 30 millions d'années environ, passerait à son périhélie, à env. 20 000 fois la distance de la Terre au Soleil. Elle perturberait alors les orbites des comètes rassemblées dans le nuage de Oort (voir p. 41 a). Pendant des dizaines de milliers d'années, des comètes seraient précipitées vers le Soleil. Certaines heurteraient la Terre ou exploseraient dans l'atmosphère, déclenchant des catastrophes comme celle qui provoqua, pense-t-on, la disparition des dinosaures, il y a 65 millions d'années.

Planètes

Données générales

● **Catégories.** On distingue : 1°) *4 planètes principales :* les *planètes telluriques* (Mercure, Vénus, la Terre et Mars), de taille et de composition proches de celles de la Terre, 2°) les *planètes géantes* dites aussi *joviennes* (Jupiter, Saturne, Uranus et Neptune), riches en glaces et en composés gazeux de l'hydrogène (alors que les planètes telluriques sont surtout composées de roches silicatées et de fer), 3°) *Pluton* (la plus petite), 4°) les *astéroïdes* (des milliers de petits corps rocheux) gravitant entre Mars et Jupiter. Leur masse totale ne dépasse pas 1/3 000 de la masse de la Terre. *Mercure* et *Vénus,* plus proches du Soleil que la *Terre,* sont les planètes inférieures, *Mars* et les suiv. les pl. supérieures.

● **Densité. Planètes denses :** Terre 11 180, Vénus 10 360, Mars 5 018, Mercure 4 246, Lune 2 375, Astéroïdes maximum 44. **Légères :** Jupiter 59 850, Saturne 35 570, Neptune 23 270, Uranus 21 550, Pluton ?

● **Mouvement des planètes.** Les planètes gravitent approximativement dans le même plan moyen (seuls Mercure et Pluton s'en écartent un peu) sur des orbites à peu près circulaires. Leur révolution autour du Soleil s'effectue dans le sens inverse des aiguilles d'une montre (sens direct), qui est aussi le sens de rotation du Soleil sur lui-même. Planètes et astéroïdes tournent sur eux-mêmes en quelques heures (sauf Mercure 58,6 j et Vénus 242, 98 j), en général dans le même sens que leur mouvement de révolution autour du Soleil (sauf Vénus et Uranus).

Lois de Kepler (régissant le mouvement des planètes autour du Soleil). 1°) Les planètes décrivent autour du Soleil des orbites elliptiques dont le Soleil occupe un des foyers. 2°) Les aires balayées par les rayons vecteurs en des temps égaux sont égales. 3°) Les carrés des temps de révolution sont proportionnels aux cubes des demi-grands axes des orbites ; ainsi pour 2 planètes dont les révolutions sont respectivement égales à T et T', qui ont des orbites dont le demi-grand axe est a et a', on aura :

$$\frac{T^2}{T'^2} = \frac{a^3}{a'^3}.$$

Ces lois peuvent se déduire du principe de l'attraction universelle.

La rotation autour du Soleil, ou **révolution sidérale,** correspond à une « année ». L'*année* terrestre est de 365,24 j ; l'année plutonienne vaut 248 années terrestres, etc.

● **Nom des formations du relief planétaire.** Choisi par l'Union astronomique internationale.

● **Origine.** Les planètes se sont formées par accrétion (accroissement de masse) de « planétisimaux » issus de l'accrétion de poussières présentes dans le protosystème solaire. Les anneaux pourraient être des résidus de cette matière non accrétée, et leur caractère « primitif » nous informerait sur l'origine des planètes et donc sur celle du système solaire.

Planètes principales

Liste des 9 planètes principales dans l'ordre des distances croissantes au Soleil, exprimées en unités astronomiques (distance de la Terre au Soleil) :

1°) connues dès l'Antiquité : *Mercure* (0,39), *Vénus* (0,72), *la Terre* (1), *Mars* (1,52), *Jupiter* (5,20), *Saturne* (9,55) ;

2°) découvertes depuis : *Uranus* [(19,22) découverte par l'All. W. Herschel le 13-3-1781], *Neptune* [(30,11) déc. par l'All. Galle le 23-9-1846 grâce aux calculs du Français Le Verrier], et *Pluton* [(39,52) déc. le 13-3-1930 par l'Américain C.W. Tombaugh ; sera probablement déclassée à cause de sa petite taille et considérée comme un astéroïde].

Vitesse de libération (vit. minimale qu'il faut communiquer à un corps pour qu'il quitte définitivement la planète). En m/s.

● **Mercure. Distance** *moyenne au Soleil :* 57,90 millions de km. **Diamètre :** 4 878 km. *Masse :* 0,056 (Terre = 1). **Densité** *moy. :* 5,6 (eau = 1). **Rotation** *sur elle-même :* 58,6 j. **Révolution** *autour du Soleil :* 87,969 j. **Durée du jour** *mercurien :* 175,9 j. **Température** *du sol :* 200 °C à 400 °C sur la face éclairée ; − 150 °C à − 200 °C sur la face non éclairée. **Atmosphère :** pratiquement nulle, sauf une très fine enveloppe d'hélium. **Champ magnétique :** 1/200 du champ terrestre. **Morphologie :** noyau de fer plus gros que la Lune (3 600 km de diamètre) entouré d'un manteau de silicates. **Surface** *(photographiée par Mariner 10 en 1974-75) :* comparable à celle de la Lune. **Vie :** Pas de vie possible à cause de la température et de l'absence d'atmosphère dense. **Satellites :** aucun.

● **Vénus. Distance** *moy. au Soleil :* 108,2 millions de km. **Diamètre :** 12 104 km. **Masse :** 0,817 (Terre = 1). **Densité** *moy. :* 5,1. **Rotation** *sur elle-même :* 224,98 j dans le sens rétrograde. **Révolution** *autour du Soleil :* 224,701 j (inférieure à la rotation). **Durée du jour** *vénusien :* 116,74 j. **Température** *du sol :* 460 °C. **Pression :** 90 atmosphères. **Champ magnétique :** non détecté.

Atmosphère : composée à 97 % de gaz carbonique ; ne laisse passer que 2 % seulement de la lumière solaire (Terre 30 %). Sur les 98 % perdus, 75 % sont réfléchis par la haute atmosphère, et 23 % sont absorbés par l'atmosphère centrale. Vénus ne reçoit ainsi que 55 W d'énergie solaire par m^2 (la Terre 600 W, bien que moins proche du Soleil), le rayonnement solaire représente 2 700 W pour Vénus (la Terre 1 400 W). L'atmosphère vénusienne est composée de 3 couches :

1°) *70-60 km d'altitude* (nuages réfléchissant la lumière solaire) : pression 0,05 atm., temp. − 30 °C ;

2°) *63-48 km :* pression 2 atm., temp. + 100 °C ;

3°) *48-30 km :* pression 10 atm., temp. + 200 °C (composée de cristaux d'acides sulfurique et chlorhydrique, qui bloquent les rayons infrarouges et provoquent l'effet de serre). Cette atmosphère tourne sur elle-même rapidement (durée moyenne : 3,995 j) dans le sens rétrograde. Une sonde amér. a enregistré de vives lueurs (30 000 lux) à la surface (peut-être dues à la combustion spontanée de soufre à 490 °C d'origine volcanique ce qui expliquerait la présence d'acide sulfurique dans l'atmosphère). Il y aurait eu des océans aussi vastes que sur la Terre dont l'eau se serait évaporée formant les nuages vénusiens.

Géologie : la croûte de Vénus, environ 2 fois plus épaisse que la croûte terrestre, ne serait pas morcelée en plaques tectoniques mais constituée d'un seul bloc.

Relief : *Répartition de la surface : 60 % plaine, parsemée de cratères* (400 à 600 km de diam.) profonds de 200 à 700 m.

24 % région au-dessus du niveau moyen ; 2 grandes régions montagneuses : *Terra Ishtar* (de la dimension des U.S.A.) avec à l'Est, la chaîne du Mt Maxwell, *le plus haut sommet de Vénus* (11 800 m), à l'O. et au N. le Mt Akma (6 000 m) et les Mts Freija (7 000 m) ; et *Terra Aphrodite* (de la taille de la moitié N. de l'Afrique) comprenant une série de massifs culminant à 9 000 m à l'O. et 4 300 m à l'E., et dont l'E. est bordé par une grande vallée (largeur : 280 km ; longueur : 2 250 km) où se trouve *le point le plus bas de Vénus* (à 2 900 m sous le niveau de référence). Certains massifs montagneux comme *Beta Regio* (2 importants sommets, *Theia Mons* et *Rhea Mons*) à une latitude de 30° N environ, semblent être des centres d'activité volcanique. Des éclairs ont été observés à leur aplomb.

16 % région au-dessous du niveau moyen. Le seul grand bassin de la taille du bassin Nord-Atlantique, s'étend à l'E. de *Terra Aphrodite* (prof. max. : env. 3 000 m). Des photos du sol obtenues en 1975 et en 1982 par des engins soviétiques, en des points distants de 2 200 km, montrent un terrain parsemé de débris rocheux ayant subi, selon les sites, une érosion plus ou moins forte. Le sol et le ciel présentent une teinte orange due à l'épaisse atmosphère vénusienne absorbant et diffusant de façon privilégiée la composante bleue de la lumière solaire. **Vue de la Terre.** Vénus est blanche : on la voit soit le matin *(Ét. du Matin),* soit le soir *(Ét. du Soir).* C'est Pythagore qui a affirmé le 1er que ces 2 étoiles n'en faisaient qu'une. **Exploration :** par sondes : voir p. 50.

● **Terre. Distance** *moy. au Soleil* [appelée « Unité Astronomique (ua) »] : 149 597 906 km. **Diamètre** *équatorial :* 12 756 km, *polaire :* 12 713 km. **Densité** *moy. :* 5,51. **Rotation** sur *elle-même :* 23 h 56 mn 04 s *(jour sidéral).* Les marées ralentissent très légèrement sa rotation : la durée du jour augmente de 0,00164 s par siècle en moyenne. A ce ralentissement s'ajoutent de nombreuses fluctuations périodiques ou aléatoires. **Révolution** *autour du Soleil :* 1 an. **Température** *moy. du sol :* 12 °C. **Satellite :** la Lune. Voir Index : mots Terre, Atmosphère.

● **Mars. Distance** *moy. au Soleil :* 228,9 millions de km. **Diamètre** *équatorial :* 6 794 km, *polaire :* 6 760 km. **Densité** *moy. :* 3,91. **Masse :** 0,108 (Terre = 1). **Rotation** *sur elle-même :* 24 h 37 mn 23 s. **Révolution** *autour du Soleil :* 1 an 321,73 j. **Température** *moy. du sol :* − 25 °C (temp. extrêmes relevées : − 123 °C au pôle, en hiver ; 29,4 °C à l'équateur, à midi en été). **Saisons :** inégales ; pour l'hémisphère nord : printemps 199,6 j ; été 181,7 ; automne 145,6 ; hiver 160,1. **Cycles d'ensoleillement** *dus :* 1°) aux variations dans l'inclinaison de Mars (entre 15° et 35°) : 10 000 ans. 2°) à l'orbite excentrique, 1 an, avec variations de 40 %. **Atmosphère :** ténue (pression moy. au niveau du sol valant 5 à 6 millibars, 180 fois inférieure à celle de l'atm. terrestre), gaz carbonique 95,3, azote 2,7 (0,4), argon 1,6 (0,3), oxygène 0,13, oxyde de carbone

0,07, vapeur d'eau 0,03 (si toute la vapeur d'eau de l'atm. précipitait, elle formerait sur le sol une couche épaisse de 5 µm, soit 2 000 fois moins épaisse que sur la Terre). *Nuages* blancs (formés de cristaux de glace ou de neige carbonique), jaunes (poussières) et bleus (de nature encore inconnue).

Sol *(composition moy. en %)* : silicium 19,5 (1,3), fer 13,5 (0,7), magnésium 5,8 (2), calcium 3,6 (0,3), aluminium 3 (1), soufre 2,9 (0,7), chlore 0,6 (0,3), titane 0,5 (0,2), potassium − de 0,3, *total* : 50. Les éléments légers échappent à la détection. Le sol contient certainement de l'oxygène, du carbone, du sodium, un peu d'hydrogène, mais les proportions en sont inconnues.

Relief : larges bassins circulaires analogues aux mers lunaires ; nombreux cratères (moins profonds et plus érodés que ceux de la Lune) dans l'hémisphère Sud (âge estimé à 4 milliards d'années) ; terrains chaotiques parsemés de dépressions en forme d'auges ; champ de dunes ; réseau de dépressions sinueuses semblant être les lits de rivières asséchées ; immense canyon *(Valles Marineris)* de 4 000 km de long et 120 km de large, par endroits 6 km de profondeur ; énormes volcans (le plus gros de tout le système solaire *Olympus Mons* a près de 600 km de diamètre et 26 km de hauteur) ; coulées basaltiques atteignant 1 300 km de longueur ; régions polaires recouvertes de calottes blanches, formées sans doute d'un noyau de glace recouvert d'une mince couche de givre à base de neige carbonique qui se sublime en été. Depuis la Terre, on observe des zones sombres et des régions claires présentant des variations saisonnières ; il ne s'agit pas de végétation comme on l'a cru autrefois. Ces modifications sont dues à l'apparition et à la disparition de groupes de taches claires ou sombres correspondant à du sable soulevé ou déposé par les vents martiens, parfois très violents (200 km/h). A la fin du XIXᵉ s. certains astronomes crurent déceler des **canaux** rectilignes, et supposèrent que ceux-ci avaient été creusés par des êtres intelligents : les clichés obtenus par les engins spatiaux ont définitivement établi qu'il ne s'agissait que d'illusions d'optique.

Vie : aucune trace. **Satellites** : 2 découverts en août 1877 par Asaph Hall : *Phobos* à 9 318 km (env. 27 km de diam., révol. 7 h 39 mn) et *Deimos* à 20 000 km (env. 12 km de diam., révol. 30 h 18 mn). Ce sont sans doute des astéroïdes qui ont été captés par l'attraction planétaire. Ils se rapprochent de Mars (Phobos tombera sur Mars dans 10 ou 20 millions d'années). Jonathan Swift [dans les *Voyages de Gulliver* (1726)] et Voltaire [dans *Micromégas* (1752)] ont déjà parlé des 2 satellites de Mars, sans qu'on sache comment ils en avaient eu connaissance.

Mars est la planète qui ressemble le plus à la Terre : volcans, atmosphère, vents, tempêtes de poussière, eau (en quasi-totalité sous forme de glace mêlée à de la poussière).

Visibilité de la Terre. Mars est visible au mieux lors des oppositions (en moyenne tous les 2 ans 50 j), Mars et le Soleil étant par rapport à la Terre exactement opposés dans le ciel. Si l'opp. a lieu fin août, la distance Mars-Terre peut tomber à 55 millions de km (opp. périhélique). Si l'opp. a lieu la 2ᵉ moitié de février, la distance minimale atteint + de 100 millions de km (opp. aphélique). **Distance maximale de la Terre** lorsque Mars est en conjonction avec le Soleil dans la 2ᵉ moitié d'août : 400 millions de km ; 355 millions en fin févr.

Exploration voir p. 56.

● **Jupiter. Distance** *moy. au Soleil* : 779,2 millions de km. **Révolution** *autour du Soleil* : 11 ans 384,4 j. **Rotation** *sur elle-même* : 9 h 55 min. Possède des anneaux dont un de 6 500 km de large et de 30 km d'épaisseur, découvert le 5-3-1979 par les sondes Voyager, à 56 000 km au-dessus des nuages. **Diamètre** *équatorial* : 142 880 km, *polaire* : 133 540 km ; ce fort aplatissement est dû à sa grande vitesse de rotation. **Masse** : 317,83 fois celle de la Terre. **Densité** *moy.* : 1,31, environ 4 fois moins que la Terre parce que constituée à 99 % d'hydrogène et d'hélium. **Sol** : pas de surface solide. **Atmosphère** : seule partie visible, formée de ceintures nuageuses d'altitudes différentes (bande sombre parallèle à l'équateur, séparée par des zones claires) reflétant une circulation atmosphérique très turbulente (rotation de 9 h 50 à 9 h 56 mn selon la latitude). *Epaisseur* : env. 1 000 km. *Composition* : hydrogène 82 %, hélium 17 %, autres éléments 1 %. Présence d'une tache rouge mobile de 28 000 × 13 000 km, qui serait un tourbillon dominant les formations nuageuses environnantes. **Température** *moy.* : au plafond des nuages − 145 °C ; au centre de la planète, environ 30 000°C. **Vie** : pas de vie possible à cause de la température et de la composition de l'atmosphère. **Champ magnétique** : très important. Sa partie interne (où il est le plus intense) s'étend au-delà des nuages jusqu'à 1,28 million de km ; sa partie externe jusqu'à 3,4 et par endroits, jusqu'à 10,4.

Certains considèrent que Jupiter est une étoile manquée, sa masse trop faible n'ayant pas permis d'amorcer les processus de fusion thermonucléaire qui fournissent l'énergie rayonnée par les étoiles.

Satellites connus : 16. *Classement par le nom ou la désignation provisoire, d'après l'éloignement de Jupiter,* en km depuis le centre, [entre crochets : numéro d'ordre officiel, diamètre approximatif (en km), densité (eau = 1), période et date de découverte, découvreur]. *1979 J 3 127 600* [XVI, 40, 1979, S.P. Synnott (U.S.A.)]. *1979 J 1 128 400* [XIV, 30, révolution 7 h 8 min, 1979, D. Jewitt, E. Danielson (U.S.A.]. *Amalthée 181 000* [V, 265 X 140, 11 h 55 min, 1892, E. Barnard (U.S.A.)]. *1979 J 2 222 400* [XV, 70, 1979, S.P. Synnott]. *Io 421 600* [I, 3 632, 3,53, 1 j 18 h 18 min, 1610, Galilée (Ital.) ; 7 ou 8 volcans en activité, dont l'un a été observé projetant un panache de gaz à 250 km de haut, à 1 km/h]. *Europa 670 900* [II, 3 126, 3,03, 3 j 13 h 14 min, 1610, Galilée ; noyau rocheux recouvert d'une épaisse couche de glaces d'env. 100 km. Il existerait en profondeur des « oasis » d'eau non gelée grâce à la chaleur dégagée par le cœur d'Europa, et la lumière pourrait y pénétrer, permettant la vie d'organismes primitifs.]. *Ganymède 1 070 000* [III, 5 276, 1,93,, 7 j 3 h 43 min, 1610, Galilée ; le plus gros satellite du système solaire, en partie couvert de cratères de météorites, rabotés par les glaciers, en partie strié par des « ornières » de plusieurs km remplies de glace]. *Callisto 1 8880 000* [IV, 4 820, 1, 79, 16 j 16 h 32 min, 1610, Galilée ; couvert de cratères de météorites)]. *Himalia 11 478 000* [IV, 170, 250 j 26 h, 1904, C. Perrine (U.S.A.)]. *Elara 11 737* [VII, 80, 259 j 26 h, 1905, C. Perrine]. *Lysithéa 11 720 000* [X, 20, 260 j 23 h, 1938, S. Nicholson (U.S.A.)]. *Leda 11 134 000* [XIII, 10, 238 j 16 h 48 min, 1974, C. Kowall (U.S.A.)]. *Ananke 21 209 000* [XII, 20, 1951, S. Nicholson]. *Carme 22 564 000* [XI, 20, 700 j, 1938, S. Nicholson].

● **Saturne. Distance** *moy. au Soleil* : 1 425 millions de km. **Diamètre** *équatorial* : 120 660 km, *polaire* : 108 350 km [à cause de cet aplatissement (0,102), la pesanteur est 2 fois plus forte aux pôles qu'à l'équateur]. **Masse** : 95,19 fois celle de la Terre. **Densité** *moy.* : 0,70 (Terre = 1). **Rotation** *sur elle-même* : 10 h 14 min à 10 h 39 min selon la latitude. **Révolution** *autour du Soleil* : 29 ans 167 j. **Atmosphère** : comparable à celle de Jupiter, contient moins d'hélium (11 %). Régime des vents différent : près de l'équateur, les vents soufflent à 1 800 km/h (4 fois plus vite que sur Jupiter). **Structure probable** : hydrogène et hélium (dans l'atmosphère, hydrogène gazeux ; au-dessous liquide ; puis, vers 30 000 km de profondeur, du fait de l'énorme pression, sous phase métallique). Au centre, un noyau de 12 000 km env. de rayon (masse égale à 18 fois celle de la Terre) comportant un cœur rocheux enveloppé d'une couche liquide. On pense que l'hélium, plus lourd que l'hydrogène, se concentre progressivement au cœur de la planète ; ce phénomène constitue une source de chaleur qui expliquerait pourquoi Saturne rayonne environ 3 fois plus d'énergie qu'il n'en reçoit du Soleil. **Champ magnétique.** 1 000 fois plus puissant que sur Terre. **Température** *moy. de l'atmosphère* : − 160 °C. **Vie** : pas de vie possible. **Anneaux** : des milliers (situés dans le plan équatorial), formés d'une multitude de petites particules solides tournant autour. Ils sont en perpétuelle évolution. Ils présentent des divisions sombres. Ce sont des zones où les particules sont beaucoup moins nombreuses, leur orbite étant rendue instable par des phénomènes de résonance gravitationnelle créés par les satellites de la planète. Avant les découvertes des sondes Voyager, on n'avait identifié que 6 anneaux [*E* à 480 000 km de la planète, large de 1,5 km. *F* découvert par Pioneer 11 le 1-9-1979, de 300 km de large, allant jusqu'à 500 000 km de la planète. *A* large de 17 000 km, allant de 75 000 à 55 000 km de la planète. *B* (très brillant, large de 29 000 km) de 50 000 à 30 000 km. *C* dit de crêpe (sombre, large de 29 000 km) de 25 000 à 11 000 ; *D* à 10 000 km].

Satellites connus : 23 d'après la NASA. Classement de 17 d'entre eux : nom ou désignation provisoire, numéro d'ordre officiel, rayon orbital, période de révolution [entre crochets : diamètre en km, densité, année de découverte, nom du découvreur]. *1980 S 28 (Atlas XII),* 137 670, 0 j 14 h 27 min [20 × 40, 1980]. *1980 S 27,* 139 350, 0 j 14 h 42 min [140 × 80, 1980]. *1980 S 26,* 141 700, 0 j 15 h 04 min [110 × 70, 1980]. *Epiméthéus XI,* 151 470, 0 j 16 h 39 min [220 × 160, 1980, D. Cruikshank (U.S.A.)]. *Janus X,* 151 420, 0 j 16 h 40 min [140 × 100, 1966, A. Dolfus (Fr.)]. *Mimas I,* 185 540, 0 j 23 h 07 min [390, 1789, W. Herschel (G.-B.)]. *Encélade II,* 238 040, 1 j 8 h 53 min [500, 1789, W. Herschel]. *Calypso XIV,* 294 670, 1 j 21 h 19 min [34 × 26, 1980, D. Pascu, K. Seidelmann]. *Téthys III,* 294 670, 1 j 21 h 19 min [1 050, 1684, J.D. Cassini (Fr.)]. *Télesto XIII,* 294 670, 1 j 21 h 19 min [34 × 26, 1980, D. Smith, H. Reitsema, S. Larson, J. Fountain (U.S.A.)]. *1980 S 6,* 378 060, 2 j 17 h 44 min [36 × 30, 1980, P. Laques, J. Lecacheux (Fr.)]. *Dioné IV,* 377 420, 2 j 17 h 11 min [1 120, 1684, J.D. Cassini]. *Rhéa V,* 527 100, 4 j 12 h 25 min [1 530, 1672, J.D. Cassini]. *Titan VI* 1 221 860, 15 j 22 h 41 min [5 150, 1655, C. Huygens (Holl.)]. *Hypérion VII,* 1 481 000 410 j [260 × 220, 1848, W. Bond (U.S.A.)]. *Japet VIII,* 3 560 800, 79 j 07 h 51 min [1 460, 1671, J.D. Cassini]. *Phoebé IX,* 12 954 000, 550 j 10 h (révolution dans le sens rétrograde) env. 220 [220, 1898, W. Pickering (U.S.A.)]. *Thémis,* dont la découverte avait été annoncée par W. Pickering en 1900, n'a jamais été revu et a été radié de la liste. *Mimas* a vraisemblablement été heurté jadis par un astéroïde qui faillit le faire éclater (d'où un cratère de plus de 100 km de diam., avec un piton central haut de 9 km). *Téthys* face opposée a une fracture de 800 km de long. *Encélade* cratères et vallées partiellement enfouis sous la glace ; peut-être le siège d'une activité interne, provoquant périodiquement la fonte de la glace et un remodelage du relief. *Hypérion* en forme de cacahuète (énigme non résolue). *Japet* a une face brillante comme la glace, l'autre plus sombre que l'asphalte (énigme non résolue). *Titan* (étudié en détail par Voyager 1 qui s'en est approché à 4 000 km le 12-11-1980, 5 120 km de diam. entouré d'une épaisse couche de nuages, atmosphère comprenant 99 % d'azote, 1 % de méthane (que l'on pensait être le constituant principal), traces d'hydrocarbures et de composés divers. Température : − 100 °C dans les couches supérieures de l'atmosphère, − 180 °C à la surface (pression env. 1,5 bar). Pas de vie possible. Pas de champ magnétique. Constitué d'env. 50 % de roches et 50 % de glace. On imagine sa surface parsemée de dépôts d'hydrocarbures gelés et de lacs d'azote liquide.

● **Uranus.** 1ʳᵉ planète découverte grâce au télescope (Herschel, 1781). Mieux connue depuis son survol par Voyager 2 le 24-1-1986. **Distance** *moy. au Soleil* : 2 878 millions de km. **Diamètre** *équatorial* : 50 800 km, *polaire* : 49 260 km. **Masse** : 14,58 fois celle de la Terre. **Densité** *moy.* : 1,21. **Rotation** (sur elle-même) *au niveau des nuages* : 17 h à 26° de latitude et 15 h à 44° de lat. ; *au niveau de la surface* : 16,8 h. **Révolution** *autour du Soleil* : 84 ans 7 j. **Champ magnétique** (déc. par Voyager 2) : incliné de 55° sur l'axe de rotation de la planète. Intensité : 0,25 gauss. Magnétopause détectée à une distance d'Uranus égale à 16 fois son rayon. **Structure** *envisagée* : un noyau rocheux central (8 000 km de rayon ; 25 % de la masse totale) entouré d'un manteau de glace (32 000 km d'épaisseur ; 50 % de la masse), l'ensemble étant enveloppé d'une atmosphère à base d'hydrogène (10 000 km d'épaisseur, 25 % de la masse). **Vie** : pas de vie possible à cause de la temp. (− 220 °C au niveau des nuages) et de l'atmosphère [hydrogène, hélium (12 à 15 %), méthane, ammoniac]. **Anneaux** : 10 (9 découverts depuis la Terre : 5 en 1977, 4 en 1979, 1 découvert par Voyager 2), mais en fait structure très complexe vue par Voyager 2 à contre-jour. Formés de particules solides faites de matériaux très sombres (comme la surface des satellites de Mars).

Satellites connus : 15. 10 découverts par Voyager 2. *Classement par l'éloignement d'Uranus,* en km depuis le centre : *1986 U7* 49 300, *1986 U8* 53 300, *1986 U9* 59 100, *1986 U3* 61 750, *1986 U6* 62 700, *1986 U2* 64 350, *1986 U1* 66 090, *1986 U4* 69 920, *1986 U5* 75 100, *1985 U1* 85 890. 5 découverts depuis la Terre (entre parenthèses : numéro d'ordre officiel, diamètre, période, date de découverte) : *Miranda* [1] 130 000 (*V,* 480 km, 1 j 19 h 56 min, 1948). *Ariel* 191 000 (*I,* 1 180 km, 2 j 12 h 19 min, 1851). *Umbriel* 267 000 (*II,* 1 220 km, 4 j 3 h 28 min, 1851). *Titania* 438 000 (*III,* 1 620 km, 8 j 16 h 56 min, 1787). *Obéron* 586 000 (*IV,* 1 570 km, 13 j 11 h 7 min, 1787).

Nota. — (1) Des photos prises par Voyager 2 montrent un relief très tourmenté (montagne de 24 km d'altitude, vallée profonde de 16 km, failles, canyons, etc.).

● **Neptune.** Très mal connue à cause de sa distance. **Distance** *moy. au Soleil* : 4 505 millions de km. **Diamètre** *équatorial* : 48 600 km, *polaire* : 47 300 km. **Masse** : 17,26 fois celle de la Terre. **Densité** *moy.* : 1,67. **Rotation** *sur elle-même* : 15 h 48 min. **Révolution** *autour du Soleil* : 164 ans 280 j. Structure probablement comparable à celle d'Uranus. **Vie** : pas de vie possible à cause de la température (− 200 °C) et de l'atmosphère comparable à celle d'Uranus. **Anneau** : un anneau très fin (10 km de large), irrégulier et morcelé, situé à 66 000 km environ du centre de la planète, découvert par une équipe européenne à l'occasion d'une occultation d'étoile, le 22-7-1984 et un autre, incomplet (15 km de large), découvert à 55 000 km env. du centre de la planète, par une équipe française, dans la nuit du 19 au 20-8-1985, à l'aide du télescope franco-canadien d'Hawaï, dans l'infrarouge.

Satellites connus : 2. *Triton*, (I), à 355 300 km du centre de Neptune (diam. environ 5 000 km, période 5 j 21 h 3 mn, déc. 1846). *Néréide*, (II), à 5 560 000 km du centre de N. (diam. 300 km, période 359 j, déc. 1949). Il existerait un 3e satellite et peut-être des anneaux.

● **Pluton.** Très mal connue à cause de sa distance (plus de 7 milliards de km ; vu de la Terre, 3 milliards de fois moins brillant que Mars). William Pickering et Percival Lowell ont supposé son existence en 1915, d'après certaines perturbations dans le mouvement d'Uranus et de Neptune. Photographiée 2 fois (en 1919), sans qu'on l'ait remarqué sur les clichés, elle n'a finalement été découverte qu'en 1930 par Clyde Tombaugh, à 5° de la position prédite. Actuellement, sa découverte est considérée comme purement fortuite : Pluton est trop petite pour avoir pu perturber les mouvements d'Uranus et de Neptune. Le calcul de ces perturbations fondé sur des erreurs d'observation était d'ailleurs faux. Des anomalies dans son mouvement avaient donné à penser qu'il s'agissait d'un ancien satellite de Neptune, qui aurait échappé à l'attraction neptunienne, en frôlant Triton, autre satellite de Neptune. Cette hypothèse a été abandonnée en 1978, après la découverte du sat. de Pluton (une évasion de 2 sat. à la fois, l'un satellisant l'autre, est impossible). **Distance** *moy. au Soleil :* 5 913 millions de km. Orbite très excentrique (0,25 ; celle de Neptune est presque circulaire). Pluton peut donc parfois se rapprocher du Soleil à moins de 4,5 milliards de km et être alors plus proche de lui que Neptune. Il en sera ainsi du 22-1-1979 à mars 1999. **Diamètre :** entre 3 000 et 4 000 km. **Densité :** env. 1 par rapport à la Terre (gaz gelés, surtout méthane). **Masse :** 1/500e de la Terre. **Rotation** *sur elle-même :* 6 j 9 h. **Révolution** *autour du Soleil :* 247 ans 249 j. **Vie :** pas de vie possible (− 230°).

Satellite : *Charon* (diam. supérieur à 1 200 km, déc. le 22-6-1978 par James Christy) à 20 000 km de Pluton, tourne en 6 j 6 h, il reste donc toujours à l'aplomb du même point de la planète.

● **La dixième planète** (planète X). Si une planète de ce genre existait, elle devrait avoir une masse importante (de 2 à 5 fois celle de la Terre) et être à une distance du Soleil égale à 50 ou 100 unités astronomiques (distance Terre-Soleil). Or les observations de C.W. Tombaugh révèlent qu'aucun corps céleste de cette taille n'existe sur le plan de l'écliptique jusqu'à 270 ua (unités astronomiques). Les perturbations signalées seraient dues à des circonstances momentanées (passage d'un faisceau de comètes, qui se seraient perdues ensuite dans le fond du système solaire).

Astéroïdes

Nombre : près de 3 000 sont répertoriés mais il y en aurait env. 400 000 de plus de 1 km de diamètre. Leur masse totale ne dépasse pas 1/3 000e de celle de la Terre.

Origine : Olbers, au XIXe s., a suggéré qu'il s'agissait de débris d'une planète qui aurait explosé il y a très longtemps. Mais, compte tenu de la masse totale très faible des astéroïdes, on pense aujourd'hui que ce sont des résidus du système solaire primitif qui n'ont pu s'agglomérer par suite des perturbations gravitationnelles provoquées par Jupiter. Certains astéroïdes sont aussi des fragments issus de collisions.

Caractéristiques. Diamètre : *les plus gros* sont *Cérès* (diam. 1 000 km ; déc. le 1-1-1801), *Pallas* (610 km ; déc. en 1802), *Vesta* (540 km ; déc. en 1807), *Hygeca* (450 km), *Euphrosyne* (370 km). *Les plus petits* ont environ 1 km de diam. **Orbites :** 9 000 astéroïdes ont leurs orbites répertoriés (dont 3 000 connues avec précision). Certains circulent sur des orbites très excentriques qui les ramènent périodiquement dans le voisinage de la Terre : *Eros* (diam. 17 km) peut s'approcher à 22 millions de km, *Icare* (diam. 1,6 km) à 5,5 millions (ex. : le 15-6-1968), *Apollo* (diam. 2,1 km) à 3,7 millions [appelé d'abord *1932 HA* (car *tous* les astéroïdes ont d'abord un nom provisoire)], *Adonis* (diam. 3 km) à 2 millions et *Hermès* (diam. 0,8 km) à 300 000 km seulement (distance min. observée : 780 000 km, le 30-10-1937). Au périhélie, *Icare* s'approche plus du Soleil que Mercure ; à l'aphélie, *Hidalgo* (15,5 km de diam.) atteint l'orbite de Saturne. **Révolution** *la plus courte* (283,2 j) : *UA* (découvert le 18-10-1976).

Objets Apollo-Amor : tirent leur nom de 2 astéroïdes découverts en 1932, et suivant à peu près la même orbite (le périhélie d'Apollo est juste en dehors de l'orbite terrestre, à 1,08 unité astronomique du Soleil). Astéroïdes constituant l'extrême frange intérieure de la « ceinture » et dont le périhélie est inférieur à 1,3 ua. **Nombre :** depuis 1932, 29 objets Apollo-Amor ont été découverts. Apollo lui-même a disparu peu après 1932 et n'a été repéré que 41 ans après (1973). Tous ces objets risquent en principe d'entrer en collision avec la Terre. Mais ces collisions ne se produisent en moyenne que 4 fois par million d'années. Voir météorites page 41.

Planètes « troyennes » se répartissent en 2 groupes : *celles précédant Jupiter :* Achille, Hector, Nestor, Agamemnon, Ulysse, Ajax, Diomède, Ménélas ; *celles suivant J. :* Patrocle, Priam, Enée, Anchise, Troïlus, Antiloque.

Satellites. Certains astéroïdes ont des satellites, notamment 532 Herculina, Eros, Hébé, Antigone, Pallas, Junon. *Périodes les plus courtes de rotation sur eux-mêmes : durée max.* 4,5 h env. (16 Psyché, 81 Lucretia, 349 Dembrowska, 354 Eleonora) ; *les plus longues :* 38 h 42 min. (393 Lampetia), 39 h (128 Némésis).

Lune

● **Données générales. Densité :** 3,34. **Diamètre :** 3 475 km (son diamètre apparent varie de 29 à 34 minutes). **Distance** *moy. à la Terre :* 384 400 km (min. 356 410, max. 406 740). [La Lune autrefois proche de la Terre (de 2,4 rayons terrestres) s'éloignera dans 15 à 20 milliards d'années de 60 à 75 rayons terrestres pour se rapprocher ensuite.] Un laser émettant une impulsion lumineuse (d'env. 20 millisecondes) focalisée par un réflecteur à rayon laser installé sur la surface de la Lune permet de déterminer la distance à quelques cm près. **Masse :** 1/81 de la Terre. Inégalement répartie [sous les mers annulaires (à environ 50 km de la surface), se trouvent les *mascons (lunar mass concentration)*, concentrations de matières denses de 50 à 200 km de long, capables de perturber la trajectoire des engins spatiaux en les attirant]. **Pesanteur (accélération)** à la surface : 162 cm² [16,6 % de l'acc. sur Terre (une masse de 100 kg pèse 981 N sur Terre et 160 N sur la Lune)]. **Rotation sur elle-même :** égale à sa **durée de révolution** *autour de la Terre* (27 j 7 h 43 mn 11 s), la Lune présente en gros toujours la même face, ce qui fait que (en raison des inégalités de son mouvement, et du fait que son axe de rotation n'est pas exactement perpendiculaire au plan de son orbite) on peut constater que les taches lunaires éprouvent un balancement périodique autour de leurs positions moyennes : c'est la *libration* apparente de la Lune (par suite de cette *libration*, la partie de la Lune visible de la Terre est égale à 59 % de la surface totale). **Superficie :** 37 960 000 km² (7,4 % de la surface terrestre). **Température :** régions exposées au Soleil : + 117,2 °C ; régions non exposées : − 50 °C ; face non éclairée : − 162,7 °C.

● **Histoire. Origine.** *Thèse abandonnée :* morceau de la Terre, détaché après la formation du globe terrestre. *Hypothèses ayant encore des partisans :* 1°) Formation par accrétion : des poussières entourant la Terre au début de sa formation se sont accumulées et durcies ; 2°) Capture : la Lune était une planète tournant autour du Soleil ; un accident de gravitation l'a fait se satelliser autour de la Terre. *4,6 milliards d'années :* formation volcanique intense, formation d'une écorce, l'énergie mécanique (gradients de gravité) provoque la fusion. *4,2 à 3,9 milliards d'a. :* l'écorce refroidie est soumise à un bombardement de météorites, les impacts créent les *mers lunaires* (de la Sérénité, de la Tranquillité, des Crises, des Pluies...) et causent une fusion des roches. *3,9 à 3,1 milliards d'a. :* 2e fusion, provoquée par la désintégration des éléments radioactifs dans la couche des silicates, à quelques centaines de km sous la croûte superficielle, formation de laves s'écoulant vers la surface et remplissant certains bassins. *3,1 milliards d'a. :* la Lune, estime-t-on, devient rigide jusqu'à 1 000 km au moins, profondeur trop importante pour que les dégagements internes d'énergie puissent encore affecter sa surface. Aujourd'hui on estime l'épaisseur de la croûte lunaire à 60 km sur la face visible de la Terre et 100 km sur la face invisible, sur un rayon de 1 738 km (soit 13 fois moins que prévu). La surface lunaire, bombardée de petites météorites, soumise aux particules des rayons cosmiques et du vent solaire, se couvre d'une couche de *régolite* (2 à 10 m) surmontée de quelques cm de poussière. *Epoque récente :* des glissements de terrains, roulements de pierres, etc., donnèrent à la Lune son aspect actuel.

● **Lumière.** Diffusée par la surface lunaire. La *lumière cendrée,* qui permet de distinguer le disque entier lorsque la Lune se montre sous forme d'un croissant, est due à la lumière solaire réfléchie sur la Terre, qui éclaire la partie de la Lune non éclairée par le Soleil et visible de la Terre.

La Lune peut paraître rougeâtre et aplatie près de l'horizon, car la lumière qui nous en parvient parcourt une plus longue trajectoire à travers l'atmosphère. Les rayons rouges pénètrent l'atmosphère plus facilement que les autres. L'aplatissement est causé par la réfraction.

● **Noms.** *Luna* (nom latin) veut dire lumineux (lucna). *Séléné* [nom grec de la même racine que Hélios (Soleil)] a le sens de flambeau (Sélas). La déesse Séléné était la sœur du dieu Hélios. Termes modernes dérivés : sélénocentrique, sélénographie, parasélènes, sélénite (en science-fiction).

Quelques dates. *2283 av. J.-C.* 1re observation d'une éclipse de Lune en Mésopotamie. *632-546* Thalès découvre l'origine des phases lunaires. *500-450* Anaxagore découvre l'origine des éclipses de L. *150-130* Hipparque détermine la distance Terre-L. *IIe s. apr. J.-C.* 1re théorie empirique du mouvement de la L. par Ptolémée. *1609* 1re observation de la L., à la lunette astronomique par Galilée. *1619* Scheiner (Ingolstadt) établit la 1re carte lunaire. *1651* Riccioli (Bologne) dénomme les cratères lunaires. *1666* Newton découvre la loi de la gravitation universelle grâce au mouvement de la L. *1687* 1re théorie math. du mouvement de la L. par Newton. *1693* Lois de rotation de la L. par Cassius (Français). *1860* 1re photo de la L. par Warren de Larue (Anglais). *1868* 1re mesure de la temp. de la L. par Lord Rosse (Anglais). *1946* 1er écho radar (Bay, Hongrois). *1959* 1er envoi d'une sonde (Luna 2, soviétique, détruite au sol). *1966* 1er atterrissage lunaire en douceur (station sov. Luna). *1969 (21-7)* devant 600 millions de téléspectateurs, l'Américain Armstrong est le 1er homme à poser le pied (gauche) sur la Lune.

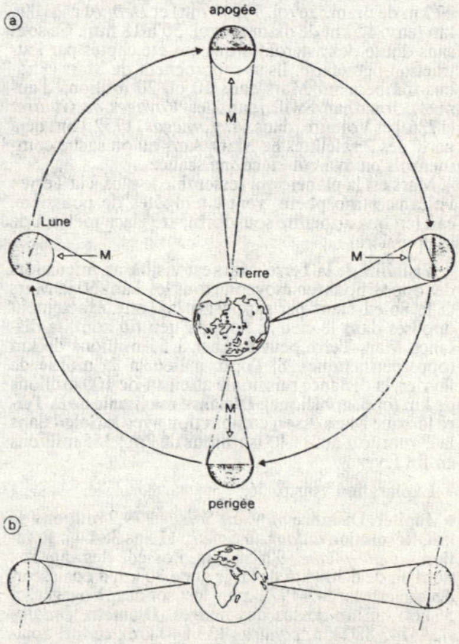

Librations de la Lune. Petits balancements apparents de la Lune permettant d'observer un peu plus de la moitié de sa surface. *a) En longitude :* due au fait que la Lune, dont l'orbite est une ellipse, a une vitesse orbitale d'autant plus grande qu'elle est plus proche de la Terre, alors que sa rotation autour de son axe est très régulière : le centre de la Lune (M) paraît ainsi osciller vers l'est ou vers l'ouest. *b) En latitude :* résulte de l'inclinaison de l'axe de la Lune sur son orbite et permet de voir alternativement, à 2 semaines d'intervalle, les régions entourant les 2 pôles de l'astre.

Source : « Astronomie » sous la direction de Ph. de La Cotardière, Larousse.

● **Phases.** Correspondent à l'éclairement du Soleil sur la Lune. *Nouvelle Lune* (tous les 28 j) décroît 14 j (ressemblant à un C) et croît pendant 14 j (ressemblant à un D). *Age* de la Lune : temps écoulé depuis la dernière nouvelle Lune. *Révolution synodique ou lu-*

naison (29, 5306 j) (temps mis par la Lune à revenir dans la même phase); *révolution draconitique* (27, 22 122 j) temps mis à repasser par la ligne des nœuds (intersection du plan de l'orbite de la Lune avec l'équateur terrestre); *révolution anomalistique* (27, 5 545 j) temps mis à repasser au périgée.

● **Relief.** Peu de *vallées,* mais des *chaînes de montagnes* (de 2 000 à 8 000 m au Mt Leibniz), des *cratères* de 1 à 20 km, et des *cirques,* pouvant atteindre 295 km de diamètre (cirque Bailly) et 4 250 m de profondeur (cirque Létronne), creusés, pense-t-on, par la chute d'énormes météorites. Les grandes plaines et les étendues plates sont appelées *mers* (Mare Nubium, mer des Nuages; Mare Imbrium, mer des Pluies, etc.). La plupart des chaînes montagneuses ressemblent à celles de la Terre ; en portent les noms, comme les Alpes (avec un Mt Blanc de 3 617 m) et les Apennins. Certains détails sont désignés par leurs équivalents terrestres : baies, golfes, caps et lacs.

● **Tremblements.** Explications proposées :

1°) *Effet du « gradient de gravité »* de la Terre : la Lune tourne tout entière à la même vitesse, mais à cause de sa taille, la partie la plus proche de la Terre est soumise à une gravité plus forte, ce qui provoque une tension dans la masse des matériaux lunaires. Ainsi s'explique la corrélation entre les secousses sismiques lunaires et les marées terrestres dues aux « gradients de gravité » réciproques dans le couple Terre-Lune.

2°) *Effet du rayonnement thermique solaire* : il s'agirait de séismes moins profonds que ceux des « gradients de gravité ». Ils se produisent au coucher et au lever du Soleil (de 600 à 3 000 par an) et sont faibles (magnitude inférieure à 2 sur l'échelle de Richter).

On pense que les rayons du Soleil dilatent la surface lunaire, et que la fin brusque de leur émission la contracte brutalement, d'où les tremblements observés en surface.

● **Vie sur la Lune.** Impossible à cause de l'absence d'atmosphère. **Les hommes sur la Lune** doivent disposer d'un scaphandre (il n'y a pas d'atmosphère). Ils n'entendent aucun son (le son est une vibration de l'air, or il n'y a pas d'air) et doivent se protéger des radiations ultraviolettes et des rayons émis par le Soleil (qui ne sont pas absorbés comme ils le seraient sur la Terre grâce à la couche d'ozone de l'atmosphère). Ils ne peuvent faire aucun feu (une flamme ne peut brûler sans oxygène). Ils ne peuvent conserver aucun liquide (dans le vide tout liquide s'évapore immédiatement). Ils doivent se protéger contre les météorites. La gravité étant 6 fois plus faible que sur la Terre, un homme de 90 kg paraît 6 fois moins lourd sur la Lune, il peut donc s'y mouvoir plus facilement malgré son scaphandre.

Comètes

● **Définition.** Astres nébuleux qui gravitent autour du Soleil en décrivant des orbites très allongées.

● **Masse totale.** Env. 1/10 de celle de la Terre. De 240 av. J.-C. à 1982, 1 109 apparitions de comètes ont été répertoriées (en comptant les retours de comètes périodiques comme celle de Halley). On a pu classer parmi celles-ci 710 comètes distinctes ; 290 à orbites elliptiques (donc périodiques), 316 à o. paraboliques et 104 à o. hyperboliques. Actuellement, on observe en moy. une vingtaine de comètes par an (dont certaines, périodiques, sont déjà connues), mais la plupart restent invisibles à l'œil nu.

● **Dimensions. Tête :** diamètre 50 000 à 250 000 km [min. 15 000 km, max. 1 800 000 km (comète de 1811)]. Mais le noyau de poussières et gaz solidifiés n'a jamais plus de 1 km. **Queue** jusqu'à 320 millions de km (comète de 1843). Quand la comète approche du Soleil, sa queue la suit. Quand elle s'en éloigne, elle la précède. **Masse** très faible (sans doute moins d'un millionième de celle de la Terre, même pour les plus grandes).

Origine. Certaines seraient constituées de particules retenues par des gaz gelés (ammoniac, oxyde de carbone, méthane). A l'approche du Soleil, ces gaz s'évaporeraient et la pression du Soleil les projetterait sous forme de queue. D'autres supposent que ce sont des agrégats de poussières et de matière interstellaire. Près du Soleil, les poussières se rapprocheraient les unes des autres, commenceraient à se heurter, échauffant ainsi leur nuage et faisant apparaître chevelure et queue. La comète Pereyra a frôlé la photosphère du Soleil à 100 000 km en 1963.

D'après le Hollandais *Oort,* loin du système solaire existerait un « réservoir » de comètes (peut-être 1 000 milliards de comètes), qui, sous l'effet de perturbations créées par les étoiles voisines, seraient éjectées dans différentes directions. Les comètes peuvent être capturées par les planètes (notamment Jupiter), ce qui abrège leurs orbites.

● **Désagrégation.** Exemple : la *comète de Biela,* découverte en 1826 par Biela, officier autrichien, périodicité : 6,6 années ; séparée en 2 en 1846, les 2 fractions revinrent ensemble en 1852, disparurent en 1859 et 65. Puis en 1872, Biela réapparut sous la forme d'un essaim de météores à 300 millions de km de sa position normale (160 000 étoiles filantes).

● **Comètes périodiques.** On a observé le retour de 53 comètes périodiques. *La comète de Halley* revient tous les 76 ans env. (précédentes apparitions : 1531, 1607, 1682, 1758, 1835, 1910). L'astronome anglais Edmund Halley (1656-1742) avait calculé, en 1705, son retour pour 1759 en appliquant la théorie de Newton. Son dernier passage a eu lieu en 1986 (plus courte distance du Soleil, 88 000 000 km, atteinte le 9 février). 5 sondes envoyées à sa rencontre (voir p. 56). Elle a été retrouvée à l'aide du télescope de 5 m du Mt Palomar le 16-10-1982 (sa magnitude était alors de 24,3).

Numéro et *période de révolution* en années des comètes aux révolutions les plus courtes. **1** Encke 3,302. **2** Grigg-Skjellerup 4,908. **3** Honda-Mrkos-Pajdusakova 5,210. **4** Tempel 5,259. **5** Neujmin 5,437. **6** Brorsen 5,463. **7** Tuttle-Giacobini-Kresák 5,489. **8** Tempel-L. Swift 5,681. **9** Tempel 5,982. **10** Pons-Winnecke 6,125.

Approches connues des comètes à moins de 0,100 unité astronomique de la Terre. Nom de la comète, date de l'approche et entre parenthèses distance en millions de km. COMÈTES À LONGUE PÉRIODE (+ de 200 ans) : La Hire 17-8-1499 (6,7), 20-4-1702 (6,6), Cassini 8-1-1760 (10,2), Schweizer 29-4-1853 (12,6), Bouvard 16-8-1797 (13,2), Messier 23-9-1763 (13,9), Schmidt 4-7-1862 (14,7) ; PÉRIODIQUES (− de 200 ans) : Lexell 1-7-1770 (2,3), Tempel-Tuttle 26-10-1366 (3,4), Grischow 8-2-1743 (5,8), Halley 10-4-837 (5,0), Biela 9-12-1805 (5,5), Pons-Winnecke 26-6-1927 (5,9), Schwassmann-Wachmann 3 31-5-1930 (9,3). Ces comètes furent observables à l'œil nu.

Superstitions

Les comètes ont été longtemps considérées comme des présages, en général de catastrophes : épidémies, famines, sécheresses, inondations, tremblements de terre, guerres, assassinats, morts de personnages illustres... Une brillante comète apparut en 43 av. J.-C. après la mort de César, et l'on crut que c'était l'âme de César qui remontait au ciel.

Des comètes auraient « annoncé » la mort de Vespasien (79) ; Constantin (336) ; Attila (453) ; Mérovée (577) ; Chilpéric (584) ; Mahomet (632) ; Pépin le Bref (768) ; Louis II (875) ; Boleslas Ier, roi de Pologne (1058) ; Henri Ier, roi de France (1060) ; Alexandre III, pape (1181) ; Richard Ier, roi d'Angleterre (1198) ; Philippe Auguste (1223) ; Innocent IV (1254) et Urbain IV (1264), papes ; Charles le Téméraire (1476) ; Philippe le Beau (1505) ; François II, roi de France (1560) ; Louise de Savoie (1531) ; Henri IV (1610). Louis le Débonnaire fut très effrayé en 837 par la comète de Halley, et, bien qu'il ne mourut que 3 ans plus tard, on associa la comète à sa mort.

En 1811, l'apparition d'une comète très brillante coïncida avec d'excellentes vendanges, comme en 1858 avec la comète de Donati. Depuis, les comètes brillantes passent pour annoncer de grands millésimes en viticulture.

Météorites

Généralités

Définition. Astres gravitant dans l'espace interplanétaire ; attirés par la Terre quand ils passent à proximité, ils pénètrent dans l'atmosphère à env. 40 000-290 000 km/h. Le frottement de l'atmosphère les rend incandescents vers 120 km d'altitude jusqu'à 80 km (le phénomène lumineux qui en résulte est le *météore,* dit *bolide* quand il est intense et souvent appelé aussi étoile filante). La plupart sont volatilisés en poussière avant d'atteindre le sol. Les météorites qui parviennent au sol arrivent à 2 600 km/h (comme arriverait une bombe lancée de 20 km d'alt., du fait du freinage de l'atmosphère). Ils ont été arrachés, par collision, à des astéroïdes. La fréquence des chutes et le poids des projectiles étaient 10 000 fois supérieurs, au début de la formation du système solaire, à ce qu'ils sont actuellement : ce qui prouverait que l'espace interplanétaire est relativement dégagé, et que les collisions y sont devenues rares.

Nombre. On peut observer à l'œil nu plus de 9 milliards de météorites par an. Un observateur exercé peut compter de 2 à 20 météores par heure (10 en moyenne) dans la région du ciel qu'il peut utilement surveiller.

Certaines chutes arrivent à époque fixe, paraissant jaillir d'un même point, dit **point radiant** (en fait elles ont des trajectoires parallèles).

Principaux essaims (date annuelle et nombre moyen de traînées à l'heure). *1-4 janv.* Quadrantides 40 ; *21 avr.-12 mai* Aquarides 20 ; *29 mai-19 juin* Ariétides 60 ; *1-7 juin* Perséides 40 ; *4 juin-5 juil.* Taurides 30 ; *21 juil.-15 août* Aquarides australes 20 ; *15 juil.-18 août* Aquarides boréales 10 ; *25 juil.-17 août* Perséides 50 ; *9 oct.* Giacobinides (Draconides) *1933* [lors du retour de la comète 1900 III de Giacobini-Zinner (période de 6 ans 1/2), la Terre se trouvait cette année-là au point de rencontre des orbites Terre-Comète, d'où la pluie de particules solides] 20 000, *1946* 1 000 ; *14 nov.* Biélides (Andromédides) *1872* et *85* 5 000/10 000 ; *14-20 nov.* Léonides *1866* et *83* 1 000/10 000 ; *7-15 déc.* Géminides 50.

Averses les plus denses observées. Léonides (1799-1833-1866-1966 : 2 000 objets par min).

Météorites arrivant au sol

● **Composition.** 93 % des météorites sont pierreuses (**aérolithes,** dont 90 % de **chondrites,** contenant des *chondres,* minuscules sphères de silicates). Leur composition est celle des roches basiques terrestres : silices, silicates et oxydes de calcium, magnésium ; mais certaines chondrites (C3) contiennent en outre des nodules enrichis d'éléments réfractaires (aluminium, calcium, titane). Le tout est noyé dans une matrice noirâtre, plus ou moins carbonée. 5 % sont des **sidérites,** entièrement métalliques, dont la composition est celle du noyau terrestre : fer 92 %, nickel 7 %. 2 % sont des **lithosidérites,** intermédiaires entre ces 2 types : 50 % de pierre, 50 % de fer et nickel.

● **Origine.** On admet actuellement que les corps célestes frappant la surface de la Terre viennent tous de la ceinture d'astéroïdes située en moyenne à 2,8 unités astron. du Soleil (entre Mars et Jupiter), et occupant la place d'une planète détruite par une explosion (voir p. 40, astéroïdes).

Les *plus petites météorites* (masse inférieure à 10 t ; diamètre de 1,75 m pour les pierreuses, de 1,25 m pour les métalliques) sont freinées par l'atmosphère et atteignent le sol à 5 km/s max. Les météorites de plus de 10 t ne sont freinées que dans certaines conditions (angle d'entrée, vitesse déjà atteinte). Plus leur masse est grande, moins le freinage atmosphérique agit. Leur vitesse à l'impact peut varier de 11 à 72 km/s, soit de 40 000 à 260 000 km/h.

● **Nombre.** Environ 1 600 météorites ont été retrouvées et authentifiées. Il s'agit surtout de sidérites, moins nombreuses (5 % au total des météorites), mais plus faciles à repérer au sol.

Pour toute la Terre, il tomberait 500 kg de météorites *par jour* (soit 100 000 t par an), mais comme les océans et mers recouvrent 71 % de la surface totale du globe, près des 3/4 vont au fond de l'eau. Un corps de 100 t entre chaque jour dans l'atmosphère terrestre, un corps de 1 000 t 1 fois par mois, un bloc de 15 000 t 1 fois par an, un bloc de 100 000 t 1 fois par décennie, un bloc de 1 000 000 de t 1 ou 2 fois par siècle. En général les blocs sont réduits en poudre dans la haute atmosphère et seule se dépose sur Terre une centaine de g de fine poussière par km^2.

Cependant arrivent au sol, en moyenne *tous les 30 ans,* 1 météorite de 50 t (diamètre : 2,25 m pour les sidérites, 3 m pour les aérolithes) ; *tous les 150 ans,* 1 de plus de 220 t (diam. 3,60 m à 4,80 m) ; *tous les 100 000 ans,* 1 de plus de 50 000 t.

Il faudrait une météorite de plusieurs milliers de milliards de t pour déplacer l'axe de rotation de la Terre. Nous avons un risque sur des centaines de millions d'en rencontrer une.

Pour une étendue comme celle de la France, on compte *chaque année* environ 6 météorites pesant 5 kg ou plus avant leur entrée dans notre atmosphère (à leur arrivée au sol elles ne pèsent plus que quelques g) ; *tous les 20 ans,* 1 météorite pesant plus de 3 000 kg (les plus grands fragments arrivant au sol pèsent moins de 500 kg).

• **Plus grandes chutes au sol connues.** Le 26-4-1803 à *Laigle* (Orne), 2 000 à 3 000 météorites sont tombées sur une superficie de 50 km². Le 30-6-1888 à *Polotsk* en Biélorussie, 100 000 météorites sont tombées sur quelques km².

Chute importante la plus récente. Près de Fianarantsoa (Madagascar) le 30-7-1977. Masse non déterminée : 2 cratères (l'un de 240 m de diam.)

Plus grosses météorites connues depuis l'ère précambrienne (600 millions d'années), 1 500 astéroïdes de plus d'un km de diamètre ont atteint la Terre dont 200 environ sur le sol immergé. Elles ont dû provoquer une explosion équivalente à 100 000 mégatonnes de TNT. 50 cratères ont été identifiés, dont 23 au Canada (près de 50 % sur 1 % de la surface terrestre). Datant de quelques millions d'années [sauf les cratères de Sudbury (Ontario, Canada) ; Vredefort (Afr. du S.) qui remontent à l'ère précambrienne], ils étaient à l'origine comparables aux grands cratères de la Lune, de Mars et de Mercure. Un astéroïde de 1 km de diamètre et de densité 3,5 creuse un cratère d'env. 22 km de diamètre. On repère les points d'impact d'après les changements subis par les roches : quartz se transformant en coésite et en stishovite sous l'effet de la pression et de la chaleur.

Plus grosses météorites conservées
lieu de chute, date de découverte et masse en kg

Hoba (Namibie, 1920)	60 000
Cap York (Groenland, 1895)	36 000
Chingo (Chine, date n.c.)	30 000
Bacubirito (Mexique, 1863)	27 000
Mbosi (Afrique orient., 1930)	25 000
Armanty (Mongolie ext., date n.c.)	20 000
Agpalilik (Groenland, 1963)	16 500
Willamette (U.S.A., Oregon 1902)	14 000
Chapaderos (Mexique, 1852)	14 000
Otumpa (Argentine, 1783)	13 600
Mundrabilla (Australie, 1966)	12 000
Morito (Mexique, 1600)	11 000
Bendego (Brésil, 1784)	5 400
Beniteyo (Brésil)	5 000
Cranbourne (Australie, 1854)	3 500
Old Woman Mountains (U.S.A.)	2 758
Krasnoïarsk (U.R.S.S.)	375
Paragould (U.S.A., Arkansas)	338
Molina (Espagne)	116
Ensisheim (France, Ht-Rhin) (158 kg à l'origine, tombée en 1492, brisée à la Révolution)	55

« Météorite de la Toungouska », en Sibérie. Le 30-6-1908, une terrible explosion, accompagnée d'une vive lueur, se produisit en Sibérie. Les arbres furent abattus sur un rayon de 50 km, le bruit fut perçu à 1 000 km de distance ; un nuage luminescent s'étendit jusqu'en Europe. Les expéditions envoyées sur les lieux n'ayant pas trouvé de débris météoriques, on pense qu'il s'agissait d'un petit noyau cométaire (peut-être un fragment de la comète d'Encke), qui a heurté la Terre après s'être désagrégé au contact de l'atmosphère.

Astroblèmes

Du grec *blêma*, blessure. Cratères météoritiques fossiles. Diamètre max. sur Terre 700 km (sur la Lune 1 600 km, mer des Pluies).

Astroblèmes terrestres de moins de 40 millions d'années. Diamètre (initial) et âge approximatif en millions d'années. **Allemagne :** Nordlinger Ries 24, 15 ± 1 ; Steinheim 3,5, 14,8 ± 0,7 ; Stopfenheim Kuppel 8, 14,8 ± 7. **Antarctique :** Wilkes Land 240, 0,7. **Australie (Tasmanie) :** Darwin Crater 1, 0,7. **Autriche :** Köfels 5, 0,0085. **Canada :** golfe du St-Laurent 290, 35 ± 1 ; Labrador, Mistatin 28, 38 ± 4 ; N.W.T., Haughton Dome 20, 15 ; Ontario, Wanapitei 8,5, 37 ± 2 ; Québec, New Quebec 3,2, ± 5. **Chili :** Monturaqui 0,46, 1. **Ghana :** Bosumtwi 10,5, 1,0 ± 0,1. **Inde :** Lonar 1,8, 0,05. **Mauritanie :** Aouelloul 0,37, 3,1 ± 0,1 ; Tenoumer 1,9, 2,5 ± 0,5. **Mongolie :** Tabun-Khara-Obo 1,3 plus de 30. **U.R.S.S. :** Kazakhstan, Zhamanshin 10, 1,1 ± 0,1 ; Kirghizistan, Shunak 18, 10 ; Russie, Karka 18, 10 ; Sibérie Or., Elgytgyn 23, 4,5 ± 0,1 ; Yakoutie, Popigai 100, 30,5, 1,5. **U.S.A. :** Alaska, Sithylemenkat 12,4, 0,012.

Astroblèmes terrestres probables d'un diamètre égal ou supérieur à 20 km. Diamètre (initial) en km, âge approximatif en millions d'années. **Afr. du S. :** Vredefort 140, 1970 ± 100. **Allemagne :** Nordlinger Ries 24, 15 ± 1. **Antarctique :** Terre Victoria 240. **Australie :** N.T., Gosses Bluff 22, 130 ± 6 ; N.T., Strangways 24, 150 ± 70. **Brésil :** Araguainha 40 moins de 250. **Canada :** Baie d'Hudson 440 ; Alberta, Steen River 25, 95 ± 7 ; Labrador, Mistatin 28, 38 ± 4 ; Manitoba, St-Martin, 23, 225 ± 40 ; N.W.T., Haughton Dome 20, 15 ; Ontario, Slate Islands 30, 350 ; Sudbury 140, 1840 ± 150 ; Québec, Charlevoix 46, 360 ± 25 ; Clearwater Lake East 22, 290 ± 20 ; Clearwater Lake West 32, 290 ± 20 ; Manicouagan 70, 210 ± 4 ; Saskatchewan, Carswell 37, 485 ± 50. **France :** Rochechouart 23, 160 ± 5 ; la météorite pesait env. 1 milliard de t et avait 600 m de diamètre ; elle a dû atterrir à 20 130 m/s, soit près de 76 000 km/h ; l'énergie libérée lors de la collision était de 10^{21}, soit l'équivalent de l'explosion de 300 000 mégatonnes de TNT (14 millions de fois Hiroshima) ; il s'agissait d'un bloc de sidérite, que l'érosion a entièrement éliminé, mais dont l'explosion a augmenté la teneur en nickel de toutes les brèches de la région ; jusqu'en 1969, on pensait qu'il s'agissait d'un ancien cratère volcanique. **Suède :** Siljan 52, 365 ± 7. **U.R.S.S. :** Labynkir 60 ; Nenetz, Kara 50, 57 ; Russie, Kamensk 25, 65 ; Puchezh-Katunki 80, 183 ± 3 ; Sibérie or., Elgytgyn 23, 4,5 ± 0,5. **U.S.A. :** Iowa, Manson 32 − 70.

Cratères météoriques terrestres certains. Localisation et date de découverte entre parenthèses, diamètre (en m), nombre de cratères associés et âge approximatif (en milliers d'années) (en italique). **Arabie Saoudite** Wabar (1932) 90, 2, *6*. **Argentine** Campo del Cielo (1933) 70, 20, *6*. **Australie** Boxhole (N.T., 1937) 175 ; Dalgaranga (W.T., 1923) 21, Henbury (N.T., 1931) 150, 15, *4* ; Wolf Creek (W.-T., 1937) 850. **Canada** Ungava (Québec, 1943) 3 341. **Mauritanie** Aouelloul (1951) 250. **Pologne** Morasko 100, 8, *10*. **U.R.S.S.** Kaalijärvi (Estonie, 1928) 110, 7 ; Sikhote-Alin (Sib., 1947) 26, 122 ; Sobolev (Sib.) 51 ; Toungouska (Sib., 1908) [2]. **U.S.A.** Haviland (Kansas, 1925) 11 ; Meteor Crater (Arizona) 1 220, *24* [1] ; Odessa (Texas, 1921) 168, 3.

Nota. — (1) Le mieux conservé des grands cratères récents, prof. 200 m. La météorite devait peser 60 000 à 100 000 t. (2) Tombée près du lac Baïkal le 30-6-1908, estimée à 40 000 t. Beaucoup admettent qu'il s'agissait d'un fragment de la comète Encke (la trajectoire suivie venait d'une orbite autour du Soleil, presque identique à celle de cette comète). A 6 km d'altitude eut lieu une explosion aveuglante, l'onde de choc a rasé 2 000 km² de forêts. Lorsque la vitesse était de 12 à 14 m/s, les fragments ont été détruits presque instantanément (provoquant le flash final qui a brûlé les vêtements des témoins à 60 km de là). Il n'en est resté qu'une multitude de petites sphères de métal et de silicates que l'on trouve dans le sol de la région. Il y a quelques millénaires, le Lincolnshire (G.-B.) a peut-être été le théâtre d'une explosion type Toungouska, provoquée par une comète (à tête petite mais entourée d'une grande quantité de gaz). La végétation de la région comporte une concentration élevée d'oligoéléments, tels qu'arsenic, iode, brome, zinc et tellurium, anormale sur la Terre. S'explique par le fait que la comète aurait diffusé alentour les éléments qu'elle contenait. (2) Tombée le 12-2-1947, s'est brisée à 10 000 m d'alt. en milliers de fragments dont certains de plusieurs t, et a creusé 122 cratères (29 m à 50 m de diamètre et 6 m de profondeur pour le plus grand).

Tableau des 10 classes de spectres [1].

Classe [2]	*Couleur*	*Température*	*Raies dominantes*	*Exemples*
O	bleue	70 000°	hélium ionisé	θ Orionis O6 α Camelopardalis O9
B	bleue	38 000°	hélium neutre hydrogène	α Crucis B1 Régulus B7
A	blanche	15 000°	hydrogène métaux ionisés	Véga A0 Sirius A1
F	jaune	9 000°	métaux neutres hydrogène	Canopus F0 Procyon F5
G	jaune	6 500°	calcium métaux neutres	α Centauri G2 Soleil G2
K	orangée	5 000°	métaux neutres	Pollux K0 Arcturus K2
M	rouge	3 800°	oxyde de titane métaux	Antarès M1 Bételgeuse M2
R	rouge		molécules C_2, CN, CH	T Lyrae R6 S Camelopardalis F
N	rouge	2 000°		Y Tauri N2 R Leporis N6
S	rouge		oxyde de zirconium oxyde de titane	V Cancri S2 R Andromedae S6

Nota. — (1) A ces 10 classes, il faut ajouter certaines étoiles exceptionnelles : les ét. de Wolf-Rayet (W), très chaudes et très instables et dont le spectre présente des raies d'émission ; les ét. ayant subi une catastrophe (Q), comme les novae ; les ét. dont le spectre continu ne présente aucune raie. (2) On a divisé chaque classe en 10 sous-classes : B0, B1, B2... B9. Les étoiles B9 ressemblent beaucoup aux A0 ; les étoiles B0 ressemblent beaucoup aux A9.

Tectites

Description. De quelques g à quelques kg, de forme allongée ou sphérique, d'apparence vitreuse, ressemblent à du sable vitrifié. A l'analyse, dénotent une double fusion. On suppose qu'il s'agit de morceaux d'écorce terrestre vaporisés et projetés lors de la chute d'une énorme météorite, retombant ensuite au sol, en se solidifiant, jusqu'à des milliers de km du lieu d'impact.

Lieux. Il y en a probablement partout sur Terre, mais il est très difficile de les mettre en évidence. On en trouve dans des déserts (ex. : Libye ou Australie), et plus difficilement, parce que masquées par la végétation, dans des endroits tempérés (ex. : Tchécoslovaquie).

Étoiles

• **Observation.** *Quelques dates. 1712* liste de 300 étoiles par John Flamsteed. **1718** Edmond Halley découvre le mouvement propre des étoiles. **1726** James Bradley explique le phénomène d'aberration (ellipses apparentes dues au mouvement de la Terre). **1748** Bradley découvre la nutation (oscillation de l'axe de rotation de la Terre). **1837** détermination des parallaxes d'Altaïr, de *delta* UM1 et de *Vega* par Wilhelm Struve. **1838** de *61* du Cygne par Friedrich Bessel, de *alpha* du Centaure (notre voisine) par Thomas Henderson (Le Cap).

• **Analyse spectrale.** Le spectre d'une étoile est la photographie de sa lumière décomposée par son passage au travers d'un prisme de verre. Le prisme disperse la lumière en autant d'images qu'il y a de longueurs d'onde dans la lumière incidente (l'indice de réfraction du verre variant selon la longueur d'onde).

• **Classement.** Le système des magnitudes classe étoiles et planètes selon une échelle logarithmique telle qu'une différence de magnitude d'une unité correspond à un rapport d'intensité lumineuse de 2,5. Une étoile de m. 1 (on dit aussi de 1re grandeur) est 2,5 fois plus brillante qu'une ét. de m. 2. Une différence de 5 unités de m. correspond à un rapport d'intensité égal à 100, etc.

• **Composition chimique.** Presque toutes les étoiles de la même génération ont la même composition. Ce-

Étoiles les plus proches

Nom	Constellation	Distance (en années de lumière)	Magnitude visuelle apparente m_v	Magnitude visuelle absolue M_v	Type spectral	Masse (par rapport à celle du Soleil)	Rayon (par rapport à celui du Soleil)
Proxima Centauri	Centaure	4,22	11,05	15,45	M5	0,1	
α *Centauri* A	Centaure	4,35	−0,01	4,3	G2	1,1	1,23
α *Centauri* B	Centaure	4,35	1,33	5,69	K5	0,89	0,87
Étoile de Barnard	Ophiucus	5,90	9,54	13,25	M5		
Wolf 359	Lion	7,60	13,53	16,68	M8		
Lalande 21185	Grande Ourse	8,12	7,50	10,49	M2	0,35	
Sirius A	Grand Chien	8,64	−1,45	1,41	A1	2,31	1,8
Sirius B	Grand Chien	8,64	8,68	11.56	nb*	0,98	0.022
UV *Ceti* A	Baleine	8,87	12,45	15,27	M5	0,044	
UV *Ceti* B	Baleine	8,87	12,95	15,8	M6	0,035	
Ross 154	Sagittaire	9,45	10,6	13,3	M4		
Ross 248	Andromède	10,27	12,29	14,8	M6		
ε *Eridani*	Éridan	10,76	3,73	6,13	K2		0,98
Luyten 789-6	Verseau	10,76	12,18	14,60	M7		
Ross 128	Vierge	10,82	11,10	13,50	M5		
61 Cygni A	Cygne	11,08	5,22	7,58	K5	0,63	
61 Cygni B	Cygne	11,08	6,03	8,39	K7		
ε *Indi*	Indien	11,21	4,68	7,00	K5		
Procyon A	Petit Chien	11,41	0,35	2,65	F5	1,77	1,7
Procyon B	Petit Chien	11,41	10,7	13,0	nb*	0,63	0,01

* nb = naine blanche. *Source :* « Astronomie » sous la dir. de Ph. de La Cotardière. (Larousse).

Étoiles les plus brillantes

Nom		Constellation	Magnitude visuelle apparente m_v	Magnitude visuelle absolue M_v	Classe spectrale	Distance (en années de lumière)
usuel	officiel					
Sirius	α CMa	Grand Chien	− 1,45	+ 1,41	A1	8,64
Canopus	α Car	Carène	− 0,73	+ 0,16	F0	190
Rigel Kentarus	α Cen	Centaure	− 0,10	+ 4,3	G2	4,37
Arcturus	α Boo	Bouvier	− 0,06	− 0,2	K2	36
Véga	α Lyr	Lyre	+ 0,04	+ 0,5	A0	26,5
Capella	α Aur	Cocher	+ 0,08	− 0,6	G8	45
Rigel	α Ori	Orion	+ 0,11	− 7,0	B8	660
Procyon	α CMi	Petit Chien	+ 0,35	+ 2,65	F5	11,41
Achernar	α Eri	Éridan	+ 0,48	− 2,2	B5	130
Agena	β Cen	Centaure	+ 0,60	− 5,0	B1	390
Altaïr	α Aql	Aigle	+ 0,77	+ 2,3	A7	16,1
Bételgeuse	α Ori	Orion	+ 0,80*	− 6,0*	M2	650
Aldébaran	α Tau	Taureau	+ 0,85	− 0,7	K5	68
Acrux	α Cru	Croix du Sud	+ 0,9	− 3,5	B2	260
Épi	α Vir	Vierge	+ 0,96	− 3,4	B1	260
Antarès	α Sco	Scorpion	+ 1,0	− 4,7	M1	425
Pollux	β Gem	Gémeaux	+ 1,15	+ 0,95	AO	36
Fomalhaut	α PsA	Poisson austral	+ 1.16	+ 0.08	A3	23
Deneb	α Cyg	Cygne	+ 1,25	− 7,3	A2	1 600
Mimosa	β Cru	Croix du Sud	+ 1,26	− 4,7	B0	490

* en moyenne (étoile variable). *Source :* « Astronomie » sous la dir. de Ph. de La Cotardière. (Larousse).

pendant des différences ont été observées (présence de terres rares). L'histoire de la galaxie et l'évolution des étoiles expliquent ces différences. Les étoiles les plus vieilles sont pauvres en métaux (la déficience par rapport au Soleil pouvant atteindre 1/200).

• **Définition.** Voir p. 34. *Définition des unités utilisées.* Voir index.

• **Densité** (par rapport à l'eau = 1). **La plus faible :** supergéantes rouges (env. $2{,}10^{-7}$). **La plus forte :** pulsars (env. 10^{16}).

• **Dimensions. Les plus grandes étoiles connues :** *IRS 5,* 15 000 000 000 de km de diamètre. ε *du Cocher,* 5 560 000 000 de km de diamètre (soit env. 430 000 fois celui de la Terre). **La plus petite :** *LP 327-186* (env. 20 km). Les pulsars (étoiles à neutrons) pourraient avoir moins de 20 km de diam., et les *trous noirs,* s'ils existent, moins de 1 km.

• **Distance à la Terre. Les plus proches :** le *Soleil* 149 600 000 km et α *du Centaure* 40 398 milliards de km (4,22 années de lumière). Voir tableau. **La plus éloignée visible à l'œil nu :** 47 304 000 milliards de km (500 années de lumière).

On mesure la distance des étoiles par la méthode des *parallaxes trigonométriques :* on essaye de surprendre un léger décalage dans la position de l'étoile à 6 mois de distance, en raison du déplacement orbital de la Terre. Voir Parallaxe annuelle p. 34.

Voir tableau ci-dessus.

• **Éclat.** Dépend de la constitution et de la distance. De 2 étoiles similaires, si l'une est 10 fois plus éloignée que l'autre, elle sera 100 fois moins brillante (suivant la loi : l'éclat d'une source de lumière qui s'éloigne est inversement proportionnel au carré de sa distance). Cet éclat a été nommé **grandeur** jusqu'en 1860 ; puis, après les travaux de Norman Pogson à Madras, **magnitude.** Par définition, la magnitude m d'une étoile d'éclat E sera : $m = -2{,}5 \log E + k$. Pratiquement, on choisit dans le ciel des étoiles-étalons, et on se débarrasse de la constante k en définissant la magnitude d'une étoile (2) par rapport à l'étalon (1) selon la formule :

$$m1 - m2 = 2{,}5 \log \frac{E1}{E2}.$$

La **magnitude apparente** (notée m) dépend de la luminosité réelle et de l'éloignement. La **magnitude absolue** (notée M) est la magn. apparente qu'aurait l'astre s'il était situé à 10 parsecs. Elle permet de comparer la luminosité réelle des astres. Les étoiles les plus grandes ont des m. négatives.

Calcul de la magnitude absolue : la quantité (m − M) s'appelle le module de distance et on peut démontrer à partir des relations de Pogson que :

$$m - M = 5 (\log d - 1)$$

où d doit être exprimé en parsecs. La connaissance de m et de d permet de calculer M ; inversement, si l'on connaît m et M, on saura calculer d.

La magnitude absolue de notre Soleil est de + 4,7 ; il serait visible jusqu'à 18,2 parsecs (= 59 années de lumière).

Nombre d'étoiles des 6 premières grandeurs (*XVIIe s.*) : *1re grandeur :* 21. *2e :* 50. *3e :* 150. *4e :* 450. *5e :* 1 350. *6e :* 4 000.

L'œil nu distingue jusqu'aux étoiles de 6e grandeur. Le grand télescope du mont Palomar distingue les étoiles de 23e grandeur, qui sont 650 millions de fois plus faibles que celles de 1re grandeur. Les étoiles faibles qui ont fait l'objet d'une étude spéciale sont connues par leurs coordonnées sur le ciel.

Céphéides : étoiles dont l'éclat varie selon des périodes régulières, et tirant leur nom de l'étoile *delta* de Céphée. Il y a des périodes très courtes, inférieures d'env. 2 h (étoile type : RR Lyrae) et longues, supérieures à 45 j (étoile type : *delta* de Céphée). **Étoile la moins lumineuse connue :** RG 0050-2722 dans la constellation du Sculpteur. **Magnitude absolue visuelle :** + 19 (étoile naine, riche en métaux ; température de surface 3 000 °C, située à 80 années de lumière environ).

• **Lever héliaque.** Époque à laquelle une étoile est visible à l'aube dans la région de l'horizon où le Soleil va se lever (progressivement cette étoile s'éloigne de plus en plus du Soleil et se voit de mieux en mieux). Les Égyptiens, vers la fin du Ve millénaire av. J.-C., avaient remarqué que le lever héliaque de Sirius (qu'ils appelaient Sothis) coïncidait avec le début de la crue du Nil, apportant une irrigation bienfaisante à leurs cultures.

• **Masse.** En général les étoiles ont une masse comprise entre 0,05 et 60 fois celle du Soleil. Les supermassives sont instables (durée de vie de quelques dizaines de milliers d'années ; 10 milliards d'années pour le Soleil).

• **Nombre.** Environ 200 000 000 000 dans notre galaxie, dont 1 000 000 sont catalogués, et 6 000 sont visibles à l'œil nu (de 2 500 à 3 000 dans un seul hémisphère).

• **Scintillation.** Due aux modifications continuelles de l'atmosphère terrestre dont les couches successives, différentes par leur température, leur densité, leur humidité, produisent une inégale réfraction des rayons lumineux des diverses couleurs.

Cette scintillation est d'autant plus faible que l'atmosphère est plus calme, que le chemin des rayons lumineux à travers l'atmosphère est plus court (elle est moins accentuée au sommet des montagnes) ; elle est forte pour les étoiles basses sur l'horizon, tandis que les étoiles proches du zénith ne scintillent guère que les jours de grand vent. Elle est faible dans les pays tropicaux à l'atmosphère généralement calme.

Étoiles les plus scintillantes : les blanches et bleues, puis les jaunes et les rouges.

• **Température** (suivant la couleur). Rouge 1 500 à 2 000 °C, orange 2 000 à 3 500 °C, jaune 3 500 à 5 000 °C, blanc 15 000 à 30 000 °C, bleu 45 000 à 55 000 °C.

Systèmes planétaires

Les planètes sont regardées aujourd'hui comme des sous-produits naturels de la formation des étoiles, par condensation de nébuleuses. Mais les télescopes actuels ne sont pas assez sensibles pour nous montrer des planètes autour d'autres étoiles que le Soleil. Cependant certaines étoiles proches ayant, dans le ciel, un mouvement légèrement perturbé (trajectoire ondulée), on présume qu'elles sont entourées d'une ou de plusieurs grosses planètes (voir ci-dessous). En 1983, le satellite d'astronomie I.R.A.S. (voir p. 53 b) a détecté dans l'infrarouge, autour de plusieurs étoiles proches, notamment Véga et Fomalhaut, un disque de poussières qui pourrait être un système planétaire en formation. Un disque de poussière a également été détecté à l'aide de télescopes au sol autour de H L Tau, une jeune étoile de la constellation du Taureau située à env. 500 années lumière, et de Beta Pictoris, une étoile de la constellation du Peintre, à 50 années lumière. En décembre 1984, des astronomes américains ont annoncé qu'ils avaient identifié une grosse planète (30 à 40 fois la masse de Jupiter) autour de l'étoile Van Biesbroek 8, située dans la constellation d'Ophiucus, à 21 années lumière (env. 200 000 milliards de km). Cette 1re planète extra-solaire jamais observée serait très chaude (> 1 000°), donc gazeuse. C'est en fait un astre intermédiaire entre une véritable planète et une étoile : peut-être une masse noire (étoile avortée n'ayant pu s'allumer, faute d'avoir une masse suffisante).

Étoiles proches susceptibles de posséder des planètes

(Nom de l'étoile, constellations en italiques, distance en années lumière, nombre et caractéristiques des planètes envisagées.) Étoile de Barnard, *Ophiucus* (5,9 a.l.), 2 planètes : M_1 = 0,8 ; P_1 = 11,7 ans ; M_2 = 0,4 ; P_2 = 20 ans. Lalande 21 185, *Petit Lion* (8,2 a.l.), 1 pl. : M = 30 ; P = 420 jours. Luyten 726-8, *Baleine* (8,9 a.l.), 2 pl. : M_1 = 1,1 ; P_1 ? ; M_2 = 1,4 ; P_2 ? Ross 248, *Andromède* (10,3 a.l.), 1 pl. : M ? ; P = 8 ans. ε Eridani, *Éridan* (10,7 a.l.), 1 pl. : M ? ; P = 25 ans. G1 Cygni, *Cygne* (11,1 a.l.), 1 pl. : M = 1,6 ; P = 5 ans. BD + 5° 1668, *Petit Chien* (12,3 a.l.), 1 pl. : M = 60 ; P = 7 ans.

Nota. — M = masse par rapport à celle de Jupiter. P = période de révolution.

Données diverses

Saisons

• **Commencement.** En temps universel en 1986. **Printemps** (équinoxe) : 20 mars à 2 h 3 m 38 s UT [1]. **Été** (solstice) : 21 juin à 16 h 30 m 54 s UT [1]. **Automne** (équinoxe) : 23 septembre à 7 h 59 m 48 s UT [1]. **Hiver** (solstice) : 22 déc. à 4 h 3 m 4 s UT [1]. L'inclinaison (23,5°) du plan équatorial terrestre sur le plan de l'écliptique est à l'origine des variations saisonnières.

Au solstice de juin, début de l'été dans l'hémisphère Nord, la hauteur du Soleil est, pour un lieu situé à une latitude égale à , donnée par l'expression 90° — + 23,5° : un point situé à la lat. 23,5° Nord (tropique du Cancer) reçoit verticalement les rayons du Soleil à midi. Par contre, l'hiver commence dans l'hémisphère Sud. **Au solstice de déc.,** début de l'hiver dans l'hémisphère Nord et de l'été dans l'hémisphère Sud, la hauteur méridienne du Soleil est donnée par 90° — — 23,5° : un lieu situé à 23,5° de lat. Sud (tropique du Capricorne) reçoit verticalement les rayons du Soleil à midi. **A l'équinoxe de mars et à celui de sept.,** début du printemps et de l'été dans l'hémisphère Nord, la hauteur méridienne du Soleil, pour un lieu de lat. , est égale à 90° — .

Différences de température. Celles qui caractérisent les saisons sont dues aux différences d'inclinaison des rayons solaires par rapport à la verticale.

Nota. — (1) UT = Temps Universel.

• **Durée.** Hémisphère Nord (et entre parenthèses h. Sud) : **Printemps** 92,8 j (89,8) ; **Été** 93,6 (89) ; **Automne** 89,8 (92,8) ; **Hiver** 89 (93,6).

L'inégalité des saisons s'explique par l'ellipticité de la trajectoire terrestre. Elle est définie dans la *Loi des aires* (Kepler, 1618) : le rayon unissant une planète au Soleil balaie des aires égales dans des temps égaux.

Éclipses de Soleil et de Lune

• **Conditions. Éclipse de Soleil :** quand la Lune passe entre le Soleil et la Terre.

Durée max. : éclipse totale 7 min 31 s (cela n'est jamais arrivé au cours des 10 derniers millénaires) et à l'équateur plus de 7 min 58 s ; le 20-6-55, aux Philippines, elle atteignit 7 min 08 s.

Une éclipse est rarement totale sur plus de 1 000 000 de km², soit 1/500 de la surface terrestre. Plusieurs siècles peuvent s'écouler entre 2 éclipses totales en un même point de la Terre. Ainsi à Paris on calcule pour le xxe s. 4 éclipses presque totales (1912, 1927, 1961, 1999). Mais la dernière éclipse véritablement totale a eu lieu le 22-5-1724 et la prochaine est prévue pour 2026. Il n'y aura eu au xxe s. que 12 éclipses de Soleil totales ou annulaires visibles en Europe [dont, en France, 17-4-1912 (totale dans la banlieue S.-E. de Paris, dura 7 s, et annulaire) ; 15-2-1961 (totale sud de la France) ; 11-8-1999 (totale, passera à 10 h 28 min à 23 km au nord de Paris, à Luzarches).

De Lune : quand la Lune passe dans le cône d'ombre derrière la Terre par rapport au Soleil. *L'éclipse est visible* de tous les points de la Terre situés dans l'hémisphère tourné vers la Lune. L'éclipse par la pénombre est difficile à observer à l'œil nu car l'éclat diminue. Même durant une écl. totale, la Lune apparaît souvent rougeâtre : elle est éclairée par les rayons solaires qui, réfractés par l'atmosphère, pénètrent le cône d'ombre. *Durée max.* (théorique) : des écl. totales : 104 mn (le cas s'est reproduit souvent) ; écl. partielles : 6 h.

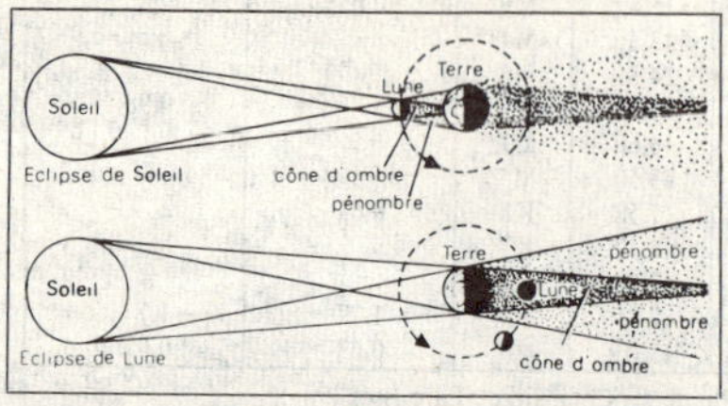

• **Nombre. Maximal** dans une année : 7 (2 ou 3 de Lune, 5 ou 4 de Soleil ou le contraire). **Minimal :** 2 (de Soleil). Les éclipses se reproduisent selon un cycle de 18 ans et 11 j appelé *saros.* Il y a eu 5 éclipses de Soleil et 2 de Lune en 1805 (prochaines 2206, 2709). 4 de S. et 3 de L. en 1917, 1982 (proch. 2094, 2159). 3 de S. et 4 de L. en 1908 (proch. 2038, 2103). 2 de S. et 5 de L. en 1879 (proch. 2132).

• **Observations.** 1res obs. méthodiques au Proche-Orient : solaire 2136 av. J.-C. ; lunaire 1362 av. J.-C.

Poursuite d'éclipse. 1936 1re tentative qui permit, avec un bateau, de gagner 1 seconde. *1952* avec un avion, gain 1 min. *1973* (30-6) avec le Concorde, gain 74 min (à 1 600 km/h l'avion s'est déplacé à la vitesse de l'éclipse depuis le N. du Brésil jusqu'à l'océan Indien).

Éclipses en 1987

Lune. *14 avril,* pénombre visible pendant 3 min 54 s. *7 octobre,* pénombre visible pendant 4 min 13 s. **Soleil** (en 1986). *9 avril,* partielle (grandeur max. 0,82), invisible à Paris ; max. à 6 h 20 min 4 s. *3 octobre,* totale (grandeur max. 1,0006), invisible à Paris ; max. à 19 h 5 min 3 s UT.

Rayonnement solaire

Il varie suivant le lieu (latitude, altitude) et les circonstances (saison, heures, météorologie).

Rayonnement incident renvoyé vers la voûte céleste (selon la nature des surfaces ensoleillées, en %). Neige fraîche 90, tassée et vieillie 60, nuages 40/80, sable clair 35, prairies 25, pierre, ciment 20, sol cultivé 15, mer (hiver 15), mer (été) 5.

Rayonnement global
(Soleil et atmosphère)

En calories par cm² et par jour	St-Maur lat. 49° alt. 50 m	Irkoutsk lat. 52° alt. 467
Janvier	75	28
Février	133	97
Mars	248	204
Avril	358	260
Mai	441	285
Juin	482	384
Juillet	462	345
Août	390	272
Septembre	293	172
Octobre	178	118
Novembre	86	35
Décembre	60	28
Moyenne mensuelle	267	186

(Moyenne terrestre 300 calories, soit environ 1 250 joules.)

Intensité la plus grande
(altitude ; latitude ; calories par cm² et par minute ; watts par cm²).

	Alt.	Lat.	Cal.	W.
Mt Rose (Italie-Suisse)	4 560	46	1,77	0,124
Ouargla (Algérie)	157	32	1,59	0,111
St-Maur (France)	50	49	1,43	0,100
Leningrad (U.R.S.S.)	qqs m	56,5	1,47	0,103

Le Soleil à Paris
1987 (Temps universel)

	Lever	Coucher
1er janvier	7 h 46 m	16 h 2 m
15 janvier	7 h 41 m	16 h 19 m
1er février	7 h 23 m	16 h 46 m
15 février	7 h 1 m	17 h 9 m
1er mars	6 h 35 m	17 h 32 m
15 mars	6 h 7 m	17 h 54 m
1er avril	5 h 31 m	18 h 19 m
15 avril	5 h 3 m	18 h 40 m
1er mai	4 h 33 m	19 h 4 m
15 mai	4 h 11 m	19 h 23 m
1er juin	3 h 54 m	19 h 43 m
15 juin	3 h 48 m	19 h 54 m
1er juillet	3 h 53 m	19 h 56 m
15 juillet	4 h 4 m	19 h 48 m
1er août	4 h 25 m	19 h 28 m
15 août	4 h 44 m	19 h 6 m
1er septembre	5 h 8 m	18 h 33 m
15 septembre	5 h 28 m	18 h 4 m
1er octobre	5 h 51 m	17 h 30 m
15 octobre	6 h 11 m	17 h 1 m
1er novembre	6 h 38 m	16 h 30 m
15 novembre	7 h	16 h 10 m
1er décembre	7 h 23 m	15 h 55 m
15 décembre	7 h 39 m	15 h 52 m
31 décembre	7 h 46 m	16 h 1 m

Lever. Le plus tard : 7 h 46 m (du 1er au 4 janvier) ; **le plus tôt :** 3 h 48 m (du 14 au 20 juin).

Coucher. Le plus tard : 19 h 57 m (le 20 juin) ; **le plus tôt :** 15 h 52 m (du 9 déc. au 15 déc.).

Durée maximale et durée minimale du jour suivant la latitude

	Durée maximale	Durée minimale
0°	12 h 5 m	12 h 5 m
10°	12 h 40 m	11 h 30 m
20°	13 h 18 m	10 h 53 m
30°	14 h 2 m	10 h 10 m
40°	14 h 58 m	9 h 16 m
45°	15 h 33 m	8 h 42 m
50°	16 h 18 m	8 h 0 m
55°	17 h 17 m	7 h 5 m
60°	18 h 45 m	5 h 45 m
65°	21 h 43 m	3 h 22 m
66°	24 h 0 m	2 h 30 m

Jour et nuit polaires

Durée en jours	Pôle Nord		Pôle Sud	
Latitude	Jour	Nuit	Jour	Nuit
70°	70	55	65	59
75°	107	93	101	99
80°	137	123	130	130
85°	163	150	156	158
90°	189	176	182	183

Crépuscule

Définition. Lueur croissante avant le lever du Soleil, décroissante après son coucher, venant de l'éclairement des couches supérieures de l'atmosphère par les rayons du Soleil, caché, mais voisin de l'horizon. Dans le langage ordinaire, le mot crépuscule est réservé à la disparition du jour ; son apparition est appelée **aube** ou **aurore.** Le crépuscule du soir commence au coucher du Soleil et finit lorsque le centre du Soleil est abaissé de l'angle h au-dessous de l'horizon, tel que : *h = 6°* pour le **crépuscule civil** (le soir par temps clair, commencent à paraître les planètes et les étoiles de 1re grandeur, le matin les phénomènes sont inverses) ; *h = 12°* pour le **crépuscule nautique** (le soir par temps clair, commencent à paraître dans le sextant les étoiles de 2e grandeur en même temps que la ligne d'horizon est encore visible, le matin les phénomènes sont inverses) ; $h = 18°$ pour le **crépuscule astronomique** (le soir par temps clair, apparaissent les étoiles de 6e grandeur : il fait nuit ; le matin les phénomènes sont inverses).

Pour les grandes latitudes, le Soleil ne s'abaisse pas de 6° au-dessous de l'horizon quand la somme algébrique de sa déclinaison et de la latitude du lieu est au moins égale à 84° en valeur absolue.

A Paris, dans la nuit du 24-6, l'angle h maximal du Soleil sous l'horizon est de 17° 41. Le *crépuscule astronomique* (au-dessous de 18°) dure donc jusqu'à l'aube et la nuit n'est totale à aucun moment.

Ombre de la Terre. En haute montagne, on voit parfois, à l'opposé du Soleil et juste après son coucher, l'ombre de la Terre se lever sous la forme d'une frange sombre surmontant un peu l'horizon et s'élargissant lentement. Cette ombre cesse d'être visible dès que la nuit devient sombre.

Durée du crépuscule civil [1]	0°	45°	50°	60°
15 janvier	24	35	40	57
15 février	22	33	36	47
15 mars	22	32	36	44
15 avril	22	34	37	50
15 mai	23	37	42	67
15 juin	23	39	46	107
15 juillet	23	37	43	81
15 août	22	33	37	53
15 septembre	22	31	33	44
15 octobre	22	31	34	44
15 novembre	22	34	37	15
15 décembre	23	35	40	60

Nota. — En min. suivant les lat. Nord ; ex. : le crépuscule dure 35 min. le 15 janv. à la lat. N 45.

☞ Latitude de Paris : 48°50′46″ ; de St-Omer : 50°44′53″ ; de Marseille : 43°17′3″.

Observations du ciel

Observatoires anciens

Antiquité, Moyen Age. *Babylone :* temple de Baal (2500 av. J.-C.). *Chine :* Obs. construit sous l'empereur Yao en 2300 av. J.-C. *Corée du Sud :* Chomsongdal à Kyongju (632). *Grèce :* Alexandrie (300 av. J.-C., construit par Ptolémée Soter). *Rhodes :* Hipparque (140 av. J.-C.). *Proche-Orient :* Mokatta (Irak) 1000, par le calife Hakim ; Maragha (Iran) 1260, par le prince Ulugh Beigh. *Amérique centrale : escargot (Caracol)* de Chichen Itza, au Yucatan (IVe-XIVe s. apr. J.-C.).

Occident moderne. *Uranienborg* (île de Hven alors danoise, aujourd'hui suédoise) construit en 1576 par Tycho Brahé (1546-1601), détruit en 1597 ; *Padoue* (Italie) 1610 (Galilée) ; *Copenhague* 1637 (Logomontamus) ; *Dantzig* 1641 (Johannes Hevelius) ; *Paris* 1667 ; *Greenwich* (Angl.) 1675 (architecte : Christopher Wren).

Observatoires français

Besançon. *Fondé* 1882. Étude du mouvement des étoiles et de la rotation terrestre. Vocation métrologique (mesure du temps) et astrométrique. Dispose d'une horloge atomique.

Bordeaux (Floirac). *Fondé* 1918. Mécanique céleste, étude de la lumière zodiacale. Lunette de 35 cm ; antenne pour l'écoute et la surveillance du Soleil ; à 8,6 mm de longueur d'onde ; plusieurs petits instruments. Spectres d'étoiles, recensement d'astéroïdes.

CERGA (Centre d'études et de recherches en géodynamique et astronomie). *Implanté* en 1974 près de Grasse (A.-M.). Bureaux à Grasse, station d'observation sur le plateau de Calern à 1 300 m d'alt. Télescope de Schmidt de 150 cm ; interféromètre optique ; tourelle laser pour tirs sur la Lune ; plusieurs télescopes de moindre importance.

Haute-Provence. *Fondé* 1937 près de St-Michel. *Alt.* 700 m. Spécialisé dans l'observation des galaxies lointaines et l'obtention de spectres d'étoiles. *Télescopes :* 193 cm d'ouverture, mis en service en 1958, et 2 autres de 120 et 152 cm.

Lyon (St-Genis Laval). *Fondé* 1880.

Marseille. *Fondé* 1702. Recherches d'astrophysique (nébuleuses, galaxies).

Meudon. *Fondé* 1876. *Alt.* 160 m. Spécialisé dans l'étude du Soleil (tour solaire de 36 m) et des planètes. Service d'alerte aux éruptions solaires. Centre international de documentation planétaire. Possède la plus grande lunette d'Europe et 3e du monde (83 cm de diamètre, 19 m de long), un télescope de 1 m d'ouverture et un autre de 60 cm.

Nice (Mont-Gros). *Fondé* 1881. *Alt.* 400 m. Spécialisé dans l'observation photographique des astéroïdes et la physique solaire, la dynamique du système solaire, l'observation visuelle des étoiles doubles. Lunette de 76 cm (coupole due à Eiffel et Garnier). Centre de dépouillement des clichés astronomiques depuis 1973.

Paris. *Fondé* 1667 (architecte Claude Perrault). Abrite aujourd'hui le service de l'heure (horloge parlante) et un musée d'instruments d'observation anciens. On y fait encore des observations astronomiques méridiennes.

Pic du Midi (Htes-Pyrénées). *Fondé* 1878. *Alt.* 2 877 m. *Télescopes :* 200 cm, le plus grand d'Europe (U.R.S.S. exclu), mis en service en 1980, coût 30 millions de F, 106 cm, spécialisé dans l'observation de la Lune et des planètes. Observations du Soleil au coronographe (lunette provoquant des éclipses artificielles) inventé en 1930 par Lyot. Télescope de 60 cm affecté aux astronomes amateurs depuis 1983.

Saint-Véran (Htes-Alpes). Station d'astrophysique rattachée à l'Observatoire de Paris (étude du Soleil).

Strasbourg. *Fondé* 1918. Lunette de 50 cm. Spectroscopie stellaire. Abrite le Centre national de données stellaires. Planétarium.

Autres établissements de recherche astronomique

Institut d'astrophysique de Paris (I.A.P.). **Laboratoire de physique stellaire et planétaire** (L.P.S.P.). Verrières-le-Buisson. **Service d'aéronomie du C.N.R.S.** Verrières-le-Buisson. **Laboratoire d'astronomie spatiale** (L.A.S.). Marseille. **Centre d'études spatiales des rayonnements** (C.E.S.R.). Toulouse. **Bureau des longitudes.** Paris (sous la tutelle de l'Institut de France).

Télescopes

Origine. *Isaac Newton,* en 1667, découvrit pourquoi les lentilles provoquent des *irisations* (aberrations chromatiques) et décida de construire un instrument astronomique où la lumière serait focalisée non plus par une lentille mais par un miroir. L'idée avait été suggérée peu de temps avant par James Gregory. En 1672, Newton présenta devant la Royal Society le 1er télescope (long. 16 cm, miroir de 38 mm grossissant 14 fois).

Description. Comprend un miroir concave chargé de former l'image et des récepteurs divers : plaque ou film, photomètres, spectrographes, récepteurs électroniques.

Des miroirs secondaires combinés avec le miroir principal donnent une longueur focale très grande (ce principe a été mis au point par l'Anglais James *Gregory* en 1663 et le Français Nicolas *Cassegrain* en 1672). En général les ouvertures relatives varient de F/2,7 à F/6, l'ouverture relative de la combinaison formée par le miroir primaire et le miroir secondaire (convexe ou concave) variant de F/30 à F/8. Pour une longueur focale équivalente, le télescope est beaucoup plus compact que la lunette. Contrairement à la lunette, il ne présente pas d'aberration chromatique et, de plus, il permet de conduire des études de l'ultraviolet à l'infrarouge lointain, ce qui est impossible avec une lunette à cause de l'absorption des verres.

Le diamètre d'un télescope définit, en théorie, son pouvoir séparateur, donc la possibilité de distinguer des objets très serrés, comme les étoiles doubles. Il conditionne aussi la quantité de lumière reçue, donc le contraste avec lequel l'objet visé apparaîtra sur le fond céleste. Mais les avantages d'un grand diamètre sont perdus si la qualité optique du télescope est moins bonne (or elle est d'autant plus difficile à assurer que le diamètre est plus grand), ou si la turbulence de l'air est forte et brouille les images, ou s'il existe des lumières parasites au voisinage de l'observatoire. Le miroir primaire concave le plus grand atteint 6 m.

Le télescope de *Schmidt* (1930) peut atteindre un champ de 5 à 10°. Son diamètre utile est limité par celui de la lame en verre dont les surfaces sont asphériques et qui est placée au centre de courbure du miroir concave. Le foyer est interne, c'est-à-dire entre la lame et le miroir concave.

Le plus grand est celui de Tautenburg (All. dém.) : 134 cm d'ouverture utile.

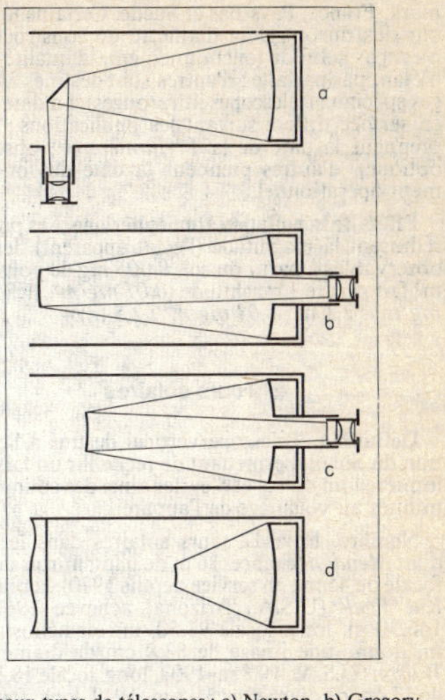

Principaux types de télescopes : a) Newton, b) Gregory, c) Cassegrain, d) Schmidt

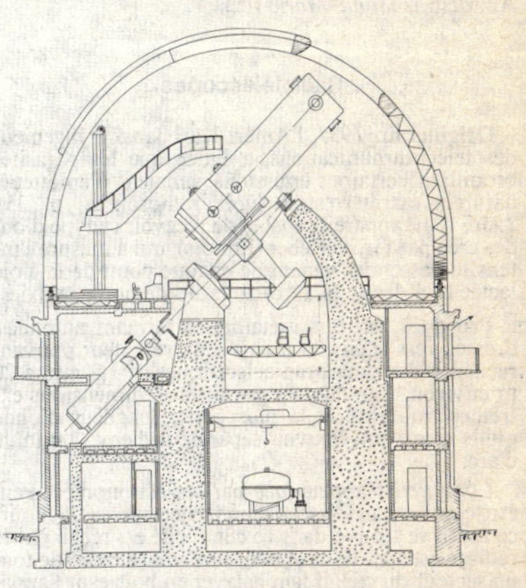

Télescope de 193 cm de diamètre *(observatoire de Haute-Provence).* Le télescope est placé sur une monture dite équatoriale. Son axe est parallèle à l'axe terrestre et un moteur le fait tourner à la vitesse de la rotation de la Terre pour compenser le mouvement apparent des étoiles. On préfère (facilité d'utilisation et fiabilité des ordinateurs et des systèmes d'asservissement) utiliser maintenant la monture altazimutale à la place de la m. équatoriale (exemple : le télescope de 6 m de *Zelentchouk*).

Projets. Miroirs de 10 m de diamètre et télescopes à miroirs multiples (plusieurs miroirs équivalents à un seul par réglages délicats). Télescope de 2,40 m lancé dans l'espace par la NASA en 1987. Voir p. 47.

Avec les ordinateurs et les systèmes d'asservissement, on utilise de plus en plus pour les télescopes modernes la monture azimutale à la place de la monture équatoriale. 1re tentative, celle du télescope de 6 m de Zelentchouk.

Principaux télescopes (altitude en m, diamètre du miroir en cm). *Zelentchouk :* 2 070, 600, 1976, U.R.S.S., Caucase, miroir poids 70 t. *Mont Palomar :* 1 706, 508, 1948, U.S.A., Calif. *Mont Hopkins :* 2 600, 450, 1979, Arizona, 6 miroirs de 180 cm. *N.H.O. (Northern Hemisphere Observatory) :* 2 300, 420, 1984, Las Palmas, Canaries. *Cerro Tololo :* 2 400, 401, 1976, Chili. *Kitt Peak :* 2 064, 401, 1973, U.S.A., Arizona. *Siding Spring :* 1 164, 391, 1975, Australie, N.-Galles du S. *Mauna Kea :* 4 190, 380, 1985, Hawaï UKIRT (United Kingdom Infrared Telescope). *Mauna Kea :* 4 194, 360, 1979, Hawaï, franco-canadien. *La Silla :* 2 400, 360, 1976, Chili. *Galar Alto :* 2 160, 350, 1984, Espagne, Sierra Nevada. *Mt Hamilton (observ. Lick) :* 1 277, 305, 1959, U.S.A., Calif. *Mauna Kea :* 4 208, 300, 1979, Hawaï, NASA.

Observatoire austral européen (European Southern Observatory) établi par All. féd., Belgique, Danemark, France, Pays-Bas et Suède. Certains télescopes ont des miroirs d'un diamètre de construction qui n'est pas celui de fonctionnement, la qualité optique n'étant pas parfaite ; d'autres sont destinés à des usages spéciaux (télescopes infrarouges). La date de mise en service diffère suivant les publications ; certains prennent la date de la *1re lumière* (1re observation optique), d'autres prennent la date du fonctionnement opérationnel.

Effets de la pollution atmosphérique. Les poussières réduisent la magnitude (l'éclat apparent) des étoiles observables à partir du sol. *0,005 mg* de poussière au m^3 fait perdre 1 magnitude (*0,01 mg/m³* : 1,5 m ; *0,02 mg/m³* : 2,1 m ; *0,03 mg/m³* : 2,5 m).

Tours solaires

Définition. Télescope vertical destiné à l'observation du Soleil, permettant de recueillir un faisceau de lumière loin du sol et d'éviter ainsi des courants thermiques au voisinage de l'appareil.

Nombre. Env. 12 tours solaires dans le monde, dont *Meudon* (France, 36 m de haut, miroir de 60 cm, focale de 45 m ; en service depuis 1970), la plus haute. *Kitt Peak* (U.S.A., Arizona, achevée 1962, long. 146,30 m, long. focale 91,50, miroir héliostatique 2 m, donne une image de 83,8 cm de diamètre), *Mt Wilson* (U.S.A., 19,8 m, 1907, long. focale 18,3, image de 17 cm de diamètre ; 51,8 m, 1912, long. focale 45,7 m, image de 43 cm de diamètre), *Einstein* (Potsdam, All. dém.), *Monte Mario* (It.).

Radiotélescopes

Origine. En *1931,* l'Amér. Karl Jansky, ingénieur des télécommunications, a l'idée que les parasites brouillant certaines émissions venaient d'émetteurs naturels extraterrestres (voir radiosource, p. 35). *1936,* le 1er appareil capable de recevoir ce type d'ondes créé par Grote Reber (Illinois), qui a mesuré l'intensité des ondes venant de chaque point de la Voie lactée et a dressé la 1re carte radio de notre galaxie.

Principes. Miroirs métalliques formant antennes, dressés vers le ciel, et munis d'un récepteur pouvant recueillir des ondes radioélectriques de 1,2 mm à 20 m environ. Caractérisés par surface, dimensions extrêmes, mobilité et la plus petite longueur d'onde qu'ils reçoivent. Pouvoir séparateur d'env. 1 minute d'arc.

Cône fictif : appelé *lobe* par les astronomes. Peut être comparé au faisceau d'un projecteur : si une source radio se trouve dans ce cône, elle est reçue par le radiotélescope. Pour obtenir une image radio de tout un secteur du ciel, il faut balayer en bougeant l'appareil. Plus le lobe est petit, plus la carte est floue.

Longueur des ondes reçues : avec un petit miroir parabolique, on ne peut capter que les ondes courtes. C'est pourquoi on construit des radiotélescopes de plus en plus grands. Quand on combine 2 antennes, on obtient un *interféromètre* (voir ci-après). Les Américains ont mis au point un système de radiotélescopes combinés entre eux et circulant sur voie ferrée. Pour obtenir une précision plus grande dans la captage des ondes, on multiplie le nombre des antennes (jusqu'à 10 disposées en croix).

Les plus grands radiotélescopes à une seule antenne

Surface des antennes en m^2 (S), diamètre ou diamètre équivalent en m (D), longueur d'onde minimale en m (λ m), facteur de qualité (D/λ m).

	S	D	λ m	D/λ m
Arecibo (P. Rico) [1]	73 000	305	0,5	600
Eiffelsberg (All. féd.) [3]	7 500	100	0,02	5 000
Green Bank (1966) [2, 4]	7 500	92	0,06	1 500
Nançay (Fr., 1958) [2]	7 000	90	0,18	1 500
Jodrell Bank (1957) [3, 5]	4 500	76	0,2	375
Parkes (Austr.) [3]	3 200	64	0,06	1 000
Algonquin (Can.) [3]	2 000	50	0,03	1 700
Green Bank [3, 5]	1 400	42	0,02	2 000
Serpukhov [3, 6]	380	22	0,008	2 800
Crimée [3, 6]	380	22	0,004	5 500
Tucson (U.S.A.) [3]	110	12	0,0012	10 000

Nota. — (1) Fixe. Inauguré en 1963 ; est en service depuis 1974 sur λ m 0,06. D/λ m 5 000. (2) Méridien ; miroir fixe surf. 8 000 m^2, en forme d'arc de cercle ; plus 1 miroir mobile rectang. long. 200 m, haut. 40 m. (3) Complètement orientable. (4) U.S.A. (5) G.-B. (6) U.R.S.S.

En France. *Nançay. 1953,* station créée sous la responsabilité de l'École normale supérieure et de l'Observatoire de Paris, sur un terrain de 150 ha en Sologne, nécessite un environnement non industriel, libre de parasites électriques et radio. *1956,* construction du 1er interféromètre solaire. La branche est-ouest comporte 32 antennes réparties sur 1 550 m ; c'est le plus grand du monde dans sa catégorie ; antennes 5 m de diamètre. *1959,* branche nord-sud ; comporte 8 antennes de 10 m sur 770 m. Cet ensemble observe le Soleil tous les jours à midi. *1962,* grand radiotélescope fixe. *1972,* réseau décamétrique. *Haute-Provence et Meudon :* des antennes provisoires ont été installées jusqu'en 1950. *Bordeaux :* antennes pour l'écoute du Soleil (8 m de diamètre).

☞ Des signaux ont été envoyés le 16-11-1974 à partir d'Arecibo, vers l'amas globulaire *Messier 13.* Ils parviendront à d'éventuelles civilisations extraterrestres dans 24 000 ans.

Nature du message : 1 700 signes en numérotation binaire (durée : 159 s). Symboles chimiques, silhouette d'un homme, du radiotél. d'Arecibo ; formules de math., de chimie (dessin des atomes d'hydrogène, hélium, lithium, etc.).

Interféromètres les plus importants

Ils remplacent les antennes classiques pour la réception des ondes supérieures à 20 cm, par plusieurs miroirs, et permettent la connaissance précise des coordonnées des radiosources.

Principaux interféromètres (sauf ceux utilisés pour les observations du Soleil). Nombre et diamètre des antennes en m, base en km, longueur d'onde minimale d'utilisation en cm. *Owens Valley* (U.S.A., Calif.) [1] : 2 a. de 27 m, 0,5 km, λ 3 cm. *Socorro* (U.S.A., N.-Mex., 1978-81) : 27 a. de 26 m, 21 × 21 × 19 km, λ 1 cm « Very Large Array », en forme de Y. *Westerbork* (P.-Bas, 1970) : 14 a. (4 mobiles) de 25 m, 3,2 km, λ 6 cm. *Green Bank* (U.S.A., Virginie occ.) [1] : 3 a. de 25 cm, 5 km, λ 11 cm. *Cambridge* (G.-B., 1964) [1] : 3 a. (1 mobile) de 18 m, 1,6 km, λ 21 cm. *IRAM,* Bure (France, 1985) : 3 a. de 15 m, λ 0,13 cm. *Cambridge* (G.-B., 1972) : 8 a. (4 mobiles) de 14 m, 4,6 km, λ 1 cm. *Owens Valley* (U.S.A., Calif., 1981) : 3 a. de 10 m, λ 0,13 cm. *Nobeyama* (Japon, 1983) : 4 a. de 10 m et 1 a. de 45 m, λ 0,30 cm. *Hat Creek* (U.S.A., Calif.) : 2 a. de 6 m, λ 0,25 cm. *Bordeaux* (France, 1973) : 2 a. de 2,5 m, 0,064 km, λ 0,2 cm.

Nota. — (1) Antennes pouvant se déplacer les unes par rapport aux autres. — Des observations interférométriques à très grande base se font également entre des radiotélescopes situés dans diverses parties du monde.

RATAN-600 (Zelentchouk, U.R.S.S., 1977-80) : cercle de 576 m de diam., formé de 895 miroirs élémentaires de 7,4 m de hauteur et 2 m de côté (réflecteurs : 13 600 m^2). Travaille entre 8 mm et 30 cm.

Lunettes astronomiques (Réfracteurs)

Description. Elles comportent 2 lentilles : l'*objectif* qui capte la lumière et fournit une image, et l'*oculaire* qui grossit cette image. *1590,* invention. *1609,* utilisée en astronomie (Galilée). *1673,* installées sur des instruments de position, notamment par John Flamsteed à Greenwich (1675). *1757,* « achromatiques », c'est-à-dire munies d'objectifs donnant des images dépourvues d'irisation (John Dollond, opticien anglais, 1701-64, qui a utilisé des lentilles faites de verres différents). Avant lui, on corrigeait l'aberration chromatique en allongeant la distance focale (lunette d'Hévélius, 50 m de long).

Grossissements. De 500 à 1 000 fois la surface observée, pour ne pas trop délayer l'image. Certaines lunettes, comme celle de Lick (91 cm) ou de Meudon (83 cm), permettent théoriquement un grossissement de 1 500 à 2 000. Pour des observations sans recherche de contrastes, visant seulement à exploiter le pouvoir séparateur (étoiles doubles), on ira à 1 500, 1 800, guère au-delà (le grossissement n'a d'intérêt que si l'on emploie un oculaire pour une observation directe). Si l'on se borne à photographier l'image, seule la distance focale importe.

Étoiles atteintes. *Objectif de 70 mm :* 870 000 (magn. limite 11), *de 110 mm* 2 270 000 (magn. limite 12) ; ces chiffres concernent le ciel entier bien qu'il ne soit pas visible en général d'un lieu quelconque sur la Terre.

Diamètre de l'objectif en cm

Yerkes (U.S.A., Wisconsin, 1897) [1]	102
Lick (U.S.A., Californie, 1888)	91
Meudon (France, 1896)	*83*
Potsdam (All. dém., photogr., 1899)	80
Nice (France, 1887)	*76*
Allhegeny (U.S.A., Pennsylv., 1914)	76
Poulkovo (U.R.S.S., 1885)	76
Greenwich (G.-B., 1894)	71
Berlin (All. dém., 1896)	68
Vienne (Autriche, 1880)	68
Johannesburg (Afr. du Sud, 1925)	67
Charlottesville (U.S.A., Virginie, 1883)	67
Washington (U.S.A., 1873)	66
Mont Stromlo (Australie [2] 1956)	66
Hertsmonceux (G.-B., 1899)	66

Nota. — (1) Distance focale 19 m. (2) Implantée d'abord (1925) en Afr. du Sud.

Un objectif de 125 cm, coulé en France, équipait une grande lunette horizontale longue de 58 m, disposée en face d'un sidérostat et présentée à l'Exposition universelle de 1900. Cet instrument n'a jamais été utilisé en raison de son caractère extrêmement peu pratique.

Actuellement, on se borne en général à des diamètres de 40 à 60 cm, qui permettent d'avoir des verres bien homogènes pour la taille de l'objectif.

Jumelles

Ordinaires : objectifs d'env. 25 mm de diam., grossissement de 2 à 3. **A prisme :** 30 à 60 mm, grossissement de 6 à 20. A grossissement égal, le diamètre détermine la luminosité. Les jumelles de 7 (grossissement) × 50 (mm de diamètre) sont plus lumineuses que celles de « 7 × 35 ». Un objectif de 25 mm permet de voir 117 000 étoiles jusqu'à la magnitude 9 ; un de 45 : 324 000 (magn. limite 10).

Astrolabe

Nom de 2 instruments astronomiques différents. 1) **ancien** (origine arabe) : un plateau de cuivre, dominé par des « araignées » mobiles permettant de repérer les étoiles d'une constellation donnée. 2) **moderne,** astrolabe à prisme pour étudier les variations des coordonnées géographiques des observatoires dues aux déplacements du pôle, et à déterminer temps sidéral et temps universel. Astrolabe à prisme, conçu entre 1900 et 1902, par Claude et Driancourt, comme appareil portatif déterminant des points astronomiques, avec une précision de ± 2″ : devant l'objectif d'une lunette d'axe horizontal, on place un prisme équilatéral. Le faisceau lumineux d'une étoile est partagé en 2 : une partie pénètre dans le prisme sur la face supérieure, se réfléchit sur la face inférieure et est renvoyé sur l'objectif de la lunette ; l'autre se réfléchit sur un bain de mercure liquide, pénètre dans le prisme par la face inférieure et se réfléchit sur la face supérieure qui la renvoie sur l'objectif. En général, les 2 faisceaux donnent des images distinctes. Mais, si l'angle que font les rayons avec la verticale est de 30°, les 2 faisceaux entrant dans l'objectif sont parallèles et donnent des images confondues. On peut ainsi noter l'instant où ils coïncident et en déduire la latitude du lieu d'observation. L'heure de passage de l'étoile au méridien (d'où se déduit la longitude) s'obtient en faisant la moyenne des instants de passage à la hauteur 60° (une étoile passe 2 fois par nuit à une hauteur donnée sur l'horizon, une en montant, une en descendant). Principal défaut : l'instant supposé de la coïncidence entre les images dépend de la mise au point de l'oculaire de la lunette, autrement dit de l'observateur lui-même. *Astrolabe impersonnel d'André Danjon :* utilise un prisme biréfringent, instrument fixe, d'observatoire (pèse env. 200 kg). Précision de 0,05″ env. dans une détermination de latitude, sur le terrain à 1,5 m env.

Lunette zénithale photographique (Photographic Zenith Tube) : lunette d'axe vertical permettant de photographier les étoiles quelques instants avant et après leur passage au zénith, un peu plus précis que l'astrolabe de Danjon : latitude à 0,03″, longitude ou temps sidéral à 0,003″ près.

Technologie moderne

Caméra électronique. Mise au point en 1936 par le Français André Lallemand. Amplifie la lumière des étoiles faibles, en la faisant tomber sur une plaque photosensible qui transforme le rayonnement lumineux en ray. corpusculaire (ray. d'électrons, qu'on peut accélérer).

Dispositif à comptage de photons. Sert à déceler les astres invisibles, dont la lumière n'arrive que par photons isolés (par suite de leur éloignement). Un dispositif libère des centaines d'électrons pour chaque photon capté ; ils sont détectés et focalisés par une grille, et une calculatrice reconstitue l'image de l'astre, en comptabilisant tous les photons reçus.

Microdensimètre. Sert à séparer sur un cliché l'information désirée de toutes les images parasites. Cellule photoélectrique accouplée à un ordinateur qui élimine ce qui trouble l'image. Les microdensimètres de lissage et de déconvolution traitent spécialement les clichés transmis par les sondes interplanétaires.

Télescope multimiroirs. Moins cher et plus maniable que les grands télescopes à miroir unique. Plusieurs miroirs moyens (à l'observatoire du Mt Hopkins, dans l'Arizona, 6 miroirs de 1,80 m de diam. sont montés sur un barillet commun). Un système d'écartométrie sur les images a remplacé le système automatique d'orientation des miroirs à laser.

Interférométrie des tachetures (ou interférométrie speckle). Le Français A. Labeyrie (au CERGA) a trouvé le moyen d'éliminer l'effet de la turbulence atmosphérique qui détériore les images données par les télescopes. Sur une photographie à bref temps de pose (20 à 50 ms), l'image d'un petit objet céleste se présente comme un ensemble de tachetures, disposées différemment sur chaque photo. Le traitement par ordinateur de nombreuses photos reconstitue une image unique, presque aussi nette que si le télescope avait été hors de l'atmosphère. On sépare ainsi des étoiles doubles et l'on mesure le diamètre angulaire d'étoiles simples (à condition qu'elles soient assez lumineuses car les poses sont brèves).

Pointeur automatique de télescope. C'est un ordinateur qui a stocké en mémoire les paramètres relatifs aux étoiles choisies. Avec un moteur d'asservissement, il pointe le télescope dans la bonne direction.

Instruments embarqués à bord de satellites. La plupart des rayonnements émis par les astres (rayonnements α, X, ultraviolet, infrarouge lointain) ne parviennent pas jusqu'au sol parce qu'ils sont absorbés ou réfléchis par l'atmosphère terrestre. Pour les capter, l'engin idéal est le satellite, qui évolue au-dessus de l'atmosphère et peut poursuivre sa tâche pendant des mois ou des années jusqu'à ce qu'il tombe en panne, qu'on cesse de l'interroger, ou qu'il retombe sur Terre. Les instruments astron. embarqués diffèrent peu des appareils au sol : télescopes, spectrographes, récepteurs de lumière. Ils doivent cependant être adaptés au domaine de radiations à étudier [ex. : les télescopes à ultraviolet doivent être dotés de pièces optiques réalisées dans des matériaux sensibles à l'UV (quartz, fluorure de calcium ou de lithium, etc.) ; leurs miroirs sont recouverts d'aluminium ou d'or. Aux longueurs d'ondes inférieures à 500 angströms, ils doivent recevoir la lumière sous incidence rasante, sinon les radiations pénétreraient la surface du miroir au lieu de s'y réfléchir]. Les détecteurs de rayons X varient avec l'énergie du rayonnement étudié : à basse énergie, les flux sont suffisants pour qu'on puisse les focaliser avec un télescope à incidence rasante ; par contre, à plus haute énergie, les flux étant plus faibles, on utilise des compteurs proportionnels pour lesquels on essaie d'avoir la surface collectrice la plus grande possible de façon à capter le plus grand nombre possible de photons X.

Télescope spatial (Edwin P. Hubble Space Telescope). Diam. du miroir 2,40 m, long 13 m, poids 11 t. Sera placé en orbite circulaire autour de la Terre, à 590 km d'altitude, par la navette amér. Atlantis en 1987. La NASA aura la charge du satellite alors que l'Institut scientifique du Télescope spatial préparera et dépouillera les observations. L'Agence spatiale européenne participe à 15 % du coût du projet et, en contrepartie, les Européens disposeront de 15 % du temps d'observation de l'instrument. Un Centre européen de coordination du Télescope spatial à Garching (All. féd.) coordonnera l'accès des Européens à ce télescope. Composition :

1° *Télescope proprement dit* (rapport d'ouverture : F/24) avec un système de guidage et un système de contrôle thermique. 2° *5 instruments scientifiques,* remplaçables en orbite (initialement : 2 spectrographes, 2 caméras, dont une pour objets faibles, construite par les Européens, et un photomètre rapide). 3° *Module de support* comprenant les éléments assurant la vie indépendante du télescope et des instruments scientifiques ainsi que de leur interface avec l'environnement spatial.

Plus petit cependant que le télescope Canada-France-Hawaii ou le télescope du Mt Palomar, il aura des performances supérieures, car il ne subira pas les effets de l'atmosphère terreste. Avec sa résolution angulaire qui devrait atteindre 0,1″, il détectera des astres de magnitude 29 soit 50 fois moins brillants que les objets les plus faibles accessibles depuis la Terre. Conçu pour servir 15 ans, il pourra être réparé dans l'espace par des astronautes grâce à la navette américaine.

On ne possède pas de méthode pour réfléchir ou focaliser le rayonnement γ. Suivant l'énergie des photons γ, on utilise des techniques de détection différentes : effet photo-électrique et effet Compton avec un détecteur du type scintillateur (pour les énergies inférieures à 5 MeV) ; production de paires électron-positon dans une chambre à étincelles (pour les énergies supérieures à 5 MeV).

Astronomie en France

Astronomes. *Professionnels* env. 400. *Amateurs* 25 000 [*sociétés : Sté astron. de France (S.A.F.),* (créée en 1887 par Camille Flammarion, reconnue d'utilité publique), 3 rue Beethoven, 75016 Paris, Revue mensuelle : *L'Astronomie. Association fr. d'astron. (A.F.A.),* (créée en 1946 par Pierre Bourge), 17, rue Émile-Deutsch-de-la-Meurthe, Observatoire du parc Montsouris, 75014 Paris, Revue bimestrielle : *Ciel et Espace.* + une vingtaine de Stés d'audience régionale ou départementale : *Sté d'astr. populaire (S.A.P.),* 1, rue Camille-Flammarion, 31000 Toulouse (1 000 mb). Revue bimestrielle : *Pulsar. Ass. astr. du Nord,* 1, rue François-Baës, Lille. *Sté astr. de Bordeaux,* Observatoire de Bx-Floirac. *Sté astr. de Lyon,* Observ. de Lyon, St-Genis-Laval. *Ass. astr. et astronautique du Centre,* B.P. 36, Fleury-les-Aubrais. *Sté d'astr. des Pyrénées-O.,* 125, av. Jean-Mermoz, 64140 Billière. *Ass. franco-monégasque d'astr.,* Observ. de St-Martin-de-Peille, L'Escarène. *Ass. astr. de l'Ain, Maison des Sociétés,* bd Joliot-Curie, Bourg-en-Bresse. De plus, il existe des clubs d'astronomie dans de nombreux établissements scolaires].

Utilité des astronomes amateurs. Avant l'avènement de l'ère spatiale, ils ont apporté une contribution importante à l'étude de la Lune et des surfaces planétaires ; aujourd'hui, leur collaboration demeure très utile aux professionnels pour l'étude des étoiles doubles ou variables, et plus généralement la surveillance du ciel (découverte de comètes, étude des météores, observation de satellites artificiels, etc.)

Coût du matériel. On peut débuter avec une paire de jumelles (500 à 1 000 F), une lunette (750 à 18 000), un télescope de 200 à 400 mm d'ouverture.

Études. *2e cycle* (maîtrise ès sciences) : certificat d'astronomie ou d'astrophysique (4e certificat de maîtrise) pouvant être préparé dans la plupart des villes universitaires dotées d'un observatoire. *3e cycle* (diplôme d'ét. approfondies, doctorat) : à Paris VI, VII, Paris XI (Orsay), Lyon, Marseille et Nice.

Astronautique

Généralités

• **Origine du mot.** *Astronautique* a été inventé par l'écrivain français Joseph-Henry Rosny (1856-1940) et utilisé pour la 1re fois en 1927 par le Français Robert Esnault-Pelterie (1881-1957).

• **Vitesse.** Une fusée se place sur une orbite terrestre et devient le satellite de la Terre si, en fin de combustion, elle atteint, à 200 km d'altitude, une vitesse de 7 900 à 11 180 m/s.

• **Vitesse minimale** (m/s). **Au départ de la Terre** pour se placer sur une orbite polaire à 200 km : 8 020, équatoriale à 200 km (dans le sens de la rotation de la Terre) : 7 585 ; pour quitter l'attraction terrestre : + de 11 200 ; pour quitter le système solaire : 16 662.

Au départ d'une orbite circulaire à 200 km de la Terre (où il avait été placé auparavant, l'engin ayant alors une vitesse de 7 800 km/h). *Pour s'éloigner à 1 000 km de l'orbite :* 220 m/s ; *2 000 km* 468 ; *5 000 km* 960 ; *10 000 km* 1 522 ; *20 000 km* 2 065 ; *50 000 km* 2 640 ; *100 000 km* 2 747. *Pour pénétrer dans le domaine lunaire :* 3 090 m/s. *Pour atteindre Vénus :* 3 590 m/s ; *Mars* 3 700 ; *Mercure* 6 185 ; *Jupiter* 6 310 ; *Saturne* 7 280 ; *Uranus* 7 970 ; *Neptune* 8 240 ; *Pluton* 8 360.

• Pour envoyer une sonde vers une planète du système solaire, on lui imprime une orbite autour du Soleil tangente de celle de la planète visée.

Si la planète est plus éloignée du Soleil que la Terre (cas de Mars, Jupiter, Saturne, Neptune, Pluton), la sonde doit s'éloigner du Soleil : on s'arrange pour que, après avoir échappé à l'attraction de la Terre, elle se dirige dans le même sens qu'elle et plus vite.

Si la planète est plus proche (Mercure, Vénus), la sonde doit être dotée d'une vitesse instantanée moins grande que celle de la Terre ; après l'avoir arrachée à l'attraction terrestre, on la lance non plus vers l'avant de la Terre, mais vers l'arrière et on la freine par rapport au Soleil.

Modes de propulsion

Fusées

Principe. 2 réservoirs indépendants contiennent 2 substances chimiques (ergols) qui réagissent ensemble lorsqu'on les mélange dans la chambre de combustion. La réaction dégage des gaz très chauds qui sont éjectés à grande vitesse par une tuyère. La fusée « recule » dans la direction opposée au jet de gaz.

Inconvénients : vitesse relativement faible des gaz éjectés (3 à 4 km/s), donc faible poussée. On pallie cette faiblesse en faisant réagir d'énormes quantités d'ergols.

Poussée de la fusée (F). Exprimée en newtons, elle est égale au produit de la masse q des gaz débités par la tuyère en une seconde par leur vitesse d'éjection Ve :

$$F = q \times Ve.$$

Vitesse finale atteinte par une fusée en fin de combustion (Vf). Elle est égale au produit de la vitesse d'éjection des gaz Ve par le logarithme népérien du rapport de masse :

$$VF = Ve \times \log_{10} \frac{M}{M^1} \times 2{,}3.$$

Influence de la rotation de la Terre. Un engin lancé vers l'est et à la vitesse V reçoit du fait de la rotation terrestre une vitesse complémentaire. La vitesse finale V' est : V' = V + 450 × cos f (cos f est le cosinus de la latitude du lieu de lancement qui est exprimée en degrés).

Énergie nécessaire pour mettre un satellite sur orbite

Dans le repère géocentrique, le satellite de masse m décrit une trajectoire circulaire de rayon r (à l'altitude h), à la vitesse v autour du centre de la Terre de masse m_T, et du rayon R_T.

L'énergie de mise sur orbite ΔE égale l'énergie du satellite E sur sa trajectoire dans le champ de pesanteur moins l'énergie E_O du satellite sur le sol terrestre, soit : $\Delta E = E - E_O$.

La constante de gravitation universelle :

$$g_t = 6{,}67 \times 10^{-11} \text{ S. I.}$$

Énergie du satellite sur sa trajectoire.

$$E = -\frac{g_t\, m_T m}{2r} = -\frac{g_t\, m_T m}{2\,(R_T + h)}.$$

Énergie de mise sur orbite.

$$\Delta E = -\frac{g_t\, m_T m}{2\,(R_T + h)} - \left(-\frac{g_t\, m_T m}{R_T} + \frac{1}{2} m\, v^2\right);$$

$$\Delta E = \frac{g_t\, m_T m}{R_T} - \frac{g_t\, m_T m}{2\,(R_T + h)} - \frac{1}{2} m\, v^2.$$

Le terme $\frac{1}{2} m\, v^2$ est négligeable devant les deux autres et :

$$\Delta E = m g_o R_T - \frac{m g_o R_T}{2}\left(\frac{R_T}{R_T + h}\right),$$

sachant que $g_O = \frac{g_t \times m_T}{R^2_T}$.

C'est l'énergie à fournir au satellite pour le mettre sur orbite, elle lui est donnée sous forme d'énergie cinétique :

$$\frac{1}{2} m v_s^2 = \frac{m g_o R_T}{2};$$

donc sa vitesse est $v_s = \sqrt{g_o R_T}$.

Mise sur orbite. L'altitude pratique minimale pour placer sur une orbite terrestre un satellite est de l'ordre de 150 km. A 2 000 km d'altitude, la vitesse de satellisation n'est plus que de 6,9 km/s. Pour communiquer de telles vitesses, les fusées comportent généralement un à quatre étages, ce qui permet de se débarrasser, au fur et à mesure de la combustion, d'une masse devenue inutile. Lorsqu'il se trouve à l'altitude désirée, le dernier étage restant de la fusée est horizontal, et accéléré pour atteindre la vitesse de satellisation ; à la fin de cette phase, l'ensemble se situe au point d'injection du satellite, qui se sépare de la fusée porteuse.

Mouvement d'un satellite par rapport à la Terre

On caractérise l'orbite d'un satellite par son inclinaison sur l'équateur. Si l'inclinaison est nulle, il sera dit *équatorial* ; si elle est forte, il sera dit *polaire*.

Période de révolution. Plus l'orbite est basse, plus la vitesse est élevée et la distance à parcourir courte. Les satellites les plus bas ont donc les périodes de révolution les plus courtes. Par exemple, Cosmos 298 (1969) (périgée 127 km, apogée 162 km) avait une période de 87,3 mn. Heos (1968) (périgée 418 km, apogée 223 440 km), 4 j 17 h 13 mn.

Perturbation du mouvement. Les lois de Kepler sont la conséquence de la loi de Newton sur l'attraction universelle : deux corps s'attirent mutuellement avec une force $F = \frac{kmm'}{r^2}$ (où k est le coefficient universel de la gravitation ; m et m' les masses respectives des deux corps ; r^2 la distance qui sépare leur centre de gravité). Cette force vaut 9,81 newtons à la surface de la Terre pour une masse de 1 kg. Si le corps se trouve à une grande distance de sa planète, il va subir cette même force d'attraction due au Soleil ou à d'autres planètes de masse importante. Par contre, si le satellite est trop rapproché de la planète, il pourra subir une autre perturbation dans le cas où la répartition des masses n'est pas uniforme sur la planète. En effet, la formule $F = \frac{kmm'}{r^2}$ appliquée à l'ensemble de la planète ne tient pas compte de la distribution des masses, mais suppose qu'elles sont concentrées au centre de gravité du corps.

Droit de l'Espace

- **Comité de l'Espace des Nations-Unies.** *Créé* en 1958, 2 sous-comités, technique, juridique.

Traités 5 (4 en vigueur) : *Tr. du 27-1-1967* : tr. de l'Espace. *Accord du 22-4-1968* : sauvetage, retour des astronautes, restitution des objets lancés dans l'espace. *Conventions du 29-3-1972* : responsabilité ; *du 14-1-1975* : immatriculation des objets lancés dans l'espace extra-atmosphérique. *Accord du 18-12-1979* : activités des États sur la Lune et autres corps célestes.

- **Principes de base** (tr. de 1967).

— **Article 1.** « L'exploration et l'utilisation de l'espace extra-atmosphérique, y compris la Lune et les autres corps célestes, doivent se faire pour le bien et dans l'intérêt de tous les pays, quel que soit le stade de leur développement économique ou scientifique ; elles sont l'apanage de l'humanité tout entière.

» L'espace extra-atmosphérique, y compris la Lune et les autres corps célestes, peut être exploré et utilisé librement par tous les États sans aucune discrimination, dans des conditions d'égalité et conformément au Droit international, toutes les régions des corps célestes devant être librement accessibles.

» Les recherches scientifiques sont libres dans l'espace extra-atmosphérique, y compris la Lune et les autres corps célestes, et les États doivent faciliter et encourager la coopération internationale dans ces recherches. »

— **Article 2.** « L'espace extra-atmosphérique, y compris la Lune et les autres corps célestes, ne peut faire l'objet d'appropriation nationale par proclamation de souveraineté, ni par voie d'utilisation ou d'occupation, ni par aucun autre moyen. »

- **Prescriptions particulières.** Interdiction d'installation d'armes nucléaires ou de destruction massive dans l'espace (art. 3 et 4) ; les astronautes sont considérés comme des envoyés de l'humanité (art. 5) ; un régime de responsabilité protecteur est prévu (art. 6 et 7) ; obligation de restitution des objets spatiaux et de retour des astronautes (art. 5 et 8) ; obligation d'informer la communauté scientifique mondiale (art. 11) ; accessibilité de toutes les stations et installations, de tout le matériel et de tous les véhicules spatiaux se trouvant sur la Lune ou sur les autres corps célestes.

- **Revendications des pays en voie de développement. Télédétection :** les pays estiment que l'inventaire de leurs ressources naturelles constitue une atteinte à leur souveraineté. **Télévision directe internationale :** les pays veulent éviter toute ingérence intérieure qui se développerait au nom du principe de la libre circulation de l'information. Les pays équatoriaux revendiquent le segment d'orbites des satellites géostationnaires situé au-dessus de leur territoire (l'orbite des 36 000 km étant considérée comme ressource nationale de l'État sous-jacent).

Moteur ionique

Origine. En 1970, 2 propulseurs ioniques du satellite américain SERT-2 ont fonctionné 2 011 h et 3 781 h avant d'être mis hors service par des courts-circuits puis ils furent remis en service. En 1975, la N.A.S.A. annonce qu'elle avait fait fonctionner pendant 15 000 h un tel micropropulseur.

Principe. Le moteur dissocie un gaz en ions de charges électriques opposées (le plus souvent un ion lourd et un électron). Les ions sont ensuite accélérés par un champ électrique et éjectés à grande vitesse. *Avantage* : vitesse des ions (15 km/s). *Inconvénient* : on ne peut ioniser que des gaz à faible pression, donc offrant une poussée insuffisante pour arracher une fusée à l'attraction terrestre. Mais la puissance peut suffire pour modifier l'orbite d'un satellite.

Le moteur qui éjecte des charges positives a tendance à se charger négativement et à annuler la poussée.

Propulsion par laser

Principe. Une face du satellite est formée d'un matériau facilement vaporisable. Une 1re impulsion du laser fait apparaître une mince couche de gaz. Une 2e impulsion plus intense transforme ce gaz en plasma dont la dilatation brutale exerce sur le satellite une force importante. *Avantage* : poussée 3 fois supérieure à celle des meilleurs ergols. *Inconvénient* : nécessite un laser très puissant disposant d'une source d'énergie importante. *Emplacement du laser* : placé au sol, il serait gêné par l'absorption de la lumière par l'atmosphère ; à haute altitude, par le gaz carbonique ; embarqué sur un satellite, il faudrait trouver une source d'énergie suffisante (énergie solaire, générateur d'électricité à radio-isotopes).

Voile solaire

Principe. Utiliser la pression de la radiation exercée par la lumière du Soleil sur la surface où elle se réfléchit (propulsion photonique). A la surface de la Terre, cette pression est négligeable. Mais dans l'espace interplanétaire, sans pesanteur et effets parasites, la force ainsi exercée sur une grande voile (10 g sur une voile de 10 000 m²) faite d'un film de plastique aluminisé serait suffisante pour modifier sa trajectoire. Le pilotage serait réalisé en modifiant la position de la voile par rapport à la direction de la lumière. Une voile de quelques milliers de m², en nylon métallique ultra-léger, pourrait franchir la distance Terre-Lune (300 000 km) en un peu plus d'1 an, à la vitesse d'un cheval au galop. *Avantage* : ne nécessite l'emport d'aucun carburant. *Inconvénient* : difficulté pour plier (avant le décollage) puis déployer dans l'espace une grande surface d'un matériau fragile. Mariner 10 (1973) s'est orienté au-dessus de Mercure grâce à l'effet de ces « vents » lumineux sur ses panneaux solaires.

Satellites artificiels

Définitions

Satellites artificiels. Objets lancés de façon à décrire autour d'un astre une orbite sous le seul effet de l'attraction universelle et de certaines forces physiques (résistance du milieu, pression de radiation solaire, champ magnétique). On distingue les s. artificiels passifs et les s. actifs (émetteurs de données ou relais de télécom.).

Désignation des satellites lancés. *De 1957 à 1962* : par le millésime suivi d'une lettre grecque en suivant l'alphabet (au 25e on recommença par αα, au 49e par βα ; les débris de fusée ayant le même indicatif plus un chiffre). *A partir de 1963* : par un numéro d'ordre dans l'année (débris catalogués sous le même n°).

Apogée. Point d'une orbite le plus éloigné de la Terre. Un satellite pourrait s'éloigner à 1 million de km, mais les déformations de l'orbite seraient très importantes et chaque révolution durerait plus de 5 mois. *Orbite basse* : pour un apogée de 1 000 km et moins ; *moyenne* : apogée de 1 000 à 40 000 km ; *haute* : au-delà. Ex. IMP-4 (494 230 km), Explorer 34 (213 000 km).

Les *satellites de télécommunications* opérationnels ont une orbite *géostationnaire* à 35 786 km de la Terre procurant une immobilité apparente.

Périgée. Point d'une orbite le plus proche de la Terre. A moins de 150 km d'altitude, en raison du frottement de l'atmosphère, on ne place plus de satellite (sauf s. de surveillance et de reconnaissance photographiques récupérés quelques jours après leur lancement).

Records : 101 km (Cosmos 169, lancé le 14-11-1969), 129/286 km (orbite d'attente sur laquelle Luna 7, lancé le 4-10-1965, effectua une révolution incomplète avant de poursuivre vers la Lune).

Au-dessus de 200 km, le *frottement atmosphérique* s'affaiblit et le satellite peut vivre plusieurs semaines (à 300 km, plusieurs mois).

Au-dessus de 400 km, il devient négligeable surtout si le satellite a une forte densité.

Nota. — Pour les satellites d'autres astres, au lieu de périgée et d'apogée, on parle de *périastre* et d'*apoastre*, de *périsélène* ou *périlune* et d'*aposélène* ou *apolune* (sat. de la Lune), de *périhélie* et d'*aphélie* (sat. du Soleil).

Projets à l'étude

Voile carrée (Jet Propulsion Laboratory, Californie) 800 m de côté ; épaisseur 2,5 micromètres. *Ronde* (N.A.S.A.) 860 m de diam. *Mini-voile* (C.N.E.S. et E.S.A.) 200 m de côté. *Voiles hexagonales* de 2 000 m² lancées en 1985 par associations d'amateurs (U.P.P.P. en France, W.S.F. aux U.S.A.) dans le cadre d'une course Terre-Lune à la voile.

Quelques précisions

Pratiquement toutes les fusées amér. et soviétiques dérivent de missiles ou de projets militaires. En 25 ans près de 500 *Atlas* ont été lancés et 800 *Zemiorka.*

Les 4 étages propulsifs de la fusée Korolev qui lança le 1er Spoutnik étaient accolés au corps central ; l'ensemble étant propulsé par 5 moteurs avec 20 chambres de combustion dont la poussée unitaire (24 à 26 t) ne dépassait pas celle d'un V 2. Il brûlait un mélange de kérosène et d'oxygène liquide, connu depuis les expériences de Robert H. Goddard aux U.S.A. dans les années 30. Les performances « spécifiques » de la fusée Korolev étaient inférieures à celles des fusées amér. de l'époque, du fait de la lourdeur des structures. Mais l'U.R.S.S. avait prévu une fabrication en série (plus de 800 furent utilisées).

Les satellites Cosmos sont lancés à l'aide de 10 modèles de fusées regroupées en 5 familles : Sapwood, poussée au décollage (196 t), Sandal (74 t). Skean (88 t), Proton et Scarp (275 t). Les Soviétiques n'ayant jamais révélé le nom exact de ces lanceurs, l'OTAN et le département de la défense américaine (D.O.D.) leur ont donné des noms de code.

G1 serait le seul lanceur soviétique issu d'un missile [100 m de haut, 7 moteurs à 6 chambres de combustion (soit 42 au total) développant une poussée de 5 000 t au décollage]. Lors du 1er essai en vol, le 12-6-1969, il explosa sur le pas de tir, qui fut dévasté. De nouveaux essais, en août 1971 et novembre 1972, échouèrent. La mise au point continuerait cependant, pour lancer une station orbitale de 175 à 200 t pouvant abriter en permanence 12 cosmonautes.

Les États-Unis, après les *Jupiter* et *Atlas,* ont utilisé la fusée Titan, dérivée d'un missile destiné à lancer une charge nucléaire de 5 mégatonnes à 8 000 km. La fusée Delta, issue du missile Thor, donna naissance à une famille de fusées (150 lancements). La fusée Scout [le plus petit (17 t) et le 1er lanceur amér. entièrement à poudre] fut conçue pour des lancements civils et militaires. Depuis 1961, sa charge utile est passée de 45 à 200 kg. Plus d'une centaine ont été tirées. *Saturn 5* (haut. 110 m, 2 900 t), issue des projets militaires Juno 5, alias Horizon de l'U.S. Army, pouvait lancer 120 t en orbite basse ou 45 t vers la Lune.

Principaux lanceurs spatiaux	Haut. (m)	Étages	Diam. max. (m)	Poussée (10^4 N)	Masse en charge (t)	Masse de la charge utile sur orbite (kg)	Carburants utilisés S = Solide L = Liquide
Américains							
Titan II *	33,50	2	3	195	150	3 000[2]	
Titan 34 D	50			1 203	680	13 000	
Saturn I *	58	2	6,70	721	635	10 000[2]	S-S-S
Scout B	22	3	1,02	206	18	185[1]-38[2]	
Delta 3 914 *	35,4	3[10]	2,4	206	191	2 500[1]-900[2]-440[3]	L-L-S
Delta 3 920 PAM	35,4	3	2,44	206	192	2 500-1 247-545	
Atlas-Centaur	40,8	2	3,05	192	147	4 500[1]-1 850[2]-910[3]	L-L
Titan III-C *	38,3	3[7]	3,05	1 040	631	15 000[1]-4 500[2]-1 500[3]	L-L-L
III Centaur *	30	3[7]	3,05	1 040	638	7 250[2]	L-L-L
Saturn I-B *	68,3	2	6,6	720	585	15 000[1]	L-L
Saturn V *	111	3	10	3 350	2 900[4]	125 000[1]-45 000[2]	L-L-L
Navette	56	1[7]	8,5	2 850	2 030	30 000	L-S
Chinois							
Longue-Marche 2	32,8	2	3,35	470	200	2 000	L-L
Européens							
Ariane 1 (1979)[13]	47,8	3	3,8	245	210	4 800[1]-1 800-1 040[3]	L-L-L[14]
Ariane 2 (1984)	49	3		270	210	4 900[1]-2 175[2]	L-L-L
Ariane 3** (1984)	49	3		270 + 140 (accél.)	237	4 900[1]-2 600[2] ou 2 × 1 200 (lancement double)-1 330[3] ~ 10 000[1]	L-L-L L-L-L
Ariane 4*** (1986)							
versions avec propulseur d'appoint: 40	58	3	3,8	270	235	2 000	L-L-L
42 P		3		420	314	2 700	L-L-L
44 P		3		575	349	3 100	L-L-L
42 L		3		405	350	3 300	L-L-L
44 LP		3		560	406	3 800	L-L-L
44 L		3		540	460	4 300	L-L-L
Ariane 5****		3	5,40	900		15 000[1]-8 000[2]-5 200[3]	
Français							
Diamant A*	17,90	3	1,4	28	18,4	18 000	LSS[6]
Diamant B*	23,55	3	1,4	30-40	24,6	25 000	LSS
Diamant BP4*	21,639	3	1,5	34,8	27	26 340	LSS
Indien							
SLV-3	23	4	1	44	17,5	50[1]	S-S-S-S
Japonais							
Mu-4S (1970)	23,6	4[9]	1,41	152	43,6	180[5]	S-S-S-S
Mu-3C (1974)	20,2	3[9]	1,41	152	41,6	195[5]	S-S-S
Mu-3H (1977)	23,8	3[9]	1,41	175	48,7	290[5]	S-S-S
Mu-3S (1980)	23,8	3[9]	1,41	181	49,8	300[5]	S-S-S
Mu-3S-II (1985)	28,2	3	1,41	211	61	700	S-S-S
N-I (1975)	32,6	3[10]	2,44	146	90,4	130[3]	L-L-S
N-II (1981)	35,4	3[11]	2,44	216	134,7	-350[3]	L-L-S
H-I (1988)	40,3	3[11]	2,44	216	139,3	550[3]	L-L-S
Soviétiques							
Lance-Spoutnik	2[8]	2	2,3	470	295	1 500[2]	
Lance-Vostok	30	3	2,6	470	306	5 000[2]	
Lance-Soyouz	49	2[8]	3	470	317	7 500[2]	L-L
A2-e					306	5 000[2]	
Lance-Cosmos C1 (1964)	32	2	2,4	172	27	500	L-L
Lance-Proton D1-e (1968)	42	3[12]	4,1	1 500	850	22 675-7 500-300	

Nota. — (1) Masse de la charge utile sur orbite circulaire basse. (2) Sur orbite de transfert géostationnaire. (3) Sur orbite géostationnaire (kg). (4) Dont 2 835 t de carburant liquide. (5) Sur orbite circulaire à 250 km d'altitude. (6) L = Peroxyde d'azote + diméthylhydrazine dissymétrique ou U.D.M.H. (7) + 2 accélérateurs. (8) + 4 acc. (9) + 8 acc. (10) + 3 acc. (11) + 9 acc. (12) Étage de périgée. (13) Anciennement L III S, réalisée en coopération européenne (voir p. 62). (14) Hydrogène + oxygène liquides.

(*) Ne sont plus utilisées. (**) Sans accélérateurs, constitue la version Ariane 2. (***) Version « à la carte » pouvant être équipée de 2 ou 4 accélérateurs à poudre (42 P-44 P), de 2 ou 4 accélérateurs à propergols liquides (42 L-44), de 2 accélérateurs à poudre et 2 accélérateurs à propergols liquides (44 L P). (****) 6 versions, avec possibilité de lancements double, triple ou mise en orbite basse de l'avion orbital *Hermès.* L'étage inférieur est équipé de 2 propulseurs à poudre et d'un moteur cryogénique délivrant une poussée de 80 t au sol.

Coût en millions de $. *Scout :* 5 (1977). *Delta 2 914 :* 15,4 (78) ; *3 914 :* 18,3 (78) ; *3 910 :* 25 (81) ; *3 920* (81). *Atlas-Centaur :* 38 (78). *Titan :* 58 (79). *III Centaur :* 50 (77).

Applications technologiques

Télécommunications. Liaisons téléphoniques ou télégraphiques, retransmission de programmes TV ; surveillance de la navigation aérienne et maritime ; détermination du point maritime grâce aux satellites de navigation qui jouent le rôle de balises radio.

Exploration de l'espace. Études de mécanique céleste et détermination des densités du milieu par l'observation de leur mouvement [rayonnements, températures, pressions, courants de particules, champs magnétiques et électrostatiques, observations depuis le satellite vers l'extérieur (ex. : étude des systèmes nuageux des astres)].

Connaissance de la Terre. Localisation et surveillance des bancs de poissons, des lieux de pollution, progression des invasions d'insectes, apparition d'incendies, détermination de l'importance des récoltes, étude du sous-sol [des variations de teintes révèlent des structures (ex. : failles géologiques) invisibles quand les clichés sont pris depuis des avions], mesure de distances intercontinentales à 10 m près (v. 1950, l'emplacement exact d'îles comme Guam ou Tahiti n'était connu qu'à plusieurs km près), surveillance des régions polaires (déplacements de la banquise et des icebergs), surveillance militaire (mouvements de troupes, lancements de missiles, zones stratégiques).

Prévision météorologique. Avec un réseau de satellites géostationnaires qui photographient en permanence la couverture nuageuse et effectuent des mesures thermiques à l'aide de radiomètres opérant dans l'infrarouge.

Applications futures envisagées

Transport d'énergie par satellite. Les sources d'énergie (pétrole, eau, uranium, soleil) étant souvent éloignées des zones d'utilisation, il serait économique de les transformer sur place en électricité puis de transmettre celle-ci sous forme de micro-ondes à un satellite relais (diam. 1 km env.) qui la renverrait vers les régions d'utilisation.

Satellite-centrale solaire. L'énergie solaire pourrait être captée par un satellite grâce à des photopiles d'une surface totale de 50 km². Le courant électrique obtenu serait converti en micro-ondes. Une antenne gigantesque émettrait ces micro-ondes vers la Terre. On étudie la mise en orbite géostationnaire de centrales solaires de 5 000 à 10 000 MW (coût : 6,15 milliards de $ sur 14 ans). Projet GLASER, du nom de l'ingénieur qui le 1er l'a proposé.

Applications diverses. Mise au point de nouveaux matériaux (non inflammables, isolants, résistant à de hautes températures) : batteries solaires, composants électroniques miniaturisés, etc.

Quelques chiffres

☞ Les dates de lancement prennent pour référence *l'heure exprimée en temps universel.*

Bilan des lancements réalisés par les U.S.A. de 1957 à mi-1984 (y compris en coopération avec d'autres pays). *Lancements sur orbite terrestre* réussis 1 029, échecs 134 ; *au-delà de l'orbite terrestre* réussis 74, échecs 14.

Total des lancements réalisés de 1957 au 1-7-1984. U.R.S.S. 1 990. U.S.A. 1 075. Japon 29. Europe 21. *France 20.* Chine 15. Inde 3. G.-B. 1. Australie 1.

Nombre d'objets lancés. De 1957 au 1-7-1985 : 15 891, 5 612 étaient encore en orbite, *10 279* étaient retombés. Dont par pays : U.S.A. 2 839, *2 525.* U.R.S.S. 2 529, *7 579.* Japon 61, *28.* France 50, *56.* I.N.T.E.L.S.A.T. (Organisation internationale de télécommunications) 34, *0.* E.S.A. (Agence spatiale européenne) 31, *1.* Canada 14, *0.* Inde 11, *5.* G.-B. 10, *10.* All. féd. 7, *8.* O.T.A.N. 6, *0.* Chine 5, *45.* Indonésie 3, *1.* Mexique 2, *0.* Arabie Saoudite 2, *0.* Brésil 1, *0.* Espagne 1, *0.* Italie 1, *4.* Australie 1, *1.* Tchécoslovaquie 0, *1.* Pays-Bas 0, *4.* Selon le N.O.R.A.D. (North American Defense Command), il y aura env. 10 000 « objets » (satellites et leurs débris, éléments de fusées, etc.) gravitant dans l'espace en l'an 2000.

Satellites les plus gros. *Américains : Écho 2,* lancé le 25-1-1964, diam. 41,14 m ; satellite passif de télécommunications, constitué par 2 feuilles d'aluminium enserrant une feuille de mylar ; retombé le 7-6-1969 après 28 000 révolutions. *Pégase 1,* lancé le 18-2-1965, il a la forme d'un avion aux ailes déployées de 32 m d'envergure, alt. 495 à 753 km, révolution en 97 mn, retombé le 7-6-1969 (1 300 kg, 10 t avec son équipage), il apparaissait comme une étoile de magnitude 1.

Satellites les plus lourds. *Sur orbite terrestre : Skylab 1* 90 490 kg (35,96 m de long.), lancé le 14-5-1973, retombé le 11-7-1979. *Lunaire : Apollo 15* 39 920 kg, lancé le 26-7-1971. *Solaire :* fusée d'*Apollo 10* 13 810 kg, lancée le 18-5-1969.

Satellites les plus légers. *Sur orbite terrestre : Tetrahedron Research TRS 2* et *3* 0,667 kg, lancés le 9-5-1963. *Lunaire : Interplanetary Monitoring Probe 6* 68 kg, lancé le 19-7-1967. *Solaire : Pioneer 4* 5,896 kg, lancé le 3-3-1959.

Fusées-sondes françaises civiles	Hauteur (m)	Étages	Masse (1) (kg)	Charge utile (kg)	Altitude max. (km)	Carburant (2)	Premier essai
Agathe	8,56	1	3 400	145 à 800	145	S	1962
Bélier I	4,011	1	280	30	85	S	mai-juin 61
Bélier III	5,089	1	322	30 à 90	88 à 160	S	mai 68
Bérénice	13,08	4	3 340	30 à 100	270 à 1 200	S	1967
Centaure I	6,022	2	430	30 à 60	130 à 180	S	1961
Centaure III	7,078	2	476	30 à 100	125 à 245	S	1968
Dauphin	6,208	1	925	130 à 250	100 à 150	S	1966
Dragon I	7,098	2	1 130	30 à 200	250 à 600	S	nov.-déc. 62
Dragon II B	7,098	2	1 150	30 à 200	250 à 600	S	mars 68
Dragon III	8,592	2	1 216	30 à 110	415 à 730	S	juin 68
Emma	4	2	70	5	70	S	févr. 63
Éridan	9,985	2	1 865	130 à 350	225 à 410	S	juill. 68
Rubis	9,61	2	3 436	30 à 60	1 540 à 2 316	S	juin 64
Tacite	7,822	1	1 738	229 à 542	95 à 185	S	juin 65
Titus	11,541	2	3 045	381 à 781	150 à 260	S	1965
Véronique AGI	7,30	1	1 282	100	150	L[3]	juin 65
Véronique 61	9,37	1	1 922	100	160	L[3]	fin 63
Véronique 61M	11	1	1 970	100 à 250	225 à 350	L[3]	1964
Vesta	12	1	5 017	900	250	L[3]	début 64

Nota. – (1) Masse initiale sans charge utile. (2) S = Solide ; L = Liquide. (3) Acide nitrique + essence de térébenthine.

On distingue les fusées : **1° Utilisées par les programmes scientifiques** sous l'égide du C.N.E.S. : *fusées-sondes de Sud-Aviation* (Bélier, Centaure, Dragon, Éridan) ; *fusées météorologiques* Emma (Matra), M.D. (Sud-Aviation) ; *fusées-sondes du L.R.B.A.* (Véronique, Véronique 61, Vesta) ; *de l'O.N.E.R.A.* (Tacite, Titus) ; *de la S.E.P.R.* (Rubis). **2° Destinées à lancer un satellite** : Diamant BP4, composée de 3 étages : L 17 + P 4 + Po 6 ; Coralie, 2e étage du lanceur Europa. Le moteur Valois et son générateur de gaz ainsi que Coralie ont été mis au point par le L.R.B.A. à Vernon. Les fusées civiles françaises à propergol liquide ne figurent que pour « l'historique », la France ayant choisi d'être le maître d'œuvre de la fusée européenne Ariane.

Rapide historique

1926 (10-3). *Une fusée à propergol liquide,* lancée par Robert H. Goddard, physicien américain (1882-1945), atteint 30 m d'alt. **1935.** *Une fusée* lancée par Goddard atteint 2 300 m. **1942 (3-10).** *1er lancement de* V2 (Allemagne), long. 14 m, poids au départ 13 t, portée 270 km, alt. max. 100 km. **1949 (24-2).** *Une fusée à 2 étages* lancée à White Sands (U.S.A.) atteint 400 km d'alt.

1957 (4-10). *1er satellite artificiel soviétique* Spoutnik 1 (compagnon de voyage) (nom officiel : satellite 1957 Alpha 2), 83,6 kg, 58 cm de diam. mis sur orbite à une altitude de 228 à 947 km à plus de 28 160 km/h, révolution en 96,17 mn, lancé par fusée Korolev (poussée + de 500 t) de Tyouratam à 275 km de la mer d'Aral, retombé le 4-1-58. **(11-10).** *1re sonde spatiale américaine* Pioneer 1,38 kg, retombe après avoir parcouru 126 000 km. **16-10.** *1er objet échappant à l'attraction terrestre* (un fragment d'une fusée américaine Aérobee). **3-11.** *1er être vivant dans l'espace :* chienne russe Laïka (Spoutnik 2, 508,3 kg, alt. 225 à 1 671 km, révolution en 103,7 mn, désintégré le 14-4-58).

1958 (31-1). *1er satellite américain* Explorer 1, 14,6 kg, 1,20 m de long, 20 cm de diam., alt. 356 à 2 546 km, révolution 93,7 mn. Lancé par une fusée Jupiter C (Juno 1 de l'U.S. Army, 18 t, 21 m de haut) réalisée sous la direction de Wernher von Braun, ingénieur allemand de Peenemünde, qui travaillait depuis 1953 au Redstone Arsenal de l'U.S. Army à la mise au point d'un missile balistique dérivé de la V2. Durée d'existence jusqu'au *31-3-70.* Découvre les *ceintures de Van Allen* (ceintures de radiations autour de la Terre), **15-5.** *1er satellite lourd soviétique :* Spoutnik 3 (1 327 kg), pendant 23 mois fournit des renseignements. **18-12.** Atlas Score, *70 kg,* alt. 185 à 1 482 km, révolution 101,5 mn. Enregistre et retransmet un message du Pt Eisenhower. Retombé le *21-1-59.*

1959 (7-1). *1re planète artificielle* [la sonde sov. Luna 1 lancée le 2-1, après être passée à 6 000 km de la Lune, devient la 1re planète artificielle sous le nom de Miechta (rêve)]. **3-3.** *1re fusée américaine approchant la Lune* (à 59 000 km) : Pioneer 4. **12-9.** *1er objet envoyé sur la Lune* (sonde sov. Luna 2, détruite à l'atterrissage). **4-10.** *1er vol circumlunaire* (sonde sov. Luna 3 qui transmet des photos de la face cachée).

1960 (11-3). *1re planète artificielle américaine :* Pioneer 5 (orbite solaire jusqu'à 35 millions de km de la Terre). **1-4.** *1er sat. météor.* (Tiros 1, amér.). **15-5.** *1er vaisseau cosmique* (prototype des Vostok, 4 540 kg, sov.). **10-8.** *1re récupération d'un engin spatial* (capsule de Discoverer 13, américaine). **12-8.** Écho 1, *61 kg.* Alt. 598 à 1 691 km. Ballon en matière plastique. Diam. 30,5 m, recouvert d'une fine couche d'aluminium. Réfléchit les ondes électriques venues du sol (relais passif). Sa révolution (env. 1 h 50 mn) diminue très lentement. Retombé le *24-5-68.* **19-8.** *1re récupération d'êtres vivants* après vol spatial (2 chiens sur vaisseau cosmique, sov.). **13-9.** *1re récupération réussie en vol d'une capsule éjectable après mise sur orbite* (Discoverer 15, amér.).

1961 (17-1). *1er sat. manœuvrable* (un propulseur autonome peut du sol être mis en marche) Discoverer 21 (amér.). **31-1.** *1er sat.-espion* transmettant des clichés par radio (Samos 2, amér.). **12-2.** *1re sonde vers Vénus* (sov., contact perdu après 7,5 millions de km). **12-4.** De 9 h 07 à 10 h 36 mn 34 s : *1er homme dans l'espace* Youri Gagarine (Soviétique), vit. max. 28 260 km/h, alt. 327 km (1er Amér. Alan Shepard, 5-5-61). **22-6.** *1er sat. qui utilise un générateur nucléaire SNAP comme source d'énergie à bord* (Transit 4 A, 79,10 kg, alt. 878 à 998 km). **15-11.** *1ers sat. lancés simultanément avec succès* Transit 4 B (90,4 kg, alt. 952 à 1 104 km) et TRAAC (90,4 kg, alt. 953 à 1 106 km).

1962 (21-2). *1er vol orbital autour de la Terre* (John Glenn, Amér.), capsule Mercury. **23-4.** Ranger 4 (328 kg, 36 h 57 mn après son lancement s'écrase sur la Lune à 9 540 km/h) lancé par l'Atlas (fusée de 29 m développant 163 t de poussée). **26-4.** *1er vol spatial d'un engin ni russe ni américain* (Ariel, anglais). **10-7.** *Telstar 1* (80 kg. Alt. 952 à 5 634 km. Révolution 160 mn. Relais hertzien, amplifie les ondes reçues et les renvoie (puissance d'émission 2,5 W). **14-12.** Passage à 34 000 km de Vénus de la sonde américaine Mariner 2 (lancée le 27-8).

1963 (14-3). *1er sat. géostationnaire* (Syncom 1, amér.). Contact radio perdu avant qu'il n'ait atteint son orbite définitive. **16-6.** *1re femme cosmonaute* (Valentina Terechkova, Sov.), durée du vol 22 j 22 h 46 mn.

1964 (14-1). *Début des fusées Saturn* (amér.) capables de satelliser 17 t. **9-4.** *1er sat. réellement géostationnaire,* les 2 premiers Syncom, lancés le 14-2-63 et le 27-6-63. Les émissions de 3 Syncom pourraient couvrir toute la Terre. **12/13-10.** *1er équipage sur orbite* (3 Sov.). **30-11.** *1er usage en vol moteurs ioniques* par la sonde sov. Zond 2.

1965 (18/19-3). *1re sortie d'un cosmonaute dans l'espace,* le Soviétique Alexis Leonov (20 mn ; remorqué pendant 12 mn 5 s par un câble de 5 m de long) ; 1er Américain Edward White, 3-6-65 (sortie = 20 mn). **6-4.** *1er sat. de télécommunications* (Early Bird, américain). **21-5.** *1er satellite lancé dans le sens inverse de la rotation de la Terre* ARS (Aerosym Rescare Satellite, amér.) ; mise sur orbite de 400 millions d'aiguilles métalliques à 3 020 km d'alt. **15-7.** Passage de la sonde Mariner 4 (amér.) à 10 000 km de Mars. **16-7.** *Début des fusées sov. Proton* capables de satelliser 12 t. **26-11.** *1er lancement par fusée ni sov. ni amér.* (Diamant, français, à Hammaguir, Sahara), *1er sat. français* (Astérix). **15/16-12.** *1er rendez-vous spatial* (Gemini 6 et 7, amér.).

Sondes spatiales

Définition

Sondes spatiales. Engins extraterrestres, envoyés sur des trajectoires non fermées pour explorer, en les approchant, la Lune et les planètes (Mars, Vénus, Jupiter, Mercure) ; elles pourront se placer sur orbite lunaire ou solaire, et, au passage, enregistrer des mesures sur le milieu traversé.

Périhélie. Point le plus proche du Soleil. Les plus faibles furent ceux des sondes Hélios 1 (USA/RFA) à 45 millions de km, et de Hélios 2 à 43 millions de km, lancées le 10-12-1974 et le 15-1-1976. En raison de la chaleur, on ne pourra guère descendre plus bas.

Sondes lancées vers la Lune

Débuts. On a exploré l'environnement lunaire grâce à des engins qui gravitaient autour [4 Luna soviétiques (10, 11, 12, 14) ; 5 Lunar Orbiter américains], puis on a mis au point les techniques d'atterrissage en douceur [6 Luna sov. (5, 6, 7, 8, 9, 13) et 7 Surveyor amér.]. Seul le programme américain *Ranger* (engins prenant des clichés de plus en plus rapprochés du sol lunaire avant de s'y écraser) n'eut pas d'équivalent soviétique.

Premiers impacts. Avec des engins de *370* et *270 kg,* la fusée porteuse développant au décollage une poussée de 300 t, l'U.R.S.S. remporta les grandes premières : *1er impact sur la Lune (Luna 2, 12-9-59), 1er vol autour de la Lune* avec transmission de la face cachée *(Luna 3, 4-10-59), 1er atterrissage en douceur (Luna 9, 3-2-66).*

1966 (3-2). *1er atterrissage en douceur d'une sonde sur la Lune* (Luna 9, sov.). **1-3.** Arrivée sur Vénus de Venera 3 (sov.) lancée le *16-11-1965* (détruite à l'arrivée). **31-3.** *1re satellisation autour de la Lune* (Luna 10, soviétique). **30-5.** *1er atterrissage en douceur d'une sonde américaine sur la Lune* (Surveyor I).

1967 (18-10). *1er atterrissage en douceur d'une sonde sur Vénus* (Venera 4, sov.). **9-11.** *1er essai en vol de la fusée lunaire* amér. Saturn V. Une cabine Apollo rentre dans l'atmosphère à 40 000 km/h.

1968 (21-12). *1er vol piloté circumlunaire* (Apollo 8).

1969 (17-1). *1er amarrage entre 2 engins spatiaux* (Soyouz 4 et 5, sov.). **21-7.** *1re marche d'un homme sur la Lune* (Armstrong et Aldrin, Amér., Apollo 11).

1970 (11-2). *1er engin spatial japonais* (Oshumi). **24-4.** *1er engin spatial chinois.* **24-9.** *1re sonde qui revient après s'être posée (le 12-9) sur la Lune.* (Luna 16, sov. qui ramène 103 g d'échantillons de sol). **10-11.** *1er véhicule automobile lunaire* (Lunakhod 1 fonctionne jusqu'au 4-10-71, parcourt 10,5 km en 11 mois et transmet 20 000 photos ; dépose un réflecteur laser français).

1971 (19-4). *1re station spatiale habitée* (Saliout, sov.). **26-7/7-8.** *Record pour un vol orbital autour de la Lune :* 12 j 7 h 12 mn (Apollo 15, américain). **14-11.** *1er satellite artificiel autour de Mars* (Mariner 9, amér., lancé le 30-5-1971).

1972 (23-7). *1er sat. d'observation des ressources terrestres* (ERTS 1, amér.). **7/12-12.** *Record de durée pour un séjour lunaire :* 74 h 59 mn 30 s (Eugen Cernan et Harrison Schmitt, Amér.).

1973 (14-5). *Lancer du plus gros engin spatial* Skylab (amér.) 90,5 t ; 35,96 m de long. *1re réparation d'un engin en vol par ses propres moyens.* **3-12.** *1er survol de Jupiter* (Pioneer 10, amér.).

1974 (29-3). *1er survol de Mercure* (Mariner 10, amér., lancé le 3-11-1973). **17-4.** *1er sat. météor. géostationnaire* (SMS 1, amér.). **10-12.** *1re sonde interplanétaire ni sov. ni amér.* (Hélios, allem.).

1975 (15-7). *1er vol conjoint américano-sov.* **22-10.** *1re photographie de Vénus prise au sol* (Venera 9, sov.). *1er sat. de télécomm. maritimes* (Télésat, amér.).

1977 (12-8). *1er vol d'essai atmosphérique de la navette spatiale amér.*, pilotée par Fred Haise et Gorden Fullerton.

1978 (2-3). *1er cosmonaute tchèque*, Vladimir Remek, sur Soyouz 28 (sov.). **27-6.** *Polonais*, Miroslav Germacheirsky, sur Soyouz 30 (sov.). **26-8.** *Est-allemand*, Sigmund Jähn, sur Soyouz 31 (sov.).

1979 (24-12). *1er lancement d'essai de la fusée européenne* Ariane (succès).

1980 (11-10). Retour sur Terre de Valéri Rioumine et Leonid Popov après avoir passé 185 j à bord de la station orbitale Saliout 6 (1re mission de plus de 6 mois).

1981 (12-4). *1er vol expérimental*, avec 2 astronautes à bord de la navette spatiale amér. (Columbia).

1982 (24-6). *1er vol d'un cosmonaute français* (Jean-Loup Chrétien).

1983 (13-6). La sonde interplanétaire américaine Pioneer 10 devient le 1er objet construit par l'homme à s'éloigner au-delà de la dernière planète connue du système solaire après 11 ans (4 119 j) de voyage. **28-11.** *Spacelab* (laboratoire européen habité, mis en orbite dans la soute de la navette spatiale américaine Columbia) a hébergé le 1er astronaute allemand : Ulf Merbold du 28-11 au 7-12-1983.

1984 (7-2). Lors du vol de la navette n° 10, Bruce McCandless devient le *1er homme satellite*, en flottant librement dans le vide. **12-4.** A l'occasion de la mission de la navette n° 11, *1re réparation d'un satellite en orbite* (S.M.M., dit Solar Max). **2-10.** Record de durée d'une mission spatiale (237 j, U.R.S.S.). **16-11.** Retour sur terre de 2 satellites récupérés dans l'espace par la navette spatiale (mission n° 14).

1985 (11-9). 1er passage dans la queue d'une comète (Giacobini-Zinner) par la sonde américaine « ICE » à 800 km du noyau, 20 min. de traversée. **30-10.** Nombre record d'astronautes dans la navette : 8 (mission Spacelab D-1).

1986 (24-1). *1er survol d'Uranus* par une sonde spatiale (Voyager 2). **28-1** 25e mission de la navette, Challenger explose 75 s après son décollage, mort de l'équipage (voir p. 58). **Du 6 au 14-3** survol de la comète de Halley par sondes spatiales.

Principales dates par pays

Nombre de fusées lancées. Environ 3 000 fusées ont été lancées par 8 puissances spatiales (pays ayant des lanceurs d'engins).

Allemagne fédérale

6 satellites lancés de Vandenberg (Californie), de Cap Kennedy ou du Centre spatial guyanais, du *8-11-69* (Azur, *72 kg*) au *16-1-76*, par fusées Scout, Diamant B ou Titan III.

Australie

1 satellite Wresat *(50 kg)* lancé le *29-11-67* de Woomera par fusée Redstone.

Bulgarie

1 satellite Intercosmos-Bulgaria 1300 *(350 kg)* lancé le *7-8-81* par fusée sov.

Canada

2 satellites Alouette *(145, 147 kg)* lancés de Vandenberg par fusées Thor Agena B ; 2 s. Isis (*237* et *262 kg*) lancés de Cap Kennedy par fusées Thor Delta ; 7 s. Anik dont 5 lancés par fusées Thor Delta, 2 par la navette spatiale (voir p. 54).

Chine

A entrepris depuis 1958 la réalisation de missiles balistiques stratégiques dont dérivent les lanceurs chinois actuels. La fusée Longue Marche 1 lança les 2 premiers satellites chinois *(173 kg)*. La fusée Tempête (190 t, ressemblant à Titan 2) a mis sur orbite 6 sat. (2,3 t à 2,9 t) entre *1975* et *1978*. La fusée Longue Marche 3 (200 t) ressemble à Ariane. 18 satellites lancés du *24-4-70* (Chine 1 ou Dong Fang Hong 1, 173 kg) au *1-2-86* par fusées chinoises.

Espagne

1 satellite Intasat *(24,5 kg)* lancé le 15-11-1974 de Vandenberg par fusée Thor Delta-104.

États-Unis

Ont lancé, de 1958 à 1984, 1 004 fusées (dont 878 avec succès) et ne lancent plus actuellement qu'une quinzaine de fusées par an. La Navette représente une avance technologique considérable sur les Russes.

Caractéristiques. Recherche de la miniaturisation. Bien plus petites que les engins soviétiques, les sondes américaines contiennent des instruments de mesure plus efficaces et plus fiables. Ex. : Pioneer 11, en route dep. 1973, fonctionne toujours (13 ans).

Quelques programmes

● **Sondes. Explorer (55).** Les **9, 19, 24, 39** furent des **ADE (Atmospheric Density Explorer) :** sphères en aluminium (diamètre 3,65 m, *7 à 9 kg*), lancées en 1961, 63, 64, et 68. Les **14** et **15** appelés **EPE (Energetic Particules Explorers)** étudièrent, en 1962, les ceintures de radiations. Les **29** et **36** furent des sat. de géodésie rebaptisés **Geos 1** et **2.** Les **18, 21, 28, 33, 34, 35, 41, 43, 47** et **50** furent des IMP (Interplanctar) Monitoring Probes). Ils explorèrent de 1963 à 1973 la magnétosphère (à env. 85 000 km de la Terre) du côté faisant face au Soleil. **42** *(12-12-70)*, qui a repéré les sources cosmiques de rayonnement X, fut le 1er *SAS (Small Astronomical Satellite).*

Vanguard (3). Programme élaboré avec le concours de la marine américaine.

Pioneer. 11 engins *(38 kg)*. De 1958 à 73. **1** *(11-10-58)* retombe après avoir atteint 126 000 km. **2** *(8-11-58)* échec. **3** *(6-12-58)* retombe après avoir atteint 106 000 km. **4** *(3-3-59)* passe à 59 000 km de la Lune et 4 j après son lancement devient une planète artificielle. **5** *(11-3-60)* reste en communication jusqu'à 36 millions de km. **6** *(16-12-65)* gagne une orbite solaire infér. décrite en 311 j. **7** *(17-8-66)* placé sur orbite solaire sup. décrite en 403 j à 5 millions de km, détecte, en 1976, *la queue magnétique* de la Terre à plus de 19 millions de km de notre planète. **8** *(13-12-67)* gagne une orbite solaire supér. décrite en 394 j. **9** *(8-11-68)* gagne une orbite solaire infér. décrite en 297 j. **10** *(3-3-72)* a quitté le système solaire le *13-6-83*. **11** *(6-4-73)* a survolé le premier la planète Saturne le *1-9-79.*

● **78 missions technologiques d'essai et d'information-expérimentation.**

Programme Discoverer (réalisé par l'U.S. Air Force ; 38 opérations entre le *28-2-1959* et le *27-2-1962*) a créé les techniques de récupération.

Cabine Mercury fut 2 fois expérimentée, d'abord vide, puis avec les chimpanzés Ham et Enos (voir p. 57). Le vol **Gemini 1** eut lieu sans équipage et la fusée **Saturn 1** fut mise au point à travers les opérations **SA 5, 6, 7.** Les 3 dernières **SA (SA 8, 9, 10)** lancèrent des satellites **Pegasus**, dont les larges ailes donnèrent une idée précise de l'abondance des météorites au voisinage de la Terre (2 perforations par an au m^2 pour une épaisseur de 0,4 mm).

Les fusées à hydrogène **Atlas-Centaur** (aujourd'hui employées pour les engins planétaires et gros satellites de communications) furent perfectionnées avec les vols **AC 2** et **AC 4.** Les opérations **Apollo 2** et **5** qualifièrent la fusée Saturn I-B et le module lunaire, et les vols automatiques **Apollo 4** et **6**, Saturn V (voir p. 58). Soit, au total, 15 expériences de qualification.

Avec l'opération **Snapshot**, une pile atomique de 500 watts *(3-4-1965)* a testé les conditions de fabrication d'électricité atomique dans l'espace ; le réacteur fonctionna 43 jours. Un véhicule **Sert**, de *1 500 kg*, alimenté par 2 panneaux solaires *(4-2-1970)* a expérimenté 2 moteurs ioniques au mercure pendant 3 et 5 mois.

ATS (Application Technology Satellite). Depuis décembre 1966, les Américains ont lancé 6 satellites pour éprouver plusieurs techniques d'application depuis une orbite élevée (communications, climatologie, navigation).

● **Biologie.** 4 expériences de biologie spatiale permirent d'étudier, sur des micro-organismes, des plantes ou des animaux, les différents effets des radiations, d'une absence de pesanteur ou d'une pesanteur différente de la nôtre : 3 **Biosatellites** et l'**Opération OFO** *(9-11-1970)* placèrent 2 grenouilles dans l'eau d'une centrifugeuse afin de connaître le comportement de leur oreille interne.

● **28 lancements en liaison avec les vols pilotés.** Après 2 vols suborbitaux de cabines **Mercury** lancées en 1961 par des fusées Redstone (opérations non spatiales), 23 fusées ont mis en orbite des cabines habitées, et 5 autres ont lancé des cibles de rendez-vous **(ATDA** et **Agena)**, le programme **Gemini** étudiant les jonctions dans l'espace en vue des opérations Apollo.

● **31 vols pilotés** *(au 1-1-76)*. 6 Mercury, 10 Gemini, 11 Apollo, 3 Skylab, 1 ASTP. *Après 1981 :* uniquement missions de navettes spatiales.

● **Météorologie.**

Tiros. Entre le *1-4-60* et le *2-7-65*, 10 lancés, *127 à 136 kg*, en forme de tambour. 605 075 photographies montrant les complexes nuageux (22 788 néphalyses transmises en fac-similé) permirent de saisir les mécanismes de la météo et d'envoyer 821 avertissements de tempête. Sur **Tiros 8**, une caméra dite APT (Automatic Puncture Transmission) permit la réception directe des images spatiales au moyen de petites stations autonomes, qui bientôt se compteront par centaines.

ITOS (Improved Tiros Operational Satellite). 8 lancés entre le *11-12-70* [1 : *340 kg*, alt. 1 450 km, révolution 115 mn, appelé NOAA (National Oceanic and Atmospheric Administration)] et le *28-3-83*.

Nimbus. 7 satellites *(28-8-64, 15-5-66, 14-4-69, 8-4-70, 11-12-72, 12-6-75 et 24-10-78)*, présentant des panneaux de cellules au Soleil et braquant vers la Terre des caméras et spectromètres.

ESSA (Environmental Science Service Administration). 9 satellites *(3-2-66, 28-2-66, 2-10-66, 26-1-67, 20-4-67, 10-11-67, 16-8-68, 15-12-68, 26-2-69)*. Certains ont sauvé des cités (Gomez Palacios et Torrean, au Mexique, menacées d'inondation).

SMS 1 (Synchronous Meteorological Satellite) *(17-5-74). 627 kg.* 1er sat. météorologique sur orbite géostationnaire 37 727/37 936 km.

GOES (Geostationary Operational Environmental Satellite). Participe au GARP (Global Atmospheric Research Program), 6 lancés du *16-10-75* au *28-4-83.*

AEM (Application Explorer Mission) ou HCCM (Heat Capacity Mapping Mission) *(26-4-78)*. Alt. 620 km. Étude thermique de la Terre.

Seasat 1 *(26-6-78). 2 300 kg.* Alt. 800 km. Révolution 101 mn. Porteur de 4 émetteurs radar et d'un radiomètre infrarouge pour l'étude des océans. Tombé en panne le 10-10-1978.

SAGE (Stratospheric Aerosol and Gas Experiment) *(18-2-79). 147 kg.* Alt. 600 km. Mesure des concentrations en aérosols et ozone de l'atmosphère.

Solar Mesosphere Explorer *(6-10-81). 437 kg.* Alt. 530 km. Révolution 95 mn. Études des interactions entre le rayonnement solaire, l'ozone atmosphérique et les autres composants de l'atmosphère terrestre. Lancement d'un satellite de recherche sur les couches supérieures de l'atmosphère prévu pour 1988.

• **Télédétection des ressources terrestres.**

Programme Landsat [d'abord appelé ERTS (Earth Ressources Technology Sat.)], 5 lancés du *23-7-72* au *1-3-84.*

• **Astronomie et géophysique.** Satellites auxquels on confie des observations qui seraient impossibles depuis la surface de la Terre (notamment parce que l'atmosphère intercepte presque tous les rayonnements autres que la lumière visible).

OGO (Orbiting Geophysical Observatory). 6 opérations du *5-9-64* au *5-6-69.*

OSO (Orbiting Solar Observatory). 8 opérations ont étudié le Soleil du *7-3-62* au *21-6-75.*

OAO (Orbiting Astronomical Observatory). 3 lancés du *8-4-66* au *30-11-70.*

Solrad. 11 lancés du *22-6-60* au *5-3-76.*

SMM (Solar Maximum Mission) *(14-2-80). 2 315 kg.* Alt. 570 km. Études des éruptions solaires pendant l'année du max. d'activité solaire.

SAS (Small Astronomy Satellite). 2 lancés en *1970* et *1972.* Étude des sources célestes des rayons X.

HEAO (High Energy Astronomy Observatory). 3 lancés du *12-8-77* au *20-9-79.*

ISEE (International Sun Earth Explorer). 3 lancés en *1977* et *1978.* Changement de trajectoire de ISEE-3 pour observer la comète Giacobini-Zinner le 11-09-85.

Magsat. Étude du champ magnétique terrestre.

Cosmic Background Explorer. A l'étude. **Gamma Ray Observatory.** Lancement prévu pour 1988. **Space Telescope.** Lancement prévu pour 1986.

• **Communications.** *Dep. 1959,* on a expérimenté : le sat. enregistreur (**Score** et **Courier**), le ballon réflecteur (**Écho 1 et 2**), le satellite actif de défilement (**Telstar 1, 2** et **3** et **Relay 1** et **2**), la ceinture d'aiguilles (**West Ford**) et enfin le satellite actif géostationnaire (**Syncom 2** et **3**), formule retenue par l'organisme **Intelsat** (voir p. 54).

• **Navigation.** Grâce à 15 satellites **Transit** *(50 à 80 kg.* Alt. 1 000 km environ. Révolution 107 min., orbite polaire), les navires font le point, quelles que soient heure et conditions météo.

Nova *(1er lancé le 15-5-81).* Alt. 1 110 km. Série de 3 sat. complétant le réseau précédent. *Améliorations par rapport aux Transit :* émetteurs (150 et 400 MHz plus puissants), ordinateur à mémoire de capacité accrue (262 Kbits) pouvant stocker 5 j de données, meilleure stabilité de l'horloge embarquée et capacité de corriger les perturbations orbitales ; équipés d'un système permettant de compenser les effets de la pression de radiation solaire sur leur trajectoire (satellites « à traînée compensée »).

• **Géodésie.** 10 satellites géodésiques **Secor** permettent des triangulations radio-électriques à 10 m près, la précision métrique étant atteinte avec les sondages par laser (que permettent 4 satellites Explorer). 4 satellites **Geos.**

• **Lageos** (Laser Geodynamic Satellite) *(6-5-76). 411 kg.* Alt. 5 900 km. Sphère de 60 cm dont la surface comporte 426 réflecteurs pour renvoyer au sol des échos laser.

• **Engins de coopération fabriqués par divers pays.** V. G.-B., Canada, Australie, All. féd., France (FR-1 et Éole), Italie.

• **Programme spécifique de l'U.S. Air Force.** Nombreux lancements, dont beaucoup de multiples.

• **Surveillance.** Ex : **Samos (Satellite and Missile Observatory System)** depuis 1960. **LASP (Low Altitude Surveillance Platform)** dep. 1971, 1er lancement réussi *24-5-60,* alt. 430 à 444 km. Actuellement : Big Birds (satellites-caméras de 11 t), construits par Lockheed pour U.S. Air Force : larguent des capsules contenant les films.

Réseau (alt. 110 000 km). **Vela Hotel** lancé par paires à 6 reprises (dernière *8-4-70*), pour constater que le traité de Moscou de 1963 (interdiction des explosions atomiques dans l'atmosphère) était observé. **Midas** pour détecter les missiles.

Les **IMEWS (Integrated Multipurpose Early Warning Satellite)** prolongent ce programme ; depuis une orbite géostationnaire, doivent signaler, grâce à des détecteurs infrarouges, tout lancement de fusée ou toute entrée d'ogive dans l'atmosphère.

Les **DMSP (Defense Meteorological Satellite Program)** sont des satellites de l'U.S. Air Force.

Des opérations spéciales ont eu lieu dans le cadre des programmes **ARPA-X** (satellites **LCS** ou **DASH** notamment, pour calibrer les radars) et **SAINT (SAtellite INTerceptor),** en vue d'abordage et d'identification de satellites par des vaisseaux d'inspection.

• **Recherche (N.A.S.A.).** Lancements militaires pour des recherches concernant matériaux, radiations et techniques : **ERS (Environmental Research Satellite)** ; **OV (Orbiting Vehicle),** ex. **OV** 3-6 qui fut un **ATCOS (ATmospheric COmposition Satellite)** ; **SURCALS (SURveillance CALibration Satellite** ; programme réalisé par l'U.S. Air Force) ; opérations pour une étude des radiations (**Hitchhiker, Radiation Satellite Radose, Starrad, Starflash**) ; opérations d'étude de la haute atmosphère (**Calsphere, Bluebell, Cannon Ball).** Ces opérations ont été souvent confiées à des engins du type Transtage (véhicule piloté constituant l'étage supérieur d'une fusée Titan III et conçu pour larguer plusieurs charges sur des orbites différentes).

Europe

L'Europe (CERS, ESRO et CECLES-ELDO puis ESA) a échoué dans sa tentative pour construire le 1er lanceur européen Europa.

Repartie sur de nouvelles bases en 1973, principalement sous l'impulsion de la France, elle a réussi à mettre au point Ariane, un lanceur lourd (200 t) qui est le principal concurrent de la Navette spatiale américaine pour les mises en orbite géostationnaire (voir p. 62).

France

L'industrie spatiale française employait, en 1984, 10 400 personnes dont 8 300 dans l'ind. privée. Elle a réalisé en 1984 un chiffre d'affaires H.T. consolidé de 5 500 millions de F (1983 : 5 133,6). *Prospace* fondé en 1981 ; réunit dans un groupe d'intérêts économiques pour les activités spatiales françaises 39 sociétés et organismes.

Objectifs : maintenir la Fr. au rang de 3e puissance spatiale, derrière U.S.A. et U.R.S.S. Après la mise en route du programme de sat. d'observation SPOT (lancement prévu en 1986), 2 autres programmes nationaux ont été décidés : *1o* Télécommunications au bénéfice de la DGT (2 sat. lancés 1984). *2o* Télévision directe au bénéfice de TDF. Pour les perspectives industrielles ouvertes par Ariane, voir p. 62.

Tous les satellites ci-dessous sont toujours en orbite (sauf Castor et Pollux) mais ne servent plus à l'exception de Starlette.

A-1 (Astérix) *(26-11-65).* Capsule technologique simple. Alt. 528 à 1 787 km. *38 kg.* Révolution 108,5 min. Lancé d'Hammaguir (Algérie) par fusée Diamant A. A cessé d'émettre le *26-11-65.*

FR-1 *(6-12-65).* Sat. scientifique pour l'étude de l'ionosphère. Alt. 742 à 757 km. *62 kg.* Révolution 99,77 mn. Lancé de Vandenberg (U.S.A.) par fusée amér. Scout. A cessé d'émettre le *28-2-69.*

D-1A (Diapason) *(17-2-66),* Satellite d'études technologiques (mise à l'épreuve de matériels français) et scientifiques (géodésie). Alt. 506 à 2 750 km. *18,5 kg.* Révolution 118,38 mn. Lancé d'Hammaguir (Alg.) par Diamant A. A cessé d'émettre le *23-1-72.*

Diadème 1 (D-1C) *(8-2-67).* Satellite d'études scientifiques (géodésie par moyens laser et Doppler). Alt. 572 à 1 353 km. *20 kg.* Révolution 102,5 min. Lancé d'Hammaguir (Alg.) par Diamant A. A cessé d'émettre le *2-1-70.*

Diadème 2 (D-1D) *(15-2-67).* Alt. 592 à 1 868 km. *20 kg.* Révolution 109,5 min. Lancé d'Hammaguir (Alg.) par Diamant A. Mission identique à celle de Diadème 1. A cessé d'émettre le *5-4-67,* mais a été utilisé pour des observations optiques et des échos laser.

Péole (préliminaire à Éole) *(12-12-70).* Alt. 516 à 748 km. Révolution 97,21 min. *58 kg.* Sat. technologique, lancé de Kourou (Guyane française) par Diamant B-2. 1er sat. géodésique sur orbite équatoriale. A cessé d'émettre le *28-3-72.*

D-2A (Tournesol) *(15-4-71).* Alt. 455 à 703 km. Révolution 96,3 min. *96 kg.* Sat. scientifique destiné à l'étude du Soleil et de l'hydrogène autour de la Terre et dans l'espace, par des mesures dans l'ultraviolet. Lancé de Kourou par Diamant B-3. A cessé d'émettre le *22-7-73.*

Éole *(16-8-71).* Alt. 678 à 906 km. Révolution 100,7 min. *80 kg.* Sat. météorol. expérimental, destiné à l'étude de la circulation des vents dans l'hémisphère austral. Lancé de Wallops Island (U.S.A.) par une fusée américaine Scout. A la suite d'une erreur de manipulation, Éole a détruit par télécommande 89 des 479 ballons qu'il devait interroger. Peu à peu la disparition progressive des autres ballons l'a rendu disponible pour des expériences complémentaires : étude des courants marins, trajecto-graphie de navires avec transmission de messages, étude des mouvements des icebergs, localisation de véhicules terrestres, mesures météorologiques, expériences technologiques. Arrêt des expériences en *juillet 1974.*

D-2A (Polaire) *(5-12-71). 96 kg.* Sat. scientifique : devait analyser l'émission Lyman Bêta de l'hydrogène. Lancé de Kourou par Diamant B-4. N'a pu être mis en orbite.

Sret-1 (Satellite de recherche et d'études technologiques) *(4-4-72).* Alt. 460 à 39 248 km. Révolution 12 h 15 min. *15 kg.* Sat. technologique pour l'étude de la dégradation des cellules solaires en couches minces sous l'effet des particules chargées. Lancé de Plesetsk (U.R.S.S.) par une fusée soviétique en même temps qu'un satellite de télécommunications Molniya. Rentré dans l'atmosphère le *14-7-73.*

Symphonie 1 et 2, *1974* et *1975.* Voir p. 55 (sat. de télécommunications).

Starlette (Satellite de taille adaptée avec réflecteur laser pour l'étude de la Terre) *(6-2-75). 47 kg.* Alt. 805 à 1 138 km. Révolution 104 min. Sphère d'uranium de 24 cm de diam. avec des réflecteurs pour la télémétrie laser. Satellite géodésique. Lancé de Kourou par Diamant BP4 no 1.

D-5A (Pollux) *(15-5-75). 37 kg.* Alt. 270 à 1 283 km. Révolution 100 min. Destiné à tester un micro-propulseur à hydrazine. Lancé de Kourou par Diamant BP4. Rentré dans l'atmosphère le *5-8-75.*

D-5B (Castor) *(17-5-75). 76 kg.* Alt. 273 à 1 269 km. Révolution 100 min. Expérimentation d'un micro-accéléromètre de haute précision. Sat. technologiques lancés simultanément de Kourou par Diamant BP4 no 2. Réplique des satellites **Castor** et **Pollux** dont la mise en orbite échoua le *22-5-73.* Rentré dans l'atmosphère le *18-2-79.*

Avion spatial Hermès

Étudié par le C.N.E.S. et des industriels français (Aérospatiale, Dassault-Bréguet). Planeur hypersonique récupérable, conçu pour être lancé par la future fusée européenne Ariane 5. Longueur : 15 à 18 m ; hauteur : 6 m ; envergure : 10,4 m ; masse au lancement : 16,7 t pour les missions en orbite basse (circulaires entre 300 et 500 km d'alt., inclinées sur l'équateur de 0 à 28,5°) et 13,1 t pour les missions en orbite héliosynchrone (circulaires entre 600 et 900 km d'alt., inclinées de 99°). Cabine de 15 m^3 et soute de 35 m^3. Pourra emporter 2 à 6 astronautes et 4,5 t de charge utile, pour la desserte des stations spatiales ou la mise en orbite de petites charges utiles autonomes. Son retour s'effectuera, après traversée balistique de l'atmosphère, en vol plané, avec atterrissage, à la manière d'un avion, sur une piste d'environ 4 000 m. Programme proposé par la France à ses partenaires européens. Le C.N.E.S. a confié en oct. 1985 à l'Aérospatiale la maîtrise d'œuvre industrielle et à Dassault-Breguet la maîtrise d'œuvre déléguée pour l'aéronautique (ensemble des travaux nécessaires au succès du vol dans l'atmosphère). 1er vol prévu en 1997.

Sret-2 *(6-6-75). 30 kg.* Alt. 450 à 40 536 km. Révolution 737 min. Sat. technologique devant qualifier un système radiatif cryogénique passif qui sera utilisé sur le sat. météorologique géostationnaire européen Météosat. Lancé par une fusée soviétique en même temps qu'un satellite de télécom. Molniya.

D-2B (Aura) *(27-9-75). 120 kg.* Alt. 503 à 715 km. Révolution 97 mn. Sat. scientifique pour l'étude du rayonnement ultraviolet du Soleil et des étoiles. Lancé de Kourou par Diamant BP4 no 3. A cessé d'émettre le *28-12-1976.*

D-2B Gamma (rebaptisé **Signe 3**) *(17-6-77). 102 kg.* Alt. 450 à 500 km. Révolution 94 mn. Sat. scientifique pour l'étude des sources célestes de rayons gamma. Lancé par une fusée soviétique, retombé le *20-6-79.* **Argos.** Programme prévu de 1978 à 1986. Système de localisation et de collecte de données opérationnelles (géologie, vulcanologie, agronomie, océanographie, météorologie, pollution, etc.) recueillies par 400 bouées dérivant dans les mers du Sud et 300 ballons déployés dans la haute troposphère (15 km). L'équipement est transporté à bord de 15 sat. : 5 géostationnaires, dont Météosat ; 2 à défilement sur orbite polaire ; 8 amér. (dont 2 simultanément en fonctionnement : Tiros N et NOAA-A).

Cat-01 *(24-12-79).* Qualification du lanceur Ariane. Capsule technologique. Lancé de Kourou par Ariane L01.

Cat-03 *(19-6-81).* Mission identique à celle de Cat-01. Lancé de Kourou par Ariane L03.

Arcad-3 *(21-9-81).* Altitude 380 à 1 920 km. Inclin. sur l'équateur 82,6°. Révolution 108,2 mn. *1 000 kg.* Sat. franco-soviétique, étude des phénomènes magnétosphériques. Lancé de Plesetsk par une fusée soviétique.

Thésée *(20-12-81).* Mesure de la densité électronique du plasma de l'éclairement solaire moyen. Lancé de Kourou par Ariane L04. A cessé d'émettre le *9-1-82.*

SPOT (Système probatoire d'observation de la Terre). *700 kg.* Lancé le 22-1-1986 sur une orbite héliosynchrone par une fusée Ariane. Alt. 832 km ; inclinaison sur l'équateur : 98,7°. Direction : Sud-Nord. Durée de la révolution circumterrestre : 101 mn 28 s, soit 365 tours en 26 j exactement : le satellite repasse exactement au même point et à la même heure tous les 26 j. Mission : étude du sous-sol et des ressources du sol (la photographie prise exactement à la même heure tous les 26 j devant révéler exactement l'avancement de la végétation) ; les images en couleur montrent des détails de 20 m au sol, celles en noir et blanc des détails de 10 m. *Coût du programme :* 990 millions de F (dont 8 dépensés en 1978, 21,5 en 1979, 100 en 1980). La commercialisation des données est assurée par la Sté Spot Image (créée en juillet 1982 ; 1re société commerciale au monde spécialement destinée à la distribution de données satellitaires). 4 satellites prévus pour assurer le service pendant 12 ans.

TDF 1 (voir p. 55). **Telecom-1.**

Grande-Bretagne

8 satellites lancés du *26.4.62* (UK 1, Ariel 1 *61 kg*) au *24-5* (Ariel *6 155 kg*), par fusée Scout (amér.) ou Black Arrow (brit.) de Wallops Island (USA), de Vandenberg, de Woomera ou de San Marco ; 4 Skynet lancés par Delta de Cap Kennedy.

Inde

Satellites lancés : 9 dont 3 par fusée soviétique : *19-4-75* Aryabhata : *360 kg, 77-7-79* Bhaskara 1 : *444 kg, 20-11-81* Bhaskara II : *436 kg,* 1 par Ariane, de Kourou (*19-6-81* Apple géostationnaire en usage jusqu'au *19-9-83*), 3 par fusée indienne SLV-3 (*18-7-80* RS-E-2 : *35 kg, 31-5-81* RS-D-1 : *38 kg, 17-4-83* RS-D-2 : *41,5 kg*), 1 par Delta (*10-4-82* Insat-1-A), 1 par la navette STS-8 (*30-8-83* Insat-1-B). *Fusées indiennes SLV-3* (22,7 m, 17 t, 4 ét., à poudre) en construction. *ASLV* (23,5 m, 39 t, charge utile 150 kg), *PSLV* (42,3 m, 256 t, charge utile 1 000 kg).

Italie

6 satellites lancés, du *14-12-64* (San Marco1, *115 kg,* lancé par fusée Scout de Wallops, USA) au *10-9-82* (Sirio 2).

Japon

36 satellites lancés du *11-2-70* (Oshumi, *23,8 kg*) au *19-8-85* (Suisei) de Kagoshima, Tanegashima ou du Cap Canaveral par fusées jap. (Lambda 4S et Mu 3SII de l'Institut spatial ISAS, et NI et NII de la NASDA, agence spatiale jap.) ou américaines.

Le Japon entretient simultanément 2 programmes complets de moyens de lancement (fusées, champs de tirs) et de satellites.

Noms donnés : Kiku : chrysanthème, *Ume :* abricot japonais, *Ayame :* iris, *Himawari :* tournesol, *Sakura :* fleur de cerises, *Yuri :* lis, *Sakigake :* pionnier, *Suisei :* comète.

Pays-Bas

2 satellites lancés : *A.N.S.* (Astronomical Netherland Satellite). *130 kg,* lancé par fusée Scout le *30-8-74 ;* et *I.R.A.S.* (Infrared Astronomical Satellite). *834 kg,* lancé le *25-1-83* (projet commun P.-Bas, U.S.A., G.-B.). Satellite réalisé en coopération avec U.S.A. et G.-B., a fonctionné jusqu'au *23-11-83,* a observé plus de 200 000 sources célestes d'infrarouge, découvert 3 comètes, 3 anneaux de poussière situés dans la ceinture d'astéroïdes entre les orbites de Mars et de Jupiter, 1 nouvel astéroïde (1983-TB), des filaments nuageux qui parsèment la Galaxie, et des matériaux solides qui pourraient correspondre à un système planétaire autour des étoiles Véga et Fomalhaut.

U.R.S.S. (exemples)

A lancé plus de 2 000 fusées, 1 800 satellites, dont plus de 1 700 Cosmos (dont plus de 75 % de sat. militaires).

Caractéristiques. Importance du poids non utile compensé par la puissance des fusées lanceuses, Spoutnik 3 (1958) pesant 1 327 kg tandis que la sonde amér. Explorer 1 en pesait 14. L'avance sov. remonte à la création des « orgues de Staline » (1943).

Spoutnik, 10 lancés de *1957* (*Spoutnik 1,* 83,6 kg, 1er satellite lancé dans le monde) à *1961* (*Spoutnik 9,* lancé le *9-3-61,* et *Spoutnik 10* lancé le *25-3-61,* furent des répétitions du vol *Vostok 1*). Voir p. 60.

Cosmos. Du *16-3-62* (*Cosmos 1,* alt. 227 à 405 km, révol. 90,5 mn) au *31-12-85,* 1 714 Cosmos avaient été lancés ; sur 1 000, 782 avaient eu une mission militaire (401 reconnaissances photographiques, 71 renseign. électroniques, 189 télécomm. mil., 50 sat. agressifs, c.-à-d. simulant une attaque nucléaire), 85 une mission civile (navig., météor., télédétection), 76 avaient été accidentés, 13 étaient inclassables. (Voir p. 61, projet de navette spatiale.) *Cosmos 110, 368, 605, 782 et 936* étaient des biosatellites, étudiant le comportement d'organismes vivants (animaux ou végétaux) en apesanteur. *Cosmos 782,* lancé le *25-11-75,* a emporté des expériences américaines et une française (Bio-bloc 1). Les satellites-caméras (poids 4 t) ne larguent pas de films mais sont récupérés au sol après 15 j de prises de vue. Pour le lancement : 3 types de fusées ; *Proton,* qui place près de 20 t sur orbite basse (peu employée) ; *Korolev* (charge utile 4 à 6 t, la plus employée) ; *Lance-Cosmos* pour des sat. scientifiques (charge utile env. 400 kg). Parfois (par ex. pour tester des composants ou expérimenter des équipements légers), les Soviétiques utilisent des minisatellites (env. 50 kg), lancés par grappes de 8 par une Lance-Cosmos.

Le 24-1-78, *Cosmos 954* s'est écrasé au Canada, dans la région de Yellow Knife près du grand lac des Esclaves. Un réacteur nucléaire *Romachka,* de *508 kg,* alimentait le radar de bord, fonctionnant avec une charge de 49 kg de dicarbure d'uranium-235 enrichi (un réacteur de même type serait déjà tombé le 30-4-1973 dans la mer du Japon ; il y a eu aussi 3 chutes de réacteurs amér. : Madagascar 22-4-64, au large de la Californie 18-5-1968, fosse du Tonga 11-4-70).

A la suite de cet incident l'U.R.S.S. a accepté de payer 2,55 millions de $ de dédommagement au Canada. Le 18-4-79, elle a repris son programme en faisant retomber *Cosmos 777* en territoire sov., et en lançant à sa place *Cosmos 1 094* (surveillance océanique avec radar-photographie).

Cosmos 1402, chargé d'un réacteur nucléaire comportant 50 kg d'uranium, est retombé en 3 morceaux les 30-12-82, 23-1-83 (océan Indien) et 7-2-83 (Atlantique Sud).

Cosmos 1267 lancé *15-4-81* 1er vaisseau modulaire à s'amarrer à une station orbitale (Saliout 6) ;

Cosmos 1443, le 1er vaisseau modulaire habité après son amarrage à Saliout 7 (10-3-83).

Intercosmos. 20 sat. lancés du *14-10-69* au *31-12-79.* Sat. d'étude des radiations dans la haute atmosphère, construits en collaboration avec All. dém., Bulgarie, Cuba, Hongrie, Mongolie, Pologne, Roumanie et Tchécoslovaquie.

Météor, 28 sat. **Météor 1** lancés du *7-10-69* au *29-6-77 ;* 5 **Météor 2** lancés du *11-7-75* au *31-12-79.* Sat. météor. Alt. 630/690 km.

Prognoz. Étude de l'activité du Soleil et de son influence sur le milieu interplanétaire et la magnétosphère de la Terre. 9 lancés du *14-4-72* au *1-7-83.*

Proton. Étude du rayonnement cosmique et gamma. **1** (16.7.65). **2** (2.11.65). **3** (6.7.66). **4** (16.11.66) alt. 190 à 495 km. Gros cylindres de 12 t (1 et 2) puis 17 t (3 et 4), flanqués de 4 grands panneaux solaires leur donnant une envergure de 9,7 m.

Élektron. Sat. d'étude du champ magnétique terrestre, du rayonnement cosmique, des émissions radioélectriques solaires et des ceintures de Van Allen (ceintures de particules entourant la Terre). 5 lancés.

Magik. Lancé le *24-10-78* avec Intercosmos 18 dont il se détache le 14-11-78.

Astron. Lancé le *23-3-83.* Alt. 2 000 à 200 000 km. Sat. d'astronomie (3 500 kg + 450 kg d'instruments). Emporte l'expérience franco-sov. UFT pour des recherches d'astrophysique dans l'ultraviolet. Charge utile scientifique : 1 télescope de 80 cm de diam. et 5 m de long, associé à un spectromètre à haute résolution fonctionnant entre 1 150 et 3 500 Å de longueur d'onde.

Satellites de télécommunications

Redevance applicable à chaque demi-circuit (en $). *1965* 32 000. *1971* 15 000. *1979* 5 760. *1983* 1 700. Réglée par les pays membres du Réseau Intelsat à l'organisation Intelsat, à Washington.

Stations terriennes françaises de télécommunications

(Télévision directe et une quinzaine de stations démontables et transportables exclues.)

Légende. D : Diamètre. *S :* Standard. *L :* Liaisons.

Pleumeur-Bodou (C.-du-N.). **PB-I** [1]. 1re antenne construite entre *oct. 1961* et *juillet 1962,* mise en exploitation commerciale en 1965. En forme de « cornet réflecteur » (haut. 29 m, long. 54 m) en acier et alliage d'aluminium, 340 t. *Réflecteur* 36 m, surface utile 360 m². *Antenne* roule sur 2 rails concentriques, protégée des vents et des variations de température par une sphère de dracon, le *radôme* (diam. 64 m, haut. 50 m, poids 27 t), tendue grâce à une soufflerie qui la gonfle à l'intérieur. *D :* env. 20 m. *S :* A. *L :* Intelsat. **PB-2** [2] (280 t). Sans radôme (inaug. en *sept. 1969*). Peut fonctionner avec des rafales de vent de 105 km/h. Précision de pointage 2/100 de degré. *D :* 27,5 m. *S :* A. *L :* Intelsat. **PB-3** (400 t, inaug. *déc. 1973*). Avec amplificateurs paramétriques refroidis à l'hélium gazeux (− 253 °C). Peut supporter les mêmes conditions de vent que PB-2. *D :* 30 m. *S :* A. *L :* Intelsat, Atlantique, Indien. **PB-4** (300 t). Mise en service en *1976.* 1re station française utilisant une source « périscopique » et des amplificateurs paramétriques non refroidis. *D :* 32,5 m. *S :* A. *L :* Intelsat. **PB-5.** *D :* 16,5 m. *S :* B. *L :* Symphonie. **P.T.T.S.** *D :* 14,5 m. *S :* B. *L :* P.T.T.S. (Poursuite, Télémesure, Télécommande, Surveillance), Intelsat. **PB-6.** En constr. *D :* 32,5 m. *S :* A. *L :* Intelsat. **PB-7.** En constr. *D :* 32 m. *S :* A. *L :* Intelsat.

Bercenay-en-Othe (Aube). **BY-1** (1978). *D :* 32,5 m. *S :* A. *L :* Intelsat. **BY-2.** *D :* 32,5 m. *S :* A. *L :* Intelsat. **BY-3** [1]. *D :* 17,4 m. *S :* C. *L :* Intelsat. **BY-E** [1] (1978). *D :* 14,5 m. *S :* C. *L :* O.T.S. puis E.C.S. **BY-4.** En constr. *D :* 32,5 m. *S :* A. *L :* Télécom 1.

Trois-Ilets (Martinique). **TR-1** (1972). *D :* 26 m. *S :* A. *L :* Intelsat. **TR-2** (1980). *D :* 11,8 m. *S :* B. *L :* Intelsat puis Télécom 1.

Trou Biran (Guyane). **TB** (1974). *D :* 32,5 m. *S :* A. *L :* Intelsat.

Rivière des pluies (Réunion). *D :* 14,5 m. *S :* B. *L :* Intelsat puis Télécom 1.

St-Pierre-et-Miquelon. Pain de sucre (1981). *D :* 11,8 m. *S :* B. *L :* Symphonie mais peut travailler avec Intelsat et travaillera avec Télécom 1.

Ile Nou (Nlle-Calédonie, 1976). *D :* 32,5 m. *S :* A. *L :* Intelsat.

Papenoo (Polynésie fr., 1978). *D :* 11,8 m. *S :* B. *L :* Intelsat.

Nota. — (1) Fréquences : 4-6 GHz sauf BY-3 et BY-E : 11-14 GHz. (2) Les antennes françaises du réseau Intelsat ont été adaptées à la réutilisation des fréquences par polarisations croisées, sauf PB-1 et PB-2 où cette transformation n'est pas possible.

Avec le développement rapide des télécomm. par sat. et l'augmentation du nombre de réseaux (Intelsat, Symphonie, O.T.S...), des stations d'un type différent de celui des grandes stations Intelsat sont de plus en plus utilisées. D'un diam. inférieur, elles sont plus faciles à mettre en œuvre et sont conçues pour être transportées. De telles stations transportables existent depuis 1976.

Risque de chute

Extrêmement faible. La plupart des satellites de communications sont géostationnaires, et donc placés sur une orbite circulaire à 36 000 km d'alt. (6 rayons terrestres). S'ils retombaient, ce serait dans des milliers d'années et, étant donné leur faible densité, ils brûleraient par frottement sur les couches atmosphériques avant d'atteindre la Terre.

Organismes internationaux

Eutelsat. Regroupe les administrations et organismes de télécommunications de 25 pays d'Europe. Objet : conception, mise au point et mise en place de systèmes opérationnels de télécom. par satellites et exploitation de satellites de télécommunications assurant entre pays d'Europe des liaisons téléphoniques ou télex, des transmissions de données d'ordinateur, des échanges de programmes de télévision. Eutelsat a acquis le 1-9-1985 un statut définitif d'organisation intergouvernementale. *Siège :* Paris.

Inmarsat (International Maritime Satellite). *Créé* par une Convention adoptée le 16-7-79, entrée en service le 1-2-82. États membres 34. Siège à Londres.

Intelsat (International Télécommunication Satellite). *Créé* le 19-8-64, statuts définitifs le 20-8-1971. Regroupe 109 pays. Gère le secteur spatial pour les télécomm. intercontinentales par satellite. Réseau de 15 satellites, 180 stations équipées de 217 antennes réparties dans 93 pays, 49 000 heures de mondovision relayées en 1984.

Interspoutnik. *Créé* en nov. 1971. Fonctionne dep. janv. 1974. Regroupe All. dém., Bulgarie, Cuba, Hongrie, Mongolie, Pologne, Roumanie, Tchécosl. U.R.S.S. Un rapprochement d'Interspoutnik et d'Intelsat a été tenté. L'U.R.S.S. construit en Ukraine une station *Intelsat* et a mis en service une ligne spéciale par sat. Moscou-Washington, relayée par les Intelsat et les Molniya.

SBS (Satellite Business System). *Créé* le 15-12-1975 par IBM, la Comsat General Corp. et Aetna Life and Casualty Inc. 1er réseau privé de télécomm. intra-entreprises par satellites (rebaptisé CNS : Communications Network Service). 22 entreprises abonnées jusqu'à fin 1984. En 1985, SBS a signé des accords avec les administrations de Télécommunications, de France, Belgique et avec des Stés japonaises.

Exemples de satellites de radiocommunication

Intelsat 1 (1 sat. lancé *Early Bird* le *6-4-65).* Masse au départ : *68 kg ;* en orbite : *38,5 kg ;* alt. 35 752 à 35 823 km au-dessus de l'Atlantique ; espérance de vie : 1,5 an ; puissance rayonnée : 46 W ; voies disponibles : 240 ; ne peut pas communiquer avec plusieurs stations simultanément. **2** (4 lancés de *1966* à *1967).* Masse au départ : *162 kg ;* en orbite : *87 kg ;* espér. de vie : 3 ans ; puiss. ray. : 100 W ; voies disponibles : 240 ; peut communiquer simultanément avec plusieurs stations (accès multiples). **3** (8 lancés de *1968* à *1970).* Masse au départ : *287 kg ;* en orbite : *146 kg ;* espér. de vie : 5 ans ; puiss. ray. : 120 W ; voies disponibles : 1 200 (ou 4 canaux TV). **4** (8 lancés de *1971* à *1975).* Masse au départ : *1 390 kg ;* en orbite : *720 kg ;* espér. de vie : 7 ans ; puiss. ray. : 540 W ; voies disponibles : 6 000 (ou 12 canaux TV). **4 A** (6 prévus ; 4 lancés depuis *25-9-75).* Masse au départ : *1 515 kg ;* en orbite : *825 kg ;* espér. de vie : 7 ans ; puissance rayonnée : 700 W ; voies disponibles : 6 250 (ou 20 canaux TV). Le *29-9-77,* le 4e Intelsat 4, qui devait être satellisé au-dessus de l'océan Indien, a été détruit par l'explosion de la fusée porteuse 55 s après le lancement. **5** (15 prévus ; 1er lancé le *6-12-80).* Masse au départ : *1 950 kg ;* en orbite : *1 024 kg ;* espér. de vie : 7 ans ; puissance rayonnée : 1 200 watts ; voies disponibles : 12 000 (+ 2 programmes TV couleur) dans 2 bandes de fréquence (4-6 GHz et 11-14 GHz). **6** (à partir de *1986).* 33 000 voies disponibles (+ 4 programmes TV couleur).

Canada

Anik-A 1 *(9-11-72).* 1er segment spatial d'un système national de télécomm. par sat., assure la liaison entre 37 stations terriennes. Géostationnaire. *281,7 kg.* Alt. 35 758,6 km. Long. 114° ouest. Peut retransmettre 6 000 communications téléphoniques ou 12 programmes TV couleur (en esquimau signifie « frère »). **A 2** *(20-4-73), 288 kg.* Long. 109° ouest. **A 3** *(7-5-75). 270 kg.* Long. 104° ouest.

CTS ou **Hermes** *(17-1-76).* Sat. technologique de télécomm. *674 kg, 347 kg* en orbite. Alt. 35 785 km. Rév. 1 436. 3 mn. Utilisé par U.S.A. et Canada pour des essais de transmissions de télévision en couleur avec de petites stations terriennes et pour d'autres expérimentations : télédiagnostic médical, télé-enseignement, télé-informatique, etc. Géostationnaire. Long. 116° ouest. Hors service en nov. 1979.

Anik-B 1 (Telesat-D) *(15-12-78). 473 kg* (en orbite). Géostationnaire. Long. 109° ouest (prend la relève d'Anik-1). Équipé de 12 canaux à 4-6 GHz et 6 canaux à 12-15 GHz pour le téléphone, la télévision et la transmission de données et des expériences.

Anik-C *(12-11-82). 569 kg* (en orbite) a été largué par la navette spatiale Columbia lors de son 1er vol opérationnel géostationnaire. **C 2** *(18-6-83).* Largué par la navette Challenger. **C 3.** Lancé par STS 5.

Anik-D-1 (Telesat-G) *(26-8-82). 658 kg* sur Delta (en orbite). Géostationnaire. **Anik-D-2 (Telesat)** *(8-11-84).* Lancé par navette spatiale. Géostationnaire.

États-Unis

Atlas Score *(18-12-58). 70 kg.* Alt. 185 à 1 482 km. Révolution 101,5 mn. Enregistre et retransmet un message du Pt Eisenhower. Retombé le *21-1-59.*

Écho 1 *(12-8-60). 61 kg.* Alt. 598 à 1 691 km. Ballon en matière plastique. Diam. 30,5 m, recouvert d'une fine couche d'aluminium. Réfléchit les ondes électriques venues du sol (relais passif). Sa révolution (env. 1 h 50 mn) diminue très lentement. Retombé le *24-5-68.* **2** *(25-1-64), 256 kg.* Alt. 1 000 à 1 300 km. Ballon de 41 m de diam. Relais passif. Retombé le *7-6-69* après 28 000 révolutions.

Telstar 1 *(10-7-62). 80 kg.* Alt. 952 à 5 634 km. Révolution 160 mn. Relais hertzien, amplifie les ondes reçues et les renvoie (puissance d'émission 2,5 W). Arrêt *21-2-63.* **2** *(7-5-63). 79,5 kg.* Alt. 974 à 10 797 km. Arrêt *mai 65.* **3** *(28-7-83).*

Relay 1 *(13-12-62). 80 kg.* Alt. 1 323 à 7 433 km. Relais hertzien. Puissance d'émission 10 W. Révolution 3 h 5 mn. Arrêt *févr. 65.* **2** *(21-1-64). 86 kg.* Alt. 2 057 à 7 442 km. Révolution 3 h 15 mn. Relais hertzien à défilement. Permet des liaisons intercontinentales entre 10 et 70 mn. Arrêt *26-9-65.*

Syncom. *39 kg.* Relais hertzien stationnaire à 36 000 km. **1** *(14-2-63)* Contact radio perdu avant qu'il n'ait atteint son orbite définitive. **2** *(26-7-63).* **3** *(9-4-64).* Les émissions de 3 Syncom pourraient couvrir toute la Terre.

Programme SARSAT/COSPAS, en coopération internationale États-Unis, Canada, France (SARSAT) et depuis 1979 l'U.R.S.S. qui a proposé d'assurer la compatibilité de son système COSPAS. *Objectif :* assister la recherche et le sauvetage de personnes et de bâtiments en détresse (bateaux, avions). Utilise 2 satellites soviétiques « COSPAS » et 2 américains « NOAA ». 10 stations au sol, 250 000 balises de détresse équipent avions et navires dans le monde. En service dep. le 1-9-82, à la fin de 1984, a permis de secourir plus de 300 naufragés.

Programme OV (Orbiting Vehicle). 3 sat. ont, en *1966,* effectué des expériences de télécommunications.

Programme IDSCP (Initial Defense Satellite Communication Program). 26 sat. lancés de *1966* à *1968* pour constituer le réseau IDSCS (Initial Defense Satellite Communication System). *45 kg* placés en orbite quasi circulaire à 33 000 km d'alt., révolution d'env. 13 j.

Programme DSCS (Defense Satellite Communication System). DSCS-1 : 26 satellites depuis *1971.* **DSCS-2 :** 14 satellites. *550 à 590 kg.* Lancés par paires depuis *1971* et placés sur orbite géostationnaire pour télécommunications militaires. Les 2 premiers, lancés en *1971,* et l'un des 2 suivants lancés en *1973* sont tombés en panne. 2 ont été perdus au lancement en *1975.*

Fltsatcom. Satellites de télécomm. militaires exploités par l'USAF, l'U.S. Navy et le Department of Defense. *1 900 kg.* Équipés chacun de 23 canaux de télécomm. en UHF (244-400 MHZ) pouvant relayer plus de 1 300 communications téléphoniques simultanées ainsi que le télex, le télégraphe et les données d'ordinateur. **1** *(9-2-78).* Géostationnaire. Calé par 100° de long. ouest, au-dessus du Pacifique. **2** *(4-5-79)* au-dessus de l'océan Indien par 75° E. **3** *(17-1-80).* Géostationnaire au-dessus de l'Atlantique par 23° ouest. **4** *(30-10-80).* Géostationnaire au-dessus du Pacifique par 172° de longitude est. **5** *(6-8-81).*

Westar 1 *(13-4-74). 572 kg* au lancement, *280 kg* en orbite. Orbite géostationnaire par 99° de longitude ouest. *1er sat. de télécommunications domestiques américain.* Appartient à la compagnie Western Union Telegraph. Espérance de vie : 7 ans. Peut transmettre 12 programmes de TV couleur ou 14 400 comm. téléph. par l'intermédiaire de 5 stations au sol situées près de New York, Atlanta, Chicago, Dallas et Los Angeles. **2** *(10-10-74).* Mêmes caractéristiques mais géostationnaire par 100° de longitude ouest. **3** *(9-8-79).* Géostationnaire, par 91° de long. ouest. **4** *(25-2-82).* Géostationnaire. **5** *(8-6-82).* Géostationnaire. **6** *(4-2-84).* Échec (largué de la navette spatiale et placé sur une mauvaise orbite à la suite d'une défaillance de son remorqueur spatial). Récupéré le 14-11-84 par la navette « Discovery » et ramené sur terre avec le satellite indonésien Palapa B-2.

Comstar. Sat. de comm. domestiques. *792 kg.* **1** *(13-5-76).* Géostationnaire par 128° de long. ouest. Peut transmettre 18 000 comm. tél. Vie prévue : 7 ans. **2** *(22-7-76).* Géostationnaire par 94° de long. ouest. **3** *(29-6-78).* Géostationnaire par 87° de long. ouest.

S.B.S. Satellites de télécommunications numériques intra-entreprises (télex, téléphone, transmission de données à grande vitesse : 6,3 Mbits/s ; télécopie à grande vitesse : 70 pages/mn, etc.). *550 kg.* **1** *(15-11-80).* Géostationnaire par 100° de long. ouest. **2** *(24-9-81).* Géostationnaire par 97° de long. ouest. **3** *(11-11-82).*

Satcom. Sat. de comm. domestiques, transmissions. *465 kg.* **1** *(12-12-75).* Géostationnaire. **2** *(26-3-76).* Géostationnaire par 128° long. ouest. **3** (n.c.). *895 kg.* Mystérieusement disparu 15 s après l'ordre de mise à feu du moteur d'apogée. **4** *(15-1-82).* Géostationnaire. **5** *(27-10-82).* Géostationnaire, 1er exemplaire d'une nouvelle série. **1-R** *(11-4-83).* Géostationnaire par 139° de long. ouest, remplace Satcom 1. *598 kg.* Doté de 24 répondeurs, peut acheminer simultanément 36 000 communications téléphoniques, ou transmettre des programmes de télévision et des données à haut débit.

• **Navigation.**

Marisat. Sat. de nav. maritime. 3 lancés en *1976.*

Navstar. 10 lancés depuis *1978.* Placés par paires sur des orbites circulaires à 20 200 km d'alt. pour assurer la localisation des avions, navires, sous-marins, véhicules terrestres, fantassins, en longitude, latitude et altitude, à moins de 10 m près. Lorsque le système sera complètement opérationnel, il utilisera 24 satellites placés sur 3 orbites (8 satellites par orbite) avec des plans orbitaux décalés entre eux pour couvrir tout le globe.

TDRS (Tracking and Data Relay Satellites). 1 *(5-4-83). 2 270 kg.* Largué par la navette spatiale, mais n'a pu atteindre immédiatement l'orbite des sat. géostationnaires par suite d'une défaillance du remorqueur IUS (International Upper Stage). Cependant, après de longues manœuvres avec ses propres propulseurs, le sat. a pu être calé le *17-10-83* par 41° de long. ouest. A servi notamment de relais de télécom. lors du vol du Spacelab. 2 autres sat. identiques prévus.

Europe

OTS (Orbital Test Satellite). Expérimental, géostationnaire, lancé le *11-5-78* par une fusée Thor Delta 3914 de la NASA. (Un 1er OTS avait été détruit le 14-9-77 après l'explosion du lanceur Thor Delta de la NASA.) OTS-2 fonctionne toujours normalement. Il préfigure le satellite européen ECS (European Communication Satellite) qui devait être lancé en 1983 par Ariane.

Programme ECS (European Communication Satellite). Système régional de télécomm. développé par l'Agence spatiale européenne, il sera géré par EUTELSAT (regroupant 17 pays) qui sera propriétaire des 2 satellites placés en orbite géostationnaire entre 10° et 12° de long. est ; l'un en exploitation, l'autre en réserve ; ECS 1 a été lancé le *16-6-83* par Ariane L 6 et mis à poste par 10° de long. le *7-7-83.* Chaque sat. peut acheminer 12 000 com. téléphoniques simultanées et 2 programmes TV en couleur pour l'Eurovision.

Programme Marecs. Dérivés des ECS pour les télécomm. maritimes, lancés par Ariane L04 les *20-12-81* et *10-9-82* (échec du lancement).

Programme Olympus. Sat. lourd européen prévu pour plusieurs missions, dont la télévision directe. *Doit être lancé en 1987 par Ariane.*

Satellites de communications à l'usage des radio-amateurs

Programme OSCAR (Orbiting Satellite Carrying Amateur Radio). 10 sat. lancés depuis *1961* par des fusées américaines et par la fusée européenne Ariane. Construits par un groupe international de radio-amateurs.

Radio 1 et 2 (U.R.S.S.) *(27-10-78).* Alt. 1 688 à 1 274 km. Révolution : 120,4 mn. **Radio 3 à 8** *(17-12-81).* Alt. 1 685 à 1 794 km. Révolution : 120,9 mn. Construits par des radio-amateurs membres d'une organisation paramilitaire soviétique, le DOSAAF.

UOSAT (University of Surrey Satellite) (6-10-81). Alt. 535 à 551 km. 1er satellite de radio-amateurs britanniques. Construit à l'initiative de l'université du Surrey (coût : 25 000 livres). Destiné aux liaisons F.M. entre radio-amateurs. Équipé d'un synthétiseur vocal et d'une caméra TV pour des prises de vue de la Terre. Lancé de Vandenberg (Californie) par une fusée Delta.

ARSÈNE (France). 200 kg. Lancement prévu en 1987 par une fusée Ariane.

France

Télécom 1. (Maître d'œuvre : Matra.) Système national de télécomm. par satellite. *Liaisons principales :* 1°) « intra-entreprises » qui permettra d'offrir des liaisons numériques à large bande et grande vitesse. 2°) avec les D.O.M. (téléphone et télévision). 2 sat. (653 kg en orbite) lancés par Ariane (Télécom 1A : 4-8-1984, Télécom 1B : 8-5-1985), et placés sur une orbite géostationnaire.

France-Allemagne

Accords de coopération : traité du 22-1-1963 ; convention du 16-6-67.

Symphonie 1 *(19-12-74).* Lancement par fusée amér. Thor Delta 2914 de Cap Canaveral. Expérimental, stabilisé 3 axes. *402 kg,* géostationnaire à 35 860 km d'alt., calé à 11°5 de longitude ouest. *Vie prévue :* 6-7 ans. A été déplacé en 1977 de l'Atlantique à l'océan Indien où il a été mis à la disposition de l'Inde. Ramené au-dessus de l'Atlantique en août 1979, mission achevée le *19-2-83,* placé à 80 km au-dessus de l'orbite géosynchrone pour y libérer une place. **2** *(26-8-75).* Identique, calé à 26° de long. ouest, au-dessus de l'Atlantique, encore utilisé.

TDF-1 (Satellite géostationnaire de télédiffusion directe). *Opérationnel en 1987.* Remplace le projet L-Sat. (v. ci-dessus), financé à 54 % par l'All. féd. et à 46 % par la France. Prévoit à long terme 10 fréquences d'émission directe. France 5 (dont *TF1, Antenne 2* et *Canal 5*). Coût (y compris lancements par Ariane et équipements au sol) : 1 300 millions de F.

Grande-Bretagne

Skynet-1A *(22-11-69). 118 kg.* Sat. militaire. Lancé de Cap Kennedy par une fusée amér. Delta. Géostationnaire. **1B** *(19-8-70).* Échec. **2A** *(22-1-74).* Échec. **2B** *(23-11-74). 207 kg.* Lancé de Cap Kennedy par Delta. Géostationnaire au-dessus de l'océan Indien.

Inde

Apple *(19-6-81). 672 kg.* Géostationnaire par 102° de longitude est. Lancé par fusée Ariane L03 de Kourou, Guyane française. Sat. expérimental de télécommunications.

Indonésie

Palapa. 3 satellites géostationnaires de télécomm. lancés en *1976* **(A-1)**, *1977* **(A-2)**, *1983* **(B-1)**.

Palapa B-2. Placé sur une mauvaise orbite le 3-2-84, a été récupéré par la navette spatiale « Discovery » le 12-11-84 et ramené sur terre pour remise en état.

Italie

San Marco 4 *(18-2-74). 164 kg.* Alt. 232 à 905 km. Lancé par fusée Scout de la plate-forme de San Marco (Kenya).

SIRIO (Satellite Italiano Ricerca Industriale Operativa). 1. Lancé *25-8-77 (398 kg)* de Cap Canaveral. **2.** *10-9-82 (420 kg)* de Kourou (échec du lancement).

Japon

BSE (Broadcasting Satellite for Experimental Purposes) *(7-4-78).* Satellite expérimental de diffusion de programmes TV. Géostationnaire par 110° E de long. est. Lancé de Cap Canaveral par fusée Thor Delta. Hors service en janvier 1982. **BS-2a** (janvier 1984). Géostationnaire par 110 °E de long.

Ayame ou ECS (Experimental Communication Satellite) *(6-2-79). 130 kg.* Lancé par fusée N-1. Perdu 20 mn après le lancement.

Ayame-2 *(22-2-80). 130 kg.* Lancé par fusée N.I. Perdu après le lancement.

Sakura *(15-12-77). 350 kg.* Lancé par Delta, États-Unis. Satellite expérimental de télécommunications. Géostationnaire par 150 °E de long.

Sakura 2a *(4-2-83).* Géostationnaire par 132° de long. est. 1er sat. de télécom. opérationnel dans la bande 20-30 GHz. Peut acheminer 4 000 communic. téléphoniques simultanées. Utilisé par les entreprises pour des liaisons domestiques interrégionales. **Sakura 2b** *(6-8-83).* Identique. *350 kg.* Géostationnaire par 136° de long. est. **BS-2a** *(23-1-84).* Géostationnaire par 110° de long. est. 2 canaux TV couleur (l'un inutilisable).

OTAN

OTAN 1 *(mars 70).* **2** *(février 71).* **3-A** *(22-4-76). 376 kg.* Géostationnaire par 18° de longitude ouest. *Durée de vie prévue :* 7 ans. Assure la couverture complète des pays de l'OTAN (France exceptée) et plus spécialement de sa zone européenne. **3-B** *(27-1-77). 680 kg.* **3-C** *(15-11-78).*

U.R.S.S.

Molniya. Sat. sur orbites très excentriques (périgée : 460 km au-dessus de l'hémisphère sud ; apogée 40 000) inclinées à 65° sur l'équateur, et décrites en 12 h, donc repassant chaque jour au-dessus des mêmes régions en restant presque immobiles au-dessus de l'U.R.S.S. pendant 8 heures environ.

Au *1-8-1982* avaient été lancés 55 Molniya 1 de 1re génération (le 1er le *23-4-65),* 17 Molniya 2 de 2e génération (le 1er le *25-11-71*), 18 Molniya 3 de 3e génération (le 1er le *21-11-74).*

Les Molniya retransmettent la TV couleur (procédé français SECAM) ainsi que radio, téléphone, télex, télégraphe et fac-similé sur quelque 50 stations terrestres réceptrices (antennes de 12 m de diam.) formant le réseau national soviétique *« Orbita ».*

Cosmos 637 *(26-3-74).* **Molniya-IS** *(29-7-74).* Sat. géostationnaires expérimentaux.

Statsionar ou **Radouga** ou **Ekran.** Sat. de télécomm. géostationnaires ou géosynchrones. Le 1er a été lancé le *22-12-75.*

Gorizont. Sat. de télécom. géostationnaires ou géosynchrones. 8 lancés depuis le *19-12-78.*

Sondes lancées vers la Lune

États-Unis

0 *(17-8-58)* lancement non réussi. **1** *(11-10-58)* retombe après avoir atteint 114 000 km. **2** *(8-11-58)* échec. **3** *(6-12-58)* retombe après avoir atteint 102 000 km. **4** *(3-3-59)* passe à 60 000 km de la Lune et 4 j après son lancement devient une planète artificielle. 3 autres sondes sont lancées, sans succès *(26-11-59, 25-9-60, 15-12-60)* lors d'une tentative de satellisation.

Programme Ranger. 9 engins, du *25-8-61* au *21-3-65.* 3 atteindront la Lune après avoir pris des photos. *Coût :* 267,4 millions de $.

Programme Lunar Orbiter. 5 engins *(400 kg),* du *10-8-66* au *1-8-67.* Après avoir été mis sur orbite lunaire (39 à 1 843 km), tous sont ensuite tombés sur la Lune. *Coût :* 209,3 millions de $.

Programme Surveyor. 7 engins *(281 à 286 kg),* du *30-5-66* au *7-1-68.* 5 succès dont Surveyor 1 qui, le *30-5-66,* se pose en douceur sur la Lune, transmet des photos détaillées. *Coût :* 297,6 millions de $.

Programme Apollo. Voir p. 58.

Explorer 49 *(8-6-73). 200 kg.* Placé sur orbite lunaire à 1 100 km d'alt. Sat. de radio-astronomie avec 4 antennes de 225 m disposées en X.

U.R.S.S.

24 Luna lancés du *2-1-59* au *9-8-76.* **Luna 1** *(2-1-59, 361 kg)* passe à 7 500 km de la Lune et devient une planète artificielle (rév. 450 j). Distance max. au Soleil : 197,2 millions de km. **9** *(3-2-66, 1 583 kg)* 1er atterrissage en douceur ; transmet des photos. **10** *(31-3-66, 1 600 kg)* gravite autour de la Lune en 3 h. **16** *(12-9-70)* se pose sur la Lune, prélève des échantillons de sol (103 g) et revient le *24-9.* **17** *(10-11-70)* débarque le *17-11* sur la Lune un véhicule automatique d'exploration (Lunokhod). **21** *(8-1-73, 840 kg)* se pose sur la Lune le 15-1. Dépose un véhicule automoteur *Lunokhod II* et un 2e réflecteur laser français TL-2 ; le *3-6-73,* la mission de Lunokhod est terminée (en un peu plus de 4 mois, parcourt 37 km, prend 86 vues panoramiques, transmet 80 000 photos). *Lunokhod,* posé sur 8 roues, long. 2,21 m, largeur 1,60 m, poids 800 kg, diam. 2,15 m. Chaque roue a 0,51 m de diamètre et est entraînée par un moteur électrique placé dans son moyeu. 3 bras obliques dirigés vers le bas empêchent l'engin de se renverser ou de se heurter à des rochers. **24** *(9-8-76),* placé sur orbite circumlunaire le 14-8. Se pose le 18-8 dans la mer des Crises (62°12' est, 12° 45' nord). Le module de retour de l'engin décolle le 19-8 et revient sur Terre avec une carotte de roches prélevée le 22-8 en forant à 2 m de profondeur.

Plusieurs échecs, dont *Luna 2 (12-9-59, 390 kg)* qui s'écrase sur la Lune le 13-9 après 36 h 26 mn à la vitesse finale de 10 810 km/h.

6 Zond : stations interplanétaires de 6 t qui contournent la Lune et reviennent (ex. Zond 5, lancé le *15-9-68,* récupéré le *21-9*). *Projet :* sat. en orbite lunaire polaire à 100 km d'alt. pour étudier plus en détail la face cachée (emporterait une expérience française). Lancement *1987-90.*

Sondes lancées vers Vénus

Quand la sonde atteint Vénus, la distance parcourue est d'env. 60 millions de km. Une erreur d'1 m/s dans la vitesse au départ se traduirait par un écart de 30 000 km au terme du voyage.

États-Unis

Pioneer 5 *(11-3-60). 40,5 kg.* Échec. Manque Vénus de plus de 10 millions de km et devient une planète artificielle. **Mariner 1** *(22-7-62). 200 kg.* Échec. Lancement non réussi. **Mariner 2** *(26-8-62). 202 kg.* A 34 000 km de Vénus le 14-12-62, devient une planète artificielle. A sa dernière émission (3-1-63), se trouvait à 86 743 000 km. **Mariner 5** *(14-6-67). 243 kg.* Approche Vénus à 4 094 km le 19-10-67. **Mariner 10** *(3-11-73). 503 kg.* Approche le Soleil à 70 millions de km. Survole 2 planètes : Vénus à 5 760 km d'alt. env. le 5-2-74, Mercure le 29-3-74 à 700 km, le 21-9-74 à 48 000 km, et le 16-3-75 à 200 km.

Pioneer 12 Venus 1 *(20-5-78).* Cylindre de 2,5 m de diamètre et de 1,2 m de haut. *582 kg.* Devient satellite de Vénus le 4-12-78 (orbite à 14 866 900 km, inclinée à 105° 6' et décrite en 24 h). **Pioneer 13 Venus 2** *(8-8-78).* Même corps que P.V.1, mais surmonté de 4 capsules largables. *904 kg.* Envoie 4 sondes dans l'atmosphère de Vénus le 9-12-78 (Sounder *316 kg,* North, Day et Night *91 kg*), puis se désagrège. Les 4 sondes traversent l'atmosphère et se posent sur le sol de Vénus à moins de 40 km/h.

Venus Radar Mapper. Lancement prévu 1988 pour établir une carte de la topographie de la surface de Vénus avec un radar à ouverture synthétique.

U.R.S.S.

Venera 1 *(12-2-61). 643,5 kg.* Lancée à partir d'un satellite Spoutnik. Se place sur orbite solaire (106 000 000 à 151 000 000 km). Passe à 100 000 km de Vénus le 19-5-61. Contact radio perdu à 7 500 000 km de la Terre.

Zond 1 *(2-4-64).* Passe près de Vénus le 18-7-64.

Venera 2 *(12-11-65). 963 kg.* Orbite solaire. Passe à 24 000 km de Vénus le 27-2-66. **3** *(16-11-65). 960 kg.* Orbite solaire. Largue une sphère porteuse d'un fanion qui atteint Vénus le 1-3-66. L'émetteur se tait aussitôt après l'arrivée. **4** *(12-6-67). 1 106 kg.* Mesure pression et temp. de l'atmosphère vénusienne. Se pose sur Vénus le 18-10-67, mais cesse d'émettre aussitôt après l'atterrissage. **5** *(5-1-69). 1 130 kg.* Se pose sur Vénus le 16-5-69. Idem. **6** *(10-1-69). 1 130 kg.* Se pose sur Vénus le 17-5-69. Après 130 j de vol et 350 millions de km. Idem. **7** *(17-7-70). 1 180 kg.* Après 120 j et plus de 320 millions de km, largue sur Vénus, le 15-12-70, une sonde qui transmet des informations pendant 35 mn. *(22-8-70)*. Échec. Reste sur orbite terrestre. Rebaptisée Cosmos 359. **8** *(26-3-72)*. *1 184 kg*. Dépose un module le 27-7-72. Transmet 50 min. **9** *(8-6-75)*. *4 936 kg*. Largue un module qui se pose sur Vénus le 22-10. Transmet 53 min. **10** *(14-6-75)*. *5 033 kg*. Réplique de Venera 9. Largue un module qui se pose le 25-10-75. Transmet 65 min. **11** *(9-9-78)*. Largue un module *(1 500 kg)* qui se pose le 25-12. Transmet 45 min. **12** *(12-9-78)*. Largue un module qui se pose le 21-12. Transmet 110 min. **13** *(30-10-81)*. Largue un module qui se pose le 1-3-82. Transmet 127 min. **14** *(6-11-81)*. Largue un module qui se pose le 5-3-82. Transmet 120 min. **15** *(2-6-83)*. Se place en orbite elliptique (alt. 1 000 à 2 000 km), parcourue en 24 h, autour de Vénus le *10-10-83*. Dotée d'un radar à balayage latéral et d'un radio-altimètre ; cartographie l'hémisphère nord de la planète avec une résolution de 1 à 2 km (découverte de failles, de canyons, de cratères météoritiques, etc.) ; analyse la composition de l'atmosphère et des nuages. **16** *(7-6-83)*. Se place en orbite autour de Vénus le *14-10-83*. Mission analogue à Venera 15.

Projet Vesta : dans le cadre de la coopération franco-sov., étude de l'atmosphère et de la surface de Vénus à l'aide d'aérostats largués par un sat. restant en orbite ou effectuant un simple survol.

Vega (de Venera-Galleï, qui signifie Vénus-Halley en russe). Projet franco-soviétique. 2 sondes d'env. *4 t* lancées les 15 et 21 déc. 1984 vers Vénus. Les 9-6 et 13-6-1985, les modules d'atterrissage sur Vénus (750 kg, dont 177 kg d'instruments scientifiques) de Véga 1 et Véga 2 ont été éjectés. Les 11-6 et 15-6, ils se sont ouverts pour larguer chacun un ballon-sonde dans l'atmosphère et sont descendus se poser sur la planète. Celui de Véga 1 a atterri dans la plaine des Sirènes, par 7°11′ N et 177°48′ E ; celui de Véga 2 entre Alta Regio et Aphrodite, par 6°27′ N et 181°05′ E, sur un site montagneux. Les instruments n'ont fonctionné que 21 min. après l'atterrissage. Les ballons-sondes (3,4 m de diamètre après gonflage à l'hélium) ont dérivé dans l'atmosphère 45 h 30 et 46 h 30, à une altitude de 53 à 55 km, en mesurant pression, température, vitesse du vent et densité de la couche nuageuse.

Sondes lancées vers Mars

Quand la sonde atteint Mars, la distance parcourue est d'environ 250 millions de km. Une erreur d'1 m/s se traduirait par un écart de 70 000 km au terme du voyage.

États-Unis

Mariner 3 *(5-11-64)*. *259 kg*. Échec (le dôme de la fusée ne se détache pas). **4** *(28-11-64)*. *259 kg*. Survole Mars le 15-7-65 après avoir parcouru 630 millions de km en 230 j. Établit le 29-4-65 le record mondial de liaison radio (105 000 000 km). **6** *(25-2-69)*. *405 kg*. Survole les 31-7 et 1-8-69 la face éclairée de Mars à 3 427 km et prend des photos pendant 25 mn. **7** *(27-3-69)*. *405 kg*. Survole la face non éclairée de Mars à 3 347 km le 5-8-69. **8** *(9-5-71)*. *1 013 kg*. Échec, défaillance du système électronique. La fusée retombe après quelques mn. **9** *(30-5-71)*. *1 013 kg*. Alt. 1 389 à 17 816 km. Gravite le 13-11-71 autour de Mars. Mission terminée en oct. 1972 (après avoir pris 7 329 clichés).

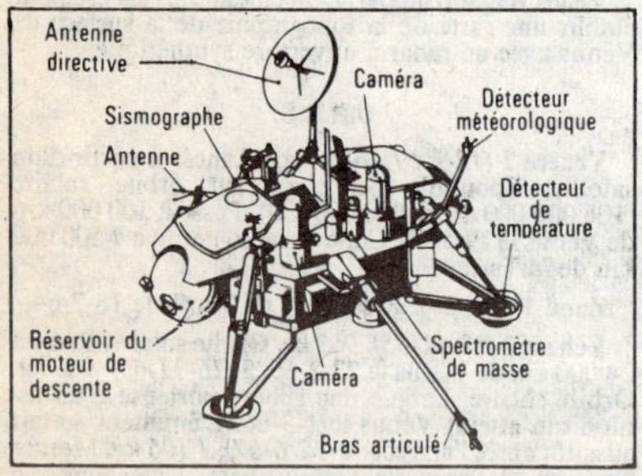

Lander de Viking

Viking 1 *(20-8-75)*. *3 450 kg*. Le lander se pose sur Mars le 20-7-76 dans la région Chryse Planitia par 22°27′ nord et 48° 1′ ouest, à 28 km du point cible. Rebaptisé *Mutch Memorial Station* en souvenir du scientifique américain Thomas A. Mutch, mort en effectuant une ascension de l'Himalaya en sept. 1980. Communications radio avec la Terre interrompue le *19-11-1982*. **2** *(9-9-75)*. *3 450 kg*. Identique. Le lander se pose sur Mars le 3-9-76 dans la région Utopia Planitia, par 47° 97′ nord et 225° 67′ ouest. Cesse d'émettre le *11-4-1980*. Les 2 V ont pris plus de 50 000 clichés.

U.R.S.S.

Mars 1 *(1-11-62)*. *893,5 kg*. Passe auprès de Mars le 19-6-63. Record soviétique de liaison radio (100 000 000 km) en avril 63.

Zond 2 *(18-11-64)*. Orbite solaire (148 000 000 à 215 000 000 km). Passe à 1 500 km de Mars le 6-8-65.

Mars 2 *(19-5-71)*. *4 650 kg*. Placée le 27-11 sur orbite autour de Mars. Largue sur Mars une capsule contenant l'emblème soviétique. **3** *(28-5-71)*. *4 650 kg*. Un étage se pose sur Mars le 2-12, émet 20 secondes et s'arrête. **4** *(21-7-73)*. *5 000 kg*. Survole Mars à 2 200 km et poursuit sa route au lieu de se placer en orbite martienne comme prévu. **5** *(25-7-73)*. *5 000 kg*. Placé sur orbite le 12-2-74 (min. 1 760 km). Tombé en panne en mars 1974. **6** *(5-8-73)*. *5 000 kg*. Arrive près de Mars le 12-3-74 et se place sur une orbite solaire mais, auparavant, largue sur la planète une capsule qui cessera d'émettre avant de toucher le sol. **7** *(9-8-73)*. *5 000 kg*. Arrive près de Mars le 9-3-74 et largue une capsule, qui passe à 1 300 km de Mars au lieu d'y atterrir.

> En 1965, il fallait 8 h ½ pour envoyer vers la Terre (avec *Mariner 4*) une seule image contenant 240 000 unités d'information ; avec les nouveaux engins, chaque image en contient 4 millions et est transmise à la Terre en 5 mn environ. Chaque image comporte 704 lignes, chaque ligne étant composée de 945 points ; pour chaque point, un signal électrique codé est envoyé vers la Terre ; ce signal porte 6 unités d'information pour l'intensité lumineuse du point. On a décidé que si l'engin envoie une série de 6 chiffres 1, l'intensité lumineuse serait nulle : le point apparaît noir ; une série de 6 zéros représente l'intensité lumineuse maximale : le point apparaît blanc.
>
> Chaque engin comporte 2 caméras de télévision, une à faible résolution (les détails les plus petits visibles ne dépassent pas 3,2 km) et une à haute résolution (permet d'observer des détails de 300 m environ).

Sondes lancées vers d'autres planètes

États-Unis

Pioneer 10 *(3-3-72)*. *270 kg*. Lancée par Atlas-Centaure (à 51 800 km/h). A étudié la ceinture des astéroïdes au-delà de Mars, puis, après un voyage de 1 milliard de km, a survolé Jupiter le *4-12-73* à 131 400 km et a transmis une dizaine d'images (à cette distance, les signaux mettent 45 mn pour nous parvenir). Le *13-6-83*, la sonde a franchi l'orbite de Neptune, actuellement la planète du système solaire la plus éloignée du Soleil. Elle se trouvait alors à 4 527 978 612 km de la Terre et avançait à 50 000 km/h. Il fallait 4 h 20 mn aux signaux émis par la sonde pour parvenir à la Terre. C'est le 1er engin qui s'aventure au-delà de la plus lointaine planète connue. Dans l'hypothèse de la rencontre, hors du système solaire, d'une planète habitée, porte une « plaque d'identité » d'aluminium doré de 15 × 23 cm, gravée de symboles suggérant son origine terrestre et sa trajectoire.

Pioneer 11 *(6-4-73)*. *2 600 kg*, diam. 2,7 m. Passe à 42 560 km de Jupiter le 3-12-74 puis, propulsée par une réaction gravitationnelle, atteint la région de Saturne le 20-8-79. Traverse le plan des anneaux le 1-9 ; longe l'hémisphère non éclairé (à 21 400 km min. du sol) ; retraverse le plan des anneaux ; reçoit 2 impacts de micrométéorites. *Résultat de sa mission :* 80 photos de Saturne ; 5 du sat. Titan ; découverte d'un 5e anneau ; mesure de l'épaisseur des anneaux (4 km) ; indications sur composition, couleur et turbulences des gaz de l'atmosphère. Une des photos montre un petit corps céleste de 100 à 200 km de diamètre, non identifié, peut-être un 11e satellite ? Les indications sur Titan ont été brouillées par un sat. soviétique. Des analyses de l'atmosphère ont pu être refaites en 1980-81 par les Voyager.

Nota. — Au point de la trajectoire le plus proche de Jupiter, Pioneer 10 avait une vitesse de 132 000 km/h et Pioneer 11 de 117 000 km/h. *Coût du programme Pioneer 10 et 11 :* 100 millions de $.

Voyager 2 *(20-8-77)*. *810 kg*. Survole Jupiter le 10-7-79 à 650 000 km de distance et étudie ses principaux satellites. Mission complémentaire de celle de Voyager 1. Survole Saturne le 26-8-81 à 101 000 km et étudie ses anneaux et satellites (avec un écart de 2,2 s et de 50 km par rapport aux prévisions). Survole Uranus le 24-1-86 et doit survoler Neptune le 24-8-89. Transporte 105 kg d'appareils scientifiques.

Voyager 1 *(5-9-77)*. *810 kg*. Survole Jupiter le 5-3-79, à 278 000 km de distance et étudie ses principaux satellites (s'approche à 18 170 km de Io). Survole Saturne à 124 000 km le 12-11-80, étudie ses anneaux et ses satellites (s'approche à 4 000 km de Titan).

Nota. — Les 2 sondes jumelles sont numérotées dans l'ordre inverse de leur départ mais dans l'ordre exact de leur arrivée près de Jupiter et de Saturne. Dans l'hypothèse d'une rencontre avec une civilisation extraterrestre, elles emportent un vidéodisque sur lequel figurent une encyclopédie de la Terre, des salutations enregistrées en 60 langues, des cris d'animaux, des morceaux de Beethoven, du jazz et du rock et... un message du président Jimmy Carter : « Si nous résolvons nos problèmes, nous espérons, un jour, rejoindre une communauté de civilisations galactiques. Nous essayons de survivre à notre époque pour pouvoir vivre à la vôtre... ». *Coût du programme Voyager 1 et 2 :* 342 millions de $.

Galileo. Lancé en 1987. Près de Jupiter, se scindera en 2 : un module plongera dans l'atmosphère, l'autre se satellisera pendant 20 mois pour explorer Jupiter et ses principaux satellites.

Sondes lancées vers la comète de Halley

Noms, pays, masse de la sonde (en kg), dates de lancement (L), de survol (S), distance de survol (D), objectifs de la mission.

Vega 1 (U.R.S.S.), 2 000 kg, L 15-12-84, S 6-03-86, D 10 000 km ; photographie et étude physique du noyau et de la chevelure de la comète ; étude de l'interaction de la comète avec le vent solaire.

MS-T5 ou Sakigake (Japon), 138 kg, L 8-01-85, S 7-03-86, D 4 à 5 000 000 km ; même mission que Planet-A.

Planet-A ou Suisei (Japon), 140 kg, L 19-08-85, S 8-03-86, D 210 000 km ; étude de l'enveloppe d'hydrogène de la comète et de son choc dans le milieu interplanétaire.

Vega 2 (U.R.S.S.), 2 000 kg, L 21-12-84, S 9-03-86, D 3 000 à 10 000 km ; même mission que Vega 1.

Giotto (Europe), 960 kg, L 2-07-85, S 13-03-86, D 500 km ; photographie du noyau de la comète, identification des composés volatils, observation des interactions de la comète avec le vent solaire.

☞ En outre, l'ancien satellite américain ISEE-3, rebaptisé ICE (International Cometary Explorer), dont la trajectoire a été modifiée pour qu'il s'approche de la comète Giacobini-Zinner le 11-09-1985, a observé la comète de Halley d'une distance de 31 millions de km le 28-03-1986 (mesure du vent solaire et observation de la queue de plasma).

Vaisseaux cosmiques

Inhabités

U.R.S.S. Vaisseau cosmique 1 *(15-5-60)*. *4 540 kg*. Alt. 312 à 369 km. Échec. Après 4 jours, la cabine, au lieu de descendre, se place sur une orbite allongée.

U.S.A. Mercury-Redstone *(19-12-60)*. *1 000 kg*. Alt. 200 km. 373 km parcourus. 18 mn de vol.

Habités par des animaux

U.R.S.S. Vaisseau cosmique 2 *(19-8-60)*. *4 600 kg*. Alt. 306 à 339 km. 18 révolutions en 24 h. Les chiennes Strelka et Bielka sont récupérées le *20-9-60*. 3

(1-12-60). 4 563 kg. Alt. 187,3 à 265 km. 17 révolutions en 26 h. Les chiens Ptcholka et Mouchka ne sont pas récupérés (le vaisseau se désintègre à la descente). **4** *(9-3-61). 4 700 kg.* Alt. 183,5 à 248,8 km. La chienne Tchernouchka est récupérée. **5** *(25-3-61). 4 695 kg.* Alt. 178,1 à 247 km. La chienne Zvezdotchka est récupérée.

U.S.A. **Mercury-Redstone** *(31-1-61).* Alt. 250 km. 676 km parcourus. 16 mn de vol. Le chimpanzé Ham est récupéré. **M. Atlas 4** *(13-9-61). 1 220 kg.* Alt. 160 à 254 km. 1 révolution 104 mn. 40 000 km parcourus. Mannequin à bord. **Atlas 5** *(29-11-61). 1311 kg.* Alt. 160 à 237 km. 2 révolutions 193 mn, près de 50 000 km parcourus. Le chimpanzé Enos est récupéré.

Vols humains

Problèmes physiologiques

Environnement spatial. *Obscurité du ciel :* totale au-dessus de 150 km d'alt. *Vide :* à 40 km d'alt., la pression atmosphérique est 300 fois plus faible qu'au sol. A 150-200 km, le vide est quasi absolu. *Manque d'oxygène :* peut conduire à la mort avant 8 000 m d'alt. *Écarts thermiques :* entre la paroi d'un satellite éclairée par le Soleil ou située à l'ombre, la temp. peut varier de + 150°C à − 150°C. Dans l'espace, les échanges de chaleur se font seulement par rayonnement et non plus par conduction et convexion, comme sur Terre. *Flux de particules et radiations diverses :* des météorites peuvent perforer les parois du véhicule spatial ou du scaphandre ; des rayonnements ionisants (r. cosmique du Soleil ou de la Galaxie, électrons et protons de Van Allen qui entourent la Terre) peuvent, en traversant la matière, arracher des électrons aux atomes rencontrés et avoir un effet destructeur sur les cellules des organismes vivants ; rayonnements non ionisants (radiations visibles, ultraviolettes et infrarouges). *Absence de pesanteur :* un sat. artificiel de la Terre subit simultanément 2 forces qui s'équilibrent [attraction (vers la Terre) et répulsion (opposée), due au mouvement autour de la Terre].

Réactions de l'organisme humain. A cause des baisses de pression : *à partir de 9 000 m,* l'azote dissous dans les tissus et les liquides du corps passe à l'état gazeux formant des bulles (aéroembolisme) pouvant susciter des troubles circulatoires : *vers 19 000 m,* la pression (env. 47 mm de mercure) est inférieure à la tension de vapeur des liquides du corps (37 °C) ; sans équipement protecteur, le sang se transformerait en mousse rouge et la chair se gonflerait (ébullisme).

Effets de la vitesse. Pour mieux supporter les fortes accélérations (4 à 5 g, 7 g pour les premiers engins, 3 pour la navette spatiale ; la fusée atteint 28 000 km/h en une dizaine de minutes), les cosmonautes sont couchés sur le dos. Les forces d'inertie agissant ainsi perpendiculairement à l'axe des gros vaisseaux sanguins, les déplacements de sang sont moins importants. Bruits intenses (110 à 125 dB à l'intérieur de la cabine), vibrations multiples.

Problèmes de respiration. *Système soviétique :* l'atmosphère des sat. et stations orbitales a une composition et une pression normales (env. 80 % d'azote et 20 % d'oxygène ; 760 à 800 mm de mercure). *Système américain :* missions Mercury, Gemini, Apollo : oxygène pratiquement pur (pression 258 mm) ; avantages techniques : allègement de la cabine, limitation des fuites ; inconvénient : risque d'incendie (le 28-1-67, 3 cosmonautes périrent carbonisés lors d'un entraînement au sol). *Séjours prolongés :* dans Skylab : atmosphère 75 % d'oxygène et 25 % d'azote, pression 258 mm. Stations orbitales actuelles ; régénération d'oxygène (un cosmonaute en consomme 600 à 900 l par j), absorption du gaz carbonique formé, filtrage des poussières et des odeurs. *Navette :* atmosphère normale d'oxygène et d'azote.

Problèmes de l'impesanteur. Dans Skylab, les cosmonautes avaient des poignées (pour s'agripper), un treillis métallique et des cale-pieds (à table, face aux appareils d'expérience, au cabinet de toilette, etc.). Les ustensiles de cuisine étaient retenus par des aimants. L'eau (et tous les liquides) ne pouvant rester dans les récipients ouverts (ils se fractionnent en gouttelettes éparses dans l'atmosphère), les cosmonautes faisaient leur toilette avec des serviettes humidifiées, buvaient dans des tubes ; ils ne prenaient pas d'aliments solides (les miettes se seraient propagées à l'intérieur de la cabine, créant un danger pour yeux et voies respiratoires). Les poils coupés risquant de se répandre dans l'habitacle et de provoquer des accidents pulmonaires, ils se rasaient avec des instruments spéciaux.

Influence sur le système cardio-vasculaire. Env. 2 l de sang abandonnent la partie inférieure pour la partie supérieure du corps (congestion des veines, du cou, de la face, amincissement des jambes). Cette augmentation du volume sanguin thoracique et la dilatation de l'oreillette droite du cœur, interprétées par l'organisme comme une augmentation du volume sanguin total, déclenche, par voie réflexe, des réactions hormonales et provoque une excrétion accrue d'eau et d'éléments minéraux. Après quelques j (de 3 à 10, parfois 20 à 30), l'organisme s'adapte. Cependant les réflexes cardio-vasculaires s'émoussent (car ils sont plus sollicités par les changements de position et se désadaptent de la pesanteur). On observe des troubles lors du retour sur Terre.

Équilibration. L'appareil vestibulaire, situé dans l'oreille interne et percevant normalement les accélérations linéaires, est troublé par l'absence de pesanteur, d'où des malaises comparables au « mal de l'air » : nausées, vertiges, pertes d'appétit, ennuis gastriques (disparaissent en quelques j).

Les muscles s'atrophient. Des travées osseuses s'amincissent, une décalcification se produit. Si aucun remède n'est trouvé, on ne peut envisager de mission habitée de plus de 6 mois.

La taille augmente (2 à 4 cm) ; la colonne vertébrale ne supportant plus le poids du corps, les vertèbres s'écartent. Sur Terre, la taille redevient normale.

Perte de poids (3 à 5 kg quelle que soit la durée de la mission) due principalement à une perte du liquide organique et à la réduction de la masse musculaire (souvent liée à une alimentation trop peu calorifique et à une baisse d'appétit). Réduction des globules rouges (8 à 30 %). Ces troubles ne sont pas irréversibles. *La fonction respiratoire* semble peu perturbée, *l'acuité visuelle et auditive,* la *pression artérielle,* le *rythme cardiaque* et les électrocardiogrammes restent normaux.

Altitudes. A *19 000 m,* le sang de l'homme protégé du milieu extérieur bout, la température d'ébullition étant d'autant plus basse que la pression est faible. A partir de *40 000 m,* l'atmosphère n'est plus suffisante pour fournir le comburant nécessaire aux moteurs. A *45 000 m,* il n'y a plus d'ozone et un corps vivant non protégé serait brûlé.

Précautions d'hygiène. *Exercices musculaires :* tapis roulant, extenseurs, bicyclette ergométrique. *Vêtements spéciaux :* simulant sur les os et les muscles l'action de la pesanteur ou provoquant l'afflux de sang vers les parties inférieures. *Introduction du bas du corps* dans un caisson pour rétablir, par pressions négatives, une circulation sanguine presque normale dans les membres inférieurs, etc. Conservation du rythme des 24 h (1/3 de travail, 1/3 de loisirs, 1/3 de sommeil).

Activité hors des véhicules. Difficulté d'effectuer des gestes précis, importance des dépenses métaboliques. Il faut un point d'appui et des outils appropriés.

Déchets. Dans les 1ers véhicules spatiaux, les déchets étaient recueillis dans des sacs contenant des produits germicides évitant la fermentation et la formation de gaz ; les urines et matières fécales dans des sachets en plastique (contenant des bactéricides et du charbon suractivé). Actuellement, les déchets stockés dans les stations orbitales soviétiques Saliout sont périodiquement entassés dans des cargos automatiques Progress qui sont ensuite renvoyés dans l'atmosphère où ils se désintègrent.

Réadaptation au retour. Sentiment d'écrasement dû à la pesanteur retrouvée. Manque de coordination des mouvements.

Quelques chiffres (au 1-1-1986)

• **Nombre.** Au 1-1-1983, sur 2 386 lancements depuis le début de l'ère spatiale, l'U.R.S.S. avait effectué 51 missions pilotées et les États-Unis 34.

• **Records. Durée totale accumulée par 1 seul astronaute :** 361 j 21 h 31 mn 55 s par Valeri Rioumine (U.R.S.S.) : Soyouz 25 (du 9 au 11-10-77) 48 h 45 ; Soyouz 32, Saliout 6, Soyouz 34 (du 25-2 au 19-8-79) 4 200 h 36 ; Soyouz 35, Saliout 6, Soyouz 37 (du 9-4 au 11-10-80) 4 436 h 12 mn.

Distance parcourue : 116 411 557 km.

Durée maximale d'un vol de cosmonaute : 237 j 1 h 33 mn par Leonid Kizim, Vladimir Soloviev et Oleg Atkov (du 8-2 au 2-10-84). *Cosmonaute féminin :* 189 h 52 mn par Svetlana Savitskaya (U.R.S.S.) : Soyouz T7, Saliout 7, Soyouz T6 (du 19 au 27-8-82).

Nombre de vols effectués par un même astronaute : 6 vols (834 h 59) par John Young (U.S.A.) : Gemini 3 (du 23-3-65) 4 h 52. Gemini 10 (du 18 au 21-7-66) 70 h 46. Apollo 10 (du 18 au 26-5-69) 192 h 03. Apollo 16 (du 16 au 27-4-72) 265 h 51. STS 1 (du 12 au 14-4-81) 54 h 20. STS 9 (du 28-11 au 8-12-83) 247 h 04.

Durée de séjour sur la Lune : 74 h 59 (dont excursion de 22 h 09) par Taurus-Littrow, Eugene A. Cernan et Harrison H. Schmitt (U.S.A.) : Apollo 17 (du 7 au 19-12-1972).

Durée totale cumulée des vols spatiaux humains : env. 97 500 h (11 ans) pour l'U.R.S.S., 40 000 h pour les U.S.A.

Nombre d'astronautes : 8 pour la mission Spacelab D-1 (le 30-10-1985).

Programme Mercury

• **Coût du programme.** 437 millions de $.

• **Cabine.** En forme de cône protégée par un bouclier thermique (de 200 kg) pour la rentrée dans l'atmosphère. Hauteur 2,7 m, diam. max. 1,85 m, masse 1 350 kg. Monoplace. Emportait au départ des réserves de vivres et d'énergie pour env. 30 heures.

L'astronaute était assis, le dos appuyé à la base de la capsule, sur un siège moulé à son corps. Il pouvait regarder à l'extérieur par un hublot.

En principe, tous les systèmes fonctionnaient automatiquement, mais on avait prévu, à titre expérimental et comme moyen de secours, des commandes manuelles. Le poids de la cabine devant être limité, on avait choisi de faire respirer à l'astronaute de l'oxygène pur (au lieu d'air).

La sécurité au départ était assurée par des moteurs à poudre placés au sommet d'une tour à la partie supérieure de la cabine : en cas d'incidents au décollage, ces moteurs auraient séparé immédiatement la cabine de sa fusée porteuse. Si tout allait bien, la tour était éjectée après quelques minutes de vol.

La récupération de la cabine se faisait en 3 étapes. Un 1er freinage, assuré par 3 fusées à poudre, modifiait l'orbite de la cabine pour la faire rentrer dans l'atmosphère, puis le bouclier thermique se détachait. Un 1er parachute (diamètre 1,8 m) s'ouvrait à 6 000 m d'alt. pour stabiliser la cabine, un 2e (diam. 20 m) s'ouvrait à 3 000 m, ramenait la vitesse à 10 m/s. Enfin la cabine se posait sur l'eau pour éviter une arrivée trop brusque.

• **Vols. Freedom 7** *(5-5-61).* Alan Shepard fait un bond de 15 mn 22 s (alt. max. 187 km). Vitesse max. 8 263 km/h. Parcourt 485 km.

Liberty Bell 7 *(21-7-61).* Virgil Grissom, bond de 15 mn 55 s (alt. max. 188 km). Vitesse max. 8 318 km/h. Parcourt 486 km.

Friendship 7 *(20-2-62).* John Glenn, vol de 4 h 55 mn. 3,24 révolutions (alt. max. 256 km, min. 157). Parcourt 125 000 km.

Aurora 7 *(24-5-62).* Malcolm Scott Carpenter, vol de 4 h 56 mn. 3,25 révolutions (alt. max. 267 km, min. 160). Parcourt 125 000 km.

Sigma 7 *(3-10-62).* Walter Schirra, vol de 9 h 13 mn. 6,17 révolutions (alt. max. 283 km, min. 160). Parcourt 250 000 km.

Faith 7 *(15-5-63).* Gordon Cooper, vol de 34 h 20 mn. 23,25 révolutions (alt. max. 267 km, min. 163). Parcourt 950 000 km.

Programme Gemini

• **Coût du programme.** 1 303 millions de $.

• **Cabine Gemini.** *3 200 kg.* En forme de cône. 2 parties : 1° une cabine récupérable de 2 750 kg, 2° un compartiment des instruments largués dans l'espace à la fin du vol. Calcul des manœuvres par une petite calculatrice pouvant effectuer 7 000 additions, 2 500 multiplications ou 1 200 divisions par seconde. L'avant était un petit cylindre contenant des radars destinés à s'emboîter dans une cavité équipant les fusées Agena que les Gemini devaient rejoindre dans l'espace. 2 moteurs (45 kg de poussée) pouvaient propulser la cabine vers l'avant et 2 autres (38 kg de p.) pouvaient la ralentir. 4 moteurs (45 kg de p.) lui permettaient de se déplacer vers le haut, le bas, la gauche et la droite. 8 propulseurs (11 kg de p.) servaient à contrôler la position. Tous ces moteurs consommaient des liquides à base d'azote. Les réservoirs pouvaient contenir 300 kg. Pour déclencher la rentrée dans l'atmosphère, il y avait 4 rétrofusées à poudre (1 130 kg de p. chacune).

2 astronautes pouvaient se tenir côte à côte. Ils respiraient de l'oxygène.

Victimes de l'astronautique

Octobre 1960. Explosion d'une fusée sur le cosmodrome de Baïkonour (U.R.S.S.). Nombreuses victimes (savants et techniciens).

1967 (27-1). Virgil Grissom, Edward White, Roger Chaffee (Américains) meurent dans l'incendie d'une cabine Apollo, au Cap Kennedy au cours d'un entraînement au sol. **(23-4).** Vladimir Komarov (Soviétique) s'écrase avec Soyouz 1 (le parachute s'est mis en torche).

29-6-1971. G. Dobrovolsky, V. Volkov, V. Patzaiev meurent asphyxiés avant l'atterrisage de leur cabine Soyouz 11 (brusque dépressurisation).

28-1-1986. 7 astronautes amér. dont 5 blancs : Francis R. Scobee (n. 19-5-1939), Michael J. Smith (n. 30-4-1945), Gregory B. Jarvis (n. 24-8-1944), Judith A. Restnik (n. 5-4-1949), Sharon Christa Corrigan Mc Auliffe (n. 2-10-1948, 1re femme « civile » astronaute, enseignante) ; 1 noir : Ronal E. Mc Naire (n. 21-10-1950) ; 1 jaune : Ellison S. Onizuka (n. 24-6-1946) meurent dans l'explosion de la navette « Challenger ».

Nota. — Au cours du vol Apollo 13 (12-4-70), interrompu par une fuite d'oxygène, les 3 astronautes ont pu être sauvés.

• **Vols. Gemini 1** *(8-4-64).* Pas de récupération, 64 révolutions, 4 j, expérimentation de la cabine et de la fusée Titan II. **2** *(19-1-65).* Vol balistique, essai du bouclier thermique de la cabine. 3 *(23-3-65).* V. Grissom, J. Young, vol de 4 h 53 mn. 3 révolutions (alt. max. 225 km, min. 155). **4** *(3-6-65).* J. McDivitt, E. White, vol de 97 h 56 mn. 62 révolutions (alt. max. 290 km, min. 158). Parcourt 2 700 000 km. *1re sortie d'un Américain dans l'espace* (White 20 mn). **5** *(21-8-65).* Ch. Conrad, G. Cooper, vol de 7 j 22 h 56 mn. 120 révolutions (alt. max. 352 km, min. 161). Parcourt 5 343 000 km. *1re utilisation de piles à combustibles.* **6** *(15-12-65).* W. Schirra, T. Stafford, vol de 25 h 51 mn. 17 révolutions (alt. max. 270 km, min. 161). *1er rendez-vous* (s'approche à 30 cm de Gemini 7). **7** *(4-12-65).* J. Lovell, F. Borman, vol de 13 j 18 h 35 mn. 206 révolutions (alt. 225 km, min. 160). Parcourt 9 195 756 km. **8** *(16-3-66).* N. Armstrong, D. Scott, vol de 10 h 41 mn. 7 révolutions (alt. max. 407 km, min. 396). *1re jonction spatiale* avec l'étage-cible Agena lancé 100 mn avant. **9** *(3-6-66).* T. Stafford, E. Cernan, vol de 72 h 21 mn. 44 révolutions (alt. max. 300 km, min. 159). Cernan sort 2 h 09. Rendez-vous spatiaux répétés (sans jonction) avec la cible A.T.D.A. **10** *(18-7-66).* J. Young, M. Collins, vol de 70 h 46 mn. 43 révolutions (alt. max. 763 km, min. 160). Utilisation des moteurs de l'Agena avec lequel le rendez-vous a été effectué. 2 sorties de Collins (total 1 h 30 mn.). **11** *(12-9-66).* Ch. Conrad, R. Gordon, vol de 71 h 47 mn. 43 révolutions (alt. max. 1 365 km, min. 160). Gemini est lancé directement à la poursuite de la cible sans être placé sur une orbite d'attente. 2 sorties de Gordon (total 2 h 50 mn). **12** *(11-11-66).* J. Lovell, E. Aldrin, vol de 94 h 34 mn. 59 révolutions (alt. max. 300 km, min. 257). Aldrin sort à 3 reprises (total 5 h 30 mn).

Programme Apollo

Au cours du programme Apollo, les Américains ont passé 19 j 11 h au total sur la Lune (dont 80 h 18 mn de sortie sur le sol), parcouru 95,2 km et rapporté 387 kg d'échantillons du sol lunaire.

• **Coût du programme** (en millions de $). 25 000 en 10 ans. 517 de matériel laissé sur la Lune (dont 6 modules lunaires : 40 à 50 chacun, 6 stations scientifiques, au total 130 ; 3 jeeps lunaires : 6 au total). Fusée Saturn V : 185 ; vaisseau Apollo : 65 ; opérations au sol pour 1 vol (A. 13) : 105.

• **Cabine Apollo** (3 hommes à bord). *Hauteur :* 10,44 m. *Diamètre :* 3,85 m. *Poids* au lancement : 18,58 t (y compris compartiment moteur). 3 parties : cabine (command module) où logent les astronautes, compartiment des machines (service module), LEM ou LM (lunar module) destiné à atterrir sur la Lune avec 2 astronautes à bord. *Propulsion :* 4 groupes indépendants de 3 moteurs-fusées sur le compartiment moteur (45 kg de poussée chacun) et 2 groupes indépendants de 6 moteurs fusées chacun sur la cabine pour la stabilisation, le contrôle d'altitude et la rentrée. Un moteur fusée (10 t de poussée) qui peut être rallumé plusieurs fois occupe le compartiment moteur et sert pour les corrections de trajectoire et mises sur orbite lunaire. *Énergie électrique de bord :* 3 piles à combustibles et 3 batteries rechargeables. *Communications :* liaison dans la bande des très hautes fréquences, en anglais VHF, couvre le domaine compris entre 30 et 300 MHz en phonie sur distances faibles ; liaison phonique sur grandes distances ; radar de rendez-vous ; liaison de télémesure ; 10 antennes sur le compartiment moteur et la cabine. *Guidage et navigation :* plate-forme à inertie, guidage optique ; télescope et sextant ; calculateur de bord avec une mémoire de 39 000 mots. *Atterrissage :* 8 parachutes. Lancement : Saturn s'élève, emportant à son sommet la capsule Apollo ; quelques mn plus tard, la vitesse dépasse 10 000 km/h ; le 1er étage de la fusée est largué et le 2e est mis à feu. La vitesse augmente encore. Le 2e étage est largué à son tour et le 3e est mis à feu ; il permet à Apollo de se mettre en orbite autour de la Terre. Le vaisseau tourne ensuite plusieurs heures autour de la Terre entre 100 et 200 km d'alt., le temps de permettre des vérifications, puis le 3e étage est remis à feu pour donner le supplément d'énergie nécessaire.

Quand l'ensemble est placé sur sa trajectoire qui l'emmène vers la Lune, la cabine et le compartiment des machines se séparent du LEM resté accroché au 3e étage de la fusée. Puis ils se retournent et la cabine s'amarre au LEM. Le 3e étage de la fusée ne servant plus à rien est ensuite abandonné dans l'espace. Le voyage dans l'espace dure 3 j. Pendant ce temps, Apollo tourne sur lui-même (1 ou 2 tours par h) pour exposer successivement toute sa surface au Soleil.

A 60 000 km environ de la Lune, Apollo atteint le *point d'équigravité* où l'attraction de la Lune et celle de la Terre s'équilibrent exactement. A partir de là, c'est l'attraction de la Lune qui devient la plus forte. A 100 km environ de la Lune, si tout fonctionne parfaitement, les astronautes reçoivent l'ordre de se satelliser autour de la Lune. Le vaisseau spatial fait d'abord un tête-à-queue, puis ses rétrofusées sont allumées : il ralentit et se place sur une orbite lunaire. Ensuite, pendant que le vaisseau tourne autour de la Lune, 2 astronautes désignés à l'avance passent dans le LEM. Ils séparent le LEM de la cabine et se rapprochent de la Lune. Le LEM fonce vers la Lune, la tête en bas. En mettant à feu convenablement ses moteurs, les astronautes ralentissent peu à peu sa vitesse. A quelques km d'altitude, le LEM se redresse, les pieds en position d'atterrissage. La vitesse est réduite et le LEM se pose, à environ 9 km/h.

Retour vers la Terre : la partie inférieure du LEM sert de plate-forme de lancement à la partie supérieure et est abandonnée sur la Lune. Les astronautes du LEM se lancent à la poursuite d'Apollo et la rejoignent. Ils amarrent le LEM à la cabine, rejoignent leur compagnon dans la cabine, puis larguent dans l'espace le LEM devenu inutile. Ensuite, Apollo quitte son orbite lunaire et revient vers la Terre, grâce à la mise à feu du gros moteur du compartiment des machines. La capsule arrive dans l'atmosphère à 11,2 km/s : le frottement des couches de l'air contre les parois crée une énorme température. Un bouclier thermique, fait de matériaux spéciaux, protège la capsule (sa température atteint 2 600 °C en quelques mn).

La rentrée dans l'atmosphère s'effectue en plusieurs étapes : à 120 km du sol, la cabine se sépare du compartiment des machines devenu inutile. A 90 km, la capsule entre dans les couches denses de l'atmosphère, protégée par son bouclier thermique ; pendant quelques minutes, on ne peut plus communiquer avec les astronautes. Ensuite, les astronautes rebondissent plusieurs fois sur les couches d'air de l'atmosphère, ce qui freine beaucoup la capsule. A 8 km du sol s'ouvre un premier parachute ; à 3 km, c'est au tour de 3 petits parachutes, suivis par 3 gros parachutes. La capsule descend alors doucement vers la mer, et c'est l'amerrissage.

• **Vols. Apollo 1 à 6.** Vols de qualification pour la fusée Saturn.

Apollo 7 *(11-10-68). 1er lancement de la fusée Saturn I-B.* Walter Schirra, Walter Cunningham, Don Eisele, vol de 11 j. Retour le *23-10.*

Apollo 8 *(21-12-68).* Franck Borman, James Lovell, William Anders, vol de 6 j et 3 h, 800 000 km. *1er vol humain sur orbite lunaire* (à 113 km du sol) le *24-12.* Après 10 rév., quitte cette orbite le *25,* revient vers la Terre et amerrit le *27* à 15 h 51 dans le Pacifique, à 864 km de l'île Christmas.

3 records battus : poids au départ : 123 t satellisées autour de la Terre, y compris les réserves de carburant ; *poids d'un engin sur trajectoire lunaire :* 43 t (délesté du 3e étage de la fusée porteuse) ; *vitesse du véhicule spatial habité :* 39 962 km/h.

Apollo 9 *(3-3-69).* James McDivitt, David Scott, Russel Schweickart, vol de 10 j. Se place sur orbite terrestre (191 à 500 km du sol). *Essais :* compartiment lunaire avec des hommes à bord, qui se sépare de la cabine Apollo et revient vers elle ; système autonome de propulsion, l'*EMU (Extra-vehicular Mobility Unit) ;* scaphandre de 82 kg. Revient le *14-3.*

Apollo 10 *(18-5-69).* Thomas Stafford, John W. Young, Eugen Cernan, vol de 8 j. Stafford et Cernan, à bord du LEM, se mettent sur une orbite elliptique de la Lune entre 15 km et 360 km, puis rejoignent la cabine Apollo. Retour le *26-5* à 600 km des îles Pago Pago (Samoa).

Apollo 11 *(16-7-69).* Neil A. Armstrong, E. Aldrin, M. Collins. Lancé à 7 h 07 (heure locale), soit 12 h 07 (h française). Se met sur orbite terrestre à 190 km, puis la quitte à 17 h 06 et se dirige vers la Lune à 39 030 km/h. *20-7* à 21 h 17 (h française) : le LEM (baptisé *Eagle*) se pose dans la mer de la Tranquillité à 6,4 km de l'endroit prévu. *21-7* à 3 h 56 mn 20 s [(h de Paris ; h. de Houston : 21 h 56, le 20-7) durée du voyage : 109 h 24 mn 20 s] : Armstrong pose le pied gauche sur le sol lunaire ; Aldrin le rejoindra 1/4 d'h plus tard. Ensemble ils plantent dans le sol lunaire le pavillon américain. Ils marchent 60 m, vêtus de l'EMU pour se protéger contre les agressions cosmiques et les différences brutales de température ; après avoir passé 21 h 36 mn 46 s sur la Lune, le LEM rejoint la cabine Apollo. *24-7* à 17 h 51 ; amerrissage des cosmonautes ; leur voyage a duré 195 h 18 mn 35 s (1 mn de plus que prévu). Rapportent 20,7 kg d'échantillons de sol lunaire.

Apollo 12 *(14-11-69).* Ch. Conrad, R. Gordon, A. Bean, vol de 244 h 36 mn, aller 110 h 31 mn. Conrad et Bean se posent avec le LEM sur la Lune (océan des Tempêtes) et repartent après un séjour de 31 h 30 mn (2 sorties : 7 h 45 mn). Retour le *24-11.* Rapporte 34,1 kg d'échantillons.

Apollo 13 *(11-4-70).* Vol conçu comme les 2 précédents, avec James Lovell, Fred Haise, John Swigert. Le LEM aurait dû rester 33 h sur la Lune et Lovell et Haise sortir 2 fois 4 h. Mais un incident technique a interrompu la mission à 320 000 km de la Terre et Apollo 13 n'a pu revenir qu'avec difficulté.

Apollo 14 *(31-1-71).* Alan Shepard, Stuart Allen Roosa, Edgar Dean Mitchell. *5-2 :* le LEM se pose près du cratère Fra Mauro dans l'océan des Tempêtes, aide les astronautes Shepard et Mitchell qui sortent 9 h 23 mn et déposent l'*ALSEP (Apollo Lunar Surface Experiment Package),* station scientifique automatique avec générateur nucléaire de 63 W, qui convertit en électricité la chaleur dégagée par du plutonium 238. *6-2 :* autre sortie de 4 h et décollage après un séjour de 33 h 31 mn (2 sorties : 9 h 17 mn). *7-2 :* retour. Rapporte 42,9 kg de roches lunaires [la brouette lunaire (*MET* ou *Modularized Equipment Transporter*) fut utilisée].

Apollo 15 *(26-7-71).* David R. Scott, James B. Irwin et Alfred M. Worden, vol de 12 j 7 h 11 mn. *30-7 :* arrivée dans la mer des Pluies, au pied des Apennins. Scott et Irwin utilisent la « jeep lunaire ». Après séjour de 66 h 55 mn (3 sorties : 18 h 35 mn). *4-8 :* retour vers la Terre. *7-8 :* amerrissage. Rapporte 76 kg de roches.

Apollo 16 *(16-4-72).* John Young, Charles Duke, Ken Mattingly, vol de 11 j 1 h 51 mn. Arrivé le *21-4* près du cratère Descartes. Séjour 71 h (3 sorties de Young et Duke : 20 h 14 mn ; 26,7 km parcouru). Retour le *27-4.* Rapporte 95,4 kg de roches.

Apollo 17 *(7-12-72).* Eugen Cernan, Ronald Evans, Harrison Schmitt (géologue), vol de 12 j 13 h 52 mn. Arrivé le *11-2* dans la région des Mts Taurus près du cratère Littrow, séjour 74 h 59 mn (3 sorties de Cernan et Schmitt : 22 h 05 mn ; distance parcourue 36 km). Retour le *17-2 :* sortie dans le vide (Cernan) au retour. Rapporte 117 kg de roches.

Abandon des explorations lunaires. Les vols Apollo 12 à Appolo 17 n'ont eu lieu que pour utiliser les fusées Saturn déjà existantes, les explorations scientifiques effectuées servaient seulement à justifier les expéditions. Les appareils de liaison Terre-Lune ont été débranchés le 1-10-77, les km de bandes magnétiques enregistrées ont été mises de côté et, sur les 382 kg de roches lunaires stockées, env. 350 kg n'ont pas été analysés. La fusée Saturn de Cap Kennedy a été mise au musée. De nouveaux engins d'exploration lunaire sont prévus pour la fin du siècle (à partir de la future station spatiale américaine pourraient être organisées des expéditions en vue d'implanter une base à l'un des pôles de la Lune). Les Soviétiques, de leur côté, ont mis fin à leur programme lunaire en 1976 (après Luna 24).

ASTP (Apollo-Soyouz Test Project)

Programme commun américano-soviétique. Coût pour les U.S.A. : 250 millions de $. Un vaisseau *Apollo* lancé le *15-7-75* (Thomas Stafford, Vance Brand et

Vaisseau Apollo (détail agrandi)

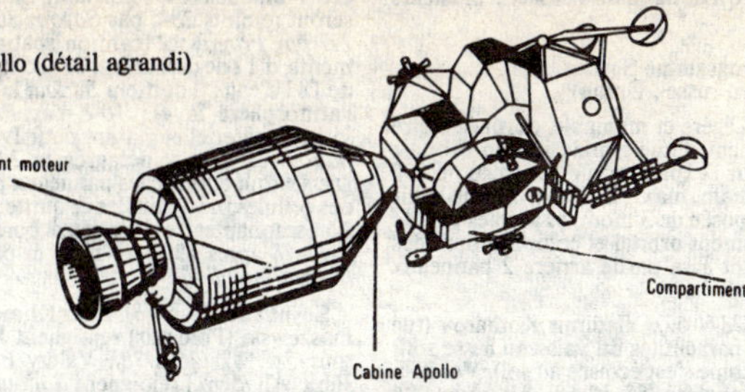

Donald Slayton) rejoint le vaisseau sov. Soyouz 19, s'y amarre le *17-7* [vol commun pendant 44 h à 225 km d'alt. ; transferts d'équipages, nombreuses expériences (physique, chimie, métallurgie, astronomie)] puis rentre le *24-7* après 9 j 1 h 28 mn.

Programme Skylab (« labo céleste »)

● **Cabine Skylab.** *Atelier orbital :* long. 36 m, poids 90 607 kg, volume habitable 347 m³ sur 407 m², salles de travail 17 m², salle de séjour 10 m², dortoir avec alvéoles individuels 7 m², débarras 3 m² ; température réglable de 16 à 32 °C. 4 panneaux de cellules solaires (111 m² au total). Lancé par une fusée Saturn I-B ; les astronautes le rejoignent avec un vaisseau Apollo.

● **Vols. Skylab 2** *(25-5* au *22-6-73).* Charles Conrad, Paul Weitz, Joseph Kerwin rejoignent le Skylab mis sur orbite le *14-5* par une Saturn V. Ils ont du mal à amarrer, à débloquer des panneaux solaires, ont une panne de batterie et doivent mettre en place un écran solaire de dépannage. *Durée du vol :* 28 j (404 révol.) *Distance parcourue :* 21,3 millions de km. *Sorties dans l'espace :* Conrad 6 h 34 mn, Kerwin 3 h 58 mn, Weitz 2 h 11 mn (total 12 h 43 mn). *Photos prises :* 8 800 de la Terre, 30 000 du Soleil et des étoiles.

Skylab 3 *(28-7* au *25-9-73).* Alan Bean, Jack Lousma, Owen Garriott rejoignent le même Skylab (succès de l'opération malgré de nombreux incidents). *Durée du vol :* 59 j 11 h (858 révol.). *Distance :* 45,4 millions de km. Alt. 450 km. *Sorties dans l'espace :* Bean 2 h 41 mn, Garriott 13 h 42 mn, Lousma 11 h 01 mn (total 27 h 24 mn). *Photos prises :* 77 000 du Soleil et des étoiles, 14 400 de la Terre.

Skylab 4 *(16-11-73* au *8-2-74).* Gerald Carr, William Pogue, Edward Gibson. Séjour interrompu par le manque de vivres. Nombreuses expériences. *Durée du vol :* 84 j 1 h 16 mn (1 214 révol.). *Distance :* 63,9 millions de km. *Sorties dans l'espace :* durée totale + de 22 h. *Photos :* 17 000 de la Terre (étude relief et ressources), 75 000 du Soleil, des étoiles et de la comète Kohoutek.

Chute de Skylab. Prévue pour 1983 [son alt. (435 km) devait, pensait-on, lui assurer une grande longévité] mais les radiations solaires ont accru la densité de la haute atmosphère, augmenté le freinage subi, et précipité la chute. La navette spatiale devait apporter un moteur à l'engin et le faire remonter plus haut dans l'espace. Mais elle ne put être mise au point pour 1978 (comme il était prévu). A partir de février 1979, Skylab descendit en moyenne de 2 km par jour. En mai, il n'était plus qu'à 275 km de haut. Le 11-7-1979 (après 2 249 j de vol), Skylab rentrait dans l'atmosphère au-dessus de l'Australie et du sud de l'océan Indien. Sa désagrégation se fit sur 600 km et ne fit ni victimes ni dégâts ; mais les 4 500 instruments scientifiques qu'il contenait ont été détruits dans sa chute. Les semaines précédant la chute, une certaine inquiétude s'était manifestée, notamment en Inde. Le danger était pourtant faible : sur 15 100 objets lancés dans l'espace, au 1-7-84, 9 800 sont déjà retombés, ce qui représente 15 000 t de matériaux (200 fois le Skylab). Il n'y a eu que 2 accidents : 1962, ferme incendiée en Afrique du Sud ; 1974, vache tuée à Cuba. L'article 7 du traité de l'espace du 10-10-1977 prévoit que l'État lanceur est responsable des dégâts causés par les engins.

Navette spatiale ou **STS**
(Space Transport System)

Nouveau système de transport spatial américain à partir de 1981. Élément principal : l'*Orbiter* (long. 45 m, envergure 14,4 m, poids à vide 67,5 t), destiné à être temporairement satellisé autour de la Terre à 500 km d'altitude ; ressemble à un gros avion doté d'ailes en delta, mais se comporte comme une fusée au décollage et comme un planeur à l'atterrissage. Comprend un compartiment habité pour 8 pers. et 1 soute de 29 t. Lui est fixé 1 réservoir de 700 t alimentant les 3 moteurs de 211 t de poussée chacun. Ce réservoir est perdu à chaque voyage. De part et d'autre du réservoir sont fixées 2 fusées à carburant solide de 1 200 t de poussée chacune. Munies de parachutes, elles sont larguées avant la mise sur orbite et récupérées. L'*Orbiter* est récupérable et réutilisable (env. 100 fois), donc meilleur marché que les systèmes de transport actuels. La Navette sera utilisée pour : mise en orbite du Spacelab, lancement ou récupération de satellites, transport de matériel ou d'astronautes entre la Terre et des stations orbitales, etc. Le *18-2-77*, 1er vol captif sur le « dos » d'un Boeing-747. Le *12-8-77*, 1er vol libre, après avoir décollé du Boeing parfait à 7 900 m d'altitude. Le *13-9-77*, 2e vol libre. Depuis 1977, la mise au point bute sur 2 difficultés : *1°* fixation du bouclier thermique (revêtement de 8 000 tuiles de céramique) ; *2°* réglage des moteurs thermiques (une explosion aurait détruit les 3 moteurs lors de l'essai de juillet 1979). Le vol prévu pour mars 1979 a été reporté à avril 1981.

STS-1. 1er vol d'essai (John Young et Robert Crippen). Lancé *12-4-81*, rentré *14-4-81* après un vol de 54 h 20 mn 52 s et 36,5 révolutions autour de la Terre à 275 km d'alt. **2.** 2e (Richard Truly et Joe Engle). Lancé *12-11-81*, rentré *14-11-81* après un vol de 54 h 13 mn 12 s à 250 km d'alt. Vol écourté (défaillance d'une des 3 piles à combustibles). **3.** 3e (Jack Lousma, Charles Fullerton). Lancé *22-3-82*, rentré *30-3* (1 j de retard par suite des conditions météo., vol de 8 j 04 mn) sur la base de White Sands, N. Mex., celle d'Edwards (Californie) utilisée jusque-là étant impraticable. **4.** 4e (Thomas Mattingly, Henry Hartsfield). Lancé *27-6-82*, rentré *4-7*, vol de 7 j 1 h 09 mn.

STS-5. 1er vol opérationnel (Vance Brand, Robert Overmyer, Joseph Allen et William Lenoir). Lancé *11-11-82*, rentré *16-11*. Grâce à l'utilisation d'un propulseur à poudre PAM-D, mise en orbite géostationnaire de 2 satellites de télécomm. : SBS-3 (U.S.A.) et Anik C-3 (Canada). Nombreuses expériences réalisées. Mais annulation d'une sortie dans l'espace de 2 astronautes (ennuis de scaphandres : manque de pressurisation de la combinaison de W. Lenoir et mauvais fonctionnement du système de ventilation de celle de J. Allen).

STS-6. *1er vol de la navette « Challenger »* (Paul Weitz, Karol Bobko, Story Musgrave, Donald Peterson). Lancé *4-4-83*, rentré *9-4* à Edwards (Californie). Musgrave et Peterson sortent le *7-4* 3 h 50 mn dans l'espace pour simuler des réparations. Largage du sat. de télécom. TDRS-1, le *5-4*, qui ne parvient pas à être injecté en orbite géostationnaire par le propulseur IUS.

STS-7 (« Challenger ») [Robert Crippen, Frederick Hauck, John Fabian, Sally Ride *(1re femme américaine de l'espace)*, Norman Thegard]. Lancé le *18-6-83*, rentré le *24-6* à Edwards. Mise en orbite des sat. de communication Anik C-2 (Canada) et Palapa B-1 (Indonésie). A l'aide d'un bras télémanipulateur, largage à 2 reprises dans l'espace puis récupération du SPAS (Shuttle Pallet Satellite) d'instruments scientifiques.

STS-8 (« Challenger ») (Richard Truly, Daniel Brandenstein, Dale Gardner, Gruion Bluford, William Thornton). Lancé *30-8-83 (de nuit)*, rentré *5-9 (de nuit)* à Edwards. Mise en orbite du sat. géostationnaire de météorologie et de télécom. indien Insat 1-B (le 31-8). Déploiement par le bras télémanipulateur du PFTA (Payload Flight Test Article), structure métallique de 3,9 t en forme d'haltère, destinée à valider le bras pour la manipulation de charges très lourdes. Expériences d'électrophorèse en apesanteur.

STS-9 (« Columbia ») [John Young, Brewster Shaw, Owen Garriott, Robert Parker, Byron Lichtenberg, Ulf Merbold (All. féd.)]. Lancé *28-11-83*, rentré *8-12* à Edwards. Emportait le laboratoire spatial européen « Spacelab », dont c'était le 1er vol (voir p. 62). 72 expériences scientifiques (57 européennes représentant 50 % de la charge utile, 14 américaines et 1 japonaise).

STS-10 (« Challenger »). *Du 3 au 11-2-1984* (Vance Brand, Robert Gibson, Ronald McNair, Bruce McCandless, Robert Stewart). Durée du vol 167 h 16 mn. Mise en orbite de 2 satellites commerciaux. *1er vol libre de 2 astronautes* (McCandless et Stewart) avec le fauteuil spatial MMU (manned manoeuvring unit). Atterrissage au Cap Canaveral.

STS-11 (« Challenger »). *Du 6 au 13-4-1984* (Robert Crippen, Francis Scobee, Terry Hart, George Nelson, James Van Hoften). Durée du vol 167 h 40 mn. Réparation du satellite « Solmax » en orbite, par Nelson et Van Hoften. Remis en orbite. Atterrissage à Edwards (Californie).

STS-12 (« Discovery »). *Du 30-8 au 6-9-1984* [Henry Hartsfield, Michael Coats, Richard Mullane, Steven Hawley (mari de la première femme-astronaute US), Charles Walker (*1er passager non astronaute*, ingénieur chez McDonnell-Douglas) et Judith Resnik (1re femme-astronaute américaine)]. Durée du vol 173 h 35 mn. Largage de 2 satellites de télécommunications. !^er^ vol du 3e modèle de navette spatiale. Atterrissage à Edwards.

STS-13 (« Challenger »). *Du 5 au 13-10-1984* [7 astronautes (record) : Robert Crippen, John McBride, Kathryn Sullivan, Sally Ride (première américaine à être allée 2 fois dans l'espace), David Leetsma, Paul Scully-Power et Marc Garneau (1er astronaute canadien)]. Durée du vol 197 h 24 mn. *1re sortie dans l'espace d'astronautes féminines américaines.* Mission : observation de la Terre par radar. Atterrissage au Cap Canaveral.

STS-14 (« Discovery »). *Du 8 au 16-11-1984* (Frédéric Hauck, Joseph Allen, David Walker, Dale Gardner et Anna Fisher). Durée du vol 191 h 45 mn. Récupération et retour sur Terre pour réparation de 2 satellites placés sur de mauvaises orbites 9 mois auparavant (Westar-6 et Palapa B-2). Retour au Cap Canaveral.

STS-15 (« Discovery »). *Du 24 au 27-1-1985* (Thomas Mattingly, Loren Shriver, Ellison Onizuka, James Buchli, Gary Payton). Lancement secret, entièrement militaire. Atterrissage au cap Canaveral (Floride).

STS-16 (« Discovery »). *Du 12 au 19-4-1985* [Bobko, Williams, Griggs, Seddon, Hoffman, Walker, Jack Garn (sénateur)]. Largage de 2 satellites. Atterrissage au cap Canaveral (Floride).

STS-17 (« Challenger »). *Du 29-4 au 6-5-1985* (Robert Overmeyer, Frederick Gregory, Don Lind, William Thornton, Taylor Wang, Norman Thagard, Lodewijk Vandenberg). Largage du satellite Nusat. Mission « Spacelab 3 ». Atterrissage à Edwards (Californie).

STS-18 (« Discovery »). *Du 17 au 24-6-1985* [Daniel Brandenstein, John Creighton, John Fabian, Shannon Lucid, Stephen Nagel, Patrick Baudry (France), Salman Abdelaziz al-Sand (Arabie Saoudite)]. 1er vol d'un Français à bord de la navette. 1re mission avec 2 astronautes étrangers à bord. Largage de 3 satellites de télécommunications et d'une plate-forme astronomique récupérée après 48 h. Atterrissage à Edwards (Californie).

STS-19 (« Challenger »). *Du 29-7 au 6-8-1985* (Story Musgrave, Antony England, John Bartoe, Roy Bridges, Karl Henize, Loren Acton). Mission « Spacelab 2 ». Expériences scientifiques. Atterrissage à Edwards (Californie).

STS-20 (« Discovery »). *Du 27-8 au 3-9-1985* (Engle, Covey, Van Hoften, Fisher, Lounge). Largage de 3 satellites de télécommunications. Réparation dans l'espace de Syncom-IV-3. Atterrissage à Edwards (Californie).

STS-21 (« Atlantis »). *Du 3 au 7-10-1985* (Karol Bobko, Ronald Grabe, David Hilmers, Robert Stewart, William Pailes). 1er vol du 4e et dernier exemplaire opérationnel de navette (une autre, « Enterprise », n'est pas équipée pour le vol spatial). Atterrissage à Edwards (Californie).

STS-22 (« Columbia »). *Du 30-10 au 6-11-1985* [Henry Hartsfield, Steven Nagel, James Buchli, Guion Blueford, Bonnie Dunbar, Ernst Messerschmidt (All. féd.), Reinhardt Furrer (All. féd.), Wubbo

Ockels (P.-Bas)]. 1er vol d'un Néerlandais à bord de la navette. 1re mission avec 3 astronautes étrangers à bord. Mission scientifique « Spacelab-D1 ».

STS-23 (« Atlantis »). *Du 27-11 au 3-12-1985* [Brewster Shaw, Brian O'Connor, Mary Cleave, Sherwood Springs, Jerry Ross, Rodolfo Vela (Mexique)]. 1er Mexicain à bord de la navette. Largage de 3 satellites de télécommunications et d'une plate-forme d'observation astronomique. Atterrissage à Edwards (Californie).

STS-24 (« Columbia »). *Du 12 au 18-1-1986* [Robert Gibson, Charles Bolden, Robert Cenker, Steven Hawley, George Nelson, Bill Nelson (représentant démocrate de la Floride)]. Largage du satellite de télécommunications Satcom K-1. Expériences de métallurgie et de cristallographie. Observation de la comète de Halley. Nombreux incidents : le décollage, prévu initialement le 18-12-85, a dû être reporté 8 fois, et l'atterrissage a été différé de 48 h à cause du mauvais temps. Retour sur la base d'Edwards (Californie).

STS-25 (« Challenger »). *Le 28-1-1986.* But : observation de la comète de Halley ; mise en orbite du satellite TDRS-B. Explosion de la navette et de son réservoir extérieur 75 s après le décollage, entraînant la mort des 7 astronautes (voir encadré p. 58).

Projet de vol habité vers Mars

En 2002 ou 2004, 2 vaisseaux spatiaux emportant 6 astronautes pourraient entamer de conserve un voyage aller-retour vers Mars. Le raid prendrait près de 3 ans (6 mois pour l'aller, 1 à 2 mois d'exploration sur le sol martien, 2 ans pour le retour) et coûterait environ 38 milliards de dollars. Compte tenu de la quantité de combustible à emporter, le départ ne s'effectuerait pas à partir du sol terrestre, mais depuis une station orbitale où les vaisseaux seraient apportés en pièces détachées et assemblés.

☞ Voir également le chapitre Dernière heure.

U.R.S.S.

Quelques dates. Partie la 1re, l'U.R.S.S. a d'abord, avec ses vols Vostok et Voskhod, remporté toutes les premières, et semblait, en 1964, avoir au moins 2 ans d'avance sur les États-Unis. Mais, au moment où commençait le programme Gemini, le programme Voskhod s'arrêtait après 2 vols seulement.

Les vols humains soviétiques ne reprenaient que 2 ans plus tard, mais pour connaître leur 1er échec avec la mort de Komarov à bord de Soyouz 1, en avril 1967. Pendant ce temps, le programme Gemini s'était déroulé, et les Américains réalisaient des exploits.

Programme Vostok (en russe : Orient)

• **Cabine Vostok.** Sphère de 2,30 m de diam., *2 400 kg ;* accolée à un compartiment des machines constitué par 2 troncs de cône accolés par leur grande base (2,6 m de diamètre), *2 300 kg.* Le vaisseau était conçu pour fonctionner de façon entièrement automatique. Changements d'orbites impossibles. Dans la capsule, atmosphère ayant la composition de l'air (21 % d'oxygène, 79 % d'azote). Cosmonaute installé sur un siège éjectable.

• **Vols. Vostok 1** *(12-4-61). 1er vol d'un homme (Youri Gagarine) dans l'espace.* Vol d'1 h 48 mn. Parcourt 45 000 km. 1 révolution (alt. max. 302 km, min. 175 km). **2** *(6-8-61).* Guerman Titov. Vol de 25 h 18 mn. 17 rév. (alt. max. 256 km, min. 178 km). **3** *(11-8-62).* Andrian Nikolaiev. Vol de 94 h 22 mn. 64 rév. (alt. max. 251 km, min. 183 km). **4** *(12-8-62).* Pavel Popovitch. Vol de 70 h 57 mn. 48 rév. (alt. max. 254 km, min. 180 km). **5** *(14-6-63).* Valery Bykovski. Vol de 118 h 56 mn. 81 rév. (alt. max. 235 km, min. 181 km). **6** *(16-6-63).* Valentina Terechkova *(1re femme dans l'espace).* Vol de 70 h 50 mn. 48 rév. (alt. max. 233 km, min. 183 km).

Nota. — Vostok 3 et 4 ainsi que Vostok 5 et 6 ont effectué un vol groupé.

Programme Voskhod
(en russe : Soleil levant)

• **Cabine Voskhod.** Vostok perfectionné pour accueillir 2 passagers.

• **Vols. Voskhod 1** *(12-10-64). 5 320 kg.* Vladimir Komarov, Constantine Feoktistov, Boris Egorov. Vol de 24 h 17 mn. 16 rév. (alt. max. 408 km, min. 178 km). **2** *(18-3-65), 5 680 kg.* Pavel Belaïev, Alexei Leonov. Vol de 26 h 12 mn. 17 rév. (alt. max. 495 km, min. 173 km). Au début de la 2e révol., Leonov sort de la cabine revêtu d'un scaphandre spécial et reste 20 mn à l'extér. dont 10 à flotter dans l'espace à plusieurs m de la cabine.

Programme Soyouz
(en russe : Union)

• **Cabine Soyouz.** Légère et maniable, destinée à être aussi bien un élément d'une grande station orbitale qu'un vaisseau pour l'exploration du cosmos ; *6 800 kg ;* long. : 7,5 m ; diam. max. : 2,72 m ; volume habitable : 10 m³. Composée de 3 modules accolés : m. de descente, compartiment orbital et compartiment des instruments (portant à sa partie arrière 2 panneaux solaires de 8,37 m de long).

• **Vols. Soyouz 1** *(23-4-67).* Vladimir Komarov (tué en vol le *24-4 :* les parachutes du vaisseau ne se sont pas ouverts et la cabine s'est écrasée au sol). Vol 26 h 48 mn. 18 rév. **2.** Inhabité *(25-10-68).* Alt. max. 225 km, min. 205 km. Retour *28-10-68.* **3** *(26-10-68).* Gueorgui Beregovoï. Vol 94 h 51 mn (alt. max. 252 km, min. 179 km). Rejoint *Soyouz 2* inhabité, lancé *25-10,* mais ne s'y amarre pas. **4** *(14-1-69).* Vladimir Chatalov. Vol de 71 h 12 mn. 48 rév. **5** *(15-1-69).* Boris Volynov. Evgueri Khrounov, Alexis Elisseiev. Vol de 72 h 54 mn. 50 rév. (alt. max. 230 km, min. 200 km). Accoste *Soyouz 4* qui revient en prenant 2 hommes de *Soyouz 5* (Khrounov et Elisseiev). **6** *(11-10-69).* Gueorgui Chonine, Valery Koubassov. Vol 118 h 58 mn. **7** *(12-10-69).* Anatoli Filiptchenko, Vladislas Volkov, Victor Gorbatko. Vol 119 h 12 mn. **8** *(13-10-69).* Vladimir Chatalov, Alexis Elisseiev. Vol 118 h 50 mn. 3 *Soyouz (6, 7, 8)* ont fait des vols groupés sans accostage. **9** *(2-6-70).* Andrian Nikolaïev, Vitali Sevastianov. Vol 17 j 16 h 59 mn. Reviennent *19-6.*

Soyouz 10 *(23-4-71).* Vladimir Chatalov, Alexis Elisseiev, Nikolaï Roukavichnikov. Rejoint l'engin *Saliout* (Salut), élément central d'une station spatiale lancé le *19-4-71,* et s'y amarre 5 h 30 mn. Vol 47 h 46 mn. Revient le *25-4.* **11** *(6-6-71).* Gueorgui Dobrovolski, Viktor Patsaiev, Vladislas Volkov. Rejoint *Saliout 1* (où ils passent 23 j 18 h 22 mn). Après 24 j 19 h dans l'espace, meurent au retour le *29-6* vers 23 h 55 par suite d'une soudaine dépressurisation de la cabine. *Saliout 1* a été volontairement détruit le *15-10.* **12** *(27-9-73).* Vassily Lazarev, Oleg Makarov. Expérimentation d'un nouveau matériel à la suite de l'accident de Soyouz 11. Vol 7 h 16 mn. Retour *29-9.* **13** *(18-12-73).* Piotr Klimouk, Valentin Lebedev. Observation de la comète Kohoutek. Retour *25-12.* Vol 118 h 55 mn. **14** *(3-7-74).* Pavel Popovitch, Youri Artioukhine. Rejoint *Saliout 3,* le *5-7.* Vol 337 h 26 mn. Démarrage et retour *19-7.* **15** *(27-8-74).* Guennadi Sarafanov, Lev Demine. Approche plusieurs fois de *Saliout 3* le *28-8.* Vol 48 h 12 mn. Retour *28-8.* **16** *(2-12-74).* Anatoli Filiptchenko, Nikolaï Roukavichnikov. Essais réussis du collier simulateur de jonction avec le vaisseau *Apollo.* Répétitions des opérations d'amarrage et de démarrage. Vol 142 h 24 mn. Retour *8-12.* **17** *(10-1-75).* Alexis Goubarev, Gueorghui Gretchko. Rejoint *Saliout 4* le *12-1.* Vol 29 j 13 h 20 mn. Retour *9-2.* **18** *(5-4-75)* Vassily Lazarev, Oleg Makarov. Échec du lancement (défaillance de fusée porteuse). Retour après un vol suborbital. **18 bis** *(24-5-75).* Piotr Klimouk, Vitali Sevastianov (journaliste et cosmonaute). Rejoint *Saliout 4* et s'y amarre *25-5.* Vol 62 j 23 h 20 m. Retour *26-7.* **19** *(15-7-75).* Alexei Leonov, Valery Koubassov. Rejoint *17-7* par un vaisseau américain Apollo. Vol commun à 225 km d'alt. pendant 44 h. Transferts d'équipages d'un vaisseau à l'autre. Vol 142 h 01 mn. Retour *21-7.*

Soyouz 20 *(17-11-75).* Sans équipage. Rejoint *Saliout 4* le *19-11.* Retour *16-2-76.* **21** *(6-7-76).* Boris Volynov, Vitali Jolobov. Rejoint *Saliout 5* le *7-7-76.* Vol 1 183 h 24 m. Retour *24-8-76.* **22** *(15-9-76).* Valery Bykovski, Vladimir Aksenov. Vol 189 h 54 m. Retour *23-9-76.* **23** *(14-10-76).* Viatcheslav Zudov, Valery Rodjestvensky. Échec de l'amarrage avec *Saliout 5* le *15-10.* Vol 48 h 20 m. Retour *16-10-76* sur lac Tenghir *(1er amerrissage d'un vaisseau cosmique soviétique).* **24** *(7-2-77).* Victor Gorbatko et Youri Glazkov. Amarrage avec *Saliout 5* le *8-2.* Retour *25-2-77.* **25** *(9-10-77).* Vladimir Kovalenok, Valery Ryoumine. Échec d'amarrage avec *Saliout 6.* Retour *11-10-77.* **26** *(10-12-77).* Youri Romanenko, Gueorgui Gretchko. Amarrage avec *Saliout 6* le *11-12.* Contact avec *Soyouz 27* (voir ci-dessous), *Progress 1* (cargo spatial de 7 020 kg lancé le *22-1* qui repart le *7-2* pour être détruit en vol) et *Soyouz 28* (voir ci-dessous). Les cosmonautes reviennent *16-3-78* à bord de *Soyouz 27,* après vol de 96 j 10 h. **27** *(10-1-78).* Vladimir Djanibekov et Oleg Makarov rejoignent *Saliout 6* le *11-1* et repartent sur *Soyouz 26* le *16-1-78.* **28** *(2-3-78).* Vladimir Remek (Tchèque) et Alexei Goubarev rejoignent *Saliout 6* le *3-3.* Retour *10-3-78.* **29** *(15-6-78).* Vladimir Kovalenok, Alexandre Ivantchenkov rejoignent *Saliout 6* le *17-6.* Ils seront rejoints *28-6* par *Soyouz 30* (voir ci-dessous) ; *7-7 par Progress 2* (camion spatial porteur d'instruments, d'1 t de carburant, de 235 kg d'aliments frais et de 18 l d'eau ; il quittera *Saliout* le *2-8* et brûlera dans l'atmosphère le *4*) ; *10-8* par *Progress 3* (apporte vivres, matériel et guitare pour Ivantchenkov, quitte *Saliout 21-8,* et se désagrégera *24-8*) ; *4-10* par *Progress 4* (qui apporte les panneaux permettant de créer des cellules individuelles et quitte *Saliout 24-10*). Les 2 cosmonautes reviennent à bord de *Soyouz 31* le *2-11-78* après 139 j 14 h 48 m passés dans l'espace *(record mondial).*

Soyouz 30 *(27-6-78).* Piotr Klimouk, Miroslav Hermaszewski (Polonais) rejoignent *Saliout 6 28-6.* Retour *5-7.* **31** *(26-8-78).* Valéry Bykowski, Sigmund Jähn (All. dém.) rejoignent *Saliout 6 ;* reviennent *3-9* sur *Soyouz 29.* **32** *(26-2-79).* Vladimir Lyakhov, Valery Ryoumine rejoignent *Saliout 6* le *29-2.* Effectuent des réparations. Ravitaillés par *Progress 5, 6* et *7* (ce dernier modifie la trajectoire de *Saliout 6* le *3-7-79).* Contactés *11-4-79* par *Soyouz 33.* Mais l'arrimage échoue ; nouvel échec en juin (un vol Soyouz annulé au sol, à cause d'un défaut dans le sas de *Saliout*). Lyakhov et Ryoumine demeurent 175 j 0 h 36 m dans *Saliout 6.* Études du *24-7* au *8-8-79* avec le radiotélescope KRT-10 de 10 m de diamètre apporté par *Progress 7* le *30-6-79.* Le *8-6-79,* arrimage automatique de *Soyouz 34,* inhabité (voir ci-dessous) : Lyakhov et Ryoumine l'utilisent pour revenir sur terre, le *19-8-79. Soyouz 32* était rentré à vide le *13-6-79.* **33** *(10-4-79).* Nicolas Roukavichnikov, Gueorgi Ivanov (Bulg.). À la suite d'une panne de moteur, renoncent à s'amarrer à *Saliout 6,* et reviennent sur Terre *12-4-79.* **34** *(6-6-79).* Lancé inhabité pour permettre à Lyakhov et Ryoumine de quitter *Saliout 6, Soyouz 32* étant devenu inhabitable. Retour *19-8-79.* **T** *(15-12-79).* Inhabité. Alt. 201 à 232 km. Révol. 88,6 mn. S'amarre le *19-12* à *Saliout 6.* Se sépare le *24-3-80,* revient le *26-3.* Version modernisée du Soyouz standard (plus léger et plus économique).

Soyouz 35 *(9-4-80).* Leonid Popov, Valery Ryoumine. Rejoint le *10-4 Saliout 6,* à laquelle s'était amarré le *29-3 Progress 8* (qui se sépare de *S. 6* le *25-4-80* et se désintègre). *Progress 9, 10* et *11* les ravitailleront. *Soyouz 36, 37, 38* les visiteront. Ils rentrent sur *Soyouz 37* le *13-10-80* après 184 j 20 h 12 mn passés dans l'espace. **36** *(26-5-80).* Valéry Koubassov et le Hongrois Bertalan Farkas ; s'amarre *27-5* à *Saliout 6.* **T2** *(5-6-80).* Youri Malychev et Vladimir Aksenov ; s'amarre *6-6* à *Saliout 6.* 1re mission pilotée de ce nouveau vaisseau. **37** *(23-7-80).* Victor Gorbatko et le Vietnamien Pham Tuan ; s'amarre à *Saliout 6.* Retour *31-7* sur *Soyouz 36.* **38** *(18-9-80).* Youri Romanenko et le Cubain Arnaldo Tamayo Mendez ; s'amarre à *Saliout 6.* Retour sur *Soyouz 37.* **39** *(22-3-81).* Vladimir Djanibekov et le 1er Mongol, Jougdermidiin Gourragtcha. Retour *30-3.* **T3** *(27-11-80).* Oleg Makarov, Leonid Kizim, Guennadi Strekalov rejoignent *Saliout 6.* **T4** *(12-3-81).* V. Savinykh et V. Kovalenok ; s'amarre à *Saliout 6 13-3-81.*

Soyouz 40 *(14-5-81).* Leonid Popov et le Roumain Dimitru Prunariu. S'amarre à *Saliout 6* le *15-5-81.* L'équipage procède, avec celui de *Soyouz T4,* à différentes expériences. **T5** *(13-5-82).* Anatoli Berezovoï, Valentin Lebedev. Rejoint *Saliout 7* le *14-5.* Retour *10-12-82* à bord de *Soyouz T7. Les 2 cosmonautes ont battu le record de durée dans l'espace* (211 j 08 h 05 mn). Ils ont réalisé près de 300 expériences dont une sortie dans l'espace le 30-7 pendant 2 h 33 mn par Lebedev. **T6** *(24-6-82).* Vladimir Djanibekov, Alexandre Ivantchenkov, Jean-Loup Chrétien *(1er Français dans l'espace).* Rejoint *Saliout 7 25-6.* Retour *2-7.* **T7** *(19-8-82).* Leonid Popov, Alexandre Serebrov, Svetlana Savitskaya *(2e femme dans l'espace).* Rejoint *Saliout 7 20-8.* Retour *27-8* à bord de *Soyouz T5.*

Soyouz T8 *(20-4-83).* Vladimir Titov, Guennadi Strekalov, Alexandre Serebrov. Échec de l'amarrage avec le complexe orbital Saliout 7-Cosmos 1443 le *21-4.* Retour *22-4* par suite du non-déploiement d'une antenne du radar d'approche de l'engin. **T9** *(27-6-83).* Vladimir Lyakhov, Alexandre Alexandrov. Amarrage *28-6* au complexe orbital Saliout 7-Cosmos 1443, pour former un « train spatial » de 47 t. Après le désarrimage de Cosmos 1443, est décroché, basculé de 180° et réamarré à l'avant de Saliout 7 *(16-8-83).* Revient sur Terre avec les cosmonautes le *23-11* après 149 j 10 h 29 mn dans l'espace.

Soyouz T10 *(27-9-83).* Vladimir Titov, Guennadi Strekalov. La fusée porteuse explose au départ. La cabine dans laquelle se trouve l'équipage est éjectée par un dispositif de sauvetage et revient au sol freinée par des parachutes. L'équipage est récupéré vivant à 4 km de la plate-forme de lancement. Devait rejoindre Alexandrov et Lyakhov à bord de Saliout 7.

Soyouz T10 bis *(8-2-84).* Oleg Atkov, Leonid Kisim, V. Soloviev. S'amarre à Saliout 7 le 9-2-84.

Soyouz T11 *(3-4-84).* Yuri Malishev, Gennady Strekalov, et Rakesh Sharma *(1er cosmonaute indien).* Retour *11-4* après 7 j 21 h 41 m à bord de Soyouz T10 bis.

Soyouz T12 *(17-7-84).* Vladimir Djanibekov, Igor Volk et Svetlana Stavitskaya *(1re femme à être allée 2 fois dans l'espace et à accomplir une sortie spatiale).* Retour *29-7* après 11 j 19 h 14 m.

Soyouz T13 *(6-6-85).* Vladimir Djanibekov, Victor Savinyk. Mission de remise en état de la station Saliout 7 détruite partiellement par un incendie. *26-9* retour de Djanibekov. Savinyk reste à bord avec Alexandre Volkov et Vladimir Vassioutine, arrivés à bord de Soyouz T14 le 17-9. *21-11* retour de Soyouz T13, en urgence, car Vassioutine, souffrant, doit subir une opération chirurgicale. C'est la 1re fois que des cosmonautes sont rapatriés pour raison sanitaire. Savinyk est resté 168 jours dans l'espace. Il aurait dû rester plus de 200 jours et battre ainsi le record.

Soyouz T14 *(17-9-85).* Vladimir Vassioutine, Alexandre Volkov et Georgui Grechko rendent visite aux 2 commandants qui sont à bord de Saliout 7. Relève partielle de l'équipage avec retour le 26-9.

Programme de stations orbitales Saliout
(en russe : Salut)

• **Saliout 1** (avril 1971). Fut utilisé 2 fois. Le 2e équipage y trouva la mort à la suite d'une dépressurisation accidentelle. **2** *(3-4-73).* Longueur navette + laboratoire 20 m, larg. 4 m, poids 25 t, volume utile 100 m³. Explosa 3 j après son lancement. **3** *(25-6-74).* Alt. 247 à 293 km. Inclinaison 51,6°. Révol. 89,7 mn. Arrimage avec *Soyouz 14* le *5-7.* Désarrimage le *19-7.* Programme de recherches terminé *23-9.* Retombée (Pacifique) *24-1-75.* **4** *(26-12-74).* Orbite circulaire 350 km. Inclinaison 51,6°. En 1975, 2 expéditions ont travaillé au total 3 mois à bord. Arrimage avec *Soyouz 17* le *12-1-75, 18 bis* le *25-5-75, 20* le *19-11-75.* Retombée (Pacifique) *3-2-77* après 12 188 révol. **5** *(22-6-76).* Alt. 219 à 260 km. Inclinaison 51,6°. Révol. 89 mn. Dotée d'un système de stabilisation électromécanique. Arrimage avec *Soyouz 21* le *7-7-76, 23* le *15-10-76, 24* le *8-2-77.* Retour *8-8-77.*

Saliout 6 *(29-9-77).* Alt. 219 à 275 km. Inclinaison 51,6°. Révol. 89 mn. Porte 2 colliers d'arrimage (avant et arrière : 2 Soyouz peuvent s'arrimer simultanément). Arrimage avec *Soyouz 26, 27, 28, 29, 30, 31, 32, 34, 35, 36, T2, 37, 38, T3, T4, 40.* Ravitaillée par les cargos spatiaux **Progress 1 à 12.** Cosmos 1267 (presque aussi lourd que la station) s'y amarre le *19-6-81* et forme avec elle un complexe orbital qui préfigure les stations orbitales modulaires de l'avenir. Ce complexe retombe dans l'atmosphère le *29-7-82.* Pendant près de 5 ans de séjour en orbite, *Saliout 6* a accueilli 27 cosmonautes qui ont effectué plus de 1 500 expériences (astrophysique, télédétection, technologie, etc.) en 676 j de vols pilotés. 5 équipages ont effectué des vols de longue durée (successivement 96, 140, 175, 185 et 75 j) ainsi que 11 équipages « visiteurs » dont 8 équipages « internationaux » (dont 1 non soviétique).

Vie à bord de Saliout 6. Pression atmosphérique : entre 760 et 960 mm de mercure. La composition uniforme du mélange gazeux est assurée par des blocs de substances chimiques et un réseau de ventilation. L'oxygène est récupéré sur la vapeur d'eau dégagée par la respiration. (Consommation : 25 l à l'heure.) Les autres substances dégagées (400) sont éliminées par des filtres au charbon actif (notamment 20 l de bioxyde de carbone à l'heure). *Température :* thermo-régulation par double circuit à liquide indépendant : 1 pour le refroidissement, 1 pour le réchauffement (assuré par des tuyaux captant la chaleur solaire). Entre 15 et 25°. *Hygrométrie :* entre 20 et 80 %. La respiration et la transpiration dégagent environ 2 kg de vapeur d'eau par jour et par homme. Celle-ci est régénérée dans des condensateurs et rendue à la consommation sous forme d'eau pure. *Alimentation et hygiène :* rations de 3 000 calories portées ensuite à 3 300 calories (boîtes de conserve, bouchées de pain coupées en cube et enveloppées dans du plastique) ; heures des repas : petit déjeuner 9 h/9 h 20 ; déjeuner 14 h/14 h 40 ; goûter 19 h 15/19 h 30 ; dîner 22 h 30. Les cosmonautes disposent d'un four et d'une douche. Toilette par linge humide ; dentifrice non moussant ; rasoirs munis d'aspirateur pneumatique pour les débris de poils. Temps prévu pour la toilette : 40 mn. *Loisirs :* circuit de télévision vidéo, disques, films en magnétoscope, jeux de société ; contact par radiotélévision avec des familles. 1 h d'exercices physiques à midi (vélo et piste roulante) + 40 mn le soir (en tout 350 h). *Travail :* 42 h par semaine (expériences scientifiques, entretien du vaisseau). Un jour de repos hebdomadaire. *Sommeil :* obligatoire de 23 h 30 à 8 h. Repos d'1 h avant le repas de midi. *Compte rendu de la journée :* pendant le contact avec la Terre (de 21 h 30 à 22 h 30).

• **Saliout 7** *(19-4-82).* Alt. 219 km à 278 km. Inclinaison 51,6°. Révolution en 89,2 mn, avant d'être relevée sur une orbite + élevée entre 300 et 350 km d'alt. env. Analogue à Saliout 6, avec des améliorations (système d'amarrage + grand, système de pilotage cybernétique opérationnel, 2 hublots transparents au rayonnement UV, etc.), scientifiques (un groupe de télescopes X remplace le télescope submillimétrique de Saliout 6), médicales (nouveau système d'examen et de diagnostic « Aelita »), et relatives au confort des équipages (au poste de pilotage principal, sièges amovibles légers ; des tablettes, pochettes, étagères et niches de rangement installées un peu partout ; parois latérales en vert salade et en teinte crème, « plafond » blanc ; ventilation moins bruyante ; nouveau système d'alimentation en eau potable installé ; réfrigérateur, etc. Ravitaillée par les cargos automatiques **Progress 13 à 22.** Amarrage avec *Soyouz T5* du 13-5 au 10-12-82 *(record de durée de vol :* 211 j 8 h 5 mn) ; *Soyouz T6* du 24-6 au 2-7-82 ; *Soyouz T7* du 19 au 27-8-82. *Cosmos 1443* du 10-3-83 au 14-8, *Soyouz T9* du 28-6-83 au 23-11. Lyakhov et Alexandrov le 1-11 et le 3-11 au cours de 2 sorties dans l'espace (durée totale : 5 h 45 mn) installent 2 panneaux solaires supplémentaires.

Projet de navette

Planeur hypersonique récupérable, d'env. 15 t, pouvant jouer le même rôle que la navette américaine. Expérimentée dans le cadre du programme Cosmos : *15-12-76 :* lancement simultané de Cosmos 881 et 882 (accidentés) ; *mai 1979 :* Cosmos 1100 et 1101. *3-6-1982 :* Cosmos 1374, retour en vol plané et récupération dans l'océan Indien ; même expérience renouvelée avec Cosmos 1445 le 16-3-83. Une grande navette de 1 500 t pouvant emporter 60 t de charge utile serait aussi un développement. Elle comprendrait un orbiteur à voilure delta monté sur un grand réservoir externe de 65 m de haut et flanqué de 2 propulseurs auxiliaires.

Projets de stations orbitales

Space Station (États-Unis). Décidée par Ronald Reagan en 1984. Sera constituée d'une série d'éléments transportés par la navette et assemblés en orbite circulaire à 300 km env. de la Terre. Dans sa version initiale, vers 1994, elle pourra accueillir 6 à 8 astronautes pour des missions de longue durée (env. 3 mois). Ce sera sans doute un ensemble d'env. 34 t, formé de 4 modules pressurisés et alimentés par un grand générateur solaire de 60 kW, auxquels s'ajouteront une ou deux plates-formes autonomes. Modulaire et évolutif, ce système sera peu à peu complété pour aboutir vers l'an 2000 à une grande station d'environ 95 t, comprenant 4 à 6 modules pressurisés et une série de plates-formes autonomes, et capable d'abriter 12 à 18 astronautes.

Configuration de référence retenue : « Dual Keel » (double quille). La station comporte 2 grands mâts parallèles de 90 m de long, joints à chaque extrémité par 2 mâts perpendiculaires plus courts, portant les plates-formes scientifiques et commerciales ainsi que les hangars des véhicules de servitude et de logistique. Sur cette structure quadrangulaire est disposé un autre grand mât transversal de 90 à 100 m de long, portant à ses extrémités les panneaux solaires et au centre l'assemblage de modules pressurisés et le poste d'amarrage de la navette spatiale. Les modules pressurisés sont disposés en parallèle par paires avec, à chaque extrémité, un tunnel servant de sas étanche.

L'A.S.E. et plusieurs pays (All. féd., France, Italie, Canada, Japon, Australie) ont été invités à participer au projet. *Coût estimé* (en 1984) : 9 milliards de $ pour la version initiale.

Columbus (Europe). Projet défendu par l'All. féd. et l'Italie. Petite station spatiale modulaire qui serait réalisée sur la base de modules pressurisés du Spacelab (à 3 segments) avec un développement en 3 étapes : d'abord un module d'expériences en microgravité lié à la Space Station américaine ; puis, adjonction d'un module de ressources et d'un générateur solaire (12,5 kW) pour former une station autonome et co-orbitale de la Space Station ; enfin, adjonction d'un autre module d'habitation et d'un générateur solaire plus puissant (25 kW) pour former une mini-station permanente. *Coût envisagé du projet complet :* 2 à 2,5 milliards de $. Columbus pourrait représenter la participation européenne à la Space Station.

Europe spatiale

Satellites européens

ESRO 1A (Aurorae) *(3-10-68). 86 kg.* Étude des aurores, des phénomènes corpusculaires et ionosphériques les accompagnant. Retombé le *10-6-70.* **1b (Boreas)** *(1-10-69). 85 kg.* Même mission. Retombé le *23-11-69.* **2 (Iris)** *(17-5-68). 86 kg.* Étude des rayons cosmiques, des rayons X solaires et des ceintures de radiations autour de la Terre. Retombé le *8-5-71.* **4** *(22-11-72). 115 kg.* Étude de l'ionosphère, des aurores et des particules d'origine solaire. Retombé *15-4-74.*

HEOS 1 (Highly Eccentric Orbit Satellite) *(5-12-68). 108 kg.* Alt. 424 à 223 428 km. **2** *(31-1-72). 117 kg.* Alt. 359 à 238 199 km.

TD-1A *(12-3-72). 472 kg.* Alt. 533 à 545 km.

COS-B (Cosmic Ray Satellite) *(9-8-75). 280 kg.* Alt. 350 à 100 000 km. Sat. d'astronomie des rayons gamma. Exploit. arrêtée le 26-4-82.

Geos 1 *(20-4-77). 237 kg.* Orb. 2 131 à 38 498 km. Devait être le 1er satellite scientifique géostationnaire au monde, mais il a été placé sur une orbite excentrique par suite d'une défaillance du lanceur Thor Delta 2914. **2** *(14-7-78). 230 kg.* Orb. géostationnaire par 5° de long. est ; lancé de Cap Canaveral par fusée Delta 3914. Étude de la magnétosphère terrestre.

OTS 1 et **2**. Voir sat. de télécom., p. 54.

ISEE (International Sun Earth Explorer) *(22-10-77). 158 kg.* Alt. 280 à 38 137 km. **A** (construit par la NASA), et **B** (construit par l'ESA), lancés le *12-10-77* ; **C** *(12-8-78)* placé en orbite autour du Soleil à 1,5 million de km de la Terre.

Météosat 1 *(23-11-77). 260 kg.* Géostationnaire par 0° de longitude (au-dessus du golfe de Guinée). Lancé par fusée Thor Delta 2914. Fait partie d'un réseau de 5 sat. géostationnaires GMS (japonais) et 3 GOES (américains) qui participent à un programme mondial d'observations météo dans le cadre de la Veille météo mondiale. Opérationnel dep. mai 1978. Prend des images toutes les 30 mn. Le radiomètre est tombé en panne en novembre 1979. **2** *(19-6-81).* Identique. Géostationnaire par 0° de longitude. Lancé par fusée Ariane LO-3. Opérationnel depuis le 11-8-81.

IUE (International Ultraviolet Explorer) *(26-1-78). 671 kg.* Satellite astronomique permettant l'utilisation internationale d'un observatoire en orbite pour l'étude du ciel en U.V. ; réalisé et exploité par la NASA, l'Agence spatiale européenne et la G.-B.

Marecs. Voir p. 54.

Exosat *(26-5-83). 510 kg.* Orb. 340/192 000 km. Lancé de Vandenberg par fusée Delta 3914. Sat. astronomique pour la localisation (à 10[11] près) et la cartographie des sources célestes de rayons X.

ECS. Voir p. 54.

Hipparcos. *480 kg.* Sat. pour mesures d'astrométrie ; lancement prévu en *1988* par Ariane.

Ulysse. *370 kg.* Sonde chargée d'explorer les pôles du Soleil et le milieu interplanétaire en dehors du plan de l'orbite de la Terre. Lancée par la navette spatiale en *1987* en direction de Jupiter qu'elle utilisera comme tremplin gravitationnel.

ISO (Infrared Space Observatory). Sat. d'astronomie dans l'infrarouge doté d'un télescope de 60 cm de diam. refroidi à très basse température. Permettra l'étude des galaxies lointaines ainsi que des étoiles en formation. Sera lancé en *1992* sur une orbite 1 000/39 400 km.

ERS-1. Sat. de télédétection. Lancement prévu en *1989.*

FIRST (Far-Infra-Red Space Telescope). Télescope spatial pour l'infrarouge lointain et les longueurs d'ondes submillimétriques. Étude des émissions galactiques et extragalactiques. L'instrument principal serait un télescope déployable de 8 m ; la masse de la charge utile env. 2 t.

XMM (X-ray Multi-Mirrors). Miroirs multiples pour l'étude des sources de rayonnement X levés du rayonnement X émis par les amas galactiques et les galaxies, associés à la prise d'images et à la spectroscopie à haute résolution dans le domaine des rayons X. Charge utile, env. 2,75 t ; 27 télescopes X à incidence rasante.

SOHO (Solar and Heliosphere Observatory). Observatoire solaire à haute résolution, pour l'étude de la dynamique et de la perte de masse de l'atmosphère solaire externe. Charge utile env. 4,70 t ; spectromètre à incidence rasante, spectromètre stigmatique à incidence normale, télescopes imageurs dans l'extrême ultraviolet, coronographe pour l'ultraviolet et le visible.

CLUSTER. Étude tridimensionnelle de la structure à petite échelle de la magnétosphère terrestre, à l'aide d'un ensemble de 4 satellites (un principal, charge utile 56 kg, et 3 auxiliaires, charge utile 22 kg).

AGORA. Analyse gravimétrique, optique et radar des astéroïdes, charge utile de 100 à 230 kg, une chambre à grand angle, un spectromètre infrarouge, un altimètre radar, etc.

MAGELLAN. Sat.-observatoire consistant en un réseau d'objectifs pour la spectrographie à haute résolution dans l'ultraviolet lointain, dans la gamme des longueurs d'onde de 800 à 1 400 Å.

KEPLER. Orbiteur de Mars pour l'étude de l'atmosphère, de l'intérieur et de la surface de la planète ainsi que de son interaction avec le vent solaire.

DISCO (Dual Spectral Irradiance and Solar Constant Orbiter). Sat. évoluant autour d'un des points de Lagrange sur la ligne Terre-Soleil pour l'étude du Soleil et la surveillance de l'héliosphère.

La *NASA* envisage l'assemblage en orbite d'une station spatiale modulaire. Les Européens pourraient y participer. Dans une 1re étape, vers 1991, elle pourrait comporter 2 à 3 modules pressurisés, alimentés par un grand générateur solaire de 56 kW, et pouvant accueillir 6 à 8 astronautes, complétés par des plates-formes autonomes.

Lanceur européen

Ariane. Financé par l'Agence spatiale européenne (responsabilité technique confiée au CNES), opérationnel au début 1982 après 3 lancements réussis sur 4. La 1re série de 7 lancements opérationnels (série de promotion) est sous la responsabilité de l'ESA. Ensuite, *Arianespace,* Sté privée, sera responsable de la commercialisation, de la fabrication et du lancement d'Ariane.

Prix : 2 060 millions de F (janv. 1973). Les États participants se sont engagés à couvrir un dépassement de 20 % et la France à financer un éventuel dépassement dans la limite de 15 % du coût nominal du programme. *Le budget* atteignait 8 milliards de F au 1-1-1983, dont 800 millions perdus lors des 2 échecs de la fusée (tir n° 2 et 5) — participation française 5,5 milliards.

Performances d'Ariane 1 : place au moins 1 700 kg (1 sat. + moteur d'apogée) en orbite de transfert équatoriale (200/36 000 km), ou 2 500 kg en orbite circulaire équatoriale (1 140 km), ou des charges utiles jusqu'à 4 t sur orbites basses, ou communique la vitesse de libération (11,2 km/s) à une charge de 980 kg. *3 étapes. 1er :* haut. 18,40 m, diam. 3,80 m, 4 moteurs Viking V (62 t de poussée unitaire). Contient 145 t d'ergols, d'UDMH (diméthyl hydrazine) et N_2O_4 (peroxyde d'azote) ; après 145 s, est largué. *2e :* haut. 10,40 m, diam. 2,60 m, 1 moteur Viking IV (72 t de poussée). Contient 34 t des mêmes ergols ; après 132 s, est largué. *3e :* haut. 8 m, diam. 2,60 m, étage cryogénique, moteur HM-7 (6,1 t de poussée). Contient 8,2 t d'oxygène et d'hydrogène liquide qui brûlent 570 s, ensuite le satellite se sépare ; *coiffe* de 3,2 m de diam., 8,65 m de haut., 826 kg, larguée pendant le vol du 2e étage, à 110 km d'alt. env. Au total : 210 t au décollage (sans charge utile) ; hauteur 47,30 m.

Lancement de Kourou (Guyane). *Programme : 4 vols de qualification.* **L 01 :** *24-12-79* (après 2 tentatives le 15-12 et le 23-12). **L 02 :** *23-5-80* (échec, déséquilibrée par la panne d'un moteur, A. tombe à la mer avec 2 satellites, après 108 s de vol). **L 03 :** *19-6-81*

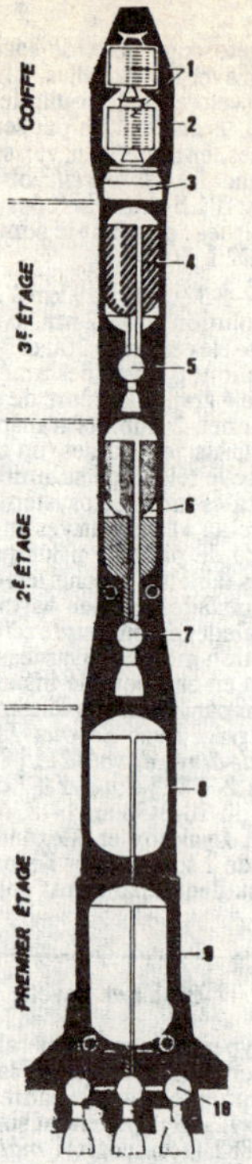

Légende. (1) 2 sat. sous la coiffe, maintenus par le système SYLDA. (2) Case d'équipements électroniques. (3) Réservoir. (4) Moteur HM-7. (5) Réservoirs (8 t d'oxygène et d'hydrogène liquide brûlées en10 mn). (6) Réservoir de 33 t d'UDMH et de peroxyde d'azote brûlées en 139 s. (7) Par les moteurs Viking IV, le 1er étage fonctionne sur le même principe et pendant la même durée que le 2e. (8) 2 réservoirs d'oxyde d'azote. (9) Rés. d'UDMH. (10) 4 moteurs Viking V fournissent au départ une poussée de 245 t.

avec mise en orbite du sat. indien de télécomm. Apple et du sat. eur. Météosat 2. **L 04 :** *19-12-81* avec mise en orbite du sat. eur. de télécomm. maritimes Marecs-A, *576 kg* et expérience *Thésée,* étude de l'ionosphère. *Vols de promotion (opérationnels).* **L 05 :** *10-9-82* échec dû à une avarie de la turbo-pompe du moteur du 3e étage après 9'20" de vol. Les satellites Marecs B et Sirio 2 ne peuvent être mis sur orbite. **L 06 :** *16-6-83* (succès). Mise en orbite des sat. ECS 1 (1 043 kg) et Oscar 10 (155 kg). 1re utilisation réussie du système de lancement double (SYLDA). **L 07 :** *19-10-83* (succès). Mise en orbite du sat. Intelsat 5-F7 (1er Intelsat lancé par une fusée non américaine). **V 8 :** *5-2-84* (succès). Mise en orbite du sat. Intelsat 5-F8. **V 9 :** *22-5-84* (succès). Mise en orbite de Spacenet 1. 1er lancement placé sous la responsabilité de la société Arianespace, de droit privé.

Ariane 3. Améliorée par l'adjonction au 1er ét. de 2 propulseurs d'appoint de 7 t de masse d'ergol solide fournissant 70 t de poussée chacun ; augmentation de 25 % de la masse d'ergols cryogéniques du 3e ét., qui passera de 8 à 10 t ; de l'impulsion spécifique du moteur du 3e ét. ; de la poussée des moteurs Viking des 2 premiers ét. ; du volume sous coiffe par allongement de la partie cylindrique. Il sera capable de placer une charge utile de 2,6 t ou 2 sat. de 1,2 t sur orbite de transfert. (Ariane 2, sans les propulseurs d'appoint, peut placer une charge utile de 2,2 t sur orbite de transfert).

V 10. *4-8-84,* 1er vol du modèle Ariane 3. Mise en orbite de Télécom 1 et ECS 2 (succès). **V 11.** *9-11-84,* mise en orbite de Spacenet 2 (succès) et Marecs B2. **V 12.** *8-2-85* (Ariane 3), mise en orbite d'Arabsat 1 et Brasilat 1 (succès). **V 13.** *8-5-85* (Ariane 3), mise en orbite de Gstar 1 et Télécom 1-6 (succès). **V 14.** *2-7-85* (Ariane 1), lancement de la sonde spatiale européenne Giotto vers la comète de Halley (succès). **V 15.** *13-7-85* (Ariane 3), échec. Explosion télécommandée après défaillance du 3e étage. **V 16.** *16-1-86.*

Ariane 4. Prévue pour 1986. Dérivée d'Ariane 3 par allongement du 1er étage d'env. 7 m et adjonction de boosters à poudre et/ou à liquides accrochés au 1er étage et largués en vol et renforcement des structures des 2e et 3e étages. 6 versions possibles permettant de placer de 2 t à 4,3 t en orbite de transfert géostationnaire.

Ariane 5. Prévue pour 1995. Un corps central comportant un étage cryotechnique (5,4 m de diamètre) contenant 120 t d'hydrogène et d'oxygène liquides, propulsé par un moteur HM 60 de 80 t de poussée au sol ; 2 propulseurs latéraux (env. 3 m de diamètre) d'appoint contenant chacun 170 t de propergol solide et assurant chacun au décollage une poussée de 500 t. Permettra la mise en orbite de la mini-navette Hermès. Voir page 52.

Arianespace. *Siège :* Évry (Essonne). *Créée* 26-3-1980. *P.D.G. :* Frédéric d'Allest (France). Société de droit privé destinée à produire, financer, commercialiser et lancer Ariane à partir du 7e lanceur opérationnel (mi-1984). *Capital :* 120 millions de F entre 47 actionnaires (36 industriels eur. du secteur aérospatial, 11 banques eur. et le CNES) originaires de 11 pays, (en %) : *France : 59,25,* All. féd. 19,6, Belg. 4,4, Italie 3,6, Suisse 2,7, Espagne 2,5, Suède, G.-B. 2,4, P.-B. 2,2, Danemark 0,7, Irlande 0,25. Total cumulé des contrats de lancement obtenus par Arianespace (au 1-1-1986) : 40. Carnet de commandes (compte tenu des lancements effectués) : 28 sat. prévus jusqu'en 1988, montant : 7,9 milliards de F.

Maître d'œuvre : CNES (Fr.). *Constructeurs :* SNIAS (Fr.) : 1er et 3e ét., intégrateur et étagiste. ERNO (Suisse, All.) : 2e ét. Air Liquide (Fr.) : réservoir 3e étage. SEP (Fr.) : systèmes propulsifs. Matra (Fr.) : case à équipements.

☞ Voir également le chapitre Dernière heure.

Laboratoire spatial européen (Spacelab : labo spatial)

Habitable et réutilisable, réalisé pour l'ESA, par l'industrie eur. (diam. ext. 4,1 m ; long. 7 m). *1er vol opérationnel* réalisé du 28-11 au 8-12-83. *Charge utile :* masse 3,9 à 5,5 t avec module et palettes ; 7,6 à 8,5 t avec palettes seules. *Volume :* 8 m³ en module court, 22 m³ en mod. long. *Coût* (à l'achèvement) : 1 milliard de $. Sera transporté en orbite par la navette spatiale de la NASA. Comprendra un laboratoire pressurisé, ou une plate-forme porte-instruments, ou les 2 à la fois. Une partie du lab. pressurisé emportera une instrumentation commune à toutes les missions (calculateurs, enregistreurs magnétiques, baies de contrôle) ; l'autre partie et les segments de plate-forme emporteront les expériences (fours, microscopes, app. photographiques, radars, etc.). *Équipage :* jusqu'à 4 ingénieurs et scientifiques. *Missions* (durée 7 à 30 j) : météo ; étude des ressources et de l'environnement terrestres ; télécom. ; études biologiques, biochimiques ; étude de mise au point de matériaux nouveaux par des ingénieurs, travaillant dans Spacelab.

EURECA (European Retrievable Carrier).

Plate-forme autonome récupérable dérivée du Spacelab, palette porte-instruments qui sera mise en orbite par la navette américaine à 500 km d'alt. pour des vols de plus de 6 mois pour des expériences diverses (en particulier : élaboration des matériaux et expériences biologiques en microgravité). Elle pourra emporter 1 000 kg de charge utile pour une masse totale au lancement de 3,5 t. Lancement en 1988.

Spacelab 1 (du 28-11 au 8-12-1983, lors du vol STS-9). 1 module pressurisé long + 1 porte-instruments. 6 astronautes, dont l'All. Ulf Merbold. 72 expériences réalisées (science des matériaux, cristallographie, sciences de la vie, astronomie, physique de l'atmosphère, etc.).

Spacelab 3 (du 29-4 au 5-5-85, lors du vol STS-17). 1 module pressurisé long + 1 porte-instruments. 7 astronautes. Expériences surtout consacrées à la science des matériaux. Utilisation d'une chambre photogrammétrique à très grand champ.

Spacelab 2 (du 29-7 au 6-8-85, lors du vol STS-19). 3 porte-instruments. 7 astronautes. 13 expériences (astronomie, physique des plasmas, sciences de la vie). Expérimentation d'un système de pointage des instruments astronomiques (IPS : Instrument Pointing System) et de l'*igloo* abritant les sous-systèmes essentiels en l'absence de module habité (caisson cylindrique de 1 m de long. à l'intérieur duquel règne un environnement pressurisé et thermiquement régulé.

Spacelab D-1 (du 30-10 au 6-11-85, lors du vol STS-22). 1 module pressurisé long. 8 astronautes dont 2 All. (R. Furrer et E. Messerschmid) et 1 Holl. (W. Ockels). 1er vol avec responsabilité étrangère (All. de l'Ouest). 89 expériences réalisées, dont 52 allemandes (métallurgie spatiale, cristallographie, sciences de la vie...). Essai du *Sled,* traîneau spatial conçu pour étudier les effets de l'apesanteur sur le corps humain.

Bases de lancement de satellites

Allemandes. La Cie aérospatiale allemande OTRAG (*Orbital Transport und Raketen Aktien Gesellschaft,* « Sté par actions pour les transports orbitaux et les fusées ») avait obtenu en 1973, du Zaïre, 100 000 km², dans le Shaba, pour un centre expérimental de vols orbitaux. Des expériences y ont été réalisées en mai 1977 et en juin 1978. Mais en mai 1979, le Zaïre, pour des raisons de politique extérieure (hostilité de l'Angola et de l'U.R.S.S.), a dénoncé le contrat et fait fermer la base. L'OTRAG a implanté une nouvelle base en Libye au sud de Tripoli. Utilise le champ de tir suédois de Kiruna. Le 5e tir (sept. 1983) a échoué.

Américaines. *Floride : J.F. Kennedy Space Center,* base civile placée sous le contrôle de la NASA sur le terrain de Merrit Island. *Eastern Test Range* ou *Cap Canaveral* (28° 27′ N, 80° 32′ O), dep. 1959. Zone militaire. On lui donna en 1964 le nom de Cap Kennedy mais le Congrès américain a annulé cette décision en 1970. Le complexe n° 37 comprend une tour de 115 m en acier pesant 3 500 t (la plus grande construction roulante connue) ; le n° 39 (13 km²) comprend une installation centrale de 160 m de haut et 128 m de façade. *Californie du Sud : Vandenberg* ou *Point Arguello* 33° 37′ N, 120° 35′ O (*Western Test Range),* dep. 1959. *Virginie : Wallops Island* (37° 50′ N, 75° 29′ O), dep. 1960.

Australienne. *Woomera* (31° S, 136° E). Désaffectée.

Brésiliennes. 2 organismes brésiliens, l'un chargé des recherches sur les lanceurs : l'IAE (Institut d'activités spatiales), et l'autre sur les satellites : l'INPE (Institut national de recherches spatiales), regroupé au CTA (Centre technique aérospatial) à *Sao Jose dos Campos,* possède un champ de tir opérationnel pour les fusées sondes, le CLBI (Centre de lancement de la Barrière de l'enfer à Natal) et un 2e champ de tir en construction à *Sao Luis* capable de lancer des satellites.

Chinoise. *Shuang-Cheng-Tzu* (100° E, 41° N).

Françaises. Centre spatial guyanais (C.S.G.), Kourou (Guyane française, 5° 14′ N, 52° 45′ O) mis en service depuis 1968 pour lancer des fusées sondes, puis des lanceurs français Diamants et européens Europa II. Depuis le 24-12-1979, date de lancement du 1er exemplaire d'Ariane type 1, 15 exemplaires au 12-9-1986 ont quitté la base de Kourou. Le 1er Ariane 3 a été lancé le 4-8-1984. Le 22-5-1984, le vol 9 a inauguré le 1er lancement de la 1re société de transport spatial au monde, la société Arianespace. V 9 a mis sur orbite le 1er satellite d'une société commerciale américaine GTE Spacenet. Un 2e pas de tir capable de lancer Ariane 3 et Ariane 4 a été construit. Le 1er lancement sur l'ELA 2 (Ensemble de lancement Ariane) devait être effectué en février 1986. Le 1er Ariane 4 était prévu en juillet 1986. Un 3e pas de tir, l'ELA 3, est en cours d'étude pour Ariane 5 et des vols habités, objectif 1995-1996. **Centre spatial de Toulouse,** créé en 1968. Le plus grand centre technique du CNES. **Stations de lâcher de ballons** [1 à Aire-sur-Adour (Landes), 1 à Cap-Tallard (Htes-A.)], 100 vols scientifiques annuels.

Indienne. *I.S.R.O* à *Thumba,* au sud de l'Inde. Base de lancement à *Shriharikotta,* petite île au S.-E. de l'Inde, à 100 km au N. de Madras.

Italo-kenyane. *Plate-forme San Marco,* construite et utilisée par l'Italie (2,9° S, 40,2° E).

Japonaises. *Kagoshima Space Center* (131° 05′ E, 31° 15′ N). *Uchinoura* (Kyushu). *Tanegashima Space Center* (130° 58′ E, 30° 24′ N). *Tanegashima (Kyushu).*

Soviétiques. Complexe de *Baïkonour* (*Tyuratam* au N.-E. de la mer d'Aral, 46,25° N, 63,25° E). *Kapustin-Yar* (à E.-S.-E. de Volgograd, 48,25° N, 47,2° E). *Plesetsk* (à 200 km au sud d'Arkhangelsk, 63° N, 40,2° E).

Astronautes

Nom. L'homme évoluant dans le milieu spatial est appelé *cosmonaute* par les Soviétiques, *spationaute* par les Français et *astronaute* par les Américains. **Nombre.** Au 15-12-1985, ont volé 185 hommes et 10 femmes (60 Soviét., 116 Amér., 1 Tchéc., 1 Polonais, 1 All. de l'E., 1 Bulgare, 1 Hongrois, 1 Roumain, 1 Mongol, 1 Cubain, 1 Vietnamien, 1 Français, 1 Canadien, 1 Néerlandais, 3 All. de l'Ouest, 1 Saoudien, 1 Mexicain, 1 Indien. Au total : 16 nationalités sont allées dans l'espace (+ 6 autres attendues d'ici 1988).

Astronautes ayant marché sur la Lune

Légende : durée totale du séjour du véhicule spatial sur le sol lunaire, durée d'exploitation effectuée sur la Lune hors du véhicule spatial par les astronautes, distance parcourue sur la Lune.

Apollo 11 *16-7-69,* 21 h 36, Armstrong, Neil (5-8-30) 2 h 40, Aldrin, Edwin (21-1-30) 2 h 15 ; 400 m. **Apollo 12** *14-11-69,* 31 h 31, Conrad, Charles (2-6-30) 7 h 45, Bean, Alan (15-3-32) 7 h 45 ; 3 km. **Apollo 14** *31-1-71,* 33 h 30, Shepard, Alan (18-11-23) 9 h 17, Mitchell, Edgar Dean (17-9-30) 9 h 17 ; 4 km. **Apollo 15** *26-7-71,* 66 h 54, Scott, David (6-6-32) 18 h 35, Irwin, James (17-3-30) 18 h 35 ; 28 km. **Apollo 16** *16-4-72,* 71 h 14, Young, John W. (24-9-30) 20 h 15, Duke, Charles (3-10-35) 20 h 15 ; 27 km. **Apollo 17** *7-12-72,* 74 h 59, Cernan, Eugen (14-4-34) 22 h 04, Schmitt, Harrison (3-7-35) 22 h 04 ; 36 km.

Organismes internationaux

IAA (Académie internationale d'astronautique). *Fondée* en 1960. *Siège :* Suisse. *Pt :* G.E. Mueller. *Membres :* 699 appartenant à 39 pays. *Publication :* Acta Astronautica (revue mens.).

COSPAR (Committee on Space Research, Comité mondial de la recherche spatiale). *Fondé* en 1958 par le Conseil intern. des Unions scient. *Siège :* Paris. *Pt :* C. de Jager (n. 1921, P.-B.). *Membres :* Ac. des Sciences de 36 pays et 12 Unions scient. intern.

IAF (Fédération internationale d'astronautique) : organisation non gouvernementale, à but non lucratif, fondée en 1950 pour favoriser le développement de l'astronautique dans des buts pacifiques. *Siège :* Suisse. *Secrétariat :* Paris. *Membres :* plus de 50 000, provenant de 62 sociétés issues de 36 pays.

Agences spatiales

États-Unis

• **N.A.S.A. (National Aeronautics and Space Administration).** Agence civile fédérale *créée* le 1-10-58 (*Administrateur général :* W. Graham, par intérim). *Effectifs 1965 :* 400 000. *1975 :* 24 616. *1984 :* 21 117. *Responsable* de la recherche et de l'exploration spatiales civiles au U.S.A. *Programmes :* Mercury, Gemini, Skylab. Vol Apollo-Soyouz en coopération avec les Soviétiques, Space Shuttle (navette spatiale).

Budget spatial américain (en millions de $). *1960 :* 1 066 (Nasa 524, Défense 561). *66 :* 6 970 (N. 5 064, D. 1 689). *72 :* 4 575 (N. 3 071, D. 1 407). *80 :* 8 684 (N. 4 680, D. 3 848). *84 :* 16 694 (N. 6 509, D. 9 881, Enseignement 60, Commerce 208, Intérieur 9, Agriculture 26, N.S.F. 1). *85 :* N. 7491, D. env. 12 000. *86 :* N. 7 660.

Europe

• **ESA (European Space Agency) ASE (Agence spatiale européenne).** Fondée le 31-5-75. Regroupe les activités européennes dans le domaine des satellites et des lanceurs (anciennes missions de l'E.S.R.O. et de l'E.L.D.O.). *Siège :* Paris. *Dir. gén. :* Reimar Lüst (All. féd.). *Membres :* Allemagne, Belgique, Danemark, Espagne, France, Irlande, Italie, Pays-Bas, Royaume-Uni, Suède, Suisse. Autriche [1] Norvège [1]. *Observateur :* Canada. *Budget 1984 :* 6 544,44 millions de F. *Effectifs :* 1 385.

Nota. — (1) A partir du 1-1-1987.

Établissements : ESTEC (Centre européen de recherche et de technologie spatiales). Noordwijk (Pays-Bas) ; gestion des programmes (satellites) de l'ESA dans le domaine des sciences, dans celui des télécommunications, de l'observation de la Terre et du transport spatial, dont le développement est confié à l'industrie européenne. Études des satellites futurs. Des installations d'essais et des laboratoires assurent sur place la vérification des satellites.

ESOC (Centre européen d'opérations spatiales). Centre principal de contrôle à Darmstadt (All. féd.) ; responsable de toutes les opérations de satellites ainsi que des installations sol et des réseaux de communications correspondants. Son réseau comporte des installations de poursuite et de télécommande implantées dans des stations sol dans le monde entier. En 1985 contrôle et exploite une dizaine de satellites : sat. scientifiques, sat. d'explications préopérationnels et opérationnels (météorologie et télécommunications).

ESRIN. Frascati (Italie) ; abrite le bureau du Programme Earthnet (télédétection des ressources terrestres) et le Service de ressaisie de l'information (IRS). Créé en 1965.

France

C.N.E.S. (Centre national d'études spatiales).

Fondé le 19-12-61, succédant au Comité de recherches spatiales. *Siège :* 2, place Maurice-Quentin, Paris. *Pt :* Jacques-Louis Lions (né le 2-5-1928). *Dir. gén. :* Frédéric d'Allest. Assure la réalisation des programmes spatiaux français (nationaux et internationaux). *Budget (en millions de F) : 1980 :* 1 907,23 ; *81 :* 2 617,17 (dont du min. de l'Ind. 1 677,48 ; d'autres min. 334 ; ressources propres 605,69 ; *82 :* 3 013,30 ; *83 :* 3 560,75 ; *84 :* 4 890 ; ressources propres 782 ; *85 :* 4 929 ; ressources propres 794). A placé sur orbite 32 satellites au 2-7-1985, effectuant 12 tirs avec des lanceurs série Diamant et 14 tirs avec Ariane. *Programmes européens en cours :* Telescope spatial, Ulysse, Hipparcos, ISO, ECS, Météosat, ERSI, IOC (expérience de télécommunications interorbitales).

Inde

ISRO (Indian Space Research Organisation). *Siège :* Bengalore.

Japon

ISAS (Institute of Space and Astronautical Science). *Fondé* 14-4-1981. *Siège :* Tokyo. Organise la recherche scientifique spatiale au Japon. *Budget* (en milliards de yens) : *1985 :* 14,1. *Effectifs* (juin 1985) : 292.

NASDA (National Space Development Agency of Japan). *Fondé* 1-10-1969. *Siège :* Tokyo. *Pt :* Hiroyuki Osawa. Organisme semi-public chargé de mettre en œuvre le programme spatial japonais et d'assurer son exécution. *Budget* (en milliards de yens) : *1985* 112,4. *Effectifs* (1985) : 923.

O.V.N.I. / P.A.N.I.

Il y a des milliards de galaxies dans l'univers et environ cent milliards d'étoiles et peut-être plusieurs milliards de systèmes planétaires dans notre galaxie.

Objets volants non identifiés

Traduit de l'américain « U.F.O. » (Unidentified Flying Object), remplaçant l'expression « soucoupe volante » (traduite de l'américain « flying saucer »), est progressivement remplacé par « P.A.N.I. » : Phénomène Aérospatial Non Identifié, depuis 1980.

Définition. Phénomènes généralement fugitifs et lumineux se situant dans l'atmosphère, au sol, dans l'espace et dont la nature n'est pas connue ou reconnue par les témoins (le vocable s'étendant également à des observations de phénomènes lumineux sous-marins).

Principaux phénomènes décrits. *Sources lumineuses* nocturnes ou diurnes de formes et de couleurs variables. *Phénomènes d'apparence non lumineuse* nocturnes ou diurnes de formes et de couleurs variables.

Particularités des phénomènes observés. Fortes luminosités, immobilisations à n'importe quelle attitude, accélérations fulgurantes, changements brusques de direction, apparitions et disparitions instantanées, stabilité dans l'air (certains rapports d'observations font également état de formes généralement humanoïdes, au sol, à proximité du P.A.N.I.).

Effets secondaires constatés. *1) Sur le témoin. Psychologiques :* choc, changement de personnalité, instabilité mentale ou/et sociale, peur, émerveillement, etc. *Physiologiques :* fourmillements, céphalées, conjonctivites, allergies cutanées, paralysie momentanée, dérèglements du cycle du sommeil, etc. *2) Sur l'environnement. Artificiel :* anomalies électriques, magnétiques, thermiques, mécaniques, voire radioactives. *Naturel :* traces au sol, brûlures, modifications de végétation, etc.

Historique. Bien que certaines observations anciennes puissent être prises en considération, on admet généralement que l'histoire du phénomène des P.A.N.I. (O.V.N.I.) a commencé le 24-6-1947, quand un industriel américain (Kenneth Arnold) affirma avoir observé, en survolant les montagnes Rocheuses avec son avion, 9 formes lumineuses discoïdales dont le mouvement évoquait celui des soucoupes ricochant à la surface d'une eau calme. Depuis cette date des phénomènes n'ont pas cessé d'être observés, particulièrement en 1947, 52, 54, 57, 65, 68, 74, 79, 80.

Observation française exceptionnelle. Le 8-1-1981, à Trans-en-Provence, un phénomène ressemblant à une sphère aplatie (2,50 × 1,50 m) atterrit silencieusement devant un témoin et repart 40 s après, avec un léger sifflement. Au sol sera découverte une empreinte circulaire striée. La gendarmerie nationale prélève des végétaux. Analysés à la demande du G.E.P.A.N. par un laboratoire de l'I.N.R.A., ils accusent un inexplicable vieillissement bio-chimique interne (Note technique du G.E.P.A.N. n° 16.).

Nota. — Des interprétations ont été proposées. Ex. : orthoténie (thèse d'Aimé Michel d'après laquelle les points d'atterrissage des O.V.N.I. auraient tendance à se situer sur des lignes droites ou, plus précisément des arcs de grand cercle) et isocélie (thèse de J.-Ch. Fumoux affirmant que les points d'atterrissage se situeraient préférentiellement sur les sommets de triangles isocèles), mais des recherches statistiques approfondies permettent de les contester.

Associations

Allemagne fédérale *C.E.N.A.P. (Centrales Erforschungsnetz Aubergewöhnlicher Phänomene) :* c/o W. Walter-Eisenacher Weg-16, D-6800 Manheim 31. *G.E.P. (Gemerhschaft zur Erforschung unbekannter Phänomene) :* Postfach 2361, D-5880 Ludenscheid.

Argentine. *UFO-PRESS :* Casilla de Correo 26, Sucursal 25, 1425 Capital Federal, Buenos-Aires.

Belgique. *G.E.S.A.G. (Groupement pour l'étude des sciences d'avant-garde) :* Leopold I Laan 141, B-8000 Bruges. *S.O.B.E.P.S. (Sté belge d'étude des phénomènes spatiaux) :* Av. P.-Janson 74, B-1070 Bruxelles. *S.V.L. (Studiegroep voor Vreemde Luchtverschijnselen) :* c/o W. Van Utrecht-Oever 28. B-2000 Anvers.

Canada. *C.C.U.Q. (Centrale de compilation ufologique du Québec Inc.) :* CP 902 Drummondville J2B-6X1, Québec.

Danemark. *S.U.F.O.I. (Skandinavisk Ufo Information) :* P.O. Box 6, DK-2820, Genjofte.

États-Unis. 4 grandes commissions (ou projets) ont été créées : *Commission d'enquête. Sign* (décret du 30-12-47) ; *Com. Grudge,* nouvelle version de Sign (11-2-49) ; *Com. Blue-book,* nouvelle version de Grudge (mars 52) (sur 10 147 cas examinés de 1947 à 1965, 9 501 ont été expliqués) ; *Com. d'étude du Colorado* (oct. 66 à 68), dirigé par le physicien Edward Condon qui, dans un rapport remis le 9-1-69, a conclu à l'inexistence des O.V.N.I. après avoir examiné une centaine de cas (dont un seul atterrissage) et bien qu'il n'ait pu expliquer environ 15 % de ceux-ci. La *Commission Robertson,* réunie 4 j du 14 au 17-1-53 recommanda de détourner l'attention du public des soucoupes volantes. *M.U.F.O.N. (Mutual UFO Network) :* c/o W. H. Andrus Jr., 103 Oldtowne road, Seguin TX 78155. *C.U.F.O.S. (Center for UFO Studies) :* P.O. Box 1402 Evanston, IL. 60204. *N.A.U.F.O.F. (North American UFO Federation) :* P.O. Box 193, Staten Island, New York 10312.

France. *A.D.R.U.P. (Association dijonnaise de recherches ufologiques et parapsychologiques) :* 6, rue des Gémeaux, 21220 Gevrey-Chambertin. *G.E.O.S. (Groupe d'étude des objets spatiaux) :* St-Denis-lès-Rebais, 77510 Rebais. *Commission nationale de recherches sur les objets volants non identifiés :* résidence des Chataîgners, 45800 St-Jean-de-Braye. *A.E.S.V. France (Association d'étude sur les soucoupes volantes) :* B.P. 324, 13611 Aix-en-Provence. *C.I.G.U. (Comité Ile-de-France des Groupements ufologiques) :* 10, rue Ing.-Robert-Keller, 262/17, 75015 Paris. *C.U.B. (Comité des Groupements ufologiques bretons) :* c/o Marhic, 89, rue de Siam, 29200 Brest.

Grande-Bretagne. *A.S.S.A.P (Association for Scientific Study of Anomalous Phenomena) :* c/o H. Evans, 1, Tranquil Vale, London SE3-OBU. *B.U.F.O.R.A. (British Ufo Research Association) :* 6, Cairn Avenue, Ealing London W5 5HX.

Italie. *C.U.N. (Centro Ufologico Nazionale) :* Piazza Campitelli n° 2, Rome.

Luxembourg. *C.L.E.U. (Commission luxembourgeoise d'étude ufologique) :* B.P. 9, Belvaux.

Norvège. *N.I.V.F.O. (Norsk Institut for Vitenskapelig Forskning og Opplysning) :* Postbook 2119, N-7001 Trondheim.

Suède. *A.F.U. (Archives For Ufos)* PO Box 11027, S-600 II Norrkoping.

Suisse. *A.E.S.V. Association d'étude sur les soucoupes volantes :* CP 342, CH-1800 Vevey 1.

Organisme gouvernemental. *G.E.P.A.N. (Groupe d'étude des phénomènes aérospatiaux non identifiés) :* 18, av. E.-Belin, 31055 Toulouse Cedex.

Revues (non associatives). *L.D.L.N. (Lumières dans la nuit) :* 30250 Sommières. *F.S.R. (Flying Saucer Review) :* Snodland Kent, MEG 5HJ (G.-B.).

Nota. — Les associations citées plus haut éditent également le résultat de leurs recherches.

Géographie physique

La Terre

Caractéristiques

● **Distance au Soleil.** *A l'aphélie* 152 105 142 km. *Au périhélie* 147 103 311 km.

● **Énergie reçue du Soleil.** Cette énergie varie comme l'inverse du carré de la distance. *Constante solaire.* Énergie reçue à la distance moyenne sur une surface normale à la limite de l'atmosphère : env. 1,4 kW par m².

● **Forme.** On appelle *géoïde* une surface qui coïncide avec la surface moyenne d'équilibre des mers et la prolonge sous les continents en restant partout horizontale. La géoïde définit la figure de la Terre, indépendamment des accidents du relief ; par rapport à un *ellipsoïde de révolution* ayant pour axe la ligne des pôles, il présente des protubérances et des dépressions de l'ordre de 100 m.

L'ellipsoïde équipotentiel adopté en 1979 à Canberra est défini par : 1° le rayon équatorial de la Terre (ou demi-grand axe de l'ellipsoïde) : *a = 6 378 137 m* ; 2° le produit de la constante de gravitation universelle G par la masse M de la Terre (atmosphère comprise), soit *GM = 3 986 005 × 10⁸m³s* ; 3° le rapport (C - A)/M a² qu'on désigne souvent par J_2 (C est le moment d'inertie par rapport au diamètre polaire et A le moment d'inertie par rapport à un quelconque des diamètres équatoriaux) soit $J_2 = 108\,263 \times 10^8$; 4° la vitesse angulaire de la Terre : $\omega = 7\,292\,115 \times 10^{11}\ rad\ s^{-1}$. Ces 4 données sont *exactes par définition* et ne comportent pas de décimales. A partir de là on calcule beaucoup d'autres données et il peut y avoir de légères différences entre les auteurs suivant le nombre de termes conservés dans le développement des formules, les décimales conservées ou non, etc. Ex. selon H. Moritz (Bulletin géodésique, vol. 54, 1980) : rayon polaire ou demi-petit axe *b = 6 356 752,3 141 m*. Aplatissement $L = (a - b)/a = 1/298{,}257\,222\,101$. Rayon de la sphère de même volume que l'ellipsoïde *R = 6 371 000,7 900 m.*

● **Circonférence.** *Équateur* 40 075 017 m. *Méridien* 40 007 864 m. *Tropiques* (lat. 23°27') 36 784 632 m. *Cercle polaire* (lat. 66°33') 15 992 916 m.

● **Superficie globale.** 510 065 000 km² (calcul de 1967) dont terres 133 620 000 (26,2 %), glaces 15 303 000 (3 %), eaux 361 059 000 (70,8 %).

● **Volume.** 1 083 219 000 km³ (soit 1 083 milliards env.).

● **Masse.** $5{,}98 \times 10^{24}$ kg, soit 5 980 milliards de milliards de tonnes.

● **Vitesse de rotation de la Terre sur elle-même.** 1 670 km/h à l'équateur, 1 100 en France, 640 à 60° de latitude, 0 aux pôles. Tour complet en 23 h 56 mn 4 s ; soit 3 mn 56 s de moins que le jour solaire (la Terre tourne d'environ 1 + 1/365 tour entre 2 passages consécutifs du Soleil au méridien d'un lieu donné).

Cette vitesse n'est pas constante : *1°) elle se ralentit progressivement* (ce retard pris par la Terre atteint 30 secondes par siècle, 50 mn en 1 000 ans et 7 heures 30 mn en 3 000 ans), surtout en raison du ralentissement par frottement dans les mers peu profondes des masses d'eau soumises à la marée, et d'autres phénomènes mal connus (frottements internes, marées de l'atmosphère, etc.) ; *2°) des variations insuffisamment expliquées peuvent se produire* (maximum d'avance connu : 28,2 s en 1789, de retard : 49,7 s en 1970) ; *3°) des variations saisonnières,* découvertes en 1937, interviennent, provenant surtout de causes météorologiques.

On calcule cette vitesse de rotation en mesurant avec une horloge atomique le temps séparant 2 passages d'un point de la surface terrestre au méridien d'un repère choisi dans le ciel, et observé par des instruments tels que des méridiennes, des tubes photographiques zénithaux ou des astrolabes impersonnels. Du fait de la rotation de la Terre, les corps en mouvement dans un plan horizontal ont tendance à dévier vers la droite (dans l'hémisphère Nord) ; *exemples :* pression des fleuves (qui, dans des circonstances identiques, serait différente selon la rive), mouvements de l'air et vents alizés (V. Météorologie p. 93), courants marins. L'expérience du pendule de Foucault (1851) avait fourni une preuve de cette rotation.

● **Pesanteur** (résultante de la gravité et de la force centrifuge, v. Index). En *gals* (1 gal = 1 cm/s²) (1967) : *0° :* (équateur) 978,033 ; *15° :* 978,379 ; *30° :* 978,325 ; *45° :* 980,620 ; *48°50'* [au *Bureau international des* *poids et mesures* (Sèvres, mesures absolues les plus précises du monde)] 980,92598 ; *60°* : 931,918 ; *75°* : 982,870 ; *90°* (pôle) : 983,219. Si la Terre tournait plus vite, la force de la gravité serait inchangée puisque cette dernière est égale au total des forces d'attraction newtonienne. C'est la pesanteur qui varierait.

● **Vitesse de libération.** Vitesse que doit atteindre un corps pour échapper à l'attraction terrestre : 11 180 m/s (sur la Lune : 2 376, Mercure 4 246, Saturne 35 570, Jupiter 59 850). *Conséquences :* la Terre a conservé les gaz de masse moléculaire supérieure à 28 : azote (28) et oxygène (32).

● **Hauteur maximale.** *Everest*, à la frontière du Tibet et du Népal. Nommé ainsi en 1863 d'après le nom du Gal George Everest (1790-1866), chef de la Mission cartographique britannique en Inde ; un adjoint, R. Sikhadar, évalua la haut. du mont à 29 002 pieds (8 845 m) en 1852. Le général Bruce (Sté royale de géographie) l'évalua à 8 882 m en 1920. Une autre mesure de 1954 donne 8 848 m (exactement 8 847,7). Mesuré par les Chinois le 25-7-1973 : 8 848,10 m. Appelé *Sagarmatha* (au Népal), *Chomolungma* (en Chine), *Mi-ti Gu-ti Cha-pu Long-na* (au Tibet).

● **Dépressions principales.** Au-dessous du niveau de la mer (en mètres). **Afrique.** Lac Assal (Djibouti) 170. El Kattara (Égypte) 137. Danakil (N. de l'Afr.) 120. Chott Melrhir (Algérie) 31. Chott el Gharsa (Tunisie) 21. Dépression du désert de Libye 20 à 75. **Amérique.** Lac Salton (Calif., U.S.A.) 90. Vallée de la Mort (Calif., U.S.A.) 85,4. **Antarctide.** Marie Byrd Land (plateau Hollick-Kenyon, recouvert d'une couche de glace de 4 267 m) 2 468. **Asie.** Mer Morte (Israël/Jordanie) 394. Lac de Tibériade (Israël) 208. Oasis de Liouktchoum et de Tourfan (Chine) 100. **Europe.** Mer Caspienne (U.R.S.S., Iran) la plus grande surface au-dessous du niveau de la mer : 518 000 km², dont 371 790 couverts d'eau 28. Wieringer (Polder IV, P.-Bas) 6,7. Bagband (Allemagne/Autriche) 1,1.

● **Profondeur des mers.** *Maximale* 11 516 m (fossé des Philippines) ; *moyenne* 3 800 m (Atlantique 3 300 ; Indien 3 900 ; Pacifique 4 030). *Le bathyscaphe américain « Trieste »* est descendu à 10 916 m dans la fosse Challenger (îles Mariannes) le 23-1-1960.

● **Température.** La température superficielle des planètes telluriques dépend beaucoup de l'énergie renvoyée par leur sol ou par leur atmosphère (sauf Mercure, la Lune, qui n'en ont pas). La Terre a une température moyenne en surface de 22 °C. Sur *Mercure*, la température passe de 350 °C le jour à – 170 °C la nuit ; sur *Vénus* de – 33° au niveau des nuages visibles à + 480° au sol. La température des planètes extérieures décroît de – 23° *(Mars)* à – 230° *(Pluton)*.

● **Magnétisme.** Si l'on fait abstraction de fluctuations locales et temporaires liées à l'activité solaire, la Terre se comporte comme un aimant. Le **champ magnétique terrestre**, qui varie lentement avec le temps (variation séculaire), est sensible sur tous les points de la surface terrestre et s'étend en hauteur jusqu'à des dizaines de milliers de km (magnétosphère). C'est une grandeur *vectorielle*, c.-à-d. possédant une direction (définie par 2 angles, inclinaison et déclinaison), un sens (vers le bas, actuellement, dans nos régions) et une intensité : les Chinois l'ont découvert vers 1000 apr. J.-C. et l'ont utilisé empiriquement pour leurs boussoles à aiguille aimantée, indiquant la direction du **méridien magnétique**. Cette direction forme avec celle du Nord géographique l'angle appelé **déclinaison magnétique**.

Les **isogones** (lignes d'égale déclinaison) sont des courbes qui passent par les pôles géographiques et par les pôles magnétiques définis plus loin.

Les méridiens magnétiques (courbes qui suivent les directions du champ moyen) aboutissent à **2 pôles magnétiques : Nord** (attirant le pôle Nord d'une boussole ; c'est un pôle de magnétisme sud) dans l'archipel Arctique canadien, à 1 900 km du pôle géographique Nord ; **Sud** en mer Australe, un peu au large de la Terre Adélie, à 2 600 km du pôle géographique Sud. Ces pôles magnétiques, où une aiguille aimantée libre de s'incliner se tiendrait verticale, ne sont donc pas aux antipodes l'un de l'autre : la droite qui les joint ne passe pas par le centre de la Terre. L'**équateur magnétique**, où la même aiguille serait horizontale, s'écarte de l'équateur géographique vers le nord ou le sud (jusqu'à 1 600 km au Brésil).

Intensité du champ. *Minimale :* 24 000 à 45 000 nT (nanotesla, ou gamma suivant une notation ancienne) sur l'équateur magnétique. *Maximale :* 70 000 (pôle magnétique Sud), 62 000 (Nord).

Pôles géomagnétiques ou pôles de Gauss. Ils correspondent à un champ magnétique terrestre débarrassé de ses irrégularités, et ont été définis en 1839 par l'Allemand Carl Friedrich Gauss (1777-1855). Ils sont assez proches des pôles magnétiques, mais se situent contrairement à ceux-ci aux antipodes l'un de l'autre. Tout se passe comme si le champ venait d'un petit aimant fictif situé au centre de la Terre et porté par le diamètre terrestre qui joint les pôles géomagnétiques (il fait un angle de 11°5 avec l'axe des pôles géographiques). Ce « dipôle » a une intensité de $8.10^{22}/m^2$ et il rend compte d'environ 90 % du champ magnétique total. Les 10 % qui restent (champ non dipôlé) sont surtout d'origine profonde.

Causes du magnétisme terrestre. L'aimantation des roches terrestres ne peut expliquer que des anomalies locales et superficielles : elles cessent d'être aimantables au-dessus d'une certaine température (point de Curie). L'essentiel du champ doit être produit par une dynamo auto-excitée par rotation du globe, fonctionnant grâce à des déplacements de matière conductrice se produisant dans le noyau liquide. L'énergie qui entretient ces mouvements viendrait : 1° soit de la poussée d'Archimède produite par des différences de température ; 2° soit de l'énergie gravitationnelle libérée par l'enfoncement de matériaux lourds dans le manteau ou le noyau.

Champ magnétique dans le passé. *L'archéomagnétisme* (E. Thellier) retrouve le champ grâce à l'aimantation prise au moment de leur refroidissement par des briques datées ou des argiles cuites. Le *paléomagnétisme* retrouve à partir de l'aimantation des roches les positions anciennes du pôle géographique par rapport à un continent. Le dipôle qui fournit l'essentiel du champ s'inverse à intervalles irréguliers. La trace de ces inversions dans les carottes extraites des fonds océaniques aide à dater ceux-ci jusqu'à – 180 M_a (le reste a disparu par subduction ; voir Tectonique globale, p. 67).

Origine de la Terre

● **Formation.** La Terre se serait formée à température relativement basse par *accrétion* (collision et agglomération de « planétoïdes » ayant quelques km de dimensions). Elle aurait ensuite partiellement fondu par accumulation interne d'énergie thermique venant d'un tassement du matériau ou de la radioactivité de certains éléments (uranium, thorium, potassium 40). Ni la contraction thermique ni les différences de force centrifuge ne peuvent expliquer le relief terrestre.

Datation de la Terre et des roches

● **Théories anciennes sur l'âge de la Terre.** *Upanishads indiens* (VIIe-Ve av. J.-C.) : 2 milliards d'années. *Bible* [interprétée par l'Irlandais James Usher (1581-1656)] : 4 004 ans, à la naissance du Christ ; pour des raisons religieuses, ce chiffre sera maintenu longtemps en Europe occidentale, notamment par Cuvier en 1830. *1758* [Jean Gesner (Suisse, 1709-90)] : 80 000. *1772* [Jean-Louis Giraud-Soulavie (Fr., 1752-1813)] : 6 millions. *1778* [Georges de Buffon (Fr., 1707-88)] : 75 000. *1838* [Charles Lyell (Angl., 1797-1875)] : 240 millions. *1862* [William Kelvin (Angl., 1824-1907)] : entre 20 et 400 millions d'années. *1898* [Eugène Joly (Fr., 1845-97)] : entre 80 et 100 millions d'années.

● **Stratigraphie.** Méthode d'étude des terrains sédimentaires, elle a permis d'établir une chronologie relative. Les terrains stratifiés plus récents recouvrent en principe (sauf bouleversements) les plus anciens. Mais ces terrains anciens, souvent non stratifiés (granites), ne pouvaient être classés (ils ne contenaient pas de fossiles). On les nomma « terrains primitifs » ou *archéens*.

Age de la Terre et des roches par la radioactivité. *1ers essais* [1906 par l'Angl. Ernest Rutherford (1871-1937)] : entre 410 et 2 200 millions d'années. *Mesures actuelles :* 3 900 millions pour les plus anciennes roches connues (la croûte terrestre était encore fragile, les météorites qui la bombardaient alors la crevaient facilement et se perdaient dans les profondeurs du globe : d'autres auteurs pensent que l'absence de roches plus vieilles sur la Terre vient du fait qu'elles ont disparu par érosion et surtout par métamorphisme). *Date la plus probable de la formation de la Terre primitive :* 4 600 millions d'années (comme pour Lune et météorites).

● **Méthodes de datation par les phénomènes nucléaires naturels** [1]. Rubidium-strontium (période 48,8 milliards d'années) ; samarium-néodyme ; rhénium-osmium ; lutétium-hafnium ; chronomètres uranium, thorium, plomb ; déséquilibres dans la famille de l'uranium ; traces de fission ; thermoluminescence ; résonance électromagnétique de Spin ; potassium-argon (période 1,31 milliard d'années) ; isotopes cosmogéniques du béryllium 10, de l'aluminium 26, du calcium 41 ; chlore 36 ; carbone 14 (période 5 700 ans) ; argon 39 et silicium 32 ; argon-argon ; méthode par le plomb 210 (période 22 ans), datation de la neige antarctique ; tritium et tritium-hélium 3.

(1) Dans cette liste (cf. « Méthodes de datation par les phénomènes nucléaires naturels. Applications », C.E.A., 1985), les isotopes utilisables sont rangés dans l'ordre des périodes décroissantes ; elles vont de 48,8 milliards d'années pour le rubidium 87 à 12,3 ans pour le tritium. Les âges à mesurer doivent être comparables aux périodes correspondantes (cependant les horloges de type accumulatif, telles que potassium-argon, n'ont pas de limite supérieure d'utilisation).

De rares chronomètres n'utilisent pas la radioactivité, mais par exemple la racémisation (propriété des substances organiques de dévier la lumière polarisée).

● **Inversions du champ magnétique.** Donnent des repères dans les laves et les sédiments. Le premier à – 700 000 ans. Quelle que soit la méthode utilisée, la signification exacte des âges obtenus doit toujours être spécifiée.

Ères géologiques

Nota. — Divisées en *périodes*, puis en *étages*. Les dates (approximatives) en regard des étages correspondent à leur base. M.a. : Millions d'années.

Prégéologique

Entre 4 600 M.a. et 3 800 M.a., formation de la Terre puis séparation d'une croûte (d'abord basaltique) et d'une atmosphère (réductrice) primitives ; 1res synthèses de composés organiques (glucides, acides aminés, etc.).

Temps précambriens ou Archéozoïque

● **Archéen.** De 3 800 M.a. à 2 500 M.a., apparition des phénomènes d'érosion, de transport et de sédimentation sur une croûte très mince et chaude où s'individualisent des noyaux granitiques. Phénomènes tectoniques et métamorphiques reconnus au cœur de tous les continents (boucliers). Complexification progressive des composés organiques ; apparition de la reproduction *(bactéries)* aux environs de 3 500 M.a., des *procaryotes* (êtres à cellules sans noyau) vers 3 300, de la *photosynthèse* (algues bleues) vers 3 200, des *eucaryotes* (êtres à cellules avec noyau) vers 2 800. Présence de cyanophytes : microflore d'Onderwacht (Afr. du S., Swaziland) datée de – 4 000 à 3 350 M.a., microflore de Fig-Tree (Afr. du S.) – 3 100 M.a.

● **Protérozoïque.** De 2 500 M.a. à 530 M.a., développement des *stromatolites* (colonies d'algues bleues calcaires), apparition des 1ers *organismes multicellulaires* qui vont s'épanouir à partir de 600 M.a. (associations de Sibérie et d'Ediacara, en Australie). Sur les 1res masses continentales, nombreuses phases de plissement, métamorphisme et granitisation, sans corrélation globale possible.

Protérozoïque inférieur. 2 500 M.a., en France : *Icartien ancien.* Existence de blocs stables de croûte entourés de zones sédimentaires.

Protérozoïque moyen. 1 950 M.a., en France : *Icartien récent.* Existence d'ensembles continentaux et 1res collisions entre plaques. Plusieurs phases de plissement.

Protérozoïque supérieur. 1 000 M.a., en France : *Briovérien.* Métazoaires. 1re individualisation des grands continents *Laurasie* et *Gondwanie.* Plusieurs phases de plissement, la dernière donnant la chaîne cadomienne.

Primaire ou Paléozoïque

De 530 M.a. à – 235 M.a. Apparition des principaux embranchements d'invertébrés puis, à l'Ordovicien, des 1ers vertébrés (agnathes). Végétaux puis animaux s'adaptent à la vie continentale (atmosphère oxygénée) à partir du Dévonien. *Animaux caractéristiques :* trilobites (arthropodes), graptolites (stomocordés), goniatites (mollusques). *Végétaux caractéristiques :* flore houillère (lycopodiales, fougères). Plissements calédoniens, hercyniens.

● **Cambrien.** 530 M.a. « Géorgien », « Acadien », « Potsdamien ».

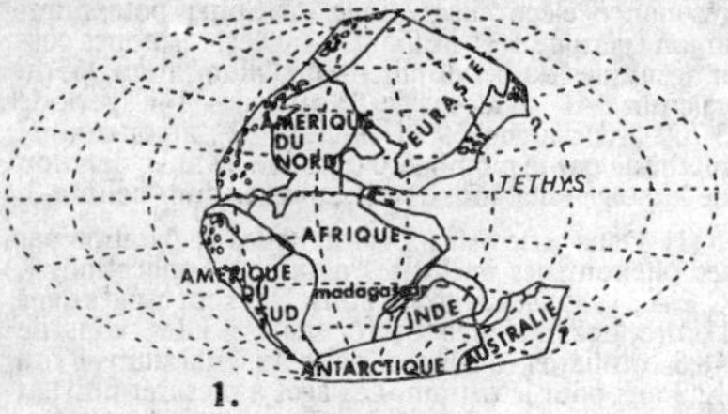

1.

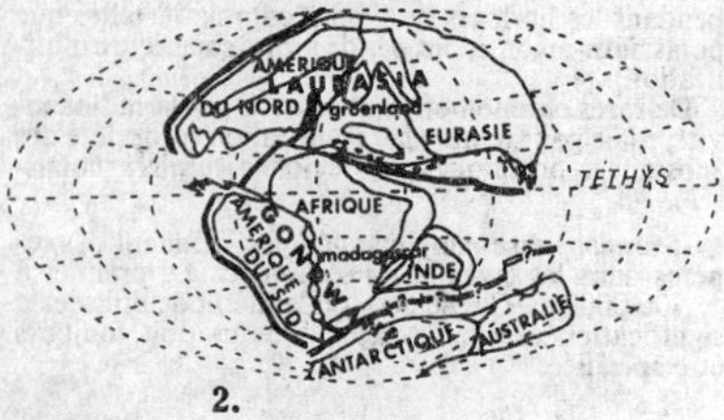

2.

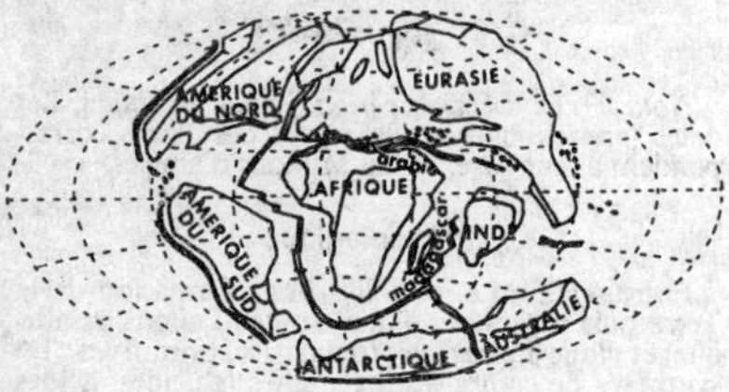

3.

La Terre il y a : 1) 247 millions d'années (fin du Permien). 2) 130 millions d'années (fin du Jurassique). 3) 65 millions d'années (Paléocène). *(Dessins fournis par Le Monde)*

• **Ordovicien.** 495 M.a. Tremadocien, Skiddavien, Llanvirnien, Llandeilien, Caradocien, Ashgillien.

• **Silurien** (= « Gothlandien »). 418 M.a. Valentien, Wenlockien, Ludlowien, Downtonien. Présence établie de végétaux vasculaires (genre *Cooksonia*) au Silurien supérieur, du groupe des *Psilophytes ;* présence de mousses terrestres *(Hépatiques).*

• **Dévonien.** 400 M.a. *inférieur :* Gédinnien, Siegénien, Emsien. *Moyen :* Couvinien, Givétien. *Supérieur :* Frasnien, Famennien. Flore nombreuse et diversifiée. Cryptogames vasculaires archaïques (Lycopodes, Prêles, Fougères). Apparition des Préphanérogames (Ptéridospermes « Fougères à graines » et Cordaïtes).

• **Carbonifère.** 360 M.a. Dinantien, Namurien, Westphalien, Stéphanien. Flore terrestre nombreuse et diversifiée ; la flore carbonifère n'apparaît plus comme traduisant un brusque développement. Apogée des Cryptogames vasculaires (Lépidodendrons et Sigillaires arborescents ; Calamites et Sphenophyllales ; fougères herbacées et fougères arborescentes). Extension des Préspermaphytes (prépondérance des Cordaïtes arborescents). Apparition des Conifères. 1ers Gymnospermes : Conifères *(Lebachia, Walchia).*

• **Permien.** 289 M.a. Autunien, Saxonien, Thuringien. Disparition des Psilophytes, raréfaction des Lycopodes, maintien des Prêles, prépondérance des Fougères, extinction des Cordaïtes, apparition des Cycadinées. Diversification des Gymnospermes (Conifères).

Secondaire ou Mésozoïque

De 247 M.a. à 65 M.a. Après une crise biologique au Permien et au Trias, épanouissement des mollusques (ammonites, bélemnites) dans les mers. Sur la terre ferme, diversification des reptiles (dinosaures) et des végétaux supérieurs (gymnospermes). Apparition des 1ers mammifères et des 1ers oiseaux. Début de la formation des Pyrénées.

• **Trias.** 247 M.a. *Germanique :* Buntsandstein (grès rouges), Muschelkalk (marnes et calcaires), Keuper. *Alpin :* Scythien, Anisien, Ladinien, Carnien, Norien. Disparition des Lépidodendrons et Sigillaires, des Calamites et Cordaïtes des temps primaires. Survivance de quelques Lycopodes et Fougères (« à graines » et « à frondes ») des temps primaires. Prêles (Equisetum ou Equisetites) de grande taille.

• **Jurassique.** 204 M.a. **Inférieur (Lias) :** Rhétien, Hettangien, Sinémurien, Pliensbachien, Toarcien. Nombreuses Fougères (« à graines » et « à frondes »). Cycadinées persistantes, Cordaïtes en voie d'extinction, Conifères abondants. **Moyen (Dogger) :** Aalénien, Bajocien, Bathonien, Callovien. **Supérieur (Malm) :** Oxfordien, Kimméridgien, Portlandien. Tendance au renouvellement des formes. Fougères et Ptéridospermes abondantes. Nombreux Conifères. Cycadinées et Ginkgoïnées prépondérantes. Apparition des premiers Angiospermes (Palmiers). Diversification probable des mammifères (découverte récente d'un insectivore de la taille d'une souris, vieux de 180 M.a.).

• **Crétacé.** 130 M.a. **Inférieur :** Berriasien, Valanginien, Hauterivien, Barrémien, Aptien, Albien. **Supérieur :** Cénomanien, Turonien, Coniacien, Santonien, Campanien, Maestrichtien. Abondance de Fougères, Cycadinées, Ginkgoïnées et Conifères. Brusque apparition des Angiospermes sur tous les continents.

Tertiaire ou Cénozoïque

De 65 M.a. à 1,85 M.a. A la fin de l'ère secondaire, une crise biologique provoque l'extinction des Ammonites, des Bélemnites, des Dinosaures. Épanouissement des mammifères et des plantes à fleurs (Angiospermes). Vers la fin du Tertiaire, apparition des 1ers hominidés. Plissements alpins. Volcanisme dans le Massif central.

• **Paléogène ou Nummulitique. Paléocène :** 65 M.a. Danien, Montien, Thanétien.

Eocène : 53 M.a. Ilerdien, Cuisien, Lutétien, Bartonien. Sous climat chaud (t. moy. 20-25 °C) et humide ou ± sec, les dépôts éocènes (travertins de Sézanne, argiles ligniteuses du Soissonnais, sables de Cuise, calcaire grossier du Bassin parisien, sables d'Ermenonville, gypses de Paris) montrent une végétation où des essences feuillues proches des formes tempérées actuelles [Châtaignier, Chêne, Cyprès, Figuier, Fougères (Osmonde, Pteris), If, Laurier, Lierre, Noyer, Thuya, Vigne] voisinent avec des végétaux exotiques de type tropical ou subtropical [Acacia, Araucaria, Eucalyptus, Jujubier, Magnolia, Palmiers (Sabal), Podocarpus, Poivrier, Séquoia, Taxodium (Cyprès chauve)].

Oligocène : 34 M.a. Stampien, Chattien. Sous climat tropical ou tempéré-chaud (t. moy. 18-25 °C), les dépôts oligocènes (« mines de potasse » d'Alsace, ambre de la Baltique, sables de Fontainebleau, gypses d'Aix, marnes d'Armissan, lignites de Manosque, argiles de Marseille) livrent une flore composite [Aulne, Chêne, Clématite, Figuier, Fougères (Osmonde, Pteris), Genévrier, Houx, Laurier, Lierre, Mahonia, Myrte, Noyer, Olivier, Orme, Peuplier, Pin, Saule, Thuya, Vigne d'une part ; Acacia, Agave, Camphrier, Cannelier, Dragonnier, Eucalyptus, Jujubier, Magnolia, Palmiers (Chamaerops, Phœnix, Sabal), Pistachier, Podocarpus, Séquoia, Taxodium (Cyprès chauve) d'autre part].

• **Néogène. Miocène :** 23 M.a. Aquitanien, Burdigalien, Helvétien, Tortonien, Messinien. Au début, climat encore subtropical ; la flore des volcans d'Auvergne et la flore des mollasses d'Oeningen offrent Bambous, Camphrier, Cannelier, Figuier, Jujubier, Laurier, Palmiers (Sabal), Séquoia, Taxodium (Cyprès chauve), Tulipier, en voisinage avec des feuillus (Aulne, Érable, Frêne), ± proches des formes actuelles. Puis survient une tendance au refroidissement général, entraînant une extension des espèces tempérées (Pin, Sapin, Épicéa, Mélèze, If, Chêne, Hêtre, Charme, Orme, Érable, Bouleau, Peuplier, Saule Sorbier) au détriment des espèces tropicales ou subtropicales.

Pliocène : 6 M.a. Tabianien, Plaisancien. Au début, climat océanique relativement tiède et humide (t. moy. 16-18 °C) : dans les volcans du Massif central, persistance d'éléments chauds (Vigne, Magnolia, Tulipier, Jujubier, Cannelier, Camphrier, Podocarpus, Libocedrus, Thuya, Séquoia, Taxodium) auprès d'éléments tempérés proches des types actuels. Puis s'accentue la tendance au refroidissement ; flore des tufs de Méximieux (Ain) ; quelques espèces chaudes (Bambous, Magnolia, Platane, Noyer, Laurier, Buis...) se maintiennent.

Quaternaire

• **Prépaléolithique :** A Olduvaï (Tanzanie), 1ers hominidés : Australopithèques, puis pré-Zinjanthropes (Australopithécinés), puis Zinjanthropes (famille des Paranthropes). Disparition de la forêt européenne v. 1,6 M.a. (glac. de Donau).

• **Pleistocène. Paléolithique inférieur :** 1,5 à 0,7 M.a. *Phase glaciaire :* 1,05 à 0,7 M.a. Glaciation de Günz (Alpes) ; Nebraska (U.S.A.).

Paléolithique moyen : 0,69 M.a. *Phase glaciaire :* glaciations de Mindel I (0,5 M.a.), II (0,4 M.a.). *Interglaciaire mindélien-rissien* (0,35 M.a.) : tufs de la Celle-sous-Moret (S.-M.) et de la Perle (Aisne) montrant des forêts de feuillus, formées sous un climat tiède et humide et comprenant, à côté d'espèces actuelles, des espèces méditerranéennes (Arbre de Judée, Buis, Figuier, Laurier).

Glaciation de Riss (0,2 à 0,12 M.a.) : lignites de Jarville (près de Nancy) et de Bois-l'Abbé (près Épinal), formés sous climat froid et sec et contenant les restes d'une forêt de Conifères (Mélèze, Épicéa, Pin, If, Genévrier) coupée de bouquets de Chêne et de marécages à Aulne et Bouleau. *Interglaciaire Riss-Würm* (0,12 à 0,075) : tufs de Resson (Aube), dont la flore dénote un climat assez doux. *Glaciation de Würm* (0,075 à 0,020) : retour de steppe, taïga et toundra, avec forêts de Conifères (Pin), disparition des essences feuillues (sauf Bouleau, Tremble et Saule). **Paléolithique supérieur :** 0,02 M.a. : la végétation perd peu à peu son caractère arctique.

> **Apparition des grands groupes** (en millions d'années). Lieu de la découverte. *Végétaux :* plante à photosynthèse 3 300 ; fleur 65 (U.S.A.). *Animaux :* crustacé 650 (U.R.S.S.) ; mollusque 500 (Costa Rica) ; vertébré 480 (U.R.S.S.) ; insecte 370 (Écosse) ; araignée 370 (Écosse) ; amphibien 350 (Groenland) ; reptile 290 (Canada) ; mammifère 190 (Lesotho) ; oiseau 140 (All. féd.) ; insecte social 100 (U.S.A.) ; primate 70 (Indonésie, Madagascar) ; singe 28 (Égypte).

• **Holocène. Mésolithique** 12000 av. J.-C. *Phase subarctique* à steppe (12000 – 10000) *préboréale* à Pin-Bouleau (10000 – 8500) ; *boréale* à Pin-Noisetier (8500 – 7500). *Néolithique* 7500 – 3000 [*Phase atlantique* (optimum climatique) à Chênaie mixte (7500 – 4500) ; *subboréale* à flore actuelle (4500 – 3000). L'homme devient sédentaire].

Chalcolithique 3000 – 1000 [*Phase subatlantique* à flore actuelle].

Age des métaux. Cuivre, bronze, fer.

Évolution géologique

Causes internes. Les grandes révolutions géologiques sont dues avant tout au flux de chaleur interne (provoquant des courants de convection dans le « manteau »).

Après la fin de l'ère primaire ou Paléozoïque (vers 200 millions d'a.), les continents étaient sans doute rassemblés en un bloc unique [la *Pangée* de l'Allemand Alfred Wegener (1880-1930)]. Ils avaient déjà subi des *orogenèses* (formation de montagnes), la plus ancienne remontant à 3 500 millions d'années.

Après la fin du Trias (vers 180 millions d'années), la Pangée se divise en 2 blocs : la **Laurasie** (mot forgé avec le nom de l'Asie et une syllabe de *Saint-Laurent,* région canadienne), comprenant Asie centrale, Europe et Amérique du Nord ; la **Gondwanie** [mot forgé en 1888 par l'Allemand Edouard Suess (1831-1914) à partir du nom du Gondwana, ancien royaume dravidien (Inde)], comprenant Amérique du Sud, Afrique, Arabie, Inde, Antarctique, Madagascar. Entre ces 2 blocs, un océan nommé **Téthys.** La Gondwanie (ou Gondwana) a été séparée en 3 à la fin du Trias par un **rift** [1] en Y : Inde, Australie-Antarctique, Amérique du Sud-Afrique. Une preuve de l'existence d'un bloc unique Afrique-Madagascar-Australie est fournie par la présence dans ces régions du baobab.

Nota. – (1) Vient de l'anglais *Rift Valley :* longue crevasse telle que celle qui court de la vallée du Jourdain (Asie occidentale) au lac Nyassa (Afrique) et celles qui occupent les crêtes de certaines dorsales océaniques.

Vers la fin du Jurassique (135 millions d'années), début de la formation de l'Atlantique Nord et séparation entre Amérique du Nord et Eurasie (fin de la Laurasie). Au **Crétacé inférieur,** séparation du bloc Afrique-Amérique du Sud et formation de l'Atlantique Sud. Au **Crétacé supérieur,** séparation du bloc

Europe-Amérique du Nord et formation de l'Atlantique. Les différentes étapes de l'ouverture de l'Atlantique Nord et Sud ont pu être reconstituées par la mesure de l'âge des fonds marins édifiés par bandes successives venant s'accoler les unes aux autres à partir de la « dorsale » médiane et de celle des sédiments sous-marins déposés sur les bandes en question (les sédiments jurassiques, par exemple, ne se trouvent que dans l'Atlantique central au voisinage des côtes du Maroc et du Mexique).

> Himalaya et Tibet forment la région où se produit actuellement la collision la plus importante de 2 masses continentales. Des collisions analogues ont eu lieu en Europe de − 500 millions à − 300 millions d'années. Ainsi est née la chaîne hercynienne dont les restes se retrouvent dans les massifs cristallins alpins (Mont-Blanc, Belledonne, Pelvoux), la Forêt-Noire, les Vosges, le Massif central et le Massif armoricain, au sud de l'Espagne et dans les Appalaches américains. L'Atlantique n'existait pas.
>
> D'autres collisions plus récentes sont à l'origine de la chaîne alpine qui a commencé à se former il y a moins de 100 millions d'années et dont la surrection continue actuellement. On peut supposer que, si la progression de l'Afrique vers le nord se poursuit pendant les prochaines 40 millions d'années, il y aura collision de l'Afrique contre l'Europe avec formation d'une chaîne de montagnes qui sera peut-être un nouvel Himalaya.

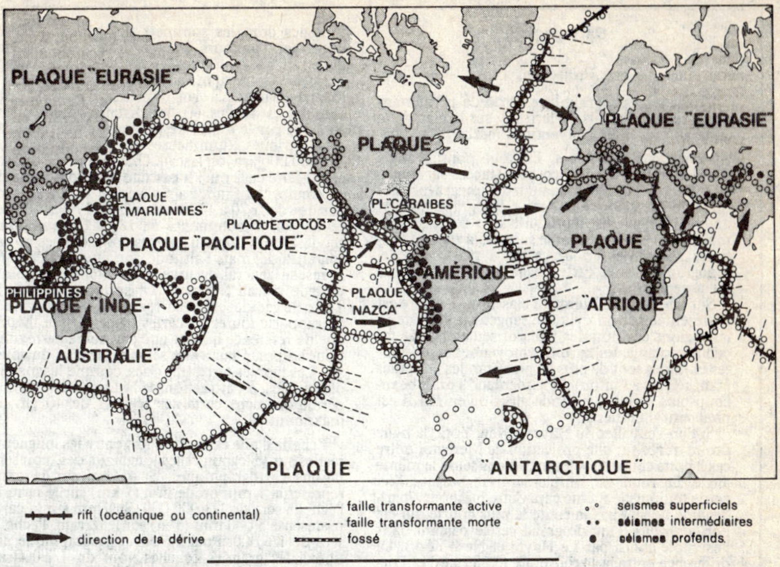

Au Tertiaire, liaison établie entre les 2 Amériques, collision de l'Inde avec l'Asie (avec formation du bourrelet de l'Himalaya) et collision de l'Afrique avec l'Eurasie (formation des chaînes méditerranéennes dont les Alpes). Séparation de l'Australie et de l'Antarctique.

• **Tectonique globale.** L'écorce terrestre est formée de 2 couches : une couche extérieure de roches solides, la **lithosphère,** d'une centaine de km d'épaisseur : une couche sous-jacente visqueuse, **l'asthénosphère.** Ces 2 couches sont formées surtout de roches ultrabasiques. La lithosphère est découpée en 6 grandes plaques rigides : Eurasie, Amérique, Pacifique, Afrique, Inde-Australie, Antarctique (Le Pichou, 1968), entre lesquelles s'intercalent des plaques de dimension plus réduite. Ces plaques bien lisibles sur les cartes sismiques (v. carte ci-contre) glissent sur l'asthénosphère, entraînées par des courants de convection. Certaines plaques portent des masses continentales, faites d'un matériau plus acide et plus léger que celui des roches ultrabasiques de la plaque. Le matériau chaud et visqueux de l'asthénosphère remonte entre 2 plaques voisines lorsqu'elles s'écartent (à des vitesses de l'ordre du m ou du dcm par siècle), et forme en se refroidissant des **dorsales océaniques** (chaînes de montagnes sous-marines longues de 50 000 km, larges de 500 à 3 000) présentant des *vallées axiales* ou *rifts* lorsque l'écartement des plaques n'est pas trop rapide. La montée du matériau est graduelle : la croûte est sécrétée peu à peu par le manteau ultrabasique ; même sur les continents, elle aurait été d'abord basaltique ; plus tard les granites seraient issus, peu à peu, d'une nouvelle différenciation du manteau superficiel.

L'eau des océans, aussi, aurait été sécrétée au cours des âges, à partir des roches précédentes. L'oxygène de l'air aurait mis 1 ou 2 milliards d'années à atteindre sa teneur actuelle qui est d'environ 20 %.

A l'autre extrémité des plaques qui s'écartent, une quantité de lithosphère équivalente à celle produite à la dorsale disparaît : si la plaque ne porte pas de continent, elle peut plonger sous une plaque voisine plus lourde, formant ainsi un fossé océanique *(subduction).* Mais lorsque 2 plaques portant chacune une masse continentale sont poussées l'une contre l'autre, elles se cassent et se plissent, formant des montagnes. L'ensemble montagneux qui va des Alpes à l'Himalaya est dû au choc de l'Eurasie d'une part, de l'Afrique et de l'Inde d'autre part. Les plaques peuvent aussi glisser latéralement l'une contre l'autre. C'est ce qui se passe dans les *failles transformantes* actives qui réunissent 2 portions de dorsales, 2 fossés océaniques ou 1 dorsale et 1 fossé. Les plaques supportent des tensions considérables et peuvent se briser. Ainsi l'Afrique commence à se couper en 2 ; la cassure est concrétisée par le rift africain, réseau de longues fractures où se nichent les grands lacs africains. (V. Séismes p. 80 et Volcanisme p. 84). Par suite du renouvellement des fonds océaniques (leur naissance au sein des dorsales et leur disparition par subduction), la reconstitution précise des continents est très difficile avant le jurassique.

• **Prévisions.** *Dans 50 millions d'années,* l'Atlantique se sera élargi et les Amériques seront à 1 000 km plus loin de l'Europe et de l'Afrique. La Californie se sera éloignée à env. 1 000 km du continent. Le golfe du Mexique sera devenu une mer intérieure, fermée par les Antilles soudées les unes aux autres. Le Groenland sera remonté vers le pôle Nord, formant un continent arctique.

Les grands lacs africains se seront ouverts. Une mer libre séparera presque entièrement l'Éthiopie de l'Égypte. La mer Rouge s'élargira vers Djibouti, la Méditerranée sera comblée (il subsistera quelques grands lacs salés).

L'Espagne sera accolée au Maroc. La France sera réduite. Paris sera submergé par l'Atlantique. Une chaîne de montagnes reliera les Pyrénées aux Alpes et s'étendra jusqu'au Tibet. Angleterre et Irlande seront presque englouties et la mer Baltique arrivera à Moscou. La Scandinavie sera un haut plateau. Les îles japonaises seront soudées et très éloignées du continent asiatique.

Matériau terrestre

Structure

La Terre est composée d'un matériau analogue à celui composant le Soleil, mais modifié par l'évasion des éléments les plus légers.

Composition chimique de la croûte terrestre en %. Oxygène 47,34. Silicium 27,74. Aluminium 7,85. Fer 4,50. Calcium 3,47. Sodium 2,46. Potassium 2,46. Magnésium 2,24. Titane 0,46. Hydrogène 0,22. Carbone 0,19. Phosphore 0,12. Soufre 0,12. Baryum 0,08. Manganèse 0,08. Chlore 0,06.

Les ophiolites (gr. *ophis :* serpent, *lithos :* pierre) sont les seules formations géologiques où l'on peut trouver actuellement des lambeaux de croûtes océaniques disparues. La plupart des gisements de nickel et d'amiante, quelques gisements de chrome, de cuivre, de zinc et de manganèse leur sont associés.

• **Structure profonde.** Indépendamment de la division en lithosphère et asthénosphère, fondée sur la viscosité, et utilisée par la *tectonique globale* (Voir plus haut), on a pu décrire ainsi la structure de la planète, de la surface au centre de la Terre : **1°) la croûte terrestre** (épaisseur 10 à 70 km) qu'on subdivise parfois, sous les continents, en *Sial* (silicium, aluminium) et *Sima* (silicium, magnésium ; épaisseur 5 à 10 km, qui se trouverait seul sous les océans) ; **2°) le manteau** s'étendant jusqu'à 2 900 km. Il est séparé de la *croûte* par le *Moho* ou discontinuité de Mohorovicic (voir ci-après) ; **3°) le noyau externe,** jusqu'à 5 000 km, liquide, de 3 485 km de rayon (1/6 du volume de la Terre, 1/3 de sa masse), sans doute composé presque exclusivement de fer ou, comme certaines météorites, de fer et de nickel *(Nife)* (des mesures de densité faites au laboratoire par ondes de choc ou par enclumes en diamant ont montré qu'il devrait comporter aussi une faible proportion d'éléments plus légers) ; sa viscosité est voisine de celle de l'eau et il conduit la chaleur et l'électricité mieux que le cuivre ; **4°) la graine,** ou **noyau interne** (1 220 km de rayon, soit les 2/3 de la Lune), sans doute de composition analogue mais solide, s'étendant jusqu'au centre de la Terre. *Densité au centre :* au moins 12 g/cm³ ; *pression :* 3,7 millions d'atmosphères.

La solidité de la graine s'expliquerait par la pression : elle empêche le fer de se liquéfier à moins de 5 000 °C ; or la température est évaluée à 3 000 ou 4 000 °C.

L'hypothèse assez vague du feu central a été abandonnée.

• **Enveloppes extérieures.** De l'extérieur à l'intérieur de la Terre, on rencontre successivement plusieurs enveloppes : l'*atmosphère* ; la *cryosphère* [1], ensemble des glaces terrestres et marines (voir Banquise p. 86 et Glaciers p. 79) ; l'*hydrosphère,* ensemble des eaux marines, douces, dessalées ou sursalées (voir Mers p. 85 et Eaux continentales p. 77). Par analogie avec cette classification physique, on introduit souvent la *biosphère,* ensemble des planètes et des animaux, et la *noosphère,* ensemble des êtres pensants.

Nota. — (1) Une planète du système solaire a une cryosphère comparable à celle de la Terre : Mars (toute l'eau y existe sous forme de glace).

• **Densités moyennes.** *Atmosphère* (air) 0 à 0,0013. *Cryosphère* (glace) 0,91. *Hydrosphère* (océans) 1,04. *Croûte terrestre* 2,7. Au-delà de 30 à 40 km, 3,3, et l'on passerait brusquement, à 2 900 km, de 5,7 à 9,7 *(noyau),* puis vers 5 000 km, de 12 à 15 *(graine). Densité moyenne* 5,52 [Soleil 1,4, autres planètes : de 0,72 (Saturne) à 5,44 (Mercure)].

• **Température.** A un peu plus d'1 m de la surface, les variations de température journalière ne se font plus sentir et vers 20 ou 30 m, suivant les sols, les variations annuelles ne jouent plus. Encore plus profondément, la température reste constante en un lieu donné. Au fur et à mesure que l'on s'enfonce, elle s'élève d'environ 3 °C par 100 m. Le *degré géothermique* indique la profondeur dont il faut descendre pour que la température s'élève de 1 °C (en moyenne 33 m). Le sol peut être gelé sur 300 m (ex. au Spitzberg, en Norvège). La température profonde est mal connue ; elle peut atteindre quelques milliers de degrés.

La chaleur terrestre apparente *(volcanisme, thermalisme)* est produite, dans la croûte superficielle et sans doute aussi dans les régions très profondes, par la radioactivité naturelle du potassium ou des familles de l'uranium, de l'actinium et du thorium, contenus en quantité variable (souvent très faible) dans les roches.

Techniques d'exploration

• **Pénétration directe.** Quelques km dans les mines les plus profondes (3 354 m à Boksburg, Afr. du S.) ou dans l'étude des fosses marines au moyen de submer-

Cartographie

Projections

Projection cartographique. Procédé permettant de représenter la surface terrestre sur le plan de la carte au moyen de conventions mathématiques.

Projections conformes. En tout point, l'angle sous lequel se coupent 2 courbes tracées sur la surface se retrouve identique sur leurs images (projections de Mercator, Lambert, stéréographique...) ; une petite figure est reproduite sans déformation, mais à une échelle variable suivant la région. Utilisées notamment pour cartes à petite échelle, topographiques et carte de navigation maritime ou aérienne.

Sur une carte de Mercator classique, la Terre est représentée sur un cylindre tangent à l'équateur, les régions équatoriales figurent seulement de façon acceptable, les latitudes moyennes et les hautes latitudes sont de plus en plus grandes (les pôles étant rejetés à l'infini) : le Groenland paraît beaucoup plus grand que l'Inde alors qu'en fait il est plus petit d'un tiers.

Si l'on veut aller du Havre à New York, la ligne droite tracée sur une projection de Mercator entre ces 2 ports coupe tous les méridiens selon le même angle. La route est simple à suivre puisque l'on garde toujours le même cap. Cette méthode *(loxodromie)* ne suit pas la route la plus courte qui est l'*orthodromie* (l'arc de grand cercle passant dans l'exemple choisi par Le Havre et New York). La différence entre la loxodromie (5 889 km) et l'orthodromie (5 695 km) est de 194 km, mais il serait plus compliqué de suivre l'orthodromie car il faudrait sans cesse recalculer le cap à suivre.

Projections équivalentes. Les surfaces en projection sont proportionnelles aux surfaces correspondantes sur la sphère [*projection de Bonne* (Rigobert Bonne, Fr., 1727-95), abandonnée aujourd'hui ; *carte de l'état-major* ; *projection homalographique* (du grec *homalos*, « régulier » ; les parallèles sont rectilignes et les méridiens elliptiques) de Jacques Babinet (Fr., 1794-1872) et de Karl de Mollweide (All., 1774-1825)]. Utilisées notamment pour les cartes à petit format des atlas.

Projections perspectives. Perspectives géométriques sur le plan [projection gnomonique, projection stéréographique de la sphère (déjà signalée comme projection conforme), projection orthographique, projection polyédrique].

Distances

Mesures. Les cartes sont dressées avec le support d'un réseau géodésique fait de triangles dont chacun a un côté commun avec l'un de ses voisins. *Méthode classique :* on part d'un point dont les coordonnées sont définies par des visées astronomiques (en France, la croix surmontant la coupole du Panthéon de Paris). De ce point partent les triangles dont les sommets (les points géodésiques) sont toujours en vue directe les uns des autres. Il y a, en France, env. 100 000 points géodésiques. On avait mesuré une quinzaine de bases, longue chacune, à vol d'oiseau, d'env. 10 km. Depuis les années 60, les distances peuvent se mesurer par le temps de propagation d'ondes radioélectriques [(lumineuses ou non) ; précision : 1/1 000 000e (rayon laser)]. Une mesure de distance est faite en 2 ou 3 h par une demi-douzaine de personnes. La France a réalisé son 1er réseau géodésique de 1670 à 1770 et son 2e de 1793 à 1850 et révise son 3e commencé en 1873. Chaque point géodésique est connu par ses coordonnées et par son altitude, mais l'altitude doit être recalée dans le réseau général de nivellement (500 000 points pour le réseau français). La surface réelle de la Terre (le géoïde) est très irrégulière, c'est pourquoi on rapporte toutes les cartes à une surface théorique de référence qui est une ellipsoïde de révolution. La pesanteur varie selon la densité du sous-sol. Les marées terrestres dues, comme les marées océaniques, à l'attraction de la Lune, font gonfler périodiquement certaines régions de 40 cm au maximum.

Échelle d'une carte. Rapport entre les longueurs réelles sur le terrain et les longueurs des représentations cartographiques. Si 1 mm sur la carte représente 1 million de mm (1 km) sur le terrain, l'échelle sera de 1/1 000 000. Si 1 mm sur la carte représente 5 000 mm (5 m) sur le terrain, l'échelle sera de 1/5 000. Pour l'Institut géographique national, les grandes échelles vont du 1/2 000 au 1/10 000, les moyennes du 1/25 000 au 1/50 000, les petites du 1/100 000 au 1/1 000 000 et au-delà.

Coordonnées géographiques

La **latitude** d'un lieu est la hauteur du pôle au-dessus de l'horizon du lieu. Si on assimile la Terre à une sphère, la latitude du lieu est aussi celle de son *parallèle terrestre*, c.-à-d. du petit cercle ayant pour axe la ligne des pôles et qui passe par ce lieu (parallèles Nord et Sud). La distance entre l'équateur et les parallèles n'est pas exprimée en km mais en degrés, minutes, secondes comme l'ouverture des angles.

La **longitude** d'un lieu est celle de son méridien terrestre, c.-à-d. du grand cercle perpendiculaire à l'équateur qui passe par ce lieu (méridiens Est et Ouest de Greenwich, ancien observatoire à 6 km de Londres). Les méridiens convergent au pôle Nord et au pôle Sud. La longitude s'exprime en degrés, minutes et secondes comme la latitude, l'angle mesuré est celui que le méridien forme dans le plan de l'équateur avec le méridien 0 qui est celui de Greenwich.

Une différence de latitude de 1′ correspond à une longueur peu variable (1 842,78 m à l'équateur ; 1 861,67 m aux pôles) confondue en navigation courante avec le *mille marin international* (1 852 m) (dénomination légale en France depuis 1975) ; une différence de longitude de 1′ correspond à une longueur qui varie selon la latitude (1 855,32 m à l'équateur, nulle aux pôles). Paris est à 48°50′13″ de lat. Nord et à 2°20′24″ de long. Est de Greenwich.

Histoire des coordonnées. Les canevas formés de 2 séries de parallèles (N.-S. et E.-O.) se coupant à angles droits sont connus depuis l'Antiquité (cartes plates : Dicéarque, Ératosthène, Hipparque). Mais le premier qui tienne compte de la variation des latitudes nécessaire pour représenter correctement les angles entre directions (voir plus loin « Projection cartographique ») a été dessiné en 1569 par Mercator (Gérard Kremer, Hollandais, 1512-94). En 1610, l'Anglais Edward Wright (1560-1640) dressa la table des *latitudes croissantes*. En 1695, l'Anglais Edmond Halley (1656-1742) prouva que la latitude L^c correspondant à une latitude géogr. L^a avait pour expression :

$$L^c = \text{Log Tg}\left(45^\circ + \frac{L^a}{2}\right).$$

Avant le canevas de Mercator, les cartes **portulans** comportaient une rose centrale avec les points cardinaux. Sur chacun des 16 rayons partant de cette rose était disposée, à égale distance, une rose plus petite. Les rayons de ces roses étaient prolongés jusqu'au rebord des cartes et formaient un canevas serré. Chaque ligne de ce canevas portait l'indication de sa longueur, soit : en *milles marins* (1 480 m) ; en *milles méditerranéens* (1 250 m) ; en *lieues marines* (6 000 m). De 1537 à 1569, elles comportaient en outre une **loxodromie**, ligne courbe coupant tous les méridiens à angle égal, dessinée par le Portugais Nonius (Pedro Nuneo, 1492-1577). En 1546, Nonius remplaça les **loxodromies** (droites, plus commodes pour la navigation) par les **orthodromies** (courbes, qui correspondent au chemin le plus court).

☞ **L'azimut** est l'angle formé par une direction avec une autre direction choisie comme repère (en général le Nord géographique).

Orientation par les astres

Méthodes approximatives évitant tout calcul. **Soleil** : aux équinoxes, se lève à l'est, se couche à l'ouest. Si l'on a une montre, mettre l'aiguille des heures en direction du Soleil : le nord se trouve à mi-chemin entre l'extrémité de l'aiguille et le chiffre 12. **Étoile polaire** (seulement dans l'hémisphère Nord) : le N. est indiqué par l'étoile polaire (3e du timon du Petit Chariot ou Petite Ourse ; exactement dans le prolongement de la garde du Grand Chariot ou Grande Ourse, magnitude : 2,12). Dans l'hémisphère S., aucune étoile n'indique nettement le pôle, mais en prolongeant vers sa base le grand bras de la *Croix du Sud*, on retrouve la direction générale du sud.

sibles (inaugurée en 1973 par le projet *Famous* dans le Rift médio-atlantique).

Le sondeur *Sea-Beam* a fourni depuis 1984 des cartes du fond des océans à l'échelle du 1/10 000e ou du 1/20 000e permettant l'étude des processus géologiques.

• **Forages. Projet Mohole.** Tire son nom de celui d'Andrija Mohorovicic (1857-1936), séismologue yougoslave ayant découvert une « discontinuité » à la base de la croûte terrestre continentale à 12 ou 15 km sous l'océan ; 20 à 30 sous les continents. Les Américains espéraient atteindre cette « discontinuité » à l'endroit où elle était la moins profonde (c.-à-d. sous l'océan) ; le projet, de 1964, a été abandonné en 1968. Depuis, de nombreux forages dans les fonds marins, s'efforçant d'atteindre le socle basaltique, ont été faits par le navire spécial *Glomar Challenger*, dans le cadre du *programme américain Joides* puis du *programme international Ipod*. Ils ont précisé la structure et l'âge de la plupart des grandes régions océaniques. Tous ont retrouvé, sous les sédiments, des roches analogues aux *« ophiolites »* des chaînes de montagnes (ophiolites désormais interprétées comme des lames de croûte océanique incorporées par la tectonique à la chaîne en question).

Forages soviétiques. Dans la presqu'île de Kola, on a atteint en 1984 12 006 m (profondeur prévue 15 000 m). A partir de 7 km, la température est de 120 °C. A 10 km, 300 °C (pression de 1 600 à 1 800 atmosphères). En 1969, on a atteint 6 521 m à Saatly en Azerbaïdjan (où la croûte terrestre est mince ; 15 à 18 km) et l'on a entrepris un forage plus profond.

Forages allemands. L'All. féd. envisage un forage de 14 000 m en Forêt-Noire ou en Bavière. *Coût :* 1,5 milliard de F. *Travaux :* 1988 à 1995.

• **Sondages électromagnétiques.** Observent en surface l'effet de perturbations électriques, magnétiques ou électromagnétiques naturelles ou artificielles. La profondeur de pénétration est d'autant plus grande que la longueur d'onde des perturbations est plus élevée.

Continents

Nom

Masses continentales

L'Asie est la plus grande des masses continentales. Là se trouve *le point du monde le plus éloigné de tout littoral maritime :* le désert de Dzoosotoyn Elisen, dans le Sinkiang chinois (2 400 km). *Le continent où cette distance est la plus petite* est l'Australie : 780 km. *La terre la plus au nord* serait l'île Oodoq (long. 1,36 km) à 706 km du pôle Nord, située au large du Groenland (lat. N. 83° 40′ 32,5″, long. O. 38° 4′ 10,1″). *La terre la plus au sud* est le pôle Sud dans l'Antarctique.

• **Afrique.** Du nom de la tribu berbère des Awrigha appelés *Afri* ou « noirs » par les Romains. Cette tribu habitait le territoire de Carthage. Le nom fut appliqué par les Romains à la plus ancienne province qu'ils conquirent en Afrique du Nord (Tunisie et est de l'Algérie). Il fut étendu au xve s. à tout le continent.

• **Amérique.** Du prénom italien Amerigo (en français Aymeric), porté par l'explorateur italien Vespucci (1451-1512). Il a désigné le continent américain pour la 1re fois dans la *Cosmographiae Introductio* de l'Allemand Martin Waldseemüller, publiée à St-Dié, Vosges, en 1507.

En 1888, le géologue français Jules Dacon a voulu ramener le mot « Amérique » à une racine de dialecte indien (le xantal du Nicaragua) signifiant pays du vent [nom local d'une chaîne de montagnes (hypothèse abandonnée)].

• **Antarctique.** Des 2 mots grecs *anti*, « opposé » et *arktos*, « la Grande Ourse », c.-à-d. le Nord. Désigne la calotte sud du globe par opposition aux régions arctiques qui occupent la calotte nord. L'Antarctique est presque entièrement couvert d'une coupole de glace qui déborde largement, par places, sur la mer. Température moyenne annuelle − 10 °C (niveau de la mer) à − 60 °C. Épaisseur de la glace jusqu'à 4 300 m, volume estimé à 28 millions de km³ (90 % du total terrestre). Vitesse d'écoulement quelques m par an (intérieur du continent), 100 à 200 m par an (sur la côte) et 1 km par an (glaciers émissaires).

Nota. - Il n'y a pas de continent **arctique**, la calotte glaciaire du pôle Nord recouvrant un océan.

• **Asie.** D'une racine sémitique *esch* ou *ushos*, désignant le lever du soleil ou l'Orient. Utilisé par les géographes grecs pour désigner l'Anatolie actuelle, située à l'est des possessions crétoises de la mer Égée. Fut créé ensuite le personnage de la déesse Asie, mère (ou femme) de Prométhée.

• **Europe.** Sans doute de la racine sémitique *ereb*, « coucher du soleil », qui désignait les îles Egéennes et Crétoises situées à l'ouest de l'Anatolie (Asie Mineure). Les Grecs l'ont compris comme l'adjectif composé *europos*, « aux larges yeux », qu'ils ont appliqué à une divinité crétoise ayant la forme d'un taureau. Europe désignait donc pour les Grecs tout ce qui est à l'ouest de l'Asie, y compris leur propre péninsule.

• **Océanie.** Du mot océan. Désigne l'ensemble des îles situées dans l'océan Pacifique, y compris l'Australie, qui avait donné pendant près de 100 ans son nom à toute cette partie du monde (nom tiré de celui des « mers australes », c.-à-d. du Sud).

Superficie (îles comprises) **en milliers de km²**
Distribution des terres (arables, forêts, steppes) **en %, et altitudes**
Population : voir Démographie à l'Index.

	Superf. m. km²	Dis. ter. en % Ar.	Fo.	Ste.	Altitudes en m Moy.	Max.	Min.
Afrique	30 310	17,8	31,5	32	750	Kibo 6 010	Lac Assal − 170
Amérique du Nord	24 242	14,6	37,5	16,7	720	Mac Kinley 6 187	Lac Salton − 90
Amérique du Sud	17 859	21,4	45	23,3	590	Aconcagua 7 010	Rio Negro − 29,9
Antarctique	13 820 [1]	0	0	0	2 000	Markham 4 602	?
Asie	44 080	20,4	29,4	20,8	960	Everest 8 848	Mer Morte − 394
Europe	10 171	44	30	6	340	Elbrouz 5 641	Caspienne − 28
Océanie	8 935	11,1	14,4	57,8	340	Carstensz 5 040	Lac Eyre − 12
Terre	149 039	18,1	29,3	20,8	850	Everest 8 848	

Nota. — (1) 13 620 selon une étude soviétique de 1976.

Énigmes

Le continent Mu. Les géologues qui admettent la théorie de la « dérive des continents » ont longtemps cru que l'Australie et l'Antartique étaient les deux seuls vestiges d'un continent très ancien, détaché par dérive de l'Afrique et de Madagascar. Ils pensent actuellement que ce bloc continental dérivé ne s'est pas brisé en 2 parties, mais en 3, dont l'une a occupé le Pacifique central et méridional actuel. Or, un colonel anglais, James Churchward, a découvert dans les archives d'un monastère tibétain le récit de la disparition d'un continent pacifique, nommé continent *Mu*. Cette catastrophe aurait eu lieu vers 12000 av. J.-C.

L'Atlantide. Selon une légende égyptienne, l'Atlantide aurait été une île merveilleuse, engloutie au cours d'un cataclysme. Le Grec Platon, dans deux dialogues (« Timée » et « Critias »), la décrit. Par la suite, d'autres écrivains, comme Pierre Benoît, s'inspireront du thème du continent disparu. L'Atlantide a-t-elle vraiment existé ? Ses traces ont été recherchées dans les endroits les plus variés : Sahara, Canaries, parages de l'île allemande d'Héligoland, Mexique, etc. En fait, Platon évoque 2 îles différentes, qui ont été confondues sous le nom d'Atlantide : 1° Un continent « plus grand que la Libye et l'Asie mises ensemble », situé en face des colonnes d'Héraclès (détroit de Gibraltar) et que l'on atteignait au temps « où l'Atlantide était navigable » ; il s'agit peut-être de l'Amérique, que les Européens de la protohistoire ont atteinte et dont le souvenir avait fait naître des légendes (voir ci-dessous). 2° Une île qui a été détruite et dont on ne précise pas les dimensions : selon l'helléniste irlandais J.-V. Luce, il s'agirait de la Crète. En effet, vers 1300 av. J.-C. (environ) la civilisation crétoise s'effondra brusquement. Or, des découvertes géologiques ont prouvé que, vers cette date, l'île de Santorin (ou Théra) avait été le siège d'une violente éruption volcanique. Comme cette île est située à 120 km au nord de la Crète, il est possible qu'une série de vagues géantes, se propageant à partir de *Santorin*, ait ravagé les côtes crétoises. Plusieurs détails de la description de l'Atlantide par Platon s'applique d'ailleurs fort bien à la Crète.

En outre, la date fournie par Platon (d'après Hérodote), « il y a 9 000 ans », confirme l'hypothèse Crète-Santorin. En 1971, Cornélius Lanczos a démontré que les chiffres de Platon ont un zéro de trop : il s'agit de 900 ans avant le *Critias*, soit 1 400 av. J.-C.

En août 1968, puis en fév. 1969, 2 équipes de plongeurs qui exploraient, chacune de leur côté, l'île de *Bimini*, dans les Bahamas, ont découvert des structures de pierre [une à 1 000 m de la côte nord (à 12 m sous l'eau), rectangulaire, en blocs « cyclopéens », une autre à 12 000 m de la côte ouest, en blocs de 6 m de long sur 3 m de large, et 80 cm d'épaisseur, formant un mur de 225 m de long]. Ils pensèrent avoir retrouvé l'Atlantide. Mais selon d'autres hypothèses, la muraille serait en fait d'origine naturelle ou serait une construction précolombienne, semblable à celles du Yucatan, immergée par suite d'une montée des eaux. Il y a eu des dizaines de propositions de ce genre, mais aucune vraiment sérieuse.

Il paraît maintenant acquis que l'Atlantide est un mythe créée par Platon à partir d'éléments historiques réels mais géographiquement et chronologiquement différents.

Archipels océaniens

• **Insulinde.** De 2 mots latins *insula*, « île », et *India*, « Inde ». Partie insulaire de l'Asie du S.-E. : 13 000 îles, sur 5 600 km de long.

• **Mélanésie.** Du grec *mélas*, « noir » et *nésos*, « île » : « île des Noirs ». Iles et archipels formant une guirlande au nord et à l'est de la N.-Guinée (et la comprenant) : archipel Bismarck, îles Salomon, N.-Hébrides, N.-Calédonie, îles Fidji. 965 000 km² (N.-Guinée 785 000 km²). *Population :* 2 500 000 indigènes + 200 000 étrangers.

• **Micronésie.** (Du grec *micros*, « petit »). Petites îles (plus de 2 000 dont 90 habitées). Pacifique (entre Indonésie et Philippines au nord, Mélanésie au sud, Polynésie à l'est). Ensemble d'archipels (Mariannes, Palaos, Carolines, Marshall, Gilbert) dispersés sur 4,5 millions de km² d'océan. *Population totale :* 110 000 h. *Superficie totale des îles :* 15 800 km².

• **Polynésie.** Signifie « îles nombreuses ». Ensemble des îles situées à l'est de l'Australie, de la Mélanésie, de la Micronésie dans un triangle Hawaii-N.-Zél.-île de Pâques (soit env. 25 millions de km²). *Superficie totale des îles :* env. 25 000 km², soit 0,0001 % de l'espace océanique + N.-Zélande 269 057 km². *Répartition :* îles Tonga, Ellice, Phoenix, Sporades (G.-B.), île Samoa (Commonwealth). Iles de la Société, Australes, Tuamotu, Gambier, Marquises (Polynésie française). Wallis et Futuna (T.O.M. franç.). Hawaii et Samoa orientales (U.S.A.). Ile de Pâques (Chili). N.-Zélande. *Population :* 400 000 h.

Découvertes et explorations

Nord et Sud

• **Extrême Nord.** 1888, 1re traversée par Nansen (Norv.). 1948-53, expéditions de Paul-Émile Victor (Fr., n. 1907).

Conquête du pôle Nord. *Premiers explorateurs.* Robert Edwin Peary (U.S.A., 1856-1920), reconnu officiellement en 1909 par la Sté de géographie de Washington, pour avoir atteint le pôle le 6-4-1909. Frederick A. Cook (médecin amér., 1865-?) prétend avoir atteint le pôle le 1er, le 21-4-1908 (mais on admet aujourd'hui que ni l'un ni l'autre n'avaient l'équipement astronomique nécessaire pour faire le point exactement et leur exploit ne doit pas être homologué). Richard Evelyn Byrd (Amér., 1888-1957) a dit l'avoir survolé le 9-5-1926 (3 j avant Amundsen) : son pilote a révélé que Byrd avait menti. Roald Amundsen (Norv., 1872-1928) et Umberto Nobile (It., 12-5-1926) (dirigeable Norge). En 1928 Nobile voulut recommencer avec le dirigeable Italia. Mais au retour le dirigeable s'abîma près du Spitzberg. En voulant lui porter secours, Amundsen disparut à bord d'un hydravion français. Nobile fut sauvé par un avion suédois et son expédition secourue par un brise-glace soviétique, le Krassine. Yvan Papanine (Sov.) 21-5-1937 (avion) ; sous-marin Nautilus (amér.) 3-8-1958 (sous la calotte glaciaire) ; sous-marin Skate (amér.) 12-8-1958 (émergé ; commandant : Jim Calvert) ; Ralph Phaisted (Amér.) 19-4-1968 (motoneige) ; Wally Herbert (Angl.) 6-4-1968 [traîneau à chiens, sous contrôle aérien, parcourut 37 km en 15 h (record de kilométrage)] ; Guido Monzino (Italien) 10-5-1972 (idem) ; Youri Koutchiev (Sov.) 17-8-1977 (brise-glace atomique soviétique Arktika) ; Naomi Nemura (Jap.) 29-4-1978 (seul en traîneau).

• **Continent Antarctique.** Sur toutes les mappemondes du XVIe et XVIIe s. on représentait un « continent Austral » s'étendant de l'Australie (dont la côte nord-ouest était connue) jusqu'en Terre de Feu sans interruption. Il a fallu Drake, Dumont d'Urville et Cook pour détruire ce mythe. [1838-1840 : découverte des côtes de la *Terre Adélie* (Dumont d'Urville, Fr. 1790-1842), de la *Terre de Wilkes* (Wilkes, Angl.), de la *chaîne de l'Amirauté* et la *barrière de Ross* (James C. Ross, Angl., 1800-1862). 1902 : 1re exploration concertée de l'Antarctique par Robert Scott (Angl.), Eric von Drygalski (All.), Otto Nordenskjold (Norv.). 1904-05 et 1908-10 : exploration de la *péninsule Antarctique* par Jean Charcot (Fr.).

• **Conquête du pôle Sud.** 1911 : Roald Amundsen devançant de quelques semaines l'expédition de Robert Scott (Angl.), qui périt durant son retour. 1929, 1935, 1940 : 1res explorations aériennes par Richard Byrd (U.S.A.)].

Afrique

508 av. J.-C. Scylax de Coryarda explore *l'Érythrée* (côtes de la mer Rouge). XIVe s. : *Canaries* 1341 (Portugal) ; *Tombouctou* (Ibn Buttouka). XVe s. : *Rio de Oro* (Portugal). Redécouvertes et explorations au XIXe s. : traversée Tripoli-Niger 1800-01, Frédéric Horneman (All., 1772-1801) ; traversée Angola-bas Zambèze 1802-11, Saldanha da Gama (Port.) ; *Sénégal, Soudan* jusqu'à Tombouctou 1816-28, René Caillié (Fr., 1799-1838) : *Tchad, Niger* 1823-24, Dixon Denham (G.-B., 1786-1828), Hugh Clapperton (G.-B., 1788-1827) : traversée Mozambique-Benguela 1838-58, Joao Coïmbra (Port.) ; *Zambèze-Congo* 1849-73, David Livingstone (G.-B., 1813-73) ; *Sahara, Soudan central* 1850, 55, Heinrich Barth (All., 1829-65) ; traversée Bengala-La Rovouma 1852-56, Antonio Silva-Porto (Port., 1817-90) ; traversée Loanda Quilimane 1854-56, Livingstone ; *lac Tanganyika* 1858, Richard Francis Burton (G.-B., 1821-90) ; *Ouganda, sources du Nil, lac Victoria* 1858-61, John Hanning Speke (G.-B., 1827-64) ; traversée Tripoli-golfe de Guinée 1865-67, Gérard Rohlfs (All., 1831-96) ; traversée Bagamoyo-Benguela 1873-75, Vermez Cameron (G.-B., 1814-94) ; *Congo, lac Léopold II* 1874, John Rowlands Stanley (G.-B., 1841-1904) ; traversée Benguela-Port Natal 1877-79, Alexandre Serpa-Pinto (Port., 1846-1900) ; *Afr. équatoriale* 1857-78, Pierre Savorgnan de Brazza (Fr., 1852-1905) ; traversée Souakim-bas Niger 1880-81, Pelegrin Matteucci (Ital., 1850-81).

Amérique

La découverte de l'Amérique du N. par les Vikings aux Xe et XIe s. est historiquement prouvée. Certains pensent actuellement qu'ils ont découvert le Mexique et le Pérou aux XIIIe et XIVe s. Redécouvertes modernes : *Iles Bahamas, Indes occid.* puis *Amér. du S., golfe du Mexique,* Christophe Colomb (Gênes, 1451-1506) ; *Venezuela,* Amerigo Vespucci (Florence, 1451-1512) ; *Nouvelle-Écosse,* 1497 Jean Cabot (Venise, 1450-98) ; *Canada* 1534-36, Jacques Cartier (Fr., 1491-1557) ; *traversée de l'Ouest jusqu'au Pacifique par Missouri et montagnes Rocheuses,* Meriwether Lewis (U.S.A., 1774-1809) et William Clark (U.S.A., 1770-1838) ; *côtes de l'Argentine,* 1520 Magellan ; *Labyrinthe de fiords et canaux de la Patagonie chilienne :* Juan Ladrillero (Esp.) 1557, Jakob Le Maire (Holl., 1585-1616) 1615 (découvre le cap Horn),

Jean L'Hermite (Fr., 1766-1836) 1623, John Churchill Marlborough (G.-B., 1650-1722) 1670, Antonio de Vea (Esp.) 1675, Louis Antoine de Bougainville (Fr., 1729-1811) 1763, Parkerking (décédé en Terre de Feu) puis Robert Fitz-Roy (1805-65), commandant l'Adventure et le Beagle (G.-B.) 1826 (à bord : Charles Darwin), Jules Dumont d'Urville (Fr., 1790-1842) 1837, Martial sur La Romanche (Fr.) 1840.

Un tracé exact des côtes n'a pu être fait qu'à partir de la couverture aérienne Trimetrogon effectuée en 1947 par l'armée de l'air des U.S.A., à la demande du Chili.

Enigme

Les premiers Blancs en Amérique. Il est bien établi que l'Amérique était connue avant Christophe Colomb. Celui-ci n'a d'ailleurs entrepris sa traversée qu'après avoir consulté des cartes révélant l'existence de nombreuses îles situées à l'O. des Açores. Jusqu'en 1970, aucun historien ne croyait néanmoins à une descente des Vikings plus au S. que le Vinland (Maine et Massachusetts actuels aux U.S.A.). Depuis, on a formulé l'hypothèse d'une conquête de l'Amérique centrale et des Andes par les navigateurs nordiques, dès le XIVe s. apr. J.-C. Les civilisations aztèques, néo-mayas et incaïques seraient des réalisations « coloniales » de Vikings venus du Vinland. De fait, les légendes locales d'Amérique centrale et andine rappellent la présence de « dieux » à la peau blanche et aux cheveux roux. Les dernières réalisations des Vikings sud-américains seraient des statues de l'île de Pâques (voir ci-dessous). Il y a également en Amérique du N. et au Brésil de nombreux vestiges d'une occupation des côtes par les navigateurs phéniciens (et même minoens) du Ier millénaire av. J.-C. La légende germanique de l'île de Thulé devrait être située, d'après certains, sur le continent américain, colonisé par les « Hyperboréens », c.-à-d. des Indo-Européens du IIe millénaire av. J.-C. (peut-être des Celtes Goidels, conquérants de l'Irlande et de l'Écosse du N.). A Fort Benning, en Georgie, on a découvert une inscription en caractères crétois, contenant notamment la hache double des sacrificateurs minoens de l'âge du bronze. Les Indiens Melungeons (dans l'est du Tennessee), seraient, d'après l'ethnologue amér. Cyrus Gordon, les descendants d'une colonie phénicienne (peau claire, type sémite, traditions orales relatant la venue de leurs ancêtres par l'Atlantique). Néanmoins, le rapprochement que l'on a fait souvent entre les pyramides aztèques et celles de l'Égypte ancienne, est abandonné aujourd'hui. Le souvenir des constructions pharaoniques (IIIe millénaire av. J.-C.) avait déjà disparu en Europe quand les pyramides centro-américaines ont été bâties (800-1400 apr. J.-C.).

Asie

Mongolie et *Chine* 1246, traversées par Jean du Plan Carpin (franciscain ital., 1182-1252) ; 1253 par Guillaume de Rubruquès (franciscain flamand, 1220-93) ; 1275, visitées par Marco Polo (Venise, 1254-1324). Puis explorations par des missionnaires occidentaux, au S. ; par des Russes au N. *Chine* et *Japon* XVIe s., St François-Xavier (Fr., 1506-52). *Traversées de la Sibérie* 1635, Élisée Bouza (Russe) ; 1639 Kopylof (Russe) : 1644 Stadoukhim et Ignatief (Russes) ; 1648 Dejnef (Russe ; atteint le détroit de Behring) ; 1654 Baykof (Russe ; atteint Pékin) ; 1769-74 Pallas (All.) ; 1785-86 Jean-Baptiste de Lesseps (Fr., 1766-1834 ; porte des dépêches de La Pérouse du Kamtchatka à St-Pétersbourg). *Désert de Gobi, Tibet*, Nicolas Prjevalsky (Russie, 1839-88). *Passage N.-E. entre Atlantique et Pacifique* 1879, Adolf Erik Nordenskjold (Suède, 1832-1901).

Océanie

Iles du Pacifique, à partir du XVIe s. (1567-1605), Alvaro Mendana (Esp., 1541-95) et Pedro Fernandes de Queiros (Port., 1560-1614) ; 1642 Abel Janszoon Tasman (Hollande, 1603-59) ; 1767 Louis Antoine de Bougainville (Fr., 1729-1811) ; 1769-79 James Cook (G.-B., 1728-79). *Nlles-Hébrides* 1606, Luis Vaez de Torres (Esp.) et Pedro Fernandes de Queiros (Port.). *Iles Fidji* 1643, Abel Janszoon Tasman (1605-59). *Nlle-Calédonie* 1774, et *Australie* XVIIIe s. James Cook. *Ile de Pâques* XVIIIe s., Jean-François de Galaup, comte de La Pérouse (Fr., 1741-88).

Iles principales

Les plus grandes du monde

	Superficie en km²
Australie (continent)	7 686 884
Groenland (Danemark)	2 170 600
N.-Guinée (Austr., Indonésie)	785 000
Bornéo (Indonésie)	736 000
Madagascar	592 000
Sumatra (Indonésie)	473 600
Terre de Baffin (Canada)	462 800
Hondo (Japon)	230 900
Grande-Bretagne	228 273
Victoria (Canada)	197 000
Ellesmere (Canada)	197 000
Nouvelle-Zélande (Sud)	150 525
Java (Indonésie)	126 800
Cuba	114 524
Nouvelle-Zélande (Nord)	114 500
Terre-Neuve (Canada)	110 000
Luçon (Philippines)	104 688
Islande	103 106
Mindanao (Philippines)	94 630
Irlande	84 421
Hokkaïdo (Yeso, Japon)	78 411
Haïti (St-Domingue)	77 293
Sakhaline (U.R.S.S.)	75 600
Terre de Feu (Argentine-Chili)	71 500
Tasmanie (Australie)	67 890
Sri Lanka (ou Ceylan)	65 610
Banks (Canada)	60 163
Devon (Canada)	55 864
N.-Zemble (Nord) (U.R.S.S.)	51 110
N.-Zemble (Sud) (U.R.S.S.)	41 600

Nota. — Le Groenland comprend en fait plusieurs îles recouvertes d'une calotte glaciaire ; sans celle-ci, il aurait 1 680 000 km².

Autres îles (Europe)

	Superficie en km²
Sicile (Italie)	25 460
Sardaigne (Italie)	24 090
Chypre	9 251
Corse (France)	8 681
Crète (Grèce)	8 331
Eubée (Grèce)	3 908
Majorque (Baléares, Espagne)	3 505
Rhodes (Grèce)	1 392
Madère (Portugal)	815
Minorque (Baléares, Espagne)	668
Ibiza (Baléares, Espagne)	572
Krk (Yougoslavie)	400
Malte	246
Elbe (Italie)	223
Oléron (France, Charente-Maritime)	175
Jersey	116
Belle-Ile (France, Morbihan)	90
Ré (France, Charente-Maritime)	85
Noirmoutier (France, Vendée)	48
Yeu (France, Vendée)	23
Ouessant (France, Finistère)	15
Groix (France, Morbihan)	15
Porquerolles (France, Var)	13
Capri (Italie)	10,4
Montecristo (Italie)	10,4
Levant (France, Var)	10

☞ **La plus grande presqu'île du monde** : Arabie (3 250 000 km²). **Les plus grandes îles entourées d'eau douce** : *Amérique* : **fluviale** : Marajo à l'embouchure de l'Amazone, Brésil (48 000 km²) ; **lacustre** : Manitoulin dans le lac Huron, Canada (2 766 km²).

Ile la plus isolée du monde, déserte : île Bouvet (Atlantique Sud : 57,9 km²) à 1 700 km de la terre la plus proche ; **habitée** : Tristan da Cunha (87 km², 325 h.) à 2 120 km.

Montagnes

Formation du relief

● **Orogenèse.** Formation des chaînes de montagnes ; on distingue parfois la déformation tectonique ou *tectogenèse*, de la formation du relief ou *orogenèse*. L'orogenèse résulte : soit de la *subduction* d'une plaque océanique sous une marge continentale ainsi déformée (cas des montagnes du pourtour du Pacifique qui résultent de la subduction de l'océan Pacifique sous les marges des continents américain et asiatique) ; soit de la *collision* de 2 masses continentales dont l'une vient alors chevaucher l'autre (cas des chaînes de l'Eurasie méridionale qui résultent de la collision de l'Eurasie avec l'Afrique, l'Arabie et l'Inde). Pourtour du Pacifique et Eurasie méridionale sont actuellement les 2 grandes *ceintures orogéniques* du monde.

Principaux mouvements orogéniques. *Au précambrien* (entre 3 800 et 570 M.a. (millions d'années)], il y a eu plusieurs orogenèses successives qui mirent en place autant de ceintures montagneuses qui furent chaque fois arasées ; le précambien s'achève par une orogenèse générale, v. 570 M.a., qui marque la limite du précambrien et du primaire (orogenèse dite *assyntique* ou *cadomienne* en Europe, *baïkalienne* en Asie, *panafricaine* en Afrique, *brésilienne* en Am. du S.). Viennent ensuite les plissements *calédoniens* : époques ordovicienne et silurienne, env. 400 M.a. (Scandinavie, Écosse, Spitzberg, Groenland, Terre-Neuve, Amérique du Nord, Sibérie, Australie) ; *hercyniens* : époque dévonienne et carbonifère, env. 300 M.a. (Bohême, Harz, Ardennes, Vosges, Massif central, Bretagne et Cornouailles, Espagne, Appalaches, Oural, Asie centrale, Chine, Australie) ; *alpins* : époque tertiaire, depuis 65 M.a. (Alpes et Pyrénées, Atlas, Caucase, Himalaya, Asie centrale, chaînes de l'Eurasie méridionale, chaînes du pourtour du Pacifique).

● **Érosion.** Désagrégation et altération des roches suivies de l'enlèvement des débris sous l'influence d'agents externes : froid, chaleur, vent, eaux, glaciers.

Visibilité du globe. Ligne d'horizon suivant la hauteur à laquelle on se trouve. Le 1er chiffre (H) indique la hauteur au-dessus de la mer en mètres, le 2e (D) la distance en km de l'horizon de la mer.

A 36 000 km d'altitude (satellites stationnaires), on peut voir quasiment la moitié de la Terre.

H m	D km	H m	D km	H m	D km
1	3,6	*50*	25,2	*900*	107
2	5	*100*	35,7	*1 000*	112,9
3	6,2	*200*	50,5	*2 000*	159,6
4	7,1	*300*	61,8	*3 000*	195,5
5	8,9	*400*	71,4	*4 000*	225,8
10	11,3	*500*	79,8	*5 000*	252,5
20	15,9	*600*	87,4	*10 000*	357
30	19,5	*700*	94,4	*20 000*	730
40	22,6	*800*	101	*100 000*	6500

Théories. 1° Cycle d'érosion de William Morris Davis (Américain, 1850-1934) : les reliefs montagneux passent par 3 stades successifs : *a) jeunesse* : le relief est accidenté par des vallées étroites à versants raides (Alpes) ; *b) maturité* : les formes ont atteint leur profil d'équilibre (versants et lits des cours d'eau) ; *c) vieillesse* : les reliefs ont disparu au profit d'une surface à faibles dénivellations appelée **pénéplaine**. Seule la direction verticale ou oblique des couches de terrains prouve que la région a été plissée à une époque antérieure. **2° Morphogenèse moderne**, chaque région a connu des séquences morphogéniques propres dues à une succession de périodes où l'érosion est très forte (notamment quand le climat amoindrit la végétation : *rhexistasie*), et de périodes où l'évolution se ralentit (en particulier sous couvert végétal dense : *biostasie*). Les *paysages* qui se précèdent dans le temps ne s'enchaînent pas systématiquement selon les 3 stades de W.-M. Davis.

Éboulement. *Principaux éboulements historiques* : *1806* Rossberg, au nord du Righi (lac des Quatre-Cantons, Suisse) : 4 km de long, 320 m de large, 32 m d'épaisseur, 40 millions de m³ (4 villages détruits, 1 000 †) ; *1882* Tschingelberg, près d'Elm (canton de Glaris, Suisse) : 15 à 25 m d'épaisseur, vallée transformée en lac (110 †) ; *1892* St-Gervais (Hte-Savoie, France) : 100 000 m³ de terre entraînés par la poche glaciaire de la Tête Rousse (200 †) ; *1896* Le Gouffre sur la rive gauche du Gardon (Gard, France) ; la montagne du Gouffre glisse pendant un mois et déplace le cours de la rivière de plusieurs centaines de m. *1963* Longarone (Italie) : le flanc de la montagne glisse dans le lac de barrage provoquant un gigantesque raz-de-marée qui détruit Longarone à plusieurs km de là (plusieurs milliers de †).

Cheminées des fées. Appelées aussi *colonnes coiffées* ou *demoiselles*. Témoins résiduels d'une couche de terre emportée par l'action des eaux de ruissellement et des torrents alpestres. Elles se développent sous de gros rochers qui ont servi d'abord de protection contre les pluies, puis se sont transformés en

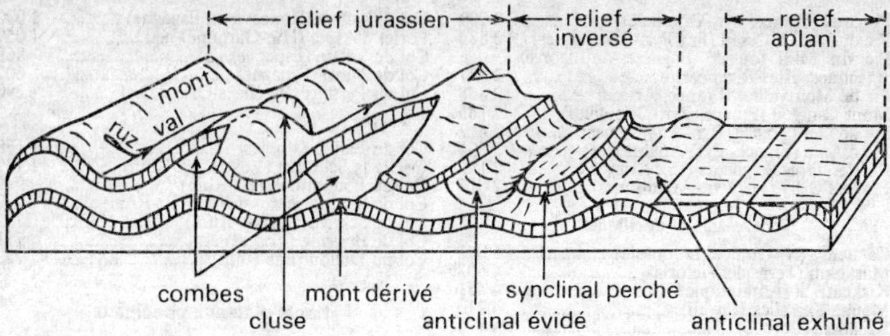

Évolution du relief plissé de style jurassien en fonction de l'intensité de l'érosion

chapiteaux pouvant se trouver finalement sur des fûts atteignant 30 m de hauteur. *Groupe le plus important :* les demoiselles coiffées de Vallauria (par Théus, Htes-Alpes) : 200. *Autres groupes :* St-Gervais-les-Bains (Hte-Sav.), La Saute (Htes-Alpes), Enseigne (Valais, Suisse), Ritten, près de Bolzano (Italie).

Reliefs jurassiens. Dans les plissements réguliers d'une couverture sédimentaire faite d'une alternance de couches calcaires dures, et de couches tendres marneuses (qu'on trouve dans le Jura, d'où le terme plissements « jurassiens »), le relief primitif [(alternance de *monts* (anticlinaux) et de *vaux* (synclinaux) est attaqué par l'érosion. Si l'érosion est peu poussée, les anticlinaux restent en reflief relatif ; le *relief,* dit *jurassien,* est marqué par les éléments suivants : **combe** : mont éventré par des dépressions longitudinales ; **crêts** : escarpements symétriques, de part et d'autre d'une combe ; **barre** : si le pendage est supérieur à 45° ; **cluse** : vallée traversant un mont d'un val à l'autre. Le ruissellement ouvre dans le flanc du mont des ravins appelés **ruz**. Quand l'érosion est plus poussée, les synclinaux dits « perchés » sont en relief relatif par rapport aux anticlinaux déblayés en *combes* profondes qui sont souvent de véritables vallées ; ce type de *relief* est dit *inverse* ou, mieux, *inversé.*

Relief appalachien. Relief qu'acquiert une vieille structure plissée aplanie du fait de l'érosion quand elle est rajeunie par soulèvement. La terminologie « jurassienne » ne s'y applique pas tant que la surface d'érosion initiale reste visible. On a une succession de creux et de rides allongées (*sillons* et *barres*). Les encoches permettant le passage de l'une à l'autre sont des *gaps.*

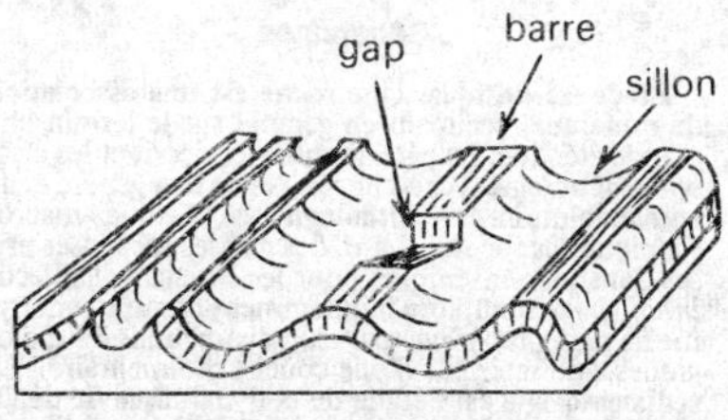

Relief appalachien

Érosion glaciaire. Les glaciers transportent des débris (les **moraines**) qu'ils arrachent à leur lit ou qui tombent sur eux du haut des versants. Ils remontent facilement les bosses et accentuent les accidents de terrain. Sur une bosse ou une pente, ils décollent du lit et se brisent ; des crevasses apparaissent, des blocs de glace se chevauchent, forment un **sérac** (en patois savoyard : lait caillé). La vallée glaciaire (**auge**) devient un escalier de bassins (les **ombilics**), séparés par des barres rocheuses que la glace n'a pu réduire (les **verrous**). En cas de déglaciation, des lacs profonds remplissent les ombilics et des gorges traversent les verrous. Si les versants fournissent beaucoup de débris, le glacier couvert de blocs devient un **glacier noir.**

Fjeld (prononcer fiël, mot norvégien) : étendue de roches moutonnée et striée que le glacier a ciselée + ou − profondément.

Fjord (prononcer fiord) : vallée en auge (parfois profonde de plus de 1 000 m), souvent très au-dessous du niveau de la mer, creusée par des langues glaciaires et envahie par les eaux océaniques transgressives après la déglaciation. *Le plus long du monde :* Fjord du glacier Lambert (Antarctide) 400 km (large 50 km, prof. max. 2 200 m). Nord-westfjord (Groenland) 313 km. *Le plus profond :* Fjord du glacier Lambert (Antarctide) 2 200 m. Sognefjord (Norvège) 1 245 m (183 km de long., largeur moy. 4,75 km, profondeur max. 1 245 m). François-Joseph (Groenland) 1 000 m (long. 225 km, larg. 3-26 km). Au Danemark, le Limfjord (160 km) n'est pas un fjord, malgré son nom, mais une simple vallée submergée. *Autres côtes à fjords :* Labrador, Chili méridional, Alaska...

Érosion des régions montagneuses arides. 1° En bordure des déserts. Montagnes décharnées, glacis d'érosion à l'amont (appelés *pédiments*), plaine d'épandage et dépressions fermées *(playas)* à l'aval. Des reliefs à pente raide [appelés *inselbergs* (montagnes-îles)] surplombent parfois ces glacis.

2° Dans les déserts. Désagrégation importante (fortes amplitudes thermiques, rareté des sols, absence de végétation protectrice). *Thermoclastie :* la chaleur solaire descelle et écaille les roches. *Corrasion :* le vent, en projetant du sable sur les roches, les décape et les polit. *Déflation :* le vent soulève en nuages les particules les plus légères et dégage parfois d'immenses dallages rocheux (les **hamadas**) parsemés de blocs anguleux. Dans les zones d'accumulation des **oueds**, quand le vent a entraîné le sable et les poussières, il ne reste plus que de vastes champs de cailloux et de graviers : les **regs**. Si le vent est arrêté ou freiné par un obstacle, les grains de sable s'accumulent en dunes. Certains déserts pauvres en sable (*ex. :* ceux d'Asie centrale) ont des dunes élémentaires : les **barkhanes** (10 à 15 m de haut). D'autres, notamment le Sahara, ont d'importants massifs de dunes : les **ergs** d'Algérie ou de Libye. L'existence de ces dunes s'explique par la reprise de sables antérieurs, fluviatiles ou marins.

Accidents tectoniques. Déformations affectant les terrains montagneux : *souples,* sans rupture, les *plis ; cassants,* avec rupture, les *failles, directes* (avec écartement des blocs cassés) ou *inverses* (avec rapprochement) et les *décrochements* qui sont marqués par un coulissage horizontal ; procédant de l'une et de l'autre déformation (ex. plis qui se rompent) : *chevauchements* ou *charriages.*

Reliefs volcaniques (Voir Volcans p. 84).

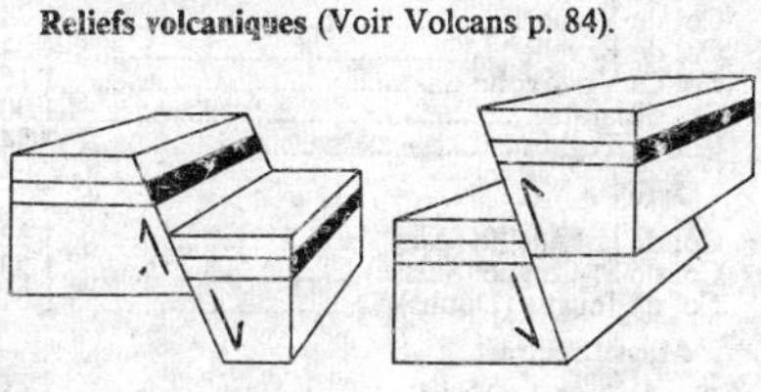

Faille normale — Faille inverse

Sommets principaux

Les altitudes sont comptées à partir du niveau de la mer. Sinon *la plus grande montagne* serait le *Mauna Kea* (Montagne Blanche à Hawaii) avec 10 203 m dont 4 205 sous la mer, et *la plus importante chaîne du monde* serait la cordillère sous-marine qui s'étend sur 30 720 km du golfe d'Aden à celui de Californie (océan Indien et Pacifique Est), atteignant entre l'Australie et l'Antarctique une altitude moyenne de 2 430 m au-dessus du fond de l'océan.

La chaîne de l'Himalaya-Karakorum est la *plus élevée du monde :* 96 sommets de plus de 7 300 m (sur 109 dans le monde).

Si l'on tient compte de la distance au centre du globe, *le mont le plus haut* est le Chimborazo (6 310 m), à cause de la courbure équatoriale, et non l'Everest (8 848 m).

☞ Sommets sous-marins, voir p. 86.

Afrique	en mètres
Kibo (ou Pic Uhuru dep. le 8-12-1962) (Kilimandjaro, Tanzanie)	5 895
Kenya (Kenya)	5 195
Ruwenzori (Ouganda, Zaïre)	5 118
Pico de España (Guinée équateur)	4 710
Ras Dajan (Éthiopie)	4 620
Karisimbi (Rwanda)	4 500
Mikeno (Rwanda)	4 450
Elgon (Éthiopie, Kenya)	4 321
Djebel Toubkal (Maroc)	4 165
Cameroun (Cameroun)	4 094
Irhil M'Goun (Maroc)	4 071
Muhavura (Rwanda, Ouganda)	4 000
Djebel Ayachi (Maroc)	3 737
Pic de Teyde (Canaries)	3 710
Niragongo (Zaïre)	3 450
Emi Koussi (Tibesti, Tchad)	3 415
Piton des Neiges (Réunion)	3 069
Tahat (Hoggar, Algérie)	3 003
Tsaratanana (Madagascar)	2 885
Ankaratra (Madagascar)	2 650
Djebel Chelia (Algérie)	2 328
Nimba (Fouta-Djalon, Guinée)	1 854

Amérique du Nord	
Mac Kinley (U.S.A., Alaska)	6 178
Logan (Canada)	6 050
North Peak (U.S.A., Alaska)	5 904
Pic de Orizaba (Citlaltepetl) (Mexique)	5 569
St-Elias (Canada-Alaska)	5 486
Popocatepetl (Mexique)	5 452
Foraker (U.S.A., Alaska)	5 302
Ixtaccihuatl (Mexique)	5 285
Whitney (U.S.A., Californie)	4 420
Elbert (U.S.A., Colorado)	4 400
Harvard (U.S.A., Colorado)	4 395
Massive (U.S.A., Colorado)	4 395
Rainier (U.S.A., Washington)	4 393

Amérique du Sud (Andes)	
Aconcagua (Argentine-Chili)	7 010
Ojos del Salado (Argentine-Chili)	6 885
Bonete (Chili)	6 872
Tupungato (Argentine-Chili)	6 800
Falso Azufre (Argentine-Chili)	6 790
Huascaran (Pérou)	6 768
Sajama (Bolivie)	6 570
Illimani (Bolivie)	6 458
Ancohuma-Illampu (Bolivie)	6 400
Chimborazo (Équateur)	6 310

Asie	
Everest ou Sagarmatha ou Xomolungma (Népal-Chine, Tibet) (Voir p. 65 a)	8 848
K2 ou Godwin Austen ou Chogori (Karakorum, Pakistan)	8 611
Kanchenjunga (Népal-Inde, Sikkim) sommet principal	8 586
(centre 8 482, sud 8 476, ouest 8 420)	
Lhotse (Népal-Chine)	8 516
Yalung Kang (Népal-Inde)	8 505
Makalu I (Népal)	8 463
(II Kangchungtse) 7 678	
Lhotse Shar ou Lhotse oriental (Népal)	8 400
Cho-Oyu (Népal-Chine)	8 201
Dhaulagiri I (Népal)	8 167
(II 7 751, III 7 715, IV 7 661, V 7 618, VI 7 268)	
Manaslu ou Kutang (Népal)	8 163
Nanga-Parbat (Inde)	8 126
Anapurna I (Népal)	8 091
(II 7 937, III 7 555, IV 7 525, Sud 7 219)	
Gasherbrum I ou Hidden Peak (Karakorum, Pakistan)	8 068
(II 8 034, III 7 951, IV 7 925)	
Broad Peak (Karakorum Pakistan)	8 047
(centre 8 001)	
Xixapangma ou Gosainthan (Tibet)	8 013
Gyachung Kang (Népal)	7 952
Kangbachen (un des sommets du Kanchenjunga) (Népal-Inde)	7 903
Himalchuli Est (Népal)	7 893
(Ouest 7 540, Nord 7 371)	
Ngadi Chuli ou Dakum ou Peak 29 (Népal)	7 871
Nuptse (Népal)	7 855
Nanda Devi (Inde)	7 816
Rakaposhi (Pakistan)	7 787
Mustagh I (Karakorum, Pakistan)	7 785

Ngojumba Kang (Népal)	7 743
Kungur (Chine)	7 719
Jammu ou Khumbakarna (Népal)	7 710
Tirich Mir (Karakorum, Pakistan)	7 699
Fang ou Varaha Shikhar (Népal)	7 647
Minga Konba (Chine)	7 590
Mont Communisme (ex-Pic Staline) (Tadjikistan, U.R.S.S.)	7 495
Roc Noir ou Khangsar Kang (Népal)	7 485
Jongsang Peak (Népal)	7 483
Shartse (Népal)	7 459
Gangapurna (Népal)	7 455
Pic Pobeda (Chine)	7 439
Mouo Tagh Ata (Chine)	7 433
Ganesh I ou Yangra (Népal) (II 7 111, III 7 110, IV 7 052)	7 429
Churen Himal (Népal)	7 370
Kirat Chuli ou Kangchu (Népal)	7 365
Chamlang (Népal)	7 319
Putha Hiunchuli (Népal)	7 246
Langtang Lirung (Népal)	7 234
Lantang Ri (Népal)	7 206
Gurja Himal (Népal)	7 193
Glacier Dome ou Tarkekang (Népal)	7 192
Chamar (Népal)	7 187
Pumori (Népal)	7 161
Manaslu Nord (Népal)	7 157
Gauri Shanker (Népal-Chine)	7 134
Tilicho Peak (Népal)	7 133
Mount Api (Népal)	7 132
Pic Lénine (Tadjikistan, U.R.S.S.)	7 127
Baruntse (Népal)	7 129
Himlung Himal (Népal)	7 126
Nilgiri Nord (Népal)	7 061
Saipal (Népal)	7 031
Demavend (Iran)	5 671
Ararat (Turquie)	5 156
Kliouchev (Kamtchatka, U.R.S.S.)	4 750
Beloucha (Altaï, U.R.S.S.)	4 506
Fuji-Yama (Japon)	3 776

Europe

Alpes

Mont Blanc (France, Hte-Savoie)	4 807
Pointe Dufour (Mt Rose, Suisse)	4 638
Weisshorn (Suisse)	4 512
Matterhorn (ou Cervin) (Suisse-Italie)	4 482
Dent Blanche (Suisse)	4 357
Finsteraarhorn (Suisse)	4 275
Aiguille des Gdes Jorasses (Fr., Hte-Sav.)	4 208
Jungfrau (Suisse)	4 168
Aletschorn (Suisse)	4 105
Mönch (Suisse)	4 105
Barre des Écrins (France, Isère)	4 102
Grosses Schreckhorn (Suisse)	4 078
Grand Paradis (Italie)	4 061
Bernina (Suisse)	4 049
Weissmies (Suisse)	4 023
Pelvoux (France, Htes-Alpes)	3 955
Mont Viso (Italie)	3 842
Gross Glockner (Autriche)	3 797
Mont Pelat (France, Alp.-de-H.-Pr.)	3 051
Brévent (France, Hte-Savoie)	2 525

Ardennes

Signal de Botrange (Belgique)	694
Baraque Michel (Belgique)	674

Caucase

Elbrouz (Russie, U.R.S.S.)	5 643
Kasbek (Géorgie, U.R.S.S.)	5 047

Jura

Crêt de la Neige (France, Ain)	1 723
Le Reculet (France, Ain)	1 717
Colomby-de-Gex (France, Ain)	1 689
Mont Tendre (Suisse)	1 680
La Dôle (Suisse)	1 678
Crêt de la Goutte (France, Ain)	1 621
Mont Chasseron (Suisse)	1 607
Mont Suchet (Suisse)	1 588
Mont du Gd Colombier (France, Ain)	1 531
Mont d'Or (France, Doubs)	1 463
Mont Risoux (Fr., Jura-Doubs/Suisse)	1 419

Pyrénées

Pic d'Aneto (Maladetta, Espagne)	3 404
Mont Posets (Espagne)	3 375
Mont Perdu (France)	3 352
Pic de Vignemale (France, Htes-Pyrénées)	3 298
Pic de Marboré (France, Htes-Pyrénées)	3 253
Pic Balaïtous (France, Htes-Pyrénées)	3 146
Pic Long (France, Htes-Pyrénées)	3 132
Pic d'Aubert (Néouvielle) (Htes-Pyrénées)	3 092
Pic de Montcalm (France, Ariège)	3 080
Pic Carlitte (France, Pyr.-Orientales)	2 921
Puigmal (France, Pyr.-Orientales)	2 909
Pic du Midi d'Ossau (Fr., Pyr.-Atlantiques)	2 884
Pic du Midi (ou de Bagnères-de-Bigorre) (France, Htes-Pyrénées)	2 877
Pic de Montvallier (France, Ariège)	2 838
Mont Canigou (France, Pyr.-Orientales)	2 785
Pic de Ger (France, Pyr.-Atlantiques)	2 612
Pic d'Anie (France, Pyr.-Atlantiques)	2 504
Pic des Trois Seigneurs (Fr., Ariège)	2 199
Pic de l'Orhy (Fr., Pyr.-Atlantiques)	2 017

Océanie et Pacifique

Carstensz (N.-Guinée, Indonésie)	5 040
Markham (Terre de Victoria)	4 602
Kirkpatrick (Antarctique)	4 451
Mauna Kea (Iles Hawaii)	4 210
Kinabalu (Bornéo)	4 175
Mauna Loa (Iles Hawaii)	4 170
Cook (N.-Zélande)	3 764
Kosciusko (Australie)	2 228
Cradle (Australie)	1 545

Cols européens principaux

Alpes	Altitude en mètres
Col d'Hérens (Suisse)	3 480
Col du Géant (Haute-Savoie)	3 369
Col de la Bonette (A.-de-Hte-Provence)	2 802
Col de l'Iseran (Savoie)	2 762
Col du Stelvio (Valteline/Haut Adige)	2 757
Col d'Agnel (Htes-Alpes)	2 744
Col du Galibier (Savoie/Hautes-Alpes)	2 645
Col de Fréjus (Savoie/Italie)	2 542
Col de la Vanoise (Savoie)	2 527
Col de la Seigne (Haute-Savoie)	2 513
Col du Gd-St-Bernard (Suisse/Italie)	2 472
Col du Nufenen (Suisse)	2 440
Col de la Furka (Suisse)	2 431
Col de l'Izoard (Htes-Alpes)	2 361
Col de la Bernina (Suisse/Italie)	2 330
Col du Bonhomme (Hte-Savoie)	2 329
Col de l'Albula (Suisse)	2 316
Col d'Allos (Alpes-de-Hte-Provence)	2 240
Col du Susten (Suisse)	2 227
Col de Balme (Savoie/Suisse)	2 202
Col du Splügen (Suisse)	2 117
Col du St-Gothard (Suisse)	2 112
Col de Vars (Alp.-de-Hte-Pr./Htes-Alpes)	2 111
Col du Mont-Cenis (Savoie)	2 083
Col du Lautaret (Htes-Alpes)	2 058
Col du Simplon (Suisse)	2 008
Col de Larche (Alpes-de-Hte-Provence)	1 991
Col de la Madeleine (Savoie)	1 984
Col du Ventoux (Vaucluse)	1 895
Col du Mont Genèvre (Hautes-Alpes)	1 850
Col de l'Échelle (Hautes-Alpes)	1 790
Col du Télégraphe (Savoie)	1 670
Col des Aravis (Savoie)	1 486
Col de Tende[1] (Alpes-Maritimes)	1 330
Col Bayard (Hautes-Alpes)	1 248

Nota. — (1) Tunnel ; vieille route 1871.

Corse

Col de Vergio	1 464
Col de Verde	1 289
Col de Bavella	1 243
Col de Vizzavone	1 163
Col d'Ilarata	1 008
Col de Teghime	541

Jura

Col de la Faucille (Ain)	1 320
Col de St-Cergue (Suisse)	1 232
Col de Jougne (Doubs)	1 010

Massif central

Pas de Peyrol (Cantal)	1 589
Col de la Croix-St-Robert (P.-de-D.)	1 446
Col de Dyane ou Croix-Morand (P.-de-D.)	1 410
Col du Lioran (Cantal)	1 276
Col de Noirétable (Loire)	754

Pyrénées

Brèche de Roland (Htes-Pyrénées)	2 804
Port de Vénasque (France/Espagne)	2 448
Port d'Envalira (Andorre)	2 407
Col du Tourmalet (Htes-Pyrénées)	2 115
Col de Puymorens (Pyr.-Orientales)	1 915
Col de l'Aubisque (Pyrénées-Atlantiques)	1 709
Col du Somport (Pyrénées-Atlantique)	1 631
Col de la Perche (Pyr.-Orientales)	1 577
Port de Peyresourde (Htes-Pyrénées)	1 569
Col d'Aspin (Htes-Pyrénées)	1 489
Col de Menté (Hte-Garonne)	1 350
Col du Portillon (Hte-Garonne)	1 308
Col d'Ibañeta (Roncevaux, Espagne)	1 090
Portet d'Aspet (Hte-Garonne)	1 057
Col de Velate (Espagne)	868
Col de Maya (Espagne)	602
Col du Perthus (Pyrénées-Orientales)	290

Vosges

Col du Ballon (Vosges)	1 178
Col de la Schlucht (Vosges/Ht-Rhin)	1 139
Col du Bonhomme (Ht-Rhin)	949
Col de Ste-Marie-aux-Mines (Ht-Rhin)	772
Col de Schirmeck (Bas-Rhin)	739
Col de Bussang (Vosges)	731
Col du Donon (Bas-Rhin)	727

Hauts plateaux principaux

	Altitude en mètres
Tibet (Chine)	5 000
Pamir (Chine et U.R.S.S.)	4 000
Altiplano (Bolivie)	4 000
Puna (Équateur)	3 000
Plateau éthiopien	2 000

Hauts lieux habités

Altitude en mètres.

Afrique. *Afr. du Sud :* Johannesburg 1 753. *Éthiopie :* Addis-Abeba 2 408, Asmara 2 374.

Amérique. *Bolivie :* Chacaltaya 5 130, Cochabamba 2 570, La Paz 3 800, Potosi 3 960, Sucre 2 874. *Colombie :* Bogota 2 630. *Équateur :* Quito 2 890. *Guatemala :* Guatemala 1 500, Quezaltenango 2 335, San Marcos 2 398, Totonicapam 2 495. *Mexique :* Mexico 2 216, Toluca 2 680. *Pérou :* Ayacucho 2 760, Cerre de Pasco 4 375, Cuzco 3 360, Huancavelica 3 660, Machu Picchu (ruines) 2 300, Minasrayra 5 100, Puno 3 855. *U.S.A., Colorado :* Leadville 3 100, Observatoire Lincoln 4 332.

Asie. *Afghanistan :* Kaboul 2 224. *Inde :* Darjeeling 1 791 à 3 365. *Iran :* Ispahan 1 583. *Népal :* Katmandou 1 500. *Tibet :* Jiachan 4 837, Lhassa 3 630, Monastères 5 030.

Europe. *Andorre :* Andorra La Vella 1 029. *France :* Briançon (Htes-A.) 1 200 à 1 365, St-Véran (Htes-A.) 2 200, Pic du Midi (observ.) 2 859. *Suisse :* Grand-St-Bernard (Hosp.) 2 474, Juf 2 126.

Roches

Généralités

Étude scientifique. Une roche est une association de minéraux, occupant en général sur le terrain une grande étendue. La **pétrographie** les décrit et les classe ; la **pétrologie** recherche les lois de leur genèse et de leur évolution. La **lithologie** est l'étude macroscopique des roches, c.-à-d. des masses rocheuses prises dans leur ensemble ; pour les Français, l'adjectif *lithologique* s'emploie fréquemment comme synonyme de *pétrographique* (par ex. : distinctions « lithologiques » à l'intérieur d'une couche sédimentaire). La **sédimentologie** est l'étude de la dynamique de dépôt des sédiments, donc de la genèse des roches sédimentaires. Pour les anglophones, *lithology* est synonyme de roche, *pétrology* est équivalent de pétrographie (mot qui n'existe pas en anglais), et *pétrogenesis* correspond à notre pétrologie.

Roches magmatiques

● **Définitions.** Roches *endogènes* qui ont pris naissance à l'intérieur de la Terre (du grec *endo*, « à l'intérieur » et *gène*, « engendré »).

Composition chimique. En moyenne quantité : aluminium, fer, magnésium, calcium, sodium, potassium ; en grosse quantité : oxygène et silicium.

Les magmas les plus fréquents sont de 2 types : *granitique* (70 % de silice, riche en aluminium et potassium) ou *basaltique* (40 % de silice, riche en fer, magnésium, calcium).

Minéraux essentiels (dont les proportions fixent la *composition modale* des roches). Silicates répartis en 2 groupes, selon leur densité et leur couleur : 1°) minéraux clairs (D 2,77) : silice (quartz) et alumino-silicates (feldspath, feldspathoïdes) ; 2°) minéraux colorés ou « barylithes » (du grec *barus*, « lourd ») : silicates ferromagnésiens (amphiboles, pyroxènes, péridots), oxydes, etc. *Texture* (assemblage d'ordre microscopique des minéraux ; dépendant de la cristallisation) : refroidissement brusque : vitreuse ou microlithique (petits cristaux) ; refroidissement lent : holocristalline (gros cristaux). Exemple : le *basalte* et le *gabbro* viennent d'un même magma, mais ont une mise en place différente.

• **Grandes divisions : Roches volcaniques.** Matières fondues, ou *magmas*, ayant fait éruption à la surface (« effusives ») ; proviennent de volcans anciens ou récents : coulées de laves et de basaltes parfois très étendues (le plateau de Columbia, aux U.S.A., a une superficie supérieure à celle de la France ; le plateau basaltique du Parana, en Amér. du S., couvre près de 2 millions de km²) ; quand elles se sont accumulées dans des cheminées volcaniques sans atteindre la surface, elles forment des necks ; quand elles se sont accumulées dans des fissures, elles forment des dykes ; quand elles ont été émises sous l'eau, elles forment des épanchements constitués par l'accumulation de coussins (pillow-lavas). *Caractéristiques :* viennent, pour leur plus grande part, de magmas basaltiques (en particulier au fond des océans) ; texture caractéristique des refroidissements rapides (cristaux dispersés dans un « verre » non cristallisé ; texture dite « microlithique »). *Subdivisions :* laves à feldspath et ferromagnésiens : basaltes, trachyte, andésite ; autres roches, contenant des feldspathoïdes : basanite, phonolite, téphrite, néphélinite, leucitite, etc. ; laves à quartz et feldspaths : rhyolite (coulées ignimbritiques), dacite : obsidienne et ponce appartiennent souvent à ces deux dernières familles.

Roches plutoniques. Roches résultant de la cristallisation de magmas, en profondeur (souvent plusieurs kilomètres), et n'affleurant qu'à la faveur d'érosions abaissant la surface par rapport aux corps magmatiques ; elles constituent des massifs plus ou moins vastes. *Caractéristiques :* viennent soit de magmas granitiques (croûte continentale), soit de magmas basaltiques (croûte océanique), texture de roches refroidies lentement (cristaux jointifs, sans verre interstitiel ; texture dite « grenue »). *Subdivisions :* roches à quartz et feldspaths (granites et roches apparentées qui forment l'essentiel de la croûte continentale) ; roches contenant feldspaths mais sans quartz : gablerosyénite, monzonite ; roches « vertes » très riches en ferromagnésiens : péridotites, et plus généralement, ophiolites qui, avec les basaltes en pillow-lavas, forment l'essentiel de la croûte océanique.

Roches métamorphiques

• **Définitions.** Du grec « ayant changé de forme ». Roches sédimentaires ou magmatiques ayant subi des transformations dans leur structure sous l'action de hautes pressions ou de hautes températures subies après leur formation. De telles roches se forment dans les parties profondes des chaînes de montagnes au moment de leur plissement. Ces transformations peuvent aller jusqu'à une fusion partielle (*gneiss migmatitiques*) ou totale *(granite d'anatexie).* Les roches métamorphiques les plus répandues sont en général *cristallophylliennes* (leurs minéraux sont disposés en lits qui traduisent la recristallisation de la roche sous l'effet d'une pression orientée).

• **Principaux groupes. Gneiss** (*orthogneiss :* transformation de roches éruptives acides comme les granites et les rhyolites ; *paragneiss :* transformation de sédiments, essentiellement terrigènes). **Micaschistes et phyllades :** transformation de roches sédimentaires pélitiques où dominent les micas. **Marbres :** transformation de roches sédimentaires carbonatées (calcaire ou dolomie). **Quartzites :** grès métamorphisés, très riches en quartz.

Du point de vue génétique les roches métamorphiques se classent en fonction du couple pression-température. Aux roches de haute température (tels gneiss et micaschistes), s'opposent les roches de haute pression et basse température (tels schistes bleus à glaucophane). En liaison avec la subduction océanique, les roches métamorphiques se disposent en ceintures parallèles, successivement de haute pression puis de haute température, comme au Japon (haute pression à la côte sud, proche de la subduction pacifique, haute température sur la côte nord).

Roches sédimentaires

• **Définitions.** Représentent une partie infime de la masse du globe, mais couvrent 75 % de la surface des continents. Leur épaisseur varie de 0 à 10 000 m et plus. Le passage d'un sédiment meuble à l'état de roche sédimentaire consolidée est un phénomène de *diagenèse* (du grec *dia*, « à travers » et *genêsis*, « naissance »). Le même sédiment peut fournir des roches

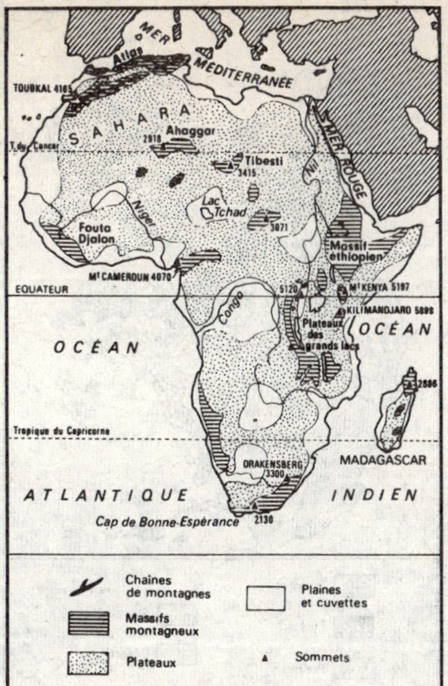

Afrique physique

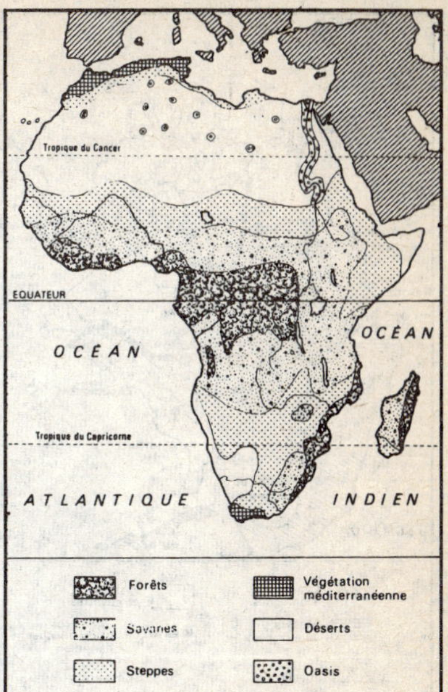

Zones de végétation

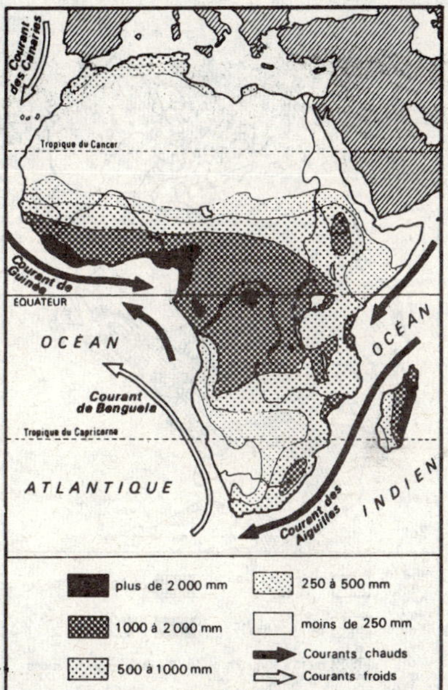

Pluviométrie

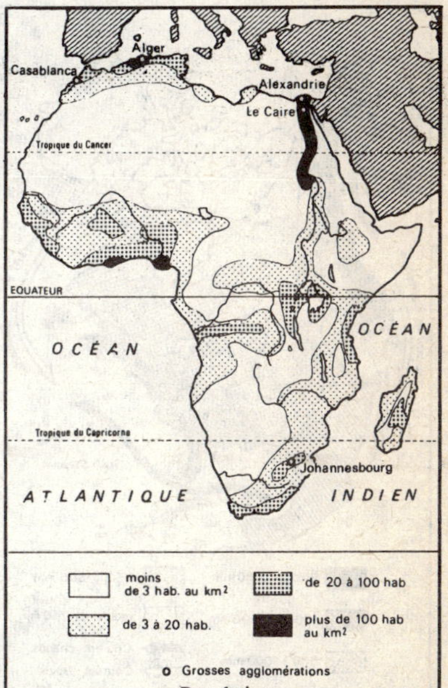

Population

différentes selon l'état plus ou moins avancé de sa transformation. *Méthodes de classement : 1° d'après la nature chimique :* roches siliceuses, argileuses, carbonatées (calcaires, etc.), phosphatées, etc. ; selon les 3 composants essentiels : sable (surtout formé de quartz), calcaire, argile (d'après la proportion de ces 3 composants, on a des marnes formées d'un mélange intime de calcaire et d'argile, des sables argileux, des argiles sableuses, des marnes sableuses, des calcaires sableux, etc.) ; *2° d'après le milieu de formation :* roches continentales, lagunaires, marines ; *3° d'après l'origine sédimentaire :* détritiques, physico-chimiques, biogénétiques.

• **Roches détritiques** (formées de *détritus*, c.-à-d. par la désagrégation mécanique de roches préexistantes). Leurs composants majeurs sont les débris de roches (lithoclastes) ou de minéraux : les quartz, les feldspaths, les micas et les minéraux argileux. *Subdivisions* selon la grosseur de leurs éléments : supérieurs à 2 mm *rudites* [meubles : blocs (au-dessus de 32 mm), galets, graviers ; consolidés : conglomérats (brèches, poudingues)] ; de 0,03 à 2 mm *arénites* (m. : sables grossiers, moyens, fins ; c. : micro-conglomérats, grès) ; de 0,002 à 0,03 mm *lutites* ou *pélites* (m. : sables très fins, sablons, silts et limons, argiles, boues, vases ; c. : micro-grès, siltites, argilites).

• **Roches chimiques.** *Ferrugineuses* (latérites, grès ferrugineux). *Siliceuses* (silex, meulières). *Carbonatées :* soit des carbonates de calcium (aragonite, calcite : calcaires), soit des carbonates de calcium et magnésium (dolomies). *Salines :* différents sels déposés par évaporation (gypse, sel gemme, sels de potassium).

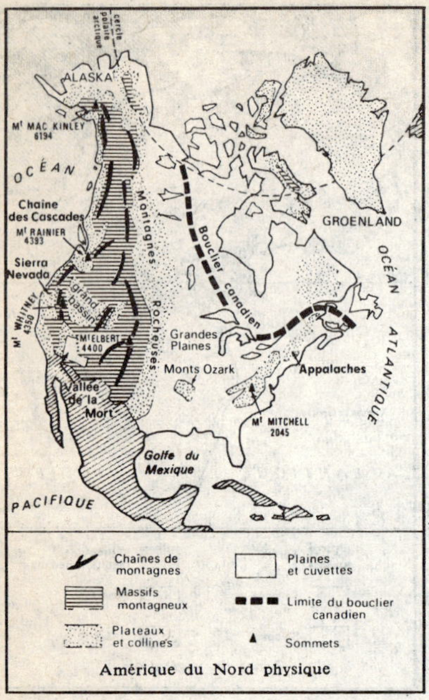

Amérique du Nord physique

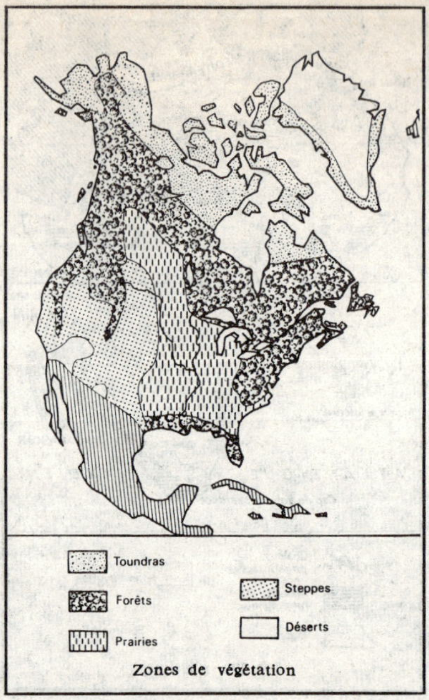

Zones de végétation

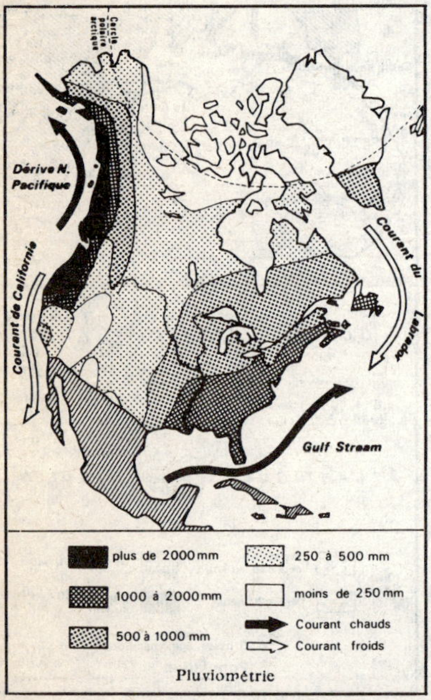

Pluviométrie

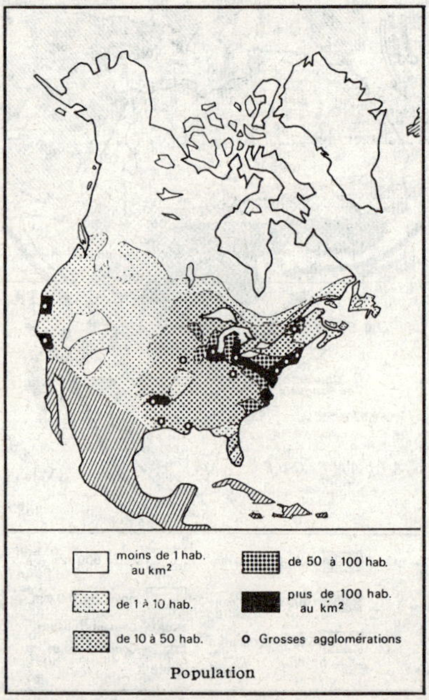

Population

• **Roches biogénétiques** (du grec *bios*, « vie » et *gène*, « engendré »). Provenant d'êtres vivants, animaux ou végétaux ou de l'action de ces êtres sur la physicochimie de leur milieu de vie. Certains êtres vivants (coraux mais aussi mollusques : par ex. les Rudistes de l'ère secondaire) construisent des roches (récifs) formant des amas irréguliers *(biohermes)* ou des assises bien litées *(biostromes)*.

Les coquilles d'animaux morts peuvent s'accumuler et constituer des roches, généralement calcaires (lumachelles, calcaires à entroques), parfois siliceuses (diatomites, radiolarites) ; les éléments chimiques de ces coquilles sont généralement tirés des eaux par les êtres vivants. La matière organique peut aussi se transformer en roches (charbons, schistes bitumineux, pétrole).

Formations superficielles

Formations meubles ou secondairement consolidées provenant de la démolition mécanique ou thermique des roches des continents. **Autochtones** : dérivent du substratum sur lequel elles reposent. **Allochtones** : déplacées, recouvrent un substratum étranger à leur origine. **Colluvions** : sur les pentes, par ruissellement diffus des eaux de pluie ou de fonte des neiges. **Alluvions** : résultent d'un transport plus lointain par des eaux fluviales, marines, des glaces ou des vents. **Fluviales** : apportées par les cours d'eau. **Marines** : sable et galets roulés par les vagues ou vases déposées dans les marais littoraux. **Glaciaires** ou **moraines ; éoliennes** ou **lœss** : apportées par le vent (ex. Chine du N., Alsace, plateau du N. et du centre du Bassin parisien), elles donnent des sols très fertiles.

Pédologie

• **Définition.** Science des sols. Ils prennent naissance par l'action combinée sur les roches de divers agents d'altération en fonction du climat, de la végétation et de leur position dans le *paysage*. En effet, proches de la surface, les roches s'altèrent et s'ameublissent. La vie végétale et animale transforme et réorganise ces produits d'altération, les enrichit de matière organique ou humus et donne ainsi des sols. Ces sols varient selon les climats (équatoriaux, tropicaux, méditerranéens, tempérés ou arides). Leur position varie. Ils évoluent avec le temps et s'organisent généralement en *horizons* qui aident à les caractériser.

• **Composition. Partie minérale** (produits d'altération des roches : cailloux, sables et limons, parfois calcaires et souvent argile dont les minéraux fixent puis libèrent des éléments nutritifs). **Partie organique** ou **humus** (produits de dégradation des végétaux et animaux qui y vivent), nombreux composants organiques qui se dégradent lentement mais se reconstituent chaque année et concourent à la nutrition des plantes.

• **Exemples de sols très répandus.** *Sols calcimagnésiques*, formés aux dépens des roches calcaires sur plateaux, plaines et steppes tempérées : les plus connus sont les **rendzines**. Les **sols bruns** se rencontrent sous les paysages de forêts tempérées suffisamment drainées. Les **vertisols**, riches en argiles gonflantes et sombres, sont caractéristiques des plaines des pays méditerranéens ou subtropicaux. Les **podzols** se développent en pays frais et humide, sur les sables ou arènes perméables, dans les landes ou les forêts de conifères. Les **sols ferrallitiques** accumulent en pays tropical les sesquioxydes de fer et d'alumine et la kaolinite. Souvent armés par une *cuirasse ferrugineuse*, ils correspondent aux paysages de latérites sous les grandes forêts intertropicales.

• **Quelques termes. Rendzines** : riches en matières organiques, reposent sur des roches calcaires. **Sols à pseudo-gley** : dans les dépressions fermées des pays calcaires (dolines, poljés) sols qui possèdent une nappe d'eau souterraine. **Sols à gley** : la nappe d'eau souterraine qu'ils possèdent est permanente et remonte du sous-sol, déposant du fer qui donne aux terrains une couleur rouille très caractéristique. **Podzols** : dégradés, très acides, sur sols poreux, généralement sableux. **Sols sur limon** : contiennent de l'oxyde de fer et du calcium en proportions variables selon les régions. **Terra rossa** : fréquent dans les régions méditerranéennes, produit de décarbonatation des roches calcaires ; doit sa couleur rougeâtre à des composés ferrugineux.

Végétation

• **Forêt. Superficie** : 4 000 millions d'ha (sur env. 13 000 millions d'ha de terres), dont : Afrique 650, Amérique du N. et centrale 700, Amér. du S. 900, Asie 550, Europe 150 (sans U.R.S.S.), Océanie 150, U.R.S.S. 900. (*Pays les mieux pourvus* : U.R.S.S. 900, Australie 100, Brésil 500, Canada 325, Chine 120, Espagne 15, États-Unis 300, Finlande 23, France 14, Inde 65, Indonésie 120, Pérou 75, Soudan 90, Suède 26).

Forêt équatoriale (forêt pluviale, f. ombrophile, f. hygrophile) en zone équatoriale (15° lat. de part et d'autre de l'équateur) sous climat chaud (temp. moy. année 25-27 °C) et toujours humide (pluv. moy. année 2 000-3 000 mm, pluies également réparties au long de l'année). Arbres élevés (50 m), peuplement serré et obscur, feuillage toujours vert : Amazonie, Congo, Birmanie, Malaisie, Indonésie (Java, Sumatra, Bornéo, Célèbes, Moluques, N.-Guinée, Philippines), Amérique centrale, Guyane, Côte-d'Ivoire, Cameroun, Inde du Sud, Sri Lanka, Océanie, Madagascar (côte E.), Australie (côte E.).

Forêt tropicale : entre les tropiques et sous climat chaud ou très chaud (temp. moy. année 20-30 °C) et sec (pluv. moy. année 800-1 500 mm, pluies d'été réparties sur 3 à 6 mois, période sèche plus ou moins longue). *Forêt caducifoliée* (« à feuillage caduc ») : les arbres perdent leurs feuilles au cours de la saison non pluvieuse. *F. de mousson* de l'Asie du S.-E. (Inde, Indochine, Malaisie, Philippines) recevant de 500 à 2 000 mm d'eau par an, saison sèche longue de 4 à 6 mois : végétation exubérante, bambous abondants. *F. claires* de l'Afrique orientale (Sahel soudanais), australe (Afr. du Sud, Zimbabwe, Mozambique), centrale (du Sénégal au Soudan : baobabs), là où la saison sèche se prolonge la plus grande partie de l'année : végétation basse et clairsemée. *F. parc tropical*, îlots

Amérique du Sud et Amérique centrale physiques

Zones de végétation

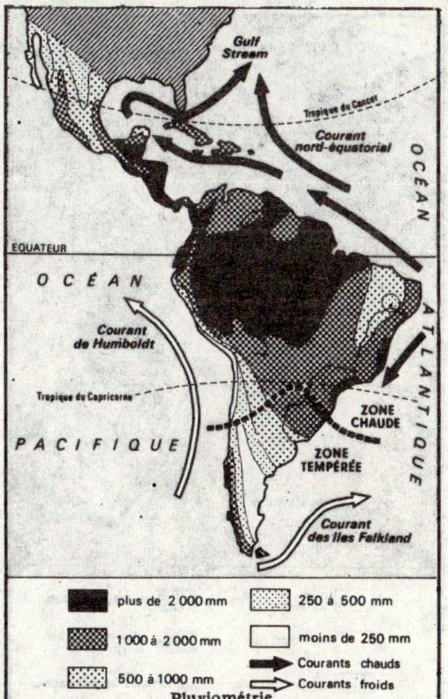

Pluviométrie

Population

de forêt dense parsemant une savane à hautes herbes (aspects variés : Madagascar (O.), Australie (N.), Floride, Cuba, Haïti, du Mexique à Panama : Venezuela, Brésil (S.), Bolivie, Paraguay, Argentine (N.) ; la *mangrove* (avicennias et palétuviers sur le littoral de pays tropicaux). La *forêt tropicale* humide couvre 1 160 millions d'ha (dont en %, Amérique 57, Asie 75, Afrique 18). Destruction, dégradation : 11,4 millions d'ha/an, soit 21,6 ha/min. (*Source :* W.W.F.).

Forêt méditerranéenne (Europe méridionale, Asie occidentale et Afrique du Nord) sous climat chaud ou assez chaud (temp. moy. année 10-20 °C) et sec ou plus ou moins humide (pluv. moy. année 300-1 000 mm, pluies surtout hivernales, été chaud et sec long de trois à cinq mois). Feuillus à feuillage coriace et persistant (chênes à feuilles blanches, tomenteuses en dessous, comme *Quercus ilex* ou chêne vert ou yeuse et *Quercus suber* ou chêne-liège), résineux à aiguilles persistantes (pins comme *Pinus halepensis* ou pin d'Alep, *Pinus maritima* ou pin maritime et *Pinus pinea* ou pin pignon ou pin parasol).

Forêt tempérée. 1° *Sous climat tempéré chaud* (temp. moy. année 12-18 °C) et *humide* (pluv. moy. année 800-1 600 mm). Chênes (tauzin) sur lande (à ajonc nain) ; Espagne (Galice, Asturies, P. Basque) ; Italie (lac Majeur, Vénétie, Istrie) ; France (S.-O.) ; Asie (littoral de la mer Noire en Anatolie et Caucase, Chine, Japon) ; Afrique et Australie du S. (incl. Tasmanie et N.-Zélande) ; Am. du N. (sud des U.S.A.) et du Sud (sud du Brésil, Paraguay, Uruguay, est de l'Argentine). 2° *Sous climat tempéré froid* (temp. moy. année 6-12 °C) et *humide* (pluv. moy. année 600-1 200 mm). Europe : essences nombreuses, surtout chêne rouvre en Eur. occ. et hêtre en Eur. centrale. Feuillus à feuilles caduques en Am. du N. (U.S.A. et Canada : région des Grands Lacs) ; Asie orientale (Chine, Corée, Mandchourie, Japon) ; hémisphère S. (Patagonie, Tasmanie, N.-Zélande).

Forêt boréale : taïga (Scandinavie, Finlande, Russie du N., Sibérie, S. du Canada) et sous climat rude, très froid (temp. moy. année vers 0 °C, temp. min. pouvant s'abaisser à − 50 °C) et assez humide (pluv. moy. année 400-800 mm sous forme de pluie et de neige). Conifères, à aiguilles persistantes (pin sylvestre, sapin, épicéa) ou plus rarement caduques (mélèze), feuillus (bouleau, tremble, aulne, saule) ; ceinture forestière continue entre le cercle polaire Arctique et le 50° lat. N., sur 1 000 à 2 500 km de largeur. En zone *arctique* (toundra) (extrême nord de la Scandinavie, Laponie, Sibérie du N., Islande, Groenland, Canada du N. du Labrador à l'Alaska), sous climat très rude, extrêmement froid (temp. moy. année comprise entre − 1 °C et − 16 °C) et peu humide (pluv. moy. année 100-500 mm sous forme de pluie et de neige) ; végétation arborescente pratiquement absente, marais avec quelques tourbières et arbrisseaux nains : saules, bouleaux, bruyères.

☞ Voir aussi Forêt à l'Index.

• **Lande, garrigue et maquis. Lande :** ensemble arbustif propre aux contrées de climat tempéré-froid humide (ajoncs, genêts, bruyères et fougères ; le genévrier commun est souvent abondant, lichens et mousses tapissent le sol). Domaine géographique : sables siliceux de l'Europe centrale et occidentale. Landes les plus typiques : Allemagne (landes de Lünebourg, au sud de Hambourg), Scandinavie, Écosse, Irlande, France (Armorique, Aquitaine, Massif central, Sologne), N.-O. de la péninsule Ibérique. **Garrigue** clairsemée (sur rocs calcaires) et **maquis** touffu (sur sables siliceux), peuplés d'arbustes et arbrisseaux bas (kermès, genévrier oxycèdre, genêts épineux, bruyères, lauriers, arbousier, lentisque, térébinthe, buis) et de plantes odorantes (cistes, myrte, romarin, thym, lavande, sarriette). Fréquents en zone mediter.

• **Prairie, steppe et savane.** Herbacés où dominent les graminées parfois associées aux légumineuses, labiées, composées... *Sous climat tempéré*, la *prairie* « naturelle » s'intègre à la forêt dans les fonds de vallées rebelles au boisement ; bien qu'ayant souvent évolué vers la prairie « cultivée » sous l'action de l'homme, elle se retrouve encore de nos jours, dans sa structure primitive, en Europe occ. et centrale de climat tempéré-froid humide et aussi en Chine orientale, Mandchourie, Corée, Japon, Tasmanie, N.-Zélande, Patagonie, est des U.S.A. et du Canada. *Dans les pays de climat continental, tempéré-froid* (temp. moy. année 7-11 °C) *et aride* (pluv. moy. année 300-400 mm), prend l'aspect de *steppe*, verdoyante et fleurie au printemps et « paillasson » en été [Asie centrale ; Amér. du N., « grande prairie » entre les Rocheuses et la vallée du Mississippi, du Saskatchewan et du Manitoba au golfe du Mexique ; Amér. du S. : Bolivie, Paraguay, Argentine (« Gran Chaco » et « pampas ») et Patagonie]. *En zone très aride* (pluv. moy. année 200-400 mm). Bassin méditerranéen occidental, *steppe à alfa* sur les Hauts-Plateaux d'Afr. du N. (Algérie et Tunisie env. 7 millions d'ha), sud de l'Espagne et du Portugal). **Savane :** hautes herbes (1 à 3 m), où dominent les graminées ; la *s. arborée* a quelques arbres ou arbustes épars. Pays tropicaux : Afrique centrale (du Sénégal au Soudan, baobabs et karités ou arbres à beurre) et du S., Asie du S. (zones de mousson), en Amér. centrale et du S. (Cuba, Venezuela, Colombie, Brésil), Australie (N., présence eucalyptus).

• **Déserts et régions semi-arides.** Moins de 100 mm d'eau par an (hyper-aride : le manque d'eau se combine avec une température très élevée). *Zone semi-aride :* 100 à 400 mm d'eau par an [Sahel (arabe : « ceinture »)] entre le S. du Sahara et les régions cultivables.

Progression annuelle des déserts 5 à 6 millions d'ha dans le monde. Exemples : Soudan (S. du Sahara, Afrique) 90 à 100 km de 1960 à 77 ; Atacama (Amér. du Sud) de 1,5 à 3 km par an, sur un front de 80 à 160 km ; Thar (Asie) 1 km par an depuis 1930. En Australie, 15 % des pâturages à moutons sont irrécupérables. En Argentine, 44 millions d'ha de forêts ont été détruits sur 60 millions, aux États-Unis 26 millions d'ha de pâturages détériorés sur 80 millions. En Grèce et au Sahel (Afrique), une végétation diversifiée réapparaît spontanément dès que le territoire est protégé contre bétail, chèvres et lapins. Même les arbres repoussent dans des zones depuis longtemps désertiques.

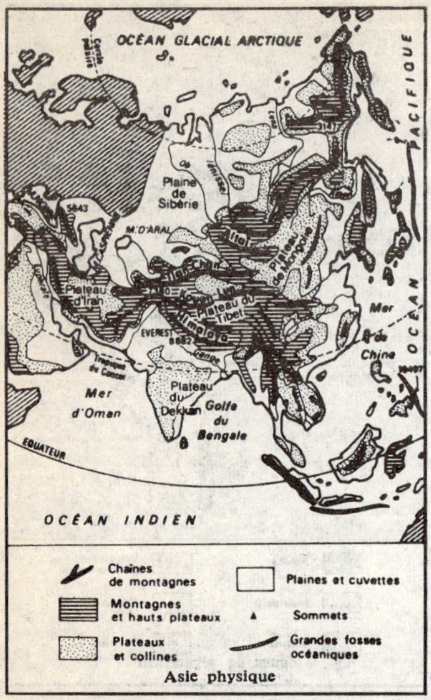

Asie physique

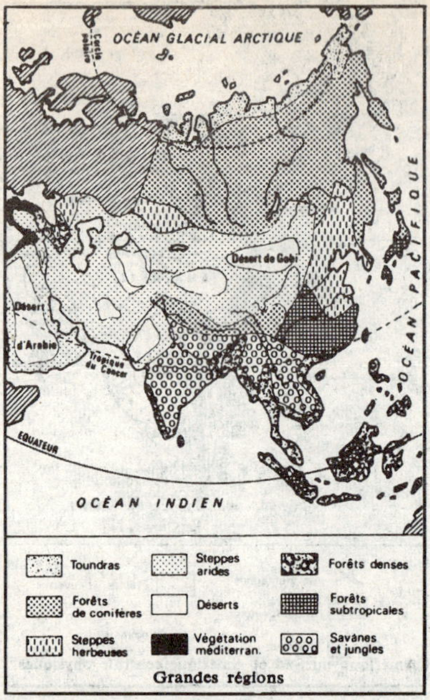

Grandes régions

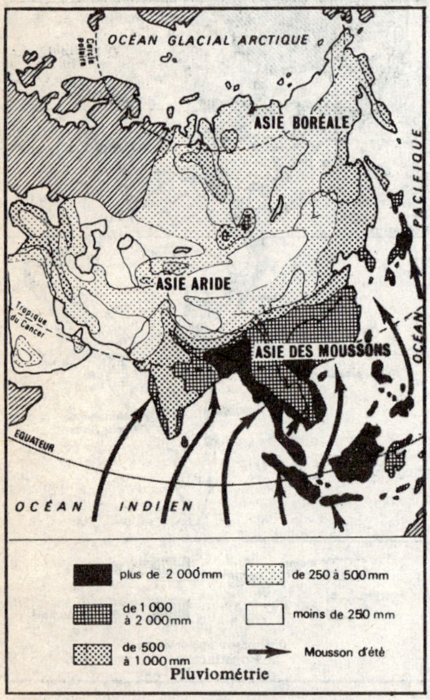

Pluviométrie

Population

L'érosion en région calcaire

Les formes propres des régions calcaires sont dites **karstiques** (province yougoslave du Karst où elles ont été étudiées) ; en France, on parle de *causse* (adj. occitan, venu du latin *calcinus*, calcaire). **Eaux souterraines.** Dans une région karstique évoluée, on trouve 3 zones superposées : *à la base* saine, non attaquée par la dissolution, l'eau n'y pénètre pas ; du *milieu*, occupée en permanence par l'eau, les rivières reviennent à l'air libre par des sources vauclusiennes ou **résurgences** (source de la Loue dans le Jura, rivière de Han en Belgique) ; *au-dessus* l'eau circule sans demeurer (région des cavernes, grottes, gouffres appelés **avens** dans les Causses, **emposieux** dans le Jura : grottes de Dargilan, aven Armand dans les Causses, gouffre de Padirac en Périgord, de la Pierre-St-Martin dans les Pyrénées). V. Spéléologie à l'Index.

Formes chaotiques de surface. Vallées sèches. Lapiez : cannelures de dissolution superficielles à la surface des dalles calcaires, profondes (karren) à l'emplacement des diaclases (fissures). **Dolines :** cuvettes circulaires à fond plat en Yougoslavie, appelées *sotchs* dans les Causses. **Terra rossa :** argile résiduelle tapissant le fond des dolines. **Poljés** (se prononce : polié) : grandes dépressions fermées (en Yougoslavie plusieurs dizaines de km de long), fond plat, partiellement tapissées d'argile d'altération des calcaires, parfois alimentées par un ou plusieurs cours d'eau et drainées par les fissures du fond *(ponors)*. **Vallées en gorges et canyons** (gorges du Tarn, du Verdon). Certaines viennent de l'effondrement du plafond qui subsiste au-dessus des grottes (à Padirac, le plafond n'a plus que quelques m au-dessus des salles les + hautes). Ailleurs, elles se sont produites par enfoncement de la rivière à l'air libre.

Évolution des régions calcaires *selon le climat : en pays arides,* le calcaire subit très peu d'attaques par dissolution ; en *régions tropicales et équatoriales,* l'évolution est rapide : la libération d'une grande quantité d'acides organiques par la végétation qui pourrit sur place favorise l'évacuation d'une grosse masse de carbonate de calcium. Les couches calcaires se réduisent souvent à des « clochetons » (piliers isolés et rongés à la base), notamment aux Antilles, en Chine (karsts résiduels), dans la baie d'Along (Viêt-nam).

Déserts chauds. *Asie :* désert tempéré en Asie centrale (du Turkestan au Tarim), d. froid au Tibet, dans les régions polaires et d. de Gobi. Iran, Afghanistan, Pakistan : 37 % du continent, 15 600 000 km² dont semi-aride 6 400 000 km², aride 8 000 000, hyper-aride 1 200 000. *Afrique et Madagascar :* 58 % du continent, 17 300 000 km² dont semi-aride 5 400 000, aride 7 300 000, hyper-aride 4 500 000 ; Sahara (de la Mauritanie à l'Égypte, sous le tropique du Cancer, vers 20° lat. Nord), Soudan, Éthiopie, Somalie, Kalahari (Bechuanaland, sous le tropique du Capricorne, vers 20° lat. Sud), Namib (S.-O. afr.). *Australie* (partie occ. et centrale) : 80 % du continent, 6 200 000 km² dont semi-aride 2 200 000, aride 3 900 000. *Amérique du N. et du Centre :* 20 % du continent, 4 300 000 km² dont semi-aride 2 300 000, aride 1 500 000, hyper-aride 400 000 ; Utah, Arizona, Californie, Mexique (Sonora). *Amér. du S. :* 19 % du continent, 3 400 000 km² dont semi-aride 1 600 000, aride 1 400 000, hyper-aride 400 000 ; Pérou et Chili, côte pacifique. *Europe :* 9 % du continent, 900 000 km², semi-aride 700 000, aride 200 000. *Total* 31 % des terres émergées : soit 47 700 000 km² dont semi-aride 18 700 000, aride 22 400 000, hyper-aride 6 600 000.

Causes de la désertification. Elles sont en partie d'origine humaine. *1° Déboisement :* les arbres, arbustes et broussailles xérophiles (c.-à-d. capables de survivre dans des zones sèches semi-arides), seule source d'énergie de ces régions, sont utilisés comme combustible. On déboise aussi pour cultiver ; mais le sol s'épuise rapidement et se désertifie. Des programmes de reboisement ont été mis en place en Europe, Amérique, Chine, Corée du Sud, Inde et dans plusieurs régions d'Afrique.

2° Surpopulation animale : les troupeaux, disposant de territoires moindres, ne peuvent plus transhumer et détruisent leurs pâturages en les broutant, en les piétinant.

3° Salinisation des sols : eau d'irrigation concentrant en surface les sels et amenée par canaux (Égypte, Irak, Pakistan), a détruit plusieurs millions d'ha valables pour la pâture.

Déserts principaux en milliers de km².

Afrique. *Sahara :* 7 770 [E./O. 5 150 km ; N./S. max. 2 250, min. 1 275. Altitude min. –137 m (dépression de Qattâra, Égypte) ; max. 3 415 m (monts Emi Koussi, Tchad)]. *Libye :* 1 683. *Afr. du Sud :* Kalahari 518. *Soudan :* Nubie 310. *Égypte :* Arabique 300.

Amérique. *Chili : Atacama* 181. *Californie :* Colorado 78 ; Mohave 35. *Calif./Nevada :* Vallée de la Mort 8.

Asie. *Chine/Mongolie :* Gobi 1 036 ; Takla Makan 320. *Arabie :* Rub'Al-Khali 300 ; Nefoud 120. *U.R.S.S. :* Karakoum 270, Kizil Koum 230. *Inde-Pakistan :* Thar 260.

Australie. Australie centrale 1 500, du Nord-Ouest 414, Victoria 324, Gibson 220.

Total. 18 000.

La F.A.O. a classé ainsi les déserts (en milliers de km²) : désert extrême existant 7 959 (Afr. 6 178, Asie 1 581, Amér. du S. 200) ; *régions à risque de désertification très élevé* 2 929 (Afr. 1 725, Asie 790, Amér. du S. 414), *élevé* 13 425 (Asie 7 253, Afr. 4 911, Amér. du S. 1 261), *modéré* 10 951 (Asie 5 608, Afr. 3 741, Amér. du S. 1 602). *Total* 35 264 (28 % des terres de l'ensemble des continents) dont Afr. 16 555 (50 %), Asie 15 232 (30 %), Amér. du S. 3 478 (20 %).

Types de déserts. La plupart des déserts sont chauds (zones subtropicales), certains sont tempérés ou froids (secteur aride de la zone tempérée-froide).

Europe, géographie physique

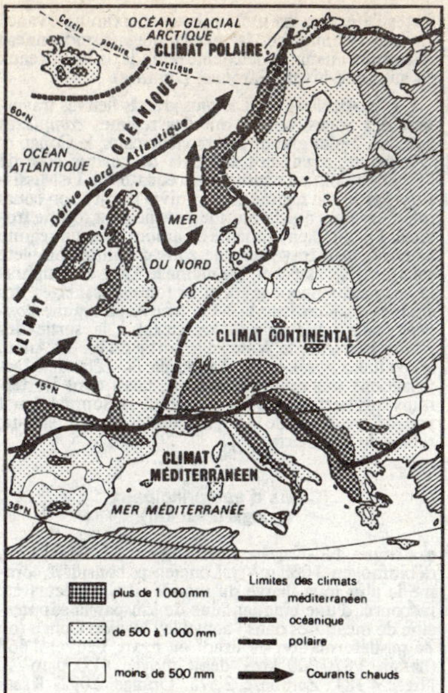

Climatologie

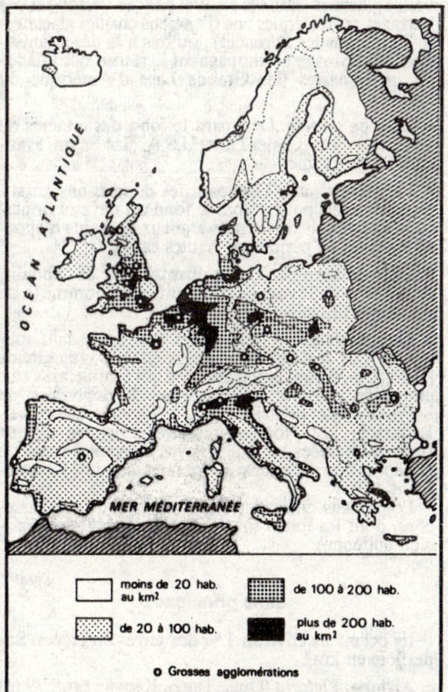

Population

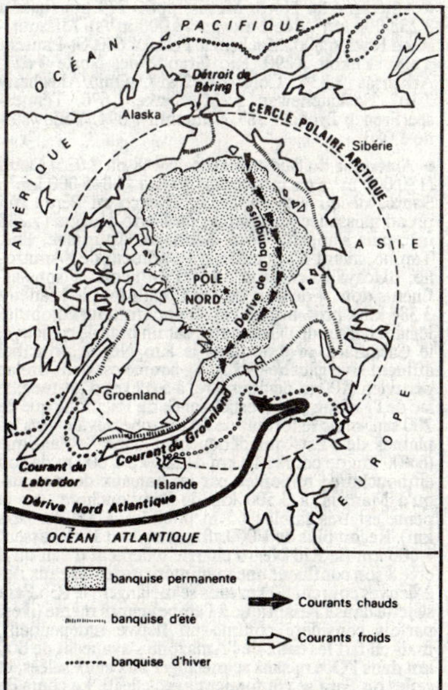

Pôle Nord

Des techniques pour l'irrigation et la mise en valeur des déserts ont été mises au point depuis 1945, notamment en Israël (Neguev) et en U.R.S.S. (canal d'irrigation de l'Amou Daria au Turkménistan : commencé en 1954, arrosant le désert du Karakoum sur 1 400 km, il permet la culture de 650 000 ha).

Eaux continentales

• **Origine.** Précipitations arrosant les terres émergées (une partie est absorbée par l'évaporation, le sol et la végétation). Les eaux tendent à se rassembler au point le plus bas. On distingue :

— *les bassins hydrographiques exoréiques* (du grec *exo-*, « en dehors », *rhein*, « couler ») : 72 % des terres émergées, les eaux s'écoulent vers les mers ;

— *les bassins h. endoréiques* (du grec *endo-*, « dedans ») : 11 % des t. émergées, les eaux s'écoulent vers les lacs, mers intérieures, chotts (dépressions continentales) ;

— *les bassins h. aréiques* (*a* privatif) : 17 % des t. émergées, pas d'écoulement superficiel (peu de précipitations, évaporation intense, perméabilité des terrains).

• **Volumes comparés des eaux sur le globe** (milliers de km³). *Total* 1 385 600 dont *eaux salées* : océans et mers bordières 1 338 000 ; *eaux douces* 47 600 (neige et glace 24 000, eaux souterraines entre la surface et 2 000 m de profondeur env. 24 000, lacs 175, eau dans l'atmosphère 12, eau du sol 10, fleuves et rivières 2, eau dans les organismes vivants 1). *Prélèvements d'eau douce* en France : 25 milliards de m³ (en l'an 2000 : 30). *Potentiel hydraulique français* : 200 milliards de m³. *Capacité actuelle des barrages* : 9 milliards de m³, difficile à augmenter faute de sites. *Consommation d'eau douce* : 3,5 milliards de m³ dont 2 pour l'industrie. Essais récents de réalimentation des nappes par l'eau des rivières décantée et filtrée (à Croissy notamment).

Fleuves

Généralités

• **Définition.** Cours d'eau important qui forme avec ses affluents un réseau *hydrographique* drainant jusqu'à la mer les eaux de ruissellement d'une surface géographique appelée son *bassin*.

• **Bassins hydrographiques** (en milliers de km²). *Les plus grands bassins* : Amazone 7 045. Congo 3 690. Mississippi-Missouri 3 248. La Plata/Parana 3 104. Ob-Irtych 2 950. Nil 2 876. *Autres bassins* : Volga 1 380. Danube 817. Rhin 224. Loire 115. Rhône 99. Seine 78, 6. Garonne 44,8.

• **Débit d'un fleuve.** Quantité d'eau qu'il évacue. Dépend du volume des eaux et de la vitesse du cours (selon la pente : torrentielle, rapide, lente, quasi stagnante). Évalué en m³/s : lecture du niveau sur une échelle graduée, jaugeage au moulinet pour déterminer la vitesse pour chaque niveau (courbe de tarage). Récemment : traceurs radio-actifs, jaugeages chimiques par dilution, traitement par ordinateur. Les *débits relatifs* ou *spécifiques* (exprimés en litres/s au km²) permettent de comparer les rivières selon des critères géographiques (abondance pluviale, déficit d'écoulement, évaporation).

• **Deltas.** *Principaux deltas* (en milliers de km²) : Gange 77. Irraouaddi 45. Mississippi 37, Nil 22. Mékong 21. *Europe* (en km²) : Danube 3 750. Rhône 750.

• **Débits.** Débits moyens et, entre parenthèses, min. et max. en milliers de m³/s. *Les plus grands débits* : Amazone 180 (70-200). Congo 45 (40-80). La Plata 25 (12-60). *Autres débits* : Yang Tsé-kiang 31 (0,6-50). Lena 16. Gange 13 (0,6-50). Ob 12. Amour 11. Volga 8 (2-40). Danube 6,3 (max. 22). Rhin 2,2 (0,78-9). Nil 2 (0,5-7). Rhône 1,7. Loire 0,65 (0,075-10). Elbe 0,6 (0,15-3,6). Seine 0,4 (0,05-1,65). Garonne 0,35 (0,1-9). Var (0,061-2,57). Argens (0,003-0,6).

• **Bassins montagneux très arrosés** : jusqu'à 200 à 300 l/s/km² : Alaska, Islande, N.-Zélande, Hawaii.

• **Bilan d'un fleuve.** Rapport entre le volume des eaux écoulées jusqu'à la mer et celui des précipitations tombées sur le bassin. Pour certains fleuves le bilan est égal à 0, toute leur eau se perdant en route (par évaporation, infiltration, utilisation dans les terres irriguées). *Ex.* : le Syr Daria (Kazakhstan) n'atteint pas chaque année la mer d'Aral. Autres bilans : Colorado 11 %, Seine 30 %, Rhône 65 %, torrents de montagne 85 % et plus.

• **Crues des fleuves.** *Origine* : le plus souvent pluviale : cyclones tropicaux, averses méditerranéennes, « cloudburst » au Texas. Mais aussi fonte des neiges (Brahmapoutre ; 20 % du volume total de la crue du Tarn en mars 1930 ; Isère en nov. 1951). Ou bien éboulement (Indus août 1929), débâcle (Rhin février 1784) et éruptions sous-glaciaires (Joküllhaup en Islande).

Prévision et remèdes contre les crues : système d'alerte, calcul des hauteurs d'eau maximales, équipement des rivières et travaux de protection, barrages et digues. Tous les risques ne sont pas éliminés en cas de crue exceptionnelle, de très faible probabilité (centenaire ou millénaire). Progrès récents par télédétection : images des crues du Niger, du Sénégal ou Amazone, fournies par satellite. Pollution thermique du Rhin surveillée par le radiomètre Ariès embarqué sur un avion.

Crue record : le Nueces au Texas, juin 1935, a débité 15 000 m³/s pour un bassin de 1 040 km².

Quelques autres crues célèbres. 1658 Seine (8,81 m à Paris). *1846* (22-10) Loire (Amboise). *1910* (28-1) Seine (8,42 m à Paris). *1915* Fleuve Rouge (Viêt-nam). *1931* Yang-Tsé et Fleuve Jaune (Chine), 1 à 2 millions de victimes. *1952* (15-8) Devonshire (Chine), 2 millions de †. *1972* Rapid City (Dakota du Sud, U.S.A.), 237 †. *1980* (22-9) Haute Vallée de la Loire, 5 †.

• **Érosion fluviale.** Se fait dans 2 directions : *perpendiculairement* à son cours le fleuve élargit son lit. S'il coule en terrain meuble, ses crues peuvent créer de larges vallées fluviales (*ex. :* la plaine d'Alsace, créée par le Rhin). S'il coule sur des roches dures, il peut s'enfoncer profondément entre 2 rives rapprochées créant des *gorges* ou des *canyons* (*ex. :* canyon du Colorado, aux U.S.A.). *Dans le sens* de son cours, il modifie son *profil* en le régularisant ; grosso modo, il tend à transformer un profil en escalier (sur lequel il descend de chute en chute) en plan incliné où sa vitesse reste constante. *Mécanisme de régularisation :* il existe un creux de 60 m au pied de la chute du Niagara, haute de 50 m, et à l'aval de la chute Victoria sur le Zambèze la profondeur atteint 140 m. La chute, ainsi sapée à son pied, recule ; le creusement remonte donc peu à peu d'aval en amont : c'est l'érosion régressive. A mesure qu'elle recule, la chute diminue de hauteur. Au bout d'un temps + ou − long, il n'y a plus de chute mais une pente + forte où la vitesse du courant s'accélère, formant des rapides. *Captures :* un cours d'eau abandonne parfois sa vallée par suite de sa « capture » au profit d'une rivière voisine (*ex. :* capture par la Meurthe de la Moselle qui se jetait primitivement dans la Meuse et qui, actuellement, change brusquement de direction à Toul pour se jeter dans la Meurthe à Pompey).

• **Transports solides.** Les fleuves contiennent des *sédiments fins* en suspension dans l'eau. Hoang Ho (Chine) 50 kg au m³ ; rivières d'Afrique du N. ; Rio Puerco S.-O. des U.S.A. 144 kg, record ; Durance 2 kg ; Rhin néerlandais 80 g. *Transports de matériaux grossiers :* la Loire apporte à l'océan 4 millions de m³ de matériaux par an, le Rhône 20, le Mississippi 300 à 350, l'Amazone 1 milliard. Lors de fortes crues, le Tech (Roussillon, oct. 1940) a transporté 20 millions de t de blocs et cailloux en 36 h. La dégradation des sols paraît être en moyenne de 2 à 4 m par millénaire en Europe du N., de 1 m par millénaire dans le bassin du Hoang Ho (lœss très friables). Plus loin, les eaux déposent ces alluvions dans des plaines alluviales et deltas. Dans le lit majeur du Nil, l'accumulation est de 30 cm par siècle ; dans le lit mineur, elle est d'environ 16 cm.

Régime d'un fleuve

• **Définition.** Variations de son débit au cours de l'année : période de hautes eaux (maximum : la **crue**) et de basses eaux (minimum : l'**étiage**). Les variations dépendent de plusieurs facteurs : *précipitations* (pluie ou neige), *température* (favorisant l'évaporation ou le gel), *relief* (rapidité de l'écoulement en montagne), *sous-sol* (perméable ou imperméable) et *couvert végétal* (le manteau forestier régularise le ruissellement et atténue les crues).

• **Principaux types.** 1° **Zone intertropicale** : les régimes suivent les variations des précipitations qui ont lieu le plus souvent en période chaude. *Régime équatorial :* débits abondants toute l'année (*ex. :* l'Ogooué au Gabon). *Régime pluvial tropical :* une saison sèche, une saison humide (*ex. :* Rio Negro, Logone). L'écart entre hautes eaux et basses eaux peut être fortement accentué (*ex. :* Bénoué, Sénégal qui peut rouler 100 fois plus d'eau en été qu'en hiver). Peuvent entrer dans cette catégorie les fleuves des pays de mousson (Gange, Yang Tsé-kiang, Mississippi inférieur).

2° **Zones méditerranéennes et subarides** : pénurie grave en été et abondance en période froide, souvent automne et printemps [*ex. :* Ardèche, Èbre (Espagne), Sacramento (U.S.A.), Taquari (Brésil), Serpentine (Australie occid.)]. *Régime aride :* écoulement intermittent, crues torrentielles très rares séparées par de longs intervalles d'aridité (*ex. : oueds* sahariens).

3° **Zones tempérées et froides** : l'influence des températures l'emporte graduellement sur celle des précipitations. *Régime pluvial océanique :* hautes eaux en saison froide avec des différences peu accentuées mais de fortes variations interannuelles [*ex.* Tamise (G.-B.), Coliban (Australie du S.-E.)]. *Régime des plaines continentales :* à influences nivales croissantes ; hautes eaux en avril-mai dues à la fonte des neiges, basses eaux en sept.-oct. (*ex. :* Danube, Volga). Sur les fleuves sibériens et alaskiens, le Yukon, le Mackensie, le régime commandé par la fonte des neiges présente une brusque montée des eaux (débâcle) en juin, puis descente lente de juillet à avril.

4° **Zones de montagnes** : l'altitude accroît les précipitations et abaisse les températures ; les débits suivent fidèlement les variations thermiques. *Régime glaciaire :* dans les plus hauts bassins (Arve, Aar, Matter-Visp) maximum de juillet-août très prononcé, rétention quasi totale l'hiver, oscillations diurnes très fortes l'été. Bassins moins élevés, maximum avancé en juin (Romanche, Isère). Montagnes moyennes : maximum en mai et deuxième période de hautes eaux en automne-hiver (Garonne, Durance).

Cas particuliers : *1°* Les plus grands fleuves traversant des zones variées ont des régimes *complexes* (*ex. :* les 2 plus grands fleuves tropicaux, le Congo et l'Amazone, ayant des affluents de chaque côté de l'Équateur, ont un régime quasi équatorial. Le Mississippi garde son régime pluvio-nival jusqu'à son cours inférieur alors que la Floride voisine a un régime tropical. Le Nil, bien alimenté en amont avec un régime tropical, peut traverser une zone d'aridité complète sans jamais s'assécher. De même le Tigre et l'Euphrate se maintiennent grâce à la fonte des neiges des chaînes du Kurdistan). *2°* On trouve un régime *pondéré* (sans variations saisonnières) à la sortie des grands lacs (*ex. :* le Waiau à la sortie du lac Te Anau, le Waitako après le lac Taupo en N.-Zélande). Des variations très amorties existent aussi dans les terrains très perméables (*ex. :* craie de la Somme, karst yougoslave, cours de la Sogid dans les laves d'Islande, sables du Kalahari).

Cours d'eau principaux
(Longueur en km)

• **Afrique.** Nil-Kagera 6 670 (bassin 2 870 000 km², débit moyen 3 000 m³/s). Longtemps considéré comme le plus long fleuve du monde. Il a d'ailleurs été raccourci d'une cinquantaine de km par la suppression de méandres dans l'actuel lac Nasser. Congo (ou Zaïre, déformation de nzadi ou nzari, fleuve) 4 667 (bassin 3 820 000 km², débit moyen 41 000 m³/s). Niger 4 184. Zambèze 2 575. Orange 2 092. Kasaï 2 000. Volta 1 900. Sénégal 1 609. Limpopo 1 600. Oubangui 1 300. Chari 1 200. Gambie 1 127.

• **Amérique du Nord.** Mississippi 3 779 km (bassin 3 238 000 km², débit moyen 18 000 m³/s). Missouri-Read Rock 6 800. Mackenzie Peace 4 600. St-Laurent 3 800. Yukon 3 290. Rio Grande del Norte 3 027. Arkansas 2 334. Colorado 2 317. Ohio/Alleghany 2 102. Saskatchewan 1 931. Snake 1 670. Tennessee/French Broad 1 387. Churchill 1 094. Yellowstone 1 080.

• **Amérique du Sud. Amazone** 6 448 ou 7 025. Débit (180 000 m³/s en moyenne) ; bassin (7 045 000 km²). Source découverte en 1953 : Huarco au Pérou qui prend naissance au sommet du Cerro-Huagra (5 238 m) ; puis s'appelle Toro, Santiago, Apurimac, Éné, Tambo, avant d'atteindre le 1er affluent de l'Amazone, l'Ucayali ; environ 15 000 affluents et sous-affluents dont 4 de plus de 1 600 km (dont le Madeira 3 380 km), prof. min. 90 m. On pourrait lui adjoindre le haut bassin de l'Orénoque, car un bras de ce fleuve, le Casquiare, se jette dans le Rio Negro, principal affluent rive gauche de l'A. Sa source est dans un lac péruvien (100 m de diamètre) à 5 050 m d'altitude, le lac de l'Enfant. Elle n'est éloignée du Pacifique que de 200 km, mais le torrent de l'Amazone dévale vers les plaines de l'Est, qui débouchent dans l'Atlantique (6 400 km de cours ; 10 km de large à 1 600 m de son embouchure ; remontée par les bateaux de mer jusqu'à Manaus, à 3 500 km de l'embouchure, car la pente est très faible : 65 m pour les 3 000 derniers km). Reçoit plus de 1 000 affluents, dont 17 dépassent 1 600 km [le Rio Negro charrie tellement d'eau qu'il crée à son confluent une mer intérieure et les eaux des 2 fleuves courent 80 km sans se mélanger ; le Rio Para se jette dans l'Atlantique à l'embouchure même (il est parfois considéré comme un fleuve indépendant, mais en fait les eaux de l'Amazone s'avancent de 300 km dans l'Océan sans se mélanger aux eaux salées, et celles du Para se confondent avec elles)]. Le cours de l'Amazone est tellement sinueux et complexe que le fleuve reçoit 6 noms différents avant d'atteindre la moitié de son cours. On a imaginé de régulariser l'Amazone en barrant son cours principal dans la région de Santarem (jungle amazonienne ; à 700 km de l'embouchure) ; on créerait la plus importante source hydroélectrique au monde et on libérerait en aval 600 000 km² de terres inondables fertiles (mais en amont, le lac de retenue noirait une surface presque aussi importante). Les écologistes craignent que le projet ne détruise l'équilibre biologique de la forêt amazonienne.

Autres fleuves. Parana 4 025 [son sous-affluent, le Pilcomayo (1 999 km), qui se jette dans le Paraguay (affluent), est le plus long sous-affluent du monde]. Purus 3 380. Madeira 3 240 (le plus long affluent du monde). São Francisco 3 198. Tocantins 2 698. Paraguay 2 415. Yapura 2 414. Rio Negro 2 253. Orénoque 2 062. Ucayali 2 000. Pilcomayo 1 999. Uruguay 1 609. Magdalena 1 537. Tapajos 1 500.

Asie et U.R.S.S. Iénissei 5 940. Ob 5 150 (plus long estuaire du monde, 885 km de long., 85 km de large). Yang Tsé-kiang 4 989 (ou 5 520 km avec affluent, bassin 1 800 000 km², débit moyen 34 000 m³/s). Amour 4 667. Léna 4 506. Hoang Ho 4 345. Mékong 4 023. Volga 3 701 (bassin 1 360 000 km², débit moyen 8 000 m³/s). Irtych 3 500. Syr-Daria 2 860. Euphrate 2 799. Indus 2 736. Brahmapoutre 2 704 (le plus vaste delta du monde 75 000 km²). Tarim 2 700. Sikiang 2 655. Salouen 2 500. Oural 2 500. Gange 2 478 (delta 57 000 km², débit moyen 38 000 m³/s). Amou-Daria 2 414. Dniepr 2 300. Kolyma 2 149. Irraouaddi 2 012. Tigre 1 899. Sungari 1 819. Don 1 770. Kama 1 280.

Australie. Murray 2 575. Darling 1 298.

Europe (sans l'U.R.S.S.). Danube 2 857 (bassin 817 000 km², débit moyen 7 000 m³/s). Tizsa 1 358. *Rhin* 1 298. Elbe 1 127. Vistule 1 091. *Loire* 1 080 (bassin 115 200 km²). Tage 1 038. Warta 974. *Meuse* 950. Èbre 927. Oder 911. Douro 850. *Rhône* 812 (delta 750 km²). Pruth 811. *Seine* 776 (estuaire 114 km). Maros (ou Muresh) 756. Weser 732. Drave 724. Save 712. Pô 675. Gotaelf 659. Guadiana 640. Guadalquivir 579. *Garonne* 575. *Moselle* 550. Inn 525. Main 524. Maritza 437. Escaut 430.

Lacs

Types

• **Lacs tectoniques.** Formés par des accidents cassants (rifts) ; les plus profonds, souvent longs et étroits (l. Baïkal, l. Tanganyika, l. Nyassa).

• **Lacs glaciaires.** Occupant des zones surcreusées de vallée glaciaire limitées en aval par des verrous et des barrages morainiques ; ou d'anciens cirques glaciaires (l. d'Oô dans les Pyrénées) ; ou dus à la désorganisation du drainage accompagnant le retrait des inlandsis quaternaires (les Grands Lacs d'Amérique du Nord).

• **Lacs de cratère.** Occupant le fond des cratères de volcans éteints (Crater Lake, U.S.A. ; lac Pavin, France, Puy-de-Dôme).

• **Lacs karstiques.** Occupant les dépressions karstiques (dolines, poljés) dont le fond est devenu imperméable par suite de dépôts argileux (certains n'apparaissent qu'en période de hautes eaux).

• **Lacs de barrage.** Vallée obstruée par des éboulis, des coulées de laves ; ou construits par l'homme (l. de barrage artificiel).

• **Lacs des régions semi-arides** (correspondant souvent à des régions d'endoréisme). Les plus grands [Tchad, m. d'Aral (ancienne mer qui semblerait avoir été reliée à la mer Caspienne par la dépression de Sarykamych et l'Ouzboi jusqu'à l'époque historique), Balkhach, Lob-Nor] sont situés dans des régions biens alimentées en eau (fleuves allogènes) mais où l'évaporation très forte ne permet pas un débordement.

Les **sebkas** correspondent à ce type de lacs, asséchés, dont les fonds sont excavés par déflation (érosion éolienne).

Lacs principaux

Ils occupent environ 1 % des terres émergées. Superficie en km².

Afrique. *Victoria* (Oug., Tanz., Kenya ; prof. 79 m) 68 100. *Tanganyika* (Zaïre, Zambie, Burundi, Tanzanie, alt. 782 m, prof. max. 1 435 m, long 650 km, larg. 3 050 km, prof. 706 m) 31 900. *Nyassa* (Rhodésie, Mal., Moz. ; long. 580 km, larg. 3 080 km) 26 000. *Tchad* (Tchad, Niger, Nigeria, Cameroun ; prof. moy. 4 m) 25 670. *Bangouelo* (Rhodésie) 10 000. *Rodolphe* ou *Samburu* (Kenya, Soudan, Éth.) 8 600. *Léopold II* (Zaïre), basses eaux 2 320 ; hautes eaux 8 200. *Moëro* (Rhod., Malawi, Zaïre ; alt. 930 m) 4 850. *Mobutu-Sese Seko* (ex-lac Albert) (Ouganda, Zaïre ; alt. 618 m) 4 500. *Tsana* (Éthiopie ; alt. 1 830 m) 3 100. *Kivu* (Zaïre ; alt. 1 462 m, prof. + de 400 m) 2 700. *Albert* (ex-Albert-Édouard, ex-Idi-Amin) (Ouganda, Zaïre) 2 150.

Amérique du Nord. *Grands Lacs : Supérieur* (U.S.A. 53 600, Can. 27 750, profondeur 307 m) 84 130. *Huron* (U.S.A., Can. ; prof. 223 m) 61 800. *Michigan* (U.S.A. ; prof. 265 m) 58 100. *Érié* (U.S.A., Can. ; prof. 64 m) 25 612. *Ontario* (U.S.A., Can. ; prof. 225 m) 18 940.

Autres Lacs : Grand Lac de l'Ours (Can. ; prof. 137 m) 31 600. *Grand Lac des Esclaves* (Can. ; prof. 614 m) 26 000. *Winnipeg* (Can.) 24 600. *Athabasca* (Can.) 7 160. *Reindeer* (Can.) 6 330. *Winnipegosis* (Can.) 5 400. *Nipigon* (Can.) 4 840. *Manitoba* (Can.) 4 700. *Grand Lac Salé* (U.S.A. ; alt. 1 283 m) 4 700.

Amérique du Sud et Centrale. *Titicaca* (Bolivie 3 495, Pérou 4 790 ; alt. 3 811 m, prof. max. 370 m, long. max. 233 km, larg. max. 97 km, 36 îles ; *le plus haut des lacs navigables du monde)* 8 965. *Patos* (Brésil) 8 000. *Nicaragua* (Nicaragua) 8 000. *Poopó* (Bolivie) 2 512. *Mirim* (Brésil-Uruguay) 2 500. *Buenos Aires* (Argentine-Chili) 2 400. *Mar Chiquita (Argentine)* 2 000. *Chapala* (Mexique) 1 600. *Argentine* (Argentine) 1 400. *Viedma* (Argentine) 1 110.

Asie. *Mer Caspienne* [U.R.S.S., Iran (43 200 km²), prof. max. 1 025 m, moy. 206 m, surface à 28 m en dessous du niveau de l'océan, 189 600 km³ d'eau salée ; dep. 1930, diminution de la superficie de 39 000 km². Le niveau serait aujourd'hui stabilisé] 371 800. *Mer d'Aral* (U.R.S.S. ; prof. 68 m)[1] 64 500. *Baïkal* (U.R.S.S. ; *le plus profond du monde* 1 740 m, moy. 700 m, alt. 476 m, 23 000 km³ d'eau, 620 km de long, 32 à 74 km de large) 31 685. *Balkhach* (U.R.S.S. ; prof. 26 m) 18 400. *Issyk-Kul* (U.R.S.S. ; prof. 702 m) 6 200. *Rezaye* ou *Ourmiah* (Iran ; alt. 1 560 m) 5 775. *Po Yang* (Chine) 5 000. *Kokou Nor* (Chine) 4 800. *Ting* (Chine) 4 800. *Van* (Turquie) 3 738. *Kossogol* (Mongolie) 2 620. *Tonlé-Sap* (Cambodge) 2 600. *Nam Tso* (Tibet, alt. 4 578) 1 956. *Tengri Nor* (Chine) 1 700. *Sevan* (U.R.S.S.) 1 400 km². *Mer Morte* (Israël, Jordanie) 980. *Tibériade* (ou lac de Génézareth ou mer de Galilée) (Israël, Syrie) 175.

Nota. — (1) Sont des mers par la salinité de leurs eaux (même faible) et des lacs puisqu'ils ne communiquent pas avec l'océan mondial.

Europe. *Ladoga* (U.R.S.S. ; prof. 250 m) 17 700. *Onega* (U.R.S.S.) 9 610. *Vanern* (Suède) 5 546. *Saimaa* (Finl.) 4 440. *Peïpous* (U.R.S.S.) 3 583. *Vattern* (Suède) 1 912. *Ilmen* (U.R.S.S.) 1 200. *Mälar* (Suède) 1 140. *Bjelo* (Suède) 1 125. *Païjänne* (Finl.) 1 100. *Inari* (Finl.) 1 080. *Balaton* (Hongrie) 596. *Léman* ou de *Genève* (348 km² à la Suisse, 234 à la Fr. ; prof. 310 m, alt. 372 m, tour 167 km, plus grande long. en ligne courbe 72,3 km, plus grande larg. 13,8 km) 582. *Constance* (Allem., Suisse, Autr.) 538,5. *Garde* (Italie ; prof. max. 346 m, périmètre 180 km) 366. *Mjosa* (Norv. ; prof. 449 m) 366. *Neuchâtel* (Suisse ; prof. max. 153) 216. *Majeur* (It., Suisse ; prof. max. 372 m, périmètre 170 km) 210. *Côme* (It. ; prof. max. 410 m) 146. *Trasimène* (It.) 126. *Quatre-Cantons* (Suisse) 110. *Berre* (Fr., B.-du-Rh. ; prof. 16 m, tour 68 km, étang) 110. *Leucate* (ou Salses) (Fr., Aude, Pyr.-Or. ; prof. 12 m, étang) 110. *Thau* (Fr., Hérault ; prof. 30 m, étang salé) 75. *Grand-Lieu* (Fr., Loire-Atl. ; prof. 2 m) 67. *Iseo* (Italie) 65. *Lochness* (Écosse) 59. *Cazaux* (Fr., Landes, Gir. ; prof. 22 m) 56. *Lugano* (Suisse, Italie) 48. *Der* (Fr., Marne, Hte-Marne, *le plus grand lac artificiel d'Europe)* 48. *Thoune* (Suisse) 47,8. *Bages et Sigean* (Fr., Aude ; prof. 2 m, étang) 45. *Le Bourget* (Fr., Savoie ; prof. max. 145 m ; alt. 231 m) 43,3. *Mauguio* (ou étang de l'Or) (Fr., Hérault ; prof. 2 m) 43. *Carcans et Hourtin* (Fr., Gir. ; prof. 10 m, étangs) 36,2. *Biscarosse* (ou étang de Parentis) (Fr., Landes ; prof. 20 m) 34,5. *Serre-Ponçon* (Fr., Htes-Alpes ; artificiel) 28,2. *Morat* (Suisse) 27. *Annecy* (Fr., Hte-S. ; prof. 64 m, alt. 446 m, long. 14 km, larg. 3,3 km) 27.

Océanie. *Eyre* (Austr. ; salé ; fréquemment à sec) 8 200.

Gorges (canyons)

France. *Tarn*, longueur 50 km, largeur au fond 30 à 500 m, au sommet 1 200 à 2 000 m, prof. 400 à 600 m ; *Verdon*, longueur 21 km, largeur au fond 6 à 100 m, au sommet 200 à 1 500 m, prof. 250 à 700 m. **U.S.A.** : *Rio Colorado*, prof. 2 133 m, long 800 km, larg. 25 km à sa partie sup. *Hell Canyon* (Oregon, Idaho, U.S.A.) 2 400 m, *le plus profond du monde*.

Pont naturel. *Le plus long du monde (au-dessus d'un canyon)* : Arches National Monument, Utah, U.S.A., 88 m de long.

Chutes d'eau principales

Les plus hautes. Hauteur en mètres. *Angel* (Venezuela) (en escalier) 979. *Tugela* (Natal, Afr. du Sud) (en esc.) 948. *Kukenaam* (Venezuela/Guyane) 610. *Sutherland* (N.-Zélande) (en escalier) 581. *Kile* (Norvège) (en escalier) 561. *Ribbon* (Californie) (saisonnière) 492. *George VI* (Guyane) 488. *Yosemite* (Upper) (Calif.) (en escalier, saisonnière) 436. *Gavarnie* (France, Htes-Pyr.) 422. *Trummelbach* (Suisse) (en escalier) 400. *Krimmel* (Autriche) 396. — *Kaïtan Falls* (Guyane) 244. *Kalambo* (Tanzanie/Zambie) 215. *Terni* (Italie) 180.

Les plus gros débits (en milliers de m³ par seconde). *Khône* (Laos, 15 à 21 m de haut, 10,8 km de large) 42 500. *Boyoma* (ex-Stanley, Zaïre) 17 000. *Guayra* (Sete Quedas, Brésil/Paraguay) [Stanley Falls (17 cataractes réparties sur une centaine de km sur le Congo ; aucune ne dépasse 4 m de haut)] (hauteur max. 114 m, en moy. 33,50 m, débit moyen 13 300, max. 50 000, largeur 4 850 m) 13 301. *Niagara* (U.S.A./Canada) (ht 59 m)[1] 6 000. [Tentatives de descente des chutes : 1829 (Sam Patch, rescapé) ; 4-10-1901 (Annie Taylor, tonneau en bois, rescapée) ; 1911 (Bobby Leach, tonneau d'acier, rescapé, 6 mois d'hôpital) ; 1928 (Jean Lussier, Québécois, sphère de caoutchouc avec 32 tubes d'acier, rescapé) : 1930 (Georges Stathakis, Grec, baril bois-acier, mort noyé) ; 1951 (William Red Mill, 13 chambres à air, tué) ; 1952 (Nathan T. Boya, même système, rescapé) ; 1960 (Roger Honeycutt, 7 ans, chute, rescapé grâce à son gilet de sauvetage, son père tué).] *Paulo Alfonso* (Brésil) (ht 84 m) 2 830. *Urubupunga* (Brésil) (ht 12 m) 2 745. *Iguazù* (Argentine/Brésil) (ht 72 m) 1 743. *Patos Maribondo* (Brésil) (ht 35 m) 1 500. *Churchill* (Labrador, Canada) (ht 75 m) 1 132. *Victoria* (Rhodésie/Zambie) (ht 108 m) 1 087. *Kaieteur* (Guyane brit.) (ht 226 m) 662.

Source la plus importante. Dumanli en Turquie, moyenne annuelle 50 m³/s (20 à 200 m³/s).

Glaces terrestres

Généralités

☞ Le mot *glacier*, créé dans les Alpes, désignait à l'origine les glaciers locaux occupant un cirque ou une vallée, parfois s'étalant dans le piémont. On a ensuite appelé *glaciers émissaires* les courants de glace naissant au sein d'une *nappe de glace* (en noyant presque tout le relief) ou d'une *calotte glaciaire* (s'élevant bien au-dessus du relief), et qui viennent le plus souvent former des langues à la périphérie de la nappe de glace ou calotte. On a parfois étendu le sens du mot glacier pour désigner toute masse de glace venant de la neige et persistant à l'échelle d'une vie humaine, quelle que soit sa taille. La même confusion existe avec le mot islandais *jökull* (le Vatnajökull est une calotte ayant 10 émissaires principaux) ou le mot norvégien *bre* (le Jostedalsbre est un plateau englacé avec 25 glaciers émissaires, chacun appelé aussi bre).

• **Formation de la glace.** Par température négative, sous l'effet de la pression, la neige se transforme en glace par élimination de l'air qui séparait les cristaux, et par recristallisation. L'état intermédiaire, le *névé*, est une neige à cristaux arrondis d'une densité supérieure à 0,54. Quand le névé cesse d'être perméable (densité 0,77), il devient de la glace (il faut pour cela 4 mois sous les Tropiques, 1 an dans les Alpes, 20 ans au Groenland).

Poids moyen de 1 m³ : neige fraîchement tombée 85 à 200 kg, névé 500 à 600 kg, glace 850 à 905 kg selon la quantité de bulles d'air.

• **Mouvement de la glace.** La glace se déforme à une vitesse proportionnelle au cube de la force imposée, et qui décroît rapidement avec la température. Au point de fusion, pour une cission de 1 kg-force/ cm² = 10^5 Pa, telle qu'on la trouve à la base d'un glacier de 110 m d'épaisseur et de pente 0,1, la déformation est d'env. 20 degrés/an, la vitesse de la base par rapport à la surface de 8 m/an env. Mais il s'y ajoute un *glissement sur le lit*, variable selon les lieux (quelques m à centaines de m par an). *Crevasses* et *séracs* (blocs entre crevasses) se forment là où la vitesse d'un glacier augmente (le glacier devenant plus mince, et la pente de sa surface plus forte).

Vitesses moyennes : Alpes : 10 à 200 m par an (la glace du sommet atteint le front de la mer de Glace en 100 ans). Au Groenland peut atteindre 4 km par an (elle atteint le mer en 2 000 an au S.-O., et à l'extrême N. en 40 000 à 60 000 ans).

Érosion glaciaire : creusement de « cirques », vallées en « auge », stries et polissage des roches moutonnées. Dépôts de *moraines* (latérale, frontale, de fond...). Blocs erratiques (transportés jusqu'à 1 000 km).

Surge : phénomène affectant 2 % des glaciers de montagnes en Alaska, Asie centrale, Andes de Santiago. Périodiquement, après une longue période de stagnation et gonflement (10 à 50 ans), il y a rupture d'équilibre et le glacier avance de plusieurs km en quelques mois. Le Variegated Glacier (Alaska) atteignit pendant le surge de 1982 60 m/jour. Il avait connu avant, pendant 2 ans, des accélérations momentanées locales dans la partie haute.

• **Bilans des glaciers.** C'est la différence entre l'*alimentation* et l'*ablation*. L'alimentation annuelle par les précipitations neigeuses est de 800 à moins de 200 mm de valeur en eau au Groenland, de 2 000 à 3 200 mm dans les Alpes occidentales, de 3 100 mm au Vatnajökull (Islande). L'ablation se fait par rayonnement solaire, mais la neige et la glace ont un fort *albedo* (% du rayonnement réfléchi, 80 % pour la neige fraîche) ; par la température de l'air quand elle est positive ; par le vent et par vêlage d'icebergs (l'Antarctique perd 260 km³ annuellement). Le bilan est *positif* ou *négatif* selon que l'alimentation l'emporte ou non. Positif en amont, il est négatif en aval, en équilibre à la *ligne d'équilibre* (Alpes à env. 3 000 m, Islande 1 150 m, Andes tropicales 4 800 à 6 200 m selon la latitude, Himalaya, Kenya 4 000 à 5 000 m).

La *mesure* se fait en octobre : là où le bilan est négatif *(zone d'ablation)* on relève l'émergence de balises plantées à 10 m ou 20 m de profondeur avec une sonde à jet de vapeur. Là où le bilan est positif *(zone d'accumulation)* on relève le bilan d'octobre à avril par carottage, et celui d'avril à octobre (négatif) comme en zone d'ablation. Le coefficient d'activité mesure la variation du bilan annuel selon l'alt. (environ 100 cm par an par tranche d'alt. de 100 m dans les Alpes). Le front des glaciers avance à la suite d'une série d'années où les bilans ont été supérieurs à la moyenne, avec un délai variable. Dans les Alpes, il y eut une grande extension pendant le petit âge glaciaire (1550-1860), puis une décrue, très forte après 1940. Depuis 1970, la tendance est à la crue.

• **Types de glaciers.** Les glaciers tempérés se trouvent exactement à la température de fusion de la glace (qui s'abaisse un peu avec la pression), les glaciers froids à une température inférieure.

— *Tempérés tropicaux*, très actifs. *Type équatorial* (159 km²) : précipitations en toutes saisons, décroissant avec l'altitude : monts Carstenz (N.-Guinée), Ruwenzori (Ouganda), Kenya et une douzaine de volcans en Équateur. *Type péruvien* (4 500 km²) : une saison presque sèche, précipitations croissant avec l'altitude : glaciers de Colombie, Pérou et Bolivie. *Type himalayen* (5 000 km²) : précipitations d'été décroissant fortement vers l'intérieur du massif.

— *Froids subtropicaux*, peu actifs. *Type Andes de Santiago* (5 300 km²) : étés rigoureusement secs. Glaciers dans les hautes vallées, les sommets étant souvent déneigés. Présence partout de *pénitents* (lames de glace orientées est-ouest, dues à la fonte par temps froid, très sec et très ensoleillé). Andes, Chili et Argentine entre 29 et 35° lat. S., Hindou-Kouch et plus hauts sommets du Proche-Orient. *Type Asie centrale* (22 000 km²) : précipitations faibles en toutes saisons : Pamir, Altaï ; chaînes du Tibet, Nan-Chan.

— *Tempérés des moyennes latitudes* : fortes précipitations en toutes saisons, moyennement actifs. 150 000 km² (dont Alaska 70 000, Ouest du Canada 20 000, Patagonie et Terre de Feu 24 000, Karakorum 13 600, Islande 11 000, Alpes 3 300 dont Alpes française 300).

— *Froids arctiques. Type sibérien* (2 800 km²) : précipitations modérées toute l'année, climat très continental, hivers très froids. *Type arctique sec* (220 000 km²) : précipitations faibles ou très faibles. L'hiver : banquise. Été bref et doux, permettant une fonte qui transforme une grande partie du manteau neigeux en glace de regel. Nord-Est du Canada, glaciers locaux au N.-O., N. et E. du Groenland, Spitsberg, archipel François-Joseph et Severnaia Zemlia. *Type arctique humide* (120 000 km²) : comme le précédent, mais précipitations plus fortes, très variables selon les années. Pourtour de la mer de Baffin, Spitsberg ouest, N.-Zemble. *Indlandsis* (1 726 000 km²) : 25 % de la surface sont du type arctique dans 45 %, l'eau de fonte regèle avant d'atteindre la glace compacte ; dans 30 %, il n'y a jamais de fonte ou, du moins, pas de percolation de l'eau de fonte.

— *Froids subantarctiques* (50 000 km²) : précipitations importantes en toutes saisons, glaciers tempérés dans leur partie basse. Iles Bouvet, Heard, Balleny, Pierre-Ier, Terre de Graham.

— *Indlandsis antarctique :* seuls 40 km² sur 12 579 000 km² sont libres de glace. Hors d'une frange côtière de 10 à 100 km de large, la fonte est totalement inconnue.

— *Shelfs* (1 417 000 km²) : glaciers flottants issus de l'indlandsis, tout autour du continent antarctique.

• **Recherches glaciologiques en France :** *Laboratoire de glaciologie et géophysique de l'environnement du C.N.R.S.* (Grenoble), en collaboration avec le *Centre des Faibles Radioactivités* de Gif-sur-Yvette et le *C.E.N.* de Saclay. Pour les avalanches : *Centre technique du génie rural et des eaux et forêts, Centre d'étude de la neige de la météorologie nationale. Centre d'études arctiques (C.N.R.S.-E.H.E.S.S., Paris)* participe, par l'intermédiaire d'un groupement scientifique du C.N.R.S., à des recherches glaciologiques au Spitzberg (géomorphologie, climatologie, chronobiologie humaine et géologie structurale appliquées aux hautes latitudes).

• **Catastrophes glaciaires. Ruptures de lacs intraglaciaires :** des poches d'eau, pouvant atteindre 1 km³, se forment parfois dans les glaciers, notamment en Islande où le sol est réchauffé par l'activité volcanique. Quand le barrage de glace cède, les eaux se libèrent à des allures torrentielles. A *St-Gervais* (Hte-Savoie), dans la nuit du 10 au 11-7-1892, 200 000 m³ d'eau ont dévalé depuis le glacier de Tête Rousse à 3 100 m d'altitude, faisant sauter un bouchon de glace de 90 000 m³ et entraînant 500 000 m³ de sédiments (144 morts). **Ruptures de lacs proglaciaires :** les eaux de fonte d'un glacier, accumulées dans un lac barré par des débris morainiques, peuvent faire sauter cet « arc morainique » et se ruer vers l'aval. Au *Pérou*, le 13-12-1941 dans la Cordillera Blanca, 1/3 de la ville de Huaraz fut ainsi détruite (6 000 †). Lors de la catastrophe de Los Cedros (200 †) en 1950, un pilier de pont de 2 000 t fut charrié sur 20 km. Autre cas : l'avancée d'un glacier barre une vallée ; tôt ou tard, le lac de barrage ainsi formé se vide. *Ex. :* le Giétroz (Valais Suisse) en 1595 ; le Rutor (val d'Aoste, Italie) 6 fois de 1594 à 1751. **Écroulement de langue glaciaire :** le 30-8-1965, le bas de la langue du glacier d'Allalin se détacha et 1,5 million de m³ de glace écrasèrent le chantier du barrage de Mattmark (88 †). **Secousses telluriques :** elles peuvent précipiter roches et glaces, éroder les pentes supérieures et ensevelir sous des laves de boue les villages des vallées ; le 31-5-1970, au Pérou, du haut du Huascaran (Andes, 6 700 m), 6 millions de m³ de glace et de roches tuèrent une cordée d'alpinistes au N. et à l'O. 30 millions de m³ de sédiments et de glace, lancés à plus de 300 km/h, recouvrirent la ville de Yungay détruite quelques minutes avant par le séisme (15 000 †).

Statistiques

• **Étendue.** 15 260 000 km² (3 % de la surface du globe, 9 % des terres émergées). *Indlandsis* 14 800 000 km² (Antarctique 13 000 000 km² et Groenland 1 800 000 km²), représente 99 % du volume et 93 % de la surface des glaces terrestres. *Régions polaires et subpolaires* 362 000 km². *Latitudes moyennes* 49 000 km². *Basses latitudes* 44 000 km².

• **Volume.** Total 31 700 000 km³. Si tous les glaciers fondaient, le niveau général des océans monterait de plus de 60 m, recouvrant toutes les plaines basses. Par leur poids et par *réaction isostatique* les grandes calottes enfoncent leur socle. A l'inverse, le socle scandinave, allégé par la déglaciation quaternaire, se relève lentement (1 m par siècle).

• **Principales calottes glaciaires et champs de glace** (superficie en km²). Antarctide (shelfs compris) 13 800 000, Indlandsis (Groenland) 1 726 000, 3 calottes de l'île d'Ellesmere 26 000, 22 000, 20 000, Nouvelle-Zemble du N. 21 500, Hielo Patagonico Sud (Chili-Argentine) 13 500, Vatnajökull (Islande) 8 390, Sörfonna + Austfonna (Nord austlandet, Spitsberg) 7 920, Mc Gill Icefield (I. Axel Heiberg, Archipel Canadien) 7 250, Barnes Ice cap (I. de Baffin) 6 000, Penny Ice cap (I. de Baffin) 6 000, I. Komsomolets (Severnaïa Zemlia) 6 000, Schei Icefield (I. Axel Heiberg) 5 100, Hielo Patagonico Nord 4 400, Westfonna (Nord austlandet) 2 800, Jostedalsbre (Norvège) 473, Svartis (Norvège) 450.

• **Principaux glaciers locaux** (glaciers émissaires de calottes glaciaires exclus, longueur en km). Bagley icefield et Gla. Behring (Cord. de la Côte, Alaska) 185, Seward + Malaspina (id.) 100, Logan (id.) 95, Hubbard (id.) 80, Fedtchenko (Pamir) 77, Siachen (Karakorum Est) 75, Muldrow (Cord. d'Alaska) 72, Baltoro (Karakorum Est) 66, Inyltchek (Tian-Chan) 65, Koilaf (id.) 60, Uppsala (Patagonie) 60, Biafo (Karakorum Ouest) 60, Hispar (id.) 59, Batura (id.) 58, Monaco (Spitzberg) 48, Tasman (Nlle-Zélande) 28, Aletsch (Alpes suisses) 24,7, Ngojumba (Népal) 22, Mer de Glace (Alpes franç.) 12.

Limite inférieure	Alt. m	Degré de lat.
Alaska	0	– 59°
Patagonie	0	– 47°
Alpes du Nord (les Bossons, France)	1 200	47°
Alpes du Sud (Pelvoux)	2 400	45°
N.-Zélande	760	– 43°
Pyrénées (France)	2 900	43°
Caucase (U.R.S.S.)	2 100	43°
Kilimandjaro (Afrique)	5 300	– 5°

Phénomènes endogènes et exogènes

Les **forces endogènes** (du grec *endo*, « dedans », *genos*, « origine ») agissent à l'intérieur du globe et se manifestent en surface par des mouvements très lents ou parfois très brusques (tremblements de terre et volcanisme).

Les **forces exogènes** agissent périodiquement ou irrégulièrement de l'extérieur et produisent des déformations, souvent superficielles. Ex. : attraction lunisolaire, responsable des marées océanique et terrestre ; déséquilibres dus à la lente accumulation ou fonte des calottes polaires, à l'érosion atmosphérique, fluviale, marine, qui dégrade les reliefs et produit ailleurs des accumulations de sédiments.

Séismes (tremblements de terre)

Généralités

Causes. La tectonique des plaques permet d'expliquer la localisation de la plupart des tremblements de terre et la profondeur des foyers.

Par l'action de forces endogènes, une énergie considérable s'accumule dans les zones d'affrontement des plaques ou microplaques. Elle est libérée par à-coups dans les séismes. Lorsque 2 plaques s'écartent (rifts océaniques), les séismes sont superficiels et généralement peu intenses. Lorsque 2 plaques entrent en collision avec formation d'une fosse océanique, les séismes peuvent être violents et superficiels, intermédiaires ou profonds (v. fig. p. 84). Lorsque 2 plaques coulissent l'une contre l'autre, les séismes sont très superficiels (comme en Californie). La fréquence de retour des séismes varie selon la vitesse de mouvement relatif des 2 plaques.

De très grands séismes peuvent aussi se produire à l'intérieur des plaques (ex. grands séismes chinois du Liaoning et de Tanchan en 1975 et 1976). La sismicité de certaines régions de la France (Massif armoricain, Ile d'Oléron) est aussi de type intra-plaque.

L'*hypocentre*, ou foyer du séisme, est le point intérieur du globe où se produit le déplacement brusque qui engendre les ondes sismiques. Il peut se situer entre la surface et 720 km de profondeur [2 à 3 km à Agadir (1960), 8 à 9 à Orléansville (1954), 15 au Pays Basque].

L'*épicentre* est le point de la surface de la Terre à la verticale de l'hypocentre. Un séisme est dit superficiel lorsque son foyer est entre 0 et 70 km ; intermédiaire entre 70 et 300 ; profond entre 300 et 720. La plupart des séismes sont superficiels. 65 % des séismes de magnitude supérieure à 5 sont superficiels et 5 % seulement sont profonds.

Ondes sismiques. Les vibrations élastiques se propagent à partir du foyer par des *ondes de compression*, ou longitudinales, analogues au son, appelées P et des *ondes de cisaillement*, ou transversales, moins rapides, arrivant en second lieu et appelées S.

Les vitesses de propagation, dans la partie supérieure de la croûte, granitique, sont d'environ 6,2 (km/s) pour les P et 3,6 pour les S ; plus bas, dans la couche basaltique, 8,2 et 4,7. Les vibrations des grands séismes et tirs nucléaires peuvent traverser le globe de part en part ; leur vitesse augmente encore avec la profondeur et renseigne sur la composition du manteau et du noyau terrestres. Les ondes S ne traversent pas le noyau, on en déduit qu'il a les propriétés d'un liquide (v. Matériau terrestre).

Les *ondes de surface* se propagent dans la croûte et renseignent sur sa structure et son épaisseur : les ondes L (de Love) et les ondes R (de Rayleigh). Dans les séismes superficiels, les ondes L et R transmettent la plus grande partie de l'énergie et servent à calculer la magnitude M_S.

Les écarts, mesurés sur les séismogrammes (enregistrements des mouvements du sol), entre les temps d'arrivée des différents trains d'onde servent à déterminer la distance de l'épicentre et, dans certains cas, approximativement la profondeur du foyer (hypocentre).

Grandeur d'un séisme

Magnitude ; échelle de Richter. La magnitude caractérise l'énergie libérée au foyer d'une secousse. Cette grandeur a été proposée pour la 1re fois par Charles Richter (Am. 1900-1985) en 1935 pour classer entre eux les nombreux séismes californiens. *Définition initiale :* la magnitude est le logarithme de l'amplitude maximale *mesurée en microns* obtenue à une distance épicentrale de 100 km, inscription fournie par un séismographe étalon ayant une période propre de 0,8 s et un grandissement de 2 800 ; ainsi la magnitude 3 (log 1 000) sera attribuée à un séisme enregistré à 100 km de l'épicentre avec une amplitude de 1 mm (1 000 microns) sur l'appareil étalon. *A partir de 1945 :* notion étendue aux séismes éloignés à l'aide de formules qui font intervenir, soit l'amplitude maximale du mouvement du sol (ondes de surface) mesurée en une station située à la distance Δ (magnitude M), soit l'amplitude et la période de l'onde P enregistrées en cette même station (magnitude m). La magnitude d'un même séisme calculée par différentes stations peut présenter des divergences importantes et l'on est conduit à prendre des moyennes.

La *magnitude* est souvent confondue avec l'*intensité* (voir plus loin). L'échelle de magnitude (dite de Richter) n'est pas graduée de 1 à 9 ; compte tenu de sa définition même, basée sur des enregistrements relevés sur des appareils aujourd'hui de plus en plus sensibles, elle n'a pas de limite inférieure ou supérieure. Les plus forts séismes enregistrés au XXe s. ont des magnitudes M voisines de 8,5 ; le chiffre 9 pourrait être attribué à la magnitude du séisme de Lisbonne de 1755 mais celle-ci pourrait éventuellement être dépassée. A l'opposé les microchocs, minuscules craquements, ont des magnitudes négatives (– 1 à – 2).

Énergie et moment d'un séisme. La magnitude M est liée à l'énergie E libérée au foyer du séisme par la formule $\log E = 4{,}8 + 1{,}5\ M$ (en joules) qui montre qu'un séisme de magnitude 8 met en jeu env. 30 000 fois plus d'énergie qu'un séisme de magnitude 5 ; ce dernier est lui-même 1 000 fois plus fort qu'un séisme de magnitude 3, faiblement ressenti à l'épicentre (s'il se produisait en France il serait ressenti sur plusieurs départements et pourrait causer quelques dégâts).

Quelques très grands séismes produisent d'apparents déplacements le long de failles sur des longueurs atteignant des centaines de km et des profondeurs difficiles à évaluer. Ils engendrent des ondes de surface de très longue période (200-300 s) qui font plusieurs fois le tour de la Terre durant 1 ou 2 jours. L'amplitude de ces ondes sert à calculer le Moment sismique M_o, qui est le produit : surface activée de la faille × déplacement moyen × rigidité de la roche brisée. On admet l'équivalence $E = M_o/2\ 000$ (en dyn-cm).

• **Intensité locale observée. Échelle M.S.K.** La violence d'un choc ressentie (observée) en un point donné dépend de la quantité d'énergie rayonnée du foyer (m. du séisme), de la distance de l'épicentre, de la nature des couches géologiques traversées par les différentes ondes et aussi de certaines conditions particulières au point d'observation. Si certaines couches superficielles amortissent beaucoup les ébranlements, des terrains meubles peuvent même amplifier les ondes de surface et des effets secondaires (réflexions dans les vallées, liquéfaction des sols humides) peuvent encore aggraver les effets nocifs sur les fondations et les superstructures.

Les accéléromètres, installés pour mesurer uniquement les mouvements forts, ont permis de constater des effets locaux importants au Frioul (Italie) : 0,15 g (accélération de la pesanteur) sur roche dure, mais 0,35 non loin de là sur couche alluvionnaire de 15 m d'épaisseur ; en Campanie (Italie) : 0,22 g sur un dépôt de conglomérats épais de 25 m et, à quelque distance seulement, 0,06 sur le même dépôt épais de 140 m.

• **Échelles d'intensité macrosismique.** Elles permettent de résumer et d'exprimer par un nombre (écrit en chiffres romains pour éviter toute confusion avec la magnitude) l'intensité I d'une secousse ressentie à terre ou en mer. Reportés sur une carte, ces chiffres permettent de cerner la région *pléistoséiste* (des plus grandes intensités) entourant la région *épicentrale* (maximum d'intensité) où se situe l'*épicentre macrosismique* (plus sûr et exact que l'épicentre calculé, *instrumental*) et de tracer l'enveloppe de la surface de perceptibilité, au-delà de laquelle seul les instruments sont capables de réagir à la secousse.

Au cours du siècle écoulé plusieurs échelles d'intensité ont été utilisées : De Rossi-Forel (1873) à 10 degrés, Cancani (1903) arrangée ensuite par Mercalli (1917) et Sieberg ; réarrangée en 1931 et finalement en échelle M.M. = Mercalli modifiée (1956) encore en usage aux U.S.A. et jusqu'en 1964 en Europe. Au Japon une échelle de 0 à VII est en usage depuis 1949.

L'échelle M.S.K. (Medvedev-Sponheuer-Karnik) actuellement utilisée en Europe précise les 12 degrés de l'échelle Mercalli-Cancani-Sieberg et de l'échelle « internationale » M.M.

Degrés d'intensité de l'échelle M.S.K.

La constatation des dommages aux constructions est le meilleur moyen pour évaluer les intensités moyennes et élevées. On distingue *3 types de constructions : A* constructions rurales en pierre tout venant, pisé, argile, brique crue ; *B* c. en briques, blocs de béton, pierre taillée, et c. mixtes bois et maçonnerie ; *C* c. armées, chaînées et les c. de qualité en bois ; et *5 niveaux (degrés) de dégâts : 1 :* légères fissures aux plâtres, chute de petits débris de plâtre ; *2 :* petites fissures dans les murs, chute de tuiles ou de parties de cheminées, fissuration de cheminées ; *3 :* chute de cheminées, lézardes larges et profondes dans les murs ; *4 :* destruction : brèches dans les murs, effondrements de cloisons intérieures, de parties de constructions ; *5 :* ruine : effondrement total des constructions.

Degré I : imperceptible, inscrit par les sismographes.

Degré I-II : ressenti seulement aux étages supérieurs des maisons élevées (à grande distance de l'épicentre).

Degré II : ressenti par quelques personnes au repos, surtout aux étages supérieurs des maisons élevées.

Degré III : ressenti par quelques personnes à l'intérieur des habitations ; vibration analogue à celle causée par un camion léger ; léger balancement d'objets suspendus, surtout aux étages supérieurs.

Degré IV : ressenti à l'intérieur des constructions par de nombreuses personnes, à l'extérieur par quelques-unes ; quelques réveils de dormeurs ; vibration des fenêtres, des portes, de la vaisselle ; craquement des planchers, charpentes. Les liquides contenus dans des récipients s'agitent légèrement.

Degré V : ressenti par tout le monde à l'intérieur et par de nombreuses personnes à l'extérieur ; réveil de nombreux dormeurs ; constructions agitées d'un tremblement général ; large balancement d'objets suspendus ; dans certains cas les horloges à balancier s'arrêtent ; tintement des sonnettes ; les objets peu stables sont déplacés (lits) ou renversés ; projection de liquides hors de récipients bien remplis. Légers dégâts de degré 1 dans les bâtiments de type A. Modification, dans certains cas, du régime des sources.

Degré VI : ressenti à l'extérieur et à l'intérieur par la population ; de nombreuses personnes effrayées sortent des habitations ; chute d'assiettes, de verres, de livres ; sonnerie de petites cloches. Dégâts de degré 1 dans quelques constructions de type B et dans de nombreuses de type A ; de degré 2 dans quelques c. de type A. Petites crevasses dans les sols détrempés ; éventuellement glissements de terrain en montagne ; changement dans le débit des sources.

Degré VII : la plupart des personnes effrayées se précipitent dehors ; vibrations ressenties par les conducteurs d'automobiles ; de grosses cloches sont mises en branle. Dommages de degré 1 dans de nombreux bâtiments de type C, de degré 2 dans de nombreux bât. de type B, de degré 3 dans de nombreux bât. de type A, de degré 4 dans quelques bât. de type A. Fissures en travers des routes et dans les murs de pierre ; joints de canalisations endommagés. Vagues sur l'eau ; eau troublée par la vase mise en mouvement. Tarissement de certaines sources ; variation du niveau des puits et du débit des sources.

Degré VIII : frayeur et panique ; des branches d'arbres se cassent. Le mobilier, même lourd, est déplacé ou renversé. Dégâts de degré 5 à quelques bâtiments de type A, de degré 4 à de nombreux bât. de type A et à quelques-uns de type B, de degré 3 à de nombreux bât. de type B et à quelques-uns de type C, de degré 2 à de nombreux bât. de type C. Quelques ruptures de canalisations. Rotation de monuments et de statues ; renversement des stèles funéraires ; effondrement de murs de pierre. Petits glissements de terrain dans les ravins ; crevasses de quelques centimètres de largeur. Nombreux changements dans le débit des sources et le niveau d'eau des puits.

Degré IX : panique générale ; dégâts considérables au mobilier ; animaux affolés. Dégâts de degré 5 à de nombreux bât. de type A et à quelques-uns de type B, de degré 4 à de nombreux bât. de type B et à quelques-uns de type C, de degré 3 à de nombreux bât. de type C. Chute de monuments et de colonnes ; dommages considérables aux réservoirs au sol ; rupture partielle des canalisations souterraines ; dans quelques cas, des rails de chemins de fer sont tordus, des routes endommagées. Projection hors du sol d'eau, de sable, de boue ; larges crevasses sur les pentes et les berges des rivières. Chute de rochers ; nombreux glissements de terrain ; grandes vagues sur l'eau.

Degré X : destruction générale des bâtiments ; dégâts de degré 5 à la plupart des bât. de type A, à de nombreux bât. de type B et à quelques-uns de type C, de degré 4 à de nombreux bât. de type C. Dommages aux barrages et aux digues ; dommages sévères aux ponts ; lignes de chemins de fer légèrement tordues ; canalisations souterraines tordues ou rompues. Le pavage des rues et l'asphalte forment de grandes ondulations. Crevasses pouvant atteindre 1 m de largeur ; éboulement des terres meubles ; glissements de terrain considérables ; formation de nouveaux lacs.

Degré XI : dommages sévères même aux bâtiments bien construits, aux ponts, aux barrages, aux lignes de chemins de fer, aux grandes routes ; canalisations souterraines détruites ; déformation du terrain ; nombreux glissements de terrain et chutes de rochers.

Degré XII : changement du paysage ; toutes les structures au-dessus et au-dessous du sol sont gravement endommagées ou détruites. La topographie est bouleversée ; énormes crevasses ; vallées barrées et transformées en lacs.

Géographie sismologique

Sismicité globale

La sismicité est caractérisée par la fréquence, la magnitude et la profondeur de foyer des séismes.

Étapes. 1857 1re carte mondiale des tremblements de terre (R. Mallet) ; **1895** 1er réseau mondial de sismographes de type uniforme (J. Milne), 15 stations dans l'Empire britannique + Japon ; **1935** réseau dans les Possessions françaises ; **1969** réseau de 120 × 3 séismographes identiques (don des U.S.A.) dans 60 pays et îles ; **1974** 1re carte mondiale homogène d'épicentres (1963-73, m. 4,5 et plus, superficiels, intermédiaires, profonds distingués).

Cette carte a permis de délimiter les zones de forte sismicité, relativement étroites où se produisent 90 % des séismes et de découvrir les alignements continus d'épicentres sur des dizaines de milliers de km au milieu des océans, ce qui a conduit à la théorie des plaques, éléments rigides mais mobiles dont la mosaïque forme et déforme toute la lithosphère terrestre.

Statistiques. Il y a de 500 000 à 1 million de secousses par an, dont 100 000 sont ressenties et 1 000 capables de causer des dégâts : 3 000 de *m. 5-6*, 100 à 150 de *m. 6-7*, 18 à 20 de *m. 7-8*, 1 à 2 de *m. 8* et plus.

90 % des séismes connus sont « superficiels » (prof. du foyer de 0 à 70 km). Des grands séismes (m. 6 et plus), 78 % sont superficiels, 17 % intermédiaires (70 à 300 km), 5 % profonds (300 à 720 km).

En Europe, 1 source de s. profonds, Sierra Nevada, Esp. (650 km, 2 cas) ; 3 sources de s. interm. Mers Tyrrhénienne et Égée, Roumanie (150-400 km, nombreux).

Répartition. La sismicité globale est dominée par les rares séismes majeurs qui dégagent en une seule fois 90 % de l'énergie et laissent peu d'importance aux très nombreux chocs de magnitude moindre, et qui déterminent les périodes de crise (ex. : 1906, 1951-1966) entre calmes profonds (1925-1931, 1969-198...) ou relatifs (1933-1947).

Zones à forte sismicité : crises et calmes se manifestent alternativement ou simultanément dans les zones où l'écorce est fragile ou soumise à des pressions et tensions intenses : z. circum-Pacifique, dite aussi *ceinture de feu* à cause des volcans actifs qui la jalonnent ; *z. mésogéenne,* des Açores à l'Indonésie (par l'Afr. du N., les Alpes, le Moyen-Orient, Iran, Himalaya, Népal) ; *z. médio-océaniques* (dorsales et rifts se prolongeant sur terre en Islande et en Afrique) ; *arcs insulaires* (I. de la Sonde, Mariannes, Caraïbes, Sandwich du S. ; *z. intracontinentale :* Mongolie, Chine).

Zones à sismicité très modérée : la France notamment.

Zones réputées calmes (de mémoire d'homme). Chaque année les instruments localisent 1 ou 2 séismes importants dans des régions dites *asismiques* (à sismicité négligeable ou nulle) : au Yémen (13-12-1982) 2 800 †, m. 6 ; en Guinée (22-12-1983) 650 †, m. 6,4 ; en mer au N.-O. de Madagascar (14-5-1985) m. 6,4, ressenti en Tanzanie et au Mozambique, suivi de nombreux autres : (30-5-1985) m. 5,4.

Mesure. Env. 600 stations sismographiques (sur 2 100 en service) participent actuellement à la surveillance sismique mondiale. Les centres mondiaux A (U.S.A.) et B (U.R.S.S.) groupent et publient les données. Pour 1983 le centre A a calculé 9 600 épicentres (y compris quelques séismes locaux et explosions), dont 36 de m. 6,5 et au-dessus. Après réception des données non acheminées par télex, l'International Seismological Centre (I.S.C.) (G.-B.) établit le catalogue définitif des observations et résultats : 13 000 épicentres et plus depuis 1964 par an.

A Strasbourg le Centre Sismologique Européo-Méditerranéen (C.S.E.M.) diffuse une alerte pour chaque événement de m. 5 ou plus aux autorités civiles, agences de presse et services scientifiques : 11 alertes en 1983 dont Turquie (2), Autriche, Yougoslavie, Italie et Belgique (1). *1984,* 20 alertes : Turquie, Yougoslavie, Italie et Grèce (3), Sud U.R.S.S. (2), Açores, Crète, Islande et Israël (1).

Effets pour l'homme. Peu de séismes détectés atteignent les régions habitées, où des dégâts et accidents mortels peuvent survenir à partir de la m. 5. Il n'y a pas de relation simple entre la magnitude et les dégâts ou le nombre des victimes. Plusieurs facteurs peuvent intervenir : densité de la population rurale ou citadine, fragilité des habitations, moment du séisme (jour ou nuit), déclenchement d'incendie, glissement de terrain, inondation, vagues marines « tsunami » qui peuvent ravager les côtes japonaises à partir d'un épicentre au voisinage du Chili ou de l'Alaska.

Sismicité régionale et « locale »

● **Zones menacées, Afr. du N. et Europe.** Le domaine méditerranéen et alpin est une zone complexe, où se heurtent 2 plaques : l'Eurasie et l'Afrique. L'Afr. du N. [Agadir 1960. Orléansville 1954, El-Asnam (ex-Orléansville) 1980], la Sicile (Messine) 1908, les Apennins (Avezzano) 1915, Naples 1980, le Frioul 1976, les Dinarides (Skoplje) 1963, Monténégro 1979, les îles Ioniennes 1953, la Grèce, Rhodes font partie de la zone de collision entre la plaque Afrique et la plaque Eurasie ; plusieurs volcans y sont actifs (Vulcano, Etna, Stromboli, Vésuve, Champs Phlégréens, Santorin).

Depuis le haut Moyen Age, on a dénombré en Italie 33 000 séismes, en Suisse 4 000.

● **France.** 50 000 observations concernant environ 5 000 tremblements de terre historiques et contemporains, plus de 15 000 références bibliographiques, sont disponibles dans une banque de données informatisée constamment tenue à jour par le B.R.G.M. (Orléans). Les connaissances acquises jusqu'en 1976 sont résumées par J. Vogt dans « Les tr. de terre en France » (B.R.G.M. 1979). Les 260 épicentres connus de 1400 à 1976 ont servi à tracer la carte des intensités maximales ressenties (Voir p. 82).

Régions françaises menacées. Région Sud-Est : *Provence : 1227* Aix-en-Provence (? 5 000 †, selon une tradition douteuse) ; *20-7-1564* La Bollène (A.-M.) dans la vallée de la Vésubie (900 †), intensité X ; *2-6-1909* St-Cannat, Lambesc, Rognes (44 †) ; *Côte d'Azur :* secousses violentes à Nice. *1348, 1496, 1556, 1617, 1644, 1752, 1818, 1854,* le *23-2-1887* (plusieurs †), *1905, 1909. Rhône-Alpes :* essaim de Clansayes entre le *8-2-1772* et le *26-11-1773,* entre le *20-6-1872* et le *4-9-1873* ; essaim du Tricastin d'*oct. 1933 à août 1936 :* dégâts à Roussas le *12-5-1934. Alpes :* Chamonix *29-4-1905 ;* Sud du lac Léman et haute vallée du Rhône ; Queyras et Ubaye : Saint-Paul *5-4-1959 ;* une surveillance instrumentale de 4 semaines *13-9/11-10-1977* dans cette région a capté plus de 1 500 secousses dont 191 (7/jour) ont pu être localisées et parmi elles 4 de m. 3 à 3,6 (non signalées ressenties).

Pyrénées : *2-2-1428* Prats-de-Mollo (P.-O.) int. XI, victimes ; *22-9-1537* gros dégâts à Oloron (P.-A.) ; *21-6-1660* victimes en Bigorre (H.-P.) ; *24-5-1750* victimes à Juncalas (H.-P.) ; *19-5-1765* victimes en Couserans (Ariège) ; *13-8-1967* Arette et Montory

(P.-A.) int. VIII, 1 †, blessés légers, 340 immeubles détruits, 2 300 endommagés ; *29-2-1980* région Arudy (P.-A.) 70 communes avec dégâts, frais de réparation (env. 115 millions de F), int. VII.

Alsace et Vosges : zone de sismicité moyenne. *18-10-1356* Bâle, Mulhouse intensité XI ; *12-5-1682* Remiremont (église détruite) ; *3-8-1728* Strasbourg ; dans le Bas-Rhin en *1802, 1933* et *1952* ; *14-7-1980* Mulhouse, intensité VII.

Massif armoricain : essentiellement de la pointe du Raz à Angers. *15-2-1657* Ste-Maure-de-Touraine (plusieurs †) ; *25-1-1799* Bouin (Vendée).

Massif central : la sismicité connue à Riom et Clermont-Ferrand les *6-8-1477* et *1-3-1490* (intensité VIII), a été dépassée en *déc. 1775* à Villefranche-de-Rouergue et environs (685 bâtiments écroulés ou à réparer), séisme découvert en 1984 dans les archives.

Carte de la sismicité historique de la France

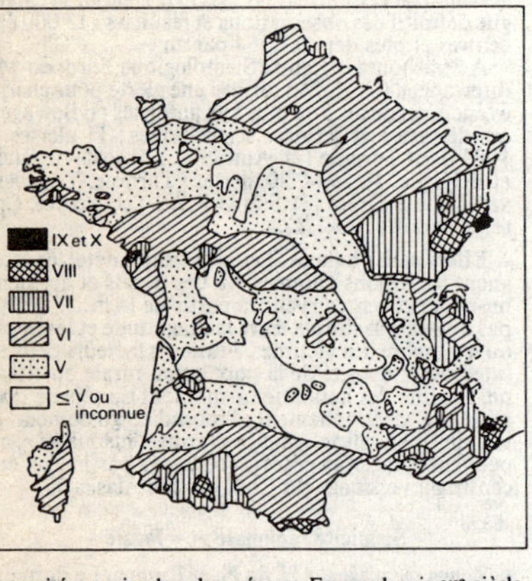

Intensités maximales observées en France depuis XIe siècle (d'après Vogt, B.R.G.M. 1979).

Observations macrosismiques (tremblements ressentis) contemporaines. Depuis sa création (1921) à Strasbourg le Bureau central séismologique français (B.C.S.F.) étudie les tr. de t. ressentis en France et dans les T.O.M. Pour la France, on trouve : *1940-50,* 117 ressentis (11/an) ; *1951-60,* 147 (15/an) ; *1961-70,* 194 non comprises env. 20 répliques à Arette et 20 secousses locales en Hte-Savoie ; *1971-77,* 156 (22/an) dont 13 (8 %) avaient un épicentre hors frontières. A partir de 1978, une section du B.R.G.M., chargée des enquêtes sur les tr. de t. ressentis en France, en a étudié en *1978,* 17 ; *1979,* 24 ; *1980,* 16 [en outre des 370 répliques du séisme d'Arudy (P.-A.) après le 29 février]. Des listes plus complètes mentionnent comme ressentis en *1981,* 119 ; *1982,* 71 ; *1983,* 198, dont 32 avec épicentres hors frontières et 48 petites secousses locales.

Dans les seules Pyrénées, présentement la région la plus active, on a signalé en *1984* 100 secousses, *1985* + de 53, en majorité très faibles mais aussi confirmées par les séismographes des stations proches.

La progression du nombre des tr. de t. recensés en France est due au soin mis par le B.R.G.M. et ses collaborateurs à recueillir les témoignages des observateurs et à solliciter la participation du public après chaque séisme de m. 3 ou plus, signalé dans le Bulletin hebdomadaire du Laboratoire de détection géophysique (L.D.G.) relié à 28 stations en France. Depuis 1962 cet organisme du C.E.A. a signalé, dans un rayon de 1 100 km, de *1962-1970* env. 2 000 séismes (143 par an) ; *1980-81* (973/an) ; *1982,* 1 300 ; *1983,* 1 200 ; *1984,* 1 249 dont 764 localisés ; *1985 (11 mois),* 970 dont 612 localisés.

Prévision et prévention sismiques

Prévision. Aucune méthode, scientifique ou autre, ne permet de prévoir l'imminence d'un séisme important en un lieu donné avec une probabilité suffisante pour décider la population à se mettre à l'abri ou les pouvoirs publics à intervenir. On connaît le succès d'une prévision à court terme en Chine (4-2-1975) où la population de Haicheng (100 000 h.) fut évacuée à temps, et la défaillance de la méthode l'année suivante, où le désastre du 28-7-1976 surprit tout le monde. Une prévision « scientifique » faite aux U.S.A. début 1980, précisée ensuite pour le 10-8-1981 ne retint finalement pas l'attention du gouvernement péruvien, mais tint longtemps en émoi la population et eut de fâcheuses conséquences sur la vie et l'activité à Lima. En Californie on s'attend actuellement à un séisme important (m. 5-6) vers 1988 (± n années) sur la faille de San Andreas dans la section de Parkfield.

Prévention. En France (pays peu sismique mais où le *risque* est élevé en raison de la population groupée, du nombre des équipements culturels et industriels sensibles) existent les dispositifs suivants : *« Carte sismotectonique de la France »* (B.R.G.M. 1981), liste des cantons (et T.O.M.) soumis au *règlement de construction parasismique.* Le *micro-zonage* visant à distinguer les parties d'une zone où des effets locaux pourraient modifier la nature des mouvements sism. a été fait pour tous les sites actuels ou envisagés d'installations à haut risque et pour des besoins particuliers.

Surveillance et pré-alerte sismiques. Le Réseau national de surveillance sismique (ReNaSS). En cours de réalisation : centralisera à Strasbourg en temps réel par télémesure les enregistrements d'une vingtaine de sismographes en France et quelques données d'Allemagne, Belgique et Suisse. Il fournit la localisation (± 10 km) et la magnitude des séismes de m. 3,5 et plus survenant en France ou à proximité. Des réseaux particuliers (Arette, Nice, Provence) étaient déjà installés pour signaler à la Protection civile les s. de m. 3 et plus à leur portée.

Réglementation de la construction. *Surcoût des constructions parasismiques :* de 5 à 20 %. Les nouvelles règles de construction parasismique concernent tous les ouvrages et constructions. *Les cantons classés en zone 2* (moyenne sismicité) sont des départements : Alpes-Maritimes, Bouches-du-Rhône, Pyrénées-Atlantiques, Htes-Pyrénées, Pyrénées-Orientales, Ht-Rhin, Hte-Garonne, Territoire de Belfort. Se renseigner à l'Équipement et Conseil d'architecture.

Secours. L'éventualité d'un séisme destructeur est envisagée dans le cadre général du plan ORSEC aux phases préparatoire et opérationnelle. Celle-ci, en période initiale (12-24 h) assure l'assistance sanitaire et la protection aux sinistrés et organise la période principale, suivant l'ampleur reconnue du désastre, en mobilisant les moyens prévus (locaux, régionaux) pour les sauvetages, secours médicaux, ravitaillement, logement, pour le maintien des liaisons, de la circulation des personnes et de l'information, des transports. Un exercice à Sorgues (déc. 81) et celui simulant la destruction partielle de Belfort « Vosges 83 » réalisé début déc. 1983, ont révélé des lenteurs et insuffisances en personnel et en matériel ; le plan a été amélioré en conséquence.

Réhabilitation : le retour progressif à la vie normale est affaire de la puissance publique autant que des sinistrés eux-mêmes, qui montrent en général un vif attachement à leur cadre de vie qu'ils souhaitent retrouver capable de résister à de nouvelles secousses. Un bilan de l'action de l'administration, des élus, des corps constitués et de l'apport des organisations et initiatives privées a été dressé en 1968, un an après le séisme d'Arette. Les lenteurs des indemnisations des réparations ou reconstructions de l'habitat seront réduites (loi du 13-7-1982).

Sismologie historique. Les plus anciennes données. *Chine :* indications remontant au 3e millénaire av. J.-C., liste depuis l'an − 780. *Moyen-Orient :* fouilles archéologiques montrant plusieurs destructions subites et massives aux 3e et 2e millénaires dans le nord de la Perse, au XVIIe s. av. J.-C. dans l'ouest de l'Iran. Inscriptions cunéiformes en Mésopotamie : destructions à Ninive aux XIIe, VIIIe, VIIe s. av. J.-C. Bible et Coran : nombreuses allusions. Classiques grecs : vers − 330 destructions en Perse, après le passage d'Alexandre le Grand.

Exemples. Au Japon : catalogues Tayama (1899), 1896 grands tremblements de terre entre 416-1864 ; Musha (1949), 6 000 entre 416 et 1867 ; Usami (1977), 617 destructeurs entre 416 et 1975. En Iran : depuis la période islamique 260 grands tremblements de terre de 628 à 1900 ; plus de 144 de 1900 à 1979 (soit 2 par an).

Une compilation mondiale très incomplète (1981) signale 2 476 tremblements de terre importants (destructeurs ou meurtriers) entre l'an 10 et 1979. La carte mondiale de 1 277 grands séismes (1900-1979) dont 680 destructeurs confirme les traits généraux de la carte de 1857 par R. Mallet (Dublin). Les catalogues publiés de 1885 à 1906 par le comte F. de Montessus de Ballore mentionnent 171 000 tremblements de terre d'avant 1900.

Séismes principaux

Date, lieu, nombre de morts et de blessés, magnitude (m.), intensité MSK (indiquée en chiffres romains).

On connaît plusieurs milliers de séismes chiffrés en victimes et dégâts. Les 21 séismes d'intensité égale ou supérieure à VIII, *en France,* sont indiqués en italique.

Si l'on retenait les critères de la « National Oceanic and Atmospheric Administration » des U.S.A. (1 million de dollars 1979, 10 morts ou m. sup. à 7,5) on dénombrerait près de 2 500 séismes depuis le début de l'histoire.

− 70 (1-6) Chine : 6 000. **− 15** Chypre, catastrophique. **25** Pakistan, catastrophique. **76** Chypre, destructeur. **342** Turquie : 30 000. **365 (27-7)** Crète : 50 000. **565** Antioche (Turquie) : 30 000. **648 (29-11)** (Japon), catastrophique. **688** Smyrne (Turquie) : 20 000. **818 (10-8)** Japon ; m. 7,9. **851 à 894** Turquie/Arménie : 6 séismes : 70 000 à 100 000. **856 (22-12)** Corinthe (Grèce) : 45 000 ; m. 7,2 ; Iran : 200 000. **872 (21/22-6)** Dinawar (Iran) : 20 000 ; m. 6,8. **887 (26-8)** Japon, catastrophique. **893** Inde : 180 000. **943 (20-8)** Gorgan (Perse) : 5 000 ; m. 7,6.

1008 (27-4) Perse : 16 000 ; m. 7. **1021 (12-5)** Bâle (Suisse), destructeur. **1038 (9-1)** Chine : 23 000. **1057** Chine : 25 000. **1042 (21-8)** Syrie : 50 000 ; **(4-11)** Tabriz (Iran) : 50 000 ; m. 7,6. **1068 (18-3)** Palestine 25 000. **1138** Syrie, Égypte : 230 000. **1201 (5-7)** Autriche, destr. ; mer Égée : 100 000. **1209** Perse : 10 000 ; m. 7,6. **1222 (mai)** Chypre. **1225 (25-12)** Lombardie (Italie) : 12 000. **1227 (?)** *Côte d'Azur, France : 5 000 (?).* **1248** *Maurienne (France) : 9 000.* **1268** Erzincan (Turquie) : 15 000. **1270 (7-10)** Perse : 10 000 ; m. 7,1. **1290 (27-9)** Jehol (Chine) : 100 000. **1293 (27-5)** Japon : 30 000. **1336 (21-10)** Perse : 20 000 à 30 000 † 11 000 par épidémie. **1348 (25-1)** Autriche : 5 000. **1356 (18-10)** Bâle (Suisse) : 1 000 à 2 000, *IX en France.* **1361 (7 + 8-8)** Japon, centaines pat tsunami. **1428 (2-2)** Catalogne, *600, IX en France.* **1441** Antioche (Turquie) : 1 440 ou 30 000 (?). **1456 (15-12)** Naples (Italie) : 30 000. **1458** Erzincan (Turquie) : 30 000. **1490 (1-3)** *Limagne : VIII.* **1498 (20-9)** Japon : 41 000 ; m. 8,6.

1509 (14-9) Constantinople (Turquie) : 13 000. **1531 (26-1)** Lisbonne (Portugal) : 30 000. **1549 (15-2)** Khorassan (Iran) : 3 000. **1556 (16-1)** Shansi, Shensi, Kansu (Chine) : 800 000 à 1 000 000, le + meurtrier ; m. 8/8,3. **1564 (20-7)** *(France, arrière-pays de Nice) 900, X, le plus fort depuis la fin du Moyen Age.* **1590 (7-7)** Chine : très meurtrier.

1605 (31-1) Japon : 3 862. **1611 (27-11)** Japon : 3 700 ; **(2-12)** 1 783. **1622 (25-10)** Chine : 12 000. **1638 (27-3)** Calabre (Italie) 19 000. **1641 (5-2)** Tabriz (Iran) : 3 000 ; m. 6,8. **1644 (15-2)** *Nice : victimes, IX.* **1653 (23-2)** Constantinople (Turquie) : 13 000. **1660 (21-6)** *Bigorre (France), victimes, X.* **1666 (1-2)** Japon : 1 500. **1667 (?-11)** Shemakha (Russie) : 80 000. **1668 (10-7)** Smyrne (Turquie) : 17 500. **1682 (12-5)** *Remiremont (France), VIII.* **1688** Smyrne (Turquie) : 15 000 à 20 000. **1693 (11-1)** Catane (Italie) : 60 000. **1695 (mai)** Chine : 30 000.

1703 (30-12) Japon : 5 233. **1707 (28-10)** Japon : 4 900. **1708 (14-8)** *Moyenne Durance (France), VIII.* **1716 (3-2)** Alger : 20 000. **1718 (juin)** Chine : 43 000. **1719 (6-3)** Scutari (Turquie) : 1 000. **1721 (26-4)** Tabriz (Iran) : 8 000 ; m. 7,7. **1727 (18-11)** *(Martinique) le plus important dans cette île.* **1737 (11-10)** Calcutta (Inde) : 300 000. **1739** Smyrne (Turquie) : 1 500. **1746 (29-10)** Pérou : 7 141. **1750 (24-5)** *Bigorre (France), X.* **1751 (20-5)** Japon : 2 000. **1755 (7-6)** Kashan (Iran) : 40 000 ; m. 5,9 ; **(1-11)** Lisbonne (Port.) : 60 000 ; m. 9 (?). **1758 (janvier)** Tunisie : plusieurs milliers de †. **1759 (30-10)** Baalbeck (Liban) : 20 000. **1765 (19-5)** *Couserans (Ariège),* victimes. **1773 (23-1)** *Tricastin (France), VIII.* **1775 (déc.)** *Villefranche-de-Rouergue, VIII.* **1778 (15-12)** Iran : 8 000. **1780 (8-1)** Iran : + de 50 000. **1783 (5-2/28-3)** Calabre (Italie) : 50 000. **1790 (9-10)** Oran (Algérie), destr. **1792 (21-5)** Japon : 14 810. **1797 (4-2)** Équateur : 40 000. **1799 (25-1)** *Vendée, VIII.*

1802 (14-10) Bulgarie, m. 7,5. **1812 (20-3)** *Moyenne Durance (France), VIII ;* **(mars)** Venezuela : 40 000. **1819 (16-6)** Pakistan : 1 543 ; Mascara (Alg.), nombreux †. **1822 (19-2)** *Bugey/Savoie (France) ressenti VIII ;* **(5-9)** Alep (Syrie) : 20 000. **1825 (2-3)** Blida (Algérie) : 7 000. **1827 (24-9)** Lahore (Pakistan) : 1 000. **1828 (6-6)** Sirinagar (Pakistan) : 1 000. **1829 (18-12)** Japon : 1 443. **1832 (22-1)** Pakistan, destr. **1840 (2-7)**

Arménie : 2 063 ; m. 7,4. **1842 (19-2)** Pakistan : 500. **1843 (8-2)** *(Guadeloupe) : 5 000, le plus important dans cette île.* **1847 (8-5)** Japon : 12 000. **1852 (22-2)** Ouchan (Iran) : 2 000. **1850 (12-9)** Chine : 20 650. **1853 (5-5)** Chiraz (Iran) : 12 000 ; **(11-6)** : 10 000. **1854 (23-12)** Japon : 1 000 ; **(24-12)** : 2 500. **1855 (nov.-déc.)** *rég. de Castellane (France), VIII.* **1857 (16-12)** Naples, Salerne (Italie) : 12 000. **1859 (2-6)** Turquie : 15 000. **1861 (21-3)** Argentine : 18 000. **1868 (13-8)** Équateur, Pérou : 40 000 ; Colombie : 30 000. **1871 (23-12)** Quchan (Iran) : 1 000 ; m. 7,2. **1872 (3-4)** Antioche (Turquie) : 1 800. **1875 (3/5-5)** Dinar (Turquie) : 1 300 ; **(16-5)** Venezuela, Colombie : 20 000. **1880 (29-6)** Chechme (Turquie) : 4 000. **1883 (28-7)** Ischia (Italie) : 2 313 ; **(26-8)** Java (Indon.) : 80 000 ; **(15-10)** Chechme (Turquie) : 15 000. **1884 (25-12)** Andalousie (Espagne) : 745. **1885 (30-5)** Cachemire : 3 000. **1887 (23-2)** *Riviera (Italie/France) : 640, ressenti VII en France ;* **(18-6)** Alma-Ata (U.R.S.S.). **1891 (27-10)** Japon : 7 273 ; m. 8,4. **1893 (17-11)** Quchan (Iran) : 15 000 ; m. 7,1. **1896 (15-6)** Japon : 27 122 ; m. 7,6 (2 séismes). **1897 (12-6)** Assam (Inde) : 1 500 ; m. 8,7.

1902 (19-4) Guatemala : 2 222 ; m. 8,3 ; **(22-8)** Chine (?) U.R.S.S. : 5 000 ; m. 8,6 ; **(16-12)** Kirghizie (U.R.S.S.) : 4 725 ; m. 6,4. **1903 (28-4)** Turquie : 2 200 ; m. 6,3. **1905 (4-4)** Kangra (Inde) : 20 000 ; m. 8,6 ; **(29-4)** *Mont-Blanc (France/Italie), ressenti VII en France ;* **(8-9)** Calabre (Italie) : 533 ; m. 7,3. **1906 (31-1)** Équateur : 2 000 ; m. 8,9, 450 ; **(16-3)** Formose : 1 260 ; m. 7 ; **(18-4)** San Francisco (U.S.A.) : 700 ; m. 8,25, incendie de la ville, faille de 420 km de long ; **(17-8)** Valparaiso (Chili) : 2 500 ; m. 8,6. **1907 (14-1)** Jamaïque : 1 000 ; m. 6,5 ; **(21-10)** Tadjikistan (U.R.S.S.) : 12 000 ; m. 8,1. **1908 (28-12)** Messine (Ital.) : 84 000. **1909 (23-1)** Fars (Iran) : 7 000 ; m. 7,4 ; **(11-6)** *région de Salon-de-Provence (France) : 43. 200 blessés ; m. 6,2 IX.* **1910 (13-4)** Costa Rica : 1 750 ; m. 7,3. **1911 (3-1)** Alma-Ata (U.R.S.S.) : 450 ; m. 8,7. **1912 (9-8)** Turquie : 2 000 ; m. 7,7. **1915 (13-1)** Avezzano (Ital.) : 29 978 ; m. 7,5. **1917 (21-1)** Java : 15 000 ; m. 7,5 ; **1918 (13-2)** Chine : 10 000 ; m. 7,3 ; **(30-7)** : 1 800 ; m. 6,5. **1920 (7-9)** Italie : 1 400 ; m. 7,3 ; **(16-12)** Kansou (Chine) : 180 000 (?) ; m. 8,5. **1923 (24-3)** Chine : 5 000 ; m. 7,3 ; **(25-5)** Iran : 2 219 ; m. 5,5 ; **(1-9)** Tokyo, Yokohama (Japon) : 99 331 †, 43 476 disparus. 103 733 blessés, 254 459 maisons détruites totalement ou à moitié, 447 128 entièrement incendiées, le + destructeur au Japon ; m. 8,2. **1925 (16-3)** Chine : 3 600 ; m. 7. **1927 (7-3)** Japon : 3 017 ; m. 7,9 ; **(22-5)** T'sing-hai (Chine) : 41 000 ; m. 8. **1929 (1-5)** Turkestan (U.R.S.S.). Iran : 5 803 ; m. 7,2.

1930 (6-5) Iran : 2 600 ; m. 7,2 ; **(23-7)** Ariano (Italie) : 1 425 ; m. 6,5. **1931 (31-3)** Managua : 2 500 ; m. 5,6. **1932 (26-12)** Kansou (Chine) : 70 000 ; m. 7,6. **1933 (2-3)** Sanriku (Japon) : 3 012 ; m. 8,3 ; **(25-8)** Chine : 10 000 ; m. 7,4. **1934 (15-1)** Inde : 10 700 ; m. 8,4 ; **1935 (20-4)** Formose : 3 276 ; m. 7,1 ; **(31-5)** Quetta (Pak.) : 25 000 ; m. 7,5 ; **(16-7)** Formose : 2 746 ; m. 6,5. **1936** Hainaut (Belg.). **1939 (25-1)** Concepción (Chili) : 25 000 ; m. 8,3 ; **(26-12)** Erzincan (Turquie) : 30 000 ; m. 8. **1940 (10-11)** Bulgarie : 1 000 ; m. 7,3. **1942 (20-12)** Nibesar (Turquie) : 2 400 ; m. 7,3. **1943 (10-9)** Japon : 1 190 ; m. 7,2 ; **(26-11)** Turquie : 4 020 ; m. 7,6. **1944 (15-1)** Argentine : 5 000 ; m. 7,8 ; **(1-2)** Bolü (Turquie) : 2 790 ; m. 7,4 ; **(7-12)** Japon : 1 000 ; m. 8,3. **1945 (12-1)** Japon : 1 961 ; m. 7,1 ; **(27-11)** Iran : 4 000 m. 8,2. **1946 (12-2)** Hodna (Algérie) : 246 ; m. 6 ; **(31-5)** Turquie : 1 000 ; m. 6 ; **(4-11)** Luristan (Iran) : 2 500 ; m. 6,8 ; **(10-11)** Pérou : 1 400 ; m. 7,3 ; **(20-12)** Japon : 1 362 ; m. 8,4. **1948 (25-5)** Chine : 1 000 ; m. 7,3 ; **(28-6)** Japon : 5 386 ; m. 7,3 ; **(5-10)** Iran : 19 800 ; m. 7,3. **1949 (10-7)** U.R.S.S. : 3 500 ; m. 7,6 ; **(5-8)** Ambato (Équateur) : 6 000 ; m. 6,8.

1950 (21-5) Cúzco (Pérou) : 100 ; m. 6 ; **(15-8)** Assam (Inde) : 1 526 ; m. 8,6. **1951 (6-5)** El Salvador : 1 000 ; m. 6,5. **1953 (12-2)** Iran : 971 ; m. 6,5 ; **(18-3)** Turquie : 1 103, m. 7,5 ; **(9/13-8)** Iles Ioniennes (Grèce) : 504 ; m. 7,1. **1954 (9-9)** Orléansville (Alg.) : 1 243 ; m. 6,7. **1956 (4-11)** Luristan (Iran) : 2 500 ; m. 6,8. **1957 (2-7)** Iran septentrional : + de 1 200 ; m. 7 1/4-7 1/2 ; **(28-7)** Mexique : 57 ; m. 7 1/4 ; **(4-12)** Mongolie : env. 30 ; m. 8,6. **1960 (29-2/1-3)** Agadir (Maroc) : 15 000 ; m. 5,8 ; **(24-4)** Lar, Herash (Iran) : 400 ; m. 5,8 ; **(22-5)** Chili (Lebu) : 50 000 ; m. 8,3. **1962 (1-9)** Oazvin (Iran) : 12 225 ; m. 7,3 ; **(25-4)** *Vercors (France), VIII.* **1963 (26-7)** Skopje (Yougoslavie) : 1 070, 3 300 blessés ; m. 6. **1964** Anchorage (U.S.A.) : 500 ; m. 8. **1966** Uzbekistan (U.R.S.S.) : 1 800 ; **(19/22-8)** Turquie : 2 394 ; m. 7. **1967 (26-7)** Turquie : 4 000 (?) ; **(13-8)** *Arette (France) : 1 mort, VIII ;* m. 5,3. **1968 (15/22-1)** Gibbelina (Sicile, Ital.) : 291 ; m. 6,2 ; **(31-8)** Khorassan (Iran) : 10 488 ; m. 7,4.

Analogies entre les 2 séismes de Mexico (1957 et 1985)

Magnitude. *1957 :* 7,5. *1985 :* 8,2 (énergie 10 à 15 fois plus forte).

Situation des épicentres. *1957 :* en mer au voisinage de la côte du Pacifique, à 360 km de Mexico. *1985 :* à 375 km.

Dégâts. *1957 :* effondrement de + de 40 édifices (46 †, 40 bl.). Des destructions importantes à 360 km d'un épicentre constituaient une anomalie extraordinaire ; les dégâts à Mexico étaient dans la partie basse, *construite sur le fond de l'ancien lac Texcoco,* qui a subi depuis le début du siècle un mouvement de subsidence notable ; l'épaisseur des alluvions y dépasse 300 m.

Le séisme mit en évidence l'influence de la nature du sous-sol sur la répartition des dégâts : l'accélération du mouvement du sol avait été 5 fois plus forte sur les alluvions du lac que sur les terrains compacts et volcaniques des collines voisines. *1985 :* destructions plus nombreuses (1 032 immeubles effondrés ou sévèrement endommagés). Victimes : 3 286 † (bilan officiel ; en réalité 10 000 à 20 000 ?), 22 300 bl., 8 diocèses affectés ; les villes de Guzman, Lazaro Cardenas, Ciudad Altamirano, Zamora et Colima sérieusement touchées.

Depuis 1957, des règles parasismiques sévères avaient été édictées pour les nouvelles constructions, mais elles ne furent que partiellement appliquées entre 1957 et 1985.

1969 (25-7) Chine : 3 000 ; m. 5,9. **1970 (4-1)** Yunnan (Chine) : au moins 55 000 ; m. 7,5 ; **(28-3)** Gediz (Turquie) : 1 086 ; m. 7,4 ; **(31-5)** Ancash (Pérou) : 66 794 ; m. 7,8. **1971 (22-5)** Bingöl et Genc (Turquie) : 995 m ; m. 7. **1972 (10-4)** Fars (Iran) : 5 044 ; m. 7 ; **(23-12)** Managua (Nicaragua) : 5 000, 100 000 blessés, 70 % de la ville détruite ; m. 6,2. **1973 (30-1)** Mexique : 56 ; m. 7,5 ; **(28-8)** : 40 villes détruites, 750 ; m. 7,2 ; **(6-2)** Chine : au moins 640. **1974 (10-5)** Chine : 10 000 ; m. 7,4 ; **(28-12)** Pakistan : 800 à 1 500 ; m. 6,2. **1975 (4-2)** Province de Liaoning (Chine) : peu (Haicheng évacuée à temps) ; m. 7,4 ; **(6-9)** Lice (Turquie) : 2 386 ; m. 6,8. **1976 (4-2)** Guatemala : + de 22 868 ; m. 7,5 ; **(6-5)** Frioul (Italie) : 965 ; m. 6,5 ; **(25-6)** N[lle]-Guinée (Indon.) : + de 6 000 ; m. 7,1 ; **(14-7)** Bali (Indonésie) : 559 ; m. 6,5 ; **(27-7 et 28-7)** T'ang-shan (Chine) : 240 000 (à 650 000 ?), 164 000 blessés graves ; m. 7,8 et 7,4 ; **(16-8)** Philippines : + de 6 000 ; m. 7,8 ; **(24-11)** région Van (Turquie) : 3 720, 200 villages détruits ; m. 7,3. **1977 (4-3)** Vrancea (Roum.) : 1 541 ; m. 7,2. **1978 (15-4)** Monténégro (Yougoslavie) : 156 ; m. 7 ; **(16-9)** Tabas (Iran) : 18 220 ; m. 7,3. **1979 (12-12)** Équateur : 600 ; m. 7,9 ; **(17-12)** Bali : 27 ; m. 6,6.

1980 (1-1) Açores : 56 ; m. 6,9 ; **(10-10)** El-Asnam (ex-Orléansville, Algérie) : 3 500 ; m. 7,3 ; **(23-11)** rég. Naples (Italie) : 2 737 ; m. 6,9. **1981 (19-1)** Nlle-Guinée : 305 ; m. 6,7 ; **(23-1)** Chine : 150 ; m. 6,7 ; **(24-2)** Grèce : 16 ; m. 6,7 ; **(11-6)** Iran : 3 000 ; m. 6,7 ; **(28-7)** Kerman (Iran) : 1 500 ; m. 7,1 ; **(12-9)** Gilgit (Cachemire, Inde) : 213 ; m. 5,9. **1982 (21-3)** Japon : 110 ; m. 6,5 ; **(23-3)** Côtes du Pérou : 2 ; m. 5,1 ; **(28-3)** Côtes du Pérou : 3 ; m. 6,1 ; **(13-4)** Afr. du S. (par suite d'un glissement de terrain) : 1 ; m. 5 ; **(7-6)** Mexique : 9 ; m. 6,9 ; **(15-6)** Chine : 10 ; m. 5,5 ; **(19-6)** Salvador : 43 ; m. 7 ; **(29-9)** Honduras : 3 ; m. 5,1 ; **(15-11)** Algérie : 3 ; m. 5,1 ; **(16-11)** Albanie : 1 ; m. 5,5 ; **(13-12)** Nord Yemen : 2 000 ; m. 6, 187 villages détruits, env. 400 000 sans abri ; **(16-12)** Afghanistan : 450 ; m. 6,7 ; **(25-12)** Ile Florès : 13 ; m. 5,7. **1983 (17-1)** Iles Ioniennes : m. 7,1 ; **(24-1)** Mexique : m. 6,7 ; **(23-3)** Grèce : m. 6,2 ; **(31-3)** Colombie : 350 ; m. 5,5 ; **(3-4)** Costa Rica : 6 ; m. 7,3 ; **(2-5)** Californie : m. 6,5 ; **(21-7)** Sicile : 1 ; m. 4,3 ; **(17-8)** Philippines : 14 ; m. 6,7 ; **(30-10)** Turquie : 1 330 ; m. 6,8 ; **(7-11)** Belgique : 2 ; m. 4,9 ; **(5-11)** Chine : 34 ; m. 5,9 ; **(22-12)** Guinée : 350 ; m. 6,4, c'est le 1er tr. connu dans cette région ; 16 villages détruits, 500 blessés ; **(30-12)** Afghanistan : 12, 483 bl. + Pakistan : 12 ; m. 7,2. **1984 (8-1)** Sulawesi (Célèbes) : 2, 23 bl. ; m. 6 ; **(1-2)** Afghanistan : 1, 35 bl. ; m. 5,9 ; **(16-2)** Indu Kush (Pakistan) : 4, 13 bl. ; m. 6,1 ; **(3-3)** Yougoslavie : 3 bl., m. 4,6 ; **(6-3)** Tokyo : 1 ; m. 6,2 ; **(19-3)** Ouzbekistan : + de 100 bl. ; m. 6,5 ; **(27-3)** N[lle]-Guinée : 11 bl. ; m. 5,8 ; **(24-4)** Californie : 21 bl. ; m. 5,7 ; **(29-4)** Italie : 36 bl., 7 500 sans abri ; m. 5,2 ; **(7-5)** Abruzzes (Italie) : 3, 100 bl., 2 000 sans abri ; m. 5,5 ; **(11-5)** Italie : 3, 63 bl., 7 500 sans abri ; m. 5,2 ; **(13-5)** Herzégovine : 1, plusieurs bl. ; m. 5,1 ; **(21-5)** Chine : plusieurs bl. ; m. 5,7 ; **(30-5)** Japon : 1 bl. ; m. 5 ; **(24-6)** Rép. Dominicaine : 5 ; m. 5,1 ; **(19-7)** Pays de Galles : quelques bl. ; m. 5 ; **(6-8)** Japon : 6 bl. ; m. 6,2 ; **(13-9)** Honshu (Japon) : 30 ; m. 6,1 ; **(18-9)** Turquie : 3, 35 bl. ; m. 5,3 ; **(9-10)** Grèce : 1 bl. ; m. 4,9 ; **(18-10)** Turquie : 3, env. 75 000 maisons endommagées ; m. 5,3 ; **(17-11)** Sumatra : 1 ; m. 6,2 ; **(20-11)** Philippines : m. 7,1 ; **(23-11)** Vanuatu : m. 6,7 ; **(28-12)** U.R.S.S. (côte est du Kamchatka) : m. 6,7 ; **(30-12)** N.-Zél. : m. 6,9 ; Inde-Bangladesh : 20, 100 bl., 10 000 sans abri ; m. 5,8. **1985 (26-1)** Argentine : 6, 240 bl. ; m. 6,1 ; **(2-2)** Iran : m. 5,2 ; **(2-3)** Indonésie : m. 6,6 ; **(3-3)** Chili : 180, 2 575 bl., 150 000 sans abri ; m. 7,8 ; **(4-3)** Chili : m. 6,5 ; **(17-3)** Chili : m. 6,6 ; **(18-3)** Philippines : 2 ; m. 6,5 ; **(19-3)** Chili : m. 6,7 ; **(3-4)** Chili : m. 7,2 ; **(9-4)** Chili : 2 ; m. 7,2 ; **(13-4)** Indonésie : m. 6,3 ; Indonésie : m. 6,8 ; **(18-4)** Chine : 23, 300 bl. ; m. 5,8 ; **(24-4)** Philippines : 6, 11 bl. ; m. 6 ; **(29-7)** Pakistan : 6, 38 bl. ; m. 6,7 ; **(23-8)** Chine : 67 ; m. 7,6 ; **(15-9)** Iran de l'O. : 9, 7 bl. ; m. 6,3 ; **(19-9)** Mexique : voir encadré ; **(13-10)** U.R.S.S. (Tachkent) : plusieurs morts, 8 000 sans abri ; m. 5,9 ; **(27-10)** Algérie : 6 ; m. 5,9 ; **(29-10)** Mexique : 13 bl. à cause d'une panique m. 5,6 ; **(7-11)** Turquie : 14 bl. m. 5,2 ; **(16-12)** Nicaragua : 6, glissement de terrain m. 5,9 ; **(25-12)** Sicile : 1, 14 bl., avec éruption de l'Etna m. 4,3.

Bilans

Monde. *De 1600 à 1900,* plus de 2 500 000 morts. *De 1900 à 1975* env. 1 000 000 morts ; moyenne annuelle 14 000, mais importantes variations : *de 1906 à 1940* dépasse souvent 10 000, *de 1942 à 1957* souvent inférieure à 1 000, depuis 1968 dépasse souvent 10 000. *1976* a été l'année la plus meurtrière depuis 240 ans, sinon depuis 2 000 ans, en admettant que le nombre de 830 000 victimes en 1556 en Chine a pu être surestimé. *1983 :* 2 110 morts, 1 000 blessés. *1984 :* 60 morts, 500 blessés.

Iran (1960-1983) : 70 000 morts.

Turquie (1930-1983) : 29 grands séismes, 63 230 morts, 355 000 maisons détruites.

Pays méditerranéens (avec Turquie) : 1968-1983 : 19 060 morts, 40 000 blessés, 1,1 million sans abri.

Nota. — Il n'y a pas de liaison directe entre la violence d'un séisme et le nombre des victimes. Plusieurs facteurs peuvent intervenir ; le lieu est plus ou moins habité, les constructions sont faites ou non suivant les règles parasismiques, le séisme a entraîné ou non des incendies ou des raz de marée ou des glissements de terrain, il a eu lieu de nuit (les gens sont chez eux) ou au milieu de la journée (ils sont dans la rue). *La zone des dégâts varie :* de 12 à 15 km² (Agadir) à 400 000 km² (2/3 de la France) en Assam en 1897. Le séisme du 5-9-1972 (magnitude 5,5) qui a fait quelques dégâts dans l'île d'Oléron a été ressenti sur environ 200 000 km² (zone de perceptibilité, limite de l'intensité II).

Séismes artificiels

Provoqués par les tirs nucléaires souterrains. *1983,* 36 dont U.R.S.S. 21 : Kazakhstan 10 (dont 2 de magnitude 6,1)..*1984,* 47 dont U.R.S.S. 25 (m. max. 6,2), U.S.A. 14 (m. max. 5,9), France 7 (m. max. 5,7), Chine 1 (le 3-9 à 6 h, dans le Sin Kiang, 41° 38′ N, 88° 47′ E, m. 5,3). *1985,* 30 dont U.S.A. 15, France 8, U.R.S.S. 7.

Tous ces tirs ont été détectés par les sismographes.

Travaux publics. *1983 (10-7)* U.R.S.S., explosion de 5 en 5 mn de 3 charges nucléaires au N. de la Caspienne et *(24-9)* de 6 ETC (charges nucléaires), chacune voisine de 5, pour des travaux dans la région au nord d'Astrakan (46° 47′ N, 48° 16′ E). *1984 (21-7)* U.R.S.S., 3 tirs dans les mêmes conditions (5 mn ; m. 5) en Kazakhie sur le fleuve Oural, vers 51° 20′ N, 53° 15′ E ; *(27-8)* U.R.S.S., Presqu'île de Kola m. 4,4 ; *(28-8)* 2 tirs m. 4,5 à 5 mn dans l'Oural ; *(27-10)* 2 tirs m. 4,8, région d'Astrakan.

Simulation de tremblements de terre. *1969 (2-10)* Iles Aléoutiennes Alaska, (U.S.A.) (bombe à 1 219 m de prof.), m. 5. *1971 (6-11)* m. 5,7.

Accidents inscrits par les séismographes éloignés. *1921 (21-9)* Oppau (Rhénanie, All. féd.) : ? morts (explosion de 4 000 t salpêtre). *1947 (16-4)* Texas-City (U.S.A.) : explosions de 2 navires à quai, chargés de nitrate. *1963 (9-10)* Vajont (Italie) rupture barrage. *1970 (4-3)* Implosion d'un sous-marin, m. 2. *1984 (13-5)* Mourmansk (U.R.S.S.) : explosion d'un arsenal, 400 (?) morts, 2 000 blessés.

Injection forcée d'eau dans le sous-sol. *1967 (10-4/26-11)* Denver (U.S.A.) à 3 761 m de prof., m. 5 et 5,1. *1967 à 1973* Rangeley (U.S.A.) à 1 700 m de prof. Séismes contrôlés en faisant varier la pression et le volume d'injection, m. 0 à 3. *1975* Caucase (U.R.S.S.) I. max. (intensité max. ressentie en surface) VII, m. 4.

Prélèvement d'hydrocarbures. *1951 (15-5)* Vallée du Pô (Ital.) gaz, m. 5,5. *1960 à maintenant* Texas (U.S.A.) pétrole, m. jusqu'à 4. *1969 (24-11)* Lacq (France) gaz, I. max. V. *1972 (31-12)* Lacq (France) (et injection) gaz, I. max. V, m. 4. *1975 (8-1)* Valempoulières (France) : gaz, I. max. III, m. 3,7. *Le plus important et récent : 1984 (19-3)* m. 7,0 intensité VIII, 1 †, 100 blessés, Gazli (Uzbek, U.R.S.S.) gaz, avait été précédé de 2 chocs importants en *1976 (8-4 et 17-5)* m. 7 et intens. IX à X avec dégâts.

Exploitation de mines (sans les coups de grisou). *1869 (14-8)* Dortmund (All. féd.) charbon : ? morts. *1940 (13/14-2)* Bassin de Briey (Lorraine) fer, I. max. IV. *1964 (29-7)* Champagnole (Jura), ondes inscrites jusqu'à 1 000 km : ? morts. *1970 (23-2)* Hombourg-Haut (Lorraine, Fr.) charbon, I. max. IV/V. *1971* Witwatersrand (Afr. du Sud) or, I. max. V, m. 4,2. *1972 (27-9)* carrière de Pagny-s.-Meuse, m. 3,2. *1974 (1-7)* Rochonvillers (Moselle) fer, m. 4,3. *1975 (9-5)* Gardanne (Provence) lignite, I. max. IV, m. 3,2. *1983 (2-8)* Merlebach (Lorraine), m. 3,5. *1984 (10-2)* Gardanne, m. 3,3. *(19-2)* Gardanne, I. max. V-VI, m. 4,3.

Création de lacs réservoirs. Dans le monde. *1938* Marathon (Grèce, rempli en *1930*), haut. de la digue : 63 m, vol. du réservoir : 41 (× 10^6 m³), m. 5. *1939* Hoover (U.S.A., rempli en *1936*), haut. 221 m, vol. 36 703 (10^6 m³), m. 5. *1962 (19-3)* Hsinfengkiang (Chine, rempli en *1959*), haut. 105 m, vol. 10 500 (10^6 m³), m. 6,1. *1963 (23-9)* Kariba (Zimbabwe, rempli en *1959*), haut. 128 m, vol. 160 368 (10^6 m³), m. 5,8. *1966 (5-2)* Kremasta * (Grèce, rempli en 1965), haut. 165 m, vol. 4 750 (10^6 m³), m. 6,3 (1 †). *1967 (10-12)* Koyna (Inde, rempli en *1964*), haut. 103 m, vol. 2 780 (10^6 m³), m. 6,5, (117 †). *1972 (6-11)* Nurek (U.R.S.S., rempli en *1972*), haut. 128 m, vol. 58 (10^6 m³), m. 4,5. *1975 (1-8)* Oroville (U.S.A., rempli en *1968*), haut. 236, vol. 4 365 (10^6 m³), m. 5,7. *1981 (14-11)* Assouan, Égypte, lac Nasser, haut. 91 m, vol. 120 000 (10^6 m³), rempli en *1978*, m. 5,4.

En France. *1963 (25-4)* Monteynard (rempli en *1962*), haut. 155 m. vol. 240 (10^6 m³), m. 4,9, I. max. VII-VIII. *(29-11)* Grandval (rempli en *1959*), haut. 88 m, vol. 292 (10^6 m³), I. max. V. *1971 (21-6)* Vouglans (rempli en *1968*), haut. 130 m, vol. 605 (10^6 m³), m. 4,5, I. max. VII. *1971 et 1978* Alesani (Corse, rempli en *1970*, vidangé *1977*, rempli *1978*), haut. 60 m, vol. 11 (10^6 m³) ; 1re secousse *(29-9-71)* m. 3,0, 2e *(3-4-1978)* m. 4,4, I. max. VI.

Nota. — Le signe * signifie que le séisme a été déclenché quelques mois *avant* le remplissage *complet* du lac-réservoir.

Volcans

☞ Voir Origine de la Terre p. 65.

Généralités

Définition. L'éruption volcanique est l'ascension jusqu'à la surface, par des failles profondes et larges, de matières minérales fondues à plus de 1 000 °C (magma) en provenance de l'asthénosphère (100 à 200 km de profondeur). Pour l'explication par des raisons d'ordre astronomique (« gradients de gravité ») de la présence, au sein du globe terrestre, de matériaux susceptibles de fondre, voir p. 67. Certains magmas granitiques viennent de l'écorce et sont moins chauds.

Mode d'éruption. La classification répartit les volcans suivant le mode d'éruption (hawaiien, strombolien...), sur la violence des explosions et sur les observations. Or, un volcan peut présenter des températures, des pressions et des modifications chimiques modifiant ses laves, la force de ses gaz, et l'aspect du phénomène éruptif.

Lorsqu'un *magma* très *fluide* s'écoule par une fissure unique ou une série de fissures parallèles ou entrecroisées, il forme un *volcan-bouclier* ; si un *magma* relativement *visqueux* est émis par plusieurs fissures entrecroisées, un *stratovolcan* s'édifie au point de rencontre. Si l'éruption est très violente, le cratère peut dépasser 1 000 m de diamètre. La cheminée d'alimentation se comble généralement au terme de l'activité. Parfois, le magma n'atteint pas la surface et s'injecte entre 2 couches sédimentaires ou d'anciennes strates volcaniques.

On trouve fréquemment des fumerolles sulfureuses (**solfatares**) et des émanations de gaz carbonique, dites **mofettes**, qui stationnent dans les dépressions et

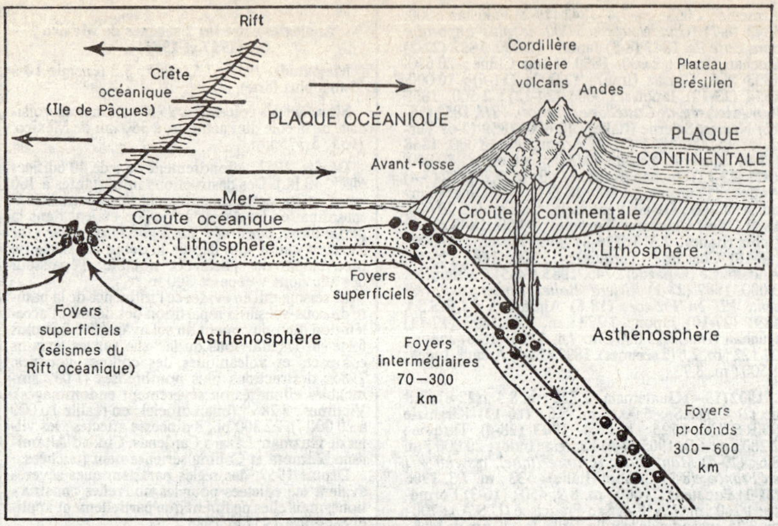

Coupe à travers le sud-est du Pacifique et l'Amérique du Sud. (J.-P. ROTHE : *Séismes et Volcans*, coll. Que sais-je ? n° 217)

dans les grottes (exemple : les grottes du Chien, à Royat), des **soufflards** (en Toscane) ; jets de vapeur et de gaz.

Nom. Origine. De l'espagnol bolcan (boucan), mot utilisé par les navigateurs du xve et xvie s., et non de l'île de Vulcano (Italie).

Prévisions. On peut prévoir une éruption mais plus difficilement son éventuel paroxysme. Pour cela, on enregistre les températures, vitesses, composition chimique des gaz, champ magnétique, courants telluriques, sismicité, gonflement du cône, flux d'énergie, nature pétrographique des produits ; et l'on s'efforce d'interpréter ces informations en termes d'activité éruptive.

En général, les éruptions ne commencent pas par une phase paroxystique.

Usines géothermiques de haute énergie. L'énergie thermique des zones volcaniques est utilisée (un forage permet d'atteindre le gisement de vapeur sous pression qui alimentera les turbines).

USINES EXISTANTES : *Italie*, Larderello, où le Français F. de Larderel (1789-1858) exploitait les dépôts de bore dès 1818 ; production actuelle : 3 milliards de kWh. *Nouvelle-Zélande* (1959), *Californie* (1960), *Japon* (1966-67), *U.R.S.S.* (1973), *Indonésie, Mexique, Guatemala.*

Zones volcaniques. Le volcanisme ne peut exister que dans des régions où l'écorce terrestre est soumise à des efforts divergents : *rifts* ou dorsales médio-océaniques, et « arrières » de *zones d'affrontement entre plaques lithosphériques* : « cercle de feu » du Pacifique, Antilles, Indonésie. 2 autres groupes volcaniques moins importants situés dans les plaques elles-mêmes, appelés *volcanisme intraplaques* : quelques *zones de faiblesse de plaque continentale* ou rifts avortés (Rifts africains, Massif central, Tibesti, Dekkan) ; *guirlandes rectilignes d'îles des plaques océaniques* où se prépare peut-être une future rupture de plaque (îles Hawaii, Tuamotu). Certains expliquent ces 2 dernières formes d'éruption par un échauffement exceptionnel de régions limitées de la lithosphère (théorie des points chauds).

8 volcans en activité ont été observés sur une autre planète (Io, satellite de Jupiter).

Volcanisme en France. Commencé en Auvergne il y a 25 millions d'années, il a continué vers le sud au Plomb du Cantal (3 500 000 années). Aubrac (3 000 000), montagne d'Agde (700 000), vers le S.-E. au Velay (11 000 000/6 000 000), aux plateaux du Devès (1 400 000), de Montpezat-sous-Bauzon (12 000) vers le nord au Mt-Dore et chaîne des Puys (150 000 à 1 500 avant J.-C., Puy de Montcineyre). Une autre éruption aurait pu se produire en 1050 après J.-C.

Certains noms de lieux (Puy-de-l'Enfer, Montchaud) témoigneraient d'éruptions récentes. Un réveil de ces volcans est très probable.

Statistiques

Nombre de volcans. Durant les temps historiques 500 à 600 volcans ont fait éruption ; il y a actuellement des milliers de volcans endormis et plus de 1 000 grands volcans éteints sous-marins principalement dans l'océan Pacifique.

Nombre d'éruptions. Plus de 2 500 enregistrées, dont plus de 2 000 dans le Pacifique. En moyenne 1 éruption sur 100 est dangereuse.

Plus haut volcan. Le Nevado Ojos del Saldado (6 863 m, Chili) [le Cerro Aconcagua (6 960 m, Andes argentines) n'est qu'une montagne] ; *en sommeil* le Llullaillaco (6 723 m, frontière du Chili et de l'Argentine) ; *en activité* Antonfalla (6 450 m, Argentine) ; *le plus au nord :* le Beeren Berg (2 276 m, île Jan Mayen, mer du Groenland à 71°5 nord) ; *le plus au sud* Erebus (3 795 m, île de Ross, Antarctique, 77°35 sud). **Dimension maximale du cratère.** Au large du Japon, caldera sous-marine de 40 km de large. Mt Aso (Kiu-Siu, Japon), caldera (cratère d'effondrement) diam. N.S. 27 km ; circonf. 114 km. Cratères les plus profonds : Nyragongo 800 m (1978), 450 m (1982), Java, Mont Raung 500 à 600 m.

Coulée de laves maximale. Islande, 96 km. Victimes d'éruptions volcaniques depuis 1719 : 210 000 (moyenne annuelle : 800).

Geysers

Jets intermittents d'eau liquide et de vapeur d'eau accompagnées d'hydrogène sulfureux, de gaz carbonique, etc. *Température :* 70 à 100 °C. *Hauteur max. :* N.-Zél. Waimagu 457 m en 1904 ; tari en 1917 ; *le plus grand en activité régulière :* Steamboat Geyser (U.S.A.), de 1962 à 1969, de 76 à 115 m à des intervalles allant de 5 j à 10 mois.

U.S.A. (Parc de Yellowstone, Wyoming) : plus de 3 000 geysers dont le Géant (jet de 61 m de haut pendant 4 mn à intervalles de 27 à 97 mn, en un jaillissement, il peut rejeter 37 850 hl) ; Old Faithful (Vieux Fidèle, jet de 50 m à intervalles de 35 à 95 mn). *Islande* plus de 1 000 geysers dont le Grand Geyser (jet de 48 à 54 m).

Le *Geysir*, près du mont Hekla, qui a donné son nom à tous les autres, jaillit (irrégulièrement) à 55 m de haut, le *Strokkur*, réveillé en 1963 par des forages, jaillit régulièrement toutes les 10 à 15 minutes. En *N.-Zélande*, dans le Wonderland, les geysers ont de 9 à 10 m de haut.

Volcans et éruptions

Nombre par région, dates d'éruptions importantes ou des dernières éruptions (entre parenthèses), *altitude en m.*

● **Afrique. Est** *(36)*: **Djibouti**: Ardoukoba (1979). **Éthiopie**: Erta Ale (activité découverte en 1968, il était toujours actif en 1982). **Tanzanie**: Kilimandjaro 5 895; Lengaï (1960) 2 886. — **Centrale** *(6)*: **Zaïre** (monts Virunga): Nyamuragira (1958-67-71-77-79-81) 3 055; Nyragongo (1948-77-82; un lac de lave permanent a disparu en 1977 puis a reparu le 21-6-82) 3 469; Visoke (1958 réveil). — **Ouest** *(1)*: **Cameroun**: Cameroun (1959-1982) 4 094. — **Nord** *(3)*: Massif du Tibesti. — **Comores** *(1)*: Kartala 2 631, dans la Grande Comore. — **Réunion** *(1)*: Fournaise (1979-1981).

● **Amérique. Nord**: **U.S.A.**: **Alaska et Iles Aléoutiennes** *(93)*. **Alaska**: Katmai (1912) 0 (région inhabitée); Trident (1963) 1 832; Pavlov (1950) 2 504; Bogoslov; Iliamna (1979). Vesiaminof (1983) 2 816. **Aléoutiennes**: Shishaldine 2 861; Progromni (1964) 2 012. **Californie**: Lassen Peak (1915) 3 186. *Washington*: St-Helens (1857, 1980, du 27-3 au 18-5) 3 000. V. Quid 1983 p. 251. **Mexique**: Paricutin (1943-45) 2 743; Colima 4 265; Popocatepetl 5 452; el Chichon (2-1982) milliers de †, 3 638 disparus, 40 000 évacués, la plus grande émission de cendres dep. 1912 (Katmai, Alaska).

Centrale *(35)*: **Costa Rica**: Irazu (1964) 3 432; [Arenal 1968 (78 †) à 1983]. Rincón de la Vieja (1983). **El Salvador**: Izalco (1770-1957-1963) 2 385. **Guatemala**: Fuego (permanent) 3 855; Pacaya (1983) 2 544: Santa Maria 3 768. **Nicaragua**: Cerro Negro (1968); Masaya (1835, 1902); Momotombo.

Sud *(31)*: **Chili**: Tupungatito (1959) 5 640; Guallatiri (1959) 6 060: Lascar (1951) 5 990; Llaima (1955) 3 121; Villarica (1964-71-79-80) 2 843; Calbuco (1961) 2 400; Hudson (1971) quelques †. **Colombie**: Purace (1950) 4 700; Ruiz (1985) 22 000. **Équateur**: Sangay (1946-1976-1983) 5 325; Cotopaxi 5 896. **Pérou**: Misti (1903): Ubinas 5 671.

● **Antarctique et îles Australes** *(18)*: Erebus (permanent) 3 950; Tristan da Cunha (1961) 2 060; Déception (1967-70).

● **Atlantique**: **Açores** *(9)*: Capelinhos (1957-58). **Antilles** *(8)*: Montagne Pelée (Martinique) (8-5-1902 30 000 morts, 1929); Soufrière (Guadeloupe) (1956, 1976) 1 467; Soufrière (St-Vincent) (1971-79) 1 165. **Canaries** *(3)*: 1 972. **Cap-Vert** *(1)*. **Islande et Jan Mayen** *(27)*: Laki (1783-84) 1 560; Hekla (1947-70) 1 560; Helgafell (1973): Katla [1] 3 182: Threngslaborgir; Surtsey (1963-67) donna naissance à une île de 2,8 km^2; Beerenberg (1969-70)[2]; Grimsvötn[1]; Kirkjufell (1973); Krafla (1978-79). **Volcans sous-marins** *(19)*.

Nota. — (1) Recouverts d'une calotte glaciaire; la libération des eaux de fonte forme des torrents dont le débit peut atteindre plusieurs centaines de milliers de m^3/s. (2) Création de 3 km^2 de terre en bordure de l'île.

● **Asie et Pacifique**: **Chine**: Nord-Est du Tibet (5). Galapagos (3) (1969). Juan Fernandez (3). Hawaii (4): Mauna Loa (1950) 4 170; Kilauea (régulières, dernière 1983). **Indonésie**: **Sonde** *(110)*: Merapi (1969, 1984) 2 911; *Krakatoa* [26/28-8-1883; destr. des 2/3 de l'île et création d'une dépression de 300 m dans l'océan; 36 000 †; 50 millions de t de cendres; explosion entendue à 4 500 km: record mondial pour la violence de l'explosion après le cataclysme de Théra (ou Santorin) (v. 1300 av. J.-C.), 5 fois plus puissant; des blocs de roches furent propulsés à 55 km de haut, des poussières retombant à 5 330 km de là, 10 jours plus tard. On entendit l'explosion 4 h après, sur l'île Rodriguez, à 4 776 km de là. Sa puissance était environ 26 fois supérieure à celle des superbombes H. En 1927 il forma l'île d'Anak-Krakatoa; 1979]; Gedeh (1949) 2 959; Galung-gung (1822-1920-82) 2 168; Papandajan (1772, 3 000 †); Kelud [(Java) 1918: coulées de boue (5 000 †); 1967]; Semeru (1960) 3 676; Bromo 2 392; Rindjani (1964) 3 775; Raung 3 332; Slamat (1953) 3 426; Tambora (1815, 92 000 †; record mondial pour le volume des matières projetées: 220 millions de t, 151,7 km^3; le volcan perdit environ 1 252 m d'altitude et l'éruption entraîna la formation d'un cratère de 11 km de diamètre); Ternate (1938) 1 715; Agung (17-3-1963; 1 500 †); Batur (1928-63-68) 1 718; Dieng (1979, 149 †); Paloë (1973): Una Una (1983). **Japon** *(54)*: Fuji Yama (1707) 3 776; Unzendake (1792); Asama (66 éruptions de 685 à 1 900, plus de 2 000 explosions depuis 1900) 2 542; Bandai-San (1888); Koma-ga-take; Showa Shinzan (1943-45); Mihara; Myojin; Sakurajima (1914-48-66-70-72-73-79-83); Kirisima (1979) 1 700; Aso (1958-79 3 †); Usu (1978 3 †); Miyakejima (1983); Nishino-Shima (îles Bonin) (1973-74). **Kermadec** *(15)*. **Mariannes** *(8)*. **Nouvelle-Bretagne** *(14)*: Langila (1983). **Nouvelle-Guinée** *(16)*: Lamington (18/21-1-1951: 3 000 †). *Région de Rabaul* (1937). **Nouvelle-Irlande** *(9)*. **Nouvelle-Zélande** *(5)*: Tarawera (1888); Ruapehu (1950) 2 797; Ngauruhoe (1956) 2 292; Tongariro (1950). **Nouvelles-Hébrides** *(12)*: Ambrym (1951-79) 1 324; Lopevi (1960) 1 449; Yahue (permanent). **Philippines**: Mayon (1947-68-76) 2 525; Taal (1815-1911-65-66-69-70) 1 449; Hibok (1960) 1 712; Didicas (1969) 2 (apparition d'une nouvelle petite île). **Salomon. Samoa** *(3)*: Matavanu (1905 à 1911). **Santa Cruz** *(1)*: Tinakula. **Tonga. U.R.S.S.** *Kamtchatka (28)*: Klioutchevskoï (1962) 4 917; Bezimianny [(1956-69: record du XXe s. pour la violence de l'explosion ($2{,}2 \times 10^{25}$ ergs) — 79] 3 048. *Kouriles (39)*.

● **Europe. Caucase** *(2)*: Elbrouz 5 641. **Méditerranée** *(18)*: **Grèce**: Santorin [v. 1300 av. J.-C. (l'île s'appelait alors Théra; l'explosion a provoqué un raz de marée de 50 m de haut, qui a détruit la civilisation minoenne en Crète); 1929] 584, Nisyros. **Italie**: Etna [1669-1928-71-79 (9 touristes †, 30 bl. 12-9-1979-1983) (permanent)] 3 274; Stromboli (permanent) 926; Vulcano (1888) 499; Vésuve [79 après J.-C. (projection de cendres, mais non de laves) a détruit 2 villes: Stabbia et Herculanum (ensevelie sous une coulée de boue, épaisse parfois de 20 m et qui s'est solidifiée; découverte en 1927). Pompéi avait été détruite 16 ans avant (63) par un tremblement de terre. Elle était évacuée par ses habitants, seuls y habitaient des artisans travaillant à sa reconstruction quand elle fut, elle aussi, recouverte de cendres; découverte en 1748. (1631, 1832, 1872, 1906, 1924, 1944)] 1 186.

☞ Voir également: Séismes page 80, Séismes artificiels page 83 et Volcans page 84.

Enigmes

Les « hoquets de la mer ». De nombreux marins ont signalé, depuis le XVIIe s., que mers et océans peuvent être agités par des explosions (détonations sourdes, émission de brumes, formation de dômes d'eau). Lieux de ces observations: côtes de la Belgique (où le phénomène est nommé « mistpouf »), golfe du Bengale, golfe de Gascogne, côtes atlantiques des U.S.A. En 1976, les autorités américaines ont essayé d'expliquer ces « hoquets » par des raisons d'acoustique: les *bangs* du Concorde auraient des répercussions sur les masses d'eaux océaniques. Cette hypothèse est rejetée aujourd'hui. Autres hypothèses: émissions gazeuses d'origine volcanique; tassement du plateau continental avec rejet des gaz contenus dans les sédiments; microséismes.

« Triangle des Bermudes ». Dans l'océan Atlantique, entre Porto Rico, les Bermudes et les Bahamas, de nombreuses disparitions d'avions et de navires ont eu lieu. Charles Berlitz en cite 33, et leur attribue une origine mystérieuse, peut-être même extra-terrestre. En fait, ces disparitions s'expliquent par les conditions météorologiques particulièrement défavorables de cette région (tempêtes, orages, cyclones), où la navigation aérienne et maritime est dense. Les défaillances mécaniques et les erreurs de navigation sont aussi en cause. Les compagnies d'assurance aériennes et maritimes n'admettent pas que les statistiques du « Triangle des Bermudes » soient spécialement anormales.

Vaisseaux fantômes. La plupart, tel celui du *Hollandais volant*, relèvent de la légende, mais des navires abandonnés peuvent effectuer d'immenses trajets sur les océans, au gré des courants, parfois pendant des années. Le plus fameux: le brick *Mary-Céleste*, trouvé en 1872 entre Gibraltar et les Açores, avait, semble-t-il, été construit de toutes pièces par un marin désireux de toucher une prime de sauvetage.

Les mers

Données générales

● **Limites. Atlantique et océan Indien** sont délimités par le méridien du cap des Aiguilles (20° long. E.), **Atlantique et Pacifique** par une ligne allant du cap Horn à l'île George. **Océan Indien et Pacifique** par le méridien du cap Sud de la Tasmanie (Australie 147° long. E.). **Océan Austral**: parties sud des 3 océans: Indien, Atlantique et Pacifique en bordure du continent Antarctique; ses limites sont définies d'après la température des eaux superficielles; au sud de la ligne de convergence subtropicale située entre 35° et 40° de lat. sud dans chaque océan, les eaux ne dépassent jamais 10 °C. Ce sont ces eaux froides qui constituent l'océan Austral.

● **Superficie** (en millions de km^2). Total 361,3 (soit 70,8 % de la surface du globe): **Arctique (14,8).** [Bassin arctique 11,99; m. de Baffin 0,68; de Barents 1,40; de Beaufort 0,47; Blanche 0,09; détroits canadiens 1,42; de Davis 1,07; d'Europe du Nord 4,39; du Groenland 1,20; de Kara 0,88; des Laptev 0,65; de Norvège 1,38; de Sibérie orientale 0,90; de Tchoukotsk 0,58]; **Atlantique (91,6).** [Mer Adriatique 0,13; d'Azov 0,03; Baltique 0,42; Caraïbes 2,75; Scotia (ou Antilles du Sud) 1,83; Égée 0,18; golfe de Gascogne 0,19; du St-Laurent 0,23; de Guinée 1,53; m. d'Irlande 0,10; Ionienne 0,25; golfe du Lion 0,14; Manche 0,07; Méditerranée (sans mer Noire) 2,50; Médit. occidentale 0,82; Médit. orientale (sans mer Noire) 1,68; Mexique 1,54; du Nord 0,57; Noire 0,42; Tyrrhénienne 0,25; Weddell 3,03]; *Indien* **(76,2).** [Mer d'Arafura 1,04: golfe du Bengale 2,172; canal de Mozambique 1,22; m. d'Oman 3,68; golfe Persique 0,23; m. Rouge 0,43]; **Pacifique (178,7).** [Golfe d'Alaska 1,32; mers australasiennes 6,69; m. de Béring 2,30; golfe de Californie 0,15; m. de Chine méridionale 2,20; de Chine orientale 0,75; de Corail 4,79; du Japon 0,97; Jaune 0,41; d'Okhotsk 1,52; de Ross (Antarctique) 0,89; m. de Malaisie 8,142].

● **Plus grands golfes.** G. du Bengale 2 200 000 km^2 et le g. du Mexique 1 500 000 km^2.

● **Plus grande mer intérieure.** *Caspienne.* Voir lacs, p. 79 a.

● **Volume des eaux** (en millions de km^3). *Pacifique* 707,1, *Atlantique* 330,1, *Indien* 284,6, *Arctique* 16,7, total 1 338,5 (93,9 % de l'hydrosphère, c'est-à-dire de toutes les eaux du globe).

● **Poids total,** $1{,}3 \times 10^{18}$ t, soit 0,022 % du poids total de la *Terre.*

● **Profondeur des océans**: *moyenne* 3 554, *max.* 11 034: *Pacifique* 4 267 [Est: Mariannes[1] 11 034, Tonga[1] 10 882, Kouriles-Kamtchatka[2] 10 542, Philippines[3] 10 497, Kermadec[4] 10 047, Bonin[5] 9 810, Bougainville[6] 9 140, Yap[4] 8 527, Japon[7] 8 412, Palau[8] 8 133, Nlles-Hébrides 7 570, Ryu-Kyu 7 507. Ouest: Pérou-Chili[9] 8 064, Guatemala 6 662, Californie 6 225, Nord Aléoutiennes 7 822]; *Atlantique* 3 602 [Porto-Rico[11] 9 218, Sandwich du Sud[12] 8 264, Romanche[13] 7 728, Caraïbes 7 680, Cap-Vert 7 292, Nares 6 328]; *Indien* 3 736 [La Sonde-Java[14] 7 450, Madagascar Est 6 400, Mascareignes 5 349]; *Méditerranée* 4 110 (Sud du cap Matapan 5 121, S.-E. Sicile 4 115, Tyrrhénienne 3 785, Baléares 3 420); *Antarctique* 6 972; *Arctique* 5 440[15]; *mer Rouge* 3 039[15]; *mer Noire* 2 245[15]; *Adriatique* 1 260[15]; *mer de Marmara* 1 273[15]; *Baltique* 470[15]; *mer du Nord* 725[15] (max. dans le Skagerrak 725); *Manche* (fosse centrale) 172[15]; *golfe Persique* 110[15]; *pas de Calais* 64[15]; *mer d'Azov* 13[15].

Nota. — (Sondage: navire, pays, date.) (1) *Vitjaz*, URSS, 1957. (2) *Vitjaz*, URSS, 1954. (3) *Cape Johnson*, USA, 1945. (4) *Vitjaz*, URSS, 1958. (5) *Vitjaz*, URSS, 1955. (6) *Planet*, Allemagne, 1910. (7) *S.F. Baird*, USA, 1953. (8) *Stephan*, Allemagne, 1905. (9) *S.F. Baird*, USA, 1957. (10) *Chelan*, USA, 1956. (11) *Vema*, USA, 1956. (12) *Meteor*, Allemagne, 1926. (13) *Albatross*, Suède, 1948. (14) *Planet*, Allemagne, 1906. (15) Prof. max.

Selon les satellites artificiels, la surface des océans présente des dénivellations de plusieurs dizaines de mètres à presque 200 m. Elles sont dues aux courants et aux vents qui peuvent accumuler les eaux sur la façade d'un continent, à la rotation de la Terre, à la pression atmosphérique (une augmentation d'un millibar abaisse le niveau marin d'environ 1 cm), et aux marées (l'attraction de la Lune peut bomber la surface des eaux). L'anomalie négative la plus forte se trouve au nord-ouest de l'O. Indien (— 106 m) et la positive la + élevée au large de la Nlle-Guinée (+ 86 m), soit une différence de près de 200 m.

La mer des Sargasses (dans l'Atlantique au large des côtes de Floride : 6 000 000 km² env.) correspond à une zone de calme au centre des courants de l'Atlantique Nord (Gulf Stream, c. des Canaries).

Température en surface : 20 à 28 °C ; *en profondeur :* 18 °C à 200 m, 17 °C à 400 m. Son nom vient d'algues qui y flottent (env. 10 esp. : 2 sont pélagiques, les 8 autres esp. sont arrachées par les ouragans aux côtes de Floride, du Mexique, du Honduras, de la Jamaïque).

Courants marins

• **Circulation océanique superficielle.** Les eaux superficielles des océans entre 0 et − 200 m sont mises en mouvement par les vents, puis leur direction est influencée par la rotation de la Terre. Ainsi se forment plusieurs tourbillons dans chaque océan.

Aux latitudes tropicales dans le Pacifique et l'Atlantique, les **alizés** engendrent sur la façade orientale des océans des courants assez frais qui longent les continents en direction de l'Équateur [*courant de Californie :* 1 km/h, 11 millions de m³/s, 2 500 km de long ; *c. de Humboldt* (Pérou) : 1 km/h, 18 millions de m³/s, 3 000 km de long ; *c. des Canaries :* 1,5 km/h, 16 millions de m³/s, 1 500 km de long ; *c. de Benguela* (Afrique australe) : 1 km/h, 16 millions de m³/s, 2 000 km de long]. En se dirigeant ensuite vers le large, ils donnent naissance aux **courants transocéaniques équatoriaux** (N. et S.) qui portent vers l'O. entre 0 et 15° de latitude. Entre ces courants équatoriaux, le retour des eaux vers l'E. est assuré en partie par les **contre-courants équatoriaux** de surface et de sous-surface, ces derniers ayant été découverts assez récemment (*c. de Cromwell* dans le Pacifique, 1951, *de Lomonosov* dans l'Atlantique, 1961 et *de Tareev* dans l'océan Indien, 1960).

La majeure partie des eaux transportées par les c. équatoriaux vers l'O. longent ensuite les façades des continents vers le N. et le S. puis, sous l'influence des vents d'O. prédominants aux latitudes tempérées et de la rotation de la Terre, se transforment en grandes dérives transocéaniques en direction de l'E. (*Gulf Stream* prolongé par la dérive Nord-Atlantique, 7 000 km de long, 80 millions de m³/s, *Kuro-Shivo* et dérive Nord-Pacifique, 9 000 km de long, 50 millions de m³/s, par exemple).

Dans l'hémisphère austral, les dérives se confondent avec le *grand courant circumpolaire antarctique* qui fait le tour du globe, puisqu'il n'est pas interrompu par les continents, de l'ouest vers l'est aux latitudes tempérées et qui est **le plus puissant courant du monde** (270 millions de m³/s, largeur de 300 à 2 000 km, vitesse 0,75 km/h).

Aux latitudes élevées de l'hémisphère N., la façade orientale des océans est refroidie par la descente d'eaux froides venues du N. (*c. du Groenland oriental* et *du Labrador, c. du Kamtchatka* et *Oya-Shivo*), tandis que les façades occidentales sont attiédies par les prolongements des dérives transocéaniques d'origine tropicale (Europe occid. et golfe d'Alaska).

Dans l'océan Indien austral, on trouve, comme dans les autres océans, un vaste tourbillon en sens inverse des aiguilles d'une montre, qui donne sur les côtes d'Afrique le puissant *c. des Aiguilles* (2,5 à 3 km/h, 2 500 km de long, 65 millions de m³/s), mais dans la partie boréale de l'océan le schéma de la circulation est altéré par la mousson, si bien que les courants tendent à changer de direction saisonnièrement comme les vents. Récemment a été individualisé un *contre-courant équatorial de sous-surface* appelé courant de Tareev, sans doute moins permanent que ceux des autres océans.

• **Circulation profonde.** En général beaucoup plus lente et provoquée par des différences de densité entre les masses d'eau, car, sauf quelques exceptions, les courants de surface ne font guère sentir leurs effets au-dessous de 500 m. En profondeur, les mouvements de l'eau sont dus à la plongée des eaux les plus denses donc les plus froides, issues de l'Antarctide pour les 3 océans, mais aussi de la mer du Labrador pour l'Atlantique ; elles ont une circulation à dominante méridienne.

• **Vitesse. Courants permanents.** *Gulf Stream* 0,5 à 1,5 m/s. *Courants équatoriaux* 0,2 à 0,3 m/s. *Rapides Na-Kwato* (détroit de Slingsby, Colombie brit.) **les + violents** du monde : 8,22 m/s, 29,6 km/h.

Courants de marée. Se renversant avec la marée, toutes les 6 h, en Europe ils ne sont appréciables que près des côtes ; vitesse : sur les côtes de Bretagne, de 0,5 à 1 m/s ; dans le raz Blanchard, au large de la pointe de La Hague (Cotentin), 5 m/s. *Vitesse maximum :* Fjord de Bodo (Norvège), 7,8 m/s.

Température des océans

Profondeur	60° lat. Nord		Équateur			60° latitude Sud		
	Atlant.	Pacif.	Atlant.	Pacif.	Indien	Atlant.	Pacif.	Indien
Surface	7°	4°	27°	27°	27°	− 0°3	1°	0°8
100 m	10°	3°	21°	25°	23°	− 0°1	1°9	0°6
500 m	8°	3°5	7°	8°	12°	2°5	1°7	1°2
1 000 m	6°	3°	4°	4°5	6°	0°9	2°	1°5
3 000 m	2°	2°	2°8	1°7	3°	0°3	0°1	0°1

Eau de mer

• **Composition. Salinité.** D'après Defant (1961), il y a de 3 à 38 g de sels par kg d'eau de mer (en moyenne : 35 ‰), soit pour une salinité de 35 g (en g par kg d'eau de mer) : chlorure de sodium 27,213, de magnésium 3,807 ; sulfate de magnésium 1,658, de calcium 1,260, de potassium 0,863 ; carbonate de calcium 0,123 ; bromure de magnésium 0,076. L'eau de mer est 270 fois plus salée que celle des fleuves.

Exemples : *Mer Rouge :* 44 g/l (avec des poches chaudes en profondeur 300 g/l). *Mer Morte :* 275 g/l. *Mer Baltique* qui reçoit les eaux douces de nombreux fleuves et se trouve dans une région tempérée assez froide, donc à faible évaporation : 2 g/l au minimum.

Autres composants. D'après Kalle (1945) (en mg par m³) : Fluor 1 400, Silice 1 000, Azote 1 000, Rubidium 200, Aluminium 120, Lithium 70, Iode 61, Phosphore 60, Baryum 54, Fer 50, Arsenic 15, Cuivre 5, Manganèse 5, Zinc 5, Sélénium 4, Uranium 2, Césium 2, Molybdène 0,7, Cérium 0,4, Thorium 0,4, Vanadium 0,3, Yttrium 0,3, Lanthane 0,3, Argent 0,3, Nickel 0,1, Scandium 0,04, Mercure 0,03, Or 0,004, Radium 0,000 000 1.

Matières organiques : produits d'assimilation des organismes vivants, de décomposition des organismes morts. L'ensemble représente une quantité 3 à 10 fois plus importante que celle des organismes vivant dans la mer.

• **Couleur.** La mer reflète la couleur du ciel. Des algues microscopiques colorent la mer Rouge ; des micro-organismes donnent à l'Atlantique sa couleur verte. La terre jaune apportée par les fleuves chinois colore la mer Jaune.

• **Densité.** Dépend de la salinité et de la température : l'eau salée atteignant son maximum de densité à − 2 °C, les eaux froides sont donc plus lourdes que les eaux chaudes et tendent à s'enfoncer.

Les eaux de salinité, température et densité différentes ne se mélangent pas mais glissent par masses les unes sous les autres (Voir Courants marins).

• **Pression. A la surface des eaux.** *Pression moyenne de l'atmosphère :* 1,033 kg par cm². **En profondeur.** La pression de l'eau s'y ajoute. Elle peut atteindre plus de 1 000 atmosphères à 10 000 m ; l'eau est comprimée au point que sa densité s'accroît : le poids d'1 l d'eau surpasse de 50 g celui du litre en surface. Si l'eau de mer était parfaitement incompressible, le niveau des océans serait relevé d'environ 30 m.

• **Température en surface (en °C). Golfe Persique :** août 32°. **Mer Rouge :** août 31° (avec au fond, des « poches » d'eau à 56°). **Golfe du Mexique :** 31°. **Atlantique** (moyenne sur le trajet Le Havre-New York) : 16° l'été ; 10° l'hiver. **Méditerranée** (au-dessous de 350 m 13°) : en surface, *golfe du Lion :* févr. 12° ; mai 15° à 15,50° ; août 21° ; nov. 15°. *Baléares :* févr. 13° ; mai 17° ; août 25° ; nov. 18°. *Côte algéro-marocaine :* févr. 15° ; mai 17,5° ; août 24,9° ; nov. 18° à 19° ; moy. annuelle 17,6°. *Détroit de Gibraltar :* févr. 14,7° ; août 23°. *Adriatique Nord :* févr. 9° ; mai 10° ; août 23° ; nov. 18°. *Adriatique Sud :* févr. 14° ; mai 15° ; août 25° ; nov. 21,5°. *Méd. orientale :* févr. 12° ; août 22°. *Mer de Marmara :* févr. 8° ; août 24° ; record hiver 4,5°. **Mer du Nord** à Douvres et, entre parenthèses, aux Shetland : hiver 6,5° (7,5) ; printemps 10° (9) ; été 17° (12,5) ; automne 11 à 12° (8,5). **Mer Blanche :** 0,5 à − 2° en hiver, 12 à 15° en été.

• **Visibilité.** *Limite :* entre 40 et 50 m de profondeur. *Limite de pénétration des rayons solaires :* variable selon les éléments du spectre ; jusqu'à plusieurs centaines de m.

Quelques projets
Villes sur l'eau (souvent flottantes)

— *Extension des ports sur l'eau :* Rio de Janeiro, Tokyo, La Haye, U.S.A. (projet Novanoah).

— *Exploitations pétrolières, minières, chimiques en haute mer :* Sea City (G.-B., mer du Nord, 25 000 personnes, extensions prévues 200 000 pers.) ; Triton City (U.S.A., plusieurs dizaines de milliers de pers.) ; Tetra City (U.S.A., 1 million de pers. ; pyramide haute de 3 000 m) ; Marine City (Japon, plusieurs millions de pers. 60 km²).

Fonds marins

Plates-formes, pentes continentales, cuvettes et fosses

• **Plate-forme continentale.** (7,6 % de la surface des océans et des mers). Borde les continents jusqu'à une profondeur voisine de 200 m. *Elle est large quand elle prolonge les plaines* en régions tempérées, étant elles-mêmes d'origine débritique [*ex. :* la plate-forme continentale réunissant la G.-B. et l'Irlande au continent européen qui se compose de 3 grands bassins fluviaux submergés : *Rhin* (recevant sur sa rive gauche la Tamise, grossie de la Somme), *Seine* (affluents g. Rance, Elorn ; dr. Avon), *Severn*].

• **Pente continentale.** Entre 200 et 3 000 m env. de profondeur (15 % des océans) c'est un escarpement souvent raide qui relie les plates-formes aux grands fonds. Elle est parfois entaillée par des canyons sous-marins aux flancs abrupts ; Gouf de Capbreton dans le golfe de Gascogne, trou sans fond au large d'Abidjan. On connaît env. 200 canyons sous-marins. A leur pied s'accumulent en de gigantesques cônes sous-marins tous les matériaux issus de l'érosion des continents.

• **Cuvettes océaniques.** Grands fonds (− 3 000 à − 6 000 m) recouvrant 77 % de la surface totale des océans en englobant les hauteurs qui les accidentent. Chaque océan se compose de plusieurs bassins profonds dont le relief est fait de plaines, de collines et parfois de cônes volcaniques. Ces bassins sont séparés par des seuils et des dorsales médio-océaniques. Celle de l'Atlantique, longue de 16 000 km, large de 400 à 3 000 km, s'élève à plus de 1 500 m au-dessus des bassins (certains sommets forment des îles comme les Açores).

La plus haute montagne totalement sous-marine est entre les Samoa et la N.-Zélande (8 690 m ; sommet à − 365 m).

• **Fosses océaniques.** 23 dépassent 7 000 m (Pacifique 19, Atlantique 3, Indien 1). Allongées, profondes au maximum de 11 034 m (Mariannes, Pacifique), larges de 40 à 120 km, longues de 500 à 4 000 km, légèrement arquées, elles longent le bord d'un continent ou d'un arc insulaire et occupent env. 5 % de la superficie des océans.

Glaces marines

Banquise

Définition. L'eau de mer gèle à − 2 °C. Comme elle n'a pas le maximum de densité à 4 °C de l'eau douce, elle s'enfonce en se refroidissant : le gel commence dans les mers peu profondes, baies et estuaires (*banquise côtière* = fast ice). Au centre de l'Arctique il y a une banquise permanente (le *Pack Artique*), que la banquise côtière rejoint en hiver. L'été on trouve aussi de la *banquise dérivante* entre les deux. Autour de l'Antarctique la banquise est permanente en certains lieux.

Dans tous les cas la banquise est *zone d'ablation*, c'est-à-dire que la fonte estivale l'emporte sur l'accumulation de neige. Si elle se maintient, c'est parce qu'elle s'épaissit par en dessous, le gel de la mer ne cessant que lorsque la banquise a quelques mètres d'épaisseur. La banquise d'un hiver a 0,5 à 1,5 m d'épaisseur ; le Pack Arctique 3 m d'épaisseur en moyenne, 6 m au nord du Groenland. Si la banquise devenait zone d'accumulation on aurait un glacier flottant ou *plate-forme flottante*, de 100 à 300 m d'épaisseur. De nombreuses plates-formes flottantes entourent l'Antarctique, la plus grande (plate-forme flottante de Ross) ayant la surface de la France ; ils sont aussi alimentés par les glaces s'écoulant de l'intérieur du continent. Dans l'Arctique il y avait de petites plates-formes flottantes au nord de l'île d'Ellesmere ; leur désintégration a donné des *îles de glace* disséminées dans l'Arctique. Sur certaines on a installé des bases scientifiques. V. aussi iceberg.

Processus physiques. Lorsque la mer commence à geler, la microturbulence entraîne la formation d'une suspension de cristaux de glace *(fraisil)*, rendant la mer « huileuse ». Puis se forme une glace mince, disloquée par la houle en *crêpes de glace*. Lorsque toute la mer est gelée, la croissance se poursuit vers le bas, formant de gros grains très allongés dans la direction verticale. Comme la glace ne peut pas incorporer de sels dans son réseau cristallin, le sel se concentre au contact de la glace, empêchant une croissance régulière. Des gouttelettes de saumure sont ainsi emprisonnées dans la glace de mer. Elles migrent lentement vers le haut, plus froid. Comme la surface fond l'été, la vieille glace de mer, à la fin de l'été, donne une eau potable.

En bordure de la banquise, celle-ci est morcelée par la houle en *floes* de 20 à 200 m de diamètre, parfois sur 50 km de large.

Vents et courants marins entraînent la banquise arctique. Son mouvement moyen est une circulation dans le sens des aiguilles d'une montre dans la mer de Beaufort, et une grande dérive des côtes de Sibérie vers l'Atlantique (découverte par la dérive du Fram, volontairement pris par les glaces, de 1893 à 1896). Autour de l'Antarctique, près des côtes, la banquise dérive vers l'ouest, et plus au large vers l'est (répondeurs placés par les Expéditions polaires françaises sur des icebergs tabulaires et suivis par satellite).

Ces mouvements, irréguliers dans le détail, provoquent la formation de fractures dans la banquise, puis de chenaux (« rivières », en anglais *leads*, qu'on prononce lîds), ou même au milieu de la banquise, d'étendues recouvertes de très jeune glace mince (2-30 cm d'épaisseur), les *polynies*. En se refermant, les rivières sont remplacées par des *crêtes de pression* (hummocks). La distance moyenne entre crêtes de pression est 80-100 m. Sous l'eau elles s'enfoncent de 10-15 m, parfois 25 m (relevés au sonar à partir de sous-marins nucléaires).

Étendue et impact économique. A la fin de l'été la banquise couvre 11,2 millions de km² ; à la fin de l'hiver, 38 millions de km², soit 7 % du globe, 12 % des océans. L'effet sur l'albédo du globe est faible car ces régions sont couvertes de nuages à 80 % ; mais en hiver la banquise ôte à l'océan son rôle d'adoucisseur du climat.

En été la limite du Pack Arctique passe juste au nord du Spitsberg (80° lat. N.) et de l'archipel François-Joseph, par la Severnaïa Zemlia, la Nouvelle Sibérie et l'île Wrangel, laissant plus ou moins libre le *Passage du Nord-Est* le long des côtes sibériennes. Cela permet l'évacuation par mer du charbon de Tiksi (mer des Laptev), des métaux non ferreux de Sibérie orientale, et le ravitaillement de ces centres miniers. L'archipel canadien et les côtes de l'Alaska sont aussi libérés des glaces *(Passage du Nord-Ouest)*. Il y a de nombreux puits de pétrole off-shore au large du Labrador (mer de Baffin), du Yukon et de l'Alaska (mer de Beaufort). Mais, l'évacuation du pétrole devant être continue et l'emploi de pétroliers brise-glace s'avérant trop problématique (croisière test du Manhattan, automne 1959), le pétrole de la mer de Beaufort est évacué par l'oléoduc trans-alaskien.

En hiver, la banquise couvre tout l'Arctique des côtes de Sibérie à celles de l'Alaska et parfois de l'Islande, ne laissant libre que la mer de Norvège, l'ouest de la mer de Barents et le port soviétique de Mourmansk.

Les puissants brise-glace soviétiques à propulsion nucléaire maintiennent ouvert le port d'Arkhangelsk toute l'année.

Icebergs

● **Définitions et types.** Portions de glace continentale qui descendent lentement vers la mer, flottent, se détachent (vêlent) et partent à la dérive. Il y a 2 types d'icebergs : ceux venant des plates-formes de glace (glaciers flottants de l'Antarctique), tabulaires et à sommet plat, et ceux venant des glaciers de vallée, de forme irrégulière.

● **Limites normales.** Atlantique 60° de latitude N, 45° sur les côtes américaines, océan Austral 43 °S. Mais on a rencontré des débris d'icebergs jusqu'à 28° 44' dans l'Atlantique N, et jusqu'à 26° 30' dans l'Atlantique S.

● **Dimensions.** Ils peuvent avoir 700 m de hauteur (630 immergés et 70 au-dessus du niveau de la mer) et 2 km de long sur 2 km de large (l'épaisseur des glaciers à terre peut atteindre 4 335 m). La hauteur de la partie immergée dépend de la densité de la glace (les icebergs contiennent de 1 à 10 % d'air) et représente de 80 à 88 % du volume total. Pour un iceberg rectangulaire, la hauteur de la partie immergée est 4,2 à 7,8 fois plus grande que la hauteur qui émerge.

Le plus grand iceberg connu fut localisé en 1956 (31 000 km², longueur 330 km, largeur maximale 297 km, il venait d'une plate-forme de glace de l'Antarctique). *Le plus haut* mesurait 167 m (Groenland).

● **Exploitation des icebergs.** On avait imaginé de les remorquer pour l'irrigation des régions désertiques de l'hémisphère Sud : zones d'Arica et d'Antofagasta (Chili), côtes des Squelettes (Afr. du S.), littoral californien et Arabie Saoudite. Le projet a été abandonné devant les difficultés du remorquage, de stockage et de fusion. Il est moins coûteux de dessaler l'eau de mer.

Littoral

● **Niveau marin.** A beaucoup varié pendant le Quaternaire : il s'abaissait pendant les glaciations et montait lorsque les glaciers quaternaires se remettaient à fondre. La mer a ainsi envahi récemment les parties basses des continents, et le rivage ne s'est stabilisé dans sa position actuelle qu'au XIIe s. apr. J.-C. On appelle *transgression flandrienne* (pour l'Europe) cette variation récente des niveaux, car c'est dans les plaines flamandes qu'elle a eu ses effets les plus visibles : *1°) flandrien inférieur* (15 000-8 000 av. J.-C.) : réouverture du pas de Calais, entre Manche et mer du Nord. *2°) fl. moyen* (8 000-5 000 av. J.-C.) : baisse de niveau, transformant la Baltique en lac intérieur (« lac à ancyles »). *3°) fl. supérieur* (début de l'ère chrétienne) : émersion de la Flandre, avec brève submersion donnant naissance au Zuidersee (lac Flevo).

● **Côtes élevées** (présence de falaises). Correspondent à des *littoraux structuraux*, c.-à-d. que les roches constituant les masses continentales sont en contact avec les mers.

Quand les roches ne sont pas plissées : structure *subtabulaire*. Les roches dures forment des caps avec des falaises ; les roches tendres sont entaillées et forment des baies.

Quand les roches ont subi de nombreuses failles : structure *quadrillée*. Par exemple, la côte occidentale de l'Écosse ou la rade de Scapa Flow aux îles Orcades.

Quand les roches sont plissées, et que le plissement est parallèle à la ligne de rivage, la mer s'avance dans les sillons des synclinaux et laisse les crêtes des anticlinaux subsister sous forme d'îles ou de promontoires : côtes très déchiquetées (*ex. :* le littoral dalmate en Yougoslavie).

Quand les roches sont d'origine volcanique, structure *volcanique :* falaises dans les coulées de basaltes dures, boues dans les champs de cendres molles (*ex. :* l'île de Santorin). Sur les socles formés par d'anciens volcans submergés dans les mers chaudes : développement de structures d'origine animale, les *coraux*. Les *madrépores* vivent en colonies innombrables, soudés les uns aux autres, s'agglutinant aussi aux coquilles (polypiers) de ceux qui sont morts. Avec le temps les madrépores édifient ainsi d'énormes masses rocheuses parvenant jusqu'au ras des flots, les *récifs*. Les *coraux* vivent dans les mers tropicales et équatoriales à l'écart des embouchures de rivières, dans des eaux claires et salées à la temp. de 18 °C au moins (la + favorable avoisinant 25 °C). Les courants froids qui longent l'Amérique du Sud et l'Afrique du Sud empêchent en général leur développement, même dans les régions tropicales. Les courants chauds leur permettent de vivre au large de l'Amérique du Nord (Bermudes) et au voisinage du Japon. Ils meurent en dessous de 25 à 30 m de profondeur. Les *récifs* se trouvent donc à proximité des rivages. Seule exception connue : dans la mer de Céram (Indonésie), 1 500 m de profondeur, 27 km de la côte.

● **Récifs coralliens. Atolls :** anneaux de corail entourant une étendue d'eau calme et peu profonde, le *lagon*. *Superficie maximale, lagon compris :* Kwajalein (îles Marshall) récif de 283 km et lagon de 2 850 km² ; *superficie maximale de la terre ferme :* Christmas (île Line) 477 km². Les cordons coralliens des atolls ont entre 600 et 1 000 m de large. Des cocotiers prennent pied sur la partie émergée de l'atoll construite par les vagues à l'aide de débris de madrépores, de sables et de galets, alt. maximale 3 m. Mais des soulèvements de terrains peuvent dresser d'anciens atolls au sommet d'îles montagneuses [ex. Timor (Indonésie) : anciens atolls à 1 600 m d'alt.].

On distingue : les *faros*, qui sont de petits atolls à lagon peu profond, disposés en chaîne et dont l'ensemble forme un grand atoll ou une barrière (les plus célèbres sont aux îles Maldives) ; les *platures récifales*, plus petites et de formes diverses (récifs tabulaires, annulaires, pinacles, petits récifs s'élevant du fond des lagons) ; les *récifs* (barrières ou atolls) *immergés* à plus ou moins grande profondeur sous la surface de la mer ; les *récifs* (frangeants, accolés au littoral, barrières ou atolls) *élevés* à la suite de légers mouvements du substratum sur lequel ils reposent, édifiés au large des côtes sur une plate-forme continentale peu profonde et séparés du littoral par un « chenal d'embarcation ». Ils sont interrompus par des « passes » lorsque des rivières apportent localement des eaux douces et turbides. La côte du Queensland, en Australie, est protégée par la *Grande Barrière* sur 2 027 km, à env. 100 km au large.

Superficie des régions coralliennes (total du globe : 18 millions de km²). *Grandes régions :*1°) Atlantique occidental : Floride, Antilles, Brésil (manquent en face des grands estuaires, les eaux fluviales étant défavorables aux coraux) : 20 genres et 80 espèces de c. 2°) région Indo-pacifique : de la mer Rouge au Pacifique central (80 genres et 700 espèces).

● **Côtes basses** (présence de plages et de vasières).

Plages de sables et de *galets* déposés entre des caps rocheux (*ex. :* la baie d'Audierne en Bretagne).

● En bordure de plaines basses, les courants littoraux peuvent former des *cordons littoraux*. Ces cordons sont généralement coupés par des passes temporaires ou permanentes, les *graus*, qui font communiquer avec la mer des lagunes isolées derrière les cordons. Sur la côte du golfe de Gascogne, les dunes forment un alignement de 240 km presque continu de la Gironde à l'Adour. La *dune* la plus haute d'Europe est celle du Pyla (Gironde) 105 m ; en Asie centrale ou au Sahara, des dunes intérieures atteignent 500 m.

Estran. Frange littorale délimitée par l'avance extrême des plus hautes marées et le recul des plus basses. La largeur de l'estran dépend de l'amplitude des marées et de la pente du rivage. Si cette pente est faible et la marée importante, il peut atteindre plusieurs km (12 km en baie du mont St-Michel).

Falaise la plus haute. *Du monde :* Umiléhi Point, île de Molakaï (Hawaii) : 1 005 m au-dessus de la mer. *En Europe :* îles Féroé (600 m) et au N.-O. de l'Irlande (500 m à Achill Island). *En France :* cap Canaille (B.-du-R.) 362 m ; Nez de Jobourg 128 m ; Étretat (S.-Mar.) 90 m.

Ria, calanque ou aber. Vallée fluviale envahie par la mer. Phénomène fréquent en raison de la transgression flandrienne. **Calanques :** indentations étroites et profondes à bords escarpés. Beaucoup viennent de la submersion de canyons creusés dans le calcaire.

Estuaires : embouchures de fleuves où se fait sentir l'action de la marée (du latin *aestus*, « marée »). Longueur (en km) : Seine 114, St-Laurent 500 ; Amazone 1 000.

Estuaires envasés. La boue charriée par les fleuves crée des terres amphibies que la végétation finit par incorporer au continent. Les falaises de l'ancien littoral subsistent parfois loin de la mer (*ex. :* l'embouchure de la Somme, en France). Un fleuve comme le Mississippi apporte à la mer 2 millions de t d'alluvions fines chaque jour.

Flèches littorales. Au lieu d'étaler les sables en plages, les courants côtiers peuvent les étirer en *flèches littorales* ou en *cordons littoraux*. Le *tombolo* est une flèche littorale qui rejoint une île et la transforme en presqu'île (*ex. :* à Quiberon ou à Giens : tombolo double).

Formation des deltas. Quand un fleuve apporte une telle masse d'alluvions et que celles-ci s'accumulent à l'embouchure, il se forme un *delta*. Il peut alors multiplier le nombre de ses bras et si les courants marins ne sont pas actifs, son delta se prolonge en *doigt de gant*. Le delta du Mississippi avance ainsi en moyenne de 70 m par an.

Érosion marine

Causes. On a admis longtemps que l'action des vagues était la cause principale (en sapant du bas, elles provoquent la chute de pans entiers). On pense actuellement que les vagues jouent un rôle secondaire tandis que l'eau pluviale d'infiltration rend fragiles les masses de roches tendres.

Vitesse de recul : en Picardie, moyenne 50 à 220 cm par an ; le phare d'Ailly, construit à 160 m de la mer en 1775, en était à 4 m seulement quand il fut détruit en 1940.

Valleuses. Le recul des falaises peut être si rapide que les petits cours d'eau n'arrivent plus à creuser leur lit assez vite pour se raccorder au niveau de base et demeurent suspendus ; on appelle leurs vallées des *valleuses*.

Vasières. A marée basse, dans la partie abritée des estuaires, dans des baies ou sous la protection d'un cordon littoral, la mer construit ainsi un paysage de *vasières* et de marais. On appelle *slikke* une vase molle recouverte par les marées, et *schorre* une vase durcie, desséchée et couverte de végétation. Dans les pays tropicaux (*ex.* golfe de Guinée), les palétuviers colonisent les vasières formant une forêt littorale, appelée *mangrove*.

Érosion des plages. France. *Bretagne :* (sud de la baie d'Audierne) recul dans la commune de Tréguennec de 150 m entre 1952 et 1969. 1 à 3 m/an plus de 10 m/an à Seignosse. *Méditerranée :* sauf à la pointe de la Gracieuse, à l'embouchure du Grand Rhône, à la pointe de Beauduc et à celle de l'Espiguette, le littoral se replie, en particulier à Faraman et aux Saintes-Maries-de-la-Mer. **Italie :** d'Emilie-Romagne et golfe de Tarente, jusqu'à 4 m/an depuis 1950. **Danemark :** du Jutland du Nord. **Amérique :** du Mexique à la Colombie et au Venezuela, 10 % seulement des plages engraissent ; 10 à 20 % sont stables ; tout le reste recule. **Afrique :** Côte-d'Ivoire, Angola et au Nigeria, entre la frontière avec le Bénin et Lagos, de 4 à 7 m/an ; delta du Nil, jusqu'à 30 à 40 m/an depuis la construction du barrage d'Assouan.

Marées

● **Causes.** La marée est un mouvement oscillatoire du niveau de la mer dû aux effets de l'attraction de la Lune et du Soleil sur les particules liquides. Cette attraction varie comme l'inverse du cube de l'éloignement ; la Lune exerce l'attraction la plus grande ; le Soleil, très éloigné, exerce une attraction 2 à 3 fois moindre, bien que sa masse soit très supérieure, et son diamètre apparent égal. L'attraction de chaque astre tend à former 2 légères protubérances, l'une tournée vers l'astre, l'autre du côté opposé. Chacune des protubérances causées par l'attraction de la Lune met un peu plus d'1 j pour faire le tour de la Terre : en un point donné, l'une succède à l'autre à 12 h 25 mn d'intervalle, y causant la marée haute. Mais les protubérances causées par le Soleil font le tour de la Terre en 1 j exactement : elles se succèdent à 12 h d'intervalle.

D'un jour à l'autre la marée a donc 50 mn de retard, parce que la Lune se retrouve dans la même position par rapport à la Terre toutes les 24 h 50 mn.

Marnages [1] maximaux
(en mètres)

Atlantique. Baie de Fundy (Canada) 16,7. Granville (France) 14,6. Bristol (G.-B.) 14,5. Puerto Gallegos (Arg.) 12,7. Chausey (Fr.) 11,7. Bréhat (Fr.) 9,9. Ouessant (Fr.) 8,6. Brest (Fr.) 8,3. Bayonne (Fr.) 4,8.

Océan Indien. Collier Bay (Australie) 12.

Pacifique. Honolulu (Hawaii) 0,6.

Méditerranée. Golfe de Gabès (Tunisie) 2,6. Tarifa (Espagne) 1,5. Pula (Youg.) 1,4. Toulon (Fr.) 0,5.

Nota. – (1) Le marnage ou l'amplitude de la marée est la différence entre la hauteur de la pleine mer et la hauteur de la basse mer qui la précède ou la suit immédiatement.

Unités de hauteur des principaux ports de France (en mètres)		Niveau de mi-marée (en mètres)
Dunkerque	2,73	3,20
Calais	3,26	4,02
Boulogne	4,01	5,01
Le Tréport	4,57	5,02
Dieppe	4,48	4,97
Fécamp	3,65	4,47
Le Havre	3,33	4,68
Port-en-Bessin	3,07	4,22
St-Vaast-La Hougue	2,95	3,80
Cherbourg	2,73	3,78
Dielette	4,41	5,51
Granville	6,06	7,21
Saint-Malo	5,67	6,85
Paimpol	5,23	5,53
Morlaix (Taureau)	3,94	5,21
Roscoff	3,94	5,17
Ouessant	3,16	4,45
Brest	3,21	4,45
Douarnenez	2,96	4,17
Concarneau	2,21	2,93
Saint-Nazaire	2,56	3,06
Les Sables d'Olonne	2,33	3,12
La Rochelle	2,61	3,64
Royan	2,24	3,01
Cordouan	2,31	2,83
Arcachon (Eyrac)	2,12	2,17
Boucau	1,85	2,56
Socoa	1,98	2,49

● **Marées semi-diurnes.** Généralement, et en particulier sur les côtes françaises de l'Atlantique et de la Manche, l'élévation des eaux présente chaque jour lunaire 2 maximums (ou *pleines mers*, PM), et 2 minimums (ou *basses mers*, BM). On dit que la marée présente le caractère *semi-diurne*.

a) Dans chaque port, les pleines mers suivent le passage de la Lune au méridien selon un intervalle de temps à peu près constant.

b) Tous les 15 j, au moment de la pleine Lune et de la nouvelle Lune, la Lune et le Soleil se trouvent sur une même ligne par rapport à la Terre *(conjonction)* et les hautes eaux causées par l'attraction des 2 astres coïncident : on a une marée de **vive-eau.** Au contraire, lors du premier et du dernier quartier, la direction de la Lune par rapport à la Terre est perpendiculaire à celle du Soleil et il y a des périodes de marnage minimal **(morte-eau).**

c) Dans l'année, les **vives-eaux** les plus importantes se produisent généralement au voisinage des équinoxes (en mars et septembre), quand le Soleil vient de franchir l'équateur.

d) On peut calculer sommairement la hauteur *h* de la pleine mer ou de la basse mer dans un port donné à l'aide de la formule :

$$h = N_m \pm \frac{U \times C}{100}$$

où Nm est le niveau *de mi-marée* en ce port, C un *coefficient* proportionnel à l'amplitude de l'oscillation de la marée considérée (compris entre 20 et 120), U le *demi-marnage* d'une marée moyenne de vive-eau d'équinoxe. Cette grandeur constante dans le port considéré est appelée **unité de hauteur.**

Le coefficient de marée multiplié par l'unité de hauteur divisé par 100 donne un chiffre qui, ajouté ou retranché du niveau de mi-marée, permet de trouver la hauteur de la pleine mer ou celle de la basse mer.

● **Vitesse.** Dans la baie du Mont-St-Michel, le reflux des grandes marées découvre plus de 600 km² de sable (12 km de profondeur × 20 km de large). Quand la marée remonte, dépassant parfois 15 m de haut (1 300 millions de m³ d'eau), elle peut atteindre 30 km/h, d'où l'expression « vitesse d'un cheval au galop » (40 minutes pour 20 km). La vitesse normale, en dehors des marées d'équinoxe, est de 10 km/h.

● **Marées diurnes.** Toutes les marées ne sont pas à période semi-diurne (2 mouvements de flux et de reflux par jour). Il existe sur certains rivages du Pacifique et de l'océan Indien des marées diurnes avec une seule montée et une seule descente des eaux par 24 h. Au contraire, la région de Southampton, en Angleterre, compte 3 périodes de flux et de reflux dans la journée pour des raisons locales. Les *mers fermées* ou engagées dans la masse des continents telle la Méditerranée, ont des marées négligeables ou pas de marée.

● **Mascaret.** Barre d'eau tourbillonnante provoquée par la marée qui remonte le cours des fleuves (Garonne et Dordogne sur 160 km, Amazone sur 1 000 km) quand elle se heurte à leurs eaux descendantes.

Les plus hauts sont ceux du Mékong (14 m) et du Qiantangtjiang (Hang-Tchéou), vague de 7,5 m de haut, audible à 22 km ; *le plus rapide* celui du bras Hooghly du Gange (27 km/h) ; *le plus volumineux* celui du canal de Norte (16 km de large) à l'embouchure de l'Amazone ; *le plus grand* de France était le mascaret de la Seine, près de Quillebeuf, à 30 km de la mer (Léopoldine Hugo, fille de Victor Hugo, y mourut). Les travaux d'aménagement de l'estuaire (endigage, équipement des berges) l'ont presque fait disparaître.

● **Marées terrestres.** La Terre subit comme les océans l'attraction de la Lune et du Soleil. *Marée terrestre maximale calculée* (gonflement de la partie attirée) : 40 cm.

Raz de marée (tsunami)

● **Causes.** Un changement brusque des fonds lié souvent à un séisme, une explosion volcanique ou un déplacement du fond marin (effondrements, glissements).

La longueur des ondes dépend de la période et de la vitesse de propagation de l'onde, elle-même fonction de la haut. d'eau libre ($v = \sqrt{gh}$; g : accélération de la pesanteur, h : hauteur moyenne de l'eau). **Au large,** dans le Pacifique (profondeur moyenne 5 000 m), la vitesse est d'environ 800 km à l'heure, soit 200 m à la seconde ; pour une période moyenne de 15 mn, la longueur de l'onde sera de 200 km. Aussi nul navire ne peut-il apercevoir au large le passage d'un tsunami ; la « pente » de la vague, quelques décimètres de hauteur pour 100 km par des fonds de 4 000 à 5 000 m, est insignifiante et le navire s'élève et descend de façon imperceptible. **Près des côtes,** la vitesse de l'onde diminue à mesure que les fonds remontent, mais sa hauteur croît jusqu'à 10, 20, 30 m et la vague que la profondeur trop faible finit par faire déferler s'abat sur le rivage de toute sa masse et provoque souvent d'énormes dégâts [Japon, Chili, Hawaii, Indonésie (mer des Célèbes en *1967*, 13 † ; *1969*, 210 † ; *1971* Sakhaline)].

Répartition en % des tsunamis recensés : Pacifique 75 ; Atlantique 9 ; o. Indien 3 ; Méditerranée 12 ; divers 1.

● **Raz de marée méditerranéens.** Sur les côtes françaises, ils sont dus à des glissements sous-marins. Les rebords du plateau continental, distants des côtes de quelques centaines de mètres, sont en effet très escarpés. Les alluvions des fleuves s'y déposent en couches instables. Une forte crue de ces fleuves peut faire basculer de grosses masses de limon et de cailloutis. *Exemples connus :* Antibes 20-7-1565 ; Marseille 29-6-1725 ; Antibes 23-3-1818 ; Ouest de Marseille 1821 ; Marseille 8-7-1829 ; littoral de Cannes à Oneglia (Italie) 28-2-1887 ; Saintes-Maries-de-la-Mer (Camargue) 11-6-1909 ; Nice à Antibes 17-9-*1979* (6 tués, gros dégâts).

Échelle d'intensité des tsunamis. Magnitude, hauteur des vagues au large en italique, vague observée la plus haute et dégâts. t : 0, *10 cm* (jusqu'à 1 m, pas de préjudice). t : 1, *25 cm* (jusqu'à 2 m, dégâts aux maisons et navires sur la côte). t : 2, *50 cm* (jusqu'à 4-6 m, peut détruire les navires et faire des victimes). t : 3, *100 cm* (jusqu'à 10-20 m, destructions jusqu'à 200 km des côtes). t : 4, *200 cm* (30 m et +, tsunamis exceptionnels, destructions jusqu'à 500 km des côtes).

● **Hauteur maximale des vagues de raz de marée.** Au large de Valdez (Alaska ; 28-3-1964) raz de marée provoqué par un tremblement de terre, 67 m. Au large de l'île Ishigaki (Japon), le 24-4-*1971*, 85 m.

● **Hauteur maximale de vagues provoquées par d'autres causes** (tremblements de terre, raz de marée, glissement de terrain). 530 m à la suite de la chute de 90 millions de t de roches, dans la baie de Lituya (Alaska), le 10-7-1958.

Sédiments marins

Formés par l'apport des cours d'eau, l'érosion des terres, le volcanisme ou les débris d'êtres vivants. Selon leur répartition par rapport à la côte on distingue les sédiments *littoraux* (vases, sables, galets) ; *néritiques* jusqu'à 200 m de profondeur, *bathyaux* de 200 à 3 000 m ; *abyssaux* au-delà de 3 000 m. Selon leur origine et leur nature, on invidualise aussi les matériaux *terrigènes, volcaniques, chimiques* et *biogènes.*

Vagues

- **Définition.** Mouvements oscillatoires faisant se succéder des crêtes et des creux. Ces mouvements ne se font plus sentir au-dessous de 100 m de profondeur.
- **Types de vagues.** Par vent fort, les crêtes poussées horizontalement s'abattent à distance ; dans leur chute elles emprisonnent de l'air qui s'échappe ensuite en formant de l'écume ou des *moutons.* La distance entre 2 crêtes ou 2 creux successifs est la *longueur d'onde* (elle dépasse rarement 300 m). Aux abords du rivage, lorsque le fond se relève, la vague brise ou déferle, c'est la **barre ;** la base est freinée, mais la crête s'abat sur la côte ; le jet de rive est suivi du retrait de l'eau.
- **Houle.** Onde calme qui se propage à la surface, souvent loin de l'endroit où souffle le vent.
- **Embruns.** Fines gouttelettes d'eau de mer en suspension dans l'air, souvent poussées par le vent.
- **Hauteur maximale, observée au large, de vagues provoquées par le vent.** *Pacifique* (7-2-1933) 34 m ; *Pacifique Sud* (enregistrée scientifiquement 2-4-1956) 23,4 m. *Océan Indien* 10 à 15 m. *Atlantique* 14 à 18,5 m. *Méditerranée* 8 à 9 m. Une grosse vague qui rebondit sur un navire peut atteindre 30 à 50 m.
- **Pression possible des grandes vagues.** 60 t m².

Droit de la mer

Quelques dates

- **1958**-*29-4* Convention de Genève sur les droits des États riverains sur le plateau continental. **1970** l'Ass. gén. de l'O.N.U. décide à l'unanimité que les fonds marins situés au-delà des juridictions nationales constituent « le patrimoine commun de l'humanité ». **1971**-*21-12* à la suite d'autres pays, la France étend à 12 milles nautiques (22,22 km) la limite de la mer territoriale. **1973** début de la conférence de l'O.N.U. sur le droit de la mer. **1977**-*1-1* la C.E.E. crée une zone de pêche communautaire de 200 milles nautiques (370,40 km) au large de la mer du Nord et de l'Atlantique N. **1982**-*10-12* fin de la conférence de l'O.N.U. sur le droit de la mer : 119 pays signent la *Convention du droit de la mer.*

Calendrier des marées oct. 1986 à oct. 1987

		Pleine mer		Coefficient	
		Matin	Soir	Matin	Soir
Octobre	NL 3	3 h 34	15 h 50	91	97
	PL 17	3 h 31	15 h 48	93	94
Novembre	NL 2	3 h 34	15 h 53	102	104
	PL 16	3 h 37	15 h 54	83	83
Décembre	NL 1	3 h 06	15 h 28	94	96
	PL 16	3 h 53	16 h 10	72	72
	NL 31	3 h 40	16 h 06	90	92
Janvier	PL 15	4 h 18	16 h 35	70	72
	NL 29	3 h 37	16 h 03	86	92
Février	PL 13	4 h 04	16 h 20	72	76
	NL 28	4 h 16	16 h 37	101	104
Mars	PL 15	4 h 10	16 h 25	86	90
	NL 29	3 h 55	16 h 13	100	103
Avril	PL 14	4 h 06	16 h 22	96	99
	NL 28	4 h 02	16 h 20	93	93
Mai	PL 13	3 h 32	15 h 51	93	95
	NL 27	3 h 38	15 h 56	79	79
Juin	PL 11	3 h 04	15 h 28	84	87
	NL 26	4 h 00	16 h 19	68	69
Juillet	PL 11	3 h 42	16 h 09	86	89
	NL 25	3 h 49	16 h 07	65	68
Août	PL 9	3 h 38	16 h 03	89	95
	NL 24	4 h 06	16 h 21	75	78
Septembre	PL 7	3 h 27	15 h 49	95	101
	NL 23	4 h 06	16 h 21	87	90
Octobre	PL 7	3 h 46	16 h 04	106	107
	NL 22	3 h 31	15 h 47	89	92
Temps universel. Heures de pleine mer à Brest					

Les annuaires des marées édités par le Service hydrographique et océanographique de la Marine donnent notamment les heures et les hauteurs des PM et des BM.

Détroits principaux

Larges au minimum de 50 km

Leur partie centrale échapperait aux juridictions nationales, si la convention fixant à 12 milles (1 mille : 1,852 km) la limite des eaux territoriales était universellement adoptée [elle est actuellement recommandée par la 3ᵉ Conférence sur le droit de la mer (9ᵉ session en préparation)]. Les U.S.A. déclarent qu'ils l'accepteront dans le cadre d'une convention internationale ; d'autres États (notamment sud-américains) exigent 200 milles.

	Largeur min. en km	Longueur en km	Profondeur min. en m	Profondeur max. en m
Cabot. Terre-Neuve/Cap Breton (Atlant.)	100	90	66	529
Malacca. Malaisie/Sumatra (golfe du Bengale, mer de Chine)	55	780	13	135
Canal d'Otrante (Italie/Alb., Méd.)	70	150	100	1 000
Torres. Australie/N.-Guinée (Indien, Pacif.)	85	400	9	22
Floride. Cuba/U.S.A. (Atlantique)	130	300	110	2 290
Po Hai. Liaotoung/Chantoung (m. Jaune)	100	110	16	62
Mona. Haïti/Porto Rico (Atlantique)	105	380	64	128
Formose. Formose/Chine (océan Indien)	120	350	20	137
Corée. Corée/Japon (Pacifique)	140	120	170	215
Bass. Australie/Tasmanie (océan Indien)	160	350	90	128
Yucatan. Cuba/Mexique (Atlantique)	220	270	44	100

Larges au maximun de 50 km

Si on leur applique la règle des 12 milles, leurs eaux se trouvent tout entières sous 1 ou 2 juridictions nationales. Un État pourrait ainsi légalement interrompre des trafics maritimes d'importance vitale. En 1978, l'ONU s'est préoccupée de garantir la navigation internationale dans 33 détroits de faible largeur. Les textes ne sont pas encore votés. Seules existent certaines conventions internationales anciennes pour des détroits comme les Dardanelles ou le Sund.

	Largeur en km		Profondeur en m	
	max.	min.	max.	min.
Afrique				
Bab-el-Mandeb. Éthiopie/Djibouti/Yémen	36	15	375	11
Gibraltar. Espagne/Maroc	44,5	14	1 092	18
Zanzibar. Tanzanie	44,5	29,5	72	11
Amérique				
Bouches du Serpent. Trinité-Tobago/Venezuela	48	14,8	51	10
Bouches du Dragon. Trinité-Tobago/Venezuela	10,5	10,5	325	14,5
Sainte-Lucie. Martinique (Fr.)/Sᵗᵉ-Lucie (G.-B.)	41,6	32,6	1 510	38
Détroit entre Sᵗᵉ-Lucie et Sᵗ-Vincent. Sᵗᵉ-Lucie/Sᵗ-Vincent (G.-B.)	51	40	1 820	103
La Dominique. Martinique (Fr.)/Dominique (G.-B.)	49	40	2 230	570
Détroit entre la Dominique et la Guadeloupe. Guadeloupe (Fr.)/Dominique (G.-B.)	39,8	13	1 810	40
Magellan [1]. Argentine/Chili (Atlantique-Pacifique)	40	2,7	795	8
Juan de Fuca. Canada/U.S.A.	31,5	16,6	234	9
Asie et Australie				
Chosen. Corée du S./Japon	48	46	264	45
Hai-Nan. Chine	35	18	93	20
Palk. Sri Lanka/Inde (océan Indien)	53	1,6	parsemé d'îles	
Malacca. Indonésie/Malaisie (golfe du Bengale, mer de Chine)	74	37	43	5
Ombai. Indonésie	59	23	plusieurs milliers	
Sonde. Indonésie	57	10	110	30
San-Bernardino. Philippines	44	6,5	18,3	54
Surigao. Philippines	48	7	140	32
Ormuz. Iran/Oman (g. Persique-o. Indien)	55	38	93	45
Canal Sᵗ-Georges. Papouasie/N.-Guinée	74	14	3 000	214
Cook. N.-Zélande (Pacifique)	85	21	457	40
Foveaux. N.-Zélande	42	5,5	49	9
Chenal Kaiwi. Hawaii (U.S.A.)	43	40	987	100
Singapour. Indonésie/Singapour (g. du Bengale, mer de Chine)	22	4,6	54	18
Europe				
Pas de Calais. France/G.-B. (Manche, mer du N.)	48	31	51	3
Minorque. Majorque/Minorque (Esp.) (Méditerranée)	48	36	546	69
Messine [2]. Italie (Tyrrhénienne, Ionienne)	16	6,2	263	73
Bonifacio. France/Italie (Méditerranée)	10	5	85	33
Dardanelles. Turquie (mer Égée, Marmara)	8	1,4	97	30
Bosphore. Turquie (mer Noire, Marmara)	3,6	0,76	120	11
Grigo. Grèce	31	19	546	70
Scarpanto. Grèce	48	42	1 591	29
Sund. Suède/Danemark (Baltique, mer du N.)	29	3,7	25	8

Nota. —(1) Isole du continent l'archipel de « Terre de Feu », sur lequel se trouve le cap Horn. (2) Contient un écueil dangereux, le *Scylla,* non loin duquel se trouve un tourbillon, nommé actuellement *Calofaro,* et dans l'Antiquité *Charybde.*

Certains considèrent comme étant le plus long celui des Tartares (entre l'île de Sakhaline et l'U.R.S.S.) : 860 km, le plus large celui de Davis entre le Groenland et l'île Davis (338 km au min.), le moins large celui qui sépare l'île d'Eubée du continent grec (40 m à Khalkis).

Pourquoi des villes s'enfoncent-elles ?

Très souvent à cause d'un phénomène de *subsidence* (lent mouvement d'affaiblissement de certaines parties de l'écorce terrestre sous le poids des dépôts sédimentaires et sous l'action de déformations).

Villes qui s'enfoncent : Venise, le centre de Rome, un quartier de Milan (la cathédrale, le *Duomo,* s'est enfoncée de 2 cm en 2 ans), Mexico (certains quartiers de 30-40 cm par an).

Définitions

• **Eaux intérieures.** Essentiellement ports, baies et estuaires de taille raisonnable. L'État côtier y est totalement souverain, comme sur son territoire de terre ferme. Les navires étrangers, même civils, ne peuvent y pénétrer qu'après autorisation (même règle pour le survol par les aéronefs).

• **Mer territoriale.** Sa limite extérieure est constituée par la ligne dont chaque point est à une distance du point le plus proche de la ligne de la base, égale à la largeur de la mer territoriale. Sa largeur varie suivant les États, mais ne devrait toutefois pas dépasser 12 milles marins.

La ligne de base normale à partir de laquelle est mesurée la largeur de la mer territoriale est la laisse de basse mer. Là où la côte est profondément échancrée ou s'il existe un chapelet d'îles le long de la côte, des lignes de base droites peuvent se substituer aux lignes de base normales. Autrefois, la limite traditionnelle était de 3 milles nautiques (5,55 km, portée d'un canon) ; portée à 12 milles (22,22 km), elle ne peut plus être dépassée. Tout pays riverain peut interdire sa mer territoriale à tout bateau ou avion qui n'est pas « inoffensif ». Un navire de guerre doit traverser la mer territoriale de manière continue et rapide sans faire d'exercice ni d'entraînement et en arborant pavillon. Les sous-marins doivent transiter en surface dans la mer territoriale en arborant leur pavillon. De même les navires à propulsion nucléaire ou transportant des substances radioactives, ou dangereuses ou nocives, doivent, lors des passages inoffensifs, être munis des documents et prendre les mesures spéciales de précaution prévus pour eux par des accords internationaux.

Régimes spéciaux. *Détroits internationaux.* L'extension généralisée des eaux territoriales à 12 milles supprimant tout espace de mer libre dans 116 détroits (dont les plus importants), l'O.N.U. a prévu des dispositions y préservant la liberté de navigation (régime du passage en transit continu et rapide des flottes commerciales et militaires, à condition de s'abstenir de recourir à toute menace ou emploi de la force contre la souveraineté des États riverains). Certaines voies d'eau, comme les Dardanelles ou le Sund, ont un régime précisé par des traités internationaux (Lausanne, Montreux).

Eaux archipélagiques. Un État archipel peut tracer des lignes de base archipélagiques droites reliant les points extrêmes des îles les plus éloignées (Japon, Philippines, Indonésie). Régime prévu : à mi-chemin de celui des eaux intérieures et de celui de la mer territoriale ; mais y sont réservés de larges chenaux dans lesquels navires et aéronefs civils et navires militaires auront droit en permanence au libre transit et au libre survol.

Baies historiques. Certains États côtiers ont fait admettre qu'ils jouissent de droits plus étendus pouvant aller jusqu'au régime des eaux intérieures dans certaines baies historiques (estuaires, baies ou golfes) en raison d'activités anciennes : ex. baie de Rio-de-la-Plata (Argentine et Uruguay), de Chesapeake et de Delaware (U.S.A.), de Fundy (U.S.A. et Canada), golfe de Tadjoura (Djibouti), de Cancale ou de Granville (France), golfe de Tunis (Tunisie), canal de Bristol (G.-B.), divers fjords norvégiens, etc.

Zone contiguë. La zone contiguë à la mer territoriale ne peut s'étendre au-delà de 24 milles marins des lignes de base à partir desquelles est mesurée la largeur de la mer territoriale. L'État côtier peut y exercer des contrôles douaniers, fiscaux, sanitaires ou d'immigration pour prévenir ou réprimer les infractions aux règlements en vigueur sur son territoire national ou dans sa mer territoriale.

Zone économique exclusive. Ne s'étend pas au-delà de 200 milles marins des lignes de base à partir desquelles est mesurée la largeur de la mer territoriale, soit à 188 milles au-delà des mers territoriales de 12 milles. L'État côtier y jouit de droits souverains et exclusifs sur les ressources vivantes et minérales des eaux, du sol et du sous-sol et dispose de droits lui permettant de prévenir ou de combattre la pollution de la mer et de réglementer la recherche scientifique. Mais la navigation et le survol pour les navires et aéronefs civils et militaires y sont aussi libres qu'en haute mer.

Plateau continental. Prolongement submergé des masses continentales, descend vers le large en pente très douce et se termine par une rupture de pente (souvent près de l'isobathe 200 m). Au-delà, le talus, à pente assez raide, s'achève aussi par une rupture de pente. Les États côtiers y sont propriétaires des ressources vivantes et minérales du sol et du sous-sol sous-marins. Désormais, le plateau continental (au sens juridique) s'étend jusqu'à la limite des 200 milles nautiques (370,40 km), même s'il est plus étroit au sens géologique. Si le plateau continental géologique s'étend au-delà des 200 milles, sa limite juridique extérieure sera fixée soit à 350 milles (648,2 km) de la côte (maximum), soit à 100 milles (185,2 km) mesurés vers le large à partir de l'isobathe 2 500 m, soit à la ligne où l'épaisseur des sédiments accumulés sur le talus est égale à 1/100ᵉ au moins de la distance entre cette ligne et le pied du talus continental. Quelle que soit la limite extérieure choisie pour le plateau continental juridique, la navigation, le survol et la pêche des espèces de pleine eau sont libres, au-delà des 200 milles nautiques, comme dans les eaux internationales. Le plateau continental forme 16 % de la surface des océans. Il est prolongé par la *pente continentale* (6 % de la surface des océans) jusqu'aux plaines abyssales. Les 9/10 des prises de pêche sont effectuées sur le plateau. Le monopole de l'exploitation du plateau continental bordant les côtes des pays devient de plus en plus important du fait de la raréfaction des prises de pêche et des découvertes minières et pétrolières. 15 millions de km² sur 72 sont des bassins sédimentaires dont 10 seraient très favorables et 5 favorables à la présence de pétrole ou de gaz naturel (réserves prouvées 27 milliards de t ; r. possibles 68).

« Zone ». Fonds marins et leur sous-sol situés au-delà des juridictions nationales (soit 217 millions de km² sur 362). *Régime.* Défini par la déclaration de l'O.N.U. de 1970 et la convention sur le droit de la mer signée le 10-12-1982 à Montego Bay (Jamaïque) [1]. « Patrimoine commun de l'humanité », exploité au profit de tous les pays, notamment du tiers monde. *Organisation.* Administré par un organisme international, « l'Autorité ». *Membres.* De plein droit : États signataires de la Convention. *Observateurs.* États signataires de l'acte final. *Mise en place.* Création de la Commission préparatoire de l'« Autorité » ; début des travaux le 15-3-1983.

Entrée en vigueur de la Convention : dès qu'elle aura été ratifiée par 60 pays. *Régime économique.* Licences d'exploration délivrées (par la Commission préparatoire pendant la période transitoire) aux « investisseurs pionniers » : d'une part la France, le Japon, l'Inde et l'U.R.S.S. ou une de leurs entreprises publiques ou privées, d'autre part 4 consortiums internationaux (sociétés de : U.S.A., All. féd., Belgique, G.-B., Canada, Italie, Japon, P.-Bas). S'y ajoutent 2 consortiums nationaux : AFERNOD (Ass. française d'étude et de recherche des nodules polymétalliques) et DOMA (Japon, Deep Ocean Minerals Association). Conditions pour être « investisseur pionnier » : avoir investi avant le 1-1-1983 au moins 30 millions de $ (constants de 1982) ; pour les consortiums, trouver parmi les pays d'origine de leurs membres, 1 ou plusieurs États « certificateurs » signataires de la Convention. En outre, tout État en voie de développement ayant signé la convention peut devenir « investisseur pionnier » s'il investit, dans l'étude des nodules, 30 millions de $ avant le 1-1-1985.

Après l'entrée en vigueur de la Convention, demandes de licences d'exploration ou d'exploitation présentées par les « entités » (« consortiums internationaux ») ne seront acceptées « que si tous les États dont relèvent les personnes physiques ou morales qui sont les éléments constitutifs de ces entités sont parties à la convention ».

Budget. Période transitoire : financé par l'O.N.U. (U.S.A. 25 %, U.R.S.S. 11,1 %, Japon 9,58 %, All. féd. 8,31 %, France 6,26 %, G.-B. 4,1 %, Italie 3,45 %, Canada 3,28 % ; 149 autres pays membres 28,50 %) ; les U.S.A. se sont opposés, le 2-12-82, à ce que l'ass. gén. de l'O.N.U. vote des crédits supplémentaires de 2 728 500 $, destinés à un secrétariat spécial du droit de la mer. Après l'entrée en vigueur de la Convention, le budget de l'« Autorité » sera autonome et les dépenses partagées entre les pays parties à la Convention. En cas d'absence des U.S.A., en % : U.R.S.S. 14,8, Japon 12,77, All. féd. 11,08, France 8,34, G.-B. 5,94, Italie 4,60, Canada 4,37.

Nota. — (1) Sur 178 pays et organisations invités : 24 absents (Afr. du S., Ar. Saoudite, Argentine, Liban, Syrie) ; ont signé l'acte final : tous les pays sauf la Turquie ; ont refusé de signer la Convention : 22 (dont U.S.A., G.-B., All. féd., Italie, Espagne, Japon, Israël, Suisse, Jordanie, Oman, Turquie, Pérou, Venezuela, Corée du S., Libye) ; la C.E.E. a signé l'acte final mais pas la Convention.

Raisons de l'hostilité des U.S.A. à la Convention (partie XI) : 1°) pour eux, l'« Autorité » sera complètement dominée par les « 77 » (plus de 120 pays en voie de développement) ; 2°) l'éventuelle exploitation des nodules sera limitée de façon à ne pas déstabiliser les économies des producteurs terrestres de manganèse, nickel, cobalt et cuivre, principaux métaux présents dans les nodules ; 3°) des transferts de technologie aux pays du tiers monde, sont prévus ; 4°) réglementation internationale d'une activité écon. (contraire au principe de la libre entreprise) alors que les nodules pourraient constituer pour eux des ressources stratégiques non soumises à des cartels de producteurs consommateurs.

• **Côtes** (en km). *Les + longues :* U.R.S.S. 42 777,5, Indonésie 36 640, Australie 27 948,5, U.S.A. 21 575,8, Canada 20 605,4, Philippines 12 958,4. *Les + courtes :* Irak — de 37, Zaïre 74.

États enclavés. 30 n'ont pas d'accès à la mer. *Europe 9 :* Andorre, Autriche, Hongrie, Liechtenstein, Luxembourg, St-Marin, Suisse, Tchécosl., Vatican. *Afrique 14 :* Botswana, Burundi, Centrafricaine (Rép.), Burkina, Lesotho, Malawi, Mali, Niger, Ouganda, Rwanda, Swaziland, Tchad, Zambie, Zimbabwe. *Amér. du S. 2 :* Bolivie, Paraguay. *Asie 5 :* Afghanistan, Bhoutan, Laos, Mongolie, Népal.

• **Zones économiques les plus grandes** (en milliers de km²). U.S.A. 7 621,3. Australie 7 008,3. Indonésie 5 410. N.-Zélande 4 834,4. Canada 4 699. U.R.S.S. 4 491,5. Japon 3 862,07. Brésil 3 169,2. Mexique 2 852. Chili 2 288,8. Norvège 2 025,4. Inde 2 015,4. Philippines 1 891,2. Portugal 1 774,6. Madagascar 1 292,4. Maurice 1 183,3. Argentine 1 164,5. Équateur 1 159,3. Espagne 1 151. Fidji 1 135. Afrique du S. 1 017. Chine 963,8. Maldives 952,3. G.-B. 942,5. Islande 867. Pérou 786,8. Somalie 783. Viêt-nam 722,3. Colombie 603,3. Touga 596,1. Oman 561,8. Italie 552,2. Yémen 550,5. Sri Lanka 517,6. Birmanie 509,7. Malaisie 475,7. Nauru 431,1. T'ai-wan 392,4. Irlande 380,4. Venezuela 363,9. Cuba 362,9. Corée du S. 348,5.

France. Superficie terrestre 551 695 km². Zone économique 340 000 km².

DOM et TOM : sup. terrestre 558 919 km², zone éco. 9 616 396 km².

Météorologie

Quelques dates

330 avant J.-C. Météorologie d'Aristote (384-322 av. J.-C.). **280 av. J.-C. environ** (?) Ktésibios (310-250 env. av. J.-C.) invente le thermocope (utilisé par quelques médecins). **280 av. J.-C.** Straton de Lampsake (335-269 env. av. J.-C.) remarque que le feu consume et raréfie l'air. **100 av. J.-C. env.** Andromikos construit la « Tour des vents ». **40 après J.-C. env.** utilisation des moussons : relations commerciales suivies avec les Indes (Hippalos). **800 env.** Charlemagne (742-814) : échelle de direction des vents d'après les points cardinaux. **1450** Leone Battieta Alberti (1404-72) : 1er anémomètre (à pression). **1610 env.** Johannes Baptista von Helmont (1579-1644) distingue l'air des autres gaz. **1615** Isaac Beeckmann (1588-1637) : l'action des pompes aspirantes résulte de la pression atmosphérique. **1630** Jean Rey (1583-1645) : l'oxydation dans l'air augmente le poids des corps. **1632** (?) J. Rey : thermomètre « médical » à eau. **1637** René Descartes (1596-1650) : théorie de la pluie. **1641** Ferdinand II de Toscane (1610-70) « invente » les thermomètres à liquide, fermés (therm. de Florence). Expérience du vide à Rome [Raffaello Magiotti (1597-1656), Gasparro Berti (1600-43)]. Baromètre à eau. **1644** expérience du vide avec du mercure (avec Évangelista Torricelli (1608-47, à Florence). **1645** (?) Claude Beauregard (1591-1664), en Toscane, mesure des hauteurs à l'aide du baromètre. **1646 oct.** 1re expérience « barométrique » (expérience du vide) avec du mercure, en France (Rouen) par Pierre Petit (1598-1677), suivant les conseils de Marin Mersenne (1588-1648). **1647 sept.** M. Mersenne propose le premier, par écrit, de faire l'expérience du vide à des altitudes différentes. **1648 juin** Adrien Auzout (1622-91) réalise le premier l'expérience du vide dans le vide. **1654-1670** Antinori : 1er essai de réseau météorologique. **1657-19-7** fondation de « l'Academia del Cimento » (1657-67). **1660** Otto de Guéricke prévoit l'arrivée d'une tempête. **1667** John Mayow (1641-79) : l'air n'est pas un corps simple. **1679** Edme Mariotte (1620-84) : constance de température des caves de l'observatoire de Paris. **1748-49** Alexandre Wilson (1714-86) et Thomas Melvill (1726-53) : mesures météorologiques dans l'air libre, avec cerf-volant. **1770-79** Jean-Charles de Borda (1733-99), Théodore Mann (1735-1809), Hugues Maret (1726-86) et autres : réseau synoptique. **1783-1-12** Jacques Charles (1746-1823) : 1res observations météorologiques en ballon. **1802** Jean-Baptiste Lamarck (1744-1829) : 1re classification des nuages, suivie de celle de Luke Howard (1772-1864). **1842** Karl Kreil (1798-1862), de l'observatoire de Prague, propose d'utiliser le télégraphe électrique pour transmettre les observations, afin de les obtenir à temps pour les prévisions. **1847** W. Reid organise le premier système d'avertissement pour informer les ports (ceux-ci installent un système de boules pour avertir les marins). **1848** Matthew Maury (1806-73) : utilisation pratique des vents et des courants pour les trajets maritimes. **1853 août** 1re conférence internationale de météorologie (à Bruxelles). **1856** William Ferrel (1817-91) : influence de la rotation de la Terre sur la direction des vents. Loi de Christopher Buys-Ballot (1817-90). **1860 mai** C. Buys-Ballot : 1er service régulier, en Europe, pour la prévision du temps. **1863-16-9** Urbain Leverrier (1811-77) et Edme Marié-Davy (1820-93) : début de la première série définitive de cartes synoptiques. **1864-14-11** tempête sur la mer Noire, suivie d'une étude par Leverrier. **1867** Peslin : seul le refroidissement par détente adiabatique, dans les courants ascendants, peut expliquer la formation des nuages importants et des précipitations. **1875** Paul-Jean Coulier (1824-90) : pour que la condensation puisse se produire dans l'atmosphère, il faut de plus qu'il s'y trouve des poussières (« noyaux de condensation »). **1877** O. Reynolds : formation de la pluie par coalescence. **1878** fondation de l'Organisation Météorologique Internationale (O.M.I.). **1878-82** S. Balfour : les variations diurnes du magnétisme terrestre peuvent s'expliquer par l'existence de courants électriques dans la haute atmosphère. **1891** Gothman pense à envoyer du CO_2 dans les nuages, à l'aide de fusées (pour provoquer de la pluie). **1892-4-10** G. Hermite et J. Besançon : 1er ballon-sonde. **1902** Kemely, Heavside, expliquent la propagation à longue distance des ondes radio pour la présence de couches ionisées dans la haute atmosphère. Léon-Philippe Teisserenc de Bort (1855-1913) admet définitivement la présence d'une « zone isotherme » dans la haute atmosphère (appelée stratosphère depuis 1908). **1927** Robert Bureau (1892-1965) : découverte et utilisation des radio-sondes. **1937** 1re station météo flottante (Corimaré). **1951** fondation de l'O.M.M. **1962** Veille météorologique mondiale. **1967** programme de recherches sur l'atmosphère globale (GARP).

L'atmosphère

Généralités

• **Définition.** L'*atmosphère* est l'enveloppe gazeuse de la Terre. Sa masse globale est d'environ 5×10^{15} t (dont env. 50 % dans les 5 premiers km et 99 % dans les 30 premiers). Au fur et à mesure que l'on s'élève au-dessus du sol, elle se raréfie et, au-dessus de 700 km environ d'altitude, les molécules rapides peuvent s'échapper : c'est l'**exosphère.**

L'atmosphère protège la Terre contre un excès de rayonnement solaire et arrête les rayons dangereux. La nuit, elle retient la majeure partie de la chaleur. La Terre se refroidit plus rapidement pendant les nuits claires que les nuits couvertes, car le ciel couvert lui renvoie du rayonnement. Sans atmosphère, la Terre aurait une température semblable à celle de la Lune (100 °C au milieu du jour, − 150 °C la nuit).

Nota. — La **biosphère** comprend les milieux terrestres propres au développement de la vie, comprenant la partie inférieure de l'atmosphère, les mers et les couches supérieures du sol, la biomasse étant la masse de matière organique constituée par l'ensemble des êtres vivants. La **cryosphère** est l'ensemble des glaces continentales et flottantes présentes à la surface du globe. La **lithosphère**, l'ensemble des masses continentales de notre planète.

• **Composition de l'atmosphère :** *composition pour un million de parties d'air sec,* on a pour l'ensemble de l'atmosphère (en volume et, entre parenthèses, en masse) : air total 1 005 300 (1 003 300). Air sec 1 000 000 (1 000 000). Azote (N_2) 780 836 (755 192). Oxygène (O_2) 209 475 (231 418). Argon 9 340 (12 882). Vapeur d'eau (H_2O) 5 300 (3 300). Bioxyde de carbone (CO_2) 322 (489). Néon 18,18 (12,67). Krypton 1,14 (3,30). Méthane (CH_4) 1,5 (0,83). Hélium 5,24 (0,724). Oxyde nitreux (N_2O) 0,27 (0,410). Ozone (O_3) 0,04 (0,065). Xénon 0,087 (0,395). Hydrogène (H_2) 0,5 (0,035). Monoxyde de carbone (CO) 0,19 (0,190).

Composition globale de l'air [en volume (par rapport à l'azote N_2) et, entre parenthèses, en masse (m. totale dans l'atmosphère)] : air total 128 747 (5 150 ± 10 Tt[1]). Air sec 128 068 (5 133 ± 11 Tt). Azote (N_2) 100 000 (3 876,5 ± 9 Tt). Oxygène (O_2) 26 827 (1 187,5 ± 3 Tt). Argon 1 196 (66,1 ± 0,1 Tt). Vapeur d'eau (H_2O) 679 (17 ± 2 Tt). Bioxyde de carbone (CO_2) 41 (2,51 ± 0,1 Tt). Néon 2,33 (65,0 ± 0,2 Gt[2]). Krypton 0,146 (16,9 ± 0,2 Gt). Méthane (CH_4) 0,19 (4,27 ± 0,5 Gt). Hélium 0,67 (3,72 ± 0,05 Gt). Oxyde nitreux (N_2O) 0,035 (2,1 Gt). Ozone (O_3) 0,005 (0,34 Gt). Xénon 0,011 (2,03 ± 0,03 Gt). Hydrogène (H_2) 0,064 (0,20 ± 0,04 Gt). Monoxyde de carbone (CO) 0,025 (1,0 Gt).

Nota. — (1) Tt : Teratonne (mille milliards de tonnes). (2) Gt : gigatonne (un milliard de t).

VARIATIONS : la proportion des gaz de l'atmosphère est pratiquement constante sur toute la surface de la Terre ; et, par suite du brassage vertical de l'air, sa composition reste sensiblement la même (à tous les niveaux) jusqu'à env. 85 km, sauf pour les composants suivants :

1° — Bioxyde de carbone (CO_2). On constate une variation diurne sur une grande partie du globe dans les basses couches, due principalement à la fonction chlorophyllienne des plantes vertes exposées à la lumière solaire. Depuis une centaine d'années, par suite du développement industriel et de l'augmentation des combustions qui en résulte, le CO_2 augmente d'une façon continue, car son absorption par les océans est maintenant insuffisante, 5 milliards de tonnes de carbone sont transférées vers l'atmosphère chaque année. Simultanément, l'action de l'homme sur les forêts et la végétation introduit une autre perturbation dans l'échange naturel du carbone. La production agricole, l'approvisionnement en eau, la production des pêcheries, les récoltes de protéines marines en subiront les effets. Un réchauffement de l'Antarctique pourrait — au cours des prochains siècles — entraîner une désintégration d'une partie de la calotte glaciaire, relevant ainsi de plusieurs mètres le niveau des mers.

Autres variations. Pollution locale (voisinage de volcans, rues de grandes villes, usines, etc.).

2° — Vapeur d'eau (H_2O). Quantités déterminées principalement par la température (au sol et en altitude) ; elle se condense sous l'action du froid (formation des nuages, par exemple).

3° — Ozone (O_3). Ramenée aux conditions standard de température et de pression, la couche d'ozone qui entoure la Terre n'aurait que 3 mm d'épaisseur. *Maximum par unité de volume* vers 25 km d'alt. ; *maximum relatif dans l'air* vers 35 km (env. 7,5 millioniémes en volume ou 12,5 millioniémes en masse). Sa formation et sa destruction en altitude sous l'action du rayonnement solaire sont rapides dans la stratosphère. Il est aussi détruit en altitude (troposphère et stratosphère) par les rejets industriels, les aérosols et les vols stratosphériques, les éruptions volcaniques et leurs émissions gazeuses. Cependant depuis 1965, la concentration d'ozone aurait en gros tendance à croître (des réactions dues à la pollution l'augmentent près du sol). Les chlorofluorométhanes (dérivés du méthane contenant du chlore et du fluor) n'atteindraient pas la stratosphère. Le CFC 13 n'y séjournerait que quelques dizaines d'années (ce qui pourrait à la longue avoir des conséquences sur le maintien de la vie terrestre, l'ozone absorbant les rayonnements ultraviolets du Soleil, dont certains détruisent les cellules des êtres vivants).

• **Rayonnement solaire.** Provoque les mouvements de l'atmosphère (Voir page 93). Il parvient de manière continue sur l'hémisphère terrestre éclairé.

Puissance incidente :

1° Hors de l'atmosphère, 1,4 kW/m² env. sur une surface perpendiculaire aux rayons solaires, correspondant à une énergie quotidienne moyenne de 8,4 kWh/m²/jour, pour l'ensemble de la Terre (à sa distance moyenne du Soleil).

2° Dans l'atmosphère, le rayonnement solaire direct est en partie absorbé et diffusé par les molécules gazeuses et les gouttelettes nuageuses ou les poussières en suspension. 34 % env. est renvoyé dans l'espace, 18 % est absorbé dans l'atmosphère, et 48 % arrive au sol, sous forme de rayonnement solaire global direct ou diffusé (V. ci-dessus). En absorbant cette énergie, le sol s'échauffe. Divers mécanismes naturels lui permettent de transférer de l'énergie à l'atmosphère : *évaporation* à la surface des océans ou des mers, à partir du sol humide et de la végétation ; émission par *rayonnement ;* échanges thermiques directs entre la surface du sol et l'air, par contact et *convection.*

Couleurs du soleil et du ciel. La lumière solaire est blanche, mais le ciel paraît bleu, car les rayons bleus et violets sont plus facilement diffusés par les molécules de l'atmosphère, à cause de leurs longueurs d'onde plus courtes (env. 0,4 micromètre contre 0,6 au jaune et 0,7/0,8 au rouge).

Coupe de l'atmosphère

(*Nota.* — mb = millibar, pour les météorologistes).

I — En fonction de la composition de l'air.

a) Homosphère. De 0 à 90 km d'altitude, caractérisée par la constance de la composition de l'air (approximative, v. 91 b).

b) Hétérosphère. Composition variable. Se confond pratiquement avec la thermosphère (v. ci-dessous).

II — En fonction des variations de la température.

a) Troposphère. De 0 à 12 km (pression 200 mb) dans les régions tempérées, 0 à 8 km (400 mb env.) aux pôles, 0 à 16 km (100 mb) à l'équateur. Sa limite supérieure s'appelle la **tropopause.** Elle représente les 3/4 de la masse de l'atm. L'air y contient (surtout dans les 3 premiers km) de la vapeur d'eau, du gaz carbonique, des poussières, des cristaux de sel marin. Elle est le siège des événements météorologiques (nuages, pluies, orages). En général la température s'abaisse régulièrement (6,5 °C par 1 000 m), jusqu'à − 55 °C (régions tempérées), − 50 °C (pôles), − 85 °C (équateur). Il y a parfois des *inversions de température,* celle-ci augmentant avec l'altitude, par ex. près du sol, lorsque celui-ci est froid.

b) Stratosphère. De 15 à 50 km env. (pression 1 mb au sommet). Sa limite supérieure s'appelle la **stratopause.** Elle comprend des couches de température différente dont l'une est riche en ozone (la température y dépasse 0 °C). Ce réchauffement est dû à l'absorption d'une partie du rayonnement ultraviolet émis par le Soleil.

Grâce à ce rayonnement, un faible % de l'oxygène compris dans la stratosphère (1 molécule pour 10^6) est transformé en *ozone ;* la couche d'ozone ainsi formée est suffisante pour arrêter les radiations ultraviolettes néfastes à la vie sur Terre.

c) Mésosphère. De 50 à 85 km (pression 0,01 mb au sommet). Sa limite supérieure s'appelle la **mésopause.** Temp. décroissant jusque vers − 90 °C.

d) Thermosphère. De 85 à 700 km. Caractérisée par un commencement de dissociation de certaines molécules de l'air, qui se décomposent soit en molécules plus simples, électriquement neutres (qui peuvent être monoatomiques, ex. : $O_2 \leftarrow O + O$), soit en ions positifs et négatifs (ceux-ci étant généralement des électrons, voir plus loin : *ionosphère*). Ces décompositions sont dues à l'action des rayons ultraviolets et des rayons X émis par le Soleil ; elles peuvent être suivies de réactions donnant lieu par exemple à la « lumière du ciel nocturne » ; la chaleur dégagée provoque une augmentation de température avec l'altitude (température moyenne : vers 100 km : − 80 °C, vers 120 km : + 60 °C, vers 150 km : 360 °C, vers 200 km : 590 °C, vers 300 km : 700 °C ; plus haut, on arrive à 730 °C). Dans le haut de la thermosphère, la température varie selon l'activité solaire, de 350 à 1 700 °C env.

e) Exosphère. De 700 à 3 000 km env. Composée d'« atomes » d'hydrogène, d'hélium et d'oxygène ; les particules sont si raréfiées qu'elles n'ont pratiquement plus aucune chance de s'entrechoquer et se comportent comme des corps indépendants soumis à la seule action gravitique : leur trajectoire est devenue balistique. On peut admettre que l'exosphère commence dès que le libre parcours moyen de molécules dépasse une fraction déterminée de la hauteur de référence H (qui peut être cette hauteur elle-même).

Nota. — La hauteur de référence H est donnée par :

$$\frac{dx}{H} = -\frac{dp}{p},$$

c'est-à-dire qu'en altitude une petite diminution de pression (dp), du millième de sa valeur p par exemple, correspond à une augmentation d'altitude (dx), égale au millième de la hauteur de référence H.

III — En fonction des propriétés électriques et de l'ionisation des couches.

1°) Couche D. De 60 à 90 km. Atmosphère encore dense, nombreux chocs des molécules. Cette couche absorbe certaines ondes radio-électriques, provoquant des « évanouissements brusques » de celles-ci.

2°) Couche E. De 90 à 160 km. Elle réfléchit les ondes longues ; sa densité ionique a une forte variation diurne.

3°) Couche F. De 150 à 500 km. Elle se dédouble, le jour, en une couche F_1 à grande variation diurne, et une couche F_2 à variation saisonnière , dont le maximum de densité se trouve vers 350 km (2×10^6 électrons/1 cm^3).

L'ensemble des trois couches forme l'**ionosphère,** qui est le siège de certains phénomènes lumineux : aurores polaires (dites antérieurement boréales ; il y en a aussi dans l'hémisphère Sud) ; rayons mobiles, draperies, arcs de couleur souvent verte, parfois rose ou jaune, nuages nocturnes lumineux.

• **Ceintures de Van Allen.** Détectées en 1958 par l'engin américain Explorer 1, puis explorées par les engins Explorer et Pioneer [mesures interprétées par James Alfred Van Allen (n. 1914), directeur de l'observatoire de Washington]. Disposées parallèlement au plan de l'équateur magnétique, inclinées d'environ 11° sur l'équateur géographique. Ceinture intérieure (3 500 km) : composée essentiellement de protons, dus à l'action des rayons cosmiques qui bombardent la Terre en permanence, et, à très faible densité, d'électrons dont certains ont sans doute la même origine cosmique que les protons (sauf ceux, très abondants, de moins de 100 000 eV). *Ceinture extérieure* (à 20 000 km) : composée d'électrons. Si un cosmonaute était exposé, sans protection, aux radiations des ceintures de Van Allen, il subirait plusieurs millions de rads par heure (une dose de 500 rads est généralement mortelle).

• **Rayonnement cosmique.** Découvert en 1912. Origine galactique mal établie ; peut-être s'agit-il de particules émises lors d'explosions ou d'implosions d'étoiles (supernovae, trous noirs). On connaît l'intensité des particules qui le constitueraient, leur nature [90 % de protons (noyaux d'hydrogène), 9 % de particules alpha (noyaux d'hélium), 1 % d'électrons et quelques particules] et approximativement leur spectre d'énergie.

Il arrive dans les parties hautes de l'atmosphère sous sa forme primaire avec une séparation **isotrope** (dans toutes les directions) ; là, il se transforme et donne naissance à des phénomènes secondaires nombreux et variés comprenant même des créations de particules nouvelles, des effets multiples tels que des gerbes d'électrons, des explosions nucléaires, etc. Ce que les physiciens peuvent déceler et étudier, ce sont les transformations de ce rayonnement primaire au fur et à mesure qu'il s'enfonce dans l'atmosphère. Dans ce développement complexe du rayonnement qui correspond à une dégradation progressive de l'énergie, on distingue souvent plusieurs groupes principaux, celui des électrons et photons, celui des mésons, celui des neutrons et des protons, celui des désintégrations nucléaires (appelées encore *étoiles*). L'on étudie aussi parfois des sous-groupes dont l'évolution présente des caractères particuliers tels que les *grandes gerbes de l'air,* les *gerbes pénétrantes,* les très grandes *bouffées d'ionisation* correspondant à la production simultanée de quantités considérables de rayons.

Les protons, en entrant en collision avec les atomes d'oxygène et d'azote de l'atmosphère, donnent naissance à des mésons « pi », très rapides, qui se désintègrent en 1/100 de millionième de seconde (ils ne peuvent donc parcourir que quelques centaines de m), mais se transforment en mésons « mu », de durée de vie cent fois supérieure et qui parcourent quelques dizaines de km.

Énergie. L'énergie de chaque rayon est très grande mais, leur nombre étant très petit, l'énergie globale du rayonnement cosmique est très faible : de l'ordre de grandeur de l'énergie qui provient des étoiles et qui est reçue sur la Terre.

Le nombre de particules reçues décroît très vite à mesure que leur énergie augmente. Certaines, très rares, atteignent ainsi 100 milliards de milliards d'électrons-volts ; pour un seul proton (énergie suffisante pour faire briller une ampoule électrique pendant une seconde).

Dans les hautes couches de l'atmosphère (vers 30 km), le rayonnement est 100 fois plus puissant qu'au niveau de la mer ; dans les couches encore plus élevées, il décroît. Cela s'explique ainsi : le rayonnement primaire produit dans l'atmosphère des effets secondaires, tertiaires, etc. de plus en plus abondants, à mesure que l'épaisseur d'atmosphère traversée grandit ; donc l'effet global augmente d'abord lorsqu'on s'enfonce dans l'atmosphère, puis il diminue par suite des différentes absorptions.

Au sol, on a très peu de rayons, ce qui rend l'observation difficile et longue, et l'on doit utiliser des appareils puissants (par ex. l'électro-aimant de l'Académie des sciences à Bellevue).

Cadence d'arrivée des particules cosmiques. Au niveau de la mer 1 particule par cm^2 et par minute (soit env. 1 particule par seconde sur la main).

Au-dessus du milliard d'électrons-volts, les rayons cosmiques sont en grande partie intégrés par le « vent solaire » [lui-même, courant de particules électrisées (protons, électrons)]. Leur intensité décroît ainsi au niveau de la Terre : c'est l'effet *« Forbush »* (Américain qui le premier le mit en évidence).

Météores

En météorologie, on désigne sous ce nom général de *météores* la plupart des phénomènes qui se produisent dans l'atmosphère. On les classe en :

• **Lithométéores.** Constitués par des particules solides (sauf l'eau congelée) : brume sèche, brume de sable, fumées, chasse-poussière, chasse-sable, tempête de poussière, tempête de sable, tourbillon de poussière, tourbillon de sable, etc.

• **Hydrométéores.** Constitués par de l'eau sous forme liquide ou solide (les nuages étant classés à part ; il se produit dans certains cumulo-nimbus orageux des phénomènes électriques) : pluie, bruine, brouillard, brume, neige, neige en grains, granules (grains) de glace, grésil, grêle, rosée, gelée blanche, prismes ou aiguilles de glace, givre blanc, givre transparent (verglas), chasse-neige, embruns, trombes...

• **Electrométéores.** Phénomènes dus à l'électricité atmosphérique : orages, feux Saint-Elme, aurores polaires...

• **Photométéores.** Phénomènes lumineux non électriques : arcs-en-ciel, halos, couronnes, irisation, gloire, anneau de Bishop, mirages, tremblotement, scintillation, rayon vert, teintes crépusculaires...

Pression atmosphérique

• **Définition.** Poids par unité de surface de la colonne d'air qui surmonte un lieu [mesurée par la hauteur de la colonne de mercure qui lui fait équilibre dans un baromètre ; s'exprime en millibars (mb) ou en mm de mercure : 1 millibar = 3/4 de mm de mercure]. Pour les météorologistes, les millibars sont abrégés en *mb,* pour les physiciens en *mbar.*

Une colonne d'air de 1 cm^2 de section traversant verticalement toute l'atmosphère a un poids de 1 033 g env. Nous « portons » donc chacun environ 1 t d'air, mais comme la pression règne aussi à l'intérieur du corps, nous ne sommes pas écrasés. La pression atmosphérique varie suivant le lieu et la température. L'air chaud plus léger s'élève, inversement l'air froid plus lourd s'affaisse au voisinage du sol. Un air chaud et humide donne une aire de basse pression (cyclone ou dépression) ; un air froid donne une zone de haute pression (anticyclone).

La *répartition moyenne* de la pression au niveau de la mer est caractérisée dans chaque hémisphère de l'équateur, vers le pôle, par : une zone de basse pression, une ceinture d'anticyclones tropicaux (l'anticyclone des Açores par exemple), des dépressions aux latitudes moyennes (dépression de l'Atlantique Nord), des pressions hautes près du pôle.

• **Types de baromètres. A mercure.** Formé d'un tube vertical en verre, de 80 cm de long, dont la partie inférieure est plongée dans une cuvette de mercure ou est recourbée en U. Il contient du mercure, qui, à pression normale, atteint une hauteur de 760 mm, c'est-à-dire que la pression de l'air équilibre le poids d'une colonne de mercure de 76 cm de haut. Le mercure monte quand il y a haute pression et descend quand il y a basse pression.

Métallique (anéroïde). Boîte mécanique, close et vide d'air, au couvercle souple et déformable. Il s'écrase d'autant plus que la pression est plus forte, et ce mouvement est transmis par un levier à une aiguille mobile devant un cadran.

• **Écart maximal** observé entre pressions réduites au niveau de la mer : 209,8 mb, entre 1 083,8 mb (Agata-Sibérie, 31-12-68) et 874 mb (œil du typhon IDA 1968), par 19° N et 135° E (Pacifique).

Température la plus basse dans l'atmosphère. − 143 °C à 80,5/96,5 km d'alt., observé au-dessus de Kronogard (Suède) du 27-7 au 7-8-1963.

Pot au noir. Zone de basse pression, s'étendant en bande le long de l'équateur. Ciel couvert, pluies, orages, mais peu de vents, le baromètre y variant peu. Les navires à voiles y étaient souvent immobilisés pendant de longues périodes...

Variation de la pression suivant l'altitude (dans une atmosphère moyenne)

Alt. m	Press. mb	Alt. m	Press. mb
0	1 013	8 000	356
1 000	899	9 000	307
2 000	795	10 000	264
3 000	701	11 000	226
4 000	616	12 000	193
5 000	540	15 000	120
6 000	472	20 000	55
7 000	411	30 000	11

Variation en des lieux donnés (en mb)

	Milieu janv.	Milieu juil.	Moy. ann.
Équateur	1 011,2	1 011,5	1 011,4
Lat. 35° N	1 018,7	1 014,4	1 016
Lat. 30° S	1 015,0	1 021,0	1 018,5
Paris	—	—.	1 013,5

Marées barométriques ou atmosphériques. Oscillations faibles de la pression dues au Soleil ou à la Lune (insignifiantes pour la Lune) ; celles du Soleil sont plus importantes car l'onde thermique s'ajoute à l'onde de gravitation, et celle-ci est renforcée par un phénomène de résonance. Dans les régions intertropicales, la pression barométrique est soumise à une oscillation semi-diurne (d'où son nom, métaphorique, de marée). De l'ordre de 1 à 2 mb.

Circulation atmosphérique et vent

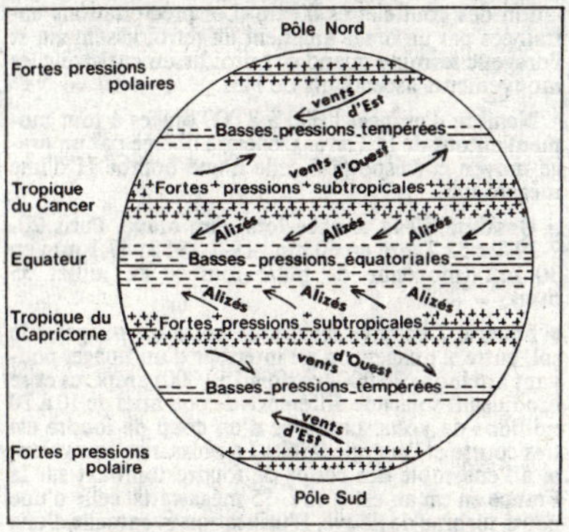

En réalité, par suite du frottement au sol, les bandes de hautes et de basses pressions ne sont pas continues, mais fragmentées.

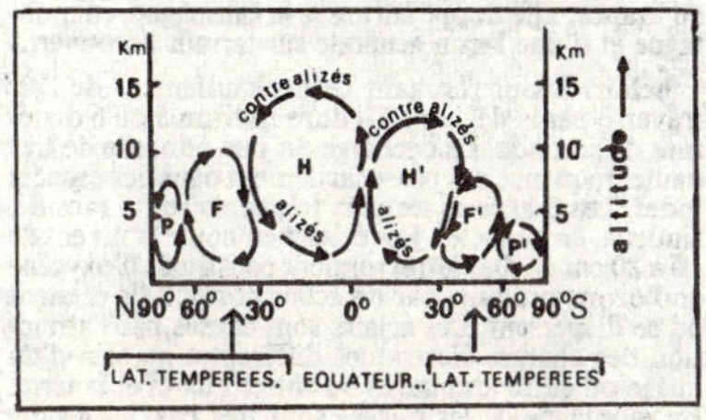

Circulation méridienne moyenne H.H.' : cellule de Halley. F.F.' : cellules de Ferrel. P.P.' : cellules polaires.

Théories du mécanisme de la circulation atmosphérique

1) La convergence des alizés des 2 hémisphères crée une ascendance au voisinage de l'équateur météorologique, qui oscille avec la saison. Au niveau de la tropopause, les contre-alizés transportent l'air des basses latitudes vers les latitudes moyennes.

2) Le jet-stream (courant-fusée, ou courant-jet). Observé dans chaque hém., entre les latitudes 30° et 45° à 8 000-12 000 m d'altitude, large de 1 000 km environ sur 7 km de haut. Au centre, sa vitesse moyenne est de 150 km/h l'hiver et 80 km/h l'été, et peut dépasser 400 km/h. Un courant-fusée typique s'accompagne de zones de vents maximaux qui ont tendance à se déplacer vers l'est. Ces maximums sont très fréquents au Japon, en Libye et en Nouvelle-Angleterre (U.S.A.). La France est parfois traversée du N.-O. au S.-E. par un courant-fusée qui rejoint le courant-fusée subtropical au-dessus de la Médit. orientale.

Masses d'air

• **Théorie** (due à Bjerknes, Solberg, Bergeron, 1922). La troposphère n'est pas homogène, même à un niveau déterminé. Suivant l'« origine » et le séjour plus ou moins long de quantités d'air importantes (à l'échelle considérée), celles-ci prennent des températures, des humidités et des pressions relativement bien déterminées. On distingue principalement, dans chaque hémisphère, 2 de ces « masses d'air » : l'air polaire et l'air tropical. Chacune de ces masses comprend 2 subdivisions : maritime et continentale. **Air polaire** : maritime humide (tiède en été, frais en hiver), continental sec (glacial en hiver, chaud en été). **Air tropical** : maritime (tiède et humide) ; continental (sec et chaud).

Une masse d'air chaud qui circule au-dessus d'une surface plus froide qu'elle-même est stable, car sa partie inférieure, qui se trouve refroidie, tend à demeurer au sol. Une masse d'air qui circule au-dessus d'un sol plus chaud qu'elle-même est en général instable. Du fait du réchauffement qui se produit au contact de la Terre, l'air léger et chaud cherche à s'élever et traverse l'air froid, entraînant des turbulences. Généralement les masses d'air froid polaires évoluent rapidement en s'étendant sur les océans (l'air polaire est plus froid que les océans sur lesquels il circule) tandis que les masses d'air chaud, tropicales, varient lentement, car elles sont généralement plus chaudes que le sol au-dessus duquel elles se déplacent.

Front. Surface de contact entre 2 masses d'air. Cette surface est inclinée (l'air le plus dense tend à s'enfoncer en biseau sous l'air le plus léger) et ondule (des langues d'air chaud alternent avec des poussées d'air froid). En Europe, elles sont désignées sous le terme de **dépressions atlantiques.** Venant de l'océan et se déplaçant vers l'est à env. 50 km/h, elles traversent la France en 3 j env. du N.-O. au S.-E. A l'avant de la perturbation se trouve le **front chaud** : la masse d'air la plus chaude s'élève, au-dessus de l'air froid (s'accompagne de nuages et de pluie). A l'arrière de la perturbation, l'air froid succède à l'air chaud et le soulève : c'est le **front froid** (nuages épais, averses ou orages brefs, vents violents du N.-O., O.). Les perturbations se succèdent par groupes (familles) : elles peuvent se renouveler 4 ou 5 fois sur 15 j. Quand l'air chaud s'est refroidi au contact de l'air froid, la dépression se comble, le front s'atténue et finit par disparaître (frontolyse). Lorsque les masses chaudes n'ont pas de contact avec le sol et sont rejetées dans les couches supérieures, on parle de **front occlus.**

• **Température.** Est fonction de : latitude, périodes d'éclairement, répartition des terres, des mers, des courants marins.

Minimum de température : un peu avant le lever du jour (la Terre s'étant refroidie au cours de la nuit, et n'ayant encore reçu aucun rayon). *Maximum sur les continents :* 2 ou 3 h après le passage du Soleil au midi vrai, *en mer :* 1/2 h.

La température de l'air est mesurée à 2 m au-dessus du sol. Elle atteint dans les régions polaires – 20 °C, tempérées + 11 °C, équatoriales + 26 °C. *Moyenne générale du globe* + 10 °C, ce n'est pas la moyenne arithmétique des 3 valeurs citées. Elle est plus forte de 4 °C parce que les régions équatoriales sont plus étendues que les régions polaires.

Vent

Formation

Résulte de l'équilibre entre la force de pression, la force de Coriolis [ou force déviante composée, perpendiculaire au vent et à l'axe de rotation de la Terre ; sa composante utile, c'est-à-dire horizontale, est égale à 2 ωVsin et est dirigée vers la droite dans l'hémisphère Nord (ω vitesse angulaire de rotation de la Terre, V vitesse du vent, latitude du lieu)], la force de frottement et la force d'inertie. *Hors du voisinage du sol et de l'équateur,* les forces de frottement et d'inertie sont en général négligeables ; le vent résulte alors de l'équilibre de la force de pression et de la force de Coriolis ; on dit qu'il est géostrophique (de *gê* « terre », et de *strophein* « tourner »). Il est tangent aux isobares, laissant les hautes pressions à sa droite (dans l'hémisphère N.) et les basses pressions à sa gauche. *Près du sol,* la force de frottement ne peut plus être négligée, elle dévie le vent vers les basses pressions (dépressions) où apparaît de la convergence et, par conséquent, des mouvements ascendants. Au contraire, il y a divergence autour des hautes pressions (anticyclones) et subsidence (descente).

Certains vents locaux s'expliquent parce que des surfaces contiguës peuvent absorber des quantités de chaleur différentes (ex. : l'eau se réchauffe le jour et se refroidit la nuit moins vite que la terre, d'où les brises de terre et de mer).

Définitions

Alizé. Vent régulier de N.-E. dans l'hémisphère N. et de S.-E. dans l'hém. S., soufflant des hautes pressions subtropicales vers les basses pressions équatoriales. De faible vitesse (sauf au départ), soufflant en moyenne à 20 km/h, il apporte des pluies sur les côtes orientales des continents.

Anticyclone. Zone de pression élevée où la pression augmente de la périphérie vers le centre.

Cyclone. En général, désigne les centres de basses pressions, mais est utilisé plus particulièrement pour désigner les dépressions tropicales (cyclone tropical) au centre desquelles la pression est très basse (diamètre : 200 à 900 km). Ces dépressions se déplacent sur la mer vers l'ouest, mais sont capables de brusques changements de direction et leur trajectoire est mal prévisible. **Vitesse** de déplacement 20 à 35 km/h (il ne faut pas les confondre avec les vents tourbillonnants autour d'elles, dont la vitesse peut atteindre 350 km/h). Le terme cyclone désigne également, par suite, les *tempêtes tropicales,* qui naissent généralement entre les 8e et 3e parallèles. **L'œil** (diamètre 30/35 km) est une zone assez calme où le ciel est clair ou faiblement couvert (vent de 0 à 30 km/h). **Ravages** : causés par la vitesse du vent, les raz de marée et les crues soudaines des rivières provoquées par des pluies diluviennes (par ex. Réunion, mars 1962 : 2 200 mm en 2 jours ; en 4 j, 4 150 mm). **Energie** libérée par un cyclone : 200 à 300 kilotonnes par s (bombe d'Hiroshima : 20 kilotonnes). **Nombre aux U.S.A.** : 2 cyclones tropicaux au moins par an. Tous les 3 ans environ, un ouragan très violent dévaste le pays sur 100 à 150 km de largeur et parfois sur des centaines de km de longueur. De puissantes digues anti-raz de marée ont été élevées, au XIXe s., le long des côtes du Texas.

Hurricane. Transcription anglaise du mot hispano-antillais *huracán,* désignant les tempêtes tropicales (cyclones) de la zone américaine.

Mousson. La *mousson d'hiver* (sèche), d'octobre à avril, souffle du continent froid vers les mers chaudes. La *mousson d'été* (humide), de mars à septembre, souffle de l'océan vers le continent. Pays : Inde (régions les plus arrosées : 1° le fond du golfe du Bengale, le long des montagnes de l'Assam et jusqu'à l'Himalaya ; 2° la côte du S.-O. ou côte de Malabar), Viêt-nam, Afrique (du golfe de Guinée au Sénégal), Amérique du Nord (dans la plaine du Mississippi ; mousson venue du golfe du Mexique). Vitesse de 30 à 40 km/h.

Ouragan. Forme francisée du mot *hurricane* (Antilles francophones).

Tornade. Tourbillon circulaire (diamètre de moins de 2 km) se déplaçant à 30-60 km/h, dont les vents tournants peuvent dépasser 500 km/h. Ils tournent dans le sens des aiguilles d'une montre dans l'hémisphère Sud ; dans le sens contraire dans l'hémisphère Nord. La zone de dévastation qui les accompagne s'étend rarement à + de 200 m de part et d'autre du nuage en forme d'entonnoir qui correspond au tourbillon. Le courant ascendant, au centre de l'entonnoir, varie entre 150 et 300 km/h et il emporte tout sur son passage.

Typhon. Appellation des tempêtes tropicales (« cyclones ») dans le Sud-Est asiatique (étymologie contestée : soit de l'arabe *tufan,* « tourbillon », soit du chinois *taïfung,* « vent de Formose », soit du nom du dieu grec du vent funeste : *Typhoeus*).

Willy-willy. Typhon se formant au nord de l'Australie.

Vents mythologiques

Aphéliotes, de l'E. *Aquilon,* du N. *Auster* ou *Notos,* du S. *Borée,* du N. *Cecias,* du N.-E. *Euros,* du S.-E. *Lips,* du S.-O. *Sciron,* du N.-O. *Zéphyr,* de l'O.

Vents locaux

Autan blanc (Voir Index).

Autan noir (Voir Index).

Bora. Du N.-E., vent froid d'hiver (Adriatique, mer Noire).

Fœhn. Sec et chaud, descend des montagnes. Suisse et Tyrol au printemps. L'*effet de fœhn* est un réchauffement de l'air dû à la compression (dans un pneu, l'air s'échauffe au gonflage, se refroidit au dégonflage). On appelle *fœhn* (mot dialectal suisse) un vent qui arrive chargé d'humidité sur le versant d'une montagne, perd de la chaleur en se décompressant et perd son humidité au cours d'averses sur les hauteurs. Redescendant sur l'autre versant, il acquiert, par compression (étant plus sec), une température supérieure à celle qu'il avait au même niveau avant la pluie.

Harmattan. Du N.-E., très sec. Afrique occid., en hiver et au printemps.

Hegoa. Du S., chaud et sec, mais suivi de pluies. Pays basque.

Khamsin. Du S., chaud et sec. Égypte (delta du Nil), d'avril à juin.

Leste. De l'E., chaud et sec. Madère.

Lévéché. Du S.-E., sec, étouffant, par rafales. Espagne du S. (70 km à l'intérieur des terres).

Libeccio. D'O. ou S.-O., violent en toutes saisons. Corse et Italie.

Marin. Du S. (considéré comme l'antagoniste du mistral). Mousson maritime (chaude et humide) soufflant de la Méditerranée vers la Provence et le Languedoc.

Mistral (Voir Index).

Pampero. D'O. Rio de la Plata. Juillet à sept.

Simoun. Chaud et sec. Sahara. Directions variables, vers toute zone mobile de basse pression (violent).

Sirocco. Du S., chaud et sec : Afrique du N., été ; humide et chaud : Italie du S., été. En Égypte *(Khamsin)* : 27 j. (avr.-juin).

Tramontane (Voir Index).

Échelle anémométrique Beaufort

Cette échelle donne la force du vent pour une hauteur standard de 10 m au-dessus d'un terrain plat et découvert. Les derniers chiffres donnent la hauteur probable des vagues et, entre parenthèses, leur hauteur max., en haute mer, loin des côtes (dans les mers intérieures ou près des côtes avec un vent de terre, la hauteur des vagues sera plus faible et leur escarpement plus fort).

0. Calme. < 1 km/h (< 1 nœud). La fumée s'élève verticalement. La mer est comme un miroir.

1. Très légère brise. 1-5 km/h (1 à 3 nds). Fumée déviée. Rides ressemblant à des écailles de poisson, mais pas d'écume — 0,1 m.

2. Légère brise. 6-11 km/h (4 à 6 nds). Frémissement des feuilles, une girouette ordinaire est mise en mouvement. Vaguelettes courtes, mais accusées ; leurs crêtes ont une apparence vitreuse, mais ne déferlent pas — 0,2 m (0,3).

3. Petite brise. 12-19 km/h (7 à 10 nds). Feuilles et petites branches constamment agitées, le vent déploie les drapeaux légers. Très petites vagues, crêtes commençant à déferler, écume d'aspect vitreux, parfois quelques moutons épars — 0,6 m (1).

4. Jolie brise. 20-28 km/h (11 à 16 nds). Le vent soulève la poussière et les feuilles de papier, les petites branches sont agitées. Petites vagues devenant plus longues, moutons nombreux — 1 m (1,5).

5. Bonne brise. 29-38 km/h (17 à 21 nds). Les arbustes en feuilles commencent à se balancer. De petites vagues avec crêtes se forment sur les eaux intérieures. Vagues modérées, allongées, nombreux moutons (évent. des embruns) — 2 m (2,5).

6. Vent frais. 39-49 km/h (22 à 27 nds). Grandes branches agitées, fils télégraphiques faisant entendre un sifflement, usage des parapluies rendu difficile. Des lames se forment, crêtes d'écume blanche partout plus étendues (habituellement quelques embruns) — 3 m (4).

7. Grand frais. 50-61 km/h (28 à 33 nds). Arbres agités en entier, marche contre le vent pénible. La mer grossit, l'écume commence à être soufflée en traînées qui s'orientent dans le lit du vent — 4 m (5,5).

8. Coup de vent. 62-74 km/h (34 à 40 nds). Branches cassées, marche contre le vent en général impossible. Lames de hauteur moyenne et plus allongées, du bord supérieur de leurs crêtes se détachent des tourbillons d'embruns — 5,5 m (7,5).

9. Fort coup de vent. 75-88 km/h (41 à 47 nds). Tuyaux de cheminée et ardoises arrachés. Grosses lames, épaisses traînées d'écume dans le lit du vent, crêtes des lames déferlant en rouleaux, embruns pouvant réduire la visibilité — 7 m (10).

10. Tempête. 89-102 km/h (48 à 55 nds). Rare à l'intérieur des terres, arbres déracinés, importants dommages aux habitations. Très grosses lames à longues crêtes en panache, épaisses traînées blanches d'écume, déferlement en rouleaux intense et brutal, visibilité réduite — 9 m (12,5).

11. Violente tempête. 103-117 km/h (56 à 63 nds). Très rarement observée, très gros ravages. Lames très hautes (les navires de moyen tonnage peuvent par instant être perdus de vue), la mer est complètement recouverte de bancs d'écume allongés dans la direction du vent, partout le bord des crêtes des lames est soufflé et donne de la mousse, visibilité réduite — 11,5 m (16).

12. Ouragan. 118 km/h et plus (64 nœuds et plus). Air plein d'écume et d'embruns, mer entièrement blanche d'écume, visibilité très réduite — 14 m (36). **13. Ouragan.** 134-149 km/h (72-80 nds). **14. O.** 150-166 km/h (81-89 nds). **15. O.** 167-183 km/h (90-99 nds). **16. O.** 184-201 km/h (100-108 nds). **17. O.** 202-220 km/h (109-118 nds), etc.

Nota. — La vitesse-record mesurée du vent au sol est de 370 km/h.

Catastrophes

Principaux typhons (t.), cyclones (c.), ouragans (o.) et raz de marée (m.). Nombre de morts (†).

1864 (5-10) Inde (c.) : 70 000 †. **76** (31-10) Inde (c.) : 215 000 †. **81** (8-10) Indochine (t.) : 300 000 †. **82** (6-6) Inde (c.) : 100 000 †. **92** (avril) Ile Maurice (C.) : 1 200 †.

1900 (8-9) Galveston, Texas, U.S.A. (o.) : 6 000 †. **06** (17-9) Chine (t.) : 10 000 †. **28** (12/17-9) Caraïbes (o.) : 4 000 †.

1930 (3-9) R. Dom. (o.) : 2 000 †. **35** (25-10) Haïti (o.) : 2 000 †. **37** (1/2-9) Hong Kong (t.) : 11 000 †. **38** New York, N.-Angleterre, U.S.A. (o.) : 6 000 †.

1942 (16-10) Inde (c.) : 40 000 †. **49** (31-11) Philippines (t.) : 1 000 †.

1952 (20/22-10) Indoch., Philip. (t.) : 1 000 †. **53** (1-2) Pays-Bas (m.) : 1 487 † ; (25-9) Viêt-nam (t.) : 1 000 †. **54** (26-9) Japon (t.) : 1 600 †. **55** (18/19-8) U.S.A. (o.) : 400 † ; (19-9) Mexique (t.) : 200 † ; (22/28-9) Caraïbes (o.) : 500 †. **57** (27/30-6) U.S.A. (o.) : 430 † ; (20/23-9) Hong Kong [Gloria (c.)] : 8 †. **58** (27/28-9) Japon (t.) : 600 †. **59** (14-8) U.R.S.S., Japon (t.) : 137 † ; (20-8) Chine (t.) : 720 † ; (17/19-9) Japon (t.) : 2 000 † ; (26/27-9) Japon (t.) : 4 460 † ; (27-10) Mexique (o.) : 15 500 †.

1960 (24-5) Japon (m.) : 900 † ; (oct.) Pak. : 14 000 † ; (4/12-6) Hong Kong [« Maru » (t.)] : 45 †. **61** (9-5) Pak. or. (t.) : 200 † ; (31-10) Honduras (t.) : 400 † ; (17/21-5) Hong Kong [« Alice » (c.)] : 4 † ; (7/10-9) Hong Kong [« Olga » (c.)] : 7 †. **62** (17-2) Allem. (m.) : 281 † ; (28-8/2-9) Hong Kong [« Wanda » (c.)] : 130 † ; (25-10) Thaïlande (o.) : 769 †. **63** (29-5) Pakistan (c.) : 11 942 † ; (1/9-9) Hong Kong [« Faye » (c.)] : 3 † ; (oct.) Haïti (t.) : 5 000 †, Cuba : 1 000 †. **64** (2/9-8) Hong Kong [« Ida » (c.)] : 5 † ; (2/6-9) Hong Kong [« Ruby » (c.)] : 38 † ; (4/10-9) Hong Kong [« Sally » (c.)] : 9 † ; (5-10) Inde (c.) : 70 000 † ; (7/13-10) Hong Kong [« Dot » (c.)] : 26 †. **65** (11-5) Pak. (c.) : 17 956 † ; (1/2-6) Pak. (c.) : 30 000 † ; (6/16-7) Hong Kong [« Freda » (c.)] ; (8-9) Sud Floride (U.S.A.) [« Betsy » (o.)] : 75 † ; (15-12) Pak. (c.) : 10 000 † ; (25/28-9) Hong Kong (« Agnès » (c.)] : 5 †. **67** (5/22-9) Caraïbes et U.S.A. [« Beulah » (o.)] : 2 †. **68** (9/10-5) Birmanie : 1 000 † ; (août) l'île de Teguan (Indonésie) engloutie : plusieurs centaines de †. **69** (16/18-8) S.E. U.S.A. [« Camille » (o.)] : 256 † (mi-mai) Inde (c.) : 600 †.

1970 (2/3-8) Cuba et S.-E. U.S.A. [« Célia » (o.)] : 24 † ; (21-8) Japon [« Anita » (t.)] : 20 † ; (13/14-10) Philip. [« Joan » (t.)] : 600 † ; (25-10) Pak. or. : 265 † ; (12/13-11) Pak. or. : 400 000 † (la plus grande catastrophe météo. du siècle) ; (12-11) Bengale oriental (c.) : env. 300 000 † ; (29/30-11) Thaïlande (t.) : 14 †. **71** (5-8) Japon [« Ruth » (t.)] : 43 † ; (10/17-8) Hong Kong [« Rose » (c.)] : 110 † ; (10-9) Japon [« Shirley » (t.)] : 12 † ; (29/30-10) Inde (c.) : 20 000 à 50 000 †. **72** (21-6) Maryland (U.S.A.) [« Agnès » (o.)] : 118 †. **73** (avril) Bangladesh (c.) : 1 000 †. **74** (12-8) Bangladesh (m.) : 2 500 † ; (19-9) Honduras [« Fifi » (o.)] : + de 8 000 †. **76** (20-5) Philippines (m.) : 215 † ; (22-6/4-7) Hong Kong [« Ruby » (c.)] : 3 † ; (21/24-8) Hong Kong [« Ellen » (c.)] : 27 † ; (30-9) Mexique (c.) : + de 2 500 † ; (31-10) Indes (c.) : 215 000 †. **77** (25/31-7) T'ai-wan (t.) : 39 †. **78** (24/30-7) Hong Kong [« Agnès » (c.)] : 3 †. **79** (28-8/3-9) Hong Kong [« Hope » (c.)] : 12 † ; (28-8/4-9) Antilles et Floride [« David » (o.)] : + de 1 000 † ; (13-9) Floride et Alabama U.S.A. [« Frédéric » (o.)] : 8 †.

1980 (4/11-8) Texas U.S.A. [« Allen » (o.)] : 272 †. **81** (5-10) Indochine (t.) : 300 000 †. **83** (18-8) Texas [« Alicia » (o.)] : 17 † ; (29-8/9-9) Hong Kong [« Ellen » (c.)] : 10 †. **85** (2-9) Mississippi [« Elena » (o.)] : 8 †.

Nota. — *1896-97,* « années des cyclones » en France : 26-7-96 : Paris ; 1-9-96 : Le Havre ; 10-9-96 : Paris (dégâts sur 6 km, larg. 150-300 m, plusieurs blessés) ; 6-6-97 : trombe de Voiron (Isère), 10 millions de dégâts ; 18-6-97 : Asnières, banlieue O., ravagée jusqu'à Courbevoie, 1 †, nombreux blessés.

Orages

● **Définition.** Les orages correspondent à des mouvements verticaux très violents de l'air (ils créent au voisinage de l'équateur des nuages jusqu'à 20 000 m). Ces mouvements ascendants sont dus soit au réchauffement de l'air par le sol terrestre et la condensation de la vapeur d'eau, soit à l'influence d'un front d'air froid. Ils se manifestent par des décharges électriques et un roulement de tonnerre (la séparation des électricités positive et négative se produit lors de la congélation des gouttelettes d'eau). Les précipitations entraînées par un orage amènent un refroidissement, et l'orage se termine quand ce refroidissement arrête les mouvements ascendants de l'air.

Nombre d'orages. 1 000 à 2 000 orages à tout moment autour de la Terre. L'énergie libérée par un orage moyen correspond à celle d'une bombe H d'une mégatonne.

Quantité d'eau tombée lors d'un orage. Paris 20-7-1972 : 52,2 mm en 60 mn ; 19-7-1955 : 47,1 mm en 30 mn (moyenne de pluie tombée en juillet 55 mm).

● **Foudre.** Décharge électrique entre un nuage et le sol, entre 2 nuages, ou à l'intérieur d'un nuage, pouvant atteindre 20 000 (parfois 150 000) ampères et se produisant sous une différence de potentiel de 10 à 20 millions de volts. La durée d'un coup de foudre est très courte et l'énergie faible. La puissance équivalente à l'ensemble des coups de foudre tombant sur la France en un an est d'env. 15 mégawatts, celle d'une petite turbine de fleuve. L'utilisation éventuelle d'une telle source d'énergie supposerait résolus les problèmes techniques considérables que sont le stockage et l'étalement dans le temps de cette énergie instantanée. La foudre tue chaque année env. 100 personnes en France. Elle frappe surtout à la campagne, en montagne et d'une façon générale sur terrain découvert.

Éclair. Lueur résultant de l'échauffement de l'air traversé par la décharge. Il dure environ 5 ou 6 dixièmes de seconde. La décharge est une étincelle de très haute fréquence qui passe facilement dans des espaces vides. Les 3 aspects les plus fréquents sont : ramifié, sinueux, en chapelet. Les éclairs en boule (souvent de 10 à 20 cm de diamètre) seraient constitués d'oxygène et d'ozone produits par un éclair normal. Ils éclatent ou se dispersent. Les éclairs sont causés par l'attraction des charges électriques différentes au sein d'un nuage ou entre les nuages ou entre ceux-ci et la terre. En montagne, si les nuages sont très bas, les éclairs peuvent mesurer moins de 90 m ; si les nuages sont très hauts, un éclair, du nuage au sol, peut mesurer 6 km (ou même 32). Le diamètre serait d'environ 1,50 cm, entouré par une **« enveloppe Corona »** de 3 à 6 m de diamètre ; vitesse de 160 à 1 600 km/s vers le sol, jusqu'à 140 000 km/s lors de son coup de retour. L'énergie dégagée peut atteindre 3 milliards de joules et 30 000 °C. En 1967, on a émis l'hypothèse que les éclairs seraient déclenchés par des rayons cosmiques.

Tonnerre. Bruit dû à l'expansion rapide de l'air échauffé par la décharge électrique.

Zone de protection d'un paratonnerre (le cercle de base du cône a pour rayon le double de la hauteur)

• **Paratonnerre.** *Fonctionnement :* les paratonnerres se composent d'une tige conductrice verticale dressée sur l'édifice pour le protéger. Cette tige est terminée par une pointe en cuivre ou en nickel doré reliée par un câble de cuivre de forte section ou par des barres de cuivre à une prise de terre de faible résistance. Par temps d'orage, le paratonnerre émet des effluves électriques (pour favoriser l'émission d'électrons par les pointes, on enduit celles-ci d'oxyde de baryum, strontium, thorium) qui diminuent le gradient de potentiel, réduisant ainsi le risque d'une décharge brutale. Si la foudre tombe, elle est guidée par le courant établi, et la décharge dont l'intensité peut atteindre plusieurs milliers d'ampères est canalisée par le conducteur à forte section.

Cage de Faraday. Elle constitue une autre forme de paratonnerre (dit paratonnerre Melsens). En effet, un conducteur creux (par ex. une cage grillagée) forme écran pour les actions électriques et isole son contenu.

Protection contre les dangers de la foudre

Signes précurseurs de la foudre. Apparition de cumulus et de cumulo-nimbus en forme de tours. Petites lueurs bleues [**feux Saint-Elme** (dus au courant d'ions qui sortent par les objets conducteurs pointus aux endroits où le champ électrique près du sol atteint une intensité suffisante)] sur les pics et crêtes de montagne. Ils sont la manifestation de l'existence d'un fort gradient de potentiel électrique. Difficilement perceptibles en pleine lumière du jour, mais s'accompagnent d'un bruissement ou d'un bourdonnement ; le système pileux s'électrise sur la tête. Grêle ou forte averse au sein d'un nuage.

En plaine, les indications sont moins marquées, mais peuvent être enregistrées par des systèmes d'alerte électrique (indiquent seulement la probabilité d'un orage au voisinage).

Lieux de protection. Bâtiments en béton à ossature d'acier présentant au moins une continuité verticale. Immeubles bordés d'acier, ou ayant des revêtements métalliques en feuilles sur les toits et les murs ; ou avec paratonnerre. Véhicules à carcasse métallique continue.

Ce qu'il faut éviter. Les arbres isolés, particulièrement sous les branches basses s'étendant loin du tronc ; plus l'arbre est grand, plus grand est le danger en terrain découvert et sur les cimes. L'orée d'un bois comportant de gros arbres. Granges, chapelles ou petites églises (en fait tous les édifices non protégés). Voisinage immédiat de lignes, de mâts d'antennes, etc., de ponts roulants et treuils élevés. Lacs, piscines, vastes plages plates. Crêtes, contre-forts montagneux. Navires et tentes sans paratonnerre. Clôtures métalliques, rails. Foule. Être à cheval, à bicyclette ou sur un véhicule agraire. Se tenir près d'un véhicule ou se coucher dessous.

Attitude à adopter. Se tenir aussi bas que possible afin de réduire la probabilité d'un coup de foudre direct ; réduire autant que possible la surface de contact entre le corps et le sol. En terrain découvert : s'agenouiller avec les deux genoux joints, placer les mains sur les genoux et se pencher en avant (dans cette position, la protection d'un imperméable est efficace). Il est dangereux de se coucher dans un fossé ou un creux, car le sol y est meilleur conducteur. Se recroqueviller sous un bon conducteur métallique à mailles fines ou une bicyclette, ou s'asseoir sur des vêtements en tissu enroulés formant une épaisseur de 10 cm, avec les pieds joints, le corps penché en avant et mains aux genoux. Personnes groupées : s'écarter les unes des autres. Automobilistes : ne pas sortir de la voiture. Débrancher du secteur et de la terre les appareils délicats (ex. télévision), en écartant largement les prolongateurs de leurs prises.

Premiers soins. Voir à l'Index.

L'intérieur d'une *cage de Faraday* ne renferme aucune charge d'électricité statique. Aussi, en cas d'orage, si l'on est en voiture, le meilleur abri est d'y rester.

Paratonnerres radioactifs. Ils rendent plus efficaces les p. classiques de Franklin, en rendant conducteur, par ionisation, l'air environnant : la foudre se dirige préférentiellement vers leur pointe.

• **Éclairs artificiels.** Au centre expérimental de St-Privat d'Allier (E.D.F.), on lance une fusée munie d'un fil d'acier très mince quand le ciel devient orageux et qu'une décharge électrique va vraisemblablement s'y produire (champ électrique local de 20 000 volts par mètre). On obtient ainsi des éclairs sur commandes (10 000 ampères), avec possibilité de les photographier, de mesurer la croissance et la décroissance de leur intensité, et de repérer le *canal ionisé* par où s'écoule la décharge électrique.

Eau dans l'atmosphère

Généralités

L'eau se présente dans l'atmosphère sous les 3 formes : vapeur, liquide, solide.

• **Vapeur d'eau.** On la trouve partout. Elle exerce une pression variant selon les conditions météorologiques et selon l'altitude (inférieure à 1 mb aux pôles, elle peut atteindre 40 mb dans les régions humides et chaudes, près du sol). A chaque température correspond une pression maximale (ou **tension**) à laquelle l'air est **saturé** de vapeur d'eau : celle-ci se condense alors sous forme de gouttes d'eau liquide ou de cristaux de glace. Cette tension maximale est atteinte si la vapeur d'eau augmente quand la température reste constante ou si la température s'abaisse quand la quantité de vapeur d'eau ne varie pas. Dans ce dernier cas, on appelle **point de rosée** la température à laquelle la pression devient maximale. La **rosée** du matin est due à la condensation sur les objets au sol, ou près du sol, de la vapeur d'eau contenue dans l'air, du fait de son refroidissement au contact du sol (refroidi lui-même par le rayonnement nocturne).

L'**humidité relative** de l'air en un lieu donné est le rapport de la tension de la vapeur d'eau présente à la tension maximale pour la température du lieu.

Quantité de vapeur d'eau contenue dans 1 m³ d'air saturé (en grammes), suivant la temp. – 20 °C (1,07) ; – 10 °C (2,28) ; 0 °C (4,83) ; 10 °C (9,36) ; 20 °C (17,15) ; 30 °C (30,08) ; 40 °C (50,67) ; 50 °C (82,23).

• **Eau liquide.** Nuage, pluie (V. ci-dessous).

• **Eau solide. Verglas.** Congélation de gouttes d'eau (brume, pluie ou brouillard) en surfusion sur des objets dont la surface est à une température inférieure à 0 °C.

Neige. Petits cristaux de glace, souvent groupés sous forme d'étoiles à 6 branches. Si la température n'est pas trop basse, les cristaux sont généralement agglomérés en flocons.

Grésil. Petite pelote de givre formée sur un cristal de neige.

Grêle. Morceaux de glaces constitués souvent de plusieurs couches.

Gelée blanche. Phénomène analogue à celui de la formation de la rosée, mais la température inférieure à 0 °C. La vapeur d'eau, au lieu de se condenser en gouttes, se cristallise en glaçons minuscules, en forme d'aiguilles, d'écailles...

Givre. Dépôt de glace se formant, au-dessous de 0 °C, sur les parties des objets recevant de très petites gouttelettes d'eau en surfusion (nuage ou brouillard) ; il y a congélation dès l'impact, avec des inclusions d'air.

• **Cycle de l'eau.** Il peut être schématisé ainsi : évaporation et respiration (il faut 0,7 kWh/m² pour faire évaporer 1 mm d'eau) ; transport de la vapeur d'eau par l'atmosphère ; précipitations solides (neige, grêle) ou liquides (pluies, bruine) au sol ; écoulement et ruissellement de surface aboutissant aux torrents, fleuves, marais, mers, océans ; infiltration dans le sol permettant l'alimentation des végétaux ou donnant naissance aux sources, et le cycle recommence animé par l'énergie solaire. La circulation planétaire de l'eau permet sa répartition, à la fois dans le temps et dans l'espace, et sa purification. La production de ce cycle naturel nécessite de l'énergie fournie par le Soleil. Il y a donc nécessité d'un certain équilibre entre l'eau et l'énergie solaire pour que la machine thermodynamique fonctionne.

Pluies

La pluie se caractérise par la hauteur d'eau recueillie (1 mm correspond à 1 l par m²) et aussi par le nombre d'heures de précipitations, rapporté à une période donnée. Ainsi, à Paris, il pleut davantage en août (54,7 mm) qu'en janvier (46,4 mm) mais moins longtemps (28 h en août, 60 h en janvier). En un jour d'août, il peut d'ailleurs pleuvoir autant qu'en 3 mois d'hiver.

Suivant le degré hygrométrique, une même température peut paraître plus ou moins « supportable ». Ainsi 30 °C avec 40 % d'humidité sont plus supportables que 25 °C avec 80 % d'humidité.

Le 16-5-1898, au large d'Eden (Australie), on a observé une trombe d'eau haute de 1 528 m (diamètre 3 m env.)

Différents types de pluie. *Pluies de convection,* dues à un réchauffement local des masses d'air déclenchant leur ascendance ; *de relief,* dues à la rencontre d'un massif contraignant l'air à s'élever ; *littorales,* dues à la rugosité des continents ; *cyclonales* ou *pluies de front* accompagnant les fronts des perturbations (caractéristiques des zones tempérées).

Vitesse de chute de la pluie (moyenne). Diamètre des gouttes en mm et, en italiques, vitesse par sec. en m. 1 *4.* 2 *6,6.* 3 *8.* 4 *8,8.* 5 *9,25.* 6 *9,3.*

Pluies de sang (en réalité : pluies de « sable rougeâtre »). Fréquentes sur l'Atlantique et le Sahara, elles sont causées par le mélange, avec des gouttes de pluie, de fines poussières contenant des micro-organismes tels que les diatomacées et les rhizopodes (souvent rouges). Le vent peut les entraîner à des distances considérables des zones sablonneuses de l'Afrique.

Exemples : Paris (en 580), Hongrie (765), Tours (784), Naples (1814), Brescia (1872), Fontainebleau (1887 : couleur due sans doute à des grains de pollen), Le Cap (1888 : couleur tirant sur le noir), Palerme (10-3-1901), Yonne (30-10-1926).

Brouillards

Définition. Nuage (stratus) reposant sur la surface du globe. Les météorologistes l'appellent **brouillard** quand la visibilité est inférieure à 1 km ; **brume,** quand la visibilité est de plus de 1 km.

Différents types de brouillard. *Brouillard d'advection :* provoqué par un déplacement en sens horizontal d'une masse d'air chaud et humide, au contact d'une surface froide (notamment l'océan), qui provoque une condensation. *Brouillard de rayonnement :* surtout terrestre ; provoqué par le rayonnement du sol qui, la nuit, refroidit par le bas l'air chaud et humide à son « contact » ; densité maximale au petit matin, rare l'été (nuits tièdes). *Brouillard d'évaporation :* se produit en mer, ou sur les étangs et cours d'eau quand la température de l'eau est supérieure à celle de l'air, la vapeur d'eau qui se dégage se condensant par refroidissement.

Diamètre en mm. Gouttelettes de nuage 0,004 à 0,01. Bruine – de 0,5. Pluie + de 0,5. Grésil 2 à 5. Grêle 5 à 50 ou plus.

Vitesse de chute en km/h. Brouillard 0,036 à 1,8. Bruine 1,8. Grosse pluie 30.

Nuages

Généralités

• **Formation.** Formés par la condensation (puis congélation éventuellement) de la vapeur d'eau atmosphérique sur des particules appelées noyaux de condensation (puis de congélation) en fines gouttelettes liquides (ou cristaux de glace). Ils précipitent en pluie, neige, grésil ou grêle, quand les gouttes d'eau, devenues trop lourdes, ne peuvent plus être soutenues par les mouvements ascendants de l'air.

• **Dimension.** Un *gros nuage* d'orage s'étend sur plusieurs km², monte jusqu'à 12 000 m et peut contenir 300 000 t d'eau.

La *densité* des nuages varie de 0,3 à 5 g d'eau par m³ d'air. *Les plus épais* (cumulo-nimbus) ont de 3 000 à 10 000 m d'épaisseur. Les moins épais (stratus), de 50 à 800 m.

• **Altitude. Étage supérieur** (Cirrus, Cirro-cumulus, Cirro-stratus). Altitude dans les régions tempérées 4 à 15 km ; tropicales 6 à 18 ; polaires 3 à 8.

Étage moyen (Altostratus [1], Altocumulus). Temp. 2 à 7 ; trop. 2 à 8 ; pol. 2 à 4.

Étage inférieur (Cumulo-nimbus [3], Strato-cumulus, Cumulus [3], Stratus, Nimbo-stratus [2]). Temp. 0 à 2 ; trop. 0 à 2 ; pol. 0 à 2.

Nota. — (1) Débordent souvent sur l'étage supérieur ; (2) sur l'étage moyen et parfois supérieur ; (3) les Cumulus et les Cumulo-nimbus ont leur base dans l'étage inférieur, mais parfois les sommets des gros Cumulus et des Cumulo-nimbus pénètrent jusque dans l'étage supérieur.

Ces hauteurs varient suivant saisons et zones climatiques. Au-dessus des grandes villes, la base des nuages sera plus haute que dans la campagne environnante (plus froide).

Classification
(en vigueur depuis 1956)

POUR UN OBSERVATEUR SITUÉ AU SOL :

Altocumulus (latin *altus*, haut, et *cumulus*, V. ci-dessous). Couche ou banc de nuages blancs ayant généralement des ombres propres, habituellement ondulé ou composé de lamelles, galets, rouleaux, etc., soudés ou non, à aspect parfois partiellement fibreux ; la plupart des petits éléments, disposés régulièrement, ont une largeur apparente au zénith comprise entre 1 et 5°. Ces éléments s'ordonnent en groupes, en files ou en rouleaux, suivant une ou deux directions, et sont parfois si serrés que leurs bords se rejoignent : ils « moutonnent ». Parfois, le soleil ou la lune peuvent apparaître avec une couronne, rouge à l'extérieur, verte à l'intérieur.

Altostratus (*altus* + *stratus*, V. ci-dessous). Nappe ou couche grisâtre, d'aspect strié, fibreux ou uniforme, couvrant totalement ou partiellement le ciel, qui présente des parties suffisamment minces pour déceler vaguement la position du soleil, vu comme à travers un verre dépoli, mais sans phénomène de halo.

Cirro-cumulus (*cirrus* + *cumulus*, V. ci-dessous). Banc, nappe, ou couche mince de nuages blancs, sans ombre propre, constitué par de très petits éléments, en forme de granules, de rides, etc., soudés ou non et organisés avec plus ou moins de régularité.

Cirro-stratus (*cirrus* + *stratus*, V. ci-dessous). Voile transparent, blanchâtre, d'aspect fibreux, chevelu ou lisse couvrant totalement ou partiellement le ciel et provoquant généralement des phénomènes de halo [22° de rayon et le Soleil pour centre ; ses couleurs sont, de l'intérieur à l'extérieur, rouge, orangé, jaune, vert, bleu, indigo, violet (l'inverse de l'*arc-en-ciel*)]. Pendant le jour, lorsque le soleil est assez élevé sur l'horizon, le voile ne supprime généralement pas les ombres des objets.

Cirrus (latin *cirrus*, filament). Nuages séparés, d'aspect fibreux ou chevelu et d'éclat soyeux, en forme de filaments blancs et délicats, de bancs ou de bandes étroites, blancs ou en majeure partie blancs. Composés de cristaux de glace dispersés, ils sont transparents. Au lever et au coucher du soleil, ils deviennent roses ou rouges.

Cumulo-nimbus (latin *cumulus* + *nimbus*, nuage). Masses de nuages denses et puissants, à grand développement vertical en forme de montagnes ou d'énormes tours. Leur région supérieure présente presque toujours une partie aplatie, souvent lisse, de structure fibreuse ou striée (partie glacée) ; elle s'étale souvent en forme d'enclume ou de vaste panache. Base semblable à celle du nimbo-stratus ; souvent doublée de nuages très bas déchiquetés. Quand un cumulo-nimbus couvre tout le ciel, il est difficile parfois de le distinguer d'un nimbo-stratus. La présence d'averses de pluie, de neige, d'orages ou de grêle le permet. (D'une façon générale, la hauteur pour chaque genre est plus grande pendant la saison chaude que pendant la saison froide. De même, pour une saison donnée, cette hauteur est généralement plus grande dans les régions chaudes que dans les régions froides.)

Cumulus (latin *cumulus*, amas). Nuages séparés, parfois alignés en « rues », généralement denses, à contours nets, se développant verticalement en forme de mamelons, de dômes ou de tours, dont la partie sup. bourgeonnante est souvent en forme de choufleur. Les parties de ces nuages illuminées par le soleil sont le plus souvent d'un blanc éclatant ; leur base relativement sombre est presque horizontale. Souvent, les cumulus apparaissent le matin, se gonflent et se résorbent à la fin de la journée. Une variété, le **fracto-cumulus**, se déchiquette et change constamment de forme.

Nimbo-stratus. Couche grise, souvent sombre, dont l'aspect est rendu flou par des chutes de pluie ou de neige, plus ou moins continues ; elle est partout suffisamment épaisse pour masquer totalement le soleil. Il existe fréquemment, au-dessous de la couche, des nuages bas, déchiquetés, soudés ou non avec elle, qui peuvent former une couche inférieure continue.

Strato-cumulus. Couche ou banc de nuages blancs ou gris, non fibreux, ayant presque toujours des parties sombres, ondulé ou composé de dalles, galets, rouleaux, etc., soudés ou non.

Stratus (latin *stratus*, en couche). Couche généralement grise, à base assez uniforme, pouvant donner de la bruine, des aiguilles de glace ou de la neige granulaire ; vu à travers une couche mince, le contour du soleil est nettement discernable. Le stratus apparaît parfois sous forme de bancs aux contours déchiquetés.

Nota. — On distingue aussi les **nuages nacrés** (ou **irisés**) situés vers 29 km d'altitude et les **nuages nocturnes lumineux** (noctiluques), les plus élevés connus (environ 80 km d'altitude, se composant probablement de poussière météorique), *dorés* près de l'horizon et *bleuâtres* au-dessus. Leur vitesse peut atteindre 630 km/h env.

Climats

Système climatique

• **Définition.** Ensemble que constituent l'atmosphère, les océans, les zones de glace et de neige, les masses continentales et la végétation. Les liens (physiques et chimiques) qui unissent ces éléments jouent un rôle prépondérant dans l'organisation du régime climatique du globe et sont à l'origine des fluctuations et de la variabilité du climat. Les fluctuations climatiques peuvent aussi résulter de phénomènes extérieurs au *système climatique :* variations possibles de l'énergie rayonnée par le Soleil, variations de la quantité de particules provenant d'éruptions volcaniques présentes dans les couches supérieures de l'atmosphère et accumulation dans l'atmosphère de gaz carbonique résultant de la combustion de carburant fossiles (+ 10 % depuis la deuxième moitié du XIXe s. ; si l'on consomme la plus grande partie des réserves connues de carburants d'ici à 100-200 ans, le taux de concentration de gaz carbonique atteindra plusieurs fois le taux actuel).

Principaux paramètres climatiques. Ils définissent le climat d'une région ou d'un lieu donné.

Pression atmosphérique. Ses variations dans le temps permettent de préciser les prévisions météorologiques.

Vent. Sa direction, sa vitesse, mais aussi sa turbulence, associées à la rugosité du sol qui intervient pour accroître les échanges sol-atmosphère.

Température moyenne de l'air. Mais aussi les valeurs maximales et minimales. La température est fonction de la latitude, des périodes d'éclairement, de la répartition des terres, des mers, des courants marins.

Contenu de l'air en eau ou humidité relative, avec leurs valeurs extrêmes et moyennes qui dictent principalement l'évaporation et le rayonnement de l'atmosphère.

Visibilité. Associée aux brumes et brouillards, définit la transmission du rayonnement visible dans l'atmosphère et intervient ainsi sur celle du rayonnement solaire.

Nébulosité. C'est-à-dire le type, la nature et la quantité des nuages présents à diverses hauteurs, qui déterminent le rayonnement terrestre provenant de l'atmosphère ainsi que l'ensoleillement et sa durée.

Rayonnement solaire (direct, diffus, global) et *rayonnement total* (solaire et terrestre) définissent bilan radioactif au sol et températures de surface, en déterminant la plupart des échanges énergétiques sol-atmosphère.

Évaporation (ou évapotranspiration potentielle) qui traduit le pouvoir récepteur de l'atmosphère en vapeur d'eau et dépend aussi bien de la température que de l'humidité de l'air et du vent.

Précipitations. C'est-à-dire pluie ou neige qui assurent l'alimentation du sol en eau et permettent à l'évaporation de se produire, agissant ainsi en agent régulateur sur les extrêmes de température.

Phénomènes associés à ces divers paramètres et caractéristiques des hydro- ou lithométéores, ainsi que divers autres paramètres qualitatifs : électriques, chimiques...

Causes des différences

Les différents climats proviennent : — *des différences de latitude* (les radiations solaires reçues aux pôles sont de 2 à 3 fois plus faibles qu'à l'équateur) ;

— *du balancement apparent du Soleil* par rapport au plan de l'équateur ;

— *de l'inégale répartition des terres et des mers* (différence d'échauffement entre continents et océans, influence de courants marins chauds comme le Gulf Stream, froids comme le Labrador) ;

— *du relief*, de sa forme, de son orientation, de ses altitudes ;

— *de l'influence des différents facteurs météorologiques* (circulation générale de l'atmosphère et situation géographique).

Le Gulf Stream

Apparaît au milieu de l'Atlantique comme un bras de mer bleu, large de 600 km et profond de 300 m. Divisé en plusieurs tronçons qui vont réchauffer le Groenland, l'océan Arctique jusqu'à Mourmansk et l'Europe occidentale.

Grâce à lui, la France bénéficie d'un climat privilégié, sans lui, en raison de sa latitude, la température atteindrait — 40 °C en hiver. Le littoral atlantique des Français en reçoit une chaleur équivalente à celle que nous fourniraient 30 milliards de t de pétrole (10 fois la prod. mondiale).

Aux latitudes moyennes, *l'été est plus chaud que l'hiver* parce que : 1) les jours sont plus longs (le Soleil dispose de plus de temps pour réchauffer la Terre) ; 2) les rayons du Soleil atteignent la Terre presque à la verticale et sont ainsi plus concentrés ; 3) la circulation générale de l'atmosphère diffère de celle de *l'hiver.*

Comparaisons

• **Climats locaux ou microclimats.** Ils s'expliquent par le rôle : du relief ; de sa configuration ; de l'orientation des pentes et des vallées [gel plus fréquent au fond des vallées ; aux latitudes moyennes, les versants exposés au sud sont plus ensoleillés et plus chauds que ceux exposés au nord ; les versants S. (**adret** dans les Alpes du S.) sont directement réchauffés par le Soleil, tandis que les versants N. (**ubac**) sont à l'ombre] ; de la nature du sol et de sa végétation (la proximité d'une forêt apporte de l'humidité) ; de la proximité de la mer qui joue le rôle de régulateur thermique (hivers plus doux sur les côtes et étés moins chauds) ; de la proximité d'une agglomération importante : à Paris, la température moyenne est plus élevée de 2 à 3 °C au centre de la ville qu'en banlieue.

• **Climat équatorial.** Rayons solaires toujours proches de la verticale ; températures variant peu (env. 25 °C) ; légers maxima aux 2 équinoxes de mars et septembre.

Les nuages arrêtent souvent les rayons du Soleil le jour et ralentissent le rayonnement de la Terre la nuit ; d'où une faible amplitude diurne. Pluies abondantes (souvent de grosses averses) ; nuages noirs s'élevant à plusieurs milliers de m (le pot au noir). La pluviosité s'explique par : le surchauffement de l'air au contact du sol ; il se renforce l'après-midi ; les pluies sont des pluies de convection (appelées aussi *pluies d'instabilité :* dues au gradient vertical de température) ; dans les basses latitudes se trouve le front intertropical (FIT) où convergent l'air tropical de l'hémisphère N. et celui de l'hém. S. ; la pression au sol s'abaisse ; il pleut d'autant plus que l'air, chargé de vapeur d'eau, est proche de son point de saturation.

A l'époque des solstices, la convergence intertropicale se déplace, accompagnant le mouvement apparent du Soleil dans l'hémisphère N. (juin-août) et dans l'hém. S. (déc.-février). Seules tombent alors les pluies de convection.

Tableau schématique des climats

Légende. — (A) mois le plus froid, temp. supérieure à 18 °C. (B) pluies très peu abondantes, à la limite de la sécheresse. (C) mois le plus froid entre 18 °C et − 3 °C. (D) mois le plus froid inférieur à − 3 °C, mois le plus chaud supérieur à 10 °C. (E) mois le plus chaud entre 0 °C et 10 °C. (F) mois le plus chaud inférieur à 0 °C. (f) constamment humide. (s) saison sèche en été. (w) saison sèche en hiver.

Le 1er chiffre indique la température moyenne annuelle, le second la moyenne annuelle des pluies en mm et le troisième la superficie de ce type de climat en millions de km². D'après Kœppen (1846-1940).

Af Forêt vierge (ex. : Amazonie), 26 °C, 2 500 mm, 14 millions km².

Aw Savane (ex. : Afrique orientale), 22 °C, 1 000 mm, 15,7 millions km².

Bs Steppe (ex. : Irak), 20 °C, 400 mm, 21,2 millions km².

Bw Désert (ex. : Arabie), 20 °C, 200 mm, 17,8 millions km².

Cw Tempéré à été pluvieux (ex. : Éthiopie), 18 °C, 900 mm, 11,3 millions km².

Cs Tempéré à hiver pluvieux (ex. : Grèce), 15 °C, 500 mm, 2,5 millions km².

Cf Tempéré humide (ex. : G.-B.), 12 °C, 1 100 mm, 9,3 millions km².

Df Humide à hiver froid (ex. : Russie d'Europe), 4 °C, 600 mm, 24,5 millions km².

Dw Pluvieux l'été, froid l'hiver (ex. : Sibérie, Est), 5 °C, 500 mm, 7,2 millions km².

E Toundras (arbres nains, mousses, lichens ; ex. : Sibérie Nord), − 5 °C, 50 mm, 10,3 millions km².

F Gelées permanentes (ex. : Antarctique), − 15 °C, 10 mm, 15 millions km².

Nota. — Autre classification en 4 climats et 14 sous-climats. I. Froid (glaciaire, toundra, gelées estivales possibles). II. Tempéré (continental, semi-pluvieux, continental aride, atlantique, méditerranéen). III. Chaud (équatorial humide, tropical à 2 saisons humides, tropical à 1 saison humide, semi-aride, désertique). IV. Alpin (montagnard).

• **Climats tropicaux.** Températures élevées, vents permanents = alizés soufflant régulièrement des anticyclones tropicaux vers le front intertropical (déviés selon la formule de Coriolis, ils s'infléchissent sur leur droite dans l'hémisphère N. et sur leur gauche dans l'hém. S.). S'ils soufflent des océans, ils apportent des averses (Antilles) ; sur un continent (Afrique), ils restent secs une grande partie de l'année. Il y a donc des *climats tropicaux à caractère océanique*, très humides (ex. : Martinique), et des *climats tropicaux continentaux*, plus secs (ex. : Tchad).

En été, la convergence intertropicale, qui suit le déplacement apparent du Soleil, apporte avec elle ses perturbations pluvieuses ; entre les 2 passages, il y a une petite saison sèche. Quand tombe la pluie, la température fraîchit : c'est l'*hivernage*. Lorsqu'il fait sec, la température monte plus haut que sous l'équateur, car aucune évaporation ne limite l'ardeur du soleil. La durée de la saison sèche s'accroît quand on s'éloigne de l'équateur : dans les *régions tropicales humides*, elle ne dure que quelques mois ; près des tropiques, dans les *régions tropicales sèches*, il n'existe qu'une courte saison des pluies, l'été, lors du seul passage du soleil au zénith ; la saison sèche dure de 8 à 10 mois ; l'amplitude thermique annuelle est plus marquée (près de 10 °C).

• **Déserts chauds.** Anneaux plus ou moins continus de part et d'autre des tropiques. Saison sèche toute l'année ; pluies exceptionnelles (hauteur moyenne : 100 mm par an). Gros écarts de température, car, la nuit, aucun nuage ne contrarie le rayonnement de la Terre. Sauf les *déserts littoraux*, résultant de courants froids (côte du S.-O. africain : courant de Benguela ; littoral pacifique de l'Amérique du Sud : courant de Humboldt) et les *déserts de position* en cuvette, protégés par des montagnes contre toute influence humide de l'extérieur (Basse-Asie centrale), tous les déserts chauds sont dus aux anticyclones ceinturant la Terre à la latitude des tropiques : Sahara, Arabie, Thar, Arizona (hémisphère N.) ; Australie et Kalahari (hém. S.). L'air pesant descend, se réchauffe et s'assèche au lieu d'apporter des pluies.

L'eau plus ou moins salée qui alimente les dépressions appelées *sebkhas*, que les *chotts* entourent, affleure à partir de nappes, phréatiques ou artésiennes, que la surface du sol a fini par atteindre par déflation éolienne. Les *oueds* sont presque toujours à sec.

• **Climat méditerranéen.** Étés chauds et secs ; hivers doux ; pluies brutales pendant 50 à 100 j. *Été* : influence des anticyclones tropicaux ; l'air descendant, comprimé, empêche toute perturbation barométrique. *Automne* : le front polaire s'installe sur la région libérée des anticyclones tropicaux qui se sont rapprochés de l'équateur ; gros nuages parfois orageux. Vents secs et froids (mistral en Provence, tramontane dans le Roussillon, bora en Dalmatie). Lieux : Méditerranée, Californie, Chili central, région du Cap (Afrique du S.), S.-O. de l'Australie. Forêts clairsemées, fragiles et basses (arbres dépassant rarement 10 à 15 m) : chênes-lièges, chênes verts, pins parasols ou pignons, oliviers sauvages ; quand la sécheresse d'été s'allonge : eucalyptus, pins d'Alep, thuyas au lieu des chênes.

Garrigue sur pentes calcaires : chênes kermès, ronces, thym, romarin ou sol nu. **Maquis** (régions granitiques) : quelques chênes-lièges, lentisques, arbousiers, myrtes, cistes. Aux mêmes latitudes, sur la façade est des continents (Chine, Japon, S.-E. des U.S.A.), climat *type sud-chinois* : hiver doux et pluvieux, mais invasion d'air polaire sec avec parfois vagues de froid ; été, vents se chargeant d'eau sur les océans voisins, le climat s'apparente à celui des régions tropicales. Forêts : essences tropicales (magnolias, camélias, bambous) et tempérées (chênes, hêtres, pins et sapins).

• **Climat océanique.** Sur la frange occidentale des continents, à des latitudes plus élevées (côte atlantique de l'Europe, côte pacifique de l'Amérique du N.). Saisons peu marquées (moyenne annuelle : 11 °C). Amplitude thermique annuelle et journalière faible. Pluies réparties sur toute l'année ; maximum en saison froide ; pluie fine (crachin). Nuances régionales dues : à la latitude (la Bretagne a une moyenne supérieure de 1 °C à l'Irlande ; la Scandinavie est plus fraîche) et à l'éloignement de la mer (à Paris, pluies moins abondantes et moins fréquentes). Les *anticyclones* apportent des journées fraîches l'hiver, des beaux temps l'été. L'air maritime (polaire ou tropical), peu dense, domine, le plus souvent accompagné de vents d'ouest et de systèmes nuageux. Lorsque le front polaire aborde la côte bretonne, le front chaud d'une perturbation apporte la pluie avec un vent tiède de S.-O., le **suroît**. Le front froid, pluvieux, provoque une chute de température et le vent saute au N.-O., c'est le **noroît** qui apporte de l'air polaire.

• **Climat continental. Ex. Moscou** : hiver rigoureux. 2 types : *1) Anticyclonique* : fréquent ; pression de 1 040 millibars ; temps sec ; température la nuit − 20 °C ou − 25 °C, la journée − 10 °C. *2) Front polaire* : tempêtes de neige, température remontant ; en avril, les jours s'allongent vite (4 mn par 24 h) et les rayons du soleil sont moins obliques ; dégel. Été chaud (40 °C ou 50 °C) et pluvieux, pluies de convection ; chaque perturbation de front polaire apporte un orage. **Sibérie** : l'hiver, beaucoup plus froid, dure 7 mois. Amplitude : moyenne 65 °C à Verkhoïansk (absolue plus de 100 °C). Forêt de conifères : la *taïga* (épicéas de 30 à 40 m de haut, mélèzes, sapins, quelques feuillus : bouleaux). **Ukraine, centre de l'Amérique du Nord** (prairie) : si les pluies sont inférieures à 350 mm : **steppe** (herbe courte irrégulière). Sol, **podzol** : horizon supérieur mince, humus acide ; intermédiaire lessivé, ressemblant à de la cendre ; en profondeur, accumulation d'éléments, parfois en couche imperméable et dure, l'**alios**. Sols bruns forestiers : plus riches que les podzols, forêt de feuillus ; horizons superficiels incomplètement lessivés, car un mouvement de remontée des eaux et des sels minéraux compense en partie le lessivage.

Sous la prairie, sol : terre noire granuleuse, très féconde, le **tchernoziom** ; lessivage compensé par la remontée des éléments minéraux.

• **Polaire arctique.** Hiver − 40 °C ; été <+ 10 °C. A la fonte de la neige apparaît la *toundra* où poussent dans les creux marécageux : mousses, lichens, joncs, carex ; et dans les régions moins humides : rhododendrons, myrtilles, saules, bouleaux nains. L'été : le sol ne dégèle qu'en surface, les racines s'étalent (le sol contient peu de matières nutritives), le froid ayant nui à la décomposition des végétaux.

Rennes, caribous broutent mousses et lichens ; phoques, morses, manchots se nourrissent de poissons. Moustiques l'été.

• **Polaire antarctique.** Encore plus froid (hiver − 60 °C, été < 0°). Il n'y a ni dégel, ni toundra, ni animaux terrestres. Faune marine et oiseaux très abondants.

• **Milieu montagnard.** Les températures s'abaissent quand l'altitude augmente (de 0,5 °C à 1 °C pour 100 m), car l'air raréfié absorbe moins de chaleur solaire. Sur l'*adret*, versant exposé au sud, l'incidence des rayons solaires peut être semblable à celle de la zone équatoriale. L'*ubac* est le versant exposé au nord. Les précipitations augmentent avec l'altitude, car la montagne oblige l'air à se détendre, à se refroidir et à condenser son humidité. Les Alpes reçoivent souvent plus de 2 m d'eau ; les chutes de neige atteignent 47 m au mont Blanc.

Vents : fœhn, sec (Alpes suisses) ; chinook (est des Rocheuses). *Torrents* irréguliers : hautes eaux dues à la fonte des neiges au printemps (régime nival), à la fonte des glaces l'été (régime glaciaire). *Végétation* étagée : forêt à feuilles caduques et prairies ; plus haut, forêt de conifères ; puis prairies ou alpages. Sur les hautes montagnes tropicales, la forêt toujours verte peut subsister jusqu'à 2 000 m.

Vers 3 500 m, en Afrique : séneçons, lobélies, graminées ; dans les Andes humides : prairie de graminées **(paramo)** ; dans les Andes sèches, steppe buissonneuse **(puna)**.

Modification des climats

Évolution

• **Grandes périodes.** Des périodes alternativement chaudes et froides se sont succédé au cours des millénaires écoulés. Pendant les 2 derniers millions d'années, des phases glaciaires ont alterné avec des périodes plus chaudes (chaque refroidissement et chaque réchauffement = 100 000 ans env.). Des oscillations moins marquées ont affecté certaines régions de la Terre. Durant les périodes les plus froides, les glaciers occupaient une superficie importante à la surface du globe.

Il y a 20 000 à 50 000 ans, le continent arctique s'étendait jusqu'au bord de l'Allemagne, et le niveau moyen de la mer était à 100 m au-dessous du niveau actuel, par suite de l'importante quantité d'eau immobilisée dans les glaciers.

Principales périodes glaciaires. Connues actuellement : *1) de − 1 050 000 à − 700 000* (Alpes : glaciation de Günz ; U.S.A. : Nebraska). *2) de − 650 000 à − 350 000* (Alpes : gl. de Mindel ; U.S.A. : Kansas). *3) de − 200 000 à − 120 000* (Alpes : gl. de Riss ; U.S.A. : Illinois). *4) de − 75 000 à − 30 000* (Alpes : gl. de Würm ; U.S.A. : Wisconsin).

Périodes interglaciaires. *Entre la 1re et la 2e p. glaciaire* : Günz-Mindel (Alpes), aftonienne (U.S.A.) ; *entre la 2e et la 3e* : Mindel-Riss (Alpes), Yarmouth (U.S.A.) ; *après la 3e* : Riss-Würm (Alpes), Sangamon (U.S.A.).

Période actuelle. Depuis 8 000 ou 10 000 ans, nous nous trouvons dans une phase interglaciaire relativement chaude et humide. La prochaine période glaciaire pourrait commencer dans 1 000 ans. *Oscillations mineures* : existent à l'intérieur des grandes périodes, par ex. : épisode chaud de 800 à 1 200 apr. J.-C. (réchauffement de la Scandinavie, expansion démographique des Scandinaves, invasions normandes) ; petit âge glaciaire de 1550 à 1870, qui causa de nombreuses pertes de récoltes en Europe et provoqua la prolifération des loups.

Le *minimum de Maunder* (activité solaire anormalement basse pendant 70 ans, de 1645 à 1715) a coïncidé avec le petit âge glaciaire. En G.-B. on a pu observer des corrélations entre les périodes de sécheresse (déduites de l'examen des cernes d'arbres — dendroclimatologie), et le cycle magnétique du Soleil (22 ans).

Depuis 1860 env., grâce aux instruments de mesure, on connaît plus exactement l'évolution du climat : on constate dans certaines régions un réchauffement général de 0,6 °C entre 1880 et 1940, puis un refroidissement de 0,4 °C entre 1940 et 1965. Depuis, il y aurait une légère remontée. Mais l'activité des volcans qui a crû depuis 1945 (40 éruptions par an contre 16 il y a 35 ans) entraînerait une baisse de température dans les 20 prochaines années.

A Paris, la température moyenne de l'air s'est élevée de 2 °C depuis 100 ans, ainsi que la température du sous-sol : à 28 m de profondeur, dans les caves de l'observatoire de Paris, la température, qui était de 11,8 °C jusque vers 1880, dépasse actuellement 13,3 °C. Cette augmentation est liée principalement aux apports thermiques (foyers domestiques, industries, circulation auto.) et aux modifications de surface (extension des surfaces dures).

• **Rôle du Soleil dans les variations climatiques.** 98 % de l'énergie solaire arrive sous forme de rayonnement visible et de proche infrarouge en quantité constante. Le reste nous parvient sous forme de rayonnement ultraviolet, de rayons X, d'ondes radio et de particules qui peuvent varier en fonction de l'activité solaire. Cette partie variable des flux solaires n'est pas observable au sol. La température de la thermosphère changeant en fonction de l'activité solaire, ses modifications entraînent peut-être des changements dans les couches atmosphériques situées au-dessous d'elle. L'activité solaire retentit peut-être directement sur les couches situées sous la thermosphère (stratosphère en particulier), où se trouve la couche d'ozone qui empêche les ultra-violets de parvenir à la surface de la Terre.

• **Explication astronomique.** Due à l'astronome yougoslave Milutin Milankovitch (1941) : les alternances de chaleur et de froid obéissent à 3 rythmes principaux. 1° *Cycle de l'inclinaison de l'axe terrestre* (40 000 ans) : l'angle que fait la Terre avec le plan orbital varie ; plus l'inclinaison est forte, plus les écarts entre les saisons sont importants. 2° *Cycle d'excentricité de l'orbite* (92 000 ans) : la forme de l'orbite décrite par la Terre autour du Soleil n'est pas constante : en certaines périodes, le globe terrestre est plus éloigné du Soleil, donc plus froid. 3° *Cycle de précession des équinoxes* (21 000 ans ou 25 920 ans pour retrouver la même position dans l'espace) : un des 2 hémisphères se trouve plus proche du Soleil que l'autre (actuellement, l'hémisphère Nord est le plus favorisé ; la glaciation progresse dans l'hém. Sud, entre le 45e et le 65e parallèle).

La combinaison de 2 ou 3 effets de ces cycles peut produire des variations climatiques considérables ; par ex., dans les Alpes, 4 avancées puis retraites des glaciers en 700 000 ans ; présence de l'hippopotame dans les Pyrénées il y a 450 000 ans ; du mammouth dans le Périgord il y a 17 000 ans.

• **Effets d'un réchauffement.** D'ici à 2050, la température s'élèverait de 2 à 3 °C dans les latitudes tempérées, tandis que les précipitations augmenteront en moyenne de 7 %. L'augmentation de température sera d'environ 6 °C avant l'an 2100. Le réchauffement serait de 3 à 5 fois plus important aux pôles.

Pour les partisans du réchauffement. L'augmentation régulière de gaz carbonique dans l'atmosphère doit causer un « effet de serre ». La combustion de l'énergie fossile et la décomposition organique de la forêt tropicale (dont l'homme détruit au moins 1 % chaque année) devraient provoquer le doublement de la quantité de CO_2 dans l'atmosphère d'ici à 100 ans. Forêts et océans absorbent le gaz carbonique et rejettent de l'oxygène. Cependant, cela pourrait changer, car les forêts tropicales, qui absorbent à elles seules 52 % du CO_2 produit dans le monde, sont exploitées à grande échelle, ou défrichées par des paysans en quête de nouvelles terres.

Quant aux océans, la capacité d'absorption de leurs couches supérieures arrive à saturation. Il faudrait au moins 1 000 ans pour qu'un rééquilibrage entre les couches profondes et les eaux de surface se fasse afin d'absorber l'excédent de CO_2. Enfin, les pellicules d'hydrocarbures recouvrant la mer (en particulier à proximité des régions polaires) diminueraient les échanges entre la surface et le fond et les possibilités de réflexion des rayons solaires.

Le rayonnement de courte longueur d'onde émis par le Soleil traverse l'atmosphère et vient chauffer la surface terrestre qui renvoie ce rayonnement sous forme d'infrarouges. Comme le CO_2 absorbe l'infrarouge, la chaleur s'emmagasinerait dans les couches inférieures de l'atmosphère.

Dans 100 ans, la température au sol devrait augmenter de 3 °C (jusqu'à 8 °C dans les régions polaires, provoquant la fonte des calottes glaciaires et le relèvement du niveau des océans). Par dilatation, une élévation de 5 degrés de la température des mers suffirait pour relever de 1 mètre le niveau des océans. Le dégel de la banquise océanique influerait sur les températures de la surface des océans, les possibilités de pêche et le climat des régions côtières. Une fonte complète de la calotte glacaire relèverait de 65 m le niveau des océans (selon Kellogg).

Pour un réchauffement de 1 °C, les agronomes escomptent les effets suivants : extension des terres agricoles et des cultures vers des zones auparavant froides (ex. : pour le blé, extension sur 200 km de large ; ce qui permettrait à l'U.R.S.S. et au Canada d'accroître considérablement leur production). Relance de la productivité de certaines zones arides grâce à l'augmentation de pluviosité. Rallongement variable de la période de végétation (15 j à 50° de latitude, 30 j à 70° de latitude), permettant d'utiliser des variétés moins précoces à rendement plus élevé. Le gain de productivité agricole serait d'environ 25 %. Mais on peut cependant s'inquiéter d'une extension (ou d'un déplacement) des déserts vers des latitudes plus élevées.

Pour les partisans du refroidissement : le rayonnement solaire ne sera pas emprisonné à cause de l'effet de serre car il n'arrivera même plus à traverser entièrement l'atmosphère. Une prison froide sera ainsi créée par les particules dues à la pollution. L'air de l'Arctique contient beaucoup de particules solides baignées d'acide sulfurique (caractéristique de la pollution urbaine). Or les gouttelettes d'eau ont tendance à se former autour de ces particules. Plus il y a de particules, plus il y a de gouttes d'eau et, moins les gouttes sont grosses, moins elles sont lourdes et moins il y a d'averses. Le grand nombre de particules intensifie le pouvoir réfléchissant des nuages et une plus grande partie de rayonnement venu du Soleil repart dans l'espace.

Modifications accidentelles

• **Effets des cendres volcaniques.** En 1815, une explosion détruisit le volcan **Tabora** dans l'île de Sumbawa (Indonésie). Des milliards de m³ de poussières fines furent projetés dans la haute atmosphère, où elles formèrent des nuages qui firent écran à la lumière solaire. A partir de juin 1816, une partie de ces nuages se stabilisa au-dessus de la Nouvelle-Angleterre (U.S.A.), provoquant 4 vagues de froid successives ; des gelées détruisirent le blé les 9 juillet, 21 et 30 août. Il y eut une chute de 15 cm de neige le 11 juin. De nombreux habitants, ruinés par leurs mauvaises récoltes, émigrèrent vers le Middle-West. Une autre partie des cendres du Tabora stationna au-dessus de l'Europe : la récolte de blé fut désastreuse en France en 1816 et le prix du grain doubla au début de 1817.

Après l'éruption du **Krakatoa** en 1883 (dans les îles de la Sonde), celle du **Bezymianny** (Kamtchatka) en 1956 et celle du mont **Agung** (Bali) en 1963, qui ont projeté des milliers de t de poussières, on a eu des hivers rigoureux.

Modifications volontaires

L'homme procède actuellement à des expériences visant à modifier le temps.

• **Brouillards (dissipation).** On peut dissiper artificiellement les brouillards froids (temp. < 0 °C) sur les aérodromes, par diffusion de propane ou réchauffement artificiel, mais les brouillards chauds (temp. > 0 °C), plus fréquents dans les régions tempérées, sont plus coûteux à dissiper. *Procédés utilisés (ex.) :* réchauffage de l'air Fido (G.-B., 2e Guerre mondiale) ; procédé thermocinétique Turboclair à Orly et Roissy ; procédé thermodynamique Linde (All. féd.) ; utilisation d'aérothermes ; de tamis rotatifs ou de matières hygroscopiques (U.S.A.). *A l'étude :* dénébulation à l'aide de champs électriques, sondes sonores, rayons infrarouges, rayons laser...

• **Grêle (lutte contre).** L'iodure d'argent multiplie les noyaux glaçogènes. Ceux-ci, nombreux, se font une concurrence et, la quantité d'eau présente à ce moment dans le nuage étant supposée fixe, les « glaçons » ne peuvent pas devenir assez gros pour tomber en grêle. Les expériences sont encore loin d'être concluantes.

En France, le principal organisme antigrêle est le Groupement national d'études des fléaux atmosphériques (G.N.E.F.A.), groupant des représentants des chambres d'agriculture, des syndicats d'exploitants agr., des mutuelles agr., des conseils généraux de diverses organisations agr. et de compagnies d'assurances.

Dans le S.-E., une association utilise un bouclier de 540 générateurs dressé en permanence dans 11 départements (ensemencement des cumulo-nimbus en noyaux d'iodure d'argent ; env. 50 % d'efficacité).

Dégâts dus à la grêle en France. En 1983 les assurances ont versé 1 milliard de F aux agriculteurs (+ de 80 000 sinistres déclarés).

• **Pluies artificielles. Méthodes.** *Si la température du nuage est supérieure à 0 °C,* on l'ensemence (par avion ou par fusée) avec de la poudre de chlorure de sodium ou parfois d'alginates (extraits d'algues brunes). *Si elle est inférieure à 0 °C,* on diffuse dans les nuages des vapeurs d'iodure d'argent [celui-ci cristallise comme la glace, selon un système hexagonal de dimension très voisine de celle du cristal de glace (4,58 dix millionièmes de mm) et, comme le cristal élémentaire de glace, il attire l'eau et la vapeur et les fait geler]. On a utilisé d'abord des forges portatives transportées par avion, puis des générateurs à trémies, des appareils pulvérisant une solution acétonique d'iodure d'argent, et enfin un générateur électrique sublimant des pastilles d'iodure.

Résultats. Les statistiques précises d'échecs et de succès ne sont pas publiées. On ignore en outre si un nuage transformé artificiellement en pluie n'aurait pas amené une pluie naturelle un peu plus tard et un peu plus loin. Seul résultat chiffré obtenu scientifiquement : une pluie ne « vide » jamais un nuage de plus de 10 % de l'eau transportée. L'Organisation météorologique mondiale (O.M.M.) a mis sur pied un Projet d'augmentation des précipitations (P.A.P.), auquel participent plusieurs pays (dont la France) mais il a été ajourné à la suite d'essais coûteux n'ayant pas donné de résultats probants.

Provoquer la pluie à volonté serait d'un intérêt primordial ; 30 % de précipitations supplémentaires sur l'Afr. du N. permettraient d'y doubler les récoltes.

Projets. Transformation du climat en détournant par barrage les courants naturels.

— *Dans le Bassin arctique,* détournement par pompage (de 140 000 m³ d'eau) d'eaux arctiques froides dans l'océan Pacifique grâce à un barrage coupant le détroit de Behring, les eaux atlantiques chaudes traversant alors le Bassin arctique (conditions existant il y a 4 000 ans) ; élèverait la température du Danemark de 8 °C à 10/10,5 °C en 4 ou 5 ans ; déglaciation progressive au Groenland.

— *Transformation du climat de l'Extrême-Orient soviétique* par déviation de la branche occidentale du Kuro-Shivo (chaud) dans la mer d'Okhotsk (barrage dans le golfe de Tartarie : 100 000 000 de m³).

Prévision du temps

• **Réalisations techniques.** *Veille météorologique mondiale* assurée par 3 systèmes mondiaux : *1°) d'observation* (réseaux nationaux) ; *2°) de traitement* des données [3 centres météor. mondiaux (C.M.M.) : Washington, Moscou, Melbourne ; des centres régionaux et des centres nationaux (C.M.N.)] ; *3°) 3 systèmes de télécommunications* pour acheminer et diffuser vers les centres la masse des informations nécessaires.

• **Observations. 1°) Réseau terrestre.** 9 217 stations dont 7 308 dans l'hémisphère Nord (79 %) et 1 909 dans l'hém. Sud (21 %).

Il y a 130 stations en France (+ 150 postes auxiliaires). Elles enregistrent au sol toutes les 3 h un certain nombre de données (pression et variation de pression pendant les 3 h précédentes, température et humidité, force et direction du vent, nébulosité, temps présent, visibilité...) et envoient immédiatement le résultat de leurs observations aux autres services météo.

A 0 h et à 12 h TU, 700 *stations* [8 en France : Brest, Trappes, Nancy, Bordeaux, Nîmes, Lyon, Ajaccio, Navire Météorologique R (latitude 47°N, longitude 17°W] lancent des *ballons-sondes* (en caoutchouc ou néoprène gonflés à l'hydrogène ; diamètre au départ 2 m environ ; charge emportée : la radiosonde + un réflecteur radar + un parachute ; altitude atteinte 25 à 30 km, diamètre à l'éclatement 10 m). Avec leur émetteur, ils retransmettent les données recueillies en altitude par chaque appareil de mesure sur : température, pression, vent, degré d'humidité. 25 % de l'hémisphère Nord et 75 % de l'hémisphère Sud sont dépourvus de telles stations de sondage.

2°) Réseau maritime. 4 navires spécialisés dans l'Atlantique et 2 dans le Pacifique (chargés de radiosondages) : 7 370 navires marchands sélectionnés par les services nationaux (G.-B. 550, All. féd. 400, France 226 nav.) effectuant des observations de surface aux heures synoptiques (0 – 6 – 12 – 18 h TU) et quelques observations en altitude (19 font des radiovents, 39 des radiosondages).

Il y a en moyenne une observation de surface pour 40 000 km² et une observation en altitude pour 550 000 km². Ces observations sont nombreuses dans les pays industrialisés, très insuffisantes dans les autres et sur les océans (elles sont réduites aux lignes fréquentées).

• **Techniques utilisées. Radars.** Traitent les masses nuageuses et analysent leur contenu en vapeur d'eau jusqu'à 300 km ; permettent ainsi de voir les petites perturbations orageuses locales qui ont pu ne pas être décelées par les observateurs en surface.

Sur la côte Ouest de France, à Brest-Guipavas et Mérignac (près de Bordeaux), 2 radars *Melodi* couvrent les approches de la côte.

Les U.S.A. expérimentent un réseau de radars-Doppler fonctionnant dans la bande 6-30 MHz ; avec des antennes fixes de 900 à 1 800 m de long, se réfléchissant sur les couches ionisées, ils sont ainsi capables de déterminer l'état de la mer jusqu'à 2 000 milles de la station. 3 (en Virginie, Groenland, Liberia) suffiraient pour avoir l'état de la mer sur l'ensemble de l'Atlantique Nord avec une précision de 15 % sur la hauteur des vagues, 10 % sur leur période et 20 % sur leur direction.

Ballons plafonnants. Indilatables, naviguant à pression constante, mesurant pression, température de l'air, vent en vitesse et direction.

Bouées météo-océanographiques. Servent en dehors des lignes maritimes ; mouillées en particulier par Japon et U.S.A. au large de leurs côtes (aux U.S.A., 12 m de diamètre, 150 t, autonomie 6 mois) et transmettant (à plusieurs milliers de km), à heure fixe ou sur interrogation, toutes les données météo-océanographiques en surface et en profondeur ; leur fiabilité dépasse 85 %.

France : le C.N.E.X.O. a mis en place en 1977 un réseau de bouées au large de la Bretagne. La Météorologie nationale expérimente de petites bouées dérivantes *(marisondes)*, dans l'Atlantique ; certaines ont émis plus de 6 mois et, grâce aux systèmes de positionnement par satellites, ont permis d'intéressantes observations concernant les courants.

Satellites météorologiques. Photographient les nuages, repèrent les cyclones tropicaux en formation, mesurent la température de l'atmosphère et le vent à différents niveaux. 2 types sont utilisés :

1° les satellites « à défilement », qui évoluent à 1 500 km d'altitude env., sur des orbites passant au-dessus des pôles, et survolent 2 fois par jour n'importe quel point à la surface du globe ;

2° les s. « géostationnaires », qui survolent la Terre, au-dessus de l'équateur, à 36 000 km d'altitude, et font le tour en 24 h dans le sens de la rotation terrestre, paraissant ainsi immobiles pour un observateur à terre ; leur position au-dessus de l'équateur les empêche d'observer les zones polaires.

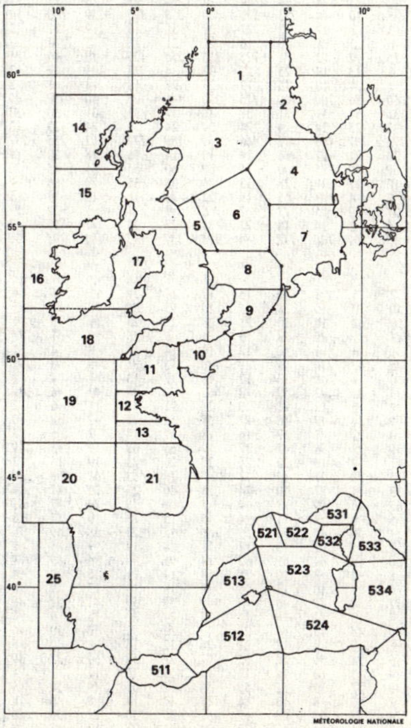

Météorologie maritime •

Légende. 1 Viking Bank. *2* Utsire. *3* Fladen Ground. *4* Fisher Bank. *5* Tyne. *6* Dogger Bank. *7* German Bight. *8* Humber. *9* Sandettie. *10* Manche Est. *11* Manche Ouest. *12* Ouest Bretagne. *13* Nord Gascogne. *14* Ouest Écosse. *15* Nord Irlande. *16* Ouest Irlande. *17* Mer d'Irlande. *18* Sud Irlande. *19* Sole. *20* Cap Finistère. *21* Sud Gascogne. *25* Ouest Portugal. *511* Alboran. *512* Sud Baléares. *513* Nord Baléares. *521* Lion. *522* Provence. *523* Ouest Sardaigne. *524* Sud Sardaigne. *531* Gênes. *532* Ouest Corse. *533* Est Corse. *534* Est Sardaigne.

• **Méthodes de prévision. Géométriques :** extrapolation directe ou calcul du déplacement linéaire des centres de hautes et de basses pressions et des points remarquables des différents individus météorologiques. Méthode considérée, dans de nombreux cas, comme valable jusqu'à 24 h ; extrapolation des variations de pression à grande et à moyenne échelle ; extrapolation des tendances (isallobares) ou variations de pression en 3 h. Cette méthode, combinée avec la précédente, donne encore actuellement, bien que souvent délaissée, des résultats tout à fait satisfaisants.

Physiques : s'expriment par des règles non rigoureuses faisant intervenir températures, vents, grandes ondes caractérisant la circulation dans la moyenne ou haute troposphère (ondes de Rossby), cartes de niveau à 500 millibars et de courant régnant à cette altitude, structure thermique des masses d'air (notions de stabilité de l'air), situations analogues...

Mathématiques : connaissant l'état de l'atmosphère à l'instant T, recherchent ce que deviendra cet état à l'instant T + *n* en utilisant les lois d'évolution. Malgré la puissance des calculateurs modernes, on doit simplifier les équations fondamentales (en considérant l'air comme un gaz parfait, les forces dues à la viscosité de l'air et la vitesse verticale du vent comme nulles, etc.). Puis on introduit les données dans un modèle en un nombre limité de points qui sont les nœuds d'une grille ; l'intervalle entre 2 points de grille est de 380 km ; verticalement, le modèle est à 3 ou 5 couches, ce qui signifie que les niveaux de travail sont espacés de plusieurs km ; des phénomènes de dimensions réduites, tels les orages, peuvent passer « à travers les mailles ».

Records

Les records sont difficiles à établir, car les observations ne sont faites que localement et, dans beaucoup d'endroits, depuis une époque récente. Elles ont été aussi parfois interrompues (ainsi en France, sauf à Paris, durant la guerre 1939-45).

Mesure des températures. Les vraies températures météorologiques indiquent la température de l'air, prise à environ 1,5 à 2 m de hauteur sous abri, ou au thermomètre-fronde (afin d'éviter les radiations qui, au soleil, fausseraient les mesures). Celles qui sont prises plus bas, ou directement sur la neige, ne doivent être comparées qu'avec celles prises ailleurs dans les mêmes conditions, et non aux températures météorologiques normales. Il en est de même des températures prises au cours de sondages en altitude.

Mesure des pressions. Les pressions ne sont comparables que si elles sont réduites à la même altitude. Sinon, les pressions sont plus basses, en particulier dans certaines régions du Tibet.

Records mondiaux

☞ Records français Voir Index.

• **Températures. Les plus élevées :** 58 °C à El Azizia, Libye (13-9-1922) ; 57,8° à San Luis, Mexique (11-8-1933) ; records douteux. **Les plus basses (au sol) :** – 89,2° à Vostok, Antarctique (21-7-1983) ; dans l'hémisphère Nord : – 67,6° à Verkhoïansk et – 67,7° à Oïmekon, U.R.S.S. (5-2-1892). La plus basse (dans l'atmosphère) : – 143 °C à 80,5/96,5 km d'alt., observé au-dessus de Kronogard (Suède) du 27-7 au 7-8-1963.

La plus grande amplitude : 106,7 °C (de – 70 °C à 36,70 °C) à Verkhoïansk, Sibérie.

Maximum d'amplitude diurne : 55,5 °C (de 6,7° à – 48,8°) à Browning (Montana) le 23-1-1916.

Le réchauffement le plus spectaculaire : de – 20 °C à 7,2 °C en 2 mn à Spearfish (South Dakota, U.S.A.) le 22-1-1943.

Moyenne annuelle. La plus élevée : 34,4 °C à Dallol (Éthiopie), 1960-1966. **La plus basse :** – 57,8 °C à Polus Nedostupnosti, « pôle froid ».

• **Précipitations. Hauteurs maximales.** *En 1 mn :* 31,2 mm à Union-Ville (Maryland, U.S.A.) le 4-7-1956 à 15 h 23. *En 5 mn :* 63 mm à Porto-Bello (Panama) le 29-11-1911. *En 15 mn :* 198 mm à Plumb-Point (Jamaïque) le 12-5-1916. *En 20 mn :* 205,7 mm à Curtéa de Argès (Roumanie) le 7-7-1889. *En 1 jour :* 1,87 m à Cilaos (La Réunion) 15/16-3-1952 ; 1,8225 m au massif du Volcan (La Réunion) le 7-1-1956. *1 mois* (31 j) : 9,3 m à Cherrapunji (Inde) en juillet 1861. *1 an* (12 mois) : 26,461 m à Cherrapunji en 1860-61.

Moyenne annuelle maximale : 11 477 mm à Cherrapunji (Inde) de 1851 à 1960 ; 350 j par an au Mont Walaleale (Hawaii).

• **Neige. Plus forte chute.** *En 12 mois :* 31,102 m à Paradise, Mont Rainier, Washington (U.S.A.) du 19-2-1971 au 18-2-1972. *En 1 jour :* 1,93 m à Silver Lake (Colorado, U.S.A.) les 14 et 15-4-1921.

• **Brouillards maritimes. Les plus longs :** plus de 120 j/an à Terre-Neuve (Canada) (visibilité : – 900 m).

• **Grêlons. Les plus lourds :** 1,9 kg au Kazakhstan (U.R.S.S.) en 1959 ; 972 g à Strasbourg (France) le 11-8-1958 ; 750 g à Coffeyville, Kansas (U.S.A.).

• **Sécheresse. La plus longue :** de l'an 400 à 1971, désert d'Atacama (Chili). A Iquique (Chili) : 14 a. de suite sans pluie (record douteux). A Arica (Chili) : en 53 ans il est tombé en moyenne 0,8 mm d'eau par an.

• **Pression. La plus élevée :** 1 083,8 mb à Agata (Sibérie) le 31-12-1968 (réduite au niveau de la mer). **La plus basse :** 870 mb au centre du typhon Joan aux Philippines, les 13/14-10-1970 ; 876 mb dans l'œil du typhon Ida, au large de Guam (Pacifique) le 26-9-1958 (réduite au niveau de la mer). Env. 810 mb à Minneapolis au passage d'une tornade le 20-8-1904 (réduite au niveau de la mer), non vérifiée officiellement.

Pressions au sol, non réduites au niveau de la mer : 450,6 mb dans l'Antarctide en 1958 ; environ 300 mb à l'Everest, au Makalu, au K2, au Kanchengjunga.

• **Ensoleillement. Max. :** 97 % au Sahara. **Min. :** pôle Nord, avec 186 j d'hiver.

• **Vent.** 371 km/h au Mt Washington (U.S.A.) le 12-4-1934.

• **Orage. Maximum par an.** 322 j en 1916 à Bogor (Java, Indonésie).

Les Saints de Glace (St- Mamert, St-Pancrace, St-Servais : 11, 12 et 13 mai). Correspondent à des gelées tardives dues à la présence d'un anticyclone sur la France (ciel clair ; sol qui se refroidit la nuit par rayonnement).

Mais de telles situations sont courantes au printemps, de mars à mai. Les gelées de printemps ne sont pas plus fréquentes les 11, 12 et 13 mai qu'en mars ou en avril mais elles causent sans doute alors plus de dégâts. Par ailleurs, on a noté à Paris les maxima suivants : 11 mai + 30,2° (en 1912) ; 12 mai + 33° (en 1912) ; 13 mai + 30,1° (en 1945).

L'été de la St-Martin (11 novembre). N'est pas vérifié (on a déjà observé à Paris – 6° le 11 nov. 1876). Quant aux maxima, on a noté : 18,5° le 11-11-1938, mais 19,7° le 14-11-1876 et 21° le 2-11-1899.

Explication probable : après les premiers froids d'octobre, il arrive que le temps se réchauffe en novembre (grâce aux vents de sud-ouest) mais la date du 11 novembre n'a en elle-même rien de remarquable.

L'été indien (en américain : *Indian Summer*). Période d'environ 8 j chauds et ensoleillés, vers le 15 ou 30 novembre, dans les régions Centre et Est des U.S.A. Les nuits sont brumeuses et froides, avec accumulation de fumées à basse altitude. Le beau temps diurne correspond à la persistance d'un fort anticyclone ; le mécanisme du mauvais temps nocturne est mal expliqué.

Cartes météorologiques

Cartes de la pression atmosphérique ou cartes d'isobares. Les courbes isobares réunissent par un trait continu tous les points où la pression est la même à une heure donnée. Cartes au niveau de la mer. Des isobares très serrées indiquent une rapide diminution de la pression entre 2 points rapprochés.

On appelle *pente barométrique* ou *gradient* cette diminution, elle est mesurée par la distance en degrés géographiques entre 2 isobares consécutives.

Si 2 isobares sont distantes de 1° (c.-à-d. 111 km), la pente barométrique est 5 fois plus forte que si elles sont distantes de 5° (555 km).

Températures et pluies dans quelques villes du monde

1re ligne : températures : en °C ; en cas de variations importantes, température moyenne, maximale et minimale. 2e ligne : pluies, en italique et en mm.

	J	F	M	A	M	J	J	A	S	O	N	D
Afrique												
Agadir (Maroc)	14	15	17	18	19	21	22	23	22	20	18	15
	48	*32*	*24*	*16*	*5*	*0*	*0*	*1*	*6*	*22*	*30*	*42*
Alger (Algérie)	12	13	14	16	19	22	24	29	23	20	17	14
	110	*80*	*70*	*92*	*38*	*14*	*3*	*4*	*32*	*80*	*110*	*120*
Casablanca (Maroc)	12	13	15	16	18	20	22	23	22	19	16	13
	65	*53*	*55*	*38*	*20*	*2*	*0*	*1*	*6*	*39*	*57*	*87*
Dakar (Sénégal)	21	20	21	22	23	26	27	27	27	27	26	23
	0	*2*	*0*	*0*	*1*	*15*	*88*	*249*	*163*	*49*	*5*	*6*
Funchal (Madère)	16	16	16	16	18	19	21	22	22	20	18	16
	116	*95*	*67*	*39*	*16*	*10*	*3*	*4*	*20*	*73*	*103*	*91*
Gabès (Tunisie)	11	12	15	18	21	24	27	27	26	22	17	12
	23	*17*	*20*	*14*	*9*	*1*	*0*	*2*	*14*	*34*	*31*	*15*
Le Caire (Égypte)	14	15	18	21	25	27	28	28	26	23	19	15
	5	*3*	*2*	*1*	*1*	*0*	*0*	*0*	*0*	*1*	*3*	*7*
Le Cap	21	22	20	18	15	13	12	13	14	16	18	20
	18	*15*	*21*	*48*	*92*	*110*	*91*	*86*	*58*	*41*	*27*	*20*
Marrakech (Maroc)	11	13	16	19	21	25	29	29	25	21	16	12
	28	*29*	*32*	*31*	*17*	*8*	*2*	*3*	*10*	*21*	*28*	*33*
Mombasa (Kenya) max.	32	32	33	31	29	28	28	28	29	30	31	32
min.	23	24	24	24	23	21	20	20	21	22	23	23
	38	*16*	*55*	*161*	*236*	*76*	*67*	*65*	*74*	*96*	*95*	*70*
Nairobi (Kenya) max.	25	26	26	24	23	22	21	21	24	25	23	23
min.	12	12	13	14	13	11	10	10	11	13	13	13
	73	*60*	*93*	*211*	*195*	*37*	*19*	*25*	*35*	*52*	*157*	*92*
Port-Louis (Ile Maurice)	27	28	27	27	25	23	23	22	23	24	26	27
	145	*127*	*126*	*83*	*40*	*26*	*27*	*22*	*19*	*19*	*32*	*116*
Saint-Denis (Réunion)	26	26	25	24	23	22	22	21	21	22	23	25
	155	*470*	*299*	*227*	*213*	*45*	*77*	*359*	*30*	*95*	*95*	*56*
Tenerife (Canaries)	17	17	18	19	20	22	24	25	24	23	20	18
	36	*30*	*27*	*13*	*6*	*1*	*0*	*0*	*3*	*31*	*45*	*51*
Tunis (Tunisie)	11	12	13	16	19	24	26	27	25	20	16	12
	69	*46*	*44*	*40*	*23*	*9*	*1*	*9*	*36*	*54*	*56*	*67*
Yaoundé (Cameroun)	24	25	24	24	24	23	22	22	23	23	22	24
	22	*63*	*146*	*182*	*204*	*151*	*56*	*74*	*202*	*300*	*127*	*120*
Amérique du Nord												
Anchorage (U.S.A.)	−11	−8	−4	1	8	13	14	13	9	1	−6	−10
	20	*18*	*15*	*11*	*13*	*28*	*22*	*63*	*61*	*29*	*26*	*24*
Boston (U.S.A.)	−2	−2	3	9	15	19	23	21	18	13	7	0
	85	*68*	*83*	*84*	*67*	*85*	*75*	*79*	*70*	*64*	*85*	*81*
Chicago (U.S.A.)	−4	−3	3	10	15	21	24	23	19	13	4	−2
	40	*30*	*65*	*64*	*81*	*106*	*62*	*76*	*78*	*60*	*55*	*48*
Houston (U.S.A.)	11	13	16	21	25	27	28	28	26	21	16	13
	91	*82*	*64*	*78*	*107*	*88*	*106*	*106*	*106*	*91*	*95*	*108*
Los Angeles (U.S.A.)	14	14	15	16	18	18	23	23	23	20	17	14
	100	*85*	*69*	*35*	*19*	*3*	*0*	*1*	*5*	*20*	*42*	*99*
Miami (U.S.A.)	19	20	21	24	25	27	28	28	28	25	22	20
	−52	*−42*	*−52*	*85*	*125*	*130*	*107*	*122*	*165*	*190*	*52*	*42*
Montréal (Canada)	−10	−9	−3	6	13	18	21	20	15	9	2	−7
	24	*15*	*37*	*64*	*64*	*82*	*90*	*92*	*88*	*74*	*61*	*33*
New Orleans (U.S.A.)	11	13	16	20	24	26	28	28	25	21	15	13
	98	*152*	*135*	*126*	*133*	*141*	*233*	*151*	*156*	*59*	*84*	*116*
New York (U.S.A.)	0	0	5	11	16	22	25	24	20	15	8	2
	84	*80*	*105*	*92*	*90*	*86*	*94*	*130*	*100*	*86*	*90*	*86*
Philadelphie (U.S.A.)	0	1	5	12	17	22	25	24	20	14	8	16
	79	*65*	*91*	*80*	*88*	*101*	*108*	*113*	*81*	*65*	*80*	*68*
San Francisco (U.S.A.)	10	11	12	12	15	15	15	15	16	16	15	11
	102	*88*	*68*	*33*	*12*	*3*	*0*	*1*	*5*	*19*	*40*	*104*
Toronto (Canada)	−7	−6	−1	6	12	18	21	20	16	9	3	−4
	21	*21*	*37*	*62*	*66*	*67*	*71*	*77*	*64*	*61*	*55*	*36*
Vancouver (Canada)	3	5	6	9	12	15	17	17	14	10	6	4
	131	*107*	*95*	*60*	*52*	*45*	*32*	*41*	*67*	*114*	*147*	*165*
Washington (U.S.A.)	0	1	5	11	17	21	24	24	19	13	7	1
	83	*61*	*80*	*75*	*97*	*81*	*104*	*110*	*108*	*79*	*60*	*59*
Amérique du Sud et Antilles												
Asuncion (Paraguay)	27	27	26	22	19	17	18	19	21	22	24	27
	130	*120*	*100*	*120*	*110*	*60*	*50*	*30*	*70*	*130*	*140*	*150*
Bogota (Colombie)	14	14	14	14	14	13	14	14	14	14	14	14
	45	*73*	*84*	*131*	*101*	*66*	*34*	*44*	*74*	*153*	*136*	*67*
Buenos Aires (Argentine)	30	39	26	22	18	15	15	16	18	21	25	29
	60	*55*	*65*	*75*	*80*	*90*	*95*	*85*	*80*	*70*	*65*	*60*
Caracas (Venezuela) max.	15	26	27	28	27	26	26	27	27	27	26	25
min.	14	15	15	17	18	18	17	17	17	17	16	15
	23	*28*	*10*	*44*	*89*	*111*	*108*	*107*	*107*	*130*	*69*	*48*
Cayenne (Guyane)	27	27	27	27	27	27	27	28	28	28	27	27
Cochabamba (Bolivie)	19	18	20	19	17	15	16	17	19	20	20	20
	111	*82*	*31*	*9*	*0*	*3*	*0*	*15*	*1*	*9*	*77*	*65*
Fort-de-France (Martin.)	24	24	25	26	26	26	26	27	27	26	26	25
Guatemala City (Guat.)	16	17	18	19	19	18	18	18	18	17	16	16
	3	*2*	*7*	*19*	*141*	*265*	*211*	*187*	*257*	*159*	*23*	*7*
La Havane (Cuba)	22	22	23	25	29	27	28	28	27	27	24	24
	23	*22*	*26*	*25*	*21*	*27*	*19*	*17*	*15*	*16*	*20*	*23*
La Paz (Bolivie)	18	18	18	19	17	17	17	17	18	19	19	19
	6	*12*	*16*	*23*	*30*	*24*	*30*	*25*	*18*	*20*	*20*	*7*
Lima (Pérou)	22	23	22	21	18	17	16	15	16	16	18	20
	1	*0*	*0*	*0*	*2*	*3*	*4*	*5*	*5*	*2*	*1*	*1*
Merida (Mexique)	28	29	32	33	34	33	33	33	32	31	29	28
	25	*26*	*14*	*11*	*85*	*147*	*124*	*166*	*220*	*111*	*23*	*25*
Mexico (Mexique)	19	21	24	25	26	24	23	23	23	21	20	19
	28	*24*	*25*	*19*	*16*	*11*	*6*	*7*	*10*	*19*	*24*	*27*
Montevideo (Uruguay)	23	22	20	17	13	10	11	11	13	15	18	20
	77	*73*	*99*	*102*	*95*	*95*	*66*	*84*	*89*	*70*	*78*	*80*
Pointe-à-Pitre (Guadeloupe)	24	24	25	26	26	26	26	27	27	26	26	25
	98	*55*	*64*	*119*	*156*	*130*	*193*	*206*	*246*	*230*	*221*	*128*
Quito (Équateur)	14	14	14	14	14	14	14	14	14	13	13	14
Rio de Janeiro (Brésil)	30	30	29	27	26	25	25	25	25	26	26	28
	150	*125*	*133*	*103*	*66*	*56*	*50*	*40*	*63*	*80*	*95*	*130*
Salvador (Brésil)	26	26	27	26	25	24	24	24	25	24	25	26
	68	*129*	*51*	*272*	*314*	*224*	*82*	*168*	*162*	*162*	*66*	*68*
Santiago du Chili (Chili)	21	20	18	14	11	9	8	9	12	14	18	20
	2	*5*	*5*	*16*	*65*	*71*	*62*	*58*	*21*	*17*	*6*	*2*
Asie et Pacifique												
Auckland (N.-Zélande)	20	20	19	17	14	12	11	12	13	14	16	18
	70	*87*	*79*	*98*	*118*	*130*	*135*	*115*	*96*	*96*	*84*	*77*
Bali (Indonésie)	30	30	30	31	31	30	30	31	31	32	32	30
	60	*80*	*179*	*43*	*25*	*0*	*0*	*16*	*0*	*0*	*110*	*230*
Bangkok (Thaïlande) max.	32	33	34	35	34	33	32	32	32	31	31	31
min.	21	23	25	26	25	25	25	25	24	24	22	21
	10	*31*	*24*	*64*	*185*	*160*	*171*	*198*	*342*	*221*	*44*	*5*

	J	F	M	A	M	J	J	A	S	O	N	D
Bombay (Inde)	24	25	27	28	31	29	28	28	27	28	27	26
	2	*1*	*4*	*3*	*16*	*520*	*709*	*439*	*297*	*88*	*21*	*2*
Calcutta (Inde)	20	23	28	30	31	30	29	29	29	28	24	21
	13	*24*	*27*	*43*	*120*	*260*	*302*	*306*	*290*	*160*	*35*	*3*
Canton (Chine) max.	17	13	21	25	30	31	33	33	32	28	25	25
min.	9	11	13	19	23	24	26	26	25	19	16	12
	50	*70*	*90*	*150*	*250*	*265*	*250*	*240*	*125*	*60*	*50*	*20*
Colombo (Sri Lanka) max.	31	31	31	32	31	30	30	30	30	30	30	30
min.	22	23	24	24	25	25	25	25	25	24	23	23
	70	*88*	*121*	*287*	*388*	*186*	*154*	*99*	*216*	*396*	*329*	*193*
Delhi (Inde)	21	24	29	36	31	39	35	34	34	34	28	23
	69	*51*	*42*	*15*	*16*	*165*	*533*	*432*	*381*	*79*	*3*	*13*
Djakarta (Indonésie)	25	25	26	26	26	26	26	25	26	26	26	25
	326	*235*	*198*	*133*	*112*	*90*	*57*	*50*	*77*	*89*	*149*	*180*
Hong Kong	16	16	19	22	26	28	29	28	26	25	21	18
	30	*42*	*55*	*140*	*298*	*432*	*317*	*413*	*320*	*121*	*36*	*25*
Honolulu (Hawaii)	22	22	23	23	24	25	26	26	26	26	24	23
	96	*84*	*73*	*33*	*25*	*8*	*11*	*23*	*25*	*47*	*55*	*76*
Istanbul (Turquie)	5	6	7	12	16	21	23	23	20	16	12	8
	91	*76*	*64*	*44*	*31*	*23*	*21*	*24*	*48*	*66*	*82*	*106*
Jérusalem (Israël)	9	9	12	16	20	22	23	23	22	20	15	11
	128	*106*	*85*	*17*	*4*	*0*	*0*	*0*	*1*	*8*	*61*	*82*
Kaboul (Afghanistan)	4	1	7	13	20	25	30	32	19	13	9	4
	30	*35*	*93*	*100*	*20*	*5*	*2*	*2*	*2*	*15*	*20*	*10*
Karachi (Pakistan)	19	21	24	27	29	30	29	28	28	27	25	21
	7	*11*	*6*	*2*	*0*	*7*	*96*	*50*	*15*	*2*	*2*	*6*
Katmandou (Népal)	18	20	25	29	30	29	29	29	28	27	23	19
	15	*40*	*23*	*59*	*120*	*243*	*368*	*340*	*153*	*38*	*8*	*2*
Manille (Philippines)	25	26	27	29	29	28	28	27	27	27	26	25
	221	*131*	*151*	*90*	*189*	*254*	*279*	*422*	*403*	*412*	*354*	*322*
Nouméa (Nouvelle-Calédonie)	26	26	25	24	23	22	20	21	21	23	24	25
	117	*94*	*175*	*124*	*93*	*89*	*84*	*70*	*53*	*52*	*47*	*85*
Papeete (Tahiti)	30	30	30	30	29	29	28	28	28	29	29	29
	330	*235*	*185*	*126*	*94*	*65*	*61*	*40*	*47*	*87*	*149*	*285*
Pékin (Chine)	− 5	− 4	4	15	27	31	31	30	26	20	10	− 5
	2	*4*	*6*	*15*	*30*	*75*	*250*	*125*	*60*	*12*	*8*	*2*
Perth (Australie)	23	24	22	19	16	14	13	14	15	16	19	22
	7	*12*	*22*	*92*	*129*	*192*	*180*	*135*	*70*	*54*	*23*	*15*
Pnom Penh (Cambodge)	26	27	29	29	29	28	28	28	27	27	27	25
	6	*6*	*27*	*75*	*150*	*125*	*125*	*150*	*250*	*250*	*125*	*30*
Rangoon (Birmanie) max.	29	34	37	41	35	32	32	31	31	34	30	29
min.	19	18	21	24	25	24	24	24	24	25	23	19
	–	–	*26*	*20*	*418*	*517*	*482*	*634*	*375*	*109*	*11*	*4*
Rarotonga (Iles Cook)	26	26	26	25	24	23	22	22	22	23	24	25
	253	*223*	*275*	*183*	*172*	*108*	*94*	*129*	*104*	*124*	*144*	*229*
Saigon (Viêt-nam) max.	32	33	24	25	33	32	31	31	31	31	31	31
min.	21	22	23	24	24	24	24	24	23	23	23	22
	15	*5*	*10*	*40*	*225*	*325*	*300*	*250*	*325*	*250*	*100*	*50*
Séoul (Corée) max.	0	3	8	17	22	27	29	31	16	19	11	3
min.	8	6	2	5	10	16	21	21	16	7	0	0
	30	*15*	*37*	*75*	*75*	*125*	*375*	*250*	*125*	*40*	*40*	*25*
Shangai (Chine) max.	8	8	13	19	25	23	32	34	28	23	17	12
min.	1	1	4	10	15	19	23	23	18	14	7	2
	50	*60*	*80*	*100*	*100*	*175*	*150*	*140*	*125*	*50*	*50*	*30*
Singapour max.	30	31	31	31	31	31	31	31	31	31	31	30
min.	23	23	23	24	24	24	24	24	24	24	23	23
	239	*173*	*187*	*183*	*172*	*168*	*159*	*180*	*172*	*201*	*253*	*281*
Sydney (Australie)	22	23	21	17	16	14	13	14	16	18	20	19
	70	*60*	*70*	*75*	*60*	*50*	*60*	*60*	*65*	*65*	*65*	*70*
Téhéran (Iran) max.	8	10	15	21	28	33	36	35	31	24	16	9
min.	1	2	4	9	15	19	22	21	18	12	5	5
	38	*27*	*32*	*25*	*13*	*2*	*6*	*1*	*1*	*5*	*27*	*27*
Tokyo (Japon)	5	5	8	14	18	22	25	27	23	17	12	7
	54	*63*	*102*	*128*	*148*	*181*	*125*	*137*	*193*	*181*	*93*	*56*
Europe												
Amsterdam (P.-Bas)	2	2	5	8	12	15	17	17	14	11	6	4
	70	*50*	*50*	*50*	*50*	*65*	*80*	*95*	*80*	*80*	*85*	*85*
Athènes (Grèce)	9	10	12	16	20	25	28	27	25	19	15	11
	60	*41*	*39*	*22*	*23*	*13*	*6*	*6*	*16*	*50*	*51*	*71*
Bergen (P.-Bas)	1	1	3	6	10	13	14	14	12	9	4	2
	188	*146*	*142*	*110*	*99*	*114*	*140*	*178*	*235*	*245*	*203*	*195*
Berlin (All. féd.)	−1	0	4	8	13	17	18	17	13	9	4	1
	41	*35*	*32*	*42*	*53*	*73*	*62*	*70*	*48*	*41*	*46*	*49*
Budapest (Hongrie)	−1	2	6	12	16	20	21	21	17	11	6	2
	41	*40*	*34*	*43*	*58*	*77*	*58*	*56*	*41*	*42*	*64*	*50*
Copenhague (Danemark)	1	0	2	7	12	16	18	17	14	9	5	3
	49	*39*	*32*	*38*	*42*	*47*	*71*	*66*	*62*	*59*	*48*	*49*
Corfou (Grèce)	10	11	12	15	20	24	27	26	23	19	15	12
	177	*135*	*98*	*71*	*42*	*14*	*7*	*19*	*83*	*168*	*208*	*220*
Crète (Grèce)	12	13	14	17	20	24	26	26	23	20	17	14
	98	*63*	*50*	*29*	*13*	*4*	*1*	*0*	*18*	*70*	*57*	*83*
Dublin (Irlande)	5	5	6	8	11	14	15	15	13	10	7	6
	68	*51*	*50*	*47*	*58*	*53*	*59*	*75*	*73*	*68*	*69*	*79*
Genève (Suisse)	0	1	5	9	13	17	18	18	14	9	5	2
	64	*60*	*69*	*64*	*69*	*82*	*74*	*98*	*98*	*86*	*89*	*79*
Leningrad (U.R.S.S.)	−8	−8	−4	3	10	15	18	17	11	5	0	−4
Londres (G.-B.)	5	6	7	10	13	16	18	18	16	13	9	6
	42	*31*	*38*	*40*	*46*	*48*	*42*	*52*	*53*	*43*	*54*	*48*
Madrid (Espagne)	5	7	10	13	16	21	24	24	20	15	9	6
	42	*40*	*44*	*46*	*40*	*28*	*10*	*12*	*32*	*51*	*50*	*46*
Moscou (U.R.S.S.)	−7	−6	0	9	17	22	24	22	16	8	0	−5
	33	*30*	*34*	*36*	*51*	*65*	*77*	*72*	*58*	*50*	*38*	*39*
Paris (France)	3	4	7	10	14	17	19	18	16	11	7	4
	54	*43*	*32*	*38*	*52*	*50*	*55*	*62*	*51*	*49*	*50*	*49*
Prague (Tchécoslovaquie)	9	2	3	8	13	16	18	17	14	8	3	8
	23	*24*	*23*	*32*	*61*	*67*	*82*	*66*	*36*	*42*	*26*	*26*
Rome (Italie)	8	9	11	14	17	22	24	24	21	17	13	9
	79	*73*	*77*	*47*	*34*	*20*	*7*	*35*	*76*	*83*	*127*	*109*
Sofia (Bulgarie)	−2	1	5	11	15	19	21	21	17	11	5	1
	42	*37*	*37*	*55*	*71*	*90*	*59*	*43*	*42*	*155*	*52*	*44*
Stockholm (Suède)	−3	−3	−1	4	10	15	18	17	12	7	3	±0
	43	*30*	*26*	*31*	*34*	*45*	*61*	*76*	*60*	*48*	*53*	*48*
Sulina (Roumanie)	−1	0	3	9	16	20	23	22	18	12	7	2
	30	*25*	*18*	*28*	*31*	*40*	*22*	*37*	*23*	*35*	*34*	*29*
Venise (Italie)	2	4	8	12	17	21	23	23	19	13	8	4
	60	*58*	*55*	*72*	*73*	*70*	*62*	*87*	*59*	*72*	*100*	*49*
Vienne (Autriche)	1	0	5	10	15	18	20	20	16	10	5	1
	40	*43*	*45*	*45*	*70*	*67*	*83*	*72*	*41*	*56*	*53*	*45*

Cartes d'isohypses. Courbes de niveau d'une surface isobare.

Cartes frontologiques. Plus détaillées que les cartes d'isobares, car y figurent aussi les « fronts » ou limites des différentes masses d'air.

Cartes d'isallobares. Indiquent les variations de la pression dans des intervalles de temps définis.

Cartes des systèmes nuageux. Détaillent la répartition des nuages, catégorie par catégorie.

Cartes de masses d'air. Plus détaillées que les cartes frontologiques, car chaque masse d'air est représentée par ses différentes caractéristiques : humidité, stabilité ou instabilité, origine, etc. obtenues grâce aux radiosondages en altitude.

Cartes de température : cartes d'isothermes où les courbes rejoignent les points de même tempér. à une heure donnée (cartes au niveau de la mer et cartes en altitude) et **cartes d'isallothermes** indiquant les variations de la température entre des intervalles de temps définis.

Cartes « néphanalyses ». Cartes des systèmes nuageux obtenues à partir des photos de la couverture nuageuse du globe, prises par des satellites météorologiques.

Cartes d'isohyètes. Courbes reliant tous les points d'égale hauteur des précipitations recueillies durant une période donnée.

Prévisions de la Météorologie nationale

La Météorologie nationale peut calculer ses prévisions à 3 échelles différentes. Pour l'hémisphère Nord : *prévisions à 72 h,* modèle à 6 niveaux d'altitude et mailles de 360 km ; pour l'Atlantique et l'Europe : *prévisions à 36 h,* modèle à 5 niveaux et mailles de 50 km.

Une *prévision hémisphérique à 24 h* d'échéance avec une maille de 380 km de côté demande 20 milliards d'opérations, soit une heure de calcul par un ordinateur C.D.C. 6 600 après collecte automatique des données sur C II 10 070. D'après certains météorologistes américains, l'adoption de mailles 2 fois plus fines (demandant 8 fois plus de calculs) permettrait des prévisions à 15 j.

Pour les prévisions à plus longue échéance, on bute sur les lacunes du réseau mondial d'observations, et sur les modifications à petite échelle de la circulation atmosphérique, imprévisibles dans l'état actuel des connaissances, mais importantes par les réactions en chaîne qu'elles déclenchent. Dans quelques années, on parviendra peut-être à prévoir les tendances générales du temps un mois ou une saison à l'avance par des méthodes probablement nouvelles. Mais il sera toujours très difficile de prévoir, même à courte échéance, les détails du temps.

Voir également le texte sur la prévision du temps (réalisations techniques, techniques utilisées, méthodes de prévisions), page 98.

Prévisions empiriques

Selon le vent. En Europe de l'Ouest : *le temps sera généralement beau* si le vent souffle faiblement de l'ouest ou du sud-ouest, si des cumulus parsèment le ciel l'après-midi, si le brouillard matinal se dissipe au plus tard à midi.

Autres indications fournies par la direction des vents. Vent d'en bas : pluie. *D'en haut :* beau temps surtout si le vent passe par l'ouest. *De bise :* temps sec et froid. *De soulaire* (c.-à-d., en montagne : venant du côté ensoleillé de la vallée) : temps plus chaud. *De mer :* vent plus fort, pluie et réchauffement. *De galerne* (c.-à-d., en Touraine-Berry-Aquitaine : venant du N.-O.) : giboulée. *Maritime du S. à l'O. :* pluie. *Du N. au N.-E. :* sec. *De l'O. :* tempête ou pluie. *Du S.-E. :* froid. *Du S.-O. :* temps couvert, pluie. *Du S. :* réchauffement. *Du N.-O. :* assez vif et légèrement pluvieux. *Du N. ou de l'E.* fixe ou tournant avec le soleil : beau temps. *Du S. ou de l'O.* tournant en sens contraire du soleil : mauvais temps.

La pluie ou la neige pourra apparaître : s'il y a un anneau autour de la lune (anneau provoqué par les cirro-stratus) ; si le ciel est noir et menaçant à l'ouest ; si le vent, et celui du nord en particulier, change de direction en sens inverse des aiguilles d'une montre.

Le temps s'éclaircira généralement : si la base des nuages s'élevant se transforme en nuages continus et plus élevés, si un vent d'est vire à l'ouest.

Si le ciel nocturne est clair et le vent léger, on peut craindre un refroidissement.

Autres indications fournies par l'état du ciel. Beau temps : rose le soir, gris le matin ; assez de bleu au ciel pour « tailler une culotte à un gendarme » ; horizon dégagé à l'aube ; un coin de ciel bleu au milieu de l'orage (il passe). *Mauvais temps :* ciel pâle : pluie ; rose et gris (couleur perdreau) : pluie ; rouge le matin ou le soir : vent ; couvert, bas et gris en hiver : neige, s'il est accompagné d'un abaissement de température ; bleu sur la plaine, noir sur la montagne : grosses pluies ; verdâtre et laiteux à l'horizon : bourrasque.

« Baromètre » de l'abbé Moreux

Méthode fondée sur 2 observations : 1° pression atmosphérique ; 2° côté d'où vient le vent. Pour déterminer la provenance des vents de terre, il faut observer la direction d'où arrivent les nuages en tenant compte du fait que le vent vient toujours de plus à gauche que les nuages ; on peut également observer un ruban fixé au bout d'un bâton qui serait planté sur un lieu élevé.

L'abbé Théophile Moreux (1867-1954) qui fut directeur de l'observatoire de Bourges obtint par cette méthode 81 % de réussite dans ses prévisions. Dans son ouvrage *« Comment prédire le temps »* (1919), il publie des tables (pour chaque région de France) indiquant (suivant la pression atmosphérique) les directions possibles des vents, et le temps qu'ils annoncent pour le lendemain. Ces prévisions sont basées d'une part sur les vents par rapport aux systèmes nuageux qui amènent le mauvais temps, d'autre part sur les règles de Gabriel Guilbert (un vent supérieur à la normale précédant une augmentation de pression, et inversement).

« Baromètre » des nuages

Pour reconnaître les différentes formes de nuages, Voir p. 96.

Les nuages annoncent : un changement de temps (amélioration quand il pleut ; dégradation quand il fait beau) : cirrus, cirro-stratus, cirro-cumulus ; **la pluie :** stratus, altostratus, nimbo-stratus, cumulo-nimbus (orages, fortes averses) ; **le beau temps :** petits cumulus immobiles.

Couleur des nuages au coucher du soleil. *Rouges :* pluie. *Jaunes :* vent. *Orangés :* beau temps.

« Baromètres » divers

Signes dus à l'augmentation de l'humidité de l'air et, parfois, aux variations de l'électricité atmosphérique.

Considérés comme des signes de pluie : démangeaisons dans une cicatrice, douleurs dans les rhumatismes et les cors au pied ; frisottement des cheveux. De même : le sel obstrue la salière ; la mayonnaise est longue à prendre, etc.

« Baromètre » des plantes

• **Pour la journée. Beau temps, chaleur :** la nielle penche la tête ; le tabac ferme ses corolles ; l'oxalis et le ficoïde s'ouvrent ; la polierva redresse ses branches ; le pavot relève sa fleur ; la rose de Jéricho se contracte. **Chaleur accablante :** la nigelle des champs redresse la tête.

Vent : les feuilles de trèfle se referment.

Orage : l'oxalis redresse ses feuilles et ferme ses pétales ; le pissenlit s'abrite sous ses feuilles ; l'alléluia relève ses feuilles ; la polierva incline et replie ses feuilles.

Pluie : le chardon à foulon resserre ses écailles ; la fleur de laitue s'épanouit ; le liseron replie sa corolle ; le souci resserre ses pétales ; le trèfle redresse ses tiges ; la pimprenelle, le pissenlit, le chardon, le mouron referment leur fleur ; au contraire la quintefeuille et le laiteron de Sibéné ouvrent largement la leur ; la drave printanière replie ses feuilles ; les pommes de pin ou de sapin se serrent les unes contre les autres avant la pluie ; une algue séchée au soleil redevient molle.

Tempête : le trèfle, la drave printanière replient leurs feuilles ; la carline, ou chardon-baromètre, resserre son « capitule » (touffe de fleurs).

Un ruban de varech flottant au vent vibre sur 3 rythmes différents : ininterrompu : beau temps ; avec brèves interruptions : vent ; très irrégulier : tempête.

• **Prévisions à longue échéance. Hiver froid :** feuilles des hêtres humides et molles à la Toussaint ; arbres encore couverts de feuilles le 11 novembre ; abondance de noix, noisettes, aubépines, prunelles ; triple pelure sur les oignons.

Hiver doux : feuilles des hêtres sèches et craquantes à la Toussaint.

Nota. — Ces dernières prévisions sont peu valables.

« Baromètre » des animaux

• **Pour la journée. Beau temps, chaleur :** le chat ronronne sans être sollicité et se passe la patte derrière l'oreille gauche (signe souvent interprété à tort comme annonçant la pluie) ; pigeons et tourterelles roucoulent ; l'âne se roule dans la poussière ; les abeilles s'envolent malgré la brume matinale ; les moustiques volent et tourbillonnent en colonne ; l'érigone (petite araignée) tisse ses fils de la vierge au ras du sol ; les coccinelles volètent de fleur en fleur ; les hannetons volent vers la mer ; les moucherons tournent au coucher du soleil ; les araignées dédaignent les coins sombres ; les grenouilles remontent à la surface de l'eau (signe souvent interprété à tort comme annonçant la pluie) ; alouettes, grues et hirondelles volent haut ; les chauves-souris sortent nombreuses et volent tard dans la soirée ; les cygnes s'ébattent joyeusement ; les grives se posent au sommet des arbres ; les rouges-gorges chantent le matin ; les pies borgnes frétillent gaiement dans l'herbe, se promènent et jouent ; les hiboux poussent leur cri en fin de journée ; le rossignol chante toute la nuit ; le corbeau croasse après le lever du soleil ; plongeons et oiseaux de mer volent à l'intérieur des terres ; les oiseaux en général se perchent haut dans les arbres.

Vent : le chat se nettoie soigneusement le nez ; le chien se roule par terre ; les vaches mettent plus longtemps à boire mais se laissent traire facilement, elles courent en levant la queue ; les moutons sont agités ; les abeilles rentrent dans leur ruche ; les porcs grognent et éparpillent leur litière ; les oies crient et agitent les ailes ; l'araignée brise et détend sa toile ; la mer est phosphorescente (minuscules mollusques à la surface) ; les corbeaux se groupent en bandes et poussent des clameurs ; les gros poissons font surface ; les oiseaux sauvages sont particulièrement bruyants.

Orage : le chat monte et descend le long d'un rideau ; le chien gratte le sol, reste silencieux, puis va se mettre à l'abri ; les mouches piquent fort ; les fourmis sont agitées.

Pluie : le chat se lèche les cuisses et va se poster près d'une fenêtre avant de se passer la patte derrière les oreilles (gauche et droite) ; le chien mange de l'herbe ; les abeilles restent près de leur ruche ; les pigeons battent des ailes ; les coqs chantent avant la nuit ; les poules s'abritent et s'épluchent ; poules et pigeons se mettent à l'abri dès les premières gouttes (pluie de longue durée) ; les poules se grattent et se roulent dans la poussière, se couvrent de poussière avec leurs pattes, caquettent et appellent leurs poussins ; les pintades poussent des cris plaintifs ; les ânes secouent les oreilles et braient sans arrêt ; les chevaux battent du pied, tendent le cou et aspirent l'air avec bruit ; les vaches se lèchent, tendent le cou et aspirent l'air avec bruit ; canards et oies battent des ailes, crient et restent dans l'eau ; la coccinelle qu'on prend au bout du doigt refuse de s'envoler ; moustiques, puces, mouches et taons piquent ; les moucherons volent bas ; les papillons volent près des fenêtres ; les libellules effleurent les eaux ; les araignées tissent leur toile avec précipitation et montent des caves ; vers de terre et scorpions sortent de leur trou ; les escargots sont nombreux ; grenouilles et crapauds coassent le jour ; les crapauds sautent dans les chemins ; les scrpents grimpent sur les hauteurs ; les poissons « mordent » plus que d'habitude et sautent hors de l'eau ; les mouettes battent des ailes au-dessus des maisons ; les pies bavardent en allant au-devant les unes des autres ; les hirondelles se rapprochent des arbres et volent bas ; le corbeau émet 2 sons, bat des ailes, et vient croasser près des cours d'eau ; les moineaux se battent et se couvrent de poussière ou se baignent dans les flaques ; merles et piverts chantent à tort et à travers ; les corneilles volent par groupes ; geais et pies se querellent ; le pinson chante avant que le jour se lève ; les poules d'eau se baignent, crient et battent des ailes ; le coucou chante (la pluie ne dure pas).

Tempête : le chat tourne le dos au feu ; le chien hume l'air longuement, museau dressé ; les fourmis déménagent leurs œufs ; les araignées quittent leur nid et cherchent une fente où se cacher ; les marsouins s'ébattent ; les corbeaux croassent dès la pointe du jour ; les mouettes crient et volent vers l'intérieur des terres.

Froid : les grives poussent des cris ininterrompus ; les oiseaux de nuit hululent plus ; les merles crient le long des haies ; les rouges-gorges s'approchent des maisons.

● **Prévisions à longue échéance. Hiver rigoureux :** la fourrure des chats est épaisse dès octobre ; le bétail tourne le dos à la porte de l'étable ; vanneaux et pluviers arrivent par le nord-est ; le grillon s'enfonce profondément dans le sol ; la taupe aussi dès le début de l'automne ; la souris fait son nid sur les buttes ; les hirondelles partent tôt ; cygnes et étourneaux arrivent tôt du nord ; les hérons restent immobiles au bord de l'eau ; les lièvres sont gras l'automne ; les épaves sont couvertes d'anatifes (hiver dur, mais suivi de belles récoltes) ; les cocons d'insectes sont épais.

Fin de l'hiver : le grillon commence à chanter.

Année chaude : les pies nichent au sommet des arbres ; les alcyons font leurs nids sur la mer.

Quelques dictons météorologiques

Janvier. *1er :* jour de l'an chaud, mois d'août chaud. *6 :* pluie aux Rois, blé jusqu'au toit, *22 :* à la St-Vincent, l'hiver quitte ou reprend.

Février. *2 :* fleur de février ne va pas au pommier ; quand la Chandeleur est claire, l'hiver est par-derrière ; Chandeleur couverte, 40 jours de perte. *16 :* s'il neige à St-Onésime, la récolte est à l'abîme. *19 :* St-Boniface brise la glace.

Mars. Si mars entre en lion, il sort en mouton. *12 :* le jour de St-Pol, l'hiver se rompt le col.

Avril. Avril doux, pire que tout ! Fête mobile : vent des Rameaux ne change pas de sitôt.

Mai. *12 :* Sts-Mamert, Servais et Pancrace sont toujours des saints de glace. *31 :* pluie de Ste-Pétronille change raisins en grappilles.

Juin. Fête mobile : pluie à la Pentecôte, beau temps à la Trinité. *3 :* le temps qu'il fait en juin le trois, sera le temps du mois. *8 :* St-Médard, grand pissard, il pleut 40 jours plus tard. *11 :* soleil à St-Barnabé, Médard a le nez cassé. *24 :* pluie de St-Jean, pluie pour longtemps.

Juillet. Pluie de juillet, eau en janvier. *1er :* si le 1er juillet est pluvieux, tout le mois sera douteux. *25 :* si St-Jacques est serein, l'hiver sera dur et chagrin.

Août. A la mi-août, l'hiver se noue ; soleil rouge en août, c'est la pluie partout. *15 :* la Vierge du 15 août arrange ou défait tout.

Septembre. *1er :* s'il fait beau à la St-Gilles, ça dure jusqu'à St-Michel. *17 :* St-Lambert pluvieux, 9 jours dangereux. *29 :* les hirondelles à St-Michel, l'hiver s'en vient après Noël.

Octobre. Oct. en bruine, hiver en ruine, *10 :* s'il pleut à St-Denis tout l'hiver sera pluie.

Novembre. *1er :* telle Toussaint, tel Noël. *25 :* à la Ste-Catherine, l'hiver s'achemine. *30 :* à la St-André, il est acheminé.

Décembre. Quand en déc. il a tonné, l'hiver est avorté. *25 :* Noël aux tisons, Pâques au balcon ; Noël au balcon, Pâques aux tisons.

Géographie humaine

☞ Voir Index : origine de l'homme, races.

Population dans le monde

Quelques données

Accroissement

Chaque jour, la Terre doit abriter + de 210 000 personnes de plus (+ de 76 000 000 par an, avec un taux d'accroissement moyen de 2 %). Il y a env. 280 naissances, 115 décès par minute (soit env. 400 000 naiss. et 165 000 décès chaque jour).

Taux d'accroissement annuel de la population (augmentation en % par rapport à l'année précédente). 1980-1985. *Source :* O.M.S. *Monde : 1,66. Afrique :* 2,99. *Amérique :* 1,7. *Asie :* 1,73 dont Chine 1,17, Japon 0,68 [1]. *Europe :* 0,55 dont U.R.S.S. (Biélorussie 0,67 [1], Ukraine 0,35 [1]). *Océanie :* 1,27.

Nota. — (1) 1982.

Évolution. *En Europe, aux XVIe et XVIIe s.,* à des taux de natalité de 45 à 50 % correspondaient des taux de mortalité de 35 à 45 % ; mais, de loin en loin, épidémies, famines et guerres réduisaient brusquement la population. Ainsi, l'épidémie de peste noire en Europe de 1346-48 réduisit la population de 20 à 35 % selon les régions (50 % dans les villes ; réduction de 19 à 15 millions de la pop. française). A partir de la 2e moitié du XVIIIe s., le rythme a changé (abaissement de la mortalité infantile, amélioration des techniques agricoles). La population passait en France, entre 1715 et 1789, de 18 à 26 millions, soit un taux moyen annuel de croissance de 0,5 ‰. Vers la fin du XVIIIe s., s'amorça en France le contrôle des naissances. Le reste de l'Europe suivit, mais plus tard, vers la fin du XIXe s., sa population eut le temps de croître de plus du double (la France n'augmenta que de 45 %).

A partir de 1945, le taux de mortalité du tiers monde s'effondre de près de 50 %, grâce à la science et à la technique occidentales, alors que sa fécondité demeure identique : les taux de croissance montent à 2 %, puis à 2,5 %, à 3 %... Puis cette fécondité baisse dans la plupart des pays du T.M. (de 1965 à 75 — 10 à — 20 % pour Brésil, Égypte, Inde, Indonésie, Philippines, Turquie ; — 20 % pour Corée du S., Thaïlande ; — 34 % pour la Chine populaire, — 47 % pour Cuba). Le % de la croissance démographique mondiale est passé de 1,76 % en 1950 à 1,72 % en 1980. Il sera d'environ 1,5 en l'an 2000, ce qui a entraîné une révision en baisse des évaluations de la pop. mondiale en l'an 2000 et après. Avec un taux de + 0,1 % en partant de 4 milliards d'habitants, la Terre aurait, en 10 000 ans, 88 000 milliards d'h. ; avec un taux de — 0,1 %, elle n'aurait plus que 182 000 h.

Age

Population de — de 15 ans et, entre parenthèses, de + de 65 ans, en % en 1983. *Monde :* 35 (6) dont Kenya 52 (2), Jordanie 51 (3), Botswana 50 (2), Nicaragua 47 (3), Surinam 43 (5), *France 22 (13),* Finlande 20 (12), Danemark 20 (15), Suisse 19 (14), Luxembourg 19 (13), All. féd. 17 (15).

Source : O.N.U.

Vieillissement de la population. En 1975, il y avait dans le monde 350 millions d'hab. de 60 ans et + ; il y en aura 590 millions en l'an 2000 et 1,1 milliard en 2025 (dont 72 % dans les pays en voie de développement).

Parallèlement, la proportion des — de 15 ans y passera de 41 % à 26 % en 2025 (contre 20 % dans les pays développés).

Densité

Nombre d'habitants au km² (1983). Entre parenthèses, densité en 2075 (projection basse de l'O.N.U.). *Source :* O.N.U.

Afrique. Rwanda 216. Burundi 159. Nigeria 96. Ouganda 62. Gambie 55. Malawi 54. Ghana 53. Maroc 50. Togo 49. Lesotho 48. Égypte 44. Tunisie 41. Swaziland 35. Bénin 33. Kenya 32. Sénégal 32. Éthiopie 28. Côte-d'Ivoire 28. Afr. du S. 25. Burkina 24. Tanzanie 22. Guinée 21. Zimbabwe 20. Cameroun 19. Liberia 18. Madagascar 16. Zaïre 13. Algérie 9. Somalie 8. Soudan 8. Zambie 8. Mali 6. Congo (Rép. pop.) 5. Niger 5. Gabon 4. Rép. Centrafricaine 4. Tchad 4. Libye 2. Mauritanie 2. Botswana 2. *Moyenne 16.*

Amérique. El Salvador 249. Trinité-Tobago 224. Jamaïque 205. Haïti 187. Rép. Dominicaine 122. Cuba 89. Guatemala 73. Costa-Rica 48. Mexique 38 (106). Honduras 37. Équateur 33. Panama 27. U.S.A. 25 (28). Colombie 24 [1]. Nicaragua 24. Venezuela 18. Uruguay 17. Brésil 15 (41). Chili 15. Pérou 15. Argentine 11. Paraguay 9. Bolivie 6. Guyana 4. Canada 3. *Moyenne 15 (75).*

Asie. Singapour 4 306. Bangladesh 657 (1982). Corée du S. 406. Japon 316. Liban 299. Sri Lanka 235. Inde 223. Israël 187. Viêt-nam 174. Philippines 173 (520). Corée du N. 159. Pakistan 113. Chine 108 (135). Thaïlande 96. Indonésie 84. Chypre 71. Turquie 61. Birmanie 55. Syrie 52. Cambodge 38. Irak 34. Jordanie 33. Yémen du N. 32. Afghanistan 27. Iran 25. Laos 16. Yémen du S. 6. Arabie Saoudite 5. Mongolie 1. *Moyenne* (sans U.R.S.S.) *104* (75).

Europe. Monaco 18 121. Malte 1 193. P.-Bas 352. Belg. 323. All. féd. 247 (265). G.-B. 228 (262). Italie 188. Liechtenstein 166. Suisse 158. All. dém. 154. Luxembourg 141. Tchécoslovaquie 121. Danemark 119. Pologne 117. Hongrie 115. Portugal 110. *France 100 (110).* Albanie 99. Roumanie 95. Autriche 90. Yougoslavie 89. Bulgarie 81. Espagne 76. Grèce 75. Irlande 50. Suède 19. Finlande 14. Norvège 13. U.R.S.S. 12 (16). Islande 2. *Moyenne 99.*

Océanie. N.-Zélande 12. Australie 2. *Moyenne 3 (75).*

Nota. — (1) 1980.

Évolution de la population en millions

	1800	1850	1900	1939	1985	2000[12]	2075[11]
Europe[1]	**155**	**195**	**293**	**380[2]**	**492**	**521**	**533**
Allemagne[13]	24,8	35,9	56,3	70,1	77,7	59,8[13]	
Autriche	14	17,5	26,1	6,6	7,5		
Belgique	3	4,3	6,6	8,3	9,9		
Bulgarie			4,3[4]	6,3[5]	8,9		
Danemark	0,9	1,4	2,7[4]	3,8[5]	5,1		
Espagne	10,5	15,6	18,6	25,5	38,5	45	
Finlande	0,8	1,6	2,9[4]	3,7[5]	4,9		
France	*28,7*	*36,4*	*40,6*	*41,3*	*55*	*57,5*	*60*
Grèce		1	2,7[4]	7,1[5]	10,1		
Hongrie		13,2	20,8[4]	9,2[5]	10,7		
Irlande		5,1	3,1[4]	2,9[5]	3,6		
Italie	18,1	24,3	33,5	43,1	57,4	61	62
Norvège	0,9	1,4	2,4[4]	2,9[5]	4,2		
Pays-Bas	2,1	3	5,1	8,7	14,5		
Pologne			12[4]	34,7[5]	37,3	41	
Portugal		3,8	5,9[4]	7,5[5]	10,3		
Roumanie		3,9	7[4]	19,8[5]	22,8	30	
Royaume-Uni	18	27,3	44,9[4]	47,5[5]	56,4	61	64
Suède	2,3	3,5	5,1	6,3	8,3		
Suisse		2,3	3,3	4,2	6,5		
U.R.S.S.	**44**	**57,2**	**103,6**	**170,4**	**278**	**312**	**359**
Amérique du Nord	**12,4**	**33**	**94,6**	**163,4[2]**	**400**		**505**
Canada	0,5	11,8	5,3	11,5	25,4		
États-Unis	5,3	23	75,9	131	238,9	260	266
Mexique	6,4	7	13,6	19,4	79,7	128	210
Amérique du Sud	**13,6**	**28**	**51,4**	**110,6[2]**	**271**		**793**
Argentine	0,3	0,8	4	13,9	30,6		
Brésil	3,2	7,7	17,3	40,2	138,4	205	350
Colombie		2,2	4,9[4]	8,7[5]	29,4	37	
Pérou		2	4,6[4]	6,8[5]	19,5		
Afrique	**100**	**100**	**150**	**191[2]**	**551**	**853**	**1 599**
Afrique du Sud			5,9[4]	10[5]	32,5	46	
Algérie		2,9	4,7	7,2	22,2	35	72
Égypte	2,4	4,4	9,7	16,5	48,3	64,9	157
Éthiopie					36	54	78
Maroc			4,3	7,6	24,3		251
Nigeria					91,2	148	
Tunisie			1,8	3	7,2		
Zaïre				10,3[5]	33,1	47	
Asie	**630**	**810**	**930**	**1 244[2]**	**2 829**	**3 549**	**5 633**
Afghanistan			5[4]	11[5]	14,7		
Bangladesh			28,9[9]	42[10]	101,5	156	
Birmanie			11,8[4]	15,8[5]	36,9	50	
Chine	330			452,4	1 042	1 212	1 297
Inde			294,3	312,2	762,2	976	1 798
Indonésie			45[4]	68,4[5]	168,4	210	448
Iran				16[5]	45,1	66	
Japon	25	33,3	46,7	70,8	120,8	129	133
Népal			5,6	6,3[10]	17		
Pakistan			18,2[9]	28,3[10]	99,2	152	
Philippines					56,8	78	
Sri Lanka			3,5[9]	6[12]	16,4		
Thaïlande			8,2[8]	14,8[5]	52,7	76	
Turquie			24[4]	17	52,1	69	
Viêt-nam				19,5[5]	60,5	81	9
Océanie	**2**	**2**	**6**	**11,1[2]**	**24**	**30**	**40**
Australie		0,4	3,7	6,9	15,8		
Monde	**954**	**1 240**	**1 650**	**2 295[2]**	**4 845**	**6 168**	**9 462**

Nota. – *Sources :* Annuaire rétrospectif I.N.S.E.E., I.N.E.D., O.N.U. (1) Europe considérée sans U.R.S.S. et sans Turquie. (2) 1940. (3) Total All. féd. et All. dém., Berlin-E. et O. (4) 1910. (5) 1938. (6) 1948. (7) 1979. (8) 1911. (9) 1901. (10) 1941. (11) Cette projection basse appliquant la baisse la plus rapide de la fécondité alors que variante supérieure conduit à 15 831 millions et « moyenne » à 12 210 millions ; dans cette projection basse, le taux de remplacement de 1 est atteint en Europe en 1975, en Amér. du N. en 2000, en U.R.S.S. 2005, en Asie de l'Est 2010, en Océanie 2010, en Amérique latine 2025, en Asie du Sud 2050, en Afrique 2060. (12) *Sources :* Projections de la Banque mondiale, 1978. (13) + All. dém. sauf pour l'an 2000 All. féd. seulement. (14) 1980. (15) 1982.

Espérance de vie

Pour les hommes et entre parenthèses pour les femmes (source O.N.U. et O.M.S. 1985)

Afrique. Algérie 58,5 (61,3). Angola 38,5 (41,6). Bénin Rép. 39 (42,1). Burkina Faso 40,6 (43,8). Cameroun occ., Centrafricaine Rép., Congo Rép. pop., Côte-d'Ivoire 44,6 (47,6). Égypte 51,6 (53,8). Gabon 41,9 (45,1). Ghana 46,7 (50). Guinée 361,7 (39,8). Kenya 46,9 (51,2). Liberia 45,8 (44). Madagascar 44,4 (47,6). Mali 46,9 (49,6). Maroc 53,8 (57). Maurice (île) [20] 63,6 (71,1). Mauritanie 40,6 (43,8). Niger 39 (42,1). Réunion 55,8 (62,4). Rhodésie (Zimbab.) 51,8 (56,6). Sénégal 39,7 (42,9). Tchad 42,5 (45,1). Togo 44,4 (47,6). Tunisie 57,6 (58,6). Zaïre 46,4 (49,7). Zambie 47,7 (51).

Amérique du Nord. Canada 71,8 (78,9). États-Unis [20] 70,9 (78,4). Guadeloupe 66,6 (72). Guatemala 53,7 (55,5). Haïti 49,1 (52,2). Martinique 66,6 (72). Mexique 63,3 (67,4).

Amérique du Sud. Argentine [3] 65,16 (72,1). Brésil 57,6 (61,10). Chili 61,3 (67,6). Colombie 60 (64,5). Pérou 52,5 (55,4).

Asie. Birmanie 51 (54,1). Cambodge 29 (31,4). Chine 62,6 (66,5). Inde 46,4 (44,7). Israël [21] 73,1 (76,4). Japon [22] 74,8 (80,7). Malaisie occidentale [15] 67,17 (72,49). Pakistan 59 (59,2). Thaïlande 53,6 (58,7). Turquie 60,3 (61,6).

Europe. All. dém. 69 (75,11). All. féd. [22] 71,3 (78,1). Autriche [21] 69,5 (76,6). Belgique [5] 68,6 (75,08). Bulgarie [21] 68,4 (74,4). Danemark [19] 71,1 (77,2). Espagne [2] 70,41 (76,21). Finlande [21] 70,2 (78,5). *France [6] 70,4 (78,4).* Grèce 70,80 (75). Hongrie [22] 65,1 (73,3). Irlande [18] 70,1 (75,8). Islande [21] 73,4 (80,6). Italie [9] 69,69 (75,91). Luxembourg [20] 68,9 (76). Norvège [21] 72,8 (79,8). P.-Bas [16] 72,4 (79,2). Pologne [22] 66,8 (75). Portugal [20] 69,1 (76,1). Roumanie [21] 66,9 (72,5). Roy.-Uni : Angleterre 70,20 (76,40). Écosse [22] 69,9 (75,9). Suède [17] 73,05 (79,08). Suisse [22] 73,8 (80,8). Tchécoslovaquie [21] 66,9 (74,3). U.R.S.S. [11] 64 (74). Yougoslavie [20] 67,8 (73,7).

Océanie. Australie [21] 72,2 (79). N.-Zélande [21] 70,8 (77).

Nota. – (1) 1970-72. (2) 1975. (3) 1970-75. (4) 1978. (5) 1972-76. (6) 1979-80. (7) 1977. (8) 1976-78. (9) 1974-78. (10) 1968-73. (11) 1971-72. (12) 1965-67. (13) 1975-77. (14) 1979. (15) 1974. (16) 1980. (17) 1981. (18) 1979-81. (19) 1980-81. (20) 1982. (21) 1983. (22) 1984.

Écart d'espérance de vie à la naissance entre les hommes et les femmes en 1982. Allemagne féd. : 6,8 [3] ; Angl. et Galles : 6 ; Écosse : 6 [3] ; France : 8,2 [1] ; P.-Bas : 6,9 ; Suède : 6,1.

Nota. – (1) 1981. (2) 1983. (3) 1984.

Centenaires

Monde. Un être sur 2 100 000 parviendrait à 115 ans. *Record femmes :* Fannie Thomas (U.S.A., 24-4-1867/22-1-1981) 113 ans 273 jours. *Hommes :* Shigechiyo Izumi (Jap., 29-6-1865/21-2-1986) 120 ans 147 j. Pierre Joubert (Canadien français, 15-7-1701/16-11-1814) 113 ans 124 j.

France. *Nombre : 1970* 1 000 ; *1982* 3 315. *Record femmes :* Gracieuse Costemza-Aiello-Inzirillo (Ital., 20-1-1871/Sarcelles, 16-1-1984) 112 ans 361 j., brodeuse. Augustine Teissier (Florensac, 2-1-1869/Nîmes, 8-3-1982) 112 ans 67 j., religieuse (sœur Julia). Marie-Louise Hervé (Prin-Deyrançon, 26-9-1876), cultivatrice : doyenne des Français (au 1-2-1985). *Hommes :* Jean Teillet (6-11-1866/Issy-les-Moulineaux, 12-3-1977) 110 ans 131 j., coiffeur.

Quelques cas célèbres

Femmes. *Mme Simone* (née Pauline Porché) (Paris, 3-4-1877) 108 ans. *Alexandra David-Neel* (St-Mandé, 23-10-1868/Digne, 9-9-1969) 100 ans 10 mois, femme de lettres, exploratrice de l'Asie centrale. *Juliette Adam* (née Lamber) (Verberie, 1836/Var, 1936) 99 ans 10 mois, femme de lettres.

Hommes. *Charles Samarand* (1879-1982) 103 ans, historien. *Alexandre Gueniot* (Tignecourt, 1832/Paris 1935) 102 ans 10 mois, prof. de médecine. *J.-M. Eugène Chevreul* (Angers, 1786/1889) 102 ans 9 mois, chimiste. *Charles Le Maresquier* (1870/1972) presque 102 ans, architecte (beau-père de Michel Debré). *Henri Fabre* (29-11-1882/1-7-1984) 101 ans 8 mois, ingénieur (réalisateur du 1er hydravion). *Henri Busser* (1872/1973) 101 ans, pianiste et compositeur. *Bernard Lebouvier de Fontenelle* (1657/1757) † quelques semaines avant d'avoir atteint 100 ans, écrivain. *Jean de Laborde* (Chantilly, 29-11-1878/Castillon-la-Bataille, 30-7-1977) 98 ans 9 mois, amiral. *Joseph Paul-Boncourt* (St-Aignan, 4-8-1873/Paris, 28-3-1972) 98 ans 8 mois, Pt du Conseil des IIIe et IVe Républiques. *Maxime Weygand* (Bruxelles, janvier 1867/Paris, janvier 1965) 98 ans 12 jours, général. *Philippe Pétain* (1856/1951) 95 ans 4 mois, maréchal, chef d'État.

Évolution

Jusqu'au XVIIIe s., l'espérance de vie n'excédait nulle part 30 ans, compte tenu de la mortalité infantile (1 mort sur 4 naissances en France jusqu'en 1789-90). Des épidémies, famines pouvant emporter 2/3 ou 3/4 des enfants de moins d'1 an.

Depuis le XIXe s., le taux de mortalité est tombé en Europe (– de 7 ‰ en Suède, – de 10 ‰ en France). Par contre, la mortalité infantile reste à 12 ou 14 ‰ dans les pays anglo-saxons (U.S.A., G.-B., Australie, N.-Zélande). Dans les pays de l'Est (sauf la Yougoslavie) et en U.R.S.S., l'espérance de vie a régressé de 71 à 67,5 ans de 1964 à 1981, sans doute à cause de l'augmentation de la consommation d'alcool, de l'insuffisance médicale et des conditions matérielles d'existence.

Évolution de la population par continents en millions et en % de la pop. mondiale

Années	Afr.	%	Amér. S. et centrale	%	Amér. du N.	%	Asie	%	Europe et U.R.S.S.	%	Océanie	%	Total
− 35 000[1]	–	–	–	–	–	–	–	–	–	–	–	–	0,6 à 4
− 5 000[2]	–	–	–	–	–	–	–	–	–	–	–	–	6 à 60
− 400	17	10,4	5	3	1	0,6	102	62	36	22,2	1	0,6	162
+ 14	–	–	–	–	–	–	–	–	–	–	–	–	300
+ 200	30	11,7	9	3,5	1	0,3	161	62,8	55	21,4	1	0,3	256
600	24	11,6	12	5,8	2	0,9	135	65,5	32	15,5	1	0,4	206
1000	50	15	13	4	2		212	65	47	14	?		322
1340	–	–	–	–	–	–	–	–	–	–	–	–	450
1400[3]	68	18,1	33	8,8	3	0,8	203	54,2	65	17,3	2	0,5	374
1650	100	21	1	0,2	7	1	257	55	103	22	2	0,4	470
1750	100	14	1	0,1	10	1	437	63	114	21	2	0,2	694
1850	100	9	26	2	33	3	656	60	274	25	2	0,1	1 091
1900	120	8	81	5	63	4	857	55	423	27	6	0,3	1 550
1950	198	8	168	6	163	6,5	1 376	55	576	23	13	0,5	2 494
1960	273	9	216	7,2	199	6,7	1 706	57	593	20	16,3	0,5	2 998
1970	352	9,7	283	7,9	226	6,3	2 027	58	702	17,8	19,3	0,5	3 609
1980	449	10	383	9	256	6	2 532	58	687	16	23,6	0,5	4 330[5]
1983	513	11	390	8,3	259	5,5	2 730	58,4	761	16,3	24	0,5	4 677
1990	587	11	470	9	333	6	3 036	58,5	734	14	28,3	0,5	5 188
2000	768	12,5	568	9	422	7	3 560	58	778	12,5	33,4	0,5	6 129[4]

Nota. — (1) Éclosion des techniques. (2) Adoption de l'agriculture, élevage, vie sédentaire en agriculture. (3) Peste noire, guerre de Cent Ans. (4) soit 1 441 pour les nations développées et 4 688 pour celles en voie de développement. Hypothèse forte 6 814 (soit 1 574 et 5 240) ; faible 5 449 (soit 1 293 et 4 156). Avant un siècle, il y aurait 30 milliards d'hommes si la progression continuait.

Nuptialité

Nombre de mariages annuels par rapport à 1 000 habitants en 1983. *Moy. du monde* 6,6 (1978). *Taux les plus forts :* Maurice 10,5. U.S.A. 10,5. Pologne 8,4. N.-Zél. 8,1[2]. Malte 8. Tchéc. 7,8. Canada 7,7[2]. All. dém. 7,5. Youg. 7,5. Australie 7,4. Autriche 7,4. Israël 7,3. Grèce 7,1. Hongrie 7,1. Mexique 7,1[1]. Portugal 7. G.-B. 7. Japon 6,4. Belgique 6,1. Finlande 6,1. All. féd. 6. Irlande 5,9[2]. Suisse 5,8. *France 5,5.* P.-Bas 5,5. Luxembourg 5,4. Italie 5,3. Danemark 5,3. Norvège 5,2. Espagne 5[2].

Nota. — (1) 1981. (2) 1982.

Mariage

Age légal dans le monde. Avec consentement des parents (en général ce consentement est inutile après la majorité légale).

Légende : 1er chiffre : âge légal pour les femmes ; 2e chiffre : pour les hommes.

Afrique du Sud 15-18. All. dém. 18-18. All. féd. 16-21. Argentine 14-16. Australie 16-18. Autriche 16-21. Belgique 15-18. Bolivie 12-14. Canada (Québec) 12-14. Canada (Ontario) 18-18. Chili 12-14. Colombie 12-14. Cuba 14-16. Danemark 15-18. Égypte 16-18. Espagne 12-14 (religieux 14-16). États-Unis 16-18 (sauf N.-Hampshire 14-18 ; Missouri 15-15 ; N. York, S. Carolina, Texas, Utah 14-16 ; Colorado, Connecticut, Maine, N. Carolina, Pennsyl., Tennessee 16-16 ; Alabama 14-17 ; Mississippi 15-17 ; Washington 17-17 ; N. Dakota, Oklahoma 15-18 ; Kansas 18-18). Finlande 17-18. *France 15-18.* Grande-Bretagne 16-16. Grèce 14-18. Hong-Kong 16-16. Hongrie 16-18. Irak 18-18. Irlande 12-14. Israël 16 (pas d'âge min. pour les hommes). Italie 15-16. Japon 16-18. Jordanie 17-18. Luxembourg 15-18. Maroc 15-15. Mexique 14-16. Monaco 15-18. Norvège 18-20. P.-Bas 16-18. Pérou 14-16. Pologne 18-21. Portugal 14-16. Roumanie 16-18. Suède 18-18. Suisse 18-20. Tunisie 17-20. Turquie 15-17. U.R.S.S. 18-18. Uruguay 12-14. Venezuela 12-14. Yougoslavie 18-18.

Age moyen. Les Irlandais se marient les plus vieux (hommes 31,4 ans, femmes 26,5 a.), les Indiens les plus jeunes (hommes 20 a, femmes 14,5 a.).

Divorce dans le monde

Taux brut de divorcialité (nombre de jugements de divorce définitifs prononcés par les tribunaux pour 1 000 hab.). *Source :* O.N.U.

Taux les plus élevés : Maldives 25,5[8]. Bermudes 5,5[8]. U.S.A. 5[10]. Vierges (Iles) 4,5[5]. Porto-Rico 4,4[8]. Guam 3,2[8]. **Taux les plus bas :** Chypre 0,4[8]. Nicaragua 0,3[7]. Honduras 0,2[8]. Italie 0,2[10]. Portugal 0,2[7]. Guatemala 0,1[6]. **Autres pays :** Albanie 0,7[9]. Algérie 0,5[4]. All. dém. 3[10]. All. féd. 1,9[9]. Australie 2,8[8]. Autriche 1,8[8]. Belgique 1,7[10]. Berlin-E. 3,3[1]. Berlin-O. 3[3]. Bulgarie 1,6[10]. Canada 2,8[9]. Cuba 3[10]. Danemark 2,9[10]. Égypte 2[8]. Finlande 2[8]. Formose 0,4[1]. *France 1,7*[7]. Grèce 0,6[8]. Hongrie 2,7[10]. Iran 0,9[10]. Israël 1,2[10]. Japon 1,4[9]. Liban 0,6[2]. Libye 1,8[5]. Luxembourg 1,6[10]. Mexique 0,3[7]. Norvège 1,7[9]. P.-Bas 2,3[10]. Pologne 1,2[10]. Roumanie 1,5[9]. Roy.-Uni 2,8[9]. Suède 2,4[10]. Suisse 1,7[8]. Tchéc. 2,3[10]. Tunisie 1,1[7]. Turquie 0,4[7]. U.R.S.S. 3,4[10]. Yougoslavie 0,9[9].

Nota. — (1) 1967. (2) 1972. (3) 1974. (4) 1977. (5) 1978. (6) 1979. (7) 1980. (8) 1981. (9) 1982. (10) 1983. Il y a un divorce pour 10 mariages en France contre 3 pour 10 aux U.S.A.

Natalité

Nombre de naissances. Environ 131 millions par an.

Évolution du taux de natalité (nombre de naissances vivantes pour 1 000 personnes) entre 1965 et 1985. Le taux a baissé. Canada 25,2[1] à 15. Portugal 22,9 à 14. États-Unis 19,4 à 16. P.-Bas 19,9 à 12. Italie 19,2 à 11. Finlande 16,9 à 14. *France 17,7 à 14.* Suisse 15,8 à 11. All. féd. 17,9 à 10. G.-B. 18,3 à 13. Belgique 16,8[1] à 12.

Nota. — (1) 1962.

Indice synthétique de fécondité (1983). Pologne 2,4. Roumanie 2,2. Tchéc. 2,1. Bulgarie 2. Portugal 2. *France 1,8.* U.S.A. 1,8. Japon 1,8. Canada 1,7. Norvège 1,7. Autriche 1,6. Belgique 1,6. Suède 1,6. Italie 1,6. Suisse 1,6. P.-Bas 1,5. Danemark 1,4. All. féd. 1,3.

Dans les pays industrialisés, le remplacement des générations n'était plus assuré en 1979 dans 18 pays sur 34.

Rapport des sexes. Il naît environ 105 garçons pour 100 filles. Ce rapport s'éleva à la fin et au lendemain des guerres en faveur des garçons.

Pics des naissances de garçons pour 100 naissances de filles après les deux guerres mondiales : Allemagne 108 et 108, Angleterre 106,5 et 106, *France 106,6 et 106,4,* Italie 106,5 et 106,2.

Taux de natalité pour 1 000 hab. (1984). Mexique 33,6[2]. Turquie 31,1[1]. Panama 26,4[4]. Israël 24[4]. Maurice 21,1. Irlande 19[4]. Pologne 18,9. Youg. 16,4. Singapour 16,2[4]. N.-Zél. 15,8[4]. U.S.A. 15,6. Australie 15,5. Canada 15[4]. Malte 14,8. Tchéc. 14,7. Portugal 14,4[4]. Hong-Kong 14,4. G.-B. 14,2[4]. *France 13,8.* All. dém. 13,7. Finlande 13,4. Espagne 13,4[4]. Grèce 12,8. Japon 12,7[3]. P.-Bas 12,1. Autriche 11,7. Belg. 11,7. Lux. 11,5. Suisse 11,5. Suède 11,3. Italie 10,3. Danemark 10,1. All. féd. 9,5.

Nota. — (1) 1980. (2) 1981. (3) 1982. (4) 1983.

Pays riches. Sur 28 pays non socialistes, 24 n'assurent plus le remplacement des générations (tendance commencée il y a env. 20 ans). En All. féd., le nombre de naissances atteint à peine 1,5 tandis que le remplacement des générations en exigerait 2,1.

Dénatalité en Europe. Depuis 1980, le remplacement des générations n'est plus assuré et la population vieillit sauf en Irlande et en Grèce. *Causes :* travail des femmes, maîtrise de la fécondité, diminution du nombre des mariages, augmentation du nombre des divorces, baisse de la mortalité.

Mortalité

Taux de mortalité pour 1 000 hab. (1984). Hongrie 13,7. All. dém. 13,3[3]. Tchéc. 11,8. Autriche 11,6. G.-B. 11,4[3]. All. féd. 11,3. Lux. 11,2. Danemark 11,2[3]. Belg. 11,1. Suède 10,9[3]. Norvège 10,2. *France 9,8.* Portugal 9,6[3]. Pologne 9,6. Italie 9,3. Youg. 9,3. Irlande 9,3[3]. Finlande 9,2. Suisse 9,1. Grèce 8,9. U.S.A. 8,7. P.-Bas 8,3. N.-Zél. 8,1[3]. Malte 7,9. Espagne 7,4[2]. Australie 7,1. Canada 7[3]. Israël 6,8[3]. Maurice 6,6. Japon 6,2[3]. Mexique 5,3[1]. Singapour 5,3[3].

Nota. — (1) 1981. (2) 1982. (3) 1983.

Surmortalité masculine. Elle était en France de 1,5 an en 1861-65 et de 8,2 ans en 1981 (4 à 5 ans dans les autres pays industrialisés). Elle a légèrement reculé en 1976-77.

En revanche, dans de nombreux pays du tiers monde, la mortalité féminine de 15 à 35 ans reste encore légèrement supérieure à celle des hommes.

> Les *veuves* sont ainsi plus nombreuses que les veufs (en France, en 1968, 1 veuf pour 4,6 veuves). Avec 2 ans (en moyenne) de moins que son mari, la femme avait, en 1967, 9 ans de plus que lui d'espérance de vie au moment du mariage (en 1900, elle avait 4 ans de moins que lui).

Pour toutes les maladies communes aux deux sexes, la mortalité est plus forte chez l'homme. Certains attribuent ce fait à une moindre résistance organique de l'homme, aggravée par des facteurs externes (alcoolisme, surconsommation alimentaire, cigarettes, accidents).

Taux de mortalité infantile. Nombre d'enfants de moins de 1 an décédés dans l'année par rapport à 1 000 naissances vivantes. Nigeria 140,5[4]. Inde 130[3]. Rwanda 110,1[6]. Honduras 95,4. Sénégal 92,9[2]. Égypte 74,2[5]. Équateur 63,9[4]. Mexique 59,8[4]. Colombie 59,4[4]. Thaïlande 58,9[4]. Philippines 58,9[4]. Tunisie 47,1[3]. Venezuela 44,8[4]. Rép. Dom. 32,1[6]. Yougoslavie 28,9[8]. U.R.S.S. 27,7[1]. Ile Maurice 26,9[7]. Roumanie 23,9[7]. Bahamas 21,6[7]. Portugal 19,8[6]. Pologne 19,2[7]. Hongrie 19[7]. Costa-Rica 18,6[7]. Bulgarie 16,5[7]. Tchécoslovaquie 15,7[7]. Grèce 14,6[7]. Israël 14,4[7]. Chypre 12,7[7]. Italie 12,4[7]. Autriche 11,5[8]. Belgique 10,7[8]. All. féd. 10,3[7]. Australie 9,6[7]. Singapour 9,4[7]. P.-Bas 8,4[7]. *France 8,2*[8]. Suède 7,2[7]. Japon 5,9[8].

La mortalité infantile est 7 fois plus élevée en Afrique qu'en Europe.

Nota. — (1) 1974. (2) 1975. (3) 1977. (4) 1980. (5) 1981. (6) 1982. (7) 1983. (8) 1984.

Définitions. *Mortalité infantile rectifiée :* mortalité de la 1re année, y compris les faux mort-nés ; *intra-utérine :* m. dans l'utérus, quelle que soit la durée de gestation ; *mortinatalité :* m. dans l'utérus de fœtus de + de 6 mois ; *m. fœto-infantile :* décès de la 1re année + vrais mort-nés ; *néonatale :* décès des 28 premiers jours ou du 1er mois, selon les pays ; *post-néonatale :* décès de 1 à 11 mois ; *périnatale :* mortinatalité + décès de la 1re semaine. La **létalité** est le nombre de décès dus à une maladie donnée, par rapport à 100 cas de cette maladie.

Décès maternels pour 100 000 naissances vivantes (1982). Finlande 1,6[3]. Norvège 2[4]. Danemark 3,8[4]. Suède 4,3[4]. P.-Bas 6,4. Suisse 6,8[4], R.-U.[4] (dont Écosse 18,8, Angleterre et Galles 9,0, Irl. du Nord 3,7), Grèce 11,4[4]. Espagne 11,5[2]. Pologne 11,7[3]. Tchécoslovaquie 12,9[2]. *France 15,5*[4]. Autriche 17. Portugal 30,6[2]. Malte 68,2[4]. Ile de Man 131,9[2]. Roumanie 139,9[3].

Nota. — (1) 1978. (2) 1979. (3) 1980. (4) 1981. Au *XVIIIe s.*, il y avait environ 2 000 décès maternels pour 100 000 naissances vivantes ; en *1945 :* 80 à 200 ; en *1974 :* 12 à 70 selon les pays.

Pays les plus peuplés

Nombre d'habitants (estimation 1985). En millions. Entre parenthèses % par rapport à la population mondiale.

Chine	1 042 (21,5)	Royaume-Uni	56,4 (1,1)
Inde	762,2 (15,7)	*France*	*55,0 (1,1)*
Europe des Douze	*322,2 (6,6)*	Thaïlande	52,7 (1)
U.R.S.S.	278 (5,7)	Turquie	52,1 (1)
États-Unis	238,9 (4,9)	Égypte	48,3 (1)
Indonésie	168,4 (3,5)	Iran	45,1 (0,9)
Brésil	138,4 (2,8)	Corée du Sud	42,7 (0,8)
Japon	120,8 (2,5)	Espagne	38,5 (0,8)
Bangladesh	101,5 (2,1)	Pologne	37,3 (0,7)
Pakistan	99,2 (2)	Birmanie	36,9 (0,7)
Nigeria	91,2 (1,8)	Éthiopie	36,0 (0,7)
Mexique	79,7 (1,6)	Zaïre	33,1 (0,6)
Allemagne (R.F.A.)	61,0 (1,2)	Afrique du Sud	32,5 (0,6)
Viêt-nam	60,5 (1,2)	Argentine	30,6 (0,6)
Italie	57,4 (1,2)	Colombie	29,4 (0,6)
Philippines	56,8 (1,1)		

Source : World Population Data Sheet, élaborée par le *Population Reference Bureau* (Washington) à partir des travaux de la Division de la population des Nations Unies (New York) et du *Bureau of the Census* américain et de la Banque mondiale.

On ne peut accorder une confiance uniforme à ces chiffres, la qualité et la précision dépendant de l'organisation statistique et de la stabilité politique de chaque pays.

Pays les plus étendus

Superficie en km². Entre parenthèses % de la surface mondiale des terres émergées. *Sources :* O.N.U.

U.R.S.S.	22 402 200 (16,5)	Libye	1 759 540 (1,3)
Canada	9 976 139 (7,3)	Iran	1 648 000 (1,2)
Chine	9 596 961 (7)	Mongolie	1 565 000 (1,1)
U.S.A.	9 372 614 (6,9)	Pérou	1 285 216 (0,9)
Brésil	8 511 965 (6,3)	Tchad	1 284 000 (0,9)
Australie	7 686 848 (5,6)	Niger	1 267 000 (0,9)
Inde	3 287 590 (2,4)	Angola	1 246 700 (0,9)
Argentine	2 766 889 (2)	Mali	1 240 000 (0,9)
Soudan	2 505 813 (1,8)	Éthiopie	1 221 900 (0,9)
Algérie	2 381 741 (1,7)	Afr. du S.	1 221 037 (0,8)
Zaïre	2 345 409 (1,7)	Colombie	1 138 914 (0,8)
Groenland	2 149 690 (1,6)	Bolivie	1 098 581 (0,8)
Arabie S.	2 175 600 (1,6)	Mauritanie	1 030 700 (0,7)
Mexique	1 972 547 (1,5)	Égypte	1 001 449 (0,7)
Indonésie	1 904 569 (1,1)	*France*	*547 026 (0,4)*

Population des villes

Depuis 100 ans, alors que doublait la population du monde, celle des villes a parfois décuplé.

Urbanisation

Population urbaine par rapport à la pop. totale. Ordre de grandeur ; en % et, entre parenthèses, année de référence. La définition de la zone urbaine varie (voir Nota). *Source :* O.N.U.

Afrique. Algérie 52 [2] (74). Tunisie 49,8 [2] (75). Afrique du Sud [1] 47,9 (72). Sahara occ. 45,1 (74). Égypte 44,3 [3] (81). Maurice (Ile) 42,5 (82). Maroc [7] 42,1 (80). Malawi [14] 8,5 (77). Ouganda 7,1 (72). Burkina Faso [19] 6,4 (75). Rwanda [3] 4,6 (78).

Amérique du Nord. Canada 75,7 [8] (81). U.S.A. 73,7 [9] (80). Cuba 69,7 [4] (82). Mexique 66 [9] (79).

Amérique du Sud. Chili 82,6 [10] (83). Venezuela 76,4 [8] (81). Brésil 68,3 [10] (82). Pérou 66,2 [12] (83). Colombie 54,3 [11] (75).

Asie. Israël 86,8 [4] (82). Japon 76,2 [18] (80). Irak 68 [13] (79). Iran 52 [13] (82). Syrie 47 [14] (82). Turquie 44,7 [14] (82). Pakistan 29,1 [13] (83). Inde 23,3 [13] (81). Indonésie 22,4 [14] (80). Thaïlande 17 [14] (80).

Europe. Belgique 94,6 [16] (76). Espagne 91,4 [18] (81). Islande 88,7 [17] (82). P.-Bas 88,4 [4] (81). Suède 82,7 [17] (75). Danemark 82,6 [17] (76). Luxembourg 77,8 [4] (79). G.-B. 77,7 [16] (73). All. dém. 76,6 [4] (83). Saint-Marin 74,4 (76). *France 73,4 [4] (82).* Norvège 70,2 [16] (80). Tchéc. 66,7 [6] (74). Grèce 64,8 [4] (71). Bulgarie 64,6 [16] (83). U.R.S.S. 64,1 [16] (82). Finlande 59,9 [16] (81). Pologne 59,3 [16] (82). Irlande 55,6 [16] (81). Suisse 54,6 [18] (70). Hongrie 54,3 [16] (82). Roumanie 48,5 [16] (82). Youg. 38,6 [18] (71). Portugal 29,7 [16] (81).

Océanie. Austr. 86,0 [8] (76). N.-Zél. 83,0 [16] (76).

Nota. — (1) Loc. de + de 500 h. (2) Uniquement centres urbains. (3) Chefs-lieux adm. (4) Loc. de + 2 000 h. (5) Tripoli, Benghazi, Beida, Derna. (6) Loc. de + 5 000 h. (7) 184 centres urbains. (8) Loc. de + 1 000 h. (9) Loc. de + 2 500 h. (10) Chefs-lieux adm. (11) Loc. de + 1 500 h. (12) Centres de peuplement de + 100 logements. (13) Loc. adm. et villes de + 5 000 h. (14) Loc. adm. et zones urbanisées. (15) Loc. adm. et villes de + 50 000 h. (16) Villes, agglom. et communes urbaines. (17) Loc. de + 200 h. (18) Loc. de + 10 000 h. et banlieue. (19) 5 villes.

Les plus grandes villes

Classement approximatif, la notion de villes ou d'agglomérations variant suivant les pays. *Légende :* agglomération, ville en italique et, entre parenthèses, année de référence. Population recensée, sinon estimée. *Source :* O.N.U. et pays (en milliers).

Afrique. Alger 903 *2 200* (81). Le Caire *5 800* (81). Alexandrie *2 576* (81). Kinshasa 2 242 (75). Casablanca 2 408 (81), *2 357* (79). Johannesburg 1 726 *1 536* (80). Lagos *3 500* (81). Addis-Abeba *1 478* (83). Le Cap 1 500 *214* (80).

Amérique du Nord (80). New York 16 121 *7 071*. Mexico 14 750 (79) *9 191* (79). Los Angeles 11 497 *2 967*. Chicago 7 869 *3 005*. Philadelphie 5 547 *1 688*. San Francisco 5 180 *679*. Détroit 4 618 *1 203*. Toronto *599* (81). Washington 3 061 *638*. Montréal 2 862 (83) *980* (81).

Les plus grandes villes en l'an 2000 (en millions d'hab. et, entre parenthèses, nombre d'hab. en 1985). Mexico 26,3 (18,1). São Paulo 24 (15,9). Tokyo/Yokohama 17,1 (17,2). Calcutta 16,6 (11). Bombay 16 (10,1). New York 15,5 (15,3). Séoul 13,5 (10,2). Shanghai 13,5 (11,8). Rio de Janeiro 13,3 (10,4). Delhi 13,3 (7,4). Buenos Aires 13,2 (10,9). Le Caire-Giza-Imbaba 13,2 (8,5). Djakarta 12,8 (7,9). Bagdad 12,8 (7,2). Téhéran 12,7 (7,2). Karashi 12,2. Istanbul 11,9. Los Angeles-Long Beach 11,2 (10). Dacca 11,2. Manille 11,1 (7). Pékin 10,8 (9,2). Moscou 10,1 (8,7). Bangkok 9,5. Tianjin 9,2 (7,8). Paris 9,2 (8,9).

Amérique du Sud. São Paulo 12 590 *8 493* (80). Buenos Aires 9 677 *2 908* (80). Rio de Janeiro 9 018 *5 093* (80). Lima 4 600 *3 968* (81). Bogota 4 584 (82) *2 836* (73). Santiago 4 373 (81) *4 132* (83).

Asie. Tokyo 11 676 *8 336* (82). Shanghai 11 860 (82). Pékin 9 231 (82). Calcutta 9 166 *3 292* (81). Séoul 8 500 (81). Bombay 8 227 (81). Djakarta *6 503* (80). Téhéran 6 000 (81). T'ien-tsin 5 142 (82). Delhi *4 865* (81). Karachi *5 103* (81). Madras 4 276 *3 266* (81).

Europe. Paris 8 707 *2 176* (82). Londres *6 696* (81). Istanbul 2 948 *2 804* (82). Madrid 3 959 (81). Rome 6 868 (75) *2 916* (81). Manchester *449* (81). Birmingham 2 446 (73) *920* (81). Budapest 2 064 (82), *2 061* (81). Berlin-Ouest *1 896* (81).

Océanie. Sydney 3 021 *3 280* (81). Melbourne 2 604 *2 803* (81).

U.R.S.S. Moscou 8 184 (81) *8 396* (83). Leningrad 4 681 (81) *4 779* (83). Kiev 2 355 (83).

	1800	1900	1940	1983
Londres	959 000	6 581 000	8 700 000	6 754 500
Tokyo	800 000	1 819 000	6 779 000	8 361 054
Pékin	700 000	1 000 000	1 556 000	9 230 687 [8]
Istanbul	600 000	1 106 000	741 000	2 854 689 [7]
Paris	547 000	2 714 000	2 725 000	2 176 243 [1-8]
Naples	437 000	564 000	920 000	1 209 086
Moscou	250 000	1 039 000	4 137 000	8 546 000
Amsterdam	201 000	511 000	794 000	994 062 [9]
Madrid	160 000	540 000	1 048 000	3 188 297 [7]
Rome	153 000	463 000	1 280 000	2 834 094
Varsovie	100 000	638 000	1 261 000	1 649 100 [9]
New York	79 000	3 437 000	7 455 000	7 086 096 [2-8]
Rio de Jan.	43 000	811 000	1 711 000	5 093 232 [3-7]
Buenos Aires	40 000	821 000	2 389 000	2 908 000 [4-7]
Athènes	12 000	123 000	487 000	885 737 [5-7]
Stockholm	6 000	301 000	557 000	650 952 [6]

Antiquité. Rome 3 500 000. Alexandrie 216 000. Byzance 190 000 à 375 000. **Au XIVe s.** Paris 200 000. **XVIe s.** Londres 35 000. Paris 350 000. **Vers 1700.** Londres 700 000. Paris 500 000.

Nota. — (1) Ag. 8 612 000 (75). (2) Ag. 9 080 777. (3) Ag. 9 018 637. (4) Ag. 9 677 200. (5) Ag. 2 282 633 avec Le Pirée (71). (6) 1 387 000. (7) 1981. (8) 1982. (9) 1984.

Quelques records

• **Le plus d'enfants.** Mme Vassiliev, Russe (1716-72) 69 enfants en 27 fois (16 fois des jumeaux, 7 des triplés, 4 des quadruplés) ; 67 au moins auraient survécu. Mme Granatta Nocera (Italie) : 62 enfants, Mme Raimundo Carnauba (Brésil) : 24 fils et 8 filles.

• **La plus âgée** *à avoir eu un enfant.* A 57 ans 129 j Mme Ruth Alice Kistler (Américaine, 1899-1982) eut une fille (1956).

• **La plus jeune.** En général, 12 ans. Lina Moulina (n. 1933, Pérou) réglée à 3 ans 1/2, mit au monde à *5 ans 1/2* d'un père inconnu 1 fils de 5 livres 1/2 après césarienne.

• **La plus grande famille.** Le sultan Abou el Hassan (XIV) aurait eu 1 862 enf.

• **La grossesse la plus longue.** L'Anglaise Jacqueline Haddock a mis au monde le 23-3-1910 une fille de 1,360 kg après une grossesse de 398 j (durée normale 273 j).

• **Naissances à faible intervalle.** En 1965, une paysanne du Transkei (Afr. du Sud) âgée de 36 ans eut *2 enfants à 5 mois d'intervalle ;* le 2e aurait été conçu 4 mois avant la naissance du 1er (1 cas possible sur 6 millions de naissances environ). En 1967, cas analogue au Texas à *1 mois d'intervalle ;* en 1968/1969, en Suède à *10 semaines ;* en 1977, en Espagne *à 1 mois.*

• **Naissances multiples.** *Proportion d'accouchements multiples* (pour 10 000 accouchements) : *1861-69 :* 101 ; *1881-90 :* 99 ; *1911-13 :* 114 ; *1925-29 :* 108 ; *1935-39 :* 107 ; *1946-50 :* 109 ; *1956-60 : 109 ; 1966-70 :* 98.

Nota. — Depuis quelques années, le recours aux traitements contre la stérilité a accru fortement le nombre de naissances multiples.

Décuplés. Espagne 1924 ; Chine 1936 ; Brésil 1946, 2 garçons 8 filles.

Nonuplés. Australie, Mme G. Broderick, 1971, 5 g. 4 f. prématurés (7 mois) de 450 à 900 g (2 mort-nés ; les autres sont morts après). U.S.A., 1972, aucun ne survécut.

Octuplés. Mexique, Mme Ruibi 1921 ; Chine, Mme Tam Sing 1934 ; Chine, 1947 ; Argentine, Mme Gonzales 1955 ; Mexique, Maria Teresa Lopez de Sepulveda 1967, 4 g., 4 f., aucun ne survécut ; Italie, Mme Chianèse 1979, 5 f., 3 g., 5 sont morts les 1ers jours.

Septuplés. Naissances officiellement observées depuis 1900 : Suède (Mme Britt Louise Ericsson 1964) ; Belgique (Mme B. Verhaeghe-Denayer 1966) ; U.S.A. (Mme Sandra Cwikielnik 1966) ; Suède (1966) ; Éthiopie (Mme Verema Jusuf 1969) ; U.S.A. (1972).

Sextuplés. Nigeria (1907) ; Afrique Or. (1920) ; Portugal (1931) ; Guyane brit. (1933) ; Inde (1937) ; U.S.A. (1950) ; Bangladesh (1967) ; G.-B. (1968 et 69) ; Afr. du S. (Mme Susan Rosenkowitz 1974) ; Italie (Rosanna Giannini 1980).

Quintuplés. Sur 60 cas rapportés, dans 5 seulement tous les bébés ont dépassé l'enfance. *Afr. du Sud* (Tukuluse). *Argentine* (Diligenti 1943, 3 g., 2 f.). *Australie* (Braham 1967, 3 f., 2 g.). *Canada* (les sœurs Dionne, 28 mai 1934 : elles pesaient ensemble 6 kg ; 3 sont encore vivantes, 1 est morte en 1954, 1 en 1970). *France* (Christophe 1957, tous sont morts ; Sambor 1964, 3 survivent ; Riondet 1971, tous sont morts ; Guidon 1979, tous survécurent). *G.-B.* (Hanson 1969). *N.-Zélande* (Lawson 1965, 4 g. 1 f.). *U.S.A.* (Fischer 1965, 4 g., 1 f. ; Kienast 1970 ; Baer 1973, 3 f., 2 g.). *Venezuela* (De Priesto 1965, 5 g.).

Records de poids à la naissance (enfants normaux). *Maximal :* 11 kg (Turquie 3-6-1961). *Minimal :* 283 g (Marion Chapman, Angleterre 5-6-1938). Au XVIIIe s., en France, Nicolas Ferry (Champenay, Vosges, 11-11-1741/8-6-1764) mesurait 20 cm et pesait 625 g à la naissance ; à sa mort, il mesurait 84 cm. Son squelette est au musée de l'Homme à Paris.

Les *Pygmées* ont des enfants de 2,750 kg.

Catastrophes

☞ V. aussi Accidents, Séismes, Volcans à l'Index.

Nombre de morts

Avalanches

Allemagne. *1965 (15-5)* Garmisch : 100. **Autriche.** *1916 (13-12)* Tyrol : + de 10 000 ; *1954 (12-1)* Blons : 380. **États-Unis.** *1910 (1-3)* Wellington : 118. **France.** *1892 (11/12-7)* St-Gervais (Hte-Savoie) : 200 ; *1970 (10-2)* Val-d'Isère (Savoie) : 42 ; *1970 (16-4)* Plateau d'Assy (Hte-Savoie), glissement de terrain : 79. **Pérou.** *1941 :* 4 000 ; *1962 (10-1) :* 3 000 à 4 000. **Suisse.** *1618 (4-9)* Plurs : 1 500 ; *1689* Saas : 300 ; *1951 (24-2) :* 300 ; *1965 (30-9)* Mattmark : 188 ; *1970 (24-2)* Rechingen : 29 ; *1978 (12-3)* Les Diablerets : 20 ?

Catastrophes minières

Afrique du Sud. *1910* Prétoria : 344 ; *1960 (21-11)* Coalbrook : 417. **Allemagne.** *1908* Radbod : 360 ; *1946* Grimberg : 439. **All. dém.** *1960 (22-2)* Zwickau : 123. **All. féd.** *1960* Lisienthal : 184 ; *1962 (7-2)* Voelklingen (Sarre) : 298. **Australie.** *1936* Wonachaggi : 208. **Belgique.** *1956 (8-8)* Marcinelle : 263. **Chine.** *1935* Lun-Chou : 600 ; *1942 (26-4)* Honkeito : 1 549. **États-Unis.** *1907 (6-12)* Monongah (Virg. occ.) : 361 ; *19-12* Darr : 239 ; *1909 (13-11)* Cherry : 259 ; *1947 (25-3)* Centralia (Illinois) : 111 ; *1951 (21-12)* West Frankfurt : 119 ; *1976 (9/11-3)* Oven Fork : 26 ; *1981 (15-4)* Redstone : 15. **France.** *Courrières (1906-10-3) :* 1 060 ; *Forbach (1958-21-11) :* 11 ; *Liévin (1974-27-12) :* 42 ; *Merlebach (1959-29-5) :* 26 ; *(1976-30-9) :* 16 ; *Roche-La-Molière (1928-30-06) :* 48 ; *Forbach (1985-25-2) :* 22 (103 blessés). **Inde.** *1958* Chinakuri : 182 ; *1965 (28-5)* Dhanbad : 267 ; *1975* Dhanbad : 350. **Japon.** *1963 (9-11)* Ohmuta : 452 ; *1965 (1-6)* Yamano : 237. **Mexique.** *1969* Barroteran : 156. **Mozambique.** *1976 (18-9)* Tete : 140. **Népal.** *1976 (7-6) :* + de 150. **Rhodésie.** *1972 (6-6)* Wankie : 457. **Royaume-Uni.** *1910* Whitehaven : 136 ; *1913 (14-10)* Senghenydd : 439 ; *1934* Wexham : 264 ; *1966 (21-10)* Aberfan (Galles) : 144 dont 116 enfants (glissement d'un crassier). **Tchécoslovaquie.** *1961 (9-7)* Dukla : 108. **Yougoslavie.** *1965 (7-6)* Kakanj : 127.

Éboulements

Brésil. *1966 (17-3)* Rio : 550. **Chine.** *1983 (9-3)* Dongxiang : 270. **Corée.** *1972 (8) :* 410. **Colombie.** *1974 (28-6) :* 200. **États-Unis.** *1938 (2-3)* Los Angeles : + de 200. **Hong-Kong.** *1972 (18-6) :* 100. **Italie.** *1618 (4-9)* Chiavenna : 2 420. **Pérou.** *1971 (18-3) :* 240 ; *1974 (4)* à 200 km de Lima : 1 000 ; *1970 (31-5)* Yungay : 20 000. **Suisse.** *1806 (2-9)* Rossberg (15 millions de m^3, 3 villages ensevelis) : 1 000. *1881 (11-9)* Elm (nappe de 1 400 m sur 500 m de large et 20 m d'épaisseur). **Turquie.** *1980 (28-3) :* 60. **Venezuela.** *1973 (30-8)* Caracas : 100.

Épidémies

Choléra : France 1832-37 : 100 000 [dont Paris (févr.-août 1832) 18 402] ; 1853-54 : 143 000.

Grippe espagnole : 25 000 000 (avr.-nov. 1918) dont des centaines de mille en France.

Maladie du sommeil : Ouganda 200 000 (1901-05).

Malaria : en Russie, des millions (1923).

Oreillons : Fidji 40 000 (1875).

Peste noire (Europe occidentale) : 25 000 000 (1347-51). **Grande Peste** de Londres (1664-65) 75 000 ; de Vienne (1679) 76 000 ; de Prague 83 000 ; de Marseille (1720) 50 000 ; Canton (1894) 100 000 ; Indes (de 1896 à 1917) 9 841 396 dont 1 315 000 en 1907 ; Mongolie (1910-11) 60 000.

Typhus : France 85 000 (1628, Lyon, Limoges), Pologne, Russie 3 000 000 (1914-15).

Empoisonnements

Italie. 1976 *(10-7)* Seveso : vapeurs toxiques (dioxines) de l'usine ICMESA (filiale de la firme suisse Givaudan). 36 000 h. vivaient dans la zone potentiellement contaminée (1 800 ha), 736 furent évacués. La dioxine (qui disparaîtra définitivement vers 2040) a peut-être provoqué davantage de cancers du foie et davantage de naissances d'enfants malformés. *Contamination :* Givaudan a versé 338 millions de F aux victimes et a dû financer les travaux de décontamination. 5 personnes de la direction condamnées de 2 ans et demi à 5 ans de prison. Le responsable de la production d'ICMESA avait été assassiné le 5-2-1980 par des terroristes de « Prima Linea ». **Inde. 1984** *(3-12)* Bhopal : fuite d'isocyanate de méthyl dans une usine de pesticide. Plus de 3 000 morts et 100 000 blessés.

France/Belgique. *1914-18* ypérite (gaz de combat). **Viêt-nam.** *1971-75* défoliants.

> **Combien d'hommes ont vécu sur la Terre ?** Environ 80 milliards, soit à peine 20 fois plus que la population mondiale d'aujourd'hui, qui dépasse 4 milliards. 12 milliards sont nés entre 600 000 et 6000 av. J.-C., soit pendant 594 000 ans ; 42 milliards entre 6000 av. J.-C. et 1650 après (soit 7 650 ans) et 30 milliards de 1650 à nos jours, soit 324 ans.
>
> Pendant des millénaires, mortalité et fécondité se sont équilibrées, avec un léger gain pour la vie. La Terre parvint à son 1er milliard d'habitants vers 1820, à son 2e milliard en 1925 (105 ans), à son 3e en 1960 (35 a.), à son 4e en 1975 (15 a.).

Explosions

Afghanistan. *1982 (2-11)* Salang, tunnel : 1 000 à 3 000. **Algérie.** *1964* Bône, bat. de munitions égypt. Star of Alexandria : 100. **Allemagne.** *1921 (21-9)* Oppau, 4 000 t de salpêtre + usine à gaz : 1 000 ; *1948 (28-7)* Ludwigshafen, usine : 184. **Brésil.** *1984 (25-2)* Oléoduc : 508. **Canada.** *1917 (6-12)* Halifax, cargo fr. Mont-Blanc chargé de munitions : 1 600. **Colombie.** *1956 (7-8)* cali., camion mun. : 1 100. **Corée du Sud.** *1977 (11-11)* Iri, train de marchandises : 57. **Cuba.** *1960 (4-3)* La Havane, bat. mun. fr., La Coubre : 100. **Espagne.** *1947 (18-8)* Cadix, usine de torpilles : 300 ; *1978 (11-7)* camping de Los Alfaques, camion de carburant : + de 200 ; *1980 (23-10)* Ortuella, école : 51. **États-Unis.** *1937 (18-3)* New-London, école : 413 ; *1944 (17-7)* Port-Chicago, 2 bat. mun. : 322 ; *1947 (16-4)* Texas City, bat. fr. Le Grandcamp, chargé de nitrate expl. entraînant l'explosion d'une usine de produits chimiques et du High Flyer aussi chargé de nitrate : 575 ; *1963 (31-10)* Indianapolis : 64 ; *1965 (9-4)* Searcy, dans le silo d'un missile Titan II : 53 ; *1967 (29-7)* sur le porte-avion Forrestal : 134 ; *1973 (10-2)* New York, réservoir de gaz liquéfié : 43 ; *1977 (22-12)* Westwego, aspirateur à céréales : 35. **Finlande.** *1976 (13-4)* Lapua, usine de mun. : 45. **France.** *Argenteuil* (Val-d'Oise) *(1971-21-12)*, gaz : 17 (44 blessés) ; *Auch* (Gers) (*1971*-4-1) : 14 ; *Colmar* (*1822*-26-7), poudrière : 12 ; *Essonne* (*1820*-16-10), poudrière : 0 ; *Le Havre-Graville* (*1915*-11-12), usine belge d'obus ; *Lagoubran* (près de Lyon) (*1899*-5-3) n.c. ; *Le Mans* (*1955*-11-6), voiture : 82 ; *Paris* (rue Raynouard) (*1978*-17-2), conduite de gaz : 12 ; *St-Amand-les-Eaux* (Nord) (*1973*-1-2), camion : 9. **Grèce.** *1856* Rhodes, poudrière dans une église : 4 000. **Mexique.** *1984 (19-11) Mexico,* réservoirs de gaz : 452 (4 248 blessés, 31 000 sans-abri). **Inde.** *1944 (14-4)* Bombay, bateau Fort Stibène (munitions) : 800 à 900. *1975 (27-12)* Chasnala, mine : 431. **Iran.** *1980 (19-8)* Gatchsaran, dépôt de matériels : 100. **Italie.** *1769* Brescia, poudrière dans une église, foudre : 3 000 ; *1945 (9-4)* Bari, Liberty Ship, munitions : 360 ; *1979 (13-11)* Parme, hôpital : 20 à 25. *1982 (25-4)* Todi, exposition d'antiquités : 13. **Royaume-Uni.** *1974 (2-6)* Flixborough, usine chimique Nypro : 28 (100 blessés). **U.R.S.S.** *1984 (déc.)* Tbilissi, explosion de gaz dans la cave d'un immeuble : env. 100.

Famines

(Nombre des morts indiqué en millions.) **Chine** (Nord) *1333-37 :* 4 ; *1877-78 :* 9,5 ; *1892-94 :* 1 ; *1928-29 :* 3. **France** *1693 :* des millions ; *1769 :* 5 % de la pop. **Inde** *1769-70 :* 3 à 10 ; *1869-70* et *1873* (ensemble) : 73,5 % ; *1876-78 :* 3,5 à Madras ; *1891-97 :* 5 ; *1899-1900 :* 1,25 à 3,25 ; *1943-44 :* 1,5. **Irlande** *1846-51 :* 1. **Nigeria** (Biafra) *1967-69 :* 1. **Sahel** *1965-70 :* plusieurs centaines de mille. **U.R.S.S.** *1921-22 :* 1,5 à 5 ; *1943-44 :* 1,5.

Incendies

Allemagne. *1842 (28-2)* Karlsruhe, théâtre de la Cour : 100 ; *(5/7-5)* Hambourg : 100. **Arabie Saoudite.** *1975 (12-12)* La Mecque : 138. **Argentine.** *1985 (26-4)* hôpital psychiatrique, Saavedra : 79. **Autriche.** *1881 (8-12)* Vienne, théâtre Resig : 850. **Belgique.** *1967 (22-5)* Bruxelles, magasin Innovation : 322 ; *1974 (25-1)* collège de Heudsen : 25 enf. ; *1976 (1-1)* Louvière, dancing : 15. **Brésil.** *1961 (17-12)* Niteroi, chapiteau de cirque : 323 ; pénitencier de Taubate : 152 ; *1972 (24-2)* São Paulo, gratte-ciel : 20 ; *1974 (1-2)* São Paulo, imm. : 189. **Canada.** *1846 (12-7)* Québec, Théâtre-Royal : 200. *1927 (9-1)* Montréal, cinéma : 71 ; *(14-12)* Québec, hospice : 50 ; *1980 (1-1)* Chapais, dancing : 42. **Chili.** *1863 (8-12)* Santiago, église de la Campania, panique 2 500. **Chine.** *1845 (25-5)* Canton, théâtre : 2 500 ; *1871 (juin)* Shanghai, théâtre : 900 ; *1937 (13-2)* Antoung, théâtre : 700 ; *1949 (2-9)* Tchong-king : 1 700. **Colombie.** *1958 (16-12)* Bogota, les gds-magasins Vida : 101. **Corée du Sud.** Séoul : *1971 (26-12)* hôtel Taeyonkak : 163 ; *1973 (2-12)* théâtre : 50 ; *1974 (3-11)* théâtre : 50. **Côte-d'Ivoire.** *1977 (9-6)* Abidjan, night-club : 41. **Danemark.** *1973 (1-9)* Copenhague, hôtel Hafnia : 35. **Espagne.** *1778 (12-11)* Saragosse, Colisée : 77 ; *1928* Madrid, théâtre : 270 ; *1973 (11-12)* Saragosse, fabr. de meubles : 25 ; *1979 (12-7)* Saragosse, hôtel : 81. *1983 (17-12)* Madrid, dancing : 83. **États-Unis.** *1776 (21-4) New York : ville à moitié détruite ; 1788 (21-3)* La Nouvelle-Orléans : 856 immeubles ; *1835 (16-12)* New York : 650 immeubles ; 1871 (8-10) Chicago, gros dégâts : 250 ; *(9-10)* Peshtigo (Wisconsin) forêt : 1 182 ; *1876 (5-12)* New York, théâtre Conway : 295 ; *(10-12)* San-Sacramento : 110 ; *1903 (30-12)* Chicago, théâtre iroquois : 602 ; *1923* Chicago, théâtre : 383 ; *1930 (21-4)* Colombus (Ohio) pénitencier : 320 ; *1940 (23-4)* Natchez (Mississippi) bal : 198 ; *1942 (28-11)* Boston, night-club : 491 ; *1944 (7-7)* Hartford, cirque : 168 ; *1946 (7-12)* Atlanta (Géorgie) Motel Winecoff : 19 ; *1977 (26-5)* Columbia : 42 ; *(28-5)* Southgate (Kentucky) dancing : 159 ; Las Vegas. *(14-11)* Manila, hôtel : 47 ; *1980 (21-11)* Las Vegas, hôtel-casino M6M (26 étages, 2 076 chambres) : 81. **France.** *Marseille* (*1938*-28-10), Nouvelles-Galeries : 75 ; *Nice (1880)* théâtre : 70 ; *Paris (1781-8-6)* Opéra : 21 ; *1880* les grands magasins du Printemps ; *1887-25-5* Opéra-Comique : 115 ; *1897-4-5* Bazar de la charité : 129 [123 femmes (dont la Desse d'Alençon), 6 hommes et garçonnets] : 400 bl. ; *1900-8-3* Théâtre-Français : 1 (Jane Henriot, pensionnaire) ; *1903-10-8* rame de métro, station Couronnes : 84 ; *1917* les grands magasins du Bon Marché ; *1921-28-9* les gds magasins du Printemps : 1 ; *5-10* tunnel des Batignolles, 2 trains : 16 (100 bl.) ; *1923* Opéra-Comique : 103 ; *St-Laurent-du-Pont* (*1970*-31-10) (Isère) dancing Le Cinq-Sept : 147 ; *1973-6-2* rue Édouard-Pailleron, C.E.S. : 17 ? ; *1976-11-8* hôtel : 13 ; *Rueil* (*1947*-3-8) : 89 ; *St-Jean-de-Losne* (*1980*-21-4) (Côte-d'Or) hospice : 30. **Guatemala.** *1960 (14-7),* asile : 225. **Inde.** *1878 (11-5)* Ahmadnuggar : 40. **Irlande.** *1981 (15-2)* Dublin, dancing : 46. **Italie.** *1784 (8-6)* Capo d'Istria : 1 000 ; *1857 (7-6)* Livourne : 100 ; *1983 (13-2)* Turin, cinéma : 64. **Jamaïque.** *1980 (21-5)* Kingston, hospice : + de 180. **Japon.** *1934 (22-3)* Hakodate : 1 500 ; *1972 (13-5)* Osaka, magasin : 119 ; *1973 (29-11)* Kumamoto, gd magasin : 101 ; *1980 (22-11)* Kawaji : 43. **Pays-Bas.** *1772 (11-5)* Amsterdam, théâtre Schouwbourg : 25. **Royaume-Uni.** *1666 (1-9)* Londres, grand incendie ; ville détruite : 4 ; *1808 (20-9)* Londres, Covent Garden : 22 ; *1811 (26-9)* Richmond : 72 ; *1887 (4-9)* Exeter, théâtre : 200 ; *1973 (3-8)* Douglas (île de Man), centre de loisirs : 51. **Suède.** *1751* Stockholm. **Suisse.** *1971 (6-3)* Burghoezli, clinique psychiatrique : 28. **Syrie.** *1960 (13-11)* Amouda, cinéma : 152. **Thaïlande.** *1971 (20-4)* Bangkok, hôtel : 24. **Turquie.** *1729* Constantinople : 7 000 ; *1870 (15-6)* 550 ; *1772* Smyrna : 3 000 logements, 4 000 bateaux ; *1922 (13-9)* Smyrne, détruite aux 3/5. **U.R.S.S.** *1812* Moscou. *1836 (14-2)* Saint-Pétersbourg, cirque Lehmann : 800. **Venezuela.** *1939 (14-11)* Lagunillas : + de 500.

Inondations

Mers et fleuves

Allemagne : 343 (1962). **Bangladesh :** 2 500 (1974). **Brésil :** 894 (1967) ; 436 (1967) ; 218 (1969) ; 1 500 (1974). **Chine :** 300 000 (1642) ; Fleuve Jaune : 900 000 (1887) ; 100 000 (1911) ; milliers de sinistrés (1934) ; 500 000 (1939) ; 10 000 à 100 000 (1948) ; 4 800 (1951) ; 2 000 000 à Shantung (1969). Yang-Tsé-Kiang : 1 million (1931). **Corée :** 20 (1962) ; 250 (1969). **Espagne :** Barcelone 445 (1962). Prov. de Grenade, Murcie, Almeria (oct. 1973) 350. Prov. d'Alicante et Valence (oct. 1982) + de 40. **États-Unis :** 2 000 (1928) ; 250 (1937). Rapid City : 236 morts, 500 disparus (1972). **France :** Paris (1872) (1876) (1910). **Guatemala :** 40 000 (oct. 1949) + de 1 300 (sept. 1982). **Honduras :** 9 000 (sept. 1974). **Inde :** 1 700 (1955) ; 2 000 (juill.-août 1968) ; 1 000 (1968) ; 780 (1968) ; 500 (1970) ; 5 000 à 15 000 (1979). **Iran :** 2 000 (1954). **Italie :** Pô (nov. 1951) 100. Florence 113 ; destruction d'œuvres d'art, 6 000 boutiques (4/5-11-1966). **Madagascar :** 300 (1959). **Mexique :** Mexico 2 000

(1959). **Pakistan :** 10 000 (1953) ; 1 700 (1955). **Pays-Bas :** 100 000 (1424) ; 1 800 (9,4 % des terres agr. immergées, 34 000 bovins, 25 000 porcs, 100 000 volailles) (1953). **Philippines :** 454 (août 1972). **Portugal :** 387 (nov. 1967). **Roumanie :** + de 300 (mai 1970). **Russie :** 50 000 (1287) ; 10 000 (1421) ; Neva 10 000 (1824) ; 150 (mars 1973). **Tunisie :** 500 (1969). **Viêtnam du Sud :** 7 000 (1964).

Barrages (rupture ou éboulement)

Argentine. *1970 (4-1)* Mendoza : 100. **Brésil.** *1960 (28-3)* L'Oros : 1 000. **Colombie.** *1972 (25-2)* Foledon : 60. **Corée du Sud.** *1962 (28-10)* Sunchon : 163. **Espagne.** *1802 :* 608 ; *1959 (9-1)* Wega de Fera : 144. **États-Unis.** *1874 (16-5)* Williamsbourg (Mass.) : 144 ; *1884 (31-5)* Johnstown (Pennsyl.) : 2 204 ; *1928 (13-3)* St-Francis (Calif.) : 450 à 700 ; *1972 (26-2)* Logan (Virg.) : + de 450 ; *1976 (7-6)* Teton (Idaho) : 140. **France.** *1895 (25-4)* (Vosges) Bourzey : 86 ; *1959 (2-12)* (Var) Malpasset : 433. **Inde.** *1979 (11-8)* Mervi : env. 30 000. **Indonésie.** *1967 (27-11)* Kébumen : 160. **Italie** *1923 (1-12)* Gleno : 1 500 ; *1963 (9-10)* Vaiont (Longarone) : 2 118 ; *1985 (19-7)* Tesero : 264. **U.R.S.S.** *1961 (13-3)* Kiev : 145.

Paniques, bousculades, effondrements

Argentine. *1968 (juin)* Buenos Aires ; stade : 80 morts, 150 bl. **Colombie.** *1980 (10-1)* Sincelejo, effondrement d'une arène : 134. **Égypte.** *1974 (17-2)* Le Caire, mur en ciment effondré, panique : 49 morts, 47 bl. **États-Unis.** *1979 (3-12)* Cincinnati, concert pop. : 11. *1981 (17-7)* Kansas City, effondrement de passerelles dans un hôtel : 111. **France.** *1770 (7-5)* Paris, Place Louis-XV, mariage du futur Louis XVI, feu d'artifice : 133 ; *1837 (15-6)* Paris, Champ de Mars, mariage du duc d'Orléans : 23. **Pérou.** *1964 (24-5)* Lima, match de football Argentine-Pérou : 400 morts, 800 bl. **Turquie.** *1967 (18-9)* Kayseri, match de football Kayseri-Sivas : 40 morts, 600 bl. **U.R.S.S.** *1896 (20-5)* Chodinskoye, couronnement de Nicolas II : 3 000.

☞ *Le plus grand massacre :* 32,5 à 61,7 millions de tués en Chine de 1949 à 1965 selon le rapport Walker au Sénat (U.S.A., 1971).

Langues

Définitions

Il est difficile de définir ce qu'est une langue, en raison de l'imprécision des limites entre les différents parlers. A. Martinet distingue : **patois** (forme linguistique d'utilisation strictement locale et qui ne se maintient que du fait de l'inertie du milieu) ; **dialecte** (forme ling. à l'échelle d'une province où les divergences entre parlers locaux sont tenues pour négligeables) ; **langue** (système voulu consciemment comme tel ; généralement lié à l'idée de nation).

Le *nombre de langues parlées* est, pour les mêmes raisons, impossible à indiquer. Certains auteurs avancent que 2 500 à 3 500 langues seraient parlées de nos jours.

Classement

Les différents systèmes de classement des langues imaginés dep. plus d'un siècle (langues analytiques, synthétiques, de type flexionnel, agglutinant, isolant) se fondent sur le degré d'enchevêtrement des unités significatives (monèmes). Ils sont aujourd'hui très controversés. On se borne à distinguer des parentés, des groupes, dont les liens sont souvent discutés.

(En italique, langues qui ne sont plus parlées aujourd'hui. Les langues indiquées par * ne forment pas une famille mais des groupes géographiques.)

● **Langues indo-européennes** (Europe et Asie du S.-E., avant les expansions récentes).

Langues indo-iraniennes. *Sanskrit* (*védique* début du 1er millénaire av. J.-C. ? et *classique*) *pâli*, hindi (utilisé par les Hindous), urdu (utilisé par les Musulmans) bengali, marathe, cingalais, Tsigane dit gitan ou romani (principaux dialectes parlés en France : rom, manouche, sinto, gitan), etc.

Vieux-perse, avestique, pehlevi, parthe, sogdien, persan, kurde, afghan, ossète.

Grec. *Grec ancien (linéaire B* attesté dès le 2e millénaire av. J.-C.) et grec moderne.

Frontières linguistiques de parlers locaux (auj. souvent disparus ou en voie de disparition). 1 fr. entre langues ou types linguistiques ; 2 entre dialectes ; 3 anc. fr. linguistiques. Ces parlers locaux ont disparu au centre de la moitié N. L'élimination des autres s'est accélérée dep. la guerre de 1914-18. *Sources :* A. Demangeon, *la France* (Colin) et E. Nègre, *les Noms des lieux en France* (Colin).

Italique. *Osque, ombrien, latin* et langues romanes dérivées du latin : italien, espagnol, portugais, catalan, parlers d'oc [1] (provençal, occitan[1], gascon), franco-provençal, français et parlers d'oïl (picard, wallon, etc.), romanche, frioulan, roumain.

Nota. — (1) Actuellement on désigne souvent sous le mot d'occitan l'ensemble des parlers d'oc.

Celtique. *Gaulois, celtibère :* 1 branche brittonique [breton, gallois et cornique (Cornouailles anglaises)] ; 1 branche gaëlique (irlandais, gaëlique d'Écosse et manx).

Germanique. *Branche ostique :* gothique, burgonde. *Branche nordique :* islandais, norvégien, danois, suédois. *Branche occidentale :* anglo-frison, anglais et frison ; néerlandais, allemand.

Balte. *Vieux-prussien,* letton, lituanien.

Slave. *Au sud,* slovène, serbo-croate, macédonien, bulgare ; *à l'ouest,* polonais, tchèque, slovaque ; *à l'est,* russe, biélorusse, ukrainien. Le *vieux-slave* (macédonien) est attesté au IXe s.

Albanais. Parlé en Albanie et Kosovo (Youg.).

Arménien (IVe s.).

Hittite. Parlé en Asie Mineure au 2e mill. avant J.-C.

Tokharien. Parlé en Asie au 1e mill. apr. J.-C.

● **Chamito-sémitiques** (Proche-Orient et moitié nord de l'Afrique).

Sémitique. *Sémitique oriental : akkadien* ou *assyro-babylonien,* attesté par des documents du 3e millénaire aux env. de l'ère chrétienne (langue de l'Empire mésopotamien).

Sémitique septentrional : amorite, connu par des noms propres, grâce aux particularités de certains textes akkadiens du 2e millénaire ; *ougaritique,* parlé jusqu'au XIIe s. av. J.-C. au N. de la Syrie sur le site actuel de Ras Shamra.

Sémitique cananéen : phénicien, langue de Tyr, Sidon, Byblos, etc., attesté à partir du IXe s. jusqu'au Ier s. av. J.-C. ; sa variété *punique* a été parlée à Carthage ; *moabite,* du roy. de Moab, au S.-E. de la mer Morte, connu par une inscription commémorant les victoires du roi Mécha, datée du VIIIe s. av. J.-C.

Sémitique araméen : ar. ancien, parlé de la Palestine à l'Arabie du N., langue administr. de l'Empire achéménide ; *ar. occidental :* encore parlé dans l'Anti-Liban par quelques milliers d'individus à Ma'lula, Bax'a et Guba'din. *Judéo-araméen,* langue de certains documents de la mer Morte, des targoums et du Talmud palestinien (Ve s. apr. J.-C.) ; *samaritain* (on a une traduction de la Bible du IVe s. av. J.-C. et des textes liturgiques et religieux) ; *christo-palestinien,* on a des traductions de documents bibliques et évangéliques et des textes religieux (VIIIe et IXe s. apr. J.-C.) des chrétiens melkites de Palestine ; *nabatéen* connu par des inscriptions de Palmyre (Ier au IIIe s. apr. J.-C.). *Ar. oriental,* représenté par le *syriaque,* parlé à Edesse (aujourd'hui Urfa), dans tout le Proche-Orient, IIIe au XIIIe s. apr. J.-C., *babylonien talmudique* (on a des textes de compilation aux IVe et Ve s.), *mandéen* (textes religieux à partir du VIIIe s.), *néo-araméen oriental,* encore parlé dans la région de Tur'Abdin, et en U.R.S.S.

Sémitique méridional : arabe ancien, connu par des inscriptions sous les formes lihyanite, thamoudéenne, safaïtique, du IIe s. av. J.-C. au VIe s. apr. J.-C. *Arabe classique :* celui du Coran et de la littérature du VIIe s. à nos jours. Dialectes arabes en Arabie, Irak, Jordanie, Palestine, Syrie, Liban, Égypte, Soudan, Maghreb, Mauritanie, Malte. *Sud-arabique ancien :* dialectes minéen, sabéen, awsanique, qatabanique, hadramaoutique (du IVe av. au VIe s. apr. J.-C.), représenté aujourd'hui entre Hadramaout et Oman et dans les îles côtières par les dialectes mahri, grawi, harsusi, botahari, soqotri). *Langues éthiopiennes : guèze* ou éthiopien classique, attesté dès le IIIe ou IVe s. apr. J.-C., parlé jusqu'au env. du XIe s., *tigré* et *tigrigna* au N., *amharique* langue officielle de l'Empire, *harari, gouragué* parlés de nos jours au centre et au sud, *gafat* et *argobba,* l. méridionales, pratiquement éteintes.

Hébreu, attesté à partir du IXe s. av. J.-C. *Hébreu ancien* (1ers documents en caractères purement hébraïques) : le « Calendrier agricole » de Gezer (Judée), les ostraca de Samarie (IXe s. av. J.-C.), notes succinctes de comptabilité, *Hébreu michnique :* parlé entre IVe et IIe s. av. J.-C. *Hébreu médiéval :* influencé par des langues dans l'ambiance desquelles s'est développée cette littérature, notamment par l'arabe. A partir de 1880 avec le développement du mouvement à objectif nationaliste Xoveve Ciyon, a constitué l'israélien grâce à Eliezer Ven Yehuda (1858-1922).

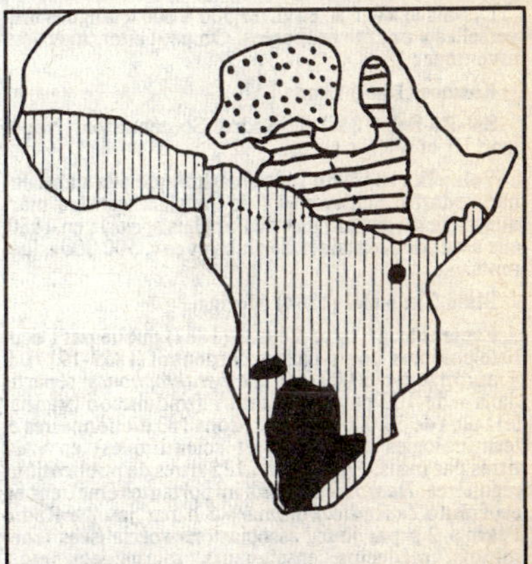

D'après G. P. Murdock : " Africa "

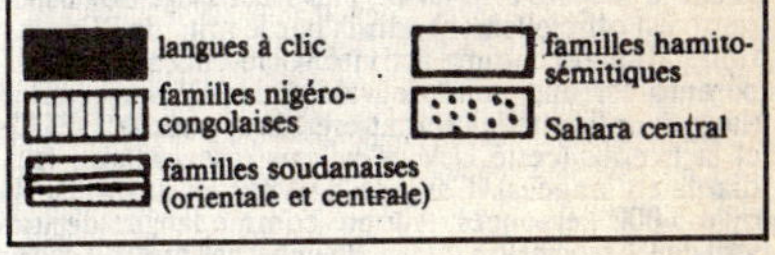

Égyptien. *Égyptien* et *copte* romain.

Libyco-berbère. *Libyque,* berbère, *guanche* (éteint au XIXe s.).

Couchitique. Bedja, afra, saho, somali, galla, agaw, sidama.

● **Négro-africaines*** (Soudan et Guinée, Bantou, Ouest-afric.).

● **Khoisan*** (Afr. du Sud). Hottentot, Boschiman.

● **Ouraliques** (Europe de l'E. et Asie du N.-O.).

Finnois (finnois, estonien, live, permien, tchérémisse). Lapon. Mordve.

Vogoule, ostiak, hongrois. On rattache parfois à cette branche de l'ouralique le maïdu et les langues apparentées parlées en Californie.

Samoyède.

● **Turques, mongoles et toungouzes*** (Asie du N.-E., avant expansions).

Turques. Kirghiz, bachkir, turcoman, osmanli, tarantchi, sarte, azerbaidjanais, etc.

Mongoles. Mongol, kalmouk, bouriate, khalkha, etc.

Toungouze, mandchou.

- **Sino-tibétaines*** (Extrême-Orient). Tibébain, birman, lolo, chinois, thaï, siamois, laotien.
- **Dravidiennes** (Inde). Tamoul, canara, telougou.
- **Austriennes*** (Asie du S.-E., océan Indien, Pacifique).

Austro-asiatiques. Mon khmer (cambodgien), vietnamien, munda.

Malayo-polynésiennes. Indonésien (malais), mélanésien, polynésien, etc.

- **Américaines*.** *Nord :* esquimau, sioux, navajo, etc. *Centre :* aztèque, maya, zapotèque, otomi etc. *Sud :* quechua, aymara, carib, arawak, bororo, tupiguarani, mapuche, etc.
- **Isolées. Europe.** *Langues caucasiques :* 3 langues N.-O. ; N.-E ; S. (khartvéliennes dont le géorgien). *Basque :* 6 dialectes principaux (France : souletin, bas-navarrais, labourdin ; Espagne : haut-navarrais, guipuzcoan, biscayen).

Asie du Nord-Est*. Japonais, coréen, aïnou, ghiliak, tchouktche, etc.

Langues sifflées. Dans 3 villages, les habitants s'appellent au moyen de langues sifflées, c'est-à-dire de modulations créées par le bout de la langue : Aas (Pyrénées françaises, quelques personnes de + de 50 ans le connaissent encore ; comprend un vocabulaire béarnais restreint aux activités pastorales), Silbo Gomero (Canaries), Mazateco (Mexique).

Langues universelles

Depuis le XVIIIe s., environ 500 à 600 « langues universelles » ont été proposées. On peut citer, avec leur inventeur :

Kosmos (1844) Landa (All.).

Sol-Ré-Sol (1858) de Sudre. Soutenue par Napoléon III et Victor Hugo.

Volapük (1879) du prêtre catholique allemand Johann Martin Schleyer (*vol* de l'anglais *world*, a marque slave du génitif, *pük* de l'anglais *speak*) ; en 1880, elle avait des centaines de clubs et env. 500 000 adhérents.

Blaia Zimondel (1884) Meriggi.

Espéranto. 1er livre d'étude (1887) publié par l'oculiste polonais Louis-Lazare Zamenhof (1859-1917). Il y aurait env. 3 000 000 *d'espérantophones* répartis dans + de 100 pays. *Littérature* (traduite ou originale) : plus de 33 000 volumes (dont 163 dictionnaires et terminologies techniques et scientifiques) env. 20 titres par mois. *Presse :* env. 125 titres de publications régulières. *Radio :* 9 stations importantes émettent en espéranto (« Radio Polonia » 3 h par jour, « Radio Pékin » 2 h par jour), associations spécialisées (cheminots, médecins, enseignants, journalistes, etc.). *Universités et instituts sup. :* 120 (dans 22 pays) enseignent la langue. En France, l'apprentissage de l'espéranto est officiellement admis par le min. de l'Éducation nationale comme activité socio-éducative. L'espéranto est une unité de valeur dans 5 universités (langue optionnelle ou matière libre) pour le DEUG et la licence (cette U.V. n'est pas réservée aux étudiants en langues). *Congrès.* 250 par an attirant jusqu'à 5 000 personnes. Adopté comme langue de travail de l'Association intern. de cybernétique, l'Académie intern. des Sciences de St-Marin. Utilisé pour la publication de divers documents par l'O.N.U., l'U.N.E.S.C.O., l'O.M.S. et de nombreux offices de tourisme.

Contrairement aux créations plus récentes, ne sacrifie jamais la régularité au naturalisme. Graphie strictement phonétique (alphabet de 28 lettres) ; l'avant-dernière syllabe du mot est automatiquement accentuée [ex. : Espéranto (espé**ranto**) — estas (estass) — lingvo (**linn**'gvo) — kultura (koul**toura**) — moderna (mo**derna**) — mondo (**monn**'do)]. *Grammaire :* simple, basée sur 16 règles sans aucune exception. *Vocabulaire international : mots formés* par des « racines » (max. 10 000 à 12 000) auxquelles on ajoute une ou plusieurs lettres caractéristiques [substantif : *parolo* parole, *homo* homme ; adjectif : *parola* oral(e), *homa* humain ; adverbe : *parole* oralement, *home* humainement ; pluriel : *paroloj* paroles, *homoj* hommes, *parolaj* oraux, orales, *homaj* humain(e)s]. Sur 2 629 racines on compte : racines romanes 63 %, étrangères au français 13 %, étrangères à l'anglais 30 %, étrangères à l'allemand 32 %, étrangères au russe 60 %. *12 terminaisons verbales :* expriment toutes les nuances du passé, du présent et du futur : 6 principales : *infinitif :* paroli (parler), *présent :* mi parolas (je parle), passé : vi parolis (vous parliez), *futur :* li parolos (il parlera), *conditionnel :* si parolus (elle parlerait), *impératif :* parolu (parlez) ; terminaisons verbales identiques à toutes les personnes du singulier et du pluriel. *Affixes :* permettent de former un très grand nombre de mots avec une seule racine ; exemple : bovo (bœuf), -ino (féminin) : bovino (vache), -ido (descendant) : bovido (veau), bovidino = (génisse), -ejo = (lieu affecté à) : bovejo = (étable), -isto = (profession) : bovisto = (bouvier), -aro = (ensemble de) : bovaro = (troupeau de bovins). Connaissant une racine et la gamme des affixes, on peut construire tous les mots de la même famille. Pas de verbes irréguliers. Un seul article. Pas de genre grammatical.

Anglo-latin (1888) Menderson (Angl.).

Universel (1893) Meintzeler (All.).

Novilatin (1895) Beerman (All.).

Tal (1903) Hoesrich.

Perio (1904) Talundberg.

Ido (1907) Louis Couturat et Louis de Beaufront (Fr.). Espéranto modifié dans un sens naturaliste (rapprochement avec les langues occidentales utilisées dans les rapports internationaux).

Latino sine flexione (ou interlingua) de G. Peano (1908), de tendance naturaliste, le vocabulaire étant celui du latin avec abandon des désinences (les noms prennent normalement la forme de l'ablatif ; ex. : latino, flexione).

Timiero (langue numérique) (1921). Thiemer.

Novial (1924) d'Otto Jespersen, linguiste danois (*nov* « nouvelle », *i* pour « international », *a* pour « auxiliaire », *l* pour « langue »), développement à partir de l'ido pour un équilibre entre naturalisme et régularité.

Interlingua (1922-51) International Auxiliary Language Association ; l'extrême naturalisme est contredit par certains *a priori.*

Occidental ou Interlingue (1922) E. de Wahl (Esth) (1928), développé dans un sens naturaliste, pour la compréhension visuelle immédiate par le public international cultivé.

Grammaire (exemple). *Infinitif :* finale *-r.* Ex. : finir, ama-r, deve-r. *Adjectif :* invariable, finale inobligatoire *-i*, Ex. : micr-i. *Adverbe :* finale *-men.* Ex. : visibil-men, regulari-men. *Verbe : Présent,* le radical seul. Ex. : tu fini, il ama, noi deve. *Passé,* finale *-t.* Ex. : Yo fini-t, vu ama-t, ili deve-t. *Futur,* avec l'auxiliaire *va.* Ex. : il va finir, tu va amar. *Conditionnel,* avec l'auxiliaire *vell.* Ex. : tu vell finir, tu vell amar. *Impératif : Ples* ou le radical seul. Ex. : Ples finir, ou : Finis ! *Participe* présent : -nt, Participe passé : -t. Gérondif : -nte. Ex. : Parla-nt, parla-t, parla-nte. *Article : li* = le, la, les. *Masculin : -o.* Ex. : cavall-o. *Féminin : -a.* Ex. : cavall-a. *Pluriel : -(e)s.* Ex. : patres. *Pronoms personnels :* Yo, tu, il, ella, it (indéfini), noi, vu, ili.

Nota. — Le **Basic English** (1929) des Anglais Ogden et Richards est plutôt une voie d'accès à l'anglais normal.

Statistiques

Langues parlées

En 1986, en millions. *Source :* Sidney S. Culbert, University of Washington.

Par plus de 50 millions de personnes. Chinois (seule l'écriture fait l'unité du chinois : Mandarin 788. Cantonais 59. Wu 58. Min 45. Kejia 26). Anglais 420. Hindi (Inde) [1] 300. Espagnol 296. Russe 285. Arabe 177. Bengali 171. Portugais 164. Malais-Indonésien 128. Japonais 122. Allemand 118. *Français 114.* Ourdou (Inde, Pakistan) [1] 82. Pendjabi 72. Coréen 66. Italien 63. Telougou 62. Tamoul 61. Marathi 60. Vietnamien 51. Turc 51. Javanais 51.

Nota. — (1) Hindi et ourdou sont au départ une même langue (l'hindoustani) mais l'hindi est écrit en Inde en caractères *nagari,* ou *devanagari* et au Pakistan en caractères arabes modifiés.

Par moins de 50 millions de personnes. Afghan [8,10] 20. Afrikaans 9. Albanais 4. Amharique [1] 11. Arménien 5. Assamais [4] 16. Atchinais [9] 2. Aymara [11] 2. Azerbaïdjanais [2,3] 9. Balinais 3. Batak [9] 3. Béloutchi [8,3] 3. Bemba [7] 2. Bhili [4] 4. Bicoli [5] 3. Biélorusse 9. Birman 28. Bugi [9] 3. Bulgare 9. Buyi (Chine) 2. Catalan 7. Cebuano [5] 10. Danois 5. Dayak [12] 1. Édo [7] 1. Efik [7] 4. Espéranto 3. Estonien 1. Éwé [7] 3. Fang-Boulou [7] 2. Finnois 5. Galicien [13] 3. Ganda [7] 3. Géorgien 4. Gilaki [3] 2. Gondi [4] 2. Grec 11. Guarani [11] 3. Gujarati [4,8] 36. Haoussa [7] 29. Hani [17] 1. Hébreu 4. Hongrois (Magyar) 14. Ibo [7] 14. Ijaw [7] 2. Iloko [5] 5. Kamba [7] 2. Kannada [4] 38. Kanouri [1] 4. Kashmiri [4] 3. Kazakh [2] 7. Khalkha [14] 3. Khmer 7. Kikouyou [7] 3. Kimboundou [7] 2. Kirghiz [2] 2. Kitouba [7] 3. Kongo [7] 2. Konkani [4] 3. Kurde 8. Kurukh [4] 1. Lao [15] 3. Letton 2. Lituanien 3. Louba-Louloua [7] 4. Louo [7] 2. Louri [3] 3. Luhya [7] 2. Macédonien 2. Madourais [9] 9. Makwa [7] 3. Malayalam [4] 32. Malgache 10. Malinké-Bambara-Dyoula [7] 8. Mazandarani [3]. 2. Mboundou [7] 3. Mendé [7] 1. Miao 5. Minangkabau [9] 5. Mordve [2] 1. Mossi [7] 4. Néerlandais 20. Népalais 11. Ngala [7] 4. Nganja [7] 4. Norvégien 5. Nyamwezi-Sukuma [7] 2. Occitan 4. Oriya [4] 28. Oromo [1] 9. Ouïgour [16] 6. Ouolof [7] 4. Ouzbek [2] 11. Panay-Hiligaynon [5] 5. Persan 30. Peul 11. Polonais 41. Quechua 7. Roumain 24. Roundi [7] 5. Rwanda [7] 7. Samar-Leyte [5] 2. Sango [7] 2. Santali [4] 4. Serbo-Croate 20. Shan (Birmanie) 2. Shona [7] 5. Sindhi [4,8] 12. Singalais [6] 12. Slovaque (Tchéc.) 5. Slovène 2. Somali 6. Sotho du Nord 2, du Sud 4. Soundanais [9] 18. Suédois 9. Swahili [7] 38. Tadjik [2] 4. Tagalog [5] 31. Tatar [2] 7. Tchèque 12. Tchi-Fanti [7] (Akan) 6. Tchouvache [2] 2. Thaï 44. Tibétain 6. Tigrigna [1] 4. Tiv [7] 2. Tong (Chine) 1. Toulou [4] 4. Tsonga [7] 2. Tswana [7] 3. Turkmène [2] 3. Ukrainien 43. Xhosa [7] 6. Yao (Asie du S.) 1. Yi (Chine) 6. Yorouba [7] 16. Zhuang (Chine) 13. Zoulou [7] 7.

Nota. — (1) Éthiopie. (2) U.R.S.S. (3) Iran. (4) Inde. (5) Philippines. (6) Sri Lanka. (7) Afrique. (8) Pakistan. (9) Indonésie. (10) Afghanistan. (11) Amérique du S. (12) Bornéo. (13) Espagne. (14) Mongolie. (15) Laos. (16) Chine (Sin-Kiang). (17) Asie.

☞ Classement des langues, voir page 107.

(Photo : Usis)

L'Homme

Origines de l'homme

Origine de la vie sur Terre

Théories anciennes

Panspermie. Défendue par l'Anglais Lord Kelvin (William Thomson, 1824-1907) et le Suédois Svante Arrhénius (1859-1927) : des germes venus d'autres planètes se seraient développés sur Terre. Cette hypothèse n'indiquait pas leur nature, ni leur provenance, ni comment ces germes auraient pu résister à la traversée des espaces interstellaires (froid, rayonnement) [néanmoins, des êtres vivants comme les rotifères, protozoaires, sont capables de résister à la temp. de l'air liquide].

Génération spontanée. *De l'Antiquité jusqu'au XVIIe s. :* théorie adoptée par des savants, poètes et philosophes, selon laquelle les animaux, même élevés en organisation, pouvaient se former spontanément dans certaines conditions (comme la putréfaction ou la corruption) dans l'eau et la terre. Pour Aristote : la vase décomposée donnait naissance à une génération d'anguilles ; pour Virgile : des essaims d'abeilles se formaient dans les entrailles d'un taureau en putréfaction. Le Belge Jean-Baptiste Van Helmont (1577-1644) admettait la gén. spontanée des sangsues, limaces, grenouilles à partir de la vase des marais, et des souris par transmutation d'un sac de blé entouré d'une chemise sale. *XVIIe s.* (début de la méthode expérimentale) : l'Italien Francesco Redi (1626-98) montra que les vers de viande (asticots) venaient des œufs que les mouches avaient pondus et non de la décomposition de la viande ; élaboration de la théorie selon laquelle « tout être vivant venait de parents préexistants ». *XVIIIe s.* (expérience liée à la découverte du microscope) : de nombreux savants admettent la génération spontanée pour les êtres microscopiques (infusoires, levures, etc.). *1748 : expérience de l'Anglais John Needham* (1713-81) : il constate que des animalcules apparaissent au bout de quelques jours sur des morceaux de viande préalablement chauffés. Mais Lazzaro Spallanzani (1729-99), reprenant l'expérience à une température plus élevée, ne constate plus la présence d'animalcules. *Fin XIXe s. : expérience de Pasteur :* les micro-organismes sont les agents, la cause des fermentations ; le pullulement des micro-organismes dans les matières fermentescibles résulte de la présence ou de l'introduction de germes préexistants et non d'une génération spontanée ; en l'absence des germes de l'air, un liquide putrescible mais stérile (air privé de son pouvoir germinatif à cause d'un chauffage intense ou prolongé) reste indéfiniment stérile.

Théories modernes

Premières théories modernes. *XXe s.* [essais d'Oparin (1938), Dauvillier et Desguin (1942), Gamow, Schrödinger, etc.] ; *1957* (Moscou) : 1er symposium international sur l'origine de la vie, organisé par l'Union internationale de biochimie.

Cosmogonie (théorie généralement admise) : toute la matière actuellement répandue dans l'Univers (avec ses millions de galaxies, chacune composée de 1 milliard d'étoiles) était autrefois groupée sous forme d'une énorme boule, l'Atome primitif. Il y a 13 milliards d'années env., cette masse a éclaté et la matière s'est répartie en un grand nombre de nuages gazeux à très haute température.

Terre. Formée alors surtout de vapeurs métalliques constituant un nuage. La matière s'est formée sans doute à partir de matériaux froids (thèse de Vinogradov au congrès de Moscou), refroidis peu à peu au cours de 6 étapes (théorie de Dauvillier et Desguin) :

1°) + de 4 000 °C : tous les corps connus sont dissociés ; vers 3 000 °C : 1res réactions chimiques et associations d'atomes en molécules dont les plus stables sont les siliciures, les hydrures, les carbures, puis l'oxygène (fixé par les métaux alcalins et alcalino-terreux), l'azote (donnant des nitrures métalliques) et des composés métalliques (donnés par d'autres métalloïdes) ; à ce stade, l'atmosphère contient seulement de l'hydrogène et des gaz rares.

2°) 500 à 600 °C : l'hydrogène réduit les oxydes ferreux ; formation de l'eau et constitution des océans.

3°) La vapeur d'eau ainsi produite détruit certains composés métalliques formés pendant la 1re étape (les carbures donnent des carbures d'hydrogène, les nitrures donnent de l'ammoniac) ; la Terre s'entoure d'une atmosphère d'hydrocarbures, de siliciure d'hydrogène, d'ammoniac, d'hydr. phosphoré, sulfuré, arsénié, etc. (atmosphère actuelle de Saturne et Jupiter) ; la pression de cette atmosphère est énorme (300 kg/cm²) ; elle contient à l'état de vapeur l'eau des océans actuels.

4°) La vapeur d'eau à haute temp. transforme en oxydes les hydrures métalliques et décompose les siliciures, phosphures, sulfures, arséniures ; surtout, le méthane donne de l'oxyde de carbone, puis du gaz carbonique suivant les réactions :

$$CH_4 + H_2O \leftarrow 3H_2 + CO$$
$$CO + H_2O \leftarrow H_2 + CO_2$$

(les cristaux de quartz du granit et du gneiss contiennent du gaz carbonique) ; l'ammoniac se dissout dans les océans. L'atmosphère est composée d'azote, de gaz carbonique, d'eau et de gaz rares (atmosphère actuelle de Vénus) ; des gisements métallifères se forment à partir de la réduction des composés métalliques volatils ; 2 500 espèces minéralogiques se forment à partir du nuage gazeux primitif ; le cycle du carbone peut commencer grâce au gaz carbonique de l'atmosphère, la chaleur des eaux et la lumière solaire.

5°) Le carbure d'hydrogène formé à la 4e étape se polymérise et se condense avec d'autres atomes comme le soufre (thiophène), l'ammoniac (pyrrole), l'acide cyanhydrique (pyridine) ; c'est le point de départ de formation de cycles (la pyridine est le point de départ des 2 bases azotées de l'A.D.N., la cytosine et la thymine) ; synthèse des sucres grâce à l'utilisation de l'énergie solaire et des rayons ultraviolets : ceux-ci agissent sur le gaz carbonique pour donner d'abord l'aldéhyde formique qui, polymérisé, donne les sucres (glucose, cellulose, etc.) ; les sucres se dissolvent dans l'eau condensée des océans ; sous l'action des ultraviolets, l'amide formique se condense avec l'aldéhyde formique pour donner le glycocolle, acide aminé le plus simple ; l'argile, semble-t-il, a joué le rôle de catalyseur pour la condensation des acides aminés. Puis, formation des premières molécules asymétriques de carbone, selon Pasteur, « *1re frontière bien marquée entre la chimie de la matière inanimée et celle de la matière vivante » à cause de : 1°* l'action de la lumière U.V. polarisée circulairement à droite ; *2°* la catalyse asymétrique effectuée par des cristaux ou minéraux eux-mêmes dissymétriques ; *3°* la disparition d'un des 2 composés isomères, par cristallisation spontanée, ou par décomposition. À la fin de ce stade, la mer primitive contenait « en vrac » les éléments du vivant (glucides, acides aminés, protéines, sels).

6°) La manière dont ces molécules organiques se sont organisées pour former les 1res cellules est inconnue à l'heure actuelle.

Après 1968 (Rybak, Fesenkov, Goldschmidt, Haldane, Urey). L'acide adénosine-triphosphorique (A.T.P.) a été fabriqué à l'origine par des cellules anaérobies (c.-à-d. vivant dans une atmosphère sans oxygène). Mais son développement, de même que celui des cellules nerveuses, a exigé toujours plus d'oxygène dans l'atmosphère ; cette oxygénation a été possible grâce à une mutation ayant permis la biosynthèse de la chlorophylle. Néanmoins, on n'a pas encore expliqué l'origine des premières bactéries aérobies (c.-à-d. vivant dans l'oxygène) : il s'agirait peut-être de bactéries anaérobies dégénérées.

Ages de la vie

☞ M.a. = million d'années.

Terre. 5 milliards d'années.

Premières traces de la vie (bactéries). 3 300 M.a. (on connaît de petits amas charbonneux de 3 800 M.a. que l'on appelle *prébiontes* et qui pourraient être d'origine biologique).

Premiers Vertébrés. Uniquement marins *Silurien* (350 M.a.), 1er poisson sans mâchoires (Agnathes), les Cyclostomes encore actuellement représentés. *Au Dévonien* (320 M.a.), 1er poisson avec mâchoires (Gnathostomes) comprenant Placodermes, Condrichthyens (p. cartilagineux) et Ostéichthyens (p. osseux) qui ont évolué ainsi : les Chondrostéens qui donnent il y a 200 M.a. Holostéens et Téléostéens actuels ; les Dipneustes et les Crossoptérygiens *(« cousins » du Coelacanthe)* à double respiration (poumons et branchies), ce qui leur a permis de quitter le milieu aquatique. La *sortie des eaux* s'effectue au Dévonien où se voient les premiers Tétrapodes (Stégocéphales) qui ont conquis la terre ferme, les nageoires se sont transformées en membres porteurs transversaux. *Au Permien* (235 M.a.) ils ont donné les 1ers reptiles d'où sont issus Oiseaux (180 M.a.) et Mammifères (160 M.a.).

Premiers Mammifères. Il y a 200 M.a. les Reptiles mammaliens (Thérapsidés) vont donner naissance aux Mammifères placentaires. Caractéristiques : dents différentes, productions cornées (sabot, griffe, ongle) ; peau recouverte de poils, riche en composants sensoriels, avec de nombreuses glandes cutanées ; membres devenus parasagittaux ; homéothermie (régulation interne de la température) ; viviparité constante (le petit naît vivant débarrassé des enveloppes de l'œuf), développement dans l'utérus maternel avec un placenta (enveloppe fœtale pour la nutrition et l'élimination des déchets) ; présence de mamelles qui servent à nourrir les petits (lactation) ; psychisme élevé.

Premiers Primates (70 M.a.). Descendent probablement des Proto-Insectivores (ancêtres des Primates et des Insectivores actuels comme la musaraigne), mais on n'en connaît ni leurs restes ni leur berceau. Ils ont donné naissance aux Plésiadapiformes (Pénéprimates) répartis en Amérique du Nord, en Europe et en Afrique. Le plus ancien connu est *Purgatorius* (66 M.a.) découvert au Montana (U.S.A.) dans la colline du Purgatoire. Les autres Primates *(Euprimates)* se divisent très tôt en *Strepsirhiniens* et *Haplorhiniens.* Les *Strepsirhiniens* nés dans l'hémisphère nord ont envahi la Laurasie à l'Éocène (52 M.a.) avec : les *Adapiformes* qui persistent en Europe jusqu'à l'Oligocène (34 M.a.) et gagnent l'Amérique du Nord (Notharctidés) ; les *Lémuriformes* ont migré récemment vers Madagascar à travers le canal de Mozambique ; les *Croisiformes* apparus tardivement au Miocène (20 M.a.) en Afrique *(Galago)* ne pénètrent en Asie (Inde, Ceylan) qu'au Néogène *(Loris).* Les *Haplorhiniens* s'individualisent au début du Tertiaire (65 M.a.), ils se divisent 10 M.a. plus tard en *Tarsiiformes* et *Simiiformes* différenciés par ségrégation géographique de part et d'autre de la Tethys. Les *Tarsiiformes laurasiatiques* montrent une radiation en Amérique du Nord (Omomyidés) et en Europe (Teilhardina). Les formes actuelles d'Indonésie *(Tarsius)* semblent dériver d'ancêtres asiatiques refoulés dans leur habitat insulaire par l'invasion des Catarkiniens occidentaux.

Premiers Simiens (40 M.a.). Les *Simiiformes* constituent un groupe naturel monophylétique dont les plus anciennes formes ont été découvertes en Afrique. Ils se subdivisent en *Platyrhiniens* et *Catarhiniens*. Les premiers *Platyrhiniens* (Parapithécidés) vivaient au Fayoum (Égypte) il y a 30 M.a. Par contre les *Atéloïdés* ont traversé l'Atlantique encore peu élargi à l'Éocène. Le 1er connu en Amérique (Bolivie) est *Brasinella* (35 M.a.). Ils se sont répandus en Amérique du Sud jusqu'en Patagonie (réchauffement climatique : 25 M.a.) avec *Homunculus*, mais aussi à la Jamaïque *(Zénothris)* et Hispaniola (Saimiri) au Néogène. Les *Catarhiniens* apparaissent à l'Oligocène du Fayoum (30 M.a.) avec les *Propliopithécidés* qui se retrouvent en Europe au Miocène *(Pliopithécidés)*. Les *Cercopithécoïdés*, responsables de l'extinction des Parapithécidés au Miocène, se divisent en *Colobinés* et *Cercopithécinés* il y a 10 M.a. L'origine des Hominoïdés est par contre beaucoup plus mal connue. La position de l'*Oréopithèque* (1,20 m, 40 kg) découvert en Toscane en 1869 reste une énigme. Il semble cependant plus proche des Anthropoïdes auxquels se rattachent des fossiles du Néogène et du Pléistocène suivant 3 lignées : *Dendropithèque* (Kenya)-*Pliopithèque* (Europe), ancêtres des Hylobatidés (Gibbons) ; *Limnopithèque* (Kenya)-*Proconsul* [appelé ainsi parce qu'un chimpanzé célèbre d'un zoo américain avait été surnommé « Consul » (découvert en 1933, au Kenya)] ; *Dryopithèque* (Europe), ancêtres des Pongidés (Chimpanzé, Gorille, Orang), 22 à 10 M.a. ; *Ramapithèque* (déc. en 1934 Inde, Pakistan)-*Sivapithèque* (Grèce, Hongrie, Turquie, Inde, Chine)-*Ouranopithèque* (Grèce), entre 15 et 10 M.a., d'où semblent issus *Gigantopithecus* (Chine, Inde, Pakistan), *Australopithecus*, et *Homo* d'autre part.

Tendances générales des Primates : redressement du tronc ; développement du cerveau (télencéphalisation) ; réduction de la face et des organes olfactifs ; perfectionnement de la vision par frontalisation des orbites (vision stéréoscopique) ; remplacement des griffes par des ongles ; accroissement de l'acuité sensitivo-motrice de la main ; disparition de la queue (chez les Pongidés). Augmentation de la durée de l'enfance.

Premiers Hominidés. Il y a plus de 3 M.a. *Australopithèque* (taille 1 m à 1,50 m, 20 à 50 kg), en Afrique du Sud et de l'Est. La forme la plus ancienne et la plus archaïque en est « Lucie » *(A. afarensis)* dont on a découvert, en 1974, 52 fragments associés du squelette d'une femme de 20 ans, dans la vallée de l'Aouache (Éthiopie). Il existe, d'autre part, vers 2 M.a. 2 formes contemporaines d'Australopithèques, l'une gracile *(A. africanus)* ayant persisté jusqu'à 900 000 années, l'autre robuste *(A. robustus = A. boisei)* caractérisées par leur capacité crânienne (442 et 530 ml). On connaît la trace de leurs pas découverte en 1978 à Laetoli (Tanzanie). Des formes comparables (méganthropes) ont été découvertes en Indonésie qui présentent des caractères voisins d'Australopithecus robustus (1,5 M.a.), ainsi qu'en Chine.

Premiers Hommes. A cette même époque (2 M.a.) où se voient les 1ers outils de pierre et d'os, coexistait le 1er représentant de l'Homme *(H. habilis)*, avec un cerveau plus volumineux (750 ml) ; découvert au lac Turkana (Kenya) en 1972 et plus tôt à Oldoway (Tanzanie). Il y a un peu plus de 1 million d'années des vestiges d'habitat structuré ont été trouvés à Melka-Kunturé (Éthiopie) et Oldoway (Tanzanie). L'enchaînement se poursuit avec les *Archanthropiens*, les *Paléanthropiens* et les *Néanthropiens*.

Archanthropiens *(H. erectus)*. Répartis en Asie, en Afrique (1,5 M.a.) et en Europe (0,7 M.a.), connus sous le nom de *Pithécanthrope* (700 000 a.) ou *homme de Java* (déc. en 1890 à Trinil), *Sinanthrope* (300 000 a.) ou *homme de Pékin* (déc. en 1926 à Choukoutien), *Atlanthrope* (500 000 a.) ou *homme de Ternifine* (déc. en 1955, Algérie). En Europe, les Archanthropiens *(H. erectus presapiens)* présentent des caractères généralement moins robustes : leur morphologie annonce celle des Hommes de Néandertal. Aussi les appelle-t-on « Prénéandertaliens » (Mauer 700 000 ans, Arago et Montmaurin 450 000 ans ? etc.). Ces hommes ont maîtrisé le feu il y a 700 000 a. (grotte de l'Escale, B.-du-R.). Certaines formes ont persisté jusqu'à 100 000 a. Salé (Maroc) et Solo (Java), Broken Hill (Zambie), Dali (Chine), voire 35 000 ans (Djebel Irkoud, Maroc ; Mapa, Chine).

Races actuelles

Généralités

• **Définition.** Groupe d'individus issus d'ancêtres communs présentant un ensemble de caractères anatomiques, physiologiques et pathologiques communs, transmissible par voie génétique.

• **Origine.** Selon le *monophylétisme* (seul admis aujourd'hui), tous les hommes dérivent d'une souche unique, leurs groupes ne se distinguant que par des différences secondaires acquises sous l'effet de causes externes, adaptatives, géographiques sélectives et génétiques. Selon le *polyphylétisme*, il existe autant de souches que de grandes races humaines.

• **Groupes actuels.** L'Homme actuel appartient à l'espèce *Homo sapiens*, à l'intérieur de laquelle on distingue au moins 3 groupes ou « races géographiques » : blanc, noir, jaune et australoïde, qui se subdivisent en races, puis en sous-races, types et faciès locaux.

Blancs (leucodermes) : peau claire ou basanée. Cheveux plus ou moins bouclés. Nez mince, pas de prognathisme. On a souvent qualifié d'*aryens* les Blancs (notamment nordiques), mais à tort car ce terme a seulement une signification linguistique.

Paléanthropiens. Terme artificiel regroupant tous les Hommes fossiles associés aux industries moustériennes. La forme la mieux connue, essentiellement européenne, est désignée sous le terme d'Hommes de Néandertal représentée dès 70 000 ans *(Homo presapiens neandertalensis)*. Les exemplaires les plus complets proviennent de Dordogne (La Chapelle-aux-Saints, La Ferrassie, Le Moustier) où ils disparaissent il y a 35 000 a. (St-Césaire). L'abri de La Ferrassie qui comprenait 8 squelettes est la sépulture collective la plus complète. D'autres restes sont connus à Gibraltar, Shanidar (Irak), Teshik-Tash (Ouzbékistan), Mapa (Chine) et Wadi Amud (Israël), tandis que coexistaient des formes plus évoluées dans le sens « sapiens » dites « Néandertaloïdes » (Skhul Qafzeh en Israël).

Néanthropiens. *Homo sapiens fossilis*, proche de l'homme actuel, apparaît il y a 30-35 000 a. : Cro-Magnon (30 000 a.), assez grand, déc. en Dordogne en 1868. Dès le Mésolithique et surtout au Néolithique, *H. sapiens fossilis* laisse place à *Homo sapiens sapiens* (fréquence de la brachycéphalie, gracilisation du crâne) : Taforalt (Maroc), crânes trépanés (12 000 a.) ; Afalou-Bou-Rhumel (Algérie) ; Chancelade (Dordogne) déc. en 1888. Enfin, au Néolithique, il y a 5 000 a., l'Homme est répandu sur tous les continents.

Roger Saban, Pr au Muséum, montre que la vascularisation méningée progresse avec l'accroissement du cerveau. Le réseau se compose de 2 branches chez l'*Australopithèque gracile*, de 3 chez l'*A. robuste*. Les 1res anastomoses apparaissent chez *H. habilis*. L'arborisation se développe chez les Archanthropiens où se distinguent 2 phylums : 1° l'un, représenté par *H. erectus* avec un réseau simple, se termine avec les Néandertaliens ; 2° l'autre, représenté par *H. palaeojavanicus* avec de très nombreuses anastomoses, se continue jusqu'à nos jours à travers des formes présapiens depuis 450 000 a. (Arago-Swanscombe, Biache, Kulna, Cro-Magnon pour la lignée eurasiatique et Rhodésie, Taforalt pour la lignée africaine).

Capacité crânienne (en ml)

Exemples : Lémuridés 25-40 ; Loris 5 ; Tarsiiformes 3-6 ; Platyrhiniens 90-110 ; Cercopithécidés 90-140 ; Hylobatidés 82-125 ; Chimpanzé 284-474 ; Gorille 383-625 ; Orang-outan 410 ; Australopithèque gracile 428-484, robuste 500-530 ; *Homo habilis* 590-752 ; *H. erectus* 850-1 200 ; Néandertaliens 1 490-1 680 ; « Néandertaloïdes » 1 100-1 300 ; Cro-Magnon 1 450-1 590 ; Chancelade 1 710 ; *H. actuel* 1 000-2 000 (moyenne : homme 1 450, femme 1 220 ; aborigènes d'Australie 1 100).

Mécanisme de l'évolution

Théories darwinistes. Selon l'Anglais Charles Darwin (1809-82), la spéciation s'explique par des raisons de milieu : au sein d'une même espèce, certains individus possédant des « variants » caractéristiques, particulièrement favorables, ont plus de chances que les autres de perpétuer leur lignée. Objections : 1° durée de la sélection (pour qu'un principe de sélection aussi faible ait quelques chances d'être efficace, il devrait disposer de centaines de milliards d'années ; or la vie n'existe que depuis 5 milliards d'années) ; 2° cette sélection pourrait jouer à l'intérieur d'une espèce, mais n'explique pas la création d'espèces nouvelles : la plupart des variants sont définis comme des « somations » (non héréditaires) et non comme des « mutations » (héréditaires).

Théories néo-darwinistes. Considèrent que les « variants » de D. sont réellement des mutations héréditaires, car ils correspondent aux « mutations géniques » [c.-à-d. celles qui affectent les gènes, (unités héréditaires, transportant le patrimoine génétique d'une espèce), et qui se produisent en moyenne chez un individu sur 55 000].

Théorie chromosomique. Jean de Grouchy (Français 10-8-1926), directeur au CNRS : les mutations géniques, qui expliquent de multiples changements de détail, sont insuffisantes pour expliquer la spéciation : celle-ci ne peut être réalisée que par des changements chromosomiques, seuls capables de constituer des barrières sexuelles pouvant isoler des espèces nouvelles. Par ex., les singes anthropoïdes avaient 48 chromosomes. Voici env. 20 millions d'années, une divergence s'est produite : certains ont conservé 48 chr. et sont devenus les singes pongidés. D'autres sont passés de 48 chromosomes à 46, donnant naissance au « phylum » (c.-à-d. au rameau) humain (genre : *Homo ;* espèce : *Homo sapiens*). Par la technique du marquage chromosomique en bandes, Grouchy et son équipe ont démontré que le chromosome humain nº 2 résulte de la fusion de 2 chr. ancestraux : le [2 p] et le [2 q] (existant encore chez les Pongidés. V. ci-dessus : premiers Simiens). Ceci explique la réduction du nombre chromosomique (mais pas forcément l'isolement définitif du rameau humain, car il y a eu d'autres accidents affectant les chromosomes 1, 9, 16 et peut-être 15).

Inversion de la théorie darwiniste. *Pour les darwinistes :* les accidents chromosomiques ne peuvent intervenir dans l'évolution, car ils provoquent la mort ou la stérilité des sujets. Les changements de races (dus à des mutations géniques accumulées) précèdent donc les changements d'espèces. *Pour l'école de Grouchy :* les individus ayant subi un accident chromosomique tel que : inversions péricentriques, fusions, translocations sont stériles ou hypoféconds seulement quand il y a « hétérozygotie » (élément hérité du seul père ou de la seule mère) ; il n'y a pas stérilité en cas d'« homozygotie » (élément hérité à la fois du père et de la mère). Des espèces nouvelles peuvent donc se stabiliser en cas de reproduction entre individus consanguins, mâle et femelle ayant hérité du même accident chromosomique. A l'intérieur d'une espèce déjà constituée de cette façon, des mutations géniques peuvent se produire, entraînant des changements d'espèces, mais la spéciation précède toujours la raciation. *Principal argument :* sur le plan des GÈNES, deux races appartenant à des espèces différentes se ressemblent parfois plus que deux races de la même espèce ; sur le plan des CHROMOSOMES, toutes les races d'une même espèce sont semblables.

Adam et Ève, mythe ou réalité ? Le mythe d'Adam et d'Ève peut être utilisé symboliquement pour expliquer l'apparition des 1ers hominidés : un individu de la super-famille des hominoïdes (appelé conventionnellement Adam) a subi une mutation chromosomique (par exemple la fusion en 1 chromosome unique des 2 chromosomes [2 p] et [2 q]). Il féconde une hominoïdée femelle, qui n'est pas Ève, mais met au monde une fille ayant hérité la mutation chromosomique de son père. Cette fille est appelée conventionnellement Ève. Fécondée ensuite par son père, elle donne naissance aux premiers individus de la famille des Hominidés, qui, à cause du nombre réduit de leurs chromosomes, se séparent définitivement des pongidés. Tous les humains, sans exception, sont nés de ce couple-là, car la probabilité d'une rencontre entre un hominoïdé mâle et une hominoïdée femelle ayant subi, chacun de son côté, le même accident chromosomique est pratiquement nulle.

Noirs (mélanodermes) : peau foncée. Cheveux crépus. Nez large. Lèvres épaisses. Prognathisme, dolichocéphalie dominante.

Jaunes (xanthodermes) : peau jaune-brun. Cheveux raides. Nez variable. Pommettes fortes. Face large, brachycéphalie dominante.

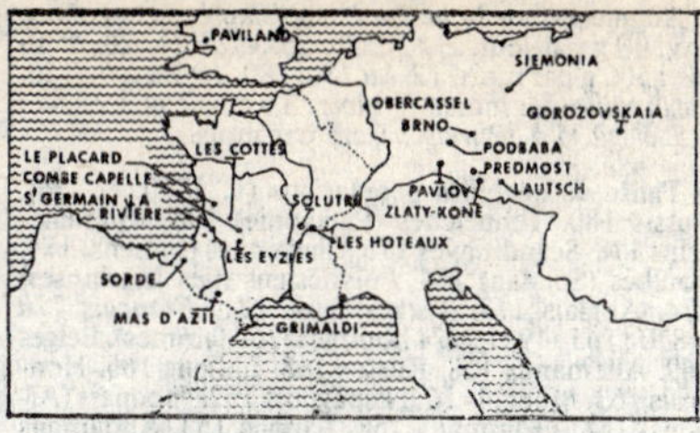

Gisements d'ossements de Cro-Magnon

Gisements d'ossements néandertaliens

Australoïdes : front fuyant, arcades sourcilières développées, racine du nez enfoncée. Voûte crânienne basse. Petite capacité crânienne (ex. : races australienne et vedda).

• **Caractéristiques. Cheveux.** Gros (chez les Jaunes), moyens ou fins (chez les Blancs). On distingue les cheveux *lissotriches* : raides, droits, faiblement ondulés ; *cymatotriches* : ondulés, bouclés ; *ulotriches* : frisés, crépus.

Indice céphalique. Largeur du crâne × 100/longueur. *Brachycéphale* : crâne dont la largeur égale presque la long. (indice supérieur à 81). *Dolichocéphale* : crâne étroit et allongé (indice inférieur à 76). *Mésocéphale* : crâne aux proportions moyennes (indice 76 à 81).

Prognathisme. Face projetée en avant. Ce caractère n'existe pas en Europe. Il est limité chez l'Homme actuel au seul prognathisme alvéolo-sous-nasal.

Nota. – Métis : personne issue du croisement de races différentes ; *mulâtre* : métis né de l'union d'un parent blanc et d'un parent noir ; *zambo* (Am. du Sud) : né d'un parent amérindien et d'un parent noir.

☞ Voir pages 109 et 110 le texte consacré aux origines de l'homme.

Races par continents

Afrique. *Méditerranéenne* : greffée d'éléments nordiques et alpins, d'éléments des races sud-orientale et anatolienne et d'éléments nigritiques mélano-africains. Une partie des *Guanches* des Canaries, race aujourd'hui éteinte, était le vestige presque intact d'une race nord-africaine voisine de la race de Cro-Magnon (Mechta-Afalou). *Mélano-africaine* : Africains noirs. *Négrille* : Pygmées. *Khoisan* : Hottentots + Boschimans. *Éthiopienne* : les *Peuls* sont des éléments similaires aux Éthiopiens croisés de Méditerranéens et de Noirs.

Amérique. *Amérindienne* : peuplement récent par immigration d'Asie par le détroit de Behring, en vagues successives il y a env. 15 000 a. (Les *Esquimaux* représentent la dernière vague de ces immigrants, les Fuégiens et les Patagons, la première.)

Asie. *Blanches* : *Indo-afghane* : élément le plus oriental du complexe médit. *Anatolienne sud-orientale* : Todas et Tsiganes sont 2 groupes où la race indo-afghane s'est mêlée à des groupes dravidiens. *Aïnou* : Sakhaline. *Mélano-hindoue* : rattachable aux Noirs plutôt qu'aux Médit. *Jaunes* : *Sibérienne, Nordmongole, Centro-mongole* (Chine, Tibet), *Sud-mongole* (Chine du Sud, Indochine, Japon). *Indonésienne* ou *Proto-malaise*. *Touranienne* (Perse, Turquie, Crimée). *Vedda* : primitive (Sri Lanka).

Europe (toutes blanches). *Nordique* : a peut-être pour ancêtre la race de Cro-Magnon. *Est-Baltique, Alpine* : les Lapons en sont un rameau. *Dinarique* : en Europe centrale et aux Balkans. *Méditerranéenne* : se prolonge en Afrique du N., au Sahara et au Proche-Orient.

Océanie. *Négrito* et *Mélanésienne* : noire (Papous, Canaques). *Tasmanienne* (éteinte dep. 1877), *Polynésienne, Indonésienne* : jaune. *Australienne* : australoïde.

Les Tsiganes

Nom. (Du grec, nom d'une secte de musiciens et de devins) groupe culturel organique d'origine indienne comprenant les Rom (9/10e de la pop. totale), les Mânouch ou Sinté (la majorité des Tsiganes français), les Kalé.

Histoire. Émigration ancienne vers l'ouest xe s. Perse, Grèce, xve s. France (1re apparition à Paris en août 1427). xviiie s., présents dans tous les pays d'Europe. xixe s. immigration volontaire vers E.-U., Canada, Mexique, Amérique Centrale, Chili, Argentine. 1939-1945 : persécutions racistes nazies (800 000 disparus). 1971 : création du Comité international Rom ; 1er congrès intern. à Londres. 1978 : congrès à Genève. 1981 : congrès à Gottingen. Adoption d'un hymne et d'un drapeau, l'O.N.U. accorde un statut consultatif au Comité Rom.

Nombre. 12 à 15 millions dont Yougoslavie 700 000 à 900 000, Roumanie 500 000 à 900 000, Hongrie 400 000 à 600 000, Bulgarie 300 000 à 500 000, Tchécoslovaquie 300 000 à 400 000, Espagne 250 000 à 450 000, U.R.S.S. 200 000 à 500 000, France 180 000 à 250 000, Italie 70 000 à 100 000, G.-B. 70 000 à 100 000, All. dém. 50 000 à 80 000, Suède 6 000 à 10 000, Belgique 5 000 à 10 000, Finlande 5 000 à 8 000, Danemark 2 000 à 3 000.

Médecine

Histoire de la médecine

Quelques étapes de la médecine et de la chirurgie occidentales

• **Préhistoire.** 1res trépanations connues.

• **Antiquité. Médecine** : humorale et pneumatique fondée sur l'équilibre ou le déséquilibre des 4 humeurs (bile, sang, pituite et atrabile), la libre circulation du souffle vital *(pneuma)* et l'opposition harmonieuse ou discordante de la chaleur innée et de l'humide radical. Hippocrate (v. 460-v. 377 av. J.-C.) et Galien (v. 131-v. 201) sont les deux figures de proue de cette médecine. Développement de l'hygiène, utilisation des plantes et du thermalisme.

Chirurgie : connaît la réduction des fractures et luxations, l'abaissement du cristallin, la taille vésicale pour calculs et les amputations des membres.

• **Moyen Age. Médecine** : la science antique perdue est retransmise par Byzantins et Arabes. *Sphygmologie* (étude du pouls) et uroscopie sont la base du diagnostic. Lèpre et peste imposent la création de léproseries (en France, St-Claude, 461), hôpitaux (en France, Lyon 542 ; Paris, St-Julien-le-Pauvre 577, Hôtel-Dieu 650), quarantaines. *Progrès sur l'Antiquité* : emploi de produits nouveaux (sucre, alcool, coton) ; utilisation de lunettes pour presbytes (v. 1285). **Chirurgie** : développement de l'arsenal chirurgical, des méthodes anesthésiques et des procédés de suture des plaies ; premières ouvertures de cadavres (xiie s., Bologne, Italie).

• **Renaissance. Médecine** : le renouveau du néoplatonisme irrationnel, antiaristotélicien, explique l'essor de l'alchimie, le remplacement des drogues végétales par des médicaments chimiques (antimoine, arsenic, mercure) et le succès de la médecine spagyrique (chimique) représentée par Paracelse (Su., 1493-1541). Il s'oppose à Jean Fernel (Fr., 1497-1558). C'est aussi le siècle de l'anatomie avec la *Fabrica* (1543) d'André Vesale (Flamand, 1514-64), et la découverte de la circulation pulmonaire en 1553 (Michel Servet, Esp., 1511-1553) et celui de la matière médicale exotique américaine (gaiac, salsepareille, tabac, ipéca...) ou orientale (squine, café...). La syphilis, maladie nouvelle, est importée d'Amérique. Frascator (It., 1483-1553) parle de la contagion.

Chirurgie : Ambroise Paré (Fr., 1510-1590) est le plus grand chirurgien d'Europe. Pierre Franco (Fr., 1500-1561) est le père de la chirurgie plastique, herniaire et urinaire. Apparition des verres concaves pour les myopes.

• **XVIIe s. Médecine** : introduction du microscope : débuts de la microbiologie avec Pierre Borel (Fr., 1620-1689) et Antoine van Leeuwenhoek (Holl., 1632-1723) et de l'histologie (étude descriptive des tissus vivants) avec Marcello Malpighi (It., 1628-1694). La double découverte de la circulation du sang en 1628 (William Harvey, 1578-1657, Angl.) et du transit du chyle (description du canal thoracique, Jean Pecquet, 1622-1674, Fr., en 1661) et l'émergence de l'adénographie [découverte des sécrétions pituitaires, biliaires, salivaires et pancréatiques (Reinier de Graaf, 1641-73, Holl.)] ruinent la médecine humorale et la théorie du foie sanguiformateur. Les médecins se divisent en iatro-physiciens et en iatro-chimistes. Mais cette approche quantitative de la pathologie est prématurée, d'où le vitalisme. *1667* : 1re transfusion sur l'homme pratiquée à Montpellier par J. Denis avec du sang d'agneau. Résultats décevants (ignorance de l'usage des anticoagulants et surtout de la prophylaxie des accidents d'hétéro-transfusion).

Nouvelles maladies décrites : apoplexie (Johann Wepfer, Su., 1658), rachitisme (Francis Glisson, 1597-1677, Angl., 1650), cataracte dont le siège est définitivement fixé dans le cristallin (1694). *Nouveau médicament* : quinquina.

Chirurgie : introduction du forceps par les Chamberlain (Angl.). Cure de la fistule anale de Louis XIV. Nouveaux procédés de taille vésicale pour calculs. Naissance de l'odontologie (dentisterie) et de la stomatologie (étude et traitement des affections de la bouche et du système dentaire).

• **XVIIIe s. Médecine** : naissance de la physiologie moderne avec la notion d'irritabilité introduite par Albrecht von Haller (Su., 1708-1777) et de l'anatomie-pathologie avec Giambattista Morgani (It., 1682-1771). De nombreux systèmes classent les maladies comme les plantes en botanique. Émergence de la médecine sociale qui s'intéresse aux aveugles, aux sourds-muets, aux femmes enceintes, aux enfants en bas âge et à l'hygiène hospitalière (Jacques Tenon, 1724-1816, Fr., 1788). Lutte contre les épizooties et les épidémies [en particulier la variole combattue par la variolisation (v. 1720), puis par la vaccination (Edward Jenner, Angl., 1749-1823) en 1798].

Chirurgie : création en France de l'Académie royale de chirurgie (1731) et transformation du statut social et scientifique du chirurgien. Perfectionnement et diffusion du forceps (André Levret, Fr., et William Smellie, Angl.). Débuts de la neurochirurgie. Cure des occlusions intestinales par les anus contre nature. Cure de la cataracte par extraction (Jacques Daviel, 1696-1762, Fr.). Introduction des dents à tenon, des bridges et des prothèses (Pierre Fauchard, Fr., 1678-1761). Progrès dans la technique des amputations des membres et de leur appareillage. La 1re ablation réussie de l'appendice fut réalisée par Claudius Amyand (1680-1740) en Angleterre.

• **XIXe s. (1re moitié).** Fusion de la *médecine* et de la *chirurgie*, et triomphe de la médecine hospitalière. Avec Gaspard-Laurent Bayle (Fr., 1774-1816) et René Laennec (Fr., 1781-1826), la méthode anatomo-clinique, relayée par la méthode numérique (Pierre-Charles-Alexandre Louis, 1787-1872, Fr.), introduit une nouvelle sémiologie (percussion, auscultation) qui permet le diagnostic de la lésion sur le vivant. A ces données, Pierre Bretonneau (1778-1862, Fr.) ajoute la notion de contagion, niée par l'école de Paris. Ainsi sont isolées tuberculose pulmonaire, diphtérie et fièvre typhoïde.

Les acquisitions chirurgicales nouvelles (désarticulation des membres, chirurgie plastique) sont freinées par le développement de l'infection hospitalière (hospitalisme).

● **XIXe s. (2e moitié). Médecines** de laboratoire, expérimentale et micrographique surclassent la médecine d'hôpital avec François Magendie (Fr., 1783-1855), Claude Bernard (Fr., 1813-1878) et Rudolph Virchow (All., 1821-1902). Découverte des grandes fonctions biologiques : ovulation, fécondation, circulations locales, sécrétions internes, milieu intérieur (1859). Introduction de la pathologie cellulaire, des notions de phlébite et d'embolie (Virchow, 1858). Connaissance du mécanisme de l'inflammation (diapédèse, Conheim, All., 1872 ; phagocytose, Metchnikoff, Russie, 1875-1884). Louis Pasteur (Fr., 1822-1895) et Robert Koch (All., 1843-1910) créent la bactériologie et les concepts de maladie microbienne, d'immunité, de vaccination et de sérothérapie.

On utilise : thermométrie, sphygmographe (Potain, Fr., 1889), électricité médicale (Guillaume Duchenne de Boulogne, Fr., 1806-1875), prise de la *tension artérielle*, seringues à injection hypodermiques (1853), et *intraveineuses*. *1ers laboratoires cliniques* (1868) permettant la recherche de la glycosurie, de la protéinurie, de la numération des globules sanguins, du sérodiagnostic (Fernand Widal, Fr., 1896) et de l'hémoculture (1902). Découverte des rayons X (Röntgen, All., 1895) et du radium (les Curie, Fr., 1898).

Chirurgie : découverte de l'anesthésie générale à l'éther (1846) et au chloroforme (1847). Lutte contre l'hospitalisme en 3 temps : hygiène hospitalière, antisepsie chimique listérienne (1867) et asepsie physique pasteurienne (v. 1880). Conquête de l'hémostase par la notion de circulation collatérale (Luigi Porta, It., 1800-75) et introduction de la pince à forci-pressure (Eugène Kœberlé, Fr., 1865). Essor de la chirurgie gynécologique (ovariectomie, Kœberlé, 1863), puis chirurgie abdominale (pylorectomie, Jules Péan, Fr., 1879 ; gastro-entérostomie, Wölfler, All., 1881). Apparaissent les spécialités chirurgicales (urologie, ophtalmologie, orthopédie, oto-rhino-laryngologie, gynécologie).

● **XXe s. (1re moitié). Médecine :** découverte de l'*anaphylaxie*, augmentation de la sensibilité de l'organisme envers une substance en lui administrant (par injection ou ingestion) une dose minime (Charles Richet et Paul Portier, Fr., 1902) ; de l'*allergie* (Clemens von Pirquet, Autriche, 1906) et conception des maladies allergiques (asthme, urticaire, eczéma). La notion de *vitamine* (C. Funk, Angl., 1902) explique les maladies de carence (béribéri, scorbut, rachitisme, pellagre, héméralopie...) ; celle d'*hormone* (Bayliss et Starling, Angl., 1902) permet de pallier les troubles dus à un déficit de sécrétion interne [diabète : insuline, découverte en avril 1921 par N.C. Paulesco (Roumain)]. La *chimiothérapie* (Paul Ehrlich, All., 1903-12) permet de soigner la syphilis (606 et 914 ou novarsenobenzol). On découvre les *sulfamides* (1935, Gerhard Domagk, All., 1895-1964). L'*électrocardiographie* [(1887) 1er électrocardiogramme humain enregistré par Augustin Désiré Waller (G.-B.), 1901 William Einthover (P.-B.)] et l'*électro-encéphalographie* (1929) augmentent la précision du diagnostic, comme la nouvelle sémiologie biochimique et les progrès de la radiologie.

Chirurgie : les succès de la chirurgie aseptique sont limités par les maladies opératoires. Pendant la guerre de 1914-18, la traumatologie doit progresser. L'aspiration et le bistouri électriques, la motorisation des instruments de chirurgie osseuse et crânienne et l'enrichissement de l'arsenal chirurgical facilitent l'acte opératoire sous anesthésie locale, tronculaire, rachidienne ou générale. Par la radiumthérapie (Dominici, Fr., 1910) et la radiothérapie pénétrante, le traitement du cancer échappe, en partie, aux chirurgiens.

● **XXe s. (2e moitié). Médecine :** la guerre de 1939-45 répand la réanimation-transfusion, l'anesthésie générale par intubation et l'usage des antibiotiques. Leur pouvoir germicide est limité par la renaissance de l'hospitalisme.

Le *microscope électronique* permet de voir ce qui échapperait à l'observation au microscope photonique (ex. : organites cellulaires, virus, certaines molécules, etc.). Il a contribué à l'essor de disciplines comme la virologie et la pathologie moléculaire [1re maladie moléculaire connue : l'anémie à hématies falciformes (1949)]. L'association de la biochimie et de la génétique explique les erreurs innées du métabolisme (alcaptonurie, etc.). Les nouveaux médicaments : anticoagulants, corticoïdes antirhumatismaux, contraceptifs, médiateurs chimiques du système nerveux, inhibiteurs d'enzymes transforment le pronostic de nombreuses maladies. Il faut ajouter la psycho-pharmacologie (1952) et la chimiothérapie du cancer associée à la chirurgie, à la cobalthérapie et à la radiothérapie isotopique.

Chirurgie : diagnostic de plus en plus précis grâce à la *laparoscopie* (permet, grâce à un dispositif optique, d'observer à l'intérieur même de la cavité abdominale les différents organes qui s'y trouvent), à l'*angiographie* (radiographie des vaisseaux après injection de substance opaque aux rayons X), à la *scintigraphie* (après injection d'une substance radioactive dans un organe, on obtient une image sur une surface photosensible), à l'*échographie* [utilise la réflexion (écho) des ultrasons dans les organes], à la *tomographie* (permet d'obtenir l'image radiographique d'un plan à un niveau choisi d'une région du corps), et à la *scannographie* (utilise les rayons X mais la plaque photographique est remplacée par des capteurs électroniques qui apprécient mieux que l'œil ou les émulsions photographiques la densité des organes traversés ; on obtient ainsi une image plus fidèle et plus précise du plan anatomique exploré). Exérèses de plus en plus larges suivies de mise en place de prothèses ou d'organes transplantés (cœur, rein). L'usage des immunodépresseurs minimise les phénomènes de rejet, toujours à craindre. La *microchirurgie* permet des interventions de plus en plus précises sur les organes des sens et le cerveau ; elle facilite les transplantations de segments de membres, de peau et d'organes.

Le corps humain

Rythmes biologiques

Menstruation : durée 28 j. **Sommeil-veille :** durée 24 h, contrôlé par le cerveau. **Température :** durée 24 h (minimum au cours du sommeil), contrôlée par l'hypothalamus. **Rythme cardiaque :** diminue pendant le sommeil. **Sécrétion des capsules rénales :** durée 24 h, baisse pendant le sommeil mais croît avant le réveil. **Élimination rénale :** durée 24 h, maximum au milieu de la journée. **Nombre de globules du sang :** durée 24 h, minimum à la fin du sommeil. **Division cellulaire :** durée 24 h, maximum en fin de soirée.

Contenance

Contenance globale. Le corps humain contient, en moyenne, 60 % d'eau, 39 % de matières organiques (lipides, protides, glucides) et 1 % de sels minéraux. Il dispose de 100 milliards de milliards (10^{20}) de molécules d'anticorps produits par 1 000 milliards de lymphocites (globules blancs). Dans un corps de 70 kg, on trouve :

Éléments en kg. Oxygène 45,5. Carbone 12,6. Hydrogène 7. Azote 2,1. Calcium 1. Phosphore 0,7. Potassium 0,214. Soufre 0,175. Sodium 0,1. Chlore 0,07.

Oligo-éléments en grammes. Fer 3. Magnésium 3. Zinc 2. Manganèse 0,2. Cuivre 0,15. Iode 0,03. — Traces de Cobalt, Nickel, Aluminium, Molybdène, Vanadium, Plomb, Étain, Titane, Brome, Fluor, Bore, Arsenic, Silicium.

Poids de différentes parties. *En kg :* Muscles et chair 52,5. Os 17. Tête 7. Bras 7. Jambes 11. *En g :* Foie 1 600. Cerveau 1 300. (V. p. 121). Poumons 1 200 (homme) ; 900 (femme). Cœur 300. Rate 165. Rein 160. Pancréas 70. Glandes parotides 25. Thyroïde de 25 à 30. Capsules surrénales 6 g chacune.

Taille et poids des individus

● **Fœtus.** *Taille en cm. 3 mois :* 9. *4 :* 20. *5 :* 25. *6 :* 36. *7 :* 41. *8 :* 44. *9 :* 50.

● **Nourrissons.** A la naissance 3 kg à 3,5 kg (record : 283 g, 31 cm, Marion Chapman née 5-6-1938 en G.-B. ; à 1 an pesait 6,89 kg). *Un prématuré* (enfant né avant 37 semaines d'aménorrhée) pèse souvent moins de 2,5 kg.

Augmentation du poids. *1er mois* après la naissance env. 30 g par jour. *2e :* 30. *3e :* 25. *4e au 6e :* 20. *6e au 12e :* 500 g par mois. *12e au 18e :* 180. *18e au 24e :* 150. *De la taille* (par mois). *1er mois :* 3,5 cm. *2e* et *3e :* 3. *4e :* 2,5. *5e :* 2. *5 à 12 mois :* 1 cm par mois.

● **Taille de quelques populations** (v. 1960, en cm). Tutsis 180. Tehuelches (Patagonie) 178. Monténégrins 178. Scandinaves 175. Cheyennes (Indiens) 174. Foulbés (Soudan) 174. Polynésiens (îles Marquises) 174. Anglais 173. Turkestanais 171. *Français 170* (1870 : *165* ; 1971 : *174* hommes, *164* femmes). Belges 169. Allemands 168. Russes 168. Italiens 166. Hongrois 163. Mongols 163. Espagnols 162. Japonais (Aïnous) 158. Esquimaux 158. Lapons 153. Andamans (Insu.) 148. Aëtas (Philippines) 146. Mbutis (Pygmées) 137 (femmes 135), certains 132 (femmes 124).

La taille augmente chez les Blancs (ex. Pays-Bas : taille moyenne des conscrits *v. 1880 :* 1,65 m, *1980 :* 1,80 m) en raison des nombreux métissages entre les diverses races blanches et indépendamment du régime alimentaire et du milieu.

● **Rapport du poids à la taille. Poids théorique** (en kg) (formule de Lorentz) :

$$(\text{Taille} - 100) \text{ en cm} - \left(\frac{\text{Taille} - 150}{4}\right).$$

On peut améliorer la relation du poids à la taille en tenant compte de l'ossature de l'individu : largeur du bassin (diamètre bi-iliaque mesuré à partir de la partie la plus large de l'aile iliaque) ; largeur des épaules (diam. biacromial) ; tour de poignet.

● **Nanisme.** Origines multiples : génétique (ex. : syndrome de Turner), nutritionnelle, endocriniennes, osseuses, psychosociales.

Maladies endocrines. Ex. : insuffisance hypophysaire. La croissance est réglée par l'hormone HGH (Human Growth Hormone) synthétisée dans l'hypophyse et sous l'action du GRF (Growth Hormone Releasing Factor). Lorsqu'elle est absente la croissance est ralentie.

Maladie des os, du métabolisme. On peut déceler avant la naissance les nanismes d'origine osseuse dont l'achondroplasie (nanisme le plus fréquent, héréditaire à 50 %).

Traitements : hormonaux s'il s'agit d'un déficit hormonal. Aucun pour les nanismes osseux ou génétiques.

Nains célèbres. Jeffery Hudson (1629-92), nain de la cour de Charles Ier d'Angleterre, 1,16 m. « Comte » Joseph Boruwalaski (Pologne, 1739-Londres, 1837). Nicolas Ferri « Bébé » (1741-64), nain de la cour de Stanislas de Lorraine, 0,89 m. Calvin Phillips (Amér., 1791-1812), 0,67 m, 5,4 kg habillé. Caroline Crachami (Sicilienne, 1815-24), 0,51 m. Charles Sherwood Stratton dit Tom Pouce (Américain, 1838-83), 1,02 m. William E. Jackson « Major Mite » (Nlle-Zélande, 1864-New York, 1900), 0,70 m. Un Russe, 0,74 m à 34 ans. Paulina Musters (Hollandaise, 1877-1895), 0,59 m, 3,5 à 4 kg. Walter Boehming (Allemand, 1907-55), 0,52 m. Un nain cité par Buffon, 0,40 m à 37 ans. On connaît 2 naines centenaires : Anne Clowes 114 cm, 21,70 kg († 5-8-1784 à 103 ans aux U.S.A.) ; Susanna Bokoyni 96 cm, 18,14 kg (n. 6-4-1879 aux U.S.A.).

Nains vivants : Nruturam (Inde, 28-5-1929), 0,71 m ; Antonio Ferreira (Port. 1943) 0,75. Suleyman Eris (Turquie, 24-1-1955), 0,76 m, 11,4 kg.

Nains en France. Nombre (moyenne 1,20 m) : par an il naîtrait 1 000 nains. Le plus petit mesurerait 0,92 m. Il existe une *Association des Personnes de Petite Taille* (A.P.P.T.) 2, avenue Dode-de-la-Brunerie, 75016 Paris.

● **Gigantisme.** Dû à une hyperfonction antéhypophysaire par tumeur hypophysaire avant la puberté. *Forme particulière : l'acromégalie* (croissance anormale des lèvres, de la langue, de la mâchoire inférieure, des pieds et des mains due à une hyperactivité de la glande pituitaire débutant après la puberté).

Homme le plus grand *(mesuré d'une façon irréfutable).* Robert Wadlow (1918-40, U.S.A.) pesait 3,85 kg à sa naissance, mesurait 1,63 m (48 kg) à 5 ans ; 1,83 m (77 kg) à 8 a. ; 2 m (95 kg) à 11 ans ; 2,34 m (161 kg) à 15 a. ; 2,61 m (218 kg) à 20 a. ; *2,72 m* (199 kg) à 22 a. Ses pieds mesuraient 47 cm, ses mains 32,5 cm. Il consommait 8 000 calories par jour. Quand il mourut il grandissait encore. On connaît avec certitude 9 géants de plus de 2,44 m (U.S.A., Allemagne, Finlande, Irlande, Libye, Pakistan, Mozambique), dont 6 étaient atteints d'*acromégalie.*

Poids théorique de la femme adulte selon la carrure [1]

Diamètre bi-iliaque Taille (cm)	étroite < 28 cm (a)	étroite < 28 cm (b)	moyenne 28-29 cm (a)	moyenne 28-29 cm (b)	large > 29 cm (a)	large > 29 cm (b)
150	47	50,5	50	53,5	53	58
152,5	47,5	51,5	50,5	54,5	54	58,5
155	49	52	51,5	55,5	55	59,5
157,5	50	53,5	53	56,5	56	61
160	51	55	54,5	58	57,5	62,5
162,5	52,5	56,5	56	60	59,5	64,5
165	54	58	57,5	61	60	65,5
167,5	55,5	60	59	63,5	62,5	68
170	57	61,5	60,5	65	64,5	69,5
172,5	58,5	63	62	66,5	65,5	71,5
175	60	64,5	64	68,5	67,5	73,5
177,5	61,5	66,5	65,5	70	68,5	75
180	62,5	68	67	71	70	76

Poids théorique de l'homme adulte selon la carrure [1]

Diamètre bi-iliaque Diamètre biacromial	Carrure étroite < 28 cm < 39 cm		Carrure moyenne 28-29 cm 39-41 cm		Carrure large > 29 cm > 41 cm	
	(a)	(b)	(a)	(b)	(a)	(b)
Diamètre du poignet	< 17	> 20	< 17	> 20	< 17	> 20
Taille (cm)						
157,5	52,5	56,5	56	60	59,5	64,5
160	54	58	57,5	61,5	60	65,5
162,5	54	60	59	63,5	62	67,5
165	57	61,5	60,5	65	64	69,5
167,5	58,5	63	62	66,5	65,5	71
170	60	65	64	68,5	67,5	73,5
172,5	61,5	66,5	65,5	70,5	69,5	75
175	63,5	68,5	67,5	72,5	71	77
177,5	65	70	69	74,5	73	79,5
180	67	72	71	76	74,5	81,5
182,5	69	74,5	73	78,5	76,5	84
185,5	71	76,5	75	80,5	79	86

Nota. – (1) Ajouter ou retrancher 2,1 kg par cm de largeur de bassin en plus ou en moins. (a) tour de poignet < 16 cm. (b) tour de poignet > 18 cm.

Poids théorique selon l'âge

Age	Garçons Taille cm	Garçons Poids kg	Filles Taille cm	Filles Poids kg
1	74,3	9,8	72,6	9
2	85,6	12	84,3	11
3	94,2	14	92,7	13,6
4	101,3	16	99,8	15
5	107,7	17,6	106,3	17
6	113,8	20	112,2	19
7	119,7	22	118,2	21,4
8	125,3	24	123,9	23
9	130,6	27	129,4	26,5
10	135,6	29	134,7	29,2
11	140,5	32	140,7	33
12	145,8	35,7	147,7	37
13	152,5	40	154,3	42,7
14	159,9	43,6	158,7	46
15	166,7	46	161,1	48,8

Jumeaux les plus grands. Les frères Knipe (Irlande, 1761), 2,18 m. Ronnie et Donnie Creamer (U.S.A., 1960), 2,10 m et 2,08 m. Dan et Doug Busch (U.S.A., 1961), 2,10 m.

Femme la plus grande. Zeng Jinlian (Chine, 1964-82), 2,40 m, 147 kg. Ses pieds mesuraient 35,5 cm, ses mains 25,5 cm. Jane Bunford (Anglaise, 1895-1922), 2,31 m (si elle n'avait pas souffert de cyphose, elle aurait mesuré 2,41 m). Sandy Allen (U.S.A., 18-6-1955), 2,31 m, 209 kg, croissance interrompue en 1977 par l'ablation de la glande pituitaire ; à la naissance elle pesait 2,9 kg, sa croissance anormale débuta aussitôt.

Nain et géant. Adam Rainer (Autriche, 1899-1931) 1,18 m à 21 a., 2,18 m en 1931. Dut rester alité à partir de sa croissance jusqu'à sa mort.

• **Poids idéal.** Une étude des Cies d'Assurances américaines portant sur 4 900 000 sujets a permis de constater que le taux de mortalité de l'homme de 30 à 40 ans est plus bas quand son poids est inférieur de 10 à 15 % au poids théorique et qu'il augmente notablement à partir de 25 à 30 % de surpoids.

Un obèse court plus de risques s'il présente un taux d'hyperglycémie supérieur à 1,10 g/l ; d'hypercholestérolémie supérieur à 2,40 g/l (avant 40 ans), à 2,60 g/l (après 40 ans) ; d'hypertriglycéridémie supérieur à 1,6 g/l ; hypertension supérieure à 16 pour la maximale et 10 pour la minimale.

% d'obèses en France : hommes 29 %, femmes 22 %. *Espérance de vie moyenne :* homme de 50 ans (1,80 m) *77 kg :* 25 ans ; *100 kg :* 18 ans. *Accroissement de la mortalité en fonction du poids : + 15 à 25 %,* mortalité + 16 % ; *+ 25 à 35 %,* + 30 % ; *+ 35 à 50 %,* + 54 % ; *+ 50 à 74 %,* 130 à 182 %.

Homme le plus lourd du monde. Jon Brower Minnoch (U.S.A., 29-9-1941) 635 kg, 1,85 m. René Ermond (France, 1882-1936) pesait en 1900 311 kg pour 2,50 m de tour de poitrine, 2,88 de ceinture, 0,98 de cuisse, 0,84 de mollet.

Femme la plus lourde du monde. Mrs Jackson, dite Baby Flo (Noire des U.S.A., † 1965), à sa naissance 4,5 kg, 11 a. 121 kg, 25 a. 282 kg, à sa mort 381 kg pour 1,75 m.

Gain de poids. Doris James (U.S.A., 1907-45) grossit de 147 kg les 12 mois qui précédèrent sa mort. Arthur Knor (U.S.A., 1914-60) grossit de 136 kg les 6 derniers mois de sa vie.

• **Maigreur.** Rosa Lee Plemons (U.S.A., 1873) 12 kg à 18 a. Edward C. Hagner (U.S.A., 1892-1962) 22 kg pour 1,70 m. **Homme le plus maigre de France.** Claude Ambroise Sourat (Français de Troyes, 1797-1826) mesurait 1,71 m en 1825, pesait 35 kg : tour de biceps (10 cm), épaisseur de torse (8 cm) (selon un autre rapport : 1,63 m pour 16 kg).

Amaigrissement. William Cobb en 3 ans passa de 364 à 105 kg, revint ensuite à 245 kg. Celesta Geyer (U.S.A., 1901) passa de 251 à 69 kg en 14 mois (puis plus tard 50 kg). Paul Kimelman (U.S.A.) passa de 215,9 à 59 kg en 8 mois, il se stabilisa ensuite à 79 kg.

• **Taille la plus mince.** Pour une femme de taille normale. Mlle Polaire (1881-1939), actrice française, 33 cm.

• **Périmètre thoracique. Records :** Arnold Schwarzenegger (n. 1948), « Monsieur Univers », pesait 107 kg, tour de poitrine de 1,45 m, de biceps de 56 cm. **Moyen** à *10 ans :* garçon 63 cm (fille 61,5 cm), *15 :* 77 (76,5), *18 :* 84 (80).

Appareil moteur

Généralités

L'appareil moteur comprend les os, rigides et durs, unis par les articulations. L'ensemble constitue le squelette complété par les muscles, contractiles, fixés sur les os et les entraînant à se déplacer.

Os

Squelette. Nombre théorique : 198 à 214 os constants et distincts : tête 22 dont crâne 8, massif facial 14 ; oreilles 7 dont osselets de l'ouïe 6, os hyoïde 1 ; côtes 24 ; colonne vertébrale 33 dont vertèbres (distinctes) 24, sacrum (soudées) 5, coccyx 4 à 6, membres 128 (32 × 4). Le nombre varie au niveau du rachis et parfois des côtes surnuméraires, cervicales ou lombaires.

Os. Pièce du squelette constituée généralement par l'association de 2 tissus : t. osseux et t. cartilagineux. **Le plus long.** Le fémur (env. 50 cm pour un homme de 1,80 m ; il peut atteindre 76 cm chez les géants). **Le plus petit.** L'étrier (oreille moyenne : long. 2,6 à 3,4 mm, poids 2 à 4,3 mg). **Le plus de doigts :** fille née avec 14 doigts et 12 orteils en 1938.

Structure de l'os

Description. 1° *Corps de l'os* ou *diaphyse et épiphyses* (extrémités) : l'os compact (substance dure, blanc mat) ; *le périoste* (membrane externe, fibreuse, adhérant à l'os compact) ; *la moelle* (substance molle, jaune rougeâtre, remplissant le canal médullaire). 2° *Dans les épiphyses : l'os spongieux* (travées d'os délimitant des cavités pleines de moelle rouge) ; *cartilage articulaire* (lisse et élastique) ; *périoste* (partout où il n'y a pas de cartilage).

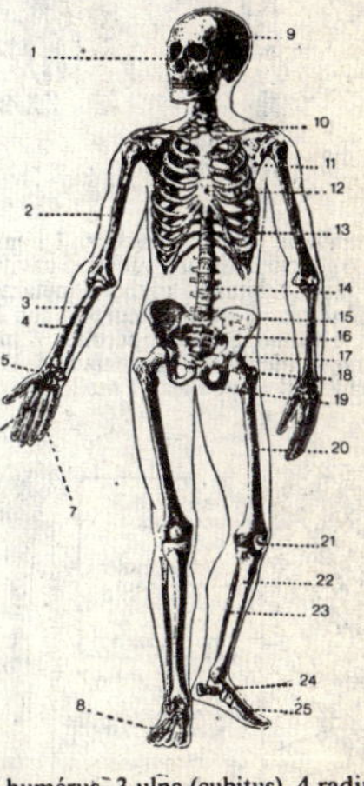

1 crâne facial. 2 humérus. 3 ulna (cubitus). 4 radius. 5 carpe. 6 métacarpe. 7 doigts (3 phalanges). 8 orteils (3 phalanges). 9 neurocrâne. 10 clavicule. 11 omoplate. 12 sternum. 13 côtes. 14 colonne vertébrale. 15 bassin. 16 ilion. 17 sacrum. 18 pubis. 19 ischion. 20 fémur. 21 rotule. 22 tibia. 23 fibula (péroné). 24 tarse. 25 métatarse.

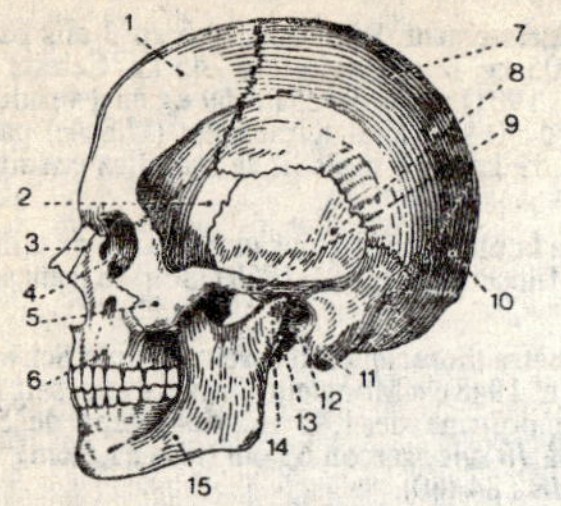

1 frontal. 2 sphénoïde. 3 nasal. 4 lacrymal. 5 zygomatique (jugal). 6 maxillaire. 7 pariétal. 8 temporal. 9 apophyse zygomatique. 10 occipital. 11 apophyse mastoïde. 12 trou auditif. 13 apophyse styloïde. 14 condyle. 15 mandibule.

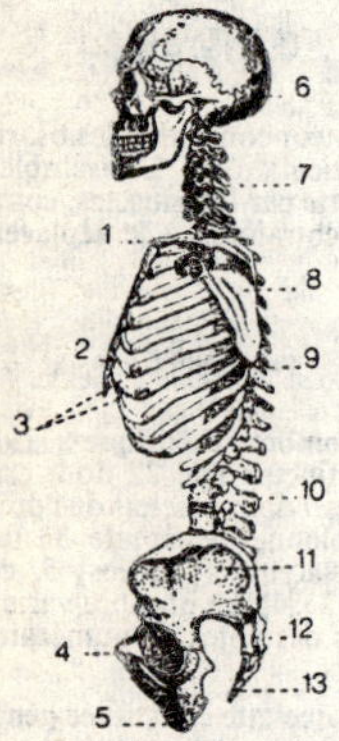

1 clavicule. 2 sternum. 3 côtes. 4 pubis. 5 ischion. 6 crâne. 7 vertèbres cervicales (7). 8 omoplate. 9 vertèbres thoraciques (12). 10 vertèbres lombaires (5). 11 ilion. 12 sacrum. 13 vertèbres coccygiennes (4).

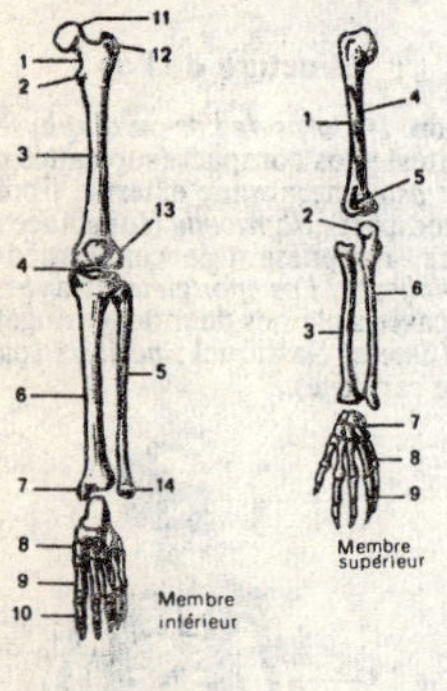

Membre supérieur (vue postérieure). 1 humérus. 2 olécrâne. 3 radius. 4 gouttière du nerf radial. 5 cavité olécrânienne. 6 ulna (cubitus). 7 carpe. 8 métacarpe. 9 phalanges. *Inférieur* (vue antérieure). 1 col. 2 petit trochanter. 3 fémur. 4 rotule. 5 fibula (péroné). 6 tibia. 7 malléole interne. 8 tarse. 9 métatarse. 10 phalanges. 11 tête. 12 grand trochanter. 13 poulie. 14 malléole externe.

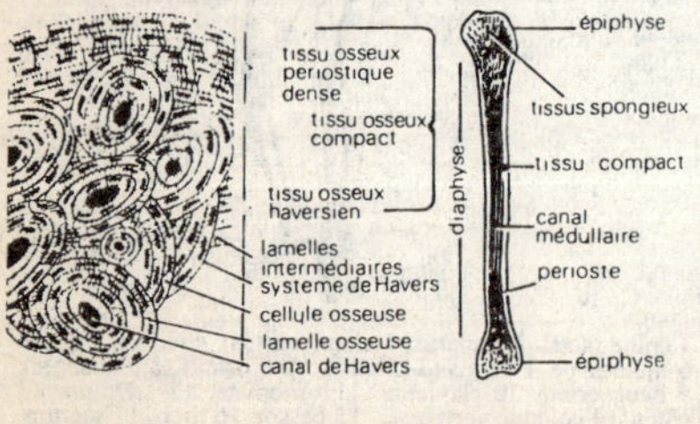

Coupe d'un os : *A gauche :* coupe microscopique de tissu osseux. *A droite :* coupe longitudinale d'un os long.

Os plats et os courts sont formés d'os spongieux, entourés d'une mince couche d'os compact avec son périoste.

Tissus osseux. T. conjonctif formé de cellules *(ostéocytes)*, incluses dans une substance fondamentale, l'*osséine*, imprégnée de sels minéraux (essentiellement des phosphocarbonates de calcium). Ce tissu se présente sous forme de lamelles imbriquées et généralement disposées autour d'un canal central, leurs couches concentriques formant une colonnette creuse, l'*ostéone*. L'association des ostéones constitue le *système de Havers* qui se présente à l'œil nu homogène et lisse : l'os compact. Celui-ci constitue le matériau de base à partir duquel se forment les 3 variétés de pièces osseuses : l'os plat, constitué par 2 lames d'os compact séparés par une lame d'os « spongieux » formé d'un réseau de travées compactes minces ménageant entre elles des alvéoles, le *diploé ;* l'os court, constitué d'une coque mince de tissu compact enserrant une masse, généralement globuleuse, de t. spongieux analogue au précédent ; l'os long, formé d'un tube épais d'os compact (« corps de l'os ») aux extrémités duquel sont soudés 2 os courts (les « épiphyses »). **Cartilage.** T. conjonctif différent du t. osseux et constitué d'une substance fondamentale non calcifiée, translucide et élastique, et de cellules groupées à son intérieur dans des « capsules ». Le cartilage intervient essentiellement dans le développement de l'os (voir ci-dessous), ou comme élément articulaire. **Périoste.** Lame de t. fibreux, riche en vaisseaux sanguins et en général toute pièce du squelette jouant un rôle important dans l'accroissement de l'os en épaisseur. **Moelle.** T. mou, hébergé dans les cavités de l'os appartenant au système sanguin dont elle assure le renouvellement cellulaire. **Formation et croissance des os.** L'os naît d'un t. conjonctif embryonnaire, le *mésenchyme* selon 2 modalités : directement *(ossification dite « membraneuse »)* sous forme de points de condensation qui se calcifient secondairement ; ou en 2 étapes, le point de condensation donnant d'abord une maquette cartilagineuse qui s'ossifie secondairement. Cette ossification se fait sous forme de « points » qui envahissent peu à peu le cartilage. Certains os n'ont qu'un point d'ossification, d'autres (os longs en particulier) naissent d'un point principal précoce (pendant la vie intra-utérine) et sont ensuite complétés par des points secondaires donnant les extrémités (épiphyses) et certaines saillies (apophyses). Croissance des os plats et courts par extension directe ; des os longs, en épaisseur par leur périoste, en longueur aux dépens d'une plaque cartilagineuse (« cartilage de conjugaison ») interposée entre épiphyses et corps de l'os *(diaphyse).* L'activité de ce cartilage persiste durant la croissance de l'individu. Son arrêt marque l'établissement de la stature définitive.

Déformations du squelette. Voir maladies p. 115.

Articulations

Articulation. Joint unissant 2 (ou plus) pièces du squelette et permettant généralement (mais pas obligatoirement) entre elles des mouvements plus ou moins étendus. **Diarthrose.** Articulation-type ; possède de tous les éléments permettant le mouvement : *surfaces articulaires*, zones osseuses qui entrent en contact par l'intermédiaire d'une couche de cartilage hyalin dont elles sont revêtues ; leur forme varie selon la nature du mouvement à produire (sphériques, planes, en selle, etc.) ; *membrane synoviale*, manchon de tissu conjonctif mou qui se fixe à la limite des surfaces articulaires qu'il engaine en totalité ; sa face profonde sécrète un liquide, la *synovie*, qui se répand sur les surfaces articulaires et les lubrifie ; *moyens d'union*, ensemble des éléments anatomiques qui maintiennent en place les pièces articulaires en mouvement ; on distingue : la *capsule*, manchon fibreux qui circonscrit la membrane synoviale et réunit les pièces osseuses en débordant souvent au-delà des surfaces articulaires ; les *ligaments*, bandelettes fibreuses tendues d'un os à l'autre, soit en faisant corps avec la capsule (l. intrinsèques), soit à distance d'elle (l. extrinsèques). A ces moyens d'union « passifs » il faut ajouter les muscles moteurs de l'articulation qui contribuent également à sa stabilité et sont parfois dits « ligaments actifs ». **Amphyarthroses.** Articulations incomplètes, pourvues tout au plus de quelques vestiges de synoviale, dépourvues de capsule et dont la cavité est occupée par un « ligament interosseux » unissant les surfaces articulaires. Ce sont des joints élastiques ne permettant que des mouvements de très faible amplitude. **Synarthroses.** Articulations encore plus dégénérées dans lesquelles les os en présence sont, soit unis par une lame de cartilage (synchondrose), soit directement au contact l'un de l'autre et parfois engrenés (os du crâne) ; cette dernière variété (synostose) ne permet aucune mobilité.

Muscles

Généralités

Ils représentent environ 40 % du poids du corps, *le plus grand* est le grand fessier (qui permet l'extension de la cuisse) ; *le plus petit* est le stapedius qui actionne l'étrier (− de 1,27 mm de long).

Rôle. Organes actifs du mouvement et de l'équilibre ; ils maintiennent et actionnent les os du squelette, les viscères du tube digestif (estomac, intestin) et de l'appareil circulatoire (cœur, artères).

Nombre. 570 striés : tête et cou 170, tronc 200, membres supérieurs 100, membres inférieurs 100. Ils s'insèrent sur les os (muscles squelettiques) ou, plus rarement, sur la couche profonde de la peau (muscles peauciers).

Structure

Muscles striés. Soumis à l'influence de la volonté. Assurent le mouvement. *Formes :* fuseau (biceps), éventail (grand dorsal), anneau (orbiculaires des lèvres ou des paupières). Composés de faisceaux de fibres. Les fibres ont plusieurs noyaux. Leur cytoplasme contient des fibrilles. Une fibrille présente une alternance régulière de disques sombres et de disques clairs traversés par une membrane mince, la membrane Z, qui se continue dans le cytoplasme entre les fibrilles et s'attache sur l'enveloppe de la fibre qu'elle divise en cases musculaires. Le muscle se fixe à l'os (insertion) : soit par implantation directe de ses fibres charnues, soit au moyen d'un cordon fibreux, le *tendon*, qui permet de projeter l'ensemble de l'insertion sur une surface réduite de l'os. **Aponévrose.** Toile fibreuse annexée au muscle et qui peut remplir 2 fonctions : constituer un véritable tendon pour les muscles plats (a. d'insertion), ou engainer 1 ou plusieurs muscles et constituer des loges musculaires.

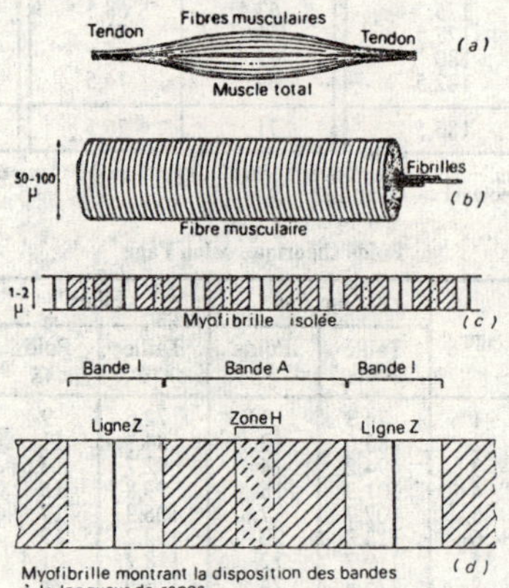

Myofibrille montrant la disposition des bandes à la longueur de repos.

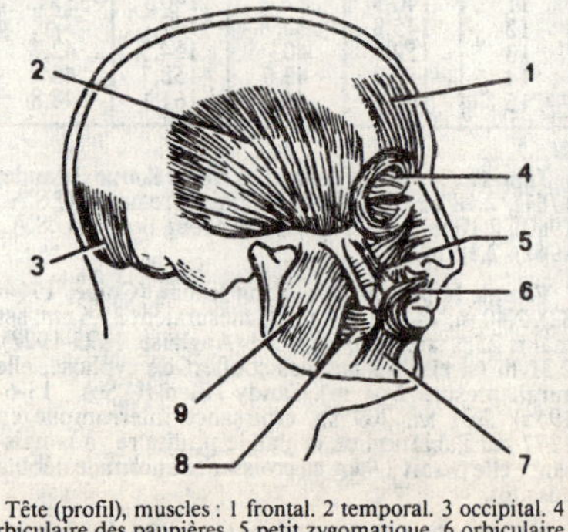

Tête (profil), muscles : 1 frontal. 2 temporal. 3 occipital. 4 orbiculaire des paupières. 5 petit zygomatique. 6 orbiculaire des lèvres. 7 triangulaire des lèvres. 8 grand zygomatique. 9 masséter.

Muscles lisses. Forment la paroi des principaux viscères. Constitués de fibres plus petites à un seul noyau, non striées transversalement, avec fibrilles longitudinales homogènes. Le cytoplasme contient des *chondriosomes*, des globules de graisse, du glycogène.

Muscle cardiaque. Formé de fibres striées accolées les unes aux autres sur une certaine longueur (anastomose en réseau), elles-mêmes formées de cellules distinctes.

Composition chimique. 75 % d'eau, 21 % de protéines (myosine), 1 % de glycogène, des sels minéraux, phosphagène et acide adényl-phosphorique, des composés azotés et phosphorés jouant un rôle important dans la contraction musculaire.

Propriétés physiologiques

Excitabilité. Le muscle réagit à des excitants mécaniques (piqûre, choc, pincement, blessure); thermiques (variations brusques de température); chimiques (acides et alcalis faibles, chlorure de sodium, glycérine); électriques (variations brusques d'intensité d'un courant continu, d'un courant induit, décharges d'un condensateur); physiologiques (influx nerveux amenés par les nerfs).

Élasticité. Assez faible, elle est due à l'allongement des disques clairs du muscle.

Contractibilité. 2 formes de contraction : 1) *isotonique* : le muscle se raccourcit et développe une force constante. 2) *isométrique* : le muscle garde une force croissante. Au repos, le muscle est en demi-contraction isométrique. Cet état, le *tonus*, lui permet d'obéir rapidement à une excitation, de garder une attitude (station debout, assise).

Tétanos. État de contraction permanente du muscle ; il est imparfait lorsque, à la suite d'excitations nombreuses et rapprochées, le muscle est sollicité à nouveau avant de s'être complètement relâché. Le courant alternatif de basse fréquence provoque un tétanos.

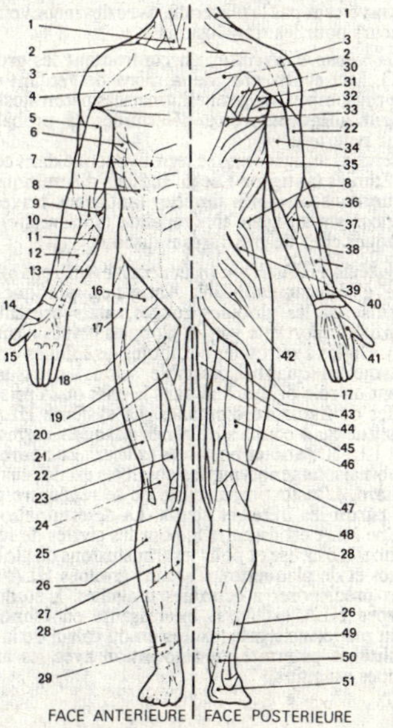

1 sterno-cléido-mastoïdien. 2 trapèze. 3 deltoïde. 4 grand pectoral. 5 biceps. 6 grand dentelé. 7 aponévrose du grand oblique. 8 grand oblique. 9 rond pronateur. 10 long supinateur. 11 petit palmaire. 12 grand palmaire. 13 cubital antérieur. 14 éminence Thénar. 15 aponévrose palmaire. 16 psoas. 17 tenseur du fascia lata. 18 pectiné. 19 moyen adducteur. 20 couturier. 21 droit antérieur. 22 vaste externe. 23 vaste interne. 24 rotule. 25 patte d'oie. 26 long péronier latéral. 27 jambier antérieur. 28 jumeau interne. 29 extenseur commun. 30 sous-épineux. 31 petit rond. 32 grand rond. 33 grand rhomboïde. 34 longue portion. 35 grand dorsal. 36 1er radial. 37 anconé. 38 cubital antérieur. 39 moyen fessier. 40 long adducteur. 41 lombricaux. 42 grand fessier. 43 grand adducteur. 44 droit interne. 45 demi-tendineux. 46 biceps crural. 47 demi-membraneux. 48 jumeau externe. 49 long fléchisseur commun. 50 tendon d'Achille. 51 calcanéum.

Rhéobase (du grec *rheos*, courant). Seuil minimal d'intensité du courant nécessaire pour qu'un muscle puisse se contracter. La rhéobase varie selon chaque muscle.

Chronaxie. Temps minimal pendant lequel il faut faire passer un courant d'intensité double de la rhéobase pour obtenir une contraction du muscle.

Énergie. Vient de réactions chimiques. Le muscle au travail consomme de l'oxygène (jusqu'à 30 fois plus qu'au repos) et du glycogène (accumulé dans le muscle au repos à partir du glucose du sang) pour fournir de l'énergie, de l'eau, du gaz carbonique (dans les mêmes proportions que l'oxygène consommé) et de la chaleur. Rendement du muscle :

$$\frac{\text{Travail fourni}}{\text{Quantité totale d'énergie dépensée}} = \frac{1}{4}$$

Maladies de l'appareil moteur

Maladies du squelette (os et articulations)

Elles frappent isolément tout ou partie du squelette osseux ou des articulations mais peuvent intéresser à la fois pièces osseuses et éléments de leur jonction.

Maladies congénitales. Ce sont souvent des « malformations » telles que le *pied bot* ou la *luxation congénitale de la hanche* ou bien de véritables « vices de structure » du tissu osseux, telle la *maladie de Lobstein* ou *ostéogenèse imparfaite* responsable de fractures multiples. Certaines sont héréditaires, d'autres causées par certains virus *(rubéole)* qui atteignent l'individu à la période embryonnaire.

Maladies de croissance. Liées à des anomalies du développement osseux, elles peuvent frapper n'importe quel point du squelette notamment la colonne vertébrale ; en particulier, la *scoliose des adolescents*, maladie évolutive et grave qui nécessite un dépistage précoce et un traitement adapté pour éviter des complications parfois sévères à l'âge adulte (contrairement à une opinion répandue, elle n'est pas due à des attitudes ou des exercices défectueux). Beaucoup de *cyphoses* (dos rond) douloureuses des jeunes adultes ont également pour origine un défaut de croissance de la vertèbre (maladie de Scheuermann). Certaines anomalies de la croissance peuvent freiner celle-ci et causer différentes formes de « nanisme », notamment l'*achondroplasie*, maladie héréditaire, qui frappe les zones d'accroissement en longueur des os longs.

Troubles de la nutrition. Certaines carences alimentaires (en particulier des carences vitaminiques) peuvent déterminer des maladies osseuses. Ainsi la carence en vitamine D est responsable chez l'enfant du *rachitisme* (déformations des membres, du thorax et du crâne) et chez l'adulte d'une *ostéomalacie* (fissurations osseuses, douloureuses, voire déformations du squelette).

Maladies infectieuses. Elles peuvent être liées à la présence dans une ou plusieurs pièces osseuses et (ou) dans les articulations de germes microbiens divers : *ostéite aiguë* (*ostéomyélite* aiguë des sujets jeunes, due au staphylocoque), *arthrites septiques*.

Maladies inflammatoires. *Rhumatismes inflammatoires déclenchés par une infection à distance : rhumatisme articulaire aigu* (streptocoque), *arthrites réactionnelles* (infection intestinale ou génitale), *spondylarthrite ankylosante* (dans les formes graves, vertèbres, hanches, sacro-iliaques et hanches se soudent entre elles), *lupus érythémateux* disséminé, *connectivites* (le rhumatisme est révélateur ; peuvent faire découvrir de graves lésions d'organes). *Polyarthrite rhumatoïde :* frappe de nombreuses articulations, surtout poignets et mains, peuvent entraîner des déformations. *Rhumatismes inflammatoires déclenchés par des cristaux :* goutte, chondrocalcinose articulaire, maladie des calcifications multiples.

Maladies dégénératives. Caractérisées par des altérations de forme, de surface ou de structure des pièces du squelette, notamment dans les régions articulaires (arthroses). Peuvent frapper soit le t. osseux en tant que tel : *ostéoporoses* [raréfaction de la substance osseuse parfois liée à des facteurs endocriniens (notamment chez la femme, à la ménopause)] ; soit une ou plusieurs articulations : *arthroses* [localisations les plus fréquentes : hanche (coxarthrose), colonne vertébrale (cervicarthrose, dorsarthrose, lombarthrose), doigts (mains noueuses)]. Elles réalisent un vieillissement prématuré de l'articulation (usure du cartilage). N'étant pas d'origine infectieuse, ces maladies ne sont pas accessibles aux traitements antimicrobiens, notamment aux antibiotiques.

Tumeurs. Le squelette osseux peut être le siège de tumeurs bénignes *(ostéomes)* ou malignes « primitives » *(ostéosarcomes)*, ou « secondaires » par métastase de tumeur maligne d'autres organes (cancer du sein, de la prostate...).

Traumatismes. *Fractures :* ruptures d'un os dans sa continuité et pouvant ou non intéresser une articulation ; elles peuvent être accompagnées d'une plaie qui les met à nu (fractures ouvertes). Leur diagnostic réclame l'exploration radiographique. Traitement (réduction et immobilisation) : du ressort des spécialistes. *Luxations :* desemboîtement d'une extrémité osseuse avec lésions plus ou moins graves des moyens d'union ; appellent toujours un traitement d'urgence (réduction) faute duquel elles peuvent laisser des séquelles irréversibles. *Entorses :* élongation ou rupture des ligaments articulaires dont le traitement ne saurait, sans risque, être laissé aux mains des empiriques.

Maladies diverses. *Maladie de Paget :* remaniement anarchique du t. osseux de cause inconnue qui entraîne diverses déformations des membres et du crâne (avec surdité consécutive) ; frappe les adultes au-dessus de 50 ans et se caractérise par un aspect radiographique particulier et des modifications chimiques du sang (phosphatases). Elle peut être localisée à une ou quelques pièces osseuses ou être totalement latente. *Goutte :* maladie métabolique caractérisée par l'accumulation dans les t. de cristaux d'urate de sodium et augmentation du taux de l'acide urique sanguin ; génératrice de douleurs et de déformations articulaires avec certaines localisations caractéristiques (gros orteil). *Altérations des disques intervertébraux* fréquentes dans nombre de maladies rachidiennes ; cependant leur manifestation sous forme de « hernie discale » est généralement localisée à la colonne lombaire : le disque altéré fait saillie dans le canal rachidien et y comprime les racines nerveuses provoquant une « sciatique » qui ne cède parfois qu'au traitement chirurgical de la hernie ou à l'injection dans le disque détérioré d'une substance chimique le détruisant (chimionucléolyse). *Périarthrite :* altérations dégénératives (par traumatisme unique ou microtraumatismes répétés) ou inflammatoires des tissus (tendons, ligaments, capsule) qui entourent une articulation. Ex. : tendinite, hygroma (inflammation d'une bourse séreuse). Diagnostic différentiel avec une arthrite vraie, parfois délicat.

Maladies des muscles

Maladies des tendons. De cause rhumatismale ou suites de traumatismes minimes et répétés (tendinites), ou unique et grave. Ruptures tendineuses : les plus connues sont celles du tendon d'Achille et du tendon de l'épaule.

Myasthénie. Découverte par Goldflam en 1891. Altération de la jonction neuromusculaire : la plaque motrice est atteinte, sans lésion apparente ni des muscles ni du système nerveux.

Myopathies. Maladies génétiques se manifestant par une atrophie progressive des muscles. La plupart sont incurables ; leur évolution peut être ralentie par des traitements. En France, près de 30 000 enfants atteints (1 sur 7 000 à 8 000 naissances).

Myosites. Maladies inflammatoires des muscles. Certaines sont dues à des virus, microbes ou parasites. D'autres (polymyosites ou dermatomyosites) sont d'origine inconnue, peut-être immunologique.

Sang et appareil circulatoire

Sang

Données générales

Le corps contient 4 à 5 litres de sang (soit env. 75 cm^3 par kg de poids corporel). Un litre de sang d'adulte est composé de 450 cm^3 de *globules rouges* et de 550 cm^3 de *plasma* et a une densité de 1,05.

Le sang est légèrement alcalin : potentiel hydrogène (pH) = 7,40 [le pH indique le degré d'acidité ou d'alcalinité ; la solution n'est acide que si le pH est de 0 à 7 ; alcaline s'il est de 7 à 14 (max.)].

Tous les ions (Na, K, Ca, Cl, etc.) peuvent se doser dans le sang. Leurs perturbations peuvent créer des troubles très graves. Les « ionogrammes » souvent répétés constituent un des éléments de surveillance en réanimation.

Le sang est composé de :

• **1° Plasma** (liquide). Transparent, jaune clair, à constitution chimique très complexe. *Il contient :* protéines 75 g par l dont albumine 45 g (joue un rôle important dans le maintien de la masse sanguine ; une diminution du taux d'albumine entraîne une fuite d'eau vers les tissus avec formation d'œdèmes) ; globuline 30 g (les gammaglobulines qui en constituent les 2/5e sont le support des anticorps qui protègent l'organisme contre certains germes) ; glucose (taux de glucose ou glycémie : 0,80 à 1 g/l) ; lipides ou graisses (5 à 7 g/l) ; parmi lesquels les plus importants : cholestérol, vient de *cholê :* bile et *stéros* solide ; lipide isolé pour la 1re fois des calculs biliaires v. 1769 ; présence indispensable dans chaque cellule du corps pour la synthèse de certaines substances [hormones, acides biliaires, vitamine D (+ soleil)] ; quantité 105 à 175 g dans un corps de 70 kg. 10 à 20 % se trouvent dans viande, lait, fromages, œufs, abats, etc., le reste est fabriqué surtout par le foie à partir des sucres et autres graisses, 1,80 à 2,50 g/l (s'élève avec l'âge) ; triglycérides (0,50 à 1,50 g/l). Par ailleurs : urée (déchets des matières azotées < 0,50 g/l) ; acide urique (déchets de nucléoprotéines < 70 mg/l) ; sels minéraux (calcium, sodium, potassium, phosphore).

Actuellement on explore les protides et notamment le système complexe des globulines par 2 méthodes : *1° L'électrophorèse* d'une petite quantité de sérum (plasma modifié par la coagulation) sur papier ou film d'acétate de cellulose. On sépare ainsi l'albumine et 4 globulines de poids moléculaires différents (désignées α_1, α_2, β et γ) qu'on peut doser. *2° L'immuno-électrophorèse* combinant une électrophorèse et la précipitation des globulines par des sérums antiglobulines. On met ainsi en évidence 3 immunoglobulines, désignées par l'abréviation Ig, IgA, IgG et IgM (elles correspondent aux bandes de migrations β et γ de la méthode précédente).

Prothrombine. Substance qui, sous l'influence d'une dizaine d'autres facteurs, se transforme en thrombine. Celle-ci fait coaguler le sang par transformation du fibrinogène en fibrine. Sa surveillance est très importante au cours des traitements anticoagulants. % normal : entre 60 et 120 %. (% attendu en cas de traitement anticoagulant : 15 à 30 %).

• **2° Globules rouges [érythrocytes** (du grec *eruthrop,* rouge, et *kutos,* cellule) **ou hématies].** 4,3 à 5,9 millions par mm³ de sang (4,3 à 5,9 × 10^{12} par l). Leur nombre augmente avec l'altitude (6 millions par mm³ à 3 700 m, 7 millions à 4 500 m). Dans certaines maladies, le volume total des globules rouges peut varier entre 5 l (grandes polyglobulies) et 1/4 de l (anémies extrêmes). Contiennent de l'*hémoglobine* (colorant des globules rouges, 13 à 16 g pour 100 cm³). Ils naissent dans la moelle osseuse chez l'adulte, dans le foie chez le fœtus, vivent env. 4 mois et sont détruits principalement dans la moelle osseuse et la rate.

A partir du nombre des globules rouges, de l'hémoglobine évaluée en poids et de **l'hématocrite** (rapport globules rouges/sang total : 30 à 40 %), on peut calculer 3 indices érythrocytaires : *1) le volume globulaire moyen :* hématocrite/nombre de globules rouges ; *2) la teneur globulaire moyenne en hémoglobine* (28 à 34 pg par globule) : hémoglobine (en poids)/nombre de globules rouges ; *3) la concentration moyenne en hémoglobine :* hémoglobine/ hématocrite. Ces 3 indices sont très importants dans l'étude des anémies.

Vitesse de sédimentation : rapidité avec laquelle les globules rouges se déposent au fond d'un tube exactement calibré. *1 h :* 3-10 mm ; *2 h :* jusqu'à 20 mm ; *24 h :* 40 à 60 mm.

Temps de coagulation : variable, jusqu'à 15 minutes (chez l'hémophile, plusieurs heures).

• **3° Globules blancs (leucocytes ;** du grec *leukos :* blanc et *kutos :* cellule). 4 000 à 11 000 par mm³ de sang (4 à 11 × 10^9 par l). Ils naissent avant tout dans la moelle osseuse.

Leucocytes polynucléaires : ils ont normalement un noyau de 1 à 5 lobes et leur protoplasme contient des granulations (d'où leur autre nom de granulocytes et le terme d'agranulocytose pour désigner la disparition des polynucléaires du sang). Ils peuvent être neutrophiles (60 à 70 %), basophiles (0,4 à 1 %) et acidophiles (synonyme d'éosinophile, 1 à 3 %) selon les affinités de leur granulation pour fixer des colorants neutres, basiques ou acides. Ces 3 variétés se distinguent aussi par d'autres caractères : morphologie du noyau et des granulations, rôles physiologiques et pathologiques différents (les neutrophiles jouent un rôle primordial dans la défense contre les bactéries, les phagocytant et les digérant littéralement). Les *polynucléaires* séjournent dans le sang quelques heures et passent dans les tissus où ils meurent.

Leucocytes mononucléaires : lymphocytes (diam. 6 à 8 µm) : 25 à 45 % ; ils quittent les vaisseaux sanguins et passent dans les vaisseaux lymphatiques et les ganglions ; la plupart ont une vie courte. Les lymphocytes « mémoire » ou lymphocytes T, agents essentiels des immunités humorale et tissulaire (voir plus loin) peuvent vivre au moins plusieurs mois ; les **monocytes** (diam. 15 à 40 µm) : 3 à 8 % ; ils participent aussi à la défense de l'organisme en englobant des particules (macrophages).

• **4° Plaquettes sanguines** ou **thrombocytes.** 180 000 à 300 000 par mm³ de sang (180 à 300 × 10^9 par l). *Durée de vie moyenne :* 10 j.

Lors de la coagulation du sang, le **fibrinogène** se polymérise en un réseau de fibrine enserrant dans ses mailles les globules et formant ainsi un *caillot* qui se rétracte grâce aux plaquettes. Le liquide plasmatique restant prend alors le nom de **sérum** (plasma = sérum + fibrinogène).

Sang. Acide urique 30 à 70 mg/l (180 à 420 µmol/l). Albumine 35 à 50g/l (500 à 725 µmol/l). Bilirubine totale 1 à 10 mg/l (2 à 17 g mol/l). Bilirubine conjuguée 0 à 2 mg/l (0 à 3,5 µmol/l). Calcium 88 à 105 mg/l (2,2 à 2,60 mmol/l). Cholestérol 1,5 à 2,50 g/l (4 à 6,50 mmol/l). Créatinine < 12 mg/l (<110 µmol/l). Glucose 0,65 à 1 g/l (3,6 à 5,5 mmol/l). Fer 80 à 170 γ % (14 à 30 mol/l). Magnésium 18 à 22 mg/l (0,75 à 0,90 mmol/l). Phosphore 25 à 40 mg/l (0,80 à 1,3 mmol/l). Triglycérides 0,50 à 1,50 g/l (0,60 à 1,60 mmol/l). Urée 0,20 à 0,40 g/l (3,3 à 6,6 mmol/l).

Urines. Acide urique 0,40 à 0,80 g/24 h (2,4 à 4,80 mmol/ 24 h). Calcium 150 à 250 mg/24 h (3,75 à 6,25 mmol/24 h). Créatinine H < 150 mg/24 h (< 1 150 µmol/24 h). Créatinine F < 250 mg/24 h (< 1 800 µmol/24 h). Clearance de la créatinine 80 à 120 ml/mn (1,30 à 2 ml/s). Hydroxyproline 20 à 30 mg/24 h/m² (150 à 230 µmol/24 h/m²). Phosphate 0,40 à 1 g/24 h (13 à 32 mmol/24 h).

L.C.R. Protéines 0,15 à 0,30 g/l. Glucose 0,40 à 0,70 g/l (2,2 à 3,9 mmol/l). Chlorures 7,10 à 7,50 g/l NaCl (120 à 130 mmol/l). IgG < 0,09 g/l.

Groupes sanguins

Les groupes sanguins sont définis par les antigènes présents sur les globules rouges. La transmission héréditaire de ces groupes obéit à des lois rigoureuses.

• **Système ABO.** Chaque individu a dans son plasma un **anticorps,** ou **agglutinine,** dirigé contre le ou les antigènes qu'il ne possède pas. Si un sérum contenant un anticorps est mis en présence d'hématies contenant l'antigène correspondant, il y aura agglutination puis, éventuellement, hémolyse (destruction des globules).

Pour que les agglutinines présentes chez le receveur ne détruisent pas les globules rouges transfusés, les transfusions de globules rouges doivent être faites entre sujets de même groupe (ou tout au moins de groupes compatibles).

Syst. ABO Groupe sanguin	Antigène sur l'hématie	Agglutinine dans le sérum
A	A	Anti B
B	B	Anti A
AB	A et B	–
O	–	Anti A et Anti B

Groupes auxquels on peut donner ses globules rouges ou desquels on peut en recevoir :

Groupe sanguin	Peut donner à	Peut recevoir de
AB	AB	Tous
A	AB, A	O, A
B	AB, B	O, B
O	Tous	O

Nota. – Ces règles ne concernent que le système ABO. Pour assurer une compatibilité totale entre donneur et receveur, il faut également tenir compte des agglutinines irrégulières (voir plus loin) et ne transfuser que des globules rouges dépourvus de l'antigène correspondant à ces agglutinines.

Le groupe sanguin de la naissance est conservé toute la vie, même si l'on subit de multiples transfusions sanguines d'un autre groupe.

Fréquence en %. *Moyenne mondiale :* O : 38,81 ; A : 31,41 ; B : 22,81 ; AB : 6,97. *France :* O : 45 ; A : 44 ; B : 8 ; AB : 3. *Aborigènes d'Australie :* A : 61,33 ; O : 38,67 ; B : 0 ; AB : 0. *Bantous du Congo :* O : 51,66 ; A : 25,01 ; B : 19,60 ; AB : 3,66. *Japon :* A : 37,34 ; O : 31,51 ; B : 22,06 ; AB : 9,10. *Peaux rouges :* O : 90. *Esquimaux :* O : 86.

• **Autres systèmes. Antigènes D, ou facteur Rhésus standard.** Découvert chez le singe macacus rhésus. 85 % des individus de race blanche le possèdent. Un sujet ayant le facteur Rhésus (dit Rh + ou D +) peut recevoir du sang Rh + ou Rh –. Un individu ne le possédant pas (dit Rh –) ne doit recevoir que du sang Rh –, car un anticorps anti-Rh peut se développer dans le sang du receveur et être à l'origine d'accidents graves lors de transfusions ultérieures. Cette « sensibilisation », c'est-à-dire le développement d'agglutinines dites irrégulières (par opposition aux agglutinines régulières ou naturelles du système ABO), peut être aussi le fait de la grossesse. Lorsqu'un fœtus est Rh + (par son père) et sa mère Rh –, des globules rouges de l'enfant peuvent traverser le placenta et déterminer la formation d'un anticorps anti-Rhésus chez la femme. Cet anticorps passant dans la circulation du fœtus lors d'une grossesse ultérieure déclenchera une destruction massive des globules rouges de celui-ci si ce dernier est Rh +. C'est la *maladie hémolytique du nouveau-né* (Voir Mortinatalité à l'Index). L'injection systématique d'immunoglobulines Anti-D (ou sérum Anti-Rh) chez les femmes Rhésus négatif, après toute grossesse, même précocement interrompue, permet d'éviter l'apparition des anticorps anti-Rhésus.

Kell, MNS, Kidd, Duffy, etc. Il n'y a pas d'agglutinines naturelles correspondantes dans le plasma, mais des agglutinines irrégulières peuvent se développer par transfusion ou par grossesse.

Autres antigènes (P1, Lewis[a], Lewis[b], etc.) : s'ils manquent, des anticorps irréguliers naturels peuvent se développer sans inconvénients pour les grossesses (ne traversent pas le placenta), avec des inconvénients mineurs pour les transfusions.

Recherche d'hérédité : en confrontant les groupes ABO, MN et Rh, etc., de la mère, de l'enfant et du père présomptif, on peut éliminer des paternités faussement alléguées, voire déterminer la probabilité d'une paternité.

Certains antigènes ne se retrouvent que dans certaines ethnies (antigène Diego, Indiens d'Amérique) ou même dans certaines familles (antigènes privés). A l'opposé, un antigène très répandu (ant. public) peut manquer chez de très rares individus.

• **Système HLA** *(Human Leucocyte Antigen)* **ou système d'histocompatibilité.** Antigènes, pratiquement absents sur les globules rouges, mais présents en quantité importante sur les globules blancs d'où leur nom. On les a retrouvés sur toutes les cellules de l'organisme en quantité variable selon les tissus. Ils jouent un rôle primordial dans le rejet ou la prise des greffes de tissus ou d'organes. Le système HLA est constitué de 4 couples de gènes auxquels correspondent 10 à 30 variétés possibles *(allèles).* Le nombre de combinaisons génotypiques possibles est de plus d'un milliard. L'histocompatibilité ne se rencontre guère que parmi les frères et sœurs. La détermination du groupe HLA est essentielle pour les greffes de rein et de moelle osseuse et pour les transfusions de globules blancs et de plaquettes. Certains groupes HLA semblent prédisposer à certaines maladies. L'étude des groupes HLA est aussi intéressante en ethnologie qu'en médecine légale (exclusion ou calcul de la probabilité de paternité en association avec les autres groupes sanguins).

Rôle du sang

• **Le plasma** transporte les déchets aux organes qui les éliminent (rein, foie) et apporte à l'ensemble du corps les éléments nutritifs nécessaires. Il contient eau, sels minéraux, glucides, lipides et protides (albumine, globulines) à des taux constants, maintenus grâce aux divers mécanismes régulateurs.

• **Les globules rouges** constituent l'agent de la respiration tissulaire grâce à l'hémoglobine qu'ils contiennent. A la pression atmosphérique, celle-ci possède une grande affinité pour l'oxygène et se transforme en *oxyhémoglobine* de couleur vermeille *(sang artériel).* Dans les capillaires des tissus, sous l'influence de la chute de pression d'oxygène, l'oxygène quitte l'hémoglobine. C'est alors l'hémoglobine réduite ou *désoxyhémoglobine*, plus sombre *(sang veineux)*. L'hémoglobine possède aussi une affinité pour l'oxyde de carbone (250 fois plus grande que pour l'oxygène) et forme avec ce gaz un composé stable rouge groseille, la *carboxyhémoglobine*.

• **Les globules blancs** défendent l'organisme de plusieurs façons :

les polynucléaires englobent et détruisent *les bactéries (phénomène de phagocytose)* : le *pus* est la résultante de leur action ;

les monocytes ont aussi une fonction phagocytaire, mais englobent des particules plus grosses *(macrophages)* ;

les lymphocytes B (donnant par transformation les *plasmocytes*), sécrètent des anticorps qui passent dans le sang (immunité humorale) ; les *lymphocytes T* sont le principal obstacle à la prise des greffes et le substratum des réactions cutanées positives à la tuberculine et autres antigènes (immunité cellulaire).

• **Une solution chimique improprement appelée substitut du sang**, le Fluosol-DA, mise au point au Japon, a été expérimentée pour la 1re fois chez l'homme en 1979. C'est un perfluorocarbone (molécules d'hydrocarbure où les atomes d'hydrogène sont remplacés par des atomes de fluor). Cette substance capable de transporter l'oxygène des poumons vers les tissus pourrait se substituer en cas d'urgence aux transfusions de globules rouges (sans avoir à pratiquer une analyse de groupe sanguin). Elle ne peut assurer les autres fonctions du sang (coagulation, défense immunitaire). D'utilisation pratique difficile (nécessité d'équipement hyperbare), le Fluosol-DA ne semble pas appelé à remplacer le sang humain. D'autres études sont actuellement en cours.

Maladies du sang

Anémie. Diminution des globules rouges et (ou) de leur teneur en hémoglobine. Nombreuses variétés :

Anémie après saignement abondant. Fréquence liée à celle des hémorragies.

Anémie de Biermer, à gros globules, donc très chargés en hémoglobine ; atrophie de la muqueuse de l'estomac, troubles nerveux. Peu fréquente. Évolution grave en l'absence de traitement. Frappe surtout les Blancs. *Traitement* : vitamine B 12.

Anémie hypochrome, à globules petits et décolorés ; traduit un appauvrissement en fer, presque toujours consécutif à des hémorragies peu abondantes mais continues. Fréquente. *Traitement* : sels ferreux.

Anémie par atrophie de la moelle osseuse (anémie aplasique), grave, avec fièvre et hémorragies, souvent d'origine toxique. Très rare.

Anémie par destruction exagérée des globules rouges (anémie hémolytique). Peut être due à une malformation héréditaire des globules rouges, ou acquise. Assez rare.

Drépanocytose. Maladie sanguine héréditaire répandue chez les Noirs, caractérisée par la présence dans les globules rouges d'une hémoglobine anormale dite HbS. La désoxygénation de l'hémoglobine entraîne une déformation en faucille des globules rouges. Ceux-ci s'accrochent entre eux formant des amas qui obstruent des vaisseaux et déclenchent des crises douloureuses, de l'impotence et aussi de l'anémie. Cette tare atténue chez ceux qui en sont atteints la fréquence et la gravité du paludisme. Aux U.S.A. 9 Noirs sur 10 seraient porteurs de la tare. Dans la forme majeure, homozygote, l'évolution est très grave, nécessitant des transfusions à répétition.

Dysglobulinémies. Maladies comportant une augmentation considérable d'un des 3 types d'immunoglobulines. *Principales* : le **myélome** [douleurs et tumeurs osseuses avec infiltration de la moelle osseuse par des plasmocytes (dérivés des lymphocytes), augmentation très importante de l'IgG ou plus rarement de l'IgA dans le sang] ; la **maladie de Waldenström** [ganglions, grosse rate, infiltration de la moelle osseuse par des éléments intermédiaires entre lymphocytes et plasmocytes, augmentation très importante des IgM (appelée aussi macroglobulinémie en raison du très gros poids moléculaire de cette globuline)]. La mort du Pt Pompidou peut être attribuée à une dysglobulinémie.

Hémophilie. Maladie héréditaire transmise par les femmes et se manifestant chez les hommes. Impossibilité pour le sang de se coaguler ou coagulation très longue due à l'absence d'un des facteurs nécessaires à la coagulation (facteur VIII : hémophilie A ; facteur IX : hém. B). Une blessure légère peut donc causer une grosse hémorragie. En Europe, 1 personne sur 20 000 en serait atteinte (en France, il y a env. 5 000 hémophiles). Jadis les hémophiles atteignaient rarement l'âge adulte. Actuellement ils peuvent vivre jusqu'à un âge avancé grâce aux progrès du traitement. Au lieu d'apporter les facteurs VIII et IX par des transfusions abondantes, on utilise des fractions de plasma ou de concentrés d'un de ces facteurs. Les malades peuvent conserver ces fractions dans leur frigidaire et se les faire injecter par voie intraveineuse à la moindre alerte, ce qui diminue la gravité des accidents hémorragiques et abrège les incapacités de travail. Diagnostic anténatal possible.

Leucémie. Prolifération de globules blancs de type cancéreux. *Leucémie myéloïde chronique* avec hypertrophie de la rate et accroissement des globules blancs de la lignée des polynucléaires ; *lymphoïde chronique* avec hypertrophie des ganglions et de la rate, sang riche en lymphocytes ; *aiguë* avec anémie, hémorragie et fièvre, peu d'hypertrophie des ganglions et de la rate ; env. 40 % de l'ensemble des leucémies ; fièvre variable dans le temps et selon les pays.

Les leucémies frappent un peu plus les hommes que les femmes. Les leucémies chroniques s'observent surtout à partir de 40 ans, les leucémies aiguës à partir de 2 ans. *Traitements* : diverses substances chimiques détruisant les cellules anormales (antimitotiques capables de bloquer la mitose ou division cellulaire) et variant selon le type de leucémie, cortisone, transfusions.

Les leucémies chroniques ne guérissent pas mais les traitements peuvent procurer de longues survies. On améliore la durée des rémissions complètes des leucémies aiguës de l'adulte, notamment par le recours éventuel à la greffe de moelle (autogreffe ou allogreffe histocompatible) qui permet d'administrer des chimiothérapies plus lourdes et prolongées. Dans les formes lymphoblastiques de l'enfant, les survies sans rechute à 4 ans sont nombreuses, lorsqu'elles dépassent 10 ans la guérison est à peu près certaine.

Taux de mortalité par leucémie. Les plus élevés : Danemark (8,3 pour 100 000 personnes), Berlin-Ouest (8,2), Suède (8). *Les plus bas* : Espagne (3,3), Pologne (3,9). *France (7).*

Leucopénie. Baisse des globules blancs ; parfois accentuée et durable en rapport avec une intoxication (pyramidon surtout) ou une dépression de la moelle osseuse. Elle expose à des infections très graves. *Traitement* : antibiotiques et éventuellement transfusions de globules blancs.

Maladie de Hodgkin. Maladie grave des ganglions lymphatiques atteignant de préférence des adultes jeunes. Actuellement, grâce à la radiothérapie et à la chimiothérapie, elle guérit dans 70 à 80 % des cas reconnus précocement ; même dans les formes très étendues on peut observer de longues rémissions.

Mononucléose infectieuse. Voir p. 140.

Purpura. Éruption de taches sanglantes sur la peau, de tailles variables. Les petites sont appelées **pétéchies**, et les grandes **ecchymoses**. *P. rhumatoïde* : avec douleurs articulaires surtout chez l'enfant, généralement bénin ; *p. hémorragique* : s'accompagne d'hémorragies diverses : nez, gencives, utérus, etc., traduit presque toujours une baisse considérable des plaquettes sanguines *(thrombopénie)*.

Il existe de nombreuses variétés de purpuras et de nombreuses causes : infection, intoxication, maladie du foie, etc. *Traitements* : varient selon la variété de purpura : antibiotiques, cortisone, perfusion de fractions coagulantes de plasma, ablation de la rate, etc.

Thalassémie. Production insuffisante d'hémoglobine normale (molécule transportant l'oxygène dans le sang). *Héréditaire.* Touche des dizaines de millions de personnes (surtout Bassin méditerranéen et Extrême-Orient). Une greffe des gènes commandant la synthèse de l'hémoglobine normale dans les cellules malades de la moelle osseuse a été expérimentée en 1980 sur 2 jeunes femmes de 21 et 16 ans. Le code génétique des chaînes d'ADN a été modifié. Dépistage possible pendant la grossesse.

Maladies transmises par le sang

Des agents pathogènes (dont ceux du paludisme, de la syphilis, des hépatites et de certaines maladies infectieuses) peuvent être transmis par voie sanguine. Les risques doivent être dépistés à chaque don de sang. Sont obligatoires : depuis longtemps le dépistage de la syphilis, plus récemment celui de l'antigène HBS (hépatite B), dep. le 1-8-1985, celui des anticorps « anti-LAV » (caractérisant le contact avec le virus du SIDA).

Lymphe

Liquide incolore qui baigne la peau et tous les organes. Représente 1/4 du poids du corps. 2 sortes :

Lymphe interstitielle. Formée par le plasma sanguin filtré à travers la paroi des capillaires artériels des tissus. Elle remplit les espaces conjonctifs des tissus et constitue une réserve de plasma utilisée en cas d'hémorragie.

Lymphe circulante. L'*appareil lymphatique* comprend des capillaires qui plongent dans les tissus conjonctifs et drainent la lymphe interstitielle. Ils convergent vers les vaisseaux lymphatiques. Aux points de confluence des vaisseaux se trouvent des ganglions. Les lymphatiques de la moitié droite de la tête et du thorax se réunissent dans la grande veine lymphatique (long. 1 cm) qui se jette dans la veine sanguine sous-clavière droite. Les lymphatiques du reste du corps rejoignent le canal thoracique (long. 25 cm, diam. 3 mm) qui débouche dans la veine sous-clavière gauche.

Composition. *Lymphe interstitielle* : variable et mal connue. *Lymphe circulante* : composition d'un sang privé de globules rouges : 97 % de plasma, 3 % de leucocytes (formés dans les ganglions lymphatiques). La lymphe est moins riche en aliments et plus riche en déchets que le sang.

Les lymphatiques de l'intestin grêle jouent un rôle essentiel dans l'absorption des graisses. Appelés **chylifères**, ils drainent les graisses absorbées par la paroi intestinale vers le canal thoracique, tandis que les protides et les hydrates de carbone empruntent la voie veineuse (veine porte).

Système circulatoire

Description. I. Le cœur, organe musculaire creux dont les parois sont formées de 3 tuniques. De l'extérieur vers l'intérieur : **1° le péricarde** (séreuse formée de 2 feuillets glissant l'un sur l'autre ; le feuillet externe est lié aux organes thoraciques, le feuillet intérieur est soudé au cœur) ; **2° le myocarde** (fibres musculaires striées, ramifiées et anastomosées) ; **3° l'endocarde** (mince épithélium qui tapisse l'intérieur des 4 cavités : 2 *oreillettes* et 2 *ventricules*). **II. Les vaisseaux** qui sont de 3 types : **artères** qui conduisent le sang du cœur vers les organes ; **veines** qui ramènent au cœur le sang qui a irrigué les organes ; **capillaires** qui, à l'intérieur des organes, font communiquer veines et artères. L'intérieur des vaisseaux est tapissé d'*endothélium*, prolongement de l'endocarde. Leur surface, très lisse, facilite le glissement du sang et empêche sa coagulation. Des *valvules* (soupapes) placées à l'entrée et à la sortie du ventricule empêchent le sang de refluer.

L'activité mécanique du cœur comporte donc 2 phases : contraction des ventricules (sang éjecté sous forte pression dans l'aorte et les artères pulmonaires), et relâchement (le sang, arrivé au cœur par les veines

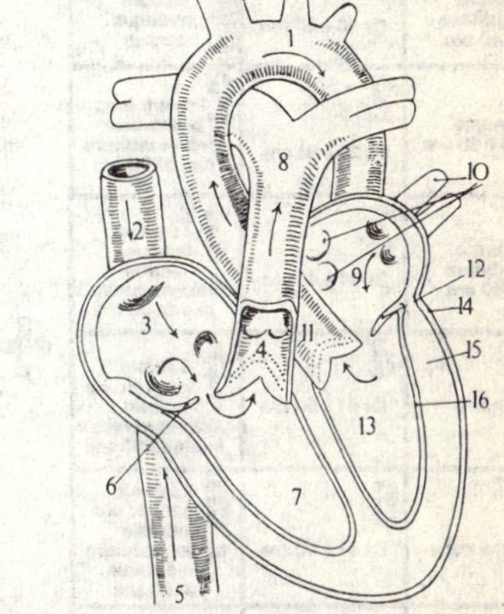

Le cœur :
1 aorte. 2 veine cave supérieure. 3 oreillette droite. 4 orifice de l'artère pulmonaire. 5 veine cave inférieure. 6 valvule tricuspide. 7 ventricule droit. 8 artère pulmonaire. 9 oreillette gauche. 10 veine pulmonaire. 11 orifice de l'aorte. 12 valvule mitrale. 13 ventricule gauche. 14 péricarde. 15 myocarde. 16 endocarde.

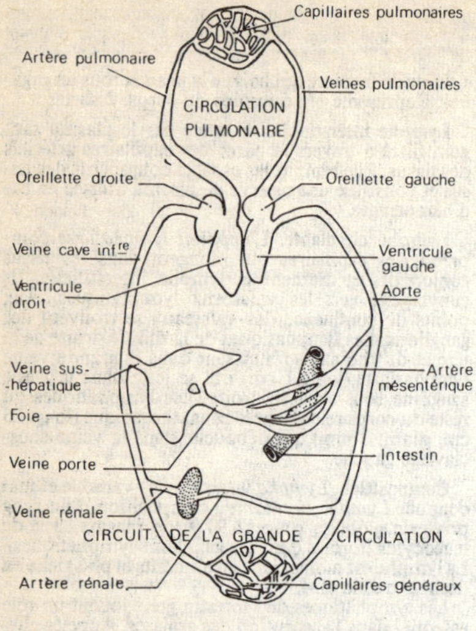

Schéma général de la circulation

caves et pulmonaires, passe des oreillettes dans le ventricule). Le débit du cœur est de 65 à 100 cm^3 par contraction. Il envoie 5 à 7 l de sang par min dans nos artères, selon la taille et le poids du sujet, et l'importance de l'effort qu'il fournit. A cause de ce débit important, une plaie d'une grosse artère peut être mortelle en quelques minutes.

Vitesse du sang. Pour aller d'une main à l'autre, 11 à 15 s ; de la cuisse au pied, 2 s.

Tension artérielle. Varie à chaque battement du cœur pour passer successivement par un maximum [pression dans les artères au moment de la contraction cardiaque (12 à 14 cm de mercure au bras)] et un minimum [pression se maintenant dans les artères entre 2 contractions cardiaques (environ 8 cm de mercure au bras)]. *Causes de variations. Augmentation :* certaines substances toxiques, émotions, efforts, durcissement des artères, maladies rénales. *Diminution :* hémorragies, insuffisance card., certaines maladies, fatigue.

Pouls. Il représente le passage de l'onde provoquée par chaque contraction cardiaque. *Pulsations par minute* (au repos) : *1 an* 115 à 130. *2 ans* 100 à 115. *7 ans* 85 à 90. *14 ans* 80 à 90. *Adultes* 60 à 80. 70 à 72 (homme), 78 à 80 (femme). *Limites extrêmes* possibles (mais anormales) : 30 à plus de 200. On compte en moyenne une accélération de 18 battements par minute par degré de température au-delà de 37°.

Bruits du cœur. Le *stéthoscope* permet d'entendre les 2 bruits normaux du cœur et l'apparition de bruits surajoutés, de souffles ou de frottements. Ces bruits peuvent également être enregistrés par un phonocardiographe.

Électrocardiogramme (ECG). Enregistrement des variations de l'activité électrique du cœur en fonction du temps. Toute cellule vivante étant polarisée, cette activité comporte une phase de dépolarisation rapide, suivie d'une phase de repolarisation plus lente. Ces phases créent des différences de potentiel qui se transmettent à tout le corps. L'ECG recueille ces variations à la surface du corps par des électrodes appliquées sur la peau et reliées par des fils conducteurs à un appareil d'enregistrement comportant un amplificateur, un galvanomètre et un système d'inscription sur un papier qui se déroule à vitesse constante. Des dérivations bi- ou unipolaires peuvent être utilisées, mais, quel qu'en soit le type, le tracé comporte toujours une onde P correspondant à la contraction des oreillettes, puis un complexe ventriculaire comportant l'onde QRS de dépolarisation rapide et l'onde T lente de repolarisation.

L'intervalle PR reflète le temps de conduction de l'influx entre oreillettes et ventricules.

L'ECG permet d'apprécier le rythme cardiaque, la taille des parois et des cavités du cœur (leur augmentation constituant l'hypertrophie), l'existence d'anomalies de cheminement de l'activité électrique et la circulation dans les artères coronaires. L'arrêt de cette dernière entraîne la destruction d'une partie du muscle cardiaque dont l'activité électrique anormale peut être décelée par l'ECG.

Holter. Cassette placée sur la poitrine pendant 24, 48 ou 72 h pour enregistrer les 100 000 battements quotidiens et noter tracé et rythme.

Maladies de l'appareil circulatoire

● **Affections cardio-vasculaires.** Représentent 55 % des causes de morbidité.

Angine de poitrine (du grec *agko*, j'étrangle, ou du latin *angere*, serrer, du fait du caractère angoissant, asphyxiant de la douleur). Oppression douloureuse à la hauteur du sternum irradiant vers le cou en étau avec sensation d'étranglement, et vers la mâchoire inférieure, les épaules, la face interne des bras, les poignets (douleur en bracelet), plus souvent à gauche. Cette douleur survient lors d'un effort, ou, parfois, au repos en période digestive ou la nuit. Elle cède en général très rapidement après la prise de dérivés nitrés administrés par la bouche et correspond à un apport insuffisant de sang oxygéné dans une région du cœur. Si elle se prolonge (plus de 15 mn), elle peut faire craindre la constitution d'un infarctus du myocarde.

Artériosclérose. Sclérose artérielle sans préjuger de son origine.

Athérosclérose. Sclérose des artères due à l'athérome (surcharge en graisse de la paroi). Cause essentielle des affections cardio-vasculaires. Siégeant en particulier au niveau des deux artères coronaires, elle provoque leur durcissement et leur épaississement, une perte d'élasticité avec dépôt de substances lipidiques et calcaires.

Fréquente chez l'homme à partir de 20 à 30 ans, de 35 ans chez la femme. Facteurs de risque : hérédité, sexe (masculin, féminin après la ménopause), obésité, habitudes alimentaires, diabète, tabac (important), hypertension artérielle, sédentarité, hypercholestérolémie, hyperlipidémie.

Infarctus du myocarde. Lésion du muscle cardiaque d'origine ischémique [(du grec *iskhein*, retenir et *haima*, sang), réduction très importante de l'apport de sang oxygéné dans une partie de l'organisme] due à une oblitération **(thrombose)** d'une des artères coronaires ou d'une de ses branches (les artères coronaires sont les artères nourricières du myocarde) entraînant la *nécrose*, c'est-à-dire la mort, des cellules du myocarde qui ne sont plus oxygénées.

La douleur ressemble à celle de l'angine de poitrine, mais elle est plus intense, plus étendue, plus prolongée. Elle s'accompagne en général d'essoufflement, de troubles digestifs (nausées, éructation), de modification de la tension artérielle, de modification de l'électrocardiogramme.

Traitement. Médical : repos au lit, héparine, vasodilatateurs, antiangineux. Si échec, coronarographie : injection de produit opaque dans les artères coronaires de façon à visualiser le siège et le nombre des sténoses (rétrécissements des artères coronaires) en vue d'un éventuel traitement chirurgical (pontage aorto-coronaire avec greffe veineuse implantée entre l'aorte initiale et la coronaire en aval de la sténose).

Complications : jusqu'au 30e ou même 90e jour : risques de trouble du rythme ou de conduction, rupture du foyer cicatrisé, etc.

Calculez vos risques d'infarctus

SEXE	AGE	HEREDITE
1 Femme en dessous de 40 ans	1 De 10 à 20 ans	1 Aucune hérédité cardiaque connue
2 Femme de 40 à 50 ans	2 De 21 à 31 ans	2 1 parent avec une malade cardio-vasculaire plus de 60 ans
3 Femme au-dessus de 50 ans	3 De 31 à 40 ans	3 2 parents ayant eu malade cardio-vasculaire à plus de 60 ans
5 Homme	4 De 41 à 50 ans	4 1 parent ayant eu une maladie cardio-vasculaire à moins de 60 ans
6 Homme trapu	6 De 51 à 60 ans	6 2 parents ayant eu une maladie cardio-vasculaire au-dessous de 60 ans
7 Homme trapu et chauve	8 De 61 à 70 ans	7 3 parents ayant eu une maladie cardio-vasculaire au-dessous de 60 ans

+

TENSION (chiffre maxima)	TABAC	RÉGIME Matières grasses	POIDS	EXERCICE
1 10	0 Non fumeur	1 Régime pratiquement sans beurre ni huile ni œufs	0 Moins de 2,5 kg au-dessous du poids normal	1 Travail actif et éxercices intensifs
2 12	1 Cigare et/ou pipe	2 Régime de grillades et légumes, avec peu d'œufs et matières grasses	1 De moins de 2,5 kg à plus de 2,5 kg par rapport au poids normal	2 Travail actif et exercices modérés
3 14	2 10 cigarettes au moins par jour	3 Régime normal avec œufs mais sans fritures ni sauces	2 3 à 10 kg au-dessus du poids normal	3 Travail sédentaire et exercices intensifs
4 16	4 20 cigarettes par jour	4 Régime normal avec quelques fritures et sauces	3 De 10 à 16 kg au-dessus du poids normal	5 Travail sédentaire et exercices modérés
6 18	6 30 cigarettes par jour	5 Régime riche avec assez souvent sauces, fritures, pâtisseries, etc.	5 18 à 25 kg au-dessus de la normale	6 Travail sédentaire et peu d'exercice
8 20 ou plus	10 40 cigarettes par jour et plus	7 Régime gastronomique avec abondance de sauces, fritures, pâtisseries	7 25 à 32 kg au-dessus de la normale	8 Manque total d'exercice

Poids souhaitable

	HOMME	FEMME
1,50 m	50 kg	50 kg
1,55 m	54 kg	52,5 kg
1,60 m	57,5 kg	55 kg
1,65 m	61,5 kg	57,5 kg
1,70 m	65, kg	60 kg
1,75 m	69 kg	62,5 kg
1,80 m	72,5 kg	65 kg
1,85 m	76,5 kg	67,5 kg
1,90 m	80 kg	70 kg
1,95 m	84 kg	72,5 kg

(Tableau établi par la Fédération de cardiologie, 50, rue du Rocher, 75008 Paris)

◀ **Résultats** *6 à 11 :* vos risques d'infarctus sont très faibles. *12 à 17 :* vos risques sont faibles. *18 à 24 :* vos risques sont réels mais encore peu inquiétants. *25 à 31 :* vous devriez faire attention, vos risques sont assez nets. *32 à 40 :* vos risques sont grands. *41 à 62 :* vos risques sont très grands, voyez votre médecin.

Comment s'expliquent les « coups de foudre » ?

Ce « coup au cœur » provoque une chute de la pression sanguine dans le cerveau et fait fonctionner une de nos glandes endocrines : l'hypophyse. Celle-ci pompe dans le sang un peu d'adrénaline (hormone liée au système sympathique). Le cœur bat alors plus vite (90 pulsations à la minute, au lieu de 72) ; la respiration s'accélère ; la tension artérielle monte ; les mains deviennent moites ; les pupilles, inconsciemment, se dilatent. On connaît une certaine euphorie.

Quelques conseils

Hypertension artérielle. 15 % des Français de 30 à 70 ans ont une tension artérielle trop élevée, 80 % ignorent leur mal. Vers 35 ans, 1 Français sur 20 est atteint d'hypertension ; vers 45 ans, 1 sur 7 ; après 65 ans, plus de 1 sur 3 ; après 70 ans 40 %. Or, le risque de maladie cardio-vasculaire est multiplié par 3 en cas d'hyp. légère, par 5 en cas d'hyp. élevée.

Raisons : 1° L'hyp. conduit à une augmentation du travail du cœur dont le besoin en oxygène augmente. La quantité d'oxygène fournie par les artères coronaires peut devenir insuffisante, et entraîner une fatigue et une souffrance du muscle cardiaque, le myocarde. 2° Elle participe au vieillissement des artères du cœur : leurs parois s'épaississent et leur calibre inférieur diminue, au point de réduire ou d'interrompre le débit sanguin (conséquences : angine de poitrine, infarctus du myocarde, troubles du rythme et, à échéance variable, insuffisance cardiaque ou mort subite).

Attention. On peut être atteint d'hyp. sans ressentir les troubles qui l'accompagnent parfois (impression de mouches volant devant les yeux, maux de tête, vertiges, bourdonnements d'oreille). Cette hyp. se soigne si elle est dépistée à temps et si le traitement est suivi de façon régulière et continue. Voir p. 119.

Tabagisme. Les décès dus aux maladies cardio-vasculaires sont 2 à 3 fois plus fréquents chez les fumeurs que chez les non-fumeurs. 20 cigarettes par j augmentent de 70 % le risque de cardiopathie. La mort subite est 5 fois plus fréquente chez les fumeurs de 20 cig. par j que chez les non-fumeurs. La nicotine de 2 cig. suffit à entraîner une élévation du rythme cardiaque de 20 pulsations/minute. Cette accélération entraîne une augmentation du travail du cœur et la fatigue. L'oxyde de carbone fixe en partie l'hémoglobine, rendant le sang impropre à transporter l'oxygène, donc à produire et à renouveler l'énergie musculaire : autant dire impropre à l'effort. La proportion d'hémoglobine inutilisable peut atteindre 10 % chez le fumeur qui inhale la fumée.

Traitement : psychothérapies individuelle (consultation) *et collective* (dynamique de groupe permettant des contacts entre les sujets) ; l'*acupuncture* (souvent associée à l'*homéopathie*) : basée sur l'utilisation des points dynamisants de l'organisme et des points activant le fonctionnement du foie, élément important de la désintoxication ; plusieurs variantes dont : 1° la *nasothérapie* : utilisation d'un point situé sur la face latérale du nez, stimulant la vésicule biliaire, décongestionnant et restituant l'odorat, et annihilant l'envie de fumer ; 2° l'*auriculothérapie :* 7 points (sur l'oreille droite chez le droitier, gauche, chez le gaucher) ; on introduit au point *0* (dit équilibre neurovégétatif) un fil de nylon tressé, conservé par le patient 3 à 4 semaines, mais ce fil n'est pas toujours bien supporté ; 3° la *mésothérapie :* injection dans l'oreille d'un mélange de Divasta et de procaïne entraînant un dégoût de sa fumée et de celle des autres. *Autres aides médicales :* médicaments ayant pour but de remplacer la nicotine par une substance n'entraînant pas une dépendance, de donner un goût désagréable au tabac, de lutter contre les troubles du sevrage ; les *cures thermales* et la *thalassothérapie* permettent d'associer au traitement les bienfaits de l'eau thermale et de l'eau de mer.

Obésité. Définie par une augmentation de la masse grasse. Un sujet est dit obèse lorsque son poids dépasse de 20 % le poids souhaitable (celui qui, en fonction de la taille et du sexe, correspond à la plus grande longévité). Il existe une surmortalité de la population obèse : les hommes de 40 ans pesant à taille égale 30 % de plus que leur poids idéal ont 2 fois plus de risques de mourir d'une maladie cardio-vasculaire dans les 10 ans.

Raisons : les obèses sont plus exposés à développer diabète et hypertension artérielle. Leur sérum contient souvent un excès de *triglycérides,* associé ou non à un excès de *cholestérol,* graisses favorisant l'athérosclérose. De plus, le poids en excédent exige du cœur un travail supplémentaire pour transporter une masse adipeuse superflue.

Excès alimentaires. Aggravent les prédispositions personnelles au diabète et au cholestérol. *Diabète* et états prédiabétiques latents multiplient par 3 à 5 le risque d'infarctus du myocarde. Les risques de maladie artérielle diminuent de 2 % chaque fois que le *cholestérol* baisse de 1 %.

Raisons : un régime riche augmente le taux des graisses et du cholestérol sanguin. Le fait de manger sucré (ou gras) est un moyen de manger trop et, en particulier, des calories vides de vitamines dont la carence intervient probablement dans la formation de l'athérosclérose.

Conseils : limiter les excès (surtout graisses saturées, cholestérol et calories des viandes grasses, produits laitiers, jaunes d'œufs, pâtisseries). Éviter graisses solides (beurre, lard) et boissons alcoolisées ou sucrées à valeur calorique élevée. Préférer viandes maigres, volaille, poisson, lait écrémé, fromage blanc, légumes, fruits, huiles végétales.

Sédentarité. Le repos conduit à une diminution de volume du cœur et à une élévation du rythme cardiaque.

L'exercice physique est bienfaisant : il dilate les vaisseaux du cœur, ce qui leur permet de mieux supporter un rétrécissement ou une oblitération éventuelle ; il développe le cœur (les muscles utilisent mieux l'oxygène apporté par le sang et, pour un effort donné, le débit est moindre et le cœur se fatigue moins) ; il permet un équilibre meilleur parce que dynamique de la ration alimentaire ; il est un facteur d'équilibre psychologique, permettant de remédier au rythme accéléré et aux agressions de la vie moderne.

Sports (sujets menacés). En règle générale, conserver une activité physique progressive, régulière et contrôlée.

Sports pouvant être pratiqués sans surveillance (à condition qu'il ne s'agisse pas de compétition) : cyclisme, marche, golf, ski de fond (éviter froid intense et déclivités importantes).

Sports pouvant être pratiqués sous surveillance : aviron, équitation, tennis de table, ski alpin (mêmes précautions que pour le ski de fond), natation (eau, env. 24 °C, ne jamais se baigner seul). *Sports interdits* (en général) : alpinisme, athlétisme, basket, football, judo.

● **Autres maladies. Anévrisme.** Dilatation d'une artère (ex. : l'aorte). Douleur, troubles de la voix et de la déglutition, difficultés à respirer, œdème. *Traitement :* repos, régime, parfois traitement chirurgical.

Artérite des membres inférieurs. Les artères iliaques ou fémorales durcissent et tendent à s'obstruer sous l'effet de dépôts calcaires et de *cholestérol.* Claudication douloureuse avec crampe du mollet ou de la cuisse survenant à la marche et imposant son arrêt, parfois impuissance, artère ne battant plus, puis gangrène. *Traitement :* médical (arrêt du tabac, marche, vaso-dilatateurs), chirurgical (section des nerfs sympathiques ; pontage court-circuitant la portion d'artère malade avec un tube en textile synthétique ; ramonage), chimique (traitement d'un diabète, de l'excès de lipides en général), cures thermales. Atteindrait 700 000 Français.

Collapsus cardio-vasculaire. Diminution de la tension artérielle, accélération du pouls dont l'amplitude faiblit, diminution de la sécrétion urinaire. *Causes :* 1° diminution de la masse sanguine circulante (choc hémorragique par ex.) ; 2° défaillance primitive de la pompe cardiaque (infarctus du myocarde massif par ex.). *Traitement :* 1er cas : transfusions rapides et abondantes ; 2e cas : drogues tonicardiaques.

Embolie pulmonaire. Obstruction d'une artère pulmonaire ou d'une de ses branches, généralement par un caillot sanguin venant d'une veine des membres inférieurs ou du pelvis : migration d'un thrombus veineux vers le poumon à travers le cœur droit. *Terrain :* survient chez un sujet opéré, alité ou chez une accouchée, surtout chez les sujets porteurs de varices ou d'une maladie veineuse, et surtout lors du 1er lever et après une immobilisation prolongée. *Traitement :* préventif : héparine à petites doses chez tout sujet alité ou opéré, lever précoce ; *embolie de petite taille :* médications contre la douleur, héparine pour éviter les récidives ; *embolie massive avec état de choc :* héparine, tonicardiaques ; si échec : dissolution du caillot par les thrombolytiques ou extraction chirurgicale du caillot.

Endocardite. Inflammation de l'endocarde (tunique interne du cœur). *Rhumatismale* (poststreptococcique) : fièvre, tachycardie, souffles cardiaques d'origine valvulaire laissant des séquelles immédiates ou souvent plusieurs années après la crise de rhumatisme articulaire aigu. *Traitement :* pénicilline, anti-inflammatoires (corticoïdes). Endocardite *bactérienne :* infection bactérienne des valves cardiaques souvent déjà lésées (par le rhum. articulaire aigu par ex.), très souvent d'origine dentaire (après extraction dentaire). *Signes :* tout état fébrile survenant chez un patient porteur d'une cardiopathie soufflante peut faire craindre une endocardite bactérienne ou endocardite d'Osler. *Traitement :* hospitalisation pour recherche de germes dans le sang par hémoculture, puis antibiothérapie adaptée au germe mis en évidence.

Hypertension artérielle. Maux de tête, bourdonnements, vertiges (« mouches volantes » devant les yeux). *Causes :* rétrécissement congénital de l'aorte thoracique, hypertension artérielle d'origine rénale ou endocrinienne par hyperfonctionnement de la glande surrénale dans sa portion corticale ou externe (hypercorticisme) ou dans sa portion centrale (tumeur de la médullo-surrénale) ou phéochromocytome. *Complications :* nerveuses souvent très graves. *Traitement :* repos, régime, médicaments hypotenseurs.

Parce qu'on l'ignore ou la néglige, l'hypertension provoque des altérations graves et irréversibles 10 à 15 ans après son apparition. Env. 30 % des décès sont dus directement ou indirectement à l'hypertension. Un homme hypertendu de – de 46 ans court 10 fois plus de risques de mourir jeune, et une femme 8 fois plus de risques. S'ils sont convenablement traités, ce taux tombe à 3 et 2,5.

En retenant les critères de l'O.M.S. (pression du sang 16-9,5), sont des hypertendus : 1,6 % des hommes et 1,1 % des femmes de 18 à 24 ans ; 18,9 % des h. et f. entre 45 et 55 ans ; 30 % des h. et 50 % des f. entre 65 et 75 ans.

Taux de mortalité annuel pour 10 000 personnes, avec et sans h. : attaques 66 *19,* thrombose 72 *16,* infarctus du myocarde 176 *83.*

Le Français absorbe plus de 3 000 calories par jour (2 fois plus qu'en 1789).

Insuffisance cardiaque (« asystolie »). Essoufflement, cyanose (oxygénation insuffisante du sang), œdèmes (gonflement du tissu sous-cutané ou d'autres organes dû à l'infiltration de liquide séreux). *Traitement :* repos, tonicardiaques, diurétiques, régime sans sel (capital).

Insuffisance mitrale. Reflux anormal du sang du ventricule gauche vers l'oreillette gauche, lors de la systole, provoquant un souffle. Souvent associée au rétrécissement mitral (dans ce cas, maladie mitrale) : rétrécissement de l'orifice qui sépare oreillette et ventricule gauches, obstacle au passage du sang. *Cause :* rhumatisme articulaire aigu. *Traitement :* tonicardiaques et éventuellement chirurgie (pose d'une prothèse valvulaire).

Maladie d'Adams-Stokes. Bradycardie (battements lents), pouls lent (de façon intermittente ou permanente), 30 pulsations par mn. S'il descend à 10 ou 20 : vertiges, syncopes (arrêt momentané du cœur et du pouls, pâleur, perte de connaissance, risque de mort subite). Dans la *syncope respiratoire,* seule la respiration s'arrête, le malade devient bleu. Dans le *coma,* abolition de la conscience et de la vie de relation (audition, conversation) et de la motricité volontaire. *Cause :* blocage de la conduction normale de l'influx entre oreillettes et ventricules. *Traitement :* respiration artificielle, tonicardiaques ; implantation de stimulateur cardiaque définitif (utilisé de plus en plus couramment et de façon préventive) qui supprime les risques de syncope et de mort subite mais nécessite une surveillance régulière et le changement de la pile tous les 4 à 6 ans. 2 méthodes : 1° sonde de stimulation mise en place par une veine jugulaire à l'intérieur du ventricule droit et reliée à un stimulateur logé sous le muscle pectoral ; 2° électrodes fixées à la face externe du cœur et reliées à un stimulateur logé derrière les muscles droits abdominaux.

Maladie bleue (cardiopathies congénitales avec cyanose). Malformations cardiaques : rétrécissement de l'orifice pulmonaire entre le ventricule droit et l'artère pulmonaire causant une augmentation des pressions dans les cavités droites du cœur avec une ou plusieurs communications anormales entre oreillettes ou ventricules : le sang artériel est contaminé par le sang veineux, d'où la cyanose ou teinte bleutée de la peau. *Traitement :* chirurgical.

Maladie de Bouveret. Tachycardie (battements rapides) survenant par accès, début et arrêt brutaux, pouls très rapide, 160-180/mn, et régulier. *Traitement :* digitaline, manœuvre d'expiration à glotte fer-

● **Transfusion sanguine.** *1628,* découverte de la circulation sanguine par W. Harvey. *V. 1650,* 1res transfusions sanguines entre animaux de la même espèce ou d'espèces différentes. *1667,* 1re transfusion sanguine chez l'homme par du sang d'agneau, pratiquée à Montpellier par J. Denis ; tentatives reprises en Europe et surtout en G.-B. par R. Lower et E. King avec le sang d'autres mammifères ; souvent fatales, elles sont abandonnées. *1818,* l'obstétricien anglais, J. Blundell, tente des transfusions inter-humaines. *A partir de 1873,* avec les travaux de L. Landois, les transfusions de sang animal à l'homme sont pratiquement abandonnées (incompatibilité dénoncée par Prévost et Dumas). 2 obstacles entravent l'expansion des transfusions inter-humaines : l'ignorance des groupes sanguins, source d'accidents hémolytiques graves, et la coagulation du sang immédiatement après son prélèvement chez le donneur. *1900,* Landsteiner décrit les groupes sanguins ABO. *A partir des années 1940,* mise au point et amélioration des solutions anticoagulantes et préservatrices de sang. *A partir de 1960,* transfusion adaptée aux besoins spécifiques des malades, en tel ou tel composant du sang.

● **Principales indications.** *Hémorragies ; brûlures graves* [la peau brûlée laisse s'échapper le liquide plasmatique, et en quelques heures un grand brûlé peut perdre les 2/3 du volume de sa masse sanguine (10 à 20 % de son poids corporel) ; on injecte par perfusion des quantités importantes de plasma ou d'albumine] ; en *chirurgie* les opérations thoraciques et la chirurgie du cancer du rectum entraînent une perte sanguine de 1 200 ml en moyenne, la chirurgie du cerveau plus de 500 ml, une opération de la hanche de 400 à 1 200 ml, sur le cœur 7 500 à 10 000 ml ; *transplantations d'organes ; anémies ; syndromes hémorragiques par thrombopénie et infectieux par leucopénie* (injection de concentrés de globules rouges, de plaquettes, de leucocytes). De nos jours, on n'injecte au malade que ce dont il a besoin : le plasma, pour maintenir le volume liquide dans les artères après une perte de sang ; les globules blancs, pour lutter contre l'infection ; les plaquettes, pour combattre l'hémorragie, etc.

● **Techniques de prélèvement.** *Prélèvement de sang total :* le donneur donne 3 ou 4 fois par an 300 à 400 ml de sang. *Plasmaphérèse :* le sang est recueilli, centrifugé ou filtré pour séparer le plasma des globules rouges, qui sont réinjectés au donneur. Le plasma se reconstitue vite dans l'organisme, et l'on peut prélever 600 ml de plasma par mois. *Du plasma, on tire :* les immunoglobulines ; l'albumine sanguine, qui permet de faire des transfusions sans danger à des malades dont on ignore le groupe sanguin ; les facteurs anti-hémophiliques, etc. *Cytaphérèse :* le sang du donneur est dérivé dans un système de circulation extra-corporelle qui va prélever les seuls globules blancs ou les plaquettes. L'opération peut être renouvelée 2 fois par an. Par cytaphérèse, un donneur peut fournir la dose pour laquelle la technique habituelle demande le sang de plus d'une dizaine de donneurs.

● **Organisation. Dans le monde.** Les organisations de la Croix-Rouge, toutes bénévoles, prélèvent le sang gratuitement, mais dans beaucoup de pays, des banques du sang privées rétribuent les donneurs, souvent selon la rareté de leur groupe sanguin (ex. : U.S.A., All.). Dans certains pays pauvres (Proche-Orient et Amér. du S.), un trafic du sang est organisé vers des banques de sang à but commercial ou lucratif.

En France. *Législation :* la transfusion sanguine est contrôlée par l'État depuis la loi du 21-7-1952 : seuls les centres agréés peuvent recueillir et traiter le sang humain (le sang et ses dérivés sont exclus de tout bénéfice commercial) ; frais de préparation et d'analyse remboursés à 100 % par la S.S. Le don de sang est toujours bénévole mais obéit à des règles médicales strictes visant à protéger la santé du donneur et du receveur.

L'importation de sang étranger est interdite. Sang ou dérivés ne peuvent quitter la métropole qu'avec l'autorisation du ministère de la Santé (catastrophes internationales, etc.).

Collecte : En « poste fixe », dans les établissements de transfusion sanguine, ou en « équipe mobile » sur les lieux de travail ou dans la rue.

Nombre d'opérations de dons. *1963 :* 1 400 000, *1970 :* 3 000 000, *1985 :* env. 4 000 000.

mée (dite de Valsalva) permettant d'arrêter la crise, massage du sinus carotidien, ou compression des globes oculaires, injection intraveineuse d'un antiarythmique.

Myocardite. Inflammation aiguë du myocarde (muscle du cœur). Battements accélérés du cœur, arythmie, pouls et tension faibles. *Myocardiopathie :* affection du muscle cardiaque, souvent sans cause reconnue, évoluant progressivement vers l'insuffisance cardiaque. *Traitement :* repos, tonicardiaques.

Péricardite. Inflammation du péricarde (séreuse à 2 feuillets entourant le cœur), sèche ou à épanchement. *Traitement :* ponction, soit pour diagnostiquer l'origine tuberculeuse, cancéreuse ou purulente, soit thérapeutique si un épanchement abondant gêne le remplissage ventriculaire (péricardite purulente : drainage chirurgical + antibiotiques ; tuberculeuse : antibiotiques antituberculeux + corticoïdes).

Phlébite (thrombose veineuse). Inflammation d'une veine (en général d'un membre inférieur), formation d'un caillot. *Traitement :* repos au lit très strict les 1ers jours (risque de migration du caillot vers le poumon ou embolie pulmonaire parfois grave ou mortelle si le membre est utilisé lors du lever) ; antalgiques, héparine (anticoagulant).

Rétrécissement mitral. Voir plus haut.

Syncope. Voir Maladie d'Adams-Stokes.

Thrombose cérébrale (coagulation du sang à l'intérieur d'une artère cérébrale) et **embolie cérébrale** (occlusion d'une artère cérébrale par une particule entraînée par la circulation : caillot sanguin détaché du cœur le plus souvent) entraînent l'**apoplexie** (hémorragie cérébrale) avec éventuellement coma et paralysie (monoplégie, hémiplégie). *Traitement : thrombose :* vaso-dilatateurs cérébraux, hôpital : maintien des fonctions végétatives (respiration et circulation), surveillance du coma, réhydratation ; *embolie sans coma profond :* idem + héparine.

Varices. Dilatation permanente des veines des membres inférieurs. *Causes :* troubles endocriniens, grossesse, infections, phlébites, stations debout prolongées. *Traitement :* injections sclérosantes, chirurgical (ablation complète de la veine profonde).

Nota. — 1 % des Français sont atteints d'insuffisance vasculaire des membres, dont 14 % env. de variqueux.

Statistiques des maladies cardio-vasculaires

Sujets menacés : jeunes souffrant de soucis professionnels excessifs, sédentarité, conflits familiaux, erreurs diététiques ; grande anxiété, sujets ayant trop fumé ou trop bu. Un Français sur 5 est exposé aux risques d'accident ischémique aigu par athérothrombose.

Nombre de maladies coronariennes : entre 39 et 49 ans, 3 fois plus élevé chez les grands fumeurs, et 4 fois + fréquent chez l'homme que chez la femme (9 h. pour 1 f. vers 40 ans ; égalité après 80 ans).

Mortalité : pourcentage des décès dus aux mal. cardio-vasc. par rapport à l'ensemble des décès. Finlande 54. Écosse 54. U.S.A. 54. Australie 54. Suède 52. Danemark 52. Angleterre et Galles 51. Canada 51. N.-Zélande 51. Irlande 50. Hongrie 50. Norvège 50. Suisse 46. Italie 45. Tchécosl. 45. Belgique 44. Pays-Bas 44. All. féd. 43. *France 37,5.* Japon 37. Pologne 35. Grèce 30. Yougoslavie 30.

Aux U.S.A. le taux est plus élevé dans les États où l'eau est peu calcaire, que dans ceux où elle est dure (quelle que soit l'eau bue aux repas).

Appareil nerveux

Généralités

Le système nerveux est présent dans tout l'organisme (nerfs périphériques) mais la plus grande part de sa masse totale est regroupée en une formation centrale (cerveau et moelle épinière).

Système nerveux sensoriel. Recueille les informations sur l'état de l'environnement et du milieu interne.

Système nerveux central. Coordonne ces informations, les confronte aux données antérieurement acquises et détermine les conduites à effectuer.

Système nerveux moteur. Assure la réalisation des conduites choisies.

Structure du tissu nerveux

2 types de cellules forment l'essentiel du tissu nerveux :

1° **Les cellules nerveuses** proprement dites **ou neurones** (10 à 20 milliards). Dès leur mise en place avant la naissance, elles perdent la possibilité de se diviser. Le vieillissement fait disparaître env. 50 000 neurones par j à partir de 20 ans. Les lésions cérébrales ont un effet définitif.

2° **Les cellules satellites,** principalement les **cellules gliales** des centres nerveux. 5 à 10 fois plus nombreuses que les neurones, elles continuent à se multiplier durant la vie. Elles sont disposées dans les interstices séparant les neurones ou forment des gaines autour des prolongements neuroniques.

Neurones

Structure. Presque tous ont : un *corps cellulaire* pourvu d'un noyau et assurant le métabolisme et les fonctions du neurone ; des prolongements centripètes ou *dendrites* qui transmettent au corps cellulaire les informations périphériques qu'ils recueillent ; un prolongement centrifuge ou *axone* (de moins de 1 mm à 1 m de long) qui transmet l'influx nerveux né du corps cellulaire lorsque l'excitation issue des dendrites atteint un certain seuil. La juxtaposition d'un grand nombre d'axones longs forme les *nerfs.*

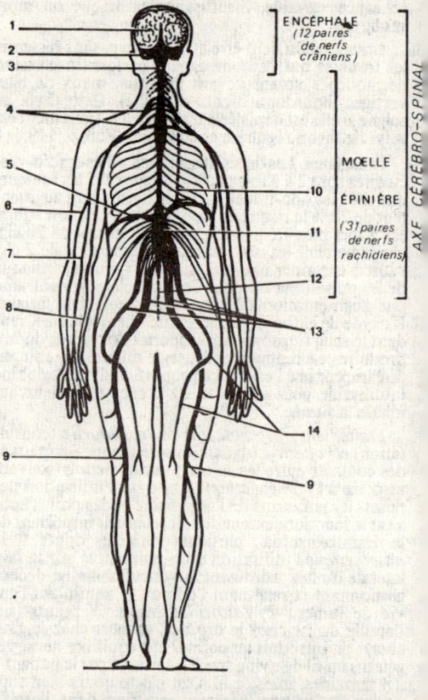

Système cérébro-spinal de l'homme : 1 cerveau. 2 cervelet. 3 bulbe rachidien. 4 plexus brachial. 5 diaphragme. 6 nerf radial. 7 nerf médian. 8 nerf cubital. 9 nerf sciatique. 10 nerf phrénique droit. 11 renflement lombaire. 12 filament terminal. 13 queue de cheval. 14 nerf crural (face antérieure de la cuisse).

Différents types. *Sensoriels :* pourvus aux extrémités des dendrites de prolongements sensibles à un excitant particulier, physique ou chimique, venant de l'environnement ou des organes du corps. Il transforme ainsi en influx nerveux une information externe au système nerveux. Il en existe autant de types distincts que de sensations : vision, audition, goût, odorat, tact, douleur, chaleur, etc.

Moteurs : aboutissent aux muscles, transforment en action physique les influx venus des centres nerveux. D'autres neurones effecteurs s'en rapprochent qui ne provoquent pas de mouvement mais déclenchent des sécrétions de tous types.

Intermédiaires : les plus nombreux, ils forment les circuits des *centres nerveux* de la moelle épinière et du cerveau, transmettent ou modifient l'influx nerveux provenant d'autres neurones et réalisent toutes les fonctions opératoires du système nerveux.

Fonctionnement. *Au repos,* la membrane du neurone présente une différence de potentiel entre sa face externe chargée positivement et sa face interne, chargée négativement. *L'excitation reçue* par les dendrites ou directement par le corps cellulaire inverse localement cette polarisation. Si l'effet est suffisamment accentué, cette dépolarisation se propage le long de l'axone et de ses ramifications terminales, parvient aux synapses et peut se transmettre à d'autres neurones. Ainsi naît et circule l'influx nerveux. Dans les nerfs périphériques, cette circulation transmet un message. *Vitesse de conduction :* dépend du diamètre de l'axone et des cellules gliales qui lui forment une gaine ; 100m/s dans certains axones moteurs ; 50 m/s dans les axones de la sensibilité tactile consciente ; 1 m/s dans les axones fins de la sensibilité douloureuse. Dans les centres nerveux, à la transmission de l'influx nerveux d'un point à un autre s'ajoute l'opération sur les signaux (intégration, amplification, transformation d'un effet facilitateur en effet inhibiteur, etc.).

Articulations interneuroniques. Le regroupement et la succession de nombreux neurones en circuits permettent le fonctionnement nerveux ; un intervalle entre les neurones, interrompant la propagation électrique de l'influx. L'articulation entre neurones se fait par de nombreuses *synapses* (10^{14} pour le système nerveux humain). Une synapse élémentaire comprend un bouton synaptique sur une ramification terminale d'un axone, un étroit espace synaptique et un récepteur synaptique sur les dendrites ou le corps cellulaire du ou (plus souvent) des neurones qui font suite dans le trajet de l'influx nerveux. L'arrivée d'un influx présynaptique dans le bouton synaptique provoque la libération d'un médiateur chimique qui atteint le récepteur des neurones suivants au travers de l'espace synaptique et génère un influx postsynaptique. Le médiateur ne s'accumule pas entre 2 passages de l'influx, car il est très rapidement recapturé par le bouton synaptique ou détruit par un antimédiateur dans l'espace synaptique.

Couples médiateurs/antimédiateurs connus : ceux de *l'acétylcholine,* de *l'adrénaline,* de *la dopamine,* de *la sérotonine.*

Morphologie

Le système nerveux comprend une *partie centrale d'où partent ou parviennent des fibres nerveuses constituant les nerfs périphériques, le névraxe* constitué par l'encéphale contenu dans la boîte crânienne, et *la moelle épinière* contenue dans le canal rachidien. Le terme de **cerveau** désigne l'ensemble de l'encéphale ou sa partie antérieure et supérieure, au-dessus de la tente du cervelet.

Encéphale

1° Hémisphères cérébraux. Forment à eux seuls presque tout l'encéphale, contiennent 3/4 des neurones de l'organisme. Séparés par une fissure au fond de laquelle s'étend le *corps calleux* (ensemble de fibres constituant la voie principale de communication entre les 2 hémisphères). Au centre de chaque hémisphère, une cavité, le *ventricule latéral.* Extérieurement, les hémisphères cérébraux dessinent des circonvolutions séparées par des sillons ou scissures. La sc. de Sylvius sépare les *lobes frontal et pariétal,* en haut, du *temporal* en bas. Le sillon de Rolando sépare le *lobe frontal* (antérieur) du *pariétal* (plus postérieur). L'*occipital* est moins bien individualisé. Un 5e, l'*insula,* se trouve au fond de la scissure de Sylvius.

Structures. a) *Externe (ou cortex cérébral dit substance grise).* Formée essentiellement de corps cellulaires de neurones *(cellules grises)* et de prolongements dendritiques. Certaines régions du cortex, dites *aires primaires,* sont directement en rapport avec des portions extra-cérébrales du système nerveux. On distingue les a. de la motricité, de la sensibilité corporelle, de la vision, de l'audition, du goût, de l'olfaction. Le reste du cortex forme les *aires d'association* permettant une coordination entre les aires primaires. Elles sont essentiellement le siège du déroulement de la

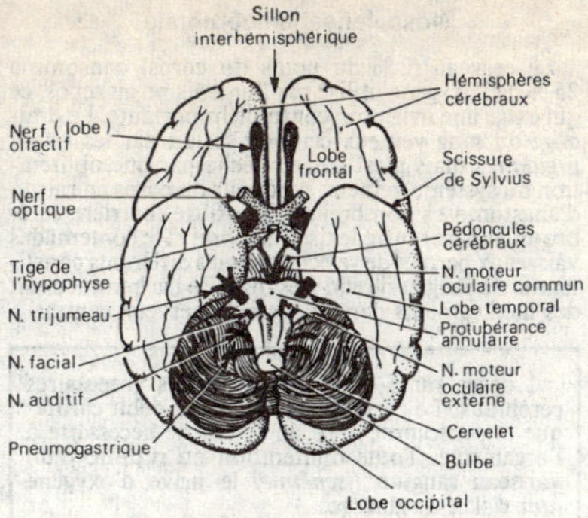

Face inférieure de l'encéphale

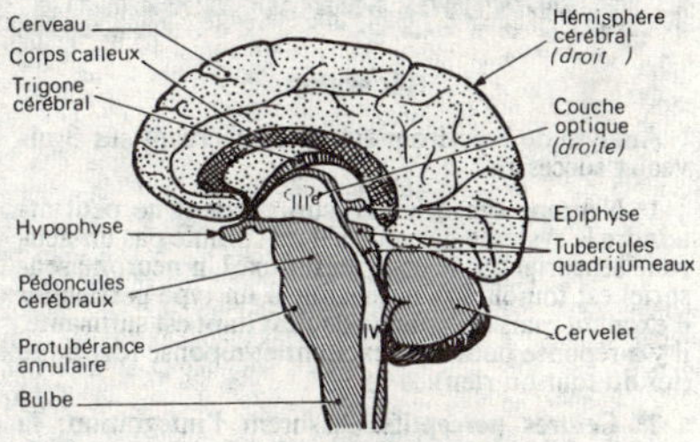

Coupe verticale et médiane de l'encéphale

pensée. La région plus centrale du cortex, au contact du corps calleux, constitue *le système limbique.* Relié aux aires d'association du cortex, aux structures du cerveau central viscéral, c'est le siège de la décision et du contrôle des émotions. Une partie de l'*hippocampe* assure le contrôle de la mémorisation.

b) *Sous-corticale, dite substance blanche :* faite d'axones provenant des neurones du cortex.

c) *Profondes :* formées de corps cellulaires neuroniques, constituent les noyaux gris centraux, *noyaux caudé et lenticulaire* ou *corps striés.* D'autres noyaux centraux plus petits, comme le *noyau amygdalien* ou le *noyau du septum,* se rattachent au système limbique, et contrôlent l'orientation du comportement vers l'action ou au contraire le retrait et l'inhibition motrice.

2° Structures médianes. Diencéphale. Formations les plus importantes : *thalamus* ou couches optiques, s'enfonçant dans les hémisphères cérébraux, séparés l'un de l'autre par la cavité du 3e ventricule, relais essentiels sur les voies de la sensibilité. *Hypothalamus,* plancher du 3e ventricule se prolongeant jusqu'à l'hypophyse ; véritable cerveau viscéral réglant les équilibres physiologiques du corps. C'est le cerveau de la faim, de la soif, de la régulation thermique. Il est sous le contrôle du système limbique et contrôle le système nerveux autonome (v. plus loin) et l'ensemble des sécrétions de la glande hypophysaire. Il modifie l'équilibre du corps selon le contenu des processus psychiques.

Pédoncules cérébraux. Traits d'union entre cerveau et bulbe ; principalement formés d'axones ascendants de la sensibilité et d'axones descendants de la motricité. Formation réticulée, se prolonge jusqu'au bulbe et joue un rôle essentiel dans le contrôle des états de vigilance.

Protubérance annulaire ou pont de varole et cervelet. Jouent un rôle essentiel dans le contrôle de l'équilibre. Entre les 2 se situe le 4e ventricule.

Bulbe. Constitution proche de celle de la moelle épinière qu'il prolonge. Ses noyaux moteurs ou sensoriels correspondent aux organes viscéraux et à la région céphalique. On peut renforcer ou inhiber un médiateur synaptique et modifier ainsi le fonctionnement du système nerveux sans léser les neurones.

Texture neuronique dans les centres nerveux

Textures archaïques (dans les formations anciennes de l'*archéo- et du paléo-cérébrum*). Les dendrites sont relativement longues, peu nombreuses et peu ramifiées ; l'axone est fin, court, difficile à différencier des dendrites. Les neurones sont articulés en réseaux lâches, permettant seulement un fonctionnement opératoire approximatif.

Textures récentes (dans le *néo-cérébrum*). Dendrites très nombreuses, ramifiées, au trajet bien défini. Axone épais, souvent très long, bien identifiable. Les relations entre neurones sont précises à l'échelon de chaque neurone, permettant un fonctionnement point par point. On a pu établir un lien direct entre la disposition des neurones et la fonction exercée par le centre nerveux qui les contient.

Poids du cerveau

Moyenne (en g) : adulte homme 1 450 ; femme 1 300 ; à la naissance 380 ; à 1 an 1 000.

Poids de quelques célébrités (en g). Lord Byron (poète anglais) 2 300. Oliver Cromwell 2 300. Ivan Tourgueniev (écrivain russe) 2 012. Georges Cuvier (paléontologue français) 1 792. William Thackeray (écrivain anglais) 1 624. Léon Trotski (homme politique russe) 1 568. Robert Kennedy (homme politique amér.) 1 432. Janis Joplin (chanteuse amér.) 1 432. Marylin Monroe (actrice) 1 422. Howard Hughes (milliardaire amér.) 1 400. Walt Whitman (poète amér.) 1 256. Léon Gambetta (homme politique français) 1 092. Anatole France (écrivain français) 1 017.

Rapport poids du cerveau/poids total : 1/50 (chez le chimpanzé 1/150).

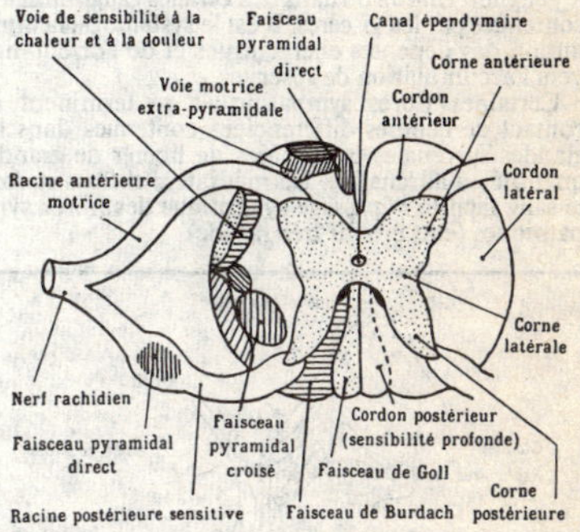

Moelle épinière (coupe horizontale)

Moelle épinière

Cordon blanc, d'env. 50 cm de long, 1 cm de diamètre, logé dans le canal rachidien (cavité centrale de la colonne vertébrale) mais plus court : il s'arrête à la 1re vertèbre lombaire.

Substance blanche périphérique formée de fibres axoniques assurant la transmission de l'influx nerveux entre les différents étages segmentaires de la moelle et les centres de l'encéphale. Les voies motrices, faisceaux pyramidaux notamment, sont descendantes ; les voies sensorielles sont ascendantes.

Substance grise centrale qui contient des corps cellulaires neuroniques regroupés en noyaux et étagés en segments. Ces corps cellulaires constituent des relais synaptiques sur le trajet des voies nerveuses en communication avec l'encéphale. Mais ils permettent, en outre, des jonctions courtes entre neurones sensoriels et moteurs, assurant les réflexes médullaires. Au centre se trouve le *canal de l'épendyme.*

A intervalles réguliers, la moelle présente des racines antérieures et postérieures ; leur fusion constitue les *nerfs rachidiens.* Un renflement sur la racine postérieure, le *ganglion rachidien,* contient les corps cellulaires des neurones sensoriels venant des nerfs rachidiens. Les nerfs rachidiens quittent le canal rachidien entre les vertèbres.

Nerfs périphériques

Assurent la communication entre le névraxe et les zones périphériques de l'organisme. *Nombre :* 12 paires de nerfs crâniens et 37 de nerfs rachidiens. Les nerfs optiques, auditifs, olfactifs ne sont pas de véritables nerfs périphériques car ils servent à joindre l'encéphale avec des organes périphériques (œil, oreille, muqueuse olfactive) qui contiennent plusieurs étages neuroniques et constituent par eux-mêmes des centres nerveux.

Système nerveux autonome

L'innervation des viscères, qui a surtout pour effet d'assurer les équilibres corporels et de les adapter aux exigences du moment, est constituée par des systèmes relativement autonomes au sein du système nerveux général.

1° **Système sympathique ou adrénergique** (le médiateur synaptique des fibres terminales en est l'adrénaline). Il s'articule avec le système nerveux central par des colonnes de substance grise contenue dans la moelle épinière, entre le 8e segment cervical et le 2e segment lombaire. Une lésion haute de la moelle soustrait le sympathique à toute action du cerveau et fait notamment disparaître l'émotion. Les neurones font relais dans les ganglions de la *chaîne sympathique latéro-vertébrale* et dans les ganglions prévertébraux regroupés en plexus (cardiaque, solaire, mésentérique et hypogastrique). Le s. sympathique met l'organisme en état de dépense énergétique pour permettre une meilleure réponse aux exigences de l'environnement.

2° **Système parasympathique ou cholinergique** car le médiateur synaptique des fibres terminales est l'acétylcholine. Il s'articule avec le système nerveux central par des noyaux situés dans le tronc cérébral ou dans la partie terminale de la moelle, au-dessus ou en dessous des centres sympathiques. Les fibres parasympathiques font relais dans des ganglions comme le ganglion *ciliaire* ou dans des cellules ganglionnaires contenues par les viscères. Il est le système de la diminution des dépenses énergétiques et de l'orientation vers l'accumulation de réserves.

Certaines fibres sympathiques se terminent au contact de cellules différenciées contenues dans les glandes surrénales et capables de libérer de grandes quantités d'adrénaline. Ce médiateur diffusant dans le sang facilite le passage synaptique des fibres sympathiques (état émotif très rapide).

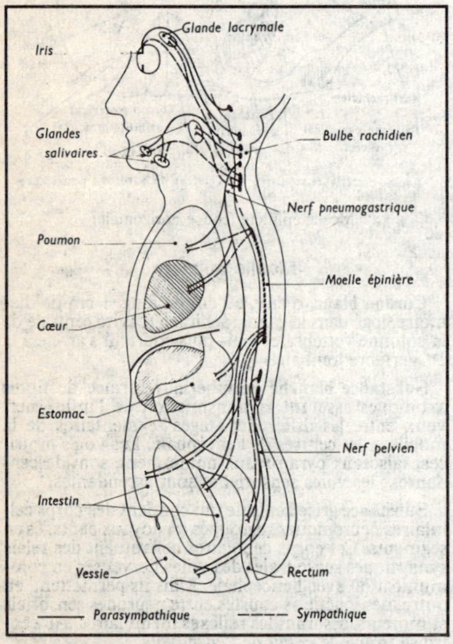

Systèmes sympathique et parasympathique (chaque organe est innervé par les 2 systèmes)

Enveloppes et liquide céphalo-rachidien

Méninges : enveloppe externe : **dure-mère ;** fibreuse, adhère au crâne mais séparée des vertèbres par une couche graisseuse : **l'arachnoïde ; la pie-mère :** au contact immédiat du névraxe dont elle suit les moindres replis ; entre arachnoïde et pie-mère : **l'espace sous-arachnoïdien :** cloisonné par des bandes fibreuses, communique avec les cavités des ventricules. L'ensemble contient le *liquide céphalo-rachidien* soustrayant le névraxe à l'action de la pesanteur, il amortit les chocs que peut transmettre la boîte crânienne.

Vascularisation cérébrale

Le cerveau (2 % du poids du corps) consomme 25 % de l'oxygène utilisé par l'organisme au repos, ce qui exige une irrigation continue importante. Le drainage du sang veineux cérébral se fait par les *veines jugulaires* mais n'est pas empêché par une oblitération du système veineux supérieur du corps en raison d'anastomoses nombreuses. Un filtre (barrière cérébro-méningée) entre le tissu cérébral et le contenu des vaisseaux permet de sélectionner les différents constituants du sang et il rend très difficile l'acheminement des médicaments dans le système nerveux central.

1 décès sur 6 est dû aux troubles vasculaires cérébraux. Le cerveau reçoit 1/5 du débit cardiaque et consomme 1/10 de l'oxygène nécessaire à l'organisme. Toute oblitération ou rupture d'un vaisseau sanguin *(ischémie)* le prive d'oxygène *(anoxie)* et de glucose.

Fonctions neurologiques

Réception

Analyse de l'environnement s'effectuant sur 3 niveaux successifs :

1° **Neurone sensoriel.** Aucun excitant ne peut atteindre le système nerveux s'il ne stimule pas un neurone sensoriel qui le code en influx. Un neurone sensoriel est toujours plus sensible à un type particulier d'excitant mais si l'énergie de l'excitant est suffisante, il y a réponse pour tout excitant et réponse identique (loi du tout ou rien).

2° **Centres perceptifs.** Assurent l'intégration, la confrontation des données simultanées et successives des neurones sensoriels. Les c. perceptifs élémentaires, aires primaires perceptives du cortex cérébral par exemple, coordonnent les neurones d'un même champ perceptif. Les aires d'association coordonnent les données perceptives de nature différente.

3° Exige l'apprentissage alors que les 2 premiers sont innés. Il y a soit reconnaissance d'un excitant déjà perçu, soit élaboration de conduites perceptives qui classent les objets perçus ou permettent leur reconstruction mentale en leur absence, c'est la **représentation perceptive.**

Une lésion de neurones sensoriels (atteinte de la rétine, de la cochlée), ou des premiers relais qui suivent ces neurones, empêche toute perception dans le champ sensoriel atteint. *Syringomyélie :* lésion de la moelle épinière, fait perdre la perception de la douleur et de la température cutanée, mais le sens du tact est conservé.

Névralgies : douleurs souvent violentes provoquées par l'inflammation des nerfs périphériques. **Agnosie :** atteinte des centres perceptifs, excitants et objets ne sont pas perçus mais les réflexes sensoriels persistent. **Asymbolie :** objets ou excitants sont perçus mais non identifiés. **Aphasie sensorielle :** incapacité de donner un sens aux mots. **Prosopagnosie :** incapacité d'identifier les physionomies.

Motricité

Dès qu'une action motrice est décidée, elle se réalise grâce à une organisation complexe.

Le neurone moteur est la seule voie de commande du muscle.

Des réflexes médullaires ou cérébraux favorisent la coordination des contractions musculaires.

La *réciprocation* adapte les mouvements d'une jambe à ceux de l'autre jambe. L'oreille interne et le cervelet règlent l'équilibre. Les noyaux gris centraux permettent les mouvements fins et ajustés.

Les aires corticales motrices assurent la commande motrice, notamment la commande consciente.

L'apprentissage moteur favorise l'activité conjuguée des différents muscles mais est surtout indispensable pour ajuster la motricité aux données de la perception, essentiellement la perception visuelle.

Paralysie : incapacité d'effectuer un mouvement ; elle peut être parcellaire en cas d'atteinte de muscles *(myopathie)* ou du neurone moteur *(poliomyélite).* Atteinte des centres de la motricité provoquant une paralysie étendue, des 2 membres inférieurs par lésion de la moelle thoracique *(paraplégie),* des 4 membres par lésion de la moelle cervicale *(tétraplégie),* de la moitié droite ou gauche du corps par lésion de l'hémisphère cérébral opposé *(hémiplégie).*

Droitiers et gauchers

Causes. L'homme possède un hémisphère cérébral privilégié différent à droite et à gauche : le *gauche* domine le droit pour les fonctions linguistiques et intellectuelles, le *droit* domine le gauche pour la sensibilité et la perception de l'espace et des formes. Presque tous les droitiers ont le centre du langage situé à gauche, 20 à 30 % des gauchers ont le leur situé à droite. La majorité garde un cerveau de droitier avec une différence : l'hémisphère droit contrôle aussi la main active (les réseaux nerveux des commandes motrices étant inversés, la main gauche est mue par l'hémisphère droit) ; par rapport aux droitiers, il s'agit d'une sorte de court-circuit : par exemple, au moment où le joueur de tennis voit le mouvement de son adversaire et celui où il répond, tout se passe dans l'hémisphère droit alors que le droitier doit effectuer un détour vers le gauche pour mettre sa main en mouvement.

Nombre de gauchers. Env. 10 % de la population.

Disciplines comprenant un nombre important de gauchers : étudiants musiciens (15 %), architectes (13 %), seulement 4 % parmi les scientifiques.

Escrime : aux Jeux olympiques de Moscou en 1980, il y avait parmi les Français 8 gauchers sur 15 ; aux Jeux olympiques de 1968, la finale de fleuret masculin s'est disputée exclusivement entre gauchers.

Tennis : sauf Björn Borg, presque tous les « grands » sont gauchers (John Mac Enroe, Jimmy Connors, Guillermo Vilas, Roscoe Tanner). *% de tennismen gauchers en 1981 :* dans les *22* premiers 16 %, les *20* 25 %, les *4* 75 %.

Nota. — Les gauchers contrariés ont moins de problèmes scolaires que les sujets écrivant de la main gauche.

Ataxie, dystonie, dyskinésie, chorée (danse de St-Guy), **athétose :** altérations d'activités motrices qui sont perturbées. **Maladie de Parkinson :** provoque une rigidité des muscles, un tremblement de la tête et des mains au repos, une perte de l'initiative motrice, survient vers la cinquantaine, cause le plus souvent inconnue. *Traitement :* la *L-dopa.*

Apraxie : difficulté ou impossibilité de concevoir une activité motrice.

Mémoire et apprentissage

Le nombre et la disposition des neurones dans les centres nerveux sont stables au cours de la vie et ne sont pas modifiés par l'acquisition de nouvelles conduites. Cependant, les modifications des dentrites et des synapses permettent une évolution des conduites ; les cellules gliales jouent peut-être aussi un rôle dans la mémorisation.

Capacités de mémorisation du cerveau : l'apprentissage et la mémorisation du souvenir s'expliquent par une modification limitée de l'organisation cérébrale antérieure. Le souvenir est reconstruit au moment de l'évocation à partir de quelques traces, grâce à des repères spatiaux et temporels qui ne sont construits qu'à partir de 3-4 ans.

La mise en jeu des structures du système limbique, spécialement de l'*hippocampe,* est obligatoire. La mémorisation demande quelques heures pour une fixation de longue durée. Le *rêve* permet de renforcer les traces mnésiques. La *réminiscence* fait qu'une leçon apprise le soir est toujours mieux sue le lendemain matin.

Amnésie. Défaut de la mémorisation de fixation (et non oubli), l'atténuation des souvenirs et des apprentissages qui ne sont pas évoqués de temps à autre est un processus normal. *A. antérograde* ou *de fixation :* défaut de fixation des faits nouveaux, souvenir des faits anciens conservé ; *a. d'évocation :* les faits mémorisés ne peuvent plus être évoqués ; *a. lacunaire :* perte du souvenir d'une tranche vécue, quelques dizaines de minutes le plus souvent. Correspond généralement à la période qui a précédé un choc cérébral sévère avec perte de connaissance.

Ecmnésie. Fausse impression de déjà vécu, à l'origine des croyances de métempsycose. Ces troubles peuvent traduire des affections cérébrales mais se rencontrent souvent chez des sujets normaux en bonne santé.

Paramnésie. Fausse impression de déjà vu.

États de vigilance

Il y a 3 états de vigilance (éveil, sommeil lent et sommeil paradoxal) qui peuvent être reconnus et enregistrés au moyen d'un appareil appelé polygraphe et de capteurs (électrodes) qui sont placés sur le scalp, le pourtour des globes oculaires et les muscles du menton.

Le niveau le plus élevé de l'activité physiologique se situe généralement entre 12 et 18 h et le niveau le plus bas, qui traduit une nécessité de récupération, entre 2 et 5 h.

Éveil

Caractérisé par un rythme électro-encéphalographique entre 8 et 12 c/s, des mouvements des globes oculaires et des paupières et la présence d'un tonus musculaire puissant.

Cycles du sommeil. 4 à 5 cycles de 60 à 100 mn, débutant par du sommeil lent et s'achevant par du sommeil paradoxal. Le 1er épisode du sommeil paradoxal survient de 50 à 100 mn après l'endormissement. Les 2 ou 3 premiers cycles de sommeil comportent du sommeil lent profond (stades 3 et 4), les derniers cycles des épisodes de sommeil paradoxal plus longs. Chez l'adulte le sommeil lent représente environ 80 % de la durée totale de sommeil (dont *stade 1* : 5 % ; *st. 2* 50 % ; *st. 3 et 4* 25 %) et le sommeil paradoxal env. 20 %.

Facteurs de l'organisation des états de vigilance. Chez tous les vertébrés un rythme repos-activité peut être identifié, mais un véritable cycle veille-sommeil n'apparaît que chez les oiseaux et les mammifères. A l'intérieur d'un même espèce la répartition et la durée des différents états de vigilance varient selon l'habitat, l'alimentation et le conditionnement des animaux.

Durées normales du sommeil. *Avant 3 mois* : 22 à 23 h. *3 à 6 mois* : 20 à 22 h. *6 à 12 mois* : 15 à 18 h. *1 à 2 ans* : 12 à 14 h. *2 à 6 ans* : 11 à 13 h. *6 à 10 ans* : 10 à 12 h. *10 à 15 ans* : 10 h. *15 à 18 ans* : 9 h. *Adultes* : 7 à 9 h. *Vieillards* : 6 à 7 h.

Durée selon l'heure du coucher : coucher *entre 21 et 23 h* : 7 à 8 h ; *entre 20 et 21 h* : 10 à 11 ; *entre 8 et 12 h* : 4 ou 5 h.

Durée du sommeil chez les animaux : paresseux : 20 h, *cheval* 2 h ; il faut noter que chez certaines espèces de *dauphin*, chaque moitié de cerveau dort alternativement.

% de rêve par rapport au temps de sommeil. *A la naissance* : 60. *6 mois* : 35. *1 an* : 30. *2 ans* : 28. *A partir de 4 ans* : env. 20.

La durée et la proportion des états de vigilance varient avec l'âge. Le nouveau-né dort environ 16 h sur 24 h dont approximativement 45 % en sommeil calme (futur sommeil lent), 45 % en sommeil agité (futur sommeil paradoxal), et 10 % en sommeil indéterminé. La durée totale de sommeil diminue rapidement vers l'âge de 1 à 15 ans pour se stabiliser en général entre 7 et 9 h de sommeil. La proportion du sommeil lent profond (stade 4) diminue avec l'âge tandis que les éveils augmentent avec l'âge.

Le sommeil est soumis à une influence génétique. Einstein dormait 10 h et plus ; Pline le Jeune, Napoléon, Victor Hugo, Poincaré, Paul Doumer, Churchill dormaient 3 à 5 h par nuit.

Le cycle veille-sommeil est soumis à l'influence de synchroniseurs (ou Zeitgebers) : lumière et obscurité, variations de température extérieure et cycle des activités sociales. En l'absence de synchroniseurs, obtenus par un isolement total (en grotte ou en unité d'isolement), le cycle veille-sommeil adopte un rythme un peu différent du rythme de 24 h (circadien), de 25 h par exemple ; chez certains sujets, d'emblée ou après une durée d'isolement variable, un rythme de période allant jusqu'à 36 h ou plus peut apparaître.

Sommeil

Sommeil lent. Divisé en 4 stades de profondeur croissante. L'activité électrique enregistrée sur le scalp devient de plus en plus lente, les globes oculaires ont des mouvements lents lors de l'endormissement puis deviennent immobiles, le tonus musculaire demeure. La fréquence cardiaque se ralentit, la pression artérielle baisse ; la fréquence respiratoire diminue, l'amplitude des mouvements respiratoires augmente. L'hormone de croissance est sécrétée au début du sommeil. L'activité mentale comprend des hallucinations visuelles ou auditives lors de l'endormissement et des fragments de rêve par la suite.

Sommeil paradoxal. Il s'oppose par de nombreux aspects au sommeil lent. L'activité électro-encéphalographique est voisine de celle du stade le plus léger (stade 1) du sommeil lent. Une activité oculaire particulièrement riche apparaît sous forme de mouvements conjugués des globes oculaires visibles sous les paupières demeurées closes. Le tonus musculaire est aboli à l'exception de brèves secousses intéressant les petits muscles du visage et des doigts. La fréquence cardiaque demeure ralentie et la pression artérielle abaissée mais avec de brusques irrégularités. La fréquence respiratoire est irrégulière, le diaphragme conserve une activité normale tandis que les muscles intercostaux deviennent inactifs. Le débit sanguin central augmente. Le pénis est en érection, le clitoris gonflé. Le sommeil paradoxal est le moment électif mais non exclusif du rêve.

Les hypnotiques modifient la structure du sommeil. Le stade 4 du sommeil lent diminue ou disparaît, le sommeil paradoxal diminue légèrement, le stade 2 du sommeil lent augmente.

Mécanismes de la veille et du sommeil. Ils sont complexes et mal connus. L'état de veille dépend au moins de 3 neurotransmetteurs, la noradrénaline, la dopamine et l'acétylcholine. Le sommeil lent est probablement sous la dépendance d'un ou de plusieurs facteurs synthétisés dans l'hypothalamus postérieur, sous l'influence de la sérotonine, neurotransmetteur libéré pendant la veille. Le sommeil paradoxal serait provoqué par un facteur synthétisé dans l'hypotalamus et le lobe intermédiaire de l'hypophyse, facteur qui mettrait ensuite en jeu un système bulbaire déclenchant à son tour différents systèmes exécutifs en majorité cholinergiques.

Pendant le sommeil le corps perd 28 à 42 g, la température baisse : 40 déplacements (en moyenne) sont effectués par nuit (avec 30 s de mouvements par h).

Troubles du sommeil

Insomnie. Expérimentalement une absence totale de sommeil peut être obtenue par la volonté et relativement bien supportée. Randy Gardner (jeune homme de 17 ans) est demeuré 264 h sans dormir en 1965 ; à la fin de son « record » il a tenu une conférence de presse, puis est allé dormir 14 h 40 mn. La nuit suivante il dormit 8 h. L'insomnie est différente. Elle correspond à une plainte de mauvais sommeil, avec un ou plusieurs des symptômes suivants : difficulté d'endormissement, éveils nocturnes, réveil précoce. Elle associe le plus souvent un trouble du sommeil et un trouble de la perception du sommeil, le sujet surestime généralement le temps passé éveillé. *Traitement* : bonne hygiène de sommeil, chimiothérapie (anxiolytiques, hypnotiques, antidépresseurs), approches non pharmacologiques (relaxation, biofeedback. déconditionnement).

Somnolence diurne excessive. Due le plus souvent à la prise d'hypnotiques, à des perturbations du sommeil, à un sommeil trop bref ou au contraire trop long, elle peut aussi entrer dans le cadre de véritables maladies de la vigilance (narcolepsie-cataplexie, hypersomnie idiopathique, hypersomnie avec apnées au cours du sommeil, etc.). *Traitement* : souvent délicat, dépend de l'étiologie.

Épisodes paroxystiques du sommeil ou parasomnies. Rassemblent *énurésie, terreurs nocturnes, somnambulisme* (1 personne sur 16 est ou a été somnambule). Fréquents dans l'enfance ils disparaissent plus tard dans la majorité des cas.

Troubles du rythme veille-sommeil. Se signalent par une somnolence invincible pendant les heures d'activité et une incapacité à trouver le sommeil pendant les heures de repos. 2 types : *1°) troubles du rythme veille-sommeil* induits par le choix ou l'obligation d'être éveillé et de dormir en opposition avec les synchroniseurs (travail posté, vols transméridiens) ; *2°) altérations endogènes du rythme veille-sommeil* correspondant à un échappement pathologique de ce rythme au contrôle des synchroniseurs (syndromes de retard ou d'avance de phase du sommeil, rythme veille-sommeil différent de 24 h).

Conseils pour mieux dormir

Se lever à heure fixe, et de préférence tôt. Avoir des activités physiques dans la journée mais pas à proximité du coucher. Ne pas avoir d'activité intellectuelle intense dans l'heure précédant le coucher. L'alcool favorise l'endormissement mais également le réveil précoce. Thé et café peuvent gêner l'endormissement.

Fonctions végétatives

Le cerveau assure la régulation des grandes fonctions végétatives, notamment la faim et la soif, le contrôle de la température centrale. Cette régulation dépend pour une grande part de fonctions innées mais également d'éléments appris. Ainsi, l'information de faim est liée à l'état des sucres dans le sang selon un mécanisme inné, mais les conduites alimentaires doivent être entièrement apprises.

Anorexie. Perte de l'appétit : normalement provoquée par les états d'alerte, ce qui explique la sensibilité de l'appétit à l'anxiété. *A. du nourrisson* : liée le plus souvent à l'anxiété associée au déroulement du repas, rarement grave. *A. mentale* : affection mentale frappant le plus souvent les jeunes filles.

Relations psychosomatiques

3 processus résument les relations entre psychisme et équilibres corporels : le contrôle du degré d'éveil cérébral, de l'équilibre des systèmes neurovégétatifs, des équilibres hormonaux, notamment des hormones surrénaliennes comme la cortisone.

Les troubles psychosomatiques liés à la persistance exagérée de la mise en alerte de l'organisme reflètent la fatigue de l'organisme en alerte.

Fonctions du moi

Le système limbique paraît en être le siège principal. La neurophysiologie permet d'isoler : un contrôle de l'humeur et des émotions ; un contrôle des processus de décision, orientés vers un choix parmi plusieurs conduites possibles ou vers un remaniement des conduites anciennes pour les adapter à des situations nouvelles ; une orientation de la conduite vers l'initiative motrice ou au contraire vers des attitudes d'inhibition et de retrait.

De nombreux troubles neurologiques ou mentaux comme la dépression, les troubles de l'humeur, la perte de l'initiative motrice (au cours de la maladie de Parkinson), peuvent s'expliquer par un dérèglement de ces fonctions cérébrales qui contrôlent l'exercice du moi.

Fonctions cognitives supérieures

Assurées par le cortex du néo-cérébrum. Le déroulement de la pensée est lié à une activité perceptivo-motrice qui s'effectue dans le cerveau, sans recours aux objets extérieurs, ces objets étant remplacés par une image perceptive et l'action motrice du sujet sur les objets étant remplacée par une action sur l'image. Neurologiquement, la pensée ne diffère donc pas fondamentalement des conduites perceptivo-motrices. Cependant certaines fonctions supérieures ne s'expliquent pas immédiatement en termes de conduites.

Fonction symbolique

Correspond avant tout au langage (mais il existe des symboles non verbaux, par ex., visuels).

On distingue dans le langage : un code phonétique adapté aux possibilités d'expression vocale du larynx et d'analyse de l'oreille ; un système de concepts construit peu à peu par expérience et conservé par la succession des générations ; un lien arbitraire, propre à chaque langue, entre un mot et le concept qu'il désigne.

La construction des concepts, la mise en équivalence d'images mentales différentes impliquent l'activité corticale dans son ensemble. La manipulation du code phonétique est une fonction particulière effectuée par la zone du langage, aux confins du lobe temporal et du lobe pariétal de l'hémisphère gauche.

Aphasie. Défaut de langage lié à une atteinte de la zone du langage.

Cécité verbale. Perte du sens des mots à la lecture liée à une atteinte du cortex cérébral situé en arrière de la zone du langage.

Raisonnement

Les lobes frontaux jouent un rôle essentiel ; ils assurent la communication entre les structures du moi et les fonctions cognitives. L'altération des faisceaux reliant les lobes frontaux et les structures du moi pourrait expliquer la *schizophrénie*.

Conduites intellectuelles générales

La fonction n'est pas localisée. Il existe une certaine corrélation entre le volume cérébral et l'efficience intellectuelle aux tests mentaux.

Débilité mentale. Insuffisance intellectuelle constitutionnelle. *Causes :* débilités sévères : lésions cérébrales ; débilités légères : influences sociales, variance constitutionnelle. Les formes très graves de débilité sont regroupées sous le vocable d'arriération mentale (les termes d'imbécillité, d'idiotie, de crétinisme ne sont plus guère utilisés).

Démence. Insuffisance intellectuelle acquise (l'alcoolisme et la sénilité en sont les principales causes).

Maladies du système nerveux

Affections transmises par hérédité. *Chorée.* Affection rhumatismale aiguë, se manifestant par des mouvements involontaires brusques, désordonnés et des troubles mentaux. *Traitement :* repos, traitement antirhumatismal, sédatifs. *Chorée de Huntington,* rare, héréditaire. *Démence présénile de Pick.*

Spina-bifida : malformation de la partie terminale de la moelle épinière.

Hydro-encéphalie : liée à une accumulation du liquide céphalo-rachidien sous tension.

Anencéphalie : absence partielle ou totale de l'encéphale parfois associée à l'absence de moelle épinière *(amyélencéphalie).* Le crâne est absent ou rudimentaire. Très courte survie possible, mais exceptionnelle.

Affections dégénératives. Comme la *maladie de Friedreich.*

Congénitales non héréditaires. Présentes à la naissance mais non transmises par voie génétique.

Mongolisme ou trisomie : associe arriération mentale et diverses malformations.

Séquelles de rubéole ou *toxoplasmose :* contractées par la mère durant la grossesse.

Infirmité motrice cérébrale : liée habituellement à une anoxie cérébrale au moment de la naissance.

Affections vasculaires. Liées à l'oblitération d'une artère par thrombose, entraînant un *ramollissement cérébral* ou attaque.

L'hémorragie cérébrale : moins fréquente mais toujours mortelle si elle est importante. 1 décès sur 6 y est lié. Les accidents vasculaires peuvent être favorisés par des malformations vasculaires, angiome ou anévrisme, qui peuvent bénéficier de la neurochirurgie s'ils sont diagnostiqués à temps.

Infections bactériennes. *Méningites :* les plus fréquentes, guérissent sans séquelles si le traitement est précoce.

Abcès du cerveau : beaucoup plus rare, traitement chirurgical.

Chorée de Sydenham : frappe le plus souvent les adolescents, liée à une affection streptococcique ; guérison habituellement sans séquelles.

Infections virales. *Poliomyélite antérieure aiguë :* le plus souvent inapparente, peut laisser des séquelles graves à type de paralysies multiples. Vaccination efficace.

Encéphalites ou encéphalomyélites : ensemble des états inflammatoires non suppurés de l'encéphale souvent accompagnés de *myélite. Nombreuses causes :* a) E. *des maladies infectieuses :* rougeole, variole, vaccine, coqueluche, etc., par mécanisme sans doute allergique. b) E. *dues à des virus neurotropes :* E. épidémique ayant sévi après la guerre de 1914-18 (troubles du sommeil, maladie de Parkinson). Rage. E. *causées par des arbovirus :* E. équine américaine, E. japonaise. D'autres virus (poliomyélite, oreillons, herpès, hépatite virale) peuvent causer aussi des encéphalites. *Symptômes généraux :* fièvre, convulsions, délire, coma, troubles paralytiques divers, signes méningés. *Évolution :* souvent grave. *Séquelles* paralytiques et mentales fréquentes. *Traitement :* symptomatique. *Décès en France en 1984 :* 131 (E. myél. et encéphalomyél.).

Méningite. Contagieuse. Inflammation aiguë des enveloppes du cerveau et de la moelle par des virus (méningocoque de Weischelbaun) ou des bacilles. Maux de tête, nuque raide, vomissements. On distingue mén. à virus, mén. bactérienne guérissant rapidement grâce aux sulfamides et antibiotiques, et mén. tuberculeuse plus longue à guérir (guérissable dans 90 % des cas).

Syringomyélie. Raréfaction de la moelle provoquant des cavités intramédullaires. Troubles de la sensibilité thermique.

Tabès. Lésion de la moelle, non-coordination des mouvements (ataxie locomotrice). *Cause :* syphilitique. *Traitement :* antibiotiques.

Affections toxiques ou toxiniques. *Tétanos :* frappe env. en France 500 à 600 personnes par an (30 à 40 % de mortalité). Pourtant la vaccination protège à 100 %.

Botulisme : lié à la consommation de conserves avariées. Intoxications par métaux lourds, arsenic, plomb, manganèse, thallium.

Affections traumatiques. *Paraplégies* ou *tétraplégies* accompagnant une fracture du rachis, de plus en plus fréquentes au cours des accidents de circulation.

Lésions cérébrales : sans relation bien étroite avec l'existence ou l'absence de fracture du crâne. Un coma indique une commotion cérébrale sévère mais la guérison complète est possible. Des complications secondaires, *hématomes extra-duraux* ou *sous-duraux,* imposent un traitement neurochirurgical. Séquelles fréquentes : épilepsie, syndrome post-traumatique.

Affections tumorales. *Bénignes (méningiomes) :* ablation chirurgicale possible. *Malignes primitives (astrocytome) :* évolution lente possible, difficile à traiter ; *secondaires :* compliquent un cancer primitif d'une autre région du corps.

Épilepsie. Provoquée par une décharge synchrone d'un grand nombre de neurones. Diagnostiquée par les données cliniques et l'E.E.G. Peut être *généralisée* avec perte de connaissance et convulsions, ou *focale* avec des symptômes variés. Causes diverses, favorisée par l'alcoolisme. *Traitement* par médications antiépileptiques (barbituriques, hydantoïnes).

Sclérose en plaques. Liée à l'altération de la *myéline* qui entoure les axones. Évolue par poussées avec début chez l'adulte jeune, un espoir de vie moyen de 25 ans. Les premiers symptômes sont habituellement liés à une atteinte du nerf optique ou de la moelle épinière. *Cause :* inconnue (affection auto-immune ou virus lent). Ne touche que les pays tempérés froids. *Cas en France par an :* affecte 25 000 à 30 000 personnes, 1 500 cas nouveaux. *Traitement :* du symptôme.

Personnalité (maladies de la)
(Handicaps relationnels)

Caractères généraux. Perturbations de la personnalité et de l'affectivité entraînant une restriction des capacités d'amour, de travail et de loisir, et des symptômes divers, avec ou sans altération du jugement, de l'intelligence et du sens de la réalité.

Névroses

• **Formes. Névroses d'angoisse.** Peur irraisonnée avec sentiment de mort menaçante, de danger. Signes physiologiques : oppression thoracique, accélération du rythme cardiaque, de la respiration, tremblements...

Névroses phobiques. Déplacement de l'angoisse sur des êtres, des animaux, des objets externes, des actes, des situations (grands espaces, rues, lieux fermés, etc.), qui deviennent l'objet d'une peur paralysante.

Hystérie de conversion (déplacement de l'angoisse sur le corps). L'angoisse s'exprime par une paralysie d'un membre, un trouble sensitif ou sensoriel, sans lésion organique.

Névroses hypocondriaques. Crainte permanente de la maladie ; obsession de la santé. Exagération de sensations normales éprouvées douloureusement et de façon chronique par le malade (froid ou chaleur dans les membres, mouvements de l'estomac ou de l'intestin).

Névroses obsessionnelles. Caractère forcé d'idées, images, affects, conduites qui envahissent tout le champ de conscience malgré les efforts du malade et déterminent en lui une lutte inépuisable, entraînant un malaise absorbant (scrupules obsédants, crainte de commettre une action ridicule ou criminelle) et poussant à des rituels invariables (compulsions, vérifications).

Psychasthénie. Fatigue vécue à la fois sur le plan somatique et psychique mais résultant directement de facteurs psychologiques. Caractères : sous-estimation de sa propre valeur, doute, indécision, timidité, rumination mentale... Les troubles sont à leur maximum le matin, avec une amélioration fréquente l'après-midi.

Névroses de caractère. Désigne le plus souvent des états névrotiques où les moyens de défense se situent essentiellement au niveau des réactions caractérielles en relation avec la structure névrotique ; du fait de la structure de sa personnalité, le sujet se trouve constamment exposé à des difficultés dans son existence ; *n. de conflit :* conflits incessants avec son entourage ; *n. d'abandon :* crainte perpétuelle d'être abandonné par les êtres que le sujet affectionne ; *n. d'échec :* exposant le sujet à des insuccès répétés.

Névroses à symptômes sexuels. Frigidité totale ou partielle, vaginisme, impuissance sexuelle, éjaculation précoce.

Affections psychosomatiques. L'angoisse du sujet contribue au développement d'affections d'un organe ou d'un système variant selon émotions ou conflits : ulcère de l'estomac, colites spasmodiques, asthme, hyperthyroïdies...

• **Traitement.** Chimiothérapie (médicaments tranquillisants : action modérative sur certains symptômes sans effet de fond), relaxation, psychothérapie (individuelle ou en groupe), cure psychanalytique.

Psychoses

Affections paroxystiques ou durables de la personnalité se traduisant par l'altération du sens de la réalité.

• **Formes. Psychose thymique.** Formes périodiques (ex. : psychose maniaco-dépressive) ou chroniques. Répétition ou alternance d'états maniaques (excitation euphorique et désordonnée) et d'états mélancoliques (abattement, tristesse insondable, sentiments d'indignité, de culpabilité, de ruine et d'incurabilité, idée et tentative de suicide : état dangereux).

Accès délirants aigus. A la suite d'une émotion gaie ou triste, d'un surmenage, d'une maladie organique... : état de confusion pouvant s'accompagner d'hallucinations, avec perturbations de l'humeur, altération de la conscience. Résolution rapide sous traitement intensif. Ces accès peuvent aussi marquer le début ou le déroulement d'une psychose chronique.

Schizophrénie. Dissociation de la personnalité (sentiments, idées et autres contenus psychiques coexistent ou se succèdent sans liens entre eux dans le sujet). Se caractérise par une altération profonde et progressive de la personnalité qui se coupe de la communication avec autrui pour se perdre dans le chaos de son propre monde imaginaire. **Forme hébéphrénique.** Syndrome patent de dissociation mentale avec peu d'idées délirantes. Apathie progressive ou comportement puéril qui peuvent évoluer rapidement vers une grande déchéance mentale. Le début est généralement insidieux et progressif surtout chez les adolescents. **Forme catatonique.** Perte de l'initiative motrice, tension musculaire, phénomènes parakinétiques et troubles mentaux où prédominent la stupeur et le négativisme. **Forme paranoïde** (la plus fréquente). Délire actif, perceptif, sensoriel d'étrangeté, de dépersonnalisation, d'influence, idées délirantes polymorphes et incohérentes, impression d'être sous l'emprise d'une force extérieure, hallucinations surtout auditives et cénesthésiques (ensemble de nos sensations internes). *Évolution :* début précoce (adolescence), évolution prolongée, parfois pendant toute la vie. *Cas :* 1 ‰ de la population des pays modernes. France : 50 000.

Délires interprétatifs *sans désintégration de la personnalité.* Délires de persécution, de revendication, délires passionnels (jalousie, érotomanie). La psychose paranoïaque est la forme type de la psych. dél. chr. interprétative. 4 composantes : surestimation du moi, méfiance, fausseté du jugement, psycho-rigidité [tantôt ennui, sentiment de solitude ; tantôt révolte, autoritarisme ; pour tous les cas : sentiments de persécution, conduites persécutantes ou quérulentes (tendance à porter plainte en justice)].

Psychose hallucinatoire chronique. Délires de persécution avec phénomènes hallucinatoires auditifs, visuels, olfactifs.

Ces différentes psychoses, les unes à évolution paroxystique (comme la psychose maniaco-dépressive et les accès délirants), les autres à évolution chronique (comme la paranoïa et les délires chroniques) entraînent une altération non pas des capacités mentales mais de leur utilisation. La schizophrénie entraîne une détérioration de l'utilisation des capacités intellectuelles. Par contre, les capacités mêmes sont atteintes dans les cas suivants ci-dessous (qui ne sont pas des psychoses mais que l'on cite pour information).

Affaiblissement intellectuel *d'origine organique* (démence sénile, démence artériopathique, paralysie générale syphilitique, tumeurs cérébrales, syndrome de Korsakoff alcoolique).

● **Traitement** (exemples). *Mélancolie :* électrochoc et antidépresseurs. *Manie :* neuroleptiques. *Schizophrénie* et *délires chroniques :* neuroleptiques et psychothérapie d'inspiration psychanalytique. *Psychose maniaco-dépressive :* sels de lithium. *Dans toutes les psychoses :* nécessité d'associer aux traitements biologiques les thérapeutiques par le milieu (sociothérapie, ergothérapie) et la psychothérapie.

● **Statistiques** *(France).* 16 à 20 % des Français (env. 10 millions) ont souffert de troubles psychiques relevant d'une aide médicale. *Cas nouveaux de malades souffrant d'affections mentales de longue durée* ou justifiant des soins de plus de 6 mois : 114 500 par an (17,2 %).

Les *hôpitaux psychiatriques* abritent en permanence 115 000 malades dont 27 % internés dep. + de 2 ans, 26 % dep. + de 10 ans. 56 % sont des hommes. 186 000 malades y séjournent chaque année compte tenu des entrées et sorties ; 168 malades par an pour 100 000 hab. 28 millions de *consultations* et *visites* ont été dispensées en 1978 pour des problèmes de santé mentale (soit 38 pour 100 personnes : 33 en médecine libérale et 5 en dispensaire d'hygiène mentale). 26 % des actes motivés par des problèmes de santé mentale sont pratiqués par des psychiatres, 74 % par des non-psychiatres.

Appareil respiratoire

Fonction principale. Achemine l'air dans les poumons, apportant l'oxygène aux cellules de l'organisme et les débarrassant de l'anhydride carbonique. Il comprend les voies aériennes supérieures (nez, pharynx et larynx), la trachée, les bronches et les poumons.

Voies respiratoires

Fosses nasales : filtrent et réchauffent l'air aspiré. **Pharynx :** carrefour avec les voies digestives. **Larynx :** soutenu par des cartilages ; le plus développé est le cartilage cricoïde (du grec *krikos :* anneau) ou pomme d'Adam ; il produit la voix grâce à des cordes vocales. **Trachée :** tube de 12 cm de long maintenu par une vingtaine d'anneaux cartilagineux. Relie le larynx aux bronches. **Bronches :** formées d'anneaux cartilagineux. Les 2 bronches principales pénètrent dans le poumon correspondant au niveau du *hile* et s'y ramifient en bronchioles auxquelles succèdent les canaux alvéolaires qui débouchent dans les alvéoles, petits ballonnets à paroi gaufrée (taille 200 à 250 μ).

Poumons

Description

Forme. 2 masses spongieuses et élastiques, roses chez les jeunes, gris noirâtre chez les adultes, à cause des poussières respirées. Des sillons ou scissures limitent 3 lobes dans le poumon droit, 2 dans le gauche. Formés de plusieurs millions de *lobules pulmonaires,* entourés d'un tissu conjonctif élastique riche en capillaires sanguins (volume 150 à 200 ml). Les *alvéoles* représentent une surface totale de 70 à 200 m² suivant l'inspiration ou l'expiration des poumons ; recouverte par un *film* de substance tensioactive : le *surfactant.* Ils constituent en définitive une vaste membrane au travers de laquelle l'air entre en quasi-contact avec le sang des capillaires pour l'oxygéner et en rejeter l'anhydride carbonique en excès.

Plèvre : séreuse enveloppant les poumons. Ses feuillets humectés par le liquide pleural glissent l'un sur l'autre et facilitent les mouvements des poumons. Le feuillet externe est soudé à la paroi thoracique et au diaphragme.

Échanges gazeux dans les poumons

Se font au travers de la paroi des alvéoles pulmonaires (véritable barrière air-sang) essentiellement entre le gaz carbonique (CO_2) et l'oxygène (O_2) selon une double opération, captation de l'oxygène alvéolaire par le globule rouge, évacuation du gaz carbonique sanguin vers l'alvéole. A la fin de l'expiration, ne reste plus dans les poumons que l'air alvéolaire. L'oxygène

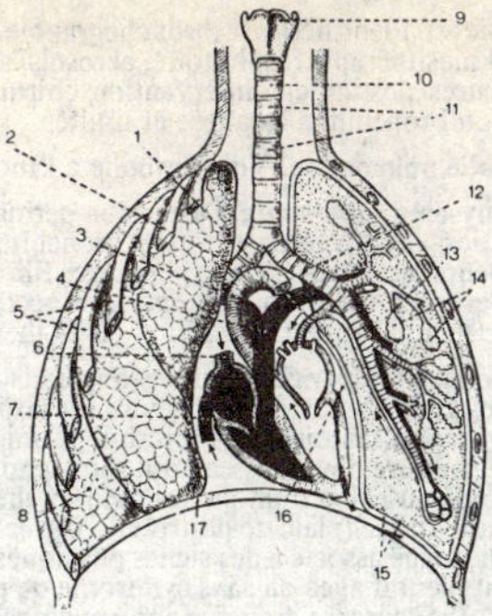

1 veine pulmonaire. 2 hile. 3 aorte. 4 artère pulmonaire. 5 côtes. 6 veine cave supérieure. 7 veine cave inférieure. 8 lobules. 9 larynx. 10 trachée-artère. 11 anneaux cartilagineux. 12 bronches. 13 bronchioles. 14 alvéoles. 15 plèvre. 16 lit du cœur. 17 diaphragme.

et le gaz carbonique sont présents dans le sang à l'état dissous et en combinaisons chimiques. Les échanges entre air alvéolaire et sang des capillaires sanguins s'effectuent selon plusieurs mécanismes parmi lesquels les phénomènes de diffusion et de dissociation jouent un rôle majeur.

Diffusion. Phénomène purement physique. Les molécules d'oxygène et de gaz carbonique traversent la barrière alvéolo-capillaire (paroi alvéolaire) en raison de la différence de pression partielle qui existe dans l'alvéole pulmonaire et le capillaire sanguin de ces 2 gaz. Le passage s'effectue du compartiment dans lequel la pression gazeuse est la plus élevée vers celui dans lequel elle est moindre.

Dissociation. L'hémoglobine joue un rôle essentiel dans le transport de l'oxygène (O_2) et du gaz carbonique (CO_2). La désoxygénation de l'hémoglobine favorise la formation de bicarbonates tandis que l'oxygénation de l'hémoglobine favorise la formation d'acide carbonique et la production instantanée de CO_2 diffusible. L'hémoglobine possède un pouvoir tampon qui intervient dans l'équilibre acide-base du sang. Les variations du pH ont des conséquences identiques à celles de la pression partielle du CO_2 : Pa CO_2 (Acidose ← Hypercapnie-Alcalose ← Hypocapnie). Le gaz carbonique dissous est en équilibre avec les ions bicarbonates (CO_3H) selon une formule bien connue. S'il y a augmentation de la pression partielle de CO_2 (Pa CO_2) au-dessus de la tension d'équilibre ($PCO_2 \rightarrow CO_2$ dissous) une partie du CO_2 se combine avec des bases tampons : hémoglobine réduite, protéines, phosphates organiques et inorganiques selon l'équation :

$$CO_2 \text{ dissous} + H_2O \leftrightarrows CO_3H_2 + \text{bases}$$
$$\rightleftarrows \text{Acide faible} + CO_3 - H_2$$

Capacité pulmonaire en litres. Volume courant (VC ; normalement inspiré et expiré) : 0,4 à 0,7 ; de réserve inspiratoire (VRI) : 1,5 à 2,5 ; de réserve expiratoire (VRE) : 1 à 2. Volume résiduel (VR ; air intrathoracique après expiration forcée) : 1,5. VC, VRE et VRI constituent la **capacité vitale :** [à *7 ans :* 1 litre ; *11 : 2 ; 15, garçon :* 3 (*fille :* 2,5)] ; *18 et +, homme :* 3,5 à 4,5 (grands sportifs : 5 à 7), *femme :* 2,7 à 3,5.

Volume expiratoire maximal par seconde (VEMS) : normalement 80 % de la capacité vitale ; sa diminution traduit un obstacle à la circulation de l'air dans les petites bronches (syndrome obstructif).

Le gaz alvéolaire et le gaz expiré sont saturés en vapeur d'eau. Le gaz expiré s'est appauvri en oxygène dans les poumons et enrichi en gaz carbonique. Le sang s'est simultanément enrichi en oxygène dans les poumons et appauvri en gaz carbonique.

En altitude, il y a une diminution de la pression atmosphérique, d'où diminution de la pression d'oxygène inspiré. Il en résulte une *hyperventilation* qui peut amener des malaises attribués à l'*hypoxémie* (diminution du taux de l'oxygène dans le sang) et à l'*alcalose* (rupture de l'équilibre acide-base dans le sang avec diminution du CO^2).

Cadence normale de respiration au repos (mouvements par minute). *Nouveau-né* 35. *5 ans* 25. *15 à 20 ans* 20. *20 à 25 ans* 18. *25 à 40 ans* 15 (par jour 20 000 entrées ou sorties d'air).

Nombre de litres d'air expirés par un individu en une minute (à 20 °C). A jeun au lit 6. Assis 7. Debout 8. Marche (3 km/h) 14, (5 km/h) 26. Course 43. Violent effort physique 65 à 100. Mobilisation de 15 kg d'air (env.) par jour.

Composition de l'air

	Inspiré	Alvéolaire	Expulsé
Azote	79,2 %	80,4 %	79,2 %
Oxygène	20,7 %	14,0 %	15,4 %
Acide carbonique	0,03 %	5,6 %	5,4 %

Pressions des gaz dans divers compartiments du poumon

	Sang veineux mêlé	Air alvéolaire	Sang artériel
Pa. O_2	40 mm Hg	100 mm Hg	97 mm Hg
Pa. CO_2	46 mm Hg	40 mm Hg	40 mm Hg

Agresseurs du poumon

Microbes et virus responsables des infections : abcès, pneumonie, bronchites aiguës, grippes... **Allergènes** responsables de l'asthme (graminées, poils, plumes, poussières). **Particules minérales** (silice, amiante...) ou **organiques** (moisissures...). **Gaz toxiques** (CO, oxydes d'azote, oxydes de soufre, composés chlorés, gaz pulseur et composés toxiques des appareils à aérosols...) et surtout **tabac** (composés toxiques de la fumée de cigarettes) qui accentue en outre l'action néfaste des autres polluants.

Épuration pulmonaire

Le poumon est un filtre auto-nettoyant : *moyens mécaniques :* cils vibratiles tapissant les parois bronchiques et rejetant à l'extérieur les poussières inhalées et engluées dans le mucus des cellules bronchiques ; *cellulaires :* macrophages (cellules à poussières) qui digèrent les poussières et particules toxiques ; *immunologiques :* anticorps et lymphocytes qui luttent contre les antigènes inhalés. Mais lorsqu'il est soumis à des agresseurs trop nombreux, ce filtre ne peut plus fonctionner efficacement.

Autres fonctions : production de lipides et de nouvelles protéines ; contrôle certaines enzymes ; libère des hormones vaso-dilatatrices et vaso-constrictrices ; s'oppose à certaines substances capables de provoquer des spasmes bronchiques.

Maladies de l'appareil respiratoire

Abcès du poumon. Suppuration circonscrite du tissu pulmonaire. *Traitement :* antibiotiques, drainage, aspiration du pus, intervention chirurgicale.

Acidose respiratoire. Acidose ventilatoire ou gazeuse caractérisée par des désordres respiratoires qui provoquent l'élévation de la Pa CO_2 *(hypercapnie)* au-dessus de 45 mm de Hg. Elle est tantôt compensée, tantôt décompensée selon que les mécanismes correcteurs, notamment rénaux, s'avèrent efficaces ou insuffisants, auxquels cas le pHg sanguin artériel s'abaisse au-dessous de 7,38.

Alcalose respiratoire ou **alcalose gazeuse.** S'exprime par la diminution (hypocapnie) de la Pa CO_2 au-dessous de 40 mg de Hg. Due à l'hyperventilation alvéolaire, elle est compensée ou décompensée selon qu'elle est corrigée ou non par les mécanismes compensateurs rénaux. En cas d'alcalose décompensée, le pH sanguin titre 7,45 ou plus.

Agénésie pulmonaire. Absence totale de bronche, de tissu pulmonaire et d'artère pulmonaire ; conséquence d'un désordre embryonnaire qui suspend très précocement (3e-6e semaine) le développement d'1 ou des 2 poumons ; si un seul poumon est absent, la malformation est parfois bien tolérée et en accord avec une existence normale. *Diagnostic :* signes cliniques traduisant le déplacement du cœur et du médiastin vers l'hémithorax opposé, opacité totale de ce côté sur les radiographies et sur les bronches et angiographies pulmonaires, absence conjuguée de tronc bronchique et d'artère pulmonaire. Danger des infections sur le poumon unique, et cause habituelle de la mort : les *hypoplasies pulmonaires,* proches de l'agénésie, qui sont la conséquence d'une atteinte embryonnaire tardive ou d'une infection sévère très précoce.

Alvéolites allergiques extrinsèques. Broncho-pneumopathies d'hypersensibilité liées à une exposition massive (formes aiguës) ou limitée mais répétée (formes chroniques) à des poussières organiques en rapport avec la profession : fermiers (foin moisi), éleveurs d'oiseaux (déjections), fourreurs, champignonnistes, ouvriers de minoteries, filatures, scieries (bois exotiques)... Surviennent chez les sujets prédisposés. *Traitement :* corticostéroïdes, antibiotiques mais surtout amélioration des conditions de travail et suppression de l'exposition aux poussières.

Asbestose. Fibrose pulmonaire due à l'inhalation prolongée, souvent d'origine professionnelle, de poussières d'amiante. *Manifestations :* images pathologiques d'aspects divers, insuffisance respiratoire, éventuellement : pleurésies exsudatives bénignes, plaques pleurales hyalines, calcifications pleurales, cancers bronchiques, tumeurs malignes primitives sur la plèvre ou mésothéliomes.

Asthme. On distingue la « crise » (obstruction bronchique paroxystique due à un spasme réversible) de l'asthme à dyspnée continue (fréquence, intensité, durée des crises et leur retentissement sur la vie quotidienne de l'asthmatique et de son entourage). *Causes :* allergique, microbienne, endocrinienne. *Facteurs favorisants :* climatiques, saisonniers, professionnels, psychologiques, terrain allergique familial. *Traitement :* identification et suppression de la cause, désensibilisation aux allergènes incriminés. Des médicaments traitent la « crise », d'autres sont utilisés entre les crises pour en prévenir le retour. Une surveillance médicale stricte s'impose. L'automédication peut être dangereuse, en particulier l'abus des dérivés de la cortisone. Sont utilisés : médicaments antiallergiques et bronchodilatateurs (théophylline, cromoglycate disodique, sympathicomimétiques, corticostéroïdes), désensibilisants chez l'enfant et l'adulte jeune, cures climatiques, rééducation respiratoire, kinésithérapie, psychothérapie. *Fréquence :* touche env. 600 000 adolescents (France), 5 % de garçons, 4 % de filles (touche 7 ou 8 % de la population), en augmentation.

Atélectasie pulmonaire. Rétraction du tissu pulmonaire sur l'axe bronchique, causée par l'obstruction totale de la lumière bronchique par obstacle endobronchique ou compression extrinsèque de la bronche. Diagnostic essentiellement radiographique : opacité homogène totale, lobaire ou segmentaire d'un poumon. *Traitement :* de la cause.

Bronchites aiguës et chroniques. Inflammation des bronches, due soit à des microbes (et favorisée par le froid), soit à des substances irritantes (tabac, pollution atmosphérique). Toux sèche, puis grasse avec expectoration mucopurulente.

On distingue : *br. aiguë* atteignant les grosses bronches et réversible, et *br. chronique.* Est suspect de br. chronique quiconque présente toux et expectoration plus de trois mois par an, plus de 2 ans de suite (en France, 5 % de la population). On distingue la br. chronique limitée aux grosses bronches (catarrhe) sans gravité et la *br. chronique obstructive et invalidante* qui atteint les petites bronches, se complique d'emphysème et conduit à l'insuffisance respiratoire grave, non réversible. *Causes :* fumée du tabac, irritation permanente ou répétée par des poussières minérales ou organiques, polluants atmosphériques ou professionnels, microbes et virus (poussées infectieuses aiguës souvent traitées sans que l'on porte attention à l'insuffisance respiratoire sous-jacente). *Facteurs favorisants :* climats humides, habitat insalubre, protection insuffisante des milieux du travail, facteurs génétiques (déficits immunitaires). La br. chronique obstructive est cause d'absentéisme et d'hospitalisations répétées. Plus tard, elle entraîne des séjours en service de réanimation et des soins difficiles et coûteux à domicile. *Traitement :* arrêt du tabac, rééducation respiratoire, antibiotiques, fluidifiants et drainage bronchique, changement de postes de travail et changement de climat quand il est possible, oxygénothérapie, ventilation assistée par respirateurs.

Nombre en France : 50 000 grands insuffisants respir. chroniques en 1979 dont 12 000 appareillés.

Broncho-pneumonie. Inflammation aiguë des bronches et des poumons ; en général après rougeole, coqueluche, grippe. *Aspect :* toux, fièvre, difficulté de respiration. *Traitement :* chaleur, expectorants, antibiotiques, tonicardiaques, oxygène.

Cancer du poumon. Voir p. 143.

Congestion pulmonaire. Pneumonie bénigne, sauf complication d'épanchement pleural purulent ou de suppuration pulmonaire. *Durée :* 7 à 10 j. *Traitement :* antibiotiques.

Dilatation des bronches (bronchectasie). Augmentation de calibre des bronches révélée par catarrhe bronchique, expectoration purulente abondante, hémoptysie et identifiée par bronchographie. *Traitement :* kinésithérapie respiratoire, aérosols, antibiotiques ; cures posturales ; intervention chirurgicale si dilatation bronchique localisée et limitée.

Embolie pulmonaire. Voir Embolie à l'Index.

Emphysème pulmonaire. Distension permanente et destruction des alvéoles. *Causes :* bronchite chronique, pneumoconioses (silicose) et autres fibroses pulmonaires, parfois éosinophilie sanguine accrue. *Traitement :* gymnastique respiratoire, cures thermales.

Hémothorax. Épanchement de sang dans la cavité pleurale, parfois associé à un pneumothorax. C'est un état non-inflammatoire qui se produit parfois spontanément [rupture d'un vaisseau qui sous-tend une bride de pleurale au cours d'un pneumothorax thérapeutique, traumatique (plaie de poitrine)]. *Signes :* tableau d'anémie aiguë associé à des signes physiques d'épanchement pleural avec ou sans syndrome de pneumothorax. *Traitement :* transfusions sanguines, ponctions évacuatrices ; chirurgie.

Hydropneumothorax. Association d'un épanchement pleural liquide et d'un pneumothorax. Signes cliniques de pleurésie surmontés par des signes d'épanchement gazeux. La limite entre les deux syndromes est horizontale dans toutes les positions. *Causes :* plaies pleuropulmonaires, rupture d'une alvéole ou d'un kyste pulmonaire gazeux dans la plèvre. *Traitement :* abstentions ou ponctions. Si tuberculose, antibiothérapie appropriée.

Hydrothorax. Épanchement liquide non inflammatoire de la plèvre. Signes physiques identiques à ceux de la pleurésie séro-fibrineuse. Association éventuelle à œdème généralisé. *Causes :* cardiopathies décompensées, néphropathies œdémateuses, cirrhose de Laennec, carences protidiques. Traitement de la maladie causale.

Kystes gazeux ou aériens du poumon. Formations arrondies ou ovaires à contenu gazeux développés au sein du parenchyme pulmonaire ; les unes sont congénitales, kystes dysembryoplasiques, d'autres sont acquises, séquelles d'abcès, de cavités tuberculeuses inactivées (en rapprocher les bulles géantes d'emphysème qui ne sont pas de vrais kystes). Sur les radiographies donnent des images claires cerclées d'un liseré opaque ; complications possibles : infections bactériennes, pneumothorax. *Traitement :* chirurgical.

Œdème pulmonaire. Inondation des alvéoles par la sérosité non coagulable du plasma sanguin (après lésions cardio-rénales, infections, intoxications, maladies nerveuses). *Aspect :* grande suffocation sans collapsus. *Complications :* cardiaques et asphyxie. *Traitement :* saignée, morphine, diurétiques, oxygène.

Parasitose pulmonaire (Aspergillases, hyatidosis, amibiases). Toux, hémoptysies, infiltrations pulmonaires. *Traitement :* antiparasitaire, en fonction du parasite en cause.

Pleurésie. Inflammation fréquemment exsudative de la plèvre. *Principales causes :* tuberculose, cancer, maladies cardio-vasculaires (embolie pulmonaire et insuffisance du ventricule gauche), infections bactériennes et virales des poumons et des bronches. **Pl. sèche** (pleurite) : point de côté, toux sèche. *Traitement :* repos. **Pl. à épanchement :** toux sèche, point de côté, fièvre. *Diagnostic :* examen du liquide pleural après ponction et examen de fragments de plèvre prélevés par ponction-biopsie. *Traitement :* dépend de la cause : repos, diurétiques, tonicardiaques, antibiotiques, parfois ponctions évacuatrices, toujours gymnastique respiratoire pour éviter les séquelles. Peut être très longue à guérir.

Pneumoconiose. Altération du parenchyme pulmonaire par des poussières. Silice : *silicose ;* amiante : *asbestose ;* charbon : *anthracose ;* fer : *sidérose,* etc. *Prévention :* amélioration des conditions de travail. *Traitement :* changement de l'environnement professionnel.

Pneumonie. Inflammation et infection aiguës d'un lobe pulmonaire. *Causes :* pneumocoques, virus, rickettsies, mycoses. *Aspect :* toux, fièvre, difficultés de respiration. Signes cliniques en foyer ; opacité lobaire en radiographie. *Traitement :* expectorants, antibiotiques, sulfamides, tonicardiaques, réhydratation, oxygène chez les vieillards.

Pneumonie atypique (syndrome toxique). Apparaît en avril 1981 en Espagne sous forme de pseudo-épidémie. *Cause :* intoxication par des huiles frelatées. Plus de 15 000 hospitalisations à la fin de l'été ; au 10-1-1982 : 239 †.

Pneumothorax. Présence d'air ou de gaz dans la plèvre, due à des infections pleurales, plus souvent à des ruptures de vésicules pulmonaires superficielles dans la plèvre. Brutal point de côté, difficultés de respiration, hyperclarté pulmonaire en radiographie. *Traitement :* repos, exsufflations, drainage ou talcage pleural ; si pneumothorax persistant ou récidivant : pleurectomie.

Pollinose. Rhinite spasmodique saisonnière (équivalent asthmatique) avec éternuements incessants, écoulements nasaux et lacrymaux, gonflements des muqueuses nasales et oculaires. État allergique dû habituellement aux pollens de graminées. *Traitement :* antihistaminiques de synthèse dérivés cortisoniques, désensibilisation spécifique intersaisonnier.

Thymome. Tumeur du thymus. Latente découverte de la radiographie ou plus rarement associée à des signes de compression médiastinale, parfois un syndrome myasthénique. Subit rarement la dégénérescence cancéreuse. *Traitement :* exérèse chirurgicale.

Sclérose pulmonaire. Production de tissu fibreux en abondance. *Causes :* tuberculose, pneumoconiose, maladies du tissu conjonctif. *Traitement :* lutte contre l'infection, cortisone, oxygène, kinésithérapie.

Séquestration pulmonaire. Hémoptysies, tableau de suppuration pulmonaire, opacité : postéro-inférieure, lobe inférieur. *Causes :* vice du développement embryonnaire du poumon qui affecte un territoire broncho-pulmonaire ayant perdu ses connections aériennes et vasculaires normales. La ventilation est absente. La vascularisation est assurée par la grande circulation. *Traitement :* chirurgical : lobectomie.

Tuberculose. Voir page 141.

Appareil digestif

En 24 h environ, il transforme les aliments (digestion) et fait passer dans le sang les aliments digérés (absorption).

Bouche

● **Rôle.** *Mastication* (broyage des aliments par les dents). Travail dû à des mouvements complexes de la langue et du maxillaire inférieur mû par les muscles masticateurs (temporal et masseter : m. élévateurs robustes ; digastiques : m. abaisseurs ; divaricateurs ou ptérygoïdiens : m. des mouvements latéraux). Sécrétion de salive : environ 1 litre par jour ; composition : 995 ‰ d'eau, carbonates et phosphates alcalins, ptyaline ou amylase (diastase).

La salive aide à la mastication et commence la digestion des sucres (amylase salivaire). *Déglutition* qui chasse les aliments dans le pharynx. Le voile du palais ferme alors le passage vers les fosses nasales ; le larynx se soulève et vient buter contre une languette, l'*épiglotte,* qui s'abaisse et l'obture. Une seule voie s'offre alors au bol alimentaire, l'œsophage. Par réflexe, les fibres musculaires circulaires et longitudinales de l'œsophage se contractent en amont du bol alimentaire et se relâchent en aval. Les aliments gagnent ainsi l'estomac même si l'on est couché ou renversé la tête en bas.

● **Maladies. Abcès.** Dans la gorge, au niveau de l'amygdale, ou chez le jeune enfant au niveau de la paroi pharyngée. *Traitement :* antibiotiques, incision si non-résorption.

Glossite. Inflammation de la langue. Mêmes causes.

Cancer. Voir p. 143.

Stomatite. Altération de la muqueuse buccale. Affection locale *(microbienne* ou *mycosique)* ou générale *(sanguine),* ou due à une intoxication *(médicamenteuse* ou autre), ou à des troubles allergiques. Gingivite par carence vitaminique (en particulier vit. C, scorbut). *Traitement :* selon la cause.

Dents

Denture et dentition

● **Denture.** Ensemble des dents d'un sujet à une époque donnée (denture de lait ou temporaire, denture mixte, denture adulte ou permanente).

Denture de lait. Complète : 20 dents dont 8 incisives (6 à 12 mois), 4 premières molaires (12 à 18 m), 4 canines (18 à 24 m), 4 secondes molaires (24 à 30 m).

Denture mixte. Entre 6 et 12 ans.

Denture adulte. Complète : 32 dents dont 4 premières molaires (6 ans). 4 incisives centrales (7 a), 4 incisives latérales (8 a), 8 prémolaires (8 à 10 a), 4 canines (11 à 12 a), 4 molaires (12 a), 4 molaires (dents de sagesse) (18 à 25 a). La réduction du volume de la mandibule entraîne souvent des difficultés d'éruption des dents de sagesse qui peuvent être retenues dans l'os (dent incluse).

• **Dentition.** Ensemble des phénomènes qui contribuent à l'établissement de la denture. C'est ainsi qu'on parle des « accidents de la dentition ». *Agénésie :* absence des germes dentaires entraînant l'absence sur les arcades des dents correspondantes. *Dents surnuméraires :* des germes atypiques donnent des dents placées souvent en dehors des arcades ou des dents incluses.

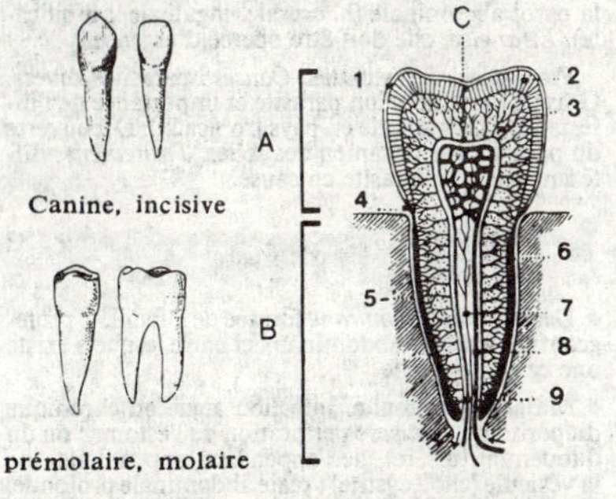

A couronne. B racine. C pulpe dentaire. 1 cuticule. 2 émail. 3 dentine ou ivoire. 4 collet. 5 alvéole. 6 cément. 7 paquet vasculo-nerveux (veine, artère, système nerveux, vaisseaux lymphatiques). 8 artère dentaire. 9 veine dentaire.

Origine des dents. Les bourgeons dentaires se forment à partir de « lames épithéliales » situées dans le tissu conjonctif embryonnaire. Chaque bourgeon se présente comme une cloche dont la face convexe est constituée de cellules épithéliales. Les *adamantoblastes* qui formeront les cellules de l'émail viennent de grosses cellules appelées « gelée de l'émail ».

Les cellules conjonctives situées dans le fond de la cloche formeront les *odontoblastes* générateurs de la dentine.

Disposition des dents

Maxillaire (mandibule : idem).

Molaire	Prémol.	Can.	Inc.	Can.	Prémol.	Molaire
3	2	1	4	1	2	3

Maladies

Carie. Altération des tissus durs de la dent (émail, cément, dentine), évoluant de la périphérie vers le centre et aboutissant à leur destruction progressive. La carie est due à l'action des bactéries de la plaque dentaire qui transforment les glucides salivaires en acide lactique. La déminéralisation des prismes de l'émail est le résultat de l'action de cet acide lactique. Lorsque la carie atteint la chambre pulpaire, elle engendre des lésions pulpaires avec toutes leurs conséquences (pulpites, accidents infectieux aigus ou chroniques, locaux, régionaux ou généraux).

Traitement : 1° préventif : fluor (pendant la grossesse, chez les jeunes enfants), régime alimentaire équilibré, limitation des sucreries, hygiène bucco-dentaire (brossage après les repas, stimulateurs gingivaux, usage des hydropulseurs), applications fluorées (dentifrices ou par les spécialistes), contrôle du brossage et visualisation de la plaque dentaire à l'aide de révélateur de plaque, examens périodiques systématiques ; *2° curatif :* curetage des tissus atteints, traitement protecteur de la dentine sous-jacente, obturation après préparation d'une cavité destinée à recevoir un matériau (ciment, amalgame d'argent, résine composite, alliages d'or). Reconstitutions possibles en céramique, céramique sur métal, couronnes en or ou en alliage non précieux. Les résines acryliques permettent des travaux provisoires ou semi-provisoires. Les collages sur la dentine et l'émail des résines « composites » permettent des reconstitutions esthétiques et fonctionnelles ainsi que des maquillages. Dents de lait ou temporaires reçoivent les mêmes traitements que les dents définitives et peuvent être reconstituées par des couronnes lorsque les petites molaires sont délabrées.

Parodontopathies. Maladies des tissus de soutien de la dent : gencive, os alvéolaire, ligament alvéolo-dentaire (desmodonte), cément. Formes cliniques : on peut les grouper en : *parodontites superficielles :* gingivites aiguës, chroniques, ulcéro-nécrotiques ; *profondes :* liées à une lyse osseuse de l'os alvéolaire (alvéolyse) qui entraîne la formation de « poches parodontales » autour des dents atteintes. L'évolution des lésions est soit silencieuse, soit accompagnée de saignements gingivaux, halitose (mauvaise haleine), douleurs, abcès, suppuration chronique. La mobilité des dents atteintes augmente pour aboutir souvent à leur perte. *Parodontite juvénile :* qui atteint très fréquemment les tissus de soutien de la dent.

Parodontose. Forme dystrophique entraînée par la résorption plus ou moins régulière et lente de l'os alvéolaire qui tend à dénuder les collets des dents. Elle fait apparaître très souvent une sensibilité désagréable aux agents thermiques ou chimiques. La mobilité peut n'apparaître que tardivement mais des complications sont toujours possibles : caries sur les parties dénudées, apparition de parodontites qui accélèrent l'évolution.

Traitements. De nombreuses maladies ou diathèses retentissent sur le desmodonte, ce qui impose des traitements médicaux. Une hygiène bucco-dentaire rigoureuse s'impose pour que chacun élimine par lui-même la plaque bactérienne : brossage, emploi de fil de soie dentaire, de bâtonnets, d'un hydropulseur. Visites régulières chez le spécialiste pour supprimer les causes d'irritations locales : tartre, caries, obturations débordantes, prothèses traumatisantes, et procéder le cas échéant à l'équilibration fonctionnelle des forces masticatoires (meulages sélectifs). Thérapeutiques anti-infectieuses et anti-inflammatoires et parfois traitements concernant l'état général du patient. Traitement chirurgical pour éliminer des tissus non traitables et parfois les remplacer ou les stimuler par des greffes. Prothèses (attelles fixes ou mobiles immobilisant les dents mobiles et stabilisant ainsi l'évolution de la lyse osseuse).

Statistiques. *En France,* les études épidémiologiques ne permettent pas encore d'établir des statistiques portant sur toute la population. Tout au plus a-t-on pu vérifier sur des populations scolaires l'action bénéfique des traitements préventifs fluorés. Aux U.S.A., où la fluoration des eaux de boisson est courante, l'Institut national de recherche dentaire constate que 40 % des enfants entre 5 et 17 ans présentent peu de caries ; que le % général des dents carriées est descendu de 50 %. Ces résultats confirment les études faites en Suisse.

Estomac

• **Description.** Poche de 1 200 cm^3 env. Communique avec l'œsophage par le cardia (du grec *kardia,* cœur), avec l'intestin grêle par un sphincter, le pylore (du grec *pulê,* porte et *ôra,* garde).

• **Rôle.** *Brassage* des aliments (contractions gastriques), ce qui facilite la digestion. *Sécrétion du suc gastrique* (1 à 1,5 litre par jour) qui comprend 99 % d'eau ; des chlorures et phosphates ; 0,5 % d'acide chlorhydrique et 3 diastases : la *pepsinase* qui agit sur les protides, la *présure* qui coagule le lait et la *lipase* qui agit sur les lipides. Les aliments sont transformés en bouillie claire : le chyme, qui est évacué par jets successifs dans le duodénum. Un tri s'opère dans l'estomac : l'eau et le bouillon ne s'arrêtent pas ; le lait, la bière, le pain, la viande sont évacués en 2 à 3 h ; les graisses en 7 à 8 h.

• **Maladies. Aérophagie.** Gonflement de l'estomac par de l'air avalé. *Causes :* diverses. Souvent existe un élément nerveux favorisant (véritable tic). *Traitement :* celui de la cause.

Dyspepsie. Digestion difficile. *Traitement :* celui de la cause (affections hépato-vésiculaires, intestinales, abdominales).

Gastrite. Inflammation de la muqueuse de l'estomac. *Causes :* forme aiguë : indigestion, erreurs alimentaires ; chronique : tabac, alcool, certains médicaments.

Ulcère de l'estomac et du duodénum. Perte de substance profonde de la paroi gastrique ou duodénale. Crampes de l'épigastre par périodes de 1 à 3 semaines rythmées par les repas, calmées par l'alimentation ; parfois vomissements hématémèses. *Complications aiguës :* perforation (il s'agit d'accidents graves, nécessitant l'hospitalisation et l'intervention d'urgence) ; *chroniques :* rétrécissement de l'estomac et du duodénum ; greffe du cancer sur l'ulcère (pour l'estomac seulement). *Traitement :* régime, pansements gastriques, médicaments diminuant la sécrétion, parfois traitement chirurgical.

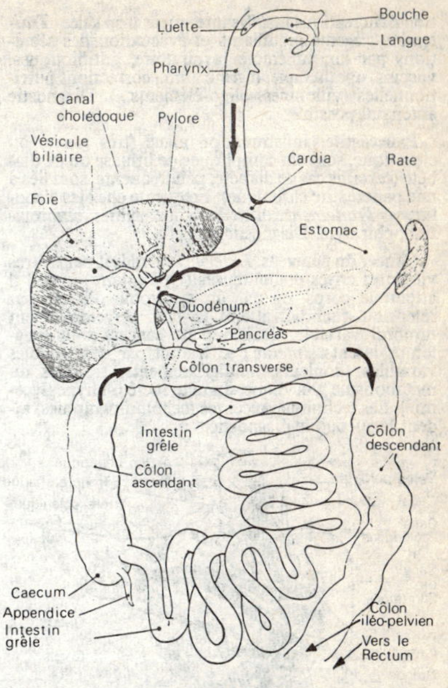

Appareil digestif

Œsophage

• **Description.** Tube musculo-membraneux vertical, qui, par des mouvements péristaltiques, conduit les aliments de l'arrière-bouche vers l'estomac. Long. 25 cm, diam. 3 cm.

• **Maladie. Œsophagite.** Inflammation de l'œsophage. Douleurs et gêne à la déglutition. *Causes :* ingestion de caustiques et surtout reflux de liquide gastrique acide par anomalie du cardia *(hernie hiatale). Traitement :* pansements et antiacides, parfois chirurgie. Rétrécissement de l'œsophage comme séquelle d'œsophagite toxique.

Pancréas

• **Description.** Comporte 2 glandes entremêlées : le *pancréas externe,* glande digestive, sécrétant du *suc pancréatique* lors de l'arrivée du chyme dans l'intestin (env. 1 litre par j), et le *pancréas interne,* glande à sécrétion interne, purement hormonale. La sécrétion, qui s'écoule par le *canal de Wirsung,* est commandée par un mécanisme nerveux et hormonal (sécrétine agissant sur les sels alcalins, pancréozymine agissant sur les ferments pancréatiques).

Composition du suc. 98,5 % d'eau ; chlorures, phosphates, carbonates alcalins.

4 diastases : *amylase* qui transforme les amidons (féculents) en maltose ; *maltase* qui transforme le maltose en glucose ; *lipase* qui transforme les lipides en glycérine, acides gras et savons ; *tryptase* et autres *protéases,* qui transforment les protides en polypeptides et autres acides aminés (pour agir, les protéases doivent être activées par une diastase intestinale, l'entérokinase).

Nota. — Le *pancréas interne* (ou *insulaire*) est composé de cellules à sécrétion interne : *cellules de Langerhans* (8 variétés, dont la *cellule alpha* qui sécrète le *Glucagon* et la *cellule b ou bêta* qui sécrète l'*Insuline* dont le rôle est capital dans le métabolisme glucidique (sécrétion altérée dans le diabète sucré).

• **Maladies. Mucoviscidose ou maladie fibrokystique du pancréas.** Héréditaire récessive : altère le fonctionnement des glandes du pancréas et de celles qui sécrètent du mucus des bronches et sueur. *Se manifeste* dès la naissance *par :* mucus bronchique trop épais, sécrétion pancréatique insuffisante, sueur trop salée. *Traitement :* agents mouillants et évacuation des sécrétions par kinésithérapie respiratoire, antibiotiques, vaccins, opothérapie, régime alim., corrections nutritionnelles (vitamines, oligo-éléments...). Diagnostic anténatal possible.

Pancréatite. Inflammation aiguë (très grave) ou chronique, souvent compliquée de lithiase ou de diabète (certains cas de diabète, peu fréquents, sont liés à une pancréatite chronique). Fréquente chez les alcooliques. *Traitement :* difficile ; antienzymes, réanimation, chirurgie. Diagnostic difficile.

Cancer du pancréas. *Externe :* se traduit par de très violentes crises douloureuses (type solaire) quand il atteint le corps, ou par un syndrome d'ictère par rétention quand il atteint la tête. Développement tumoral variable. Beaucoup de cancers sont longtemps latents. *Interne :* se traduit par des troubles variables (douleurs, amaigrissements, troubles du métabolisme glucidique, diabète sucré ou hypoglycémie). Les techniques récentes (échotomographies) aident beaucoup le diagnostic.

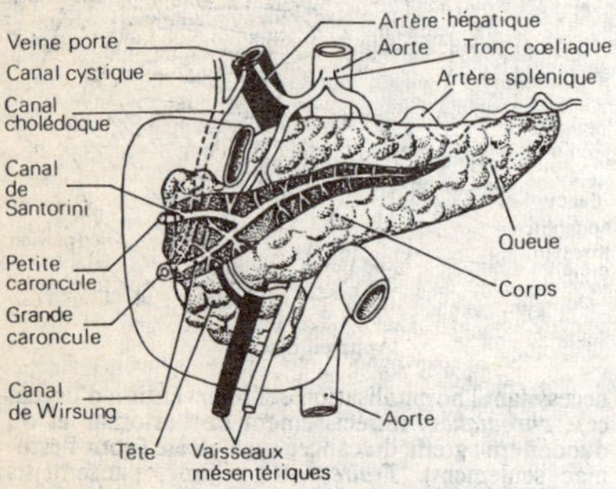

Pancréas (en partie ouvert pour montrer les canaux)

Foie

Généralités

● **Description.** Glande volumineuse (2 kg) formée d'un assemblage de lobules, massifs cellulaires qui engainent un rameau d'une veine hépatique.

● **Rôle.** 1° *Sécrétion de bile,* liquide jaune rougeâtre, verdissant, filant, très amer (env. 1 litre par j). *Composition d'un litre de bile hépatique :* eau 970 g, sels minéraux 8 g, sels biliaires 15 g, cholestérol 1,5 g, pigments biliaires 4 g. Entre les repas la bile s'écoule par les canaux hépatiques et s'accumule dans la vésicule biliaire.

Quand les aliments pénètrent dans l'intestin, la sécrétion est activée par la *cholécystokinine* qui déclenche en même temps l'écoulement de la bile par le canal cholédoque et du bol alimentaire dans le duodénum.

La bile ne comprend aucune diastase, mais elle rend actives les lipases pancréatique et intestinale ; elle rend mouillables à l'eau les corps solides qu'elle touche et facilite ainsi leur absorption.

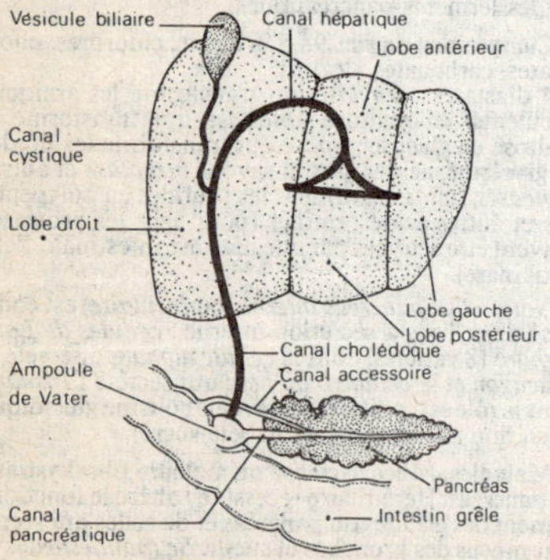

Face inférieure du foie

2° *Fonction capitale sur l'ensemble des transformations* (métabolismes) des glucides, lipides, protides et du fer ; une f. de réserve : glycogène constitué à partir de glucose. Il détruit les hématies. Il produit le fibrinogène du sang et la prothrombine et l'antithrombine qui empêche la coagulation du sang. Il joue un rôle essentiel dans l'équilibre glucidique par le glycogène, et parce qu'il contrôle la néo-glycogenèse (élaboration de glucose aux dépens des protides).

3° *Régulation de la température.*

Maladies

Angiocholite et cholécystite. Inflammation des voies biliaires (angiocholite) ou de la vésicule (cholécystite aiguë ou chronique). Douleurs, fièvre, ictère. *Cause :* souvent due à des calculs. *Traitement :* souvent chirurgical surtout s'il y a calculs (lithiase). Des produits capables de dissoudre les calculs cholestéroliques sont à l'étude.

Cirrhose. Sclérose du foie qui devient dur et fibreux. Maladie grave. *Causes :* alcoolisme chronique (cause habituelle), déséquilibre alimentaire (plus rare en France), virus (hépatite virale). *Complications :* œdèmes, ascite (liquide dans la cavité péritonéale), hémorragies par hypertension veineuse dans l'abdomen, insuffisance hépatique. *Traitement :* suppression de l'alcool, régime sans sel, diurétiques, ponction d'ascite, parfois chirurgie (en cas d'hypertension veineuse avec hémorragie).

Colique hépatique. Crise douloureuse de quelques heures, siégeant sous les côtes à droite, en avant ou au creux de l'estomac, irradiant en arrière vers les reins, due habituellement à la migration d'un calcul. *Traitement* de la crise : antispasmodiques ; de la cause : parfois chirurgie.

Hépatite. Inflammation du foie, aiguë ou chronique. 3 formes : **1° virale,** voir Index. **2° toxique,** rare mais grave : champignons (amanite phalloïde), phosphore blanc ; *traitement :* techniques de réanimation. **3° médicamenteuse,** due à une intolérance de certains sujets à diverses drogues ; habituellement bénigne, supprimée par arrêt du médicament qui l'a causée ; *traitement :* variable selon la cause.

Ictère, ou jaunisse. Peau et muqueuse jaunâtres par élévation de la bile dans le sang. *Causes :* 1° Inflammatoire (hépatite, voir ce mot). 2° Obstacle sur le canal allant du foie à l'intestin par des calculs *(lithiase)* ou une compression (inflammation ou tumeur pancréatique). *Traitement :* chirurgical. 3° Hémolyse (ictère hémolytique) (maladie du sang entraînant la destruction des globules rouges, ce qui donne une hyperproduction de pigments biliaires). Anémie. Grosse rate. *Origine :* infectieuse, toxique ou congénitale (en ce dernier cas, ablation de la rate).

Intestin grêle

● **Description.** Long. 8 m, diam. 3 cm. Il comprend le *duodénum* (20 cm, du latin *duodeni,* douze, car il est long de 12 travers de doigt), le *jéjunum* (latin : jeûne) et l'*iléon* (prononciation française médiévale du latin *ileum,* forme latinisée du grec *eiléôn,* « se tortillant »). Le *tube digestif* est formé d'une *muqueuse* plissée et couverte de petites villosités qui protègent le tube contre l'action des sucs digestifs et ont un rôle sécrétoire ; d'une *tunique musculaire* à fibres circulaires et longitudinales ; d'une *tunique conjonctive* extérieure.

● **Rôle.** *Brassage* des aliments ; *digestion des 3 types de nutriments* (graisses, protides, sucres) grâce à l'arrivée dans le duodénum de la bile hépatique, du suc pancréatique et à l'action du suc intestinal [composé de 98,7 % d'eau, de chlorure et carbonates de sodium ; de diastases (entérokinase, lipase, éreptase et autres protéases)]. Sécrétion par le duodénum des hormones pariéto-digestives : rôle dans le métabolisme du glucose. *Absorption* par la paroi de l'intestin grêle des 3 types de nutriments précédents, des vitamines, des ions (calcium, sodium, potassium, etc.), du fer, de l'eau, des sels biliaires ; *évacuation* des résidus vers le côlon. *Durée de la digestion* dans l'intestin grêle : 5 à 6 h.

Côlon (gros intestin)

● **Description.** Long 1,6 m ; diam. 3 cm au début, 7 cm à la fin. Il débute par un cul-de-sac, le *caecum* (du latin *caecus,* aveugle), sur lequel s'implante l'appendice. Il se compose des côlons ascendant, transverse et descendant, du sigmoïde.

● **Rôle.** *Brassage* des aliments non absorbés ; *digestion* de la cellulose par des bactéries de fermentation ; *absorption* de l'eau et du sel ; *évacuation* des matières fécales vers le rectum et l'extérieur (défécation). *Durée du séjour des aliments* dans le côlon : 12 h.

● **Maladies. Appendicite.** Inflammation de l'appendice iléo-caecal (tube étroit de 5 à 6 cm de long formant cul-de-sac, situé à l'extrémité du caecum) parfois chronique, parfois aiguë (en ce cas danger de péritonite et d'abcès. *Traitement* chirurgical d'urgence).

Dysenteries. Voir p. 139.

Hémorroïdes. Varices de la région anale, fréquentes et bénignes. Peuvent être révélatrices d'une atteinte digestive ou hépatique. Au moment des selles, douleur, saignement, sortie des hémorroïdes. *Traitement :* suppositoires, injections sclérosantes, parfois chirurgie.

Hernie. Sortie d'une partie de l'épiploon ou d'une anse intestinale (souvent côlon) à travers un orifice de la paroi abdominale (h. crurale, inguinale, ombilicale). *Étranglée,* elle doit être opérée d'urgence.

Parasitoses intestinales. *Causes :* parasites divers. Gravité variable selon parasite et importance de l'infestation (plus grande en pays tropicaux). Découverte du parasite par l'examen des selles. *Traitement :* différent selon le parasite en cause.

Péritoine

● **Description.** *Membrane* formée de 2 feuillets protégeant les viscères abdominaux et entre lesquels existe une cavité virtuelle.

● **Maladie. Péritonite.** Infection aiguë ou chronique du péritoine. *Causes :* perforation de l'estomac ou du duodénum (ulcère), de l'appendice (appendicite), de la vésicule (cholécystite) ; plaie abdominale profonde. *Traitement :* chirurgical d'urgence. Tuberculose du péritoine : médicaments antituberculeux.

Parasites digestifs

Ver solitaire. Le *tænia* (ver aplati pouvant atteindre 10 m de long) est formé d'anneaux appelés proglottis (tête minuscule : renflement large de 1,5 mm). On s'infeste en mangeant de la viande de bœuf ou de porc insuffisamment cuite, ou (rarement) du poisson. Il est difficile de s'en débarrasser. Les derniers anneaux sont remplis d'œufs (environ 6 000 par anneau). Ces anneaux se détachent facilement et un tænia en perd 5 à 6 par jour. Si un porc ou un bœuf avale des œufs, par exemple en absorbant de l'eau contaminée, l'un de ces œufs peut donner une larve, munie de crochets, qui perfore l'intestin de l'animal, passe dans le sang et se fixe à un muscle. Après métamorphose, la larve se transforme en *cysticerque,* sorte de petit sac de quelques mm de long, où bourgeonne intérieurement un *scolex* (tête de tænia). Si quelqu'un mange de ce porc ou de ce bœuf, il risque d'avaler en même temps ce scolex qui se fixera dans son intestin et reconstituera bientôt les anneaux du tænia.

Ascaris. Anguillules. Bilharzia. Lamblia. Oxyures (prurit anal). *Parasitoses intestinales.* Voir ci-dessus.

Nutrition

● **Avitaminose.** Rare en France (sauf dans les régimes amaigrissants trop sévères), fréquente dans les pays sous-développés. Carence de **vitamines. A :** troubles de la vue, lésions cutanées, troubles digestifs. **B1 :** *béribéri,* troubles cardiaques, œdèmes. **B2 :** *glossite, perlèche,* rougeurs de la peau. **PP :** *pellagre,* rougeurs de la peau, troubles digestifs. **C :** *scorbut,* gingivite, hémorragie, anémie, fièvre, amaigrissement, *maladie de Barlow* (scorbut du nourrisson), troubles osseux, digestifs. **D** (acide folique) : non exceptionnelle en France chez les gens âgés : anémie macrocytaire ; asthénie, *rachitisme ;* **carences minérales :** proches des avitaminoses (les vitamines sont potentialisées par un métal ou un métalloïde) ; **carences en fer :** dans les p. sous-dév. 20 à 25 % des enfants atteints, 20 à 40 % des femmes (concerne 30 % des femmes enceintes en France), 10 % des hommes : diminution de la résistance au travail et aux maladies, anémies ; **carences en iode :** cause de goitre endémique pour 200 millions de personnes des p. sous-dév. (augmentation du volume de la thyroïde) ; troubles du développement physique et mental (crétinisme) ; **carences en oligo-éléments :** calcium, magnésium, zinc, etc. *Traitement :* vitamine ou métal.

• **Diabète sucré** (du grec *diabêtês :* qui traverse). Mauvaise assimilation des hydrates de carbone. *Cause* essentielle : carence absolue ou relative de la sécrétion d'insuline par le pancréas interne (îlots de Langerhans) ; facteurs endocriniens contrecarrant l'action de l'insuline ; le mécanisme est encore incomplètement précisé dans certains cas. *Rôle de l'hérédité* (prédisposition génétique) ; rôle révélateur de l'*environnement* (affections virales pour le diabète de type I et obésité pour le diabète de type II).

Symptômes : faim et soif vive : polyphagie, urines abondantes, obésité (diabète gras) ou amaigrissement (d. maigre) (20 % des cas environ). *Complications :* on peut les éviter par un bon traitement du diabète ; déchaussement des dents, atteinte des yeux (cataracte, rétinopathie pouvant aller jusqu'à la cécité), lésions cutanées, névrites, artérite des membres inférieurs, insuffisance rénale, coma diabétique (intoxication générale par les corps cétoniques produits par suite de la mauvaise assimilation du sucre, asthénie, diminution de la connaissance pouvant aller jusqu'au coma, respiration soufflante, odeur de pomme de reinette de l'haleine, élimination urinaire de corps cétoniques ; non traité, l'issue est fatale). *Examens biologiques* nécessaires pour le diagnostic : glycémie (épreuve d'hyperglycémie provoquée) ; étude des corps cétoniques dans le sang et les urines ainsi que du taux d'acidité.

L'acidose due aux corps cétoniques se rencontre surtout dans le diabète maigre (risque de coma). L'O.M.S. propose d'appeler le diabète maigre « diabète type I » et le d. gras « type II ». *Traitement :* insuline (en cas de d. maigre chez un sujet jeune, piqûres d'insuline), antidiabétiques de synthèse (Voir Alimentation à l'Index), régime de restriction des glucides. Surveillance de la glycémie, traitement systématique des infections épisodiques ; pour obtenir un bon contrôle, il faut parfois multiplier les injections d'insuline d'où la création de distributeurs automatiques d'insuline (pompe à insuline) ; certains appareils à l'étude peuvent être insérés sous la peau.

Des greffes de pancréas ont été tentées. *Coma diabétique :* insuline, réhydratation, réanimation. *Prévention :* possible chez certains sujets prédisposés, par mesures hygiéno-diététiques ; intérêt des examens de dépistage. Les femmes diabétiques devraient avoir leurs enfants le plus tôt possible et ne pas avoir plus de 2 à 3 grossesses. Souvent la grossesse doit être terminée avant terme par césarienne.

Fréquence. Hausse (sans doute à cause de l'élévation du niveau de vie associée à une nourriture plus riche), de l'allongement de la durée de la vie, qui permet l'apparition du d. de l'âge tardif, et, de meilleures méthodes de dépistage. 1° Mortalité supérieure à la population non diabétique (tend à s'abaisser), 2 à 3 fois plus d'accidents cardio-vasculaires, 20 fois plus d'amputations pour gangrène, 2° cause d'insuffisance rénale, 3° surtout cause de lésions oculaires (env. 1 aveugle sur 2 serait diabétique).

Cas en France. 45 000 à 50 000 nouveaux cas par an. *Coût :* 3,5 milliards de F. (traitement : 2 500 F avec insuline et 2 000 F sans). Décès pour 100 000 h. : *1976 :* hommes 13,4, femmes 20,3 ; *1981 :* h. 10,6, f. 16,3.

Cas dans le monde (nombre de diabétiques). U.S.A. 5 000 000, U.R.S.S. 7 000 000.

Adresses en France. *Association française des diabétiques :* 7, rue Léopold-Bellan, 75002 Paris. *Aide aux jeunes diabétiques :* 41-43, rue des Rigoles, 75020 Paris. *Services de diabétologie* dans toutes les grandes villes. Compétence en diabétologie délivrée par l'Ordre des médecins.

• **Kwashiorkor.** Carence de protéines caractérisée par des œdèmes, survenant chez les enfants dans les semaines qui suivent le sevrage lorsque le lait maternel est remplacé par des céréales. Les enfants sont petits et maigres ; la croissance est freinée pour équilibrer la ration alimentaire insuffisante. Lorsque les conditions s'améliorent, le développement physique s'accélère. Très rare en France. Fréquente dans les pays sous-dév. (Indonésie, Inde, Philippines, Viêtnam, Proche-Orient, Afr. du N., certaines zones de l'Afr. soudano-sahélienne, d'Am. centrale et d'Haïti). *Traitement préventif :* allaitement très prolongé, consommation de lait après le sevrage. *Traitement curatif :* réalimentation.

Obésité

Causes. *Excès de stockage des graisses* (excès de nourriture ou trouble métabolique, facteurs endocriniens).

Nombre des adipocytes. 15 à 25 % du corps sont constitués de graisses contenues dans les cellules adipeuses ou adipocytes, dont le volume et parfois aussi le nombre varient notamment en fonction des modifications de la ration alimentaire. En période de jeûne même prolongé, ces cellules ne meurent pas : seule leur taille diminue. Elles tiennent en réserve des substances qui fournissent, sur demande, l'énergie indispensable aux réactions cellulaires et libèrent des corps gras (lipides) en raison des besoins de l'organisme. Les cellules adipeuses augmentent de taille avec l'âge. Leur diamètre et leur volume peuvent presque doubler.

En regard de l'excès des apports caloriques et du stockage lipidique, on tend à considérer l'importance des déperditions caloriques liées à l'exercice (influence néfaste de la sédentarité) et à la thermogenèse : dispersion des calories excédentaires en chaleur. *Traitement :* régime restrictif en calories pendant des périodes prolongées ; médicaments qui diminuent l'appétit, à n'utiliser que pendant quelques semaines. Une nourriture moins abondante les premiers temps de la vie éviterait peut-être l'obésité à des milliers d'individus. Dans l'hypothalamus, 2 centres assurent la régulation des réserves énergétiques dans les cellules (Ponderostat). Il ne faut jamais négliger une prise de poids anormale. Une obésité récente se soigne plus facilement qu'une obésité installée. Voir page 112.

Statistiques. 20 à 30 % des hommes, 24 à 26 % des femmes présentent un excès de poids et il y a 5 à 10 % de grands obèses. Après traitement, moins de 10 % des consultants arrivent à se fixer à leur poids théorique, 30 % ont réussi à perdre significativement des kilos.

Appareil urinaire

Couplé embryologiquement avec l'appareil génital (appareil génito-urinaire) ; il élabore l'urine qui élimine les déchets et les substances étrangères ; maintient l'équilibre du milieu intérieur ; agit sur la stabilité de la pression sanguine.

Anatomie et physiologie

• **Rein.** Organe plein et riche en vaisseaux, il choisit ce qu'il faut conserver ou éliminer et fonctionne avec souplesse. Constitué d'une zone périphérique *corticale* et d'une zone centrale, la *médullaire*, d'où émergent les papilles percées des orifices d'écoulement de l'urine. Formé de *néphrons* (plus d'un million par rein) possédant un *pôle vasculaire*, le *glomérule*, où s'épanouit un réseau artériel et un *pôle urinaire* d'où sort l'urine primitive filtrée par le glomérule.

Les *artères rénales* apportent aux reins 1 100 à 1 300 ml de sang par minute ; les reins l'épurent. La composition constante du sang (urée, créatinine, électrolytes) découle de la valeur des néphrons. Leur altération (transitoire ou définitive) entraîne une insuffisance rénale : un rein artificiel ou une greffe rénale peuvent alors s'avérer indispensables.

• **Organes creux et musclés.** Les *calices :* drainent les papilles rénales. Le *bassinet :* petit entonnoir intrarénal, termine les 3 calices habituels. L'*uretère :* canal fin (long de 25 à 30 cm) doué de contractions, fait suite au bassinet. La *vessie :* muscle creux (capacité : 300 à 400 ml), recueille les urines et les expulse par l'urètre au cours de la miction. Le système sphinctérien assure la continence et aussi l'ouverture du col vésical au moment de l'évacuation des urines.

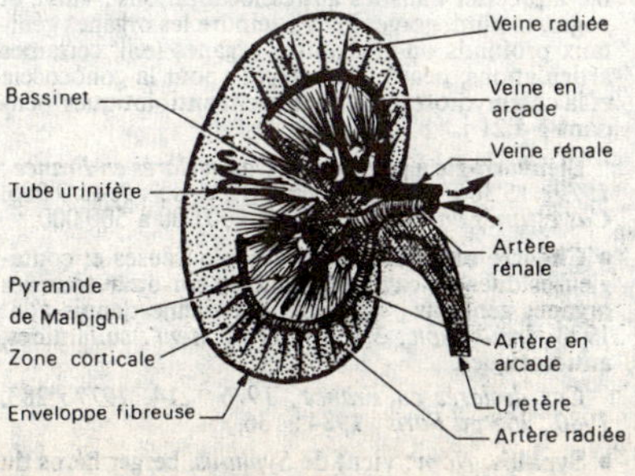

Structure du rein (coupe longitudinale)

Urine

• **Composition chimique moyenne** (en g par l). *Eau :* 950. *Matières minérales :* chlorures (ClNaClK) 11, phosphates 3, sulfates 3, sels minéraux divers 3, *organiques :* urée [$(NH_2)^2$ CO] 25, acide urique 0,5, urobiline 0,05, divers 4.

• **Constantes normales chez l'adulte. pH** (acidité ou alcalinité) : renseigne sur quelques maladies du rein ; acidité dans le cas de calculs uriques et de tuberculose urinaire : 6,2. L'urine des carnivores est claire et légèrement acide (pH = 5 à 6) ; celle des herbivores est trouble et alcaline (jument). **Densité** (par rapport à l'eau) : toujours un peu + lourde. **Glycosurie** (sucre dans les urines) : 0. **Albuminurie** (albumine dans les urines) : 0. **Corps cétoniques.** Acétone, acides acétylacétique et bêta-oxybutyrique se trouvent chez certains diabétiques. **Urée** (fabriquée par le foie), déchet de consommation des protéines : 25 g/l. 15 à 30 g/24 h. **Globules** (cellules du sang) **blancs :** quelques-uns ; **rouges :** quelques-uns. **Cylindres** (substances de cette forme) : 0. **Cristaux de sels minéraux :** 0. **Microbes :** 0.

Maladies de l'appareil urinaire

• **Calculs urinaires (reins, uretères, vessie), (lithiase ou gravelle).** Coliques néphrétiques, sang ou pus dans les urines. *Traitement :* chirurgical pour extraire les calculs obstructifs (on évalue actuellement l'intérêt des nouvelles techniques : chirurgie percutanée, dissolution des calculs par ultrasons ou lithotripsie), médical pour dissoudre les calculs uriques (alcalinisation des urines : eau de Vichy). Recherche d'une cause métabolique pour les autres (calcémie, calciurie, phosphorémie).

• **Hématurie.** Présence de sang dans l'urine. Signe important à ne jamais négliger. *Traitement :* selon la cause.

• **Infestation parasitaire.** Shistosomiase urinaire (parasite de la bilharziose). *Cause :* parasite des eaux tropicales et subtropicales. Atteint 180 à 200 millions de personnes. Chimiothérapie efficace et parfois chirurgie en cas de rétrécissement des uretères ou de lésions vésicales par les œufs. Trichomonas, responsables d'urétrite et de vaginite.

• **Néphrite. a) Aiguë :** atteinte des néphrons (glomérules et tubes) par divers agresseurs (microbes, toxines, agents chimiques), maux de reins, peu d'urine ; *traitement* de la cause et parfois rein artificiel, le plus souvent de façon transitoire, jusqu'à la guérison. L'épuration par rein artificiel réclame un court-circuit vasculaire préalable facilitant la dialyse et une infrastructure technique et biologique importante. Coût : environ 3 000 F par séance.

b) Chronique : insuffisance rénale de causes multiples, parfois curables ; *traitement* complexe : régime hypoazoté, parfois sans sodium ; épuration extra-rénale, greffe rénale.

• **Périnéphrite.** Abcès du rein gagnant le tissu périrénal ; *traitement :* antibiotiques, parfois chirurgical, drainage de l'abcès.

• **Prostate.** Tumeur bénigne (*adénomyome*) ou maligne (*cancer*) ou infections (en général entre 50 et 70 ans) pouvant empêcher l'évacuation des urines vésicales. *Traitement :* chirurgical, endoscopique, hormonal, antibiotiques selon la lésion, ses particularités et l'âge du malade.

• **Pyélite.** Infection du bassinet. Douleurs lombaires. Pyurie (pus dans les urines). Fièvre. *Traitement :* antibiotiques, recherche et traitement de la cause.

• **Tumeurs du rein, de l'uretère, de la vessie** (bénignes, malignes). *Traitement :* chirurgie, radiothérapie, chimiothérapie.

• **Urémie.** Élévation du taux de l'urée sanguine au-delà des normes. *Cause :* tout obstacle à l'écoulement des urines ou atteinte primitive des néphrons. *Traitement* de la cause ; en cas de néphropathie primitive, régime, dialyse du sang, greffe du rein.

• **Épuration extra-rénale.** *3 procédés :*

« Exsanguino-transfusion ». Saignées et transfusions pour remplacer le sang du malade (qui contient notamment les déchets azotés toxiques) par du sang frais de donneurs sains.

Technique ancienne : alterne saignées et transfusions de 500 g ; *plus récente :* sur un membre supérieur un trocart sert à la saignée et sur un membre inférieur un autre trocart sert à la perfusion de sang. Ce procédé utilise de 4 à 6 l de sang frais.

Dialyse péritonéale. Imaginée en 1932 par Gantner et Butman. On injecte un liquide de composition donnée dans la cavité péritonéale. Entre ce liquide et le sang qui circule sous la paroi s'établissent des échanges, la membrane péritonéale laissant passer certaines molécules et en retenant d'autres.

Dialyse péritonéale continue ambulatoire (D.P.C.A.) : permet l'autonomie des malades (7 % des dialysés) et une épuration continue.

Hémodialyse (ou littéralement « dialyse sur le sang »). On fait circuler le sang hors de l'organisme (circulation extra-corporelle) jusqu'au rein artificiel où le sang est mis au contact du liquide de dialyse (de composition définie) par l'intermédiaire d'une membrane semi-perméable permettant des échanges (entre le sang et le liquide) intéressant : eau, ions, urée, déchets azotés, glucose, etc. Par contre : albumine, globules rouges, globules blancs demeurent intégralement dans le sang.

Premiers reins artificiels réalisés dans le monde : en Hollande par Kolff (Kampen) v. 1945 ; en France par Maurice Derot.

Maladies de l'appareil génital

Femmes

Fibrome. Tumeur bénigne de l'utérus, douleurs, pertes de sang. *Traitement :* chirurgical, radiothérapique ou hormonal.

Kyste de l'ovaire. Tumeur bénigne (fréquente). *Traitement :* chirurgical.

Métrites. Affections inflammatoires de l'utérus. *Traitement :* antibiotiques ou ionisation du col.

Salpingites. Complications des blennorragies ignorées. Risque de stérilité.

Troubles menstruels. *Aménorrhée* (absence de règles). *Oligoménorrhée* (diminution du volume des règles). Hémorragies génitales : *ménorragies* (règles prolongées 10 à 15 j) ; *métrorragies* (dans l'intervalle des règles). Ces troubles imposent un examen gynécologique.

Vaginite. Inflammation, douleurs, pertes. *Traitement* (de la cause) : antibiotiques, antiparasites ou antimycosiques, désinfectants.

Vulvite. Inflammation souvent due à des infections (gonocoque, candida albicans...), pertes, douleurs. *Traitement :* de la cause et antibiotiques.

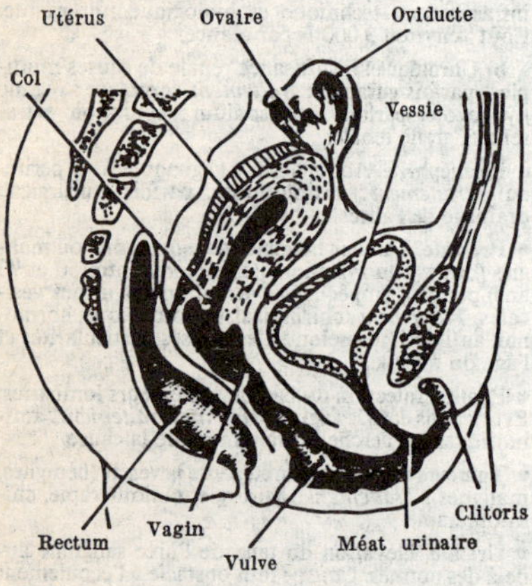

Appareil génital de la femme

Hommes

Balanites. Inflammations du gland. *Causes :* infection microbienne ; virus, mycoses (candida albicans), parasitaires ; intolérances médicamenteuses ou allergies ; mauvaise hygiène chez les non-circoncis. Impose la recherche d'un diabète... *Traitement :* suppression de la cause, soins d'hygiène, voire anti-infectieux, etc.

Épididymite. Inflammation du cordon épididymaire qui relie les testicules à la prostate et l'urètre. *Complication :* abcès épididymaire, stérilité.

Orchite. Inflammation des testicules d'origine microbienne ou virale : oreillons, gonocoques surtout. Risque de stérilité masculine lorsqu'elle est bilatérale.

Phimosis. Striction (resserrement) de l'anneau préputial. Congénital (circoncision ou plastie du prépuce) ou inflammation (syphilis, chancre mou, blennorragies, balanites) ou par sclérose progressive (sclérodermie, lichen scléro-atrophique, involution sénile).

Prostatite. Inflammation de la prostate ; d'origine infectieuse microbienne ou virale.

Tumeurs du testicule. *Traitement :* chirurgie, radiothérapie, chimiothérapie.

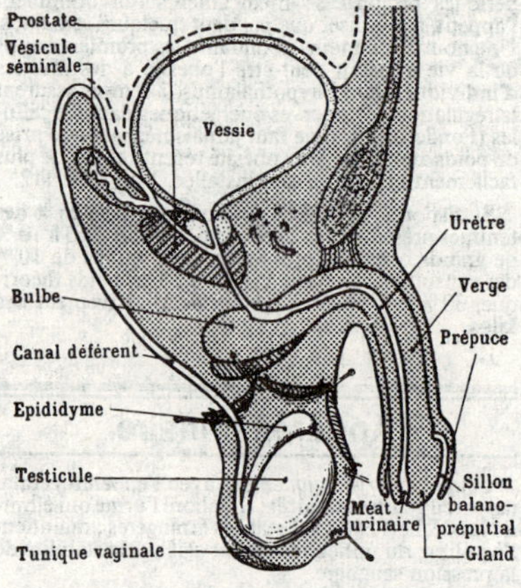

Appareil génital de l'homme

Maladies sexuellement transmissibles

Recrudescence très importante depuis 1968 malgré des traitements efficaces et un meilleur dépistage. *Causes :* mouvements de masse à travers le monde (tourisme, travail), liberté des mœurs (la grande source d'infection n'est plus constituée en France par la prostitution mais, pour 80 %, par les rapports sexuels libres occasionnels). Les femmes ignorent presque toujours qu'elles sont malades et contagieuses. Les hommes l'ignorent aussi dans 2 à 20 % des cas selon la maladie et leurs pratiques sexuelles.

Maladies essentiellement transmissibles par contact sexuel

• **Blennorragies infectieuses.** Se manifestent *chez l'homme* par du pus s'écoulant du conduit urinaire (urètre) et provoquant des brûlures plus ou moins vives en urinant ; *chez la femme,* augmentation des pertes vaginales, habituellement aucun symptôme. *Causes :* gonocoques, chlamydiae, trichomonas, etc. *Localisation* ano-rectale possible dans les deux sexes. *Contagieuses* pendant les rapports sexuels, et transmission possible par fellation. *Incubation :* pour la gonococcie urétrale de l'homme : 2 à 4 j, parfois 24 h à 30 j ; pour les chlamydiae, 2 à 60 j. Souvent impossible à préciser dans les autres localisations : vulve et vagin, rectum, gorge. Peut atteindre les organes génitaux profonds ou/et d'autres organes (œil, certaines articulations, peau). *Traitement :* pour la gonococcie et la chlamydiose, essentiellement antibiotiques pendant 1 à 21 j.

Blennorragie à gonocoque. *Cas déclarés en France : 1979 :* 15 366, *1980 :* 18 189 ; *à Paris : 1984 :* 9 905. *Cas estimés en France : 1984 :* 400 000 à 500 000.

• **Chancre mou.** Ulcérations douloureuses et contagieuses dues au bacille de Ducrey sur ou autour des organes génitaux ; épidémie parisienne depuis août 1973. *Incubation :* 3 à 6 j. *Traitement :* sulfamides, antibiotiques.

Cas déclarés en France : 1976 : 214, *1977 :* 283, *1980 :* 255 ; *à Paris :* 1984 : 136.

• **Syphilis.** *Nom :* vient de *Syphilus,* berger héros du poème (1530) de *Hieronymus Frascatorius,* chirurgien de Vérone. Fut appelée longtemps grande vérole. *Origine. 2 théories :* colombienne ou américaine (Astruc) : la s. a été apportée des Antilles en 1493 par les marins de Christophe Colomb ; uniciste (Sanchez) : le tréponématome existerait depuis la préhistoire et se serait répandu sous des formes différentes : syphilis vénérienne, pinta (Am. du S), pian (Asie, Afrique), s. endémique, etc. *Forme :* infectieuse et contagieuse, due au *tréponème pâle* de Schaudinn. *Incubation* moyenne de 20 à 30 j, parfois 5 à 6 semaines. *Phase primaire :* érosion indolore (chancre) avec gonflement des ganglions voisins (adénopathies) ; formes douloureuses, purulentes, avec adénopathies inflammatoires. Guérison rapide avec antibiotiques. Non traitée, évolution en quelques semaines vers une *phase secondaire (roséole :* petites taches arrondies roses, plus visibles sur le thorax, faisant croire à une allergie) ; *syphilides secondaires :* papules rouges sur le corps (notamment paumes, plantes des pieds, autour de la bouche, pouvant faire croire à une poussée d'acné). Parfois chute de cheveux, fatigue avec maux de tête, insomnie, douleurs osseuses. Pendant cette période (très contagieuse), la sérologie de la syphilis (B.W., immunofluorescence et T.P.H.A.) permet de préciser le diagnostic ; guérison sans séquelle encore rapide par pénicilline. *S. tertiaire :* certains cas de s. non traitées évoluent en 5 à 30 ans vers des accidents plus ou moins graves de s. tertiaires : cutanés, viscéraux, osseux ou neuropsychiques. *S. congénitale* précoce ou tardive : transmise au fœtus par la mère atteinte de s. évolutive et non traitée pendant la grossesse d'où l'intérêt des tests de dépistage obligatoires aux 3e et 6e mois de grossesse. *Traitement :* pénicilline de préférence.

Nota. — Le diagnostic appuyé sur la sérologie sanguine (B.W., Nelson, T.P.H.A., immunofluorescence) ne permet pas de différencier la syphilis vénérienne des autres tréponématoses non vénériennes africaines ou sud-américaines (pian, pinta, bejel).

Statistiques. *Cas déclarés. Monde :* 150 000 000 (3 000 000 aux États-Unis). *France : 1945 :* 11 740 ; *1963 :* 12 968 ; *1971 :* 14 030 ; *1974 :* 17 874 ; *1978 :* 21 447 ; *1979 :* 19 486. Env. 6 à 7 % des cas sont déclarés. *Décès : 1982 :* 67 ; *83 :* 74.

MODE DE CONTAMINATION (en %), de la syphilis primo-secondaire (hommes et femmes en France) : *1979 :* prostitution 4,4 ; 7. Rapports libres 91,8 ; 74,2. Conjugaux 2,6 ; 17,7.

Syphilis primo-secondaire. Cas déclarés à Paris : 1984 : 772 (6 à 7 % des cas sont déclarés).

Maladies et parasitoses éventuellement transmissibles par contact sexuel

Condylomes acumines (encore appelées crête-de-coq, végétations vénériennes, papillomes). Petites formations (2 à 3 mm) verruqueuses (facilement reconnaissables sur le gland ou le prépuce), en forme de crête de coq, blanc-rosé, à surface dentelée, chez l'homme et la femme, sur les organes sexuels, autour de et dans l'anus. Nombre : de une à plusieurs dizaines . Formant parfois des grappes grosses comme des noisettes ; peuvent ressembler à des hémorroïdes externes. Se multiplient en vieillissant. Contagieuses (dues à un virus). *Délai d'apparition après contamination :* de quelques j. à quelques mois. *Traitement :* électrocoagulation, application d'azote liquide, de podophylline.

Herpès. Très fréquent. Dû à un virus. Appelé « bouton de fièvre » (autour de la bouche), peut aussi atteindre les organes génitaux. Récidives fréquentes. La plaie est un passage facile pour le tréponème pâle (syphilis). Abstention sexuelle recommandée en dehors de la ou du partenaire habituel, pendant l'éruption. *Traitement :* immunomodulants et antiviraux dans les formes sévères.

Hépatites virales. Type B est transmissible par les contacts sexuels, le virus étant présent dans les liquides organiques (notamment salive, urines, selles, sperme) des sujets atteints. *Incubation :* 1 à 6 mois. Fatigue, ictère (jaunisse). Il existe une vaccination contre l'hépatite B. *Autres types d'hépatites virales :* A, non A non B.

Décès par hépatite virale (France). *1982 :* 262.

Parasitoses cutanées. Gale : éruption de petits points rouges qui grattent énormément, surtout la nuit, disséminés entre les doigts, sur les poignets et les bras, le devant du corps, des cuisses et donnant des chancres sur la verge, le scrotum, les mamelons. *Traitement :* badigeons au benzoate de Benzyl. Désinfection des vêtements.

Phtiriase inguinale. *(morpions) : traitement :* poudre antiparasitaire pendant au moins 8 j ou spray antiparasitaire (efficace en 1/2 h), désinfection des vêtements.

Parasitoses intestinales. Amibes : parasites du tube digestif ; symptômes douloureux, diarrhées. En cas de rapport sexuel anal, il peut apparaître un chancre de la verge chez le partenaire. Contamination : eau ou denrées alimentaires souillées, principalement sous climats chauds, rapports sexuels. Présence d'amibes révélée par un examen parasitologique des selles pratiqué dans les laboratoires spécialisés. *Traitement :* simple et efficace mais recontaminations fréquentes si partenaires non traités. **Oxyures :** vers intestinaux de 7 à 10 mm très fins ; démangeaisons anales ; contamination par ingestion de larves au cours des rapports sexuels ou simplement intimes (parasitose fréquente chez les enfants).

S.I.D.A. (Syndrome d'immuno-déficience acquise) : épidémie révélée aux U.S.A. en juin 1981. Parmi les infections les plus fréquentes en cours de ce syndrome : pneumonie à pneumocystis carini, maladie de Kaposi. Parmi les *symptômes* évocateurs : amaigrissement inexpliqué de + de 5 kg en – de 2 mois, fièvre inexpliquée supérieure à 38° durant + d'1 mois, diarrhée inexpliquée durant + de 3 mois, avec altération de l'état général, apparition de ganglions assez volumineux au cou et aux aisselles. N'est pas contagieux dans les rapports sociaux. Importante épidémie au Zaïre. *Cas* (de mars 82 au 30-9-85). **En France :** 466. **En Europe :** 1 473. **Dans le monde** (groupes identifiés et, entre parenthèses, Européens) : homosexuels masculins 1 085 (1 031), toxicomanes 90 (90), hémophiles 53 (52), receveur de transfusion 35 (30), homosexuels et toxicomanes 24 (21). Pas de facteurs de risques connus hommes 167 (59), femmes 84 (31).

Information (Paris)

Information du public. *Ligue nationale française contre le péril vénérien* (Institut Alfred-Fournier, 25, rue du Fbg-St-Jacques 75014). *Association pour la diffusion de l'information sur les maladies sexuellement transmissibles* (A.D.I.M.S.T., 59, rue St-André-des-Arts 75006, par correspondance uniquement).

Consultation et soins. *Institut Alfred-Fournier,* 4, rue Dareau 75014. *Institut Arthur-Vernes* ex-Institut prophylactique 40, rue d'Assas 75006. *Hôpital Tarnier* 89, rue d'Assas 75006. *Croix-Rouge Française* 43, rue de Valois 75001. *Hôpital St-Louis* 40, rue Bichat, 75010. *Cité Universitaire* 42, bd Jourdan 75014. *Ligue de préservation sociale* 29, rue Falguière 75015. *Hôpital St-Joseph* 191, rue Raymond-Losserand 75014. *Enfance et Famille* 6, rue Clavel 75019.

En France les déclarations anonymes sont obligatoires pour syphilis, blennorragie à gonocoque, chancre mou et hépatite virale.

Glandes endocrines et hormones

Glandes endocrines (ou gl. à sécrétion interne) : sécrètent des *hormones,* qui sont entraînées dans le sang et qui vont exercer, à distance, des actions spécifiques.

Glandes exocrines : leurs produits se déversent à l'extérieur ou dans un conduit intérieur : voies respiratoires, tube digestif, etc. (voir Peau, Glandes digestives).

Principales glandes endocrines

• **Épiphyse** (ou gl. pinéale). Attachée au toit du 3e ventricule cérébral. Très petite (0,16 g au maximum). Descartes y avait situé le siège de l'âme. **Hormone :** la *métatonine* qui intervient sur le système pigmentaire des batraciens et exerce sur l'appareil génital une action inverse de celle de l'hypophyse.

• **Hypophyse.** Ovoïde, longue de 1 à 1,5 cm. Reliée à la base du cerveau par un pédoncule, elle repose dans une dépression de la base du crâne, la *selle turcique.* Elle est sous la dépendance des centres nerveux susjacents *(hypothalamus),* et comprend 2 parties, antérieure et postérieure, fonctionnellement distinctes.

Hormones anté-hypophysaires. *H. somatotrope :* assure la croissance du corps, *H. thyréotrope :* stimule la thyroïde. *H. gonadotropes :* l'une *folliculo-stimulante,* provoque la croissance et la maturation des follicules ovariens chez la femme, la fabrication des spermatozoïdes chez l'homme ; l'autre *lutéo-stimulante,* provoque chez la femme la ponte ovulaire et le développement du corps jaune, stimule chez l'homme le tissu interstitiel du testicule, *H. corticotrope :* stimule la cortico-surrénale. *Prolactine :* stimule la glande mammaire.

Hormones post-hypophysaires (nées dans l'hypothalamus et collectées par la post-hypophyse). *Vasopressine :* augmente la pression artérielle et s'oppose à la fuite de l'eau par les reins. *Ocytocine :* fait contracter l'utérus gravide à terme.

• **Thyroïde.** Située à la base du cou, en forme de H. Poids : 30 g. Haut. : 5 cm. Largeur : 4 cm. **Hormones :** *Thyroxine* et *tri-iodothyronine :* activent les oxydations cellulaires et élèvent le métabolisme basal, intervenant ainsi dans toutes les fonctions organiques, et plus spécialement sur la croissance et le développement intellectuel. *Thyrocalcitonine :* action hypocalcémiante, opposée à celle de la parathormone.

• **Thymus.** Situé dans le thorax, au-dessus du cœur. Atteint 40 g avant la puberté, s'atrophie ensuite. Assure la production d'anticorps *(fonction immunologique),* par l'intermédiaire des lymphocytes et des organes lymphoïdes.

• **Parathyroïdes.** 4 petites glandes de la taille d'une lentille, disposées à la face postérieure de la thyroïde. Produisent la *parathormone,* qui règle les taux de calcium et de phosphore dans le sang par son action sur le tissu osseux.

• **Surrénales.** Situées au pôle supérieur de chaque rein. Pyramidales, long. 5 cm. Formées de 2 parties embryologiquement distinctes : CORTICOSURRÉNALE. **Hormones :** *corticostérone* et *cortisol :* actions sur les divers métabolismes, glucides, lipides, protides. *Aldostérone :* contrôle les électrolytes. MÉDULLO-SURRÉNALE. **Hormones :** *adrénaline* et *noradrénaline :* provoquent vaso-constriction et hypertension artérielle, hyperglycémie.

• **Ovaires** (glandes sexuelles féminines). **Hormones :** *folliculine* (œstrone, œstradiol) : provoque la maturation de l'ovule dans l'ovaire. *Progestérone :* fait descendre l'ovule mûr et maintient la grossesse après la fécondation.

• **Testicules** (glandes sexuelles masculines). **Hormones :** *testostérone :* contrôle et stimule les caractères sexuels du mâle et la spermatogenèse (formation des spermatozoïdes).

• **Pancréas endocrinien.** (Constitué par les îlots de Langerhans, situés entre les acini du pancréas exocrine). **2 hormones :** l'*insuline* qui abaisse le sucre sanguin et favorise l'assimilation des graisses ; le *glucagon,* qui élève la glycémie aux dépens du glycogène et favorise la néo-glycogenèse.

Maladies endocriniennes

Anté-hypophyse. *Insuffisance : nanisme* et *infantilisme* chez les sujets jeunes. *Cachexie hypophysaire* avec déficit pluriglandulaire chez l'adulte (syndrome de Simmonds) ; principalement chez la femme par nécrose hypophysaire du post-partum (maladie de Sheehan). *Syndromes d'hyperfonctionnement* (le plus souvent liés à la formation d'adénomes). *Acromégalie :* déformations hypertrophiques des os, par excès d'hormone somatotrope. *Gigantisme* en cas de développement prépubertaire. *Maladie de Cushing,* par excès d'hormone corticotrope, hypertrophiant les surrénales. *Adénomes à prolactine :* galactorrhée, déficit sexuel.

Post-hypophyse. *Insuffisance : diabète insipide* (fuite de l'eau par les reins, entraînant polyurie, soif, polydipsie et déshydratation).

Épiphyse. Tumeurs intracrâniennes avec possibilité de troubles du développement sexuel (puberté précoce).

Thyroïde. *Insuffisance : myxœdème,* simple chez l'adulte ; avec nanisme et idiotie chez l'enfant. *Hyperfonctionnement,* soit pur *(adénome toxique),* soit hyperfonctionnement associé à une exophtalmie *(maladie de Basedow.)*

Parathyroïdes. *Insuffisance :* tétanie (crises de contracture musculaire) avec chute du calcium sanguin. *Hyperfonctionnement. Hyperparathyroïdisme :* avec hypercalcémie, déminéralisation et déformations pseudo-kystiques des os. Lithiase rénale.

Corticosurrénale. *Insuffisance* globale, **Maladie d'Addison :** pigmentation, asthénie, hypotension artérielle. *Syndromes d'hyperfonctionnement :* **S. de Cushing,** par hyperplasie ou tumeur : troubles métaboliques multiples, hypertension artérielle, diabète sucré, troubles génitaux. **S. de Conn** (hypersécrétion d'aldostérone) : hypertension artérielle, hypokaliémie et ses conséquences. **S. adrénogénitaux :** *états intersexuels* (pseudo-hermaphrodisme féminin ; syndromes tardifs, virilisants chez la femme, féminisants chez l'homme).

Médullo-surrénale. Tumeurs *(phéochromocytomes) :* hypertension artérielle paroxystique ou permanente. Troubles de la glycorégulation.

Ovaires. *Insuffisance globale.* Précoce (avant la puberté) : *infantilisme sexuel.* Après la puberté : *aménorrhée. Défaut électif de progestérone :* irrégularités menstruelles, hémorragies utérines.

Testicules. *Insuffisance :* avant la puberté : *eunuchoïdisme.* Après la puberté : régression des caractères sexuels secondaires et de la spermatogenèse (production du sperme).

Pancréas endocrinien. *Insuffisance : diabète sucré. Hyperinsulinisme :* accidents hypoglycémiques (surtout nerveux).

Sens

Goût

Définition. Faculté de reconnaître une saveur. On appelle substances *sapides* ou fondamentales les substances chimiques qui au contact de la muqueuse de la langue provoquent des sensations gustatives. Elles sont de 4 sortes : sucré, salé, amer, acide.

Il faut au moins 0,5 % de sucre dans une solution pour qu'elle donne l'impression du *sucré ; salé* 0,25 % de sel ; *acide* 1 pour 130 000 d'acide ; *amer* 1 pour 2 000 000.

La face supérieure de la langue est recouverte de petits reliefs ou *papilles* (3 000 ou 4 000, le porc 6 000 à 8 000) de différentes formes (4 ou 5) auxquelles correspondent des formes de sensibilité gustative (la pointe est sensible aux saveurs sucrées et salées, les côtés aux saveurs acides et l'arrière à l'amertume). De ces papilles ou récepteurs partent des fibres nerveuses qui se groupent en *nerfs gustatifs (nerfs lingual* et *glosso-pharyngien)* et qui transportent l'influx nerveux à la zone cérébrale qui va l'intégrer.

Agueusie : perte du goût.

Gustométrie : étude du goût en partant des 4 saveurs élémentaires ou en pratiquant la gustométrie électrique utile pour diagnostiquer certaines paralysies, en particulier dans le diagnostic topographique (siège) d'une paralysie faciale.

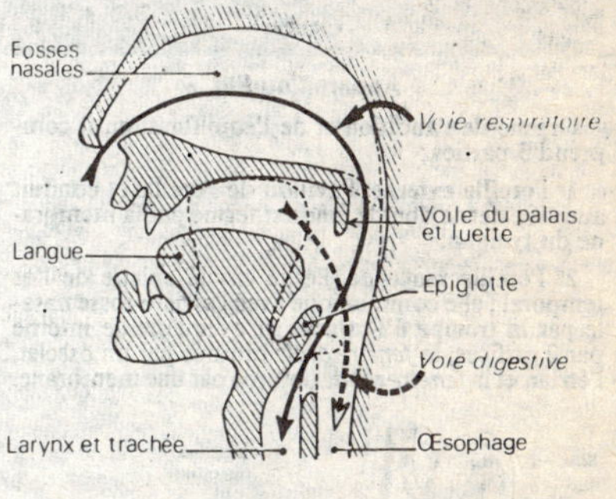

Ensemble de l'appareil auditif

Odorat

Définition. Faculté sensorielle permettant la reconnaissance et la discrimination des odeurs.

Organe récepteur. *Tache olfactive* (haut de la muqueuse des fosses nasales), formée de cellules sensorielles qui enregistrent et transforment en influx nerveux les caractéristiques physiques de l'odeur. Des *filets nerveux* partant de ces cellules pénètrent dans le crâne en traversant la *lame criblée* (plafond osseux fragile des fosses nasales, dont la fracture peut entraîner la rupture des filets nerveux et, par là, la perte de l'odorat). Ils se réunissent au-dessus de celle-ci en *2* *bulbes olfactifs* auxquels font suite *2 bandelettes olfactives,* qui aboutissent à une formation du cortex cérébral, *l'hippocampe,* où l'influx est transformé en une notion consciente permettant de reconnaître l'odeur.

Le chien décèle une odeur acétique avec 200 000 molécules par m³ d'air ; l'homme avec 500 millions.

● **Olfactométrie.** Étude de la fonction olfactive ; difficile et parfois imprécise.

Odeurs. *Classification de H. Zwaardemaker* (XIXe s.) : 9 groupes d'odeurs qui semblent ne pas s'influencer réciproquement : *odeur éthérée* (fruits), *aromatique* (camphre, amandes), *fragrante* (fleurs), *ambrosiaque* (musc), *alliacée* (ail, soufre, chlore), *empyreumatique* (odeurs de brûlé), *caprylique* (fromage, graisse, sueur), *répulsive* (punaise, belladone), *nauséeuse* (chair ou végétaux putrides, matières fécales).

Maladies

Anosmie. Perte de l'odorat. *Causes :* traumatisme crânien isolé, traumatisme cranio-facial avec fracture de la lame criblée (Voir ci-dessus), infection grippale à rhino-virus, ou naso-sinusienne chronique, tumeur endocrânienne ou endonasale, allergie nasale. *Traitement :* selon la cause. Inutile dans les traumatismes (section des filets nerveux olfactifs) et dans les tumeurs. En cas d'infection et d'allergie, corticothérapie possible.

Coryza. Inflammation aiguë de la muqueuse des fosses nasales et des sinus. Liée à un processus soit viral *(grippe),* soit allergique *(rhume des foins).*

Hémorragies nasales. Réalisent les *épistaxis* en rapport avec une rupture de la muqueuse nasale très vascularisée, au niveau de la cloison nasale. Origine traumatique (choc, grattage, mouchage violent), ou spontanée. *La favorisent :* congestion locale, hypertension, affections sanguines. *Traitement :* cautérisations chimiques des points hémorragiques, méchage des fosses nasales, antihémorragique par voie générale. Ligature de l'artère sphéno-palatine dans les cas graves. Décès exceptionnels.

Parosmie. Perversion de l'odorat : perception d'une odeur généralement nauséabonde n'existant pas réellement ou correspondant à une perception de qualité différente pour un sujet normal.

Sinusite. Infection d'un sinus, aiguë ou chronique. Conséquence de la propagation d'une infection des fosses nasales, parfois (sinus maxillaire) d'une infection dentaire. Favorisée par l'existence d'une allergie nasale (all. naso-sinusienne). *Traitement :* pulvérisations, inhalations, associées à une thérapeutique antiallergique et antibiotique, ou chirurgie dans les sinusites chroniques isolées terracs ou d'origine dentaire.

Ouïe

Appareil auditif

Organe de l'audition et de l'équilibration, il comprend 3 parties :

1° l'oreille externe. Pavillon de l'oreille et conduit auditif externe dont le fond est fermé par la membrane du **tympan.**

2° l'oreille moyenne. Petite cavité aplatie de l'os temporal ; elle communique avec l'arrière-fosse nasale par la **trompe d'Eustache** et avec l'oreille interne par 2 orifices, la *fenêtre ovale* obturée par un osselet, l'**étrier,** et la *fenêtre ronde* obturée par une membrane.

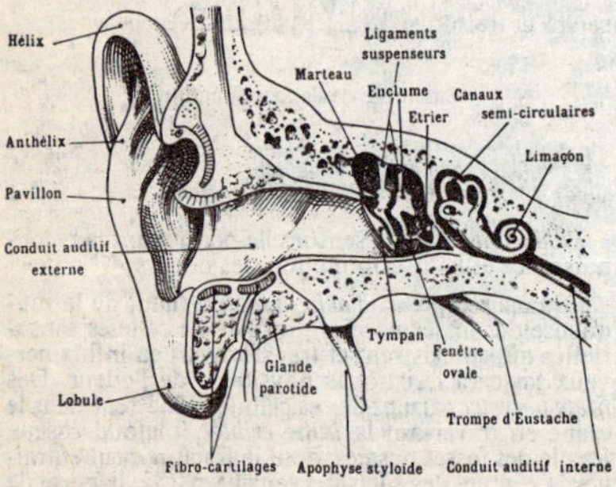

Ensemble de l'appareil auditif

Elle renferme 3 *osselets* articulés entre eux et reliant la fenêtre ovale au *tympan* qui la sépare de l'extérieur.

3° l'oreille interne ou labyrinthe. Correspond à une cavité osseuse où se moule un sac membraneux, le labyrinthe membraneux. Celui-ci, séparé de l'os par un liquide (la *périlymphe*), comprend : la **cochlée** contenant l'**organe de Corti,** élément sensoriel recueillant les messages auditifs, et le **vestibule** formé des *canaux semi-circulaires,* organe de l'équilibre, dont l'atteinte se manifeste par des vertiges. A l'intérieur du sac membraneux, les différents organes sensoriels baignent dans un 2e liquide : l'*endolymphe.*

Les oreilles externe et moyenne forment l'appareil de transmission qui amène l'onde sonore au labyrinthe. L'oreille interne forme l'app. de perception et transforme l'onde sonore mécanique en une énergie nerveuse (électrique). Cette énergie nerveuse est transmise par le *nerf auditif cochléaire* aux centres nerveux bulbaires, puis à l'écorce cérébrale temporale qui la transforme en sensation consciente.

Perception du son

Hauteur. L'oreille perçoit les sons dont la hauteur (fréquence vibratoire) est comprise entre 16 et 18 000 cycles (vibrations doubles) par seconde. Les infrasons (au-dessous de 16 vibrations), les ultra-sons (au-dessus de 20 000) sont inaudibles par l'homme (les enfants souffrant d'asthme pourraient percevoir des sons de 30 000 Hz).

En termes musicaux, l'oreille perçoit *10 octaves* (intervalle qui sépare une fréquence de la fréquence 2 fois plus élevée ou plus basse). L'oreille est plus sensible aux fréquences de 1 000 à 4 000 cycles par s. A partir de 40 ans l'audition, dans les fréquences aiguës, diminue.

Intensité. Si l'oreille ressent une augmentation d'intensité quand l'amplitude de la variation de pression passe de 1 à 2 microbars, elle ressentira la même augmentation quand l'amplitude passera de 2 à 4 microbars, puis de 4 à 8, etc. C'est la *loi de Fechner :* la sensation est proportionnelle au logarithme de l'excitation. Aussi repère-t-on l'intensité d'une onde sonore par le logarithme de l'énergie transportée par cette onde, énergie qui, pour une fréquence donnée, est proportionnelle au carré de la variation de pression. L'unité ainsi définie est le *bel* (dû à A. Graham Bell), mais on utilise un sous-multiple, le *décibel* (en gros : la plus petite variation d'intensité sonore perceptible par l'oreille humaine). Le niveau *zéro décibel* correspond à une amplitude de variation de pression égale, par convention, à 2/10 000 de microbars. Toute augmentation de 20 décibels de l'intensité sonore correspond à une multiplication par 10 de l'amplitude de l'onde.

L'audiogramme tonal mesure l'intensité suffisante à laquelle différentes fréquences (habituellement 125 à 8 000 hertz) doivent être émises pour être perçues par un individu. L'unité de mesure est le *décibel.* L'*audiomètre* permet cette mesure ; il est étalonné de façon que chaque fréquence soit perçue par un individu normal au niveau 0 décibel. Il s'agit donc du *seuil d'audibilité* qui augmentera de façon plus ou moins importante suivant les cas. L'intensité nécessaire pour l'obtenir traduira en décibels la perte auditive tonale.

L'audiogramme vocal permet d'apprécier la capacité d'un individu à comprendre la parole. Il consiste à faire répéter des mots phonétiquement et statistiquement équilibrés et à reporter sur un diagramme le % de mots compris en fonction de l'intensité : on trace ainsi une courbe d'intelligibilité.

Parmi le champ auditif humain, les fréquences de 500 à 2 000 hertz représentent la *zone conversationnelle.*

Examen dynamique vocal. Un fibroscope souple (tiges de fibres de verre assemblées), de 2 à 3 mm de diamètre, introduit dans le nez permet de filmer (sur un patient assis) le pharyngo-larynx et les cordes vocales en mouvement. Ce fibroscope est relié à un appareillage vidéo-magnétoscopique éclairé par une lumière froide de 500 W : le patient peut, sans gêne, parler ou chanter pendant l'examen ; l'image enregistrée est visionnée sur un écran télé. Cette technique a permis de révéler des anomalies jusque-là indécelables.

Seuils d'accoutumance. L'exposition au bruit entraîne une diminution de la perception dépendant de l'intensité du bruit, de la durée d'exposition dans le temps, de la résistance individuelle et de la qualité du bruit. L'excès de bruit agit au niveau de l'oreille interne provoquant un déficit temporaire ou définitif de la sensibilité auditive qui peut être évalué en décibels, en testant l'élévation du seuil de l'audition pour les différentes fréquences. La surdité commence par les sons voisins de 4 000 Hz. La perte est d'abord faible, 20 à 30 dB(A), et l'on ne s'en rend pas compte car elle concerne les fréquences non utilisées par la parole humaine. Cependant 4 000 Hz jouent un rôle important dans la sélectivité du message. Si l'action du bruit se prolonge plusieurs années, la surdité s'étend vers les sons plus aigus et, plus lentement, vers les sons plus graves, atteignant alors les fréquences nécessaires à la conversation. Une exposition courte mais très violente dans une discothèque de musique pop à 110 dB(A) peut faire perdre définitivement 40 dB(A). On passe ainsi sur le plan auditif de l'âge de 25 ans à 65 ans.

Quelques niveaux de pression en décibels

140 Réacteur au banc d'essai. *Seuil de la douleur.*
130 Avion au décollage à 25 m, marteau pneumatique, moto à échappement libre.
120 Tonnerre, plastic.
110 Avion à quelques m, orchestre pop (pointes de 120 à 130 dB).
100 Atelier de chaudronnerie, rivetage, circulation routière intense, intérieur d'un autobus.
90 Rugissement d'un lion à quelques m, métro, scooter, gros camion, mixer à 50 cm.
80 Rue très active, klaxon à 4 m, bureau avec machines comptables, mobylette (pointe à 100).
70 Train (pour le passager), orchestre classique (la 9e de Beethoven peut atteindre 105 dB), téléviseur à son maximum.
60 Conversation courante (ordre de grandeur ; l'intensité des voix n'étant pas identique), radio en fonctionnement normal, bureau.
50 Auto peu bruyante.
40 Rue calme, tic-tac de montre, conversation à voix basse, campagne tranquille.
30 Habitation tranquille.
20 Chuchotement (distance de 1,20 m).
10 Bruiss. de feuilles dans la brise.
0 Seuil absolu d'audibilité.

Surdités

● **1° De transmission.** Liées à une atteinte de l'oreille moyenne dont le rôle est de transmettre le message à l'oreille interne : mauvais fonctionnement ou rupture de la chaîne des osselets ou du tympan. **Causes :** l'*otospongiose* (blocage de l'étrier dans la fenêtre ovale par de l'os néo-formé) ; *blocage de la trompe d'Eustache* [canal faisant communiquer les fosses nasales et l'oreille moyenne et permettant l'établissement d'une équipression de part et d'autre du tympan (indispensable à son fonctionnement normal)] ; se produit en particulier lors d'un atterrissage avec descente rapide en raison des brusques variations de pression atmosphérique ; les *otites aiguës* et *chroniques* purulentes ou sèches. **Traitement :** chirurgical ou médical. Intervention sur la chaîne osseuse (remplacement des osselets manquants ou déficients par des prothèses). Tympanoplastie (reconstitution d'un tympan à partir d'une greffe), homogreffe tympano-ossiculaire (remplacement du « bloc » tympan-osselets déficient par un organe fonctionnel prélevé sur un cadavre).

● **2° De perception.** D'origines héréditaire ou acquises, comme l'*hypoacousie* des sujets âgés [*(presbyacousie),* apparaissant entre 50 et 65 ans, parfois plus tôt, parfois vers 70 ans].

Peuvent être liées à une lésion de l'oreille interne, en particulier de l'organe de Corti, chargé de la réception et du codage du message auditif. **Traitement :** soins possibles pour les surdités brusques d'origine vasculaire lorsqu'elles sont soignées d'urgence ; *prothèses :* essentiellement amplificateurs de vibrations sonores [10 % des malentendants en France en utilisent, soit 600 000 prothèses par an ; en G.-B. 30 %, Danemark 60 % ; *prix :* 4 000 F et plus (le double si l'appareil est bilatéral)]. *Différents degrés de surdité :* 0-20 dB : audition normale ; 20-40 dB : surdité légère ; 40-60 dB : demi-surdité ; 70-90 dB : s. sévère ; + de 90 dB : s. profonde.

Causes. Avant la naissance : génétiques (70 % de déficiences auditives), infection syphilitique, maladies infectieuses (essentiellement la rubéole pendant les 3 premiers mois de grossesse), le facteur rhésus (incompatibilité fœto-maternelle). **Après la naissance :** *Origine infectieuse ou virale :* méningites, surtout cérébrospinales, oreillons, zona, infections auriculaires mal ou non traitées ; *toxique :* en particulier l'administration d'antibiotiques de la série aminoglucosique (streptomycine, kanamycine, gentalline, etc.). *Traumatismes crâniens. Traumatismes sonores* liés au bruit : surdités professionnelles, surdité des fervents des boîtes pop. *Vieillissement* physiologique, variable avec chaque individu : atteintes vasculaires (artériosclérose), fréquentes à l'âge mûr. **Signes** : chez le nourrisson : absence de réactions aux bruits environnants (surtout voix maternelle), de « gazouillis », d'onomatopées ; à 2 ans et plus : mutisme anormal, mauvaise articulation, confusion dans les mots, gestes bruyants. Certaines formes de surdité de perception, du type familial, héréditaire, apparaissent après 10/15 ans.

Conséquences d'une surdité sévère, congénitale ou précoce : mutisme.

Acouphène : réaction des cellules cochléaires ou du nerf auditif à une irritation ; entraîne au niveau des oreilles des bruits anormaux (sifflements, ronflements, jet de vapeur) ; un élément psychique (variable avec chaque individu) s'y ajoute. *Causes :* difficiles à préciser (souvent détonation). *Traitement récent :* masqueurs d'acouphène (assez décevants), électro-stimulation (30 % de résultats).

Communication avec les sourds

Alphabet dactylographique. Date du XVIe s. (pratiqué par l'Espagnol Bonnet puis repris par l'abbé de l'Épée, qui employait aussi l'alphabet à 1 main).

Langage mimique. Lecture labiale qui permet de déchiffrer visuellement les messages prononcés par celui qui parle. **Appareils permettant** l'apparition de sous-titres d'émission TV.

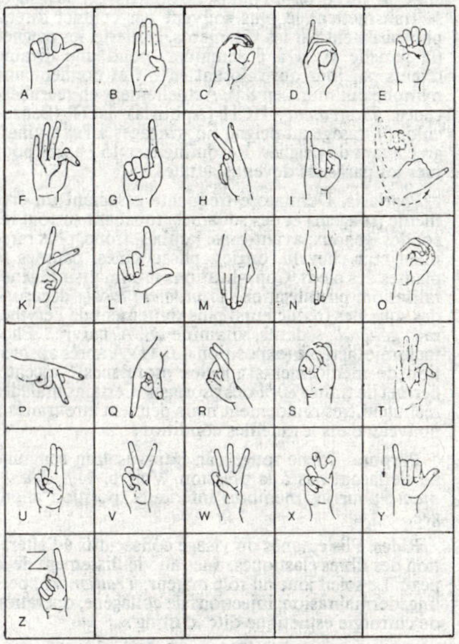

Autres maladies

Otite. Inflammation du conduit auditif *(otite externe)*, de la caisse du tympan ou oreille moyenne *(otite moyenne)*. *Causes :* 1er cas, le plus souvent eczéma ou furoncle ; 2e cas, abcès à l'intérieur de la caisse du tympan généralement consécutif à une infection rhinopharyngée ; cette otite peut se compliquer d'une infection mastoïdienne *(mastoïdite)*. La répétition des otites moyennes aiguës peut aboutir à une o. moyenne chronique avec perforation permanente du tympan et suppuration intermittente. *Complications de l'o. chronique :* paralysie faciale, méningite, abcès endocrânien. *Traitement : o. externe :* local (instillations médicamenteuses), parfois général ; *o. moyenne :* incision du tympan (paracentèse), le plus souvent antibiotiques, évidemment pétro-mastoïdien total ou partiel ; *o. séreuse* (fréquente chez l'enfant) : pose d'un drain à travers le tympan pour évacuer la sérosité.

Maladie de Ménière. Caractérisée par vertiges, surdité, acouphène. *Traitements :* vaso-dilatateurs, antivertigineux ; chirurgie (platino-décompressive, ouverture du sac endo-lymphatique, section du nerf vestibulaire ; résultats variables, souvent décevants).

Neurinome. Tumeur du nerf acoustique. Plus vite il est dépisté, plus grandes sont les chances de succès de la cure chirurgicale d'où l'intérêt diagnostique du « scanner ».

• **Statistiques. Nombre de sourds et déficients auditifs en France.** 3 800 000 dont *selon l'âge : 8-18 ans :* 450 000, *18-60 :* 1 000 000, *+ de 65 :* 2 400 000 ; *selon le déficit : profond* (+ 80 dB de perte) 115 000, *sévères* (70-90 dB) 340 000, *moyens* (40-50 dB) 1 250 000, *légers* (20-40 dB) 2 100 000. **Proportion des enfants sourds entrant dans les études** primaires : 90 %, secondaires 8 %, supérieures 0,5 %.

En 1980 : 37 000 sourds profonds d'origine congénitale, entre 15 et 59 ans. Il naît env. 1 enfant sourd sur 1 000.

Beaucoup de sourds ne se marient pas : 53 % des hommes et 35 % des femmes entre 25 et 40 ans ne sont pas mariés (contre 8,7 % pour la population entendante).

• **Adresses utiles :** *Association nationale des parents d'enfants déficients auditifs* (A.N.P.E.D.A.), 37-39, rue St-Sébastien, 75011 Paris. *Association de réadaptation et de défense des devenus sourds* (A.R.D.D.S.), 12, rue de Rambouillet, 75012 Paris. *Ste centrale d'éducation et d'assistance pour les sourds-muets de France,* 254, rue Saint-Jacques, 75005 Paris. *Bureau de coordination des associations de devenus sourds et malentendants,* 12, rue de Rambouillet, 75012 Paris.

Quelques sourds célèbres

Archéologue : Heinrich Schliemann (1822-90) all. *Chef d'orchestre :* Wilhem Fürtwaengler (1886-1954) all. *Cinéaste :* François Truffaut (1932-84). *Compositeurs :* Ludwig Van Beethoven (1770-1827) all. ; Gabriel Fauré (1845-1924) fr. ; Bedrich Smetana (1824-84) tchéc. *Écrivains :* Philip Stanhope Chesterfield (1874-1965) angl. ; Knut Hamsun (1859-1952) norv. ; Ernest Miller Hemingway (1899-.1961) amér. ; Jacques de Lacretelle (1888-1984) fr. ; Antoine de Levis-Mirepoix (duc, 1884-1981) fr. ; Somerset Maugham (1874-1965) angl. ; Jean-Jacques Rousseau (1712-78) sui. ; Jonathan Swift (1667-1745) irl. *Hommes politiques :* Léonid Brejnev (1906-83) sov. ; Winston Churchill (1874-1965) angl. ; Georges Clemenceau (1841-1929) fr. ; Édouard Herriot (1872-1957) fr. ; Charles Maurras (1868-1952) fr. ; Ronald Reagan (1911) amér. *Ingénieurs :* Marcel Dassault (1892) ; Thomas Edison (1847-1931) amér. *Médecin :* Robert Debré (1882-1978) fr. *Militaires :* Arthur Wellesley, duc de Wellington, (1769-1852) angl. *Peintre :* Francisco Goya (1746-1829) esp. *Philosophe :* Henri Bergson (1859-1941) fr. *Poètes :* Joachim du Bellay (1522-60) fr. ; Pierre de Ronsard (1524-85) fr. *Prédicateur :* Louis Bourdaloue (1632-1704) fr. *Rois :* Christian VII (1766-1808) dan. ; François II (1544-60) fr. *Savants :* Graham Bell (1847-1922) amér. ; Charles Nicolle (1866-1936) fr.

Toucher

Rôle de la peau

Enveloppe élastique, la peau protège le corps contre l'entrée de l'eau et des microbes, les frottements, les chocs, les agents chimiques. Elle régule la température (lutte contre la chaleur : sudation ; contre le froid : poils et graisse). Elle agit comme organe auxiliaire de la respiration et de l'excrétion et comme réserve de graisse. Elle produit de la vitamine D par action du soleil sur le cholestérol et absorbe des solutions alcooliques (ex. : teinture d'iode) ou graisseuses (pommade). Elle se continue au niveau des orifices naturels par les muqueuses digestive ou respiratoire.

Jusqu'à 30 ans, si plus de 22 % de la peau est détruite, la mort peut s'ensuivre (à plus de 75 %, elle est inévitable). *De 45 à 49 ans,* 12 % (mort possible) et 58 % (mort inévitable). *Chez les plus âgés,* 23 %, mort probable.

Structure de la peau

• **Surface** 1,5 à 2 m² dont en % : membres inférieurs 18, supérieurs 9, tête 9, tronc face antérieure 18, postérieure 18, parties génitales 1. **Épaisseur** 0,5 à 4 mm (parfois plus pour la peau plantaire).

• **Épiderme** (du grec *epi :* sur et *derma :* peau). Épithélium stratifié de 0,1 mm d'épaisseur. **1° couche basale** qui s'applique sur les saillies ou papilles du derme et renferme des *mélanocytes,* cellules qui, sous l'effet des ultraviolets, transforment la tyrosine en mélanine

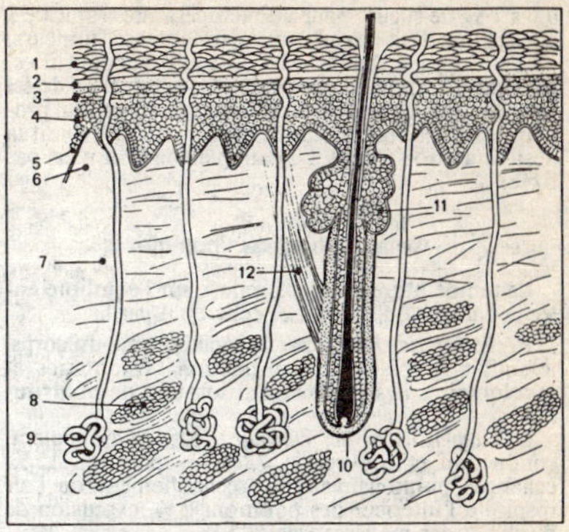

Coupe schématique de la peau. *Épiderme :* 1. Couche cornée ; 2. Couche claire (n'existe qu'au niveau palmoplantaire) ; 3. Couche granuleuse ; 4. Corps de Malpighi ; 5. Couche génératrice : couche basale. *Derme :* 6. Papilles ; 7. Couche du tissu conjonctif ; 8. Cellule adipeuse du tissu sous-cutané ; 9. Glomérule sudoripare ; 10. Poil ; 11. Glande sébacée ; 12. Muscle arrecteur du poil.

[pigment noir qui protège des rayons solaires, responsable du brunissement et de la couleur des Noirs (moins de 1 g de *mélanine* suffit à colorer la peau d'un Noir)] ; **2° couche muqueuse** dite de **Malpighi** formée de cellules vivantes polyédriques ; **3° couche cornée,** formée de cellules mortes qui desquament de façon inapparente.

• **Derme.** Réseau serré de fibres conjonctives et de fibres élastiques auxquelles la peau doit sa résistance et son élasticité. Renferme des vaisseaux sanguins qui nourrissent et réchauffent la peau, et des terminaisons nerveuses sensorielles.

• **Poils.** Poussent sur un épaississement conique de la couche de Malpighi, enfoncé obliquement dans le derme. Croissance 0,2 mm par jour. Le blanchiment des cheveux **(canitie)** est dû à la destruction des pigments par des phagocytes et à la pénétration de bulles d'air microscopiques. A la base du poil s'attache un faisceau de fibres musculaires lisses, le **muscle horripilateur** ou arrecteur. Dans la gaine du poil, une glande en grappe, la **glande sébacée,** déverse un liquide gras ou **sébum** qui lubrifie l'épiderme et les poils et les empêche d'être mouillés par l'eau.

• **Glandes sudoripares.** Enfoncement en doigt de gant de la couche basale de l'épiderme dans le derme. 2 millions sur tout le corps. Longueur 2 à 4 mm (totale env. 5 km). S'ouvre à la surface par un pore. **Gl. mérocrines :** sécrètent des liquides sans cellules et sans débris cellulaires ; produisent la plus grande partie de la transpiration. **Gl. apocrines :** localisées dans les creux axillaires, au niveau des oreilles et des organes génitaux ; commencent à fonctionner à la puberté.

Terminaisons nerveuses. Extrémités des fibres nerveuses des nerfs rachidiens (tronc, membres) ou du trijumeau (visage). Des terminaisons nerveuses libres viennent les sensations douloureuses ; la sensibilité *thermique* (au chaud : corpuscules de Ruffini ; au froid : bulbes de Krause) ; *tactile superficielle* (corpuscules de Meissner, disques de Merkel) ; *profonde* (corp. de Golgi-Mazzoni, corp. de Pacini).

Nombre sur l'ensemble du corps : points de pression, env. 500 000 ; de froid, 250 000 ; de chaud, 30 000 ; de piqûre, 3 500 000. *Zones les plus sensibles :* régions palmaires (pulpes de doigts : 2 300 terminaisons nerveuses au cm²) et plantaires. Le reste du corps présente une sensibilité à peu près identique.

Temps de réaction : excitation douloureuse 0,9 s ; mécanique 0,12 s ; thermique (chaud ou froid) 0,15 à 0,18 s.

Sueur

• **Composition.** Produite par les glandes sudoripares, elle ressemble à de l'urine diluée comprenant 10 g de matières dissoutes par litre (CLNa 4 g ; urée 1 g ; urates, phosphates, sulfates, acides gras volatils).

• **Rôle.** L'élimination de la sueur **(sudation)** nous permet de lutter contre une élévation de la température du corps et sert à l'élimination des déchets du sang (mais elle ne peut remplacer l'action des reins car elle n'élimine que 1 g d'urée par j). En 24 h, pour une température moyenne, un adulte au repos élimine de

0,6 à 1 kg de sueur ; pour une température tropicale 3 à 4 kg ; lors d'un travail musculaire intense (mineurs) 10 kg. En pays chauds où l'on sue beaucoup, il est souvent recommandé de prendre des tablettes de sel pour en compenser l'élimination trop intense qui provoquerait des crampes musculaires, et aggraverait la déshydratation (sans sel, l'eau que l'on boit n'est pas fixée).

Température de l'homme

La température du corps repose sur l'équilibre entre la chaleur qu'il reçoit et celle qu'il perd.

Réception de chaleur par le métabolisme du corps, le milieu ambiant, les contractions volontaires et involontaires des muscles, l'absorption de nourriture.

La *déperdition de chaleur :* par rayonnement, conduction et convection 72 %, évaporation 15 %, échanges pulmonaires 7 %, réchauffement de l'air inspiré à l'intérieur des poumons 3 %, expulsion de l'urine et des matières fécales 3 %.

Température normale. 37 °C (un peu plus pour les jeunes enfants et un peu moins pour les personnes âgées). *Comparaisons :* cheval 37°6, jument 37°8, vache (embouche) 38°3, v. laitière 38°6, chat 38°6, chien 38°9, mouton 39°, porc 39°1, lapin 39°5, chèvre 39°9, poule 41°7.

Maladies de la peau

Parfois isolées, les maladies de la peau peuvent aussi révéler une maladie organique, ou être dues à des facteurs liés à l'environnement.

Acné. Accumulation de sébum et de kératine dans le follicule pilo-sébacé, formant une masse arrondie, fermée *(microkyste)* ou ouverte à la surface de l'épiderme *(comédon* ou *point noir).* La rupture des parois folliculaires dans le derme (spontanée par distension excessive, après manœuvres incomplètes d'élimination) provoque une inflammation : possibilité d'infection avec formation de pustules. *Causes :* mal connues (facteur hormonal ?, génétique ?). L'hyperséborrhée et l'infection ne seraient que secondaires. *Traitement : 1° local :* hygiène (savonnages, pulvérisation d'eau minérale), antiseptiques doux, peroxyde de benzoyle, vitamine A (acide rétinoïque), traitement hormonal local, nettoyages de peau, neige carbonique ; plus rarement ultraviolets, exceptionnellement radiothérapie. Les cicatrices peuvent justifier un *peeling* ou mieux une dermabrasion précédée par des « relèvements » ou des injections de « collagène » ; *2° général* (éventuellement) : antibiotiques, vitamines, hormones, vaccins.

Albinisme. Absence de pigmentation (peau très blanche, cheveux blancs, iris pâle, reflet rouge du fond rétinien), vue faible avec photophobie et parfois myopie, strabisme, nystagmus. Sensibilité marquée au soleil (cancers cutanés plus fréquents). Très rare, transmis par un gène récessif, plus fréquent en cas de consanguinité. Formes atténuées (plus fréquentes).

Alopécie. Chute des cheveux diffuse ou localisée. *Formes aiguës* après : une maladie infectieuse (grippe, angine, typhoïde, diphtérie, syphilis), certains traitements (antimitotiques, anticoagulants, anticholestérolémiants, antithyroïdiens, anorexigènes, rayons X), traumatisme (accident, chirurgie, choc psycho-affectif) ou par un trouble hormonal (après accouchement, à la ménopause). *Formes chroniques :* alopécie séborrhéique banale (surtout chez l'homme), a. sèche (surtout chez la femme). *Formes localisées :* pelade, teigne, lichen plan, sclérodermie, lupus érythémateux, folliculite décalvante, impétigo, trichotillomanie (tic d'épilation), alopécie du chignon, des bigoudis, etc. *Traitement : f. séborrhéiques :* vitamine B, fer, soufre, bépanthène, shampooings fréquents non détergents ; *f. sèches :* lotions excitantes (à base d'alcool, acétone, soufre, huile de cade), vitamines A et B, shampooings doux et espacés ; *autres cas :* neige carbonique, traitement de la cause (sédatifs, antimicrobiens, antifongiques, suppression du toxique...).

Angiome plan. « Tache de vin ». *Traitement :* essentiellement laser (argon et CO_2).

Angiome tubéreux. Tumeur vasculaire saillante rouge violine. Augmentation de volume pendant quelques mois puis régression progressive et spontanée. *Traitement :* abstention thérapeutique sous contrôle médical, ou neige carbonique ; chirurgie (après arrêt de la régression spontanée, si celle-ci est incomplète).

Anthrax. Réunion de plusieurs furoncles d'origine staphylococcique. *Traitement :* antiseptiques locaux, antibiotiques locaux et généraux, radiothérapie, chirurgie en cas d'échec de tous les traitements.

Aphtes. Ulcérations superficielles très douloureuses, dues à un virus. Habituellement dans la bouche. *Traitement :* antiseptiques buccaux, antiviraux, immunothérapie.

Calvitie. Perte définitive des cheveux dans certaines zones. Les hommes sont plus atteints que les femmes (plus de 50 % des hommes sont concernés).

Condition chez l'homme : une zone sensible aux androgènes et programmée dans ce sens, où les racines des cheveux (site récepteur de l'hormone) vieillissent plus rapidement sous l'impact de l'hormone mâle. Un homme âgé qui garde ses cheveux n'a pas moins d'hormones mâles qu'un autre. Il a des zones de cuir chevelu génétiquement insensibles à ces hormones.

Chez la femme : mêmes conditions ; les hormones mâles que toute femme possède en faible quantité sont insuffisantes pour déclencher une calvitie et sont contrecarrées par l'effet antiandrogène de ses hormones femelles. *Risques :* perte de cheveux à la ménopause en cas d'injections thérapeutiques d'hormones mâles, ou en cas d'hypersensibilité de certaines zones sensibles à l'hormone mâle (zone frontale et bi-temporale).

Traitements : locaux ; autogreffes possibles car les cheveux occipitaux restent insensibles à l'hormone mâle lorsqu'on les transplante (résistance au vieillissement prématuré). Les cheveux greffés continuent de pousser normalement.

L'analyse des cheveux peut servir au diagnostic de nombreuses maladies (diabète juvénile, désordres métaboliques, carences alimentaires, affections du pancréas, toxicomanies, empoisonnements, certaines arriérations mentales, et même schizophrénie), fixées et dosées dans les cheveux. Leur situation dans le cheveu peut permettre de dater le moment où elles se sont introduites dans l'organisme.

Canitie. Blanchissement prématuré des cheveux. Normalement les cheveux commencent à blanchir entre 35 et 40 ans, et le blanchissement s'accentue entre 55 et 60 ans (les hommes paraissent plus atteints, mais les femmes utilisent plus les teintures). Résulte d'une diminution progressive de l'activité d'une enzyme, la *tyrosinase,* du bulbe pileux. *Cause :* mal connue, programmée dans nos gènes, apparaît à des dates variables selon les sujets et les cheveux. Le Dr Shaw-Claye a observé (1884) plusieurs fois l'apparition de mèches blanches symétriques dans les aliénations mentales, avec retour à la coloration initiale lors d'améliorations. Pary aurait observé une canitie aiguë chez un cipaye révolté que l'on avait attaché à la bouche d'un canon. Le Dr Mac-Neille-Love (1944) cite un homme de 65 ans dont les cheveux blanchirent en une nuit après un bombardement de V2.

Couperose. Distension permanente des petits vaisseaux superficiels de la peau du visage. *Traitement : électrocoagulation.*

Eczéma. Lésion cutanée passant par différents stades : érythème (rougeur) et œdème (gonflement), vésicules, suintements, croûtes, guérison. Peut s'infecter, se généraliser, se lichenifier. *Causes : allergies :* professionnelles (ciment, vernis, colles...), cosmétiques, allergènes, produits ménagers (détergents, eau de Javel), textiles, cuir, métaux (chrome et nickel des bijoux fantaisie), thérapeutiques locales ou générales (foyers infectieux latents). *Constitutionnel :* eczéma atopique, pouvant précéder l'apparition d'asthme, de migraines, de rhinites allergiques... *Traitement :* suppression de la cause ou traitement du terrain ; *local :* antiseptiques, anti-inflammatoires, cicatrisants ; *général :* sédatifs, antihistaminiques, anti-inflammatoires, antibiotiques si nécessaire.

Ephélides. Taches de rousseur. Causées par une accumulation de mélanine dans les cellules épidermiques. Accentuation par les expositions solaires. Plus fréquentes chez les roux.

Furoncle. Infection d'un follicule pilo-sébacé due au staphylocoque doré. *Traitement :* comme pour anthrax.

Furonculose. Succession de furoncles.

Gale. Démangeaisons nocturnes parfois isolées (« gale des gens propres »). Sillons et vésicules perlées (espaces interdigitaux, poignets, membres, fesses, seins, organes génitaux masculins, emmanchures intérieures, et chez les nourrissons, paumes et plantes). *Cause :* due à un acarien (sarcopte *scabei hominis)* vivant dans la couche cornée de la peau. *Contagion :* surtout directe, parfois indirecte (linges, literie). *Incubation :* 15 j env. *Traitement :* DDT en solution organique.

Herpès. Éruption vésiculeuse souvent récidivante due à un virus. *Traitement :* antiseptiques, pommades antivirales, vitamine C, gammaglobulines, vaccin antiherpétique (nouvelle souche vaccinale à l'étude).

Hypertrichose. Développement anormal de la pilosité. *2 cas célèbres actuellement dans le monde :* Ty Yun Bao et Yu Zhen Huan (1939, 1977, Chine). *Hypotrichose :* absence de pilosité.

Impétigo. Pustule due au streptocoque (complication : néphrite) ou au staphylocoque. Touche surtout enfants et nourrissons. *Traitement :* antiseptiques et antibiotiques locaux, antibiotiques généraux dans les ormes à streptocoques.

Mycoses cutanées. Infection de la peau par champignons divers : épidermophyton, trichophyton, candidas albicans. *Traitement :* Miconazole, Kétoconazole.

Nævus. Tache brune, souvent congénitale (grains de beauté), ne devant pas être irritée ni blessée par crainte de transformation maligne (cancer). En cas de traumatisme, l'ablation est impérative.

Phlegmon. Inflammation sous-cutanée du tissu cellulaire ou conjonctif se diffusant. *Traitement :* chirurgical sous antibiotiques.

Phtiriase. Dermatose parasitaire due à 3 sortes de poux, parasites exclusifs de l'homme : poux du cuir chevelu, du corps, du pubis. Se nourrissent de sang et se transmettent le plus souvent par contact direct, plus rarement par les vêtements, la literie, les peignes (la femelle vit 4 à 6 semaines, pond une dizaine d'œufs par jour qui éclosent en 8 j et donnent une nymphe qui mûrit en 8 j). Actuellement en recrudescence. *Traitement :* HCH (Aphtiria), DDT (Benzochloryl), rasage au peigne fin, rinçages à l'eau vinaigrée avant de peigner. Recommencer 15 j après pour tuer les parasites devenus adultes.

Psoriasis. Dermatose fréquente associant un érythème (rougeur) et des squames, touchant surtout les coudes, genoux, avant-bras, jambes, tronc, plus rarement cuir chevelu, ongles, plis cutanés, paumes et plantes des pieds. Complications : rhumatisme, généralisation, pustulisation. *Traitement local :* décapage des squames (réducteurs) puis traitement de l'érythème ; *général :* sédatifs, vitamine D_2, A, cuivre... Photochimiothérapie (exposition aux UVA après absorption de médicaments appelés psoralènes) : récente, permet de traiter 80 % des psoriasis. Certains malades rechutent très rapidement mais peuvent être traités à nouveau dans les mêmes conditions.

Purpura. Tache rouge par extravasation sanguine ne s'effaçant pas à la pression. Voir p. 117. *Traitement :* pour les membres inférieurs, position allongée.

Rides. Plis cutanés du visage consécutifs à l'altération des fibres élastiques, dues au vieillissement de la peau. Le soleil joue un rôle majeur. *Traitement :* peeling, dermabrasion, injections de collagène, opération de chirurgie esthétique dite « lifting ».

Tache brune (grain de beauté). Voir p. 143.

Teigne. Infection du cuir chevelu par champignons (dermatophyte). *Traitement :* griséofulvine.

Tumeurs bénignes. Prolifération d'un tissu à un endroit donné. Ex. : verrues, kystes sébacés, loupes (sur la tête) (on dit *adénomes* pour tumeurs de glandes, *fibromes* pour tumeurs des tissus fibreux). *Traitement :* chirurgical ; pour les verrues, on peut utiliser la cryothérapie (congélation par azote liquide).

Urticaire. Rougeurs saillantes au toucher (papules ortiées) avec démangeaisons. Se modifient en quelques heures. *Causes les plus fréquentes :* aliments, médicaments, parasites intestinaux, foyers microbiens ou mycosiques chroniques, maladie organique. *Traitement* (de la cause) : sédatifs, antihistaminiques.

Vergetures. Atrophie cutanée en lignes parallèles (rappellent les stries que donneraient des coups de verges). Persistent indéfiniment.

Vitiligo. Dyschromie de la peau caractérisée par l'apparition en plusieurs points du corps de plaques décolorées limitées par une zone où la pigmentation est au contraire plus accusée. *Cause :* inconnue, peut-être trouble des glandes endocrines. Plus fréquent chez la femme et les sujets nerveux.

Xanthome. Tumeur dermique jaunâtre constituée de grosses cellules remplies de lipides (cholestérol)

Expositions solaires

Le soleil permet la synthèse dans la peau de la vitamine D, mais les expositions trop longues présentent 2 dangers : *à court terme,* brûlures avec parfois coups de soleil ou érythème actinique ; *à long terme* ou *répétées* de nombreuses années, un risque de vieillissement cutané précoce, avec rides et dessication de l'épiderme, nombreux plis et taches pigmentées (particulièrement visibles sur la peau du visage et du cou des sujets travaillant au grand air). Ce vieillissement dépend des radiations pénétrant le plus profondément dans la peau : les ultraviolets A (U.V.A.) et la lumière visible.

Lésions précancéreuses et cancers de la peau

Dus aux radiations absorbées : surtout les U.V.B. mais aussi les U.V.A.

Prévention : photoprotection naturelle obligeant un bronzage progressif : 1° éviter l'exposition entre 11 h et 14 h (très riche en U.V.B.), préférer le soleil du matin et de la fin de l'après-midi ; 2° être prudent en haute montagne et sous les tropiques ; 3° la réflexion des U.V. (varie suivant la nature du sol : pour la neige 85 %, le sable 17 %, eau 5 %) constitue un facteur d'ensoleillement supplémentaire ; 4° s'exposer progressivement et modérément (5 mn le 1er jour), emploi de filtres ; 5° éviter l'usage au soleil de substances photosensibilisantes (origine de réactions cutanées anormales) : application de produits parfumés (eau de Cologne, bergamote, etc.) : déterminent souvent des taches foncées indélébiles.

Certains médicaments peuvent entraîner des réactions anormales au soleil.

dont l'intérêt réside dans l'association possible avec une maladie de surcharge lipidique. Les xanthomes peuvent être diffus ou localisés, plans ou en reliefs (tubéreux, papuleux). *Cas particulier :* xanthélasma (xanthome plan) aux paupières. *Traitement :* destruction localisée (électrocoagulation, et chirurgie).

Vue

Œil

Description. *Diamètre* antérieur postérieur 2,5 cm, vertical 2,5 cm ; *poids* 7 g ; *volume* 6,5 cm³. Le globe oculaire est logé dans l'orbite.

Il est enveloppé dans 3 membranes, disposées d'arrière en avant et de l'extérieur vers l'intérieur :

1) La sclérotique. Blanche, résistante, épaisseur 1 mm. Limitant le globe en arrière sur 4/5 de sa surface, elle se continue en avant par la *cornée* transparente.

2) L'uvée. *a) La choroïde.* Transforme le globe oc. en chambre noire grâce à un pigment noir, la *mélanine.* Essentiellement composée de vaisseaux sanguins, elle maintient constante la température de l'œil et nourrit les neuro-récepteurs de la rétine.

b) L'iris. Placé derrière la cornée. C'est un diaphragme variable (de 1,5 à 9 mm), percé d'un trou circulaire, la *pupille,* régie par un sphincter et par un dilatateur formé de fibres musculaires antagonistes, lisses, rayonnantes et circulaires. Quand les f. musculaires sympathiques se contractent, la pupille s'agrandit ; elle se rétrécit quand ce sont les f. circulaires qui se contractent. Diamètre pupillaire : 2,5 à 4,5 mm. *Couleur :* résulte de la combinaison de la transparence des fibres iriennes et des pigments qui s'y fixent progressivement. Bleu à la naissance, varie jusqu'à la puberté. *Nuances :* du gris-bleu au brun en passant par le bleu et le vert. Dans l'hétérochromie, les 2 yeux sont de couleur différente (ex. : bleu et marron).

c) Le corps ciliaire prolonge l'iris en arrière, rejoignant la choroïde. Il contient des fibres longitudinales [muscle lisse qui rattache la choroïde à l'éperon scléral et qui, en se contractant, ouvre les mailles du *trabéculum* ; un muscle ciliaire circulaire, qui par contraction, modifie la puissance du cristallin (équivalente à 19 dioptries) pour permettre la vision de près]. La partie interne plissée du corps ciliaire est formée par les **procès ciliaires** (env. 70 à 80, riches en capillaires sanguins) qui élaborent l'humeur aqueuse (barrière hémato-aqueuse).

3) La rétine. Membrane transparente très fragile (épaiss. 0,5 mm ; 10 couches dont l'*épithélium pigmentaire :* au contact de la *choroïde,* teinte noire per-

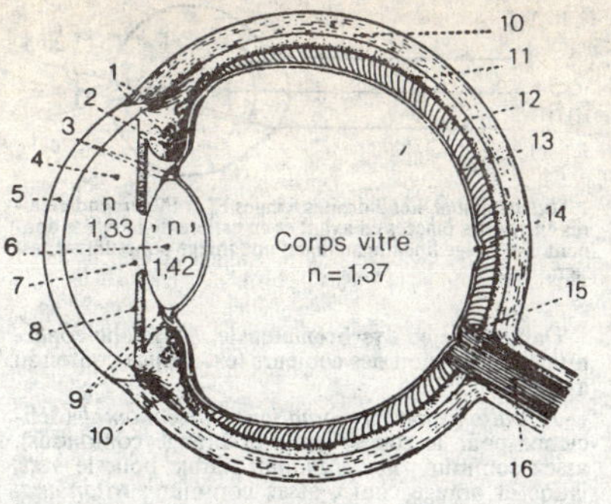

Coupe de l'œil : 1 muscle ciliaire. 2. procès ciliaires. 3 à 9 ligament suspenseur du cristallin ou zonule de Zinn. 4 humeur aqueuse. 5 cornée transparente. 6 cristallin. 7 pupille. 8 iris. 9 voir 3. 10 sclérotique (du grec : *scléros,* dur). 11 choroïde. 12 rétine. 13 membrane hyaloïde. 14 tache jaune ou macula. 15 tache aveugle ou papille optique. 16 nerf optique. n : indice de réfraction.

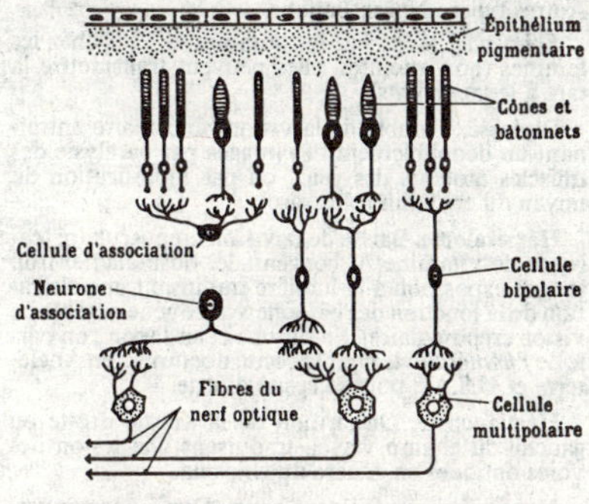

Structure de la rétine avec ses 10 couches

mettant la réalisation d'une chambre noire pour la formation des images). Elle transforme en énergie électrique assimilable par le cerveau l'énergie lumineuse reçue par les 7 millions de *cônes,* surtout sensibles aux formes et aux couleurs (on peut théoriquement percevoir 750 750 nuances chromatiques différentes), et les 130 millions de *bâtonnets* (qui enregistrent plus spécialement la lumière crépusculaire et monochrome) sensibles à la perception du mouvement. L'influx nerveux est transmis au cerveau par les 800 000 fibres du *nerf optique.*

La rétine a 2 points singuliers :

1° la tache jaune (ou *macula lutea)* placée juste dans l'axe optique de l'œil qui ne renferme qu'environ 2 500 cônes (chaque cône est relié directement au cerveau par un neurone bipolaire et un neurone ganglionnaire propres, tandis qu'à la périphérie de la rétine, 1 neurone bipolaire conduit l'influx de 100 à 200 cellules visuelles) ;

2° la tache aveugle, correspondant à la papille optique, origine du nerf optique, qui est dépourvue de cellules visuelles. Après avoir traversé le réseau des vaisseaux rétiniens et les couches de neurones, la lumière atteint les cellules réceptrices, du moins chez l'homme.

Le rôle optique de l'œil est assuré par différents milieux : **les larmes, la cornée, l'humeur aqueuse.** Cette dernière occupe l'espace entre la face postérieure de la cornée et l'iris : chambre antérieure ; remplie d'un liquide fluide comme de l'eau (indice de réfraction n = 1,37). **Le cristallin** (du grec *krustallos,* glace) (n = 1,42) : lentille biconvexe, asymétrique et déformable par traction du muscle ciliaire. Position : derrière l'iris (sépare la chambre antérieure du segment postérieur), enchâssé dans les rebords des procès ciliaires, constitué de lames transparentes de nature cellulaire, emboîtées comme les écailles d'un oignon. **L'humeur vitrée** (ou vitré) (n = 1,37) : substance gélatineuse qui remplit le segment postérieur du globe située en arrière du cristallin (constitue, en vol. les 4/5 du contenu du globe oculaire).

On distingue habituellement : la *chambre antérieure* entre cornée et iris, qui contient l'humeur aqueuse ; la *ch. postérieure* entre iris et cristallin, qui communique avec la ch. antérieure et contient aussi de l'humeur aqueuse ; le *segment postérieur* en arrière du cristallin, qui contient le corps vitré.

L'œil fonctionne comme un système optique composé de 3 milieux optiques (cornée + humeur aqueuse ; cristallin ; humeur vitrée). Il donne d'un objet une image réelle renversée. Pour un œil *emmétrope* (normal), tous les rayons venant d'un objet situé à l'infini, c'est-à-dire env. 6 m, arrivent parallèlement à l'axe de l'œil.

On peut comparer l'œil à une lentille convergente d'une puissance de 58,6 dioptries dont le foyer principal serait sur la tache jaune et dont la distance focale serait de 15,7 mm.

• **Acuité visuelle.** C'est l'aptitude à distinguer le détail des objects spatiaux. Les rayons lumineux venant d'objets situés à plus de 5 m sont sensiblement parallèles et forment sur la rétine de l'œil au repos une image réelle inversée. La qualité de cette image est déterminée par l'utilisation d'une échelle d'acuité visuelle portant des *optotypes* (lettres, chiffres, mires, tests, formes géométriques, silhouettes). *Pouvoir de séparation de l'œil :* 0,0003 radian, soit un arc de 1 minute (1/60 de degré), ce qui correspond à 100 microns vus à 25 cm (1 micron = 1 millième de millimètre). En France, l'acuité visuelle-unité est celle qui permet de séparer 2 points vus sous un angle de 1 minute d'arc. Le test correspondant à une acuité égale à l'unité, ou 10/10, est vu sous un angle de 5', et chaque détail caractéristique sous un angle de 1'. Si l'observateur ne peut distinguer ce détail caractéristique que sous un angle de 10', l'acuité est égale à 1/10' (inverse de cet angle). L'acuité visuelle de loin correspond à la zone centrale de la rétine, la tache jaune (ou fovea), dont le champ n'est que de 2°. Dès qu'on s'écarte de ce point, l'acuité de l'œil normal tombe à 4,2 puis 1/10 à la périphérie du champ visuel. L'acuité visuelle de près est déterminée sur des tests vus à 25 cm. Elle fait entrer en jeu le *phénomène d'accommodation* réalisé par la modification de la courbure du cristallin sous l'influence du muscle ciliaire : l'image d'un objet à l'infini se forme sur la rétine. Quand l'objet se rapproche de l'œil, son image se déplace dans le même sens et se forme en arrière de l'œil. Elle est donc floue sur la rétine mais l'œil ramène l'image sur la rétine : en bombant la partie antérieure du cristallin par action des muscles ciliaires, il modifie la distance focale.

Distance minimale de vision distincte (en cm selon l'âge) : *7 ans* 14, *15* 15, *20* 20, *30* 25, *40* 30, *50* 40, *60* 50, *75* 65. Elle correspond à la limite d'accommodation.

• **Vision des couleurs.** L'œil n'est pas sensible aux radiations lumineuses dont la longueur d'onde est supérieure à 750 nanomètres (nm) (infrarouge) ou plus courte que 380 nm (ultraviolet). On connaît mal le mécanisme de la vision des couleurs, la théorie trichromatique est actuellement adoptée. 130 millions de *bâtonnets* (1 000 fois plus sensibles que les cônes) assurent la sensation de lumière. Les *cônes* (7 millions) reçoivent la couleur (grâce aux substances photo-sensibles). Il y aurait dans la substance de la rétine 3 sortes de cônes sensibles à la couleur classés selon les longueurs d'ondes dans lesquels se situe leur bande d'absorption : bleu (longueur d'onde absorbée 400 à 500 nm) ; vert (500 à 600 nm) ; rouge (600 à 750 nm). Ces 3 *couleurs fondamentales* permettent de produire par mélange toutes les couleurs ; ex. le jaune (mélange rouge et vert) ; violet (rouge et bleu) ; blanc (mélange de toutes les couleurs du spectre par la superposition du bleu, du vert et du rouge). On compte 750 nuances pour une bande de longueurs d'onde de 380 à 750 nm.

Nota. — L'abeille qui ne réagit pas au rouge est sensible à l'ultraviolet.

• **Centres de la vision.** Les messages reçus par la rétine sont transmis au nerf optique (800 000 fibres) qui est en réalité une circonvolution cérébrale. Pour chaque œil, après traversée du chiasme optique, ils sont dirigés par les bandelettes optiques (1 million), le corps genouillé externe et les radiations optiques vers chacune des zones occipitales correspondantes. Les lésions de centres récepteurs produisent une cécité corticale (hémorragies, tumeurs, ramollissement).

Les radiations optiques aboutissent aux 2 berges de la *scissure calcarine* à la face interne du lobe occipital = *aire striée* (ou aire 17 de Brodmann), entourée concentriquement par les aires *parastriée* (= aire 18) et *péristriée* (= aire 19). Le cortex occipital répond à l'excitation lumineuse. La réponse est étudiée en clinique sous le nom de P.E.V. (potentiel évoqué visuel). Les cellules corticales répondent à de petites taches lumineuses : les *champs récepteurs.* Ces cellules sont regroupées en colonnes fonctionnelles. Au terme du codage, l'excitant n'est plus la lumière mais les lignes, les contours, le mouvement. Chaque cellule réagit électivement pour une position donnée. L'aire 18 reconnaît les objets animés ou inanimés, l'aire 19 évoque des souvenirs visuels. Dans les aires 18 et 19 d'autres cellules répondent aussi aux stimuli auditifs et tactiles qui assurent les corrélations entre la vision et les autres messages sensoriels.

• **Vision du relief.** Quand on regarde un objet, il se forme une image renversée sur chaque rétine. De ces 2 images, le cerveau donne une seule image droite en relief. Cette représentation est le résultat d'une éducation qui se fait dans les premiers mois de la vie par synthèse des sensations tactiles, auditives et visuelles. Avec la perception maculaire simultanée et la fusion sensorielle, la vision du relief parachève les 3 constituants principaux de la vision binoculaire, fonction n'existant que chez les primates.

• **Lecture.** Se fait par saccades : l'œil se fixe durant 1/5 à 1/3 de seconde avant de se fixer sur un prochain arrêt ; il ne lit rien pendant le temps du mouvement entre 2 points de fixation.

Illusions d'optique. Il faut parfois se méfier des renseignements donnés par la vue. Ex. : *1)* les 2 rectangles ont la même largeur. *2)* Les 2 segments ont la même longueur. *3)* Les 2 droites sont parallèles. *4)* Les surfaces des petits carrés sont identiques.

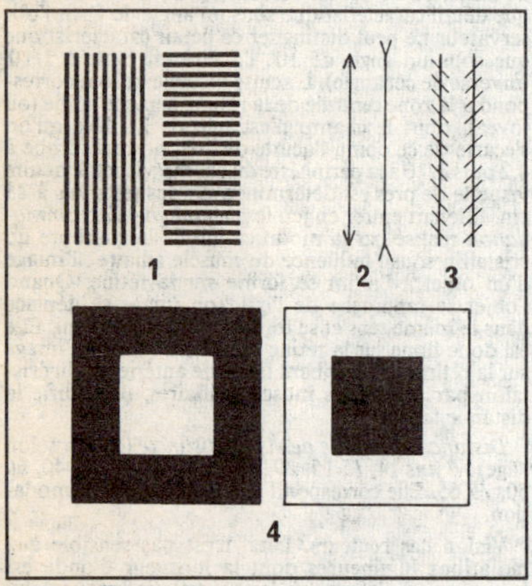

Anomalies de la vision

Albinisme. Affection congénitale et héréditaire due à l'absence de pigments dans les mélanocytes. Ce déficit enzymatique s'accompagne de malformations chorio-rétiniennes et d'une gêne considérable à la lumière, rendant la vision très faible. L'iris est pâle, transilluminable comme l'œil de lapin russe.

Amblyopie. Diminution de l'acuité visuelle (surtout par manque d'usage) non améliorable par des moyens optiques. Elle peut être uni- ou bilatérale soit organique par malformations, infections, etc., soit *amblyopie fonctionnelle :* baisse d'acuité visuelle inaméliorable par verres, sans lésion apparente ou dont les lésions ne sont pas proportionnelles à l'importance de la baisse d'acuité ; elle est le plus souvent unilatérale, et conduit au strabisme par défaut de vision binoculaire.

En France : chaque année, 25 000 nouveau-nés en sont menacés s'ils ne sont pas dépistés et traités avant l'âge de 3 ans.

Amétropie. Anomalie de la réfraction de l'œil, congénitale ou acquise, caractérisée par une mauvaise mise au point des images rétiniennes venant d'objets situés à l'infini (myopie, hypermétropie, astigmatisme, etc.).

Aniridie. Absence de l'iris. Congénitale ou après traumatisme.

Aphakie. Absence de cristallin par luxation ou par ablation après opération de la cataracte, corrigée par lunettes, par lentille de contact ou par implantation d'un cristallin artificiel.

Astigmatisme. Vice de réfraction où les rayons parallèles incidents ne sont pas focalisés en un point. Vision déformée par les défauts de courbure de la cornée ou du cristallin. Il est corrigé par des verres cylindriques.

☞ Voir p. 135, description et schéma de l'œil.

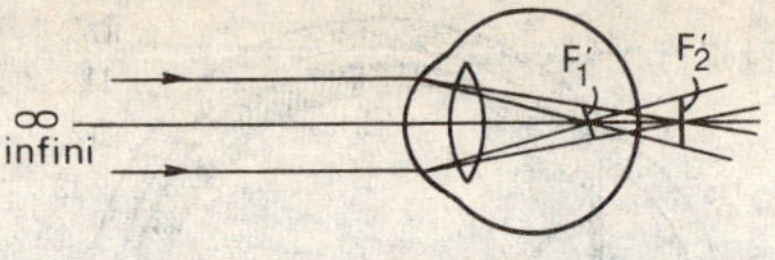

Œil astigmate. Les 2 droites focales F'1 et F'2 perpendiculaires entre elles placées en avant et en arrière de la rétine donnent une image linéaire au lieu d'une image ponctiforme (astigm. mixte).

Daltonisme ou dyschromatopsie. Anomalie congénitale de la vision des couleurs (ex. : rouge confondu avec vert).

1° Daltonisme trichromatique : protanomal (déficience pour le rouge, jaune et orange confondus), assez commun ; *deutéranomal* (faible pour le vert, jaune et orange conf.), assez commun ; *tritanomal* (faible pour le bleu, bleu et vert conf.), le plus rare. *2° D. dichromatique : anérythropsie* ou *protanopie* (cécité pour le rouge ; rouge, jaune et vert confondus), assez commun ; *achloropsie* ou *deutéranopie* (cécité pour le vert ; rouge, jaune et vert conf.), le plus commun ; *acyanopsie* ou *tritanopie* (cécité pour le bleu, bleu et vert confondus), très rare. *3° Achromatopsie* (cécité et confusion pour toutes les couleurs), très rare. Autres types : Nagel, Balfour.

Fréquence : 8 % chez les hommes, 0,33 % chez les femmes (non atteintes, elles peuvent transmettre la tare à leurs enfants).

Diplopie. Trouble de la vision binoculaire entraînant un dédoublement des images par paralysie des muscles moteurs des yeux, ou par modification du noyau du cristallin (plus rare).

Héméralopie. Baisse de la vision crépusculaire (carence de vitamine A, congénitale, ou maladie, trop longue exposition à la lumière traduisant une altération de la fonction des bâtonnets avec gêne notable en vision crépusculaire). En Europe et au Japon : on parle de l'*héméralopie* pour la cécité nocturne ; en Angleterre et U.S.A. : pour la cécité diurne.

Hémianopsie. Disparition de la moitié droite ou gauche du champ visuel, traduisant une lésion des voies optiques en arrière du chiasma.

Hypermétropie. Œil trop court. Due à une convergence trop faible des milieux transparents ou à un axe antéro-postérieur trop faible de l'œil. L'image se forme en arrière de la rétine. L'hypermétrope a une bonne vision de loin (mais nécessite une accommodation permanente et pénible). Il distingue mal les objets rapprochés. *Correction :* verres convexes convergents.

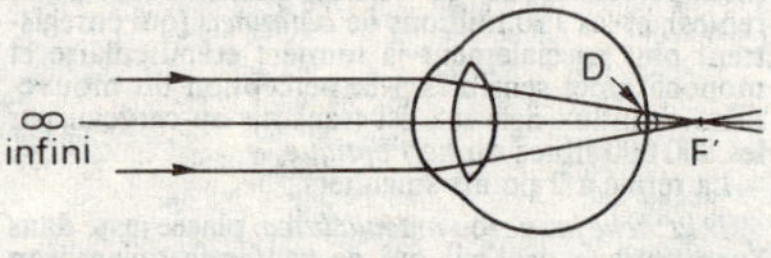

Œil hypermétrope. Le foyer image F' est situé en arrière de la rétine. Sur la rétine, il se forme un cercle de diffusion D (image floue).

Kératocône. Cornée de forme conique. *Correction :* emploi de verres de contact ou par kératoplastie. *Kératoplastie :* greffe de la cornée.

Myopie (de 2 mots grecs signifiant fermer l'œil ou cligner, les myopes ayant l'habitude de fermer les yeux à demi pour ne laisser qu'un étroit passage aux rayons lumineux incidents). Due à une trop grande convergence de l'œil ou à un diamètre antéro-postérieur de l'œil trop grand. L'image se forme en avant de la rétine. Le myope distingue mal les objets éloignés ; l'accommodation ne commence à jouer qu'à faible distance et lui permet de voir des objets très rapprochés. *Causes :* congénitale ou provoquée par l'allongement du globe pendant la croissance. Cet étirement déclenche souvent une *choriorétinite* favorisant des troubles visuels et prédisposant au décollement de la

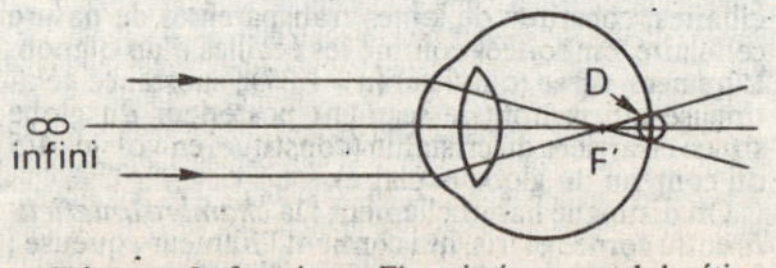

Œil myope. Le foyer image F' est situé en avant de la rétine. D : cercle de diffusion (image floue).

rétine. *Correction :* si l'œil est trop long pour sa valeur optique au repos, verres concaves divergents pour replacer l'image sur la rétine, sans cela la vision de près est seule possible. Les verres au baryum ou au titane permettent de réaliser des verres plus minces. Les lentilles de contact dures et surtout molles sont actuellement la correction optique de choix. Récemment est née la chirurgie réfractive cornéenne, encore au stade expérimental.

L'amplitude d'accommodation passe de 14 dioptries chez l'enfant à 3 dioptries vers 45 ans et 1 vers 60 ans.

Nyctalopie. Mauvaise vision diurne quand la lumière est bonne, vision normale lorsque la lumière est faible. Gêne à la luminosité normale. Origine congénitale ou maladive. Aux U.S.A. la *nyctalopie* désigne le cas d'une bonne vision seulement diurne ou avec une lumière forte, en G.-B. celui d'une bonne vision en éclairement modéré, mais déficient en faible éclairement (définition européenne de l'*héméralopie*).

Phosphènes. Sensations lumineuses subjectives dues à une excitation de la rétine ou des centres visuels.

Presbytie. L'œil accommode insuffisamment, le muscle ciliaire (qui commande les modifications de courbure du cristallin) ayant progressivement perdu son élasticité (dès l'enfance). La presbytie atteint tous les adultes à partir de 45 ans. *Correction :* verres convexes bifocaux ou multifocaux ou « progressifs » (rayons de courbure différents d'un point à l'autre du verre correspondant à une progression du degré de correction de la vision et permettant une vision normale à toutes distances). Vision de près à 33 cm.

Scotome. Lacune dans le champ visuel central ou paracentral. Ilot de dépression de la sensibilité rétinienne, mis en évidence par la périmétrie.

Le *scotome scintillant transitoire* est dû à la migraine ophtalmique.

Strabisme (loucherie). Défaut de parallélisme des deux axes visuels dans le regard de loin et de près, lié à un trouble de la vision binoculaire. 4 % des enfants (32 000 par tranche d'âge en France) ont un trouble de la vision binoculaire dont 2,5 % louchent de la naissance à 2 ans. *Correction :* rééducation orthoptique et chirurgie.

Voile noir des aviateurs. Dû à une diminution d'apport sanguin normal de la rétine sous l'effet de l'accélération.

Défauts cumulables. Myopie + astigmatisme ; hypermétropie + astigmatisme ; après 50 ans, la presbytie peut s'ajouter à tous ces défauts optiques.

Fréquence des anomalies de la vision en France (en %) : *enfants d'âge scolaire* 15 ; *21 à 45 ans* 17 ; *50 à 60* 50 ; *+ de 60* 70 (dont 2/3 pour la vision de loin). Les troubles congénitaux de l'œil atteindraient 8 % des hommes, 1 % des femmes.

Nombre de porteurs de lunettes en France : 1984 23 millions, 42 % de la pop. totale [dont presbytes 23 %, myopes 20 % (Japon 40 %), astigmates 55 % (inf. au nombre réel d'astigmates)].

Maladies de l'œil

Blépharite. Inflammation aiguë ou chronique du bord ciliaire de la paupière pouvant entraîner la chute des cils. *Causes :* locales (infectieuses, allergiques en particulier), optiques (mauvaise correction de la vision), générales (diabète, allergies, troubles intestinaux), irritations diverses (poussières, lumière, fards, etc). *Traitement :* adapté à la cause.

Cataracte. Opacification du cristallin. Peut être congénitale ou acquise (diabète, intoxication, troubles hormonaux, âge, traumatismes). La cataracte sénile est la plus fréquente. 90 % des plus de 70 ans présentent des formes plus ou moins évoluées. L'ablation du cristallin se fait en intra- ou extracapulaire selon le mode de correction optique utilisé (lunette, lentilles de contact ou implants). *Traitement :* chirurgical. En cas de cataracte évoluée, on enlève le cristallin. Les cataractes (endocrines ou séniles) touchent les adultes de tous pays.

Chalazion. Kyste d'une glande de Meibomius (glande palpébrale). *Traitement :* parfois chirurgical.

Conjonctivite. Inflammation de la conjonctive, du blanc de l'œil (c. bulbaire) ou des paupières. Se traduit par une rougeur du blanc de l'œil, une sécrétion et un œdème. *Traitement :* par collyres antibiotiques ou anti-inflammatoires.

Dacryocystite. Inflammation du sac lacrymal. *Traitement :* parfois chirurgical (Dacryocystorhinostomie).

Décollement de la rétine. Séparation de la couche des cônes et bâtonnets de l'épithélium, pigmentée, habituellement causée par une déchirure spontanée (myopes) ou traumatique de la rétine. *Traitement :* cette déchirure doit être rapidement obstruée et la rétine réappliquée par indentation sclérale ou tamponnement intraoculaire. La prévention se fait par obturation des trous, et déchirures rétiniennes (laser à l'argon ou cryoapplication transclérale). Les lésions dégénératives rétiniennes doivent être précocement dépistées pour être photocoagulées avant la production de la déchirure.

Ectropion. Renversement extérieur du bord libre de la paupière.

Entropion. Enroulement intérieur de la paupière. *Traitement :* chirurgical.

Embolie (de l'artère centrale de la rétine). Entraîne une perte brutale et durable de la vision de l'œil atteint *(amaurose).*

Épiphora. Larmoiement persistant avec écoulement des larmes le long de la joue.

Exophtalmie. Protrusion du globe oculaire (tumeur de l'orbite, hyperthyroïdie).

Glaucome. Augmentation de la pression intraoculaire au-dessus de 22 mm Hg. Certaines formes d'hypertonie des liquides intra-oculaires provoquant une atrophie du nerf optique irréversible par compression de la papille optique et dégradation progressive du champ visuel. *Signes :* maux de tête, brouillards, arc-en-ciel, trouble du champ visuel. *Traitement :* médical, en cas d'échec chirurgical. Non traité, le glaucome peut aboutir à une perte partielle ou complète de la vision (atteint 1 % de la population en Europe). Forme infantile congénitale (buphtalmie). *En France :* 500 000 glaucomateux. Nécessité d'un dépistage précoce par prise systématique de la pression intraoculaire après 45 ans.

Gliome ou rétinoblastome. Tumeur maligne congénitale souvent héréditaire. Se développe avant 4 ans au niveau de la rétine ou du nerf optique. *Traitement :* chirurgie, énucléation, radiothérapie.

Iritis. Inflammation de l'iris entraînant des adhérences entre iris et cristallin avec risque de glaucome secondaire. *Traitement :* local et général ; collyres dilatateurs de la pupille, anti-inflammatoires, traitement de la cause (maladie générale, foyer infectieux dentaire, rhinopharyngé, etc.).

Kératite. Maladie ou infection de la cornée.

Onchocercose (cécité des rivières). Transmise par une petite mouche, la *simulie,* qui inocule une filaire minuscule de l'espèce *Onchocerca volvulus* qui vit sous la peau, formant des nodules et produisant des démangeaisons ; les larves vivent dans les tissus sous-cutanés et dans les yeux, entraînant la perte de la vision.

Orgelet. Furoncle à la base d'un cil.

Rétinite. Altération des tissus rétiniens associée souvent à ceux de la choroïde (chorïorétinite). *Causes :* diverses : myopie, diabète, hémorragies, exsudats, toxoplasme, streptocoque, dégénérescence. La rétinite pigmentaire (héréditaire) engendre une héméralopie et une baisse visuelle progressive.

Rétinopathie. Affection non infectieuse de la rétine. **Rétinopathie diabétique :** lésion de la rétine survenant tardivement chez les diabétiques, la membrane, les vaisseaux capillaires de la rétine s'altèrent, perturbation de la circulation sanguine et de la nutrition des tissus avec formation de microanévrismes, d'œdème, d'exsudats, de néo-vaisseaux et d'hémorragies. *Traitement :* en général médical, ou photocoagulation des néo-vaisseaux au laser à l'argon (except. chirurgical) et par vitrectomie.

Trachome. Conjonctivite granuleuse due à un micro-organisme proche des virus *(Chlamydia trachomatis).* Entraîne la perte progressive de la vue. Il y a environ 500 millions de personnes atteintes dans le monde dont 2 millions aveugles. Sa propagation est favorisée par surpeuplement, eau insalubre, hygiène défectueuse. Il existait déjà au IIIe millénaire avant J.-C. dans l'ancienne Égypte, en Mésopotamie et en Chine. *Traitement :* antibiotiques appliqués localement ou sulfamides. Aucun vaccin efficace n'existe encore. L'*éducation sanitaire* serait l'élément essentiel de prévention.

Thrombose de la veine centrale de la rétine. Oblitération partielle ou totale de la veine entraînant des hémorragies rétiniennes diffuses et une perte visuelle liée à leur importance.

Xérophtalmie (œil sec). Sécheresse de la conjonctive et de la cornée due à l'insuffisance des larmes ou à une carence en vitamines (surtout A et B1) ; souvent facteur de complication de la malnutrition protéino-énergétique dans la petite enfance (entraîne une cécité par perte de transparence de la cornée). Se développe de façon inquiétante dans les pays où il existe une malnutrition, notamment dans les régions où le riz forme la base de l'alimentation et où les feuilles vert sombre sont rares ou inutilisées (Asie mér. et or., Afrique, Amérique lat.). Affection très grave chez l'enfant. Occasionne rarement la mort mais y contribue. *Traitement :* pourrait être prévenue par une vitaminothérapie précise.

Correction de la vue

● **Lunettes.** Dans l'Antiquité, usage de lentilles. La loupe fut inventée au XIe s. et les lunettes apparurent à la fin du XIIIe s. mais on ne connaît pas le nom de l'inventeur (Roger Bacon, Alexandre Spina, Selvine d'Armati ?). **Verres correcteurs :** à simple, double ou triple foyers, et progressifs, v. photochromiques (teintes variables suivant l'intensité lumineuse). *Verres antireflet :* ont subi un traitement de surface qui élimine les reflets parasites, améliorant transparence et esthétique. *V. organiques :* v. en matière plastique légers et pratiquement incassables, ils ont désormais des surfaces durcies moins rayables. *V. minéraux :* sécurisés par trempe ou feuilletage. *V. composites :* combinant les qualités des v. minéraux et des v. organiques.

● **Lentilles de contact.** Cornée artificielle placée au contact de l'œil. *Formules : lentilles rigides* en PMMA, *souples hydrophiles* en HEMA ou dérivés, *rigides perméables à l'oxygène* en PMMA + Siloxane. *Avantages* par rapport aux lunettes : esthétique, parfois seule correction possible (kératocône, astigmatisme irrégulier, aphaquie unilatérale) ; le port des lentilles freine également l'évolution de la myopie. Les lentilles hydrophiles sont mieux tolérées mais nécessitent une surveillance constante. Les nouvelles matières permettent le passage de l'oxygène, elles ont les mêmes qualités optiques que les lentilles en PMMA, mais sont mieux tolérées et permettent un port plus prolongé. Les lentilles à haute hydrophilie réalisent un pansement sur la cornée, elles peuvent être portées en port permanent et ont quelquefois un but thérapeutique. *Inconvénients :* nécessitent un entretien soigneux et l'utilisation de solutions de conservation et d'aseptisation.

Verres scléraux. Recouvrent la cornée et une partie de la sclérotique. Leur adaptation exige une technique minutieuse et plus élaborée. Comportent une fine perforation qui laisse passer un mince film de larmes. Permettent la pratique des sports violents et des sports aquatiques. Réalisés en verre dès 1888 par le docteur Kalt en France, (Müller en Allemagne, et Fick en Suisse).

Statistiques en France *(1984). Lentilles :* distribuées en France 820 000, exportées 140 000 dont l. souples 80 %, l. rigides et perméables 20 %.

Personnes portant des lentilles : 130 000 soit 5 % des porteurs de lunettes (contre 15 % aux U.S.A.).

Greffe de cornée (kératoplastie).

Industrie oculaire (en France, 1984). *Chiffre d'affaires.* 3 266 millions de F dont (en %) verres de lunettes et de contact 41, montures de lunettes 38, solaires et protection 21. *Entreprises :* 110. *Salariés :* 11 580.

Ventes en millions de pièces en 1984 (livraisons de l'industrie nationale + importations) montures optiques 7,5, lunettes solaires 9,7, verres correcteurs 17.

Rang dans le monde : 4e après U.S.A., Allemagne fédérale et Japon.

Exportation : 61 % du C.A. total.

Principales firmes : Essilor-International, B.B.G.R., l'Amy et Bourgeois S.A.

Optométrie. Science multidisciplinaire, non médicale, ayant pour objet l'étude de la vision, son amélioration et sa prévention par les lois de l'optique et de la physiologie.

Aveugles

Nombre dans le monde. Env. 42 millions. Taux pour 1 000 h. : pays industrial. 0,1 à 1 ; p. sous-développés 10. Les 2/3 auraient pu ne pas le devenir s'ils avaient été traités à temps (hygiène, soins des trachomes). En Afrique, 27 % des cas sont d'origine infectieuse, en Europe 5 %. **En France** (env. 55 000), est légalement considérée comme aveugle toute personne ayant une vision centrale des yeux, après correction par des verres, inférieure à 1/20 de la normale.

Emploi. Sur les 15 000 aveugles de 20 à 60 ans, 5 000 ont des responsabilités professionnelles : 900 masseurs kinésithérapeutes, 1 300 standardistes, 150 sténodactylos, 1 000 musiciens professionnels, carrières intellectuelles, accordeurs de pianos, ouvriers manuels et mêmes agricoles. + de 50 % ne peuvent trouver de travail du fait de handicap associé ou de mauvaise santé, un certain nombre parce qu'ils n'ont pas la rentabilité suffisante. D'autres professions, dans l'informatique, leur sont accessibles.

Allocations. La baisse d'acuité visuelle bilatérale inférieure à 1/20 donne droit à une allocation spéciale qui peut être majorée pour l'aide d'une tierce personne (Sce des préfectures).

Bénéficient de la franchise postale toute correspondance en écriture Braille (lettres ou volumes) ainsi que les enregistrements sur bandes magnétiques circulant entre les bibliothèques sonores et leurs bénéficiaires.

Causes de cécité les plus fréquentes. *Accidents* (voiture, 6 % des acc. du travail). *Infections virales de la cornée* (surtout herpétiques), curables par greffes de la cornée, *glaucome* (personnes âgées), *cataracte* (id.) (17 millions de cas), *affections congénitales, cancer, maladies métaboliques et dégénératives, carence en vitamine A* (enfants des pays sous-développés), puis *maladies infectieuses :* l'*onchocercose* [30 millions de personnes touchées en Amérique lat., Arabie, Afrique occid. et équat. (plus de 50 % des hab. dans certaines régions) ; amène une perte de vision chez 30 %, la cécité chez 4 à 10 %] ; *diabète,* par rétinopathie ; *trachome ; xérophtalmie. Traumatismes divers* (lésions de la cornée, du globe, hémorragies du vitré, décollement de la rétine). Un programme mondial visant à limiter la cécité évitable coûterait de 350 à 560 millions de $.

Matériel palliatif. *Canne blanche :* autorisée aux déficients visuels graves ou aux aveugles. *L'alphabet Braille* (Voir page suivante).

Associations. *Fédération nationale des Instituts de jeunes sourds et de jeunes aveugles de France. Association Valentin-Haüy :* créée en 1889 par Maurice de La Sizerane, reconnue d'utilité publique en 1891.

Valentin Haüy (1745-1822). Père tisserand. Son frère aîné, l'abbé Haüy, inventa la cristallographie et fut membre de l'Académie des Sciences. Pratiquait une douzaine de langues (interprète du Roi, de l'Amirauté, de l'Hôtel de ville) ; spécialiste du déchiffrement des manuscrits, créa la typographie en relief et fonda l'Institution des Enfants aveugles (1791) ; dès 1784, recueillit le 1er jeune aveugle. Autres fondations créées de son vivant : Liverpool (1791), Vienne (1804), St-Pétersbourg (1806), Amsterdam (1808), Dresde (1809), Zurich (1810), Copenhague (1811).

Maurice de La Sizerane (1857-1924). Aveugle (par accident) à 9 ans, entra à l'Institution nationale pour les jeunes av. ; études musicales. En 1889, fonda l'Association Valentin Haüy. *Fédération des aveugles de France. Croisade des av., Ass. pour les av., Ass. nat. des parents d'enfants av., Auxiliaires des av., Fondation pour la réadaptation des déficients visuels, Groupement des intellectuels av. et amblyopes, Union des av. de guerre.* Certaines produisent des ouvrages Braille ou enregistrent des livres sur bandes magnétiques (livres parlés) ; gèrent des établissements de rééducation et de formation professionnelle (standardistes, sténodactylos, masseurs kinésithérapeutes, musiciens et accordeurs de piano, ouvriers manuels, agricoles, horticulteurs, programmeurs en informatique, techniciens en développement en chambre noire). Certains aveugles suivent un cycle d'études supérieures normal et exercent des carrières intellectuelles (enseignement, cadres dans le secteur public ou privé).

Principales activités. *Édition Braille en 1984 :* 3 500 000 pages imprimées, 500 ouvrages transcrits (3 438 volumes), 320 ouvrages enregistrés sur cassette (7 857 cassettes). *Publications :* « le Louis Braille », « la Causette » (Femmes), « les Échos du monde », « la Ronde sonore » (sur cassettes), « la Revue Musicale ». *Bibliothèques* à Paris (1re bibl. fondée 1886), Lyon, Marseille, Nice, Rennes (250 000 volumes, soit

Alphabet Braille

Invention. Due à Louis Braille (1809-52, inhumé au Panthéon). Père bourrelier. À 3 ans, jouant dans l'atelier, se blesse à l'œil avec une serpette ; un an plus tard, il est aveugle. À 10 ans, entre à l'Institution royale des jeunes aveugles. Grâce à l'invention par le cap. Barbier de la sonographie, s'oriente vers une utilisation nouvelle du point saillant. Réussit à former 63 combinaisons donnant l'alphabet, les chiffres, les mathématiques et la musique. Aujourd'hui système international.

Principe. Formé de groupes de points en relief représentant lettre, chiffre ou signe. Lecture tactile (150 mots/minute). Adopté dans presque toutes les langues. L'emploi des ordinateurs permet maintenant une production automatique du Braille sans que l'opérateur ait besoin de connaître cette écriture.

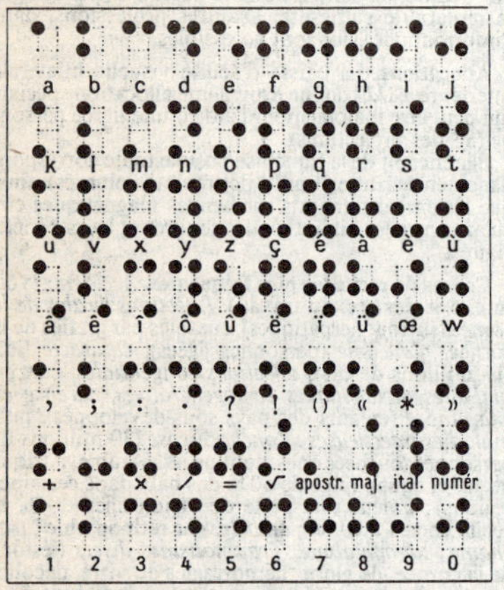

Instruments modernes. a) *Braille.* On peut stocker l'information sur une bande magnétique et la restituer en Braille sur un tableau d'affichage en relief.

b) *Lecture directe pour aveugles : Optacon* mis au point en 1971. Poids : 1,8 kg (taille d'un livre), muni d'une caméra miniature et d'une plage tactile de 144 pointes vibrantes ; permet de lire directement des textes écrits à la vitesse de 26 à 40 mots par mn ; l'image est reproduite en relief sous la dernière phalange de l'index gauche.

c) *Pour déficients visuels graves :* une caméra et un écran de télévision permettent de grossir de 4 à 20 ou 30 fois un texte. Permet également d'écrire. Il existe aussi des machines à calculer parlantes (avec synthétiseur de parole ou à affichage Braille).

Recherches. Machines à lire parlantes (reconnaissance de caractères et synthèse de la parole ou produisant le texte en Braille). Machines pour transcrire automatiquement en Braille. Perception d'images en implantant des électrodes dans le cerveau. Instruments d'aide pour circuler utilisant les ultrasons.

25 000 titres, 95 077 bénéficiaires ; bibliothèque sonore : 6 200 auditeurs, 496 218 enregistrements prêtés gratuitement en 1984 (600 000 h d'écoute). La b. de l'Association Valentin Haüy a prêté en 1984 95 000 vol. et 2 440 partitions. *Bibliothèques à l'étranger :* Londres (Royal National Institute for the Blinds), U.S.A. (B. du Congrès).

Formation professionnelle. *Centres de rééducation* à Paris [formation aux emplois de kinésithérapeute (dep. 1906), standardiste (1917), sténodactylo (1949), préparation aux métiers d'informaticien (1984)]. *Ateliers* de couture, mécanique (Paris, Lyon), articles de papeterie (Escolore, Clermont-Ferrand). *Points de vente* d'articles manufacturés par les aveugles (Paris, 3, rue Duroc, et province).

Action sociale. Fonds de secours, prêts sans intérêt, centres et maisons de retraite.

Institut psycho-pédagogique (pour jeunes filles aveugles de 6 à 18 ans), 30, av. Mazarin, 91380 Chilly-Mazarin. *Centre d'aide par le travail* (j. f. de 18 ans et +), Maison Odette Witkowska, 10, rue Simon-Jallade, 69110 Ste-Foy-lès-Lyon ; *Foyer Valentin Haüy d'Escolore,* Égliseneuve près Billom, 63160 Billom (40 hommes d'âge actif), club de loisirs pour les aveugles tardifs (tous les après-midi au siège parisien).

Maladies infectieuses

Définitions

Bactéries. Êtres unicellulaires possédant un noyau rudimentaire. *Taille :* de 2 à 45 microns. Visibles au microscope optique. Cultivables sur des milieux artificiels. Formes : *sphériques* (cocci), *associées en chaînes* (streptocoques), ou en *grappes* (staphylocoques) ; en *bâtonnets* (bacilles diphtérique, tuberculeux, entérobactéries, etc.) ; *incurvées* (vibrion cholérique) ; *spiralées* (spirilles). En culture liquide, 1 bactérie peut donner naissance à plus de 1 milliard de bactéries. Certaines exigent de l'oxygène libre *(aérobies) ;* d'autres l'extraient de ses combinaisons organiques *(anaérobies).* Sensibles aux antibiotiques. La *virulence* est leur pouvoir de multiplication dans l'organisme. Certaines sécrètent des *toxines* diffusibles dans l'organisme. Il y a des milliers de bactéries utiles ou inoffensives *(saprophytes)* et quelques centaines seulement dangereuses *(pathogènes).* En 1975 sont apparues des bactéries résistant aux antibiotiques par un mécanisme de résistance extra-chromosomique transmissible d'une bactérie à l'autre.

Entre bactéries et virus se situent des micro-organismes possédant les propriétés des unes et des autres : *rickettsies, Chlamydia, mycoplasmes.*

Étiologie. Recherche et étude des causes des maladies (mécaniques, physiques, chimiques ou biologiques).

Maladies. Altérations de l'organisme définies par leurs causes (ex : infections, intoxications) ou par leur localisation et leurs effets (ex. : maladies digestives, pulmonaires, nerveuses, etc.).

Maladies contagieuses. Maladies transmissibles, qui se communiquent à des sujets réceptifs *(épidémie :* groupement de nombreux cas ayant la même origine et de caractère extensif ; *pandémie :* épidémie qui s'étend à tout un continent ou au monde entier ; *endémie :* persistance pendant toute l'année de cas ne présentant pas de liens apparents entre eux ; *épizootie :* épidémie atteignant un grand nombre d'animaux et donnant lieu à des mesures de police sanitaire).

Maladies infectieuses. Sont dues à des agents pathogènes (bactéries, virus, parasites) de différents types.

Maladie quarantenaire. Maladie infectieuse entraînant des mesures sanitaires internationales (déclaration, isolement des malades, surveillance des suspects, contrôles sanitaires aux frontières) : choléra, peste, variole, fièvre jaune.

Parasites. Êtres uni- ou pluricellulaires, plus développés biologiquement que les bactéries, adaptés pour vivre aux dépens d'un être organisé. Dimensions et comportement variés (hématozoaire du paludisme, amibe dysentérique, vers, etc.). Les parasites végétaux (champignons inférieurs) causent des maladies appelées *mycoses.*

Virus. Le 1er fut découvert en 1892. On en connaît aujourd'hui plus de 1 000. *Taille :* de 14 à 300 millimicrons (millionièmes de mm). Visibles seulement au microscope électronique. Parasites obligatoires de cellules vivantes. Détruits par la chaleur. Résistent à la congélation.

Les cellules infectées par un virus sécrètent une protéine appelée **interféron** qui s'oppose à la pénétration d'un autre virus.

Quelques maladies

Légende. – AZ : anthropozoonose (maladie infectieuse des animaux pouvant se transmettre à l'homme). B : infection bactérienne. P : parasitose. R : rickettsiose. V : virose.

Le nombre de cas réels est souvent supérieur au nombre de cas déclarés ci-dessous.

● **Blennorragie.** Voir Index.

● **Botulisme** (B). *Cause :* bacille anaérobie sécrétant une toxine neurotrope. *Contamination :* par ingestion d'aliments (conserves mal stérilisées, charcuteries) contaminés par le bacille. *Symptômes :* troubles gastro-intestinaux, suivis de paralysies (pharyngées, oculaires et respiratoires dans les formes graves). *Traitement :* réanimation, respiration assistée. *Cas en France : 1982 :* 60 c., 1 décès ; *1983 :* 3 c. ; *1984 :* 8 c.

● **Brucellose** (fièvre de Malte, mélitococcie) (B) (AZ). Très répandue dans le bétail. Provoque des avortements (ovins, caprins, bovins). Diagnostic difficile chez l'animal. En France, en 1978, 98 % des bovins, 99 % des ovins et 99 % des caprins ont été reconnus indemnes. *Cause :* 3 espèces de bacilles (Brucella). *Contamination humaine :* le plus souvent professionnelle (agriculteurs, bergers, vétérinaires) au moment de l'avortement des animaux infectés ; plus rarement, par consommation de lait ou de viande crus. *Symptômes :* état fébrile prolongé, irrégulier (fièvre ondulante) ; sueurs, douleurs, rate hypertrophiée. Évolution souvent longue. *Complications :* ostéo-articulaires, nerveuses, psychiques. *Traitement :* antibiotiques. *Cas en France* (localisée d'abord à l'île de Malte, elle s'est répandue dans les pays méditerranéens puis apparut en France en 1908). *1978 :* 889 c., 4 d. ; *1979 :* 725 c. ; *1980 :* 685 c. ; *1981 :* 529 c. ; *1982 :* 548 c. ; *1983 :* 406 c., 1 décès ; *1984 :* 289 c.

● **Chancre mou.** Voir Index.

● **Charbon** (B) (AZ). *Cause :* bactéridie charbonneuse (découverte par Davaine), sporulée. *Contamination :* autrefois par contact avec bétail infecté ; actuellement par manipulation de produits importés d'origine animale (poils, laine, peaux, os). Maladie professionnelle. *Symptômes :* pustule maligne (surtout à la face), œdème malin ; parfois septicémie. *Traitement :* antibiotiques. Devenu exceptionnel.

● **Choléra** (B). *Contagion :* voie digestive (eau, aliments souillés par déjections), contact avec malades (bacille découvert en 1884). *Incubation :* moins de 5 j. *Symptômes :* vomissements, diarrhée ; déshydratation très rapide et grave. *Traitement :* réhydratation par perfusion veineuse ; antibiotiques. 95 % de guérisons si la réhydratation est correcte. *Prévention :* maladie quarantenaire (mesures intern.), stérilisation de l'eau de boisson, abstention de crudités ; sulfamides, antibiotiques ; vaccin.

Aucun pays n'est à l'abri. Le choléra peut être importé mais s'éteindra rapidement si le pays jouit d'un niveau d'hygiène suffisant. Jusqu'au XIXe s., il fut confiné en Asie et en Inde. Il y resta endémique, se répandant parfois vers l'Ouest. *1817,* Europe, Amérique et Afrique.

Pandémies : 1829, 1832, (1ers cas à Paris en mars ; en 6 mois : 18 000 †, *de 1832 à 1837 :* 100 000 † en France), *1846 à 1854* (la France est atteinte, *1849* 110 000 †). *1851, 1854* (France 143 478 †), *1856* (atteint Crimée, Bassin méditerranéen), *1865, 1866, 1871* (Baltique), *1873* (France), *1883-84* (Égypte : 28 616 † en *1883*), *1884* (Fr 11 769 † ; Espagne 119 931 † ; Italie 17 750 †), *1892* Russie (400 000 †), *1899, 1923. 1929* Iran. *1947* Égypte. *1961* provoqué par le vibrion El Tor à partir des Célèbes (Indonésie). *1964* Inde. *1965-66* Pakistan, Iran et Irak. *1970* Proche-Orient, Afr. du N. ; O. africain, Espagne. *1971 :* cas signalés : Afrique 155 873 (22 922 †) ; Bengale 61 526 (6 935 †) ; Indochine 21 604 (3 371 †) ; Europe 96 (4 †). *1972 :* 60 000 c. *1974 :* 99 141 c. *1981 :* 36 840 c. *1982 :* 54 856 c. *1983 :* 64 061 dont : Afrique 36 722 ; Asie 27 005 (24 importés) ; Europe 12 (11 importés) ; Océanie 319 (3 importés). *1984 :* 28 893 c. dont Afrique 17 060 ; Amérique 1 (U.S.A., importé) ; Asie 11 801 ; Europe 11 (6 importés) ; Océanie 20.

● **Coqueluche** (B). Au Moyen Âge, les malades atteints par la toux et les accès de fièvre portaient des capuchons appelés « coqueluches ». *Cause :* bacille de Bordet-Gengou. Contamination directe par voie aérienne. *Incubation :* 8 j en moyenne. *Symptômes :* quintes de toux spasmodiques avec reprise bruyante (chant du coq). *Durée :* 20 à 30 j. *Complications :* quintes asphyxiantes chez les tout jeunes enfants ; encéphalite ; infections respiratoires secondaires. *Traitement :* antibiotiques. Prévention : isolement (durant 30 j après le début des quintes). Injection précoce de gammaglobulines humaines aux sujets ayant été en contact avec un malade. Vaccin recommandé dès 3 mois. *Cas en France : 1961 :* 5 516 cas, 207 †. *1971 :* 668 c., 29 †. *1978 :* 163 †. *1980 :* 100 c., 6 †. *1981 :* 66 c. *1982 :* 137 c. *1983 :* 112 c. *1984 :* 57 c.

● **Coryza** (rhume de cerveau) (V). *Cause :* plusieurs variétés de virus. Chacun comporte de nombreux sérotypes, ce qui explique la répétition des rhumes et l'échec des essais de vaccination.

● **Diphtérie** (B). *Cause :* bacille de Löffler (découvert par Klebs en 1883 et isolé par Roux en 1889). *Contamination :* directe par voie aérienne, parfois ind. (objets souillés). *Symptômes :* angine à fausses membranes ; ganglions cervicaux hypertrophiés ; signes toxiques (pâleur, fatigue). Parfois, angine maligne, noirâtre, avec intoxication grave (myocardite), souvent mortelle. Le *croup* est dû à la localisation des fausses membranes au larynx (dyspnée : gêne respiratoire, essoufflement, asphyxie). *Complications :* paralysies (voile du palais, accommodation), parfois généralisées. *Traitement :* sérum antidiphtérique, antibiotiques. *Prévention :* isolement de 30 j. Vaccination obligatoire avant 1 an (découverte de l'anatoxine par Ramon). *Cas en France.* Nombreux avant la vaccination systématique (1946). *1945 :* 45 000 cas, 3 168 décès. *1948 :* 7 235 c., 489 d. *1961 :* 726 c., 23 d. *1972 :* 43 c., 1 d. *1980 : 1 d. 1981 :* 6 d. *1982 :* 3 c. *1983 :* 4 c. *1984 :* 2 c.

• **Dysenterie.** Maladie parasitaire ou bactérienne caractérisée par le syndrome dysentérique : diarrhée, émission de glaires et de sang par l'anus ; douleurs abdominales *(épreintes)* et anales *(ténesme).* 2 formes :

a) Dysenterie amibienne (P). Asie, Afrique et Amérique tropicales. *Cause :* amibe (protozoaire) parasite du côlon. *Contamination :* par voie digestive. *Symptômes :* syndrome dysentérique ; tendance aux rechutes. *Complications :* colite chronique ; amibiase hépatique (congestion, puis abcès du foie) ; parfois abcès du poumon. *Traitement :* imidazoles, émétine, arsenicaux, quinoléine. *Prévention :* surveillance des aliments et des eaux de boisson. *Cas en France : 1980 :* 169 c. *1981 :* 31 c. *1982 :* 56 c. *1983 :* 24 c. *1984 :* 20 c.

b) Dysenterie bacillaire (shigellose) (B). Répandue dans le monde entier. *Cause :* plusieurs espèces de bacilles du genre *Shigella. Contamination digestive :* aliments souillés, eau. *Symptômes :* syndrome dysentérique avec fièvre ou gastro-entérite aiguë plus bénigne (cas le plus habituel en France). *Complications :* rhumatisme. *Traitement :* sulfamides intestinaux, antibiotiques. *Cas en France : 1981 :* 188 c. *1982 :* 373. *1983 :* 193. *1984 :* 271 c.

Syndrome dysentérique épidémique des enfants dans les pays en voie de développement. *Causes :* shigella, salmonella, clostridia. Risque de mort par déshydratation aiguë. Nécessité de réhydratation rapide par solutés de glucose additionné de potassium et sodium.

• **Encéphalite épidémique** (V). *Cause :* virus filtrant. *Symptômes :* encéphalite aiguë avec coma, paralysie, troubles respiratoires. Maladie très grave. A sévi au XVIIe s. en Italie et en Hongrie, plusieurs épidémies en Europe aux XVIIIe et XIXe s. En France, en 1916, 6 000 victimes. 1919-1920 elle atteint le monde entier. A pratiquement disparu. Pas de traitement connu.

• **Érysipèle** (B). *Cause :* streptocoque. *Symptômes :* plaque rouge limitée par bourrelet, née d'un foyer infectieux superficiel (nez, oreille) ; fièvre. *Durée :* 5 à 10 j. *Traitement :* antibiotiques.

Fièvres hémorragiques virales. FIÈVRE DE LA VALLÉE DU RIFT. *Cause :* virus transmis par des moustiques ; réservoir naturel constitué par les rongeurs. *Traitement :* vaccin. *En 1977,* Égypte : env. 20 000 cas et 100 décès.

FIÈVRE JAUNE (V). *Cause :* virus amaril (arbovirus), transmis d'homme à homme et de l'animal (singe) à l'homme par un moustique : l'*Aedes aegypti* (découvert à Cuba en 1901 par la mission américaine). *Incubation :* 4 à 6 j. *Symptômes :* début brutal, fièvre élevée, ictère grave, vomissements noirs, hémorragies, néphrite. *Mortalité :* 30 à 50 %. *Traitement :* symptomatique (réanimation). *Prévention :* maladie quarantenaire (mesures internationales) ; destruction des moustiques. *Vaccination* par virus atténué. *Épidémies* meurtrières en Afrique tropicale et Am. du Centre et du Sud [Sénégal (1778, 1927) ; canal de Panama], parfois U.S.A. [Philadelphie 1793 (4 000 † sur 40 000 hab.) ; vallée du Mississippi 1878 (13 000 †) ; New York] ; Europe (moustiques importés l'été par des navires) : Barcelone 1821 (10 000 †). Actuellement, épidémies localisées dues au relâchement de la prévention ou à l'existence chez les singes d'un réservoir de virus, que les moustiques peuvent transmettre en piquant l'homme *(fièvre selvatique). Cas dans le monde en 1981 :* Afr. 7 cas (2 †) ; Amér. du S. 230 c. (105 †). *1983 :* 778 c. (530 †) dont Afr. 728, dont Burkina Faso 356, Ghana 372 (487 †) ; Amér. du S. (Bolivie, Brésil, Colombie, Équateur, Pérou) 50 (43 †). *1984 :* 128 c. (84 †) dont Afr. 31, dont Burkina Faso 17, Nigeria 12, Togo 1, Cameroun 1 (cas suspect) (17 †) ; Amér. du S. 95 (67 †).

Zones potentiellement infectées par la fièvre jaune (au 16-6-1983) : Gambie, Ghana, Nigeria, Soudan, Zaïre (Afrique) ; Bolivie, Brésil, Colombie, Équateur, Pérou (Amérique). La vaccination est recommandée pour les voyageurs partant dans ces pays.

DENGUE HÉMORRAGIQUE. Identifiée en 1953 aux Philippines puis en Asie du S.-E., à Calcutta (Inde) et dans le Pacifique occidental. *Cause :* virus transmis par des moustiques du genre *Aedes. Incubation :* 5 à 8 j. *Symptômes :* fièvre, maux de tête, fortes douleurs musculaires et articulaires, collapsus brutal. *Mortalité :* 7 %. *Prévention :* destruction des moustiques.

FIÈVRE A VIRUS CHIKUNGUNYA. Transmise par les moustiques. Complexe fièvre hémorragique de Crimée/Congo/Hazara. *Cause :* virus transmis par les tiques. *Mortalité :* 30 à 50 % en U.R.S.S. et au Pakistan, rare en Afrique.

MALADIE DE LA FORÊT DE KYASANUR ; FIÈVRE HÉMORRAGIQUE D'OMSK. Transmises par les tiques.

FIÈVRE HÉMORRAGIQUE D'ARGENTINE. *Cause :* virus Junin transmis par les rongeurs. *Contamination :* poussières, aliments souillés. *Incubation :* 7 à 16 j. *Symptômes :* frissons, maux de tête et nausées, suivis de fièvre. *Mortalité :* 3 à 15 %.

FIÈVRE DE BOLIVIE. *Cause :* virus Machupo, transmis par des rongeurs.

FIÈVRE DE LASSA. *Cause :* virus transmis par les rongeurs puis de personne à personne. *Contamination :* par l'urine qui contamine les aliments, la poussière. *Symptômes :* peu spécifiques, début lent et insidieux. *Mortalité :* 36 à 67 % parmi les formes graves de la maladie. Virus isolé en 1969 au Nigeria puis au Libéria et en Sierra Leone (Afr.). 2 cas rapportés en G.-B. en 1982 (origine : Nigeria).

FIÈVRE HÉMORRAGIQUE AVEC SYNDROME RÉNAL. Transmise par des rongeurs.

VIRUS MARBURG ET EBOLA. Mode de transmission non élucidé. *Symptômes :* violents maux de tête, fièvre élevée, douleurs généralisées puis diarrhée conduisant à une déshydratation rapide. Hémorragies entre le 5e et le 7e jour. *Mortalité :* 29 %. *Prévention :* maladie quarantenaire. La confirmation du diagnostic viral est confiée à 4 laboratoires dans le monde (Anvers, Belg. ; Atlanta, U.S.A. ; Moscou, U.R.S.S. ; Salisbury, G.-B.). 2 épidémies au Soudan et Zaïre (318 cas, 280 décès) en 1976 (virus Ebola).

• **Fièvre Q.** Voir rickettsioses p. 141.

• **Filariose.** Voir helminthiases.

• **Grippe** (influenza) (V). *Cause :* virus grippal. 3 types : A, B, C. Le type A, le plus dangereux, est sujet à des mutations et variations périodiques (virus A, A_1 A_2). B, plus bénin, se propage moins facilement. *Dernières souches isolées :* A Victoria (G.-B.), Tokyo, New Jersey *(1976),* A Texas, U.R.S.S. *(1977). 1980-81 :* A 68 % appartiennent au sous-type H3N2, A Bangkok /1/79 (H3N2), A Texas /1/77 (H3N2), 28 % au sous-type H1N1 surtout A Angleterre /333/80 (H1N1) B 4 % : surtout B Singapore /222/79, présentes dans le vaccin antigrippal. *Contagion :* directe par voie aérienne. *Incubation :* 1 à 3 j. *Symptômes :* fièvre, début brutal ; catarrhe trachéo-bronchique. *Durée :* 3 à 5 j. *Complications :* pneumonie, bronchopneumonie ; danger chez les vieillards, les insuffisants respiratoires, les cardiaques. Asthénie prolongée de la convalescence. *Traitement :* antibiotiques (seulement contre les complications bactériennes). *Prévention :* vaccination (env. 5 000 000 de vaccinés chaque année en France).

Une *mutation* du virus rend caduque l'immunité acquise par une atteinte antérieure ou par vaccination ; il se produit alors une pandémie [1918, 1947, 1957 (60 000 † en 6 mois aux U.S.A.), 1968 (80 000 † en 6 mois aux U.S.A.)]. Dans l'intervalle, les simples variations antigéniques provoquent des épidémies saisonnières. Le vaccin 30c, mis au point en 1973, protège jusqu'à une mutation génétique profonde du virus A, il est efficace pendant 9 à 12 mois, le taux de protection est de 100 % (environ).

Origine des virus : centre de l'Asie. Épidémies connues : 1530 (1re épidémie), 1729, 1733, 1782, 1830, 1847. *1889 et 1918-19* le virus apparut en février 1918 en Chine à Canton, puis dans des camps militaires aux U.S.A., il suivit l'armée amér. en Europe ; la 1re phase (été 1918) clouait le malade au lit 3 j ; la 2e (à l'automne) et la 3e (en janvier 1919) tuaient en 3 j ; ces grippes « espagnoles » firent 15 à 25 millions de morts dans le monde [virus découvert en 1933 ; réapparu aux U.S.A. (1976, 500 cas dans le New Jersey)].

Coût de la grippe pour une année moyenne en France : 4 250 000 malades, 8 000 décès, 1 milliard de F de soins médicaux, 24 millions de journées de travail perdues, 2 milliards de F perdus par l'arrêt de la production, 1,4 milliard de F de charge pour la Sécurité sociale. En moyenne, 7 % des Français sont atteints chaque année.

Nombre de décès attribués à la grippe en France (causes directe et indirecte)

60	12 323	*68*	8 253	*76*	5 336
61	2 471	*69*	15 070	*77*	2 600
62	7 092	*70*	7 264	*78*	3 502
63	8 867	*71*	4 065	*79*	1 054
64	2 447	*72*	4 797	*80*	1 084
65	9 309	*73*	8 906	*81*	2 947
66	3 116	*74*	4 375	*83*	2 278
67	4 160	*75*	4 806	*84*	627

• **Helminthiases** (P). Maladies parasitaires causées par diverses classes de vers.

1°) *Cestodes* (vers plats rubannés) : contamination par ingestion de porc ou de bœuf pour les ténias, de poissons pour le bothriocéphale. Exception : le *ténia chinocoque* (stade larvaire chez l'homme), les *larves* (cysticerques) produisent les *kystes hydatiques.*

2°) *Trématodes* (vers plats ovalaires) : contamination par ingestion de poissons ou végétaux d'eau douce : douves, qui provoquent la *distomatose* (hépatite toxi-infectieuse) ; à partir d'eaux polluées par des déjections urinaires ou fécales : *bilharziose* vésicale due à des vers plats, les *schistosomes* ou *bilharzies :* 200 millions de cas dans le monde (Égypte, Afrique tropicale), intestinale (Amér. du S., Antilles), artério-veineuse (Japon, Philippines).

3°) *Nématodes* (vers cylindriques) : comprennent : a) Parasites *intestinaux :* ascaris, trichocéphales, oxyures (contamination par ingestion de larves) ; ankylostomes, anguillules (les larves pénètrent à travers la peau) ; trichines (ingestion de viande de porc mal cuite). b) Parasites des *vaisseaux lymphatiques* ou du tissu cellulaire *sous-cutané : les filaires,* transmises par des insectes vecteurs (filariose : filaire de Bancroft, 250 millions de cas dans le monde ; f. loa-loa, *onchocercose* ou cécité des rivières, 30 millions de cas en Afrique noire) ou par ingestion d'un petit crustacé (filaire de Médine). *Traitement :* vermifuge. *Prévention :* lutte contre les mollusques, assèchement des plans d'eau inutiles, suppression des plantes d'eau, etc.

Cas en France : 1975 : 4 346 c., 460 décès. *U.S.A. : 1975 :* 56 134 c. *1976 :* 56 795 c.

• **Hépatite virale** (V). *Contamination : Hépatite A,* par ingestion (eau, aliments). *Incubation :* 3 semaines. *Hépatite B,* par inoculation de sang ou de plasma infecté quelquefois par voie orale. *Incubation :* 2 à 3 mois. *Cause :* virus apparenté à l'antigène *Australia,* plus directement associé à l'hépatite B ; 150 millions d'individus dans le monde seraient porteurs du virus B : Occident 0,1 à 0,5 % de la population, Amér. du Sud, Japon 1 à 2 %, Afr. du Nord, M.-Orient, E.-Orient 2 à 5 %, Afrique intertropicale, Asie du S.-Est 5 à 15 %. *Symptômes :* début par fièvre, troubles digestifs (nécrose du foie) ; puis *ictère* (jaunisse) durant 3 semaines environ. *Complications :* formes prolongées, à rechutes, ictère grave, cirrhose. *Traitement :* repos, régime. *Prévention : hépatite A :* hygiène alimentaire ; injection préventive de gammaglobulines humaines polyvalentes ; *hépatite B :* recherche systématique de l'antigène HB chez les donneurs de sang ; élimination des porteurs, injection de gammaglobulines spécifiques anti-HB, vaccination depuis 1981. *Hép. virale professionnelle :* des sujets effectuant le prélèvement, le conditionnement ou l'emploi du sang humain ou de ses dérivés. Déclaration oblig. en France dep. 1973. *Cas en France :* 100 000 à 150 000. *1980 :* 3 239 cas, 178 décès. *1981 :* 2 527 c., 312 d. *1982 :* 2 390 c. *1983 :* 2 027 c., 261 d. *1984 :* 2 270 c., 262 d.

• **Leishmaniose** (P) (AZ). *Cause : leishmania,* parasite des cellules de l'homme et d'animaux (chiens, rongeurs sauvages). *Contagion* indirecte par piqûre d'un insecte vecteur. *2 formes : a) cutanée* (bouton d'Orient), dans le Bassin méditerranéen : lésion croûteuse et ulcérée sur la peau ; durée : 2 à 12 mois ; *b) viscérale* (Kala-Azar) : Inde, Bassin méditerranéen. En France, le chien est le réservoir du virus. *Symptômes :* fièvre prolongée, irrégulière ; hépatosplénomégalie (augmentation du volume du foie et de la rate) ; anémie ; cachexie. *Traitement :* diamidine, antimoniaux.

Cas dans le monde : env. 400 000 par an (Afrique, Amérique du Sud, Inde). *1984* env. 12 millions de cas enregistrés.

• **Lèpre.** *720,* apparue en France avec les Sarrasins. Nombreux ravages à l'époque des Croisades. *1225,* s'étend de la Provence dans toute la France (il y aura

2 000 léproseries v. *1550*), disparaît presque complètement et cesse v. *1664*. *Cause : Mycobacterium leprae*, bacille découvert par le Norvégien Hansen, en 1873. *Contamination :* contact prolongé avec un lépreux contagieux. *Incubation :* longue (2 à 5 ans en moyenne, parfois beaucoup plus). *Symptômes :* débute par une macule (tache) indéterminée. Puis évolue vers 2 formes extrêmes (dites polaires) entre lesquelles existent de nombreuses formes intermédiaires (interpolaires). *1°) Forme tuberculoïde :* macules décolorées anesthésiques, lésions nerveuses (névrites, troubles trophiques), lésions osseuses. Aboutit à des déformations et mutilations. Se voit chez les sujets ayant une bonne défense immunitaire. Très peu contagieuse et très sensible au traitement (min. 6 mois). *2°) Forme lépromateuse :* nodules (lépromes), rhinite bacillifère, lésions viscérales et oculaires. Accidents neurologiques tardifs. Survient chez les sujets ayant une mauvaise défense immunitaire. Forme la plus grave et la plus contagieuse. Nécessite un traitement prolongé (min. 2 ans). *Traitement :* sulfones, rifampicine (très active), clofazimine (lamprène), thioamides (éthionamide-protionamide). Association indispensable de plusieurs antibiotiques. Dans les états réactionnels, intérêt des corticoïdes, de la clofazimine, de la thalidomide (sous certaines conditions) et parfois de la chirurgie décompressive. Chirurgie réparatrice. *Prévention :* un vaccin spécifique est à l'étude. *Cas dans le monde (1984) :* 11 millions enregistrés (1 sur 4 est soigné, 1 sur 2 suit un traitement régulier). Surtout Asie, Afrique, Pacifique occidental. *1984 :* 4 à 5 millions enregistrés, 10 à 15 millions estimés (selon l'OMS). Surtout Asie, Afrique, Océanie, Amérique centrale et du Sud. *Cas déclarés en France métropolitaine : 1981 :* 13, *1982 :* 14, *1983 :* 17, *1984 :* 9.

• **Leptospirose** (spirochétose ictéro-hémorragique) (B) (AZ). *Cause :* diverses espèces de leptospires (organismes spiralés). *Contamination :* immersion dans l'eau souillée par l'urine des rats. Souvent maladie professionnelle : égoutiers. *Symptômes :* fièvre, douleurs musculaires, ictère, atteinte rénale, méningite. *Traitement :* pénicilline. *Cas déclarés en France : 1980 :* 52, *1981 :* 62, *1982 :* 60 (8 décès), *1983 :* 105 (mortalité : 10 %), *1984 :* 72.

• **Maladie des légionnaires.** *Cause : Legionella pneumophila*, germe en forme de bâtonnet, mode d'action en grande partie inexpliqué. En 1976, 200 congressistes de l'American Legion réunis à Philadelphie avaient été atteints et 29 étaient morts. *Symptômes :* pneumonie aiguë, forte fièvre. *Traitement :* antibiotiques. Cas en France : 1984 : 223. *Décès en France : 1981 :* 2.

• **Méningite cérébrospinale** (B). *Cause :* méningocoque (dans le rhino-pharynx de nombreux sujets ; quelques-uns font une méningite). *Contamination* directe par mucosités pharyngées. *Incubation :* 2 à 4 j. *Symptômes :* syndrome méningé (céphalée, raideur de la nuque), fièvre élevée ; pus dans le liquide céphalo-rachidien. *Complications : septicémie, purpura, arthrites. Traitement :* sulfamides, antibiotiques, très efficaces (autrefois 50 % de décès, actuellement moins de 5 %). *Prévention :* recherche des porteurs sains dans l'entourage ; sulfamidothérapie des sujets en contact avec le malade. Il existe des vaccins contre les méningocoques A (Afrique) et C (pays anglo-saxons), non contre B (95 % des méningites à méningocoques en France). *Cas en France : 1950 :* 518. *1960 :* 610. *1970 :* 1 105. *1975 :* 1 505. *1979 :* 2 061. *1980 :* 1 661. *1981 :* 1 374 c. (107 décès). *1982 :* 1 080. *1983 :* 886 (103 d.). *1984 :* 867 (47 d.).

• **Mononucléose infectieuse** (V). *Cause :* virus EB (virus Epstein-Barr). *Symptômes :* fièvre, angine, fluxion des ganglions du cou, splénomégalie (grosse rate) discrète ; présence dans le sang de mononucléaires basophiles. *Durée :* de 2 à plusieurs semaines. *Complications :* hépatite, méningo-encéphalite (rares). *Traitement :* corticoïdes (discutés). Fréquente chez les jeunes adultes. *Mortalité* très exceptionnelle.

• **Mycoses** (P). *Causes :* champignons microscopiques (par action directe et par sensibilisation). *Nombreuses variétés :* mycoses superficielles de la peau *(teignes, candidoses)* et des muqueuses *(muguet)*, m. *sous-cutanées (sporotrichose, mycétomes)*, m. *profondes (aspergillose, histoplasmose)*. Évolution toujours lente, chronique. *Traitement :* antifongiques.

• **Oreillons** (V). *Cause :* virus ourlien. *Contagion* directe par voie aérienne. *Incubation :* 18 à 22 j. *Symptômes :* gonflement bilatéral des glandes parotides. *Durée :* 5 à 6 j. *Complications :* orchite, pancréatite ; complications nerveuses, parfois méningo-encéphalite. *Traitement :* repos au lit. *Prévention :* isolement jusqu'à guérison clinique ; vaccin (U.S.A.). *Statistiques :* difficiles à établir, 40 % des cas seraient inapparents. 20 % des + de 20 ans ne seraient pas immunisés.

• **Ornithose** (AZ). *Cause : chlamydia psittachi. Contamination :* inhalation de poussières contenant des excréments d'oiseaux infectés (pigeons). *Symptômes :* fièvre, pneumonie atypique (durée : 8 à 10 j). La *psittacose*, transmise par les perroquets, est plus grave. *Traitement :* antibiotiques.

• **Paludisme (malaria)** (P). *Cause :* hématozoaire de Laveran, parasite des globules rouges (le plus répandu : *Plasmodium falciparum* responsable des formes mortelles et graves de p.). *Contagion :* indirecte par piqûre de moustique (400 espèces d'anophèles identifiés dont env. 80 vecteurs de paludisme) se nourrissant d'hémoglobine riche en fer. *Symptômes* (paludisme de 1re invasion) : incubation 8 à 15 j, fièvre, embarras gastrique fébrile. *Cause :* éclatement des globules rouges pénétrés par les protozoaires parasites microscopiques que contient l'anophèle ; de jeunes parasites sont libérés et pénètrent dans de nouvelles hématies ; plus tard, accès fébriles intermittents, tous les 2 ou 3 j, causés par la libération de substances lors de l'éclatement. *Traitement : antimalariques de synthèse, quinine* (chloroquinine, amodiaquine). *Prévention : lutte contre les moustiques :* DDT dans du pétrole répandu sur l'eau (marais, lacs, etc.) ou méthodes biologiques (écoulement des eaux stagnantes, suppression des mares d'eau inutiles, création de courants chassant les larves) permettant le respect de la faune et de la flore ; pulvérisations d'insecticides (peuvent supprimer aussi des parasites utiles ; résistance par sélection des plus résistants ou par mutation génétique). *Prise continue d'antimalariques* (pyriméthamine, proguanil, aminoquinoléines, chloroquine, amodiaquine) en pays d'endémie. A chaque voyage en zone de paludisme, dès le jour du départ, prise quotidienne de chloroquine (Nivaquine) pendant le séjour et les 2 mois suivant le retour. En 1955 l'O.M.S. a commencé une campagne d'éradication (144 pays étaient atteints, 2 milliards d'hommes étaient anémiés, 3 millions et demi d'h. en mouraient).

Nombre de cas signalés (en milliers) (O.M.S.) **à l'exclusion de l'Afrique.** *1981 :* 7 785 [dont Amériques 630, Asie du S.-E. 3 459 (est.), Europe 60, Méditerranée orientale 186, Pacifique occidental 3 450]. *1982 :* 6 461 [dont Amériques 715, Asie du S.-E. 2 936 (est.), Europe 66, Méd. orient. 309, Pacifique occ. 2 435 (est.)]. *1983 :* 5 521 [dont Amériques 830, Asie du S.-E. 2 529 (est.), Europe 71 (dont Turquie 67), Méd. orient. 294 (est.), Pacifique occ. 1 797 (est.)]. **Afrique.** *1981* 7 872 ; *1982 :* 4 000 (est.) ; *1983 :* chiffres non disponibles.

Bahreïn, Chypre, Israël, Jordanie, Koweit, Liban et Qatar sont exempts de paludisme indigène (quelques cas importés seulement).

Cas importés en France, 1983 : 75 (Afr. noire 79 %, Inde 6 %, non précisé 15 %). *1984 :* 113 déclarés.

• **Peste** (B) (AZ). *Cause :* bacille de Yersin. *Contamination :* maladie du rat et des rongeurs sauvages, transmise à l'homme par la *puce* (le rat noir serait davantage porteur que le rat gris). *Incubation :* 2 à 5 j. *Symptômes :* a) *peste bubonique :* fièvre élevée, délire ; ganglion suppuré dans l'aine ou l'aisselle. b) *peste pulmonaire :* pneumonie, transmise directement d'homme à homme, très grave. *Complications :* septicémie. *Traitement :* antibiotiques (ont réduit considérablement la mortalité). *Prévention :* maladie quarantenaire (mesures internationales) ; port d'un masque pour le personnel soignant ; vaccin ; chimioprophylaxie ; lutte contre les rats ; désinsectisation. Traitée tôt, elle est curable grâce aux antibiotiques.

Quelques cas autochtones observés en Corse depuis 1970 (Côte orientale, Cap Corse) ; Réunion, Guadeloupe, Martinique sont considérées comme indemnes.

Quelques épidémies : Avant J.-C. : 1285, 700 (env. tous les 15 ou 20 ans), *431* (Athènes). *Après J.-C. : 542* (Paris) ; *994, 1027, 1035, 1043, 1232* (Chine), *1347-52* (peste noire, 25 millions de † en Europe), *1537, 1548, 1566, 1568, 1580, 1628* (Lyon et Paris, + de 40 000 †), *1630-31, 1638, 1654* (Danemark), *1657* (Suède), *1665* (G.-B., 75 000 † à Londres en 7 mois, peste bubonique et pulmonaire), *1668* (Suisse), *1669* (P.-Bas), *1681* (Espagne), *1713* (Moscou), *1720* (Marseille et Provence, 85 000 †), *1722* (France), *1815-24* (Constantinople), *1834-35* (Le Caire), *1867-1892* (Irak), *1879* (Russie), *1894* (Chine, de Canton essaime sur tous les continents), *1898-1908* (Inde, 6 032 693 †), *1901* (Formose, 3 670 †), *1907* (Birmanie, 9 249 †), *1908* (U.S.A.), *1911* (Mandchourie, 60 000 † ; Inde, 840 000 †), *1914* (Ceylan, 401 † ; Hong Kong, 2 020 †), *1916* (Et. de New York, 13 000 c.), *1917* (Mongolie, 16 000 †), *1920* (Mandchourie, 93 000 †) ; *France (peste des chiffonniers 34 †), 1930* (Chine, 20 000 †), *1961* à *1970* (2 000 cas annuels déclarés dans le monde). *1983 :* 715 (72 †), dont Afrique 251 (42 †) ; Amériques 225 (12 †) dont U.S.A. 40 (6 †) ; Asie 239 (18 †). *1984 :* 908 (66 †), dont Afrique 179 (18 †) ; Amér. 500 (42 †) dont U.S.A. 31 (6 †) ; Asie 229 (6 †).

• **Pian** (P). *Cause :* tréponème voisin de celui de la syphilis. *Transmission* par contact cutané. *Symptômes :* ulcérations cutanées, lésions bourgeonnantes et suintantes. *Complications :* osseuses déformantes. *Traitement :* pénicilline (excellents résultats par traitement de masse). Morbidité et mortalité inconnues.

• **Poliomyélite** (V). *Cause :* virus comportant 3 types (I, II, III). Reconnue en 1840 par Heine et 1890 par Medin. En 1909, Karl Landstenner découvrit une immunité. *Contamination :* par voie digestive (eau). *Incubation :* 4 à 15 j. *Symptômes :* tous les sujets infectés ne présentent pas de symptômes : certains font une *maladie mineure* (angine, troubles digestifs) ; d'autres font ensuite une maladie *majeure* (méningite) ; parmi eux, certains font une *paralysie* à début brusque, plus ou moins étendue. *Forme grave :* paralysie respiratoire. *Séquelles :* paralysies définitives. *Traitement :* rien pour la forme courante ; respiration assistée et réanimation pour les paralysies respiratoires. *Prévention :* vaccination : virus atténué (vaccin Sabin par voie orale) ou inactivé (vaccin Salk-Lépine par injection).

Cas dans le monde, 1983 : Asie du S.-E. 27 792, Pacifique occ. 5 414, Médit. orient. 4 772, Afrique 4 031, Amériques 840, Europe 376. *En France : 1961* 1 513 cas, 126 décès ; *79* 14 c., 11 d. ; *80* 8 d. ; *81* 8 d. ; *82* 14 d. ; *83* 7 d. ; *84* 11 d.

• **Psittacose** (V). *Cause : chlamydia. Symptômes :* pneumonie aiguë fébrile avec toux, douleurs thoraciques et parfois encéphalites ou péricardites. Peu fréquente. *Traitement :* antibiotiques. *Cas en France : 1979 :* 11. *1980 :* 8. *1982 :* 14.

• **Rage** (V) (AZ). *Cause :* virus rabique. *Contamination :* contact d'une blessure (morsure, griffure ou léchage sur blessure) avec la salive d'un mammifère enragé : chien, chat, loup, renard ; bovins, chevaux et autres herbivores sauvages sont atteints par la rage et en meurent mais ne la transmettent qu'exceptionnellement à d'autres animaux ou à l'homme, sauf si ce dernier « explore » la gueule des herbivores suspects (paralysie de la mâchoire) ; très exceptionnellement par gouttelettes en suspension dans l'air aspirées par inhalation. Dans certains pays d'Amérique, les chauves-souris vampires contaminent le bétail [prévention : vaccination massive du bétail, injection d'anticoagulant sur le bétail (mortels pour les vampires), vampires badigeonnés d'anticoagulant et relâchés pour qu'ils contaminent le reste de la colonie]. *Prévention :* en Europe, renards en régions de rage endémique. Limitation des populations de renards (chasse, tir de nuit) en évitant de bouleverser les conditions écologiques initiales. Depuis 1978 en Suisse, en 1983 en All. féd., protection des animaux par distribution d'appâts contenant un vaccin à virus vivant. Méthode un peu risquée, mais efficace. *Symptômes : chez l'homme :* hydrophobie, spasmes de la gorge, convulsions, paralysies des membres jusqu'à la mort ; *chez l'animal : 2 formes d'évolution : rage furieuse*, excitation générale (se méfier aussi de l'animal habituellement agressif devenu subitement doux, affectueux...), bave, mord, griffe ; *rage mue :* prostration, paralysie des muscles (difficile à déceler, le chat cherche les coins sombres, miaule plaintivement puis passe par des crises de furie). *Décès :* 100 % en 2-3 j. *Prévention :* vaccination des professions exposées à titre préventif. *France :* vacc. à titre « curatif » après morsure, griffure, léchage ou contact avec animal suspect de rage ou enragé. 1981 : 4 832. 1984 (sur 15 416 consultants) : 7 881 (dont 7 103 par vacc., 587 par vacc. et sérothérapie, 189 par sérothérapie). *Nombre de cas :* de rage humaine contractée en France, *1981 :* 0, *1982 :* 1, *1983 :* 0, *1984 :* 0, *1985 :* 0. Vacc. des animaux obligatoire dans les départements officiellement atteints : les chiens non vaccinés doivent être tenus en laisse, et les chats doivent rester enfermés ; pour le chien dès 3 mois, le chat 6 semaines (2 injections à 15 j ou 1 mois d'intervalle pour les carnivores ou 1 injection seulement avec certains vaccins agréés, 1 seule pour les herbivores, 1 rappel par an pour les carnivores, tous les 2 ans pour les bovins, avec certains vaccins agréés). Identification des animaux (tatouage obligatoire pour la vaccination des carnivores).

Conduite à tenir : ne jamais toucher, mort ou vivant, un animal sauvage ; ne jamais laisser son animal familier en liberté dans une forêt ; ne jamais caresser un animal que l'on ne connaît pas. Agir immédiatement dès que l'on a un doute sur la possibilité d'une contamination, morsure ou griffure : laver immédiatement la plaie à grande eau [additionnée de savon ou avec un liquide quelconque (boisson gazeuse, alcool)] ; appliquer de l'alcool ou de la teinture d'iode ou une solution d'ammonium quaternaire ; consulter le médecin le plus proche ou l'Institut Pasteur qui administrera le sérum antirabique ou la préparation de gammaglobulines.

Capturer l'animal qui a mordu et le confier à un vétérinaire ; obtenir nom et adresse du propriétaire pour faire exécuter dans les 48 h les examens vétérinaires (exigés par la loi) qui doivent se poursuivre dans les 15 j (traitement antirabique interrompu si l'animal reste sain 5 j) ; prévenir immédiatement la gendarmerie (si l'animal a été abattu, conserver le cadavre au froid et le remettre à un service vétérinaire). Si les examens sont positifs, aller aussitôt à l'Institut Pasteur ou à l'un des 52 centres ou antennes antirabiques de France. *Traitement :* s'il y a eu contact sans lésions avec un animal présumé enragé, aucun traitement vaccinal n'est entrepris. Sinon 6 injections de vaccin aux jours 0, 3, 7, 14, 30 et 90 ; une fois la rage déclarée, il est trop tard pour vacciner ; le traitement se borne alors à : sédatifs pour soulager anxiété et douleur ; respiration assistée (resp. artificielle, trachéotomie) ; médicaments pour combattre les contractions spasmodiques des muscles ; hydratation et normalisation des fonctions rénales par perfusion intraveineuse avec contrôle constant pour éviter les arrêts cardiaques. Dans les morsures graves, les immunoglobulines humaines antirabiques sont associées.

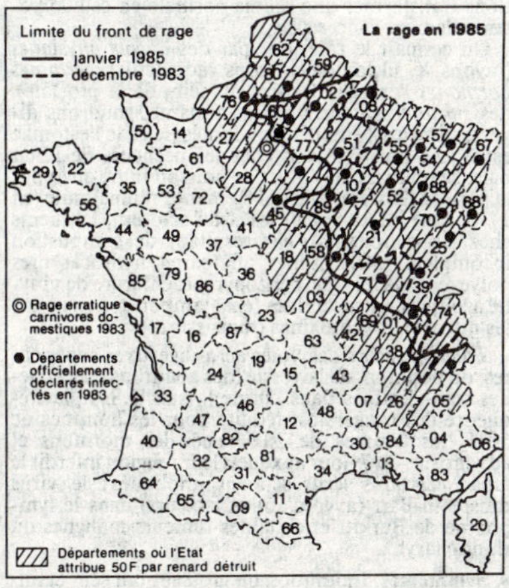

En France : rage du chien disparue depuis 1928, réapparue sous forme de rage du renard dep. le 26-3-1968, en Moselle ; 30 départements sont officiellement déclarés atteints par la rage au 1-1-1986 : Ain, Aisne, Ardennes, Aube, Côte-d'Or, Doubs, Essonne, Isère, Jura, Loiret, Marne, Hte-Marne, Meurthe-et-M., Meuse, Moselle, Oise, Nièvre, Haut-Rhin, Haute-Saône, Saône-et-L., Savoie, Seine-et-M., Seine-St-Denis, Somme, Val-de-M., Val-d'O., Vosges, Yonne, Belfort. Dep. 1978, le front de rage, qui progressait de 40 km par an vers l'ouest, s'est arrêté, sauf en région parisienne. *Cas : 1968 :* 63 c. *1970 :* 514 c. *1975 :* 2 029 c. *1979 :* 1 705 c. *1980 :* 1 618 c. *1981 :* 2 349 c. (dont an. domestiques 609). *1982 :* an. domestiques 874. *1983 :* an. domestiques 536. *1985 :* 2 009 c. (dont *an. sauvages :* renards 1 600, blaireaux 15, chevreuils 13, autres 46 ; *an. domestiques :* chiens 37, chats 86, bovins 89, ovins 99, caprins 22, autres 2).

● **Rickettsioses** (R). Groupe de maladies causées par des rickettsies, parasites (diam. 1 micron) des cellules ; sensibles aux antibiotiques. 5 grands groupes :

a) Typhus exanthématique. Transmis d'homme à homme par le *pou* (découvert en 1909). *Incubation :* 14 j. *Symptômes :* fièvre élevée, torpeur, éruption de taches rosées. *Complications :* cardiaques, artérites. *Prévention :* épouillage ; vaccin (le 1er employé fut celui de Weigl). Dans le passé, nombreuses épidémies redoutables (camps de prisonniers). 30 % de décès avant les antibiotiques. La *peste de St-Cyrien* (253) serait une épidémie de typhus. A surtout sévi pendant les g. [Trente Ans, Campagne de Russie de Napoléon, de Crimée, russo-turque de 1878, 1914-18 (Russie), 1940-45 dans les camps de déportés et sur le front oriental]. *1623* le typhus paraît pour la 1re fois (à Montpellier après le siège de cette place). *1649-1650* épidémie en Languedoc et Saintonge. *1794-1799* littoral méditerranéen. *1806* Est. *1807* Aube et Yonne. *1808* Gascogne. *1812* Yonne et Côte-d'Or. *1814* bords du Rhin et grande partie de la Fr. *1918-22* Russie 30 000 000 de cas, 3 000 000 de †. *1976 :* 8 065 c. (106 †). *1977 :* 6 087 c., 88 †. *1978 :* 6 686 c. *1979 :* 18 364 c. *1980 :* 7 506 c. (Afr. 7 432, Amér. Centre et S. 74), 18 † (Afr. 10, Amér. Centre et S. 8).

b) Typhus murin (AZ). Transmis du rat à l'homme par les *puces. Symptômes :* cf. précédents (moins graves).

c) Fièvres boutonneuses pourprées (AZ). *Transmises* par morsures de tiques infectées sur des animaux (rongeurs sauvages, chien). *Symptômes :* fièvre, éruption boutonneuse (papules saillantes). Amérique et Méditerranée.

d) Fièvre des broussailles (scrub-typhus) (AZ). *Transmise* par morsure de larves d'acariens infectés sur des rongeurs. *Symptômes :* fièvre, éruption maculeuse, escarre au point d'inoculation. Maladie rurale d'Extrême-Orient et îles du Pacifique : (armées alliées : 12 000 cas en 1941-44).

e) Fièvre Q (AZ). *Contamination :* surtout par inhalation de poussières infectées par divers animaux (bétail). *Symptômes :* fièvre, pneumonie atypique (pneumopathie aiguë fébrile avec toux, dyspnée et cyanose). Maladie découverte en Australie et répandue dans le monde entier.

● **Rougeole** (V). *Cause :* virus. *Contagion :* directe (voie aérienne). *Incubation :* 10 à 12 j. *Symptômes :* catarrhe oculo-nasal, toux, puis fièvre, éruption généralisée de papules rouges. *Durée :* 4 à 6 j. *Complications :* broncho-pneumonie, otite, encéphalite, peut tuer 1 malade sur 10 en Amérique du Sud et en Afrique intertropicale, et être la 1re cause de mortalité des enfants de 6 mois à 4 ans (mort entraînée par broncho-pneumonie, ou déshydratation provoquée par les troubles digestifs). *Traitement :* antibiotiques (seulement contre complications bactériennes). *Prévention :* séro-prévention dès le contact par gammaglobulines humaines ; vaccination : efficace, recommandée chez les enfants fragiles et dans les crèches. Grâce à cette vaccination, 1 697 cas seulement en 1982 aux U.S.A. (0,7 pour 100 000 hab.). *Cas dans le monde :* env. 350 000 ; *France : 1980 :* 1 244, *1981 :* 1 132. *1982 :* 812. *1983 :* 876. *1984 :* 979.

● **Rubéole** (V). *Cause :* virus rubéoleux. *Contagion :* directe (voie aérienne). *Incubation :* 14 j. *Symptômes :* fièvre, éruption maculo-papuleuse parfois discrète et atypique ; ganglions cervicaux. Nombreuses formes inapparentes : 90 % des adultes ont des anticorps (preuve d'une atteinte). *Danger de la rubéole :* malformations congénitales chez les enfants dont la mère a été atteinte les 3 premiers mois de la grossesse (cataracte, surdité, malformations cardiaques). *Prévention :* gammaglobulines humaines chez la femme enceinte supposée contaminée ; vaccination : préconisée chez les filles avant la puberté ; éventuellement femmes adultes n'ayant pas d'anticorps, uniquement sous contrôle médical. Vaccin efficace après 3 à 4 semaines. L'immunité naturelle ou par vaccin dure quelques années. Il faut donc contrôler systématiquement en cas de grossesse. 75 % des femmes sont protégées naturellement. *Cas en France : 1981 :* 88 c. de la femme enceinte et du nouveau-né dépistés dont 72 c. suivis (26 interruptions thérapeutiques de grossesse, 2 avortements spontanés, 13 nouveau-nés avec risques cliniques de rubéole congénitale (31 sans).

● **Salmonelloses** (B). Causées par des entérobactéries du groupe *Salmonella :* plusieurs centaines d'espèces. 2 variétés : *a) fièvre typhoïde et paratyphoïde* (voir typhoïde) ; *b) autres salmonelloses,* transmises par les aliments, causent : intoxications alimentaires, septicémies, méningites, gastro-entérites infantiles, etc. *Traitement :* antibiotiques.

● **Scarlatine (B).** *Cause :* streptocoque du groupe A. *Contagion :* directe (voie aérienne). *Incubation :* 3 à 5 j. *Symptômes :* angine, fièvre, puis éruption généralisée en nappe rouge uniforme ; ensuite desquamation de tout le corps. *Complications :* otites, néphrites, rhumatismes. *Traitement :* pénicilline. *Prévention :* antibiotiques dans l'entourage. Isolement : 15 j seulement s'il y a eu traitement. *Cas en France : 1978 :* 1 555 (1 d.). *1979 :* 1 163. *1980 :* 933. *1981 :* 652. *1982 :* 902. *1983 :* 609. *1984 :* 740.

● **Schistosomiase** (ou bilharziose) (P). *Cause :* provoquée par 3 espèces de plathelminthes (schistosomes) : *Schistosoma japonicum* en Asie orientale ; *S. haematobium* en Méditerranée orientale, Afrique ; *S. mansoni* en Méd. orientale. Amér. du Centre et du S. Contagion : le parasite, avant d'atteindre l'homme, passe par un intermédiaire (un mollusque) et par le milieu dans lequel vit cet intermédiaire et avec lequel l'homme entre en contact. Chez l'homme, les vers adultes s'installent dans les vaisseaux sanguins des divers organes internes où ils peuvent survivre 20 à 30 ans. *Symptômes :* maladie chronique à évolution lente ; symptômes urinaires (émission d'urines douloureuses ou sanglantes, rétention ; cas graves : symptômes de néphrite). *Traitement :* chimiothérapie (dangereuse, peu efficace) ; tuer les mollusques qui transportent le parasite, éducation sanitaire surtout. 180 à 200 millions de personnes infectées en pays tropicaux. Pas de cas en France.

● **Septicémies (B).** *Cause :* nombreuses bactéries : strepto-, staphylo-, pneumocoques, entérobactérie, bacille pyocyanique, etc., qui se multiplient dans le sang par ensemencement répété à partir d'un foyer infectieux communiquant avec la circulation. Possibilité de localisations suppurées dans divers organes (septicopyohémie). *Traitement :* antibiotiques. *Décès en France : 1978 :* 2 537. *1979 :* 1 079. *1980 :* 1 207. *1981 :* 2 440. *1982 :* 2 353. *1983 :* 2 829. *1984 :* 2 644.

● **Spirochétose ictéro-hémorragique** (leptospirose) (V). *Cause :* leptospire ictéro-hémorragique (découvert par Inada et Ido en 1914). Le rat est le réservoir du virus. *Symptômes :* ictère infectieux, méningite, état pseudo-grippal. *Traitement :* antibiotiques (pénicilline).

● **Syphilis.** Voir p. 130.

● **Tétanos** (B). *Cause :* bacille de Nicolaier (découvert en 1884) produisant des spores qui se conservent dans le sol souillé par les déjections de bovidés, équidés. *Contamination :* plaies souillées de terre, ulcères chroniques de jambes, avortements septiques, etc. *Incubation :* 5 à 15 j (parfois plus). *Symptômes :* début par *trismus* (mâchoires serrées), puis contractures musculaires généralisées, avec paroxysmes. Décès par syncope, spasme laryngé. *Traitement :* sérum antitétanique, réanimation, respiration assistée (après trachéotomie). Moins de 30 % de décès si le traitement est correct. *Prévention :* sérum préventif ou gammaglobulines humaines chez les blessés non vaccinés ou mal vaccinés ; rappel de vaccin chez les autres ; vaccination systématique de la population par anatoxine avec rappel tous les 10 ans (obligatoire depuis la loi du 24-11-1940). *Cas en France : 1980 :* 208. *1981 :* 157 (99 d.). *1982 :* 142 c. (96 d.). *1983 :* 119 (66 d.). *1984 :* 115 (61 d.).

● **Toxoplasmose** (P) (AZ). *Cause :* toxoplasme (protozoaire). 2 formes. *a) T. acquise :* contagion par ingestion de viande mal cuite (bœuf, porc, mouton) ou par contact avec les chats et leurs déjections. *Symptômes :* adénopathies, atteintes oculaires, rarement encéphalite. *b) T. congénitale :* transmise au fœtus par mère infectée. *Prévention :* les femmes enceintes doivent éviter le contact avec les chats, l'ingestion de viande crue. Un examen médical au 3e mois de grossesse permet de déceler et de guérir la maladie. *Symptômes :* soit encéphalite à la naissance, soit plus tard lésions oculaires ou nerveuses. *Traitement :* sulfamides, antibiotiques. Maladie très répandue, souvent latente. Le dépistage de la vulnérabilité à la maladie par dosage d'anticorps est possible lors d'un examen sérologique par prise de sang (85 % des adultes ont des anticorps, preuves d'une atteinte). Risques de contamination du fœtus pour une mère atteinte de toxoplasmose : non traitée 40 % ; traitée par antibiotiques 5 à 12 %. 7 à 8 ‰ des femmes enceintes sont contaminées pendant leur grossesse. 2 à 3 ‰ des enfants naissent avec une toxoplasmose congénitale de gravité variable.

● **Trypanosomiases** (P). **Maladie du sommeil.** *Cause :* trypanosome. *Contagion :* indirecte par piqûre de *mouche tsé-tsé* (glossine). *Incubation :* 8 à 15 j. *Symptômes :* fièvre, ganglions, puis symptômes nerveux : céphalée, torpeur, troubles mentaux, puis cachexie. *Traitement :* lomidine, arsenic. *Prévention :* destruction des glossines ; dépistage et traitement de sujets infectés ; encore répandue en Afrique intertropicale, (20 000 nouveaux cas par an en 1984), nécessitant une surveillance constante des foyers résiduels. **Maladie de Chagas.** Env. 20 millions de cas en 1984 (surtout en Amér. du Sud).

● **Tuberculose** (B). *Cause :* bacille de Koch (BK), bâtonnet de 2 à 3 millièmes de mm de long, isolé ou groupé, entouré d'une coque cireuse, résistante, détruite à temp. élevée (100 °C) ; par antiseptique, capable de dissoudre la coque, par l'action prolongée du soleil et des rayons U.V. le BK se développe chez un être vivant (découvert en 1882). *Contagion :* directe par voie aérienne (fines gouttelettes se transformant en noyaux microscopiques en suspension dans l'air), rarement digestive (bacille bovin dans le lait). *Causes* *favorisantes :* pauvreté, malnutrition, diabète, ulcère gastrique, maladie infectieuse grave, fatigue inhabituelle (grossesse, surmenage...), transplantation, contaminations importantes et répétées, et surtout alcoolisme.

Symptômes : a) Primo-infection : chancre pulmonaire avec ganglions intrathoraciques ; silencieuse (sans traduction clinique ni radiologique) dans 90 % des cas ; décelée par virage des réactions tuberculiniques qui traduisent un état d'allergie accompagnant un certain degré d'immunité. Formes graves de la primo-infection : pleurésie, méningite. **b) Tuberculose pulmonaire chronique** (phtisie) : début rarement caractéristique ou aigu (fièvre, toux, crachats purulents, fièvre vespérale) ; lésions infiltratives destructrices (cavernes) et fibreuses des poumons évoluant par poussées. Le BK peut aussi atteindre les os : tuberculose ostéo-articulaire, coxalgie (atteinte de la hanche), *mal de Pott* (colonne vertébrale), tumeurs blanches aux articulations (coudes, genoux, poignets, etc.) ; tuberculose rénale ou génitale (souvent cause de stérilité chez la femme) ; tub. intestinale ; adénopathies tuberculeuses, atteignent souvent les ganglions du cou (les cicatrices amenées par la suppuration de ces ganglions étaient appelées jadis les **« écrouelles »**) ; méninges, rein, etc. *Traitement :* antibiotiques, isoniazide (découverte en 1951), streptomycine, rifampicine, éthambutol, pyrazinamide, etc., associés pour éviter l'apparition de résistance jusqu'à la fin du 9ᵉ mois, reprise possible du travail dès le 2ᵉ ou 3ᵉ mois, 12 à 18 mois dans les pays en voie de développement avec des médicaments moins durs mais moins actifs ; envoi en sanatorium exceptionnel (cas graves, rechutes, pathologie associée). *Prévention :* dépistage et traitement des malades contagieux, ce qui coupe la chaîne de transmission du BK ; vaccin B.C.G. de Calmette et Guérin. Le vaccin provoque une primo-infection inoffensive et immunisante ; protège à 80 %. Non traitée, la tub. pulmonaire conduit à la mort dans 50 % des cas, 25 % guérissent spontanément, 25 % deviennent des malades chroniques. Il y a 6 fois moins de tuberculose chez les vaccinés que chez les non-vaccinés.

Morbidité par tuberculose pour 100 000 h. Nouveaux cas contagieux par an : pays industrialisés 10 à 40 (en *1981* aux U.S.A. : 27 373 c. soit 11,9/100 000 hab.), p. intermédiaires 40 à 120, tiers monde 120 à 360. Env. 4 millions de nouveaux cas contagieux et 2 millions de morts par an dans le monde.

Situation en France. Les praticiens ne déclareraient que 3 à 5 % des cas. *En 1980*, env. 20 000 cas, dont 7 000 très contagieux. La tuberculose survient surtout parmi les plus défavorisés (5 fois plus fréquente chez les immigrés et réfugiés).

Décès. 1910 : 85 088. *1930 :* 65 803. *1950 :* 24 364. *1960 :* 10 086. *1970 :* 4 141. *1975 :* 2 843. *1980 :* 1 156 (20 000 cas). *1981 :* 1 621 (16 669 c.). *1982 :* (15 425 c.). *1983 :* 1 315 (13 831 c.). *1984 :* 1 143 (12 302 c.).

Législation en France. Vaccination par le B.C.G. obligatoire dep. le 5-1-1950 pour les enfants de 6 ans. Elle est précédée d'un test tuberculinique (introduction sous la peau de tuberculine obtenue par filtration de cultures de bacilles tuberculeux tués par la chaleur, par cuti ou souvent intradermoréaction à l'aide d'une fine aiguille). Si ce test est positif (on est déjà infecté par le BK ou on a été vacciné antérieurement), la vaccination est inutile. Le B.C.G. fait virer le test tuberculinique qui devient positif. Un rappel de vaccination est effectué en classe de 3ᵉ (ou équivalente) si le test est redevenu négatif. La vaccination B.C.G. protège contre la tuberculose et, dans les pays où elle est pratiquée sur l'ensemble de la population, elle accélère le recul de la maladie. *Comité national contre les maladies respiratoires et la tuberculose,* 66, bd Saint-Michel, 75006 Paris.

● **Tularémie** (B) (AZ). *Cause :* bacille *(Francisella tularensis* découvert par Mac Coy et Chapin en 1911). *Contamination :* indirecte par manipulation de cadavres d'animaux infectés (lièvre, lapin, rat, écureuil). *Incubation :* 2 à 4 j. *Symptômes :* fièvres, adénopathies (ganglions) ; ulcérations cutanées. *Complications :* pleuro-pulmonaires, septicémie. *Traitement :* antibiotiques. *Cas en France. 1981 :* 7. *1982 :* 15. *1983 :* 4.

● **Typhoïde** (fièvre) (B). *Cause :* bacilles d'Eberth et paratyphiques A, B et C (salmonelles) d'Achard, Bensaude et Schottmüller. *Contagion :* surtout indirecte par ingestion d'aliments souillés par déjections de malades et surtout de porteurs sains de germes. *Incubation :* 8 à 15 j. *Symptômes :* fièvre élevée, torpeur. *Complications :* hémorragie et perforation intestinale ; encéphalite, myocardite. *Traitement :* antibiotiques (chloramphénicol, ampicilline). Autrefois : durée 3 à 4 semaines ; 10 à 15 % de décès. Aujourd'hui : 2 à 3 %. La fièvre tombe après 4 à 5 j de traitement. *Prévention :* surveillance de l'eau ; abstention de crudités, coquillages, etc. ; vaccin antityphoïdique (expérimenté chez l'homme en 1896) en 1914 obligatoire dans l'armée fr. *Cas en France. 1978 :* 1 322 (17 décès). *1979 :* 917 (44 d.). *1980 :* 950 (51 d.). *1981 :* 951 (68 d.). *1982 :* 913. *1983 :* 848 (87 d.). *1984 :* 693 (55 d.).

● **Typhus exanthématique.** Voir rickettsioses.

● **Varicelle** (V). *Cause :* virus. *Contagion :* directe par voie aérienne. *Incubation :* 14 j. *Symptômes :* fièvre légère ; éruption de vésicules superficielles en plusieurs poussées. *Complications :* infection des vésicules, rares encéphalites (maladie bénigne), peut devenir grave chez les sujets atteints de leucémie ou d'insuffisance rénale. *Isolement* jusqu'à guérison clinique. *Méthode préventive unique :* administration d'immunoglobulines (protection de quelques semaines).

● **Variole** (V). *Cause :* virus. *Contagion :* directe par voie aérienne et indirecte par les croûtes. *Incubation :* 7 à 17 j. *Symptômes :* fièvre élevée, invasion brutale ; puis éruption généralisée de pustules qui s'ulcèrent et se couvrent de croûtes persistantes. *Formes* graves (confluentes, hémorragiques : 80 % de décès) ; mineures. *Complications :* encéphalite, surinfection microbienne. *Séquelles :* cicatrices indélébiles. *Traitement :* méthisazone, gammaglobulines humaines. *Prévention :* maladie quarantenaire, isolement des malades et suspects ; vaccination tous les 3 ou 5 ans. Importée d'Asie par les Sarrasins au XVᵉ s.

Statistiques : XVIᵉ s., tue 3 500 000 Indiens (conquête de l'Amér. par les Espagnols). *1770 :* Inde 3 000 000 †. *XVIIIᵉ s. :* Europe : 20 % des nouveau-nés en meurent, Islande : 18 000 † sur 57 000 h. *1870 :* 23 400 † dans l'armée française (278 dans l'armée allemande, vaccinée). *1930 :* U.S.A. 48 000 cas. *Dernières épidémies françaises :* Paris (1947) 52 c., 2 d. ; Aisne (1952) 19 c., 2 d. ; Vannes et Brest (1954-55) 75 c., 18 d. *Cas dans le monde : 1967* (début du programme mondial d'éradication qui coûtera 100 millions de $) 10 à 15 millions (2 millions de †) dans 33 pays. *1974 :* 218 364. *1975 :* 19 278. *1976 :* 954 (Éthiopie, Somalie). *1977 :* 3 234 (Somalie 3 229, Kenya 5). *1978 :* 2 c. à Birmingham (G.-B.) en août et sept. (origine probable : laboratoire). *1979 :* éradication totale dans le monde.

Vaccination : variolisation pratiquée il y a plus de 2 500 ans en Asie, puis à partir du XVIIᵉ s. en Europe, fut importée en Angleterre par Lady Montague, épouse de l'ambassadeur britannique à Constantinople, au XVIIIᵉ s. *Vaccination par prélèvement de vaccine sur le sujet atteint :* date de 1796 (Edward Jenner, Anglais).

L'O.M.S. constitue actuellement une réserve de vaccin pour 200 à 300 millions de personnes. 157 des 160 États membres de l'O.M.S. ont officiellement supprimé la vaccination antivariolique.

● **Zona** (V). *Cause :* virus de la varicelle. Survient chez des sujets partiellement immunisés par varicelle antérieure. Localisation du virus sur ganglion nerveux rachidien. *Symptômes :* éruption douloureuse de vésicules le long du trajet d'une ou plusieurs racines nerveuses. Troubles oculaires graves par localisation sur le trijumeau. *Complications :* douleurs prolongées (sujets âgés) ; méningo-encéphalites (rares).

Maladies longtemps mystérieuses

Feu de Saint-Antoine (ou mal des ardents). Sévit au Moyen Age. Gangrène des membres qui noircissaient et se détachaient du corps. Dû à la consommation de pain fait avec du seigle parasité par un champignon : l'ergot de seigle. Réapparu en août 1951, à Pont-Saint-Esprit (Gard) où le « pain maudit » provoqua 250 empoisonnements et 6 décès.

Tarentisme (tarentulisme). Sévit près de Tarente (Italie) du XVᵉ au XVIIᵉ s. Maladie nerveuse due, croyait-on, à la morsure de la tarentule. On la soignait par la musique. Il s'agissait probablement d'une chorée du type de la danse de St-Guy.

☞ Voir également :
– l'encadré « Quelques malades célèbres », page 145 ;
– le chapitre « Premiers soins », pages 152 et suivantes
– le chapitre « Principaux médicaments », pages 155 et suivantes.

Cancer

Généralités

● **Définitions.** Tumeur maligne due à la prolifération anormale et anarchique des cellules d'un tissu. *Épithéliomas* ou *carcinomes :* tumeurs malignes du tissu épithélial (formé de cellules qui se touchent). *Sarcomes :* cancers du tissu conjonctif (dont les cellules sont séparées par une matière conjonctive). Ces tumeurs constituent des masses anormales ne respectant plus la forme des organes et peuvent provoquer des hémorragies (en perforant les vaisseaux), obstruer des organes, détruire les tissus voisins. *Métastases :* cellules détachées de la tumeur, pouvant passer dans le sang ou la lymphe pour aller se greffer à distance et former ainsi d'autres tumeurs. *Leucémies :* proliférations de type cancéreux des tissus formateurs des globules blancs du sang avec apparition de leucocytes incomplètement matures dans la circulation. *Rétinoblastome* (tumeur maligne de la rétine chez les jeunes enfants) : seul cancer héréditaire connu.

● **Origine.** Le message génétique commandant la reproduction des cellules subirait une mutation due à l'introduction dans la cellule d'un agent cancérigène, se fixant sur la molécule d'ADN. Des remaniements ultérieurs des chromosomes seraient nécessaires pour qu'une cellule cancéreuse vraiment « efficace » se forme, ce qui expliquerait la lente évolution d'une tumeur avant qu'elle soit décelable. Les *oncogènes,* fragments de l'ADN, peuvent dans certaines conditions transformer une cellule normale en cellule potentiellement cancéreuse.

On connaît le rôle joué par des *agents physiques* (rayons X, ultraviolets, corps radioactifs), *certaines hormones sexuelles* (cancer du sein, de la prostate), des *substances cancérigènes :* amiante, goudrons divers, aliments carbonisés ou fumés (le c. de l'estomac est 3 fois plus fréquent chez les pêcheurs de l'État balte se nourrissant l'hiver de poisson fumé que pour la pop. de l'arrière-côte qui en mange moins), suie (en 1775, Pott lui attribuait les c. du scrotum, fréquents chez les ramoneurs), gaz résultant de combustion incomplète, nitrosamines, aflatoxine, hydrocarbures polycycliques tels que benzopyrène, chlorure de vinyle, azoïques, nitrosamines (ex. : jambon conservé par les nitrites), mycotoxines (moisissures).

Tabac [cancers des voies aéro-digestives supérieures, du poumon, de la vessie (des goudrons cancérigènes sont éliminés dans l'urine)]. Aux U.S.A., la fréquence des cancers est réduite pour les hommes de 50 %, les femmes de 70 %, chez les mormons et adventistes du 7ᵉ jour auxquels leur religion interdit le tabac. Certains *virus* seraient impliqués : le virus d'Epstein-Barr (avec d'autres facteurs) dans le lymphome de Burkitt et certaines tumeurs malignes du rhinopharynx.

● **Symptômes.** Induration ou grosseur (au sein et ailleurs) ; nouvel aspect de verrues ou de grains de beauté ; dérangement des fonctions intestinales ou urinaires ; indigestions ou difficultés à avaler ; cicatrisation interminable d'une plaie ; enrouement ou toux opiniâtre ; saignement ou écoulement anormal. Ces symptômes ne révèlent pas nécessairement la présence d'un cancer, mais s'il y a persistance, consulter le médecin. La douleur apparaît très tard, ce qui rend le diagnostic précoce difficile.

● **Dépistage et méthodes diagnostiques. Frottis cellulaires et colposcopie** (loupe permettant d'examiner le col de l'utérus à un très fort grossissement) : cancers génitaux féminins. **Endoscopie :** étude du tube digestif, exploration directe, photographie et **biopsie** (prélèvement pour analyses) par fibres de verre souples. Autres fibroscopes pour pancréas, voies biliaires, estomac, duodénum, intestin ; certains munis de syst. d'électrocoagulation peuvent permettre d'ôter des polypes intestinaux. **Scintigraphie :** étude par caméra à scintillations de la répartition d'isotopes radioactifs. **Radiographie « X » :** détection de tumeurs des poumons, os et tissus mous. **Thermographie :** étude des différences de températures locales (cancer du sein). **Radiographie classique** exploratoire ou **tomographie** + ordinateur : exploration du syst. nerveux (*scanner,* V. encadré), **« marqueurs »,** chimiques ou biologiques (cauticène, carcino-embryonnaires, etc.), peuvent révéler, par leur présence dans le sérum, l'existence d'un cancer. Ex. : la calcitonine et le cancer médullaire de la thyroïde.

● **Traitement. Chirurgie.** Guérit 1/3 des cancéreux si le cancer est bien localisé. Si l'on ne peut extirper qu'une partie de la tumeur, on parle de *chirurgie de réduction.* **Chimiothérapie.** Permet en principe d'attaquer les cellules cancéreuses là où elles se trouvent, même si on ne sait pas où elles sont. Les médicaments peuvent, sans trop détruire les autres, tuer sélectivement les cellules cancéreuses bloquant leur division. Une tumeur pesant 1 g contient env. 1 milliard de cellules. Un médicament doit pouvoir tuer toutes ces cellules sans altérer plus d'une cellule normale. Il doit donc être un milliard de fois plus actif sur les cellules cancéreuses que sur les autres.

Certains médicaments se fixent directement sur l'ADN *(alkylants : Myleran, Endoxan, Thiotepa)*, d'autres tuent les cellules et empêchent la division cellulaire en empêchant la fabrication de l'ADN ; se glissent à l'intérieur de la molécule d'ADN et empêchent son fonctionnement *(Actinomycine D, Daunorubicine, Adriamycine)* ; empêchent la formation du fuseau chromosomique indispensable au dédoublement des chromosomes bloquant ainsi la division de la cellule *(alcaloïdes : vinblastine, vincristine)*. Autres substances employées : *Vehem*, extrait de la *podophylline* et *nitrosourées* (tumeurs cérébrales), *bléomycine* (tumeurs cutanées), *5-Fluoro-uracile* (digestif), *adriblastine* (sein), *cisplatyl* (tumeurs du testicule et de l'ovaire), *antibiotiques* (leucémie).

Radiothérapie. On peut tuer les cellules cancéreuses (comme les cellules saines) en les irradiant. Un tissu irradié a reçu une dose d'un rad quand il a absorbé une énergie de 100 ergs par gramme venant des radiations. Théoriquement une dose de 100 rads tue la moitié des cellules d'un tissu. 1 000 rads laissent vivante une cellule sur mille, 4 000 rads une sur un milliard (chiffres valables pour des cellules bien oxygénées). **1° R. transcutanée** : on envoie à travers la peau des rayonnements de haute énergie [cobalt, radium, rayons X, électrons pour cancers de la peau, bouche, sein, etc. ; ou rayons gamma (tumeurs plus profondes : vessie, œsophage, utérus, etc.)] car la peau absorbe peu ces rayonnements ; ils sont produits par la *bombe à radiocobalt* (corps radioactif fabriqué artificiellement) et le *bétatron* (accélérateur de particules). **2° Curiethérapie** : une aiguille ou une sonde contenant un corps radioactif entre en contact avec la tumeur ; actuellement on préfère les corps radioactifs artificiels (radio-iridium ou radio-césium) au radium. **3° R. métabolique** : certains organes fixant préférentiellement certaines molécules particulières, on introduit dans les organes malades les molécules correspondantes radioactives et dont les rayons tuent les cellules cancéreuses environnantes.

Immunothérapie. Quand le nombre de cellules cancéreuses restant après chimiothérapie ne dépasse pas un certain seuil (env. 100 000), on stimule le système de défense de l'organisme ; par ex., on introduit des cellules tumorales porteuses du même antigène que le cancer à traiter mais stérilisées par irradiation ; on utilise des adjuvants non spécifiques de l'immunité (B.C.G. ou substances qui agissent sur certaines cellules immunitaires particulières).

Hormonothérapie. Pour le sein, la prostate : cortisone.

Nota. — *Interféron*, découvert en 1957 par Alick Isaacs (Anglais) et Jean Lindenmann (Suisse) : protéine naturelle sécrétée par les cellules humaines attaquées par un virus et qui les rend incapables d'être attaquées par un autre virus en même temps ; agit aussi sur le système immunitaire (renforce les défenses naturelles de la cellule contre un agresseur). Expérimentée avec succès dans certaines infections (1res expériences positives dans les années 1970 pour grippe, hépatite, herpès), essais en cours pour le cancer, une dose massive est nécessaire mais sa production est difficile et coûte cher (180 millions de F le g d'interféron pur).

Principaux organes atteints

• **Cancer de l'appareil respiratoire.** *C. primitif des bronches* (c. du fumeur) : dû en général au tabac ou à l'association tabac-polluants professionnels (amiante) ; *c. secondaire du poumon* : localisation pulmonaire (métastase) d'un cancer initial évoluant dans un autre organe.

Fumer une dizaine de cigarettes par jour est dangereux. Celui qui fume 20 cig. par j voit ses risques d'avoir un cancer multipliés par 10 ; 40 cig. par 18. Après avoir cessé de fumer, 8 ans sont nécessaires pour se retrouver au même niveau que celui d'un non-fumeur.

Taux de mortalité dans le monde : cancer du poumon : 500 000 par an. *En France*, pour 100 000 h. : *1952 :* 11,7, *1976 :* 60,6 (taux de guérison 5 % des cas), *1981 :* 32,5, *1984 :* 38,3.

• **Cancer du larynx.** Taux moyen de mortalité : environ 2 pour 100 000 (1979) : Espagne 3,9 ; Suède et Norvège 0,4 à 0,5 ; *France* (1980) 3 956 d. (1982) 172 d. (1983) 203 d. (1984) 3 758 d.

• **Cancer des os** *(ostéosarcome)*. Tumeur naissant directement dans l'os à partir des cellules des tissus osseux. Les moins de 30 a. sont les plus atteints, souvent au niveau des os longs (membres). *Taux de guérison :* 40 % à 5 ans.

• **Cancers de la peau.** Apparaissent le plus souvent entre 60 et 80 ans ; atteignent surtout les régions exposées au soleil (face, mains, avant-bras) ; ceux qui ont une peau peu pigmentée (blonds, roux). Se méfier d'un *grain de beauté* qui s'étend ou augmente de volume, bourgeonne, suinte ou saigne, prend une couleur plus intense, présente un aspect inflammatoire à l'entour, s'ulcère, se creuse ou se fissure. Ceux situés aux zones de pression (soutien-gorge, ceintures, chaussures) doivent être enlevés dès qu'ils sont irrités. Éviter les expositions permanentes au soleil.

• **Cancer du sein.** Y sont plus exposées les femmes qui ont eu des antécédents familiaux, ou des règles précoces (11 ans), une ménopause tardive (55 ans), un 1er enfant tardif (+ de 35 ans), ou qui n'ont jamais accouché. La vie cachée d'un c. du sein peut être d'env. 9 ans. *Taux de guérison :* 60 % si la tumeur est petite et limitée à la zone d'origine, 20 % des femmes opérées seront mortes au bout de 10 ans, 35 % au bout de 15 a.

Mortalité : 250 000 femmes en meurent chaque année dans le monde, surtout Europe de l'O., Amér. du N. (France 9 256 en 1984, soit 17,23 % des décès dus au cancer chez les femmes ; atteint env. 22 000 Françaises par an, et tôt ou tard env. 1 femme sur 5). *Traitement :* chirurgie (ablation), radiothérapie, chimiothérapie, et traitements combinés adjuvants, hormonothérapie ou immunothérapie. Reconstruction du sein à l'Institut Gustave-Roussy de Villejuif : insertion d'une poche emplie d'un gel ou d'un liquide. *Prévention :* autopalpation (allongée sur le dos, une main sous la nuque, la femme en palpant ses seins 10 à 15 j après le début de ses règles sent la plus petite anomalie sous la pression des doigts ; dès le moindre doute, prévenir le médecin). A partir de 50 ans, mammographie et cytologie chez les femmes à « haut risque ».

• **Cancer de l'utérus.** *Traitement :* chirurgie, radiothérapie, laser CO_2. Fréquent chez les prostituées et quasiment inexistant chez les religieuses. *Taux de guérison :* 100 % si pris à temps.

• **Cancers du tube digestif.** Pratiquement inconnus dans les pays sous-développés. Fréquents dans les pays industrialisés. *Symptômes :* a) *Œsophage :* difficulté d'avaler. *Prévention :* examens radiologiques et œsophagoscopie. b) *Estomac :* dyspepsie durable, anorexie, parfois hémorragie, anémie, amaigrissement. c) *Foie :* douleurs abdominales avec amaigrissement, parfois apparition d'une coloration jaune (due à un ictère). C. primitif ou souvent secondaire. d) *Côlon* (gros intestin) *et rectum:* diarrhée ou constipation, sang et glaires dans les selles, parfois faux besoins. *Diagnostic :* toucher rectal et rectoscopie pour le rectum ; radiologie ou endoscopie digestive pour les autres. Caché (sauf s'il est au niveau de l'anus), il risque de ne pas être traité à temps. Se développe souvent sur des polypes (aspérités à l'intérieur du gros intestin). *Traitement :* chirurgical. *Taux de guérison :* 50 % à 5 ans (diagnostic précoce très important). e) *Pancréas :* cancer de tête : ictère chronique ; c. de corps : amaigrissement et violentes crises douloureuses épigastriques. *Prévention :* cancer du côlon : sa fréquence en Europe et en Am. du N. est due sans doute à des nourritures trop riches en graisse (beurre, viande, charcuterie, fromage). Les microbes qui se développent en présence d'un excès de graisse transforment en corps cancérigènes certaines des matières normalement présentes dans l'intestin (sels biliaires notamment). Trop de glucides (sucres, amidon) sont déconseillés. *Cancer de l'estomac :* fréquent dans les pays où l'on mange beaucoup de pain, pâtes, pommes de terre. *Cancer du foie :* fréquent dans les pays où l'on mange peu de protides (gluten de farine, albumine des œufs, matières protéiques des viandes et du fromage). Équilibre alimentaire préconisé (ration alimentaire de 2 400 calories pour un adulte sédentaire) : mat. grasses env. 80 g, protides 100 g, glucides 300 g par j.

• **Cancers professionnels.** Substances chimiques reconnues comme cause possible ; entre parenthèses les parties atteintes, en italique les professions exposées :

Goudron (peau) *fabricants de goudron, d'huiles de machine.* Arsenic (peau, poumons, foie) *fonderies et raffineries de minerais, conservation du bois, fourrures, herbicides, pesticides, indust. pharmaceut., verriers.* Colorants (appareil urinaire, intestins, poumons) *fabric. de teintures, d'antioxydants, de caoutchouc ; manipulation d'amines aromatiques.* Amiante (poumons, plèvres) *tisseurs et manipulateurs d'am.* Benzol (organes hématopoïétiques présidant à la fabrication du sang) *peintres, ouvr. du caoutchouc, typographes, fabric. de boîtes métalliques.* Chrome (poumons, nez, sinus, larynx, estomac) *fabric. goudron de houille et poix,* (peau, scrotum, larynx, poumons, vessie) *sidérurgie, métallurgie, charpentiers, fabric. de brosses, de cordes, ramoneurs, pêcheurs, souffleurs de verre.* Créosote (peau, poumons) *créosoteurs, installateurs téléphon. et électr.* Huiles minérales (peau, scrotum, larynx, poumons, tube digestif) *camionneurs, ouvr. des entrepôts pétroliers, des chaussées, imprimeurs.* Ypérite (poumons, larynx, os) *usines d'armement.* Nickel (nez, sinus, poumons) *poudreurs et brasseurs.* Paraffine (peau, poumons, estomac) *presseurs de cire, raffin. de pétrole, craquage.* Suie (peau, scrotum, poumons) *fours à coke, ramoneurs.* Radiations (peau, os, hématopoïèse, poumons, foie, larynx, thyroïde, reins, seins, utérus) *fabric. tubes cathodiques et à rayons X, peintres en cadrans lumineux, radiologues.* Rayons ultraviolets (peau) *travailleurs de plein air, en particulier sous climats chauds et secs ou à haute altitude ou près de grandes nappes d'eau.*

Prévention : une femme doit se faire surveiller régulièrement à partir de 30 à 35 ans. Un homme doit, à partir de 50 ans, se faire surveiller la prostate ; s'il fume, le poumon ; s'il fume et boit, la gorge. Les personnes travaillant au contact de l'uranium ou de l'amiante doivent être vigilantes.

Le cancer du rhinopharynx est rarissime sauf chez les Chinois du Sud, qu'ils vivent à Canton, Singapour ou en Californie ; *le c. primitif du foie* est rare sauf en Afr. subsaharienne et dans une grande partie de l'Asie du Sud-Est ; *le c. de la prostate* est, aux U.S.A., 2 fois plus fréquent chez les Noirs que chez les Blancs (et chez ceux-ci, il est également 2 fois plus fréquent chez les Anglais).

Le scanner (pour tomodensitométrie)

Mis au point en G.-B. en 1971. Tomographe (appareil permettant la radiographie plan par plan de l'organisme) axial transverse avec calculateur intégré. Permet de discerner avec beaucoup de précision ce qui se passe dans un organe [tissus mous du cerveau (permet d'éviter l'encéphalographie gazeuse), foie, pancréas, reins, rate, tissus pulmonaires] sans avoir à soumettre le patient à une préparation. L'examen est indolore et ne comporte aucun risque pour le malade.

Fonctionnement : un faisceau de rayons X balaie tranche par tranche la région explorée. Chaque plan de coupe dure 20 à 70 s. L'image de chaque plan est imprimée sur vidéo-disque souple ou sur bande magnétique (peut être aussi projetée immédiatement sur écran de télévision).

Nombre de scanners en France. 1984 : 59. *1985 (1-1) :* 132 sur 204 prévus.

Mortalité en France

En 1984, sur 535 940 décès en France, 134 422 (soit 25,08 %) étaient dus au cancer dont 80 716 hommes (28,95 % des décès masculins) et 53 706 femmes (20,85 % des d. féminins). 31,3 % (1980) des décès entre 55 et 74 ans. *En 1980 :* env. 220 000 Français étaient traités pour un cancer et il y avait 700 000 anciens cancéreux guéris (*en 1982 :* 180 000 nouveaux cas et 80 000 guérisons). *En l'an 2000 :* on prévoit 130 000 nouveaux cas par an, plus de 50 % seront guéris.

Décès en 1984. Total, dont entre parenthèses femmes. Cavité buccale et pharynx 5 854 (610), œsophage 5 276 (617), estomac 8 031 (3 393), intestin 15 038 (7 418), pancréas 4 974 (2 233), autres parties app. digestif et péritoine 10 260 (4 552), larynx 3 758 (194), trachée, bronches et poumons 18 683 (2 181), autres parties app. respiratoire et org. thoracique 2 402 (402), os et cartilage articulaire 845 (302), tissu conjonctif et autres tissus mous 507 (248), peau 1 303 (691), sein 9 407 (9 256), utérus 3 561 (3 561), ovaires et autres annexes de l'utérus 2 765 (2 765), prostate 7 468 (0), vessie 3 794 (897), rein et organes urinaires 2 653 (972), autres organes génito-urinaires 897 (635), encéphale 1 830 (780), sièges autres et sans précisions 11 664 (5 550), Hodgkin 452 (170), tissus lymphoïde et histiocytaire 2 313 (1 122), myélome multiple et tumeurs immunoprolifératives 1 690 (909), leucémie 4 743 (2 203), tumeurs bénignes 440 (270), carcinome *in situ*, tumeurs à évolution imprévisible et de nature n.p. 3 808 (1 815). *Total général 134 422 (53 706).*

Déclaration des maladies en France

Déclaration obligatoire. 1 Fièvres typhoïde et par. (C+T). 2 Typhus exanthématique et autres rickettsioses. 3 Variole (C+T). 4 Scarlatine (C+T). 5 Rougeole (C). 6 Diphtérie (C+T). 7 Suette miliaire (C+T). 8 Choléra (C+T). 9 Peste (C+T). 10 Fièvre jaune (C+T). 11 Dysenteries amibienne et bacillaire (C+T). 12 Toxi-infections alimentaires collectives (C). 13 Méningite cérébrospinale à méningocoques (C). 14 Poliomyélite antérieure aiguë (C+T). 15 Trachome (C). 16 Brucellose (fièvre ondulante ou mélitococcie) (C+T). 17 Lèpre (C). 18 Leptospiroses. 19 Psittacose (C+T). 20 Tétanos (C). 21 Typhus récurrent (fièvre récurrente) (C+T). 22 Coqueluche (C). 23 Tularémie. 24 Paludisme primaire autochtone. 25 Toxicose infectieuse (enfants 1er âge en collectivité) (C+T). 26 Teigne (C). 27 Tuberculose (C+T). 28 Charbon. 29 Rage. 30 Hépatite virale.

Nota. — C = désinfection en cours ou continue permanente : décontamination (destruction des germes pathogènes ayant pu être émis par le malade dans l'atmosphère et sur des objets). T = désinfection terminale : destruction des micro-organismes (germes microbiens et virus) dans les locaux et sur les objets utilisés par le malade.

Déclaration facultative. C Grippe épidémique. D Pneumonie et broncho-pneumonie. E Érysipèle. F Oreillons. H Rubéole. I Varicelle. J Méningites présumées virales (non poliomyélitiques). L Infections digestives à salmonelles autres que les fièvres typhoïde et paratyphoïde. M Infections cutanéo-muqueuses à staphylocoques chez les sujets exerçant une profession susceptible d'entraîner des contaminations.

Quels sont les plus favorisés devant la mort ?

Probabilité de décéder entre 35 et 60 ans : professeurs, 7 % ; ingénieurs, 8,3 % ; instituteurs et cadres administratifs, 10 % ; contremaîtres, techniciens, cadres moyens, agriculteurs et artisans, 12 % ; employés, petits commerçants, sous-officiers et personnel subalterne de la police, 14,8 à 16,5 % ; salariés agricoles, personnel de service et ouvriers spécialisés, 20 % ; manœuvres, 25 %.

Facteurs de différenciation. Niveau culturel : le manœuvre de 35 ans est soumis au même risque que l'ouvrier spécialisé ou qualifié de 45 ans ou que le cadre supérieur de 53 ans. Quelle que soit la nature de l'emploi, la mortalité est sensiblement plus élevée chez les ouvriers sans formation. **Existence ou absence d'une activité professionnelle :** inactifs, chômeurs, retraités meurent plus jeunes. Probabilité des inactifs de décéder entre 55 et 65 : 40 % ; actifs du même âge : 17 %. **Situation familiale :** le mariage, ou en tout cas une certaine vie familiale, protège l'homme. Vers 20 à 25 ans, les célibataires ont tendance à prendre plus de risques que les hommes mariés (ils sont 2 fois plus nombreux à mourir que les hommes mariés). Les célibataires, les veufs, les divorcés entre 35 et 60 ans sont dans le même cas. Probabilité de décéder pour un homme marié : 15 %, célibataires : 20 %, divorcés : 31 %, et veufs : 35 %. **Cadre de vie :** cadres supérieurs et professions libérales sont mieux protégés en agglomération urbaine. C'est le contraire pour les exécutants. Surmortalité des ouvriers spécialisés parisiens par rapport à ceux des zones rurales, près de 40 %, celle des manœuvres 100 %. Vivre dans un logement trop petit accroît la mortalité : pour un même espace vital, les propriétaires sont plus favorisés que les locataires. Pour les femmes, l'activité professionnelle les protège moins. Milieu social, possession ou absence d'un diplôme ne se traduisent pas par les mêmes écarts de mortalité. La privation de vie familiale est moins grave ; les veuves n'ont pas une mortalité très supérieure à celle des femmes mariées, l'homme semble donc supporter la solitude plus difficilement que la femme.

☞ Voir également :
— la liste des principales maladies infectieuses, pages 138 et suivantes ;
— les statistiques sur les causes de décès en France, pages 148 et 149 ;
— les principales causes de décès dans le monde, page 149.

Répartition par âge en % en 1978. Hommes et, entre parenthèses, femmes. *Moins de 1 an* 0,03 (0,04). *1-4 a.* 0,15 (0,16). *5-14 a.* 0,32 (0,32). *15-24 a.* 0,49 (0,45). *25-34 a.* 0,82 (1,07). *35-44 a.* 2,5 (2,73). *45-54 a.* 11,08 (7,97). *55-64 a.* 22,02 (15,38). *65-74 a.* 28,17 (23,02). *75-84 a.* 27,78 (32,53). *85 a. et +* 6,64 (16,38).

Mortalité dans le monde. Chaque année 7 000 000 de pers. meurent du cancer pour un total de 50 millions de décès (soit 15 %). *Taux pour 100 000 h.* : pays industrialisés 289, pays en voie de développement 181.

Taux des guérisons (1982). Pour l'ensemble des cancéreux 43 % des malades survivent 5 ans après avoir subi un traitement approprié. Passé ce délai, le cancer a peu de risque de récidiver. *Taux de survie* à 5 ans : c. de la peau (95 %), certains c. de la gorge (90 %), les cancers des lèvres (70 %), du sein (68 %), du col utérin (64 %), de l'œsophage (9 %).

Suicide

• **Groupes les plus vulnérables.** *Personnes âgées :* mauvaise santé physique et mentale, solitude, mort d'un être cher, interruption du mode de vie habituel, arrêt de l'activité lors de la retraite (et souvent brusque diminution du revenu). *Personnes atteintes de troubles mentaux :* en particulier d'états dépressifs. *Alcooliques. Personnes appartenant à des collectivités socialement désorganisées :* logements surpeuplés, solitude (immigrants, ressortissants étrangers, personnes divorcées ou séparées), criminalité, grande mobilité de la population, etc.

En France

• **Nombre de suicides déclarés :** *1968 :* 7 629. *1970 :* 7 834. *1975 :* 8 247. *1976 :* 8 301. *1977 :* 8 751. *1978 :* 9 151. *1979 :* 9 888. *1980 :* 10 341. *1981 :* 10 551. *1982 :* 11 342. *1983 :* 11 862. *1984 :* 11 958 (hommes 8 521, femmes 3 437). Il existe des suicides non déclarés (pour des raisons familiales ou religieuses, par crainte d'une action médico-légale, etc. ; dont l'origine volontaire de l'acte ne peut pas être toujours prouvée).

Pour les tentatives 4 suicidants sur 10 sont des « récidivistes ».

Taux pour 100 000 h. Femmes entre parenthèses. *1950 :* 23,9 (7,2). *1960 :* 24 (8,2). *1970 :* 23,5 (8,5). *1980 :* 19,2 (5,6). *1981 :* 30,4 (10,6). *1982 :* 32,5 (11,4).

Comparaisons avec quelques pays. Taux pour 100 000 h. de 15 ans et + : 1982 (hommes et entre par. femmes) : All. féd. 38,8 (16,2). Autriche 56,5 (17,7). Belg. 38,4 (18). Danemark 49,8 (26,2). *France 41 (14,2).* G.-B. 15,3 (7,5). Norvège 26,2 (9,2). P.-Bas 18,1 (10,9). Suisse 47,1 (18,4). U.S.A. 26,1 (7,6).

• **Répartition. Selon la catégorie socio-professionnelle.** Taux pour 100 000 h. de 25-64 ans : 1982 (hommes et entre par. femmes). *Cadres sup.* 16,4 (11,1). *Prof. intermédiaires* 19,2 (9,5). *Patrons ind. et comm.* 28,4 (8,2). *Employés, ouvriers* 40,2 (9). *Agriculteurs* 45,9 (16,6). *Salariés agricoles* 81,3 (18,5). *Inactifs* 81,1 (13,1).

Selon l'état matrimonial. Taux pour 100 000 h. de 25 ans et +, 1982 (hommes et entre par. femmes). *Mariés* 33 (12,5). *Célibataires* 72,5 (20,3). *Divorcés* 78,6 (20,5). *Veufs* 157,2 (30,6).

Selon le mode. En %, 1982 (hommes et entre par. femmes). *Pendaisons* 41,3 (29). *Armes à feu* 30,2 (6,6). *Empoisonnements* 9,2 (22,3). *Noyades* 6,5 (19,4). *Autres* 12,7 (22,7).

Suicides en prison. Environ 40 par an ; ne semblent concerner que les détentions préventives. **Dans l'armée.** Taux pour 100 000 : 9,2 *(1972).*

Suicides du haut des monuments. *Tour Eiffel* (1889-1983) 366. *Notre-Dame de Paris* (1190-1983) 23.

Se suicide-t-on plus souvent aujourd'hui ?

Sur 100 premières tentatives de suicides ratées, 10 % seront renouvelées dans les 2 ans qui suivent. Plus on vieillit, moins on se rate. On compte un suicide réussi pour 104 tentatives ratées chez les moins de 25 ans, 1 pour 13 chez les plus de 65 ans.

Allergies

• **Définition.** Sensibilisation d'un individu par contact avec une substance biologique ou chimique le faisant réagir souvent de façon différente des autres à cette même substance.

L'allergie nécessite : une prédisposition congénitale à se sensibiliser s'il s'agit de produits animaux ou végétaux inhalés ou ingérés et le contact plus ou moins prolongé ou répété avec une substance sensibilisante (allergène).

• **Principales substances sensibilisantes. Inhalées** (pneumallergènes) : poussières de maison contenant de minuscules bestioles (acariens), spores de moisissures, pollens (d'herbes surtout mais aussi d'arbres), poils et plumes d'animaux, poussières professionnelles (farine, ricin, soja, produits de traitements agricoles), vapeurs chimiques, industrielles. **Ingérées** (plus rarement) : aliments (tous peuvent être allergisants ; les plus fréquents en France : poisson, œuf, crustacés, céleri, lait), impuretés et additifs alimentaires, médicaments (aspirine, somnifères, antibiotiques, etc). **Injectées :** médicaments (antibiotiques, anesthésiques, iode, sérums), venins d'insectes (guêpes, abeilles). Les décès par piqûre d'insecte (plusieurs centaines par an) sont plus fréquents que les décès par morsure de serpent. Un dard de 3 mm injectant 1/10 de mg de venin peut tuer un homme en quelques minutes. Les accidents sont plus rares après 50 ans, mais leur gravité croît avec l'âge. Les hommes sont + souvent atteints. *Traitement :* adrénaline, associée aux corticoïdes et antihistaminiques. *Prévention :* disposer d'une trousse avec seringue prête à l'emploi ou ampoules auto-injectables au moindre risque, désensibilisation spécifique avec des extraits de venin purifié. **Agissant par contact avec la peau.** *Professionnelles :* bois exotiques (dermite des ébénistes), ciment, caoutchouc, matières plastiques, résines synthétiques, cuir (tannage ou teinture), colorants chimiques, végétaux (tomate, artichaut, céleri, lierre, primevère). *Cosmétiques* (teintures capillaires, rouge à lèvres, fards à paupières, vernis à ongles, lotions, crèmes, poudres, fards, parfums). *Produits d'entretien :* savons détergents, *médicaments* en lotion, crèmes, pommades, poudres, collyres (antibiotiques, antihistaminiques, iode) (facteurs d'eczéma).

• **Principales formes d'allergie. Respiratoires :** rhumes, sinusites, toux chroniques, bronchite et asthme : troubles se répétant, habituellement sans fièvre. **Oculaires :** rougeurs, démangeaisons, gonflement. **Digestives :** inflammation de la bouche, de l'estomac, de l'intestin : douleurs et vomissements. **Foie et reins, sang** (anémies) : généralement médicamenteuses. **Peau :** eczéma (par contact), urticaire, éruptions et démangeaisons (par voie générale). **Système nerveux :** maux de tête, migraines. **Articulations :** gonflements et douleurs. **Généralisées :** *mineures :* œdèmes (gonflements) externes ou internes, troubles digestifs, malaise général. *Majeures :* perte de connaissance et, à l'extrême, choc et mort (très rarement) par collapsus (effondrement de la tension artérielle). **Facteurs surajoutés :** peuvent révéler ou aggraver l'allergie, mais ils ne peuvent la créer, *facteurs psychiques* (inconfort moral, contrariétés, émotions), *hormonaux* (puberté, grossesse, ménopause), *pathologiques* (maladies, opérations, surmenage).

• **Diagnostic.** Interrogatoire précis, tests cutanés, analyses de sang : radio Allergo-Sorbent, test (R.A.S.T.), test de dégranulation des basophiles (T.D.B.H.), Fluoro Allergo-Sorbent-Test (F.A.S.T.) (utiles mais moins fiables que les tests cutanés).

• **Traitement.** *Préventif :* éviction de la substance sensibilisante ; peut nécessiter un changement de milieu ou un reclassement professionnel. *Curatif :* immunisation spécifique : vaccination à l'aide d'extraits très dilués de substances sensibilisantes ; efficace (sauf pour les produits chimiques) quand elle est possible [poussières, pollens, poils et plumes d'animaux, certains allergènes professionnels (farine, antigènes animaux)] ; doit toujours être prolongée longtemps sous peine de rechute (plusieurs années). *Suspensif de la crise :* adrénaline, antihistaminiques, cortisone, théophylline.

• **Nombre d'allergiques en France.** Plus de 5 millions (au moins 10 % de la population), dont les 3/4 souffrent de troubles respiratoires ; fréquente chez l'enfant et l'adulte jeune, l'allergie peut aussi apparaître chez les personnes âgées.

Les conditions de la vie moderne (multiplication des substances chimiques de synthèse, pollution) favorisent l'accroissement constant des allergies.

Quelques malades célèbres

Maladies nerveuses et mentales

Agoraphobie. Le Nôtre.

Amnésie. Ampère, Beethoven, Diderot.

Dédoublement de la personnalité. Musset.

Épilepsie. Britannicus, César (?), Dostoïevski, Flaubert, Molière, Pétrarque, Pierre le Grand.

« Folie ». Caligula, Charles VI, Christian VII de Danemark, Héliogabale, Jeanne la Folle, Junot, Louis II de Bavière, Maupassant, Nietzsche, Othon Ier de Bavière, Paul Ier de Russie, Pierre III de Russie, Van Gogh, Le Tasse.

Hallucinations. Cellini, César, Colomb, Cromwell, Goethe, Napoléon.

Mégalomanie. Giordano Bruno, Auguste Comte, Dante.

Mélancolie, tristesse. Chopin, Molière, Voltaire.

Obsession (doute). Léopardi, Manzoni.

Paranoïa. J.-J.Rousseau (?), Deschanel.

Phobies. Pascal.

Porphyrie (maladie héréditaire caractérisée par une urine rouge et des crises nerveuses). Familles royales d'Angleterre et de Prusse (Stuart), notamment Marie Stuart, Henriette d'Angleterre, la reine Anne d'Angleterre, George III et George IV (pour l'Angleterre), et Frédéric II de Prusse.

Psychose maniaco-dépressive. Gérard de Nerval, Robert Schumann (?).

Ont été considérés comme « névropathes » : Baudelaire, Byron, Chateaubriand, Schopenhauer, Shelley, Wagner.

Maladies diverses

Arthrite et artériosclérose. Décelées sur momies de pharaons égyptiens.

Arthrite. Louis XIV, Scarron, Renoir, Dufy, Édith Piaf.

Asthme. Gambetta, Proust.

Azoospermie. Duc d'Angoulême.

Bilharziose. Décelée sur momies égyptiennes.

Calcul. Boileau, Cromwell (en mourut).

Cancer. Pauline Borghèse (utérus), Vigny, Freud, Ingrid Bergman (c. des 2 seins). En 1954, Dick Powell tourna « le Conquérant » à 220 km de Yucca Flat (Nevada), centre d'expérimentation nucléaire où 11 bombes atomiques avaient explosé en 1953. Le magazine *People* retrouva en 1980 la trace de 150 participants sur 220 : 91 avaient eu un c. [46 étaient morts dont Pedro Armendariz (c. des reins en 1958, mal. lymphatique, suicide 1963), Susan Hayward († 1975, tumeur au cerveau faisant suite à un c. de la peau, du sein et de l'utérus), Agnès Moorehead († 1974), Dick Powell († 1963, c. lymphatique), John Wayne († 1979, c. de la gorge, poumons, estomac), Steeve Mac Queen († 1980, c. des poumons)].

Carcinome de l'estomac. Napoléon Ier (?).

Choléra. Bugeaud, Daumesnil, le Gal Lamarque (tous 2 en moururent en 1832), Casimir-Perier, Tchaikovski en 1893.

Coxarthrose. Colette.

Diabète. Youri Andropov.

Dysenterie bacillaire. Saint Louis (?). V. Peste, typhoïde.

Eczéma. Marat, Pasteur.

Goitre. Cléopâtre (?), Marie de Médicis.

Goutte. B. Franklin, George V d'Angleterre, Leibniz (en mourut), Louis XIII, Luther, Mazarin.

Hémophilie. La reine Victoria d'Angleterre était porteuse d'un gène de l'hémophilie qu'elle transmit à plusieurs de ses descendants, dont 2 fils du roi d'Espagne Alphonse XIII [Alphonse (1907-38), Gonzalez (1914-34)] ; le tsarevitch (fils de l'empereur de Russie Nicolas II).

Hoquet. Charles Osborne (n. 1894, U.S.A.) a le hoquet depuis 1922.

Macroglobulinémie de Waldenström. Boumediene.

Maux de tête. Calvin, Pascal.

Membres arrachés. Gal Castelnau (main), Gouraud (bras droit), Nelson (bras), Gal Pau (main droite amputée).

Myélome. Pompidou.

Myiase (asticots). Maximin Daia, Galère, Sylla.

Os (maladie des). Toulouse-Lautrec (nanisme par atteinte dysplasique du squelette des membres inf.). P. Reynaud (soudure de l'atlas et de l'axis).

Paludisme. Alexandre le Grand (en mourut, après une promenade dans les marais de l'Euphrate).

Paralysie. Cuvier, A. Daudet, H. Heine, Scarron (jambes), Léonard de Vinci.

Péritonite. Gambetta.

Peste. Camoëns (en serait mort) ; on a dit longtemps que Saint Louis en était mort en 1270 (le mot *peste* signifiant « épidémie » en général).

Pierre (maladie de la). Napoléon III.

Poliomyélite. F. Roosevelt, Walter Scott.

Psychodysostose. Toulouse-Lautrec.

Rayons (mal des). Les Curie.

Rhumatisme déformant. R. Dufy, A. Renoir.

Sarcome. Rimbaud.

Syndrome de Frohlich (dystrophie). Nap. Ier.

Syphilis. Baudelaire, Charles Quint, Alphonse Daudet, le roi David (?), François Ier, Hérode (?), Job (?), Rimbaud.

Tuberculose. L'Aiglon, Chopin, Kafka, Molière, Musset, Spinoza (?), etc.

Tuberculose intestinale. Louis XIII (en mourut).

Tumeur au genou. Rimbaud (en mourut).

Typhoïde. Gogol (en mourut), Saint Louis [(?) hypothèse récente].

Variole. Ramsès II, Marie II (reine d'Angl.), Louis XV (en mourut), Mirabeau, Vauvenargues.

Tares, infirmités, anomalies

Aphasie. Baudelaire, Valéry Larbaud, Ravel.

Astigmatisme. Le Greco.

Blanchiment précoce (dès l'enfance). Tamerlan.

Borgnes. Gabriele d'Annunzio, Moshe Dayan, John Ford, fils de Ford I, Gambetta, Hannibal, Nelson, Philippe de Macédoine, Von Neipperg.

Bosse. Ésope.

Cécité. Daumier, Homère (selon la tradition), Lamark Milton, Marat, Sanson (le bourreau).

Claudication. Jeanne la Boiteuse (femme de Louis XI), Anne de Bretagne, Byron (pied bot), B. Constant, Goebbels (pied bot), W. Scott, Shakespeare, Talleyrand, Tamerlan, Mme de la Vallière.

Daltonisme. Dalton (physicien anglais, 1766-1844), d'où le nom.

Hydrocéphalie. Cuvier, Milton.

Hypersensibilité sensorielle (visuelle ou auditive). Alfieri, les Goncourt, Musset.

Obésité. Guillaume le Conquérant, Charles le Gros, Louis le Gros.

Prononciation (défauts de). Boissy d'Anglas, Darwin, Démosthène, C. Desmoulins, Louis II le Bègue, La Condamine, Lesage, Malherbe, Moïse, Virgile.

Strabisme. H. de Montmorency, Sartre.

Surdité. Voir p. 133.

Handicaps physiques, mentaux et sensoriels

Est *handicapée* toute personne qui se perçoit ou est perçue comme exclue, frustrée ou pénalisée en raison de différences qu'elle a par rapport aux personnes qui l'entourent.

Catégories de handicaps

• **Auditifs, visuels, relationnels,** Voir p. 131 et suivantes.

• **Handicaps intellectuels** [Q.I. *(quotient intellectuel)* inférieur à 0,85].

Débile léger (Q.I. entre 0,65/0,70 et 0,80/0,85) : mal à l'aise, mal aimé, mal compris dans des situations sociales qui exigent rapidité, efficacité, prévision, initiative (en particulier à l'école où il n'est pas apte à la compétition). En revanche, un enseignement spécial peut lui permettre une vie autonome. Dans la vie active, s'il exerce une activité où l'intuition, la répétition dominent, il est intégré normalement. Relève de classes de perfectionnement, d'I.M.P. (instituts médico-pédagogiques).

Débile moyen (Q.I. entre 0,50 et 0,65/0,70) : se définit par lenteur, étourderie, dispersion, maladresse ; faible capacité de résistance aux pulsions, d'abstraction. Pouvant aboutir, après rééducation, à une autonomie partielle et à un poste de travail, mais il aura besoin d'une aide psychologique ou matérielle. Relève d'I.M.P. et des instituts médico-professionnels (comme ceux atteints de handicaps associés).

Débile profond (Q.I. entre 0,20 et 0,50) : capable d'acquérir le langage, mais souvent limité à l'expression de besoins élémentaires ou à l'échange d'informations concrètes ; modes de pensée empiriques. Affectivité « immature » : il est partagé entre des réactions d'insécurité et de fuite et des réactions de prestance. Son travail est lent et ne peut être que la répétition d'actes simples. Relève d'I.M.P. et des instituts médico-professionnels.

Arriéré profond (Q.I. inférieur à 0,20) : âge mental inférieur à 2 ans en fin de croissance psychologique. La parole est normalement absente mais des formes plus primitives de communication (sourire, mimiques) sont généralement présentes ; les gestes sont limités, l'arriéré dépend totalement de son entourage pour l'alimentation, la toilette, l'habillement. Les réactions émotionnelles sont très mal contrôlées. L'adaptation socio-affective ne peut être obtenue qu'en milieu très protégé, après de longs efforts éducatifs.

Types de causes pouvant se conjuguer. *Organiques :* accidentelle (lésions traumatiques) ; congénitale [aberrations chromosomiques comme le mongolisme (V. ci-dessous) ou absence de certains gènes transmis héréditairement et provoquant des troubles graves du métabolisme qui s'accompagnent d'une débilité] ; *Psychologiques :* brusque carence affective entraînant un blocage ou une régression du développement moteur, verbal, intellectuel et affectif. *Socio-économiques et culturelles :* alimentation de la mère pendant la grossesse, mode de vie ; alimentation du jeune enfant, conditions de sommeil, privations affectives subites, niveau des échanges verbaux avec la famille ; mauvais contrôle des réactions affectives des parents.

Syndrome de Down ou mongolisme (nom donné en 1866). *Causes :* présence de 3 chromosomes 21 au lieu de 2 (découverte du Pr Jérôme Lejeune et du Pr Turpin). Association de malformations variées (la plus caractéristique et la plus constante est l'existence d'yeux bridés, plus écartés que normalement et bordés en dedans par un repli cutané, donnant un faciès mongoloïde). L'insuffisance intellectuelle est constante, l'âge mental atteignant dans les meilleurs cas 6 ou 7 ans. *Statistiques :* risques d'avoir un enfant mongolien : 1 pour 2 000 pour une femme de 20 ans (1p. 150 à 40 ans, plus au-delà de 45). Si une mongolienne a des enfants, ils peuvent avoir la même infirmité dans 50 % des cas. Atteint 1 enfant sur 650 ;

40 000 en France. Aucune race n'en est exempte. Les 2/3 des mong. sont encore en vie 5 ans après la naissance. L'amniocentèse permet le diagnostic prénatal ; elle n'est effectuée systématiquement que chez les femmes enceintes de 38 ans ou plus, si bien que 15 % seulement des mongolismes sont diagnostiqués avant la naissance.

● **Handicaps moteurs.** Il y a *parésie* (diminution de la mobilité) quand l'atteinte est partielle, *paralysie* (abolition de la mobilité) quand le déficit moteur est complet. *Monoplégie* : atteinte d'un seul membre, *diplégie* : de 2, *hémiplégie* : de 2 du même côté, *paraplégie* : des 2 inférieurs, *tétraplégie* : des 4 membres. Lorsque les troubles moteurs sont liés à une lésion cérébrale, des troubles associés perceptifs, intellectuels, sont souvent présents.

Origines

Cérébrale : caractérisée le plus souvent par des hémiplégies ou des difficultés de coordination ; s'y ajoutent parfois des difficultés d'articulation, de phonation, de la motilité oculaire. Accidents de période fœtale (1/3 des cas), parfois liés à une rubéole de la mère. Accidents de la naissance (1/3 des cas) ; au cours de la 1re enfance (10 %) : méningites, encéphalites. Accidents vasculaires.

Médullaire : les atteintes de la moelle épinière entraînent une interruption ou une perturbation dans la transmission au muscle de l'influx nerveux constituant la commande motrice et une interruption ou une perturbation des informations sensorielles périphériques qui ne parviennent plus correctement à la conscience. Le muscle devient inefficace, croissance de l'os perturbée, le déséquilibre postural peut entraîner des scolioses. Les troubles sphinctériens sont la règle.

Ostéo-articulaire : entraîne des blocages articulaires, des anomalies de la croissance du squelette. **Principales atteintes :** tuberculose osseuse (attaque par le bacille de Koch de l'articulation de la hanche ou des vertèbres) ; malformations congénitales [luxation congénitale : hanche, cheville *(pied bot)*, poignet *(main bote)*], ostéites dégénératives (anomalies dans la formation du tissu osseux) ; atteintes traumatiques ; hémophilie (lenteur de la coagulation sanguine, qui, dans certains cas, se manifeste par des épanchements de sang dans la cavité articulaire entraînant des blocages articulaires).

Musculaire : myopathie ou dystrophie musculaire progressive (dégénérescence de la fibre musculaire évoluant plus ou moins rapidement ; cause indéterminée, souvent héréditaire) liées à des anomalies de la microcirculation sanguine, se traduisant par un affaiblissement progressif des membres.

Accidents : traumatismes crâniens, para- et tétraplégies.

● **Autres handicaps physiques. Cardiopathies :** malformations cardiaques congénitales ; rhumatisme articulaire aigu (réaction allergique au streptocoque hémolytique A) ; néphrite chronique ; affections des artères coronaires, du muscle cardiaque. **Affections des voies respiratoires. Maladies métaboliques** (ex. : diabète). **Épilepsie.**

Personnes handicapées (France)

Mineurs handicapés et inadaptés de 0 à 19 ans *(Docum. franç., 1976). Handicapés moteurs* 47 779. *Aveugles* 3 200. *Amblyopes* (diminution de l'acuité visuelle en général due à une intoxication) 12 000. *Sourds* 6 000. *Malentendants* 18 000. *Autres handicapés physiques* 32 000. *Déficients intellectuels légers* 648 000 ; *avec troubles associés* 66 000. *Déficients intellectuels moyens* 186 000 ; *profonds* 120 000. *Arriérés profonds* 40 000 ; *relationnels* (psychiatriques) 48 000. *Total : 1 288 000. Handicapés sociaux :* abandonnés par leur famille 45 000 ; retirés de leur famille 255 000.

Adultes handicapés de 20 à 60 ans (au 1-1-1981). 1 104 000 dont : *origine congénitale ou juvénile :* 262 000 (sensoriels 37 000, moteurs 54 000, handicap intellectuel 109 000, comitiaux ou épileptiques 62 000) ; *accidentelle :* 187 000 (travail 95 000, circulation 60 000, autres 17 000, guerre 15 000) ; *pathologique tardive :* 655 000 (psychiques et mentaux : 141 000, autres maladies 514 000). *« Marginaux » et « asociaux » :* 200 000. **Plus de 60 ans :** 1 500 000.

Nombre de handicapés selon le régime de répartition (1982). Accidents du travail et maladies professionnelles 1 674 000. Anciens combattants 568 000. Assurance invalidité 400 000. Aide sociale (Loi d'orientation) : bénéficiaires de la carte d'invalidité (estim.) 500 000 ; allocation adultes handicapés 400 000, compensatrice 145 000, éducation spéciale 78 000.

Quelques anomalies

Achondroplasie. Nanisme (membres, tête volumineuse). Mortalité *in utero* (au sein de la mère) très élevée.

Ambiguïtés sexuelles. *Dysgénésies gonadiques féminines :* syndrome de Turner (nanisme, atrophie ovarienne, infantilisme génital), trisomie X (infantilisme génital). *Masculines :* syndrome de Klinefelter (atrophie testiculaire, développement des seins), caryotype 47 XYY (grande taille, agressivité). *Hermaphrodismes :* présence de gonades fém. et masc.

Anencéphalie. Absence partielle ou totale de l'encéphale parfois associée à l'absence de moelle épinière (amyélencéphalie). Le crâne est absent ou rudimentaire. Exceptionnellement, très courte survie.

Anomalies congénitales. *Dépistage :* 3 étapes : *consultation de génétique : ponction amniotique* ou *amniocentèse* (à travers la paroi abdominale, sur l'utérus, en évitant le fœtus ; faite en milieu chirurgical, ne nécessite pas d'hospitalisation, elle est parfois risquée) ; *culture des cellules fœtales.* Consultation avant la conception ou dès le début de la grossesse ; enquête génétique familiale et examens complémentaires. De nombreuses malformations échappent au diagnostic (malformations cardiaques et rénales, pied bot, bec-de-lièvre).

Anomalies chromosomiques. 1 sujet sur 500 (1 couple sur 250) est porteur d'une anomalie déséquilibrée, c.-à-d. pouvant provoquer la formation d'œufs anormaux. 1 sujet sur 1 000 porte une anomalie de translocation robertsonienne (45 chromosomes sur 46) ; 1 sur 1 000 porte une anomalie de translocation réciproque (une partie du capital génétique est disposée sur des chromosomes différents). La plupart des œufs anormaux sont éliminés précocement sans que la mère s'en aperçoive ou donnent lieu à des avortements précoces. Les plus fréquentes des anomalies atteignent les femmes de 40 à 44 a. (3,5 % des grossesses), 45 à 49 a. (8 %).

Bec-de-lièvre. 1 enfant sur 1 000 naît avec une anomalie portant sur le palais, la lèvre supérieure ou les 2 à la fois. Le bec-de-lièvre (groupe I), parfois double, représente 25 % des cas, la fissure du palais, gencive et lèvre (groupe III) : 50 %. Le palais fendu est généralement réparé dans la 2e année. Les bébés du groupe I pouvant sucer et avaler normalement, il n'est pas nécessaire d'intervenir avant qu'ils soient sevrés. Risques de bec-de-lièvre : si des parents normaux ont un enfant avec bec-de-lièvre, il y a 4 à 7 chances sur 100 pour que l'enfant suivant en ait un également. S'ils ont 2 enfants avec un bec-de-lièvre, risques pour le suivant : 10 %. Si l'un des parents a un bec-de-lièvre et un de ses enfants aussi, risques pour le suivant : 11 à 15 %. *Pour la malformation du palais* (qui affecte les filles plus que les garçons), si les 2 parents sont normaux et ont un enfant avec un palais fendu, il y a 2 à 5 % de chances pour que l'enfant suivant ait la même infirmité. (Si l'un des parents et un enfant sont atteints : 15 %.)

Enfants siamois. Jumeaux monozygotes avec fusion en des points variables, ce qui entraîne l'existence d'organes communs. *Siamois complets :* chacun a la totalité des organes. *Incomplets :* les organes vitaux nécessaires sont dans l'un d'eux, ce qui, dans le cas d'opération, ne permet pas la survie de l'autre. Toutes les variétés d'accolement existent et portent des noms distincts. *Fréquence :* 1 cas sur 60 000 naissances.

Les plus célèbres : Chang et Eng (Gauche et Droite en thaï) n'étaient pas Siamois (ils avaient des parents chinois), mais étaient nés à Bangkok (Siam) en 1811 (les Siamois les appelaient « les frères chinois »). Ils n'avaient qu'un seul foie pour 2 et étaient réunis par le bas du sternum. Ils furent conduits aux U.S.A. à 18 ans et exhibés par Phineas Taylor Barnum dans son cirque, puis devinrent fermiers en Caroline du Nord, épousèrent les 2 filles d'un pasteur et eurent 22 enfants normaux. Chang mourut à 69 ans d'une embolie cérébrale, pense-t-on. Eng mourut quelques heures après son frère (probablement de « frayeur »). *Les sœurs Bibbendon,* nées en 1100 en Angleterre, vécurent 34 ans, réunies des épaules aux hanches. 2 sœurs hongroises nées en 1701 étaient réunies par le dos, partageant le même anus et le même vagin. Les sœurs Blazek étaient réunies de même, l'une devint enceinte, l'autre continua d'avoir ses règles, mais quand un garçon sain et normal fut né toutes 2 eurent du lait. *Opérations :* 1912, 1re réussie en Angleterre ; en juillet 1974, le Pr Pertuiset, chir. français, a séparé 2 sœurs liées par le crâne ; le 18-9-1974, l'Américain Koop a séparé 2 sœurs qui avaient un foie et un intestin communs.

Hydrocéphalie. Accumulation excessive de liquide céphalo-rachidien sous tension dans les ventricules cérébraux qui se dilatent. Presque toujours fatale.

Mucoviscidose ou maladie fibrokystique du pancréas. Voir p. 127.

Spina-bifida. Malformation de la colonne vertébrale mettant dans certains cas la moelle épinière à nu surtout dans la région sacrée. *Spina-bifida occulta :* la masse nerveuse est recouverte de téguments. Souvent inaperçue à la naissance lorsqu'elle est bénigne, décelée v. 4 ou 5 ans. Se voit sur une échographie. Peut être opérée.

Greffes et organes artificiels

Il se pose entre 200 000 et 300 000 prothèses par an dans le monde (stimulateurs cardiaques, prothèses de hanche, greffes vasculaires, lentilles transparentes, cristallins artificiels).

Le Pr Dausset, prix Nobel, à l'origine de la découverte du système tissulaire HLA-A, B, C, DR qu'il faut respecter pour assurer la compatibilité entre donneur et receveur, envisage de constituer un fichier de 50 000 volontaires, ce qui permettrait, dans 80 % des cas, de trouver un donneur compatible. S'adresser à la F.F.D.O.T. à l'hôpital St-Louis ou Service Dr Raffoux (Voir dons, chapitre Œuvres).

Fausses greffes

Servent de *support* à une réhabilitation par les tissus de l'hôte, ou de *prothèse* (remplacement mécanique d'une pièce d'un organisme vivant : exemple : dents artificielles). On peut utiliser des greffons conservés, donc morts.

● **Autogreffes** (ou autotransplantations). Assez fréquentes. Le greffon est pris chez le sujet lui-même. Exemples : *transfert de peau* d'une région à l'autre chez un brûlé (aucun problème « immunologique », aucune tendance au rejet de la greffe) ; *membres :* doigts, mains, bras, pieds. En octobre 1974, transplantation réussie à Lyon de la main droite d'un hémiplégique à la place de sa propre main gauche amputée accidentellement. En 1979, au P.-Bas : greffe du gros orteil d'un pied gauche à la place d'un pouce gauche sectionné.

Nota. — Les greffes entre jumeaux vrais (nés à partir du même œuf) se comportent à peu près comme des autogreffes.

Cerveau. 1re autogreffe sur des cellules cérébrales humaines pratiquée par les professeurs Olof Backlund (neurochirurgien) et Lars Olson et Aki Seiger (histologistes), de Stockholm. Ils ont prélevé des cellules de glandes surrénales sur le patient (atteint de la maladie de Parkinson) et les ont greffées sur son cerveau.

● **Os.** La 1re greffe réalisée en 1680 à Moscou : un noble russe, qui avait eu le crâne fêlé par un coup d'épée, reçut des fragments osseux d'un crâne de chien. La greffe réussit, mais le noble russe fut excommunié. Fort pieux, il ordonna au chirurgien de lui extirper ses os de chien. Il put ainsi retourner à l'église. Actuellement, grâce aux banques d'os où sont conservés des greffons, les greffes osseuses réussissent 8 fois sur 10. « Greffe d'Albee » ou pose d'un greffon vertical (pris sur un tibia du sujet) sur la colonne vertébrale, pour en immobiliser et en consolider un segment après un mal de Pott ou tuberculose des vertèbres (n'est plus pratiquée).

● **Valves et valvules cardiaques.** 1res réalisées v. 1960. Plusieurs dizaines de milliers réalisées depuis 10 ans. Greffons de cadavres humains ou d'animaux. Réussite : 60 à 90 % à 8 ans.

Vraies greffes

● **Définition.** Greffes proprement dites, de tissus ou organes vivants et devant continuer à vivre et à fonctionner chez l'hôte. On distingue :

a) Allogreffes (ou homotransplantations). Le greffon est pris chez un autre sujet de la même espèce : par ex. d'un homme à un autre homme. Le tissu greffé est d'abord accepté quelques jours, puis reconnu pour étranger par les systèmes « immunologiques » de l'hôte et rejeté, c'est-à-dire détruit, après une semaine environ (selon le degré de « compatibilité » du donneur et du receveur). Grâce à l'usage de médicaments « immuno-dépresseurs », les allogreffes peuvent être tolérées (azathioprine ou imuran, sérum antilymphocyte, etc.).

b) Xénogreffes (ou hétérotransplantations). Le greffon est pris dans une autre espèce, ex. : greffe de peau d'une souris à un rat. Rejet rapide.

Principaux exemples actuels

• **Cœur. Monde** : *Nombre de transplantations cardiaques* (de déc. 67 à avril 83) : 868 ; plus de 400 en 1984. *Taux de réussite (1984)* : 87 % à 3 ans, grâce à la découverte de nouvelles molécules neutralisant les rejets. **France** : de 1967 à oct. 84 : 264.

Coûts : opération à cœur ouvert ou remplacement d'une valve : 60 000 à 90 000 F, *transplantation cardiaque* 300 000 à 500 000 F.

1res greffes : dans le monde : en Afrique du Sud le 3-11-1967 par le Dr Chris Barnard (Louis Washkansky, survie 18 j) ; *en France* : Pr Christian Cabrol (28-4-68, Clovis Roblain, 66 ans, survie 2 j et 5 h). Dr Nègre (8-5-68, survie 2 j) et Pr Ch. Dubost et J.-P. Cachera (12-5-68, R.P. Boulogne, survie 17 mois 5 j). Survie actuelle : 3 a., 87 %.

1re femme opérée : Mme Guerra (3-4-73 à Lyon par le Pr Pierre Marion, survie 27 j). *Plus jeune opérée* : Céline Marvet (13 ans, le 9-8-73 à Suresnes par le Dr Daniel Guilmet, survie 28 j). Hollie Roffey (11 j, le 31-7-1984 par le Dr Magdi Yacoub, survie 17 j). *Survie la plus longue* : Emmanuel Vitria, opéré en France par le Pr Henry le 27-11-1968. Il a reçu le cœur d'un fusilier marin, Pierre Ponson (20 ans), victime d'un accident mortel de la circulation.

Greffe d'un cœur d'animal sur un homme. Après 3 échecs (1964 Pr Hardy à Jakson ; 1978 Pr Barnard au Cap ; 30-7-1984 Londres) 1 succès, greffe d'un cœur de babouin sur une fille de 14 j le 26-10-1984 à Loma Linda (Californie, Dr Leonard Bailey), survie : 20 j.

1re greffe d'un 2e cœur, placé en dérivation afin d'assister le cœur défaillant : effectuée le 24-12-74 par le Dr Barnard. Au 1-1-81 : 24 interventions, 12 survivants.

Bloc cœur et poumons. 1er succès : 1981 Pr Shumway (Stanford, U.S.A.). Au 6-11-84, 20 tentatives avec 15 succès dont un de plus de 3 ans.

1re greffe simultanée cœur et foie : 14-2-84 par les Pr Thomas E. Starzl et Henry Bahnson (U.S.A., Pittsburg) sur Stormie Jones (6 ans).

• **Cornée (kératoplastie).** Le fragment de cornée à greffer est prélevé sur un cadavre. Ne peut guérir que les cécités dues à une opacité de la cornée, l'œil lui-même restant de bonne qualité derrière l'opacité. *1re greffe* en 1877 par Von Hippel (env. 2 000 greffes en France par an). Depuis 1950, les greffes de sclérotique donnent de bons résultats. La greffe de l'œil entier demeure impossible.

• **Dent.** L'autogreffe est pratiquée.

• **Foie.** Sensible au rejet comme le cœur, le pancréas ou le rein. *Principales indications* : certaines cirrhoses au stade de l'insuffisance hépatique grave, certaines maladies des voies biliaires de l'enfant et certaines tumeurs primitives du foie. La cirrhose biliaire primitive et la cholangite sténosante semblent actuellement les 2 meilleures indications. *Coût* : env. 500 000 à 1 million de F. Plus de 700 transplantations ont été faites dans le monde. En déc. 1983, il y a 30 survivants de + de 5 ans. *Les plus longs survivants* (transplantation orthotopique) : 14 ans (par le Pr Starzl aux U.S.A.) ; tr. hétérotopique : 7 ans (par le Pr Bismuth en France). De nombreuses greffes sont réalisées grâce à la découverte de nouvelles molécules (Pr Bismuth), comme pour le cœur. En 1985, env. 80 greffes hépatiques faites en France ; besoins : 3 000 par an à partir de 1990.

• **Intestins.** Une dizaine d'essais. Échecs à court terme (quelques semaines de survie).

• **Larynx.** 1re en février 1969 par le Dr Kluyskens. Le malade atteint d'un cancer du larynx est mort 10 mois plus tard.

• **Mains.** 1re réimplantation d'un pouce totalement sectionné en 1968 par S. Komatsu et S. Tamai. Depuis on a réimplanté des mains et des bras.

Il faut entre 4 h et demie et 5 h pour recoller un pouce et 7 à 8 h pour une main. % de réussite : pour un bras ou une main de 70 à 80, un doigt, 50 à 60. Après 40 ans la récupération fonctionnelle (sensibilité et muscles) est médiocre. *Conditions* : l'intervention doit avoir lieu dans les 12 h (une opération a été réussie 17 h après un accident, mais c'est une exception) ; le membre sectionné doit être transporté dans de bonnes conditions (dans un sac en plastique placé lui-même dans un sac contenant de la glace, et non en contact direct avec la glace). On ne peut guère savoir avant 12 j pour un doigt (15 pour un bras) si le membre survivra.

• **Moelle osseuse.** Utilisée pour le traitement des leucémies, des malades en aplasie médullaire ou nés en déficit immunitaire. Essentiellement pratiquée entre frères et sœurs, mais les familles étant réduites, 2 fois sur 3 on ne peut rencontrer 2 individus compatibles. On réenvisage de faire appel à des donneurs étrangers, des médicaments immunodépresseurs comme la cyclosporine A, permettant de maîtriser la GVH (graft versus host : réaction du greffé contre l'hôte).

• **Œil.** Seule la cornée de l'œil est greffable. Un borgne ou un aveugle peuvent donner leur cornée. S'adresser à la *Banque française des yeux*, 54, av. Mathurin-Moreau, 75019 Paris.

• **Ongle.** 1re greffe le 29-3-1980 par le Dr Guy Foucher sur Christophe Kempf (12 ans).

• **Pancréas.** Satde expérimental dépassé par l'école lyonnaise (Pr Dubernard). *1) « pancréas artificiels »* (distributeurs automatiques d'insuline utilisés dans le traitement des comas et de certains diabètes maigres très graves) ; *2) greffes de pancréas* ou mixtes (rein-pancréas) prélevés chez des accidentés ; env. 60 pratiquées (plus longue survie 4 ans et 2 mois) ; de greffons obtenus en groupant des prélèvements effectués sur plusieurs fœtus (l'une fut réalisée le 30-1-79) ; de cellules de Langerhans obtenues par culture. Greffes de microbes sur des sujets dont on a modifié la sécrétion d'insuline grâce à des manipulations génétiques.

• **Peau.** 1re greffe réalisée en 1870 par Jacques-Louis Reverdin. Surtout utilisée lors de brûlures : autogreffe, à la rigueur allogreffe entre membres d'une même famille (rejetée après quelques j ; peut aider à passer un cap critique).

• **Poumon.** 1re greffe tentée en 1964. 1re réussie par le Pr Derhom le 14-11-1968 en Belgique (avec survie de plusieurs mois) sur Alois Vereecken (atteint de silicose). Survie max. : plus de 1 an.

• **Rate.** 1re greffe en 1964. Échec.

• **Rein.** *1res transplantations réussies : 1950* : par le Dr R.H. Lawler sur un homme. *1952* (25-12) : 1re en France avec survie prolongée, par Jean Hamburger. *1958* : entre jumeaux vrais (par John Putnam Merrill et John E. Murray à Boston, U.S.A.). *1959* : entre faux jumeaux (par Jean Hamburger à Paris, J.P. Merrill à Boston). *1962* : entre sujets non jumeaux (par J. Hamburger).

Nombre réalisé dans le monde : + de 60 000 venant de volontaires vivants apparentés (parents, semi-identiques, frères-sœurs identiques) ou surtout de cadavres (en France 95 %). A 1 an, il y a 80 % de succès, 5 % de décès, 15 % d'échecs (repris en hémodialyse). Les rejets sont moins fréquents [meilleure maîtrise des médicaments immunosuppresseurs (qui affaiblissent le bouclier immunitaire), nouveaux produits (cyclosporine A), et meilleure préparation du receveur par des transfusions].

En 1985, sur 15 000 malades traités par rein artificiel en France, 3 000 attendaient une transplantation, 1 000 seulement ont pu en bénéficier, le nombre de prélèvements étant insuffisant ; il en faudrait 1 500 à 1 700/an.

Coût (en 1984) : env. 218 000 à 250 000 F (1re année). Surveillance ultérieure : 20 000 à 50 000 F/an, au lieu de 150 000 F le traitement par dialyse.

• **Thymus.** Réalisées chez des enfants nés sans thymus. U.S.A. 2 réussites, G.-B. 1.

• **Trompe de Fallope.** Greffe du conduit amenant l'ovule à l'utérus. Aucune réussite jusqu'à présent (en cas de réussite : grossesse à terme normale).

Transplantation de têtes. En 1979, le Dr Robert J. White de Cleveland (Ohio, U.S.A.) en était à sa 35e expérience de transplantation de têtes sur des singes. Survie de quelques semaines.

Pour les dons d'organes, s'adresser, en France, à l'*Association pour le don d'organes et de tissus humains*, Pharmacie-Cité Joliot-Curie, route d'Enghien, 95100 Argenteuil.

☞ Voir également le chapitre « Libertés », paragraphe « Intégrité corporelle ».

Organes artificiels

• **Matériel utilisé.** *Plastiques* (silicones, polyesters, polyuréthanes, hydrogels) : prothèses vasculaires, articulaires, chirurgie esthétique. *Métaux* (aciers inoxydables à faible teneur en carbone, alliages de chrome-cobalt, de titane) : armatures de valves cardiaques, broches, plaques, vis. *Céramiques* (alumine frittée, oxyde de titane, phosphate de calcium, céramiques carbonées et carbone-silice) : prothèses articulaires ou implants dentaires.

• **Cœur artificiel.** Denton Cooley (Houston, Texas) implanta le 4-4-1969 un cœur de plastique dans le thorax d'un Américain de 47 ans, Harpell Karp, qu'il retira 65 h après pour greffer le cœur d'une femme de 40 ans ; Karp survécut 3 j. *Autres tentatives* à Detroit (U.S.A.) le 10-8-1971 et par le Dr Cooley en août 1981. *Implantations* du Dr William de Vries (38 ans) : 1re : *2-12-82* cœur artificiel en polyuréthane et aluminium, sur Barney B. Clark (61 ans) à Salt Lake City (Utah, U.S.A.), il mourut le 23-3-1983 de complications rénales et pulmonaires ; mis au point par les docteurs William Kolff et Robert Jarvik, il avait la dimension d'un cœur normal mais son fonctionnement nécessitait un compresseur électrique (de la taille d'une armoire) fournissant de l'air sous pression et relié à la prothèse par 2 tuyaux qui traversaient la poitrine du malade. 2e : *25-11-84* sur William Schroeder. 3e : *17-2-85* sur Murray Haydon (58 ans). 4e : *Sept.-oct. 1985* cœur artificiel suivi de greffe cardiaque Coppeland, Pierce, Griffith. *4-2-86* implantation en France (Pr Carpentier à Broussais) d'une double assistance ventriculaire (différente du cœur artificiel). *7-3-86* 1er cœur artif. fabriqué en Europe (Pr Emil Bücherl, All.), le malade survit 4 j avec puis meurt le lendemain d'une transplantation.

• **Oreille artificielle.** Comprend : *un boîtier capteur et transformateur* de sons (porté en bandoulière par le non-entendant), *un émetteur* placé à l'extérieur du crâne contre le rocher, *un récepteur* implanté à l'intérieur du crâne et relié au nerf auditif (le non-entendant doit donc avoir partiellement conservé son nerf auditif, ce qui serait le cas de 80 % des sourds-muets). Si l'implantation échoue, la cochlée (partie de l'oreille interne) est définitivement inutilisable. 3 ans de rééducation sont nécessaires pour acquérir un langage normal. *Coût* : env. 60 000 F, + orthophonie.

• **Prothèse d'assistance cardiaque.** Pompe d'assistance extérieure prenant en charge une part plus ou moins grande du travail du ventricule gauche, implantée en 1967 aux U.S.A. par Dr Bakey. Plusieurs essais aux U.S.A. Nombreux essais aux U.S.A. d'assistance provisoire pour faire passer un cap critique : succès 50 % (Pierce-Pennsylvanie et Portner-Californie).

• **Reins artificiels. Premiers** : créés par Wilhelm Kolff aux Pays-Bas (1944), Nils Alwall en Suède (1947), Sheggs et Leonards aux U.S.A. (1948). *1re génération de reins artificiels efficaces et bien tolérés* : John Merrill à Boston (1950), Jean Hamburger et Gabriel Richet à Paris (1956), Fredrik Kiil en Norvège (1960).

Principe : faire passer le sang du malade urémique pendant plusieurs h dans un circuit situé en dehors du corps et permettant une « épuration » imitant celle du rein normal. Cette épuration est obtenue par dialyse (séparation entre substances diffusibles « dialysables » et non diffusibles) au travers d'une membrane semi-perméable de cuprophane, de l'autre côté de laquelle se trouve un liquide de dialyse de composition exactement calculée.

Le rein artificiel se présente sous plusieurs formes : *bobines* (plus guère utilisées), *plaques*, surtout *capillaires* (Hospal, Gambro, Travenol). De nouvelles membranes mieux tolérées, plus performantes ont succédé à la cuprophane : polyacrilonitride, acétate de cellulose, polycarbonate, etc. La très grande perméabilité de certaines a permis de pratiquer l'hémo-filtration : à travers la membrane, on soustrait jusque 20 l de sang en 4 h que l'on remplace par une solution dont la composition est connue.

Utilisé dans 2 cas :

1° Traitement de maladies aiguës curables : quelques séances de rein artificiel permettent de passer sans accident la phase critique d'insuffisances rénales aiguës réversibles (par exemple le blocage des fonctions rénales après un avortement était mortel dans 90 % des cas avant le rein artificiel, il guérit dans 90 % des cas aujourd'hui, cette cause devient plus rare). Autres usages : permet d'épurer le sang des produits toxiques dans certains empoisonnements.

2° Remplacement des reins définitivement détruits (dialyse périodique) (Scribner, 1959) : 2 ou 3 séances hebdomadaires, dans un centre de néphrologie ou à domicile. En 1984, près de 15 500 patients ont été traités en France : 70 % par hémodialyse en centre (350 000 F/an), 25 % à domicile [18 % hémodialyse, 6 % dialyse péritonéale continue ambulatoire (250 000 F/an)], 5 % en autodialyse (intermédiaire entre dialyse en centre et à domicile).

• **Divers.** *Respirateurs artificiels, prothèses de membres, larynx artificiel, valves artificielles cardiaques* (70 à 90 % de succès à 9 ans). Un *pancréas artificiel* est à l'étude pour les diabétiques insulino-dépendants. Il se composerait d'un lecteur de glycémie, d'un syst. de traitement de l'information, d'une pompe, d'un réservoir à insuline et d'une source d'énergie.

• **Stimulateurs.** Appareils utilisés par voie externe, ou implantés, traitant certaines affections : neurologiques (stimulation du cervelet, de la moelle épinière, des nerfs périphériques), en cas de paralysie ou de douleurs résistant au traitement médical ; stimulation de la vessie (peu utilisée), *stimulation cardiaque* (on parle alors de *« pacemaker »*). 1re implantation en 1958. **Statistiques :** env. 160 000 Français vivaient en 1985 avec un stimulateur (+ de 30 000 appareils vendus par an, soit 300 primo-implantations/million d'habitants). *Age moyen des porteurs :* 73 ans ; extrêmes : quelques mois à plus de 100 ans.

Indications : dans 90 % des cas, traitement des troubles du rythme cardiaque comportant une bradycardie permanente ou paroxystique. On parle de maladie de *Lenègre* quand il s'agit d'un bloc auriculoventriculaire par atteinte *dégénérative* des voies de conduction : faisceau de His et ses branches, unissant les oreillettes aux ventricules. Il peut également s'agir d'un bloc sino-auriculaire, lésion plus haut située, au niveau des oreillettes. L'indication formelle est la maladie d'*Adams-Stokes :* syncopes brutales liées à des arrêts cardiaques.

Caractéristiques : épaisseur : 8 à 12 mm (20 à 40 cm³). *Poids :* env. 50 g. Équipés d'une pile au lithium. *Longévité :* 4 à 10 ans selon pile et réglages sélectionnés. 90 % des stimulateurs sont dits « sentinelles », ne délivrant leurs impulsions qu'en cas d'absence de contractions cardiaques autonomes. 80 % sont programmables (le médecin peut modifier leurs paramètres : fréquence et puissance notamment, de l'extérieur, grâce à un dispositif de transmission électromagnétique ou à radio-fréquence) et interrogeables (le médecin peut connaître les réglages sélectionnés, recueillir l'électrocardiogramme perçu par l'électrode, savoir le nombre de fois où l'appareil a stimulé). *Stimulateurs double-chambre* conçus pour stimuler et détecter oreillettes et ventricules ; ont l'avantage de rétablir une liaison entre la contraction de ces 2 cavités et de permettre des variations automatiques de la fréquence cardiaque. En cas d'absence d'activité de l'oreillette, on peut détecter d'autres paramètres : respiration, variation de la durée de la repolarisation cardiaque, détection des secousses induites par l'activité physique, de manière à obtenir des variations automatiques de la fréquence de stimulation (stimulation dite « physiologique »).

Technique d'implantation dite « endocavitaire » : une sonde-électrode est introduite par une veine périphérique et poussée jusqu'au ventricule ou l'oreillette sous contrôle radioscopique. Intervention, sous anesthésie locale, en 30-45 min. Grâce à des petites « barbes » ou des minivis destinées à s'accrocher dans le muscle cardiaque, les déplacements des sondes sont très rares. L'appareil est placé sous la peau en regard du muscle pectoral, à droite ou à gauche.

Les pacemakers les plus récents peuvent adapter leur rythme à l'activité spontanée du malade soit en détectant l'activité de l'oreillette et en stimulant les ventricules, soit en détectant d'autres paramètres tels que les vibrations transmises au pacemaker par la marche ou les efforts, les variations du rythme respiratoire, ou des variations d'autres paramètres biologiques détectés par des capteurs appropriés. Une amélioration de la contractilité myocardique est fournie dans certains cas par les pacemakers à double chambre pouvant stimuler l'oreillette puis le ventricule en conservant une séquence proche de la physiologie.

Défibrillateur implantable. Traite les rythmes trop rapides (100 à 200/mn) qui peuvent notamment survenir plusieurs années après un infarctus du myocarde ou dans certaines maladies du muscle cardiaque et dans certains cas dégénérer en fibrillation ventriculaire, aboutissant à une désynchronisation complète de l'activité mécanique du cœur, à une perte de connaissance, et éventuellement à la mort. Mécanisme causant la plupart des morts subites, 500 000 à 600 000 par an aux U.S.A., 100 000 en France. *Principe :* délivrer, juste après détection automatique du trouble du rythme, une énergie de 30 joules (soit quelques centaines de volts) entre une électrode située à l'extrémité du ventricule gauche et une électrode intravasculaire située dans la partie adjacente de l'oreillette ou bien entre 2 électrodes plates situées de part et d'autre du cœur.

Appareils implantés depuis 1979 dans le monde 800 (surtout aux U.S.A.), 100 en Europe, 13 en France. *Prix :* env. 100 000 F.

Pannes : rares. Intolérance et infection peuvent survenir. La programmation permet de corriger certaines anomalies et d'éviter des réinterventions. Le fil-électrode peut se casser, se déplacer : les fils multispires réduisent le nombre de ces complications. Les stimulateurs actuels très bien protégés contre les interférences électriques ne nécessitent pas de précaution particulière dans la vie courante. L'usure de la pile ne se manifeste plus comme auparavant par un ralentissement du rythme de la stimulation, mais nécessite des contrôles électroniques spéciaux dans le centre d'implantation. Ces contrôles varient en fonction du constructeur et du type de pacemaker.

Prix : 6 000 à 30 000 F (modèles standards programmables env. 20 000 F). Intervention prise en charge par la Sécurité Sociale.

Stimucœur : C.F.S.C., C.H.U. Rangueil, 31054 Toulouse Cedex. Association de porteurs de stimulateurs cardiaques. Édite une revue trimestrielle : « Stimucœur ».

Causes de décès

En France

• **Causes de décès en 1984. [Tous âges ;** ensemble des sexes, dont entre parenthèses, femmes (statistiques provisoires)]. *Source :* INSERM 1984.

Maladies infectieuses et parasitaires 6 848 (3 320) dont : fièvre typhoïde, paratyphoïde et infections à salmonella 55 (22). Infections intestinales 338 (187). Tuberculose 1 143 (423). Infections à méningocoques 47 (23). Tétanos 61 (39). Septicémie 2 644 (1 369). Poliomyélite aiguë 11 (3). Maladies à virus du système nerveux central 101 (43). Hépatite virale 262 (125). Syphilis 53 (28). Autres maladies infectieuses et parasitaires 1 712 (911). Séquelles de maladies infectieuses et parasitaires 421 (147).

Tumeurs 134 422 (53 706) dont : tumeurs malignes cavité buccale et pharynx 5 854 (610) ; œsophage 5 276 (617) ; estomac 8 031 (3 393) ; intestin 15 038 (7 418) ; pancréas 4 974 (2 233) ; autres parties appareil digestif et péritoine 10 266 (4 552) ; larynx 3 758 (194) ; trachée, bronches et poumons 18 683 (2 181) ; autres parties appareil respiratoire et organes thoraciques 2 402 (402) ; os et cartilage articulaire 845 (302) ; tissu conjonctif et autres tissus mous 507 (248) ; peau 1 303 (651) ; sein 9 407 (9 256) ; utérus 3 561 (3 561) ; ovaire et autres annexes de l'utérus 2 765 (2 765) ; prostate 7 468 (0) ; vessie 3 794 (897) ; rein et organes urinaires autres ou n.p. 2 653 (972) ; autres organes génito-urinaires 897 (635) ; encéphale 1 830 (780) ; sièges autres et sans précision 11 664 (5 550) ; Maladie de Hodgkin 452 (170). Autres t. malignes des tissus lymphoïde et histiocytaire 2 313 (1 122). Myélome multiple et tumeurs immunoprolifératives 1 690 (909). Leucémies 4 743 (2 203). Tumeurs bénignes 440 (270). Carcinome *in situ*, tumeurs à évolution imprévisible et de nature n.p. 3 808 (1 815).

Maladies endocriniennes, *nutrition, métabolisme, troubles immunitaires* 13 495 (8 190) dont : diabète sucré 7 208 (4 366).

Maladies du sang et des organes hématopoïétiques 2 490 (1 379).

Troubles mentaux 11 604 (6 205) dont : alcoolisme et psychose alcoolique 3 299 (647).

Maladies du système nerveux et des organes des sens 9 993 (5 043) dont : méningites 420 (199). Encéphalite, myélite et encéphalomyélite 131 (63). Syndrome parkinsonien 2 298 (1 129). Hémiplégie et autres syndromes paralytiques 2 427 (1 423). Autres maladies du système nerveux et organes des sens 4 717 (2 229).

Maladies de l'appareil circulatoire 194 829 (104 810) dont : cardiopathies rhumatismales 1 195 (808). M. hypertensives 5 504 (3 469). Cardiopathies ischémiques 52 501 (23 456). Autres formes de cardiopathies 9 912 (4 954). Troubles du rythme 11 523 (6 486). Insuffisance cardiaque et maladies cardiaques mal définies 35 877 (21 657). Maladies vasculaires cérébrales 60 829 (35 525). Autres m. de l'appareil circulatoire 17 488 (8 455).

Maladies de l'appareil respiratoire 32 359 (14 369) dont : pneumonie et broncho-pneumonie 7 281 (3 867). Grippe 627 (414). Bronchite chronique et maladies pulmonaires 11 383 (3 705). Asthme et alvéolite allergique 1 796 (1 023). Autres maladies 11 272 (5 360).

Maladies de l'appareil digestif 32 482 (14 452) dont : ulcère 2 566 (1 183). Occlusion intestinale sans hernie 2 886 (1 894). Cirrhose alcoolique ou n.p. du foie 12 843 (3 655). Autres maladies chroniques du foie 443 (242) ; de l'app. digestif 13 744 (7 478).

Maladies des organes génito-urinaires 8 107 (3 818) dont : néphrite et insuffisance rénale 5 486 (2 782). Hyperplasie de la prostate 586 (0). Autres maladies des organes génito-urinaires 2 035 (1 036).

Complications grossesse, accouchement, suites de couches 108 (108).

Maladies de la peau et du tissu cellulaire sous-cutané 1911 (1 342).

Maladies du système ostéo-articulaire, muscles, tissu conjonctif 2 654 (1 820).

Anomalies congénitales 2 132 (982) dont : anomalies c. du système nerveux 287 (121) ; de l'app. circulatoire 1 152 (533) ; de l'app. digestif 122 (54). Autres anomalies et syndromes congénitaux intéressant différents appareils 571 (274).

Affections dont l'origine se situe dans la période périnatale 1 552 (675) dont prématurité et immaturité 72 (36). Traumatisme obstétrical et hémorragies fœtale et néo-natale 136 (51). Anoxie et autres affections respiratoires 873 (384). Infections spécifiques de la période périnatale 215 (95). Autres affections dont l'origine se situe dans la période périnatale 256 (109).

Symptômes, signes et états morbides mal définis 31 218 (17 302) dont sénilité sans mention de psychose 10 324 (7 588). Mort subite de cause inconnue 2 895 (1 216). Causes inconnues ou non déclarées 6 911 (2 529). Autres symptômes, signes et états morbides mal définis 11 088 (5 969).

Causes extérieures de traumatismes et empoisonnements 49 736 (19 983) dont : accidents de la circulation 10 904 (2 946). Intoxications accidentelles 461 (208). Accidents et complications au cours et suites actes médic. et chirurgicaux 1 379 (678). Chutes accidentelles 12 493 (8 577). Autres accidents et séquelles 9 738 (3 281). Suicides 11 958 (3 437) Autres morts violentes et séquelles 2 803 (856).

Total général 535 940 (257 504).

• **Causes de décès en 1984 (population de – d'1 an).**

Maladies infectieuses et parasitaires 98 dont infections intestinales 35. Infections à méningocoques 6. Septicémie 16. Maladies à virus du système nerveux central 3. Hépatite virale 2. Autres maladies infectieuses et parasitaires 36.

Tumeurs 34 dont : Tumeurs malignes d'autres parties appareils digestif et péritoine 3 ; larynx 1 ; os et du cartilage articulaire 1 ; tissu conjonctif et autres tissus mous 2 ; vessie 1 ; rein et d'organes urinaires autres ou n.p. 1 ; encéphale 3 ; sièges autres et sans précision 4. Autres tumeurs malignes des tissus lymphoïde et histiocytaire 1. Leucémies 8. Tumeurs bénignes 3. Carcinome in situ, tumeurs à évolution imprévisible et de nature n.p. 7.

Maladies endocriniennes, nutrition, métabolisme, troubles immunitaires 83.

Maladies du sang et des organes hématopoïétiques 21.

Maladies du système nerveux et des organes des sens 124 dont méningites 52. Encéphalite, myélite et encéphalo-myélite 2. Hémiplégie et autres syndromes paralytiques 2. Autres maladies du système nerveux et des organes des sens 68.

Maladies de l'appareil circulatoire 29 dont : autres formes de cardiopathies 14. Trouble du rythme 3. Insuffisance cardiaque et maladies cardiaques mal définies 3. Maladies vasculaires cérébrales 3. Autres maladies de l'appareil circulatoire 6.

Maladies de l'appareil respiratoire 93 dont : pneumonie et broncho-pneumonie 32. Grippe 2. Bronchite chronique et maladies pulmonaires obstructives 1. Autres maladies de l'appareil respiratoire 58.

Maladies de l'appareil digestif 26 dont : occlusion intestinale sans mention de hernie 9. Autres maladies de l'appareil digestif 17.

Maladies des organes génito-urinaires 13 dont néphrite et insuffisance rénale 12. Autres maladies des organes génito-urinaires 1.

Anomalies congénitales 1 366 dont : anomalies congénitales du système nerveux 188 ; de l'appareil circulatoire 730 ; de l'appareil digestif 84. Autres anomalies et syndromes congénitaux intéressant différents appareils 364.

Affections dont l'origine se situe dans la période périnatale 1 547 dont : prématurité et immaturité 72. Traumatisme obstétrical et hémorragies fœtale et néo-natale 135. Anoxie et autres affections respiratoires 871. Infections spécifiques de la période périnatale 215. Autres affections dont l'origine se situe dans la période périnatale 254.

Symptômes, signes et états morbides mal définis 1 256 dont : mort subite de cause inconnue 1 095. Causes inconnues ou non déclarées 94. Autres symptômes, signes et états morbides mal définis 67.

Causes extérieures de traumatismes et empoisonnements 353 dont : accidents de la circulation 28. Intoxications accidentelles 1. Accidents et complications au cours et suites actes médic. et chirurg. 3. Chutes accidentelles 5. Autres accidents et séquelles 288. Autres morts violentes et séquelles 28.

Dans le monde

Principales causes

Pays en voie de développement. 1°) Gastro-entérite, colite et autres maladies diarrhéiques. 2°) Grippe et pneumonie. 3°) Accidents. 4°) Maladies du cœur, cancer, apoplexie, infections du nouveau-né, tuberculose, rougeole, coqueluche, paludisme, homicides et blessures de guerre, méningites, anémies, etc.

Pays industrialisés (en %). Mal. du cœur 32,5. Cancer 18,6. Apoplexie 13. Accidents 5. Grippe et pneumonie 3,3. Puis, suivant le pays : diabète sucré, malformation congénitale, complication à la naissance (lésion obstétricale, asphyxie postnatale), suicide, bronchite, cirrhose du foie, néphrite, tuberculose.

Accidents liés à l'anesthésie

(Enquête à partir de 198 103 anesthésies pratiquées en France entre mai 1978 et mars 1982) : 1 accident grave pour 1 215 anesthésies et 1 décès pour 13 207. On peut déduire que, sur la base de 3 500 000 interventions chirurgicales réalisées chaque année, les anesthésies sont responsables d'env. 3 000 accidents graves, dont 270 décès.

Raisons des anesthésies : interventions chirurgicales 84 %, explorations diagnostiques 6,3 %, accouchements 4 %. 17 % des anesthésies sont pratiquées en urgence.

Autres médecines

Acupuncture

Origine. Du latin *acus :* aiguille et *punctura :* piqûre. D'origine chinoise remontant à la préhistoire ; utilise, en vue d'établir un traitement, des points repérés sur la peau, et piqués ensuite à l'aide de fines aiguilles de métal.

1er ouvrage théorique : 2 500 av. J.-C. (?). Pénétration en Occident : ramenée de Chine par des missionnaires français au XVIIe s., auteurs du nom actuel (le R.P. Harvieux publia en 1671 « le Secret de la médecine des Chinois »). *1826 :* le Baron Cloquet l'introduit à l'hôpital St-Louis. *1863 :* Dabry de Thiersant publie « la Médecine chez les Chinois ». *1934 :* 1re traduction des principaux traités chinois, réalisée par Soulié de Morant, consul de France en Chine. *1945 :* fondation de la Sté française d'acupuncture et du Syndicat national des médecins acupuncteurs par le Dr de La Fuye.

Base théorique. Résumée par la doctrine cosmologique du *Tao :* distingue 2 formes complémentaires de l'énergie en vertu du principe de dualité qui dit qu'il n'est pas d'unité durable dans le monde : vers le ciel (le *Yang,* énergie lumineuse, chaude, positive, virile) ; vers la Terre (le *Yin,* énergie obscure, froide, négative, féminine). *Yang* et *Yin* tendent vers un équilibre jamais atteint car toujours instable, puisque tous les cycles naturels et biologiques passent successivement par des phases Yang et Yin. Les avatars du Yin et du Yang font l'objet du Yi King (livre des transformations), qui passionna Leibniz et rend compte de toutes les possibilités et éventualités, et touche ainsi à l'art divinatoire.

L'acupuncture repose sur la projection de la représentation de l'univers sur l'homme en vertu de l'analogie macrocosme-microcosme. Elle n'envisage pas cet homme sous un angle anatomique mais elle étudie les mouvements de ses énergies, les transformations dont il est le siège, les fonctions qui permettent la vie, l'entretiennent, la transmettent, la coordonnent et la régulent, et les rythmes biologiques. Les méridiens sont les lieux privilégiés où résonnent toutes les activités du corps, ces activités émergeant au niveau des points, qui sont les moyens de leur régularisation.

Le dérèglement de l'un de ces paramètres engendre la maladie. Il peut être quantitatif (excès ou insuffisance) ou qualitatif [introduction dans le circuit d'une énergie déréglée, dite énergie perverse, soit exogène (vent, chaleur, feu, humidité, sécheresse, froid), soit endogène (le plus souvent d'ordre alimentaire ou psychique : émotions, soucis, etc.)].

Pratique. Sur le trajet des méridiens, les acupuncteurs recherchent, au millimètre près, l'emplacement des points qui leur permettront d'intervenir pour régulariser les fonctions, mouvements, mutations ou rythmes de l'homme. Plus de 800 points ont été dénombrés. En Chine, chacun porte un nom propre. En Occident, on utilise de plus un système par numérotage. Les *aiguilles,* en or, argent ou acier, sont implantées aux points choisis. La piqûre ne provoque en général qu'une douleur minime. On se sert parfois aussi de *moxas* (cautères formés le plus souvent d'armoise en ignition).

La plupart des acupuncteurs s'aident, pour étayer leur diagnostic, de la prise des pouls à la manière chinoise. Les Chinois ont en effet établi qu'il existe des rapports entre les différents niveaux et qualités des pulsations radiales d'une part, et les perturbations énergétiques (donc le fonctionnement des organes) d'autre part.

Indications générales. Domaine de la douleur et du spasme, liés ou non à l'état inflammatoire : en *rhumatologie :* tendinites, cervicalgies, dorsalgies, lombalgies, polyarthrite chronique évolutive, spondylarthrite ankylosante ; *neurologie :* névralgies faciales, cervico-brachiales, sciatiques, séquelles d'hémiplégie, paralysies faciales. Torticolis, lumbago aigu. Colite spasmodique, dyskinésie biliaire, dysménorrhée.

État inflammatoire aigu ou chronique dans la sphère O.R.L. : pharyngite, rhinite, otite ; *dans la sphère digestive :* gastrite, colite ; *dans la sphère urinaire :* cystite.

Troubles endocriniens : stérilité, troubles des règles, goitres.

Allergie : Asthme, coryza spasmodique, sinusite, urticaire, eczéma. *Déséquilibres du système nerveux : central :* états dépressifs, insomnie, émotivité, trac, spasmophilie ; *vago-sympathique :* tachycardie paroxystique, aérophagie, déséquilibres endocriniens (goitre, troubles des règles, stérilité). *Traumatismes sportifs :* entorses, tendinites. *Désintoxication tabagique.*

Analgésie par acupuncture : seule ou associée à des médicaments à base de plantes ; peu pratiquée en Occident, sauf en art dentaire.

Thérapeutiques associées. Auriculothérapie, auriculomédecine, nasothérapie, réflexologie podale utilisent des points réflexogènes spécifiques de l'image du corps (somatotopies périphériques). Les points peuvent être stimulés par aimants ou par champs électromagnétiques *(magnéthérapie)* et par rayonnement laser *(laserthérapie).* La *neurostimulation transcutanée (NST)* fait passer un courant électrique dans des aiguilles d'acupuncture au niveau des nerfs périphériques (entorses, lumbagos, torticolis, sciatiques, arthroses, douleurs après amputation).

En France. L'acupuncture est enseignée dans les facultés de médecine de Lille, Bordeaux, Marseille et Paris et dans les écoles privées.

Consultations d'acupuncture publiques et hospitalières : 52 en France, dont Paris (St-Jacques, Cochin, Broussais, Lariboisière, Ambroise-Paré, Salpêtrière), Créteil, Marseille, Bordeaux, Toulouse, Lyon, Strasbourg.

Acupuncteurs (1985) : env. 10 500 dont 800 reconnus comme qualifiés par le syndicat, étudiants env. 5 000.

☞ **Renseignements :** *Syndicat des médecins acupuncteurs de France,* 60, bd de Latour-Maubourg, 75340 Paris Cedex 07. *Confédération nationale des Associations médicales d'acupuncture,* même adresse (36 associations en 1985).

Allopathie

Méthode de traitement dans laquelle on fait usage de médicaments ; fondée sur la théorie des contraires d'Hippocrate : les contraires sont les remèdes des contraires (*allos :* autre).

Auriculothérapie

Origine. Du latin *auriculo* (oreille) et du grec *thérapeuein* (soigner). Découverte en 1951 par le Dr Paul Nogier (Français) ; repose sur la propriété qu'a la peau de recueillir les stimulations douloureuses, électriques ou lumineuses et de les transmettre au système artériel. Le médecin, s'aidant de cette propriété, peut capter sur l'artère radiale certaines modifications du pouls pour établir un diagnostic précis de maladie. Pratiquée par env. 300 médecins.

Principes. Utilisation du pavillon auriculaire à des fins thérapeutiques. L'emploi de l'oreille (auricule surtout), dont l'image est assez voisine de celle du fœtus, s'explique par son innervation très riche et ses multiples connections avec le système nerveux central et certaines parties du corps (points de l'œil, de l'estomac, etc.). L'auriculothérapie consiste à détecter ces points (remarquables électriquement) puis à les stimuler par piqûre et par microcourant électrique.

Indications. Nombreuses : douleurs aiguës ou chroniques, traumatiques ou rhumatismales, états allergiques (rhume des foins, eczéma, asthme), états d'intoxication (tabac, alcool), analgésies (problèmes dentaires, accouchement). Auriculothérapie injectée pratiquée à l'origine par le Dr Roure sous le nom de méso-isothérapie antitabac (tabagisme, troubles neurovégétatifs).

Développement. *Nombre d'auriculothérapeutes en France :* env. 5 000, *à l'étranger :* 50 000. 1 million de Français traités. Depuis 1982, enseignement à la Faculté de médecine de Bobigny.

Chiropractie

Origine. Fondée aux U.S.A. par le Dr Daniel David Palmer (1844-1913), et le Dr Bartlett Joshua Palmer (1881-1961). Du grec *keiros :* main, et *prakticos :* pratique.

Principe. Repose sur l'existence d'un déséquilibre ou d'un dysfonctionnement articulaire au niveau de la colonne vertébrale, du bassin ou des autres articulations du squelette qui se manifestent par une subluxation, une fixation, une lésion discale ou par d'autres phénomènes d'hypo- ou d'hypermobilité. Ces problèmes mécaniques peuvent souvent s'accompagner de douleurs locales ou à distance et sont susceptibles de contribuer à la genèse de certains troubles organiques.

Méthodes. Examens radiologique, thermographique, neurologique (tests), physique (palpation), orthopédique (tests). *Correction :* ces perturbations fonctionnelles ou subluxations sont, le plus souvent, réversibles par ajustement, c'est-à-dire manipulation spécifique chiropractique dont l'originalité réside dans la précision et le caractère indolore.

☞ **Renseignements.** Association nationale française de chiropractie (A.N.F.C.), 14, rue Henry-Bordeaux, 74000 Annecy.

Galactothérapie

Méthode. Injection de lait (de vache en général) sous la peau, dans les muscles ou dans les veines. Pratiquée au XVIIe s. en G.-B. et en 1875 aux U.S.A. Développée en Europe depuis 1914-18. **Application** en cas de fièvre typhoïde, grippe, gonococcie.

Héliothérapie

Méthode. Emploi thérapeutique des bains de soleil. On utilise aussi de puissantes lampes électriques aux rayons riches en ultraviolets. **Traitement.** Fixation du calcium par les rayons ultraviolets.

Indications. Cicatrisation des plaies, traitement des infections localisées, tuberculoses chirurgicales (osseuses, ganglionnaires, péritonéales), pour les enfants chétifs, rachitiques ou spasmophiles.

Guérisseurs

• **En France.** Guérisseurs et rebouteux ne sont pas reconnus et n'ont pas de statuts légaux. Les vrais professionnels, peu nombreux, paient la taxe professionnelle comme magnétiseurs, radiesthésistes médicaux, etc., et sont assujettis à la T.V.A. Selon l'article L 372 du Code de la santé publique, la profession de « guérisseur » est interdite et ceux-ci peuvent être passibles de la correctionnelle. Toutefois, une certaine tolérance semble s'instaurer envers les praticiens sérieux.

Guérisseurs célèbres : Mis de Puységur (François, 1655-1743), Mesmer (1734-1815), Deleuze (1753-1835), C^ol de Rochas (1837-1914), Hector Durville (1849-1923), Charles de Saint-Savin (1892-1976), Camille Eynard, Serge Alalouf.

G.N.O.M.A. (Groupement national pour l'organisation de la médecine auxiliaire), 12, rue de la Grange-Batelière, fondé en 1949 par Charles de Saint-Savin et présidé depuis 1959 par René Hottekiet, regroupe des « guérisseurs » employant des thérapeutiques naturelles, sans être diplômés docteur en médecine.

Nombre de patients. 400 000.

• **En Allemagne fédérale,** les guérisseurs « Heilpraktikers » sont reconnus par l'État après examen devant une commission officielle. Leurs patients sont remboursés par les organismes sociaux.

Homéopathie

Origine. Du grec *homoios* (semblable) et *pathos* (affection), s'oppose à l'allopathie. Méthode thérapeutique découverte par Samuel Hahnemann (1755-1843) et révélée en 1796, après plusieurs années de recherches et d'expérimentations. Après l'installation de Hahnemann à Paris en 1835, plus de 1 million d'adeptes en 8 ans. Doctrine répandue aux U.S.A. par Hering (1800-80) et en France par Des Guidi (1769-1863), fondateur de l'école lyonnaise. De nombreux médecins homéopathes français ont participé au développement mondial de l'homéopathie : Benoît Mure (1808-58), Chargé (1810-90), P. Jousset (1818-1910), Léon Vannier (1880-1963). *But :* restauration des défenses de l'organisme. Kent (U.S.A. 1800-80) est le plus connu par ses travaux (répertoire).

Principes de base. *Loi de similitude :* « Toute substance susceptible de déterminer chez l'homme sain certaines manifestations est susceptible, chez l'homme malade, de faire disparaître des manifestations analogues » (Hahnemann).

Notion d'infinitésimalité : si l'on diminue la dose d'une substance médicamenteuse, en passant progressivement des doses pondérables aux doses infinitésimales, on accroît le champ d'action de cette substance, tout en atténuant ses effets toxiques. On utilise des dilutions infinitésimales hahnemanniennes dynamisées. Le choix de la dilution est généralement fonction de la similitude : plus celle-ci est étendue, plus la dilution est élevée.

Individualisation du malade : « Il n'y a pas des maladies, mais des malades ; aucun malade ne ressemble totalement à un autre » (Hahnemann).

Diagnostic. Clinique et diagnostic du médicament à prescrire, fondé sur l'étude du terrain (type, tempérament personnel, réaction individuelle des malades), de l'élément d'attaque (microbe, virus, stress...), des symptômes clés (ayant trait au comportement, au caractère).

Traitement. Combinaison de plusieurs remèdes, ou remède unique.

Médicaments. Comportent une substance active (souche) et un produit de dilution (alcool ou eau distillée, poudre de lactose ou de saccharose). D'origine *végétale* (plantes cueillies fraîches dans la nature et macérées), *animale* (à partir d'animaux entiers, d'organes, de venins), *minérale* (métaux et métalloïdes, sels chimiques complexes) ; dans certains cas à partir de cultures microbiennes. Ils sont remboursés par la Séc. soc.

Nota. — En France, env. 10 000 méd. pratiquent l'homéopathie parmi d'autres thérapeutiques (dont env. 1 500 l'homéop. seule). Se pratique essentiellement dans le cadre de la médecine libérale, mais des soins peuvent être reçus dans certains hôpitaux : St-Jacques à Paris, St-Luc à Lyon, certains services de C.H.U. qui assurent des consultations et plusieurs dispensaires dont Hahnemann, St-Augustin, Centre homéopathique Danton (Paris). 10 à 30 % de la pop. se traite par homéopathie. Enseignement officiel (diplôme d'université) et privé. *Renseignements :* Syndicat national des médecins homéopathes français, 37, rue des Volontaires, 75015 Paris.

☞ Gemmothérapie. Est proche de l'homéopathie. Utilise les jeunes pousses, radicelles et bourgeons. Après macération, le médicament est délivré en 1re dilution décimale hahnemanienne.

Hydrothérapie

Définition. Emploi thérapeutique de l'eau thermale.

Traitement. *Méthode Salmanoff* (enveloppements chauds et bains additionnés de substances en émulsion). Stimule les capillaires de la peau et la dissolution des déchets. *Cure Kneipp* (même chose, mais avec de l'eau froide).

Indications. Troubles de la circulation du sang, avec présence dans le sang d'éléments étrangers ou nocifs. *Cures thermales* (V. Index).

Hygiénisme

Définition. Méthode utilisant uniquement les forces naturelles pour vivre harmonieusement. **Origine.** Créée aux U.S.A. au XIXe s., développée par le Dr Shelton, reprise en France par le Pr Désiré Mérien, créateur de la méthode des paliers alimentaires.

Pratique. Séjours de jeûne par la technique des paliers alimentaires : le *jeûne hydrique* (ou primaire) peut durer 1 semaine, le *jeûne de la régénération organique* (ou jeûne secondaire) prolonge le 1er jusqu'à 3 semaines. Séjours de *diététique :* pour la désintoxication ou la réalimentation de l'organisme. Stages pratiques de biorespiration et de bioanalyse : prise de conscience du corps par des exercices d'antimaîtrise (déblocage des tensions corporelles, relaxation, massage énergétique, etc.) pour aboutir à une harmonie de l'individu.

En France. *Praticiens* 200. *Centre hygiéniste :* Nature et Vie, 9, rue du Village Kenvemanec, 56100 Lorient.

Iridologie

Définition. Méthode d'étude et d'interprétation des modifications histologiques de l'iris de l'œil (texture, relief, couleur, forme, position, etc.).

Elle n'est pas un moyen de diagnostic médical proprement dit, mais elle permet un **examen de vitalité** lorsqu'on sait interpréter les signes correctement. Elle indiquerait assez bien les **surcharges métaboliques** (colles et cristaux).

Origine. Connue des Hébreux, des civilisations antiques du Proche-Orient et de la Chine. Employée par Hippocrate et de nombreux médecins du Moyen Âge (dont R. Lulle).

En 1836, un Hongrois, Ignaz von Peczeli (devenu plus tard médecin), l'expérimenta sur un oiseau blessé. Il fonda l'iridologie (en 1881) et publia le 1er traité d'ir. systématique. Recherches surtout en Allemagne (J. Tiel, E. Fuick, R. Schnabel, Mauber, Angerer, Grethman, J. Deck) ; France (L. Vannier, G. Verdier, G. Jausas), Europe du N. (M. Liljequist), Espagne (L. Ferrandiz), U.S.A. (H. Lindlarh, J. Haskell Kritrer, B. Jensen), Canada (Koegler, Winter), Australie et N.-Zélande (H.-S. Grimes) ; autre précurseur : Dr Fortier Bernoville.

Principes. Un organe commençant à ne plus fonctionner normalement réagit sur les centres nerveux dont il dépend, et sur le système sympathique en particulier, avant qu'une douleur n'attire l'attention. L'iris garde également l'empreinte du passé pathologique, des affections qui se sont mal terminées ou qui ont laissé des traces dans l'organisme. L'iris est divisé en 12 secteurs correspondant aux différentes parties du corps. Par exemple une tache située à 4 h sur le bord de l'iris gauche signifierait une atteinte du bras gauche.

Pratique. On pratique l'*iridoscopie :* examen de l'iris sur le sujet ; et l'*iridographie :* photographie de l'iris pour obtenir une diapositive que l'on examine. **Diagnostic.** *Signes :* en *relief,* indiquent un excès ; en *creux :* une carence ; *trame irienne affaiblie :* une fragilité ; *coloration anormale* de certaines parties : intoxications d'origine extérieure (médicaments mal éliminés) ou auto-intoxications par mauvaise élimination des toxines.

Nombre d'iridologues. Plusieurs milliers en All. féd., U.S.A., Canada, Europe du N. ; quelques centaines en France, Espagne ; un certain nombre en G.-B., Australie.

En France. *Enseignement :* plusieurs écoles privées. *Académie des sciences de l'homme,* 26, rue d'Enghein, 75010 Paris. *Cercle d'études et de recherches en iridologie scientifique et expérimentale* (C.E.R.I.S.E.) 19, rue Thiers, 10110 Bar-sur-Seine.

Macrobiotique

Définition. Art de vivre psychique et physique. Application de la pensée chinoise, introduite en Occident par le Japonais Georges Ohasawa et connue par une diététique basée sur l'utilisation des céréales.

Les nourritures (air, aliments, impressions, émotions) influent sur la physiologie et le psychisme. Elles se répartissent en *Yin* à effet dilatateur et en *Yang* à effet constricteur. La régulation des 5 fonctions internes (V. Acupuncture) est influencée par les composants des différentes nourritures (saveurs, odeurs, aspect) ou leurs variations émotionnelles (joie, anxiété, tristesse, peur, colère). En relation avec les 6 qualités du Ciel, on doit adapter les nourritures au climat, à la latitude et à l'altitude. La *santé* découle d'un équilibre entre les *énergies* spécifiées par les *nourritures.*

Méthode pouvant présenter des dangers et devant être soumise à un médecin.

Magnétisme

Origine. Connu dans l'Antiquité, utilisé par les Égyptiens, mentionné dans la Bible. Étudié scientifiquement par François Mesmer (1734-1815) dans son livre « Mémoire sur la découverte du magnétisme animal ». Développé en France avec Henri Durville et ses frères Gaston et André à l'origine du naturisme médical.

La magnétisme *minéral* s'explique par le mécanisme interne des aimants, le magnétisme *vital* (végétal, animal ou humain) par le double aurique (effet Kirlian). Le magnétisme mental relève de la suggestion et de l'hypnotisme (sophrologie) et dans certains cas de la télépathie (action mentale à distance).

Le magnétisme spirituel (prière) est de nature métaphysique.

Pas d'explication scientifique connue. *Actions :* désinfectante, revitalisante, calmante, cicatrisante ; employée contre certains virus résistants aux médicaments utilisés par la médecine traditionnelle. Nécessite de la part du magnétiseur un don, des qualités morales, psychologiques et professionnelles.

Mésothérapie

Origine. *1952.* 1res observations de Michel Pistor : réactions insolites après des traitements par petites injections locales à base de Procaïne. *1958.* Publications basées sur les 6 premières années d'observation (le mot « mésothérapie » est prononcé pour la 1re fois). *1964,* création de la Sté française de mésothérapie (1985 : 1 247 membres).

Principe. Injections sous-cutanées superficielles et intradermiques, avec des aiguilles de 4 et 6 mm, de mélanges à base de procaïne et de médicaments actifs à très petite dose (de 10 à 30 fois moins de médicaments que dans les traitements classiques). Les injections sont faites en regard de la zone douloureuse ou malade, à la main ou à l'injecteur électronique. **Indications.** Arthroses, tendinites, névralgies, sciatiques, entorses, migraines, céphalées, rhino-pharyngites, otites, angines, allergies diverses, insomnies, constipation, etc. et cellulite.

Médecins. Près de 10 000 en France. **Hôpitaux.** 34 CHU.

Naturopathie

Origine. Pratiquée dans l'Antiquité.

Époque moderne. Apparition en Allemagne (avec Kneipp, Khune, Just, Shrott, etc.). A partir de 1885, essor aux U.S.A., avec les hygiénistes purs (Tilden, Lindlhar, Shelton, etc.) et les naturothérapeutes : B. Lutz, Mac Fadden, Schramm, etc. En 1935, apparition en France, sous l'impulsion du biologiste P.V. Marchesseau.

Médecines naturelles

Antispasmodiques : *aubépine* (écorce) tonifie le cœur et a une action régulatrice sur les vaisseaux. *Olivier* (feuilles) en alternance avec l'aubépine pour l'hypertension artérielle, en préparation aqueuse (20 feuilles d'olivier bouillies dans 300 g d'eau) filtrée et sucrée, matin et soir (consommer chaud). *Gui, valériane* (racine) agit sur le système nerveux central. *Lavande* en infusion avec des fleurs de souci, de la bourrache, du genêt, de la pensée sauvage, active le débit de l'urine et de la sueur (3 à 4 tasses par jour). Apéritifs : *serpolet, thym, anis, hysope, menthe, camomille, lavande, mélisse* stimulent l'appétit (1 tasse avant les repas).

Béchiques (plantes contre la toux) : ÉMOLLIENTS : *tisane pectorale* (coquelicot, bouillon-blanc, guimauve et mauve) ; EXPECTORANTS : *aunée, drosera, mouron rouge, gui* ; FLUIDIFIANTS : *réglisse* (racines) calme aussi les douleurs de la gastrite et de l'ulcère gastrique, possède des propriétés anti-inflammatoires sur certaines conjonctivites (en bains oculaires). La *primevère* (légèrement laxative) peut dégager les voies respiratoires en début de grippe (décoction de la racine, à 2 ou 3 %, 3 tasses par jour). Rhume de cerveau : presser, dans la main, la moitié d'un *citron* (coupé en deux) et respirer fortement le jus qui s'écoule ; après avoir éternué plusieurs fois, faire de même avec l'autre moitié.

Dartres, eczéma : prendre à jeun des tisanes de *houblon, salsepareille, douce-amère.*

Dépuratifs : *Bardane* (en décoction à 6 %) agit sur la sécrétion hépato-biliaire, les glandes sudoripares. *Buis,* fébrifuge, agit aussi sur sécrétion biliaire. Tisanes de *serpolet,* de *marrube,* de *millepertuis. Pensée sauvage* et *orme* (écorce moyenne des pousses) pour les dermatoses.

Diarrhées, dysenteries : 25 g d'écorce de racine de simarouba (arbre de Guyane) que l'on fait bouillir dans un litre de vin jusqu'à réduction de moitié. Boire un verre le matin et un le soir, à jeun. Guérison en 24 h. *Pour les enfants :* un blanc d'œuf délayé dans de l'eau sucrée ; dans la journée, tisane de riz. *Pour les adultes :* faire bouillir ensemble 1 verre d'eau et 2 verres de fort vinaigre jusqu'à réduction de moitié ; boire froid le matin à jeun, en 2 fois, et à 20 mn d'intervalle.

Diurétiques : *sauge* sous forme de vin de sauge (80 g de feuilles de sauge, 1 000 g de vin de Samos ; macéré 8 j), une à trois cuillerées à soupe après les repas, facilite le flux menstruel et la conception. *Barbe de maïs* calme les douleurs de la cystite chronique. *Fragon* ou petit houx, indiqué pour les crises hémorroïdaires. *Mâche* ou céleri sauvage, bon aussi pour les engelures (en bains de pieds). *Fenouil* associé aux racines d'asperges, de persil, de petit houx et d'ache. *Pariétaire* ou perce-muraille (seulement fraîche). *Busserole* ou raisin d'ours (en décoction concentrée). *Prêle, sureau, solidago, oignon, piloselle, scille, cassis, bourrache, chiendent* et *queues de cerises.*

Narcotiques et analgésiques : *pavot* [1] renferme une vingtaine d'alcaloïdes (dont morphine, papavérine, codéine, narcéine). L'action sédative de l'opium sur la douleur s'accompagne d'une excitation des autres activités organiques : motricité nerveuse, fonctions respiratoires... *Aconit* [1] analgésiant actif. *Grande ciguë* [1] sédative, s'emploie en extrait alcoolique, en teinture de feuilles ou de semences. **Maux de dents :** faire bouillir 10 mn, dans ½ l de vin, une poignée de feuilles de *lierre grimpant ;* ajouter une forte pincée de sel de cuisine, passer avec un linge et se gargariser la bouche du côté où les dents font mal avec une cuillère ; cracher après quelques minutes. **Goutte et rhumatismes :** *colchique* [1] (bulbe) dont l'alcaloïde, la colchinine, est très active au début des crises de goutte (à utiliser seulement sur ordonnance médicale car elle a un effet inflammatoire sur la muqueuse intestinale). Faire bouillir chaque matin 120 g de racines sèches de *bardane* dans 2 l d'eau ou de bière pendant 5 mn, tenir au frais et, dans la journée, quand on a soif, en boire un verre. Un litre au moins par jour. **Lumbago, douleur dans un genou ou sur les épaules :** feuilles de *chou* bouillies avec du lait, étendues à chaud en compresse sur un morceau de toile ou de flanelle et appliquées sur la partie souffrante. Maintenir 10 h.

Nota. — (1) Plantes toxiques, leur vente est réglementée et ne peut être effectuée que sur prescription médicale.

Purgatifs : *bryone* (racine). *Rhapontic* (poudre des racines) bon purgatif. *Psyllium* (semences) augmente le volume du bol fécal et lubrifie la paroi de l'intestin. *Son* dans une compote de pruneaux frais trempés (1 cuillerée à soupe aux 3 repas). *Frêne* (feuilles en tisane) à prendre chaque matin à jeun, pendant 8 à 10 j. Régime : légumes, laitages.

Toniques : ASTRINGENTS. *Tanin* entre dans leur composition. *Chêne* (écorce) en décoction aqueuse à 100 pour 1 000, conseillé pour hémorragies utérines par fibrome ou métrites, inflammation de la muqueuse de l'utérus, pertes blanches, hémorroïdes. *Marron d'Inde* (écorce) efficace surtout pour les hémorroïdes. *Tormentille* (racine) pour diarrhées chroniques, *consoude* (racine). *Peuplier* (bourgeons), action antiputride. TONIQUES AMERS : excitent l'appétit, facilitent la digestion : *gentiane* (racine). *Artichaut* (la feuille de la tige) agit sur l'élimination urinaire, abaisse le taux d'urée. *Marrube blanc* (huile essentielle en substance cristallisée), cardiotonique, en sirop simple (4 à 5 cuillerées à entremets par jour). *Houblon* pour gastrites nerveuses, en infusion (15 g de cônes de houblon pour 1 l d'eau).

Vermifuges : *ail* (agit aussi, sous forme d'infusion, sur les quintes de toux et les vomissements). *Chou cru* (20 à 30 g de suc de chou cru). *Tanaisie* ou herbe aux vers (semences) en infusion ou en poudre, agit contre oxyures et ascaris.

Principes [de la naturopathie orthodoxe, ou hygiène vitale (école française)]. La maladie est en général profonde. Elle est faite des surcharges métaboliques (colles et cristaux) qui stagnent dans les *humeurs* (sang et lymphe) et les *tissus profonds* (terrain). Cette surcharge est normalement éliminée par les émonctoires spécialisés (peau, poumons, reins, intestin). Mais pour de nombreuses raisons (insuffisance émonctorielle acquise ou héréditaire, suralimentation, aliments dénaturés, énervation, etc.) *la saturation humorale dépasse le seuil de sécurité.* Alors se produisent des troubles émonctoriels plus ou moins violents d'élimination en vue d'épurer l'organisme de ces poisons métaboliques.

Toute répression aveugle, médicamentaire de ces troubles d'autodéfense (80 % des maladies qui nous atteignent), entraîne à la longue des *troubles dégénératifs,* par usure et lésion ; véritables maladies appelant des soins d'urgence allopathique pour survivre (20 % des cas).

En résumé, la maladie procède de nos *erreurs de vie,* l'autoguérison s'obtient par une réforme dans notre comportement portant sur une triple hygiène : *alimentaire, nerveuse* et *musculaire.* Le naturopathe se présente avant tout comme un hygiéniste ou un professeur de santé.

Nombre. U.S.A. 20 000, Allemagne 10 000, *France 5 000,* Belgique 3 000.

☞ *Renseignements :* Fédération internationale de naturopathie (section européenne et section française), 26, rue d'Enghien, 75010 Paris.

Naturothérapie

Art de soigner les maladies locales par les agents naturels : plantes, bains, aliments, réflexes, etc. Spécialités : *phytothérapie, acupuncture, aromathérapie, ostéopathie, chiropractie, hydrothérapie, électrothérapie,* etc. Cet ensemble représente toutes les techniques des médecines douces. On distingue *naturopathe* (hygiéniste) et *naturothérapeute* (médecin).

Ostéopathie

Origine. Fondée par Andrew Taylor Still (1830-1917), médecin, chirurgien et pasteur.

Principes. La structure gouverne la fonction. Les principaux facteurs susceptibles de modifier la fonction d'un organe ou d'un ensemble de cellules sont : l'innervation, la circulation d'arrivée ou de retour, les déséquilibres permanents inscrits dans les tissus de soutien et modifiant la mobilité rythmique de l'organe. L'ostéopathe intervient sur la ou les structures nécessaires pour rétablir la fonction. Fondée sur une excellente connaissance de l'anatomie et une qualité palpatoire.

Indications. Réparation de certains déséquilibres mécaniques (subluxations, entorses, séquelles d'accidents, etc.) ; soins des troubles fonctionnels venant d'une mauvaise circulation des liquides du corps sang, lymphe, liquide céphalo-rachidien) ou d'une perturbation de la transmission de l'influx nerveux (névralgie faciale, troubles neurovégétatifs, etc.) ; à titre préventif, pendant la grossesse pour préparer l'accouchement ; à la naissance, chez le jeune enfant, lorsque la structure osseuse (en particulier crânienne) fait pressentir des compressions ou des blocages ; pour traiter un grand nombre de problèmes viscéraux. *Nombre de séances :* 1 à 10 selon l'état du patient.

En France. *Nombre :* plusieurs centaines. *Patients :* plusieurs dizaines de milliers. *École :* Académie des sciences de l'homme, 26, rue d'Enghien, 75010 Paris.

☞ *Renseignements :* Fédération des ostéopathes de France (F.O.F.), B.P. 305, 91160 Longjumeau.

Ozonothérapie

Introduction dans l'organisme d'oxygène ionisé. Actions bactéricide, sédative, parasiticide, analgésique, trophique, régénératrice et action sur le sang. L'acupuncture est rarement associée à l'ozonothérapie. La 1re relance la circulation d'énergie ; la 2e apporte de l'oxygène aux cellules.

Phytothérapie

Définition. Traitement des maladies par les plantes (tisanes, teintures, essences, poudres...). Plantes et substances végétales les plus utilisées : avocat, girofle, paprika, moutarde, graine de coton, sauge, fenouil, camphre, ouabaïne, théobromine.

Aromathérapie. Utilise les essences aromatiques, extraites des végétaux (hydro-carburées, oxygénées, sulfurées) et possédant des pouvoirs antiseptique, bactéricide, cicatrisant, antiparasitaire, antitoxique antivenimeux, antinévralgique et antirhumatismal. *Indications :* infections, troubles du système nerveux circulatoire (artériel, veineux et cardiaque), brûlures, engelures, toux spasmodique, hoquet.

Nota. — Parmi les milliers d'espèces végétales, il y a peu de principes actifs isolés (ex. : digitaline) représentant l'activité de la plante (la digitale). Dans de nombreux cas, l'activité d'une plante résulte de l'association de plusieurs produits contenus dans cette plante, produits qui, isolés, n'ont plus l'activité constatée avec la plante totale.

En France. *Nombre d'herboristes :* 120. Avant 1939, ils étaient 4 500, mais, en 1941, le diplôme d'herboriste, délivré par les facultés de pharmacie, fut supprimé.

Psychosomatique

Définition. Fondée sur l'union étroite du psychique et du corporel. **Traitement** des troubles des fonctions végétatives en relation avec l'affectivité, tr. biologique complété par la psychanalyse, la thérapeutique de groupe, la cure de sommeil et les tranquillisants. **Indications :** asthme, œdème pulmonaire, tuberculose, ulcère d'estomac, colites, crise de foie, tachycardie, perte de tension artérielle, impuissance et frigidité, eczéma et psoriasis (répandus chez les enfants).

Radiesthésie

Origine. Document le plus ancien traitant de l'art du sourcier : bas relief de 147 apr. J.-C. représentant l'empereur chinois Yu une baguette à la main. *Europe :* utilisée à la Renaissance pour rechercher des trésors ; *XVIe et XVIIe s. :* l'art du sourcier se développe ; le *pendule,* mentionné pour la 1re fois en 1662 par le père Schott, est réservé à la recherche de l'or. *1749 :* 1er usage « radiesthésique » pour rechercher des trésors. *XVIIIe s. :* l'abbé Guinebault ramène de Chine, et l'abbé Gerboin (prof. à Strasbourg) des Indes, des pendules utilisés pour les sources. *XXe s. :* la radiesthésie est divulguée en France.

Origine du mot. Inventé en 1890 par l'abbé Bouly (de *radius :* rayon et *aisthêsis :* sensibilité), officialisé en 1922 (fondation de l'Association française et internationale de radiesthésie).

Radiesthésistes célèbres. *XXe s. :* abbé Bouly, curé de Hardelot (1865-1958) ; père Bourdoux ; abbé Mermet (1866-1937), sourcier ; Henry de France père (1872-1937), sourcier ; Joseph Treyve (1877-1946) ; abbé Jean Jurion († 1977), guérisseur, fondateur du Syndicat nat. des radiesthésistes. *Scientifiques :* Turenne, de Belizal, Jean de la Foye, Pagot. *Écrivains :* Luzy, Michel Moine, Christopher Bird.

Principes. Aucune explication scentifique n'a pu être fournie. Forme de sensibilité possédée par tout être humain à des degrés divers, et qui le pousserait à trouver instinctivement le remède approprié à son mal (comme le ferait l'animal). Le pendule ou la baguette sont des amplificateurs devant permettre à l'opérateur d'obtenir une réponse à une question posée, affirmative ou négative selon le sens de la giration et suivant une convention variant d'un radiesthésiste à l'autre.

Services rendus (médecine) : le pendule peut guider le médecin dans le diagnostic en lui indiquant les causes de la maladie selon un ordre d'importance et l'organe à traiter en premier ; peut aider au choix judicieux du remède adapté au terrain du malade ; peut avoir une action préventive. Même des sujets doués doivent suivre un entraînement très intensif pour parvenir à une entière objectivité excluant leur raisonnement conscient.

Autres centres de recherches : hydrologie, minéralogie, agriculture, affaires, etc.

Sophrologie

Définition. Étudie la conscience en harmonie (c'est-à-dire la totalité de l'individu : conscience et inconscience). La *relaxation dynamique* (technique thérapeutique de base créée en 1960 par le Pr Cayado) s'apprend en 3 mois, individuellement et en groupe. C'est une prise de conscience de notre corporalité, une méditation sur le corps. Le rythme de la respiration est associé à la méditation sur une pensée (inspiration bouddhique). Au 3e degré, méditation totale inspirée du Zen, pas de différenciation entre le corps et l'esprit.

Indications. Troubles psychiques, physiologiques (respiratoires, circulatoires, digestifs), préparation à la grossesse et l'accouchement. 20 000 médecins pratiquent cette méthode dans le monde.

En France. Centre de relaxation à l'hôpital St-Michel (Paris).

Taï-Chi-Chuan ou Tai-Ji-Quan

Origine. Art martial, mais le combat ne peut être pratiqué qu'après plusieurs années d'exercice.

But. Ouvrir le pratiquant à la circulation libre du *Chi,* c'est-à-dire de l'énergie interne, qui intègre l'homme accompli, le Tchenjen, dans l'énergie cosmique « de la Terre et du Ciel ». Cette énergie donne une grande efficacité au combat, car ce n'est plus la force de l'individu qui agit, mais le *Chi,* transmis à travers le geste. *Deux aspects : Lao-Jia,* « Vieille Forme », qui mène au combat de la « Nouvelle Forme », ou *Xin-Jia* (technique de santé physique et mentale). Lié à une conception de l'univers, l'existant est un tout, dont l'homme fait intimement partie : l'homme est un microcosme dans un macrocosme. Cela implique l'acceptation des rythmes naturels, principalement du rythme binaire exprimé dans le symbole du *Tao :* un cercle divisé en 2 sortes de virgules (noire et blanche, chacune portant un gros point de la couleur opposée). Ce symbole exprime la juxtaposition complémentaire des éléments contraires (féminin-masculin, nuit-jour, etc.), c.-à-d. du Yin et du Yang, se suivant, se détruisant et s'engendrant l'un l'autre, n'existant que l'un par rapport à l'autre. Ce symbole se nomme un Taï-Chi et le Taï-Chi-Chuan est le *Chuan,* c'est-à-dire l'action (ou la boxe, au sens plus restreint) suivant les lois du Taï-Chi.

Étude. Nombreux exercices d'enracinement, de souffle, d'assouplissement, des applications non violentes à deux. Aspect le plus connu : apprentissage de la Forme (succession réglée de déplacements et de gestes exécutés régulièrement et lentement, sur la vitesse de la respiration).

Pays pratiquant. Chine, Indonésie, Thaïlande, Japon, U.S.A., plusieurs pays d'Amérique du S. et d'Europe occidentale. **Championnats internationaux de Tue-Cho** (joute) : intermédiaire entre le travail doux et le combat.

Adresse en France. *Renseignements :* Féd. nationale de Taï-Ji-Quan, 37, rue Clisson, 75013 Paris (fondée 26-5-1982). Féd. fr. de Taï-Chi-Chuan, 24, rue de Babylone, 75007 Paris. Féd. fr. de Taï-Chi et Kungfu, 65, quai d'Orsay, 75007 Paris.

Thalassothérapie

Origine. En France, le 1er établissement de bains de mer chauds fut créé à Dieppe en 1822. Le Dr Labornadière d'Arcachon, en 1869, a créé le terme de thalassothérapie. Sous le Second Empire, la cure marine connut une grande vogue. Des établissements s'ouvrirent sur la Manche, l'Atlantique puis la Méditerranée. Avec René Quinton (1866-1925), la thalassothérapie développa sa thérapeutique (sérum marin ou plasma de Quinton), résumée dans « l'Eau de mer milieu organique », paru en 1904. Le Dr Louis Bagot créa en 1899 à Roscoff un établissement, aujourd'hui encore en activité. En 1978, il a été démontré que les ions calcium facilitent les réparations osseuses et articulaires, les ions potassium constituent une réserve cumulatrice pour les muscles, et les ions magnésium sont indispensables aux plaques motrices.

Définition. Exploitation à des fins thérapeutiques des vertus curatives de l'eau de mer, de l'air et du climat marin.

Traitement. Bains d'eau de mer chauffée, associés à des soins physiothérapiques (rééducation, gymnastique médicale, massothérapie) et, s'il y a lieu, à des douches, applications de boues marines ou de pâtes d'algues, bains bouillonnants (les bulles effectuent un brassage continu de l'eau qui masse le corps), bains thermo-gazeux, massages par douches sous-marines (la pression de l'eau peut atteindre 4 kg) ; aérosols (inhalations de brouillard d'eau de mer), traitement bucco-dentaire selon l'avis du médecin.

Indications thérapeutiques. Rhumatologie, traumatologie, orthopédie, neurologie, maladies métaboliques, maladies dites « de la civilisation ».

Contre-indications. États infectieux, affections cardiaques et rénales décompensées, dermatoses suintantes, maladies aiguës évolutives.

Centres en Europe. *France :* 15 centres adhérents à (l'U.N.D.E.T.) : Le Barcarès (2 ét. en 1984), Biarritz, Cap-d'Agde, Carnac, Douarnenez-Tréboul, Deauville, Perros-Guirec, Porticcio, Quiberon (créé par Louison Bobet), Roscoff-Rock-Room, Saint-Malo, Sainte-Marie-de-Ré, Saint-Raphaël, Le Touquet. Autres établissements : La Baule, Bidart, Cannes, Cerbère, La Ciotat, Collioure, Dieppe, Granville, Gujan Mestras, Luc-s.-Mer, Marseille, Pornichet, Porticcio-les-Molini, Roscoff-Ker-Léna, Saint-Jean-de-Monts, Siouville, La Turballe, Villeneuve-Loubet. 23 établissements fonctionnent sous la responsabilité de médecins présents à temps complet.

Établissements à l'étranger : All. féd. : 21. Yougoslavie : 5. Roumanie : 4. Espagne : 2. Belgique : 1.

Nombre de curistes en France. *1971 :* 26 741. *1982 :* env. 40 000-45 000. *1983 :* env. 90 000. *1985 :* env. 240 000.

Source : Union nationale des dirigeants des établissements de thalassothérapie (U.N.D.E.T.), 52, rue de La Tour d'Auvergne, 75009 Paris.

Premiers soins

• **Accidents de la route.** *1° Prévenir les secours* publics (sapeurs-pompiers, gendarmerie, police) et baliser les abords de l'accident. *2° Sauf danger immédiat* (incendie, chute du véhicule, risque de nouvel accident), ne pas sortir un blessé d'un véhicule avant l'arrivée des secours et, dans ce cas, avant qu'un nombre suffisant de sauveteurs (3 ou 4) ne soit réuni pour en assurer le dégagement. Pour effectuer le dégagement en assurant en permanence le maintien de l'axe tête, cou, tronc, et pour éviter de plier la nuque : mettre la paume de la main gauche sous le menton du blessé, l'autre main étant située le long de la région occipitale, les 2 mains effectuant le maintien de la tête et du cou dans l'axe du corps. Installer ensuite la victime, si elle est inconsciente, en position latérale de sécurité (P.L.S.). Arrêt des hémorragies par compression. Le S.A.M.U. doit être, obligatoirement, alerté lors des accidents graves.

• **Détresses respiratoires.** Quand l'oxygénation du cerveau est insuffisante, l'évolution à court terme aboutit à : une détresse neurologique, des troubles de la conscience, un coma, une détresse cardiaque, une inefficacité circulatoire, un arrêt cardiaque ou une détresse respiratoire.

Causes : *1° L'air n'arrive plus aux alvéoles du poumon* en raison d'un obstacle mécanique sur les voies aériennes, le sujet « étouffe », « suffoque » : œdème de la glotte (morsure ou piqûre d'animaux venimeux), chute de la langue en arrière (état inconscient ou comateux), corps étrangers divers (vomissements, dentiers, aliments, etc.).

2° L'appareil respiratoire est mécaniquement atteint : muscles paralysés (électrisation), compression et fracture du thorax, maladies respiratoires chroniques (insuffisance respiratoire, asthme).

3° Atteinte des centres nerveux respiratoires de commande du bulbe rachidien : intoxication par barbituriques, tranquillisants, opiacés..., overdose. Le sujet est inconscient (coma) : il « ronfle », « gargouille » (obstruction avec la langue ou de liquides stagnant dans le gosier).

4° L'air qui arrive aux poumons contient des produits toxiques : a) Pour les globules rouges : oxyde de carbone (appareils de chauffage) ; *b) Pour les tissus :* en inhibant la respiration tissulaire (utilisation de l'oxygène au niveau des cellules) : cas notamment de l'hydrogène sulfuré (fosses d'aisance), de l'acide cyanhydrique.

5° Le transport de l'oxygène des poumons aux tissus n'est plus assuré ; ainsi, en cas d'arrêt cardiaque.

Signes : respiration lente et superficielle ; ou rapide et le sujet inconscient « ronfle », « gargouille » ou « ne respire plus » ; ou rapide et superficielle avec efforts respiratoires : le sujet « étouffe », « suffoque », « ne peut plus parler ». Peuvent aussi intervenir des troubles de la conscience, coloration violette des lèvres, des ongles ; des sueurs (front, mains).

Conduite à tenir : *dégagement de la victime :* retrait de l'atmosphère toxique, suppression de la cause d'obstruction. *Bilan rapide :* états de conscience, de la respiration, cardiaque. *Gestes d'urgence à effectuer sur place :* dégager et libérer les voies aériennes, dégrafer les vêtements, nettoyer la cavité buccale et l'arrière-gorge (débris alimentaires, dentier, sable, etc.), s'opposer à la chute de la langue en arrière (mettre la tête en arrière, avancer la mâchoire inférieure), mettre la victime en position latérale de sécurité s'il y a un risque de vomissements. Si le sujet ne respire pas, lui faire le bouche-à-bouche après avoir dégagé ce qui peut obstruer la bouche, placer sa tête « bien en arrière ». Si on constate un arrêt cardiaque, il faut faire un massage cardiaque externe.

Bouche-à-bouche. Se fait en cas d'arrêt respiratoire. Allonger à plat dos le patient. Ouvrir largement la bouche et la placer autour de la bouche ouverte du patient ; d'une main pincer les narines de celui-ci (afin d'éviter des fuites d'air) ; souffler dans la bouche ; vérifier si la poitrine s'est bien soulevée. Lorsque la poitrine du patient s'est affaissée, recommencer l'opération (env. 15 fois par minute). Se relever, vérifier que la partie basse du thorax s'est relevée et redescend à l'expiration. Alerter le S.A.M.U., obligatoirement, en cas d'*arrêt respiratoire.*

Nota. – S.I.D.A. et soins urgents. Une inquiétude se manifeste dans certains milieux sur la pratique des gestes d'urgence (bouche-à-bouche, arrêts des hémorragies, traitement des plaies...) au profit de victimes susceptibles d'être atteintes du S.I.D.A. Outre que les personnes atteintes du S.I.D.A. ne peuvent pas se reconnaître d'emblée, rien n'est prouvé qu'un contact occasionnel, non sexuel, puisse transmettre la maladie.

Massage cardiaque externe (ne doit se faire qu'associé au bouche-à-bouche). *Indications :* arrêt cardiaque caractérisé par absence de pouls, arrêt des mouvements respiratoires, perte de connaissance totale. *Technique :* coucher le patient sur le dos, sur un plan dur ; se placer à côté, placer les deux mains l'une sur l'autre, le talon de la main du dessous doit être posé au niveau du sternum ; exercer alors des pressions rythmiques au niveau des mamelons, au-dessous du milieu du sternum, en se penchant en avant, bras bien tendus médians et verticaux (la pression doit atteindre 4 cm environ).

Seul le talon de la main doit toucher le sternum afin de réduire la surface de pression et éviter le bris de côtes. *Fréquence :* env. 80 pulsations par minute. Tout massage cardiaque doit s'accompagner d'une respiration artificielle. *Rythme :* une insufflation pulmonaire pour 5 compressions sternales. Pour un nourrisson, 2 doigts suffisent. Alerter systématiquement le S.A.M.U. pour *arrêt cardiaque.*

Corps étranger (obstruction respiratoire par). Si l'obstruction est totale, le sujet suffoque, l'air ne passe pas. Commencer par lui donner 2 coups de poing entre les 2 omoplates. Si ça ne suffit pas, lui entourer la taille et exercer, avec le poing fermé de l'autre main, une pression rapide de bas en haut au niveau du creux de l'estomac. La compression de l'air, dans les alvéoles pulmonaires, dans les bronches et la trachée provoque l'expulsion des aliments bloqués et de tout corps étranger ; si l'obstruction est partielle, le sujet arrive encore à faire entrer de l'air : il « tire » et fait un bruit de « corne » en respirant ; ne tenter aucune manœuvre, laisser le sujet semi-assis et le faire évacuer vers l'hôpital. Alerter systématiquement le S.A.M.U. pour *suffocation.*

● **Brûlures. Thermiques :** passer immédiatement la zone atteinte dans l'eau froide pendant 10 mn. *1er degré :* simple rougeur de la peau ; ex. : *érythème (coup de soleil) :* étendre une pommade grasse stérile (condamner l'huile de table). *2e degré :* pour les brûlures de petites surfaces (phlyctènes : cloques). Celles de moyenne surface, pas de liquide antiseptique, mettre un pansement stérile et appeler le médecin ; d'une grande surface, envelopper dans un drap, appeler le S.A.M.U. ou son médecin pour conseils. *3e degré :* destruction de toute l'épaisseur de la peau et même d'os ou de muscles entraînant des croûtes noires indolores plus ou moins profondes. Ne pas dévêtir, ne mettre aucun liquide antiseptique, envelopper d'un linge propre ou stérile, ne pas faire boire, prévenir les secours. Lorsque la brûlure atteint la face, les yeux ou qu'elle dépasse l'étendue du membre supérieur, il faut hospitaliser dans un centre spécialisé pour grands brûlés. **Chimiques :** par projections ; de bases et d'acides (soude caustique, acide chlorhydrique, sulfurique, nitrique). Laver abondamment à l'eau courante pendant 15 à 20 minutes.

● **Coma.** Perte prolongée de l'éveil et des réactions, avec persistance des mouvements de ventilation et du pouls. Coucher le sujet sur le côté pour éviter que sa langue ne « tombe » dans le fond de son gosier et n'obstrue celui-ci (ronflement) ou que les liquides stagnant à ce niveau ne puissent aller noyer les poumons. Pour coma profond (sujet ne réagissant pas au pincement) appeler le S.A.M.U.

Perte de connaissance brève : même état mais qui ne dure que quelques minutes. Appeler le médecin après avoir laissé le sujet se reposer couché sur le côté. Sans gravité, même si une crise d'épilepsie a précédé, sauf si elle s'accompagne d'autres signes de détresse.

● **Convulsions.** Mettre en position latérale de sécurité si risque de vomissements ou coma. Appeler un médecin (rarement urgent sauf chez le petit enfant), appeler le S.A.M.U. si elles se répètent toutes les 5 mn.

● **Crise de nerfs.** Se déclenche en public. Isoler le sujet, le coucher sur le côté ; même si il y a une petite perte de connaissance, ne lui faire aucune piqûre, lui conseiller de voir son médecin. Sans gravité vitale.

● **Crise de tétanie.** Se déclenche chez des sujets prédisposés, même en bonne santé. Picotements, mains raides, pertes brèves de connaissance. Les piqûres de calmants ou de calcium sont des absurdités thérapeutiques ; appeler le médecin.

● **Électrisation. Électrocution.** Couper le courant au disjoncteur ; écarter le fil conducteur (basse tension 110-120) avec un corps isolant (bois sec, objet de verre) en s'isolant du sol (tabouret, tapis caoutchouté). Ne pas toucher des fils haute tension. Soins en fonction de l'état de la victime. Appeler les secours et le S.A.M.U. s'il y a blessé ou électrisé.

Nota. — Le plus haut voltage auquel un homme ait résisté est 230 000 volts (Brian Latassa, 17 ans, U.S.A.). L'ampérage joue plus que le voltage.

● **Entorses** (synonyme de foulures). Extension forcée ou déchirure des ligaments d'une articulation caractérisée par : un œdème plus ou moins important, un hématome, une limitation des mouvements. *Entorses bénignes :* immobilisation avec bandage modérément serré ; pansement alcoolisé, repos et possibilité de rééducation précoce [*méthode finlandaise :* pendant 10 mn, plonger alternativement la cheville dans de l'eau à 0 °C et dans de l'eau aussi chaude que possible, chaque fois 1 mn]. *Graves :* contrôle radiologique, immobilisation plâtrée (8 à 15 j) souvent nécessaire, voire intervention chirurgicale.

● **Épilepsie** (voir convulsions). Spectaculaire mais relativement peu grave (même si le malade bave du sang après s'être mordu la langue) ; réveil env. 15 mn après la perte de connaissance. Grave seulement si les convulsions se répètent ou s'accompagnent d'autres signes de détresse vitale pendant plus de 15 mn, appeler alors sapeurs-pompiers et S.A.M.U.

● **État de choc.** *Signes :* pâleur, sueurs froides, anxiété, agitation, soif, pouls difficile à prendre. *Soins :* coucher à plat dos le sujet et éventuellement lui remonter les jambes en plaçant un objet sous les talons. Le réchauffer et le rassurer ; ne lui donner ni à boire ni à fumer pour ne pas gêner l'anesthésie générale, si elle était nécessaire. Si l'état de choc persiste plus de 10 mn, appeler systématiquement le S.A.M.U.

● **Fracture. Crâne.** La gravité n'est pas liée à la fracture mais à l'atteinte du cerveau qui peut être lésé même sans fracture. Attention à l'apparition secondaire (après un temps indéterminé) de troubles de la conscience, de maux de tête ou de vomissements qui peuvent traduire une compression du cerveau. Certaines fractures sont facilement identifiables par l'écoulement de liquide clair (liquide rachidien) par le nez ou l'oreille. Tout sujet ayant présenté un traumatisme crânien avec perte de connaissance doit être hospitalisé. Appeler le S.A.M.U. dès qu'il y a coma, état de choc ou étouffement.

Rachis. Peut provoquer une section de la moelle épinière et une paraplégie (impossibilité de bouger les bras ou les jambes, fourmillements). Il faut suspecter l'existence d'une fracture chez tous les sujets inconscients après un accident de voiture ou une chute de grande hauteur. Immobilisation de la colonne en rectitude axiale sur un plan dur jusqu'à ce qu'on ait vérifié à la radio l'intégrité des vertèbres du cou. Appeler le S.A.M.U. pour assurer le transport à l'aide d'un matériel spécialisé qui assure une immobilisation stricte (matelas coquille).

Membre supérieur. Immobiliser le membre blessé à l'aide d'une attelle de fortune (planche de bois, journal plié) et d'une écharpe.

Membre inférieur. Immobiliser en utilisant l'autre membre. Les fractures « urgentes » des membres sont celles qui lésionnent une artère (pas de pouls au-dessous de la fracture : délai : 1 h) et celles qui sont ouvertes (délai infection 6 h). Certaines fractures (cuisse ou bassin) provoquent des hémorragies internes de 1 litre de sang et méritent l'intervention préventive d'une équipe médicale (S.A.M.U. systématiquement appelé).

● **Hémorragies. 1° Externes :** *petite plaie superficielle,* l'hémorragie se tarit d'elle-même par vasoconstriction des capillaires lésés et coagulation locale. *Plaie profonde :* compression (appliquer compresses ou mouchoir propre sur la plaie). Pansement de bandes semi-élastiques sur la bande de compresses. Si la compression locale n'est pas suffisante, comprimer l'artère qui irrigue le membre. *Garrot :* morceau de tissu de 5 à 10 cm de largeur sur 1,50 m de long, ne le poser qu'après avoir fait les gestes précédents quand il y a beaucoup de blessés et que les secouristes sont débordés, car le garrot est douloureux et dangereux. Le blessé doit être vu dans l'heure (risque de devoir amputer le membre menacé de gangrène). **2° Extériorisées :** hémorragie nasale (épistaxis) : faire appuyer sur l'aile du nez avec la pulpe de l'index pendant au moins 5 mn. Ne pas mettre de coton à cause du risque de récidive chaque fois qu'on l'enlèvera. Si ce traitement ne suffit pas, se faire conduire là où on pourra mettre en place une mèche nasale (ne pas étendre le sujet à plat dos, car le sang s'accumulerait dans l'arrière-gorge provoquant une sensation désagréable). Crachement ou vomissement de sang et selles sanglantes ne sont graves que s'ils s'accompagnent de signes d'état de choc. L'hémorragie par l'oreille n'est pas forcément un signe de fracture de la base du crâne. **3° Internes :** si hémorragies graves, appeler le S.A.M.U. dès qu'apparaissent les signes de l'état de choc : fracture de la cuisse ; atteinte d'un organe plein (rate) après un traumatisme de l'abdomen ; rupture de grossesse extra-utérine (grossesse toute récente ; douleur aiguë dans le flanc).

● **Infarctus du myocarde.** Alerter le S.A.M.U. dès qu'on ressent les signes de menace de l'infarctus (douleur atroce derrière le sternum, qui s'étend aux mâchoires et aux 2 bras) car il y a danger d'arrêt cardiaque dans les 12 premières heures.

● **Insolation** (hyperthermie ou coup de chaleur de plus de 40 °C). *Cause :* exposition trop longue à une température élevée et humide. *Forme grave :* élévation de température, troubles neurologiques, maux de tête, troubles de la conscience, convulsions, hyperthermie (fièvre élevée). *Soins :* dévêtir le malade, le coucher sur le côté dans un endroit frais ; compresses ou vessie de glace sur la tête ; jamais d'alcool ; enfant : tremper dans un bain à 42° C (la temp. rectale diminuée de 2°). Alerter le médecin ou le S.A.M.U. qui enverra le secours nécessaire.

● **Intoxications.** Attention aux surdosages médicamenteux accidentels : ne jamais dépasser la dose prescrite par le médecin ; ne pas donner de médicaments pour adultes à des enfants, même des sirops ; ne pas mélanger plusieurs médicaments sans avis du médecin ; ne donner aucun somnifère à un enfant, à un malade présentant une bronchite chronique (risque de coma et de troubles ventilatoires).

Des intoxications alimentaires graves peuvent survenir par consommation d'aliments avariés : botulisme (conserves) ; trichinose (viande de cheval infestée de parasites). En cas de troubles aigus, consulter immédiatement un médecin.

Causes dans l'ensemble des cas et, entre parenthèses, chez les – de 4 ans (en %). Médicaments 52 (47). Produits ménagers 22,4 et insecticides ménagers 0,7 (les 2 : 23,1). Prod. industriels 6,5 (3,4). Pesticides 4,4 (3). Cosmétiques 2,5 (4,7). Plantes 2,6 (2,4). Animaux 1 (0,8). Aliments (dont alcool éthylique) et divers 7,7 (5,1).

On distingue : les *intox. par inhalation de gaz toxiques :* oxyde de carbone, gaz industriels, etc. Penser systématiquement à l'intoxication oxycarbonée quand les troubles sont collectifs : nausées, vomissements, malaises, perte de connaissance, maux de tête ; attention, ne pas laisser poursuivre l'intoxication, il y a risque de mort : ouvrir les fenêtres, arrêter tout chauffage et prévenir les sapeurs-pompiers qui peuvent trouver des traces d'oxyde de carbone dans l'air [l'intox. par oxyde de carbone est très fréquente (chauffe-eau mal réglé, pièce non ventilée, chauffage d'appoint à gaz)] ; il s'agit d'intox. graves pouvant laisser des séquelles neurologiques ; *par ingestion de produits toxiques ou substances vénéneuses* (médicaments, toxiques agricoles, industriels, ménagers), *par intoxication alimentaire. Dans tous les cas,* si la victime est inconsciente, en état de choc ou suffoque, il est obligatoire d'appeler le S.A.M.U. qui enverra l'équipe nécessaire.

Centres antipoisons (informations seulement, ne pas y amener directement d'intoxiqués) : *Angers,* C.H.U., av. de l'Hôpital. *Bordeaux,* hôpital Pellegrin, place Amélie-Raba-Léon. *Clermont-Ferrand,* H. St-Jacques, 30, place H.-Dunant. *Grenoble,* pavillon Escoffier, H. de la Tronche. *Lille,* H. Calmette, bd J. Leclerc. *Lyon,* pav. N, H. E.-Herriot, 5, place d'Arsonval. *Marseille,* H. Salvator, 249, bd Ste-Marguerite. *Montpellier,* clinique Saint-Éloi. *Nancy,* H. Central, 29, av. De-Lattre-de-Tassigny. *Paris,* H. F.-Widal, 200, rue du Fg-St-Denis. *Reims,* H., Maison Blanche, 45, rue Cognacq-Jay. *Rennes,* Pontchaillou, pav. Clemenceau, rue H.-Le-Guilloux. *Rouen,* H. Ch.-Nicolle, 1, rue de Germont. *Strasbourg,* H. Civil, 1, place de l'Hôpital. *Toulouse,* H. Purpan, place Baylac. *Tours,* H. Bretonneau, 2, bd Tonnellé, 37044 Tours Cedex.

Intoxications dues aux champignons. *Symptômes : troubles digestifs, soit précoces* 1 à 3 h après l'ingestion : signes nerveux (excitation interne, délire, hallucinations), signes digestifs (salivation, sueurs, vomissements, diarrhées). Évolution le plus souvent favorable après soins en milieu hospitalier. *Soit tardifs* (12 h après) : forme grave, souvent mortelle due aux amanites phalloïdes. Dans tous les cas garder les restes de repas ou les épluchures, alerter le S.A.M.U. qui choisira le meilleur moyen de transport et le lieu d'hospitalisation. *Décès* (France) : 10 à 30 par an (dont 80 % dus aux amanites).

● **Luxation.** Déboîtement d'une articulation. Immobiliser le membre comme pour une fracture, prévenir le médecin ou faire transporter à l'hôpital.

● **Mal de mer.** Malaise provoqué par les mouvements du bateau. *Formes :* céphalée, somnolence, sueurs froides, nausées. *Cause :* une excitation anormale des canaux semi-circulaires de l'oreille interne, régulateurs de l'équilibre. Accentué par froid, manque de sommeil, anxiété, faim, chaleur et manque d'air. *Remèdes préventifs :* Nautamine, Dramamine, etc. (peuvent provoquer une somnolence) ; Marzine (France), Sea-leg (G.-B.), Valontan (Espagne) n'entraînent pas de somnolence (quelquefois contre-indiqués). *Remèdes :* s'allonger, tête basse, sommeil ou air frais. *Conseils :* ne pas regarder la mer ; si possible avaler une petite gorgée d'eau de mer.

● **Migraine.** Causée par la dilatation des vaisseaux cérébraux amenant une congestion du cerveau : appliquer une bouillotte remplie de glace sur le crâne, s'allonger dans le noir.

● **Morsure par animal. Chien :** voir p. 140. **Rat :** la morsure est souvent profonde et souillée de spores tétaniques ou d'autres germes pouvant provoquer de graves infections. Consulter tout de suite un médecin pour éviter le tétanos. Il vaut mieux être vacciné (le

Urgences médicales

En cas d'urgence médicale, *téléphoner* à votre médecin si vous en avez un ; ou au S.A.M.U. ; par le 15 s'il existe déjà dans votre département (ouvert à Paris en 1986). Les sapeurs-pompiers (18) à Paris et à Marseille, disposent d'un service médical d'urgence. L'un et l'autre peuvent utiliser des hélicoptères de la Sécurité civile ou de la Gendarmerie.

Ils ont des secours médicaux intégrés au S.A.M.U. depuis 1985. Les S.A.M.U. sont des services médicaux soumis au secret médical. Policiers ou pompiers doivent rendre compte de leur intervention à l'autorité (maire, préfet).

La fréquence des appels médicaux aux sapeurs-pompiers commence à poser des problèmes financiers aux communes et services d'incendie qui se voient, en plus, reprocher de désorganiser les services de santé d'urgence (ambulanciers, médecins libéraux, S.M.U.R. et S.A.M.U.).

A Paris les sapeurs-pompiers disposent d'un caisson mobile d'oxygène Hyperbare, de plusieurs ambulances de réanimation, d'un hélicoptère médicalisé et d'un service de régulation médicale où 24 h sur 24 un médecin reçoit les appels et coordonne les moyens envoyés sur place.

Précisez : d'où vous téléphonez (pour qu'on puisse vous rappeler) ; où se trouve la victime (ville, rue, n°, étage, etc.) ; comment elle réagit lorsqu'on lui parle fort ou qu'on la pince (état de conscience) ; comment elle respire ; ce qui s'est passé.

S.A.M.U. (Service d'aide médicale urgente). Service public rattaché à un centre hospitalier, chargé de coordonner l'ensemble des urgences. Centre d'information et de coordination des urgences d'un département.

Il fonctionne 24 h sur 24 et envoie ambulance, médecin. Dispose d'un réseau téléphonique et radiotéléphonique. A chaque S.A.M.U. sont rattachés des S.M.U.R. qui disposent d'ambulances de réanimation, de véhicules de liaison, et peuvent faire appel aux moyens de la Marine, de l'Armée, de la Sécurité civile (hélicoptères, avions, bateaux).

Garde départementale des médecins généralistes. Voir annuaire à Médecins. Appeler directement ou par le 15, ou par le S.A.M.U.

Garde départementale d'ambulanciers (A.T.S.U.). Appeler directement, ou au 15 ou par le S.A.M.U.

Organismes de secours médicaux aux Français en déplacement. *Organismes publics. Français à l'étranger :* consulat, S.A.M.U. de Paris. *Français en vol aérien :* Air France, U.T.A. et S.A.M.U. de Paris. *Français en mer :* littoral : S.A.M.U. local par les moyens locaux ; en haute mer : S.A.M.U. de Toulouse par St-Lys.

Organismes privés. Europe-Assistance, Mondial, Gesa, Intermutuelle.

Organismes divers dans la région parisienne

S.O.S. Médecins. Visites jour et nuit (dans les départements 75, 92, 93, 94). 87, bd Port-Royal, 75013 Paris.

Urgences des hôpitaux publics en oto-rhino-laryngologie à Paris. *Hôpital Necker-Enfants-Malades,* en semaine de 13 h 30 à 8 h 30 du matin ; les dimanches et jours fériés toute la journée. 140, rue de Sèvres, 75015 Paris.

Ophtalmologie. *Hôtel-Dieu.* 1, place Parvis Notre-Dame, 75004 Paris. *Hôpital des Quinze-Vingts,* 28, rue de Charenton, 75012 Paris.

Stomatologie. *La Pitié (Pavillon G.-Cordier),* 47 et 83, bd de l'Hôpital, 75013 Paris.

Psychiatrie. *Centre psychiatrique d'orientation et d'accueil (C.P.O.A.) de l'hôpital Sainte-Anne,* 24 h sur 24, 1, rue Cabanis, 75014 Paris.

S.O.S. Drogue. *Sainte-Anne,* 1, rue Cabanis, 75014 Paris.

S.O.S. Lyon Médecine. 33, quai d'Arloing, Lyon.

S.O.S. Mains. Si l'on s'est coupé totalement un doigt, une main ou un bras : déposer le membre coupé dans un sac de plastique fermé et posé sur de la glace ; mettre un pansement compressif ; ne pas mettre de mercurochrome ni d'antiseptique sur la blessure, mais de l'ammonium quaternaire ; ne boire ni alcool ni café, et rester à jeun pour l'anesthésie. Téléphoner le plus vite possible au S.A.M.U. A Paris : S.O.S. Mains, *Hôpital Boucicaut,* 78, rue de la Convention, 75015 Paris. D'autres hôpitaux ont un service analogue en France.

Urgences pour enfants à Paris

En cas d'urgence, téléphoner au S.A.M.U. ou à son médecin.

Pédiatrie. *Hôpital Antoine-Béclère,* 157, rue de la Porte-Trivaux, 92140 Clamart ; *Hôpital Ambroise-Paré,* 9, av. Charles-de-Gaulle, 92100 Boulogne ; *Bicêtre,* 78, rue du Général-Leclerc, 94270 Kremlin-Bicêtre ; *Bretonneau* [1], 2, rue Carpeaux, 75018 Paris ; *Hérold* [1], 7, place Rhin-et-Danube, 75019 Paris ; *Jean-Verdier,* avenue du 14-Juillet, 93140 Bondy ; *Louis-Mourier,* 178, rue des Renouillers, 92700 Colombes ; *Necker-Enfants-Malades* [1], 149, rue de Sèvres, 75015 Paris ; *Saint-Vincent-de-Paul* [1], 74, av. Denfert-Rochereau, 75014 Paris ; *Trousseau* [1], 26, rue du Dr-Arnold-Netter, 75012 Paris.

Nota. — (1) Hôpitaux d'enfants.

Chirurgie. *Hôpitaux : Bretonneau, Hérold, Necker-Enfants-Malades, Saint-Vincent-de-Paul, Trousseau.*

Psychiatrie. *Pitié-Salpêtrière,* salle Raymond, division Clérambault.

Nombre d'accidents annuels d'enfants de moins de 14 ans en France : 250 000 dont 25 000 *intoxications* par médicaments (aspirine, sédatifs, antitussifs, analgésiques, antiseptiques) : 52,8 % ; produits ménagers (eau de Javel, caustiques, détartrants, produits de nettoyage et de bricolage) : 36,2 %. 12 000 enfants *brûlés,* 7 000 *asphyxiés* ou *étouffés,* 1 000 électrocutés, 40 000 victimes de *fractures* diverses, plus de 100 000 blessés avec des couteaux, des ciseaux ou un *objet tranchant,* près de 50 000 cas d'hôpital. pour *empoisonnement.*

Intoxication au talc Morhange

En *1972,* 36 bébés †, 145 enfants handicapés. *Causes :* mélange, par erreur à 6,35 %, d'un puissant bactéricide, l'hexachlorophène, à un lot de 600 kg de talc pur. Il a été très vite établi que le talc Morhange ne devait pas contenir d'hexachlorophène (aujourd'hui interdit dans la préparation des poudres) et que l'erreur incombait à l'entreprise chargée de conditionner ce talc.

Procès : la plupart des familles, lassées de réclamer justice, acceptent env. 8 millions de F d'indemnisation de la part de la société fabriquant le bactéricide ; 5 principaux inculpés y compris 2 P.-D.G. et 1 directeur : peines d'emprisonnement avec sursis variant de 1 à 20 mois. Le 5-12-1980 la cour d'appel de Versailles réduit à moins de 12 mois avec sursis les peines maximales infligées en 1re instance.

sérum a un effet de courte durée et est parfois dangereux). **Chat** : la morsure et la griffure peuvent provoquer chez les enfants une inflammation ganglionnaire à l'aisselle ou au cou qui n'est pas douloureuse et guérit souvent sans traitement.

Les morsures d'animaux peuvent également transmettre la rage. En cas de morsure par un animal sauvage ou inconnu, consulter immédiatement le médecin traitant ; si l'on a pu capturer l'animal, le remettre à la police ou la gendarmerie, qui le confiera à un vétérinaire pour observation.

Vipère (ou serpent mal connu). Parce qu'elles avalent des millions de rongeurs et protègent les récoltes, une loi de 1980 a en France interdit de tuer les vipères. Autrefois chaque département avait son chasseur de vipères (certains en ramassaient 1 000 par an). Chaque année, plusieurs centaines de Français sont mordus (6 enfants tués en 1980). On trouve les vipères dans les pierriers et vieux murs exposés au sud, les lisières des bois, les anciennes carrières et le long des voies ferrées. On reconnaît la vipère par le rétrécissement brusque de sa queue et les nombreuses plaques qu'elle a entre les 2 yeux. En cas de morsure, appeler le S.A.M.U. On a 2 h pour agir, le patient ne doit ni courir ni s'énerver, ni faire aucun effort musculaire (afin de restreindre la diffusion du venin dans l'organisme), il doit s'allonger. Refroidir le membre mordu à l'aide de glace entourée de linge (le sérum n'est pas toujours efficace et peut provoquer des acc. allergiques) ; nettoyer et désinfecter la plaie le plus rapidement possible à l'eau savonneuse ou à l'eau de Dakin, avec de l'ammonium quaternaire ; une solution d'eau de Javel allongée à 5 ou 6 fois son volume d'eau ; du permanganate de potassium à 1 %, toutes choses faciles à emporter ; prévoir un transfert immédiat vers un hôpital.

Attention. Ne pas inciser la plaie ; ne pas exprimer le sang même par succion (on court un risque grave si on a la moindre plaie dans la bouche), on peut éventuellement mettre une bande élastique.

Morsures les plus graves : celles de la face ou qui ont touché une veine.

Blessures et troubles locaux sont souvent longs à guérir.

• **Mort apparente ou arrêt cardiaque.** Perte totale du tonus de l'éveil avec arrêt des mouvements respiratoires et du pouls, dilatation bilatérale des 2 pupilles ; coloration blême, livide de la peau. *Gestes d'urgence :* bouche-à-bouche, massage cardiaque. *Pour arrêt cardiaque :* le S.A.M.U., qui peut mettre en œuvre rapidement M.C.E. et ventilation artificielle. Peut survenir inopinément lors d'infarctus du myocarde dès les 12 premières heures ; c'est le trouble grave à craindre pendant une électrisation. Si on ne fait rien lors d'un arrêt cardiaque, la mort s'ensuit. Si un arrêt cardiaque survient dans le froid (neige, glace, hiver) on peut pratiquer la réanimation pendant un délai plus long (max. 45 mn en 1982). Les donneurs d'organes aux comas dépassés sont des morts dont on maintient les organes à greffer en survie (reins, cornée, cœur, foie).

• **Noyade.** *1) Incapacité technique :* sujet ne sachant ou ne pouvant pas nager et tombant à l'eau ; *2) Sachant nager, mais épuisé ; 3) Hydrocution :* syncope survenant dans l'eau, ou au moment de la pénétration, dans certaines circonstances (exposition prolongée au soleil avant le bain ; immersion par plongeon sans adaptation progressive ; effort physique intense avant le bain ; période digestive après un repas riche). Cette syncope est liée à un déséquilibre circulatoire et à des réactions vasomotrices quand il y a une différence importante entre la température de la peau et celle de l'eau. Des signes d'alarme (frissons, tremblements, sensations d'angoisse vive ou de fatigue intense et brutale, vertiges, nausées, troubles visuels ou auditifs, crampes) l'annoncent parfois. Ne pas se baigner quand on ne se sent pas bien dans l'eau ; *4) Chute dans l'eau après une perte de connaissance.*

Conduite à tenir : si le noyé respire, le ramener et alerter le S.A.M.U. et les secours en précisant qu'il s'agit d'un *noyé respirant.* Mettre le noyé en position latérale de sécurité : l'allonger en dégageant les voies aériennes supérieures (nettoyage de la cavité buccale) ; si le noyé ne respire pas, mettre en route une réanimation respiratoire. Bouche-à-bouche et massage cardiaque externe (si arrêt cardiaque) après avoir rejeté l'eau avalée. Attention aux enfants dans les piscines : nombreux accidents de noyade avec mort. Il est obligatoire d'appeler le S.A.M.U. dès qu'il y a noyade.

Nota. — Dans l'eau, ne pas assommer la victime qui se débat, mais l'approcher par-derrière en plongeant et remonter le long de son dos. Si elle s'accroche au sauveteur, se laisser alors couler, elle lâchera prise.

Pour secourir quelqu'un, ne pas plonger, même si l'on est bon nageur, si des maîtres nageurs se trouvent là (entraînés, ils sont en contact avec le S.A.M.U.). Après 6 h de réanimation, on a pu sauver, à Lyon en 1967, un enfant de 7 ans qui était resté 20 minutes sous l'eau, car il était hypothermique.

Précautions lors du 1er bain, ou si la température de l'eau est inférieure à 20 °C pour l'adulte, 24 °C pour l'enfant : se baigner en compagnie, ne pas se baigner à + de 10 m de la rive ou en eau profonde à + de 5 m, entrer progressivement, rester dans l'eau 15 mn maximum à 18 °C. Sortir si on a froid, si on ressent un malaise, des crampes. Éviter : exposition prolongée au soleil, entrées et sorties successives dans l'eau, choc émotif, période digestive avant le bain, qui tous favorisent l'hydrocution.

• **Oreille (obstruction).** *Insecte :* baisser la tête dans le sens opposé à celui de l'oreille où se trouve l'insecte, mettre de l'eau ou de l'huile d'olive pour noyer l'insecte. *Objet enclavé :* lavage avec une poire ou une seringue (de préférence s'adresser à un médecin).

• **Overdose.** Provoque un arrêt ventilatoire. Coucher le malade sur le côté s'il vomit, bien le couvrir. Faire le bouche-à-bouche s'il s'arrête de respirer. Le drogué est en danger dès qu'il ne respire plus que toutes les 10 secondes (pauses respiratoires). Le stimuler pour qu'il respire et appeler le S.A.M.U.

• **Pendaison** ou **strangulation.** Elle provoque une obstruction mécanique des voies aériennes (compression de la trachée) ou le plus souvent arrêt circulatoire (compression des carotides) du cerveau.

Gestes d'urgence en fonction de l'état cardio-respiratoire et neurologique de la victime. (Voir Asphyxies. Moelle épinière.) Dépendre ou desserrer et se conformer à la marche à suivre en cas d'arrêt cardiaque. Voir p. 154.

• **Piqûres. Abeilles, guêpes, frelons :** 500 piqûres peuvent entraîner la mort (5 à 10 chez des sujets allergiques). Le dard ne doit pas être extrait avec les ongles ou avec une pince à épiler (qui risque de vider le sac à venin dans le sang), mais par pression de la peau. Répandre un peu d'ammoniaque. Les accidents généraux sont rares (fièvre, sueurs, malaises, difficultés à respirer) ; chez des sujets piqués déjà plusieurs fois et devenus allergiques (certains au contraire sont immunisés), des signes graves d'état de choc peuvent apparaître. Appeler le S.A.M.U. en cas d'étouffement ou de malaise général avec vomissements, pâleur...

Malmignatte (araignée dont l'abdomen noir porte 13 taches rouge vif ; Midi et Corse) peut provoquer une raideur musculaire, un ralentissement cardiaque, de l'hypertension. Appeler le S.A.M.U.

Aoûtats en se fixant sur la peau (surtout sur les membres inférieurs) provoquent des démangeaisons qui, par grattage, entraînent une infection secondaire. Appliquer une lotion au benzoate de benzyle.

Tiques (parasites des animaux domestiques) se fixent parfois sur l'homme. Elles sont généralement inoffensives (cependant on a constaté des cas de paralysie ascendante à tique dont les symptômes ressemblent à ceux de la poliomyélite). Avant d'enlever les tiques avec des pinces, mettre dessus quelques gouttes de toluène.

Animaux marins pouvant provoquer des blessures. Raie, grande et petite vives peuvent provoquer des enflures (lymphangite), des vertiges, sueurs, fièvres, paralysie motrice. Retirer l'épine, désinfecter et consulter le médecin. *Murène* (morsure) : nettoyer et aseptiser la plaie, appeler le médecin. *Actinies* (anémones de mer), *méduses, physalies* peuvent inoculer des toxines par contact avec la peau provoquant urticaire, démangeaisons, malaise général allant jusqu'à la perte de connaissance brève si on n'étend pas le malade.

• **Plaies.** *Simples* (peu profondes, peu étendues, sans saignement important et sans corps étranger) : désinfection (eau savonneuse, eau de Dakin, eau javellisée, liquides antiseptiques) ; recouvrir d'un pansement stérile maintenu à l'aide d'une bande ; quelquefois nécessitent une suture.

Graves [profondes, étendues ou saignant abondamment ou plaies spéciales (œil, cavité buccale, abdomen, thorax)] : arrêter l'hémorragie (Voir Hémorragies) ; recouvrir d'un pansement stérile sans aucune désinfection préalable ; immobiliser le membre blessé ; diriger sur service hospitalier pour exploration chirurgicale et traitement.

• **Pouls.** Se prend après au moins 1/4 d'h de repos avec une montre indiquant les secondes. On compte les pulsations durant une minute en appuyant les 3 doigts du milieu de la main sur une artère et un os (sur le bord interne du poignet, vers le pouce).

• **Syncope.** « Arrêt cardiaque » de quelques secondes (en fait cœur très lent pendant la crise). Le sujet se réveille après quelques mouvements convulsifs. Si le sujet récidive et ne respire pas pendant plus de 30 s, lui donner 4 ou 5 « coups de poing » sur le sternum pour faire « repartir » le cœur. Les syncopes sont dues à des ralentissements importants du cœur. Souvent ces sujets nécessitent l'implantation d'un stimulateur cardiaque. Appeler le S.A.M.U.

• **Température.** Doit être prise après ½ h au moins de repos et la digestion terminée. La température rectale prise avec un thermomètre médical au mercure est la plus fidèle. Chez l'enfant, et parfois chez l'adulte, des prises de température trop répétées peuvent provoquer l'ulcération des muqueuses. Certains préfèrent prendre la température dans la bouche ou sous l'aisselle. Dans les cas d'hypo- ou d'hyperthermie, appeler le S.A.M.U.

Nota. — Cas de Kalow (1970) : une femme qui avait été anesthésiée à l'Halothane a vu sa température monter jusqu'à 44,4 °C. La température des coureurs de marathon peut atteindre 41 °C par temps chaud. Dans un sauna, on supporte une température de 140 °C. *Hyperthermie maligne :* peut tuer très rapidement ou laisser des séquelles cérébrales.

L'hypothermie ou refroidissement de l'organisme est l'abaissement de la température centrale en dessous de 36,5 °C. Elle est modérée jusqu'à 31 ou 32 °C (frissons, obnubilations, confusion), profonde jusqu'à 27 °C (coma, troubles cardiaques et respiratoires) ; en dessous de 27 à 25 °C, elle peut en imposer pour un état de mort apparente. Il faut y penser devant un sujet resté comateux dehors (accident de circulation, ivresse aiguë). *Si le sujet est conscient :* boissons chaudes, hospitalisation ; *s'il est inconscient,* appeler le S.A.M.U. Respiration artificielle et massage cardiaque externe si état de mort apparente. Pas de frictions ni de bouillottes.

En 1978, le centre hospitalier universitaire du Michigan publiait les observations de 15 « noyés » qui avaient séjourné plus de 4 mn (38 mn pour l'un d'eux) dans les eaux glacées des Grands Lacs et que l'on avait récupérés sans pouls, sans respiration, les pupilles dilatées, en état de « mort évidente ». Soumis à une réanimation intensive dans un centre spécialisé, ils ressuscitèrent sans aucune séquelle. Une jeune femme de 25 a., restée prisonnière d'une avalanche pendant 9 h, n'ayant plus ni respiration, ni battement cardiaque et une température rectale de 28 °C a été réanimée après 45 mn de massage cardiaque et 3 chocs électriques. Un homme de 42 a., enseveli sous 7 m de neige, dégagé au bout de 5 h en état de « mort évidente », ayant une température rectale de 19 °C a pu être réanimé. On connaît 2 cas où le malade a survécu à une température de 16 °C.

☞ Se souvenir que tout ce qui est grave n'est pas forcément urgent, tout ce qui est urgent n'est pas forcément grave.

Délais du traitement.

Délais immédiats : dégager, évacuer des victimes potentielles d'un surraccident (par ex. traîner en tirant par les chevilles un accidenté inconscient gisant au milieu d'une chaussée où il risque d'être écrasé). Coucher sur le côté un sujet inconscient qui risque de s'étouffer ou de se noyer avec ses vomissements. Étendre à plat dos ceux qui s'évanouissent dès qu'ils sont assis ou debout. Arrêter par compression locale les saignements à flots, ou les fuites d'air des plaies béantes du thorax. Souffler dans les bronches de ceux qui s'arrêtent de respirer (overdose, mort subite du nourrisson). *Délais de 3 minutes :* un arrêt du cœur de plus de 3 minutes qui ne fait l'objet d'aucun secours compromet définitivement les chances de survie cérébrale (sauf hypothermies). *Délais de 1 heure :* toutes les interruptions des grosses artères (compressions, garrots, plaies même non saignantes au dehors) menacent de gangrène le membre sous-jacent. *Délais de 6 heures :* les plaies des yeux, méninges, plèvre, abdomen, articulations et des os doivent être traitées par le chirurgien avant ce délai infectieux.

Plus un sujet est en état de choc, plus les ambulanciers doivent éviter la vitesse qui aggrave son état. Il est souvent préférable d'attendre le S.A.M.U. que de faire évacuer rapidement un blessé.

Premiers soins en situation de catastrophe.

En cas d'urgence collective (attentats, explosions, accidents de chemin de fer, etc., avec de nombreux blessés) : prévenir les services publics (dans l'ordre : sapeurs-pompiers, police ou gendarmerie, S.A.M.U.) ; interdire toutes évacuations « sauvages » vers les hôpitaux dans des moyens non adaptés et sans soins médicaux préalables ; limiter les soins aux blessés les plus graves : ceux qui saignent abondamment, qui sont inconscients, qui respirent très mal ; rassembler les blessés légers au même endroit, dans une zone abritée (café, gare, lieux publics...) ; guider les secours dès leur arrivée et se mettre à leur disposition.

Principaux médicaments

☞ *Médicaments génériques :* au bout de 20 a., un m. peut être copié et présenté sans le nom de marque d'origine, mais la dénomination commune internationale de la matière première doit être spécifiée. Ils sont vendus moins cher que le médicament-leader. *Ventes en France :* environ 3 % du marché total (U.S.A. 12 %, R.F.A. 3 à 4 %). Le Syndicat national de l'industrie pharmaceutique pense que le développement sans freins des génériques pose un problème quant au financement de la recherche et de l'innovation pharmaceutique donc de la compétitivité internationale de l'industrie pharmaceutique.

Statistiques

☞ V. Ind. pharmaceutiques à l'Index.

Nombre de présentations et, entre parenthèses, de produits en *1978.* G.-B. 6 996 (2 475), *France 10 104 (4 721),* Italie 13 405 (7 699), Espagne 15 128 (7 960), Japon 20 780 (7 020), U.S.A. 22 436 (14 475), All. féd. 28 946 (9 383).

Consommation en France (en millions de F). *1960 :* 3 520, *65 :* 6 589, *70 :* 11 316, *75 :* 21 219, *80 :* 35 420, *84 :* 60 397.

Coût des médicaments consommés hors de l'hôpital en France : en 1984, 1 099 F par personne soit 60,4 milliards de F, 1,6 % du revenu national (All. féd. 1,7, G.-B. 0,8).

Utilisation des médicaments : selon une enquête (1979) de la SOFRES, 29 % des médicaments contenus dans les armoires à pharmacie sont couramment utilisés et 71 % rarement (dont 45 % exceptionnellement, 18 % jamais après la maladie pour laquelle ils avaient été prescrits, 8 % jamais utilisés). 30 % des médicaments sont achetés sans ordonnance. 14,9 % des patients suivent strictement l'ordonnance (4,6 % des femmes et 36,5 % des hommes). 35 % du corps médical prescrirait trop de médicaments et 24 % beaucoup trop.

Selon une enquête de l'INSERM (juill. 1979), 30 % des médicaments consommés pendant les 3 premiers mois de la grossesse le sont sans avis médical.

Selon une enquête du Synd. nat. de l'industrie pharmaceutique (1984), le stock périmé de médicaments jeté au bout de 2 ou 3 ans s'élève en moyenne à 47,38 F par individu (20 F par an et par pers.), env. 2 % de la consommation totale.

Médicaments les plus prescrits en 1983. Temesta [1], Efferalgan [2], Glifanan [3], Aldactazine [4], Lipanthyl [5], Halcion [1], Aspegic 500 [2], Tanakan [6], Moduretic [6], Locabiotal [2], Aspirine Upsa [2], Tranxène [1].

Maladies ou symptômes traités : (1) troubles névrotiques ; (2) affections respiratoires et rhumatologiques ; (3) affections rhumatologiques et dentaires ; (4) hypertension artérielle (HTA) ; (5) troubles lipidiques ; (6) affections cardio-vasculaires.

Répartition du marché intérieur (en prix production, hors taxe, en milliards de F, en 1984). *Ventes en France* 34 dont ventes aux hôpitaux 3,4 ; aux ménages 30,6. Les cardio-vasculaires représentent 22 % en valeur des ventes aux ménages. En 1984, les 100 premiers produits les plus vendus aux ménages représentaient 40 % du marché général du médicament.

Classification

Analeptiques. Terme général s'appliquant aux médicaments qui stimulent les fonctions de l'organisme (par ex. : anal. respiratoire, anal. cardiaque).

Analgésiques. Suppriment la douleur. Acétanilide, antipyrine, pyramidon, paracétamol, aspirine, glafénine, anydopirine.

Anesthésiques. *Généraux,* provoquent un sommeil profond : protoxyde d'azote, cyclopropane (gazeux), chloroforme, éther éthylique, éther divinylique, halothane (liquides volatils), barbituriques par voie veineuse. *Locaux,* exercent une action localisée : cocaïne, procaïne, tétracaïne, dextrocaïne, butacaïne... ; effet du froid local (liquides volatils à action réfrigérante, application de glace).

Anorexigènes. Freinent l'appétit, généralement dérivés de la phényléthylamine.

Antalgique stupéfiant. Morphine et certains de ses dérivés.

Antiarythmiques. Visent à régulariser le rythme cardiaque en abolissant ou en atténuant les troubles de l'excitabilité du myocarde ; ex. : quinidine, procaïnamide, disopyramide, etc.

Antibiotiques. 1° Ant. sulfamidés, synthétiques. [En 1935, Gerhard Domagk (1895-1964) obtint le protonsil ou rubiazol, 1er médicament contenant un groupement sulfanilamide. J. Tréfouel, Mme Tréfouel, F. Niti et D. Bovet montrèrent en 1935 que c'était le groupement sulfanilamide qui était actif. Leurs travaux permirent la création d'un grand nombre de dérivés de sulfamidés (sulfathiazol, sulfadiazine, sulfaguanidine) qui se montrèrent d'excellents bactériostatiques et devinrent les médicaments miracles des infections un peu avant 1939.] Retardent ou empêchent la multiplication des bactéries. Utilisés dans de nombreux cas ; ex. : érysipèle, blennorragie, méningite à méningocoques, colibacilloses, pneumococcies, entérocolites. *Noms chimiques :* sulfanilamide, sulfamidochrysoïdine, sulfapyridine, sulfathiazol, sulfathiourée, sulfadiazine, sulfaguanidine. Pour chacun, plusieurs noms de marque ont été déposés.

2° Antibiotiques fongiques (mycothérapie) (ex. : pénicilline). Effets secondaires indésirables : troubles intestinaux (par destruction de la flore intestinale) ; troubles otitiques consécutifs à la streptomycine ; accidents allergiques et toxiques. Résistance microbienne aux antibiotiques.

1ers antibiotiques : chloromycétine (déc. en 1947 par Burkholder) ; érythromycine (1952, Mac Guire) ; pénicilline (1928, Fleming) ; tétracyclines et dérivés, ex. : chlortétracycline (1948, Duggar), oxytétracycline (1950, Finlay), streptomycine (1943, Waksman).

On prépare maintenant des antibiotiques hémisynthétiques (ex. : ampicilline), et de nouveaux antibiotiques très puissants (exemple : céphalosporines, gentamycine) ou spécifiques de certains germes (ex. : rimifon dans la tuberculose).

Mortalité avant et, entre parenthèses, après la découverte des antibiotiques, en % : méningite tuberculeuse 100 (7) ; broncho-pneumonie 32,4 (6,3) ; pneumonie 31,1 (7,1) ; typhoïde 10 (3,2).

Anticoagulants. [La vitamine K, corrigeant le taux sanguin de la prothrombine, s'oppose à la coagulation du sang.] *Anticoagulants modernes :* héparine (1935), dicoumarol (synthétisé en 1940) et ses analogues (tromexane : 1944 ; narcoumar, counopyran, dipaxine : 1952), dérivés de l'indane-dione (phénindione).

Antidiabétiques de synthèse. Hypoglycémiants faisant baisser le taux de sucre dans le sang, essentiellement dérivés des sulfamides (sulfonylurées) ou des biguanides.

Antihémorragiques. Hémostatiques (ayant la propriété d'arrêter une hémorragie) généraux (vitamines K...) et locaux (gélatine, thrombine...).

Antihistaminiques. S'opposent à l'histamine libérée lors des allergies.

Anti-inflammatoires. S'opposent aux éléments constituant la réaction inflammatoire (vasodilatation, diapedèse leucocytaire) par différentes propriétés dont l'inhibition de la synthèse des prostaglandines. 2 sortes : *1° Les dérivés des hormones corticosurrénaliennes (corticoïdes) :* les plus puissants. Le 1er fut la cortisone. Leurs nombreuses actions sur différents organes (tissu osseux, estomac, muscles) et différents métabolismes (sucres, eau et sel) en rend dangereux l'emploi prolongé comme anti-inflammatoires. *2° Les anti-infl. non dérivés des corticoïdes.* Différentes familles chimiques : pyrazolés (phénylbutazone) ; indoliques (indométacine) ; propioniques (kétoprofène, ibuprofène, naproxène) ; anthraniliques (acide niflumique, ac. flufénamique). Leur nombre augmente régulièrement, car ils font l'objet de recherches importantes.

Antimitotiques. Inhibent les proliférations cellulaires.

Antipaludéens (ou antimalariques). Contre le paludisme : quinine, nombreux corps de synthèse dérivés, notamment, de la quinoléine (chloroquine, amodiaquine, pentaquine...), de l'acridine (mépacrine) et du biguanide (proguanil).

Antipyrétiques. Combattent la fièvre. Aspirine, quinine.

Antiseptiques. Tuent les microbes. Alcool éthylique, éther, formol, mercurescéine sodique (M.D. : mercurochrome), teinture d'iode.

Antispasmodiques (combattent les spasmes). Le type en est l'atropine, alcaloïde de la belladone ; on réalise maintenant de nombreux antispasmodiques de synthèse.

Antitussifs (combattent la toux). Produits variés. Essentiellement codéine et dérivés, antihistaminiques.

Barbituriques. Dérivés de l'acide barbiturique, ils provoquent le sommeil : phénobarbital (ex. : gardénal). Utilisés dans l'anesthésie : hexobarbital (ex. : évipan), thiopenthal sodique.

Cholérétiques. Augmentent la production de bile : artichaut (cynarine), boldo (boldine), nombreuses substances de synthèse.

Curarisants. Provoquent un relâchement musculaire (en entraînant des modifications de la chronaxie des nerfs) : curare, d-tubocurarine (substances naturelles), ammoniums quaternaires synthétiques comme la gallamine triéthiodure.

Diurétiques. Augmentent la diurèse. On utilise des dérivés sulfamidés, des antagonistes de l'aldostérone (spironolactone) et divers produits de synthèse, dont le mode et le niveau d'action déterminent les conditions d'emploi. Sulf. diurétiques.

Ganglioplégiques. Interrompent la conduction de l'influx nerveux au niveau des ganglions du système nerveux autonome, empêchant sa transmission de la fibre préganglionnaire à la fibre postganglionnaire. Certains alcaloïdes naturels (nicotine, spartéine, lobéline) possèdent cette activité, mais essentiellement des ammoniums quaternaires de synthèse.

Hormones. Sécrétées par les glandes, elles agissent à distance après avoir été transportées par le sang (V. index). Cortisone et ses dérivés : anti-inflammatoires. Insuline : traitement du diabète.

Les *prostaglandines* sont des substances hormonales complexes mais susceptibles d'applications dans divers domaines : en gynécologie (déclenchement de l'accouchement, avortement précoce), pour traiter stérilité masculine, hypertension, asthme, etc. Leur coût très élevé en limite l'usage.

Hormones sexuelles, hypophysaires et hypothalamiques. Élaborées par les gonades (testostérone, folliculine, progestérone), l'hypophyse (gonadostimulines, corticotrophine ou A.C.T.H., thyréostimuline, somatotrophine, intermédine...) et l'hypothalamus *(releasing hormones* et *inhibiting hormones).*

Hypotenseurs. Abaissent la tension artérielle ; de groupes divers (alcaloïdes du rauwolfia et dérivés, ganglioplégiques, salidiurétiques, dérivés guanidiques bêta-bloquants...).

Laxatifs. Facilitent ou provoquent l'évacuation des selles : essentiellement lubrifiants (huile de paraffine), mucilages (agar-agar, lin, psyllium...), salins (sulfates de sodium et de magnésium), péristaltogènes (produits à anthraquinones tels aloès, séné...), glucidiques (miel, manne, pulpes de fruits...).

Myorelaxants. Provoquent un relâchement musculaire en agissant au niveau de la jonction neuro-musculaire ou à l'étage médullaire ou central.

Psychotropes. Modifient le comportement et corrigent les troubles psychiques ; tranquillisants, psychotoniques ou antidépresseurs.

Sédatifs. Calment le système nerveux. Bromure de calcium (sodium, potassium) ; barbituriques et leurs associations.

Sérums. Confèrent une immunité passive contre une infection ou une intoxication grâce à des *anticorps* formés dans le sang d'un animal ou d'un sujet humain qui est alors un donneur de gammaglobulines spécifiques, immunisé contre l'agent pathogène ou la toxine responsable. *Sérum anti- :* botulinique, charbonneux, coquelucheux, diphtérique, gangréneux, tétanique, venimeux.

Sérums cytotoxiques : sérums Bogomoletz (toxines injectées sous la peau pour exciter les réactions de défense) ; sérum antiréticulocytotoxique (S.A.C.) (sérum de lapins ayant reçu des injections d'antigènes à base de cellules humaines pour stimuler l'organisme).

On appelle improprement des sérums des solutés injectables massifs (à base de chlorure de sodium ou de glucose par ex.), utilisés en perfusions.

Tonicardiaques. Renforcent et régularisent les contractions du cœur. Digitaliques, dérivés de la scille, du strophantus.

Vaso-dilatateurs. Provoquent une dilatation des vaisseaux. Agissent par l'intermédiaire du système nerveux autonome (acétylcholine, yohimbine, histamine, adrénolytiques de synthèse...) ou sur les muscles lisses des vaisseaux : papavérine, dérivés nitrés...

Vitamines (terme créé par Casimir Funk en 1912). Sont, comme les enzymes, des catalyseurs biologiques. L'organisme humain étant incapable d'en opérer la synthèse, elles doivent venir toutes faites de l'extérieur. Si cet apport n'est pas possible, l'avitaminose se traduit par une maladie carentielle (notion connue depuis très longtemps des médecines extrême-orientales).

Vaccination

Généralités

• **Principe.** Confèrent une immunité active, spécifique contre une maladie déterminée, en introduisant dans un organisme l'agent pathogène atténué ou inactivé de cette maladie ou sa toxine préalablement détoxifiée.

• **Dates d'invention.** Vaccins *antivariolique* (1796), Jenner, G.-B. ; *antirabique* (1885), Pasteur, France ; *antityphoïdique* (1888), Chantemesse et Widal, Fr. (1898), Sir Almroth Wright, G.-B. ; *anticholérique* (1884), Jaime Ferran, Esp. (réaction forte : abandonné) ; (1892), Waldemar Mordecai Haffkine, Russie, travaillait à l'Institut Pasteur de Paris ; *B.C.G.* (1921), Albert Calmette et Camille Guérin, Fr. ; *antidiphtérique* (1923), Gleeny, G.-B. ; (1923), Gaston Ramon, Fr. ; *antitétanique* (1927), Pierre Descombey et G. Ramon, Fr. ; *anticoquelucheux* (1935), Leslie Gardner, U.S.A. ; *antiamaril* (vaccin contre la fièvre jaune) (1932), Sellard et Laigret, Fr., travaillaient à l'Institut Pasteur de Dakar (abandonné) ; (1936), Lloyd et Coll U.S.A. ; (1939), Peltier, Durieux et collab., Fr., Institut Pasteur de Dakar ; *antigrippal* (1937), Francis et Magill, U.S.A. ; *antipoliomyélique* (1954), J. Salk, U.S.A. ; (1955), Pierre Lépine, Fr.

• **Résultats.** Les vaccinations ont permis la régression spectaculaire de maladies infectieuses graves. Par exemple, en France : *Coqueluche : 1961 :* 5 516 cas (207 décès) ; *71 :* 668 c. (29 d.). *Diphtérie : 1961 :* 726 c. (23 d.) ; *71 :* 38 c. (1 d.). *Poliomyélite : 1961 :* 1 513 c. (126 d.) ; *71 :* 48 c. (9 d.) ; *76 :* 6 c. (sujets non vaccinés) (0 d.).

Principaux vaccins

Antipolio. Recommandé pour les adultes.

Antivariolique. N'est plus obligatoire. La primo-vaccination a été suspendue depuis juillet 1979 ; la revaccination, qui restait obligatoire, a été suspendue par la loi du 30-5-1984. Maintenu pour les professions de santé. Valide 3 ans à partir du 8e j qui suit une première vaccination, sinon du j de la vaccination.

Antirubéoleux. V. calendrier. Chez adolescents et jeunes filles, la vacc. contre la rubéole peut être proposée lors d'une visite de contraception, elle peut être faite sans sérologie préalable. Le contrôle sérologique post-vaccinal n'est pas nécessaire en routine. Lorsque le vaccin est administré après la puberté, l'éventualité d'un risque tératogène doit faire éviter toute grossesse dans les 2 mois qui suivent la vaccination. Si la sérologie prénatale est négative, la vaccination pourra être pratiquée immédiatement après l'accouchement. La vaccination anti-rubéolique peut être faite chez le petit enfant et chez la fillette avant la puberté sans sérologie préalable, ensuite elle est faite avec sérologie préalable.

Antigrippal. Conseillé tous les automnes, surtout aux + de 65 ans, aux insuffisants respiratoires, en cas de grossesse, d'affections métaboliques, aux professions exposées aux risques de contamination, aux collectivités d'enfants, aux entreprises.

Anticholérique. Facultatif (dep. le 1-1-74 pour l'OMS) mais exigé dans certains pays. Il faut laisser 15 j après la vaccination anticholérique pour pratiquer la vaccination contre la fièvre jaune.

Fièvre jaune. 1 injection au moins 10 j avant le départ. Valable 10 ans, à partir du 10e j de la primo-vaccination du j de la vaccination. L'analyse d'urines systématique préalable aux vaccinations a été supprimée par la circulaire du 3-10-84 (y compris pour les vaccinations internationales).

TAB-DT (vaccination antityphoparatyphoïdique, antidiphtérique et tétanique) : 3 injections à 2 semaines d'intervalle. Valide 1 an.

Calendrier vaccinal

Adopté par le Conseil d'hygiène publique de France. *Légende.* B.C.G. : Bacille Calmette et Guérin. C. : Coqueluche. D. : Diphtérie. P. : Poliomyélite. T. : Tétanos.

A partir de 3 mois, D.T.C.P. 1re injection. Le vaccin polio injectable est recommandé, surtout pour les primo-vaccinations, en réservant le vaccin polio oral pour des situations épidémiologiques particulières. Sauf contre-indication particulière et laissée à l'appréciation du médecin traitant, il est recommandé de pratiquer l'association. **4 mois,** D.T.C.P. 2e injection. **5 mois,** D.T.C.P. 3e injection. **12-15 mois,** rougeole-rubéole. Vaccination associée recommandée. Doit aussi être pratiquée chez les enfants plus âgés n'ayant jamais eu ces maladies ; l'entrée au jardin d'enfants ou à l'école est une bonne occasion de vacciner, en association avec le rappel D.T. polio et/ou le B.C.G. De même, les adolescents et jeunes adultes n'ayant jamais eu ces deux maladies. *V. contre la rougeole* doit être pratiquée plus tôt, à partir de 9 mois pour les enfants vivant en collectivités, suivie d'une revaccination 6 mois plus tard en association avec la rubéole. En cas de menace d'épidémie dans une collectivité d'enfants, on peut vacciner tous les sujets supposés réceptifs, de plus de 9 mois ; la vaccination immédiate a beaucoup de chance d'être efficace si elle est faite moins de 72 h après le contact. **15-18 mois,** D.T.C.P. 1er rappel. **5-6 ans,** D.T.P. 2e rappel. **Avant 6 ans,** B.C.G. Il est désormais conseillé de ne pas pratiquer la vaccination B.C.G. avant l'entrée en collectivité. La vaccination B.C.G. à la naissance sera réservée aux enfants vivant dans un milieu à risque. Test tuberculinique post-vaccinal à distance de la vaccination : 9-12 mois après, de préférence. **11-12 ans,** D.T.P. Rubéole pour les filles. Épreuves tuberculiniques ± B.C.G. **16-21 ans,** D.T.P. Rubéole pour les filles non immunisées. Épreuve tuberculinique ± B.C.G. **Après 21 ans,** T. Polio tous les dix ans. Rubéole pour les femmes non immunisées. **Après 65 ans,** vaccination antigrippale tous les ans.

En cas de retard dans la réalisation du calendrier indiqué, il n'est pas nécessaire de recommencer tout le programme des vaccinations nécessitant des inoculations répétées. Il suffit de reprendre ce programme au stade où il a été interrompu et de compléter la vaccination en réalisant le nombre d'inoculations requis en fonction de l'âge. Vaccinations et dates d'injection doivent être mentionnées sur un *carnet de vaccination.*

Nota. — Éviter les boissons alcoolisées le jour du vaccin. — Les rappels D.T.P. tous les 5 ans, ainsi que les vac. contre rougeole et rubéole sont recommandés mais non obligatoires (en cas d'accident, les victimes ne disposent d'aucun recours s'il s'agit d'une vaccination seulement recommandée).

Risques professionnels

• **Personnels de santé** (soumis à l'article L. 10 du Code de la Santé). **Vaccinations obligatoires :** *Diphtérie :* à l'embauche si la vaccination date de plus de 10 ans. *T. polio :* tous les 10 ans. *Typhoïde :* à l'embauche, puis tous les 5 ans jusqu'à 35 ans, tous les 5 ans pour les personnels de laboratoires. *B.C.G. ou I.D.R. + :* jusqu'à 25 ans. *Variole :* dans quelques cas particuliers (personnel de laboratoires spécialisés...).

Vaccinations recommandées (circulaire du 15-6-1982). *Hépatite B :* 3 injections à 1 mois d'intervalle, rappel 1 an après, puis tous les 5 ans : [personnel des services à risques (hémodialyse, réanimation, chirurgie, stomatologie...) ; personnel de laboratoires manipulant du sang ou ses dérivés (hématologie, biochimie, anatomie pathologique, cytologie) ; personnel transportant des produits sanguins ; élèves des écoles d'infirmières et de laborantines, étudiants en médecine]. *Rubéole :* femmes jusqu'à 45 ans avec sérologie préalable.

• **Autres catégories professionnelles. Vaccinations recommandées.** *Leptospirose :* égoutiers, employés de voierie, gardes-pêche, travailleurs agricoles en particulier des rizières. *Brucellose :* laboratoires, abattoirs, vétérinaires et services vétérinaires, agriculteurs en zone d'endémie. *Rage :* services vétérinaires, laboratoires manipulant du matériel contaminé ou susceptible de l'être, équarrisseurs, fourrières, naturalistes, taxidermistes, gardes-chasse, gardes forestiers, abattoirs. *Rubéole :* femmes en contact avec les enfants : éducation nationale, crèches..., jusqu'à 45 ans avec sérologie préalable. *B.C.G. :* personnes travaillant en milieu insalubre ou manipulant des denrées alimentaires, jusqu'à 25 ans.

Risques particuliers

Vaccination antigrippale : tous les ans. *V. pneumococcique :* tous les 5 ans, insuffisants cardiaques et respiratoires. *V. contre l'hépatite B :* insuffisants rénaux, entourage proche d'un porteur chronique d'antigène H.B.S., nouveau-nés de mère porteuse H.B.S., polytransfusés, hémophiles, homosexuels.

Voyages à l'étranger

Fièvre jaune : si exigée + pays endémiques. *Choléra :* si exigée. *Tétanos et polio :* pour tout voyageur. *Typhoïde, hépatite B et méningocoque A + C :* recommandées dans certaines circonstances.

Vérifier auparavant à quand remonte la *vaccination de rappel antipoliomyélitique* et *antitétanique :* vaccin puis rappel tous les 5 ans ; *antituberculeuse :* BCG et contrôle par cuti-réaction tous les ans ou tous les 2 ans ; *antityphoïdique :* TAB (conseillée surtout en cas de voyage dans régions tropicales et déserts) ; *vaccins* préconisés ou *obligatoires* (se renseigner).

Quand ces 2 vaccinations sont exigées, se faire vacciner dans cet ordre : *fièvre jaune ;* au moins 12 j après : *anticholérique.*

Plus aucun pays n'exige officiellement la vaccination anti-variolique pour les voyageurs étrangers.

En cas de refus de vaccinations obligatoires : amende de 600 à 1 000 F et 10 j à 1 mois de prison, sauf contre-indication médicale (décret du 21-5-1973) ; un enfant peut être écarté d'un établissement (scolaire public ou privé, classe de neige, centre d'apprentissage), par décision de l'inspecteur d'académie ou du préfet. **En cas de désaccord entre son médecin et le directeur départemental de la Santé,** le Code de la Santé prévoit l'arbitrage d'un spécialiste, uniquement pour le B.C.G. (pour les autres vac. le médecin de famille est seul juge et peut établir un certificat de contre-indication sans être tenu d'en préciser le motif). **En cas d'accident provoqué par une vaccination obligatoire,** l'État est responsable (lois de 1964 et 1975) ; il faut des années de procédure pour obtenir réparation (pas d'indemnité pour les vaccins facultatifs, si les parents ne peuvent établir la relation entre la maladie et la vaccination).

La vaccination est gratuite si elle est faite à l'école, ou remboursée par la S.S. (dans la limite du ticket modérateur) si les parents font appel à leur médecin (pas de remboursement pour les vaccins facultatifs).

Adversaires. La vaccination obligatoire a des adversaires, quoique les accidents soient très rares par rapport aux millions de personnes vaccinées.

Il existe une *Ligue nationale pour la liberté des vaccinations,* 4, rue Saulnier, 75009 Paris.

Drogues et Toxicomanie

Définitions

Drogue. Substances étrangères à l'organisme qui ne sont pas utilisées comme aliment, mais doivent être éliminées après avoir subi des modifications de structures dans les cellules. Elles agissent en doses très faibles, ont pour cible principale le cerveau limbique ou paléo-cortex. Au sens des Nations unies, les drogues comprennent les *Stupéfiants* (inscrits à la Convention de 1961) et les *Psychotropes* (Conv. de 1971).

Pharmaco-dépendance. État psychique et parfois physique résultant de l'interaction entre un organisme vivant et une drogue ; se caractérise par des modifications du comportement et d'autres réactions qui comprennent toujours une pulsion à prendre de la drogue de façon continue ou périodique, afin de retrouver ses effets psychiques et quelquefois d'éviter le malaise de la privation (définition de l'OMS).

Toxicomanie. État d'intoxication périodique ou chronique, psychique et/ou physique engendrée par l'absorption périodique ou continuelle d'une ou de plusieurs drogues. *Caractéristiques :* invincible désir ou besoin (obligation) de continuer à consommer la drogue et de se la procurer par tous les moyens ; tendance à augmenter les doses ; dépendance d'ordre psychique et parfois physique à l'égard des effets de la drogue ; effets nuisibles à l'individu et à la société.

Catégories de toxicomanes. 1) *Usage expérimental :* un essai, sans suite et sans conséquence. 2) *Usage occasionnel :* l'utilisateur peut faire un usage expérimental « à répétition », ou il peut, en certaines occasions, prendre un produit pour modifier son psychisme et donc être relativement dépendant psychologiquement (dissimuler son angoisse dans des situations bien précises). 3) *Usage habituel :* l'utilisateur est déjà dépendant psychologiquement du produit toxique, mais les symptômes du manque (issus de la dépendance physique liée aux opiacés, aux benzodiazépines et aux barbituriques) n'apparaissent pas encore. 4) *Usage toxicomaniaque :* l'utilisateur est dépendant psychologiquement et aussi — quand c'est le cas — dépendant physiquement. Il centre sa vie autour du produit toxique : il ne vit que par lui et pour lui ; il devra sans cesse augmenter sa dose et la fréquence de ses prises ; pour se procurer de la drogue, il se livrera à un petit (ou moyen) trafic de drogue, à la prostitution, au vol, aux faux et usages de faux ou à des hold-up.

Produits utilisés

Analgésiques. Naturels (opium, morphine, codéine), de demi-synthèse (héroïne) ou de synthèse (péthidine, dextromoramide, méthadone) ; la synthèse clandestine de péthidine s'est développée aux U.S.A. et la substance obtenue, souvent polluée par un dérivé, a provoqué un syndrome de Parkinson irréversible chez de nombreux jeunes toxicomanes.

Cannabis (marijuana, kif, hachisch, huile de H., etc.). Peut se cultiver partout, mais il vient du Maroc, Colombie, Mexique, Jamaïque, Afrique noire, Afghanistan, Liban, Népal, Indonésie. Drogue la plus répandue et la moins chère.

Coca. Surtout cultivée au Pérou, en Bolivie mais aussi depuis peu au Brésil et en Colombie. Transformée en cocaïne, principalement en Colombie, et acheminée ensuite en Amérique du Nord et en Europe. Aux États-Unis, on fume, à présent, la pâte de Coca (produit du premier traitement de la feuille de coca, contenant environ 50 % de cocaïne), à l'exemple des fumeurs des Andes. Cette pâte impure et toxique, mais bon marché, provoque des conséquences somatiques très graves chez les toxicomanes. Souvent utilisée en association avec le cannabis ou les morphiniques.

Hallucinogènes. Produits naturels (mescaline, psilocybine), de semi-synthèse (LSD 25) ou de synthèse (STP, AMA, DMT, etc.). Leur fabrication est relativement aisée en laboratoire mais leur dosage est délicat : de l'ordre du µg/kg. Il y a des substances hallucinogènes naturelles dans tous les pays sous forme de plantes, de champignons. La PCP (phencyclidine) : produit de synthèse créant des accidents très graves ; aux U.S.A. est classé comme hallucinogène, bien qu'à l'origine elle soit un anesthésique utilisé en médecine dentaire, puis vétérinaire.

Inhalants. Éther. Produits d'usage ménager, de nettoyage ou de beauté qui, pour la plupart, contiennent des dérivés d'hydrocarbures (“ spiromanie au solvant ”). *Effets premiers recherchés :* ébriété, euphorie, hallucinations. *Secondaires non désirés :* céphalées, douleurs abdominales, asthénie. *A long terme :* irritation des muqueuses, atteintes de certains organes : reins, foie, cœur. Tous les effets sont réversibles sauf les cas (rares) de lésion cérébrale et d'encéphalopathie. De nombreux accidents sont dus au mode de prise (dans un sac plastique) et aux risques dus à la baisse de vigilance.

Médicaments. *Hypnotiques barbituriques, non barbituriques et tranquillisants :* ces dépresseurs sont détournés de leur usage médical comme sédatifs et somnifères ou pour calmer une angoisse (le valium, tranquillisant, est réellement une drogue de masse). *Amphétamines :* on en trouve dans des anorexigènes ou des produits décongestionnant des voies nasales. Utilisés dans le « doping » des sportifs.

Nota. — La drogue est utilisée très diluée : héroïne pure 2 à 5 %, cocaïne 15 à 30 %.

Lexique. *Accro :* accroché, soumis à l'effet de dépendance de la drogue. *Baba cool :* hippie des années 60. *Poudre, blanche :* héroïne. *Être cool :* éprouver un sentiment de bien-être et d'apaisement. *Dealer :* revendeur de drogue pour subvenir à un usage personnel. *Défonce :* abus de drogue. *Flash :* impression ressentie après un shoot. *Flipper :* ressentir l'angoisse du manque. *Junky :* toxicomane « lourd ». *Shit :* hachisch. *Shoot :* une piqûre et son effet. *Sniffer :* renifler. *Speed :* amphétamines. *Acid :* L.S.D. et drogues à effet excitant. *Trip :* prise de L.S.D., voyage imaginaire sous l'effet de la drogue.

Statistiques

Production

Opiacés. Production licite (1984, monde) d'opium 446 696 kg (dont Inde 446 688) ; Paille de pavot

(1985, en t d'équivalent morphine) : Australie 56,1, Turquie 10,4, Espagne 11,3, *France 20,3,* Pays-Bas 1,1. Autres pays 26,2. *Total :* 125,4.

Production illicite. *Afghanistan. Iran* (malgré le risque d'une condamnation à mort). *Pakistan :* importantes récoltes clandestines (env. 100 t en 1984). *Inde :* env. 55 t. *« Triangle d'or »* (Laos, Thaïlande, Birmanie) : 700 t en 1983. *Hong-Kong :* 20 t d'héroïne par an dont 2/3 sont revendus sur place, 6 à 7 t sont disponibles sous forme de granulés orange ou grisâtres (brown sugar). *Mexique :* env. 20 t par an (exportées vers U.S.A.), etc.

Prix

Légende : O : Opium, M : Morphine, C : Cocaïne, H : Héroïne. (Les prix varient selon la loi de l'offre et de la demande et l'action des services répressifs.)

Prix de gros au kg (en $). Asie. *Inde,* O : 44 à 88 ; *Pakistan,* O : 67 à 83, H : 4 050 ; *Iran,* O : 720 840, H : 9 600 à 12 000 ; *Birmanie,* O : 385, H : 18 460 ; *Thaïlande,* O : 140 à 330, H : 3 888 les 700 g ; *Hong-Kong,* O : 2 350 à 4 840, H : 10 800 à 28 700 ; *Liban,* H : 15 000 à 25 000, C : 80 000 à 100 000.

Europe. *France,* H n° 3 : 26 460 à 29 400 ; H n° 4 : 40 000, C : 36 750 ; *G.-B.,* H : 69 000 à 103 000, C : 86 200 à 112 000 ; *Italie,* H : 35 000 à 56 000, C : 35 000 à 42 000 ; *Pays-Bas,* H : 32 000 à 38 220, C : 40 000 à 45 000 ; *Suède,* H : 112 000 à 144 000 ; *Suisse,* H : 226 000 à 283 200, C : 141 000 à 283 200 ; *All. féd.,* H : 29 000 à 122 000, C : 40 000 à 81 000.

Amérique. *Canada,* H : 178 000 à 276 000, C : 63 200 à 79 000 ; *U.S.A.,* H : 188 000 à 225 000, C : 55 000 à 65 000 ; *Mexique,* O : 6 700, H : 201 000, C : 201 000 ; *Argentine,* C : 16 350.

Prix de détail au g (en $). Asie. *Inde,* O : 109 à 239 ; *Pakistan :* 2 à 3 fois plus élevé qu'en gros ; *Iran,* O : 12, H : 240 ; *Thaïlande,* H : 3 778 à 4 888 les 700 g ; *Hong-Kong,* H : 16,36 à 49,07 (pureté 30 %) ; *Liban,* H : 20 à 30, C : 110 à 130.

Europe. *France,* H : 88 à 117, C : 88 à 117 ; *G.-B.,* H : 103 à 137, C : 86 à 112 ; *Italie,* H : 50 à 98, C : 56 à 84 ; *Pays-Bas,* H : 72 à 91, C : 63 à 82 ; *Suède,* H : 320 à 400, C : 112 à 160 ; *Suisse,* H : 14 à 47, C : 14 à 47 ; *All. féd.,* H : 53 à 244, C : 81 à 204.

Amérique. *Canada,* H : 474 à 790, C : 118 à 197 ; *U.S.A.,* H (pureté 5 %) : 2 130, C : 125 000 ; *Argentine,* C (pureté 50 %) : 21,80.

Toxicomanes

Quantités de drogues saisies. En 1984, représentent (en %). Europe 48,5, Proche et Moyen-Orient 19, Océanie 18,1, continent américain 8,4, Asie et Extrême-Orient 5,7, Afrique 0,3.

● **Dans le monde. Pays ayant 1 toxicomane pour 1 000 hab. au moins :** Afrique du S., Zimbabwe, Malawi, Birmanie, Formose, Thaïlande, Iran, Liban, Égypte, et en Amérique (Bolivie, 200 000 personnes mâchent de la coca, au Pérou 850 000). Au Maroc et en Tunisie, 1 pour 1 000-5 000 hab.

Évolution du nombre de toxicomanes. En 1955 et, entre parenthèses, en 1978-80. All. féd. 5 378 [1] (50 000), Canada 3 425 [2] (60 747), G.-B. 335 (20 000), Hong-Kong 9 005 [2] (80 000), Iran 1 500 000 (1 000 000), Italie 165 [1] (10 000), Norvège 700 [1] (60 +), Thaïlande 18 226 (350 000), U.S.A. 10 882 [1], 60 000 [3] (600 000 héroïnomanes). *En Fr.* La diminution du prix de l'héroïne a provoqué une recrudescence (admissions d'urgence 1980 : 77 884, 1982 : 11 538). 6 millions d'Américains ont goûté à la cocaïne depuis 1980.

Nombre de toxicomanes aux opiacés (opium, héroïne, morphine). U.S.A. 500 000. Iran 850 000 opiomanes. Thaïlande 350 000. Pakistan 150 000 (30 000 héroïnomanes). Hong-Kong 80 000. All. féd. 45 000. Canada 18 000. Singapour 13 000. Australie 12 500. Italie 10 000. G.-B. 6 000. Israël 1 650.

Excepté dans certains pays, Inde, Pakistan, Afrique du Nord, Amérique du S., la plupart des usagers seraient occasionnels et non réguliers. Beaucoup s'adonnent à plusieurs stupéfiants : le chanvre indien est le plus employé.

Aux U.S.A., 25 à 40 % des étudiants fument, plus ou moins épisodiquement, de la marijuana ; 2 % prendraient des amphétamines ; 1 % d'autres drogues dures. 25 à 40 % des enfants de 12 ans prennent des drogues et un nombre croissant d'entre eux en vendent (y compris l'héroïne). Plusieurs centaines de personnes par an meurent d'une *overdose* d'héroïne. L'abus d'héroïne s'est stabilisé en 1984, alors que celui de cocaïne continuait à s'accroître.

Nota. — (1) Toxicomanes reconnus. (2) Recensés. (3) Évalués.

● **France. Nombre de toxicomanes :** *1946-49 :* env. 5 000 à 8 000, la plupart d'origine thérapeutique ; 768 détectés dans la Seine (dont, en %, femmes : 53,6. H : 35,1 ; M : 28,2 ; C : 3 ; cannabis : 1,2). *Dep. nov. 1948* (mesures de contrôle de l'emploi médical des stupéfiants) : env. 1 000 (*en 1955 :* 85). *Dep. 1967 :* recrudescence du cannabis puis morphine ou héroïne ; de médicaments psychotropes (ex. : amines de réveil). *1976 :* 60 000 à 100 000 toxicomanes.

1984 : env. 1 000 000 de vrais toxicomanes (dont 180 000 héroïnomanes, 700 000 utilisateurs importants de cannabis, 50 000 cocaïnomanes).

Ex. (1984) : Centre Marmottan 22 472 drogués (18 % à la cocaïne contre 2 % en 1983), Fernand-Widal 1 254 consultants, Trait d'Union à Boulogne (H.-de-S.) 3 511 consultants toxicomanes (dont 43,6 % utilisent de la cocaïne).

Le nombre des toxicomanes fumant de l'héroïne ou/et de la cocaïne augmente. Des toxicomanies aux banzodiazépines (tranquillisants) apparaissent de plus en plus chez les médecins de ville.

Affaires enregistrées par l'Office central des stupéfiants, *1984* (entre parenthèses, *1983*) : 13 994 (13 430), 28 794 arrestations (26 350) dont 3 275 (2 735) trafiquants [840 (815) internationaux, 2 435 (1 920) locaux], 21 027 usagers simples (19 861), 4 492 usagers revendeurs (3 754).

Saisies. Produits. *Quantités. Opiacés* (opium, morphine, héroïne, en kg) : *1981 :* 68,1, *82 :* 86,4, *83 :* 118, *84 :* 163,9. *Cocaïne* (en kg) : *1981 :* 103,5, *82 :* 77,7, *83 :* 183, *84 :* 104,5. *Cannabis* (en t) : *1981 :* 9,9, *82 :* 24,7, *83 :* 22,6, *84 :* 28,3. *L.S.D.* (en doses) : *1981 :* 15 054, *82 :* 24 415, *83 :* 17 309, *84 :* 20 929. *Valeur* (millions de F) : *1981 :* 259,6, *82 :* 369,5, *83 :* 572, *84 :* 766 (dont cannabis 581,2, opiacés 121,3, cocaïne 62,3).

Personnes interpellées et déférées à la justice. *1981 :* 1 336, *82 :* 1 581, *83 :* 2 004, *84 :* 2 558 (dont 750 Français, 150 Espagnols, 112 Italiens, 99 Marocains, 84 Allemands, 83 Anglais, 71 Suisses, 52 Colombiens, 46 Nigérians, 35 Sénégalais, 32 Algériens, 11 Tunisiens, 10 Américains, 10 Canadiens).

Nombre d'usagers (entre parenthèses, *% des femmes*). *1971 :* 1 855 (21,36). *75 :* 2 593 (16,02). *80 :* 8 482 (16,73). *81 :* 10 897 (16,29). *82 :* 21 145 (12,97). *83 :* 23 615 (12,14). *84 :* 25 519 (12,55).

Produits utilisés (en % 1984 et, en italique, en 1983). Cannabis 56,73 *64,12.* Héroïne 37,88 *30,95.* Cocaïne 1,94 *1,31.* Morphine 0,08 *0,19.* Opium 0,19 *0,1.*

L'utilisation des inhalants semblerait s'être stabilisée à partir de 1985.

Nombre d'interpellés. *Par âge* (en % 1984). — *de 16 a. :* 1,07. *16 à 20 a. :* 38,36. *21 à 25 a. :* 39,22. *26 à 30 a. :* 15,22. *31 à 35 a. :* 4,36. *36 à 40 a. :* 1,09. *+ de 40 a. :* 0,64.

Morts par overdose. *1970 :* 5 ; *71 :* 11 ; *72 :* 6 ; *73 :* 13 ; *74 :* 29 ; *75 :* 37 ; *76 :* 59 ; *77 :* 72 ; *78 :* 109 ; *79 :* 117 ; *80 :* 172 ; *81 :* 141 ; *82 :* 164 (dont héroïne 98, médicaments 37, trichloréthylène 12, cocaïne 4, morphine 2, essence 2, indéterminés 9) ; *83 :* 190 ; *84 :* 237 dont héroïne 166, médicaments 35, trichloréthylène 11, cocaïne 6, indéterminés 19. [(1984) *Italie* 391 ; *Allemagne féd.* 361 ; *Espagne* 170 ; *Danemark* 160 ; *Suisse* 133].

Nombre de pharmacies volées. *1971 :* 21 ; *73 :* 200 ; *74 :* 710 ; *75 :* 795 ; *76 :* 447 ; *77 :* 642 ; *78 :* 1 049 ; *80 :* 900 ; *82 :* 926 ; *83 :* 740 ; *84 :* 697.

● **Drogue et jeunesse.** Association nationale contre la toxicomanie chez les jeunes (Centre Didro), 9, rue Pauly, 75014 Paris. Créé 1973. En 1982, les activités de prévention ont touché près de 20 000 personnes (jeunes, éducateurs, enseignants). Un centre de documentation : La Rose Bleue, 149, rue Raymond-Losserand, 75014 Paris. Une mission permanente de lutte contre la toxicomanie (71, rue St-Dominique, 75007 Paris) a été créée par décret du 8-1-1982, modifié le 7-2-1985.

Législation française

Loi du 31-12-1970 « relative aux mesures sanitaires de lutte contre la toxicomanie et à la répression du trafic et de l'usage illicite des substances vénéneuses ». *Si l'usager se présente spontanément ou est signalé* à l'autorité sanitaire, il n'y a aucune poursuite judiciaire. *S'il est signalé par l'autorité judiciaire* (le procureur), les peines ne seront pas prononcées s'il poursuit jusqu'à son terme l'injonction thérapeutique. Si c'est une 1re infraction, l'usager aura le choix entre la cure ou la prison. S'il est récidiviste, l'autorité judiciaire (juge d'instruction, procureur de la République, juge des enfants ou juridiction de jugement) choisira. *Peines :* 2 à 10 ans de prison et/ou amende de 5 000 à 50 000 F, pour ceux qui auront contrevenu aux dispositions réglementaires, 10 à 20 ans pour ceux qui auront produit, fabriqué, importé ou exporté des substances ou produits vénéneux classés comme stupéfiants, 2 mois à 1 an et/ou amende de 500 à 5 000 F pour ceux qui auront fait usage, de manière illicite, des substances ou produits classés comme stupéfiants. **Un arrêté ministériel (1984)** soumet à prescription médicale la délivrance d'éther, mais il existe beaucoup d'autres inhalants. **Une circulaire du 17-9-1984** invite la police à signaler au parquet l'usage même licite de produits toxiques s'il peut compromettre la santé ou la sécurité d'un mineur. **La loi du 17-1-1986** (art. 2 et 4) prévoit 1 à 5 ans de prison et/ou une amende de 5 000 à 500 000 F pour « ceux qui auraient cédé ou offert des stupéfiants à une personne pour sa consommation personnelle ». De plus, leurs biens pourront être confisqués.

31 mesures élaborées par la M.I.L.T. (Mission interministérielle de lutte contre la toxicomanie) modifient, adoptent ou spécialisent certains aspects de cette loi ainsi que la prise en charge, la prévention des toxicomanies.

Nota. — La Convention de 1961 sur les stupéfiants soumet le cannabis au contrôle international. Certains pays (dont l'Espagne) et certains États des U.S.A. ont « décriminalisé » son emploi. L'action toxicomanogène du cannabis (contenant réellement du tétrahydro-cannabinol) a été démontrée chez l'homme au milieu du XIXe s. par Moreau de Tours. Depuis, les psychopathies au cannabis ont été décrites notamment par les psychiatres de l'Inde. Enfin, les essais sur l'animal ont démontré l'action toxique du cannabis notamment sur la descendance des animaux traités. Aussi, le groupe spécialisé (dit Pompidou) de la Communauté européenne a décidé en 1979 de ne pas accepter un classement artificiel des drogues en « douces » et « dures ».

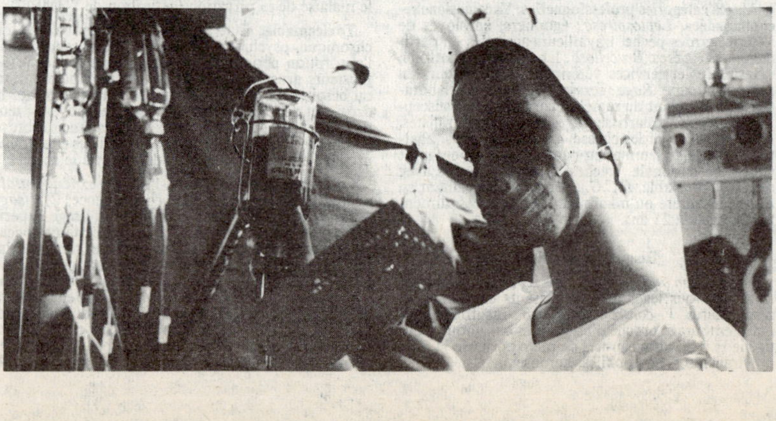

Les Animaux

Biologie

Caractéristiques des êtres vivants

☞ Les organismes vivants peuvent se diviser en organismes eucaryotes (à noyaux différenciés) comprenant le règne animal et le règne végétal et les procaryotes (dépourvus de noyau) qui comprennent les eubactéries, les bactéries photosynthétiques, les archéobactéries et les cyanobactéries (anciennement algues bleues).

Animaux et végétaux. Se distinguent par leurs facultés de respirer, se nourrir, rejeter des déchets, croître, se reproduire, se mouvoir, réagir à des excitations, mourir.

La plupart des *végétaux* contiennent de la chlorophylle et peuvent réaliser la *photosynthèse*. Certains ne sont pas enracinés et ne contiennent pas de chlorophylle.

Les *animaux* se nourrissent de vitamines, de sels variés et de matières organiques complexes (à base de carbone, protéines, graisses, sucres). Ils ne peuvent, à la différence des végétaux à chlorophylle, élaborer les matières organiques à partir du gaz carbonique de l'atmosphère ; ils sont donc obligés de se nourrir de plantes ou d'autres animaux (qui auront eux-mêmes obtenu leurs matières organiques de plantes ou d'autres animaux, d'où l'existence de *chaînes alimentaires* dont le maillon initial est toujours végétal).

• **Reproduction. Asexuée.** Ex. : l'amibe se reproduit par simple division de la cellule ; les hydres bourgeonnent de nouveaux individus. Chez certaines formes, alternent des générations à reproduction asexuée et à reproduction sexuée. **Sexuée.** Un nouvel individu résulte de la fusion de 2 gamètes : l'*ovule* (gamète femelle) est fécondé par le *spermatozoïde* (gamète mâle). Les gamètes peuvent se rencontrer au hasard dans le milieu aquatique (nombreux invertébrés). Dans d'autres cas, la femelle pond des œufs qui sont ensuite fécondés par le mâle (Téléostéens, Amphibiens). Chez de nombreux animaux (terrestres en particulier), la fécondation est interne et la rencontre des gamètes a lieu dans les voies génitales de la femelle. **Parthénogenèse** (*parthenos* : vierge, en grec). Reproduction d'un animal à partir d'un ovule vierge. Elle existe naturellement chez certains animaux [ex. : *abeilles :* elle aboutit à l'apparition des mâles ; la reine conserve, dans une sorte de réceptacle, le sperme qu'elle a reçu lors de son unique accouplement : les œufs qui descendent ses voies génitales sans être atteints par ce sperme donneront des mâles ; les autres, fécondés normalement, engendreront des femelles (reines ou ouvrières)]. La parthénogenèse naturelle est dite *arrhénotoque* lorsqu'elle donne des mâles (abeilles) et *thélytoque* lorsqu'elle produit des femelles (pucerons). La parthénogenèse a pu être obtenue artificiellement chez certains animaux (oursins, grenouilles, lapins).

En général les sexes sont séparés (**gonochorisme**) : les individus sont de sexe mâle ou femelle. Mais certains animaux sont bisexués (**hermaphrodites**) : ils ont des organes mâles et femelles. Les vers de terre et les escargots possèdent à la fois organes mâles et femelles, mais sont quand même obligés de s'accoupler pour échanger leur sperme. Les huîtres sont alternativement mâles et femelles. Les *crépidules,* qu'il n'est pas rare de rencontrer, empilés les uns sur les autres, sur les coquilles de moules, sont femelles à la base, mâles au sommet et hermaphrodites au milieu de la pile.

• **Respiration.** Elle consiste à absorber de l'oxygène, qui sera utilisé pour oxyder les substances organiques, et à rejeter du gaz carbonique. Chez certains animaux, terrestres comme aquatiques, la respiration a lieu par toute la surface du corps. D'autres ont un système respiratoire différencié. Les poissons possèdent des *branchies* richement vascularisées au niveau desquelles les gaz dissous (oxygène et gaz carbonique) diffusent entre le sang et l'eau du milieu. Chez l'homme, l'oxygène et le gaz carbonique transitent entre l'air et le sang au niveau des innombrables alvéoles pulmonaires, mais la respiration cutanée assure 1/10 des échanges. Chez les insectes, l'air est amené à chaque cellule du corps par un réseau de tubules de plus en plus fins, les *trachées*.

• **Système sanguin.** Le sang qu'il canalise distribue l'oxygène et les métabolites à travers le corps. Il n'y a pas de système circulatoire chez les animaux les plus primitifs chez qui ces éléments se déplacent par diffusion.

• **Système nerveux.** Très rudimentaire chez certaines espèces (simple réseau de cellules nerveuses, ex. : hydre d'eau douce), il est très élaboré chez d'autres (ex. : vertébrés avec nerfs, ganglions, cerveau).

Constitution chimique de la matière vivante

Éléments

• **Éléments. Abondants** (99,99 % de la mat. vivante). 11 ou 12 (sur plus de 100 éléments constituants de la matière). Par ordre d'importance : *carbone* (le plus abondant, car il est capable de présenter une très grande variété de combinaisons avec d'autres atomes par ses liaisons bien solides) ; *hydrogène ; oxygène ; azote ; soufre ; phosphore ; chlore ; calcium ; magnésium ; potassium ; sodium.* Proportions et combinaisons varient d'une espèce vivante à l'autre (cell. anim. : + de carbone, d'hydrogène, d'azote et de calcium).

Mineurs (0,1 % de la mat. vivante). *Oligo-éléments* (du grec *oligoï,* peu nombreux) : ils sont les catalyseurs des réactions chimiques. *Fer* (0,005 % du poids total, 3,5 g chez un adulte de 70 kg) ; *zinc* (0,002 %, soit 1,4 g) ; *brome ; aluminium ; silicium ; cuivre* (1 à 2 millièmes du poids).

Transmutation biologique. En 1958, le Français Louis Kervan annonça que les organismes vivants pouvaient dans certaines conditions transmuter un élément en un autre : par ex., le potassium assimilé par un tissu vivant pouvait devenir du calcium. Il ne s'agissait pas d'une fusion atomique, mais d'une « interaction à faible énergie » qui s'expliquait par la conjonction d'une enzyme et de « rayons cosmiques » faisant naître des « courants neutres » (auxquels étaient intégrés des éléments actifs appelés « neutrinos »).

Composés

Ces éléments s'assemblent pour former un petit nombre de composés distincts.

Eau (80 à 90 % du poids de la mat. vivante). Combinaison de 2 atomes d'hydrogène et d'1 d'oxygène.

Glucides (sucres). Principale source d'énergie de la mat. vivante (on en trouve aussi bien dans le suc des plantes, le sang des vertébrés). *Hexoses* (contenant 6 atomes de carbone) : glucose, mannose, galactose, fructose, sorbose. *Pentoses* (5 at. de C.) : ribose présent dans l'A.R.N. (acide ribonucléique) ; désoxyribose (qui a perdu un oxygène), caractéristique de l'A.D.N. (acide désoxyribonucléique). Les glucoses se trouvent à l'état libre ou liés à d'autres molécules.

Lipides (matières grasses ou graisses). Combinaison d'acides gras (chaînes à nombre pair d'at. de C. et riches en hydrogène : acide laurique C_{12}, acide palmitique C_{16}, acide stéarique C_{18}) et d'un alcool, le plus souvent glycérol (ex. triglycérides). Les membranes biologiques sont faites de phospholipides, glycolipides et de cholestérol.

Protides (du grec *protos,* premier). Matériaux de construction de la matière vivante. *Structure :* enchaînement de molécules constituées principalement d'acides aminés dont les 2 *groupements fonctionnels acide et amine* peuvent se lier entre eux par des *liaisons peptidiques* (élimination d'une molécule d'eau entre les 2 groupements). C'est l'ordre précis des acides aminés et la disposition de cette chaîne dans l'espace qui détermine la protéine. Il y a env. 100 000 espèces de protéines dans le corps humain.

Classification. Holoprotéines. Solubles dans l'eau : protamines (laitance de poisson, graines de végétaux) ; histones ; albumines (sang, lait, blanc d'œuf...) ; globulines (sérum sanguin, lait, muscle). *Insolubles dans l'eau :* collagènes (os, tendon, soie) ; gélatine ; kératine (ongles, cheveux). *Hétéroprotéines* (association d'une protéine avec un groupement variable) ; *glycoprotéines* (association avec des glucides) ; *phosphoprotéines* (caséines, vitelline) contenant de l'acide phosphorique ; *lipoprotéines* (association d'une protéine avec des lipides) ; *chromoprotéines* (hémoglobines, cytochrome) ; *nucléoprotéines* (associées avec un ac. nucléique).

Les protéines les plus simples contiennent seulement quelques ac. aminés (insuline), les plus grosses, des centaines (+ de 500 pour la sérum-albumine) ou des milliers (hémocyanine) ; leur poids moléculaire varie donc beaucoup : protamine 8 000, histone du foie de rat 15 000, albumine du sérum 68 500, ovalbumine 40 000, hémoglobine 68 000, hémocyanine 440 000. Les plus grosses ont des poids moléculaires supérieurs à celui du nylon (20 000), du caoutchouc (300 000).

Biocatalyseurs favorisant les réactions chimiques

Vitamines. Substances reçues dans l'organisme par l'alimentation ; les cellules animales sont incapables d'en effectuer la synthèse.

Hormones (du grec *hormao,* je stimule). Produites par des glandes dites à sécrétions endocrines, car elles passent directement dans le sang qui les transporte jusqu'à l'organe qu'elles doivent stimuler.

Enzymes (les plus nombreuses). Ce sont des protéines ; capables d'agir *in vitro,* c.-à-d. en dehors des organismes qui les produisent ; elles sont très actives (ex. : 1 g d'uréase à 20 °C libère en 20 mn 133 g de NH_3 ; la présure fait coaguler 72 millions de fois son poids de lait en 10 mn à 40 °C) mais ne catalysent qu'un seul type de réaction dont elles sont spécifiques. *Rôle :* interviennent dans les diverses réactions de dégradation ou de synthèse (ex. : les phosphorylases fixent de l'ac. phosphorique sur les sucres ; les isomérases transforment une molécule en son isomère en opérant des déplacements d'atomes à l'intérieur de la même molécule).

Cellule

• **Dimensions.** De 1 (bactéries) à 75 microns, le plus souvent env. 20 microns. *Cellules géantes :* jaune d'œuf, certaines cell. nerveuses chez les gros vertébrés (plusieurs mètres de long). Leur taille est relativement fixe en rapport, semble-t-il, avec des facteurs héréditaires. Elles peuvent être groupées et jointives pour former des tissus, ou laisser entre elles des espaces (méats).

• **Formes.** Globuleuses, ovoïdes, parallélépipédiques, cubiques, en croissant, étoilées, ramifiées, sinueuses, etc.

Certains êtres vivants ne comprennent qu'une cellule (ex. : bactéries et protozoaires). Les Métazoaires sont formés de nombreuses cellules organisées en tissus.

Composition. Membrane plasmique (épaisseur 75 angströms env.). Doublée chez végétaux et bactéries d'une enveloppe cellulosique ou polysaccharidique, comme les autres membranes cellulaires. Formée de 2 feuillets lipidiques dans lesquels sont incluses des protéines. Contrôle les échanges entre le cytoplasme et l'extérieur : perméabilité sélective. Siège de phénomènes d'endocytose [phagocytose, pinocytose (incorporation de particules de faible taille ou de liquide externe)] et d'exocytose (libération de substances sécrétées). Intervient dans les phénomènes de reconnaissance cellulaire et de reconnaissance immunologique.

Cytoplasme. Constitué par le *hyaloplasme,* milieu fondamental visqueux (gel colloïdal) dans lequel baignent tous les composants du cytoplasme :

1) Réticulum endoplasmique. Système de membranes plus ou moins parallèles, délimitant des espaces (citernes ou canaux) séparés du *hyaloplasme.* Les membranes peuvent porter du côté cytoplasmique des granulations, les *ribosomes* (taille 150 angströms) : réticulum endoplasmique granulaire ou ergastoplasme au niveau duquel sont synthétisées des protéines qui s'accumulent dans les citernes puis passent vers l'appareil de Golgi.

2) Appareil de Golgi. Réseau de cavités présentant par endroits des empilements de *saccules (dictyoso-*

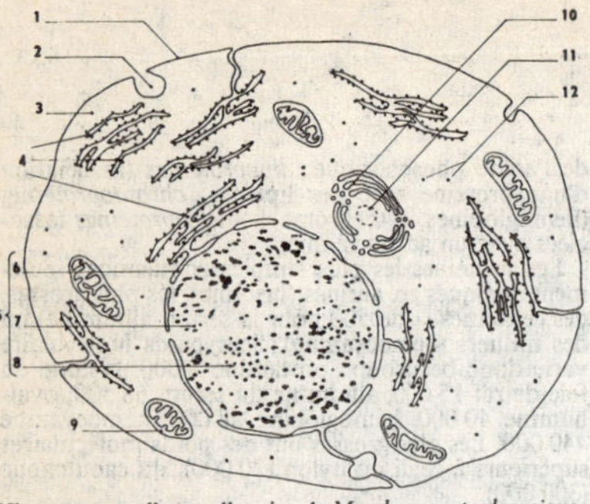

Ultrastructure d'une cell. anim. 1. *Membrane cytoplasmique.* 2. *Vacuole de pinocytose.* 3. *Hyaloplasme.* 4. *Ergastoplasme.* 5. *Noyau.* 6. *Membrane nucléaire.* 7. *Nucléoplasme et chromatine.* 8. *Nucléole.* 9. *Mitochondrie.* 10. *Appareil de Golgi.* 11. *Centriole.* 12. *Ribosomes libres.*

mes) dont se détachent des vésicules de sécrétion. Rôle : fin de l'élaboration des sécrétions, concentration et empaquetage.

3) Vacuoles. Dilatations du réticulum endoplasmique, particulièrement développées chez les végétaux.

4) Mitochondries. Délimitées par 2 membranes emboîtées dont l'une interne repliée en crêtes mitochondriales se projetant dans la matrice centrale. Rôle : siège de la respiration cellulaire, production d'A.T.P.

5) Plastes (chloroplastes). Uniquement dans les cell. végét. Formés d'une double membr. limitant le plaste ; la membr. interne émet des crêtes ou lamelles générales entre lesquelles sont interposés des *granums* faits d'éléments empilés, contenant les pigments (chlorophylle) et les enzymes de la photosynthèse.

6) Centrosome (dans la plupart des cell. anim. et dans certaines cell. vég.). Sphérule de cytoplasme clair sans structure particulière, se trouvant près du noyau ; possède une granulation centrale sombre, le **centriole**, lui-même formé de 2 cylindres perpendiculaires (long. env. 5 000 angströms, diam. 1 500 Å), dont la paroi est formée de 9 fibrilles composées chacune de 3 tubules (diam. 200 Å).

Noyau. Limité par une *enveloppe nucléaire* formée de 2 membranes : une interne et une externe continue avec celle du réticulum endoplasmique et portant des ribosomes. L'enveloppe nucléaire est percée de pores nucléaires (300 à 500 angstroms de diamètre) au travers desquels s'effectuent des échanges entre nucléoplasme et cytoplasme. Le nucléoplasme (suc nucléaire) contient la *chromatine* qui forme les masses denses, dont certaines sont accolées à l'enveloppe nucléaire et présente un *nucléole*, masse plus dense composée de fibrilles et de granules de ribonucléoprotéines.

Le noyau contrôle le métabolisme de la cellule. Il est indispensable à sa survie.

● **Division. Mitose** (cas général). Intervient au terme d'un cycle cellulaire ou cours duquel l'A.D.N. s'est dupliqué (ou répliqué). La division du noyau ou *caryocinèse* se déroule en 4 phases :

1) Prophase. A partir du réseau de chromatine s'individualisent des filaments enchevêtrés, les *chromosomes* au nombre constant pour une même espèce. Les nucléoles se désorganisent, l'enveloppe nucléaire disparaît tandis que s'organise un *fuseau* fait de microtubules qui oriente le sens de la division.

2) Métaphase : les chromosomes se fixent sur les fibres du fuseau chromatique et se disposent en plaque, la *plaque équatoriale*, à égale distance des 2 pôles.

3) Anaphase : les chromosomes se scindent en 2 lots qui se déplacent vers les pôles *(« ascension polaire »)*.

4) Télophase. Les chromosomes perdent leur individualité et forment à nouveau un réseau autour duquel se reforme une enveloppe nucléaire ; les nucléoles se réorganisent. Le cytoplasme de la cellule mère se répartit en 2 masses égales autour des noyaux des 2 cellules filles qui se séparent : *cytodiérèse.*

Différences entre les mitoses des cellules animales et celles des végétales. C. animales : en début de prophase, le centrosome se divise, les 2 centrosomes fils s'entourent de microtubules (asters) et migrent vers chacun des pôles de la cellule ; ils déterminent les pôles du fuseau. A la télophase, les 2 cellules filles sont séparées par la constriction d'un anneau contractile situé dans la région équatoriale.

C. végétales : chez certains végétaux inférieurs et chez les végétaux supérieurs, il n'y a pas de centrosomes, le fuseau est donc dépourvu d'asters. A la télophase, les 2 cellules filles sont séparées par la formation de membranes plasmiques et d'une membrane cellulosique dans le plan équatorial (phragmoplaste).

● **Fonctionnement.** La cellule est constituée des éléments de base de toute matière vivante (Voir p. 159) : eau, lipides, glucides, protides. Ces substances se renouvellent (métabolisme) ou se dégradent (catabolisme) ou sont remplacées (anabolisme). Dans la cell., l'*A.D.N.* dirige les opérations de fonctionnement spécifique à l'espèce à laquelle elle appartient, et l'*A.R.N.* assure la production des protéines nécessaires à la construction des matériaux de la cell. Ces opérations nécessitent une énergie qui est stockée ou libérée dans la cellule.

A.D.N. (acide désoxyribonucléique). Protéine de masse moléculaire très élevée, organisée en une double hélice formée de 2 brins complémentaires constitués chacun d'un enchaînement de *nucléotides.* Un nucléotide comprend : 1 acide phosphorique, 1 sucre (désoxyribose), 1 base [4 types : pariques (adénine et guanine), pyrimidiques (thymine et cytosine)]. Les nucléotides d'un brin ou chaîne sont reliés par des liaisons entre acide phosphorique et désoxyribose. Des liaisons hydrogènes entre bases complémentaires : adénine, thymine et guanine, cytosine relient entre eux les nucléotides des 2 chaînes, comme les barreaux d'une échelle.

Dans la cellule, l'A.D.N. est combiné à des protéines basiques, les *histones.* Les nucléohistones constituent la chromatine du noyau ou des chromosomes.

Synthèse de l'A.D.N. : réplication. Les 2 chaînes se séparent localement et des nucléotides complémentaires sont ajoutés un à un pour constituer des brins complémentaires associés à chacun des brins initiaux. Il y a formation de 2 chromatides qui se séparent lors de la mitose suivante.

A.R.N. (acide ribonucléique). Chaîne simple de nucléotides dont le sucre est le ribose et où la thymine est remplacée par de l'*uridine.* Plusieurs types d'A.R.N. interviennent dans la synthèse des protéines : *A.R.N. messager :* séquence de nucléotides copiée sur l'A.D.N. (transcription) et codant la synthèse d'une protéine (traduction) ; *A.R.N. ribosomaux ; A.R.N. de transfert :* amenant les divers acides aminés à la molécule protéique en cours d'élaboration.

Énergie. Les organismes vivants utilisent de l'énergie : mouvements, échanges de molécules, synthèse de macromolécules, etc. Chez les *hétérotrophes* (ex. : animaux), la source d'énergie vient de l'oxydation des métabolites : sucres simples, acides gras et acides aminés (production de CO_2 et d'eau), dans les *organismes photosynthétiques* (ex. : végétaux chlorophylliens) elle vient de l'énergie lumineuse.

Dans la cellule, la molécule d'A.T.P. (adénosine triphosphate) est le transporteur d'énergie ; elle est produite au cours de l'oxydation des métabolites. Elle libère 7,3 kcal lorsqu'elle est hydrolysée en A.D.P. (adénosine diphosphate) et phosphate inorganique. Aussi les réactions cellulaires qui nécessitent de l'énergie sont-elles couplées à l'hydrolyse d'A.T.P.

L'énergie contenue dans une molécule de glucose (686 kcal) est libérée par étapes.

1°) 1re étape : glycolyse se déroule dans le cytoplasme, elle fournit 2 pyruvates (en C_3), 2 A.T.P., 1 N.A.D.H. (2 paires d'électrons sont fixées sur le transporteur d'électrons N.A.D. qui se trouve réduit).

2°) Étapes suivantes : ont lieu dans la matrice mitochondriale :

a) transformation du pyruvate en acétylcoenzyme A avec production de 1 CO_2 et 1 N.A.D.H.,

b) oxydation de l'acétylcoenzyme A : cycle de l'acide citrique ou cycle de Krebs qui produit 2 CO_2, 1 A.T.P., 3 N.A.D.H., 1 F.A.D.H_2.

3°) Dernière étape : phosphorylation oxydative, se déroule dans la membrane mitochondriale. Les transporteurs d'électrons réduits N.A.D.H. et F.A.D.H_2 sont oxydés tandis que les électrons sont transportés vers l'oxygène par la série des transporteurs d'électrons de la *chaîne respiratoire (cytochromes).* 32 A.T.P. sont produits (à partir d'une molécule de glucose) et il se forme de l'eau. Ainsi la dégradation d'une molécule de glucose aboutit à la formation de 36 A.T.P. (263 kcal), d'eau et de CO_2. Il y a un rendement d'env. 40 %.

Bactéries [1]. Le bacille *Micrococcus radiodurans* résiste à une radiation atomique de 6,3 millions de röntgens (10 000 fois la dose mortelle pour l'homme). La *Beggiatoa mirabilis* mesure de 16 à 45 microns (la plus grande bactérie).

Virus [1]. *Variole :* 250 × 300 millimicrons ou 0,0003 mm de diam. ; le plus petit : celui du tubercule de pomme de terre (diam. : – de 20 millimicrons). L'ultravirus SF (Scrapie factor) mesure 7 millionièmes de mm.

Nota. — (1) Ne sont pas des animaux.

Zoologie

● **Aile** (battements par minute). *Moucheron Forcymya* 62 760 (133 080 à 37 °C). *Colibri* 1 800 à 5 400. *Moineau* 600. *Faisan* (à l'envol) 500. *Papillons divers* 460 à 636. *Martinet* 360. *Machaon* 300. *Canard colvert* 300. *Pigeon ramier* 300. *Coucou* 280. *Cigogne* 180. *Héron cendré* 120. *Cygne* 60 à 120. Les grands *vautours* planent des heures (quelquefois 1 batt. par seconde).

Certains oiseaux néo-zélandais, les *kiwis (aptéryx)* et de nombreuses espèces insulaires *(cormoran des Galapagos, râles,* jadis *drontes,* etc.), adoptant une vie uniquement terrestre, ont perdu l'usage de leurs ailes devenues minuscules.

● **Altitude.** *Amphipodes* (crustacés) 4 053 m. *Crapaud* (Himalaya) 8 000 m (le plus bas 345 m sous terre). *Yack* (peut vivre à 6 100 m). Voir Vol.

● **Animaux hybrides.** Obtenus le plus souvent en captivité par croisement de 2 espèces différentes, ils sont généralement stériles mais il arrive parfois que l'un des sexes soit fécond.

Anesse × *Cheval :* Bardot ou Bardine ; × *Zèbre :* Zébroïde ou Zébrule. *Bœuf* × *Bison :* Cattalo. *Bélier* × *Chèvre :* Mouchèvre (obtenu en 1983 en G.-B. par « chimère » embryonnaire). *Canard pilet* × *Canard col-vert. Chameau à 2 bosses* × *Dromadaire. Chèvre* × *Mouton :* Chabin (réalité très contestée). *Chien* × *Chacal. Chien* × *Loup. Gibbon* × *Siamang* (grand gibbon de Sumatra à 50 chromosomes) : Siabon. *Jaguar* × *Léopard (Panthère) :* Jaguapard. *Jaguar* × *Lionne :* Jaguarion. *Jument* × *Ane :* Mulet stérile ou Mule parfois féconde ; × *Zèbre :* Zébrâne ou Donzèbre (Donkey signifie Ane en anglais). *Léopard (Panthère)* × *Lionne :* Léopon. *Lièvre* × *Lapin :* Léporide (semble parfois viable). *Lion* × *Tigresse :* Ligre. *Tigre* × *Lionne :* Tigon (ou Tigron). *Triton à crête* × *Triton marbré :* Triton de Blasius. *Zébu* × *Yack :* hybride mâle stérile (zopiok), hybr. femelle parfois fécond (zoom).

De nombreuses espèces de papillons s'hybrident entre elles. Certains hybrides sont féconds.

Nota. — Le *Jumart,* prétendu hybride de *Taureau* et de *Jument,* relève du canular ou de la légende ; les hybrides de *Serin* et de *Chardonneret* sont appelés *Mulets* par analogie.

☞ Hybridation de l'homme avec une espèce animale : n'a jamais été prouvée. En 1897, dans une roulotte à Vichy, une fillette qui vivait avec son père et un singe (probablement un chimpanzé) a mis au monde un fœtus monstrueux ayant des caractères simiesques. Mais on ne peut conclure avec certitude sur ce cas. Des expériences ont été tentées : en U.R.S.S., en Chine, aux U.S.A, dans l'ex.-A.O.F.

● **Animaux envahisseurs.** Les *abeilles* africaines introduites au Mexique détruisent progressivement les espèces indigènes de l'Amérique centrale aux U.S.A. Leur piqûre cause des allergies graves. Des étoiles de mer du genre *Acanthaster* ont, depuis 1962, ravagé les récifs coralliens des océans Indien et Pacifique : elles pullulent sur d'immenses surfaces. Des escargots géants, les *Achatines* (coquille de 20 cm), originaires d'Afrique, ont envahi : S.-E. asiatique, Hawaii et Floride. Le *crapaud géant* (25 cm et 1,3 kg), originaire d'Amérique du S., a été introduit aux Antilles, aux Hawaii, en N.-Guinée et en Australie (qui en abrite déjà des millions). Le *ragondin,* originaire d'Amérique du S., et le *rat musqué,* originaire d'Amérique du N., ont colonisé une partie de l'Europe où ils sont considérés comme nuisibles.

• **Animaux qui emploient des outils.** *Pinson des Galapagos* et *Corbeau néo-calédonien* : empalent les insectes avec des brindilles. *Sajou* : appelé singe mécanicien pour son aptitude à ouvrir des fruits durs. *Chimpanzé* : introduit des tiges dans des termitières et les suce lorsqu'elles sont couvertes d'insectes (acte réfléchi). *Macaque* : nettoie ses aliments avec des feuilles (acte réfléchi). *Loutre de mer* : casse les coquillages sur une pierre en faisant la planche. *Mangouste* : projette des œufs sur les rochers pour les casser. *Rongeur américain Néotoma* : tapisse les sentiers proches de son terrier avec des épines de cactus. *Éléphant* : se gratte avec une branche qu'il tient dans sa trompe. *Vautour percnoptère* : brise des œufs d'autruche avec des pierres. *Fourmi fileuse* : coud les feuilles avec de la soie. *Ammophile* (sorte de guêpe) : dame le sol avec un caillou tenu entre ses mandibules. *Tisserin* : passereau des régions chaudes, coud des feuilles pour construire son nid. *Crabe des cocotiers* (de grosse taille) : se nourrit de noix de coco qu'il cueille ; pour les ouvrir, il les frappe contre un rocher ou les hisse au sommet de l'arbre et les laisse tomber.

Nota. — Des utilisations d'outils ont été observées sur des animaux captifs (singes « peintres », vautour employant un morceau de bois pour « labourer » le sable de sa cage, etc.).

• **Animaux qui se droguent. Comportements naturels.** *Grives* et *Merles* se soûlent avec le raisin, divers autres oiseaux *(Bulbuls)* avec des fruits fermentés, les *Perroquets* avec du nectar, les *Pigeons* avec du chènevis broyé. *Chevaux* et *Moutons* recherchent les astragales (Amérique du Nord), les *Moutons* s'enivrent avec le genêt (Europe), les *Éléphants* et les *Babouins* avec les baies de l'arbre Marula (Afr. du S.). Le *Chat* est attiré par le papyrus (souvenir de son origine égyptienne ?) et le nepeta (« herbe-aux-chats »). Les *Poules* s'enivrent avec l'alcool de cassis. Dans les fumeries d'opium, *Mouches, Souris, Araignées* semblent attirées par la drogue. Les *Fourmis* se droguent avec les sécrétions des pucerons qu'elles élèvent.

Comportements artificiels. Les *Aigles* de chasse sont drogués à l'opium (Afghanistan), les *Pigeons* au haschisch (Syrie), les *Coqs* et les *Taureaux* de combat au chanvre indien (Mexique).

Les dresseurs romains excitaient jadis leurs fauves à l'aide d'infusions de riz et de roseau. De nombreuses expériences ont montré que des animaux *(Singes, Rongeurs,* etc.) pouvaient devenir de véritables intoxiqués ; selon les drogues qu'on leur fait ingérer, les *Araignées* construisent des toiles d'aspect variable.

• **Animaux lumineux.** Généralement abyssaux ou planctoniques. La luminescence est due à la présence de bactéries symbiotiques ou à des réactions chimiques intracellulaires (émission de lumière froide). Ces cellules sont groupées en organes plus ou moins complexes, les photophores. Ex. : *Nombreux poissons abyssaux* : Cératides, Stomiatidés. *Procordés* : Salpes, Pyrosomes. *Céphalopodes* : Thaumatolampas. *Échinodermes* : quelques étoiles de mer. *Mollusques* : Phyllirhoe ; Pholas dactylus. *Crustacés* : Copépodes, Ostracodes ; Streetsia (Amphipode) : Euphausiacés ; Sergestidés (crevettes). *Insectes* : Ver luisant (lampyre femelle ; mâle : lumière plus faible) ; Lucioles ; Pyrophore (Élatéride des Antilles)... *Annélides* : Syllidiens ; Tomopteris. *Médus Acalèphe* : Pelagia noctiluca.

Luminescence. *De la mer* (et non phosphorescence) : due aux Noctiluques (algues flagellées, ne sont donc pas des animaux) ; ils sont de taille microscopique. *D'oiseaux* : a été parfois signalée : il s'agit de chouettes dont le plumage était imprégné de moisissures luminescentes. *Des yeux du chat ou du chien* : due au tapis irisé qui recouvre leur choroïde et agit comme un miroir. *Un scorpion* placé sous une lampe à rayons ultraviolets présente une splendide *fluorescence.*

Nota. — Les officiers japonais utilisèrent pendant la guerre une poudre d'*ostracodes* (petits crustacés) pour communiquer leurs ordres de nuit par signes.

• **Animaux « savants ».** Le dressage est aujourd'hui mal considéré par les défenseurs des animaux. Certains numéros d'autrefois étaient très audacieux : par ex., éléphants marchant sur une grosse corde chez les Romains. Au début de ce siècle, sur les scènes parisiennes : cheval plongeur, cheval aéronaute ; le chimpanzé Consul fumait le cigare, portait le haut-de-forme, allait aux courses.

Puces savantes : sous Louis XIV apparurent des dresseurs de puces (puces attelées à des voitures, canons, corbillards miniatures). Vers 1830, un dresseur présentait un orchestre de puces, jouant avec des instruments à leur mesure. D'autres se battaient en duel ou dansaient la valse. Certaines, costumées en personnages historiques (le duc de Wellington, le dey d'Alger) chevauchaient d'autres puces harnachées et sellées. Des puces en costumes militaires français et hollandais jouaient le siège d'Anvers.

• **Bec.** *Coup : vitesse de frappe* : le bec d'un pic en pleine action frappe un arbre à 2 100 km/h. Décélération à l'impact : 1 000 g (soit 1 000 fois la gravité terrestre, et 100 fois l'accélération subie par un astronaute au décollage).

• **Bois.** *Les plus longs* : le cerf géant *Megaceros giganteus* (envergure) 4,30 m (disparu) ; élan d'Alaska (enverg.) 2 m.

• **Bruit.** *Cigale* : 7 400 pulsations/mn, son décelable à 400 m.

• **Cerveau.** *Le plus petit relativement* : le *Stegosaurus* (reptile couvert), 70 g soit 0,004 % de son poids. *Le plus grand* : *Baleine,* 9,2 kg (long. de l'animal 14,93 m), *éléphant* 4,2 à 5 kg en moy.

• **Chant des baleines (à bosse).** On croirait entendre des cymbales, un orgue ou un piccolo. Le concert dure plusieurs heures. Les chants évoluent d'une semaine à l'autre. Ils comprennent env. 6 thèmes contenant chacun plusieurs phrases identiques ou différentes composées de 2 à 5 sons distincts. Seul l'homme a un comportement musical aussi complexe et inventif. Les baleines seraient génétiquement dotées de certaines règles de « composition » sonore, mais aussi d'une certaine « imagination ».

Énigmes zoologiques

Serpent de mer. Signalé depuis l'Antiquité dans toutes les mers du globe. Très peu de preuves palpables : une larve de congre de 1,84 m capturée dans l'Atlantique Sud en 1930, alors qu'elle n'aurait du mesurer normalement que 10 cm. Au moins 3 reptiles et mammifères marins inconnus semblent avoir été classés sous une même dénomination. Par un recoupement systématique des témoignages, on a distingué les « monstres à tête de cheval », qui sont les prototypes des dragons chinois et vietnamiens (nombreuses observations dans la baie d'Along au Viêt-nam) ; les « monstres à long cou », dont fait partie celui du loch Ness (voir ci-dessous), et qui sont parfois présentés comme des cétacés primitifs ou des otaries, capables de se reproduire en haute mer ; des reptiles marins à l'aspect de crocodiles (peut-être des mosasaures) ; des calmars géants (Architeuthis) dont les tentacules peuvent atteindre 17 m (en Floride, en 1896, s'est échouée une pieuvre de 60 m d'envergure : venant sans doute des Bahamas, centre de dispersion des pieuvres géantes). La plupart des « monstres » échoués, signalés de temps à autre, ne sont que des requins pèlerins plus ou moins décomposés. *Observations* de « serpents de mer » près du littoral français : Cotentin 1 (+ îles anglo-normandes : 1) ; Bretagne 7 ; côtes Atlantique 4 ; Camargue 1 ; Corse 2.

Monstre du loch Ness (Écosse). On en parle surtout depuis 1934. On en a quelques « photos » (authentiques ?). D'autres monstres du même genre ont été signalés en Suède, en Sibérie, dans les marais africains, etc. Appelé depuis 1972 *Nessiteras rhombopteryx.* S'appuyant sur 4 000 témoignages (dont env. 15 % de valables), plusieurs photographies et une campagne de repérage au sonar (1975), certains savants affirment son existence : il serait gris ou brun, long de 4 à 5 m, avec un cou grêle, des nageoires dorsales en « pointe de diamant » et une forte queue. On ne le considère plus actuellement comme le survivant d'une espèce de dinosauriens disparue depuis 70 millions d'années, mais plutôt comme une salamandre ou une anguille géante (ce pourrait être un cétacé ou une « otarie à long cou » pouvant respirer sous l'eau grâce aux « périscopes » prolongeant les narines). Le loch Ness (lac d'eau douce) a jusqu'à 300 m de profondeur. On ne retrouve jamais les corps humains ou animaux qui y tombent.

Tatzelwurm (« ver à pattes »). Salamandre (?) inconnue signalée dans les Alples.

Thylacine (loup marsupial). Survivrait en Australie et Tasmanie (la Tasmanie offre une prime de 100 000 $ pour une photo de cet animal).

Mokélé-mbêmbé. Animal de la région du lac Télé (Nord Congo). Nombreuses expéditions récentes (Americains, Congolais, quelques Français). Serait long de 7 à 8 m, long cou, longue queue, massif, amphibie, frugivore. Hypothèses : proboscidien ; crocodilien ; tortue géante (trionyx), varan géant ; dinosaurien sauropode.

Monstres lacustres d'Europe centrale (Allemagne féd., Pologne) : ne sont sans doute que de grands silures (signalés aussi dans la Saône en 1985).

• **Concentration.** *Les plus fortes* : les chauves-souris *Tadarida mexicana* se regroupent à plus de 20 millions, les pinsons du Nord à 36 millions.

• **Constructions.** Les plus grandes constructions faites par des animaux sont les *termitières* (en terre) qui atteignent plusieurs m de haut (6 m pour un diamètre de 12 à 30 m par le genre des Bellicositermes vivant en Afrique). Les *castors* construisent des barrages pouvant mesurer de 1,5 à 4 m de haut, et 500 m de long : leurs huttes (diam. 2 m, parfois 6 m), construites sur les bords du bassin formé par les barrages, ont des entrées situées sous l'eau, permettant, quand l'eau est gelée, l'accès aux réserves. *Les annélides polychètes* ont construit un récif, appelé le Banc des Hermelles, dans la baie du Mont-Saint-Michel. Long. : 200 à 300 m (15 000 à 60 000 tubes d'annélides au m²).

• **Cornes.** *Les plus longues* : bœuf d'Angola, 2,06 m et 46 cm de circonférence ; rhinocéros blanc (Afrique) 1,58 m (petite corne 57 cm) ; Argali (mouflon du Pamir) 1,90 m. *Les plus courtes* : Suni (antilope royale) 3,8 cm. *La plus grande envergure* : bœuf Longhorn 3 m.

• **Décharges électriques.** Tension le plus souvent faible (quelques volts), pour communication et électro-localisation, et parfois élevée (jusqu'à 700 volts) pour ataque ou défense par électrocution. L'*Electrophorus electricus* (anguille électrique ou improprement « Gymnote »), poisson d'eau douce de l'Amérique du Sud, peut répéter 200 décharges (durant chacune 1/100 s) de 650 volts sous 1 ampère (assez pour illuminer un tube fluorescent de 40 watts de 1,20 m) ; il est le seul pratiquant l'électro-localisation et l'électrocution, grâce à des générateurs distincts. *Malaptérures* (silures électriques), 2 espèces, Afrique, électrocution : 400 volts. *Torpille* (mers), électrocution : 45 volts. *Gymnarques, Mormyres* ou *Poissons-Éléphants* (Afrique) et *Gymnotes vrais* (Amérique du Sud) : électro-localisation.

Les médecins romains, constatant que les décharges des torpilles soulageaient les rhumatismes et maux de tête, prescrivaient des applications de torpilles récemment pêchées à leurs malades.

Les pêcheurs sud-américains pêchent les anguilles électriques à main nue, après avoir immergé une carcasse d'animal contre laquelle les poissons déchargent toute leur électricité.

• **Défenses.** *Les plus longues* : Mammouth laineux 5,02 m (courbure externe). Éléphant déf. droite 3,49 m et gauche 3,35 m (poids total 133 kg). *La plus lourde* : Mammouth 159 kg (89 cm de circonférence max., long. env. 3,60 m), Éléphant 117 kg ; *paire* : Mammouth 226 kg (long. 4,21 et 4,14 m), Éléphant 200 kg (3,11 m et 3, 18 m). Voir Index.

• **Denture record.** *Poisson-chat* : 9 280 dents. Certains *Dauphins* ont 260 dents (plus que n'importe quel autre mammifère). Le *Cachalot* a 40 dents plantées sur sa mâchoire inférieure. Le *Narval* : 2 dents à la mâchoire sup. chez le mâle, dont une se développe en défense. La *Baleine franche* (comme tous les cétacés à fanons) n'a pas de dents, mais seulement des fanons qui retiennent le plancton : 700 de 2,70 m à 3,60 m de long (60 cm chez le Rorqual bleu).

• **Distances.** *Chez les animaux marins,* les migrations ont souvent une grande ampleur. Le *Thon albacore* est le plus grand poisson voyageur : il peut parcourir 8 800 km en 11 mois (du sud-est de Tokyo au large de Los Angeles). Les *Saumons* fraient en eau douce et parcourent environ 3 000 km. *Chez les oiseaux,* la tendance à migrer est déclenchée par la diminution de la longueur du jour ; ils accumulent alors des réserves de graisse (50 % de leur poids), source d'énergie pour la migration. Ils volent 6 à 8 h par jour à 30-40 km/h (alouettes), à 100-110 km/h (sarcelle). *Capacités de certaines espèces : Foulque* 730 km en 2 j. *Tournepierre* (petit échassier) 825 km en 25 h. *Pie-grièche écorcheuse* 700 km en 20 h (traverse la Méditerranée en 12 ou 13 h, met 3 mois pour arriver en Afr. du S. en automne, et 2 mois pour revenir en Europe au printemps ; parcourt environ 500 km chaque nuit). Certains parcourent plus de 19 000 km 2 fois par an (ex. : la *Sterne arctique,* qui va de l'Arctique à l'Antarctique ou le *pluvier doré,* qui pourrait parcourir 5 200 km sans escale ; une sterne a parcouru 19 300 km). Les *Cigognes* parcourent 10 000 à 12 000 km. Environ 600 millions d'oiseaux européens viennent en Afrique passer l'hiver. 400 à 600 millions d'oiseaux migrateurs survolent la France à l'automne et au printemps. Certains *Manchots*, incapables de voler, effectuent des déplacement de plus de 1 000 km à la nage et reviennent à leur plage d'origine pour y élever leurs petits. Les vols des *Criquets* peuvent atteindre 50 km de largeur (peut parcourir 1 000 à 1 500 km) et se composer de trillions d'individus.

Un *Fox-terrier* a parcouru 2 720 km pour rejoindre son maître. On connaît de nombreux autres cas comparables chez les chiens et les chats.

Nota. — Un *Pigeon* a volé de Saigon (Viêt-nam) à Arras (France) soit 11 265 km (8-15 sept. 1931).

• **Envergure** (en mètres). *Albatros hurleur* 3,60 (longueur 1,20 m ; 8 kg). *Marabout* 3,35 (max. 4,06). *Condor* 3,20 (2,80 m en moy.) (longueur 1,20 m ; 9 kg). *Albatros migrateur* 3,15 (max. 3,60). *Vautour de l'Himalaya* 2,90. *Vautour moine* 2,87 (7 kg). *Gypaète barbu* 2,80 (6 kg). *Pélican blanc* 2,75 (10 kg). *Pygargue à queue blanche* 2,75 (10 kg). *Cygne* jusqu'à 3,65, moy. 2,50 (20 kg). *Aigle royal* 2,30 (5 kg). *Grue blanche* 2,28 (6 kg). *Outarde barbue* 2,20 (11 kg). *Frégate superbe* 2,10. *Hibou pêcheur* 1,89 (2 kg). *Kalong* 1,70 (900 g). *Grand Corbeau* 1,20 (1 200 g). *Corneille* 1 (500 g). *Pigeon ramier* 0,75 (500 g). *Perdrix grise* 0,50 (400 g). *Papillon* (Thysania agrippina du Brésil) 0,30. *Sauterelle de N.-Guinée* 0,25. *Araignée* (Theraphosa blondi) 0,25 (corps 0,08), se nourrit d'oiseaux. *Libellule* (Amér. du S., Bornéo) 0,19 (12 cm de long). *Chauve-souris* (pipistrelle naine) 0,5 (2,5 g). *Papillon* 0,04. *Johanssonia acetosae* (lépidoptère) 0,02. *Oiseau-mouche abeille* 0,02 (2 g).

• **Fécondité.** La femelle du *Tanrec* (insectivore de Madagascar et des Comores) peut reproduire 3 ou 4 semaines après la naissance. Portée moyenne 12 à 16 (record 32). *Souris :* record 32.

• **Free-martin.** Terme d'éleveur : génisse intersexuée (plus rarement un animal d'une autre espèce : brebis, chèvre, etc.). Quand une vache porte 2 embryons faux jumeaux de sexes différents, les hormones du mâle peuvent gagner, par le sang, l'embryon femelle et le « masculinisent ». Le free-martin (ou vache-bœuf) demeure stérile toute sa vie et a l'aspect d'une vache castrée.

• **Gestation** (durée en jours). *Opossum* 12-13. *Hamster doré* 16. *Souris* 21. *Rat* 22. *Lapin* 32. *Lièvre* 42. *Hérisson* 58. *Chat* 60. *Chien* 63. *Renard* 63. *Loup* 68. *Cobaye* 68. *Lion* 110. *Porc* 115. *Castor* 120. *Mouton* 150. *Chèvre* 150. *Gazelle* 160. *Chamois* 165. *Ours* 240. *Renne* 246. *Morse* 260. *Chevreuil* 270. *Homme* 270. *Phoque* 276. *Vache* 280. *Chameau* 320. *Cheval* 345. *Ane* 364. *Baleine* env. 365. *Zèbre* 375. *Girafe* 440. *Rhinocéros* 550. *Éléphant d'Asie* 609-760. *Salamandre noire des Alpes* 1 160 (si elle vit au-dessus de 1 400 m d'alt.).

• **Habitat.** La densité des vers de terre dans la forêt est estimée à 2 millions d'individus à l'ha, soit 2 t par ha. On a découvert des *éponges* à 5 637 m de profondeur ; un poisson, le *Bassogigas profundissimus*, à 8 300 m de profondeur ; un *Amphipode* (crustacé) à 9 790 m.

• **Hibernation.** *Siciste des bouleaux* (petit rongeur de 13 g) 8 mois. *Marmotte* 8 mois. *Engoulevent de Nutall* 88 jours.

• **Incubation** (durée en jours). *Gros-bec* 9 à 10. *Passereau* 10 à 12. *Pic-vert tacheté et coucou à bec noir* 10. *Pigeon* 17. *Poule* 21. *Faisan* 26 à 27. *Canard* 28. *Dindon* 28. *Pintade* 28 à 30. *Oie* 30. *Cygne* 40 à 45. *Autruche* 50. *Albatros migrateur* 75 à 82.

• **Insectes.** *Marin :* une seule espèce, l'*halobate*, glisse sur l'eau (2 à 3 km/h), n'a pas d'ailes, vit de plancton, de petits poissons, pond ses œufs sur n'importe quel objet flottant, habite les mers du Sud-Est asiatique. *Poids :* scarabée goliath 70 à 100 g. *Longueur :* phasme des tropiques 33 cm, scarabée longicorne 27 cm (antenne 19). *Vitesse :* oestre du daim 39 à 58 km/h. *Longévité :* scarabées Buprestidae + de 30 ans à l'état de larve. *Saut :* puce (1 830 espèces) hauteur 20 cm, longueur 33.

• **Lait** (% de protéines, de graisses en italique et de glucides entre parenthèses). *Femme* 16 *34* (64). *Vache* 34 *34* (48). Record 90 kg (1 jour), 25 247 kg (365 j). *Chèvre* 42 *41* (46). *Chienne* 93 *85* (28). *Renne* 102 *224* (25). *Chatte* 11 *109* (34). *Marsouin* 111 *458* (13).

• **Longévité** (en années ; entre parenthèses, records exceptionnels connus). *Abeille mâle* (1/2). *Abeille ouvrière* (1/12 à 1/2). *Abeille reine* (5). *Aigle* (47). *Alligator* 56. *Ane* 18-20 (46). *Anguille* 6 (88). *Anguille électrique* (11 1/2). *Araignée* (4). *Autruche* (50). *Baleine* (90 à 100). *Boa constrictor* (40). *Bovins* (30). *Bigorneau* (3). *Cacatoès* 60 (90). *Cafard* (4 1/2). *Calmar* (4). *Canard* 15 (20 1/2). *Canari* 12-15 (24). *Carpe* 50. *Cerf rouge* (26 1/2). *Chameau* (29 1/2). *Chat* 15-20 (36). *Chauve-souris* (31). *Cheval* 20-25 (62). *Chèvre* 12 (18). *Chien* 10-12 (34). *Chimpanzé* 20-35 (44 1/2). *Clam à coquille* (kuahog) (150). *Cobra* (12 1/2). *Cochon* 10 (22). *Cochon d'Inde* 3 (14 a. 10 m. 1/2). *Condor des Andes* (72). *Coq à crête de soufre* (73). *Coquille St-Jacques* (2). *Corbeau* (69). *Crapaud* (15). *Crocodile en capt.* 56. *Cygne* (29 1/2). *Daim* 10-15 (26). *Daphnie* 0,2. *Dauphin* (32). *Dinde* (12 1/2). *Drosophile* 0,1. *Écureuil* 8-9 (15). *Éléphant* 30, d'Asie (70). *Éponge* (50). *Escargot* 1 (30). *Esturgeon* 30 (82). *Esturgeon lacustre* (152). *Étourneau* (16). *Flétan* (40). *Fourmi* (reine) (13). *Girafe* (33 1/2). *Goéland* (32). *Gorille* (39). *Grenouille* 5 (15 1/2). *Hamster* 2 (4). *Hérisson* 4-7 (14). *Hibou* (68). *Hippocampe* (4 1/2). *Hippopotame* 30 (51). *Hirondelle* (8). *Homard* 30 (50), *américain* 50. *Huître* (12). *Huître perlière* 50-60. *Insecte* (certaines larves 17-30). *Jaguar* (23). *Kangourou* 10-12 (19 1/2). *Lapin* 6-8 (18). *Lézard* (54). *Limace* (1 1/2). *Lion* 10 (49). *Loup* 10-12 (16). *Mainate* 17-20 (30). *Maquereau* (15). *Martinet* (21). *Moineau* 10 (20). *Mouche* (76 j). *Moule d'eau douce* (60). *Moustique* (1 1/2). *Mouton* 12 (20). *Oie* 15-35. *Oiseau-mouche* (8). *Opossum* (7). *Orang-outan* (57). *Orque épaulard* (90). *Ours* 15-20 (34 1/2). *Pélican* (52). *Perroquet* 35-40 (gris d'Afr. 72, d'Amazonie 104). *Perruche* 10-12 (25). *Phoque gris* (î. Shetland 46). *Pieuvre* (4). *Pigeon* 10-12 (35). *Pinson* 10-18. *Pogonophores* (invertébrés marins) : pourraient vivre env. 200 000 ans, si l'on tient compte de la vitesse très lente avec laquelle croît le tube dans lequel ils vivent. *Poisson rouge* (30). *Poney* (54). *Porc* (27). *Porc-épic* (nord-américain) (7 1/2). *Poule* 7-8 (20). *Poulet* (30). *Punaise* (1 1/2). *Rat* 3 (5 a. 8 m.). *Raton laveur* (14). *Renard* 8-10 (14). *Rhinocéros* 36 (40). *Rossignol* 3-8. *Salamandre* (55). *Sangsue* 27. *Sansonnet* 10-20. *Saumon* (13). *Serpent* (6). *Serpent à sonnette* (19 1/2). *Silure* 60. *Singe* (46 1/2). *Souris* 1-3 (5 a. 11 m.). *Sterlet européen* 69. *Tanrec* (10 1/2). *Tarentule* (28). *Taureau* (30). *Termite* (15). *Thon* (7). *Tique* (4). *Tortue* 20, géante terrestre 152-200 (record chez les vertébrés) ; la tortue géante du Jardin des Plantes de Paris y est entrée en 1878, à 40 ou 50 ans ; elle aurait env. 150 ans. *Tortue marine* (88). *Tortue de Caroline* (138). *Tourterelle* 15-18 (25). *Truite* (41). *Vache* 9-12 (25). *Vautour* (41 1/2). *Ver de terre* (6). *Ver solitaire* (35). *Vison* (10). *Vombatus ursinus* (marsupial) (26). **Vie courte.** *Éphémères* (insectes), vie adulte : de 1 h à quelques semaines suivant les espèces. *Phryganes :* de 4 j à quelques semaines. *Poux* et certains *hyménoptères :* quelques semaines. *Bombyx du mûrier* (papillon du ver à soie) 24 h.

• **Mammifères du désert. Ongulés :** Bovidés : Addax (ne boit jamais) ; Gazelle dorcas ; Oryx algazelle ; Mouflon à manchettes. **Camélidés :** Dromadaires. Ils sont adaptés à la sécheresse : leurs urines quotidiennes ne dépassent pas 1/1 000e de leur poids ; ils respirent par coups brefs, ne perdant pas d'humidité par la langue et le museau. La gazelle de Grant possède un système artériel à contre-courant qui amène au cerveau un sang rafraîchi au niveau du museau. Pour tous, un pelage épais amortit le rayonnement solaire (à l'extérieur 70° ; à l'intérieur 40°).

• **Nid. Le plus petit :** *Colibri calliope :* diamètre interne 19 mm, hauteur 30 mm. **Les plus grands :** *Mégapode de Freycinet* (taille d'un poulet ; Nouv.-Guinée) ; diamètre 7 ou 8 m, hauteur 2 m (maximum 10,70 m et 4,20 m). *Aigle*, nid jusqu'à 3 m, prof. 6 m, 2 t. L'*hirondelle de cheminée* fait environ 1 000 voyages avec de la boue dans le bec pour édifier son nid, formé de 750 à 1 400 boulettes de terre. Un nid de crocodile contient env. 60 œufs (développement 2 ou 3 mois).

• **Odorat.** Le *papillon de nuit empereur* décèle sa femelle à 11 km. Après « 11 km » : la quantité de substance odorante (phéromone) émise par celle-ci serait suffisante pour attirer un trillion de mâles. La *truie* est attirée par la truffe car celle-ci contient une substance odorante semblable à celle sécrétée par le verrat. Un *doberman pinscher* a suivi un voleur sur 160 km. Un *collie* a retrouvé ses maîtres à 3 200 km de lui.

• **Œil.** *Le plus grand :* calmar géant, diam. 38 cm.

• **Œufs. Oiseaux** *(nombre d'œufs par ponte) :* albatros, manchot, pingouin, pétrel, grands rapaces 1. Colibri, pigeon 2. Mésange 8 à 10. Canard sauvage 8 à 12. Autruche 10 à 15. Perdrix 8 à 20. *Poules d'élevage* (par an) certaines près de 300 œufs, max. 361.

Poissons (par an) : Carpe env. 20. Lotte de rivière 1 000 000. Poisson-soleil océanique 300 000 000 (0,127 mm de diam.). Poisson-lune 300 000 000 (1,3 mm de diam.). **Insectes** (par an) : Termite jusqu'à 10 000 000 (20 000 par jour). Abeille 25 (osmies, abeilles sauvages) à 200 000 (abeilles domestiques). Mouche 200 à 400. Criquet 100. Hanneton 20. Mouche tsé-tsé 8 à 10 dans leur vie (3 mois). Scarabée sacré 2.

Taille des œufs (en mm) : *Æpyornis* (oiseau fossile de Madagascar) 340 × 240 (11 000 g). *Dinosaure* (Hyperlosaurus priscus) 300 × 140 × 90. *Requin-baleine* 300 × 140 (1953, dans le golfe du Mexique). *Autruche* 150/200 × 100/150 (1 650/1 750 g) [cuisson à la coque : 40 mn, coquille 1,5 mm d'épaisseur]. *Nandou* 135 × 94 (570 g). *Cygne tuberculé* (domestique) 115 × 74 (360 g). *Poule domestique* 454 g ; circonf. 31 × 23 cm. *Aigle royal* 77 × 59 (145 g). *Alouette des champs* 24 × 17 (3 g). *Mésange* 14 × 11 (0,8 g).

Incubation. Oiseaux : chez 54 % d'entre eux, les œufs sont couvés alternativement par le mâle et la femelle, 25 % par la femelle seule, 6 % par le mâle seul, 15 % de cas indéterminés. Les *Mégapodes* (7 espèces ; de la taille d'un pigeon ou d'un dindon : Australie, Célèbes, N.-Guinée) ne couvent pas : ils pondent leurs œufs au milieu de végétaux en cours de décomposition : la chaleur de fermentation assure l'incubation. Le *coucou* pond ses œufs (5 à 12 env.) dans le nid d'environ 50 espèces différentes (fauvette, rouge-gorge, bergeronnette, troglodyte, rousserolle, etc.).

• **Oiseaux. Espèces ayant niché pour la première fois en France ces dernières années :** Bécasseau variable : Finistère. Cigogne noire : Jura, Pays de Loire. Locustelle fluviatile : Alsace. Pluvier guignard : Pyrénées.

Nota. — L'élanion blanc (petit rapace) cherche à s'installer dans la région de Bayonne.

Principaux oiseaux exotiques introduits en Europe, avec région d'origine et pays où ils sont implantés. Afrique : oie d'Égypte (Angleterre) ; Afrique tropicale : sénégali ondulé (Portugal) ; Afrique, Asie : perruche à collier (divers pays). Amérique du Nord : bernache du Canada (Iles Britanniques, Scandinavie), hiverne jusqu'en France, érismature rousse (Iles Brit.). Amérique du Sud : flamant du Chili (Allemagne). Asie : oie à tête barrée (Suède, Norvège) ; Asie orientale : faisan doré et faisan de lady Amherst (diverses régions), faisan vénéré (France notamment), canard mandarin (Iles Brit.).

• **Oiseaux parleurs.** *Perroquet* (Prudle) a appris 1 000 mots. *Mainate. Étourneau. Corbeau. Corneille. Pie. Geai. Alouette calandre. Ménure (Oiseau-lyre) ;* éventuellement d'autres passereaux.

• **Organes génitaux (volume).** Éléphant (1,5 m, 25 kg). Baleine bleue (érection : 2,4 m ; par rapport au volume de l'animal, représenterait env. 12 cm pour l'homme). Gorille (érection 5 cm). *Record (proportionnellement à la taille) :* la puce (pénis 1/4 de sa longueur + 2 pénis subsidiaires).

• **Ouïe.** *Dauphin* peut entendre les fréquences de 153 000 Hz. *Chauve-souris* 150 000 (homme 20 000).

• **Pattes.** Record : 1 centaine pour certains *myriapodes (mille-pattes) :* les espèces européennes en ont 30 ou 40 environ. Certains millipèdes ont des pattes de 28 cm de long et 2 cm de diam. Une espèce non identifiée d'Amér. du Sud en a 710 (355 paires). Certains *crustacés* ont également de nombreux appendices (14 pattes pour les cloportes).

• **Plongée.** *Cétacés : cachalot* peut plonger à 1 100 m sous l'eau pendant 75 min parfois à + de 3 000 m pour trouver sa nourriture. *Hypérodon* atteindrait 1 300 m et resterait 2 h sous l'eau. Record 1 143 m (pression 118 kg/cm^2). *Pinnipède* 600 m. *Manchot empereur* 265 m pendant 18 mn. *Poisson* Bassogigas profundissimus 8 300 m ; sole 10 912 m.

• **Plume.** Un oiseau a de 1 000 à 30 000 plumes (soit 10 % du poids de son corps). Le *cygne siffleur* 25 216. L'*oiseau-mouche* a env. 940 plumes seulement. Le *coq à longue queue* (Japon) possède les plumes les plus longues : jusqu'à 6 m (max. 10,60 m).

• **Portées** (records). *Chien* 23 (Saint-Bernard), *chat* 19 dont 15 survivants, *lapin* 24 (Blanc de N.-Zélande), *souris* 32, *brebis* 8, pas de survivant, *truie* 34.

• **Prix** (records). *Cheval de course* 336 000 000 (Shareef Dancer en 1983). *Couple d'orques*, estim. 20 000 000 F (Orky et Corky en 1984).

• **Régénération.** Développement d'un organe ou d'une partie de l'organisme après son amputation. Si la cicatrisation consiste en la « réparation » d'un tissu par les cellules de celui-ci, la régénération implique l'action de cellules indifférenciées ou différenciées. Elle existe chez cnidaires, échinodermes, annélides, crustacés, plathelminthes, vertébrés (surtout amphibiens et reptiles, assez peu chez les oiseaux et les mammifères). Ainsi, un bras coupé d'étoile de mer repousse rapidement. Un bras isolé, auquel on a laissé une portion du « disque central », peut reconstituer une astérie entière.

Autotomie : amputation volontaire d'un organe, par un animal, pour échapper à un ennemi. Le crabe se débarrasse ainsi de ses pattes, et le lézard de sa queue. L'organe amputé se régénère ensuite.

● **Reproduction.** Record : la *paramécie* (infusoire d'un millionième de milligramme) se reproduit surtout par division transversale. Après 15 j, elle pourrait avoir 1 t de descendants ; au bout d'1 mois, la masse de ceux-ci égalerait celle de la Terre ; après 5 semaines, celle du Soleil... Un couple de *rats* pourrait engendrer en 3 ans plus de 20 millions de descendants.

Le *tanrec* peut avoir une portée de 32 petits (moy. 13 à 14), les femelles se reproduisent 3 à 4 semaines après la naissance. Chez les insectes sociaux, les *neutres* sont des sujets asexués, autrement dit des mâles ou des femelles qui ont subi une *castration alimentaire :* ils ont une alimentation plus réduite que les autres membres de la colonie. Ces neutres sont les ouvrières des abeilles et des fourmis, les soldats et les ouvriers des termites.

Les mâles des insectes sociaux ont essentiellement pour mission de féconder les femelles (Ex. : vol nuptial de *l'abeille*) et donc de perpétuer l'espèce. A l'automne, les mâles d'abeille (ou faux bourdons) sont chassés de la ruche par les ouvrières, ce qui les condamne à mort.

Taureau (record) 220 000 descendants.

● **Résistance.** La *grenouille* peut jeûner un an, la vipère 20 mois, les serpents à sonnette 27 mois, les boas 28 mois, le scorpion 3 ans. Un *chien* est resté sans manger 47 j (record 112). On a retrouvé 9 *moutons* enfouis sous la neige depuis 33 j (2 survivants). L'*oryx* (antilope d'Afrique) peut rester 4 mois sans boire. Certains rongeurs du désert ne boivent jamais. Une *carpe* ou une *truite* peut être congelée à −40°C et revenir en vie. Un *mille-pattes* résiste à −50°, une *oie* à −100°, un *escargot* à −120°, un *chien* à −160°.

Un *scarabée* pesant 1/4 de g a pu porter sur son dos une charge égale à 850 fois son poids. Une paire de chevaux a tiré une charge de 55 t sur traîneau. Un *saint-bernard* de 80 kg a déplacé sur 4,57 m en moins de 90 s une charge de 2,905 t. Un *cerf-volant* a tenu entre ses mandibules une baguette de verre pesant 200 fois son poids. Une *abeille* développe une force égale à 24 fois son propre poids, certains insectes jusqu'à 40 fois.

L'*araignée* est capable de former un fil long de 30 m, soit plus de 1 000 fois sa propre longueur.

● **Saut en hauteur** (en m). *Homme 2,40.* Cheval 2,47. Puma 3. Kangourou 4. Chien 3,50. Dauphin 7. Puce ordinaire 0,20.

Pour le (la)	un saut en hauteur de	représente sa hauteur
Kangourou	400 cm	2,5 fois
Grenouille	48	6
Sauterelle	40	35
Puce	44	300
Pour le (la)	**un saut en longueur de**	**représente sa hauteur**
Kangourou	1 280 cm	8 fois
Grenouille	200	27
Sauterelle	120	100
Puce	32,5	200

● **Saut en longueur** (en m). Grenouille 2 (max. 5,35 m ; 10,30 m en 3 bonds). Singe 8. *Homme 8,90.* Chien 9,14. Antilope 10 à 12. Kangourou 12,8. Puce ordinaire 0,33.

● **Saut en profondeur.** Un chat parvient à retomber de 6 m sur ses pattes, sans se blesser. Au-delà, il se brise un membre ou l'os du palais, et peut souffrir de lésions dans la rate. Plus il est lourd, plus il risque de se blesser ou de se tuer.

● **Sevrage.** *Le plus rapide :* tanrec 5 jours. *Le plus tardif :* éléphant de 4 à 7 ans.

● **Sixième sens des animaux.** A la suite d'observations, on a parlé d'un 6e sens chez les animaux. **Orientation.** Les animaux s'orientent grâce aux étoiles et aux repères terrestres (oiseaux, insectes, mollusques). Les chiens ou les chats retrouveraient leur maître à grande distance, grâce à « quelque chose » d'autre, encore inconnu : le « psy rampant ». **Télépathie.** Chiens et chats retrouvent leur maître grâce à une communication télépathique : un chien placé dans une pièce insonorisée s'agite si l'on fait mine d'attaquer sa maîtresse se trouvant dans une autre pièce. **Prémonition.** Des chiens ont la prémonition de la mort ou la capacité de la ressentir à distance : ils s'agitent et hurlent à la mort au moment où leur maître décède. **Psychokinèse** (action du cerveau sur la matière). Un chat, des insectes, voire des œufs, seraient capables de divers exploits (ex. : faire s'allumer des lampes).

Chez les poissons. Les « poissons éléphants » des grands fleuves africains (Congo, Niger, Nil, Volta) sont pratiquement aveugles ; ils se meuvent dans des eaux profondes et boueuses, où la visibilité est nulle. Ils ne heurtent pourtant aucun obstacle, et dénichent leurs aliments (larves, vers, mollusques, petits crustacés) grâce à leur bec en forme de trompe, qui leur a valu leur surnom d'éléphant. Ils émettent sans arrêt des décharges électriques de faible tension (1 à 2 V) et de faible intensité (quelques mA) qui créent autour d'eux un champ électrique, suffisant pour permettre une « électro-navigation sans visibilité ».

● **Sommeil.** Le *chat* 14 h par jour dont 27 % de sommeil paradoxal (sommeil de rêve). *Cobaye* 12 h dont 5 % de sommeil paradoxal.

● **Son.** *Le plus aigu :* les *vampires* et les autres *chauves-souris* perçoivent les fréquences jusqu'à 150 000 Hz (l'homme : 20 000 Hz). Ils émettent eux-mêmes ces sons, et captent avec leurs oreilles très développées les échos renvoyés par les obstacles, même les plus ténus (fils de nylon). Le système est comparable à celui du sonar. En dépit d'un préjugé tenace, les chauves-souris ne se prennent pas dans les cheveux (car elles les détectent). Le *dauphin* perçoit jusqu'à 153 000 Hz. *Le plus bruyant :* la *cigale* mâle, 7 400 pulsations par mn, émet un son perceptible à plus de 400 m.

● **Suicides.** Il n'y a pas de suicides chez les animaux. *Scorpion :* cerné par les flammes, ne se tue pas volontairement en se piquant, mais il peut arriver que, terrifié, il se recroqueville et donne l'impression de se frapper de son aiguillon (en fait, il est immunisé contre son propre venin et on a pu ranimer des scorpions après leur « suicide » en les plongeant dans l'eau salée). Les *lemmings* (rongeurs, voisins du campagnol) qui se jettent dans la mer obéissent à leur impulsion migratoire. Vivant du nord de l'Europe à l'Asie arctique, ils quittent les Alpes de Scandinavie en droite ligne vers la mer du Nord ou le golfe de Botnie à la recherche de régions de bouleaux et de genévriers (les migrants sont des jeunes de moins d'un an, dont les femelles ne sont pas fécondées) : ils traversent de nombreux cours d'eau et, ne distinguant pas la mer d'un cours d'eau, ils essaient de la traverser. Les cétacés s'échouent en masse pour des causes variées : impulsion migratoire, dérèglement du sonar (des signaux sonores émis par l'animal lui sont renvoyés par des obstacles, ce qui lui permet d'en apprécier l'éloignement ; si par ex. une plage s'enfonce en pente douce sous l'eau, elle ne renvoie pas d'écho s'il n'y a pas de ressac), énervement dû aux parasites, obéissance aveugle au chef du troupeau, orages, raz de marée. Des *dauphins* se sont parfois cognés la tête contre leur bassin et se sont tués.

Des *chats* ou des *chiens* se laissent parfois mourir après la mort de leur maître (dépression réactionnelle ou comportement suicidaire).

● **Surdité.** Les serpents ne possèdent ni oreille interne, ni oreille externe, et sont sourds. Ils n'entendent pas la musique des prétendus « charmeurs de serpents » mais perçoivent seulement les vibrations du sol provoquées par les pieds battant la mesure.

● **Taille et poids. Espèces actuelles** (fossiles, voir p. 167). **Les plus grands. Marins :** *méduse géante* envergure 75 m (corps 2,30 m, tentacules 36,50 m) ; la plus petite, 0,02 m. *Pieuvre géante* jusqu'à 66 m d'envergure (voir index). *Ver lacet* 55 m. *Rorqual bleu* 33,58 m, 120 t, la femelle peut peser 200 t. *Requin-baleine* 18,58 m, 43 t. *Requin pèlerin* 15 à 18 m, 40 t. *Calmar géant* 16,75 m (dont 10,6 m pour les tentacules), 2 t. *Cachalot* 14 m et 33,5 t. *Requin blanc* 9 m, 4 à 5 t. *Grande raie cornue* 8 m, 3 t (golfe du Mexique). *Esturgeon* 7,9 m, 1 400 kg. *Eléphant de mer* 5 m, 2,3 t (max. 6,50 m, 4 t). *Crocodile* 3,70 à 4,30 m, 500 kg, max. 6,20 m. *Esturgeon huso* 3 à 4 m, 1,3 à 1,6 t, une femelle donne 100 kg de caviar. *Poisson-lune* 4,26 m (2 280 kg). *Silure glane* 2 à 3 m, 200 kg (Rhin, Doubs, Danube, Caspienne). *Poisson-chat géant* 2,45 m, 163 kg (max. 4,57 m, 336 kg). *Tortue de mer* 1,85 à 2,15 m, 300 à 360 kg (max 2,54 m, 865 kg). *Tortue-luth* 2 m, 700 kg. *Tortue Caret* 1,2 m, 450 kg (Méditerranée). *Etoile de mer* 1,38 m d'envergure (diam. au centre 2,6 cm, sèche 700 g), max. 63 cm d'env., 6 kg ; la plus petite mesure 18,3 mm, pèse 10 g. *Bénitier* 1,2 m. *Salamandre géante* 1,15 m, 25 à 30 kg (max. 1,52 m, 45 kg). *Praire géante* 1,09 m. *Clam géant* 1,09 m × 0,73 m, 263 kg. *Homard américain* 1,06 m, 20 kg (max. 22 kg). *Eponge* (Loggerhead des Antilles) 1,05 m × 0,91 m : record Hippospongia canaliculatta de 1,83 m, gonflée d'eau 41 kg, sèche 5,44 kg ; la plus petite : 3 mm (Leucosolenia blanca). *Grenouille goliath* 34 cm, 81,5 cm pattes étendues (3,306 kg). *Crabe-araignée géant* 0,30 à 0,35 m (pinces 2,45 à 2,75 m d'envergure, max. 3,70 m, 18,6 kg). *Triton* 0,40 m, 450 kg ; le plus petit 0,05 m. *Crapaud marin* (Bufo matinus), une femelle : 0,23 m, 1,3 kg (except.) ; le plus petit : Bufo taitanus beiranus avec 0,02 m. *Rainette* 0,09 m, max. 0,14 m ; la plus petite 0,015 m. *Gobie* (poisson des îles Marshall) : 12 à 16 mm (le gobie nain pygmée d'eau douce 7,5 à 10 mm, 4 à 5 mg). *Coquillages, Tridacna gigas* (coquillage bivalve) jusqu'à 262,90 kg (109 × 73 cm).

Terrestres. *Anaconda* (serpent) 8,48 m. *Varan du Salvador* plus de 4 m. *Cobra royal* 5,71 m. *Crocodile d'estuaire* 3,70 à 4,30 m, 500 kg. *Python réticulé* 6 m, max. 10 m. *Salamandre géante de Chine* 1,15 m, 25 à 30 kg. *Serpent à sonnette* 2,36 m, 15 kg. *Varan de Komodo* 2,40 m, 80 à 90 kg, max. 3,10 m, 160 kg. *Ver d'Afrique du Sud* (Microchaetus rappi) 1,36 m, record 6,70 m, diam. 0,02 m.

Les plus hauts. *Autruche* 2,75 m, 165,5 kg. *Cheval* 2,16 (record), 1,350 t. *Elan d'Alaska* 2,30 m, 1,18 t. *Kangourou rouge* 1,85 à 2,15 m, 68 à 80 kg. *Eland du Cap* 1,65, 943 kg. *Eléphant africain*, h. 4,16 m au garrot, 10,67 m de long, 11,96 t. *Girafe* en hauteur 2,50 à env. 6 m, 1,8 t. *Gorille* 1,75 m, 160 kg (max. 1,88 m, 310 kg, cage thoracique 1,98 m). *Capybara* (rongeur) 1 à 1,40 m, 79 kg. *Lion d'Afrique* 2,70 m, 180 à 185 kg (max. 313 kg, en captivité 375 kg). *Ours kodiak* 2,40 m (2,32 m au garrot), 476 à 533 kg (max. 4,11 m, 751 kg). *Ours polaire* 3,33 m, 1 t. *Tigre de Sibérie* 3,15 m, 265 kg. *Tigre d'Inde* 3,22 m, 388,7 kg. *Gastéropode Syrinx aruanus* 0,71 m, circonf. 0,96 m, 15,9 kg. *Gymnure de Raffles* (insectivore) 0,26 à 0,44 m, queue 0,20 à 0,21 m, 1,4 kg. *Escargot géant d'Afrique* 0,39 m, 900 g. *Scolopendre* 0,33 m, diamètre 0,38 m. *Phasme des tropiques* 0,33 m. *Araignée Theraphosa blondi*, envergure 0,25 m, 56 g. *Millipède Graphidostreptus gigas* (Seychelles, oc. Indien) 0,28 m, diam. 0,02 m. *Scarabée Dynastes hercules* et *D. neptunus* 0,19 m et 0,18 m. *Scarabée longicorne* 0,27 m (antenne 0,19 m).

Les plus petits. *Antilope royale* 25 à 31 cm au garrot, 3 à 3,6 kg. *Araignée* Patu marplesi 0,43 mm.

Produits particuliers d'origine animale

Ambre gris : constitué à partir des restes de calmars rejetés par les cachalots.

Bézoard : concrétion du tube digestif des ruminants.

Cantharidine : substance extraite de la cantharide ou « Mouche d'Espagne » (Coléoptère) et à laquelle des propriétés vésicantes et aphrodisiaques étaient attribuées.

Carmin et laque : fournis par les cochenilles.

Castoréum : sécrétion du castor, considérée jadis comme une panacée.

Colle de poissons : requin, morue, etc.

Crin de cheval : utilisé pour cosmétiques.

Engrais de poissons.

Essence d'Orient : nacre fournie par l'ablette.

Farines de poissons : requin, morue, etc.

Galuchat : peau de sélaciens utilisée en maroquinerie.

Huiles de poissons : requin, morue etc. ; **d'hémiptère :** l'Agonoscelis, au Soudan.

Musc : matière odorante produite par divers mammifères (civette, genette, chevrotain porte-musc).

Poisons de flèche : ex. : les Indiens de Colombie utilisent un poison provenant de la peau de grenouille (batrachotoxine).

Pourpre : matière colorante sécrétée par des mollusques gastéropodes marins *(Murex, Purpura).*

Soie : celle de certaines araignées est aussi utilisée (notamment aux îles Salomon).

Spermaceti : huile fluide contenue dans l'extrémité antérieure de la tête du cachalot.

Trépang : nom donné aux holothuries en Extrême-Orient, où on les mange.

Belette naine 1,7 à 2 cm, 35 à 70 g. *Caméléon nain* 3,2 cm. *Centipèdes* 5 mm. *Chat : Singapura* 1,8 à 2,7 kg. *Chauve-souris* (Thaïlande) 1,6 cm, 1,7 à 2 kg. *Cheval falabella* 38 à 74 cm au garrot, 18 à 36 kg. *Chevrotain* (S.-E. Asie) 20 à 25 cm, 2,7 à 3,2 kg. *Crabe petit pois*, diamètre 6,3 mm. *Dauphin de Commerson* 23 à 35 kg. *Gambusie* (Europe) 3,5 cm. *Gecko des îles Vierges* (reptile) 1,8 cm, record 1,7 cm. *Gobie* (de mer) 1,2 à 1,8 cm ; *nain* (eau douce) 7,5 à 9,9 mm, 4 à 5 mg. *Grenouille venimeuse* (Cuba) 8,5 à 12,5 mm. *Guêpe* (Myrmaridae) 0,2 mm. *Hanneton à ailes velues* 0,2 mm. *Homard* 10 à 12 cm. *Loutre de mer* 25 à 38,5 kg. *Marmouset pygmée* 30 cm, 49 à 80 g. *Millipède* Polyxenus lagurus 2,1 à 4 mm. *Musaraigne pygmée de Savi* 3,5 à 5,5 cm, 1,5 à 2,5 g ; *à queue plumée* 2,3 à 3,3 cm, 30 à 50 g. *Oiseau de mer* (pétrel) 14 cm. *Oiseau-mouche abeille* (Cuba) 5 cm, 2 g. *Papillon nain bleu* (envergure) 1,4 cm ; *de nuit* (Stainton) et *Stigmella ridiculosa* (envergure 2 mm). *Phoques* Pusa sibirica et Pusa hispida 1,65 m, 125 kg. *Poisson* (Schindleria praematurus) 1,2 à 1,9 cm. *Puce d'eau* (Daphnie) 0,25 mm. *Pudu* (cerf, Équateur) 33 à 38 cm, 8 à 9 kg. *Roitelet triple bandeau* 4 à 5,5 g. *Souris marsupiale* 4,5 cm, 4 g. *Souris pygmée* (Mexique) 11 cm, 7 à 8 g. *Ver* (Chaetogaster annandalei) 0,5 mm.

Poids records. Marins. *Homard américain* 20 kg. *Rorqual bleu* de 33,58 m, en gestation 195 à 200 t (langue 4,3 t, cœur 698,5 kg). **Terrestres.** *Anaconda* 230 kg. *Bœuf domestique* 2,1 t. *Gorille* 310 kg. *Jument* poids moyen 1 t (record 1,450). *Lapin flamand* 5 à 6 kg (0,9 m) (record 11 kg). *Porc* 570 kg. *Scarabée goliath* 70 à 100 g. *Tarentule velue* 85 g. *Taureau* 1,760 t. *Vache* 2,267 t. **Aériens.** *Condor des Andes* 10 à 11,5 kg. *Cygne muet* 18 kg. *Dinde* 35,69 kg. *Outarde barbue* 12 kg et +. *Outarde kori* 18 kg. *Poule* 9,98 kg. *Poulet brahma* 5 kg.

● **Température.** 2 groupes. *Animaux à température constante* ou *homéothermes* (appelés improprement « animaux à sang chaud ») : leur température ne varie pas avec celle du milieu extérieur : mammifères et oiseaux et dans une certaine mesure quelques reptiles ; *la plus élevée :* chèvre domestique 39,9 °C, *la plus basse :* hamster doré en hibernation 3,50 °C (record : chauve-souris – 1,3 °C). *Animaux à temp. variable* ou *poïkilothermes* (dits animaux à sang froid à cause de la sensation ressentie à leur contact) : reptiles, amphibiens, poissons, invertébrés ; leur temp. dépasse celle du milieu ambiant de quelques 1/10ᵉ de degré ou, except., quelques degrés ; temp. d'un lézard au soleil : jusqu'à 50-60°.

● **Territoire de chasse.** Un *lion* chasse sur 3 000 ha, une *buse* 260 ha, un *cygne* 120 à 150 ha, un *héron* 400 m², un petit *lézard* 37 m².

● **Troupeau.** *Springboks*, env. 10 millions de têtes, 24 km × 160 km.

● **Vitesse** (en km/h, sous toutes réserves).

Sur terre : *Escargot* 0,05. *Paresseux* 0,109 à 0,146 (max. 4,57 m/mn). *Boa* 0,36. *Tortue* 0,37. *Araignée* (Tegenaria atrica) 1,8. *Centipède Scutigera coleoptrata* 1,8. *Serpent* (mamba noir ou dendroaspis) 11 (max. 24). *Crabe* (terrestre) 12. *Crocodile* 12 à 13. *Poulet courant* 14,4. *Cochon* 17,6. *Mouton* 24. *Chameau* 25 (max.). *Banteng* (ou *buffle des I. de la Sonde*) 25. *Reptile* (Cnemidophorus sexileneatus) 29 (poursuivi par une voiture). *Coureur à 6 lignes* 29. *Chien* 32. *Gélinotte* 32. *Lézard sprinter* 32. *Rorqual bleu* 37 (pendant 10 mn en cas de danger). *Homme* 37. *Lapin* 38. *Oestre du daim* 39 (max. 58). *Éléphant* 40. *Loup* 45. *Rhinocéros* 45. *Kangourou* 48. *Daim* 48. *Autruche* 50. *Girafe* 50. *Phacochère* 50. *Émeu* 50. *Ane sauvage de l'Inde* 55. *Antilope-cheval* 55 (88 sur 800 m). *Chacal* 55. *Buffle d'Afrique* 55. *Zèbre* 65. *Coyote* 65. *Hyène tachetée* 65. *Lévrier afghan* 69. *Cheval* 69. *Lièvre* 70. *Antilope* 72-100. *Cerf* 78. *Gazelle* 80. *Gnou* 80. *Lion* 80. *Antilope américaine* 88,5 sur 800 m. *Springbok* 95. *Chevreuil* 98 (record sur 183 m). *Guépard* 96 à 101 (112 sur 600 m).

A partir de 80 km/h, les champions se trouvent dans les régions où la visibilité est très étendue : les *prairies* dont la couverture végétale (graminées et quelques arbres du type acacia) ne permet pas à l'animal poursuivi de se cacher (plaines d'Afr. et d'Amér. du Sud, Australie). Un équilibre s'établit entre le poursuivi et le poursuivant (ex. : la gazelle et le lion). L'avantage du guépard (Afr. tropicale, Proche-Orient, Iran, Inde centrale) est compensé par le fait qu'il ne possède pas de griffes rétractiles ; sa patte ne peut pas retenir une proie et il est obligé de chasser à la gueule. Par contre, le cheval a plus d'endurance : 48 km/h sur 6 km (pointes de 69 km/h).

Malgré son poids, le rhinocéros court aussi vite que la girafe. Son coup de corne donné au maximum de sa vitesse est comparable au choc d'une voiture d'une t lancée à 100 km/h.

Dans les airs. Mammifères : *Chauve-souris* 20 (record *chauve-souris du Guano vénézuélien* 51). **Oiseaux :** *Bécasse* 21. *Chardonneret* 30. *Alouette* 32. *Corbeau* 38. *Faucon* 40. *Pélican* 48. *Grue* 50. *Faisan* 59. *Pigeon* 63 à 150 (moyenne sur 800 km : 45). *Corneille* 76. *Vanneau* 80. *Épervier* 80-110. *Perdrix* 84. *Cygne* 88. *Canard* 90-120. *Sarcelle* 135. *Oie* 140. *Vautour* 150. *Aigle* 161. *Grand martinet d'Asie* 171. *Frégate* 200. *Faucon pèlerin en piqué* 350 à 385. **Insectes :** *Cératopogon* (moucheron) 0,035. *Moucheron* 35. *Insectes* 38 (57 par à-coups). *Sphinx* 50. *Libellule* près de 80. **Poissons :** *Poissons volants* 72.

Dans l'eau : Homme nageant 6,451. **Pinnipèdes :** *Otarie* 40. **Cétacés :** *Cachalot* 32. *Rorqual commun* 45. *Baleine* 48. *Orque* 50. *Dauphin* 15 à 60. **Mollusques :** *Pieuvre* 6. **Poissons :** *Perche* 2,10. *Chabot* 8. *Épinoche* 11. *Anguille* 12. *Carpe* 12,20. *Mulet* 12,80. *Gardon* 16. *Brochet* 33. *Truite* 37. *Saumon* 40. *Poisson volant* 56. *Poisson volant à 4 ailes* 60 et + (moy. 56). *Espadon* 92 (moy. 56 à 64). *Merlan, Wahoo, grand Requin bleu, Thon* (à nageoire bleue) 70. *Voilier du Pacifique* 110. **Oiseaux :** *Manchot* (en plongée) 18, (à la nage) 40. *Petit Pingouin* (en plongée) 36 (10 m/s sous l'eau). *Grèbe* 7. *Cormoran* (en plongée) 2,5. **Reptiles :** *Tortue à cuir* 35. *Crocodile* 20/25.

● **Vol. Oiseaux. Altitude :** *Oies sauvages* et bécasseaux 3 000 m, *linotte* 3 300 m, *grue cendrée* (Europe) 4 053 m, *barge à queue noire* et *canard pilet* (Himalaya) 5 000 m, *courlis, choucas* (rég. diverses) 6 000 m, *cygnes* 8 200 m, *oies sauvages* (Himalaya, survolent le Mt Everest) 9 000 m. Les migrateurs volent généralement entre 100 et 700 m d'altitude (certains entre 3 000 et 9 000 m). **Vol le plus long :** *sterne arctique*, 19 300 km, de la mer Blanche à l'Australie ; peut voler 3 ou 4 ans sans revenir au nid. *Poisson* 90 s à 11 m de haut sur 1 110 m. *Sauterelles* couvrant 5 200 km² (250 milliards d'insectes, 508 000 t). Capacité de voler chez insectes, ptérosauriens (fossiles), oiseaux et chauves-souris. A un degré moindre, calmars (décollent parfois), poissons (exocets, dactyloptères, poisson-hachette d'Amérique du Sud, pantodon d'Afrique), amphibiens (grenouille planeuse d'Indonésie), reptiles fossiles et actuels (« dragons volants » et serpents planeurs d'Asie du Sud-Est), divers mammifères : phalanger volant, galéopithèque, écureuil volant (une espèce en Europe : le polatouche).

Nota. — Les jeunes araignées « volent » accrochées à de longs fils de soie, les « fils de la vierge ».

● **Oiseaux qui ne volent pas. Autruche. Casoar :** Australie et Papouasie. **Cormoran des Galapagos. Dodo :** disparu vers 1700, vivant dans l'île Maurice et à la Réunion. **Émeu :** Australie, peut courir à 45 km/h. **Kiwi :** N.-Zélande, ailes atrophiées de 5 cm de long. **Manchot. Moa :** disparu fin XIXᵉ s., vivant en N.-Zélande. **Nandou. Grand Pingouin. Râle de l'île Inaccessible** et beaucoup d'autres espèces insulaires.

● **Vue. Champ de vision total :** *Chouette* 110°, sa vision binoculaire correspond à un angle de 70°. *Pigeon*, ses yeux étant sur les côtés de la tête, a un champ de vision plus vaste, mais la chouette peut faire pivoter sa tête sur 180°. **Acuité visuelle :** *Rapaces nocturnes* 50 à 100 fois supérieure à celle de l'homme. Ils peuvent atteindre leurs objectifs à 2 m de distance, avec un éclairage équivalent à celui d'une bougie située à 360 m. Mais ils ne voient cependant pas dans l'obscurité totale. Ils ne sont pas aveugles dans la lumière du jour, mais préfèrent la nuit, parce qu'ils chassent des gibiers surtout nocturnes (souris, rats, mulots, etc.). *Aigle doré* décèle un lièvre de 50 cm de long à 1 960 m d'altitude (peut-être à 3 200 m). *Faucon pèlerin* peut voir un pigeon à 1 000 m.

Classification

Nombre d'espèces. Aristote (384-322 av. J.-C.) ne connaissait guère plus de 400 animaux. Linné (1707-78) connaissait plus de 4 400 espèces.

Aujourd'hui, on en connaît plus de 1 100 000 (environ 920 000 d'Arthropodes, dont plus de 850 000 d'Insectes, 100 000 de Mollusques, 40 000 de Procordés et de Vertébrés, 21 000 de Vers). Chaque année, l'on découvre des milliers d'espèces nouvelles.

☞ Le classement ci-dessous est résumé. Si l'on voulait être complet, on pourrait par exemple définir ainsi un moustique : *embranchement :* Arthropode ; *sous-embranchement :* Mandibulate ; *classe :* Insecte ; *sous-classe :* Ptérygote ; *super-ordre :* Mécoptéroïde ; *ordre :* Diptère ; *sous-ordre :* Nématocère ; *famille :* Culicidé ; *genre :* Culex (en latin Moustique) ; *espèce :* Culex pipiens (en latin pipiens : qui pique).

Les nombres indiquent le nombre d'espèces.

Nota. — Certains animaux échappent à une classification simplifiée. *Ex. :* le dipneuste est un poisson qui dispose de branchies et de poumons qui lui permettent de vivre hors de l'eau.

I. Protozoaires

Formés d'une seule cellule. Plus de 30 000.

Forme animale des protistes, êtres unicellulaires. Les nummulites (disparus) mesuraient 24,13 mm. Actuellement, *le plus grand* protozoaire est le *Pelomyxa palustris* (15,2 mm) ; *le plus petit : Micromonas pusilla*, diam. 2 microns.

● **Rhizopodes** (se déplacent par pseudopodes). *Amibes :* pas de squelette. *Foraminifères :* squelette externe calcaire ; marins.

● **Radiolaires** (pseudopodes rayonnants : squelette interne siliceux). Ex. : Hexalonche, Thalassicola.

● **Flagellés** (se déplacent à l'aide d'un flagelle). Ex. : Trypanosome de la maladie du sommeil.

● **Ciliés** (se déplacent grâce à des cils vibratiles). Ex. : Paramécie.

● **Sporozoaires** (ni cils, ni flagelle à l'état non reproducteur ; parasites). Ex. : Coccidie intestinale du lapin, Hématozoaire du paludisme.

II. Métazoaires

Formés de nombreuses cellules groupées en tissus et organes différenciés.

● **Spongiaires ou Éponges** (aquatiques, surtout marins, toujours fixés ; corps à cavités et canaux ; courant d'eau provoqué par des cellules flagellées ; squelette formé de spicules calcaires ou siliceux et de fibres cornées). 5 000 esp. *Éponge de toilette :* pas de spicules, seulement des fibres cornées.

● **Cnidaires** (aquatiques, surtout marins ; corps en forme de sac ; des cellules urticantes : harpons microscopiques). Tentacules. 10 000 esp.

a) Hydrozoaires : 2 700 esp. *Hydraires :* alternance polype-méduse ; de petite taille ; marins : ex. : Obelia ; en eau douce : Hydre, à polypes solitaires et Craspedacusta à phase méduse et phase polype. *Siphonophores :* coloniaux ; parfois de grande taille ; souvent très urticants. Ex. : Physalie Velelle.

b) Scyphozoaires ou Méduses acalèphes : grande taille, ex. : Pelagia, Aurelia ; ou très grande taille, ex. : Rhizostoma, Cyanea. 200 espèces.

c) Cuboméduses : très venimeuses, parfois mortelles (Pacifique sud-ouest).

d) Anthozoaires : 7 000 esp. ; tous marins ; sans squelette rigide : Anémones de mer, Alcyons. Avec squelette calcaire : Madrépores ou Coraux, Corail rouge. Avec squelette corné : Gorgones, Corail noir ou Antipathaire.

● **Vers plats ou Platodes.** *Turbellariés :* en forme de feuille ; des cils vibratiles : ex. : Planaires. 16 000 esp. *Trématodes :* en forme de feuille ; pas de cils ; parasites ; ex. : Douve du foie. 2 400 esp. *Cestodes :* en rubans articulés ; parasites ; ex. : Ténia (ver solitaire). 1 500 esp.

● **Vers ronds ou Nématodes.** Ex. : *Trichine* du porc ; *Ascaris* de l'homme ou du cheval ; *Anguillule* du vinaigre. 10 000 esp. ; nématodes marins ; phytoparasites et nématodes du sol (plusieurs milliers d'espèces de chaque catégorie).

● **Rotifères** (eaux douces surtout) ; une couronne de cils locomoteurs. Ex. : *Rotifer, Seison.* 1 500 esp.

● **Annélides** (corps à anneaux porteurs ou non de soies). Soies nombreuses : *Polychètes*, 40 000 esp. dont *Néréis :* errants, marins ; *Arénicoles :* creusent une galerie en U, marins ; *Serpules :* vivent dans un tube calcaire, marins. *Oligochètes : Ver de terre*, soies rares ; 2 500 esp. (= Lombric). Pas de soies : *Achètes* ou *Hirudinées : Sangsues*, 300 esp.

● **Brachiopodes :** coquille bivalve généralement dissymétrique, l'une dorsale, l'autre ventrale. 330 esp. Ex. : Térébratule, Lingule.

● **Bryozoaires ou Ectoproctes :** colonies fixées, paroi généralement calcifiée. Tube digestif périodiquement renouvelé. Couronne de tentacules ciliés. Env. 5 000 esp. pour la plupart marines (ex. : Alcyonidium, Bugula, Membranipora) ; eau douce (Plumatella).

• **Kamptozoaires ou Entoproctes** : colonies fixées, individus toujours pédonculés. Une couronne tentaculaire entourant les orifices buccal et anal. Souvent ectoparasites. 100 esp., toutes marines. Ex. : Loxosoma, Pédicellina.

• **Mollusques** [corps mou protégé par une coquille calcaire à 1 ou 2 valves (droite et gauche)]. 85 000 esp.

a) Lamellibranches ou Bivalves : coquille à 2 valves, branchies lamelleuses ; pied en forme de soc. Ex. : Moule, Huître, Coquille St-Jacques. 8 000 esp.

b) Gastéropodes : coquille à 1 valve souvent en spirale ; des branchies ou un poumon ; se déplacent sur leur pied. Ex. : Escargot, Limace : poumons ; Bigorneau, Ormeau : branchies. 70 000 espèces.

c) Céphalopodes : des branchies, pied transformé en tentacules. Ex. : Seiche (coquille réduite = os) ; Pieuvre (pas de coquille) ; Nautile (belle coquille). 700 espèces.

• **Arthropodes ou Articulés** (squelette chitineux externe articulé ; pattes à segments articulés ; croissance par mues). Ensemble animal le plus riche : 80 % de la faune connue, env. 1 million d'espèces, les Insectes formant à eux seuls les 9/10e des Arthropodes.

A) Mandibulates : avec mandibules et antennes.

a) Crustacés : respirent par des branchies ; presque tous sont aquatiques ; 2 paires d'antennes. Corps divisé en 3 parties : tête, thorax, abdomen. 25 000 espèces.

1) INFÉRIEURS OU ENTOMOSTRACÉS. Ex. : Daphnie, Anatife, Pousse-pied (comestible), Artémie.

2) SUPÉRIEURS OU MALACOSTRACÉS. 18 000 espèces :

a) corps aplati dorso-ventralement : Isopodes : ex. : Cloporte (terrestre), Ligie.

b) corps comprimé latéralement : Amphipodes : Puces de mer (Talitres).

c) une carapace soude tête et tronc : Décapodes : abdomen grand : Homard, Langouste, Écrevisse ; abdomen réduit, replié sous le corps : Crabe ; abdomen mou, vit dans une coquille vide de Gastéropode : Pagure ou Bernard-l'ermite.

b) Myriapodes : nombreuses pattes (Mille-pattes). 1 paire d'antennes. Scolopendre : crochets venimeux ; carnassière. Iule : herbivore. 8 000 esp.

c) Insectes : 33 ordres actuels ; 6 pattes ; 1 paire d'antennes ; souvent des ailes.

— **1re sous-classe : Aptérygotes. Collemboles** : développement de type protomorphe ; mues imaginales ou « à l'état adulte ». Appendices abdominaux servant le plus souvent au saut. **Protoures** : aveugles et sans antennes, minuscules, dépigmentés. Développement du type anamorphe : changement du nombre des segments (9 chez le jeune, 12 ensuite). **Diploures et Thysanoures** : conservent encore des rudiments d'appendices abdominaux. Cerques (appendices uni ou multi-articulés à l'extrémité de l'abdomen) : Thysanoures vrais 3, Diploures 2.

Nota. — On divise souvent les Aptérygotes en 2 groupes : les *Ectotrophes* à pièces buccales visibles, qui comprennent les Thysanoures vrais ; les *Entotrophes* à pièces buccales masquées par les joues, qui comprennent : Protoures, Diploures et Collemboles.

— **2e sous-classe : Ptérygotes.** Pas d'appendices abdominaux, 1 ou 2 paires d'ailes. Développement du type épimorphe.

1°) Paléoptères. a) PALÉODICTYOPTÈRES. Fossiles. b) ÉPHÉMÉROPTÈRES. Pas d'ailerons prothoraciques, presque toujours un 3e cerque impair. *1°) Protoéphémères* (fossiles). *2° Plectoptères :* éphémères actuels. Les ailes peuvent se relever au repos ; la 2e paire est très réduite. Prométaboles. c) ODONATOPTÈRES. 4 500 espèces. Cerques réduits, ailes à plat au repos, sauf chez quelques familles où elles peuvent se relever. Hémimétaboles. *1°) Méganisoptères :* libellules géantes (fossiles). *2°) Odonates :* libellules actuelles.

2°) Polynéoptères. a) BLATTOPTÉROÏDES. *1°) Dictyoptères :* blattes et mantes. Ailes croisées à plat sur le dos. Pontes s'effectuent en oothèques. *2°) Protoblattoptères* (fossiles). *3°) Isoptères :* termites avec 4 ailes semblables qui ne subsistent que le temps du vol nuptial. *4°) Zoraptères :* voisins des termites, mais ne sont pas sociaux. b) ORTHOPTÉROÏDES. Plus évolués ; en général, les ailes sont croisées à plat sur le dos ; pas d'oothèques au sens strict du terme. *1°) Proto-orthoptères* (fossiles). *2°) Plécoptères :* perles (larves aquatiques, la femelle n'a pas d'appareil génital bien différencié en ovipositeur). Chez les ordres suivants, la femelle possède un appareil de ponte plus ou moins développé et les larves sont terrestres. *3°) Notoptères :* quelques rares espèces vivant au froid dans les montagnes d'Amérique (Rocheuses) et du Japon. *4°) Phasmoptères* (ou Chéleutoptères) : phasmes et phyllies, marcheurs. *5°) Orthoptères :* 1 000 espèces. Sauteurs ; chez beaucoup, les ailes ne sont plus typiquement à plat sur le dos, mais leurs gros fémurs postérieurs sont très caractéristiques. Sauterelles, criquets, grillons. *6°) Embioptères :* vivent dans des tubes de soie sécrétée par des glandes des pattes antérieures. c) DERMAPTÉROÏDES. Ailes antérieures transformées en élytres. *1°) Protélytroptères* (fossiles). *2°) Dermaptères :* perce-oreilles (forficules) à cerques durcis, formant pince.

3°) Oligonéoptères. a) COLÉOPTÉROÏDES. 1re paire d'ailes transformée en élytres vrais. Un seul ordre. *Coléoptères :* 300 000 espèces. Broyeurs. Ex. : Hanneton, Doryphore, Coccinelle, Carabe, Lucane, Staphylin. b) NÉVROPTÉROÏDES. *1°) Mégaloptères :* sialis aux ailes membraneuses pourvues de grosses nervures ; larves aquatiques. *2°) Raphidioptères :* prothorax très étiré ; larves terrestres, Raphidia. *3°) Planipennes* (ou Névroptères vrais) : pas de grosses nervures, ni de thorax allongé ; larves terrestres et chasseuses. Chrysope, Fourmi-lion. c) MÉCOPTÉROÏDES. Suceurs. *1°) Mécoptères :* tête allongée. Panorpe ou Mouche-scorpion. *2°) Trichoptères :* souvent semblables à des papillons dont les ailes postérieures seraient transparentes. Les ailes portent des poils. Phryganes, larves aquatiques dans un fourreau ou porte-bois. *3°) Lépidoptères :* 120 660 esp. Papillons. Les maxilles se développent en appareil de succion pouvant former une véritable trompe. Larves : chenilles ; nymphe : chrysalide. Ex. : Bombyx du mûrier dont la chenille est le Ver à soie. *4°) Diptères :* 75 000 esp. 1 paire d'ailes, la 2e étant transformée en « balanciers » ou « haltères ». d) APHANIPTÉROÏDES. Aphaniptères. Puces. e) HYMÉNOPTÉROÏDES. Orientés vers le type lécheur. *1°) Hyménoptères :* 100 000 esp. Abeilles, guêpes, fourmis. *2°) Strepsiptères :* larves et femelles sont parasites. Le mâle n'a qu'une paire d'ailes, la 2e ; la 1re est transformée en organes formant haltères.

4°) Paranéoptères. a) PSOCOPTÉROÏDES. *1°) Psocoptères :* ailés ou aptères. Broyeurs. *2°) Mallophages :* aspect des poux mais broyeurs se contentant d'ingérer les desquamations tégumentaires de leurs hôtes ; aptères. b) THYSANOPTÉROÏDES. Thysanoptères. Suceurs, ailes frangées de cils. c) HÉMIPTÉROÏDES. 55 000 esp. *1°) Homoptères :* suceurs, 4 ailes membraneuses. Cigales, Pucerons, Cochenilles. *2°) Hétéroptères :* suceurs. Punaises : 1re paire d'ailes partiellement durcie forme des « hémélytres ». Punaises terrestres et aquatiques.

B) Chélicérates : sans mandibules, ni antennes ; des pinces minuscules, les chélicères.

Aériens (respiration par des trachées et des poumons) : *Arachnides,* 4 paires de pattes ; *Acariens.* 10 000 esp. : Tiques [1] ; Gales [1]. *Aranéides :* Araignées (30 000 esp.) dont la moitié tissent des toiles. Myopes. La toile leur permet d'attraper ou d'identifier une proie ; le filage de la toile est inné. *Opilions.* 2 400 esp. : Faucheurs. *Scorpionides.* 600 esp. : Scorpions.

Marins (respiration par des branchies) : *Limules,* grande taille, aspect d'un sabot de cheval.

Nota. — (1) Tiques, gales et araignées sont considérées souvent à tort comme des insectes.

• **Échinodermes** (marins ; squelette calcaire dans la peau ; symétrie d'ordre 5 ; se déplacent à l'aide de pieds ambulacraires). *Oursins :* globuleux, des piquants. 800 esp. *Astéries* (Étoiles de mer) : 5 bras. 1 600 esp. *Holothuries* (Concombres de mer) : cylindriques. 900 esp. *Ophiures :* petite taille ; 5 bras très grêles. 2 000 esp. *Crinoïdes :* fixés ; abyssaux. 80 esp.

• **Pogonophores** : marins, vermiformes avec tentacules. Pas de tube digestif. Bathyaux et Abyssaux. *Riftia* vit dans les sources hydrothermales des dorsales océaniques.

• **Procordés** : tous marins. Présence chez la larve de la corde dorsale, ébauche de la colonne vertébrale des vertébrés. 3 000 esp. *Fixés :* Ascidies. Ex. : Ciona, Microcosmus (Violet comestible). *Planctoniques :* Appendiculaires, Salpes, Dolioles, Pyrosomes. *Abyssaux :* Sorberaces. *Nageurs :* Amphioxus.

• **Vertébrés.** Squelette avec colonne vertébrale, fentes branchiales pharyngiennes — au moins chez l'embryon, épiderme pluristratifié, appareil circulatoire clos avec cœur ventral, glandes endocrines nombreuses, assurant, sous le contrôle de l'hypophyse, l'homéostasie de l'organisme, reproduction purement sexuée à hermaphrodisme exceptionnel. Système nerveux dorsal complexe formé à partir d'un tube neural et de crêtes ganglionnaires.

I — **Agnathes.** Pas de mâchoires squelettiques ni de membres. *Cyclostomes :* 45 esp. ; une ventouse buccale, des branchies, aquatiques, souvent ectoparasites. Ex. : lamproie, myxine.

II — **Gnathostomes.** Des mâchoires squelettiques. **a) Poissons.** Aquatiques ; respirent par des branchies ; le plus souvent ovipares ; membres pairs représentés par des nageoires.

1°) Chondrichthyens. Squelette interne cartilagineux, animaux presque toujours marins.

Sélaciens : fentes branchiales (en général 5 paires) apparentes ; requins (200), raies (350). **a) Super-ordre des Pleurotrèmes** (fentes branchiales latérales). Ordres des *Hexanchiformes* (Requin à collerette, Requin-lézard, Griset, Perlon) ; *Squaliformes* (Squale bouclé, Liche, Sagre, Squale grogneur, Laimargue, Centrine, Aiguillat) ; *Pristiophoriformes* (Requin-scie) ; *Squatiniformes* (Ange de mer) ; *Hétérodontiformes* (Requin dormeur) ; *Orectolobiformes* (Requin-carpette, Requin-tapis, Requin-nourrice, Requin-baleine, Requin-zèbre) ; *Lamniformes* (Requin de sable, Requin-taureau, Requin féroce, Renard de mer, Requin pèlerin, Requin-taupe) ; *Carcharhiniformes* (Requin-tigre, Peau bleue, Roussette, Requin marteau). **b) Super-ordre des Hypotrèmes** (fentes branchiales ventrales). Ordres des *Rajiformes* (guitare de mer, raie, pastenague, aigle de mer, mante) ; *Torpediniformes* (torpilles).

Holocéphales. Fentes branchiales recouvertes par un faux opercule. Chimères (30).

2°) Ostéichthyens. Squelette interne ossifié.

Actinoptérygiens : nageoires paires soutenues par des rayons. **Chondrostéens** : squelette peu ossifié, vessie natatoire : esturgeon (22). **Holostéens** : squelette plus ossifié, poissons dulcicoles ; lépisostée, amia, polyptère (20). **Téléostéens** : squelette très ossifié ; 30 ordres et env. 20 000 espèces. **Super-ordre des Élopomorphes.** Ordre des *Élopiformes* (Tarpon) ; *Anguilliformes* (Anguille, Congre, Murène) ; *Notacanthiformes.* **Super-ordre des Clupéomorphes.** Ordre des *Clupéiformes* (Sardine, Anchois). **Super-ordre des Ostéoglossomorphes.** Ordre des *Ostéoglossiformes* (Arapaima) ; *Mormyriformes* (Mormyre). **Super-ordre des Protacanthoptérygiens.** Ordre des *Salmoniformes* (Saumon, Éperlan, Argentine, Brochet, Hache d'argent, Poisson-lanterne) ; *Cétomimiformes ; Cténothrissiformes ; Gonorhynchiformes.* **Super-ordre des Ostariophysaires.** Ordre des *Cypriniformes* (Characin, Carpe, Gymnote) ; *Siluriformes* (Poisson-chat). **Super-ordre des Paracanthoptérygiens.** Ordres des *Percopsiformes ; Batrachoïdiformes* (Poisson-crapaud) ; *Gobiésociformes* (Porte-écuelle) ; *Lophiiformes* (Baudroie) ; *Gadiformes* (Morue, Grenadier, Donzelle). **Super-ordre des Athérinomorphes.** Ordre des *Athériniformes* (Exocet, Orphie, Guppy, Prêtre). **Super-ordre des Acanthoptérygiens.** Ordre des *Béryciformes* (Dorade rose) ; *Zeiformes* (Saint-pierre) ; *Lampridiformes* (Lampris, Régalec) ; *Gastérostéiformes* (Épinoche, Bécasse de mer, Vipère de mer, Hippocampe) ; *Channiformes ; Synbranchiformes ; Scorpaeniformes* (Rascasse, Grondin, Chabot) ; *Dactyloptériformes* (Grondin volant) ; *Pégasiformes ; Perciformes :* sous-ordres des *Percoïdes* (Serran, Perche, Rémora, Carangue, Coryphène, Lutjan, Pageot, Sargue, Ombrine, Rouget-barbet, Chétodon, Demoiselle) ; *Mugiloïdes* (Mulet) ; *Sphyraénoïdes* (Barracuda) ; *Polynémoïdes* (Capitaine) ; *Labroïdes* (Labre, Poisson-perroquet) ; *Scombroïdes* (Thon, Maquereau) ; *Stromatéoïdes ; Anabantoïdes ; Luciocéphaloïdes ; Mastacembéloïdes ; Pleuronectiformes* (Turbot, Flétan, Limande, Sole) ; *Tétraodontiformes* (Baliste, Poisson-coffre, Diodon, Poisson-lune).

Dipneustes. Respiration branchiale et pulmonaire, poissons dulcicoles ; 5 esp. : protoptère, cératodus.

Crossoptérygiens. Fossiles connus du Dévonien (300 millions d'années) ; une espèce-relique pêchée en 1938 au large du Mozambique : **Latimeria chalumnae** (cœlacanthe) ; un vestige de poumon. On fait dériver les Vertébrés Tétrapodes de Crossoptérygiens de l'ère primaire.

b) Tétrapodes. Terrestres ; respirent par des poumons ; membres pairs marcheurs ; subdivisés en Anamniotes (Amphibiens) et Amniotes (Reptiles, Oiseaux et Mammifères) suivant l'absence ou la présence chez l'embryon d'une annexe embryonnaire, l'amnios, poche de liquide dans laquelle l'embryon effectue son développement.

1° Amphibiens ou Batraciens (peau nue, à métamorphose ; la larve — têtard — respire par des branchies). *Gymniophones* ou *Apodes* (sans pattes) : environ 155 esp., cécilie. *Urodèles* (allongés, pattes courtes, avec queue) : env. 336 esp., salamandre, triton. *Anoures* (courts, pattes longues, sans queue) : env. 2 775 esp., grenouille, crapaud, rainette.

2° Reptiles (recouverts d'écailles, ovipares ou ovovivipares). *Rhyncocéphales* (semblable au lézard) : 1 esp. hatteria en N.-Zél. *Cheloniens* (avec carapace) : 222 esp., tortue. *Crocodiliens* (de grande taille). 22 esp., crocodile, caïman, alligator, gavial. *Squamates.* Sous-ordre des Sauriens (écailles très fines) : env. 3 536 esp. à 4 membres, lézard, iguane, caméléon, varan ; sans membres, amphisbènes, orvet. Sous-ordre des Ophidiens (sans membres) : env. 2 269 esp., serpents.

3° Oiseaux (couverts de plumes ; ailes, bec corné ; ovipares ; température constante, de 40 à 42 °C).

A) Sous-classe des Archaéornithes. Archéoptéryx [2].

B) Sous-classe des Enantiornithes. Oiseaux fossiles d'Amér. du Sud.

C) Sous-classe des Odontornithes. Hesperornis [2]. Ichthyornis [2].

D) Sous-classe des Néornithes. 1°) Super-ordre des Paleognathae. *Ratites* (coureurs, ne peuvent voler) : Struthioniformes (autruche) ; Rhéiformes (nandous) ; Casuariiformes (émeu, casoars) ; Æpyornithiformes (æpyornis [2]) ; Dinornithiformes [dinornis (moas) [2]] ; Aptérygiformes [aptéryx (kiwis)]. *Tinamous :* Tinamiformes (tinamous). **2°) Super-ordre des Neognathae.** *Procellariiformes* (bons voiliers ; haute mer) : Diomédéidés (albatros) ; Procellariidés (pétrels, puffins, prions) ; Hydrobatidés (pétrels-tempête) ; Pélécanoïdidés (pétrels plongeurs). *Sphénisciformes* (ne volent pas, adaptés à la nage) : manchots. *Gaviiformes* (bons plongeurs) : Gaviidés (plongeons) ; Podicipédidés (grèbes). *Pélécaniformes* (= Stéganopodes : 4 doigts réunis par une palmure) : Phaéthontidés (phaétons) ; Pélécanidés (pélicans) ; Sulidés (fous) ; Phalacrocoracidés (cormorans) ; Frégatidés (frégates). *Ciconiiformes* (= Ardéiformes. Hautes pattes, long cou) : Ardéidés (hérons, aigrettes, butors) ; Cochléariidés (savacou) ; Balénicipitidés (bec-en-sabot) ; Scopidés (ombrette) ; Ciconiidés (cigognes, becs-ouverts) ; Threskiornithidés (ibis, spatules). *Phoenicoptériformes :* flamants. *Ansériformes :* Anhimidés (kamichis) ; Anatidés [(bec lamellé) : cygnes, oies, tadornes, canards, sarcelles, macreuses, harles]. *Falconiformes* (= Accipitriformes. Bec crochu, serres ; généralement prédateurs) : Cathartidés [(vautours américains) : condors] ; Sagittariidés (serpentaire) ; Accipitridés [aigles, buses, autours, éperviers, circaètes, busards, milans, pygargues, bondrées, vautours de l'Ancien Monde (vautour fauve, gypaète, percnoptère)] ; Pandionidés (balbuzard) ; Falconidés (faucons). *Galliformes* (ailes courtes et arrondies, bec court et fort) : Mégapodiidés (mégapodes) ; Cracidés (hoccos) ; Tétraonidés [tétras (coqs de bruyère), gélinotte, lagopèdes] ; Phasianidés (faisans, coqs, perdrix, cailles, colins, francolins, paons) ; Numididés (pintades) ; Méléagrididés (dindons) ; Opisthocomidés (hoazin). *Gruiformes* (= Ralliformes. « Échassiers », ailes arrondies) : Mésitornithidés (mésites) ; Turnicidés (cailles bataillleuses) ; Gruidés (grues) ; Aramidés (courlan) ; Psophiidés (agamis) ; Rallidés (râles, poules d'eau, poules sultanes, foulques) ; Héliornithidés (grébifoulques) ; Rhynochétidés (kagou) ; Eurypygidés (caurale) ; Cariamidés (cariamas) ; Phororhacidés (phororhacos [2]) ; Otididés (outardes). *Charadriiformes* (« Échassiers », petite ou moyenne taille, ailes pointues ; généralement mers et marais) : Jacanidés (jacanas) ; Rostratulidés (rhynchées) ; Haematopodidés (huîtriers) ; Charadriidés (pluviers, vanneaux, gravelots) ; Scolopacidés (bécasses, bécassines, bécasseaux, chevaliers, courlis) ; Récurvirostridés (avocettes, échasses) ; Phalaropodidés (phalaropes) ; Dromadidés (pluvier crabier) ; Burhinidés (œdicnèmes) ; Glaréolidés (glaréoles, courvites) ; Thinocoridés (thinocores) ; Chionididés (becs-en-fourreau). *Alciformes :* Alcidés (pingouins, guillemots, macareux). *Lariformes* (« Palmipèdes », bons voiliers, sauf Alcidés : plongeurs) : Stercorariidés (labbes) ; Laridés (goélands, mouettes, sternes, guifettes) ; Rhynchopidés (becs-en-ciseaux) ; *Columbiformes* (bec et pattes faibles) : Ptéroclididés (gangas, syrrhaptes) ; Columbidés (pigeons, tourterelles, gouras, didunculé) ; Raphidés (dronte ou dodo [2], solitaires [2]). *Psittaciformes* (bec crochu, coloration généralement vive et variée) : perroquets, perruches. *Cuculiformes* (souvent parasites : coucous) : Cuculidés (coucous) ; Musophagidés (touracos). *Strigiformes* (nocturnes, carnivores et insectivores) : Strigidés (chouettes, hiboux) ; Tytonidés (effraies). *Caprimulgiformes* (crépusculaires et nocturnes) : Caprimulgidés (engoulevents) ; Podargidés (podarges) ; Nyctibiidés (ibijaux) ; Aegothélidés (aegothèles) ; Stéatornithidés (guacharo). *Apodiformes* (= Micropodiformes. Bons voiliers, pattes courtes) : Apodidés (martinets, salanganes) ; Hémiprocnidés (martinets arboricoles) ; Trochilidés (colibris ou oiseaux-mouches). *Coliiformes :* colious. *Trogoniformes :* couroucous. *Coraciadiformes* (colorés) : Alcédinidés (martins-pêcheurs) ; Todidés (todiers) ; Momotidés (momots) ; Méropidés (guêpiers) ; Coraciadidés (rolliers) ; Brachyptéraciidés (rolliers terrestres) ; Leptosomatidés (courol) ; Upupidés (huppe, moqueurs) ; Bucérotidés (calaos). *Piciformes* (« Grimpeurs ») : Galbulidés (jacamars) ; Bucconidés (paresseux) ; Capitonidés (barbus) ; Indicatoridés (indicateurs) ; Ramphastidés (toucans) ; Picidés (pics, torcols). *Passériformes* (petite taille ; doués en général pour le chant : Alaudidés à Fringillidés) : [Eurylaimidés : eurylaimes] ; [Dendrocolaptidés (dendrocolaptes) ; Furnariidés (fourniers) ; Formicariidés (fourmiliers) ; Conopophagidés (conopophages) ; Rhinocryptidés (tapaculos) ; Cotingidés (cotingas) ; Pipridés (manakins) ; Tyrannidés (tyrans ou gobe-mouches américains) ; Oxyruncidés (oxyramphe) ; Phytotomidés (raras) ; Pittidés (brèves) ; Xénicidés (xéniques : N.-Zél.) ; Philépittidés (philépittes : Madagascar)] ; [Ménuridés (ménures ou oiseaux-lyres) ; Atrichornithidés (atrichornis : Australie)] ; [Alaudidés (alouettes) ; Hirundinidés (hirondelles) ; Dicruridés (drongos) ; Oriolidés (loriots de l'Ancien Monde) ; Corvidés (corbeaux, corneilles, choucas, chocard, zavattariornis, podoces, pies, geais, casse-noix) ; Cracticidés (gymnorhines, cassicans) ; Grallinidés (grallines) ; Ptilonorhynchidés (oiseaux à berceaux ou oiseaux-jardiniers) ; Paradiséidés (paradisiers ou oiseaux de Paradis) ; Paridés (mésanges) ; Aegithalidés (mésanges à longue queue) ; Sittidés (sittelles) ; Certhiidés (grimpereaux) ; Paradoxornithidés (paradoxornis, mésange à moustaches) ; Timaliidés (grives bruyantes, picathartes) ; Campéphagidés (échenilleurs, minivets) ; Pycnonotidés (bulbuls) ; Chloropsidés (verdins) ; Cinclidés (cincles) ; Troglodytidés (troglodytes) ; Mimidés (moqueurs) ; Turdidés (merles, grives, rossignols, rouges-gorges, rouges-queues, traquets) ; Sylviidés (fauvettes de l'Ancien Monde) ; Régulidés (roitelets) ; Muscicapidés (gobe-mouches de l'Ancien Monde) ; Prunellidés (accenteurs) ; Motacillidés (pipits, bergeronnettes) ; Bombycillidés (jaseurs) ; Artamidés (langrayens) ; Vangidés (vangas : Madagascar) ; Laniidés (pies-grièches) ; Prionopidés (bagadais) ; Calléidés (corneilles caronculées : N.-Zél.) ; Sturnidés (étourneaux, mainates, pique-bœufs) ; Méliphagidés (méliphages) ; Nectariniidés (souï-mangas) ; Dicéidés (dicées) ; Zostéropidés (oiseaux à lunettes) ; Viréonidés (viréos) ; Coerébidés (sucriers) ; Drépanididés (drépanis : Hawaii) ; Parulidés (fauvettes américaines) ; Plocéidés (moineaux, pinson des neiges, veuves, républicain, tisserins, bengalis, astrilds, quéléas) ; Ictéridés (troupiales, cassiques, molothres) ; Tersinidés (tangara-hirondelle) ; Thraupidés (= Tanagridés : tangaras) ; Fringillidés (pinsons, serins, chardonneret, linottes, bouvreuils, gros-becs, becs-croisés, bruants, ortolan, pinsons de Darwin : Galapagos].

Nota — (1) Correspondance des classifications anciennes avec les ordres actuellement reconnus. *Coureurs :* Struthioniformes, Rhéiformes, Casuariformes, Aptérygiformes. *Gallinacés :* Galliformes. *Palmipèdes :* Procellariiformes, Sphénisciformes, Gaviiformes, Pélécaniformes, Ansériformes, Lariformes. *Échassiers :* Ciconiiformes, Phoenicoptériformes, Gruiformes, Charadriiformes. *Rapaces diurnes :* Falconiformes. *Rapaces nocturnes :* Strigiformes. *Colombins :* Columbiformes. *Grimpeurs :* Piciformes, Cuculiformes, Psittaciformes. *Passereaux :* Passériformes. (2) Famille ou ordre disparu.

4° Mammifères (en général vivipares ; les petits se nourrissent du lait des mamelles ; température constante de 37 à 40° en général ; dents différenciées en canines, incisives, prémolaires, molaires ; corps poilu). + de 4 000 espèces.

A) Monotrèmes (ovipares, sans dents) : Ornithorynque ; 1 esp. Échidnés ; 2 esp.

B) Marsupiaux (vivipares, nouveau-né achève sa gestation dans une poche). 254 esp. : Kangourous ; 52 esp. Sarigues ; 73 esp.

C) Euthériens ou Mammifères placentaires (vivipares, nouveau-né entièrement constitué). 19 ordres. **1°) Édentés (Xénarthres).** 29 esp. : pas de dents (fourmiliers) ; dents semblables (tatous, paresseux). **2°) Pholidotes** (pas de dents, recouverts d'écailles). 7 esp. : pangolins. **3°) Insectivores** (denture hérissée de tubercules pointus). 343 esp. : hérissons, musaraignes, taupes. **4°) Tupaiidés** (dents rappelant celles des Insectivores, allure d'écureuil). 16 esp. : tupaias. **5°) Macroscélides** (dents rappelant celles des Insectivores, museau allongé). 15 esp. : rats à trompe. **6°) Dermoptères** (dents rappelant celles des Insectivores, allure d'écureuil volant). 2 esp. : galéopithèques. **7°) Chiroptères ou Chauves-souris.** 950 esp. : vampires (suceurs de sang), pipistrelles (insectivores), roussettes (frugivores). **8°) Carnivores** (canines en crocs ; terrestres). 240 esp. : [Canidés (ressemblent aux chiens) ; 35 esp. : chiens, loups, chacals, renards. Ursidés ; 7 esp. : ours. Procyonidés ; 18 esp. : ratons laveurs, coatis. Ailuropodidés ; 2 esp. : pandas. Mustélidés ; 67 esp. : belettes, martres, glouton, blaireaux, skungs, loutres. Viverridés ; 72 esp. : civettes, genettes, mangoustes. Hyénidés ; 4 esp. : hyènes. Félidés (félins) ; 35 esp. : chats, lynx, panthères, jaguar, lion, tigre, guépard]. **9°) Pinnipèdes** (Carnivores amphibies). 34 esp. : phoques, 17 esp. ; éléphants de mer, 2 esp. ; otaries, 14 esp. ; morse, 1 esp. **10°) Cétacés** (marins ; membres antérieurs transformés en nageoires, membres postérieurs atrophiés). 76 esp. À fanons (baleines, rorquals) ; 10 esp. À dents (dauphins, marsouins, 38 esp. ; cachalots, 3 esp. ; narval, 1 esp.). **11°) Siréniens** (aquatiques). 5 esp. : dugongs, 2 esp. ; lamantins, 3 esp. **12°) Tubulidentés** (denture réduite, fouisseur ; Afrique). 1 esp. : oryctérope. **13°) Proboscidiens** (Ongulés : herbivores à sabots recouvrant leurs doigts ; 5 doigts au membre antérieur, nez en trompe, défenses). 2 esp. : éléphants d'Afrique et d'Asie. **14°) Hyracoïdes** (Ongulés ; glande dorsale ; allure de marmotte). 5 esp. : damans. **15°) Périssodactyles** (Ongulés ; moins de 5 doigts et en nombre impair). 17 esp. : Tapirs ; 4 esp. Rhinocéros ; 5 esp. Équidés (chevaux, zèbres, ânes) ; 8 esp. **16°) Artiodactyles** (Ongulés ; nombre de doigts pair). 184 esp. *Non ruminants* (4 doigts, estomac simple) : Sangliers ; 8 esp. Pécaris ; 3 esp. Hippopotames ; 2 esp. *Ruminants* (2 ou 4 doigts, estomac à 3 ou 4 compartiments : panse, bonnet, feuillet, caillette) : Bovidés ; 123 esp. (bœufs, chèvres, moutons, gazelles, antilopes). Camélidés ; 4 esp. (chameau, dromadaire, lamas). Giraffidés ; 2 esp. (girafe, okapi). Antilocapridés ; 1 esp. (pronghorn). Cervidés ; 34 esp. (cerfs, chevreuil, daim, élan, renne). Moschidés ; 3 esp. (porte-musc). Tragulidés ; 4 esp. (chevrotains). **17°) Rongeurs** (pas de canines). 1 600 à 3 000 esp. suivant les auteurs : écureuils, marmottes, castors, gerboises, loirs, campagnols, hamsters, rats, souris, porcs-épics. **18°) Lagomorphes** (voisins, mais 4 incisives à la mâchoire sup. au lieu de 2). 54 esp. : lièvres, lapins, pikas. **19°) Primates** (pouce opposable aux autres doigts). 179 esp. Ils comprennent : *Tarsiens :* 3 esp. : Tarsiers (tarsier spectre). *Lémuriens :* 40 esp. : aye-aye, makis, loris, galagos. *Simiens* (Singes) : 135 esp. : Platyrhiniens ou Singes d'Amérique à queue prenante ; 49 esp. : ouistitis, hurleurs, sajous, atèles. Catarhiniens ou Singes de l'Ancien Monde à queue non prenante : 76 esp. : babouins, macaques, magot, cercopithèques, semnopithèques, nasique, colobes. Anthropoïdes (grande taille, pas de queue) ; 10 esp. : gibbons, orang-outan, chimpanzés, gorille. *Hominiens* (Hommes).

Source : J. Roche, Muséum (Mammifères et Oiseaux).

Variétés

Animaux disparus

Animaux préhistoriques. Les reptiles *mammaliens* (leurs dents sont comme celles des mammifères, différenciées en incisives, canines, molaires), apparus il y a env. 280 millions d'années, furent remplacés vers la fin du trias par de petits mammifères (de la taille d'une musaraigne). À cette époque apparurent des reptiles volants et les crocodiles, tortues, lézards et dinosaures.

L'*ichtyostega*, amphibien découvert au Groenland, fut le 1er vertébré connu à s'installer sur la terre ferme, au cours du Dévonien supérieur.

Causes de la disparition des grands reptiles. Hypothèses principales : 1° décimation par des prédateurs plus évolués (carnassiers mammifères) ; 2° accroissement excessif de la taille et du poids par rapport au volume de la cervelle ; 3° disparition de leurs proies ; 4° (récente, due à Walter Alvarez, Amér.) : accroissement de la teneur en iridium de l'atmosphère à la fin du crétacé (peut-être à cause d'une météorite) ; 5° recul des mers (régression) et refroidissement du climat (voir Index). 6° une pluie de comètes [venues d'une étoile (Némésis ?) ou d'une planète (la planète X)] qui auraient frappé la Terre à la fin de l'ère secondaire. Une telle catastrophe surviendrait tous les 28 millions d'années. 7° 1985 : A. Hoffmann (New York) et R. Bernas (Orsay) : période d'inversion du champ magnétique terrestre qui s'annule d'où un bombardement cosmique intense ayant eu de nombreuses conséquences nocives.

Dinosaure (du grec, terrible lézard), terme créé en 1841 par l'Angl. Richard Owen pour désigner les reptiles géants de l'ère secondaire. Selon une théorie récente, les dinosaures devraient être séparés des reptiles pour être réunis aux oiseaux, leurs descendants. Ils se répartissaient en 2 ordres principaux *(Saurischiens* et *Ornithischiens)* et de nombreux genres pouvaient peser de 1 kg à plusieurs tonnes, la plupart étaient herbivores. Leur disparition (en quelques millions d'années) favorisa le développement des mammifères. Le *1er dinosaure* identifié par William Buckland en 1824 fut le *mégalosaure* qui, en 1853, fut par erreur reconstitué comme un quadrupède par Richard Owen.

Diplodocus (« double poutre »), le plus grand et le plus célèbre dinosaurien, mesurait env. 26,60 m de long (cou 6,70 m, corps 4,5 m, queue 15 m), h. 3,50 m (au bassin), poids (estimation) 10,56 t (Amér. du Nord, – 150 000 000 ans) ; la 1re reconstitution d'un squelette complet (Diplodocus carnegiei) a été faite en 1908 au Jardin des Plantes de Paris, par le paléontologue américain Holand, avec les os de 4 sujets différents, extraits de la carrière de Sheep Creek (Wyoming, U.S.A.). L'anatomie du crâne n'a été connue correctement qu'en 1975. Le Diplodocus aurait vécu le plus souvent dans l'eau, car sa pression sanguine (estimée à partir de celle de serpents, notamment le python à tête noire du Queensland) était trop faible pour irriguer normalement son cerveau lorsque sa tête était dressée ; ses œufs très poreux devaient être recouverts d'un amas de végétation jouant le rôle d'un incubateur.

Reptiles. *Archeoptéryx*, bipède, ancêtre des oiseaux, 30 cm, issu des reptiles bipèdes (pour les uns, il volait ; pour les autres, il ne volait pas). *Brontosaure* (herbivore) 30 m. *Carnosaure* 4,87 m de haut. *Gigantophis* (serpent) 11 m. *Ichtyosaure* (marin) 10 m. *Iguanodon* 10 m. *Kronosaurus queenslandicus* (marin) 17 m (crâne 3,67 m). *Plésiosaure* (marin) 5 à 15 m. *Prionosuchus plummeri*, amphibien d'env. 9 m de long (– 230 000 000 ans). *Ptéranodon* (volant) (8,23 m d'envergure). *Ptérodactyle* (volant) 1 m d'envergure. *Ramphosuchus*, 15,25 m (N. de l'Inde, – 150 000 000 ans). *Stégosaure* (à plaques osseuses) 7 m. *Stretosaurus macromerus*, plésiosaure à cou court, 15,50 m. *Tricératops* 8 m. *Tyrannosaure* 13,7 m, 7 t (crâne d'1 m de large).

Oiseaux. *Æpyornis maximus* (oiseau-éléphant) 2,75 à 3 m, 455 kg, ne pouvait voler. *Condor*, envergure 5 m, 22 kg (Amér. du Nord – 10 000 ou 100 000 ans). *Dinornis giganteus* (N.-Zélande) 3,50 m, 227 kg (ne volait pas). *Dromornis stirtoni*, haut. 3 m, plus de 500 kg. *Gigantornis eaglesomei*, envergure 6 m. *Ornithodeomus latidens*, 5 m d'envergure. *Teratornis incredibilis*, 5 m d'envergure.

Mammifères. *Baluchitherium* (rhinocéros sans corne), 11 m de long, h. 5,40 m, poids 20 t (Europe et Asie centrale entre – 20 et 40 000 000 ans). *Mégathérium* 4,50 m. Le plus grand mammifère marin était le *Basilosaure*, 21,33 m, 27 t (découvert en Alabama).

Insecte. *Meganeura monyi* (libellule) avait 0,70 m d'envergure (fossile découvert dans l'Allier, – 280 000 000 ans).

Nota. – Des expériences de résurrection du mammouth par clonage ou fécondation in vitro (avec utilisation d'une éléphante pour porter l'embryon) seraient en cours en U.R.S.S. et aux U.S.A.

A l'époque historique

Depuis trois siècles, plus de 100 mammifères et env. 150 espèces d'oiseaux ont disparu (de 1880 à 1914, 300 000 éléphants ont été tués pour leur ivoire). Voici les principales de ces espèces, avec leur date de disparition, souvent approximative, ainsi que quelques autres, éteintes dans certaines régions, mais qui subsistent en d'autres.

Afrique. V. 1800 : *Hippotrague bleu* (antilope, Afr. du Sud). 1875 : *Zèbre couagga* (Afr. du S.). 1909 : *Zèbre de Burchell* (Botswana). Au XXe s. : *Bubale*. Le *Lion*, toujours présent en Afr. trop., a disparu d'Afr. du Nord (dernier tué en 1922).

Amérique du Nord. 1878 : *Canard du Labrador. Courlis esquimau* (Canada). 1904 : *Perruche de la Caroline*. 1914 : *Pigeon migrateur* (U.S.A.). Le *Grand Pingouin* habita Terre-Neuve.

Amérique du Sud. De gigantesques parents des *Tatous* et des *Paresseux* ont peut-être persisté au début de la période historique. 1876 : *Loup des Falkland*.

Asie. 1768 : *Rhytine* ou *vache de mer* (mammifère sirénien) (îles du Commandeur, U.R.S.S.). V. 1850 : *Cormoran à lunettes* (île de Béring, U.R.S.S.). 1927 : *Hémippe de Syrie* (sorte d'âne sauvage). XXe s. : *Cerf de Schomburgk* (Thaïlande). L'*Aurochs* a habité le Proche-Orient dans l'Antiquité, ainsi que le *Lion*, qui subsiste dans la forêt de Gir, en Inde (sa survivance en Iran est douteuse). Le *Kouprey* ou bœuf gris cambodgien est très rare (il a été victime des guerres). Le *cheval de Przewalski* (Gobi, Altaï) est considéré comme éteint à l'état sauvage (il survit cependant en captivité).

Europe. *Lagomys* (parent du lapin) a persisté en Corse peut-être jusqu'au XVIe s. env. : 1627 : *Aurochs* (forêt de Jatkorowka en Lituanie, 1,80 à 2 m au garrot, mâle noir, vache rousse, cornes en lyre) ; jusqu'au Moyen Age dans les forêts et marais, a été reconstitué par des croisements entre races bovines de Camargue et d'Espagne. 1844 : *Grand Pingouin* (Islande), encore sur les côtes normandes au XIXe s. (égaré). 1876 : *Tarpan* (cheval sauvage d'Europe centrale). Jusqu'au XVIe s. dans les Alpes et les Vosges. V. 1914 : *Lynx pardelle*, le dernier tué dans les Htes-Alpes ; une cinquantaine de couples survivent en Espagne. *Francolin* (sorte de perdrix), dans les régions méditerranéennes ; subsiste en Asie. Le *cerf de Corse* (sous-espèce) a disparu récemment. Le *mammouth* (il y a 9 000 ans, haut. 3,2 m ; long. 2,7 m ; poids 3,5 t ; défenses : record 5 m, 200 kg). *Loup*, disparition progressive (chasse, empoisonnement, défrichements). Derniers « noyaux » en Limousin, Sologne, Lozère (un loup fut tué en Hte-Vienne en 1946). *Bison*, hôte de la forêt gauloise, jusqu'au VIIe s. dans les Vosges. *Élan*, jadis en Gaule, en Alsace jusqu'au Xe s. *Baleine des Basques*, exterminée par les Basques dans le golfe de Gascogne. *Outarde barbue* (1 m) nichait encore en Champagne au siècle dernier ; apparaît parfois durant les coups de froid. *Ibis chauve* (ou *Waldrapp*) (75 cm) dans le Jura et les Alpes jusqu'au XVIe s. (subsiste en Afr. et au Proche-Orient). *Pélican blanc*, jadis en Camargue. *Sarcelle marbrée* (38 cm) disparue de Camargue. *Erismature à tête blanche* (autre canard, 45 cm) disparue de Corse en 1954.

Madagascar et îles voisines. A Madagascar se sont éteints, entre le XVIe et le XIXe s., les *Æpyornis* (oiseaux géants, 3 m de haut, 455 kg), plusieurs espèces de *Lémuriens* géants (de la taille du gorille), l'*Hippopotame* et une *Tortue géante*. Les Mascareignes ont perdu à peu près aux mêmes époques : le *Dronte* (apparenté aux pigeons) de l'île Maurice (v. 1680), et de la Réunion (v. 1700) ; le *Solitaire* (sorte de dronte) de l'île Rodriguez (1760) ; la *Tortue* de Rodriguez (XVIIIe s.) ; la « *Huppe de Bourbon* » (passereau de la Réunion) (milieu du XIXe s.) ; une *Poule d'eau* géante (Leguatia) et un *Perroquet* terrestre.

Océanie. Entre le XVIe et le XIXe s. (?), disparition des *Dinornis* ou *Moas*, oiseaux gigantesques de N.-Zélande (jusqu'à 3,50 m de haut, 234 kg). Début du XIXe s. : *Émeu noir* (Austr.). Nombreuses disparitions d'oiseaux aux Hawaii. Au XXe s. : *Marsupial insectivore* (Perameles fasciata) ; *Perroquet nocturne* (Austr.) ; *Chouette de N.-Zélande*.

Animaux menacés de disparition

Généralités

Statistiques. Actuellement, on recense des centaines d'espèces de mammifères et autant d'oiseaux en voie de disparition.

L'effectif total des espèces menacées de disparition mentionnées ci-dessous est réduit à quelques milliers ou quelques centaines, voire quelques dizaines d'individus. Lorsque cet effectif a été évalué, il est mentionné entre parenthèses.

Causes de disparition. Responsabilité de l'homme : directe (chasse, pêche, piégeage, fourrures, insecticides, trafics d'animaux vivants, collections, etc.) ou indirecte (destruction des milieux par assèchement des marais, défrichement des forêts, routes, pollution des eaux douces et marais, etc.), surtout pression démographique. Élimination par des concurrents mieux adaptés. Compétition avec les troupeaux domestiques.

Principaux animaux menacés

Afrique. *Ane sauvage* (Somalie) (400). *Antilope* (Antilope noire variété « variani » de l'Angola). *Cerf de Barbarie* (Algérie, Tunisie) (500). *Chimpanzé pygmée* (Zaïre). *Gorille de montagne* (Zaïre, Rwanda) (150). *Manchot du Cap Oryx*. La faune de l'Afr. du Nord, mal protégée, a presque complètement disparu, à part de rares chacals, renards et panthères au Maroc, des singes en Algérie et Maroc, des gazelles Dorcas et de Cuvier, des ibex de Nubie au sud de l'Égypte. Les addax ont presque disparu des régions sahariennes. Le Sahara héberge encore des mouflons à manchettes et de rares addax, oryx et gazelles Dama. *Rhinocéros noirs et blancs, éléphants* sont surexploités (Afr. du Sud et de l'Est) (env. 1 000). *Zèbre de montagne* (Afr. australe) (140).

Amérique du Nord. *Bison* (au moment de la découverte de l'Amérique : env. 75 millions ; 1890 : 1 million ; actuellement 55 000) ; *B. de forêt* : quelques centaines au Canada. *Bœuf musqué. Condor de Californie* (70). *Cygne-trompette* (2 200). *Grue blanche, cygne-trompette* de l'Alaska et du Canada (70). *Morse. Ours blanc. Pétrel des Bermudes* (50). *Phoques du Groenland* (quotas d'abattage imposés). *Pic à bec d'ivoire* (moins de 20). *Putois à pattes noires. Pygargue à tête blanche.*

Amérique du Sud. *Cervidés endémiques. Chinchilla* (Andes). *Loutre géante du Brésil. Ours à lunettes* (Andes). *Pénélope à ailes blanches* (Pérou, retrouvée vivante en 1977). *Singe-lion* (Brésil). *Tatou géant* (Amazonie). *Tortue géante des Galapagos.*

Antilles. *Crocodile* de Cuba. *Perroquets* et *passereaux. Solénodon* (Insectivore géant).

Asie. *Aigle mangeur de singes* (Philippines, moins de 100). *Anoa* (Buffle nain et babiroussa des Philippines). *Cerf du Père David* ou *Milou* (env. 500) (Chine ; disparu à l'état sauvage, survit en captivité). *Chameau sauvage* (Asie centrale, 400 à 500). *Cheval de Przewalski* (Asie centrale ; disparu à l'état sauvage). *Daim iranien* (30 à 40). *Douc* (singe d'Indochine). *Grue de Mandchourie. Hémione* (sorte d'âne sauvage). *Ibis nippon* (10). *Lièvre à poil dur* (Inde). *Lion d'Asie* (Inde + de 200). *Orang-outan* (Sumatra, Bornéo). *Oryx d'Arabie* (réintroduit en Jordanie en 1983). *Panda géant* (Chine). *Panthère des neiges* (Asie centrale). *Rhinocéros de l'Inde* (1 100) ; *de Sumatra* (150) ; *de Java* (45). *Salamandre géante* (Chine, Japon). *Sanglier pygmée* (Inde). *Tigre* [toute l'Asie, env. 4 000 (100 000, v. 1920)]. *Varan géant de Komodo* (Indonésie).

Europe. *Bison d'Europe* (Caucase et forêt de Bialowieza, à la frontière russo-polonaise, 2 000).

Cigognes blanches. Nombre de nids. France : Alsace une dizaine par an, Moselle 3, quelques-uns ailleurs (Mâcon, Normandie, etc.). P.-Bas : 14 (1970). Allemagne occid. : 1 918 (1968). Danemark : 82 (1966). Belgique, Suisse : quelques nids. *Cigognes noires* : rares.

27 millions de poissons, 500 000 reptiles et amphibiens, 200 000 oiseaux et 74 000 mammifères (destinés surtout aux laboratoires) sont importés annuellement aux États-Unis. Sur 48 gorilles capturés, 30 survivent à la captivité, 12 au transport, 6 jusqu'à l'âge adulte, un seul couple se reproduit.

Trafic en régression grâce à la Convention de Washington.

Source : Atlas de la vie sauvage ; éd. par Mitchell Beazley, Londres.

Goéland d'Audouin (Méditerranée). *Grands rapaces* (Pygargue, Aigle impérial, etc.). *Loutre. Lynx pardelle* (Espagne).

Ours bruns. Albanie : nombreux. Autriche : quelques-uns. Angleterre : a disparu au XIe s. Bulgarie : plus de 1 000. Espagne : env. 70-100 (Pyrénées et Cordillère Cantabrique). Finlande : environ 150. **France :** quelques-uns dans les P.-Occ., la Hte-Garonne, l'Ariège et les P.-Or. (*1930* 300, *1950* 70, *1983* 15 à 20). Ont disparu des Vosges et du Massif central au début du XIXe s., du Jura à la fin, des Alpes v. 1937. Grèce : plus de 100. Hongrie : 6 à 10. Italie : près de 100 (Abruzzes : 90 ; Trentin : moins de 10). Norvège : env. 40. Pologne : env. 30. Roumanie : plus de 3 000. Suède : 300. Suisse : a disparu au début du XXe s. Tchécoslovaquie : 300. U.R.S.S. : 10 000 dans la partie européenne. Yougoslavie : 2 000.

Phoque moine. Environ 700 pour 15 pays méditerranéens : victimes de la pollution des eaux. En Bulgarie, Grèce, Yougoslavie, Sardaigne (et à Madère, dans l'Atlantique), la pêche est réglementée dans les zones où ils habitent, pour ne pas les priver de poisson. En France : a disparu des îles d'Hyères en 1950. La plus grande colonie (40) est menacée au cap Blanc en Mauritanie (touristes, soldats, éboulements).

Protée (Yougoslavie).

Madagascar et environs. *Aye-aye* (lémurien, 20). *Faucon crécerelle de l'île Maurice* (12). *Indri* (lémurien). *Propithèque de Verreaux* (lémurien).

Océanie. Australie : *Perroquets et passereaux. Phalanger de Leadbeater* et autres *marsupiaux.* **Hawaii :** *Oie d'Hawaii* ou *néné* (plus de 500). **N.-Calédonie :** *Kagou* (échassier). **N.-Zélande :** *Kakapo* ou *perroquet-hibou. Takaké* ou *Notornis* (sorte de poule d'eau, 200 à 300). **Tasmanie :** *loup marsupial.*

Océan. *Dugong* (océan Indien). *Grands cétacés* [baleine des Basques, quelques centaines ; b. du Groenland, quelques dizaines ; dauphins (7 millions auraient été massacrés ces dernières années dans le Pacifique par les Japonais ?) ; rorqual bleu (600 à 700, 400 000 il y a 60 ans) ; etc.]. *Otarie à fourrure* (Pacifique Nord). *Tortues marines :* intoxiquées par des sacs plastiques confondus avec des proies (méduses).

Principaux animaux exotiques introduits en France, avec leur région d'origine

Afrique : hérisson d'Algérie, mouche des fruits. **Amér. du N. :** rat musqué, raton laveur, vison d'Amérique, poisson-chat, perche-soleil, black-bass (deux espèces), truite arc-en-ciel, doryphore, phylloxéra, écrevisse américaine. **Amér. du S. :** ragondin, gambusie, fourmi d'Argentine. **Asie Occidentale et Méridionale :** faisan ordinaire, crabe (Hétéropanope). **Australie :** cochenille (Icerya purchasi), coccinelle (Novius cardinalis). **Europe de l'Est :** sandre, hotu, huchon, moule zébrée. **Extrême-Orient :** cerf sika, chien viverrin, faisan vénéré, bombyx de l'ailante, pou de San José, sauterelle des serres, crabe chinois, huître japonaise, palourde japonaise.

Quelques autres animaux menacés en France

Amphibiens : *Euprocte des Pyrénées* (sorte de triton).

Insectes : *Apollon* (papillon, montagnes). *Cerf-volant* et autres coléoptères. *Isabelle* (papillon, Queyras).

Mammifères : *Blaireau :* détruit par gazage de ses terriers ou au déterrage à l'aide de chiens ; protégé dans certains départements. *Castor :* chassé pour sa fourrure et sa chair dans la vallée du Rhône et de ses affluents (env. 2 000). Réintroduit en Alsace, Bretagne, Loire et Hte-Savoie. *Desman des Pyrénées. Genettes :* quelques centaines dans le Centre et Sud-Est ; protégées par la loi. *Loutre :* surtout détruite par les pêcheurs alors qu'elle élimine les poissons malades et assainit les rivières, env. 300 (O. et S.-O.). *Lynx :* 2 ou 3 survivants dans les Pyrénées ; réintroduits dans les Vosges en 1983 (3 + 2) comme cela a été réalisé avec succès en Suisse et en Allemagne. *Martre :* piégée pour sa fourrure ; se maintient en Bourgogne et dans l'Est. *Mouflon* (Corse). *Phoque* (veau marin) : en 1900, il y en avait des centaines dans la baie de la Somme. Ils ont disparu. Chaque année des jeunes phoques venant d'Angleterre s'échouent sur nos côtes. S'ils étaient respectés, les populations se reconstitueraient. Cerf de Corse détruit, mais vient d'être réintroduit de Sardaigne.

Oiseaux : *Chevalier combattant. Faucon pèlerin :* décimé par les gardes-chasse, recherché par les fauconniers, sensible aux pesticides. En 1982, env. 200 couples. *Glaréole* (Camargue). *Grand-duc :* victime des pièges, du dénichage, des accidents causés par les lignes à haute tension, plusieurs centaines de couples en France. *Grand tétras :* 2 000 à 3 000. *Guillemot de Troïl* (Bretagne). *Gypaète barbu :* vautour géant (3 m d'envergure) ; détruit par le poison et le fusil ; une dizaine de couples dans les Pyrénées, 3 ou 4 en Corse. *Macareux moine :* par suite des marées noires, env. 200 en 1982 (Bretagne). *Merle à plastron :* détruit pendant ses migrations d'hiver, surtout en Corse ; quelques centaines de couples dans les Alpes et les Pyrénées. *Petit pingouin* (Bretagne). *Outarde canepetière* et *grande outarde ou outarde barbue :* détruite par la chasse et l'agriculture mécanisée. Quelques centaines de couples de canepetières des Charentes à la Champagne, dans la basse vallée du Rhône. *Râle des genêts :* décimé par la chasse et l'agriculture mécanisée qui détruit son nid établi au sol.

Poissons : *Esturgeon* (fleuves du S.-O.). *Saumon. Omble chevalier* (lacs alpins).

Reptiles : *Cistude* (tortue d'eau) (Brenne). *Tortue d'Hermann* (Provence). *Tortue-luth* (Charente-Mar.). *Vipère d'Orsini* (Hte-Provence).

Animaux préhistoriques survivants

Age en millions d'années

Mammifère : *okapi* 30. **Mamm. aquatique :** *platypus* ou *ornithorynque* 150. **Reptiles :** *Sphénodon* (N.-Zél.) 200, *crocodile* 160 à 195, *tortue* 275. **Batracien :** *grenouille de l'île de Stephens* (N.-Zél.) 170 à 275. **Animaux marins :** *lingule,* brachiapode, *néopilina,* mollusque marin, disparu dep. 350 m. a., retrouvé par 4 000 m de fond en 1957. **Poissons :** *cœlacanthe* 400, on croyait l'espèce éteinte depuis 70 millions d'années, *dipneuste* (pêché en 1869) 200. **Chélicérates :** *limule* 300, *périnate* (Tropiques) 500. **Crustacés :** *néoglyphea* (Philippines) 60 (pêchée en 1908, puis 1976).

Animaux découverts depuis 1970

☞ De 1900 à 1970, voir Quid 1983, p. 215.

Des centaines d'espèces sont découvertes chaque année (surtout des invertébrés et plus particulièrement des insectes). Chaque année, on découvre encore quelques espèces de mammifères (surtout rongeurs, insectivores, chauves-souris) et d'oiseaux généralement confondus avec une autre espèce très proche, déjà connue. Parmi les principales, découvertes dep. 1970, on peut citer :

Afrique. 1970 : *Mus oubanguii* et *goundae,* souris de République centrafricaine. **1972 :** *Lophuromys melanonyx,* rat à pelage en brosse à ongles noirs (Éthiopie) : *Stenocephalemys griseicauda* (Éthiopie). **1975 :** *Lemniscomys bellieri,* rat rayé de Côte-d'Ivoire. **1976 :** *Sitta ledanti,* sittelle de Ledant ou sittelle kabyle, passereau d'Algérie. **1977 :** *Malacomys verschureni,* rat à longs pieds d'Afrique centrale. **1978 :** *Mus setzeri,* souris à flancs blancs du Botswana. **1979 :** *Araignée fossile* vivant au Botswana. **1980 :** *Lemniscomys roseveari,* rat rayé de Zambie. *Leggada baoulei,* souris de Côte-d'Ivoire. *Myonycteris relica,* roussette du Kenya. *Crocidura usambarae,* musaraigne de Tanzanie. *Crocidura lucina* et *thalia,* musaraignes d'Éthiopie. **1982 :** *Mirafra ashi,* alouette de Somalie. **1982 :** *Ploceus ruweti,* tisserin du Zaïre. **1983 :** *Lemur fulvus flavifrons,* Maki de Madagascar. *Glaucidium albertinum,* chouette chevêchette du Zaïre. *Nectarinia rufipennis,* souï-manga de Tanzanie. **1984 :** *Hipposideros lamottei,* chauve-souris du mont Nimba (Guinée). **1985 :** *Taterillus petteri,* gerbille du Burkina. *Hirando perdita,* hirondelle du Soudan.

Amérique. 1974 : *Podiceps gallardoi,* grèbe (Argentine). **1975 :** *Catagonus wagneri,* le plus grand pécari, déjà connu à l'état fossile (Paraguay). **1976 :** *Zygodontomys reigi* (Guyane). **1977 :** *Pénélope albipennis,* pénélope à ailes blanches, retrouvée vivante (Pérou) ; *Xenoglaux loweryi,* chouette (Pérou). **1978 :** *Daptomys oyapocki,* rat pêcheur, et *Proechimys cuvieri,* grand rat épineux de Guyane française. *Chelys fimbriata,* tortue de l'Équateur. **1979** *Anodorhynchus leari,* ara de Lear (Brésil) (était connu, mais son habitat ne l'était pas) ; *Nectomys parvipes,* rat amphibie à petits pieds de Guyane française. *Marmosa cracens* et *xerophila,* sarigues du Venezuela. *Cinclodes olrogi,* fournier d'Argentine. **1980 :** *Cabassous chacoensis,* tatou du Paraguay. *Tijuca condita,* cotinga du sud-est du Brésil. *Metallura odomae,* colibri du nord du Pérou. **1981 :** *Marmosa handleyi,* sarigue de Colombie. *Otus marshalli,* hibou petit-duc des Andes du Pérou. **1984 :** *Dicrostonyx minutus,* le lemming des lichens (Canada).

Terres australes. 1983 : *Diomedea amsterdamensis,* albatros d'Amsterdam.

Asie. 1978 : *Megaerops kusnotoi,* chauve-souris frugivore de Java ; **1979 :** *Pipistrellus arabicus,* chauve-souris du sultanat d'Oman. *Calomyscus urartensis,* petit rongeur de Turkménie. **1980 :** *Acomys whitei,* rat épineux du sultanat d'Oman. *Microtus evoronensis,* campagnol de Sibérie orientale. *Brachypteryx cryptica,* petite grive à ailes courtes de l'Inde. **1985 :** *Gazella bilkis,* gazelle du Yémen.

Europe. 1977 : *Lepus castroviejoi,* lièvre du genêt du nord de l'Espagne. *Myotis nathalinae,* vespertilion de Nathalie et Aline, d'Espagne et de France. **1979 :** un poisson inconnu vu dans le lac de Constance par J. Piccard.

Océanie. 1974 : un passereau aux Hawaii (seulement aperçu). **1978 :** *Varan géant* de N.-Guinée (filmé). *Insecte orthoptère* très particulier (Australie). **1983 :** *Grenouille australienne* (Rheobatrachus silus) qui incube ses œufs dans son estomac. **1985 :** *Hipposideros carynophyllus,* chauve-souris de N.-Guinée.

Océans. 1970 : *Umbellulidés,* apparentés (certains aux coraux, milieu abyssal, première photo au large de la Guinée). **1975 :** *Tripterygion atlanticus,* petit poisson des côtes normandes et bretonnes. *Bryozoaires chitineux,* milieu abyssal. **1976 :** *Thysanopoda-*

Cri des animaux

Abeille, bourdonne (avec ses ailes). *Aigle,* trompette ou glatit. *Alouette,* tire-cire, grisolle ou turlute. *Ane,* brait.

Bécasse, croule. *Bélier,* blatère. *Bœuf,* mugit, meugle, beugle. *Bouc,* béguète, chevrote. *Buffle,* souffle ou beugle.

Caille, pituite, margotte, carcaille ou margaude. *Canard,* cancane, nasille ou canquette. *Cerf, brocard,* brame, rée ou rait (le faon ralle). *Chacal,* jappe ou aboie. *Chameau,* blatère. *Chat, matou,* miaule, ronronne. *Chat-huant,* hue. *Cheval, étalon,* hennit. *Chèvre,* bêle ou béguète. *Chevreuil,* brame. *Chien,* aboie, jappe, hurle, clabaude, clatit, halète. *Chiot,* glapit ou jappe. *Chouette,* hue, ulule ou chuinte. *Cigale,* craquette, cricelle ou criquette (avec ses élytres). *Cigogne,* craque, craquette, claquette ou glottore. *Cochon, porc, verrat,* grogne ou grouine. *Colombe,* roucoule. *Coq,* coquerique. *Corbeau,* croasse, croaille, coraille, craille. *Corneille,* corbine, craille, criaille, babille. *Coucou,* coucoule. *Crapaud,* coasse. *Crocodile,* lamente, pleure, vagit. *Cygne sauvage,* trompette, drense, drensite [1].

Daim, brame. *Dindon,* glougloute, glouglote ou glousse.

Éléphant, barète ou barrit. *Épervier,* glapit ou piale.

Faisan, criaille, glapit ou piaille. *Faon,* ralle. *Faucon* huit.

Geai, cageole, cajacte ou fringote. *Gélinotte,* glousse. *Grenouille,* coasse. *Grillon,* grésillonne, craquette. *Grue,* glapit, trompette ou craque.

Hibou, ulule, hue, bubule ou bouboule. *Hirondelle,* gazouille, trisse, truisotte. *Hulotte,* hole. *Huppe,* pupule. *Hyène,* hurle.

Jars, criaille, cagnarde, cacarde ou jargonne.

Lapin, clapit ou glapit. *Lièvre,* vagit. *Lion,* rugit. *Loup,* hurle.

Marmotte, siffle. *Merle,* siffle, appelle, babille, flûte. *Milan,* huit. *Moineau,* pépie, chuchète. *Mouche,* bourdonne (bruit fait avec ses ailes). *Mouton, bélier,* bêle.

Oie, cacarde, criaille, siffle. *Oiseaux de nuit,* hululent. *Ours,* gronde, grogne.

Panthère, rugit. *Paon,* braille, criaille, paonne. *Perdrix,* cacabe, rappelle, pirouitte. *Perroquet,* piaille, parle, siffle, jase. *Pie,* jacasse ou jase. *Pigeon,* roucoule ou caracoule. *Pinson,* ramage, siffle, fringote. *Pintade,* cacabe, criaille. *Pivert,* picasse, peupleute. *Poule,* glousse, caquette. *Poulet,* piaule, piaille.

Ramier, caracoule, roucoule. *Rat,* couine. *Renard,* glapit. *Rhinocéros,* barète ou barrit. *Rossignol,* chante, trille, quirritte.

Sanglier, grommelle, roume, nasille. *Sauterelle,* stridule. *Serpent,* siffle. *Singe,* crie, hurle. *Souris,* chicote.

Taureau, beugle, mugit. *Tigre,* rauque, feule, râle ou miaule. *Tourterelle,* gémit ou roucoule.

Vache, beugle, mugit.

Nota. — (1) La plupart des cygnes domestiques sont muets ou n'émettent que de faibles gloussements. Le « chant du cygne » (qu'ils donneraient avant de mourir) est une légende.

Habitat

Aigle : aire. *Bouc :* étable. *Chevreuil :* bois. *Cochon :* soue. *Faisan :* faisanderie. *Lapin :* terrier. *Lièvre :* gîte, fort, antre. *Ours :* tanière. *Pigeon :* colombier. *Sanglier :* bauge. *Serpent :* repaire. *Souris :* trou, tanière. *Taureau :* bouverie. *Tigre :* repaire. *Tourterelle :* colombier.

Protection

Des accords internationaux protègent la faune sauvage et en réglementent le commerce : la Convention de Washington sur le commerce international des espèces de faune et de flore sauvages menacées d'extinction, signée puis approuvée par la France le 11-5-1978 (90 pays contractants). Application harmonisée par la C.E.E. à compter du 1-1-1984.

Classement des espèces.

I : espèces menacées d'extinction immédiate pour lesquelles le commerce et la circulation sont interdits (ex. : félins tachetés, tortues marines, crocodiles africains, chimpanzés...). **II : considérées comme très vulnérables** et dont le commerce est réglementé (ex. : hippopotame nain, loutres, pangolin d'Inde et de Chine). **III : menacées de disparition dans un pays donné** (ex. : grue cendrée en Tunisie, pangolin géant au Ghana, dauphin de l'estuaire en Uruguay...). *La Directive du Conseil de la C.E.E.* concernant la conservation des oiseaux sauvages (entrée en application le 6-4-1981). *La Conv. de Berne* (conclue en 1979) relative à la cons. de la vie sauvage et du milieu naturel de l'Europe, engageant les 21 pays membres du Conseil de l'Europe, signée par la France en 1971 (en cours de ratification par la France). *La Conv. de Bonn* sur la cons. des espèces migratrices appartenant à la faune sauvage signée en 1979 (en cours de ratification par la France). *La Conv. de Ramsar*, relative aux zones humides d'importance internationale, particulièrement comme habitats de la sauvagine (1971) ; 39 pays contractants ; la France ne l'a pas signée mais a ratifié le protocole le 26-7-1984. *Conv. baleinière internationale* (1946) sur la protection des cétacés et allocation des quotas de captures (quotas 0 en 1986) ratifiée par la France.

Une législation interdisant la chasse ou la pêche d'une espèce suffit souvent à la sauvegarder. Ex. : après l'accord international de 1911 protégeant l'otarie à fourrure (3 à 4 m, 500 kg, vivant du Kamtchatka à l'Alaska). Leur nombre est remonté de 125 000 (1910) à 2 ou 3 millions.

Parmi les méthodes mises au point récemment pour sauver des espèces menacées, citons : banque de sperme d'éléphants, insémination artificielle des faucons, réduction de la mortalité artificielle chez les rapaces : le dernier-né d'une couvée d'aigles, condamné à dépérir, est placé dans une aire vide, où un autre couple s'en occupera. En France comme en Allemagne, des volontaires (recrutés par le Fonds d'intervention pour les rapaces) se relaient 24 h sur 24 pour empêcher le dénichage des rapaces rares.

La reproduction en captivité ou semi-captivité est parfois le seul moyen de sauver certaines espèces : lions, babouins, daims se reproduisent facilement, au contraire des gorilles, rhinocéros, grues (espaces insuffisants, régimes alim. et mœurs mal connus). L'accouplement des fennecs réussit en créant artificiellement leur milieu naturel, par la modification de la durée du jour. Le *milou* ou *cerf du Père David*, ce cerf bizarre, à queue de vache, ne subsistait déjà plus, au XIXe s., que dans le parc de l'empereur de Chine. Un missionnaire français, le père A. David, découvrit son existence. Des spécimens furent ensuite envoyés en Europe, et l'avenir de ce cerf put être assuré en captivité.

Parmi les espèces sauvées par des réintroductions (mais qui subsistent encore plus ou moins à l'état sauvage) : *bison d'Europe, oryx d'Arabie, damalisque à front blanc* (antilope d'Afrique du Sud), *oie des Hawaii* (néné). Dans de nombreux pays d'Europe, on tente de réintroduire des espèces animales disparues ou qui menacent de s'y éteindre. *Exemples. Mammifères : Lynx* (Alpes suisses, France). *Cheval de Przewalski* (pas encore mis en liberté). *Bison* (Ardennes françaises : Parc de Bel Val) ; *Castor*, France (Alsace, Poitou, Bretagne, Val de Loire, etc.) et Suisse. *Oiseaux : Vautour fauve* (Cévennes) ; *Gypaète* (Alpes) ; *Grand-duc* (Jura suisse) ; *Macareux moine* (Sept-Iles : Côtes-du-Nord — depuis les îles Féroé) ; *Petit Pingouin* (Finistère) ; *Cigogne blanche* (Alsace, Suisse, Belgique : Knokke-le-Zoute) (la réintroduction du *Pygargue*, ou aigle de mer, aux îles Hébrides). *Insectes : Apollon* (papillon) au mont Pilat (Loire).

Organisations internationales

World Society for the Protection of Animals (W.S.P.A., Sté mondiale pour la protection des animaux). 106, Jermyn Street, London SW1Y 6EE, G.-B. *Rédaction :* Dreikönigstrasse 37, CH 8002 Zurich, Suisse. *Formée* le 1-1-1981, fusion de la *Fédération pour la protection des animaux* (F.M.P.A.) et de la *Société internationale pour la protection des animaux* (I.S.P.A.). **Chaîne bleue.** Association sans but lucratif, 10, av. Guillaume-Gilbert, Ixelles, Belgique. **World Wildlife Fund** (W.W.F.). *Créé* en 1961. Siège : rue du Mont-Blanc, CH 1196 Gland, Suisse. *Pt :* le duc d'Édimbourg. *Section française :* créée en 1973. *Siège :* 14, rue de la Cure, 75016 Paris. *Pt :* Philippe Poiret. Fondation privée de conservation de la nature à caractère international et apolitique. **International League for Animal Rights** (Ligue internationale des Droits de l'animal). *Secr. gén. :* 151, rue des Palais, 1210 Bruxelles.

Revue : *Panda* (trim.) lancée en 1980, 8 200 abonnés. *Symbole :* panda de Chine. *Objectifs :* faire prendre conscience à l'opinion publique des menaces réelles existantes ; étudier les dangers qui pèsent sur chaque espèce animale et végétale, les modes d'action propres à les combattre efficacement ; collecter les fonds nécessaires au financement des programmes de conservation des milieux de notre planète, susciter l'adhésion morale et financière des gouvernements, des sociétés privées et des particuliers concernés. *Réalisations :* a collecté plus de 900 millions de F sur env. 4 200 programmes dans le monde, a sauvegardé le tigre de l'Inde et de l'Indonésie, le rhinocéros de Java, l'oryx d'Arabie, l'orang-outan de Sumatra, etc. ; a permis la création de plus de 260 parcs nationaux et réserves ; il a contribué, en France, à l'achat de 12 000 ha pour agrandir la réserve de Camargue, a participé à la création du parc national du Mercantour, de zones protégées en Lorraine et en Bretagne, au sauvetage des phoques, à la protection de l'ours brun des Pyrénées, des castors, etc., va contribuer à réintroduire les espèces disparues : lynx, vautours, etc.

Associations nationales

Assistance aux animaux. 90, rue Jean-Pierre-Timbaud, 75011 Paris. **Centre d'hébergement pour équidés martyrs.** 3, rue de Lyon, 75012 Paris. **Conseil nat. de la protection animale (C.N.P.A.).** 11, rue Alfred-Roll, 75017 Paris. **Confédération nat. des Stés protectrices des animaux (C.N.S.P.A.).** 17, place Bellecour, 69292 Lyon Cedex 1. **Convention nat. pour la défense des animaux (C.N.P.D.A.).** 84, rue Blanche, 75009 Paris. **Ligue fr. des droits de l'animal (L.F.D.A.)** 21, rue Jacob, 75006 Paris. **Ligue fr. pour la protection des oiseaux.** La Corderie royale, B.P. 263, 17305 Rochefort Cedex. **Œuvre d'assistance aux bêtes d'abattoirs (O.A.B.A.).** 10, place Léon-Blum, 75011 Paris. **Sté protectrice des animaux (S.P.A.).** 39, boulevard Berthier, 75017 Paris : fondée en 1845, 70 000 adhérents, 37 refuges. **Services et organismes publics.** *Directions départementales des services vétérinaires ; Procureurs de la République :* chargés de la répression des infractions pénales. *Mairies, commissariats de police, gendarmerie. Services régionaux de l'inspection de la pharmacie et du médicament. Circonscriptions régionales du service des haras et de l'équitation.*

Déclaration universelle des Droits de l'animal

Proclamée le 15-10-1978 par la Ligue internationale des Droits de l'animal.

Préambule

Considérant que tout animal possède des droits,

Considérant que la méconnaissance et le mépris de ces droits ont conduit et continuent de conduire l'homme à commettre des crimes envers la nature et envers les animaux,

Considérant que la reconnaissance par l'espèce humaine du droit à l'existence des autres espèces animales constitue le fondement de la coexistence des espèces dans le monde,

Considérant que des génocides sont perpétrés par l'homme et menacent d'être perpétrés,

Considérant que le respect des animaux par l'homme est lié au respect des hommes entre eux,

Considérant que l'éducation doit apprendre dès l'enfance à observer, comprendre, respecter et aimer les animaux,

Article 1. Tous les animaux naissent égaux devant la vie et ont les mêmes droits à l'existence.

Art. 2. 1. Tout animal a droit au respect. 2 L'homme, en tant qu'espèce animale, ne peut exterminer les autres animaux ou les exploiter en violant ce droit ; il a le devoir de mettre ses connaissances au service des animaux. 3. Tout animal a droit à l'attention, aux soins et à la protection de l'homme.

Art. 3. 1. Nul animal ne sera soumis ni à des mauvais traitements ni à des actes cruels. 2. Si la mise à mort d'un animal est nécessaire, elle doit être instantanée, indolore et non génératrice d'angoisse.

Art. 4. 1. Tout animal appartenant à une espèce sauvage a le droit de vivre libre dans son propre environnement naturel, terrestre, aérien ou aquatique et a le droit de se reproduire. 2. Toute privation de liberté, même si elle a des fins éducatives, est contraire à ce droit.

Art. 5. 1. Tout animal appartenant à une espèce vivant traditionnellement dans l'environnement de l'homme a le droit de vivre et de croître au rythme et dans les conditions de vie et de liberté qui sont propres à son espèce. 2. Toute modification de ce rythme ou de ces conditions qui serait imposée par l'homme à des fins mercantiles est contraire à ce droit.

Art. 6. 1. Tout animal que l'homme a choisi pour compagnon a droit à une durée de vie conforme à sa longévité naturelle. 2. L'abandon d'un animal est un acte cruel et dégradant.

Art. 7. Tout animal ouvrier a droit à une limitation raisonnable de la durée et de l'intensité du travail, à une alimentation réparatrice et au repos.

Art. 8. 1. L'expérimentation animale impliquant une souffrance physique ou psychologique est incompatible avec les droits de l'animal, qu'il s'agisse d'une expérimentation médicale, scientifique, commerciale ou de toute autre forme d'expérimentation. 2. Les techniques de remplacement doivent être utilisées et développées.

Art. 9. Quand l'animal est élevé pour l'alimentation, il doit être nourri, logé, transporté et mis à mort sans qu'il en résulte pour lui ni anxiété ni douleur.

Art. 10. 1. Nul animal ne doit être exploité pour le divertissement de l'homme. 2. Les exhibitions d'animaux et les spectacles utilisant les animaux sont incompatibles avec la dignité de l'animal.

Art. 11. Tout acte impliquant la mise à mort d'un animal sans nécessité est un biocide, c'est-à-dire un crime contre la vie.

Art. 12. 1. Tout acte impliquant la mise à mort d'un grand nombre d'animaux sauvages est un génocide, c'est-à-dire un crime contre l'espèce. 2. La pollution et la destruction de l'environnement naturel conduisent au génocide.

Art. 13. 1. L'animal mort doit être traité avec respect. 2. Les scènes de violence dont les animaux sont victimes doivent être interdites au cinéma et à la télévision, sauf si elles ont pour but de démontrer une atteinte aux droits de l'animal.

Art. 14. 1. Les organismes de protection et de sauvegarde des animaux doivent être représentés au niveau du gouvernement. 2. Les droits de l'animal doivent être défendus par la loi comme les droits de l'homme.

Le Préambule de cette Déclaration a été à l'origine d'une Résolution votée en 1979 par les 2 chambres de l'État de Californie (U.S.A.), qui est devenu ainsi le 1er État à reconnaître les droits de l'animal.

pectinata, requin (îles Hawaii). Nombreuses autres découvertes dans les abysses. Des cétacés sont encore découverts de temps en temps. **1979** : des « vers » sécrétant de longs tubes (Pacifique, au large des Galapagos) (Pogonophares vestimentifères). **1980** : Raie aberrante *(Hexatrygon)*, côtes d'Afrique du Sud. **1983** : *Néopiline* (mollusque monoplacophore) près des Açores. **1983** : *Cichlornis llaneae*, fauvette de l'île Bougainville.

Animaux venimeux pouvant présenter un danger pour l'homme en France

Arachnides. *Scorpion languedocien* (région méditerranéenne). *Araignées : Latrodecte* ou *Veuve noire* (Corse). *Tarentule* (peu dangereuse).

Cnidaires. *Méduses* (contact urticant) ; quelques *Physalies* en Méditerranée.

Échinodermes. *Oursins.*

Insectes. *Hyménoptères : Fourmis, Abeilles, Guêpes, Frelons, Bourdons* (la gravité des piqûres dépend de leur nombre, de leur localisation, de l'âge de la victime). Le *faux bourdon*, qui ne possède pas d'aiguillon, est le mâle de l'abeille ; le *bourdon*, qui lui ressemble, constitue un genre à part.

Myriapodes. *Scolopendre* (région méditerranéenne).

Poissons. *Vives* et *Rascasses* (rayons épineux des nageoires), *Raies Pastenagues* (aiguillon sur la queue), *Murène* (toxines cutanées chez certaines, mais pas de dents inoculatrices).

Reptiles. *Vipère d'Orsini* (Sud-Est). *Vipère péliade* (Nord, Bretagne et Centre). *Vipère aspic* (Sud et Centre, jusqu'à Fontainebleau au nord). *Vipère aspis zinnikeri* (Pyrénées) : venin au moins deux fois plus toxique que celui de la vipère aspis aspis. Leurs prédateurs se raréfient : les hérissons sont écrasés sur les routes ; le circaète (rapace mangeur de serpents) devient de plus en plus rare, les dindons, les pintades et les poules vivant à l'état libre disparaissent de plus en plus. La capture et la vente des vipères sont interdites (loi du 10-7-1976).

☞ *Nombre annuel de victimes des serpents venimeux dans le monde :* 1 000 000 dont 3 % de cas mortels.

Requins

Non dangereux (tout au moins à proximité des plages) : *r. pèlerin* qui peut atteindre 12 m, péché pour son huile ; le *r. taupe* de 3 m à 3,50 m dont le foie donne de l'huile et dont la peau est utilisée en maroquinerie ; *r. renard* qui peut atteindre 5 à 6 m ; *r. bleu* ou *peau bleue* de 3 à 4 m, aux flancs d'un bleu intense (peut avoir un comportement dangereux dans les eaux chaudes tropicales) ; *roussettes* ou *chiens de mer* qui sont petits. **Dangereux :** *r. blanc, r. marteau, r. tigre* et *r. mako* qui peuvent attaquer les baigneurs en Australie, en Afr. du Sud, sur les côtes de l'océan Indien, dans le Pacifique ou sur la côte Atlantique des U.S.A. jusqu'à la hauteur du cap Horn.

Animaux utilisés pour la guerre

Mammifères. Chats : pas d'utilisation véritable, mais selon la légende, les Perses prirent, en 525 avant J.-C., la ville égyptienne de Péluse, en tenant des chats sur leur poitrine ; les Égyptiens n'osèrent tirer de peur de blesser les chats, sacrés chez eux. Au XVIe s., le maître d'artillerie Christophe de Habsbourg proposa de placer des canons sur le dos des chats : jamais mis en application. **Chauve-souris :** après la bataille de Pearl Harbour, les Américains pensèrent utiliser des chauves-souris pour les lancer d'avion après les avoir munies de bombes incendiaires à retardement (projet X-Ray). 8 millions de chauves-souris furent capturées dans ce but ! Un village expérimental construit dans le désert fut détruit à 80 % par ces animaux. Le projet fut néanmoins abandonné. **Chevaux. Chiens :** molosses des Égyptiens aux colliers à pointes de fer ; également chez les Gaulois ; Henri VIII lança plus de 500 dogues contre l'armée de Charles Quint ; des chiens sont toujours employés par les armées modernes. **Dauphins :** nombreux projets, peut-être des débuts de réalisation dans les missions de protection ; mais les essais de dressage pour l'attaque d'humains ont échoué et semblent abandonnés. Vers 1973, la marine américaine aurait employé un dauphin « espion » qui a permis d'obtenir des informations sur le combustible des sous-marins nucléaires russes. Il aurait posé dans un port étranger, sur la coque de l'un de ces sous-marins, un appareil de détection et serait venu le récupérer quelques semaines plus tard. **Éléphants :** utilisés à la guerre en Asie (Perses, Indiens, Mongols, Siamois encore au XIXe s. : ils leur mettaient des canons sur le dos), Afrique (Égyptiens et Carthaginois ; traversée des Pyrénées, du Rhône et des Alpes par les éléphants d'Hannibal). **Lions :** les pharaons égyptiens Amenhotep II et Ramsès le Grand en utilisèrent. **Marsouins :** 3 marsouins auraient été utilisés pendant la guerre du Viêt-nam par la marine américaine. **Moutons :** pour faire sauter les mines. **Requins :** nourris près des bases aéronavales pour écarter les hommes-grenouilles. **Rhinocéros :** les Indiens l'utilisaient pour enfoncer les lignes adverses. Sa corne était renforcée par un trident de fer. **Sangliers** (?). **Taureaux.**

Oiseaux. Pigeons voyageurs : utilisés depuis l'Antiquité, ils ont joué un rôle important en diverses occasions (guerre d'Indépendance des Pays-Bas, siège de Paris par Henri IV, Waterloo, siège de Paris en 1870-71, Verdun, guerre 1939-45).

Reptiles. Varans : utilisés en Asie. Ils adhéraient si fort aux murs que des soldats assiégeant une ville s'accrochaient à des cordes attachées aux varans. **Bothrops** (crotalinae) introduits en Martinique et Ste-Lucie au cours des guerres entre Caraïbes.

Insectes. Abeilles (parfois utilisées) : des assiégés ou des assiégeants ont lancé des ruches pleines d'abeilles sur leurs ennemis, obtenant ainsi une fuite immédiate (par exemple Richard Cœur de Lion à St-Jean-d'Acre).

Combats d'animaux

De nombreux combats d'animaux sont, ou ont été, organisés par les hommes. **Jeux de cirque** antiques ou plus récemment en Asie (Inde) (fauves variés). **Coqs :** Nord de la France, Belgique, Amérique latine, Martinique, Polynésie, Madagascar ; Rome antique. **Dromadaires :** Turquie. **Cailles** (en réalité turnix) : Asie. **Perdrix :** Afghanistan. **Chiens :** chez divers peuples ; aux U.S.A., en France jusqu'en 1834 ; **Chiens contre rats :** dans le Nord de la France. **Grillons :** Chine, Indonésie, Madagascar. **Poissons** (combattants) : Thaïlande. **Mouches :** Singapour. **Serpents contre mangoustes :** Inde.

☞ **Courses d'animaux.** Autruches (Afr. du S.), chevaux (voir Index), lévriers (voir Index).

Quelques animaux

Légende. Longueur en cm (du museau à la base de la queue) + longueur de la queue en cm ; H : hauteur au garrot en cm.

Animaux d'Afrique

Mammifères

● **Antilopes. Addax** 150 à 170 + 25 à 35, H 95 à 115, poids 60 à 125 kg. *Cornes* 75 cm (record 109), en hélice étirée (2 tours). *Gestation* 330 j. *Longévité* 16/18 ans (en voie de disparition). **Bongo** 170 à 250 + 45 à 65, H 110 à 125, poids 220 kg. *Cornes* 60/70 cm (record 1 m) en forme de lyre, très épaisses, massives, mais élégantes. *Gestation* 230 j. *Longévité* 14/16 ans. **Bubales** ou **Bubales majors** (Hartebeest, nom donné par les Boers : bête dure). 175 à 245 + 45 à 70, H 110 à 150, poids 120 à 225 kg. Haut sur jambes, ligne oblique du dos s'abaissant du garrot à la croupe. *Cornes* 45/55 cm (record 70) annelées à base massive. *Gestation* 8 mois. *Hardes* de 5 à 30. *Longévité :* peut atteindre 19 ans. **Cobes** 180 à 220 + 22 à 45, H 120 à 130, poids 170 à 250 kg. *Cornes* 50/80 cm (record 99) simplement arquées, très écartées à leur base. *Hardes* de 10 à 30. 6 espèces dont **C. defassa** ou **C. onctueux** (Waterbuck) et **C. à croissant ;** hardes de + de 30. **C. de Buffon** 125 à 180 + 18 à 45, H 70 à 105, poids 50 à 120 kg. *Cornes* 35/50 cm (record 57) plutôt courtes et épaisses en lyre et courbées. *Gestation* 215/225 j. **Éland de Derby** ou **Éland géant** 275 + 100, H 170. *Cornes* 80/100 cm (record 123). Poids 900 kg (record). **Éland du Cap** ou **Antilope canna** 235 à 345 + 50 à 90, H 140 à 180, poids 800/1 000 kg. *Cornes :* mâle jusqu'à 113 cm, bien développées chez la femelle. *Gestation* 8 mois 1/2 à 9 mois, *portée* 1. *Habitat* steppe. *Longévité* 15/18 ans. *Ressemble à l'éland de Derby.* **Gnou bleu à queue noire** (blue wildebeest). 175 à 240 + 70 à 100, H 115 à 145, poids 145 à 250 kg. *Cornes* 60/70 cm (record 83) resserrées et recourbées. **Guib d'eau, Sitatunga** ou **Limnotrague** 115 à 170 + 30, H 75 à 124, poids 45/50 kg. *Cornes* 55 cm max. assez faibles et en lyre. *Croupe* + haute que le garrot. *Longévité* 8/10 ans. **Hippotrague** 188 à 267 + 37 à 76, H 100 à 160, poids 150 à 300. *Cornes* recourbées en croissant dirigé vers le haut. Élancé, haut sur jambes, profil dorsal un peu tombant. *Gestation* 270/280 j, 1 jeune. *Longévité* 17 ans env. en captivité. *2 espèces :* **antilope rouanne ou a. chevaline** (ou hippotrague), *cornes* 50 à 95 cm. **Hippotrague noir** (sable antilope), 225 + 75, H 140 env., poids 250 kg, *cornes* 70 à 173 cm (record 154, 164 pour la race d'Angola). **Koudou** (grand), l'une des plus belles antilopes. 195 à 245 + 150, H 120 à 150, poids 290 à 320. *Cornes* jusqu'à 168 cm (record 181) spiralées et divergentes. *Hardes* de 6 à 20. *Longévité* 15 ans. *Gestation* 8 mois. **Koudou** (petit) 110 à 140 + 45, H 90 à 105, poids 60 à 100 kg. *Cornes* jusqu'à 90 cm. *Gestation* 7 mois. *Longévité* 12 à 15 ans. **Nyala** 135 à 165 + 60, H 80 à 115, poids 120 à 130 kg. *Cornes* 70/80 cm (record 83). *Gestation* 225 j. *Hardes* de 6 à 40. *Longévité* 14/16 ans ; **de montagne** (à partir de 2 500 m d'alt.). 190 à 260 + 30, H 90 à 135, poids 215 à 230 kg. *Cornes* 80/100 cm (record 118). *Longévité* 8 ans. *Gestation* 7 mois. **Oréotrague sauteur** (Klipspringer), 75 à 115 + 8 à 13, H 50/60, poids 18 kg. *Cornes* 9 cm (record 15). *Gestation* 215 j. *Longévité* 7 à 9 ans. **Oryx gazelle** 160 à 235 + 45 à 90, H 90 à 140, poids 100 à 210 kg. *Cornes* 85 cm (record 109), droites comme une lance ou légèrement recourbées. *Gestation* 290 j. *Longévité* 15 ans. **Oryx algazelle.** *Habitat :* zone sahélienne, déplacements fréquents. Autrefois, animal domestique des anciens Égyptiens ; actuellement, la plus menacée des antilopes.

● **Buffles. B. noir de Cafrerie** ou **du Cap** 250/260 + 80/100, H 170, poids 800 à 1 200 kg. *Cornes* à section semi-circulaire, écartement de + d'1 m. Agile et rapide (50 km/h). *Gestation :* 10 mois env. *Longévité :* 26 ans. *Troupeaux* de 30 à 60. **B. de forêt** ou **nain** 180 + 60, H 100 à 130, poids 400 à 450. *Cornes :* 50/60 cm (record 75) pointues, dirigées vers l'arrière. *Vit* solitaire, en couple ou petite harde. **B. de savane,** taille moyenne, haut sur pattes, H 120 à 140. *Gestation :* 245 j. *Longévité :* 15 à 18 ans.

● **Caracal** (apparenté au lynx). Félidé 55 à 75 + 22 à 33, H 40 à 45. Pelage rouge vineux à gris rougeâtre ou jaune sable, ventre blanchâtre, oreilles grises terminées par un long pinceau de poils. *Habitat :* steppes à épineux. *Gestation :* 70 à 78 jours. *Portée :* 1 à 4.

● **Chacal commun** ou **doré** (ressemble au loup). 70 à 85 + 22 à 28, H 45 à 50, poids 7 à 14 kg. *Gestation :* 63 j. *Portée :* 3 à 8. *Longévité :* 12 ans.

● **Dromadaire.** H 200, poids jusqu'à 700 kg. Une bosse. Camélidé domestique d'Arabie, adapté à la vie désertique. Résiste à la soif (5 à 6 j en hiver, 20 à 30 j s'il dispose de pâturages verts). Absorbe 100 l d'eau en 10 mn ; évacue très peu d'eau (urines peu abondantes, transpiration nulle au-dessous de 40° grâce à sa température corporelle variable). Résiste à la faim grâce aux réserves de graisses accumulées dans sa bosse (celle-ci n'est pas un réservoir d'eau, mais les graisses sont soumises à un régime d'hydratation et de déshydratation, dans lequel les réserves d'eau jouent un grand rôle). Peut porter des charges de 150 à 200 kg. *Portée :* 1. *Gestation :* 1 an. *Régime :* herbivore.

● **Éléphant d'Afrique.** 500 + 150, H 200/350, largeur du pied 40 cm, poids moyen 4 500 kg (record 6 650). *Défenses :* 100 à 200 cm, 10 à 50 kg [record : 349 et 335 cm. Poids (paire) 132 kg, record du poids 241 kg]. *Différences avec l'éléphant d'Asie :* oreilles très larges couvrant 1/6 de la surface du corps, sont irriguées de telle sorte que lorsqu'il s'évente, la temp. du sang circulant dans les oreilles s'abaisse de 5 °C. Front régulièrement convexe (chez l'él. d'Asie, le front est concave et l'échine convexe), défenses plus fortes, 2 appendices en forme de doigt terminent la trompe. *Trompe* de 150 à 200 cm lui permet d'absorber 9 l à chaque inspiration. *Cerveau :* 5 kg. *Vitesse :* marche 10 à 15 km/h, trot 45 km/h lorsqu'il charge. *Sommeil :* 2 à 4 h par jour. *Nourriture végétale :* 1/5 de son poids par jour : écorces, feuilles, pousses, herbes, racines et fruits. *Besoins en eau :* env. 200 l par jour. *Gestation :* 22 à 23 mois ; l'*éléphanteau* mesure 80 à 90 cm au garrot à sa naissance et pèse env. 100 kg. Il tète avec sa bouche, et non sa trompe. Il est sevré à 2 ans. Intervalle entre 2 naissances : 4 ans, quelquefois 8. *Longévité :* mâles 50 ans, femelles 60 ans et plus. Réputé *myope, odorat* et *ouïe* très développés ; sous le vent on peut l'approcher à 20 m, sinon pas à moins de

1 km. *Vit* souvent en troupeaux (hardes) de 4 à 16 ; parfois de plusieurs centaines, conduits par la femelle la plus âgée et la plus grosse, les mâles fermant la marche. De vieux mâles vivent par 2 à 5. 3 sous-espèces : *Loxodonta africana* (él. de savane de 3 m à 3,5 m au garrot) ; *Loxodonta cyclotis* (él. de forêt, de 2,3 m à 2,6 m au garrot), défenses longues et droites ; *Loxodonta pumilio*, él. pygmée de 2 m au garrot, vivrait dans les forêts marécageuses. On peut évaluer la hauteur au garrot d'un él. en multipliant par 2 la circonférence de ses traces. Très menacé (ivoire).

● **Fennec.** Canidé 35,7 à 40,7, H 17,8 à 30,5, moins de 1,5 kg. Oreilles : plus de 15 cm. Pelage doux et laineux jaune crème, queue touffue. *Habitat :* déserts et zones semi-désertiques (Sahara) ; creuse des terriers dans le sable. *Mœurs :* nocturnes ; *vit* en groupe jusqu'à 10. *Omnivore :* peut rester longtemps sans boire. *Gestation :* 52 j. *Portée :* 2 à 4. *Longévité :* 12 ans.

● **Gazelles** (Antilopes de taille moyenne). 26 espèces dont : **G. leptoceros** ou **à cornes grêles** H garrot 70 cm, poids 20 kg ; cornes 25/30 cm (record 40), longues et droites 25/30 cm (record 40). *Habitat :* désert (zones sablonneuses), de plus en plus rare. **G. dorcas** H 60, cornes en lyre. *Longévité :* 10 à 12 ans. A l'âge d'une semaine, peut courir à 75 km/h comme les adultes. *Habitat :* désert et semi-désert (zones pierreuses), en régression. **G. damma** H 70. *Habitat :* autrefois, zone sahélienne. Ne vit plus qu'en captivité. **G. de Grant** 125 + 35, H 85, poids 60/75 kg ; cornes 50 cm (record 80). **G.-girafe** ou **de Waller** 160 + 25, H 95, poids 50 kg ; cornes 25/35 cm (record 44). **Impala** ou **G. à pieds noirs** 160 + 30, H 100, poids 65/75 kg ; cornes seulement chez le mâle, en forme de lyre, 70/75 cm (record 91). Au moindre signal la gazelle s'enfuit en faisant des bonds jusqu'à 2,50 m de hauteur et 8 à 10 m en longueur.

● **Girafe tachetée.** 225 + 80, H 300/550, poids 500 kg. Tête avec 2 ou 3 cornes, parfois 5. Se nourrit essentiellement de feuillage (surtout acacias) : 88 % de sa nourriture. Elle cueille les feuilles en enroulant sa langue (atteint parfois 45 cm) autour d'elles. *Territoire :* 5 000 ha. *Groupes* de 10 à 30. Parfois la proie des lions. *Gestation :* 450 j. *Portée :* 1. *Longévité :* 25 ans.

● **Guépard.** 135 + 75, H 80, poids 40 kg. Félidé, mais aux griffes non rétractiles. Peut atteindre 95 km/h ; ne grimpe pas aux arbres. *Habitat :* savane sèche. *Groupes* de 2 à 5. *Gestation :* 3 mois. *Portée :* 2 à 5. *Longévité :* 15 ans. S'apprivoise facilement. Menacé de disparition.

● **Hippopotames.** 2 espèces : **H. amphibie** 400 + 55, H 140, poids 2 400/3 000 kg. Courtes pattes terminées par 4 orteils. Couleur du noir au brun, au rose sale. *Canines* inférieures jusqu'à 60/70 cm de long. L'ivoire, très fin, est plus dur que celui de l'éléphant. *Souvent immergé*, il respire à la surface toutes les 2 à 4 mn en ne laissant dépasser que les narines. *Groupes* de 5 à 20 ou 30. *Gestation :* 8 mois (le jeune hippopotame pèse 40 kg à la naissance). **H. nain** 150/170 + 15, H 75, poids 150/170 kg (Guinée, Liberia, Côte-d'Ivoire). *Vit* hors de l'eau et ne s'y rend que pour se baigner.

● **Hyène tachetée.** 130 + 35, H 1,40, poids 80 kg. *Groupes* de 5 ou 6 individus. **H. rayée.**

● **Lamantin.** Voir Amér. du Sud.

● **Lion.** 180 + 90, H 105, poids 180/200 kg. Sauf dans certaines régions (ex. : Congo-Brazzav.), les mâles ont une *crinière* qui apparaît à 4 ans (la lionne, plus petite, n'en a pas). *Polygame*, un gros mâle vit souvent avec 2 ou 3 lionnes. 2 à 6 lionceaux naissent après 3 mois 1/2 de *gestation*, aveugles. *Attaque* tous les animaux : zèbres, antilopes, girafes, phacochères, buffles. On a constaté, dans une savane d'Afr. orientale, qu'en un an, un adulte, deux femelles et trois lionceaux ont tué : 5 élands, 5 bubales, 9 impalas, 9 girafes, 12 buffles, 25 gazelles de Thomson, 33 zèbres, 107 gnous, 14 divers. Les lions ne chassent que lorsqu'ils sont affamés. Ils peuvent manger jusqu'à 35 kg de viande en une seule fois. Ils vivent en *groupes* (2 à 3), contrairement à la plupart des félins. *Territoire :* 4 000 à 13 000 ha, selon la taille du groupe et la densité de population des proies (en moy. 1 000 herbivores pour 3 ou 4 lions). Seuls les vieux lions solitaires peu agiles deviennent mangeurs d'hommes. *Vitesse max. :* 80 km/h. *Bonds* de 5 m. *Longévité :* env. 20 ans. Se trouve essentiellement au S. du Sahara.

● **Mouflon à manchettes.** Voisin du mouton, mais avec des caractéristiques propres aux chèvres. 130/165 + 25, H 75/100, poids 40 à 140 kg. Pas de barbe, longue crinière à la partie inférieure du cou et sur le devant du poitrail. *Cornes :* 60 cm (record 87). *Habitat :* montagnes du Sahara. *Gestation :* 170 j. *Portée :* 1 ou 2. *Longévité :* 13/15 ans. De plus en plus rare.

● **Okapi.** Giraffidé. 210 + 30/40, H 150/170, poids 250 kg. Mammifère ruminant voisin de la girafe, découvert vers 1900 dans la forêt congolaise. *Portée :* 1. *Broute* des feuillages (l'essentiel de sa nourriture). Il se sert de sa langue (presque aussi longue que celle de la girafe) pour saisir les branches. Son ouïe très fine l'alerte des dangers. Animal très rare. *Gestation :* 426 j. *Portée :* 1. *Longévité :* 25/30 ans.

● **Pangolin géant.** Édenté à écailles, pouvant atteindre 1,50 m (famille des manidés).

● **Panthère d'Afrique** ou **Léopard.** 120 + 95, H 65, poids 70 kg. Grimpe aux arbres, ne dévore pas toujours les animaux abattus. *Chasse* seule et *vit* généralement en solitaire, sauf pendant les périodes de rut. S'attaque aux : volailles, pintades, pangolins, petites antilopes, phacochères et potamochères, chacals. *Gestation :* 3 mois. *Portée :* 2 à 5. *Longévité :* env. 20 ans. En voie de disparition.

● **Phacochère** (en grec : cochon à lentille). 130 + 40, H 75, poids 90/105 kg. Porc sauvage, 2 défenses supérieures jusqu'à 60 cm (record), généralement 30 cm chez les mâles. Défenses inférieures plus petites, rarement + de 15 cm. Bandes de 4 ou 5. Herbivore. *Portée :* 4 en moy., quelquefois 8.

● **Rhinocéros africains.** 2 espèces : **Rh. noir** 330 + 65, H 150, poids 1 200/1 750 kg. *Corne* antérieure : 55/75 cm (record 158). *Pieds* à 3 doigts, celui du centre étant plus long. *Couleur :* gris beige surtout due à la boue séchée. *Vit* seul, par couples ou groupes de 3 ou 4. *Nourriture :* feuilles, racines et pousses d'arbres. *Vitesse* de charge : 40/45 km/h. *Gestation :* 15/16 mois. *Longévité :* env. 45 ans. *Odorat* et *ouïe* très fins, mais ne distinguent pas des objets situés à plus de 25 m. **Rh. blanc** 400 + 70, H 165, poids 1 900/2 100 kg. Record *corne* antérieure : 158 cm. Plus grand que le noir (S. Soudan, N.-E., Zaïre, Ouganda, Afr. du S.). En voie de disparition.

● **Singes. Babouin** ou **Cynocéphale commun.** L de la tête et du corps 60/80 cm. L de la queue 50 cm, poids 30/65 kg. Aboie. *Groupes* de plus de 100. *Longévité :* jusqu'à 50 ans. *Alimentation :* omnivore. **Cynocéphale d'Abyssinie.** Environ 60 cm et parfois plus, queue assez longue en pinceau. La femelle s'apprivoise mieux que le mâle. *Alimentation :* viande, poisson, légumes cuits, quelques fruits, biscuits. **Chimpanzé,** H 150/170 cm. L des membres antérieurs 80 cm, postérieurs 60 cm, poids 50/70 kg. Sans queue. Surtout *végétarien* (feuilles, bourgeons, fruits, pousses et graines, miel, œufs et insectes). *Intelligence :* remarquable, grande mémoire. *Longévité :* 50/60 ans. *Gestation :* 8 mois 1/2 [*chimpanzé nain* sur la rive sud du Congo].

Gorille. H 160/200 cm. L des membres antérieurs 100 cm, postérieurs 75 cm, poids 130/200 kg, femelle 60/115 kg. Sans queue ; cage thoracique développée. Tour de poitrine jusqu'à 2,05 m. *Vit* par familles, ou par groupes, jusqu'à 30 à 40. Établit généralement son nid à même le sol, parfois sur des branches basses. *Végétarien* (fruits et pousses). Ne se tient debout que pour regarder au-dessus de la végétation. Herbivore, inoffensif, n'attaque pas l'homme. En cas de danger, pousse des cris sauvages et se livre à des mimiques, qui généralement mettent l'adversaire en fuite ; mais il ne combat pas. *Longévité :* 50 ans. *Territoire :* 40 km².

Mandrill. L 90 cm, poids 40-50 kg. Queue très courte. *Vit* souvent à terre par groupes de 30 à 40 individus. Un mâle est mort en captivité à l'âge de 46 ans. **Singes verts** (dont **Grivet** et **Vervet**). L 90/125 cm dont 50/70 pour la queue, poids 3/5 kg. Communs et largement répandus. Pelage gris à verdâtre. *Groupes* de 20 à 30, dominés par un mâle. Seuls les vieux mâles vivent en solitaires. Font partie (avec le hocheur, le talapoin, la mone à face bleue) du groupe des cercopithèques, appelés aussi **guenons** (*guenon* est employé abusivement dans le sens de « singe femelle » : il désigne en réalité les cercopithèques des 2 sexes). **S. rouge** ou **Patas.** L moyenne, tête, corps et queue : 140 cm, poids 10 kg. Ne grimpe pratiquement jamais aux arbres. *Groupes* de 10 à 20, dirigés par un mâle âgé. *Longévité :* 15/20 ans. *Gestation :* 7 mois.

Talapoin ou **Cercopithèque mignon** ou **singe de mangrove.** 30 à 40 cm, queue 37 à 50 cm. *Poids :* 800 g à 1 kg. *Longévité :* jusqu'à 20 ans. S'apprivoise vite, doux, gai et affectueux. *Alimentation :* fruits, raisins secs, œuf dur, aliments en boîte pour chien. *Reproduction :* 1 fois par an. *Gestation :* 200 j env. *Portée :* 1.

● **Zèbres** (équidés). **Z. Commun.** 230 + 80, H 130, poids 250/300 kg. *Couleur :* blanc avec raies noires. *Groupes* de 6 à 20 ou même de plusieurs centaines. *Vitesse :* 65 km/h. *Longévité :* 12 ans. Souvent accompagné de gnous, bubales, damalisques et autruches. **Z. de Grévy** 240 + 100, H 150, poids 280/320 kg. Le plus grand des zèbres ; *vit* en Éthiopie, Somalie, dans le nord du Kenya, par troupeaux de 6 à 30. Inconnu jusqu'en 1905. 2 spécimens furent offerts au Pt J. Grévy par l'empereur d'Éthiopie. **Z. de montagne.** Le plus petit (120 cm au garrot) (Afr. australe). Il n'en reste que 120.

Oiseaux

● **Autruche.** H 200/250 cm, poids 100/120 kg. Le plus grand des oiseaux connus. Ne se sert de ses ailes atrophiées que pour se déplacer plus vite ou comme balancier. *Vitesse* d'un adulte : 50 km/h. Craintive et vigilante, ne dort pas plus de 15 mn consécutives. *Vit* en troupeaux de 2 à 40. Un seul mâle accompagne les femelles. Œufs de 15 cm de long sur 10/12 de large, près de 2 kg. La femelle en pond de 10 à 20, ils sont couvés alternativement par mâle et femelle. A l'éclosion, les petits sont hauts de 30 cm. Elle avale fréquemment des cailloux assez gros (comme les volailles avalent des gravillons minuscules qu'elles stockent dans leur gésier, et qui servent à triturer les grains). Ces cailloux ne vont pas dans leur estomac et l'expression « estomac d'autruche » est fausse. Parfois, par voracité, elle avale des objets non comestibles : cette erreur lui est toujours fatale. L'expression « la politique de l'autruche » (l'a. se cachant la tête sous le sable en cas de danger) repose sur une mauvaise observation (les a. creusent des trous pour leurs œufs, mais ne se cachent pas).

● **Pélicans.** 140/160 cm, poids 10 kg. Blanc et gris. Long bec, pouvant atteindre 50 cm de long. Vol un peu lourd mais rapide (60 km/h). Se nourrit principalement de poissons et grenouilles.

Reptiles

● **Crocodile du Nil.** 5 à 6 m. Ovipare. *Nourriture :* poissons, oiseaux et mammifères. Peut rattraper un homme à la course. L'expression « larmes de crocodile » s'explique : 1° ses yeux sont humides à cause d'une sécrétion de ses paupières. 2° ses cris ressemblent à des vagissements de bébé. Menacé de disparition. Fermes d'élevage au Zimbabwe et en Afr. du Sud.

● **Python de Seba.** 400/600 cm. Non venimeux. Capture généralement sa proie en la frappant d'un coup de tête, puis en s'enroulant autour pour l'étouffer. Ensuite, l'avale lentement et la digère parfois en plusieurs semaines. Ovipare.

● **Serpent cracheur,** certains (le cobra égyptien ou naja-haje) crachent leur venin pour aveugler leurs victimes. Ce venin ne provoque généralement qu'une forte conjonctivite. Morsure fréquemment mortelle. Ovipare.

S. minute, typhlopidé (c.-à-d. presque aveugle). L 10/90 cm. Écailles lisses, inoffensif. Son nom (latin *Serpens minutus*, « serpent menu ») a fait croire que son venin donnait la mort en une minute, mais il n'est pas venimeux.

● **Tortue-léopard.** L 30/50 cm, poids mâle 8/10 kg ; femelle 15/20 kg. Terrestre, 100/150 cm, poids 100/300 kg. Ovipare.

● **Varan du désert.** L 100 cm, poids 1,5 kg. Carnivore, polyphage (lézards, rongeurs, insectes), diurne, héliophile. Ovipare (8 à 12 œufs). Repos hivernal. Protégé.

● **Varan du Nil.** L 120/170 cm à 2 m, poids jusqu'à 2 kg. Grimpe aux arbres, nage bien, court vite. Se nourrit d'oiseaux, rongeurs, batraciens, d'œufs d'oiseaux et de reptiles. Ne s'attaque pas à l'homme. Ovipare. Menacé de disparition, sauf au Sénégal.

Animaux d'Amérique du Sud

Mammifères

● **Cabiai** ou **Capybara.** 100/130, H 50, poids 50 kg. Le plus grand rongeur connu. Aquatique. Vit au bord des fleuves par bandes d'une trentaine. Herbivore. *Portée :* 2-8. *Gestation :* 110/120 j.

● **Chinchilla.** 20/28 + 7,5/15, poids 0,5/1 kg. Rongeur. Rare à l'état sauvage parce que massacré pour sa fourrure. Herbivore. *Portée :* 5-6. *Gestation :* 115/125 j. *Longévité :* jusqu'à 20 ans.

● **Coypou.** Voir **Ragondin.**

● **Guanaco.** 225 + 25, H 100/120, poids 60 kg. Camélidé, proche du lama. Végétarien. Vit jusqu'à 4 000 m d'altitude. *Portée :* 1, parfois 2. *Gestation :* env. 11 mois. *Longévité :* 22 à 28 ans.

• **Jaguar.** 160/230 + 51/65, poids 60/115 kg (jusqu'à 180 kg). Félin. Peau jaune parsemée d'ocelles noirs. Mélanisme fréquent (jaguar noir). Chassé, survit dans des zones réduites. *Portée :* habituellement 2 (de moins de 6 kg). *Gestation :* env. 100 j. Long et difficile apprentissage. Menacé de disparition.

• **Jaguarondi.** 93/120 + 30/46, H 120/140, poids 60 à 80 kg. Félin, mais proche des mustélidés par son allure. Robe sans taches, noire, rousse ou grise. Agile et souple. Omnivore. *Portée :* 2 ou 3.

• **Kinkajou.** 88/105 + 46/54. Un des rares carnivores à queue préhensile. Pelage gris ou beige clair. *Portée :* 1 ou 2.

• **Lama.** 220, H 150, poids 60/80 kg. Utilisé comme bête de bât et pour sa chair, sa laine, son cuir, ses os (armes et ornements) et même ses excréments (« taquia ») qui servaient de combustible. Il avait aussi une grande importance religieuse. Aujourd'hui en voie de disparition. Manifeste son mécontentement en crachant avec force et précision un jet d'aliments prédigérés. *Portée :* 1. *Gestation :* 350 j. *Longévité :* 20 ans. *Charge :* 30 à 50 kg. *Parcours maximal journalier :* 15 à 18 km. *Très proches du lama :* Guanaco, vigogne (espèces sauvages) et alpaga (race domestique).

• **Lamantin de l'Amazonie.** 250/300, poids 140/500 kg. Aquatique. Ordre dit des « siréniens », car il a donné naissance à la légende des sirènes. *Portée :* 1 petit une fois par an. *Gestation :* 270 j. *Longévité :* 8 ans.

• **Mara** ou **Lièvre de Patagonie.** 69/75 + 4,5, poids jusqu'à 16 kg. Longues pattes conçues pour le saut (2 m d'un seul bond). Au repos se tient assis comme un chien. Herbivore. *Portée :* 1 à 5.

• **Mazama.** 70/135 + 8/15, H 35/75, poids 8/25 kg. Petit cerf aux bois courts, sans ramifications. Habitudes nocturnes. Herbivore. *Portée :* 1 ou 2. *Gestation :* 32 semaines.

• **Nutria** (espagnol : « loutre »). Voir Ragondin.

• **Ocelot.** 85/120 + 30/45, poids 4/12 kg. Félin. Teinte variable, couvert de taches. Arboricole et nocturne. *Portée :* 2.

• **Opossum.** 32/50 + 25/53, poids 2,5/5 kg. Didelphidé, proche de la sarigue ; pelage doux et fourni. Les femelles ont une poche ventrale (le marsupium) qui renferme 13 mamelles et à l'intérieur de laquelle les petits, qui naissent à l'état de larves, achèvent leur développement. Une fois sortis de la poche, les jeunes vivent longtemps accrochés au dos de la mère. *Gestation :* 12/13 j. *Portée :* 8/18 petits dont 13 au maximum viables. Simule la mort pour décourager ses prédateurs (« faire le mort » en américain se dit « to play opossum »).

• **Ours à lunettes.** 150/180, poids jusqu'à 140 kg. Seul ours sud-américain. Habite les forêts andines. Marques blanches sur la face. Végétarien. *Portée :* 1 à 3. *Gestation :* 32/34 semaines. *Longévité :* 36 à 39 ans.

• **Paca.** 60/80 + 2,5, poids 6/10 kg. Rongeur, taille d'un lièvre. Chassé pour sa chair. *Portée :* 1 petit 2 fois par an.

• **Paresseux.** 50/65 + 6,5, poids 4/9 kg. Édenté (xénarthre) tardigrade, couvert de longs poils. Survit grâce au mimétisme avec la végétation. Gros dormeur. Se déplace avec lenteur dans les arbres. Végétarien. *Portée :* 1. *Gestation :* 5/6 mois.

• **Pécari.** 75/110 + 2/5, H 45/55, poids 18/30 kg. Ressemble au porc. Couvert de poils. Une glande sécrète une substance d'odeur pénétrante dont le rôle n'est pas connu. Se déplace en bandes. Omnivore. *Portée :* souvent 2. *Gestation :* 140/160 j. *Longévité :* 25 ans.

• **Pudu.** 33/38, poids 8/9 kg (le plus petit cervidé).

• **Puma.** 100/150 + 60/90, poids 120 kg max. Félin ressemblant à une lionne. Nocturne. *Portée :* 1 à 6 (aveugles, tachetés, pesant moins de 500 g). *Gestation :* 92 j. Se rencontre aussi en Amér. du Nord.

• **Ragondin.** 43/63 + 30/40, poids 7/9 kg. Rongeur évoquant le castor. Adapté à la vie aquatique (les mamelles de la femelle très haut sur les flancs permettent aux jeunes de téter quand leur mère flotte). Construit des refuges à la manière des castors. Végétarien. *Portée :* 5/6 petits 2 ou 3 fois par an. *Gestation :* 130 j.

• **Singes. Hurleur** ou **alouate** 60/92 + 59/62, poids 7/9 kg. Le plus corpulent d'Amérique. Au lever du jour les mâles poussent des hurlements rauques audibles à plusieurs km (communication entre les hardes du voisinage). Omnivore. *Portée :* 1. *Gestation :* 140 j. **Atèle** ou **S.-araignée** 38/64 + 51/89, poids 6 kg. Queue préhensile. Vit en groupes de 10 à 35. *Nourriture :* fruits. *Portée :* 1. *Gestation :* 139 j. *Longévité :* jusqu'à 20 ans en captivité (record). **Douroucouli** 24/37 + 32/40, poids 0,6/1 kg. Espèce primitive. Seul singe nocturne. Queue non préhensile. Omnivore. *Portée :* 2. *Longévité :* 25 ans. **Lagotriche** 59/69 + 60/72, poids 5 kg. Recouvert d'une abondante bourre laineuse. *Portée :* 1. *Gestation :* 135/150 j. **Ouakari** 51/57 + 15. Queue courte. Face et dessus de la tête rouges. Omnivore.

Ouistiti ou **Marmouset** (Brésil). 13/24 + queue 20/38 annelée et noire. *Poids :* 80 à 350 g. *Longévité :* jusqu'à 15 ans. Griffu, son pouce n'est pas opposable aux autres doigts. Ne supporte qu'une semi-captivité (chambre au soleil : il est frileux et fragile). *Alimentation :* fruits, légumes crus, raisins secs, semoule, farine, insectes, viande, poisson. *Gestation :* 145 j env. *Portée :* 2. **Ouistiti mignon** 15 + 15/18, poids 49/80 g. Le plus petit des ouistitis. Communication auditive uniquement par ultrasons. *Nourriture :* fruits et insectes. *Portée :* 2 petits 1 fois par an. *Gestation :* 140 j. *Longévité :* 20 ans.

Saïmiri ou **Singe-écureuil.** 26/36 + 35/43, poids 750/1 100 g. Roux, museau foncé, queue longue et touffue non préhensile. Vit en bordure des fleuves. *Nourriture :* insectes, œufs et fruits. *Reproduction :* 1 fois par an. *Gestation :* 170 à 180 j. *Portée :* 1. **Sajou** ou **Capucin** 30/38 + 38/51, poids 1/4 kg. Très intelligent. Fructivore. *Portée :* 1. *Gestation :* env. 6 mois. *Longévité :* plus de 32 ans en captivité. 12 à 13 ans sous nos climats. Indépendant et susceptible. *Alimentation :* fruits frais et secs, verdure, cacahuètes, riz, viande hachée très fraîche... *Reproduction :* 1 à 2 fois par an. *Gestation :* 180 j. *Portée :* 1.

• **Tamandua à 4 doigts.** 54/58 + 5,5. Édenté insectivore. Vit à la cime des arbres. 4 ongles aux membres avant. Capture ses proies en projetant sa longue langue gluante.

• **Tamanoir** ou **Grand fourmilier.** 100/200 + 65/90, poids 18/23 kg. Édenté insectivore. Très puissant, aux griffes effilées, craint même par le jaguar. Odorat développé. *Gestation :* 190 j environ.

• **Tamarin** (Amérique du S.). *T. à crinière de lion ou dorée. Taille :* 25 à 35 cm, queue 30 à 36 cm. *Poids :* 490 à 550 g. *Gestation :* 130 j. *Portée :* 2. *T. impérial, à moustaches, à manteau rouge, à manteau nègre. Taille :* 15 à 30 cm, queue 29 à 44 cm. *Poids :* 280 à 400 g. *Alimentation :* V. Ouistiti. S'entend bien avec les chats.

• **Tapir.** 180/250 + 5/10, H 75/120, poids 225/300 kg. Ongulé archaïque, proche des porcins. 4 espèces connues en voie de disparition. Corps massif, cou trapu, petite trompe mobile. Bon nageur et grimpeur. Omnivore. *Portée :* 1. *Gestation :* env. 14 mois.

• **Tatou.** 37/43 + 25/37, poids 4/8 kg (Tatou géant : 100 + 50, poids 60 kg). Édenté ; protégé par une épaisse cuirasse articulée. Nocturne, vit dans des galeries souterraines. Insectivore. Chassé pour sa chair et sa carapace (paniers ou instruments de musique).

• **Tuco-tuco** (rongeur appelé aussi *rat à peigne* à cause de poils durs qu'il a à la base des ongles). 17/25 + 6/11, poids 200/700 g. Vit en Patagonie. Adapté à la vie souterraine. Yeux sur le dessus de la tête. *Nourriture :* bulbes, racines et tiges. *Portée :* 1 à 5. *Gestation :* 103/107 j.

• **Vampire d'Azara.** 7,9/9 + avant-bras 6, poids 15/50 g. Chauve-souris hématophage. S'attaque aux gros herbivores, parfois aux hommes, arrache un petit lambeau de peau et aspire le sang (boit env. 3 cl de sang par nuit). Sa salive contient une substance anticoagulante qui empêche le cicatrisation de la blessure. Peut transmettre la rage. *Gestation :* 90/100 j. **Faux vampire.** 13 + avant-bras 10,5, poids 145/190 g. Plus grande chauve-souris d'Amérique. Carnivore.

• **Vigogne.** 160/190 + 15, H 75/110, poids 35/50 kg. Camélidé proche du lama. Vit au-dessus de 3 600 m (jusqu'à 5 000 m) (au-dessous des neiges éternelles). Agile et rapide (jusqu'à 60 km/h). Se nourrit de feuilles. *Portée :* 1. *Gestation :* 11 mois.

• **Viscache des pampas.** 47/66 + 15/20, poids 7/10 kg, femelle 2/5 kg. Rongeur. Vit en petites communautés dans des galeries souterraines. Chassé car dangereux pour les chevaux qui trébuchent dans les galeries.

Oiseaux

• **Agami.** 55. Noir à reflets métalliques.

• **Ara.** 95. Le plus grand des psittacidés. Énorme bec. Souvent une dominante rouge. Plusieurs espèces.

• **Colibri** ou **Oiseau-mouche.** 350 formes connues. Le plus petit (oiseau-mouche Hélène) a la taille d'un bourdon, le plus grand (patagon géant) mesure 18,5 cm. Plumage irisé. Mode de vie plus proche de celui des insectes que de celui des oiseaux. Un des oiseaux les plus rapides du monde (100 km/h). L'effort fourni au cours du vol explique son appétit (c'est le vertébré ayant pour son poids l'appétit le plus exigeant). *Portée :* 1 ou 2 œufs, 2 ou 3 fois par an.

• **Condor des Andes.** Rapace, proche du vautour. Ailes repliées 80/85, queue 35/38, envergure 290, poids 12 kg (mâle). Un des plus grands oiseaux voiliers du monde. Se déplace en solitaire ou en bandes (jusqu'à 60). Nécrophage. *Ponte :* sept. à oct. une année sur 2 (1 œuf).

• **Coq de roche.** 27. Passereau orange, avec huppe érectile.

• **Harpie.** 80/90, poids 6 kg. Aigle forestier, le plus grand oiseau de proie d'Amérique. Chasse singes et gros oiseaux. *Portée :* 1 œuf.

• **Nandou.** 95/170, poids 25 kg maximum. Ressemble à l'autruche en plus petit. Vit en groupes de 10 à 20. Voit très loin mais ne sent pas. S'associe au cerf qui sent mais ne remarque pas au-dessus des herbes l'approche des prédateurs. Le mâle couve les œufs (20 à 30).

• **Quetzal.** 33. Famille des couroucous, ou trogonidés. Jadis adoré par les Aztèques et les Mayas. Très rare. L'un des plus beaux oiseaux du monde. Vert avec de grandes plumes émeraude. Emblème national du Guatemala, *Ponte :* 2 à 4 œufs.

• **Tinamou.** 25/45. Ressemble à la perdrix. Mimétisme avec le sol. Le mâle couve l'œuf et s'occupe du poussin.

• **Toucan.** 35/60 (bec 8/10). Surnommé « clown de la forêt » pour son énorme bec coloré et ses habitudes tapageuses. *Ponte :* 2 à 4 œufs.

• **Vautour pape** ou **Vautour royal.** Ailes repliées 50, queue 25, poids 3,5 kg. Plumage blanc. *Ponte :* 1 œuf.

Poissons

• **Arapaïma** ou **Picaruyu.** 2,30 m, 200 kg. Habite les fleuves d'Amazonie. Un des plus grands poissons d'eau douce.

• **Gymnote électrique** ou **Anguille tremblante.** 180/200. Capable de nager en avant ou en arrière et de produire de l'électricité (jusqu'à 650 volts) pour s'orienter, localiser ses proies et les électrocuter par une forte décharge. Respire l'oxygène atmosphérique (toutes les 15 mn env.).

• **Piranha.** 30/50. Carnassier des eaux douces d'Amazonie. Se déplacent par milliers ; armés de dents tranchantes, ils dépècent de très grosses proies en quelques minutes. Mais ils sont attirés exclusivement par l'odeur du sang et n'attaquent jamais un homme s'il n'est pas déjà blessé et ensanglanté.

Reptiles

• **Alligator** (alligatoridé). 200/600 cm. Vit en eau douce. *Ponte :* jusqu'à 50 œufs. Les crocodiles vivant en zone équatoriale hibernent 5 à 7 mois.

• **Anaconda** ou **Eunecte.** 500/1 100. Boa aquatique. Le plus grand serpent du monde. Mord sa proie puis s'enroule autour d'elle. La mort se produit par arrêt de la circulation sanguine et par asphyxie. *Portée :* 60 petits mis au monde vivants, mesurant environ 1 m. *Longévité :* 29 ans.

• **Boa.** 400. Non venimeux. Étouffe sa proie en s'enroulant autour d'elle. *Longévité :* 23 ans.

• **Caïman** (crocodilidé : se distingue de l'alligator par les écailles du ventre, aussi dures que celles du dos). 120/500. *Ponte :* une cinquantaine d'œufs. En voie de disparition.

Animaux d'Amérique du Nord et d'Europe

Crustacés

• **Cloporte.** Oniscidé isopode. L 2 cm. Corps aplati. 14 pattes. Certaines espèces peuvent se rouler en boule. Vit dans les lieux sombres et humides. Souvent considéré à tort comme un insecte.

Mammifères

• **Bison d'Europe.** 270 + 80, H 180/195, poids 800/900 kg : plusieurs milliers en forêt de Pologne et de Russie. **B. d'Amérique** dans des réserves (35 000 env.). 250 + 50, H 200, poids 1 t (femelle 500 kg et H 150). *Vitesse :* 45 km/h au galop.

• **Glouton.** Atteint 110 cm de long, poids 15/30 kg. Le plus gros mustélidé connu. Carnivore, surtout charognard. Sa voracité lui permet de dévorer un cadavre entier de cerf ou de renne. *Territoire* de chasse étendu, généralement solitaire. Vit dans les forêts de résineux et dans la toundra. *Gestation :* jusqu'à 9 mois. *Portée :* 2 à 3.

• **Lynx boréal.** Félin (N.-E. de l'Europe, Mts Tatra, Carpates, réintroduit en Suisse, All. occidentale, Yougoslavie, France). 80/130, H 60/75, poids 18/38 kg. *Gestation :* 70 j. *Portée :* 2 à 4. *Longévité :* 16 à 18 ans. **L. pardelle** (Espagne, Grèce, S. de la Youg.). 85/110, H 60/70, pelage fauve tacheté de noir. Prédateurs carnivores, peuvent sauter à 2,50 m.

• **Ours brun** (Europe). 150/240, poids 120/400 kg (croissance rapide : 200 à 380 g à la naissance, 3 kg à 3 mois, 12 à un an, 40 à 3 ans. Ensuite prend 10 kg par an en moy.). Espèce en voie de disparition, vit dans les forêts pyrénéennes, surtout hêtraies-sapinières situées entre 1 100 et 1 500 m d'altitude. *Vitesse* (de pointe) : 40 km/h, *rayon d'action :* 25 km (en une nuit de 10 h) ; ne se perd jamais et passe toujours aux mêmes endroits. Pour son intelligence, on le classe en 4e position après l'homme, les singes supérieurs et l'éléphant indien. Omnivore (surtout végétarien, consomme 75 kg de viande par an). N'attaque les troupeaux qu'en période de disette. La fin des faines (dont il est friand) correspond à son entrée en hibernation. **O. noir** ou **Baribal** (Amér. du N.). 150 kg, mais le grizzly peut atteindre 500 kg. **Kodiak** (Alaska). Dépasse parfois 850 kg et mesure 2,70 m du museau à la queue. *Vitesse :* 45 km/h sur de courtes distances. Régime carné et végétal. Subsiste dans les régions septentrionales. *Gestation :* 7 à 8 mois. *Portée :* 1 à 3.

• **Pronghorn** ou **Antilocapre.** Antilope la plus rapide d'Amér. du Nord : 60 km/h sur de courtes distances, 45 km/h sur plusieurs km. *Nombre :* 350 000 (au XVIIIe s. 40 000 000 env.). L'été, vit en petites hardes ; l'hiver, forme de grands troupeaux (100 indiv.) migrant vers le sud. *Portée :* 2.

Oiseaux

• **Aigle. Impérial** (Europe). 79/84, poids 2,5/3,5 kg. Carnivore. Possède des serres moins puissantes que celles de l'aigle royal, ses proies sont les rongeurs, les gallinacés. L'aire de chasse d'un couple serait de 2 000 ha. *Ponte :* 1 à 3, *incubation :* 43 j. **Royal** (Eurasie et Amér. du N.). Poids maximal : femelle 6,5 kg ; mâle 4 kg. Rapace, chasse les mammifères de taille moyenne, les oiseaux ; parfois charognard. *Territoire :* 9 000 ha par couple. Ne peut enlever des enfants, trop lourds pour son propre poids, sinon des bébés de 3 ou 4 kg.

• **Albatros** (à sourcils noirs). Envergure : 2 m. Fréquente régulièrement les côtes d'Europe (îles Féroé, G.-B. : Shetland, Irlande).

• **Balbuzard.** Voir p. 174.

• **Chouette effraie.** 34, envergure 91/95, poids 0,3 kg. Disque facial blanc en forme de cœur, yeux noirs. Dos roux doré. Carnivore (essentiellement des rongeurs), chasse même dans les greniers et les maisons habitées des villages et des faubourgs urbains. *Ponte :* 5 à 6 œufs, *incubation :* 30/34 jours. **C. hulotte** ou **Chat-huant** 46, aile repliée 27/29,7, poids jusqu'à 0,6 kg. Aspect massif, pas d'aigrettes frontales. Yeux noirs. Carnivore (rongeurs, oiseaux, batraciens, lézards). *Ponte :* 2 à 4 œufs, *incubation :* 30 jours.

• **Condor de Californie.** En voie d'extinction.

• **Coucou gris** (Europe). 33, aile repliée 20/23, envergure 59/61, poids 90/135 g. Insectivore essentiellement. Parties supérieures grisâtres, inférieures rayées de brun-noir et de blanc, queue longue et ailes pointues. Difficile à apercevoir. *Ponte :* 2 à 12 œufs. Couvaison par des parents nourriciers (12/13 j.).

• **Cygne muet** ou **tuberculé.** 145/155, aile repliée 54/62, envergure 210/230, poids 10/23 kg. Plumage blanc immaculé, bec orangé, cou long et recourbé en S. Vit dans les lacs des villes européennes. A l'état sauvage, se reproduit encore en Europe du Nord. Les mâles attaquent souvent, à coups de bec et d'ailes, leurs congénères. **C. sauvage** 125/150, aile repliée 57/64, envergure 210/250, poids 7 à 13 kg. Plumage blanc ; bec jaune à la base ; sans tubercule. **C.-trompette américain** plus grand, bec noir. env. 2 000 (en zones protégées). Nourriture exclusivement végétale. *Ponte :* 5 à 7 œufs, *incubation :* 5 semaines.

• **Grand-duc.** 66/71, aile repliée 43/46, poids jusqu'à 0,7 kg. Le plus grand des rapaces nocturnes européens. Couleur fauve, yeux énormes et orangés. Carnivore (les rongeurs représentent 50 % de sa nourriture). *Ponte :* 2 à 5 œufs, *incubation :* 35 j. *Longévité :* 60 ans (en captivité). Peut vivre jusqu'à une altitude de 5 000 m.

• **Grue cendrée** (Europe du Nord). 114, aile repliée 54/61, poids 4/5 kg. Échassier migrateur, au printemps, se dirige vers les toundras du Nord. Se nourrit de fruits sauvages, graines et plantes aquatiques, insectes, amphibiens, reptiles. *Ponte :* 1 à 3 œufs, *incubation :* 4 semaines.

Reptiles

• **Couleuvre.** Serpent (colubridé). 10 espèces, dont : c. à collier (150 cm), semi-aquatique ; c. vipérine (70 cm), aquatique, c. vert et jaune (Midi, 200 cm) ; c. d'Esculape (Midi, 150 cm), bronzée ; c. de Montpellier (pourtour Méditerranée, 100/250 cm), venimeuse mais peu dangereuse pour l'homme (crochets postérieurs).

• **Orvet.** L. 15/20 cm. Lézard sans pattes. Souvent considéré à tort comme un serpent, car il se déplace en rampant sur le ventre. Appelé « serpent de verre » (sa queue se casse facilement).

• **Vipère.** Serpent (vipéridé). 10 espèces venimeuses, dont : v. péliade (70 cm), sombre avec taches noires en zigzag ; aspic (Est, Midi, Bassin parisien), nez retroussé ; v. d'Orsini (Alpes du Sud, 50 cm) ; v. de Seoane (Pays Basque).

Animaux d'Asie

Mammifères

• **Antilopes. A. cervicapre** 120 + 18, H 81, poids 37 kg. Un des animaux les plus rapides du monde. Le mâle possède des cornes torsadées (longueur 45 à 68 cm). Végétarien. *Portée :* 1 ou 2 petits. *Gestation :* 180 jours. *Longévité :* 15 ans. **A. tétracère** 100 + 12,5, H 60. 4 cornes (postérieures 8 à 10 cm, antérieures 2,5 à 3,8 cm). *Portée :* 1 à 3 petits. *Gestation :* 8 mois. Végétarien.

• **Axis.** Cervidé. 110/140 + 30, H 75/97, poids 75/100 kg. Bois plus fins et moins ramifiés que ceux du cerf européen (3 andouillers seulement). Herbivore.

• **Banteng.** Bovidé. 180/200, H 130/170, poids 500/900 kg.

• **Binturong.** Viverridé, proche de la mangouste. 117/185 + 56/90, poids 9/14 kg. Couvert de poils longs et noirs. Arboricole et nocturne. *Portée :* 2 ou 3. *Gestation :* env. 3 mois.

• **Buffle d'eau.** H plus de 180, poids 500/1 000 kg. Vit en zones marécageuses. Domestiqué. Rares troupeaux sauvages. *Gestation :* 310 j.

• **Chameau de Bactriane.** Domestiqué, mais existant encore à l'état sauvage dans le désert de Gobi. H 210 (du sol au sommet des bosses). 2 bosses (réserves de graisse et non d'eau). Ne transpire qu'à partir de 40 °C, perd en urinant 1 l d'eau par jour. Peut perdre jusqu'à 30 % de son poids et se réhydrater sans danger en buvant 120 l d'eau (les globules rouges, très nombreux, se gonflent et absorbent l'eau sans éclater). Par comparaison, un homme perdant 12 % de son poids (en cas de déshydratation extrême) ne peut absorber une quantité équivalente d'eau sans encourir une indigestion hydrique entraînant sa mort. *Vitesse* max. 25 km/h, chargé 3,5 km/h. (*Charge :* 250 à 270 kg.)

• **Grande civette de l'Inde.** Viverridé. 115/125 + 40/48, poids 7/11 kg. Mœurs nocturnes. Sécrétion odorante des glandes périnéales, qui s'apparente au musc ; utilisée en parfumerie. *Portée :* 2 ou 3.

• **Dhole** ou **Cuon.** Chien sauvage. 76/100 + 28/48, poids 14/21 kg. Apparenté au loup. 4 doigts aux membres antérieurs. *Portée :* 2 à 6. *Gestation :* 9 semaines.

• **Éléphant d'Asie.** H 300 max., poids jusqu'à 5 t. Front déprimé, dos arqué, oreilles et défenses petites, trompe lisse terminée par un seul appendice. N'existe plus à l'état sauvage qu'en Assam. *Dressage :* capturé, il est confié à un cornac chargé de le conduire et de le soigner toute sa vie. Au début, 2 sujets déjà apprivoisés l'aident. Après 2 à 3 semaines, sait répondre à « En route ! Debout ! A genoux ! Lève-toi ! » Obéira à 21 à 24 formules différentes. Herbivore. *Portée :* 1. *Gestation :* 21 mois. *Longévité max. :* 100 ans.

• **Galéopithèque.** 50/69 + 22/27, poids 1,50 kg. Mammifère (Dermoptère) planeur, allure d'écureuil volant. Sur 136 m, ne descend que de 10 à 12 m. Végétarien. *Portée :* 1. *Gestation :* 60 j.

• **Gaur.** 260/330 + 85, H 180/200, poids 1 t. Le plus grand bovidé asiatique. Cornes incurvées atteignant 60 cm chez le mâle.

• **Kouprey.** 220 max., H 190, poids 900 kg. Bovidé (Cambodge).

• **Linsang rayé** ou **Civette à bandes.** Viverridé. 75/80 + 35, poids 750 g. *Portée :* 2 ou 3. *Gestation :* env. 2 mois.

• **Lion d'Asie.** N'existe plus que dans la réserve de Gir (Inde). *Différences avec le lion d'Afrique :* touffe de poils à l'articulation des membres antérieurs, toupet de la queue plus grand, crinière peu fournie.

• **Muntjac** ou **Cerf aboyeur.** 89/135 + 13/23, H 50, poids 15/35 kg.

• **Nilgaut.** 180/210 + 45/53, H 120/150, poids 200 kg. Antilope ressemblant au taureau et au cerf. *Mâle :* cornes de 20 cm. Vénéré en Inde. Végétarien. *Portée :* 2. *Gestation :* 245 j. *Longévité :* 15 ans.

• **Ours. O. lippu.** 180, H 90, poids max. 120 kg. Très redouté à Ceylan à cause de son agressivité. Nocturne. Mange des termites qu'il aspire avec ses lèvres (il est si bruyant qu'on l'entend à plus de 200 m). *Portée :* 2. *Gestation :* 7 mois. *Longévité :* 30 ans environ. **O. malais** ou **des cocotiers** 125, H 60, poids 70/100 kg. Très agile. Arboricole. Omnivore (mange les termites). *Portée :* 2. *Gestation :* 7 mois. **O. à collier** (Tibet, Japon, Asie du N.-E.) 180, poids 130 kg. Arboricole. Omnivore.

• **Panda (grand).** 150 (avec la queue), poids 75/160 kg. Vit solitaire dans les forêts de bambous du S.-ouest de la Chine, se nourrit de bambous. *Gestation :* 140 j. *Portée :* 1. S'apparente aux ours et aux procyonidés (classé parfois parmi les ursidés), proche des ratons laveurs. **Panda (petit).** 60, poids 3/4,5 kg, se nourrit la nuit de végétaux, bambous, racines, glands. *Gestation :* 90/150 j. *Portée :* 1 ou 2.

• **Panthère longibande.** 120/190 + 60/91, H 80, poids 14/23 kg. Pelage grisâtre ou fauve orné de taches. *Portée :* 2 à 4. *Gestation :* 90 j. A la naissance, les petits sont aveugles et pèsent de 140 à 170 g. *Longévité :* 21 ans.

• **Primates : 1) Singes : Gibbon** 45/90, H 100, poids 5/12 kg. Membres antérieurs très développés. Bonds de plus de 10 m. Seul primate capable de marcher sur ses pattes arrière. Monogame. La communication se fait surtout par cris. Omnivore. *Portée :* 1. *Gestation :* 200/212 j. *Longévité :* jusqu'à 30 ans en captivité. **Macaque** 38/76 + 0/61, poids jusqu'à 13 kg. Queue absente, moyenne ou longue selon les espèces (12). Vit au sol, en groupe ; isolé, ne peut survivre. Utilisé dans les laboratoires en raison de sa similitude physique et psychique avec l'homme (découverte du facteur Rhésus grâce au « macaque Rhésus »). Omnivore. *Portée :* 1. *Gestation :* 5/6 mois. *Longévité :* plus de 30 ans en captivité. **Macaque à bonnet** (Bengale) (ou singe-crabier : il pêche les crabes avec sa queue). Env. 50 cm, fourrure assez courte, ocre jaune ; oreilles rosâtres et décollées. *Alimentation :* riz cru ou cuit, céréales, légumes verts crus, peu de fruits. *Portée :* 1 par an. **Nasique** 66/76 + 56/76, poids 16/22,5 kg (femelle 54/60, poids 7/11 kg). Vit à Bornéo. Vers 7 ans, le nez du mâle s'allonge démesurément. Végétarien. *Portée :* 1. **Orang-outan** (« homme des bois » en malais). H. 150, poids 75/100 kg (femelle H 115, poids 40 kg). Pas de queue. Membres antérieurs plus développés que les postérieurs. Vit en solitaire. Coefficient intellectuel proche de celui du chimpanzé. Peu farouche, aisément capturé par l'homme. Arboricole. En captivité devient obèse. *Nourriture :* fruits, feuilles, écorces, œufs. *Portée :* 1. *Gestation :* 8/9 mois. *Longévité :* en liberté de 30 à 40 ans, en captivité moins car sensible aux maladies pulmonaires transmises par l'homme. **Semnopithèque** 43/80 + 33/107, poids 7/18 kg. Vénéré en Inde comme animal sacré. Cause des dégâts dans les villes et les jardins. Végétarien. *Portée :* 1. *Gestation :* 196 j.

2) Tarsier spectre. 27/35 + 17/22, poids 100/150 g. Nocturne. Iles de la Sonde. Yeux et membres postérieurs démesurés. Se déplace comme une grenouille par bonds (jusqu'à 2 m). Doigts préhensiles pourvus de disques. Sa tête peut tourner sur 180°.

• **Rhinocéros asiatique.** 3 espèces : **Rh. unicorne de l'Inde** 420, H max. 200, poids max. 4 t. Une seule

Rhinocéros

corne de 60 cm. Cuirasse formée de plaques. Vit en milieu marécageux. Végétarien. *Portée :* 1. *Gestation :* 560 j. *Longévité :* 40 ans. **Rh. de Java.** Même aspect, plus petit. *Nombre :* estimé à 30. **Rh. de Sumatra** 250/280, H 150, poids max. 1 t. Le plus petit des rh. vivants, le seul en Asie à posséder 2 cornes. Pelage laineux ; dépourvu de plaques. Le rh. d'Asie a été presque entièrement exterminé par l'homme pour les prétendues vertus aphrodisiaques de la poudre de ses cornes.

● **Tigre.** 230/300 + 75/91, H 90, poids jusqu'à 300 kg. Pelage jaune (parfois blanc, dans la principauté de Rewah en Inde) rayé de sombre. Originaire de Sibérie, supporte neige et froid. Solitaire. Chasse dans l'obscurité. Ouïe très fine. Attaque tous les animaux, parfois l'homme. *Portée :* 2 ou 3 (1/1,5 kg, ouvrent les yeux à 14 j). *Gestation :* 105/113 j. *Longévité :* 25 ans.

● **Tupaia.** 3/45 + 15/24. Petit mammifère (Tupaiidés) à allure d'écureuil, insectivore. Présente des caractères simiens. *Portée :* 2. *Gestation :* 45/50 j.

● **Yack du Tibet.** H. 170, poids 550/700 kg. Vit jusqu'à 6 000 m d'alt. Résiste à − 40 °C. Mange, quand la nourriture se raréfie, des mousses, des lichens et avale de la neige pour se désaltérer. *Gestation :* 277/290 j. *Portée :* 1.

Mammifères aquatiques

● **Dugong.** 250/280, poids 140/170 kg. Sirénien, proche du lamantin (océan Indien, ouest du Pacifique). Chassé pour sa chair, sa graisse et de prétendues propriétés curatives. *Portée :* 1. *Gestation :* env. 11 mois.

● **Plataniste du Gange** ou **Dauphin du Gange.** 250. Cétacé d'eau douce. Aveugle. *Nourriture :* animaux aquatiques. *Portée :* 1.

Oiseaux

● **Balbuzard** ou **Aigle pêcheur.** 60/72 + 45/51 (envergure 115/119), poids 1,3/1,7 kg. *Ponte :* 3 œufs, *incubation :* 35/38 j.

● **Coq bankiva.** 65/70 + 27,5/50. A l'origine de toutes les races de coqs domestiques. *Ponte :* 5 à 10 œufs (après chaque ponte, la poule s'éloigne de son nid et caquette pour attirer sur elle l'attention des prédateurs ; ce comportement s'est souvent maintenu chez les races de basse-cour, mais sans utilité). Domestiqué vers 5 000 ans av. J.-C.

● **Gypaète barbu.** On le trouve aussi bien en Afrique qu'en Eurasie. Charognard. Vole jusqu'à 9 000 m d'alt. (Himalaya).

● **Paon bleu.** 150/200. Vénéré dans certaines régions de l'Inde comme l'incarnation du dieu Krishna. *Nourriture :* végétaux, fourmis, petits reptiles. *Portée :* 3/5 œufs.

Poissons

● **Archer cracheur** ou **Toxotie.** Plus de 30 cm. Capture les insectes en lançant un jet d'eau jusqu'à 2 m.

● **Périophtalme.** 12/30. Marche à l'aide de nageoires pectorales ressemblant à des bras. Avant d'aller sur le rivage, fait provision d'eau dans de vastes cavités situées de chaque côté de la tête. Voit mieux à l'air libre que dans l'eau.

Reptiles

● **Crocodiles.** 2 espèces : **C. des marais** 300/425. En Inde et à Ceylan. *Ponte :* 15 à 20 œufs. **C. marin** 700/1 000. Carnivore, dangereux pour l'homme. *Ponte :* 30 à 50 œufs (pesant de 66 à 140 g). *Incubation :* 2 mois et demi. A la naissance, les petits mesurent 30 cm et s'alimentent d'insectes. Ferme d'élevage à Bangkok.

● **Gavial du Gange.** Un des plus grands crocodiles actuels. 450/800. Inde et Birmanie. Gavialidés. Aspect redoutable dû à son immense mâchoire pourvue de dents fines, mais n'est pas dangereux pour l'homme. Va rarement à terre. Se nourrit surtout de petits poissons. *Ponte :* jusqu'à 40 œufs (de 9 cm sur 7 cm). Protégé.

● **Varan à deux bandes ou varan malais.** 300. Lézard géant. Bon nageur, grimpe aux arbres. Omnivore. *Ponte :* 7 à 30 œufs dans une cavité.

Animaux australiens

Mammifères

● **Couscous** ou **Phalanger.** Marsupial. 40/50 cm (sans compter la queue). Vit dans les arbres. Assez agressif. Omnivore.

● **Dingo.** Chien sauvage. Chasse par bandes. Descend d'un loup d'Asie domestiqué ou d'un chien semi-domestiqué.

● **Échidné.** 25 cm. Mammifère ovipare. Corps couvert de piquants, bec corné. Insectivore. La femelle pond puis porte ses œufs dans une poche (repli de peau).

● **Kangourou** (en aborigène signifie animal). Herbivore. 3 espèces : **K. roux** : mâle 130 à 160 cm + queue 85 à 105 cm ; femelle 100 à 120 cm + queue 65 à 85 cm ; 23 à 70 kg, mâle 2 fois plus lourd que la femelle ; régions : plaines. **K. géant** : mâle 105 à 140 cm + queue 95 à 100 cm ; régions : forestières. **K. wallaroo** : mâle 100 à 140 cm + queue 80 à 90 cm ; régions : montagneuses. *Couleur* k. roux et certains wallaroos : mâle roux, femelle grise ou rousse ; k. géant : tête et haut du corps gris-brun à gris rougeâtre. *Vitesse :* jusqu'à 88 km/h sur trajets courts, bonds exceptionnels de 13,5 m de l. et 3,3 m de h. *Poche* (le marsupium) bien développée chez les femelles, dirigée vers l'avant et contenant 4 tétines. *Gestation :* 30/40 j. *Portée :* 1, mesurant env. 25 mm. Il grimpe par reptation dans la poche et happe une tétine. Y demeure 235 j. *Longévité* (en captivité) : 17 à 18 ans.

● **Koala.** Le plus grand phalangéridé. L 60 à 82 cm, poids 16 kg. Sans queue. Arboricole nocturne lent, mangeant des feuilles d'eucalyptus. *Gestation :* 25/30 j (2 cm de long à la nais.). Reste plus de 6 mois dans la poche ventrale.

● **Ornithorynque.** L 45 cm + queue 15 cm. Mammifère ovipare. Description : bec corné, pattes palmées, corps recouvert de fourrure, queue plate lui permettant de creuser des galeries près des étangs où il vit. La femelle pond des œufs, les couve, puis nourrit les petits de son lait.

● **Wallabie.** Nom donné par les Anglais et les Australiens aux innombrables petites espèces de marsupiaux.

Oiseaux

● **Balbuzard.** Voir ci-contre.

● **Émeu.** Famille des casoars, voisin des autruches. H 180 cm, H dos 100 cm, poids 55 kg. 8 à 15 œufs. *Mâle couve* les œufs : 52/60 j (perd 5 kg et +). *Plumage* brun mat. *Court* à env. 50 km/h, peut nager.

● **Martin-chasseur.** *Géant* ou *kookaburra,* dit *« Jean-le-Rieur »* (il ricane). Famille des martins-pêcheurs. Se nourrit exclusivement de petits reptiles, d'insectes, de crustacés.

● **Oiseau-lyre** ou **Ménure.** 100 cm max. Doit son nom aux longues plumes recourbées de la queue du mâle. Voix forte et mélodieuse, talent d'imitateur.

Animaux polaires

Arctique

● **Bœuf musqué.** L 180 à 245 cm + 7 à 10 cm, H 110 à 145 cm. Poids 200 à 300 kg, femelle beaucoup plus petite que le mâle. *Cornes* recourbées vers le bas, pointes dressées vers le haut. Ruminant. *Pelage* hirsute exceptionnellement long, hiver : bourre longue et épaisse qui enveloppe tout le corps sauf mufle et lèvre inférieure et à l'arrière du corps descend presque jusqu'aux sabots ; été : quand la bourre est recouverte de poils, le b. musqué a un aspect échevelé. *Gestation :* 8 mois 1/2. *Portée :* 1, rarement 2. Acclimaté sur l'île de Nunivak, et en Norvège. En 1964, un troupeau a été implanté sur l'île Wrangel, au large de la Sibérie. Aire de répartition « normale » : Nord Canada, Nord et Est du Groenland. Implantation réussie à l'ouest du Groenland mais échouée au Spitzberg.

● **Harfang des neiges** ou **Chouette harfang** (*Nyctea scandiaca*). N'est pas un rapace nocturne au sens littéral : il chasse le jour et s'accommode de la clarté de l'été comme de l'obscurité hivernale. L 56-65 cm (la plus grande chouette connue). Le mâle est plus petit et d'un blanc pur ou blanc avec des points ou des rayures d'un gris pâle ou brunâtres. La femelle est plus foncée avec des rayures plus prononcées. Présence et reproduction dépendent de l'abondance des rongeurs.

● **Lemming** (plusieurs genres et espèces). Rongeur proche du rat. *Fourrure* longue, épaisse, ne craignant pas l'eau. Surtout dans les régions polaires, mange des végétaux (lichens) et de petites charognes ; en hiver, vit presque exclusivement sous la neige. Prolifique et abondant, facile à capturer, par les renards polaires ou ordinaires, gloutons, hermines, chouettes harfangs, chouettes lapones et rapaces diurnes du Nord, loups arctiques, ours blancs. **L. des forêts :** L 7,5 à 11 cm, poids 20 à 30 g. *Fourrure :* gris ardoisé, dessin brun-rouge sur le dos. La femelle met bas 2 fois l'été. **L. des toundras :** L 10 à 13 cm + queue 1,8 à 2,6 cm. *Poids* 40 à 112 g. Couleur variable. Mauvaise réputation à cause de ses migrations.

● **Morse.** Mâle L 360 cm, poids jusqu'à 1,5 t. Femelle L 300 cm, poids 550 kg. Possède des défenses (L jusqu'à 1 m chez le mâle adulte). Peut rester jusqu'à 12 mn en plongée. Se nourrit de mollusques (env. 3 000 palourdes par j).

● **Ours blanc** *(Thalarctos maritimus).* Mâle L 241/251 cm, femelle L 180/210 cm. poids 320/410 kg (en Sibérie jusqu'à 1 000 kg). Taille des jeunes : 25 à 30 cm à la naissance. Poids : 680 à 900 g. Carnivore en hiver (phoques), omnivore en été (œufs, algues, bois, détritus, cadavres de cétacés). Bon grimpeur en dépit de sa taille et de son poids. Excellent nageur, il peut parcourir en mer environ 30 km à 10 km/h, mais il ne chasse pas dans l'eau. Les mâles sont solitaires, les femelles et les jeunes vivent en famille 2 ans environ. *Gestation :* 8 mois. *Portée :* souvent 2 (28 à 32 cm, 700 g). *Effectif :* 10 000 à 20 000 dans le monde (il y a environ 1 300 ours tués chaque année par l'homme).

● **Petit pingouin** *(Alca torda).* Famille des Alcidés. L 39 à 48 cm. Poids 700 g env. Vit dans l'hémisphère Nord (contrairement au manchot, voir ci-après). *Ailes* relativement petites, vol rapide et impétueux. Excellent nageur et plongeur.

● **Phoque.** 5 espèces. **Phoque marbré :** L 135/165, poids 90 kg, solitaire se déplace peu. **Phoque du Groenland :** L 180 cm, poids 180 kg. Vit en grande société. Se reproduit sur la glace en février et mars. **Phoque à capuchon :** L 315 cm, poids 400 kg. Possède des cavités nasales dilatables qui s'étendent au-dessus des yeux. **Phoque barbu :** L 225 cm, poids 225/270 kg. Solitaire. **Phoque à rubans :** solitaire, vit dans le nord du Pacifique.

● **Renard polaire** ou **Renard bleu** (*Alopex Lagopus*). L 46/68 cm + queue 30/40 cm. H à l'épaule 30 cm. Poids jusqu'à 9 kg. Carnivore. *Pelage* d'hiver de 2 types : blanc et bleu (presque noir, bleu d'acier, brun marron ou gris clair). S'active normalement à − 50° (mais peut survivre à − 80°). La plante de ses pieds très poilue lui permet de ne pas déraper sur la glace et la neige. *Gestation :* 50 j. *Portée :* 1 à 2/an avec 3-4 à 8-10 petits (très exceptionnellement plus).

● **Renne** (appelé **caribou** en Amérique) (*Rangifer tarandus*). Habite le Grand Nord dans la ceinture polaire et subpolaire. Son aire s'étend aux toundras et aux contrées boisées d'Europe, d'Asie et d'Amérique du Nord. L 130 à 220 cm + queue 7 à 20 cm, H corps 80 à 150 cm. Poids 60 à 150 kg. *Bois :* voir chapitre sports (chasse : gibier). *Rut :* juillet à oct. *Gestation :* 192 à 246 j. *Portée :* 1, rarement 2. Ruminant. *Troupeaux* migrateurs (quelquefois plusieurs milliers). L'été, grimpent haut dans les montagnes, l'hiver descendent dans les vallées où la neige ne gèle pas. *Nombre :* 500 000 semi-domestiques en Scandinavie et 300 000 caribous au Canada.

Antarctique

● **Manchot.** Palmipède marin de l'hémisphère Sud. Ailes transformées en nageoires et rendues ainsi impropres au vol, queue triangulaire servant de gouvernail, corps recouvert de plumes courtes et raides, sauf sur la plaque incubatrice. 4 espèces nichent en Antarctique ; manchot empereur, m. papou, m. Adélie et m. à jugulaire, en colonies on peut compter plusieurs dizaines de milliers de couples. **M. empereur.** Le plus grand des manchots, bec long, étroit, légèrement recourbé vers le bas, portant à la mandibule inférieure une plaque orange ou violette. *Plumage :* gris bleuté (dos) et blanc (ventre) avec taches orange sur tête et cou. *Long. :* totale 115 cm, aileron 34 cm. *Poids :* 30 kg. *Alimentation :* poissons, céphalopodes et crustacés. *Reproduction :* hivernale, par des températures pouvant descendre jusqu'à − 40°. *Ponte :* en automne d'un œuf unique. *Nid :* aucun n'est construit. Les adultes couvent l'œuf sous leurs pattes. Ils peuvent se déplacer avec et se former en groupes serrés (tortues) pour lutter contre le froid. *Incubation :* 62 à 64 j, par le seul mâle, qui jeûne près de 3 mois entre son arrivée dans la colonie et son départ en fin d'incubation. La femelle, qui est retournée à la mer dès la ponte, revient au moment de l'éclosion pour relayer son partenaire et dès lors les 2 parents alterneront pour alimenter leur jeune. *Mue des adultes :* 3 ou 4 semaines, débute lorsque celle des poussins est achevée.

M. Adélie. *Plumage :* noir (dos et tête), blanc (ventre), bec noir, pattes orange. *Queue :* longue. *Long. :* 70 cm ; aileron : 18 cm. *Poids :* 5 kg. Se nourrit essentiellement de krill (crustacés planctoniques). *Reproduction :* estivale. *Nid :* constitué de petits cailloux sur lesquels 2 œufs sont pondus. *Incubation :* 33-35 j, *élevage* des poussins (pendant 2 mois env.) effectué en alternance par les 2 partenaires.

● **Phoque.** 4 espèces. *Gestation* 9 mois, les jeunes naissent sur la glace. **P. de Weddell :** L 300 cm, poids 340 à 450 kg, plonge à + de 500 m pour pêcher calmars et poissons. **Léopard de mer :** L 400 cm, poids 380 kg (et + pour la femelle). Solitaire. Carnassier : poissons, manchots et jeunes phoques d'autres espèces. **P. crabier :** L 260 cm, poids 225 kg. Femelle plus grande. Se nourrit de petits crustacés planctoniques. **P. de Ross :** L 200/230 cm, poids 215 kg, mange varechs et invertébrés mous des fonds océaniens et céphalopodes. Se reproduit sur la glace, croissance rapide (P. de Weddell de 29 kg à la naissance à 112 kg à 6 semaines).

Zoos

Histoire

Antiquité : en Chine, en Mésopotamie, chez les Incas et les Aztèques. Parmi les plus célèbres : la ménagerie d'Auguste (29 av. J.-C.), 3 500 animaux : 20 tigres, 260 lions, 600 bêtes africaines (panthères, guépards, etc.) ; celle de Gordien (vers 237), 1 000 ours, 100 tigres, 100 girafes ; celle de Probus (276-282), 1 000 autruches, 1 000 cerfs, 1 000 sangliers, 300 ours.

1re collection d'animaux connue : celle de Shulgi, gouverneur de la IIIe dynastie d'Ur, de 2094 à 2047 av. J.-C., à Puzurish (Irak).

Zoos modernes. Nombre dans le monde. Environ 500 zoos (330 millions de visiteurs par an). *1er zoo moderne :* Schönbrunn (Vienne, Autriche, 1752).

Zoos français

Nombre. Au 30-4-75 : 116 parcs zoologiques, 25 parcs (présentant des animaux de la faune d'Europe dans un cadre naturel), 45 établissements inspectés pour détenir des animaux sauvages en marge de leur activité. Ce qui représente 52 000 animaux dont 15 000 mammifères, 35 000 oiseaux, 2 000 reptiles ou amphibiens.

Liste. Date de création, superficie (ha), nombre d'animaux (a) et d'espèces (e), nombre de visiteurs par an (v).

Ambert (P.-de-D.). *Parc z. du Bouy* (1975). 50 ha. 350 a. (lamas, guanacos, alpagas, chameaux, tarpans, bisons d'Amérique, watusis, yacks, mouflons, kangourous, pécaris, singes, lynx, loups, chacals, hyènes, émeus, nandous, etc.). 25 000 v. **Amiens** (Somme). *Parc z. de la Petite Hotoie* (1952). 6,5 ha. 94 e., 255 a. dont 130 mammifères, 116 oiseaux, 9 reptiles. 92 000 v. par an (60 000 en 1952). **Asson** (Pyr.-Atl.). *Parc z.* (1964). 3 ha. 275 a. 75 e. 35 000 v. par an (depuis 10 ans). **Bel-Val** (Ardennes). *Parc de vision* (1973). 350 ha. Nombre d'a. variable, semi-liberté. 11 e. (ours, bisons, élans, cerfs, daims, mouflons, chevreuils, sangliers, oies cendrées, cols-verts, foulques). 31 200 v. par an. **Besançon** (Doubs). *Zoo de la Citadelle.* **Bordeaux-Pessac** (Gironde). *Parc z.* (1976). 3,5 ha. 300 a. (girafes, éléphants, hippopotames, zèbres, bisons, gazelles, yacks, grands fauves, singes, oiseaux). 100 000 v. (84).

Chamonix (Hte-Savoie). *Parc z. de la Résidence Mont-Blanc.* **Champrepus** (Manche). *Parc z.* (1957). 4 ha. 350 a. 80 e. (tigres, panthères, ocelots, ours, kangourous, lamas, cervidés, watusis, divers singes, oiseaux européens et exotiques). 40 000 v. par an (constant depuis 3 ans). **Château-sur-Allier** (Allier). *Parc z. de St-Augustin* (1962). 100 ha. 350 a. 50 e. (cervidés, 20 fauves, singes, oiseaux : nombreux anatidés sur les étangs). 80 000 v. **Châteauneuf-sur-Cher** (Cher). *Parc animalier du château* (1978). 4 ha. Cacatoès, tigres, pumas, ours noirs, yacks, mouflons, daims. 30 000 v. **Clères** (S.-M.). *Parc z.* (1919-20). 13 ha ouverts au public (parc), 13 ha en réserve. 1 500 oiseaux de plus de 250 e., 200 mammifères de 8 e. (gibbons, wallabies, antilopes cervicapres, cerfs axis, etc.). **Coulogne** (P.-de-C.). **Courzieu** (Rhône). *Parc animalier.* 35 ha. Mammifères de la faune européenne, rapaces, animaux domestiques rares.

Dompierre-sur-Besbre (Allier). *Le Pal* (1973). 23 ha (parc animalier 20, d'attractions 3). + de 500 a. **Doué-la-Fontaine** (M.-et-L.) (1960). 8 ha. 400 a. 80 e. Spécialité : 10 îles pour singes en liberté, oiseaux, charognards. Site : anciennes carrières (cadre unique en Europe). 150 000 v. par an. **Émancé.** *Parc sauvage du Château* (en forêt de Rambouillet) (1974). 250 ha. **Englos** (Nord). *Zoo d'Englos.* **Ermenonville** (Oise). *Zoo Jean-Richard* (1956). 7 ha. Félins, gorilles, orangs-outans. 250 000 v. Dans l'enceinte : musée du cirque. **Fréjus** (Var). *Parc z.* (1971). 20 ha. 650 a. (éléphants, girafes, tigres, lions, rhinocéros, hippopotames, oustitis pygmées). 150 000 v. par an.

Genech (Nord). *Parc du Bois de Genech* (1964). 42 ha. Env. 500 a. Env. 200 e. (chèvres et moutons de races rares, oies et canards sauvages). La majorité vivent en liberté ou semi-liberté. 50 000 v. par an. **Gramat** (Lot). 1) *Parc de vision* (1979). 40 ha. 300 gros a. (faune européenne). 100 e. (300 oiseaux : rapaces, palmipèdes, volailles rares). 80 000 v. (85) (80 : 26 000, 81 : 46 000, 82 : 55 000, 83 : 60 000). 2) *Parc z. de Padirac.* 2 ha. Oiseaux et petits mammifères tropicaux, toucans. **Jaligny-sur-Bresbe** (Allier). *Les Gouttes, parc de loisirs de Thionne* (1975). 250 ha. 400 grands a. (11 e.) (semi-liberté). 200 oiseaux (20 e.). 100 000 v. par an. **Jurques** (Calvados). *Parc z. de « La Cabosse »* (1960 à Lessay transféré à Jurques en 1977). 8 ha. 500 a. 100 e. Lions, tigres, panthères, pumas, chimpanzés, mandrills, makis, oiseaux, chameaux, zébus, yacks, lamas, crocodiles, pythons, boas, 100 000 v.

La Barben (B.-du-R.). *Parc z.* (1969). 30 ha. 400 a. (éléphants, girafes, lions, tigres, panthères, loups, chacals, hyènes, singes, cerfs, hippopotames, lamas, phacochères, ours, émeus, renards, pécaris, gazelles, yacks, mouflons, kangourous, tatous, kinkajous). Vivarium. Aquarium. Oisellerie. **La Fère** (L.-Atl.). *Parc z. du Fort de Vendeuil* (1964). 13 ha. 200 a. (lions, tigres, panthères, pumas, variétés de singes, a. d'Europe en grands parcs et semi-liberté). **La Flèche** (Sarthe). *Le Tertre rouge* (1950). 7 ha. 700 a. 250 e. Mammifères, oiseaux (volière à rapaces, parc des oiseaux et mammifères : 3 ha, 400 oiseaux de 70 e.). Vivarium et musée de sciences nat. 200 000 v. par an. **Langoiran** (Gironde). (1971) 1,5 ha. Rapaces, félins, singes, serpents et divers. **La Palmyre** (Ch.-Mar.) (1966). 10 ha. + de 1 200 a. 103 e. (10 gorilles, orangs-outans, éléphants, girafes, hippopotames, rhinocéros, ours polaires, tapirs, lions, tigres, panthères, pumas, guépards, 200 singes, loups, antilopes, otaries, crocodiles, autruches, bisons, lamas, chimpanzés, variété d'oiseaux). 500 000 v. par an. Le plus important z. privé de France. **Le Breil-sur-Mézire** (Sarthe). *Parc animalier du domaine de Pescheray* (1976). 60 ha. 250 a. 30 e. (mammifères européens, oiseaux : hérons, buses, milan noir, corneilles, choucas). 50 000 v. par an. **Le Guerno** (Morbihan). *Parc z. du château de Bransféré.* 52 ha. 1 400 a. 114 000 v. **Les Abrets** (Isère). *Parc z. Fitilleux Bruniaux* (1968). 250 a. 90 e. 35 000 à 40 000 v. par an. **Lescar** (Pyr.-Atl.). *Parc z.* (1965). Env. 100 a. Env. 30 e. (grands carnivores et primates). 15 000 v. par an (év. annuelle de 5 %). **Les Sables-d'Olonne** (Vendée). *Jardin z.* (1975). 3 ha. 200 a. 100 000 v. par an. **Lille** (Nord). *Z. municipal.* **Lyon** (Rhône). *Parc de la Tête d'Or.* (1856-58). Lac (15 ha), jardins botanique et zool. 117 ha (zoo 6 ha). 155 mammifères (tigres, lions, panthères, ours, loups, éléphants, girafes, bisons, buffles, mouflons, chameaux, singes...), 374 oiseaux (flamants, pélicans, cygnes,), 32 reptiles (crocodiles, boas, pythons...), 80 poissons. Entrée gratuite.

Marseille (B.-du-Rh.). 6,5 ha. 500 a. **Maubeuge** (Nord). *Parc z.* (1955). 7 ha. 600 a. 90 e. 220 000 v. par an. **Merlimont** (P.-de-C.). *Parc d'attractions de Bagatelle* (1955). 25 ha. Zoo classé. 450 a. Singes, lions, bisons, yacks, kangourous, collection d'oiseaux, faisans d'espèces rares. Attractions. 300 000 v. (85). **Mervent** (Vendée). *Parc z.* (1959). 3,5 ha. 300 a. 100 000 v. par an. **Montpellier** (Hérault). *Parc z.* (1964). 80 ha. 677 a. 145 e. (53 reptiles de 11 e., 348 oiseaux de 87 e., 271 mammifères de 47 e., bisons d'Europe, cheval de Przewalski, onagre, gibbon, guépard, collection de lémuriens et viverridés malgaches). **Mulhouse** (Ht-Rhin). *Parc z. et botanique de la ville* (1868). 25 ha. Env. 1 100 a. env. 220 e. Élevages d'a. rares ou en danger de disparition dans le cadre de programmes d'élevages internationaux (makis, singes, panthères de l'Amour, chiens de forêt, etc.).

Oléron (île d'). *Le Marais aux oiseaux.* **Orcines** (P.-de-D.). *Parc z. des Dômes.* **Orléans** (Loiret). *Parc floral* (1964). 30 ha. Flamants, grues couronnées et de Numidie, canards, oies (se trouvent surtout sur le Loiret en été et en hiver car il n'y gèle jamais). Émeus, nandous, mouflons, chèvres, daims, oiseaux dans le parc. 250 000 v. **Ozoir-la-Ferrière** (S.-et-M.). *Parc z. du bois d'Attilly* (1966). 12 ha. 150 mammifères, 600 oiseaux. Vivarium. Env. 100 000 v.

Pardies-Piétat (P.-Atl.). *Parc z. de Piétat* (1974). 1 ha. 270 a. 85 e. 30 000 v. par an. **Paris.** 1) *Jardin d'Acclimatation* (1860). 19 ha. Parc d'attractions. Petite ferme. Musée en herbe. Théâtre. 2) *Ménageries du jardin des Plantes* (1793). 6,5 ha. 800 a. 100 e. de mamm., 114 e. d'oiseaux, 28 e. de reptiles. Espèces rares : bouquetin bharal, chevaux de Przewalski, orangs-outans, cercopithèques à tête de hibou. 459 424 v. 3) *Parc zoologique de Paris* (1934), dit zoo du bois de Vincennes. 17 ha. 130 employés. 1 100 a. 450 mamm. de 110 e., 650 oiseaux de 150 e., 1 100 000 v. *Espèces très rares :* cerf d'Eld, Cob de Mrs Gray, hippotrague noir, okapi, otarie à fourrure, grand panda, rhinocéros blanc, flamant des Andes et manchot royal. **Peaugres** (Ardèche). *Safari de Peaugres* (1974). 80 ha. 800 a. (ours, bisons, singes, lions, tigres, loups). 210 000 v. par an. **Plaisance-du-Touch** (Hte-G.). *Parc z.* (1970). 5 ha. 250 a. (fauves, bovidés, cervidés, équidés, reptiles, primates). Ouverture d'une réserve de 15 ha en 1988. 90 000 v. **Pleugueneuc** (I.-et-V.). *Parc z. de la Bourbansais* (1965). 6,5 ha : 50 e. (grues antigones, cercopithèques de Brazza, autruches, cabiais, watusis, vautours, yacks, lamas, patas, dromadaires, kangourous, etc.). Meute de chasse à courre. 80 000 v. par an. **Pont-Scorff** (Morbihan). *Parc z.* (1973). 4,5 ha. En 85 : 146 a., 57 e. (lions, tigres, panthères, panthère des neiges, jaguars, pumas, lynx, ours bruns et noirs, loups). 50 000 v. (85).

Rambouillet (Yvelines) (1972). 250 ha. *Parc de vision,* animaux en liberté dans leur milieu naturel (250 cerfs, chevreuils, sangliers et daims). 45 000 v. **Rive-de-Gier** (Loire). *Parc z. de St-Martin-la-Plaine* (1972). 8 ha. 300 a. 60 e. (loups à crinière, lions, tigres, panthères, pumas, ocelots, servals, chats du Bengale, serpents, oiseaux, lémuriens, singes, familles chimpanzés et gorilles). 90 000 v. **Romanèche-Thorins** (S.-et-L.). *Touroparc* (1961). 10 ha. 500 a. (éléphants, girafes, zèbres, chameaux, hippopotames, bisons, yacks, buffles, watusis, antilopes, lions, tigres, jaguars, pumas, panthères, hyènes, loups, ours, chacals, fennecs, autruches, casoars, émeus, nandous, grues, pélicans, palmipèdes, flamants, rapaces, otaries, reptiles, chimpanzés, lémuriens, cercopithèques, atèles, etc.). **Rue** (Somme). *Parc ornithologique du Marquenterre* [dominant la réserve de chasse de la baie de la Somme (8 000 ha)] (1973). 300 ha clos. 200 à 2 000 oiseaux (selon les migrations). 50 e. en permanence, 250 e. au long d'une année. 110 000 v. par an.

St-Aignan-sur-Cher (L.-et-C.). *Parc ornithologique de Beauval* (1980). 5 ha. 1 500 oiseaux dont 300 psittacidés. 50 000 v. **St-Denis-de-la-Réunion.** *Parc z. Ste-Clotilde.* **St-Fargeau** (Yonne). *Parc de vision de Boutissaint-en-Puisaye* (1970). 400 ha, 100 km de chemins, miradors. 400 a. Enclos avec bisons d'Europe, sangliers, mouflons. Cerfs, biches et daims (liberté). 15 000 v. **St-Jean-Cap-Ferrat** (Alpes-Mar.). *Parc d'acclimatation* (1950). Ancienne propriété du roi Léopold II de Belgique. 25 000 m². 400 a. (chimpanzés, fauves, oiseaux, rapaces, gazelles, kangourous, zèbres, ours, chameaux, flamants, autruches, lamas, crocodiles, reptiles). École de chimpanzés. Exposition de papillons. 100 000 v. **Stes-Maries-de-la-Mer** (B.-

du-Rh.). *Parc ornithologique du Pont de Gau* (1949). 15 ha. 800 oiseaux. 100 e. (faune sauvage de Camargue). 80 000 à 100 000 v. par an. **St-Urbain-Landerneau** (Finistère). **St-Vrain** (Essonne). *Parc* (1975). Parc qui avait appartenu au XVIIIe s. à la comtesse du Barry, depuis propriété des Mortemart. A 38 km de Paris. 130 ha. En liberté : bisons, zèbres, antilopes, lamas, bœufs watusis, flamants, autruches, rhinocéros, lions, tigres, girafes, éléphants, babouins. Reconstitution de scènes préhistoriques. **Sanary-sur-Mer** (Var). *Jardin exotique-zoo de Sanary-Bandol* (1960). 2 ha. Grues, mainates, perroquets, aras, cacatoès, loris, toucans, touracos, paons blancs, bleus, flamants, émeus, nandous, casoars, fennecs, singes, daims, lamas. 65 000 v. **Sigean** (Aude) (1974). *Réserve africaine.* 110 ha. Lions, guépards, lycaons, rhinocéros blancs, girafes, zèbres, antilopes, autruches, pélicans, flamants roses, grues, aras, alligators...

Thoiry (Yvelines) (1967). 105 ha. 630 a. (dont 57 lions). 110 e. 1 000 000 v. **Toulon** (Var). *Centre de reproduction de fauves* (sommet du mont Faron). **Trégomeur** (C.-du-N.) (1970). *Parc z. Moulin de Richard.* 10 ha. 400 a. (chimpanzés, élands du Cap, gnous, lions, zèbres, yacks, émeus, nandous, maras, nilgauts, lamas, vautours, oiseaux, etc.). 100 000 v. par an.

Upié (Drôme). *Le jardin aux oiseaux* (1976). 4 ha. 1 000 oiseaux. 200 e. (de l'oiseau-mouche à l'autruche, oiseaux de volières et de parcs, oiseaux d'Europe et tropicaux). 45 000 v. par an. **Verlinghem** (Nord). *La Chanterelle.* **Vigneulles-les-Hattonchatel** (Meuse). *Parc ornithologique de Madine-Heudicourt-sous-les-Côtes.* **Villars-les-Dombes** (Ain). *Parc des oiseaux* (1970). 24 ha. 2 000 oiseaux. 385 e. (de l'oiseau-mouche à l'autruche). 300 000 v. **Villedieu-les-Poêles** (Manche). *Parc z. de Champrepus* (1957). 4 ha. Env. 350 a., 80 e., 50 000 v. par an. **Villiers-en-Bois** (Deux-Sèvres). *Zoorama européen de la forêt de Chizé* (1973). 25 ha., 600 a., 165 e. (faune européenne). 65 000 v. par an (73 : 35 000). *Le monde vivant des insectes* (1973). Musée des papillons, présentation d'insectes vivants, élevage. 10 000 v./an. **Xertigny** (Vosges). *Le Fer à cheval* (1974). 150 a., 25 e., 50 000 v. par an (en baisse).

Syndicat national des directeurs de parcs zoologiques français (S.N.D.P.Z.). *Créé* 1974. *Siège :* Maison de la Nature et de l'Environnement, 23, rue Gosselet, 59000 Lille. Les adhérents doivent souscrire à une Charte nationale déclarant les *Droits des animaux pensionnaires des parcs zoologiques.* Collabore avec le ministère de la Culture en vue de l'évolution des « zoos » vers une activité réellement éducative. *Revue :* Interzoo. *Emblème :* le Dodo, oiseau de l'île Maurice exterminé par les colons au XIXe s.

Association nationale des parcs et jardins zoologiques privés. Créée en 1969 pour remédier à la prolifération des zoos, elle décerne un label (licorne blanche sur fond vert) aux zoos répondant aux normes suivantes : ne pas se livrer au négoce d'animaux, activités culturelles et récréatives, les animaux doivent être en bon état, bien nourris et présentés dans des bâtiments ou des parcs régulièrement entretenus. Sur les 116 zoos français, une trentaine seulement l'ont reçu jusqu'ici.

Siège : Parc zoologique de Paris, 75012 Paris. *Secrétariat du Pt :* « Zoo la Palmyre », BP no 8, 17570 Les Mathes.

Principaux zoos étrangers

Afrique du Sud. Pretoria. **Allemagne.** Berlin-Ouest, Berlin-Est, Francfort, Munich, Dresde, Leipzig, Hambourg-Stellingen, Cologne, Wuppertal, Hanovre, Duisbourg, Gelsenkirchen, Nuremberg, Halle, Krefeld, Munster, Osnabruck, Rheine, Stuttgart, Augsburg. Walsrode (parc ornithologique le plus important du monde). **Australie,** Sydney. **Autriche,** Vienne, Innsbruck.

Belgique. Anvers, Planckendael. **Canada.** Québec, Toronto. **Chine.** Pékin. **Danemark.** Copenhague. **Espagne.** Madrid, Barcelone, Jerez. **Finlande.** Helsinki.

Grande-Bretagne. Londres (Regent's Park), Edimbourg, Manchester, Bristol, Chester, Whipsnade, Canterbury, Chichester, Farnham, Bourton on the Water, Glasgow, Aviemore, Jersey. **Hollande,** Amsterdam, Rotterdam, Emmen, Arnhem, Apeldorn. **Hongrie.** Budapest. **Italie.** Rome, Naples.

Pologne. Varsovie. **Portugal.** Lisbonne. **Sénégal.** Dakar. **Sri Lanka.** Colombo. **Suède.** Stockholm (Skansen). **Suisse.** Bâle, Berne, Zurich, La Garenne. **Tchécoslovaquie.** Prague.

U.R.S.S. Moscou. **U.S.A.** New York (Bronx, Central Park), Chicago (Lincoln Park, Brookfield), St-Louis, Cincinnati, Cleveland, Detroit, Kansas City, San Diego, Philadelphie, Miami (Oceanarium), Marineland (Oceanarium), Washington. **Zaïre.** Kinshasa.

Quelques prix européens (en F)

Autruche 10 000. Chimpanzé 15 000. Cygne 500 à 1 500. Éléphant 55 000. Girafe 60 000. Hippopotame 25 000. Lion 2 500. Lionceau 500. Okapi non commercialisé. Ours 750 à 5 000. Panda non commercialisé. Perroquet 1 000 à 2 500. Rhinocéros d'Asie 450 000. Tigre 10 000.

Alimentation des animaux en zoo

Carnivores. *Tigre* ou *lion :* 10 à 12 kg de viande avec os par jour en un seul repas (bœuf, mouton, cheval).

Granivores. *Autruche :* 750 g de mélange de blé, sarrasin, avoine, orge, millet, maïs et chènevis par jour + des feuilles de salade, choux, luzerne verte, compléments minéraux ; 2 repas par jour.

Herbivores. *Éléphant :* 10 kg d'avoine, 50 à 80 kg de foin ou de luzerne verte, 5 kg de carottes ; 2 repas par jour.

Omnivores. 1 repas par jour. *Ours :* viande cuite, désossée avec bouillon + pâtes alimentaires + croûtes de pain, déchets, biscottes et son ; salade, choux, carottes et pommes crues. *Ours blanc :* poisson cru. *Ours à longues lèvres :* lait, riz cuit, bananes, pain et confiture, pommes et poires.

Piscivores. 1 repas par jour. *Phoque :* 5 kg de poisson par jour (hareng, merlan, maquereau). *Éléphant de mer :* 10 à 30 kg suivant la taille. *Manchot :* 1 kg de poisson frais (hareng, merlan, maquereau).

Régimes spéciaux. *Girafe* et *okapi :* 2 repas, 8 à 10 kg d'avoine germée, 10 à 15 kg de luzerne sèche fine (1re qualité) et verte, 4 l de lait avec 4 kg de flocons d'avoine et farine d'orge cuite, cresson, oignons, carottes, bananes. *Chimpanzé ;* 3 repas, viande grillée (bœuf), lait + farine lactée (1/4 à 1/2 l), pommes de terre cuites, flocons d'avoine cuits, pâtes et riz cuits, salade, carottes, petits pois, haricots verts, pain + confiture, brioches vitaminées (levure, vitamines A, C et D), arachides, figues, bananes, oranges, fruits de saison. *Panda :* lait + farine lactée, bananes, pommes, feuilles de bambou ; 2 repas par jour. *Grand fourmilier :* 2 l de lait + 500 g de viande très finement hachée et 4 œufs, le tout mélangé ; 2 repas par jour.

Nota. - Tous les mammifères reçoivent des compléments minéraux : sel gemme, pierres à lécher ou sels de chaux vitaminés.

Parcs et Réserves

Dans le monde

Définitions

Selon la commission des parcs nationaux et des aires protégées de l'Union internationale pour la conservation de la nature et de ses ressources (U.I.C.N.), pour être reconnu comme parc national ou réserve, un territoire doit bénéficier d'un statut de stricte protection (pas de chasse, pêche, coupe de bois, culture, élevage, exploitation du sous-sol), et ne pas être trop exigu (minimum 1 000 ha).

Réserves naturelles. De quelques km^2 à près de 50 000 km^2. Ne sont pas entourées de grillage : les animaux s'y réfugient. Elles ne sont pas ouvertes au public.

La plus grande du monde : Central Kalahari Reserve, Botswana, créée en 1963, 51 800 km^2. *De France :* Camargue (delta du Rhône), créée en 1928, 132 km^2.

Parcs nationaux et réserves analogues. Territoires qui, dans un ensemble homogène généralement non exploité par l'homme, présentent des espèces végétales et animales de grand intérêt. Gestion et surveillance sont assurées par la plus haute autorité du pays. La visite est autorisée sous certaines conditions (habituellement contrôle à l'entrée et à la sortie). A l'intérieur, on distingue : *les aires naturelles intégrales :* interdites au public ; *les aires naturelles dirigées :* destinées à protéger une espèce ou un groupe d'espèces particulier (ex. : réserve du zèbre de montagne ou réserve de bontebok en Afrique du Sud ; réserve du rhinocéros noir à Miaméré Miadiki en Républ. centrafricaine ; réserve du bison d'Europe, de l'élan et du cheval de Tarpan dans le parc de Bialowieza en Pologne ; réserve du bison, zèbre, gnou, yack, guanaco, nilgaut en U.R.S.S.) ; *les aires de nature sauvage :* le public peut y circuler suivant des conditions particulières à chaque parc (absence de moyens motorisés, routes, camps aménagés).

1er créé : Yellowstone, en 1872 (899 135 ha). C'était « un domaine mis en réserve par la nation pour servir les aspirations sportives, esthétiques et culturelles de tous ses membres ».

Le plus grand du monde : parc du N.-O. du Groenland (Danemark), créé en 1974, 700 000 km^2. *De France :* les Écrins, créé en 1973, 918 km^2.

Parcs provinciaux. Parcs dont le statut de protection a été fixé par une autorité autre que le gouvernement central. Il existe souvent, autour des réserves et parcs, des zones de protection, où la plupart des activités humaines sont permises, sauf la chasse, la capture d'animaux, et la construction de cités d'habitation. Les Afr. peuvent y vivre dans leurs villages traditionnels.

Nombre. En janvier 1984, l'U.I.C.N. reconnaissait 1 713 sites dont *Afr. tropicale* 212 (762,9 km^2), *Indomalaisie* 189 (131,9 km^2), *Amér. tropicale* 234 (396 km^2), *Eurasie arctique* 446 (336,3 km^2), *Amér. arctique* 133 (1 026,3 km^2), *Océanie* 27 (25,6 km^2), *Australie* 377 (246,3 km^2), *Antarctique* (dont Nlle-Zél.) 92 (26,2 km^2).

Principaux. Voir *Quid* 1983, p. 224.

Union internationale pour la conservation de la nature et de ses ressources (U.I.C.N.). *Créée* en 1948. *Organisation :* 58 États. 125 organismes de droit public, 349 organisations non gouvernementales nationales et internationales, 10 membres affiliés sans droit de vote (répartis dans 116 pays).

Parcs et réserves en France

☞ **Espaces protégés** (en hectares). Parcs nationaux 347 001, zones périphériques 901 589, parcs régionaux 2 518 400.

Parcs nationaux

● **Définition.** En France, un parc national peut comprendre 3 territoires :

1° Parc proprement dit. Protège faune, flore et milieu naturel. Les activités agricoles, pastorales et forestières sont réglementées : chasse interdite en général, autorisée mais sévèrement réglementée par ex-

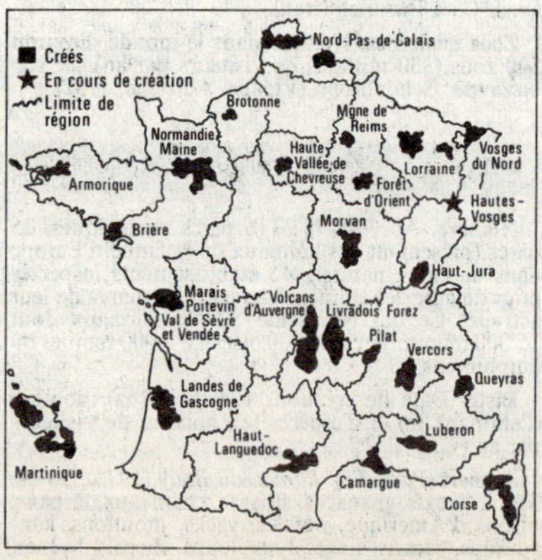

Parcs nationaux et parcs naturels régionaux

ception (p. nat. des Cévennes) : constructions et tous travaux publics ou privés interdits s'ils altèrent le caractère du p. nat., autorisés s'ils correspondent à la mission dévolue au parc ; discipline du tourisme (déchets, dérangement minimum, bruits, etc.).

2° Zone périphérique ou **préparc.** Peut être constituée autour du parc comme un domaine de transition permettant l'accueil et l'hébergement des visiteurs. Cette zone périphérique bénéficie de crédits spécifiques permettant des programmes d'amélioration d'ordre social, économique et culturel, tout en rendant plus efficace la protection de la nature dans le parc. Seul le parc de Port-Cros, parc marin, ne dispose pas de zone périphérique.

3° Réserves intégrales. Peuvent être constituées à l'intérieur d'un parc national, pour les besoins de la recherche scientifique, pour la sauvegarde de sites géologiques, d'espèces animales ou végétales particulièrement menacées. Actuellement aucune réserve intégrale n'a été constituée dans les parcs nationaux.

● **Budget. Subventions** (en millions de F) en **1985** : fonctionnement, en italique équipement (autorisations de programme) : Cévennes 12,2 *3,8* ; Écrins 13,9 *3* ; Mercantour 9,4 *3,5* ; Port-Cros 5,6 *3* ; Pyrénées occidentales 10,3 *2,9* ; Vanoise 9 *2*. Total 60,4 *18,2*.

Dépenses de fonctionnement et investissements en 1984 : 67 et 22,7 millions de F.

Crédits pour l'aménagement des zones périphériques (ministère de l'Environnement et fonds interministériel de développement et d'aménagement rural), en 1985 : Cévennes 1,2 ; Écrins 1,5 ; Mercantour 1,2 ; Pyrénées occidentales 6,3 ; Vanoise 4,9. Total : 15 millions de F.

Parcs nationaux existants

P. de La Vanoise (135, rue du Dr.-Jullian, B.P. 105, 73000 Chambéry). *Créé* le 6-7-1963. Parc de haute montagne : 1 250 à 3 855 m. Contigu sur 14 km au parc national italien du Grand Paradis. *Concerne :* 29 communes en Savoie, moitié en Maurienne, moitié en Tarentaise. *Zone centrale :* 52 839 ha (11 domaniaux, 47 610 communaux et 5 218 à des particuliers). *Zone périphérique :* 144 000 ha. *2 réserves naturelles contiguës* (Tignes-Champagny et Val d'Isère-Bonneval) : 2 490 ha. *Faune :* 650 bouquetins, 5 000 chamois, martre, marmotte, lièvre variable, hermine, aigle royal, grand duc, lagopède, casse-noix, renard, blaireau, campagnol des neiges, tétras-lyre, bartavelle, niverolle, chocard, accenteur alpin, crave, tichodrome, merle de roche. Chasse interdite, pêche autorisée. *Flore :* env. 1 000 espèces dont 15 uniques ; saule arctique, valériane celtique, bruyère des neiges, mélèzes, épicéas.

P. de Port-Cros (50, av. Gambetta, 83400 Hyères). *Créé* le 14-12-1963. Parc national sous-marin et insulaire du Var ; île de Port-Cros, île de Bagaud, îlots de Rascas et de la Gabinière. *Superficie marine :* 1 800 ha, *terrestre :* 694 ha (176 domaniaux, 518 appartenant à 2 propriétaires privés, plus une zone maritime protégée jusqu'à 600 m des côtes de Port-Cros). *Flore :* 4 zones de végétation : côtière résistante aux embruns ; ensuite groupe caractérisé par l'oleastre et le pistachier lentisque ; forêt de chênes verts dans les fonds des vallons et les secteurs plus frais ; maquis élevé : arbousiers et bruyères arborescentes. Sous la mer : posidonies et algues. *Faune : fonds marins :* mérou, corbs, congre, murène, langouste, homard. *A terre :* goéland argenté, puffin cendré, faucon, batraciens, couleuvres, scorpions inoffensifs, papillons, 600 esp. de coléoptères. Étape pour migrateurs : huppes, guêpiers, passereaux. Parc non retenu par l'O.N.U. (protection insuffisante).

P. des Pyrénées occidentales (B.P. 300, route de Pau, 65000 Tarbes). *Créé* le 23-3-1967. *Alt. :* 1 100 à 3 298 m. Longe sur 100 km une zone continue de plus de 100 000 ha de réserves de chasse nationales espagnoles qui englobent le parc national esp. d'Ordesa (1 000 ha), non contigu. *Concerne :* 86 communes, 40 000 hab. (2/3 Htes-Pyrénées, 1/3 Pyrénées-Atl.). *Zone centrale :* 45 710 ha (Pyr.-Atl. 15 120, Htes-Pyr. 30 580 ; 166 domaniaux, 44 347 communaux et 1 194 à des particuliers). *Zone périphérique :* 206 350 ha (Pyr.-Atl. 94 190, Htes-Pyr. 112 160). Réserve naturelle (Néouvielle) créée en 1968, contiguë : 2 300 ha. *But :* préserver cirques de Troumousse, de Gavarnie, vallée du Marcadau, pic du Midi d'Ossau ; nombreux lacs et torrents peuplés de salmonidés, surtout truites communes. *Faune :* sauvage : une quinzaine d'ours bruns, en majorité en zone périphérique, isard, desman des Pyrénées, vautour fauve, v. percnoptère, v. d'Égypte, aigle royal, gypaète, grand coq de bruyère, lagopède, grand duc ; nombreux animaux communs : marmotte, hermine, genette, chat sauvage, renard, martre, loutre, sanglier. *Flore :* variée d'espèces rares : ramondia, fritillaire, lys, aster des Pyrénées. *Chasse* interdite. Pêche autorisée.

P. des Cévennes (B.P. 4, 48400, Florac). *Créé* le 2-9-1970. *Concerne :* 126 communes (4/5 Lozère, 1/5 Gard, zone périphérique seulement, 23 000 ha en Ardèche). *Zone centrale :* 84 410 ha (41 000 hab.) (25 694 domaniaux, 6 344 communaux et 53 683 à des particuliers) *Zone périphérique :* 228 000 ha. 122 communes, 41 000 hab. *Faune :* richesse particulière en : aigle royal (menacé), circaète Jean le Blanc, faucon pèlerin (menacé), grand duc (menacé) ; sanglier, mouflon, genette ; réintroduits : vautour fauve, petit et grand tétras, castor sur le versant atlantique et en zone centrale : cerf et chevreuil. *Flore :* riche et diversifiée, sans espèces très rares mais associations végétales remarquables : narses et tourbières du mont Lozère, hêtraie, sapinière naturelle. Certaines espèces sont menacées : lys martagon, trolle, adonis printanière, sabot de Vénus ; 3 400 ha de hêtres et de conifères.

P. des Écrins (7, rue du Colonel-Roux, 05004 Gap, B.P. 142 Cedex). *Créé* le 27-3-1973. *Alt. :* 800 à 4 102 m. *Concerne :* 61 communes (2/3 Htes-Alpes, 1/3 Isère). *Zone centrale :* 91 740 ha (Htes-Alpes 57 790, Isère 33 950 ; 21 180 domaniaux, 67 630 communaux et 2 930 à des particuliers). *Zone périphérique :* 178 600 ha, 26 400 hab. (Htes-Alpes 124 200, Isère 53 200). *Faune :* riche en insectes, 300 esp. de mammifères : chamois, marmotte, campagnol ; 90 esp. d'oiseaux : lagopède, aigle royal, coq de bruyère, tichodrome ; 12 esp. de reptiles et batraciens : triton alpestre. *Flore alpine :* quelques esp. rares, et beaucoup menacées par la cueill. : reine des Alpes, sabot de Vénus, lys orangé, ancolie des Alpes, génépi : groupements forestiers (du chêne pubescent au pin cembro).

P. du Mercantour (13, rue Maccarani, 06300 Nice). *Créé* le 18-8-1979. *Alt. :* 490 à 3 143 m. A 50 km de Nice, hautes vallées de la Roya, de la Tinée, de la Vésubie, du Var, du Verdon et de l'Ubaye. Sur 28 communes (Alpes-Mar. 22, Alpes de H.-Prov. 6). *Zone centrale :* 68 500 ha (16 500 domaniaux, 41 000 communaux et 11 000 à des particuliers). *Zone périphérique :* 146 200 ha, 16 568 hab. *Faune :* chamois, bouquetin, mouflon, lièvre variable, marmotte, hermine, tétras-lyre, lagopède, chouette de Tengmalm, aigle royal, insectes remarquables. *Flore exceptionnelle :* plus de 2 500 espèces méditerranéennes. *Étage méditerranéen :* chêne vert, olivier, ostrya ; étage de sapins et d'épicéas sur les ubacs, sur les adrets de pins sylvestres ; ét. de pins à crochets et pins cembro ; lande de rhododendrons, pelouse alpine et rochers. Riche en esp. endémiques dont la Saxifraga florulenta. *Richesses archéologiques :* notamment gravures rupestres de la vallée des Merveilles.

En projet

P. de la Guadeloupe.

Parcs naturels régionaux

Définition. Territoires habités mais fragiles, au patrimoine naturel et culturel particulièrement intéressant où tous les partenaires concernés associent leurs efforts pour inventer et mettre en œuvre un aménagement équilibré, soucieux du respect de l'environnement. L'aspect protection y est moins important que l'accueil et la mise en valeur à des fins pédagogiques et culturelles ainsi que la revitalisation économique de ces régions.

Réalisés à l'initiative de la région en accord avec ou sur proposition des collectivités locales ou groupements de collectivités concernées. L'existence du parc ne provoque ni interdiction, ni législation spécifique. 24 parcs étaient créés en 1986. *Coût global* (1984) *de fonctionnement :* 106 millions de F [collect. locales 24 %, régions 32 %, État 14 % (min. concernés dont 13 % au min. de l'Environnement), divers 30 % (dont autofinancement)] ; *des équipements :* 102 millions de F [collect. loc. 22 %, rég. 28 %, État 14 % (dont 2 % du min. de l'Environnement), emprunts et divers 36 %].

Parcs créés. *Armorique* (Finistère, 30-9-1969) 65 000 ha. *Brière* (Loire-Atl., 16-10- 1970) 40 000 ha. *Brotonne* (S.-Mar., Eure, 17-5-1974) 50 000 ha. *Camargue* (B.-du-R., 25-9-1970) 82 000 ha, autour d'une réserve botanique et zoologique qui s'étend sur 13 500 ha. *Corse* (Hte-C., C.-du-S., 12-5-1972) 200 000 ha. *Forêt d'Orient* (Aube, 16-10-1970) 70 000 ha. *Hte vallée de Chevreuse* (Yvelines 10-12-1985) 25 600 ha. Ht-Languedoc (Hérault, Tarn, 22-10-1973) 132 000 ha. *Landes de Gascogne* (Gironde, Landes, 16-10-1970) 206 000 ha. *Livradois-Forez* (Hte-L., P.-de-D.) 253 000 ha. *Lorraine* (M.-et-M., Meuse, Moselle, 17-5-1974) 205 000 ha. *Lubéron* (Vaucl., Alpes de H.-P., 31-1-1977) 120 000 ha, à l'est d'Avignon. *Marais poitevin* (Vendée, Ch.-Mar., D.-Sèvres, 6-2-1979) 200 000 ha, bassin fluvial du Marais poitevin entre Niort et la baie de l'Aiguillon. *Martinique* (10-9-1976) 70 100 ha. *Montagne de Reims* (Marne, 28-9-1976) 50 000 ha. *Morvan* (C.-d'O., Nièvre, S.-et-L., Yonne, 16-10-1970) 173 000 ha. *Nord-Pas-de-Calais* (N., P.-de-C.) (167 000 ha) en 3 zones : Plaine de la Scarpe et Audomarois, Mts-de-Flandre, Boulonnais. *Normandie-Maine* (Manche, Mayenne, Orne, Sarthe, 23-10-1975) 234 000 ha, autour des forêts d'Écouves, Andaine, Sillé-le-Guillaume. *Pilat* (Loire, Rhône, 17-5-1974) 60 000 ha, au sud de St-Étienne. *Queyras* (Htes-Alpes, 31-1-1977) 60 000 ha au sud de Briançon, le long de la frontière ital. *Vercors* (Drôme, Isère, 16-10-1970) 135 000 ha. *Volcans d'Auvergne* (Cantal, P.-de-D., 25-10-1977) 345 000 ha, à l'O. de Clermont-Ferrand, la chaîne des Puys et, dans le Cantal, l'ensemble du massif volcanique. *Vosges du Nord* (B.-Rhin, Moselle, 30-1-75) 120 000 ha, entre Wissembourg, Saverne et Bitche. *Ht-Jura* (Jura, 01-1986) 62 000 ha.

Parcs à l'étude : *Picardie maritime* (Somme), *Htes-Vosges.*

Réserves naturelles

Réserves officielles

Définition. *Créées* sur proposition du Conseil national de la protection de la nature au titre de la loi du 10-7-1976 sur la protection de la nature. *Vocation :* conservation de la faune, de la flore, du sol, des eaux, des gisements de minéraux et de fossiles et des milieux naturels (marins ou terrestres) présentant une importance particulière ou devant être soustraits à toute intervention artificielle susceptible de les dégrader.

Il faut un décret pour classer les terrains mis en réserve, soit un décret simple s'il y a accord des propriétaires, soit un décret en conseil d'État en cas de non-consentement des propriétaires.

L'acte de classement peut soumettre à un régime particulier et, le cas échéant, interdire à l'intérieur de la réserve toute action susceptible de nuire au développement naturel de la faune et de la flore et d'altérer le caractère de ladite réserve, notamment la chasse et la pêche, les activités agricoles, forestières et pastorales, industrielles, minières, publicitaires et commerciales, l'exécution de travaux publics ou privés, l'extraction de matériaux concessibles ou non, l'utilisation des eaux, la circulation du public quel que soit le moyen employé, la divagation des animaux domestiques et le survol de la réserve.

52 réserves naturelles étaient créées au 1-9-1980 (sur les 100 annoncées en 1973) totalisant 55 000 ha.

Réserves officielles existant au 1-12-1982

Ain : *Grotte de Hautecourt,* 10-9-1980, 10 ha ; faune cavernicole. **Villars-les-Dombes,** 250 ha (dont 106 ha d'étangs, surtout oiseaux d'eau). **Aisne :** *Marais d'Isle,* 5-10-1981, 47,5 ha, zone humide, intérêt faunistique et floristique. **Ardèche :** *Gorges de l'Ardèche,* 14-1-1980, 1 572 ha ; intérêt géomorphologique, floristique et faunistique. **Bouches-du-Rhône :** *Camargue,* 24-4-1975, 13 117,5 ha ; zone humide, intérêt faunistique et floristique.

Calvados. *Côteaux de Mesnil Soleil,* 28-8-1981 ; 25 ha ; intérêt botanique. **Charente-Maritime :** *Lilleau des Niges (Fier d'Ars),* 31-1-1980, 195 ha avec zone de protection ; avifaune migratrice. *Marais d'Yves,* 28-8-1981, intérêt ornithologique. **Corse-du-Sud :** *Iles Cerbicales,* 3-3-1981, 36 ha ; intérêt faunistique et floristique (terrestre et marin). *Iles Lavezzi,* 6-1-1982, 79 ha ; faune et flore. **Côtes-du-Nord :** *Sept-Iles,* 18-10-1976, 40 ha ; protection des oiseaux (macareux). **Doubs :** *Remoray,* 15-4-1980, 426 ha ; avifaune migratrice.

Finistère : *St-Nicolas-des-Glénans,* 18-4-1974, 1,5 ha ; intérêt floristique (narcisse). **Gironde :** *Banc d'Arguin,* 4-8-1972, sup. variable (domaine public maritime de 150 à 500 ha), îlot sableux situé à l'entrée du bassin d'Arcachon ; avifaune migratrice (sterne caugek, huîtrier-pie). *Étang du Cousseau,* 20-8-1976, 600 ha ; synthèse écologique typique des landes de Gascogne et de nidification des oiseaux migrateurs. *Saucats-Labrède* 1-9-1982, 75 ha ; intérêt géologique.

Haute-Corse : *Scandola,* 9-12-1975, partie terr. 919 ha, partie marit. 750 ha ; intérêt ornithologique (balbuzard pêcheur), faune et flore sous-marines. **Hautes-Alpes :** mitoyennes du parc national des Écrins. *Hte*

Vallée de la Séveraisse, 15-5-1974, 155 ha ; intérêt faunistique. *Hte Vallée de St-Pierre,* 15-5-1974, 20 ha ; intérêt faunistique. *Cirque du Grand Lac des Estaris,* 15-5-1974, 145 ha ; intérêt esthétique. *Versant nord des pics du Combeynot,* 15-5-1974, 285 ha ; intérêt faunistique et floristique. **Hautes-Pyrénées :** *Néouvielle,* 8-5-1968, 2 313 ha, alt. 1 750-3 092 m, mitoyenne du parc national des Pyr. occidentales ; faune (isards), flore (forêts, tourbières, pelouse). **Haut-Rhin :** *Petite Camargue alsacienne,* 11-6-1982, 120 ha ; intérêt faunistique et floristique. **Haute-Saône :** *Sabot de Frotey,* 28-8-1981, intérêt botanique ; insectes. **Haute-Savoie :** *Aiguilles Rouges,* 23-8-1974, 3 279 ha ; réserve à vocation générale mixte (faune et flore). *Delta de la Dranse,* 17-1-1980, 45 ha ; intérêt mixte : flore, faune (sternes). *Marais du bout du lac d'Annecy,* 26-12-1974, 84,5 ha ; zone humide, intérêt faunistique et floristique. *Sixt,* 2-11-1977, 9 200 ha ; réserve à vocation générale mixte : faune et flore. *Roc de Chère,* 2-11-1977, 68 ha 24 a ; intérêt floristique. *Contamines-Montjoie,* 29-8-1979, 5 500 ha ; réserve à vocation générale mixte : faune et flore, *Passy,* 22-12-1980, intérêt faunistique et floristique. **Hérault :** *Roque Haute,* 9-12-1975, 158,5 ha ; plateau basaltique, intérêt floristique. *Étang de l'Estagnol,* 18-12-1975, 78,5 ha ; lieu d'escale et de nidification pour canards et foulques.

Isère : *Hte Vallée du Vénéon,* 15-5-1974, 90 ha. *Hte Vallée du Béranger,* 15-5-1974, 85 ha, mitoyenne du parc national des Écrins ; intérêt faunistique. *Lac Luitel,* 15-3-1961, 30 ha ; lac glaciaire, intérêt floristique (sphaignes, diatomées, droséracées). **Jura :** *Girard,* 9-7-1982, 94 ha ; intérêt faunistique et floristique. **Landes :** *Étang Noir,* 2-7-1974, 52 ha ; intérêt faunistique (batraciens). *Saucats-Labrède,* 1-9-1982, 75 ha, intérêt géologique. **Loire-Atlantique :** *Grand Lieu,* 10-9-1980, 2 694 ha ; avifaune migratrice. **Loiret :** *Ile de St-Pryvé-St-Mesmin,* 18-12-1975, 6,5 ha, île de la Loire en aval d'Orléans ; intérêt botanique. **Loir-et-Cher :** *Vallées de Grand-Pierre et de Vitain,* 23-8-1979, 296 ha ; vallée asséchée, intérêt botanique. **Lot-et-Garonne :** *Frayère d'Alose,* 13-5-1981, intérêt faunistique ; préservation de l'Alose.

Manche : *Domaine de Beauguillot,* 17-1-1980, 126 ha ; vocation faunistique (avifaune migratrice). *Tourbière de Mathon,* 2-9-1973, 16 ha, intérêt floristique. *Mare de Vauville,* 6-5-1976, 44,5 ha ; intérêt mixte faune-flore, phytosociologie, insectes. *Forêt domaniale de Cérisy* (Manche et Calvados), 2-3-1976, 2,124 ha ; intérêt entomologique (protection des carabes). **Martinique :** *Presqu'île de la Caravelle,* 2-3-1976, 517 ha ; intérêt mixte faune-flore, milieux variés : littoraux (mangroves), forêt tropicale, savanes.

Nord : *Dune Marchand,* 11-12-1974, 20,5 ha ; intérêt floristique et géomorphologique. **Puy-de-Dôme :** *Les Sagnes de la Godivelle,* 27-6-1975, 24 ha ; zone humide, intérêt faunistique et floristique. *Rocher de la Jacquette,* 18-10-1976, 18 ha 38 a ; réserve mixte, intérêt ornithologique et floristique. **Pyrénées-Atlantiques :** *Aires de nidification de vautours fauves en vallée d'Ossau* (2 secteurs), 11-12-1974, 82,5 ha ; intérêt ornithologique. **Pyrénées-Orientales :** *Forêt de la Massane,* 30-7-1973, 336 ha, hêtraie relique, carrefour bio-géographique, succession rapide des étages de végétation, faune (insectes et micro-arthropodes du sol). *Cerbère-Banyuls* 5-3-1974, 550 ha ; faune et flore sous-marines (herbier à posidonie, poissons de roches, coraux).

Réunion : *St-Philippe Mare Longue,* 28-8-1981, 68 ha ; intérêt botanique. **Saône-et-Loire :** *La Truchère,* 3-12-1980, 93 ha ; intérêt faunistique et floristique. **Savoie :** mitoyennes du parc national de la Vanoise ; intérêt : faune et flore. *Tignes-Champagny,* 24-7-1963, 999 ha, alt. 2 000-3 655 m. *Val d'Isère-Bonneval-sur-Arc,* 24-7-1963, 1 491 ha, alt. 2 600-3 600 m. *Grande Sassière,* 10-8-1973, 2 230 ha, alt. 2 400-3 747 m. **Somme :** *Étang de St-Ladre,* 11-9-1979. 13 ha, zone humide à intérêt floristique. **Vendée :** *St-Denis-du-Payré,* 18-10-1976, 206 ha ; intérêt ornithologique. **Vienne :** *Le Pinail,* 30-1-1980, 135 ha ; intérêt faunistique (oiseaux, amphibiens et reptiles) et floristique. **Yonne :** *Bois du Parc,* 30-8-1979, 45 ha ; intérêt floristique et géomorphologique.

Réserves biologiques domaniales. *Créées* après une convention passée entre le ministre de l'Environnement et le directeur général de l'Office national des Forêts (3-2-1981). *Nombre :* 52 couvrant 4 000 ha dont forêt de plaine 589 ha, de montagne 1 766, méditerranéenne 726, tropicale 8 ; tourbières, marais et étangs 721 ; zone littorale 212. *But :* sauvegarde d'espèces animales ou végétales, rares ou menacées, ou celle des milieux fragiles ; protéger des territoires particulièrement intéressants sur le plan scientifique, et permettre le progrès de nos connaissances, grâce, notamment, à l'observation scientifique prolongée de milieux forestiers typiques laissés à eux-mêmes.

Certaines réserves sont intégrales : toute intervention humaine y est exclue. Exemple : certaines réserves de la forêt de Fontainebleau (S.-et-M.) ou tourbières comme celle de la Maxe dans le massif du Donon (Bas-Rhin).

Réserves volontaires agréées

Afin de protéger, sur les propriétés privées, les espèces de la flore et de la faune sauvages présentant un intérêt particulier sur le plan scientifique et écologique, les propriétaires peuvent demander que celles-ci soient agréées comme réserves naturelles volontaires par le ministre chargé de la protection de la nature. Un décret en Conseil d'État précise la durée de l'agrément, ses modalités, les mesures conservatoires dont bénéficient ces territoires ainsi que les obligations du propriétaire, notamment en matière de gardiennage et de responsabilité civile à l'égard des tiers.

Réserves de statut libre

Réserves départementales, communales, privées, réserves gérées par les Stés de protection de la nature, établies par le propriétaire ou le locataire du terrain à son initiative.

Réserves de chasse

Statut. 1er *Réserves de chasse approuvées par arrêté ministériel :* l'approbation offre des garanties (garderie, sanctions pénales) et des avantages (fiscaux notamment). Créées à l'initiative des propriétaires ou détenteurs du droit de chasse (terrains privés, forêt domaniale), elles obtiennent l'approbation du ministre ; interdites à la chasse, sauf « espèces nuisibles » qui obéissent à une réglementation spéciale.

2e *Réserves nationales de chasse :* réserves de chasse approuvées, importantes par leur étendue, espèces à protéger, études poursuivies sur le territoire, valeur du territoire pour la faune et bénéficiant d'un statut particulier visant à accentuer le contrôle des pouvoirs publics.

Elle sont constituées généralement autour d'un noyau de forêts soumises au régime forestier (forêts domaniales et communales), pouvant incorporer des terrains communaux ou privés. Leur budget inclut un gardiennage permanent et leur gestion est le plus souvent du ressort d'un établissement public [Offices : national de la chasse (O.N.C.) ou des forêts (O.N.F.)].

3e *Réserves des A.C.C.A. et A.I.C.A. :* les Associations communales et intercommunales de chasse agréées sont tenues de créer des réserves d'une superficie au moins égale au 1/10 de la superficie de leur territoire (même type de sanction que pour les réserves approuvées).

4e *Réserves du Domaine public maritime :* leurs limites sont définies par arrêtés ministériels. La gestion revient de droit aux préfets mais elle est en fait confiée par décision préfectorale aux fédérations départementales des chasseurs qui en assurent en particulier la garderie.

5e *Réserves de chasse communales.*

6e *Réserves naturelles :* voir plus haut. L'Office national de la chasse intervient sur certaines d'entre elles par voie de conventions passées avec les organismes gestionnaires.

Superficie (1980). Réserves nationales 40 347 ha, maritimes 256 315 ha (dont 850 ha de sites), approuvées 262 000 ha.

Cheptel gibier (1981). Cerfs 35 000. Chevreuils 320 000. Mouflons 5 000.

Alpes-Marit. : *Pierlas Sept Communes,* 2 518 ha, faune de montagne. **Ariège :** *Orlus* (O.N.C.), 4 151 ha ; isards, grands tétras : territoire privé ; *Mt-Vallier* (O.N.F.), 8 815 ha ; chamois, grands tétras, lagopèdes ; forêt domaniale. **B.-Rh. :** *Petite-Pierre* (O.N.C.), 2 678 ha ; cerfs, chevreuils et sangliers ; for. dom. 2 642 ha ; for. communale 225 ha. **Htes-Alpes :** *Combeynot* (O.N.F.), 4 780 ha ; chamois, petits tétras, lagopèdes ; for. dom. ; *Pelvoux* (O.N.F.), 10 199 ha ; chamois, petits tétras, lagopèdes ; for. dom. 8 714 ha ; ter. priv. 1 485 ha. **Hte-Corse :** *Asco,* 3 511 ha, mouflons. **Htes-Pyr. :** *Moudang* (O.N.C.), 2 433 ha ; isards ; ter. com., faune de montagne. **Ht-Rhin :** *Marstein* (O.N.C.), 946 ha ; chamois, chevreuils, grands tétras. **Hérault :** *Caroux l'Espinouse* (O.N.C.), 1 831 ha ; mouflons ; for. dom. et ter. priv. **Loir-et-Cher :** *Chambord* (Comm. à l'aménagement du domaine de, 4 656 ha), 5 435 ha ; cerfs, sangliers, chevreuils ; forêt dom. **Marne :** *Trois-Fontaines* (O.N.C.), 1 369 ha ; chevreuils et sangliers ; for. dom. 1 360 ha ; ter. priv. 8 ha. **Pyr.-Or. :** *Carlitte* (O.N.C.), 3 576 ha ; isards, mouflons, grands tétras, lagopèdes ; for. dom. **Savoie et Hte-Savoie :** *Bauges* (O.N.C.), 5 171 ha ; chamois, mouflons, chevreuils, tétras-lyre ; for. dom. 3 917 ha ; for. départ. 126 ha ; ter. priv. 1 515 ha. **D.-Sèvres :** *Chizé* (O.N.C.), 2 610 ha ; chevreuils, sangliers ; for. dom.

Gibier d'eau. Ain : *Réserve ornithologique et botanique de Villars-les-Dombes,* 160 ha ; ter. dép. **Ardèche (et Drôme) :** *Printe garde,* 650 ha, avifaune migratrice. **Ardennes :** *Étang de Bairon,* 152 ha ; domaine public. **Aube :** *Lac de la forêt d'Orient,* 320 ha. **Aude :** *Étang de Campignol,* 200 ha ; dom. publ. marit. **B.-du-Rh. :** *Réserves de Camargue,* dom. publ. marit., 9 366 ha. **Hte-Corse :** *Casabianda* (O.N.C.), 1 760 ha, avifaune migratrice. **C.-du-N. :** *Les Sept-Iles :* îles et îlots dom. publ. marit. (propriété de l'O.N.C. gérée par la Ligue pour la protection des oiseaux), 40 ha, avifaune migratrice. **Eure :** *Grande Mare* (O.N.C.), 146 ha, avifaune migratrice. **Finistère :** Iles de Beniguet, 80 ha. **Hérault :** *Estagnol,* 78 ha, avifaune migratrice ; *Méjean* (O.N.C.), 81 ha ; *St-Marcel-Mauguio,* 32 ha, avifaune migratrice. **Landes :** *Arjuzaux,* 2 169 ha, avifaune migratrice. **Loir-et-Cher :** *Malzone* (O.N.C.), 77 ha, avifaune migratrice. **Loire-Atl. :** *Réserve de Loire,* 13 500 m de fleuve ; dom. publ. fluvial ; *Le Massereau,* 393 ha ; dom. priv. et dom. publ. marit., avifaune migratrice. **Manche :** *Iles Chausey* (O.N.C.), 54 ha d'îles et îlots + dom. public marit. ; ter. priv., avifaune migratrice ; *Baie des Veys* (O.N.C.), 136 ha + dom. publ. marit. ; *Marais de Gorges* (O.N.C.), 505 ha ; *Carentan et Le Marais de la Plaine,* 358 ha, avifaune migratrice. **Hte-Marne :** *Marne, Haute-Marne, Lac du Der* (O.N.C.), 506 ha. **Meuse (et Meurthe-et-Mos.) :** *Lac de Madine,* 110 ha, avifaune migratrice. **Bas-Rh. :** *Ile du Rhin,* 2 140 ha. **Hte-Saône :** *Vaivre-Vesoul,* 50 ha, avifaune migratrice. **Hte-Savoie :** *Génissiat,* 227 ha. **Somme :** *Baie de Somme* (O.N.C.), 32 ha, avifaune migratrice. **Vaucluse :** *Donzère-Mondragon* (O.N.C.). (Vaucl.-Drôme), 1 677 ha, avifaune migratrice. **Vendée :** *Chanteloup (O.N.C.),* 38 ha, avifaune migratrice ; *La pointe d'Arçay (O.N.C.),* 570 ha + dom. publ. marit., for. dom., avifaune migratrice.

Animaux familiers

☞ **Revues.** *30 Millions d'Amis,* 3, rue de Marly, 78000 Versailles (mensuel). *Animaux Magazine* (rev. S.P.A.), 39, bd Berthier, 75017 Paris. *Revue Chiens 2000,* 69, rue St-Nicolas, 78600 Maisons-Laffitte (mensuel). *Chiens de France,* BP 65, 78600 Maisons-Laffitte (mensuel).

Statistiques générales (France)

Animaux domestiques (1985) : 30 à 31 millions dont chiens 8,8, chats 5,8, oiseaux 8,4, autres animaux 8,4. Il « faut » environ 800 000 à 900 000 chiots chaque année pour renouveler la population canine. (*Source :* FACCO, 10, rue de la Paix, 75002 Paris.)

Nota. — Autant de chiens en France que d'enfants de la naissance à 11 ans : env. 10 millions.

Répartition des foyers possesseurs d'animaux en % (1985). 1 foyer sur 2 possède un animal familier. Poss. chiens 34 %, chats 20,6 %, oiseaux 11,2 %.

21 % des chiens et 18 % des chats vivent en appartement. 79 % des chiens et 82 % des chats vivent en maison individuelle.

Dépenses des Français (en milliards de F, 1980) pour les animaux de compagnie : 28 (3 % de la consommation des ménages) : chiens et chats 22,5 (dont alimentation 20, soins vétérinaires et produits pharmaceutiques 1, transactions 0,9, assurance 0,5, toilettage 0,1) ; autres animaux 5 (dont accessoires 0,5).

En 1984 : 16 milliards de F pour achat, alimentation et entretien des chiens. Presque 2 fois le budget du min. de l'Industrie.

Coût annuel moyen (1985) : chien 2 000 F, chat 800 F.

Nota. — En 1984, le nettoyage des déjections canines a coûté 22 millions de F à la ville de Paris (500 t/an).

Commerce. CHIENS ET CHATS. *Importations :* 20 % des chiens importés chaque année meurent avant d'avoir

Aquariums

☞ Le *plus grand aquarium* est le John Shedd Aquarium de Chicago (U.S.A.) (1929). Les aquariums d'exposition contiennent au total 1 700 millions de litres pour 5 500 spécimens de 350 espèces. Les réservoirs peuvent contenir 7 500 millions de litres.

Aquariums français

Légende Date de création, a. : nombre d'animaux, e. : nombre d'espèces et v. : nombre de visiteurs par an.

Arcachon (Gir.). *Musée aquarium* (1865). Une centaine d'e. + de 1 000 a. *Ouvert* avril à fin sept. + de 90 000 v. (1985).

Banyuls-sur-mer (Pyr.-Or.). *Aquarium du laboratoire Arago* (1895). 300 à 500 e. 100 000 v.

Biarritz (Pyr.-A.). *Aq. du musée de la Mer* (1933). 125 e. 2 000 a. 40 aq. (100 m³), 5 bassins (80 m³). Tortues, oiseaux de mer, phoques. *Consommation mensuelle de nourriture :* poissons frais ou congelés 1 200 kg, moules 75, encornets 15, vers 10 litres. 130 000 v. (1984).

Dinard (I.-et-V.). *Laboratoire maritime* (1935). 100 e. 24 bacs. 18 000 v. (1985).

Granville (Manche). *Musée océanographique Le Roc* (1960). 95 e. de poissons, 40 e. d'invertébrés, otarie de Bironia. Expos. de minéraux. 60 000 visiteurs.

La Rochelle (Ch.-Mar.). *Aq. René-Coutant* (1970). 300 e. env. + de 1 000 a. nombreux invertébrés. Incendié en 1985, en cours de reconstruction.

Le Croisic (L-Atl.). *Aq. de la Côte d'Amour* (1972). 150 e. env. 280 a. (dont requins, murènes, coelacanthe). 150 000 v.

Monaco (Principauté). *Institut océanographique* (1910). 10 000 animaux, 80 espèces, 1 020 491 v. (1984).

Nancy (M.-et-M.). *Aq. du Musée de Zoologie de l'Université et de la Ville* (1970). + de 350 e. + de 2 000 a. 80 000 v.

Paris. *Musée des Arts africains et océaniens* (1931). 5 000 poissons. 200 e. (reptiles 10 e.), 300 000 v. *Trocadéro* (1878-1937) : aq. vivarium public.

Roscoff (Fin.). *Aquarium* (1953). Env. 160 e. vertébrés et invertébrés marins typiques de la Manche. 90 000 v. par an.

St-Malo (I.-et-V.). *Aquarium* (1963). 90 aquariums, env. 200 à 300 e. Mer du Nord, Manche, Océan Atlantique, Mer Méditerranée, section coralienne et exotique d'eau douce, nombreux invertébrés. 100 000 v./an. *Exotarium malouin* (1974). 67 terrariums, env. 100 e. reptiles et amphibiens. 50 000 v./an.

Sarlat (Dordogne). *Aquarium* (1985). 100 e. env. Poissons d'eau douce de la région, 18 bacs d'exposition totalisant 33 000 litres.

Six-Fours-les-Plages (Var, île des Embiez). *Fondation océanographique Ricard* (1966). 30 e. d'invertébrés, 60 e. de vertébrés, 200 a. 60 000 v. (1985).

Tours (I.-et-L.). *Aquarium tropical* (1985).

Trouville (Calvados). *Aquarium écologique* (1973). 200 à 250 e., plus de 1 000 a. 600 m² d'exposition, plus de 80 aquariums et vivariums. 90 000 v. (1985).

Vannes (Morb.). *Aquarium océanographique et tropical* (1984). 100 000 v./an.

Océanariums (delphinariums ou marinelands)

Le plus ancien. *Marineland* ouvert en *Floride* en 1938. 26 millions de l d'eau de mer par jour sont pompés pour alimenter les réservoirs. 2 réservoirs, l'un rectangulaire (30,5 m × 12,2 × 5,5 ; 1 700 millions de l) et l'autre circulaire (71 m de circonférence et 3,65 m de profondeur ; 1 500 millions de l).

Les plus grands réservoirs. *Marineland de Hanna Barbera* (Palos Verdes, Californie, U.S.A.) 76,65 m de circonférence et 6,70 m de prof., 4 millions de l d'eau de mer. Capacité totale de 9 400 millions de l.

En France : Antibes (A.-M.). Le plus grand zoo marin d'Europe. 3 ha, 1 bassin circulaire (35 m de diamètre) 1 800 m³, 1 rectangulaire (32 × 24 m) 2 000 m³. Créé par Roland de la Poype (1970). Possède une cinquantaine d'animaux marins (orques, épaulards, dauphins, otaries, phoques, manchots). 500 000 v. par an. *Barcarès* (P.-O.), *Ermenonville* (Oise, créé par Jean Richard, 3 otaries), *Paris* (Jardin d'acclimatation).

été vendus. *Ventes sauvages :* 0,2 à 0,3 million de chiens par les particuliers.

Chiens

• **Alimentation.** Le chien avale sans mastiquer ; la salive agit peu. Une abondante sécrétion de suc gastrique (riche en acide chlorhydrique) dans l'estomac assure une bonne digestion de la viande crue et des os tendres. La cuisson détruit 15 à 50 % des vitamines du groupe B. La viande bouillie moins attaquable par les sucs est moins bien assimilée. Cependant la cuisson peut renforcer l'appétit pour la viande. Donner la viande en morceaux plutôt que hachée. Pain, pâtes, riz et autres céréales, pommes de terre... doivent être bien cuits (l'intestin court n'est pas adapté à la digestion des hydrates de carbone). Légumes verts (cuits) et carottes, qui participent à la prévention des suralimentations et des constipations, seront hachés et bien mélangés à la viande (le chien les aime peu).

Donner : viande rouge (bas morceaux), abats divers en évitant les excès d'aponévroses et tendons (« nerfs » de cartilage, d'os) ; ne donner que des os plats et friables : omoplates de veau, humérus de bœuf (ni porc ni côtes de mouton). Les gros os à moelle fournissent aux chiots des phosphates de calcium assimilables. Ils doivent être toujours frais ; jamais d'os de volaille et de gibier (ceux du lapin sont dangereux, ceux du poulet risquent d'encombrer les conduits digestifs).

Matières grasses : apport d'acides gras indispensable (qualité de la fourrure) et d'énergie sous forme très concentrée (jeunes, nourrices, chiens de travail), lait (aliment complet ; le lait de chienne est 2 fois plus nourrissant que le lait de vache), œufs, yaourts (bons pour l'hygiène digestive) et fromages (excellents pour la croissance), complément minéral vitaminé (aide de croissance très rapide ; à 1 mois un berger pèse 3 fois son poids de naissance, 18 fois à 2 mois, 49 fois à 6 mois).

Éviter : farineux crus (ne donner du pain que sec et rassis), sauce, soupes trop liquides, à base de pain trempé ou trop grasses (suif ou saindoux), sucre, chocolat, bonbons, crème glacée (exceptionnellement), repas trop chauds ou glacés. Ne pas alimenter un animal avant un voyage. *Proscrire :* poissons à grosses arêtes, aliments rances, rognures de viande faites de graisse, de tendons ou d'aponévroses riches en collagène (putréfactions intestinales).

Recommander : huile de table riche en acides gras essentiels, levure sèche, complément minéral vitaminé bien adapté pour garantir une ration équilibrée.

Ration journalière. Dépend du poids du chien et de l'effort fourni. 2 repas par jour. *Ration moyenne par jour en g : Races naines et petites (jusqu'à 5 kg) :* 80 à 130 de viande de bœuf, 50 de riz et légumes, 5 de fruits, 5 de graisses, 2 à 5 de sels minéraux. Supplément possible 50 de lait de vache. *Races moyennes (de 15 à 20 kg) :* 300 à 500 de viande ou foie de bœuf, 200 de riz, avoine ou pâtes, 200 de légumes verts, 20 de graisses, 1 à 20 de fruits et carottes râpées, 5 de sels minéraux, 100 de lait par jour. *Grandes races (de 30 kg et plus) :* 350 à 500 de viande de bœuf crue, 250 d'abats (foie), 150 de riz (flocons d'avoine ou pâtes), 25 à 50 de graisses, 25 de fruits et carottes râpées, 20 de sels minéraux, 200 de lait par jour. Besoins et ration de travail sont de 1,5 à 4 fois plus importants que ceux d'entretien. Les os sont des compléments. Les aliments secs (granulés, croquettes), semi-humides ou humides (conserves) sont généralement complets et satisfont l'ensemble des besoins sans avoir à ajouter quoi que ce soit.

Allaitement. Au minimum 4 à 6 semaines ; sevrage à partir d'un mois ou, mieux, 6 semaines ; ne laisser que 4 à 5 petits à la mère ou l'aider par un allaitement artificiel complémentaire (lait sec). Dès la fin du mois on épaissit progressivement avec un aliment composé complet, le sevrage sera alors facile et précoce si nécessaire ; donner ensuite 3 à 4 repas, puis 2 par jour. On doit limiter la consommation des aliments plus humides.

• **Concours.** *De standard :* conformité au standard de race. *De travail :* correspondant à la destination des chiens (bergers : rassemblement et garde des moutons ; chiens de chasse : field trials ; teckels et terriers : recherche de nuisibles sous terre ; lévriers : vitesse).

• **Livre des origines français** (LOF). Livre généalogique canin ouvert par la Sté centrale canine en 1885, inscrit en 1957 au Registre des livres généalogiques du ministère de l'Agriculture. Inscription codifiée par décret ministériel en 1966 : la SCC est chargée de tenir le Livre généalogique de l'espèce canine. Seuls les certificats d'inscription délivrés par elle sont reconnus par le min. de l'Agriculture. Ils comportent 1 tableau généalogique remontant à 3 générations. La SCC délivre chaque année un *certificat de naissance* (inscription au LOF à titre provisoire), à 102 000 chiots en 1983 (dont en 1983, bergers allemands 14,8 %, teckels 3,4 %, bergers de Brie 5,9 %, épagneuls bretons 4,5 %, terriers du Yorkshire 3,7 %, lévriers afghans 2 %) ; 36 % seront présentés à la *confirmation*, et 32,5 % seront confirmés et recevront leur pedigree (certificat d'inscription définitive au LOF). Un animal peut être confirmé par un juge ou un expert qualifié pour la race considérée s'il est capable d'entretenir ou d'améliorer les qualités de la race et s'il est au minimum conforme aux normes du standard de la race. Les 2/3 non confirmés (% variable selon les races) ne sont pas inscrits définitivement au LOF.

• **Maladies.** *Température normale :* 38,5 à 38,7 °C. *Respiration normale :* env. 16 à 18 mouvements à la minute (jeune 18 à 20, vieux 14 à 16). *Pouls :* 90 à 100 pulsations à la minute (jeune 110 à 120, vieux 70 à 80), se mesure à la face interne de la cuisse. *Mal. de Carré :* la plus grave ; symptômes : pus dans les yeux, toux, sécrétion nasale, temp. 39,5 à 40 °C ; vaccination dès 3 mois, rappel à 4 mois (rappels annuels), sinon traitement par sérums homologues et antibiotiques. *Mal. de Rubarth ou hépatite contagieuse :* fièvre 41°, amaigrissement ; souvent en même temps que la maladie de Carré ; vaccin commun. *Leptospirose (typhus) :* fièvre 40°, abattement ; vaccination dès jeune âge, rappel annuel. *Rage :* très dangereuse, transmissible à l'homme par morsure ; vaccination à 3 mois, rappel annuel. *Piroplasmose :* due à des parasites sanguins transmis par les tiques ; température élevée, muqueuses jaunes, urines foncées. Traitement efficace. *Tuberculose :* peut être transmise par l'homme, amaigrissement, toux, essoufflement. Il faut sacrifier l'animal. *Cancer :* 3 à 7 % des chiens. *Coryza :* à partir de 2 m. 2 inj. à 1 m. d'intervalle, quel que soit l'âge. Rappel tous les ans.

• **Métiers de chiens.** Garde (troupeaux, locaux), défense, chasse (courants, d'arrêt, etc.), police et douane (contrebandiers), détecteur de drogue, sauvetage en mer (terre-neuve), en montagne (avalanches), trait (Belgique et Nord de la France ; traîneau, en cas de catastrophes naturelles, tremblements de terre, éboulements, etc.), course (lévriers), destruction des rats, cirque, music-hall, théâtre, cinéma, guerre (Égyptiens, Gaulois), cuisines (saint-bernard faisant tourner la broche), truffiers, géologues (détectent les minerais), chiens d'aveugle, psychologues.

Chien de catastrophe. *Origine :* 1939-40, en G.-B. utilisé après les bombardements. En France, lors de la catastrophe du plateau d'Assy (Hte-Savoie), le 16-4-1970. En 1979, création de la cellule catastrophe à la Préfecture de Police. 1re intervention officielle : Joigny (Yonne) le 21-4-1981. Actuellement quelques grands centres urbains sont dotés de chiens de catastrophes (police et pompiers).

• **Nom de baptême.** Dans le cadre de l'Union nationale des livres généalogiques (U.N.L.G.) à laquelle elle est affiliée, la Sté centrale canine attribue aux chiens de race pure nés dans l'année une lettre initiale pour leur nom inscrit au Livre généalogique. Soit en : 1977 N, 1978 O, 1979 P, 1980 R, 1981 S, 1982 T, 1983 U, 1984 V, 1985 A, 1986 B, 1987 C, etc., les lettres K, Q, X, Y, Z n'étant pas attribuées. Certains chiens ont des doubles noms. Ex. : Titus « de l'Ombrée ». L'affixe (l'Ombrée) est une dénomination, mais pas une marque au sens légal et juridique du terme, permettant de savoir de quel élevage provient un chien. Il est attribué par la Sté Centrale Canine sous réserve d'engagements précis de l'éleveur auquel il peut être retiré en cas de manquement à ces engagements.

• **Reproduction.** *Maximum de chances de fécondation :* entre le 9e et le 13e j des « chasses » de la femelle. Renouveler la saillie 2 jours après pour plus de sécurité. Ces « chaleurs » se reproduisent tous les 6 mois et durent 12 à 15 j. Éviter la saillie avant 18 mois (2 ans est mieux). Ne pas faire saillir pour la 1re fois une chienne de 5 à 6 ans. *Gestation :* 59 à 67 j (moy. 60). *Nombre de chiots :* 3 à + de 12 selon les races (record 23). Le chiot double son poids en 8-9 jours, le double à nouveau à 28 j. *Mise bas :* pendant les 24 dernières heures, la température tombe au-dessous de la normale (37,3°-37,5°) ; les petits sont mis au monde à la cadence d'un toutes les 20 mn à un toutes les heures ; si la mère est primipare, attendre qu'elle ait nettoyé ses petits et les lui enlever au fur et à mesure de leur arrivée afin d'éviter qu'elle ne les mange ; les lui rendre dès la mise bas terminée.

Société centrale canine (S.C.C.). 215, rue St-Denis, Paris-2e. Fédération des Stés canines régionales et des associations de race affiliées. *Fondée* en 1882.

Quelques chiffres

Nombre de chiens. En 1985 : 8 800 000 dont 2 000 000 d'apparence pure ; 1 300 000 chiens vivants inscrits au livre généalogique (LOF) ; 3 500 000 inscrits au fichier central d'identification par tatouage fin 1985. A Paris : 300 000 à 400 000 chiens. 210 caninettes (moto-benne-balayeuse-ramasseuse) ratissent 2 500 km de trottoirs parisiens. *Chiens retrouvés grâce au fichier central : 1981 :* 18 450. *1982 :* env. 22 000. *1983 :* 24 000. *1984 :* 25 000.

Prix. *Chiot de race.* Varie selon ses origines (qualité et récompenses en travail et standard obtenues par les géniteurs) et la demande. Bases pour chiots de 3 mois (vaccinés, tatoués avec certificat de naissance) en F : Airedale 1 900 à 2 800, Barzoï 2 300, Basset artésien-normand 1 500, Beagle 1 500, Bedlington terrier 2 200, Berger allemand 2 500 à 3 600, Berger de Beauce 1 900, Berger de Brie 2 000, Bobtail 2 600, Boxer 1 900, Braque allemand 1 700, Caniche 1 900 à 2 400 selon taille et couleur, Chow-Chow 1 900, Dogue allemand 2 900, Épagneul breton 1 500, Griffon vendéen 1 100, Fox terrier 1 500, Lévrier afghan 2 800 à 3 800, Lhassa Apso 3 000, Montagne des Pyrénées 2 600, Setter irlandais 1 800, Shi Tzu 3 000, Yorkshire terrier 3 000 à 4 000.

Prix à la SPA (Gennevilliers) : 200 à 500 F.

Frais divers. *Équipement* (collier, laisse, brosse, etc.) : chien gros 160 à 250 F ; moyen 120 F. *Nourriture (par mois) :* chien gros 600 F ; moyen 350 F ; petit 150 F. *Soins* (consultation simple à Paris) : 25 à 130 F. *Coût alimentaire annuel moyen d'un chien :* 2 000 F (avec des aliments industriels), sinon fonction des achats du ménage.

Quelques records

Le plus gros. Saint-bernard 140,6 kg. **Les plus grands.** Dogue allemand 1,05 m au garrot ; lévrier irlandais plus de 1,05 m au garrot. **Le plus petit.** Yorkshire terrier, chihuahua, caniche toy moins de 453 g (record : 9 cm au garrot, 283 g). **Le plus fort.** Un st-bernard a tiré une charge de 2 905 kg ; un terre-neuve a tiré 2 289 kg. **Le plus vieux.** 34 ans (rarement plus de 20 ans).

Le plus rapide. A la course de traîneaux Anchorage-Nome (Alaska en 1981) 1 660 km en 12 j, 7 h 11 mn. **Le meilleur sauteur, en hauteur :** un berger allemand 3,55 m ; **en longueur :** un lévrier 9,14 mètres.

La plus grande portée. Une chienne Forchound et une st-bernard 23. **Les plus prolifiques.** Lévriers : 3 014 en 8 ans.

Les plus chers. 110 000 à 400 000 F.

Races (nombre en France, 1984)

1er groupe. Chiens de berger. *a) Soumis au travail :* de Beauce 3 135, de Brie 6 080, Picard 282, des Pyrénées 963, allemand 15 089, belge 3 206, Bouvier des Flandres 781. *b) Non soumis au travail :* Collie 4 848, Bearded Collie 599, Border collie 153, Shetland 310, Bobtail 1 853, Welsh Corgis (Pembroke, Cardigan) n.c., Berger hongrois (Puli 40, Komondor 26, Pumi n.c., Mudi n.c., Kuvasz n.c.), Charplaninatz 109. **2e groupe. Chiens de garde et de protection.** *a) Soumis au travail :* Rottweiler 319, Hovawart n.c., Dobermann 1 718, Boxer 2 394, Schnauzer géant 625, Bouvier bernois 198. *b) Non soumis au travail :* Dogue allemand 1 602, Dogue de Bordeaux 255, Matin de Naples 111, Mastiff 25, Bullmastiff 98, Bulldogue 73, Schnauzer moyen 408, Pinscher moyen 162, Montagne des Pyrénées 942, Saint-Bernard 348,. Terre-Neuve 769, Landser n.c., Léonberg 546. **Chiens de trait.** Samoyède 72, Esquimau n.c., Malamute 206, Alaskan n.c., Siberian Husky 873, Finnish Spitz n.c., Spitz-loup 35, Grosspitz n.c., Elkhound n.c., Akita Inu n.c., Bouvier suisse n.c. (Appenzeller Sennenhund, Berner Sennenhund, Entlebucher Sennenhund, Grand Sennenhund). **3e. groupe. Terriers.** *a) Soumis au travail :* Fox 1 657, Jagd-terrier 120. *b) Non soumis au travail :* Airedale 700, Lakeland n.c., Welsh 214, Manchester n.c., Bull-terrier n.c., Bull-terrier miniature n.c., Sealyham n.c., Bedlington 35, Irish-blue n.c., Irish-terrier n.c., Staffordshire n.c., Norwick n.c., Norfolk n.c., Silky 16, Australian n.c., Border n.c., Scottish 304, Cairn 641, West Higland white 309, Dandie-Dimmont n.c., Skye 80. **4e groupe. Teckels** (poil ras 580, long 1 472, dur 1 909). Teckel standard, Teckel nain. Kaninchenteckel. **5e groupe. Chiens courants pour gros gibier.** *(Tous soumis au travail.) Races françaises à poil ras :* Grand Bleu de Gascogne, Grand Gascon saintongeois 79, Levesque n.c., Poitevin 72, Billy n.c., Français tricolore n.c., Français blanc et noir n.c., Français blanc et orange n.c. *Races françaises à poil long :* Grand Griffon vendéen n.c. *Races anglaises :* Fox-Hound n.c.. *Races franco-anglaises :* Grand Anglo-Français tricolore n.c., Grand Anglo-Français blanc et noir n.c., Grand Anglo-Français blanc et orange n.c. Chien de Saint-Hubert 146. **6e groupe. Chiens courants pour petit gibier.** *a) Soumis au travail. Races françaises de moyenne taille à poil ras :* Petit Bleu de Gascogne 71, Petit Gascon saintongeois n.c., Ariégeois 138, Chien d'Artois 62, Porcelaine 310, Beagle-Harrier 476. *Races françaises de moyenne taille à poil long :* Griffon nivernais 420. Briquet griffon vendéen n.c., Briquet griffon Nivernais 206, Griffon fauve de Bretagne 224, Griffon bleu de Gascogne n.c.. *Bassets français :* Basset artésien normand 965, Basset bleu de Gascogne 210, Basset fauve de Bretagne 693, Basset griffon vendéen n.c., Basset griffon nivernais 493. *Races anglaises de moyenne et petite taille :* Beagle 1 363, Harrier 111. *Races anglo-françaises de moyenne taille :* Anglo-Français tricolore n.c., Anglo-Français blanc et noir n.c., Anglo-Français blanc et orange n.c.. *Race anglo-française de petite taille :* Anglo-Français de petite vénerie 248. *Chiens courants étrangers :* Basset Hound 291, Chien courant suisse n.c., Chien courant bernois n.c., Chien courant lucernois n.c., Chien courant du Jura (type Bruno) 413, Chien courant du Jura (type Saint-Hubert) n.c., Petit Chien courant suisse n.c., Dachsbracke n.c., Wachtelhound n.c.. *b) Non soumis au travail :* Cirneco de l'Etna n.c., Basenji n.c., Rhodesian Ridgeback n.c., Podenco Ibicenco n.c. **7e groupe. Chiens de chasse (sauf races britanniques), chiens d'arrêt.** *Tous soumis au travail.* Braque de l'Ariège n.c., d'Auvergne 383, du Bourbonnais 73, du Puy n.c., français 477 (types Gascogne, Pyrénées), Saint-Germain 60, allemands 2 421, de Weimar 548, Braque hongrois 141, Épagneul breton 4 550, Ép. français 628, Picard 117, Bleu picard Pont-Audemer et Langhaar 75, Griffon n.c., Barbet 50, Spinones n.c., Drahthaar 787, Stichelhaar n.c., Pudelpointer n.c., Munster-lander 52, Korthals 1 357. **8e groupe. Chiens de races britanniques.** *A) Chiens d'arrêt soumis au travail :* Pointer 1 677, Setter anglais 3 440, Setter irlandais 1 504, Setter gordon 1 010. *B) Retrievers, Spaniels et Cockers. a) Soumis au travail :* Retrievers (Labrador 2 447, Golden 145, Chesapeake n.c., Curley Coated n.c., Flat Coated n.c.), Cocker 2 657, Clumber n.c., Sussex n.c., Welsh-Springer n.c., Springer 477, Irish-Water n.c., Field-Spaniel n.c. *b) Non soumis au travail :* Cocker américain 300. **9e groupe. Chiens d'agrément ou de compagnie.** Caniche à poil bouclé 3 548, Chow-Chow 360, Dalmatien 199, Bouledogue français 175, Bichon bolonais (à poil frisé 457, Havanais n.c., Maltais 138), Épagneul nain continental 145, Phalène n.c., Papillon n.c., Épagneul japonais n.c., Épagneul pékinois 357, Épagneul nain anglais (Blenneim n.c., King Charles n.c., Prince Charles n.c., Ruby n.c., Cavalier King Charles 274), Carlin 190, Spitz 578, Griffon belge et bruxellois n.c., Brabançon n.c., Kleinspitz n.c. (petit spitz), Mittelspitz n.c. (spitz moyen), Zwergspitz n.c. (spitz nain), Affenpinscher n.c., Schnauzer nain 306, Pinscher nain 493, Schipperkes 94, Terrier du Yorkshire 4 064, Terrier de Boston n.c., Toy-Terrier n.c., Lhassa-Apso 601, Griffon du Thibet n.c., Épagneul du Thibet n.c., Shih-Tzu 336, Terrier du Tibet 114, Petit Chien lion n.c., Chien nu n.c., Chihuahua 315. Coton de Tuléar 192, Eurasier 63. **10e groupe. Lévriers.** Greyhound 193, Whippet n.c., Sloughis 64, Galpos n.c., Charnigue n.c., Barzois 415, Deerhound n.c., Irish Wolfhound 47, Persan (Saluki) 83, Afghan 1 360, Lévrier italien 149.

Les 20 premières races (dans l'ordre décroissant). France 1984. Tervueren ; Teckel (poil long) ; Setter irlandais ; Dogue allemand ; Pointer ; Doberman ; Bobtail ; Teckel (poil dur) ; Boxer ; Braque allemand ; Labrador ; Cocker ; Beauceron ; Setter anglais ; Caniche ; Yorkshire ; Épagneul breton ; Colley ; Briard ; Berger allemand.

☞ Une nouvelle répartition des groupes de races pourrait intervenir en France en janvier 1987.

• **Tatouage.** Effectué sur la face interne de la cuisse ou de l'oreille droite par 3 700 vétérinaires et 900 particuliers agréés par le ministère de l'Agriculture. Obligatoire pour chiens de race devant être inscrits au Livre généalogique, cédés par les marchands et ceux transitant par des établissements spécialisés, circulant librement sous le contrôle direct de leur maître (chiens qui chassent) dans les départements déclarés officiellement atteints par la rage.

• **Titres homologués (par la S.C.C.) et inscrits sur les pedigrees. Championnats de France.** *Conformité ou standard* [pour être champion de France, un chien doit obtenir un certain nombre de certificats d'aptitude au Championnat de conformité ou standard (CACS) en 2 ans et, pour les races soumises au travail, un minimum de récompenses en travail]. Chaque année, env. 2 champ. de France par race (1 mâle, 1 femelle). *Travail* (un par spécialité, avec des règlements revus régulièrement ; récompense les aptitudes naturelles des chiens et non des épreuves visant à « mécaniser » des chiens).

• **Titres divers** (non homologués). A l'occasion d'expositions, on décerne souvent le titre de « meilleur chien du groupe » ou « meilleur chien de l'exposition ».

• **Vaccinations.** Programmes (âge min.). *Rage :* 3 mois. *M. de Carré :* 6 semaines. Rappel 1 an puis tous les 2 à 3 a. *Leptospirose :* 2 m. **Vaccination** non imposée pour les chiens en laisse et muselés, ceux-ci peuvent donc ne pas être tatoués. Le *Fichier central d'identification* est la propriété du min. de l'Agriculture qui en a confié la gestion à la Sté centrale canine à laquelle, après l'opération, doivent être adressés pour enregistrement les volets d'identification.

Actuellement 3 500 000 chiens sur 9 000 000 sont tatoués en France.

• **Revues.** *Chiens de France. La Vie Canine,* BP 65, 78600 Maisons-Laffitte (mensuel). *Revue Chiens 2000,* 69, rue Saint-Nicolas, B.P. 1, 78600 Maisons-Laffitte (mensuel). *Vos chiens* (mensuel), route de Beaurepaire, 26210 Lapeyrouse.

Chats

• **Alimentation.** Besoins protidiques supérieurs de 25 % à ceux du chien. Le mou est sans valeur nutritive. Le chat se rationne mieux que le chien (6 à 12 % d'obèses au lieu de 1/4 à 1/3 des chiens). *Par jour :* viande 50 à 75 g, flocons céréales 20 à 30, complément d'équilibre (huile, complément minéral vitaminé, levure sèche) 10 à 15, ou aliment complet sec 50 à 75, aliment complet humide 130 à 250. Doubler chez les femelles en lactation. La tolérance digestive au lait varie.

• **Maladies.** *Respiration :* 25 à 30 mouvements à la mn. *Pouls :* 110 à 140 pulsations par mn ; le pouls se mesure à la face interne de la cuisse. *Température normale :* 38 °C. *Leucopénie infectieuse (typhus) :* évitée par la vaccination (2 injections à partir de 3 mois, à 10 j d'intervalle). *Coryza :* en recrudescence, vaccin possible. *Tuberculose :* très rare aujourd'hui, communiquée par une viande infectieuse ou par l'homme. Signes : le chat maigrit, tousse, s'essouffle. Il faut l'abattre. *Cancer :* 1 % des chats. *Durée de vie moyenne :* 11 ans (maximum 35).

• **Nom de baptême.** Mêmes règles que pour les chiens. **Pedigree.** Établi par la Fédération féline. Un chat français ne peut figurer au Livre d'origines de la

Fédération féline française, 75, rue Claude-Decaen, 75012 Paris (L.O.F.F.), que si ses parents y sont inscrits jusqu'à la 3e génération. Environ 80 000 chats sont inscrits. Il existe un fichier réservé aux chats de la Région parisienne (700) créé à l'initiative des Syndicats des vétérinaires de la Région parisienne. Tous doivent être tatoués pour y figurer. **Tatouage.** Sur la face interne de l'oreille droite. Fait par un vétérinaire.

● **Organismes. Fédération internationale féline,** 23, Boerharelaan 5644BB, Eindhoven, Hollande. *Fondée* en 1949, 24 membres, env. 200 000 chats inscrits. **Union nationale des associations félines,** 43, rue Labouret, 92700 Colombes. **Association féline de France,** 49, av. Foch, 75016 Paris (fondée en 1959 par M. Estève). **Association féline rhodanienne,** 2, av. de Brogny, 74000 Annecy. **Fédération féline française,** 75, rue Claude-Decaen, 75012 Paris, fondée en 1933, plus de 20 000 adhérents. **Cat Club de Paris,** 75, rue Claude-Decaen, 75012 Paris. Fondé en 1926, 3 500 membres. **Cercle félin de Paris,** 16, rue de Marignan, 75008 Paris. **Association de l'école du chat,** Villa des Arts, 15, rue Hégésippe-Moreau, 75018 Paris. **Regroupement des chats perdus** (RCP), 82, rue Paul-Doumer, 91330 Yerres, héberge, dans de bonnes conditions, de 150 à 200 chats venant de toute la Région parisienne.

● **Races. Poils courts :** *chat commun* unicolore, bicolore, tricolore, tabby (tigré, moucheté ou moucheté nuit). *Chats bleus :* Bleu russe, Korat, British, Chartreux ou *chat de Malte, siamois, abyssin, burmese, havana* ou *chestnut brown,* de l'*île de Man* ou *Manx, Devon rex.*

Nota. — Les British se trouvent désormais en plusieurs couleurs : bleu, crème, blanc, chinchilla, solver shaded. Abyssin, burmese, siamois, havana ou chestnut brown, oriental, etc.

Poils longs : *Persan à yeux orange,* blanc, bleu, noir, crème, roux, bleu crème, fumé, écaille de tortue, écaille et blanc, marbré roux ou red tabby, brun ou brown tabby ; *yeux bleus : Sacré de Birmanie,* blanc, colour point ; *yeux verts :* chinchilla, marbré argenté, silver tabby. **Poils frisés ou ondulés :** *Cornish rex* et *Devon rex.*

● **Records. Le plus gros** 21,3 kg (long. 96,5 cm, tour de cou 38 cm, de taille 81 cm) [poids moyen 5 kg]. **Le plus vieux** 36 ans. La plus nombreuse portée 19 nouveau-nés (après césarienne 15 survécurent). **La chatte la plus prolifique** 420 chatons. **Le meilleur chasseur** 22 000 souris en 23 ans. **Le meilleur grimpeur** 21 m le long d'un immeuble.

● **Reproduction.** Conseillée à la 2e chasse. *Période de chaleur* variable : chatte européenne 2 à 4 fois par an, persane printemps et automne, siamoise ou abyssine la plus grande partie de l'année. *Rut :* 6 j. Faire pratiquer la saillie entre 2e et 3e j de « chasses ». *Gestation :* 63 à 67 j en moyenne. Les races à poil court sont plus prolifiques que celles à poil long. *Castration :* très pratiquée pour les chats mâles. Supprime quelques inconvénients (odeur, saleté, vagabondage). Pour les femelles : ablation des ovaires ou ovariectomie courante. *Stérilisation :* ligature des trompes, vasectomie.

● **Revue.** *Atout Chat.*

● **Statistiques.** *Nombre de chats domestiques. Monde :* 23 000 000, *France :* 5 800 000 (source : ISL).

Prix d'achat : chat de race, poil court, siamois 1 500 à 2 000 F, persan 1 500 à 3 000 F (suivant beauté et pedigree), persan chinchilla et sacré de Birmanie 3 000 F (à la SPA de Gennevilliers 300 F). *Nourriture* (par mois) : 60 à 160 F.

☞ **Renseignements pratiques,** voir p. 183.

Autres mammifères

● **Cobaye** [viendrait du mot indigène (Amér. du Sud) « *cabiai* »], surnommé *cochon d'Inde. Origine :* Andes. *Taille :* 15 à 30 cm, pas de queue. *Poids :* 350 à 500 g. Dans la nature, vit en communauté mais s'accommode de la solitude, ne cherche jamais à mordre. Réactions presque semblables à l'homme vis-à-vis des agents infectieux et médicamenteux. *3 types :* à poil lisse, à rosettes (touffes de poil sur le dos), angora (mèches de poil de 12 à 15 cm). *Habitation :* volière en grillage fin au sol recouvert de sciure, paille ou copeaux de bois (+ accessoires : fontaine-buvette, mangeoires, râtelier), ou en liberté avec une petite caisse remplie de foin pour dormir. Fait des siestes fréquentes. Mange le jour et la nuit. *Alimentation :* variée (env. 200 g/jour). Foin, paille, blé, luzerne, graines germées ou sèches (orge, blé maïs, semoule...), pâtée de riz à l'eau (pendant les froids), verdure propre et jamais humide ni fermentée (pas de chou, chou-fleur, tomate, pomme de terre...), fruits, sandwiches de graines et des granulés spéciaux. Éviter bouton-d'or, digitale, pavot, ciguë, primevère, moutarde... nocifs à presque tous les rongeurs. Boisson : eau pure et légère, faiblement minéralisée. *Reproduction :* toute l'année. *Gestation :* 66 j. Isoler la femelle dans une cage à part. La mère allaite 15 j et abandonne ses petits à 1 mois pour recommencer une famille nouvelle. *Adultes* à 9 mois.

● **Hamster doré** (de l'allemand *hasmster,* « accapareur »). *Origine :* rapporté de Syrie en 1930 par le biologiste anglais Aharoui pour étudier son comportement. Un autre avait été rapporté en 1839 par Sir Waterhouse. *Longévité :* 2 à 4 ans. *Taille :* 15 à 30 cm, queue 2 à 5 cm. *Poids :* 50 à 200 g. Oreilles courtes, corps dodu, pelage roux doré. *Autres types :* hamster nettement plus petit aux tons plus recherchés, h. arlequin à fourrure blanche et taches brunes, h. albinos aux yeux rouges, h. ruby-eye à fourrure jaune clair et yeux rouges, h. angora à poils longs. Vit 4 ans max. Dort le jour et vit la nuit. Ouïe fine, odorat très sensible. Ne sent pas. Ronge tout. Aime vivre seul. 2 mâles dans une cage se battent à mort, une femelle vivant dans un lieu exigu dévorera sa portée. *Habitation :* cage spacieuse (50 x 50 cm) avec barreaux en métal (sinon il les rongerait) et litière absorbante en sciure, rognures de papier, etc. (+ mangeoires, fontaine-buvette, coton, papier, brins de laine) ; à placer dans une pièce saine, à temp. constante d'au moins 15 à 16 °C ; sans humidité ni courant d'air ni télévision ; le sortir très souvent. *Achat :* à 3 ou 4 semaines (robe lisse, yeux brillants, queue dressée).

Alimentation : mange dressé sur les pattes arrière, se sert de ses antérieures pour décortiquer la nourriture, fait des provisions dans ses bajoues (jusqu'à 500 kg par an) et dans sa cage. Choux, carottes, fruits, graines, viandes crue, biscuits secs, fromage, de temps en temps foin des Alpes et quelques gouttes d'huile de foie de morue. Ne pas dépasser 200 g par jour. Boisson : eau pure et légère. *Reproduction :* à partir de 4 mois. Jusqu'à 6 fois dans l'année de mars à octobre pendant quelques h tous les 4 j. Stérile vers 1 an et demi. *Détermination du sexe :* la femelle a l'arrière-train arrondi, le mâle en forme de poire ; en soulevant la queue et en regardant les deux orifices naturels, ceux de la femelle sont en contact, ceux du mâle séparés par quelques mm.

Gestation : 15 à 18 j. *Portée :* 1 à 10. *Maladies : carence alimentaire* (chute du poil, entérite, ajouter à la nourriture une goutte d'une solution buvable polyvitaminée, donner des légumes crus, de l'huile de foie de morue), *diarrhée* (donner de l'eau de riz) ou *constipation* (carottes râpées et huile d'amandes douces), *parasites* (vermifuges en prévention 2 fois par an avec un produit pour chien très dilué, lotion antiparasites et fréquents brossages du poil), *maladies respiratoires* (lui faire inhaler de l'eau chaude additionnée d'un produit balsamique), *otite* (nettoyage de l'oreille), *ophtalmie* (irréversible si l'animal est vieux).

● **Lapin.** *Originaire* de la péninsule ibérique, domestiqué et disséminé à travers l'Europe par les Romains. *Habitation :* si possible « abri de jardin » pourvu d'une litière sèche ou cage plus longue que haute (100 × 50 × 50 cm) à 2 « pièces » si possible avec un nid ; ne supporte pas l'humidité ; en appartement prévoir un « plat à chat » ; leur donner les moyens d'user leurs dents et leurs griffes qui poussent continuellement.

Alimentation : son frais, pain rassis (complet), restes de carottes, choux, granulés spéciaux (70 g par jour, 200 pour une mère allaitant), 200 à 250 g de foin sec ou luzerne l'hiver. Éviter bouton-d'or, digitale, pavot, ciguë, primevère, moutarde. *Détermination du sexe :* appuyer derrière l'orifice urogénital : la femelle a une fente, le mâle un orifice circulaire. *Reproduction :* femelle à env. 7 mois, mâle env. 12 mois. *Gestation :* 31 j ; la lapine prépare son nid vers le 20e j et s'arrache les poils du ventre pour le rendre plus confortable ; elle a alors besoin de beaucoup d'eau comme pendant les 4 semaines d'allaitement et sa ration doit être doublée en fin de gestation. Vers 1 mois, les lapereaux peuvent être sevrés avec du lait à moitié coupé d'eau et un peu de son. Ne jamais soulever un lapin même petit par les oreilles.

Maladies : myxomatose (virus transporté par certains moustiques) : difficilement réversible, déclaration obligatoire à la mairie ou la préfecture. Vaccins préventif dès 21 j. 1 fois par an. *Parasites :* gros ventre, diarrhées (surveiller l'alimentation, donner herbes fraîches et sèches, thym, ail, bruyère, pissenlit, coquelicot, etc., carottes en morceaux saupoudrées de sulfate de fer). *Coryza :* lui donner vitamines. *Gale :* lui donner une alimentation saine et surveiller sa propreté.

Races. *Alaska :* petit, noir. *Argenté de Champagne :* moyen, né noir puis argenté après quelques mois, oreilles assez courtes, craint peu l'hiver. *Blanc de Vendée :* 3 à 5 kg, blanc, poil mi-long, longues oreilles droites, assez résistant. *Blanc de Vienne :* blanc plutôt court, yeux bleus. *Fauve de Bourgogne :* moyen, fauve et ventre blanc, longues oreilles droites, moustaches noires. *Géant blanc du Bouscat :* blanc, longue queue, yeux roses, peu fragile. *Géant de Flandres :* gros (7 à 8 kg), gris brunâtre, oreilles en V. *Papillon français :* blanc avec taches noires, oreilles noires droites en V. *Polonais :* minuscule, fourrure épaisse et serrée, argent ou blanc, yeux bleus ou rose. *Russe :* 3 kg, blanc taché de noir aux extrémités, œil rouge. *Zibeline :* petit, poil très soyeux assez long, avec sous-poil ocré, et grands yeux fauves.

● **Souris blanche.** *Taille :* 9 cm, queue de 7 cm. *Poids :* 19 à 30 g. *Habitation :* cage métallique avec litière végétale à renouveler souvent (+ fontaine-buvette et mangeoires en verre ou porcelaine) et quelques obstacles si possible ; température moyenne 15 °C ; éviter humidité, courants d'air et proximité de la télévision. *Alimentation :* variée (blé, maïs, orge, sandwiches de graines, biscuits, croûtons de pain rassis). *Reproduction :* à partir de 8 semaines, en toutes saisons, jusqu'à 6 portées par an. *Gestation :* 18 à 20 j, au 15e jour il est préférable de séparer la femelle du mâle. *Portée :* jusqu'à 8. *La souris danseuse japonaise* (*taille :* 6,5 à 8 cm, 13 à 25 g, queue 5 à 7 cm, vit 3 ans maximum, gestation 21 à 24 j) a besoin d'une température constante de 17 °C.

Oiseaux

Généralités

● **Achat (précautions).** Vérifier : œil bien ouvert, vif (sans larmoiement, croûtes, gonflements), se méfier d'un œil terne, aqueux ; tour de bec bien lisse sans malformation ni bouton, respiration silencieuse et régulière, narines sèches, sans écoulement, ailes se repliant vivement quand on les déploie, plumage brillant, souple et ordonné, pectoraux puissants, région cloacale non irritée ou enflammée, pattes non déformées, sans croûtes, aucun parasite, aucun tremblement ni perte d'équilibre, ventre rose et souple (celui de la femelle rond, couvert d'une petite couche de graisse). L'oiseau, vif, se tient droit ; en respirant, son bec ne s'entrouvre pas ; le perroquet ne doit pas avoir les yeux mi-clos et la tête sous l'aile.

● **Alimentation.** *Granivores,* surtout graines variées ; *insectivores,* insectes ; *frugivores et baccivores,* fruits et baies ; les *omnivores* mangent de tout ; les *nectivores* du nectar des fleurs ; les *carnivores et les rapaces diurnes ou nocturnes,* des proies. *Boisson :* eau pure et légère, éviter l'eau du robinet. *Graines courantes. Alpiste (ou millet plat) :* nourriture de base des papes, tarins, chardonnerets, perruches, canaris et de nombreux granivores ; graine farineuse riche en protéines ; doit être jaune clair et brillant. *Anis :* dans les mélanges de santé. *Arachide :* convient aux psittacidés, ne pas en abuser. *Avoine pelée* ou *gruau :* riche en protéines, nourrissante l'hiver, en période de ponte et de mue. *Chènevis* ou *chanvre :* échauffante et nourrissante, ne pas en abuser. *Colza :* convient à tous, agit sur la pigmentation des plumes. *Lin :* riche en lipides. *Maïs :* riche en vitamines A ; sous forme d'épis ou cuits à l'eau. *Millet blanc :* graine maigre ; alimentation de base des petits exotiques ; *de Bordeaux :* pour perruches et astrilds ; *jaune :* canaris. *Navette :* tarins et canaris, ne pas en abuser. *Œillette* ou *pavot :* tous les mélanges en contiennent, pour granivores. *Rizon :* pas de riz précuit ; cuire à l'eau et égoutter. *Tournesol :* riche, ne pas en abuser, pour perroquets, cardinaux, perruches, mésanges...

● **Espèces.** *Amaranthe :* Afr. occid. Granivore. 10 cm. Sociable, assez fragile. Une fois la période d'acclimatation passée, se montre plus résistant et se reproduit facilement. *Astrild :* voir Bengali, Cordonbleu, Bec-de-corail.

Bec-d'argent : Afr. occid. Granivore. 10 cm. Sociable, robuste. Reproduction aisée. *Bec-de-corail :* Astrild d'Afr. Granivore. 9 cm. *Bengali de Bombay :* Inde, Thaïlande. Granivore. 7 à 8 cm. Sociable, robuste (volière extérieure avec abri). Reproduction aisée. *Bengali de Chine* ou *Bengali Royal :* Extrême-Orient. Granivore. 9 cm. Robuste, sociable. Reproduction aisée. *Bouton-d'or :* Amér. du S. Granivore. 12 cm. Remuant, robuste. Volière extérieure. Reproduction aisée. *Bulbul orphée :* sud de l'Asie. Insectivore et frugivore. 20 cm. Robuste, vit en groupe.

Cacatoès à huppe jaune : Australie. Granivore et frugivore. Grand. Parle peu, s'apprivoise bien. Intelligent, robuste. *Cacatoès à huppe rouge :* Moluques. Granivore et frugivore. Grand. Apprend à parler. Robuste, vite familier. *Caille de Chine :* Sud-Est asiatique, Australie. Granivore et insectivore. Moyen. Sociable en volière avec d'autres oiseaux. Vole peu et mal, court. *Canari :* origine du lointain ancêtre du canari actuel, îles Canaries. Élevé en captivité, oiseau artificiel, nombreuses couleurs obtenues par hybridation ou par mutation (blanc, jaune, isabelle, rouge...). Granivore. Petit. Sociable, fragile. Reproduction aisée. *Cap-Moor (Tisserin) :* Afr. du N. et centrale. Granivore et insectivore. Moyen. Peu sociable. S'entend avec les perruches. *Cardinal vert :* Brésil et Argentine. Granivore, insectivore et frugivore. 22 à 25 cm. Moyennement sociable. Siffle plus qu'il ne chante. Reproduction variable selon climats. *Cardinal de Virginie :* Amér. du N. Granivore, insectivore et frugivore. 22 à 25 cm. Relativement sociable, fragile. Reproduction rare en volière. Chanteur. *Chanteur d'Afrique :* Granivore, 10 cm. Bon chanteur. Peu sociable. Reproduction aisée. Peut s'accoupler au mozambique et au canari. *Colibri :* Amér. ou Antilles. Insectivore et nectarivore. 2,5 à 11 cm. Querelleur et agité, très fragile. Coûteux. *Colombe-diamant d'Australie* (très résistante en volière extérieure, supporte le gel) et *Colombe-moineau d'Amérique du Nord :* granivores, petites, craignent humidité et courants d'air. Plus sociables avec d'autres espèces qu'avec leurs pareilles. Reproduction aisée. *Corbeau freux* et *Corneille noire :* Europe. Omnivores. 53 à 69 cm. Robustes, intelligents. Pas toujours sociables. A installer à part en semi-liberté dans la maison. *Cordon-bleu :* Afr. du N.-O. Granivore, insectivore et frugivore. 12 cm. Fragile, craint courants d'air et froid. Facile à vivre avec des espèces de sa taille. Chanteur médiocre. Reproduction possible. Très insectivore pour nourrir ses petits.

Damier : Inde, Sri Lanka, Java, Viêt-nam. 12 cm. Granivore et insectivore. Robuste, sociable. Reproduction aisée. *Diamant de Gould :* Australie. Granivore. 10 à 13 cm. Certains, parmi les plus résistants, peuvent s'adapter à la volière extérieure (craignent humidité et courants d'air). Vite familier, paresseux ; confie ses œufs à couver aux mandarins et aux moineaux du Japon, prolifique. *Diamant mandarin :* Australie. Granivore. 10 cm. Sociable sauf période de reproduction.

Étourneau sansonnet : Europe. Omnivore. 18 cm. Fragile en captivité. Sociable, paisible, bon imitateur. Il lui faut de l'espace. Se reproduit peu en captivité.

Geai des chênes : Europe. Omnivore. 35 cm. Robuste, affectueux, sociable, joyeux, intelligent. Imitateur. Se reproduit peu en captivité. *Grenadin :* Astrild d'Abyssinie. Granivore et insectivore. 10 cm. Craint humidité et courants d'air.

Mainate de Java (Grand) : omnivore. 27 cm. Craint courants d'air et fumée de tabac. Robuste, sociable, imitateur. A installer seul. *Ministre bleu :* linotte d'Amér. du N. Insectivore l'été et granivore l'hiver, omnivore en cage ou volière. 12 cm env. Bon chanteur, frileux. Se reproduit en captivité, *Mozambique :* Sahara, Afr. du S., Madagascar et Maurice. Granivore et frugivore. 10 cm. Chanteur. Affectueux. Reproduction possible.

Pape de Leclancher ou *Pape arc-en-ciel :* Mexique. 12 à 13 cm. Mange seulement des graines d'alpiniste. Très frileux, sociable. *Pape de Louisiane aux vives couleurs :* granivore et insectivore. 12 à 14 cm. Frileux, peut vivre en volière chauffée et s'y reproduire s'il est seul avec sa femelle. *Paroare huppé* ou *Cardinal gris :* Argentine, Bolivie, Brésil. Granivore, frugivore et insectivore. 19 cm. Robuste, peu sociable. Aime la proximité de l'eau. Chanteur moyen. *Amazone (front jaune et front bleu) :* Amér. du S. ou centrale. Omnivore. 31 cm. Robuste, vit jusqu'à 75 ans. *Perroquet gris du Gabon* ou *« Jaco » :* omnivore. 31 cm. Robuste. Affections digestives et infectieuses faciles à guérir. Jaloux, exclusif. A garder en solitaire ou en couple en semi-liberté. Parle bien. *Perruche callopsitte :* Australie. Omnivore. 33 cm. Bon caractère, sociable en volière avec divers passereaux, ne supporte pas la cage. Reproduction aisée. *Perruche ondulée :* Australie, Inde, Birmanie. Granivore, frugivore. 20 cm. Robuste, peut vivre en volière extérieure hors des courants d'air, jusqu'à − 5°. *Pie d'Europe (et Pie bleue d'Extrême-Orient) :* omnivore. 48 cm (la bleue a une queue de 40 cm). Taquine, curieuse, chapardeuse. Parle bien. Chasse souris, petits reptiles. Doit vivre seule en semi-liberté.

Rossignol du Japon : Chine, Viêt-nam, Inde. Frugivore, insectivore, peu granivore. 15 cm. Bon chanteur, sociable, curieux, robuste et remuant. Exige de la place (volière). Reproduction possible.

Tarin rouge du Venezuela : granivore 10 cm. Très beau. Donne avec le canari des canaris orangés. Reproduction aisée. Vite familier. *Tourterelle rose et grise :* Afr. du N.-O., Soudan. Granivore. 21 cm. Sociable, familière, robuste. Reproduction aisée. *Travailleur :* Sénégal, Soudan, Éthiopie. Granivore 12 cm. Robuste, vif, querelleur. Prolifique.

● **Exposition.** Consulter le *Journal des Oiseaux* (59, rue du Faubourg-Poissonnière, 75009 Paris).

● **Habitation.** Une cage ou une volière de préférence en métal. Haute au maximum (jusqu'à 2 m), largeur minimum de 1,50 m, sol en ciment si elle est extérieure. Éviter miroirs, cloches... qui gênent les oiseaux. Mettre abreuvoirs, baignoires et mangeoires (verre ou porcelaine) ; les nettoyer chaque jour à l'eau et une fois par semaine avec un désinfectant. *Perchoirs :* selon la taille des oiseaux (trop minces ou trop gros ils fatiguent les oiseaux). Pour un canari 1,5 cm de d. ; oiseau moyen (merle des Indes, cardinal, bulbul...) 2 cm ; grand oiseau (perroquet, toucan, corbeau...) 2,5 à 3 cm. *Nids :* que font les oiseaux avec herbes, mousse, brindilles, ficelles, laine, paille qu'on leur donnera. Éviter odeurs de lessive, cuisine, tabac, alcool à brûler, pétrole, vernis, peinture, naphtaline, parfums entêtants, eau de Javel... ; la station prolongée sur un réfrigérateur, les objets en aluminium, fourrure, laine mohair, la lumière fluorescente trop proche. *Température :* 12 à 15 °C (oiseaux courants), éviter les écarts. Exposer à la lumière solaire, à l'ombre pendant les heures les plus chaudes. Laisser une lampe allumée jusqu'à 20 h quand les jours sont courts. Le soir, recouvrir à moitié la cage d'un tissu. Nettoyer ongles, becs, yeux...

● **Physiologie. Appareil digestif.** La perruche consomme 100 fois son propre poids en graines et en eau par an. Elle mange 1 à 2 cuil. à café en graines et boit 1 à 2 cuil. à café d'eau par j (par comparaison un homme de 70 kg mangerait 22 kg de nourriture par j). Les déchets sont rejetés 1 à 2 h après l'ingestion des aliments ; elle fait 40 fientes par jour. **Pathologies :** *infections bactériennes :* pasteurellose, pseudotuberculose, colibacillose, ornithose-psittacose : indolence, anorexie. *Parasitaires :* trichomonose, coccidiose, candidose, aspergillose, vers ronds. *Intoxications :* pesticides et insecticides organo-chlorés, empoisonnement au plomb.

Appareil respiratoire. Un canari au repos a 140 inspirations/mn (un chien en a 20 et un homme 13). Un pigeon endormi respire 29 fois, en vol 450 fois. Les bronches aboutissent aux poumons et à 9 sacs aériens : 2 cervicaux, 1 claviculaire, 2 axillaires, 2 thoraciques antérieurs, 2 thoraciques postérieurs, 2 abdominaux. Cet appareil respiratoire représente env. 20 % du volume du corps (les poumons de l'homme 5 %). **Pathologies.** *Mort rapide :* suffocation et mort : hémorragie cérébrale, variole suraiguë, septicémie du canari ; *mort en 4 ou 5 j :* aspergillose aiguë : mort inévitable, congestion pulmonaire : suffocation, halètement, pneumonie ; *traitement :* oxygéno- et antibiothérapie, aérosols, quelques gouttes de whisky dilué. *Mal. pouvant durer des semaines ou des mois :* coryza des perruches ou des perroquets : éternuements : dû aux mycoplasmes ; mycoplasmose des canaris : respiration bruyante, petits râles ; variole ou diphtérie des canaris ou mal. de Kikuth ; acariose respiratoire ; syngamose dans la trachée : fréquent chez les faisans d'ornement, les colombidés et les rapaces ; aspergillose chronique : crises de diarrhée, vomissements, gêne respiratoire ; dysplasie de la thyroïde.

Mues. *5 espèces de plumes :* rémiges ou rectrices, plumes de contour ou tectrices, plumes filiformes, duvet, duvet pulvérulent. Le renouvellement annuel est appelé mue. L'oiseau ne chante plus, n'aime plus, devient apathique ; il recherche tranquillité, chaleur et cache parfois sa tête. *Mue juvénile :* entre 2 mois et 10 semaines : mue partielle, dure 1 mois et demi, le duvet laisse place à des plumes plus fournies et plus chaudes. *Mue des adultes :* commence par la 9e rémige primaire, puis la 8e, la 7e, la 6e jusqu'à la 1re. La plupart des oiseaux de cage ont une mue annuelle. La pigeonne, qui pond en toutes saisons, a une mue saisonnière qui n'affecte pas son rythme de ponte. Il en est de même pour les perruches qui muent en toutes saisons ou pas du tout. **Pathologies :** prurits et déplumations d'origine parasitaire : gale du corps ou déplumante ; falculifères, poux des plumes ou poux blancs ; poux rouges (Dermanyssus) ; gale des extrémités : pattes de la perruche, bec et narines, teignes.

● **Reproduction.** Influence de la lumière : les radiations lumineuses (en particulier rouge et orange à grande longueur d'onde) ont une action stimulante sur les glandes sexuelles des oiseaux, par l'intermédiaire de certaines cellules rétiniennes. Ces cellules excitent, grâce au nerf optique, certains noyaux nerveux hypothalamiques qui sécrètent des substances chimiques et activent l'hypophyse antérieure qui, à son tour, lance dans la circulation sanguine des hormones gonadotrophines stimulantes du système génital. Chez quelques espèces de perruches ondulées, c'est la diminution de la lumière qui stimule les glandes génitales. **Pathologies :** kystes ovariens ; rétention d'œufs ; renversement de l'oviducte ; affections diverses de l'œuf ; anomalies de constitution.

● **Température normale.** 42 à 44 °C.

● **Statistiques.** FRANCE : *Canaris* 3 à 4 millions (80 % du nombre total d'oiseaux), perruches 400 à 500 000. Éleveurs : 8 000 inscrits à une société et baguant les oiseaux (400 000 chaque année dont canaris 330 000, perruches 50 000, le reste o. exotiques).

☞ **Bibliographie :** *l'Amateur des oiseaux de cage et de volière* et *les Maladies des oiseaux de cage et de volière* par le Dr Philippe de Wailly (éd. J.-B. Baillière).

Colombophilie

● **Définition.** Art d'élever et d'entraîner des pigeons voyageurs pour des compétitions. Placée sous la tutelle du ministère de l'Intérieur et de la Défense nat., régie par une loi, un décret d'application, indépendamment de règlements intérieurs.

● **Caractéristiques des pigeons.** Ils peuvent parcourir jusqu'à 1 292 km par jour et leur vitesse varie de 70 à 140 km/h. **Vol le plus long :** 8 700 km (ou 11 250 si le pigeon a évité le Sahara), par le pigeon du duc de Wellington (1769-1852), lâché au large des îles Ichabo (Afrique occidentale) le 8-4-1845, tombé mort à 2 km de son colombier, près de Londres, le 1-6, 55 j plus tard. **Vitesse :** 70 à 100 km/h (sans vent), 100 à 140 (avec vent) et en vol horizontal. **Orientation :** à la base du cerveau une zone contient de minuscules cristaux de magnétite lui servant de boussole.

● **Concours.** 1ers organisés en Belgique en 1818. 1re course sur longue distance 1819 (Londres-Anvers). Compétitions organisées par associations, groupes d'associations, régions. 3 catégories : concours *vitesse* jusqu'à 250 km, *1/2 fond :* de 250 à 550, *fond :* + de 550. *Nombre en France :* concours de *vitesse* 40 000, *1/2 fond* 15 000, *fond* 2 000.

● **Réglementation.** Jusqu'en 1789, seuls monastères et châteaux forts avaient le privilège de posséder un colombier (la possession de pigeons était synonyme de puissance et de richesse). Aujourd'hui, avant de devenir colombophile, il faut demander une autorisation à la police (accordée après enquête administrative). La loi interdit de transmettre par pigeon voyageur un message de particulier à particulier et de posséder un ou plusieurs pigeons hors du cadre d'une association sans but lucratif *(loi de 1901)*. Chaque pigeon est immatriculé (il doit porter une bague matricule fermée et sans soudure indiquant : matricule, année de naissance et pays d'origine). Chaque année, 850 000 bagues sont délivrées en France. *L'article 11 de la loi du 27 juin 1957* punit d'une amende de 125 F à 1 500 F et d'un emprisonnement de 10 j à 3 mois toute personne qui aura capturé ou détruit, ou tenté de le faire, des p. ne lui appartenant pas (le p. voyageur se distingue par la couleur claire du plumage sous les ailes).

Revues. *Colombophilie-Bulletin national* (trimestriel), 30 000 ex., Union des fédérations régionales des associations colombophiles de France, 54, bd Carnot, 59042 Lille Cedex, créée en 1976. *Le Pigeon voyageur de France* (bi-mensuel). *L'Union colombophile* (hebdomadaire)

● **Statistiques (France).** *Adhérents licenciés :* 30 000. *Associations :* 840 [80 % dans le Nord (Roubaix 1849, 1re Sté « Le Cercle Union »)]. 1/3 des colombophiles ne participent pas aux concours et sont éleveurs. *Fédérations régionales :* 20, correspondant aux anciennes régions militaires.

Poissons d'eau douce

Ovipares

Reproduction : la femelle pond dans l'eau une certaine quantité d'œufs que le mâle fertilise en projetant sur eux une émission de laitance ; les alevins sortent des œufs après une incubation assez courte.

● **Cyprinidés.** 2 000 espèces. Sans dents ; os broyeurs dans le fond de la gorge sur 1, 2 ou 3 rangées. La plupart ont 2 paires de barbillons et très souvent des boutons sur le corps. Il faut parfois 2 mâles pour 1 femelle et éloigner les parents après la ponte. **Poissons rouges,** voir encadré. **Barbus :** Inde. 4 à 15 cm.

Éclosion : 1 à 2 j. 300 variétés dont les poissons-clowns (barbus everetti à reflets émeraude et écailles ourlées de vert), barbeaux à tête pourprée, barbeaux rosés. **Danios géants :** 10 cm max. Bleus avec des bandes des roses et violettes, nageoires verdâtres, nageoire anale rouge orangé. *Eau* 20 à 25°. **Petits danios :** Bengale. **Poissons cardinaux :** Chine, à l'état sauvage. 4 cm. *Eau* 20 à 25°. Remuants. **Rasboras :** îles de la Sonde, Malaisie, Inde. 5 cm max. Blanc argenté, reflets bleus et rose saumon. *Ponte :* 2 h. *Incubation :* 18 h. **Bouvières :** très petites carpes. *Eau* 5 à 20°.

• **Cyprinodontidés.** Petite taille. Couleurs vives (surtout les mâles). Pourvus de dents, mais sans barbillons. La lumière empêche les œufs d'éclore. *Reproduction* en hiver. *Ponte :* 1 semaine, parfois plus. *Éclosion :* 2 à 5 semaines. **Têtes plates (Epiplatys dageti) :** Afr. occidentale. 4 à 6 cm. *Eau* 20 à 25°. Carnivores : proies vivantes. *Incubation :* 15 j. **Cap-Lopez (poissons-lyres) :** Afrique. 6 cm. *Eau* 22 à 26°.

• **Siluridés.** Plus de 1 000 espèces. **Poissons-chats :** Am. du N. 40 cm. Brun-gris. *Eau* 10 à 20°. **Poissons de verre :** transparents, on voit leur squelette. *Eau* 22 à 28°. Ne fraient pas en aquarium.

• **Cichlidés.** Formes et couleurs spectaculaires. Chez certaines espèces, la femelle ou le mâle pratique l'incubation buccale. **Scalaires :** Amazonie. Blanc argent, légèrement bruns sur le dos, bandes verticales foncées. Nageoires (surtout dorsales) rouges. *Eau* 21 à 23° l'hiver, 20 à 25° l'été. **Hemichromis à deux taches :** Afr. Querelleurs. 8 à 15 cm. Femelle brun-rouge, mâle tacheté de bleu. *Eau* 15 à 28°. Se nourrissent de viande ou de proies vivantes. **Paratilapie multicolore :** Égypte, 8 cm max. Reflets rouges, verts, bleus. *Eau* 18 à 28°. Se nourrissent de petites proies vivantes. Œufs pondus dans le sable et fécondés par le mâle puis pris par la femelle dans sa bouche. La femelle garde la ponte 15 j pendant lesquels elle ne prend aucune nourriture.

• **Labyrinthidés.** Respirent l'oxygène de l'eau et de l'air extérieur grâce à un organe respiratoire supplémentaire situé au-dessus de la cavité branchiale : le *labyrinthe.* Se contentent d'un faible volume d'eau, peuvent vivre plusieurs heures hors de l'eau. Les mâles construisent à la surface un nid de bulles d'air où les œufs seront cachés et fécondés. **Combattants (Betta splendens) :** *Couleurs* variées. *Eau* 18 à 32°. En Thaïlande, on dresse des bettas pour le combat qui peut durer plusieurs minutes. L'un des 2 finit par refuser le combat ou par tomber au fond de l'aquarium. **Poissons de paradis (Macropodus opercularis) :** T'ai-wan, Viêt-nam. 8 cm max. Corps brun-vert. Femelle plus pâle que le mâle. *Eau* 14 à 25°. Monogames. Craignent les rayons directs du soleil. Variétés albinos rose. **Gouramis grondeurs (Ctenops vittatus) :** Sumatra. 6,5 cm. *Eau* 28 à 30°.

• **Scatophagidés.** Évoluent dans les eaux tropicales de préférence au voisinage des ports. Leurs nageoires dorsale et anale sont séparées en 2 parties : l'une aux rayons épineux qu'ils peuvent redresser, l'autre aux rayons souples qu'ils font onduler. **Scatophages (Scatophagus argus) :** Inde, Australie. 8 à 12 cm. *Eau* 18 à 25°. Corps gris ou saumon.

• **Gobiidés.** Possèdent sous le thorax une ventouse constituée par les nageoires pelviennes et qui leur permet de se fixer sur les pierres. *Reproduction* souvent impossible en aquarium. **Poissons-abeilles (Brachygobius xanthozonus) :** Viêt-nam, archipel de la Sonde, 5 cm. *Eau* 23 à 28°. Sautent fréquemment hors de l'eau.

• **Centrarchidés. Pomotis à bandes noires (Mesogonistius chaetodon) :** U.S.A. Argent strié de bandes noires. *Eau* 10 à 12°.

• **Characinidés.** Afr., Am. centrale et du S. Bouche avec dentition. Reproduction difficile pour certains, les parents ayant tendance à dévorer les œufs. **Tétras de Rio (Hyphessobrycon flammeus) :** 5 cm max. Rouges, partie antérieure brun-jaune avec 2 barres noires. *Eau* 18 à 24°. **Tétras noirs (Gymnocorymbus ternetzi) :** Paraguay. 4 à 6 cm. Blanc argenté avec 2 raies noires, noir velouté sur la moitié antérieure. *Eau* 24 à 30°. **Aphyocharax à nageoires rouges :** 4 à 6 cm. Dos vert olive, flancs argentés à reflets bleus ou verts, nageoires rouge sang. *Eau* 10 à 25°. **Pristellas (Pristella riddlei) :** Amazonie, 4 à 5 cm. Corps jaune-brun transparent. **Feux-de-position (Hemigrammus ocellifer) :** 4,5 cm. Dorés avec tache rouge. Yeux lumineux dans la pénombre s'ils reçoivent les rayons d'une lumière venant d'en haut. *Eau :* 20 à 28°. **Nannostomus (Nannostomus aripirangensis) :** ressemblent en miniature à des requins. Amazonie. Dos bruns, bande noire bordée d'or et de rouge, nageoires rouges. Fragilité des jeunes. *Eau* 22 à 30°.

Poisson rouge

(Dorade de Chine, Cyprin doré, Carassin doré.) **Nom scientifique :** Carassius carassius auratus. De la famille des Cyprinidés (+ de 2 000 espèces). *Ovipares.* **Caractéristiques :** *longueur :* 10 à 20 cm, parfois 25 à 30. *Adulte :* mâle 2 ou 3 ans, femelle 3 ou 4. *Longévité :* 10 ans, parfois 30. *Poisson d'eau froide :* température idéale 15°. **Description :** *denture :* 4 dents pharyngiennes sur 1 rangée (la carpe en a 5 sur 3 rangées). Pas de dents buccales. *Nageoires :* caudale, dorsale, ventrale, anale et pectorale. *Vitesse :* 14,5 cm/s soit 5,2 km/h. *Écailles :* 650 env. *Couleurs :* unicolores : rouges, orangés, rosés ou blanchâtres ; tachetés : taches souvent noires, parfois bleutées ; multicolores. **Anatomie :** pas de véritable estomac (sa fonction est assumée par les *intestins*). *Cœur* formé d'une oreillette et d'un ventricule. *Sang,* alimenté en oxygène, est pulsé dans les veines, et de minuscules vaisseaux alimentent les *branchies.* A ce niveau, le sang va se charger de l'oxygène dissous dans l'eau, et se débarrasser du gaz carbonique. *Vessie natatoire ou v. gazeuse :* poche membraneuse emplie des gaz contenus dans l'air que le poisson respire à la surface de l'eau. Sert à l'équilibre et constitue un réservoir d'oxygène et un appareil auditif. *Ouïe :* fine : perçoivent des sons de 3 480 Hz. **Reproduction :** impossible dans un bac de petite taille (ex. 50 × 30 × 30). L'eau du bac de ponte doit être chauffée au min. à 20°. 1re *ponte :* mi-avril, 2e : fin mai, 3e vers la mi-juin et 4e début juillet. Sitôt la ponte achevée, retirer les poissons qui, sinon, dévoreront les œufs. Les *alevins* (env. 2 mm) adhèrent à l'aquarium ou aux plantes et restent la tête vers le haut 2 ou 3 j jusqu'à résorption complète du *sac vitellin,* dont ils se nourrissent en premier. Puis, ils prennent la position horizontale. Dès le 4e j, il faut les alimenter (infusoires). **Aquarium** de 30 cm de profondeur : 70 poissons de 2 cm ou 3 poissons de 10 cm. *Volume minimal* 100 l (90 × 30 × 40 cm) *idéal* 400 l (150 × 50 × 55 cm). La *largeur* est plus importante que la hauteur : la surface de contact de l'eau et de l'air doit être la plus grande possible.

• **Callichthyidés.** Larges plaques osseuses sur le corps. Utiles : friands des déchets et débris. **Corydoras à casque :** Argentine. 8 cm max. *Eau* 13 à 28°. Nettoyeurs.

• **Cobitididés.** Discrets, se cachent dans le fond de l'aquarium où ils dévorent les débris. Voisins des cyprins (babillons plus nombreux, écailles plus petites). **Loches de Malaisie :** Java, Sumatra. Orange marbré de taches brunes. *Eau* 7 à 28°.

• **Loricariidés.** Nombreuses plaques osseuses, bouche en forme de suçoir. Omnivores. **Laveurs de carreaux (loricaires à bouche inférieure) :** 15 cm max. *Eau* 16 à 27°.

Ovovivipares

Le mâle fertilise les œufs dans le ventre de la femelle en s'accouplant à elle. Les œufs restent dans le ventre maternel jusqu'au moment de l'éclosion.

• **Poeciliidés.** Comme tous les poissons ovovivipares, les 1ers rayons de la nageoire anale du mâle constituent l'organe sexuel : le *gonopode.* Dans l'aquarium il faut un mâle pour plusieurs femelles. Après l'accouplement très rapide, la femelle est fécondée pour 4 ou 5 pontes. **Gambusies (poissons-léopards) :** U.S.A. Mâle 3 cm, femelle 7 cm. Gris pâle avec des reflets bleus ou violets. Friands de proies vivantes. *Eau* 8 à 10°. **Guppys :** Guyane, île de la Trinité. Mâle 2,5 cm, femelle 5 cm. *Eau* 16 à 22°. **Xiphos (porte-glaive ou porte-épée) :** chez le mâle, le prolongement de la partie inférieure de la nageoire caudale évoque une épée. Mâle 8 cm, femelle 12 cm. *Eau* 20 à 28°. **Platys tachetés :** Mexique, Guatemala. Mâle 3 cm, femelle 7 cm. *Eau 18 à 28°.* **Mollies à voilure :** Mexique. Portent un voile sur le dos (développement de leur nageoire dorsale). Mâle 12 cm, femelle 15 cm. *Eau* 22 à 30°.

Tortue

• **Aquatique (cistude).** *(Amphibie).* Carapace aplatie, pattes fines, doigts griffus réunis par une palmure. Vit en *2 phases : belle saison,* active ; *saison froide,* s'enfouit dans le sable ou la vase. *Carnassière :* recherche escargots, hannetons, limaces, lombrics, petits mollusques, œufs de batraciens, têtards, larves... Reproduction difficile. *Longévité :* jusqu'à 100 ans. *Taille* maximale : 20 cm.

Verte à tympan rouge. Décorative, se plaît en captivité (temp. constante 25°, éclairage pendant 5 h par j, tubes fluorescents à proscrire). *Taille :* 30 cm env. *Carapace* vert olive striée de jaune ou de noir, peau de la tête et des pattes vert tendre rayée longitudinalement de gris sombre ou d'or clair, touche rouge sur les tympans. *Carnassière :* vers vivants, viande, œufs de poisson, poisson cru émietté.

Autres espèces. *Peinte, à dos diamanté...* Les traiter comme cistude et verte à tympan rouge.

• **Terrestre.** *Taille :* variable, de la petite tortue grecque ou mauresque à l'éléphantine (250 kg). *Tortue grecque :* carapace bombée, pattes antérieures courtes mais puissantes et armées de griffes qui l'aident à avancer sur le sol, pattes postérieures plus faibles. Vit en *2 phases : saison chaude,* active, se déplace rapidement et constamment ; *froide,* ralentit son rythme vital jusqu'à l'hibernation ou la semi-hibernation. *Omnivore :* salade, fruits, lait, fromage blanc. Boit, se baigne souvent. Reproduction difficile.

Renseignements pratiques

• **Abandon d'un animal.** *Reptiles :* aquarium écologique de Trouville. *Oiseaux :* s'adresser à la L.O.P. (57, rue Cuvier, 75005 Paris). *Autres animaux :* dans tous les refuges de la S.P.A. D'après l'art. 213 du Code rural, un animal *non tatoué* trouvé sur la voie publique sera mis à mort au bout de 4 j si le propriétaire ne vient pas le réclamer ; s'il est *tatoué* ou a un autre moyen d'identification (collier, tube avec nom et adresse), au bout de 8 j.

Nombre d'abandons : env. 200 000 par an en France.

• **Abattoirs.** Bovins, ovins, caprins, porcins, équidés, volailles, lapins et gibier doivent être étourdis (plongés immédiatement dans un état d'inconscience), avant la saignée, selon des procédés autorisés (trépanation ou percussion de la boîte crânienne à l'aide d'un pistolet spécial, électroanesthésie, anesthésie par un gaz). Il est interdit de suspendre les animaux avant leur étourdissement (sauf volailles, lapins et petit gibier si l'étourdissement est fait immédiatement). *Abattage rituel :* ne peut être pratiqué que dans un abattoir, par des sacrificateurs autorisés. L'animal doit être couché et maintenu par un dispositif le protégeant des risques de contusion. Pour les bovins, des appareils mécaniques agréés doivent être utilisés. *Les animaux de boucherie :* abattage possible hors de l'abattoir en cas d'urgence (maladie ou accident) ; il faut un certificat vétérinaire ; pour caprins, ovins et porcins si l'abattage est pratiqué par celui qui les a élevés et qui réserve la viande à la consommation de sa famille.

• **Achat d'un animal.** Exiger *un certificat de bonne santé* comprenant (pour les chiens) les vaccinations contre la maladie de Carré et l'hépatite virale faites à 7 ou 8 semaines, *un pedigree* et non un « certificat de race » qui n'a aucune valeur (si le chien est vendu comme animal de race), *un certificat de garantie et une attestation de vente* signée par le vendeur et l'acheteur précisant la date de la vente et de la livraison de l'animal, son identité, son prix de vente et l'adresse du vétérinaire personnel de l'acheteur. Depuis le 22-12-1971, la vente est nulle de droit lorsque, dans les 15 j qui suivent leur livraison, les animaux sont atteints ou soupçonnés d'être atteints d'une des maladies suivantes : *chiens :* maladie de Carré, hépatite contagieuse ; *chats :* typhus. Le diagnostic peut être fait par un des vétérinaires désignés sur l'attestation de vente ou par un expert nommé par le tribunal d'instance. La réclamation peut être déposée dans le mois qui suit la vente. En cas de problème, s'adresser au service d'enquêtes de la S.P.A. L'absence d'attestation est punie d'une amende de 160 à 600 F.

• **Assurance.** Dans un contrat d'assurance multirisques, faire ajouter une clause couvrant l'animal et les dégâts qu'il peut commettre. Il existe également une *Assurance mutuelle des animaux domestiques* (A.M.A., 14, rue de l'Armorique, Paris 15e) qui comprend une assurance responsabilité civile ; *M.G.F.,* 17 rue du Faubourg-St-Honoré, 75008 Paris ou 19-21, rue Chanzy, 72030 Le Mons Cedex ; *Concorde,* 5 rue de Londres, 75009 Paris ; *Avenir et Protection des Animaux* (A.P.A. assurance-vie), 117, rue Caulaincourt, 75018 Paris ; *Association St-Bernard,* 3, rue Guesde, 87000 Limoges.

• **Certificat d'inscription.** Les géniteurs doivent être inscrits définitivement au Livre généalogique français avec délivrance du certificat définitif *(pedigree).* Il

Vivisection

Principe. La vivisection, et plus généralement l'expérimentation sur l'animal, consistent depuis Claude Bernard à utiliser diverses espèces animales comme « matériel » expérimental. Plusieurs centaines de millions d'animaux sont ainsi, par an, sacrifiés dans les laboratoires. (2/5 dans l'industrie, 1/5 en médecine, 2/5 pour les recherches militaires).

Opposition. Selon les adversaires de la vivisection, un tel « matériel » est inadéquat et d'une fiabilité aléatoire : l'animal qui a peur et vit en régime concentrationnaire subit des perturbations métaboliques importantes, d'autant plus qu'un grand nombre (50 000 chiens, 8 000 chats par an en France) sont des animaux de compagnie volés ou abandonnés.

En outre, les résultats obtenus varient selon l'heure, la saison, l'espèce, la souche, l'alimentation, la température. Ces résultats incertains ne sont, d'autre part, pas transférables à l'homme. Dans la recherche permanente, la majeure partie des expérimentations ne sont que la répétition de ce qui a déjà été réalisé ailleurs. L'expérimentation sur l'animal pourrait et devrait être remplacée en maintes disciplines par des méthodes substitutives : culture de cellules, modèles mathématiques, instruments divers. Surtout en toxicologie et en pharmacologie où l'animal n'est utilisé que pour répondre aux exigences des réglementations officielles contraignantes et peu conformes aux données scientifiques actuelles.

Exemples d'expériences. *Souris :* cancérologie (les générations sont très rapprochées et permettent ainsi de suivre l'évolution génétique), *chats :* neurophysiologie (système nerveux très développé), *lapins :* tératologie (genèse des monstres), *chiens :* chirurgie expérimentale (par leur grande taille), *primates :* pharmacologie et expériences complexes.

Statistiques. ANIMAUX SACRIFIÉS. Chaque année dans le monde : 800 millions dont U.S.A. + de 60 (75 % de souris et de rats) ; France + de 5.

Les laboratoires français détiennent 4 500 000 souris et rats, 300 000 cobayes, 150 000 lapins, env. 150 000 oiseaux, 150 000 hamsters, 50 000 chiens, 8 000 chats et 6 000 singes.

30 % servent à la recherche biomédicale, 70 % aux industries (pharmacie, chimie et cosmétiques pour tester la toxicité des produits).

Env. 85 % des expériences se feraient sans anesthésie.

Législation française. Une circulaire de 1967 de Christian Fouchet interdit vivisection et expérimentation dans les écoles, collèges et lycées. Un décret de février 1968 réglemente l'expérimentation sur l'animal.

Convention européenne pour la défense des animaux utilisés à des fins expérimentales adoptée par le Conseil de l'Europe en 1985 (très contestée, car elle réglemente la torture).

Principales associations. Coalition mondiale créée en 1955 par M. Messerly (Genève). **Ligue française contre la vivisection et contre les expérimentations sur les animaux**, 4, quai de la Fontaine, 30000 Nîmes et 84, rue Blanche, 75009 Paris, créée en 1956 par Jean Duranton de Magny. S'oppose à tout usage expérimental de l'animal.

Selon la Ligue, la toxicité des médicaments est mieux vérifiée (et à moindre coût) par des cultures de cellules, modèles mathématiques, ordinateurs, etc. que par l'emploi des animaux.

Ligue internationale des Droits de l'animal (Genève) *créée* en 1977 par le Pr Heuse (Belgique). S'élève dans sa Déclaration universelle (voir p. 169) contre toute expérimentation douloureuse et se déclare pour l'obligation légale d'utiliser des techniques substitutives chaque fois qu'elles sont disponibles.

faut déclarer la *saillie* dans les 4 semaines à la Sté centrale canine, puis la naissance dans les 2 semaines. Après vérifications, la S.C.C. adresse à l'éleveur une proposition d'inscription qu'il lui renvoie après avoir radié les chiots décédés entre-temps et en joignant les volets d'identification par tatouage au fichier central ainsi que les frais d'enregistrement. L'inscription provisoire au titre de la descendance donne lieu à délivrance d'un certificat provisoire *(certificat de naissance)* lequel est remplacé par un certificat définitif *(pedigree)* lorsque le chien a été reconnu apte à la confirmation (examen pratiqué à la demande du propriétaire à partir de 12 ou 15 mois suvant les races). Les certificats n'ont de valeur officielle que s'ils sont délivrés par la Sté centrale canine et comportent le numéro d'inscription au Livre généalogique.

• **Chevaux.** Usage des barbelés interdit autour des enclos.

• **Cimetière.** Il est interdit d'enterrer un animal dans un champ ou un jardin dont on n'est pas propriétaire. En ville, le service d'hygiène de la mairie se charge d'incinérer les animaux (à Paris : s'adresser à la Fourrière, 39, rue de Dantzig, Paris 15e). *Cimetières :* 4, pont de Clichy, 92600 *Asnières ;* route du Tremblay, 93420 *Villepinte ;* 58, route de l'Ariane, 06300 *Nice.* Il existe un *service de pompes funèbres :* Animaux Service, 90, rue Nollet, Paris 17e. *Prix d'un cercueil sur mesure,* env. 450 F.

• **Circulation.** ANIMAUX DE COMPAGNIE : *art. 9 du décret du 6-10-1904 :* tout chien circulant sur la voie publique en liberté ou en laisse doit être muni d'un collier portant gravés sur une plaque de métal, nom et demeure de son propriétaire. Arr. du 16-3-1955. Lui sont interdits : magasins d'alimentation, restaurants et hôtels (en principe), taxis. La loi du 9-7-1970 autorise la présence d'animaux familiers dans les appartements à condition de ne pas gêner les autres locataires. *Art. 213 du Code rural :* les maires peuvent prendre toutes dispositions propres à empêcher la divagation des chiens et chats. Ils peuvent ordonner qu'ils soient tenus en laisse et que les chiens soient muselés ; chiens et chats errants et tous ceux trouvés sur la voie publique, dans les champs ou dans les bois sont conduits à la fourrière et abattus si leur propriétaire reste inconnu et s'ils n'ont pas été réclamés par lui : l'abattage est réalisé 4 j après la capture (8 j, si l'animal est identifié par un collier). Propriétaires, fermiers ou métayers peuvent saisir ou faire saisir par le garde champêtre ou tout autre agent de la force publique les chiens divaguant dans bois, vignes ou récoltes. Ils seront conduits au dépôt et s'ils n'ont pas été réclamés dans les délais et que dommages et autres frais ne sont pas payés, ils pourront être abattus sur l'ordre du maire.

• **Espèces protégées.** Voir liste à chasse. *Loi du 12-5-1979 :* interdiction de ramasser, transporter, vendre, acheter, naturaliser des espèces protégées mortes ou vivantes. Restent les animaux naturalisables : grandes pièces, faisans, perdrix, canards, nuisibles (renard et blaireau).

• **Importation.** *Animaux destinés à la revente :* il faut au préalable avoir l'autorisation du ministère de l'Agriculture (accordée uniquement aux établissements officiels de vente). En cas de décision favorable, il faut une visite sanitaire au poste de douane d'entrée en France, un certificat sanitaire précisant les vaccinations contre la rage [1], la maladie de Carré, l'hépatite contagieuse pour les chiens ; contre la rage [1], le typhus (leucopénie infectieuse) pour les chats. L'importation de chiens et chats de moins de 3 mois est interdite. *Chiens et chats âgés d'au moins 3 mois accompagnant les voyageurs* (3 animaux dont au plus 1 chiot) : entrée en France possible sans autorisation, sur présentation d'un certificat vétérinaire de vaccination antirabique.

Nota. — (1) Le certificat antirabique est remplacé par un certificat vétérinaire pour les pays indemnes de rage dep. + de 3 ans.

• **Perte d'un animal. Paris.** Alertez la *S.P.A.* (Sté protectrice des animaux, pour Paris, 39, bd Berthier 75017) ou le *refuge Grammont,* 30, rue du Pont-Saint-Denis à Gennevilliers. Capacité max. 500 chiens, 300 chats. *Assistance aux animaux,* 90, rue J.-P.-Timbaud, Paris 11e. *Province :* il existe des refuges de la S.P.A. près des grandes villes.

• **Protection des animaux. Loi Grammont** (2-7-1850) (général comte de Grammont, fondateur de la S.P.A. en 1849). Prévoyait « une amende et un emprisonnement de 1 à 15 j. pour ceux qui ont exercé, publiquement et abusivement, de mauvais traitements envers les animaux domestiques ». Cette loi a été *renforcée le 11-12-1937 : amende :* 5 000 F ; emprisonnement possible (parfois 10 mois) pour qui se livre, publiquement ou non, à la torture ou à des sévices sur les chiens et autres animaux domestiques ; qui abandonne un animal est responsable.

Charte de l'animal. Loi votée le 10-7-1976 par le Parlement. Quiconque aura, sans nécessité, publiquement ou non, exercé des sévices graves ou commis un acte de cruauté envers un animal domestique ou apprivoisé ou tenu en captivité sera puni d'une amende de 500 F à 6 000 F et d'un emprisonnement de 15 jours à 6 mois, ou de l'une de ces deux peines seulement. En cas de récidive, les peines seront portées au double.

L'abandon volontaire d'un animal domestique ou apprivoisé ou tenu en captivité, à l'exception des animaux destinés au repeuplement, est passible des peines prévues à l'article 453 du Code pénal.

• **Peines prévues au Code pénal :** *article R 38-12 :* amende de 600 F à 1 200 F et prison pendant 5 j : ceux qui auront exercé sans nécessité, publiquement ou non, des mauvais traitements envers un animal domestique ou apprivoisé ou tenu en captivité ; en cas de condamnation du propriétaire de l'animal ou si le propriétaire est inconnu, le tribunal pourra décider que l'animal sera remis à une œuvre de protection animale qui pourra librement en disposer (dispositions non applicables aux courses de taureaux et aux combats de coqs lorsqu'une tradition locale ininterrompue peut être invoquée). *Art. R 39 :* prison 10 j en cas de récidive. *Art. 453 :* amende de 500 à 8 000 F et/ou emprisonnement de 15 j à 6 mois pour quiconque aura, sans nécessité, publiquement ou non, exercé des sévices graves ou commis un acte de cruauté envers un animal domestique ou apprivoisé ou tenu en captivité, ou en cas d'abandon volontaire d'un animal, domestique ou apprivoisé ou tenu en captivité, à l'exception des animaux destinés au repeuplement. *Art. 13-11 de la loi n° 76-629 du 19-7-1976.* La remise de l'animal à une assoc. de protection animale ou à un particulier, en renonçant à tout droit de propriété moyennant signature d'une décharge, ne constitue pas un abandon tel qu'il est défini par la loi.

• **Possession.** A Paris, on peut posséder jusqu'à 5 animaux domestiques (sans compter les oiseaux et les poissons). *Animaux exotiques ou dangereux.* On peut en posséder chez soi. Mais la réglementation actuelle ne permet, en principe, de se procurer que bengalis, mandarins, calfats, ministres, canaris, cardinaux, moineaux du Japon, papes, tortues de Floride. Leur exportation est très souvent interdite par le pays d'origine car leur capture engendre souvent des massacres (1 animal sur des dizaines qui sont capturés parvient à bon port). La police ne peut intervenir que si l'animal est reconnu dangereux pour l'entourage et capable d'occasionner un accident grave. S'il est sale et bruyant et cause des troubles de voisinage, il faut saisir les responsables municipaux de l'environnement.

• **Rage.** Dans les départements infectés les chiens peuvent circuler librement sous la surveillance directe de leur maître, si celui-ci peut présenter un certificat de vaccination valide et une carte d'identification portant le numéro du tatouage ; les chiens non vaccinés ne peuvent circuler qu'en laisse et muselés. Les chiens errants capturés ne peuvent être restitués que s'ils sont vaccinés contre la rage. Les chats tatoués ou vaccinés pourront être restitués dans un délai de 48 h. Tout animal ayant mordu ou griffé une personne ou un autre animal, si l'on peut s'en saisir sans l'abattre, est soumis à la surveillance d'un vétérinaire (période d'observation 15 j).

• **Responsabilité.** *Art. 1385 du Code civil :* le propriétaire d'un animal, ou celui qui s'en sert, est responsable du dommage que l'animal a causé, qu'il fût sous sa garde, ou égaré ou échappé. Il existe des assurances. Un chien doit être tenu en laisse à l'extérieur. *Dommages corporels* (500 000 morsures par an) ; *matériels* (plates-bandes dévastées, vêtements déchirés, poulaillers « visités », meubles endommagés), *troubles divers* (aboiements incessants, frayeur chez des cardiaques).

• **Taxidermie** (du grec *taxis* « arrangement » et *derma* « peau »). Art de naturaliser les animaux en vue de leur conservation. C'est aussi une science consistant à classer et à présenter leurs dépouilles dans les musées.

• **Réglementations.** La loi du 10-7-1976 réglemente la protection de la nature. Les arrêtés du 17-4-1981 interdisent de ramasser, transporter, vendre ou acheter et naturaliser les sujets d'espèces protégés.

Tarifs (en F, 1986). Sanglier (moyen, couché) 10 000. Sanglier (moyen) 13 000. Sanglier (gros) 15 000. Bélier (couché) 20 000. Porc 18 000. Bélier 20 000. Lama, ours à collier 21 000. Bouc (grandes cornes) 22 000. Jaguar, ours brun (avec décor), tigre (jeune, couché) 30 000. Poney 31 000. Ane (avec harnachement), guépard 33 000. Eléphanteau (0,90 m env.), lionne (marche), puma (assis), renne, yack 36 000. Lionne (couchée), puma (couché) 37 000. Lionne (assise), panthère (couchée) 38 000. Eléphanteau (1,20 m env.), lion (debout) 42 000. Vache

43 000. Bison 48 000. Cerf (couché) 50 000. Taureau de Camargue 52 000. Zèbre 54 000. Ours blanc (marche) 72 000. *Têtes.* Cerf 500 à 5 500. Vache 6 000. Cheval (brun, noir) 6 500. Zèbre 7 000.

Squelette humain entier : 3 700 F (en plastique 2 950). *Demi-squelette* 1 600. *Crâne comportant une coupe horizontale* 12000 (en plastique 450), *avec dentition incomplète* 800, *crâne éclaté à la Beauhene* 2 500, *crâne avec anomalie* 1 700.

Nombre de taxidermistes établis : 800 à 1 000 (plus 40 à 50 dans les musées d'État). Profession regroupée dep. 1966 au sein du *Syndicat des naturalistes de France*, création d'un C.A.P. le 2-7-1982

• **Voyage. En France :** *dans les trains,* sauf si des voyageurs s'y opposent, les chiens peuvent voyager dans les compartiments pour un demi-tarif de 2e classe ; chats et chiens jusqu'à 6 kg (en laisse), trajet égal ou inf. à 100 km : 4,20 F, sup. à 100 km : 7,20 F, sinon on devra les confier au service compétent. *En avion,* les grands chiens doivent rester dans la soute à bagages ; les petits chiens et les chats sont tolérés dans la cabine suivant décision du chef de cabine.

A l'étranger : pour entrer avec un chien ou un chat, vous devez posséder avant votre départ (sous réserve de modifications) : *Certificat de bonne santé :* Algérie, All. féd., Espagne, Finlande, Grèce, Maroc, Norvège, Portugal, Tunisie, Yougoslavie. *Certificat antirabique :* All. féd., Autriche, Belgique, Danemark, Espagne, France, Finlande, Grèce, Italie, Luxembourg, Norvège, Pays-Bas, Portugal, Suisse. Certificat indispensable pour le retour en France. *Quarantaine : Finlande,* autorisation nécessaire ; *Irlande* 6 mois ; *Norvège* 3 mois, entrée interdite aux chiens ; *G.-B. et Australie* 6 mois ; *Suède* 4 mois.

Les Plantes

Il y aurait env. 430 000 espèces de plantes (dont 250 000 à fleurs) et chaque année 5 000 espèces nouvelles seraient signalées.

Cellule et tissus

Cellule

Comme chez tout être vivant, renferme un noyau baignant dans le cytoplasme [limité par une membrane (le *plasmalemme*)] et renfermant divers *organites* (mitochondries, dictyosomes, reticulum endoplasmique...). Elle se distingue de la cellule animale par 3 particularités essentielles :

1) Elle renferme un organite qui lui est propre : le *plaste. Chloroplaste* (renfermant de la chlorophylle) dans les feuilles et autres tissus chlorophylliens, *amyloplaste* (renfermant de l'amidon) dans les tissus de réserve, *chromoplaste* (coloré) dans les pétales des fleurs, *proplaste* (peu structuré) dans les cellules très jeunes.

2) Elle est entourée d'une paroi relativement épaisse et rigide, pecto-cellulosique ou lignifiée, qui confère aux plantes leur « tenue ».

3) Elle possède un appareil vacuolaire très développé (occupe souvent plus de 80 % du volume cellulaire) : les vacuoles renferment des solutions de sels et molécules organiques, assurent la turgescence de la plante.

Tissus

• **Définition.** Ensemble de cellules assurant une fonction déterminée.

• **Tissus essentiels chez les plantes supérieures :**

Parenchymes chlorophylliens. Les cellules contenant de très nombreux chloroplastes assurent la photosynthèse.

Parenchymes de réserve. Les cellules assurent le stockage de sucres, protéines ou lipides.

Bois ou xylème. Conducteur de la sève brute. Constitué par *les vaisseaux,* longs tubes à parois lignifiées, épaisses et ponctuées résultant de l'assemblage de plusieurs cellules dont le cytoplasme et le noyau régressent complètement à l'état adulte ; *les cellules parenchymateuses* (à contenu vivant) qui jouent le rôle d'intermédiaire entre les vaisseaux (transporteurs à longue distance) et les tissus irrigués ; *les fibres de soutien,* lignifiées, souvent à proximité des vaisseaux, qui améliorent la rigidité du bois.

Liber ou phloème. Conducteur de la sève élaborée. Il comprend : *les tubes criblés,* à parois transverses et longitudinales percées de nombreux pores, assurant le transport à longue distance ; *le parenchyme libérien* entourant les tubes criblés ; *les cellules compagnes* pouvant se transformer en tubes criblés quand ceux-ci sont obstrués.

Nota. – (Bois et liber sont les tissus conducteurs des plantes.) On a découvert récemment que certaines Mousses et Algues ont également des tissus conducteurs.

Toutes les plantes supérieures possèdent des tissus conducteurs en quantité variable. Plantes possédant le moins de bois : plantes aquatiques et de milieux humides, *le plus :* arbres (essentiel du volume du tronc et des branches). Sous nos climats, chaque année, une zone génératrice fabrique un anneau ou cerne de bois près de la périphérie des axes ; il est aisé d'y reconnaître le *bois de printemps* (plus poreux et plus clair) et le *bois d'été* (plus dense). Seuls, les cernes des quelques dernières années *(aubier)* assurent la conduction de la sève ; le bois le plus ancien *(cœur)* n'a qu'un rôle de soutien.

Le bois revêt des aspects divers : la dureté, la porosité... dépendent beaucoup du milieu d'origine de l'espèce considérée (plus ou moins humide et chaud, par exemple).

Collenchyme. Constitué de cellules à parois cellulosiques épaisses et à contenu cytoplasmique fonctionnel ; joue un rôle de soutien.

Sclérenchyme. Ensemble de cellules à parois lignifiées, épaisses, dont le contenu vivant disparaît à l'état différencié ; assure un rôle de soutien.

Fibres. Regroupées en ensembles de quelques unités, ce sont des cellules allongées à paroi épaisse, cellulosique ou lignifiée, à contenu régressé (comme le sclérenchyme ou comme les vaisseaux du bois) ; assurent un rôle de soutien.

Épiderme. Couche de cellules enveloppant le végétal et dont la paroi externe est cutinisée. Il est percé de stomates et éventuellement pourvu de poils. Il a un rôle protecteur ; régule l'évapotranspiration de la plante.

Liège ou suber. Situé à la périphérie des troncs et des rameaux et constitué de cellules dont le contenu vivant est remplacé par de l'air et dont les parois sont souples. Il isole les tissus intérieurs de l'atmosphère ambiante, mais permet les échanges gazeux par des pores de communication ou lenticelles. Le Suber le plus épais : le chêne-liège.

Méristèmes. Constitués de cellules aptes à la division. *Les méristèmes primaires* sont responsables de la mise en place des cellules des tiges, feuilles et racines. *Les m. secondaires,* ou zones génératrices édifient le bois et liber secondaire ainsi que le liège.

Tissus sécréteurs. Très diversifiés du point de vue de la constitution cellulaire. Accumulent des produits de sécrétion, ex. : essences dans les poches sécrétrices des orangers, poils de nombreuses labiées (lavande, thym, menthe, mélisse...), résines dans les canaux sécréteurs des conifères du latex, dans les laticifères des Hévéas (arbres à caoutchouc), Euphorbes, Salsifis ou Laitues.

Nutrition

Nutrition minérale

Les racines puisent dans le sol les solutions hydriques (apport d'eau par pluies ou arrosage) complexes, à base de N.P.K. (azote, phosphore et potassium), contenues dans le sol. Les légumineuses (Pois, Soja, Haricot) hébergent dans des boursouflures de leurs racines des bactéries symbiotiques (Rhizobium) qui fixent directement l'azote de l'air. La plante a également besoin de soufre, de phosphore, de magnésium, de fer et de calcium *(macro-éléments),* et, en quantité infime, de bore, de cobalt, de cuivre, de manganèse, de molybdène et de zinc *(oligo-éléments).*

La sève est le liquide nourricier qui circule dans les vaisseaux de la plante. *2 sortes : la sève brute,* composée d'eau et de substances minérales puisées dans le sol par les racines, circule des racines vers les feuilles ; *la sève élaborée,* à base de sucres, circule vers tous les organes de la plante qu'elle va nourrir.

Vitesse de circulation de la sève élaborée : de quelques cm à quelques m par heure suivant l'espèce, l'heure, la saison.

Nutrition carbonée

Plantes sans chlorophylle. Elles empruntent des matières organiques à d'autres corps morts (**saprophytisme**) ou vivants (**parasitisme** ou **symbiose**).

Plantes à chlorophylle. Grâce principalement à la chlorophylle contenue dans les chloroplastes de leurs feuilles, les plantes utilisent l'énergie lumineuse venant du soleil pour combiner le gaz carbonique qu'elles absorbent avec l'hydrogène (apporté par l'eau) et former des substances organiques (sucres en particulier). Elles rejettent alors de l'oxygène. Cette synthèse appelée photosynthèse, se fait grâce à la lumière : $CO_2 + H_2O$ + énergie lumineuse ← 1/6 ($C_6H_{12}O_6$) (glucose) + O_2.

Dans la 1re phase, le dégagement d'oxygène s'accomplit à la lumière (phase claire). Grâce à l'énergie lumineuse, l'hydrogène de l'eau est capté par un transporteur NADP, qui devient $NADPH_2$. Des molécules d'ATP, accumulateurs d'énergie, sont formées par l'intermédiaire d'une accumulation de protons dans leurs thylakoïdes.

Dans la 2e, le gaz carbonique est fixé sans besoin de lumière (phase sombre). Elle utilise $NADPH_2$, et ATP. précédemment obtenus pour transformer le gaz carbonique en sucre (glucose).

La 1re plante à photosynthèse date de 2 000 millions d'années.

Importance de l'assimilation chlorophyllienne. Un ha planté en maïs depuis le semis jusqu'à la récolte consomme 3 000 m³ ou 60 t de gaz carbonique ; un km² de forêt par an 350 000 m³ ou 3 500 à 70 000 t et +. Un ha planté en tournesols produit 6 à 7 t de matière organique par an, et la totalité des végétaux chlorophylliens de la planète env. 3×10^{11} t.

L'énergie lumineuse utilisée annuellement par les seuls végétaux chlorophylliens est évaluée à 7×10^7 t de charbon, soit $0,5 \times 10^{14}$ calories (kcal).

Le rendement de la photosynthèse est faible : 1 à 2 calories sur 100 apportées par l'énergie lumineuse sont utilisées.

Respiration

Les plantes échangent des gaz (gaz carbonique, oxygène, vapeur d'eau) avec l'atmosphère environnante par l'intermédiaire des **stomates** de leurs feuilles. Les stomates, situés à la surface des feuilles, sont constituées de 2 cellules en forme de rein qui ménagent entre elles un orifice, **l'ostiole,** par où circulent les gaz. Selon les conditions, l'ostiole peut être ouverte ou fermée, et les stomates contrôlent ainsi les échanges gazeux de la plante. 1 feuille de chêne contient 350 000 stomates, 1 feuille de tournesol 13 millions.

En respirant, une plante absorbe de l'oxygène et accomplit une série de réactions chimiques se terminant dans les mitochondries, assimilables à la combustion lente des substances mises en réserve. Alors que ces substances sont transformées en gaz carbonique, rejeté par la plante, l'énergie qu'elles contenaient est libérée puis utilisée à divers processus d'entretien et de croissance. Les échanges gazeux liés à la respiration sont inverses de ceux de la **photosynthèse,** les mécanismes des 2 phénomènes ne font pas intervenir les mêmes compartiments cellulaires ni les mêmes enzymes mais ils présentent certaines homologies de fonctionnement.

Dans la journée, la *photosynthèse* l'emporte sur la respiration. Mais la nuit, la photosynthèse s'arrête faute de lumière tandis que les plantes continuent à

Quelques records

● **Abondance. La plante la plus répandue** : la *Cynodon dactylon.* En France, c'est le *paturin des prés* qu'on trouve entre 0 et 2 600 m d'altitude. **La fleur la plus rare** : un *souci* entièrement blanc (Iowa, U.S.A.) prix Burpee de 1924. Un spécimen de *Presidio manzanita* à petites fleurs roses en Californie.

● **Croissance. La plus rapide** : *l'Albizzia falcata :* peut atteindre 10,75 m en 13 mois. Certaines sortes de bambous poussent de 90 cm par jour (4 cm/h), et peuvent atteindre 30 m en 3 mois. **La plus lente** : *Puya raimondi* : son panicule apparaît au bout de 150 ans de vie. Les *bonzaï* atteignent 30 cm de haut. au bout de 98 ans (tronc : 2,5 cm de diam.).

● **Étendue.** La *Gay lussacia brachvera* peut recouvrir une surface de 40 ha en 13 000 ans.

● **Dimensions. Algue.** *Macrocystis :* 60 m de long au plus, il croît de 45 cm par jour. Pousse au large des côtes pacifiques de l'Amér. du Nord, et au sud de l'Amér. du Sud. Le plus grand *philodendron* 168 m de long à Thornton, G.-B.

Arbres. Les plus grands : *Séquoias* de Californie, âgés de 3 000 à 4 000 ans (le plus haut : le New Tree 111,60 m ; le « Général Shermann » mesure 83 m de haut, 9,8 m de diamètre et 24,32 m de circonférence à 1,50 m au-dessus du sol ; il pèserait env. 6 100 t) ; ces séquoias auraient entre 3 000 et 4 000 ans. *Pin Douglas* de 94,5 m (U.S.A.). Un *Eucalyptus regnans* australien tombé en 1868 aurait atteint env. 132,5 m. **Le plus petit** : *le saule arctique ou herbacé* : 2 cm (visible en haute montagne) pousse jusqu'à 83° de lat. Nord (ainsi que le pavot jaune). **Les plus gros troncs** : *« L'arbre des 100 chevaux »* (Sicile), châtaignier ayant entre 3 600 et 4 000 ans, aurait eu un tronc de 64 m de circ. (détruit en partie par les intempéries, il mesure auj. env. 51 m). Le pin *Mathusalem* aurait actuellement 4 600 ans (Californie, U.S.A.). Le *cyprès* de Santa Maria del Tula (Mexique), vieux d'env. 1 000 ans, a un tronc d'env. 34,25 m. **Altitude** : l'*Abies squamata* pousse jusqu'à 4 600 m. Un seul arbre, le *banian,* peut avoir plus de 350 gros troncs et 3 000 petits.

En France, le plus grand arbre est un *sapin pectiné* de 290 ans (Russey, Doubs) : 53 m. *Le chêne d'Allouville* (Seine-Maritime) : 15 m de circonférence (âge : environ 1 000 ans ; hauteur : 25 m ; il contient 2 chapelles). *Le chêne des Partisans* (Vosges) : 18 m de circonférence au niveau des racines, 9,80 m à 2,30 m du sol, hauteur : 32 m.

Bambou. Le plus haut : *Bambusa arundianacea à épines* (Travancore, Inde) : 37 m.

Bonzaï. Art d'origine chinoise remontant à la dynastie Song, perfectionné et maintenu dès le XIVe s. par les Japonais. — Arbuste ou arbre miniature qui vit à l'extérieur, est cultivé en pot et à qui on a donné une forme intéressante. 3 groupes : miniature (15 à 20 cm), moyen (30 à 70 cm), jardin (1 à 1,80 m). Sa valeur sera fonction de l'harmonie des proportions entre l'arbre et son contenant et de sa ressemblance avec ses frères vivant à l'état sauvage. On réalise également des plantations sur rochers, des groupes et aussi de véritables paysages miniatures *(saikei).* Espèces : de préférence des variétés à feuilles, épines, aiguilles, fruits de petite taille. Culture : à partir de graines, de boutures, par des greffes, des marcottes et par récolte. Nanification : obtenue par la taille des racines, des branches, du feuillage et par la conduite du tronc et des branches avec du fil de cuivre, vers la forme désirée.

Cactus. *Saguaro* (Arizona, U.S.A.), 16 m, 6 à 10 t, peut vivre 200 ans (grande colonne verte surmontée de branches ayant la forme de candélabres). *Cactus sans branche :* 24 m (Arizona, U.S.A.).

Champignon. Le plus gros : vesse-de-loup *(Lycoperdon gigantea),* 8,340 kg, 1,84 m de circonférence (Kent, G.-B.).

Feuilles. Les plus grandes : *Raffia raffia* (îles Mascareignes) et *bambou amazonien :* leurs palmes ont jusqu'à 20 m de long. *Victoria regia (plante aquatique)* : les feuilles ont jusqu'à 2 m de diam. *Bananier* : 6 m, 1 m de large (except.). **Arbres ayant le plus de feuilles** : cyprès, 45 à 50 millions d'aiguilles. Chêne, env. 250 000.

Fleurs. *Rafflesia arnoldi :* jusqu'à 91 cm de diamètre, 1,9 cm d'épaisseur, 6 à 7 kg (à Sumatra et Java où elle se développe comme un champignon, avec une odeur de viande putréfiée). *Nénuphar sauvage blanc :* 15 cm de large (la plus grande fleur en France). **La plus grande plante à fleurs** : un *Wisteria géant* (Sierra Madre, Californie) : branches de 152 m de long, s'étend sur 1/2 ha, 228 t, 1 500 000 fleurs. **Les plus petites plantes à fleurs** : les lentilles d'eau des étangs : 0,6 mm. **Les plus petites fleurs** : les *Pilea microphylia* (Antilles) : 0,35 mm. **Plantes ayant beaucoup de fleurs** : broméliacée géante *Puya raimondi* dont chaque panicule (diam. 2,4 m, haut. 10,70 m) porte jusqu'à 8 000 fleurs blanches (fleurit pour la 1re fois entre 80 et 150 ans, puis meurt) ; une *glycine chinoise* plantée en Californie : branches 152 m de long, poids 228 t, 1 500 000 fleurs pendant la floraison. Sur un *rosier* de Californie, 20 000 fleurs peuvent fleurir chaque année. *Chrysanthème* 1 028 fleurs (hauteur 2,11 m ; tour 6,37 m, parvenu à maturité en 11 mois à partir d'une tige de 10 cm). **Altitude** : une fleur de l'Himalaya, la *Stellaria decumbens,* a été trouvée à 6 500 m.

Fougère. *Alsophila excelsa* (île de Norfolk), 18 à 19 m.

Haies. *Hêtres* (Écosse), haut. 26 m, long. 550 m, plantée en 1746. *Ifs* (parc d'Earl Bathurst, G.-B.), haut. 11 m, épaisseur 4,50 m. *Buis* (Offal, Irlande), haut. 11 m, plantée au XVIIIe s.

Lianes. *Palmier rotang* dont on tire le rotin. Lianes de plus de 100 m, 5 cm de diamètre : on découpe l'écorce de ses longs entre-nœuds en fines lanières pour le cannage.

Mousses. La plus grande : *Fontinalis :* filaments jusqu'à 91 cm de long. **La plus petite** : *l'Ephemerum.*

Racines. Les plus profondes, celles d'un figuier sauvage du Transvaal : 120 m. Un seul épi de seigle *(Secala cereale)* peut avoir 622 km de minuscules racines sur 0,051 m³ de terre.

● **Fossiles vivants.** *Ginkgo :* date du jurassique ; il en subsiste un peuplement naturel en Chine ; il y en a dans les parcs de Paris. *Cycas :* datent du trias ; ont des feuilles pennées et un port dressé ; régions tropicales. *Welwitschia mirabilis :* plante archaïque, aux feuilles rampantes, des déserts d'Afrique australe.

● **Fruits.** *Le fruit du coco de mer* pèse 18 kg (1 236 graines) ; de certaines *orchidées,* 1 g.

● **Graines.** Germination. Une graine du *Lupin arctique,* datant d'env. 10 000 ans, trouvée en 1954 dans un endroit gelé au Canada, a pu germer en 1966. On a pu faire germer des graines d'autres espèces (datant de 1 000 à 1 700 ans), mais on ne dispose d'aucun témoignage établissant avec certitude que l'on ait pu faire germer des graines trouvées dans les tombeaux des pharaons. Nombre. L'*Acropera* peut compter 74 millions de graines (par plante).

● **Latitude. Sud** : *le Colobanthus crassifolius* pousse en Antarctique jusqu'à 67° ; le *Rhinodina frigida* jusqu'à 86°. **Nord** : *le Papaver radicatum* et le *Salix artica* jusqu'à 83°.

● **Longévité.** (Ces records sont donnés sous toute réserve.) En années : cèdre japonais 7 200. Séquoia géant 6 000. Baobab 5 000. Pinus longaeva env. 4 900. Pinus aristata 4 600. Châtaignier commun 900 à 1 000. Chêne 4 000 (en Europe 500 à 600). Chêne-liège 250 à 300. Cyprès 1 970 (France 250 à 500). Frêne commun 250 à 275. If 3 000 (en Europe, 400 à 1 600). Olivier (avec souches recépées) 2 000 à 4 000. Orme 1 000 (France, Cassignas, Lot-et-G.). Peuplier noir 500. Rosier 1 100. Platane 800 (367). Poirier 700. Tilleul 400. Robinier acacia 381 (le plus vieil arbre de Paris). Espèce la plus ancienne : le *Ginkgo biloba* de Chine : ère jurassique, 160 millions.

● **Poids. Le plus lourd** : l'*Olea laurifolia* (Afr. du Sud) dont le poids spécifique est de 1,49 (1 490 kg/m³), il ne flotte pas. **Le plus léger** : *Aeshynomene hispida* (Cuba) ; densité 0,044 (44 kg/m³). La densité du *Balsa* varie de 50 à 385 kg/m³. Densité moyenne du *Liège :* 0,240.

● **Projection.** Le *Hura crepitans* (arbre de 10 à 12 m) projette à 25 cm les morceaux de son fruit.

respirer. Elles rejettent alors le gaz carbonique et absorbent l'oxygène de l'atmosphère. C'est pour cette raison que l'on recommande de ne pas garder les plantes la nuit dans une chambre à coucher.

Transpiration

Lorsque la température ambiante s'élève, les plantes luttent contre la chaleur excessive en laissant évaporer à travers les stomates de leurs tiges et de leurs feuilles la plus grande partie de l'eau puisée dans le sol par leurs racines. En une année, 1 ha de maïs tire du sol 2 800 m³ d'eau mais il n'en gardera finalement que 56 m³. En une saison, un bouleau restitue près de 7 000 l d'eau, un hêtre 9 000 l. Les plantes peuvent arrêter cette transpiration en fermant leurs stomates. Les feuilles des plantes grasses s'épaississent et constituent une réserve d'eau.

Types d'inflorescences

Certaines fleurs sont isolées (coquelicot, tulipe), mais le plus souvent elles sont rassemblées dans la région sexuée de la plante : ce groupement constitue une *inflorescence.*

On en distingue 2 types :

1) Les grappes au sens de floraison ascendante (fleurs les plus âgées à la base et de plus en plus jeunes vers le haut) ; ex. : muguet. Si à la fin de son développement la grappe a une fleur terminale, elle est dite *définie ;* sinon elle est dite *indéfinie* (cas le plus fréquent). Il existe de nombreux cas particuliers de grappes : *Épis :* grappes de fleurs sessiles (sans pédoncule) ; ex. : maïs. *Châtons :* épis de fleurs unisexuées (mâles ou femelles) ; ex. : saule. *Corymbes :* grappes dont les pédoncules ont des longueurs telles que les fleurs se trouvent dans un même plan, ex. : poirier. *Ombelles :* comme dans les corymbes, les fleurs sont dans un même plan mais les pédoncules partent pratiquement d'un même point ; ex. : lierre, et quelques ombellifères (la plupart dans cette famille ont des inflorescences complexes comme des ombelles d'ombelles, des cymes d'ombelles... voir plus loin). *Capitules :* les fleurs sessiles sont regroupées en une « tête serrée ». Toutes les fleurs de la famille des composés ont un capitule : marguerite, bleuet, pissenlit.

2) Les cymes au sens de floraison descendante (la fleur la plus âgée est en position terminale ; on observe les fleurs de plus en plus jeunes en descendant le long de l'axe) ; ex. : stellaire.

☞ Beaucoup de plantes ont en fait des *inflorescences complexes :* cyme de grappes, cyme d'abeilles, cyme de capitules, grappe de grappes.

Les bactéries sont souvent unicellulaires, en général dépourvues de chlorophylle. On distingue les bactéries **parasites** (se développant dans des organismes vivants) ; **saprophytes** (sur des matières organiques mortes) ; **autotrophes** [élaborant leur propre substance par chimiosynthèse (ou par photosynthèse pour les bactéries chlorophylliennes) à partir de substances minérales] ; **symbiotiques** (vivant en association avec un autre être).

Une *bactérie* placée dans de bonnes conditions se multiplie très vite. Un colibacille peut se diviser en deux colibacilles-fils toutes les 1/2 h. S'il trouvait de quoi se nourrir, sa lignée atteindrait le poids de la Terre en 67 h. Des bactéries ont été trouvées à l'état fossile dans des terrains datés de – 3 350 à 4 000 millions d'années.

Classification et reproduction

I. — Thallophytes

Embranchement de végétaux dont les cellules sont assemblées en un *thalle* dont aucune des parties n'est spécialisée comme le sont les tiges, les feuilles ou les racines d'autres plantes. Le thalle entier assure généralement les différentes fonctions (photosynthèse, conduction, absorption...).

1) Algues. Elles prospèrent en milieu aquatique [(surtout marin) il existe cependant quelques espèces terrestres]. Les *algues vertes* (Ulve, Chlorelle...) possèdent surtout de la chlorophylle. Chez les *algues rouges* (Porphyra, Chondrus...), la chlorophylle est masquée par des pigments surnuméraires rouges et bleus, chez les *algues brunes* par des pigments bruns.

Les thalles peuvent être unicellulaires (Chlorelles) ou pluricellulaires filamenteux (Ulothrix), parenchymateux relativement homogènes (Ulve) ou présentant des ébauches de tissus, notamment conducteurs (Laminaires).

Les modes de reproduction varient : certaines algues rouges ont, par exemple, des cycles à 3 générations morphologiquement différentes.

2) Champignons (sans chlorophylle). Monocellulaires (levures) ; en filaments ténus (moisissures) ; champignons de grande taille. Vivent en **parasites** sur les arbres, les plantes et les cultures (maladies cryptogamiques) ; en **saprophytes** sur les débris animaux et végétaux ; ou en **mycorhize** [association symbiotique du mycélium (partie végétative d'un champignon) et d'une racine, peut être endotrophe (vivant à l'intérieur de la racine) ou ectotrophe (vivant à l'extérieur de la racine) selon la position du mycélium].

Les truffes sont des champignons mycorhiziens. On en compte plus de 100 000 espèces.

3) Lichens. Association symbiotique d'une algue et d'un champignon. Premiers colonisateurs des terrains nus.

II. — Bryophytes

1) Mousses. Plantes de taille modeste, possédant des tiges et des feuilles mais pas de racines. Les mousses sont caractérisées par 2 générations de plantes morphologiquement différentes dont l'une parasite l'autre : *la plante feuillée*, qui est productrice de gamètes (gamétophyte) est autotrophe ; *la capsule* (généralement sur une soie) est la 2e génération issue de l'œuf qui germe sur le gamétophyte. Cette capsule produit des spores : c'est le *sporophyte*, parasite du gamétophyte.

Les mousses colonisent des milieux très variés : reviviscentes, certaines espèces sont bien adaptées aux substrats secs (Polytric poilu) ; les Hypnums et Polytrics des bois s'accommodent de peu de lumière ; les sphaignes, avec leurs cellules à réserves d'eau, colonisent les tourbières acides et contribuent à la formation de la tourbe.

2) Hépatiques. Leur cycle est comparable à celui des mousses. Leur appareil végétatif, de taille toujours réduite, présente des aspects variés : tantôt feuillé (Frullania), tantôt en forme de thalle (Marchantia).

III. — Ptéridophytes (cryptogames vasculaires)

Plantes dépourvues de fleurs, affines aux fougères, dont l'appareil végétatif est un *sporophyte* ; les spores germent en donnant un gamétophyte appelé *prothalle* qui porte gamètes mâles et femelles ; en germant, l'œuf redonne un *sporophyte.*

1) Fougères. A grandes feuilles (frondes ou macrophylles) portant sur leur face inférieure des *sporanges.* Herbacées sous les climats tempérés, elles sont en forme de *rosette* (sans tige aérienne) et possèdent un *rhizome* souterrain. En région tropicale, certaines espèces sont arborescentes.

2) Prêles. Herbacées, à tige chlorophyllienne pourvue de petites feuilles *(microphylles)* disposées en verticilles. Les sporanges sont groupés en épis. Dans la houille du Carbonifère, on trouve des Prêles géantes de plus de 30 m.

3) Lycopodes et Sélaginelles. Assez petites, pourvues de tiges rampantes et dressées munies de petites feuilles (microphylles). Les spores sont à l'aisselle des feuilles ou groupés en épis. Sous nos climats, plusieurs espèces de Lycopodes rares sont protégées. Les Sélaginelles sont surtout tropicales.

4) Psilotes. Sans feuilles, à tige chlorophyllienne, représentent peut-être les ancêtres de toutes les plantes de cet embranchement.

V. — Phanérogames (plantes à fleurs et à graines)

Avec tige, feuilles, racines, fleurs.

La partie mâle (l'étamine), en général à filet, est surmontée d'une *anthère* à loges se déchirant à maturité, laissant ainsi échapper le **pollen** (grains de 0,01 millimètre). **La partie femelle** (le pistil), constituée de feuilles modifiées *(carpelles)*, comprend un ovaire contenant des ovules, surmonté d'un style terminé par un renflement, le **stigmate**, qui retiendra le pollen transporté par les insectes, pollen entomophile ; ou par le vent, pollen anémophile. L'ovaire se transforme en fruit et les ovules en graines.

Fruits charnus. Baies ou fruits à pépins, ex. : raisin, melon. **Drupes** ou fruits à noyau, ex. : pêche, cerise, abricot.

Fruits secs (s'ouvrant à maturité et généralement à plusieurs grains), ex. : pois. **Follicules** (s'ouvrant par une seule fente), ex. : hellébore. **Gousses** (par 2), ex. : haricot. **Siligues** (par 4), ex. : giroflée. **Capsules** venant de plusieurs capelles coudées, ex. : datura.

Certains fruits secs n'ont qu'une seule graine, ex. : le fraisier [sur le réceptacle charnu (partie comestible) il y a une quantité de fruits, les **akènes**], le blé (le grain est un fruit nommé **caryopse** ; les grains sont groupés sur un épi).

1) Angiospermes

A stigmate, à ovules contenus dans un ovaire clos, graines encloses dans un fruit.

Disposition des sexes floraux : une fleur peut avoir les 2 sexes (étamines et pistil bien constitués), elle est hermaphrodite ; ou un seul (fleur mâle ou femelle), elle est dite dichogame.

Lorsque les étamines et parfois les carpelles sont transformés en pièces pétaloïdes, la fleur est dite double. Une plante peut avoir : soit des fleurs hermaphrodites ; soit des fleurs entièrement mâles ou des fleurs entièrement femelles, l'espèce est dite monoïque ; soit des fleurs mâles et des fleurs femelles, l'espèce est dite dioïque.

• **A) Monocotylédones.** Graine avec un seul cotylédon ; en général, feuilles à nervures parallèles ; pièces florales par 3 ou 6.

Quelques familles

Liliacées. Calice floral à 3 sépales pétaloïdes, corolle à 3 pétales, 2 verticilles à 3 étamines, ovaire à 3 loges, stigmate trilobé. Certains à bulbe (lis, tulipe, jacinthe, oignon, poireau) ou à rhizome (asperge, muguet).

Iridacées. 3 étamines, ovaire infère (au-dessous de la corolle et du calice). Ex. : glaïeul, iris, crocus.

Amaryllidacées. 6 étamines, ovaire infère. Ex. : amaryllis, narcisse.

Orchidacées. Ex. : catleya, vanille.

Graminées (ou graminacées). Tige creuse, feuilles engainantes, fleurs groupées en épillets, 3 étamines, ovaires à un ovule, fruit : caryopse. Ex. : céréales (blé,

Quelques définitions

Anémochore. Plantes dont les semences sont disséminées par le vent. *Le type planeur léger* correspond aux diaspores de faible poids (ex. des spores de Mousses) pouvant être disséminées à des milliers de kilomètres. *Type lourd,* diaspores dont la dissémination est facilitée par ex. par des organes plumeux (graines de Saules), des ailes membraneuses (samares des Frênes ou des Érables). *Type rouleur :* cas d'organes ou de plantes en boules qui arrachés par le vent, sont roulés parfois sur de grandes distances.

Autochore. Plante dont la dissémination des semences s'effectue par elle-même [ex. fruits qui explosent sous l'influence d'un dispositif mécanique (Genêt à balai) ou d'une augmentation de la pression osmotique (Balsamine)].

Autotrophe. Être vivant capable de faire la synthèse de sa propre substance à partir de substances minérales. Les végétaux chlorophylliens sont autotrophes.

Entomophiles. Plantes dont la pollinisation est assurée par les insectes.

Cryophiles. Plantes recherchant le froid.

Chaparral. Formation végétale d'arbustes sclérophylles (à petites feuilles dures et persistantes). Californie et nord du Mexique.

Endozoochore. Semence ou spore qui est disséminée par les animaux en passant à l'intérieur de leur corps.

Éphémérophyte. Plante dont le cycle biologique est très court (quelques semaines au plus).

Épiphyte. Organisme végétal (plus rarement animal) se développant sur une plante (un arbre en général) qui lui sert uniquement de support.

Formes biologiques selon Raunkiaer. *Thérophytes :* plantes annuelles qui passent la mauvaise saison (période froide ou période sèche) sous forme de diaspores. *Cryptophytes :* plantes vivaces dont les organes pérennants sont enfouis dans le sol (géophytes), la vase (hélophytes), ou l'eau (hydrophytes). *Hémicryptophytes :* plantes dont les bourgeons hivernaux sont au ras du sol, entourés d'une rosette de feuilles protectrices. *Chaméphytes :* plantes ligneuses de grande taille : nanophanérophytes (hauteur de 50 cm à 2 m) et macrophanérophytes (hauteur de + de 2 m).

Héliophile. Plante recherchant la lumière.

Hélophyte. Plante croissant dans la vase et dont l'appareil végétatif est aérien et dressé (ex. : roseaux).

Hémicryptophyte. Plantes vivaces réduites pendant la mauvaise saison à quelques bourgeons au ras du sol.

Hétérotrophe. Être vivant ne pouvant faire la synthèse de ses propres produits organiques qu'à partir des produits organiques préexistants. Tous les animaux et les champignons sont hétérotrophes.

Limnophyte. Plante fixée dans la vase. Les parties peuvent être submergées (ex. : myriophylles), ou certaines flotter à la surface de l'eau (ex. : renoncules).

Psammophyte. Plante croissant dans le sable (ex. : l'Oyat sur les dunes).

Phanérophyte. Plante vivace ligneuse haute dont la tige subsiste. Nanophanérophytes 2 à 3 m et macrophanérophytes + de 3 m.

Phytocénose. Ensemble des végétaux vivant dans un biotope.

Symbiose. Association (à bénéfices réciproques) entre 2 ou plusieurs êtres vivants (lichens).

Tropisme. En biologie végétale, orientation de la croissance d'un végétal suivant certains facteurs externes : lumière (phototropisme), humidité (hydrotropisme), attraction terrestre (géotropisme), contact sur un support (haptotropisme).

Plantes carnivores

Dionée : feuilles composées de 2 lobes réunis par une nervure formant charnière ; mouches, moustiques ou insectes touchant ce piège sont digérés par des enzymes. *Grassette* (10 à 15 cm) : feuilles sécrétant une substance permettant d'engluer les insectes, puis de les digérer. *Sarracénie* (dans les marais) : cornet dressé pour attirer les insectes qui ne peuvent remonter à l'intérieur.

3 genres en France. **Drosera** (ou Rossolis) : petite espèce des tourbières acides possédant des poils rouges qui engluent les petits insectes puis les digèrent. **Grassettes. Utriculaires :** plantes aquatiques possédant des feuilles transformées en une petite outre qui sert de siège pour les petits crustacés. *Autres espèces :* Dionée, Sarracinie.

Plantes toxiques

Italiques : substances toxiques. **Aconit** [1] (plusieurs espèces) *al.* **Actée en épis** [3] *inc.* **Arum** [3] *m. c. (sap.).* **Belladone** [1,3] *al. (at.).* **Bryone** [3,6] *cucurbitacines.* **Chanvre** [1] *dérivés phénoliques.* **Chèvrefeuilles** [3] *m. c.* **Ciguës** [1] *al.* **Colchique** [1] *al. (colchicine).* **Cytise** [1] *al. (cytisine, phytohémagglutinines).* **Daphnés** [3] *hét.* **Datura** [2] *al. (at.).* **Dieffenbachia** [4] *protéase hét.* **Digitales** [1] *hét.* **Douce-amère** [3] *sap. gluco-al.* **Fusain** [2] *hét.* **Glycine** [5] *phytohémagglutinines.* **Gui** [3] *m. c.* **If** [5] *al. (taxine).* **Laurier rose** [1] *hét. card.* **Lierre** [2] *sap.* **Lyciet** [3] *sol. sap.* **Morelle noire** [3] *sol. sap.* **Muguet** [1,3] *hét. card.* **Maïanthème** [3] *card.* **Oenanthe safrané** [1] *oenanthotoxine.* **Parisette** [3] *inc.* **Phytolaque** [3] *sap.* **Redoul** [2] *hét.* **Ricin** [5] *phytotoxines.* **Sceau de Salomon** [3] *sap.* **Tamier** [3] *sap.* **Vérâtre** [6,1] *al. (vératrine).*

Nota. — (1) Toute la plante. (2) Fruit. (3) Baies. (4) Feuilles. (5) Graines. (6) Racines.

Abréviations. Al. : alcaloïdes. *At. :* atropines. *Card. :* cardiotoxiques. *Hét. :* hétérosides. *Inc. :* inconnues. *M. c. :* mal connues. *Sap. :* saponosides. *Sol. :* solanines.

maïs, orge, riz, seigle), gazons (paturin, dactyle), bambous, roseaux, canne à sucre.

Broméliacées. Souvent épiphytes (fixés sur un autre végétal mais non parasites). Ananas.

Musacées. Bananier.

Palmiers. Tige ou stipe presque toujours simple terminée par un bouquet de feuilles pennées ou en éventail. Ex. : cocotier, raphia.

● **B) Dicotylédones.** Graine à 2 cotylédons ; feuilles à nervures ramifiées ; pièces florales par 4 ou 5.

a) Dialypétales (à pétales séparés).

Renonculacées. Herbacées à nombreuses étamines aux anthères ouvertes vers l'extérieur, fruits indéhiscents (akène) : renoncule, anémone, clématite ; ou à fente longitudinale (follicules) : hellébore, pivoine, ancolie ; baie : actée.

AUTRES FAMILLES : *Papavéracées :* pavot, coquelicot, œillette. *Malvacées :* mauve, guimauve, rose trémière, cotonnier, baobab. *Tiliacées :* tilleul. *Lauracées :* lauriers. *Nymphéacées :* nénuphar. *Rosacées :* fleurs régulières, 5 sépales verts, 5 pétales, étamines nombreuses en verticilles, feuilles dentées et stipulées : fraisier, framboisier, rose, églantine, pimprenelle, pommier, poirier, aubépine, reine-des-prés, amandier, cerisier, pêcher, prunier.

Légumineuses. Souvent herbacées, corolle irrégulière à 10 étamines dont 9 soudées, ovaire se transformant en gousse. Pois, haricot, fève, lentille *(Papilionoïdées).* Sainfoin, trèfle, luzerne, vesce. Arachide. Robinier, cytise, glycine, acacia *(Mimosoïdées).*

AUTRES FAMILLES : *Linacées :* lin. *Vitacées :* vigne. *Violacées :* violettes, pensées. *Géraniacées :* géranium, pélargonium.

Crucifères ou **Brassicacées.** Fleurs régulières, 4 sépales, 4 pétales en croix, 6 étamines, ovaire à 2 carpelles soudés par leur bord ; fruit sec : silique. Chou, navet, radis, cresson, colza, giroflée.

Ombellifères ou **Apiacées.** Herbacées, ovaire à 2 loges, fleurs groupées (ombelles simples ou composées) ; fruit : akène double. Panais, carotte, céleri, persil, ciguë.

b) Gamopétales (à pétales soudés).

QUELQUES FAMILLES

Solanacées. En général herbacées, fleurs régulières à 5 étamines, ovaire libre à 2 loges ; fruit : baie (pomme de terre) ou capsule (tabac).

AUTRES FAMILLES : *Borraginacées :* fruits à 2 carpelles cloisonnés en 4 loges ayant chacune un ovule. Myosotis, bourrache, héliotrope. *Cucurbitacées :* melon, citrouille, potiron, concombre, courge.

Labiacées. Tige quadrangulaire, fleurs à 2 lèvres, à 4 étamines, ovaire libre à 4 loges (ayant chacune un ovule) ; fruit : tétrakène. Thym, menthe, lavande, romarin, sauge.

AUTRES FAMILLES : *Scrofulariacées,* ex. : gueule-de-loup.

Composées. Fleurs groupées en capitules, étamines soudées, ovaire infère à un ovule ; fruit : akène en général à aigrette. Pissenlit, laitue, chicorée. Bleuet, marguerite, pâquerette, dahlia, zinnia, chrysanthème, artichaut, topinambour, salsifis.

AUTRES FAMILLES : *Convolvulacées :* liseron. *Éricacées :* myrtille, callune, bruyères, rhododendrons, azalées. *Caprifoliacées :* sureau, yèble, obier, chèvrefeuille. *Valérianacées :* valériane, mâche, lilas d'Espagne. *Dipsacacées :* cardère, scabieuse. *Oléacées :* frêne, troène, lilas...

c) Apétales (pas de corolle distincte).

Amentacées. Arbres à chatons. Chêne, hêtre, châtaignier, noisetier, charme, aulne, bouleau, peuplier, noyer.

Caryophyllacées. En gén. tiges avec des nœuds, feuilles opposées, fruits en capsules. *Alsinées :* nielle des blés. *Silénées :* œillet.

Chénopodiacées. Betterave, épinard.

Urticacées. 4 étamines, 1 ovaire : 1 loge, une graine. Ortie, ramie.

AUTRES FAMILLES : *Cannabinacées :* houblon, chanvre. *Ulmacées :* orme. *Polygonacées :* oseille, patience, sarrasin, renouée...

2) Gymnospermes

Ovules et graines nues ; fleurs unisexuées, — mâles : axe portant des étamines serrées ; femelles : ensemble d'écailles portant les ovules.

Comprennent notamment : *Cycadacées :* cycas ; *Ginkgoacées :* ginkgo ; *Conifères* dont : *Abiétinées :* fleurs femelles groupées en cônes formés de nombreuses écailles : pin, sapin, épicéa, cèdre, mélèze ; *Cupressinées :* fleurs femelles groupées en cônes globuleux formés de quelques écailles : cyprès, thuya, genévrier ; *Taxinées :* fleurs femelles isolées : if.

Reproduction des gymnospermes. Les ovules sont nus, portés sur des écailles souvent groupées en cônes. La fécondation s'opère de la même façon que chez les angiospermes.

Multiplication des végétaux

Le **semis** qui consiste à placer des grains en terre est le moyen le plus naturel et pratiquement le seul pour toutes les plantes qui ne vivent qu'un an (multiplication dite sexuelle).

Le **bouturage** (segment de rameau coupé prenant racine), le **marcottage** (tiges rampantes prenant racine), le **greffage** (partie d'une plante insérée dans une autre plante), le **drageonnage** (racines s'étendant autour de la plante-mère et donnant d'autres tiges) sont des modes de multiplication dits asexués des végétaux.

Les boutures de **méristèmes** sont des boutures par prélèvement de parties microscopiques dans l'extrémité de la tige (boutures dites d'apex). Jouent un grand rôle dans l'obtention de végétaux exempts de viroses.

Plantations

Époque. D'octobre à avril inclus (sauf pour les gelées) : plants en paniers, mottes ou racines nues ; toute l'année (sauf pendant les gelées) plantes en conteneurs.

Si l'on ne plante pas immédiatement, mettre : arbres et arbustes à racines nues en jauge (terre meuble ou sable frais), arbustes et conifères en mottes, pots ou paniers quelques jours à l'abri du vent et du soleil. En cas d'attente, déposer les plants en cave ou dans un local non chauffé mais où il ne gèle pas. *Trous :* grands végétaux, 70 cm³, petits 50 cm³.

Langage des fleurs

Achillée mille-feuille : *guerre, mérite caché, guérison.* Adonis : *tendre douleur.* Amaryllis : *fier et volage.* Ancolie : *folie.* Anthémis : *présomption.* Aristoloche : *tyrannie.* Azalée : *amour timide.* Belle-de-jour : *coquetterie.* Bleuet : *délicatesse.* Bruyère : *rêverie solitaire.* Buglosse : *mensonge.* Camélia : *constance.* Capucine : *flamme d'amour.* Célosie : *fidélité et constance, immortalité.* Centaurée : *message d'amour, félicité.* Chèvrefeuille : *liens d'amour.* Chrysanthème : *amour.* Clématite : *attachement.* Cobée : *nœuds.* Corbeille-d'argent : *indifférence.* Corbeille-d'or : *tranquillité.* Crocus : *joie, allégresse juvénile.* Cyclamen : *sentiments durables.* Cyprès : *deuil.* Dahlia : *reconnaissance stérile, nouveauté.* Delphinium : *charité ou légèreté.* Dentelaire de Chine : *causticité.* Digitale pourpre : *travail et absence.* Doronic du Caucase : *grandeur.* Euphorbe : *inquiétude.* Fougère : *sincérité.* Fritillaire : *arts ménagers, puissance.* Fuchsia : *gentillesse.* Fusain : *souvenir constant.* Genévrier : *asile secourable.* Giroflée quarantaine : *élégance, compassion.* Glaïeul : *défi, indifférence.* Hélénie : *pleurs.* Héliotrope : *éternel amour, amour fou.* Hortensia : *froideur.* Houblon : *méchanceté.* Houx : *insensibilité.* Immortelle : *constance.* Immortelle jaune : *souvenir.* Impatience : *impatience.* Iris : *message.* Jacinthe : *grâce et douceur, jeu.* Jasmin : *sympathie voluptueuse.* Jonquille : *désir.* Joubarbe : *esprit.* Laurier-sauce : *séduction, sincérité.* Lavande : *silence.* Lierre : *attachement, amitié solide.* Lilas : *amour naissant.* Lin : *bienfait.* Lis : *majesté et pureté.* Marguerite : *grandeur et fidélité.* Mauve : *sincérité.* Millepertuis : *retard.* Monnaie-du-pape : *oubli.* Muflier : *présomption.* Muguet de mai : *bonheur.* Myosotis : *ne m'oubliez pas.* Narcisse : *égoïsme.* Nénuphar : *froideur.* Nénuphar blanc : *éloquence.* Nielle : *sympathie.* Noyer : *ferveur.* Œillet : *amour sincère, caprice.* Œillet de poète : *finesse.* Œillet jaune : *dédain, exigence.* Œillet des fleuristes : *amour sincère.* Œillet mignardise : *enfantillage.* Pâquerette : *affection partagée.* Pavot : *oubli.* Pavot blanc : *sommeil du cœur.* Pavot-coquelicot : *beauté éphémère.* Pensée : *souvenir, pensez à moi.* Pervenche : *amitié sûre, doux souvenir.* Phlox : *unanimité.* Pivoine : *confusion.* Pois de senteur vivace : *délicatesse.* Primevère : *jeunesse.* Reine-marguerite : *variété.* Renoncule : *attraits et danger.* Rose : *amour et beauté.* Rose blanche : *silence.* Rose blanche et rouge : *beauté ardente.* Rose capucine : *éclat.* Rose cent-feuilles : *grâce.* Rose des quatre saisons : *beauté toujours nouvelle.* Rose du Bengale : *complaisance.* Rose en bouton : *jeune fille.* Rose flétrie : *beauté flétrie.* Rose jaune : *infidélité.* Rose moussue : *amour voluptueux.* Rose musquée : *beauté capricieuse.* Rose pompon : *gentillesse.* Rose simple : *simplicité.* Rose trémière : *fécondité.* Sauge : *estime.* Scabieuse : *incertitude ou deuil.* Soleil-vivace : *fausse richesse.* Sureau : *prudence.* Tilleul : *amour conjugal.* Troène : *défense.* Tulipe : *magnificence.* Valériane : *facilité, aisance.* Véronique : *fidélité, aveu.* Verveine : *enchantement, vertu des épouses.* Violette blanche : *candeur, innocence,* double : *amitié réciproque,* odorante : *modestie,* en bouquet avec feuilles : *amour caché.* Virone : *refroidissement, calomnie.* Volubilis : *attachement.*

Mathématiques

Histoire des mathématiques

● **Science des nombres (arithmétique).** *V. 3000 av. J.-C.* arithmétique chaldéenne ; arithm. commerciale sumérienne. *2200-1350* tablettes de Nippur (Babylone) : utilisent la base 60 [encore utilisée de nos jours dans le calcul du temps (60 secondes, 60 minutes) et dans la mesure des angles (1 cercle = 6 × 60°)]. *1650* papyrus Rhind en Égypte : utilise la numération de base 10 (décimale). Connaît les signes + (2 jambes marchant vers la gauche) et − (2 jambes marchant vers la droite). *1102* rédaction du traité d'arithmétique chinois le *Chou-Pei :* les calculs se font avec le boulier (connu également en Inde, au Moyen-Orient, en Égypte ; sera introduit dans le monde gréco-romain sous le nom d'*abacus*). *VIe s. av. J.-C.* Pythagore crée l'arithmétique moderne. Numération décimale [les chiffres sont les 10 premières lettres de l'alphabet ; ils seront supplantés dans le monde méditerranéen par les chiffres romains ; les calculs se font ordinairement avec des tables à calculer, qu'on appellera plus tard des *échiquiers* car elles contiennent des cases (rangées 10 par 10) : il y a la rangée des unités, des dizaines, des centaines, etc. ; les chiffres sont représentés par des cailloux placés sur les cases, d'où le mot de *calcul,* pour désigner les opérations d'arithmétique (latin *calculus,* « petit caillou »)]. La table de multiplication ou « table de Pythagore », qui donnait par écrit les multiples des premiers nombres en utilisant les notations grecques (lettres de l'alphabet), a été conservée avec des chiffres romains.

IVe s. apr. J.-C. 1er traité complet d'arithmétique occidental : Diophante d'Alexandrie, *Arithmetica. 610 apr. J.-C.* traité de l'Indien Aryabatta : extraction des racines carrées et cubiques ; règle de trois : il utilise 9 chiffres et le zéro est figuré par un point. *V. 900* les Arabes utilisent le système indien, et remplacent le point du zéro par un petit cercle. *V. 1000* le pape Silvestre II (940-1003) réintroduit en Occident l'ancien *abacus* gréco-romain, utilisé par les Arabes (les mathématiciens sont nommés abacistes). Mais l'usage de la table à calculer reste prédominant, et le calcul écrit est ignoré. *1202* Léonard de Pise (Leonardo Fibonacci, 1175-1240) répand les méthodes de calcul arabe en Occident *(Traité de l'abacus) ;* il adopte les chiffres arabes et le zéro ; il crée la « suite de Fibonacci » : 0, 1, 2, 3, 5, 8, 13, 21, 34, etc. (chaque nombre étant la somme des 2 précédents). *1545 Ars Magna,* de l'Italien Jérôme Cardan (1501-76) : résolution des équations du 3e degré. *1550* manuel d'arithmétique de l'Allemand Adam Riese (1492-1559) : contribue à l'abandon de la table à calculer, du boulier, des chiffres romains, et à l'adoption en Occident du calcul écrit. *1585 Arithmétique* de Simon de Bruges (Simon Stevin, 1548-1620) : substitue les fractions décimales aux fractions communes.

● **Géométrie.** *VIe s. av. J.-C.* le Grec Thalès (625-550) inscrit un triangle dans un cercle, trouve la hauteur d'un objet d'après la longueur de son ombre, démontre l'égalité des angles opposés par le sommet. *IVe s. av. J.-C.* le Grec Euclide (450-380) expose son « postulat » dans son traité *les Éléments :* d'un point extérieur à une droite, on ne peut mener qu'une parallèle à cette droite. *IIIe s. av. J.-C.* le Grec Archimède (287-212), dans son traité *Mesure du cercle,* donne la valeur de π (pi) [traité perdu, mais connu indirectement par le mathématicien arabe Al Biruni (973-1048)]. *IIe s. apr. J.-C.* le Grec Hipparque le Rhodien divise le cercle en 360 degrés, selon les normes babyloniennes (V. plus haut). *1637* le Français René Descartes (1596-1650) pose les fondements de la géométrie analytique (utilisant le calcul algébrique). *1639 Traité des coniques* du Français Blaise Pascal (1623-62) ; à 16 ans, il retrouve les lois du Grec Apollonios de Perga (262-180 av. J.-C.). *1768* le Français Jean-Henri Lambert (1728-77) crée la géométrie non euclidienne. Autres théoriciens : le Russe Nikolaï Lobatchewski [(1792-1856) géométrie hyperbolique (1830)] ; l'Allemand Bernhard Riemann (1826-66).

● **Algèbre.** Mot venant de l'arabe *al djabr,* « réduction », par le latin médiéval *algebra. IIe millénaire av. J.-C.* les Babyloniens (tablettes de Nippur) connaissent l'équation du 1er degré à plusieurs inconnues. *IVe s. apr. J.-C.* Diophante d'Alexandrie adopte les termes de *X* et *Y* pour les inconnues des équations. *825* l'Arabe Mohamed al Kharezmi (né à la fin du VIIIe s.) invente l'élimination des termes égaux de chaque côté du signe =, et le transfert des termes avec changement de signe. *1591* traité du Français François Viète (1540-1603) : *Isagogê in artem analyticum* (« Introduction à l'analyse »), qui fonde l'algèbre moderne ; les inconnues sont désignées par des consonnes et les données par des voyelles. *1572* l'Italien Raffaele Bombelli invente les nombres complexes ou racines imaginaires. *1637* Descartes, dans une annexe au *Discours de la Méthode,* distingue la géométrie de l'algèbre et crée le système de notations algébriques encore utilisé de nos jours. L'algèbre se divise alors en de nombreuses branches, notamment :

Calcul des probabilités. Précurseurs : l'Italien Luca Pacioli (1445-1510) et aussi Jérôme Cardan (V. ci-dessus). Créateurs : les Fr. Pascal, Georges de Méré (1610-85), Pierre Fermat (1601-65). 1er traité complet : *De ratiociniis in ludo aleae* (« Spéculations sur le jeu de dés », 1656) du Hollandais Christiaan Huygens (1629-95).

Calcul infinitésimal. Précurseur : Pierre Fermat, en 1636. Théoriciens : l'Allemand Gottfried Leibniz (1646-1716) : nouvelle méthode pour déterminer les maximum et les minimum (1684) ; l'Anglais Isaac Newton (1642-1727) : méthode des fluxions et des séries infinies (1671).

Algèbre logique ou « algèbre de Boole ». Créée en 1846 par l'Anglais George Boole (1815-64).

Trigonométrie. Précurseurs : les Grecs Aristarque de Samos (300-230 av. J.-C.) et Hipparque de Nicée (180-135 av. J.-C.). Claude Ptolémée d'Alexandrie (80-160) rédige l'*Almageste.* Les premières tables sont dues à l'Arabe Mohamed al Kharezmi (V. ci-dessus), mais la notion de sinus a été empruntée par les Arabes à l'Inde (à la fin du XIIIe s.). La trigonométrie sphérique a été conçue par l'Arabe al Battani (858-922), appliquant la trigonométrie classique à l'espace à 3 dimensions. 1er exposé complet : 1770, par le Français Jean-Henri Lambert, devant l'académie de Berlin (V. ci-dessus) : *Trigonométrie hyperbolique.*

Logarithmes. Archimède (IIIe s. av. J.-C.) dans son traité de l'*Arenaria* (« études sur les grains de sable »), calculant le nombre de grains de sable nécessaire pour remplir l'Univers, donne un nombre équivalent à 10 puissance 51 : il est près de concevoir les logarithmes modernes.

Le Français Nicolas Chuquet (1445-1500) définit les progressions géométriques et arithmétiques ; il invente les exposants négatifs. L'Écossais John Napier (1550-1617) invente le mot et le concept de logarithme, dans sa *Description de la stupéfiante règle des logarithmes* (1614), mais en adoptant la base e^{-1}. Son système permet de remplacer les multiplications par des additions et les divisions par des soustractions (en utilisant des nombres plus petits). L'Anglais Henry Briggs (1561-1631) invente en 1617 les logarithmes de base 10 (appelés décimaux ou vulgaires) ; en 1624, il donne les tables logarithmiques de 1 à 20 000 et de 90 000 à 101 000 avec 14 décimales [1res tables logarithmiques (très sommaires) par le Suisse Jobst Bürgi (1552-1632), en 1620].

● **Mathématiques modernes.** Précurseur : le Français Évariste Galois (1811-42) dans sa *Lettre à Auguste Comte* (1832) ; théoricien : l'Allemand Georg Cantor (1845-1918) : *Théorie des Ensembles* (1872-79).

Arithmétique

Dans cette étude on considère uniquement les entiers naturels non nuls (dont l'ensemble est noté N *).

Nombres premiers

Définition. Dans N *, un nombre est dit premier si, et seulement si l'ensemble de ses diviseurs est une paire (ensemble de 2 éléments). 2 ou plusieurs nombres sont premiers entre eux s'ils admettent pour seul commun diviseur 1.

Ex. : 12 a pour diviseurs 1, 2, 3, 4, 6, 12.
35 a pour diviseurs 1, 5, 7, 35.

Seul diviseur commun 1 : 12 et 35 sont premiers entre eux (quoique aucun des deux ne soit premier).

Décomposition d'un nombre en facteurs premiers. On démontre que tout nombre entier peut s'écrire d'une seule façon comme produit de puissances de nombres premiers.

Ex. : $504 = 2^3 \times 3^2 \times 7^1$ qu'on écrit plus simplement $504 = 2^3 \times 3^2 \times 7$.

En 1979, le plus grand nombre premier connu (calculé avec l'ordinateur Cray-1) était « 2 puissance 44 497 moins 1 ». Entre 1875 et 1950 le plus grand connu était un nombre de 39 chiffres (« 2 puissance 127 moins 1 »).

Nombres premiers de 1 à 1 000

1, 2	97	227	367	509	661	829
3	101	229	373	521	673	839
5	103	233	379	523	677	853
7	107	239	383	541	683	857
11	109	241	389	547	691	859
13	113	251	397	557	701	863
17	127	257	401	563	709	877
19	131	263	409	569	719	881
23	137	269	419	571	727	883
29	139	271	421	577	733	887
31	149	277	431	587	739	907
37	151	281	433	593	743	911
41	157	283	439	599	751	919
43	163	293	443	601	757	929
47	167	307	449	607	761	937
53	173	311	457	613	769	941
59	179	313	461	617	773	947
61	181	317	463	619	787	953
67	191	331	467	631	797	967
71	193	337	479	641	809	971
73	197	347	487	643	811	977
79	199	349	491	647	821	983
83	211	353	499	653	823	991
89	223	359	503	659	827	997

Nombre parfait. Nombre entier égal à la somme de tous ses diviseurs autres que lui-même. Ex. : 1 + 2 + 4 + 7 + 14 = 28.

Le plus petit est 6 : 1 + 2 + 3.

Nombre le plus élevé portant un nom. *Dans le système des puissances successives de dix :* centillion (10^{600} ou le chiffre 1 suivi de 600 zéros). Le nombre 10^{100} est appelé Gogol, terme inventé par le savant américain Edward Kasner (mort en 1955).

En dehors du système décimal : asankhyeya bouddhiste (10^{140}).

P.G.C.D. et P.P.C.M.

P.G.C.D. : Plus grand commun diviseur. P.P.C.M. : Plus petit commun multiple.

Ces termes se définissent d'eux-mêmes : Ex. : *Diviseurs de 12 :* 1 2 3 4 6 12 ; *de 18 :* 1 2 3 6 9 18 ; *de 24 :* 1 2 3 4 6 8 12 24. *P.G.C.D. de 12, 18 et 24 :* 6.

Multiples de 12 : 12 24 36 48 60 72 84, etc. ; *de 18 :* 18 36 54 72 90, etc. ; *de 24 :* 48 72 96, etc. *P.P.C.M. de 12, 18, 24 :* 72.

Pour calculer P.G.C.D. et P.P.C.M. de plusieurs nombres, on les décompose chacun en facteurs premiers. P.P.C.M. : on prend le produit des facteurs premiers figurant dans *au moins une* des décompositions, chacun d'eux étant affecté du plus grand exposant avec lequel il figure dans les décompositions des nombres. P.G.C.D. : on ne prend que le produit des facteurs premiers rencontrés dans *toutes* les décompositions, chacun d'eux étant affecté du plus petit exposant avec lequel il figure dans les décompositions des nombres.

Nota. — Si aucun facteur premier n'est commun à toutes les décompositions, les nombres considérés sont premiers entre eux et ont pour P.G.C.D. : 1.

Ex. : 7 425	$= 2^0 \times 3^3 \times 5^2 \times 11$
23 958	$= 2 \times 3^3 \times 5^0 \times 11^3$
P.P.C.M.	$= 2 \times 3^3 \times 5^2 \times 11^3$
P.G.C.D.	$= 2^0 \times 3^2 \times 5^0 \times 11$

Remarquons qu'en remplaçant les facteurs premiers manquant dans une décomposition par ce nombre à la puissance zéro (soit 1), il suffit de se rappeler la règle mnémonique : P.P.C.M. : plus grand exposant ; P.G.C.D. : plus petit exposant.

Divisibilité d'un nombre. *Par 2* ⟺ il se termine par 0, 2, 4, 6 ou 8 ;
3 ⟺ la somme de ses chiffres est divisible par 3 ;
4 ⟺ les 2 derniers chiffres du nombre sont 2 zéros ou forment un nombre divisible par 4 (ex. : 48 752 est divisible par 4 car 52 est divisible par 4) ;
5 ⟺ il se termine par 0 ou 5 ;
6 ⟺ il est divisible à la fois par 2 et 3 ;
8 ⟺ ses 3 derniers chiffres sont 3 zéros ou forment un nombre divisible par 8 ;
9 ⟺ la somme des chiffres du nombre est divisible par 9 ;
10 ⟺ il se termine par zéro ;
11 ⟺ la différence entre la somme des termes de rang impair et la somme des termes de rang pair (à partir de la droite par exemple) est nulle ou divisible par 11 ;
Ex. : 48 543 est divisible par 11 car $(4+5+3) - (8+4) = 12 - 12 = 0$.
93 819 est divisible par 11 car $(9+8+9) - (3+1) = 26 - 4 = 22$ (multiple de 11) ;
12 ⟺ il est divisible par 4 et par 3 ;
15 ⟺ il est divisible par 3 et par 5 ;
22 ⟺ il est divisible par 2 et par 11 ;
25 ⟺ il se termine par 00, 25, 50 ou 75.

Racines carrées. Voir calcul dans Quid 1980, p. 133.

Congruences

Définition. C'est une relation binaire telle que : $x = x' [m] \Leftrightarrow x - x' \in m\mathbb{N}^*\ m \in \mathbb{N}^*$.
x et x′ ont même reste dans la division euclidienne par m.

Étude de cette relation. 1 x et x′ ont même reste dans la division euclidienne par m.

Étude de cette relation. C'est une relation d'équivalence. Classes d'équivalence :
La classe d'équivalence de a est notée : $\dot{a} = \{x \,;\, x = a\ [m]\}$.
Ensemble quotient noté :

$$Z/mZ = \{\dot{0}, \dot{1}, \dot{2} \ldots\ldots \overline{(m-1)}\}.$$

Remarque : $\{\dot{0}, \dot{1}, \dot{2} \ldots \overline{(m-1)}\}$ sont appelés entiers modulo m.

Numération

On peut utiliser, comme base de numération, tout nombre entier à partir de 2.

● **Base dix** (numération décimale). Permet de représenter n'importe quel nombre au moyen de 10 symboles appelés chiffres. Ce nombre de 10 symboles a été choisi probablement parce que l'homme a compté très tôt sur ses 10 doigts.

Cette numération indique, par le rang que chaque chiffre occupe à partir de la droite, la puissance de 10 que ce chiffre concerne. Ainsi 37 524 signifie $4 \times 10^0 + 2 \times 10^1 + 5 \times 10^2 + 7 \times 10^3 + 3 \times 10^4$.

Nota. — Tout nombre non nul élevé à la puissance zéro vaut 1.

● **Base deux.** On utilise 2 symboles : 0 et 1.
Ex. : $\overline{1011011}^{\text{deux}}$ correspond à (on part toujours de la droite) :
$1 \times 2^0 + 1 \times 2^1 + 0 \times 2^2 + 1 \times 2^3 + 1 \times 2^4 + 0 \times 2^5 + 1 \times 2^6$
$= 1 + 2 + 0 + 8 + 16 + 0 + 64$
$= 91$ du système décimal.

Le système binaire, utilisant seulement 2 symboles pour représenter tout nombre entier, est très utilisé dans l'industrie (machines électroniques).

● **Base quatre.** Utilise 4 symboles : 0, 1, 2, 3.
$\overline{3012}^{\text{quatre}}$ (lire trois, zéro, un, deux : écrit en base quatre, et non trois mille douze) ;
correspond à : $2 \times 4^0 + 1 \times 4^1 + 0 \times 4^2 + 3 \times 4^3 = 2 + 4 + 0 + 192 = 198$ du système décimal.

● **Base douze.** On utilise 12 symboles : 0, 1, 2, 3, 4, 5, 6, 7, 8, 9, *a*, *b*, (*1* et *b* sont souvent remplacés par les lettres grecques α et β et représentent 10 et 11).
Ex. : $\overline{1ab3}^{\text{douze}}$ (lire un, *a*, *b*, trois, écrit en base douze) correspond à :
$3 \times 12^0 + 11 \times 12^1 + 10 \times 12^2 + 1 \times 12^3$
$= 3 + 132 + 1440 + 1728$
$= 3303$ du système décimal.

Nota. — *Problème :* Comment écrire dans le système de base cinq, par exemple, le nombre 184 écrit dans le système décimal (base 10). Le système de base cinq (symboles 0, 1, 2, 3, 4) utilise :
$5^0 =$ 1 groupe d'ordre zéro ;
$5^1 =$ 5 groupes d'ordre un ;
$5^2 =$ 25 groupes d'ordre deux ;
$5^3 =$ 125 groupes d'ordre trois ;
$5^4 =$ 625 groupes d'ordre quatre ; etc.

On voit que 184 ne contient aucun groupe d'ordre quatre, mais contient un groupe d'ordre trois (184 divisé par 125 donne un quotient entier 1 ; reste 59) ;
$184 = 125 + 59 = 5^3 + 59$.
De même 59 contient 2 groupes d'ordre deux et il reste 9 ;
$184 = 5^3 + 2 \times 25 + 9 = 5^3 + 25^2 + 9$.
9 contient un groupe d'ordre un et il reste 4 ;
$184 = 5^3 + 2 \times 5^2 + 1 \times 5^1 + 4$;
et 4 contient exactement 4 groupes d'ordre zéro.
184 s'écrit donc en base cinq : $\overline{1214}^{\text{cinq}}$.

Algèbre

Quelques définitions

● **Équation algébrique.** Égalité entre 2 expressions algébriques, contenant des variables inconnues, valable seulement pour certaines valeurs des variables ; ces valeurs sont appelées solution de l'équation. Ex. : l'équation $3x = 6$ est valable seulement pour $x = 2$.

● **Équation du 1er degré à 1 inconnue.** $ax + b = 0$.
Solution : $x = -\dfrac{b}{a}$ si $a \neq 0$.

● **Système de 2 équations du 1er degré à 2 inconnues.** Méthodes pour les résoudre :

1) Méthode par substitution. On exprime l'une des inconnues en fonction de l'autre dans l'une des équations et on remplace, dans l'autre équation, cette inconnue par l'expression équivalente tirée de la 1re.

2) Méthode par comparaison. On exprime une inconnue en fonction de l'autre dans les 2 équations et on égale les 2 expressions ainsi obtenues.

3) Méthode par combinaison linéaire. On multiplie les 2 équations par des coefficients convenables de façon qu'en ajoutant membre à membre on obtienne une équation ne renfermant plus qu'une inconnue.

4) Méthode des déterminants. *Le déterminant de 4 nombres a, b, c, d* est une quantité représentée par $\begin{vmatrix} a & b \\ c & d \end{vmatrix}$
et valant $+ ad - bc$.

Ex. : $\begin{vmatrix} 3 & 2 \\ 4 & 7 \end{vmatrix} = 3 \times 7 - 2 \times 4 = 21 - 8 = 13$

$\begin{vmatrix} +9 & +2 \\ -3 & -4 \end{vmatrix} = + (+9) \times (-4) - (+2) \times (-3) = (-36) - (-6) = -36 + 6 = -30.$

Résolution d'un système de 2 équations du 1er degré à 2 inconnues.

$$\begin{cases} ax + by = c \\ a'x + b'y = c' \end{cases}$$

coefficients de *x*	coefficients de *y*	Termes de degré zéro
a	*b*	*c*
a′	*b′*	c′

On extrait les 3 déterminants :
$D = \begin{vmatrix} a & b \\ a' & b' \end{vmatrix} = ab' - a'b$ (déterminant principal du système).
$Dx = \begin{vmatrix} c & b \\ c' & b' \end{vmatrix} = cb' - c'b$ (déterminant relatif à *x*), obtenu en remplaçant dans le tableau la colonne des coeff. de *x* par celle des termes de degré zéro supposés écrits dans le 2e membre.
$Dy = \begin{vmatrix} a & c \\ a' & c' \end{vmatrix} = ac' - a'c$ (déterminant relatif à *y*), obtenu en remplaçant dans le tableau la colonne des coeff. de *y* par celle des termes de degré zéro supposés écrits dans le 2e membre.

Solution :

1er cas : D ≠ 0. Il y a un couple *(x, y)*, unique solution.

$$x = \frac{Dx}{D} = \frac{cb' - c'b}{ab' - a'b}$$
$$y = \frac{Dy}{D} = \frac{ac' - a'c}{ab' - a'b}$$

2e cas : si D = 0, alors il y a soit impossibilité, soit indétermination.

● **Équation du 2e degré à 1 inconnue.**
$ax^2 + bx + c = 0$.
La quantité Δ (delta) $= b^2 - 4ac$ est appelée *discriminant*. 3 cas possibles :

1er cas : Δ *est négatif* (Δ < 0). Il n'y a pas de racines : aucune valeur réelle de *x* ne satisfait l'équation.

2e cas : Δ *est nul* (Δ = 0). Une seule valeur de *x*, appelée racine double, satisfait l'équation :

$$x' = x'' = -\frac{b}{2a}$$

3e cas : Δ *est positif* (Δ > 0).
Il existe alors 2 valeurs réelles de *x*, appelées racines distinctes, satisfaisant l'équation. Les racines sont :

$$x' = \frac{-b - \sqrt{b^2 - 4ac}}{2a} \quad x'' = \frac{-b + \sqrt{b^2 - 4ac}}{2a}$$

Ex. : $x^2 - 3x + 2 = 0$
$\Delta = 9 - 4 \times 2 = 9 - 8 = 1$

$$x' = \frac{+3 - \sqrt{1}}{2} = 1, \quad x'' = \frac{+3 + \sqrt{1}}{2} = 2.$$

● **Somme et produit des racines de l'équation** $ax^2 + bx + c = 0$. Si elles existent, les racines ont pour somme :

$S = x' + x'' = \dfrac{-b}{a}$ et pour produit

$P = x'x'' = \dfrac{c}{a}$.

Réciproquement, si 2 nombres ont pour somme S et pour produit P, ils sont solutions de l'équation $x^2 - Sx + P = 0$.
Soit le système $y + z = 5$ et $y \times z = 6$, *y* et *z* sont solutions de l'équation :

$$x^2 - 5x + 6 = 0.$$
$$\Delta = 25 - 24 = 1,$$
$$x' = \frac{5 - \sqrt{1}}{2} = 2, \quad x'' = \frac{5 + \sqrt{1}}{2} = 3.$$

On a $y = 2$, $z = 3$ (ou $z = 2$, $y = 3$).

● **Fractions.** Pour tout $m \neq 0$ on a $\dfrac{b}{a} = \dfrac{mb}{ma}$;

$\dfrac{a}{b} + \dfrac{c}{d} = \dfrac{ad + bc}{bd}$ avec *b* et $d \neq 0$;

$\dfrac{a}{b} \times \dfrac{c}{d} = \dfrac{ac}{bd}$ avec *b* et $d \neq 0$;

division par un nombre : $\dfrac{\frac{a}{b}}{c} = \dfrac{a}{bc}$;

division par une fraction : $\dfrac{\frac{a}{b}}{\frac{c}{d}} = \dfrac{ad}{bc}$.

● **Identités.** Égalités entre 2 expressions algébriques valables quelles que soient les valeurs données aux *paramètres* ou *variables* qu'elles contiennent.
Ex. : $(x + a)^2 = x^2 + 2ax + a^2$ quels que soient *a* et *x*.

Identités remarquables.
$(a + b)^2 = a^2 + 2ab + b^2$
$(a - b)^2 = a^2 - 2ab + b^2$
$a^2 - b^2 = (a + b)(a - b)$
$a^3 + b^3 = (a + b)(a^2 - ab + b^2)$
$a^3 - b^3 = (a - b)(a^2 + ab + b^2)$
$(a + b)^3 = a^3 + 3a^2b + 3ab^2 + b^3$
$(a - b)^3 = a^3 - 3a^2b + 3ab^2 - b^3$.

Si n entier $\geqslant 2$,
$a^n - b^n = (a - b)(a^{n-1} + a^{n-2}b + a^{n-3}b^2 + ... + ab^{n-2} + b^{n-1})$.

● **Puissances.** On appelle puissance $n^{ième}$ (n entier naturel) d'un nombre réel a, le produit de n facteurs égaux à a ; n s'appelle l'exposant.

Ex. : $(-2)^4 = (-2) \times (-2) \times (-2) \times (-2) = +16$.

Propriétés :

1) $a^m a^n = a^{m+n}$ $a^5 \times a^7 = a^{12}$

2) $(abc)^m = a^m b^m c^m$ $(2 \times 4 \times 5)^3 = 2^3 \times 4^3 \times 5^3$

3) $(a^m)^n = a^{m \times n}$ $(a^5)^4 = a^{20}$

4) $\left(\frac{a}{b}\right)^m = \frac{a^m}{b^m}$ $\left(\frac{3}{4}\right)^2 = \frac{3^2}{4^2} = \frac{9}{16}$

Puissances entières relatives :

Calcul de $\frac{a^m}{a^n}$ avec $a \neq 0$, $m \in N^*$, $n \in N^*$:

$\frac{a^m}{a^n} = a^{m-n}$, $a^{-n} = \frac{1}{a^n}$, $a^0 = 1$.

Puissance rationnelle. On convient d'écrire, si m et n sont 2 nombres entiers arithmétiques premiers entre eux et $a \geqslant 0$:

$\sqrt[m]{a^n} = a^{\frac{n}{m}}$. Ex. : $\sqrt[5]{a^9} = a^{\frac{9}{5}}$.

Les propriétés des puissances entières relatives sont encore vraies.

Ex. : $\sqrt[2]{64} \times \sqrt[3]{64} = 64^{\frac{1}{2}} \times 64^{\frac{1}{3}} =$

● **Racine carrée d'un nombre algébrique.** On appelle racine carrée d'un nombre réel A tout nombre réel, s'il y en a, dont le carré est égal à A. Ex. : + 9 a pour racines carrées -3 et $+3$, car $(-3)^2 = +9$, $(+3)^2 = +9$.

Le nombre 0 a pour seule racine carrée 0. Les nombres négatifs n'ont pas de racine carrée. Tout nombre positif A a 2 racines carrées opposées. La racine positive se note $\sqrt{A}$, l'autre, négative $-\sqrt{A}$.

Propriétés (valables seulement pour des nombres positifs ou nuls) :

$\sqrt{a \times b \times c} = \sqrt{a} \times \sqrt{b} \times \sqrt{c}$;

si $a \geqslant 0$ et $b > 0$, $\sqrt{\frac{a}{b}} = \frac{\sqrt{a}}{\sqrt{b}}$.

Attention : on n'a pas $\sqrt{a + b} = \sqrt{a} + \sqrt{b}$
ni $\sqrt{a - b} = \sqrt{a} - \sqrt{b}$.

● **Borne supérieure et inférieure d'un ensemble ordonné.** A est une partie de l'ensemble E.

1) g est le plus grand élément de A si :
$g \in \forall (\forall x \in A)(x < g)$
g est le plus grand élément de A $\Leftrightarrow$ g majorant de A.

2) p est le plus petit élément de A si :
$p \in A (\forall x \in A)(p < x)$
p est le plus petit élément de A $\Leftrightarrow$ p minorant de A.

3) L'élément S est borne supérieure de A si S est le plus petit élément de l'ensemble M des majorants de A.

Progressions

● **Pr. arithmétique.** Suite de termes tels que chacun est égal à la somme du précédent et d'un nombre réel constant appelé *raison*.

Ex. : 3, 7, 11, 15, 19,... (raison : + 4).
7, 3, − 1, − 5, − 9, − 13,... (raison : − 4).
a premier terme, r la raison, le $n^{ième}$ terme $l = a + (n - 1)r$.

Somme de n termes consécutifs (a le premier, l le dernier) :

$S = (a + l) \times \frac{n}{2} = [2a + (n - 1)r] \times \frac{n}{2}$.

● **Pr. géométrique.** Suite de termes tels que chacun est égal au produit du précédent et d'un nombre constant appelé *raison*.

Ex. : 3, 6, 12, 24, 48, 96... (raison : 2).
1, − 5, + 25, − 125, + 625... (raison : − 5 : suite dite *alternée*).
a 1er terme, q la raison, le $n^{ième}$ terme $l = a \times q^{n-1}$.

Somme de n termes consécutifs ($q \neq 1$) :

$S = \frac{a(q^n - 1)}{q - 1}$.

Application : le paradoxe de Zénon d'Élée (490 av. J.-C.). Zénon « démontrait » qu'Achille ne pouvait jamais rattraper à la course une tortue partie avant lui.

Supposons, disait-il, que la tortue ait 100 m d'avance et qu'elle parcoure 1 m en 1 s, tandis qu'Achille parcourt 10 m en 1 s, que va-t-il se passer ? Achille parcourt les 100 m de son retard en 10 s pendant lesquelles la tortue a avancé de 10 m. Pour rattraper ces 10 m de retard, Achille mettra 1 s pendant laquelle la tortue a avancé de 1 m. Pour rattraper ce m, Achille mettra 1/10 de s pendant lequel la tortue a avancé d'1/10 de m, etc. Le temps nécessaire pour rattraper la tortue peut s'écrire ; 10 s + 1 s + 1/10 s + 1/100 s + 1/1 000 s etc., ce qui est une suite infinie de temps et « prouve » que par conséquent Achille ne rattrapera jamais la tortue.

En réalité, il s'agit d'une progression infinie mais de somme finie puisque de raison $q < 1$, dont la formule :

$S = 1 \frac{a}{1 - q} = \frac{10}{1 - 1/10} = \frac{100}{9} = 11$ s 1/9

montre qu'Achille rattrapera la tortue au bout de 11 s 1/9.

● **Suite.** Une application de N^* dans E est une suite d'éléments de E ; une application de $N^* \times N^*$ dans E est une suite double d'éléments de E.

Notation : $(x_1, x_2..., x_n)$ ou plus simplement (x_n). Égalité de deux suites $(x_n) = (y_n) \Leftrightarrow \forall n \in N^*$, on a $x_n = y_n$. Somme de deux suites : $(x_n) + (y_n) = (x_n + y_n)$. Produit de deux suites : $(x_n) \times (y_n) = (x_n y_n)$ (à condition que sur E on ait défini + et ×). Convergence d'une suite : (x_n) converge $\Leftrightarrow x_n \to x_0$ quand $n \to +\alpha$, ce qui donne pour une suite de rationnels :
$\forall \varepsilon > 0, \exists N \in N^*$ tel que $n > N \Rightarrow | x_n - x_0 | < \varepsilon$.

Les 2 suites a, b, c, et x, y, z sont proportionnelles si :
$\frac{a}{x} = \frac{b}{y} = \frac{c}{z}$.

Analyse combinatoire

Arrangements. On appelle arrangements de n objets (d'un ensemble E) pris par p ($p \leqslant n$) tout sous-ensemble ordonné de E contenant p objets distincts. On démontre que leur nombre

$A_n^p = \frac{n!}{(n - p)!}$

$n!$ (lire : factorielle n) est le produit des n premiers entiers naturels non nuls.

Exemple : Supposons 17 chevaux au départ d'une course. La notion de *tiercé dans l'ordre* correspond à celle d'arrangement de ces 17 chevaux pris par 3. 2 tiercés joués différeront soit parce qu'ils ne contiennent pas les mêmes chevaux, soit parce qu'ils contiennent les mêmes chevaux, mais pas dans le même ordre [(chevaux A, B, C) et (chevaux C, A, B)]. Nombre de tiercés possibles dans l'ordre pour 17 chevaux :

$A_{17}^3 = \frac{17!}{(17 - 3)!} = \frac{17!}{14!} =$

$\frac{1 \times 2 \times 3 \times 4 \times ... \times 13 \times 14 \times 15 \times 16 \times 17}{1 \times 2 \times 3 \times 4 \times ... \times 13 \times 14} =$
$15 \times 16 \times 17 = 4\,080$.

Permutations. Dans le cas où $p = n$, l'arrangement prend le nom de permutation.

Nombre de permutations de n objets :

$A_n^n = \frac{n!}{(n - n)!} = \frac{n!}{0!} = n!$ $P_n = n!$

Valeurs des premières factorielles.

1! = 1 (= 1).
2! = 1 × 2 (= 2).
3! = 1 × 2 × 3 (= 6).
4! = 1 × 2 × 3 × 4 (= 24).
5! = 1 × 2 × 3 × 4 × 5 (= 120).
6! = 1 × 2 × 3 × 4 × 5 × 6 (= 720).
7! = 1 × 2 × 3 × 4 × 5 × 6 × 7 (= 5 040).
8! = 1 × 2 × 3 × 4 × 5 × 6 × 7 × 8 (= 40 320).
9! = 1 × 2 × 3 × 4 × 5 × 6 × 7 × 8 × 9 (= 362 880).
10! = 1 × 2 × 3 × 4 × 5 × 6 × 7 × 8 × 9 × 10 (= 3 628 800).

Ex. : De combien de façons possibles peuvent se placer 6 personnes sur un banc ? Leur nombre est celui des permutations n! = 6! = 720. Mais le nombre de façons possibles pour placer ces 6 personnes autour d'une table ronde est (n − 1)! = 5! = 120.

Combinaisons. On appelle combinaison de n objets (d'un ensemble E) pris par p ($p \leqslant n$) tout sous-ensemble de E contenant p objets distincts.

On démontre que leur nombre, noté C_n^p a pour valeur $C_n^p = \frac{n!}{p!(n - p)!}$.

Soit 17 chevaux au départ d'une course. La notion de *tiercé dans le désordre* correspond à celle de la combinaison de 17 chevaux pris par 3.

2 tiercés dans le désordre ne diffèrent que s'ils ne contiennent pas les mêmes chevaux. Ex. : {chevaux A, B, C} et {B, D, E, en revanche : {chevaux A, B, C} et {B, A, C} représentent le même tiercé dans le désordre ou la même combinaison de 17 chevaux pris par 3.

Nombres complexes

Définition. On appelle *nombre complexe* toute écriture de la forme $a + bi$ où a et b sont des nombres réels, i représentant un nouvel élément tel que $i^2 = -1$.

L'ensemble des nombres complexes forment le corps C. Ainsi : le corps C permet de résoudre toutes les équations du second degré qui n'ont aucune racine réelle.

Pour additionner, soustraire ou multiplier les nombres complexes, on procède exactement comme pour additionner, soustraire ou multiplier des nombres réels en tenant compte (chaque fois que cela se présente) du fait que $i \times i = -1$.

Exemple :

$(2 + 3i)(-1 + 4i) = -2 + 8i - 3i + 12i^2$
$= -2 + 8i - 3i - 12$
$= -14 + 5i$.

Autre écriture :
$z = x + iy = \rho(\cos\Theta + \sin\Theta) = [\rho, \Theta]$.

Module : $| z | = \sqrt{x^2 + y^2} = \rho$.

Argument : $\arg z = \Theta + 2k\pi$.

Conjugué : $\bar{z} = x - iy$
$= \rho(\cos\Theta - i\sin\Theta) = [\rho, -\Theta]$.

Opérations :

$z + z' = x + x' + i(y + y)$, $z - z' = x - x' + i(y - y')$

$zz' = xx' - yy' + i(xy' + yx')$
ou
$zz' = \rho\rho'[\cos(\theta + \theta') + i\sin(\theta + \theta')] = [\rho\rho', (\theta + \theta')]$

$\frac{z}{z'} = \frac{xx' + yy' + i(-xy' + yx')}{x'^2 + y'^2}$
ou
$\frac{z}{z'} = \frac{\rho}{\rho'}[\cos(\theta + \theta') + i\sin(\theta - \theta')] = \left[\frac{\rho}{\rho'}, \theta - \theta'\right]$.

$z^n = \rho^n(\cos n\theta + i\sin n\theta) = [\rho^n, n\theta]$, n entier relatif (formule de Moivre).

Propriétés :

$| z |^2 = | z |^2 = z.\bar{z}$; z réel $\Leftrightarrow z = \bar{z}$;
z complexe pur $\Leftrightarrow z + \bar{z} = 0$;
$\overline{z + z'} = \bar{z} + \bar{z}'$; $\overline{z.z'} = \bar{z}.\bar{z}'$;

$\overline{(z^n)} = (\bar{z})^n$; $\overline{\left(\frac{z}{z'}\right)} = \frac{\bar{z}}{\bar{z}'}$.

Si P (z) est un polynôme en z à coefficients réels, on a : $\overline{P(z)} = P(\bar{z})$.

Conséquence : $P(z_0) = 0 \Rightarrow P(\overline{z_0}) = 0$.

Interprétation matricielle :

$M = \begin{pmatrix} a & -b \\ b & a \end{pmatrix}$ avec $a^2 + b^2 = 1$. Ensemble des *matrices des isométries positives* du plan vectoriel.

On munit l'ensemble $\mathbb{R} \times \mathbb{R}$ des couples de deux opérations :

+ ——— Addition $(a, b) + (a', b') = (a + a', b + b')$;

× ——— Multiplication $(a, b)(a', b') = (aa' - bb', ab' + a'b)$.

Ensemble $\mathbb{R} \times \mathbb{R}$ muni de + et × = ensemble des complexes
$(\mathbb{C}, +.x)$ = corps commutatif non ordonné $\mathbb{C}$.

Nota. — Seuls les éléments de $\mathbb{C}^*$ sont inversibles.

$M(a, b) = a\begin{pmatrix} 1 & 0 \\ 0 & 1 \end{pmatrix} + b\begin{pmatrix} 0 & -1 \\ 1 & 0 \end{pmatrix}$
$\forall M$ $M(a, b) = aI + bJ$
$M(a, b) = aI + bJ$; $I = M(1, 0)$, $J = M(0, 1)$.

Logique

Introduction

La science mathématique peut être comparée à un jeu de construction. Elle comporte un « matériel de base », constitué de « termes primitifs » (ou « notions premières ») posées *a priori*. Ceux-ci ne sont pas définis (au sens mathématique) puisqu'ils ne sont en relation avec aucun terme antérieur. Exemples de « termes primitifs » : ensemble, élément.

Un assemblage de « termes primitifs » est une **notion dérivée**. Une succession de « termes primitifs » ou de « notions dérivées » est une **proposition.**

La théorie mathématique fournit les « règles du jeu » permettant d'affirmer que tel assemblage est permis ou non.

Ces règles du jeu sont constituées par les **axiomes** qui sont des propositions posées comme vraies au départ, ou des **règles d'assemblage** des termes primitifs ou dérivés pour former de nouveaux termes dérivés.

Une proposition peut être vraie (valeur de vérité notée 1 ou V) ou fausse (valeur de vérité 0 ou F).

Une proposition munie de sa valeur de vérité s'appelle une *assertion :* (2 + 3 = 5, V), (Louis XIV fut roi d'Angleterre, F) sont des assertions.

Négation d'une proposition. Axiome du tiers exclu

P étant une proposition, « non P » (noté ¬P ou $\bar{P}$) est une proposition appelée *négation* de P.

Ex. : Proposition P : M. X est né à Paris. Proposition ¬P : M. X n'est pas né à Paris. Quelle que soit P :

P et ¬P ne peuvent être vraies ensemble ;
P ou ¬P est vraie.

Table de vérité P.

P	¬P
V	F
F	V

¬P (ou $\bar{P}$) est fausse si P est vraie.
¬P est vraie si P est fausse.

Disjonction logique de deux propositions

Si P et Q sont deux propositions, on appelle proposition « P ou Q » (notée P ∨ Q) la proposition vraie si l'une au moins des deux propositions est vraie.

Table de vérité de P ∨ Q.

P	Q	P ∨ Q
V	V	V
V	F	V
F	V	V
F	F	F

Ex. : P : Marie a l'un de ses vêtements rouge. Q : Marie a l'un de ses vêtements vert. « P ou Q » sera vraie si : Marie a un vêtement rouge ou a un vêtement vert ou a un vêtement rouge et un vêtement vert. « P ou Q » n'est fausse que si Marie ne porte aucune de ces 2 couleurs.

Conjonction logique de 2 propositions

Si P et Q sont 2 propositions, on appelle proposition « P et Q » (notée P ∧ Q) la proposition vraie seulement si les 2 propositions sont vraies.

Table de vérité de P ∧ Q.

P	Q	P ∧ Q
V	V	V
V	F	F
F	V	F
F	F	F

Ex. : P : x habite une capitale géographique. Q : x habite en France. P ∧ Q : x habite Paris. Si P ∧ Q n'est jamais vraie, P et Q sont dites propositions incompatibles. Ex. P : x est New-yorkais. Q : x est Européen.

Implication logique

P et Q étant deux propositions, la proposition dérivée « non P ou Q » (¬P ∨ Q) s'appelle « *implication* ».

On écrit P ⇒ Q (on lit « P implique Q » ou quelquefois « Si P, alors Q »).

Table de vérité : P ⇒ Q.

P	Q	¬P	¬P ∨ Q (ou P ⇒ Q)
V	V	F	V
V	F	F	F
F	V	V	V
F	F	V	V

On s'aperçoit que P ⇒ Q est fausse uniquement dans le cas où P est vraie et Q fausse.

Exemple :
P : Paris est la capitale de la France (V) ;
Q : Bruxelles est la capitale du Maroc (F.) ;
R : 3 + 4 = 7 (V) ; S : 2 × 4 = 10 (F) ;
P ⇒ R (vraie : 1re ligne de la table) ;
P ⇒ Q (fausse : 2e ligne ; on écrit P ⇏ Q) ;
S ⇒ P (vraie : 3e ligne) ; Q ⇒ S (vraie : 4e l.).

Nota. — Une proposition fausse peut impliquer aussi bien une proposition vraie qu'une proposition fausse. En revanche le « vrai » implique le « vrai ».

Équivalence logique

La proposition « P est logiquement équivalente à Q » est la proposition :
(P ⇒ Q) ∧ (Q ⇒ P). On la note P ⇔ Q.

Table de vérité : P ⇔ Q.

P	Q	¬P	¬Q	P ⇒ Q	Q ⇒ P	P ⇔ Q
V	V	F	F	V	V	V
V	F	F	V	F	V	F
F	V	V	F	V	F	F
F	F	V	V	V	V	V

Rappelons que P ⇒ Q est la proposition « ¬P ou Q ».

Donc Q ⇒ P est la propositon « ¬Q ou P ».

On remarque que P ⇔ Q si P et Q sont vraies ou sont fausses toutes les 2.

Avec les notations de l'exemple du paragraphe précédent, on a : P ⇔ R, Q ⇔ S.

Quantificateurs. *Existentiel,* ∃ : « Il en existe au moins un » ; *universel,* ∀ : « Quel que soit ». Ex. : soit N l'ensemble des entiers naturels.
$(\exists\, x \in N)\ x^2 - x = 0$;
$(\forall\, x \in N)\ (x + 1)^2 = x^2 + 2x + 1$.

Déduction raisonnement mathématique. Dans l'implication p ⇒ q, il n'y a aucune notion de conséquence, contrairement au contenu psychologique du mot « implique », source de nombreuses difficultés.

La proposition : « s'il pleut, alors je suis triste », vraie ou fausse (on peut aimer la pluie) (p implication q, notée p ⇒ q).

Ensembles

Ensemble — Éléments

La notion d'*ensemble* est une « notion première ». Elle ne peut être définie au sens mathématique du terme. Ex. : ensemble des habitants d'une ville, ensemble des nombres premiers en arithmétique, etc.

Un ensemble est composé d'*éléments.* Ex. : appelons A l'ensemble des nombres entiers de 3 inclus à 14 inclus. 7 « est un élément de » A, ou 7 « appartient à » A. On écrit : 7 ∈ A. 2 « n'est pas un élément de » A, ou 2 « n'appartient pas à » A. On écrit : 2 ∉ A.

L'ensemble des nombres pairs terminés par le chiffre 3, l'ensemble des capitales d'Europe commençant par X, sont des « ensembles vides ». On convient qu'il y a un seul *ensemble vide* noté Ø. Un ensemble à un seul élément est appelé *singleton.*

Inclusion - Sous-ensemble

L'ensemble C des chevaux est inclus dans l'ensemble Q des quadrupèdes, car tout cheval est un quadrupède. C est dit « sous-ensemble » de Q. On note C ⊂ Q.

Un ensemble F est dit « sous-ensemble » ou « partie » d'un ensemble E si tout élément de F est élément de E. On a F ⊂ E. Remarquons qu'on a aussi, quel que soit E : E ⊂ E, car tout élément de E est un élément de E. On convient que l'ensemble vide est sous-ensemble de tout ensemble ∀ E, Ø ⊂ E. C'est-à-dire quel que soit E, l'ensemble vide est sous-ensemble de E.

Tout sous-ensemble de E distinct de Ø et de E est dit sous-ensemble propre de E.

Nota. — On dit aussi « est inclus dans » pour « est sous-ensemble de ». L'ensemble des Parisiens est inclus dans l'ensemble des Français.

Intersection de 2 ensembles

Prenons un jeu de 52 cartes. Soit H l'ensemble des honneurs (valets, dames, rois, as). Soit K l'ensemble des « carreaux ». H et K ont en commun les éléments : valet, dame, roi, as de carreau. L'ensemble I de ces 4 cartes s'appelle *intersection* de H et K.

On écrit I = H ∩ K (lire : I égale H inter K). L'intersection de 2 ensembles est l'ensemble des éléments communs aux 2.

Si 2 ensembles n'ont aucun élément commun, on dit qu'ils sont *disjoints.* Ex. : l'ensemble A des chats et l'ensemble P des poissons sont disjoints : A ∩ P = Ø.

Réunion de 2 ensembles

André et Bernard veulent réunir leurs amis. Ensemble A des amis d'André : { Paul, Luc, Line, Sylvie }. Ensemble B des amis de Bernard : { Luc, Sylvie, Jean, Serge, Françoise, Martine }.

André et Bernard ont donc pour amis communs : Luc et Sylvie. L'ensemble C des invités sera : C : { Paul, Luc, Line, Sylvie, Jean, Serge, Françoise, Martine }. L'ensemble C s'appelle *ensemble réunion* des ens. A et B. On écrit C = A ∪ B (on dit : C égale A « union » B).

Produit cartésien de 2 ensembles

Soit A l'ensemble { Luc, Jean, Paul },
B l'ensemble { canne, parapluie }.

On appelle *couple* du *produit cartésien* de A et B (noté A × B) tout ensemble *ordonné* de 2 éléments où le 1er élément appartient à A et le 2e à B.

(Luc, canne), (Jean, parapluie) sont des éléments de A × B (lire : A croix B). En revanche, (canne, Paul) est un élément de B × A.

A × B a 6 éléments (3 × 2). (Luc, Paul) est un élément de A × A noté A^2 ; (canne, canne) est un élément de B^2.

Relation entre les éléments d'un même ensemble

On peut établir des relations entre les éléments d'un même ensemble. Ex. : E : { André, Jean, Jacques, Bob, Bernard, Luc, Jules }. La proposition « précède dans l'ordre alphabétique » définit une *relation* R. Le couple (André, Luc) vérifie la relation R. On écrit André R Luc. Le couple (Jean, Jean) ne la vérifie pas. On écrit : Jean R̸ Jean (lire Jean non R Jean). « A même initiale que » définit une relation S.

On établit une relation entre les éléments d'un ensemble E si, quel que soit le couple (ensemble *ordonné* de 2 éléments) d'éléments de E, on peut affirmer que le couple vérifie ou ne vérifie pas la relation.

Propriétés possibles d'une relation. Conservons les exemples précédents :

- On a André S André, Jean S Jean, etc. Tout élément de E est en relation par S avec lui-même. R ne jouit pas de cette propriété. S est une relation **réflexive :** R est une relation non réflexive.
- « André R Jean » n'implique pas « Jean R André ». En revanche « Jean S Jacques » implique « Jacques S Jean ». Si un couple vérifie R, le couple obtenu en intervertissant ses éléments ne vérifie pas R. En revanche si un couple vérifie S, son transposé vérifie aussi S. S est une relation **symétrique.**
- « André R Bob » et « Bob R Luc » entraînent « André R Luc ». De même : « Jean S Jacques » et « Jacques S Jules » entraînent « Jean S Jules ». Ces 2 relations sont dites **transitives.**

Une relation T est dite transitive si aTb et bTc ⇒ aTc.

La relation D « est née une année différente de » n'est pas transitive car, si on a Jean D Jacques et Jacques D Luc, on ne peut conclure à coup sûr que Jean D Luc, car Jean et Luc peuvent être nés la même année mais une année différente de celle de Jacques.

Symboles

- $+$ plus
- $-$ moins
- $\pm$ plus ou moins
- $\times$ multiplié par
- $.$ multiplié par (en algèbre) ou bien aucun signe
- $:$ divisé par
- $|\,|$ valeur absolue. Ex. : $|+5| = 5$; $|-3| = 3$
- $\sqrt[2]{\ }$ ou $\sqrt{\ }$ racine carrée
- $\sqrt[3]{\ }$ racine cubique
- $\sqrt[n]{a}$ racine n° de a
- $=$ égal à
- $\equiv$ congru à
- $\neq$ différent de
- $\simeq$ environ (à peu près égal à)
- $<$ strictement inférieur à
- $\leqslant$ inférieur ou égal à
- $\ll$ très inférieur à
- $>$ strictement supérieur à
- $\geqslant$ supérieur ou égal à
- $\gg$ très supérieur à
- $\forall$ quel que soit
- $\exists$ il existe
- $\rightarrow$ tend vers
- $\nearrow$ croissant
- $\searrow$ décroissant
- $!$ factorielle
- Σ sigma de (somme de)
- π pi de (produit)
- $\in$ appartient à
- $\notin$ n'appartient pas à
- $\subset$ inclus dans
- $\not\subset$ non inclus dans
- $\cup$ symbole d'union
- $\cap$ symbole d'intersection
- Δ différence symétrique
- $\complement_E^A$ complémentaire de A dans E
- $\varnothing$ ensemble vide
- **N** ensemble des entiers naturels
- **Z** ensemble des entiers relatifs
- **Q** ensemble des nombres rationnels
- Q^+ ensemble des nombres rationnels positifs ou nuls
- Q^{+*} ensemble des nombres rationnels positifs strictement
- **R** ensemble des nombres réels
- **C** ensemble des nombres complexes
- $\Rightarrow$ implique
- $\Leftrightarrow$ équivalent à
- $\vee$ « ou » propositionnel
- $\wedge$ « et » propositionnel

● Supposons que, dans l'ensemble E, il n'y ait pas 2 garçons nés le même jour et considérons la relation V : « est au moins aussi âgé que ».

Si on a : « aVb » et « bVa » à la fois, a et b représentent nécessairement le même garçon. aVb et bVa $\Rightarrow$ a = b.

V est dite relation **antisymétrique.**

Relation d'équivalence. Relation à la fois réflexive, symétrique et transitive.

R n'est pas une relation d'équivalence (car non réflexive et non symétrique).

S est une relation d'équivalence.

Classe d'équivalence. Considérons l'ensemble E et la relation d'équivalence S. On peut grouper les éléments de E liés 2 à 2 par S. {Jean, Jacques, Jules} est un sous-ensemble de E appelé classe d'équivalence. {Bob, Bernard} est aussi une classe d'équivalence.

{André} est une classe d'équivalence comportant un seul élément, {Luc} aussi.

Relation d'ordre. *D'ordre large :* relation à la fois réflexive, antisymétrique et transitive (ex. : la relation V). *L'ordre strict :* relation non réflexive, non symétrique, mais transitive (ex. : la relation P « est plus petit que »).

Représentation sagittale d'une relation entre les éléments d'un ensemble (du latin *sagitta,* « flèche »). Prenons l'ensemble des nombres : {21, 22, 34, 43, 51}. On peut représenter graphiquement la relation « a même chiffre des unités que » de la façon suivante :

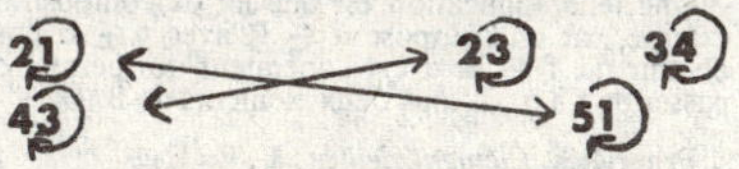

Nota. — La relation étant réflexive, chaque élément est en relation avec lui-même.

Relation entre les éléments de 2 ensembles

Considérons les ensembles A : {Chien, Merlan, Boa, Aigle} et B : {Quadrupède, Mammifère, Poisson, Reptile}.

Il existe une relation entre les éléments de ces 2 ensembles qu'on peut représenter par un diagramme sagittal.

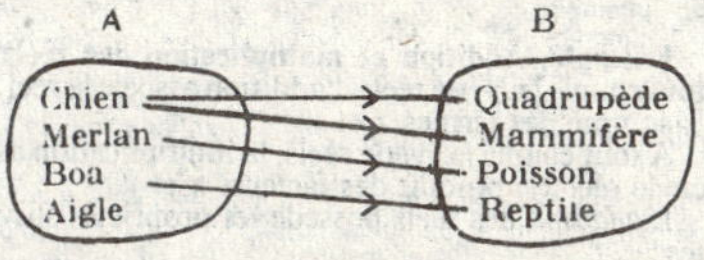

Appelons A ensemble de départ, B ensemble d'arrivée. Nous avons une *relation de A vers B* au sens le plus général du terme. De certains éléments de A partent plusieurs flèches (ex. : Chien), d'autres éléments part une seule flèche (Merlan, Boa) de certains éléments de A ne part aucune flèche (Aigle). On dit que Poisson est « image » de Merlan ou que Merlan est un « antécédent » de poisson. Chien a deux images. Aigle n'en a aucune.

Parties d'un ensemble

$(\forall x)\ (x \in A \Rightarrow x \in B)$ s'écrit $A \subset B$

$A \subset B$ et $B \subset C \Rightarrow A \subset C$

$A = B \Leftrightarrow A \subset B$ et $B \subset A$.

$C_E X = \{x \in E / x \notin X\}$ = complémentaire de X dans E.

Lois de composition interne sur $\mathscr{L}(E)$; réunion de deux ensembles :

$X \cup Y = \{x \in E / x \in X$ *ou* $x \in Y\}$

$X \cup Y = Y \cup X$

$(X \cup Y) \cup Z = X \cup (Y \cup Z)$

$X \cup \varnothing = \varnothing \cup X = X$

Intersection de deux ensembles :

$X \cap Y = \{x \in E / x \in X$ *et* $x \in Y$

$X \cap Y = Y \cap X$

$(X \cap Y) \cap Z = X \cap (Y \cap Z)$

$X \cap E = E \cap X = X$

Distributivité d'une loi par rapport à l'autre :

$X \cup (Y \cap Z) = (X \cup Y) \cap (X \cup Z)$

$X \cap (Y \cup Z) = (X \cap Y) \cup (X \cap Z)$

non répétition : $X \cup X = X$

$X \cap X = X$

$\left\{ \begin{array}{l} X \cup Y = E \\ X \cap Y = \varnothing \end{array} \right. \Leftrightarrow Y = C_E X$

$X \cup E = E$

$X \cap \varnothing = \varnothing$

Lois de Morgan : $\left\{ \begin{array}{l} C(X \cup Y) = (CX) \cap CY \\ C(X \cap Y) = (CX) \cup CY \end{array} \right.$

Cas particulier de relation. Fonction. De tout élément de l'ensemble A de départ part au plus une flèche (zéro ou une flèche), mais jamais plus d'une flèche. Une telle relation binaire s'appelle une fonction de A (ensemble de départ) vers B (ensemble d'arrivée). Remarquons qu'on ne se soucie pas du nombre de flèches aboutissant en des éléments de B.

On établit une fonction d'un ensemble A vers un ensemble B lorsque tout élément de A est en relation avec zéro ou un élément de B, ou lorsque tout élément de A a au plus une image.

● **Cas particuliers d'application. 1) Surjection.** Conservons l'ensemble A' et l'ensemble B' obtenu en supprimant l'élément Suisse de B : {France, Angleterre, Italie}.

Le diagramme sagittal devient :

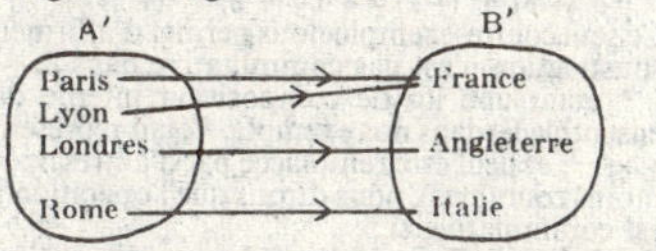

On a une application de A' dans B', mais ici tout élément de B' a au moins un antécédent (Suisse n'en avait pas dans l'exemple précédent). Ce type d'application s'appelle une *surjection de A' vers B',* ou *application surjective de A' sur B'.*

On a une surjection d'un ensemble A (de départ) vers un ensemble B (d'arrivée) lorsque tout élément de l'ensemble de départ a une seule image dans B et tout élément de B a, *au moins,* un antécédent dans A.

2) Injection. Considérons les ensembles :

C = {Paris, Londres, Rome, Amsterdam} ;

D = {France, Angleterre, Italie, Hollande, Espagne}.

On a le diagramme sagittal toujours avec la même relation « est situé en » :

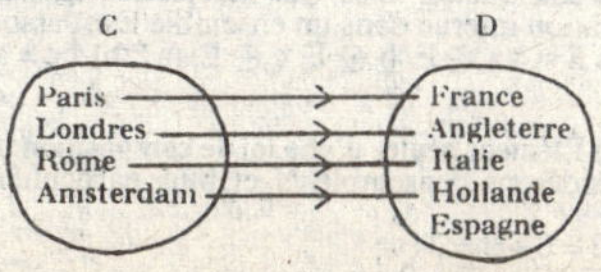

On a encore une application de C dans D (car tout élément de C a une image), mais il n'existe plus d'élément de l'ensemble d'arrivée possédant plus d'un antécédent (zéro ou un antécédent). Autrement dit, 2 éléments distincts de l'ensemble de départ ont toujours 2 images distinctes (ce qui n'était pas le cas de Lyon et Paris dans l'exemple précédent).

On dit qu'on a une *application injective de C vers D.*

Une « injection » d'un ensemble A dans un ensemble B est une application de A dans B telle que 2 éléments distincts de A ne peuvent avoir la même image.

3) Bijection. Conservons l'ensemble C et considérons l'ensemble D' obtenu en supprimant Espagne de D :

D' = {France, Angleterre, Italie, Hollande}.

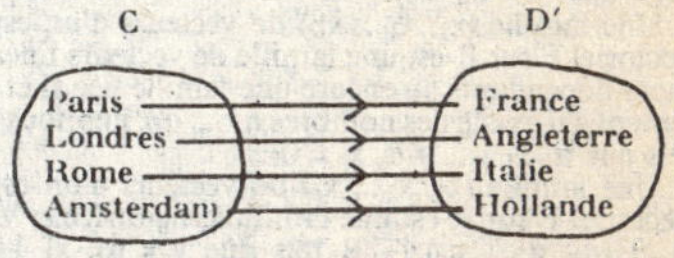

Les propriétés conjuguées de l'injection et de la surjection sont alors vérifiées. On dit qu'on a une *bijection de C sur D'.*

Une application d'un ensemble A dans un ensemble B est *une bijection de A sur B si elle est à la fois injective et surjective.*

Tout élément de l'ensemble de départ a exactement une image dans l'ensemble d'arrivée et tout élément de l'ensemble d'arrivée a exactement un antécédent dans l'ensemble de départ.

Structures

● **Groupes.** Soit l'ensemble Z muni d'une opération (notée +). *Propriétés* du doublet (Z, +) : + est une *loi de composition interne dans Z ; + est associative dans Z ; + a un élément neutre* 0 *qui appartient à* Z ; tout élément de Z a un symétrique dans Z pour la loi +. Ces 4 propriétés réunies confèrent à (Z, +) une structure de *groupe ;* en outre, + est commutatif. Le groupe est alors dit *commutatif* ou *abélien.*

(N, +) n'est pas un groupe (3 n'a pas de symétrie pour la loi + dans N). (Q, $\times$) n'est pas un groupe (0 n'a pas de symétrique pour la loi $\times$) mais (Q^*, $\times$) est un groupe et même un groupe abélien.

● **Anneau.** Soit l'ensemble Z muni d'une 1re opération (notée +) et d'une 2e (notée $\times$). *Propriétés :* Z est un groupe abélien pour la 1re opération. La 2e opération est associative et distributive par rapport à la 1re :

$\forall$ a, b, c $\in$ Z :

(a.b) c = a. (b.c.) (associativité)

$\left. \begin{array}{l} a.(b + c) = a.b + a.c \\ (b + c).a = b.a + c.a \end{array} \right.$ (distributivité)

L'ensemble de ces propriétés confère au groupe une structure d'anneau.

Si la 2e opération est commutative, l'anneau est commutatif ; si elle admet un élément neutre e, l'anneau est unitaire (e est l'unité).

● **Corps.** C'est un ensemble K muni de 2 opérations internes satisfaisant aux axiomes suivants : K est un anneau ; K privé de 0 (c'est-à-dire $K - \{0\}$) est un groupe pour la 2e opération :

$\exists e \in K, \forall a \in K : e.a = a.e = a$;

$\forall a \neq 0\ \exists a^{-1} \in K : a^{-1}.1 = a.a^{-1} = e.$

Si la 2e opération est commutative, le corps est commutatif.

Exemples. On définit une addition et une multiplication internes dans chacun des ensembles suivants : l'ensemble des entiers relatifs (Z) est un anneau commutatif unitaire ; l'e. des nombres rationnels (Q) est un corps commutatif ; l'e. des nombres réels (R) est un corps commutatif ; l'e. des nombres complexes (C) est un corps commutatif.

● **Espace vectoriel.** Soit un ensemble E muni d'une loi interne appelée addition dans E et notée +, et d'une loi externe appelée multiplication associant à tout couple (α, a) de R × E un élément de E noté α. a. (E, +,.) est un espace vectoriel sur R si et seulement si les propriétés suivantes sont vérifiées :

1°) (E, +) est un groupe commutatif :
∀a,b,c, ∈ E : (a + b) + c = a + (b + c) ;
∀a,b ∈ E : a + b = b + a ;
$\exists 0_E \in E$ tel que ∀a ∈ E :
$0_E + a = a + 0_E = a$;
∀a ∈ E, ∃ − a ∈ E tel que :
$a + (-a) = (-a) + a = 0_E$.

2°) ∀a ∈ E et α,β ∈ R :
1 . a = a ;
α . (β . a) = (αβ) . a ;
(α + β) . a = (α . a) + (β . a) ;
α . (a + b) = (α . a) + (α . b).

Bases d'un espace vectoriel sur R. Une famille (e_1, ..., e_n) d'éléments d'un espace vectoriel E sur R est une base de E si et seulement si, pour tout vecteur x de E, il existe un n-uplet unique (α_1, ..., α_n) de nombres réels tels que : $x = \alpha_1 e_1 + ... + \alpha_n e_n$. Pour tout i de { 1, ..., n } le nombre réel α_i est appelé la coordonnée de x relative au vecteur e_i de la base (e_1, ..., e_n).

Une famille (x_1, x_2..., x_p) de vecteurs d'un espace vectoriel E sur R est une famille de vecteurs linéairement indépendants ou encore est une famille libre de E, si et seulement si, quels que soient les réels α_1, α_2 ..., α_p on a :
$(\alpha_1 x_1 + \alpha_2 x_2 + ... + \alpha_p x_p = 0_E) \Rightarrow$
$(\alpha_1 = \alpha_2 = ... = \alpha_p = 0)$.

Une famille (x_1, x_2..., x_p) de vecteurs d'un espace vectoriel E sur R est une famille de vecteurs linéairement dépendants ou encore une famille liée si et seulement s'il existe des nombres α_1 ..., α_p, non tous nuls tels que $\alpha_1 x_1 + ... + \alpha_p x_p = 0_E$.

Une famille (x_1, x_2..., x_p) de vecteurs d'un espace vectoriel E sur R est une famille génératrice si ∀v ∈ E, ∃ (α_1, α_2..., α_p) ∈ R tels que $v = \alpha_1 x_1 + ... + \alpha_p x_p$.

Toute famille (e_1, e_2..., e_n) de vecteurs de E est une base de E si et seulement si elle est à la fois génératrice de E et libre. Étant donné un espace vectoriel E sur R de dimension *n*, toute famille libre de *n* éléments de E est une base de E.

Application linéaire. Étant donné 2 espaces vectoriels E et E′ sur R, on appelle application linéaire ou homomorphisme de l'espace vectoriel E vers l'espace vectoriel E′ toute application f de E vers E′ telle que l'on ait :
∀x ∈ E, ∀y ∈ E, f (x + y) = f (x) + f (y),
αf (x).

L'application de E dans E′, x → $0_{E'}$ est appelée application nulle. Pour toute application linéaire f de E dans E′ :
f (0_E) = $0_{E'}$,
∀x ∈ E on a : f (-x) = f (x).

Le noyau d'une application linéaire f de E dans E′ est l'ensemble des éléments de E, espace vectoriel de départ de f dont l'image est $0_{E'}$ élément zéro de l'espace vectoriel d'arrivée de f :
N = { x ∈ E | f (x) = $0_{E'}$ }.

Isomorphisme. L'application f est un isomorphisme de E sur E′ si elle est linéaire et bijective. La bijection réciproque f^{-1} est une application linéaire bijective de E′ sur E.

Tout espace vectoriel E de dimension *n* sur R est isomorphe à l'espace vectoriel R^n sur R.

Espace vectoriel Hom$_k$ (E, F). Soient E et F deux espaces vectoriels sur K. Considérons l'ensemble des applications de E dans F [noté Hom$_k$ (E, F)].

C'est un *espace vectoriel* pour l'*addition* (u, v) → u + v et la *multiplication* par un scalaire (λ, u) → λ u.

L'ensemble Hom$_k$ (E, F) des *endomorphismes* de E se note End$_k$ (E).

Cet ensemble muni de l'*addition* (f, g) → f + g et de la *multiplication* (f, g) → *fog* est un anneau. La propriété qui relie la structure d'anneau de End$_k$ (E) à sa structure d'espace vectoriel s'exprime en disant que End$_k$ (E) est une ALGÈBRE DE K.

L'espace vectoriel Hom$_k$ (E, K) (ensemble des formes linéaires sur E) s'appelle le DUAL de E et on le note E*. De la même façon on définit le BIDUAL de E comme étant le dual de E* et on le note E**.

Ensembles souvent utilisés

N. : ensemble des entiers naturels { 0, 1, 2, 3, 4... } ; (N étoile) N* = N − { 0 } : { 1, 2, 3, 4... }.

Z : ensemble des entiers relatifs [entiers naturels précédés du signe + ou − (0 n'est précédé d'aucun signe)]. Ex. : { ... − 4, − 3, − 2, − 1, 0, + 1, + 2, + 3, + 4... }.
Z* = Z − { 0 } = { ... − 2, − 1, + 1, + 2, + 3... }.

Q : ensemble des nombres rationnels (nombre rationnel : rapport d'un élément de Z et d'un élément de Z*).
Ex. : $-\frac{3}{2} = -\frac{-3}{+2}$; $-4 = \frac{-4}{+1}$; $+1,34 = \frac{+134}{+100}$.

R : ensemble des nombres réels (nombres qui peuvent être rationnels ou non, comme π ou le nombre e, base des logarithmes népériens).
R* = R − { 0 }.
On a la relation N ⊂ Z ⊂ Q ⊂ R.

Loi de composition interne dans un ensemble

Considérons l'ensemble N des entiers naturels. Si l'on fait la somme ou le produit de 2 entiers naturels quelconques, on obtient un entier naturel : Ex. : 3 ∈ N ; 4 ∈ N ; 3 + 4 = 7 ; 7 ∈ N ; 3 × 4 = 12 ; 12 ∈ N. Nous disons que l'addition et la multiplication sont des lois de composition internes pour N.

En revanche, la différence de deux entiers naturels n'est pas toujours un entier naturel. 7 − 4 différence de deux entiers naturels est bien un entier naturel ; mais si on se limite à N, 4 − 7 n'est pas défini. La soustraction n'est pas une loi de composition interne dans N. (Il faut que le résultat existe et appartienne à N quels que soient les nombres choisis et l'ordre dans lequel on les prend : un seul contre-exemple suffit pour que la loi ne soit pas de composition interne.)

4 : 3 n'est pas un entier naturel. La division n'est pas une loi de composition interne pour N.

La différence *a* − *b* de deux éléments de Z existe et appartient à Z quels que soient *a* et *b*.
Ex. : (− 7) − (− 2) = − 5 ; − 5 ∈ Z.

La soustraction est une loi de composition interne pour Z. La division ne l'est pas. Le rapport des nombres + 5 et − 3 n'est pas un élément de Z. Le rapport des nombres − 2 ∈ Z et 0 ∈ Z n'existe pas.

La division n'est pas une loi de composition interne pour Q (car $+\frac{3}{5}$: 0 n'existe pas), mais on montre que c'est une loi de composition interne pour Q* = Q − { 0 }.

● **Propriétés possibles d'une loi de composition interne. 1er) Commutativité.** Quels que soient a ∈ N et b ∈ N, on a :

a + b = b + a et a × b = b × a.

Addition et multiplication sont des lois de compositions internes commutatives dans N. La soustraction est une loi de composition interne dans Z.

(+ 3) − (+ 2) = + 1 ; (+ 2) − (+ 3) = − 1.

Ce seul contre-exemple nous permet d'affirmer que la soustraction n'est pas commutative dans Z.

* étant une loi de composition interne dans un ensemble E (dans nos exemple, * était représentée par +, ×, −, et peut être remplacée par d'autres opérations moins courantes), nous dirons que l'opération interne est commutative si :
∀a ∈ E et b ∈ E, a * b = b * a
(rappel ∀ : quel que soit).

2e) Associativité. Prenons des éléments de N :
(3 × 4) × 5 = 12 × 5 = 60
(2 + 3) + 9 = 5 + 9 = 14
3 × (4 × 5) 3 × 20 = 60
2 + (3 + 9) = 2 + 12 = 14

Nous savons que, *quels que soient* a ∈ N, b ∈ N, c ∈ N, (a + b) + c = a + (b + c) et (a × b) × c = a × (b × c), + et × sont des opérations internes associatives dans N.

Prenons des éléments de Z (ensemble des entiers relatifs), par exemple + 10, + 5, + 2 que nous écrirons simplement 10, 5, 2. Nous avons vu que − est une loi de composition interne dans Z :
(10 − 5) − 2 = 5 − 2 = 3 | résultats
10 − (5 − 2) = 10 − 3 = 7 | différents

La soustraction n'est pas associative dans Z. Une opération interne dans un ensemble E est associative dans E si ∀a ∈ E, b ∈ E, c ∈ E, (a * b) * c = a * (b * c).

3e) Élément neutre d'une loi de composition interne. Considérons l'ensemble N et plus particulièrement 0 :
3 + 0 = 0 + 3 = 3 ;
∀a ∈ N, a + 0 = 0 + a = a.

On dit que 0 est élément neutre pour l'addition dans N.

Considérons dans N l'élément 1 :
5 × 1 = 1 × 5 = 5 ;
∀a ∈ N, a × 1 = 1 × a = a,
1 est élément neutre pour la multiplication dans N.

Nota. — Prenons l'ensemble Z :
(+ 3) − 0 = 3, mais 0 − (+ 3) = − 3,
0 n'est pas neutre pour la soustraction dans Z.

4e) Élément symétrique d'un élément d'un ensemble par rapport à une loi de composition interne possédant un élément neutre. Prenons l'ensemble N et la loi interne + possédant dans N l'élément neutre 0.

Problème : Je prends 3 ∈ N. Existe-t-il un entier naturel a′ tel que :
3 + a′ = a′ + 3 = 0 ?

La réponse est non, 3 n'a pas de symétrique par rapport à + dans N.

Reprenons le problème avec Z muni de + d'élément neutre 0 ∈ Z.

Problème : + 5 ∈ Z. Existe-t-il un élément a′ ∈ Z 0. Il faut prendre a′ = − 5, et c'est la seule solution. − 5 est dit symétrique de + 5 par rapport à + dans Z.

Prenons N, loi interne, × l'élément a′ de N tel que :

6 × a′ = a′ × 6 = 1. Il faudrait prendre :

$a' = \frac{1}{6}$ mais $\frac{1}{6} \notin$ N.

6 n'a pas de symétrique pour la loi × dans N.

E étant un ensemble muni d'une loi de composition interne * ; a étant un élément de E, nous dirons que a′ est symétrique de a pour la loi * d'élément neutre e si a * a′ = a′ * a = e.

Loi de composition externe dans un ensemble

Considérons la fonction affine définie ∀ x ∈ R par f(x) = ax + b avec a et b ∈ R.

Désignons par B l'ensemble des fonctions f. B muni de l'opération + est un groupe commutatif.

On appelle produit de f par un réel α la fonction notée α.f définie ∀x ∈ R par : (α.f) x = α (ax + b) = (αa) x + αb.

Le produit d'une fonction affine par α est une fonction affine. A tout couple (α,f) élément de R × B nous associons donc α . f, élément de B. Nous avons défini l'application : R × B → B
(α,f) → α . f

Une telle application est une loi de composition externe, car on compose α ∈ R avec f ∈ B pour obtenir α . f ∈ B. α est l'opérateur qui permet de passer de f à α . f, tous deux éléments de B.

Propriétés. *Élément neutre* : 1 . f = f.
En effet ∀x ∈ R : 1 (ax + b) = ax + b.
Associativité : f′ = β. f et f″ = α.f′
= α. (β.f).

∀x ∈ R nous avons :
f′(x) = βf(x) = β (ax + b),
f″(x) = αf′(x) = α [β (ax + b)]
= (αβ) (ax + b), donc f″ = (αβ) . f.
Par conséquent : α . (β.f) = (αβ) . f.

Distributivité par rapport à l'addition dans R : ∀ (α,β) ∈ R × R, ∀f ∈ B nous avons : (α + β) . f = α . f + β . f.
Distributivité par rapport à l'addition dans B : ∀α ∈ R, ∀ (f, g) ∈ B × B nous avons : α (f + g) = α . f + α . g.

Exemple. Addition et multiplication des réels. A tout couple *(x, y)* de réels, l'addition associe le réel *x* + *y*, somme des termes *x* et *y*.

A tout couple *(x, y)* de réels, la multiplication associe le réel *xy*, produit des facteurs *x* et *y*.

L'*addition* des réels possède les propriétés suivantes :

A_1 Elle est *associative* : quels que soient les réels *x*, *y*, *z* on a :
$(x + y) + z = x + (y + z)$.

A_2 Elle est *commutative* : quels que soient les réels *x* et *y*, on a : $x + y = y + x$.

A_3 Elle possède *l'élément neutre zéro* : quel que soit *x* on a : $x + 0 = 0 + x = x$.

A_4 Quel que soit le réel *x*, il existe un réel noté − *x*, appelé *opposé* de *x* tel que : $x + (-x) = (-x) + x = 0$.

La multiplication des réels possède les propriétés suivantes :

M_1 Elle est *associative* : quels que soient les réels *x*, *y*, *z* on a : $x(yz) = (xy)z$.

M_2 Elle est *commutative* : quels que soient les réels *x* et *y*, on a : $xy = yx$.

M_3 Elle possède *l'élément neutre un* : quel que soit le réel *x*, on a : $x \times 1 = 1 \times x = x$.

M_4 Quel que soit le réel $x \neq 0$, il existe un réel noté $\frac{1}{x}$, appelé *inverse* de x tel que :
$x \times \frac{1}{x} = \frac{1}{x} \times x = 1.$

Analyse

Coordonnées cartésiennes

Dans le plan

● **Repère cartésien.** Couple de 2 axes non parallèles, chacun étant muni d'une unité de longueur.

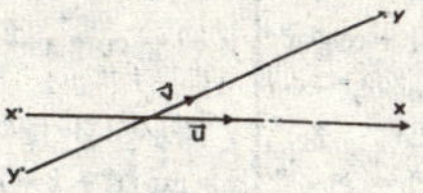

$\vec{u}$ et $\vec{v}$ sont des vecteurs unitaires de chacun des 2 axes (pas forcément de même longueur).

Le point de rencontre o des 2 axes est l'origine du repère cartésien.

Un repère cartésien d'un plan P est aussi défini par le triplet (o, $\vec{u}$ $\vec{v}$), o étant un point de P et ($\vec{u}$ $\vec{v}$) une base de l'espace vectoriel associé à P.

● **Repère cartésien normé.** Chacun des 2 axes est muni de la même unité de longueur (ex. : 1 cm). $\vec{u}$ et $\vec{v}$ ont même longueur.

Coordonnées d'un point A choisi dans un plan muni d'un repère. Par le point A, on mène des droites parallèles aux axes. Le point O d'intersection des 2 axes, appelé « origine des coordonnées », sert à définir :

abscisse (mesure algébrique du vecteur $\overrightarrow{OA'}$ notée $\overline{OA'}$) ;

ordonnée (mesure algébrique du vecteur $\overrightarrow{OA''}$ notée $\overline{OA''}$).

Abscisse de A se représente souvent par x_A qu'on lit « x indice A » ; ordonnée de A s'écrit y_A (y indice A).

Ex. : le point A a pour abscisse $x_A = +3$ et pour ordonnée $y_A = -2$.

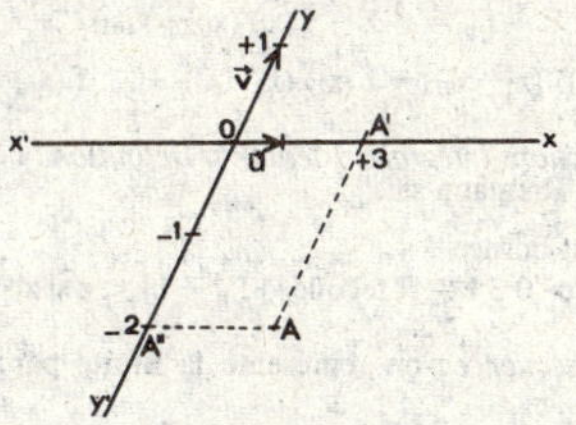

Coordonnées de $\overrightarrow{AB}$ dans la base $(\vec{u}, \vec{v})$: $x_B - x_A$, $y_B - y_A$.

Coordonnées du milieu M d'un segment AB (dans un repère orthonormé) :

$$x_M = \frac{x_A + x_B}{2} . \qquad y_M = \frac{y_A + y_B}{2} .$$

Distance de 2 points A et B :

Longueur AB $= \sqrt{(x_B - x_A)^2 + (y_B - y_A)^2}$.

Changement d'une des coordonnées. *Translation de l'origine.* Soit un repère cartésien orthonormé x'x, y'y. Prenons un nouveau système d'axes X'X, Y'Y se coupant en O' et parallèles à x'x et y'y. Soit a et b les coordonnées de O' dans le 1er repère. Les nouvelles coordonnées X, Y d'un point M par rapport aux anciennes x, y sont : X = x − a, Y = y − b.

Rotation des axes de coordonnées d'un angle α *autour de l'origine :* X = x cos α + y sin α ; Y = − x sin α + y cos α.

Coordonnées polaires. Un point M est déterminé par son rayon vecteur ρ = OM (distance au pôle O) et

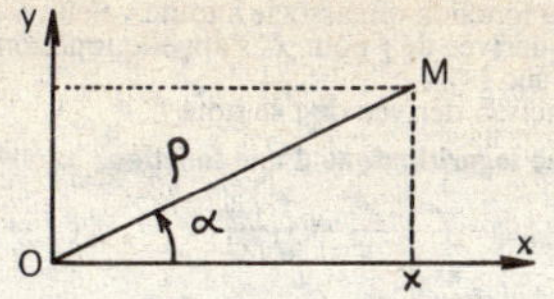

par l'angle α que forme le rayon vecteur avec un axe fixe Ox.

Passage des coordonnées rectangulaires aux coordonnées polaires et vice versa :
x = ρ cos α ; y = ρ sur α. $\rho = \sqrt{x^2 + y^2}$; tg $\alpha = \frac{y}{x}$.

Dans l'espace

Repère cartésien orthonormé. Repère à la fois orthogonal et normé (le plus utilisé). 3 vecteurs unitaires perpendiculaires et de même longueur : $\vec{u}$, $\vec{v}$ et $\vec{w}$. *Coordonnées* d'un point A. Par le point A on mène des droites parallèles et orthogonales à l'axe Oz. Le point d'intersection avec Oz détermine la cote z de M. La projection orthogonale M' de M sur le plan xOy permet de déterminer l'abscisse x et l'ordonnée y de M.

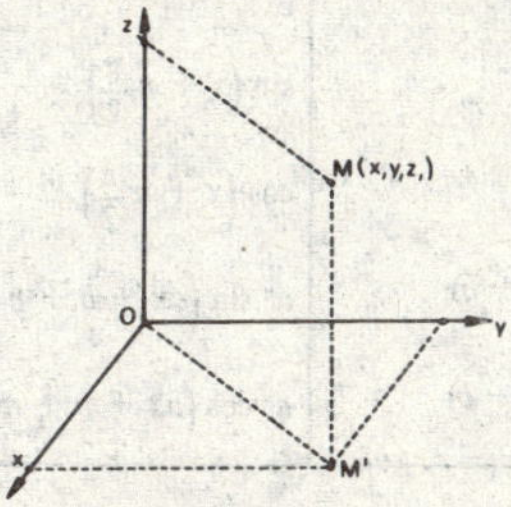

Coordonnées sphériques. Les coordonnées d'un point M sont : le rayon vecteur $\rho = \overline{OM}$; la longitude, angle $\varphi = \widehat{xOM'}$; la colatitude, angle $\Theta = \widehat{zOM}$.

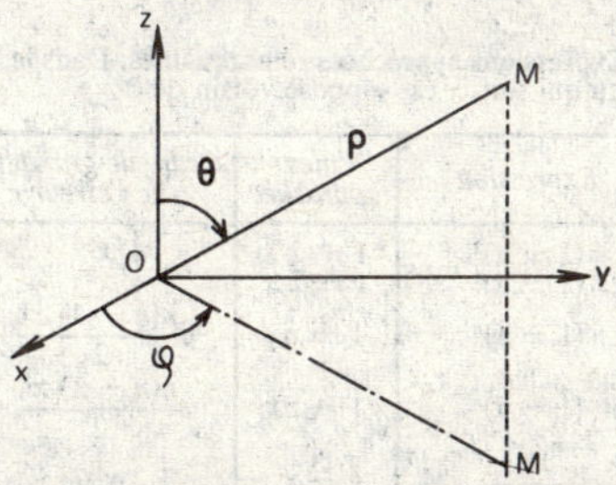

Fonctions numériques à variable réelle

● **Définition.** Fonction pour laquelle les ensembles de départ A et d'arrivée B sont des sous-ensembles de R (souvent R lui-même).

● **Fonction linéaire.** a et b étant des nombres réels fixes, c'est une fonction définie par $x \to y = ax + b$.

Si $a > 0$ elle est strictement croissante, $a < 0$ strictement décroissante, $a = 0$ elle est constante.

1° Domaine de définition : R.

2° Courbe représentative : droite qui passe par le point $x = 0$, $y = b$. Sa direction est celle du vecteur V (1, a).

● **Fonction trinôme du 2e degré.** a, b et c étant 3 nombres réels fixés ($a \neq 0$), c'est une fonction définie par $x \mapsto y = ax^2 + bx + c$ avec R pour ensemble de départ.

Ex. : $x \mapsto x^2 - 5x + 6$. Image de (-2) : $(-2)^2 - 5(-2) + 6 = 4 + 10 + 6 = 20$.

1° Domaine de définition : R.

2° Tableau de variation (2 cas)

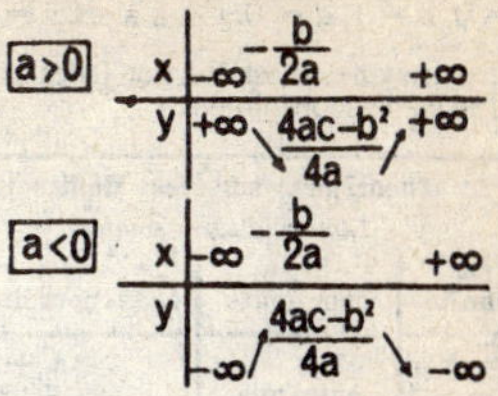

3° Courbe représentative : parabole dont la concavité est tournée vers les « y positifs si a est positif », vers les « y négatifs si a est négatif ».

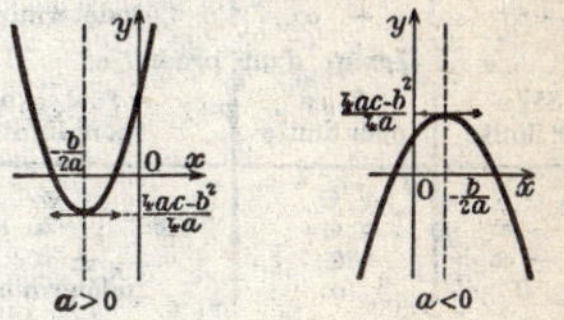

Le point S de coordonnées $x_s = -\frac{b}{2a}$ et $y_s = \frac{4ac - b^2}{4a}$ est le sommet de la parabole.

La droite (T) d'équation $y = \frac{4ac - b^2}{4a}$ est la tangente au sommet.

La droite (A) d'équation $x = -\frac{b}{2a}$ est l'axe de symétrie de la parabole.

Nota. — Cas particulier important : $a \neq 0$ mais $b = c = 0$, on a $y = ax^2$.

Le sommet est alors l'origine O des coordonnées, la tangente au sommet est l'axe $x'x$, l'axe de symétrie est l'axe $y'y$.

● **Fonction homographique.** a, b, c et d étant 4 nombres réels finis et tels que $ad - bc \neq 0$ et $c \neq 0$, on appelle fonction homographique une fonction définie par :

$$x \mapsto y = \frac{ax + b}{cx + d} . \qquad \text{Ex. : } y = \frac{2x + 3}{5x - 2} .$$

1° Domaine de définition : $R - \{ -\frac{d}{c} \}$ car le dénominateur ne doit pas être nul.

2° Tableau de variation :

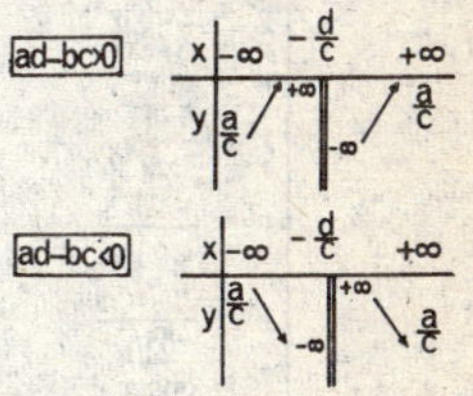

3° Courbe représentative : hyperbole dont le point de coordonnées $x = -\frac{d}{c}$, $y = \frac{a}{c}$ est le centre de symétrie et dont les droites D' (d'équation $x = -\frac{d}{c}$) et D (d'équation $y = \frac{a}{c}$) sont les *asymptotes*. Une droite D est *asymptote* à une courbe lorsque la distance MH d'un point M de la courbe à la droite devient infiniment petite quand le point M s'éloigne indéfiniment sur la courbe.

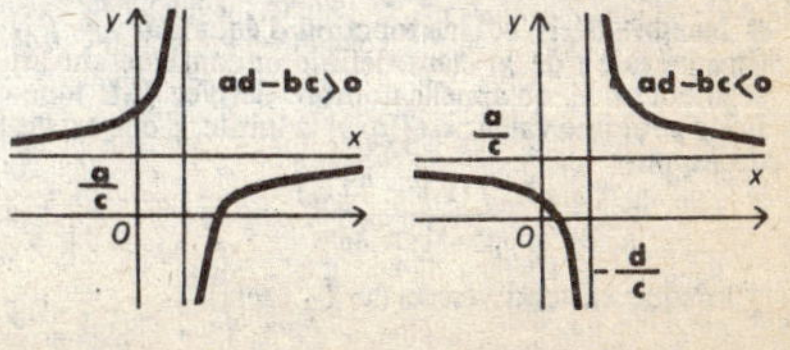

Nota. — Cas particulier important :

$a = 0, c = 1, d = 0$. On a alors $y = \frac{b}{x}$.

Le centre de symétrie est alors en 0, les asymptotes sont les 2 axes de coordonnées.

Théorèmes sur les limites

Limite d'une somme		
Si f a pour limite	**Si g a pour limite**	**$f + g$ a pour limite**
$a \in$	$b \in$	$a + b$
$+\infty$	autre que $-\infty$	$+\infty$
$-\infty$	autre que $+\infty$	$-\infty$
$+\infty$	$-\infty$	indéterminé
$-\infty$	$+\infty$	indéterminé
Limite d'un produit		
Si f a pour limite	**Si g a pour limite**	**$f \times g$ a pour limite**
$a \in$	$a' \in$	$a\, a'$
$+\infty$	$a \in$	$\pm\infty$
$-\infty$	$a \in$	$\pm\infty$
0	∞	indéterminé
Limite d'un quotient		
Si f a pour limite	**Si g a pour limite**	**$\frac{f}{g}$ a pour limite**
$a \in$ *	0	∞
$a \in$	∞	0
∞	∞	indéterminé
0	0	indéterminé

Dérivées

V. tableaux ci-dessous et page suivante.

Fonction	Dérivée
$y = c$	$y' = 0$
$y = u + v + w$	$y' = u' + v' + w'$
$y = uv$	$y' = u'v + uv'$
$y = \frac{u}{v}$	$y' = \frac{u'v - uv'}{v^2}$
$y = \frac{1}{u}$	$y' = -\frac{u'}{u^2}$
$y = u^m$	$y' = mu^{m-1}u'$
$y = \sqrt[q]{u^p} = u^{\frac{p}{q}}$	$y' = \frac{p}{q} u^{\frac{p}{q}-1} u'$
$y = f(u)$	$y' = f'(u)u'$
$y = uvw$	$y' = \Sigma u'vw$
$y = Af(x)$	$y' = Af'(x)$
$y = x^m$	$y' = mx^{m-1}$
$y = \frac{1}{x}$	$y' = \frac{-1}{x^2}$
$y = \sqrt{x}$	$y' = \frac{1}{2\sqrt{x}}$
$y = \sqrt{u}$	$y' = \frac{u'}{2\sqrt{u}}$
$y = \sin x$	$y' = \cos x$
$y = \cos x$	$y' = -\sin x$
$y = \text{tg}\, x$	$y' = \frac{1}{\cos^2 x} = 1 + \text{tg}^2 x$
$y = \text{cotg}\, x$	$y' = \frac{-1}{\sin^2 x} = -(1 + \text{cotg}^2 x)$
$y = \sin(ax + b)$	$y' = a\cos(ax + b)$
$y = \cos(ax + b)$	$y' = -a\sin(ax + b)$
$y = \text{Log}\, x$	$y' = \frac{1}{x}$
$y = \exp(x) = e^x$	$y' = \exp(x) = e^x$

● **Nombre-dérivée.** Une fonction d'équation $y = f(x)$ (lire y égale f de x) étant définie et continue sur un segment $[a, b]$, on appelle nombre-dérivée de la fonction f pour une valeur $x_0 \in [a, b]$ la limite, si elle existe, du rapport :

$$\frac{f(x_1) - f(x_0)}{x_1 - x_0},$$

lorsque x_1, tend vers x_0 ($x_0 \in]a, b[$).

● **Fonction dérivée.** Si la fonction f est dérivable en toute valeur d'un intervalle I, elle est dite dérivable sur I et la fonction qui associe à toute valeur $x_0 \in$ I le nombre-dérivée de f pour x_0 s'appelle fonction dérivée de f sur I.

La fonction dérivée de f se note f'.

Dérivée logarithmique d'une fonction.

$$\frac{y'}{y} = \frac{f'(x)}{f(x)}.$$

Différentielle. En tout point x où la fonction $y = f(x)$ est dérivable, on appelle différentielle de cette fonction l'application de R dans R :

$$h \mapsto f'(x)\, h$$

que l'on note :

$$dx \mapsto dy = f'(x)\, dx$$

Dérivées d'ordre n

Fonction	Dérivée
x^m (m rationnel)	$m(m-1)...(m-n+1)\, x^{m-n}$
$\frac{1}{1+x}$	$\frac{(-1)^n . n!}{(1+x)^{n+1}}$
$\frac{1}{1-x}$	$\frac{n!}{(1-x)^{n+1}}$
a^x	$a^x (\text{Log}\, a)^n$
e^x	e^x
$\sin x$	$\sin\left(x + n\frac{\pi}{2}\right)$
$\cos x$	$\cos\left(x + n\frac{\pi}{2}\right)$
$\sin(ax + b)$	$a^n \sin\left(ax + b + n\frac{\pi}{2}\right)$
$\cos(ax + b)$	$a^n \cos\left(ax + b + n\frac{\pi}{2}\right)$

Expressions approchées remarquables

● **Expressions approchées remarquables.** Dans le tableau qui suit, x est supposé voisin de 0 :

Expression	*Valeur approchée*	*Ordre de grandeur de l'erreur*
$(1+x)^2$	$1 + 2x$	x^2
$(1-x)^2$	$1 - 2x$	x^2
$(1+x)^n$	$1 + nx$	$\frac{n(n-1)\, x^2}{2}$
$(1-x)^n$	$1 - nx$	$\frac{n(n-1)\, x^2}{2}$
$\frac{1}{1+x}$	$1 - x$	x^2
$\frac{1}{1-x}$	$1 + x$	x^2
$\sqrt{1+x}$	$1 + \frac{x}{2}$	$\frac{x^2}{8}$
$\sqrt{1-x}$	$1 - \frac{x}{2}$	$\frac{x^2}{8}$
$\sqrt[n]{1+x}$	$1 + \frac{x}{n}$	$\frac{(n-1)\, x^2}{2n^2}$
$\sqrt[n]{1-x}$	$1 - \frac{x}{n}$	$\frac{(n-1)\, x^3}{2n^3}$
$\sin x$ (x en rd)	x	$\frac{x^2}{6}$
$\text{tg}\, x$ (x en rd)	x	$\frac{x^2}{3}$
$\cos x$ (x en rd)	$1 - \frac{x^2}{2}$	$\frac{x^4}{24}$
$\text{Log}(1 + x)$	x	$\frac{x^2}{2}$

Calcul intégral

Fonction primitive ou Primitive

Fonction	Primitive
$y = 0$	$y = k$ (k constante)
$y = a$	$y = ax + k$
$y = x^n$ ($n \in Q - \{-1\}$)	$y = \frac{x^{n+1}}{n+1} + k$
$y = \frac{1}{\sqrt{x}}$	$y = 2\sqrt{x} + k$
$y = \cos x$	$y = \sin x + k$
$y = \sin x$	$y = -\cos x + k$
$y = \frac{1}{\cos^2 x} = 1 + \text{tg}^2 x$	$y = tg\, x + k$
$y = \frac{1}{\sin^2 x} = 1 + \text{cotg}^2\, x$	$y = -\text{cotg}\, x + k$
$y = \frac{1}{x}$	$y = \text{Log}\lvert x\rvert + k$
$y = \exp(x) = e^x$	$y = \exp(x) + k = e^x + k$
$y = \cos(ax + b)$	$y = \frac{1}{a}\sin(ax + b) + k$
$y = \sin(ax + b)$	$y = -\frac{1}{a}\cos(ax + b) + k$

Définition d'une fonction primitive F. F fonction numérique sur un intervalle I qui admet pour dérivée f ⇒ F est fonction primitive de f sur I.

F est dérivable sur I ⇒ F est continue sur I.

Si f admet une primitive F sur I ⇒ f admet une infinité de prim. G = F + k.

Mais la définition d'une primitive ne permet pas d'établir l'existence de cette primitive ni le moyen de la construire.

Existence d'un lien entre les notions de primitives et d'aires planes. Notion d'aires planes. Intégrale de Riemann d'une fonction en escalier.

Propriétés. Intégration d'une fonction en escalier f sur I est une *application linéaire* (de l'espace vectoriel des fonctions en escalier sur I — vers l'ensemble ℝ).

Sommes de Riemann. Soit une fonction numérique définie et bornée sur [a, b]. Soit une famille de réels x_i effectuant un partage de [a, b] $\forall\, i \in [l, n]$ $x_{i-1} < x_i$.

Soit λ_i un réel dans chacun des sous-segments :

Sommes de Riemann

$$\Gamma_p = \sum_{i=1}^{n} f(x_i)(x_i - x_{i-i})$$

$= f(x_1)(x_1 - x_0) + f(x_1)(x_2 - x_1) + ...\, f(x_n)(x_n - x_{n-1})$.

Fonctions intégrales Riemann. Définition : f est intégrale Riemann si :

{ . f est bornée
{ . $\forall\, \varepsilon > 0\ \exists\, I \in \mathbb{R}$ tel que : $\lvert \Gamma_p - I \rvert < \varepsilon$ si $x_i - x_{i-1} \to 0$

Conséquence : on représente la limite par : $I = \int_a^b f(x)\, dx$ I indépendante du partage de [a, b].

Logarithmes

● **Logarithme népérien.** On appelle fonction *logarithme népérien* de x (pour $x > 0$) la primitive de la fonction :

$x \mapsto \frac{1}{x}$ qui s'annule pour $x = 1$.

$y = \text{Log}\, x \Rightarrow y' = \frac{1}{x}$.

e : base des logarithmes népériens : c'est le réel tel que $\text{Log}\, e = 1$.

$e \simeq 2{,}718\ 281\ 828\ 459$.

● **Logarithme décimal.** Par définition :

$$\log x = \frac{\text{Log}\, x}{\text{Log}\, 10}$$

(log avec 1 minuscule : logarithme décimal, avec L majuscule : log. népérien).

Le *logarithme décimal* d'un nombre x ($x > 0$) est aussi l'exposant dont il faut affecter 10 pour retrouver ce nombre. Ex. : $\log 100 = 2$ car $10^2 = 100$; $\log 3{,}16227 \simeq \frac{1}{2}$ car $3{,}16227 \simeq \sqrt{10} = 10^{\frac{1}{2}}$.

Fonction logarithme : $y = \log_a x$.

Quels que soient $a > 0$ et $\neq 1$, base du logarithme, on a les propriétés suivantes :

$$\log_a x = \frac{\text{Log } x}{\text{Log } a};$$
$$\log_a 1 = 0 ; \log_a a = 1 ;$$
$$\log_a b \times \log_b a = 1 ;$$
$$\log_a uv = \log_a u + \log_a v ;$$
$$\log_a u^m = m \log_a u ;$$
$$\log_a \frac{u}{v} = \log_a u - \log_a v.$$

Changement de base : $\log_a x = \log_b x \times \log_a b$.
Variations de $y = \log_a x$.

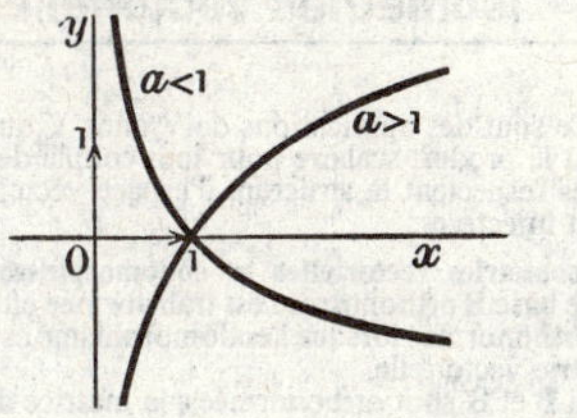

	x	0		1		$+\infty$
$a > 1$	$\log_a x$	$-\infty$	↗	0	↗	$+\infty$
	x	0		1		$+\infty$
$0 < a < 1$	$\log_a x$	$+\infty$	↘	0	↘	$-\infty$

Caractéristique et mantisse de log N. Tout logarithme log N s'écrit sous la forme c + m où c est la caractéristique, c'est-à-dire l'entier immédiatement inférieur à log N ; m est la mantisse, c'est-à-dire partie décimale comprise entre 0 et 1.

Calcul de la caractéristique. La fonction log x étant croissante, on déduit de ce tableau que : 1) si N > 1, la caractéristique de log N s'obtient en retranchant 1 au nombre de chiffres de la partie entière de N. 2) Si N < 1, la caractéristique de log N est négative ; sa valeur absolue est égale au rang du premier chiffre significatif de N après la virgule.

Calcul d'un cologarithme. On a :

$$\log \frac{1}{a} = -\log a$$

que l'on note cologa (cologarithme de a) ;

Le cologarithme d'un nombre est le logarithme de l'inverse de ce nombre.

Fonction exponentielle. Fonction réciproque de la fonction logarithme népérien.

$$y = \exp (x) \Leftrightarrow x = \text{Log } y.$$

On écrit aussi [$y = e^x$].

Propriétés :

$$\frac{e^x \times e^y}{e^z} = e^{x+y-z} ; (e^x)^y = e^{xy}.$$

Généralisation : $y = a^x$.

Propriétés fondamentales : $a^0 = 1$, $a^1 = a$, $a^u . a^v = a^{u+v}$, $(a^u)^v = a^{uv}$, $\frac{a^u}{a^v} = a^{u-v}$.

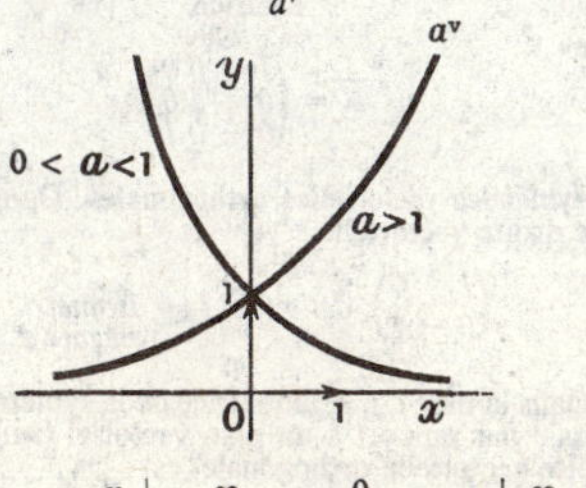

	x	$-\infty$		0		$+\infty$
$a > 1$	a^x	0	↗	1	↗	$+\infty$
	x	$-\infty$		0		$+\infty$
$0 < a < 1$	a^x	$+\infty$	↘	1	↘	0

Remarque. — Si $aa' = 1$ les courbes $y = a^x$ et $y = a'^x$ sont symétriques par rapport à Oy.

Limités :

pour $a > 1$: $x \to -\infty$, $xa^x \to 0$ *et* $\frac{a^x}{x} \to 0$, $x \to +\infty$, $xa^x \to +\infty$ et $\frac{a^x}{x} \to +\infty$.

pour $a < 1$: $x \to -\infty$, $xa^x \to -\infty$ et $\frac{a^x}{x} \to -\infty$, $x \to +\infty$, $xa^x \to 0$ et $\frac{a^x}{x} \to 0$.

Extension de l'exponentielle.

$$\cos x + i \sin x = e^{ix}$$
$$\frac{e^{ix} + e^{-ix}}{2} = \cos x$$
$$\frac{e^{ix} - e^{-ix}}{2i} = \sin x$$

Fonctions exponentielles

$y = \exp_a x$ ← → $x = \log_a y$
$-\infty < x < +\infty$ ↑ $0 < y < +\infty$
$x = a^x$ $x = \log_a y$
$-\infty < x < +\infty$ ← → $0 < y < +\infty$
$y = a^x$ ← → $y' = a^x \log a$
$y = e^x$ ← → $y' = e^x$

La fonction exponentielle népérienne est la fonction réciproque du logarithme. Définie sur ℝ c'est la bijection de ℝ → ℝ*+
c'est un isomorphisme du groupe additif (ℝ, +) sur le groupe multiplicatif (ℝ*+, x).

Probabilités

Exemple. On jette un dé.
E = {1, 2, 3, 4, 5, 6,}. « Il sort un 3 » est une éventualité. « Le nombre est pair » est l'événement correspondant au sous-ensemble {2, 4, 6}. « Le nombre est impair » (A = {1, 3, 5}) et « le nombre est 2 ou 4 » (B = {2, 4}) sont des événements incompatibles.

« Le nombre est inférieur ou égal à 9 » (E = C) est un événement certain. « Le nombre est 8 » (D = Ø) est un événement impossible.

Les événements F : « le nombre est strictement inférieur à 3 » (F = {1, 2}) et « le nombre est au moins égal à 3 » (G = {3, 4, 5, 6}) sont contraires.

E étant l'univers, on désigne par (E) l'ensemble des sous-ensembles de E, c.-à-d. l'ensemble des événements. Si, à tout événement A, on associe un nombre réel P(A) satisfaisant aux axiomes suivants :
O ⩽ P (A) ⩽ 1 ; P (A ou B) = P(A) + P(B) si A et B sont deux événements quelconques incompatibles. P(E) = 1 (on dit qu'on définit une probabilité relative à E).

Ex. : reprenons l'exemple précédent et décidons d'associer à tout sous-ensemble de E le 6e du nombre de ses éléments : les 3 axiomes sont vérifiés :

$$P(A) = \frac{3}{6} = \frac{1}{2} \qquad P(B) = \frac{1}{3}$$
$$P(E) = 1 = P(C) \qquad P(D) = 0$$

Le dé dans ce cas est dit « dé parfait ».

Propriétés. On montre que :

$$P(\varnothing) = 0 \qquad P(A) + P(\overline{A}) = 1$$
$$P(A \text{ ou } B) = P(A) + P(B) - P(A \text{ et } B).$$

La probabilité de tous les événements est déterminée dès que l'on se donne les probabilités des événements élémentaires.

Ex. $E = \{e_1, e_2, ... e_n\}$;
$A = \{e_1, e_2, e_3\}$;
alors $P(A) = P(e_1) + P(e_2) + P(e_3)$.

Cas particuliers d'événements élémentaires équiprobables. Dans la plupart des cas, on attribue à tous les événements élémentaires la même probabilité (soit $\frac{1}{n}$ si n est le nombre d'éléments de E). Si A est un événement correspondant à un sous-ensemble de p éléments (appelés « cas favorables à l'événement A »), on a :

$$P(A) = \frac{p}{n} \text{ c'est-à-dire : } \frac{\text{nombre de cas favorables à l'événement A}}{\text{nombre de cas possibles}}$$

L'exemple du « dé parfait » est un cas d'événements élémentaires équiprobables.

Probabilité conditionnelle. A et B étant 2 événements (A ≠ Ø), on appelle probabilité de A, sachant que B est réalisé, la quantité notée P (A/B)

$$P(A/B) = \frac{P(A \cap B)}{P(B)} = \frac{P(B/A) \times P(A)}{P(B)}.$$

P (A/B) se lit « P de A si B » ou « probabilité de A si B ».

Événements indépendants. Ce sont 2 événements tels que $P(A \cap B) = P(A) \times P(B)$. On tire une carte d'un jeu de 52 cartes. Les événements A (la carte est un roi) et B (la carte est un cœur) sont-ils indépendants ?

$P(A \cap B)$ = P (la carte est le roi de cœur) = $\frac{1}{52}$; $P(A) = \frac{4}{52} = \frac{1}{13}$; $P(B) = \frac{1}{4}$.

$P(A) \times P(B) = P(A \cap B)$. Les événements sont indépendants.

C : « la carte est un as ou un roi ou une dame ou un valet ». A et C sont-ils indépendants ?

$$P(A) : \frac{1}{13} ; P(C) = \frac{16}{52} = \frac{4}{13} ;$$
$$P(A) \times P(C) = \frac{4}{169} ; P(A \cap C) = \frac{1}{13}.$$

Les événements A et C ne sont pas indépendants.

Espérance mathématique. Jeu équitable. 2 joueurs A et B conviennent du jeu suivant. A donne à B une somme a francs. On lance un dé parfait. S'il sort 5 ou 6, B donne 12 F à A et lui rend sa mise. Si un autre nombre sort, B garde les a francs.

Faisons $a = 3$. A a une chance sur 3 de gagner 12 F. Il a 2 chances sur 3 de perdre 3 F (ou de gagner − 3 F).

L'espérance mathématique de A sera :

$$\frac{2}{3} \times (-3) + \frac{1}{3} \times 12 = -2 + 4 = +2 \text{ F},$$

ce qui signifie que sur un très grand nombre de coups, A gagne en moyenne 2 F.

L'espérance mathématique de B sera :

$$\frac{2}{3} \times (+3) + \frac{1}{3}(-12) = -2 \text{ F}.$$

A est avantagé dans ce jeu, car son espérance mathématique est supérieure à celle de B. En revanche, si A donne $a = 6$ F au départ à B (au lieu de 3 F), son espérance devient :

$$\frac{2}{3}(-6) + \frac{1}{3}(-12) = 0 \text{ F},$$

$$\text{celle de B} : \frac{2}{3}(6) + \frac{1}{3}(-12) = 0 \text{ F}.$$

Le jeu est équitable.

Définition : l'espérance mathém. ou valeur moyenne d'1 variable aléatoire est E(x) définie par :

1°) $E(x) = \sum_{i \in I} x_i p_i$ pour 1 var. discrète.

2°) $E(x) = \int_{-\infty}^{+\infty} xp(x)\,dx$ pour 1 var. continue.

p_i est la probabilité d'apparition de x_i, p(x) la densité de probabilité, I est une partie de N. La suite 1° (quand I est infinie) et l'intégrale 2° doivent être convergentes.

Inégalité de Bienaymé. Tchébycheff :

$$Pr(|X - E(X)| \geqslant \varepsilon) \leqslant \frac{V^2}{\varepsilon^2} \text{ si } t = \frac{\varepsilon}{V}$$
$$Pr(|X - E(X)| \geqslant \varepsilon) \leqslant \frac{1}{t^2}.$$

Statistique

● **Soit un caractère statistique X prenant les valeurs** $x_1, ..., x_i, ..., x_p$, les effectifs de ces valeurs étant $n_1, ..., n_i, ..., n_p$. L'effectif total est $N = n_1 + ... + n_i + ... + n_p$.

Fréquence. La fréquence de x_i est :

$$f_i = \frac{n_i}{N}.$$

Mode (on dit : le *mode* ou encore la *dominante*). Valeur du caractère ayant le plus grand effectif.

Médiane. Si on classe les observations par ordre de valeurs croissantes, la médiane est la valeur de caractère qui partage l'ensemble en deux sous-ensembles de même effectif.

Moyenne. C'est le nombre

$$\frac{1}{N} \sum_{i=1}^{p} n_i x_i = \sum_{i=1}^{p} f_i x_i$$

que l'on note m ou $\bar{x}$ ou E(x) (espérance de X).

Variance. $V(x) = \sum_{i=1}^{p} f_i (n_i - \bar{x})^2.$

Écart-type. $\sigma(x) = \sqrt{V(x)}.$

● **Soit un caractère statistique X prenant des valeurs réparties en classes** (exemple : on répartit des voitures suivant leur kilométrage en milliers de km, les classes sont [0,20 [, [20,40 [, ...

Classe modale (ou classe dominante). Classe ayant le plus grand effectif. **Médiane.** Même définition que précédemment (la répartition étant supposée uniforme dans chaque classe).

Moyenne, variance, écart-type. Se calculent comme précédemment, x_i étant le centre de la classe.

Relation entre probabilités et ensembles

La théorie des probabilités et celle des ensembles utilisent les mêmes notions avec des termes qui leur sont propres.

Ensembles

E ensemble référentiel
$a \in E$
$A \subset E$
$A = \varnothing$
$A = E$
$U = A \cup B$ (avec $A \subset E$ et $B \subset E$)
$I = A \cap B$
$\bar{A} = C_E B$ (A est noté $\bar{B}$)
$A \cap B = \varnothing$
A est un singleton (possède 1 seul élément)

Probabilités

E est l'univers des éventualités
a est une éventualité
A est un événement
A est un événement impossible
A est un événement certain
U est l'événement : « A ou B »
I est l'événement : « A et B »
A est l'événement contraire de B
A et B sont des événements incompatibles
A est un événement élémentaire.

Vecteurs

Bipoint. C'est un couple de points du plan (ou de l'espace). A est l'origine et B l'extrémité du bipoint (A, B).

Bipoints équipollents. Les bipoints (A, B) et (C, D) sont dits équipollents si (A, D) et (B, C) ont même milieu. Ce qui est équivalent à : (A, B, D, C) est un parallélogramme (aplati ou non).

Vecteur du plan (ou de l'espace). On démontre que la relation d'équipollence précédente est une relation d'équivalence. Un vecteur est une classe de bipoints équipollents. On note $\overrightarrow{AB}$ le vecteur dont un représentant (élément de la classe) est (A, B). On a :
F⇔ (A, B) et (C, D) équipollents
$\Leftrightarrow \overrightarrow{DB} = \overrightarrow{CA} \Leftrightarrow \overrightarrow{AC} = \overrightarrow{BD}$

Norme de AB (ou module ou longueur). C'est la distance des points A et B. On la note $\|\overrightarrow{AB}\|$ ou d (A, B) ou AB.

Vecteur nul. Vecteur dont un représentant est (A, A). On le note $\vec{0}$.

Direction d'un vecteur non nul Si $A \neq B$, la direction de $\overrightarrow{AB}$ est celle de la droite (AB).

Vecteurs opposés. Ce sont deux vecteurs ayant des représentants de la forme (A, B) et (B, A).

Vecteurs colinéaires. Ce sont des vecteurs nuls ou de même direction.

Vecteurs coplanaires. Ce sont des vecteurs nuls ou de directions parallèles à un même plan.

Espace vectoriel. L'ensemble des vecteurs muni des 2 lois suivantes possède la structure d'espace vectoriel :

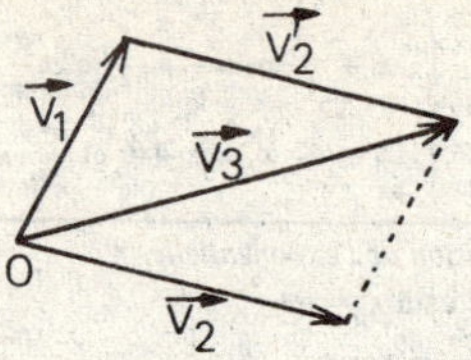

1) *Somme de deux vecteurs :* c'est le vecteur $\vec{V_3}$, représenté par la diagonale du parallélogramme des côtés $\vec{V_1}$ et $\vec{V_2}$ et d'origine O.

La somme de 2 vecteurs est une opération interne ; elle est associative ; elle admet un élément neutre $\vec{0}$; chaque élément admet un opposé. Cela confère à l'ensemble des vecteurs une structure de groupe. De plus, la loi est commutative. L'espace a donc une structure de groupe commutatif.

2) *Produit d'un vecteur par un nombre réel :* multiplier un vecteur par 4 consistera à le transformer en un vecteur de même support que lui, de même direction et 4 fois plus long.

La multiplication d'un vecteur par un nombre réel est : distributive par rapport à l'addition des vecteurs $\alpha(\vec{V_1} + \vec{V_2}) = \alpha\vec{V_1} + \alpha\vec{V_2}$; distributive par rapport à l'addition des nombres réels $(\alpha_1 + \alpha_2)\vec{V} = \alpha_1\vec{V} + \alpha_2\vec{V}$; associative pour la multiplication des nombres réels : l'élément neutre pour la multiplication des nombres réels est aussi élément neutre pour la multiplication des vecteurs par un nombre réel.

Produit scalaire de 2 vecteurs $\overrightarrow{OA}$ et $\overrightarrow{OB}$ $\overrightarrow{OA}.\overrightarrow{OB}$ = OA.OB cos Θ, avec $\Theta = (\overrightarrow{OA}, \overrightarrow{OB})$. En particulier, si $\overrightarrow{OA}$ et $\overrightarrow{OB}$ sont colinéaires, $\overrightarrow{OA}.\overrightarrow{OB} = \overline{OA}.\overline{OB}$. Si H est la projection de B sur le support de $\overrightarrow{OA}$, $\overrightarrow{OA}.\overrightarrow{OB} = \overline{OA}.\overline{OH}$.

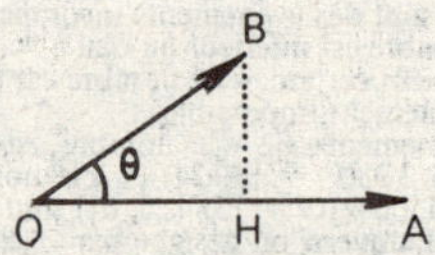

Produit vectoriel. Si $\vec{u}$ et $\vec{v}$ sont 2 vecteurs de composantes respectives *(x, y, z)* et *(x', y', z')*, le produit vectoriel de ces 2 vecteurs est le vecteur dont les composantes sont : $X = yz' - y'z$; $Y = zx' - z'x$; $Z = xy' - x'y$. On le note $\vec{u} \wedge \vec{v}$. Si l'un des 2 vecteurs $\vec{u}$ et $\vec{v}$ est nul ou colinéaire à l'autre, le produit vectoriel $\vec{u} \wedge \vec{v}$ est nul. Sinon, c'est un vecteur perpendiculaire au plan des deux vecteurs $\vec{u}$ et $\vec{v}$ tel que le trièdre $(\vec{u}, \vec{v}, \vec{u} \wedge \vec{v})$ soit de sens direct ; sa longueur est égale au produit des longueurs de $\vec{u}$ et de $\vec{v}$ par la valeur absolue du sinus de l'angle des 2 vecteurs $\vec{u}$ et $\vec{v}$.

Propriétés : $\vec{u} \wedge \vec{v}$ ce produit est distributif par rapport à la somme : $\vec{u} \wedge (\vec{v} + \vec{w}) = F \rightarrow \wedge \vec{w}$.

Construction de $\vec{u} \wedge \vec{v}$ dans le cas où u et v sont perpendiculaires et de longueurs respectives 1 et 2.

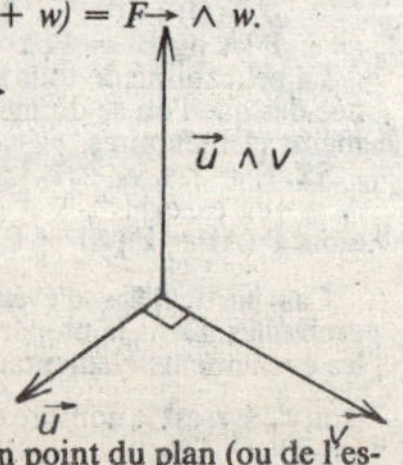

Homothétie. Soient O un point du plan (ou de l'espace) et k un nombre réel nul : l'homothétie de centre O et de rapport k est la transformation qui à chaque point M du plan (ou de l'espace) associe le point M' tel que le vecteur $\overrightarrow{OM'}$ soit égal au produit par k du vecteur $\overrightarrow{OM}$:

$$\overrightarrow{OM'} = k.\overrightarrow{OM}$$

Composition d'applications linéaires.

Soient f : E → F et g : F → G, 2 applications linéaires ;

⟹ gof : E → G est aussi linéaire.

Soient f, f' ∈ Hom_k (E, F) et g, g' ∈ Hom_k (F, G) ; on montre que :

$$\begin{cases} go(f + f') = gof + gof' \\ (g + g')of = gof + g'of \end{cases}$$

et go (λ f) = (λ g) of = λ (gof).

Isométries vectorielles

Ce sont des applications de V dans V qui conservent le produit scalaire pour tout couple de vecteur. Elles respectent la structure d'espace vectoriel. Elles sont bijectives.

Isométries vectorielles = endomorphismes de V. Une base B orthonormée est transformée en une base B' orthonormée lorsque l'endomorphisme est une isométrie vectorielle.

Si B et B' sont orthonormées, la matrice d'une isométrie vectorielle est *orthogonale.*

Rappel : une matrice carrée dont l'inverse est égale à la transposée est *orthogonale, son déterminant est* ± 1.

Isométrie vectorielle : positive si déterminant = 1, négative si déterminant = − 1.

Isométries vectorielles du plan vectoriel. Si l'ensemble des vecteurs invariants est $\{\vec{0}\}$

⇓

Rotations vectorielles

⇓

Matrices orthogonales

$$A = \begin{pmatrix} a & -b \\ b & a \end{pmatrix} \text{ avec } a^2 + b^2 = 1.$$

Si l'ensemble des vecteurs invariants est une droite vectorielle

⇓

Symétries droites

⇓

Matrices orthogonales

$$\bar{A} = \begin{pmatrix} a & b \\ b & -a \end{pmatrix} \text{ avec } a^2 + b^2 = 1.$$

Isométries vectorielles de l'espace. Si l'ensemble des vecteurs invariants est une droite vectorielle

⇓

Rotations vectorielles d'axe D

⇓

Matrice

$$A = \begin{pmatrix} a \\ b \\ 1 \end{pmatrix} \text{ avec } a^2 + b^2 = 1. \quad a \neq \pm 1, \ b \neq 0$$

Si l'ensemble des vecteurs invariants est un plan vectoriel

⇓

Symétries-Plans

⇓

Matrice

$$\bar{A} = \begin{pmatrix} 1 & 0 & 0 \\ 0 & 1 & 0 \\ 0 & -0 & 1 \end{pmatrix}.$$

Symétries vectorielles orthogonales. Dans la base une droite vectorielle est :

$$\begin{pmatrix} 1 & 0 \\ 0 & -1 \end{pmatrix}, \ det = -1 \Rightarrow \text{isométrie négative.}$$

Dans la base $\vec{i}, \vec{j}, \vec{k}$, la matrice de la symétrie orthogonale par rapport à un plan vectoriel (suivant une droite vectorielle orthogonale) est :

$$\begin{pmatrix} 1 \\ 0 \\ 0 \end{pmatrix} \ det = -1 \Rightarrow \text{isométrie négative.}$$

Dans la base $\vec{i}, \vec{j}, \vec{k}$, la matrice de la symétrie orthogonale par rapport à un plan vectoriel (suivant une droite vectorielle orthogonale) est :

$$\begin{pmatrix} -1 & 0 & 0 \\ 0 & -1 & 0 \\ 0 & 0 & 1 \end{pmatrix} det = 1 \Rightarrow \text{isométrie positive.}$$

Représentation matricielle d'une application linéaire

Application f de $\vec{E_2}$ dans $\vec{F_2}$. Soit : $(\vec{i}, \vec{j})$ une base de $\vec{E_2}$, $(\vec{I}, \vec{J})$ une base de $\vec{F_2}$ et f une application linéaire de $\vec{E_2}$ dans $\vec{F_2}$, définie par les images dans $\vec{F_2}$:

$$\begin{cases} f(\vec{i}) = a\vec{I} + b\vec{J}, \\ f(\vec{j}) = c\vec{I} + d\vec{J}, \end{cases} \qquad \begin{cases} X = ax + cy, \\ Y = bx + dy, \end{cases}$$

$$\begin{bmatrix} X \\ Y \end{bmatrix} = \begin{bmatrix} a & c \\ b & d \end{bmatrix} \cdot \begin{bmatrix} x \\ y \end{bmatrix}.$$

Matrices carrées. *Addition dans $\mathcal{M}2$.* On désigne par $(\vec{E2})$ l'ensemble des endomorphismes de $\vec{E2}$, par $\mathcal{M}2$ l'ensemble des matrices carrées d'ordre 2.

A tout endomorphisme, f, de $\vec{E2}$ défini par :

$$f(\vec{i}) = a\vec{i} + b\vec{j}, \quad f(\vec{j}) = c\vec{i} + d\vec{j},$$

est associé une matrice carrée d'ordre 2 :

la matrice $M = \begin{bmatrix} a & c \\ b & d \end{bmatrix}$

soit $M = \begin{bmatrix} a & c \\ b & d \end{bmatrix}$, $M' = \begin{bmatrix} a' & c' \\ b' & d' \end{bmatrix}$

on a : $\begin{bmatrix} a & c \\ b & d \end{bmatrix} + \begin{bmatrix} a' & c' \\ b' & d' \end{bmatrix} = \begin{bmatrix} a & + a' & c + c' \\ b & + b' & d + d' \end{bmatrix}$.

L'addition est commutative et associative, elle admet pour élément neutre la matrice $\begin{bmatrix} 0 & 0 \\ 0 & 0 \end{bmatrix}$, $M = \begin{bmatrix} a & c \\ b & d \end{bmatrix}$ admet pour symétrique la matrice $\begin{bmatrix} -a & -c \\ -b & -d \end{bmatrix}$, matrice que l'on note $-M$.

Multiplication d'un élément de $\mathcal{M}2$ par un réel λ.

$$\lambda \begin{bmatrix} a & c \\ b & d \end{bmatrix} = \begin{bmatrix} \lambda a & \lambda c \\ \lambda b & \lambda d \end{bmatrix}.$$

Les propriétés précédentes confèrent à $\mathcal{M}2$ une structure d'espace vectoriel sur R.

Multiplication dans $\mathcal{M}2$.

$$\begin{bmatrix} a & c \\ b & d \end{bmatrix} \times \begin{bmatrix} a' & c' \\ b' & d' \end{bmatrix} = \begin{bmatrix} aa' + cb' & ac' + cd' \\ ba' + db' & bc' + dd' \end{bmatrix}.$$

Cette opération est associative. Elle admet pour élément neutre la matrice $I = \begin{bmatrix} 1 & 0 \\ 0 & 1 \end{bmatrix}$.

La multiplication est distributive pour l'addition, associative pour la multiplication par un réel.

Il résulte de ces propriétés que $(\mathcal{M}2, +, \times)$ est un anneau unitaire non commutatif.

Déterminant d'une matrice M :

$$det\ M = \begin{bmatrix} a & c \\ b & d \end{bmatrix} = ad - bc.$$

Invasion des matrices. Soit $I = \begin{bmatrix} 1 & 0 \\ 0 & 1 \end{bmatrix}$ la matrice unité.

$A = \begin{bmatrix} a & c \\ b & d \end{bmatrix}$ régulière $\Leftrightarrow$ det $A = \Delta \neq 0$ et $A^{-1} =$

$$\frac{1}{\Delta} \begin{bmatrix} d & -c \\ -b & a \end{bmatrix}.$$

Association de l'espace vectoriel V à l'espace affine

Soit V espace vectoriel, U sous-espace de $V \Rightarrow U$ sous-groupe de $(V, +)$.

On associe à U une relation d'équivalence $\Rightarrow$ les classes d'équivalence sont les images de U par translation vectorielle $\Rightarrow$ *variétés linéaires.*

ζ espace affine. On associe une relation d'équivalence à tout U sous espaces de $V \Rightarrow$ les classes d'équivalence sont : *variétés affines.*

Dim variété affine = *dim* du sous-espace vectoriel U qui fait sa direction.

Représentation paramétrique des droites :

$$x = x_0 + \lambda a, \quad y = y_0 + \lambda b, \quad z = z_0 + \lambda c$$

Représentation paramétrique des plans :

$$x = x_0 + \lambda a + u a', \quad y = y_0 + \lambda b + u b', \quad z = z_0 + \lambda c + u c'$$

plan passant par A $\begin{vmatrix} x^o \\ y^o \\ z^o \end{vmatrix}$ et contenant les 2 vecteurs $\vec{V} \begin{vmatrix} a \\ b \\ c \end{vmatrix}$ $\vec{V'} \begin{vmatrix} a' \\ b' \\ c' \end{vmatrix}$

Nota. — Sur l'espace vectoriel ont été définies 2 lois de composition interne. Sur l'espace affine on ne définit pas la somme de 2 points ou le produit d'un point par un nombre.

Définition. On appelle *application affine* d'un espace affine *(E)* dans un espace affine *(E')* une application dans laquelle, des repères quelconques étant choisis dans ces 2 espaces, les coordonnées du transformé *M'* d'un point *M* ont pour expression : des polynomes du 1er degré par rapport à l'ensemble des coord. de *M*.

Soit $\vec{V}\begin{pmatrix} X \\ Y \end{pmatrix} \in (U)$

$A_1 \in (E) \Rightarrow \exists A_2$ défini par $\vec{A_1A_2} = \vec{V}$

↓

image de A_1A_2 par $\mathcal{T}$: $\vec{A_1A_2} \Rightarrow \exists\ V' \in (U')$

↓

indépendant de A_1

dépendant de $\vec{V}$

Les composants X', Y' définissent une transformation vectorielle appelée : application de *(U)* dans *(U')* induite par $\mathcal{T}$

Transformée par transformation affine d'une droite passant par A et de vecteur directeur $\vec{V}$ donne : la droite passant par $A' = \mathcal{T}(A)$ de v. directeur $\vec{V}$.

Produit scalaire

Soit V espace vectoriel. La multiplication scalaire est une application de $V \times V$ *dans* $\mathbb{R}$ qui satisfait aux axiomes suivants :

$\vec{V_1}\,\vec{V_2} = \vec{V_2}.\vec{V_1}$

$\vec{V_1}\,(\vec{V_2} + \vec{V_3}) = \vec{V_1}\,\vec{V_2} + \vec{V_1}\,\vec{V_3}$

$\lambda \in \mathbb{R}\ (\lambda\,\vec{V_1})\,\vec{V_2} = \lambda\,(\vec{V_1}\,\vec{V_2})$

$\mu \in \mathbb{R}$ avec $(\lambda\,\vec{V_1})\,(\mu\,\vec{V_2}) = \lambda\mu\,(\vec{V_1}\,\vec{V_2})$

$\vec{O}.\vec{V} = 0 : \vec{V} \neq \vec{O}\ \vec{V}.\vec{V} > 0$

Inégalité de Schwarz. $(\vec{V_1}\,\vec{V_2})^2 < \vec{V_1}^2.\vec{V_2}^2$

Norme = longueur d'un vecteur =

$$|| = = \sqrt{\vec{V}.\vec{V}}$$

$$|\vec{V_1} + \vec{V_2}| \leqslant |\vec{V_1}| + |\vec{V_2}|$$

Une base de V est orthogonale si les vecteurs qui la constituent sont orthogonaux.

Deux sous-espaces vectoriels de V sont dits orthogonaux si tout vecteur de l'un est orthogonal à tout vecteur de l'autre.

Expression du produit scalaire dans une base orthogonale :

$$\vec{V}.\vec{V'} = XX' + YY' + ZZ'$$

avec :

$$||\vec{V}||\ \sqrt{\vec{V}^2} = \sqrt{X^2 + Y^2 + Z^2}.$$

Un espace ponctuel affine E est dit euclidien si l'espace vectoriel a une multiplication scalaire.

Inégalité triangulaire.

$$d\,(A, B) \leqslant d\,(A, C) + d\,(C, B).$$

Résultats analytiques. *Droites d'un plan :*

Parallélisme $\vec{V}\begin{pmatrix} X \\ Y \end{pmatrix} /\!/ \vec{V'}\begin{pmatrix} X' \\ Y' \end{pmatrix}$

Si $XY' - X'Y = 0$.

Équation cartésienne $ax + by + c = 0$, vecteur directeur $\begin{pmatrix} -b \\ a \end{pmatrix}$.

Points communs : $\begin{cases} a\,x + by + c = 0 \\ a'x + b'y + c' = 0 \end{cases}$

si $\Delta = \begin{vmatrix} a & b \\ a' & b' \end{vmatrix} \neq 0$

$$\Rightarrow x = \frac{\begin{vmatrix} -c & b \\ -c' & b' \end{vmatrix}}{\Delta} \quad et\ y = \frac{\begin{vmatrix} a & -c \\ a' & -c' \end{vmatrix}}{\Delta}$$

Droites de l'espace :

Parallélisme $\vec{V}\begin{pmatrix} X \\ Y \\ Z \end{pmatrix} /\!/ \vec{V}\begin{pmatrix} X' \\ Y' \\ Z' \end{pmatrix}$

si $\dfrac{X}{X'} = \dfrac{Y}{Y'} = \dfrac{Z}{Z'}$.

2 équations cartésiennes :

$$\frac{x - x_o}{a} = \frac{y - y_o}{b} = \frac{z - z_o}{c}$$

Points communs : pas de solution en général car résolution de 4 équations à 3 inconnues.

Plan de l'espace :

Équation cartésienne : $ax + by + cz + d = 0$.

Plans parallèles $\begin{cases} a\,x + by + cz + d = 0 \\ a'x + b'y + c'z + d' = 0 \end{cases}$

si $\dfrac{a}{a'} = \dfrac{b}{b'} = \dfrac{c}{c'}$.

Barycentre.

$f(\vec{M} = a_1\,\vec{MA_1} + a_2\,\vec{MA_2} + ...a_n\,\vec{MA_n}$

Si $a_1 + a_2 + ... + a_n = 0$, $f(\vec{M}$ est indépendant de M.

Si $a_1 + a_2 + ... + a_n \neq 0$, $f(\vec{M} = \vec{0}$ possède une solution.

$a_1\,\vec{GA_1} + a_2\vec{GA_2} + ...\ a_n\vec{GA_n} = \vec{0}$ avec une origine O choisie dans *(E)*.

$$\vec{OG} = \frac{a_1\,\vec{OA_1} + a_2\,\vec{OA_2} + ... + a_n\,\vec{OA_n}}{a^1 + a^2 + ... + a^n}.$$

Isométries affines

Dans un espace affine relativement à un espace vectoriel, une isométrie est une application de l'espace affine dans lui-même, qui conserve la distance de tout couple de points.

Toute isométrie d'un espace affine est une bijection affine.

Isométrie de la droite :

translation → isométrie positive

symétrie de centre O → isométrie négative

Isométrie du plan :

rotation de centre O = isométrie positive matrice $\begin{pmatrix} a & -b \\ b & a \end{pmatrix}$

symétrie droite = isométrie négative.

Toute isométrie positive est : *une translation, une rotation.*

Composée d'une rotation autour d'un axe Oz par une translation de vecteur appartenant à l'axe de rotation, c'est un *déplacement hélicoïdal ou vissage.*

Composée des symétries par rapport à 2 plans parallèles : *translation.*

Composée des symétries par rapport à 2 plans sécants : *rotation autour de la droite d'intersection.*

La symétrie par rapport à un point est la composée de 3 symétries par rapport à des plans : passant par O, orthogonaux 2 à 2.

Géométrie-Trigonométrie

Géométrie

Triangle

Définition. Polygone de 3 angles et 3 côtés.

Médiane. Droite qui part d'un sommet et aboutit au milieu du côté opposé. Les 3 médianes d'un triangle sont concourantes en un même point situé au tiers de chacune d'elles à partir de la base. Ce point est le centre de gravité du triangle.

Médiatrice. Droite menée par le milieu d'un segment perpendiculairement à celui-ci. Tout point de la médiatrice est équidistant des extrémités du segment. Les médiatrices des 3 côtés d'un triangle se coupent en un même point qui est le centre du cercle circonscrit au triangle.

Hauteur. Perpendiculaire abaissée d'un sommet sur le côté opposé. Les 3 hauteurs sont concourantes en un point appelé orthocentre. *Relations métriques :*

- Si on appelle R le rayon du cercle circonscrit et p le ½ périmètre, on a :

$$AB.AC = 2R.AH.$$

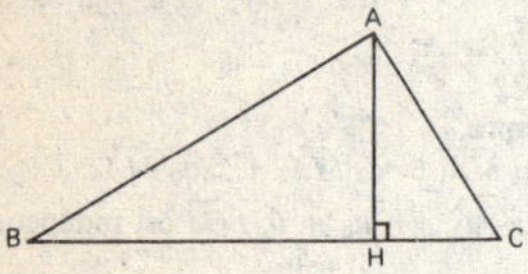

- $AH = \dfrac{2}{BC}\sqrt{p\,(p\text{-}BC)\,(p\text{-}AC)\,(p\text{-}AB)}.$

Bissectrice. Demi-droite issue du sommet du triangle et qui divise l'angle en 2 angles égaux. Les bissectrices de 2 angles adjacents supplémentaires sont perpendiculaires :

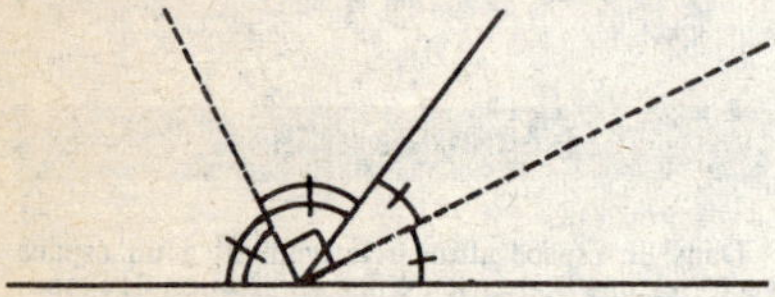

Tout point de la bissectrice d'un angle est équidistant des 2 côtés de l'angle :

$$AH = AK.$$

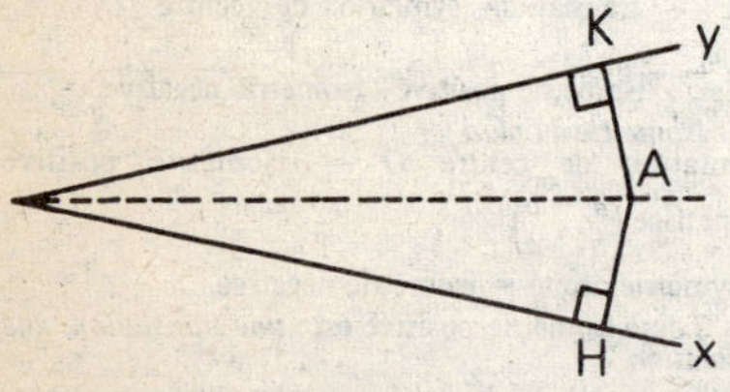

Les 3 bissectrices intérieures d'un triangle sont concourantes en 1 point qui est le centre du cercle inscrit dans le triangle. Les bissectrices extérieures de 2 angles d'un triangle et la bissectrice intérieure du 3e sont concourantes en un point qui est le centre du cercle exinscrit au 3e angle.

Inégalités dans le triangle. La longueur de chaque côté est inférieure à la somme des 2 autres et supérieure à la différence.

Dans un triangle, à l'angle ayant la plus grande mesure est opposé le côté ayant la plus grande longueur.

Relations métriques dans le triangle quelconque.

- $AB^2 = AC^2 + BC^2 - 2\,\overline{CB}.\overline{CH}.$

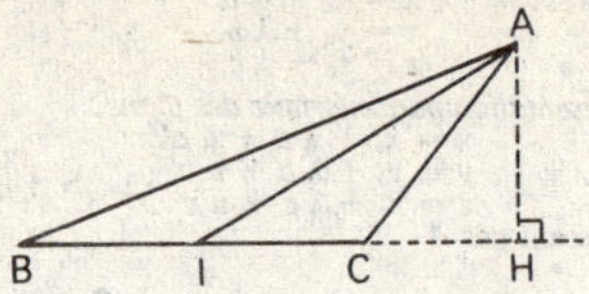

- $AB^2 + AC^2 = 2\,AI^2 + \dfrac{BC^2}{2}.$
- $AC^2 - AB^2 = 2\,\overline{CB}.\overline{IH}.$

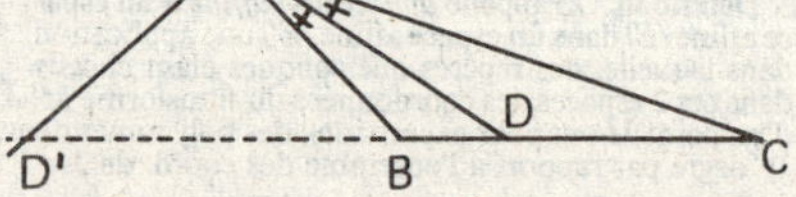

Si on appelle D et D' les pieds respectivement de la bissectrice intérieure et de la bissectrice extérieure de l'angle de sommet A sur le côté opposé :

- $AB.AC = AD^2 + DB.DC.$
- $AB.AC = D'B.D'C - AD'^2.$

Triangle rectangle. A un angle droit, c.-à-d. valant 90° (ou $\frac{\pi}{2}$ radians).

Hypoténuse : côté du triangle rectangle opposé à l'angle droit. L'hyp. est diamètre du cercle circonscrit au triangle. Son milieu est centre de ce cercle. L'hyp. est double de la médiane issue du sommet de l'angle droit.

Relations métriques :

- $AB^2 = \overline{BH}.\overline{BC}.$
- $AC^2 = \overline{CH}.\overline{CB}.$

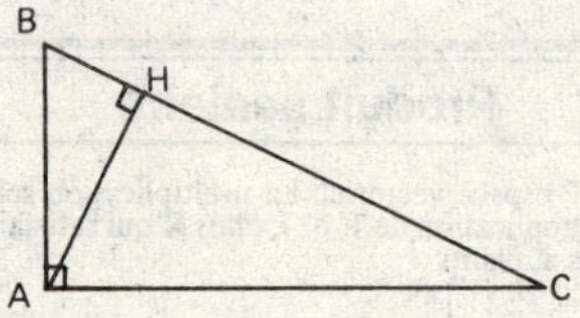

- $AH^2 = \overline{BH}.\overline{HC}.$
- Théorème de Pythagore : $AB^2 + AC^2 = BC^2.$
- $\dfrac{AB^2}{AC^2} = \dfrac{BH}{HC}.$
- $AB.AC = AH.BC.$
- $\dfrac{1}{AH^2} = \dfrac{1}{AB^2} + \dfrac{1}{AC^2}$

Réciproques :

Si dans un triangle ABC de hauteur AH, on a l'une des relations :
$AB^2 = \overline{BH}.\overline{BC}$
$AH^2 = \overline{BH}.\overline{HC}$
$AB^2 + AC^2 = BC^2.$
le triangle est rectangle en A.

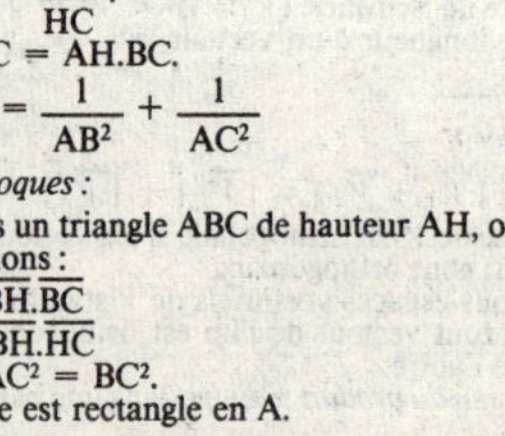

Triangle isocèle. A 2 côtés de même longueur. Le sommet commun à ces 2 côtés est le sommet du triangle. La bissectrice relative à la base est aussi hauteur, médiane, médiatrice, axe de symétrie.

Triangle équilatéral. A ses 3 côtés de même longueur *a*. Ses angles ont même mesure et valent 60° (ou $\frac{\pi}{3}$ radian). Les hauteur, bissectrice, médiane issues de chaque sommet se confondent avec la médiatrice du côté opposé. Le cercle circonscrit et le cercle inscrit au triangle équilatéral ont même centre confondu avec l'orthocentre et le centre de gravité.

Relations métriques :

La hauteur AH mesure : $h = \dfrac{a\sqrt{3}}{2}.$

Le rayon r du cercle inscrit mesure :

$$r = \frac{a\sqrt{3}}{6}.$$

Le rayon R du cercle circonscrit mesure :

$$R = \frac{a\sqrt{3}}{3}.$$

De plus, $r = \dfrac{R}{2}$ et $a = R\sqrt{3}.$

La surface S du triangle mesure : $S = \dfrac{a^2\sqrt{3}}{4}.$

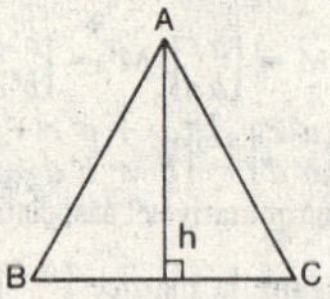

Équation du cercle

$(x - a)^2 + (y - b)^2 = R^2$

ayant pour centre w $\left|\begin{smallmatrix} a \\ b \end{smallmatrix}\right.$ *et pour rayon R.*

Rappel. a) Soient :
– $(C) : (x-a)^2 + (y-b)^2 = R^2$
– une droite *(D)* passant par *O* et coupant *(C)* en *M* et *M'*

$\overline{OM} \times \overline{OM'} = \overline{Ow^2} - R^2$ = puissance du point *O* par rapport au cercle *(C)*.

b) Soient :
– $(C_1) : (x-a_1)^2 + (y-b_1)^2 = R^2$
– $(C_2) : (x-a_2)^2 + (y-b_2)^2 = R^2$

Le lieu des points ayant même puissance par rapport aux deux cercles est l'axe radical.

Périmètres

Cercle : $l = 2\pi$ R ($\pi = 3{,}1416$; R : longueur d'un rayon).

Polygone : somme des longueurs des côtés.

Aires

Entre parenthèses n° de la figure correspondante (v. ci-dessous).

Aire. *Engendrée par un segment de droite* tournant autour d'un axe situé dans le même plan que lui mais ne le traversant pas (10) : 2π A'B'.IO.
Par une ligne polygonale régulière tournant autour d'un diamètre du cercle inscrit qui ne la traverse pas (11) : 2π r.A'B'.

Calotte sphérique (13). *S. latérale :* 2π Rh ; *S. totale :* $2\pi Rh + \pi r^2$.

☞ Voir croquis page suivante.

Carré. (Longueur d'un côté)².

Cercle (6). πR^2 (R est le rayon).

Coin sphérique (12). $\dfrac{4}{3}\pi R^3 \times \dfrac{\alpha}{360}$ (en degrés).

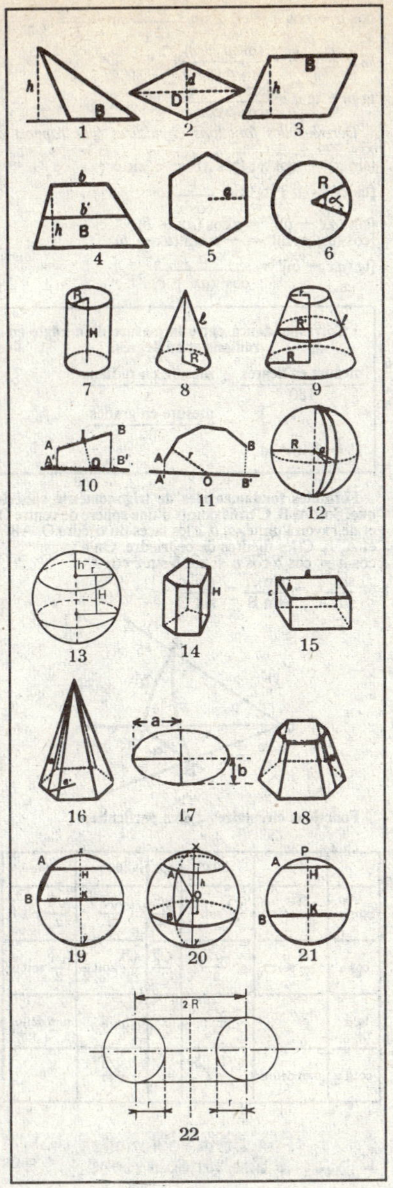

Cône droit *(à base circulaire). Surf. lat.* (8) : π R = *l* ; *totale* : π R (R + *l*).

Couronne circulaire. π ($R^2 - r^2$) [R rayon du cercle extérieur, r du cercle intérieur].

Cube (arête *a*). 6 a^2.

Cylindre droit. *Surf. lat.* (7) : 2 π RH ; *surf. totale* : 2 π R × (R + H).

Ellipse (17). π *a* × *b*.

Fuseau sphérique (12). $\frac{\pi R^2 \alpha}{90}$ (en degrés).

Losange (2). $\frac{\text{Produit des diagonales}}{2} = \frac{D \times d}{2}$.

Parallélépipède rectangle (*a, b, c* : arêtes) (15). 2 *(ab + bc + ca)*.

Parallélogramme (3). Base × hauteur = B × *h*.

Polygone quelconque. Doit être décomposé en surfaces simples dont on additionne les aires.

Polygone régulier (5).
$\frac{\text{Apothème} \times \text{périmètre}}{2} = \frac{a \times p}{2}$.

Prisme droit. *Surf. lat.* (14) : p × H (périmètre de base × hauteur).

P. oblique (p : périmètre de section droite). p × a.

Pyramide quelconque. Somme des surfaces des triangles constituant les faces.

P. régulière (p : périmètre de base, a et a' : apothèmes). *Surf. totale* (16) : $\frac{P\,(a + a')}{2}$; *lat.* : $\frac{p \times a}{2}$.

Rectangle. Longueur × largeur = L × *l*.

Secteur circulaire *d'un angle T* (en degrés) de rayon R (6) : $\frac{\pi R^2 \alpha}{360}$.

Sphère. 4 π R^2.

Trapèze (4).
$\frac{\text{Somme des bases} \times \text{hauteur}}{2} = \frac{(B + b) \times h}{2}$ ou *b'* (base moyenne) × *h*.

Triangle (1). $\frac{\text{Base} \times \text{hauteur}}{2} = \frac{B \times h}{2}$.

T. équilatéral (côté a). $\frac{a^2\sqrt{3}}{4}$.

Tronc de cône droit *(id.). Surf. lat.* (9) : π (R + *r*) × *l* ou 2 π R'*l* avec base moyenne ; *surf. totale* : π R (R + *l*) + π *r* (*r* + *l*).

T. de pyramide quelconque. *Surf. lat.* : différence des surf. lat. des pyr. ayant pour bases celles du tronc. *Régulier* (périmètre de base p et p') (18).
$\frac{a\,(p + p')}{2}$.

Zone sphérique (13). *S. latérale* : 2 π RH.
Valeur approchée de π à 3 chiffres significatifs :

$\frac{600}{191} = 3{,}14136$; $\frac{355}{113} = 3{,}14159$.

Volumes

Anneau sphérique (19). $\frac{1}{6}$ π AB^2.HK.

Cône droit ou oblique. $\frac{1}{3}$ base × hauteur :
$\frac{1}{3}$ π R^2 h.

— tronqué (9). π $\frac{H}{3}$ ($R^2 + r^2 + Rr$).

Cube (arête a). a^3.

Cylindre (droit ou oblique). Base × hauteur : π R^2h.
Volume compris entre 2 cyclindres de rayons R et *r* :
π H (R − *r*) (R + *r*).

Parallélépipède (15). Surface de la base × hauteur.

Prisme (droit ou oblique). Base × hauteur.

— tronqué. Base $\left(\frac{\text{total des 3 hauteurs}}{3}\right)$.

Pyramide (16). $\frac{1}{3}$ base × hauteur.

— tronquée (B : surface de la grande base ; *b* : surface de la petite base) (17).
$\frac{H}{3}\left(b + b + \sqrt{Bb}\right)$.

Secteur sphérique (20). $\frac{2}{3}$ π R^2 h.

Segment sphérique (21).
$\frac{\pi\,HK}{6}$ ($HK^2 + 3\,AH^2 + 3\,BK^2$).

Sphère (12). $\frac{4}{3}$ π R^3.

Tonneau $\frac{\pi\,H\,(2D\text{-}d)^2}{6}$

Tore (22). 19,736 R. r^2.

Zone sphérique. Entre 2 cercles de rayons a et b : $\frac{1}{6}$ π H ($3a^2 + 3b^2 + H^2$).

Volume compris entre 2 sphères de rayons R et *r*. $\frac{4}{3}$ π ($R^3 - r^3$).

π, utilisé déjà par les Hébreux et les Babyloniens, est un nombre et non pas la mesure d'une grandeur. Sa valeur approximative apparaît dans le papyrus Rhind (2000 av. J.-C.). Ptolémée (IIe s.) donne à π la valeur :

$3 + \frac{8}{60} + \frac{30}{60^2} = 3{,}14166$.

La notation π est due à Adrien Romain (XVIe s.). C'est la 1re lettre de περιφέρεια (« circonférence » en grec). Adrien Metius (XVIIe s.) obtint la valeur très précise : $\frac{355}{113}$.

La valeur des 31 premiers chiffres de π, soit 3,141592653589793238462643383279, peut se retenir par ce quatrain (le nombre de lettres des mots indique un chiffre) :

Que j'aime à faire apprendre un nombre utile aux sages
3 1 4 1 5 9 2 6 5 3 5
Immortel Archimède, artistes, ingénieur
8 9 7 9
Qui de ton jugement peut priser la valeur ?
3 2 3 8 4 6 2 6
Pour moi, ton problème eut de pareils avantages.
4 3 3 8 3 2 7 9

Trigonométrie

Définitions

Cercle trigonométrique. C. dont le rayon est l'unité de longueur et sur lequel un point origine est choisi. Sur ce cercle, un sens de parcours est choisi et appelé sens trigonométrique *direct* (ou positif).

L'autre sens est le sens *rétrograde* ou négatif.

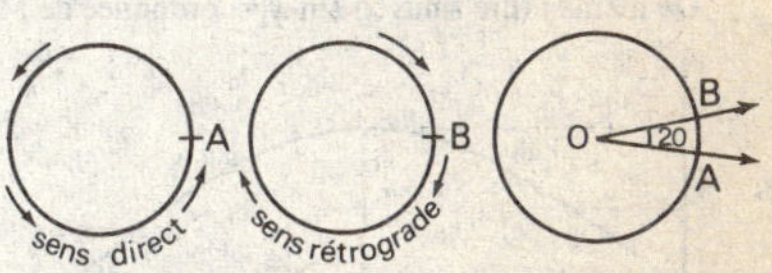

Radian (unité fondamentale et légale de mesure des angles ; symbole rd). Mesure d'un angle défini par 2 rayons d'un cercle interceptant sur ce cercle un arc de longueur égale au rayon. Ex. : le cercle a pour mesure 2 π radians, car sa longueur est 2 π. Un demi-cercle a pour mesure π radians et un quart de cercle $\frac{\pi}{2}$ radian.

Si *x* est la mesure en radians d'un angle au centre, la longueur de l'arc intercepté est AB = R*x*.

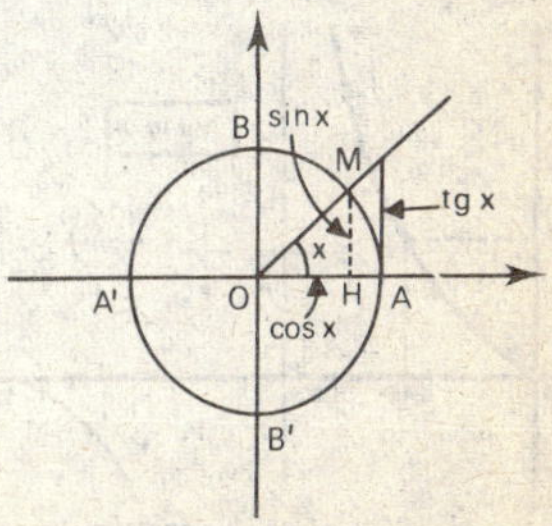

Par définition on pose :
(lire cosinus *x*) cos *x* = abscisse de M.

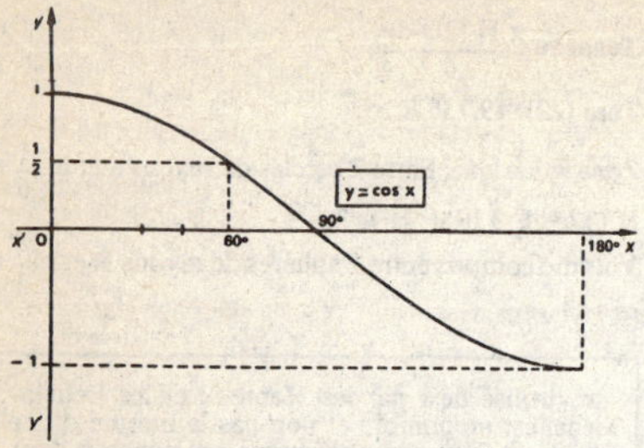

Arc orienté ; angle orienté. Partant de A pour aller vers B en conservant le même sens de parcours sur le cercle, on peut parcourir par exemple un arc de 20° dans le sens positif (on dit + 20°) mais si, parti de A, on parcourt + 380° (20° + 360°), on se retrouve encore en B. De même si on parcourt 740° (= 20° + 360° + 360°), etc.

On peut aussi, pour atteindre B, parcourir le cercle dans le sens négatif en effectuant 340° (nous notons − 340°), ou, toujours dans le sens négatif, 340° + 360°, soit 700° (on note − 700°), ou 340° + 360° + 360° (soit − 1 060°).

On peut dire que l'arc orienté $\widehat{AB}$ (chemin algébrique pour aller de A vers B) a une infinité de mesures possibles qui peuvent s'écrire :

$\widehat{AB} = 20° + k\ 360°$ (K ∈ Z ensemble des nombres entiers relatifs).

Pour $k = +2$ on retrouve + 740°, pour $k = 1$: + 380°, pour $k = -2$: − 700°.

Il en est de même pour l'angle orienté (noté $\overrightarrow{OA}$ $\overrightarrow{OB}$), qui a une infinité de mesures possibles.

On associe au cercle le *repère orthonormé* tel que le point origine A ait pour coordonnées dans ce repère (1 ; 0).

Fonctions circulaires

A tout nombre réel x correspond sur le cercle trigonométrique un point M, extrémité de l'arc $\overrightarrow{AM}$ dont x est une détermination avec le radian pour unité.

Ex. : à 0 correspond A, à ± π : A' ;

à + 1 correspond N ($\widehat{AN} = +1$ radian) ;

à $-\frac{\pi}{2}$: B', etc. ; à + 2π correspond A, etc.

De même : (lire sinus x) $\sin x$ = ordonnée de M.

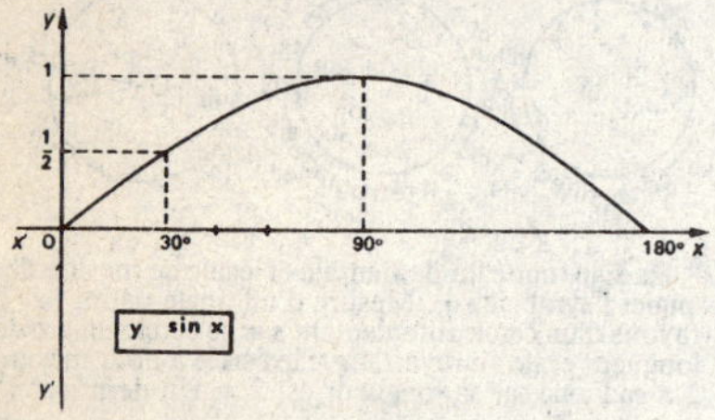

(lire tangente x) $\operatorname{tg} x = \dfrac{\sin x}{\cos x'}$;

si $\cos x \neq 0$

($x \neq \frac{\pi}{2} + k\,\pi$ avec $k \in Z$).

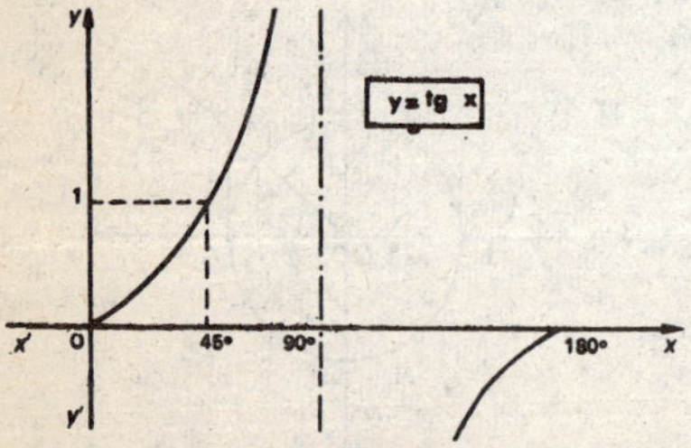

(lire cotangente x) $\operatorname{cotg} x = \dfrac{\cos x}{\sin x}$;

si $\sin x \neq 0$ ($x \neq k\,\pi$ avec $k \in Z$).

Relations dans 1 triangle rectangle.

$$\cos \text{d'1 angle aigu} = \frac{\text{long. du côté adjacent}}{\text{long. de l'hypoténuse}}$$

$$\sin \text{d'1 angle aigu} = \frac{\text{long. du côté opposé}}{\text{long. de l'hypoténuse}}$$

$$\operatorname{tg} \text{d'1 angle aigu} = \frac{\text{long. du côté opposé}}{\text{long. du côté adjacent}}$$

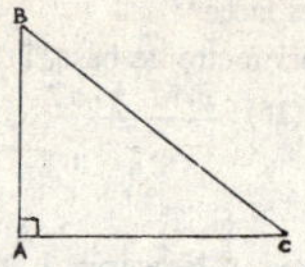

Relations dans 1 triangle quelconque.

$A + B + C = \pi$,

$\dfrac{a}{\sin A} = \dfrac{b}{\sin B} = \dfrac{c}{\sin C} = 2\ R.$

$a^2 = b^2 + c^2 - 2\,bc \cos A$,
$b^2 = c^2 + a^2 - 2\,ca \cos B$,
$c^2 = a^2 + b^2 - 2\,ab \cos C$.
$a = b \cos C + c \cos B$,
$b = c \cos A + a \cos C$,
$c = a \cos B + b \cos A$.

Formulaire trigonométrique

Relations fondamentales.

$\sin^2 a + \cos^2 a = 1.$

$\operatorname{tg} a = \dfrac{\sin a}{\cos a}$. $\operatorname{cotg} a = \dfrac{1}{\operatorname{tg} a} = \dfrac{\cos a}{\sin a}$.

$1 + \operatorname{tg}^2 a = \dfrac{1}{\cos^2 a}$.

$1 + \operatorname{cotg}^2 a = \dfrac{1}{\sin^2 a}$.

$\sin^2 a = \dfrac{\operatorname{tg}^2 a}{1 + \operatorname{tg}^2 a}$. $\cos^2 a = \dfrac{1}{1 + \operatorname{tg}^2 a}$.

Arcs associés.

$\sin(-a) = -\sin a$, $\cos(-a) = \cos a$, $\operatorname{tg}(-a) = -\operatorname{tg} a$,

$\sin(\pi - a) = \sin a$, $\cos(\pi - a) = -\cos a$, $\operatorname{tg}(\pi - a) = -\operatorname{tg} a$,

$\sin\left(\dfrac{\pi}{2} - a\right) = \cos a$, $\cos\left(\dfrac{\pi}{2} - a\right) = \sin a$,

$\operatorname{tg}\left(\dfrac{\pi}{2} - a\right) = \operatorname{cotg} a$,

$\sin(\pi + a) = -\sin a$, $\cos(\pi + a) = -\cos a$, $\operatorname{tg}(\pi + a) = \operatorname{tg} a$,

$\sin\left(\dfrac{\pi}{2} + a\right) = \cos a$, $\cos\left(\dfrac{\pi}{2} + a\right) = -\sin a$,

$\operatorname{tg}\left(\dfrac{\pi}{2} + a\right) = -\operatorname{cotg} a.$

Formules de transformation.

$\cos(a + b) = \cos a \cos b - \sin a \sin b$;
$\sin(a + b) = \sin a \cos b + \sin b \cos a$;

$\operatorname{tg}(a + b) = \dfrac{\operatorname{tg}a + \operatorname{tg}b}{1 - \operatorname{tg}a\,\operatorname{tg}b}$;

$\cos(a - b) = \cos a \cos b + \sin a \sin b$;
$\sin(a - b) = \sin a \cos b - \sin b \cos a$;

$\operatorname{tg}(a - b) = \dfrac{\operatorname{tg} a - \operatorname{tg} b}{1 + \operatorname{tg} a \operatorname{tg} b}$;

$\cos 2a = \cos^2 a - \sin^2 a = 1 - 2 \sin^2 a$
$= 2 \cos^2 a - 1$;

$\sin 2a = 2 \sin a \cos a = \dfrac{2 \operatorname{tg} a}{1 + \operatorname{tg}^2 a}$;

$1 + \cos a = 2 \cos^2 \dfrac{a}{2}$;

$1 - \cos a = 2 \sin^2 \dfrac{a}{2}$;

$\operatorname{tg} 2a = \dfrac{2 \operatorname{tg} a}{1 - \operatorname{tg}^2 a}$;

$\cos 2a = \dfrac{1 - \operatorname{tg}^2 a}{1 + \operatorname{tg}^2 a}$;

$\sin p + \sin q = 2 \sin \dfrac{p + q}{2} \cos \dfrac{p - q}{2}$;

$\sin p - \sin q = 2 \sin \dfrac{p - q}{2} \cos \dfrac{p + q}{2}$;

$\cos p + \cos q = 2 \cos \dfrac{p + q}{2} \cos \dfrac{p - q}{2}$;

$\cos p - \cos q = -2 \sin \dfrac{p + q}{2} \sin \dfrac{p - q}{2}$;

$\operatorname{tg} p + \operatorname{tg} q = \dfrac{\sin(p + q)}{\cos p \cos q}$;

$\operatorname{tg} p - \operatorname{tg} q = \dfrac{\sin(p - q)}{\cos p \cos q}$;

Dérivées des fonctions circulaires (par rapport à x) :

$(\sin x)' = \cos x$; $(\cos x)' = -\sin x$;

$(\operatorname{tg} x)' = 1 + \operatorname{tg}^2 x = \dfrac{1}{\cos^2 x}$;

$[\sin(ax + b)]' = a \cos(ax + b)$;
$[\cos(ax + b)]' = -a \sin(ax + b)$;

$[\operatorname{tg}(ax + b)]' = \dfrac{a}{\cos^2(ax + b)}$.

Correspondance entre la mesure d'un angle en radians et en degrés.

$$\frac{\text{mesure en degrés}}{180} = \frac{\text{mesure en radians}}{\pi} = \frac{\text{mesure en grades}}{200}$$

$1' = 3.10^{-4}$ rd.

Formules fondamentales de trigonométrie sphérique. Soit A, B, C trois points d'une sphère de centre O et de rayon l'unité, a, b, c les faces du trièdre O, ABC et A, B, C les dièdres de ce trièdre. On a :

$\cos a = \cos b \cos c + \sin b \sin c \cos A$

et $\dfrac{\sin a}{\sin A} = \dfrac{\sin b}{\sin B} = \dfrac{\sin c}{\sin C}$

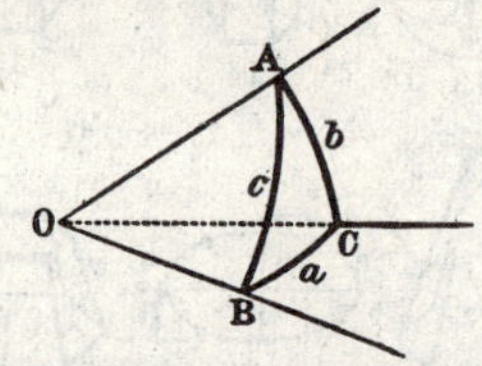

Fonctions circulaires d'arcs particuliers

	0°	30°	45°	60°	90°
sin α	$\frac{\sqrt{0}}{2}$ soit 0	$\frac{\sqrt{1}}{2}$ soit $\frac{1}{2}$	$\frac{\sqrt{2}}{2}$	$\frac{\sqrt{3}}{2}$	$\frac{\sqrt{4}}{2}$ soit 1
cos α	$\frac{\sqrt{4}}{2}$ soit 1	$\frac{\sqrt{3}}{2}$	$\frac{\sqrt{2}}{2}$	$\frac{\sqrt{1}}{2}$ soit $\frac{1}{2}$	$\frac{\sqrt{0}}{2}$ soit 0
tg α	0	$\frac{\sqrt{3}}{3}$	1	$\sqrt{3}$	non défini
cotg α	non défini	$\sqrt{3}$	1	$\frac{\sqrt{3}}{3}$	0

Fonctions vectorielles d'une variable réelle

Définition. Une fonction vectorielle d'une variable réelle est une application d'une partie de ℝ vers un espace vectoriel V.

Si on définit l'espace vectoriel sur ℝ, on peut associer à la loi de composition externe la multiplication d'une fonction vectorielle par une fonction numérique.

Équations différentielles

1) *Soit Φ une fonction de* $\mathbb{R}^{n+2} \to \mathbb{R}$
$y = f(x)$.

$\Phi(x, y, y', y'', \ldots, y^{(n)}) = 0$ est une relation qui définit une équation différentielle.

Elle est d'ordre n si la relation comporte la dérivée d'ordre n.

2) *Équation différentielle définie par* $y' = ay$.

$\frac{y'}{y} = a \Rightarrow \text{Log}\,|y| = ax + c$

$\Downarrow$

$|\varphi(x)| = |y| = e^{ax+c}$

$y = Ke^{ax}$

3) *Équation différentielle définie par* $y'' + \omega^2 y = 0$.

a) L'ensemble des solutions est un sous-espace vectoriel de l'espace vectoriel $\mathcal{F}$ des fonctions réelles d'une variable réelle.

b) Dimension de l'espace vectoriel : 2.

c) Deux solutions linéairement indépendantes f et g.

$\Rightarrow y = A\,f(x) + B\,g(x)$

A et *B* sont deux constantes.

d) Solution générale :

$y = A \cos \omega x + B \sin \omega x = K \cos (\omega x + \theta)$

avec $K = \sqrt{A^2 + B^2}$,

$\sin \theta = \frac{A}{\sqrt{A^2 + B^2}}$,

$\cos \theta = \frac{B}{\sqrt{A^2 + B^2}}$.

Cercle

Définition. Courbe plane fermée dont tous les points sont à la même distance (rayon) d'un point fixe (centre). C'est l'ensemble des points d'un plan situés à une distance donnée d'un point fixe.

Relations métriques :

- Si on mène par un point fixe M une sécante coupant un cercle en A et B, le produit des mesures des vecteurs $\overrightarrow{MA}$, $\overrightarrow{MB}$ est constant quand la sécante tourne autour de M (positif si M est extérieur, négatif si M est intérieur). Cette valeur constante est la puissance de M par rapport au cercle. $\overline{MA}.\overline{MB} = \overline{MA'}.\overline{MB'} = \overline{MC}.\overline{MD} = d^2 - R^2$, d étant la distance de M au centre et R le rayon.

Réciproque : Si 2 droites AB et CD se coupent en un point M tel qu'il existe la relation algébrique :

$\overline{MA}.\overline{MB} = \overline{MC}.\overline{MD}$,

les 4 points A, B, C, D sont sur un même cercle.

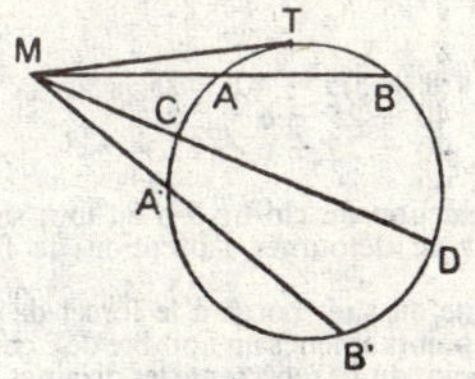

- Si d'un point M extérieur on mène à un cercle une tangente MT et une sécante MAB, il existe entre les mesures des vecteurs $\overrightarrow{MT}$, $\overrightarrow{MA}$, $\overrightarrow{MB}$ la relation algébrique :

$\overline{MT}^2 = \overline{MA}.\overline{MB} = d^2 - R^2$.

Réciproque : Si 2 droites menées par un point M portent, l'une un point T, l'autre 2 points A, B tels qu'il existe la relation algébrique :

$\overline{MT}^2 = \overline{MA}.\overline{MB}$,

la droite MT est tangente au cercle circonscrit au triangle TAB.

Fonctions particulières

Le plan d'équation $ax + by + cz + d = 0$ est orthogonal au vecteur $\vec{V}\begin{pmatrix} a \\ b \\ c \end{pmatrix}$.

Deux plans $\begin{cases} ax + by + cz + d = 0 \\ a'x + b'y + c'z + d' = 0 \end{cases}$ sont orthogonaux si et seulement si :

$aa' + bb' + cc' = 0$.

Distance d'un point M (x_o, y_o, z_o) à un plan $ax + by + cz + d = 0$

$d(P, M) = \frac{|ax_o + by_o + cz_o + d|}{\sqrt{a^2 + b^2 + c^2}}$.

Table trigonométrique

Elle utilise la propriété des angles complémentaires (V. plus haut « Relations fondamentales »). Les 2 angles d'une même ligne sont complémentaires. Ex. : à la 5e ligne, 4° + 86° = 90°.

La table se lit ainsi : si $x < 45°$ les colonnes de nombres correspondent ainsi aux lignes trigonométriques désignées en haut ; si $x > 45°$ aux lignes trigonométriques désignées en bas. Ex. : sin 4° = cos 86° ; 0,0698 ; cos 4° = sin 86° : 0,9976 ; tg 4° = 86° : 0,0699.

Deg.	Sin.	d.t.	d.t.	Cos.	
0°	0,000	9	0	1,000	90°
0°30'	0,009	8	0	1,000	89°30'
1°	0,017	9	0	1,000	89°
1°30'	0,026	9	1	1,000	88°30'
2°	0,035	9	0	0,999	88°
2°30'	0,044	8	0	0,999	87°30'
3°	0,052	9	1	0,999	87°
3°30'	0,061	9	0	0,998	86°30'
4°	0,070	8	1	0,998	86°
4°30'	0,078	9	1	0,997	85°30'
5°	0,087	9	1	0,996	85°
5°30'	0,096	9	0	0,995	84°30'
6°	0,105	8	1	0,995	84°
6°30'	0,113	9	1	0,994	83°30'
7°	0,122	9	2	0,993	83°
7°30'	0,131	8	1	0,991	82°30'
8°	0,139	9	1	0,990	82°
8°30'	0,148	8	1	0,989	81°30'
9°	0,156	9	2	0,988	81°
9°30'	0,165	9	1	0,986	80°30'
10°	0,174	8	2	0,985	80°
10°30'	0,182	9	1	0,983	79°30'
11°	0,191	8	2	0,982	79°
11°30'	0,199	9	2	0,980	78°30'
12°	0,208	8	2	0,978	78°
12°30'	0,216	9	2	0,976	77°30'
13°	0,225	8	2	0,974	77°
13°30'	0,233	9	2	0,972	76°30'
14°	0,242	8	2	0,970	76°
14°30'	0,250	9	2	0,968	75°30'
15°	0,259	8	2	0,966	75°
15°30'	0,267	9	3	0,964	74°30'
16°	0,276	8	2	0,961	74°
16°30'	0,284	8	3	0,959	73°30'
17°	0,292	9	2	0,956	73°
17°30'	0,301	8	3	0,954	72°30'
18°	0,309	8	3	0,951	72°
18°30'	0,317	9	2	0,948	71°30'
19°	0,326	8	3	0,946	71°
19°30'	0,334	8	3	0,943	70°30'
20°	0,342	8	3	0,940	70°
20°30'	0,350	8	3	0,937	69°30'
21°	0,358	9	4	0,934	69°
21°30'	0,367	8	3	0,930	68°30'
22°	0,375	8	3	0,927	68°
22°30'	0,383			0,924	67°30'
	Cos.	d.t.	d.t.	Sin.	Deg.

Deg.	Sin.	d.t.	d.t.	Cos.	
22°30'	0,383	8	3	0,924	67°30
23°	0,391	8	4	0,921	67°
23°30'	0,399	8	3	0,917	66°30
24°	0,407	8	4	0,914	66°
24°30'	0,415	8	4	0,910	65°30'
25°	0,423	8	3	0,906	65°
25°30'	0,431	7	4	0,903	64°30'
26°	0,438	8	4	0,899	64°
26°30'	0,446	8	4	0,895	63°30'
27°	0,454	8	4	0,891	63°
27°30'	0,462	7	4	0,887	62°30'
28°	0,469	8	4	0,883	62°
28°30'	0,477	8	4	0,879	61°30'
29°	0,485	7	5	0,875	61°
29°30'	0,492	8	4	0,870	60°30'
30°	0,500	8	4	0,866	60°
30°30'	0,508	7	5	0,862	59°30'
31°	0,515	8	4	0,857	59°
31°30'	0,523	7	5	0,853	58°30
32°	0,530	7	5	0,848	58°
32°30'	0,537	8	4	0,843	57°30'
33°	0,545	7	5	0,839	57°
33°30'	0,552	7	5	0,834	56°30
34°	0,559	7	5	0,829	56°
34°30'	0,566	8	5	0,824	55°30'
35°	0,574	7	5	0,819	55°
35°30'	0,581	7	5	0,814	54°30'
36°	0,588	7	5	0,809	54°
36°30'	0,595	7	5	0,804	53°30'
37°	0,602	7	6	0,799	53°
37°30'	0,609	7	5	0,793	52°30'
38°	0,616	7	5	0,788	52°
38°30'	0,623	6	6	0,783	51°30'
39°	0,629	7	5	0,777	51°
39°30'	0,636	7	6	0,772	50°30
40°	0,643	6	6	0,766	50°
40°30'	0,649	7	5	0,760	49°30'
41°	0,656	7	6	0,755	49°
41°30'	0,663	6	6	0,749	48°30'
42°	0,669	7	6	0,743	48°
42°30'	0,676	6	6	0,737	47°30
43°	0,682	6	6	0,731	47°
43°30'	0,688	7	6	0,725	46°30'
44°	0,695	6	6	0,719	46°
44°30'	0,701	6	6	0,713	45°30
45°	0,707			0,707	45°
	Cos.	d.t.	d.t.	Sin.	Deg.

Deg.	Tang.	d.t.	d.t.	Cotg.	
0°	0,000	9		Infini	90°
0°30'	0,009	8		114,6	89°30'
1°	0,017	9		57,29	89°
1°30'	0,026	9		38,19	88°30'
2°	0,035	9		28,64	88°
2°30'	0,044	8		22,90	87°30'
3°	0,052	9		19,08	87°
3°30'	0,061	9		16,35	86°30'
4°	0,070	9		14,30	86°
4°30'	0,079	8		12,71	85°30'
5°	0,087	9		11,43	85°
5°30'	0,096	9		10,38	84°30'
6°	0,105	9	737	9,514	84°
6°30'	0,114	9	633	8,777	83°30'
7°	0,123	9	548	8,144	83°
7°30	0,132	9	481	7,596	82°30'
8°	0,141	8	424	7,115	82°
8°30	0,149	9	377	6,691	81°30'
9°	0,158	9	338	6,314	81°
9°30'	0,167	9	305	5,976	80°30'
10°	0,176	9	275	5,671	80°
10°30'	0,185	9	251	5,396	79°30'
11°	0,194	9	230	5,145	79°
11°30'	0,203	10	210	4,915	78°30'
12°	0,213	9	194	4,705	78°
12°30'	0,222	9	180	4,511	77°30'
13°	0,231	9	166	4,331	77°
13°30'	0,240	9	154	4,165	76°30'
14°	0,249	9	144	4,011	76°
14°30'	0,258	10	135	3,867	75°30'
15°	0,268	9	126	3,732	75°
15°30'	0,277	10	119	3,606	74°30'
16°	0,287	9	111	3,487	74°
16°30'	0,296	10	105	3,376	73°30'
17°	0,306	9	99	3,271	73°
17°30'	0,315	10	94	3,172	72°30'
18°	0,325	10	89	3,078	72°
18°30'	0,335	9	85	2,989	71°30'
19°	0,344	10	80	2,904	71°
19°30'	0,354	10	77	2,824	70°30
20°	0,364	10	72	2,747	70°
20°30'	0,374	10	70	2,675	69°30'
21°	0,384	10	66	2,605	69°
21°30'	0,394	10	64	2,539	68°30'
22°	0,404	10	61	2,475	68°
22°30'	0,414			2,414	67°30'
	Cotg.	d.t.	d.t.	Tang.	Deg.

Deg.	Tang.	d.t.	d.t.	Cotg.	
22°30'	0,414	10	58	2,414	67°30'
23°	0,424	11	56	2,356	67°
23°30'	0,435	10	54	2,300	66°30'
24°	0,445	11	52	2,246	66°
24°30'	0,456	10	49	2,194	65°30'
25°	0,466	11	48	2,145	65°
25°30'	0,477	11	47	2,097	64°30'
26°	0,488	11	44	2,050	64°
26°30'	0,499	11	43	2,006	63°30'
27°	0,510	11	42	1,963	63°
27°30'	0,521	11	40	1,921	62°30'
28°	0,532	11	39	1,881	62°
28°30'	0,543	11	38	1,842	61°30'
29°	0,554	12	37	1,804	61°
29°30'	0,566	11	35	1,767	60°30'
30°	0,577	12	34	1,732	60°
30°30'	0,589	12	34	1,698	59°30'
31°	0,601	12	32	1,664	59°
31°30'	0,613	12	32	1,632	58°30'
32°	0,625	12	30	1,600	58°
32°30'	0,637	12	30	1,570	57°30'
33°	0,649	13	29	1,540	57°
33°30'	0,662	13	28	1,511	56°30'
34°	0,675	12	28	1,483	56°
34°30'	0,687	13	27	1,455	55°30'
35°	0,700	13	26	1,428	55°
35°30'	0,713	14	26	1,402	54°30'
36°	0,727	13	25	1,376	54°
36°30'	0,740	14	24	1,351	53°30'
37°	0,754	13	24	1,327	53°
37°30'	0,767	14	23	1,303	52°30'
38°	0,781	14	23	1,280	52°
38°30'	0,795	15	22	1,257	51°30'
39°	0,810	14	22	1,235	51°
39°30'	0,824	15	21	1,213	50°30'
40°	0,839	15	21	1,192	50°
40°30'	0,854	15	21	1,171	49°30'
41°	0,869	16	20	1,150	49°
41°30'	0,885	15	19	1,130	48°30
42°	0,900	16	20	1,111	48°
42°30'	0,916	17	19	1,091	47°30'
43°	0,933	16	18	1,072	47°
43°30'	0,949	17	18	1,054	46°30'
44°	0,966	17	18	1,036	46°
44°30'	0,983	17	18	1,018	45°30'
45°	1,000			1,000	45°
	Cotg.	d.t.	d.t.	Tang.	Deg.

Équation de la sphère de centre $w\begin{pmatrix} a \\ b \\ c \end{pmatrix}$ et rayon *R*.

$x^2 + y^2 + z^2 - 2\,ax - 2\,by - 2\,cz + d = 0$

avec $d = a^2 + b^2 + c^2 - R^2$.

Cylindre de révolution d'axe *Oz*.

$x^2 + y^2 - R^2 = 0$

$z = 0$

Cône de révolution d'axe *Oz*.

$x^2 + y^2 - k^2 z^2 = 0$ avec $k \in \mathbb{R}^{*+}$

Les coniques

1) Équation de la forme :

$ax^2 + 2\,bxy + 2\,cx + 2\,dy + e = 0$

2) Plusieurs cas :

$ab = 0$ la courbe est *parabole*.

$ab > 0$ la courbe est *ellipse*.

$ab < 0$ la courbe est *hyperbole*.

3) Équation générale de la parabole :

$y^2 = 2\,px$; *de l'ellipse :* $\frac{x^2}{a^2} - \frac{y^2}{b^2} = 1$; *de l'hyperbole :* $\frac{x^2}{a^2} - \frac{y^2}{b^2} = 1$. Hyperbole rapportée à ses asymptotes : $XY = constante$.

4) La parabole admet un axe de symétrie mais aucun centre. L'ellipse et l'hyperbole admettent 2 axes de symétrie et 2 centres.

5) $ax^2 + 2\,bxy + cy^2 + dx + ey + f = 0$.

Si $b^2 - 4ac > 0 \Rightarrow$ hyperbole

Si $b^2 - 4ac < 0 \Rightarrow$ ellipse

Si $b^2 - 4ac = 0 \Rightarrow$ parabole

Soit *e* le rapport des distances d'un point *M* appartenant à un ensemble *E*, à un point *F* et à une droite donnée :

a) Si *e = 1*, l'ensemble *E* est une *parabole* de foyer *E*, de directrice *D*.

b) Si *e > 1*, l'ensemble *E* est une *ellipse*.

c) Si 0 < *e* < *1*, l'ensemble *E* est une *hyperbole*, *e* est appelé excentricité.

Définition bifocale des coniques.

a) La somme des distances d'un point d'une *ellipse* aux 2 foyers de celle-ci est constante :

$MF + MF' = 2a$.

b) La valeur absolue de la différence des distances d'un point d'une *hyperbole* à 2 foyers est constante :

$|MF - MF'| = 2a$.

Courbes d'équation $y^2 = ax^2 + bx + c$ avec $a > 0$.

Après une translation d'axes on obtient :

$Y^2 = a\,X^2 + \frac{4ac - b^2}{4\,a}$

1) Si $4\,ac - b^2 = 0$. L'équation se réduit à $Y^2 = aX^2 \Leftrightarrow Y = \pm\sqrt{a} \times X \Rightarrow$ 2 droites passant par 0.

2) Si $4\,ac - b^2 < 0$.

avec $\alpha = \frac{\sqrt{b^2 - 4\,ac}}{2\,a}$.

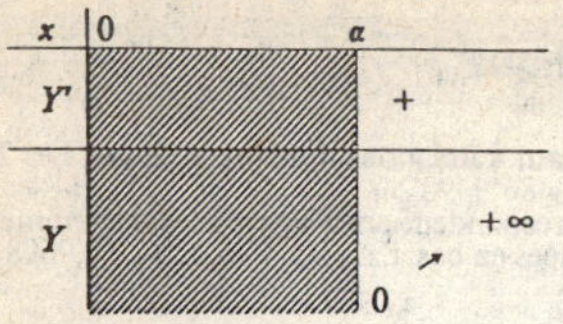

3) Si $4\,ac - b^2 > 0$.

avec $\beta = \sqrt{\dfrac{4\,ac - b^2}{4\,a}}$.

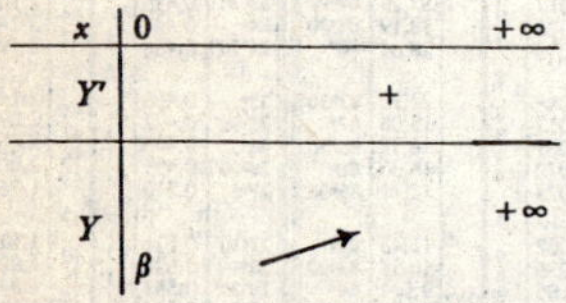

Étude générale des courbes d'équation $y^2 = ax^2 + bx + c$.

1) Si $a = 0$ $\quad b \neq 0 \Rightarrow$ parabole

2) Si $a \neq 0$ on pose :

$$X = x + \frac{b}{2a}\,;\; Y = y$$

$$\Rightarrow aX^2 - Y^2 + \frac{4ac - b^2}{4\,a} = 0$$

α) $4ac - b^2 = 0$ $\begin{cases} a < 0 & \text{on obtient le point } 0 \\ a > 0 & \text{on obtient 2 droites } y = \pm\sqrt{a} \end{cases}$

β) $4ac - b^2 \neq 0$ $\begin{cases} a > 0 \begin{cases} b^2 - 4ac > 0 & \text{hyperbole d'axe focal } 0x \\ b^2 - 4ac < 0 & \text{hyperbole d'axe focal } 0y \end{cases} \\ a < 0 \begin{cases} b^2 - 4ac > 0 & \text{ellipse} \\ b^2 - 4ac < 0 & \text{équation impossible} \end{cases} \end{cases}$

Propriétés des tangentes. *Soit la parabole (P)* $y^2 = 2\,px$, dans le repère $(O, \vec{i}, \vec{j})$. *F* le foyer. $\forall M \in (P)$, la tangente en *M* à *(P)* est la bissectrice des 2 demi-droites d'origine *M*, qui ont respectivement pour vecteurs directeurs $\overrightarrow{FM}$ et $\vec{i}$.

Soit l'ellipse (E) de foyers F et F'.

$M \in (E)$, la tangente en *M* à *(E)* est la bissectrice des 2 demi-droites d'origine *M*, qui ont respectivement pour vecteurs directeurs $\overrightarrow{FM}$ et $\overrightarrow{MF'}$.

Soit l'hyperbole (H) de foyers *F* et *F'*.

$M \in (H)$, la tangente en *M* à *(H)* est la bissectrice des 2 demi-droites d'origine *M*, qui ont respectivement pour vecteurs directeurs $\overrightarrow{FM}$ et $\overrightarrow{F'M}$.

Relations métriques (rappel).

$BC^2 = AB^2 + AC^2 - 2\,\overrightarrow{AB}.\overrightarrow{AC}$

Si *O* est le milieu de *BC* :

$$\begin{cases} AB^2 + AC^2 = 2\,OA^2 + \dfrac{BC^2}{2} \\ \boxed{AB^2 - AC^2 = 2\,\overrightarrow{BC}.\overrightarrow{OA}} \end{cases}$$

Si *H* est la projection de *A* sur *BC* :

$AB^2 - AC^2 = 2\,\overline{BC}.\overline{OH}$.

Relation d'Euler :

$\overrightarrow{MA}.\overrightarrow{BC} + \overrightarrow{MB}.\overrightarrow{CA} + \overrightarrow{MC}.\overrightarrow{AB} = 0$.

Puissance d'un point *M* par rapport à un cercle : $d^2 - R^2$.

Similitudes

1) Toute similitude vectorielle est un automorphisme de l'espace vectoriel euclidien.

2) Si l'automorphisme est positif, la similitude vectorielle est directe. S'il est négatif, elle est indirecte.

3) L'ensemble des similitudes vectorielles, muni de la loi *o*, a une structure de groupe.

4) Similitude vectorielle directe : rotation vectorielle *o* homothétie vectorielle.

5) Similitude vectorielle indirecte : homothétie vectorielle *o* symétrie.

6) Dans l'espace affine on a une similitude si, dans l'espace vectoriel, on a une similitude vectorielle de rapport *k*.

7) La translation / La rotation } est une similitude de rapport 1.

L'homothétie est une similitude de rapport *k*.

Transformations géométriques attachées aux opérateurs complexes

1/ $a \in \mathbb{R} - \{1\}$.

$z' = az + b \rightarrow$ Homothétie (Ω, a)

Ω d'affixe ω tel que : $b = \omega\,(1 - a)$.

2/ $a = 1$:

$z' = z + b \rightarrow$ Translation de vecteur $\begin{vmatrix}\alpha\\ \beta\end{vmatrix}$ avec $\vec{V}$

$b = \alpha + i\beta$.

3/ $a \,/\, \mathbb{C}$ et $|\,a\,| = 1$

$z' = az + b \rightarrow$ Rotation (Ω, Θ)

Ω d'affixe ω *Arg* $a = \Theta$ et $b = \omega\,(1 - a)$.

4/ $a \in \mathbb{C}$ et $|\,a\,| \neq 1$

$z' = az + b \rightarrow$ Similitude (Ω, k, Θ)

Ω d'affixe ω avec $a = k\,(\cos\Theta + i\sin\Theta)$

$b = \omega\,(1 - a)$.

Rotation

$$\mathscr{R}(\Omega, \Theta) \begin{cases} \widehat{\overrightarrow{\Omega M}, \overrightarrow{\Omega M'}} = \Theta \\ \Omega M = \Omega M' \end{cases}$$

La matrice d'une rotation vectorielle est de la forme : $\begin{pmatrix} a & -b \\ b & a \end{pmatrix}$ avec $a^2 + b^2 = 1$.

On en déduit les coordonnées du transformé $M' \begin{vmatrix} x' \\ y' \end{vmatrix}$ d'un point $M \begin{vmatrix} x \\ y \end{vmatrix}$ par $\mathscr{R}$

$$\begin{cases} x' = ax - by \\ y' = bx + ay \end{cases}$$

Si on considère le point $\Omega\,(\alpha, \beta)$ comme centre de la rotation, les relations ci-dessus deviennent :

$$\begin{cases} x' = a\,(x - \alpha) - b\,(y - \beta) + \alpha \\ y' = b\,(x - \alpha) + a\,(y - \beta) + \beta \end{cases}$$

On peut remarquer que la matrice $\begin{pmatrix} a & -b \\ b & a \end{pmatrix}$ avec $a^2 + b^2 = 1$ peut s'écrire :

$$\left\{ \begin{pmatrix} \cos\Theta & -\sin\Theta \\ \sin\Theta & \cos\Theta \end{pmatrix} \right\}$$

Θ sera l'angle de la rotation.

$M\,(z) \rightarrow M'\,(z')$

$(x + iy) \rightarrow (x' + iy')$.

Jeux

● *Quel est le plus grand nombre qu'on puisse écrire avec 3 chiffres ?*

Un nombre composé de trois 9 écrits de la manière suivante : $9^{(9^9)}$ qui s'énonce 9 puissance 9 puissance 9 et signifie 9 multiplié 387 420 489 fois par lui-même. Ce nombre comporte 369 693 101 chiffres ; les 7 premiers chiffres de ce nombre sont 9 431 549, le dernier chiffre est un 9.

● *Devinez 2 dés sans les voir.* Faites jeter deux dés et priez la personne qui les a jetés de doubler le nombre des points de l'un d'eux, puis d'ajouter 5, de multiplier la somme produite par 5 et d'ajouter au produit le nombre des points de l'autre dé. Faites-vous alors indiquer le montant, dont vous retrancherez 25, le reste sera un nombre de 2 chiffres dont le 1er à gauche représente les points du 1er dé et le 2e le nombre des points du 2e dé.

Soit a et b les points du 1er et du 2e dé ; on a :

2a
2a + 5
(2a + 5)5 = 10a + 25
10a + 25 + b
10a + 25 + b − 25 = 10a + b

Soit 4 le nombre des points du 1er et 6 celui du 2e.

On aura :

8
8 + 5
(8 + 5)5 = 40 + 25
40 + 25 + 6
40 + 25 + 6 − 25 =
46

L'introduction du chiffre 5 a eu tout simplement pour effet de détourner l'attention de l'interlocuteur.

En réalité on s'est borné à le forcer de constituer avec les 2 points amenés un nombre de 2 chiffres dans lequel le point du 1er représente les dizaines et celui du 2e les unités.

Physique et Chimie

I — Physique atomique Matière et antimatière

☞ Voir Mesures p. 245.

Définition. Par matière, on entend tout ce qui est localisable et possède une masse.

Matière au sens général. La matière est composée de *particules* « élémentaires » (neutron, proton, électron, etc.) qui peuvent s'associer d'une manière stable ou instable. En fait, les *théories de la relativité* et des **quanta** indiquent qu'à toute particule doit correspondre une **antiparticule** ayant exactement la même masse ; en revanche, toute grandeur intrinsèque pourvue d'un signe a des signes opposés pour la particule et l'antiparticule : charge électrique, moment magnétique propre, etc. Si ces grandeurs sont toutes nulles pour une particule (dite alors *absolument neutre*), celle-ci est identique à son antiparticule ; c'est le cas du *photon*, particule du champ électromagnétique (ondes hertziennes, lumière, rayons ultraviolets, X et γ). L'expérience a confirmé l'existence des antiparticules : le **positon** ou électron positif, découvert en 1932 ; l'**antiproton** et l'**antineutron**, obtenus à Berkeley en 1955. On appelle usuellement *matière* la matière dont notre monde est formé, *antimatière* celle du signe opposé.

Matière

La matière (au sens restreint) peut, dans notre environnement, se présenter au moins sous 3 états différents : *gazeux, liquide, solide.* Mais d'autres formes se rencontrent dans l'Univers : *plasmas, états superdenses,* etc. La classification des états de la matière en solides, liquides et gaz est insuffisante car les cristaux de plusieurs milliers de produits chimiques ne conduisent pas, par fusion, directement à l'état liquide mais à des états intermédiaires entre le solide et le liquide. La matière présente alors des propriétés des liquides (la fluidité) et des pr. rappelant celles des solides (en particulier pour le comportement vis-à-vis de la lumière). Ces états intermédiaires *(mésophases)* sont classés en catégories : *nématiques* (du grec *nêma*, « fil » : les molécules, de forme allongée, sont disposées parallèlement à une même direction), *cholestériques* (à cause du *cholestérol),* dont la plupart de ces produits dérivent : structure hélicoïdale et texture lamellaire, *smectiques* (de la racine grecque *smêkh*, idée de nettoyage et de savon : les mêmes molécules sont disposées perpendiculairement à une surface parallèle). Les diverses sortes correspondent à des arrangements différents des molécules les unes à côté des autres (c.-à-d. à des structures variées).

Le plasma des espaces interstellaires est un milieu gazeux ionisé de telle manière que la charge spatiale est pratiquement nulle.

Les particules élémentaires stables sont associées dans 110 *éléments* différents qui peuvent se trouver à l'état pur (on les appelle alors corps simples) ou combinés chimiquement entre eux (corps composés) ou bien mélangés. Voir liste p. 233.

L'atome est la plus petite partie d'un corps simple susceptible d'entrer dans une combinaison chimique. Les atomes peuvent se grouper en **molécules.** On appelle molécule la plus petite quantité de matière pouvant exister à l'état libre.

Dans un *corps composé*, la *molécule* peut, suivant les corps, contenir de 2 atomes à des milliers d'atomes. Toutes les molécules comprennent les mêmes éléments de base et toujours dans les mêmes proportions ; ainsi toutes les molécules d'eau comprennent 2 atomes d'hydrogène et 1 atome d'oxygène, ce qui s'écrit H_2O.

Les molécules peuvent être « cassées », libérant alors les éléments de base ; ainsi, l'on peut casser une molécule d'eau par électrolyse et l'on obtiendra 2 atomes d'hydrogène et 1 d'oxygène pour chaque molécule cassée.

Les atomes libérés se recombinent en engendrant des molécules d'hydrogène (H_2) et d'oxygène (O_2).

Dans un **mélange,** toutes les molécules ne sont pas identiques, les composants peuvent être mélangés en proportion variable (ex. le pétrole brut).

Antimatière

L'antimatière est constituée d'antineutrons, antiprotons et électrons positifs de la même manière que la matière est constituée de neutrons, protons et électrons négatifs. Matière et antimatière ne peuvent voisiner : des masses égales de ces deux espèces s'« annihileraient » très rapidement en particules très légères (finalement en photons, électrons et neutrinos) qui emporteraient toute l'énergie correspondant à la destruction de ces masses. Certains théoriciens ont supposé qu'il pouvait exister des galaxies faites de matière et d'autres d'antimatière, ou même que les 2 variétés pouvaient coexister dans une même galaxie. Mais l'absence d'antinoyaux dans les rayons cosmiques primaires infirme cette dernière hypothèse pour notre Galaxie et même notre amas galactique ; aussi croit-on généralement que l'Univers est fait actuellement de matière, l'antimatière ne pouvant se trouver que localement et d'une manière transitoire. Cependant, aux énormes températures du début de l'Univers (théorie du big-bang), de l'antimatière a pu exister et s'« annihiler » ensuite avec une partie de la matière. La prédominance de la matière reste alors à expliquer, ce que certains théoriciens tentent de faire. Mais des objets stellaires, en général très éloignés les uns des autres, peuvent être faits de matière ou d'antimatière.

A l'inverse de l'annihilation, une paire particule + antiparticule peut être créée aux dépens de l'énergie cinétique au cours de collisions de particules. En plus de l'antiproton et de l'antineutron, des antinoyaux légers ont été obtenus ainsi : antideutérium à Berkeley (U.S.A.) en 1968 ; antihélium 3 à Serpoukhov (U.R.S.S.) en 1970 (Pr Prokochkine). *En juillet 1978,* des physiciens du CERN (Centre européen de recherche nucléaire) ont « stocké » pendant 85 h plusieurs centaines d'antiprotons.

Atome et particules

Atome

● **Composition.** L'atome comprend :

1. Un noyau (99,95 % de la masse de l'atome) formé de *protons* chargés positivement et de *neutrons* non chargés.

Protons et neutrons sont appelés *nucléons.* Ils ont des masses sensiblement égales, un **moment magnétique** et un **spin** (mouvement de rotation sur soi-même). Ils s'attirent mutuellement (**force nucléaire).**

La force nucléaire n'a pas de caractère électrique. Elle résulte de l'échange de pions entre nucléons. Dans la plupart des cas, le noyau est stable : protons et neutrons sont si bien « liés » ensemble qu'aucun n'échappe. Par contre, dans les éléments dont le noyau comporte trop de neutrons et de protons, ou si ceux-ci se trouvent trop en disproportion les uns par rapport aux autres, le noyau est instable ; des protons ou des neutrons peuvent s'échapper ou se transformer l'un en l'autre. Ces éléments sont dits **radioactifs** ou encore appelés **radio-éléments.** On connaît environ 60 radio-éléments naturels (existant dans la nature et subissant des mutations spontanées). 3 familles aboutissent au plomb : uranium, thorium, actinium ; 1 au bismuth : neptunium.

2. Des électrons qui gravitent autour du noyau sur une ou plusieurs couches. La 1re peut avoir 2 électrons ; la 2e 8 ; la 3e 16 ; la 4e 32 ; etc. Les éléments **transuraniens** pourraient avoir plus de 7 couches mais les éléments actuellement connus n'en ont pas plus de 7. Chaque couche est divisée en sous-couches. Ainsi les 8 électrons de la 2e couche sont répartis en 2 sous-couches de 2 et 6 électrons. La 3e couche est divisée en 3 sous-couches de 2, 6 et 10 électrons.

Les électrons sont chargés négativement et ont un **moment magnétique** et un **spin.** C'est-à-dire que par sa rotation (spin) l'électron acquiert les propriétés d'un aimant (les aimants sont caractérisés par une valeur de *moment magnétique* $\mathcal{M}$). V. p. 206.

L'atome est un système électriquement neutre (la charge des protons positifs étant équilibrée par celle des électrons négatifs).

● **Nombre atomique.** Le nombre de protons, de neutrons et d'électrons varie suivant les corps, mais dans chaque atome neutre d'un corps déterminé il y a autant de protons que d'électrons. Ce nombre de protons (ou d'électrons) est appelé *nombre atomique.* Le total des protons et des neutrons est égal au **nombre de masse.** Pour connaître le nombre de neutrons d'un atome (ex. : le fer), il suffit donc de retrancher de son nombre de masse (ici 56) le nombre atomique (ici 26, d'où le résultat 30).

● **Masse atomique** (dite aussi **poids atomique**). Masse de l'atome en prenant celle du carbone [poids 12 u.m.a. (unités de masse atomique)] comme référence. Elle est rarement un nombre entier en raison des pertes de masse correspondant aux énergies de liaison des neutrons et des protons.

● **Atome-gramme.** Quantité exprimée en g qui correspond à la masse atomique du corps (ex. : 12 g pour le carbone). Il contient $6{,}022 \times 10^{23}$ atomes du corps **(nombre d'Avogadro).** On peut avoir une idée du poids d'un atome en divisant la masse atomique (ex. : 12 g pour le carbone) par le nombre d'Avogadro.

● **Isotope.** Un élément, caractérisé par son numéro atomique, peut se présenter avec des noyaux n'ayant pas le même nombre de neutrons. Ex. : dans la nature, la plupart des atomes de fer contiennent 30 neutrons, mais certains 28, 31 ou 32 ; $^{238}_{92}U$ représente un isotope de l'uranium dont le noyau comprend 92 protons ; $^{235}_{92}U$ ne comporte que 143 neutrons. De tels atomes sont appelés *isotopes ;* leurs masses atomiques sont différentes.

● **Dimensions.** Il existe un grand vide dans l'atome. Si, pour représenter l'atome, on donnait au noyau la taille d'une boule de billard, on devrait placer ses électrons à plus d'1 km. Si cet espace n'existait pas dans l'atome, une tête d'épingle pèserait 100 000 t.

● **Masse en grammes.** Électron $9{,}1 \times 10^{-28}$. Atome d'hydrogène $1{,}67 \times 10^{-24}$; d'oxygène 26×10^{-24}.

● **Diamètre en millimètres**

Molécule	0,000 000 1 et plus.
Atome lourd (uranium)	0,000 000 4.
Atome léger (hydrogène)	0,000 000 1.
Noyau d'uranium 238	0,000 000 000 016.
Proton	0,000 000 000 002.

Électron : ponctuel (à l'échelle des dimensions jusqu'ici accessibles) : $< 10^{-14}$.

Entre ces 2 barres | | distantes de 1 mm, on pourrait mettre en ligne de 2 à 5 millions d'atomes. En 1974, la combinaison de plusieurs méthodes d'agrandissement a permis d'obtenir les images des atomes de néon et d'argon.

● **Charge électrique.** Électron $1{,}6 \times 10^{-19}$ coulombs. La charge totale de l'atome est nulle.

● **Énergie.** Électron-volt (eV) représente le travail accompli par un électron quand il subit une variation de potentiel de 1 volt. 1 eV = $1{,}6 \times 10^{-19}$ joules.

Particules

Comportement

● **Électrons.** L'équilibre électrique (noyau positif et électron négatif) d'un atome est plus ou moins stable suivant les éléments. Ainsi l'électron de l'hydrogène se détache facilement et le noyau restant se combine avec d'autres éléments. L'hélium se combine très difficilement, ses électrons « ne le quittent pas ».

Si un atome perd un ou plusieurs électrons, il devient chargé positivement ; on l'appelle **ion positif** ou **cation.** S'il accepte un ou plusieurs électrons en plus de son nombre normal, il devient chargé négativement : c'est un **ion négatif** ou **anion.**

Si un atome reçoit de l'énergie en excès (entraînant par exemple un ou plusieurs électrons à changer de couche et de niveau d'énergie), les électrons dérangés reprendront leur état normal en relâchant cette énergie supplémentaire sous forme de lumière à la couleur caractéristique (ex. : les gaz rares contenus dans les **tubes fluorescents** excités par la décharge électrique). Si un électron (**négaton)** rencontre un positon, les deux s'annihilent en produisant des photons γ (à moins de former pendant un temps très court, 10^{-8} s, le *positonium*).

● **Protons.** On les a longtemps considérés comme éléments stables. En fait, ils vivent quelques milliards d'années avant de se désintégrer.

● **Antiprotons.** Particule équivalente des protons, mais de charge négative. Mises en présence l'une de l'autre, ces 2 particules s'annihilent instantanément. Cette réaction a été observée pour la 1re fois à Berkeley (1955) par O. Chamberlain, E. Segré, E. Wiegand et T. Ypsilantis. Des antiprotons naturels ont été découverts en 1979 par des ballons stratosphériques américains, à 36 000 m d'altitude.

● **Neutrons.** Ils se désintègrent spontanément après 17 mn en moyenne, dès qu'ils sont libérés, et donnent un proton, un électron négatif et un antineutrino. Ils traversent facilement la matière car ils sont neutres.

● **Photons.** Ce sont des quantités *(quanta)* de radiation électromagnétique. Leur énergie est égale au produit de la fréquence de la radiation par la constante de Planck *h* (voir p. 206 le tableau des constantes).

Tableau des particules « presque stables »

NOM	SYMBOLE (AVEC CHARGES)	MASSE (MEV)	ISO-SPIN	VIE MOYENNE (SECONDES)
		Bosons lourds (mésons)		
Pion	π^0	135	1	$0{,}8 \times 10^{-16}$
	$\pi\pm$	139,6		$2{,}6 \times 10^{-8}$
Kaon	K^0_s	497,8	1/2	$0{,}86 \times 10^{-10}$
	K^0_l	497,8		$5{,}17 \times 10^{-8}$
	$K\pm$	493,8		$1{,}24 \times 10^{-8}$
		Fermions lourds (baryons)		
Nucléon N	Proton p^+	938,3	1/2	Stable(2×10^{28} a.)
	neutron n^0	939,6		$0{,}93 \times 10^3$
Hypéron Λ^0	Λ^0	1 115,6	0	$2{,}52 \times 10^{-10}$
Hypéron Σ	Σ^+	1 189,4	1	$0{,}80 \times 10^{-10}$
	Σ^0	1 192,5		$< 10^{-14}$
	Σ^-	1 197,3		$1{,}48 \times 10^{-10}$
Hypéron Ξ	Ξ^-	1 314	1/2	3×10^{-10}
	Ξ^0	1 321		$1{,}66 \times 10^{-10}$
Hypéron Ω	Ω^-	1 672	0	$1{,}3 \times 10^{-10}$
		Fermions légers (leptons)		
Neutrino	νe, $\nu\mu$	0		Stables
Électron	$e\pm$	0,511		Stable ($>2 \times 10^{21}$ a.)
Muon	$\mu\pm$	105,66		$2{,}19 \times 10^{-6}$
		Bosons légers		
Photon	γ	0		Stable

Nota. — Ce tableau ne comprend pas les résonances de vie moyenne $< 10^{-20}$ s, et, pour les baryons, il ne comprend que les « particules » à l'exclusion de leurs antiparticules. Il existe des bosons intermédiaires (bosons vectoriels faibles) W+ W− (chargés) et Z^0 (neutres) (vie moyenne 10^{-20} secondes, masse 80 Gev). Des bosons W ont été découverts en 1983.

Le nombre indiqué dans la colonne Isospin est associé à un « multiplet » de charges différentes : le nombre des particules dans le multiplet est 2 I + 1.

● **Particules instables. Muon :** se désintègre en neutrino, antineutrino et positon (s'il est positif) ou négaton (s'il est négatif).

Diproton : découvert en 1978 au laboratoire d'Argonne (Michigan, U.S.A.). Formé de la collision de 2 protons. Existence très brève. Moment cinétique : spin 3. Énergie : 2 260 millions d'électrons-volts.

Méson π (pion chargé) : se décompose généralement en un neutrino et un muon.

Constantes physiques

Vitesse de la lumière dans le vide : $c = 299\,792\,458$ m/s.
Nombre d'Avogadro : $N = (6{,}022\,17 \pm 0{,}000\,4) \times 10^{23}$.
Charge de l'électron : $e = (1{,}602\,192 \pm 0{,}000\,007) \times 10^{-19}$ coulombs.
Masse de l'électron au repos : $m_e = (9{,}109\,56 \pm 0{,}000\,05) \times 10^{-31}$ kg.
Masse du neutron au repos : $m_n = (1{,}674\,92 \pm 0{,}000\,01) \times 10^{-27}$ kg.
Masse du proton au repos : $m_p = (1{,}672\,61 \pm 0{,}000\,01) \times 10^{-27}$ kg.
Facteur de conversion de la masse en énergie : 1 g = $(5{,}610\,000 \pm 0{,}000\,11)\,10^{26}$ MeV.
Constante de Planck : $h = (6{,}626\,19 \pm 0{,}000\,06) \times 10^{-34}$ joules × seconde.
Constante de Boltzmann : $k = 1{,}380\,54 \times 10^{-23}$ joules/degré absolu.

Pion neutre : se décompose en 2 rayons γ qui donnent naissance à 1 ou 2 paires d'électrons-positons.

Méson K (kaon) : se décompose de différentes façons, donnant des électrons, des neutrinos et des mésons π.

Hypéron : a une vie courte et une masse comparable à celle des nucléons.

Leptons : dépourvus d'interactions fortes.

Hadrons : particules ayant des interactions fortes (comparables aux forces nucléaires très grandes mais de courte portée 10^{-13} cm) : comprennent baryons et mésons et plus d'une centaine de résonances très instables de vie moyenne $\leqslant 10^{-20}$ s. Selon le physicien américain Murray Gellmann (n. 1929), tous ces hadrons seraient constitués par 3 particules fondamentales qu'il a baptisées **quarks**, dont les charges seraient fractionnaires par rapport à celle du proton $\left(\frac{2}{3}\right.$ et $\left.-\frac{1}{3}\right)$. Le mot *quark* a été forgé par le romancier irlandais James Joyce, qui lui donne à peu près le sens d'« ordure ».

Les **baryons** seraient les états fondamentaux ou excités d'un ensemble très lié des 3 quarks, les *mésons* d'un ensemble quark + antiquark.

En 1974, des expériences faites à Brookhaven (U.S.A.), utilisant un accélérateur à protons, et à Stamford (U.S.A.), utilisant un anneau de collisions e^-e^+, ont montré des résonances mésoniques lourdes (3,1 et 3,7 GeV) relativement stables (10^{-19} s) impliquant l'existence d'un 4ᵉ quark plus lourd dit *charme* ou quark charmé, prévu par certaines théories. Ceci a été confirmé en 1976 par l'observation de résonances mésoniques « charmées » (qui seraient formées d'un quark charmé et d'un quark ordinaire). Une nouvelle résonance mésonique très lourde (9,5 GeV) et relativement stable découverte en 1977 impliquerait l'existence d'un 5ᵉ quark encore plus lourd. Un 6ᵉ quark est attendu, car il y a des raisons théoriques pour que le nombre des quarks soit pair.

Cependant, tous les efforts expérimentaux pour découvrir les quarks isolés ont échoué jusqu'ici, et la plupart des théoriciens admettent maintenant qu'ils sont nécessairement toujours liés par 3 ou par paires quark + antiquark. Le « liant universel » groupant les quarks est le **champ gluonique** dont les particules associées (quanta de ce champ) sont appelées **gluons ;** comme les quarks, elles sont « confinées » dans les hadrons. Mais une expérience faite en 1979 apporte la confirmation indirecte de leur existence.

Théorie de la chromodynamique quantique. On explique que les états à 3 quarks (ou quark + antiquark) existent seuls en leur attribuant 3 « couleurs » quelle que soit par ailleurs leur « saveur » (charge, isospin, etc.). Les seuls états observés de baryons sont « blancs » (1 bleu + 1 jaune + 1 rouge) ; il en est de même pour les états de mésons : 1 bleu + 1 bleu par exemple où bleu = jaune + rouge. La chromodynamique quantique a servi de base pour tenter d'unifier toutes les interactions autres que la gravitation (théories unifiées), l'objectif final étant de les unifier toutes suivant l'espoir qu'avait exprimé Einstein en son temps.

Niveaux d'énergie

1) Il se produit des échanges d'énergie entre la matière et le rayonnement mais d'une manière discontinue par « quanta ». La quantité d'énergie de chaque quantum est donnée par : $E = h\nu$, sachant que $h = 6{,}62 \times 10^{-34}$ joule-seconde (h est la constante de Planck, ν est la fréquence de la longueur d'onde).

2) La masse du photon est nulle. La charge électrique du photon est nulle. Par contre il a une quantité de mouvement et une énergie telles que : $E = pc$. La vitesse du photon est : 3×10^8 m/s. On peut exprimer la quantité de mouvement du photon en fonction de la fréquence de la lumière :

$$p = \frac{h\nu}{c} \text{ ou : } \lambda = \frac{c}{\nu} \text{ donc } p = \frac{h}{\lambda}.$$

3) Il peut y avoir diffusion de photons avec perte d'énergie ; c'est l'effet Compton qui confirme l'hypothèse de la nature corpusculaire de la lumière.

4) Il y a donc deux concepts, d'onde ou de particule, pour un même phénomène physique. La relation fondamentale de la mécanique ondulatoire $\lambda = \frac{h}{p}$ exprime que l'on attribue à toute particule de quantité de mouvement p une onde associée de longueur d'onde : λ.

En général les longueurs d'onde associées sont de l'ordre des rayons X. Un électron accéléré sous une tension de 100 V a une quantité de mouvement de l'ordre de 10^4 eV et une énergie cinétique de 100 eV. On peut donc calculer la longueur d'onde : λ = 0,124 nm. On peut faire des réactions sur noyau, de l'ordre de 10 fm de diamètre ; pour cela on utilise des projectiles qui auront une quantité d'énergie de l'ordre de 120 MeV.

5) On peut quantifier les niveaux d'énergie. Un système lié s'obtient grâce à un groupement de particules. Les particules forment un ensemble de cohésion assurée par une énergie potentielle de liaison. Par exemple un proton et un électron placés à 100 pm l'un de l'autre forment un système lié. Par contre un proton et un neutron placés à la même distance ne forment pas un système lié. Pour qu'ils forment un système lié, éventuellement un noyau de deutérium, il faudrait que la distance soit de l'ordre de 2×10^{-15} m.

6) L'onde associée à une particule se comporte de la même façon que dans les ondes stationnaires.

Rappel : la longueur d'une corde dans l'expérience de Melde $L = n\frac{\lambda}{2}$.

Pour les particules il faut quantifier :

$\lambda = \frac{h}{p}$ où $p = \sqrt{2mEc}$, donc

$$\lambda = \frac{h}{\sqrt{2mEc}}.$$

On peut donc calculer l'énergie cinétique d'un nucléon : $Ec = \frac{n^2 \; h^2}{8 \; ma^2}$ (a représente le diamètre du noyau).

Cette énergie cinétique est une des composantes de l'énergie d'un nucléon, les autres énergies étant l'énergie de liaison nucléaire et l'énergie potentielle.

7) Estimation des niveaux d'énergie dans un atome d'hydrogène. Suivant les valeurs de n sachant que :

$$\lambda = \frac{h}{p} \text{ et } a = \frac{\lambda}{2}.$$

n	1	2	3	4	5
En eV	13,6	3,4	1,6	0,84	0,54

On ne calcule les niveaux d'énergie qu'à l'échelle atomique. Dans les autres cas l'énergie cinétique est une variable continue.

8) L'accélérateur du C.E.R.N. à Genève peut communiquer à des photons une énergie de 450 GeV. La longueur d'onde dans ce cas est d'env. $2{,}8 \times 10^{-18}$ m.

– Un proton de longueur d'onde associée 0,1 p m aura une énergie cinétique de 82 keV.

– Un proton de longueur d'onde du même ordre de grandeur que la particule, soit 10^{-15} m, aura une énergie cinétique de 620 MeV.

$$1 \text{ fm} = \frac{1}{10^{15}} \text{ m.}$$

$$1 \text{ fm} = 10^{-15} \text{ m.}$$

Radioactivité

☞ Voir Index : Radioactivité.

● **Types de radiations.** On en distingue plusieurs dont :

a) Radiation alpha (α). La particule α comprend 2 protons et 2 neutrons liés. Énergie 4 à 9 MeV. Elle est identique au noyau de l'atome d'hélium. Vitesse : environ 10 000 km/s. Portée dans l'air : 2,5 à 8,5 cm ; dans des solides : 10 à 100 microns (une feuille de papier l'arrête).

b) Radiation bêta (β). La particule β est soit un électron (chargé négativement et appelé *négaton*), soit un électron positif (appelé *positon*). Énergie maximale : de quelques centaines d'eV à quelques MeV. Vitesse : 0 à 300 000 km/s. Portée dans l'air : quelques m ; dans les solides : quelques mm (100 feuilles de papier l'arrêtent).

Les émissions α et β changent le nombre atomique du noyau. Un corps nouveau apparaît qui, s'il n'est pas stable, continuera à émettre des radiations, changeant de nature à son tour jusqu'à ce qu'il devienne un corps stable. De l'uranium donnera ainsi finalement du plomb.

c) Radiation gamma (γ). Onde électromagnétique très courte, non chargée électriquement, voyageant à la vitesse de la lumière et transportant de l'énergie. Portée : très pénétrante. Énergie : jusqu'à plusieurs MeV.

● **Radiations associées.** Un même corps émet très rarement à la fois des particules α et des β, mais fréquemment les radiations γ accompagnent des radiations α ou β.

En même temps que la particule β, le noyau émet une autre particule non chargée que l'on suppose sans masse au repos et qui peut traverser toute matière sans laisser de trace (de rares traces dans des expériences à haut flux de neutrinos).

Si la particule β est un électron positif, c'est un **neutrino.** Si la particule β est un électron négatif, c'est un **antineutrino.**

L'intensité des radiations diminue de moitié par **période.** La période est le temps nécessaire pour que la moitié de la masse d'un corps radioactif se décompose en un corps différent. Elle varie suivant les corps (ex. : un isotope du polonium a une période de 0,3 × 10^{-6} s ; le radium 228, une période de 1 670 ans ; et l'uranium 238, de 4,4 milliards d'années).

On suppose qu'au début de la Terre, il existait beaucoup de noyaux instables qui se seraient transformés ensuite.

● **Radioactivité provoquée.** Nous pouvons provoquer la radioactivité de corps stables en bombardant leurs noyaux avec des protons (dans un accélérateur de particules), des neutrons (dans un réacteur atomique) ou des particules α émises par un autre corps radioactif (ou un accélérateur).

L'équilibre « neutrons-protons » du noyau stable ainsi bombardé est rompu : il devient instable et se désintègre en émettant un rayonnement β.

● **Réactions en chaîne.** L'uranium 235, dont le noyau comprend 143 neutrons et 92 protons, est très instable. Si on le bombarde avec des neutrons, les noyaux qui auront reçu un neutron supplémentaire deviendront encore plus instables et se casseront (fission) en 2 parties à peu près égales, libérant en outre 2 ou 3 neutrons qui, allant bombarder des noyaux voisins, provoqueront une réaction semblable, amorçant ainsi une réaction en chaîne. La masse des produits de fission obtenus sera moindre que la masse initiale, la différence s'étant transformée en énergie.

II – Mécanique

Cinématique

Étude des mouvements indépendamment des causes qui les produisent.

Accélérateurs

Définition. Appareils accroissant la vitesse des particules chargées électriquement (protons, deutons, particules alpha, électrons, etc.) qui servent de projectiles pour produire des réactions. On distingue :

1) a. électrostatiques qui permettent d'atteindre une dizaine de MeV (million d'électrons-volts) pour les particules lourdes (protons, deutons, alpha). Ex. : le multiplicateur de tension de Cockroft et Walton, le générateur électrostatique de Van de Graaf.

2) a. circulaires qui dérivent tous du cyclotron.

Cyclotron. Les ions animés au départ d'une vitesse assez faible parcourant, sous l'action d'un champ magnétique de guidage fixe, une orbite en spirale : à chaque demi-tour, une différence de potentiel est appliquée à la particule par des électrodes, augmentant ainsi graduellement son énergie cinétique. Le cyclotron est utilisable seulement pour des énergies où la dynamique est non relativiste (petites devant Mc^2, M étant la masse au repos de la particule). Ex. : petites devant 1 GeV (1 giga électrons-volts soit 1 milliard d'électrons-volts) pour le proton. Au-delà, on doit utiliser le synchrocyclotron puis le synchrotron.

Synchrocyclotron. Cyclotron dans lequel le champ électrique accélérateur a une fréquence variable. *Synchrotron :* cyclotron dont le champ magnétique de guidage est variable pour maintenir la particule toujours sur la même orbite au cours de son accélération. Le bêtatron est un a. circulaire type synchrotron accélérant des électrons.

Synchrotrons à protons les plus grands : supraconducteurs 512 Ge V : Fermi National Laboratory à Batavia (Illinois) (installé dans un tunnel annulaire long de 6,4 km ; les protons sont maintenus sur leur orbite par + de 1 000 aimants, chacun long de 7 m, refroidis à quelques degrés au-dessus du 0 absolu, soit moins de 273,15 degrés Celsius, par de l'hélium liquide. A cette basse température, le métal qui constitue le bobinage des aimants devient supraconducteur. On peut donc faire passer des courants beaucoup plus intenses que dans un conducteur normal et créer ainsi des champs magnétiques plus forts permettant finalement de donner aux particules des énergies plus élevées) ; 400 GeV au C.E.R.N. (Genève). *Génération précédente :* 76 GeV à Serpoukhov (U.R.S.S.) ; 30 GeV à Brookhaven (U.S.A.) ; 28 GeV au C.E.R.N.

En France, Saturne (Saclay) de 3 GeV a été adapté pour accélérer des deutons (noyau d'hydrogène lourd formé d'un proton et d'un neutron).

3) a. linéaires, surtout utilisés pour les *électrons* (dont le rayonnement électromagnétique devient trop considérable aux énergies élevées dans les accélérateurs circulaires). On y utilise seulement un champ électrique accélérateur qui est appliqué à des électrodes échelonnées le long de la trajectoire rectiligne du faisceau de particules et « suit » leur mouvement. *Les plus grands :* Stanford (U.S.A.) : 33 GeV ; *France,* Orsay : 2,5 GeV. Ils sont souvent associés à des « anneaux de stockage » qui maintiennent sur des trajectoires circulaires les électrons accélérés, réalisant finalement des « anneaux de collisions » où 2 faisceaux tournent en sens inverse. *Ganil* (Grand accélérateur national à ions lourds) de Caen permet de bombarder les « cibles » avec des ions « lourds », c.-à-d. des atomes lourds séparés de leurs électrons par un passage dans 3 cyclotrons successifs.

Généralités

La position du mobile sur une trajectoire quelconque est définie en fonction du temps compté à partir d'une date origine, soit par ses coordonnées dans un repère Oxyz :

$$x = f(t),\ y = g(t),\ z = h(t),$$

soit par son **abscisse curviligne** s = f(t) comptée à partir d'une origine O sur la trajectoire orientée.

Si A et A' sont les positions du mobile aux instants t et t', le vecteur vitesse $\vec{V}$ à l'instant t est défini par :

$$\vec{V} = \Delta t \to O \lim \frac{\overrightarrow{AA'}}{t' - t} = \frac{d\overrightarrow{OA}}{dt}.$$

Il est porté par la tangente à la trajectoire au point A et a pour mesure :

$$v = \frac{ds}{dt} = s'(t).$$

Le vecteur accélération $\vec{G}$ est défini par :

$$G = \Delta t \to O \lim \frac{V' - V}{t' - t}.$$

$\vec{G}$ est la résultante de 2 vecteurs :

$\vec{G}_T$, accélération tangentielle, portée par la tangente : $|\vec{G}_T| = \frac{dv}{dt} = s''(t)$;

$\vec{G}_N$, accélération normale à la trajectoire dirigée vers la concavité : $|\vec{G}_N| = \frac{v^2}{R}$.

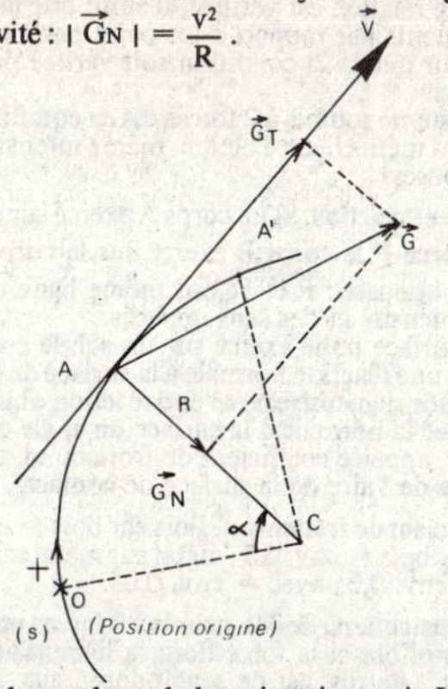

R rayon de courbure de la trajectoire en A. Le mouvement est uniforme si la vitesse est constante ; alors l'accélération tangentielle est nulle.

Les **projections** sur les axes d'un repère Oxyz de la vitesse et de l'accélération d'un mobile sont :

$$V_x = x't,\quad V_y = y't,\quad V_z = z't,$$
$$g_x = x''t,\quad g_y = x''t,\quad g_z = x''t.$$

Ce sont les vitesses et accélérations des projections du mobile.

Cas particuliers

1. Mouvement rectiligne. La position du mobile est repérée par son abscisse x = f(t) sur un axe porté par la trajectoire. La vitesse moyenne entre 2 instants, t et t', correspondant respectivement aux positions A et A' du mobile, a pour expression : $V_m = \frac{\overline{AA'}}{t' - t} = \frac{\Delta x}{\Delta t}$.

La vitesse à l'instant t est la limite de Vm quand Δt tend vers zéro : $v = \frac{dx}{dt} = x'$; c'est la dérivée de l'abscisse par rapport au temps.

Le vecteur vitesse $\vec{V}$ à l'instant t est porté par l'axe, il a pour origine le point A ; sa mesure algébrique sur l'axe est v, son sens est celui du mouvement.

L'accélération moyenne est mesurée par la variation moyenne de la vitesse entre les instants t et t' :

$$g_m = \frac{v' - v}{t - t'} = \frac{\Delta v}{\Delta t}.$$

L'accélération instantanée est la limite de gm quand Δt tend vers zéro :

$$g = \frac{dv}{dt} = \frac{d^2x}{dt^2} = x''.$$

Le **vecteur accélération** $\vec{G}$ est un vecteur porté par l'axe ; sa mesure algébrique sur cet axe est g.

2. Mouvement rectiligne uniforme. Cas particulier où le mobile se déplace à vitesse constante v_o.

L'accélération est nulle, l'abscisse est une primitive de v_o :

$$x = v_o t + x_o,$$

x_o étant l'abscisse à l'instant origine.

3. Mouvement uniformément varié. *L'accélération* est constante : g = v't = k.

La *vitesse* est : $v = gt + v_o$, v_o étant la vitesse à l'instant initial. *L'équation horaire* a pour expression :

$$x = \frac{1}{2}gt^2 + v_o t + x_o.$$

Si v_o et g sont de signes contraires, la vitesse s'annule à un instant donné : le mobile rebrousse chemin. Le mouvement est accéléré quand la vitesse croît en valeur absolue, donc quand vg > 0. Il est retardé quand vg < 0. Si on élimine t entre les équations :

$$x - x_o = \frac{1}{2}gt^2 + v_o t \text{ et } v - v_o = gt,$$

il vient : $v^2 - v_o^2 = 2g(x - x_o)$.

4. Mouvement sinusoïdal. L'*abscisse* du mobile sur l'axe est x = a sin (ωt + φ) où a est l'*amplitude* du mouvement, ω sa pulsation, φ la phase (ou angle à l'origine). Le mouvement est limité aux points d'ordonnée + ou − a. Le mouvement a pour période T = 2π/ω. La *vitesse* est nulle lorsque l'élongation est maximale ou minimale.

L'accélération est :

$$g = x''t = -a\omega^2 \sin(\omega t + \varphi) = -\omega^2 x.$$

Réciproquement, si à chaque instant l'accélération est, au coefficient ω^2 près, opposée à l'élongation, on a affaire à un mouvement sinusoïdal de pulsation ω.

5. Mouvement circulaire. Le mobile peut être repéré par son abscisse curviligne OA = s ou par l'angle $\alpha = (\overrightarrow{CO}, \overrightarrow{CA}) = f(t)$, avec s = Rα. La vitesse a pour mesure : $\underline{V} = R\alpha'(t)$; α'(t) est la vitesse angulaire. **L'accélération tangentielle** est : $g_t = R\alpha''(t)$, et l'**accélération normale** $g_n = R\alpha'(t)^2 = \frac{v^2}{R}$.

Dans un mouvement circulaire uniforme, α' est constante ; le vecteur accélération est centripète et de module constant :

$$g = R\alpha'^2 = \frac{v^2}{R}.$$

Changement de repère. Connaissant le mouvement d'un mobile A dans le repère Oxyz, animé lui-même d'un mouvement d'entraînement par rapport à un repère fixe $O'x_oy_oz_o$, on peut connaître le mouvement absolu de A' dans le repère fixe. La relation $\overrightarrow{O'A} = \overrightarrow{O'O} + \overrightarrow{OA}$ donne :

$$\vec{V}a = \frac{d\overrightarrow{O'A}}{dt} = \frac{d\overrightarrow{O'O}}{dt} + \frac{d\overrightarrow{OA}}{dt} \text{ ou}$$

$\vec{V}a = \vec{V}e + \vec{V}r$, Vr étant la vitesse relative de A dans Oxyz et Ve la vitesse d'entraînement, vitesse dans $O'x_oy_oz_o$ du point de Oxyz coïncidant avec A à l'instant t.

La **vitesse absolue** Va est la résultante de la *vitesse relative* et de la *vitesse d'entraînement.*

Si le mouvement d'entraînement est une translation, il existe une relation analogue entre ces accélérations : $\vec{G}a = \vec{G}e + \vec{G}r$. Dans le cas général : $\vec{G}a = \vec{G}e + \vec{G}r + \vec{G}c$, Gc est l'**accélération de Coriolis** [1]. En particulier, si Oxyz est animé autour de l'axe O'z d'un mouvement de rotation de vitesse angulaire ω, l'accélération complémentaire a pour expression : $\vec{G}c = 2\vec{\omega} \wedge \vec{V}r$, $\vec{\omega}$ désignant un vecteur de module ω porté par O'z.

Nota. — (1) Définie par Gaspard Coriolis (1792-1843).

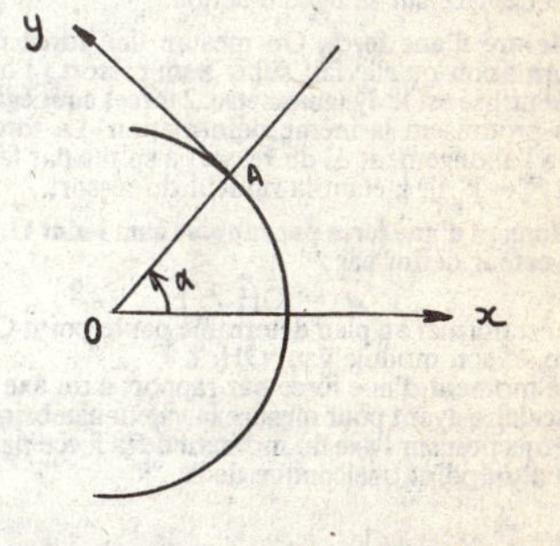

Vitesse en coordonnées polaires. Si la trajectoire est plane, la position du mobile est définie par le vecteur $\overrightarrow{OA}$ et par l'angle $\alpha = (\overrightarrow{Ox}, \overrightarrow{OA})$. Le mouvement est la somme d'un mouvement relatif sur OX, de vitesse $Vr = \frac{d\overline{OA}}{dt}$, et d'un mouvement d'entraînement, rotation de $\overline{OA}$ autour de O, de vitesse $\vec{V}e = r\alpha'$, portée par l'axe Ay. $V^2 = Vr^2 + Ve^2$.

Cinématique du corps solide

Translation. Les trajectoires des divers points se déduisent les unes des autres par translation. Les vitesses et les accélérations sont des vecteurs équipollents en tous les points.

Rotation autour d'un axe. Les trajectoires des divers points sont des cercles normaux à cet axe et centrés sur lui. A un instant donné, les vitesses angulaires des divers points sont égales.

Statique

Définition. Étude de l'équilibre des corps. Force exercée par un fluide en équilibre sur une portion de paroi.

Par définition, la pression en un point d'un fluide en équilibre, dans une direction donnée, est la pression qui s'exercerait sur une face d'une très petite paroi plane normale à cette direction et centrée sur le point.

En un point d'un liquide, la pression conserve une valeur constante, indépendante de l'orientation de l'élément de surface centré sur le point considéré. Conclusion : en un point d'un fluide en équilibre, la pression est la même dans toutes les directions.

1) Pression moyenne sur une portion de paroi plane d'aire S. Cette surface est soumise à des forces pressantes, f, qui lui sont perpendiculaires. Il existe une résultante, F, perpendiculaire à la portion de paroi et appliquée en un centre de poussée. La pression moyenne est :

$$p_m = \frac{F}{S}.$$

2) Pression autour d'un point M. Soit f la résultante des poussées qui s'exercent sur s. La force f est normale à l'élément de surface. La pression au point M est :

$$p = \frac{f}{s}.$$

3) Paroi courbe. Un très petit élément d'aire s est très peu différent d'un élément plan. On peut admettre qu'il se confond avec un élément du plan tangent en M à la paroi : $p = \frac{f}{s}$.

Généralités

Force. Ensemble des causes capables de déformer un corps ainsi que de produire ou de modifier le mouvement d'un corps. Les forces sont : *de contact* (interaction de 2 corps en tout point de leur surface de contact), *à distance* (interaction de 2 corps électrisés ou aimantés, forces de gravitation). En particulier, le poids d'un corps est la force d'attraction que la Terre exerce sur lui. On la mesure avec une balance. On caractérise une force par sa *ligne d'action,* son *sens,* son *intensité,* son *point d'application.* On la représente par un *vecteur.* Lorsque la force est appliquée à un système indéformable, son effet est le même quand on la déplace sur sa ligne d'action.

Mesure d'une force. On mesure une force par la déformation qu'elle fait subir à un ressort ; l'instrument utilisé est le **dynamomètre.** 2 forces sont égales si elles produisent la même déformation. La force est liée à l'allongement Δl du ressort à spires par la relation F = k Δl, k étant la raideur du ressort.

Moment d'une force par rapport à un point O. C'est un vecteur défini par :

$$\vec{\mathcal{M}} = \overrightarrow{OH} \wedge \vec{F}$$

Il est normal au plan déterminé par le point O et la force, et son module vaut OH × F.

Le moment d'une force par rapport à un axe Δ est un **scalaire** ayant pour mesure la valeur algébrique de la projection sur l'axe du moment de la force par rapport à un point quelconque de Δ.

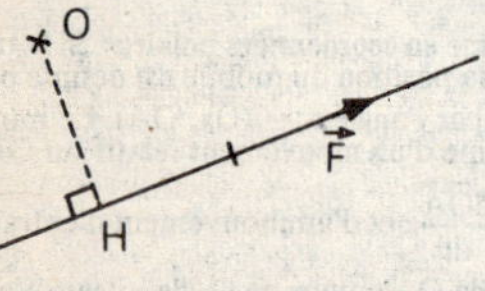

Couple. C'est un ensemble de 2 forces parallèles de sens opposés et de même intensité. Il tend à faire tourner le système auquel il est appliqué. Son effet est d'autant plus grand que son moment, vecteur normal au plan des 2 forces et d'intensité M = F × d (d = distance des 2 forces ou bras de levier du couple), est plus grand. Le système est en équilibre lorsque la rotation a amené les 2 forces à avoir une même ligne d'action.

Un fil tordu tend à revenir à sa position initiale en exerçant un couple de torsion dont le moment est proportionnel à l'angle de torsion M = Cα, C étant la constante de torsion du fil.

Équilibre d'un solide

Condition. Il faut et il suffit que la somme géométrique des forces appliquées et la somme des moments de ces forces par rapport à un point quelconque soient nulles.

La 1re condition exprime que la figure formée en portant à la suite les uns des autres les vecteurs équipollents représentant les diverses forces soit un polygone fermé.

Si cette relation est vérifiée, il suffit que la somme des moments par rapport à un point particulier soit nulle pour que la 2e condition soit vérifée pour tous les points.

Un système soumis à 2 forces est en équilibre si ces forces ont même ligne d'action, même intensité et des sens opposés.

Action et réaction. Si un corps A exerce sur un corps B une force $\vec{F}$ le corps B exerce sur le corps A une force $\vec{F'}$ opposée : $\vec{F}$ et $\vec{F'}$ ont même ligne d'action, même intensité et des sens opposés.

Une surface polie exerce sur un solide en contact avec elle une réaction normale à la surface de contact ; une surface rugueuse exerce une réaction oblique formant avec la normale à la surface un angle φ dont la tangente, appelée coefficient de frottement, est indépendante de l'aire de la surface de contact.

Coefficient de frottement. Bois sur bois = env. 0,4 ; métal sur bois = env. 0,5 ; métal sur métal sans lubrifiant = env. 0,2 ; avec = env. 0,05.

Cas particuliers. Solide soumis à 3 forces parallèles. Il y a équilibre si la force dont la ligne d'action est entre les 2 autres, est de sens opposé aux 2 autres, d'intensité égale à la somme des 2 autres et si la somme des moments de $\vec{F1}$ et $\vec{F2}$ par rapport à un point de $\vec{F3}$ est nulle : F1 d1 = F2 d2.

Ensemble de forces parallèles et de même sens. Elles sont équivalentes à une force unique dont l'intensité est égale à la somme des intensités de chacune des forces et dont la ligne d'action passe par le centre des forces parallèles G tel que :

F × OG = F1 × OA + F2 × OB + F3 × OC...

O étant un point quelconque et A, B, C étant les points d'application des diverses forces.

Si ces forces sont les poids des différents éléments d'un système, G est le centre de gravité ou centre d'inertie.

Solide mobile autour d'un axe. La somme géométrique des réactions de l'axe est égale et opposée à la somme des forces agissantes puisque le solide ne subit pas de translation. Comme le moment de ces réactions par rapport à l'axe est nul, la condition d'équilibre est que la somme algébrique des moments par rapport à l'axe des forces appliquées soit nulle.

Quantité de mouvement

Une masse ponctuelle m animée d'une vitesse $\vec{v}$ possède une quantité de mouvement $\vec{p} = m\vec{v}$ dont le module s'exprime dans le système SI en kilogrammemètre par seconde. La quantité de mouvement d'un ensemble de points matériels : $\vec{p} = \Sigma m\vec{v}$ est égale à celle de son centre de gravité considéré comme un point matériel de masse égale à la somme des masses $\vec{p} = M\vec{v_G}$. Si la somme des forces appliquées au système est nulle, la quantité de mouvement se conserve.

Exemples. Fusée. Soit, aux dates t et t + dt, respectivement les masses M et M − dM de la fusée, V et V + dV ses vitesses comptées dans le sens du mouvement ; $q = \frac{dM}{dt}$, le débit par seconde des gaz éjectés ; u la vitesse d'éjection des gaz par rapport à la fusée et V − u leur vitesse réelle ; ΣF la force (poids, résistance de l'air) appliquée au système. La variation de la quantité de mouvement du système entre t et t + dt obéit à la relation " soit, au 2e ordre près " :

$$(MdV - udM) = \Sigma F dt ;$$

soit : $M \frac{dv}{dt} = uq + \Sigma F.$

L'accélération est donc la même que si la fusée avait une masse constante et était soumise, outre les forces extérieures, à la poussée uq.

Satellite artificiel. Le mobile lancé décrit une orbite ; celle-ci a, généralement, la forme d'une ellipse dont le centre de la Terre est un foyer. L'action de la force de propulsion doit cesser au-delà des limites de l'atmosphère dense. La direction de la vitesse finale doit être perpendiculaire à la direction satellite-Terre. Cette vitesse est alors dire « horizontale ». Pour une altitude déterminée, il existe une valeur de cette vitesse « vitesse circulaire » (Vo) qui a pour valeur :

$$(Vo)^2 = \frac{GM}{\Delta o} ;$$

G est la constante de la gravitation universelle, M la masse de la Terre, Δo la distance du point initial au centre de la Terre. Pour une altitude de 1 000 km, on obtient (Vo) = 7 349 m/s.

La durée de révolution To est égale à

$$To = \frac{2M\Delta o}{(Vo)}.$$

Pour une altitude de 1 000 km, To = 6 283 s, soit 104 mn 43 s. *Pour une vitesse inférieure à (Vo),* le satellite se rapproche de la Terre ; *supérieure,* le point de lancement est son périgée. *Pour une valeur déterminée de la vitesse Vo,* la trajectoire, au lieu d'être elliptique, devient parabolique. Dans une telle trajectoire, le satellite s'éloigne indéfiniment de la Terre. La valeur particulière (Vo) p de la vitesse parabolique est donnée par la formule :

$$(Vo)^2 p = \frac{2GM}{\Delta o} = 2 (Vo)^2.$$

Ainsi, à 1 000 km d'altitude, on aurait (Vo)p = (Vo) × $\sqrt{2}$ = 10 395 m/s. Pour avoir la vitesse du projectile par rapport au Soleil, il faut composer la vitesse restante par rapport à la Terre avec la valeur qu'avait cette dernière par rapport au Soleil au moment du lancement (environ 30 000 m/s).

Pour déterminer la vitesse relative par rapport à la Terre, on doit tenir compte de la vitesse de rotation de la Terre sur elle-même. Suivant que le lancement est fait vers l'E. ou vers l'O., la rotation de la Terre introduit un appoint positif ou négatif à la vitesse de lancement. Cet appoint, non négligeable, est de : 450 × cos φ m/s, φ étant la latitude du lieu de lancement.

La masse volumique d'une substance est le quotient de la masse d'un échantillon de cette substance par le volume qu'il occupe :

$$\mu = \frac{m}{V}.$$

La densité par rapport à l'eau est :

$$d = \frac{\mu}{\mu^e},$$

μ est la masse volumique du solide ; $\mu^e = 10^3$ kg/m³ ;
d s'exprime sans unité.

Centre d'inertie d'un solide. Loi de l'inertie : lorsqu'un solide est soumis à des actions qui se compensent, il existe un point G, unique, lié à ce solide. G a un mouvement rectiligne et uniforme, par rapport à la Terre. *G est appelé le centre d'inertie.*

Le centre d'inertie est un barycentre, quelles que soient les masses m_A et m_B de ses deux parties A et B.

$\overrightarrow{GG_A}$ et $\overrightarrow{GG_B}$ sont colinéaires ;

$m_A . \overrightarrow{GG_A} + m_B . \overrightarrow{GG_B} = \vec{0}$;

finalement :

$$\overrightarrow{OG} = \frac{m_A . \overrightarrow{OG_A} + m_B . \overrightarrow{OG_B}}{m_A + m_B}.$$

G est aussi appelé centre de masse.

III — Dynamique

Étude des relations entre les forces et les mouvements qu'elles produisent.

Généralités

Dans un référentiel galiléen, un point matériel soumis à aucune force est soit immobile, soit animé d'un mouvement rectiligne uniforme. Le **repère de Copernic,** centré au centre de gravité du système solaire, et dont les axes passent par 3 étoiles fixes, et tout autre repère animé, par rapport au repère de Copernic, d'un mouvement de translation rectiligne et uniforme sont des repères galiléens. Un repère terrestre n'est pas galiléen puisque la Terre tourne sur elle-même et autour du Soleil. Mais, comme les mouvements sont lents, tout repère terrestre peut être considéré comme galiléen.

Masse. Principe fondamental de la dynamique. Dans un repère galiléen, une force F appliquée à un point matériel lui communique une accélération de même support et de même sens : $\vec{F} = m\vec{\gamma} = m\frac{dV}{dt}$.

Cette relation définit la masse inerte du point matériel.

2 points matériels distants de d et de masse gravitationnelle m1 et m2 exercent l'un sur l'autre une force attractive portée par la droite qui les joint et d'intensité

$$F = \varepsilon\frac{m1 \times m2}{d^2}.$$

$\varepsilon = 6,67 \times 10^{-11}$ dans le système S.I.

Masse gravitationnelle et masse inerte sont égales. C'est le **principe d'équivalence d'Einstein**, base de la relativité générale.

En mécanique classique, la **masse d'un corps** est égale à la somme des masses des diverses parties qui le constituent. La **masse volumique** d'un corps homogène est la masse de l'unité de volume $\rho = \frac{m}{V}$.

La **densité** est le rapport de la masse d'un certain volume d'un corps à la masse du même volume du corps de référence.

Densité (par rapport à l'eau)

Liquides

Eau de mer	1,03	Huile d'ol.	0,92
Lait	1,03	Pétrole	0,80
Vin	0,99		

Bois

Chêne rouge d'Austr.	1,32	Noyer	0,80
		Érable	0,70
If	1	Cerisier	0,70
Amandier	0,99	Mûrier	0,70
Abricotier	0,89	Hêtre	0,65
Pommier	0,88	Peuplier	0,45
Chêne-liège	0,86	Tilleul	0,45
Chêne d'Eur.	0,80	Balsa	0,10-0,16

Métaux et alliages

Iridium	22,64	Plomb	11,34
Osmium	22,59	Argent [1]	10,49
Platine	21,40	Cuivre	8,94
Rhénium	21,00	Bronze	8,40-9,20
Plutonium	19,70	Fer électr.	7,90
Or	19,30	Acier	7,80
Tungstène	19,10	Fonte blanche	7,40
Uranium	18,70	Laiton	7,30-8,40
Mercure	13,59	Étain blanc	7,30

Substances diverses

Diamant	3,51	Sucre	1,60
Cristal ord.	3,35	Corps hum.	1,07
Verre à vitre	2,53	Graisse	0,94

Nota. —(1) Comprimé après fusion.

Le poids est proportionnel à la masse ; on compare les masses de 2 corps en comparant leurs poids.

A la surface de la Terre, l'intensité de la pesanteur, variable avec le lieu, est voisine de 9,8 m/s² (surface de la Lune : 1,65).

Dynamique des systèmes matériels

Le centre de gravité (ou d'inertie) d'un système a même mouvement qu'un point matériel de masse égale à la masse totale du système, et auquel seraient appliquées toutes les forces extérieures agissant sur le système.

Chute des corps dans le vide. Ils ne sont soumis qu'à la pesanteur supposée constante sur toute la trajectoire. La trajectoire est verticale. La relation fondamentale de la dynamique s'écrit mz″ = mg. Le mouvement, indépendant de la masse du corps, est uniformément varié et de loi :

$$z = \frac{1}{2}gt^2 + v_ot + z_o,\ v = gt + v_o$$

(v_o et z_o : vitesse et position initiales).

Si $v_o = 0$ (chute libre) et $z_o = 0$, le mouvement est uniformément accéléré :

$$z = \frac{1}{2}gt^2,\ v = gt,\ v = \sqrt{2\,gz}.$$

Si le mobile est lancé vers le haut, il s'élève suivant un mouvement uniformément retardé (v < 0 et g > 0) jusqu'au moment où sa vitesse s'annule, puis il descend suivant un mouvement accéléré.

Mouvements des projectiles. La résistance de l'air et les variations de l'intensité sont négligées. Dans un repère Oxyz, O étant le point de lancement et V_o étant la vitesse initiale faisant avec Ox un angle Θ, on écrit :

$$x'' = 0,\ Y'' = 0,\ Z'' = -g.$$

D'où $x = V_o \cos\Theta$.

La vitesse horizontale se conserve :

$$y = 0\,;$$

$$z = \frac{1}{2}gt^2 + v_o \sin\Theta\ t.$$

L'équation de la trajectoire s'obtient en éliminant t entre ces relations :

$$z = \frac{-gx^2}{2v_o^2\cos^2\Theta} + x\,\mathrm{tg}\,\Theta.$$

C'est une parabole.

La portée $OM = \frac{v_o^2\sin 2\Theta}{g}$ est maximale pour Θ = 45° ; elle est la même pour 2 inclinaisons complémentaires Θ et $\frac{\pi}{2} - \Theta$.

Si l'accélération d'un mobile dans un repère non galiléen est $\vec{g_r}$ et si $\vec{g_e}$ et $\vec{g_c}$ sont l'accélération d'entraînement et de Coriolis de ce repère par rapport à un repère galiléen, la relation fondamentale de la dynamique s'exprime par :

$$\vec{F} = m(\vec{g_r} + \vec{g_e} + \vec{g_c}),$$

$$\text{soit : } m\,\vec{g_r} = \vec{F} - m(\vec{g_e} + \vec{g_c})\,;$$

$\vec{g_r}$ s'obtient donc en ajoutant à la force réelle $\vec{F}$ une force d'inertie $-m(\vec{g_e} + \vec{g_c})$.

Nota. $-\vec{g_c} = 2\,\vec{Ve} \wedge \vec{r}$.

Mouvement circulaire uniforme. Il ne peut se produire que sous l'action d'une force centripète $F = m\frac{v^2}{r} = m\omega^2 r$.

Nota. — ω est la vitesse angulaire de rotation (en radians/seconde), ω = 2 π f. f : fréquence de rotation (en tours/s).

Le point paraît immobile pour un observateur situé dans un repère tournant avec lui autour de l'axe du cercle ($g_r = 0$, $g_c = 0$) ; la relation fondamentale de la dynamique s'écrit alors $\vec{F} = m\vec{g_e} = 0$.

Le point est donc en équilibre relatif sous l'influence de la force réelle $\vec{F}$ et de la force d'inertie centrifuge $F = m\omega^2 r$.

Le **poids d'un corps** est la résultante de l'attraction newtonienne dirigée vers le centre de la Terre et de la force d'inertie centrifuge due à la rotation de la Terre.

Application. Satellites artificiels. Soit 1 satellite de masse m décrivant autour de la Terre, à la vitesse v, une orbite circulaire à l'altitude h ; la force centripète produisant le mouvement est la force de gravitation

$$f = mg_o\frac{R^2}{(R + h)^2},$$

g_o désignant l'intensité de la pesanteur au sol et R le rayon de la Terre.

Cette force est égale à

$$f = m\frac{v^2}{R + h}.$$

La vitesse v a donc pour valeur

$$v = R\sqrt{\frac{g_o}{R + h}}.$$

Elle est d'autant plus faible que l'altitude est plus grande. La période

$$T = 2\pi\frac{R + h}{v} = 2\pi\frac{(R + h)^2}{R\sqrt{g_o}}$$

croît avec l'altitude. Soumis à la force gravitationnelle et à la force centrifuge opposée, les cosmonautes ont un poids apparent nul ; ils sont en état d'apesanteur.

Vitesse de libération. Pour qu'un projectile lancé du sol ne retombe pas sur terre, sa vitesse initiale doit être supérieure à la vitesse de libération $Ve = \sqrt{2\,g_oR}$ soit 11,2 km/s.

Résistance des fluides au mouvement

Un fluide (ex. l'air) exerce sur un corps en mouvement des forces de frottement (viscosité) et de pression (surpression à l'avant, dépression à l'arrière). Si le solide a un axe de symétrie, elles se réduisent à une force unique R, en sens inverse de la vitesse et dont l'intensité est fonction du nombre de Mach, $M = \frac{V}{V_o}$, rapport de la vitesse du mobile à la vitesse du son dans le fluide.

Pour M < 0,15, R est proportionnel à la vitesse ; dans le cas d'une sphère de rayon r, R = 6 π ηrV, η étant le coefficient de viscosité du fluide (formule de Stokes). Pour 0,15 < M < 0,8, $R = CaSV^2$; C constante liée à la forme du corps ; a masse volumique du fluide ; S maître couple, aire de la projection du corps sur un plan normal à la direction du mouvement. Lorsque le mobile franchit le mur du son, il apparaît une onde de choc. Pour M > 1,2 (vitesses hypersoniques), il se produit 2 ondes de choc, l'une à l'avant du mobile, l'autre à l'arrière, qui forment le « double bang ».

Au cours de la chute d'un mobile, la vitesse, d'abord croissante, atteint une valeur limite lorsque la résistance du fluide devient égale au poids ; à partir de ce moment, le mouvement est uniforme, de vitesse

$$v = \sqrt{\frac{mg}{CaS}}.$$

Rotation d'un solide autour d'un axe fixe

Définitions. Soit un élément de solide de masse m, décrivant un cercle de rayon r à la vitesse angulaire α′. Le moment par rapport à l'axe de la force qui le sollicite est :

$$\mathcal{M}\vec{F} = \mathcal{M}m\vec{\gamma}.$$

Or γ a une composante radiale (dont le moment est nul puisqu'elle rencontre l'axe) et une composante tangentielle rα″. D'où :

$$\mathcal{M}\vec{F} = m.r.r\alpha'' = mr^2\alpha''.$$

Tous les éléments du solide ayant même vitesse et même accélération angulaires,

$$\Sigma\mathcal{M}\,\vec{F} = \alpha''\Sigma mr^2.$$

$J = \Sigma mr^2$ est appelé **moment d'inertie** du solide par rapport à l'axe de rotation.

Le **moment cinétique** d'un élément par rapport à l'axe, moment de sa quantité de mouvement, est $rmr\alpha'$.

Le moment cinétique du solide est :

$$\sigma = \Sigma\,mr^2\alpha' = J\alpha'\,;$$

$$\text{d'où } J\alpha'' = \frac{d\sigma}{dt} = \sum\mathcal{M}\vec{F}.$$

La dérivée par rapport au temps du moment cinétique du solide par rapport à l'axe est égale au moment des forces agissantes. Si ce moment est nul (force nulle ou rencontrant l'axe), il y a conservation du moment cinétique : le solide est au repos ou en rotation uniforme.

Principaux moments d'inertie. *Circonférence pesante* par rapport à son axe : $J = mR^2$, par rapport à un diamètre : $J = ½mR^2$; *disque circulaire* par rapport à son axe : $J = ½mR^2$, par rapport à un diamètre : $J = ¼\,mR^2$. *Cylindre de révolution* par rapport à son axe : $J = ½mR^2$; *Sphère* par rapport à un diamètre : $J = {}^2/_5\,mR^2$. *Tige rectiligne* par rapport à un axe perpendiculaire à la tige en son milieu : $J = {}^1/_{12}\,M.L.^2$.

Théorème de Huyghens. Le moment d'inertie d'un solide par rapport à un axe quelconque Δ′ est égal à son moment d'inertie par rapport à un axe Δ, parallèle à Δ′ et passant par le centre de gravité, augmenté du produit de la masse du solide par le carré de la distance de deux axes :

$$J(\Delta') = J(\Delta) + md^2.$$

Application : le pendule

Pendule de torsion. Un fil de constante de torsion C fixé à une de ses extrémités supporte un solide de moment d'inertie J par rapport au fil. Si l'on tord cette dernière extrémité d'un angle α à partir de la position d'équilibre, le solide est soumis à un couple de rappel − Cα. Le mouvement du système est Jα″ = − Cα, équation différentielle dont la solution est le mouvement sinusoïdal de pulsation :

$$\omega = \sqrt{\frac{C}{J}},\ \text{et de période } T = 2\pi\sqrt{\frac{J}{C}}.$$

Pendule pesant. Solide mobile autour d'un axe horizontal soumis à la réaction de l'axe et à son poids Mg dont le moment, pour une élongation α, est − Mg a sin α en posant OG = a.

Pour des oscillations de faible amplitude, l'équation du mouvement est :

$$J\alpha'' \simeq -Mga\alpha.$$

Dans ces conditions, le mouvement est sinusoïdal, de période $T = 2\pi\sqrt{\frac{J}{Mga}}$.

Pendule simple. Constitué par une masse ponctuelle, suspendue à un axe horizontal par un fil inextensible, sans masse, de longueur l ; $J = ml^2$; $a = l$.

La période $T = 2\pi\sqrt{\frac{l}{g}}$ est indépendante de la masse du pendule et de sa nature.

Pour une petite sphère de rayon r, suspendue à un fil, et dont le centre est à la distance l de l'axe, $J = ml^2 + \frac{2}{5}mr^2$.

La période est $T = 2\pi\sqrt{\frac{l + \frac{2r^2}{5l}}{g}}$.

L'ensemble est assimilable à un pendule simple avec une erreur relative sur la période $\frac{\Delta T}{T} = \frac{r^2}{5l^2}$.

Mouvement perpétuel. Un volant parfaitement équilibré, tournant dans le vide sans aucun frottement, conserverait son énergie sous forme cinétique et ne s'arrêterait jamais de tourner. Mais cette rotation perpétuelle est irréalisable en pratique : les frottements existent, si faibles soient-ils, et l'énergie cinétique du volant se dissipera peu à peu en chaleur équivalente. Il faudra donc un apport d'énergie extérieur pour maintenir la rotation.

Résistance de l'air

La résistance de l'air est proportionnelle au carré de la vitesse initiale, dans le cas des faibles vitesses.

La résistance que l'air oppose au mouvement d'un projectile peut être représentée par la formule :

$$R = \frac{ia^2}{p} \times \Delta f(v),$$

dans laquelle i est l'indice de forme, a le calibre, Δ la densité balistique de l'air, p le poids du projectile, f (v) une fonction de la vitesse.

$\frac{p}{ia^2} = c$ est le coefficient balistique du projectile. f (v) est proportionnelle à une certaine puissance de la vitesse initiale, la résistance de l'air étant inversement proportionnelle à c, les projectiles doivent avoir un coefficient balistique aussi grand que possible.

IV — Hydrostatique, hydrodynamique

Hydrostatique

Pression en un point d'un liquide. Toute surface au sein d'un fluide est soumise à une force normale, dirigée vers la surface du liquide. La pression en un point est :

$$p = \frac{F}{S}.$$

Relation fondamentale de l'hydrostatique. La différence de pression entre 2 points d'un même fluide en équilibre est égale au poids d'une colonne de liquide, de section unité et de hauteur égale à la dénivellation *h* entre les deux points : $p' - p = h\rho g$, ρ étant la masse volumique du liquide et *g* l'intensité de la pesanteur.

Transmission des pressions par un liquide. Alors qu'un solide transmet les forces, un liquide fluide incompressible transmet intégralement et dans toutes les directions les variations de pression qu'on lui fait subir.

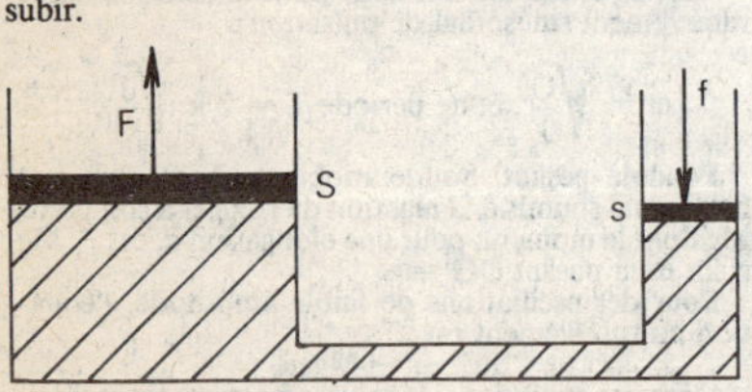

Applications : la presse hydraulique, système de vases communicants : si, sur un piston à la surface *s* de l'un d'eux, on exerce une force *f*, un piston à la surface S de l'autre permet d'obtenir une force F telle que $\frac{F}{S} = \frac{f}{s}$ ou $F = f\frac{S}{s}$.

Le système de freinage des automobiles utilise ce procédé.

Mesure de la pression. Dans un gaz de faible volume, la pression est la même en tous les points. On la mesure à l'aide de **manomètres** : le plus souvent ils sont constitués par des tubes en U contenant un liquide (eau ou mercure) ; une des branches est reliée à l'enceinte contenant le gaz, l'autre est reliée à une enceinte de référence (atmosphère ou vide). La dénivellation mesure la différence de pression entre les 2 enceintes.

Principe d'Archimède. Un fluide exerce sur un solide immergé des forces pressantes, qui se réduisent à une force unique ascendante portée par la verticale du centre de gravité du fluide déplacé. Son intensité est égale au poids du fluide déplacé. Si le solide est entouré par deux fluides superposés, la poussée qu'il subit est la résultante des poussées que subirait chaque partie du solide entièrement plongée dans le fluide. Si un corps flotte à la surface d'un liquide, le poids de l'air déplacé est négligeable vis-à-vis de celui du liquide déplacé, qui représente pratiquement la poussée totale.

Hydrodynamique

Théorème de Bernoulli. Si un liquide non visqueux, de masse volumique φ, s'écoule en régime permanent dans un tuyau épousant la forme d'une veine de courant, il n'existe pas de remous ; les seules forces intervenant sont la force de pesanteur et les forces pressantes à l'amont et à l'aval.

L'application du théorème de l'énergie cinétique à une tranche de la veine comprise entre une section S de cote z, où la pression est p et la vitesse v, et une autre section S' de cote z', où la pression est p' et la vitesse v', conduit à la relation :

$$p + \rho g z + \tfrac{1}{2}\rho v^2 = \text{constante}.$$

Théorème de Torricelli. La vitesse d'écoulement à travers un orifice étroit d'un liquide contenu dans un récipient de large section est obtenue par application du théor. de Bernoulli. La vitesse d'écoulement au niveau supérieur étant négligeable, si H désigne la pression atmosphérique, il vient :

$$H + \rho g z + O = H + \rho g z' + \tfrac{1}{2}\rho v^2,$$

d'où $v = \sqrt{2g(z - z')} = \sqrt{2gh}$,
h étant la hauteur de chute.

Le liquide sort avec la même vitesse que s'il était tombé en chute libre. Cette vitesse, et par conséquent le temps de vidange, est indépendante de la masse volumique du liquide, pourvu que la viscosité soit négligeable.

Fluide visqueux ; loi de Poiseuille. En raison du frottement du liquide sur les parois et entre les diverses couches, il existe dans un tube horizontal une chute progressive de pression (perte de charge). Dans un tube capillaire de longueur *l* et de rayon *r*, le débit par seconde a pour expression $q = \frac{\pi r^4 P}{8\eta l}$, P étant la différence des pressions aux extrémités et η le coefficient de viscosité.

Diffusion d'un gaz à travers une paroi poreuse. La vitesse de diffusion est inversement proportionnelle à la densité du gaz :

$$v = \frac{k}{\sqrt{d}}$$

V — Chaleur et thermodynamique

Thermométrie

● **Repère de la température.** A partir des variations au chaud et au froid d'une grandeur physique d'un corps (longueur, volume, pression). La mesure de cette grandeur et la température sont liées linéairement : $l = at + b$.

Pour déterminer a et b, on choisit 2 points fixes : fusion de la glace et ébullition de l'eau sous pression de 760 mm de mercure. A ces points fixes, on attribue les températures de 0° et 100° dans l'échelle Celsius, 0° et 80° dans l'échelle Réaumur, 32° et 212° dans l'échelle Fahrenheit. Dans une enceinte protégée de toute action extérieure, le thermomètre se met en équilibre thermique avec les corps placés dans l'enceinte dont il indique ainsi la température.

Dans l'échelle légale, le phénomène utilisé est la variation de pression d'un gaz à volume constant. Si p_o est la pression à 0 °C et pl celle à 100 °C, la relation thermométrique est : $\frac{p - p_o}{t - o} = \frac{pl - p_o}{100 - o}$,

ou $p = p_o\left[1 + t\frac{pl - p_o}{100\,p_o}\right] = p_o(1 + \beta t)$.

Si on utilise un gaz sous faible pression initiale, le coefficient thermométrique β est indépendant de la nature du gaz (le gaz est dit « parfait ») :

$$\beta = \frac{1}{273{,}15}.$$

On définit ainsi l'échelle légale ou échelle du thermomètre à gaz parfait. La pression d'un gaz ne peut devenir nulle : la plus faible température théoriquement réalisable est :

$$t = -\frac{1}{\beta} = -273{,}15\ °C \text{ (zéro absolu)}.$$

La température thermodynamique qui seule a une valeur physique est $T_k = t + 273{,}15$ (échelle Kelvin).

● **Thermomètres liquides.** On repère la température à partir de la dilatation apparente d'un liquide dans un tube de verre comprenant un réservoir et une tige graduée. Le *th. à mercure* est utilisable entre − 30 °C et + 600 °C ; *à alcool* jusqu'à − 100 °C et le th. *à pentane* jusqu'à − 200 °C. Dans le *thermomètre médical,* un étranglement du tube à la sortie du réservoir empêche le mercure de rétrograder quand il a atteint son niveau supérieur. On ramène le mercure dans le réservoir en secouant l'appareil.

Autres thermomètres. *A variation de la résistance* d'un fil de platine ou *à variation de la f.e.m. de contact* entre 2 métaux (couples thermoélectriques) ; ou encore *à rayonnement lumineux* (pyromètres optiques).

Dilatation

● **Dilatation des solides.** Une tige de longueur lo à 0 °C a, à t °C, la longueur $l = lo(1 + \lambda t)$. Le coefficient de dilatation linéaire λ est d'environ 10^{-5} pour la plupart des métaux (10^{-6} pour l'invar, alliage Cu + Ni).

Un corps plein se dilate dans toutes ses dimensions ; si vo est son volume à 0 °C, à t °C il est : $v = vo(1 + kt)$, k est le coefficient de dilatation cubique. Un cube d'arête a, à 0 °C, occupe à t °C le volume :

$$v = a^3(1 + \lambda t)^3 = a^3(1 + kt),$$

d'où : $k = 3\lambda$,
en négligeant les termes petits en $\lambda^2 t^2$ et $\lambda^3 t^3$.

Application : un bilame est formé de 2 bandes de métaux de coefficient de dilatation différent, soudés sur leur longueur ; il s'incurve quand on le chauffe. Utilisé comme thermomètre ou comme appareil de sécurité sur un chauffe-eau à gaz : quand on allume la veilleuse, il se dilate et ouvre la soupape d'arrivée du gaz ; si la veilleuse s'éteint, il se refroidit et la soupape se ferme.

Masse volumique et température. Un corps chauffé conserve sa masse. Si ρo et ρ désignent les masses volumiques à 0 °C et à t °C, $m = \rho o\, vo = \rho vo(1 + kt)$, d'où : $\rho o = \rho(1 + kt)$.

● **Dilatation des gaz. Loi de Mariotte.** Pour une masse donnée de gaz à température constante, la pression et le volume sont inversement proportionnels.

$p = \frac{A}{v}$ ou $pv = A$, A constante dépendant de la température, de la masse et de la nature du gaz.

Dilatation sous pression constante (loi de Gay-Lussac). Entre le volume v à t °C d'une masse gazeuse, dont la pression reste constante, et le volume vo à 0 °C, existe la relation $v = vo(1 + \alpha t)$. Le coefficient de dilatation α est indépendant de la température, de la pression et de la nature du gaz,

$$\alpha = \frac{1}{273{,}15}.$$

Augmentation de pression à volume constant (loi de Charles). La pression p à t °C d'un gaz dont le volume reste constant est liée à la pression à 0 °C par la relation $p = po(1 + \beta t)$; β, coefficient d'augmentation de pression à volume constant, est indépendant de la température, de la pression et de la nature du gaz. On a :

$$\beta = \alpha = \frac{1}{273{,}15}.$$

Nota. — Ces lois sont des lois limites qui ne sont qu'approximativement vérifiées. Elles le sont d'autant mieux que le gaz est plus éloigné de ses conditions de liquéfaction (température élevée, pression faible). Par définition, le gaz obéit rigoureusement à ces lois.

Équation d'état d'un gaz parfait. C'est la relation entre la pression p, le volume v, la température t d'une masse donnée de gaz (état 2) et la pression po, le volume vo à 0 °C (état 1). On peut passer d'un état à l'autre, d'abord par dilatation sous pression constante jusqu'à t °C [état défini par p_0, v_0 $(1 + \alpha t)$], puis par compression isotherme à t °C, il vient :

$$\frac{pV}{1 + \alpha t} = C^{te}$$

(T = température Kelvin). Si la masse de gaz correspond à une mole,

$$pV = p_0 V_0 \frac{T}{T_0} = RT ;$$

Vo étant une constante (22,4 litres dans les conditions normales) ; R est une constante universelle égale à 8,32 unités SI.

Pour N moles, l'équation devient :

$$pv = N RT.$$

Mélange de gaz parfaits. Si p1 v1 T1, p2 v2 T2, etc., sont les caractéristiques initiales des gaz pvT, celles du mélange sont :

$$\frac{pv}{T} = \frac{p_1 v_1}{T_1} + \frac{p_2 v_2}{T_2} + ...$$

La *densité* d'un gaz (d) est le rapport de la masse d'un certain volume de ce gaz à la masse du même volume d'air dans les mêmes conditions.

Si v est le volume du gaz, vo son volume (ou celui de l'air) dans les conditions normales, ao la masse volumique de l'air dans ces conditions, on a :

$$m_{air} = aovo = ao \frac{p}{p_0} v \frac{T_0}{T} ; \text{d'où} :$$

$$m = ao\, d \frac{p}{po} \frac{T}{To} = ao\, d \frac{P}{76} \frac{1}{1 + \alpha t},$$

p étant la pression du gaz en centimètres de mercure.

Extension aux gaz du théorème fondamental de l'hydrostatique qui peut s'écrire :

$$F_B - F_A - P = O,$$
$$(p_B - p_A)\, S = P.$$

Mais le poids volumique ω d'un liquide, incompressible, est invariable dans tout le volume, tandis que celui d'un gaz, compressible, varie d'un point à l'autre dans le même sens que la pression. On ne peut pas appliquer aux gaz la formule $p_B - p_A = \omega h$.

La différence de pression entre deux points d'un fluide en équilibre est numériquement égale au poids d'une colonne verticale de ce fluide, de section horizontale égale à l'unité d'aire et de hauteur égale à la différence des niveaux entre les deux points. Par exemple : la différence de pression $p_1 - p_2$ entre la base et la partie supérieure d'un récipient haut de 1 mètre, contenant de l'air de poids volumique moyen 1,3 kgf/m³ et dont la pression à la partie inférieure est $p_1 = 10^5$ Pa. L'unité de surface est 1 m², la différence de pression $p_1 - p_2$ est exprimée par le même nombre que le poids de 1 m² × 1 m = 1 m³ d'air, soit 1,3 kgf, ou 9,8 × 1,3 = 12,74 N. Donc $p_1 - p_2$ = 12,74 N/m², ou Pa.

Les gaz sont très compressibles. A température constante, les volumes occupés par une masse gazeuse varient en raison inverse de la pression. C'est la loi de Mariotte (1676) : le produit des nombres mesurant la pression et le volume d'une masse gazeuse, à température constante, est constant. Ce n'est qu'une loi limite, applicable à l'état gazeux parfait. Elle n'est à peu près exacte que pour les gaz difficilement liquéfiables et au voisinage de la pression atmosphérique. Sous 3 000 atmosphères, la compressibilité de l'oxygène est à peu près celle de l'alcool, et sa densité un peu supérieure à celle de l'eau.

● **Transmission des pressions dans les liquides. Théorème de Pascal.** Considérons un récipient fermé, rempli d'un liquide en équilibre, de poids volumique ω. La différence de pression entre deux points A et B, séparés par la distance verticale h, est $p_B - p_A = \omega h$. Supposons que la pression p_A augmente et devienne $p'_A = p_A + a$. Le liquide est incompressible, par conséquent son poids volumique ne varie pas et la différence entre les nouvelles pressions p'_B et p'_A est encore ωh ; $p'_B - p'_A = p_B - p_A$, d'où $p'_B - p_B = p'_A - p_A = a$.

Toute variation de pression en un point d'un liquide en équilibre est transmise intégralement à tous les autres points du liquide.

Manomètres. A liquides : à air libre, barométrique. Fidèles mais fragiles, encombrants et difficiles à transporter. **Métalliques** : anéroïdes ou de Vidi, de Bourdon. Robustes, peu encombrants, peuvent être montés en instruments enregistreurs, cependant ils ne sont pas fidèles.

Calorimétrie

Principe. Si un corps reçoit de la chaleur, sa température s'élève ou il change d'état physique. La quantité de chaleur qui fait passer M grammes d'eau de t1 à t2 est Q = M (t2 − t1). Q est mesuré en calories. L'unité de quantité de chaleur employée par les physiciens est le *joule* : 1 calorie = 4,18 joules.

Si un corps subit 2 transformations inverses, la quantité de chaleur qu'il reçoit dans l'une est égale à celle qu'il cède dans l'autre.

Lorsqu'il y a uniquement échange de chaleur entre 2 corps, la quantité de chaleur cédée par le plus chaud est égale à la quantité de chaleur gagnée par le plus froid.

Mesure d'une quantité de chaleur. On la fait dégager dans une masse connue M d'eau, dont on mesure l'élévation de température. On utilise un calorimètre, protégé contre tout échange avec l'extérieur.

Chaleur massique. C'est la quantité de chaleur nécessaire à élever de 1 °C la température de 1 g du corps. Pour l'eau, c = 1 cal/g. Pour élever de t1 à t2 la température de mg du corps, il faut fournir Q = mc (t2 − t1) ; mc est la *capacité calorifique*.

Loi de Dulong et Petit. La capacité calorifique atomique Ac d'un corps simple solide est voisine de 6,4.

☞ Voir également page 250 les unités calorifiques.

Cryoscopie, ébullioscopie

Solution. Mélange homogène d'un corps dit « soluté » dans un liquide solvant. A une température donnée, la dissolution n'est plus possible dès que la concentration $s = \frac{m''}{m}$ (rapport de la masse du soluté à la masse du solvant) atteint une certaine valeur appelée « solubilité ». Il y a alors en présence le soluté solide et la solution dite « saturée ».

La température de congélation commençante d'une solution est inférieure à la température de congélation du solvant pur. Pour une solution étendue non électrolysable, Raoult a montré que l'abaissement de cette température est proportionnel à la concentration et inversement proportionnel à la masse molaire du soluté :

$$\Delta\Theta = K \frac{s}{M}$$

(K, **constante cryoscopique,** ne dépend que du solvant ; pour l'eau, K = 1 850).

De même, la température d'ébullition commençante d'une solution d'un soluté non volatil est supérieure à la température d'ébullition du solvant pur. Pour une solution étendue non électrolysable, l'élévation est proportionnelle à la concentration et inversement proportionnelle à la masse molaire du soluté :

$$\Delta\Theta = K' \frac{s}{M}$$

(K', **constante ébullioscopique,** ne dépend que du solvant ; pour l'eau, K' = 520).

Les lois de Raoult permettent de déterminer la masse molaire approximative d'un soluté.

Thermodynamique

Étude des relations entre les phénomènes thermiques et les phénomènes mécaniques.

Chaleur-travail : équivalence. *Un corps chaud fournit spontanément de la chaleur à un corps froid.* C'est ainsi que peuvent se produire l'égalisation des températures de 2 corps en présence ou le changement d'état physique d'un des 2 corps (vaporisation d'un liquide, fusion ou sublimation d'un solide).

Les frottements mécaniques entre solides, ou entre un solide et un fluide (résistance de l'air) peuvent provoquer une élévation de température ou un changement d'état. Dans ce cas, *le travail des forces de frottement a été tranformé en chaleur.*

Les moteurs thermiques (machine à vapeur, moteur à explosion) utilisent la chaleur dégagée par la combustion du charbon, du mazout ou de l'essence pour fournir un travail. *Ils transforment la chaleur en travail mécanique.*

Premier principe de la thermodynamique. Le plus souvent, une transformation amenant un système d'un état initial à un état final s'effectue par échange de chaleur et de travail.

Dans toutes les transformations qui, par échanges de chaleur et de travail avec le milieu extérieur, font passer un système déterminé d'un état initial à un état final fixe, la somme algébrique W + Q est constante, indépendante de la transformation envisagée. C'est le principe de l'état initial et de l'état final.

Cas particulier d'un cycle : lorsqu'un système qui n'échange avec le milieu extérieur que de la chaleur et du travail décrit un cycle, c'est-à-dire lorsque son état final est en tous points identique à son état initial, *l'énergie totale échangée avec le milieu extérieur est nulle :* W + Q = 0. Donc lorsqu'un système subit une suite fermée de transformations en n'échangeant avec le milieu que de la chaleur et du travail : 1) s'il reçoit du travail, il fournit de la chaleur ; 2) s'il reçoit de la chaleur, il fournit du travail ; 3) les valeurs numériques des quantités de chaleur et de travail, exprimées avec les mêmes unités, sont égales.

Énergie interne : soit un système qui n'échange avec le milieu extérieur que de la chaleur et du travail. S'il subit une transformation l'amenant d'un état initial A à un état final B, son énergie interne a augmenté de la quantité : Δ U = W + Q. U est analogue à une énergie potentielle dont on ne peut calculer que les variations. $U_B - U_A = W + Q$.

Deuxième principe de thermodynamique ou principe de Carnot. Une machine thermique ne peut, au cours d'un cycle, fournir de travail que si elle emprunte une quantité de chaleur ($Q_1 > 0$) à une source chaude et si elle en restitue une partie ($Q_2 < 0$) à une source froide. Le travail qu'elle fournit a pour valeur algébrique $W = Q_1 - Q_2$ ($W < 0$).

Rendement d'un moteur thermique. C'est le taux de convertibilité de la chaleur en travail ;

$$r = \frac{|W|}{Q_1}.$$

Rendement thermique maximal, théorème de Carnot (Nicolas Lazare Sadi Carnot, 1796-1832 ; fils de Lazare Carnot). Le rapport des quantités de chaleur échangées avec les 2 sources, dans les conditions optimales de fonctionnement d'un moteur thermique, est indépendant de l'agent thermique utilisé ; sa valeur absolue est égale au rapport des températures absolues des 2 sources correspondantes :

$$\frac{Q_1}{Q_2} = \frac{T_1}{T_2} \text{ (T = température absolue).}$$

L'expression pratique du rendement thermique maximal est :

$$r = 1 - \frac{T_2}{T_1}.$$

On a obtenu le *degré maximal de froid* (− 273,15 °C) à ½ millième de degré près en continu, et à 1/100 millième de degré par brefs instants, au Laboratoire du froid de Grenoble. La *température la plus basse utilisée* dans les applications pratiques est celle de l'hydrogène liquide servant pour la propulsion des fusées (− 253 °C). Les très grands froids n'existent pas à l'état naturel ; l'espace interstellaire est à + 3 °C. On utilise fréquement l'hélium liquide (− 271,6 °C) pour les supraconducteurs (aimants très puissants, projet d'ordinateur supracond. chez IBM).

Applications. Principe des réfrigérateurs : Une *machine frigorifique* est un moteur thermique fonctionnant en sens inverse : on lui fournit du travail et il fait passer de la chaleur d'une source froide sur une source chaude. Le moteur reçoit de l'extérieur une énergie W (W > 0) (on le branche sur une prise de courant). Une quantité de chaleur Q sera extraite de la source froide : « freezer » ($Q_2 > 0$). La quantité de chaleur Q_1 sera envoyée à la source chaude $Q_1 < 0$.

$$Q_2 = \frac{WT_2}{T_1 - T_2}$$

Un réfrigérateur sera d'autant plus avantageux que les températures T_1 et T_2 seront plus voisines, car à une consommation minime d'énergie W correspondra une grande valeur de Q_2.

L'expression $\frac{Q_1}{Q_2} = -\frac{T_1}{T_2}$ n'a plus de sens si on y fait $T_2 = 0$. Donc une machine thermique ne permet pas d'obtenir le zéro absolu.

Une **thermopompe** est analogue à un réfrigérateur, mais on utilise la quantité de chaleur $|Q_1|$ pour le chauffage.

$$Q_1 = \frac{-W T_1}{T_1 - T_2} \text{ ou } |Q_1| = \frac{WT_1}{T_1 - T_2}.$$

La mise au point industrielle de ce procédé est assez récente : la source froide est l'eau d'une rivière ou d'un lac ; la source chaude est l'eau du radiateur de chaleur qui se trouve ainsi chauffée et peut par thermosiphon circuler dans les radiateurs d'un chauffage central. Le système est très intéressant quand il combine une patinoire (source froide) et une installation de chauffage (source chaude).

VI — Énergie et travail

Généralités

Un système possède de l'énergie quand il est susceptible de produire du travail. L'énergie existe sous diverses formes : mécanique (cinétique et potentielle), calorifique, électrique, chimique, rayonnante, nucléaire, etc., qui peuvent se transformer les unes en les autres.

Principe de la conservation. L'énergie totale d'un système isolé (n'échangeant rien avec l'extérieur) reste constante ; les éventuels échanges internes se compensent exactement.

Travail d'une force F qui effectue un déplacement infiniment petit dl. C'est le produit scalaire :

$$\vec{F} \cdot \vec{dl} = F.\ dl.\ \cos \alpha,$$

α étant l'angle de la force et du déplacement. Pour un déplacement fini,

$$T = \int Fdl \cos \alpha.$$

Le travail d'une force est la somme des travaux de ses composantes.

Travail de la pesanteur. Quand un corps se déplace entre 2 points d'altitude Z1 et Z2, le travail de son poids est :

$$T = mg \int \cos \alpha\ dz = mg(z1 - z2)\ ;$$

il ne dépend que de la différence d'altitude.

Travail d'un couple. Il est égal au produit du moment du couple par l'angle de rotation évalué en radians :

$$T = \mathcal{M}\ \alpha.$$

Énergie cinétique. Pour un point matériel de masse m animé d'une vitesse v, elle est :

$$E_c = \Sigma\ \tfrac{1}{2}\ mv^2.$$

Pour un ensemble de masses, on aura :

$$E_c = \Sigma\ \tfrac{1}{2}\ mv^2.$$

Si un solide de masse M est en translation, tous les points, en particulier le centre de gravité, ont la même vitesse, $E_c = \tfrac{1}{2}\ Mv^2$. Si le solide est animé d'un mouvement de rotation autour d'un axe, tous ses points ont même vitesse angulaire ; l'énergie cinétique est :

$$E_c = \tfrac{1}{2}\ J\alpha'^2,$$

J étant le moment d'inertie autour de l'axe de rotation.

Un mouvement quelconque est la résultante d'une translation du centre de gravité avec la vitesse v de ce point et d'une rotation autour d'un axe de direction fixe, passant par ce centre de gravité ; l'énergie cinétique est :

$$E_c = \tfrac{1}{2}\ MV_G^2 + \tfrac{1}{2}\ J_G\ \alpha'^2.$$

Théorème de l'énergie cinétique. La variation de l'énergie cinétique d'un système entre 2 instants est égale à la somme des travaux, entre ces 2 instants, de toutes les forces, intérieures et extérieures, agissant sur les diverses parties du système : $T = E_c2 - E_c1$. Si le solide est indéformable, le travail des forces intérieures est nul ; seules interviennent les forces extérieures. L'énergie cinétique s'évalue en joules.

Exemple. Pour arrêter, après N tours, un volant de moment d'inertie J tournant à la vitesse angulaire α', il faut lui appliquer un couple de moment M tel que :

$$\tfrac{1}{2}\ J\alpha'^2 = \mathcal{M}\ \alpha = \mathcal{M}\ \alpha 2\pi N.$$

Énergie potentielle. Si on peut faire agir les forces intérieures d'un système, on récupère un travail qui est égal à la diminution ΔE_p de l'énergie potentielle du système. L'énergie potentielle E_p est définie à une constante près.

Exemples : a) Énergie potentielle de pesanteur : pour le système formé par la Terre et un corps, le poids du corps est une force intérieure qui fournit le travail $T = Mg(z1 - z2) = \Delta E_p$ au cours du passage de l'altitude z1 à l'altitude z2. L'énergie potentielle du système Terre-corps est $E_p = Mgz$.

b) Énergie potentielle d'un ressort : la force qui tend à ramener le ressort tendu de raideur k et allongé de x est F = kx. Son travail est :

$$T = \Delta E_p = \int_x^o - kxdx = \tfrac{1}{2}\ kx^2.$$

c) Énergie potentielle d'un fil de torsion : le travail du couple de torsion de moment Cα, dans le retour à la position d'équilibre, est :

$$\int_\alpha^o - C\alpha d\alpha.$$

L'énergie potentielle du fil tordu est :

$$E_p = \tfrac{1}{2}\ C\alpha^2.$$

Énergie mécanique totale. C'est la somme des énergies potentielle et cinétique : $E_t = E_p + E_c$. Dans un système isolé (qui ne subit aucune action extérieure) où les frottements sont négligeables, l'énergie mécanique totale reste constante. S'il existe des frottements, une partie de l'énergie mécanique se transforme en chaleur. Pour un système isolé :

$$E_p + E_c + Q = \text{constante.}$$

Pour un satellite, à une distance r du centre de la Terre, l'énergie potentielle de pesanteur est :

$$E_p = -\frac{\varepsilon Mm}{r}.$$

Son énergie totale est :

$$E_t = \tfrac{1}{2}\ v^2 - \varepsilon\frac{Mm}{r}.$$

Pour que le satellite lancé en un point de la Terre (de rayon R) s'éloigne indéfiniment, il faut que son énergie totale soit positive ; la vitesse minimale de lancement, ou vitesse de libération, est telle que :

$$\tfrac{1}{2}\ v^2 m - \frac{\varepsilon Mm}{R} > 0.$$

On trouve v = 11,2 km/s.

Mécanique quantique

Contrairement à la mécanique classique, les échanges d'énergie (émission ou absorption) ne peuvent s'effectuer que d'une manière discontinue, par sauts brusques, multiples entiers d'un quantum représentant l'**unité élémentaire d'énergie** : E = hν (ν : fréquence du rayonnement ; *h* = (6,626 19 ± 0,000 06) × 10^{-34} joules × seconde), constante de Planck.

Cette hypothèse permet d'expliquer :

1) Les lois expérimentales du rayonnement du **corps noir,** corps idéal qui absorbe toutes les radiations qu'il reçoit et qui peut être approximativement réalisé par une enceinte fermée, à température constante, munie d'une petite ouverture.

2) Les variations avec la température de la chaleur massique des solides.

3) L'effet photoélectrique (voir p. 210).

4) Les lois de l'émission des **raies spectrales.** Un électron gravitant autour du noyau est assimilable à un courant électrique ; il doit donc rayonner de l'énergie, et, de ce fait, il devrait se rapprocher du noyau et finir par tomber sur lui. Bohr admet qu'il existe des orbites particulières, correspondant à des états stationnaires de l'atome pour lesquelles il n'y a pas d'énergie rayonnée ; elles sont telles que le moment cinétique mvr de l'électron est un multiple entier de

$$\frac{h}{2\pi} = h,\ \text{soit}\ mvr = nh.$$

Il n'y a émission de lumière que lorsque l'électron passe d'une orbite à une autre ; l'atome passant d'un état d'énergie E2 à un état d'énergie E1 inférieur à E2, la fréquence de la lumière émise étant telle que hν = E2 − E1.

Mécanique ondulatoire

Définition. Élaborée par Louis de Broglie, entre 1911 et 1929, pour concilier l'aspect ondulatoire et l'aspect corpusculaire de la lumière. Tout corpuscule de quantité de mouvement p est guidé par une onde associée de longueur d'onde

$$\lambda = \frac{h}{p} = \frac{h}{mv}.$$

La trajectoire d'un électron dans l'atome étant fermée, le mouvement ne pourra se maintenir que si l'onde est stationnaire, c'est-à-dire si on peut placer un nombre entier de longueurs d'onde sur l'orbite de

$$\text{Bohr} : 2\ \pi\ r = n\lambda = n\ \frac{h}{mv}.$$

Les propriétés ondulatoires de l'électron ont été vérifiées par Davisson et Germer ; en envoyant un faisceau d'électrons sur un cristal de nickel, ils obtinrent des phénomènes de diffraction analogues à ceux obtenus avec des rayons X et vérifièrent quantitativement la formule de Louis de Broglie.

Les ondes associées aux particules matérielles en mouvement étant de plus grande fréquence que les ondes lumineuses, on a pu réaliser des microscopes électroniques ou protoniques ayant de meilleures limites de résolution que les microscopes ordinaires.

L'aspect corpusculaire et l'aspect ondulatoire du rayonnement ne sont pas contradictoires, mais complémentaires. Les 2 aspects ne peuvent se manifester simultanément. On peut observer l'effet corpusculaire lorsque l'on peut attribuer une position définie au corpuscule ; dans le cas contraire, il se comporte comme une onde de longueur d'onde définie.

Relation d'incertitude. En mécanique classique, l'état d'une particule est défini par sa position et sa vitesse. En mécanique ondulatoire, il est impossible de déterminer rigoureusement, au même instant, ces 2 grandeurs, donc de définir exactement la trajectoire de la particule. Cela parce que l'instrument qui permet de mesurer le phénomène perturbe la mesure. L'incertitude Δx sur la position est liée à l'incertitude Δp sur la quantité de mouvement par la formule d'Heisenberg :

$$\Delta x\ .\ \Delta p \geqslant h.$$

On peut seulement faire correspondre à chaque état d'une particule une fonction d'onde ψ, fonction du temps et de paramètres géométriques, et telle que la probabilité de trouver la particule dans un volume dv autour d'un point M(x,y,z) est :

$$dP = \psi\ (x,y,z,t)\ .\ \bar{\psi}\ (x,y,z,t)\ dv,$$

$\bar{\psi}$ étant la fonction imaginaire conjuguée de ψ. A la notion d'orbite d'un électron dans un atome, doit être substituée celle de zone de probabilité de présence ou de nuage électronique.

L'équation d'évolution qui remplace la relation $F = \frac{dp}{dt}$ de la mécanique classique est l'équation de Schrödinger :

$$\frac{d^2\psi}{dx_2} + \frac{d^2\psi}{dy_2} + \frac{d^2\psi}{dz_2} + \frac{2m}{h_2}\ (E - Ep)\ \psi = 0.$$

Mécanique quantique et mécanique ondulatoire se réduisent à la mécanique classique quand les échanges d'action sont des multiples très élevés de la constante de Planck.

La relativité

Elle a, en 1887, permis de répondre au problème soulevé par l'expérience de l'Américain Albert Michelson (1852-1931) : la vitesse de la lumière reste la même pour tous les référentiels galiléens (animés d'un mouvement rectiligne et uniforme les uns par rapport aux autres), que la source lumineuse soit fixe ou mobile par rapport à l'observateur. Cette expérience a été faite à l'aide d'un *interféromètre stellaire*, projetant successivement 2 rayons lumineux, l'un en direction du mouvement terrestre, l'autre perpendiculairement à ce mouvement.

● **Relativité restreinte. Principe.** Les lois physiques sont les mêmes dans tous les repères galiléens. L'application de ce principe aux lois de l'électromagnétisme a conduit Lorentz à établir de nouvelles formules de changement de coordonnées : la relation de mécanique classique Va = Vr + Ve entre la vitesse absolue Va, la vitesse relative Vr et la vitesse d'entraînement Ve, devient :

$$Va = \frac{Vr + Ve}{1 + \frac{VrVe}{c^2}}$$

Contraction des longueurs. Soit une règle de longueur l pour un observateur A qui lui est lié ; pour un observateur B, animé par rapport à A d'une vitesse relative V, la longueur de la règle, supposée parallèle à la direction du mouvement, est :

$$l' = l\left(1 - \frac{v^2}{c^2}\right)^{1/2}.$$

Dilatation des temps. Pour un observateur animé de la vitesse V, le temps n'a pas même mesure que pour un observateur au repos ; il est multiplié par :

$$\left(1 - \frac{v^2}{c^2}\right)^{-1/2}.$$

Une horloge dans un système en mouvement ralentit par rapport aux horloges extérieures. Les mésons μ qui, dans un système au repos, ont une durée de vie de 2 μs, leur permettant de parcourir au maximum 600 m, peuvent atteindre la Terre alors qu'ils ont été produits à une altitude de 10 km.

Ainsi le temps et l'espace sont liés : nous évoluons dans un espace-temps.

Relation entre la masse et la vitesse. La masse d'une particule évoluant à la vitesse v est liée à la masse au repos m_o par la formule :

$$m = m_o\left(1 - \frac{v^2}{c^2}\right)^{-1/2}.$$

La variation de masse n'est appréciable que pour des particules dont la vitesse est proche de celle de la lumière.

La quantité $\left(1 - \frac{v^2}{c^2}\right)^{-1/2}$ ne peut exister que si $v < c$: la vitesse de la lumière apparaît donc comme une limite qui ne peut être dépassée.

Cela interdit l'instantanéité des actions à distance.

La relation fondamentale de la dynamique est :

$$\vec{F} = \frac{d\,(\overrightarrow{mv})}{dt} = \frac{\overrightarrow{dp}}{dt}$$

et non : $\vec{F} = m\,\frac{\overrightarrow{dv}}{dt}$.

Équivalence de la masse et de l'énergie. Une masse m est équivalente à une énergie $E = mc^2$. Le principe de conservation de l'énergie de la mécanique classique reste valable si l'on tient compte de cette relation due à Einstein.

Énergie cinétique. Différence entre l'énergie d'un mobile de vitesse v et son énergie au repos : $Ec = mc^2 - m_oc^2$, soit :

$$Ec = m_oc^2\left[\left(1 - \frac{v^2}{c^2}\right)^{-1/2} - 1\right].$$

Aux faibles vitesses,

$$Ec = m_oc^2\left[1 + 1/2\,\frac{v^2}{c^2} - 1\right] = 1/2\,m_ov^2,$$

on retrouve l'expression utilisée en mécanique classique.

● **Relativité générale.** Fondée sur le principe d'équivalence de la masse inerte $m = \frac{F}{g}$ et de la masse pesante $m' = \frac{F}{g}$, établi par Einstein, qui avait noté que les effets de la gravitation sont comparables à ceux d'une force d'inertie ; c'est-à-dire que le champ de gravitation est équivalent à un champ de forces créé par 1 système accéléré et qu'il est impossible de les distinguer.

Par ailleurs, un rayon lumineux possédant une énergie, donc une masse, doit être courbé dans un champ de gravitation intense. On constate en effet que les étoiles, situées dans la direction du Soleil et que l'on peut observer au cours des éclipses, paraissent déplacées en position. Ce déplacement et celui du périhélie de Mercure, dont la valeur observée est voisine de la valeur prévue, constituent un début de vérification du principe de la relativité générale. En raison de la courbure de l'espace-temps, il peut être énoncé ainsi : les lois de la physique sont les mêmes dans tous les repères, quel que soit leur mouvement.

Toute source d'énergie sur Terre provient directement ou indirectement du Soleil ou des réactions de fission des atomes des éléments radioactifs existant dans la masse de la Terre.

Conservation de la masse et de l'énergie. Dans un système isolé, la somme de l'énergie et du produit m c², où m est la masse totale et c la vitesse de la lumière dans le vide, reste constante, quelles que soient les transformations que subit le système.

En mécanique newtonienne, lorsque les vitesses restent petites par rapport à celle de la lumière, l'énergie et la masse restent toutes deux constantes.

Conservation de l'énergie mécanique. Soit un système formé d'une bille de masse M, de poids p et de la Terre, entre lesquelles n'agit d'autre force que la pesanteur. L'énergie potentielle de la bille est le travail qu'accomplirait la pesanteur en transportant la bille au centre de la Terre. Cette bille, tombant d'une hauteur h, acquiert une vitesse v, et son énergie cinétique :

$$\frac{1}{2}\,Mv^2 = \frac{1}{2}\,M\left(\sqrt{2gh}\right)^2 = Mgh = ph.$$

Mais elle a perdu en énergie potentielle ph ; énergie cinétique acquise = énergie potentielle dépensée.

Le principe de la conservation de l'énergie est général, et la quantité totale d'énergie d'un système isolé est constante, quelles que soient les transformations de cette énergie à l'intérieur du système.

L'énergie totale utilisée est généralement exprimée en « tonnes de houille équivalence » obtenues en multipliant les quantités d'énergie de natures diverses par des coefficients de conversion. Une tonne de lignite = 0,3 t de houille ; une tonne de pétrole brut = 1,3 tonne de houille ; une tonne de produits pétroliers raffinés = 1,5 t de houille ; 1 000 m³ de gaz naturel = 1,33 t de houille ; 1000 kilowatts-heures d'électricité = 0,6 t de houille.

On distingue l'*énergie calorifique* (ou thermique), l'*énergie mécanique* et l'*énergie chimique*. Ces énergies se transforment l'une dans l'autre ; on transforme la chaleur en travail mécanique, et réciproquement. Cependant, le travail mécanique est une énergie plus « noble » que la chaleur, car si l'on peut transformer intégralement un travail en chaleur, la réciproque n'est pas vraie : la chaleur, pour se transformer en travail, laisse un résidu de chaleur à plus basse température. De même, la fission de l'atome d'uranium, qui dégage de la chaleur, n'est pas réversible. Dans l'ensemble de l'univers, il y a dégradation de l'énergie.

VII — Mouvements vibratoires

Un phénomène est périodique s'il se reproduit, identique à lui-même, à des intervalles de temps égaux appelés **période** T. L'inverse de la période est la **fréquence** :

$$N = \frac{1}{T}\ \text{évaluée en hertz (Hz).}$$

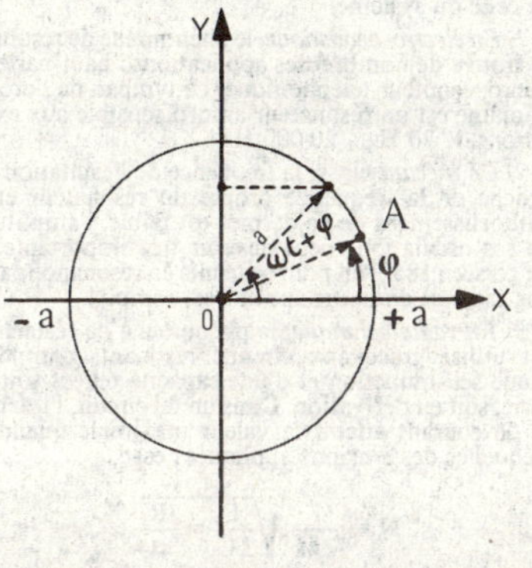

La vibration sinusoïdale est la plus courante. L'élongation y est définie en fonction du temps t par la relation :

$$y = a \sin(\omega t + \varphi),$$

a étant l'amplitude, ω la pulsation et $\omega t + \varphi$ la phase.

Théorème de Fourier. Une fonction périodique de fréquence N peut toujours se décomposer d'une seule façon en une somme de fonctions sinusoïdales de fréquence N, 2N..., kN. Le terme de fréquence N est le *fondamental*, les autres sont les *harmoniques*.

L'étude d'un phénomène périodique peut être faite : par enregistrement graphique (cylindre enregistreur), par balayage optique, par *stroboscopie*. On éclaire le système vibrant, de fréquence N, par des éclairs de fréquence N' : si N = N' ou N = kN' (k entier), le système paraît immobile ; si $N \neq N'$, le système a un mouvement périodique apparent de fréquence $v = N - N'$ de même sens que le mouvement réel si $N > N'$, de sens inverse si $N < N'$.

Quand un milieu élastique subit une déformation locale, cette déformation se propage avec une célérité V constante, qui dépend du milieu. La vibration est transversale si la déformation est normale à la direction de propagation (vibrations d'une corde) ; elle est longitudinale si la matière vibre dans la direction de propagation (compression et dilatation d'un ressort). Les solides permettent la propagation des 2 types de vibrations ; les fluides ne transmettent à leur intérieur que des vibrations longitudinales ; mais la surface d'un liquide qui se comporte comme une membrane peut transmettre des vibrations transversales (rides à la surface de l'eau).

La longueur d'onde est la distance parcourue par la vibration pendant une période, $\lambda = VT = V/N$.

Onde progressive. Si le mouvement de la source, en O, est $y = a \sin \omega t$, le mouvement d'un point M à la distance x est celui qu'avait la source $\frac{x}{V}$ secondes auparavant :

$$y = a \sin \omega\left(t - \frac{x}{v}\right) = a \sin 2\pi\left(\frac{t}{T} - \frac{x}{\lambda}\right).$$

2 points distants de kλ (k entier) sont en phase ; 2 points distants de $(2k + 1)\frac{\lambda}{2}$ sont en opposition de phase. Tous les points du milieu reproduisent à des instants différents le mouvement de la source. La propagation d'une vibration correspond à un transport de matière ; les frottements absorbant de l'énergie, l'amplitude diminue au fur et à mesure de la propagation : il y a amortissement.

Les phénomènes vibratoires entretenus peuvent être de nature très diverse : phénomènes vibratoires mécaniques, acoustiques, électriques (la tension du secteur), magnétiques... La période T est la durée d'une oscillation.

1) Soit une corde élastique AB, très longue, dont l'extrémité A est animée d'un mouvement vibratoire entretenu de période T et dont l'extrémité B est liée à un support fixe.

Tout point M de la corde atteint par l'onde progressive est animé d'un mouvement vibratoire de même période T que la source de vibrations A.

Le mouvement vibratoire du point M s'effectue avec un retard horaire $\Theta = \frac{d\,(A, M)}{c}$, par rapport à celui du point-source A, c étant la célérité du signal.

2) Pour que deux points M_1 et M_2 d'un milieu propagateur unidirectionnel soumis à une onde progressive vibrent en concordance, il faut et il suffit que leur distance soit égale à un nombre entier de longueurs d'onde.

a) Périodicité dans le temps : chaque point M du milieu propagateur est animé d'un mouvement vibratoire de période T.

b) Périodicité dans l'espace : à chaque datc t, le fil présente une succession de « motifs » identiques de longueur égale à la longueur d'onde λ.

Conclusion : à toute date t fixée, la grandeur u, caractéristique de l'onde progressive, se renouvelle identiquement à chaque variation d'abscisse x égale à la longueur d'onde λ.

Superposition des petits mouvements. Quand un point reçoit des vibrations de plusieurs sources, son élongation, à chaque instant, est égale à la somme géométrique des différentes élongations qu'il aurait du fait de chaque source prise séparément, à condition que l'amplitude reste suffisamment petite. On appelle *interférences* cette superposition des vibrations en un point.

Cas de 2 sources synchrones produisant des déformations de même direction. Si

$$y_1 = a_1 \sin(\omega t + \varphi_1)$$
$$\text{et } y_2 = a_2 \sin(\omega t + \varphi_2)$$

sont les déformations que produirait chacune d'elles au point M, l'élongation de ce point est $Y = y_1 + y_2$, fonction sinusoïdale de même période, donc de même pulsation, $Y = A \sin(\omega t + \varphi)$.

Construction de Fresnel[1]. Soit un axe OX de référence fixe. Représentons la vibration

$$s = a \cos(\omega t + \varphi)$$

par un vecteur $\overrightarrow{OA}$ de longueur a et faisant avec l'axe l'angle $\omega t + \varphi$. φ est l'angle du vecteur $\overrightarrow{OA}$ avec l'axe origine des angles, à l'origine des temps. ω est la pulsation, c'est-à-dire l'angle décrit, à partir de sa position d'origine, par $\overrightarrow{OA}$ pendant l'unité de temps.

Représentons de même le mouvement

$$s' = a'(\omega t + \varphi')$$

par le vecteur $\overrightarrow{OA'}$.

Construisons la résultante $\overrightarrow{OR}$: sa projection OS sur OX représente bien l'élongation S résultant de la superposition des mouvements s et s', puisque :

proj. $\overrightarrow{OR}$ = proj. $\overrightarrow{OA}$ + proj. $\overrightarrow{AR}$,

soit : $\overline{OS} = a \cos(\omega t + \varphi) + a' \cos(\omega t + \varphi')$.

Les vecteurs $\overrightarrow{AR}$ et $\overrightarrow{OA'}$ étant équipollents, le vecteur $\overrightarrow{OR}$ représente le mouvement cherché.

En pratique, le parallélogramme de composition des vecteurs étant indéformable, il est inutile de faire figurer l'angle ωt dans la construction.

2 mouvements vibratoires de même période ont pour résultante un mouvement qui a cette même période.

L'amplitude r du mouvement résultant vaut : $r^2 = a^2 + a'^2 + 2aa' \cos(\varphi + \varphi')$. Si les vibrations arrivent en phase au point M, $\varphi - \varphi' = 2\,k\pi$ (k entier), l'am-

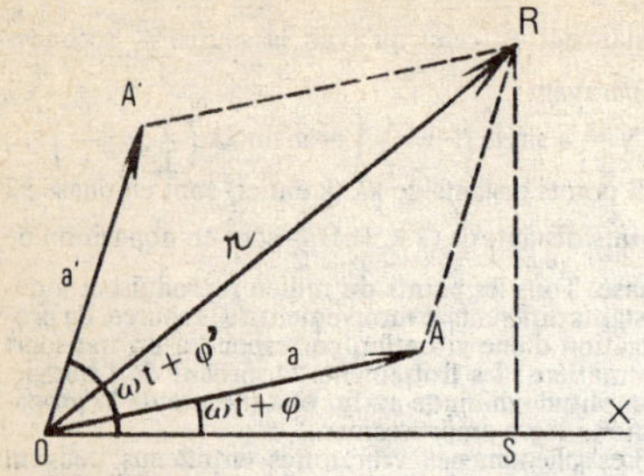

plitude résultante est : A = a1 + a2 ; si elles sont en opposition de phase, $\varphi - \varphi' = (2k + 1)\pi$, l'amplitude est minimale : A = a1 − a2 ; elle est nulle si a1 = a2.

Nota. — (1) Représentation pratique élaborée par Augustin Fresnel (1788-1827) lors de l'étude des interférences lumineuses.

Battements. Lorsque 2 vibrations de pulsations voisines ω et $\omega' = \omega + \varepsilon$ se superposent, les 2 vecteurs associés ne tournent pas à la même vitesse ; le parallélogramme de Fresnel se déforme. L'amplitude de la vibration résultante varie périodiquement ; elle est maximale lorsque les vecteurs sont colinéaires et de même sens : l'un a fait un tour de plus que l'autre ; elle est minimale lorsqu'ils sont colinéaires et de sens opposé. La vibration est donc intense à intervalles de temps égaux Θ tels que :

$$\omega'\Theta - \omega\Theta = 2\pi \text{ soit } \Theta = \frac{2\pi}{\omega' - \omega}.$$

La fréquence des battements est donc :

$$\nu = \frac{1}{\Theta} = N' - N.$$

Réflexions des ondes. Ondes stationnaires. Lorsqu'une onde arrive à l'extrémité d'un milieu élastique, elle se réfléchit et repart en sens inverse avec la même célérité. Si l'extrémité est fixe (cas d'une corde attachée à un mur), la vibration résultante en ce point est nulle : cela exige que l'élongation change de signe à la réflexion (le mouvement subit un retard de phase de π). Si l'extrémité est libre (cas d'une onde sonore dans un tuyau ouvert), la réflexion se fait sans changement de signe.

Extrémité libre : soit $y = a \sin 2\pi \frac{t}{T}$; la vibration de la source S. En un point M, à la distance x de O' : l'onde incidente qui a parcouru l − x est :

$$y_1 = a \sin 2\pi \left(\frac{t}{T} - \frac{l - x}{\lambda}\right);$$

l'onde réfléchie qui a parcouru l + x est :

$$y_2 = a \sin 2\pi \left(\frac{t}{T} - \frac{l + x}{\lambda}\right).$$

L'amplitude de l'onde résultante $Y = y_1 + y_2$ est :

$$r = 2a \cos \frac{\Delta\varphi}{2} = \cos 2\pi \frac{x}{\lambda}.$$

Elle est à tout instant : maximale en des points appelés *ventres,* d'abscisse $x = k\frac{\lambda}{2}$; nulle en des points appelés *nœuds,* d'abscisse :

$$x = k\frac{\lambda}{2} + \frac{\lambda}{4}.$$

Extrémité fixe : en raison du retard de π subi par l'onde réfléchie, dont l'élongation en M est :

$$y_2 = a \sin \left[2\pi\left(\frac{t}{T} - \frac{l + x}{\lambda}\right) + \pi\right]$$

$$A = 2a \cos\frac{\Delta\varphi}{2} = 2a \sin\frac{2\pi x}{\lambda}.$$

Les abscisses des nœuds sont $x = k\frac{\lambda}{2}$; celles des ventres sont $x = k\frac{\lambda}{2} + \frac{\lambda}{4}$. Dans les 2 cas, 2 nœuds (ou 2 ventres) consécutifs sont distants de $\frac{\lambda}{2}$; un ventre est distant de $\frac{\lambda}{4}$ des 2 nœuds qui l'encadrent. Il y a un nœud à l'extrémité si elle est fixe, et un ventre dans le cas contraire.

De part et d'autre d'un nœud, la tension (ou la compression) est maximale ; en un ventre, la tension est nulle ; les nœuds de mouvement sont des ventres de tension, les ventres de mouvement sont des nœuds de tension.

Les ondes stationnaires ne se propagent pas : tous les points situés entre 2 nœuds consécutifs vibrent en phase ; les points situés de part et d'autre d'un nœud vibrent en opposition de phase.

Les ondes réfléchies se réfléchissent de nouveau sur la source S, puis de nouveau à l'extrémité, etc. Un régime stable ne s'établit que si la longueur SO' vaut : $\frac{k\lambda}{2}$ si l'extrémité est fixe, $k\frac{\lambda}{2} + \frac{\lambda}{4}$ si l'extrémité est libre. Dans ce cas, il y a *résonance ;* l'amplitude aux ventres est alors très grande.

Résonateurs. Soit un pendule élastique vertical constitué par un cylindre d'acier suspendu à l'extrémité d'un ressort à boudin. En tirant le cyclindre vers le bas, on provoque des oscillations. Si, de plus, on plonge le cylindre dans une éprouvette remplie d'eau, ces oscillations seront plus ou moins amorties.

Soit ω_0 la pulsion propre de ce pendule élastique ; un moteur électrique communique à un dispositif relié à l'extrémité supérieure du ressort un mouvement de fréquence N. Ce dispositif est le dispositif excitateur. Quand le résonateur est très amorti, l'excitateur lui impose sa fréquence N et lui fait accomplir des vibrations forcées. Lorsque l'amortissement du résonateur est faible, l'amplitude de ses vibrations croît brutalement lorsque la fréquence excitatrice tend vers $N_0 = \frac{1}{\omega_0}$. La résonance est alors aiguë.

En résumé : tout système qui peut vibrer avec une fréquence déterminée oscille avec une amplitude qui peut être très grande quand on lui communique des impulsions périodiques dont la fréquence est voisine de celle du système.

1) En électro-acoustique, le phénomène de résonance trouve de nombreuses applications : haut-parleur, micro, écouteur téléphonique. Le tympan de l'oreille humaine est un résonateur amorti sensible aux excitations de 20 Hz à 20 000 Hz.

2) En mécanique, si la fréquence de l'excitation est proche de la fréquence propre du résonateur et si l'amortissement de ce dernier est faible, l'amplitude de ses oscillations peut devenir très importante. A Angers, en 1850, un pont a été mis en résonance par le pas cadencé d'une troupe et s'est rompu !

3) En radiotechnique, le phénomène de résonance est utilisé grâce aux circuits résonants composés d'une self-induction et d'une capacité reliées soit en série, soit en dérivation. Dans un tel circuit, l'intensité de courant atteint la valeur maximale quand la fréquence des tensions appliquées est :

$$N = \frac{1}{2M}\sqrt{\frac{1}{LC} - \frac{R^2}{4L^2}}.$$

L est la self-induction (henrys), C est la capacité (farads), R est la résistance (ohms).

Ondes électromagnétiques

Oscillations électriques

Soit un circuit formé d'un condensateur C, d'une bobine d'inductance L de résistance r très faible, d'un interrupteur. On relie les bornes de l'inductance aux bornes A et B d'un oscillographe. On charge le condensateur, puis on ferme l'interrupteur K. L'oscillographe indique que le circuit est le siège d'un courant sinusoïdal. Le condensateur se décharge à travers l'inductance, puis se charge en sens inverse, et ainsi de suite. Ce phénomène est une oscillation électrique, et le circuit est un circuit oscillant.

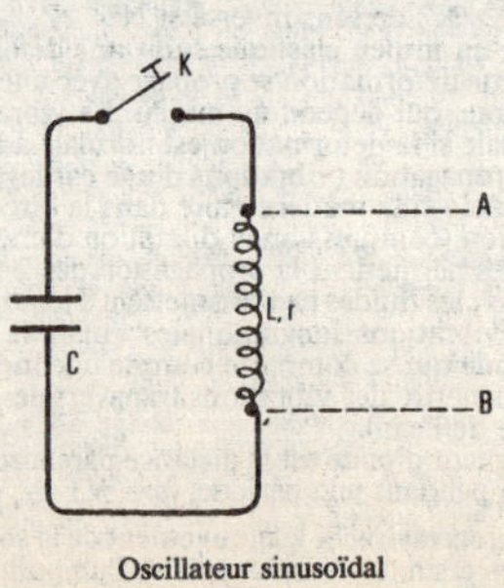

Oscillateur sinusoïdal

Si la charge du condensateur à l'instant t est q, la différence de potentiel entre ses armatures est :

$$v = \frac{q}{C}.$$

Il apparaît aux bornes de la bobine L une force électromotrice d'auto-induction :

$$v = -L\frac{di}{dt}.$$

$$\text{Or : } \frac{q}{C} = -L\frac{di}{dt} \text{ et : } i = \frac{dq}{dt}.$$

En dérivant une fois la relation précédente, on obtient :

$$\frac{i}{C} = -L\frac{d^2i}{dt^2} \text{ ; soit : } \frac{d^2i}{dt^2} + \frac{1}{LC}i = 0.$$

La solution de cette équation est une fonction sinusoïdale :

$$i = I_m \sin \omega t,$$

de pulsation : $\omega = \frac{1}{\sqrt{LC}}$

et de période : $T = 2\pi\sqrt{LC}$ (formule de Thomson).

Cette période est la période propre du circuit oscillant.

Si la résistance R de la bobine est notable, supérieure à la valeur critique, $2\sqrt{\frac{L}{C}}$, les oscillations disparaissent ; la décharge est apériodique.

Dans un circuit oscillant, l'énergie électrique $\frac{1}{2}Cv^2$ du condensateur (potentielle) se transforme en énergie magnétique d'inductance $\frac{1}{2}Li^2$ (cinétique), laquelle recharge à nouveau le condensateur dans l'autre sens, et ainsi de suite. Pour obtenir des oscillations permanentes, il faudra coupler le circuit oscillant à un dispositif d'entretien qui fournira l'énergie nécessaire pour compenser les pertes par effet Joule dans la résistance R.

Propriétés des courants H.F.

Antenne. Le courant électrique est dû à la circulation d'électrons dans les conducteurs. Lorsqu'il s'agit d'un courant périodique de fréquence F, à cette propagation correspond par définition une longueur d'onde $\lambda = \frac{V}{F}$ avec F = 1/T.

Dans une antenne verticale liée au sol et dans laquelle on produit par induction des oscillations de haute fréquence, il s'établit un système d'ondes stationnaires si sa longueur est $(2k + 1)\frac{\lambda}{4}$.

— *A extrémité libre :* un nœud d'intensité (le courant ne passe pas) et un ventre de potentiel (le potentiel peut varier librement) ;

— *Au point de contact avec le sol :* un ventre d'intensité (le courant passe librement) et un nœud de potentiel (le potentiel du sol est constant).

Impédance. La pulsation d'un courant de haute fréquence, $\omega = 2\pi F$, étant très grande, la réactance d'inductance Lω est également très élevée, et une bobine contenant du fer interdit le passage d'un courant de haute fréquence.

Au contraire, un condensateur a une réactance de capacité $\frac{1}{C\omega}$ d'autant plus faible que la fréquence du courant est plus élevée ; il n'a pour effet que d'avancer le courant d'un quart de période sur la tension à ses bornes.

Effets d'induction. Un conducteur parcouru par un courant de haute fréquence crée dans l'espace un champ magnétique alternatif de même fréquence, et, si l'on place dans son voisinage un circuit fermé normal au champ magnétique, celui-ci sera traversé par un flux alternatif $\Phi = \Phi_m \sin \omega t$; il sera donc le siège d'une force électromotrice induite :

$$e = -\frac{d\Phi}{dt} = \omega\Phi_m \cos \omega t,$$

d'autant plus grande que la fréquence du courant sera plus élevée puisque $\omega = 2\pi F$. On utilise ces effets d'induction pour produire des courants de haute fréquence dans des circuits voisins réglés à la résonance sur le circuit émetteur.

Effets physiologiques. L'établissement ou la variation de courant à travers le corps humain se traduisent par des sensations de douleur et des contractions musculaires qui ne se font sentir que très peu de temps après la variation de courant. Dans le cas des basses fréquences, les variations répétées de courant peuvent provoquer des contractions dangereuses allant jusqu'au tétanos physiologique. Les courants de haute fréquence ne peuvent pas provoquer ces sensations douloureuses ou ces contractions musculaires, car l'organisme a une inertie. Leur passage à travers l'organisme se manifeste par un dégagement de chaleur utilisé en diathermie (élévation provoquée de température interne sans brûlure superficielle). On utilise l'effet congestif qui en résulte dans le traitement des rhumatismes, névralgies. Autre application : le bistouri électrique qui provoque une destruction et une coagulation des cellules par élévation de température très localisée sans hémorragie.

Propagation des ondes électromagnétiques

Champ électromagnétique. Soit un oscillateur linéaire, ou antenne, dans lequel s'est établi un système d'ondes stationnaires de haute fréquence. Ses extrémités présentent des nœuds de courant, donc des ventres de potentiel ; en ces ventres, distants de $\frac{\lambda}{2}$, les vibrations sont en opposition de phase et il existe une différence de potentiel sinusoïdale entre les extrémités de l'antenne. Cette différence de potentiel crée, en chaque point de l'espace, un champ électrique $\vec{E}$. En un point M sur la médiatrice de l'antenne, ce champ est parallèle à l'antenne. Le courant oscillant dans l'antenne crée également en un point M′ de l'espace une induction sinusoïdale $\vec{B}$, normale au plan défini par M et l'antenne. L'ensemble des 2 champs oscillants rectangulaires $\vec{E}$ et $\vec{B}$ constitue le champ électromagnétique produit dans l'espace par l'antenne.

À une distance assez grande de la source émettrice, on peut considérer que les ondes $\vec{E}$ et $\vec{B}$ sont planes. En chaque point existent alors une induction magnétique et un champ électrique alternatifs rectangulaires, normaux à la direction de propagation : l'onde est transversale. Ces 2 champs sont en phase. Une telle onde est polarisée rectilignement puisque le support des vecteurs-champs a une direction fixe.

Propriétés des ondes électromagnétiques. Semblables à celles des ondes lumineuses :

1) Elles se propagent à la vitesse de la lumière dans le vide et dans les isolants dits parfaits, mais un écran métallique les arrête.

2) Elles peuvent se réfléchir sur une plaque ou un grillage métalliques. Ces phénomènes de réflexion sont utilisés pour l'obtention de faisceaux dirigés, par exemple au moyen de miroirs paraboliques, dans le radar. Les ondes émises se réfléchissent lorsqu'elles rencontrent un obstacle (avion, bateau, rochers...) ; la réception de l'écho permet de déceler l'obstacle et de calculer sa distance.

3) Elles peuvent se réfracter.

4) Elles peuvent donner naissance à des ondes stationnaires.

Dans ce cas, les nœuds du champ électrique sont les ventres du champ magnétique, et inversement ; en chaque point $\vec{E}$ et $\vec{B}$ sont en quadrature.

La mesure de la distance entre 2 nœuds permet de déterminer la longueur d'onde λ ; si on connaît la fréquence F, on en déduit la célérité c = λ F.

Ondes radioélectriques. Utilisées dans les radiocommunications : radiotélégraphie, radiotéléphonie, radiodiffusion, télévision, radionavigation, radar, télécommande, etc. ; elles ont également des applications thermiques (fours à haute fréquence, traitements des métaux et des plastiques, etc.), thérapeutiques (diathermie, etc.) et domestiques (fours). Elles sont caractérisées par leur fréquence ou par leur longueur d'onde.

Fréquence	*Longueur d'onde*
3 à 30 kHz	myriamétriques
30 à 300 kHz	kilométriques
300 à 3 000 kHz	hectométriques
3 à 30 MHz	décamétriques
30 à 300 MHz	métriques
300 à 3 000 MHz	décimétriques
3 à 30 GHz	centimétriques
30 à 300 GHz	millimétriques

Nota. — kHz : kilohertz. MHz : mégahertz. GHz : gigahertz. THz : térahertz. m/s : mètres/seconde. k = x 1 000 ; M = x 10^6 ; G = x 10^9 ; T = x 10^{12}.

On entend, par **audiofréquences**, les fréquences audibles (jusqu'à 15 kHz env.) ; **radiofréquences,** celles qui permettent le rayonnement à grande distance (15 kHz env. à 30 MHz) ; **hyperfréquences,** celles au-delà de 3 000 MHz, correspondant aux micro-ondes.

Les ondes myriamétriques (avec des puissances d'émission élevées) et les ondes décamétriques ont une portée qui peut parfois atteindre les antipodes. Le **radar** utilise des ondes centimétriques ou millimétriques souvent émises par impulsions périodiques de très courte durée ; la puissance instantanée peut ainsi atteindre plusieurs mégawatts. Les *communications spatiales* utilisent des ondes centimétriques. Radiocommunications et radar emploieront prochainement des ondes beaucoup plus courtes, dans le domaine de l'infrarouge et au-delà, grâce aux lasers, générateurs de lumière parallèle, cohérente dans le temps et l'espace et puissante. Le **laser** fonctionne avec des ondes électromagnétiques dont les longueurs d'ondes se situent dans la partie visible et infrarouge du spectre de la lumière, alors que le **maser** travaille sur des ondes de longueurs plus grandes, du domaine des micro-ondes : d'où l'apparition de microwave (micro-onde) dans le mot maser, et de light (lumière) dans le laser. Le laser a permis de raccorder les hyperfréquences avec la lumière infrarouge. La fréquence d'un laser se mesure en térahertz. En mesurant sa longueur d'onde, on obtient une détermination très précise de la vitesse des ondes électromagnétiques (officiellement : 299 792 458 m/s).

Les *ondes entretenues* permettent plus aisément que les ondes amorties la transmission de l'information (sons, images ou autres). A cet effet, elles sont modulées, un de leurs paramètres étant modifié par le courant ou la tension qui traduit l'information. Ainsi, les ondes porteuses peuvent être modulées en fréquence, en amplitude ou en phase. Selon leur mode de propagation, on peut distinguer l'*onde directe* ou *onde de surface*, qui, en allant de l'émetteur au récepteur, suit la surface du globe, et l'*onde indirecte*, ou *onde réfléchie*, ou encore *onde d'espace*, qui, entre émetteur et récepteur, a subi une ou plusieurs réflexions contre la couche ionosphérique et la terre ou l'océan.

Propagation d'une onde plane électromagnétique polarisée

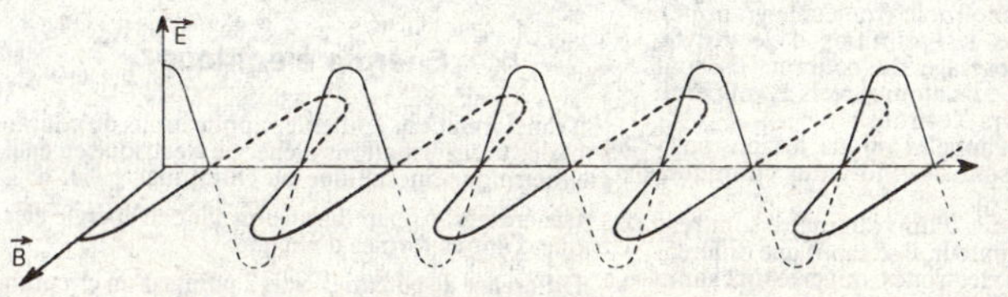

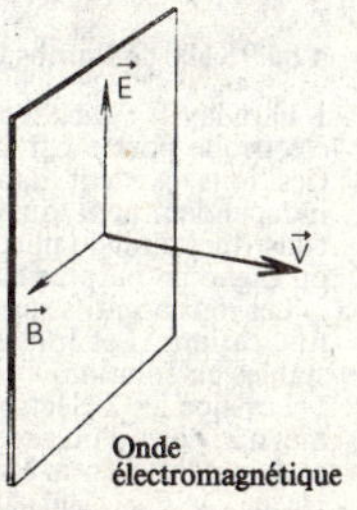

Ondes de radio (longueur et fréquence)

Ondes de radio	*Longueur d'onde*	*Fréquence*
Ondes de radio	supérieure à 1 mm	Inférieure à 3 × 10^{11} Hz
Infrarouge	1 mm à 0,8 μ	3 × 10^{11} à 4 × 10^{14} Hz
Spectre visible	0,8 μ à 0,4 μ	3,7 × 10^{14} à 7,5 × 10^{14} Hz
Ultraviolet	0,4 μ à 500 Å	7,5 × 10^{14} à 6 × 10^{15} Hz
Rayons X	500 Å à 1/100 Å	6 × 10^{15} à 3 × 10^{20} Hz
Rayons γ	inférieure à 1/100 Å	supérieure à 3 × 10^{20} Hz

Nota. — μ : abréviation de μm, micromètre ou 10^{-6}m = 10^{-3} mm. Å = o.1 nm = 10^{-10} m (Voir p. 000).

Vitesse. Ondes électromagnétiques, o. radioélectriques, o. lumineuses se propagent dans le vide ou dans l'air sec à 300 000 000 m/s.

Ondes lumineuses

Théories. Depuis la découverte de l'effet photoélectrique, il faut admettre que la lumière est formée d'ondes et de corpuscules qui constituent comme deux faces complémentaires de la réalité.

Louis de Broglie a proposé en 1924 que les corpuscules de matière sont eux aussi accompagnés d'une onde. La longueur d'onde dans le vide caractérise les radiations lumineuses. Si l'on pratique dans le volet d'une chambre noire une petite ouverture par laquelle on laisse pénétrer les rayons solaires et qu'on les reçoive sur une des faces d'un prisme, ces rayons seront non seulement déviés de leur direction naturelle, mais décomposés en un **spectre** coloré dans lequel 7 couleurs élémentaires se présentent dans l'ordre suivant : violet, indigo, bleu, vert, jaune, orangé, rouge. La différence entre les indices de réfraction des rayons violets et des rayons rouges est appelée **coefficient de dispersion.** La dispersion des verres est d'autant plus importante qu'ils sont plus absorbants dans l'ultraviolet.

Inversement, on peut recomposer la lumière blanche par la superposition des diverses radiations du spectre ; en particulier, si l'on fait tourner un disque de carton divisé en secteurs colorés convenables (disque de Newton), on obtient à l'œil la sensation de la lumière blanche à cause de la persistance des impressions lumineuses sur la rétine. Au-delà du violet visible s'étend une zone d'activité chimique : les radiations qui la provoquent sont dites **« ultraviolettes »** ; au-delà du rouge se trouvent également des radiations invisibles à propriétés calorifiques ; on les appelle **« infrarouges ».** L'indice de réfraction étant décroissant lorsque la longueur d'onde du rayon considéré croît, l'étude des spectres permet de déterminer la nature d'un rayonnement donné.

Un **spectre** est dit normal lorsque la distance des raies sur l'écran est proportionnelle à l'écart de longueur d'onde des rayons correspondants. Ce spectre est obtenu directement par diffraction de la lumière sur les réseaux. (Voir p. 230.) La position des raies est déterminée par une échelle micrométrique projetée sur l'écran parallèlement au spectre à étudier.

Fibres de verre. Nouveau moyen de transmission par la lumière rouge et très proche infrarouge, distances intravilles et intervilles.

Laser. Source de lumière cohérente parallèle (dans le temps et l'espace).

VIII — Électrostatique

Champ électrique. L'électricité, comme la matière, a une structure discontinue ou granulaire. L'électron est le plus petit grain d'électricité négative. Tous les électrons sont identiques.

Un corps sera d'autant plus électrisé qu'il aura cédé ou gagné plus ou moins d'électrons ; c'est-à-dire qu'il porte une charge électrique plus ou moins grande.

Les forces d'attraction ou de répulsion s'exerçant entre 2 charges ponctuelles sont inversement proportionnelles au carré de la distance. Le module de chacune de ces forces peut se calculer par la relation suivante : $f = 9.10^9 \frac{qq'}{r^2}$; f : force exprimée en newtons (N), q et q′ : charges exprimées en coulombs (C), r : distance des charges exprimée en mètres (m).

Lorsqu'on place une charge électrique en un point de l'espace, les propriétés de cet espace sont modifiées tout autour de la charge et jusqu'à de très grandes distances. L'espace modifié est le siège d'un **champ électrique** qui apparaît comme un secteur caractérisant chaque point de l'espace.

Une charge électrique quelconque q placée en un point quelconque subit une force $\vec{f}$ telle que : $\vec{f} = q\vec{E}$.

Si la charge q est positive, $\vec{f}$ a le sens de $\vec{E}$; si la charge q est négative, $\vec{f}$ a le sens contraire à $\vec{E}$. Les champs électriques se composent vectoriellement.

Une **ligne de champ** est une courbe de l'espace telle qu'en chacun de ses points le champ électrique lui soit tangent ; on l'oriente par continuité dans le sens du champ. Généralisation : chaque fois qu'il y a force à distance, on peut parler de champ.

Travail, potentiel. Lorsqu'une charge q placée dans un champ électrique se déplace d'un point A à un point B, le travail de la force électrique appliquée à cette charge est proportionnel à la charge q et indépendant du chemin suivi par la charge entre A et B ; il ne dépend que des positions de A et de B : W = F × a (a : projection de AB sur la direction des lignes de champs).

La relation s'écrit : $W = q(V_A - V_B)$.

On dit que la charge q passant de A en B subit une **chute de potentiel** de $(V_A - V_B)$ volts.

Longueur d'ondes. On a réparti en 2 classes les émissions radioélectriques : classe A, émission d'ondes entretenues, c'est-à-dire dont les oscillations successives sont identiques en régime permanent ; classe B, émission d'ondes amorties, ondes composées de trains successifs dans lesquels l'amplitude des oscillations, après avoir atteint un maximum, décroît graduellement par suite de la discontinuité de la décharge et des pertes d'énergie dans les circuits.

Les ondes électriques, radioélectriques ou hertziennes ne diffèrent des ondes lumineuses que par leur longueur de quelques millimètres à 30 000 m, tandis que celle des ondes lumineuses s'échelonne entre 0,75 μ micron soit 0,00075 mm pour les rayons rouges, 0,65 μ (orange), 0,55 μ (jaune), 0,51 μ (vert), 0,47 μ (bleu), 0,44 μ (indigo), 0,42 μ (violet). Les rayons infrarouges peuvent atteindre 1 m.

Pour la radiodiffusion, on utilise des longueurs d'onde situées dans les gammes des **grandes ondes** (ou ondes longues), comprises entre 1 000 et 2 000 m, dans celles des **petites ondes** (ou ondes moyennes), entre 200 et 600 m et dans celles des ondes courtes, entre 10 et 100 m. *En modulation de fréquence,* on emploie des ondes métriques. *En télévision,* les émissions sont effectuées sur des longueurs d'onde de quelques mètres ou même inférieures au mètre.

L'émission lumineuse est généralement discontinue, et rarement monochromatique.

Pour obtenir des interférences, il faut dédoubler une source unique en 2 sources de lumière cohérente. Ce dédoublement n'est plus nécessaire dans le cas des oscillations électriques.

Le laser a permis d'obtenir des sources de lumière monochromatique et cohérente sur une surface de l'ordre de 1 cm², ce qui facilite l'obtention des interférences.

Lumière la plus vive. Les rayons laser ont une luminosité plus de 1 000 fois supérieure à celle du Soleil, qui atteint déjà 500 candelas/cm².

Source de lumière la plus puissante. Lampe à arc à xénon sous haute pression de 200 kW qui produit une lumière de 600 000 bougies.

Rayon lumineux le plus puissant. Radiation synchrotonique émise par une fente de 100 × 2,5 mm au bout de l'Accélérateur linéaire de Standford (U.S.A., Calif.).

Électrocinétique

Courant électrique

Effets. Le passage d'un courant dans un circuit se manifeste par 3 effets : chimique, calorifique, magnétique.

Sens du courant. Choisi arbitrairement va, dans une cuve à électrolyse contenant de l'eau acidulée, de l'électrode où se dégage l'oxygène à celle où se dégage l'hydrogène. Ce choix implique que, dans le circuit extérieur au générateur, le courant va du pôle positif au pôle négatif. Le courant électrique réel est un courant d'électrons qui circulent dans le métal en sens inverse du sens conventionnel du courant.

La vitesse de déplacement de l'ensemble des électrons dans un métal est faible (env. 0,1 millimètre par seconde). Cependant, les effets du courant se manifestent instantanément d'un bout à l'autre du circuit : c'est que le champ électrique qui commande le mouvement d'ensemble des électrons se propage le long du fil électrique de façon quasi instantanée.

En chaque point d'un conducteur parcouru par un courant, il existe un champ électrique $\vec{E}$, dirigé dans le sens du courant. Entre deux points quelconques, A et B, du circuit extérieur au générateur, il existe une différence de potentiel. De façon précise, si une quantité d'électricité q traverse une section du conducteur pendant le temps t, on définit l'intensité I du courant par le rapport : $I = \frac{q}{t}$.

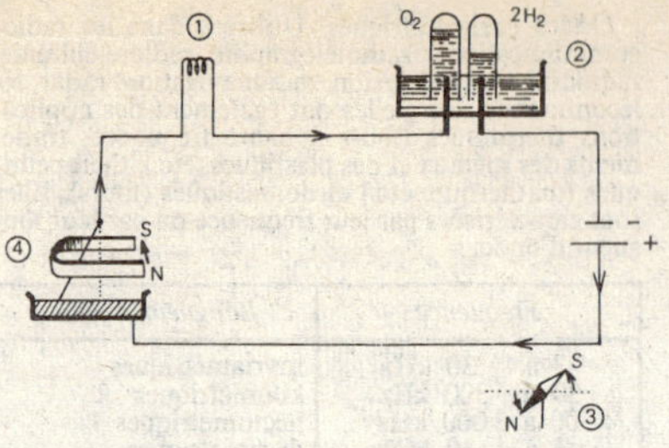

Légende. — Effets du courant : (1) échauffement du filament ; (2) électrolyse de l'eau additionnée de SO_4H_2 ; dégagement d'oxygène et d'hydrogène ; (3) action du courant sur un aimant (déviation de la boussole) ; (4) action d'un aimant sur un courant (déplacement du fil conducteur).

Si nous ouvrons l'interrupteur, nous « coupons » le courant, tous ces effets cessent.

Intensité d'un courant. Elle est à chaque instant la même en tous points d'un circuit unique. Cela signifie que le débit d'électrons est le même partout, qu'il n'y a pas accumulation d'électrons en un point quelconque. Mais ce débit d'électrons peut être variable au cours du temps ; c'est ce qui se produit lorsque l'on charge un conducteur au moyen d'un générateur ; le courant, d'abord intense, diminue progressivement d'intensité, pour s'annuler lorsque le conducteur est complètement chargé. Un tel courant est appelé *courant variable.* Si, au contraire, l'intensité reste constante au cours du temps, nous avons un *courant continu.*

Électrolyse. Lorsqu'un courant électrique traverse un électrolyte (solution d'acides, de bases, de sels, ou des bases ou des sels fondus), son passage s'accompagne de l'apparition aux électrodes de produits chimiques.

La **cathode** est l'électrode de sortic du courant (du grec *cathodos,* « en bas du chemin ») et l'**anode** (*anodos,* « en haut du chemin ») l'électrode d'entrée du courant. La cuve où se produit l'électrolyse est appelée un **voltamètre.**

Lois de Faraday. 1) Au cours d'une électrolyse, les produits libérés n'apparaissent qu'aux électrodes (à la cathode, dégagement d'hydrogène ou dépôt de métal ; à l'anode, produits variés tels qu'oxygène, chlore...), et la masse d'un corps dégagé ou déposé à l'une des électrodes, pendant un temps donné et pour une intensité de courant fixée, est indépendante de la forme du voltamètre et de la surface des électrodes.

2) Dans une électrolyse où un seul corps simple apparaît aux électrodes (anode ou cathode), la masse de substance déposée ou dégagée à chaque électrode est proportionnelle à la quantité d'électricité qui a traversé le voltamètre.

3) Dans une électrolyse où un seul corps simple apparaît aux électrodes, la masse de ce corps libérée en un temps donné est proportionnelle à sa masse atomique A et inversement proportionnelle à sa valence n :

$$m = \frac{1}{96500}\,\frac{A}{n}\,It$$

d'où 96 500 coulombs libèrent 1 valence-gramme $\frac{A}{n}$.

1 Faraday F vaut 96 500 coulombs. C'est la charge électrique portée par une mole (molécule-gramme). Ces ions existent dans les solutions d'électrolyte, indépendamment du passage du courant. Ils sont constitués d'un ou plusieurs atomes réels ayant perdu ou gagné un ou plusieurs électrons.

Les ions négatifs sont appelés anions, les ions positifs, cations. Les ions sont des individus chimiques stables en solution.

Lorsque les 2 électrodes d'un voltamètre sont réunies aux pôles d'un générateur, il s'établit une différence de potentiel entre les électrodes, qui crée un champ électrique $\vec{E}$ dans l'électrolyte.

De ce fait, les ions positifs sont soumis à des forces qui s'exercent dans le sens du champ, de l'anode vers la cathode : ils se dirigent vers la cathode. Les ions négatifs, soumis à des forces opposées aux précédentes, vont à l'anode.

Au contact des électrodes, les ions *échangent des électrons* avec le courant qui circule dans le conducteur reliant les électrodes au générateur.

Les anions sont oxydés à l'anode, c'est-à-dire qu'ils perdent des électrons.

Les cations sont réduits à la cathode, ils gagnent des électrons.

Le nombre d'atomes contenu dans une mole d'atomes est $N = 6{,}02 \times 10^{23}$. C'est le *nombre d'Avogadro.* L'apparition d'un atome réel sur l'une des électrodes met en jeu une quantité d'électricité : $q = \frac{nF}{N} = ne$, en posant $e = \frac{F}{N}$. Il y a donc au niveau des atomes échange de grains d'électricité de charge e.

$e = \frac{96\,500}{6{,}02 \times 10^{23}} = 1{,}6 \times 10^{-19}$ coulombs, valeur absolue de la charge de l'électron.

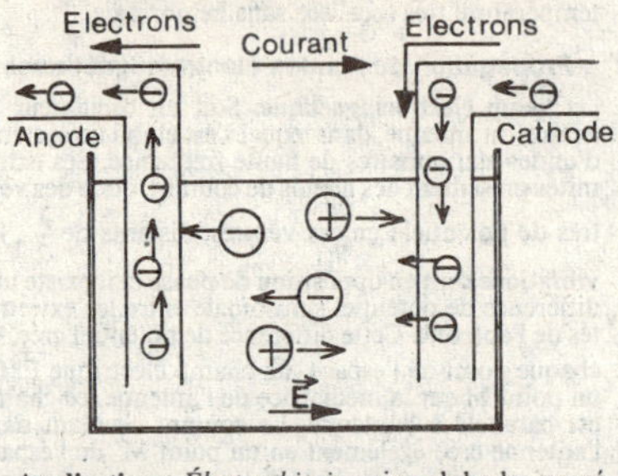

Applications. *Électrochimie* qui englobe les procédés de préparation de certains corps simples et de raffinage de certains métaux (chlore, hydrogène, oxygène, aluminium).

Raffinage électrolytique des métaux, utilisé pour préparer le cuivre très pur (électro), le fer « électro », l'or « fin », l'argent « vierge »...

Galvanoplastie : réalisation d'un dépôt métallique sur un autre métal ou sur un moule ; utilisée pour la reproduction de médailles, monnaies, clichés typographiques, l'argenture des couverts, la dorure de pièces décoratives, le chromage et le nickelage destinés à la protection des métaux contre la corrosion.

Valence	Symbole	Nom
Cations		
1	Na^+	sodium
1	K^+	potassium
1	Ag^+	argent
1	NH_4^+	ammonium
2	Fe^{++}	ferreux
2	Zn^{++}	zinc
2	Cu^{++}	cuivrique
3	Al^{+++}	aluminium
3	Au^{+++}	or
3	Fe^{+++}	ferrique
Anions		
1	Cl^-	chlorure
1	OH^-	oxhydrile
1	MnO_4^-	permanganate
1	NO_3^-	nitrate
2	SO_4^{--}	sulfate
2	CO_3^{--}	carbonate
2	$Cr_2O_7^{--}$	bichromate
3	PO_4^{---}	phosphate

Énergie électrique

Transformation. Toutes les applications du courant sont des transformations d'énergie électrique en énergie thermique, mécanique ou chimique.

Générateur. Appareil transformant en énergie électrique d'autres formes d'énergie.

Différence de potentiel. Soit 2 points d'un circuit ne comportant pas de générateur entre ces 2 points : le passage du courant entre ces points se traduit par le transport d'une charge q et par une apparition d'énergie calorifique, mécanique ou chimique entre ces points. Les forces appliquées à la charge q effectuent lors de son déplacement un travail W_{AB} qui permet de définir la différence de potentiel entre ces points :

$$W_{AB} = q\,(V_A - V_B).$$

Ce travail représente l'*énergie électrique consommée* entre les deux points A et B :

$$W_{AB} = (V_A - V_B)\,I.t,$$

I étant l'intensité du courant et t la durée de son passage.

Loi de Joule. La quantité de chaleur dégagée par le passage d'un courant électrique dans un conducteur est proportionnelle à la durée de passage du courant ; est proportionnelle au carré de l'intensité ; dépend du conducteur :

$$W = RI^2t,$$

où W désigne la quantité de chaleur dégagée pendant un temps t par un courant d'intensité I. R est la résistance que le conducteur oppose au passage du courant ; plus elle est grande, plus les électrons éprouvent de difficulté à se déplacer et plus important est le dégagement de chaleur. En même temps, le conducteur cède de la chaleur au milieu ambiant, surtout par rayonnement. La température du fil parcouru par un courant va donc croître lentement jusqu'au moment où il rayonnera toute la chaleur apparue par effet Joule ; la température du fil n'augmente plus, c'est sa température d'équilibre.

Si le courant est plus intense que prévu, on peut atteindre la température de fusion du conducteur ; c'est le principe des **coupe-circuit** ou **fusibles** calibrés de façon à fondre pour une intensité supérieure à 5 ampères, 10 ampères...

Résistance des conducteurs

Importance. La résistance d'un conducteur cylindrique de nature donnée est proportionnelle à sa longueur l et inversement proportionnelle à sa section S :

$R = \rho \frac{l}{S}$, ρ étant la résistivité du conducteur.

Plus le degré de pureté d'un métal est grand, plus faible est sa résistivité. La résistance du métal pur croît proportionnellement à la température absolue :

$$\rho = AT.$$

En pratique : $\rho = \rho_0 (1 + at)$;
a est le coefficient de température :
$a = 4.10^{-3}$ pour un cristal unique parfait, 0,02 pour les électrolytes.

En refroidissant les métaux, on les rend plus conducteurs. En refroidissant l'aluminium à 17 °K, le sodium à 8 °K par cette technique appelée *cryogénique*, on réduit de 10 % les pertes par effet Joule.

Conducteurs placés en série. Leurs résistances s'ajoutent.

Supraconducteurs. Si l'on refroidit davantage encore certains métaux (étain, plomb) ou certains alliages comme le niobium-étain ou le niobium-zirconium, pour une température T, caractéristique de chaque matériau, la résistivité tombe brusquement et n'est plus mesurable. C'est la supraconductivité. La température la moins basse correspondant à l'existence de ce phénomène est actuellement égale à 18 °K, température de transition de l'alliage niobium-étain Nb_3Sn.

Résistivité à 15 °C en ohms-mètres (Ω.m)

Métaux :	
Argent	$1{,}5.10^{-8}$
Cuivre	$1{,}6.10^{-8}$
Aluminium	$2{,}5.10^{-8}$
Zinc	6.10^{-8}
Tungstène	$5{,}33.10^{-8}$
Fer	10.10^{-8}
Nickel	12.10^{-8}
Plomb	20.10^{-8}
Mercure	95.10^{-8}
Alliages :	
Maillechort [1]	10^{-8}
Manganine [2]	42.10^{-8}
Constantan [3]	49.10^{-8}
Ferronickel [4]	80.10^{-8}
Nichrome [5]	80.10^{-8}
Électrolytes :	
solution H_2SO_4 à 5 %	$4{,}8.10^{-2}$
solution H_2SO_4 à 10 %	$2{,}5.10^{-2}$
solution H_2SO_4 à 30 %	$1{,}35.10^{-2}$
solution $CuSO_4$ à 5 %	20.10^{-2}
solution $CuSO_4$ saturée	53.10^{-2}
sol. NaCl saturée	$4{,}6.10^{-2}$
sol. NaOH à 10 %	$3{,}2.10^{-2}$

Nota. — (1) 60 % Cu, 25 % Zn, 15 % Ni. (2) 85 % Cu, 11 % Mn, 4 % Ni. (3) 60 % Cu, 40 % Ni. (4) 75 % Fe, 24 % Ni, 1 % C. (5) 60 % Ni, 12 % Cr, 28 % Fe.

Métal	T_c °K
Zn	0,79
Al	1,14
Sn	3,69
Hg	412
Pb	7,26

Semi-conducteurs

Source : F. Milsant, *Cours d'électronique* (5 vol.), T. II. Éd. Eyrolles, 1984.

Semi-conducteurs intrinsèques

Les semi-conducteurs les plus utilisés sont le germanium et le silicium. Lorsqu'ils sont à l'état pur, on les appelle *intrinsèques.* L'atome de germanium (valence 4) a un noyau de 32 protons entouré de 32 électrons. Ces derniers sont répartis en 4 couches d'orbites dont la dernière a 4 électrons. Ces électrons confèrent au corps sa valence, le faisant ainsi figurer avec le silicium dans le groupe IV du tableau de Mendeleïev (v. p. 220). Si nous essayons de rassembler les atomes pour en faire un cristal, chaque atome met en commun ses électrons avec les 4 atomes les plus proches. Tous les noyaux sont alors entourés de 8 électrons périphériques, ce qui correspond à une grande stabilité.

On représente symboliquement le cristal de germanium par le dessin ci-dessous :

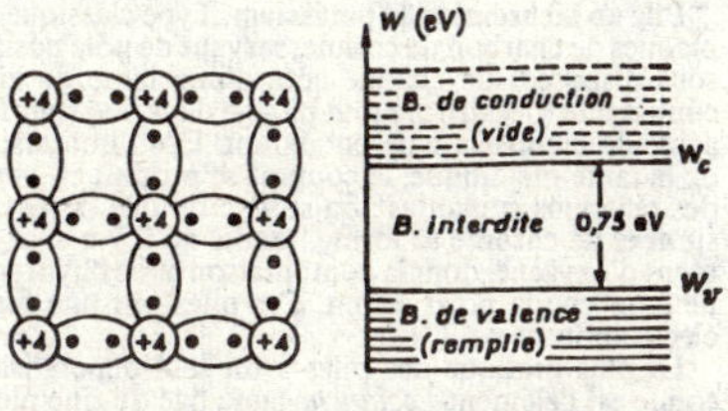

Chacun des noyaux de germanium est figuré par un cercle, il porte la charge + 4e qui équilibre les 4 électrons de valence représentés par des points ; les liaisons entre 2 atomes voisins sont figurées par 2 traits qui entourent les électrons mis en commun. Au zéro absolu (− 273,15 °C), les électrons sollicités par leurs liaisons ne peuvent s'échapper de l'atome, il n'y a donc pas d'électrons libres. Sur le plan énergétique, la bande de valence est saturée alors que la bande de conduction est totalement vide. Au zéro absolu, un semi-conducteur est un isolant parfait.

Sur le diagramme énergétique d'un semi-conducteur, la bande faible (ex. : 0,75 eV pour le germanium au zéro absolu) est très élevée pour un isolant (7 eV env.). Aussi est-il plus facile de rendre conducteur un semi-conducteur qu'un isolant, grâce à un apport d'énergie extérieur (rayonnement, chauffage...). A la température ambiante normale, l'énergie cinétique des électrons est beaucoup plus élevée qu'au zéro absolu : certaines liaisons se rompent et des porteurs de charges (électrons libres ou trous) apparaissent. Un semi-conducteur intrinsèque est alors légèrement conducteur : un électron de germanium, agité autour d'une position moyenne par effet thermique, devient libre dès que son énergie cinétique atteint l'énergie d'activation (Wa = 0,75 eV). Il passe de la bande de valence à la bande de conduction et se comporte comme électron libre d'un métal. En l'absence de champ électrique, le mouvement des électrons libres est désordonné. Si l'on crée un champ électrique en appliquant une différence de potentiel aux extrémités du semi-conducteur, les électrons libres se déplaceront en sens inverse du champ. Le vide laissé par un électron qui a rompu sa liaison est appelé trou. L'atome qui a perdu un électron est dans un état instable, aussi

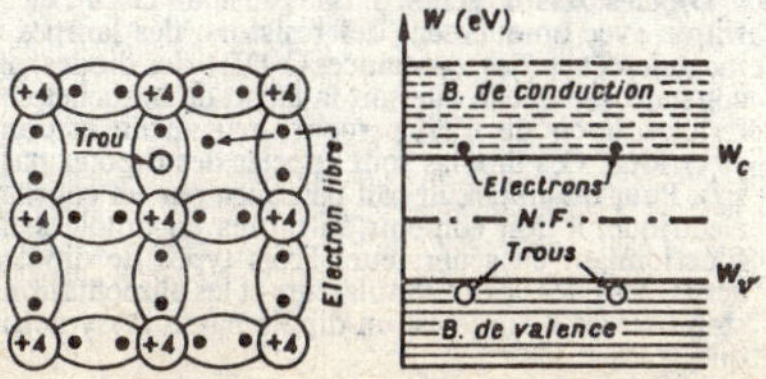

profitera-t-il de l'agitation thermique des électrons pour se lier à l'électron de valence d'un atome voisin. Son trou est alors bouché mais un nouveau trou apparaîtra dans l'atome voisin. Ainsi tout se passe comme si le trou se déplaçait.

Un cristal intrinsèque a autant de trous que d'électrons libres. Le courant électrique est constitué par un double déplacement en sens inverse de ces porteurs de charges.

Semi-conducteurs extrinsèques

L'introduction, en quantité très faible, de certaines impuretés dans un semi-conducteur intrinsèque, peut augmenter dans des proportions considérables le nombre des porteurs de charges (électrons libres ou trous), et réduire la résistivité du matériau ; le cristal ainsi dopé est dit *extrinsèque.* Un g d'arsenic ajouté à 100 t de germanium pur réduit la résistivité de 50 ohms-cm à quelques ohms-cm. Les impuretés utilisées (de valence 5 ou 3) conduisent à 2 types différents de cristaux.

Germanium de type n. Introduisons dans du germanium en fusion une proportion infime d'impuretés, de valence 5 (arsenic ou antimoine). Un atome d'arsenic n'est alors entouré que par des atomes de germanium. L'atome d'arsenic peut échanger avec les atomes voisins 4 de ses 5 électrons de valence, le 5e qui n'est pas retenu aussi solidement que les autres étant plus facile à détacher de son noyau. Il suffit de fournir une énergie d'environ 0,01 eV pour rendre libre cet électron, lui permettant ainsi de participer à la conduction. Le départ de cet électron ne crée pas un trou mobile car si l'atome d'arsenic est transformé en un ion positif en raison de la perte d'un de ses électrons, cet atome qui a reçu l'énergie 0,01 eV n'a pas une énergie suffisante (0,75 eV) pour prélever un électron à un atome de germanium voisin.

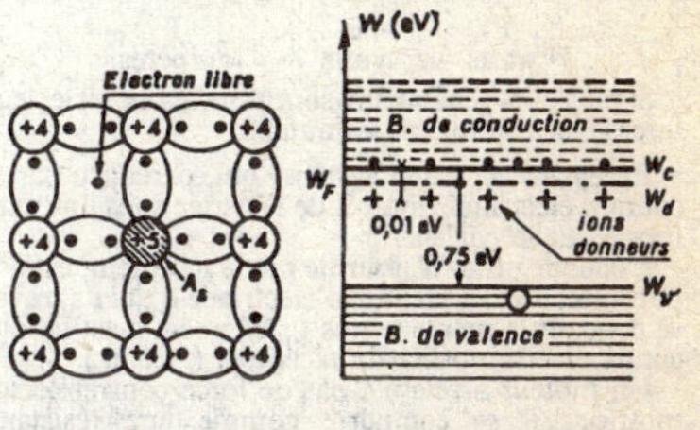

Une impureté comme l'arsenic est un élément donneur car elle fournit des électrons. Le cristal ainsi dopé est appelé *germanium type n* (n signifie que, dans ce matériau, la conduction a lieu principalement par déplacement de charges négatives). On dit encore que dans un tel cristal, les électrons sont majoritaires alors que les trous sont minoritaires.

Germanium de type p. Introduisons dans le germanium une impureté de valence 3 (ex. indium). L'atome d'indium ne peut alors assurer que 3 liaisons avec les atomes de germanium voisins. Comme il manque un électron pour réaliser la 4e liaison du réseau, tout se passe comme s'il y avait un trou. Ce trou est mobile comme le trou d'un cristal intrinsèque. En effet, l'atome d'indium profitera de l'agitation électronique pour s'approprier l'électron d'atome voisin de germanium, ce qui crée un nouveau trou qui se comblera à son tour. Quand le trou s'est ainsi éloigné de lui, l'atome d'indium, qui a récupéré un électron, est devenu un ion négatif parfaitement stable.

Loi d'Ohm

La différence de potentiel entre 2 points d'un conducteur dans lequel l'énergie électrique est intégralement transformée en chaleur, se mesure par le produit de l'intensité du courant par la résistance du conducteur : $V_A - V_B = RI$.

Conservation de l'intensité. Entre 2 points A et B, montons 3 résistances mortes (ou un nombre quelconque), r_1, r_2, r_3, en dérivation ou en parallèle.

La somme des intensités dans chaque dérivation est égale à l'intensité dans le circuit principal. La différence de potentiel entre A et B est la même pour toute dérivation. Dans des résistances mortes placées en dérivation, les intensités sont en raison inverse des résistances correspondantes.

La résistance équivalente est la résistance unique qui, mise à la place de plusieurs résistances mortes montées en parallèle, conserve la même intensité

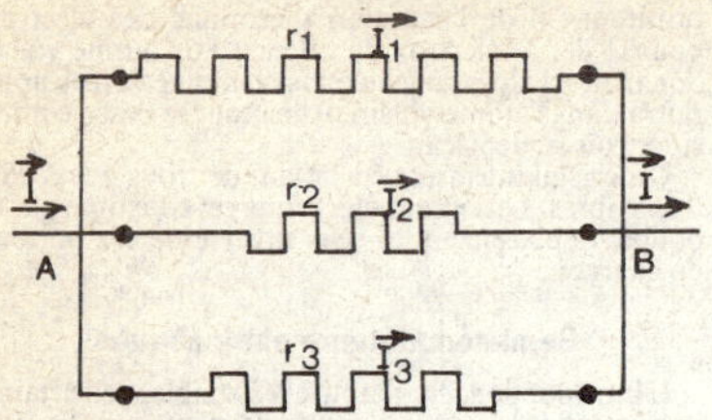

$$I = I_1 + I_2 + I_3$$

totale et la même différence de potentiel aux bornes.

$$\frac{1}{R} = \frac{1}{r_1} + \frac{1}{r_2} + \frac{1}{r_3}.$$

Générateur. C'est un appareil qui *transforme* en énergie électrique une autre forme d'énergie. Placé dans un circuit, il produit un courant qui transporte de l'énergie.

La borne *par où sort le courant* est la *cathode* C ; c'est le pôle positif. La borne *par laquelle entre le courant* est l'*anode* A ; c'est le pôle négatif.

Pendant un certain temps t, le générateur fournit à la quantité d'électricité q qui le traverse une certaine énergie W, fonction de la nature du générateur employé et de son efficacité d'électromoteur : W = Eq, E est la force électromotrice (f.é.m.) du générateur.

Exprimée en volts, elle est égale au quotient du nombre qui mesure la puissance totale mise en jeu par le générateur, exprimée en watts, par le nombre qui mesure l'intensité du courant, exprimé en ampères :

$$\underset{\text{watts}}{P} = \underset{\text{volts}}{E} \;.\; \underset{\text{ampères}}{I}$$

Si plusieurs générateurs sont associés en série, leurs forces électromotrices s'ajoutent.

Récepteur. C'est un système qui, parcouru par un courant électrique, fournit de l'énergie sous une autre forme que la chaleur.

L'énergie utile, W, fournie par le récepteur, est proportionnelle à la quantité d'électricité q qui l'a traversé pendant le même temps t : W = eq, e est la force contre-électromotrice du récepteur (f.c.é.m.).

Un moteur arrêté n'a pas de force contre-électromotrice : il se comporte comme une résistance pure.

Un moteur tournant à vide n'est parcouru par aucun courant.

Différence de potentiel. Le générateur oppose une certaine résistance intérieure au passage du courant : bobinage des dynamos, liquide électrolytique.

La chute de potentiel à la traversée d'un générateur est : $V_A - V_C = rI - E$ *dans le sens du courant.*

Il existe, entre les pôles d'un générateur en circuit ouvert, une différence de potentiel $V_C - V_A = E_s$. Il existe donc un *champ électrostatique* $\vec{E}_s$, dirigé de C vers A. Un 2e *champ électrique,* différent du champ électrostatique, annule ce dernier en chaque point : c'est le *champ électromoteur* $\vec{E}_m$. Les charges mobiles (ions et électrons) soumises aux 2 champs ne se déplacent pas.

La différence de potentiel aux bornes d'un récepteur traversé par un courant d'intensité I est : $V_A - V_C = rI + e$ *dans le sens du courant.* Un générateur remonte le potentiel dans le sens du courant.

Un récepteur ne peut fonctionner que si la d.d.p. entre ses bornes est au moins égale à sa f.c.é.m.

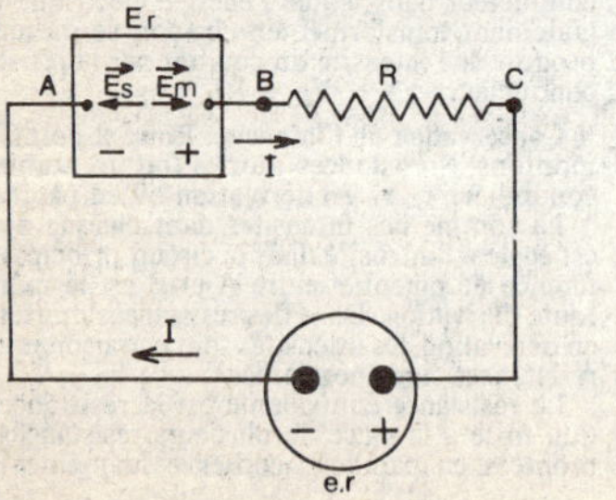

Application à un circuit fermé. Pendant le temps t, l'intensité du courant étant I, l'énergie fournie par le générateur est dépensée d'abord par effet Joule, puis en énergie utilisable par le récepteur :

$$EIt = (R + r + r')I^2t + eIt.$$

En divisant par It :

$$E - e = (R + r + r')I.$$

Cas général. Dans un circuit simple (à 1 maille) comprenant un nombre quelconque de générateurs, de récepteurs et de résistances mortes, la somme des différences de potentiel successives conduit à :

$$O = I\Sigma R - \Sigma E + \Sigma e,$$

soit : $I = \dfrac{\Sigma E - \Sigma e}{\Sigma R}$ (loi de Pouillet).

Méthode de résolution d'un circuit complexe *(ou réseau à 2 nœuds).* Résoudre un circuit, c'est trouver les valeurs des intensités des courants dans chaque branche.

On appelle *nœuds* les points communs à plusieurs dérivations. Il n'y a nulle part accumulation d'électricité ; donc, la somme des intensités des courants arrivant à un nœud est égale à la somme des intensités des courants qui en partent *(loi des nœuds* ou *1re loi de Kirchhoff).* La différence de potentiel entre 2 nœuds est commune à toutes les déviations attachées à ces nœuds.

Pile de Volta. La 1re pile (1800) ; elle était composée d'une série de disques de cuivre et de zinc isolés les uns des autres par des rondelles de drap ou de carton trempées dans de l'eau acidulée ; un fil métallique, reliant le dernier disque de cuivre au dernier disque de zinc, était parcouru par un courant.

Pile au bichromate de potassium. Type classique : 2 plaques de charbon de cornue, servant de pôle positif, sont disposées de chaque côté d'une lame de zinc coulissante (négatif) ; le tout plonge dans une solution acide de bichromate de potassium. Dès l'immersion de la lame métallique, le courant se produit en vertu des réactions suivantes : un sulfate double de potassium et de chrome se forme, tandis qu'il y a dégagement d'oxygène, dont la combinaison avec l'hydrogène empêche la polarisation. Ces piles ont une force électromotrice de 2 V.

La plus pratique des piles à un seul dépolarisant solide est l'élément *Leclanché :* une tige de zinc plongeant dans une solution de chlorure d'ammonium forme le pôle négatif ; au centre, un vase poreux ou un sac de toile renferme une plaque de charbon de cornue (positif), contre laquelle on a aggloméré par pression du bioxyde de manganèse ; cette pile donne une force électromotrice de 1,5 V.

Pile Daniell. Elle se compose d'un vase contenant une tige de zinc (pôle négatif), plongée dans du sulfate de zinc. A l'intérieur, un vase poreux renferme un cylindre de cuivre (pôle positif) entouré d'une solution saturée de sulfate de cuivre. Cette pile donne une force électromotrice de 1,08 V.

La caractéristique d'un conducteur ohmique est une droite passant par l'origine. Son équation est :

$$u_{AB} = R \,.\, i_{AB}$$

u en volts (V), R en ohms (Ω), i en ampères (A).

Lorsqu'un courant continu traverse un conducteur ohmique de résistance R, celui-ci reste dans le même état, en régime stationnaire ; son énergie interne reste constante. Du fait que ce conducteur ne produit aucun travail, on peut s'attendre à ce qu'il fournisse une quantité de chaleur égale au travail électrocinétique qu'il reçoit.

Classification des dipôles

Dipôles symétriques. Les pôles jouent le même rôle. Exemples : résistor, varistance (ou VDR), lampe à incandescence.

Dipôles dissymétriques. Les pôles ne jouent pas le même rôle. Exemples : pôles d'une pile (le schéma conventionnel est dissymétrique), diode.

Dipôles passifs, actifs. Si on réalise un circuit électrique avec uniquement des résistors, des lampes à incandescence, des varistances (VDR), des diodes, on constate que quelle que soit la façon de brancher ces dipôles, le circuit n'est parcouru par aucun courant électrique. Ces dipôles sont appelés des dipôles passifs. Pour qu'un circuit soit parcouru par un courant électrique, il doit contenir au moins un dipôle actif fonctionnant en générateur. Trois types de dipôles actifs : les piles, les accumulateurs et les alimentations stabilisées. La diode est un dipôle passif dissymétrique.

IX – Courant alternatif

Définition

Si on fait tourner une petite bobine dans l'entrefer d'un aimant, les spires de la bobine sont traversées par un flux d'induction dû à l'aimant. Lorsque la bobine tourne, ce flux varie. La bobine est donc le siège d'une f.é.m. induite qui se manifeste par une différence de potentiel.

Si la bobine comporte N spires de surface S chacune, le flux à travers toutes les spires est : $\Phi = NSB \cos \Theta$.

Si la bobine tourne régulièrement, à raison de n tours par seconde, l'angle Θ augmente de 2 π n radians par seconde, et l'on peut écrire :

$$\Theta = 2\,\pi nt,$$

t étant le temps.

On a donc : $\Phi = NSB \cos 2\,\pi nt$.

On sait que la f.é.m. d'induction a pour valeur :

$$e = -\frac{d\Phi}{dt} = 2\,\pi nNSB \sin 2\,\pi nt,$$

relation que l'on peut écrire :

$$e = E_m \sin 2\,\pi nt,$$

avec : $E_m = 2\,\pi nNSB$.

Cette f.é.m. est *alternative.* Il en est de même pour la différence de potentiel $V_A - V_B = e$ entre les bornes A et B, le circuit étant ouvert.

On obtient le même résultat en faisant tourner un aimant devant 1 bobine fixe.

Si on établit une différence de potentiel alternative aux bornes d'une résistance R, à chaque instant t, l'intensité i du courant sera donnée par la loi d'Ohm :

$$i = \frac{v}{R} = \frac{V_m}{R} \sin 2\,\pi nt = I_m \sin 2\,\pi nt.$$

Cette intensité est celle d'un *courant alternatif.* On voit qu'elle est variable et qu'elle change de sens périodiquement. Elle atteint sa valeur maximale $| \pm I_m |$ chaque fois que sin 2 πnt prend les valeurs ± 1.

A chaque fois que le temps t augmente de $T = \dfrac{1}{n}$, l'argument 2 πnt augmente de 2 π, et le sinus, donc l'intensité, reprend la même valeur en grandeur et en signe. T est la *période* du courant.

Son inverse $n = \dfrac{1}{T}$ est la *fréquence* du courant ; on l'exprime en hertz (Hz).

Le courant alternatif industriel a une fréquence de 50 hertz. En radio-électricité, on utilise des hautes fréquences de l'ordre du milliard de hertz.

ω = 2 πn est la *pulsation ;* elle s'exprime en radians par seconde, puisque 2 π est en radians et que $n = \dfrac{1}{T}$ est l'inverse d'un temps.

Effets du courant alternatif

Effet chimique. Si on fait passer un courant alternatif dans un voltamètre à eau acidulée, pendant une alternance, l'une des électrodes est anode, l'autre est cathode ; à la première se dégage de l'oxygène, à l'autre de l'hydrogène ; pendant l'alternance suivante, le courant a changé de sens : anode et cathode ont permuté. On constate en fin d'expérience que les 2 tubes du voltamètre contiennent des mélanges détonants de même volume ; $2\,H_2 + O_2$.

Effet Joule. Il est proportionnel au carré de l'intensité et indépendant de son sens. Il varie en fonction du temps, ce qui se traduit, par exemple, par une variation de luminosité du filament d'une lampe.

Effets magnétiques. Le champ magnétique créé par un courant en un point sera alternatif et de même fréquence que le courant. Si on approche un pôle d'aimant d'une lampe à filament de carbone alimentée par le secteur, la boucle présente alternativement une face sud et une face nord devant le pôle d'aimant : il y aura une attraction et une répulsion à chaque période, et le filament se mettra à vibrer avec la fréquence du courant. Si la lampe était alimentée en courant continu, la boucle serait constamment attirée (ou repoussée, selon la position de ses faces nord et sud).

Effet Kelvin. Un courant continu se répartit également dans toute la section d'un fil conducteur. Mais un courant alternatif produit un champ magnétique variable, et un tel courant se propage surtout par la partie périphérique du conducteur : c'est l'*effet Kelvin*, ou *effet skin* (eff. de peau). Ce phénomène est d'autant plus important que le conducteur est plus gros, plus conducteur, et que la fréquence est plus élevée. Pour les hautes fréquences, le centre du conducteur ne transporte pratiquement plus de courant, et on peut remplacer sans rien changer un conducteur plein par un tube. L'effet Kelvin a pour conséquence d'augmenter l'effet Joule puisque le courant n'utilise qu'une section de conducteur plus petite que la section réelle, et la résistance apparente se trouve augmentée ; pour un fil de cuivre de 1 cm de diamètre, cette variation est de 1 pour 1 000 pour une fréquence de 50 hertz, et de 180 pour 1 000 pour une fréquence de 500 hertz. On peut négliger l'effet skin avec les fréquences industrielles.

Valeurs efficaces

Intensité efficace. Par suite de sa fréquence assez élevée, on observe pratiquement les *effets moyens* du courant alternatif. L'*intensité efficace* d'un courant variable i(t) est l'intensité I du courant continu qui produirait le même dégagement de chaleur que i(t), s'il passait pendant le même intervalle de temps, dans la même résistance. Dans les calculs de l'effet Joule en courant alternatif, il suffit d'appliquer la même relation qu'en courant continu, avec l'intensité efficace : $P = RI^2$.

L'intensité efficace s'exprime en fonction de l'intensité maximale Im par :

$I = \frac{I_m}{\sqrt{2}}$; la différence de potentiel efficace par : $V = \frac{V_m}{\sqrt{2}}$; la force électromotrice efficace par : $E = \frac{E_m}{\sqrt{2}}$.

Principe des alternateurs

Les alternateurs sont des générateurs industriels de tension alternative.

Description. L'*inducteur*, ou le **rotor** de l'alternateur, entraîné par un moteur, est formé par une succession d'électro-aimants, disposés à la périphérie d'un volant. Les électro-aimants sont en nombre pair et présentent successivement un pôle nord, N, et un pôle sud, S. A cet effet, ils sont montés en série, mais les enroulements changent de sens quand on passe de l'un à l'autre.

Le courant d'excitation des électro-aimants est un courant continu à basse tension fourni par une dynamo auxiliaire ; il arrive par 2 frotteurs sur 2 colliers, c et c', liés à l'axe de rotation et auxquels sont soudées les extrémités du circuit d'alimentation des électro-aimants.

L'*induit*, ou **stator**, est formé d'une succession de bobines, B, B', B'', disposées à l'intérieur d'une couronne fixe, en nombre égal à celui des pôles de l'inducteur.

La *couronne* est formée de tôles juxtaposées, afin d'éviter des pertes d'énergie par **courants de Foucault**, courants induits dans le métal par les lignes d'induction coupées. Toutes les bobines sont montées en série, mais, comme pour les électro-aimants de l'inducteur, le sens d'enroulement change quand on passe de l'une à l'autre. Les bornes sont P_1 et P_2.

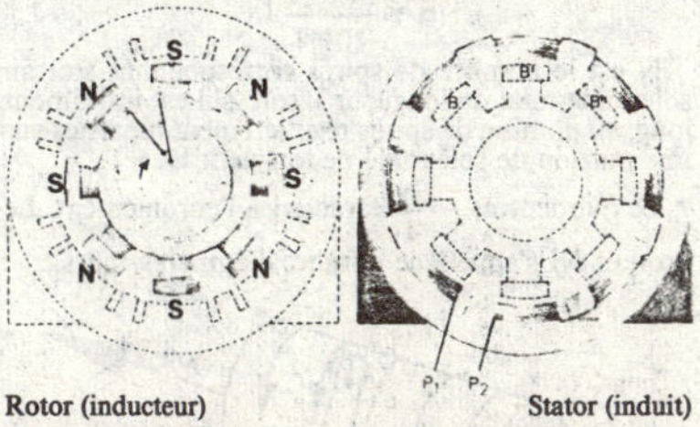

Rotor (inducteur) — Stator (induit)

Fonctionnement. Lorsqu'un pôle nord, N, s'approche de la bobine B, le flux magnétique augmente dans B qui est le siège d'une force électromotrice d'induction ; il en est de même pour la bobine B'', et ainsi de suite, de 2 en 2. Mais en même temps, un pôle sud s'approche des bobines intermédiaires B', et ainsi de suite de 2 en 2 : ces bobines sont le siège d'une force électromotrice d'induction en sens contraire de celles qui apparaissent dans les bobines précédentes. Mais comme les sens des enroulements sont alternés quand on passe d'une bobine à la suivante, il en résulte que toutes les forces électromotrices s'ajoutent, et leur somme apparaît aux bornes P_1 et P_2 de l'induit. Puis ce sont des pôles sud qui s'approchent des bobines B, B'', etc., des pôles nord qui s'approchent des bobines B', etc. : tout est pareil, sauf le signe qui a changé. Enfin, on retrouvera une nouvelle période lorsque, à nouveau, un pôle nord s'approchera de B, un pôle sud de B', comme au début. L'entrefer ne dépasse pas quelques millimètres.

On dispose donc en P_1 et P_2 d'une *force électromotrice alternative.*

Principe des transformateurs. D'un emploi constant dans l'industrie, la distribution du courant et les usages domestiques (sonneries d'appartements), ils comprennent un circuit magnétique feuilleté M sur lequel sont enroulés un circuit primaire P de n_1 spires soumis à une tension alternative V_1, et un circuit secondaire S de n_2 spires aux bornes duquel on recueille la tension alternative V_2, donc un courant si le secondaire débite en circuit fermé. Le courant primaire crée dans M un flux magnétique alternatif qui induit dans S une force électromotrice.

On a la relation pratique : $\frac{V_2}{V_1} = \frac{n_2}{n_1}$

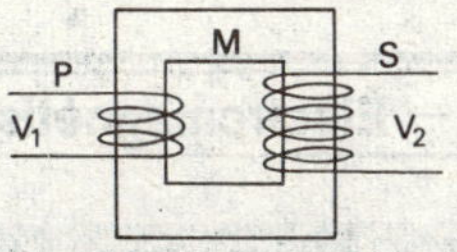

Loi d'Ohm en courant alternatif

Résistance pure. Aux bornes d'une résistance pure, c'est-à-dire ne présentant pas d'inductance :
1) le courant est toujours en phase avec la tension ;
2) on peut appliquer la loi d'Ohm du courant continu aux valeurs efficaces : $V = RI$.

Self-induction. Si la résistance présente une inductance, le rapport $\frac{V}{I}$ reste constant, mais il est supérieur à la résistance R du circuit :

$$\frac{V}{I} = Z > R, I < \frac{V}{R}.$$

Conformément à la loi de Lenz, le courant de self-induction qui s'établit dans la bobine s'oppose à la cause qui le produit et a pour effet de freiner l'établissement du courant principal : d'où une résistance apparente ou impédance Z, supérieure à la résistance ohmique. Le courant i sera en retard par rapport à celui qui passerait dans la résistance pure de même valeur, c'est-à-dire en retard de phase par rapport à la tension v appliquée.

Calcul de l'impédance : l'emploi du calcul complexe permet de trouver la somme $V_1 + V_2$ de ces 2 fonctions sinusoïdales. Un nombre complexe (V. Mathématiques) est de la forme a + jb, où le symbole j est tel que $j^2 = -1$. Dans le plan complexe le vecteur $\vec{V} = \vec{a} + \vec{jb}$ est la somme de 2 vecteurs orthogonaux : $\vec{V} = \vec{a} + \vec{b}$, le symbole j correspondant à une rotation $+\frac{\pi}{2}$ et $= \frac{1}{j}$ à une rotation de $-\frac{\pi}{2}$.

Le module de V est : $V = \sqrt{a^2 + b^2}$; c'est aussi celui du complexe a + jb ; $\operatorname{tg} \varphi = \frac{b}{a}$, φ étant l'argument du complexe.

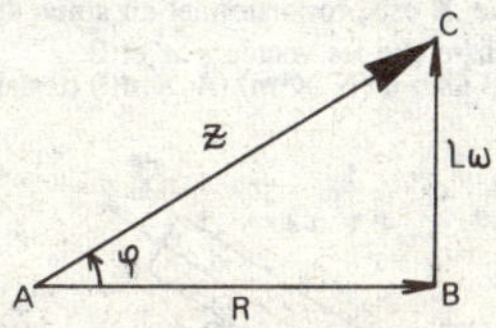

Si on applique ces résultats à la tension traversant un self, l'impédance complexe correspondant à une résistance pure se réduit à sa partie réelle : (R) = R.

Le terme Li est représenté par un vecteur colinéaire à R et de module L. Pour passer au terme $L\frac{di}{dt}$, il faut faire tourner de $+\frac{\pi}{2}$ ce vecteur, après l'avoir multiplié par ω. Donc le terme $v_2 = L\frac{di}{dt}$ est représenté par le vecteur $\vec{BC}$ de module Lω. Donc, l'impédance complexe d'une self pure est purement imaginaire : (L) = Ljω.

La tension $v_1 + v_2$ a donc pour module :

$$Z = \sqrt{R^2 + L^2\omega^2},$$

et pour argument, c'est-à-dire avance de phase par rapport à v_1 et i : $\operatorname{tg} \varphi = \frac{L\omega}{R}$.

L'impédance Z augmente avec la résistance, le coefficient de self, mais aussi avec la fréquence du courant :

$$\cos \varphi = \frac{R}{Z}.$$

Capacité. En courant alternatif, le condensateur se charge, se décharge, se charge dans l'autre sens, et ainsi de suite, avec une fréquence égale à celle de la tension appliquée. On a l'illusion que le courant alternatif traverse le condensateur.

Calcul de l'impédance : soit v la tension appliquée à chaque instant aux armatures du condensateur de capacité C ; la charge q est à chaque instant : $q = Cv$.

En dérivant : $\frac{dq}{dt} = C\frac{dv}{dt}$, ou : $i = C\frac{dv}{dt}$.

Or : $\frac{dv}{dt} = Vm\omega \sin\left(\omega t + \frac{\pi}{2}\right)$, i est en quadrature avance sur V.

Représentation complexe :

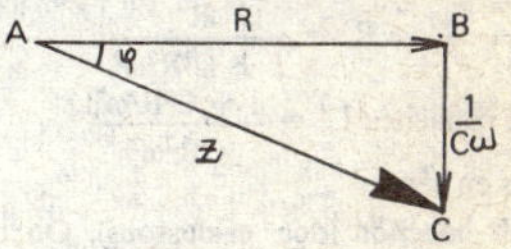

L'impédance complexe correspondant à 1 condensateur est purement imaginaire :

$$(C) = -\frac{j}{C\omega}.$$

Cas général

1) Montage en série. Si on établit une tension alternative v aux bornes d'une self, d'une résistance et d'une capacité montées en série, l'impédance complexe vaut :

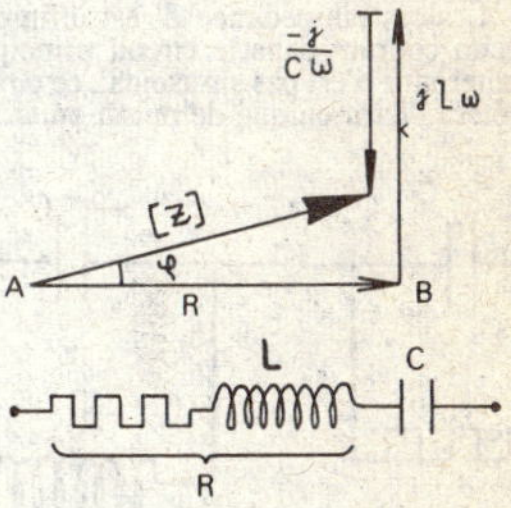

$$(Z) = R + j\left(L\omega - \frac{1}{C\omega}\right),$$

avec pour module :

$$Z = \sqrt{r^2 + \left(L\omega - \frac{1}{C\omega}\right)^2},$$

et déphasage : $\operatorname{tg} \varphi = \frac{L\omega - \frac{1}{C\omega}}{R}$;

$$\cos \varphi = \frac{R}{Z}.$$

Résonance. Elle se produit quand l'effet de self compense exactement l'effet de capacité :

$$L\omega - \frac{1}{C\omega} = 0 \text{ ou } LC\omega^2 = 1 ;$$

ou encore, en fonction de la période :

$$T = \frac{2\pi}{\omega}.$$

$T = 2\pi\sqrt{LC}$ (formule de Thomson).

Dans ce cas, l'impédance a pour valeur :

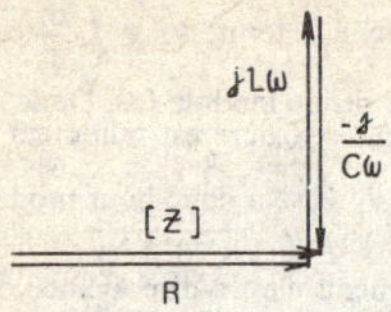

$$Z = \sqrt{R^2 + 0} = R\,;$$

c'est sa plus petite valeur possible. Le retard du courant sur la tension est :

$$tg\varphi = \frac{L\omega - \dfrac{1}{C\omega}}{R} = 0.$$

2) Montage en parallèle. Le théorème des conductances pour les résistances pures en courant continu s'applique au calcul complexe :

$$\frac{1}{(Z)} = \frac{1}{(Z_1)} + \frac{1}{(Z_2)}.$$

Condensateur shunté (doc. ci-dessous). On monte en parallèle une capacité C et une résistance R (en anglais, *to shunt* = dériver). L'impédance Z de ce montage entre A et B est telle que :

$$\frac{1}{[Z]} = \frac{1}{[R]} + \frac{1}{[C]} + \frac{1}{R} + j\,C\omega,$$

$$[Z] = \frac{R}{1 + C^2R^2\omega^2} - j\frac{CR^2\omega^2}{1 + C^2R^2\omega^2}\,\frac{1}{\omega}.$$

(Z) équivaut donc à une résistance :

$$R' = \frac{R}{1 + C^2R^2\omega^2}$$

et à une capacité : $C' = \dfrac{1 + C^2R^2\omega^2}{CR^2\omega^2}$

montées en série.

Circuit bouchon (doc. ci-dessous). On monte en parallèle une capacité C et une bobine d'inductance L et de résistance négligeable :

$$\frac{1}{[Z]} = \frac{1}{[L]} + \frac{1}{[C]} = \frac{1}{jL\omega} + j\,C\omega\,;$$

$$[Z] = \frac{jL\omega}{1 - LC\omega^2}.$$

Le montage équivaut donc à une self unique, d'impédance :

$$Z' = \frac{L}{1 - LC\omega^2}.$$

Si la condition de résonance est satisfaite : $LC\omega^2 = 1$, alors l'impédance Z' est infinie et il ne passe aucun courant dans le circuit principal. Si le courant alternatif n'est pas sinusoïdal, ce circuit bouchon arrêtera l'harmonique de pulsation ω.

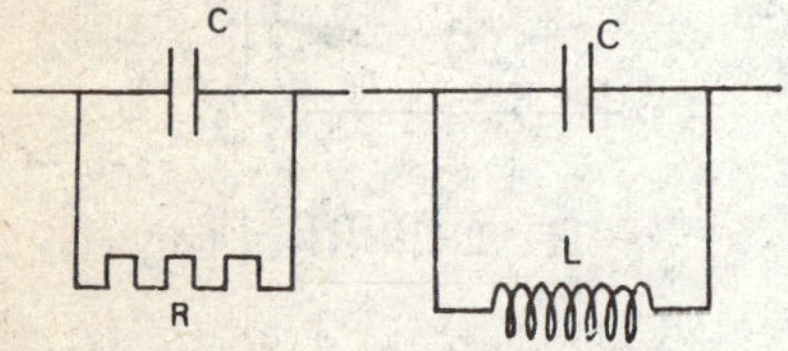

1. Condensateur shunté ; 2. Circuit bouchon.

Puissance en courant alternatif

Définition. La puissance réelle dissipée P est inférieure à la puissance apparente S :

$$S = V \times I\,;\ P = kS,\ \text{avec}$$

$k = \dfrac{R}{Z} = \cos\varphi$; c'est le facteur de puissance.

Donc : $P = VI\cos\varphi$.

La puissance réelle s'exprime en watts ; la puissance apparente, en voltampères (VA). Le facteur de puissance cos φ est toujours compris entre 0 et 1.

Conséquences pratiques. Dans la pratique, on utilise un courant alternatif pour faire fonctionner des appareils divers.

Si un consommateur branche sur le secteur un appareil de puissance P, la tension à la prise de courant étant V, l'intensité efficace sera :

$$I = \frac{P}{V} = \frac{1}{\cos\varphi}.$$

Si le facteur de puissance cos φ est petit, I est grand et l'E.D.F. perd de l'énergie par effet Joule dans les lignes. Aussi les installations doivent-elles avoir un facteur de puissance compris entre 0,8 et 0,9 ; en dessous de 0,8, le consommateur est pénalisé ; au-dessus de 0,9, il profite d'une remise. On peut améliorer le facteur de puissance en disposant convenablement des condensateurs qui compensent un peu les effets du self dus aux bobinages des moteurs.

Mesure de la puissance. Principe du wattmètre. Soit à mesurer la puissance consommée par un appareil, par exemple un moteur M. Le courant traversant le moteur passe dans une bobine b montée en série avec lui ; on utilise pour cela les bornes A et B, appelées bornes du « circuit des ampères ». Une bobine b', pouvant tourner, est montée en dérivation aux bornes du moteur, en utilisant les bornes C et C' appelées bornes du « circuit des volts ».

La bobine b est ainsi parcourue par le courant i, et la bobine b' par un courant i' proportionnel à v.

Le couple électromagnétique qui tend à faire tourner b' pour qu'elle reçoive par sa face sud un flux maximal est proportionnel à $i \times i'$, donc à $p = v \times i$, et la puissance moyenne sera : $P = UI\cos\varphi$ que mesure le wattmètre.

X – Électromagnétisme

Généralités

Aimants. Le magnétisme est l'ensemble des phénomènes qui se rattachent aux 2 propriétés des aimants : ils attirent des morceaux de fer (clous ou limaille) et peuvent s'orienter à la surface de la Terre lorsqu'on les rend mobiles.

Le pôle nord d'un aimant est celui des 2 pôles qui se dirige spontanément vers le nord géographique.

L'oxyde de fer Fe_3O_4 (appelé oxyde magnétique de fer) est un aimant naturel.

Lorqu'on approche 2 aimants l'un de l'autre, les pôles de même nom se repoussent ; les pôles de noms contraires s'attirent.

Champ magnétique. Les actions électromagnétiques sont des actions à distance ; on les attribue à l'existence d'un « champ » particulier, appelé champ magnétique. Une région de l'espace est le siège d'un champ magnétique si une aiguille aimantée placée en un point de cette région subit des actions qui tendent à l'orienter.

Il existe à la surface de la Terre un champ magnétique particulier (une aiguille aimantée s'oriente lorsqu'elle est au voisinage de la Terre : boussole).

Un barreau aimanté placé dans un champ magnétique uniforme est soumis à un couple. Le *moment* du couple est proportionnel à une grandeur caractéristique de l'aimant appelée son moment magnétique, $\mathcal{M}$, représenté par un vecteur, $\vec{\mathcal{M}}$, parallèle à la ligne des pôles de l'aimant, dirigé dans le sens SN.

Champ magnétique le plus fort : 301 kilogauss, obtenu au Francis Bitter National Magnet Laboratory de Cambridge en juillet 1977.

Vecteur induction magnétique. Le couple exercé par un champ uniforme sur un aimant dépend du champ ; il est proportionnel à l'intensité d'une grandeur, $\vec{B}$, appelée induction magnétique en ce point.

Le moment du couple exercé par un champ d'induction magnétique $\vec{B}$ sur un aimant de moment magnétique $\vec{\mathcal{M}}$ est proportionnel au sinus de l'angle que font entre eux les vecteurs $\vec{\mathcal{M}}$ et $\vec{B}$.

$T = \mathcal{M} \,.\, B \,.\, \sin\alpha\ (N \times m)\ (A \times m^2)$ (teslas).

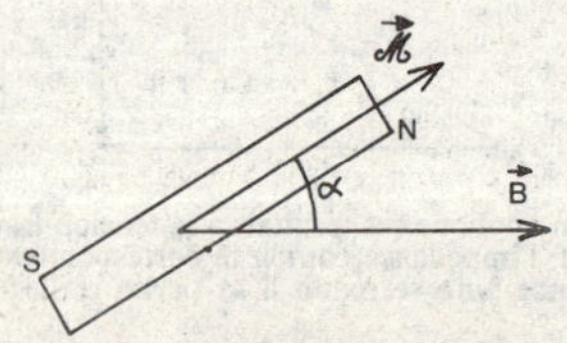

Une *ligne de champ* est une courbe qui est tangente au vecteur induction magnétique en chacun de ses points. On l'oriente dans le sens de l'induction. On appelle *spectre magnétique* un ensemble de lignes de champ.

Champs magnétiques créés par les courants

Lorsqu'on fait passer un courant dans un fil conducteur, l'aiguille d'un aimant placé à proximité dévie.

Champ d'un courant rectiligne. Le pôle nord de l'aiguille aimantée dévie vers la gauche d'un observateur (bonhomme d'Ampère, ainsi appelé car il possède une gauche et une droite comme un être humain) qui, regardant l'aiguille, est couché le long du fil de façon que le courant entre par ses pieds et sorte par sa tête.

Le champ d'un courant rectiligne a pour module :

$B = \dfrac{2}{10^7}\dfrac{I}{a}$, a = distance OA.

Champ d'un courant circulaire. Une bobine circulaire plate possède une face nord et une face sud. La face sud d'un tel circuit est celle devant laquelle il faut se placer pour voir le courant tourner dans le sens des aiguilles d'une montre.

Au centre du cercle, l'induction est normale au plan de la spire, dirigée de la face sud vers la face nord, et a pour valeur :

$$B = \frac{2\pi}{10^7}\,\frac{NI}{R}.$$

R (rayon de la bobine) s'exprime en mètres, N est le nombre de spires.

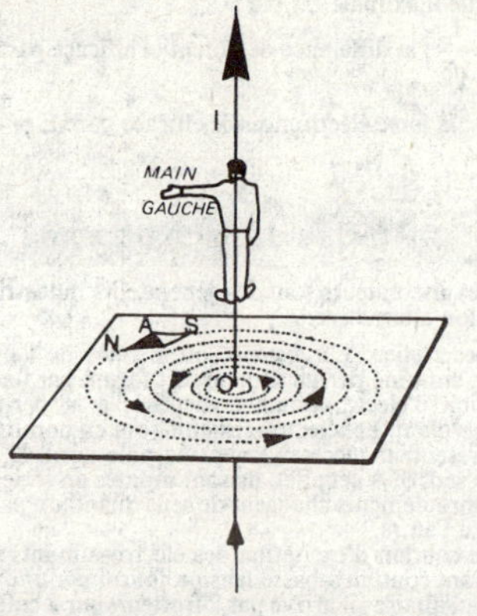

Champ d'un solénoïde. Un solénoïde est formé d'une série de spires circulaires jointives. Il possède une face nord et une face sud comme un aimant. La face sud est celle devant laquelle il faut se placer pour voir le courant tourner dans le sens des aiguilles d'une montre. Les lignes de force pénètrent par la face sud pour sortir par la face nord.

La face nord d'un solénoïde est située à gauche d'un bonhomme d'Ampère placé le long d'un fil conducteur et regardant l'axe du solénoïde, le courant entrant par ses pieds et sortant par sa tête.

Au voisinage du centre, le champ d'induction est uniforme et a pour valeur :

$$B = \frac{4\pi}{10^7}\,\frac{N}{l}\,I.$$

N est le nombre de spires correspondant soit au solénoïde total de longueur l, soit, s'il est infiniment long, au nombre de spires régulièrement réparties sur une portion de solénoïde de longueur l.

Le quotient $n_l = \dfrac{N}{l}$ caractérise l'enroulement. Le produit NI s'appelle le nombre d'ampères-tours.

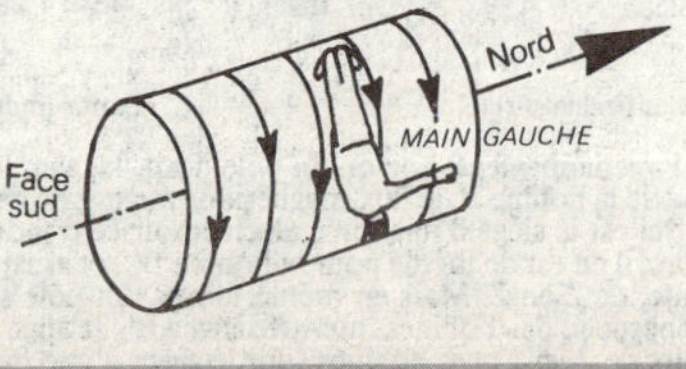

Intensité d'aimantation

Un petit volume, v, de matière aimantée, est caractérisée par un vecteur, moment magnétique. L'intensité d'aimantation de ce volume est le quotient :

$$\vec{\mathcal{J}} = \frac{\vec{\mathcal{M}}}{v}.$$

Son module, $\mathcal{J}$, s'exprime en *ampères par mètre* ($\mathcal{M}$ s'exprime en ampères × m^2 ; v en m^3).

Action d'une induction magnétique sur un courant

La force d'origine électromagnétique qui s'exerce sur une portion de circuit placée dans un champ magnétique est située dans un plan perpendiculaire aux lignes de force. Elle change de sens, soit avec le courant, soit avec l'induction.

Loi de Laplace. Une portion de conducteur l, parcourue par un courant d'intensité I, placée dans un champ d'induction magnétique $\vec{B}$ qui fait un angle α avec le conducteur, est soumise à une force perpendiculaire au plan défini par l'élément de conducteur et l'induction ; elle est dirigée vers la gauche d'un observateur d'Ampère qui regarde dans le sens du champ ; son intensité est donnée par la relation :

F = I . l . B . sin α.
(newtons) (ampères) (mètres) (teslas)

Un circuit plan, de surface S, parcouru par un courant I, placé dans un champ d'induction uniforme, est soumis à un couple identique à celui qui s'exercerait sur un aimant de moment magnétique $\vec{\mathcal{M}}$ porté par la normale au circuit, sortant par sa face nord, et de valeur $\vec{\mathcal{M}}$ = I.S.

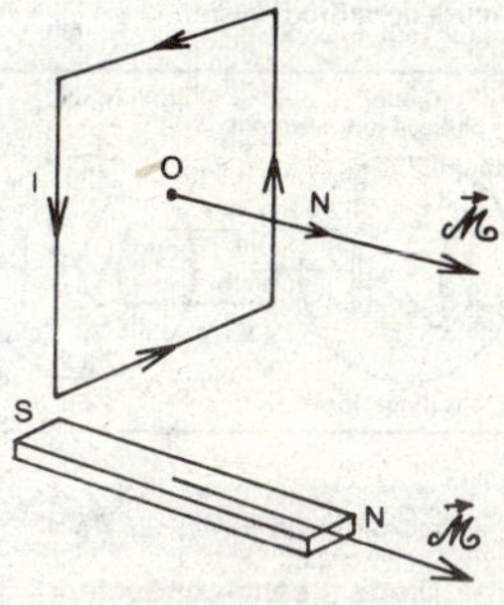

Analogie entre les courants et les aimants. Toute parcelle de matière aimantée est équivalente d'un courant électrique ayant même moment magnétique que la particule. C'est l'hypothèse des courants particulaires.

Électret. Champ électrique constant entretenu par un matériau isolant (diélectrique), qui demeure électrisé après avoir été soumis à un champ temporaire (équivalent électrique de l'aimant permanent). *Applications pratiques :* microphones, relais, commutateurs optiques, boutons pressoirs de calculatrices, microphones pour acoustiques sous-marines, capteurs de pression biomédicaux.

Action mutuelle de 2 courants rectilignes parallèles. Soit 2 conducteurs parallèles indéfinis XY, X'Y' parcourus par des courants I et I' *de même sens ;* le conducteur XY crée en un point A du conducteur X'Y' un champ d'induction $\vec{B}$. Sous l'action de ce champ, le conducteur X'Y' est soumis à une force $\vec{F}$ dirigée de A vers O ; c'est une force d'attraction.

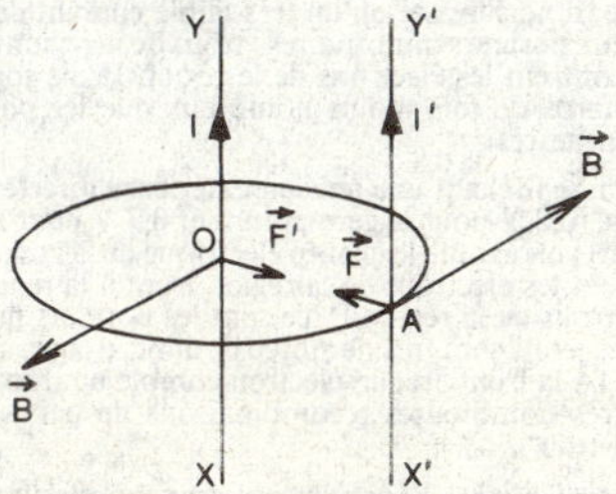

Inversement, le conducteur X'Y' crée en O une induction B' qui, agissant sur XY, provoque une force $\vec{F'}$ dirigée vers A. On a donc une attraction mutuelle des deux courants : $F = \frac{2}{10^7} I.I' \frac{1}{a}$

Flux d'induction. Le flux d'induction magnétique ΔΦ à travers un élément de surface ΔS est le produit de ΔS par la projection du vecteur induction sur la normale à ΔS : ΔΦ = B.ΔS. cos Θ.

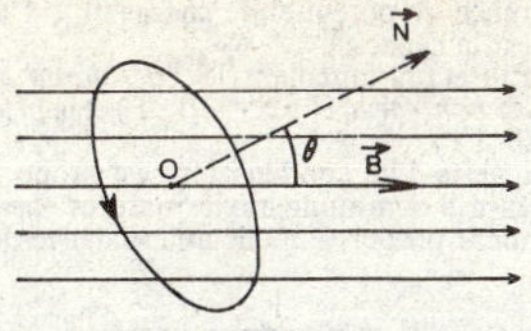

Théorème du flux coupé. Le travail des forces électromagnétiques au cours du déplacement d'un circuit parcouru par un courant constant dans un champ d'induction indépendant du temps est égal au produit de l'intensité du courant par la variation du flux d'induction à travers le circuit : W = I Δ Φ.

Règle du flux maximal. Lorsqu'un circuit parcouru par un courant se déplace sous l'action d'une induction magnétique, le flux entrant par sa face sud augmente. La position d'équilibre est atteinte lorsque le flux est maximal. La principale application de l'action d'un champ d'induction sur un circuit parcouru par un courant est le moteur électrique. Le travail des forces électromagnétiques est le travail fourni par le moteur, travail d'autant plus grand que l'intensité I et le flux d'induction coupé seront plus grands. Mais une augmentation de l'intensité conduit à un effet Joule important ; il est donc nécessaire d'utiliser de grands flux d'induction que l'on peut obtenir au moyen d'électro-aimants.

Hystérésis

Aimantation du fer et de l'acier. Les substances ferromagnétiques (fer, cobalt, nickel et alliages) acquièrent des propriétés magnétiques dans un champ magnétisant.

Phénomène d'hystérésis. Si, après avoir fait croître la valeur du champ magnétisant B_o, on la diminue progressivement, on constate que l'intensité d'aimantation diminue, mais on ne retrouve pas la courbe de première aimantation. La désaimantation se fait avec un certain retard. La courbe obtenue montre que, si on revient à B_o = 0, une aimantation subsiste qui est appelée l'*aimantation rémanente.*

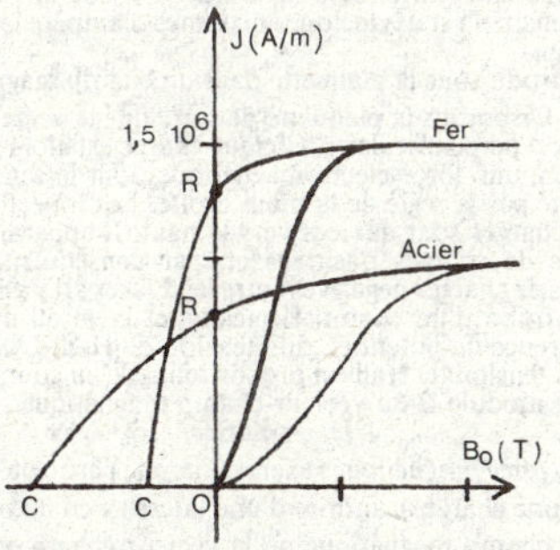

Pour annuler toute aimantation, il faut inverser le sens du courant dans le solénoïde, soumettre l'échantillon à une induction B_o négative, c'est-à-dire en sens contraire de la précédente. Au point C de la courbe, l'aimantation a disparu ; la valeur de B_o en C est appelée *champ coercitif.*

Perméabilité. Si nous plaçons un barreau de fer doux dans un champ magnétique uniforme, les lignes de champ viennent se concentrer vers les pôles S et N que ce barreau a acquis, comme si elles traversaient plus facilement le fer que l'air. Nous dirons que le fer est plus perméable que l'air.

L'induction B dans le fer doux est supérieure à celle qui existait dans le vide B_o. Le rapport $\mu = \frac{B}{B_o}$ s'appelle la perméabilité magnétique de la substance.

L'acier a une perméabilité de l'ordre de 120 au maximum pour B de l'ordre de 10^{-2} teslas ; le fer doux de l'ordre de 16 000 pour B de l'ordre de 3.10^{-5} teslas.

Induction électromagnétique

Courant induit. 1) Une induction magnétique $\vec{B}$ crée dans un **conducteur en mouvement** qui coupe ses lignes une force électromotrice E.

La force électromotrice induite crée un courant I qui subit de la part du champ d'induction B une force s'opposant au déplacement.

2) Une bobine fixe traversée par un flux d'induction $\vec{B}$ variable avec le temps est le siège d'une force électromotrice qui provoque un courant induit I' si le circuit est fermé. Le flux d'induction dû au courant induit s'oppose à la variation du flux qui a produit ce courant. Lorsque l'on ferme, ou ouvre l'interrupteur M, le galvanomètre G dévie puis revient au zéro.

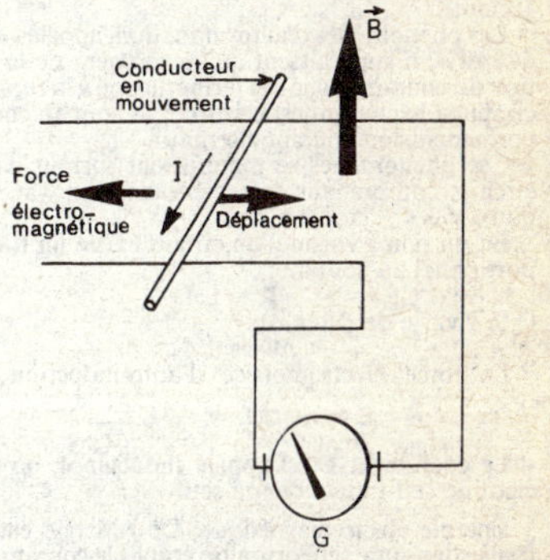

La force électromotrice induite est proportionnelle à la variation de flux d'induction qui traverse le circuit ; elle est inversement proportionnelle à la durée de cette variation : $e = -\frac{\Delta \Phi}{\Delta t}$.

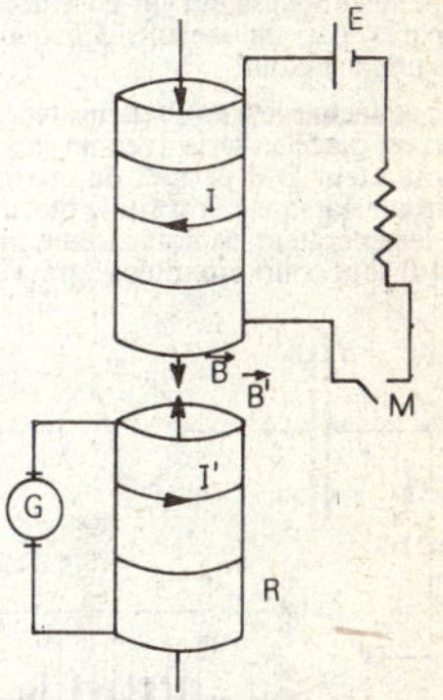

Le signe − est imposé par la **loi de Lenz.** La normale N au circuit étant orientée, il lui correspond un sens positif de circulation du courant.

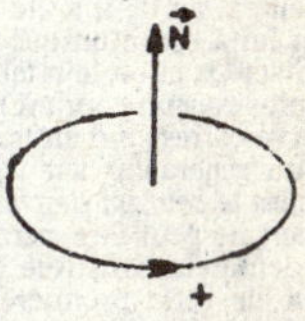

Une augmentation de flux (Δ Φ > 0) induit une force électromotrice négative qui crée un courant négatif.

La force électromotrice induite est une force contre-électromotrice (cas d'un moteur électrique).

L'énergie électrique apparue dans le circuit est : W fallu effectuer un travail moteur égal et opposé au travail résistant de la force électromotrice.

Auto-induction. Soit une bobine reliée à un générateur E par l'intermédiaire d'un interrupteur K et d'un rhéostat R. Lorsque l'interrupteur est fermé, le circuit est parcouru par un courant I qui crée un champ magnétique proportionnel à I en tout point de l'espace. La spire est traversée par un flux d'induction Φ proportionnel à I.

Si l'on fait varier l'intensité I du courant, le circuit est le siège d'une variation de flux, donc d'un *courant induit* qui, d'après la **loi de Lenz**, s'oppose à la variation de I. Il y a donc induction du courant sur lui-même ; c'est le phénomène d'auto-induction, appelé encore *self-induction*. En particulier, à la fermeture du circuit, le flux passe de 0 à Φ : le courant de self-induction est de sens contraire au courant fourni par le générateur. Il retarde donc l'établissement du courant dans le circuit. A la rupture du circuit, le flux passe de la valeur Φ à 0 ; le circuit d'auto-induction tend à prolonger le courant primitif. Il se produit une étincelle de rupture manifestant le passage de cet extra-courant. Cette étincelle peut se transformer en arc si le circuit comporte une grosse self (électro-aimant).

Les phénomènes d'auto-induction, appelés **« effets de self »**, n'apparaissent qu'au moment de la variation du courant, donc à la fermeture ou à la rupture du circuit si le courant est continu ; ils sont au contraire permanents en courant alternatif.

Ces phénomènes se manifestent surtout dans les circuits comprenant des solénoïdes à noyau de fer doux.

En un point voisin d'un circuit existe un flux proportionnel au courant :

$$\Phi = L\,I.$$

Si I varie de ΔI en Δt :

$$\Delta\Phi = L\Delta I.$$

La force électromotrice d'auto-induction vaut :

$$E = -\frac{\Delta\Phi}{\Delta t} = -L\frac{\Delta I}{\Delta t}.$$

Le coefficient L est appelé inductance, ou coefficient de self-induction, ou self.

Énergie électromagnétique. De l'énergie est accumulée dans une self lorsqu'on établit le courant. Cette énergie est cédée au moment où l'on coupe le courant :

$$W = \tfrac{1}{2}\,L\,I^2.$$

Condensateurs

On appelle condensateur un ensemble de conducteurs séparés par un isolant. Chaque conducteur constitue une armature.

Charge et décharge d'un condensateur. Un condensateur AB est placé en série avec un galvanomètre G. Un commutateur OM permet de mettre un générateur en circuit, lorsque M est sur le plot a. Si M est sur le plot b, le générateur est hors circuit, mais les armatures A et B sont court-circuitées à travers le galvanomètre.

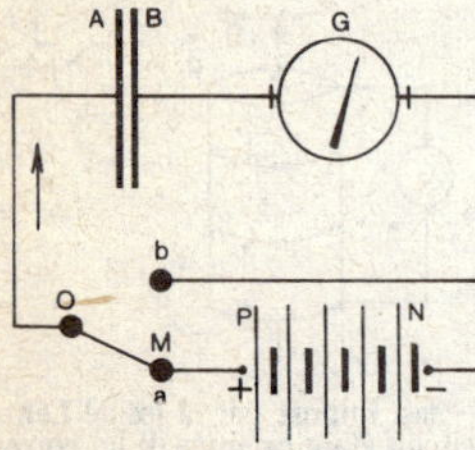

1) On établit le contact Oa. Le galvanomètre dévie et revient rapidement au 0 ; il a été traversé par un courant bref qui lui a communiqué une impulsion. On coupe le contact Oa et on le rétablit : le galvanomètre ne dévie plus ; aucun courant ne s'est produit. Le courant observé correspond au transport de charges électriques du générateur sur les armatures du condensateur : c'est le *courant de charge* du condensateur. Ce courant ne peut être permanent puisque l'isolant du condensateur constitue une coupure du circuit. A la fin de cette première expérience, le condensateur est chargé et, à ce moment, il n'existe plus de différence de potentiel ni entre P et A, ni entre B et N.

2) On établit maintenant le contact Ob. Le galvanomètre dévie en sens inverse du sens précédent, de la même quantité, puis revient au 0. Un courant de sens contraire au premier a traversé le galvanomètre pendant un temps très court. Toute nouvelle coupure de contact suivie d'un contact Ob ne décèle plus aucun courant.

Comme il existe une différence de potentiel entre A et B, un courant se produit de A vers B, mais il est très bref, car la différence de potentiel entre A et B s'annule rapidement. Ce courant est le *courant de décharge* du condensateur. Applications : temporisation des relais, filtrage d'une tension redressée.

La charge d'un condensateur est proportionnelle à la différence de potentiel de charge : $Q = C\,(V_A - V_B)$. C'est la capacité.

On utilise pratiquement le *microfarad* ($1\ \mu F = 10^{-6} F$), le *nanofarad* ($1\ nF = 10^{-9} F$) et le *picofarad* ($1\ pF = 10^{-12} F$).

La capacité d'un condensateur est proportionnelle à la surface S commune aux armatures en regard, et inversement proportionnelle à la distance des armatures :

$$C = \frac{1}{36.\ \pi.\ 10^9}\ \frac{\varepsilon_r\,S}{e}$$

Le coefficient ε_r dépend de la nature de l'isolant qui sépare les armatures ; c'est sa *permitivité relative* ou *pouvoir inducteur spécifique*. Dans le vide $\varepsilon_r = 1$; dans l'air 1,003 ; le papier 2 à 2,8 ; la paraffine 2,3 ; le verre 3 à 7 ; le mica 8.

L'énergie d'un condensateur chargé est mesurée par l'énergie qu'il restitue au cours de sa décharge :

$$W = \tfrac{1}{2}\,C\,(V_A - V_B)^2.$$

Claquage des condensateurs. Pour accroître l'énergie emmagasinée par un condensateur, on augmente sa capacité C et la différence de potentiel de charge $V_A - V_B$. L'augmentation de la capacité se fera, pour éviter un encombrement excessif, par diminution de l'épaisseur de l'isolant (0,5 μ dans les condensateurs électrolytiques). Cependant, on ne peut la diminuer sans inconvénient ; il existe une tension de charge au-delà de laquelle, pour une valeur de e fixée, une étincelle éclate entre les deux armatures. On dit que le condensateur est *claqué*.

Tension de claquage, pour 1 cm : 32 000 volts pour l'air ; 75 000 à 300 000 V pour le verre ; 40 000 à 100 000 V pour le papier ; 400 000 à 500 000 V pour le papier paraffiné ; 600 000 à 750 000 V pour le mica.

Groupement des condensateurs

1) En parallèle : $C = C_1 + C_2 + ...$ On utilise cette association pour augmenter la capacité.

2) En série : $\frac{1}{C} = \frac{1}{C_1} - \frac{1}{C_2} - ...$ On utilise ce mode d'association pour obtenir une batterie de condensateurs chargée sous une grande différence de potentiel.

Sonde à effet Hall. Constituée principalement d'une plaquette de corps semi-conducteur (silicium) insérée dans un circuit électrique. Un courant dont l'intensité I est de quelques dixièmes d'ampère la traverse.

Introduisons la plaquette dans un champ magnétique. Disposons la plaquette de sorte que le vecteur $\vec{B}$ lui soit perpendiculaire. Chaque charge est alors soumise à une force électromagnétique dont le sens est donné par la règle de la main droite. Les trajectoires des charges sont déviées vers le haut. Il apparaît un excès de charges positives et, par conséquent, un excès de charges négatives entre les 2 faces ; il y a donc apparition d'un champ électrique et création d'une différence de potentiel, dite tension de Hall, U_h.

La tension de Hall est proportionnelle au courant I et au module B du vecteur-champ magnétique :

$$U_h = KIB.$$

La force magnétique $\vec{f}$ exercée sur une particule portant une charge q, animée d'une vitesse $\vec{v}$ en un point d'un champ magnétique où le vecteur-champ est $\vec{B}$, est donnée par : $\vec{f} = q\vec{v} \wedge \vec{B}$.

$$B = \frac{f}{v\,|\,q\,|\,\sin\alpha\,|}$$

B en teslas, | q | en coulombs, v en mètres par seconde, F en newtons.

Ordre de grandeur de quelques champs magnétiques : aimant artificiel : 0,1 à 1 T ; pôle d'électro-aimant de machines électriques : 1 à 2 T.

XI — Électronique

Effet thermo-électronique

Lampe diode. C'est une ampoule à vide très poussé (un millionième de mm de mercure) contenant un filament de tungstène qui peut être porté à une température très élevée (2 000 °C) grâce au courant produit par une batterie de piles ou d'accumulateurs.

Autour du filament, on dispose un cylindre métallique, ou « plaque », destiné à capter les corpuscules électrisés émis par le filament. Le filament de la diode émet des électrons lorsqu'il est porté à une température suffisante. Ces électrons sont soumis à l'action du champ électrique $\vec{E}$ qui va de la plaque au filament ; ils se déplacent en sens inverse du champ électrique $\vec{E}$: il s'établit ainsi un courant d'électrons du filament vers la plaque, équivalant à un courant de charges positives allant de la plaque au filament. Si la différence de potentiel Vp est suffisante, tous les électrons émis par le filament sont captés par la plaque : nous obtenons ainsi le courant de saturation Ig.

Si Vp est négatif, le champ électrique $\vec{E}$ est dirigé du filament vers la plaque et les électrons émis sont ramenés vers le filament : aucun courant ne peut s'établir entre la plaque et le filament.

Les électrons d'un métal qui participent au passage du courant dans ce métal, électrons dits de conductivité, ne peuvent pas sortir du métal s'ils n'ont pas une énergie suffisante. Par élévation de température, leur vitesse d'agitation augmente, donc leur énergie croît, ce qui permet à certains de s'échapper du métal.

Triode. Lee de Forest perfectionna la diode en introduisant une 3e électrode, la grille, située entre la plaque et le filament. La grille contrôle le flux d'électrons émis par le filament. La triode joue le rôle d'amplificateur. Elle n'est plus utilisée que pour les applications haute fréquence de grande puissance, comme les émetteurs de radiodiffusion.

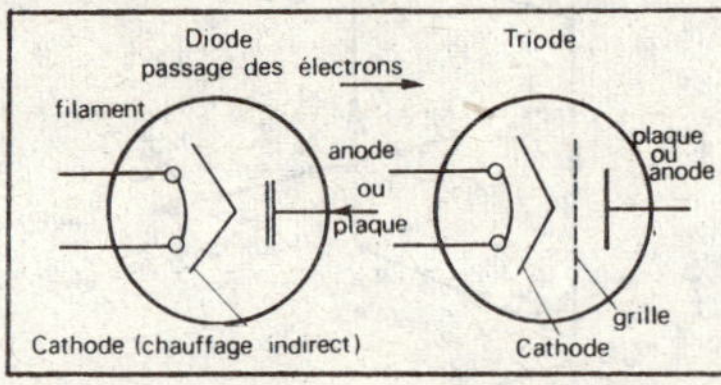

Semi-conducteurs

Diode à semi-conducteur

Fonctionnement. Une diode à semi-conducteur est constituée par l'assemblage de 2 semi-conducteurs de même nature (silicium par ex.), mais dopés différemment : l'un de *type N* [les charges électriques mobiles (majoritaires) sont les électrons ; les fixes sont les ions du dopant (arsenic par ex.), qui sont positifs] ; l'autre de *type P* [les charges mobiles (et majoritaires) sont les trous (positifs) et les fixes sont les ions négatifs du dopant].

Si l'on n'applique pas de tension extérieure : il y a, à la frontière séparant les régions, un champ électrique dû aux ions immobiles dans le semi-conducteur. Ce champ, dirigé de la zone N vers la zone P, va repousser les électrons dans la zone N et les trous dans la zone P, créant ainsi une région désertée par les charges mobiles majoritaires (voir croquis p. 209).

En appliquant une tension extérieure inverse : on augmente le champ électrique à la frontière des régions P et N, donc on chasse encore plus loin les charges mobiles ; la zone désertée s'élargit, le courant ne peut pas passer, la diode est non passante ou bloquée (il ne subsiste qu'un très faible courant de fuite dû aux porteurs minoritaires : trous de la région N qui rencontrent les électrons de la région P ; ils sont des milliards de fois moins nombreux que les porteurs majoritaires).

En appliquant une tension extérieure directe suffisante (0,2 V pour le germanium et 0,7 V pour le silicium) : on annule le champ électrique de la zone frontière et les électrons de la région iront à la rencontre des trous de la région P (ce sont les porteurs majoritaires, et ils sont très nombreux), donc le courant passera. A la frontière, un électron comble un trou, il y a de très nombreuses recombinaisons de paires électron-trou.

● **Applications. Redressement du courant alternatif.** La diode ne laisse passer le courant que dans un seul sens, et permet donc de transformer un courant alternatif en courant continu, ou du moins de même sens. On distingue 3 redressements : à 1 alternance ; à 2 alternances (montage à 2 diodes et montage en pont de Graëtz) ; polyphasé.

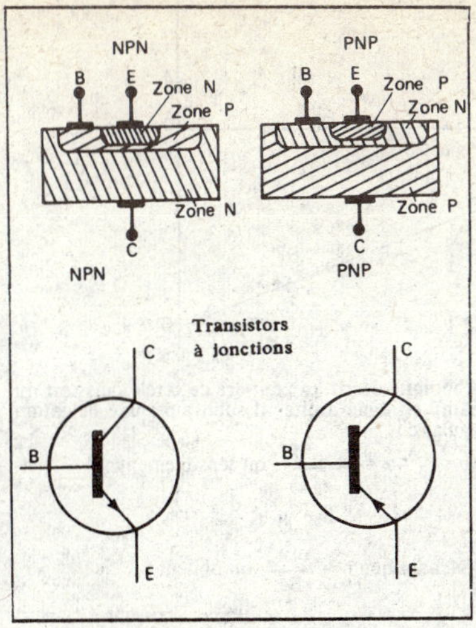

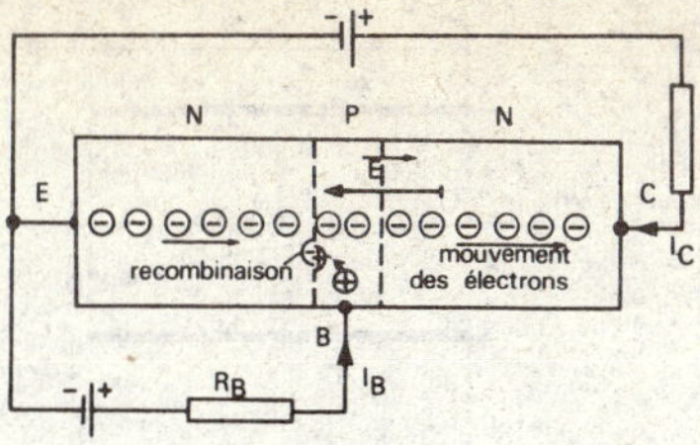

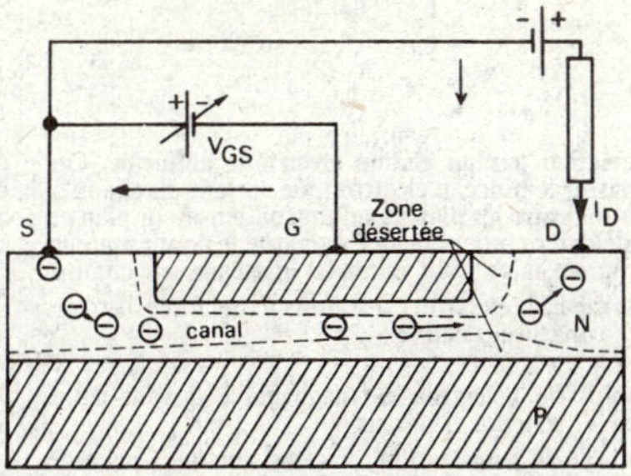

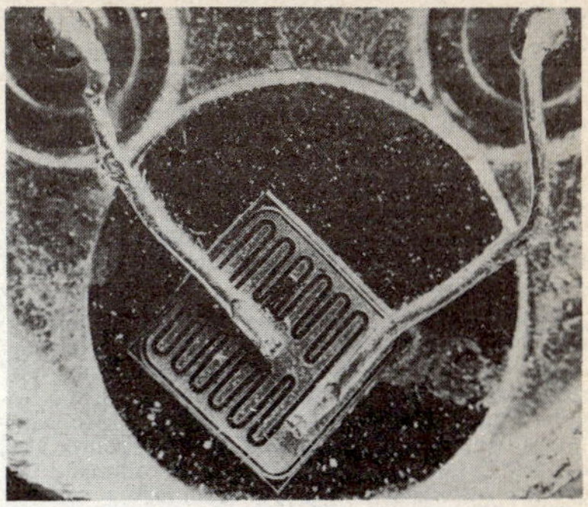

Légende : transistor de puissance : à l'intérieur d'un boîtier de transistor de puissance (quelques dizaines de watts), on voit la pastille de silicium, un carré de 3 mm de côté. L'électrode centrale, en forme de peigne, est l'*émetteur* (reliée à la borne en haut à gauche) ; l'autre électrode qui l'entoure est la *base* (reliée à la borne de droite). Le collecteur est relié au boîtier par le dessous de la pastille de silicium, ce qui favorise aussi l'évacuation de la chaleur.

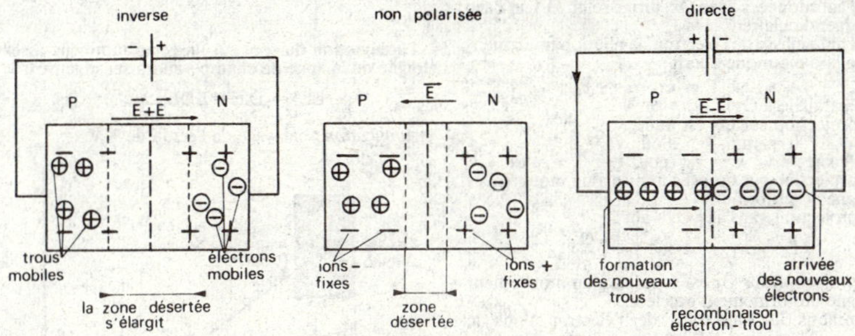

Polarisations de la diode

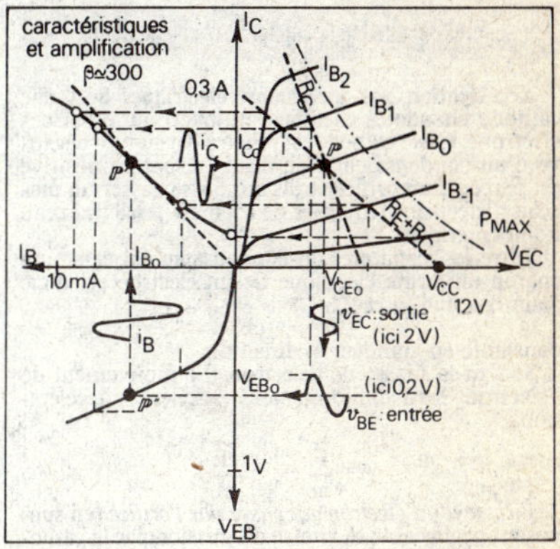

Effet photovoltaïque. *Piles solaires.* La lumière éclaire la jonction (une des zones doit être transparente, donc en couche mince). L'énergie des photons qui entrent en collision avec les électrons permet la création de paires électron-trou. Elles ne se recombineront pas toutes, et créeront un courant électrique dans le circuit extérieur de la jonction. On aura donc un générateur d'électricité. Une photopile au silicium de 55 mm de diamètre, placée au Soleil, produit un courant de 0,5 A sous une tension de 0,45 V. Le rendement ne dépasse guère 15 %, mais on espère l'améliorer.

Diode électroluminescente. C'est le phénomène inverse du précédent : l'énergie de recombinaison d'un électron et d'un trou est transformée en énergie lumineuse. *Applications :* voyants de contrôle, chiffres des calculatrices, transmissions de signaux lumineux à faible puissance (ex. : transmission infrarouge dans une pièce, pour un casque d'écoute haute-fidélité sans fil, télécommande de télévision).

Diode à capacité variable. La zone désertée constitue l'isolant d'un condensateur. Son épaisseur, donc sa capacité, varie avec la tension inverse appliquée à la diode. *Applications :* commande de l'accord d'un circuit haute-fréquence par une tension continue, dans les récepteurs de modulation de fréquence et de télévision.

● **Diode Zener.** Diode utilisée en inverse. Son dopage est calculé pour obtenir une avalanche du courant inverse à partir d'une tension donnée. *Utilisation :* stabilisation de tension.

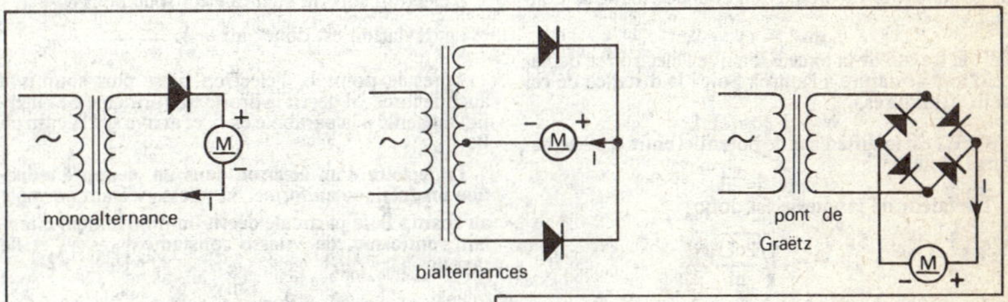

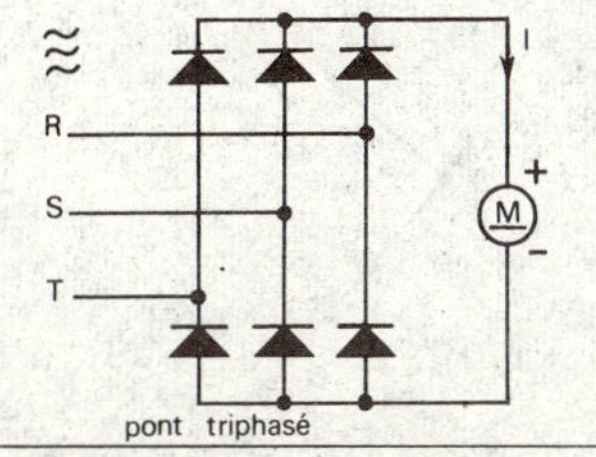

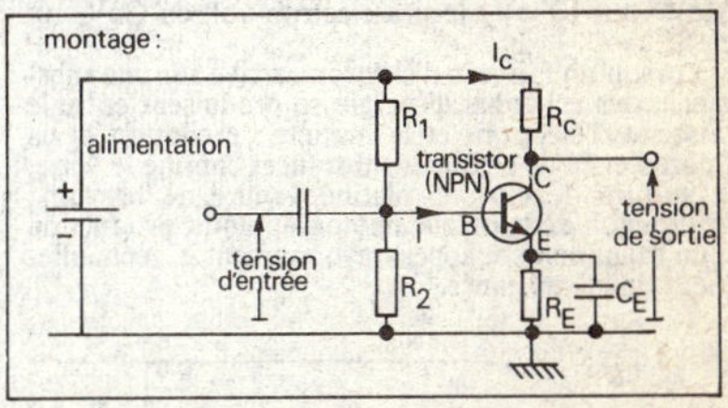

Circuits intégrés. Formés de milliers de transistors gravés sur la même plaquette de silicium et interconnectés.

Transistor bipolaire (ou à jonctions)

(abréviation de l'américain : *transfer resistor*)

Constitué de 2 jonctions P-N, très proches. *2 types :* transistors N-P-N, et P-N-P ; le transistor est formé de 3 zones, reliées à 3 électrodes : l'émetteur, la base et le collecteur. La base est très mince (quelques microns) ; les performances du transistor dépendront de son épaisseur et de la géométrie des jonctions.

Principes du transistor de type N-P-N. (Pour un transistor de type P-N-P, il suffit d'inverser le sens des courants et des tensions.)

Effet transistor : en fonctionnement « normal », la jonction E-B est polarisée dans le sens passant et la jonction B-C est bloquée. Les électrons, majoritaires dans l'émetteur (de type N), vont, en partie, diffuser dans la base (de type P) car la jonction E-B est parcourue par un courant direct. Quelques-uns se recombineront avec les trous de la base (c'est le courant direct, le courant de la base I_B), mais la majorité sera attirée vers le collecteur (type N) par le très fort champ électrique créé par la polarisation inverse de la jonction B-C (voir diode). Il y aura donc un important collecteur I_C.

Ce courant collecteur I_C est à peu près proportionnel au courant direct dans la base I_B :

$I_C = \beta . I_B$ propriété fondamentale

β est le gain en courant du transistor (de 10 à 1 000 selon le type de transistor). Ce gain dépend beaucoup de l'épaisseur de la base, et varie pour un même type de transistor (même immatriculation du fabricant) d'un échantillon à l'autre.

Transistor à effet de champ

Constitué d'une couche de semi-conducteur N, où passe le courant, prise entre 2 régions P laissant subsister un canal étroit.

Fonctionnement. La polarisation inverse de la jonction P-N (entre source et porte) détermine la largeur de la zone désertée, et donc la section du canal qui reste disponible pour le passage des électrons. Si cette polarisation est grande, il y a pincement et le transistor est bloqué. La tension négative entre la source S et la porte G (de l'anglais *gate*, « porte ») commande le courant entre la somme S et le drain D.

De par leur commande en tension (qui peut même se faire électrostatiquement dans les transistors à « porte isolée ») ces transistors à effet de champ rappellent le fonctionnement des tubes triodes. Dans l'état actuel de la technologie, ils ne sont utilisables que pour des puissances ne dépassant guère le watt. (V. schéma p. 223.)

Dynamique des électrons

Accélération par un champ électrique. Soit une cathode chaude (à chauffage indirect) qui émet des électrons. Cette cathode est reliée à l'armature négative d'un condensateur plan dont l'armature positive est percée d'un orifice étroit qui laisse passer un pinceau d'électrons parallèles de même vitesse (faisceau homocinétique).

Entre les armatures du condensateur, il existe un champ uniforme électrique E ; un électron est donc soumis à une force :

$$F = -eE,$$

constante en grandeur et direction.

Soit m la masse de l'électron. Le mouvement de l'électron sera uniformément accéléré ; accélération :

$$\gamma = \frac{\vec{F}}{m} = -\frac{e\vec{E}}{m}.$$

Vitesse d'un électron qui passe par l'orifice (en supposant négligeable sa vitesse d'émission par la cathode chaude) : le théorème de l'énergie cinétique donne :

$$½\, mv^2 - O = W$$

(W : le travail de la force F lorsque l'électron se déplace d'une armature à l'autre). Soit l la distance de ces deux armatures,

$$W = F.l = eE.l.$$

Or E.l est la différence de potentiel entre les 2 armatures, donc :

$$½\, mv^2 = eU.$$

La valeur de la vitesse est donc :

$$v = \sqrt{\frac{2eU}{m}}.$$

W se mesure en électrons-volts [1 électron-volt équivaut à $1{,}6 \cdot 10^{-19}$ joule (1 méga-électron-volt ou MeV vaut 10^6 eV ; le giga-électron-volt ou GeV, 10^9 eV)].

Lorsqu'un faisceau d'électrons arrive sur une substance, des échanges d'énergie se produisent entre le faisceau d'électrons et la matière : excitation de la fluorescence de certaines substances comme le verre, le sulfure de zinc, le platinocyanure de baryum ; impression de la plaque photographique, production d'un rayonnement appelé rayonnement X ; échauffement de la substance.

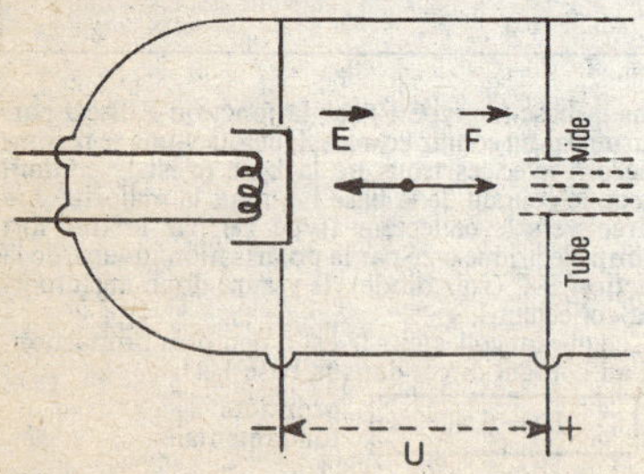

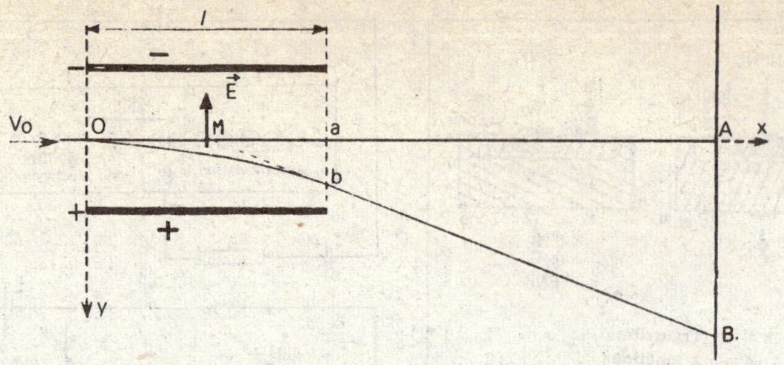

Déviation par un champ électrique uniforme. On fait passer le pinceau électronique sortant du canon à électrons entre les plateaux d'un condensateur plan et parallèlement aux plateaux. Lorsque le condensateur est chargé, il s'établit entre les plateaux un champ uniforme $\vec{E}$. L'électron est soumis à une force, dirigée vers l'armature positive :

$$\vec{F} = e\vec{E}$$

(le poids de l'électron est négligeable devant cette force). V. schéma ci-dessus.

Soit $\vec{V_0}$ la vitesse d'un électron lorsqu'il pénètre dans le champ électrique uniforme. Prenons comme axe de coordonnées l'axe Ox, dirigé selon OA, et l'axe Oy perpendiculaire.

Soit m la masse de l'électron, la relation fondamentale de la dynamique s'écrit :

$$\vec{F} = m\vec{\gamma}$$

(F est parallèle à Oy).

Sa projection sur Ox est nulle :

$$0 = m\gamma_x, \quad \text{d'où : } \gamma_x = 0$$

et $v_x = Cte = v_o$, $x = v_o t$ (pour t = 0, x = 0).

La projection sur Ox est soumise à un mouvement rectiligne et uniforme.

Sa projection sur l'axe Oy vaut :

$$eE = m\gamma_y, \quad \text{d'où : } \gamma_y = \frac{eE}{m}.$$

La projection sur Oy est soumise à un mouvement rectiligne uniformément accéléré.

Éliminons la trajectoire de l'électron dans le condensateur : $y = ½ \dfrac{eE}{m} \dfrac{l^2}{v_o^2}$.

L'électron sort du champ électrique pour x = l.

La déviation est donc : $ab = ½ \dfrac{eE}{m} \dfrac{x^2}{v_o^2}$.

Après le point b, l'électron n'est plus soumis à aucune force : il décrit la droite bB (principe de l'inertie) tangente à la parabole en b, et arrive sur l'écran en B.

Trajectoire d'un électron dans un champ d'induction magnétique uniforme. Sa vitesse v étant normale au champ $\vec{B}$, la particule décrit un mouvement circulaire uniforme, de vitesse constante $v = v_o$ et de rayon :

$$R = \frac{mv_o}{eB}.$$

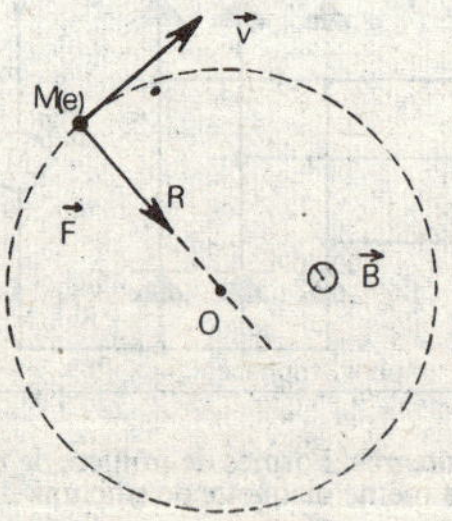

La durée d'une révolution, ou *période gyromagnétique*, est : $T = \dfrac{2\pi R}{v_o} = \dfrac{2\pi m}{eB}$ (indépendante du rayon de la trajectoire et de la vitesse de l'électron).

Déviation par un champ magnétique. Soit un champ d'induction magnétique B qui n'agit que sur une petite partie de la trajectoire électronique ; le faisceau cathodique décrit un petit arc de cercle puis sort du champ en ligne droite ; il subit ainsi une déviation angulaire :

$$\alpha = \frac{\text{arc AB}}{r}, \text{ ou sensiblement : }$$

$$\alpha = \frac{d}{r}.$$

Sachant que $r = \dfrac{mv_o}{Be}$, on obtient :

$$\alpha = \frac{lBe}{mv_o}.$$

La déviation du spot sur un écran lumineux assez éloigné de la zone de champ vaudra sensiblement :

$$EE' = D.\alpha = lDB \frac{e}{mv_o}.$$

Application : balayage de l'écran de T.V.

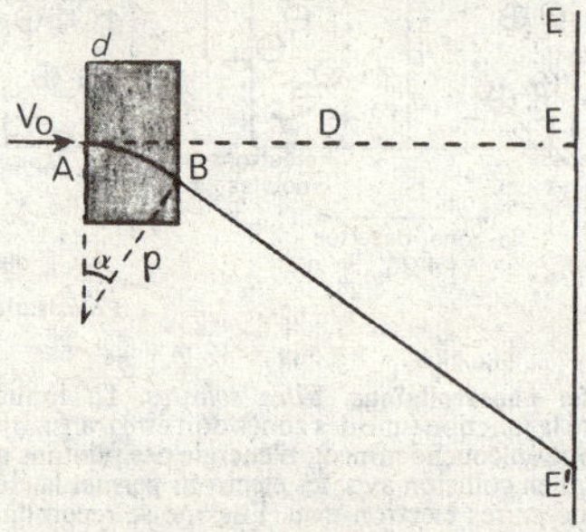

Oscilloscope cathodique

Un oscilloscope cathodique est constitué essentiellement d'un tube à vide dont une partie évasée est fermée par un écran luminescent.

A l'intérieur se trouvent :

— *un canon à électrons* formé par une cathode chaude à chauffage indirect et des cylindres formant lentilles électrostatiques A et B donnant sur l'écran luminescent une image ponctuelle ;

— *2 condensateurs C_1 et C_2* pouvant provoquer, lorsqu'ils sont chargés, des déviations horizontale ou verticale du faisceau. Chacune de ces déviations est proportionnelle à la différence de potentiel entre les armatures du condensateur correspondant.

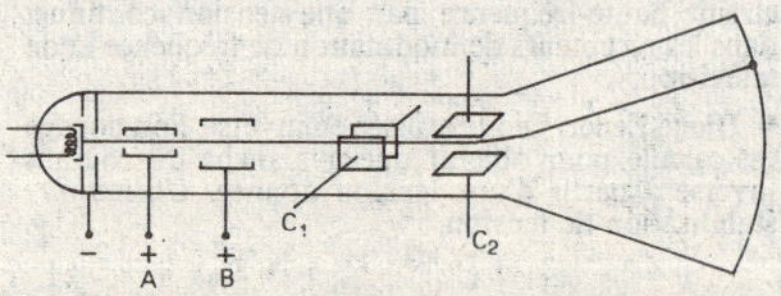

Effet photoélectrique

Expérience de Hertz. Découvert par Hertz (1887), cet effet consiste en l'*émission d'électrons par un métal sous l'action de la lumière.*

Le métal pur (métal alcalin en général) est disposé en couche mince à l'intérieur d'une ampoule de verre transparent à l'ultraviolet, et absolument vide ; une autre « électrode » métallique en forme de tige ou d'anneau est placée dans l'ampoule. L'ensemble constitue une *cellule photoélectrique*.

La couche de métal constitue la *cathode ;* l'électrode en tige constitue l'*anode*, reliée au pôle positif d'un générateur par l'intermédiaire d'un microampèremètre ; la cathode est reliée au pôle négatif du générateur.

Un voltmètre V mesure la différence de potentiel aux bornes de la cellule.

On éclaire la cellule par une lumière monochromatique (de longueur d'onde λ). L'ampèremètre ne dévie pas si λ est supérieur à une certaine valeur λ_o caractéristique du métal, appelée seuil de longueur d'onde (quelle que soit la puissance transportée par ce faisceau). Si ν est la fréquence correspondante, il faut : $\nu > \nu_o$; ν_o est le *seuil de fréquence.*

Seuil photoélectrique pour quelques métaux purs λ_o *en* μ*m. Radiations visibles :* Cs 0,65 ; K 0,54 ; Na 0,52 ; Ba 0,50. *Radiations ultraviolettes :* Zn 0,37 ; Mo 0,30 ; Cu 0,29 ; W 0,27.

Si la condition précédente est réalisée, un courant s'établit. Pour une puissance constante du faisceau monochromatique, l'intensité du courant augmente avec V et tend vers un courant de saturation i_s. Si V = 0, l'intensité n'est pas nulle ; si on change la puissance transportée par le faisceau, i_s varie proportionnellement.

Pour annuler le courant photoélectrique, il faut repousser les électrons émis par la cathode en portant l'anode à un potentiel négatif (potentiel d'arrêt) qui ne dépend pas de l'intensité du faisceau monochromatique, mais de la fréquence ν de la radiation éclairante. V_o est fonction croissante de ν.

L'énergie cinétique maximale des électrons émis par la cathode est indépendante de la puissance du faisceau monochromatique reçu par la cathode, mais croît avec la fréquence ν de la lumière monochromatique incidente.

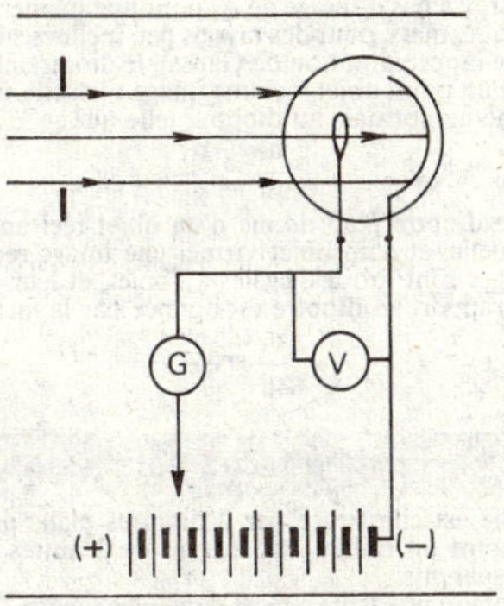

Mécanisme de l'effet photoélectrique. Ce mécanisme a été mis en évidence par Einstein (1905) (et lui a valu le prix Nobel en 1921). Pour extraire un électron d'un métal pur, il faut communiquer à cet électron une énergie W supérieure à l'énergie d'extraction W_o. L'excédent d'énergie constitue alors l'énergie cinétique de l'électron : $W - W_o = \frac{1}{2} mv^2$.

L'effet photoélectrique se manifeste même en lumière de très faible intensité. L'énergie lumineuse se répartit uniformément sur toute la surface réceptrice ; l'énergie reçue par un atome est nettement inférieure à l'énergie W_o nécessaire à l'extraction d'un électron. Einstein en a déduit que l'énergie lumineuse était localisée en certains points, c'est-à-dire que la lumière se propageait par grains d'énergie (photons).

Chaque photon correspond à une radiation monochromatique de fréquence ν et possède une énergie : $W = h\nu$, relation où h est une constante universelle, appelée *constante de Planck :*

$h = 6{,}62.10^{-34}$ S.I. (joule × seconde).

Lorsqu'un faisceau lumineux arrive sur un métal, un grand nombre n de photons viennent frapper sa surface par unité de temps et pénètrent plus ou moins dans le métal ; certains d'entre eux seulement, soit n', rencontrent des électrons de valence. Si l'énergie $h\nu$ d'un photon actif est inférieure à l'énergie W_o d'extraction de l'électron, aucun électron ne peut sortir. Si cette condition est réalisée, le nombre d'électrons éjectés par unité de temps et correspondant au courant de saturation i_s est alors proportionnel, pour une cellule donnée, à la puissance totale du faisceau incident : $P = nh\nu$.

La différence d'énergie : $h - W_o$ représente l'énergie cinétique maximale qu'un électron peut avoir en sortant du métal :

$$\frac{1}{2} mv^2 = h\nu - W_o = h(\nu - \nu_o).$$

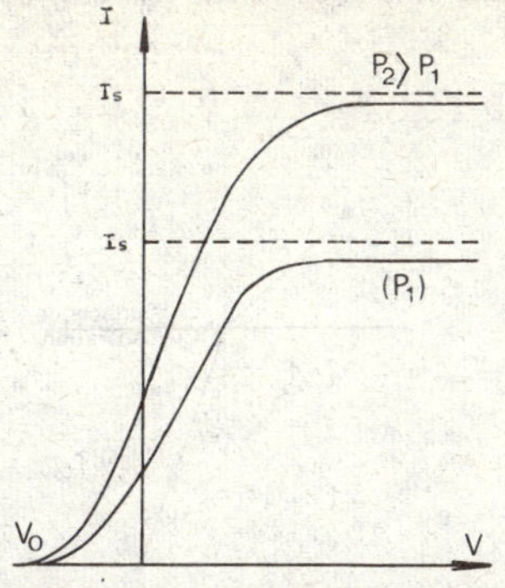

Applications de l'effet photoélectrique. Mesure des intensités lumineuses en photométrie, comptage d'objets opaques passant devant la cellule (visiteurs d'une exposition, par exemple), mise en marche de dispositifs mécaniques tels qu'escaliers, ouverture des portes de garage, avertisseurs d'incendie et mise en marche d'extincteurs, prise de son du cinéma parlant, caméras de prises de vue pour la télévision.

Effet photovoltaïque (photopile). Un couple photovoltaïque ou photopile (ou encore *cellule à couche d'arrêt*) comprend un matériau semi-conducteur (couche de sélénium gris déposée sur du fer, ou silicium) ; la face exposée à la lumière présente une mince couche transparente d'or ou de platine. L'action de la lumière sur le sélénium a pour effet de libérer des électrons, ce qui, dans ce semi-conducteur, crée aussi des trous positifs ; le sélénium (comme l'électrolyte d'une pile) contient alors des charges mobiles, et si on relie les deux pôles or et fer par un circuit extérieur, ce circuit est parcouru par un courant. Les photons créent des charges mobiles qui sont « mises en route » par un champ électromoteur « voltaïque » (différence de potentiel au contact de 2 métaux).

Rayons X

Découverts par Roentgen (1895). Max von Laue détermina en 1912 la nature du rayonnement X : *radiations électromagnétiques de très courte longueur d'onde* (10^{-4} μ).

Tube de Coolidge. Il est constitué par une ampoule sous vide. Il comporte une cathode (filament de tungstène chauffé) et une anode, formée par un bloc de métal peu fusible et assez épais, placé au centre du miroir concave formé par la cathode. Le faisceau d'électrons émis par la cathode est accéléré par une haute tension. Un rhéostat permet de régler le chauffage du filament de tungstène, donc de modifier le nombre d'électrons émis par la cathode, et par suite l'intensité des rayons X. La tension anode-cathode va de quelques dizaines de milliers de volts à plusieurs centaines de milliers dans les appareils industriels.

Propriétés fondamentales. Les rayons X provoquent la fluorescence du sulfure de zinc, du platinocyanure de baryum (lumière verte), du tungstène de cadmium (lumière bleue). Ils impressionnent les émulsions photographiques. Ils provoquent l'ionisation des gaz (ils arrachent des électrons aux molécules des gaz, créant ainsi des ions positifs et négatifs).

L'unité d'intensité de rayonnement X est le *roentgen* [quantité de rayonnement X qui provoque dans 1,293 mg d'air (1 cm³ dans les conditions normales) une ionisation correspondant au transport, par les ions négatifs et positifs, d'une quantité d'électricité égale à $\frac{1}{3.10^9}$ coulomb].

Les rayons X se propagent en ligne droite en traversant de nombreuses substances et en subissant une absorption qui dépend : de l'*épaisseur de la substance ;* des *atomes* et non des édifices atomiques (ions ou molécules) constituant la substance. L'absorption est une *propriété atomique :* elle augmente beaucoup avec le *numéro atomique Z* de l'atome et la *longueur d'onde* des rayons X utilisés.

Dans les cristaux, les atomes ou les ions sont disposés régulièrement aux sommets des mailles du réseau cristallin. On peut alors définir dans le cristal des plans parallèles et équidistants passant par ces atomes ; ce sont des plans réticulaires. Un faisceau de rayons X pénétrant à l'intérieur du cristal subit une diffraction analogue à celle d'un faisceau lumineux tombant sur une série de fentes parallèles et équidistantes. Les angles de diffraction dépendent de la longueur d'onde du faisceau X et de l'équidistance des plans réticulaires. Si l'on connaît l'une de ces grandeurs, on peut déduire l'autre.

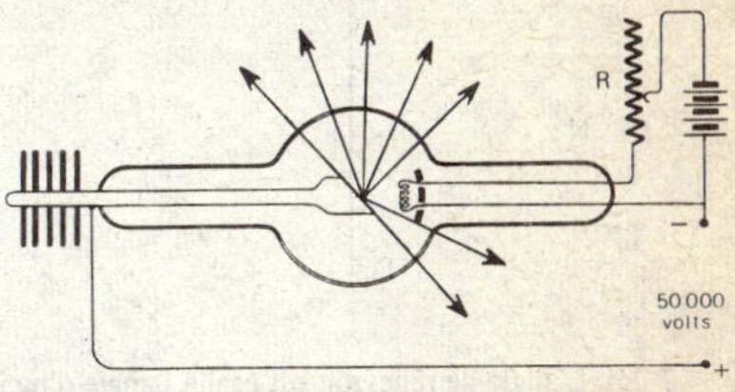

Tube de Coolidge

Nature des rayons X. Ce sont des photons X. Dans le tube de Coolidge, les électrons arrivent sur l'anticathode avec une certaine énergie cinétique. Pour certains d'entre eux, la totalité de cette énergie se transforme en énergie rayonnante en donnant un photon de fréquence γ_o. Si seulement une partie de l'énergie W est transformée, les photons X produits auront une fréquence γ telle que : $h\gamma < W$.

$$\text{Comme } \nu < c \text{, il vient : } \lambda > \frac{hc}{W}.$$

On observe donc toutes les longueurs d'onde possibles supérieures à :

$$\lambda_o = \frac{hc}{W}, \text{ soit } \lambda \geqslant \lambda_o.$$

En augmentant la tension, le seuil d'émission diminue ; on obtient des rayons plus durs sous haute tension.

En revanche, l'intensité du rayonnement, caractérisé par le nombre de photons émis, croît avec le nombre d'électrons émis par le filament, donc avec la température du filament.

XII – Optique géométrique

Généralités

L'optique étudie des phénomènes lumineux, c'est-à-dire qui impressionnent l'œil.

On distingue des *objets lumineux par eux-mêmes* (soleil, lampes à incandescence), et des *objets éclairés* qui diffusent la lumière qu'ils reçoivent d'une source (tout objet visible).

Certaines substances, telles que l'eau, le verre, se laissent traverser par la lumière. Elles sont *transparentes.* En fait, une partie seulement de la lumière les traverse ; elles sont plus ou moins absorbantes.

D'autres arrêtent complètement la lumière : ce sont des corps *opaques.* Enfin, certains corps laissent passer la lumière mais ne permettent pas de distinguer la forme des corps placés derrière eux ; ce sont des corps *translucides.*

Principe fondamental. Dans un milieu transparent homogène, la lumière se propage en ligne droite.

On appelle **rayon lumineux** tout trajet rectiligne suivi par la lumière. Cette définition est purement géométrique, car on ne peut isoler un rayon.

Un **faisceau lumineux** est un ensemble de rayons. Tous les rayons issus d'un point forment un faisceau divergent ; tous les rayons aboutissant à un point forment un faisceau convergent.

Le diamètre apparent d'un objet est l'angle des 2 rayons issus des extrémités de l'objet et pénétrant dans l'œil.

L'œil voit, en moyenne, comme un point tout objet dont le diamètre apparent est inférieur à une minute sexagésimale ou environ $\frac{3}{10\,000}$ radian.

Lois de la réflexion

● **Miroir plan.** Un miroir plan donne d'un objet B une image B', symétrique par rapport au plan du miroir. L'image a la même dimension que l'objet.

1re loi. Le rayon incident, la normale au point d'incidence et le rayon réfléchi sont dans un même plan.

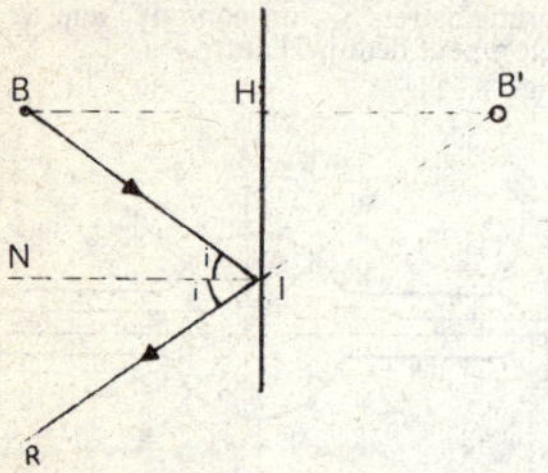

2e loi. L'angle de réflexion est égal à l'angle d'incidence.

Si un rayon lumineux BI pénètre dans un système optique quelconque pour en ressortir suivant IR, inversement un rayon lumineux entrant dans le système suivant RI ressortira suivant IB.

● **Objets ou images réels ou virtuels.** Un appareil optique donne des images d'objets. A l'entrée de l'appareil se trouve le domaine de l'objet, ou *espace objet ;* à sa sortie, se trouve le domaine de l'image, ou *espace image.* Dans l'espace objet, si le faisceau tombant sur l'appareil est divergent, il émanera d'un point *objet réel,* c'est-à-dire réellement situé en avant du système. Si, au contraire, le faisceau incident est convergent, son point de convergence, A, situé en arrière de la face d'entrée, sera appelé point *objet virtuel.* Dans le cas intermédiaire d'un faisceau incident parallèle, on dit simplement que l'objet est à l'infini.

Les définitions sont exactement inverses pour le milieu image. Si le faisceau sortant de l'appareil converge en un point A', on dit que A' est une *image réelle :* une telle image peut se recevoir sur un écran.

Si le faisceau diverge, ses rayons semblent provenir d'un point A' situé avant la sortie de l'appareil ; A' est alors une *image virtuelle.* On ne peut pas observer cette image sur un écran ; il faut regarder dans l'appareil.

● **Miroirs sphériques.** Un miroir sphérique *concave* est réfléchissant par sa face creuse. Un rayon incident parallèle à l'axe se réfléchit en passant par le foyer F, à égale distance du sommet S et du centre C de la sphère originelle. Un tel miroir donne toujours une image réelle (télescope) sauf quand l'objet réel est entre le sommet S et le foyer F (miroir grossissant).

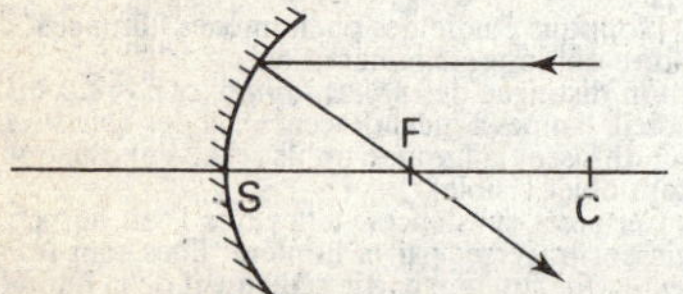

Un miroir sphérique *convexe* est réfléchissant par sa face bombée. Un rayon incident parallèle à l'axe se réfléchit comme s'il provenait du foyer F (virtuel) équidistant de C et de S. Un tel miroir donne toujours une image virtuelle (rétroviseur) sauf quand l'objet virtuel est situé entre le sommet S et le foyer F.

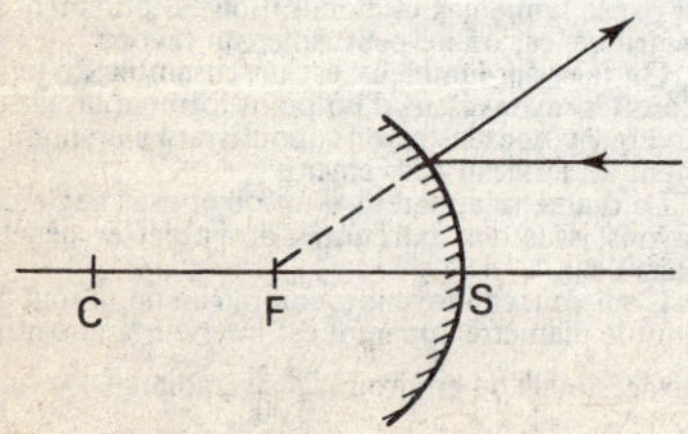

Lois de la réfraction

Il y a réfraction lorsqu'un faisceau lumineux se propageant dans un milieu optique passe dans un autre en changeant de direction.

1re loi. Le rayon incident, la normale au point d'incidence et le rayon réfracté sont dans un même plan.

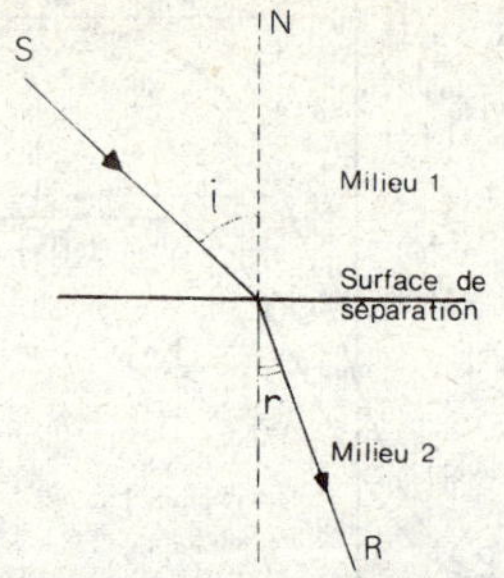

2e loi. Le sinus de l'angle d'incidence est dans un rapport constant avec le sinus de l'angle de réfraction :

$$\sin i = n \sin r,$$

n s'appelle l'*indice de réfraction* du second milieu par rapport au premier.

Indices de réfraction. Absolus. Si le 1er milieu est le vide, l'indice de réfraction s'appelle l'*indice* absolu N.

Si c = 300 000 km/s est la vitesse de la lumière dans le vide, sa vitesse v dans le milieu considéré est telle que :

$$N = \frac{c}{v}.$$

La vitesse de la lumière dans un milieu transparent est toujours inférieure à la vitesse de la lumière dans le vide : $v < c$. L'indice absolu N est donc toujours supérieur à l'unité.

Indices absolus. *Solides :* verre ordinaire 1,52 ; verre baryté 1,57 ; cristal 1,60 ; cristal lourd 1,96 ; diamant 2,42.

Liquides : eau 1,33 ; sulfure de carbone 1,63 ; alcool 1,36 ; glycérine 1,47 ; benzine 1,50.

Indices relatifs. Si le 1er milieu n'est pas le vide, mais par exemple l'air, l'eau, le verre..., l'indice n sera :

$$n = \frac{v_1}{v_2} \text{ ou } n = \frac{N_2}{N_1}.$$

La 2e loi de la réfraction peut donc aussi se formuler, avec les indices absolus :

$$\sin i_1 = \frac{N_2}{N_1} \sin i_2,$$

ou : $N_1 \sin i_1 = N_2 \sin i_2$.

La symétrie de cette relation exprime le principe du retour inverse.

Discussion. 1) *La lumière passe d'un milieu moins réfringent dans un milieu plus réfringent :*

$$\sin i = n \sin r, \text{ avec } n = \frac{N_2}{N_1} > 1,$$

r existe toujours puisque $\frac{\sin i}{n} < 1$.

Il en résulte que $r < i$, et le réfracté se rapproche de la normale.

Un rayon d'incidence rasante ($i = 90°$) se rapproche de la normale et fait avec celle-ci l'*angle de réfraction limite :* $\lambda < 90°$. Il ne peut pas y avoir d'angles de réfraction supérieurs à l'angle limite :

$$\sin \lambda = \frac{1}{n}.$$

(Ex. de l'air dans l'eau ; $\lambda = 48°36'$.)

2) *La lumière passe d'un milieu plus réfringent dans un milieu moins réfringent : réflexion totale.* Pour qu'un rayon puisse pénétrer dans le 2e milieu, il faut que l'angle d'incidence soit inférieur ou égal à l'angle de réfraction limite.

Pour les rayons dont l'incidence est supérieure à l'angle limite et qui ne peuvent se réfracter, toute la lumière incidente est réfléchie. On dit qu'il y a *réflexion totale.*

Si l'angle d'incidence est inférieur à l'angle limite, il y a toujours un rayon réfléchi (réflexion dite *vitreuse*), mais la plus grande partie de la lumière passe dans le rayon réfracté ; on dit qu'il y a *réflexion partielle.*

Une application pratique se rencontre dans le prisme à réflexion totale. La lumière arrivant du verre sur l'air avec une incidence de 45° doit se réfléchir totalement, puisque l'angle de réfraction limite est $41°29' < 45°$. De tels prismes sont utilisés dans les jumelles à prismes et dans les périscopes.

Déviation du rayon lumineux. C'est l'angle dont il faut faire tourner la direction positive du rayon incident pour l'amener sur la direction positive du rayon réfracté :

$$D = i - r.$$

On démontre que la déviation croît constamment avec i ; elle est nulle pour $i = 0$ et devient $90° - \lambda$ pour l'incidence rasante si $N_2 > N_1$.

Dioptre plan

C'est l'ensemble de 2 milieux inégalement réfringents, séparés par une surface plane.

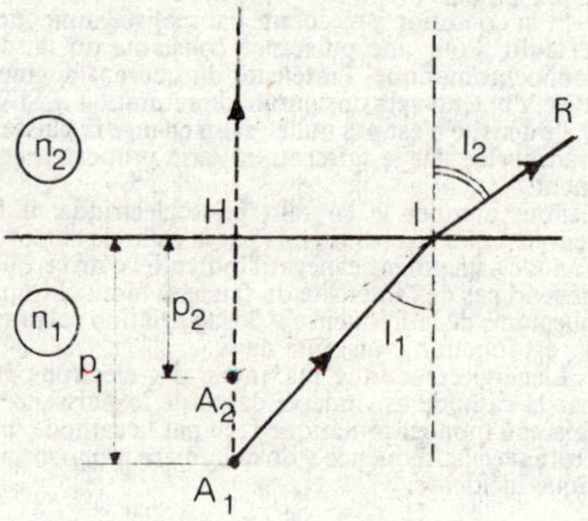

Il n'y a pas d'image de A_1 pour une incidence quelconque, mais, pour des rayons peu inclinés sur la normale (approximation de Gauss), le dioptre plan donne d'un point objet réel une image virtuelle située sur la même normale au dioptre, telle que :

$$\frac{n_1}{p_1} = \frac{n_2}{p_2}.$$

Le dioptre plan donne d'un objet réel une image virtuelle, et d'un objet virtuel une image réelle. Ces images sont droites, égales à l'objet, et leur position par rapport au dioptre est donnée par la formule :

$$\frac{n_1}{p_1} = \frac{n_2}{p_2}.$$

Lame à faces parallèles

Elle est constituée par 2 dioptres plans parallèles séparant un milieu transparent de 2 autres milieux transparents.

Lorsqu'une lame à faces parallèles sépare 2 milieux d'indices différents, les relations entre les angles d'incidence et d'émergence sont les mêmes que si la lame n'existait pas :

$$n_1 \sin i_1 = n \sin r \text{ (à l'entrée)},$$
$$n \sin r = n_2 \sin i_2 \text{ (à la sortie)},$$
$$n_1 \sin i_1 = n_2 \sin i_2.$$

Une lame à faces parallèles donne d'un objet plan et parallèle à la lame une image droite et égale à l'objet. Les images ne seront donc acceptables que dans l'approximation de Gauss.

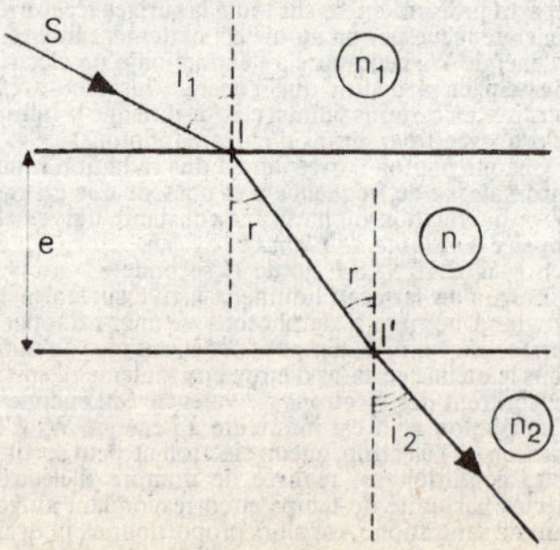

Lorsque les milieux extrêmes sont identiques, le déplacement d = A_1A_3 vaut :

$$d = e\left(1 - \frac{1}{n}\right).$$

Il s'effectue toujours dans le sens de la lumière.

Prisme

C'est un milieu transparent limité par 2 faces planes non parallèles. Ces 2 faces forment un dièdre ; l'angle du dièdre est l'angle du prisme ; l'arête du dièdre est l'arête du prisme.

On appelle *section principale* du prisme toute section perpendiculaire à l'arête. C'est le plan d'incidence et de réfraction de tous les rayons contenus dans la section principale (1re loi de Descartes).

Éclairons une fente par de la lumière blanche, et, à l'aide d'une lentille convergente, formons une image réelle F' de F. Interposons après la lentille un prisme A d'arête parallèle à la fente F. Il n'y a plus d'image en F', mais sur l'écran E nous obtenons une infinité d'images.

Si nous envoyons sur un prisme un faisceau de lumière blanche, il se produit à la fois une *déviation* du faisceau et une décomposition *(dispersion)* de la lumière blanche. La déviation est plus importante pour le violet que pour le rouge.

Toute lumière qui n'est pas dispersée par le prisme est appelée une lumière monochromatique.

Formules du prisme.

$$\sin i = n \sin r,$$
$$\sin i' = n \sin r',$$
$$A = r + r',$$
$$D = i + i' - A.$$

La déviation augmente avec l'angle du prisme, avec l'indice du prisme. Quand l'angle d'incidence varie, la déviation passe par un minimum ; à ce moment, i = i', et le trajet de la lumière est symétrique par rapport au prisme.

Si l'angle du prisme est faible, la déviation est égale à :

$$D = (n - 1) A.$$

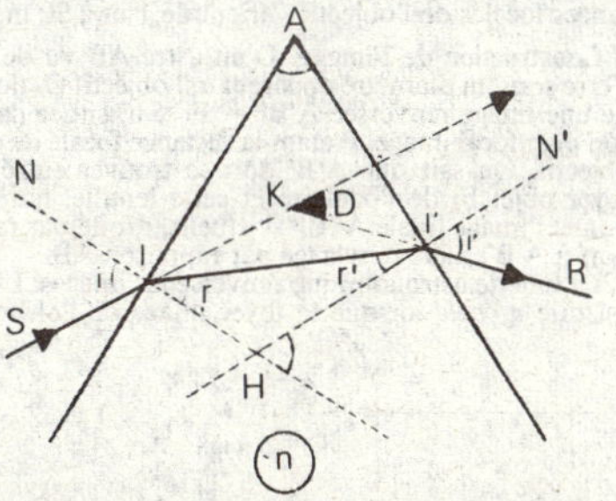

Lentilles sphériques minces

Définitions

Une lentille sphérique est un milieu transparent, en général du verre, limité par 2 calottes sphériques ou une calotte sphérique et un plan. Les lentilles minces sont celles dont l'épaisseur est négligeable par rapport à toute autre dimension telle que le rayon des sphères, la distance de l'objet à la lentille.

On appelle *axe principal* la droite joignant les 2 centres des faces sphériques ou la droite passant par le centre de la face sphérique et perpendiculaire à la face plane.

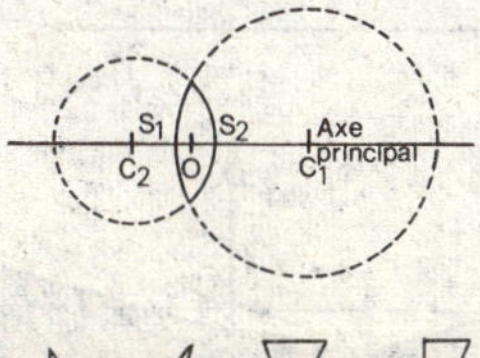

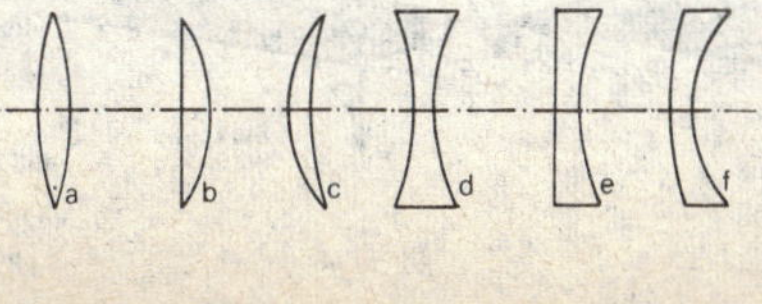

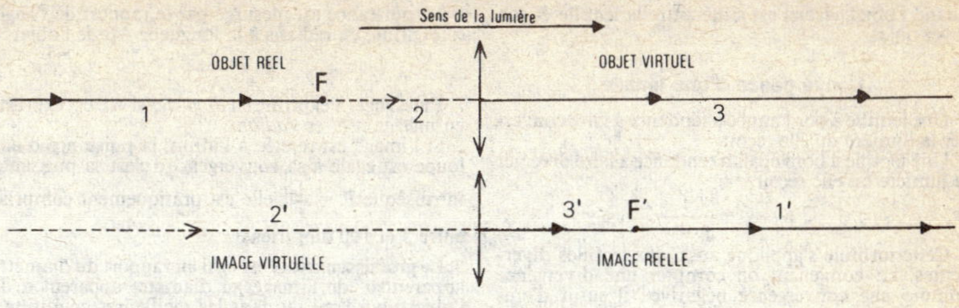

Lentille convergente

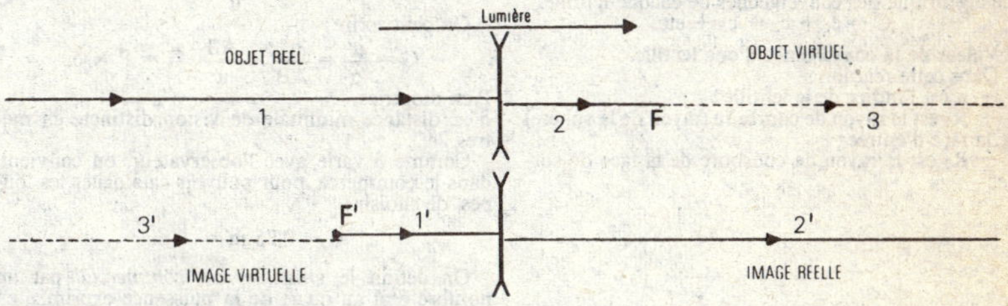

Lentille divergente

Le *centre optique*. O est le point de rencontre de l'axe principal avec les 2 dioptres limitant la lentille : l'épaisseur étant négligeable.

On classe les lentilles en 2 catégories :

— **Lentilles convergentes,** à bord mince : biconvexe (a), plan convexe (b), ménisque (c). Elles transforment un faisceau incident parallèle en faisceau convergent.

— **Lentilles divergentes,** à bord épais : biconcave (d), plan concave (e), ménisque (f). Elles transforment un faisceau incident parallèle en faisceau divergent.

Lentille convergente

Une lentille convergente ne donne d'images nettes que : si elle est diaphragmée (rayons traversant la lentille à une petite distance de l'axe) ; si l'objet est petit et se trouve au voisinage de l'axe (rayons peu inclinés sur l'axe).

Tout rayon lumineux passant par le centre optique d'une lentille ne subit aucune déviation en traversant la lentille.

Un rayon lumineux incliné sur l'axe principal et passant par le centre optique définit la direction d'un axe secondaire.

Foyer image et plan focal image. La lentille transforme un faisceau parallèle à l'axe principal en un faisceau convergent passant par un point F' de l'axe, appelé *foyer image.* La distance OF' est la **distance focale image** f'. Le foyer image est donc l'image du point à l'infini situé sur l'axe principal. Tout point lumineux à l'infini a son image dans le plan focal image.

Foyer objet et plan focal objet. Tout rayon incident passant par le foyer objet donne naissance à un rayon émergent parallèle à l'axe. Le foyer objet est donc le point de l'axe dont l'image est rejetée à l'infini.

Tout point lumineux S du plan focal objet a son image rejetée à l'infini dans la direction SO. Les 2 plans focaux, objet et image, sont symétriques par rapport à la lentille.

Relations. *Conjugaison image-objet :*

$$\frac{1}{p} + \frac{1}{p'} = \frac{1}{f} \text{ (formule de Descartes).}$$

Cette formule est valable dans tous les cas de figure, à condition de compter : p positif si l'objet est réel et négatif s'il est virtuel ; p' positif si l'image est réelle et négatif si elle est virtuelle.

Grandissement : $y = \frac{I}{O} = -\frac{p'}{p}$,

y positif si l'image est droite par rapport à l'objet, négatif si elle est renversée.

Dans une lentille, l'objet et l'image se déplacent toujours dans le même sens.

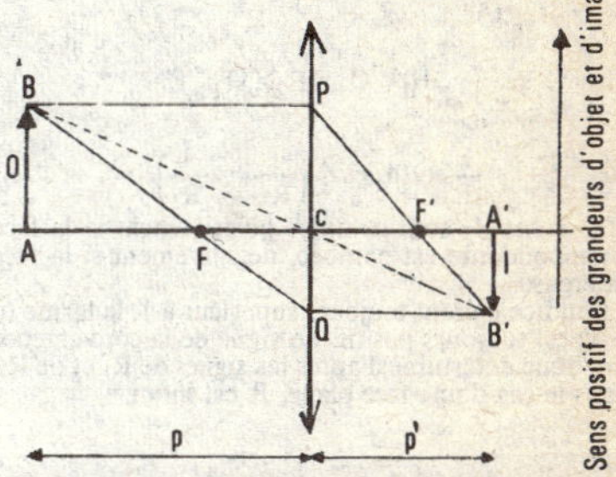

Une lentille convergente donne toujours une image réelle sauf quand l'objet réel est situé entre le foyer objet et la lentille.

Lentille divergente

Tout rayon incident parallèle à l'axe émerge en semblant venir du foyer virtuel image. Tout rayon se dirigeant sur le foyer virtuel objet émerge parallèlement à l'axe. Quelle que soit la forme de la lentille, les foyers virtuels objet et image sont symétriques par rapport au centre optique.

Relations de conjugaison et de grandissement. Les formules des lentilles convergentes s'appliquent, à condition d'y faire entrer f, avec le signe négatif.

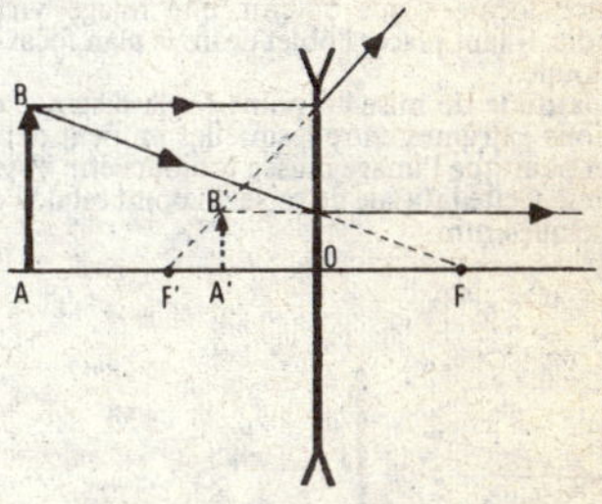

$$\frac{1}{p} + \frac{1}{p'} = \frac{1}{f}.$$

$$y = -\frac{p'}{p}.$$

Positions relatives de l'image et de l'objet : une lentille divergente ne donne jamais d'image réelle, sauf quand l'objet virtuel est situé entre la lentille et son foyer objet.

Convergence d'une lentille

Une lentille à bord mince a tendance à faire converger la lumière qu'elle reçoit.
Une lentille à bord épais a tendance à faire diverger la lumière qu'elle reçoit.

$$C_{\text{dioptries}} = \frac{1}{f_{\text{mètres}}}.$$

Cette formule s'applique aussi aux lentilles divergentes, en convenant de compter une divergence comme une convergence négative ; il suffit d'employer la formule en y comptant f négativement.
Plusieurs lentilles minces accolées équivalent à une lentille unique dont la convergence est égale à la somme algébrique des convergences de chaque lentille.

$$C = c_1 + c_2 + c_3 + \text{etc.}$$

Valeur de la convergence d'une lentille. Dans cette relation :
– n est l'indice de la lentille ;
– R_1 est le rayon de courbure (rayon de la sphère) de la face d'entrée ;
– R_2 est le rayon de courbure de la face de sortie :

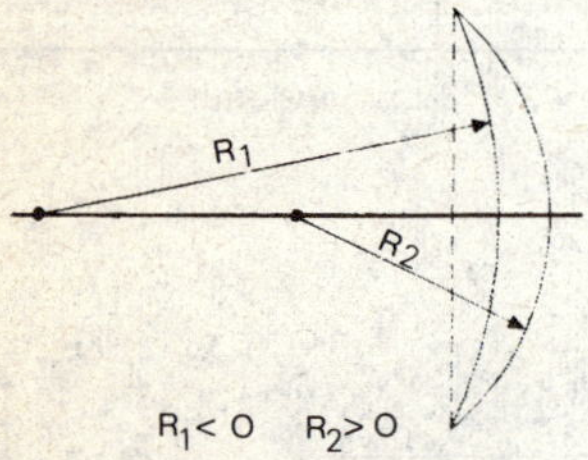

$$\frac{1}{f} = (n - 1)\left(\frac{1}{R_1} - \frac{1}{R_2}\right).$$

– R_1 et R_2 sont comptés positivement si la face correspondante est bombée, négativement si la face est creuse.
L'indice n étant toujours supérieur à 1, le terme (n – 1) est toujours positif. Le signe de la convergence sera donc déterminé d'après les signes de R_1 et de R_2. Dans le cas d'une face plane, R est infini.

Instruments d'optique

☞ V. Œil à l'Index.

Tout instrument d'optique d'observation a comme but principal d'améliorer la perception des détails d'un objet ; pour cela, il substitue à l'objet une *image virtuelle de diamètre apparent plus grand.* On dit qu'il « grossit ».
On distingue les instruments destinés à l'observation des objets petits et rapprochés (ex. : loupe, microscope) et ceux destinés à l'observation des objets éloignés (ex. : lunette astronomique).

Loupe

Constituée par une lentille convergente de petite distance focale. Pour obtenir une image virtuelle agrandie, il faut placer l'objet entre le plan focal objet et la loupe.
La latitude de mise au point est la distance des 2 positions extrêmes entre lesquelles on peut déplacer l'objet pour que l'image puisse toujours être observée par l'œil. Cette latitude de mise au point est de l'ordre de quelques mm.

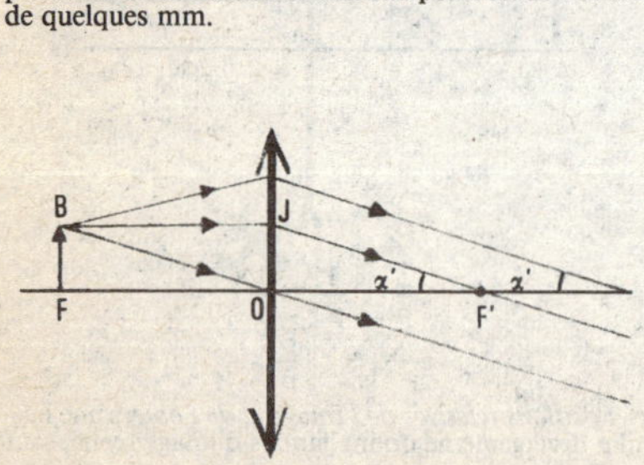

La puissance est mesurée par le rapport de l'angle α' exprimé en radians à la longueur AB de l'objet :

$$P = \frac{\alpha'}{AB}.$$

Puissance. S'exprime en *dioptries* si AB est exprimé en *mètres* et α' en *radians.*
Si l'image est rejetée à l'infini, la puissance d'une loupe est égale à sa convergence ; c'est sa puissance intrinsèque $P = \frac{1}{f}$: elle est pratiquement comprise entre 5 et 100 dioptries.

Le grossissement G est égal au rapport du diamètre apparent α' de l'image au diamètre apparent α de l'objet vu à l'œil nu dans les meilleures conditions, c'est-à-dire lorsque l'objet est à la distance minimale de vision distincte : $G = \frac{\alpha'}{\alpha}$.

On peut écrire :

$$G = \frac{\alpha'}{\alpha} = \frac{\alpha'}{AB} \times \frac{AB}{\alpha},\ G = P \times \delta,$$

P en dioptries,
δ = distance minimale de vision distincte en mètres.
Comme δ varie avec l'observateur, on convient, dans le commerce, pour pouvoir cataloguer les loupes, de choisir :

$$\delta = 0{,}25\ \text{m} = \frac{1}{4}\ \text{m}.$$

On définit le *grossissement commercial* par un nombre égal au quart de la puissance exprimée en dioptries.
La distance focale d'une loupe doit toujours être inférieure à la distance minimale de vision distincte.

Microscope

Un système très convergent (l'objectif) donne de l'objet à observer une image réelle très agrandie que l'on examine à travers un oculaire jouant le rôle de loupe.

Construction de l'image. D'un petit objet AB, l'objectif O_1 de distance focale f_1 donne une image réelle et renversée A'B', y fois plus grande que l'objet AB. Cette image intermédiaire sert d'objet pour l'oculaire O_2, de distance focale f_2, fonctionnant comme loupe ; elle est placée entre le foyer objet F_2 de l'oculaire et la lentille ; l'oculaire en donne une image virtuelle définitive A''B'', droite par rapport à A'B', mais renversée par rapport à l'objet initial AB.
Le microscope renverse les images.

Microscope le plus puissant. Université du Michigan (U.S.A.). Inauguré en 1974. Image amplifiée 260 millions de fois grâce à un laser optique.

Puissance

$$P = \frac{\alpha'}{AB} = \frac{\alpha'}{A'B'} \times \frac{A'B'}{AB}.$$

Le 1er rapport exprime la puissance p de l'oculaire ; le second, le grandissement donné par l'objectif :

$$P = p \times y.$$

L'image A'B' est toujours extrêmement près du foyer F_2 :

$$y = \frac{A'B'}{AB} = \frac{\Delta}{f_1},$$

Δ est appelé intervalle optique entre l'objectif et l'oculaire.
Si l'image est rejetée à l'infini :
$p = \frac{1}{f_2}$, la relation P = py donne :

$$P_i = \frac{\Delta}{f_1 f_2}.$$

La puissance varie ordinairement de 100 à 2 500 dioptries (dans certains cas particuliers 5 000 dioptries).

Grossissement

$G = \frac{\alpha'}{\alpha}$. Il vaut : G = P × δ,
P en dioptries, δ en mètres.

Grossissement commercial : $G_c = \frac{P}{4}$.

Lunette astronomique

La lunette astronomique se compose de 2 systèmes optiques, un *objectif* et un *oculaire.* Voir aussi à l'Index.
L'objectif est un système convergent assimilable à une lentille mince convergente ; il donnera de l'objet à l'infini une image dans son plan focal image. Les distances focales de l'objectif varient de 1 m à 20 m.

Construction de l'image. D'un astre AB vu de la Terre sous un diamètre apparent α, l'objectif O_1 donne une image renversée A'B' = F × α, située dans son plan focal image, F étant la distance focale de cet objectif. On sait que A'B' doit se trouver entre le foyer objet F_2 de l'oculaire et cette lentille, qui en donne l'image finale A''B'', virtuelle, droite par rapport à A'B', mais renversée par rapport à AB.
La lunette astronomique renverse les images. La l. est dite *afocale* lorsque le foyer image de l'objectif

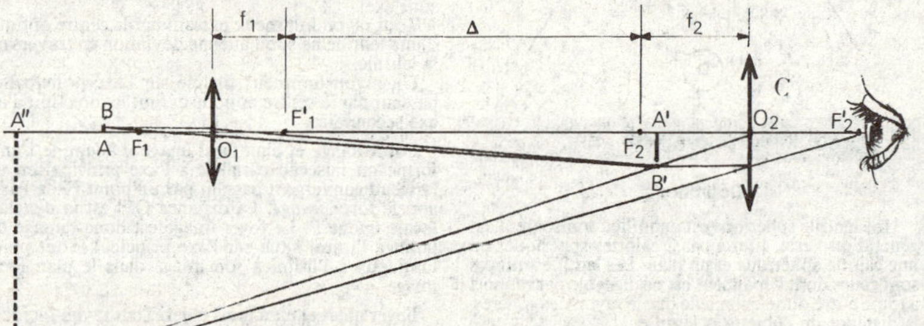

Microscope

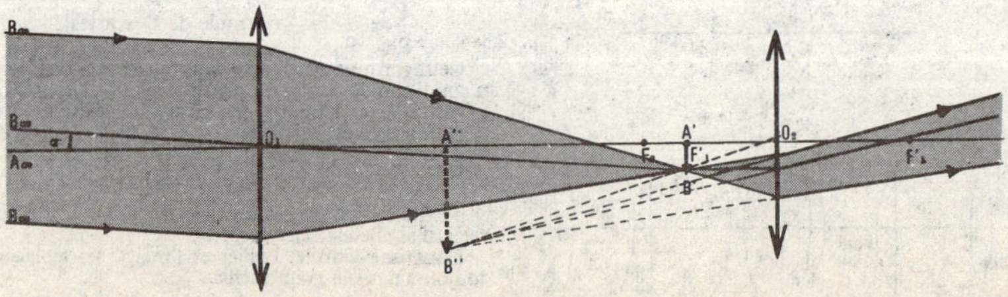

coïncide avec le foyer objet de l'oculaire ; l'image d'un objet à l'infini est elle-même à l'infini.

Grossissement. C'est le rapport du diamètre apparent de l'image au diamètre apparent de l'objet :

$$G = \frac{\alpha'}{\alpha} = \frac{F}{f}.$$

G est aussi égal à : $G = \frac{R}{r}$,

R : rayon de l'objectif,
r : rayon du cercle oculaire (image de l'objectif à travers l'oculaire).

La nature ondulatoire de la lumière fait que l'image donnée par l'objectif ne peut être parfaitement fine. Si on appelle α′ le diamètre apparent sous lequel l'œil voit 2 points de l'image qu'il peut tout juste distinguer, et R le rayon de l'objectif, cet angle α′ est donné par la règle de Foucault :

$$\alpha_{\text{minutes}} = \frac{1}{R_{mm}}.$$

Un objectif de 12 (c'est-à-dire de 12 cm de diamètre) sépare la seconde.

Dans la lunette de *Galilée,* l'oculaire est une lentille divergente (dispositif des jumelles de théâtre).

XIII — Optique physique

Théorie

Une lumière monochromatique est une onde vibratoire sinusoïdale de période T ; sa fréquence est

$$\nu = \frac{1}{T}.$$

Dans le vide, toutes les radiations monochromatiques se propagent avec une célérité c indépendante de la fréquence et de la direction de propagation. Les *surfaces d'onde* correspondant à une source ponctuelle S sont les ensembles des points atteints par la lumière au même instant t. Ce sont des sphères de centre S. En tous les points d'une surface d'onde de rayon R, les vibrations lumineuses sont en phase et présentent avec la source un retard de phase :

$$\varphi = 2\pi\frac{R}{ct}.$$

On représente la vibration à la source S par : $y = a \sin 2\pi\frac{t}{T}$, et en un point de la surface d'onde, par :

$$y = a \sin 2\pi\left(\frac{t}{T} - \frac{R}{ct}\right).$$

La longueur d'onde dans le vide de la radiation lumineuse vaut : $\lambda_o = cT = \frac{c}{\nu}$.

Dans un milieu transparent, d'indice n pour la radiation considérée, la célérité de la lumière pour cette radiation est :

$$v = \frac{c}{n}.$$

Le milieu est dit isotrope si cette célérité est indépendante de la direction de propagation. dans un tel milieu, la longueur d'onde λ est toujours inférieure à la longueur d'onde λ_o dans le vide :

$$\lambda = vT = \frac{cT}{n};\ \lambda = \frac{\lambda_o}{n}.$$

L'indice de l'air pour les radiations lumineuses vaut sensiblement n = 1,0003.

Interférences

Miroirs de Fresnel. Soit 2 miroirs plans, M_1 et M_2, faisant entre eux un très petit angle α et éclairés par une source ponctuelle S de lumière monochromatique (lumière jaune d'une lampe au sodium, lumière d'un arc électrique « filtrée » par un verre rouge). Les miroirs donnent de la source S 2 images virtuelles, S_1 et S_2, d'où proviennent 2 faisceaux réfléchis, l'un de sommet S_1 s'appuyant sur le miroir M_1 (de trace OM_1 sur la figure), l'autre de sommet S_2 s'appuyant sur le miroir M_2 (de trace OM_2). Ces 2 faisceaux réfléchis se superposent sur une partie commune A_1OA_2.

En coupant les faisceaux réfléchis par un écran E. on observe dans la partie A_1A_2 des raies alternativement brillantes et obscures, appelées franges. Ces franges existent dans toute la partie commune aux 2 faisceaux, quelle que soit la position de l'écran. Elles ne sont donc pas localisées.

En un point A arrivent 2 rayons lumineux réfléchis, SIA et SJA. S_1 et S étant symétriques par rapport au miroir M_1, le trajet SIA est égal au trajet S_1IA ; de même, $SJA = S_2JA$.

La différence de phase des vibrations lumineuses arrivant en A provient de la différence des chemins parcourus :

$$d_1 = S_1IA \text{ et } d_2 = S_2JA.$$

Nous pouvons donc remplacer la source S par ses 2 images S_1 et S_2 qui sont synchrones (de même période) et en phase l'une par rapport à l'autre.

1) Si en A la différence des chemins parcourus :

$$d_2 - d_1 = S_2A - S_1A$$

est un nombre entier de longueurs d'onde,

$$d_2 - d_1 = k\lambda,$$

les vibrations sont en phase et il y a un maximum de lumière. Le lieu des points brillants est une série d'hyperboloïdes de révolution autour de S_1 S_2 dont les méridiennes sont des hyperboles de foyer S_1S_2. Les franges brillantes sont formées par l'intersection de ces surfaces par l'écran d'observation.

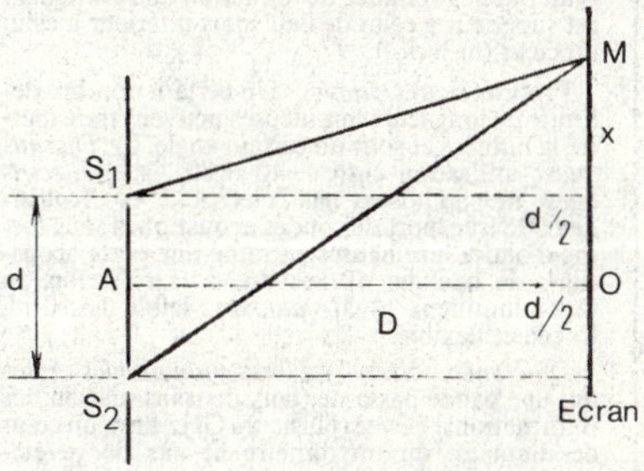

2) Si en un point A′, la différence des chemins parcourus est un nombre impair de demi-longueurs d'onde,

$$d_2 - d_1 = (2k + 1)\frac{\lambda}{2},$$

les vibrations en A′, en opposition de phase, se détruisent : il y a obscurité.

Le lieu des points A′ est une autre série d'hyperboloïdes de révolution autour de S_1S_2 qui s'intercalent avec les premiers ; sur un écran, on observe une alternance de franges brillantes et obscures.

La différence des chemins parcourus par 2 rayons lumineux arrivant en M est :

$$l = S_2M - S_1M.$$

Soit OM = x ; S_1S_2 = d ; AO = D :

$$\overline{S_1M^2} = D^2 + \left(x - \frac{d}{2}\right)^2.$$

$$S_1M = \sqrt{D^2 + \left(x - \frac{d}{2}\right)^2} = D\sqrt{1 + \frac{\left(x - \frac{d}{2}\right)^2}{D^2}}$$

Or x et d sont toujours petits vis-à-vis de D :

$$S_1M = D\left|1 + \frac{\left(x - \frac{d}{2}\right)^2}{2D^2}\right|.$$

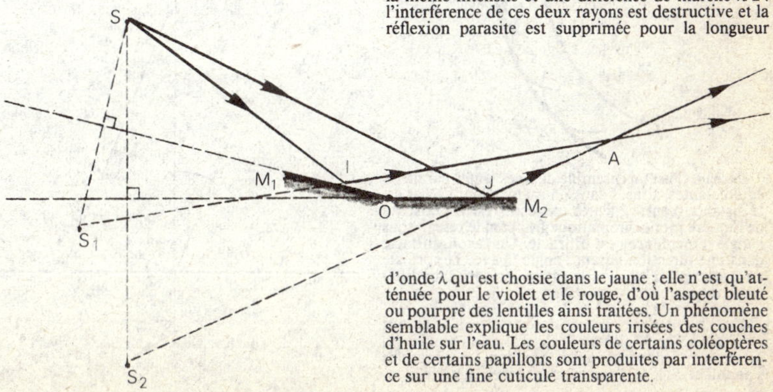

De même :

$$S_2M = D\left|1 + \frac{\left(x + \frac{d}{2}\right)^2}{2D^2}\right|.$$

La différence des chemins parcourus est donc :

$$l = S_2M - S_1M = \frac{1}{2D}\left|\left(x + \frac{d}{2}\right)^2 - \left(x - \frac{d}{2}\right)^2\right|$$

$$l = \frac{1}{2D} 2\,dx,$$

$$\text{ou } l = \frac{dx}{D}.$$

Pour les franges brillantes :
l = kλ (k étant un nombre entier),
soit : $x = k\frac{\lambda D}{d}$.

On observera donc une frange centrale brillante en O (k = 0).

2 franges brillantes consécutives correspondant à 2 valeurs entières consécutives de k sont distantes de :

$$i = (k + 1)\frac{\lambda D}{d} - k\frac{\lambda D}{d} = \frac{\lambda D}{d}.$$

On voit que toutes les franges brillantes sont équidistantes. Cette équidistance s'appelle l'*interfrange* i ;

$$i = \frac{\lambda D}{d}.$$

On observe des franges obscures si :

$$l = \frac{dx}{D} = (2k + 1)\frac{\lambda}{2}$$

et leur interfrange est la même.

L'ordre d'interférence est : $p = \frac{l}{\lambda}$.

Si p = k (nombre entier), on obtient des franges brillantes ; si p = k + ½, des franges obscures.

Les longueurs d'onde des radiations lumineuses varient entre 0,4 micromètre (10^{-3} mm) pour la radiation violette et 0,75 micromètre pour la radiation rouge extrême.

Les fréquences correspondantes sont : $7{,}5.10^{14}$ hertz et 4.10^{14} hertz.

Interférences polychromatiques. Si la fente S est éclairée par la lumière d'une ampoule électrique constituée par un mélange de radiations monochromatiques, on observe une frange centrale blanche et, de part et d'autre, des franges brillantes irisées ; ces irisations sont symétriques par rapport à la frange centrale qui est alors aisément repérable. De plus, le champ d'observation devient rapidement blanc.

Au centre du champ, la différence de chemin étant nulle pour toutes les radiations, chacune donne en ce point une frange brillante ; la superposition de ces franges brillantes donne une frange centrale blanche. En s'éloignant de la frange centrale, on ne trouve plus de frange tout à fait noire, car les franges noires correspondant à une certaine longueur d'onde se trouvent éclairées par les franges brillantes des autres radiations ; la première frange noire de la radiation rouge coïncide à peu près avec la première frange brillante de la radiation violette.

Par interférence, on peut atténuer les reflets sur les faces des lentilles des objectifs photographiques ou des jumelles, afin de réduire la lumière parasite qui nuit aux contrastes des images. On dépose sur la surface des lentilles une couche mince dont l'indice de réfraction et l'épaisseur sont calculés de façon que les rayons réfléchis par les deux faces de la couche aient la même intensité et une différence de marche λ/2 : l'interférence de ces deux rayons est destructive et la réflexion parasite est supprimée pour la longueur d'onde λ qui est choisie dans le jaune ; elle n'est qu'atténuée pour le violet et le rouge, d'où l'aspect bleuté ou pourpre des lentilles ainsi traitées. Un phénomène semblable explique les couleurs irisées des couches d'huile sur l'eau. Les couleurs de certains coléoptères et de certains papillons sont produites par interférence sur une fine cuticule transparente.

Interféromètre de Michelson. Un rayon provenant d'une source lumineuse monochromatique L est divisé en 2 rayons partiels, l'un réfléchi, l'autre transmis par un miroir semi-transparent (la séparatrice S). Après réflexion normale sur 2 miroirs plans M_1 et M_2 ces rayons partiels se superposent : on observe des interférences au moyen du récepteur R. Chaque fois que la différence de trajet $2\ SM_2 - 2\ SM_1$ des rayons partiels est kλ (k entier, λ longueur d'onde), on a un maximum de lumière sur R.

Application : mesure d'une longueur (la longueur du déplacement d de M_1 en M'_1) en fonction de la longueur d'onde préalablement connue émise par une source étalon (lampe à krypton 86, laser He-Ne). C'est la méthode la plus précise de mesure de longueur au laboratoire : 2d est égal à λ multiplié par la variation de k (nombre de maximums observés pendant le déplacement de M_1 en M'_1).

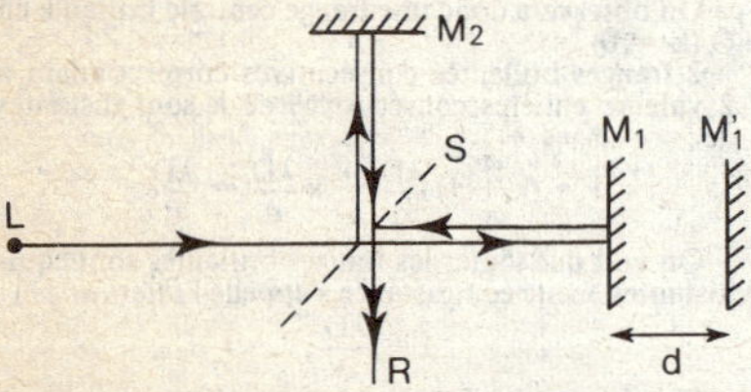

Diffraction

Une expérience simple de diffraction met en défaut le principe de la propagation rectiligne de la lumière. Prenons une source lumineuse fine (fente fortement éclairée), et intercalons entre cette source et l'écran un diaphragme de largeur variable : nous observons sur l'écran une tache lumineuse conforme au principe de propagation rectiligne, homothétique de l'ouverture du diaphragme.

Diminuons l'ouverture du diaphragme. Lorsque celle-ci devient de l'ordre de 0,2 mm, nous commençons à apercevoir que la tache sur l'écran s'élargit de plus en plus ; la lumière s'est propagée en dehors du cône d'ombre géométrique.

On interprète ce phénomène en considérant que la lumière se propage par ondes.

Soit une onde circulaire Σ provenant d'une source S. Pour obtenir l'onde Σ' à l'instant t + Δt, on peut imaginer que chaque point s de S est source émettant une onde circulaire : tous ces points vibrent en phase, et à l'instant t + Δt, chaque onde élémentaire est une circonférence de rayon vΔt. L'onde Σ' est l'onde-enveloppe de ces circonférences.

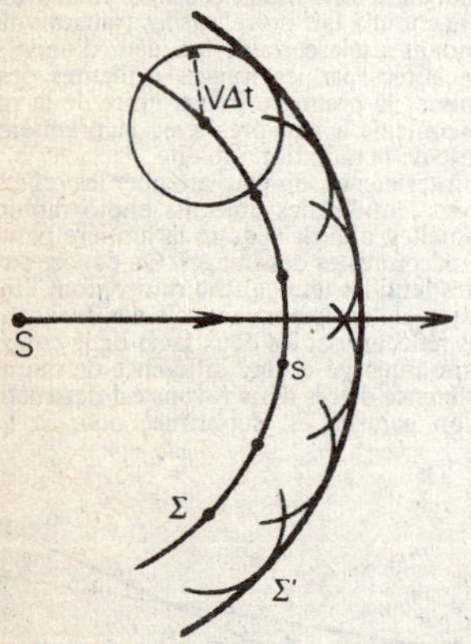

Réseau. C'est un ensemble de fines fentes parallèles équidistantes, situées dans un même plan. Le pas est la distance d entre 2 fentes consécutives. Un faisceau de lumière monochromatique frappant le réseau sous l'angle d'incidence i est diffracté. Un rayon diffracté dans une direction faisant l'angle Θ avec la normale au réseau présente avec le rayon incident une différence de marche :

$$\delta = MJ - IN = d\ (\sin i - \sin \Theta).$$

Tous les rayons diffractés dans la direction Θ sont en phase si δ = kλ (k entier). On a alors un maximum de lumière. Dans toute autre direction, les vibrations s'annulent. Si le faisceau incident est en lumière blanche, à chaque radiation correspond une direction d'intensité maximale d'autant plus écartée de la normale que λ est plus grand (le rouge est plus dévié que le bleu). Le réseau peut être utilisé par réflexion.

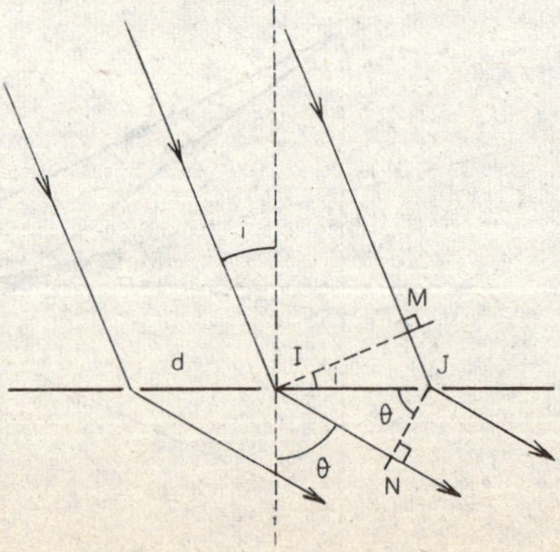

Fibres optiques

Définition. Tubes capillaires de faible diamètre composés de 2 types de matériaux naturels ou synthétiques. Ils transmettent la lumière le long d'un trajet rectiligne ou incurvé suivant le principe de réflexion interne. Ils possèdent un cœur central et en général une seule couche de revêtement externe (gaine).

Principe. Un rayon lumineux pénètre dans la fibre sous un angle faible. L'aptitude d'une fibre à recevoir de la lumière est déterminée par son ouverture numérique donnée par la relation : O.N. $= n_o \sin\alpha_o = (n_1^2 - n_2^2)^{0.5}$ (n_o = indice de réfraction de l'air, α_o = angle sous lequel le rayon lumineux atteint l'interface entre le cœur et le revêtement, n_1 = indice de réfraction du cœur, n_2 = indice de réfraction du revêtement). Jusqu'à ce qu'il rencontre l'interface entre le cœur et le revêtement, le rayon se propage linéairement. A l'interface, le rayon est réfléchi et suit la courbure du cœur de la fibre. Une réflexion interne se produit à l'interface car l'indice de réfraction du revêtement est supérieur à celui de l'air mais inférieur à celui du cœur ($n_1 > 1{,}4$).

Propriétés. a) *Optiques :* Un certain nombre délimité de longueurs lumineuses peuvent transmettre la lumière et sous un certain angle. b) *Thermiques :* utilisation entre −40 +80 °C. c) *Électriques :* ne conduisent pas l'électricité. d) *Acoustiques :* le transport des ondes acoustiques sous forme d'ondes lumineuses entraîne une perte acoustique de quelque dB/km due à la réflexion du rayon lumineux. e) *Mécaniques :* faible diamètre, fragile et flexible.

Différentes sortes. 1) *Fibres monomodes :* Elles ont une bande passante (taux de transmission des informations) élevée (plusieurs GHz.km), un cœur de diamètre du micromètre et pas de revêtement.

2) *Fibres multimodes :* a) *à gradient d'indice.* Diamètre du cœur, 50 micromètres, revêtement 120 micromètres. Leur faible atténuation acoustique (3 dB.km) et leur bande passante de l'ordre de 400 MHz.km permettent leur utilisation dans la télédistribution et les liaisons informatiques à haut débit. b) *à saut d'indice :* dimensions du cœur et du revêtement, de l'ordre du mm. Surtout utilisées pour des liaisons industrielles et militaires. Bande passante, quelques dizaines de MHz.km.

Applications. 1) *Transmission et transport de la lumière d'un espace limité vers un espace non limité :* ex. : lampe décorative constituée de fibres optiques diffusant de la lumière d'une ampoule située à l'extrémité inférieure des fibres.

2) *D'un espace non limité vers un espace limité :* ex. : pour examiner les petits objets d'habitude inaccessibles. a) Microscopes et projecteurs de profil. *Endoscopes souples :* la lumière envoyée est renvoyée avec son image réelle. b) Pour la recherche sur le cerveau et le cœur on utilise des filaments de fibre sans revêtement. L'image est visualisée sur un écran de télévision. c) De courtes fibres optiques sont assemblées en un disque que l'on peut employer comme « renforçateur » d'image devant une caméra de télévision.

3) *Transmettre de la lumière invisible d'un espace non limité vers un autre espace non limité.* Dans les télécommunications, on code les ondes acoustiques de la parole sous forme d'impulsions lumineuses et on les envoie dans des fibres optiques. Ce système est insensible aux interférences électromagnétiques, d'un poids et d'un encombrement réduits par rapport aux fils de cuivre, résiste aux vibrations et ne brûle pas. Raccordement et câblage des fibres optiques entraînent une perte acoustique négligeable.

Holographie

Origine. Principe découvert par D. Gabor en 1947. Application pratique après 1960 avec la découverte du laser. Donne un double parfait en 3 dimensions de l'objet enregistré grâce à un codage de la lumière par un système d'interférence de 2 faisceaux issus d'une même source. On distingue 2 étapes dans la formation d'une image holographique :

a) L'hologramme (dessin 1). La lumière monochromatique et cohérente d'un laser traverse une glace semi-transparente où elle se scinde en 2 faisceaux amplifiés avec une lentille divergente, le f. de référence R étant dirigé par l'intermédiaire d'un miroir vers une plaque photosensible. Le dévié (D) vers l'objet à holographier. L'objet émet alors une lumière modulée qui vient frapper la plaque photosensible. La rencontre des 2 faisceaux (R) et (D) forme sur la plaque un système d'interférences qui contient l'état lumineux de l'objet. Le développement de la plaque photosensible permet l'obtention d'un hologramme.

b) Formation de l'image holographique (dessin 2). Après développement, le faisceau (R) éclaire la plaque photosensible impressionnée et restitue le front d'ondes lumineuses contenues dans l'objet [faisceau (D)]. L'observateur voit ainsi l'objet en relief reconstitué au $^1/_{10}$ de micromètre près.

Applications. *Le procédé Bonnet* donne en même temps plusieurs vues d'un même objet sous des angles différents grâce à un film gaufré plaqué par émulsion photographique.

Le procédé Multiplex composé d'un ensemble d'environ un millier d'hologrammes. Chaque hologramme représente une vue d'un film décrivant un cercle autour du sujet. Un observateur déplacé latéralement voit défiler une suite de vues réalisant une scène animée.

La représentation d'un objet imaginaire (prototype d'une voiture) peut se faire avec un hologramme calculé, qui est inscrit sur une plaque sensible par l'intermédiaire d'un ordinateur.

Spectroscope. Cet appareil se compose d'un prisme ou d'un réseau sur lequel on fait tomber un faisceau de lumière parallèle. Par réfraction ou réflexion, ce faisceau donne autant de faisceaux parallèles qu'il y a de radiations dans la lumière.

Dans le plan focal image de l'objectif d'une lunette placée à la suite, on obtient autant d'images de la fente qu'il y a de radiations.

Polarisation

A chaque train d'onde émis par un atome correspond un vecteur vibrant normal au rayon. Les trains successifs étant répartis au hasard, les vecteurs vibrants d'une lumière naturelle ont toutes les directions dans le plan normal au rayon. Si la lumière naturelle tombe sur un miroir à l'incidence brewstérienne [1], i, telle que tg i = n (n, indice du milieu sur lequel se produit la réflexion), seul est réfléchi le vecteur vibrant normal au plan d'incidence qui est dit : plan de polarisation. La lumière est polarisée.

Pour une incidence i différente, la lumière est partiellement polarisée.

Lorsque le rayon polarisé tombe sur un 2e miroir tel que le plan d'incidence fasse un angle Θ avec le plan de polarisation, l'intensité de la lumière réfléchie est :

$I = I_0 \cos^2 \Theta$ (loi de Malus).
Si $\Theta = 90°$, le rayon réfléchi est éteint.

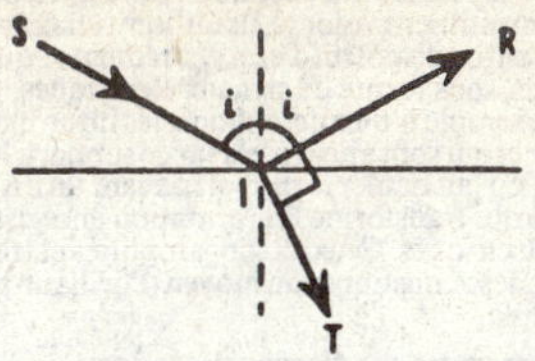

SI rayon incident. IR rayon réfléchi. IT rayon réfracté. Incidence brewstérienne (angle i).

Nota. — (1) L'incidence brewstérienne [définie en 1815 par le physicien écossais David Brewster (1781-1868)] indique la valeur particulière de l'angle d'incidence d'un rayon lumineux, telle que le rayon réfléchi soit entièrement polarisé (verre ordinaire : 55°).

De nombreux cristaux présentent le phénomène de double réfraction. Il est très net avec le spath d'Islande, variété pure de carbonate de calcium. Si l'on pose une lame de spath convenablement taillée sur un objet, on aperçoit 2 images de cet objet. Il y a donc 2 rayons sortants pour 1 seul rayon incident ; ces 2 rayons sont polarisés dans des plans rectangulaires. La *tourmaline* (borosilicate naturel d'alumine) pré-

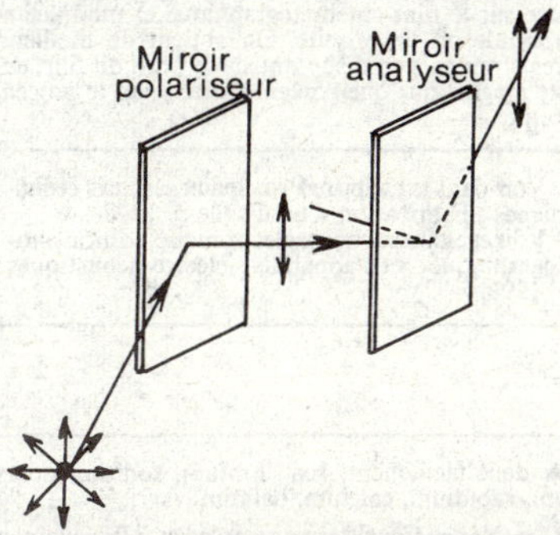

sente à la fois une double réfraction et une absorption inégale des 2 rayons réfractés. Une lame de tourmaline de 1 mm d'épaisseur et convenablement taillée absorbe complètement l'un des rayons polarisés.

On construit, depuis 1934, des lames polarisantes appelées **polaroïds.** La polarisation est produite par des cristaux microscopiques de substances synthétiques (iodure de quinine) qui absorbent l'un des rayons. Il faut que tous ces cristaux soient orientés de la même façon : cette orientation se fait spontanément sur la couche de gélatine d'un film ordinaire.

La lumière peut être polarisée d'une façon circulaire. Elle est alors caractérisée par un vecteur vibration de module constant mais tournant d'un mouvement uniforme autour de la direction de propagation.

XIV — Acoustique

☞ Voir aussi à l'Index : bruit, son.

Données générales

● **Définition.** Bien qu'étymologiquement l'acoustique soit l'étude des phénomènes concernant l'ouïe, elle constitue en fait la partie de la physique qui traite des propriétés des sons (production, propagation, réception) et des techniques qui font intervenir ces phénomènes dans les applications pratiques. Déjà, dans l'Antiquité, Pythagore, Aristote et Ptolémée ont étudié les relations mathématiques entre les différents intervalles musicaux. Vitruve a posé les premières bases de l'acoustique architecturale.

L'acoustique moderne et l'électroacoustique datent d'une centaine d'années (travaux des physiciens Lord Rayleigh, Helmholtz et Sabine, ou des inventeurs Bell, Cros, Edison, Poulsen...), mais depuis une trentaine d'années l'évolution est spectaculaire : télécommunications, enregistrement des sons et haute fidélité ; et par suite du développement des sources sonores (usines, circulation, trafic aérien).

● **Phénomènes vibratoires.** A l'origine de toute sensation sonore il y a un système qui vibre et constitue une *source sonore.* Ce système peut être solide (lame vibrante, corde de violon, membrane de haut-parleur), liquide, ou même gazeux (colonne d'air d'un tuyau d'orgue ou de clarinette). La vibration ainsi produite est un phénomène alternatif souvent complexe, mais que nous supposerons périodique pour simplifier (on suppose qu'il se reproduit identiquement à lui-même à des intervalles de temps égaux appelés **périodes**). Cette vibration est caractérisée par 3 paramètres : *amplitude, fréquence* [inverse de la période et mesurée en nombre de périodes par seconde ou *hertz* (Hz)], et *forme* du signal vibratoire.

Lorsque la source sonore est placée au sein d'un milieu élastique (généralement l'air), mais qui peut être aussi liquide ou solide, la vibration produit dans ce milieu une perturbation se propageant sous la forme d'une **onde sonore,** qui parvient finalement à l'oreille où elle provoque une *sensation sonore,* caractérisée : 1°) par la *hauteur* du son (sa **tonie**), qui dépend essentiellement de la fréquence de la vibration et qui permet de distinguer un son grave d'un son aigu ; 2°) par son *intensité physiologique* (ou **sonie**), qui est fonction de l'amplitude de la vibration ; 3°) par son **timbre,** qui est lié à la forme de la vibration et permet de différencier le son d'un violon de celui d'un hautbois.

Seuls les phénomènes vibratoires dont la fréquence est comprise entre 20 et 20 000 hertz env. produisent une sensation sonore. Ils constituent les **sons audibles.** Les sons dont la fréquence est inférieure à 20 hertz sont appelés **infrasons,** ceux dont la fréquence dépasse 15 000 ou 20 000 hertz sont les **ultrasons.** Ces derniers sont entendus par certains animaux (ex. : chat : 40 000 hertz, chien : 80 000 hertz, chauve-souris : 120 000 hertz).

● **Propagation des ondes sonores. Dans un fluide gazeux.** La perturbation du milieu se traduit par une modification de l'état du gaz (notamment par une variation de sa pression), et par un déplacement alternatif des particules de gaz autour d'une position d'équilibre (les particules ne suivent pas la propagation de l'onde). En fait, la perturbation est très faible : pour un son relativement intense, la variation de pression [dénommée *pression acoustique* et mesurée en *pascals* (Pa)], est d'environ 1 millionième de la pression statique. Des sons correspondant à une variation du milliardième de cette pression peuvent être perçus par l'oreille. De même les déplacements des particules se chiffrent en micromètres, c'est-à-dire en millièmes de millimètres.

La perturbation se déplace au sein du milieu en donnant lieu à une *onde longitudinale* (particules se déplaçant suivant la direction de propagation de l'onde), avec une vitesse appelée **célérité.** La célérité est d'autant plus grande que le gaz est plus léger. Elle croît avec la température, mais elle est pratiquement indépendante de la pression statique du gaz. Dans l'air elle est de 343 m/s à 20 °C, et de 331 m/s à 0 °C. Dans l'hydrogène, de 1 270 m/s, dans le gaz carbonique (gaz relativement lourd), de 258 m/s. Le son ne peut évidemment pas se propager dans le vide.

Pour un gaz sensiblement parfait, la célérité C est donnée par la formule de Laplace :

$$C = \sqrt{\frac{\gamma p}{\rho}} = \sqrt{\frac{\gamma RT}{M}}$$

en désignant par γ le rapport des chaleurs massiques à pression et à volume constants, par p la pression statique du gaz, par ρ sa masse volumique, par T sa température thermodynamique, par M sa masse molaire, et par R la constante molaire des gaz. La distance parcourue par une onde pendant la durée d'une période vibratoire est appelée *longueur d'onde.* Celle-ci ne dépend pas de l'amplitude de la vibration, mais est inversement proportionnelle à la fréquence. Dans l'air, la longueur d'onde varie entre 15 m env. pour les sons les plus graves et quelques cm pour les sons les plus aigus.

Dans les liquides. Les célérités sont en général nettement plus grandes : dans l'eau, 1 450 m/s, dans l'alcool éthylique, 1 170 m/s.

Dans les solides. Les phénomènes de propagation sont plus complexes. A côté des ondes longitudinales analogues à celles qui se propagent dans les fluides, on trouve des *ondes transversales* (les particules se déplacent perpendiculairement à la direction de propagation des ondes), et des *ondes superficielles* qui prennent naissance à la surface des solides. Les célérités de ces différentes ondes ne sont pas identiques.

Célérités (en m/s) : aluminium 5 200, acier 5 050, plomb 1 250, bois 1 000 à 4 000 selon la dureté, verre 3 500 à 5 000 selon la composition.

● **Notation en décibels. Niveaux.** Les amplitudes de vibrations et les pressions acoustiques rencontrées dans la pratique varient beaucoup. Ainsi le rapport des amplitudes de vibration (ou des pressions acoustiques) correspondant à un bruit de réacteur d'avion et au seuil d'audibilité (c'est-à-dire au plus faible son qu'une oreille est susceptible de percevoir) est de l'ordre de 10^7, soit dix millions. Par ailleurs la sensation auditive, obéissant à la loi de Fechner, est proportionnelle au logarithme de l'excitation. Autrement dit, l'augmentation de l'intensité subjective est la même quand la pression acoustique varie entre 1 et 2 pascals ou bien entre 0,01 et 0,02 pascal. Aussi utilise-t-on en acoustique, pour caractériser une amplitude vibratoire ou une intensité subjective, une notation logarithmique, le *décibel* (dB). Introduit à l'origine pour caractériser un rapport de 2 énergies ou de 2 puissances, le décibel est maintenant utilisé pour toutes sortes de grandeurs, et l'on adopte 2 définitions, selon que l'on considère une grandeur « de puissance » (proportionnelle à une puissance) ou une grandeur « de champ » (proportionnelle à la racine carrée d'une puissance). En acoustique, pression acoustique, amplitude vibratoire et vitesse des particules constituent des grandeurs de champ. Le rapport de 2 grandeurs de puissance, exprimé en décibels, est égal à 10 fois le logarithme décimal de ce rapport ; s'il s'agit de 2 grandeurs de champ, on prend 20 fois le logarithme décimal du rapport. Quand on compare 2 états vibratoires, le nombre de décibels est le même, quelle que soit la grandeur considérée pour caractériser ces 2 états.

Le rapport d'une grandeur à une grandeur de même espèce prise comme référence définit le *niveau* de cette grandeur, exprimé en décibels. Ainsi, si l'on choisit comme pression acoustique de référence $P_0 = 2.10^{-5}$ pascals, ce qui correspond sensiblement à la plus faible pression acoustique perceptible par une oreille humaine, on définit le niveau de pression acoustique L correspondant à une pression p par l'expression :

$$L = 20 \log_{10} \frac{p}{p_0}.$$

Voir à l'article « Ouïe » quelques niveaux de pression acoustique exprimés en décibels.

Tableau de conversion de rapport de grandeurs de champ en décibels (valeurs arrondies)

Rapport des grandeurs de champ	dB	Rapport des grandeurs de champ	dB
1	0	10	20,0
1,1	0,8	12	21,6
1,2	1,6	15	23,5
1,5	3,5	20	26,0
2	6,0	30	29,5
3	9,5	50	34,0
4	12,0	100	40,0
5	14,0	1 000	60,0
6	15,6	10 000	80,0
8	18,0		

Ex. : niveau de pression acoustique d'un avion quadriréacteur à 100 m : env. 120 dB.

● **Effet Doppler.** Cet effet apparaît sous la forme d'une altération apparente de la fréquence du son lorsque la source et l'observateur sont en mouvement relatif (ex. : le passage d'un véhicule devant un piéton se traduit par une variation de la hauteur du son suivant que le véhicule s'approche ou s'éloigne).

● **Rayonnement des sources sonores.** La propagation d'une onde sonore correspond à une propagation de l'énergie acoustique produite par la source. On peut donc caractériser le rayonnement d'une source sonore par sa *puissance acoustique.* Le rayonnement dépend du rapport entre les dimensions de la source sonore et la longueur d'onde du son émis. Si ce rapport est petit, le rayonnement est faible ; si ce rapport devient très supérieur à 1, le rayonnement devient important, mais se complique d'un phénomène de *directivité* (la source rayonne suivant des directions privilégiées). Ainsi, pour rayonner des sons graves au moyen d'un haut-parleur, il faut des membranes de grand diamètre animées de mouvements de grande amplitude. Par contre, un *tweeter* de quelques cm de diamètre suffit pour rayonner un son aigu intense, mais ce rayonnement est localisé au voisinage de l'axe du *tweeter.* (En pratique, cet effet directif est masqué par les réflexions des ondes sur les parois de la salle d'écoute.)

Les puissances acoustiques mises en jeu sont en général très faibles, de l'ordre du milliwatt ou du microwatt, en raison du faible rendement des sources (env. 1 % pour un haut-parleur). Aussi faut-il utiliser des amplificateurs de plusieurs dizaines de watts pour les chaînes à haute fidélité.

● **Transmission des sons.** Lorsqu'une onde sonore frappe une paroi, la variation de pression ainsi créée entraîne la vibration de celle-ci, qui rayonne un son. Le son ainsi transmis est d'autant plus intense que la paroi est plus légère et que la fréquence est plus basse. Dans la pratique, on caractérise acoustiquement un mur ou une cloison par son *indice d'isolement acoustique*, qui est le rapport, exprimé en décibels, entre l'énergie reçue par la paroi et l'énergie transmise. Les parois et notamment les planchers peuvent également être caractérisés par leur propriété concernant la transmission des « bruits d'impact » (bruits de pas, chute d'objets).

● **Ultrasons.** Ils sont dirigés plus facilement que les sons audibles ; 90 % de l'énergie est contenue dans un cône de demi-angle au sommet α, tel que $\sin \alpha = \frac{\lambda}{d}$, d étant le diamètre de la source et λ la longeur d'onde.

Ils sont utilisés pour les sondage sous-marins (dans l'air, ils sont rapidement amortis par détermination du temps d'écho sur un obstacle).

● **Codes vibrantes.** Une corde de longueur *l*, tendue entre deux points, vibre si on la frappe avec un marteau (piano), si on la pince (harpe), si on la frotte avec un archet (violon). Elle est le siège d'ondes stationnaires de grande amplitude si elle contient un nombre entier de fuseaux, $l = k\frac{\lambda}{2}$. La célérité des ondes ayant pour expression $V = \sqrt{\frac{F}{\mu}}$, F étant la tension de la corde (en newtons) et μ la masse linéique (en kg/m), les lois des cordes vibrantes sont contenues dans la formule $N = \frac{k}{2l}\sqrt{\frac{F}{\mu}}$ où N est la fréquence du son émis. Le son fondamental correspond à $k = 1$, les harmoniques aux valeurs entières de *k : une corde peut émettre tous les harmoniques du son fondamental.*

● **Électroacoustique.** Les signaux acoustiques sont transformés en signaux électriques au moyen de *transducteurs électroacoustiques* appelés *microphones.*

Microphone électrodynamique *à bobine mobile :* il comporte une bobine, solidaire d'un diaphragme et qui se déplace dans l'entrefer d'un aimant. Sous l'action des ondes sonores, le diaphragme et la bobine sont soumis à un mouvement alternatif qui crée par effet électromagnétique une tension électrique aux bornes de la bobine.

Microphone électrostatique *à condensateur :* il repose sur les variations de capacité d'un condensateur électrique constitué par une membrane qui vibre sous l'action des ondes sonores et par une plaque fixe située à très faible distance. Le condensateur est polarisé par une tension continue à travers une résistance de forte valeur. Les mouvements de la membrane se traduisent par une variation de capacité qui entraîne une variation de tension aux bornes du condensateur.

Microphone à électrets : il conserve, grâce à un traitement spécial d'une des électrodes, une polarisation permanente. Ainsi la tension de polarisation extérieure n'est plus nécessaire.

Autres types de microphones : piézoélectriques, à ruban, à charbon, électromagnétiques, etc.

Selon leur principe de fonctionnement et leur construction, les microphones sont conçus pour être *directionnels*, c'est-à-dire pour être plus sensibles à des ondes se propageant dans une ou plusieurs directions privilégiées, ou au contraire *omnidirectionnels.*

Haut-parleurs (conçus pour rayonner directement dans l'espace) et **écouteurs** (destinés à être couplés directement à l'oreille) : le h.-p. le plus couramment utilisé est le *h.-p. électrodynamique à bobine mobile,* constitué par une membrane conique solidaire d'une bobine qui se déplace dans l'entrefer d'un aimant. Lorsque la bobine est parcourue par un courant alternatif (fourni par un amplificateur par exemple), il se produit des forces électromagnétiques qui mettent la membrane en vibration. Celle-ci rayonne alors une onde acoustique dans l'espace environnant.

● **Enregistrement et reproduction du son.** Les systèmes d'enregistrement du son sont destinés à « mettre en conserve » les signaux acoustiques, de façon à pouvoir ensuite les restituer à volonté. Ils utilisent un *support* qui défile devant un dispositif d'enregistrement auquel sont appliquées, sous forme de signaux électriques, provenant par exemple d'un microphone, les informations à conserver et qui sont ainsi fixées sur ce support. Lors de la lecture, on fait défiler le support devant un dispositif de lecture qui transforme l'information enregistrée en signaux électriques. Ceux-ci sont amplifiés et transformés en ondes acoustiques au moyen d'un haut-parleur par exemple.

Enregistrement sur disques. V. Index.

Enregistrement magnétique. Le support est une *bande magnétique* formée d'un ruban plastique recouvert d'une couche ferromagnétique. Le dispositif d'enregistrement est constitué par une *tête d'enregistrement* qui produit dans la bande un champ d'induction variable et modifie son état magnétique. A la lecture, les variations de flux magnétique créées par le défilement de la bande devant une *tête de lecture* produisent par induction une tension électrique aux bornes de la tête. On peut, après utilisation, effacer l'information enregistrée sur la bande avec une *tête d'effacement*. Les bandes ont en général 2 ou 4 pistes, pour permettre un enregistrement stéréophonique. En retournant la bande, on peut doubler la durée de l'enregistrement. Pour des usages professionnels, on utilise des bandes larges qui peuvent contenir jusqu'à 30 pistes. Pour le cinéma sonore, on a longtemps utilisé un enregistrement photographique sur une piste située sur le film cinématographique et modulée en amplitude ou en opacité. On obtient de meilleurs enregistrements en disposant sur le bord du film une piste magnétique que l'on enregistre selon le procédé habituel.

Voir dans le chapitre **Principaux secteurs économiques** : Fabrication d'un disque p. 1298.
Voir également chaîne électronique, édition phonographique et appareils électro-acoustiques p. 1299.

Chimie

Corps simples et corps composés

La **chimie minérale** (« chimie inorganique ») étudie les corps simples et leurs composés, sauf les composés du carbone qui sont à la base des matières végétales et animales et qu'étudie la **chimie organique.**

Représentation des corps

● **Éléments.** Au nombre d'une centaine, les *éléments* sont les constituants de la matière, en principe immuables dans les transformations dites chimiques ; certains d'entre eux peuvent subir des transmutations dites radiochimiques engendrant d'autres éléments.

Chaque élément est représenté par un symbole (O représente l'élément oxygène, Cl représente le chlore, H l'hydrogène).

Les éléments naturels peuvent être des individus uniques, mais la plupart d'entre eux sont des mélanges d'*isotopes.*

● **Corps composés.** Ils comprennent plusieurs éléments. **1° Composés gazeux** (en majorité). Formés de particules toutes semblables, qu'on appelle *molécules.* Ainsi, l'oxygène est formé de molécules renfermant 2 atomes et est représenté par la formule O_2. L'eau *gazeuse* est formée de molécules associant 2 atomes d'hydrogène à 1 atome d'oxygène ; on la représente par la formule H_2O.

2° Composés non gazeux. A l'état liquide, les molécules d'eau ne sont plus indépendantes, elles sont dites associées, c'est-à-dire faiblement attachées les unes aux autres ; on conserve cependant la formule H_2O. D'autres liquides, comme par exemple le sulfure de carbone CS_2, sont peu associés.

A l'état solide. Cas plus complexe. Si le camphre solide est constitué de molécules $C_{10}H_{16}O$ à peu près indépendantes, il n'en est pas de même de la plupart des composés solides de nature minérale. Un cristal de diamant C est une gigantesque molécule formée exclusivement de carbone ; un cristal de chlorure de sodium est un agrégat gigantesque d'*ions* Cl^- (atome de chlore ayant accepté 1 électron) et d'*ions* Na^+ (atome de sodium ayant perdu 1 électron). On le représente néanmoins par la formule NaCl, qui ne signale pas la positivité et la négativité mais indique seulement la proportion des composants [**stœchiométrie** (du grec *stoikheion,* « élément »)]. La même remarque s'applique à tous les sels : la formule du sulfate de sodium Na_2SO_4 rappelle l'égalité électrique entre les ions SO_4^{--} et les ions Na^+.

Molécule-gramme ou **mole :** la mole d'eau (18 g) renferme $6{,}02.10^{23}$ molécules élémentaires. La mole de chlorure de sodium (58,5 g) renferme $6{,}02.10^{23}$ ions Cl^- et $6{,}02.10^{23}$ ions Na^+.

Il existe enfin des composés minéraux *non stœchiométriques* [c.-à-d. en contradiction avec la loi de Proust (Joseph-Louis, 1754-1826) ou *Loi des proportions définies,* selon laquelle les éléments s'unissent entre eux selon des proportions invariables] et des **macromolécules.** Celles-ci d'origine naturelle (amidon, cellulose) ou synthétique constituent l'ensemble des résines synthétiques ; leur masse moléculaire est généralement très élevée mais variable. Ex. : le polythène, résine provenant de la polymérisation de l'éthylène, est représenté par la formule $(-CH_2-CH_2-)_n$.

Classification

Éléments (ou corps simples)

I — Métaux. Ils sont solides à la température ordinaire (sauf le mercure). La plupart ont, quand ils sont polis, un éclat métallique. Ils sont en général bons conducteurs de l'électricité et de la chaleur : malléables, ductiles (étirables), tenaces (résistants à la rupture), durs. Ils se combinent avec l'oxygène, donnant un ou plusieurs **oxydes** basiques. Certains se combinent avec l'hydrogène, donnant des **hydrures.**

Métaux nobles. Métaux qui ne s'oxydent ni à l'air ni dans l'eau. Les acides les attaquent difficilement. Ex. : or, platine.

Métaux alcalins et alcalino-terreux. Ces métaux s'oxydent facilement. Ex. : lithium, sodium, potassium, rubidium, calcium, baryum.

II — Non-métaux (terme remplaçant officiellement celui de **métalloïde**). Ils ne possèdent pas, généralement, les qualités des métaux. Ils sont sans éclat, mauvais conducteurs, non malléables, non étirables, peu résistants, peu durs, sauf le bore et le carbone sous forme de diamant. Tous leurs composés oxygénés sont neutres ou acides, jamais basiques. Ils se combinent avec l'hydrogène. V. liste des éléments p. suivante.

Suivant leurs propriétés, on peut les classer en 5 groupes : 1° halogènes (c.-à-d. donnant des composés binaires non oxygénés avec un métal) : fluor, chlore, brome, iode, astate ; 2° oxygène, soufre, sélénium, tellure ; 3° azote, phosphore, arsenic ; 4° carbone, silicium (bore apparenté) ; 5° hydrogène.

III — Gaz rares. Gazeux à la température ordinaire. Ce sont : *hélium, néon, argon, krypton, xénon.* Jusqu'en 1962, on a cru qu'ils ne pouvaient pas se combiner avec un autre corps, mais qu'ils pouvaient seulement entrer dans des mélanges (ex. : dans l'air). Depuis, des combinaisons ont été obtenues (ex. fluorures de gaz rare : XeF_2 ; XeF_4...).

Élément métallique le moins dense : lithium (0,5334 g/cm³). *Le plus dense :* iridium (22,64 g/cm³). *Le plus ductile :* or (1 g/2,4 km). *La plus grande résistance à traction :* bore (26,8 GPa). *Le plus bas point de fusion/d'ébullition :* hélium (− 272,375 °C sous une pression de 24,985 atmosphères et − 268,928 °C). *Le plus haut point d'ébullition/de fusion :* tungstène (3 422 °C et 5 730 °C). *Le plus dilatable (dilatation négative) :* plutonium (− 5,8 × 10⁻⁵ cm/cm/ °C entre 450 et 480 °C (allotrope delta prime découvert en 1953).

Composés définis (ou stœchiométriques)

Les corps se combinent dans des proportions qui varient suivant leur *valence.* Celle-ci dépend du nombre d'électrons situés sur la couche extérieure de l'ato-

Liste des éléments

Élément et date de découverte	Symb.	Masse atomique	Nombre atomique	Tempér. en °C Fusion ou Ébull.		Valence	Masse volumique (g/cm^3)	Structure électronique
Actinium (1899)	Ac	227	89	1050	3200	3	–	$(Rn)6d^{1}7s^{2}$
Aluminium (1827)	Al	26,981 5	13	660,3	2060	3	2,7	$(Ne)3s^{2}3p^{1}$
Américium[1] (1945)	Am	243	95	994	2607	2, 3, 4, 5, 6, 7	11,7	$(Rn)5f^{7}6d^{0}7s^{2}$
Antimoine (1450)	Sb	121,75	51	630,7	1380	3, 5	6,62	$(Kr)4d^{10}5s^{2}5p^{3}$
Argent (av. J.-C.)	Ag	107,87	47	961,9	1927	1	10,5	$(Kr)4d^{10}5s^{1}$
Argon[3] (1894)	A	39,948	18	− 189,3	− 185,7	n.c.	1,4	$(Ne)3s^{2}3p^{0}$
Arsenic[4] (XIIIe s.)	As	74,921 6	33	814*(a)*	615*(b)*	3,5	5,72	$(A.)3d^{10}4s24p^{3}$
Astate[4] (1940)	At	210	85	302	337	1, 3, 5, 7	–	$(Xe)4f^{14}5d^{10}$
Azote[4] (1772)	N	14,006 7	7	− 210,0	− 195,8	3 ou 5	0,81	$1s^{2}2s^{2}2p^{3}$
Baryum (1808)	Ba	137,34	56	725	1140	2	3,5	$(Xe)6s^{2}$
Berkélium[2] (1949)	Bk	249	97	n.c.	n.c.	3, 4	–	$(Rn)5f^{9}6d^{0}7s^{2}$
Béryllium[6] (1798)	Be	9,022	4	1278	2970	2	1,85	$1s^{2}2s^{2}$
Bismuth (XVIe s.)	Bi	208,98	83	271,4	1560	3, 5	9,8	$(Xe)4f^{14}5d^{10}6s^{2}6p^{3}$
Bore[4] (1808)	B	10,811	5	2310	2550	3	2,34	$1s^{2}2s^{2}2p^{1}$
Brome[4] (1826)	Br	79,909	35	− 7,2	58,78	1, 3, 5	3,12	$(A)3d^{10}4s^{2}4p^{5}$
Cadmium (1817)	Cd	112,40	48	321,108	767	2	8,65	$(Kr)4d^{10}5s^{2}$
Calcium (1808)	Ca	40,08	20	842	1240	2	1,55	$(A)4s^{2}$
Californium[2] (1950)	Cf	252	98	n.c.	n.c.	2, 3, 4	–	$(Rn)5f^{10}6d^{0}7s^{2}$
Carbone[4] (av. J.-C.)	C	12,011 5	6	n.c.	3927*(b)*	2, 3 ou 4	2,26	$1s^{2}2s^{2}2p^{2}$
Cérium[5] (1803)	Ce	140,12	58	804	1400	3, 4	6,67	$(Xe)4f^{2}5d^{0}6s^{2}$
Césium (1860)	Cs	132,905	55	28,6	670	1	–	$(Xe)6s^{1}$
Chlore[4] (1774)	Cl	35,453	17	− 103	− 34,6	2, 3, 5, 7	1,56	$(Ne)3s^{2}3p^{5}$
Chrome (1797)	Cr	51,996	24	1890	2480	2, 3, 6	7,19	$(A)3d^{5}4s^{1}$
Cobalt (1756)	Co	58,933 2	27	1494	2900	2, 3	8,9	$(A)3d^{7}4s^{2}$
Cuivre (av. J.-C.)	Cu	63,54	29	1084,5	2336	1, 2	8,96	$(A)3d^{10}4s^{1}$
Curium[2] (1945)	Cm	244	96	1340	n.c.	3, 4	–	$(Rn)5f^{7}6d^{1}7s^{2}$
Dysprosium[5] (1886)	Dy	162,50	66	1400	n.c.	3	8,54	$(Xe)4f^{10}5d^{0}6s^{2}$
Einsteinium[2] (1955)	Es	254	99	n.c.	n.c.	2,3	–	$(Rn)5f^{11}6d^{0}7s^{2}$
Élément 106 (1974)		263	106	n.c.	n.c.	n.c.		
Élément 107 (1976)		261	107	n.c.	n.c.	n.c.		
Élément 108 (1981)								
Élément 109 (1982)								
Erbium[4] (1843)	Er	167,26	68	1522	2510	3	9,05	$(Xe)4f^{12}5d^{0}6s^{2}$
Étain (av. J.-C.)	Sn	118,69	50	231,96	2260	2,4	7,3	$(Kr)4d^{10}5s^{2}5p^{2}$
Europium[4] (1901)	Eu	151,96	63	1200	n.c.	2,3	5,26	$(Xe)4f^{7}5d^{0}6s^{2}$
Fer (av. J.-C.)	Fe	55,847	26	1535	3000	2, 3, 6	7,86	$(A.)3d^{6}4s^{2}$
Fermium[2] (1953)	Fm	257	100	n.c.	n.c.	2, 3	–	$(Rn)5f^{12}6d^{0}7s^{1}$
Fluor[4] (1886)	F	18,998 4	9	−223	− 187,9	1	1,505	$1s^{2}2s^{2}2p^{2}$
Francium[1] (1939)	Fr	223	87	27	677	1	–	$(Rn)7s^{1}$
Gadolinium[3] (1886)	Gd	157,25	64	1200	n.c.	3	7,89	$(Xe)4f^{7}5d^{1}6s^{2}$
Gallium (1875)	Ga	69,72	31	29,75	1983	2, 3	5,91	$(A)j^{3}d^{10}4s^{2}4p^{1}$
Germanium (1885)	Ge	72,59	32	959	2625	4	5,32	$(A)3d^{10}4s^{2}4p^{2}$
Hafnium (1923)	Hf	178,49	72	1700	3280	4	13,1	$(Xe)4f^{14}5d^{2}6s^{2}$
Hahnium (1967-70)[8]	Ha	262	105	n.c.	n.c.	5(?)		
Hélium[3] (1895)	He	4,002 6	2	− 271,4*(c)*	− 268,94	n.c.	0,126	$1s^{2}$
Holmium[5] (1879)	Ho	164,93	67	1474	2695	3	8,8	$(Xe)4f^{11}5d^{0}6s^{2}$
Hydrogène[4] (1766)	H	1,007 97	1	− 252,24	− 252,87	1	0,071	$1s^{1}$
Indium (1863)	In	114,82	49	156,6	2000	1, 3, 4	7,31	$(Kr)4d^{10}5s^{2}5p^{1}$
Iode[4] (1811)	I	126,904 4	53	113,7	184	1, 3, 5, 7	4,94	$(Kr)4d^{10}5s^{2}5p^{5}$
Iridium (1803)	Ir	192,2	77	2447	> 4800	3, 4, 2, 2	22,5	$(Xe)4f^{14}5d^{7}6s^{2}$
Krypton[3] (1898)	Kr	83,8	36	− 156,6	− 152,9	n.c.	2,6	$(A)3d^{10}4s^{2}4p^{6}$
Lanthane[5] (1839)	La	138,91	57	826	1800	3	6,17	$(Xe)5d^{1}6s^{2}$
Lawrencium[2] (1961)	Lw	260	103	n.c.	n.c.	3	–	$(Rn)5f^{14}6d^{1}7s^{2}$
Lithium (1817)	Li	6,939	3	186	1336	1	0,53	$1s^{2}2s^{1}$
Lutécium (1907)	Lu	174,97	71	1651	3315	3, 4	9,84	$(Xe)4f^{14}5d^{1}6s^{2}$
Magnésium (1829)	Mg	24,312	12	651	1110	2	1,74	$(Ne)3s^{2}$
Manganèse (1774)	Mn	54,938 1	25	1260	1900	2, 3, 4, 6, 7,	7,43	$(A)3d^{5}4s^{2}$
Mendélévium[2] (1957)	Mv	258	101	n.c.	n.c.	1, 2, 3	–	$(Rn)5f^{13}6d^{0}7s^{2}$
Mercure (av. J.-C.)	Hg	200,59	80	− 38,86	356,6	1, 2	13,6	$(Xe)4f^{14}5d^{10}6s^{2}$
Molybdène (1782)	Mo	95,94	42	2607	4800	2, 3, 4, 5, 6	10,2	$(Kr)4d^{5}5s^{1}$
Néodyme[5] (1885)	Nd	144,24	60	840	n.c.	3	7,0	$(Xe)4f^{4}5d^{0}6s^{2}$
Néon[3] (1898)	Ne	20,183	10	− 248,6	− 246	n.c.	1,2	$1s^{2}2s^{2}2p^{6}$
Neptunium[1] (1940)	Np	237	93	640	3902	3, 4, 5, 6, 7	19,5	$(Rn)5f^{4}6d^{1}7s^{2}$
Nickel (1751)	Ni	58,71	28	1455	2900	n.c.	8,9	$(A)3d^{8}4s^{2}$
Niobium[7] (1802)	Nb	92,906	41	2500	(3700)	3, 5	8,4	$(Kr)4d^{4}5s^{1}$
Nobelium[2] (1957)	No	259	102	n.c.	n.c.	2, 3	–	$(Rn)5f^{14}6d^{0}7f^{2}$
Or (av. J.-C.)	Au	196,967	79	1064,4	2600	1, 3	19,3	$(Xe)4f^{14}5d^{10}6s^{1}$
Osmium (1803)	Os	190,2	76	2700	(> 5300)	2, 3, 4, 6, 8	22,6	$(Xe)4f^{14}5d^{6}6s^{2}$
Oxygène[4] (1772)	O	15,999 4	8	− 218,8	− 182,96	2	1,14	$1s^{2}2s^{2}2p^{4}$
Palladium (1803)	Pd	106,4	46	1554	2200	2, 4	12,0	$(Kr)4d^{10}5s^{0}$
Phosphore[4] (1669)	P	30,973 8	15	44,1	280,5	3, 5	82 w	$(Ne)3s^{2}3p^{3}$
Platine (1735)	Pt	195,09	78	1772	4300	2, 4	21,4	$(Xe)4f^{14}5d^{9}6s^{1}$
Plomb (av. J.-C.)	Pb	207,19	82	327,5	1620	2, 4	11,4	$(Xe)4f^{14}5d^{10}6s^{2}6p^{2}$
Plutonium[1] (1940)	Pu	239,13	94	641	3232	3, 4, 5, 6, 7	–	$(Rn)5f^{6}6^{10}7s^{2}$
Polonium[1] (1898)	Po	210	84	246	n.c.	2, 4, 6	(9,2)	$(Xe)4f^{14}5d^{10}6s^{2}6p^{2}$
Potassium (1807)	K	39,102	19	62,3	760	1	0,86	$(A)4s^{1}$
Praséodyme[5] (1885)	Pr	140,907	59	940	n.c.	3, 4, 6	6,77	$(Xe)4f^{3}5d^{0}6s^{2}$
Prométhéum[5] (1926)	Pm	145	61	1168	2460	3	–	$(Xe)4f^{5}5d^{0}6s^{2}$
Protactinium[1] (1918)	Pa	231,03	91	1600	n.c.	3, 4, 5	15,4	$(Rn)5f^{2}6d^{1}7s^{2}$
Radium[1] (1898)	Ra	226,05	88	700	(1140)	2	5,0	$(Rn)7s^{2}$
Radon[1] (1900)	Rn	222	86	− 71	− 62	n.c.	–	$(Xe)4f^{14}5d^{10}6s^{2}6p^{6}$
Rhénium (1925)	Re	186,2	75	3167	(5630)	3, 4	21,0	$(Xe)4f^{14}5d^{5}6s^{2}$
Rhodium (1803)	Rh	102,905	45	1963	2500	1, 3	12,4	$(Kr)4d^{8}6s^{1}$
Rubidium (1861)	Rb	85,47	37	39	696	1	1,53	$(Kr)5s^{1}$
Ruthénium (1843)	Ru	101,07	44	2500	2700	3, 4, 6, 8	12,2	$(Kr)4d^{7}5s^{1}$
Rutherfordium (1969)[9]	Rf	257	104	n.c.	n.c.	4		$(Xe)4f$
Samarium[5] (1878)	Sm	150,35	62	1300	n.c.	2, 3	7,54	$(Xe)4f^{8}d^{0}6s^{2}$
Scandium (1879)	Sc	44,956	21	1200	n.c.	3	3,0	$(A)3d^{1}4s^{2}$
Sélénium[4] (1817)	Se	78,96	34	217	688	2, 4, 6	4,79	$(A)3d^{10}4s^{2}4p^{4}$
Silicium[4] (1823)	Si	28,086	14	1420	2355	4	2,33	$(Ne)3s^{2}3p^{2}$
Sodium (1807)	Na	22,989 8	11	97,5	880	1	0,97	$(Ne)3s^{1}$
Soufre[4] (av. J.-C.)	S	32,064	16	112,8	444,67	2, 4, 6	2,07	$(Ne)3s^{2}3p^{4}$
Strontium (1790)	Sr	87,62	38	774	1150	2	2,6	$(Kr)5s^{2}$
Tantale (1802)	Ta	180,948	73	3010	> 4100	3, 5	16,6	$(Xe)4f^{14}5d^{3}6s^{2}$
Technétium (1937)	Tc	98,91	43	2172	4877	2, 4, 5, 6, 7	11,5	$(Kr)4d^{3}5s^{2}$
Tellure[4] (1782)	Te	127,60	52	452	1390	2, 4, 6	6,24	$(Kr)4d^{10}5s^{2}5p^{4}$
Terbium[5] (1843)	Tb	158,924	65	1360	3041	3, 4	8,27	$(Xe)4f^{9}5d^{0}6s^{2}$
Thallium (1861)	Tl	204,37	81	302	1457	1, 3	11,85	$(Xe)4f^{14}5d^{10}5s^{2}6p^{1}$
Thorium (1828)	Th	232,038	90	1750	4790	3, 4	11,7	$(Rn)5f^{0}6d^{2}7s^{2}$
Thulium[5] (1878)	Tm	168,934	69	1545	1947	2, 3	9,33	$(Xe)4f^{13}5d^{0}6s^{2}$
Titane (1783)	Ti	47,90	22	1800	(> 3000)	3, 4	4,51	$(A)3d^{3}4s^{2}$
Tungstène (1761)	W	183,85	74	3387	(5900)	2, 4, 5, 6	19,3	$(Xe)4f^{14}5d^{4}6s^{2}$
Uranium[1] (1789)	U	238,03	92	1132,3	3818	2, 3, 4, 5, 6	19,07	$(Rn)5f^{3}6d^{1}7s^{2}$
Vanadium[3] (1801)	V	50,942	23	1715		2, 3, 4, 5	6,1	$(A)3d^{3}4s^{2}$
Xénon (1898)	Xe	131,3	54	− 111,9	− 107,1	n.c.	3,06	$(Kr)4d^{10}5s^{2}5p^{6}$
Ytterbium[5] (1878)	Yb	173,04	70	824	1193	2, 3	6,98	$(Xe)4f^{14}5d^{0}6s^{2}$
Yttrium (1794)	Y	88,905	39	1490	2500	3	4,47	$(Kr)4d^{1}5s^{2}$
Zinc (av. J.-C.)	Zn	65,37	30	419,58	907	2	7,14	$(A)3d^{10}4s^{2}$
Zirconium (1789)	Zr	91,22	40	1857	(> 7900)	4	6,49	$(Kr)4d^{2}5s^{2}$

◀ Il existe plusieurs autres classifications, en particulier celle de Francis Perrin (1974). Elles ne modifient pas les connaissances de l'atome.

Légendes : (a) A 36 atmosphères. *(b)* Tempér. de sublimation. *(c)* A 43 atmosphères. (1) Uranide. (2) Curide (radioélément ou actinide). (3) Gaz rare. (4) Non-métal. (5) Terre rare (ou tanthanide). (6) D'abord appelé glucinium (Gl). (7) D'abord appelé columbium (Cb). (8) Appelé aussi nielsbohrium. (9) Appelé aussi kourchatovium, il aurait été découvert en 1965.

On ne trouve sur Terre que 89 éléments (les 92 premiers moins 3 éléments naturellement radioactifs qui sont éteints : technétium, prométhéum, francium). Les autres éléments n'existent pas dans l'écorce terrestre, car ils se désintègrent spontanément en des temps très inférieurs à l'âge de la Terre et aboutissent tous à la forme plomb ou bismuth. Ainsi le *plutonium 239* s'éteint de moitié en env. 24 000 ans. Dans 1 million d'années, les tonnes de plutonium synthétisées depuis 20 ans et entreposées seront transformées en *uranium 235* par le jeu des transmutations spontanées. On a pu synthétiser les éléments *transuraniens* en faibles quantités : quelques t pour le plutonium, quelques kg pour l'américium et le curium, quelques g pour le berkélium et le californium, des millionièmes de g et même seulement quelques atomes pour les autres.

---

me. Ce nombre n'est pas toujours constant dans certains corps qui peuvent ainsi avoir plusieurs valences.

Dans un composé binaire, les éléments s'unissent en proportions telles que les valences de chacun d'eux s'équilibrent.

Ex. : Al (valence 3) + O (valence 2) donne Al_2O_3.

L'**oxydant** cède facilement l'oxygène qu'il contient ou enlève facilement l'hydrogène. Ex. : chlore, acide hypochloreux HClO, acide nitrique HNO_3, fluor, brome...

Le **réducteur** cède l'hydrogène ou enlève l'oxygène. Ex. : soufre [rôle oxydant (dans Al + S)], carbone, aluminium, sodium.

En se combinant les corps composés peuvent en donner d'autres ou libérer des corps simples.

Principaux types de composés

● **Composés oxygénés. Oxyde.** Un corps en se combinant avec l'oxygène peut donner un ou plusieurs oxydes. S'il n'en donne qu'un, on appelle l'oxyde du nom du corps (ex. : oxyde de zinc). S'il en donne 2, on utilise 2 terminaisons (ex. : oxyde *ferrique* pour le plus oxygéné Fe_2O_3, *ferreux* pour le moins oxygéné FeO).

● **Anhydride.** Oxyde qui, en se combinant avec l'eau, donne un ou plusieurs acides. Si le corps donne un seul anhydride, on utilise la terminaison *ique* (ex. : anhydride carbonique). S'il en donne 2, on utilise 2 terminaisons (ex. : anhydride *nitrique* pour le plus oxygéné N_2O_5, *nitreux* pour le moins oxygéné N_2O_3).

● **Composés binaires non oxygénés.** Souvent combinaison d'un métal et d'un non-métal. On les appelle *chlorure, bromure, iodure, sulfure, carbure*. Si le métal donne une combinaison, on dira par ex. : chlorure de sodium. S'il en donne 2, on dira chlorure *mercureux* pour le moins chloré, *mercurique* pour le plus chloré.

● **Autres composés ternaires, quaternaires, etc.** Corps à base de 3, 4, etc., éléments qui peuvent revêtir de nombreux aspects. Parmi ceux-ci, on distingue notamment les *hydroxydes métalliques* (ou *bases*), oxydes qui se sont combinés avec de l'eau. Ex. : hydroxyde de calcium $Ca(OH)_2$.

● **Acide.** Contient toujours de l'hydrogène et peut, en solution aqueuse, fournir des ions H^+ en concentration variable suivant sa force. Rougit le tournesol. Libère l'hydrogène à la cathode. Avec une base, donne : sel + eau + chaleur ; avec certains métaux : sel + hydrogène, sauf exception (acide nitrique).

● **Base.** Dite communément *alcali* lorsqu'elle est diluée dans l'eau. Contient toujours l'ion OH^-. Bleuit le tournesol. Au cours de l'électrolyse, le métal peut être libéré à la cathode. Si ce n'est pas le cas, il s'y dégage de l'hydrogène et des ions OH^- sont créés (ex. : électrolyse d'une solution de soude). Avec un acide, donne : sel + eau + chaleur.

● **Sel.** Contient toujours un métal (sauf les sels d'ammonium et apparentés). Un sel neutre ne contient plus d'ions OH ni H, un sel basique en contient encore. Souvent neutre au tournesol. Libère le métal à la cathode. Avec un acide, donne : sel + acide ; avec une base : base + sel.

● **pH** *(potentiel hydrogène)*. Le pH d'une solution est égal au cologarithme de la concentration en ions H^+ (notée $[H^+]$) dans ce milieu. En solvant aqueux, l'échelle des pH est comprise entre 0 et 14. La solu-

Tableau périodique des éléments

États des corps chimiques dans des conditions ordinaires de température et de pression (le sodium Na peut être fondu et vaporisé) :
● solide, gaz, liquide " blanc ", ●● obtenu par synthèse.

Non-métaux : à droite du trait gras plein « escalier ».

Eléments de transition

GROUPE IA	IIA	IIIB	IVB	VB	VIB	VIIB	VIII	VIII	VIII	IB	IIB	IIIA	IVA	VA	VIA	VIIA	VIIIA
1 H Hydrogène																	2 He Hélium
3 ● Li Lithium	4 ● Be Beryllium											5 ● B Bore	6 ● C Carbone	7 N Azote	8 O Oxygène	9 F Fluor	10 Ne Néon
11 ● Na Sodium	12 ● Mg Magnésium											13 ● Al Aluminium	14 ● Si Silicium	15 ● P Phosphore	16 ● S Soufre	17 Cl Chlore	18 Ar Argon
19 ● K Potassium	20 ● Ca Calcium	21 ● Sc Scandium	22 ● Ti Titane	23 ● V Vanadium	24 ● Cr Chrome	25 ● Mn Manganèse	26 ● Fe Fer	27 ● Co Cobalt	28 ● Ni Nickel	29 ● Cu Cuivre	30 ● Zn Zinc	31 Ga Gallium	32 ● Ge Germanium	33 ● As Arsenic	34 ● Se Sélénium	35 Br Brome	36 Kr Krypton
37 ● Rb Rubidium	38 ● Sr Strontium	39 ● Y Yttrium	40 ● Zr Zirconium	41 ● Nb Niobium	42 ● Mo Molybdène	43 ● Tc Technétium	44 ● Ru Ruthénium	45 ● Rh Rhodium	46 ● Pd Palladium	47 ● Ag Argent	48 ● Cd Cadmium	49 ● In Indium	50 ● Sn Etain	51 ● Sb Antimoine	52 ● Te Tellure	53 ● I Iode	54 Xe Xénon
55 Cs Cesium	56 ● Ba Baryum	57 ● La* Lanthane	72 ● Hf Hafnium	73 ● Ta Tantale	74 ● W Tungstène	75 ● Re Rhénium	76 ● Os Osmium	77 ● Ir Iridium	78 ● Pt Platine	79 ● Au Or	80 Hg Mercure	81 ● Tl Thallium	82 ● Pb Plomb	83 ● Bi Bismuth	84 ● Po Polonium	85 ● At	86 Rn
87 Fr Francium	88 ● Ra Radium	89 ● Ac** Actinium	104 ●														

58 ● Ce Cérium	59 ● Pr Praséodyme	60 ● Nd Néodyme	61 ●● Pm Promethium	62 ● Sm Samarium	63 ● Eu Europium	64 ● Gd Gadolinium	65 ● Tb Terbium	66 ● Dy Dysprosium	67 ● Ho Holmium	68 ● Er Erbium	69 ● Tm Thulium	70 ● Yb Ytterbium	71 ● Lu Lutétium
90 ● Th Thorium	91 ● Pa Protactinium	92 ● U Uranium	93 ●● Np Neptunium	94 ●● Pu	95 ●● Am Américium	96 ●● Cm Curium	97 ●● Bk Berkelium	98 ●● Cf Californium	99 ●● Es Einsteinium	100 ●● Fm Fermium	101 ●● Md Mendélévium	102 ●● No Nobélium	103 ●● Lw Lawrencium

Les propriétés chimiques de l'élément sont déterminées par la couche périphérique d'électrons qui gravitent autour de l'atome. Considérons le tableau de Mendeleïev (1834-1907) établi en 1869.

Si l'on dispose les éléments par masse atomique croissante en plaçant dans une même colonne verticale les corps qui ont des propriétés identiques, on constate que le nombre atomique (nombre total d'électrons) croît d'une unité en suivant les lignes. De plus, les éléments d'une même colonne ont le même nombre d'électrons périphériques. Ainsi les métaux alcalins (ex. : sodium) n'en ont qu'un seul, les halogènes (ex. : fluor) en ont 7. Les corps, tel le néon, dont la dernière couche est complète sont parfaitement stables (ils s'allieront difficilement à d'autres corps). Par contre si la dernière couche est incomplète les corps sont actifs du point de vue chimique : le sodium qui possède un seul électron sur la dernière couche, alors que la couche précédente est complète, tend à perdre cet électron pour devenir stable. Il s'allie en particulier très bien avec le fluor qui cherche un électron pour compléter sa couche extérieure. L'électron périphérique du sodium va permuter entre les 2 éléments pour donner 2 édifices parfaitement stables.

tion est dite acide si son pH est inférieur à 7. La valeur 7 correspond à la « neutralité ». Ex. : monoacide fort à la concentration M/1 000 : $[H^+] = 10^{-3}M$; pH = 3.

Chimie minérale

Composés minéraux

● **Composés binaires.** Les composés formés par l'union de deux métaux se nomment alliages ; les alliages de mercure sont les amalgames. Pour les composés formés de l'union d'un métalloïde et d'un métal, ou de deux métalloïdes, on nomme en premier l'élément le plus électronégatif, terminé par la désinence *-ure*, et on fait suivre ce terme du nom de l'élément le plus électropositif (chlorure d'argent AgCl, chlorure de soufre S_2Cl_2, sulfure de carbone CS_2, fluorure d'oxygène OF_2). L'oxygène est, après le fluor, le plus électronégatif des éléments ; par exception Cl_2O est un oxyde de chlore, N_2O un oxyde d'azote, MnO un oxyde de manganèse. Ex. : chlorure ferreux $FeCl_2$, chlorure ferrique $FeCl_3$; sulfure stanneux SnS, sulfure stannique SnS_2 ; oxyde azoteux ou nitreux N_2O, oxyde de azotique ou nitrique NO (les composés en *-eux* sont ceux dans lesquels la valence de l'élément électropositif est la plus faible).

Les **oxydes** sont très nombreux : anhydride sulfureux SO_2, anhydride sulfurique SO_3, anhydride nitreux N_2O_3, anhydride nitrique N_2O_5 ; anhydride permanganique Mn_2O_7.

Les composés binaires que l'hydrogène donne avec les métaux sont les **hydrures** ; on dit carbure d'hydrogène un composé de carbone et d'hydrogène. Le cas des composés de l'hydrogène avec les halogènes et le soufre est particulier : acide chlorhydrique, acide sulfhydrique, dont les sels sont les chlorures, sulfures des divers métaux ; quant aux composés binaires eux-mêmes, HCl, H_2S, on doit les nommer chlorure, sulfure d'hydrogène.

● **Composés ternaires.** *1) Acides :* ce sont les oxacides ou oxyacides. Les acides se nomment de même, en *-eux* pour le moins oxygéné, en *-ique* pour le plus oxygéné (acide sulfureux H_2SO_3, acide sulfurique H_2SO_4). Il y a cependant des cas plus complexes : on fait alors usage des préfixes *hypo-*, *per-*, pour distinguer les divers acides ; ainsi anhydride et acide hypochloreux Cl_2O et HClO ; acide chloreux $HClO_2$; acide chlorique $HClO_3$; anhydride et acide perchlorique Cl_2O_7 et $HClO_4$.

2) Bases : soude, potasse, ammoniaque, chaux. le nom générique est hydroxyde, suivi du nom du métal ; hydroxyde ferreux $Fe(OH)_2$, hydroxyde ferrique $Fe(OH)_3$.

3) Sels : les acides en *-hydrique* donnent des sels en *-ure :* acide chlorhydrique HCl, chlorure de sodium NaCl ; les acides en *-eux* donnent des sels en *-ite :* acide nitreux HNO_2, nitrite de sodium $NaNO_2$; les acides en *-ique* donnent des sels en *-ate :* acide nitrique HNO_3, nitrate de sodium $NaNO_3$. Les polyacides et les polybases donnent plusieurs sels. Si le métal a plusieurs valences, il peut donner plusieurs sels avec un acide : sulfate ferreux $FeSO_4$ ou sulfate de fer II ; sulfate ferrique $Fe_2(SO_4)_3$ ou sulfate de fer III. La formule de nombreux sels fait intervenir des molécules d'eau ; ces sels sont dits hydratés.

Élaboration de l'aluminium

Principe. *Fabrication de l'alumine* à partir de la bauxite : l'aluminate de sodium est, par suite de réactions, traité jusqu'à obtention de l'alumine (Al_2O_3) pure.

Fabrication de l'aluminium à partir de l'alumine par une méthode de réduction électro-chimique : le passage de Al_2O_3 à Al est une réduction. L'aluminium étant un métal très réducteur, l'alumine Al_2O_3 est un oxyde très stable.

On obtient un alliage en fondant ensemble deux ou plusieurs métaux, ou en incorporant à un métal de petites quantités d'éléments non métalliques.

Alliages légers. Duralumin contenant 94 % d'aluminium, 4 % de cuivre, du magnésium. **Alpax** 87 % d'aluminium et 13 % de silicium. **Almelec** 98,5 % d'aluminium et moins de 1 % de magnésium, silicium, fer.

Transformation du soufre

Du soufre au dioxyde de soufre. Le passage de S à SO_2 est une oxydation, il suffit de faire brûler du soufre dans de l'air : $S + O_2 \rightarrow SO_2$. La réaction libère 296 kJ par mole de soufre brûlé : le gaz sortant contient environ 10 % de SO_2. L'industrie prépare aussi le dioxyde de soufre à partir des pyrites.

$$2\,FeS_2 + \frac{11}{2}\,O_2 \rightarrow Fe_2O_3 + 4\,SO_2.$$

pyrite — oxyde ferrique

Du dioxyde de soufre au trioxyde de soufre.

$$SO_2 + \frac{1}{2}\,O_2 \rightarrow SO_3.$$

On opère à la température de 450 °C sous la pression atmosphérique normale en présence d'un catalyseur à base d'oxyde de vanadium (procédé de contact). Dans ces conditions, rendement de 97 %.

Passage à H_2SO_4. Il s'agit d'une réaction d'hydratation qui s'écrit :

$$SO_3 + H_2O \rightarrow H_2SO_4.$$

Le trioxyde de soufre étant difficilement soluble dans l'eau, on le fait réagir sur une solution diluée d'acide sulfurique. Quand il ne reste plus d'eau, on obtient l'acide sulfurique pur. Si on continue à ajouter du trioxyde de soufre, on obtient un oléum. On donne le nom d'oléum à tous les acides sulfuriques contenant plus d'anhydride SO_3 que l'acide normal H_2SO_4.

On obtient ces acides fumants en faisant absorber l'anhydride par un acide concentré, et l'on peut arriver jusqu'à l'oléum à 80 % (80 g de SO_3 pour 100 g de H_2SO_4). Les oléums servent dans les réactions de sulfonation et de nitration (industries des matières colorantes, des explosifs, des plastiques, etc.).

Soufre de Lacq. Le gaz de Lacq, composé principalement de méthane, contient en outre 15 % de H_2S et 10 % de CO_2 ; ces deux produits, en présence de vapeur d'eau, agissent sur l'acier en le rendant très fragile. 31 millions de m³ de gaz sont traités chaque jour. La désulfuration du gaz consiste à éliminer H_2S et CO_2 : on fait passer le gaz dans une solution d'amines qui est basique. Cette solution absorbe H_2S et CO_2. Un chauffage ultérieur libère H_2S. L'hydrogène sulfuré est ensuite envoyé dans un four à 1 200 °C où il subit une combustion incomplète :

$$2\,H_2S + 2\,O_2 \rightarrow SO_2 + S + 2\,H_2O.$$

On obtient du soufre et du dioxyde de soufre. Ce dernier est mélangé à de l'hydrogène sulfuré, puis envoyé dans un four :

$$SO_2 + 2\,H_2S \rightarrow 3S + 2\,H_2O.$$

Le soufre récupéré est pratiquement pur : le rendement de l'opération est de 95 %.

Les usages du soufre sont nombreux. Une grande partie sert à la fabrication du gaz sulfureux, de l'acide sulfurique, du sulfure de carbone, des hyposulfites.

Chimie organique

Principaux groupements fonctionnels

● **Définitions. Substances organiques :** substances contenant du *carbone,* un élément dont les atomes peuvent se souder en *chaînes.* Ces enchaînements peuvent être courts ou longs, linéaires ou ramifiés, acycliques ou cycliques. Les hydrocarbures **saturés** sont exclusivement formés de carbone quadrivalent et d'hydrogène. Si dans la formule d'un carbure saturé on retire 2 atomes d'hydrogène pris à des carbones voisins, on dit que ces carbones sont doublement liés ; si on en retire 4, ils sont dits triplement liés.

Mais les *fonctions* proprement dites résultent de la substitution, dans 1 hydrocarbure, de 1 hétéroatome (atome différent de C et de H) à 1 ou à plusieurs atomes d'hydrogène liés à 1 même carbone. Si certaines fonctions (la fonction acide carboxylique par exemple) sont caractérisées par la présence d'un *groupe fonctionnel* unique − CO_2H −, à d'autres fonctions (la fonction amine par exemple) correspondent de très nombreux groupes fonctionnels.

Une même molécule peut porter de nombreuses fonctions identiques ou différentes ; mais la substitution, sur un même carbone, de plusieurs hétéroatomes crée, non pas deux fonctions, mais une seule autre fonction ; ainsi, si sur un groupe CH_2, on substitue O à 2 H et Cl à 1 H, on n'obtient pas un aldéhyde chloré, mais un chlorure d'acide R COCl.

On appelle **isomères** des composés ayant même formule brute, mais dans lesquels les atomes sont diversement associés ; **homologues** des composés dont la chaîne carbonée est de longueur différente, mais qui portent les mêmes fonctions.

Le nombre de substances organiques rencontrées dans la nature ou obtenues artificiellement est immense ; en 1960, leur nombre dépassait déjà nettement le million ; chaque année, il en naît plusieurs dizaines de mille, mais on peut, théoriquement, évaluer à des milliards le nombre des composés possibles renfermant moins de 25 atomes de carbone.

● **Hydrocarbures. Saturés :** méthane CH_4, éthane C_2H_6 ; généralement C_nH_{2n+2}. **Éthyléniques :** éthylène $CH_2 = CH_2$, généralement C_nH_{2n}. **Acétyléniques :** acétylène $CH \equiv CH$, généralement C_nH_{2n-2}. **Cycliques :** cyclohexane C_6H_{12}. **Aromatiques :** benzène C_6H_6, plus complexes, ex. : naphtalène $C_{10}H_8$, etc. **Organométalliques :** ex. : bromure d'éthylmagnésium $CH_3 - CH_2MgBr$, phényllithium C_6H_5Li, etc.

Nota. − Le double tiret dans la formule de l'éthylène indique qu'il y a double liaison (par électron) entre les groupements CH_2 ; le triple tiret (acétylène) indique une triple liaison.

● **Fonctions univalentes** (RH représentant un hydrocarbure).

Halogénures d'alkyle. RCl, RBr, RI. Ex. : bromoéthane ou bromure d'éthyle $CH_3 - CH_2Br$.

Alcools. ROH. Ex. : méthanol CH_3OH, éthanol $CH_3 - CH_2OH$.

Éthers oxydes. Ex. : oxyde d'éthyle ou éther ordinaire $CH_3 - CH_2 - O - CH_2 - CH_3$.

Amines. $R - NH_2$, $R - NH - R'$, $R - N\,R' - R''$. Ex. : méthylamine CH_3NH_2, diméthylamine $(CH_3)_2NH$, triméthylamine $(CH_2)_3N$.

Dérivés nitrés. Nitrométhane $CH_3 - NO_2$.

● **Fonctions bivalentes. Aldéhydes :** formique HCHO ; acétique $CH_3 - CHO$.

Cétones : acétone $CH_3 - CO - CH_3$, généralement $R - CO - R'$.

● **Fonctions trivalentes. Acides carboxyliques :** formique HCO_2H ; acétique $CH_3 - CO_2H$. Généralement $R - CO_2H$.

● **Fonctions dérivées :** chlorure d'acide $R - COCl$. Anhydride $(R - CO)_2O$. Ester $R - COOR'$. Amide $R - CONR'R''$. Nitrile $R - C \equiv N$.

● **Fonctions quadrivalentes.** Ex. : phosgène $COCl_2$, urée $CO(NH_2)_2$.

● **Fonctions sur les noyaux aromatiques.** Phénol C_6H_5OH. Aniline $C_6H_5NH_2$.

● **Composés à fonction multiple.** Ex. : glycol $CH_2OH - CH_2OH$ (2 fois alcool), glycérol (glycérine) $CH_2OH - CHOH - CH_2OH$ (3 fois alcool), etc.

Acide succinique $HOCO(CH_2)_2COOH$ (2 fois acide), etc.

● **Composés à fonction mixte.** Acide lactique (acide alcool) $CH_3 - CHOH - CO_2H$.

Alanine (acide aminé) $CH_3 - CH(NH_2) - COOH$.

Acide pyruvique (acide cétonique) $CH_3 - CO - COOH$, etc.

Principaux composés naturels

● **Composés simples.** Carbures (pétroles). Alcools (fermentation, huiles essentielles). Aldéhydes, cétones, esters (huiles essentielles). Acides (très répandus, libres ou sous forme de sels ou d'esters).

● **Lipides.** Principalement constitués par des triesters du glycérol (huiles et graisses végétales et animales).

● **Glucides.** Leurs noms sont terminés par le suffixe *ose* quand ils sont simples ou non hydrolysables ; par *oside* quand ils ne sont pas simples. *Oses :* polyalcools, en outre aldéhydes ou cétones (aldoses ou cétoses). Ex. : glucose $C_6H_{12}O_6$ (aldose), fructose $C_6H_{12}O_6$ (cétose). *Holosides :* anhydrides entre plusieurs oses. Ex. : saccharose $C_{12}H_{22}O_{11}$ (anhydride entre glucose et fructose). *Polyosides :* osides très condensés. Ex. : amidon, cellulose $(C_6H_{10}O_5)n$, H_2O (anhydrisation entre *n* molécules de glucose). *Hétérosides :* anhydrisation entre un ose et autre chose. Ex. : amygdaloside, digitaloside, etc.

● **Protides.** Principalement constitués par l'anhydrisation entre *n* acides aminés : albumine, caséine, gélatine, etc.

● **Alcaloïdes.** Composés basiques renfermant au moins un atome d'azote. Ex. : atropine, quinine, cocaïne, etc.

● **Vitamines.** Constitutions très diverses. Ex. : acide ascorbique, calciférol, etc.

● **Hormones.** Constitutions très diverses. Ex. : équilénine, androstérone, etc.

● **Antibiotiques.** Constitutions très diverses. Ex. : pénicilline, streptomycine, etc.

Chaîne carbonée des alcanes

1) Molécules de méthane.

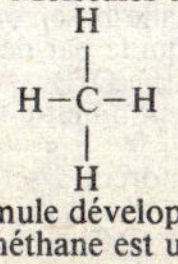

ou CH_4

formule développée plane — formule brute

Le méthane est une molécule tétraédrique.

2) Molécule d'éthane.

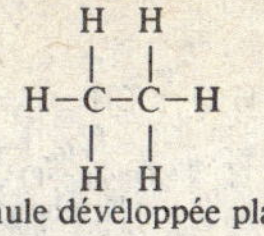

ou C_2H_6

formule développée plane — formule brute

3) Propanes et butanes.

Formules brutes : propane C_3H_8 ; butanes C_4H_{10}.

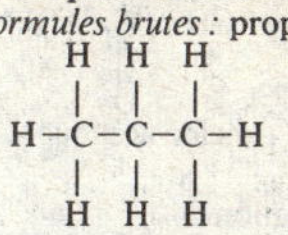

ou $CH_3 - CH_2 - CH_3$

formule développée — formule semi-développée

$CH_3-CH_2-CH_2-CH_3$ et $CH_3-CH(CH_3)-CH_3$

butane normal (ou n-butane) — isobutane (ou méthyl-2 propane)

Remarques : 1°) L'isobutane a la même formule brute que le butane mais une formule développée différente : le butane a 2 isomères. 2°) Le cyclopropane, de formule brute C_3H_6, est un cyclane et non un alcane ; sa réactivité est plus grande que celle du propane. Il a pour formule développée :

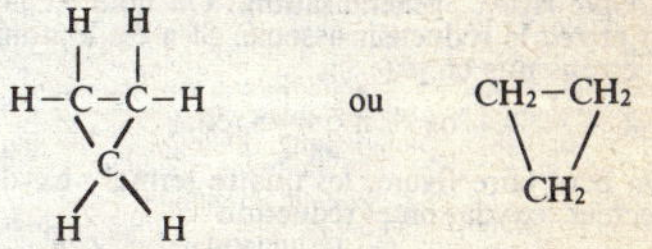

4) Généralisation. Les alcanes

C_5H_{12}	C_6H_{14}	C_7H_{16}	C_8H_{18}	C_9H_{20}	$C_{10}H_{22}$...
pentane	hexane	heptane	octane	nonane	décane...

répondent à la formule générale :

$$C_nH_{2n+2}.$$

Le cycle aromatique.

Substitutions avec le brome : les atomes d'hydrogène dans HBr proviennent du benzène, car il s'agit d'une réaction de substitution entre le benzène et le brome.

$$C_6H_6 + Br_2 \rightarrow C_6H_5Br + HBr.$$

bromobenzène

Substitution avec l'acide nitrique : la réaction de nitration s'écrit :

$$C_6H_6 + HNO_3 \rightarrow C_6H_5NO_2 + H_2O.$$

Addition de chlore :

$$C_6H_6 + 3\,Cl_2 \rightarrow C_6H_6Cl_6.$$

(L'hexachlorocyclohexane est employé comme insecticide.)

Quelques groupes fonctionnels azotés

Amines. Composés organiques azotés. 3 classes : primaires $R - NH_2$, secondaires $R - NHR'$, tertiaires $R - NR'R''$.

Amides. Formule générale : $R - C(=O) - NR'R''$.

ex. acétamide : $CH_3 - C(=O) - NH_2$.

Groupement peptidique, *a) Les acides aminés ou aminoacides :*

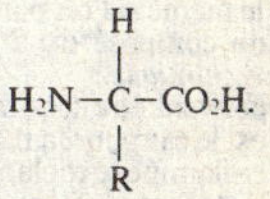

b) La liaison peptidique :

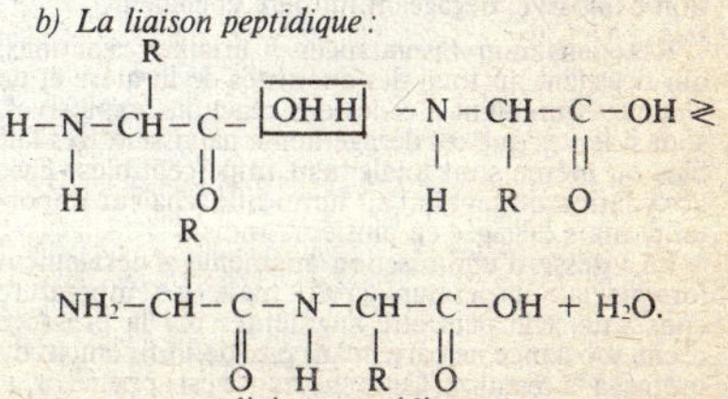

liaison peptidique

Oxydation de l'éthanol.

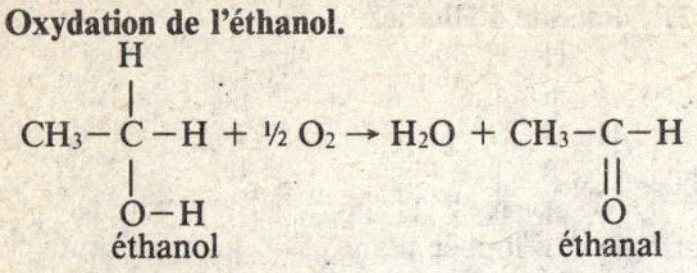

Oxydation de l'éthanal.

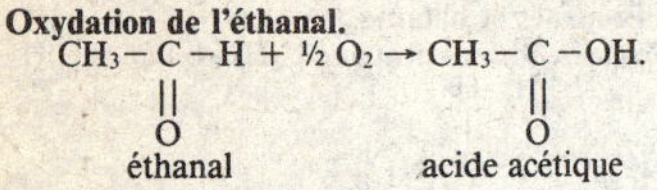

Obtention d'un ester.

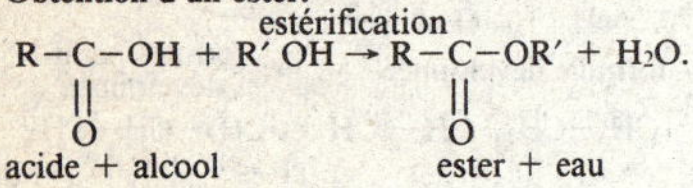

Réaction d'oxydoréduction en solution aqueuse

Une oxydation est une perte d'électrons. Une réduction est un gain d'électrons. Un oxydant est capable de gagner des électrons. Un réducteur est capable de céder des électrons.

Couple rédox : généralisation : On note *ox* l'oxydant et *réd* le réducteur associé. Si n est le nombre d'électrons mis en jeu :

$$\text{ox} + n\,e \underset{2}{\overset{1}{\rightleftharpoons}} \text{réd.}$$

On peut faire figurer les quatre termes : oxydant, réducteur, oxydation et réduction :

$$\text{ox} + n\,e^- \underset{\text{oxydation}}{\overset{\text{réduction}}{\rightleftharpoons}} \text{réd.}$$

Réaction rédox :

$Fe \rightarrow Fe^{2+} + 2e^-$		oxydation
$Cu^{2+} + 2e^- \rightarrow Cu$		réduction
$Fe + Cu^{2+}$	$Fe^{2+} + Cu$	oxydoréduction

Le bilan global de la réaction rédox s'écrit :

$$n_1\,ox_2 + n_2\,red_1 \rightarrow n_1\,red_2 + n_2\,ox_1.$$

Réaction chimique

Définition

Modification de la nature chimique d'un ensemble de composés définis en engendrant un autre.

Ainsi l'hydrogène H_2 et le chlore Cl_2 réagissent l'un sur l'autre en formant le chlorure d'hydrogène (ou gaz chlorhydrique) ; cette réaction se symbolise ainsi :

$$H_2 + Cl_2 = 2\,HCl.$$

Une réaction peut être quasiment totale (ou *irréversible*) : c'est le cas de l'exemple choisi et l'on tend de plus en plus à écrire :

$$H_2 + Cl_2 \rightarrow 2\,HCl.$$

Mais d'autres réactions peuvent être réversibles, c'est-à-dire s'exercer dans l'un ou l'autre sens. Vers 350 °C, un mélange d'oxygène O_2 et d'anhydride sulfureux SO_2 engendre partiellement l'anhydride sulfurique SO_3 ; mais, à partir de ce dernier et à la même température, il y a régénération partielle de O_2 et de SO_2. La réaction est réversible et on écrit :

$$SO_2 + \tfrac{1}{2}\,O_2 \rightleftharpoons SO_3.$$

Le résultat est le même si l'on part des composés du 1er membre ou du composé du 2e membre ; on dit qu'il y a *équilibre chimique.*

Les réactions peuvent être très rapides (quasiment instantanées) ; c'est le cas pour la réaction $H_2 + Cl_2 \rightarrow 2\,HCl$ lorsqu'on enflamme le mélange. C'est une réaction explosive, dégageant lumière et chaleur.

Réactions non instantanées. Certaines réactions, qui dégagent au total des quantités de lumière et de chaleur équivalant à celles des réactions explosives, sont si lentes que ces dégagements paraissent très faibles ou même sont totalement imperceptibles. *Ex. :* l'oxydation du fer par l'air humidifié (chaleur importante mais dégagée en plusieurs mois).

La vitesse d'une réaction augmente généralement lorsque la température croît, mais, à température constante, elle peut être augmentée par la présence d'une substance ne participant pas, définitivement du moins, à la réaction. Cette substance est appelée *catalyseur.* Sa présence est si efficace qu'il permet la réalisation rapide d'une réaction pratiquement insensible en son absence. Il peut aussi déclencher une réaction explosive.

A l'obscurité, Cl_2 et H_2 ne réagissent pratiquement pas à la température ambiante, mais l'introduction dans leur mélange de mousse de platine déclenche une réaction exothermique qui élève la température du mélange jusqu'à en provoquer l'explosion. Sur ce même exemple, une vive lumière provoque le même phénomène, mais il est incorrect de dire que la lumière est un catalyseur.

Constance des masses. Après une *réaction,* la masse des produits obtenus sera égale à la masse des produits d'origine.

Exemple : (acide sulfurique) + (zinc) → (sulfate de zinc) + (hydrogène).

$$H_2SO_4 + Zn \rightarrow ZnSO_4 + H_2.$$

H_2	=	2	(2 × 1, masse d'un atome de H).
S	=	32	(masse d'un atome de S).
O_4	=	64	(4 × 16, masse d'un atome d'O).
Zn	=	65	(masse d'un atome de Zn).
Total :		*163*	*(masse des corps en présence).*
S	=	32	(masse d'un atome de S).
O_4	=	64	(4 × 16, masse d'un atome d'O).
Zn	=	65	(masse d'un atome de Zn).
H_2	=	2	(2 × 1, masse d'un atome de H).
Total :		*163*	*(masse des corps obtenus).*

Industrialisation des réactions. Pour passer de la réaction de laboratoire à l'échelon industriel, il faut tenir compte de nombreux facteurs : thermodynamique de la (ou des) réaction(s), conservation de l'énergie, pressions et températures, etc., qui imposent des conditions technologiques complexes.

Principaux types de réaction

Réactions d'oxydoréduction

Les réactions d'oxydoréduction sont des réactions d'échange d'électrons faisant intervenir des « couples oxydant-réducteur ».

a) Dans ce groupe, les **oxydations** jouent un grand rôle ; elles peuvent être fortement exothermiques, comme la combinaison de Mg à O_2 : $Mg + \tfrac{1}{2}\,O_2 \rightarrow MgO$, ou de O_2 à H_2 : $H_2 + \tfrac{1}{2}\,O_2 \rightarrow H_2O$; on les appelle *combustions.* On peut ranger parmi les combustions les oxydations de composés déjà partiellement oxydés ; ex. le monoxyde de carbone :

$$CO + \tfrac{1}{2}\,O_2 \rightarrow CO_2$$

ou celle de composés éminemment combustibles comme le méthane CH_4 : $CH_4 + 2\,O_2 \rightarrow 2\,H_2O + CO_2$. La réaction inverse de l'oxydation est la dissociation d'un oxyde : à 350 °C, l'oxyde mercurique HgO se dissocie :

$$HgO \rightarrow Hg + \tfrac{1}{2}\,O_2.$$

Nota. — La réaction du chlore sur le magnésium est un autre exemple de réaction d'oxydation de ce métal : le chlore joue le rôle d'oxydant en captant 2 électrons au magnésium :

$$Mg + Cl_2 \rightarrow Mg^{2+} + 2Cl^-$$

b) **Réduction.** *Exemples :* retrait d'O_2 à un oxyde sous l'action d'un composé avide d'O_2 (réducteur). L'un d'eux est H_2. Vers 400 °C, H_2 réduit l'oxyde cuivrique : $CuO + H_2 \rightarrow H_2O + Cu$. En métallurgie le carbone est un réducteur très important ; réduction de l'oxyde de zinc :

$$ZnO + C \rightarrow CO + Zn.$$

Parfois beaucoup plus complexes, les réactions d'*oxydoréduction* ont un rôle fondamental tant en chimie minérale qu'en chimie organique.

Réactions ioniques (en général en solution aqueuse, parfois à sec).

En solution les espèces ioniques sont dissociées. Par ex., un mélange équimolaire de chlorure de sodium et de bromure de potasium est en fait une solution contenant des ions Na^+, K^+, Cl^-, Br^-. La même solution peut être obtenue en mélangeant les quantités identiques de chlorure de potassium et de bromure de sodium.

La réalisation d'un mélange de ce type ne correspond pas à une réaction chimique. On peut effectivement parler de réaction chimique lorsque l'on engendre des molécules d'eau (réaction acide-base), ou une espèce qui disparaît de la phase liquide par dégagement gazeux (HCl) ou précipitation [$Fe(OH)_3$; AgCl]. Dans les exemples ci-dessous, on peut omettre l'écriture des ions spectateurs.

1 acide fort et 1 base forte engendrent 1 sel avec élimination d'eau :

$$HCl + NaOH \rightarrow H_2O + NaCl.$$

Cette réaction s'écrit plus simplement :

$$H^+ + OH^- \rightarrow H_2O.$$

1 acide peut réagir sur 1 sel en donnant 1 nouvel acide volatil (HCl) et 1 nouveau sel :

$$H_2SO_4 \text{ (à 300 °C)} + NaCl \rightarrow HNaSO_4 + HCl.$$

De même, 1 base peut agir sur 1 sel en libérant 1 nouvelle base insoluble, $Fe(OH)_3$, et 1 nouveau sel ; action de la soude sur le chlorure ferrique : $FeCl_3 + 3NaOH \rightarrow Fe(OH)_3 + 3\,NaCl$.

Enfin, 1 sel peut réagir sur 1 autre sel pour former 2 nouveaux sels dont l'un est insoluble : le nitrate d'argent et le chlorure de sodium engendrent le nitrate de sodium et le chlorure d'argent : $AgNO_3 + NaCl \rightarrow NaNO_3 + \underline{AgCl}\downarrow$. Cette réaction s'écrit aussi :

$$Ag^+ + Cl^- \rightarrow \underline{AgCl}\downarrow$$

Ces réactions sont pratiquement quantitatives si l'un des 4 sels (ici (AgCl) est insoluble, alors que les 3 autres sont solubles dans l'eau.

Électrolyse. Le courant électrique décompose l'eau rendue conductrice par de la soude : on recueille à la cathode 2 volumes d'hydrogène contre 1 volume d'oxygène à l'anode : $2\,H_2O \rightarrow 2\,H_2 + O_2$.

De même, le courant électrique décompose le chlorure de sodium fondu : le sodium apparaît à la cathode et le chlore se dégage à l'anode.

Chimie organique. Les types de réaction sont beaucoup plus nombreux.

Addition. Il s'agit de la fusion de 2 molécules en 1 ; le chlore s'unit à l'éthylène pour former le chlorure d'éthylène (ou dichloro-1-2 éthane) :

$$Cl_2 + CH_2 = CH_2 \rightarrow CH_2Cl - CH_2Cl.$$

Élimination. C'est la réaction inverse. Sur alumine vers 400 °C, l'alcool éthylique (éthanol) se déshydrate en éthylène :

$$CH_3 - CH_2OH \rightarrow H_2O + CH_2 = CH_2.$$

Substitution. La subst. de Cl à H est réalisable en présence de lumière ; le méthane se chlore progressivement 4 fois :

$$CH_4 + Cl_2 \rightarrow HCl + CH_3Cl$$
$$CH_3Cl + Cl_2 \rightarrow HCl + CH_2Cl_2, \text{ etc.}$$

Les halogènes liés au carbone sont remplaçables par des radicaux organiques : le bromure de méthyle réagit sur le méthylate de sodium CH_3ONa pour former l'éther méthylique :

$$CH_3Br + CH_3ONa \rightarrow NaBr + CH_3 - O - CH_3.$$

Élimination d'eau entre 2 molécules avec soudure des restes. C'est le cas de l'*estérification,* ou action d'un acide organique sur un alcool (aboutissant à un ester).

L'éthanol C_2H_5OH et l'acide acétique $CH_3\text{-}COOH$ engendrent ainsi, avec équilibre, l'acétate d'éthyle $CH_3\text{-}COOC_2H_5$.

Oxydation et réduction. Très fréquentes ; l'*oxydation* d'un alcool primaire conduit à un aldéhyde puis à un acide :

$CH_3 - CH_2OH + [O] \rightarrow CH_3 - CHO$ (aldéhyde) $+ H_2O$
$CH_3 - CHO + [O] \rightarrow CH_3 - COOH$ (acide).

[O] désignant un oxydant (exemple : oxygène, permanganate de potassium $KMnO_4^-$).

La réduction d'une cétone engendre un alcool secondaire : $CH_3 - CO - CH_3$ (acétone) $+ H_2 \rightarrow CH_3 - CHOH - CH_3$.

Polycondensation. Un acide et une amine engendrent un amide :

$CH_3 - COOH + CH_3 - NH_2$ (amine) $\rightarrow H_2O + CH_3 - CO - NH - CH_3$.

Un composé à la fois acide et amine subit une polycondensation par action réciproque des fonctions, d'où un superpolyamide (ex. : le textile appelé *rilsan*) : $n\,NH_2 - (CH_2)_{10} - CO_2H \rightarrow (n-1)\,H_2O + NH_2 - (CH_2)_{10} - CO - [NH - (CH_2)_{10} - CO]_{n-2} - NH - (CH_2)_{10} - CO_2H$.

Polymérisation. De nombreux composés non saturés se polymérisent indéfiniment. Sous l'action d'organoaluminiques (catalyseur) n molécules d'éthylène se condensent en polythène : $n(CH_2 = CH_2) \rightarrow CH_3 - CH_2\,(CH_2 - CH_2)_{n-2} - CH = CH_2$ (polythène).

Polycondensation et polymérisation conduisent à des textiles, verres, élastomères, résines synthétiques.

On utilise aussi l'acide phosphorique comme catalyseur pour polymériser l'éthylène et le propylène, ainsi que l'acide sulfurique pour l'isobutylène. Autres polymérisations courantes : celles des amines, des esters, des glycols.

Composés définis

États des composés

Quand on parle de solide, de liquide ou de gaz, on désigne généralement des corps ayant cet état à la température ordinaire (le fer est ainsi un solide, l'eau un liquide, l'oxygène un gaz). Cependant beaucoup de corps peuvent se présenter alternativement sous l'état solide, liquide ou gazeux suivant la température. Ex. : l'eau, solide au-dessous de zéro (glace), gazeuse au-dessus de 100° (vapeur), liquide entre 0 et 100° à pression normale (sous pression plus forte, la glace fond au-dessous de 0° et l'eau reste liquide au-dessus de 100°).

1. État gazeux. *Pression :* les gaz n'ont ni forme ni volume propres ; ils ont tendance à occuper tout l'espace qui leur est offert. Ils sont constitués par des molécules se déplaçant à peu près librement et animées d'un mouvement incessant d'autant plus important que la température est plus élevée. Cette agitation se manifeste par la pression exercée sur les parois des récipients qui les contiennent (ex. : l'air dans une chambre à air). Les actions intermoléculaires, en général faibles, sont négligeables dans le cas d'un **gaz parfait** (système idéal). Des volumes égaux de gaz parfait pris dans les mêmes conditions de température et de pression renferment le même nombre de molécules : 22,4 litres d'un gaz parfait dans les conditions normales (température 0 °C, pression 760 mm de mercure) contiennent $N = 6{,}022.10^{23}$ molécules *(nombre d'Avogadro).*

Les *manomètres* mesurent la pression des gaz.

Pression atmosphérique : l'air de l'atmosphère exerce de même une pression sur tous les objets qui sont autant de parois s'opposant à son expansion. V. Pression atmosphérique à l'Index. Les *baromètres* mesurent la pression atmosphérique.

Masse des gaz : les gaz sont pesants (ex. : 1 l d'air à 0 °C sous une pression de 760 mm de mercure pèse 1,293 g).

Le **principe d'Archimède** peut être appliqué aux gaz : tout corps plongé dans un gaz subit une poussée verticale égale au poids du volume du gaz déplacé. Si le corps a une densité moins grande que celle du gaz déplacé, il « flotte » (cas des ballons plus légers que l'air).

2. État liquide. Les molécules d'un liquide sont « attachées » ensemble par les forces de Van der Waals (qui assurent au liquide un volume bien défini), mais elles n'ont pas perdu leurs mouvements ; elles peuvent se chevaucher, s'écouler. Les liquides n'ont pas de forme propre, ils prennent la forme du récipient qui les contient. Sous un faible volume, laissés à eux-mêmes, ils forment des boules *(gouttes).* Beaucoup moins compressibles que les gaz, ils sont dans la pratique considérés comme incompressibles.

Principe d'Archimède. Un corps plongé dans un liquide subit une poussée verticale, de bas en haut, égale au poids du liquide déplacé et appliquée au centre de gravité de ce liquide déplacé. Si la densité du corps est supérieure à celle du liquide déplacé, le corps coule. Si elle est égale, le corps reste en équilibre. Si elle est inférieure, le corps flotte.

3. État solide. Les molécules ont perdu leurs mouvements. L'état solide parfait est l'**état cristallin** où les éléments constituants (molécules, atomes, ions) sont disposés régulièrement dans des plans réticulaires. On distingue des cristaux ioniques (chlorure de sodium), moléculaires (iode, naphtaline), atomiques (carbone diamant). Les particules du réseau peuvent se déplacer un peu de part et d'autre de leur position moyenne ; l'amplitude des vibrations croît avec la température. Dans tous les cas, l'état cristallin est un état anisotrope.

Passage d'un état à l'autre

Sous pression constante, le changement d'état d'un corps pur se fait à température fixe (caractéristique du corps ; elle varie en général avec la pression). Un changement d'état s'accompagne d'un changement de volume et met en jeu de la chaleur : la **chaleur latente** est la quantité de chaleur que doit absorber sans changement de température 1 g de corps solide pour passer à l'état liquide ou 1 g de corps liquide pour passer à l'état gazeux. (Respectivement chaleurs latentes de fusion et de vaporisation.)

● **De l'état gazeux à l'état liquide.** *Par compression :* les molécules rapprochées s'attachent. *Par refroidissement :* les mouvements des molécules se ralentissent et les molécules ont tendance à se rapprocher au-dessous du point de condensation.

● **De l'état liquide à l'état solide.** *Par refroidissement :* le mouvement des molécules se ralentit au point qu'elles ne peuvent plus se chevaucher à partir du point de solidification. En se solidifiant, les corps diminuent en général de volume, sauf l'eau qui augmente d'environ 9 % (d'où l'éclatement des radiateurs gelés).

Un liquide refroidi peut subsister à l'état liquide à une température inférieure à celle de fusion. On fait cesser la surfusion en mettant un cristal du corps au contact du liquide surfondu. Si la surfusion est trop forte, la viscosité empêche la cristallisation (verre).

Par compression : en avr. 1979, Jacques Friedel (Fr., n. 1921) a obtenu de l'hélium solide à température ambiante, sous une pression de 115 000 atmosphères (utilisation de l'enclume-diamant).

● **De l'état solide à l'état liquide.** *Par réchauffement :* les molécules reprennent leurs mouvements au point de fusion. En général, un corps augmente de volume en fondant. L'eau fait exception. La chaleur de fusion de la glace est 80 cal/g. La température de fusion dépend peu de la pression ; dans le cas de l'eau, elle décroît quand la pression croît.

● **De l'état liquide à l'état gazeux.** *Par évaporation.* Un corps reste liquide si la pression exercée sur lui est suffisante, mais si l'on remplit à moitié un récipient dans lequel on a fait le vide (il n'y a plus de pression de l'air), une partie du liquide se vaporise instantanément. Cette vaporisation s'arrêtera cependant à un certain moment dit **point de saturation** (ou **point de vapeur saturante**). A ce point, la pression exercée sur le liquide par la vapeur évaporée est trop forte pour que l'évaporation continue.

Le point de saturation varie selon la température et s'élève avec elle (plus le récipient sera chaud et plus le liquide pourra s'évaporer).

L'absorption de calories au cours de la vaporisation de gaz liquéfiés (ammoniac, gaz sulfureux, fréon CF_2Cl_2) est utilisée dans les machines frigorifiques.

Les liquides s'évaporent également *dans l'atmosphère,* mais plus lentement. Cette évaporation dépend de l'agitation de l'air (vent), de la température, l'air ambiant étant saturé alors plus ou moins tôt et surtout du degré hygrométrique quand il s'agit de l'eau.

Pression de vapeur (à 20 °C en mm de mercure) : éther 440, acétone 185, chloroforme 161, tétrachlorure de carbone 91, benzène 74,6, alcool 44,5, eau 17,5, mercure 0,0013. Les corps à pression de vapeur élevée (ex. : l'éther) sont dits *volatils.*

Ébullition. Un liquide est en ébullition quand il se vaporise dans sa masse (et pas seulement en surface comme dans le cas de l'évaporation). Cette ébullition se produit quand la pression de vapeur égale la pression atmosphérique.

L'eau bout à :	Altitude en mètres	Pression atm. en mm de merc.
100°	0	760
99°	300	732
98°	590	706
97°	865	682
96°	1 150	658
95°	1 450	634
90°	2 100	526
80°	6 080	355

Dans les récipients fermés, les liquides ne bouillent pas et conservent l'état liquide au-dessus de leur point d'ébullition (ex. : l'eau dans un *autoclave*).

Pour vaporiser 1 g d'eau à 100 °C, il faut fournir 540 calories.

● **De l'état solide à l'état gazeux.** *Par sublimation,* sans passer par l'état liquide. Ainsi, à la pression atmosphérique, l'anhydride carbonique solide *(neige carbonique)* prend l'état gazeux dès que la température dépasse −93 °C. Mais en vase clos il se liquéfie à −80 °C, et sous une pression voisine de 20 atmosphères il passe de l'état liquide à l'état gazeux vers 0 °C. De même, mais cette fois par évaporation, le linge gelé sèche à l'air libre à −5 °C sans passage par l'état liquide.

États particuliers

États vitreux. Les verres sont des liquides surfondus. Au cours du refroidissement, la cristallisation ne s'est pas produite : la viscosité empêche le mouvement des molécules qui sont disposées au hasard. Tout en ayant les propriétés mécaniques des solides, les verres sont donc **isotropes,** c.-à-d. que la lumière s'y propage de la même manière dans toutes les directions.

État colloïdal. Les colloïdes sont formés de **micelles,** assemblages de molécules souvent visibles à l'ultramicroscope, qui ne traversent pas les membranes de parchemin. Les solutions colloïdales, ou *sols,* peuvent donner des gels par *floculation* (coagulation sous forme de flocons).

États mésomorphes et plasmas. Voir p. 205.

Classification des systèmes dispersés

phase dispersante φ_1	corps dispersé φ_2	diamètre approximatif des particules dispersées (1 m μ = 1nm = 10^{-9} m)	nom du système dispersé
gaz	liquide solide	10 à 100 μ 10 à 100 μ	brouillards poussières
liquide	gaz liquide solide	très variable ordre de 0,1 μ 10 à 0,2 μ 0,2 μ à 2 mμ inférieur à 2 mμ	mousses émulsion suspension sol solution vraie

Thèmes d'application

Engrais

Eau. Considérée comme « engrais » dans la mesure où elle contient des sels en solution.

Carbone. Non puisé dans le sol.

Azote. Entre dans la constitution des albumines ou protéines, substances fondamentales de la cellule vivante. L'azote à l'état gazeux doit d'abord être capté par les micro-organismes du sol, qui le transforment en sels ammoniacaux et en nitrates. C'est également sous ces formes qu'on trouve l'azote dans les engrais, sauf en ce qui concerne les engrais dits organiques (fumier).

Phosphore. Exprimé en P_2O_5, il règle la nutrition et la reproduction des plantes, il est indispensable à la fécondation, à la fructification, à la maturation et à la mise en réserve des sucres. Il favorise la vie microbienne dans le sol. Le superphosphate résulte de l'action de l'acide sulfurique sur le phosphate. Le phosphate d'ammoniaque est maintenant très utilisé.

Potassium. Exprimé en K_2O. Base capable de former des sels avec les acides organiques produits par les tissus végétaux. Ces sels sont solubles, ce qui facilite leur migration et les transformations qui en résultent.

Autres éléments. Utilisés à doses moindres, calcium, magnésium, soufre, sodium, silicium et chlore (éléments secondaires), fer, manganèse, zinc, cuivre, bore et molybdène (éléments rares ou oligoéléments).

Dérivés benzéniques

Carbures ou composés à fonctions diverses, se déduisant du benzène par remplacement d'un au moins des atomes d'hydrogène par un radical quelconque.

Les dérivés du benzène participent, en principe, aux propriétés du noyau et à celles des fonctions ou des chaînes carbonées substituées ; cependant, les chaînes ou fonctions substituées modifient plus ou moins profondément les propriétés du noyau, et réciproquement. Une fonction est dite *nucléaire* si elle est portée directement par un carbone du noyau : les **phé-**

nols sont des dérivés hydroxylés nucléaires. Si, par sa nature, une fonction ne peut être portée par un carbone du noyau, elle est encore dite nucléaire, si elle est aussi près que possible du noyau : l'*acide benzoïque* est un acide nucléaire. Cas contraire, la fonction est dite *extra-nucléaire : l'acide phénylacétique* est un acide extra-nucléaire. Ces définitions s'appliquent aux dérivés des carbures à noyaux polycondensés.

Matières plastiques

☞ Se reporter également au chap. « Principaux secteurs économiques ».

Obtenues par *polymérisation* ou par *polycondensation.*

1) Polymérisation. *a) Polythène :* $(CH_2)n$. Usage : objets ménagers, isolation électrique.

b) Polytétrafluoroéthylène (Téflon) : $(-CF_2 - CF_2 -)_n$. Usage : isolation électrique, « fartage » des skis.

c) Polystyrène : $(C_6H_5 - CH - CH_2)n$.
Usage : revêtement de meubles.

d) Chlorure de polyvinyle : $(CH_2 - CHCl)_n$.
Usage : objets ménagers.

e) Acétate de polyvinyle : $(CH_3 - CO - CH - CH_2)n$. Usage : vernis.

f) Polyméthylacrylate de méthyle (Plexiglas) :

$$(CH_2 - \overset{CH_3}{\overset{|}{C}} - \underset{\underset{O}{||}}{C} - OCH_3)n.$$

g) Caoutchoucs synthétiques. Le constituant essentiel en est le butadiène : $CH_2 = CH - CH = CH_2$.

h) Silicones. Les silicones sont du type :

$$(-O-\overset{R}{\underset{R}{\overset{|}{\underset{|}{Si}}}}-)n.$$

Usages : vernis, cires, etc.

2) Polycondensation. *a) Résines formol-urée.* Usages : verres organiques. *b) Polyesters :* le Glyptal est une résine glycérophtalique obtenue par polycondensation du glycérol CH_2OH-$CHOH$-CH_2OH et de l'anhydride phtalique de formule

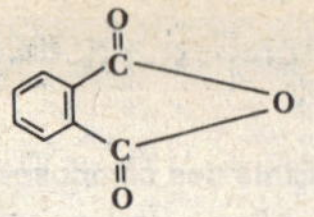

— *Résines alkyds.* Usages : matières plastiques très résistantes. *c) Phénoplastes.* On obtient la *bakélite.* Usage : vernis durcissables.

Parfums

Les parfums synthétiques proviennent des produits chimiques extraits du goudron de houille. L'acétate de benzyle a une odeur qui rappelle le jasmin. Le musc cétone rappelle la fleur d'oranger.

Explosifs

Il existe plusieurs sortes de substances explosives :

1) La dynamite qui est à base de nitroglycérine dont la teneur varie de 15 à 95 % ; on y trouve d'autre part de la nitrocellulose, des nitrates de potassium, de sodium et d'ammonium, ainsi que des matières combustibles telles que la poudre d'aluminium et du dinitrotoluène. *2) Les explosifs chloratés* à base de perchlorate d'ammonium. *3) Les explosifs nitratés* à base de nitrate d'ammonium. *4) Les explosifs nitrés* qui sont des esters nitriques et des dérivés nitrés.

Grands savants

Légende. *Agr. :* agronome. *Anat. :* anatomiste. *Anthr. :* anthropologue. *Arch. :* architecte. *Astr. :* astronome. *Bact. :* bactériologiste. *Bioch. :* biochimiste. *Biol. :* biologiste. *B^on :* baron. *Bot. :* botaniste. *Chim. :* chimiste. *Chir. :* chirurgien. *Cte :* comte. *Dent. :* dentiste. *Écr. :* écrivain. *Ent. :* entomologiste. *Exp. :* explorateur. *Gén. :* général. *Génét. :* généticien. *Géog. :* géographe. *Géol. :* géologue. *Gynéc. :* gynécologue. *Impr. :* imprimeur. *Ing. électr. :* ingénieur électricien. *Ing. mécan. :* ingénieur mécanicien. *Ing. métall. :* ingénieur métallurgiste. *Inv. :* inventeur. *Laryn. :* laryngologiste. *Log. :* logicien. *Math. :* mathématicien. *Méd. :* médecin. *Micr. :* microbiologiste. *Minér. :* minéralogiste. *Mis :* marquis. *Nat. :* naturaliste. *Neurol. :* neurologue. *Obst. :* obstétricien. *Off. :* officier. *Paléont. :* paléontologue. *Path. :* pathologiste. *Pein. :* peintre. *Phil. :* philosophe. *Phys. :* physicien. *Physiob. :* physicien biologiste. *Psych. :* psychologue. *Rad.-Astr. :* radioastronome. *Sav. :* savant. *Théol. :* théologien. *Vét. :* vétérinaire.

Nés avant J.-C.

Alcméon de Crotone (VIe), Gr., Méd.
Anaxagore de Clazomènes (v. 500-428), Gr., Phil.
Anaximandre de Milet (v. 610-v. 547), Gr., Phil. et Math.
Antisthène (v. 444-365), Gr., Phil.
Apollonios de Perga (v. 262-v. 180), Gr., Math.
Archimède (287-212), Gr., Math. et Phys.
Aristarque de Samos (310-230), Gr., Astr.
Aristippe (Ve s.), Gr., Phil.
Aristote (384-322), Gr., Phil. et Sav.
Confucius (551-479), Chine, Phil.
Démocrite (v. 460-v. 370), Gr., Phil. et Sav.
Diogène le Cynique (413-327), Gr., Phil.
Empédocle (490-430), Gr., Phil. et Sav.
Épicure (341-270), Gr., Phil. et Sav.
Érasistrate († v. 280), Gr., Méd., Anat.
Ératosthène (276-196), Gr., Math.
Euclide (IVe-IIIe), Gr., Math.
Héraclite (v. 540-v. 480), Gr., Phil. et Sav.
Hipparque de Nicée (IIe), Gr., Astr.
Hippocrate de Cos (v. 460-v. 337), Gr., Méd.
Métrodore de Chio (IVe), Gr., Phil., Méd.
Parménide (540/510-450/440), Gr., Phil. et Sav.
Philon de Byzance (IIIe), Gr., Math., Phys.
Platon (428-348/7), Gr., Phil.
Pythagore de Samos (VIe), Gr., Phil., Math.
Socrate (v. 470-399), Gr., Phil.
Thalès de Milet (VIe), Gr., Phil., Math.
Théophraste (v. 372-v. 287), Gr., Phil., Bot., Psych.
Varron (116-27), Lat., Sav.
Vitruve (Ier), Lat., Arch. et Ing.
Zénon d'Élée (né v. 490-485), Gr., Phil.

Nés entre l'an 1 et 1000 apr. J.-C.

Al Battani (v. 900), Ar., Astr.
Al Biruni (973-1050), Ar., Math., Astr., Hist.
Alcuin (v. 735-804), orig. anglo-sax., Psych. et Sav.
Al Hazin (965-1039), Ar., Phys., Math.
Augustin, Saint (354-430), Lat., Théol.
Avicenne (Ibn Sina) (980-1037), Ar., Phil., Méd.
Galien, Claude (v. 131-v. 201), Gr., Méd.
Gerbert d'Aurillac (X^e) (Pape Sylvestre II : 999), Fr., Math. et Astr.
Grégoire de Nazianze, Saint (330-390), Gr., Théol.
Héron (Ier), Gr., Phys. et Math.
Isodore de Séville (v. 560-636), Sav.
Jérôme, Saint (v. 347-420), Phil., Théol.
Pline l'Ancien (23/24-79), Lat., Sav.
Ptolémée, Claude (IIe), Gr., Astr. et Géog.

Nés de 1000 à 1500

Abélard, Pierre (1079-1142), Fr., Phil., Théol.
Abulcasis (X^e), Ar., Chir.
Albert le Grand (v. 1200-1280), All., Phil.
Al-Gazal (1058-1111), Ar., Théol.
Averroès (1126-98), Ar., Phil. et Sav.
Bacon, Roger (1214-94), G.-B., Phil., Sav.
Bonaventure, Saint (1221-74), It., Phil., Théol.
Chuquet, Nicolas (1445-1500), Fr., Math.
Copernic, Nicolas (1473-1543), Pol., Astr.
Cusa, Nicolas de (1401-64), All., Card., Phys.
Eckhart, Johann, dit Maître (v. 1260-1327), All., Théol.
Érasme (1467-1536), P.-Bas, Sav., Phil.
Fernel, Jean (1497-1558), Fr., Astr., Math., Méd.
Fibonacci, Leonardo (v. 1175-apr. 1240), It., Math.
Gutenberg, Johannes Gensfleisch dit (v. 1394/99-1468), All., Impr.
Lulle, Raymond, dit l'Illuminé catalan (v. 1235-1315), Écr. et Alchimiste.
Luther, Martin (1483-1546), All., Théol.
Maimonide (1135-1204), Juif catalan, Alchimiste, Méd., Phil.
Michel-Ange, Michelangelo Buonarroti, dit (1475-1564), It., Pein., Sculp., Arch.
Oresme, Nicole d' (v. 1325-82), Normand, évêque, Math.
Paracelse, Theophrastus von Hohenheim dit (1493?-1541), Sui., Méd.
Thomas d'Aquin, Saint (1225-74), It., Phil., Théol.
Vinci, Léonard de (1452-1519), It., Pein., Sculpteur, Arch., Ing., Sav.

Nés de 1500 à 1600

Bacon, Francis (1561-1626), G.-B., Phil.
Brahé, Tycho (1546-1601), Dan., Astr.
Bruno, Giordano (1548-1600), It., Astr.
Calvin, Jean (1509-64), Fr., Théol.
Cardan, Jérôme (1501-76), It., Méd., Math., Phil.
Desargues, Gérard (1593-1662), Fr., Math.
Descartes, René (1596-1650), Fr., Phil., Math., Phys.
Galilée, Galileo Galilei dit (1564-1642), It., Phys., Astr., Math.
Gassendi, Pierre Gassend dit (1592-1655), Fr., Phil. et Math.
Harvey, William (1578-1657), G.-B., Méd.
Helmont, J.B. van (1577-1644), Flamand, Méd. et Chim.
Jung, Joachim (1587-1657), All., Nat., Math.
Kepler, Johannes (1571-1630), All., Astr.
Mercator, Gerhard Kremer dit (1512-94), Flam., Math. et Géog.
Neper ou Napier, John, Bon de Merchiston (1550-1617), Écos., Math.
Paré, Ambroise (v. 1509-90), Fr., Chir.
Servet, Michel (1511-53), Esp., Méd.
Tartaglia, Niccolo Fontana dit. (v. 1499-1557), It., Math.
Ubaldi, Guido (XVIe), It., Math.
Vésale, André (1514-64), Flam., Anat.
Viète, François (1540-1603), Fr., Math.

Nés de 1600 à 1700

Bayle, Pierre (1647-1706), Fr., Écr.
Bernoulli, Jacques (1654-1705), Sui., Math.
Bernoulli, Jean (1667-1748), Sui., Math.
Boyle, Robert (1627-91), Irl., Chim., Phys.
Browne, Thomas (1605-82), G.-B., Méd., Arch.
Fauchard, Pierre (1678-1763), Fr., Dent.
Fermat, Pierre de (1601-65), Fr., Math.
Fontenelle, Bernard Le Bovier de (1657-1757), Fr., Phil., Sav.
Graaf, Reinier de (1641-73), P.-Bas, Méd. et Physiol.
Guericke, Otto von (1602-86), All., Phys.
Halley, Edmond (1656-1742), G.-B., Astr.
Huygens, Christiaan (1629-95), P.-Bas, Phys., Astr.
Jussieu, Antoine de (1686-1758), Fr., Méd.
Leeuwenhoek, Antonie van (1632-1723), P.-Bas, Anat.
Leibniz, Gottfried Wilhelm (1646-1716), All., Phil. et Math.
Lémery, Nicolas (1645-1715), Fr., Chim.
Malpighi, Marcello (1628-94), It., Anat.

Mariotte, Abbé Edme (v. 1620-84), Fr., Phys.
Mercator, Nicolaus Kaufmann (v. 1620-87), All., Astr. et Math.
Moivre, Abraham de (1667-1754), Fr., Math.
Morgagni, Giambatt. (1682-1771), It., Anat.
Newcomen, Thomas (1663-1729), G.-B., Ing. mécan.
Newton, Sir Isaac (1642-1727), G.-B., Phys., Math., Astr. et Phil.
Papin, Denis (1647-1714), Fr., Inv.
Pascal, Blaise (1623-62), Fr., Math., Phys. et Phil.
Périer, Florin (1605-72), Fr., Phys.
Réaumur, René Antoine Ferchault de (1683-1757), Fr., Phys., Nat.
Roberval, Gilles Personier de (ou Personne) (1602-75), Fr., Math., Phys.
Römer, Olaüs (1644-1710), Dan., Astr.
Stahl, Georg Ernst (1660-1734), All., Méd.
Stenon, Nicolas (1638-86), Dan., Anat. et Géol.
Sydenham, Thomas (1624-89), G.-B., Méd.
Torricelli, Evangelista (1608-47), It., Phys.

Nés de 1700 à 1800

Addison, Thomas (1793-1860), G.-B., Méd.
Alembert, Jean le Rond d' (1717-83), Fr., Math. et H. de lettres.
Ampère, André (1775-1836), Fr., Phys., Math.
Appert, Nicolas (1749-1841), Fr., Inv.
Arago, François (1786-1853), Fr., Astr., Phys.
Atwood, George (1746-1807), G.-B., Phys.
Augenbrugger, Léopold (1722-1809), Autr., Méd.
Avogadro, Cte Amedeo di Quaregna (1776-1856), It., Phys.
Baudelocque, Jean-Louis (1746-1810), Fr., Chir. et Obst.
Baumé, Ant. (1728-1804), Fr., Pharmacien.
Becquerel, Antoine (1788-1878), Fr., Phys.
Bernoulli, Daniel (1700-82), Sui., Phys.
Berthollet, Claude (1748-1822), Fr., Chim.
Berzelius, Bon Jacob (1779-1848), Sué., Chim.
Bessel, Friedrich (1784-1846), All., Astr.
Bichat, Xavier (1771-1802), Fr., Anat., Physiol.
Bode, Jean-Elert (1747-1826), All., Astr.
Borda, Charles de (1733-99), Fr., Math., Phys. et Marin.
Boucher de Crèvecœur de Perthes, Jacques (1788-1868), Fr., Paléont.
Brewster, Sir David (1781-1868), Écos., Phys.
Brongniart, Alexandre (1770-1847), Fr., Minér. et Géol.
Broussais, François (1772-1838), Fr., Méd.
Brown, Robert (1773-1858), G.-B., Bot.
Buffon, Georges Louis Leclerc Cte de (1707-88), Fr., Nat.
Carnot, Lazarre (1753-1823), Fr., Gén. et H. d'État, Math.
Carnot, Nicolas Sadi (1796-1832), Fr., Phys.
Cavendish, Henry (1731-1810), G.-B., Phys., Chim.
Celsius, Anders (1701-44), Sué., Phys.
Champollion, Jean-François (1790-1832), Fr., Égyptologue.
Chappe, Claude (1763-1805), Fr., Ing.
Chaptal, Jean Cte de Chanteloup (1756-1832), Fr., Chim.
Charles, Jacques (1746-1823), Fr., Phys.
Chasles, Michel (1793-1880), Fr., Math.
Chevreul, Eugène (1786-1889), Fr., Chim.
Clapeyron, Émile (1799-1864), Fr., Phys.
Condorcet, Antoine Caritat, Mis de (1743-94), Fr., Math., Phil.
Coriolis, Gaspard (1792-1843), Fr., Math.
Coulomb, Charles de (1736-1806), Fr., Phys.
Courtois, Bernard (1777-1838), Fr., Chim., Pharm.
Cuvier, Bon Georges (1769-1832), Fr., Nat.
Dalton, John (1766-1844), G.-B., Phys., Chim.
Daubenton, Louis (1716-1800), Fr., Nat.
Davy, Sir Humphry (1778-1829), G.-B., Chim.
Delessert, Étienne (1735-1816), Fr., Agr.
Désault, Pierre-Joseph (1744-95), Fr., Chir.
Diderot, Denis (1713-84), Fr., Phil.
Dupuytren, Guill. (1777-1835), Fr., Chir.
Euler, Leonhard (1707-83), Sui., Math.
Faraday, Michael (1791-1867), G.-B., Phys.
Flourens, Pierre (1794-1867), Fr., Physiol.
Fourcroy, Antoine, Cte de (1755-1809), Fr., Chim.
Fourier, Jos., Bon (1768-1830), Fr., Math.
Franklin, Benjamin (1706-90), U.S.A., H. d'État, Phys., Phil.
Fresnel, Augustin (1788-1827), Fr., Phys.
Gall, Franz Josef (1758-1828), All., Méd.
Galvani, Luigi (1737-98), It., Phys. et méd.
Gauss, Carl Friedrich (1777-1855), All., Math., Astr. et Phys.
Gay-Lussac, Louis Joseph (1778-1850), Fr., Phys. et Chim.
Geoffroy St-Hilaire, Étienne (1772-1844), Fr., Nat.
Guettard, J.-Étienne (1715-86), Fr., Nat.
Haüy, René-Just (1743-1822), Abbé, Fr., Minér.
Henderson, Thomas (1798-1844), Écos., Astr.
Herschel, Sir John (1792-1871), G.-B., Astr.
Herschel, Sir William (1738-1822), G.-B. (or. all.), Astr.
Humboldt, Alexander, Bon de (1769-1859), All., Géol., Géog., Nat.
Hutton, James (1726-97), G.-B., Chim., Géol.
Jacquard, Joseph-Marie (1752-1834), Fr., Ing. méc.
Jenner, Edward (1749-1823), G.-B., Méd.
Jussieu, Antoine-Laurent de (1748-1836), Fr., Bot.
Lacépède, Ét., Cte de (1756-1825), Fr., Nat.
Laennec, René (1781-1826), Fr., Méd.
Lagrange, Cte Louis de (1736-1813), Fr., Astr. et Math.
Lamarck, Jean-Baptiste de Monet de (1744-1829), Fr., Nat.
Lambert, Jean Henri (1728-77), Fr., Math.
Laplace, Pierre, Mis de (1749-1827), Fr., Math., Phys. et Astr.
Lavoisier, Antoine Laurent (1743-94), Fr., Chim.
Legentil de la Galaisière, Guillaume (1725-92), Fr., Astr.
Lichtenberg, Georg Christoph (1742-99), All., Phys.
Linné, Carl von (1707-78), Sué., Nat.
Lobatchevski, Nicolaï Ivanovitch (1792-1856), R., Math.
Lomonossov, Mikhaïl (1711-65), R., Phys.
Magendie, François (1783-1855), Fr., Physiol., Neurol.
Malus, Étienne Louis (1775-1812), Fr., Phys.
Messier, Charles (1730-1817), Fr., Astr.
Minckeleers, Jean-Pierre (1748-1824), Belg., Phys.
Monge, Gaspard, Cte de Péluse (1746-1818), Fr., Math.
Morin, Arthur (1795-1880), Fr., Phys.
Morse, Samuel (1791-1872), U.S.A., Peintre et Phys.
Nicol, William (v. 1768-1851), G.-B., Phys.
Niepce, Nicéphore (1765-1833), Fr., Phys.
Oersted, Christian (1777-1851), Dan., Phys.
Ohm, Georg (1789-1854), All., Phys.
Poisson, Denis (1781-1840), Fr., Math.
Poncelet, Jean Victor (1788-1867), Fr., Gén. et Math.
Prévost, Constant (1787-1856), Fr., Géol.
Priestley, Joseph (1733-1804), G.-B., Théol. et Chim.
Prony, Marie Riche, Bon de (1755-1839), Fr., Ing.
Proust, Louis (1754-1826), Fr., Chim.
Raspail, François (1794-1878), Fr., Chim.
Rumford, Benjamin, Cte (1753-1814), U.S.A., Phys.
Rush, Benjamin (1745-1813), U.S.A., Méd.
Saussure, Horace Bénédict de (1740-99), Sui., Nat., Phys.
Scheele, Carl Wilhelm (1742-86), Sué., Chim.
Seguin, Armand (1767-1835), Fr., Ing.
Seguin, Marc (1786-1875), Fr., Ing.
Simpson, Thomas (1710-61), G.-B., Math.
Spallanzani, Lazaro (1729-99), It., Biol.
Stephenson, George (1781-1848), G.-B., Ing.
Struve, Wilhelm (1793-1864), R., Astr.
Thénard, Louis-Jacques (1777-1857), Fr., Chim.
Titius, Johann (1729-96), All., Math.
Vaucanson, Jacques de (1709-82), Fr., Ing. mécan.
Vauquelin, Nicolas Louis (1763-1829), Fr., Chim.
Volta, Alessandro, Cte (1745-1827), It., Phys.
Watt, James (1736-1819), Écos., Ing. mécan.
Weber, Ernst (1795-1878), All., Physiol. et Anat.
Young, Arthur (1741-1820), G.-B., Agr.
Young, Thomas (1773-1829), G.-B., Méd., Phys.

Nés de 1800 à 1900

Abbe, Cleveland (1838-1916), U.S.A., Phys.
Adler, Alfred (1870-1937), Autr., Psych.
Agramonte, Aristides (1869-1931), Cub., Méd.
Albee, F. H. (1876-1945), U.S.A., Chir.
Angström, Anders Jonas (1814-74), Sué., Phys.
Arrhenius, Svante (1859-1927), Sué., Phys.
Arsonval, Arsène d' (1851-1940), Fr., Phys.
Baade, Walter (1893-1960), U.S.A., Astr.
Banting, Sir Frederick (1891-1941), Can., Méd., Phys.
Beau de Rochas, Alphonse (1815-1893), Fr., Ing.
Becquerel, Edmond (1820-91), Fr., Phys.
Becquerel, Henri (1852-1908), Fr., Phys.
Becquerel, Jean (1878-1953), Fr., Phys.
Behring, Émil von (1854-1917), All., Méd., Bact.
Belin, Édouard (1876-1963), Fr., Photogr.
Bell, Graham (1847-1922), U.S.A., Phys.
Bernard, Claude (1813-78), Fr., Physiol.
Bert, Paul (1833-86), Fr., Physiol.
Berthelot, Marcelin (1827-1907), Fr., Chim. et H. d'État.
Bertrand, Gabriel (1878-1953), Fr., Chim., Biol.
Bessemer, Sir Henry (1813-98), G.-B., ing.
Best, Charles H. (1899-1978), Can., Méd., Phys.
Blalock, Alfred (1899-1964), U.S.A., Chir.
Blondel, André (1863-1938), Fr., Phys.
Bohr, Niels (1885-1962), Dan., Phys.
Boltzmann, Ludwig (1844-1906), Autr., Phys.
Borel, Émile (1871-1956), Fr., Math.
Boussinesq, Joseph (1842-1929), Fr., Math., Phys.
Boussingault, J.-Bapt. (1802-87), Fr., Chim.
Branly, Édouard (1844-1940), Fr., Phys.
Breuil, Abbé (1877-1961), Fr., Paléont.
Broca, Paul (1824-80), Fr., Chir. et Anthr.
Broglie, Louis, Duc de (1892), Fr., Phys.
Broglie, Maurice de (1875-1960), Fr., Math.
Brown-Séquard, Édouard (1817-94), Fr., Physiol. et Méd.
Bunsen, Robert (1811-99), All., Chim. et Phys.
Burger, Hans (1873-1941), All., Neuro-Psych.
Calmette, Albert (1863-1933), Fr., Bact.
Cannizzaro, Stanislas (1826-1910), Ital., Chim.
Cantor, Georg (1845-1918), All., Math.
Carrel, Alexis (1873-1944), Fr., Chir. et Physiol.
Cartan, Élie (1869-1951), Fr., Math.
Chadwick, Sir James (1891-1974), G.-B., Phys.
Chancourtois, Alexandre Émile Béguyer de (1820-86), Fr., Géol. et Chim.
Charcot, Jean (1867-1936 en mer), Fr., Méd. et Exp.
Claude, Georges (1870-1960), Fr., Chim. et Phys.
Clausius, Rudolph (1822-88), All., Phys.
Cockcroft, Sir John Douglas (1897-1967), G.-B., Phys.
Coolidge, William David (1873-1975), U.S.A., Phys.
Cotton, Émile (1872-1950), Fr., Phys.
Curie, Pierre (1859-1906) et Marie Curie née Sklodowska (1867-1934), Fr., Phys.
Cushing, Harvey (1869-1939), U.S.A., Chir.
Darwin, Charles (1809-82), G.-B., Nat., Biol.
Davis, John Staige (1872-1946), U.S.A., Chir.
Dick, George (1881-1967) et Gladys (1881-1963), U.S.A., Méd.
Doppler, Christian (1803-53), Autr., Phys.
Dreyer, Jules (1852-1926), Irl., Astr.
Dumas, Jean-Baptiste (1800-84), Fr., Chim.
Eddington, Sir Arthur Stanley (1882-1944), G.-B., Astr. et Phys.
Edison, Thomas (1847-1931), U.S.A., Phys.
Ehrlich, Paul (1854-1915), All., Méd.
Einstein, Albert (1879-1955), All., Phys.
Einthoven, Willem (1860-1927), P.-Bas, Physiol.
Eotvos, Lorant von (1848-1919), Hongr., Phys.
Esnault-Pelterie, Robert (1881-1957), Fr., Ing.
Fabre, Jean Henri (1823-1915), Fr., Ent.
Fabry, Charles (1867-1945), Fr., Phys.
Finlay, Carlos Juan (1833-1915), Cub., Méd.
Fischer, Emil (1852-1919), All., Chim.
Fizeau, Hippolyte (1819-96), Fr., Phys.
Fleming, Sir Alexander (1881-1955), G.-B., Méd.
Fleming, Sir John Ambrose (1849-1945), G.-B., Ing. électr.
Forel, François Alphonse (1841-1912), Sui., Géog.
Foucault, Léon (1819-68), Fr., Phys.
Frémy, Edmond (1814-94), Fr., Chim.
Freud, Sigmund (1856-1939), Autr., Psych.
Galois, Évariste (1811-32), Fr., Math.
Geiger, Hans (1882-1945), All., Phys.
Gibbs, Willard (1839-1903), U.S.A., Phys.
Goddard, Robert Hutchings (1882-1945), U.S.A., Ing.
Goldstein, Eugen (1850-1930), All., Phys.
Gramme, Zénobe (1826-1901), B., Ing. électr.
Guérin, Camille (1872-1961), Fr., Vét.
Hadamard, Jacques (1865-1963), Fr., Math.
Haeckel, Ernst (1834-1919), All., Biol.
Haldane, John Scott (1860-1936), G.-B., Physiol., Psych.
Helmholtz, Hermann von (1821-94), All., Phys. et Physiol.
Henry, Paul (1848-1905), Fr., Astr.
Hermite, Charles (1822-1901), Fr., Math.
Héroult, Paul (1863-1914), Fr., Ing. métall.
Hertz, Heinrich (1857-94), All., Phys.
Hertzprung, Ejnar (1873-1967), Dan., Astr.
Hilbert, David (1862-1943), All., Math.
Hoff, Jacobus Henricus van't (1852-1911), P.-Bas, Phys., Chim.
Hopkins, Sir Frederick (1861-1947), G.-B., Physiol. et Chim.
Hubble, Edwin Powell (1889-1953), U.S.A., Astr.
Humason, Milson La Salle (1891-1973), U.S.A., Astr.
Huxley, Sir Julian (1887-1975), G.-B., Biol. et H. d'État.

Huxley, Thomas (1825-95), G.-B., Nat.
Jackson, Chevalier (1865-1953), U.S.A., Laryn.
Jamot, Eugène (1879-1937), Fr., Méd.
Jeans, James Hopwood (1877-1946), G.-B., Astr.
Joliot-Curie, Irène (1897-1956), Fr., Phys.
Joule, James (1818-89), G.-B., Phys.
Joy, Alfred (1882-1973), U.S.A., Astr.
Jung, Carl Gustav (1875-1961), S., Psych.
Kapitsa, Piotr (1895-1984), R., Phys.
Kármán, Theodor von (1881-1963), Hong., U.S.A., Phys.
Kekulé, August (1829-96), All., Chim.
Kelvin, Sir William Thomson, Lord (1824-1907), G.-B., Phys.
Kendall, Ed. Calvin (1886-1972), U.S.A., Bioch.
Kirchoff, Gustav (1824-87), All., Phys.
Kitasato, Shibasaburo (1852-1931), Jap., Méd.
Klebs, Edwin (1834-1913), All., Méd.
Koch, Robert (1843-1910), All., Bact.
Koenig, Karl Rudolf (1832-1901), Fr. (or. all.), Phys.
Kundt, August (1839-94), All., Phys.
Lacroix, Alfred (1863-1948), Fr., Minér.
Landsteiner, Karl (1868-1943), Autr., Biol.
Langevin, Paul (1872-1946), Fr., Phys.
Lartet, Édouard (1801-71), Fr., Paléont.
Lecomte du Noüy, Pierre (1883-1947), Fr., Biol.
Lenoir, Étienne (1822-1900), Belg., Phys.
Lenz, Heinrich (1804-65), Balte, Phys.
Le Verrier, Urbain (1811-77), Fr., Astr.
Liebig, Justus, B^{on} von (1803-73), All., Chim.
Liouville, Joseph (1809-82), Fr., Math.
Lister, Joseph (1827-1912), G.-B., Chir.
Lorentz, Hendrik Antoon (1853-1928), P.-Bas, Phys.
Lumière, Auguste (1862-1954), Fr., Biol.
Lumière, Louis (1864-1948), Fr., Chim.
Lundman, Knut (1889-1958), Sué., Astr.
Luyten, Willem Jacob (1899), U.S.A., Astr.
Lyssenko, Trophim (1898-1976), U.R.S.S., Biol.
MacLeod, John J.R. (1876-1935), Écos., Méd.
Marconi, Guglielmo (1874-1937), It., Phys.
Marey, Étienne Jules (1830-1904), Fr., Méd. et Physiol.
Maxwell, James Clerk (1831-79), Écos., Phys.
Mayo, William James (1861-1939) et Charles Horace (1865-1939), U.S.A., Chir.
Melde, Franz (1832-1901), All., Phys.
Mendel, Johann Gregor (1822-84), Autr., Bot. (moine).
Mendeleïev, Dimitri (1834-1907), R., Chim.
Menninger, Karl Augustus (1893) et William Claire (1899-1966), U.S.A., Psych.
Metchnikoff, Élie (1845-1916), R. naturalisé Français, Biol.
Michelson, Albert (1852-1931), U.S.A., Phys.
Milne, John (1850-1913), G.-B., Sismologue.
Milne-Edwards, Henri (1800-85), Fr., Nat. et Physiol.
Minkowski, Rudolph (1895), U.S.A., Astr.
Mitchourine, Ivan (1855-1935), R., Agr.
Moissan, Henri (1852-1907), Fr., Chim.
Moniz, Egas (1874-1955), Port., Neurol.
Morgan, Thomas Hunt (1866-1945), U.S.A., Biol.
Morton, William T.G. (1819-68), U.S.A., Dent. et Méd.
Moseley, Henry Gwyn-Jeffreys (1887-1915), G.-B., Phys.
Müller, J.P. (1801-58), All., Physiol.
Nélaton, Auguste (1807-73), Fr., Chir.
Nicolle, Charles (1866-1936), Fr., Bact.
Nobel, Alfred (1833-96), Sué., Chim.
Noguchi, Hideyo (1876-1928), Jap., Bact.
Ostwald, Wilhelm (1853-1932), All., Chim.
Pacinotti, Antonio (1841-1912), It., Phys.
Painlevé, Paul (1863-1933), Fr., Math. et Homme d'État.
Papanicolaou, George Nicolas (1883-1962), U.S.A., Méd. et Physiol.
Pasteur, Louis (1822-95), Fr., Chim., Biol.
Pauli, Karl (1839-1901), All., Philol.
Pavlov, Ivan (1849-1936), R., Physiol.
Pelouze, Jules (1807-67), Fr., Chim.
Perrin, Jean (1870-1942), Fr., Phys.
Picard, Émile (1856-1941), Fr., Math.
Planck, Max (1858-1947), All., Phys.
Planté, Gaston (1834-89), Fr., Phys.
Plateau, Joseph (1801-83), Belg., Phys.
Plücker, Julius (1801-68), All., Math. et Phys.
Poincaré, Henri (1854-1912), Fr., Math.
Rabi, Isaac Isidor (1898), U.S.A., Phys.
Rankine, William (1820-72), Écos., Ing.
Rayleigh, John Strutt (1842-1919), G.-B., Phys.
Reed, Walter (1851-1902), U.S.A., Méd.
Regnault, Henri-Victor (1810-78), Fr., Phys.
Richet, Charles (1850-1935), Fr., Physiol.
Ricketts, Howard Taylor (1871-1910), U.S.A., Path.
Riemann, Bernhard (1826-66), All., Math.
Röntgen, Wilhelm Conrad (1845-1923), All., Phys.
Ross, Sir Ronald (1857-1932), G.-B., Méd.
Rostand, Jean (1894-1977), Fr., Biol.
Roux, Émile (1853-1933), Fr., Biol.
Russell, Sir Bertrand (1872-1970), G.-B., Math. et Phil.
Russell, Henry Norris (1877-1957), U.S.A., Astr.
Rutherford, Ernest, lord (1871-1937), G.-B., Phys.
Sainte-Claire Deville, Henri (1818-81), Fr., Chim.
Schick, Béla (1877-1967), Hongr., Méd.
Schmidt, Otto (1892-1956), U.R.S.S., Math.
Schwann, Theodor (1810-82), All., Biol.
Schweitzer, Albert (1875-1965), Fr., Méd., Phil.
Secchi, Angelo (1818-78), It., Astr.
Semmelweis, Ignác Fülöp (1818-65), Hong., Méd.
Siemens, Werner von (1816-92), All., Ing.
Sims, James (1813-83), U.S.A., Gynéc.
Snow, John (1813-58), G.-B., Méd.
Stefan, Joseph (1835-93), Autr., Phys.
Stokes, Sir George (1819-1903), Irl., Math., Phys.
Sullivan, Harry Stack (1892-1942), U.S.A., Psych.
Teilhard de Chardin, Pierre (Jésuite) (1881-1955), Fr., Paléont. et Phil.
Tellier, Charles (1828-1913), Fr., Ing.
Tesla, Nikola (1856-1943), Youg., Phys.
Thomson, Sir Joseph John (1856-1940), G.-B., Phys.
Trumpler, Robert (1886), U.S.A., Astr.
Tyndall, John (1820-93), Irl., Phys.
Urey, Harold (1893), U.S.A., Chim.
Virchow, Rudolf (1821-1902), All., Méd.
Vries, Hugo de (1848-1935), P.-Bas, Bot.
Waksman, Selman A. (1888-1973), U.S.A., Micr.
Wallace, Alfred (1823-1913), G.-B., Nat.
Wassermann, Aug. von (1866-1925), All., Méd.
Weiss, Pierre (1865-1940), Fr., Phys.
Wheatstone, Sir Ch. (1802-75), G.-B., Phys.
Whitehead, Alfred North (1861-1947), G.-B., Math et Log.
Widal, Fernand (1862-1929), Fr., Méd.
Wiener, Norbert (1894-1964), U.S.A., Math.
Wilson, Charles Thomson Rees (1869-1959), Écos., Phys.
Wöhler, Friedrich (1800-82), All., Chim.
Wood, Robert Williams (1868-1955), U.S.A., Phys.
Yersin, Alexandre (1863-1943), Fr., Méd.
Young, James (1811-83), Écos., Chir.
Zwicky, Fritz (1898), Sui., Astr.

Nés depuis 1900

Abragam, Anatole (1914), Fr. (naturalisé Russe), Phys.
Alfen, Hannes (1908), Sué., Phys.
Ambartsumian, Victor (1908), U.R.S.S., Phys.
Anderson, Carl (1905), U.S.A., Phys.
Bethe, Hans (1906), U.S.A., Phys.
Bourbaki, Nicolas. Pseudonyme collectif de math. fr. créé v. 1934, publie *Eléments de mathématiques* (voir p. 242).
Braun, Wernher von (1912-77), All. (nat. Amér.) Ing.
Cameron, Donald (1912), U.S.A., Astr.
Chain, Ernest B. (1906), G.-B., Bioch.
Chandrasekhor, Subrahmanyan (1910), Ind., Astr.
Crick, Francis H.C. (1916), G.-B., Biol.
Crithfield, Charles (1910), U.S.A., Astr.
Dirac, Paul (1902), G.-B., Phys.
Dobhansky, Theodosius (1900-75), U.S.A., Génét.
Duchesne, Maurice (1913), Fr., Astr.
Fermi, Enrico (1901-54), It., Phys.
Glaser, Donald Arthur (1926), U.S.A., Phys.
Gödel Kurt (1906-78), Autr., Math.
Haro, Guillermo (1913, Mex., Astr.
Heisenberg Werner (1901-76), All., Phys.
Herbig, George Havard (1920), U.S.A., Astr.
Hoyle, Fred (1915), G.-B., Astr.
Huggins, Charles (1901), U.S.A., Méd., Chim.
Jacob, François (1920), Fr., Méd., Biochim.
Jensen, Hans (1907-73), All., Phys.
Joliot-Curie, Frédéric (1900-58), Fr., Phys.
Kastler, Alfred (1902-84), Fr., Phys.
Kowarski, Lew (1907), Fr. (orig. russe), Phys.
Kuiper, Gerard (1905-73), U.S.A., Astr.
Lallemand, André (1904-78), Fr., Astr.
Landau, Lev (1908-68), U.R.S.S., Phys.
Lawrence, Ernest O. (1901-58), U.S.A., Phys.
Leakey Louis (1903-72), G.-B., Paléont.
Lee, Tsung Dao (1926), Sino-U.S.A., Phys.
Lépine, Pierre (1901), Fr., Méd.
Lévi-Strauss, Claude (1908), Fr., Ethnol.
Lwoff, André (1902), Fr., Méd., Biol.
Monod, Jacques (1910-76), Fr., Biochim.
Neel, Louis (1904), Fr., Phys.
Oort, Jan Hendrik (1900), P.-Bas, Astr.
Oppenheimer, Robert (1904-67), U.S.A., Phys.
Parenago, Paul (1906), U.R.S.S., Astr.
Pauli, Wolfgang (1900-58), Sui., Phys.
Pauling, Linus Carl (1901), U.S.A., Chim.
Rusk, Howard (1901), U.S.A., Méd.
Ryle, Martin (1918), G.-B., Astr.
Sabin, Albert (1906), U.S.A., Méd.
Salk, Jonas (1914), U.S.A., Bact.
Schwartz, Laurent (1915), Fr., Math.
Shatzmann, Evry (1920), Fr., Astr.
Shklovsky, Joseph (1916), U.R.S.S., Astr.
Stanley, Wendell M. (1904-71), U.S.A., Bioch.
Townes, Charles Hard (1915), U.S.A., Phys.
Van de Hulst, Hendrik (1918), P.-Bas, Rad.-Astr.
Walker, Merle (1926), U.S.A., Astr.
Watson, James Dewey (1928), U.S.A., Biol.
Weizsacker, Carl von (1912), All., Phys.
Wigner, Eugène (1902), U.S.A., Phys.
Wilkins, Maurice H.F. (1916), G.-B., Biol.
Yukawa, Hideki (1907-81), Jap., Phys.

Nota. — Voir aussi Prix Nobel et Académie des Sciences.

Grandes inventions

Il est souvent difficile de fixer avec certitude l'origine d'une invention ou d'une découverte. Beaucoup ont lieu simultanément dans de nombreux pays, ou plusieurs personnes trouvent des aspects différents et complémentaires d'une même invention. Sont indiqués ci-après le sujet ou le nom de la découverte, sa date, le nom de l'inventeur, son pays d'origine.

Accumulateur électr. (1860), Planté, Fr.
Acétylène (1836), F. Davy, G.-B.
Aérosol (1948), J. Estignard, Fr.
Air, densité (v. 1600), Galilée, It. ; *composit.* (1770), Lavoisier, Fr. ; (1783), Cavendish, G.-B.
Allumette chimique (1805), Chancel, Fr. ; *à friction* (1831), C. Sauria, Fr. ; *de sûreté* (1852), Lundström, Suède ; *de ménage* (1864), Lemoine, Fr.
Aluminium, prép. (1854), Ste-Claire Deville, Fr.
Anesthésie (1799), Davy, G.-B.
Arracheuse de betteraves (1886), A. Bajac, Fr.
Ascenseur à vapeur (1857), Otis, U.S.A. [réal. pratique (1867), Édoux, Fr.] ; *électr.* (1880), Werner von Siemens, All.
Aspirateur (1869), Mac Gaffey, U.S.A. ; (1901), J. Spangler.
Aspirine (1853), Gerhardt, Fr.
Atome, théorie (1803), Dalton, G.-B. ; (1858), Cannizzaro, It. ; *structure* (1911), Rutherford, G.-B. ; (1913), Bohr, Dan.
Attraction univ. (1687), Newton, G.-B.
Automobile (v. aussi Moteur) (V. Index).
Aviation (V. Index).
Bactéries (1681), Leeuwenhoek, P.-Bas.
Bakélite (1906), Baekeland, Belg.
Balance à 2 fléaux (1670), Roberval, Fr.
Baromètre (1643), Torricelli, It.
Bateau (V. Index).
B.C.G. (1906-1923), Calmette, Guérin, Fr.
Bicyclette. Vélocipède (1816), Drais, All. *Pédalier* (1842), Mac Millan, Écos. *Entraînement direct* (1861), Michaux, Fr. *Transmission par chaîne* (1879), Lawson, G.-B.
Braille (alphabet) (1829), Braille, Fr. ; *écriture en* (1786), *relief* Valentin Haüy (1745-1822), Fr.
Briquet à gaz (1777), Volta (1745-1827), It. *Pierre à briquet*, K. Auer (1858-1929), Autr.
Brouette (XIIe s. ; sur vitrail de Chartres).
Brûleur à gaz (1855), Bunsen, All.
Cadran solaire (550 av. J.C.), Anaximandre, Grec.
Calcul différentiel (1660), Leibniz, All. ; (1665), Newton, G.-B.
Calorimètre (1783), Lavoisier, P.S. Laplace, Fr.
Canon (XIVe s.), arabe, apparaît en Occ. en 1346 (Crécy) ; *antichar* (1944).
Caoutchouc synth. (1879), Bouchardat, Fr.
Carburateur à ess. (1876), Daimler, All.
Carte du monde (1re) (1538), Mercator, Flandres.
Cartouche (1832), C. Lefaucheux, Fr.
Cellophane (1892), C.F. Cross (1855-1935) ; E.J. Bevan (1856-1921), G.-B. ; *prod. ind.* (1911), J. Brandenberger, Suisse.
Celluloïd (1865), Parkes, G.-B. *Réal. industr.* (1869), Frères Hyatt, U.S.A.
Cerveau électronique (1931), Bush, U.S.A.
Chalumeau oxhydrique (1801), R. Hare ; *c. à hydrogène atomique* (4 200 °C) (1920), I. Langmuir ; *c. à plasma* (20 000 °C) (1951), Maecker.
Chargeur de foin (1874).

Chewing-gum (1872), T. Adams, U.S.A.
Chloroforme (1831), S. Guthrie, U.S.A.
Chronomètre de marine (1776), J. Harrison, G.-B.
Chute des corps (loi) (1602), Galilée, It.
Cinéma (V. Index).
Circuits intégrés (v. 1929), Texas instrument, U.S.A.
Circul. du sang (1628), W. Harvey, G.-B.
Coke (sidérurgie) (1735), Darby, G.-B.
Comptabilité en partie double-contrôle des comptes (XVe s.). L. Paciolo, It.
Concasseur (1858), E. Whitney, U.S.A.
Conserves (1795), Appert, Fr.
Cortisone (1937), Kendall, U.S.A.
Coton parcheminé (1833), Swan, G.-B. (traité à l'acide sulfurique).
Coton-Poudre (1847), C. Schonbein, All.
Couveuse artificielle (n.c.), J.F. Braille ; *électrique* (1881), P. Cornu, Fr.
Cuir synthétique (1942), Sté Dupont de Nemours, U.S.A.
Cybernétique (1947), Wiener, U.S.A.
Cyclotron (v. 1934), Lawrence, U.S.A.
D.D.T. synthèse (1874), Seidler, All. ; *propriétés* (1939), Müller, Suisse ; *fabrication ind.* (1942), Frey, Suisse.
Diesel (moteur) (1893), Diesel, All.
Dirigeable rigide (1900), Von Zeppelin, All.
Disque (V. index).
Distributeur d'engrais centrifuge (1908), Severin, Fr.
Dynamite (1866), Nobel, Suède.
Dynamo (1871), Gramme, Belg.
Eau (composition) (1804), Gay-Lussac, Fr., et Humbolt, All. ; *de Javel* (1789), C. Berthollet, Fr. ; *oxygénée* (1818), L.J. Thénard, Fr.
Ébonite (1840), Th. Hancock, G.-B.
Électromagnétisme (1819-1820), Oersted, Dan., Ampère, Fr.
Électron (1881), Helmholtz, All.
Électroscope (1747), C.F. Du Fay.
Enzyme (synthèse) (1969), Univ. de Rockfeller et Laboratoires Merck.
Épandeur de fumier (1865).
Épingle de sûreté (XIXe s.), Rollin White, U.S.A.
Équation du 3e degré (solution) (1545), Cardan, It.
Escalier roulant (1892), J. Reno, U.S.A.
Étoile (nature) (1915), P. Langevin et J. Perrin, Fr.
Faucheuse à foin mécanique (1822), U.S.A.
Feu d'artifice (VIIe s.), Chine.
Fil de fer barbelé (1874), J. Farewell, Glidden, U.S.A.
Forceps (XVIIIe s.), A. Levet, Fr.
Four solaire (1952), Félix Trombe, Fr.
Frein à air comprimé (1868), Westinghouse, U.S.A. ; *à disque* (1902), Lanchester, G.-B.
Fusée-missile (1232), Chine ; *f. à carburant liquide* (1903), U.R.S.S. ; *f. sol-air* (1916), France ; *à liquide (lancée)* (1926), T. Goddard, U.S.A. ; *f. postale* (1931), F. Schmiedl, Autr. ; *missile air-mer* (1940), All. ; *f. à étages* (1948), U.S.A.
Fusil Chassepot (1866), A. Alphonse, Fr. ; *f. à répétition* (1866), N. Lebel, Fr. ; *antichar* (1918), All. ; *à laser* (1964), U.S.A.
Galvanisation (1742), Malouin, Fr.
Galvanomètre (1808), Jean Salomon Schweigger (1779-1857), All.
Gaz d'éclairage (1783), J.-P. Minckeleers, Belg. ; (1787), Ph. Lebon, Fr. ; (1792), Murdoch ; *exploitation* (1805), Winzler, G.-B.
Géométrie anal. (1637), Descartes, Fr. *Non euclidienne* (1826), Lobatchevski, Russie.
Glace (fabrication) (1857), Carré, Fr.
Glycérine (1779), Scheele, Suède.
Groupes sang. (1901), Landsteiner, Autr.
Gyrocompas (1911), Sperry, U.S.A.
Gyroscope (1852), Foucault, Fr.
Hélice marine (1837), Sauvage, Fr. ; *nav.* (1839), Smith, G.-B.
Hibernation artif. (1905), Simsom, G.-B.
Homéopathie (1789), S. Hahnemann, All.
Horloge électrique (1839), C. von Steinhell, All. ; *à quartz* (1929), W. Marrison, A. Scheibe, V. Adelsberger ; *atomique* (1949), U.S.A.
Houille blanche (1867), Bergès, Fr.
Hovercraft (V. Index).
Hygromètre, N. de Cusa (1401-1464), All. ; *à cheveu* (1783), Saussure, Fr.
Imperméable caout. (1819), Mac Intosh, Éc.
Imprim. car. mob. (v. 1436), Gutenberg, All.
Induction magnétique (1831), Faraday, G.-B.
Insuline (1921), Paulesco, Roum. ; (1922), Frederic Banting, Can. ; et Charles Herbert Best, U.S.A.
Iode (1811), B. Courtois, Fr.
Jumelles à lentille divergente (v. 1600), Galilée ; *à prismes* (1850), I. Porro, It.
Kaléidoscope (1817), Brewster, Écos.
Kinétoscope (1887), Edison, U.S.A.
Lampe à arc (1879), Brush, U.S.A. ; *à incand.* (1878), Edison, U.S.A. ; *à vapeur de mercure* (1901), Hewitt, U.S.A. ; *au néon* (1910), G. Claude, Fr. ; *à filament de tungstène* (1906), Coolidge, U.S.A.
Laser (1958), Gordon Gould, puis Townes et Schawlow, U.S.A.
Linoléum (v. 1860), Walton, G.-B.
Linotype (1884), Mergenthaler, All.
Liquéfaction des gaz (1833), Faraday, G.-B.
Lithographie (1796), Senefelder, Autriche.
Locomotive (V. Index).
Logarithmes (1614), Napier ou Neper, G.-B.
Lunettes correctrices (1315), Salvino Degli Armati, It.
Machine à calculer (1639), Pascal, Fr. *A coudre* (1830), Thimonnier, Fr. (1846), Howe, U.S.A. *A écrire* (1714), H. Mill ; typographe (1828), W. Austin Burt ; frappe radiale (1843), Thurber, G.-B., Guillemot, Fr. (1859) ; production en série (1867), Sholes, U.S.A. ; à boule imprimante (1878), Danemark ; portative (1906) ; électrique (1914), J. Field Smather. *A laver le linge*, manuelle (1851), J. King ; électr. (1907), Alva Fisher, U.S.A. *A vapeur*. V. *moteur à vapeur, pompe à feu*.
Magnétomètre (n.c.), C. Gauss (1777-1855).
Manomètre (n.c.), P. Vargnon (1654-1722) ; *manoscope* (v. 1650), Otto von Guericke, All. ; *métallique* (1849), E. Bourdon, Fr.
Marteau pneumatique (1871), S. Ingersoll, U.S.A.
Maser (1951), Townes, U.S.A., Bassov et Prokhorov, U.R.S.S.
Mécanique ondul. (1924), L. de Broglie, Fr.
Mélinite ou poudre à obus (n.c.), H. Sprengel (1834-1906).
Métier à filer (1768), Hargreaves, G.-B. *A peigner* (1790), Cartwright, G.-B. *A tisser* (1745), Vaucanson, Fr. ; (1790), Jacquard, Fr. ; (1790), Whittemore, G.-B.
Microbes anaérobies (1862), Pasteur, Fr.
Microphone (1877), D. Hughes, E. Gray et G. Bell, U.S.A.
Microscope (1604), Jansen, Holl. ; (1610), Drebbel ; (1663), Hudde, Holl. ; *électronique* (1932), M. Knoll, Ruska, All.
Mini-ordinateur de poignet (1977), Sté Hewlett-Packard, U.S.A.
Mitrailleuse (1860), Gatling, U.S.A. *Perfect.* (1872), Hotchkiss, U.S.A. *Automat. à canon unique* (1833), Maxim, U.S.A.
Moissonneuse à barre de coupe (1831), Cyrus Hall Mc Cormick, U.S.A. ; (1853), Patrick Bell, Éc. *Moissonneuse-batteuse* (1828), U.S.A. ; *batteuse simple* (1790), Andrew Meikle Éc. ; *lieuse* (1890), Cyrus Hall Mc Cormick, U.S.A.
Molécule (1811), Avogadro, It.
Monotype (1887), Lanston, U.S.A.
Morphine (1811), B. Courtois, Fr.
Morse (1840), Morse, U.S.A.
Moteur à explosion (1862), Beau de Rochas, Fr. [cycle à 4 temps (non réalisé)] ; *d'auto* (1886), Benz, All. ; *à électro-aimants* (1833), Moritz Jacobi, All. ; *à essence* (1872), Brayton, U.S.A. ;(1887), Daimler, All. ; (1891), Levassor, Fr. ; *à gaz de charbon* (1860), Lenoir, Belg. (moteur industriel) ; (1867), Otto, All. (moteur de Lenoir sur véhicule) ; *à vapeur* (v. 1625), Salomon de Caus parle d'une machine à vapeur ; (1705), les Anglais Savery et Newcomen réalisent la 1re machine à vapeur ; (1707), Denis Papin (publie les résultats de ses expériences) ; (1769), Watt (leur apporte des améliorations), G.-B. ; (1781), Hornblower, G.-B. ; *électrique* (1860), A. Pacinotti, It. (publ. 1865) ; (1873), Gramme, Belg. (réversion de sa *dynamo*).
Neutron (1932), Chadwick, G.-B.
Nitroglycérine (1847), Sobrero, It.
Nylon (1938), W. Carothers (Lab. Dupont de Nemours), U.S.A.
Ondes électriques (1887), Hertz, All. *Électromagnétiques* (1887), Hertz, All.
Ordinateur (V. Index).
Oxygénée (eau) (1818), Baron Thénard, Fr.
Parachute (1783), Lenormand, Fr. ; (1785), Blanchard, Fr. ; (1797), Garnerin, Fr.
Paratonnerre (1752), Franklin, U.S.A.
Parcmètre (1935), C. Magee, U.S.A.
Pasteurisation (1865), Pasteur, Fr.
Patins à roulettes (1863), J. Plimpton, U.S.A.
Pendule (1657), Huyghens, P.-Bas.
Pénicilline (1928), Alex. Fleming, G.-B.
Périscope (1893), T. Garnier, Fr.
Phonographe (V. Phonogramme à l'Index).
Photographie (1827), voir Index.
Photon (1900), Planck, All.
Piano (1711), Cristofori, It.
Pile atomique (1942), Fermi, It. ; *à combustible* (1839), W.R. Grove ; *hydro-électrique* (1800), Volta, It. ; (1868), Leclanché, Fr. [Pile sèche (1890), Palmiers, It.].
Pilote automatique (1913), Elmer Sperry.
Pneu bicyclette (1887), Dunlop, Irl.
Polarimètre (1828), William Nicol, G.-B. ; (1830), Lüdwig Seebeck, All.
Polaroïd (1947), Ed. Land, U.S.A.
Pompe à feu (1688), Denis Papin, Fr. ; (1698), Savery, G.-B. ; (1705), Newcomen, G.-B. ; *à vide* (1654), Otto von Guericke, All. ; *solaire* (1615), S. de Caus.
Position (1932), C.D. Anderson, U.S.A.
Poudre (v. 1000 av. J.-C.), Chinois [composition révélée (1248) par R. Bacon] ; *sans fumée* (1863), Schultze, All. ; (1884), Vieille, Fr.
Poumon d'acier (1876), Eug. Woillez, Fr. (*« spirophore »*) ; (1928), Drinken, Slaw, U.S.A.
Presse à foin (1853), U.S.A. ; *à poste fixe* (1872).
Presse rotative (1847), Marinoni, Fr.
Pression atmosphérique (1648), Pascal, Fr.
Proton (1916), J.J. Thomson, G.-B.
Protozoaires (1715), Van Leeuwenhoek, Holl.
Pulvérisateur (1884), V. Vermorel, Fr.
Pyromètre (n.c.), J. Wedgwood (1730-1795), G.-B.
Quanta (1900), Planck, All.
Quinine (1820), Pelletier, Caventou, Fr. ; (1853), Pasteur, Fr.
Radar (1904), Hulfsmeyer, All. ; (1922), Taylor, Young, U.S.A. ; (1934), P. David, Gutton, Ponte, Fr. ; Watson Watt, G.-B.
Radioactivité (1896), Becquerel, Fr. ; *artificielle* (1934), F. et I. Joliot-Curie, Fr.
Radiodiffusion (1890), Branly *(cohéreur)*, Fr. ; (1893), Popov *(antenne)*, U.R.S.S. ; (1896), Marconi, It.
Radiothérapie (1899), T. Stenbeck.
Radium (1898), P. et M. Curie, Fr.
Ramasseuse-presse (1932), U.S.A.
Rasoir de sûreté (1895), Gillette, U.S.A. ; *électrique* (1931), Schick, U.S.A.
Rayonne (1884), Hilaire Bernigaud de Chardonnet, Fr. (nommé par lui *« soie artificielle »*).
Rayons X (1895), Röntgen, All.
Réacteur (V. Index).
Réfrigérateur (1834) J. Perkins, U.S.A.
Règle à calcul (1620), E. Gunter, G.-B. ; *à réglette coulissante* (1750), Leadbetter, G.-B.
Relativité restreinte (1905), *universelle* (1912-17), Einstein, All.
Revolver (1815), Lenormand, Fr. ; (1835), Colt, U.S.A.
Rhéostat (1879), L. Clerc, Fr.
Rhésus (1941), Landsteiner (Autr.), Wiener, U.S.A.
Rouleau compresseur (n.c.), L. Cessart (1719-1806).
Rubis synthétique (1860), Frémy, Fr. ; (1892), Verneuil, Fr.
Saxophone (1842), A. Sax, Fr.
Scalpel cryogénique (1962), U.S.A. ; *à plasma* (1965), C. Sheer, U.S.A.
Scanner (1971), G.-N. Hounstfield, G.-B., A. Mac Leold Cormack, U.S.A.
Serrure de précision (1829), A. Fichet, Fr. ; *à combinaison* (1846), A. Fichet.
Sérum physiologique (1879), Kronecker, All.
Sextant (1730), Hadley, G.-B.
Siège éjectable (1944), James Martin, Irl.
Sifflet à ultra-sons (1883), F. Galton, G.-B.
Soude (prép. à l'ammo.) (1863), Solvay, Bel.
Sous-marin (1776), Bushnell, U.S.A. ; (1885), Nordenfelt, Suè. ; (1887), Zédé, Fr. ; (1899), Laubœuf, Fr.
Spectroscope (1859), Kirchoff, Bunsen, All.
Spirographe (1925), De Benedict.
Stéthoscope (1815), Laennec, Fr.
Streptomycine (1945), Waksman, U.S.A.
Stylo (1884), Waterman, U.S.A. *A bille* (1888), Loud, U.S.A. [*réalisé* (1938), Ladislas Biro, Hongr.].
Sulfamide (1935), Domagk, All. ; Tréfouël, Fourneau, Fr.
Supraconductivité (1911), Kamerlingh Onnes, P.-Bas.
Surgélation (1929), Birdseye, U.S.A.
Tank (1914), Swinton, G.-B. ; (1915), Estienne, Fr.
Télégraphe aérien (1793), Chappe, Fr. *Électrique* (1820), Ampère, Fr. ; (1838), Wheatstone, G.-B. ; (1843), Morse, U.S.A.
Téléphone (1854), Bourseul, Fr. ; (1861), Reiss, All. ; (1876), Bell, U.S.A.
Télescope (1608), Lippershey, Holl. ; (1609), Galilée, It. *Astronomique* (1611), Kepler, All. *A miroir* (1671), Newton, G.-B.
Télétype (1928), Morkrum, Kleinschmidt, U.S.A.
Télévision (1884), P. Nipkow, All. ; (1926), J.-L. Baird, Écos. ; (1907), B. Rosing, U.R.S.S., V. Zworykin, U.R.S.S.
Tension artérielle (appareil de prise) (1880), P. Potain, Fr. ; *brassard pneumatique* (1890), Rocci, It.
Théodolite (n.c.), J. Ramsden (1735-1800), G.-B.

Thermodynamique (1730), D. Bernoulli, Fr., Mariotte, Fr., Boyle, G.-B. ; (1824), Carnot, Fr. ; (1845), Joule, G.-B. ; Maxwell, G.-B. ; (1877), Boltzmann, Autr. ; Gibbs, U.S.A.
Thermomètre (av. 1597), Galilée, It.
Tout-à-l'égout (n.c.), E. Belgrand (1810-1878), Fr.
Tracteur (1849), P. Barat, Fr. ; *à moteur à pétrole* (1894) ; *à chenilles* (1904), B. Holt, U.S.A. ; *diesel* (1929).
Transistor (1948), Bardeen, Brattain et Shockley, U.S.A.
Turbine à gaz (1899), Curtis, U.S.A. *Hydraulique* (1849), Francis, U.S.A. ; (1824), Bourdin, Fr. ; (1827), Fourneyron ; (1873), Fontaine, Fr.
Turboréacteur (1930), F. Whittle, G.-B.
Ultracentrifugeuse (1923), T. Svedberg, Suède.
Vaccin anticoqueluche (1931), Leslie, Gardner. *Antipolio.* (1955), Salk, U.S.A. ; (1960), Lépine, Fr. *Antirabique* (1885), Pasteur, Fr. *Antityphique* (1889), Chantemesse et Widal, Fr. *Antivariolique* (1794), Rabaud-Pommier, Fr. (1796), Jenner, G.-B.
Vitamines (1901), Wildiers, Belg. ; (1906), Hopkins, G.-B. ; (1910), Funk.
Vulcanisation caoutchouc (1839), Goodyear, U.S.A.

Salon International de l'Invention de Paris Concours Lépine

Créé en 1901 par le préfet de police Louis Lépine (1846-1933). Se déroule dans le cadre de la Foire de Paris (surface : 2 400 m²). *Durée :* 15 j début mai. *Droits de participation* (frais du salon) env. 1 500 F par invention. *But :* offrir, pour une somme raisonnable, à des inventeurs et fabricants l'occasion leur permettant de se faire connaître et d'étudier des débouchés commerciaux. *Organisateur :* Association des inventeurs et fabricants français, 79, rue du Temple, 75003 Paris ; *Pt :* M. Caroni. *Jury :* 32 membres. *Récompenses :* Grand Prix du Pt de la Rép. (en général vase de Sèvres), Grand Prix de l'A.I.F.F. Coupes et médailles offertes par l'A.I.F.F., ministères et organismes publics ou privés, médailles de l'Association des inventeurs. *Nombre des primés :* env. 50 par an. *Revue :* Invention-magazine.

Associations

Groupe Bourbaki

Origine. *Fondé* vers 1934 à Paris par des mathématiciens français, anciens élèves de l'École normale sup., dont Henri Cartan (1904), Claude Chevalley (1909-84), Jean Delsarte (1903-68), Jean Dieudonné (1906), André Weil (1906). Leur nom collectif rappelle leur origine normalienne [allusion à un « canular » célèbre dans la tradition de l'E.N.S. (Éc. normale sup.) : vers 1880, un élève déguisé en général s'était présenté au directeur de l'école comme étant le Gal Claude Bourbaki et avait eu droit à la visite commentée de tout l'établissement].

Recrutement. Par cooptation, parmi les jeunes mathématiciens normaliens ou non. Démission obligatoire à 50 ans.

Objectif primitif. Refaire l'exposé de toutes les mathématiques, en les prenant à leur point de départ logique, selon la pensée de l'All. David Hilbert (1862-1943). **Activités.** 45 monographies (6 000 pages) toutes signées d'un nom collectif : Nicolas Bourbaki, qui constituent le début d'un traité [*Éléments de mathématiques* (1939), *Éléments d'histoire des mathématiques* (1960)].

Mouvement Pugwash

Origine. Fondé en 1955 à Pugwash, Nouvelle-Écosse (Canada) par Bertrand Russell et Albert Einstein.

Objectif. Organiser la paix grâce à des échanges de vue réguliers entre des savants et des universitaires venus de l'Est et de l'Ouest.

Activités. Conférences (35 depuis la fondation) ; dernière en date Bjorkliden (Suède) 9-6/14-6 1984 ; nombre de participants : 130 à 220.

Prix

Grand prix de l'Académie des Sciences

Lauréats. 1985. *Prix Charles-Léopold-Mayer* (250 000 F) : Jean MONTREUIL. *Prix Ampère de l'Électricité de France* (200 000 F) : Haïm BREZIS. *Prix du Commissariat à l'Énergie atomique* (180 000 F) : Pierre DARRIULAT. *Prix Léon-Velluz* (120 000 F) : Jean JACQUES. *Prix fondé par l'État* (5 000 F) : Stratis AVRAMEAS. *Prix Jaffé* (5 000 F) : Robert TOURNIER. *Prix Alexandre-Joannidès* (5 000 F) : Henri KORN, Constantino SOTELO.

Prix Balzan

Fondé en 1956, en mémoire d'Eugénio Balzan, admin. du « Corriere della Sera » (journal de Milan). 1 à 4 prix annuels de 250 000 FS chacun : Humanité, paix et fraternité entre les peuples ; Lettres, sc. morales, arts ; Sc. physiques, mathématiques, nat. ; Médecine. En 1986, 4 prix (Humanité 500 000 FS, 3 de 250 000 FS). *Décerné* la 1re fois en 1961.

Lauréats

Humanité, paix et fraternité entre les peuples. *61 :* Fondation Nobel. *62 :* Jean XXIII. (It.) *78 :* Mère Teresa de Calcutta (n. 1910, Agnès Gonxha Bojaxhiu, Youg. d'orig. albanaise).

Sciences de l'antiquité [a], **sciences orientales** [b], **philologie, critique littéraire** [c] **et d'art** [d]. *80* [c] : Jorge Luis Borges (1899) (Arg.). *82* [a] : Massimo Pallotino (1909) (Ital.). *83* [b] : Francesco Gabrieli (It.). *84* [c] : Jean Starobinski (1920) (Suisse). *85* [d] : Ernst Hans Josef Gombrich (1909) (G.-B., d'orig. autr.).

Philosophie [1], **sciences sociales et politiques** [2], **sociologie** [3]. *79* [2] : Jean Piaget (1896) (Suisse). *81* [1] : Josef Pieper. *82* [2] : Jean-Baptiste Duroselle (1917) (Fr.). *83* [3] : Edward Shils.

Histoire. *62 :* Samuel Eliot Morison (1887) (U.S.A.). *79 :* Ernest Labrousse (Fr.). Giuseppe Tucci (1894) (Ital.).

Musique. *62 :* Paul Hindemith (1895-1963) (All.).

Architecture, urbanisme. *80 :* Hassan Fathy (1900) (Égypte).

Biologie [1], **botanique** [2], **géologie et géophysique** [3], **zoologie** [4], **génétique** [5], . *62* [1] : Karl von Frisch (1886) (All.). *79* [1] : Torbjörn Caspersson (1910) (Suède). *81* [3] : Dan Peter McKenzie, Drummond Hoyle Matthews, Frederick John Vine. *82* [2] : Kenneth Vivian Thiman (1904) (U.S.A.). *83* [4] : Ernst Mayr (1904) (All.). *84* [5] : Sewall Wright (1889) (U.S.A.).

Mathématiques. *62 :* Andrej Kolmogorov (1903) (U.R.S.S.). *80 :* Enrico Bombieri (It.). *85 :* Jean-Pierre Serre (1926) (Fr.).

Astrophysique. *84 :* Jan Hendrik Oort.

Droit public international. *81 :* Paul Reuter (1911) (Fr.).

Prix Kalinga

Créé en 1951 par la fondation indienne Kalinga, prix de vulgarisation scientifique (1 000 £) attribué chaque année dep. 1952 (sauf 1973 et 1975). Sur 36 lauréats au 1-1-85, 9 Britanniques, 8 Américains, 5 Français, 3 Soviét., 2 Brésiliens, 2 Vénézuéliens.

Lauréats. 1984. Yves Coppens (Fr.), Igor Petryanov-Sokolov (U.R.S.S.).

Prix Lasker

Fondé par Mrs Mary Lasker en souvenir de son mari. Délivré annuellement dep. 1946 avec la coopération de l'American Public Health Association. Chaque année, 10 à 12 lauréats. Beaucoup ont reçu plus tard le prix Nobel de Médecine. Prix individuel : une réduction de la Victoire de Samothrace dorée, un diplôme + une somme : 1946 : 1 000 $, 1957 : 2 500, 1984 : 15 000. **1ers Français lauréats, en 1957 :** P. Deniker et H. Laborit.

Lauréats. 1984 *catégorie « Recherche fondamentale ».* 3 immunologistes : Michael Potter (U.S.A.), César Milstein (G.-B.), Georges Köhler (Suisse) (C. Milstein et G. Köhler avaient reçu le prix Nobel 1984 pour leurs travaux sur les hybridomes). *Catégorie « Recherche médicale clinique ».* Paul Lauterbur (U.S.A.), inventeur de la « zeugmatographie », permettant d'obtenir des images en 3 dimensions de l'intérieur du corps. *Catégorie « Service public ».* Henry Heimlich (U.S.A.), auteur d'une méthode simple permettant de sauver les personnes victimes d'étouffement après avoir avalé un objet.

Médaille Fields

Créée en 1936 [fonds résultant du bilan positif du financement du Congrès de Toronto, de 1924, présidé par le Pr John Charles Fields (1863-1932), Canadien]. 2 médailles au moins, décernées tous les 4 ans à de jeunes mathématiciens, au cours du Congrès international de mathématiques, par un comité intern. émanant de l'Union mathématique intern. (*Pt :* Pr J. Moser ; *secr. gén. :* Pr O. Hehto). Montant du prix, max. 10 500 F par lauréat.

Lauréats. 1936 Lars Ahlfors (1907) (U.S.A., or. finl.), Jesse Douglas (1897) (U.S.A.). **50** Laurent Schwartz (1915) (France), Atle Selberg (1917) (U.S.A., or. norv.). **54** Kunihiko Kodaira (1903) (Japon), Jean-Pierre Serre (1926) (France). **58** Klaus Friedrich Roth (G.-B.), René Thom (1923) (France).**62** Lars Hörmander (1931) (Suède), John Milnor (1931) (U.S.A.). **66** Michael F. Atiyah (1929) (G.-B.), Paul J. Cohen (1934) (U.S.A.), Alexandre Grothendieck (1928) (France), Stephen Smale (1930) (U.S.A.). **70** Alan Baker (G.-B.), Heisuke Hironaka (1931) (U.S.A., or. jap.), S. Novikov (1938) (U.R.S.S.), John C. Thompson (G.-B.). **74** Enrico Bombieri (Ital.), David Mumford (1937) (U.S.A.). **78** Pierre Deligne (1944) (Belg.), Charles Fefferman (1949) et Daniel Quillen (1940) (U.S.A.), Grigory Alexandre Margoulis (1946) (U.R.S.S.). **82** Alain Connes (1947) (France), William P. Thurston (1946) (U.S.A.), Shing Tung-Yau (1949) (Chine).

Prix Nevanlinna (science de l'information)

Créé en 1982 par l'Union mathématique internationale. *Nom* donné en mémoire du Pr Rolf Nevanlinna, ancien Pt de l'Union. *Doté* comme la Médaille Fields mais par l'Université d'Helsinki (Finlande). Attribué tous les 4 ans dans les mêmes conditions d'âge et de mérite.

Lauréat. 1982 Robert E. Tarjan (U.S.A.).

Prix Nobel

Origine. Institués par le savant suédois Alfred Bernhard Nobel (Stockholm, 1833 — San Remo, 1896). Nobel passa son enfance à Stockholm et fit ses études à St-Petersbourg (où son père avait une usine de mécanique). En 1864, il installa à Helensbourg (Suède) une petite usine de nitroglycérine, elle sauta, causant plusieurs morts dont son plus jeune frère. Puis il vécut en Allemagne et voyagea beaucoup avant de s'établir à Paris de 1873 à 1891 et ensuite à San Remo (Italie) ; pensant revenir en Suède il avait acheté en 1893-94 les aciéries Bofors. En 1864, il inventa la dynamite [1 part de nitroglycérine pour 4 de kiselguhr (terre contenant de la silice)] moins dangereuse que la nitroglycérine ; elle obtint aussitôt un très grand succès (construction de tunnels, canaux, ports, exploitation des minéraux).

Nobel fonda de nombreuses usines de dynamite dans le monde. En 1886, il avait 60 Cies qu'il rassembla dans 2 trusts. L'un, le Latin trust (sous l'égide de la Cie française). L'autre, comprenant les Cies anglaises, allemandes et est-européennes. En 1875, il inventa la gélatine explosive (combinaison de nitroglycérine et nitrocellulose) et en 1885, la poudre sans fumée qui révolutionna l'industrie des munitions. En 1894, il déposa des brevets pour des matériaux artificiels tirés de la nitrocellulose (caoutchouc et cuir synthétiques, cire artificielle, laques, vernis). Peu avant sa mort, il avait envisagé de développer ceux-ci sur une large échelle. En tout, dans des pays variés il avait déposé env. 350 brevets représentant 150 inventions différentes.

Chimiste, pionnier des trusts industriels, grand voyageur et idéaliste, il rêvait de découvrir une substance ou une « machine » dont les effets seraient si destructeurs que la guerre en deviendrait impossible. Il écrivait des poèmes. Il avait proposé au préfet de Paris de créer un hôtel des suicidés où les « hôtes » pourraient trouver un bon repas, passer une bonne soirée puis mourir d'une façon rapide et indolore. Possesseur d'une fortune importante, provenant pour plus de 90 % de la création d'explosifs à usage civil (mines, routes, tunnels) et pour 1/7 des actions possédées par la famille Nobel dans les pétroles de Bakou, il laissait à sa mort une fondation d'environ 40 millions de francs-or.

« Tout le reste de la fortune réalisable (à l'époque 33 millions de couronnes) que je laisserai en mourant sera employé de la manière suivante : le capital, placé en valeurs mobilières sûres par mes exécuteurs testamentaires, constituera un fonds dont les revenus seront distribués chaque année à titre de récompense aux personnes qui, au cours de l'année écoulée, auront rendu à l'humanité les plus grands services. Ces revenus seront divisés en cinq parties égales. La première sera attribuée à l'auteur de la découverte ou de l'invention la plus importante dans le domaine de la physique ; la seconde à l'auteur de la découverte ou de l'invention la plus importante en chimie ; la troisième à l'auteur de la découverte la plus importante en physiologie ou en médecine ; la quatrième à l'auteur de l'ouvrage littéraire le plus remarquable d'inspiration idéaliste ; la cinquième à la personnalité qui aura le plus ou le mieux contribué au rapprochement des peuples, à la suppression ou la réduction des armées permanentes, à la réunion et à la propagation des congrès pacifistes... Je désire expressément que les prix soient attribués aux plus dignes, scandinaves ou non. »

Il faudra 4 ans pour résoudre les problèmes posés par l'ouverture de son testament.Les biens de Nobel étaient dispersés à travers l'Europe. Ce n'est qu'en 1900 que le roi Oscar II de Suède promulgua les statuts du nouveau légataire, la Fondation Nobel. Les 1ers prix furent accordés en 1901.

Attribution (le 10 décembre : anniversaire de la mort de Nobel).

Montant pour chaque prix : 1 800 000 F en 1985. *Prix de Physique et de Chimie* : décernés par l'Académie royale des Sciences de Suède. *Physiologie ou Médecine* : par l'Assemblée Nobel de l'Institut Carolin (f. 1810). *Littéraire* : par l'Académie suédoise. *Paix* : Comité Nobel norvégien. *Sciences économiques* (institué en 1968 par la Banque de Suède lors de son tricentenaire, à la mémoire d'Alfred Nobel), attribué et distribué par l'Académie royale des Sciences de Suède.

Le plus jeune prix Nobel fut l'Anglais Sir William Lawrence Bragg (1890-1971), prix de Physique à 25 ans, en 1915, avec son père Sir William Henry Bragg (1862-1942). En littérature, ce fut l'Anglais Kipling (1865-1936) à 41 ans, en 1907. **Les plus âgés** : l'Américain Francis Peyton Rous (1879-1970) en 1966, et l'Allemand Karl von Frisch (1886-1982), prix de Médecine en 1973 (tous les 2 à 87 ans).

Ont reçu 3 fois le prix : Comité International de la Croix-Rouge de Genève (1917, 44, 63 avec la Ligue internationale des Stés de Croix-Rouge). **2 fois** : la Française Marie Curie : Physique (1903) (partagé avec son mari Pierre Curie et Henri Becquerel), Chimie (seule, 1911) ; l'Américain Linus Pauling : Chimie (1954), Paix (1962) ; l'Américain John Bardeen : Physique (1956 et 1972), les 2 fois, prix partagé ; l'Anglais Frederick Sanger : Chimie [1958 (seul), 1980 (partagé)]. **1er ouvrier à avoir reçu le prix de la Paix** : Lech Walesa (1983).

Lauréats

Le Russe Pasternak (Littérature, 1958) a refusé le prix sous la pression du gouvernement soviétique. Jean-Paul Sartre (Littérature, 1964) et le Vietnamien Le Duc Tho (Paix, 1973) l'ont refusé d'eux-mêmes.

Chimie

01 Jacobus van't Hoff (1852-1911) (P.-B.).
02 Emil Fischer (1852-1919) (All.).
03 Svante Arrhenius (1859-1927) (Suè.).
04 Sir William Ramsay (1852-1916) (G.-B.).
05 Adolf von Baeyer (1835-1917) (All.).
06 Henri Moissan (1852-1907) (Fr.).
07 Eduard Buchner (1860-1917) (All.).
08 Lord Ernest Rutherford (1871-1937) (G.-B.).
09 Wilhelm Ostwald (1853-1932) (All.).
10 Otto Wallach (1847-1931) (All.).
11 Marie Curie (1867-1934) (Fr., d'orig. polon.).
12 Victor Grignard (1871-1935), Paul Sabatier (1854-1941) (Fr.).
13 Alfred Werner (1866-1919) (Sui., d'orig. all.).
14 Theodore Richards (1868-1928) (U.S.A.).
15 Richard Willstätter (1872-1942) (All.).
16-17 Non décerné.
18 Fritz Haber (1868-1934) (All.).
19 Non décerné.
20 Walther Nernst (1864-1941) (All.).
21 Frederick Soddy (1877-1956) (G.-B.).
22 Francis Aston (1877-1945) (G.-B.).
23 Fritz Pregl (1869-1930) (Autr.).
24 Non décerné.
25 Richard Zsigmondy (1865-1929) (All.).
26 Theodor Svedberg (1884-1971) (Suède).
27 Heinrich Wieland (1877-1957) (All.).
28 Adolf Windaus (1876-1959) (All.).
29 Sir Arthur Harden (1865-1940) (G.-B.). Hans von Euler-Chelpin (1873-1964) (Suède, d'orig. all.).
30 Hans Fischer (1881-1945) (All.).
31 Carl Bosch (1874-1940) (All.), Friedrich Berguis (1884-1949) (All.).
32 Irving Langmuir (1881-1957) (U.S.A.).
33 Non décerné.
34 Harold Urey (1893-1981) (U.S.A.).
35 Frédéric (1900-58) et Irène Joliot-Curie (1897-1956) (Fr.).
36 Peter Debye (1884-1966) (P.-Bas).
37 Sir Walter Haworth (1883-1950) (G.-B.)., Paul Karrer (1889-1971) (Sui., d'orig. autr.).
38 Richard Kuhn (1900-67) (All.).
39 Adolf-Friedrich Johann Butenandt (1903) (All.), Léopold Ruzicka (1887-1976) (Suisse, d'orig. autr.).
40-42 Non décerné.
43 George de Hevesy (1885-1966) (Hong.).
44 Otto Hahn (1879-1968) (All.).
45 Arturi Ilmari Virtanen (1895-1973) (Fin.).
46 James Summer (1887-1955), John Northrop (1891), Wendell Stanley (1904-71) (U.S.A.).
47 Sir Robert Robinson (1886-1975) (G.-B.).
48 Arne Tiselius (1902-71) (Suède).
49 William Francis Giauque (1895-1982) (U.S.A.).
50 Otto Diels (1876-1954), Kurt Alder (1902-58) (All. féd.).
51 Glenn Seaborg (1912), Edwin McMillan (1907) (U.S.A.).
52 Archer Martin (1910), Richard Synge (1914) (G.-B.).
53 Hermann Staudinger (1881-1965) (All. féd.).
54 Linus Pauling (1901) (U.S.A.).
55 Vincent du Vigneaud (1901-78) (U.S.A.).
56 Sir Cyril Hinshelwood (1897-1967) (G.-B.), Nicolaï Semenov (1896) (U.R.S.S.).
57 Lord Alexander Todd (1907) (G.-B.).
58 Frederik Sanger (1918) (G.-B.).
59 Jaroslav Heyrovsky (1890-1967) (Tchéc.).
60 Willard Libby (1908-80) (U.S.A.).
61 Melvin Calvin (1911) (U.S.A.).
62 Sir John C. Kendrew (1917), Max F. Perutz (1914) (G.-B., d'orig. autr.).
63 Karl Ziegler (1898-1973) (All. féd.), Giulio Natta (1903-79) (It.).
64 Dorothy Crowfoot Hodgkin (1910) (G.-B.).
65 Robert Burns Woodward (1917-79) (U.S.A.).
66 Robert S. Mulliken (1896) (U.S.A.).
67 Manfred Eigen (1927) (All. féd.), Ronald George Wreyford Norrish (1897-1978) et Sir George Porter (1920) (G.-B.).
68 Lars Onsager (1903-76) (U.S.A., d'orig. norv.).
69 Sir Derek Harold Barton (1918) (G.-B.), Odd Hassel (1897-1981) (Norv.).
70 Luis F. Leloir (1906) (Argentine).
71 Gerhard Herzberg (1904) (Canada, d'orig. all.).
72 Christian Anfinsen (1916), Stanford Moore (1913-82), Wil. H. Stein (1911-80) (U.S.A.).
73 Ernst Otto Fischer (1918) (All. féd.). Geoffrey Wilkinson (1921) (G.-B.).
74 Paul John Flory (1910-85) (U.S.A.).
75 Vladimir Prelog (1906) (Suisse, d'orig. youg.), John Cornforth (1917) (G.-B.).
76 William N. Lipscomb (1919) (U.S.A.).
77 Ilya Prigogine (1917) (Belg., d'orig. russe).
78 Peter Mitchell (1920) (G.-B.).
79 Herbert C. Brown (1912) (U.S.A.), Georg Wittig (1897) (All. féd.).
80 Paul Berg (1926) (U.S.A.), Walter Gilbert (1932) (U.S.A.), Frederick Sanger (1918) (G.-B.).
81 Kenichi Fukui (1920) (Jap.), Roald Hoffmann (1937) (U.S.A., or. polon.).
82 Aaron Klug (1926) (G.-B.).
83 Henry Taube (1915) (U.S.A., d'orig. can.).
84 Bruce Merrifield (1921) (U.S.A.).
85 Herbert A. Hauptman (1917) (U.S.A.), Jérôme Karle (1918) (U.S.A.).

Littérature

01 Sully Prudhomme (1839-1907) (Fr.).
02 Theodor Mommsen (1817-1903) (All.).
03 Bjornstjerne Bjornson (1832-1910) (Norv.).
04 Frédéric Mistral (1830-1916) (Fr.), José Echegaray (1833-1916) (Esp.).
05 Henryk Sienkiewicz (1846-1916) (Pol.).
06 Giosue Carducci (1835-1907) (It.).
07 Rudyard Kipling (1865-1936) (G.-B.).
08 Rudolf Eucken (1846-1926) (All.).
09 Selma Lagerlöf (1858-1940) (Suède).
10 Paul Heyse (1830-1914) (All.).
11 Comte Maurice Maeterlinck (1862-1949) (Belg.).
12 Gerhart Hauptmann (1862-1946) (All.).
13 Rabindranath Tagore (1861-1941) (Inde).
14 Non décerné.
15 Romain Rolland (1866-1944) (Fr.).
16 Verner von Heidenstam (1859-1940) (Suède).
17 Karl Gjellerup (1857-1919) (Dan.), Henrik Pontoppidan (1857-1943) (Dan.).
18 Non décerné.
19 Carl Spitteler (1845-1924) (Suisse).
20 Knut Hamsun (1859-1952) (Norv.).
21 Anatole France (1844-1924) (Fr.).
22 Jacinto Benavente (1866-1954) (Esp.).
23 William Butler Yeats (1865-1939) (Irl.).
24 Wladyslaw Reymont (1868-1925) (Pol.).
25 George B. Shaw (1856-1950) (G.-B.).
26 Grazia Deledda (1871-1936) (It.).
27 Henri Bergson (1859-1941) (Fr.).
28 Sigrid Undset (1882-1949) (Norv.).
29 Thomas Mann (1875-1955) (U.S.A.).
30 Sinclair Lewis (1885-1951) (U.S.A.).
31 Erik Axel Karlfeldt (1864-1931) (Suède).
32 John Galsworthy (1867-1933) (G.-B.).
33 Ivan Bounine (1870-1953) (Russe, apatr.).
34 Luigi Pirandello (1867-1936) (It.).
35 Non décerné.
36 Eugène O'Neill (1888-1953) (U.S.A.).
37 Roger Martin du Gard (1881-1958) (Fr.).
38 Pearl Buck (1892-1973) (U.S.A.).
39 Frans Eemil Sillanpää (1888-1964) (Finl.).
40-43 Non décerné.
44 Johannes Jensen (1873-1950) (Dan.).
45 Gabriela Mistral (1889-1957) (Chili).
46 Hermann Hesse (1877-1962) (Suisse, d'orig. all.).
47 André Gide (1869-1951) (Fr.).
48 Thomas Stearns Eliot (1888-1965) (G.-B.).
49 William Faulkner (1897-1962) (U.S.A.).
50 Earl Bertrand Russell (1872-1970) (G.-B.).
51 Pär Lagerkvist (1891-1974) (Suède).
52 François Mauriac (1885-1970) (Fr.).
53 Winston Churchill (1874-1965) (G.-B.).
54 Ernest Hemingway (1898-1961) (U.S.A.).
55 Halldór Kiljan Laxness (1902) (Islande).
56 Juan Ramón Jiménez (1881-1958) (Esp.).
57 Albert Camus (1913-60) (Fr.).
58 Boris Pasternak (1890-1960) (U.R.S.S.) (refusé).
59 Salvatore Quasimodo (1901-68) (It.).
60 St-John Perse (Alexis Léger) (1887-1975) (Fr.).
61 Yvo Andric (1891-1975) (Youg.).
62 John Steinbeck (1902-68) (U.S.A.).
63 Giorgos Seferis (1900-71) (Gr.).
64 Jean-Paul Sartre (1905-80) (Fr.) (prix refusé).
65 Mikhaïl Cholokhov (1905-84) (U.R.S.S.).
66 Samuel Jos. Agnon (1888-1970) (Isr.), Nelly Sachs (1891-1970) (All.).
67 Miguel Angel Asturias (1899-1974) (Guat.).
68 Yasunari Kawabata (1899-1972) (Japon).
69 Samuel Beckett (1906) (Irlande).
70 Alexandre Soljenitsyne (1918) (U.R.S.S.).
71 Pablo Neruda (Neftali Reyes Bascalto) (1904-73) (Chili).
72 Heinrich Böll (1917-85) (All. féd.).
73 Patrick White (1912) (Australie).
74 Eyvind Johnson (1900-76) (Suède), Harry Martinson (1904-78) (Suède).
75 Eugenio Montale (1896-1981) (It.).
76 Saul Bellow (1915) (U.S.A.).
77 Vicente Alexandre (1898-1984) (Esp.).
78 Isaac Bashevis Singer (1904) (U.S.A.).
79 Odysseus Alepoudhelis, dit Elytis (1911) (Gr.).
80 Czeslaw Milosz (1911) (Pol. et U.S.A.).
81 Elias Canetti (1906) (G.-B., d'orig. bulg.).
82 Gabriel Garcia Marquez (1928) (Colombie).
83 William Golding (1911) (G.-B.).
84 Jaroslav Seifert (1901) (Tchéc.).
85 Claude Simon (1913) (Fr.).

Paix

01 Henri Dunant (1828-1910) (Suisse), Frédéric Passy (1822-1912) (Fr.).
02 Elie Ducommun (1833-1906), Albert Gobat (1843-1914) (Suisse).
03 Sir William Cremer (1838-1908) (G.-B.).
04 Inst. de droit intern., Gand (1873) (Belg.).
05 Bertha von Suttner (1843-1914) (Autr.).
06 Theodore Roosevelt (1858-1919) (U.S.A.).
07 Ernesto Moneta (1833-1918) (It.), Louis Renault (1843-1918) (Fr.).

08 Klas Arnoldson (1844-1916) (Suède), Fredrik Bajer (1837-1922) (Dan.).
09 Auguste Beernaert (1829-1912) (Belg.), Paul d'Estournelles de Constant (1852-1924) (Fr.).
10 Bureau international permanent de la paix, Berne (1891) (Suisse).
11 Tobias Asser (1838-1913) (P.-Bas), Alfred Fried (1864-1921) (Autr.).
12 Elihu Root (1845-1937) (U.S.A.).
13 Henri La Fontaine (1854-1943) (Belg.).
14-16 Non décerné.
17 Croix-Rouge internationale (1863).
18 Non décerné.
19 Th. Woodrow Wilson (1856-1924) (U.S.A.).
20 Léon Bourgeois (1851-1925) (Fr.).
21 Hjalmar Branting (1860-1925) (Suède), Christian Lange (1869-1938) (Norv.).
22 Fridtjof Nansen (1861-1930) (Norv.).
23-24 Non décerné.
25 Sir Austen Chamberlain (1863-1937) (G.-B.), Charles Dawes (1865-1951) (U.S.A.).
26 Aristide Briand (1862-1932) (Fr.), Gustav Stresemann (1878-1929) (All.).
27 Ferdinand Buisson (1841-1932) (Fr.), Ludwig Quidde (1858-1941) (All.).
28 Non décerné.
29 Frank Billings Kellogg (1856-1937) (U.S.A.).
30 Nathan N. Söderblom (1866-1931) (S.).
31 Jane Addams (1860-1935), Nicholas Murray Butler (1862-1947) (U.S.A.).
32 Non décerné.
33 Sir Norman Angell (1874-1967) (G.-B.).
34 Arthur Henderson (1863-1935) (G.-B.).
35 Karl von Ossietzky (1889-1938) (All.).
36 C. Saavedra Lamas (1878-1959) (Arg.).
37 Lord Cecil of Chelwood (1864-1958) (G.-B.).
38 Off. intern. Nansen pour les réfugiés (1921) (Suisse).
39-43 Non décerné.
44 Croix-Rouge internationale.
45 Cordell Hull (1871-1955) (U.S.A.).
46 Emily Balch (1867-1961) et John R. Mott (1865-1955) (U.S.A.).
47 Am. Friend's Serv. Com. (U.S.A.), Br. Soc. of Friend's Serv. Coun. (G.-B.).
48 Non décerné.
49 Lord John B. Orr of Brechin (1880-1971) (G.-B.).
50 Ralph Bunche (1904-71) (U.S.A.).
51 Léon Jouhaux (1879-1954) (Fr.).
52 Albert Schweitzer (1875-1965) (Fr.).
53 George Marshall (1880-1959) (U.S.A.).
54 H.C.R. (U.N.H.C.R.).
55-56 Non décerné.
57 Lester Pearson (1897-1972) (Canada).
58 Rév. D. G. Henri Pire (1910-69) (Belg.).
59 Philip John Noel-Baker (1889-1982) (G.-B.).
60 Albert-John Lutuli (décerné en 1961) (1898-1967) (Afr. Sud).
61 Dag Hammarskjöld (1905-61) (Suède).
62 Linus Pauling (1901) (U.S.A.).
63 Croix-Rouge internationale et Ligue des Soc. de Croix-Rouge.
64 Martin Luther King (1929-68) (U.S.A.).
65 F.I.S.E. (U.N.I.E.F.).
66-67 Non décerné.
68 René Cassin (1887-1976), Pt de la Cour européenne des droits de l'homme (Fr.).
69 Organisation int. du travail.
70 Norman E. Borlaug (1914) (U.S.A.).
71 Willy Brandt (1913) (All. féd.).
72 Non décerné.
73 Henry A. Kissinger (1923) (U.S.A.), Le Duc Tho (Viêt-nam N.) qui le refuse.
74 Eisaku Sato (1901-75) (Jap.), Sean Mac Bride (1904) (irl.).
75 Andréi Sakharov (1921) (U.R.S.S.).
76 Mairead Corrigan (1944) (Irl. du N., G.-B.), Betty Williams (1943) (Irl. du N., G.-B.).
77 Amnesty International.
78 Anouar el-Sadate (1918-81) (Égypte). Menahem Begin (1913) (Israël, d'orig. polon.).
79 Mère Teresa (Inde) (n. 1910 en Youg.).
80 Adolfo Perez Esquivel (1931) (Arg.).
81 Haut Commissariat de l'ONU pour les Réfugiés.
82 Alva Myrdal (1902-86) (Suède), Alfonso Garcia Robles (1911) (Mexique).
83 Lech Walesa (1943) (Pologne).
84 Desmond Tutu (1901) (S.-Afr.).
85 Internationale des médecins contre la guerre nucléaire.

Physiologie ou médecine

01 Emil von Behring (1854-1917) (All.).
02 Sir Ronald Ross (1857-1932) (G.-B.).
03 Niels Finsen (1860-1904) (Dan.).
04 Ivan Pavlov (1849-1936) (Russie).
05 Robert Koch (1843-1910) (All.).
06 Camillo Golgi (1843-1926) (It.), Santiago Ramon y Cajal (1852-1934) (Esp.).
07 Charles Laveran (1845-1922) (Fr.).
08 Paul Ehrlich (1854-1915) (All.), Elie Metchnikoff (1845-1916) (Russie).
09 Theodor Kocher (1841-1917) (Suisse).
10 Albrecht Kossel (1853-1927) (All.).
11 Allvar Gullstrand (1862-1930) (Suède).
12 Alexis Carrel (1873-1944) (Fr.).
13 Charles Richet (1850-1935) (Fr.).
14 Robert Bárány (1876-1936) (Autr.).
15-18 Non décerné.
19 Jules Bordet (1870-1961) (Belg.).
20 August Krogh (1874-1949) (Dan.).
21 Non décerné.
22 Sir Archibald Hill (1886-1977) (G.-B.), Otto Meyerhof (1884-1951) (All.).
23 Sir Frédérick G. Banting (1891-1941), John J.R. MacLeod (1876-1935) (Canada).
24 Willem Einthoven (1860-1927) (P.-Bas).
25 Non décerné.
26 Johannes Fibiger (1867-1928) (Dan.).
27 Julius Wagner-Jauregg (1857-1940) (Au.).
28 Charles Nicolle (1866-1936) (Fr.).
29 Charles Eijkman (1858-1930) (P.-Bas), Sir Frédérick Hopkins (1861-1947) (G.-B.).
30 Karl Landsteiner (1868-1943) (Autr.).
31 Otto Warburg (1883-1970) (All.).
32 Sir Charles Sherrington (1857-1952), Lord Edgar Adrian (1889-1977) (G.-B.).
33 Thomas Morgan (1866-1945) (U.S.A.).
34 George Whipple (1878-1976), G. Minot (1885-1950), W. Murphy (1892) (U.S.A.).
35 Hans Spemann (1869-1941) (All.).
36 Sir Henry Dale (1875-1968) (G.-B.)., Otto Lœwi (1873-1961) (Autr., d'orig. all.).
37 Albert Szent-Györgyi von Nagyrapolt (1893) (Hong.).
38 Corneille Heymans (1892-1968) (Belg.).
39 Gerhard Domagk (1895-1964) (All.).
40-42 Non décerné.
43 Henrik Dam (1895-1976) (Dan.), Edward Doisy (1893) (U.S.A.).
44 Joseph Erlanger (1874-1965), Herbert Spencer Gasser (1888-1963) (U.S.A.).
45 Sir Alexander Fleming (1881-1955), Sir Ernst Boris Chain (1906-79), Lord Howard Florey (1898-1968) (G.-B.).
46 Hermann Muller (1890-1967) (U.S.A.).
47 Carl (1896-1984) et Gerty Cori (1896-1957) (U.S.A., d'orig. autr.), Bernardo Houssay (1887-1971) (Arg.).
48 Paul Müller (1899-1965) (Suisse).
49 Walter Hess (1881-1973) (Suisse), Antonio de Abreu Freire Egas Moniz (1874-1955) (Port.).
50 Philip Hench (1896-1965), Edward Kendall (1886-1972) (U.S.A.), Tadeus Reichstein (1897) (Suisse, d'orig. polon.).
51 Max Theiler (1899-1972) (Afr. du S.).
52 Selman Waksman (1888-1973) (U.S.A., d'orig. russe).
53 Fritz Lipmann (1899) (U.S.A., d'orig. all.), Sir Hans Krebs (1900-81) (G.-B., d'orig. all.).
54 John Enders (1897-1985) Thomas Weller (1915), Fréd. Robbins (1916) (U.S.A.).
55 Hugo Theorell (1903-82) (Suède).
56 Dickinson Richards (1895-1973) (U.S.A.), Werner Forssmann (1904-79) (All. féd.), André Cournand (1895) (U.S.A., d'orig. franç.).
57 Daniel Bovet (1907) (It.).
58 Joshua Lederberg (1925), George Beadle (1903), Edward Tatum (1909-75) (U.S.A.).
59 Severd Ochoa (1905) (U.S.A., d'orig. espagn.), Arthur Kornberg (1918) (U.S.A.).
60 Sir Frank Macfarlane Burnet (1899-85) (Austr.), Sir Peter Brian Medawar (1915) (G.-B.).
61 Georg von Bekesy (1899-1972) (U.S.A., d'orig. hongroise).
62 James Dewey Watson (1928) (U.S.A.), Francis Harry Compton Crick (1916), Maurice Hugues Fréd. Wilkins (1916) (G.-B.).
63 Sir John Carew Eccles (1902) (Austr.), Sir Alan Lloyd Hodgkin (1914), Sir Andrew Fielding Huxley (1917) (G.-B.).
64 Konrad Bloch (1912) (U.S.A., d'orig. all.), Feodor Lynen (1911-79) (All. féd.).
65 François Jacob (1920), André Lwoff (1902), Jacques Monod (1910-76) (Fr.).
66 Charles B. Huggins (1901) et Francis Peyton Rous (1879-1970) (U.S.A.).
67 Ragnar Granit (1900) (Suède), Haldan Keffer Hartline (1903-83) (U.S.A.) et George Wald (1906) (U.S.A.).
68 Robert Holley (1922), Har Gobind Khorana (1922), Marshall Nirenberg (1927) (U.S.A.).
69 Max Delbrück (1906-81) (U.S.A., d'orig. all.), Alfred Hershey (1908), Salvador Luria (It., 1912) (U.S.A.).
70 Sir Bernard Katz (1911) (G.-B.), Ulf von Euler (1905-83) (Suède), Julius Axelrod (1912) (U.S.A.).
71 Earl Sutherland (1915-74) (U.S.A.).
72 Gerald Edelman (1929), Rodney Robert Porter (1917-85) (G.-B.).
73 Karl von Frisch (1886-1982) (Autriche), Konrad Lorenz (1903) (Autriche), Nikolaas Tinbergen (1907) (G.-B., d'orig. néerl.).
74 Albert Claude (1899-1983) (Belg.), Christian de Duve (1917) (Belg.), George Emil Palade (1912) (U.S.A., d'orig. roum.).
75 Howard Martin Temin (1934) (U.S.A.), Renato Dulbecco (1914) (U.S.A., d'orig. it.), David Baltimore (1938) (U.S.A.).
76 Baruch S. Blumberg (1925) (U.S.A.), D. Carleton Gajdusek (1923) (U.S.A.).
77 Rosalyn Yalow (1921) (U.S.A.), Roger Guillemin (1924) (U.S.A., d'orig. franç.), Andrew Schally (1926) (U.S.A., d'orig. pol.).
78 Werner Arber (1929) (Suisse), Daniel Nathans (1928) (U.S.A.), Hamilton Smith (1931) (U.S.A.).
79 Allan Cormack (1924) (U.S.A.), Godfrey N. Hounsfield (1919) (G.-B.).
80 Baruj Benacerraf (1920) (U.S.A.), Jean Dausset (1916) (France), George D. Snell (1903) (U.S.A.).
81 Roger W. Sperry (1913) (U.S.A.), David H. Hubel (1926) (U.S.A., d'orig. can.), Torsten N. Wiesel (1924) (U.S.A., d'orig. suéd.).
82 Sune Bergström (1916) (Suède), Bengt I. Samuelson (1934) (Suède), Sir John R. Vane (1927) (G.-B.).
83 Barbara McClintock (1902) (U.S.A.).
84 Niels Jerne (1911) (Dan.), Georges Köhler (1946) (All. féd.), Cesar Milstein (1927) (G.-B.).
85 Michael Brown (1941) (U.S.A.), Joseph Goldstein (1940) (U.S.A.).

Physique

01 Wilhelm Rœntgen (1845-1923) (All.).
02 Hendrik Lorentz (1853-1928) et Pieter Zeeman (1865-1943) (P.-Bas).
03 Henri Becquerel (1852-1908), Pierre (1859-1906) et M. Curie (1867-1934) (Fr., d'orig. pol.).
04 John Strutt (Lord Rayleigh) (1842-1919) (G.-B.).
05 Philipp von Lenard (1862-1947) (All.).
06 Sir Joseph Thomson (1856-1940) (G.-B.).
07 Albert Michelson (1852-1931) (U.S.A., d'orig. all.).
08 Gabriel Lippmann (1845-1921) (Fr.).
09 Guglielmo Marconi (1874-1937) (It.), Ferdinand Braun (1850-1918) (All.).
10 Joh. D. van der Waals (1837-1923) (P.-B.).
11 Wilhelm Wien (1864-1928) (All.).
12 Gustaf Dalén (1869-1937) (Suède).
13 Heike Kamerlingh-Onnes (1853-1926) (P.-Bas).
14 Max von Laue (1879-1960) (All.).
15 Sir William Henry Bragg (1862-1942), Sir William L. Bragg (1890-1971) (G.-B.).
16 Non décerné.
17 Charles Barkla (1877-1944) (G.-B.).
18 Max Planck (1858-1947) (All.).
19 Johannes Stark (1874-1957) (All.).
20 Charles-Ed. Guillaume (1861-1938) (Sui.).
21 Albert Einstein (1879-1955) (All.).
22 Niels Bohr (1885-1962) (Dan.).
23 Robert Millikan (1868-1953) (U.S.A.).
24 Karl Siegbahn (1886-1978) (Suède).
25 James Franck (1882-1964), Gustav Hertz (1887-1975) (All.).
26 Jean Perrin (1870-1942) (Fr.).
27 Arthur Compton (1892-1962) (U.S.A.), Charles Wilson (1869-1959) (G.-B.).
28 Sir Owen Richardson (1879-1959) (G.-B.).
29 Pce Louis-Victor de Broglie (1892) (Fr.).
30 Sir Chandrasekhara Venkata Raman (1888-1970) (Inde).
31 Non décerné.
32 Werner Heisenberg (1901-76) (All.).
33 Erwin Schrœdinger (1887-1961) (Autr.), Paul Dirac (1902-84) (G.-B.).
34 Non décerné.
35 Sir James Chadwick (1891-1974) (G.-B.).
36 Victor Hess (1883-1964) (Autr.), Carl Anderson (1905) (U.S.A.).
37 Clinton Davisson (1881-1958) (U.S.A.), Sir George Thomson (1892-1975) (G.-B.).
38 Enrico Fermi (1901-54) (It.).
39 Ernest O. Lawrence (1901-58) (U.S.A.).
40-42 Non décerné.

43 Otto Stern (1888-1969) (U.S.A., d'orig. all.).
44 Isidore Isaac Rabi (1898) (U.S.A., d'orig. autr.).
45 Wolfgang Pauli (1900-58) (Autr.).
46 Percy W. Bridgman (1882-1961) (U.S.A.).
47 Sir Edward Appleton (1892-1965) (G.-B.).
48 Lord Patrick Blackett (1897-1974) (G.-B.).
49 Hideki Yukawa (1907-81) (Japon).
50 Cecil Franck Powell (1903-69) (G.-B.).
51 Sir John Douglas Cockcroft (1897-1967) (G.-B.), Ernest Walton (1903) (Irl.).
52 Edward Mills Purcell (1912), Félix Bloch (1905-83) (U.S.A., d'orig. suisse).
53 Fritz Zernike (1888-1966) (P.-Bas).
54 Max Born (1882-1970) (G.-B., d'orig. all.), Walther Bothe (1891-1957) (All. féd.).
55 Polykarp Kusch (1911) (U.S.A., d'orig. all.), Willis Lamb (1913) (U.S.A.).
56 William Shockley (1910) (U.S.A., d'orig. G.-B.), Walter Brattain (1902), John Bardeen (1908) (U.S.A.).
57 Tsung Dao Lee (1926), Chen Ning Yang (1922) (Chine).
58 Pavel Tcherenkov (1904), Ilia Michajlovic Frank (1908), Igor Tamm (1895-1971) (U.R.S.S.).
59 Emilio Segrè (1905) (U.S.A., d'orig. it.), Owen Chamberlain (1920) (U.S.A.).
60 Donald Glaser (1926) (U.S.A.).
61 Robert Hofstadter (1915) (U.S.A.), Rudolf Mössbauer (1929) (All. féd.).
62 Lev Landau (1908-68) (U.R.S.S.).
63 Eugen Wigner (1902) (U.S.A., d'orig. hongr.), Maria Goeppert-Mayer (1906-72) (U.S.A., d'or. all.), Hans Jensen (1907-73) (All. féd.).
64 Charles Hard Townes (1915) (U.S.A.), l'autre moitié : Nikolai Basov (1922) et Aleksandr Prokhorov (1916) (U.R.S.S.).
65 Richard P. Feynman (1918) (U.S.A.), Julian Schwinger (1918) (U.S.A.), Sinitiro Tomonaga (1906-79) (Japon).
66 Alfred Kastler (1902-84) (Fr.).
67 Hans A. Bethe (1906) (U.S.A., d'orig. all.).
68 Luis W. Alvarez (1911) (U.S.A.).
69 Murray Gell-Mann (1929) (U.S.A.).
70 Hannes Alfvén (1908) (Suède), Louis Neel (1904) (France).
71 Dennis Gabor (1900-79) (G.-B., d'orig. hongr.).
72 John Bardeen (1908), Léon N. Cooper (1930), John R. Schrieffer (1931) (U.S.A.).
73 Léo Esaki (1925) (Japon), Ivar Giaever (1929) (U.S.A., d'orig. norv.), Brian D. Josephsón (1940) (G.-B.).
74 Sir Martin Ryle (1918-84) (G.-B.), Sir Antony Hewish (1924) (G.-B.).
75 Aage Bohr (1922) (Dan.), Ben Mottelson (1926) (Dan., d'orig. U.S.A.), James Rainwater (1917) (U.S.A.).
76 Burton Richter (1931) (U.S.A.), Samuel C.C., Ting (1936) (U.S.A.).
77 Philip Anderson (1923) (U.S.A.), Sir Nevill Mott (1905) (G.-B.), J.-H. Van Vleck (1899-1980) (U.S.A.).
78 Piotr L. Kapitza (1894-1984) (U.R.S.S.), Arno Penzias (1933) (U.S.A., d'orig. all.), Robert Wilson (1926) (U.S.A.).
79 Sheldon L. Glashow (1932) (U.S.A.), Abdus Salam (1926) (Pak.), Steven Weinberg (1933) (USA).
80 James W. Cronin (1931) (U.S.A.), Val L. Fitch (1923) (U.S.A.).
81 Nicolaas Bloembergen (1920) (U.S.A., or. néerl.), Arthur L. Schawlow (1921) (U.S.A.), Kai M. Siegbahn (1918) (Suède).
82 Kenneth G. Wilson (1936) (U.S.A.).
83 Subrahmanyan Chandrasekhar (1910) (U.S.A., d'orig. ind.), William A. Fowler (1911) (G.-B.).
84 Carlo Rubbia (1934) (It.), Simon van der Meer (1925) (P.-Bas).
85 Klaus von Klitzing (1943) (All. féd.).

Sciences économiques

69 Bagnar Frisch (1895-1973) (Norv.), Jan Tinbergen (1903) (P.-Bas).
70 Paul A. Samuelson (1915) (U.S.A.).
71 Simon Kuznets (1901-85) (U.S.A.).
72 Sir John R. Hicks (1904) (G.-B.), Kenneth J. Arrow (1921) (U.S.A.).
73 Wassily Leontieff (1906) (U.S.A., d'orig. U.R.S.S.).
74 Gunnar Myrdal (1898) (Suède), Friedrich von Hayek (1899) (G.-B., d'orig. autr.).
75 Tjalling Charles Koopmans (1910) (U.S.A., d'orig. néerl.), Léonide Kantorovitch (1912-86) (U.R.S.S.).
76 Milton Friedman (1912) (U.S.A.).
77 Bertil Ohlin (1899-1979) (Suède), James Meade (1907) (G.-B.).
78 Herbert Simon (1916) (U.S.A.).
79 Theodore W. Schultz (1902) (U.S.A.), Sir Arthur Lewis (1915) (G.-B., d'orig. Ind. occ.).
80 Lawrence R. Klein (1920) (U.S.A.).
81 James Tobin (1918) (U.S.A.).
82 George J. Stigler (1911) (U.S.A.).
83 Gérard Debreu (1921) (U.S.A., d'orig. fr.).
84 Richard Stone (1913) (G.-B.).
85 Franco Modigliani (1918) (U.S.A., d'orig. ital.).

Distribution par pays

Chimie. U.S.A. 29, Allem. 25, G.-B. 22, *France 6.* Suède, Suisse 3. P.-Bas 2. Argent., Austr., Autr., Belg., Canada, Finl., Hongrie, It., Japon, Norv., Tchéc., U.R.S.S. 1.

Littérature. *France 12.* U.S.A., Allem., G.-B. 8. Suède 6. It. 5. U.R.S.S., Esp. 4. Norv., Dan., Pol. 3. Suisse, Chili, Austr., Grèce, Irl. 2. Belg., Colombie, Finl., Guatemala, Inde, Islande, Japon, Youg., Tchéc. 1.

Médecine. U.S.A. 60. G.-B. 23. Allem. 8. *France 6.* Suède 6. Suisse, Autr. 5. Dan. 5. Belg., Hongrie 3. Afr. du S., It., P.-Bas, U.R.S.S. 2. Argent., Austr., Canada, Esp., Port. 1.

Paix. U.S.A. 16. *France 9.* G.-B. 7. Suède 5. Allem. 4. Suisse, Belg. 3. Norv., Égypte, Irl., Israël, It., Japon, Mexique, P.-Bas, Pologne, Viêt-nam, U.R.S.S., Afr. du S., Youg. 1. Institutions 14 (dont la Croix Rouge 3). 20 fois non décerné.

Physique. U.S.A. 45. G.-B. 21. Allem. 15. *France 9.* U.R.S.S. 7. P.-Bas 6. Suède 4. Autr., Japon, Dan., It. 3. Chine 2. Inde, Irl., Pakistan 1.

Sciences économiques. U.S.A. 12. G.-B. 5. Suède 2. Norv., P.-Bas, Autr., U.R.S.S. 1.

Total. U.S.A. 170. G.-B. 85. Allem. 60. *France 42.* Suède 26. U.R.S.S. 16. Autr., It., P.-Bas 12. Dan., Institutions, Suisse 13. Belg. 8. Esp., Norv., Japon 6. S.-Afr. 5. Argent., Austr., Hongrie, Irl. 4. Pol. 4. Tchéc. 1. *Non décernés :* Chimie 3 fois. Littérature 7. Paix 20. Physiol. méd. 9. Physique 6.

Unités de mesure

Systèmes anciens

Antiquité

Les unités de longueur choisies par les Anciens (Grecs, Latins, Celtes) se rapportaient en général aux dimensions du corps de l'homme ou à la mesure de ses activités physiques : le *pouce* ou le *doigt* (en largeur), la *palme* ou l'*empan*, la *coudée* (avant-bras), le *bras* (un bras étendu), les 2 bras étendus (brasse) ; le *pas*, le double pas, le millier de pas, l'*heure de marche* (lieue). Les unités de surface et de volume étaient souvent les mêmes unités mises au carré ou au cube (exception : la *boisse* celtique était la capacité des 2 mains creuses). Les unités de poids dérivaient le plus souvent des unités de capacité (tel volume de certains corps, p. ex. : l'argent).

Grèce (système attique)

• **Longueur.** *Doigt* (largeur du doigt) : env. 2 cm. *Pied :* 30,8 cm. *Coudée :* 0,48 m. *Pas :* 0,74 m. *Brasse* (orguïa, 4 coudées) : 1,96 m (100 pieds) : 30,8 m. *Acène* (*akaina*, « aiguillon ») : 2,96 m. *Plèthre :* 29,60 m. *Stade :* 177,60 m (240 pas).

• **Poids.** *Obole :* 0,72 g. *Drachme :* 4,32 g (6 oboles). *Mine :* 432 g (100 drachmes). *Talent :* 25,920 kg (60 mines).

• **Superficie.** *Plèthre carré :* 10 000 pieds c. (870 m²).

• **Volume. Solides :** *Cotyle :* 0,27 l. *Chénix :* 4 cotyles (1,08 l). *Hecteus* (setier : 1/6 de médimne) : 32 cotyles (8,64 l). *Médimne :* 192 cotyles (51,84 l). **Liquides :** *Cotyle :* 0,27 l. *Conge (khous) :* 12 cot. (3,24 l). *Amphore ou métrète italique :* 19,44 l. *Métrète :* 144 cot. (38,38 l).

Rome

• **Longueur.** *Digitus* (doigt ou pouce) : 0,0184 m. *Palmus* (palme ou empan = 4 doigts) : 0,0736 m. *Pes* (pied = 4 palmes) : 0,2944 m. *Palmipes* (= 1 pied + 1 palme = 20 doigts) : 0,3680 m. *Cubitus* (coudée = 1 pied + 2 palmes = 24 doigts) : 0,4416 m. *Gradus* (pas simple = 2 pieds + 2 palmes) : 0,736 m. *Passus* (pas double = 5 pieds) : 1,472 m. *Milia passuum* (mille = 1 000 pas) : 1,472 m.

• **Poids.** *Uncia* (once = 1/2 livre) : 27,25 g [sous-multiples : semuncia 1/2 once ; scripulum 1/24 once ; multiples : quincunx (5) ; septunx (7) ; bes (8) ; dodrans (9) ; dextans (10) ; deunx (11)]. *Libra* ou *as* (livre = 12 onces) : 327 g [sous-multiples : semis (1/2 = 6 onces = 163,5 g) ; triens (1/3 = 4 onces) ; quadrans (1/4 = 3 onces) ; sextans (1/6 = 2 onces)].

Nota. — Sicles bibliques. Or : s. du sanctuaire (déposé par Moïse dans le Tabernacle) 8,41 g. Argent : s. vulgaire (phénicien) = 14,92 g.

• **Superficie.** *Quadratus pes* (1 pied carré) : 0,086 m². *Decempeda quadrata* (= 10 p x 10 p = 100 p²) : 8,66 m². *Jugerum* (arpent = 240 p x 120 p = 28 800 p²) : 25 ares. *Heredium* (= 2 jugères) : 50 ares. *Centuria* (= 100 heredia) : 50 ha. *Saltus* (= 4 centuries) : 200 ha.

• **Volume. Liquides :** *Sex tarius* (setier = 1/48 quadrantal) : 0,547 l. *Congius* (conge grec = 1/8 Q) : 3,283 l. *Urna* (urne = 1/2 Q) : 13,132 l. *Quadrantal* (ou amphora ou métrète italique ou 1 pied cubique) : 26 364 l. *Culleus* (tonneau = 20 Q) ; 527,28 l.

Corps secs : *Hemina* (hemine = 1/32 modius) : 0,274 l. *Sextarius* (setier = 1/16 modius) : 0,548 l. *Semodius* (demi-muid = 1/2 modius) : 4,394 l. *Modius* (muid = 1/3 quadrantal) : 8,788 l.

France (Ancien Régime)

• **Caractéristiques.** Les unités, les valeurs, les affectations sont différentes (par ex. : « pied de terre » et « pied de vitrier ») ; leurs divisions sont irrégulières (un pied peut avoir 10 ou 12 pouces selon les régions ; une livre peut compter 12, 14 ou 15 onces selon les villes et même les quartiers urbains). *Dans le Toulousain (Hte-Garonne actuelle) :* il y a 16 mesures pour le vin (5 noms différents : pot, quart, juste, pinte, méga ; chacun de ces noms désigne 3 ou 4 mesures différentes) ; elles sont divisées chacune de 4 façons différentes : uchau (8e), pouchou, mesure, petit. L'uchau varie de 0,364 l à 0,601 en Toulousain ; de 0,406 l à 1,060 l dans le comté de Foix ; de 0,771 l à 1,582 l en Béarn.

• **Capacité : liquides.** *Roquille* (contenu d'une écorce d'orange appelée « roquille ») : 0,030 l. *Demi-posson* (2 roquilles) : 0,060 l. *Posson* (doublet de potion, « coup à boire ») (4 roquilles) : 0,119 l. *Demi-setier* (2 possons) : 0,238 l. *Chopine* (primitivement mesure germanique de la bière, env. 0,33 litre) ou *setier* (du latin *sextarius*, « sixième ») : 0,476 l. *Pinte de Paris* (2 chopines) : 0,93 l ou 48 pouces cubes, soit 0,95 l. *Pot ou quade* (autre orthographe de *cade*) (2 pintes). *Velte* (du latin médiéval *gualguita,* « petite jauge ») (8 pintes) : 7,62 l. *Quartaut* (9 veltes) : 68,5 l. *Feuillette* (tonneau marqué d'une feuillure, « entaille de jauge ») (2 quartauts) : 137 l. *Muid* (du latin modius, « mesure ») (288 pintes) : 274 l. *Muid de Bourgogne* (2 feuillettes) : 268 l.

Matières sèches (à Paris). *Litron :* 0,79 l. *Boisseau* [dérivé de *boisse,* bas-latin *bostia,* gaulois *bosta,* « creux de la main » (16 litrons)] : 12,7 l (utilisé pour blé, avoine, sel, charbon de terre, charbon de bois). *Setier* (12 boisseaux) : 152 l. *Minot* (diminutif de mine : altération du gréco-latin *hemina,* « mesure de 28 cl ») (6 boisseaux pour l'avoine et le charbon de terre ; 4 pour le sel ; 3 pour le blé ; 2 pour le charbon de bois). *Double minot* (la mine) : *muid* [(moitié d'un setier ; mais le « demi-setier » est un 32e du setier) valant pour le charbon de bois 20 mines (client) ou 16 (commerçant), de terre 7 mines ½ ; le plâtre 72 boisseaux (ou 36 sacs) ; l'avoine 288 boisseaux ; le sel 192 ; le blé 144]. En outre, chaque boisseau change de valeur selon les façons (fixées par l'usage) de le remplir : bon poids ou poids courant ; comble ou ras, etc.

Longueur. *Point :* 0,188 mm. *Ligne* (12 points) : 0,226 cm. *Pouce* (12 lignes) : 2,707 cm. *Pied de roi* (12 pouces) : 0,325 m. *Toise* [du latin *(ex) tensa,* « étendue »] (6 pieds) : 1,949 m. *Pas :* 0,624 m. *Perche de Paris* (18 pieds) : 5,847 m ; *ordinaire* (20 pieds) : 6,496 m ; *des Eaux et Forêts* (22 pieds) : 7,146 m. *Lieue de poste* (du gaulois *leuca,* « distance entre 2 pierres »). *Lieue de Paris :* jusqu'en 1674 : considérée comme valant 1 666 toises ; *1674 à 1737 :* 2 000 (3,898 km) ; *1737 :* 2 400 pour les tarifs du transport de grains, 2 000 pour les Ponts et Chaussées, 2 200 pour les Postes. En fait, le nombre de lieues d'une ville à l'autre est fixé traditionnellement et la valeur de la lieue change pour que ce nombre reste constant malgré les variations des itinéraires.

Étoffes. *Aune de Paris* [du francique *elina* (latin *ulna*), « avant-bras » ; 4 pieds romains] : 1,188 m [fixée officiellement en 1540 par François Ier (3 pieds, 7 pouces, 8 lignes) ; chiffres confirmés en 1554, 1557, 1714, 1736 ; en 1745, cette longueur est oubliée, une 6e ordonnance est nécessaire].

Marine. *Brasse* (longueur de corde entre les bras étendus) (5 pieds) : 1,624 m. *Encâblure* (1/10 mille) : 185,2 m (ou 194,9). *Lieue marine* de un degré (3 milles marins) : 5 556 m.

Nota. – De 1812 à 1840 : toise métrique : 2 m ; pied métrique : 0,33 m ; pouce métrique : 0,0275 m ; ligne : 0,0023 m.

• **Masse.** *Grain :* 53 mg. *Denier* (24 grains) : 1,275 g. *Gros* (3 deniers) : 3,824 g. *Once* (8 gros) : 30,59 g. *Quarteron* (1/4 de livre ou 4 onces) : 122,4 g. *Marc* (unité allemande dont les poids étaient importés de Nuremberg : du goth. marka, « demi-livre ») (8 onces) : 244,75 g. *Livre* (latin *libra*) (16 onces) : 489,5 g. *Quintal* (100 livres) : 48,95 kg. *Millier* (1 000 livres) : 489,5 kg. *Tonneau de mer* (primitivement, mesure de capacité) (2 000 livres) : 979 kg.

Nota. – La *pile* dite de Charlemagne était l'étalon officiel de poids (masse). Elle était faite de 13 poids-godets creux, de plus en plus petits, empilés les uns dans les autres.

• **Superficie.** Toutes les mesures de longueur citées ci-dessus au carré et en outre : *Arpent des Eaux et Forêts* (du gaulois *arepenn,* « portée de flèche ») : 48 400 *pieds carrés :* 5 107 m² ; *arpent ordinaire :* 4 221 m² ; *arpent de Paris :* 3 419 m². *Journal,* variant suivant les provinces, correspondait à la surface labourable par un homme en une journée. *Verge* [terme sans doute préceltique *vège* (espagnol *vega,* « champ plat »), contaminé par *vergée,* « terrain mesuré à la verge »] (1/4 arpent) : 1 276 m².

• **Volume.** Les mesures de longueur au cube et pour le bois : *Voie de Paris* (voie = voyage, c.à-d. charretée) : 1,920 st.

• **Projets d'unification.** De nombreuses tentatives se sont heurtées aux résistances locales. *Exemples pour Paris :* **1668** création au Châtelet de la toise de 6 « pieds de roi » ; **1669** définition de l'arpent de Paris (calculé en pieds de roi) ; **1670** définition du boisseau de Paris ; **1735** création de la toise-étalon, elle eut *2 copies : 1re* – l'une dite *du Pérou* ou *de l'Équateur,* emmenée au Pérou de 1735 à 1748 pour servir à la mesure de la courbure de la Terre près de l'Équateur. Elle revint intacte en 1748 ; l'Académie des Sciences refusa d'en faire un étalon officiel, mais plus tard, elle servit à définir le mètre révolutionnaire. *2e* – la *toise du Nord,* qui servit aux mêmes travaux en Suède, mais revint endommagée. **1742** définition de la pinte de Paris. Quant à l'unité de poids parisienne, son étalon est la « pile de Charlemagne » (livre **poids de marc** et ses subdivisions), conservée à l'hôtel des Monnaies (voir ci-dessous). *Royaume :* projets de Charles le Chauve, Louis le Hutin, Philippe le Long. Édits de François Ier sur l'aunage (1540-45), de Henri II (1557-58). Suppliques des États Généraux 1560, 76, 1614. Projet d'Henri IV, puis de Colbert. Tentatives de Laverdy en 1764 puis de Trudaine de Marigny en 1766 : 80 copies de la « toise du Pérou » sont envoyées dans les différentes provinces. En 1788, dans les Cahiers de Doléances, le principe : « Un roi, une loi, un poids et une mesure » est fréquemment rappelé.

Charles de Borda
(un des créateurs du système métrique décimal)

Principales collections de mesures anciennes. Musées : Angers, Albi, Vieux Lyon, Paris (Musée national des techniques).

Autres pays

Quelques unités anciennes, conservées localement (n.s. nouveau système ; v.s. vieux système).

• **Afrique du Sud.** Livre hollandaise 494 g. Pied du Cap 31,5 cm. Balli 46 l. Gantang 9,2 l. Mud 109,1 l. Morgen 0,857 ha.

• **Allemagne.** Zoll (pouce) 0,026 15 m. Fuss (pied) 0,313 85 m. Rute (verge) 3,776 m. Meile (mille) 7,532 5 km. Morgen (demi-arpent) 25,532 a. Pfund (livre) 0,5 kg. Zentner (demi-quintal) 50 kg. Doppelzentner (quintal) 100 kg. *Mesures non légales :* Kilopond (kp) : kilogramme-force. Pond (p) : gramme-force.

• **Autriche.** Mile 7,586 km.

• **Bulgarie.** Dékare 1 000 m², untzia (cocon) 30 g.

• **Cambodge.** Hat 50 cm. Phyéam 2 m. Sen 40 m. Yoch 16 km. Kantang 7,5 l. Tao 15 l. Thang 30 l. Lin 3,75 cg. Hun 3,75 dg. Chin 3,75 g. Tael 37,5 g. Néal 600 g. Chong 30 kg. Hap ou picul 60 kg.

• **Canada.** *Longueur :* point typographique 4,089 4 mm, arpent 58,46 m. *Surface :* arpent (Québec) 0,342 ha, section (Manitoba, Alberta, Saskatchewan) 259 ha. *Capacité :* minot 38,91 hl. *Masse :* hundredweight 45,359 2 kg, ton 907,185 kg.

• **Chine.** *Longueur :* Chang 3,34 cm. Ch'ih 91 cm (v.s.) 33,27 cm (n.s.). Fen 0,33 cm. Li 645-681 m (v.s.) 500 m (n.s.) Ts'un 3,58 cm (v.s.) 13,34 cm (n.v.). *Surface :* Ch'ing (n.s.) 6,66 ha. Maw 0,65 ha. Mou 0,065 ha. *Masse :* Catty (ou Chang, Chin, Kan, Kati, Kon) 0,603 kg (v.s.) 0,5 kg (n.s.). Candareen (ou Fen) 0,378 g (v.s.) 0,283 g (n.s.). Fan 0,378 g (v.s.) 0,311 g (n.s.). Liang (ou Tael) 37,8 g (v.s.) 31,18 g (n.s.). Mace 3,78 g (v.s.) 3,11 g (n.s.). Picul (ou tam) 60,48 kg (v.s.) 50 kg (n.s.). Tan 60,48 kg (v.s.) 50 kg (n.s.).

• **Danemark.** Tomme 2,615 cm. Mile 7,532 km. Tondeland 55,162 a. Pund 500 g. Centner 50 kg.

• **Égypte.** Diraa Baladi 0,58 m. Kasaba (pluriel : *kesabag*) 3,55 m. Feddan 4 200 m². Kirat (1/24 de feddan) 175 m². Ardab 198 l. Qantar 44,9 kg.

• **Espagne et pays sud-américains.** Unités anciennes espagnoles, transportées en Amérique par les colons et pouvant varier notablement. Ex. : Chili : Vara 83,59 cm. Braza 1,672 m². Cuadra 125,49 m. Legua 4,514 km. Cuadra ² 1,572 5 ha. Onza 28,75 g. Libra 460 g. Arroba 35,5 ou 40 l, 11,5 kg.

• **Éthiopie.** Metir ou netir 453,59 g. Senzer 23,144 cm. Cabaho 5,91 l. Kuma 5 l. Messe 1,477 l. Gasha 40 ha.

• **Grèce.** Stremma 10 a.

• **Inde.** *Longueur :* Coss 1 920,2 m. Danda 1,83 m. Gudge 91,44 cm au Bengale, 68,58 cm à Bombay, 83,82 cm à Madras. Hath 45,72 cm. Ungul 1,9 cm. *Capacité :* Ser 1 l. *Surface :* Bigha 0,253 ha. Cawny 0,534 ha. *Masse :* Candy 254 kg à Bombay, 226,8 kg à Madras. Chittak 57,5 g. Maund officiel 37,29 kg, 12,7 kg à Bombay, 11,34 kg à Madras. Pa 235 g. Picul (outam) 60,48 kg. Seer officiel 0,93 kg, 0,28 kg à Madras, 0,33 kg à Bombay. Tola 11,66 g. Visham 1,36 kg.

• **Indonésie.** *Longueur :* Tjengkal 15-20 cm. El 68,8 cm. *Surface :* Bahungkal 0,709 ha. Paal 227,08 ha. *Masse :* Kati 0,617 kg. Picul 61,76 kg.

• **Iran.** Bahar 3,25 cm. Gireh 6,5 cm. Ourob 13 cm. Charac 26 cm. Zar ou gaz 1,04 m (ou 1 m). Farsakh ou farsang 6,24 km (ou 10 km), kafiz 1 a. Jerib 1 ha.

• **Islande.** Tomma ou thumlungur 2,54 cm. Sjomila 1,855 km. Enjgateigur 0,319 ha. Sildartunna 118-120 l. Sildarmal 150 l.

• **Italie.** Anciennes unités variables selon les États.

• **Japon.** *Longueur :* Cho 109,12 cm. Hiro 1,516 m. Jo 3,032 m. Ken 1,82 m. Ri 3,926 km. Shaku 30,3 cm. Sun 3,02 cm. *Capacité :* Go 0,17 l. Koku 180,38 l. Shaku 0,017 l. Sho 1,8 l. *Surface :* Bu 3,3 m². Cho 1 ha. Se 48 m². Tan 0,1 ha. Tsubo 3,3 m². *Masse :* Catty 0,6 kg. Hyaku-mé 374,85 g. Kwan 3,749 kg. Me 3,78 g. Momme 3,78 g. Nijo 15,02 g. Picul (ou Tam) 60 kg.

• **Liban.** Kirat 2,83 cm (textiles), 3,16 (agriculture). Drah ou zirah ou pic 68 et 75,8 cm. Dönüm 919 m². Kadine 23-35 a. Dirham 3,205 g. Okiya 213 g. Oke 1,282 kg. Ratl 2,564 kg. Kantar 256,4 kg.

• **Maroc.** Kala 50 cm. Tamna 225 m². Courd (moud, rabia ou tarabiît) 450 m². Aftari (saa ou tmen) 900 m². Khedem 10 a. Abraa (izenbi ou sdal) 18 a. Tarialte 36 a. Gouffa 50 a. Kard 10 l. Kharrouba 40 l. Oukeia 125 g. Rabâa 250 g. Ratl 500 g. Kantar 100 kg.

• **Maurice.** Pied français 32,5 cm. Corde 3,584 m³.

• **Norvège.** Fot 0,313 7 m. Mile 11,299 km.

• **Pays-Bas.** Ure 5,565 km.

• **Philippines.** *Longueur :* Pulgada 2,31 cm. *Capacité :* Cavan 75 l. Chupa 0,37 l. Ganta 3 l. *Masse :* Arroba 11,5 kg. Quintal 46 kg.

• **Russie** (ancienne). *Longueur :* Verste (500 sagènes) 1 066,78 m. Sagène (3 archines) 2,134 m. Archine (16 verchoks) 0,711 9 m. Verchok 0,044 m. *Superficie :* Deciatine (240 sagènes) 109,25 ares. *Masse :* Poud 16,38 kg. *Liquides :* Vedro 12,299 41 l (= 3 ankers, 10 krouckkas, 100 tcharkas). *Matières sèches :* Garnetz 3,298 42 (2 polougarnetz, 8 tchetveriks, 32 tcheverkas ou osminas, 64 tchetverts).

• **Soudan.** Busa 2,54 cm. Kadam 30,48 cm. Ardeb 198,024 l. Kadah 2,063 l. Keila 16,502 l. Ratl 0,568 l. Feddan 4,201 m².

• **Sri Lanka.** Candy (pour le coprah) 254 kg.

• **Suède.** Fot 0,296 9 m. Mil 10 689 m.

• **Suisse.** Stunde : 4,808 km. Lägel 40 ou 50 l.

• **Turquie.** Archine (ou pic, card, guz) 0,64 à 0,76 m. Kilé 32 à 43 l.

• **Yougoslavie.** Hvat 1,896 m. Hvat ² 3,597 m². Hvat ³ 6,821 m³. Jutro (1 600 hvats²) 5 755 m². Lanac (2 000 hvats²) 7 192 m². Dulum 1 000 m².

Le système métrique

☞ *Bibliographie :* le Système métrique, H. Moreau (éd. Chiron).

Origine

Avant 1789

Projet de l'abbé Gabriel Mouton (1670) : choisir une unité de longueur égale au 1/1 000 du mille marin (une minute sexagésimale du méridien) ; mais cette unité (environ 1,80 m) est beaucoup trop longue pour être pratique. *Projet de l'abbé Jean Picard* dans *la Mesure de la Terre* (1671), puis *projet du Hollandais*

Christian Huygens (1673) : choisir la longueur d'un pendule battant la seconde (ce qui aurait unifié les notions de longueur et de temps). Défenseurs du projet « pendule » au XVIIIe s. : La Condamine (France), John Miller (G.-B.), Jefferson (U.S.A.). Principale difficulté rencontrée : le choix du point où doivent être mesurés les battements du pendule (inégaux selon l'attraction terrestre). 2 thèses s'affrontent, ce qui fera échouer finalement le projet, soit l'Equateur (Quito), soit le 45e parallèle (Bordeaux). En 1775, Turgot adopte le projet « Bordeaux » mais il est disgracié avant de l'avoir réalisé. Pour unifier les 2 notions de longueur et de poids (masse), le principe de peser un volume d'eau défini par des unités de longueur était retenu depuis 1758 (*Observations sur les principes métaphysiques de la géométrie* de Louis Dupuy, 1709-95). Jefferson avait par ailleurs calculé que le pied cubique d'eau pesait exactement 1 000 onces, ce qui aurait prouvé que la relation poids-longueur existait dans la « Nature ».

Travaux après 1789

Le *8-5-1790*, sur proposition de Talleyrand, l'Assemblée nationale constituante se prononça pour la création d'un système de mesure stable, uniforme et simple. L'unité de base choisie est le pendule battant la seconde. Des délégués sont envoyés en Espagne, Angleterre, États-Unis (où le Pt Jefferson se montre très favorable).

Le *26-3-1791*, sur proposition de l'Académie des Sciences, la Constituante abandonne le projet « pendule » et adopte le principe « méridien ». Le mètre sera la 10 millionième partie de la distance comprise depuis le pôle jusqu'à l'équateur ; elle désigne Delambre et Méchain pour la mesurer. Les pays étrangers refusent dès lors leur collaboration.

Le choix du nom **mètre** est attribué à Charles de Borda (1733-89). Ce mot avait déjà été proposé en 1675 par l'Italien Tito Livio Burattini, pour désigner la longueur du pendule battant la seconde (# 0,994 m). En mai 1790, Auguste-Savinien Leblond (1760-1811) le proposait aussi pour le pied astronomique (1 degré de grand cercle = 345 600 pieds astronomiques).

Le *décret du 1-8-1793* institua un système de mesures décimales provisoires : unités de *longueur*, fondées sur des calculs géodésiques de l'abbé Louis de Lacaille, remontant à 1740 (qui avait évalué le 1/4 de méridien à 5 132 430 toises de Paris) : quart de méridien, grade (du latin *gradus*, « pas simple ») ou degré décimal (100 000 m), millaire [de l'adj. latin *milliarius* désignant les bornes placées tous les mille pas (1 000 m)], mètre (du grec *metron*, « mesure » : le premier étalon métrique légal est exécuté par le constructeur Lenoir, le 9-6-1795), décimètre, centimètre, millimètre. Il prévoyait comme mesures : **de superficie**, l'*are* (du fém. latin *area*, « surface », mis au masculin) avec des sous-multiples, déciare et centiare ; **de volume**, le *cade* (du grec *kados*, « baril » ; mesure utilisée par les saulniers provençaux, 1 m^3), décicade, centicade, pinte [du vieux fr. *pinte*, « peinte », car la marque de contrôle était peinte sur le récipient ; appelée *cadil* (diminutif de *cade*) le 19-1-1794, puis *litre* (du fém. gréco-latin *litra*, « poids de 12 onces », mis au masculin) le 18 germinal an III] ; **de poids**, le *bar* (abréviation du grec *barus*, « lourd ») ou millier, décibar, centibar, *grave* (du latin *gravis*, « lourd »), décigrave, centigrave, gravet, décigravet, centigravet, milligravet, finalement (en avril 1795) *gramme* (du grec *gramma*, « marque écrite », désignant 1/24 d'once) ; **de monnaie**, le *franc* d'argent.

1re définition du mètre. La *loi du 18 germinal an III* (7-4-1795) constitua la loi organique du système métrique, fixa la nomenclature des unités (telle qu'elle existe encore actuellement) et donna la **1re définition du mètre :** fraction du méridien terrestre mesuré par la Commission Delambre-Méchain sur l'axe Dunkerque-Barcelone (5 130 740 toises de Paris ; différence avec le chiffre de Lacaille : 1 690 toises).

La *Constitution du Directoire* (5 fructidor an II, 22-8-1795) consacra 2 paragraphes aux nouvelles unités de mesure. En prairial an VI (mai-juin 1798), les contacts furent pris avec Espagne, Danemark, Sardaigne, républiques Batave, Cisalpine, Helvétique, Ligurienne, Romaine, Toscane. Les rapports définitifs sur les unités de longueur (mètre) et de poids (dm^3 d'eau) furent signés par un Hollandais (Van Swinden) et un Suisse (Trallès). Les prototypes du mètre et du kilogramme définitifs, en platine, furent déposés aux Archives le 22-6-1799.

2e définition. La *loi du 19 frimaire an VIII* (10-12-1799) fixa les étalons définitifs et donna la **2e définition du mètre :** mesure de l'étalon des Archives, soit 3 pieds et 11, 296 lignes de la toise de Paris (raccourcie de 0,144 ligne par rapport au mètre provisoire de Lacaille, mais sans référence au méridien). Elle rendit obligatoire le système métrique, mais il se répandit lentement. La principale difficulté venait du système décimal : les illettrés savaient tous diviser les longueurs par 2, par 4 et par 8, en pliant 1 fois, 2 fois ou 3 fois une ficelle ou un mouchoir. Ils ne savaient pas diviser par 10. En 1812, l'utilisation de mesures transitoires dites usuelles (ex. : toise de 2 m, aune de 1,20 m, boisseau de 1/8 d'hectolitre) fut autorisée. La loi du 4-7-1837, tenant compte des progrès de l'enseignement primaire, rendit le syst. métr. définitivement obligatoire à partir du 1-1-1840.

3e définition. Le Bureau international des poids et mesures [créé à Paris (Sèvres) en 1875] donna la **3e définition du mètre.** Le mètre n'est plus défini par rapport à la longueur du méridien, que des progrès dans la géodésie permettaient de mieux calculer, mais comme la distance, à la température de 0 °C, des axes des 2 traits médians tracés sur le prototype en platine iridié (dit Mètre international), sanctionné par la Conférence générale (internationale) des poids et mesures, tenue en 1889 à Paris. Pour déposer ce prototype international, la France a remis au Comité international des poids et mesures, le 22-4-1876, le domaine du pavillon de Breteuil, à Sèvres (Hauts-de-Seine). D'une superficie de 25 153 m^2, portée à 43 517 m^2 en 1964, ce domaine est une enclave internationale jouissant du privilège d'extra-territorialité. Il n'a pas été occupé par les Allemands en 1940-44. L'étalon légal pour la France fut la copie no 8 de ce prototype, conservée au Conservatoire national des Arts et Métiers, à Paris.

4e définition. Adoptée le 14-10-1960. Le mètre est égal à 1 650 763,73 longueurs d'onde dans le vide de la radiation orangée du krypton 86, le krypton de masse atomique 86 étant l'un des 6 isotopes du krypton naturel. Cet étalon optique est 100 fois plus précis que l'étalon de 1889.

5e définition. Adoptée le 20-10-1983 par la 17e Conférence générale des poids et mesures. Elle s'appuie sur une constante physique universelle, la vitesse de la lumière dans le vide (299 792 458 m/s).

Dates d'adoption du système métrique

Légende : entre parenthèses, date d'entrée en vigueur de la décision officielle ou mise en application définitive. (1) pays métrique pour lequel la date d'adoption n'a pu être connue. (2) pays où la conversion métrique est en cours ou décidée. (3) adoption à titre facultatif. (4) pays non métrique. Açores 1852. Afghanistan 1926. Afrique du Sud 1922[3] ; 1967 (1974). Albanie 1951. Algérie 1843. Allemagne (Rép. dém. et Rép. féd.) 1871 (1872). Andorre[1]. Angleterre : V. Royaume-Uni. Angola 1905 (1910). Antilles néerlandaises 1875 (1876). Arabie Saoudite 1962 (1964). Argentine 1863 (1887). Australie 1961[3] ; 1970. Autriche 1871 (1876). Bahamas[2]. Bahreïn 1969. Bangladesh[4]. Barbade 1977. Belgique 1816 (1820). Bélize[2]. Bénin 1884-91. Bermudes 1971. Bhoutan[2]. Birmanie 1920[3]. Bolivie 1868 (1871). Botswana 1969-70 (1973). Brésil 1862 (1874). Bulgarie 1888 (1892). Burundi[1]. Burkina 1884-1907. Cambodge 1914. Cameroun 1894. Canada 1871[3] ; 1970. Cap-Vert (Iles du) 1891. Centrafricaine (Rép.) 1884-1907. Chili 1848 (1865). Chine (Rép. pop.) 1929 (1930-59). Chypre 1972-74. Colombie 1853. Comores 1914. Congo (Rép. pop.) 1884-1907. Cook (Iles)[2]. Corée (Rép.) 1949. Corée (Rép. dém.) 1947. Costa Rica 1881 (1912). Côte-d'Ivoire 1884-90. Cuba 1882 (1960). Danemark 1907 (1912). Djibouti 1898. Dominicaine (Rép.) 1849 (1942-55). Égypte 1939 (1951-61). El Salvador : V. Salvador. Émirats Arabes Unis[2]. Équateur 1865-71. Espagne (et Possessions) 1849 (1871). États-Unis 1866[3]. Éthiopie 1963. Fidji 1972. Finlande 1886 (1892). France 1795 (1840) (Guadeloupe 1844, Guyane 1840, Martinique 1844, Réunion 1839, Nouvelle-Calédonie 1862, Polynésie 1847, Saint-Pierre-et-Miquelon 1824-39). Gabon 1884-1907. Gambie 1979. Ghana 1972 (1975). Gibraltar 1970. Gilbert et Ellice (Iles)[2]. Grèce 1836[2] (1959). Guatemala 1910 (1912). Guinée 1901-06. Guinée-Bissau 1905 (1910). Guinée Équatoriale[1]. Guyane (Rép.) 1977. Haïti 1920 (1922). Honduras 1910 (1912). Hong Kong[2]. Hongrie 1874 (1876). Inde 1920[3] ; 1956. Indonésie 1923 (1938). Irak 1931[3] ; 1960. Iran 1933 (1935-49). Irlande 1897[3] ; 1968-69. Islande 1907. Israël 1947 (1954). Italie 1861 (1863). Jamaïque 1973. Japon 1893[3] ; 1951 (1959-66). Jordanie 1953 (1954). Kenya 1951[3] ; 1967-68. Koweït 1961 (1964). Laos (fin XIXe s.). Lesotho 1970. Liban 1935. Liberia[4]. Libye 1927. Liechtenstein 1875 (1876). Luxembourg 1816 (1820). Macao 1957. Madagascar 1897. Madère 1852. Malaisie 1971-72. Malawi[2] 1979. Maldives[3] (Rép.). Mali 1884-1907. Malte 1910 (1921). Maroc 1923. Maurice 1876 (1878). Mauritanie 1884-1907. Mexique 1857 (1896). Monaco 1854. Mongolie[1]. Mozambique 1905 (1910). Namibie 1967. Nauru (Ile) 1973-80. Népal 1963 (1966-71). Nicaragua 1910 (1912). Niger 1884-1907. Nigeria 1971-73. Niue (Ile)[2]. Norvège 1875 (1882). Nouvelle-Zélande 1925[3] ; 1969-79. Oman[2]. Ouganda 1950[3] ; 1967-69. Pakistan 1967-72. Panama 1916. Papouasie-Nouvelle-Guinée 1970. Paraguay 1899. Pays-Bas 1816 (1832). Pérou 1862 (1869). Philippines 1906 (1973-75). Pologne 1919. Puerto Rico 1849. Portugal 1852 (1872). Qatar[2]. Roumanie 1864 (1884). Royaume-Uni 1897[3] (1965). Rwanda[1]. Saint-Marin 1907. Salomon britanniques (Iles) 1970. Salvador 1910 (1912). Samoa occidentales (Iles). Sao Tomé et Principe 1891. Sénégal 1840. Seychelles (Iles) 1880. Sierra Leone[2]. Singapour 1968-70. Somalie 1950[2] (1973). Soudan 1955. Sri Lanka 1970 (1974). Suède 1878 (1889). Suisse 1868 (1877). Surinam 1871 (1916). Swaziland 1969 (1973). Syrie 1935. T'ai-wan 1954. Tanzanie 1967-69. Tchad 1884-1907. Tchécoslovaquie 1871 (1876). Thaïlande 1923 (1936). Timor 1957. Togo 1924. Tokelau (Iles)[2]. Tonga (Iles) 1975. Trinité et Tobago 1970-71. Tunisie 1895. Turquie 1931 (1933). U.R.S.S. 1899[3] ; 1918 (1927). Uruguay 1862 (1894). Venezuela 1857 (1912-14). Viêt-nam 1911. Yémen (Rép.)[4]. Yémen (Rép. dém.). Yougoslavie 1873 (1883). Zaïre 1910. Zambie 1937[3] ; 1970. Zimbabwe 1969.

Nota. – Le *23-12-1975* a été promulguée aux États-Unis la loi (Metric Conversion Act) qui vise à accélérer une conversion métrique volontaire aux États-Unis. *1978-82* mise en pratique par le Bureau métrique (U.S. Metric Board) ; depuis oct. 82 par le ministère du Commerce. Le programme de conversion métrique est pratiquement achevé en Australie, au Canada et en Nlle-Zélande.

Unités de base internationales

● **Système international d'unités (SI).** Système métrique redéfini par la XIe Conférence gén. des poids et mesures (1960). Il comprend actuellement 7 unités de base et des unités supplémentaires et dérivées. Il autorise l'emploi de certaines unités hors système. C'est le seul système légal en France depuis le 1-1-1962.

Décrets relatifs aux unités légales en France : décret no 61-501 du 3 mai 1961 modifié par les décrets no 66-16 du 5 janvier 1966, 75-1200 du 4 décembre 1975 et 82-203 du 26-2-1982.

Unités de base : le *mètre* (longueur) ; le *kilogramme* (masse) ; la *seconde* (temps) ; l'*ampère* [du nom du physicien français André-Marie Ampère, 1775-1836 (intensité de courant électrique)] ; le *kelvin* [du nom du physicien anglais William Thomson, Lord Kelvin, 1824-1907 (température thermodynamique)] ; la *mole* [abréviation de molécule-gramme (quantité de matière)] ; la *candela* [mot latin, « chandelle » (intensité lumineuse)].

● **Systèmes utilisés temporairement. C.G.S.** (centimètre, gramme, seconde), créé par Lord Kelvin en 1873, adopté en 1881 par le 1er Congrès intern. d'électricité. **M.T.S.,** légal en France de 1919 à 1961, codifié par la loi du 2-4-1919 et le décret du 26-7-1919, les unités C.G.S. ayant été reconnues trop faibles. Unités principales : mètre, tonne, seconde, ohm, ampère, degré centésimal, bougie décimale. **M.K.S.** (mètre,

Extrait du décret du 26-2-1982 sur les unités de mesure

« Il est interdit, sous réserve des nécessités du commerce international hors de la Communauté économique européenne et des dérogations prévues aux articles 8 et 13 d'employer des unités de mesure autres que les unités légales mentionnées au décret du 26-2-1982 et dans son annexe, pour la mesure des grandeurs dans les domaines de l'économie, de la santé et de la sécurité publique ainsi que dans les opérations à caractère administratif. Toutefois, sans préjudice des dispositions de l'article 12, les indications exprimées en d'autres unités peuvent être ajoutées à l'indication en unité de mesure légale, à condition qu'elles soient exprimées en caractères de dimensions au plus égales à l'indication exprimée dans l'unité de mesure légale. Les dispositions de l'article 8 ne mettent pas obstacle à l'impression et à l'emploi de tables de concordance entre les unités. »

kilogramme, seconde), variante du précédent. **M.Kf.S.** (mètre, kilogramme-force, seconde), remplace le kilogramme-masse du système précédent par le kilogramme-force (tenant compte de l'attraction terrestre); abandonné à cause des variations de la force d'attraction selon les points du globe. **M.K.S.A.** (mètre, kilogramme-masse, seconde, ampère), créé par l'ingénieur italien Giorgi (1871-1950) en 1901; adopté par la Commission électrotechnique internationale en 1935-50. Tous ces systèmes ont cessé d'être légaux en France le 1-1-1962.

Formation des multiples et sous-multiples de l'unité

Facteur par lequel est multipliée l'unité. Préfixe à mettre avant le nom de l'unité et symbole à mettre avant celui de l'unité.

Multiples

10^{18}	1 000 000 000 000 000 000	(exa; E),
10^{15}	1 000 000 000 000 000	(peta; P),
10^{12}	1 000 000 000 000	(téra; T),
10^{9}	1 000 000 000	(giga; G),
10^{6}	1 000 000	(méga; M),
10^{3}	1 000	(kilo; k),
10^{2}	100	(hecto; h),
10^{1}	10	(déca; da).

Sous-multiples

10^{-1}	0,1	(déci; d),
10^{-2}	0,01	(centi; c),
10^{-3}	0,001	(milli; m),
10^{-6}	0,000 001	(micro; µ),
10^{-9}	0,000 000 001	(nano; n),
10^{-12}	0,000 000 000 001	(pico; p),
10^{-15}	0,000 000 000 000 001	(femto; f),
10^{-18}	0,000 000 000 000 000 001	(atto; a).

Exemple: 10^3 mètres équivalent à 1 kilomètre, dont le symbole est km.

Nota. — En France, on ne doit plus mettre de points pour séparer les tranches de 3 chiffres; pour faciliter la lecture, les nombres peuvent être partagés en tranches de 3 chiffres par un petit espace. La virgule n'est utilisée que pour séparer la partie entière des nombres de leur partie décimale. Cette règle résulte d'une résolution de la 9e Conf. gén. des poids et mesures (1948). Elle a été incorporée dès 1950 dans les normes de l'AFNOR et figure pour la 1re fois dans le décret sur les unités de mesure de déc. 1975 (certains pays ont gardé l'usage britannique de mettre le point avant les décimales). Dans quelques pays (Inde et Pakistan), les nombres entiers sont séparés par paires, sauf les 3 premiers (10,00,000 = 1 000 000).

Enoncé des grands nombres

Selon la règle (N) légale en France depuis le 3-5-1961, et utilisée en Allemagne, au Royaume-Uni et dans d'autres pays, on a les équivalences: 10^6 million, 10^{12} billion, 10^{18} trillion, 10^{24} quatrillion, 10^{30} quintillion, 10^{36} sextillion, etc.

Selon la règle (n − 1) dite **règle latine,** utilisée précédemment en France (et encore maintenant aux U.S.A., en Italie et dans d'autres pays), les équivalences sont: 10^6 million, 10^9 billion, 10^{12} trillion, 10^{15} quatrillion, 10^{18} quintillion, 10^{21} sextillion, etc.

Le **milliard** (10^9), qui vaut 1 000 millions, n'a pas d'« existence légale ». Le mot sert néanmoins pour traduire le mot **billion** dans son acception américaine et italienne.

> Un milliard de francs en billets de 100 F mis les uns sur les autres formerait une tour haute de 1 km. Un milliard de secondes correspond à 31 ans 8 mois et demi. Pour transporter 1 milliard de grammes, il faudrait un train de 40 wagons de 25 t chacun; le train aurait 470 m de long.

Incertitude des mesures

Les mesures physiques sont toujours entachées d'une incertitude: défaillance ou erreur systématique des appareils, insuffisance de l'expérimentation. Il faut indiquer une valeur maximale et une valeur minimale entre lesquelles se trouve probablement le résultat de la mesure.

Incertitude sur 2 facteurs indépendants: x et y connus à $\triangle x$ et $\triangle y$ près en plus ou en moins, avec $\triangle x > 0$ et $\triangle y > 0$. *Somme*: la valeur exacte $S = x + y$ appartient à l'intervalle $[S - \triangle S, S + \triangle S]$ avec une incertitude absolue $\triangle S = \triangle x + \triangle y$. *Différence*: $D = x - y$; $\triangle D = \triangle x + \triangle y$. *Produit*: $P = xy$; on mesure l'incertitude absolue $\triangle P = x\triangle y + y\triangle x$ et l'incertitude relative $\frac{\triangle P}{P} = \frac{\triangle x}{x} + \frac{\triangle y}{y}$.

Quotient: $Q = \frac{x}{y}$; $\frac{\triangle Q}{Q} = \frac{\triangle x}{x} + \frac{\triangle y}{y}$.

Unités géométriques

En gras, unité de base ou unité exprimée à partir des unités de base.

• **Longueur (L): mètre**: (du grec *metron*, mesure) longueur du trajet parcouru dans le vide par la lumière pendant une durée de 1/299 792 458 de seconde.
mégamètre (Mm): 1 000 000 m.
kilomètre (km): 1 000 m.
hectomètre (hm): 100 m.
décamètre (dam): 10 m.
mètre (m): 1 m ou 100 cm.
décimètre (dm): 0,1 m ou 10 cm.
centimètre (cm): 0,01 m ou 10 mm.
millimètre (mm): 0,001 m.
micromètre (µm): 0,000 001 m [ou micron (µ), supprimé en 1967].
nanomètre (nm): 0,000 000 001 m.
angström (Å) (du nom du physicien suédois Anders Ångström, 1814-74): 0,000 000 000 1 m ou 0,1 nm.

Nota. — Le *mille marin* est égal à un arc de 1 minute compté sur le méridien, soit 1 852 m. Le *myriamètre* (10 000 m) n'est plus utilisé.

Nombre d'ondes: 1 par mètre (m⁻¹). Nombre d'ondes d'une radiation monochromatique dont la longueur d'onde est égale à 1 mètre.

Mesures utilisées en astronomie: *Année de lumière*: distance parcourue en un an par la lumière = 9 461 milliards de km ou 63 300 UA ou 0,307 parsec.

unité astronomique (UA): longueur du rayon de l'orbite circulaire non perturbée d'un corps de masse négligeable en mouvement autour du Soleil avec une vitesse angulaire sidérale de 0,017 202 radian par jour de 86 400 secondes des éphémérides. On admet 1 UA ≈ 149 600 000 km; 0,000 015 8 année de lumière; 4,848 14 × 10^{-6} parsec. L'unité astronomique est très voisine de la distance moyenne de la Terre au Soleil.

parsec (pc) (abréviation de *parallaxe-seconde*): distance à laquelle une unité astronomique sous-tend un angle de 1 seconde d'arc = 30 857 milliards de km, 3,26 années de lumière, 206 265 UA.

Mesure des longueurs d'onde des rayons X: *unité X* = 1,002 × 10^{-4}nm.

• **Aire ou superficie (L^2). Mètre carré**: carré de 1 m de côté.
kilomètre carré (km^2): 1 000 000 m^2.
hectomètre carré (hm^2): 10 000 m^2.
décamètre carré (dam^2): 100 m^2.
mètre carré (m^2): 1 m^2 ou 10 000 cm^2.
décimètre carré (dm^2): 0,01 m^2.
centimètre carré (cm^2): 0,000 1 m^2.
millimètre carré (mm^2): 0,000 001 m^2.

Mesures des surfaces agraires:
hectare (ha): 100 ares (10 000 m^2).
are (a): 1 a ou 100 centiares (100 m^2).
centiare (ca): 0,01 are (1 m^2).

Mesure de la physique nucléaire: *barn (b)* [de l'anglais *barn*, « grange », par antiphrase humoristique: on dit « vaste comme une grange » (= 10^{-28} m^2 ou 10^{-24} cm^2)], unité de section efficace de choc entre les noyaux d'atomes.

• **Angle plan: radian (rad)** (dérivé du latin *radius*, « rayon »): angle qui, ayant son sommet au centre d'un cercle, intercepte, sur la circonférence de ce cercle, un arc d'une longueur égale à celle du rayon du cercle.

1 rad = 180°/π, soit 57°17'44", ou 63,662 gr.
angle droit (D): 100 grades ou 90 degrés.
grade ou gon (gon) (du grec *gônia*, « angle »): 0,01 D ou (π/200) rad.
décigrade (dgon): 0,001 D.
centigrade (cgon): 0,0001 D.
milligrade (mgon): 0,000 01 D.
degré (°): 1/90 de D ou 60 minutes ou (π/180) rad.
minute (du latin *minuta*, « menue ») *d'angle* ('): 1/60 de degré ou (π/10 800) rad.
seconde [du latin *secunda*, « deuxième » (sous-entendu: subdivision)] *d'angle* ("): 1/3 600 de degré ou (π/648 000) rad.
tour (tr): 4D ou 2 π rad.

Mesures utilisées en astronomie et en navigation:

L'*heure d'angle* vaut $\frac{2\pi}{24}$ radian, soit 15 degrés. Le *degré géographique* vaut la 1/360 partie du méridien terrestre (= 360°), en moyenne 111,11111 km. Il varie suivant la latitude (à l'équateur: 111,307 km).

• **Angle solide: stéradian** (sr) (la syllabe *ste* vient de l'adj. grec *stereos*, « solide »): angle solide qui, ayant son sommet au centre d'une sphère, découpe sur la surface de celle-ci une aire équivalant à celle d'un carré dont le côté est égal au rayon de la sphère.

• **Capacité: litre**: défini en 1901 comme étant le volume occupé par 1 kg d'eau pure à la température de 4 °C et sous la pression de 760 mm de mercure. On avait la relation: 1 L = 1,000 028 dm^3. Définition abrogée en 1964.

Le mot litre peut être utilisé comme un nom spécial donné au dm^3.
hectolitre (hl): 100 L ou 100 dm^3.
décalitre (dal): 10 L ou 10 dm^3.
litre (l ou L): 1 L ou 1 dm^3.
décilitre (dl): 0,1 L ou 100 cm^3.
centilitre (cl): 0,01 L ou 10 cm^3.
millilitre (ml): 0,001 L ou 1 cm^3.

• **Volume (L^3): mètre cube**: cube de 1 m de côté.
kilomètre cube (km^3): 1 000 000 000 m^3.
mètre cube (m^3) 1 m^3 ou 1 000 dm^3 ou 1 000 000 cm^3 ou 1 000 litres.
décimètre cube (dm^3 ou litre): 0,001 m^3 ou 1 000 cm^3.
centimètre cube (cm^3): 0,000 001 m^3 ou 1 000 mm^3.
millimètre cube (mm^3): 0,000 000 001 m^3.

Unités de masse

• **Masse (M): kilogramme**: définition historique: poids d'un décimètre cube (litre) d'eau. Actuellement, masse du prototype en platine iridié, sanctionné par la Conférence générale des poids et mesures en 1889 et déposé au Bureau international des poids et mesures.

Pour la France, l'étalon du kg est la copie n° 35 du kg prototype international.
tonne (t): 1 000 kg.
quintal (q): 100 kg (n'est plus légal en France).
kilogramme (kg): 1 kg ou 1 000 g.
hectogramme (hg): 0,1 kg ou 100 g.
décagramme (dag): 0,01 kg ou 10 g.
gramme (g): 0,001 kg ou 10 dg.
décigramme (dg): 0,0001 kg ou 10 cg.
centigramme (cg): 0,000 01 kg ou 10 mg.
milligramme (mg): 0,000 001 kg ou 1 000 µg.
microgramme (µg) [dit aussi gamma (γ)]: 0,000 000 001 kg.

• **Concentration: kilogramme par mètre cube** (kg/m^3). Concentration d'un échantillon homogène contenant 1 kilogramme du corps considéré dans un volume total de 1 mètre cube.

L'emploi d'appellations telles que degré Baumé, degré Brix, etc., pour désigner des concentrations, densités ou titres est interdit.

• **La mole par mètre cube** (mol/m^3) est la concentration d'un échantillon homogène contenant 1 mole du corps considéré dans 1 volume total de 1 m^3.

Nota. — Le *titre*, en un corps donné, d'un échantillon homogène est le rapport, exprimé en nombre décimal, de la mesure, relative à ce corps, d'une grandeur déterminée et de la mesure, relative à la totalité de l'échantillon, de la même grandeur. Le mot titre doit être accompagné d'un qualificatif tel que « massique » ou « volumique »: à défaut de qualificatif, titre doit s'entendre comme titre massique.

Le *titre alcoométrique* d'un mélange d'eau et d'alcool est le rapport entre le volume d'alcool absolu, à la température de 15 degrés Celsius, contenu dans ce mélange, et le volume total de celui-ci à la température de 15 degrés Celsius. Il s'exprime en % vol.

Le *degré alcoométrique* (°GL), degré de l'échelle centésimale de Gay-Lussac, dans laquelle le titre alcoométrique de l'eau pure est 0 et celui de l'alcool absolu 100, est remplacé par le kilogramme par m^3.

• **Masse des diamants, perles fines, pierres précieuses: carat** (arabe *qirat*, venu du grec *keration*, « gousse » ou « 1/24 d'obole ») métrique (0,2 g). Avant 1912, le carat équivalait à 0,205 5 g. Ce carat ne doit pas être confondu avec *le carat utilisé pour l'or.* Un lingot d'or comprenait 24 parties égales appelées carats et, suivant qu'il contenait 18, 20, 22 ou 23 parties d'or pur, on disait qu'il était à 18, 20, 22 ou 23 carats. Ce carat se divisait en demis, quarts, huitièmes, seizièmes et trente-deuxièmes ou grain de fin. En France, un objet, pour être dit en or, doit avoir au moins un titre égal à 18 carats soit 750 millièmes d'aujourd'hui.

• **Masse atomique : unité de masse atomique** (u) égale à la fraction 1/12 de la masse d'un atome du nucléide $^{12}C = 1{,}66 \times 10^{-24}$ g.

• **Masse linéique : kilogramme par mètre** (kg/m). Masse linéique d'un corps homogène de section uniforme dont la masse est 1 kilogramme et la longueur 1 mètre. *tex :* employé dans le commerce des fibres textiles et des fils (1 tex = 1 g/km).

• **Masse surfacique : kilogramme par mètre carré** (kg/m^2). Masse surfacique d'un corps homogène d'épaisseur uniforme dont la masse est 1 kilogramme et la surface 1 mètre carré.

• **Volume massique : mètre cube par kilogramme** (m^3/kg). Volume massique d'un corps homogène dont le volume est 1 mètre cube et la masse 1 kilogramme.

• **Masse volumique (ML^{-3}) : kilogramme par m^3** (kg/m^3) : masse volumique d'un corps homogène dont la masse est 1 kg et le volume 1 m^3. gramme par cm^3 (g/cm^3) : 0,001 kg/cm^3, ou 1 kg/dm^3.

Unités de quantité de matière

Quantité de matière : mole (mol). Quantité de matière d'un système contenant autant d'entités élémentaires qu'il y a d'atomes dans 0,012 kilogramme de carbone 12. Quand on emploie la mole, les entités élémentaires doivent être spécifiées et peuvent être des atomes, des molécules, des ions, des électrons, d'autres particules ou des groupements spécifiés de telles particules.

• **Concentration molaire** : mole par m^3 (mol/m^3).

• **Molalité** : mole par kilogramme (mol/kg).

• **Volume molaire** : mètre cube par mole (m^3/mol).

Unités de temps

• **Temps (T) : seconde** : durée de 9 192 631 770 périodes de la radiation correspondant à la transition entre les deux niveaux hyperfins de l'état fondamental de l'atome de césium 133 (décret du 4-12-1975).

La seconde avait été définie comme la fraction 1/86 400 du jour solaire moyen (seconde de temps moyen) jusqu'en 1960, puis comme la fraction 1/31 556 925,974 7 de l'année tropique au 0-1-1900, à 12 h de temps des éphémérides. Les définitions successives de la seconde ont été choisies de façon que les durées correspondantes soient égales dans la limite de l'imprécision des mesures.
minute (min ou m s'il n'y a pas ambiguïté) : 60 s.
heure (h) : 3 600 s ou 60 min.
jour (j ou d) : 86 400 s ou 1 440 min ou 24 h.

• **Fréquence (T^{-1}) : hertz** (Hz) (du nom du physicien allemand Heinrich Hertz, 1857-94 ; appelé parfois aussi cycle par seconde) : fréquence d'un phénomène périodique dont la période est une seconde.
kilohertz (kHz) : 1 000 Hz.
mégahertz (MHz) : 1 000 000 Hz.

Unités mécaniques

Nota. - (1) Emploi autorisé jusqu'au 31-12-1985.

• **Accélération angulaire (T^{-2}) : radian par seconde par seconde** (rd/s^2). Accélération angulaire d'un corps qui est animé d'une rotation uniformément variée autour d'un axe fixe et dont la vitesse angulaire varie, en 1 seconde, de 1 radian par seconde.

• **Accélération linéaire (LT^{-2}) : mètre par seconde par seconde** (m/s^2). Accélération d'un mobile animé d'un mouvement uniformément varié, dont la vitesse varie, en 1 s, de 1 m/s.

Gal (du nom de Galilée, 1564-1647) : unité spéciale employée en géodésie et en géophysique pour exprimer l'accélération due à la pesanteur = 0,01 m/s^2.

• **Chaleur (quantité de) (ML^{2}T^{-2}).** On utilise le **joule** (J) [nom du physicien anglais James Joule, 1818-89], unité d'énergie. [**Calorie** : quantité de chaleur nécessaire pour élever de 1 °C la température de 1 gramme d'un corps dont la chaleur massique est égale à celle de l'eau à 15 °C sous la pression atmosphérique normale (101 325 pascals)].
thermie (th) ou *mégacalorie* (Mcal) : 4,185 5 × 10^6 J ou 10^6 calories.
millithermie (mth) ou kilocalorie (kcal) ou grande calorie : 0,001 th.
microthermie (μth) : 0,000 001 th ou 4,185 5 J ou 1 *calorie* (cal).
Officiellement la calorie, la thermie et la frigorie ont disparu depuis le 1-1-78.

• **Contrainte et pression (ML^{-1}T^{-2}) : pascal** (Pa) (nom du physicien français Blaise Pascal, 1623-62) : contrainte qui, agissant sur une surface plane de 1 m^2, exerce sur cette surface une force totale de 1 newton.

Pression uniforme qui, agissant sur une surface plane de 1 mètre carré, exerce perpendiculairement à cette surface une force totale de 1 newton. La contrainte s'exerçant sur un élément de surface est le quotient, par l'aire de cet élément, de la force qui lui est appliquée. C'est un vecteur dirigé comme la force. Ce vecteur peut être oblique : s'il est normal, on le nomme pression ; s'il est tangentiel, on le nomme cission. La notion de contrainte intervient surtout dans l'étude de la résistance des matériaux.

La *pièze* (du grec *piezein,* « comprimer ») est la pression produite par une force de 1 sthène sur une surface de 1 m^2. La *barye* (du grec *barus,* « lourd ») est la pression produite par une force de 1 dyne sur une surface de 1 cm^2.
Le *bar* (bar) ou *hectopièze* (hpz) : 100 000 Pa ou 100 pz ou 0,98 atmosphère.
centibar (cbar) ou *pièze* (pz) : 1 000 Pa.
millibar (mbar) ou décipièze (dpz) : 100 Pa.
centipièze (cpz) : 10 Pa.
pascal (Pa) ou newton par m^2 (N/m^2) ou millipièze (mpz) : 10 baryes.
microbar (μbar) ou *barye :* 0,1 Pa.
kilogramme force par cm^2 (kgf/cm^2) : 0,98 bar ou 9,8 × 10^4 Pa.

Le *torr* (du nom de l'Italien Evangelista Torricelli, 1608-47) égale la pression exercée par une colonne de mercure à 0 °C ayant une hauteur de 1 mm (unité non légale en France).

La *pression atmosphérique* normale est par définition 101 325 pascals. Elle est égale à la pression exercée par une colonne de mercure de 0,76 m de hauteur à 0 °C et sous l'accélération normale de la pesanteur 9,806 65 m/s^2. Elle est exprimée en millibars ou en millimètres de mercure (mmHg).

Le *millimètre de mercure* est une unité de pression sanguine : 1 mm Hg = 133,3 Pa.

• **Force (MLT^{-2}). Le newton** (N) (du nom de l'astronome anglais Isaac Newton, 1642-1727) est la force qui communique à un corps ayant une masse de 1 kg une accélération de 1 m par seconde par seconde. Le *sthène* (du grec *sthénos,* « robuste ») communique cette accélération à une masse de 1 t. *sthène* (sn) : 1 000 N. *dyne* (abréviation du grec *dunamis,* « force ») (dyn) : 0,000 01 N.

Nota. — Unités à ne plus employer : *tonne poids* (tp) ou *tonne force* (tf) [9,806 65 sn]. *kilogramme poids* (kgp) ou *kilogramme force* (kgf) [9,81 N]. *gramme poids* (gp) ou *gramme force* (gf) [981 dyn] (il mesure la *pesanteur* à Paris : c'est la force avec laquelle une masse de 1 g y est attirée par la Terre). *milligramme poids* (mgp) ou *milligramme force* (mgf) [0,981 dyn].

• **Intensité énergétique : watt par stéradian** (W/sr).

• **Moment d'une force : newton-mètre** (N.m).

• **Puissance, flux énergétique, flux thermique (ML^{2}T^{-3}). Le watt** (W) (du nom du physicien anglais James Watt, 1736-1819). C'est la puissance d'un système énergétique dans lequel est transférée uniformément une énergie de 1 joule pendant 1 seconde (ou 0,1019 kgm/s). Noms spéciaux du watt : le nom *voltampère,* symbole « VA », est utilisé pour le mesurage de la puissance apparente de courant électrique alternatif et le nom *var,* symbole « var », pour le mesurage de la puissance électrique réactive.
kilowatt (kW) : 1 000 W ou 1,359 62 ch ou 102 kgm/s.
microwatt (μW) : 0,000 001 W.
cheval vapeur (ch) : 735,5 W ou 75 kgm/s. Unité créée en 1784 par James Watt lors de l'obtention de la 1re patente de ses machines à vapeur. Il avait calculé que les plus forts chevaux de brasseurs de Londres pouvaient fournir un travail de 33 000 livres élevées à 1 pied par minute. La livre étant de 0,4536 kg et le pied de 0,3048 m, cela représente 76,04 kgm/s (chiffre arrondi à 75). Le *cheval nominal* (défini également par Watt) est la puissance d'une machine corrigée par le coefficient de rendement.
erg par seconde (erg/s) : 10^{-7} W.

• **Tension capillaire : newton par mètre** (N/m).

• **Travail et énergie. Quantité de chaleur (ML^{2}T^{-2}).** Le **joule** (J) est le travail produit par une force de 1 newton dont le point d'application se déplace de 1 m dans la direction de la force : 10 000 000 ergs ou 0,101 972 kgm.
L'*erg* (abréviation du grec *ergon,* « travail ») est le travail de 1 dyne dont le point d'application se déplace de 1 cm : 0,000 000 1 J.
Le *kilogrammètre* (kgm) est le travail de 1 kilogramme force dont le point d'application se déplace de 1 m : 9,81 J.
Le *wattheure* (Wh) est le travail effectué pendant 1 h par une machine dont la puissance est de 1 watt ; 3 600 J ou 860 cal.
mégajoule (MJ) : 1 000 000 J.
kilojoule (kJ) : 1 000 J.
kilowattheure (kWh) : 3,6 MJ ou 367 098 kgm.

L'énergie électrique se mesure en watts-heures (énergie fournie en 1 h par une puissance de 1 W).

Mesure de l'énergie des particules : l'électronvolt (eV) : én. cinétique acquise par un électron accéléré sous une différence de potentiel de 1 V : 1,610^{-19} J.
gigaélectronvolt (GeV) : 10^9 eV ou 1,6 × 10^{-10} J.
mégaélectronvolt (MeV) : 10^6 eV ou 1,6 × 10^{-13} J.

• **Viscosité cinématique (L^{2}T^{-1}). L'unité de viscosité cinématique** (m^2/s) est la viscosité cinématique d'un fluide dont la viscosité dynamique est de 1 pascal-seconde et la masse volumique de 1 kg par m^3 : 10 000 St.
stokes [1] (St) (du mathématicien irlandais Gabriel Stokes, 1819-1903) : 0,0001 m^2/s (système C.G.S.).

• **Viscosité dynamique (ML^{-1}T^{-1}). Le pascal-seconde** est la visc. dyn. d'un fluide dans lequel le mouvement rectiligne et uniforme, dans son plan, d'une surface plane, solide, indéfinie, donne lieu à une force retardatrice de 1 newton par m^2 de la surface en contact avec le fluide homogène et isotherme en écoulement relatif devenu permanent, lorsque le gradient de la vitesse du fluide, à la surface du solide et par mètre d'écartement normal à ladite surface, est de 1 m/s : *pascal-seconde* (Pa.s) ou 10 P.
poise [1] (P) (du nom du médecin et physiologiste français Jean Poiseuille, 1799-1869) : 1 P = 0,1 Pa.s
sthène seconde par m^2 (sn.s/m^2) : 10 000 P.

• **Vitesse angulaire (T^{-1}). Radian par seconde** (rad/s). Voir ci-dessus, unités géométriques.
tour par minute (tr/min) : (π/30) rad/s.

• **Vitesse linéaire (LT^{-1}).** Le **mètre par seconde** est la vitesse d'un mobile qui, animé d'un mouvement uniforme, parcourt une distance de 1 m en 1 seconde.

kilomètre par heure (km/h) : $\frac{1}{3{,}6}$ m/s.

Nota. — Le *nœud* 0,514 m/s (soit 1 852 m/h) est la vitesse uniforme qui correspond à 1 mille par heure. Son emploi est autorisé seulement en navigation (maritime ou aérienne).

Unités électriques

• **Capacité électrique (M^{-1}L^{-2}T^{4}I^2).** Le **farad** (F) (abréviation du nom du chimiste anglais Michael Faraday, 1791-1867) est la capacité d'un condensateur électrique entre les armatures duquel apparaît une différence de potentiel de 1 volt lorsqu'il est chargé d'une quantité d'électricité égale à 1 coulomb.
microfarad (μF) : 0,000 001 F.
picofarad (pF) ; 0,000 000 000 001 F.

• **Champ magnétique (IL^{-1}) : ampère par mètre** (A/m).
œrsted (Oe) (nom du chimiste danois Christian Œrsted, 1777-1851) : $\frac{10^3}{4\pi}$ A/m (syst. C.G.S.).

• **Conductance électrique (M^{-1}L^{-2}T^{3}I^2).** Le **siemens** (S) (nom de l'ingénieur allemand Werner von Siemens, 1816-92 ; l'unité a été appelée jusqu'en 1919 *Mho,* anagramme de *Ohm*) est la conductance d'un conducteur dont la résistance est égale à 1 ohm : 1Ω^{-1}.

• **Densité de courant (IL^{-2}) : ampère par m^2.**

• **Flux d'induction magnétique (ML^{2}T^{-2}I^{-1}).** Le **weber** (Wb) (nom du physicien allemand Wilhelm Weber, 1804-91) est le flux magnétique qui, traversant un circuit d'une seule spire, y produit une force électromotrice de 1 volt si on l'amène à zéro en une seconde par décroissance uniforme.
maxwell (Mx) (du physicien anglais James Maxwell, 1831-79) : 0,000 000 01 Wb (système C.G.S.).

• **Force électromotrice et différence de potentiel (ou tension) ($ML^2T^{-3}I^{-1}$). Le volt** (V) (abréviation du nom du physicien italien Alexandro Volta, 1745-1827) est la différence de potentiel qui existe entre 2 points d'un fil conducteur parcouru par un courant constant de 1 ampère lorsque la puissance dissipée entre ces points est égale à 1 watt.
mégavolt (MV) : 1 000 000 V.
kilovolt (kV) : 1 000 V.
millivolt (mV) : 0,001 V.
microvolt (µV) : 0,000 001 V.

• **Force magnétomotrice : ampère (A).** Force magnétomotrice produite le long d'une courbe fermée quelconque qui entoure une seule fois un conducteur parcouru par un courant électrique de 1 ampère.

• **Inductance électrique, perméance ($ML^2T^{-2}I^{-2}$).** Appelée autrefois *coefficient de self-induction.* Le **henry** (H) (nom du physicien américain Joseph Henry, 1797-1878) est l'inductance électrique d'un circuit fermé dans lequel une force électromotrice de 1 volt est produite lorsque le courant électrique qui parcourt le circuit varie uniformément à raison de 1 ampère par seconde.
millihenry (mH) : 0,001 H.
microhenry (µH) : 0,000 001 H.

• **Induction magnétique ($MT^{-2}I^{-1}$).** Le **tesla** (T) (nom de l'ingénieur yougoslave Nikola Tesla, 1856-1943), ou weber par m², est l'induction magnétique uniforme qui, répartie normalement sur une surface de 1 m², produit à travers cette surface un flux magnétique total de 1 weber.
gauss (G) (nom de l'astronome allemand Carl Gauss, 1777-1855) ; 0,0001 T (système C.G.S.).

• **Intensité de champ électrique ($MLT^{-3}I^{-1}$). Le volt par mètre** (V/m) est l'intensité d'un champ électrique exerçant une force de 1 newton sur un corps chargé d'une quantité d'électricité de 1 coulomb.

• **Intensité de courant électrique (I). L'ampère** (A) (nom du physicien français André-Marie Ampère, 1775-1836) est l'intensité d'un courant électrique constant qui, maintenu dans 2 conducteurs parallèles, rectilignes, de longueur infinie, de section circulaire négligeable, et placés à une distance de 1 m l'un de l'autre dans le vide, produirait entre ces conducteurs une force de 2×10^{-7} newton par m de longueur.
kiloampère (kA) : 1 000 A.
décaampère (daA) : 10 A.
biot (Bi) (nom du physicien français Jean-Baptiste Biot, 1774-1862) : 10 A (syst. C.G.S.).
milliampère (mA) : 0,001 A.
microampère (µA) : 0,000 001 A.

• **Permittivité : farad par mètre** (F/m).

• **Puissance (ML^2T^{-3}). Le watt** (W) : 1 J/s ou 1 VA (voir unités mécaniques).
kilowatt (kW) : 1 000 W. *Puissance apparente* (VA) voltampère. *Puissance réactive* (var) var.

• **Quantité d'électricité, charge électrique (IT).** Le **coulomb** (C) (nom du physicien français Charles de Coulomb, 1736-1806) est la quantité d'électr. transportée en 1 seconde par un courant de 1 ampère.
kilocoulomb (kC) : 1 000 C.
millicoulomb (mC) : 0,001 C.
franklin (Fr) (du physicien américain Benjamin Franklin, 1706-90) : $0{,}3336 \times 10^{-9}$ C (syst. C.G.S.).
ampère-heure (Ah) : 3 600 C.
Constante de Faraday (F) : 96 500 C par mole.

• **Réluctance : henry à la puissance moins un** (H^{-1}).

• **Résistance électrique, impédance, réactance ($ML^2T^{-3}I^{-2}$). L'ohm** (Ω) (nom du physicien allemand Georg Ohm, 1787-1854) est la résistance électrique qui existe entre deux points d'un fil conducteur lorsqu'une différence de potentiel de 1 volt, appliquée entre ces 2 points, produit dans ce conducteur un courant de 1 ampère, ledit conducteur n'étant le siège d'aucune force électromotrice.
mégohm (MΩ) : 1 000 000 Ω.
microhm (µΩ): 0,000 001 Ω.

Unités calorifiques

• **Chaleur (quantité de).** Voir Unités mécaniques, p. 249.

Chaleur massique, entropie massique : joule par kilogramme-kelvin [J/ (kg. K)]. Chaleur massique d'un corps homogène de masse 1 kilogramme dans lequel l'apport d'une quantité de chaleur de 1 joule produit une élévation de température thermodynamique de 1 kelvin.

Capacité thermique, entropie : joule par kelvin (J/K). Augmentation de l'entropie d'un système recevant une quantité de chaleur de 1 joule à la température thermodynamique constante de 1 kelvin, pourvu qu'aucun changement irréversible n'ait lieu dans le système.

Conductivité thermique : watt par mètre-kelvin [W/(m.K)]. Conductivité thermique d'un corps homogène isotrope dans lequel une différence de température de 1 kelvin produit entre deux plans parallèles, ayant une aire de 1 mètre carré et distants de 1 mètre, un flux thermique de 1 watt.

• **Température (Θ). Celsius** (dite centésimale avant 1948) : attribuée au Suédois Anders Celsius (1701-44) ; utilisée également en France et dans les pays ayant adopté le système métrique. 1 °C (degré Celsius) = 1 K ou 1,8 °F. Zéro absolu : − 273,15 °C ; gel : 0 °C ; température du corps humain : 37 °C ; ébullition de l'eau : 100 °C.

Fahrenheit : inventée par le Prussien Fahrenheit (1686-1736) ; utilisée également aux U.S.A., en G.-B. et dans les pays anglo-saxons. 1 °F = 0,56 K ou 0,56 °C. Zéro absolu : − 459,67 °F ; gel : 32 °F ; température du corps humain : 98,4 °F ; ébullition de l'eau : 212 °F.

Kelvin : inventée par l'Anglais Lord Kelvin (1824-1907). Le **kelvin** (K) est la fraction 1/273,16 de la température thermodynamique du point triple [1] de l'eau. 1 K = 1 °C ou 1,8 °F. Zéro absolu : 0 K ; gel : 273,15 K ; ébullition de l'eau : 373,15 K.

Nota. — (1) Le point triple appartient en même temps aux 3 courbes de transformation : solide-liquide, liquide-gaz, solide-gaz.

Rankine : inventée par l'Écossais Rankine (1820-1872). Zéro absolu : 0 °R ; gel : 491,67 °R ; ébullition de l'eau : 671,67 °R.

Réaumur : inventée par le Français Réaumur (1683-1757), n'est plus utilisée. Gel : 0° ; ébullition de l'eau : 80°.

Le contrôle des instruments de mesure est exercé en France par : 1°) *Le Service de la Métrologie :* 30-32, rue Guersant, 75840 Paris Cedex 17. Rattaché au ministère du Redéploiement industriel et du Commerce extérieur. *Mission :* élaboration de la législation et de la réglementation sur la métrologie légale et les unités de mesure, définition et mise en œuvre de la politique relative à la métrologie légale et industrielle. 2°) *Les bureaux départementaux des instruments de mesure* sous l'autorité des directeurs régionaux de l'industrie et de la recherche.

Métrologie légale. Garantie de l'exactitude et de l'usage loyal des instruments de mesure intervenant dans une transaction commerciale, expertise judiciaire ou fixation de salaire [balances du commerce de détail, distributeurs routiers de carburant, compteurs domestiques (eau chaude, froide, électricité, gaz), compteurs de fuel et de propane ou butane liquides, taximètres, cinémomètres radars de la police, chronotachygraphes des transporteurs routiers, appareils de mesure des oxydes de carbone contenus dans les gaz d'échappement des véhicules), ou dans des échanges entre professionnels (saccharimètres, humidimètres, réfractomètres servant à des transactions agricoles, jaugeage des pétroliers et des bacs de stockage d'hydrocarbures, etc.)].

Contrôle des produits préemballés. Application de la loi du 1-8-1905 sur la répression des fraudes (fraudes sur la quantité) et du contrôle des produits préemballés. 3 901 lots de produits préemballés, représentant approximativement 5 millions d'unités, ont été contrôlés en 1984. *Moyens.* 700 agents dont 460 fonctionnaires techniques assermentés.

Unités optiques

• **Éclairement (ΦL^{-2}). Le lux** (lx) (mot latin, « lumière ») est l'éclairement d'une surface qui reçoit, d'une manière uniformément répartie, un flux lumineux de 1 lumen par mètre carré : 1 lm/m².

Phot (ph) (abréviation du radical grec *photo,* « lumière ») : 10 000 lx (syst. C.G.S.).

• **Exitance : lumen par m² (lm/m²).**

• **Flux lumineux (Φ). Le lumen** (lm) (mot latin, « lumière ») est le flux lumineux émis dans 1 stéradian par une source ponctuelle uniforme placée au sommet de l'angle solide et ayant une intensité lumineuse de 1 candela.

• **Intensité lumineuse (I).** La **candela** (cd) est l'intensité lumineuse dans une direction donnée d'une source qui émet un rayonnement monochromatique de fréquence 540×10^{12} hertz et dont l'intensité énergétique dans cette direction est de 1/683 watt par stéradian. Jusqu'en 1948, on utilisait la bougie décimale égale au 1/20 de l'étalon Violle [établi en 1884 par le Fr. Jules Violle (1841-1923) : lumière émise par 1 cm² de platine en fusion] ; de 1948 à 1980 on utilisa la luminance du radiateur intégral (corps noir) à la température de congélation du platine. En France on a aussi utilisé le *carcel* [de l'inventeur de la *lampe carcel* (lampe à huile avec mouvement d'horlogerie), Bertrand Carcel (1750-1812)], qui était la luminosité d'une lampe à huile dont la mèche avait 7 mm de diamètre et qui brûlait 42 g d'huile de colza à l'heure.

• **Luminance lumineuse (IL^{-2}). candela par m²** (cd/m²) ou nit (nt) (nom déconseillé) : 0,0001 sb.
lambert (L) (du nom du mathématicien français Jean Henri Lambert, 1728-77) : $\frac{10^4}{\pi}$ cd/m² = 3 183 cd/m².
stilb (sb) (du grec *stilbein,* « briller ») : 10 000 cd/m² (syst, C.G.S.).

• **Vergence des systèmes optiques (L^{-1}). La dioptrie** (δ) est la vergence d'un système optique ayant un mètre de distance focale dans un milieu dont l'indice de réfraction est 1.

Nota. — La *convergence* est la vergence positive ; la *divergence,* la vergence négative.

Unités des rayonnements ionisants

Nota. — (1) Autorisé jusqu'au 31-12-1985.

• **Activité nucléaire : becquerel (Bq) (s^{-1})** (nom du physicien français Henri Becquerel, 1852-1908) : activité d'une quantité de nucléide radioactif pour laquelle le nombre moyen de transitions nucléaires spontanées par seconde est égal à 1.
curie[1] (Ci) [nom du ménage de physiciens français Pierre (1859-1906) et Marie (1867-1934) Curie] : 1 Ci = $3{,}7 \times 10^{10}$ Bq.

• **Dose absorbée : gray** (Gy) (nom du physicien anglais Louis Harold Gray, 1905-65) (J/kg) : dose absorbée dans une masse de matière de 1 kg à laquelle les rayonnements ionisants communiquent en moyenne de façon uniforme une énergie de 1 joule.
rad[1] (rad ou rd) : 1 rad = 0,01 Gy.

• **Énergie communiquée massique : gray** (Gy) énergie communiquée massique telle que l'énergie communiquée par les rayonnements ionisants à une masse de matière de 1 kg est égale à 1 joule.

• **Équivalent de dose : sievert** (Sv) (nom du physicien suédois Rolf Sievert, 1896-1966). 1 Sv = 1 J/kg.
rem[1] (röntgen équivalent man) : dose de rayonnement qui produit les mêmes effets biologiques qu'un rad de rayons X, 1 rem = 0,01 Sv.

• **Exposition : coulomb par kg** (C/kg) : exposition telle que la charge de tous les ions d'un même signe produits dans l'air, lorsque les électrons (négatifs et positifs) libérés par les photons de façon uniforme dans une masse d'air égale à 1 kilogramme sont complètement arrêtés dans l'air, est égale en valeur absolue à 1 coulomb.
röntgen[1] : (R) (nom du physicien allemand Wilhelm Röntgen, 1845-1923) : 1 R = $2{,}58 \times 10^{-4}$ C/kg.

Quantum d'action : joule-seconde (Js).

• **Kerma** [de l'anglais « Kinetic Energy Released in Matter » (énergie cinétique libérée dans la matière)] : gray (Gy) : kerma dans une masse de matière de 1 kg dans laquelle sont libérées des particules ionisantes non chargées, la somme des énergies cinétiques initiales des particules ionisantes chargées étant en moyenne égale à 1 joule.

Unités de mesure diverses

bel (B) (abréviation du nom de l'inventeur américain Graham Bell, 1847-1922) : en acoustique et en radioélectricité, sert à mesurer une amplification d'énergie. Si, en mettant à l'entrée d'un appareil une énergie W_1, on retrouve à la sortie une énergie W_2, l'amplification d'énergie est mesurée en bels par $\log_{10} (W_2/W_1)$. Pratiquement, on emploie toujours le « *décibel* » (dB) en définissant l'amplification en décibels par $10 \log_{10} (W_2/W_1)$.

debye (nom du chimiste hollandais Petrus Debye, 1884-1966) : couramment employé par les physiciens, mesure le moment dipolaire électrique des molécules. Il vaut 10^{-18} unités CGS es, l'unité électrostatique de moment dipolaire électrique étant le moment dipolaire $e \times l$ de 2 charges électriques $+e$ et $-e$ de signes contraires, égales en valeur absolue à 1 unité CGS es et distantes de $l = 1$ centimètre.

Point typographique : voir à l'Index, point.

Unités étrangères

Unités anglo-saxonnes

☞ (1) Mesures non utilisées.

Origine commune. Les unités de mesure anglaises, plus homogènes que celles du Royaume de France, ont été communes à la Grande-Bretagne et à ses colonies d'Amérique jusqu'à la révolution américaine. Des étalons, plus ou moins fidèles, de la livre et du yard avaient été transportés outre-Atlantique par les colons. Jusqu'en 1824, les différences entre mesures américaines et anglaises n'étaient pas plus considérables que celles qui pouvaient exister entre différentes mesures régionales anglaises.

Système impérial britannique et système coutumier américain. En 1824, l'Angleterre adopta pour elle et pour ses colonies un système standardisé, que les États-Unis ne reconnurent pas. Il en résulta des divergences pour la plupart minimes, mais considérables pour le *gallon*, et pour les subdivisions des mesures de capacité. Néanmoins, les 2 systèmes restent liés, les mesures américaines (système coutumier américain) étant définies par rapport aux mesures impériales britanniques.

Définitions métriques américaines (1893). Le 28-7-1866, les États-Unis admirent légalement l'usage parallèle du système métrique, alors qu'en Grande-Bretagne il ne fut toléré qu'en 1864 puis légalement autorisé en 1897. Le 5-4-1893, les États-Unis, par l'ordonnance Mendenhall, décidèrent de définir toutes les mesures par rapport aux unités du système métrique, coupant tous les liens de leur système coutumier avec le système impérial britannique.

Accord international anglo-saxon de 1959. Le 1-1-1959, le Royaume-Uni, le Canada, l'Australie, l'Afrique du Sud et la Nouvelle-Zélande s'alignèrent sur les États-Unis, signèrent un accord définissant, sur le plan international, leurs mesures de longueur et de masse par rapport au système métrique. Toutefois, le service géodésique américain (US Coast and Geodetic Survey) continue à employer la relation fixée en 1893 : 1 survey foot = 1 200/3 937 m = 0,304 800 6 m.

Acte britannique du 31-7-1963. La définition des mesures britanniques en termes du système métrique international est adoptée pour l'intérieur du Royaume-Uni : le mètre et le kilogramme sont définis comme unités de référence pour les autres unités de mesure, au même titre que le yard et la livre *(pound)* dite *avoirdupois* (mot français médiéval désignant toutes les unités légales de masse dans le système traditionnel britannique).

Le *yard* vaut 0,9144 m et le *pound* 0,453 592 37 kg exactement. L'étalon primaire du yard est représenté par la distance à 62 °F (16 2/3 °C) de 2 traits gravés sur des pastilles d'or portées par une barre en bronze. L'étalon primaire de la livre « avoirdupois » est la masse d'un étalon en platine.

Le Comité de « métrication ». Avec son entrée dans le Marché commun européen, le Royaume-Uni semble s'acheminer vers l'adoption pure et simple du système métrique. De 1969 à 1980, un office de « métrication » (Metrication Board) a été créé à Londres pour planifier et coordonner cette conversion, effective déjà dans de nombreux domaines.

• **Capacité. Mesures britanniques.** Unité minimale des liquides ou goutte [*fluid minim* ou *drop* (min ou m) [a]] : 0,059 millilitre. Drachme liquide ou petit verre [*fluid drachm* ou *dram* (fl drm) [a]] : 3,552 ml (60 minims). Once liquide [*fluid ounce* (fl.oz)] : 28,413 ml (8 fl drm). Quart de pinte [*gill* (gi)] : 0,142 07 L (5 fl. oz). Pinte [*pint* (pt)] : 0,568 26 L (4 gills). Quart de gallon [*quart* (qt) : 1,136 5 L (2 pints). Gallon (gal) : 4,54 609 dm^3 (4 quarts ou 277, 42 cu in). Double gallon [*peck* (pk) [a]] : 9,092 l (2 gallons). Boisseau [*bushel* (bush ou bu) [a]] : 36,368 7 l (4 pecks). Quartaut *(quarter)* : 290,949 64 l (8 bushels).

Nota. — (a) L'usage de ces unités est illégal pour le commerce.

Mesures américaines. *Liquides.* Minim : 0,061 611 5 millilitre. Liquid dram (liq dr) : 3,696 69 millilitres (60 minims). Liquid ounce (liq oz) : 29,573 5 millilitres (8 liquid drams). Quart de pinte [*gill* (gi)] : 0,118 294 L. Pinte liquide [*liquid pint* (pt)] : 0,473 176 L (4 gills). Quart de gallon liquide [*liquid gallon* (qt)] : 0,946 353 L (2 pints). U.S. gallon (gal) : 3,785 4 L (4 quarts ou 231 cu in). Baril [*barrel* (bbl)] : 117,35 à 158, 99 L [1].

Nota. — (1) Le baril américain vaut de 31 à 42 gallons suivant les États.

Le baril mesurant les produits pétroliers vaut 42 gallons américains, soit 35 gallons anglais. Suivant la densité, 1 tonne métrique de pétrole comprend de 7 à 7,7 barils.

Matières sèches. Pinte sèche *(dry pint)* : 0,550 6 L. Quart de gallon sec *(dry quart)* : 1,101 221 L (2 pints).
Double gallon *(peck)* : 8,809 77 L (8 quarts).
Boisseau [*bushel* (bu)] : 35,239 07 L (4 pecks).

• **Chaleur (quantité de).** British Thermal Unit (B.T.U.) : 1 055,06 joules.

• **Consommation de carburant.** En général indiquée en miles par gallon : 10 miles par gallon britannique correspondent à 28,247 litres pour 100 km, 10 miles par gallon U.S. à 23,521 litres. 10 litres pour 100 km correspondent à 28,247 miles par gallon britannique, 23,521 miles par gallon U.S.

• **Contrainte, pression.** Livre par pouce carré [*pound per square inch* (lbf/in^2 ou psi)] : $6{,}894\,8.10^3$ pascals. Tonne longue par pouce carré [*long ton per square inch* (ton/in^2)] : $1{,}544.10^7$ pascals.

• **Éclairement.** *Footcandle* : 10,764 lux.

• **Énergie.** *Foot pound-force* (ft. lbf) : 1,355 8 joule. *Foot poundal* (ft. pdl) : 0,042 14 joule.

• **Force.** *Poundal* (pdl) : 0,138 25 newton. Livre poids (lbf), *pound-force* : 4,448 2 newtons. Tonne-poids longue, *long ton-force* : 9 964,02 newtons ; courte, *short ton-force* : 8 896,44 newtons.

• **Longueur.** Ligne, *line* : 2,117 mm. *Mil* (ou « thou », 0,001 inch) : 0,025 4 mm. Pouce (in ou ''), *inch* : 25,4 mm (12 lines). Pied (ft ou '), *foot* (pluriel *feet*) : 30,48 cm (12 inches). *Yard* (yd) : 0,914 4 m (3 feet). Perche (po), *pole, perch* ou *rod* : 5,029 2 m (5,5 yards) [1]. Huitième de mile (fur), *furlong* : 201,168 m (40 poles). Mille (st mi), *statute mile* : 1 609,344 m (1 760 yards ou 5 280 feet). Lieue terrestre [1], *land league* : 4 828,032 m (3 miles).

La marine utilise : Brasse (fath), *fathom* : 1,828 8 m (6 feet). Encablure, *cable length* : 219,456 m (120 fathoms ou 720 feet). Nœud, *knot* : 1 852 m/h. Mille marin, *nautical mile* : 1 852 m [ancienne valeur du mille marin en G.-B. : 1 853,184 m (6 080 ft)]. Lieue marine, *nautical league* : 5 556 m.

Les arpenteurs utilisent : le Gunter's surveyors system *(a)* et l'Engineer's system *(b)* ; maillon (li) [1], *link* : 0,201 m *(a)* ; 0,305 *(b)*. Chaîne (chn), *chain* : 20,116 8 m *(a)* ; 30,480 m *(b)*.

• **Luminance.** Candela par pouce carré. *Candela per square inch* : 1 550 candelas/m^2 ; par pied carré, *per square foot* : 10,764 cd/m^2. *Foot-lambert* : 3,426 cd/m^2.

• **Masse. Système avoirdupois** (G.-B. et U.S.A.). *Grain* (gr) : 0,064 8 g. *Dram* (dr) : 1,771 8 g (27,34 grains). *Once* (oz), *ounce* : 28,349 5 g (16 drams). Livre (lb), *pound* : 0,453 6 kg (16 ounces). Unité des turfistes (st), *stone* : 6,350 3 kg (14 pounds). Quartaut (qr), *quarter* : 12,700 6 kg (2 stones). Quintal court, *cental (short hundredweight)* : 45,359 kg (100 pounds). Quintal long (cwt), *hundredweight* : 50,802 3 kg (4 quarters ou 8 stones, ou 112 pounds). Tonne courte (US ton), *short ton* : 907,184 7 kg (2 000 pounds). Tonne longue (ton) *long ton* : 1 016,046 9 kg (20 hundredweights ou 2 240 pounds).

Systèmes troy (du nom de la ville de Troyes, en Champagne). *Grain* (gr) : 0,064 8 g. *Carat* [1] : 0,259 2 g (4 grains). Denier de 24 grains (dwt) [1], *pennyweight* : 1,555 2 g ou 6 carats (24 gr). Once (oz t) [1], *ounce* : 31,103 5 g (20 dwt). Livre (lb t), *pound* : 373,242 g (12 ounces).

Système d'apothicaire. *Grain* (gr) : 0,064 8 g.
Scriplum (scr) [1], *scruple* : 1,296 g (20 grains).
Drachme (drm) [1], *drachm* : 3,887 9 g (3 scruples).
Once (ap oz) [1], *ounce* : 31,103 5 g (8 drachmes).
Livre (lb) [1], *pound* : 373,2 g (12 ounces).

• **Puissance.** Livre-poids (foot) par seconde (ft lbf/s), *foot pound-force per second* : 1,355 8 watt. Poundal (foot) par seconde (ft pdl/s), *foot poundal per second* : 0,042 14 watt. Cheval-vapeur brit. (hp), *horse-power* : 745,699 watts.

• **Superficie.** Pouce carré (sq in ou in^2), *square inch* : 6,451 6 cm^2. Pied carré (sq ft ou ft^2), *square foot* : 929,030 4 cm^2 (144 sq in). Yard carré (sq yd ou yd^2), *square yard* : 0,836 127 36 m^2 (9 square feet ou 1 296 sq in). Perche carrée (sq po) [1], *square pole* : 25,293 m^2 (30,25 sq yd). Quart d'acre ou vergée, *rood* : 1 011,718 m^2 (40 sq po, ou 1 210 sq yd, ou 10 890 sq ft). *Acre* (ac) : 4 046,873 m^2 ; 0,404 7 ha (4 square roods ou 4 840 sq yd). Mile carré (sq. mi. ou mi^2), *square mile* : 2,589 988 km^2 ; 258,999 ha (640 acres).

• **Température.** Degré Fahrenheit. Formules permettant les conversions :

1) de °F en °C : $t_C = \frac{5}{9}(t_F - 32)$;

2) de °C en °F : $t_F = \left[\frac{9}{5}(t°C)\right] + 32$.

• **Volume.** Pouce cubique (cu in ou in^3), *cubic inch* : 16,387 cm^3. Pied cubique (cu ft ou ft^3), *cubic foot* : 28,317 dm^3 (1 728 cubic inches). Yard cubique (cu yd ou yd^3), *cubic yard* : 764,555 dm^3 (27 cubic feet). Tonneau anglais, *shipping ton* : 1,132 674 m^3 (40 cubic feet). Tonneau de jauge international (rt), *register ton* : 2,831 685 m^3 (100 cubic feet).

☞ Systèmes de mesure anciens, voir p. 245.

Tableau de conversion

Conversion en °C	°C ou °F	Conversion en °F
− 45,6	− 50	− 58
− 40,0	− 40	− 40
− 34,4	− 30	− 22
− 28,9	− 20	− 4
− 23,3	− 10	+ 14
− 17,8	0	+ 32
− 15,0	+ 5	41
− 12,2	+ 10	50
− 9,4	15	59
− 6,6	20	68
− 3,9	25	77
− 1,1	30	86
+ 1,7	35	95
+ 4,4	40	104
7,2	45	113
10,0	50	122
12,8	55	131
15,6	60	140
18,3	65	149
21,1	70	158
23,9	75	167
26,7	80	176
29,4	85	185
32,2	90	194
35,0	95	203
37,8	100	212
48,9	120	248
60,0	140	284
71,1	160	320
82,2	180	356
93,3	200	392
121	250	482
149	300	572
177	350	662
204	400	752
232	450	842
260	500	932
315	600	1112
371	700	1292
426	800	1472
482	900	1652
538	1000	1832

Le temps

Histoire

☞ **De l'Antiquité à la Renaissance.** On ne dispose que d'objets de fouilles, de restes archéologiques ou de quelques textes difficiles à interpréter [le mot latin *horologium* recouvre indifféremment tout instrument susceptible de « dire l'heure » : indicateurs solaires, clepsydres ou horloges à eau (au Moyen Age, chandelles horaires, récitations de psaumes, premières horloges à échappement)].

Observation de l'ombre

Constructions architecturales. Repose sur des observations astronomiques définissant des longues durées. Ex. : dolmens de Locmariaquer (Fr.) ; alignement de Stonehenge (G.-B., v. 1400 av. J.-C.).

Gnomon. Bâton ou objet vertical. On mesure la longueur de son ombre pour apprécier l'écoulement du temps (mi-journée). Lorsqu'on note l'évolution de cette ombre suivant l'heure et la saison, apparaît le *cadran solaire.* Ce fut d'abord un objet creux muni d'un style vertical puis horizontal (polos, scaphe) avant de devenir une surface plane. Nombreux exemplaires des 2 types dans tout le monde gréco-romain, construits entre le IVe s. av. J.-C. et le IIIe s. après J.-C. ; longtemps utilisés, ces cadrans indiqueront les offices, les heures inégales, temporaires (cadrans monastiques).

Cadran solaire de direction. VIIIe-XVe s. : l'Occident redécouvre les Anciens : 1°/ *cadran à heures égales* (décrit par Bède) : — 2°/*cadrans hyperboliques* à heures temporaires ; — 3°/ *cadrans à style axe,* indiquant les heures modernes « égales » (leur style, visant le nord, est parallèle à l'axe de la Terre). Lorsque des cadrans portatifs seront réalisés, l'inclinaison du style sera réglable en fonction de la latitude du lieu.

Astrolabe. Inventé par Hipparque, décrit par Philopon au VIe s., il est utilisé principalement par les Arabes, puis les Espagnols, enfin les astrologues. Il sert notamment à mesurer la hauteur du soleil et à déterminer la position des étoiles.

Instruments divers. Quart de cercle, bâton de Jacob, triquetum, torquetum, lunettes astronomiques.

Écoulement d'un fluide

Clepsydre (du grec *klepto,* « je dissimule » et *hudor,* « eau »). Percé, ou non, à sa base, le récipient se vide ou se remplit en un temps déterminé à l'avance. On a dit qu'une grande clepsydre avait été construite à Karnak, pour Aménophis III (1417-1379 av. J.-C.), mais il s'agissait sans doute d'un nilomètre.

Horloge à eau. V. le IIe ou le IIIe s. av. J.-C. apparaissent les premières h. ; la variation de hauteur du niveau d'eau est utilisée pour commander certains mécanismes. Un flotteur, posé sur un réservoir d'eau dont le niveau monte ou descend régulièrement, anime un mécanisme qui va du simple axe tournant faisant évoluer un index à un ensemble complexe pouvant comporter des automates. *Antiquité :* h. de la Tour des Vents d'Athènes. *Moyen Age : 511,* Théodoric offre une h. à Gondebaud ; *807,* Haroun el-Rachid en offre une à Charlemagne ; *1206,* h. de Bagdad décrite par Al Gazari ; *1308,* h. à automates de Tlemcen ; *1357,* celle de Fez. En Chine, dès *90,* Chang Heng décrit un moyen de faire tourner une sphère armillaire avec l'eau d'une clepsydre (tentative notée en 682-727) ; en *1090,* l'h. astronomique de Su Song comprend un régulateur qualifié d'échappement.

Le temps est fractionné en heures temporaires pour les besoins courants. Le *nycthémère* est partagé en heures de nuit, du coucher au lever du soleil, et en heures de jour, du lever au coucher du soleil, de durée variable suivant la saison. Avec les *horomètres* à fonctionnement indépendant du soleil, principalement les horloges mécaniques, l'usage des heures égales va se généraliser.

Horloge mécanique

Débuts. Mal connus. Le contrepoids deviendra moteur au XIIe s. à la cour de France puis avec l'horloge à mercure d'Alfonse le Sage, la clepsydre de Drover (1270) ; les systèmes de régulation sont avant tout des ralentisseurs de la chute du poids moteur.

Horloges à échappement. Évoquées en *1300* dans les *Comptes du Roi de France* (Pipelard), le *Roman de la Rose* de Jean de Meung (vers 1305), *la Divine Comédie* (1314-18) de Dante, puis de façon explicite par Froissart (*li Orologe amoureus,* 1360). En *1364* l'horloge de Pavie est terminée par Giovanni Dondi « en laiton et en cuivre ». En *1344,* son père, Jacopo, construit une horloge pour Padoue. Pour rendre les horloges mobiles, le remplacement des poids moteurs est assuré par le ressort. L'irrégularité de la force restituée nécessite l'emploi d'un régulateur.

Fusée. Une arbalète, citée par Keyser dans *Bellifortis,* montre ce dispositif, repris par Taccola, ami de Brunelleschi (1377-1446), dans la première application horlogère connue. La Volpaille combine, plus tard, la fusée et un ressort hélicoïdal travaillant longitudinalement. La fusée est un égalisateur de force intercalé entre le ressort et le rouage du mouvement horloger ; c'est un tronc de cône sur lequel s'enroule la corde à boyau accrochée au ressort (à l'armage maximum correspond le rayon le plus petit de la fusée). Brunelleschi, le 1er, « aurait utilisé » un ressort moteur-spiral associé à une fusée.

Montres. En *1488,* Ludovic Sforza aurait remplacé un bouton de costume par une petite horloge ou « montre ». Le ressort moteur est enroulé dans une boîte ou barillet tirant, en se désarmant, la corde à boyau enroulée préalablement sur la fusée. En France, le roi Louis XI (règne 1461-83) se fait accompagner dans ses déplacements par un mulet portant une horloge. Dans les montres et les horloges d'appartement, le laiton tend à remplacer le fer qui continuera à être employé jusqu'au XIXe s., surtout dans les horloges rustiques ou de clocher.

XVIe s. Les vis commencent à remplacer les goupilles au milieu du XVIe s. ; un dispositif égalisateur de force, associé à un ressort spiral libre, apparaît en Allemagne (Stackfreed), réduisant l'encombrement de la partie motrice. Il s'effacera devant la fusée, de meilleur rendement. L'échappement à verge, dit à roue de rencontre, comprend un foliot droit, remplacé par un balancier.

XVIIe s. *1657 ;* poursuivant les travaux de Galilée, le mathématicien hollandais Christian Huygens (1629-95) applique aux horloges un pendule chargé de régulariser leur marche. Il charge Salomon Coster de construire la 1re horloge de ce type qui, bientôt, portera le nom de *pendule.* En *1664,* Gruet remplace la corde à boyau par une chaînette, plus sûre. *1675,* Huygens fait exécuter par Isaac Thuret († 1706) la 1re montre à ressort spiral réglant (progrès décisif vers la précision). *Fin XVIIe s.,* l'Anglais Daniel Quare (1649-1724) adapte l'aiguille des min. au centre de la montre.

1700-50. *V. 1700,* utilisation, en Angleterre, de pierres percées comme coussinet de pivotement, pour les balanciers d'abord. Progrès considérable vers la longévité des montres. *1714,* avec d'autres États, le Parlement anglais met au concours « toute méthode capable de déterminer la longitude en mer » avec une prime de 10 000 livres pour un résultat n'excédant pas 1 degré d'erreur, de 15 000 livres pour 40 minutes et 20 000 livres pour 1/2 degré et moins. L'Angleterre était atterrée par les nombreux désastres subis par sa flotte, dus à des erreurs de longitude, ex. : la perte de

☞ **Principales horloges d'édifices,** voir Quid 1982 page 144 cd.

Montres à quartz

Le cristal de quartz est « piézoélectrique » : quand une plaquette de ce cristal est stimulée par un circuit oscillant alimenté par une pile, elle est animée de vibrations mécaniques. Ces vibrations de haute fréquence (8 000 à 4 000 000 d'oscillations par seconde) imposent leur rythme aux vibrations électriques. Un diviseur de fréquences reçoit ces vibrations électriques très régulières et les transforme en vibrations plus lentes, d'une à quelques vibrations par seconde, mais tout aussi stables. (Ces derniers signaux peuvent exciter un micromoteur électrique actionnant des aiguilles ou bien modifier l'état électrique d'un registre à mémoire qui commande à son tour un affichage numérique tel qu'un module à cristaux liquides ou à diodes luminescentes.) Affichage électronique pseudo-analogique : mode d'indication simulant par un moyen électronique (en général avec des cristaux liquides) l'apparence d'aiguilles se déplaçant de façon presque continue sur un cadran circulaire ; appliqué sur certaines montres à quartz : Texas Instruments 1978.

La diode luminescente *(LED, « light emitting diode ») :* est formée d'un cristal semi-conducteur (arséniure ou phosphure de gallium, etc.) qui émet une lumière le plus souvent rouge quand il est traversé par un courant. Par un arrangement de petits rectangles lumineux en groupes de 7 « segments » comme ceux des cristaux liquides, on peut dessiner n'importe quel chiffre et afficher, en juxtaposant plusieurs de ces groupes, l'indication des heures, minutes, secondes et dates. Cette indication est visible dans l'obscurité, mais la puissance électrique utilisée (quelques dizaines de milliwatts) est telle que l'affichage ne doit être provoqué que sur demande par action sur un contact à pression afin d'économiser les piles.

Le cristal liquide *(LCD, « liquid cristal display ») :* alors que dans un cristal solide les molécules sont toutes orientées de façon régulière, dans un cristal liquide (corps se présentant à la température ordinaire dans un état *mésomorphe* intermédiaire entre les états *solide cristallisé* et *liquide amorphe*), elles peuvent changer d'orientation ou la perdre dans certaines circonstances. Parmi les états mésomorphes, on distingue l'état *nématique* dans lequel les molécules allongées demeurent toutes parallèles à une même direction en l'absence d'influence extérieure même quand ces molécules se déplacent les unes par rapport aux autres ; mais elles peuvent basculer sous l'effet d'un champ électrique ou s'orienter selon les rayures d'une paroi au voisinage de celle-ci. La transparence optique est très différente selon l'orientation des molécules.

Exemples de corps présentant l'état nématique : méthoxybenzilidène-butyl-aniline (MBBA) stable de 21 à 47 °C ; éthoxybenzilidène-butyl-aniline (EBBA) stable de 32 à 68 °C. On peut former des mélanges de ces corps dont l'état nématique est stable de 0 à 60 °C, ce qui permet de les utiliser aux températures ambiantes usuelles. En excitant électriquement une région d'un cristal liquide nématique compris entre 2 lames de verre, on peut modifier la transparence de cette région et la faire apparaître plus sombre ou plus claire que les régions voisines. En dessinant par exemple des régions rectangulaires ou « segments » grâce à des électrodes transparentes, on peut faire apparaître des symboles : sept segments groupés suffisent pour définir à tour de rôle n'importe quel chiffre. En juxtaposant plusieurs groupes, on forme de 4 à 6 chiffres (heures, minutes, éventuellement secondes ou dates). Il suffit de quelques microwatts pour les rendre visibles à la lumière ambiante, ce qui permet un affichage permanent sans consommation exagérée de piles.

Autres méthodes d'affichage en développement : électrophorèse-électrochromie-ferroélectrique.

l'escadre de Sir Cloudesley Shovel qui se jeta sur les îles Scilly (ou Sorlingues) alors qu'il croyait entrer dans la Manche (1707). *1718*, l'Anglais Georges Graham (1673-1751) améliore sensiblement l'échappement en « auge de cochon » (échappement à cylindre), inventé par Thomas Tompion (1639-1713), Booth (Edouard Barlow *dit*, 1639-1719) et Houghton. *1725*, l'Anglais John Harrisson (1693-1776) invente le pendule compensateur, composé de 2 métaux différents par leur coefficient de dilatation ; appelé *gridiron*, ce pendule rend l'horloge insensible aux changements de température. *1748 et 1754*, le Français Pierre le Roy (1717-1785) applique, le 1er, l'échappement à détente.

1750-1800. *1751*, John Harrisson (1693-1776) la 1re partie de la prime offerte par le Parlement anglais, après son 4e chronomètre, et en *1773* la 2e moitié après son 5e chronomètre. *1767-1769*, F. Berthoud (Fr. d'orig. Suisse, 1727-1807), mécanicien de la Marine construit des montres marines tandis que Pierre le Roy obtient les 2 prix successivement offerts par l'Académie des sciences pour « la meilleure manière de mesurer le temps en mer ». *1771*, Louis Abraham Breguet (Fr. d'or. suisse, 1747-1823) invente un système de remontoir et de mise à l'heure « au pendant ». Un certain nombre d'horlogers prennent des brevets à ce sujet tout au long du XIXe s. Cependant, ce système de remontage ne s'impose définitivement qu'à la fin du siècle et la fabrication des montres à clef ne s'arrêtera que vers 1890-1900. *1790*, Genève : 1er concours de précision entre chronomètres. Leur degré de perfection est apprécié par un système de points définitivement fixé en 1879 par Émile Plantamour, directeur de l'Observatoire de Genève. [Autres concours : Kew et Teddington (G.-B.), 1884 ; Besançon (France), 1885.] *1793 (5-10)*, la Convention décrète la décimalisation du temps (échec). *1795 (7-4)*, décret suspendant son application pour une durée indéterminée.

XIXe s. Nombreux progrès : précision et régularité. Nombreux brevets (Europe, Amérique). *1840*, 1re horloge électrique (Alexandre Bain, Anglais, né vers 1811, † 1877). *1868*, la « montre à 20 F », de Georges-Frédéric Roskopf (Suisse, 1813-89), 1re montre fiable d'usage courant. *1873 (1-1)*, le Japon abandonne les heures temporaires et adopte le système européen des heures équinoxiales. Marque le début de l'industrie horlogère japonaise. *1876*, 1re montre antimagnétique (Paillard, All., installé en Suisse). *1896*, la marine allemande adopte, pour ses officiers, des montres retenues au poignet par une chaînette.

XXe s. Un peu avant *1914*, on porte au poignet les premières montres de sautoir dans un bracelet adapté ; des anses de fil ayant été ajoutées, la montre est directement maintenue par un bracelet du type courroie ; sa fabrication suivra, la montre ayant perdu son pendant. *1933*, 1re horloge à quartz oscillant (16 384 alternances par seconde). *1949*, 1re horloge moléculaire à ammoniac. *1954*, 1re horloge atomique. *V. 1970*, naissance de la montre à quartz analogique. *1972*, 1re montre à quartz numérique, à diodes luminescentes, puis à cristaux liquides. *1975*, montre calculatrice. *1979*, montre réveil multiprogrammable. *1983*, montre parlante puis réceptrice FM. *1984*, montre ordinateur.

Horloge atomique à césium. Repose sur le fait que les propriétés atomiques sont immuables, notamment les *fréquences* des radiations correspondant aux transitions entre niveaux d'énergie. L'étalon atomique comprend un résonateur atomique qui fournit la référence ultime, et une partie électronique générant, à partir d'un oscillateur à quartz à 5 MHz, un signal d'excitation vers 9,191 GHz. L'interaction de ce dernier avec le jet atomique fournit un signal d'erreur qui vient corriger en permanence la fréquence de l'oscillateur à quartz.

Les atomes de césium 133 sont stables (l'étalon « atomique » n'utilise en rien la radioactivité). Ils ont une exactitude garantie à $\mp 7.10^{-12}$ (1 seconde au bout d'env. 4 500 années).

Les appareils commerciaux pèsent env. 30 kg avec des charges de césium pouvant fonctionner continuellement pendant 5 à 10 ans.

Notion de temps

Temps universel (TU). Fourni par la rotation de la Terre. Il correspond au *temps solaire moyen de Greenwich* (c'est-à-dire au méridien origine des longitudes) ; mais il est calculé sur minuit (c.-à-d. le temps du passage inférieur du Soleil). Le G.M.T. (Greenwich Mean Time) est une mesure uniquement astronomique, qui est calculée sur midi (c.-à-d. le temps du passage supérieur du Soleil). C'est donc à tort qu'on emploie l'expression G.M.T. pour désigner l'heure à laquelle se produit un événement dans le système du TU. Dans les travaux de précision, on applique au TU des corrections pour tenir compte des petits mouvements quasi périodiques des pôles terrestres par rapport au sol (mouvements d'une dizaine de mètres d'amplitude) et l'on désigne par TU1 le TU ainsi corrigé.

Jusqu'à la fin du siècle dernier on a pensé que le TU1 était pratiquement uniforme. Puis on a découvert les irrégularités de la rotation terrestre. Ces irrégularités peuvent apporter au TU1 des avances ou retards de quelques secondes par an par rapport au temps uniforme. Elles sont dues pour l'essentiel aux mouvements atmosphériques et océaniques ainsi qu'aux mouvements du noyau fluide de la Terre ; elles restent imprévisibles de sorte que l'unité de temps liée au TU1, la seconde de temps moyen, subissait des fluctuations relatives de l'ordre 10^{-7} ; elle n'avait qu'une médiocre valeur métrologique. C'est pourquoi la seconde a été redéfinie d'abord en 1956 comme une fraction de l'année (l'année est plus régulière que le jour), puis en 1967 à partir d'une transition atomique du césium.

Cependant, le TU1 reste nécessaire pour connaître la position angulaire de la Terre autour de son axe dans les travaux de géophysique, d'astronomie, de recherche spatiale, et l'on continue à le mesurer avec toute la précision possible, soit par des observations d'étoiles, soit par des techniques nouvelles, telles les mesures de distance par laser des panneaux réfléchissants déposés sur la Lune par les U.S.A. et l'U.R.S.S., ou encore l'interférométrie sur radiosources extragalactiques. Le Bureau international de l'heure (BIH) centralise toutes les mesures du TU1 et publie les écarts entre le TU1 et l'UTC (voir p. 232), diffusé par les signaux horaires. La précision actuellement obtenue est de l'ordre de 0,0001 seconde.

Dans les textes scientifiques, on utilise les abréviations UT, UT1.

Temps atomique international (TAI). Le premier étalon atomique à jet de césium considéré comme étalon de temps a été mis en service régulier en 1955 au National Physical Laboratory Teddington, Middlesex (G.-B.). Depuis, de nombreux étalons atomiques de temps ont été construits. Diverses méthodes permettent de comparer en permanence ces étalons à des distances intercontinentales avec des incertitudes de quelques dizaines de nanosecondes. On peut ainsi calculer une moyenne qui constitue le temps atomique international TAI. On se garantit ainsi contre les risques d'arrêt.

La 14e Conférence Générale des Poids et Mesures a chargé le Bureau international de l'heure d'entretenir le TAI. En 1985, le TAI repose sur plus de 120 étalons de temps. Sa stabilité est telle qu'il ne peut prendre une avance ou un retard de plus d'1 à 2 microsecondes par an par rapport à un temps strictement uniforme (il est un million de fois plus uniforme que le Temps universel). Le BIH publie le retard ou l'avance de chacune des horloges qui ont servi à établir le TAI. Par convention on a fait coïncider TAI et TU1 le 1-1-1958. Depuis, TU1 a pris du retard par rapport à TAI, la différence TAI-TU1 atteignant 23 s en 1986. L'écart continue à s'accroître au rythme approximatif de 0,5 s par an.

Le TAI, qui fournit la meilleure mesure du temps uniforme, n'est cependant pas directement diffusé. Il est réservé aux usages scientifiques et notamment à l'interprétation dynamique des mouvements des corps célestes naturels et artificiels. Dans bien des cas, la précision atteinte dans la mesure du temps ne permet plus de négliger les effets relativistes.

Temps universel coordonné (UTC). Il y aurait eu de nombreux avantages à régler toutes les activités humaines sur le TAI (après application du système des fuseaux horaires), mais on n'a pu le faire : la détermination du point astronomique à la mer requiert, en effet, la connaissance immédiate du TU1. Cependant, comme une imprécision d'env. 1 seconde n'apporte pas de gêne à la navigation, on a adopté le 1-1-1972 un compromis entre le TAI et le TU1, appelé Temps universel coordonné (UTC).

L'UTC diffère du TAI d'un nombre entier de secondes choisi de sorte que l'écart entre UTC et TU1 reste inférieur à 0,9 s ; il peut donc y avoir de temps en temps (à la fin d'un mois) des sauts d'une seconde exactement, afin de tenir compte des irrégularités de la rotation terrestre. Ainsi des secondes intercalaires ont d'abord été introduites au rythme d'une par an, puis, la Terre ayant accéléré sa rotation, au rythme d'une tous les 2 ans (le 30-6-1983 puis le 30-6-1985). A partir de l'UTC, les utilisateurs scientifiques n'ont aucune peine à rétablir le TAI.

UTC est, en France, la base du temps légal (décret du 9-8-1978) ; les horloges publiques, l'horloge parlante, TDF diffusent UTC + 1 h (h d'hiver), ou UTC + 2 h (h d'été). Même dans les pays qui ne l'ont pas encore adopté légalement, UTC est en fait la base de temps en usage car c'est l'échelle de temps commune à toutes les diffusions de signaux horaires. Les horloges maîtresses des laboratoires horaires sont aussi ajustées sur UTC. En général elles n'en diffèrent que de quelques microsecondes.

Horloge parlante. Inventée par Ernest Esclangon, mise en service pour le public le 14-2-1933. Les appareils actuels conservent les caractéristiques initiales. Une partie « voix » est enregistrée et lue sur piste optique. La partie « horloge » est en fait l'horloge-maîtresse (horloge à césium maintenant) de l'Observatoire de Paris : c'est elle qui fournit les tops. Nombre d'appels : plus de 140 millions par an.

Temps Atomique Français [TA (F)]. En 1976, le Service de l'Heure de l'Observatoire de Paris est devenu un « Laboratoire primaire du temps et des fréquences ». Il établit le TA (F), en utilisant les données de ses étalons à césium et d'autres étalons de divers laboratoires nationaux. Il diffuse l'heure par l'horloge parlante et par des lignes directes. Il fournit aussi la référence à divers systèmes de diffusion publique du temps et des fréquences, notamment par l'intermédiaire de la fréquence porteuse de France Inter (stabilisation en fréquence et signaux horaires codés transmis par modulation de phase).

Division du temps

En principe, le temps devrait être divisé en prenant pour base la seconde (Voir définition p. 249). Cependant, l'on a conservé d'autres divisions :

La plus grande mesure du temps est le **Kalpa**, notion philosophique des hindous, correspondant à 4 320 millions d'années ; la plus petite mesurable est la picoseconde : $1,0 \times 10^{-12}$ s.

● **Ère** (*aeris*, génitif de *aes*, « airain »). **A Rome,** après un événement mémorable, le grand prêtre chargé du calendrier enfonçait un clou d'airain dans le mur du temple, indiquant ainsi qu'une série d'années commençait. On appelle donc *ère* en chronologie un fait culminant servant de point de départ au calcul des années. Chaque peuple a choisi souvent plusieurs ères au cours de son histoire. *Ère* (vocable étranger) a aussi pu être employé par les mercenaires pour désigner les années. Ils auraient pris la forme plurielle *aera* pour un féminin singulier, ce qui expliquerait la forme moderne de ce mot. L'ère de Rome était l'ère de fondation de la ville (A.U.C. — Anno Urbis Conditae — : 753 av. J.-C. (21 avril).

Grèce. Ère olympique 1-7-776 av. J.-C.

Ère de Nabonassar (dont s'est servi Ptolémée). 26-2-746 av. J.-C.

Ère du monde. Utilisée par les chrétiens en calculant la date de la création du monde par l'étude de la Bible. **Ère alexandrine** 5500 av. J.-C. Établie par Jules Africain en 221, réformée fin 284 de l'ère chrétienne : on retrancha 10 ans de manière que la fin de notre année 284 (pour eux l'an 287 de J.-C.) et l'an du monde de 5787, devinrent l'an 277 de J.-C. et l'an du monde 5777. **Ère d'Antioche** 5493. Le moine égyptien Panodore retrancha 10 ans aux calculs de Jules Africain. Comme en 284 les Alexandrins avaient aussi retranché 10 ans, les deux ères se confondent à cette époque mais la 1re année de l'ère chrétienne concorde avec la fin de l'année 5493 et le commencement de l'année 5494 tandis que depuis la réforme des calculs de Jules Africain, la 1re année de notre ère correspond à la 2e partie de l'année 5490 et à la 1re de l'année 5491 de l'ère mondaine d'Alexandrie. **Ère de Constantinople** 5509. La 1re année de l'Incarnation correspond aux 8 derniers mois de l'an du monde 5509. En usage à Constantinople avant le milieu du VIIe s., ensuite suivie par l'Église grecque et pratiquée en Russie jusqu'à Pierre le Grand. L'année ecclésiastique commença tantôt le 21 mars, tantôt le 1er avril, et l'année civile commença le 1er septembre et peut-être aussi le 1er janvier. Plus tard, Joseph-Juste Scaliger indiqua 3950 ; le père Paul Pezron, cistercien (1639-1707), 5873 ; James Usher (1581-1656) 4004 (date retenue par Bossuet dans son Histoire universelle).

Cycle julien de Joseph-Juste Scaliger, philosophe protestant (1540-1609) : créa un cycle de 7 980 années (produit des nombres 28, 19 et 15 : durée des cycles solaire, lunaire et d'indiction). Il lui donna pour origine l'an 3950 av. J.-C. (année qui était en même temps l'origine des 3 cycles considérés). Le système permet par simple addition ou soustraction de passer d'une ère à l'autre : pour l'ère chrétienne, ajouter 3 950 ; pour l'ère de Constantinople, ajouter 475 ; pour l'ère d'Isdégerde, ajouter 632, etc. Il a été utilisé par les historiens de l'Antiquité pendant quelques générations, avant la naissance de l'histoire antique.

Ère de Sähivähä (Inde) 78 av. J.-C., etc.

Ère chrétienne, dite aussi **ère vulgaire**, **ère de l'Incarnation**, **ère de la Rédemption.** Année de la naissance du Christ (supposée en l'an 753 de Rome), date calculée par un moine scythe, Denys le Petit.

Ère évangélique. 5 av. J.-C. (en considérant que J.-C. était né 5 ans plus tôt en 748 de Rome).

Ère de Dioclétien (ère des martyrs). Ses années étant réglées sur le calendrier égyptien, l'année se composait de 12 mois de 30 jours chacun, à la fin desquels on ajoutait 5 jours intercalaires nommés épagomènes.

Ère des astronomes. Elle a une année 0, qui est l'an 1 av. J.-C. Les années 2, 3, 4, 5, etc. av. J.-C. sont appelées −1, −2, −3, −4, etc.

Ère mahométane (ou hégire) 622 apr. J.-C.

Ère républicaine 22-9-1792.

Ère luni-solaire de Cassini. Durée 11 600 ans. Créée par Jean-Dominique Cassini (1625-1713), astronome de Louis XIV. Période au bout de laquelle les cycles lunaires se reproduisent exactement aux mêmes dates par rapport aux cycles solaires.

Ère espagnole. Débute le 1er janvier de l'an de Rome 716, en 38 av. J.-C. L'an 1 de l'ère chrétienne coïncide avec l'an 39 de l'ère d'Espagne. Il s'agit peut-être d'une ère provinciale du monde romain, ayant pour point de départ la date de la réduction du pays en province romaine, ou d'une ère ecclésiastique liée aux tables de Pâques en vigueur au ve s. et marquant le commencement d'un cycle pascal. Les royaumes de Castille et de León l'ont employée officiellement jusqu'en 1383. Le Portugal, indép. dep. 1139, l'utilisa jusqu'en 1422 ; le 22-8, Don Juan Ier substitua à l'« ère de César » le compte des années à partir de la naissance du Christ.

Période sothiaque ou Grande Année. Cycle de 1 460 ans, lié aux révolutions de Sirius (astronomie égyptienne). Le « lever héliaque » de Sirius ne se reproduit aux mêmes dates solaires qu'après un cycle de 1 460 ans. Le Grec Aristote (384-322 av. J.-C.), qui avait hérité de la notion traditionnelle de Grande Année sans la comprendre, la définissait comme le cycle au bout duquel toutes les planètes se retrouvaient ensemble à une position de départ.

● **Siècle.** Durée de 100 années. D'après les « libri rituales » des auspices toscans, chaque siècle avait pour terme la mort de celui des citoyens qui existait déjà à l'ouverture de la période et qui vivait le plus longtemps ; cette durée dépendait de 2 événements impossibles à constater ; les dieux envoyaient des prodiges exceptionnels qui en marquaient l'échéance. Les 4 1ers siècles étrusques eurent ainsi 100 ans, le 5e : 123, les 6e et 7e : 118. Puis les Romains adoptèrent le siècle invariable de 100 ans. Pour Hésiode (Grec, VIIIe s. av. J.-C.), la durée de vie humaine est de 96 ans. Les astronomes utilisent le *siècle julien* de 36 525 j. exactement.

Année de début des siècles : jusqu'en 1800, on considérait que les siècles commençaient dès que les 2 premiers chiffres changeaient : 1600, 1700, 1800. Le Bureau des longitudes a décidé que la 1re année du 1er siècle d'une ère serait l'an 1 et non l'an 0 ; le 31-12 de cette année, c.-à-d. le 31-12-1, il y a une année écoulée, et le 31-12-100, il y en a cent ou un siècle : donc le IIe s. a commencé le 1-1-101, le XXe s. le 1-1-1901.

● **Année.** Origine du nom : de la même racine que *anus*, « anneau » : suggère le retour cyclique des saisons et des mois. On suppose que les hommes préhistoriques des zones tempérées (pasteurs et chasseurs) avaient une conscience aiguë de l'alternance des périodes de froid et de chaleur.

1. Année anomalistique. Temps écoulé entre 2 passages du Soleil au même point de son orbite apparente : 365 j 6 h 13 m 53 s en 1900 (31 558 433 s).

2. Année civile. Temps moyen mis par la Terre à tourner autour du Soleil.

3. Année draconitique. Intervalle de temps qui sépare 2 passages consécutifs du Soleil par le nœud ascendant de l'orbite lunaire sur l'écliptique : 346,6 j. C'est la 19e partie du *saros*, période qui règle approximativement le retour des éclipses.

Les fuseaux horaires

Tableau donné sous toutes réserves, il n'existe pas de source officielle centralisant ces renseignements.

Il existe une heure différente en chaque point de la Terre puisque, tout en tournant autour du Soleil, la Terre tourne sur elle-même. On ne retient cependant — par commodité — que les heures de certains méridiens. La Terre a été divisée ainsi (depuis 1887) en 24 fuseaux horaires dont l'heure est celle du méridien passant par leur milieu.

Le méridien passant par Greenwich (Angleterre) est appelé *méridien d'origine*. Le temps civil de Greenwich est appelé *Temps universel* (TU) (appelé à tort autrefois G.M.T. : Greenwich Mean Time).

La *ligne* de changement de date suit en gros le méridien antipode de Greenwich (dans le Pacifique entre l'Amér. et l'Asie). Si l'on voyage vers l'est, on a « gagné », au retour, un jour et, si l'on voyage vers l'ouest, on en a « perdu » un.

Europe	
Albanie*	+ 1
Allemagne*	+ 1
Andorre*	+ 1
Autriche*	+ 1
Belgique*	+ 1
Bulgarie*	+ 2
Danemark*	+ 1
Espagne*	+ 1
Féroé (îles)*	0
Finlande*	+ 2
France*	+ 1
Gibraltar*	+ 1
Grande-Bret.*	0
Grèce*	+ 2
Hongrie*	+ 1
Irlande*	0
Islande	0
Italie*	+ 1
Liechtenstein	+ 1
Luxembourg*	+ 1
Malte*	+ 1
Monaco*	+ 1
Norvège*	+ 1
Pays-Bas*	+ 1
Pologne*	+ 1
Portugal*	0
Roumanie*	+ 2
Saint-Marin	+ 1
Spitzberg	+ 1
Suède*	+ 1
Suisse*	+ 1
Tchécoslov.*	+ 1
Turquie (Eur. et Asie)	+ 2
Vatican*	+ 1
Yougoslavie*	+ 1
Désignations usuelles.	
H. de l'Eur. occid. ou Temps universel (TU)	0
H. de l'Eur. centrale	+ 1
H. de l'Eur. orientale	+ 2
U.R.S.S.*	
Europe. Zone côtière N. (O. de 40° E.) *(Moscou, Leningrad)*	+ 3
De 40° à 52° 30′ E. 67°30′	+ 4
A l'E. de 52° 30′ E.	+ 5
Côtes N. mers Noire et d'Azov jusqu'à 40° E. *(Odessa)*	+ 3
Côtes E. mers d'Azov et Noire	+ 4
Asie. De + 5 *(Sverdlovsk)* à	+ 13
Asie	
Afghanistan	+ 4.30
Arabie Saoud.	+ 3
Bahrein	+ 3
Bangladesh	+ 6
Birmanie	+ 6.30
Brunéi	+ 8
Cambodge	+ 7
Chine	+ 8
Chypre Nord*	+ 2
Chypre Sud*	+ 2
Corée du N.	+ 9
Corée du S.	+ 9
Émirats Ar. U.	+ 4
Hong Kong	+ 8
Inde	+ 5.30
Indonésie : Bali, Java, Madura, Sumatra	+ 7
Bornéo (Kal.), Célèbes (Sulawesi), Sumba, Loro Sae	+ 8
Moluques	+ 9
Irak*	+ 3
Iran	+ 3.30
Israël*	+ 2
Japon sauf Og.	+ 9
Japon Ogasawara (Bonin)	+ 10
Jordanie*	+ 2
Koweït	+ 3
Laos	+ 7
Liban*	+ 2
Malaisie	+ 8
Népal	+ 5.45
Oman	+ 4
Pakistan	+ 5
Philippines	+ 8
Qatar	+ 3
Singapour	+ 8
Sri Lanka	+ 5.30
Syrie*	+ 2
T'ai-wan	+ 8
Thaïlande	+ 7
Viêt-nam	+ 7
Wrangell	+ 13
Yémen	+ 3
Désignations usuelles.	
H. d'Aden	+ 3
H. de l'Inde	+ 5.30
Afrique	
Açores*	− 1
Afrique du S.	+ 2
Algérie	+ 1
Angola	+ 1
Bénin	+ 1
Botswana	+ 2
Burundi	+ 2
Burkina-Faso	0
Cameroun	+ 1
Canaries*	0
Cap-Vert	− 1
Centrafricaine	+ 1
Comores	+ 3
Congo	+ 1
Côte-d'Ivoire	0
Djibouti	+ 3
Égypte	+ 2
Éthiopie	+ 3
Gabon	+ 1
Ghana	0
Guinée	0
Guinée Bissau	0
Guinée équat.	+ 1
Kenya	+ 3
Kerguelen	+ 5
Lesotho	+ 2
Liberia	0
Libye*	+ 1
Madagascar	+ 3
Madère*	0
Malawi	+ 2
Mali	0
Maroc	+ 0
Maurice (île)	+ 4
Mauritanie	0
Mozambique	+ 2
Namibie (S.-O. afr.)	+ 2
Niger	+ 1
Nigéria	+ 1
Ouganda	+ 3
Réunion	+ 4
Rwanda	+ 2
Sainte-Hélène	0
São Tomé et Principe	0
Sénégambie	0
Seychelles	+ 4
Sierra Leone	0
Somalie	+ 3
Soudan	+ 2
Swaziland	+ 2
Tanzanie	+ 3
Tchad	+ 1
Togo	0
Tunisie	+ 1
Zaïre. Équateur	+ 1
— Autres provinces	+ 2
Zambie	+ 2
Zimbabwe	+ 2
Amérique du Nord	
Canada*	− 4
Terre-Neuve*	− 3.30
Labrador*	− 4
Nouv.-Brunswick. Nlle-Écosse. Pce-Édouard. Québec à l'E. de 63° O.	− 4
Terr. du N.-O. (est). Ontario. Québec à l'ouest de 63° O. *(Montréal, Québec, Ottawa)*	− 5
Terr. du N.-O. (centre). Manitoba	− 6
Saskatchewan	− 7
Terr. du N.-O. (Mountain). Alberta	− 7
Terr. du N.-O. (ouest). Colombie brit.	− 8
Yukon	− 8
États - Unis* Côte Est. New York. Washington	− 5
Nlle-Orléans. Houston. Chicago	− 6
Denver	− 7
Côte ouest	− 8
Groenland* (sauf Thulé) de 0 à	− 4
Mexique or. Côte E., E. par 92° 5′ O. (dont Acapulco)	− 6
Côte E., O. par 92° 5′ et côte O., S. par 20° 7′ N. (dont Mexico)	− 6
Côte O., N. par 20° 7′ N. sauf Basse-Calif. N. par 28° N.	− 7
Basse-Calif. N. par 28° N.	− 8
St-Pierre et Miquelon	− 3
Désignations usuelles.	
Northern Stand. Time (N.S.T.)	− 3.30
Atlantic ou intercolonial St.T. (I.S.T.)	− 4
Eastern St.T. (E.S.T.)	− 5
Central St.T. (C.S.T.)	− 6
Mountain St.T. (M.S.T.)	− 7
Pacific St.T. (P.S.T.)	− 8
Alaska St.T.	− 10
Amérique centrale	
Bahamas*. Caïques. Turques*	− 5
Belize	− 6
Bermudes*	− 4
Caïmans	− 5
Costa Rica	− 6
Cuba*	− 5
Dominicaine (Rép.)	− 4
Guatemala*	− 6
Haïti*	− 5
Honduras	− 6
Jamaïque	− 5
Nicaragua	− 6
Panama	− 5
Puerto Rico	− 4
Salvador	− 6
Iles Sous-le-Vent (Leeward)[1]	− 4
Iles du Vent (Windward)[2]	− 4
Amérique du Sud	
Argentine	− 3
Bolivie	− 4
Brésil* oriental (Rio)	− 3
— central	− 4
— occidental	− 5
Chili*	− 4
Colombie	− 5
Équateur	− 5
Guyana	− 3
Guyane fr.	− 3
Pâques (île de)*	− 6
Paraguay*	− 4
Pérou	− 5
Surinam	− 3
Trinidad (Atl. Sud)	− 2
Tristan da Cunha	0
Uruguay	− 3
Venezuela	− 4
Désignations usuelles.	
H. de l'Atl. S.	− 2
H. de Paramaribo	− 3.30
H. du Venezuela	− 4
Océanie	
Australie* occ. (sauf Queensland et Terr. du N.). Perth	+ 8
Broken Hill	+ 9.30
Terr. du N., Austr. mér.	+ 9.30
Sydney, Canberra, Melbourne	+ 10
Tasmanie	+ 10
Carolines ouest de 135° E	+ 9
— entre 135° et 150°	+ 10
— à l'E. de 150° E.	+ 11
Chatham*	+ 12.45
Christmas	− 7
Cook*	− 10
Fanning	− 10
Fidji	+ 12
Hawaii	− 10
Irian	+ 9
Kiribati	+ 12
Banaba	+ 11.30
Mariannes	+ 10
Marshall	+ 12
Enewatuk, Kwajalein	− 12
Midway	− 11
Nlle-Calédonie Loyauté	+ 11
Nlle-Zélande*	+ 12
Papouasie-Nlle Guinée	+ 10
Polynésie fr.	− 10
— sauf Gambier	− 9
— et Marquises	− 9.30
Salomon	+ 11
Samoa	− 11
Tonga	+ 13
Tuvalu	+ 12
Vannatu*	+ 11
Wallis et Futuna	+ 12
Désignations usuelles.	
H. de l'Austr. mérid.	+ 9.30
H. de la Nlle-Zélande	+ 12
H. des îles Fidji	+ 12
H. des îles Samoa	− 11
Antarctique	
Terre Adélie	+ 9
Terre de Graham	− 3

Correction en h et mn. Pour les pays marqués d'un astérisque, il faut ajouter une correction supplémentaire (en général 1 heure) pendant une partie de l'année (période des jours longs). Exemple : s'il est midi à Paris, quelle heure est-il à New York ? La France étant en hiver en avance de 1 h sur le TU, il est 11 h en TU, et New York étant en retard de 5 h sur le TU, il est 11 − 5 = 6 h du matin à New York. *Source :* Bureau des Longitudes.

En 1981, les pays d'Europe de l'Ouest ont adopté les mêmes heures d'été, de fin mars à fin septembre (Grande-Bretagne au jour suivant le 4e dimanche d'octobre).

Nota. — (1) St-Martin, Barbuda, St-Christophe, Guadeloupe, Dominique. (2) Martinique, Ste-Lucie, St-Vincent, Barbade, Grenade.

4. Année sidérale. Temps écoulé enrte 2 passages du Soleil en un point donné du ciel : 365 j 6 h 9 m 9,5 s en temps moyen en 1900.

5. Année tropique (ou équinoxiale). Temps mis par la Terre à tourner autour du Soleil entre 2 équinoxes de printemps : 365 j 5 h 48 m 45,975 s en temps moyen en 1900.

Les Romains estimaient l'année tropique à 365 j 1/4 (365,25 j). Pourtant, Hipparque (IIe s. av. J.-C.) avait déjà atteint une précision supérieure : 365 j 5 h

55 m (au lieu de 49 m). Si ces chiffres avaient été adoptés lors de la réforme césarienne (voir p. 235), le retard pris par le calendrier julien en 1582 (réforme grégorienne) n'aurait été que de 6 j au lieu de 10.

6. Année cosmique. Période de rotation du Soleil autour du centre de la galaxie de la Voie lactée : 225 millions d'années. L'*année de lumière* n'est pas une mesure de temps, mais de distance (9 461 milliards de km) : celle parcourue en 1 année par la lumière.

● **Mois lunaire** (ou *lunaison*). En anglais, les mots *moon* « lune » et *month* « mois » ont la même racine. Valeur moyenne de l'intervalle de temps écoulé entre 2 conjonctions successives de la Lune et du Soleil (nouvelles lunes) : 29 j 12 h 44 m 2,8 s (la durée varie de 29 j 12 h à 29 j 20 h). Le calendrier moderne, bien que divisé en mois primitivement lunaires, ne tient plus compte des lunaisons.

Certains calendriers sont restés purement lunaires, par exemple chez les Indiens d'Amérique et les Tahitiens, qui ignorent l'année solaire. Les musulmans connaissent l'année solaire, mais donnent priorité aux lunaisons, la date du début de chaque année étant variable, et dépendant des phases de la Lune.

● **Semaine.** Durée de 7 j. Utilisée chez les Hébreux. Employée en Occident à partir du IIIe s. de notre ère. Sa durée correspond à peu près aux phases de la Lune (7 j 1/4). Les noms des 5 planètes connues de l'Antiquité (+ Lune et Soleil) ont été donnés aux 7 j de la semaine par les Égyptiens, à cause de la coïncidence 7 et 7. L'explication donnée par les Hébreux (6 j de travail, 1 j de repos) a été reprise par la tradition chrétienne, assurant que c'était le rythme « naturel » du travail humain (chiffres admis actuellement : 5 et 2). L'Occident (Grecs d'Alexandrie) n'a adopté la semaine de 7 j qu'au IIIe s. apr. J.-C.

● **Jour.** *Étymologie.* Ancien adjectif : *diurnus,* « diurne » (vieux français : jorn).

Jour civil. Nom donné par les Romains à une durée de 24 h (1 j + 1 nuit) par opposition au *jour naturel,* du lever au coucher du soleil. Ils le comptaient de minuit à minuit (1/2 nuit + 1 j + 1/2 nuit), à la différence des Grecs, des Gaulois et des Germains, qui comptaient par *nuit* (d'un coucher de soleil à l'autre, c.-à-d. jamais exactement 24 h).

Jour sidéral. Durée d'une rotation complète de la Terre par rapport au 1er point vernal (point d'intersection de l'écliptique et de l'équateur) : 23 h 56 m 4,09 s.

Jour solaire. Temps écoulé entre 2 passages du Soleil au méridien. Il est plus long que le jour sidéral, car la Terre change sa position par rapport au Soleil, alors que cette position ne change pas par rapport aux étoiles considérées à l'infini. Le **jour solaire vrai** n'est pas constant, car la translation de la Terre sur son orbite se fait à une vitesse angulaire inégale et l'orbite ne coïncide pas avec le plan équatorial. Aussi parlet-on souvent de **jour solaire moyen.**

L'équation du temps est la différence entre le jour solaire moyen et le jour solaire vrai : elle est maximale en février (+ 14 min) et en novembre (− 16 min), et nulle 4 j seulement par an (v. les 15-4, 14-6, 1-9, 25-12). Le jour civil et le jour solaire moyen sont égaux, mais ce dernier est compté de midi à midi.

● **Heure.** La division du jour en heures est probablement d'origine chaldéenne. Les Babyloniens comptaient par couples d'heures, appelés *Kaspur* (12 Kaspur par jour). **Heure civile :** 24e partie du jour. **Heure sidérale :** 24e partie du jour sidéral. Plus courte que l'heure civile. **Heure solaire vraie :** 24e partie du jour solaire vrai.

L'heure en France. Le 15-3-1891, on introduisit dans toute la France l'heure de Paris. Jusque-là, chaque ville avait son heure particulière ; ainsi, quand il était midi à Paris, il était midi 19 m 46 s à Nice et 11 h 42 m à Brest. Le 11-3-1911, la France s'aligna sur l'heure de Greenwich (Temps universel). Les pendules de tout le territoire français furent retardées de 9 m 21 s. L'abandon du méridien de Paris fut considéré à l'époque comme une « capitulation ». Le député nationaliste Grandmaison demanda à la Chambre d'adopter au moins la formule « méridien de Saumur », le méridien de Greenwich passant tout près de cette ville. On a proposé aussi le « méridien d'Argentan », Argentan étant encore plus proche du méridien de Greenwich que Saumur. En 1912, on adopta pour les usages de la vie civile le décompte des heures de 0 à 24. Jusqu'en 1911, l'heure intérieure des gares retardait de 5 m sur l'h. extérieure.

De 1916 à 1940, on adopta pendant 6 mois de l'année l'*heure d'été* (en avance de 1 h sur l'heure normale de notre fuseau horaire). De 1941 à 1945, l'heure d'été fut en avance de 2 h sur l'heure du fuseau et l'heure d'hiver en avance de 1 h, sauf dans les territoires occupés par les Allemands, où l'heure fut en avance de 2 h du 9-5-1940 au 2-11-1942.

De 1946 à 1976, on a conservé une avance permanente de 1 h sur l'heure du fuseau. Cette mesure permettait des économies de lumière et une meilleure unification de l'heure en Europe.

A partir de 1976, on est revenu au système de l'heure d'été avancée de 1 h sur l'heure d'hiver (soit 2 h d'avance sur l'heure du fuseau). Le changement a lieu les derniers dimanches de mars et de septembre. *1984 :* du 25-3 au 30-9. *1985 :* du 31-3 (1 h TU) au 29-9 (1 h TU). L'emploi de l'heure d'été permet d'économiser environ 300 000 t de pétrole par an. L'heure d'été suscite beaucoup de déplacements le soir, se soldant par une surconsommation d'essence, mais on regarde moins la télévision. D'après un sondage, 67 % des Français sont pour l'heure d'été, 15 % contre.

L'heure d'été est en usage général dans les pays d'Europe. Elle est moins répandue sur les autres continents.

Les « Heures » dans la mythologie grecque. Déesses appelées *Hôrai* (transcription latine : *horae,* d'où « heures »). *Avant le Xe s. :* personnifications des phénomènes naturels : rosée, brumes, chaleurs fertilisantes. *Temps homériques IXe s. :* divinités mineures, mais bienfaisantes, compagnes des Nymphes et des Grâces ; suivantes des dieux et déesses comme Apollon, Déméter, Aphrodite. *IVe s. :* elles sont 4, personnifiant les saisons de l'année. *IIIe s. :* à Alexandrie, puis à Rome : elles sont 12, compagnes de la déesse Aurore (*Éôs*). Celle-ci les place chaque jour dans le ciel à des intervalles réguliers, pour qu'elles guident le char du dieu Soleil.

A Rome. Durée variable : la 12e partie du temps compris entre le lever et le coucher du soleil (plus courtes en hiver qu'en été). Ex. : 23 déc. : 44 mn 30 s. (à Rome : 8 h 54 m) ; − 25 juin : 75 m 30 s. (15 h 6 m). Au début, horaires approximatifs : 1re h. (prime) : vers 6 ou 7 h ; 3e h (tierce) : v. 10 h ; 6e h (sexte) : v. midi (le consul proclamait le midi officiel quand le soleil passait entre les Rostres et le Graecostasis) ; 9e h (none) v. 15 h.

● **Minute.** 60e partie de l'heure et 60e partie du Kaspur chez les Babyloniens (120 s).

● **Seconde.** 60e partie de la minute, la 86 400e partie du jour ; unité adoptée par les Grecs et les Romains, utilisée universellement et devenue unité de base du système international d'unités, pour le temps. Définie en 1960 comme la 1/31 556 925 9747e partie de l'année tropique calculée en 1900. Depuis 1967, on utilise la **seconde atomique.** Le seul système de mesure du temps ayant écarté la division sexagésimale a été le système républicain (1791-1804) avec 10 heures de 100 minutes.

Calendriers

Définition

● **Étymologie. Calendrier** contient la racine *calendes* (mot étrusque, désignant le 1er du mois chez les Romains). Le *calendarium* des Romains était un livre de comptes, car on payait les factures en début de mois.

● **Autres noms des calendriers. Parapegme** (grec) : sortes d'agendas indiquant les jours fastes et défavorables. **Almanach** (de l'article arabe *al* et de la racine grecque arabisée *méné* désignant la lunaison) : calendrier lunaire. Le mot almanach a pris ultérieurement le sens de « livre de prévision astrologique ».

Notre calendrier

Origine

● **Ère chrétienne.** En 532, sur une proposition du moine scythe Denys le Petit, l'Église décida de compter les années à partir du 1er janvier qui suivit la naissance de Jésus (le 25 décembre), c'est-à-dire que le 1er janvier de l'an de Rome 754 devint rétrospectivement le 1er janvier de l'an 1 de l'ère chrétienne. On aurait dû appeler l'année de la naissance du Christ l'année 0. Or, on saute de l'an 1 av. J.-C. à l'an 1 de l'ère chrétienne. La France adopta cette manière de compter vers le VIIIe s.

Début de l'année. Le jour à partir duquel on change le millésime de l'année a été fixé en France de 9 façons différentes depuis l'adoption de l'ère chrétienne : 1) au 1er mars (tradition romaine ancienne) ; 2) au 1er janvier [tradition romaine dep. le règne de Numa Pompilius (715-672 av. J.-C.)] ; 3) 25 décembre (naissance du Christ) ; 4) 25 mars (Incarnation du Christ ; le plus fréquent, d'où l'expression « An de l'Incarnation » pour désigner les années de l'ère chrétienne) ; 5) 25 mars, avec 1 an de retard ; 6) Pâques ; 7) Pâques, avec un an de retard ; 8) 1er janvier avec un an de retard (très petite minorité). Le choix définitif et obligatoire du 1er janvier sans année de retard date du règne de Charles IX [édit de Roussillon (9-8-1564)].

Nota. − L'année *1561* dura du samedi soir 5-4 au samedi 28-3 ; *1562 :* du sam. 28-3 au sam. 10-4 ; *1563 :* du sam. 10-4 au sam. 1-4 ; *1564 :* du sam. 1-4 au 31-12 (elle n'eut donc que 9 mois).

Poissons d'avril. On a dit qu'à l'origine ils étaient des pseudo-cadeaux que l'on se faisait par plaisanterie après la suppression du Nouvel An du 1er avril. Mais, comme le 1er avril n'a jamais servi de commencement à la nouvelle année, la coutume serait plutôt liée à la fermeture de la pêche, généralisée en France au 1er avril, depuis des siècles, à cause du frai. Pour taquiner les pêcheurs en eau douce, privés de poissons, on leur envoyait des harengs.

● **Calendrier grégorien.** Le pape Grégoire XIII décida en 1582 de réformer le *calendrier julien* en raison du retard qui s'était accumulé depuis son adoption en 45 av. J.-C. Ce retard (de 11 mn 14 s par an, soit 18 h 40 m par siècle) atteignait 10 j. Il y avait déjà eu de vaines tentatives de réforme, en 1414 (card. Pierre d'Ailly) et en 1545 (concile de Trente).

Le 4-10-1582 fut suivi du 15-10, la succession des jours de la semaine étant respectée (en France il fallut attendre l'ordonnance royale de novembre 1582 : le lundi 10-12 devint le 20-12). L'année resta de 365 j, mais certaines années *bissextiles* furent supprimées. Désormais sont bissextiles les années divisibles par 4 sans obtenir de reste, à l'exception des années terminées par 2 zéros (ex. : 1900), si elles ne sont pas divisibles par 400. Cette année réformée est encore trop longue de 25 s (le retard atteindra 1 j en 4317).

Inexactitude du calendrier grégorien. 1) L'année grégorienne a été calculée avec une précision insuffisante ; elle est trop longue de 0,0003 j, c.-à-d. 3 jours de trop en 10 000 ans. 2) Il ne tient pas compte de l'allongement de l'année, dû au ralentissement de la rotation terrestre (0,60 s au bout de 1 siècle).

Date d'adoption dans quelques pays. 1582 : Italie, Espagne, Portugal, *France,* Pays-Bas catholiques. 1584 : Autriche, Allemagne catholique, Suisse catholique. 1586 : Pologne. 1587 : Hongrie. 1610 : Prusse. 1700 : Allemagne protestante, Pays-Bas protestants, Danemark, Norvège. 1752 : Grande-Bretagne, Suède. 1753 : Suisse protestante. 1873 : Japon. 1911 : Chine. 1917 : Bulgarie. 1919 : Roumanie, Yougoslavie. 1923 : U.R.S.S. (les journées d'octobre 1917, qui marquent le début de la révolution russe, sont ainsi depuis 1923 commémorées en décembre), Grèce. 1926 : Turquie.

Ces pays avaient tous le calendrier julien, sauf le Japon et la Chine (calendrier national), et la Turquie (calendrier musulman). Pendant une longue période transitoire, pour préciser une date, on écrivait par ex. le 10/23 janvier 1920 (10 vieux style, 23 nouveau style ou grégorien).

En Europe occidentale, les *pays protestants* furent parmi les derniers à s'incliner. « Les protestants, disait Kepler, aiment mieux être en désaccord avec le Soleil que d'accord avec le pape. » La décision de 1752, en Angleterre, provoqua des émeutes : le peuple estimait qu'on lui avait volé 3 mois (du 1er janvier au 25 mars). Les *orthodoxes* orientaux ont rejeté la réforme pour des raisons dogmatiques : l'ordre des jours de la semaine a été créé par Dieu. Il est impie d'y toucher.

● **Jours juliens.** On désigne souvent en astronomie une date par le nombre de jours écoulés depuis le commencement de la *période julienne* qui est situé à 12 h de Temps universel de l'année − 4712 (ou 4713 avant J.-C.). Par exemple le numéro du jour julien qui commence à 12 h TU le 1-1-1981 est 2 444 606. Par extension, on emploie la *date julienne* qui comprend une fraction décimale du jour comptée depuis 12 h TU et qui peut servir à fixer l'instant d'un événement dans un système purement décimal.

Dans de nombreuses applications scientifiques, on préfère la *date julienne modifiée*, MJD, obtenue en retranchant 2 400 000,5 à la date julienne. Le jour de MJD commence donc en même temps que le jour de TU (MJD = 44 605,00 le 1-1-1981 à 0 h TU). Bien que le système de datation se rapporte en principe au TU, il est courant, dans des applications demandant une grande précision, de spécifier la date MJD dans l'échelle du Temps atomique international.

Projets de réforme

• **Défauts du système actuel.** 1) Les mois étant de longueur variable, le nombre des j ouvrables mensuels subit des variations allant jusqu'à 12 %, ce qui perturbe les statistiques économiques. 2) La mobilité de certaines fêtes chômées (lundis de Pâques et de Pentecôte, Ascension), la coïncidence possible d'un jour férié et d'un dimanche (1er mai, 15 août) compliquent les plannings mensuels.

• **Principaux types de projets. 1) 4 trimestres de 91 jours** *avec des mois de 30 et 31 j.* Prototypes : le *calendrier universel*, élaboré en 1887 par Armelin et Hanin ; adopté en 1901, publié en 1912, par Camille Flammarion (1842-1925). Chaque mois porte le nom d'un concept philosophique. L'année comprend 364 j comptés (12 mois et 52 semaines), plus 1 j supplémentaire, stabilisateur, férié et non daté (le jour blanc) à la fin de décembre. Le jour bissextile est le samedi *bis* 31 juin. Chaque date correspond à un jour de la semaine bien déterminé : le calendrier est perpétuel. Désavantage : le mois n'est pas multiple de la semaine ; des mois légèrement inégaux (31 j) sont conservés. Avantage : 26 j ouvrables chaque mois, trimestres identiques (91 j : 31 + 30 + 30), facilitant les comparaisons. Le *calendrier mondial* de l'Allemande Elisabeth Achelis (1931) est soumis depuis 1947 à l'O.N.U., en vue de son adoption par l'ensemble des Nations Unies : 4 trimestres avec des mois de 31, 30, 30 j, soit 364 j. Tous les ans un jour W supplémentaire (World day, « jour mondial ») ; tous les 4 ans, un jour W bissextile. Toutes les années et tous les trimestres commenceraient par un dimanche. Tous les 1ers mois de 30 j par un mercredi ; les 2es par un vendredi. Autres projets de ce type : abbé Mastrofini (Italien) 1837 (j. bissextile : mardi *bis* 29 fév.), Grosclaude 1900, Alexander Philips (Angl.) 1900, Carlos de la Plaza (Esp.) 1911, Gabriel Nahapetian [moine arménien (mékhithariste) de Venise] 1911-15, Arnaud Baar (Belge) 1912.

2) 13 mois de 28 jours. Prototype : le *calendrier fixe* d'Auguste Comte (1798-1847), publié en 1849, nommé en 1911 par l'Américain Eastman. Chaque mois porte le nom d'un grand homme. Un nouveau mois, « sol », s'intercalerait entre juin et juillet. Le jour de l'an, le 29 décembre, ne ferait partie d'aucune semaine et serait férié. Il en serait de même pour le jour bissextile, placé le 29 juin tous les 4 ans. Autres projets de ce type : Moses Cotsworth (Canadien) 1914, Robert Heinicke (Allemand), Paul Delaporte (Français) 1916.

3) 4 trimestres avec 2 mois de 28 jours (4 semaines) **et 1 mois de 35 j** (5 semaines). John Robertson (Écossais), Arnold Kampe (All.), Henry Dalziel.

4) 53e semaine ajoutée *à certaines années.* Frédéric Black (Angl.) : années de 364 j, puis 1 année de 371 j tous les 5 ou 6 ans. Variante : P. Searle (Amér.), Alsa Koopman (Holl.).

5) Régulation des bissextiles. Projet russe (Madler, Glasenapp), repris par Lord Grinthorp (Angl.), Ghazi Moukhtar Jacha (Turc) : il faut supprimer un jour tous les 128 ans, ce qui permet aux années de commencer toujours par le même jour de la semaine.

6) Projet décimal. Inspiré par celui de la Révolution française. L'unité est l'heure : 1 j : 1 décaheure ; 10 j : 1 hectoheure ; 100 j : 1 kiloheure, etc.

En 1924, la S.D.N. a établi un Comité spécial d'étude de la réforme du calendrier. Les nombreux calendriers proposés étaient parents, soit de celui d'Auguste Comte, soit de celui de Flammarion. Mais ces travaux du comité n'eurent aucune suite.

Calendrier ecclésiastique

Généralités

Il est à la fois lunaire et solaire. Certaines fêtes (ex. *Noël* ou l'*Assomption*) sont fixes par rapport à notre cal. civil, qui est solaire. D'autres (*Pâques* et fêtes qui s'y rattachent) sont mobiles par rapport à notre cal., mais fixes par rapport au cal. lunaire (Pâques étant fixé à la 1re nuit de samedi à dimanche après la pleine lune de printemps, laquelle a lieu soit le jour de l'équinoxe, le 21 mars, soit après).

• **Date de Pâques.** *Jusqu'au concile de Nicée* (325), chaque Église chrétienne eut sa façon particulière de calculer Pâques : certaines (par ex. Antioche) se référaient purement et simplement à la Pâque juive ; on laissait les juifs calculer leur Pâque et on prenait le dimanche suivant. La plupart se référaient à l'anniversaire de la mort de Jésus, en ne prenant pas le jour anniversaire lui-même, mais la pleine lune qui le suivait. Dans ce système, 2 sources de divergences : 1° les Églises *quatuordécimantes* mettaient leur Pâque au 14e j, qu'il soit un dimanche ou non, alors que Rome et Alexandrie choisissaient toujours le dimanche ; 2° la date de la résurrection du Christ n'est pas fixée de façon uniforme, car on choisit pour sa mort les années 29, 30, 31, 32 ou 33 ; elle varie ainsi du 3 au 17 avril.

Depuis le concile de Nicée (325), la date de Pâques est fixée au dimanche qui suit le 14e jour de la Lune, qui atteint cet âge au 21 mars ou immédiatement après. Cette décision a été acceptée avec de nombreuses réticences (notamment l'Église d'Irlande, au bord d'un schisme d'origine « pascale » jusqu'au VIIIe s.). *Recul de Pâques jusqu'en 1532.* Le retard de l'année julienne sur le calendrier réel a eu pour conséquence de retarder considérablement la fête de Pâques jusqu'en 1523. En effet, l'équinoxe se produisant avant le 21 mars, la lune prise en considération pour le calcul de Pâques était toujours celle d'avril-mai, et Pâques tombait parfois à la mi-juin.

Il y a désaccord sur la *date réelle* de l'anniversaire de la *Résurrection* de Jésus-Christ qu'on célèbre le 3e jour après sa mort.

Nombre de jours avant et après Pâques : Mercredi des Cendres 46 [comme il est interdit de jeûner les dimanches, pour obtenir 40 j de jeûne (ce qui a été la durée de jeûne de Jésus dans le désert), en comptant Vendredi et Samedi Saints, en soustrayant les 6 dimanches, le début du jeûne fut avancé de 4 j]. Quadragésime 42. Reminiscere 35. Oculi 28. Laetare 21. Passion 14. Rameaux 7. *Pâques.* Quasimodo 7. Ascension 39. Pentecôte 49. Trinité 56. Fête-Dieu 60.

Dates des fêtes mobiles

	Cendres	Pâques	Ascenc.	Pent.	Avent
1983	16-2	3-4	12-5	22-5	27-11
1984	7-3	22-4	31-5	10-6	2-12
1985	20-2	7-4	16-5	26-5	1-12
1986	12-2	30-3	8-5	18-5	30-11
1987	4-3	19-4	28-5	7-6	29-11

Dates de Pâques de 1900 à 2049

☞ Chiffres en romain : il s'agit du mois d'avril ; en italique : il s'agit du mois de mars.

Années	0	1	2	3	4	5	6	7	8	9
1900	15	7	*30*	12	3	23	15	*31*	19	11
1910	*27*	16	7	*23*	12	4	23	8	*31*	20
1920	4	*27*	16	1	20	12	4	17	8	*31*
1930	20	5	*27*	16	1	21	12	*28*	17	9
1940	*24*	13	5	25	9	1	21	6	*28*	17
1950	9	*25*	13	5	18	10	1	21	6	*29*
1960	17	2	22	14	*29*	18	10	*26*	14	6
1970	*29*	11	2	22	14	*30*	18	10	*26*	15
1980	6	19	11	3	22	7	*30*	19	3	*26*
1990	15	*31*	19	11	3	16	7	*30*	12	4
2000	23	15	*31*	20	11	*27*	16	8	*23*	12
2010	4	24	8	*31*	20	5	*27*	16	1	21
2020	12	4	17	9	*31*	20	5	*28*	16	1
2030	21	13	*28*	17	9	*25*	13	5	25	10
2040	1	21	6	*29*	17	9	25	14	5	18

Nota. — Limites extrêmes : *Pâques* 22 mars-25 avril ; *Pentecôte* 10 mai-13 juin. Les termes *septuagésime* (63 j avant Pâques), *Sexagésime* (56), *Quinquagésime* (49) ne sont plus utilisés depuis le 1-1-1971, la période liturgique correspondante (servant de préface au Carême) ayant été supprimée.

• **Noël.** A vu le jour à Rome vers 330 et s'est diffusé en Orient dans la 2e moitié du IVe s. En Égypte, certains cercles commencèrent à célébrer dès le IIIe s. la fête de l'*Épiphanie* ou du Baptême du Christ le 6 janvier. Peu à peu, les 2 fêtes vont coexister. V. Noël à l'Index.

Comput ecclésiastique

Ensemble d'opérations permettant de calculer chaque année les dates des fêtes religieuses mobiles et particulièrement celle de Pâques, le comput ne tient pas compte des inégalités du mouvement de la Lune et parfois les indications du calendrier ecclésiastique sont en désaccord avec le mouvement réel de la Lune.

• **Éléments du comput. Nombre d'or.** Nombre compris entre 1 et 19 qui indique le rang d'une année donnée dans un cycle de 19 ans au bout duquel les phases de la Lune se reproduisent aux mêmes dates. L'astronome grec Méton aurait découvert en 432 av. J.-C. que 19 années valent 235 lunaisons.

Épacte. Nombre qui indique l'âge de la Lune à la veille du 1er janvier en convenant de désigner par 0 son âge le jour où elle est nouvelle. Comme une lunaison compte 29 j et quelques h, l'épacte peut varier de 0 à 29. De la valeur de l'épacte, on déduit la date de la pleine lune qui survient le 21 mars ou immédiatement après. Puis, par la lettre dominicale, on obtient la date du dimanche suivant : le jour de Pâques.

Lettre dominicale, Indique les dimanches d'une année avec la convention suivante : on désigne à partir du 1er janvier les jours successifs de l'année par A,B,C,D,E,F,G, en recommençant la série des 7 lettres quand elle est épuisée. Les jours de même nom sont donc désignés par la même lettre. Si le 1er janvier est un lundi, A désigne les lundis, B, les mardis, ..., G les dimanches : alors G est la lettre dominicale de l'année. Dans les années bissextiles, le 29 février usurpe la lettre qui devrait revenir au 1er mars. Il faut donc indiquer, pour les 10 derniers mois de l'année, une 2e lettre dominicale qui eût été normalement celle de l'année suivante.

Cycle dominical (ou, improprement, **cycle solaire**). 28 ans, au bout desquels reviennent les mêmes lettres dominicales. Chaque année peut être caractérisée par son rang (entre 1 et 28) dans ce cycle.

Indiction romaine. Période de 15 années, conventionnelle, n'ayant aucune signification astronomique. Les papes, depuis Grégoire VIII, ont fait commencer l'indiction au 1-1-313. Depuis, les années portent un numéro compris entre 1 et 15 qui porte aussi le nom de l'indiction romaine. Exemple : *année 1985.* Nombre d'or : 10. Épacte : 8. Lettre dominicale : F. Cycle solaire : 6. Indiction romaine : 8.

Calendrier romain

• **A l'origine. Calendrier lunaire.** Années de 304 j divisées en 10 mois, comptées de la date de la fondation de Rome (en 753 av. J.-C. sous Romulus).

Lustre. A l'origine, fête expiatoire instituée par Servius Tullius, puis période de 4 années (dite Olympiade chez les Grecs) puis de 5 années.

Nom des mois. Ils furent désignés d'abord par des adjectifs numéraux, terminés en ilis : aprilis (2e), quintilis (5e), sextilis (6e), ou en ber : september (7e, septem ab imbre : le 7e après les neiges), october (8e), november (9e), december (10e). Puis, on en dédia à des divinités : le 1er, martius, à Mars, dieu de la guerre ; le 3e, maïus, à Maïus ou Maïa, divinités préromaines ; le 4e, junius, à Junon, épouse de Jupiter. On ajoutait, après le dernier mois, le nombre de j nécessaires pour égaler l'année solaire ; ces j n'eurent d'abord pas de nom. Puis on en fit 2 mois, placés, après décembre, à la fin de l'année. L'un fut ensuite placé avant martius et appelé januarius (il était consacré à Janus, ou Dianus, divinité préromaine). L'autre, februarius, resta d'abord après décembre. Les mois eurent un nombre de j impairs (les Romains croyaient que le nombre impair portait bonheur). Le total donnait 354 j ; pour avoir un nombre impair on donna à l'année 355 j en ajoutant 1 jour au dernier mois qui, de 27 j, passa à 28 j. Ce nombre pair, en faisant un mois néfaste, fut consacré à des cérémonies expiatoires, d'où son nom de februarius (*februare,* verbe archaïque d'origine sabine, signifie : purifier). Vers l'an 400 de Rome, februarius fut déplacé entre januarius et martius et devint le 2e mois.

L'année, qui débutait vers l'équinoxe de printemps, commença alors vers le solstice d'hiver. Comme elle était plus courte que l'année solaire, on essaya (Numa ou les décemvirs) de la faire coïncider avec les saisons en établissant un cycle de 4 ans, au cours duquel on ajouta, de 2 en 2 ans, un 13e mois (appelé *mercedonius* parce que les marchands étaient payés à ce moment) tantôt de 23 j, placés entre le 24 et 25 février, tantôt de 22 j, entre le 23 et 24. Dans ce cycle, la 1re année avait

355 j, la 2e 355 + 22 = 377 ; la 3e 355 et la 4e 355 + 23 = 378. *Total* 1 465 j pour 4 ans (au lieu de 1 461).

Pour remédier à cet excès de 4 j, les décemvirs adoptèrent, en 450 av. J.-C., l'**octaëtéride** de Cléostrate de Tenedos, période de 8 ans, d'après laquelle, pendant 3 octaëtérides, on devait intercaler 5 mois (au lieu de 6) de 22 j. Comme il restait encore 2 j en plus, les pontifes furent chargés d'assigner au mois mercedonius le nombre de j requis pour maintenir la concordance entre année civile et année vraie, mais ils le firent d'une façon arbitraire ; le désordre augmenta : en 46 av. J.-C., l'équinoxe civile différait de l'astronomique d'env. 3 mois.

● **Réforme julienne. Date.** Sous Jules César, 708 de Rome, 46 av. J.-C. ; à partir du 1er janv. (jusque-là, l'année changeait de chiffre seulement le 1er mars). **Motif.** Mettre fin au pouvoir abusif des autorités religieuses (les pontifes) en matière de calendrier civil. Il arrivait qu'un pontife raccourcisse une année pour faire sortir de charge un ennemi. **Principe astronomique.** César, conseillé par l'Égyptien Sosigènes, commença par ajouter à l'année courante, en plus du mois de 23 j intercalé cette année-là, 2 autres mois de 33 et 34 j, entre novembre et décembre, pour regagner le retard. Cette année de 455 j est connue sous le nom d'**année de confusion.** Puis il déclara que l'année, désormais réglée principalement sur le cours du Soleil, aurait 365 j ; en raison de l'excédent évalué à 6 h (soit 24 h en 4 ans), on ajouterait 1 j chaque 4e année. Placé après le 24 février (appelé sexto ante calendas martii), ce j fut nommé bis sexto ante calendas martii, d'où son nom de jour **bissextile**, l'année qui le contient étant une année bissextile. Les 10 j supplémentaires furent distribués parmi les mois qui eurent alors 30 ou 31 j alternativement, sauf février qui, de 30 les années bissextiles, n'en eut que 29 les années ordinaires. En 716 de Rome, sur la proposition d'Antoine, le mois quintilis (c.-à-d. cinquième) fut appelé julius en hommage à Jules César.

La réforme julienne fut d'abord mal appliquée. Les pontifes intercalèrent une année bissextile tous les 3 ans. Au bout de 36 ans, on avait intercalé 12 années bissextiles au lieu de 9. Auguste ordonna alors que pendant 12 ans on ne fît aucune année bissextile. La réforme julienne reprit sa justesse. En récompense, le Sénat romain décréta, en 746 de Rome (8 av. J.-C.), qu'on donnerait à sextilis (sixième mois) le nom d'augustus. Auguste n'étant en rien inférieur à César, on enleva donc à février un jour (il n'eut plus alors que 28 j ou 29 j les années bissextiles). Pour qu'il n'y eût pas à la suite 3 mois de 31 j, on donna le 31 de septembre à octobre et le 31 de novembre à décembre.

Division du mois. En 3 parties inégales, dont les noms sont d'origine étrusque : les **calendes** [1] désignaient le 1er jour du mois, elles n'existaient pas chez les Grecs : d'où l'expression « renvoyer aux calendes grecques » pour dire renvoyer *sine die*, les **nones** le 5e j (ou le 7e pour mars, mai, juillet, oct.), les **ides** le 13e (ou le 15e pour mars, mai, juillet, oct.). Les jours se comptaient en rétrogradant à partir de ces dates. Cette division remonte à l'époque où les habitants du Latium avaient établi une concordance entre les cycles de la Lune et les jours du mois. Les calendes correspondaient au 1er jour de la nouvelle lune, les ides à la pleine lune et les nones au 9e jour avant les ides. Les noms des jours, les mêmes que ceux des 7 astres connus des Chaldéo-Assyriens, se retrouvent dans plusieurs langues modernes : Solis dies (sunday, anglais), Lunae dies (lundi), Martis dies (mardi), Mercurii dies (mercredi), Jovis dies (jeudi), Veneris dies (vendredi), Saturni dies (saturday, anglais). Dimanche tire son origine du latin ecclésiastique dies dominica (j du seigneur), ainsi que samedi, sabbati dies (j du sabbat).

Heures. La journée se divise en 12 h de jour (comptées du lever du soleil à son coucher) et 12 h de nuit. Aussi la durée des h varie-t-elle selon la saison. Elles ne sont égales qu'aux équinoxes. La journée est divisée jusqu'au IVe s. av. J.-C. ante méridiem et de meridie, au IIIe on dit mane (le matin) et suprema (le soir) ; les différents moments de la journée (approximatifs) portent des noms particuliers : diluculum (point du jour), mane (le matin), ad meridiem (vers midi), meridies (milieu du jour), de meridie (après midi), suprema (le coucher du soleil), vespera (le soir), crepusculum (le crépuscule), prima fax (première torche), concubium (nuit avancée), intempesta nox (nuit profonde), media nox (milieu de la nuit), gallicinium (chant du coq).

● **Usage actuel du calendrier julien.** L'Église orthodoxe russe conserve le calendrier julien (elle fête Noël le 7 janvier). D'autres orthodoxes, les patriarcats de Constantinople et d'Antioche, les Églises de Grèce et de Finlande, célèbrent Noël le 25 déc., mais gardent le calendrier julien pour fixer la date de Pâques.

Calendrier républicain

ÈRE RÉPUBLICAINE		I	II	III	IV	V	VI	VII	VIII	IX	X	XI	XII	XIII	XIV
ÈRE GRÉGORIENNE		1792	1793	1794	1795	1796	1797	1798	1799	1800	1801	1802	1803	1804	1805
1er *Vendémiaire*	Septembre	22	22	22	23	22	22	22	23	23	23	23	24	23	23
1er *Brumaire*	Octobre	22	22	22	23	22	22	22	23	23	23	23	24	23	23
1er *Frimaire*	Novembre	21	21	21	22	21	21	21	22	22	22	22	23	22	22
1er *Nivôse*	Décembre	21	21	21	22	21	21	21	22	22	22	22	23	22	22
ÈRE GRÉGORIENNE		1793	1794	1795	1796	1797	1798	1799	1800	1801	1802	1803	1804	1805	
1er *Pluviôse*	Janvier	20	20	20	21	20	20	20	21	21	21	21	22	21	
1er *Ventôse*	Février	19	19	19	20	19	19	19	20	20	20	20	21	20	
1er *Germinal*	Mars	21	21	21	21	21	21	21	22	22	22	22	22	22	
1er *Floréal*	Avril	20	20	20	20	20	20	20	21	21	21	21	21	21	
1er *Prairial*	Mai	20	20	20	20	20	20	20	21	21	21	21	21	21	
1er *Messidor*	Juin	19	19	19	19	19	19	19	20	20	20	20	20	20	
1er *Thermidor*	Juillet	19	19	19	19	19	19	19	20	20	20	20	20	20	
1er *Fructidor*	Août	18	18	18	18	18	18	18	19	19	19	19	19	19	

Compte des années. L'an 1 de l'« Ère des Français » comptait à partir du 22-9-1792 (1er j de la République qui correspondait à l'équinoxe d'automne). Aucun document ne porte la date de l'An I, puisque sa fondation est du 15 Vendémiaire de l'An II. Le 24-11-1793, un décret précisa le nom des mois et des jours.

Divisions. L'année, de 365 j, était divisée en 12 *mois* de 3 *décades* de 10 j, pour se conformer aux règles du système métrique (primidi, duodi, tridi, quartidi, quintidi, sextidi, septidi, octidi, nonidi, décadi), et se terminait par *5 j supplémentaires* (dits sans-culottides du 24-11-1793 au 24-8-1794). La période bissextile de 4 ans est appelée la *Franciade* et le jour intercalaire qui doit la terminer **« jour de la Révolution »**. Le nom des mois a été établi par Fabre d'Églantine, qui leur a donné des terminaisons semblables pour chaque saison : automne : -aire ; hivers : -ôse ; printemps : -al ; été : -or. Chaque jour recevait le nom d'une production végétale (ex. raisin, safran, châtaigne, potiron) ; ou, pour le quintidi, animal (ex. cheval, oie, dindon, faisan). Le **décadi** était appelé du nom d'un instrument rural (ex. cuve, pressoir, tonneau).

Correspondance. Ex. : A quelle date correspond le 18 Brumaire de l'an VIII ? *Le 1er Brumaire correspondant au 23 octobre 1799, le 18 Brumaire correspondra au 23 + 17* (le chiffre à ajouter est diminué d'une unité pour ne pas avoir à compter le jour même du départ du mois) = *40 octobre, c'est-à-dire au 9 novembre 1799. Durée du calendrier républicain :* 13 ans (aboli par Napoléon le 9-9-1805).

Usage. En France. Sous la Révolution et l'Empire (du 24-11-1793 au 1-1-1806). Remis en usage par la Commune de Paris, du 6 au 23-5-1871 (décision du « Comité de Salut public » constitué le 1er mai). Seuls l'ont appliqué le *Journal Officiel de la République française* (éd. de Paris) et les affiches ou proclamations placardées par le Comité. 1er emploi : décret exigeant la démolition de la chapelle de Louis XVI, 16 Floréal An 79 (6-5-1871). Dernier emploi : affiche appelant aux armes, au début de la « Semaine sanglante », 3 Prairial An 79 (23-5-1871). Ce calendrier avait prétendu être universel, mais il était trop exclusivement français, le nom des mois, notamment, correspondait au climat de la France, il était absurde déjà dans les territoires français d'Outre-Mer.

Pour trouver le jour correspondant à une date

Exemple : quel était le jour de la délivrance d'Orléans par Jeanne d'Arc, le 8-5-1429 ?

Regardons d'abord le tableau I. A l'intersection de la colonne verticale où se trouve le nombre 29 sur le tableau des années et de la ligne horizontale où se trouve le nombre 14 sur le tableau des siècles, correspond le chiffre 0.

Ce 0 reporté dans la première colonne du tableau II des mois donne 1 dans la colonne mai.

Passant au tableau III des quantièmes à l'intersection de ce chiffre 1 (1re colonne du tableau III) et du quantième 8, nous lisons D.

Le 8-5-1429 était donc un dimanche.

***Nota.* — Pour les années bissextiles on utilise les mois de janvier et de février suivis de la lettre (B).**

ANNÉES

00	01	02	03	—	04	05
06	07	—	08	09	10	11
—	12	13	14	15	—	16
17	18	19	—	20	21	22
23	—	24	25	26	27	—
28	29	30	31	—	32	33
34	35	—	36	37	38	39
—	40	41	42	43	—	44
45	46	47	—	48	49	50
51	—	52	53	54	55	—
56	57	58	59	—	60	61
62	63	—	64	65	66	67
—	68	69	70	71	—	72
73	74	75	—	76	77	78
79	—	80	81	82	83	—
84	85	86	87	—	88	89
90	91	—	92	93	94	95
—	96	97	98	99	—	—

TABLEAU I — SIÈCLES

JULIENS (Jusqu'au 4 octobre 1582)			GRÉGORIENS (Depuis le 15 octobre 1582)				Années						
0	7	14	—	17	21	25	6	0	1	2	3	4	5
1	8	15	—	—	—	—	5	6	0	1	2	3	4
2	9	—	—	18	22	26	4	5	6	0	1	2	3
3	10	—	—	—	—	—	3	4	5	6	0	1	2
4	11	—	15	19	23	27	2	3	4	5	6	0	1
5	12	—	16	20	24	28	1	2	3	4	5	6	0
6	13	—	—	—	—	—	0	1	2	3	4	5	6

TABLEAU II

	Mai	Août Fév. (B)	Fév. Mars Nov.	Juin	Sept. Déc.	Avr. Juill. Janv. (B)	Janv. Oct.
1	2	3	4	5	6	0	1
2	3	4	5	6	0	1	2
3	4	5	6	0	1	2	3
4	5	6	0	1	2	3	4
5	6	0	1	2	3	4	5
6	0	1	2	3	4	5	6
0	1	2	3	4	5	6	0

TABLEAU III

	1	2	3	4	5	6	7
	8	9	10	11	12	13	14
	15	16	17	18	19	20	21
	22	23	24	25	26	27	28
	29	30	31	—	—	—	—
0	D.	L.	m.	M.	J.	V.	S.
1	L.	m.	M.	J.	V.	S.	D.
2	m.	M.	J.	V.	S.	D.	L.
3	M.	J.	V.	S.	D.	L.	m.
4	J.	V.	S.	D.	L.	m.	M.
5	V.	S.	D.	L.	m.	M.	J.
6	S.	D.	L.	m.	M.	J.	V.

Retard du calendrier julien

Jours	Date julienne	Date grégor.
10	5 oct. 1582	15 oct. 1582
11	1er mars 1700	12 mars 1700
12	1er mars 1800	13 mars 1800
13	1er mars 1900	14 mars 1900
14	1er mars 2100	15 mars 2100

A Paris, la cathédrale orthodoxe (rue Daru) célèbre 2 fois Noël : en français le 25 décembre, en russe le 7 janvier. La cathédrale ukrainienne (rue des Saints-Pères), unie à Rome, célèbre Noël le 7 janvier « pour être aux côtés des fidèles restés en U.R.S.S. ».

Concordance pour 1987

Entre parenthèses, date du calendrier grégorien.

Calendrier julien 1-1 (14-1 du calendrier grégorien). **Musulman** *1406* 1 Djoumada-l-Oula (2-1), 1 Djoumada-t-Tania (1-2), 1 Radjab (2-3), 1 Cha'ban (1-4), 1 Ramadan (30-4), 1 Chaououal (30-5), 1 Doul-l-Qa'da (28-6), Dou-l-Hidjja (28-7), 1 Mourharram (26-8), *1407* 1 Safar (25-9), 1 Rabi'-oul-Aououal (24-10), 1 Rabi'-out-Tani (20-11). **Copte** *1702* 1 Toubah (9-1), 1 Amchir (8-2), 1 Barmahat (10-3), 1 Barmoudah (9-4), 1 Bachnas (9-5), 1 Bou'nah (8-6), 1 Abib (8-7), 1 Masari (7-8), 1 J. épag (6-9), 1 Tout (12-9), *1703* 1 Babah (12-10), 1 Hatour (11-11), 1 Keihak (11-12).

Calendriers divers

• **Aztèques.** *Calendrier civil.* 18 mois de 20 jours, soit 360 j, plus 5 jours néfastes *(nemontemi)*, qui n'ont pas de signes. Siècle de 52 ans *(xiuhmolpilli)*. Chaque année a un des quatre signes suivants : roseau *(acatl)*, couteau sacrificiel *(tecpatl)*, maison *(calli)*, lapin *(tochtli)*. *C. religieux.* Année divinatoire *(tonalpohualli)* de 260 j. Chaque jour a un signe (série de 20 signes) et un nombre (1-13). *C. vénusien.* Année de 584 j solaires. Au bout de 56 années vénusiennes (104 années solaires, soit 2 siècles), les 3 calendriers retrouvent la même date.

• **Bahà'i.** L'ère bahà'ie commence le 21-3-1844. Année solaire de 19 mois de 19 j, plus 4 j intercalaires (5 les années bissextiles) commençant à l'équinoxe de printemps (21-3). Chaque mois est nommé d'après les attributs de Dieu : Splendeur, Gloire, etc. Les jours commencent au coucher du soleil. *Fêtes :* v. Index.

• **Cambodge et Laos.** *Calendrier d'origine indienne :* luni-solaire (année solaire de 365 ou 366 j ; mois lunaires de 29 ou 30 j). 1 mois intercalaire est ajouté tous les 3 ou 4 ans et 1 j tous les 5 ou 6 ans. Cycle de 60 années combinant un cycle duodécennal avec un cycle décennal. 2 ères sont employées :

1° La *petite ère* (tiounla-sakaraj), d'origine birmane, commençant le 21-3-638 après J.-C. et commémorant un événement mal connu. L'an 1 correspond à 639. Elle sert en astronomie.

2° *L'ère bouddhique* (budha-sakaraj), commençant au jour de la pleine lune du mois de Vissakha (ou 6e mois) 544 av. J.-C., année de la mort de Bouddha d'après la tradition cinghalaise. L'an 1 correspond à 543. Cette ère n'est plus employée au Laos que par le clergé bouddhique, mais elle est devenue depuis 1913 l'ère officielle thaïlandaise. La *grande ère* (mahasakaraj, datant de 78 apr. J.-C.) n'est plus utilisée.

• **Chine.** *Calendrier luni-solaire :* comprenait des années courtes de 354 ou 355 j et des années longues de 383 et 384 j. En vigueur jusqu'en 1911. Néanmoins, la numérotation des années lunaires à partir du début de l'ère chinoise ne s'est pas perdue, et chaque année continue à recevoir un nom symbolique. Ex. *1974* (4672) Tigre, *1975* (4673) Lapin, *1976* (4674) Dragon, *1977* (4675) Serpent, *1978* (4676) Cheval, *1979* (4677) Mouton, *1980* (4678) Singe, *1981* (4679) Coq, *1982* (4680) Chien, *1983* (4681) Porc (ou Sanglier), *1984* (4682) Rat, *1985* (4683) Bœuf, *1986* (4684) Tigre.

• **Égypte.** *Calendrier vague* ou civil à partir du 5e millénaire avant notre ère. 365 j. Ne tient pas compte des saisons, mais est fondé sur l'apparition de Sirius (lever héliaque) dans le ciel : le 19 juillet, qui est choisi comme 1er jour de l'année solaire. Estimation assez précise de la durée de l'année : 365,25 j, 12 mois de 30 j (3 décades), plus 5 j intercalaires. 3 saisons (inondation, végétation, récoltes). A servi de modèle au calendrier républicain de 1793, qui s'est contenté de lui apporter la correction des années sextiles.

• **Éthiopie.** *Calendrier copte* inspiré du calendrier égyptien ancien (calendrier vague) ; luni-solaire : 12 mois de 30 j suivis par 5 j complémentaires formant un mois *épagomène*, devenant un mois de 6 j les années bissextiles. Année bissextile tous les 4 ans. Date origine : naissance du Christ, selon le comput de l'ère alexandrine mineure fixée en l'an 5493 de la création du monde.

• **Grèce ancienne.** *Calendrier lunaire* avec cycle de 4 ans correspondant aux jeux olympiques. Les villes possédaient des calendriers particuliers. *Athènes :* année lunaire de 12 mois alternativement de 29 et de 30 j. Tous les 2 ans, on intercalait 1 mois supplémentaire (second Poséidon) alternativement de 22 et 23 j.

• **Inde.** *Calendrier grégorien* pour les usages officiels et *calendrier national* fondé sur l'*ère saka* (adoptée à partir du 22-3-1957). Année de 365 j. Longtemps coexistèrent les 2 types de calendriers : les lunaires (354 j), dont les mois correspondaient soit aux phases de la Lune, soit au passage de la Lune dans les signes du zodiaque ; et les solaires (365 j + une fraction de j différente selon les régions), dont les mois correspondaient au passage du Soleil dans les signes du zodiaque. Puis les mois lunaires ont été confondus avec les mois solaires. Le 1 Chaitra (1er mois) correspond au 22 mars une année ordinaire (21 mars une année bissextile). Point de départ : 3-3-78 apr. J.-C. *1987* correspond donc à *Saka* 1909.

Il y eut de nombreuses ères, dont : l'*ère samvat* ou *vikramâditya* (ou *vikramâjit*), prédominante dans le N. de l'Inde. Début 23-2-57 av. J.-C. *1981* correspond donc à *Samvat* 2037-39. Elle continue à être utilisée pour les almanachs et utilise les mois lunaires, commençant à la pleine ou nouvelle Lune, selon les régions.

• **Israélite.** *Calendrier luni-solaire* adopté au IVe s. après J.-C. après réforme du calendrier ancien, et fondé sur les lunaisons et l'année tropique. Le calendrier ancien (1re mention au début du 1er millénaire av. J.-C.) fixait déjà les règles du calcul de la **Pâque juive :** 14e jour de la lunaison de Nissan, qui avait été celle de l'équinoxe du printemps, l'année de l'Exode. Cette date subissait des déplacements considérables, du fait du désaccord entre 2 cycles de la Lune et du Soleil : *le cycle lunaire* (de 19 ans) comprend *12 années communes* de 12 mois (alternativement de 30 ou 29 j), soit 354 j, mais parfois 353 ou 355 suivant le jour où tombe le 1er j de l'année, et *7 années embolismiques* (les 3e, 6e, 8e, 11e, 14e, 17e, 19e) de 13 mois (alternativement de 30 ou 29 j), soit 384 j, mais parfois 383 ou 385 suivant le jour où tombe le 1er j de l'année. Le 13e mois (Véadar) est intercalé entre Adar et Nissan. La date de la Pâque avance donc chaque année de 11 j par rapport à l'année solaire, puis recule de 30 jours aux années embolismiques. La fête de Shavouot — Pentecôte — se situe après les 49 j de la période de l'Omer. La sem. de 7 j commence le 1er j après le **Sabbat**, correspondant au dimanche chrétien. Le jour commence au coucher du soleil et finit à la tombée de la nuit suivante. Il est divisé en 1 080 parties de 76 instants. Le j origine correspond au 7 octobre 3761 av. J.-C., date présumée de la Création. *Fêtes :* voir à l'Index. **Année 5747.** 1er Tisseri 4-10-1986, 1er Hesvan 3-11, 1er Kislev 3-12, 1er Tebeth 2-1-87, 1er Schebat 31-1-1987, 1er Adar 2-3, 1er Nissan 31-3, 1er Iyar 30-4, 1er Sivan 29-5, 1er Tamouz 28-6, 1er Ab 27-7, 1er Elloul 26-8.

• **Japon.** *Calendrier grégorien* assorti de divisions correspondant aux règnes de l'Empereur. Les 3 dernières époques sont : *Meiji :* 13-10-1868, 29-7-1912 (Mutsuhito) ; *Taisho :* 30-7-1912, 24-12-1926 (Yoshihito) ; *Showa :* depuis le 25-12-1926 (Hirohito).

• **Mayas.** *Calendrier civil.* 18 mois de 20 j, plus 5 j néfastes (« uayeb »). *C. religieux.* Année divinatoire de 260 j, chaque jour ayant un signe (série de 20 signes) et un nombre (1 à 13). *Compte long.* Succession de périodes dont l'unité est le kin (jour) : uinal (20 j), tun (18 uinales = 360 j), katun (20 tunes = 7 200 j), baktun (20 katunes = 144 000 j). Moins employées sont les périodes plus grandes : pictun, calabtun, kinchiltun, alautun (représentant environ 63 millions d'années). *C. lunaire.* 2 semestres où alternent les mois de 30 et de 29 j. *C. vénusien.* Année de 584 j solaires. *Cycle ésotérique. 9 signes* correspondant à 9 divinités accompagnatrices (nocturnes) ; *de 819 j :* résultat de la combinaison de 7 divinités terrestres, 9 du monde inférieur et 13 des cieux.

• **Musulman.** *Calendrier lunaire* adopté vers 632 après J.-C. par les musulmans. Le 1er j de l'An I de l'ère musulmane (dit **hégire**) correspond au 16-7-622, jour où Mahomet quitta La Mecque pour Médine.

Année de 12 mois (ou lunaisons) ayant alternativement 29 et 30 j (comptés à partir du coucher du soleil du j civil précédent). Une année normale est ainsi de 354 j. Pour corriger, 11 années sur 30 sont augmentées de 1 j *(années abondantes)* au dernier mois (années 2, 5, 7, 10, 13, 16, 18, 21, 24, 26 et 29 d'un cycle de 30 ans). *Fêtes :* voir à l'Index. **Concordance du 1er jour de l'année musulmane avec le calendrier grégorien.** *1405* = 1984, 27 oct. *1406* = 1985, 6 oct. *1407* = 1986, 6 sept.

• **Viêt-nam.** *Calendrier chinois.* Calendrier lunaire (année de 12 mois complets de 30 j ou incomplets de 29 j avec tous les 2 ou 3 ans 1 mois embolismique variable). Cycle de 60 ans et période arbitraire. La fête du Têt (Nouvel An lunaire) a lieu fin janvier et début février ; fête du Nouvel An : 1-1 ; fête du travail : 1-5 ; fête nationale : 2-9. Pour la dernière dynastie, celle des Nguyen, l'usage identifiait la période au règne : périodes *Gia-Long* (1802-20), *Minh-Mang* (1820-41), *Thiêu-Tri* (1841-47), etc., jusqu'à *Bao-Daï (1er an.* 1926). Le calendrier traditionnel est toujours suivi dans l'observation des coutumes et la célébration des anciennes fêtes ; pour les actes officiels le calendrier grégorien est adopté.

Canulars et mystifications

Zoologie

Le Serpent de mer. Nombreux canulars : squelette truqué exposé à Broadway en 1845, photo prise en Australie par le navigateur français R. Le Serrec en 1964, etc.

Homme des neiges. Scalps truqués fabriqués au Népal à l'aide de peaux de chèvres sauvages (la photo d'un *homme sauvage* prise en 1967 en Californie était celle d'un homme couvert de fourrure).

Sirènes. Nombreuses fausses sirènes fabriquées en Asie.

Dahut. Animal imaginaire que ses pattes de longueur différente obligeraient à vivre à flanc de coteau.

Rhinogrades ou Nasins. Groupe de mammifères imaginaires au nez extraordinairement développé ; un livre, chef d'œuvre du pastiche scientifique, leur a été consacré en 1962 en Allemagne (puis traduit en français).

Biologie

Affaire Kammerer. Ce biologiste autrichien se suicida en 1926 : on s'était aperçu que ses spécimens de crapauds (qui auraient prouvé l'hérédité des caractères acquis) étaient falsifiés (mais sans doute par un ennemi).

Affaire Summerlin (1974). Biologiste de New York qui peignit des souris grises pour faire croire qu'il leur avait greffé avec succès de la peau de souris blanche.

Paléontologie

La mâchoire de Moulin-Quignon (Somme, France). Trouvée en 1863 : d'abord considérée comme celle d'un homme fossile, c'était en réalité celle d'un contemporain introduite dans un gisement.

L'Homme de Piltdown (Angleterre). Crâne humain découvert en 1912, longtemps considéré comme celui d'un homme fossile baptisé *Eoanthropus dawsoni*, il figura dans tous les traités de paléontologie. En 1953, on reconnut qu'il s'agissait d'un crâne associé à une mandibule de singe.

Archéologie

Le géant de Cardiff (États-Unis). Pierre sculptée haute de 4 m, trouvée en 1869 ; elle avait été fabriquée par un marchand de tabac.

La « tiare de Saïtapharnès » (1903). Attira 30 000 curieux au musée du Louvre en une semaine, mais c'était l'œuvre d'un faussaire d'Odessa.

Silex de Beauvais. Fabriqués dans des ateliers (1880).

Les « silex égyptiens » de Marseille (1905). Ils avaient été déposés volontairement dans l'île de Riou.

Les « flèches du Charolais » (1907). Elles avaient été fabriquées en Charente-Maritime.

Principaux auteurs et principales œuvres

☞ **Pour plus de renseignements, consulter** *Le Dictionnaire des œuvres.* Collection Bouquins-Éditions Robert Laffont.

Liste des abréviations					
Académie Fr. :	Économiste : Ec	Grammairien : Gram	Médecin : Méd	Politique (écr.) : Pol	Prosateur : Pros
Biologiste : Bio	Écrivain : E	Historien : H	Mémorialiste : Mém	Prédicateur : Préd	Psychologue : Psycho
Chansonnier : Chan	Encyclopédiste : Ency	Humoriste : Hum	Moraliste : Mor	Prix Fémina : F	Rhétoricien : Rhé
Chroniqueur : Chr	Entomologiste : Ento	Journaliste : J	Orateur : Or	Prix Goncourt : G	Romancier : R
Critique : Cr	Érudit : Eru	Jurisconsulte : Jur	Philosophe : Ph	Prix Interallié I	Savant : Sav
— d'art : Cr. d'a	Essayiste : Es	Linguiste : Ling	Physiologiste : Phy	Prix Médicis : M	Sociologue : Soc
Dialoguiste : Dia	Ethnologue : Ethn	Livre : L	Poète : P	Prix Nobel : N	Théologien : Théo
Dramaturge : D	Fabuliste : Fab	Mathématicien : Math	Polémiste : Polé	Prix Renaudot : Ren	

Littérature allemande

XIIIe-XIVe siècle

Nibelungen-lied. Poèmes épiques nationaux, dans la lignée des sagas scandinaves. Le sentiment religieux n'est pas chrétien, il est celui du Destin nordique. Auteurs anonymes.

Minnesang (« amours », c.-à-d. poésie lyrique amoureuse). Chante l'amour courtois des sociétés aristocratiques, comme les troubadours provençaux. Heinrich von Morungen (v. 1200), Walther von der Vogelweide (1170-1228).

XVIIe-XVIIIe siècle

École baroque. Poésies mystiques et piétistes à l'imitation des lyriques religieux espagnols. Martin Opitz (1597-1639), Paul Fleming (1609-40), Jean-Christian Günther (1695-1723).

Sturm und Drang (« Tempête et Passion »). Titre d'un drame de Frédéric Klinger (1752-1831), utilisé pour désigner la littérature de toute une génération. Poésies imprégnées de sensibilisme anglais, mais utilisant les procédés de style des classiques attardés français. Frédéric Klopstock (1724-1803), Christophe Wieland (1733-1813). Théoricien et prosateur : Gottfried Herder (1744-1803).

Classicisme. Regroupe les 2 principaux écrivains de la fin du XVIIIe s. : Johann Wolfgang von Gœthe (1749-1832) et Friedrich Schiller (1759-1805). Ils ont fait partie du Sturm und Drang et ont influencé le romantisme. Mais leur personnalité les met au-dessus des écoles littéraires de l'époque : ils ont atteint la dimension de classiques universels.

Romantisme. Créé par 2 critiques littéraires philosophes, les frères Schlegel : Auguste (1767-1845) et Frédéric (1772-1829). Veulent imprégner de « poésie », c.-à-d. de lyrisme exprimant les grandes émotions personnelles ou collectives, toute la littérature, du théâtre à la philosophie. Nicolas Lenau (1802-50), Novalis [Frédéric von Hardenberg (1722-1801)], Ernest Théodore Amédée Hoffmann (1776-1882), Achim von Arnim (1781-1831).

XXe siècle

Expressionnisme. Antinaturalisme sans idéologie précise où chaque écrivain s'intéresse surtout à réaliser son *moi* et à décrire son univers intérieur. Ni les poètes ni les prosateurs ne se préoccupent de porter des messages, l'écriture est pour eux un moyen de conjurer leurs fantasmes. Rainer Maria Rilke (1875-1926) : obsession de la mort, impuissance à être. Franz Kafka (1883-1924) : angoisse de l'individu devant la force d'agression des autres.

Renouveau épique populaire. Se manifeste surtout chez Bertolt Brecht (1898-1956) dont l'idéologie a évolué vers le marxisme mais qui reste un classique du théâtre dans la lignée de Shakespeare. Ernst Toller (1895-1939) : même goût pour les sujets épiques mais plus proche des expressionnistes.

Nés avant 1600

Anonymes : Chant de Hildebrand (820), Heliand (830), Roman de Renart (v. 1180), Chant des Nibelungen (v. 1200), Gudrun (v. 1230), Till l'Espiègle (1480), Histoire de Faust (1587).

Albert le Grand (Saint) [Ph, Théo] (v. 1193-1280).

Böhme, Jakob [Ph] (1575-1624).

Brant, Sebastian [P] (1458-1521) : la Nef des fous.

Eckhart, Heinrich, dit le Maître [Théo] (v. 1260-v. 1327) : le Livre de la consolation divine, Sermons, Traités.

Gottfried de Strasbourg [P] (début XIIIe s.) : Tristan.

Gottschalk [Théo] (v. 805-v. 868).

Hartmann von Aue [P] (v. 1165-v. 1215) : Erec, Iwein, le Pauvre Henri.

Konrad de Wurtzbourg [P] (v. 1220-1287).

Luther, Martin [Théo] (1483-1546) : Trad. de la Bible, Commentaires, Lettres. V. Index.

Maximilien, l'Empereur (1459-1519) : Teuerdank.

Melanchthon (Philipp Schwarzerd) [Théo] (1497-1560) : le Livre de l'Ame.

Neidhart von Reventhal (1re moitié du XIIIe) : Chansons courtoises paysannes.

Nicolas de Cues [Ph] (1401-64) : De docta ignorantia.

Opitz, Martin [P] (1597-1639) : le Livre de la Poésie allemande.

Oswald von Wolkenstein [P] (1377-1445).

Ottfried de Wissembourg [P] (v. 875) : le Livre des Évangiles.

Reuchlin, Johannes [E] (1445-1522) : Traductions du grec et de l'hébreu.

Sachs, Hans [P] (1494-1576) : le Rossignol de Wittenberg, Théâtre, Dialogues.

Suso, Heinrich [Théo] (v. 1296-1366) : l'Exemplaire, l'Horloge de Sapience, Lettres.

Tauler, Johann [Théo] (v. 1300-1361) : Sermons mystiques.

Walther von der Vogelweide [P] (v. 1170-v. 1228).

Wolfram d'Eschenbach [P] (v. 1170-v. 1220) : Parzival.

Nés entre 1600 et 1700

Gerhardt, Paul [Théo, P] (1607-1676).

Grimmelshausen, Christoffel von [R] (v. 1622-1676) : Simplicius Simplicissimus.

Günther, Johann Christian [P] (1695-1723).

Leibniz, Gottfried Wilhelm [Ph, Sav] (1646-1716) : Nouveaux Essais sur l'entendement humain (1704), Théodicée (1710), la Monadologie (1714). — *Biogr. :* fils d'un Tchèque, prof. de philos. à l'univ. de Leipzig. Orphelin de père à 6 ans, élevé par sa mère, fille d'un savant, qui lui enseigne latin et grec. *1658-61* entre 12 et 15 ans, lit la bibliothèque de son père. *1663* bachelier en philosophie ancienne. *1666* docteur en droit à Nuremberg ; initié à la secte des Rose-Croix. *1672-76* séjour à Paris. *1676* bibliothécaire des ducs de Hanovre, demeurera 40 ans à la cour, admiré par toute l'Europe.

Moscherosch, Michael [E] (1601-1669) : les Visions de Philander von Sittenwald.

Wolff, Christian, Bon von [Ph] (1679-1754).

Nés entre 1700 et 1800

Adelung, Johann Christopher [Ency] (1732-1806).

Arndt, Ernst Moritz [P] (1769-1860) : Chants de guerre, l'Esprit du temps.

Arnim, Achim von [P, R] (1781-1831) : Contes fantastiques.

Brentano, Clemens [P, R] (1778-1842) : Godwi, le Cor merveilleux de l'enfant.

Bürger, Gottfried August [P] (1747-94) : Ballades (Lénore), le Baron de Crack (1786).

Carus, Carl Gustav [Sav] (1789-1811) : Psyché.

Chamisso, Adalbert von (or. franç.) [E] (1781-1838) : Peter Schlemihl (1814).

Clausewitz, Karl von [H] (1780-1831) : De la guerre (1816-30).

Droste-Hülshoff, Annette, Bonne von [P] (1797-1848) : Dons suprêmes, l'Année spirituelle.

Eichendorff, Josef, Bon von [P] (1788-1857) : Scènes de la vie d'un propre à rien, Poèmes.

Fichte, Johann Gottlieb [Ph] (1762-1814) : Discours à la nation allemande (1807-08).

Goethe, Johann Wolfgang von [P, R, D] (1749-1832) : *Théâtre :* Goetz von Berlichingen (1774), Iphigénie en Tauride (1779), Egmont (1787), Torquato Tasso (1789), Faust (1808), Second Faust (1833). *Roman et autobiogr. :* Werther (1774), Wilhelm Meister (1796), les Affinités électives (1809), Poésie et Vérité (1811-33), Voyage en Italie (1816-29), Campagne de France (1817). *Poésie :* Élégies (1793-98), Hermann et Dorothée (1797), l'Apprenti sorcier (1797), la Fiancée de Corinthe (1797), Divan occidental et oriental (1819), Élégie à Marienbad (1823). — *Biogr. :* famille bourgeoise (père conseiller de Francfort, grand-père maternel échevin), éducation française et italienne. *1765-68* étudiant en droit à Leipzig. *1770-72* à Strasbourg (rencontre avec Herder ; idylle avec Frédérique Brion). *1772* reçu docteur ; rentre à Francfort ; magistrat à Wetzlar, *1773* débuts en littérature. *1775* attaché à la cour ducale de Weimar. *1782* liaison avec Charlotte von Stein. *1786* pour s'éloigner de Charlotte, s'enfuit en Italie. *1788* retour à Weimar ; nommé ministre du duc ; vit maritalement avec Christiane

Vulpius (1765-1816, épousée 1807). *1791* directeur du Théâtre ducal de Weimar (jusqu'en 1817). *1792* suit la Campagne de France (bat. de Valmy). *1794* début de l'amitié avec Schiller (mort 1805). *1808* rencontre Napoléon à Erfurt (décoré de la Légion d'Honneur). *1814-19* passion pour Marianne von Willemer. *1822* demande en mariage Ulrike von Levetzow (âgée de 16 ans ; échec). Termine sa vie comme un personnage célèbre et admiré (surnommé le « Sage de Weimar »).

Görres, Josef von [H] (1776-1848).

Gottsched, Johann Christof [E] (1700-66).

Grimm, Jacob [E] (1785-1863) : en collab. avec Wilhelm Grimm : Contes populaires.

Grimm, Wilhelm [E] (1786-1859) : Dictionnaire allemand (avec Jacob Grimm).

Günderode, Karoline von [P] (1780-1806).

Hamann, Johann Georg [Ph] (1730-88).

Hebel, Johann Peter [Chr] (1760-1826).

Hegel, Friedrich [Ph] (1770-1831) : la Phénoménologie de l'esprit (1807), Encycl. des Sciences philosophiques (1817), Leçons sur la philosophie de l'histoire (1837-40), Logique (1840). — *Biogr. :* fils d'un fonctionnaire du duc de Wurtemberg. *1788-93* étudiant en théologie à Tübingen. *1793-96* préceptorat en Suisse. *1797-1800* à Francfort. *1801* professeur de philos. à Iéna (influence de Schelling). *1808-16* directeur de gymnase à Nuremberg. *1816-18* prof. à Heidelberg. *1818-31* à Berlin.

Heine, Heinrich [P] (1797-1856) : les Deux Grenadiers, la Lorelei, Livre des chants (1827-44), Images de voyages, Romanzero (1851).

Herder, Johann Gottfried [Ph] (1744-1803) : Phil. de l'hist. de l'humanité.

Hoffmann, Ernst Theodor Amadeus [E] (1776-1822) : *Nouvelles :* Fantaisies à la manière de Callot (1814-15), les Frères Sérapion (1819-21). *Roman :* les Élixirs du Diable (1815-16).

Hölderlin, Friedrich [P] (1770-1843) : Hymnes, Hyperion (1797-99).

Humboldt, Wilhelm, B[on] von [Ph, Cr] (1767-1835).

Jean-Paul (Friedrich Richter dit) [R] (1763-1825) : la Loge invisible (1793), Hesperus (1795), Siebenkäs (1796), Titan (1800-04).

Kant, Emmanuel [Ph] (1724-1804) : Critique de la raison pure (1781), Fondement de la métaphysique des mœurs (1785), Cr. de la raison pratique (1788), Cr. du jugement (1790), Vers la paix perpétuelle (1795). — *Biogr. :* fils d'un sellier de Kœnigsberg (Prusse) ; 4e d'une famille de 11 (mesure 1,50 m). Études au collège piétiste. *1740* étudiant en théologie. *V. 1742* renonce au pastorat, suit des cours de philo. et de math. *1746-55* précepteur de familles nobles en Prusse. *1755* maître de conférence à la fac. de philo. de Kœnigsberg. *1770* prof. titulaire (chaire de logique et métaphysique). *1781* Critique de la raison pure : célébrité européenne. *1794-97* le roi de Prusse, Frédéric-Guillaume II, lui interdit d'écrire sur la religion. *1797* à la mort du roi, reprend sa liberté (mais démissionne de sa chaire, pour raisons de santé). A partir de *1800* sénile (ses œuvres sont publiées par des disciples).

Kleist, Heinrich von [D, P] (1777-1811) : la Cruche cassée (1803), Penthésilée (1808), la Bataille d'Arminius (1808), le Prince de Hombourg (1810), la Marquise d'O (1810), Michael Kohlhaas (1810).

Klinger, Friedrich Maximilian von [P] (1752-1831) : Sturm und Drang (Tempête et Passion, 1776).

Klopstock, Friedrich [P] (1724-1803) : la Messiade, Odes.

Körner, Theodor [P] (1791-1813) : Chants de guerre.

Kotzebue, August von [E] (1761-1819) : Misanthropie et Repentir, l'Ane hyperboréen. *Théâtre :* 26 pièces.

La Motte-Fouqué, Friedrich, B[on] de [E] (1777-1843) : le Héros du Nord, Ondine.

Lessing, Gotthold Ephraïm [E, D] (1729-81) : Dramaturgie de Hambourg, Minna von Barnhelm (1767), Emilia Galotti, Nathan le Sage (1779), Éducation du genre humain (1780). — *Biogr. :* fils d'un pasteur de Lusace (aîné de 10 garçons) ; études au séminaire protestant de Meissen (Afraneum). *1746* fac. de théologie de Leipzig. *1747* quitte la théologie pour la médecine ; vit chez son cousin Mylius, auteur comique. *1748* débute au théâtre (collaborateur de Mylius). *1751* étudiant en philologie à Wittemberg. *1752* maîtrise de lettres ; commence à vivre de sa plume. *1756-58* préceptorat ; voyage en Angleterre. *1767* directeur du théâtre de Hambourg. *1769* bibliothécaire du duc de Brunswick à Wolfenbüttel. *1776* mariage avec Eva Kœnig, qui meurt en couches en 1778. *1778-81* dépressif.

Lichtenberg, Georg Christoph [E, S] (1742-99) : Aphorismes (1800-06).

Novalis, Friedrich (B[on] von Hardenberg dit) [P] (1772-1801) : Hymnes à la nuit (1797), Fragments (1798), Henri d'Ofterdingen (1802).

Platen, August von [P] (1796-1835) : la Pantoufle de verre.

Rückert, Friedrich [P] (1788-1866).

Schelling, Friedrich Wilhelm [Ph] (1775-1854) : Système de l'idéalisme transcendantal (1800), Philosophie et Religion (1804), Philosophie de la Révélation (1856).

Schiller, Friedrich von [R, D, S] (1759-1805) : *Théâtre :* les Brigands (1782), Don Carlos (1787), Wallenstein (1796), Marie Stuart (1799), la Pucelle d'Orléans (1801), la Fiancée de Messine (1803), Guillaume Tell (1804). *Histoire :* Hist. de la guerre de Trente Ans (1791-93). *Essai :* la Grâce et la Dignité (1793-94). *Poésie :* Poèmes philosophiques, Hymne à la joie (1785). — *Biogr. :* fils d'un officier wurtembergeois (chirurgien aux armées). *1773-80* cadet de l'académie militaire de Stuttgart. *1780* médecin militaire. *1782* fait jouer sa 1re pièce sans autorisation, et déserte. *1783* recueilli en Thuringe par la famille Wolzogen. *1784* auteur attitré du théâtre de Mannheim. *1785* rupture de son contrat ; vie errante. *1785-87* recueilli par des admirateurs à Leipzig, puis à Dresde. *1788* prof. d'histoire sans traitement à l'université d'Iéna (existence précaire). *1790* épouse Charlotte von Lengefeld. *1791* pensionné par le prince germano-danois, Frédéric-Christian d'Augustenbourg. *1794* début de l'amitié avec Goethe qui le pousse vers le journalisme satirique. *1799* se fixe à Weimar, près de Goethe, tuberculeux, meurt à 46 ans.

Schlegel, Friedrich von [P] (1772-1829).

Schlegel, Wilhelm von [E] (1767-1845).

Schleiermacher, Friedrich [Ph] (1768-1834) : De la religion.

Schopenhauer, Arthur [Ph] (1788-1860) : le Monde comme volonté et représentation (1818). — *Biogr. :* fils d'un riche commerçant (républicain) de Dantzig, qui lui paye de nombreux voyages à travers l'Europe (1800-05). *1805* son père meurt, sa mère ouvre un salon littéraire à Weimar, et écrit des romans. *1809* médecine à Göttingen. *1810* étudiant en philosophie. *1813* docteur. *1814-18* brouillé avec sa mère, vit seul à Dresde, lisant et écrivant. *1820* maître de conférences à Berlin (démissionne après 6 mois). *1825* vit de ses rentes à Berlin. *1833* se fixe à Francfort.

Tieck, Ludwig [R] (1773-1853) : le Blond Eckbert, le Monde à l'envers, Contes.

Uhland, Ludwig [P] (1787-1862) : Ballades.

Voss, Johann Heinrich [P] (1751-1826) : Louise, Traductions d'Homère.

Wackenroder, Wilhelm Heinrich [E] (1773-98) : Épanchements d'un moine ami des arts.

Wagner, Heinrich Leopold [D] (1747-79) : l'Infanticide.

Werner, Zacharias [Ec] (1768-1823) : *Théâtre :* le Fils de la vallée (1803), la Croix sur la Baltique (1806), le Vingt-Quatre Février (1810), la Mère des Macchabées (1820).

Wieland, Christof Martin [R, P] (1733-1813) : *Romans :* Agathon, Musarion, les Abdéritains. *Poésie :* Obéron.

Winckelmann, Johann Joachim [H] (1717-68) : Hist. de l'art chez les Anciens.

Zedlitz, Josef von [P] (Autr.) (1790-1862).

Nés entre 1800 et 1900

Adler, Alfred [Ph] (Autr.) (1870-1937).

Arendt, Hannah [H] (1906-75) : la Vie de l'esprit.

Becher, Johannes [P] (1891-1958) : De Profondis Domine (1913), A l'Europe, A la Fraternité (1916), Poèmes de l'Exil (1933-45).

Benn, Gottfried [P] (1886-1956) : Morgue (1912), Double Vie (1950), Poèmes.

Bergengruen, Werner [R] (1892-1964) : le Dernier Capitaine de cavalerie (1952), la Rose du sultan (1946), l'Arbre merveilleux.

Bloch, Ernst [Ph] (1885-1977) : l'Esprit de l'utopie (1918), le Principe Espérance (1949-59), Thomas Munzer, théologien de la Révolution (1921).

Brecht, Bertolt [D] (1898-1956) : *Théâtre :* Tambours dans la nuit, l'Opéra de quat'sous (1928), Maître Puntila et son valet Matti (1940), la Résistible Ascension d'Arturo Ui (1941), Mère Courage (1941), Galileo Galilei (1943), le Cercle de craie caucasien (1945). *Poésie :* les Sermons domestiques (1927). — *Biogr. :* famille bavaroise, milieu modeste, études secondaires à Augsbourg. *1917-19* médecine à Munich. *1919-28* fréquente les milieux littéraires de Munich, de tendance anarchiste. *1924* avec l'actrice Hélène Weigel, rejoint à Berlin le Deutsches Theater de Reinhardt, qui monte ses pièces. *1928* épouse Hélène, devient marxiste. *1933-40* exilé au Danemark. *1940-41* en Finlande, puis en Russie. *1941-47* en Californie. *1949* fonde à Berlin-Est le Berliner Ensemble, avec sa femme ; ils y créent le « Théâtre épique », d'inspiration marxiste.

Bronnen, Arnolt [D, R] (Autr.) (1895-1959).

Büchner, Georg [D, P] (1813-37) : la Mort de Danton (1835), Woyzeck (1836), Léonce et Léna (1836).

Burckhard, Karl Jacob [Es, H] (1891-1974) : Souvenirs sur Hofmannsthal, Biographies, Figures et Pouvoirs (1941).

Carossa, Hans [R] (1878-1956) : Poésies (1910), le Docteur Gion (1931), Mondes inégaux (1951).

Curtius, Ernst Robert [Ph, Cr] (1886-1956).

Dehmel, Richard [P] (1863-1920) : la Femme et le Monde (1896).

Döblin, Alfred [R] (1878-1957) : Berlin Alexanderplatz (1929), Pas de quartier, Voyage babylonien (1934), le Tigre bleu, Bourgeois et Soldats.

Engels, Friedrich [Ph, Pol] (1820-95) : Manif. du parti com. (avec Marx) (1848).

Ernst, Paul [R, D] (1866-1933) : l'Étroite Voie du bonheur (1904), Demetrios (1905), Canossa (1908).

Eucken, Rudolf [Théo] (1846-1926) : [N. 1908].

Fallada, Hans (Rudolf Ditzen dit) [R] (1893-1947) : Et puis après (1932), Nous avions un enfant (1934), Vieux Cœur en voyage (1936), Loup parmi les loups (1937), Seul dans Berlin.

Fechner, Gustav Theodor [Ph] (1801-87).

Feuchtwanger, Lion [R] (nat. américain) (1884-1958) : le Juif Süss (1925).

Feuerbach, Ludwig [Ph] (1804-72) : Essence du christianisme (1851).

Fontane, Theodor [P, R] (1819-98) : l'Adultère (1882), Errements et Tourments (1888), Effi Briest (1895), Stechlin (1899).

Freiligrath, Ferdinand [P] (1810-76) : Profession de foi (1844), Nouvelles Poésies politiques et sociales (1849).

Freytag, Gustav [E] (1816-95) : Droit et Avoir (1855), les Ancêtres (1873-81).

George, Stefan [P] (1868-1933) : le Septième Anneau (1907), l'Étoile d'alliance (1914).

Grabbe, Christian-Dietrich [D] (1801-36) : le Duc Théodore de Gotland (1827), Don Juan et Faust (1829), Henri VI (1830), Napoléon (1831).

Groth, Klaus [P] (1819-99).

Guardini, Romano [Ph] (1895-1968) : le Seigneur, Pascal, la Fin des temps modernes, Méditations, le Dieu vivant, Liberté, Grâce et Destinée.

Gutzkow, Karl [R, D, E] (1811-78) : Wally la sceptique (1835), Perruque et Épée (1844).

Haecker, Theodore [J et Polé] (1879-1945) : Qu'est-ce que l'homme ?, le Livre des jours et des nuits.

Hartmann, Eduard von [Ph] (1842-1906).

Hauptmann, Gerhart [D] (1862-1946) : *Drames :* Avant l'aube (1889), Ames solitaires (1891), les Tisserands (1892), Florian Geyer (1896), le Voiturier Henschel (1898), Pauvre Fille, Rose Bernd (1903). *Com. :* la Pelisse de Castor (1893) [N. 1912].

Hebbel, Friedrich [D, P] (1813-63) : Marie-Madeleine (1844), les Nibelungen (1862).

Heidegger, Martin [Ph] (1889-1976) : l'Être et le Temps (1927), De l'essence de la vérité (1943).

Hesse, Hermann [P, R] (naturalisé suisse 1923) (1877-1962) : *Romans et nouvelles :* Fiançailles (1903-12), l'Ornière (1905), Gertrude (1910), Demian (1919), le Dernier Été de Klingsor (1920), Siddhartha (1922), le Loup des steppes (1927), Narcisse et Goldmund (1930), le Voyage en Orient (1932), le Jeu des perles de verre (1943) [N. 1946].

Heyse, Paul von [P, D, R] (1830-1914) : *Drames :* Hans Lange et Colberg. *Romans :* les Enfants du Monde, Au Paradis, Merlin (1880) [N. 1910].

Holz, Arno [E] (1863-1929) : Phantasus (1898 sq.), la Famille Selicke (avec J. Schlaf) (1890), Poèmes.

Horkheimer, Max [Ph] (1895-1973).

Huch, Ricarda [E] (1864-1947) : Poèmes (1891), les Romantiques allemands (1908), Histoire de l'Allemagne au XIXe s.

Husserl, Edmund [Ph] (1859-1938) : Intr. gén. à la phénoménologie pure (1913).

Jahnn, Hans Henny [R] (1894-1959) : Perrudja (1929), le Fleuve sans rives (1949-61), la Nuit de plomb (1956), Perrudja II.

Jaspers, Karl [Ph] (nat. américain) (1883-1969) : Phil. de l'existence (1938), Introduction à la philosophie (1951), Origine et Sens de l'histoire (1954).

Jünger, Ernst [R, E] (1895) : Orages d'acier (1920), Jeux africains (1936), Sur les falaises de marbre (1939), les Jardins et les Routes (1942), Héliopolis (1949), Visite à Godenholm (1952), les Abeilles de verre (1957), le Mur du temps [Journal (1959)], Chasses subtiles (1967), le Lance-pierres (1973), le Contemplateur solitaire, Eumeswil (1977), l'Auteur et l'écriture, Une dangereuse rencontre (1985).

Kasack, Hermann [R] (1896-1966) : la Ville au-delà du fleuve (1947), le Grand Filet (1952).

Kästner, Erich [E] (1899-1974) : Émile et les Détectives (1929), la Classe volante (1933).
Keyserling, Hermann von [E] (1880-1946) : Système du monde (1906), Analyse spectrale de l'Europe (1928), Méditation sud-américaine.
Kolb, Annette [E] (1875-1967).
Langbehn, August [Cr. d'a] (1851-1907).
Lange, Friedrich Albert [Ph] (1828-75) : Histoire du matérialisme.
Langgässer, Elisabeth [R] (1899-1950) : le Sceau indélébile (1946), les Argonautes de Brandebourg (1950, posth.).
Lasker-Schüler, Else [P, D] (1876-1945) : Die Wupper (1909), Mon piano bleu (1943).
Lassalle, Ferdinand [Pol] (1825-64) : la Guerre d'Italie et la Mission de la Prusse (1859), Capital et Travail (1862).
Le Fort, Gertrud von [P, R] (1876-1971) : Hymnes à l'Église (1924), le Voile de Véronique (1928-46), la Dernière à l'échafaud (1931), la Couronne des anges (1946), la Fille de Farinata (1950), l'Enfant étranger (1961).
Liliencron, Detlev von [P] (1844-1909) : Poèmes (1889), Nouvelles de guerre (1885).
Ludwig, Emil (Cohn) [H] (1881-1948) : Gœthe (1920), Napoléon (1925), Bismarck (1926).
Ludwig, Otto [E] (1813-65) : le Forestier héréditaire (1853), Entre ciel et terre (1856).
Mann, Heinrich [R] (1871-1950) : les Déesses ou les Trois Romans de la duchesse d'Assy (1903), Professeur Unrat (1905), la Petite Ville (1909), les Pauvres (1917), le Sujet de l'Empereur (1918), le Guerrier pacifique (1938).
Mann, Thomas [R] (nat. américain) (1875-1955) : les Buddenbrook (1901), Tristan (1903), la Mort à Venise (1912), Tonio Kröger (1914), la Montagne magique (1924), Histoires de Jacob, le Jeune Joseph (1934), Joseph en Égypte (1936), Charlotte à Weimar (1939), le Docteur Faustus (1947), l'Élu (1951), les Confessions du chevalier d'industrie Félix Krull (1954). — *Biogr. :* riche bourgeoisie de Lübeck, fils d'un négociant en grains, sénateur de la ville ; mère sud-américaine ; frère de Heinrich (v. ci-dessus). *1891* son père mort, sa famille va vivre à Munich. *1905* épouse une Munichoise, Katja Pringsheim (vivra à Munich jusqu'en 1933, et aura 6 enfants). *1929* prix Nobel de littérature. *1933-38* exil en Suisse. *1938* professeur à Princeton (U.S.A.) *1941-52* réside en Californie. *1952* naturalisé américain, se retire en Suisse.
Marx, Karl [Ph, Ec] (1818-83) : le Manifeste du parti communiste (avec Engels) (1848), le Capital (1867). Voir best-sellers p. 328.
Mommsen, Theodor [H] (1817-1903) : Histoire romaine (1856) [N. 1902].
Morgenstern, Christian [P] (1871-1914) : Chants du gibet (1905).
Mörike, Eduard [P] (1804-75) : Poésies (1838), le Voyage de Mozart à Prague (1856).
Natorp, Paul [Ph] (1854-1924) : les Fondements logiques de la science exacte (1910).
Nietzsche, Friedrich [Ph] (1844-1900) : Ainsi parlait Zarathoustra (1883-91), Par-delà le bien et le mal (1886). — *Biogr. :* famille de pasteurs luthériens ; orphelin de père à 4 ans. *1856* séminariste luthérien à Pforta. *1861* étudiant à Bonn. *1867* élève-officier, réformé après une chute de cheval. *1868* prof. de grec à Bâle. *1869* démissionne pour raisons de santé (syphilis) ; vit en Italie (hivers à Nice). *1889* ramollissement cérébral ; interné à Iéna jusqu'à sa mort.
Plievier, Theodor [R] (1892-1955) : Stalingrad (1945), Moscou (1952), Berlin (1954).
Raabe, Wilhelm [R] (1831-1910) : le Pasteur famélique (1857), la Rue aux moineaux (1864).
Reichenbach, Hans [Ph] (1891-1953).
Remarque, Erich Maria [R] (1898-1970) (nat. américain) : À l'ouest rien de nouveau (1928), Arc de triomphe (1938), les Camarades (1946).
Reuter, Fritz [R] (1810-74) : Drôleries et Rimailleries (1853-58), Sans maison (1858).
Röpke, Wilhelm [Ec] (1899-1966) : Explication économique du monde moderne, Gegen die Brandung (1959).
Sachs, Nelly [P] (1891-1970) : Brasier d'énigmes (1963), Présence de la nuit.
Scheler, Max [Ph] (1874-1928) : L'Éternel dans l'homme (1921), Mort et Survie.
Seidel, Ina [P, R] (1885-1974) : le Labyrinthe (1922), l'Enfant du destin (1930), Lennacker (1938).
Sieburg, Friedrich [Es] (1893-1964) : Dieu est-il français ? (1929), Napoléon (1956).
Spengler, Oswald [Ph, H] (1880-1936) : le Déclin de l'Occident (1918-22).
Sternheim, Carl [D, R] (1878-1942) : le Snob (1914), le Contemporain déchaîné (1920).
Storm, Theodor [R] (1817-88) : l'Homme au cheval blanc (1888), Immensee (1852).
Strauss, Emil [R] (1866-1960) : l'Ami Hein (1902), le Jouet des géants (1934).
Sudermann, Hermann [R, D] (1857-1928) : l'Honneur (1890), la Fin de Sodome (1891).
Tucholsky, Kurt [P] (1890-1935) : Apprendre à vivre sans pleurer (1931), Un été en Suède (1931), Chroniques allemandes 1918-35, Bonsoir révolution allemande, Un livre des Pyrénées (1930-83).
Unruh, Fritz von [P] (1885-1970) : le Sacrifice (Verdun) (1916), Ce n'est pas encore la fin (1947).
Wassermann, Jakob [R] (1873-1934) : les Juifs de Zirndorf (1897), Gaspard Hauser ou la Paresse du cœur (1908), l'Affaire Maurizius (1928), Etzel Andergast (1930), la Vie de Stanley (1932).
Weber, Max [Soc, Ec] (1864-1920) : Philosophie de l'histoire, Économie et Société.
Wedekind, Frank [D] (1864-1918) : Éveil du printemps (1891), la Boîte de Pandore (1904).
Wertheimer, Max [Ph] (1880-1943).
Wiechert, Ernst [R] (1887-1950) : l'Enfant élu (1929), la Grande Permission (1931), la Vie simple (1939), le Bois des morts (1945), les Enfants Jéromine (1945), Missa sine nomine (1950).
Wundt, Wilhelm [Ph, Psycho] (1832-1920) : Logique (1880-83), Psychologie des peuples (1900-20).
Zuckmayer, Carl [E] (1896-1977) : le Général du diable (1946), le Chant dans la fournaise (1950), Meurtre au Carnaval (1959).
Zweig, Arnold [R] (1887-1968) : le Cas du sergent Grischa (1927), l'Éducation héroïque devant Verdun (1935), la Hache de Wandsbek (1947).

Nés depuis 1900

Achternbusch, Herbert [R, Pros] (1938) : le Jour viendra (1973), l'Heure de la mort (1975).
Adorno, Theodor W. [Ph] (1903-69) : Philosophie de la nouvelle musique (1949-58), Minima moralia (1951), Mahler, une physionomie musicale (1960), Dialectique négative (1966).
Andersch, Alfred [R] (1914-80, naturalisé suisse) : les Cerises de la liberté (1952), Un amateur de demi-teintes (1953), Zanzibar (1957), le Voyage d'Italie (1961), Ephraïm (1967), Winterspelt (1974).
Andres, Stefan [R] (1906-70) : Utopia (1943), le Chevalier de justice (1948).
Augustin, Ernst [R] (1927) : la Tête (1962), Évelyne ou le Voyage autour de la folie (1976).
Bauer, Wolfgang [D] (Autr.) (1941) : Magic Afternoon.
Bense, Max [Ph] (1910).
Bieler, Manfred [E] (1934) : Boniface ou le Matelot dans la bouteille (1963), Maria Morzeck ou le Lapin c'est moi (1969).
Bienek, Horst [E] (1930) : Bakunin (1970), la Première Polka (1975).
Bobrowski, Johannes [P, R] (1917-65).
Böll, Heinrich [R] (1917-85) : Le train était à l'heure (1949), Rentrez chez vous Bogner (1953), les Enfants des morts (1954), le Pain des jeunes années (1955), les Deux Sacrements (1959), la Grimace (1963), Fin de mission (1966), Portrait de groupe avec dame (1971), Kolossal, l'Honneur perdu de Katharina Blum (1974), Protection encombrante, Frauen vor Flusslandschaft (1985). *Souvenirs :* Journal irlandais (1937) [N. 1972].
Borchert, Wolfgang [E] (1921-47) : Dehors, devant la porte, Nouvelles (1947).
Born, Nicolas [E] (1937-79) : la Face cachée de l'histoire (1976), la Falsification (1979).
Brasch, Thomas [D, Pros] (1945) : Les fils meurent avant les pères (1977).
Braun, Volker [P] (1939).
Breitbach, Joseph [R] (1903-80) : le Liftier amoureux, Rival et Rivale, Clément (1937-38), Rapports sur Bruno (1962). *Théâtre :* la Jubilaire.
Brinkmann, Rolf Dieter [E] (1940-75).
Canetti, Elias [E] (1905 né Bulgarie, nat. brit.) : Autodafé, les Domaines hantés (1936), Masse et Puissance (1960), les Voix de Marrakech (1968), l'Autre Procès (1969), la Langue sauvée (1977), le Territoire de l'homme (1978), la Conscience des mots (1984) [N. 1981].
Domin, Hilde [P] (1912).
Dorst, Tankred [D] (1925) : Excursion d'automne (1959), Grande Imprécation devant les murs de la ville (1961), Toller (1968).
Eich, Günther [P] (1907-72) : Jeux radiophoniques, Poèmes.
Elsner, Gisela [R] (1937) : les Nains géants (1964), Vainqueur aux points (1977).
Enzensberger, Hans Magnus [P] (1929) : *Poésies :* Parler allemand. *Essais :* Culture ou Mise en condition ? (1962), Allemagne, Allemagne entre autres (1967), les Épopées germaniques, le Bref Été de l'anarchie (1972), le Naufrage du Titanic (1978).
Fassbinder, Rainer Werner [D] (1946-82) : les Larmes amères de Petra von Kant (1971), l'Ordure, la Ville et la Mort (1975).
Fichte, Hubert [E] (1935) : Puberté (1974).
Fuchs, Günter Bruno [E, R] (1928-77).
Goes, Albrecht [R] (1908) : Jusqu'à l'aube (1950), la Flamme du sacrifice (1961).
Grass, Günter [R, D] (1927) : *Théâtre :* la Crue, les Méchants Cuisiniers (1957), Les plébéiens répètent l'insurrection (1966). *Romans :* le Tambour (1959), le Chat et la Souris (1961), les Années de chien (1963), Anesthésie locale (1969), Journal d'un escargot (1972), le Turbot (1978). Une rencontre en Westphalie (1980). *Essais :* Évidences politiques (1968), Lettres par-dessus la frontière (1969).
Gruen, Max von der [E] (1926) : Stellenweise Glatteis.
Hacks, Peter [D] (1928).
Haertling, Peter [R] (1933) : Ianek, portrait d'un souvenir (1966), la Fête de famille ou la Fin de l'histoire (1969), Niembsch ou l'Immobilité (1974).
Heissenbüttel, Helmut [E] (1921) : la Fin d'Alembert (1970).
Herburger, Günter [Pros] (1932) : la Prise de la citadelle (1972).
Hildesheimer, Wolfgang [E, D] (1916) : le Retard (1961), Mozart (1977).
Hochhuth, Rolf [D] (1931) : le Vicaire (1963), Soldats (1967), Nécrologie pour Genève (1967), Lysistrate (1974).
Huchel, Peter [P] (1903-81) : Poèmes.
Jens, Walter [R, Es] (1923) : le Monde des accusés (1950), l'Aveugle (1951), Visages oubliés (1952).
Johnson, Uwe [R] (1934-84) : la Frontière (1959), Deux Points de vue (1965), l'Impossible Biographie, Une année dans la vie de Gesine Cresspahl (1970-73).
Kaschnitz, Marie-Louise [P] (1901-74).
Kempowski, Walter [R] (1929) : Tadellöser et Wolff (1971).
Kesten, Hermann [Es] (1900) : Ferdinand et Isabelle (1936), Philippe II, le Démon de l'Escurial (1938-50), les Enfants de Guernica (1939).
Keun, Irmgard [E] (1910-82) : Gilgi, jeune fille des années 30 (1931), Après minuit (1937).
Kipphardt, Heinar [D] (1922-82) : le Chien du général (1962), le Dossier J. Robert Oppenheimer (1964), Joël Brand, histoire d'une affaire (1964-65).
Kirst, Hans Hellmut [R] (1914) : 08/15 (1954-55), Dieu dort en Mazurie (1956), les Loups de Maulen (1967), Condamné à la vérité (1972).
Koeppen, Wolfgang [R] (1906) : Un amour malheureux (1934), Pigeons sur l'herbe (1951), la Mort à Rome (1954), Jeunesse (1976).
Kreuder, Ernst [R, P] (1903-72) : la Société du grenier (1946), les Introuvables (1948).
Krolow, Karl [P] (1915) : Corps étranger (1959), Rien d'autre que vivre (1970).
Kühn, Dieter [E] (1935).
Kunert, Günter [P] (1929).
Kunze, Reiner [P] (1933) : les Années merveilleuses (1976).
Lange, Hartmut [D] (1937) : Trotski in Coyoacan (1973), Staschek oder das Leben des Ovid (1973).
Lenz, Siegfried [E] (1926) : la Nuit des otages, la Leçon d'allemand (1968).
Lettau, Reinhard [E] (1929) : Promenade en carrosse (1960), Propos de petit déjeuner à Miami (1977).
Müller, Heiner [D] (1929) : Zement (1973), Herakles (1974).
Nossack, Hans Erich [R] (1901-77) : *Romans :* la Dérive (1955), Spirales, Roman d'une nuit d'insomnie (1956), le Frère cadet (1958), Avant la dernière révolte (1961). *Récits :* Nekya, Récit d'un survivant (1947), Interview avec la mort (1948).
Noth, Ernst Erich [R] (nat. américain) (1909) : l'Enfant écartelé, Un homme à part, la Voie barrée, Mémoires d'un Allemand.
Novak, Helga M. [P, Pros, R] (1935).
Pausewang, Gudrun [R] (1928) : Plaza Fortuna (1966), Mariage bolivien (1968), l'Enlèvement de Doña Agata (1971).
Plenzdorff, Ulrich [D, R] (1934).
Plessen, Elisabeth [R] (1944) : Lettre ouverte à la noblesse (1976).
Richter, Hans Werner [R] (1908) : Tombés de la main de Dieu (1951), Empreintes sur le sable (1953), Tu ne tueras point (1955).
Rinser, Luise [R] (1911) : les Anneaux transparents (1940), Jean Lobel de Varsovie (1948), Histoire d'amour (1950), Pars si tu peux (1959), la Joie parfaite (1962), Je suis Tobias (1966), Chantier (1970), l'Ane noir (1974).
Roth, Friederike [D, E] (1948) : Tollkirschenhochzeit (1978), Ritt auf die Wartburg.
Rühmkorf, Peter [P] (1929).

Quelques personnages de la littérature allemande
Entre parenthèses : symbolique du personnage

Gudrun : épopée anonyme des Nibelungen (la princesse de légende).
Parsifal : épopée de même titre (1200-16) par Wolfram d'Eschenbach (le chevalier errant).
Till l'Espiègle : légende anonyme (v. 1483) (mystificateur).
Hanswurst (« Jean Saucisse ») : théâtre populaire (XIVe s.) (bouffon cynique et maladroit).
Simplicius Simplicissimus : roman de même titre (1669) par Christoffel von Grimmelshausen (reître à l'âme candide).
La Mère Courage : roman de Grimmelshausen (1670), puis drame de Bertolt Brecht (1941) (fille à soldats et vagabonde).
Minna de Barnhelm : drame de même titre (1767) par Ephraïm Lessing (la dame noble et généreuse).
Lénore : ballade de même titre (1770) par Gottfried Bürger (l'amoureuse romantique que sa passion mène à la mort).
Le Baron de Crack (de Münchhausen) : récit de même titre (1786) par Gottfried Bürger (le joyeux conteur d'aventures imaginaires).
Goetz de Berlichingen : drame de même titre (1773) par W. Goethe (guerrier impitoyable).
Werther : les Souffrances du jeune W. (roman, 1774) par W. Goethe (amoureux romantique et désespéré).
Le Roi de Thulé : poème de même titre (1774) par W. Goethe (l'amant éternellement fidèle).
L'Apprenti sorcier : poème de même titre (1797) par Goethe (jeune présomptueux ; fauteur de catastrophe).
Faust : les 3 drames de ce titre (1806-32) par Goethe (le surhomme pétri d'orgueil).
Méphistophélès : ouvrage du même titre (le Tentateur).
Marguerite : même ouvrage (pitoyable victime des corrupteurs).
Ondine : ballade de même titre (1811) par Friedrich La Motte-Fouqué (l'adolescente envahie par l'amour).
Blanche Neige : conte de même titre (1812) par les frères Grimm (jeune fille au cœur pur).
Hansel et Gretel : conte de même titre, mêmes auteurs ; repris en 1893 dans un opéra de Humperdinck (enfants aux prises avec le merveilleux).
Zarathoustra : Ainsi parlait Z. (essai philosophique, 1883) par Frédéric Nietzsche (le surhomme impitoyable).

Salomon, Ernst von [R] (1902-72) : les Réprouvés (1930), les Cadets (1933), le Questionnaire (1951), la Chaîne des mille hérons.

Schmidt, Arno [R] (1914-79) : Scènes de la vie d'un faune (1953), la République des savants (1957).

Schneider, Peter [E] (1940) : Lenz (1973), Te voilà un ennemi de la Constitution (1975), le Couteau dans la tête (1979), le Sauteur de mur (1982).

Seghers, Anna [R] (1900-83) : la Septième Croix (1942), Transit (1943), Légendes d'Artémis, Les morts restent jeunes (1949), la Force des faibles (1945).

Strauss, Botho [D, Pros] (1944) : la Dédicace (1977), Grand et Petit (1978), Raffut (1980), Couples, passants (1981), Kalldewey Farce (1983), le Jeune Homme (1984).

Theobaldy, Jürgen [P, R] (1944) : Cinéma le dimanche (1978).

Uhlman, Fred [R] (1901-85), réfugié en Angl. 1938 : l'Ami retrouvé (1978), Il fait beau à Paris aujourd'hui (1985), Lettre de Conrad, Sous la lune et les étoiles.

Walser, Martin [R, D] (1927) : *Romans et nouvelles* : Quadrille à Philippsbourg (1957), Histoires pour mentir (1964), la Licorne (1966), Je ne sens pas bon (1972), Au-delà de l'amour (1976), Un cheval qui fuit (1978), Fiction, Travail d'âme, la Maison des cygnes (1980), la Lettre à Lord Liszt (1982). *Théâtre* : Chêne et Lapins angoras (1962), le Cygne noir (1964).

Weisenborn, Günther [R, D] (1902-69) : *Romans* : Furies tropicales (1937), l'Exécuteur (1961). *Théâtre* : U-Boot (1928), la Mère (d'après Gorki) (1931). *Essai* : Mémorial.

Weiss, Peter [D, R] (1916-82) : Point de fuite (1962), la Persécution et l'Assassinat de Jean-Paul Marat représentés par le groupe théâtral de l'hospice de Charenton sous la direction de Monsieur Sade (1964), l'Instruction (1965), le Chant du fantoche lusitanien (1967).

Wellershoff, Dieter [Es, E] (1925) : Un beau jour (1966), Chasse à l'homme dans la campagne tranquille (1972).

Wohmann, Gabriele [E] (1932) : Abschied für Länger (1965), Ernste Absicht (1970), Schönes Gehege, Excursion avec la mère (1976), Pas de deux (1979), le Cas de Marlène Z. (1980).

Wolf, Christa [E] (1929) : Kindheitsmuster, Kein Ort, Nirgends, Kassandra (1980).

Zorn, Fritz (1945-77 ?) : Mars.

Littérature autrichienne

Nés avant 1800

En latin

Anonymes : « Théâtre des Jésuites » 9 000 pièces de 1570 à 1760.

Avancinus, Nicolas [H, P, D] (1612-85) : Poesis dramatica 1675-79.

Biderman, Jacques [Théo, D] (?-1639) : Comicatragoediae sacrae libri X (1666).

En allemand

Alxinger, Jean-Baptiste [P] (1755-97).
Beer, Johann [R] (1655-1700).
Blumauer, Aloïs [P] (1755-98) : l'Énéide travestie.
Collin, Matthieu von [D] (1772-1823).
Grillparzer, Franz [D, P] (1791-1872) : l'Aïeule, Sapho, la Toison d'or, Médée, les Vagues de la mer et de l'amour (1831), Ottokar, Malheur à qui ment.
Haffner, Philippe [D] (1731-64).
Kringsteiner, Ferdinand [D] (1775-1810).
Raimund, Ferdinand [D] (1790-1836).
Sealsfield, Charles (Karl Postl) [R] (1793-1864) : le Vice-roi et les Aristocrates (1835), la Prairie du Jacinto (1861).
Steigentesch, Auguste von [D] (1774-1826).
Stranintzdyj, Joseph-Antoine [D] (1676-1725) : Théâtre de Hanswurst.
Wildganz, Anton [P, D] (1881-1932).
Zedlitz, Josef von [P] (1790-1862).

Nés entre 1800 et 1900

Auersperg, Cte Antoine-Alexandre [P] (1805-76) : Promenades d'un poète viennois.
Bauernfeld, Edouard [D] (1802-90) : Aveux (1834), Bourgeois et Romantique (1835).
Baum, Vicki [R] (1888-1960) : Grand Hôtel (1931), Lac aux dames (1932), Prenez garde aux biches (1953).
Broch, Hermann [R] (1886-1951) : les Somnambules, la Mort de Virgile.
Doderer, Heimito von [R] (1896-1966) : le Sursis, Die Strudlhofstiege (1951), les Fenêtres éclairées (1951), les Démons (1955).
Ebner-Eschenbach, Marie von [R] (1830-1916) : Nouvelles du village et du château, l'Enfant assisté (1887).
Freud, Sigmund [Psycho] (1856-1939) : Intr. à la psychanalyse (1916). — *Biogr.* : fils d'un commerçant israélite de Moravie. *1856* ses parents (pauvres) se fixent à Vienne. *1876* assistant dans un laboratoire de neurologie. *1881* diplômé de neurologie. *1885* agrégé ; stage à la Salpêtrière de Paris (Charcot). *1886-96* associé à Vienne du psychiatre Joseph Breuer (1842-1925). *1897* commence ses travaux sur son propre psychisme (auto-psychanalyse). *1905* réunit quelques disciples. *1907* rencontre Jung à Zürich et le prend pour assistant. *1909* part avec lui pour les U.S.A. *1910* fonde avec lui l'Association psychanalytique internationale. *1912* s'en sépare. *1920* prof. à l'Univ. de Vienne. *1938* chassé par les Nazis, réfugié à Londres.
Hofmannsthal, Hugo von [D] (1874-1929).
Kafka, Franz [R] (1882-1924) : la Métamorphose (1916), le Procès (1925), le Château (1926), l'Amérique (1927). *Nouvelles* : la Colonie pénitentiaire (1919), la Muraille de Chine (1931). Journal intime (1948), Lettres. — *Biogr.* : fils d'un commerçant juif de Prague. Études de droit. *1908* rédacteur dans une compagnie d'assurances. *1912-17* longues fiançailles, plusieurs fois interrompues, avec une Berlinoise, Félicie Bauer. *1917* tuberculeux. *1919* démissionne ; entre en sanatorium. *1923* liaison à Berlin avec Dora Dymant ; finit sa vie dans un sanatorium près de Vienne, assisté par Dora. Son exécuteur testamentaire, Max Brod, publiera ses œuvres.
Kraus, Karl [E] (1874-1936) : les Derniers Jours de l'humanité (1919).
Lenau, Nikolaus (Franz Niembsch Edler von Strehlenau, dit) [P, D] (1802-50) : Faust (1836), les Albigeois (1842), Don Juan (1851), Poèmes lyriques.
Meyrink, Gustav [R] (1868-1932) : le Golem (1915), le Visage vert (1916), la Nuit de Walpurgis (1917).
Musil, Robert [R] (1880-1942) : Les Désarrois de l'élève Törless (1906), l'Homme sans qualités (1930-33), Journaux I + II (1955-81), Essais (1978).
Nestroy, Jean-Népomucène [D] (1801-62).
Rilke, Rainer Maria [P] (1875-1926) : les Cahiers de Malte Laurids Brigge (1910), Élégies de Duino (1912-22), Sonnets à Orphée (1923), Lettres à un jeune poète (1929), Lettres à une amie vénitienne.
Rosegger, Peter [R] (1843-1918) : Dans ma forêt, les Sapins du maître d'école (1875).
Roth, Josef [R] (1894-1939) : Hôtel Savoy (1924), la Fuite sans fin (1927), la Marche de Radetzky (1932), le Roman des Cent-Jours (1936), le Poids de la grâce (1937), la Crypte des capucins (1938), le Prophète muet.
Sacher-Masoch, Léopold von [R] (1836-95) : Récits galiciens (1858), Contes juifs (1878).
Schumpeter, Joseph Alois [Ec] (1883-1950) : Capitalisme, socialisme et démocratie (1942), Histoire de l'analyse économique (1954).
Schnitzler, Arthur [R] (1862-1931) : la Ronde (1931), Vienne au crépuscule, Mourir.
Stifter, Adalbert [R] (1805-68) : l'Été de la Saint-Martin, Witiko (1865-67).
Trakl, Georg [P] (1887-1914) : Révélation et Destruction (1947).
Werfel, Franz [R] (1890-1945) : la Mort du petit-bourgeois (1927), les 40 Jours de Musa Dagh (1933), le Voleur du ciel (1939), le Chant de Bernadette (1941), l'Étoile de ceux qui ne sont pas nés (1944). *Théâtre* : l'Homme dans le miroir (1920).
Wittgenstein, Ludwig Joseph [Ph, logicien] (Autr.) (1889-1951) : Tractatus logico-philosophicus (1921).
Zweig, Stefan [R, H] (1881-1942) : la Peur (1920), Amok (1922), la Confusion des sentiments (1926), 24 Heures de la vie d'une femme, Bâtisseurs du monde (1936), la Pitié dangereuse (1938), le Monde d'hier (1942), le Joueur d'échecs, Ivresse de la métamorphose.

Nés après 1900

Aichinger, Ilse [R] (1921) : le Grand Espoir (1948).
Artmann, Hans Carl [E] (1921).
Bachmann, Ingeborg [P, R] (1926-73) : la Trentième Année (1961), Un lieu de hasards (1965), Poésie lyrique, Malena (1971), Trois Sentiers vers le lac.
Bauer, Wolfgang [D] (1941) : Magic Afternoon.
Bernhard, Thomas [R] (1931) : Gel (1963), Perturbation (1967), la Plâtrière, l'Imitateur (1978), Oui (1978), l'Origine : simple indication (1981).
Celan, Paul [P] (1920-70) : Pavot et Mémoire (1952), la Rose de personne (1963).
Handke, Peter [D, E] (1942) : le Colporteur, Outrage au public et autres pièces (1966), Bienvenue au conseil d'administration (1967), Kaspar (1968), l'Angoisse du gardien de but (1970), les Frelons, Courte Lettre pour un long adieu (1972), l'Heure de la sensation vraie (1975), le Poids du monde (1977).
Hochwälder, Fritz [D] (1911) : l'Expérience sacrée (1941), l'Accusateur public (1948).
Jandl, Ernst [P] (1925).
Lavant, Christine [P] (1915).
Sperber, Manès. Voir p. 299.

Littérature américaine

Nés avant 1800

Barlow, Joël [P] (1754-1812) : la Colombiade (1807).
Bradford, William [H] (1590-1657) : Histoire de la plantation de Plymouth.
Bradstreet, Anne Dudley [P] (1612-72) : la 10e Muse apparue récemment en Amérique.
Brown, Charles Brockden [R] (1771-1810) : Wieland, Edgar Huntly.
Bryant, William Cullen [P] (1794-1878) : Thanatopsis (1817).

Cooper, James Fenimore [R] (1789-1851) : l'Espion (1821), le Dernier des Mohicans (1826), la Prairie (1827).
Crèvecœur, Michel-Guillaume de [Chr] (Franç. 1735-1813).
Edwards, Jonathan [Théo] (1703-58).
Franklin, Benjamin [Pol] (1706-90) : la Science du bonhomme Richard (1732), Autobiographie (1792).
Irving, Washington [R, H] (1783-1859) : Rip van Winkle, Vie de Washington.
Mather, Cotton [Théo] (1663-1728) : Magnalia Christi Americana.
Otis, James [Pol] (1725-83).
Paine, Thomas [Polé] (1737-1809) (nat. franç.) : le Siècle de raison (1795).
Prescott, William [H] (1796-1859).
Taylor, Edward [P] (1642-1729) : Méditations sacramentelles.
Tyler, Roynll [Polé] (1757-1826).
Williams, Roger [E] (v. 1603-83).

Nés entre 1800 et 1900

Adams, Henry (Brooks) [H] (1838-1918) : Démocratie (1879), Histoire des États-Unis de 1801 à 1817 (9 vol., 1889-91), Mémoires d'Arii Taimai (1893), Mon éducation (1918).
Aiken, Conrad (Potter) [P, R] (1889-1973) : Voyage bleu, le Grand Cercle, Ouessant (1952), Chant matinal de Lord Zéro (1963).
Alcott, Louisa May [R] (1832-88) : les 4 Filles du Dr March (1867).
Anderson, Maxwell [D] (1888-1959) : Elizabeth Reine, Jeanne la Lorraine.
Anderson, Sherwood [R] (1876-1941) : Winesburg, Ohio 1919, Pauvre Blanc.
Bancroft, George [H] (1800-91) : Histoire des États-Unis (1834-76).
Beecher Stowe, Harriet [R] (1811-96) : la Case de l'oncle Tom (1852).
Benet, Stephen Vincent [P] (1898-1943) : John Brown's Body.
Bierce, Ambrose [E] (1842-1913) : Au cœur de la vie, le Dictionnaire du Diable.
Biggers, Earl Derr [R, D] (1884-1933) : Charlie Chan à Honolulu.
Bromfield, Louis [R] (1896-1956) : Emprise, Précoce Automne, Vingt-Quatre Heures, Un héros moderne, la Mousson (1937), Mrs. Parkington (1942), la Folie Mac Leod (1948). — *Biogr. :* fils d'un agriculteur de l'Ohio ; études à l'univ. de Colombia. *1916-18* ambulancier sur le front français. *1923* critique littéraire de *Time*, réside en France jusqu'en 1939. *1940* retourne aux U.S.A., achetant un domaine agricole dans l'Ohio.
Buck, Pearl (Joan Sedges) [R] (1892-1973) : Vent d'Est vent d'Ouest (1930), la Terre chinoise (1931), Fils de Dragon, la Mère (1934), Pavillon de femmes (1946), Pivoine, le Sari vert, le Pain des hommes [N. 1938]. Voir p. 327. — *Biogr. :* fille d'un missionnaire presbytérien, le rév. Sydenstricker, née en Virginie occidentale, mais élevée en Chine, études secondaires à Shanghai, supérieures en Virginie. *1914* retourne en Chine ; prof. à Nankin. *1917* épouse un missionnaire en Chine, le rév. John Buck. *1923* publie des nouvelles dans les journaux. *1932* célèbre ; la *Terre chinoise* a le prix Pulitzer. *1934* divorce. *1935* épouse l'éditeur new-yorkais Richard J. Walsh et se fixe aux U.S.A.
Burke, Kenneth [E, Cr] (1897).
Burnett, William Riley [R] (1899) : le Petit César (1948).
Cabell, James Branch [R] (1879-1958) : Jurgen (1919), Figurines (1921).
Cain, James [R] (1892-1977) : Le facteur sonne toujours 2 fois (1936), la Belle de la Nouvelle-Orléans, Mildred Pierce (1950).
Carnap, Rudolf [Ph, logicien] (or. all. 1891-1970) : la Syntaxe logique de la langue.
Cather, Willa [R] (1873-1947) : la Mort de l'archevêque (1927), Un des nôtres, Une dame perdue, Ombres sur le rocher.
Chandler, Raymond [R] (1888-1959) : le Grand Sommeil (1948), la Dame du lac (1948).
Cowley, Malcolm [E] (1898).
Crane, Hart [P] (1899-1932).
Crane, Stephen [R] (1871-1900) : la Conquête du courage (1895), Maggie.
Crawford, Francis Marion [R] (1854-1909).
Cummings, Edward Estlin [P] (1894-1962).
Dana, Richard Henry [R] (1815-82) : Deux ans sur le gaillard d'avant (1840).
Deutsch, Babette [P, Cr] (1895-1982) : Un feu dans la nuit, Poésie contemporaine.
Dewey, John [Ph, Psycho] (1859-1952).
Dickinson, Emily [P] (1830-86).
Dodge, Mary Mapes [R] (1831-1905) : Hans Brinker (1865).
Dos Passos, John Roderigo [R] (1896-1970) : Trois Soldats (1921), Manhattan Transfer (1925), U.S.A. [trilogie : le 42e Parallèle (1930), 1919 (1932), la Grosse Galette (1938)], Aventures d'un jeune homme (1939), Bilan d'une nation (1951). — *Biogr. :* né à Chicago d'un immigrant portugais devenu avocat ; études à Harvard. *1916* séjour en Espagne pour étudier l'architecture. *1917-18* volontaire de la Croix-Rouge sur le front français. *1919-20* vit à Montparnasse. *1920-27* reporter (Espagne, Mexique, France, Moyen-Orient). *1927* prend parti pour Sacco et Vanzetti, collabore à *New Masses,* revue communiste. *1938* rompt avec la gauche, devient nationaliste. *1964* soutient Goldwater aux élections présidentielles.
Dreiser, Theodore [R] (1871-1945) : Sister Carrie, Jennie Gerhardt, le Financier, le Titan, Une tragédie américaine.
Dunbar, Paul Laurence [P] (1872-1906).
Eliot, T.S. [P] (1888-1965) : v. Angl.
Emerson, Ralph Waldo [Es, Ph] (1803-82) : la Nature, l'Intellectuel américain (1837), l'Ame anglaise (1856).
Faulkner, William (Falkner, dit) [R] (1897-1962) : Monnaie de singe (1926), le Bruit et la Fureur (1927), Sartoris, Sanctuaire, Lumière d'août, Absalon ! Absalon ! (1936), le Hameau (1940), Requiem pour une nonne (1951), la Ville (1957), le Domaine, les Larrons. — *Biogr. :* famille d'industriels sudistes, ruinés et devenus quincailliers au Tennessee. *1918* élève-pilote au Canada. *1919-21* étudiant en français à l'univ. du Mississippi. *1921* études inachevées ; employé de chemin de fer. *1925* voyage en Europe. *1926-31* peintre et charpentier ; dans la gêne à Oxford (Mississippi). *1931* célèbre grâce à *Sanctuaire ;* s'achète la villa Rowanoak à Oxford et s'y installe jusqu'à sa mort. *1949* prix Nobel.
Ferber, Edna [R] (1887-1968) : Show Boat (1926), Saratoga (1941).
Field, Eugene [P] (1850-1895).
Fitzgerald, Francis Scott [R] (1896-1940) : l'Envers du paradis (1920), les Heureux et les Damnés (1922), Gatsby le Magnifique (1925), Tendre est la nuit (1934), la Fêlure, le Dernier Nabab (1941). — *Biogr. :* fils d'un représentant de commerce irlandais de St-Paul (Minnesota) ; études à Princeton (échec ; en *1917,* sans diplôme, s'engage dans l'armée). *1918* démobilisé comme sous-lieutenant, employé dans la publicité. Commence à boire. *1920* 1er succès littéraire *(l'Envers du paradis) ;* épouse Zelda Sayre, fille d'un sénateur. *1920-29* vie élégante et dépensière (*1921,* rejoint Hemingway à Paris ; sombre dans l'alcoolisme). *1929* pauvreté (crise). *1930* Zelda internée dans un hôpital psychiatrique. *1931-40* misère et crise de délirium (tente 2 fois de se suicider). *1948* Zelda meurt dans l'incendie de son asile.
Fletcher, John Gould [P] (1886-1950).
Frost, Robert Lee [P] (1875-1963) : Testament d'un garçon (1913), Un masque de pitié (1947).
Fuller, Margaret [Cr] (1810-50) : Littérature et Art (1846).
Gallico, Paul [R] (1897-1976) : Jennie, l'Aventure du Poséidon, l'Oie des neiges (1941).
Gardner, Dora [E] (1889).
Gardner, Erle Stanley [R] (1889-1970) : romans policiers.
Garland, Hamlin [R] (1860-1940) : les Routes à gros trafic, Vu de ma terrasse, Dix Degrés au nord de Frederick.
Glasgow, Ellen [R] (1874-1945) : Dans un corps pur, la Vie oubliée (1941).
Grey, Zane [P] (1875-1939) : les Cavaliers de la sauge violette (1912).
Hammet, Samuel Dashiell [R] (1894-1961) : la Clé de verre (1949), le Faucon maltais (1950), la Maison rouge (1950).
Harris, Joel Chandler [R] (1848-1908) : l'Oncle Remus (1881-1906).
Hart, France Noyes [R] (1890-1943) : le Procès Bellamy.
Harte, Francis Bret [R] (1836-1902) : la Chance de Roaring Camp (1870).
Hawthorne, Nathaniel [R] (1804-64) : la Lettre écarlate (1850), le Faune de marbre (1860).
Hemingway, Ernest [R] (1898-1961) : Le soleil se lève aussi (1926), l'Adieu aux armes (1929), Mort dans l'après-midi (1932), les Neiges du Kilimandjaro (1935), En avoir ou pas (1937), Paradis perdu, Pour qui sonne le glas (1940), le Vieil Homme et la Mer (1952), Paris est une fête (1964) [N. 1954]. Voir p. 328. — *Biogr. :* fils d'un médecin de l'Illinois, passionné de chasse et de pêche (mort suicidé) ; études secondaires en France (bilingue franco-anglais). *1914* reporter à Kansas City (16 ans). *1918* volontaire à la guerre, blessé sur le front italien. *1921* vit à Montparnasse dans la bohème américaine (principaux compagnons : Sherwood Anderson, Ezra Pound, Gertrude Stein). *1926* succès littéraire et fortune, grâce à *Le soleil se lève aussi. 1927-36* vit en Floride et à Cuba. *1936-38* correspondant de guerre en Espagne. *1954* obtient le prix Nobel. *1961* se suicide d'une balle dans la tête.
Heyward, Du Bosc [R] (1885-1940) : Porgy (1925).
Holmes, Olivier Wendell [E] (1809-94) : le Poète et l'Autocrate à table.
Howe, Julia [P] (1819-1910) : les Passiflores (1854).
Howells, William Dean [R] (1837-1920) : Une rencontre (1873), la Fortune de Silas Lapham (1885).
James, Henry [R] (nat. angl.) (1843-1916) : Roderick Hudson (1876), les Européens (1878), Daisy Miller (1879), Washington Square (1881), Un portrait de femme (1881), les Bostoniennes (1886), les Dépouilles de Poynton (1897), Ce que savait Maisie (1897), le Tour d'écrou (1898), les Ailes de la colombe (1902), les Ambassadeurs (1903), la Coupe d'or (1904). — *Biogr. :* fils du philosophe swedenborgien Henry James (1811-82) et frère cadet du psychologue William James (ci-après) ; famille riche, éducation distinguée ; adolescence en Europe avec son précepteur. *1862* études à Harvard ; commence à écrire. *1864* se fixe à Cambridge (Massachussetts), près de Harvard. *1869-70* et *1872-74* séjours en Italie. *1876* se fixe à Paris, mais réside le plus fréquemment à Londres. *1881* et *1904-05* visites aux U.S.A. *1905* élu à l'American Academy. *1915* demande et obtient la nationalité anglaise.
James, William [Ph] (1842-1910).
Jeffers, Robinson [P] (1887-1962).
Johnson, James Weldon [P] (1871-1938) : les Trombones de Dieu (1927).
Kaufman, Georges [D] (1889-1961).
Kelly, George [D] (1887-1974) : le Vantard (1924), la Femme de Craig, Faiblesse.
Keyes, Frances Parkinson [R] (1885-1970) : l'Ambassadrice, le Dîner chez Antoine.
Kilmer, Joyce [P] (1849-87) : les Arbres.
Koffka, Kurt [Ph, psycho] (or. all. 1886-1941) : Principes de la psychologie de la forme (1938).
Lanier, Sidney [P] (1842-81) : la Science des vers anglais (1880), le Roman anglais.
Lardner, Ringgold [Hum] (1885-1933) : les Ballades de Bib (1915), Perds avec le sourire (1933).
Lazarus, Emma [P] (1849-87) : Danse macabre [N. 1936].
Lewis, Sinclair [R] (1885-1951) : Main Street (1920), Babbitt (1922), Elmer Gantry, Dodsworth, Arrowsmith, De sang royal, Notre monde immense [N. 1930]. — *Biogr. :* fils d'un médecin du Minnesota. *1906* interrompt ses études à l'univ. de Yale pour entrer au phalanstère d'Upton Sinclair (New Jersey), Helicon Home. *1907* incendie du Helicon Home ; vit difficilement comme journaliste. *1920* succès littéraire et fortune grâce à *Main Street. 1930* 1er Américain prix Nobel de Littérature. *1950* se retire en Italie et meurt à Florence.
Lindsay, Nicholas Vachel [P] (1879-1931) : le Congo et autres poésies (1914).
London, Jack (John Griffith) [R] (1876-1916) : l'Appel de la forêt (1903), le Loup des mers (1906), Croc-Blanc (1907), Martin Eden (1909), le Peuple de l'abîme (1913). — *Biogr. :* enfant naturel (père astrologue, mère spirite), abandonné par ses parents ; enfance misérable à San Francisco. *1891* écumeur des parcs à huîtres. *1892-93* chasseur de phoques au Japon. *1897* chercheur d'or en Alaska. *1898* journaliste pigiste, racontant ses aventures. *1900* triomphe littéraire et fortune avec *Croc-Blanc. 1910* millionnaire grâce à ses droits d'auteur (il est l'écrivain le mieux payé du monde) ; il sombre dans l'alcoolisme. *1916* se suicide.
Longfellow, Henry Wadsworth [P] (1807-82) : les Voix de la nuit, Ballades et autres poèmes, Évangéline (1847), Hiawatha (1855), Miles Standish (1858).
Lovecraft, Howard [R] (1890-1937) : Dans l'abîme du temps (1936).
Lowell, Amy [P] (1874-1925).
Lowell, James Russell [E] (1819-91) : les Carnets de Biglow (1867).
Mac Coy, Horace [R] (1897) : On achève bien les chevaux (1935), Un linceul n'a pas de poches (1946), Adieu la vie, Adieu l'amour (1949).
Mac Leish, Archibald [P] (1892-1963) : Conquistador (1932).
Marcuse, Herbert [Ph] (Berlin, 1898-1979, Américain dep. 1940) : Éros et Civilisation (1955), le Marxisme soviétique (1958), l'Homme unidimensionnel (1964), la Fin de l'utopie (1967). — *Biogr. :* famille israélite de Berlin ; études à Berlin et à Fribourg. *1934* exilé aux U.S.A. ; attaché à l'Institut de recherches sociales de Colombia (jusqu'en 1940).

1941-50 mobilisé et affecté au Bureau des services stratégiques, puis au Département d'État. *1951-53* prof. à Harvard. *1954-65* à l'univ. de San Diego (Californie).

Marquand, John Phillips [R] (1893-1960) : Feu George Apley, le Vice-président (1949).

Masters, Edgar Lee [P] (1869-1950) : l'Anthologie de Spoon River (1915).

Melville, Herman [R, C] (1819-91) : Typee (1846), Moby Dick (1851), Billy Budd, gabier de misaine (posth. 1924).

Mencken, Henry Louis [Es] (1880-1956) : Préjudices (1919-27).

Millay, Edna St Vincent [P] (1892-1950).

Miller, Henry [R] (1891-1980) : Tropique du Cancer (1934), Max et les Phagocytes (1938), Tropique du Capricorne (1939), le Cauchemar climatisé (1945), Crucifixion en rose [trilogie : Sexus (1940), Plexus (1953), Nexus (1960)], le Temps des assassins (1956), Un diable au paradis (1956), J'suis pas plus con qu'un autre (1977). — *Biogr.* : fils d'un tailleur new-yorkais, immigrant allemand récent (germanophone) ; enfance miséreuse à Brooklyn. *1920-24* fréquente les milieux anarchistes. *1924* se marie ; prend un poste à la Compagnie du téléphone, mais abandonne sa femme et son fils pour vivre avec une entraîneuse, Mona. *1930* abandonne Mona, se fixe à Paris ; journaliste au *Phœnix*. *1938-39* séjour à Athènes. *1940* revient aux U.S.A. ; s'installe en Californie avec sa 4e femme et ses enfants. *1967* 5e mariage avec une Japonaise.

Miller, Joaquin [P] (1837-1913) : Chants des sierras, Lumière.

Moore, Marianne Craig [P] (1887-1972).

Motley, John Lothrop [H] (1814-77).

Nabokov, Vladimir [R, P] (1889-1977) : Machenka (1926), la Défense Loujine (1929), le Guetteur (1930), Chambre obscure (1932), l'Exploit, la Méprise, le Don, Invitation au supplice (1935), la Vraie Vie de Sébastian Knight (1941), Brisure à senestre, Lolita (1955), Prince (1957), Feu pâle (1962), Ada ou l'Ardeur (1969), Transparent Things (1972), l'Extermination des tyrans (1975), Regarde, regarde, les Arlequins (1975).

Nasby, Petroleum (David Rose Locke) [R] (1833-1888) : le Démagogue (1891).

Norris, Frank [R] (1870-1902) : la Pieuvre, la Bourse du blé.

O'Hara, Mary [R] (1885-1980) : Mon amie Flicka (1941).

O'Henry (William Sydney Porter dit) [R] (1862-1910) : les Quatre Millions.

O'Neill, Eugene [D] (1888-1953) : l'Empereur Jones (1920), Anna Christie (1921), le Désir sous les ormes, Par-delà l'horizon, Le deuil sied à Électre (1931), Long Voyage dans la nuit (1941) [N. 1936].

Parkman, Francis [H] (1823-93) : Pionniers français du Nouveau Monde (1865).

Peirce, Charles Sanders [Ph] (1839-1914) : Œuvres posthumes (1931-51).

Poe, Edgar Allan [R, P] (1809-49) : Annabel Lee, Aventures d'Arthur Gordon Pym (1838), la Chute de la maison Usher (1839), Contes et Hist. fantastiques (1845, dont : le Double Assassinat de la rue Morgue, la Lettre volée), le Corbeau (1845). — *Biogr.* : fils de comédiens ambulants (père alcoolique, meurt en 1810) ; sa mère l'emmène dans le Sud, avec son frère et sa sœur ; elle meurt en 1811 dans un incendie. *1812* recueilli par un négociant sudiste, Richard Allan (à Richmond). *1815-20* études secondaires en G.-B. *1820* retour à Richmond ; adolescence dissipée (études à l'univ. de Virginie). *1827* sombre dans l'alcoolisme ; chassé par la famille Allan. *1827-31* engagé volontaire dans l'armée. *1831* exclu de l'armée pour ivrognerie, se réfugie chez une sœur de son vrai père, Maria Clemm. *1836* épouse sa cousine, Virginie Clemm ; vit pauvrement à Baltimore. *1833* succès littéraire à Richmond. *1837* crise d'éthylisme ; s'enfuit à New York. *1841-42* directeur littéraire du *Graham's Magazine* ; vie aisée. *1845* propriétaire du *Broadway Journal*. *1846* Virginie meurt de tuberculose ; tente de se suicider ; retombe dans l'alcoolisme. *1849* retour à Richmond ; fiancé à sa voisine, il meurt d'une crise de délirium à Baltimore, quelques jours avant le mariage.

Porter, Katherine Anne [R] (1894-1980) : l'Arbre de Judée (1930), Hacienda (1934), le Vin de midi (1937), la Tour penchée (1944), la Nef des fous (1962).

Pound, Ezra [P] (1885-1972) : Hugh Selwyn Mauberley Cantos (1919-57).

Rawlings, Marjorie Kinnan [R] (1896-1953) : le Yearling (1938).

Riley, James Whitcomb [P] (1849-1916).

Robinson, Edwin Arlington [P] (1869-1935) : les Enfants de la nuit, Merlin, Lancelot, Tristram (1927).

Rölvaag, Ole [R] (1876-1931) : les Géants de la terre (I. Pierre le vainqueur, II. le Jour béni).

Runyon, Damon [Hum] (1885-1946).

Sandburg, Carl [P] (1878-1967) : Chicago, Abraham Lincoln, le Peuple, Oui.

Santayana, George [Ph] (Esp. 1863-1952) : le Dernier Puritain.

Sherwood, Robert [D] (1896-1955) : Abraham Lincoln en Illinois (1938).

Schumpeter, Joseph. Voir Autriche p. 262.

Sinclair, Upton [R] (1878-1968) : la Jungle, le Roi Charbon, le Pétrole (1927), les Griffes du dragon, Paméla.

Stein, Gertrude [R] (1874-1946) : 3 Vies (1909), Breswie et Willie. *Mémoires* : Autobiographie de tout le monde (1937), Guerres que j'ai vues (1945).

Stevens, Wallace [P] (1879-1955).

Stout, Rex [R] (1886-1975) : Graines au vent, Feu de forêt.

Tarkington, Booth [R] (1869-1946) : Penrod.

Tate, Allen [R, P] (1899-1979) : les Ancêtres (1938), le Démon sans espoir (1953).

Teasdale, Sara [P] (1884-1933) : Sonnets à Dase, les Fleuves de la mer.

Thoreau, Henry David [E] (1817-62) : Walden ou la Vie dans les bois (1854).

Thurber, James [Hum] (1894-1961).

Twain, Mark (Samuel Langhorne Clemens dit) [Hum] (1835-1910) : Tom Sawyer (1876), Huckleberry Finn (1884), Un Yankee à la cour du roi Arthur (1889), le Mystérieux Étranger (1908). — *Biogr.* : fils d'un épicier du Mississippi ; enfance pauvre, éducation puritaine. *1847-52* apprenti typographe. *1852-54* imprimeur ambulant en N.-Angleterre. *1854-61* batelier sur Miss (mark twain, « profond de 2 brasses », vient du vocabulaire des mariniers). *1861-65* chercheur d'or dans l'Ouest. *1865* journaliste à New York. *1869* reporter en Europe. *1870* épouse une riche bourgeoise new-yorkaise, Olivia Langdon. *1875* se fait bâtir un château à Redding (Connecticut). *1884* monte sa maison d'édition. *1894* faillite. *1895-97* tournée de conférences en Europe : refait fortune. *1898-1910* mort de sa femme et de 2 de ses filles ; dépression ; meurt solitaire dans son château de Redding.

Untermeyer, Louis [P] (1885-1977) : Du rôti de Léviathan (1923), le Buisson ardent (1928).

Van Doren, Mark [Cr] (1894-1972) : le Critique heureux.

Wallace, Lewis [R] (1827-1905) : le Vrai Dieu, Histoire de la conquête du Mexique (1873), Ben Hur (1880), le Prince des Indes (1893).

Ward, Artemus [R] (1834-67).

Watson, John, Broadus [Ph, Psycho] (1878-1958) : A l'origine du béhaviorisme.

Wharton, Edith [R] (1862-1937) : l'Age de l'innocence, Ethan Frome.

White, Elwyn Brooks [E, Es, P] (1899-85).

Whitman, Walt [P, E] (1819-92) : les Feuilles d'herbe (1855), Jours exemplaires (1882).

Whittier, John Greenleaf [P] (1807-92) : Mogg Megone, les Voix de la liberté.

Wilder, Thornton [R, D] (1897-1975) : *Rom.* : le Pont de San Luis Rey (1927). *Th.* : Notre petite ville (1938), la Peau de nos dents (1943), les Ides de Mars (1948), Hello, Dolly ! (1963).

Williams, William Carlos [P] (1883-1963).

Willis, Nathaniel Parker [P] (1806-67).

Wilson, Edmund [Cr] (1895-1972) : Essais de critique et d'économie (1950).

Woollcott, Alexandre [Cr] (1887-1943) : Histoire d'Irving Berlin (1925).

Nés depuis 1900

Albee, Edward [D] (1928) : Zoo Story, la Mort de Bessie Smith, Qui a peur de Virginia Woolf ? (1964), Délicate Balance (1968), Tout dans le jardin (1972).

Algren, Nelson [R] (1909-81) : le Matin se fait attendre (1942), l'Homme au bras d'or (1949), la Rue chaude (1956), le Désert du néon (1962).

Ashbery, John [P] (1927).

Asimov, Isaac [Sav, E] (1920) : Vie et Énergie, les Origines de la vie, Voir science-fiction p. 270.

Baldwin, James [P, R, E] (1924) : Va le clamer sur la montagne (1953), Encore un coup ça flambe, Si Beale Street pouvait parler, Personne ne sait mon nom (1963), Chassé de la lumière (1972), le Jour où j'étais perdu (1973), Meurtres à Atlanta (1985).

Baraka, Imamu Amiri [R, P, D] : le Métro fantôme (1964), l'Esclave (1964).

Barth, John [R] (1930) : l'Opéra flottant, l'Enfant bouc, Lettres (1979).

Barthelme, Donald [R] (1932) : Blanche-Neige, Pratiques innommables, City Life.

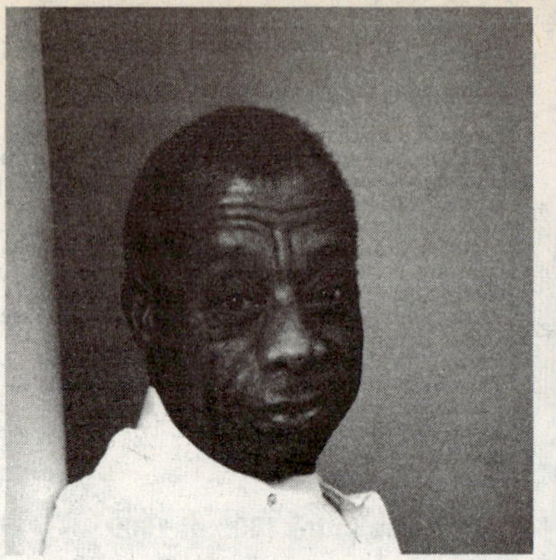

James Baldwin
(Photo : Irmeli Jung)

Behr, Edward (1926) : Y a-t-il ici quelqu'un qui a été violé et qui parle anglais (1979), la Transfuge.

Bellow, Saul [R] (1915) : Un homme entre deux chaises (1944), la Victime, les Aventures d'Augie March (1953), l'Ane de Buridan (1954), Au jour le jour, le Faiseur de pluie, Herzog, Retour de Jérusalem (1976), l'Hiver du doyen, La journée s'est-elle bien passée ? (1985). [N. 1976].

Berryman, John [P] (1914-72).

Bettelheim, Bruno [Es, Soc] (1903) : Dialogue avec les mères (1973), Un lieu où renaître (1975), Psychanalyse des contes de fées, Survivre (1979), la Lecture et l'Enfant (1983).

Bishop, Elizabeth [P] (1911-79).

Blatty, P. William [R] (1928) : l'Exorciste.

Bradbury, Ray [R] (1920) : Chroniques martiennes (1950), l'Homme illustré, Bien après minuit (nouvelles), Fahrenheit (1951).

Brooks, Gwendolyn [P] (1917).

Bukowski, Charles [P, R] (1920) : Women, Au sud de nulle part (1982), Souvenirs d'un pas grand-chose.

Burnham, James [Soc] (1905) : l'Ère des managers.

Burns, John Horne [R] (1916-53) : On meurt toujours seul, le Diable au collège.

Burroughs, William [R] (1914) : le Festin nu, la Machine molle, Apomorphine.

Caldwell, Erskine (Preston) [R] (1903) : *Romans* : le Bâtard (1929), le Petit Arpent du Bon Dieu (1933), Un p'tit gars de Géorgie (1943), la Dame du Sud (1947), le Quartier de Medora (1949). *Théâtre* : la Route au tabac (1932). — *Biogr.* : fils d'un pasteur presbytérien de Géorgie ; enfance et jeunesse errante dans le Sud (à cause des déplacements du père). *1925* passe un an à l'univ. de Virginie. *1926* reporter dans le Maine. *1930-34* scénariste à Hollywood. *1933* succès littéraire et aisance, grâce au prix littéraire de la *Yale Review*. *1938-39* grand reporter en Tchécoslovaquie, Espagne, Mexique. *1941-44* sur le front russe. *1942-43* retour à Hollywood ; dirige jusqu'en 1955 la revue *American Folkways*.

Capote, Truman (Truman Persons, dit) [R] (1924-84) : les Domaines hantés (1948), Un arbre de nuit (1949), Les muses parlent (1956), De sang-froid (1966), Petit Déjeuner chez Tiffany (1958), Les chiens aboient (1973), Musique pour caméléons (1980).

Carson, Rachel [Sav] (1907-64) : la Mer qui les entoure.

Charteris, Leslie (Leslie Charles Bowyer Yin, dit) [R] (1907) : série du Saint.

Cheever, John [R] (1912-82).

Clavell, James [R] : Taïpan, Shôgun, Un caïd.

Cleaver, Eldridge [Es] (1936) : Des âmes sur la glace.

Collins, Larry [R] (1930) : Fortitude.

Commager, Henry Steele [H] (1902) : l'Esprit américain (1965).

Coover, Robert [R] (1932).

Cozzens, James Gould [R] (1903-78) : le San Pedro (1931), la Garde d'honneur (1948), Saisi par l'amour (1957).

Cullen, Countee [P] (1903-46).

De Vries, Peter [E] (1910).

Didion, Joan [R] (1935) : Maria avec ou sans rien, The Book of Common Prayer (1975).

Donleavy, James Patrick [R] (1926) : Homme de gingembre, Barbe-Rousse (1955).

Eberhart, Richard [P] (1904).

Elegant, Robert S. [R, Es] (1929) : Dynastie (1977).
Ellison, Ralph [R] (1914) : l'Homme invisible (1952).
Farmer, Philip José [R] (1918).
Farrell, James (Thomas) [R] (1904-79) : le Petit Lonigan (1932), Un monde que je n'ai jamais fait (1936), le Jugement dernier.
Fast, Howard [R] (1914) : les Deux Vallées, l'Invincible, Spartacus, les Bâtisseurs (1977), Seconde Génération (1979).
Ferlinghetti, Lawrence [P] (1919) : la Quatrième Personne du singulier (1961).
Foote, Shelby [H, R] (1916) : la Guerre de Sécession, l'Amour en saison sèche, l'Enfant de la fièvre, Tourbillon.
Forsythe, Frederick [J, R] (1938) : Chacal, l'Alternative du diable (1980), le Quatrième Protocole.
Friedman, Milton [Ec] (1912) : Capitalisme et Liberté, Histoire monétaire des États-Unis.
Galbraith, John Kenneth [Ec, Soc] (1908) : l'Ère de l'opulence (1961), les Conditions actuelles du développement économique (1962), l'Heure des libéraux (1963), le Capitalisme américain (1966), le Nouvel État industriel (1968), le Triomphe (1969), Voyage en Chine (1973), l'Argent (1977), le Temps des incertitudes (1978), Une vie dans son siècle, Anatomie du pouvoir (1985).
Ginsberg, Allen [P] (1926) : Hurlement (1955), Miroir vide, Sandwichs à la réalité.
Green, Gérald [R] (1922) : Holocauste (1978), les Enfants d'Hippocrate (1979).
Haley, Alex [Ec] (1921) : Racines (1977). Voir best-sellers p. 328.
Hart, Moss [D] (1904-61) (coauteur avec Kaufman) : Une fois dans la vie (1930), l'Homme qui vient dîner.
Hawkes, John [R] (1925) : les Oranges de sang, la Mort, le Sommeil et un voyageur, le Gluau.
Heller, Joseph [R] (1925) : Catch 22, Panique (1975), Dieu sait (M. étr. 1985).
Hellman, Lillian [D] (1905-84) : l'Heure enfantine (1934), la Garde sur le Rhin (1941).
Hersey, John [R] (1914) : le Mur, Une cloche pour Adamo.
Highsmith, Patricia [R] (1921) : l'Inconnu du Nord-Express, le Journal d'Edith, Sur les pas de Ripley, les Gens qui frappent à la porte.
Himes, Chester [R] (1909-84) : la Reine des pommes (1958).
Hite, Shere [Es] (1943) : le Rapport Hite (1977).
Horgan, Paul [R, H] (1903) : Loin de Cibola, le Rio Grande, les Conquistadors dans l'Hist. nord-amér.
Hughes, Langston [P] (1902-67).
Inge, William [D] (1913-73).
Irish, William (George Hopley-Woolrich) [R] (1906-68). J'ai épousé une ombre (1949), la Sirène du Mississippi (1950), la Mariée était en noir, Concerto pour l'étrangleur.
Irving, John [R] (1942) : le Monde selon Garp, Hôtel New Hampshire, Un mariage poids moyen.
Isherwood, Christopher [R, D] (Angl. naturalisé, 1904-86) : *Romans :* M. Norris change de train, le Lion et son ombre, la Violette du Prater, l'Ami de passage, Octobre.
Jarrel, Randall [P] (1914-65) : Poèmes choisis (1955).
Jones, James [R] (1921-77) : Tant qu'il y aura des hommes (1951), le Retour (1982).
Jong, Erica [R] (1942) : le Complexe d'Icare, la Planche de salut (1977), Fanny (1980), les Parachutes d'Icare.
Kaufman, Bob [P] (1925-86).
Kennan, George F. [H] (1904).
Kerouac, Jack [R, P] (1922-69) : Sur la route (1957), les Clochards célestes, le Vagabond solitaire (1963), Visions de Gérard (1963), les Anges vagabonds (1965). *Poésie :* Mexico City Blues (1959), Rimbaud (1960), Satori à Paris, Tristessa (1982).
Kesey, Ken [R] (1935) : Vol au-dessus d'un nid de coucou.
Kingsley, Sidney [D] (1906) : Des hommes en blanc (1933), les Patriotes, Histoire de détective.
Kohan, Rhéa [R] (n.c.) : la Célibataire (1982).
Krantz, Judith [R] (1928) : Scrupules (1978), Princesse Daisy (1980), l'Amour en héritage (1983).
Kunitz, Stanley [E, P] (1905).
Laurents, Arthur [D] (1918) : West Side Story (1957).
Lee, Harper [R] (1926) : Mort d'une pie moqueuse.
Lowell, Robert [P] (1917-77) : le Château de Lord Weary (1947), Benito Cereno (1967), Prometheus Bound (1971).
McCarthy, Mary [R] (1912) : A contre-courant (1963), Dis-moi qui tu hantes (1963), les Bosquets d'Académe, le Groupe (1965), les Oiseaux d'Amérique, Cannibales et Missionnaires (1980).

Personnages de la littérature américaine

Œil de Faucon (Natty Bumppo) : récits des Bas-de-cuir (1823-41) par Fenimore Cooper (aventurier blanc dans l'Ouest).

L'Oncle Tom : la Case de l'O.T. (roman, 1851) par Harriet Beecher Stowe (l'esclave au grand cœur).

Tom Sawyer : les Aventures de T. S. (roman, 1876) par Mark Twain (gamin ingénieux et hardi).

Ben Hur : roman de même titre (1880) par Lewis Wallace (un redresseur de torts judéo-chrétien).

Le Capitaine Achab : Moby Dick (roman, 1891) par Herman Melville (esprit aventureux, obsédé par une idée fixe).

Babbitt : roman de même titre (1922) par Sinclair Lewis (homme d'affaires à la fois réaliste et naïf).

Scarlett : Autant en emporte le vent (roman, 1936) par Margaret Mitchell (héroïne sudiste).

Lolita : roman de même titre (1958) par Vladimir Nabokov (grande fillette aimée d'un homme mûr).

McCullers, Carson [R, D] (1917-67) : Le cœur est un chasseur solitaire, Reflets dans un œil d'or, Frankie Adams, la Ballade du café triste, le Cœur hypothéqué, l'Horloge sans aiguille.
McLuhan, Herbert Marshall [E] (1911) : Counterblast (1969).
Mailer, Norman [R] (1923) : les Nus et les Morts (1948), le Parc aux cerfs (1955), Un rêve américain (1964), Pourquoi sommes-nous au Viêt-nam ? (1968), les Armées de la nuit, le Chant du bourreau (1979), Nuits des temps (1983), Les vrais durs ne dansent pas, Morceaux de bravoure.
Malamud, Bernard [R] (1914-86) : le Commis, les Idiots d'abord (1965), l'Homme de Kiev (1967), Portrait de Fidelman (1971), les Locataires (1976), Dubin's Live (1979).
Malcolm X (Malcolm Little) [Pol] (1925-65) : Autobiographie (1965).
Manchester, William [R] (1922) : Mort d'un Président, les Armes des Krupp, la Splendeur et le Rêve.
Michener, James [R] (1907) : Pacifique-Sud (1947), Chesapeake (1979).
Miller, Arthur [D, R] (1915) : Ils étaient tous mes fils, la Mort d'un commis voyageur (1949), les Sorcières de Salem (1953), Vu du pont, les Désaxés, Après la chute (1964), le Prix (1968). — *Biog. :* famille d'industriels, ruinés par la crise de 1929 ; travaille pour payer ses études à l'univ. de Michigan, *1931* encore étudiant, reçoit un prix pour sa pièce *L'herbe pousse encore. 1938* diplômé de l'univ. de Michigan, tente de créer un théâtre fédéral américain (échec). *1938-44* journaliste (critique dramatique). *1947* 1er succès au théâtre : *Ils étaient tous mes fils. 1949* prix Pulitzer. *1956* épouse l'actrice Marilyn Monroe (son 3e mariage ; div. 1961). *1959* American Academy.
Millet, Kate [R] (1936) : En vol, la Politique du Mâle, Sita.
Mills, Charles Wright [Soc] (1919-62) : L'Élite du pouvoir (1956).
Mitchell, Margaret (Munnerlyn ; Mme John R. Marsh) [R] (1900-49) : Autant en emporte le vent (1936).
Nash, Ogden [Hum] (1902-71) : le Parc animalier (1965).
Nemerov, Howard [Es, P] (1920).
Nin, Anaïs [R] (1903-77) : les Miroirs dans le jardin, Collages et la Séduction du Minotaure, Journal, Être une femme, Un hiver d'artifice, les Cités intérieures, les Petits Oiseaux, Vénus Erotica, Ce que je voulais vous dire (1980).
Oates, Joyce Carol [R] (1938) : Eux (1969), Mariages et Infidélités (1980), Bellefleur (1981), Amours profanes (1982), Une éducation sentimentale (1983), la Légende Bloodsmoor (1985), l'Homme que les femmes adoraient (1986).
O'Connor, Flannery [R] (1925-64) : la Sagesse dans le sang (1952), Les braves gens ne courent pas les rues (nouvelles, 1955), Et ce sont les violents qui l'emportent, Mon mal vient de plus loin, Pourquoi ces nations en tumulte ?, le Mystère et les Mœurs, l'Habitude d'être (1979).
Odets, Clifford [D] (1906-63) : le Grand Couteau (1957).
O'Hara, John H. [R] (1905-70) : Rendez-vous à Samarra (1934), Ourselves to know (1960), Le cheval connaît la route (1961).
Olson, Charles [P, Es] (1910-70).

Prokosch, Frédéric [R] (1908) : les Asiatiques, Sept Fugitifs.
Puzo, Mario [R] (1920) : le Parrain (1969), C'est idiot de mourir (1978), le Sicilien (1985).
Pynchon, Thomas [R] (1937) : Gravity's, Rainbow (1973), « V ».
Queen, Ellery (Frederic Dannay) [R] (1905) : le Mystère des frères siamois.
Roethke, Theodore [P] (1908-63).
Rostow, Walt Whitman [Ec] (1916) : les Étapes de la croissance économique (1952), les Étapes du développement politique (1974), Comment tout a commencé : origines de l'économie moderne (1975).
Roth, Philip [R] (1933) : Goodbye, Columbus (1962), Portnoy et son complexe (1969), The Ghost Writer (1979), la Leçon d'anatomie (1985).
Salinger, Jérôme-David [R] (1919) : l'Attrape-cœur (1951), Franny et Zooey.
Samuelson, Paul Anthony [Ec] (1915).
Saroyan, William [R, D] (1908-81) : Nouvelles, le Temps de notre vie, Maman je t'adore, Papa tu es fou. *Théâtre :* Mon cœur est dans les Highlands.
Schlesinger, Arthur, Jr. [E] (1917) : Un héritage amer : le Vietnam (1967), la Crise de confiance, Kennedy et son temps (1979).
Segal, Erich [R] (1937) : Love Story (1970), Oliver's Story (1976), Un homme, une femme, un enfant (1980). Voir best-sellers p. 326.
Shapiro, Karl [P] (1913) : Lettres d'un vainqueur et autres poèmes (1944).
Shaw, Irwin [R] (1913) : le Bal des maudits (1948), Entrez dans la danse, le Riche et le Pauvre, le Mendiant et le Voleur, la Croisée des pistes (1980).
Simon, Neil [D] (1927) : Pieds nus dans le parc, le Bon Docteur.
Singer, Isaac Bashevis [R] (1904) : la Famille Moskat (1950), le Magicien de Lublin (1960), Old Love (1979), le Pénitent (1984) [N. 1978].
Slaughter, Franck [R] (1908) : Afin que nul ne meure (1941), la Divine Maîtresse (1949).
Spillane, Mickey (Frank Morrison) [R] (1918) : le Dogue.
Steinbeck, John [R, D] (1902-68) : *Romans :* Tortilla Flat (1935), En un combat douteux (1936), Des souris et des hommes (1937), les Raisins de la colère (1939), la Mer de Cortez (1941), Rue de la Sardine (1946), la Perle (1947), A l'est d'Eden (1952) [N. 1962]. — *Biogr. :* famille irlandaise modeste immigrée en Californie ; enfance à Salinas, études à Stanford, puis retour à Salinas (travailleur agricole). *1930* sans travail (crise), se tourne vers le socialisme. *1936* succès littéraire et fortune grâce à un roman communisant : *En un combat douteux. 1940* prix Pulitzer pour *les Raisins de la colère.* Après *1952* abandonné par son public, écrit plusieurs livres réactionnaires (dont un pamphlet anti-français : *le Règne éphémère de Pépin IV).*
Styron, William [R] (1925) : Un lit de ténèbres, la Longue Marche (1952), la Proie des flammes, les Confessions de Nat Turner, le Choix de Sophie (1980).
Susann, Jacqueline [R] (1921-74) : la Vallée des poupées, Love Machine, Une fois ne suffit pas.
Swados, Harvey [P] (1920-78) : Célébration.
Töffler, Alvin [E] (n.c.) : le Choc du futur, la Troisième Vague, S'adapter ou périr.
Triffin, Robert [Ec] (Belge, 1911).
Trumbo, Dalton [J] (1905-76) : Johnny s'en va-t-en guerre (1939).
Tuchman, Barbara W. [E, R] (1912).
Updike, John [R] (1932) : Cœur de lièvre (1960), le Centaure (1963), la Ferme, Couples (1967), Bech voyage (1970), Épouse-moi (1976), Un mois de dimanches (1977), le Putsch (1978), Rabbit est riche, Bech est de retour.
Uris, Léon [R] (1924) : Exodus, Trinité, Topaze, Hadj (1985).
Van Vogt, Alfred [R] (1908) : le Monde des A, Créateur d'Univers, la Faune de l'Espace, l'Homme multiplié.
Vidal, Gore [R, D] (1925) : Julien (1964), Burr (1978), les Faits et la Fiction (1980), Messiah (1980), Création (1983).
Vonnegut, Kurt [R] (1922) : Player Piano (1957), Jailbird (1979).
Wallace, Irving [R] (1916) : le Signe du Poisson, le Club (1977).
Warren, Robert Penn [R, P] (1905) : le Cavalier de la nuit (1939), les Fous du roi (1946), le Grand Souffle, Un endroit où aller (1977).
Welty, Eudora [R] (1909) : Mariage au Delta (1946), The Golden Apples (1949), The Ponder Heart (1954), Losing Battles (1970).
West, Nathanael (Weinstein) [R] (1903-40) : Courrier du cœur (1931), Un million tout rond, l'Incendie de Los Angeles (1939).
Wilbur, Richard [P] (1921).

Williams, Charles [R] (1909-75) : la Mare aux diams (1956), Fantasia chez les ploucs (1957).

Williams, Tennessee (Thomas Lanier) [D] (1911-83) : la Ménagerie de verre (1945), Un tramway nommé Désir (1947), la Rose tatouée, la Chatte sur un toit brûlant (1955), Baby Doll (1957), Soudain l'été dernier, la Nuit de l'iguane. *Roman, nouvelle :* la Statue mutilée (1948), la Quête du chevalier (1966). – *Biogr. :* fils d'un commis voyageur sudiste ; enfance pauvre (né dans le Mississippi, élevé à St-Louis à partir de 1923). *1929* entre à l'univ. du Missouri mais se retrouve dans l'indigence en 1930. *1930-33* ouvrier dans une fabrique de chaussures. *1933* entre à l'univ. de l'Iowa, puis à St-Louis. *1939* écrit sa 1re pièce. *1940* boursier de la Fondation Rockfeller. *1940-44* scénariste à Hollywood. *1945* succès et fortune grâce à *la Ménagerie de verre.* 1948 prix Pulitzer. *V. 1950* liaison avec Simone de Beauvoir. *1955* 2e prix Pulitzer.

Wolfe, Thomas [R] (1900-38) : Aux sources du fleuve (1929), Au fil du temps (1935), la Toile et le Roc (1939), l'Impossible Retour (1940).

Wouk, Herman [R] (1915) : Ouragan sur le Caine (1951), le Souffle de la guerre, les Orages de la guerre (1979).

Wright, Richard [R] (1908-60) : les Enfants de l'oncle Tom, Un enfant du pays (1940), Black Boy (1945).

Littérature anglaise

Nés avant 1500

Écrivains de langue latine

Alcuin [Sav] (v. 735-804).

Bacon, Roger dit le Docteur admirable, moine [Ph, Théo] (1214-94).

Bède le Vénérable [Eru, H] (673-735).

Duns Scot, John dit le Docteur subtil [Ph, Théo] (Écos.) (v. 1266-1308) : Traité du principe de toutes choses, Livre des sentences.

Geoffrey, de Monmouth [H] (1100-54) : Histoire des rois de Bretagne.

Grosseteste, Robert [Ph] (1175-1253).

Guillaume, d'Ockham [Ph] (1290-1349).

More, ou **Morus,** Sir Thomas [Ph, Pol] (1478-1535) : l'Utopie (1516). A écrit aussi en anglais.

Scot Erigène, Jean [Ph, Théo] (Écos. ou Irl.) (IXe s.).

Écrivains de langue saxonne ou anglaise

Anonymes : Beowulf (v. 1000), Sire Gauvain et le Chevalier vert (XIVe s.), Robin des Bois (v. 1340).

Aelfric [Préd, Mor] (v. 995-v. 1020).

Alfred, roi du Wessex [H, Ph] (849-901) : traduction d'ouvrages latins.

Caedmon [P] (v. 680) : Poèmes « caedmoniens » (apocryphes).

Chaucer, Geoffrey [P] (v. 1340-1400) : Troïlus et Cressida (1380), Contes de Canterbury (1387-1400).

Cynewulf [P] (v. 750-v. 800) : Hélène.

Dunbar, William [P] (v. 1465-v. 1520) : le Chardon et la Rose.

Gower, John [P] (v. 1330-1408). Écrit également en latin et en français.

Henryson, Robert [Fab] (Écos.) (v. 1425-1500).

Heywood, John [D, P] (1497-1580) : Interludes.

Langland, William [P] (v. 1330-v. 1400) : la Vision de Pierre le Laboureur.

Layamon [P] (?-1205).

Lydgate, John [P] (v. 1370-v. 1451) : le Livre de Troie (v. 1420).

Malory, Sir Thomas [P] (v. 1408-71) : la Mort d'Arthur (1469).

Occleve, Thomas [P] (v. 1368-v. 1450).

Skelton, John [P] (v. 1460-1529) : Satires, Élégie sur Philippe le Moineau, la Guirlande de laurier (1523).

Tyndale, William [Théo, Pol] (v. 1477-1536) : De l'obéissance du chrétien (1528).

Wulfstan [Préd] (1023) : Sermons.

Wyclif, John [Théo] (v. 1320-84) : traduction de textes bibliques.

Nés entre 1500 et 1600

Ascham, Roger [Eru] (1515-68) : le Maître d'école.

Bacon, Sir Francis [Es, Ph] (1561-1626) : Essais, Novum Organum (1620).

Burton (Robert) [E] (1577-1640) : l'Anatomie de la mélancolie.

Campion, Thomas [P] (1567-1620).

Dekker, Thomas [D] (v. 1572-v. 1632) : l'Honnête Courtisane.

Donne, John [P] (1572-1631) : Satires.

Fletcher, John [D] (1579-1625) et **Beaumont,** Francis (1554-1616) : le Chevalier du Pilon ardent (1607), le Misogyne (1607), Philaster (1610), Tragédie de la jeune fille.

Ford, John [D] (1586-apr. 1639) ; Dommage qu'elle soit une putain, le Cœur brisé.

Greene, Robert [D, R] (v. 1558-92).

Herbert, George [P] (1593-1633) : le Temple.

Herrick, Robert [P] (1591-1674).

Heywood, Thomas [D] (v. 1574-1641).

Hobbes, Thomas [D] (1588-1679) : le Citoyen (1649), Leviathan (1651).

Jonson, Ben [D] (1572-1637) : Chacun dans son caractère, Chacun hors de son caractère, Catilina, Volpone (1606), Le Diable est un sot (1616).

Kyd, Thomas [D] (v. 1558-94) : Arden de Feversham (1586), Tragédie espagnole.

Lodge, Thomas [P] (1558-1625) : Rosalinde.

Lyly, John [D, R] (v. 1553-1606) : Euphucs (1578).

Marlowe, Christopher [D] (1564-93) : la Vie et la Mort du docteur Faust (1588), Edouard II (1592). Voir Shakespeare.

Massinger, Philip [D] (1583-1648.)

Middleton, Thomas [D] (v. 1570-1627) : Que les femmes se défient des femmes.

Nashe, Thomas [Polé, R] (1567-1601) : le Voyageur infortuné (1594).

Norton, Thomas [D] (1532-84) : Gorboduc (écr. avec Sackville).

Peele, George [D, P] (v. 1558-97).

Sackville, Thomas, Bon (v. Norton) [D] (V. 1530-1608).

Shakespeare, William [D, P] (1564-1616) : Sonnets (1600-09), Henri VI (1590-92), la Mégère apprivoisée (1594), Roméo et Juliette (1595), le Songe d'une nuit d'été (1595), Richard II (1597), Richard III (1597), Henri IV (1597-98), les Joyeuses Commères de Windsor (1598), Jules César (1599), le Marchand de Venise (1600), Henri V (1600), Beaucoup de bruit pour rien (1600-23), la Nuit des rois (1600), Hamlet (1602), Troïlus et Cressida (1602), Tout est bien qui finit bien (1602-03), Othello (1604), Mesure pour mesure (1604), Macbeth (1605), Antoine et Cléopâtre (v. 1607), Timon d'Athènes (1608), le Roi Lear (1608), Coriolan (1608-23), la Tempête (1611), Henri VIII (1612), Comme il vous plaira (1623). – *Controverses :* sauf quelques poèmes, Shakespeare n'a rien publié de son vivant et l'on ne connait aucun manuscrit de lui. Officiellement, c'était un simple acteur, qui n'eut guère l'occasion de voyager. Certains ont estimé qu'il n'aurait jamais pu écrire des pièces se déroulant dans des régions et à des époques très variées. On a ainsi vu « sous le masque de Shakespeare » le philosophe Francis Bacon ; Edouard de Ver, 17e comte d'Oxford ; Roger Manners, comte de Rutland ; William Stanley, 6e comte de Derby ; Christopher Marlowe (ci-dessus). Poète aventurier, agent secret, compromis pour athéisme, il aurait jugé prudent de « disparaître » en 1593, faisant croire à sa mort dans une rixe au cabaret. Caché chez un protecteur (peut-être chez le comte d'Oxford), il aurait ensuite écrit les drames « shakespeariens ».

Sidney, Sir Philip [R, P] (1554-86) : l'Arcadie, Astrophel et Stella.

Spenser, Edmund [P] (v. 1552-99) : le Calendrier du berger, la Reine des fées, l'Allégorie, Épithalame. (Créateur de la strophe spensérienne.)

Surrey, Henry Howard, comte de [P] (1517-47) : Sonnets.

Walton, Izaak [Chr] (1593-1683) : le Parfait Pêcheur à la ligne.

Watson, Thomas [P] (v. 1557-v. 1592) : Sonnets.

Webster, John [E] (v. 1580-v. 1624) : le Démon blanc, la Duchesse de Malfy.

Wyatt, Sir Thomas [P] (v. 1503-42) : Sonnets.

Nés entre 1600 et 1700

Addison, Joseph [P] (1672-1719) : fonda avec Steele le journal « Spectator » ; Caton (1713).

Arbuthnot, John [Polé] (1667-1735) : Histoire de John Bull (1712).

Bentley, Richard [Cr] (1662-1742).

Berkeley, George [Ph] (Irl.) (1685-1753) : Nouvelle Théorie de la vision, Hylas et Philonoüs.

Browne, Sir Thomas [Es] (1605-82).

Bunyan, John [R] (1628-88) : le Voyage du pèlerin (Pilgrim's Progress) (1678).

Butler, Samuel [P] (1612-80) : Hudibras.

Chesterfield, Philip Stanhope, Lord [E] (1694-1773) : Lettres à mon fils (1774).

Congreve, William [D] (1670-1729) : Amour pour amour, Ainsi va le monde.

Cowley, Abraham [P] (1618-76).

Crashaw, Richard [P] (v. 1613-49) : les Marches du temple (1646).

Defoe, Daniel [R] (v. 1660-1731) : Robinson Crusoé (1719), le Capitaine Singleton, Moll Flanders, Journal de l'année de la peste.

Denham, John [P] (1615-69) : la Colline de Cooper.

Dryden, John [D, P] (1631-1700) : Essai sur la poésie dramatique.

Etherege, Sir George [D] (v. 1634-91) : l'Homme à la mode (1675).

Farquhar, George [D] (Irl.) (1678-1707) : Stratagèmes des petits-maîtres (1707), Modeste Proposition (1729).

Gay, John [D] (1685-1732) : l'Opéra des gueux (1728).

Locke, John [Ph] (1632-1704) : Essai sur l'entendement humain (1690), Traités du gouvernement civil (1690).

Lovelace, Richard [P] (1618-58).

Marvell, Andrew [P] (1621-78).

Milton, John [E, P] (1608-74) : Défense du peuple anglais (1651), le Paradis perdu (1667), Samson combattant (1671), le Paradis reconquis (1671). – *Biogr. :* fils d'un notaire puritain ; reçoit une éducation raffinée et commence à écrire à 10 ans ; destiné à la prêtrise, fait ses études à Oxford, mais refuse les ordres en 1630, par mépris pour le clergé anglican. *1630-38* vit chez son père près de Windsor (situation aisée). *1638-39* voyage en France et en Italie. *1639-42* vit à Londres, précepteur de ses neveux. *1643* se marie (4 enfants de 1646 à 52). *1643-48* prend parti pour Cromwell dans la g. civile ; écrit un traité justifiant l'exécution du roi. *1649* secrétaire latin du Conseil d'État. *V. 1650* perd la vue. *1656* veuf, se remarie, mais redevient veuf l'année suivante. *1660* épuré à la Restauration, puis gracié. *1662* perd tous ses biens dans la faillite de son notaire. *1663* 3e mariage avec une jeune fille de 17 ans, Elisabeth Minshull, qui se dévoue pour lui jusqu'à sa mort ; meurt d'une attaque de goutte.

Newton, Sir Isaac [Sav] (1642-1727).

Otway, Thomas [D] (1652-85) : Don Carlos, l'Orpheline ou le Mariage malheureux, Venise sauvée.

Pepys, Samuel [E] (1633-1703) : Journal.

Pope, Alexander [P, Ph] (1688-1744) : Essai sur l'homme, Epîtres, Satires.

Richardson, Samuel [R] (1689-1761) : Pamela (1740), Clarisse Harlowe (1747-48), l'Hist. de Sir Charles Grandison.

Shaftesbury, Anthony, comte de [Ph] (1671-1713) : Traits caractéristiques des hommes, des coutumes, des opinions et des temps.

Steele, Sir Richard [D] (Irl.) (1672-1729).

Suckling, Sir John (1609-42).

Swift, Jonathan [R] (Irl.) (1667-1745) : Conte du tonneau (1704), Voyages de Gulliver (1726).

Vanbrugh, Sir John [D] (1664-1726).

Vaughan, Henry [P] (1622-95).

Wycherley, William [D] (1640-1716).

Young, Edward [P] (1683-1765) : Nuits (1742-45).

Nés entre 1700 et 1800

Austen, Jane [R] (1775-1817) : Orgueil et Préjugé (1813), Persuasion (1818).

Bentham, Jeremy [Ph, Jur] (1748-1832).

Blake, William [P] (1757-1827) : Chants d'innocence, Jérusalem.

Boswell, James [E] (1740-95) : Vie de S. Johnson.

Burke, Edmund [Es, Pol] (1729-97) : Réflexions sur la Révol. française (1790).

Burney, Frances dite Fanny [R] (1752-1840) : Evelina, Cecilia, Journal.

Burns, Robert [P] (Écos.) (1759-96) : Chansons populaires d'Écosse.

Byron, George Gordon, Lord [P] (1788-1824) : le Chevalier Harold (1812), la Fiancée d'Abydos (1813), le Corsaire (1814), Lara (1814), le Siège de Corinthe (1816), le Prisonnier de Chillon (1816), Manfred (1817), Mazeppa (1819), Don Juan (1819). – *Biogr. :* noblesse écossaise sans fortune. Naît avec un pied bot. *1798* fait un riche héritage (de son oncle, Lord Byron). *1801-05* études à Harrow ; devient un grand sportif malgré son infirmité. *1805-08* études à Cambridge. *1808* prend possession de son domaine de Newstead et siège à la chambre des Lords. *1810* croisière en Méditerranée. *1813* liaison incestueuse avec sa sœur Augusta. *1815-16* brève expérience conjugale avec Annabella Milbanke (il la chasse pour reprendre Augusta). *1816-24* séjour en Italie ; fréquentation des milieux carbonaristes. *1824* rejoint les insurgés grecs à Missolonghi ; meurt de maladie au bout de 3 mois.

Carlyle, Thomas [Es, Cr] (1795-1881) : Sartor Resartus (1833), les Héros (1840).

Chatterton, Thomas [P] (1752-70).

Coleridge, Samuel Taylor [P] (1772-1834) : Ballades lyriques (dont le Vieux Marin) (1798), Kubla Khan, Christabel.

Collins, William [P] (1721-59) : Odes.

Cowper, William [P] (1731-1800) : la Tâche, Lettres.

Fielding, Henry [R] (1707-54) : Joseph Andrews, Tom Jones (1749).

Gibbon, Edward [H] (1737-94) : Hist. de la décadence et de la chute de l'Empire romain (1776-88).

Godwin, William [R] (1756-1836) : les Aventures de Caleb Williams.

Goldsmith, Oliver [E] (1728-74) : le Vicaire de Wakefield (1766), le Village abandonné, Elle s'abaisse pour vaincre.

Graves, Richard [R] (1715-1804) : le Don Quichotte.

Gray, Thomas [P] (1716-71) : Élégie écrite dans un cimetière de campagne.

Hamilton, Sir William [Ph] (Écos.) (1788-1856), la Philosophie de l'inconditionnel (1829).

Hazlitt, William [Cr, Es] (1778-1830) : Panorama du théâtre anglais (1818).

Hume, David [E, Ph] (1711-76) : Essais sur l'entendement humain (1748).

Hunt, Leigh [P, Cr] (1784-1859).

Hurd, Richard [Cr] (1720-1808).

Johnson, Samuel [E] (1709-84) : Dictionnaire, Vie des poètes anglais.

Keats, John [P] (1795-1821) : Endymion (1818), la Vigile de sainte Agnès (1820), Odes (à un rossignol, à l'automne ; 1819-20), la Belle Dame sans merci (1820).

Lamb, Charles (1775-1834) et Mary (1764-1847) [E] : Contes tirés de Shakespeare (1807), Essais d'Elia.

Landor, Walter Savage [P, Pros] (1775-1864).

Lewis, Matthew Gregory [R] (1775-1819) : le Moine (1796).

Macpherson, James [P] (Écos.) (1736-96) : Poèmes « d'Ossian » (1760), Fingal (1761), Temora (1763).

Malthus, Thomas Robert [Ec] (1766-1834) : Essai sur le principe de population (1798), Principes d'économie politique (1819).

Mill, James [Ph, H, Ec] (1773-1836).

Moore, Thomas [P] (Irl.) (1779-1852) : Mélodies irlandaises, Lalla Rookh (1817).

Peacock, Thomas Love [Hum] (1785-1866).

Percy, Thomas [Eru] (1729-1811).

Quincey, Thomas de [E] (1785-1859) : Confessions d'un mangeur d'opium (1821), De l'assassinat considéré comme un des beaux-arts (1827).

Radcliffe, Ann [R] (1764-1823) : les Mystères d'Udolphe (1794).

Reid, Thomas [Ph] (1710-96).

Ricardo, David [Ec] (1771-1823) : les Principes de l'économie politique et de l'impôt (1817).

Scott, Sir Walter [P, R] (Écos. 1771-1832) : Rob Roy (1817), la Fiancée de Lammermoor (1819), Ivanhoé (1819), Kenilworth (1821), Quentin Durward (1823). — *Biogr. :* vieille noblesse écossaise (père attorney, « magistrat » à Edimbourg), maladif depuis son enfance. *1787* à 16 ans, secrétaire au tribunal de son père. *1792* avocat. *1799* shérif du Selkirkshire. *1806-31* magistrat, greffier au Parlement d'Edimbourg. *1808* se lance dans les affaires (imprimerie, maison d'édition, théâtre, etc.) et se ruine. *1814* écrit des romans historiques (anonymes) pour payer ses dettes. *1820* créé baronnet. *1824* reconstruit somptueusement son château d'Abbotsford (acheté en 1810). *1825* fait faillite (130 000 livres de dettes). *1828* à force de travail, rembourse 40 000 livres. *1830* surmené, paralysé, meurt.

Shelley, Percy Bysshe [P] (1792-1822) : Alastor, la Sensitive, Ode au vent d'ouest, Ode à l'alouette, Adonaïs. — *Biogr. :* fils d'un gentilhomme campagnard ; éduqué à Eton où il est le souffre-douleur de ses camarades, puis à Oxford d'où il est chassé pour athéisme. *1811* enlève une fille de 16 ans, Harriet Westbrook, et l'épouse. *1813* naissance de sa fille Ianthe. *1814* s'enfuit sur le continent avec Mary Godwin. *1815* hérite de sa grand-mère et retrouve l'aisance. *1816* Mary met au monde un fils, William (Harriet se suicide ; Sh. épouse Mary et va vivre avec elle en Italie). *1820* se fixe à Pise. *1822* se noie au large de La Spezia ; incinéré en présence de Byron.

Sheridan, Richard Brinsley Butler [D] (1751-1816) : les Rivaux (1775), l'École de la médisance (1777).

Smith, Adam [Ec] (Écos.) (1723-90) : Recherches sur la nature et les causes de la richesse des nations (1776).

Smollett, Tobias [E] (Écos.) (1721-71) : Roderick Random (1748), Peregrine Pickle, les Aventures de Ferdinand comte Fathom, Voyage de Humphry Clinker.

Southey, Robert [P] (1774-1843) : la Vie de Nelson (1813), Vie des amiraux anglais (1834).

Sterne, Lawrence [R] (1713-68) : Tristram Shandy (1759-67), le Voyage sentimental (1768).

Stewart, Dugald [Ph] (Écos.) (1753-1828).

Thomson, James [P] (Écos.) (1700-48) : les Saisons.

Warton, Thomas [P, Cr] (1728-90) : Histoire de la poésie anglaise (1774-81).

Wordsworth, William [P] (1770-1850) ; Ballades lyriques (1798), l'Excursion (1814). — *Biogr. :* fils d'un magistrat ; perd sa mère à 7 ans, son père à 13 ans. Élevé à Cambridge, grâce à ses oncles. *1791* se rend en France et devient républicain (il a un enfant naturel, né à Blois, qu'il reconnaît). *1793* poursuivi comme girondin, s'enfuit en Angleterre. *1795* fait un petit héritage, vit avec sa sœur à Racedown ; rencontre Coleridge et décide de se consacrer à la poésie. *1799* se fixe avec sa sœur à Dove Cottage, dans le Lake District. *1800* Lord Lonsdale lui lègue une petite pension. *1802* épouse sa cousine, Mary Hutchinson. *1822* reçoit une nouvelle pension (de Sir George Beaumont) qui lui permet de voyager en Europe. *1843* reçoit une pension royale de 3 000 livres. *1842* nommé poète lauréat.

Nés entre 1800 et 1900

Aldington, Richard [R, P] (1892-1962) : Mort d'un héros (1929), la Fille du colonel, Sept contre Reeves.

Arnold, Matthew [P, Cr] (1822-88) : Culture et Anarchie (1869).

Bain, Alexander [Ph] (Écos.) (1818-1903) : Science de l'éducation.

Baring, Maurice [R] (1874-1945) : Daphne Adeane (1926), Pastels, le Prince noir, Jeux du berceau, Souvenirs pénibles.

Barrie, Sir James [D, R] (Écos.) (1860-1937) : Peter Pan (1904). *Théâtre :* l'Admirable Crichton.

Belloc, Hilaire [P, R, Cr] (or. franç. 1870-1953) : Sur rien, Emmanuel Burden.

Bennett, Enoch Arnold [R] (1867-1931) : Histoire de vieilles femmes (1908), Chayanger.

Beresford, John Davys [R] (1873-1947).

Beveridge, Lord William Henry [Ec, Soc] (1879-1963) : Du travail pour tous dans une société libre (1944).

Boole, George [Math, Ph] (1815-64).

Bowen, Elisabeth (Dorothea Cole) [R] (1899-1973) : les Cœurs détruits (1938), Emmeline (1941), Pacte avec le diable (1947), Un monde d'amour (1955).

Bradley, Francis Herbert [Ph] (1846-1924).

Bridges, Robert [P, Cr] (1844-1930).

Brontë, Anne [R] (1820-49) : Agnes Grey, le Fermier de Wildfell Hall.

Brontë, Charlotte [R] (1816-55) : le Professeur, Jane Eyre (1847), Shirley, Villette.

Brontë, Emily [R] (1818-48) : les Hauts de Hurlevent (1847).

Brooke, Rupert [P] (1887-1915) : le Soldat.

Browning, Elizabeth Barrett [E] (1806-61) : Sonnets, Aurora Leigh (1855).

Browning, Robert (son mari) [P] (1812-89) : Hommes et Femmes (1855), l'Anneau et le Livre (1868-69).

Buchan, John [R] (1875-1940) : les 39 Marches.

Bulwer, Edward, Lord Lytton [R] (1803-73) : les Derniers Jours de Pompéi.

Butler, Samuel [R, Ph] (1835-1902) : Erewhon, Ainsi va toute chair.

Carroll, Lewis (Charles Lutwidge Dodgson) [R] (1832-98) : Alice au pays des merveilles (1865), À travers le miroir (1871), Sylvie et Bruno (1889).

Cary, Arthur Joyce (Lunel) [R] (1888-1957) : Missié Johnson (1939), Sara (1941), la Bouche du cheval (1944), Une joie terrible (1945), la Gracieuse Prisonnière (posth. ; 1959).

Chesterton, Gilbert Keith [E] (1874-1936) : *Romans, nouvelles :* le Napoléon de Notting Hill (1912), le Nommé Jeudi, Hérétique (1930), la Clairvoyance du père Brown (1936), Orthodoxe, la Sphère et la Croix. *Essais :* la Vie de Robert Browning, Dickens, Ce qui cloche dans le monde, le Crime de l'Angleterre. *Théâtre :* Magie. — *Biogr. :* fils d'un agent immobilier londonien ; études au collège St-Paul. *1891* dessinateur, illustre les romans d'Hilaire Belloc. *1900* journaliste au *Speaker* et au *Daily News. 1901* épouse France Blogg Battersea. *1903* s'impose comme critique littéraire. *1910* se fixe définitivement à Beaconsfield. *1922* se convertit au catholicisme. *1936* conférencier à la BBC.

Cheyney, Peter (Reginald E. Peter Southhouse-Cheyney, dit) (1896-1951) : la Môme vert-de-gris (1945), Cet homme est dangereux, Monsieur Callaghan, Les femmes s'en balancent (1945).

Christie, Agatha (Agatha Mary Mallowan) [R] (1891-1976) : le Crime de l'Orient-Express, Dix Petits Nègres. Voir p. 327. *Théâtre :* la Souricière.

Churchill, Sir Winston Spencer [Pol] (1874-1965) : la Crise mondiale, Mémoires [N. 1953].

Clarke, Marcus [R] (1846-81).

Collins, William dit Wilkie [R] (1824-89) : la Dame en blanc (1860), la Pierre de lune (1868).

Compton-Burnett, Ivy [R] (1892-1969) : Des hommes et des femmes, les Ponsonby, les Vertueux Aînés, la Chute des puissants.

Conrad, Joseph (J.T. Konrad Naleçz Korzeniowski, dit) [R] (Polon.) (1857-1924) : la Folie Almayer (1895), Un paria des îles (1896), le Nègre du « Narcisse » (1897), Lord Jim (1900), Typhon (1903), Nostromo (1904), le Miroir de la mer (1906), l'Agent secret (1907), Sous les yeux d'Occident (1911). — *Biogr. :* né en Podolie (Ukraine) de parents polonais, propriétaires terriens. *1861* compromis comme indépendantistes polonais, ses parents sont exilés en Russie du Nord, où ils meurent. *1867-74* recueilli par un oncle ; fait ses études à Cracovie. *1874* s'enfuit à Marseille, se fait matelot et contrebandier. *1876* combattant carliste en Espagne. *1878* rejoint l'Angleterre ; matelot sur les lignes d'Australie et de l'océan Indien. *1886* naturalisé anglais, officier de la marine marchande. *1893* quitte la mer, se met à écrire. *1896* épouse Jessie George et touche une pension de retraite. *1913* succès et fortune, grâce à *Chance ;* renonce à sa pension ; finit sa vie paralysé (rhumatismes).

Coward, Noël [D] (1899-1973) : les Amants terribles, L'Esprit s'amuse (1941).

Cronin, Archibald Joseph [R] (1896-1981) : le Chapelier et son château (1930), la Citadelle (1937), les Vertes Années (1937), les Clefs du royaume (1941), le Destin de Robert Shannon (1948), le Jardinier espagnol (1950). Voir p. 327. — *Biogr. :* né dans le Dumbartonshire ; études médicales à Glasgow. *1917* médecin. *1921-30* à Londres avec sa femme, Mary Gibson, épousée en 1921. *1930* pendant un congé de maladie, écrit *le Chapelier et son château :* succès foudroyant ; abandonne la médecine pour la littérature ; devenu très riche, passe sa vie à voyager.

Darwin, Charles [Nat] (1809-82) : De l'origine des espèces (1859).

Davies, William Henry [P] (1871-1940).

De la Mare, Walter [P, R] (1873-1956).

De la Roche, Mazo, Voir Canada p. 273 c.

Dickens, Charles [R] (1812-70) : les Aventures de M. Pickwick (1837), Oliver Twist (1838), Nicolas Nickleby (1838-39), le Magasin d'antiquités (1840-41), Martin Chuzzlewit, Un chant de Noël (1843), le Grillon du foyer (1846), David Copperfield (1849), De grandes espérances (1861). — *Biogr. :* né à Portsmouth, 2e de 8 enfants, son père (petit fonctionnaire de la Marine, toujours endetté) est mis en prison pour dettes en 1824 ; enfance miséreuse, perpétuels déménagements, pas de scolarité. *1826* son père hérite et envoie Charles à Londres, pour apprendre la sténo. *1828-35* sténographe : recueille les discours des Communes pour les journaux. *1835* journaliste au *Morning Chronicle. 1836* épouse la fille d'un confrère, Catherine Hogarth. *1837* triomphe littéraire avec *les Aventures de M. Pickwick. 1841* citoyen d'honneur d'Edimbourg. *1846* fonde le *Daily News. 1850* fonde l'hebdomadaire *Household Words. 1858* divorce. *1859* fonde un autre hebdomadaire, *All the Year Round,* qui assure sa publicité (tournées de conférences richement payées). *1868* tournée aux U.S.A. pour 20 000 livres ; surmené, meurt d'apoplexie à son retour.

Disraeli, Benjamin [H, R] (1804-81) : Vivian Grey, Endymion (1880).

Doyle, Sir Arthur Conan [R] (1859-1930) : les Aventures de Sherlock Holmes, le Chien des Baskerville, Une étude en rouge, le Signe des quatre.

Drinkwater, John [D, P] (1882-1937).

Eliot, George (Mary Ann Evans, dite) [E] (1819-80) : Adam Bede, le Moulin sur la Floss (1860), Silas Marner (1861). — *Biogr. :* fille du régisseur d'un baronnet du Warwickshire, Francis Newdigate ; passe toute son enfance et sa jeunesse au château du baronnet à Arbury. *1841* va vivre avec son père à Coventry, où elle renonce au christianisme, sous l'influence du philosophe Charles Hennell. *1849* mort de son père ; voyage en Europe. *1851* directrice adjointe de la *Westminster Review,* se fixe à Londres ; se met en ménage avec le philosophe George Henry Lewes (1817-78) ; ils ouvrent un salon littéraire très sélect. *1859* triomphe littéraire avec Adam Bede ; très gros droits d'auteur (7 000 livres pour le feuilleton de

Romola, 1862-64). *1863* s'installe avec Lewes au Regent's Park ; *1876* à Witley (Lewes y meurt en 1878). *1880* épouse un banquier américain J.Walter Cross, 8 mois avant de mourir.

Eliot, Thomas Stearns [D, P] (or. am.) (1888-1965) : *Théâtre :* Meurtre dans la cathédrale (1905), la Réunion de famille, la Cocktail Party (1950), le Secrétaire particulier, Fin de carrière. *Poésie :* The Waste Land (1922), Ash-Wednesday (1930) [N. 1948].

Flecker, James Elory [P] (1884-1915).

Forester, Cecil Scott [R] (1899-1966) : Paiement différé (1926), le Canon, le Navire, série des Capitaine Hornblower, Un vaisseau de ligne, le Commodore (1944), Hornblower et l'Atropos (1953).

Forster, Edward Morgan [R] (1879-1970) : le Plus Long des Voyages (1907), Avec vue sur l'Arno (1908), le Legs de Mrs Wilcox (1911), Monteriano, la Route des Indes (1924), le Retour à Penge, Maurice (posth. 1971).

Frazer, Sir James George [Mor, Sav] (1854-1941) : le Rameau d'or (11 vol. 1890-1915).

Galsworthy, John [R] (1867-1933) : la Saga des Forsyte [3 trilogies : I (sans titre) (le Propriétaire 1906, Aux aguets 1920, A louer 1921) ; II Comédie moderne (le Singe blanc 1924, la Cuillère d'argent 1926, le Chant du cygne 1928) ; III la Fin du chapitre (Dinny 1931, Floraison 1932, Sur l'autre rive 1933)], Fraternité [N. 1932]. — *Biogr. :* fils d'un riche avoué du Surrey ; éducation à Harrow et Oxford (droit). *1890* s'inscrit au barreau, mais part pour l'Extrême-Orient, se liant avec Joseph Conrad. *1897* débuts en littérature. *1906* au théâtre. *1920* atteint le succès littéraire à 53 ans, avec *la Saga des Forsyte.*

Gaskell, Elizabeth Cleghorn [R] (1810-65) : Ruth (1853).

Granville-Barker, Harley [D] (1877-1946) : l'Héritage des Voysey, Gaspillage, la Maison de Madras.

Graves, Robert [P, R] (1895-1985) : Moi, Claude (1934), la Déesse blanche (1948), les Mythes grecs (1955).

Hardy, Thomas [R, P, Ph] (1840-1928) : *Romans :* le Retour au pays natal (1878), le Trompette-major (1880), les Forestiers (1887), Tess d'Uberville (1891), Jude l'obscur (1896). *Poésie :* The Dynasts (1904-08), Remèdes désespérés. — *Biogr. :* aristocratie terrienne du Dorsetshire ; éduqué par des précepteurs. *1856-62* travaille chez un architecte de Dorchester, restaurant les vieilles églises. *1862-63* assistant de l'architecte londonien Sir Arthur Blomfield ; obtient une médaille d'architecture. *1867* 1er essai en littérature, manuscrit refusé. *1874* triomphe littéraire grâce à un feuilleton, *Loin de la foule,* paru sans signature et attribué à tort par le public à George Eliot ; vit désormais largement de sa plume. *1912* veuf (marié dep. 1874) ; se remarie avec une romancière pour enfants, Florence Dugdale ; se retire dans sa maison près de Dorchester, n'en sortant presque jamais.

Hartley, Leslie Poles [P, E] (1895-1972) : la Crevette et l'Anémone, Elle et le Diable, le Messager (1953), Chassé-croisé, Le chauffeur est à vos ordres (1957).

Hopkins, Gerard Manley (Jésuite) [P] (1844-89) : Windhover (1918).

Housman, Alfred [P] (1859-1936) : Un gars du Shropshire (1896).

Huxley, Aldous [R] (1894-1963) : Contrepoint, le Meilleur des Mondes (1932), l'Éternité retrouvée, Temps futurs (1948), les Diables de Loudun (1952), le Génie et la Déesse, le Plus Sot Animal, Jouvence, Marina di Vezza. — *Biogr. :* petit-fils du biologiste Thomas Henry Huxley ; éducation à Eton puis à Balliol ; commence des études médicales, mais perd la vue plusieurs années. *1914-15* études littéraires à Oxford. *1919* épouse une réfugiée belge, Maria Nys ; collabore à la revue *Athenaeum. 1923-30* se fixe en Italie. *1937* en Californie ; redevient aveugle, se convertit avant sa mort au mysticisme oriental.

Jerome, Jerome Klapka [R] (1859-1927) : Trois Hommes dans un bateau (1899).

Joyce, James [R] (Irl.) (1882-1941) : Gens de Dublin (1914), Dedalus (1916), Ulysse (1922), Finnegan's Wake (1939), Stephen le Héros (posth. 1944). — *Biogr. :* famille catholique dublinoise, distinguée mais bohème ; études chez les jésuites de Dublin. *1900* quitte le Trinity College avec la haine du catholicisme, et fréquente les milieux naturalistes de Paris. *1904* se marie, quitte l'Irlande avec sa femme. *1904-14* prof. d'angl. en Italie et en Suisse. *1914* rupture avec la bourgeoisie dublinoise, à la suite de la publication des *Gens de Dublin. 1920* vit à Paris, fréquentant la bohème américaine de Montparnasse. *1922* célèbre grâce à *Ulysse ;* reste pauvre, le livre étant interdit aux U.S.A. jusqu'en 1933. *1922-40* alcoolique, aidé financièrement par des amis français. *1940* malade, se réfugie en Suisse, où il meurt.

Kennedy, Margaret [R] (1896-1967) : Tessa, la nymphe au cœur fidèle (1926), l'Idiot de la famille (1930), Femmes (1941).

Quelques personnages de la littérature anglaise

Les Chevaliers de la Table Ronde : épopées anonymes du « cycle breton » (XIe-XIVe siècle) (les héros mystiques et chevaleresques).

Robin des Bois : récits anonymes (v. 1340) (le redresseur de torts).

La Mégère apprivoisée (comédie, 1594) de Shakespeare (jeune mariée capricieuse et têtue).

Roméo et Juliette (drame, 1597) de Shakespeare (couple idéal de jeunes amoureux).

Falstaff [Henri IV et Henri V, drames, les Commères de Windsor, comédie, 1598] de Shakespeare (brigand truculent, vantard et lâche).

Hamlet (drame, 1600-01) de Shakespeare (le velléitaire désespéré).

Othello (drame le More de Venise, 1604) de Shakespeare (le jaloux tragique).

Lady Macbeth (drame Macbeth, 1606) de Shakespeare (ambitieuse criminelle).

Caliban (drame La Tempête, 1611) de Shakespeare (monstre borné et naïf).

Volpone (comédie, 1607) de Ben Jonson (financier cupide et sans scrupules).

John Bull (histoire de J.B., pamphlet, 1712) d'Arbuthnot (le peuple anglais réaliste et brutal).

Robinson Crusoé (1719), roman de Daniel Defoe (naufragé colonisateur d'une île déserte).

Gulliver (les Voyages de G., 1727), roman de J. Swift (observateur impitoyable mais humoriste des vices humains).

Pamela (1741), roman de S. Richardson (l'innocence persécutée).

Lovelace (le roman Clarissa Harlowe, 1748) de S. Richardson (pervertisseur cruel).

Childe Harold (1812-18), poème de Lord Byron (misanthrope épris de voyages).

Manfred (1817), drame de Lord Byron (romantique au destin maudit).

Ivanhoé (1819), roman de Walter Scott (héros de la résistance saxonne contre les Normands).

Pickwick (les Papiers posthumes du Picwick Club, 1837), roman de Ch. Dickens (jobard mythomane et mégalomane).

Oliver Twist (1838), roman de Ch. Dickens (enfant dans les bas-fonds de Londres).

Docteur Jekyll et Mr Hyde (1855), roman de Stevenson (les 2 tendances — bonne et mauvaise — de l'âme humaine).

Enoch Arden (1864), poème d'Alfred Tennyson (romantique vertueux qui se sacrifie par amour).

Alice au pays des merveilles (1865), conte de Lewis Caroll (petite fille voyageant dans l'univers des rêves).

Sherlock Holmes (1891-1927), série romanesque de Conan Doyle (détective lucide et méthodique).

Mowgli (les Récits du Livre de la Jungle, 1894), de Rudyard Kipling (petit garçon vivant parmi les bêtes).

Kim (1901), roman de R. Kipling (jeune Anglais à la vocation colonisatrice).

L'Homme invisible (1897), roman de Wells (être fantastique allant à sa propre destruction).

Lady Chatterley (l'Amant de Lady Chatterley, 1928), roman de David H. Lawrence (femme décidée à conquérir son bonheur).

James Bond (1959-64), série romanesque de Ian Fleming (agent secret redresseur de torts).

Keynes, John Maynard, Lord [Ec] (1883-1946) : Théorie générale de l'emploi de l'intérêt et de la monnaie (1936).

Kipling, Rudyard [R, P] (1865-1936) : *Romans, nouvelles :* Simples Contes des collines (1888), le Livre de la jungle (1894), Capitaines courageux (1897), Kim (1901), Histoires comme ça (1902), Puck (1906) [N. 1907]. — *Biogr. :* fils d'un pasteur méthodiste, spécialisé dans les Beaux-Arts et conservateur du musée de Lahore (Inde) ; né à Bombay, mais élevé en Angleterre, revenu aux Indes à 17 ans (1882), collabore à la *Civil and Military Gazette. 1887* publie un recueil de ses articles. *1887-89* continue sa publication par une série de courts romans imprimés à Allahabad, et vendus une roupie ; conquiert la notoriété aux Indes. *1889* atteint le public anglais. *1892* épouse une Américaine, Caroline Balestier, et vit dans le Vermont, se lançant dans la poésie (gros succès). *1894* fait fortune grâce au *Livre de la jungle. 1895* élu poète lauréat, refuse. *1902* se fixe à Burwash, Sussex, passant les hivers en Afrique du Sud. *1927* fondation de la Kipling Society (patriotique et impériale). *1937* enseveli à l'abbaye de Westminster.

Lawrence, David Herbert [R] (1885-1930) : le Paon blanc (1911), l'Arc-en-ciel (1915), Femmes amoureuses (1921), Ile, mon île (1922), le Serpent à plumes (1926), l'Amant de Lady Chatterley (1928), L'homme qui était mort (1929), Jack dans la brousse, Mr Noon. — *Biogr. :* fils d'un mineur du Nottinghamshire et d'une institutrice ; études à Nottingham. *1903-11* instituteur à Croydon. *1911* quitte l'enseignement pour vivre de sa plume. *1912* s'enfuit en Italie avec la femme (allemande) d'un prof. de faculté ; l'épouse en 1914, après son divorce. *1914-18* retour en G.-B. *1919-22* vit en Italie. *1924-28* au N.-Mexique, où un ami lui a donné un ranch. *1928* chassé de G.-B. et des U.S.A. à cause de *l'Amant de Lady Chatterley,* jugé immoral ; se réfugie à Vence où il meurt tuberculeux au bout d'un an.

Lawrence, Thomas Edward (Lawrence d'Arabie) [R] (1888-1935) : les Sept Piliers de la sagesse (1926), la Matrice. — *Biogr. :* famille distinguée du Leicestershire, éduqué à Oxford ; étudie l'archéologie au Jesus College. *1912-14* assistant de l'égyptologue Flinders Price ; réside en Égypte ; homosexuel. *1914-18* agent de l'Intelligence Service au Moyen-Orient ; commande un groupe de guérilleros arabes. *1919-21* fellow du College All Souls à Oxford. *1921* responsable des affaires arabes au Colonial Office. *1922* s'engage comme mécanicien de la Royal Air Force. *1925* affecté en Inde. *1927* change d'état civil : se fait appeler Shaw. *1928* rappelé en G.-B. *1935* se tue dans un accident de moto.

Leacock, Stephan [Hum] (1869-1944).

Lewis, Wyndham [R, Es] (1884-1957).

Macaulay, Rose [P, R] (1881-1958).

Macaulay, Thomas Babington, Lord [P, H] (1800-59) : Histoire d'Angleterre.

Mackenzie, Sir Compton [R] (1883-1972) : l'Impasse (1913-14), Carnaval, Whisky à gogo (1947).

Mc Diarmid, Hugh (Christopher Munay Grieve) [P] (1892-1978).

Mansfield, Katherine (Katleen Beauchamp) [R] (N.-Zélande 1888-1923) : Félicité, la Garden Party (1923), Journal, Lettres.

Marshall, Alfred [Ec] (1842-1924) : Principes d'économie (1890), Industrie et Commerce, Monnaie, Crédit et Commerce (1923).

Masefield, John [R, D, P] (1878-1967).

Maugham, Somerset [R, D] (1874-1965) : *Romans :* Servitude humaine (1915), la Lune et Six Pence (1919), la Passe dangereuse (1925), la Ronde de l'amour (1930), le Fil du rasoir (1944). *Théâtre :* Lady Frederick (1921), le Cercle, Nos chefs (1923). — *Biogr. :* né à Paris (fils de diplomate), et francophone ; orphelin à 9 ans, est élevé par un oncle clergyman dans le Kent et apprend l'anglais ; envoyé au séminaire anglican de Cantorbéry, puis à la fac. de Théologie d'Heidelberg. *1896* abandonne la théologie pour la médecine. *1902* reçu docteur, ne peut exercer pour raisons de santé (tuberculose) ; se fixe à Paris, où il vit dans la gêne. *1912* succès et fortune grâce à sa pièce *Lady Frederick. 1914-18* travaille comme agent de service de renseignements (se marie en 1915 avec une aristocrate anglaise Lady Wellcome ; divorcera en 1927). *1930* achète une villa au cap Ferrat et s'y retire jusqu'à sa mort (91 ans).

Meredith, George [R, P] (1828-1909) : *Poésie :* Amour moderne (1862). *Romans :* Rhoda Fleming, l'Égoïste (1879).

Meynell, Alice [P] (1847-1922).

Mill, John Stuart [Ph, Ec] (1806-73) : Logique inductive et déductive.

Monro, Harold [P] (1879-1932).

Moore, George [E] (Irl.) (1852-1933) : Confessions d'un jeune Anglais.

Morgan, Charles [R, D] (1894-1958) : Portrait dans un miroir (1929), Fontaine (1932), Sparkenbroke (1936), le Fleuve étincelant (1938).

Morris, William [P] (1834-96) : le Paradis terrestre (1868-70), Sigurd le Volsung (1876), Poèmes sur le chemin, Nouvelles de nulle part.

Newman, John Henry [Théo] (1801-90) : Apologia pro vita sua, Grammaire de l'assentiment (1870).

Noyes, Alfred [P, C] (1880-1958).

O'Casey, Sean [D] (Irl.) (1883-1964) : Junon et le Paon, la Charrue et les Étoiles, Roses rouges pour moi (1943), Coquin de coq, On attend un évêque.

O'Flaherty, Llam [R] (Irl.) (1896-1984) : le Mouchard (1926), le Martyr (1927), l'Assassin (1928), Skerret (1932), Famine (1937), Insurrection (1950).

Owen, Wilfred [P] (1893-1918).

Pater, Walter [E] (1839-94) : la Renaissance (1873), Marius l'épicurien (1885).

Powys, John Cowper [R, P] (1872-1963) : Wolf Solent (1929), les Enchantements de Glastonbury (1933), le Testament, la Crucifixion, le Miracle, le Déluge, les Sables de la mer (1934), Camp retranché (1936), Morwyn (1937), la Fosse aux chiens (1952).

Quelques mouvements littéraires

XIVe-XVe siècle

Chaucériens. Imitateurs des littératures continentales : Roman de la Rose (poésie) et Décaméron de Boccace (prose). Geoffrey Chaucer (v. 1340-1400), William Langland (v. 1300-v. 1400), William Dunbar (v. 1465-v. 1520).

XVIe-XVIIe siècle

Renaissance anglaise. Retrouve la beauté du monde extérieur (naturalisme) et de la culture classique, mais contrairement à la Pléiade française, ne rompt pas avec le Moyen Âge. John Lyly (v. 1553-1606), Philippe Sydney (1554-86), Edmund Spenser (1552-99). Surtout en latin : Thomas Morus (1478-1535).

Théâtre élisabéthain. Tendance au scepticisme : insignifiance de l'homme, vanité des actions terrestres, universalité de la bêtise. Coupure avec le réalisme, la vérité étant recherchée à travers des mensonges qui font choc. William Shakespeare (1564-1616), Christopher Marlowe (1564-93), Ben Jonson (1572-1637).

Biblicisme. En réaction contre la culture païenne de la Renaissance, s'inspire de la piété puritaine. Représenté principalement par John Milton (1608-74), isolé de ses contemporains par sa cécité.

XVIIIe siècle

Classicisme. Sous l'influence française, attache plus d'importance à la forme (style noble, versification stricte, tendance rhétorique de la prose). La culture classique est un moyen d'aborder les problèmes contemporains, politiques, sociaux, économiques. Généralisation de l'humour et de l'ironie, utilisant largement la parodie et le pastiche. John Dryden, *précurseur* (1631-1700), Jonathan Swift (1667-1745), Alexander Pope (1688-1744), John Gay (1685-1732), Daniel Defoe (1660-1731), Samuel Johnson (1709-84). Un réalisme bourgeois, qui influencera le théâtre français, se manifeste chez Joseph Addison (1672-1719), Henry Fielding (1707-54), Georges Smolett (1721-71).

Sensibilisme. Réaction contre la sécheresse et le matérialisme des satiriques classiques. Les poètes retrouvent les grands thèmes de l'inspiration lyrique ; les romanciers et moralistes, la beauté des sentiments pieux. *Poètes :* Edward Young (1683-1765), Thomas Gray (1716-71). *Prosateurs :* Samuel Richardson (1689-1761). Lawrence Sterne (1713-68), Oliver Goldsmith (1728-74).

Préromantisme. Retrouve les sujets médiévaux qui avaient inspiré Chaucer, et les traite généralement sur le ton sensible. *Prose :* Horace Walpole (1717-97), Ann Radcliffe (1764-1823). *Poésie :* James Macpherson, dit Ossian (1736-96).

XIXe siècle

Lakistes. Surnom donné aux romantiques de la 1re génération qui chantent les lacs d'Écosse (lake poets). Samuel Coleridge (1772-1834), William Wordsworth (1770-1850).

Poètes maudits. Surnom donné aux romantiques de la 2e génération qui cherchent à s'affirmer contre la société. George Byron (1788-1824), Percy Shelley (1792-1822), John Keats (1795-1821). Prosateurs de la même inspiration : Walter Scott (1799-1861), Mary Shelley (1797-1851), Emily Brontë (1818-48).

Préraphaélites et victoriens. Romantiques embourgeoisés qui ont le goût de l'art primitif italien, du carbonarisme ou de l'irlandisme, sans s'y engager avec passion. L'esthétique d'Oscar Wilde est un romantisme épicurien recherchant la beauté pour ce qu'elle a de sensuel. *Poètes :* Alfred Tennyson (1809-92), Robert Browning (1812-89), Christina Rossetti (1830-94). *Prosateurs :* George Meredith (1828-1909), Thomas Hardy (1840-1928), Robert Stevenson (1850-94).

Réalistes. Ont des préoccupations sociales comme Charles Dickens (1812-70), ou le simple goût du roman-reportage comme William Thackeray (1811-63), George Eliot (1819-80).

Impérialistes. Tirent leur inspiration de la grandeur et du dynamisme de la civilisation angl. sans jamais se départir de leur humour. Bernard Shaw (1856-1950), Rudyard Kipling (1865-1936), George Wells (1866-1946), Gilbert Chesterton (1874-1936), Joseph Conrad (1857-1924).

XXe siècle

Romanciers du courant de conscience. École de prosateurs dont le chef de file a été James Joyce (1882-1941), créateur d'un art original (ses véritables disciples sont les « nouveaux romanciers » français, une génération après lui). Le romancier ne raconte pas une seule histoire, mais il écrit un texte dont les éléments sont à interpréter simultanément selon différentes grilles, qu'il ne révèle pas forcément à son lecteur (ainsi Ulysse est à la fois le roman de l'Odyssée, de la société dublinoise et de Joyce lui-même). Virginia Woolf (1882-1941), Aldous Huxley (1894-1928), Malcolm Lowry (1909-57).

Priestley, John Boynton [R, D, Cr] (1894-1984) : les Bons Compagnons (1929), Un héros (1933), Jours ardents (1946), Virage dangereux (1932), la Littérature et l'homme occidental (1960), le Trente et un juin (1961).

Pusey, Edward Bouveric [Préd, Théo] (1800-82).

Read, Herbert [P] (1893-1968) : Églogues.

Reade, Charles [R,D] (1814-84) : Argent comptant, Tentation terrible.

Richardson, Dorothy [R] (1873-1957) : *Roman-fleuve :* Pèlerinage [(1915-38) Toits pointus (1915), Backwater (1916), Honeycomb (1917), le Tunnel (1919), Interim (1919), Deadlock (1921), Revolving Lights (1923), the Trap (1925), Oberland (1927), la Main gauche de l'aurore (1931), Clear Horizon (1935), le Col des Fossets (4 vol.), (1938)].

Rossetti, Dante [P] (1828-82) : la Demoiselle élue (1847).

Ruskin, John [Cr. d'a] (1819-1900) : les Sources de Wandel (1885).

Russell, Sir Bertrand [Math, Ph, Soc] (1872-1970) : Principia mathematica (1910) [N. 1950].

Sassoon, Siegfried [P] (Irl.) (1886-1967).

Sayers, Dorothy [R] (1893-1957) : Lord Peter et l'Inconnu.

Shaw, George Bernard [D] (1856-1950) : l'Homme aimé des femmes (1893), la Profession de Mrs Warren (1893), le Héros et le Soldat (1894), Candida (1895), l'Homme du destin (1895), On ne peut jamais dire (1896), César et Cléopâtre (1899), Androclès et le Lion (1912), Pygmalion (1912), Sainte Jeanne (1924). — *Biogr. :* fils de bourgeois dublinois (protestants), sans fortune ; solide formation musicale (mère professeur de musique). *1871-76 :* employé de banque. *1876-85* vit à Londres, dans la pauvreté (à partir de 1883, militant socialiste). *1885* critique dramatique à la *Saturday Review. 1892* auteur de théâtre d'avant-garde. *1894* conquiert la gloire comme dramaturge. *1898* se marie, renonce au militantisme politique. *1925* Prix Nobel de littérature. *1949* publie sa dernière œuvre, à 93 ans.

Shute, Nevil [R] (Nor.) (1899-1960) : le Testament (1939).

Sinclair, Mary [E] (1870-1946) : Audrey Craven, le Feu divin, les Trois Sœurs.

Sitwell, Edith [P] (1887-1964).

Spencer, Herbert [Ph] (1820-1903) : Principes de socialisme, De l'éducation.

Standish, Robert [R] (1898-1981) : les Trois Bambous (1940), la Piste des éléphants (1947).

Stephens, James [P] (Irl.) (1882-1950).

Stevenson, Robert Louis (Balfour) [P, R] (1850-94) : l'Île au trésor (1883), Enlevé, l'Étrange Cas du Dr Jekyll et de Mr Hyde (1886).

Strachey, Lytton [E] (1880-1932).

Swinburne, Charles [P] (1837-1909) : Atalante en Calydon, Maud, Poèmes et Ballades, Chants d'avant l'aube.

Synge, John Millington [D] (Irl.) (1871-1909) : la Fontaine aux saints, le Baladin du monde occidental.

Tennyson, Alfred, Lord [P] (1809-92) : Idylles du roi (1859), Énoch Arden (1864).

Thackeray, William [R] (1811-63) : Barry Lyndon, le Livre des snobs, la Foire aux vanités (1847-48), Henry Esmond.

Thompson, Francis [P] (1859-1907).

Thomson, James [P] (Écos.) (1834-82).

Toynbee, Arnold [H] (1889-1975) : A study of history [(1934-61), l'Histoire, Un essai d'interprétation (1946), la Civilisation à l'épreuve (1948), la Religion vue par un historien, le Changement et la Tradition ; le Défi de notre temps (1966).

Trollope, Anthony [Chr] (1815-88) : la Dernière Chronique de Barset.

Wallace, Edgar [R] (1875-1932) : le Cercle rouge.

Walpole, Sir Hugh [R] (1884-1941).

Webb, Mary [R] (1881-1927) : la Renarde (1917), Sarn (1924).

Wells, Herbert George [R] (1866-1946) : la Machine à explorer le temps (1895), l'Ile du docteur Moreau (1896), l'Homme invisible (1897), la Guerre des mondes (1898), Anne Véronique (1909), Tono-Bongay (1909), Mariage. *Essai :* Esquisse de l'Histoire universelle (1912). — *Biogr. :* né dans le Kent d'une famille humble (mère domestique ; père sportif professionnel, puis boutiquier) ; études primaires à Midhurst, puis commis drapier et aide-pharmacien. *1884* à 18 ans reçu au concours des bourses de l'institut de biologie de South Kensington ; y a pour maître Huxley. *1888* licencié en biologie, vit pauvrement dans l'enseignement primaire. *1891* épouse sa cousine Isabelle Wells, qu'il abandonne en 1893 pour vivre avec une femme de lettres, Any Robbins (épousée plus tard). *1895* triomphe littéraire avec *la Machine à explorer le temps. 1922* adhère au Parti travailliste, rencontre Lénine et Staline en U.R.S.S. *1927* veuf, se retire sur la côte d'Azur. *1940* se replie en G.-B. où il meurt en proie au pessimisme.

West, Rebecca (Isabel Fairfiels) [R] (1892-1983) : le Retour du soldat (1918), le Juge (1922), la Voix rauque (1936), la Famille Aubrey (1957), la Cour et le Château (1958).

Wilde, Oscar (Fingall O'Flahertie Wills) [R,D,P,] (1854-1900) : *Théâtre :* le Crime de Lord Arthur Saville (1891), l'Éventail de Lady Windermere (1892), Une femme sans importance (1893), Un mari idéal (1895), De l'importance d'être constant (1895). *Romans et autobiogr. :* le Portrait de Dorian Gray (1891), De profundis (publ. 1905). *Poésie :* Ballade de la geôle de Reading (1898). — *Biogr. :* riche bourgeoisie dublinoise (père chirurgien) ; études au Trinity College de Dublin, puis à Oxford. *1878* prix Newdigate pour un poème sur Ravenne ; fonde le mouvement de l'Art pour l'Art ; persécuté par les étudiants oxoniens et jeté dans la Cherwell. *1882* tournée de conférences aux U.S.A. *1884* se marie. *1893* sa pièce *Salomé* est interdite par la censure à Londres ; il la traduit en français et la fait jouer par Sarah Bernhardt à Paris. *1895* liaison homosexuelle avec un jeune lord, Alfred Douglas ; insulté par le père de celui-ci (le Mis de Queensberry), il l'attaque en diffamation mais perd son procès et est emprisonné 2 ans à Reading. *1897* libéré, se réfugie en France sous le nom de Sébastien Melmoth ; se convertit au catholicisme avant de mourir (à Paris).

Wiseman, Étienne [R, Théo] (1802-65) : Fabiola (1854).

Wodehouse, Pelham Grenville [R] (1881-1975) : S.O.S. Jeeves, Une pluie de dollars.

Woolf, Virginia [R] (1882-1941) : la Traversée des apparences (1915), Mrs Dalloway (1925), Orlando (1928), les Vagues (1931), Flush (1933), Entre les actes (1941), Journal d'un écrivain (1953).

Yeats, William Butler [D, P] (Irl.) (1865-1939) : la Comtesse Cathleen, l'Escalier tournant, Deirdre (1907), l'Unique Rivale d'Emer, les Mots sur la vitre (1930) [N. 1923].

Nés depuis 1900

Achebe, Chinua [R] (1930) : A man of people.

Acton, Harold [E] (1903).

Amis, Kingsley [R] (1922) : Jim la Chance, Une fille comme toi, Un Anglais bien en chair, J'en ai envie tout de suite.

Anand, Malk Raj [R] (1905) : Death of Hero (1963), Morning Face (1968).

Arden, John [D] (1930) : la Danse du sergent Musgrave (1959).

Auden, Wystan Hugh [P, D] (1907-73).

Balchin, Nigel [R] (1908-70) : la Petite Chambre (1943), la Mort apprivoisée, Anatomie de la vilenie, A travers bois, la Chute d'un moineau (1955).

Quelques auteurs de Science-Fiction

1. Les débuts

180 (env.) *Histoire véritable* : Lucien de Samosate (Gr., 125-185). **1516** *La Description de l'île d'Utopie* : Thomas Morus (Angl., 1478-1535). **1532** *Pantagruel*. **1534** *Gargantua* : François Rabelais (Fr., v. 1494-1553). **1626** *La Nouvelle Atlantide* : Francis Bacon (Angl., 1561-1626). *Histoire comique de Francion* : Charles Sorel (Fr., 1602-74). **1634** *Somnium* : Johannes Kepler (All., 1571-1630). **1657** *Les États et Empires de la Lune* : Savinien Cyrano de Bergerac (Fr., 1619-55).

1726 *Voyages de Gulliver* : Jonathan Swift (Irl., 1667-1745). **1741** *Voyage de Nicolas Klim dans le monde souterrain* : Louis de Holberg (Dan., 1684-1754). **1752** *Micromégas* : Voltaire (Fr., 1694-1778). **1771** *L'An deux mille quatre cent quarante* : Louis-Sébastien Mercier (Fr., 1740-1814). **1781** *La Découverte australe par un homme volant* : Restif de la Bretonne (Fr., 1734-1806).

1818 *Frankenstein* : Mary Shelley (Angl., 1797-1851). **1837** *Les Aventures d'Arthur Gordon Pym* : Edgar Allan Poe (Amér., 1809-49). **1845-46** *Le Monde tel qu'il sera* : Émile Souvestre (Fr., 1805-54). **1865** *De la Terre à la Lune* : Jules Verne (Fr., 1828-1905). **1872** *Récits de l'infini [Lumen]* : Camille Flammarion (Fr., 1842-1925). **1882-83** *Le Vingtième Siècle* : Albert Robida (Fr., 1848-1926). **1886** *Le Docteur Jekyll et M. Hyde* : Robert Louis Stevenson (Angl., 1850-94). **1887** *Les Xipéhuz* : J.H. Rosny aîné (Fr., 1856-1940). **1888** *Cent ans après* : Edward Bellamy (Amér., 1850-98). **1888-96** *Les Aventures extraordinaires d'un savant russe* : Henry de Graffigny (Fr., 1863-1942) et Georges Lefaure (Fr., 1858-1953). **1895** *La Machine à explorer le temps*. **1898** *La Guerre des mondes* : H.G. Wells (Angl., 1866-1946).

1906 *Miss Mousqueterr* : Paul d'Ivoi (Fr., 1856-1915). **1907** *Le Talon de fer* : Jack London (Amér., 1876-1916). **1908** *Le Prisonnier de la planète Mars* : Gustave Le Rouge (Fr., 1867-1938). **1910** *Le Péril bleu* : Maurice Renard (Fr., 1875-1939). *La Mort de la Terre* : J.H. Rosny aîné (1856-1940 Fr.). **1911** *Ralph 124C 41 +* : Hugo Gernsback (Amér., 1884-1967). **1912** *Le Monde perdu* : sir Arthur Conan Doyle (Angl., 1859-1930). *Le Conquérant de la planète Mars* : Edgar Rice Burroughs (Amér., 1875-1950). **1919** *Le Gouffre de la Lune* : Abraham Merritt (Amér., 1884-1943). **1920** *R.U.R.* : Karel Capek (Tchéc., 1898-1938). *Nous autres* : Eugène Zamiatine (Russe, 1884-1937). **1927-36** *La Couleur tombée du ciel* : H.P. Lovecraft (Amér., 1890-1937). **1932** *Le Meilleur des Mondes* : Aldous Huxley (1894-1963). **1937** *La Cité des asphyxiés* : Régis Messac (Fr., 1893-1943?). *Créateur d'étoiles* : Olaf Stapledon (Angl., 1886-1950).

2. De 1939 à nos jours

Aldiss, Brian (1925, Angl.) : *Croisière sans escale* (1956), *l'Heure de quatre-vingts minutes* (1974). **Anderson**, Poul (1926, Amér.) : *la Patrouille du temps* (1955-60). **Andrevon**, Jean-Pierre (1937, Fr.) : *le Désert du monde* (1977). **Asimov**, Isaac (1920, Amér.) : cycle de *Fondation* (1942-82), cycle des *Robots* (1940-83).

Ballard, J.G. (1930, Angl.) : *Vermilion Sands* (1957-70), *Crash !* (1973). **Barjavel**, René (1911-85, Fr.) : *Ravage* (1943). **Benford**, Gregory (1941, Amér.) : *Un paysage du temps* (1980). **Bester**, Alfred (1913, Amér.) : *l'Homme démoli* (1952). **Bishop**, Michael (1945, Amér.) : *le Bassin des cœurs indigo* (1975). **Bioy Casares**, Adolfo (1914, Arg.) : *l'Invention de Morel* (1940). **Blish**, James (1921-75, Amér.) : *Un cas de conscience* (1958). **Borges**, Jorge Luis (1899, Arg.) : *Fictions* (1944). **Brackett**, Leigh (1915-78, Amér.) : *le Livre de Mars* (1948-64). **Bradbury**, Ray (1920, Amér.) : *Chroniques martiennes* (1946-50), *Fahrenheit 451* (1953). **Brown**, Fredric (1906-72, Amér.) : *Martiens, go home* (1954). **Brunner**, John (1934, Angl.) : *Tous à Zanzibar* (1968). **Brussolo**, Serge (1951, Fr.) : *Sommeil de sang* (1981). **Burgess**, Anthony (1917, Angl.) : *l'Orange mécanique* (1962). **Burroughs**, William S. (1914, Amér.) : *les Garçons sauvages* (1971).

Card, Orson Scott (?, Amér.) : *les Maîtres chanteurs* (1980). **Clarke**, Arthur (1917, Angl.) : *2001, l'Odyssée de l'espace* (1968). **Curval**, Philippe (1929, Fr.) : *Cette chère humanité* (1976).

Delany, Samuel R. (1942, Amér.) : *Nova* (1968). **Dick**, Philip K. (1928-82, Amér.) : *le Maître du haut château* (1962). **Disch**, Thomas M. (1940, Amér.) : *Camp de concentration* (1968). **Drode**, Daniel (1932, Fr.) : *Surface de la planète* (1959).

Ellison, Harlan (1934, Amér.) : *la Bête qui criait amour au cœur du monde* (1957-69).

Farmer, Philip José (1918, Amér.) : *les Amants étrangers* (1961). Cycle du *Fleuve de l'éternité* (1965-80).

Galouye, Daniel (1920-76) : *Simulacron 3* (1964).

Haldeman, Joe (1943, Amér.) : *la Guerre éternelle* (1974). **Heinlein**, Robert (1907, Amér.) : *Histoire du futur (1939-50). En terre étrangère* (1961). **Herbert**, Frank (1920-86, Amér.) : cycle de *Dune* (1965-84).

Jeury, Michel (1934, Fr.) : *les Yeux géants* (1980). **Jouanne**, Emmanuel (1960, Fr.) : *Nuage* (1983).

Keyes, Daniel (1927, Amér.) : *Des fleurs pour Algernon* (1966). **Klein**, Gérard (1937, Fr.) : *les Seigneurs de la guerre* (1971). **Knight**, Damon (1922, Amér.) : *les Univers* (1951-65).

Le Guin, Ursula K. (1929, Amér.) : *les Dépossédés* (1974). **Leiber**, Fritz (1910, Amér.) : *le Cycle des épées* (1939-77). *Le Vagabond* (1964). **Lem**, Stanislaw (1921, Pol.) : *Solaris* (1961).

McIntyre, Vonda (1948, Amér.) : *le Serpent du rêve* (1978). **Merle**, Robert (1908, Fr.) : *Malevil* (1972). **Miller**, Walter (1922, Amér.) : *Un cantique pour Leibowitz* (1960). **Moorcock**, Michael (1939, Angl.) : saga d'*Elric le Nécromancien* (1955-77). Voici l'homme (1969).

Orwell, George (1903-50, Angl.) : *1984* (1949).

Pelot, Pierre (1945, Fr.) : *Delirium circus* (1977). **Pohl**, Frederik (1919, Amér.) : *la Grande Porte* (1977). **Priest**, Christopher (1943, Angl.) : *le Monde inverti* (1974).

Roberts, Keith (1935, Angl.) : *Pavane* (1968). **Robinson**, Spider (1948, Amér.), avec sa femme, Jeanne : *la Danse des étoiles* (1978). **Ruellan**, André (1922, Fr.) : *Tunnel* (1973). **Russ**, Joanna (1937, Amér.) : *l'Autre Moitié de l'homme* (1975).

Sheckley, Robert (1928, amér.) : *les Univers* (1952-65). **Silverberg**, Robert (1936, Amér.) : *les Monades urbaines* (1971), *l'Oreille interne* (1972). **Simak**, Clifford D. (1904, Amér.) : *Demain les chiens* (1944-73). **Sladek**, John (1937, Amér.) : *Mécasme* (1968). **Smith**, Cordwainer (1913-66, Amér.) : *les Seigneurs de l'instrumentalité* (1950-66). **Spinrad**, Norman (1940, Amér.) : *Jack Barron et l'éternité* (1969). **Sturgeon**, Theodore (1918, Amér.) : *les Plus qu'Humains* (1953).

Tiptree jr., James (1915, Amér.) : *Par-delà les murs du monde* (1978). **Tolkien**, J.R. R. (1892-1973, Angl.) : *le Seigneur des anneaux* (1954-55). **Trout**, Kilgore (1918, Amér.) : *les Aimants étranglés* (1961).

Vance, Jack (1920, Amér.) : cycle de *Tschaï* (1968-70). **Van Vogt**, A.E. (1912, Amér.) : cycle du *non-A* (1945-84). **Varley**, John (1947, Amér.) : *Persistance de la vision* (1978). **Vonnegut jr.**, Kurt (1922, Amér.) : *Abattoir 5* (1969).

Watson, Ian (1943, Angl.) : *l'Enchassement* (1973). **Wilhelm**, Kate (1928, Amér.) : *Hier, les oiseaux* (1976). **Wolfe**, Bernard (1915, Amér.) : *Limbo* (1952). **Wolfe**, Gene (1931, Amér.) : *la Cinquième Tête de Cerbère* (1972).

Zelazny, Roger (1973, Amér.) : *L'Ile des morts* (1969).

Bates, Herbert [R] (1905-74) : Amour pour Lydia.

Behan, Brendan [D] (Irl.) (1923-64) : *Théâtre* : le Client du matin, Deux Otages. *Récits* : l'Escarpeur, Un peuple partisan, Confessions of an Irish Rebel.

Benchley, Peter [R] (1940) : les Dents de la mer, les Chiens de mer (1978).

Betjeman, John [P] (1906-84).

Bolt, Robert [D] (1924) : Un homme pour l'éternité (1960).

Braine, John [R] (1922) : Une pièce au soleil.

Burgess, Anthony (John Burgers Wilson, dit) [R] (1917) : Un temps pour un tigre, l'Extérieur d'Enderley, Un agent qui vous veut du bien, Orange mécanique (1962), le Testament de l'orange, la Symphonie Napoléon, l'Homme de Nazareth (1977), Du miel pour les ours (1980), la Puissance des ténèbres (1981).

Cato, Nancy (Australie) [R, P] (1917).

Chase, James Hadley (René Raymond) [R] (1906-85) : Pas d'orchidées pour Miss Blandish (1948), Ern (1949), Douze Chinetoques et une souris (1949), l'Abominable Pardessus (1951), Traquenards (1954).

Crichton, Michael [R] (1942) : Un train d'or pour la Crimée.

Delanay, Shelagh [D] (1939) : Un goût de miel.

Dennis, Nigel (Forbes) [D, R] (1912) : Cartes d'identité (1956).

Drabble, Margaret [R] (1939) : Jerusalem the Golden (1967), The Needle's Eye (1972), l'Âge d'or d'une femme.

Du Maurier, Daphné [R] (1907) : l'Auberge de la Jamaïque (1936), Rebecca (1938), le Général du roi, Ma cousine Rachel, les Souffleurs de verre (1963), le Vol du faucon. Voir best-sellers p. 327.

Durrell, Lawrence [R] (1912) : Justine (1957), Citrons acides, Balthazar, Mountolive, Clea, Cefalu, Tunc, Nunquam, Monsieur ou le Prince des ténèbres, Actée la princesse barbare. — *Biogr.* : né aux Indes de parents irlandais, missionnaires anglicans ; études primaires à Darjeeling, secondaires au séminaire anglican de Cantorbéry. *1930* quitte le séminaire, et vit dans la bohème londonienne, pianiste de jazz et poète. *1936* s'installe à Corfou (Grèce). *1940-45* mobilisé au Caire, à l'ambassade. *1946-52* professeur de littérature angl. au British Council. *1952-57* chargé des relations publiques du gouvernement chypriote. *1957* conquiert célébrité et fortune grâce au Quatuor d'Alexandrie. *1970* se retire à Nîmes, en France.

Fleming, Ian [R] (1908-64) : Casino Royal (1954), Moonraker (1955), Goldfinger (1959), Au service de Sa Majesté (1963).

Follett, Ken [R] (1949) : l'Arme à l'œil (1979), Triangle (1980), le Code Rebecca (1981), l'Homme de St-Petersbourg (1982), Comme un vol d'aigles (1984).

Foote, Shelby [P, R] (1926) : l'Enfant de la fièvre.

Fowles, John [R] (1926) : l'Amateur (1963), le Mage (1966), Sarah et le Lieutenant français (1969).

Frayn, Michael [R] (1933) : l'Interprète russe, Une vie très privée.

Fry, Christopher (Christopher Harris, dit) [D] (1907) : La dame ne brûlera pas (1949), Vénus au zénith, le Faux Jour (1954), le Songe du prisonnier.

Fugard, Athol [D] (1932) : the Blood Knot, Sizwe Bansi is dead (1973), the Island (1973).

Golding, William [R, N] (1911) : Sa Majesté des mouches (1954), les Héritiers, Chris Martin (1956), Chute libre, la Nef (1964), la Pyramide (1967), Parades sauvages (1979), Rites de passages (1980) [N 1983].

Goudge, Elizabeth [R] (1900-70) : le Pays du dauphin vert, l'Arche dans la tempête, la Cité des cloches.

Green, Henry [R] (1905-73) : Amour, Conclusion, Rien.

Greene, Graham [R] (1904) : *Romans* : le Rocher de Brighton (1938), la Puissance et la Gloire (1940), le Fond du problème (1948), le Troisième Homme (1950), la Fin d'une liaison (1951), Un Américain bien tranquille (1955), la Saison des pluies (1961), les Comédiens (1966), Voyage avec ma tante (1969), le Consul honoraire, le Facteur humain (1978), Dr. Fisher de Genève (1980), J'accuse, Monseigneur Quichotte (1982), le Dixième Homme. Voir p. 327. *Mémoires* : Une sorte de vie (1971) t. 1, (1982) t., 2.

Théâtre : Living-room (1953), l'Amant complaisant (1959).
Hampton, Christopher [D] (1946) : Total Eclipse (1968), the Philanthropist (1970), Sauvages (1973).
Henriquès, Robert [R] (1905-67) : Sans arme ni armure.
Hoyle, Fred [R, Sav] (1915) : la Nuée de l'Apocalypse, A comme Andromède.
Hughes, Ted [P] (1930).
Illich, Ivan [E, H] (1926) : le Travail fantôme (1981).
Jellicoe, Ann [D] (1928) : the Knack (1961).
Johnson, Pamela Hansford [N] (1912-81).
Kavanagh, Patrick [R, Es, P] (1905-67).
King, Francis [N] (1923).
Koestler, Arthur [R] (Hongrie, 1905-83) (natur. Anglais) : Testament espagnol (1938), Spartacus (1939), le Zéro et l'Infini (1941), Croisade sans croix (1943), la Tour d'Ezra (1946), les Call-girls (1972), la Quête de l'absolu. – *Biogr. :* fils d'un industriel israélite de Budapest ; études à l'inst. polytechnique de Vienne (trilingue hongrois, allemand, anglais). *1926* grand reporter (en allemand) de la Vossische Zeitung de Berlin (Moyen-Orient, Paris). *1930-32* adhère au parti communiste, membre des éditions Ullstein à Berlin. *1932-33* journaliste en URSS. *1932-33* rompt avec le P.C. ; pigiste à Zurich et Paris. *1936-39* correspondant de guerre (anglais) du *News Chronicle* en Espagne ; capturé par les franquistes, condamné à mort, évadé. *1940-41* interné par les Français au Vernet (P.-O.). *1941-45* combattant dans l'armée brit. *1946* naturalisé Anglais ; touchant de gros droits d'auteur, partage sa vie entre U.S.A., G.-B. et France. *1983* suicide avec sa femme.
Larkin, Philip [P] (1922).
Le Carré, John (David Cornwell, dit) [R] (1932) : l'Espion qui venait du froid (1964), la Taupe (1974), Comme un collégien (1977), les Gens de Smiley (1980), la Petite Fille au tambour (1983), Un pur espion (1986).
Lehmann, Rosamond [R] (1903) : Poussière (1927), l'Invitation à la valse (1932), Intempéries (1936), le Jour enseveli (1967).
Lessing, Doris [R] (1919) : Nouvelles africaines, Un homme et deux femmes, le Carnet d'or (1962), les Enfants de la violence (1965-69), Journal d'une voisine.
Lowry, Malcolm [R] (1909-57) : Au-dessous du volcan (1946), Ecoute notre voix ô Seigneur, Sombre comme la tombe où repose mon ami.
Macbeth, George (Mann) [P] (1932).
Mac Gahern, John [R] (1934) : le Pornographe.
Mac Innes, John [R] (1914) : les Blancs-becs (1959).
Mac Lennan, Hugh [R] (1907) : Deux Solitudes.
Mac Neice, Louis [P] (1907-63).
Mitford, Nancy [R] (1904-73) : la Poursuite de l'amour, l'Amour dans un pays froid, Pas un mot à l'ambassadeur.
Monsarrat, Nicholas [R] (1910-79) : Mer cruelle (1951).
Mortimer, John [D] (1923-83) : Que dirons-nous à Caroline ?
Murdoch, Iris [R] (Irl.) (1919) : Dans le filet, le Séducteur quitté, les Eaux du péché, Une tête coupée, le Château de la licorne, les Angéliques, les Demi-Justes, Une défaite assez honorable, le Rêve de Bruno, l'Homme à catastrophes, Henry et Caton (1980).
Naipaul, Vidiadhr Suraprasad [R] (n. Trinité, or. indienne, 1932) : Une maison pour M. Biswas (1961), Dis-moi qui tuer (1971), Guerilleros (1975), A la courbe du fleuve (1979), Sacrifices (1984).
Narayan, R.K. [R] (1906) : le Mangeur d'hommes.
Niven, David [Hum.] (1910-83) : Décrocher la lune, Étoiles filantes.
O'Brien, Edna [R] (1932) : la Jeune Irlandaise (1960).
O'Brien, Flann [R, J] (1912-66) : Kermesse irlandaise, Une vie de chien.
O'Connor, Frank (Michael O'Donovan) [E] (Irl. 1903-66).
Orwell, George (Eric Arthur Blair) [R] (1903-50) : Et vive l'aspidistra (1936), 1984 (1949).
Osborne, John [D] (1929) : la Paix du dimanche, Jeune Homme en colère (1962), Luther, Inadmissible Évidence.
Pinter, Harold [D] (1930) : le Gardien, la Collection, l'Amant, C'était hier.
Popper, Karl [Ph] (or. autr., 1902).
Powell, Antony (Dymoke) [R] (1905) : la Musique du temps, Question d'éducation.
Raine, Kathleen (Jesse) [P] (1908).
Rao, Raja [R] (1909).
Rattigan, Terence [D] (1911-77) : Tables séparées, l'Écurie Watson, Lawrence d'Arabie (1960).
Sampson, Anthony (1923) : Anatomie de l'Angleterre, la Foire aux armes, les Banquiers dans un monde dangereux (1982).
Sansom, William [R] (1912-76) : Son corps.
Saunders, James [D] (1925).
Shaffer, Peter [D] (1925) : la Chasse royale du Soleil (1964), Comédie noire (1965).
Sillitoe, Alan [R] (1928) : Samedi soir, dimanche matin (1958), la Solitude du coureur de fond (1959), Nottinghamshire.
Simpson, N.F. [D] (1919) : Balancier sans retour.
Snow, Lord Charles [E] (1905-81) : le Temps de l'espoir, les Hommes nouveaux.
Soyinka, Wole [R] (1934) : the Interpreters (1965), Season of Anomy (1973).
Spark, Muriel (Sarah) [R] (1918) : Memento mori, les Demoiselles de petite fortune.
Spender, Stephen [P] (1909) : Centre immobile, Monde dans le monde (1952).
Stoppard, Tom [D] (1937) : Rosencrantz et Guildenstern sont morts, les Travesties.
Storey, David [R] (1933) : Radcliffe.
Thomas, Dylan [P] (1914-53) : 18 Poèmes (1934), Recueil de poèmes (1934-1952). *Autobiographie :* Portrait de l'artiste en jeune chien.
Thomas, Hugh (1933) : la Guerre d'Espagne, Cuba, An Unfinished History of the World (1979).
Tynan, Kenneth [Cr, D] (1927-80) : O Calcutta ! (1970), Show People (1980).
Ustinov, Peter [D, R] (1921) : l'Amour des quatre colonels, Krumnagel, Cher moi.
Wain, John (Barrington) [R] (1925) : les Diplômés de la vie (1953), Vivre au présent, Et frappe à mort le père, les Rivaux.
Waugh, Evelyn [R] (1903-66) : Diableries, Une poignée de cendre, Hissez le grand pavois, Retour à Brideshead, Officiers et Gentlemen (1955), la Capitulation (1961), Un peu de savoir (1964).
Wesker, Arnold [D] (1932) : Trilogie, Soupe de poulet à l'orge, Racines, Je parle de Jérusalem, la Cuisine.
West, Morris [R] (Austr. 1916) : l'Avocat du diable, les Souliers de saint Pierre, la Vallée des maléfices, la Seconde Victoire, le Loup rouge, l'Ambassadeur, la Salamandre, Arlequin, Kaloni le navigateur.
White, Kenneth [P, R] (1936, double nat. Fr.-Angl.) : les Limbes incandescents (1974), la Route bleue (1983).
White, Patrick [R] (1912) (vit en Australie) : Edenville (1952), le Char des élus (1965), Voss (1967), les Échaudés (1969), le Mystérieux Mandola (1970), l'Œil du cyclone (1977) [N. 1973].
Whiting, John [D] (1917-63) : Marching Song.
Wilson, Angus [R] (1915) : Attitudes anglo-saxonnes, les 40 Ans de Mrs Eliot, la Girafe et les Vieillards, En jouant le jeu, l'Appel du soir, Saturnales, Embraser le monde (1981).
Wilson, Colin [E] (1931) : l'Homme en dehors (1957).
Wyndham, John (J.B. Harris) [R] (1903).

Littérature belge

De langue française

Nés avant 1800

Chastellain, Georges [Chr, P] (1405-75) : Chronique, Recollection des merveilles advenues de mon temps.
Hemricourt, Jacques de [Chr] (1333-1403) : Miroir des nobles de Hesbaye, le Patron de la temporalité.
Le Bel, Jean (Jehan) [Chr] (1292-1370) : les Vraies Chroniques de Messire Jehan le Bel.
Ligne, Charles Joseph (prince de) [Mém] (1735-1814) : Mes écarts ou Ma tête en liberté, Lettres et Pensées (1809), Mémoires et Mélanges historiques.
Marche, Olivier de la [Chr, E] (1425-1502) : Mémoires.
Marnix, Jean de [P] (1580-1631) : les Représentations.
Outremeuse, Jean d' [Chr] (1338-1400) : Geste de Liège, le Miroir des histoires, les Voyages de Sir John Mandeville.
Ste-Aldegonde, Marnix de [Pol] (1540-98) : Tableau des différends de la religion.
Sigebert de Gembloux [Chr] (1030-1112) : Des hommes illustres, Chronique universelle, Lettre apologétique.
Walef, Blaise Henri de Corte, B^on^ de [E] (1661-1734) : le Combat des échasses, Rues de Madrid.

Nés entre 1800 et 1900

Adine, France (Mme Coucke, née Cécile van Dromme) [R] (1890-1977) : la Cité sur l'Arno.
Avermaete, Roger [Es, R] (1893) : Rubens et son temps, James Ensor.
Ayguesparse, Albert [R, P] (1900) : Simon la bonté, la Mer à boire, le Vin noir de Cahors, les Mal-pensants.
Baie, Eugène [Es] (1874-1963) : le Siècle des gueux.
Baillon, André [R] (1875-1932) : Histoire d'une Marie, le Perce-oreilles du Luxembourg (1928).
Braun, Thomas [P] (1876-1961) : Passion de l'Ardenne.
Burniaux, Constant [R] (1892-1975) : Une petite vie (1929), les Temps inquiets, la Vie plurielle.
Carême, Maurice [P] (1899-1978) : Mère, la Lanterne magique, la Passagère invisible, Brabant.
Courouble, Léopold [R] (1861-1937) : la Famille Kaekebroek.
Crommelynck, Fernand [D] (1888-1970) : le Cocu magnifique (1921), Chaud et Froid.
De Bock, Aloïse [D, Es, R] (1898) : le Sucre filé (souvenirs), Terres basses, les Mains dans le vide.
De Coster, Charles [E] (1827-1879) : Ulenspiegel (1867).
Delattre, Louis [Es, R] (1870-1938) : Carnets d'un médecin de campagne, Légendes des pays wallons.
Desonay, Fernand [Es] (1899-1973) : les Littératures étrangères du XXe siècle.
Destrée, Jules [Pol] (1863-1936) : le Socialisme en Belgique (avec E. Vandervelde), Wallons et Flamands.
Eekhoud, Georges [R] (1854-1927) : Kees Doorik, le Cycle patibulaire, Libertins d'Anvers (1912).
Elskamp, Max [P] (1862-1931) : Dominical, Six Chansons de pauvre homme.
Fontainas, André [E] (1865-1948) : les Vergers illusoires.
Gevers, Marie [R] (1883-1975) : Comtesse des digues, Château de l'Ouest, Guldentop, Vie et Mort d'un étang.
Ghelderode, Michel de [D] (1898-1962) : Don Juan, Hop Signor (1942), Fastes d'enfer, les Bouffons.
Ghil, René [P] (1862-1925) : Légendes d'armes et de sang (1885).
Gilbert, Oscar, Paul [E] (1898-1972) : Pilote de ligne, l'Horizon de minuit.
Gilkin, Iwan [P] (1858-1924) : la Nuit.
Giraud, Albert (Émile Albert Kayenberg) [P] (1860-1929) : Hors du siècle.
Goffin, Robert [P, Es, R] (1898-1984) : la Proie pour l'ombre, le Voleur de feu, les Filles de l'onde, Sablier pour une cosmogonie, Faits divers, Souvenirs avant l'adieu.
Grevisse, Maurice [Gram] (1895-1980) : le Bon Usage.
Hellens, Franz [E] (1881-1972) : Une femme partagée, le Naïf, Mélusine, Réalités fantastiques, le Jeune Homme, Hannibal.
Krains, Hubert [R] (1862-1934) : le Pain noir (1904), Mes amis (1921).
Lemonnier, Camille [R] (1844-1913) : les Charniers, Un mâle, le Mort (1881), la Belgique (1883), Happe-Chair (1886), Comme va le ruisseau (1903).
Libbrecht, Géo [P] (1891-1976) : Livres cachés.
Linze, Georges [P] (1900) : Poèmes.
Maeterlinck, Maurice [P, D] (1862-1949) : Serres chaudes, Pelléas et Mélisande, Monna Vanna, l'Oiseau bleu, le Trésor des humbles, la Vie des abeilles, la Vie des termites [N. 1911].
Man, Henri de [E, Pol] (1885-1953) : Au-delà du marxisme (1929).
Mockel, Albert [P] (1866-1945) : Propos de littérature, Clartés (1902), la Flamme immortelle.
Mœrman, Ernst [P] (1896-1944) : Fantomas 33, Vie imaginaire de Jésus-Christ.
Norge (Georges Mogin) [P] (1898) : les Râpes, Famines, la Langue verte, les Oignons.
Nothomb, Pierre [R, P] (1887-1966) : la Dame du Pont d'Oye, Norménil.
Nougé, Paul [P, E] (1895-1967) : Histoire de ne pas rire, l'Expérience continue.
Noulet, Émilie [Cr] (1892-1978) : Paul Valéry.
Ombiaux, Maurice des [R] (1868-1943) : le Joyau de la mitre.
Picard, Edmond [Jur.] (1836-1924) : Scènes de la vie judiciaire.
Pirenne, Henri [H] (1862-1935) : Histoire de Belgique.
Pirmez, Octave [Es] (1832-84) : Jours de solitude, Heures de philosophie.
Plisnier, Charles [P, R] (1896-1952) : Faux Passeports (1937), Meurtres, Mariages.

Ray, Jean (Cremer, Jean-Raymond de) [R] (1887-1964) : la Cité de l'indicible peur, les Contes du Whisky, Harry Dickson.
Rodenbach, Georges [P, R] (1855-98) : Bruges-la-Morte, le Carillonneur, le Règne du silence.
Ruet, Noël [P] (1898-1965) : Château d'enfance, Ma blessure chante.
Séverin, Fernand [P] (1867-1931) : la Source au fond des bois.
Thiry, Marcel [P, R] (1897-1977) : Échec au temps, Nouvelles du Grand Possible, Statue de la fatigue, la Mer de la Tranquillité, Toi qui pâlis au nom de Vancouver, l'Ego des neiges.
Tousseul, Jean (Olivier Degée) [R] (1890-1944) : la Légende des dogues, l'Épine blanche.
t'Serstevens, Albert [P, Es, R] (1885-1974) : l'Or du Cristobal.
Van Hasselt, André [P] (1806-74) : Études rythmiques, Quatre Incarnations du Christ, le Livre des ballades romantiques.
Van Lerberghe, Charles [P] (1861-1907) : la Chanson d'Ève.
Vanzype, Gustave [D] (1869-1955) : le Patrimoine, les Autres.
Verboom, René [P] (1892-1955) : la Courbe ardente.
Verhaeren, Émile [P] (1855-1916) : les Villes tentaculaires, les Campagnes hallucinées.
Virrès (H. Briers de Lunay, dit Georges) [R] (1869-1946) : la Glèbe héroïque, la Bruyère ardente.
Vivier, Robert [P, Cr] (1894) : la Route incertaine (1921), le Ménestrier (1924), Délivrez-nous du mal (1936), Mesures pour rien (1947), le Calendrier du distrait (1961), Broussailles de l'espace (1974), le Train sous les étoiles, S'étonner d'être (1977).
Waller, Max (Maurice Warlomont) [P, C, R] (1860-89) : le Naturalisme littéraire, la Flûte à Siebel, Daisy.

Nés après 1900

Bal, Willy [Es] (1916) : Henry Pourrat, Dialectologie.
Baronian, Jean-Baptiste [R] (1940) : le Diable Vauvert.
Bauchau, Henry [R] (1913) : le Régiment noir.
Beck, Béatrice [R] (1914) : Léon Morin prêtre (G. 1952), Cou coupé court toujours, la Décharge, Noli, José dite Nancy, la Mer intérieure, l'Enfant chat (1984).
Bernier, Armand [P] (1902-69) : le Monde transparent, le Sorcier triste.
Bertin, Charles [R, P, D] (1919) : Don Juan, Christophe Colomb, Journal d'un crime, le Bel Age, Psaumes sans la grâce, Chant noir, les Jardins du désert.
Bodart, Roger [P, Es] (1910-73) : Office des ténèbres, les Dialogues européens de Montaigne à Sartre, la Littérature en Belgique, la Tapisserie de Pénélope, la Route du sel.
Bronne, Carlo [E] (1901) : Esquisses au crayon tendre, Léopold Ier et son temps.
Brucher, Roger [P, Es] (1930) : Bibliographie des écrivains de Belgique de 1881 à 1960, Chair de l'hiver, Anthologie des poètes français du Luxembourg.
Chavée, Achille [P] (1906-69) : Décoction II.
Cliff, William [P] (1940) : Marcher au charbon.
Closson, Herman [R, D] (1901-82) : le Jeu des quatre fils Aymon.
Compère, Gaston [P, R] (1924) : Géométrie de l'absence, Portrait d'un roi dépossédé.
Cornélus, Henri [P] (1913-83) : le Vin de rage, Belzébuth.
Curvers, Alexis [P, R] (1906) : Tempo di Roma (1957), Pie XII, le Pape outragé (1964).
Daubier, Louis [P] (1924) : Rêver d'une eau si pure, La nuit veille, Qui tait la vaste parole.
Delépinne, Berthe [P, R, E] (1902) : Ce mal d'être deux, Érasme, la Beauté des choses.
Desnoues, Lucienne [P] (1921) : la Fraîche, le Jardin délivré, la Plume d'oie.
Dubrau, Louis (Louise Scheidt) [P, R] (1904) : l'An Quarante, le Cabinet chinois, A la poursuite de Sandra, A part entière.
Foulon, Roger [P, Es, R] (1923) : l'Envers du décor, le Dénombrement des choses.
Frère, Maud [R] (1923-79) : Mon herbe à moi, les Jumeaux millénaires, le Délice, l'Herbe aveugle.
Gascht, André [P, Cr] (1921) : le Royaume de Danemark.
Gillès, Daniel (Daniel Gillès de Pélichy) [R, E] (1917-81) : les Brouillards de Bruges, Tolstoï, la Rouille, le Festival de Salzbourg.
Haulot, Arthur [P] (1913) : Matins du monde, Espace, Dérivés.
Izoard, Jacques [P] (1936) : Un chemin de sel pur, Poulpes, Papiers.
Jones, Philippe (P. Robert-Jones) [P] (1924) : Amours et Autres Visages, Être selon, Racine ouverte.
Juin, Hubert (Hubert Loescher) [R, P, Cr] (1926) : cycle romantique : les Hameaux.
Kalisky, René [D] (1936-81) : le Pique-nique de Claretta, Pierre-Paolo Pasolini.
Kegels, Anne-Marie [P] (1912) : Chants de la sourde joie, les Doigts verts.
Kinds, Edmond [P, B, Cr] (1907) : le Volet des songes, les Ornières de l'été, Jean Tardieu ou l'Énigme d'exister, le Point mort, le Temps des apôtres.
Lacour, José-André [R, D] (1919) : l'Année du bac, la Mort en ce jardin.
Leys, Simon (Pierre Rickmans) [E] (1935) : Ombres chinoises (1974), Images brisées, la Forêt en feu (1983).
Lilar, Suzanne [E, Dr] (1901) : le Burlador, le Malentendu du deuxième sexe, le Couple, Une enfance gantoise.
Linze, Jacques-Gérard [P, R] (1925) : la Conquête de Prague, l'Étang-cœur, la Fabulation, Danger de mort, Manifestes poétiques, Poèmes de bonheurs insolites.
Lobet, Marcel [Es] (1907) : Écrivains en aveux, la Ceinture de feuillage, l'Abécédaire du meunier, le Fils du temple.
Mallet-Joris, Françoise (Mme J. Delfau née Fr. Lilar) [R] (1930) : le Rempart des Béguines, l'Empire céleste (F. 1958), les Personnages (1960), les Signes et les Prodiges (1966), Allegra (1976), Jeanne Guyon, Dickie Roi, Un chagrin d'amour et d'ailleurs (1981), le Clin d'œil de l'ange (nouvelles 1983), le Rire de Laura (1985).
Marceau, Félicien. Voir France p. 296.
Mertens, Pierre [R, Es] (1945) : l'Inde ou l'Amérique, la Fête des anciens, les Bons Offices.
Michaux, Henri [R] (1899-1984) : Un barbare en Asie, Ailleurs.
Mogin, Jean [D, P] (1921) : A chacun selon sa faim, le Rempart de coton, Un mystère, la Reine des neuf jours.
Moreau, Marcel [R, Es] (1933) : Suintes, Bannières de Bave, A dos de Dieu.
Moulin, Jeanine [P, Cr] (1912) : Manuel poétique d'Apollinaire, Rue Chair et Pain, les Mains nues.
Muno, Jean (Robert Burniaux) [R] (1924) : le Joker, la Brèche, Ripple-marks, Histoires singulières.
Nelod, Gilles [R] (1922) : les Poings, Des conquistadores de la liberté.
Nicolaï, Marie [R] (1923) : Où reposer la tête, la Gagnante, Des vieux jours.
Owen, Thomas (Gérald Bertot) [E, R] (1910) : Hôtel meublé, Pitié pour les ombres et autres contes fantastiques.
Paron, Charles [L] (1918) : Zdravko, Marche-Avant.
Périer, Odilon-Jean [P, R] (1901-28) : le Citadin, le Promeneur, le Passager des anges.
Piron, Maurice [Es, Ph] (1914) : G. Apollinaire et l'Ardenne, Aspects et profil de la culture romane en Belgique.
Poulet, Georges [Cr, Ph] (1902) : Études sur le temps humain.
Radzitzky, Carlos de [P] (1915-85) : Dormeuse, Ophélie, le Commun des mortels.
Rolin, Dominique [R, P] (1913) : le Souffle (1952), le Lit (1960), le For intérieur (1963), la Forêt (1965), Deux (1975), la Voyageuse, l'Enfant-roi (1986).
Savitzkaya, Eugène [R, P] (1955) : la Traversée de l'Afrique, le Cœur de schiste, Plaisirs solitaires, Un jeune homme trop gros.
Scheinert, David [L, R, P] (1916) : le Flamand aux longues oreilles, la Contre-saison.
Schmitz, André [P] (1929) : Pour l'amour du feu, Soleils rauques, Une poignée de jours, Oiseaux, éclairs et autres instants.
Scutenaire, Louis [P, E] (1905) : Mes inscriptions, les Jours dangereux.
Seuphor, Michel [R, Es] (1901) : l'Art abstrait.
Simenon, Georges [R] (1903) : la Mort de Belle, les Inconnus dans la maison, Feux rouges, le Blanc à lunettes, le Pendu de St-Pholien, La neige était sale, En cas de malheur, série des Maigret [(créée dep. 1931), œuvres complètes 330 titres, 72 vol. (1967-73)], Lettres à ma mère (1974), Un homme comme un autre (1975), Des traces de pas (1976), Vent du nord, vent du sud (1976), Mémoires intimes (1981). Voir best-sellers p. 329.
Sion, Georges [D, Es] (1913) : le Voyageur de Forceloup, la Malle de Paméla, Bruxelles ou les Contes des mille et un ans.
Sodenkamp, Andrée [P] (1906) : Femmes des longs matins, la Fête debout.
Steeman, Stanislas-André [R] (1907-70) : l'Assassin habite au 21.
Sternberg, Jacques [R] (1923) : Lettre ouverte aux Terriens, le Cœur froid, Sophie, la mer et la nuit.
Thinès, Georges [R] (1923) : le Tramway des officiers.
Tordeur, Jean [P] (1920) : le Vif, Conservateur des charges.
Vandercammen, Edmond [P, Es] (1901-80) : l'Innocence des solitudes, les Abeilles de septembre, le Sang partagé, Horizon de la vigie.
Vandromme, Pol [E] (1927) : l'Été acide.
Verhesen, Fernand [P, Es] (1913) : les Clartés mitoyennes, Voies et Voix de la poésie française.
Walder, Francis [R] (1906) : la Paix de Saint-Germain ou la Négociation. (G 58).
Weyergans, François [R] (1941) : le Pitre, Macaire le copte.
Weyergans, Franz [R, Es] (1912-74) : l'Opération.
Willems, Paul [D] (1912) : la Ville à voile, les Miroirs d'Ostende.
Wouters, Liliane [P] (1930) : la Marche forcée, le Bois sec, le Gel.

De langue néerlandaise

Anonymes : Karel ende Elegast (cycle Charlemagne) XIIIe s. ; Van den Vos Reinaerde (Roman de Renart) XIIIe s. ; Elckerlyc (Moralité) XIVe s.
Bijns, Anna [Pol] (1493-1575).
Boon, Louis, Paul [R] (1912-79) : le Faubourg s'étend, Menuet.
Claus, Hugo [D, R] (1929) : Sucre, la Fiancée du matin, Vendredi, A propos de Dédée.
Conscience, Hendrik [E] (1812-83) : Lion de Flandre.
Daisne, Johan (Herman Thiery) [P, R, D, Cr] (1912-78) : *Romans :* l'Homme au crâne rasé (1947), les Dentelles de Montmirail (1964).
Elsschot, Willem (A. de Ridder) [R] (1882-1960) : le Feu follet, Villa des roses (1913).
Geeraerts, Jef [R] (1930) : Gangrène, Chasser.
Gezelle, Guido [P] (1830-90) : Chansons et Prières (1862).
Gijsen, Marnix (J.A. Goris) [R] (1899-1984) : le Livre de Joachim de Babylone (1947).
Hadewych [P] : Poèmes strophiques (XIVe s.).
Lampo, Hubert [R] (1920) : la Venue de Joachim Stiller (1960).
Raes, Hugo [E] (1929) : les Rois fainéants (1961).
Roelants, Maurice [R] (1895-1966).
Ruysbroek, l'Admirable [Théo] (1293-1381) : Écrits mystiques.
Ruyslinck, Ward [R] (1929) : les Dormeurs dégénérés (1957).
Streuvels, Stijn [E] (1871-1969).
Teirlinck, Herman [D] (1879-1967).
Timmermans, Félix [E] (1886-1947).
Van Aken, Piet [E] (1920) : Klinkaart (1954).
Van Assenede, Diederik [D] : « Beatrijs », légende dramatique (XIVe s.).
Vandegans, André [Es] (1921) : Anatole France, les Années de formation, la Jeunesse littéraire d'A. Malraux, A. Malraux et l'obsession de la transcendance.
Vandeloo, Jos [R] (1925) : le Danger.
Van Maerlant, Jacob [Ency] (v. 1225-apr. 1321).
Van Ostaijen, Paul [P] (1896-1928) : Ville occupée, le Premier Livre de Schmoll.
Van Veldeke, Hendrik [P] († av. 1200) : Enéide, Chanson.
Van de Woestijne, Karel [P] (1878-1929).
Vermeylen, August [E] (1872-1945) : le Juif errant.
Walschap, Gérard [R] (1898) : Houtekiet, Sœur Virgilia, Noir et Blanc, Un homme de bonne volonté, le Nouveau Deps.

Littérature canadienne

De langue française

Nés avant 1900

Barbeau, Marius [Es] (1883-1969) : Fameux Peaux-Rouges d'Amérique du Nord-Est (1966), le Saguenay légendaire (1967), Louis Jobin statuaire (1968).
Barbeau, Victor [Es] (1896) : Il était une fois (1935), la Face et l'Envers (1966), Dictionnaire bibliographique du Canada français (1974).
Beauchemin, Nérée [P] (1850-1931) : les Floraisons matutinales (1897), Patrie intime (1928).

Bégon, Élisabeth [E] (1696-1755) : Lettres au cher fils [correspondance avec son gendre (1748-53).

Boucher, Pierre [Nat] (1622-1717) : Histoire véritable et naturelle des mœurs et production du pays de la Nouvelle-France (1664).

Buies, Arthur [Es] (1840-1901) : Chroniques canadiennes (1873), la Lanterne d'Arthur Buies (1964), Lettres sur le Canada (1978).

Casgrain, Henri [P] (l'abbé) [Es] (1831-1904) : les Miettes ; distractions poétiques (1869), Une excursion à l'île aux Coudres (1885).

Charbonneau, Jean [P] (1875-1960) : les Blessures (1912), l'Age du sang (1921), Tel qu'en sa solitude (1940), Sur la borne pensive (1952).

Conan, Laure [R] (1845-1924) : Angéline de Montbrun (1884), A l'œuvre et à l'épreuve (1891), l'Obscure Souffrance (1919).

Cremazie, Octave [P] (1827-79).

Fréchette, Louis Honoré [P, E] (1839-1908) : la Légende d'un peuple (1887), Pêle-mêle (1881), Feuilles volantes (1891), Originaux et détraqués (1892).

Garneau, François-Xavier [H] (1809-66) : Histoire du Canada.

Gaspé, Philippe Aubert de [R] (1786-1871) : Anciens Canadiens.

Grignon, Claude, Henri [R] (1894-1976) : les Vivants et les Autres (1922), Un homme et son péché (1933), le Déserteur et autres récits de la terre (1978).

Groulx, Lionel (l'abbé) [H] (1878-1967) : Histoire du Canada français depuis la découverte (1951), les Rapaillages (1916), Mes mémoires (1970-74).

Guèvremont, Germaine [E] (1893-1968) : En pleine terre (1942), le Survenant (1945), Marie-Didace (1956).

Hémon, Louis [R] (1880-1913) : Maria Chapdelaine (1916), la Belle que voilà (1923), Colin-Maillard (1924), M. Ripois et la Némésis (publ. 1950), Lettres à sa famille (1968).

Morin, Paul [P] (1889-1963) : le Paon d'émail (1911), Poèmes de cendre et d'or (1922), Géronte et son miroir (1960).

Nelligan, Émile [P] (1879-1941).

Ringuet, Philippe Panneton dit, [R] (1895-1960) : Trente Arpents (1938), l'Héritage et autres contes (1946).

Roquebrune, Robert de [R] (1889-1978) : les Habits rouges (1948), Testament de mon enfance (1889-1951), la Seigneuresse (1960), Cherchant mes souvenirs (1968).

Rumilly, Robert [H] (1897-1983) : Histoire de la province de Québec (1940-69).

Savard, Félix-Antoine [R] (1896-1982), la Minuit (1948), Menaud, maître draveur (1967), le Bouxeuil (1972).

Sulte, Benjamin [J] (1841-1923) : Mélanges historiques (1918-34).

Nés après 1900

Aquin, Hubert [R] (1929-77) : Prochain épisode (1965), Neige noire (1974).

Barbeau, Jean [D] (1945) : Ben Ur (1971).

Beauchemin, Yves [R] (1941) : l'Enfirouapé (1974), le Matou (1981).

Beaulieu, Victor Lévy [R] (1945) : Race de monde (1969), Monsieur Melville (1978), Satan Belhumeur (1981).

Bergeron, Léandre [H] (1933) : Petit manuel d'histoire du Québec (1970), Dictionnaire de la langue québécoise (1980).

Bersianik, Louky [R] (n.c.) : l'Eugélionne (1976), Maternative : les pré-Ancyls (1980).

Bessette, Gérard [R] (1920) : le Libraire (1960), l'Incubation (1965), les Anthropoïdes (1977), Mes romans et moi (1979).

Blais, Marie-Claire [R] (Québec, 1939) : la Belle Bête (1954), Une saison dans la vie d'Emmanuel (M. 1966), le Loup (1972), A cœur joual (1974), les Nuits de l'underground (1978), le Sourd dans la ville (1979), Visions d'Anna ou le Vertige (1982).

Bosco, Monique [R] (1927) : Charles Lévy, m.d. (1977), Schabbat, 70-77 (1978).

Bourassa, André G. (1936) : Surréalisme et Littérature québécoise (1977).

Brault, Jacques [P] (1933) : Poèmes des quatre côtes (1975), Migration (1979).

Brossard, Nicole [P] (1943) : le Centre blanc (1978), French Kiss (1980), le Sens apparent (1980), Amantes (1980).

Caron, Louis [R] (1942) : les Fils de la liberté, le Bonhomme sept heures.

Carrier, Roch [R, D] (1937) : *Romans :* la Guerre, yes Sir ! (1968), Floralie (1974), le Jardin des délices (1975). *Théâtre :* la Céleste Bicyclette (1980), Les fleurs vivent-elles ailleurs que sur la Terre ? (1980), la Dame qui avait des chaînes aux chevilles (1981), le Cirque noir (1982).

Chamberland, Paul [P] (1939) : Extrême Survivance, extrême poésie (1978), Terre souveraine (1980), le Courage de la poésie (1981).

Choquette, Gilbert [P, R] (1929) : Au loin l'espoir (1959), Interrogation (1962), l'Honneur de vivre (1964), Apprentissage (1966), la Défaillance (1969), la Mort au verger (1975), Un tourment extrême (1979).

Choquette, Robert [P] (1905) : A travers les vents (1925), la Pension Leblanc (1927), Suite marine (1953), Œuvres poétiques (1956), Moi Pétrouchka (1980).

Desbiens, Jean-Paul [E] (1927) : les Insolences du frère Untel (1962), Sous le soleil de la pitié (1973).

Desrochers, Alfred [P] (1901-78) : l'Offrande aux vierges folles (1928), A l'ombre de l'Orford (1929).

Dion, Léon [Soc] (1922) : la Prochaine Révolution (1973), le Québec et le Canada.

Dubé, Marcel [D] (1930) : Un simple soldat (1967), les Beaux Dimanches (1968), le Réformiste (1977), Entre midi et soir, Octobre (1977).

Ducharme, Réjean [Hum] (1941) : les Enfantômes (1976), Ha ha ! (1982).

Ferron, Jacques [R] (1921-85) : la Nuit (1965), le Ciel de Québec (1969), Dr Cotnoir (1973), l'Amélanchier (1977), les Confitures de coing (1977), Rosaire (1981).

Garneau, Hector, De Saint Denis [P] (1912-73) : Regards et Jeux dans l'espace (1937), Journal (1954), Lettres à ses amis (1970).

Garneau, Michel [D] (1925-1971) : les Célébrations, Moments (1973), Quatre à quatre (1974).

Gauvreau, Claude [D] (1925-71) : Œuvres créatrices complètes (1977), Entrails (1981).

Gelinas, Gratien [D] (1909) : Ti-coq (1950), Bousille et les Justes (1960), Hier, les enfants dansaient (1968).

Germain, Jean-Claude [D] (1939) : Un pays dont la devise est je m'oublie (1976), l'École des rêves (1979), Mamours et conjuguat (1979).

Giguère, Diane [R] (1937) : Dans les ailes du vent (1976), L'eau est profonde (1977).

Godbout, Jacques [R] (1933) : l'Aquarium (1962), Salut Galarneau ! (1967), l'Isle au dragon (1976), les Têtes à Papineau (1981).

Granbois, Alain [P] (1900-75) : Rivages de l'homme (1948), Étoile pourpre (1957), Iles de la nuit (1972).

Gurik, Robert [D] (1932) : Hamlet, prince du Québec (1977).

Hébert, Anne [P, R] (1916) : les Songes en équilibre (1942), le Torrent (1950), le Tombeau des rois (1953), les Chambres de bois (1958), le Temps sauvage (1967), Mystère de la parole, Kamouraska (1970), les Enfants du Sabbat (1975), Héloïse (1980), les Fous de Bassan (1982).

Jasmin, Claude [E] (1930) : la Petite patrie (1972), la Sablière, le Veau dort (1979), les Contes du Sommet bleu (1980), Délivrez-nous du mal (1981).

Laberge, Marie [D] (1929) : C'était avant la guerre à l'Anse-à-Gilles (1981).

Langevin, André [R] (1927) : l'Élan d'Amérique (1973), Une chaîne dans le parc (1974), le Fou solidaire (1980).

Langevin, Gilbert [P] (1938) : A la gueule du jour (1959), Chansons et Poèmes (1973-74).

Lapointe, Gatien [P] (1931) : Ode au Saint-Laurent, précédé de : J'appartiens à la terre (1969), Arbre-radar (1980).

Lasnier, Rina [P] (1915) : les Gisants (1963), Matins d'oiseaux (1978), Entendre l'ombre (1981).

Leclerc, Félix [Chan, R] (1914) : Allégro (1945), Pieds nus dans l'aube (1947).

Lemelin, Roger [R] (1919) : Au pied de la pente douce (1944), les Plouffe (1948), Pierre le magnifique (1952), la Culotte en or (1980).

Loranger, Françoise [D] (1913) : Double Jeu (1969), Jour après jour, Un si bel automne (1971).

Maillet, Antonine [R] (1930) : Évangéline Deusse (1975), Mariaagélas (1975), la Sagouine (1976), Corde de bois (1977), Pélagie la charrette [G. 1979], la Gribouille, Crache-à-pic (1984).

Major, André [E] (1942) : l'Épouvantail (1974), les Rescapés, l'Épidémie (1977).

Marcotte, Gilles [R] (1925) : le Poids de Dieu (1962), le Roman à l'imparfait (1976), Anthologie de la littérature québécoise (1978).

Martel, Suzanne [P] (n.c.) : A la découverte du Gotal (1979), Montcorbier (1980).

Martin, Claire [R] (1914) : Dans un gant de fer (1965), Markoosie (1971), La petite fille lit (1973).

Miron, Gaston [P] (1928) : Homme rapaillé (1970), Courtepointes (1975), la Marche à l'amour (1977).

Ouvrard, Hélène [R] (1938) : le Corps étranger (1973), la Noyante (1980), l'Herbe et le Varech (1980).

Paradis, Suzanne [P] (1936) : Pour les enfants des morts (1964), la Voie sauvage (1973), Miss Charlie (1979).

Perrault, Pierre [P] (1927) : Toutes Isles, chroniques de terre et de mer (1963), Chouennes, Poèmes (1975), Gélivures (1977).

Poulain, Jacques [R] (1938) : les Grandes Marées (1978).

Roy, Gabrielle [R] (1909-83) : Bonheur d'occasion (F. 1947), la Petite Poule d'eau (1950), Alexandre Chênevert (1954), la Montagne secrète (1961), la Route d'Altamont (1966), Ces enfants de ma vie, Cet été qui chantait (1972).

Selye, Hans [M] (1907-82) : Stress sans détresse (1974).

Soucy, Jean-Yves [R] (1945) : Un Dieu chasseur (1978), les Chevaliers de la nuit (1980), l'Étranger au ballon rouge (1981).

Thériault, Yves [R] (1915-83) : Aaron (1954), Agaguk (1958), le Dernier Havre (1970), la Fille laide (1970), Moi, Pierre Humeau (1976), les Aventures d'Ori (1979), le Dompteur d'ours (1980), Tayaout, fils d'Agaguk (1981).

Tremblay, Michel [R, D] (1943) : les Belles Sœurs (1968), La grosse femme d'à-côté est enceinte (1979), l'Impromptu d'Outremont (1980), les Chroniques du plateau Mont-Royal.

Trudel, Marcel [H] (1917) : Histoire de la Nouvelle-France (1966), Montréal, la formation d'une société, 1642-1663 (1976).

Vadeboncœur, Pierre [Es] (1920) : Indépendance (1972), l'Autorité du peuple (1977), les Deux Royaumes (1978), To be or not to be (1980).

Vallières, Pierre [Pol] (1938) : Nègres blancs d'Amérique (1968).

Vigneault, Gilles [Chan] (1928) : Étraves (1959), les Gens de mon pays (1967), les Dicts du voyageur sédentaire (1970), Ce que je dis c'est en passant (1970), les Neuf Couplets (1973), Je vous entends rêver (1974), Gilles Vigneault à Paris (1974), les Quatre Saisons de Piquot (1979).

De langue anglaise

Nés avant 1900

Brooke, Frances (Moore) [R] (1724-1789) : the History of Emily Montague (1769).

Campbell, Wilfred [P] (1861-1918) : The Collected Poems (1905).

Carr, Emily (Artiste) (1871-1945) : Klee Wyck (1941).

Connor, Ralph (Rev. Charles William Gordon, dit) [R] (1860-1937) : Glengarry School Days (1902), the Man from Glengarry (1901).

De la Roche, Mazo [R] (1879-1961) : Jalna (15 romans).

Grove, Frederick Philip [E] (1879-1948) : Settlers of the Marsh (1925).

Haliburton, Thomas Chandler [Hum] (1796-1865) : Sam Slick the Clockmaker (1823).

Jenness, Diamond [Ethn] (1886-1969) : the Indians of Canada (1963).

Kirby, William [R] (1817-1906) : the Golden Dog : le Chien d'or (1884).

Lampman, Archibald [P] (1861-1899).

Leacock, Stephen Butler [Hum] (1869-1944) : Sunshine Sketches of a Little Town (1912), Literary Lapses (1910).

Montgomery, Lucy Maud [R] (1874-1942) : Anne of Green Gables (1908).

Moodie, Susanna (Strickland) [Pros] (1803-1885) : Roughing It in the Bush ; or Life in Canada (1852).

Parker, Gilbert [R] (1862-1932) : the Seats of the Mighty (1896).

Pratt, E.J. [P] (1883-1964) : the Titanic (1935), Collected Poems (1958).

Richardson, John [R] (1796-1852) : Wacousta or the Prophecy. A Tale of the Canadas (1832).

Roberts, Charles G.D. [P] (1860-1943) : Orion, and Other Poems (1880).

Sangster, Charles [P] (1822-93).

Scott, Duncan Campbell [P] (1862-1947).

Scott, Francis Reginald [P, Pol] (1899-1985) : Selected Poems (1966), Essays on the Constitution (1977).

Service, Robert William [P] (1874-1958).

Seton, Ernst Thompson [Nat, R] (1860-1946).

Traill, Catharine Parr [Pros] (1802-99) : the Backwoods of Canada (1836).

Wilson, Ethel Davis [R] (1890-1980) : Swamp Angel (1954).

Nés après 1900

Acorn, Milton [P] (1923), I've tasted my blod (1969).
Adachi, Ken [P, H] (1928) : Japanese Canadians (1976).
Atwood, Margaret [P, R] (1939) : Selected Poems (1976), the New Oxford Book of Canadian Verse in English (1982), Surfacing (1972), Bodily Harm, True Stories (1981), Bluebird's Egg (1983).
Berton, Pierre [H] (1920).
Birney, Earle [P, R] (1904) : Turvey, a military picaresque (1949), Fall by Fury and Other Makings (1978), the Collected Poems (1975).
Bolt, Carol [D] (1941) : Red Emma : Queen of the Anarchists (1973).
Bowering, George [P, R] (1935) : Burning Water (1980).
Buckler, Ernest [R] (1908) : the Mountain and the Valley (1952).
Callaghan, Morley [R] (1903) : Such is My Beloved (1934), More Joy in Heaven (1937), the Loved and the Lost (1951), That Summer in Paris (1963).
Cohen, Leonard [P] (1934) : Spice-box of Earth (1961).
Cohen, Matt [R] (1943) : the Disinherited (1974), Coles, Don, the Prinzhorn Collection.
Creighton, Donald Grant [H], John A. Mac Donald (1955), Dominion of the North (1957).
Davies, Robertson [R, D] (1933-85) : the Glassy Sea (1979), Lunatic Villas (1982), the Jattoed Woman (1985).
Engel, Marian [R] (1913) : Fifth Business (1970), the Maintenance (1972), World of Wonders (1975).
Engels, Marian [R] (1933) : Bear (1976).
Findley, Timothy [R] (1930) : the Wars (1977), Famous Last Words (1981).
Freeman, David [D] (1945) : Creeps (1972).
Frye, Northrop [Cr] (1912), The Great Code : the Bible and Literature (1982).
Gallant, Mavis [R] (1922) : Home Truths (1981).
Gibson, Graeme [R] (1934) : Perpetual Motion (1982).
Glassco, John [E] (1909-81) : Memoirs of Montparnasse (1970).
Godfrey, Dave [R] (1938) : the New Ancestors (1970).
Gray, John [D] (1946) : Billy Bishop Goes to War (1981).
Gwyn, Richard [J] (1934), the Northern Magus : Pierre Trudeau and Canadians (1979).
Harlow, Robert [R] (1923) : Scann (1972), Paul Nolan (1983).
Herbert, John [D] (1926) : Fortune and Men's Eyes (1967).
Hodgins', Jack [R] (1938) : Spit Delaney's Island (1976).
Jones, Douglas Gordon [P] (1929).
Kinsella, W.P. [R] (1935) : Dance Me Outside (1977), Shoeless Joe Jackson comes to Iowa (1980), Shoeless Joe (1982).
Klein, A.M. [P, R] (1909) : the Second Scroll (1951).
Kroetsch, Robert [R] (1927) : the Studhorse Man (1969).
Laurence, Margaret [R] (1926) : the Diviners (1974), the Stone Angel (1964).
Layton, Irving [P] (1912), the Collected Poems (1981).
Lee, Dennis [P] (1939), the Gods (1979).
Livesay, Dorothy [P] (1909) : Ice Age (1975), the Woman I Am (1977).
Lowry, Malcolm [R] (1909-57) : Under the Volcano (1947).
McCall-Newman, Christina [J, H] (1936), Grits : an Intimate Portrait of the Liberal Party (1982).
MacLennan, Hugh [R] (1907) : Two Solitudes (1945), The Watch that Ends the Night (1958), Voices in Time (1980).
McLuhan, Marshall [Soc] (1911-80).
Maillard, Keth [R] (1942) : the Knife in my Hands (1981), Cutting through (1982).
Mitchell, W.O. [R] (1914) : Who has Seen the Wind (1947).
Moore, Brian [R] (1921) : the Luck of Ginger Coffey (1960).
Mowat, Farley [R, Ethn, Polé] (1921) : People of the Deer (1952), Sibir ; My discovery of Siberia (1970), And No Birds Sang (1979).
Munro, Alice [R] (1931) : Lives of girls and women (1971), Who do you Think You Are ? (1978), the Moons of Jupiter (1982).
Newlove, John [P] (1938) : the Fat Man.
Newman, Peter C. [J] (1929), The Establishment Man (1982).
Nowlan, Alden [P] (1933-84) : Bread, Wine and Salt (1967).
O'Hagan, Howard [R] (1902) : Tay John (1939).
Ondaatje, Michael [P, R] (1943) : the Collected Works of Billy the Kid (1970), There's a Trick with a Knife I'm Learning to do (1979), Running in the Family (1982).
Ormsby, Margaret A. [H] (1909) : British Columbia : a History (1959).
Page, P.K. [P] (1916), Evening Dance of the Grey Flies (1981).
Porter, John [Soc] (1921-79) : the Vertical Mosaic (1965).
Reaney, James [P] (1926) : Poems (1972), the Dismissal : or, Twisted Beards & Tangled Whiskers (1978).
Richler, Mordecai [R] (1931) : the Apprenticeship of Duddy Kravitz (1959).
Ritchie, Charles [Pol] (1906) : the Siren Years : a Canadian Diplomat Abroad (1974).
Rooke, Leon [R] (1934) : Fat Woman (1980), Shakespeare's Dog (1983).
Ross, Sinclair [R] (1908) : As for Me and My House (1941).
Simpson, Jeffrey Carl [H] (1949), Discipline of Power (1980).
Skelton, Robin [P] (1925) : Selected Poems, 1947-1967 (1968).
Smart, Elizabeth [R] (1913) : By Grand Central Station I Sat Down and Wept (1945).
Stewart, Roderick [B] (1934) : Bethune (1973).
Suknaski, Andrew [P] (1942) : Wood Mountain Poems (1976).
Vanderhaege, Guy [R] (1951) : Man Descending : Selected Stories (1982).
Wade, Mason [H] (1913) : the French Canadians, (1968).
Watkins, Mel [Soc, Pol] (1932) : the Dene Nation : Colony Within (1977).
Watson, Sheila [R] (1909) : the Double Hook (1959).
Webb, Phyllis [P] (1927) : Selected Poems : the Vision Tree (1982).
Wiseman, Adele [R] (1928) : the Sacrifice (1956), Crackpot (1979), Letter to the past : an autobiography (1982).
Woodcock, George [H, P, R] (1912) : Gabriel Dumont.

Littérature espagnole

XIIe-XVe siècle

Lyrisme catalan. Branche de la poésie lyrique des troubadours occitans, qui se maintient vivace à Barcelone, puis à Valence ; pratique en outre l'allégorisme des poètes français d'oïl. Raymond Lulle (1235-1315), Ausias March (1397-1459), Jaume Roïg (1409-78).

Poèmes chevaleresques. Sous le nom de romanceros se sont constitués des recueils de récits chevaleresques (versifiés), sans grande originalité, de même type que les poèmes épiques français. Au XVe s., Garcia Rodriguez de Montalvo (dates inconnues) crée dans leur tradition le roman de chevalerie : Amadis de Gaule, qui servira de modèle à toute la littérature romanesque européenne entre 1650 et 1750.

XVIe-XVIIe siècle

Gongorisme. Appelé aussi cultéranisme. Expression littéraire recherchée et compliquée de sentiments raffinés. Dans la tradition d'une des écoles des troubadours occitans qui ont fleuri en Espagne au Moyen Age, celle du *trobar clus* (poésie hermétique). Luis de Gongora (1561-1627), les frères Argensola : Bartolomé (1559-1631), Lupercio (1563-1613).

Picarisme. Roman de l'antihéros. Par opposition aux personnages idéalisés de l'Amadis de Gaule, se crée une école réaliste, satirique et sarcastique, dont les personnages sont des coquins et des antisociaux. Dans l'œuvre de Miguel de Cervantès (1547-1616), Sancho Pança appartient au type picaresque (et Don Quichotte est un Amadis ridiculisé) ; Mateo Alemán (1547?-1614), Vincente Espinel (1550-1624), Lazarillo de Tormès (1554, anonyme), Francisco Lopez de Ubeda (1558-80).

Mystiques. Écrivains spirituels n'ayant pas l'intention de faire œuvre littéraire, mais ayant exercé une influence capitale sur la littérature religieuse européenne. Sainte Thérèse d'Avila (1515-82), saint Jean de la Croix (1542-91).

XIXe-XXe siècle

Génération de 1898. Réaction contre la tendance à la rhétorique qui a caractérisé la littérature espagnole du XVIIe au XIXe s. Cherche à exprimer en langage dépouillé les sentiments profonds du peuple espagnol : sens moral chrétien et inquiétude patriotique. Miguel de Unamuno (1864-1936), Jacinto Benavente (1866-1954), Pio Baroja (1872-1956), Azorin (1874-1967), Antonio Machado (1875-1939), Ramiro de Maeztu (1875-1936).

Génération de 1927. Alberti, D. Alonso, V. Aleixandre, Altolaquirre, Bergamin, Buñuel, J. Gvilleu, Lorca.

Nés entre 1100 et 1400

Anonymes : Le Poème du Cid (Cantar de mio Cid) (vers 1140), Roncevaux, les Sept Enfants de Lara, la Grande Conquête d'outre-mer (XIIIe s.), les Enfances du Cid, Danses de la mort (XIVe s.).
Alphonse X le Savant [P, H, E] (1221-84) (roi de Castille et empereur d'Allemagne) : Cantiques de sainte Marie, Première Chronique générale.
Avicébron (Salomon ibn Gabirol) [Ph] (juif esp. v. 1020-v. 1058) : la Source de vie.
Berceo, Gonzalo de [E] (v. 1198-apr. 1264) : les Miracles de Notre-Dame.
Juan Manuel, l'Infant [Mor] (1282-1348) : les Exemples du comte Lucanor.
López de Ayala, Pedro [H] (1332-1407).
Lulle Raymond (bienheureux) surnommé le Docteur illuminé [Ph, alchimiste] (v. 1235-1315) : Ars magna.
Maimonide, Moïse [Médecin, Théo, Ph] (juif esp. 1135-1204) : le Guide des égarés.
Mendoza, Iñigo López de (Mis de Santillana) [P] (1398-1458) : Sonnets.
Pérez de Guzmán, Hernán [P, H, E] (v. 1378-v. 1458).
Ruiz, Juan (archiprêtre de Hita) [P] (V. 1285-v. 1350) : le Livre de bon amour.
Sem Tob, le rabbi [Mor] (v. 1300-v. 1350) : Proverbes moraux.

Nés entre 1400 et 1500

Boscán, Juan [P] (v. 1495-1542).
Castillejo, Cristobal de [P] (V. 1490-1556).
Cortés, Hernán [H] (1485-1547) : Lettres sur la conquête du Mexique.
Diaz del Castillo, Bernal [Chr] (1492-1580 ?) : Véritable Histoire de la conquête de la Nouvelle-Espagne (posth. 1632).
Encina, Juan del [D, P] (1469-v. 1529) : Églogues : Cristino et Febea (1509).
Guevara, Fray Antonio de [E, H] (1480-1548) : l'Horloge des princes, Épîtres familières.
Las Casas, Fray Bartolomé de [H] (1474-1566) : Histoire générale des Indes (1552).
Manrique, Gómez [P] (1413-v. 1491).
Manrique, Jorge [P] (v. 1440-79) : Stances sur la mort de son père.
Mena, Juan de [P] (1411-56) : Labyrinthe de fortune.
Padilla, Juan de [P] (1468-1521).
Rojas, Fernando de [D] (1465-1541) : la Célestine (1499).
Torres Naharo, Bartolomé de [D] (1475-v. 1531) : Hyménée (v. 1515).
Vives, Juan Luis [Ph] (1492-1540).

Nés entre 1500 et 1600

Anonyme : le Romancero (recueil de poésies).
Alcazar, Baltasar de [P] (1530-1606).
Alemán, Mateo [R] (1547-1614) : Vie et Aventures de Guzmán de Alfarache (1599).
Balbuena, Bernardo de [P, H] (1568-1627).
Castillo y Solórzano, Alonso de [R] (1584-1648) : Hist. et Av. de Doña Rufina.
Castro y Belluis, Guillén de [D] (1569-1631) : les Enfances du Cid (1618).
Cervantes Saavedra, Miguel de [R] (1547-1616) : Don Quichotte de la Manche (1605-16), Nouvelles exemplaires (1613). — *Biogr. :* famille noble et pauvre de Alcalá de Henares (N.-Castille) ; études à l'université. *1569* cherche fortune en Italie. *1570* s'engage dans l'armée. *1571* combat à Lépante ; mutilé de la main gauche. *1573-75* combat en Afrique du N. *1575-80* prisonnier des Barbaresques ; racheté 500 écus. *1581-83* combat aux Açores et en Algérie. *1584* épouse Catalina de Palacios et s'installe à Esquivias, près

de Madrid. *1588-1603* commissaire aux vivres de la flotte d'Amérique (séjourne surtout en Andalousie). *1603* s'installe près de la Cour, vivant chichement de la vente de ses livres et de ses comédies, d'abord à Valladolid (1603-06), puis à Madrid.

Céspedes y Meneses, Gonzalo de [P, R] (v. 1585-1638).

Ercilla y Zuñiga, Alonso de [P, H] (1533-94) : l'Araucana (1569-89).

Espinel, Vicente [R] (1550-1624) : Vie de l'écuyer Marcos de Obregón.

Garcilaso de la Vega [P] (1503-36) : Églogues, Élégies.

Góngora, Luis de [P] (1561-1627) : Sonnets, Romances, Polyphème, les Solitudes.

Herrera, Fernando de [P] (1534-97).

Hurtado de Mendoza, Diego [P, H] (1503-75) : on lui attribue la Vie de Lazarillo de Tormes (v. 1526 ; publ. 1554).

Jean de La Croix, saint [P] (1542-91) : Cantique spirituel, Ascension du mont Carmel, Nuit obscure de l'âme.

Leonardo de Argensola, Lupercio [P] (1563-1613) et Bartolomé [P, H] (1559-1631) : Poésies (1634).

Lope de Vega, Félix [R, D, P] (1562-1635) : Dorothée (1596), Arcadie (1598), l'Étranger dans sa patrie (1604), Odes (1609), Découverte du Nouveau Monde (1614), Peribañez et le Commandeur Ocaña, Fontaux-Cabres, le Chien du jardinier (1618), Aimer sans savoir qui (1630), Le meilleur alcade, c'est le roi (1635). – *Biogr. :* noblesse asturienne, fixée à Madrid ; études chez les Théatins de Madrid, puis à l'université de Alcalá. *1582* prend part à l'expédition des Açores. *1583-87* secrétaire du Mis de las Navas. *1588* enlève et épouse Isabel de Urbina et s'engage dans l'Invincible Armada. *1588-95* fait partie de la maison du duc d'Albe, puis du marquis d'Alpica. *1598* veuf, se remarie (2 enfants). *1605* Déjà célèbre comme écrivain, est pris en charge par le duc de Sessa. *1614* veuf pour la 2e fois, se fait prêtre (chapelain du duc de Sessa jusqu'à sa mort). *1627* le pape Urbain VIII le nomme docteur du Collegium Sapientiae et membre de l'ordre de St-Jean (on l'appelle dès lors Fray Lope).

Luis de Granada, Fray (Or, Théo) (1504-88) : Guide des pécheurs (1556).

Luís de León, Fray [P] (v. 1527-91) : les Noms du Christ (posth. 1631).

Mariana, Juan de [H] (1536-1624) : Histoire d'Espagne.

Montemayor, Jorge de [R, P] (v. 1520-61) : Cancionero (1554), la Diane (1559).

Pérez de Hita, Ginés [H] (v. 1544-v. 1619) : Guerres civiles de Grenade (1595).

Quevedo y Villegas, Francisco Gómez de [E] (1580-1645) : les Songes, Histoire de la vie du Buscón, Sonnets.

Rueda, Lope de [D] (v. 1510-65).

Ruiz de Alarcón, Juan [D] (v. 1581-1639) : l'Examen des maris, la Vérité suspecte (1630), le Tisserand de Ségovie.

Suarez, Francisco (jés.) [Ph, Théo] (1548-1617) : Défense de la foi.

Suarez de Figueroa, Cristobal [Mor, P] (1571-1645?) : le Passager (1617).

Thérèse d'Avila, sainte (de Cepeda y Ahumada ; en religion : Th. de Jésus) [Théo] (1515-82) : Autobiographie (1565), Chemin de la perfection (publ. 1585), Fondations, Château intérieur (1577).

Tirso de Molina (Fray Gabriel Téllez, dit) [D, R] (v. 1583-1648) : le Timide à la cour (1624), les Jardins de Tolède (1624-31), le Séducteur de Séville (1630), les Amants de Teruel (1635).

Valdés, Juan de [E] (v. 1500-41) : Dialogue sur le langage.

Vélez de Guevara, Luis [D, H] (1579-1644) : le Diable boiteux, la Reine morte, Théâtre.

Virués, Cristóbal de [P] (1550-apr. 1609).

Nés entre 1600 et 1800

Bretón de los Herreros, Manuel [E] (1796-1873) : Marcelle, Descendre de son alpage, Meurs et tu verras, l'École du mariage (1852).

Caballero, Fernán (Cecilia Böhl de Faber) [H] (1796-1877) : Clemencia, la Famille Alvareda, la Mouette.

Cadalso, José [D, P] (1741-82) : Lettres marocaines (1789), Nuits lugubres.

Calderón de La Barca, Pedro [E, D] (1600-81) : La vie est un songe (1631), la Dévotion à la Croix (1634), l'Alcade de Zalamea (1636), le Médecin de son honneur (1637), la Fille séduite par Gomez Arias (1672).

Quelques personnages de la littérature espagnole

Le Cid : « romancero » anonyme (xve siècle) (héros chevaleresque).

La Célestine : la tragi-comédie Calixte et Melibée (1499) attribuée à Fernando de Rojas (une entremetteuse).

Lazarillo de Tormes : roman anonyme de même titre (1554) (jeune aventurier picaresque).

Matamore : comédies populaires (xvie siècle) (un fanfaron vantard et peureux).

Don Quichotte : le récit en prose Don Quichotte de la Manche (1605) par Miguel de Cervantes (héros chevaleresque caricaturé).

Sancho Pança : même ouvrage (le bonhomme terre à terre).

Don Juan : la tragi-comédie le Séducteur de Séville (1630) par Tirso de Molina (grand seigneur impie et débauché).

Feyjóo, Benito [E] (1676-1764) : Théâtre critique, Lettres érudites et curieuses.

Gracián y Morales, Balthasar [D, E] (1601-58) : le Héros, l'Homme de cour, Finesse et Art du bel esprit, Criticón.

Iriarte, Tomás de [D, P] (1750-91) : Fables.

Isla, Padre Francisco de [E] (1703-81) : Fray Gerundio (1758).

Jovellanos, Gaspar Melchior de [E] (1744-1811) : le Délinquant honnête (1774).

La Cruz Cano, Ramón de [H] (1731-94).

Luzán, Ignacio de [P] (1702-54).

Meléndez Valdés, Juan [P] (1754-1817).

Moratín, Leandro Fernández de [D] (1760-1828) : le Oui des jeunes filles (1805), la Comédie nouvelle (posth. 1838).

Moreto y Cabaña, Agustín [D] (1618-69) : Dédain pour dédain.

Quintana, Manuel José [EP] (1772-1857). Vies des Espagnols célèbres, Poésies.

Rivas, Ángel de Saavedra, duc de [P] (1791-1865) : Romances historiques, la Force du destin.

Rojas y Zorrilla, Francisco de [D] (1607-48) : Garcia del Castañar.

Samaniego, Félix Maria [P] (1745-1801) : Fables morales (1781).

Sols, Antonio de [H] (1610-86) : Hist. de la conquête du Mexique.

Nés entre 1800 et 1900

Alarcón, Pedro Antonio de [R] (1833-91) : le Scandale, Journal d'un témoin de la guerre d'Afrique, le Tricorne.

Aleixandre y Merlo, Vicente [P] (1898-1984) : Des épées comme des lèvres (1932), la Destruction de l'amour (1934), Ombre du paradis (1944), Histoire du cœur (1954) [N 1977].

Alonso, Dámaso [P, Es] (1898).

Azorin (José Martinez Ruiz, dit) [E, R] (1874-1967) : la Volonté (1902), Sur la route de Don Quichotte, Castille, Doña Inés.

Barea, Arturo [R] (1897-1957) : la Forge d'un rebelle (1951), la Route.

Baroja, Pío [R] (1872-1956) : la Maison Aizgorri, Zalacaín l'aventurier, Chemin de perfection, Paradox roi.

Bécquer, Gustave Adolfo [P] (1836-70) : Poésies, Légendes espagnoles.

Benavente y Martinez, Jacinto [D] (1866-1954) : le Nid d'autrui (1894), les Intérêts créés (1907), la Mal-Aimée (1913) [N. 1922].

Bergamin, José [E, P, D, Es] (1895-1983).

Blasco Ibanez, Vicente [R] (1867-1928) : Terres maudites (1899), Boue et Roseaux (1902), la Cathédrale (1907), Arènes sanglantes (1908), les Quatre Cavaliers de l'Apocalypse (1916).

Campoamor, Ramón de [P] (1817-1901).

Casona, Alejandro (Rodriguez Alvarez) [D] (1900-65) : Notre Natacha, Les arbres meurent debout, la Dame de l'aube (1963).

Castro, Américo [PH, Es] (1885-1972).

Clarín (Leopoldo Alas, dit) [R, Cr] (1852-1901) : la Régente (1884), Essais critiques, Contes.

Coloma, Luis [R] (1851-1914) : Bagatelles.

Diego, Gerardo [P] (1896).

Echegaray, José [D] (1832-1916) : le Grand Galeoto, le Fils de Don Juan [N. 1904].

Espronceda, José de [P] (1808-42) : l'Étudiant de Salamanque, le Diable-Monde.

Felipe, Léon (Felipe Camino Galicia) [P] (1884-1968).

Ganívet, Angel [R, Cr] (1865-98) : Idearium español, Grenade-la-Belle.

García Lorca, Federico [D, P] (1898-1936) : Romancero gitan (1928), Noces de sang (1933), Yerma (1934), la Maison de Bernarda Alba (1936). – *Biogr. :* riche famille de propriétaires terriens andalous, de tradition républicaine et libérale ; école primaire dans son village natal (Fuentevaqueros près de Grenade), puis au Sacré-Cœur de Grenade. *1915-23* licence de droit à Grenade ; pratique surtout musique (piano) et dessin. *1918-27* vit à Madrid, donnant des récitals de poésie et piano. *1928-30* séjour en Amérique ; s'initie au jazz. *1931* avènement de la République : nommé directeur du Théâtre universitaire et populaire (itinérant). *1933* tournée théâtrale et de conférences en Argentine. *1936* dénoncé aux franquistes par un homosexuel grenadin (vengeance personnelle) ; fusillé le 19-8.

Gómez de La Serna, Ramón [P] (1888-1963) : Greguerías, Gustave l'incongru.

Guillén, Jorge [P] (1893-1984) : Cantique (1928).

Hartzenbusch, Juan Eugenio [D] (or. all. 1806-80) : les Amants de Teruel (1837).

Jiménez, Juan Ramón [P] (1881-1958) : Chansons tristes (1903), Platero et moi (1914), Journal d'un poète nouveau marié (1916), Éternités (1918) [N. 1956].

Larra, Mariano José de [P, E] (1809-37) : Articles de mœurs.

La Torre, Claudio de [R] (1896-1973) : Hôtel Terminus.

Machado, Antonio [P] (1875-1939) : Solitudes et Galeries, Paysages de Castille, (1912), Pages choisies (1917), Poésies complètes (1917).

Machado, Manuel [P] (son frère) (1874-1947), Julianillo Valcárcel (1926).

Madariaga, Salvador de [Pol] (1886-1978) : Anglais, Français, Espagnols (1929), l'Espagne, Essai d'histoire contemporaine (1978).

Maeztu, Ramiro de [Es] (1874-1936) : la Crise de l'humanisme.

Marañon, Gregorio [H] (1888-1960) : Don Juan (1939).

Marquina, Eduardo [P, R, D] (1879-1946) : Coucher de soleil en Flandre.

Martinez Sierra, Gregoria [E] (1881-1947) : Drames, Printemps en automne.

Menéndez Pidal, Ramón [H] (1869-1968) : l'Espagne du Cid (1929 et 1947).

Menéndez y Pelayo, Marcelino [H, Cr] (1856-1912) : Histoire des hétérodoxes espagnols.

Miró, Gabriel [R] (1879-1930) : Notre Père San Daniel, l'Évêque lépreux.

Nuñez de Arce, Gaspar [D, P] (1834-1903).

Ors y Rovira, Eugenio d' [Es] (1882-1954) : la Civilisation dans l'histoire.

Ortega y Gasset, José [Ph, Es] (1883-1955) : l'Espagne invertébrée, Thèmes de notre temps (1923), la Révolte des masses (1930), le Spectateur tenté.

Palacio Valdés, Armando [R] (1853-1938) ; José (1885), Riverita (1886), le Quatrième Pouvoir (1888), le Village perdu (1911).

Pardo Bazán, Emilia [R] (1852-1921) : le Château d'Ulloa (1886).

Pereda y Porrua, José Maria de [R] (1833-1906) : Sotileza (1893), Sur les hauteurs.

Pérez de Ayala, Ramón [R] (1881-1962) : Apollonius et Bellarmin (1921), Juan le tigre (1926).

Pérez Galdós, Benito [R, D] (1843-1920) : Épisodes nationaux, Doña Perfecta (1887), l'Interdit (1884), Fortunata y Jacinta (1887), Angel Guerra, Nazarín (1895), Miséricorde (1897).

Rueda Santos, Salvador [P] (1857-1933).

Salinas, Pedro [P] (1891-1952) : la Voix qui t'est due (1933), Raison d'amour (1936).

Unamuno, Miguel de [P, Ph] (1864-1936) : *Essais :* l'Essence de l'Espagne (1895-1902), le Sentiment tragique de la vie (1913), Brouillard (1914). *Poésie :* Cancionero (posth. 1953).

Valera, Juan [E, P] (1824-1905) : Pepita Jimeñez, la Grande Jeannette, Doña Luz.

Valle-Inclán, Ramón del [D, R, P] (1869-1936) : *Théâtre :* Comédies barbares (1907-22), Divines Paroles (1920), Lumières de Bohême (1924). *Roman :* Sonates (1902-05), Fleur de sainteté (1907), Jardin ombreux (1905), la Guerre carliste.

Zorrilla, José [D, P] (1817-93) : Don Juan Tenorio.

Nés depuis 1900

Alberti, Rafael [D, P] (1902) : le Marin à terre, Sur les anges, Élégie civique, le Repoussoir.

Arbo, Sebastian-Juan [R, Es] (1902) : l'Inutile Combat, Terres de l'Èbre, Sous les pierres grises.

Aub, Max [R] (1903-72) : le Labyrinthe magique, Jusep Torres Campalans, les Bonnes Intentions.

Benet, Juan [R] (1927) : Tu reviendras au pays.

Caballero Bonald, J.M. [R, P] (1926) : Deux Jours de septembre.

Cela, Camilo José [R] (1916) : San Camilo (1936), la Famille de Pascual Duarte (1942), Voyage en Alcarria, la Ruche (1951), Office des ténèbres (1969).

Celaya, Gabriel [P] (1911) : l'Irréductible diamant (1957).

Cernuda, Luis [P] (1902-64) : la Réalité et le Désir (1936).

Corrales Egea, José [R] (1919) : l'Autre face (1960), Semaine de passion (1976).

Delibes, Miguel [R] (1920) : le Chemin (1950), la Feuille rouge (1959).

Espriu, Salvador [P] (1913-85) : la Peau de taureau.

Fernandez de La Reguera, Ricardo [R] (1914) : Quand vient la mort, le Poids des armes (1954).

Fernandez Santos, Jesus [R] (1926) : les Fiers (1954).

García Hortelano, Juan [R] (1928) : Orage d'été (1962).

García Pavón, Francisco [R] (1919) : les Sœurs rouquines, le Rapt des Sabines, Nouvelles Histoires de Pline.

Gironella, José Maria [R] (1917) : Les Cyprès croient en Dieu, Un million de morts, Un homme.

Goytisolo, Juan [R] (1931) : Jeux de main, Deuil au paradis, le Ressac, Pièces d'identité, Don Julien, Juan sans terre (1977).

Goytisolo-Gay, Luis [R] (1935) : Du côté de Barcelone.

Grosso, Alfonso [R] (1928) : la Procession.

Hernández, Miguel [P] (1910-42) : l'Enfant laboureur (1953).

Herrera Petere, José [P] (1910) : Arbre sans terre, Dimanche vers le sud.

Laforet, Carmen [R] (1921) : Nada (Rien).

Lera, Angel Maria de [R] (1912) : les Trompettes de la peur, la Noce, les Derniers Étendards.

López Pacheco, Jesus [P, R] (1930) : Centrale électrique, Je jure sur l'Espagne.

López Salinas, Armando [R] (1925) : la Mine, Chaque jour compte en Espagne.

March, Susana [E] (1918) : les Ruines et les Jours.

Marsé, Juan [C] (1933) : Enfermés avec un seul jouet, Derniers Soirs avec Thérèse.

Martín Gaite, Carmen [E] (1925) : A travers les persiennes (1958).

Martín Santos, Luis [R] (1924-64) : les Demeures du silence.

Matute, Ana María [R] (1926) : le Temps, Plaignez les loups, les Brûlures du matin, les Soldats pleurent la nuit, la Trappe, la Tour de guet.

Mendoza, Eduardo [R] (1943).

Otero, Blas de [P] (1916) : Je demande la paix et la parole, Parler clair.

Quiroga, Elena [R] (1921) : la Sève et le Sang (1954).

Rios, Julian [E] (1941).

Romero, Luis [R] (1916) : la Noria, les Autres.

Sánchez Ferlosio, Rafael [R] (1927) : Inventions et Pérégrinations d'Alfanhui, les Eaux du Jarama.

Sastre, Alfonso [D] (1926) : l'Escouade marche à la mort, Ana Kleiber, Guillaume Tell a l'air triste, le Corbeau.

Semprun, Jorge [R], (1923) : le Grand Voyage (1963), La guerre est finie (1966), l'Évanouissement (1967), la Deuxième Mort de Ramón Mercader (F. 1969), Quel beau dimanche (1980).

Sender, Ramón [R] (1902) : Contre-Attaque en Espagne, Noces rouges, le Roi et la Reine, la Sphère, le Bourreau affable.

Serrano Plaja, Arturo [P] (1910) : Ombre indécise (1934), Exil éternel (1936).

Torrente Ballester, Gonzalo [R] (1910).

Littérature hispano-américaine

Acuña, Manuel (Mexique) (1849-73, suicidé).

Alcorta, Gloria (Argentine) [E] : l'Hôtel de la Lune.

Alegría, Ciro (Pérou) [P, R] (1909-67) : Vaste est le monde (1941).

Amorim, Enrique (Uruguay) [R, P] (1900-60) : la Roulotte (1932).

Arenas, Reinaldo (Cuba) [R] (1943) : le Monde hallucinant, le Puits, le Palais des très blanches mouffettes.

Arguedas, Alcides (Bolivie) [H, R] (1879-1946) : Race de bronze.

Arguedas, José Maria (Pérou) [E] (1914-69) : les Fleuves profonds, Tous sangs mêlés.

Arreola, Juan José (Mexique) [R] (1925) : Confabulario, la Foire.

Arrufat, Anton (Cuba) [P, R] (1938).

Asturias, Miguel Angel (Guatemala) [P, R] (1899-1974) : *Romans :* Légendes du Guatemala, Monsieur le Président (1946), Hommes de maïs (1949), l'Ouragan, le Pape vert, les Yeux des enterrés, Une certaine mulâtresse, le Miroir de Lida Sal, le Larron qui ne croyait pas au ciel, Trois des quatre soleils, Vendredi des douleurs (1972). *Poésies :* Messages indiens, Claire veillée de printemps [N. 1967].

Azuela, Mariano (Mexique) [R, E] (1873-1954) : Mauvaise Graine, Ceux d'en bas.

Barnet, Miguel (Cuba) [E] (1940) : Esclave à Cuba (1966).

Barreiro-Saguier, Rubén (Paraguay) (1930) : Pacte du sang (1971).

Barrios, Eduardo (Chili) [R] (1884-1950) : Frère Ane (1923).

Bello, Andrés (Venezuela) [P] (1781-1865).

Benedetti, Mario (Uruguay) [E] (1920) : Avec et sans nostalgie (1978), la Trêve.

Biancotti, Hector (Argentine) [R] (1930) : les Voyages dorés, Celle qui voyage la nuit, Traité des saisons (1977). Sans la miséricorde du Christ (1985).

Bioy Casares, Adolfo (Argentine) [R] (1914) : l'Invention de Morel, le Songe des héros, Journal de la guerre au cochon, Plan d'évasion, Dormir au soleil (1975), le Héros des femmes (1982). *Avec :* **Jorge Luis Borges :** Nouveaux contes de Bustos Domecq (1984).

Blest, Alberto (Chili) [R] (1830-1920) : Martín Rivas.

Blest Gana, Guillermo (Chili) [P] (1829-1905) : Durant la reconquête.

Borges, Jorge Luis (Arg.) [E] (1899) : Histoire de l'infamie, Fictions, l'Aleph, Enquêtes, Evaristo Carriego, le Livre de sable.

Britto-Garcia, Luis (Venezuela) [D, E] (1940).

Bryce Echenique, Alfredo (Pérou) [R] (1939) : Julius, si souvent Pedro, Je suis le roi (1980), la Passion selon Pedro Balbuena (1980).

Cabrera Infante, Guillermo (Cuba) [R] (1929) : Trois Tristes Tigres (1967), Havane pour une infante défunte (1979).

Cardenal, Ernesto (Nicaragua) [P] (1925).

Carpentier, Alejo (Cuba) [R] (1904-80) : le Royaume de ce monde (1949), le Partage des eaux (1953), Guerre du temps (1958), le Siècle des lumières (1962), Concert baroque (1974), le Recours de la méthode (1975), la Harpe et l'Ombre (1979), la Danse sacrale (1980).

Carrera Andrade, Jorge (Équateur) [P, Es] (1903-78) : le Temps manuel (1935), Biographie à l'usage des oiseaux (1937), Inventaire du monde (1940), Dicté par l'eau (1953), Famille de la nuit (1954), l'Homme planétaire (1959).

Casaccia, Gabriel (Paraguay) [R] (1907) : la Limace.

Castellanos, Rosario (Mexique) [R] (1925-74) : les Étoiles d'herbe, le Christ des ténèbres.

Cortázar, Julio (Argentine) [R] (1914-84) : les Armes secrètes, Histoires de Cronope et Fameux, Marelle (1963), Tous les feux, le Feu, le Livre de Manuel (1974), Façons de perdre (1977), Nous l'aimons tant, Glenda.

Dalton, Roque (Salvador) [P] (1935-75) : Les Morts sont de jour en jour plus indociles.

Darío, Rubén (Felix Ruben Garcia-Sarmiente, dit) (Nicaragua) [P] (1867-1916) : Proses profanes, Azul (1888), les Chants de vie et d'espérance (1905), Terres solaires, l'Espagne contemporaine (1901).

Del Paso, Fernando (Mexique) [R] (1935).

Denevi, Marco (Argentine) [R] (1922) : Josaura vient à dix heures.

Donoso, José (Chili) [R] (1924) : l'Obscène Oiseau de nuit (1970), Ce lieu sans limites.

Droguett, Carlos (Chili) : Eloy, Pattes de chien.

Dujovne Ortiz, Alicia (1940) (Argentine) : la Bonne Pauline (1980).

Edwards, Jorge (Chili) [R] (1931) : le Poids de la nuit (1964), les Invités de pierre (1978).

Eielsón, J.E. (Pérou) [R, P] (1924) : le Corps de Giulia-non (1971).

Elizondo, Salvador (Mexique) [R] (1932) : Farabeuf, l'Hypogée secret.

Estrazulas, Enrique (Uruguay) : le Feu du paradis (1980).

Fernández de Lizardi, José Joaquín, dit « le Penseur mexicain » (Mexique) [Polé] (1776-1827) : Periquillo Sarmiento (1816).

Fonseca, Rubem (Brésil) [R] (1925) : le Grand Art.

Fuentes, Carlos (Mexique) [R] (1928) : la Plus Limpide Région, la Mort d'Artemio Cruz (1962), Chant des aveugles, Zone sacrée, Peau neuve, la Tête de l'hydre, Terra nostra (1979).

Galeano, Eduardo (Uruguay) [R, Cr] (1940) : la Chanson que nous chantons, Jours et Nuits d'amour et de guerre.

Gallegos, Rómulo (Venezuela) [R] (1884-1969) : Doña Bárbara (1929), Cantaclaro, Canaima.

Galván, Manuel de Jesus (Saint-Domingue) [R] (1834-1910) : Enriquillo.

Gálvez, Manuel (Argentine) [R] (1882-1962) : l'Ombre du cloître.

García Calderón, Ventura (Pérou) [E] (1886-1959) : la Vengeance du condor, le Sang plus vite, Amour indien.

García Márquez, Gabriel (Colombie) [R] (1927) : les Étrangers de la banane (1955), Pas de lettre pour le colonel (1961), les Funérailles de la grande mémé (1962), la Mauvaise heure (1962), Cent ans de solitude (1967), la Candide Erendira et sa grand-mère diabolique (1972), l'Automne du patriarche (1975), Chronique d'une mort avancée (1982).

Garcilaso de la Vega, dit l'Inca (Pérou) [H] (1539-1616) : Histoire des Incas.

Garibay, Ricardo (Mexique) [R, P] (1923) : la Maison qui brûle la nuit.

Gerbasi, Vicente (Venezuela) [P] (1913) : Mon père l'émigrant, les Espaces chauds.

Glanz, Margo (Mexique) [R] (1945).

Gomez de Avellanada, Gertrudis (Cuba) [P, R, D] (1814-75) : la Croix, Guatimozín, le Prince de Viana.

Gonzalez Prada, Manuel (Pérou) [Polé] (1848-1918).

Guillén, Nicolás (Cuba) [P] (1902) : Chansons cubaines, Élégies antillaises.

Guzmán, Martin Luis (Mexique) [R] (1887-1976) : l'Aigle et le Serpent.

Hernandez, Felisberto (Uruguay) : les Hortenses (1975 pour l'éd. fr.).

Hernández, José (Arg.) [P] (1834-86) : Martín Fierro (1872-79).

Huidobro, Vicente (Chili) [P] (1893-1948) : Vents contraires (1926).

Ibarbourou, Juana de (Urug.) [P] (1895) : Langues de diamant.

Icaza, Jorge (Équateur) [R] (1906-78) : la Fosse aux Indiens, Cholos.

Isaacs, Jorge (Colombie) [P, R] (1837-95) : Maria (1867).

Juarroz, Roberto (Argentine) [P] (1926).

Latorre, Mariano (Chili) [R] (1886-1955) : l'Ile aux oiseaux.

Lezama Lima, José (Cuba) [P, R] (1912-76) : Paradis (1960).

Liscano, Juan (Venezuela) [P] (1916) : Poèmes.

Lugones, Leopoldo (Arg.) [P, Pol] (1874-1938) : les Montagnes de l'or (1897), les Odes séculaires (1910), la Grande Argentine (1931).

Lynch, Marta (Argentine) [E] (1930).

Mallea, Eduardo (Argentine) [E] (1903) : Chaves, la Barque de glace.

Manet, Eduardo (Cuba) [R, D] (1927) : les Nonnes.

Marechal, Leopoldo (Argentine) [P] (1900-70) : Adan Buenos Ayres.

Marmól, José (Argentine) [P, R] (1815 ?-71) : le Pèlerin (1846), Amalia (1851-55).

Martí, José (Cuba) [P] (1853-95).

Mistral, Gabriela (Chili) [P] (1899-1957) : Cordillère, Poèmes, Désolation [N. 1945].

Montalvo, Juan (Équat.) [E] (v. 1833-89).

Mutis, Alvaro (Colombie) [P] (1923).

Neruda, Pablo (Neftali Reyes) (Chili) [P] (1904-73) : Résidence sur la terre (1933-47), le Chant général (1950), Odes élémentaires, Vaguedivague, la Centaine d'amour, Mémorial de l'Ile-Noire, l'Épée de flammes (1970), les Pierres du ciel/les Pierres du Chili (1972), J'avoue que j'ai vécu (mémoires) [N. 1971].

Ocampo, Victoria (Argentine) [Es] (1891-1979).

Olmedo, José Joaquin (Équateur) [P] (1780-1847) : Ode à la victoire de Janin.

Onetti, Juan Carlos (Uruguay) [R] (1910) : la Vie brève (1950), le Chantier, Tombe anonyme, Trousse-Vioques (trilogie 1961-64).

Ortíz, Adalberto (Éq.) [R] (1914) : Juyungo.

Padilla, Heberto (Cuba) [P] (1932) : Hors jeu.

Palma, Ricardo (Pérou) [Pros] (1833-1919).

Paz, Octavio (Mexique) [P, Es] (1914) : Liberté sur parole, le Labyrinthe de la solitude, Aigle ou Soleil ?, l'Arc et la Lyre, Pierre de soleil, la Fille de Rappaccini, Conjonctions et Disjonctions, Courant alternatif, Mise au net.

Quiroga, Horacio (Urug.) [R] (1878-1937).

Rama, Angel (Urug.) [Cr] (1926).

Reyes, Alfonso (Mexique) [E] (1889-1959).

Ribeyro, Julio Ramón (Pérou) [R] (1929) : Charognards sans plumes, Chronique de San Gabriel.

Rivera, José Eustasio (Colombie) [P, R] (1889-1928) : la Voragine (1924).

Roa Bastos, Augusto (Paraguay) (1917) : le Feu et la Lèpre, Moi, le Suprême (1974), Mourance (1980).

Rodó, José Enrique (Urug.) [Pros] (1871-1917) : Variations sur Protée.

Rodriguez Monegal, Emir (Urug.) [Cr] (1921) : Neruda, le Voyageur immobile.

Romero de Nohra, Flor (1933) (Colombie) : Crépitant Tropique (1978).

Rulfo, Jean (Mexique) [R] (1918-86) : le Llano en flammes, Pedro Páramo (1955).

Sabato, Ernesto (Argentine) [R] (1911) : le Tunnel (1948), Alejandra (1961), l'Ange des ténèbres (1974).

Sánchez, Nestor (Argentine) [R] (1935) : Nous deux, Pitre de la langue.

Sanchez Juliao, David (Colombie) [E] (1945).

Sarduy, Severo (Cuba) [R] (1937) : Gestes, Écrit en dansant, Cobra.

Sarmiento, Domingo Faustino (Argentine) [R] (1811-88) : Facundo, Souvenirs de province.

Scorza, Manuel (Pérou) [R] (1928) : Roulement de tambours pour Rancas, Garabombo l'invisible.

Silva, Miguel Otero (Venezuela) [R] (1908) : Maisons mortes, Et retenez vos larmes.

Skarmeta, Antonio (Chili) (1940) : Beaux enfants, vous perdez la plus belle rose (1979).

Solarte, Tristán (Panama) [R] (1924) : le Noyé.

Sosa, Roberto (Honduras) [P] (1930) : les Pauvres, Un monde divisé pour tous.

Spota, Luis (Mexique) [R] (1925) : C'est l'heure, matador.

Tejera, Nivaria (Cuba) [R, P] (1930) : le Ravin, Somnambule du Soleil.

Torres Bodet, Jaime (Mexique) [P, Es] (1902-74) : Civilisation, l'Éducation sentimentale.

Triana, José (Cuba) [D] (1931) : la Nuit des assassins.

Uribe, Armando (Chili) (1933) : Ces messieurs du Chili (1979).

Uslar Pietri, Arturo (Venezuela) [R, E] (1906) : les Lances rouges (1931), le Chemin de El Dorado (1947), Office des morts (1976).

Valladares, Armando (Cuba) [P] (1937).

Vallejo, César (Pérou) [P] (1892-1938) : les Hérauts noirs, Trilce, Poèmes humains, Espagne écarte de moi ce calice.

Vargas Llosa, Mario (Pérou) [R] (1936) : la Ville et les Chiens, la Maison verte (1966), Conversation à la cathédrale, Pantaléon et les Visiteuses, l'Orgie perpétuelle (1975).

Viglietti, Daniel (1939) : Chansons pour notre Amérique (1975).

Yañez, Agustín (Mexique) [R] (1904) : Demain la tempête.

Zalamea, Jorge (Colombie) [P] (1905-69) : le Grand Burundun-Burunda est mort (1952).

Zorilla san Martin, José (Urug.) [P] (1855-1931) : Tabaré.

Littérature française

Le Petit Larousse définit 45 000 mots de la langue française. Le Grand Larousse de la langue française en 7 volumes en définit 75 600 (en laissant de côté certains domaines spécialisés).

Quelques mouvements littéraires

XVIe siècle

La Pléiade. École poétique [d'abord appelée la « Brigade », puis la « Pléiade » (1556) du nom de la constellation de 7 étoiles donné déjà à une réunion de poètes dans la Grèce antique] : rejette la poésie à forme fixe héritée du Moyen Âge, et vise à recréer le « grand lyrisme » imité de l'Antiquité (notamment les Odes). Pierre de Ronsard (1524-85), Joachim Du Bellay (1522-60), Jean-Antoine de Baïf (1532-89), Pontus de Tyard (1521-1605), Étienne Jodelle (1532-73), Rémy Belleau (1528-77), Jacques Peletier du Mans [(1517-82) Jean Dorat (1508-88) lui fut substitué dans la liste].

Humanisme. Né au XVe s. en Italie, épanouissement en Europe au XVIe ; influencé par l'Antiquité gréco-latine. Représentants en France : Jacques Lefèvre d'Étaples (1450-1537), théol. ; Guillaume Budé (1467-1540), philologue ; Rabelais (v. 1494-1553) ; Amyot (1513-93).

XVIIe siècle

Préciosité. Style littéraire importé d'Espagne [gongorisme, créé par Luis Gongora (1561-1627)]. Recherche l'expression originale et même compliquée de sentiments raffinés. Madeleine de Scudéry (1607-1701), d'Urfé (1567-1625), Voiture (1598-1648).

A créé des expressions nouvelles (volontairement originales et recherchées). Beaucoup ont passé de mode, ex. : *Achever :* rendre complet ; *Aimer :* avoir un furieux tendre pour ; *Balai :* l'instrument de la propreté ; *Chandelle :* supplément du soleil ; *Chapeau :* l'affronteur des temps ; *Cheminée :* empire de Vulcain ; *Chemise :* compagne perpétuelle des morts et des vivants ; *Chenets :* les bras de Vulcain ; *Chien qui fait sa crotte :* chien qui s'ouvre furieusement ; *Dents :* ameublement de la bouche ; *Eau (verre d') :* bain intérieur ; *Joues :* les trônes de la pudeur ; *Larmes :* les perles d'Iris ; *Main :* la belle mouvante ; *Se marier :* donner dans l'amour permis ; *Miroir :* le conseiller des grâces, le peintre de la dernière fidélité, le singe de la nature, le caméléon ; *Nez :* la porte du cerveau, les écluses du cerveau ; *Peigner (se) :* se délabyrinther les cheveux ; *Perruque :* jeunesse des vieillards ; *Pieds :* les chers souffrants ; *Il pleut :* le troisième élément tombe ; *Poissons :* habitants du royaume de Neptune ; *Sièges :* les commodités de la conversation.

Certaines sont devenues courantes, ex. : avoir bel *air*, un *ajustement*, avoir l'*âme* sombre, être aux *antipodes* de..., *avantageux*, les *bras* m'en tombent, le *centre* du bont goût, *conditionné*, les derniers *confins*, avoir une *conversation* avec quelqu'un, terme de *corps de garde, dauber, demeurée* (l'intelligence), être du *dernier* bourgeois, *donner* dans le vrai, *donner* à la nature son tribut, une taille *élégante*, l'*élément* liquide, une intelligence *épaisse, façonnée*, des baisers *fades*, faire *figure, flatterie*, la *force* des mots, les *incertitudes, incongru, indu*, les *insultes* du temps, être l'*interprète* de, les *inutilités, laisser mourir* la conversation, les *lumières* d'un esprit, *lustré, se lustrer*, un *mouchard, perdre* son sérieux, une *petite* vertu, bien *planté*, à *pleine* bouche, la *portée* de la voix, un *procédé, proprement*, de *qualité, remplir* une solitude, *selon* moi, une vertu *sévère, spirituel*, le *superflu*, le *surcroît, terriblement, tout, uni*.

Quelques phrases : *Inutile, ôtez le superflu de cet ardent*, pour « Laquais, mouchez la chandelle » ; *être de la petite portion* pour « avoir peu de biens » ; *vous m'encendrez et m'encapucinez le cœur* pour « vous me témoignez une grande affection » ; *Portez les miroirs de l'âme sur le conseiller des grâces* pour « Portez les yeux sur ce miroir ».

Burlesque. École littéraire en réaction contre la préciosité. Cherche à exprimer des sentiments triviaux dans une langue truculente. D'Assoucy (1605-75), Scarron (1610-60).

Classicisme (règne de Louis XIV). Caractérisé par l'admiration des Anciens, le goût de la rigueur et de la mesure [impose notamment des règles strictes à la tragédie (règle dite des 3 unités) : un seul fait accompli (pas d'intrigues multiples), un seul jour, un seul lieu (pas de changement de décors). *Le Cid* de Corneille a dû être défini comme une tragi-comédie, car il ne respectait pas ces règles], la recherche de la pureté et de la clarté du style. La Fontaine (1621-95), Molière (1622-73), Pascal (1623-62), Bossuet (1627-1704), Boileau (1636-1711), Racine (1639-99), La Bruyère (1645-96). *Prédécesseurs :* Malherbe (1555-1628), Descartes (1596-1650), Corneille (1606-84) ; au XVIIIe s., Voltaire s'en réclame.

Héros cornélien : il est surtout un volontaire : il croit que la volonté humaine est plus forte que les impulsions de la sensibilité. Cette volonté est au service d'une morale (créant des devoirs : service du prince, respect d'une foi religieuse, honneur, loyauté envers un proche). Elle entre en conflit dans des situations dites cornéliennes avec les deux grandes forces de la nature : le désir de vivre et l'amour individuel. Le héros choisit généralement de sacrifier sa vie et son amour à son devoir, mais justement parce que :

1°) son amour de la vie est en grande partie commandé par la morale (une vie déshonorée est sans valeur) ;

2°) son amour pour les êtres humains repose avant tout sur l'*estime :* on n'aime pas une personne sans vertu ; on n'a aucune chance d'être aimé si on est déshonoré. Le héros se sacrifie en sachant qu'il n'a rien de valable à perdre.

Principales situations cornéliennes : Chimène (dans *le Cid*) demande la mort de son fiancé, pour venger son père : Rodrigue avait renoncé à son amour pour Chimène, en tuant (par devoir) le père de celle-ci. Auguste *(Cinna)* doit compromettre son autorité pour épargner le conspirateur Cinna, qu'il aime tendrement. Le vieil Horace doit sacrifier son seul fils survivant à la gloire de Rome. Polyeucte veut sacrifier sa vie à la gloire du christianisme ; sa femme Pauline sacrifie son amour toujours vivant pour Sévère à son honneur de veuve de martyr. Eurydice *(Suréna)* sacrifie son amour pour Suréna aux intérêts du royaume d'Arménie, etc.

Héros racinien : il est surtout un fataliste : il sait que la volonté humaine est impuissante en face des pulsions de la sensibilité, qui dépendent du Destin (le *Fatum* des Antiques). Cette volonté s'attache surtout à atteindre les objectifs fixés par les passions : le plus souvent la passion amoureuse (Phèdre), avec comme conséquence le désir de vengeance (Hermione, dans *Andromaque*), la jalousie (Roxane, dans *Bajazet*, Néron dans *Britannicus*). Autres passions dépeintes : goût du pouvoir (Néron, Mithridate), fanatisme religieux (Athalie), ambition politique (le Gd vizir Acomat, dans *Bajazet*), amour pour un peuple (Esther), amour maternel (Andromaque), amour paternel (Agamemnon, dans *Iphigénie*). Souvent la volonté s'avoue trop faible pour résister à l'épreuve imposée par les circonstances : Agamemnon, placé dans une situation cornélienne (son devoir lui impose de sacrifier sa fille), écoute son cœur ; il tâche de faire évader Iphigénie. Bajazet choisit sa propre mort plutôt que celle d'Atalide, non par devoir, mais par amour. Titus et Bérénice capitulent devant le Destin : il n'y a plus de tragédie, mais seulement élégie (lamentation sur la tristesse de la vie).

Jansénisme. En littérature : expression littéraire de la doctrine théologique attribuée à Jansénius (1585-1638), représentant une conception religieuse restrictive de la liberté humaine par rapport à Dieu. Défendu par Pascal.

XVIIIe siècle

Encyclopédistes. « Philosophes » subissant l'influence anglaise, rationalistes, anticatholiques, combattant pour la tolérance religieuse et les libertés politiques. Influents, ils arrivent à occuper, vers 1770, tous les sièges de l'Académie française. Seront, avec les rousseauistes, les maîtres à penser des révolutionnaires. Voltaire (1697-1778), Diderot (1713-84), d'Alembert (1717-83).

Rousseauistes et préromantiques. Fin du siècle. Font passer le sentiment avant la raison, sous l'influence de Jean-Jacques Rousseau (1712-78) : Bernardin de Saint-Pierre (1737-1814), Chateaubriand (1768-1848).

XIXe siècle

Romantiques. Poussent le rousseauisme à l'extrême, et recherchent l'infini dans l'exercice des émotions humaines, sous l'influence allemande : Mme de Staël (1766-1817), Benjamin Constant (1767-1830), Lamartine (1790-1869). En littérature, réaction contre l'idéal classique (véhémence au lieu de mesure) : Victor Hugo (1802-85), Vigny (1797-1863), Stendhal (1783-1842), Balzac (1799-1850), George Sand (1804-76), Alfred de Musset (1810-57), Alexandre Dumas (1802-70). *Jusqu'à 1830 :* romantisme individualiste (exaltation de la sensibilité, imagination ; culte du moi ; goût du pittoresque, de l'exotisme, de la couleur locale). *Après 1830 :* romantisme social, exaltation des grandes idées (humanitarisme, vertus civiques, paix universelle).

Héros romantique : *1°) avant 1830*, personnage aristocratique, individualiste, dédaigneux. Il éprouve le dégoût de la vie (René, de Chateaubriand) ou la tentation de la révolte (Manfred, de Byron), aspire à la solitude, au rêve, à l'amour sans espoir (« ver de terre amoureux d'une étoile »), à l'infini (sentiment religieux, sans appartenance à une religion) ; il comprend les voix secrètes de la nature, mais ne s'engage pas dans l'action par crainte de la malchance (il porte malheur à tout ce qui l'entoure).

2°) après 1830, le romantisme a été lancé dans le grand public, et le héros romantique parle au peuple (et même il parlera pour le peuple ; il deviendra un « mage ») ; d'un ton enflammé il fait des prophéties sur l'avenir social, de l'apostolat humanitariste, prône l'émancipation des Nations (Pologne, Italie, Grèce) ; il met la poésie et l'histoire au service de l'action ; ses espérances sont infinies (bonheur éternel des peuples par la République universelle). L'individualisme du héros aristocratique a pris la forme d'un attachement passionné à la liberté (qui aboutira plus tard au nihilisme et à l'anarchisme).

Principaux héros romantiques français : *Corinne* (Mme de Staël), *Adolphe* (Benjamin Constant), *Jocelyn* (Alphonse de Lamartine), *Hernani, Quasimodo, Jean Valjean* (Victor Hugo), *Rastignac* (Balzac), *Lélia*

(George Sand), *Lorenzaccio, Mardoche, Cœlio* (Alfred de Musset), *Antony* (Alexandre Dumas).

Réalisme. En réaction contre le romantisme. Recherche de la précision dans l'observation et l'analyse. Influencé par le développement des sciences biologiques, imprégné de philosophie positiviste : Auguste Comte (1798-1857), Taine (1828-93). En littérature, « école de la sincérité dans l'art » : Champfleury (1821-89), Duranty (1833-80), Flaubert (1821-80).

Naturalisme. Évolution du réalisme. École littéraire constituée entre *1860* et *80*, groupée autour de Zola, fondant la vérité du roman sur l'observation scrupuleuse de la réalité, même dans ses aspects les plus vulgaires, et sur l'expérimentation : Zola (1840-1902), Maupassant (1850-93), les Goncourt (1830-70 et 1822-96), Henri Céard (1851-1924), Paul Alexis (1847-1901), Huysmans (1848-1907). S'y rattachèrent : Alphonse Daudet (1840-97), Octave Mirbeau (1848-1917), Jules Renard (1864-1910), Jules Vallès (1832-85), Rosny (1856-1940), Paul et Victor Margueritte (1860-1918 et 1866-1942). Théâtre : Becque (1837-99).

Parnasse. École poétique (à partir de 1852), caractérisée par la condamnation du lyrisme personnel et la recherche d'une forme impeccable ; 3 recueils collectifs « le Parnasse contemporain » (1866, 71, 76) sont à l'origine du nom (le Parnasse est une montagne de Grèce, siège du dieu Apollon : il symbolise la poésie classique) : Théophile Gautier (1811-72), Leconte de Lisle (1818-94), Théodore de Banville (1823-91), José-Maria de Hérédia (1842-1905), Sully Prudhomme (1839-1907), François Coppée (1842-1908), Léon Dierx (1832-1912), Verlaine (1844-96) et Mallarmé (1842-98), accueillis dans les 2 premiers fascicules, furent exclus du 3e. Baudelaire (1821-67), qui y figure, n'est pas considéré comme parnassien. Principaux thèmes traités : histoire (tableaux pittoresques, scènes tragiques) ; géographie (paysages exotiques) ; vie sociale (ton parfois moralisateur).

Décadents. Nom donné primitivement (1885) aux futurs poètes symbolistes (voir ci-dessous), par Gabriel Vicaire (1848-1900) et Henri Beauclair (1860-1919), dans leur satire *les Déliquescences*, poèmes décadents d'Adoré Floupette. Ils visaient les disciples de Verlaine, notamment Jean Moréas (Jean Papadiamantopoulos, 1856-1910). Moréas commence par rejeter cette définition, puis il l'adopte, créant coup sur coup deux revues éphémères : *la Décadence* et *le Décadent* (1886).

Symbolisme. École poétique et dramatique composée surtout de disciples de Verlaine, se réclamant aussi de Baudelaire. C'est Baudelaire qui a répandu la notion de « symbole », dont dérive le nom de l'école : un poète doit s'efforcer, non pas de copier la nature mais d'exprimer ce qu'elle a « d'ineffable » en l'évoquant au moyen d'images symboliques : par exemple, le cygne (très utilisé) est le symbole de la pureté du poète. Principaux poètes symbolistes : Verlaine, Mallarmé, Jean Moréas, Vielé-Griffin (1863-1937), Henri de Régnier (1864-1936), É. Dujardin (1861-1949). Principal dramaturge symboliste : Maurice Maeterlinck (Belge) (1862-1949).

XXe siècle

Unanimisme (1906). Mouvement créé en 1908 par Jules Romains (1885-1972) et Georges Chennevière (1884-1927) : composé de romanciers et de dramaturges dont les personnages vivent des émotions ressenties collectivement par leurs groupes sociaux (bande de copains, ouvriers d'un port ou d'un quartier, etc.). Principal roman unanimiste : *les Copains* (humoristique, 1913) par Jules Romains ; principale pièce de théâtre : *le Paquebot Tenacity* (1920) par Charles Vildrac (1882-1971).

Surréalisme. Doctrine littéraire et artistique précisée dans le *Manifeste du surréalisme* d'André Breton (1924), mais déjà pratiquée depuis 1917 par les dadaïstes. Cherche à reconstituer l'univers du rêve, avec ses 3 éléments essentiels : subjectivité de l'inspiration, automatisme dans l'enchaînement des idées, plurіréalité des choses (et des mots). Apollinaire (1880-1918), André Breton (1896-1966), Aragon (1897-1983), Paul Éluard (1895-1952), Desnos (1900-45), Prévert (1900-77), Char (1907-77), Artaud (1896-1948), Queneau (1908-76).

Un renouveau de la recherche surréaliste s'est produit en 1971 avec la création de la **Poésie électrique** (Manifeste électrique aux paupières de jupes, signé par 16 jeunes poètes, dont Michel Belteau, Matthieu, Messagier, Alain Jouffroy).

Existentialisme. Mouvement philosophique (le Danois Sören Kierkegaard, 1813-55) animant au XXe s. de nombreuses œuvres littéraires (romans, drames, essais) : l'homme arrive à concevoir l'Être, mais n'arrive pas à se concevoir comme un être. Il a conscience d'exister, mais son existence lui semble « absurde » (sentiment de l'Absurde) et il se sent destiné au Néant (sentiment de l'Angoisse). Principaux auteurs existentialistes français : Gabriel Marcel (1889-1973), Jean-Paul Sartre (1905-80), Albert Camus (1913-60), Simone de Beauvoir (1908). Leurs personnages cherchent à échapper à l'angoisse en s'engageant dans l'action.

Nouveau Roman. Application, au genre littéraire du roman naturaliste, des techniques surréalistes permettant de reconstituer l'atmosphère des rêves : subjectivité (l'auteur brode autour d'un thème qu'il connaît sans le communiquer au lecteur), enchaînement « autistique » des faits (l'histoire ne se déroule ni chronologiquement ni logiquement ; chaque détail du décor peut amener un développement indépendant de l'action), plurіréalité des événements (chaque épisode peut signifier plusieurs choses simultanément). Depuis *1971* (colloque de Cerizy-la-Salle), seuls 7 écrivains auteurs de « nouveaux romans » ont droit au titre de « nouveaux romanciers » : Michel Butor (1926), Claude Olliver (1922), Robert Pinget (1919), Alain Robbe-Grillet (1922), Nathalie Sarraute (1902), Claude Simon (1913) et Jean Ricardou (leader et théoricien du groupe, auteur du manuel *le Nouveau Roman*, 1973).

PRINCIPAUX AUTEURS PRATIQUANT DES TECHNIQUES ANALOGUES : Claude Mauriac (1914), Jean-Marie Le Clézio (1943), Pascal Laîné (1942), Jean-Loup Trassard (1912), Henri Thomas (1912). *Précurseurs* (vers 1950) : Samuel Beckett (1906), Jean Cayrol (1911), Marguerite Duras (1914).

Théâtre de l'absurde. Appartient à un genre littéraire non uniquement dramatique, comprenant aussi des essais ou des romans et nommé parfois **Littérature de dérision.** Ne cherche pas à échapper à l'angoisse des existentialistes mais préfère l'assumer, généralement sur le mode bouffon : Beckett, Adamov, Ionesco, Billetdoux, Marguerite Duras (créatrice du roman-dialogue et du roman-poème).

Tel Quel. Groupe d'essayistes décidés à créer un « structuralisme littéraire », et souvent proches des analyses marxistes [précurseur : Roland Barthes (1915-80)]. Ils se désignent aussi sous le nom de *téliquéliens*. La revue *Tel quel* a été fondée en mars *1960* par Philippe Sollers (1936), Jean-Edern Hallier (1936) et 4 autres écrivains. Purement littéraire jusqu'en 1966, elle devient alors philosophique et politique ; elle recrute notamment Marcel Pleygnet (1933), Denis Roche (1937), Jean-Pierre Faye (1925, démissionnaire en *1967*, et fondateur de *Change*). Alors que *Change* abandonne la *structuration* pour la *créativité*, Sollers et les téliquéliens restent fidèles à l'écriture « percurrente » qui est une « hallucination réglée », décrite dans le manifeste *Paradis* (1977).

Littérature « populiste » et « prolétarienne » (*populiste* s'est employé avant *1940* ; *prolétarien* après 1945). Ensemble de romans, récits, mémoires, mais aussi poésies, dont les auteurs sont souvent des autodidactes issus des classes populaires, et parlant surtout des problèmes professionnels et quotidiens des travailleurs. *Précurseurs :* Agricol Perdiguier (1805-75), Marguerite Audoux (1863-1937), Charles-Louis Philippe (1874-1909). *Principaux « populistes » :* Pierre Hamp (Henri Bourillon, 1876-1962), Henry Poulaille (1896-1980), Eugène Dabit (1898-1936). *Principaux « prolétariens » :* Bernard Clavel (1925), Michel Ragon (1924).

Poésie froide. Créée en *1973*, en réaction contre le surréalisme, par 4 poètes marxistes, auteurs du *Manifeste froid :* Jean-Christophe Bailly, Serge Sautreau, Yves Buni, André Velter. Préconise une poésie épurée, mettant la réalité à nu, avec une rigueur glacée, et rejetant toute rhétorique. Choisit ses sujets dans l'actualité politique.

Littérature au magnétophone. Autobiographies, souvenirs, témoignages donnés à un interviewer (qui est généralement un prosateur professionnel) par une personnalité connue du monde des spectacles, de la politique ou des faits divers (repris de justice) ; quelquefois aussi par des inconnus (paysans, ouvriers, artisans), dont le genre de vie est typique. L'interviewer devient ensuite rewriter, et met en forme littéraire les textes obtenus. Il peut être cosignataire du livre, dont le titre porte alors la mention « propos recueillis par... ». Souvent aussi, l'ouvrage ne porte que la signature de la vedette, l'interviewer-rewriter se contentant de signer un avant-propos ou une postface ; il peut également présenter le récit sous forme d'une conversation où il prend part (comme poseur de questions), ou, parfois, se faire nommer par le personnage principal.

Nouveaux philosophes. Nom donné à un groupe d'écrivains politiques, appelés aussi les postmarxistes, qui réexaminent les conceptions marxistes de l'État, à la lumière d'autres philosophies : trotskisme (Nikos Poulantzas), freudisme [Michel Foucault (1926)], nietzschéisme [Gilles Deleuze (1925), Jean-François Lyotard (1924)], situationnisme [Jean Baudrillard (1929)] et surtout rousseauisme [Jean-Marie Benoist (1942), Bernard-Henri Lévy (1948), André Glucksman (1937), Jean-Paul Dollé (1939)].

Auteurs nés avant 1100

Anonymes : Glossaire de Reichenau (VIIe s.) (Dictionnaire latin-roman). *Serments de Strasbourg* (842) : prononcés par Charles le Chauve et Louis le Germanique s'alliant contre leur frère Lothaire [le texte du serment de Charles, où les mots d'origine latine ont perdu leurs finales non accentuées, est considéré comme le 1er texte écrit de langue fr. (appelée « romane » à l'époque)]. *Cantilène de sainte Eulalie* (v. 880) : 29 vers assonancés (1er texte poétique de langue « romane » : les a postoniques latins sont tous passé à e muet). *Vie de saint Léger* (fin Xe s.) : 240 vers assonancés. *Vie de saint Alexis* (1040) : 625 vers assonancés (auteur : Thibaud de Vernon : influence littéraire très forte pendant 5 siècles). *Chanson de Roland* (v. 1100), attribuée à Turold (voir Index).

Abélard ou Abailard, Pierre [Théo, Ph] (1079-1142). — *Biogr. :* noblesse d'épée ; renonce à son héritage par amour de l'étude. *V. 1090* vient à Paris, élève de Guillaume de Champeaux. *1094* ouvre une école de philosophie sur la montagne Ste-Geneviève. *V. 1100* étudie la théologie à Laon, près d'Anselme, puis reprend ses cours à Paris (devient riche et célèbre). *V. 1112* chargé par le chanoine Fulbert de l'éducation de sa nièce Héloïse (n. 1101). *V. 1114* Héloïse est enceinte ; le mariage est célébré. *1118* Fulbert fait châtrer Abélard (sans doute par erreur : Héloïse s'était retirée au couvent d'Argenteuil et Fulbert la croyait répudiée). *1119* Héloïse fait ses vœux de religion ; Abélard également. *1120* ouvre une école de théologie au prieuré de Maisoncelle, en Champagne. *1121* déclaré hérétique au concile de Soissons ; se soumet. *1122* élu abbé de St-Gildas, près de Rhuys en Bretagne ; construit un nouveau monastère, le Paraclet, où il fait venir, en *1129*, Héloïse et les religieuses d'Argenteuil. *V. 1130* les moines de St-Gildas tentent de l'égorger ; se réfugie au Paraclet. *1136* reprend ses cours à Paris. *1140* déclaré hérétique par le concile de Sens ; ne se soumet pas. *1141* condamné à se retirer au couvent clunisien de St-Marcel, près de Chalon-sur-Saône, où il meurt. *Influence :* créateur, en logique, de la doctrine « antiréaliste » (les concepts sont les mots), et, en morale, de la notion d'intention.

Bernard de Clairvaux, saint [Théo, Ph] (1099-1153) : l'Amour de Dieu (1125), la Grâce et le Libre Arbitre (1128). — *Biogr. :* noblesse militaire bourguignonne (famille des sires de Montbard). *1112* entrée au noviciat de Clairvaux. *1115* abbé de Clairvaux. *1128* secrétaire du concile de Troyes. *1130* arbitre en faveur d'Innocent II la querelle de l'élection papale (contre l'antipape Anaclet II). *1138* à la mort d'Anaclet, met fin au schisme (persuade l'antipape Victor IV d'abdiquer). *1140* fait condamner Abélard au concile de Sens. *1146* prêche la croisade à Vézelay. *1148* fait condamner Gilbert de la Porrée. *1153* mort à Clairvaux. *1173* canonisé. *1830* proclamé docteur de l'Église. *Influence :* créateur de la « Théologie mystique » : la science doit mener à la contemplation. Surnommé la « Colonne de l'Église ».

Gilbert de la Porrée [Ph] (1075-1154) : commentaires de Boèce, des Psaumes, des épîtres de saint Paul.

Guillaume IX, duc d'Aquitaine [P] (1071-1127) : vers occitans. — *Biogr. :* le plus grand feudataire du royaume (également comte du Poitou). Mauvais chrétien, prend part malgré lui à la 1re Croisade (1101-02). Revenu à Poitiers, y mène une vie très libre, créant la mystique amoureuse (la femme, objet d'un culte religieux).

Guillaume de Champeaux [Ph] († 1121). Sentences, Commentaires moraux sur Job. — *Biogr. :* Chanoine régulier à St-Victor de Paris. *1113 :* év. de Châlons. *1119 :* envoyé par le pape Calliste II en mission diplomatique auprès de l'emp. Henri V (querelle des Investitures).

Roscelin [Ph] (XIe s.), fondateur du nominalisme. Prof. de philosophie à Tours, puis chanoine de Compiègne. Condamné par le Concile de Soissons en 1102 (pour sa doctrine sur la Trinité). Exilé en Angleterre. Puis réconcilié et nommé chanoine de Besançon. Son œuvre se réduit à des fragments.

Nés entre 1100 et 1200

Anonymes : Folies Tristan (d'Oxford et de Berne). *Aucassin et Nicolette* [1re moitié du XIIIe s. ; appelé « chantefable », car comporte des strophes chantées : 2 adolescents, le noble Aucassin et l'esclave sarrasine Nicolette, connaissent mille aventures, mais finissent par se retrouver (ton humoristique, parodie des poèmes courtois)]. *Le Roman de Renart* [certains auteurs connus : Pierre de Saint-Cloud (1174-1250). *Sujet :* parodie des chansons de geste. Les animaux tiennent le rôle des chevaliers et ont des aventures comiques : le « goupil » s'appelle Renart (nom propre devenu commun) ; le loup, Ysengrin ; le lion, Noble, etc.].

Benoît de Sainte-Maure [P, H] (XIIe s.) : les Arts d'aimer, la Canso de la Crozada (2e partie), Floire et Blancheflor (1162), le Roman de Troie (1165), Chronique des ducs de Normandie (v. 1170).

Béroul [P] (dates inconnues) : Tristan et Iseut (entre 1170 et 1191).

Bodel, Jean [P] (v. 1170-v. 1210) : le Jeu de saint Nicolas.

Chrétien de Troyes [P] (v. 1135-v. 1183) : Érec et Énible, Yvain ou le Chevalier au Lion, Cligès, Lancelot, Perceval ou le Conte du Graal. — *Biogr. :* poète vivant à la cour de Marie, Ctesse de Champagne, puis de Philippe, comte de Flandres. Devenu célèbre, tombe dans la dépression, et laisse Geoffroy de Lagny terminer ses derniers poèmes.

Marie de France [P] (2e moitié XIIe s.) : Lais [Yonec (l'Oiseau bleu), le Laostic]. — *Biogr. :* inconnue, a vécu en Angleterre à la cour d'Henri II Plantagenêt. Originaire d'Ile-de-France (ancien sens de « France »).

Thomas [P] (dates inconnues) : Tristan (entre 1158 et 1180).

Villehardouin, Geoffroy de [H] (v. 1150-v. 1218) : la Conquête de Constantinople (1204). — *Biogr. :* haute noblesse champenoise. *1185* maréchal de Champagne (conseiller de Thibaud III). *1199* prend la croix avec Thibaud. *1200* négociateur du traité entre les Croisés et Venise. *1204* ambassadeur à Rome de l'emp. Baudouin. *1205-12* maréchal de Romanie (commandant en chef des troupes de l'empire latin). *1212-18* on perd sa trace (meurt sans doute en Orient).

Wace [P, H] (v. 1100-75) : Histoire des Normands.

Nés entre 1200 et 1300

Anonymes : Les Fabliaux (contes). Richard de Lison.

Adam de la Halle, Adam le Bossu dit [D] (v. 1240-v. 1285) : le Jeu de la feuillée, le Jeu de Robin et de Marion.

Adenet le Roi [P] (v. 1240-1300) : Berthe aux grands pieds (v. 1275).

Buridan, Jean [Théo, Ph] (v. 1290-apr. 1358).

Guillaume de Lorris [P] (v. 1200-v. 1240) : Roman de la Rose (1re partie).

Joinville, Jean de [Chr] (1225-1317) : Mémoires (1309). — *Biogr. :* haute noblesse champenoise (sénéchaux héréditaires des comtes de Champagne). *1248* prend part à la 7e croisade et prête, à Chypre, l'hommage lige à Saint Louis. *1254* au retour de la croisade, reste conseiller de St Louis à Paris ; il sert d'intermédiaire entre les cours de Paris et de Troyes. *1270* refuse de prendre part à la 8e croisade où meurt St Louis. *1300-09* à la demande de Jeanne de Navarre, écrit une vie de St Louis. *1314* prend part à une ligue féodale contre la centralisation monarchique de Philippe le Bel.

Lancastre, Henri, duc de (Angl.) [Es] (1299-1361) : le Livre des saintes médecines (1354).

Meung, Jean Clopinel ou Chopinel dit Jean de [E] (1240?-1305?) : Roman de la Rose (suite, 1275-80).

Pierre Oriol ou d'Auriole [Théo] (?-1321).

Rutebeuf [E, D, P] (v. 1230-v. 1285) : le Miracle de Théophile, le Dict. de l'herberie. — *Biogr. :* jongleur d'origine parisienne ; vie errante, réclame l'aide financière de hauts protecteurs comme Louis IX ou Alphonse de Poitiers. Mariage malheureux, décrit dans le *Mariage Rutebeuf.*

Nés entre 1300 et 1400

Ailly, Pierre d' [Prélat, Théo, Ph] (1350-1420).

Chartier, Alain [P, Pol] (v. 1385-1433) : la Belle Dame sans merci, le Quadrilogue invectif.

Deschamps, Eustache (P) (v. 1346-v. 1406) : Ballades, Lais, Rondeaux.

Froissart, Jean [Chr] (1333 ou 1337-v. 1410) : Chroniques. — *Biogr. :* originaire du Hainaut ; clerc, ordonné prêtre sur le tard (date inconnue). *1361* secrétaire de Philippine de Hainaut, devenue reine d'Angleterre. *1369* à la mort de celle-ci, passe au service de Wenceslas de Luxembourg. *V. 1380* chapelain de Guy de Châtillon, comte de Blois, époux de la comtesse de Namur. *1388-89* voyage dans le Midi français. *1394-95* séjour à la cour de Richard II d'Angleterre. On perd sa trace alors, mais on sait qu'il a fini sa vie comme chanoine de Chimay. A joui d'un grand prestige comme littérateur et poète à partir de 1385.

Gerson, Jean Charlier dit de [Th, Ph] (1363-1429).

Guillaume de Machault [P] (v. 1300-1377) : Confort d'ami.

La Sale, Antoine de [Mor] (v. 1385-1461) : la Salade.

Mandeville, Jean de [Pros] (v. 1300-72) : Voyage d'outre-mer (1356).

Orléans, Charles d' [P] (1391-1465) : Ballades, Rondeaux. — *Biogr. :* prince de sang royal, petit-fils de Charles VI, père de Louis XII. *1410* chef du parti des Armagnacs, contre les Bourguignons (il est le gendre de Bernard d'Armagnac). *1415* blessé et prisonnier à Azincourt. *1415-40* captivité en Angleterre ; il y écrit des vers. *1447* tente en vain de conquérir sur les Sforza le duché de Milan dont il est l'héritier (par sa mère, Valentine Visconti). *1448* se retire dans son château de Blois, entouré de poètes, dont Villon. Son œuvre n'est pas publiée. Elle ne sera découverte qu'au XIXe s., par Lanson, Faguet, Gaston Paris.

Pisan, Christine de [P] (v. 1364-v. 1430) : Ballades, Livre de Charles V.

Nés entre 1400 et 1500

Anonymes : la Farce de maître Pathelin (v. 1464), les Quinze Joyes de mariage (déb. XVe s.).

Bouchet, Jean [H, P] (1476-1550) : Annales d'Aquitaine (1524), les Renards traversants.

Budé, Guillaume [Éru] (1467-1540).

Bueil, Jean de [Pros] (1405-77) : le Jouvenel (1453).

Chastellain, Georges. Voir Belgique page 271.

Commynes, Philippe de [Chr] (v. 1447-1511) : Mémoires (posth. 1524-28). — *Biogr. :* noblesse de robe artésienne (hauts fonctionnaires de l'État bourguignon). *1464* écuyer du Cte de Charolais. *1465* conseiller de Philippe le Bon. *1468* à l'entrevue de Péronne, se laisse acheter par Louis XI. *1470-71* ambassadeur de Charles le Téméraire en Bretagne, Angl., Esp. *1472* se rallie à Louis XI. *1473* nommé prince de Talmont et conseiller du roi. *1475* négociateur du tr. de Picquigny. *1483* à la mort de Louis XI, doit restituer Talmont aux La Trémoille. *1487* emprisonné par Charles VIII. *1489* exilé à Dreux. *1494-95* rentrée provisoire en grâce *1495* disgrâce définitive.

Gréban, Arnoul [D] (v. 1420-v. 1471) : Mystère de la Passion (v. 1450).

Lemaire de Belges, Jean [P, E] (1473-apr. 1520) : La Légende des Vénitiens.

Marot, Clément [P] (1496-1544) : Épîtres, Épigrammes, Ballades, Élégies. — *Biogr. :* originaire du Quercy, fils d'un poète de cour. *V. 1510* clerc à la chancellerie. *1518* valet de chambre de Marguerite d'Angoulême. *1521* fréquente les « bibliens » parisiens (protestants). *1526* dénoncé et emprisonné au Châtelet, pendant la captivité de François Ier. *1527* libéré et nommé valet de chambre du roi. *1534* compromis dans l'affaire des Placards (protestantisme), s'enfuit à la cour de Nérac, puis à Ferrare où il devient le secrétaire de la princesse Renée de France. *1535* rencontre Calvin à Ferrare et devient ouvertement protestant. *1536* abjure et revient à la cour de Paris. *1542* poursuivi par la Sorbonne pour la parution de ses *Psaumes* en français ; se réfugie à Genève. *1543* brouillé avec Calvin, s'enfuit de Genève et meurt obscurément en Savoie.

Molinet, Jean [Chr] (1435-1507).

Navarre, Marguerite d'Angoulême, reine de [Pros] (1492-1549) : l'Heptaméron (posth. 1559).

Rabelais, François [E] (v. 1494-1553) : Pantagruel (1532), Gargantua (1534). — *Biogr. :* famille tourangelle (Chinon) de petite bourgeoisie rurale ; études chez les bénédictins. *1520* religieux franciscain à Fontenay-le-Comte, puis (1524) bénédictin (Ligugé). *1530* fait sa médecine à Montpellier. *1532* médecin à Lyon. *1534* médecin du cardinal du Bellay, diplomate ; nombreux séjours en Italie. *1541* condamné par la Sorbonne (comme humaniste et pamphlétaire antisorbonnard) ; se cache plusieurs années en Touraine et sans doute en Italie. *1545* protégé par François Ier, revient d'exil ; nommé curé de Meudon. *1546-48* réfugié à Metz après la parution du *Tiers Livre. 1552* condamné par la Sorbonne pour le *Quart Livre ;* perd sa cure de Meudon.

Saint-Gelais, Mellin de [P, D] (1491-1558) : Sophonisbe.

Villon, François (F. de Montcorbier, dit) [P] (1431-apr. 1463) : le Lais, le Testament, Ballade des pendus. — *Biogr. :* origine inconnue, sans doute assez humble. Il s'appelait Fr. des Loges, ou de Montcorbier. Élevé par Guillaume de Villon, chapelain de St-Benoît, dont il prit le nom. *1452* reçu maître ès arts à la faculté des Arts (Lettres) de la Sorbonne. *1455* il tue un prêtre au cours d'une rixe et quitte Paris. *1456* impliqué dans le vol du collège de Navarre, quitte Paris à nouveau. On le retrouve à Bourges, à Blois (auprès de Ch. d'Orléans). *1461* emprisonné à Meung, gracié par Louis XI. *1462* emprisonné à Paris, libéré, puis condamné à mort à la suite d'une nouvelle rixe. Il fait appel : le Parlement annule la sentence et l'exile pour 10 ans. A partir de *1463,* on perd complètement sa trace.

Nés entre 1500 et 1600

Anonymes : les Amadis (12 vol. 1540-66), les Contredits de Songe-Creux (1530), la Satire Ménippée (1593).

Amyot, Jacques [Mém] (1513-93) : Traductions d'Héliodore (les Amours de Théagène et de Chariclée) ; Vie des hommes illustres, de Plutarque.

Aubigné, Agrippa d' [P, H] (1552-1630) : les Tragiques (1616), Hist. universelle. — *Biogr. :* famille de hobereaux saintongeais, protestants ; précoce, lit le grec à 9 ans. *1570* combat au siège d'Orléans. *1572* séjour à Genève, chez Théodore de Bèze. *1574* officier de l'armée d'Henri IV. *1585* prisonnier des catholiques, condamné à mort, puis gracié. *1589* se sépare d'Henri IV après l'abjuration et se retire sur ses terres. *1620* condamné à mort par le Parlement de Paris après la publication de l'*Histoire universelle,* se réfugie à Genève. *1624* s'y remarie avec une riche veuve.

Baïf, Jean-Antoine de [P] (1532-89) : les Passe-Temps (1573). *Poèmes :* Amours de Méline (1552).

Balzac, Jean-Louis Guez de ✻ [Pros, Es] (1597-1654) : le Prince (1631), les Entretiens (posth. 1657), l'Aristippe (posth. 1658).

Belleau, Rémy [P] (1528-77) : Petites Inventions (1556), la Bergerie (1565).

Bèze, Théodore de [Théo, D] (1519-1605) : Abraham sacrifiant (1552).

Bodin, Jean [Ec, E] (1530-96) : De la République (1576).

Bouchet, Guillaume [Hum] (1514-94) : les Sérées (posth. 1608).

Brantôme, Pierre de Bourdeille, abbé de [Mém] (1540-1614) : Vie des dames galantes (posth. 1666). — *Biogr. :* haute noblesse périgourdine. *1553 :* abbé commenditaire de Brantôme (ordres mineurs, célibat). *1557-73 :* combattant (Turcs et Huguenots). *1584 :* chute de cheval ; paralysé ; se retire dans son abbaye, écrivant ses mémoires.

Calvin, Jean Cauvin dit [Théo] (1509-64) : l'Institution de la religion chrétienne (1536).

Champlain, Samuel de (1570-1635) : Voyages.

Charron, Pierre [Mor] (1541-1603) : les Trois Vérités (1594), Traité de la sagesse (1601).

Crenne, Hélisenne de (Marguerite Briet) [Pros] (v. 1510-v. 1555) : Épîtres familières (1539), les Angoisses douloureuses qui procèdent d'Amours (1541), le Songe de madame Hélisenne (1543).

Daurat ou Dorat (Jean Dinemandi) [Éru] (1508-88) : Poematia (1586).

Descartes, René [Ph, Math] (1596-1650) : Discours de la méthode (1637), Méditations métaphysiques (1641), Principes de la philosophie (1644-47), Traité des passions (1649). — *Biogr. :* noblesse de robe tourangelle. Orphelin de mère, élevé par sa grand-mère à la campagne. *1604-14* interne au collège jésuite de La Flèche. *1616* officier de Maurice de Nassau, en Hollande. *1618* rencontre à Breda le physicien hollandais Beekman. *1620* prend part à la bataille de la Montagne Blanche comme officier hollandais. *1622-23* séjourne en France. *1623-24* voyage en Italie. *1626-27* travaux de mathématiques et de physique à Paris. *1628* s'établit définitivement en Hollande. *1642* célèbre par ses travaux ; est protégé par la princesse palatine Elisabeth, à qui il enseigne philosophie et physique. *1649* brouillé avec les Hollandais qui l'accusent de pélagianisme, se réfugie à Stockholm. Il meurt d'une pneumonie contractée en se rendant au palais de la reine Christine.

Des Périers, Bonaventure [Pros] (v. 1510-suicidé 1544) : Cymbalum Mundi (1537), Nouvelles Récréations et Joyeux Devis (posth. 1558).

Desportes, Philippe [P] (1546-1606) : Stances et Élégies (1573), les Amours d'Hippolyte.

Du Bartas, Guillaume [P] (1544-90) : la Semaine (1573).

Du Bellay, Joachim [P] (1522-60) : Défense et Illustration de la langue française (1549), les Antiquités de Rome, les Regrets (1558). — *Biogr. :* illustre famille de soldats et de diplomates angevins. Études de droit à Poitiers. *1547* rencontre Ronsard qu'il suit à Paris, comme interne au collège Coqueret (recteur : Jean Dorat). *1549* prend part à la fondation de la Brigade, future Pléiade. *1553* part pour Rome, comme secrétaire de son oncle, le cardinal Jean Du Bellay. En revient malade en *1557*, sans doute phtisique. Meurt brusquement à 37 ans.

Fauchet, Claude [H] (1530-1602) : Antiquités gauloises et françaises (1579-1602).

François de Sales, saint [Théo] (1567-1622) : Introduction à la vie dévote (1608-09), Traité de l'Amour de Dieu.

Garnier, Robert [D] (1544-90) : Bradamante (1582), les Juives (1583).

Gassendi, (abbé Pierre Gassend dit) [Math, Ph] (1592-1655) : De la Vie et des mœurs d'Épicure (1647).

Hardy, Alexandre [D] (1570-1632) : Didon se sacrifiant (1603), Marianne (1610).

Jodelle, Étienne [P, D] (1532-73) : Cléopâtre captive (1553), Didon se sacrifiant. *Théâtre :* Eugène ou la Rencontre (1552).

Labé, Louise (L. Charly, dite) [P] (v. 1524-66) : Sonnets.

La Boétie, Étienne de [Es] (1530-63) : Discours de la servitude volontaire (1574).

La Mothe le Vayer, François de [Mor] (1588-1672) : De la vertu des païens (1642).

Larivey, Pierre Giunto [D] (v. 1540-v. 1619) : les Esprits (1579), les Écoliers (1579).

L'Estoile, Pierre de [Chr] (1540-1611) : Journal d'un bourgeois de Paris.

Loyal Serviteur [Le] (Jacques de Mesmes) : Histoire de Bayard (1527).

Malherbe, François de [P] (1555-1628) : Odes, stances et sonnets (posth. 1630). — *Biogr. :* famille normande, noblesse de robe protestante (mais il reste catholique). Études à Bâle, puis à Heidelberg. *1576* quitte sa famille et devient secrétaire d'Henri d'Angoulême, gouverneur de Provence, à Aix. *1581* épouse Madeleine de Corioli, fille du président du Parlement d'Aix. *1586* assassinat d'Henri d'Ang. *1587-95* se replie dans sa famille, à Caen (élu échevin en *1594*) ; il y connaît la gloire littéraire. *1595-98* et *1599-1605* séjours à Aix-en-Provence ; protégé du cardinal Du Perron. *1605* nommé poète de la cour à Paris ; richement pensionné, vit entouré de jeunes poètes, ses disciples. *1620* nommé trésorier de France par Richelieu. *1624* son fils est tué en duel. *1624-28* atteint d'idée fixe (faire exécuter le meurtrier de son fils), se brouille avec le roi et Richelieu ; mort de chagrin dans sa maison près de Caen.

Maynard, François [P] (1582-1646) : Philandre (1619), Épigrammes (1646).

Monluc, M^al^ Blaise de [Mém] (1502-77) : Commentaires (posth. 1592).

Montaigne, Michel Eyquem de [Es] (1533-92) : les Essais (1re édition en 1580). — *Biogr. :* d'une riche famille de « Portugais » (juifs proscrits du Portugal en 1498 et réfugiés à Bordeaux). Éduqué au château paternel de Montaigne (en Périgord). Lit le latin à 6 ans, le grec à 10. *1554* conseiller à la Cour des Aides de Périgueux (amitié avec La Boétie). *1565* riche mariage (Françoise de Chassagne). *1568* hérite le domaine de Montaigne ; y vit entouré de livres. *1577* nommé gentilhomme de la Chambre d'Henri de Navarre, renonce à occuper ce poste pour raisons de santé. *1579-81* voyage à cheval en Allemagne et Italie. *1581* élu maire de Bordeaux. *1585* quitte cette mairie pendant l'épidémie de peste. *1588* Mlle de Gournay se fait sa « fille d'alliance » et collabore à l'édition de ses œuvres. *1590* choisi comme conseiller par Henri IV, refuse le poste. Montaigne meurt à Bordeaux, laissant une succession de près de 100 000 livres.

Montchrestien, Antoine de [Ec, D] (v. 1575-1621) : Sophonisbe (1596), l'Écossaise (1601), Économie politique (1615).

Nostradamus, Michel de Nostre-Dame dit [P] (1503-66) : Centuries (1555).

> En 1559 Henri II mourut à la suite d'un tournoi, comme Nostradamus avait annoncé que le roi serait tué en duel, Charles IX le nomma astrologue de la Cour. Ses partisans interprètent ses prophéties et considèrent qu'il a prédit la mort d'Elizabeth Tudor en 1605 à 70 ans, l'exécution de Charles Ier d'Angleterre, l'incendie de Londres en 1666, la Révolution française (exécution de Louis XVI, persécution religieuse) et la dictature d'Hitler (nommé Hister).

Palissy, Bernard [Es, Sav] (v. 1500-89) : le Moyen de devenir riche (1563).

Racan, Honorat de Bueil, seigneur de [P] (1589-1670) : Bergeries (1619), Odes sacrées (1651), Poésies chrétiennes (1660).

Ramus, Pierre la Ramée, dit Pierre [Ph] (1515-assass. 1572) : Defensio pro Aristotele (1571).

Régnier, Mathurin [P] (1573-1613) : Satires (1608).

Ronsard, Pierre de [P] (1524-85) : Odes, les Amours (1552-55), Hymnes (1555-56), Élégies, la Franciade (1572). — *Biogr. :* famille de hobereaux vendômois. *1536* entre comme page chez Madeleine de France qu'il suit en Écosse, quand elle y devient reine. *1537* devient sourd. Il reçoit la tonsure (ordres mineurs) lui permettant d'avoir des bénéfices ecclésiastiques. *1540* secrétaire de Lazare de Baïf, à Paris. *1543-49* élève de Jean Dorat au collège Coqueret à Paris. *1545* passion amoureuse pour Cassandre Salviati, fille d'un banquier florentin. *1548* fonde la Brigade, future Pléiade. *1555-56* liaison avec une paysanne angevine de 15 ans, Marie Dupin. *V. 1560* nommé prieur de Croix-Val, Montoire-en-Vendômois, St-Cosme-lez-Tours. Y vit largement, entouré de poètes et d'écrivains. *1574* devenu un poète célèbre, essaie de séduire Hélène de Surgères, dame d'honneur de Catherine de Médicis (échec). Meurt désenchanté dans son prieuré de St-Cosme.

Saint-Amant, Marc-Antoine de [P] (1594-1661) : la Lune parlante (1661).

Scève, Maurice [P] (v. 1501-64) : Délie (1544), Microcosme (1562).

Sponde, Jean de [P] (1557-95) : Sonnets.

Thou, Jacques de [P] (1553-1617) : Historia Thuana (1609-14).

Tyard, Pontus de [P] (1521-1605) : les Erreurs amoureuses (1549-55).

Urfé, Honoré d' [R] (1567-1625) : l'Astrée (1607-19).

Vair, Guillaume du (1556-1621) : De la constance et consolations ès calamités publiques (1590), De la philosophie morale des stoïques (1592-1603).

Vaugelas, Claude de [Gram] (1585-1650) : Remarques sur la langue française (1647). — *Biogr. :* noblesse de robe savoyarde ; fils de l'érudit Anthoyne Favre. Secrétaire du duc de Nemours-Savoie à Turin, puis à Paris. *1615* introduit à l'Hôtel de Rambouillet ; s'y fait une réputation d'érudit. *V. 1630* gentilhomme de Gaston d'Orléans, touche irrégulièrement une maigre pension et meurt insolvable. Académicien dès la fondation (1636), était responsable des travaux du dictionnaire.

Viau, Théophile de [P, D] (1590-1626) : Pyrame et Thisbé (1621), Ode à la solitude.

Voiture, Vincent [Pros, P] (1598-1648) : Lettres, Sonnets (1650).

Nés entre 1600 et 1700

Arnauld, Antoine dit le Grand Arnauld [Théo] (1612-1694) : De la fréquente communion (1643).

Aulnoy, Marie-Catherine, B^onne^ d' [E] (v. 1650-1705) : Contes de fées, l'Oiseau bleu, la Biche au bois (1698).

Bayle, Pierre [Cr, Ph] (1647-1706) : Dictionnaire, hist. et critique (1696-97).

Benserade, Isaac de [P] (1613-91) : Sonnet de Job (1636).

Boileau, Nicolas [P, Cr] (1636-1711) : Satires (1666), Épîtres (1669-98), Art poétique (1674), le Lutrin (1683), Réflexions sur Longin (1693). — *Biogr. :* noblesse de robe parisienne. Victime d'un accident dès le berceau (châtré par un dindon), renonce à toute carrière et vit des rentes familiales. *1677* historiographe du roi, avec une pension de 6 000 livres ; s'achète une maison à Auteuil (actuellement rue Boileau) ; il y mène une vie confortable, recevant les auteurs les plus connus de son temps (grande amitié pour Racine). Considéré comme le maître de l'école classique, et comblé d'égards par Louis XIV (2 fois académicien : Académie française et Académie des inscriptions).

Bossuet, Jacques Bénigne [Évêque, Préd, E] (1627-1704) : Oraisons funèbres, Discours sur l'hist. universelle (1681), la Politique tirée de l'Écriture Sainte (1709), Traité de la concupiscence. — *Biogr. :* noblesse de robe bourguignonne ; fils d'un conseiller au Parlement de Metz transféré à Toul. Tonsuré à 8 ans. Chanoine de Metz à 13 ans. Élevé chez les jésuites. Travailleur acharné, surnommé *Bos suetus aratro*, le « bœuf habitué à la charrue ». *1642* philosophie au collège de Navarre. *1652* ordonné prêtre. *1652-59* chanoine à la cathédrale de Metz. *1659* prédicateur à Paris. *1669* évêque de Condom. *1670-80* précepteur du Dauphin. *1681* év. de Meaux ; continue à prêcher avec éloquence (surnommé dès lors l'« Aigle de Meaux »). *1682* prend parti pour le gallicanisme à l'Ass. du clergé, ce qui le disqualifie pour le cardinalat. *1697* conseiller d'État. *1704* essaie vainement à sa mort de faire passer son diocèse à son neveu Jacques Bénigne qui deviendra év. de Troyes.

Bourdaloue, Louis [Préd] (1632-1704) : Sermons et Œuvres diverses.

Bussy-Rabutin, Roger Cte de [Chr] (1618-93) : Histoire amoureuse des Gaules (1665), Mémoires.

Caylus, Marthe de Murçay, Ctesse de [Mém] (1673-1729) : Anecdotes sur Versailles (publiées par Voltaire sous le titre : Souvenirs 1770).

Corneille, Pierre [D] (1606-84) : Mélite (1629), Clitandre (1631), la Veuve (1632), la Galerie du palais (1633), la Suivante (1634), la Place royale (1634), l'Illusion comique (1636), le Cid (1636 ou 2-1-1637), Médée (1639), Horace (1640), Cinna (1640), Polyeucte (1641-42), la Mort de Pompée (1642-43), le Menteur (1643), la Suite du Menteur (1644), Rodogune (1644-45), Théodore (1645), Héraclius (1647), les Triomphes de Louis le Juste (1649), Andromède (1650), Don Sanche d'Aragon (1650), Nicomède (1651), Pertharite (1652), Œdipe (1659), la Toison d'or (1661), Sertorius (1662), Sophonisbe (1663), Agésilas (1666), Attila (1667), Tite et Bérénice (1670), Psyché (1671), Pulchérie (1672), Suréna (1674). — *Biogr. :* bourgeoisie de robe rouennaise ; fils d'un enquêteur des Eaux et Forêts. Habitera sa maison natale jusqu'à 56 ans (rue de la Pie à Rouen). Études chez les jésuites de Maulévrier. *1628* avocat du roi, pour les Eaux et Forêts et pour l'Amirauté, devant le parlement de Rouen (charge résiliée en 1650). *1636* ses pièces triomphent à Paris, mais déplaisent à Richelieu. *1642* protection de Mazarin. *1650* nommé procureur des États de Normandie, poste élevé, mérité par sa loyauté pendant la Fronde. *1651* écrit *Nicomède*, favorable au prince de Condé ; perd son poste et ses pensions. *1659* protégé par Fouquet qui paie largement *Œdipe*. *1662* se fixe à Paris avec son frère Thomas (les 2 frères ont épousé les 2 sœurs). *1663* inscrit sur la liste des pensions royales. *1674* perd son fils à la guerre ; renonce à la littérature ; vit dans la pauvreté, sa pension restant 7 ans sans être versée. *1681* frappé d'hémiplégie, Pierre Corneille vit encore 3 ans impotent, soigné par sa fille, et meurt en 1684.

Corneille, Thomas [P, D] (1625-1709) : Camma (1661), Ariane (1672), le Comte d'Essex (1679).

Cosnard, Marthe [D] (1614-59) : les Chastes Martyrs.

Crébillon, (père) Prosper Jolyot de [D] (1674-1762) : Électre, Rhadamiste et Zénobie.

Cyrano de Bergerac, Savinien de [Hum] (1619-55) : Histoire comique des États et Empires de la Lune (publ. 1657).

Dancourt, Florent Carton dit [D] (1661-1725) : le Chevalier à la mode (1687), les Bourgeoises de qualité (1700).

Destouches, Philippe (P. Nicolas Néricault, dit) [D] (1680-1754) : le Philosophe marié (1727), le Glorieux (1732), l'Homme singulier.

Du Cange, Charles [Éru] (1610-88) : Glossaire du latin médiéval (1733-36).

Fénelon, François de Salignac de La Mothe (Évêque) [E] (1651-1715) : Traité de l'éducation des filles, Télémaque (1699), Dialogues des morts (1701). — *Biogr. :* noblesse périgourdine. *V. 1675* ordonné prêtre de St-Sulpice. *1678-88* aumônier de l'établissement des Nouvelles Catholiques (jeunes protestantes récemment converties). *1689* précepteur du duc de Bourgogne. *1691* suspect de quiétisme (sa disciple, Mme Guyon, est condamnée). *1694* archevêque de Cambrai (150 000 livres de revenus). *1699* condamné comme quiétiste, sur intervention de Bossuet, pour son livre *Explication des maximes des saints ;* se consacre jusqu'à sa mort à l'administration de son diocèse.

Fléchier, Valentin Esprit (Évêque) [Préd] (1632-1710) : Oraisons funèbres, Mémoires sur les grands jours d'Auvergne.

Fontenelle, Bernard de [Es] (1657-1757 à 99 ans 10 mois 15 jours) : Entretiens sur la pluralité des mondes (1686), Histoire des oracles (1687). — *Biogr. :* noblesse de robe rouennaise ; neveu de Corneille par sa mère. *V. 1670* avocat à Rouen, renonce au barreau dès son 1er procès et vit sur une fortune personnelle assez large. *1679-87* essaie de devenir auteur dramatique (échec). *1687* s'établit à Paris ; bien apprécié dans les salons, notamment celui de Mme de la Sablière. *1688* prend parti pour les *Modernes* dans leur querelle contre les *Anciens*. *1697* secrétaire perpétuel de l'Académie des sciences, vit centenaire, rédigeant les notices biographiques des nombreux confrères décédés avant lui.

Furetière, (abbé) Antoine [R] (1619-88) : le Roman bourgeois (1666), Dictionnaire universel (1690 ; rééd. par Alain Rey en 1978).

Gomberville, Marin Le Roy de ✝ [R] (1600-74) : Polexandre (1629).

Hamilton, Anthony (Irlandais) (1646-1720) : Mém. du comte de Gramont (1660-65).

Labat, (Père René) (1663-1758) : Voyage aux îles d'Amérique (1722), Relation sur l'Afrique occidentale (1728).

La Bruyère, Jean de ✝ [Mor] (1645-96) : les Caractères (1688-96).

La Fayette (Ctesse de) [R] (1634-93) : la Princesse de Clèves (1678), Mémoires.

La Fontaine, Jean de ✝ [P, Fab] (1621-95) : Élégie aux nymphes de Vaux (1662), Contes (1665-74), le Songe de Vaux (fragments, 1665-1729), Fables (1668-94), Psyché (1669). — *Biogr. :* petite noblesse champenoise ; fils d'un maître des Eaux et Forêts de Château-Thierry (parents âgés à sa naissance ; sa mère a au moins 40 ans). *1641* novice à l'Oratoire. *1642* renonce à l'Église. *1646* mène une vie dissipée à Paris, fréquentant notamment Tallemant des Réaux. *1647* épouse Marie Héricard [(14 ans), séparés de biens en 1659, de corps en 1672]. *1652* achète une charge de maître des Forêts. *1657* hérite des 2 charges de son père. *1659-61* protégé par Fouquet, vit à sa cour à Vaux. *1664* protégé par le duc de Bouillon (seigneur de Château-Thierry), devient gentilhomme de Marguerite de Lorraine, au palais du Luxembourg à Paris. *1672* à la mort de celle-ci, va vivre chez Mme de La Sablière, rue Neuve-des-Petits-Champs. *1683* élu à l'Académie (reçu avec 2 ans de retard à cause de sa réputation de libertin et de son amitié pour Fouquet). *1693* mort de Mme de La Sablière, va vivre chez le banquier d'Hervart. Malade, il promet à son confesseur de ne plus écrire que des textes religieux (notamment, la paraphrase du *Dies irae*).

La Rochefoucauld, François, duc de [Mor] (1613-80) : Maximes (1664).

Lesage, Alain René [R, D] (1668-1747) : le Diable boiteux (1707), Turcaret (1708), Gil Blas (1715-35).

Mabillon, Dom Jean [Éru] (1632-1707) : De re diplomatica (1681).

Malebranche, Nicolas de [Ph] (1638-1715) : Recherche de la Vérité (1674-75). — *Biogr. :* noblesse de robe parisienne. Religieux de l'Oratoire en 1660. *1664* prêtre ; vit à l'Oratoire de Paris, ayant peu de relations, sauf avec les princes de Condé qui le reçoivent à Chantilly. *1680* querelle avec Bossuet qui lui reproche son nationalisme. *1697* réconciliation avec Bossuet qu'il soutient contre Fénelon.

Marivaux, Pierre Carlet dit de ✝ [D, R] (1688-1763) : *Comédies :* la Surprise de l'amour (1722), la Double Inconstance (1723), la Seconde Surprise de l'amour, le Jeu de l'amour et du hasard (1730), le Legs, les Fausses Confidences (1737), l'Épreuve. *Romans :* la Vie de Marianne (1731 à 1745), le Paysan parvenu (1735-36). — *Biogr. :* petite noblesse de robe parisienne. Passe son enfance à Limoges où son père a une charge administrative. *V. 1708* orphelin, monte à Paris. *1710* reçu dans le salon de la marquise de Lambert. *1717* épouse une bourgeoise riche, Colombe Bologne († 1723). *1720* ruiné dans la faillite de Law. *1740* sa fille unique entre au couvent. *1744* se met en ménage avec Angélique de La Chapelle St-Jean (union libre qui scandalise ses contemporains).

Massillon, Jean-Baptiste ✝ [Préd] (1663-1742) : le Grand et le Petit Carême.

Ménage, Gilles [Gram] (1613-92) : Observations sur la langue française.

Molière, J.-B. Poquelin dit [D] (1622-73) : l'Étourdi (1655), le Dépit amoureux (1656), les Précieuses ridicules (1659), Sganarelle, l'École des maris (1661), les Fâcheux (1661), l'École des femmes (1662), Tartuffe (1664), Dom Juan (1665), l'Amour médecin (1665), le Misanthrope (1666), le Médecin malgré lui (1666), George Dandin (1666), Amphitryon (1669), l'Avare (1668), M. de Pourceaugnac, le Bourgeois gentilhomme (1670), les Fourberies de Scapin, les Femmes savantes (1672), le Malade imaginaire (1673). — *Biogr. :* fils d'un riche artisan parisien, ayant charge de « tapissier du Roi » (anoblissante). Orphelin de mère à 10 ans, études au collège de Clermont (jésuite, actuel lycée Louis-le-Grand à Paris, le quitte en *1639*). *1643* rompt avec son milieu, se fait comédien à l'« illustre Théâtre » (liaison avec l'actrice Madeleine Béjart). *1644-58* acteur ambulant en province. *1650* prend la direction de la troupe. *Oct. 1658* s'installe à Paris dans la salle du Petit-Bourbon (dépendance du Louvre), avec la protection du roi. *1659* donne sa comédie : *les Précieuses ridicules. 1662* épouse Armande Béjart, fille de Madeleine Béjart, âgée de 15 ans (il est accusé d'avoir épousé sa propre fille). *1663* 1res représentations à Versailles *(Impromptu de Versailles)*, il y séjourne chaque année avec sa troupe jusqu'en 1673. *1664-69* lutte contre le « parti des dévôts » qui fait interdire *Tartuffe. 1672* perd la faveur de Louis XIV. *17-2-1673* meurt sur scène, en jouant *le Malade imaginaire.* Certains ont avancé que Molière n'était pas l'auteur de ses pièces. On a prétendu que c'était l'« homme au masque de fer » (Anonyme, 1893), Louis XIV (Maurice Garçon, 1914), Corneille (Henri Poulaille).

Montesquieu, Charles de Secondat, Bon de La Brède et de ✝ [Mor, Ph] (1689-1755) : Lettres persanes (1721), Considérations sur les causes de la grandeur des Romains et de leur décadence (1734), l'Esprit des lois (1748). — *Biogr. :* vieille noblesse de robe bordelaise. Enfance campagnarde au château de la Brède (pratiquera toute sa vie la langue occitane). *1714* conseiller au parlement de Bordeaux. *1715* épouse une riche huguenote, Jeanne de Lartigue (100 000 livres de rentes). *1716* président à mortier du Parlement de Bordeaux (héritage de son oncle). *1721-25* vie mondaine à Paris, après le succès des *Lettres persanes. 1728-32* voyage en Europe et séjour en Angleterre. *V. 1750* après le succès de *l'Esprit des lois,* est considéré comme un maître à penser par Frédéric II, Catherine de Russie, les parlementaires anglais. Finit sa vie presque aveugle.

Nivelle de la Chaussée, ✝ [D] (1692-1754) : le Préjugé à la mode (1735), l'École des mères (1744).

Pascal, Blaise [Math, Ph, E] (1623-62) : les Provinciales (1656-57), Pensées (1670). — *Biogr. :* bourgeoisie de robe auvergnate ; fils d'un président de la cour des Aides de Clermont. Perd sa mère à 3 ans. *1627* se révèle enfant prodige. *1631* son père vend sa charge et vient vivre à Paris pour pousser son éducation (latin et grec à 9 ans ; retrouve les principes de la géométrie euclidienne à 12 ans ; écrit l'*Essai sur les coniques* à 16 ans). *1642* célèbre (à 19 ans) en inventant une machine à calculer. *1646* premiers contacts avec le jansénisme. *1647* découvre au Puy-de-Dôme le principe de la pression atmosphérique. *1648* vit à Paris, lié avec le duc de Roannez (amour platonique pour la sœur du duc, de trop haute naissance pour lui). *1656* conversion définitive (mysticisme jansénisant). *1659* dépression nerveuse (surmenage). *1660* établit un projet de compagnie de transports en commun (carrosses à 5 sols ; les lettres patentes seront accordées en 1662). *1661* mort de sa sœur Jacqueline ; se retire du monde et se prépare à la mort. *1662* abjure le jansénisme avant de mourir et est enterré catholiquement.

Perrault, Charles ✝ [E] (1628-1703) : Parallèles des Anciens et des Modernes (1688-97), Contes de ma mère l'Oye (1697).

Piron, Alexis [P, D] (1689-1773) : Gustave Vasa, la Métromanie (*comédie,* 1738).

Pradon, Jacques [D, P] (1644-98) : Pyrame et Thisbé (1676), Phèdre (1677).

Prévost d'Exiles (abbé) [R] (1697-1763) : Manon Lescaut (1731), Cleveland (1732-39).

Quesnay, François [Ec] (1694-1774) : Tableau économique de la France (1748), la Physiocratie (1768-69).

Quinault, Philippe ✝ [P, D] (1635-88) : Astrate (1664), la Mère coquette, Roland.

Racine, Jean ✝ [D] (1639-99) : *Théâtre :* la Thébaïde (1664), Alexandre (1665), Andromaque (1667), les Plaideurs (*comédie,* 1668), Britannicus (1669), Bérénice (1670), Bajazet (1672), Mithridate (1673), Iphigénie (1674), Phèdre (1677), Esther (1689), Athalie (1691). *Poésies :* Hymnes du Bréviaire (v. 1680), Cantiques spirituels (1694), Épigrammes (posth. 1722). *Histoire :* le Siège de Namur (1692), Précis historique des campagnes de Louis XIV (1730), Abrégé de l'Histoire de Port-Royal (1742-67). *Polémique :* Lettre à l'auteur des Hérésies imaginaires (1666). *Correspondance :* Lettres (posth. 1747). — *Biogr. :* noblesse de robe d'Ile-de-France ; fils d'un fonctionnaire de La Ferté-Milon. Orphelin de mère à 13 mois ; de père à 3 ans. Élevé par sa grand-mère. *1655* pensionnaire chez les Solitaires (jansénistes) de Port-Royal. *1660* homme de lettres à Paris, sans ressources. *1664* pensionné par le roi pour une ode sur sa convalescence (2 000 livres annuelles pour toute sa vie). *1667* liaison avec la tragédienne Thérèse du Parc (1633-68). *1668* liaison avec la rivale de la du Parc, Marie Champmeslé (1642-1701) ; la mort suspecte de la du Parc le fait soupçonner d'empoisonnement. *1673* trésorier de France à Moulins (charge fictive, mais bien payée). *1677* historiographe du roi ; épouse Catherine de Romanet, de fortune moyenne. Abandonne les milieux théâtraux et vit dans l'intimité de Louis XIV, lui faisant la lecture en particulier. *1690* renoue avec Port-Royal et s'éloigne de la Cour. Meurt d'un abcès au foie.

Regnard, Jean-François [D] (1655-1709) : le Joueur, le Légataire universel (1708).

Retz, Paul de Gondi, cardinal de [Mém] (1613-79) : Mémoires (posth. 1717).

Rotrou, Jean de [D] (1609-50) : Bélisaire (1643), Saint Genest (1646), Venceslas (1648).

Rousseau, Jean-Baptiste [P] (1671-1741) : Odes, Cantates.

Saint-Évremond, Charles de [Polé, Cr] (v. 1614-1703) : Pamphlets (1670).

Saint-Simon, Louis, duc de [Mém] (1675-1755) : Mémoires (1694-1723). — *Biogr. :* haute noblesse chartraine (pair de France, sera Grand d'Espagne). Fils de parents âgés ; souffreteux, presque nain. *1692-1702* aux armées ; démissionne pour n'avoir pas obtenu le grade de maréchal de camp. *1702-12* attaché au duc de Bourgogne. *1712* s'attache au neveu du roi, le duc d'Orléans qui, devenu Régent (1715), le prend pour principal conseiller. *1718* démissionne. *1721-23* ambassadeur en Espagne. *1723-55* se retire dans son château de La Ferté-Vidame, fréquentant assidûment le monastère de la Grande Trappe.

Scarron, Paul [Hum] (1610-60) : le Virgile travesti (1648-52), le Roman comique (1651-57).

Scudéry, Georges de ✝ (1601-67) et sa sœur Madeleine (1607-1701) [R] : le Grand Cyrus (1649-53), Clélie (1654-60).

Sévigné, Marie de Rabutin-Chantal, dame de Sévigne, dite la Marquise de [E] (1626-96) : Lettres (publiées 1726).

Sorel, Charles [R] (v. 1600-74) : la Vraie Histoire comique de Francion (1622).

Tallemant des Réaux, Gédéon [Mém] (1619-90) : Historiettes (publiées 1835).

Tillemont, Sébastien le Nain de [H] (1637-98) : Histoire ecclésiastique des six premiers siècles (1690-1738).

Voltaire, François-Marie Arouet dit, ✝ [E, R] (1694-1778) : *Tragédies :* Mahomet (1731), Zaïre (1732), Mérope (1743). *Histoire :* Hist. de Charles XII (1741), Essai sur les mœurs (1756), le Siècle de Louis XIV (1761). *Philos. et Polémique :* Lettres phil. (1734), Traité sur la tolérance (1763), Dictionnaire phil. (1764). *Contes :* Zadig (1748), Micromégas (1752), Candide (1759), l'Ingénu (1751-68). *Poésies :* la Henriade (1727-28), Épîtres ou Satires : 117 pièces, le Mondain (1736). *Correspondance :* 18 000 lettres. — *Biogr. :* fils d'un notaire parisien, homme d'affaires des ducs de Richelieu et de Saint-Simon (héritera du cabinet d'affaires de son père et brassera toute sa vie beaucoup d'argent). Études chez les jésuites de Louis-le-Grand à Paris. *1714* admis au « souper du Temple », chez le grand prieur de Vendôme, lieu de débauche aristocratique. *1716* exilé à Sully-sur-Loire. *1717* embastillé 1 an. *1723* introduit à la Cour à cause de ses succès littéraires. *1726* exilé en Angleterre pour avoir provoqué en duel (1725) un fils de duc, le chevalier de Rohan. *1729* retour en France. *1730-34* liaison avec Mme de Besnières (à Rouen). *1734* liaison avec la Mise du Châtelet, née de Breteuil (1706-49). *1736* écarté de la Cour pour ses écrits antireligieux, s'installe avec la Mise et son mari à Cirey, arrière-fief du duc de Bar-Lorraine, enclavé en Champagne (le Mis, seigneur lorrain, y a les pouvoirs de police). *1743* protégé par le Mis d'Argenson et par la Mise de Pompadour, revient à Versailles. Liaison quasi conjugale avec sa nièce, Mme Denis (n'interrompt pas la liaison avec la Mise du Châtelet qui durera jusqu'à la mort de celle-ci). *1750-53* séjour à Potsdam (avec Mme Denis) à la cour de Frédéric II de Prusse. *1753-54* brouillé avec Frédéric II, se réfugie à Colmar. *1754-59* séjour à Prangins, puis aux Délices près de Genève. *1759* retraite définitive (avec Mme Denis) à Ferney, à cheval sur la frontière franco-suisse ; y acquiert un riche domaine féodal et y construit un château ; jouit d'un grand prestige littéraire dans toute l'Europe (surnommé le « roi Voltaire »). *1765* obtient la réhabilitation de Jean Calas (1698-1762), condamné à tort comme assassin de son fils. *1773* commence une campagne pour la réhabilitation de Lally-Tolendal, condamné à mort pour avoir capitulé à Pondichéry (sans résultats). *1778* séjour à Paris ; invité officiellement par l'Académie française, est l'objet de manifestations triomphales et meurt d'épuisement après 8 j. Enterré quasi clandestinement à l'abbaye de Scellières par son neveu, l'abbé Mignot. *1791* enterré solennellement au Panthéon par décision de l'Assemblée législative.

Walef, Blaise de, Voir Belgique p. 271.

Nés entre 1700 et 1800

Alembert, Jean Le Rond d' ✝ [Math, Ph] (1717-83) : Discours préliminaire de l'Encyclopédie (1751).

Argens, Jean-Baptiste, marquis d' [Polé] (1704-71) : Mémoires secrets de la République des lettres (1737).

Balzac, Honoré de [R] (1799-1850) : les Chouans (1829), la Femme de 30 ans (1831), la Peau de chagrin (1831), Louis Lambert (1832), le Médecin de campagne (1883), Eugénie Grandet (1834), la Duchesse de Langeais (1834), la Recherche de l'absolu (1834), le Père Goriot (1834-35), le Lys dans la vallée (1835), les

Principaux personnages de la littérature française

Légende : en petites capitales : l'auteur ; en minuscules grasses : œuvre littéraire ; en italique : personnage ; entre parenthèses : symbolique du personnage.

ANONYMES. **Chanson de Roland** (XIIe s.) : *Roland et Olivier* (amis chevaleresques) ; *Ganelon* (le traître). **Le cycle de Tristan** (XIIe s.) : *Tristan et Iseult* (amants prédestinés). **Roman de Renart** (XIIe-XIIIe s.) : *Renart* (aventurier matois et sans scrupules). **La Farce de Maître Pathelin** (XVe s.) : *Maître Pathelin* (avocat roublard).

ALAIN-FOURNIER. **Le Grand Meaulnes** : *Augustin* (adolescent croyant à la réalité du monde subjectif) ; *Yvonne de Galais*.

ARAGON. **Aurélien** : *Aurélien Leurtillois*. **Les Cloches de Bâle** : *Diane de Nettencourt ; Catherine Simonidzé*.

AUDIBERTI (J.). **L'Effet Glapion** (comédie) : *Émile Glapion* (magicien transformant les vies tristes en fantasias).

AYMÉ (M.). **Clérambard** (original tyrannique et illuminé). **La Vouivre** (créature mythologique, reine des serpents).

BALZAC (H.). **La Comédie humaine** : *le Père Goriot* (martyr de l'amour paternel) ; *la Rabouilleuse* (ambitieuse vulgaire et sans scrupules) ; *Rastignac* (ambitieux distingué et sans scrupules) ; *Vautrin* (forçat génial devenu redresseur de torts) ; *Nucingen* (boursier véreux) ; *Lucien de Rubempré* (ambitieux échouant par faiblesse de caractère) ; *Madame de Mortsauf* (caractère noble jusqu'à l'héroïsme) ; *Ursule Mirouet* (l'innocence persécutée).

BARBEY D'AUREVILLY (J.). **Les Diaboliques** : *la duchesse de Sierra Leone* (orgueilleuse et vindicative jusqu'au diabolisme). **Le Chevalier des Touches. Un prêtre marié** : *Jean Gourgue*.

BARRÈS (M.). **Colette Baudoche** (patriote fidèle malgré l'annexion).

BEAUMARCHAIS (P.C.). **Le Mariage de Figaro** : *Chérubin* (adolescent s'éveillant aux amours) ; *Bridoison* (juge stupide) ; *Figaro ; Almaviva*.

BEAUVOIR (S. de). **L'Invitée** : *Françoise Miquel*. **Les Mandarins** : *Anne Dubreuil, Henri Perron ; Robert Dubreuil*.

BECKETT (S.). **En attendant Godot** : *Vladimir* (Didi) (métaphysicien désenchanté) ; *Estragon* (gogo désenchanté incapable de métaphysique) ; *Godot* (l'espérance humaine, toujours décevante) ; *Kiki* (sous-homme robotisé). **Molloy** (égoïste déshumanisé par son manque d'humanité).

BENOIT (P.). **L'Atlantide** : *Antinéa* (femme divinisée incarnant amour et mort). **Koenigsmark** : *la princesse Aurore* (la femme-reine, inaccessible).

BERNANOS (G.). **Sous le soleil de Satan** et **Nouvelle histoire de Mouchette** : *Mouchette* (adolescente naïve mais désespérée). **La Joie** : *Chantal de Clergerie*.

CAMUS (A.). **L'Étranger** : *Meursault* (homme étranger à lui-même). **Le Mythe de Sisyphe** : *Sisyphe* (désespéré optimiste). **La Chute** : *Clarence* (désespéré amer et sarcastique). **La Peste** : *Bernard Rieux*.

CÉLINE (L.F.). **Mort à crédit** et **Voyage au bout de la nuit** : *Ferdinand Bardamu* (désespéré sans pudeur et pourtant humaniste).

CENDRARS (B.). **Moravagine** (la malfaisance du « grand fauve » humain).

CHATEAUBRIAND (F.R.). **Les Natchez** : *Chactas* (le bon sauvage devenu romantique). **René** : *la Sylphide* (idéal féminin n'existant qu'en rêveries). **Les Martyrs** : *Velléda* (l'amour païen, ignorant toute contrainte).

COCTEAU (J.). **Opéra** : *l'Ange Heurtebise* (la crise de conscience purificatrice). **Thomas l'imposteur** : *Thomas Guillaume* (mythomane pris à son piège). **Les Enfants terribles** : *Elisabeth ; Paul*.

COLETTE (S.G.). Série des **« Claudine »** : *Claudine* (ingénue coquette et fantaisiste). **Maugis** (esprit critique jusqu'à la férocité). **Chéri** et **la Fin de Chéri** : *Léa* (quinquagénaire amoureuse d'un adolescent).

CONSTANT (B.). **Adolphe** : *Ellénore* (amoureuse vieillissante et despotique).

CORNEILLE (P.). **Le Cid** : *Chimène* (amoureuse dominant sa passion par devoir) ; *Rodrigue* (stoïcien de cape et d'épée) ; *Don Diègue ; Don Gormas*.

COURTELINE (G.). **Les Gaietés de l'escadron** : *l'adjudant Flick* (militaire aigri).

DAUDET (A.). **Aventures prodigieuses de Tartarin de Tarascon, Tartarin sur les Alpes, Port-Tarascon** : *Tartarin* [fanfaron douillet, mais bon cœur (mot commun dérivé : tartarinade)]. **Le Petit Chose** : *Daniel Eyssette*, portant ce surnom (jeune pion persécuté). **Les Lettres de mon moulin** : *l'Arlésienne* (femme inspirant un amour tragique) ; *la chèvre de Monsieur Seguin* (jeunesse préférant ses chimères à la vie) ; *le curé de Cucugnan* (prêtre réaliste et truculent) ; *maître Cornille* (le cœur simple obstinément fidèle à un idéal) ; *le père Gaucher* (moine pieux mais buveur) ; *le sous-préfet aux champs* (rigide administrateur sujet à des faiblesses). **Jack** : *Jack de Barancy*. **Numa Roumestan.**

DEKOBRA (M.). **La Madone des sleepings** : *Diana Wynham* (aristocrate riche et fantasque).

DRIEU LA ROCHELLE (P.). **Gilles** : *Gilles Jambier* (« l'homme couvert de femmes »).

DUMAS, père (A.). **Le Comte de Monte-Cristo** : *Edmond Dantès* (vengeur impitoyable). **La Tour de Nesle** : *la reine Marguerite* (reine débauchée et meurtrière). **Les Trois mousquetaires** : *d'Artagnan* (héros de cape et d'épée) ; *Aramis* (René d'Herblay) ; *Athos* (de La Fère) ; *Porthos* (du Vallon de Bracieux de Pierrefonds) ; *Milady* (Anne de Winter) (aventurière perverse).

DUMAS, fils (A.). **La Dame aux camélias** : *Marguerite Gautier* (courtisane au grand cœur) ; *Armand Duval*.

ERCKMANN-CHATRIAN. **Les Romans nationaux** : *Madame Thérèse* (une vivandière) ; *le fou Yegof* (agent ennemi bien camouflé). **L'Ami Fritz** : *Fritz Kobus* (vieux garçon touché par l'amour).

FEVAL (P.). **Le Bossu** : *Lagardère* (héros bon et généreux) ; *Passepoil* (un soudard).

FEUILLADE (L.). **Fantômas** (criminel génial et misanthrope).

FLAUBERT (G.). **Bouvard et Pécuchet** (utopistes pédants et ignorants). **Madame Bovary** : *Emma Bovary* (petite bourgeoise romantique) ; *Homais* (humaniste pédant et ignorant). **L'Éducation sentimentale** : *Frédéric Moreau ; Marie Arnoux*.

FRANCE (A.). **Le Crime de Sylvestre Bonnard** *Sylvestre Bonnard* (l'intellectuel coupé du monde réel). **Crainquebille** (brave prolétaire anarchisant). **Thaïs** (femme d'une beauté fatale).

FROMENTIN (E.). **Dominique** : *Dominique de Bray*.

GAUTIER (T.). **Le Capitaine Fracasse** : *le vicomte de Sigognac* (héros de cape et d'épée). **Mademoiselle de Maupin** : *Camille de Maupin* (héroïne de cape et d'épée, séductrice d'hommes et de femmes).

GENEVOIX (M.). **Raboliot** : *Raboliot* (braconnier).

GIDE (A.). **Les Caves du Vatican** : *Lafcadio* (amateur d'actes gratuits). **L'Immoraliste** et **les Nourritures terrestres** : *Michel* (le philosophe de la ferveur). **Les Faux-Monnayeurs** : *Édouard ; Olivier Molinier ; Bernard Profitendieu*. **La Symphonie pastorale** : *Gertrude*.

GIONO (J.). **Angelo, le Bonheur fou, le Hussard sur le toit** : *Angelo Pardi* (héros de cape et d'épée mais lucide et raisonnable). *Jean le Bleu* (jeune rural à l'âme panthéiste). **Regain** : *Panturle* (montagnard attaché à sa terre) ; *la Mamèche* (vieille campagnarde un peu sorcière). **Colline** : *le père Janet* (vieux sorcier misanthrope) ; *le Gagou* (simple d'esprit, vivant une vie instinctive).

GIRAUDOUX (J.). **Siegfried et le Limousin** : *Siegfried* (le provincial français attaché à son terroir). **Suzanne et le Pacifique** : *Suzanne* (gentillesse et dignité des jeunes provinciales). **La Guerre de Troie n'aura pas lieu** : *Démokos* (le belliciste borné). **Ondine** (divinité incapable de bonheur humain).

GRACQ (J.). **Le Rivage des Syrtes** : *Aldo*.

GREEN (J.). **Moïra** : *Joseph Day*.

GUITRY (S.). **Mémoires d'un tricheur** : *« le tricheur »*, anonyme (ex-tricheur ruiné par la passion du jeu).

HUGO (V.). **Les Misérables** : *Fantine* (prostituée au cœur maternel) ; *Javert* (policier rigide) ; *le ménage Thénardier* (êtres bas et immoraux) ; *Cosette* (enfant martyr) ; *Gavroche* (gamin héroïque) ; *Jean Valjean* (ancien criminel devenu philanthrope). **Notre-Dame de Paris** : *Quasimodo* (monstre de laideur à l'âme bonne) ; *Claude Frollo* (religieux satanique) ; *Esmeralda* (jeune beauté vouée au malheur). **Bug-Jargal** (esclave révolté). **Claude Gueux.**

HUYSMANS (J.-K.). **A rebours** : *Des Esseintes* (esthète perverti).

JARRY (A.). **Ubu roi** : *le Père Ubu* (fantoche cynique et lâche) ; *la Mère Ubu* (fantoche cynique et immoral).

LA FONTAINE (J.). **Fables** : *Perrette* (rêveuse emportée par son imagination) ; *la Chauve-souris* (personnage habile à changer de camp) ; *la Mouche du coche* [bon à rien donneur de conseils (expression passée dans la langue)] ; *le Roseau* (personnage souple et résistant).

LEBLANC (M.). **Les Aventures d'Arsène Lupin** : *Arsène Lupin* (« gentleman cambrioleur »).

LOTI (P.). **Madame Chrysanthème** (devenu Madame Butterfly dans l'opérette de Puccini) (amours exotiques d'un marin). **Mon frère Yves** : *Yves* (marin breton simple et bon). **Pêcheur d'Islande** : *Gaud* (Bretonne de la côte, à l'âme noble). **Ramuntcho** (contrebandier basque, hardi et croyant).

LOUŸS (P.). **Les Aventures du roi Pausole** : *Pausole* (souverain paillard et débonnaire).

MALOT (H.). **Sans famille** : *Vitalis* (grand artiste déchu, mais resté digne) ; *Rémi* (orphelin courageux).

MARTIN DU GARD (R.). **Les Thibault** : *Meynestrel* (militant pacifiste) ; *Jenny de Fontanin* (noble jeune femme aux idées émancipées) ; *Oscar Thibault* (gros bourgeois conservateur et impitoyable).

MAUPASSANT (G.). **Bel-Ami** : *Georges Durol* (arriviste sans scrupules). **Nouvelles** : *Boule-de-suif* (la prostituée bonne fille) ; *le Horla* (être imaginaire acharné à détruire ses victimes).

MAURIAC (F.). **Génitrix** : *Félicité Cazenave* [la mère abusive (le mot « génitrix » est passé dans la langue)]. **Thérèse Desqueyroux** (épouse indifférente devenue haineuse). **Asmodée** : *Monsieur Couture* (misogyne convoitant sournoisement les femmes).

MÉRIMÉE (P.). **Carmen** (popularisé par l'opéra de Bizet) (« si je t'aime, prends garde à toi »).

MOLIÈRE. **Le Cocu imaginaire** : *Sganarelle* (un mari trompé). **L'École des femmes** : *Agnès* (ingénue délurée). **Le Tartuffe** (bigot hypocrite). **Le Misanthrope** : *Célimène* (coquette éternellement jeune) ; *Alceste* (esprit sincère, dégoûté de l'humanité) ; *Philinte* (humoriste sceptique sur la vertu des hommes). **L'Avare** : *Harpagon* (grippe-sous). **Le Malade imaginaire** : *Diafoirius* (médecin ignare). **George Dandin** (maladroit, cause de ses propres ennuis). **Les Femmes savantes** : *Philaminte* (la pédante) ; *Chrysale* (le bourgeois terre à terre).

MONTHERLANT (H. de). **La Reine morte** : *le roi Ferrante* (serviteur cynique de la raison d'État). **Les Jeunes filles** : *Pierre Costals ; Solange Dandillot ; Andrée Hacquebaut*.

MORAND (P.). **Lewis et Irène** : *Lewis*.

MURGER (H.). **Scènes de la vie de Bohème** : *Musette* (Parisienne de vie légère et de cœur innocent).

MUSSET (A. de). **Mimi Pinson** (ouvrière parisienne honnête et délurée). **Lorenzaccio** (drame) (héros avili par le rôle qu'il doit jouer). **Rolla** (romantique pessimiste). **Les Caprices de Marianne** : *Marianne* (coquette impitoyable) ; *Cœlio* (romantique sincère et triste) ; *Octave* (romantique pessimiste et faussement gai). **Confessions d'un enfant du siècle** : *Octave de T...*

NIMIER (R.). **Les Épées** : *François Sanders*.

NIZAN (P.). **Antoine Bloyé.**

PAGNOL (M.). **Topaze** (homme d'affaires véreux). **César** (Méridional pittoresque mais digne) ; *Panisse* (Méridional véhément mais estimable) ; *Marius ; Monsieur Brun ; Fanny*.

PERRAULT (C.). **Contes du temps passé** : *Barbe-bleue* (ogre tueur de dames) ; *Cendrillon* (la petite sœur brimée); *le marquis de Carabas* (seigneur richissime); *le Petit Chaperon rouge* (innocente entourée de périls); *le petit Poucet* (petit futé qui triomphe des grands); *la Belle au bois dormant* (personne de haute valeur, inutilisée); *le Chat botté* (le bluff créateur).

PERRET (J.). **Le Caporal épinglé** (le prisonnier demeuré rebelle).

PONSON DU TERRAIL (P.). **Les Drames de Paris:** *Rocambole* [aventurier d'une habileté géniale (le mot rocambolesque est passé dans la langue)].

PRÉVOST (l'abbé). **Manon Lescaut** (aventurière aimante et digne d'être aimée).

PROUST (M.). **A la recherche du temps perdu:** *le baron de Charlus* (homosexuel antipathique); *Odette de Crécy* («mademoiselle Sacripant»: demi-mondaine féroce); *Oriane de Guermantes* (grande dame sympathique); *Sidonie Verdurin* (grande dame antipathique); *Robert de St-Loup* (homosexuel sympathique); *Albertine Simonet* (homosexuelle coureuse de jupons); *Charles Swann* (grand bourgeois de la Belle Époque); *Gilberte Swann* (nouvelle riche, snob); *Madeleine de Villeparisis* (vieille aristocrate aux idées très larges).

QUENEAU (R.). **Zazie dans le métro:** *Zazie Lalochère* (gamine délurée).

RABELAIS (F.). **Gargantua** et **Pantagruel:** *Gargantua* (géant énorme et débonnaire); *Pantagruel* (géant doué d'un appétit monstrueux); *Panurge* (aventurier canaille et mystificateur); *Frère Jean des Entommeures* (moine paillard et bagarreur); *Picrochole* (souverain mégalomane et poltron).

RACINE (J.). **Les Plaideurs:** *Madame de Pimbêche* (femme agressive et chicanière); *Chicaneau* (plaideur acharné). **Athalie:** *Jézabel* (fantôme effrayant). **Phèdre** (la «proie» de Vénus). **Esther:** *Assuérus* (majesté redoutable).

RADIGUET (R.). **Le Bal du comte d'Orgel:** *Mahaut d'Orgel; François de Seryeuse.* **Le Diable au corps:** *Marthe Grangier, épouse Lacombe; XXXX*, le narrateur anonyme.

RENARD (J.). **Poil de Carotte** (enfant haï par sa mère).

SAND (G.). **La Petite Fadette:** *Fanchon Fadet*, surnommé *Fadette* (petite paysanne charmante par son innocence). *François le Champi* (enfant trouvé aimé d'une riche meunière). **Consuelo.**

SARTRE (J.-P.). **Les Chemins de la liberté:** *Ivich* (immigrée russe, victime d'un monde absurde). **La Nausée:** *Roquentin* (écrivain conscient de l'absurdité du monde). **Les Mains sales:** *Hugo* (militant politique affronté à l'absurde).

SÉGUR (Ctesse de). **L'Auberge de l'ange gardien:** *le général Dourakine* (grand seigneur russe coléreux mais bon). **Un bon petit diable:** *Madame Macmiche* (bigote tortionnaire). **La Sœur de Gribouille:** *Gribouille* (brave garçon un peu simple d'esprit). **Les Deux Nigauds:** *Madame Bonbeck* (femme bon cœur et bourrue). **Les Petites Filles modèles:** *Sophie* (fillette étourdie). **Pauvre Blaise:** *Blaise Anfry* (paysan pieux et honnête).

SIMENON (G.). **Les Enquêtes du commissaire Maigret:** *Jules Maigret* (policier psychologue et humain). **La Veuve Couderc:** *Tati Couderc* (femme du peuple, laborieuse et méfiante).

STAËL (G. de). **Corinne ou l'Italie:** *Corinne* (belle âme esthéticienne).

STENDHAL. **Le Rouge et le Noir:** *Julien Sorel* (jeune arriviste plutôt mal doué); *Mathilde de La Mole* (jeune aristocrate orgueilleuse et naïve); *Madame de Rénal* (vertueuse provinciale vaincue par la passion). **La Chartreuse de Parme:** *Fabrice del Dongo* (carbonaro à la fois héroïque et veule): *la Sanseverina* (tendresse passionnée d'une tante pour son neveu). **Lucien Leuwen** (un «égotiste» ayant réussi).

TOURNIER (M.). **Le Roi des Aulnes:** *Abel Tiffauges* (anarchiste resté sentimentalement un enfant).

VAILLAND (R.). **Drôle de jeu:** *François Lamballe, alias Marat.* **La Loi:** *Don Cesare.* **Les Mauvais coups:** *Milan.*

VALÉRY (P.). **Monsieur Teste** (l'intelligence pure).

VALLES (J.). **Jacques Vingtras** (intellectuel de gauche).

VERNE (J.). **Le Tour du monde en quatre-vingts jours:** *Phileas Fogg* (riche Anglais flegmatique); *Passepartout* (valet de chambre fidèle et débrouillard). **Michel Strogoff** (officier hardi et dévoué). **Vingt mille lieues sous les mers:** *le capitaine Némo* (inventeur génial à la fois humanitariste et misanthrope). **Robur le Conquérant:** *Robur.* **De la Terre à la Lune:** *Michel Ardan.*

VOLTAIRE. **Candide:** *Pangloss* (optimiste béat).

ZOLA (E.). **Les Rougon-Macquart:** *Nana* (courtisane ambitieuse); *Gervaise* (femme du peuple, guettée par la déchéance); *Coupeau* (ouvrier tombé dans l'alcoolisme): *Lantier* (une «bête humaine», homicide); *Octave Mouret.*

Illusions perdues (1837-43), la Rabouilleuse (1841), la Cousine Bette (1846), le Cousin Pons (1847); la Comédie humaine regroupe 65 titres (1re éd. 1842, puis 1975). — *Biogr.:* bourgeoisie parisienne fixée en Touraine; détesté par sa mère qui le met tout jeune en pension à Vendôme. *1814-19* études à Paris. *1820* liaison avec Laure de Berny; de 22 ans plus âgée, elle le protégera jusqu'à sa mort (1836). *1821-26* feuilletoniste, sous différents pseudonymes. *1826-29* fonde une imprimerie, fait faillite et contracte de lourdes dettes. *1830* commence sa vie de «forçat de la plume», touchant de gros droits d'auteur mais dépensant sans compter. *1833* début de la liaison avec Éveline Hanska (1800-82), comtesse ukrainienne. *1836* vie clandestine (crainte des créanciers). *1843* voyage à St-Pétersbourg auprès d'Éveline (devenue veuve en 1841). *1846* naissance d'un fils mort-né, Victor-Honoré (chagrin inconsolable); achat et décoration ruineuse d'un hôtel, rue Fortunée (aujourd'hui rue Balzac). *1847-48*, puis *1850* séjours en Ukraine; *14-3-1850* épouse Éveline en Ukraine; *juin* revient avec elle, épuisé, rue Fortunée, et y meurt en quelques semaines.

Barante, Prosper, baron de 🌿 [H] (1782-1866): Histoire des ducs de Bourgogne (1821-24).

Barthélemy, abbé Jean-Jacques 🌿 [Éru] (1716-95): Voyage du jeune Anacharsis en Grèce (1788).

Beaumarchais, Pierre Caron de [D] (1732-1799): le Barbier de Séville (1775), le Mariage de Figaro (1784), La Mère coupable (1792). — *Biogr.:* fils d'un horloger parisien. *1752* invente un nouveau système d'échappement pour les montres, que l'horloger Lepaute cherche à s'approprier. *1754* gagne son procès contre Lepaute. *1755* horloger du roi. *1756* clerc de la maison du roi; prend le titre de Beaumarchais, terre appartenant à sa femme (épousée 1756, morte 1757; il est soupçonné de l'avoir fait mourir). *1757* professeur de harpe des filles de Louis XV. *1758-64* associé du financier Paris-Duverney; achète une charge de secrétaire du roi (qui l'anoblit). *1762-82* lieutenant-général des chasses; spéculations. *1770* à la mort de Paris-Duverney, est accusé de fraude par les héritiers (procès gagné au bout de 8 ans). *1771* mort de sa 2e femme et procès en détournement d'héritage avec sa belle-famille. *1774* 3e mariage avec une riche héritière, Thérèse de Villermawlaz. Mission secrète à Londres (faire détruire un pamphlet contre Mme du Barry); mis en prison à Vienne (louche affaire de chantage). *1776* arme une flotte privée pour soutenir les insurgés américains. *1777* fonde la Sté des auteurs dramatiques. *1784* triomphe littéraire avec *le Mariage de Figaro*; s'enrichit. *1790* rallié à la Révolution. *1792* monte une affaire d'achat d'armes en Hollande; se rend suspect à la Convention. *1793-96* exilé à Hambourg. *1796-99* rentre à Paris et y écrit ses mémoires. Meurt d'apoplexie.

Béranger, Pierre-Jean de [Chans] (1780-1857]: le Roi d'Yvetot (1813), 6 recueils de chansons.

Bernardin de St-Pierre, Henri 🌿 [E] (1737-1814): Paul et Virginie (1787), la Chaumière indienne (1790). — *Biogr.:* famille bourgeoise. *1758* ingénieur des Ponts et Ch. *1763* cherche fortune en Russie, puis en Prusse. *1767* en poste à l'île Maurice. *1771* démissionne; dans la misère à Paris; disciple de Rousseau. *1787* fait fortune grâce à *Paul et Virginie*. *1795* membre de l'Inst. *1799* pensionné par le 1er Consul.

Boigne, Louise d'Osmond, Ctesse de [Mém] (1781-1866): Récits d'une tante (publiés 1907).

Bonald, Louis, Vte de 🌿 [Es] (1754-1840): Théorie du pouvoir politique et religieux (1796).

Brillat-Savarin, Anthelme [Es] (1755-1826): la Physiologie du goût (1825).

Brosses, (président) Charles de [Pros] (1709-77): Lettres familières (1739-40).

Buffon, Georges Louis Leclerc, Cte de 🌿 [Nat] (1707-88): Histoire naturelle (36 vol.). — *Biogr.:* Noblesse terrienne bourguignonne. Études chez les jésuites de Dijon. *1730* se lie avec le duc anglais de Kingston, voyage avec lui en Italie; séjourne souvent en Angleterre. *1733* membre adjoint de l'Académie des sciences, pour des travaux de physique. *1735* transforme sa propriété de Montbard en parc expérimental de botanique. *1739* intendant du *Jardin du roi* (actuel Jardin des plantes); à partir de 1744, réunit une équipe de collaborateurs scientifiques, notamment le médecin Louis Daubenton (1716-99). Il passe 8 mois à Montbard et 4 mois à Paris, travaillant à son *Histoire naturelle* (renommée internationale). *1777* nommé comte. *1779* il est condamné par la Sorbonne, sauvé par le véto royal.

Cabanis, Georges 🌿 [Ph, Sav] (1757-1808): Lettres sur les causes premières (publ. 1824).

Caigniez, Louis [D] (1762-1842): la Pie voleuse (1815).

Casanova de Seingalt, Jacques [Mém] (1725-98): Mémoires (posth. 1822-28).

Chamfort, Nicolas-Sébastien Roch dit de 🌿 [Mor] (1740-94): Pensées, Maximes et Anecdotes (1796).

Chateaubriand, François-René, Vte de 🌿 [E] (1768-1848): Atala (1801), le Génie du christianisme (1802), René (1802), les Martyrs (1809), l'Itinéraire de Paris à Jérusalem (1811), les Natchez (1815-26), les Aventures du dernier Abencérage (1826), Vie de Rancé (1844), Mémoires d'outre-tombe (1848-50). — *Biogr.:* famille noble bretonne (château de Combourg); études aux collèges de Dol puis de Rennes. *1786* sous-lieutenant au régiment de Navarre. *1791-92* voyage aux États-Unis. *1792* sa mère le marie à Céleste Buisson de la Vigne; rejoint l'armée des émigrés à Coblence. *1793-1800* émigré à Londres. *1800* retour à Paris, liaison avec Pauline de Beaumont (1768-1803). *1801* gros succès d'*Atala*. *1803-04* diplomate en Italie, démissionne après l'exécution du duc d'Enghien. *1806-07* voyage en Orient. *1807-15* 1re personnalité littéraire du pays; chef de l'opposition antibonapartiste. Nombreuses liaisons (dont Mme de Custine depuis 1802, duchesse de Duras de 1809 à 28). *1815* chef du parti ultra (pair de France, ministre d'État, min. des Affaires étrangères 1821-24). *1818* liaison avec Juliette Récamier [Julie Bernard (1777-1849), adorée pour sa beauté par de nombreuses célébrités; elle n'aurait eu qu'un amant masculin, Chateaubriand, et leur amour se changea vite en affection platonique, qui dura jusqu'à la mort]. *1830* chef du parti légitimiste (opposé à Louis-Philippe: une arrestation en 1832, plusieurs missions auprès de Charles X en exil). *Après1844* dans la pauvreté, vit des droits payés d'avance de ses *Mémoires d'outre-tombe* (Émile de Girardin achète le droit de les publier en feuilleton dans *La Presse*, malgré la protestation de Ch.) *1847* Dépôt chez un notaire du texte des *Mémoires*. *1848*, 19-7 inhumation (îlot du Grand Bé, près de St-Malo) et début du feuilleton dans *La Presse*.

Chénier, André de [P] (1762-94): Bucoliques (la Jeune Tarentine), Idylles, Élégies, Iambes (la Jeune Captive), Hermès.

Chénier, Marie-Joseph de [D, P] (1764-1811): Charles IX (1796), le Chant du départ (paroles).

Comte, Auguste [Ph] (1798-1857): Plan des travaux scientifiques pour réorganiser la société (1822), Cours de philosophie positive (1830-42). — *Biogr.:* bourgeoisie de Montpellier (monarchiste et catholique). Doté d'une mémoire extraordinaire, mais atteint de troubles psychologiques. *1814* reçu à Polytechnique (16 ans). *1816* école fermée (causes pol.): vit comme professeur de maths. *1816* secrétaire de Saint-Simon. *1822* rupture avec Saint-Simon, qui désapprouve le *Plan*. *1825* mariage avec une prostituée. *1826* interné pour troubles mentaux. *1829* fonde une école privée de philosophie. *1832* répétiteur à Polytechnique. *1844* début de sa liaison avec Clotilde de Vaux (1815-46). *1848* fonde la religion de l'Humanité (positivisme) dont Clothilde est la divinité centrale. *1852* dans la misère jusqu'à sa mort (d'un cancer).

Condillac, Étienne de 🌿 [Ph] (1714-80): Traité des sensations (1754). Logique.

Condorcet, marquis de 🌿 [Math, Ph] (1743-94): Esquisse d'un tableau historique des progrès de l'esprit humain (publ. 1795).

Constant, Benjamin. Voir Suisse, p. 306.

Courier de Méré, Paul-Louis [E, Pol] (1772-assass. 1825): Pamphlets, Lettres.

Cousin, Victor 🌿 [Ph] (1792-1867): Du vrai, du beau, du bien (1837).

Crébillon, Claude de [R] (1707-77): le Sopha (1742).

Delavigne, Casimir [P, D] (1793-1843) : les Messéniennes, les Vêpres siciliennes.

Delille, Jacques Fontanier, dit abbé [P] (1738-1813) : les Jardins ; traductions (Virgile, Milton).

Desbordes-Valmore, Marceline [P] (1785-1859) : Élégies (1818-25), les Pleurs.

Destutt de Tracy, Antoine [Ph] (1754-1836) : Éléments d'idéologie (1811-15).

Diderot, Denis [Ph, Encycl] (1713-84) : Pensées phil. (1746), les Bijoux indiscrets (1747), l'Encyclopédie (1751), le Fils naturel (1757), Lettres à d'Alembert, la Religieuse (publ. 1796), le Neveu de Rameau (publ. 1821), Jacques le fataliste (posth. 1796), Paradoxe sur le comédien (publ. 1830), les Salons (1759-81, publ. 1812). — *Biogr.* : fils d'un coutelier langrois. Études au collège des jésuites de Langres (1723-28 ; tonsuré 1726) puis à Paris (1728-32). Jusqu'en *1742*, on perd sa trace (sans doute clerc et précepteur). *1743* épouse secrètement Anne-Antoinette Champion. *1744-48* rédacteur au Dictionnaire de Médecine. *1746* obtient le privilège de l'*Encyclopédie* ; il y travaillera jusqu'en 1759 (gains modestes). *1755* liaison avec Sophie Bolland (jusqu'à la mort de celle-ci en 1783). *1765* sauvé de la misère par Catherine II de Russie qui lui achète (fictivement) sa bibliothèque pour 150 000 livres et l'en nomme bibliothécaire pour 300 pistoles par an. *1773-74* visite à St-Pétersbourg. *1784* s'installe dans un appartement payé par Catherine II, rue Richelieu, et y meurt.

Florian, Jean-Pierre de [Fab] (1755-94) : 5 livres de Fables (1792).

Fourier, Charles [Ph, Éco], (1772-1837) : Théorie de l'Unité universelle.

Fréron, Élie [J] (1718-76) : l'Année littéraire (1754-76).

Gresset, Louis [P, D] (1709-77) : Vert-Vert (1734), le Méchant (1747).

Grimm, Melchior, B^on^ de [E] (All., 1723-1807) : Correspondance (publ. 1812).

Guizot, François [H, Pol] (1787-1874).

Helvétius, Claude-Adrien [Ph, Encycl] (1715-1771) : De l'esprit (1758).

Holbach, Paul, B^on^ d' [Ph, Encycl] (Allem., 1723-89) : le Système de la nature (1770).

Joubert. Joseph [Mor] (1754-1824) : Carnets de J. Joubert (publ. 1836).

Jouffroy, Théodore [Ph] (1796-1842).

Krudener, Julie de Wietinghoff, B^onne^ de [R] (Russe, 1764-1824) : Valérie (1804).

Laclos, Pierre Choderlos de [R] (1741-1803) : les Liaisons dangereuses (1782).

La Harpe, Jean-François Delharpe, dit Fr. de [Cr] (1739-1803) : Cours de littérature ancienne et moderne (1799), Une soirée chez Gazotte (publ. 1806).

Lamartine, Alphonse de [P, H, Pros] (1790-1869) : *Poésies* : Méditations poétiques (1820), les Harmonies poétiques et religieuses (1830), Jocelyn (1836), la Chute d'un ange (1838), Recueillements poétiques (1839). *Histoire* : Hist. des Girondins (1847). *Prose* : Raphaël (1849), Confidences (1849), Graziella (1852). — *Biogr.* : noblesse terrienne mâconnaise ; études à Milly, instruit par des précepteurs. *1801-08* interne à Lyon, puis à Belley. *1811-12* voyage en Italie (1res amours à Naples avec Antoniella, intendante de son oncle). *1816-17* liaison avec Julie Charles (Elvire), femme d'un physicien (phtisique, elle meurt en déc. 1817). *1818* mariage avec une Anglaise, Marianne Elisa Birch. *1820-30* diplomate en Italie. *1830* démissionne et tente d'être élu député (échec). *1833* voyage en Orient. *1839-48* député de Bergues (Nord) : non inscrit jusqu'en 1838, opposition libérale de 1838 à 48. *1848* prend part à la Révolution de février ; min. des Affaires étrangères du 1er gouvernement républicain. *1849* candidat à la présidence de la République (échec, 17 910 voix). Graves difficultés financières (ses propriétés du Mâconnais lui coûtent cher) ; se condamne aux « travaux forcés littéraires ». *1861* vend son château de Milly. *1867* veuf, se remarie secrètement avec sa nièce Valentine (qui était sa fille adoptive). *1869* meurt, oublié du public, dans une villa que la ville de Paris a mise à sa disposition (actuellement av. Henri-Martin).

Lamennais, Félicité de [Ph] (1782-1854). — *Biogr.* : fils d'un propriétaire terrien breton, anobli en 1782. Élevé dans la maison paternelle, La Chesnaie. *1808* reçoit les ordres mineurs. *1816* ordonné prêtre. *1817* célébrité littéraire avec son *Essai sur l'indifférence*. *1830* fonde le journal catholique libéral *l'Avenir* (condamné par Rome en 1831). *1834* les *Paroles d'un croyant*, réponse à la condamnation, sont condamnées à leur tour. *1836* rupture avec Rome. *1840* un an de prison pour des écrits républicains. *1848* député ; fonde le journal *le Peuple constituant* qui disparaît au bout de 5 mois. Se retire de la vie publique et meurt sans l'assistance d'un prêtre.

La Mettrie, Julien Offroy de [Méd, Ph] [1709-51) : l'Homme-machine (1747).

Ligne, Charles-Joseph, P^ce^ de. Voir Belgique p. 271.

Maine de Biran, François-Pierre Gonthier de Biran, dit [Ph] (1766-1824) : Journal intime (publ. 1927).

Maistre, Joseph, Cte de [Es, Ph] (1753-1821) : Considérations sur la France (1796), Du pape (1819), Soirées de St-Pétersbourg (1821).

Maistre, Xavier, Cte de [Es] (1763-1852) : Voyage autour de ma chambre (1795).

Marmontel, Jean-François [Mor] (1723-99) : Contes moraux (1767-77), Mémoires (posth. 1800-05).

Mercier, Louis-Sébastien [Pros, D] (1740-1814) : le Tableau de Paris, la Brouette du vinaigrier (1775).

Michelet, Jules]H, Es] (1798-1874) : Histoire de France (1833-67), Histoire de la Révolution française (1847-53). — *Biogr.* : fils d'un artisan parisien (imprimeur) ; enfance pauvre. *1819* docteur ès lettres. *1821* agrégé, prof. à Ste-Barbe. *1824* épouse sa maîtresse, Pauline Rousseau (1791-1839), alcoolique et tuberculeuse. *1827* prof. à l'École normale. *1834* à la Sorbonne. *1838* au Collège de France. *1839-42* liaison avec une grande malade, Mme Dumesnil, mère de son gendre. *1848* liaison avec Athénaïs Mialaret (épousée 1849 ; sera sa collaboratrice). *1852* révoqué du Collège de France par Napoléon III (refus du serment).

Mignet, François [H] (1796-1884) : Marie Stuart (1851).

Millevoye, Charles [P] (1782-1816) : la Chute des feuilles (1812).

Mirabeau, Victor Riqueti, Mis de [Ec] (1715-89) : l'Ami des hommes (1757).

Nodier, Charles [R, P) (1780-1844) : Contes (Trilby, la Fée aux miettes, etc.).

Parny, Évariste, Vte de [P] (1753-1814) : Poésies érotiques, la Guerre des dieux.

Pigault Lebrun, Guillaume (1753-1835).

Pixérécourt, René Guilbert de [D] (1773-1844) : Victor ou l'Enfant de la forêt (1798).

Pompignan, Jacques Le Franc, Mis de [D, P] (1709-84) : Didon, Poésies sacrées.

Raban, Louis-François [R] (1795-1870) : l'Auberge des Adrets.

Raynal, abbé (1713-96) : Mémoires politiques de l'Europe, Histoire philosophique et politique des établissements et du commerce des Européens dans les deux Indes (1772).

Restif de la Bretonne, Nicolas [R, Mém] (1734-1806) : la Famille vertueuse (1767), le Pornographe (1769), le Paysan perverti (1774), la Vie de mon père (1778), la Paysanne pervertie (1780), la Découverte australe (1781), les Nuits de Paris (1788), Monsieur Nicolas (1795-97).

Rivarol, Antoine de Rivaroli, dit le Cte de [Polé] (1753-1801) : Discours sur l'universalité de la langue française (1784).

Rousseau, Jean-Jacques. Voir Suisse, p. 306.

Royer-Collard, Pierre-Paul [Or] (1763-1845).

Sade, Donatien, Mis de [R, Ph] (1740-1814) : Justine (1791), la Philosophie dans le boudoir (1795), la Nouvelle Justine, suivie de l'Histoire de Juliette, sa sœur (10 vol. 1797), Oxtiern (1799), les Crimes de l'amour (1800), Dorcé (posth. 1881), Historiettes, contes et fabliaux (posth. 1926), les 120 Journées de Sodome (post. 1931-32), Cahiers personnels (posth, 1953), Monsieur le 6 (posth. 1954), 111 notes pour la Nouvelle Justine (posth. 1956). — *Biogr.* : haute noblesse provençale ; élevé au château de Saumane, par son oncle, l'abbé de Sade d'Ébreuil, historien. *1750-55* collège d'Harcourt (jésuite) à Paris. *1755* sous-lieutenant d'infanterie. *1757-63* combat à la g. de Sept Ans. *1763* se marie. *1772-73* condamné à mort pour violences sexuelles, incarcéré en Savoie, évadé. *1774-77* séjour au château de La Coste ; nouvelles affaires de mœurs. *1778-84* captivité à Vincennes. *1784-89* embastillé, déplacé à Charenton quelques jours avant l'émeute du 14-7-89. *1790*, 2-4 libéré grâce au décret sur les lettres de cachet. *1790-93* membre de la section révolutionnaire des Piques. *1794* condamné à mort, échappe à la guillotine, parce qu'on ne sait plus dans quelle prison il se trouve. *1794-1801* en liberté, écrit de nombreux romans scandaleux. *1801* emprisonné. *1803-14* transféré à Charenton, y vit en ménage avec Marie-Constance Quesnet jusqu'à sa mort.

Saint-Martin, Louis-Claude de [Ph, Théo] (1743-1803), dit le Philosophe inconnu [pseud. adopté pour le livre des Erreurs et de la Vérité (1775)] : l'Homme de désir (1790), le Nouvel Homme (1792), Ecce Homo (1792), le Ministère de l'homme d'esprit (1802).

Saint-Simon, Claude Henri de Rouvroy, Cte de [Eco, Ph] (1760-1825) : Lettres d'un habitant de Genève (1802), Mémoire sur la science de l'homme (inach., 1813).

Say, Jean-Baptiste [Ec] (1767-1832).

Scribe, Eugène [D] (1791-1861) : 350 comédies [dont l'Ours et le Pacha (1820), Michel et Christine (1821), Bertrand et Raton (1833), la Camaraderie (1836), le Verre d'eau (1840)], vaudevilles, livrets d'opéras.

Sedaine, Michel-Jean [D] (1719-97) : le Philosophe sans le savoir (1765).

Ségur, Sophie Rostopchine, Ctesse de [R] (1799-1874) : les Petites Filles modèles (1858), les Vacances (1859), Mémoires d'un âne (1860), les Deux Nigauds (1862), l'Auberge de l'ange gardien (1863), les Malheurs de Sophie (1864), Un bon petit diable (1865), le Général Dourakine (1866).

Senancour, Étienne de [E] (1770-1846) : Obermann (1804).

Staël, Germaine Necker, B^onne^ de. Voir Suisse, p. 306.

Stendhal, Marie-Henri Beyle, dit [R] (1783-1842) : De l'amour (1822), Armance (1827), le Rouge et le Noir (1830), Souvenirs d'égotisme (1832, publ. 1897-1927), Vie de Henri Brulard (1835-36), Lucien Leuwen (1834, publ. 1894-1927), la Chartreuse de Parme (1839), l'Abbesse de Castro (1839), Lamiel (inach., publ. 1889). — *Biogr.* : bourgeoisie grenobloise, fils d'un magistrat. Perd sa mère à 7 ans. *1796-99* École centrale d'ingénieurs à Grenoble. *1800* sous-lieutenant de cavalerie (démissionnaire 1801). *1805* liaison, à Marseille, avec l'actrice Mélanie Guilbert. *1806-10* intendant militaire en Allemagne, protégé par son cousin, le comte Daru. *1810* auditeur au Conseil d'État. *1811-14* liaison avec Angéline Bereyter. *1812* prend part à la campagne de Russie. *1814-21* séjour à Milan ; amour malheureux pour Métilde Dembowski. *1821* expulsé par les Autrichiens (pour carbonarisme), se fixe à Paris. *1823-26* liaison avec la Ctesse Curial ; correspondant à Paris des journaux anglais. *1827* sans ressources matérielles. *1830-37* consul à Civitavecchia (Italie). *1837-38* en congé à Paris ; brille dans les salons littéraires. *1839-41* en poste à Civitavecchia. *1841-42* en congé de santé à Paris. Candidat à l'Académie française. Meurt d'apoplexie en pleine rue.

Thierry, Augustin [H] (1795-1856] : Histoire de la conquête de l'Angleterre (1825), Récits des temps mérovingiens (1835-40).

Thiers, Adolphe [h] (1797-1877) : Hist. du Consulat et de l'Empire (1845-62).

Toepffer, Rodolphe. Voir Suisse, p. 307.

Vauvenargues, Luc de Clapiers. Mis de [Mor] (1715-47) : Maximes (1746).

Vigny, Alfred, Cte de [P] (1797-1863) : *Poésies* : Eloa (1824), Poèmes antiques et modernes (1826), les Destinées (1864). *Romans* : Cinq-Mars (1826), Stello, Servitude et Grandeur militaires (1835). *Drame* : Chatterton (1835). — *Biogr.* : vieille noblesse militaire, ruinée par la Révolution. Interne à la pension Hix (cours au lycée Bonaparte). *1814* sous-lieutenant aux Mousquetaires Rouges du Roi. *1823* capitaine d'infanterie à Strasbourg. *1825* en garnison à Pau, épouse une Anglaise, Lydia Bunburry. *1827* démissionne de l'armée ; vient à Paris et fréquente les milieux littéraires. *1831-38* liaison avec l'actrice Marie Dorval. *1835-43* retraite dans sa propriété du Maine-Giraud en Charente. *1845* élu à l'Académie fr. ; reçu avec insolence par le Cte Molé, se brouille avec ses confrères. *1846-63* retourne au Maine-Giraud.

Villemain, Abel [Cr] (1790-1870) : Cours de littérature française (1829).

Nés entre 1800 et 1900

About, Edmond [R] (1828-85) : le Roi des montagnes (1857), l'Homme à l'oreille cassée (1862).

Achard, Marcel (Marcel Augustin Ferréol) [D] (1899-1974) : Voulez-vous jouer avec moâ ? (1923), Jean de la Lune (1929), Nous irons à Valparaiso, Patate (1957), l'Idiote (1961).

Acremant, Germaine [R] (1889) : Ces dames aux chapeaux verts (1921).

Adam, Paul [R] (1862-1920) : la Force.

Aicard, Jean [P, D, R] (1848-1921) : Poésies, le Père Lebonnard, Maurin des Maures (1908).

Alain, Emile Chartier dit [Ph] (1868-1951) : Propos (1908-19), Éléments d'une doctrine radicale, Histoire de mes pensées.

Alain-Fournier, Henri Fournier, dit [E] (1886-1914) : le Grand Meaulnes (1913), Correspondance avec J. Rivière (publ. 1926-28).

Allain, Marcel (1885-1969). Voir roman policier p. 286.

Allais, Alphonse [Hum] (1855-1905) : A se tordre (1891), le Parapluie de l'escouade (1894), Deux et deux font cinq (1895), On n'est pas des bœufs (1896), Amours, Délices et Orgues (1898), le Captain Cap (1902).

Amiel, Henri-Frédéric. Voir Suisse, p. 306.

Apollinaire, Guillaume (Wilhelm de Kostrowitzky, dit) [P, R] (1880-1918) : l'Hérésiarque et Cie, Alcools (1913), Calligrammes, le Bestiaire, le Poète assassiné. — *Biogr.* : fils naturel d'un officier italien, élevé par sa mère à Nice. *1898* précepteur en Rhénanie ; amour malheureux pour une jeune Anglaise, Annie. *1899-1900* vagabondage en Europe centrale. *1901-11* critique d'art à Paris. Liaison avec l'artiste peintre Marie Laurencin. *1911* emprisonné pour complicité de vol au Louvre (non-lieu). *1914* engagé volontaire. Liaison avec « Lou ». *1917* grièvement blessé. *1918* épouse son infirmière, Jacqueline ; meurt de la grippe espagnole 3 mois plus tard.

Aragon, Louis (L. Andrieux) [Es, H, P, R] (1897-1982) : *Romans :* Anicet ou le Panorama (1920), les Cloches de Bâle, les Beaux Quartiers (Ren. 1936), les Voyageurs de l'impériale, Aurélien, les Communistes (1949-51), la Semaine sainte (1958), le Paysan de Paris (1962), Blanche ou l'Oubli (1967). *Poésies :* le Crève-cœur (1941), les Yeux d'Elsa (1942), la Diane française. — *Biogr.* : enfant naturel d'une Parisienne, gérante d'une pension de famille. *1916-18* mobilisé. *1919* fréquente les milieux dadaïstes, puis surréalistes. *1933* membre du Parti communiste. *1939* épouse Elsa Triolet (1896-1970), belle-sœur du poète soviétique Maïakowski. *1942-44* dans la clandestinité. *1944* fondateur et directeur des *Lettres Françaises*. *1945-60* vice-président du Comité central du Parti comm. *1967-68* membre de l'Académie Goncourt (démissionne).

Arland, Marcel [Cr, R] (1899-1986) : l'Ordre (G. 1929), les Vivants, la Grâce, Attendez l'aube, Lumière du soir (1983).

Arvers, Félix [P, D] (1806-50) : Mes heures perdues (1833) [contenant « Sonnet imité de l'italien » écrit en hommage à Marie Nodier, fille du poète ? 1er vers : Mon âme a son secret, ma vie a son mystère].

Arnoux, Alexandre [E] (1884-1973) : le Cabaret, Écoute s'il pleut, Paris-sur-Seine.

Aron, Robert [H] (1898-1975) : Histoire de Vichy ; de la Libération ; de l'Épuration (1967-68), Dossiers de l'histoire contemporaine, Lettre ouverte à l'Église de France.

Artaud, Antonin [Es, D, P] (1896-1948) : le Pèse-Nerfs, le Théâtre et son double, Tric-Trac du ciel, Lettres de Rodez (1946), les Cenci, l'Ombilic des limbes.

Aubry, Octave [H] (1881-1946) : le Roi de Rome, la Révolution française.

Audiberti, Jacques [P, D] (1899-1965) : *Poésies :* l'Empire de la Trappe, Race des hommes. *Romans :* Abraxas, Marie Dubois, la Poupée. *Théâtre :* Le mal court, l'Effet Glapion (1959), l'Opéra du monde, Quoat-Quoat.

Audoux, Marguerite [R] (1863-1937) : Marie-Claire (F. 1910), l'Atelier de Marie-Claire (1926).

Augier, Émile [D] (1820-89) : Ceinture dorée, le Gendre de M. Poirier (1854).

Bachelard, Gaston [Ph] (1884-1962).

Bainville, Jacques (Stadt) [H] (1879-1936) : Histoire de France, Napoléon, Lectures.

Banville, Théodore de [P] (1823-1891) : Odes funambulesques (1857), Gringoire.

Barbey d'Aurevilly, Jules [Polé, Cr, R] (1808-89) : l'Ensorcelée, le Chevalier Destouches (1864), les Diaboliques (1874).

Barbier, Auguste [P] (1805-82) : Iambes.

Barbusse, Henri [J, R] (1873-1935) : l'Enfer (1908), le Feu (G. 1916).

Barrès, Maurice [Polé, Es, R] (1862-1923) : le Culte du moi [Sous l'œil des Barbares (1888), Un homme libre (1889), le Jardin de Bérénice (1891)], Du sang, de la volupté et de la mort (1894), le Roman de l'énergie nationale [les Déracinés (1897), l'Appel du soldat (1900), Leurs figures (1902)], Colette Baudoche (1909), la Colline inspirée (1913). — *Biogr.* : riche famille bourgeoise de Lorraine ; études au lycée de Nancy. *1883* à Paris. *1889* député nationaliste de Nancy ; devient l'un des leaders du boulangisme. *1896* chef des antidreyfusards. *1904* patronne l'*Action Française*. *1914-18* propagandiste en faveur de l'effort de guerre. *1920* perd son influence sur la jeunesse ; sa mort est l'occasion d'une mascarade surréaliste.

Bashkirtseff, Marie (Russe) [Mém] (1858-84) : Journal (1887), Cahiers intimes.

Bastiat, Frédéric [Ec] (1801-50) : Harmonies économiques (inachevé).

Bastide, Roger [Ethn] (1898-1974).

Bataille, Georges [R, Ph] (1897-1962) : l'Expérience intérieure, le Bleu du ciel, l'Érotisme, la Part maudite (1949).

Bataille, Henry [P, D] (1872-1922) : Maman Colibri, la Marche nuptiale.

Baudelaire, Charles [P, Cr] (1821-67) : *Poèmes :* les Fleurs du mal (1857), le Spleen de Paris (1864). *Essais :* les Paradis artificiels (1860), l'Art romantique (1868). — *Biogr.* : fils d'un prêtre sécularisé à la Révolution, mort en 1827. *1828* sa mère se remarie avec le général Jacques Aupick (Baudelaire en est traumatisé). Études à Louis-le-Grand, puis à la faculté de Droit. *1840* liaison avec Sarah (surnommée Louchette). *1841* son beau-père l'expédie à l'Ile Maurice. *1842* à Paris, vit en dandy dans les milieux littéraires, dépensant l'héritage paternel reçu à sa majorité (75 000 F). *1843* liaison avec une Antillaise, Jeanne Duval, qu'il rend syphilitique (ne l'abandonnera jamais). *1844* se voit imposer un conseil judiciaire qui lui mesurera ses ressources jusqu'à sa mort. *1848* prend part en amateur à la Révolution. *1852* liaison avec Anne Sabatier, dite La Présidente. *1855* critique d'art au journal *Le Pays*. *1857* condamné à 300 F d'amende pour l'immoralité des *Fleurs du Mal*. *1864* exil volontaire en Belgique. *1866* fait une chute à Namur. *1867* meurt de paralysie générale, après avoir demandé les sacrements.

Bauër, Gérard (pseudonyme Guermantes) [Chr] (1888-1967).

Bazin, René [R] (1853-1932) : la Terre qui meurt (1899), les Oberlé (1901), le Blé qui lève (1907).

Beaumont, Germaine (Battendier) [E] (1890-1983) : Piège (Ren. 1930), Silsauve (1952), Un chien dans l'arbre (1975).

Becque, Henry [D] (1837-99) : les Corbeaux (1882), la Parisienne (1885).

Bedel, Maurice [R] (1883-1954) : Jérôme, 60e latitude nord (G. 1927).

Bédier, Joseph [Eru] (1864-1938) : Légendes épiques (1908-13).

Béhaine, René [R] (1880-1966) : Histoire d'une société (17 vol. 1928-63).

Benda, Julien [Ph, R] (1867-1956) : Belphégor, la Trahison des clercs (1927), la Fin de l'éternel.

Benjamin, René [R, Cr] (1885-1948) : Gaspard (G. 1915), Balzac, l'Enfant tué (1946).

Benoit, Pierre [R] (1886-1962) : Kœnigsmark (1918), l'Atlantide (1919), le Lac salé, Mlle de la Ferté, Axelle (1928), le Désert de Gobi, Montsalvat, Monsieur de la Ferté. Voir best-sellers p. 327.

Béraud, Henri [R, Polé] (1885-1958) : le Martyre de l'obèse (G. 1922), le Vitriol de lune (1922), la Croisade des longues figures (1924), la Gerbe d'or (1928), Ciel de suie (1933), Qu'as-tu fait de ta jeunesse ? (1943), les Derniers Beaux Jours (1953). — *Biogr.* : fils d'un boulanger lyonnais, abandonne ses études avant le bac ; employé de bureau, polémiste local. *1914-18* artillerie. *Après la guerre :* journaliste à *l'Œuvre*, au *Canard enchaîné*, au *Crapouillot*, au *Petit Parisien ;* devient anticommuniste, préconise une politique d'entente avec Mussolini. *1934* collabore à *Gringoire ;* xénophobe, opte pour Pétain. *1944* (24-8) arrêté et condamné à mort. *1945* gracié par de Gaulle sur l'intervention de Mauriac et Churchill. *1950* hémiplégique, quitte le pénitencier de St-Martin-de-Ré ; meurt d'une crise d'hémiplégie.

Berdiaev, Nikolaï [Ph] (Russe, 1874-1948) : la Philosophie de la liberté, le Sens créateur, Royaume de César et Royaume de l'esprit, Esprit et Liberté.

Berger, Gaston [Ph] (1896-1960).

Bergson, Henri [Ph] (1859-1941) : Essai sur les données immédiates de la conscience (1889), Matière et Mémoire, le Rire (1900), l'Évolution créatrice (1907), Durée et Simultanéité, les Deux Sources de la morale et de la religion (1932) [N. 1927].

Berl, Emmanuel [Es, R] (1892-1976) : Sylvia (1951), la France irréelle, A contretemps, Mort de la pensée bourgeoise, Essais.

Bernanos, Georges [R, Polé, D] (1888-1948) : *Romans :* Sous le soleil de Satan (1926), l'Imposture (1928), la Joie (F. 1929), Un crime (1935), le Journal d'un curé de campagne (1936), Nouvelle Hist. de Mouchette (1937), Monsieur Ouine (1943). *Pamphlets :* la Grande Peur des bien-pensants (1931), les Grands Cimetières sous la lune (1938), les Enfants humiliés (posth. 1949). *Théâtre :* Dialogue des carmélites (1949). — *Biogr.* : fils d'un artisan lorrain. Études (Droit). *1913-14* journaliste (monarchiste) à Rouen. *1914-18* combattant ; blessé. *1919-34* marié et père de 6 enfants, vit pauvrement de sa plume. *1934-37* vit à Majorque. *1938* brouillé avec les franquistes, revient en France. *1938-45* réfugié en Amérique du S., se rallie à la France libre. *1946-48* vit en Tunisie ; meurt d'un cancer à 60 ans.

Bernard, Claude [Ph, Sav] (1813-78) : Introduction à l'étude de la médecine expérimentale (1865).

Bernard, Paul, dit Tristan [Hum, R, D] (1866-1947) : l'Anglais tel qu'on le parle (1889), Triplepatte (1905).

Bernède, Arthur [R] (1871-1937) : Judex (1917), Belphégor (1927), Poker d'As (1928).

Bernstein, Henry [D] (1876-1953) : la Rafale, le Voleur (1907), Espoir, Samson, la Soif (1949).

Bertrand, Louis, dit Aloysius [P] (1807-41) : Gaspard de la nuit (posth. 1842).

Billy, André [Cr, R] (1882-1971) : l'Approbaniste, le Narthex, Vie de Balzac.

Bloch, Jean-Richard [Polé] (1884-1947) : Sur un cargo (1924), la Nuit kurde (1925), Cacaouettes et Bananes (1929), Destin du siècle (1931).

Bloch, Marc [H] (1886-1944) : les Rois thaumaturges (1924), la Société féodale (1939).

Blondel, Maurice [Ph] (1861-1949) : l'Action (1893).

Bloy, Léon [Polé] (1846-1917) : le Désespéré (1886), la Femme pauvre (1897).

Blum, Léon [Ph, Pol] (1872-1950) : Du mariage (1907), A l'échelle humaine (1945).

Bordeaux, Henry [R] (1870-1963) : les Roquevillard, la Robe de laine, l'Intruse.

Borel d'Hauterive, Pierre, dit Petrus [P, R] (1809-59) : Rhapsodies (1832), Champavert, contes immoraux (1833), Madame Putiphar (1839).

Bornier, Henri, Vte de [D] (1825-1901) : la Fille de Roland (1875).

Bosco, Henri [R, P] (1888-1976) : le Mas Théotime (1945), Malicroix (1948), Sabinus (1957), Tante Martine.

Botrel, Théodore [Chan] (1868-1925).

Bourdet, Édouard [D] (1887-1945) : la Prisonnière (1926), le Sexe faible (1931), les Temps difficiles (1934).

Bourges, Élémir [R, D] (1852-1925) : le Crépuscule des dieux (1884), la Nef.

Bourget, Paul [R, Cr] (1852-1935) : *Romans :* Cruelle Énigme, Cosmopolis, l'Émigré, le Disciple (1889), l'Étape, Un divorce (1904), le Démon de midi (1914). *Critique :* Essais de psychologie contemporaine (1883), Nouveaux Essais (1885).

Bourget-Pailleron, Robert [R] (1897-1970) : l'Homme du Brésil (I. 1933).

Bousquet, Joë [P] (1897-1950) : Traduit du silence (1941), la Connaissance du soir (1946).

Boutroux, Émile [Ph] (1845-1921) : De la contingence des lois de la nature (1874).

Boylesve, René Tardivaux, dit [R] (1867-1926) : la Becquée (1901), la Leçon d'amour dans un parc (1902).

Bréhier, Émile [Ph] (1876-1952) : Hist. de la philosophie (1926-32).

Breton, André [P] (1896-1966) : les Champs magnétiques (1920), Manifeste du surréalisme, les Pas perdus (1924), Nadja (1928), l'Amour fou (1937).

Brieux, Eugène [D] (1858-1932).

Brion, Marcel [Cr, R] (1895-1984) : l'Allemagne romantique (1962-77), Histoire de la littérature allemande (1968), la Ville de sable, Château d'ombres, le Journal du visiteur (1980).

Brisson, Pierre [Cr, J] (1896-1964).

Brizeux, Auguste [P] (1803-58) : la Fleur d'or, Marie (1830), les Bretons.

Broglie, Louis, duc de [Sav. Ph] (1892).

Bruant, Armand dit Aristide [Chan] (1851-1925).

Brunetière, Ferdinand [Cr] (1849-1906).

Bruno, G. (Augustine Tuillerie) [R] (1823-1923) : le Tour de France par deux enfants.

Brunschvicg, Léon [Ph] (1869-1944).

Capus, Alfred [D] (1857-1922) : la Veine (1901), les Deux Écoles (1902), l'Adversaire (1903).

Carco, Francis (François M. Alexandre Carcopino-Tussoli, dit) [P, R] (1886-1958) : Jésus la Caille, Brumes, Mortefontaine, l'Homme traqué (1922).

Carcopino, Jérôme [H] (1881-1970).

Carrel, Alexis [Phy] (1873-1944) : l'Homme, cet inconnu (1936).

Cassou, Jean [Cr] (1897-1986) : la Clef des songes (1929), Pour la poésie (1935), le Bel Automne, le Centre du monde (1945).

Céline, Louis-Ferdinand Destouches, dit [R, Polé] (médecin) (1894-1961) : Voyage au bout de la nuit (Ren. 1932), l'Église (1933), Mort à crédit (1936), Vie et Œuvre de Semmelweiss (1936), Mea Culpa (1936), Bagatelles pour un massacre (1937), l'École des cadavres (1938), les Beaux Draps (1941), Guignol's Band I (1944), Casse-pipe (1952), Féerie pour une autre fois I et II (sous le titre Normance) (1952-54), D'un château l'autre (1957), Ballets sans musique, sans rien (1959), Nord (1960), le Pont de Londres (posth. 1964), Rigodon (posth. 1969). — *Biogr.* : origine prolétarienne. *1914* combattant prestigieux (décoré, blessé : bachelier pendant sa convalescence). *1918-24* ét. en médecine. *1924-32* médecin de marine. *1932* auteur célèbre, grâce au *Voyage au bout de la nuit*. *1944-45* réfugié en All. nazie. *1945-51* au Danemark. *1951* rentré en Fr., jugé (1 an de prison avec sursis). Retiré à Meudon jusqu'à sa mort.

Cendrars, Blaise. Voir Suisse, p. 306.

Le roman policier

I. Les grands ancêtres. *France* Émile Gaboriau (1832-73). Maurice Leblanc (1864-1941). Gaston Leroux (1868-1927). Pierre Souvestre (1874-1914) et Marcel Allain (1885-1968) : *Fantômas* (32 vol. + 10 par Allain seul). *G.-B.* Conan Doyle (1859-1930). *U.S.A.* Edgar Poe (1809-49).

II. L'âge classique. *Belgique* Georges Simenon (1903). *France* Jacques Decrest (J.N. Faure-Biguet, 1893-1954). Pierre Véry (1900-60). *G.-B.* Desmond Bagley (1924-83). John Buchan (1875-1940). John Dickson Carr (1905). Gilbert Keith Chesterton (1874-1936). Agatha Christie (1891-1976). Graham Greene (1904). Francis Iles. Dorothy Sayers (1893-1957). Edgar Wallace (1875-1932). *U.S.A.* Earl Derr Biggers (1884-1933). Vera Caspary (1908). Leslie Charteris (Leslie Charles Bowyer Yin, 1907). Frances Noyes Hart (1890-1943). Ellery Queen (Frederic Dannay, 1905). S.S. Van Dine (Willard Huntington Wright, 1889-1939).

III. Le roman noir. *France* A.D.G. [Alain Camille (1947)]. Auguste Le Breton (1913). Léo Malet (1909). Jean-Patrick Manchette (1942). Albert Simonin (1905-80). Pierre Siniac (1928). Tito Topin (1932). *G.-B.* Peter Cheyney (1896-1951). *U.S.A.* William Riley Burnett (1899-1982). James Cain (1892-1977). Raymond Chandler (1888-1959). James Hadley Chase (René Raymond, 1910-85). D. Henderson Clarke (1887-1958). Dashiell Hammet (1894-1961). Chester Himes (1909). Horace Mac Coy (1897-1955). Charles Williams (1909-75).

IV. Le roman moderne. *Australie* Carter Brown (Alan G. Yates, 1923-85). *Canada* David Morrell (1943). *France* Joseph Bialot (1923). Pierre Boileau (1906) et Thomas Narcejac (Pierre Ayraud, 1908). Didier Daeninckx (1949). Frédéric Dard (1921) : *San Antonio* (série). Alain Demouzon (1945). Charles Exbrayat (Charles Durivaux, 1906). Sébastien Japrisot (J.-B. Rossi, 1940). Thierry Jonquet (1952). Michel Lebrun (1930). Hubert Monteilhet (1928). Brice Pelman (Pierre Ponsart, 1924). Jean-Bernard Pouy (1946). Cécil St-Laurent (J. Laurent, 1919). Jean Vautrin (Herman, 1934). *G.-B. :* Robin Cook (1933). *U.S.A.* Joseph Hansen (1923). Patricia Highsmith (1921). William Irish (Cornell George Hopley-Woolrish, 1903-68). Herbert Lieberman (1943). Donald E. Westlake (pseud. Richard Stark, 1933).

V. Le roman d'espionnage. *France* Jean Bommart (1894-1979). Jean Bruce (1921-63). Antoine Dominique (Dominique Ponchardier, 1917-86). Paul Kenny. Pierre Nord (Colonel André Brouillard, 1900-85). Rémy (1904-85). Gabriel Véraldi (1926). Gérard de Villiers (1929) : *S.A.S.* (série). *G.-B.* Peter Cheyney (1896-1951). Ian Fleming (1908-64).
John Le Carré (David Cornwell, 1932).

VI. Quelques auteurs et leurs héros. *Bernède (Arthur) :* Judex, Belphégor. *Bruce (Jean) :* O.S.S. 117 (Hubert Bonisseur de la Bath). *Carr (John Dickson) :* Dr Gideon Fell. *Chandler (Raymond) :* Philip Marlowe. *Charteris (Leslie) :* le Saint. *Cheyney (Peter) :* Lemmy Caution, Callaghan. *Christie (Agatha) :* Hercule Poirot, Miss Marple, Parker Pyne. *Colombo (Jacques) :* Don. *Dard (Frédéric) :* San Antonio. *Decrest (Jacques) :* Commissaire Gilles. *Dominique (A.) :* le Gorille. *Doyle (Conan) :* Sherlock Holmes. *Gould (Chester) :* Dick Tracy. *Fleming (Ian) :* James Bond. *Gardner (Erle Stanley) :* l'avocat Perry Masson (pseud. A.A. Fair) ; Bertha Cool, Donald Lam. *Hammett (Dashiell) :* Sam Spade, Nick Charles. *Highsmith (Patricia) :* Mr Ripley. *Houssin (Joël) :* le Dobermann. *Jacquemard (Serge) :* Flic de choc, le commissaire Jacques Beauclair. *Kane (Henry) :* Pete Chambers, Peter Guma. *Kenny (Paul) :* Coplan. *Leblanc (Maurice) :* Arsène Lupin. *Leroux Gaston :* Rouletabille. *Malet (Léo) :* Nestor Burma. *Parker (Robert B.) :* Spenser. *Pronzini (Bill) :* le privé sans nom. *Queen (Ellery)* (Frederic Dannay and Manfred Lee) : Ellery Queen. *Rémy :* le Monocle. *Robeson (Kenneth) :* Doc Savage. *Sayers (Dorothy) :* Peter Wimsey (Lord Peter Bredon Wimsey). *Simenon (Georges) :* Commissaire Maigret. *Spillane (Mickey) :* Mike Hammer. *Stark (Richard) :* Parker. *Steeman (St-A.) :* Inspecteur Wens. *Stout (Rex) :* Nero Wolfe. *Van Dine (S.S.) (Wullard Huntington Wright) :* Philo Vance. *Villiers (G. de) :* S.A.S.

VII. Le livre policier ancien. Les classiques du roman policier sont recherchés par les collectionneurs, mais à part quelques titres célèbres (par ex. : *Réglez-lui son compte* de Frédéric Dard, le 1er San Antonio, atteint 1 500 F) et quelques pièces anciennes (appelées humoristiquement les « *incunables* »), les exemplaires dépassent rarement 50 F.

Types de collectionneurs : 1° ceux qui recherchent tous les ouvrages d'un auteur, par ex. Simenon, quel que soit l'éditeur ou le pseudonyme ;
2° ceux qui veulent une collection complète (par ex. : les 1 600 « Masque » ou les 2 000 « Série noire », les 600 « Mystères », les 1 770 « Fleuve Noir »).

Chadourne, Marc [R] (1895-1975) : Vasco (1927), Cécile de la Folie (F. 1930), la Clé perdue (1947).

Chaigne, Louis [Cr] (1899-1973).

Chamfleury, Jules Husson, dit [R] (1821-89) : Chien-Caillou (1847).

Chardonne, Jacques Boutelleau, dit [E] (1884-1968) : l'Épithalame, Claire, le Bonheur de Barbezieux, Vivre à Madère, Matinales, Demi-jour.

Chastenet, Jacques [H, J] (1893-1978) : Hist. de la IIIe République (1952-63).

Chateaubriant, Alphonse de [R] (1877-1951) : M. des Lourdines (G. 1911), la Brière (1923), la Meute (1927), la Réponse du Seigneur (1933).

Chavette, Eugène (Vachette) [R] (1827-1902) : le Procès Pictompin (1853), le Guillotiné par persuasion, Aimé de son concierge, la Chambre du crime (1875).

Chérau, Gaston [R] (1872-1937).

Chevallier, Gabriel [Hum] (1895-1969) : Clochemerle (1934), Sainte-Colline, Petite Histoire de la langue française.

Christophe, Georges Colomb, dit [Hum] (1856-1945) : la Famille Fenouillard (1895), les Facéties du sapeur Camember (1896), l'Idée fixe du savant Cosinus (1900), les Malices de Plick et Plock (1904).

Claudel, Paul 🌿 [D, P] (1868-1955) : *Poésies :* Cinq Grandes Odes. *Théâtre :* Tête d'or (1889), la Jeune Fille Violaine (1892), l'Échange (1901), Partage de midi (1906), l'Annonce faite à Marie (1912), l'Otage (1914), le Soulier de satin (1924, jouée 1943), le Père humilié (1920), Christophe Colomb (1931). – *Biogr. :* petite bourgeoisie champenoise. *1882-86* études à Paris (lycée Louis-le-Grand, puis Sciences Pol.). *1886* converti au catholicisme. *1890-94* consul aux États-Unis. *1894-1905* consul en Chine. *1905* se marie. *1906-09* en poste en Chine. *1910-17* consul à Prague, Hambourg, Rome. *1917* ministre plén. (1917 Brésil, 1919 Danemark). *1921* ambassadeur (1921 Japon, 1924 États-Unis, 1935 Bruxelles). *1927* achète le château de Brangues (Isère), s'y retirera en 1935.

Clouard, Henri [Es] (1889-1972).

Cocteau, Jean 🌿 [E, P] (1889-1963) : *Poésie :* Opéra (1927). *Romans :* le Potomak (1919), Thomas l'Imposteur (1928), les Enfants terribles (1929). *Théâtre :* les Mariés de la tour Eiffel (1924), les Parents terribles (1938), l'Aigle à deux têtes (1946), Bacchus (1951). – *Biogr. :* riche bourgeoisie d'affaires parisienne. Fréquente les salons littéraires dès 14 ans. *1918* mobilisé, mais non-combattant. *1919-39* fait partie du « tout-Paris », ne cachant pas ses goûts homosexuels (notamment sa liaison avec Radiguet, de 1920 à 22). *1940-44* cinéaste [son acteur favori est Jean Marais (n. 1913)]. *Après 1945* peintre et décorateur.

Cohen, Albert. Voir Suisse, p. 306.

Colette, Sidonie-Gabrielle [Pros] (1873-1954) : Claudine [4 romans (1900-03) publ. sous le nom de Willy (H. Gauthier-Villars), son mari], l'Ingénue libertine (1909), la Vagabonde (1910), Chéri (1920), le Blé en herbe (1923), la Seconde, Sido (1930), la Naissance du jour, Julie de Carneilhan, Gigi (1944), la Chatte. – *Biogr. :* bourgeoisie rurale bourguignonne. Études primaires sup. à Auxerre. *1893* épouse le critique d'art Willy, de 25 ans plus âgé. *1906* divorce et vit avec la Mise de Morny. *1912-24* remariée à Henry de Jouvenel (une fille, Bel Gazou, en 1913 ; divorce 1924). *1935* remariée avec Maurice Goudeket. *1948-54* paralysée par l'arthrose, vit au Palais-Royal, entourée d'amis et d'animaux. *1954* funérailles nationales.

Considérant, Victor [Ph, Ec] (1808-93).

Constantin-Weyer, Maurice [R] (1881-1964) : Manitoba (1924), la Bourrasque (1925), Un homme se penche sur son passé [G. 1928].

Coppée, Francis dit François 🌿 [P, D] (1842-1908) : les Humbles (1872), le Cahier rouge (1874).

Corbière, Tristan (Édouard Joachim) [P] (1845-75) : Amours jaunes (1873).

Courteline (Georges Moinaux) [D] (1858-1929) : les Gaietés de l'escadron, le Train de 8 h 47 (1888), Lidoire (1891), Boubouroche (1893), Messieurs les ronds-de-cuir, la Paix chez soi (1903).

Croisset, Francis de (Franz Wiener) [D, R] (1877-1937) : Féerie cinghalaise.

Crommelynck, Fernand, Voir Belgique p. 271.

Cros, Charles [P, Hum, Sav] (1842-88) : le Coffret de Santal (1873), le Hareng-saur.

Curel, François de 🌿 [D] (1854-1928) : la Nouvelle Idole, la Fille sauvage.

Dabit, Eugène [R] (1898-1936) : Hôtel du Nord (1929), Journal intime.

Darien, Georges (Adrien) [Polé, R] (1862-1921) : Biribi (1890), le Voleur (1898).

Daudet, Alphonse [R] (1840-97) : Lettres de mon moulin (1866), le Petit Chose (1868), Tartarin de Tarascon (1872), l'Arlésienne, Contes du lundi (1873), le Nabah, Jack (1876), Numa Roumestan, Sapho (1884), l'Immortel (1888).

Daudet, Léon [Polé] (1867-1942) : les Morticoles, le Stupide XIXe Siècle.

David-Neel, Alexandra [Es] (1868-1969) : la Puissance du néant, Voyage d'une Parisienne à Lhassa.

Dekobra, Maurice (Tessier) [R] (1885-1973) : la Madone des sleepings (1925).

Delarue-Mardrus, Lucie [P] (1880-1945).

Delly, Frédéric Petitjean de la Rosière (1876-1949), et sa sœur Jeanne-Marie (1875-1947) [R] : Esclave ou Reine (1909), Magali (1910), Entre deux âmes (1915), l'Infidèle (1921), la Lune d'or.

Delteil, Joseph [Hum] (1894-1978) : Jeanne d'Arc (F. 1925), Jésus II (1947), la Delteillerie.

Demaison, André [R] (1893-1956) : Diato, le Livre des bêtes qu'on appelle sauvages.

Derême, Tristan (Philippe Huc, dit) [P] (1889-1942) : la Verdure dorée (1822), la Tortue indigo (1937).

Déroulède, Paul [P] (1846-1914) : Chants du soldat (1872).

Descaves, Lucien [D, R] (1861-1949) : les Sous-offs (1889), Souvenir d'un ours (1946).

Detœuf, Auguste [Ec] (1883-1947) : Propos de O.L. Baranton confiseur (1954).

Deval, Jacques (Boularan) [D, R] (1890-1972) : *Théâtre :* Une faible femme (1920), Tovaritch (1935), Mademoiselle, Ce soir à Samarcande (1950), Et l'enfer, Isabelle ? *Roman :* les Voyageurs (1964).

Donnay, Maurice 🌿 [D] (1859-1945) : Amants (1895), l'Autre Danger (1902).

Dorgelès, Roland (Lécavelé) [R] (1885-1973) : les Croix de bois (F. 1919), le Cabaret de la belle femme, Saint Magloire.

Drieu La Rochelle, Pierre [R, Es] (1893-1945) : Mesure de la France, Plainte contre inconnu, l'Homme couvert de femmes (1924), le Feu follet (1931), la Comédie de Charleroi (1934), Rêveuse Bourgeoise (1937), Gilles (1939), l'Homme à cheval (1943). – *Biogr. :* grande bourgeoisie parisienne. *1914-18* combattant, blessé et décoré. *1919-28* vie mondaine à Paris, nombreuses liaisons féminines. *1928* se rallie à la politique pacifiste de Briand. *1934* converti au fascisme. *1936* adhère au parti doriotiste. *1941-43* directeur de la N.R.F., collaborationniste. *1943* rompt avec la N.R.F. *Août 1944/mars 1945* recherché par les épurateurs, se cache à Paris. *16-3-1945* se suicide (3e tentative).

Du Bos, Charles [Cr] (1882-1939) : Journal.

Du Camp, Maxime 🌿 [Mém] (1822-94) : les Convulsions de Paris (1878-79), Souvenirs littéraires.

Ducasse, André [H] (1894).

Duhamel, Georges (Thévenin) 🌿 [E] (1884-1966) : Civilisation (G. 1918), la Possession du monde (1922), Vie et Aventures de Salavin (5 vol., 1920-32), la Chronique des Pasquier (10 vol., 1933-44), la Pierre d'Horeb, le Livre de l'amertume, le Voyage de Patrice Perriot.

Dumas père, Alexandre [R, D] (1802-70) : *Théâtre :* Henri III et sa Cour (1829), Antony (1831), la Tour de Nesle (1832), Kean (1836). *Romans :* les Trois Mousquetaires (1844) [Athos, Porthos, Aramis, d'Artagnan], Vingt Ans après (1845), la Reine Margot (1845), la Dame de Monsoreau (1846), le Chevalier de Maison-Rouge (1846), le Comte de Monte-Cristo (1846), les Quarante-Cinq (1848), le Vicomte de Bragelonne (1850). – *Biogr. :* fils d'un général républicain, dont le père était un noble antillais, marié à une Noire. Orphelin de père à 4 ans ; élevé pauvrement par sa mère, ne fait pas d'études. *1823* employé aux écritures chez le duc d'Orléans. *1829* triomphe au théâtre avec *Henri III*, commence à toucher de gros droits d'auteur (il gagnera et dilapidera 18 millions-or). *1847-51* engloutit sa fortune dans la construction d'un théâtre historique. *1851-53* poursuivi par ses créanciers, s'exile en Belgique. *1853-57* fonde et dirige plusieurs journaux-feuilletons. *1860-64* collaborateur de Garibaldi à Naples. *1864-70* vit dans le dénuement à Paris, entretenu par son fils et sa fille.

Dumas fils, Alexandre 🌿 [D] (1824-95) : *Théâtre* : la Dame aux camélias (1852), le Demi-Monde (1855), la Question d'argent (1857), l'Étrangère (1876), Francillon (1887).

Dumas, Georges [Psychol, Ph] (1866-1946) : Traité de psychologie.

Dumézil, Georges 🌿 [H] (1898) : Naissance de Rome (1944), l'Héritage indo-européen à Rome (1949), la Courtisane et les seigneurs colorés.

Dumur, Louis. Voir Suisse, p. 306.

Du Plessys, Maurice [P] (1864-1924).

Duranty, Louis-Edmond [R] (1833-80) : le Malheur d'Henriette Gérard.

Durkheim, Émile [Socio, Ph] (1858-1917) : Règles de la méthode sociologique (1894), Sur le totémisme (1901).

Duvernois, (Henri Schwabacher, dit) [E] (1875-1937) : Crapotte (1901), A l'ombre d'une femme (1933).

Eluard, Paul (Eugène Grindel) [P] (1895-1952) : Capitale de la douleur, les Yeux fertiles, Donner à voir (1939), Poésie et Vérité, Dignes de vivre, Poésie ininterrompue, le Phénix (1951).

Erckmann-Chatrian, Émile Erckmann (1822-99) et Alexandre Chatrian (1826-90) [R] : l'Invasion (1862), l'Ami Fritz (1864).

Esme, Jean d' [R] (1894-1966) : Thiba fille d'Annam (1920), l'Empereur de Madagascar (1929), l'Homme des sables (1930), Bournazel (1952).

Estaunié, Édouard 🌿 [R] (1862-1942) : l'Empreinte, l'Épave, Les choses voient, la Vie secrète (F. 1908).

Fabre, Émile [D] (1869-1955) : l'Argent (1895), les Ventres dorés (1905).

Fabre, Jean-Henri [Ento] (1823-1915) : Souvenirs entomologiques (1919-25).

Fabre, Lucien [R] (1889-1952) : Rabevel ou le Mal des ardents (G. 1923).

Fabre-Luce, Alfred [Polé] (1899-1983) : Journal de la France, Histoire de la Révolution européenne, Haute Cour (1962), le Couronnement du Prince (1964), l'Histoire démaquillée (1967), l'Or et la Bombe (1968), Expo 2 000, les Heures les plus précieuses, les Cent Jours de Mitterrand, Benjamin Constant (1978), Vivre avec son double, La parole est aux fantômes (1980), Journal (1981).

Faguet, Émile 🌿 [Cr] (1847-1916).

Fagus, Georges (Faillet) [P] (1872-1933) : la Danse macabre, Clavecin.

Fargue, Léon-Paul [P, Chr] (1876-1947) : le Piéton de Paris (1939), la Lanterne magique.

Farrère, Claude (Frédéric Bargone) 🌿 [R] (1876-1957) : les Civilisés (G. 1905), l'Homme qui assassina (1907), la Bataille (1909).

Faure, Élie [Es] (1873-1937) : Histoire de l'Art (1909-21), l'Esprit des formes (1927).

Fay, Bernard [H] (1893-1979).

Febvre, Lucien [H] (1878-1956) : Philippe II et la Franche-Comté (1912), Un destin, Martin Luther (1928), Au cœur religieux du XVIe.

Feuillet, Octave [R] (1821-90) : le Roman d'un jeune homme pauvre (1857), M. de Camors, Julia de Trécœur.

Féval, Paul [R] (1817-87) : le Club des phoques, les Mystères de Londres, le Bossu (1858).

Feydeau, Georges [D] (1862-1921) : Champignol malgré lui (1892), Un fil à la patte (1894), l'Hôtel du libre-échange (1894), le Dindon (1896), la Dame de chez Maxim's (1899), La main passe (1907), la Puce à l'oreille (1907), Occupe-toi d'Amélie (1908), Feu la mère de Madame (1908), On purge Bébé (1910), Mais n'te promène donc pas toute nue (1912).

Flaubert, Gustave [R] (1821-80) : Madame Bovary (1857), Salammbô (1862), l'Éducation sentimentale (1869), la Tentation de saint Antoine (1874), Trois Contes (1877), Bouvard et Pécuchet (1881), Dictionnaire des idées reçues (publié en 1913). — *Biogr.* : fils d'un médecin rouennais ; grandit à l'Hôtel-Dieu de Rouen. Études contrariées par de graves ennuis de santé (épilepsie). *1836* amour pour Élisa Schlésinger (plus âgée de 11 ans ; elle sera sa maîtresse en 1842). *1846-56* liaison avec Louise Colet, demi-mondaine et femme de lettres. *1856* se retire dans sa maison familiale de Croisset, près de Rouen, près de sa mère, veillant à l'éducation de sa nièce. *1857* procès en correctionnelle pour l'immoralité de *Madame Bovary* (acquitté). *1875* se dépouille pour sauver le mari de sa nièce de la faillite. *1880* meurt salué comme un maître par l'école naturaliste.

Fleg, Edmond (Flegenheimer) [P] (1874-1963) : Écoute Israël (1913-21), Anthologie de la pensée juive.

Flers, Robert, Mis de 🌿 [D] (1872-1927) : *Avec A. de Caillavet* (1869-1915) : Miquette et sa mère, le Roi (1908), le Bois sacré, Primerose, l'Habit vert (1913). *Avec F. de Croisset* : les Vignes du Seigneur (1923), Ciboulette (*opérette*, mus, de Reynaldo Hahn, 1923).

Focillon, Henri [Cr d'art] (1881-1943) : la Vie des formes (1939).

Fort, Paul [P] (1872-1960) : Ballades françaises (17 vol., 1922-58).

Foucauld, Charles de (1858-1916) : Reconnaissance au Maroc (1888), Écrits spirituels (1924).

Fouillée, Alfred [Ph] (1838-1912) : l'Évolutionnisme des idées-forces (1890).

Fourest, Georges [Hum] (1864-1945) : la Négresse blonde (1909), le Géranium ovipare (1935).

France, Anatole-François Thibault, dit 🌿 [E] (1844-1924) : le Crime de Sylvestre Bonnard (1881), le Livre de mon ami (1885), la Rôtisserie de la reine Pédauque (1893), Crainquebille (1901), l'Ile des pingouins (1908), Les dieux ont soif (1912) [N. 1921]. — *Biogr.* : fils d'un libraire parisien (cathol., conservateur) ; études à Stanislas, puis à l'éc. des Chartes. *1865* lecteur chez Lemerre ; opposant à l'Empire. *1886* critique littéraire au *Temps*. *1891* liaison avec Léontine de Caillavet. *1893* quitte le *Temps* ; vit (largement) de sa plume. *1898* leader des dreyfusistes. *1910* mort de Léontine ; se retire dans sa propriété de La Béchellerie, près de Tours. *1920* ép. sa domestique, Emma Laprévotte. *1921* Prix Nobel de litt. *1924* incidents créés par les surréalistes lors de ses funérailles (nationales).

Franc-Nohain (Maurice-Étienne Legrand) [Fab] (1873-1934) : le Kiosque à musique, Fables.

Frapié, Léon [R] (1863-1949) : la Maternelle (G. 1904).

Fromentin, Eugène [R, Cr] (1820-76) : Un été dans le Sahara, Dominique (1863), les Maîtres d'autrefois.

Fumet, Stanislas [Es] (1896-1983) : la Ligne de vie (publ. 1945), l'Histoire de Dieu dans ma vie.

Funck-Brentano, Frantz [H] (Lux., 1862-1947) : l'Ancien Régime, la Monarchie française.

Fustel de Coulanges, Numa-Denis [H] (1830-89) : la Cité antique (1864).

Gaboriau, Émile [R] (1832-73) : le Crime d'Orcival (1867), le Dossier n° 113 (1867), l'Affaire Lerouge (1868), Monsieur Lecoq (1869).

Galtier-Boissière, Jean [J, Polé] (1891-1966) : fonde *le Crapouillot* (1915).

Gandon, Yves [Cr] (1899-1975) : le Pré aux dames (12 vol., 1942-73).

Garçon, Maurice 🌿 [Avoc, H, Es] (1889-1967).

Gaulle, Charles de [E] (1890-1970) : le Fil de l'épée (1932), Vers l'armée de métier (1934), la France et son armée (1938), Mémoires de guerre [I. l'Appel (1954) ; II. l'Unité (1956) ; III. le Salut (1959)], Mémoires d'espoir [I. le Renouveau (1970) ; II. l'Effort (posth. 1971)]. Voir Index.

Gautier, Théophile [P, Cr, R] (1811-72) : Mademoiselle de Maupin (1835), les Grotesques (1844), Émaux et Camées (1852), le Roman de la momie (1858), le Capitaine Fracasse (1863).

Gaxotte, Pierre 🌿 [H] (1895-1982) : la Révolution française (1928), le Siècle de Louis XV (1933), la France de Louis XIV (1946), Histoire des Français (1951), Histoire de l'Allemagne (1963), les Autres et Moi (1975), le Purgatoire (1982).

Genevoix, Maurice 🌿 [Chr, R] (1890-1980) : Ceux de 14 (5 vol., 1916-23), les Éparges (1923), Raboliot (G. 1925), la Dernière Harde, la Forêt perdue (1967), le Roman de Renard, Jardins sans murs, Contes espagnols, Tendre Bestiaire, Bestiaire sans oubli, la Perpétuité, Vaincre à Olympie, Lorelei, la Motte-Rouge. *Autobiogr.* : Un jour (1976), Trente Mille Jours (1980).

Géraldy, Paul (Le Fèvre) [P] (1885-1983) : Toi et Moi (1913), l'Homme de joie.

Gérard, Rosemonde (Mme E. Rostand) [P] (1871-1953) : les Pipeaux (1889).

Gevers, Marie. Voir Belgique p. 271.

Ghéon, Henri (Vanglon) [D, R] (1875-1944) : le Pain, le Pauvre sous l'escalier.

Ghil, René. Voir Belgique, p. 271.

Gide, André [R, Es] (1869-1951) : les Cahiers d'André Walter (1891), la Tentative amoureuse (1893), les Nourritures terrestres (1897), l'Immoraliste (1902), la Porte étroite (1909), Corydon (1911), Isabelle (1911), les Caves du Vatican (1914), la Symphonie pastorale (1919), Si le grain ne meurt (1920-24), les Faux-Monnayeurs (1925), Journal (1939-50). — *Biogr.* : grande bourgeoisie protestante ; neveu de Charles (qui suit). Études à l'École alsacienne à Paris. *1893* atteint de tuberculose. *1893-94* convalescence en Algérie ; y devient homosexuel. *1895* épouse sa cousine germaine, Madeleine Rondeaux (mariage blanc). *1926* militant anticolonialiste. *1935* inscrit au Parti communiste. *1936* rompt avec le parti après un voyage en U.R.S.S. *1942* réfugié en Tunisie. *1947* Prix Nobel de litt. *1951* meurt d'une crise cardiaque.

Gide, Charles [Ec] (1847-1932) : Histoire des doctrines économiques (avec Charles Rist, 1874-1955).

Gillet, Louis 🌿 [H, Cr d'art] (1876-1943).

Gilson, Étienne 🌿 [Ph] (1884-1978) : la Philosophie au Moyen Âge (1925).

Giono, Jean [R] (1895-1970) : Colline (1926), Un de Baumugnes (1929), Regain (1930), Jean le Bleu (1933), le Chant du monde (1934), Que ma joie demeure (1935), l'Eau vive (1943), Un roi sans divertissement (1947), le Hussard sur le toit (1951), le Moulin de Pologne (1952), le Bonheur fou (1957), Angelo (1958), l'Iris de Suse, Récits de la demi-brigade, le Déserteur et autres récits (1967), Ennemonde (1968), Faust au village (posth. 1978). — *Biogr.* : fils d'un cordonnier italien immigré à Manosque (idées anarchisantes). *1912* employé de banque. *1915-18* combattant dans l'infanterie alpine. *1925* à Manosque, vit de sa plume. *1935* réunit des groupes anarchisants, épris de vie naturelle. *1940-44* apôtre du « retour à la terre ». *1944-45* emprisonné pour sympathie avec le régime de Vichy. *1947* reconquiert la gloire littér. par des romans hist.

Girardin, Émile de [J, Mém] (1806-81).

Giraudoux, Jean [R, D] (1882-1944) : *Romans* : Simon le Pathétique (1918), Elpénor (1919), Suzanne et le Pacifique (1921), Siegfried et le Limousin (1922), Juliette au pays des hommes (1924), Bella (1926), Aventures de Jérôme Bardini (1930), Combat avec l'ange (1934), Choix des élues (1938), la Menteuse (publ. en 1968). *Théâtre* : Siegfried (1928), Amphitryon 38 (1928), Intermezzo (1933), La guerre de Troie n'aura pas lieu (1935), Électre (1937), Ondine (1939), la Folle de Chaillot (1945), Pour Lucrèce (1953). *Essais* : Pleins Pouvoirs (1939), Sans pouvoirs (1945). — *Biogr.* : petite bourgeoisie limousine. *1903* École Normale Sup. ; germaniste, échoue à l'agrégation d'allemand. *1910* entre au min. des Affaires étrangères. *1924* chef du service de presse. *1930* inspecteur des postes diplomatiques. *1939-40* commissaire à l'Information. *1944* meurt d'urémie.

Gobineau, Arthur, Cte de [Es] (1816-82) : Mlle Irnois (1847), De l'inégalité des races humaines (1853-55), les Pléiades (1874), Nouvelles asiatiques (1876), Adélaïde.

Goffin, Robert. Voir Belgique p. 271.

Goll, Yvan (Isaac Lang) (1891-1950) : le Nouvel Orphée, les Cercles magiques (également poète allemand).

Goncourt, Edmont (1822-96) et Jules de (1830-70) : Renée Mauperin (1864), Germinie Lacerteux (1864), Manette Salomon, Madame Gervaisais, Journal. *Edmond seul* : la Fille Élisa (1877), les Frères Zemganno (1879).

Gouhier, Henri 🌿 [Ph] (1898).

Gourmont, Rémy de [Cr] (1858-1915) : Promenades littéraires, le Livre des masques, Lettres à l'Amazone (1914).

Gregh, Fernand 🌿 [P] (1873-1960) : la Maison de l'enfance, Clartés humaines.

Grousset, René 🌿 [H] (1885-1952) : Histoire de l'Asie, Histoire des croisades (1934-36), Bilan de l'histoire (1946).

Guéhenno, Marcel, dit Jean 🌿 [Cr, Polé] (1890-1978) : Journal d'un homme de 40 ans, Jean-Jacques Rousseau, Mort des autres.

Guenon, René [Ph] (1886-1951) : la Crise du monde moderne.

Guérin, Charles [P] (1873-1907) : Fleurs de neige, le Sang des crépuscules.

Guérin, Eugénie de [Mém] (1805-48) : Journal, Lettres.

Guérin, Maurice de [P] (1810-39) : le Centaure, la Bacchante, Journal, Lettres.

Guilloux, Louis [R] (1899-1980) : la Maison du peuple (1927), Dossier confidentiel (1930), Hyménée (1932), Angelina (1934), le Sang noir (1935), le Jeu de patience (1949), Absent de Paris (1952), Parpagnacco ou la Conjuration (1954), les Batailles perdues (1960), la Confrontation (1968), Coco perdu (1978).

Guitry, Sacha [D, Hum] (1885-1957) : le Veilleur de nuit (1911), la Prise de Bergop-Zoom (1913), Faisons un rêve (1916), Mon père avait raison (1916), Mozart, le Mot de Cambronne (1936). V. Index.

Gyp (Sybille Riquéti de Mirabeau, Ctesse de Martel) [R] (1850-1932) : le Mariage de Chiffon (1894).

Halbwachs, Maurice [Ph, Sociol] (1877-1945) : Morphologie sociale (1938).

Halévy, Daniel [H, Es] (1872-1962) : la Fin des notables (1930), Essai sur l'accélération de l'Histoire (1948).

Halévy, Ludovic 🌿 [R, D] (1834-1908) : *Romans* : les Petites Cardinal (1880), l'Abbé Constantin (1882). *Livrets d'opéras* : la Belle Hélène (1864), la Grande

Duchesse de Gérolstein (1867), la Périchole (1868), Carmen (1875).

Hamelin, Octave [Ph] (1856-1907).

Hamp, Pierre (Henri Bourillon) [R] (1876-1962) : la Peine des hommes.

Hanotaux, Gabriel [H] (1853-1944).

Harcourt, Cte Robert d' [Cr] (1881-1965).

Hazard, Paul [Cr] (1878-1944) : la Crise de la conscience européenne (1935).

Hémon, Louis [R] Voir best-sellers p. 328.

Henriot, Émile (Paul Maigrot) [Cr] (1889-1961) : Aricie Brun, les Plaisirs imaginaires.

Heredia, José Maria de [P] (1842-1905) : les Trophées (1893).

Hériat, Philippe (Raymond Payelle) [R, D] (1898-1971) : *Romans :* l'Innocent (Ren. 1931), les Enfants gâtés (G. 1939), la Famille Boussardel (1946), les Grilles d'or (1957), le Temps d'aimer (1968). *Théâtre :* l'Immaculée (1950), Belles de jour (1950), les Noces de deuil (1953).

Hermant, Abel [E] (1862-1950) : les Transatlantiques (1897), Mémoires.

Herriot, Édouard [E, Pol, H] (1872-1957) : Lyon n'est plus (1939-40).

Hervieu, Paul [R, D] (1857-1915) : Peints par eux-mêmes (1893), l'Énigme (1901).

Hugo, Victor [P, R, D] (1802-85) : *Poésies :* Odes et Poésies diverses (1822), Nouvelles Odes (1824), Odes et Ballades (1826), les Orientales (1829), les Feuilles d'automne (1831), les Chants du crépuscule (1835), les Voix intérieures (1837), les Rayons et les Ombres (1840), les Châtiments (1853), les Contemplations (1856), la Légende des siècles (1859-83), les Chansons des rues et des bois (1865), l'Année terrible (1872), les Années funestes (1872), le Pape (1878), la Pitié suprême (1879), Religions et Religion (1880), les Quatre Vents de l'esprit (1881), Toute la lyre (posth. 1888-93), Dieu (posth. 1891). *Romans :* Han d'Islande (1823), Bug Jargal (1826), N.-D. de Paris (1831), Claude Gueux (1834), les Misérables (1862), les Travailleurs de la mer (1866), l'Homme qui rit (1869), Quatre-vingt-treize (1874). *Théâtre :* Amy Robsart (1826), Cromwel (1827), Hernani (1830), Marion Delorme (1831), Le roi s'amuse (1832), Lucrèce Borgia (1833), Marie Tudor (1833), Angelo (1835), la Esmeralda (1836), Ruy Blas (1838), les Burgraves (1843), Torquemada (1882), Théâtre en liberté (posth. 1886), les Jumeaux (posth. 1889). *Divers écrits en prose :* le Dernier Jour d'un condamné (1829), Littérature et Philosophie (1834), le Rhin (1842), Napoléon le Petit (1853), Victor Hugo raconté (1863), Actes et Paroles (1875), Histoire d'un crime (1877), Choses vues (posth. 1887-99), Alpes et Pyrénées (posth. 1890), Correspondance (posth. 1896-98), Journal (1830-48) (posth. 1951), Carnets intimes (1870-81) (posth. 1953), Journal de ce que j'apprends chaque jour (1846-48) (posth. 1965), Boîte aux lettres (posth. 1965), Épîtres (posth. 1966). *Édition complète :* 18 volumes, au Club français du Livre (1967-69) ; les 2 derniers volumes contiennent les dessins. Il existe en outre 4 volumes de lettres (édités par l'Imprimerie nationale) ; incomplets, en cours de réédition. — *Biogr. :* famille de militaires (père Léopold, général, comte du roi d'Espagne, Joseph Bonaparte) mère née Sophie Trébuchet ; amant de la mère : le Gal Victor de La Horie (peut-être son vrai père) ; enfance loin de son père (sauf 1811, à Madrid) au jardin des Feuillantines où sa mère vit avec La Horie. *1819* couronné par les Jeux floraux. *1820* pensionné de Louis XVIII ; poète officiel du légitimisme. *1823* épouse une amie d'enfance, Adèle Foucher (1803-68). *1829* succès affirmé, vit dans l'aisance ; chef des romantiques. *1832* liaison de sa femme avec Sainte-Beuve. *1833* liaison avec l'actrice Juliette Drouet (1806-83) qui durera 50 ans. *1843* noyade à Villequier (S.-M.) de sa fille Léopoldine (chagrin inconsolable) et de son gendre Charles Vacquerie. *1845* pair de France. *1848* député de droite à la chambre. *1849* se rallie à la gauche. *1852-70* exilé à Bruxelles, Jersey, puis Guernesey (il y a un musée). *1870-71* garde national. *1876* sénateur (de gauche). Très riche (droits d'auteur les plus élevés du monde), mène en secret une vie de débauche et fréquente les prostituées. *Depuis 1873,* étant privé de tous ses enfants, élève ses 2 petits-enfants, Georges et Jeanne. *1881* hommage solennel de la République pour ses 80 ans. *1885, 1-6* funérailles nationales de l'Arc de Triomphe au Panthéon, porté, selon ses vœux, sur le char des pauvres.

Huysmans, Joris-Karl [E] (1848-1907) : A rebours (1884), Là-bas, En route (1895), la Cathédrale.

Isaac, Jules [H] (1877-1963).

Istrati, Panaït [R] (Roumain, 1884-1935) : Kyra Kyralina (1892), Oncle Anghel, la Maison Thüringer, Passé et Avenir (1925).

Jacob, Max [Pros, P] (1876-1944) : le Cornet à dés (1917), le Phanérogame (1918), le Cabinet noir.

Jaloux, Edmond [R, Cr] (1878-1949) : l'Esprit des livres (1924-40), la Balance faussée (1932), le Reste et le Silence (F. 1909), Fumées dans la campagne, D'Eschyle à Giraudoux, Essences.

Jammes, Francis [P, Pros] (1868-1938) : De l'angélus de l'aube à l'angélus du soir (1898), Clara d'Ellébeuse (1899), le Livre de saint Joseph (1933).

Janet, Paul [Ph] (1823-99).

Janet, Pierre [Ph, Psych] (1859-1947).

Jarry, Alfred [D] (1873-1907) : Ubu Roi (rep. 1896), Ubu enchaîné, le Surmâle (1902).

Jouhandeau, Marcel [Es, Chr] (1888-1979) : les Pincengrain (1924), Monsieur Godeau intime (1926), Monsieur Godeau marié (1933), Chaminadour (1934-41), Algèbre des valeurs morales (1935), Chroniques maritales (1938), De l'abjection (1939), l'Oncle Henri (1943), Don Juan (1947), les Funérailles d'Adonis (1949), Mémorial (1950-72), la Mort d'Élise (1978), Nunc Dimittis (1978).

Jouve, Pierre-Jean [P, R] (1887-1976) : Paulina 1880, Paradis perdu, Sueur de sang, Matière céleste (1937).

Karr, Alphonse [Hum] (1808-90) : *les Guêpes* (revue satirique).

Kemp, Robert [Cr] (1879-1959).

Kessel, Joseph [R] (1898-1979) : l'Équipage (1923), Nuits de princes (1928), l'Armée des ombres (1946), le Tour du malheur (1950), les Temps sauvages (4 vol., 1950-51), le Lion (1958), Tous n'étaient pas des anges (1963), les Cavaliers (1967), Des hommes (1972), la Vallée des rubis (1973).

Labiche, Eugène [D] (1815-88) : Un chapeau de paille d'Italie (1851), le Voyage de Monsieur Perrichon (1860), la Cagnotte (1864).

Lachelier, Jules [Ph] (1832-1918) : Du fondement de l'induction (1896).

Lacordaire (père Henri) [E, Préd] (1802-61) : Conférences, Lettres.

Lacretelle, Jacques de [E] (1888-1985) : la Vie inquiète de Jean Hermelin (1920), Silbermann (F. 1922).

La Force (duc de) [H] (1878-1961).

Laforgue, Jules [P] (1860-87) : les Complaintes, les Moralités légendaires (1887).

Lagneau, Jules [Ph] (1851-94).

Lalande, André [Ph] (1867-1963) : Vocabulaire de la philosophie (1925).

Lalou, René [Cr, Es] (1889-1960).

Laprade, Victor Richard de [P] (1812-83) : Poèmes évangéliques.

Larbaud, Valery [E] (1881-1957) : Fermina Marquez (1911), les Poésies de A.O. Barnabooth (1908-23), Amants, heureux amants (1923), Journal.

Larguier, Léo [Chr, P] (1878-1950).

La Rochefoucauld, Edmée, D^esse^ de (pseud. Gilbert Mauge) [Cr] (1895) : Plus loin que Bételgeuse, Pluralité de l'être, Flashes I et II.

Larousse, Pierre [Ency] (1817-75) : Nouveau Dictionnaire de la langue française (1856), Grand Dictionnaire univ. du XIXe s. (1866-76), Petit Larousse illustré (1906).

Laufenburger, Henri [Ec] (1867-1965).

Lautréamont, Isidore Ducasse, dit le Cte de [P] (1846-70) : Chants de Maldoror (1869).

Lauwick, Hervé [Hum] (1891-1975) : Histoire très naturelle, Les Français sont drôles, Parlez-moi d'humour.

La Varende (Jean-Balthazar Mallard), Vte de [R] (1887-1959) : Nez de cuir (1937), le Centaure de Dieu, les Amants du roi (1938), Man d'Arc (1942), l'Homme aux gants de toile (1943), Pays d'Ouche (1946).

Lavedan, Henri [D] (1859-1940).

Lavelle, Louis [Ph] (1883-1951).

Lavisse, Ernest [H] (1842-1922).

Léautaud, Paul [Cr, Chr] (1872-1956) : Journal, le Théâtre de Maurice Boissard, le Pierrot noir.

Leblanc, Maurice [R] (1864-1941) : les Aventures extraordinaires d'Arsène Lupin [20 vol., 1908-29, notamment : A.L. contre Herlock Sholmes (1908), l'Aiguille creuse (1909), 813 (1910), A.L. gentleman cambrioleur (1914), l'Île aux 30 cercueils]. *Science-fiction :* les Trois Yeux (1919).

Le Braz, Anatole [Chr] (1859-1926) : la Légende de la mort en basse Bretagne.

Lecomte, Georges [R] (1867-1958).

Lecomte du Noüy, Pierre [Bio, Ph] (1883-1947) : l'Homme et sa destinée (1948).

Leconte de Lisle, Charles (Leconte) [P] (1818-94) : Poèmes antiques (1852), barbares (1862), tragiques (1886).

Le Goffic, Charles [R] (1863-1932).

Lemaître, Jules [E] (1853-1914) : les Contemporains (7 vol., 1885-99), Impressions de théâtre (1888-98), Théories et Impressions (1904).

Lenormand, Henri-René [D] (1882-1951) : les Ratés (1918), Le temps est un songe (1919).

Lenotre, G. (Théodore Gosselin) [H] (1857-1935) : Les Quartiers de Paris pendant la Révolution (1896), Georges Cadoudal (1929).

Leroux, Gaston [R] (1868-1927) : le Mystère de la chambre jaune (1908), le Parfum de la dame en noir (1909).

Le Roy, Édouard [Ph] (1870-1954).

Le Roy, Eugène [R] (1837-1907) : le Moulin de Frau, Jacquou le Croquant.

Leroy-Beaulieu, Paul [Ec] (1843-1916).

Le Senne, René [Ph] (1882-1954).

Lévis Mirepoix, Ant., duc de [H] (1884-1981).

Lévy-Bruhl, Lucien [Ph] (1857-1939) : la Mentalité primitive (1922).

Littré, Émile [Ph, Ency] (1801-1881) : Dictionnaire de la langue franç. (1863-72).

Lorrain, Jean (Paul Duval) [R] (1855-1906) : la Maison Philibert (1904).

Loti, Pierre (Julien Viaud) [R] (1850-1923) : Azyadé (anonyme, 1879), le Mariage de Loti (1882), Mon frère Yves (1883), Pêcheur d'Islande (1886), Madame Chrysanthème (1887), Ramuntcho (1897), les Désenchantées (1906). — *Biogr. :* ancienne bourgeoisie charentaise (protestante). *1867* École navale. *1869-98* officier de marine ; atteint le grade de lieutenant de vaisseau. *1898* mis à la retraite d'office (pour des articles sur la stratégie navale), gagne un procès en Conseil d'État. *1899-1910* réintégré, termine capitaine de vaisseau. *1914-18* combattant comme colonel d'artillerie. *1919* se retire à Hendaye. *1923* funérailles nationales (enterré à Oléron).

Louÿs, Pierre (Pierre Louis) [P, R] (1870-1925) : les Chansons de Bilitis (1894). *Romans :* Aphrodite (1896), la Femme et le Pantin (1898), les Aventures du roi Pausole (1901). — *Biogr. :* noblesse d'Empire ; élevé par son demi-fr., ambassadeur de Fr. *1888* ami d'André Gide. *1891* d'Oscar Wilde (il corrige « Salomé » écrit en fr.). *1894* réussit une supercherie littéraire (les « Chansons de Bilitis », présentées comme une trad. de poèmes grecs). *1896* célèbre et riche grâce à Aphrodite. *1899* ép. la fille du poète Heredia (div. 1912). *1914* vit à Auteuil retiré et presque aveugle. *1919* échec d'une nouvelle supercherie (démontrer que Corneille a écrit les pièces de Molière).

Lubac, le P. Henri de [Théo] (1896).

Lunel, Armand [R, H, P, Es] (1892-1977) : l'Imagerie du Cordier, Nicolo Peccavi (Ren. 1926), Lettres.

Mac Orlan, Pierre (Dumarchey) (P, R, J] (1882-1970) : le Chant de l'équipage, la Cavalière Elsa, Marguerite de la Nuit, Quai des Brumes (1927), la Bandera (1931), l'Ancre de Miséricorde (1941).

Madelin, Louis [H] (1871-1956) : Fouché, Histoire du Consulat et de l'Empire.

Maeterlinck, Maurice. Voir Belgique p. 271.

Magre, Maurice. [P] (1877-1942) : les Belles de nuit.

Mâle, Émile [H d'art] (1862-1954).

Mallarmé, Stéphane [P] (1842-98) : l'Après-midi d'un faune (1876), Poésies complètes (1887). — *Biogr. :* famille de petits fonctionnaires parisiens. *1860* surnuméraire de l'Enregistrement. *1862* séjour linguistique à Londres, liaison avec Mary (Marie Gerhart). *1863* prof. d'angl. au collège de Tournon. *1866* muté à Besançon. *1867* à Avignon. *1871* à Paris (lycée Fontanes = Condorcet). *1874* début des réceptions littéraires dans son appartement de la rue de Rome (les « mardis »). *1884* révélé au grand public par Huysmans. *1885* liaison avec sa voisine, Méry Laurent. *1893* retraite anticipée pour travailler à une œuvre unique, qu'il appelle le « Livre » et qu'il n'écrira jamais. *1898* meurt d'un spasme du larynx, demandant qu'on détruise ses brouillons.

Malot, Hector [R] (1830-1907) : Sans famille (1878), En famille (1893).

Malraux, Clara [R] (1897-1982).

Man, Henri de. Voir Belgique p. 271.

Marcel, Gabriel [Ph, D] (1889-1973) : *Essais :* Être et Avoir (1935), le Mystère de l'Être (1951), Journal métaphysique. *Théâtre :* Un homme de Dieu (1925), Rome n'est plus dans Rome (1951), Le secret est dans les îles.

Mardrus, Joseph [Eru] (1868-1949) : trad. du Livre des Mille et Une Nuits (1898-1904), Du Coran (1925).

Margueritte, Paul [E] (1860-1918) : Jours d'épreuve (1889), la Force des choses (1891), la Flamme (1909), Juin (1918), le Désastre (1901, avec Victor).

Margueritte, Victor [E] (1866-1942) : Jeunes Filles (1908), l'Or (1909), la Garçonne (1922).

Maritain, Jacques [Ph] (1882-1973).

Martin-Chauffier, Louis [R, Es] (1894-1980) : Chateaubriand ou l'Obsession de la pureté, l'Homme et la Bête (1948).

Martin du Gard, Roger [R] (1881-1958) : Jean Barois (1913), les Thibault (8 parties, 1922-40), le Lieutenant-Colonel de Maumort (1983) [N. 1937].

Massignon, Louis [H] (1883-1962).

Massis, Henri 🌿 [Es] (1886-1970) : Défense de l'Occident, Maurras et notre temps.

Maupassant, Guy de [R] (1850-93) : Contes, Boule de suif (1880), Une vie (1883), Bel-Ami (1885), Mont-Oriol (1887), Pierre et Jean (1888), Fort comme la mort (1889). — *Biogr. :* riche bourgeoisie rurale normande (son père, un pseudo-noble, abandonne sa famille en 1857 ; sa mère, Laure Le Poittevin, est très liée avec Flaubert, dont M. est peut-être le fils). Études à Yvetot, puis Rouen. *1870-71* combattant. *1873-80* fonctionnaire à l'Instruction publique ; pratique les sports. *1880* lancé dans les milieux littéraires par Flaubert. *1881* enrichi par ses droits d'auteur, achète un yacht. *1885* premiers troubles cérébraux, d'origine syphilitique. *1889* atteint de manie de la persécution. *1892* tentative de suicide ; interné chez le Dr Blanche ; inconscient jusqu'à sa mort.

Mauriac, François 🌿 [R, D] (1885-1970) : *Romans :* la Robe prétexte (1914), le Baiser au lépreux, Genitrix (1923), le Désert de l'amour, Thérèse Desqueyroux (1927), le Nœud de vipères (1932), le Mystère Frontenac, l'Agneau, Un adolescent d'autrefois (1969). *Mémoires intérieurs. Bloc-notes. Théâtre :* Asmodée (1938), les Mal Aimés, Passage du malin, le Feu sur la terre [N. 1952]. — *Biogr. :* riche bourgeoisie terrienne du Bordelais. Orphelin de père à 20 mois. Études à Grand-Lebrun (Bordeaux) et à l'école des Chartes (Paris). *1911* démissionne de l'école des Chartes et se fait homme de lettres. *1914-18* mobilisé. *1922* conquiert la gloire littéraire avec *le Baiser au lépreux*. *1943* résistant, collabore à la presse clandestine. *1945* journaliste au *Figaro* puis à *l'Express*. *1952* Prix Nobel. *1958* se rallie à la Ve Rép., devenant le meilleur polémiste du régime. Continue cependant son œuvre romanesque jusqu'en 1970 (85 ans).

Maurois, André (Émile-Salomon-Wilhelm Herzog ; son pseud. est devenu son nom légal) 🌿 [E, R, H] (1885-1967) : les Silences du colonel Bramble (1918), les Discours du docteur O'Grady (1922), Climats (1928), Don Juan ou la Vie de Byron (1952), le Cercle de famille, Prométhée ou la Vie de Balzac (1965), Un art de vivre.

Maurras, Charles 🌿 [E, Pol] (1868-1952) : l'Avenir de l'intelligence (1900), Anthinéa (1901), Enquête sur la monarchie (1900-09). *Poésies :* la Musique intérieure (1925), les Vergers sur la mer. — *Biogr. :* fils d'un percepteur provençal. Études chez les Frères d'Aix-en-Pr. *1881* devient sourd. *1890* journaliste à Paris. *1895* chef des antidreyfusards. *1904* fonde avec Léon Daudet le journal *l'Action Française* (monarchiste et nationaliste), dont il restera directeur jusqu'en 1944. *1926* condamné par le pape Pie XI (interdit levé le 1-7-1939 par Pie XII). *1944* condamné à la prison perpétuelle pour son attitude pendant l'occupation. *1952* meurt dans une clinique de Tours des suites de son incarcération.

Mendès, Catulle [P, Pros] (1841-1909) : la Première Maîtresse (1887).

Mérimée, Prosper 🌿 [E] (1803-70) : Théâtre de Clara Gazul (1825), Mateo Falcone, Chronique du règne de Charles IX (1829), Colomba (1840), Carmen (1845). — *Biogr. :* fils d'un peintre parisien. Études au lycée Henri-IV. *1824* fonctionnaire au ministère du Commerce, fréquente les salons littéraires. *1830* chef de cabinet ministériel. Au cours d'un voyage en Espagne, devient l'intime de la Ctesse de Montijo, mère de la future impératrice Eugénie. *1833* inspecteur général des monuments historiques. *1854* intime de la famille impériale (il a rang de sénateur). *A partir de 1856*, atteint d'asthme, séjourne à Cannes. Il y meurt de chagrin à la nouvelle du désastre de Sedan.

Michaux, Henri [P] (Belge nat. Fr., 1899-1984) : Qui je fus (1927), Mes propriétés (1929), Un certain Plume (1930), la Grande Garabagne (1936), le Lointain intérieur (1938), Misérable Miracle (1956), l'Infini turbulent (1957), Connaissance par les gouffres (1961), Poteaux d'angle (1971), Coup d'arrêt (1975). — *Biogr. :* famille bourgeoise de Namur (Belgique). *1919* abandonne ses études ; simple matelot. *1920-24* vie de bohème à Bruxelles. *1924-27* fréquente les surréalistes à Paris. *1927-37* nombreux voyages. *1937* peinture non figurative. *1954* naturalisé Fr. *1955-60* expérimente les effets du L.S.D. *1965* refuse le Grand Prix national des Lettres.

Mille, Pierre [J, R] (1864-1941).

Milosz (Oscar Vladislas de Lubicz) [P] (Lituan., 1877-1939) : Symphonies, l'Amoureuse Initiation (1910), Miguel Mañara (1912).

Miomandre, Francis de (F. Durand) [R] (1880-1959) : Écrit sur de l'eau (G. 1908), l'Ingénu, l'Aventure de Thérèse Beauchamps (1914), Samsara (1931), l'Ane de Buridan (1946).

Mirbeau, Octave [R, D] (1848-1917) : le Jardin des supplices (1899), Journal d'une femme de chambre (1900), Les affaires sont les affaires (1903).

Mistler, Jean 🌿 [Cr, R, E] (1897) : Ethelka, la Maison du docteur Clifton (1932), le Bout du monde, le Naufrage du Monte-Cristo, l'Ami des pauvres, le Jeune Homme qui rôde.

Dictée de Mérimée

Créée par Mérimée en 1857 à la demande de l'impératrice Eugénie pour distraire la Cour.

D'après les « Souvenirs » de la Pcesse de Metternich, Napoléon III aurait fait 75 fautes, l'impératrice 62, Alexandre Dumas 24, Octave Feuillet 19. Metternich, ambassadeur d'Autriche à Paris 3.

« Pour parler sans ambiguïté, ce dîner à Sainte-Adresse, près du Havre, malgré les effluves embaumés de la mer, malgré les vins de très bons crus, les cuisseaux de veau et les cuissots de chevreuil prodigués par l'amphitryon, fut un vrai guêpier.

Quelles que soient, quelque exiguës qu'aient pu paraître, à côté de la somme due, les arrhes qu'étaient censés avoir données la douairière et le marguillier, il était infâme d'en vouloir, pour cela, à ces fusiliers jumeaux et mal bâtis, et de leur infliger une raclée, alors qu'ils ne songeaient qu'à prendre des rafraîchissements avec leurs coreligionnaires. Quoi qu'il en soit, c'est bien à tort que la douairière, par un contre-sens exorbitant, s'est laissé entraîner à prendre un râteau et qu'elle s'est crue obligée de frapper l'exigeant marguillier sur son omoplate vieillie.

Deux alvéoles furent brisés ; une dysenterie se déclara suivie d'une phtisie et l'imbécillité du malheureux s'accrut.

— Par saint Hippolyte, quelle hémorragie ! s'écria ce bélître.

A cet événement, saisissant son goupillon, ridicule excédent de bagage, il la poursuit dans l'église tout entière. »

Nota. — Il existe quelques variantes, ex. pour la deuxième phrase : « Quelles que soient, quelque exiguës qu'aient paru les arrhes qu'étaient censés avoir donnés à maint et maint fusiliers subtils la douairière et le marguillier bien que lui ou elle soit censé les leur avoir refusées et s'en soit repenti, va-t'en les réclamer de table en table, bru jolie, quoiqu'il ne te siée pas de dire qu'on les leur aurait suppléés par quelque autre motif. »

Mistral, Frédéric [P] (1830-1914) : Mireille (1859), Calendal (1867), les Iles d'or (1876) [Écrit en provençal, N. 1904].

Mondor, Henri 🌿 [E, Méd] (1885-1962) : Vie de Mallarmé (1944), Pasteur (1945).

Monfreid, Henri de [R] (1879-1974) : les Secrets de la mer Rouge, la Croisière du haschich (1937).

Monnier, Henri [Hum] (1805-77) : Mémoires de Joseph Prudhomme (1857).

Montherlant, Henry Millon de 🌿 [E, D] (1895-1972) : *Essais. Romans :* le Songe (1922), les Bestiaires (1926), Aux fontaines du désir (1927), la Petite Infante de Castille (1929), les Célibataires (1934), les Jeunes Filles, Pitié pour les femmes (1936), le Démon du bien (1937), les Lépreuses (1939), la Rose de sable (1951), les Garçons (1969), Un assassin est mon maître (1971). *Théâtre :* la Reine morte (1942), Fils de personne (1943), le Maître de Santiago, Malatesta (1948), la Ville dont le prince est un enfant (1951), Port-Royal (1954), le Cardinal d'Espagne (1960). *Poésies :* Thrasylle (1916), les Olympiques (1924), Pasiphaé [p. dramatique (1936)]. — *Biogr. :* riche bourgeoisie rurale. Études chez les jésuites. *1914-18* combattant, blessé. *1920-26* pratique les sports, notamment la tauromachie. *1926-39* nombreux voyages autour du monde. *1944* passe en justice à la Libération, est acquitté. *1945-72* perd peu à peu la vue, vit en solitaire. *1972* se suicide d'un coup de feu. Incinéré ; ses cendres sont dispersées à Rome sur le Forum, et en Grèce.

Morand, Paul 🌿 [E] (1888-1976) : Ouvert la nuit (1932), Fermé la nuit, Lewis et Irène, l'Europe galante, Londres, Fouquet, Tais-toi, Venises, Magie noire, l'Homme pressé, le Flagellant de Séville, Monplaisir, Fin de siècle. — *Biogr. :* fils d'un homme de lettres parisien ; camarade d'études de Giraudoux. *1913* reçu au concours des ambassades (en poste à Londres, Rome, Madrid, Bangkok). *1938* en Roumanie (commission du Danube). *1939-40* à Londres. *1943* amb. de Vichy à Bucarest. *1944* à Berne (à la Libération, révoqué sans traitement). *1953* réintégré dans ses droits, mis à la retraite. *1958* candidat à l'Ac. fr. ; veto de De Gaulle. *1969* élu à l'Ac. fr.

Moréas, Jean (Papadiamantopoulos) [P] (1856-1910) : Stances.

Moreau, Hégésippe [P] (1810-38) : le Myosotis (posth. 1838).

Morgan, Claude (fils de Georges Lecomte) [R, Cr] (1898-1980).

Murger, Henri [R] (1822-61) : Scènes de la vie de bohème (1848).

Musset, Alfred de 🌿 [D, P, R] (1810-57) : *Théâtre :* la Coupe et les Lèvres (1829), A quoi rêvent les jeunes filles (1833), les Caprices de Marianne (1833), Fantasio, On ne badine pas avec l'amour, Lorenzaccio (1834), le Chandelier, Barberine (1835), Il ne faut jurer de rien (1836), Un caprice (1837), Il faut qu'une porte soit ouverte ou fermée (1845). *Poésies :* Namouna, Rolla (1833), les Nuits (1835-37). *Romans :* la Confession d'un enfant du siècle (1835), 15 contes (1840-54, dont Mimi Pinson 1852). — *Biogr. :* noblesse vendômoise fixée à Paris. Éducation raffinée (musique, peinture, poésie). Fréquente les cénacles littéraires dès 18 ans. Liaisons avec : George Sand *(1834-35)* (suivie d'une crise de dépression nerveuse), la tragédienne Rachel *(1839)*, l'actrice Louise Allan *(1840)*, la femme de lettres Louise Colet *(1852)*. *1853* pressé par les besoins d'argent, essaie de vivre de sa plume, mais tombe dans l'alcoolisme. Meurt usé par les excès.

Nabert, Jean [Ph] (1881-1962) : Essai sur le mal (1955).

Nadaud, Gustave [Chan] (1820-93) : les Deux Gendarmes (1849).

Nerval, Gérard de (G. Labrunie, dit) [P, Pros] (1808-55) : *Poésies :* Élégies nationales (1827), Poésies complètes (posth. 1877), les Chimères (1890). *Prose :* les Illuminés (1852), Loreley : souvenir d'Allemagne (1852), les Filles du feu (1854), Sylvie (1854), Promenade autour de Paris (1855), Aurélia ou le Rêve et la Vie (1855), Voyage en Orient (posth. 1856). — *Biogr. :* fils d'un médecin militaire : orphelin de mère à 2 ans. *1832* étudiant en médecine. *1834* fait un héritage qu'il perd aussitôt dans la faillite de la revue *le Monde dramatique*. *1834-38* fréquente la « bohème littéraire » ; passion malheureuse pour l'actrice Jenny Colon. *1838-40* séjours en Allemagne. *1841* 1re crise de folie (abus d'absinthe). *1842* mort de Jenny Colon ; vagabonde à travers Orient, Égypte, Europe centrale, Angleterre. *1851* interné à la clinique du docteur Blanche. *1854* voyage en Allemagne. *1855* vit dans le dénuement ; se pend dans une rue.

Noailles, Anna, Ctesse de (née princesse Brancovan) [P] (1876-1933) : le Cœur innombrable (1901), l'Ombre des jours (1902).

Noël, Marie (Rouget) [P] (1883-1967) : les Chants de la merci, le Voyage de Noël, Chants d'arrière-saison.

Nouveau, Germain [P] (1851-1920) : la Doctrine de l'amour (1904), Calepin du mendiant (posth. 1922).

Obey, André [R, D] (1892-1975) : Noël (1931), le Viol de Lucrèce, l'Homme de cendre, Lazare, le Joueur de triangle (Ren. 1928).

Ohnet, Georges [R, D] (1848-1918) : le Maître de forges (1882).

Ormesson, Wladimir Cte d' 🌿 [H] (1888-1973).

Pagnol, Marcel 🌿 [D] (1895-1974) : Topaze (1928), Marius (1931), Fanny (1932), César (scénario, 1937). *Mémoires :* la Gloire de mon père, le Château de ma mère, le Temps des secrets le Temps des amours. — *Biogr. :* fils d'un instituteur provençal (enfance à Marseille, avec vacances près d'Aubagne). *1915* non mobilisé, entre dans l'enseignement. *1920-22* prof. d'anglais à Marseille ; fonde la revue *Fortunio* (devenue en 1935 les *Cahiers du Sud*). *1922* muté à Paris. *1926* quitte l'enseignement, vit de sa plume. *1928* fait fortune grâce au succès de Topaze. *1933* fonde la société de production de films Marcel Pagnol (gains très importants).

Parain, Brice [E] (1897-1971) : Sur la dialectique (1953), Joseph (1964), De fil en aiguille.

Passeur, Stève (Étienne Morin) [D] (1899-1966) : Je vivrai un grand amour (1939).

Paulhan, Jean 🌿 [R, Cr, Es] (1884-1968) : le Guerrier appliqué (1915), les Fleurs de Tarbes (1941), Clef de la poésie (1946).

Péguy, Charles [Pros, P] (1873-1914) : *Poésies :* Jeanne d'Arc, le Mystère de la charité de Jeanne d'Arc, la Tapisserie de N.-Dame, Ève. *Prose :* Clio (1909-12), l'Argent. — *Biogr. :* fils d'artisans orléanais. Orphelin de père dès le berceau. Mère rempailleuse de chaises. *1894-97* École normale supérieure ; ne se présente pas à l'agrégation ; épouse (civilement) la sœur de son camarade d'études au collège Sainte-Barbe, Marcel Baudouin. *1898* investit la dot de sa femme dans une librairie socialiste. *1900* se brouille avec ses associés et fonde les *Cahiers de la quinzaine* (financièrement fragiles ; Péguy, père de 5 enfants, sera toujours dans la pauvreté). *1905* se rallie au patriotisme anti-allemand après l'affaire de Tanger. *1908* retrouve la foi chrétienne, sans pouvoir la pratiquer (à cause de son mariage civil). *1914* lieutenant, tué à la bataille de la Marne.

Peisson, Édouard [R] (1896-1963) : le Voyage d'Edgar, le Sel de la mer.

Péladan, Joséphin [R] (1859-1918) : le Vice suprême.

Péret, Benjamin [P] (1899-1963) : le Passager du transatlantique (1921), Feu central (1947).

Pergaud, Louis [R] (1882-1915) : De Goupil à Margot (G. 1910), la Guerre des boutons (1912).

Perochon, Ernest [R] (1885-1942) : Nêne (G. 1920).

Pesquidoux, Joseph Dubosc de ✠ [R] (1869-1946) : Chez nous, la Glèbe, le Livre de raison, la Harde.

Peyré, Joseph [R] (1892-1968) : l'Escadron blanc (1931), Sang et Lumières (G. 1935).

Philippe, Charles-Louis [R] (1874-1909) : Bubu de Montparnasse (1901), le Père Perdrix (1902), Marie Donadieu (1904).

Piaget, Jean [Ph]. Voir Suisse p. 306.

Picabia, Francis [P] (1879-1953) : Cinquante-deux Miroirs, Pensées sans langage (1919), Unique Eunuque (1920).

Piéron, Henri [Ph, Psycho] (1881-1964).

Pierre-Dominique (Pierre Lucchini) [R, Es] (1891-1973).

Pierre L'Ermite (Mgr Edmond Loutil) [R] (1863-1959) : la Grande Amie, Comment j'ai tué mon enfant, la Femme aux yeux fermés.

Pillement, Georges [Chr] (1898-1984) : Paris inconnu (1965).

Pirenne, Henri. Voir Belgique p. 271.

Plisnier, Charles. Voir Belgique p. 271.

Poincaré, Henri ✠ [Math, Ph] (1854-1912) : la Valeur de la science (1905).

Ponchon, Raoul (Pouchon) [P] (1848-1937) : la Muse au cabaret, la Muse gaillarde.

Ponge, Francis [P] (1899) : Douze Petits Écrits (1926), le Parti pris des choses (1942), le Grand Recueil (1961), le Savon (1967), la Table.

Ponsard, François ✠ [D] (1814-67) : Lucrèce, Charlotte Corday.

Ponson du Terrail, Pierre [R] (1829-71) : les Drames de Paris (1859-84), les Exploits de Rocambole (1859).

Porto-Riche, Georges de ✠ [D] (1849-1930) : Amoureuse (1894).

Poulaille, Henri [R] (1897-1980) : Ils étaient quatre (1925), le Pain quotidien (1930), les Damnés de la terre (1935), Pain de soldat, Un train fou.

Pourrat, Henri [E] (1887-1959) : Gaspard des montagnes (1922-31), Vent de mars (G. 1941), le Trésor des contes (1948-62).

Pradines, Maurice [Ph] (1874-1958).

Prévost, Marcel ✠ [R] (1862-1941) : les Demi-Vierges (1894), les Vierges fortes.

Prévost-Paradol, Lucien [E] (1829-70).

Proudhon, Pierre-Joseph [Eco, Pol] (1809-65) : Qu'est-ce que la propriété ? (1840).

Proust, Marcel [R] (1871-1922) : Jean Santeuil (écrit 1896, publ. 1952), Pastiches et Mélanges (1908), A la recherche du temps perdu (1913-27) [Du côté de chez Swann (1913), A l'ombre des jeunes filles en fleurs (G. 1919), le Côté de Guermantes (1922), Sodome et Gomorrhe (1922), la Prisonnière (1923), Albertine disparue (1925), le Temps retrouvé (1927)], Chroniques (1927), Contre Sainte-Beuve (publ. 1954). — *Biogr. :* fils d'un médecin beauceron (originaire d'Illiers, Eure-et-Loir) et d'une Israélite alsacienne. Enfance à Paris (Auteuil), avec de fréquents séjours à Illiers, à cause de graves crises d'asthme. *1890-92* Droit et Sciences pol. Renonce à toute carrière ; vit de ses revenus et mène la vie de salons. *1896* duel au pistolet avec le critique Jean Lorrain (qui a fait des allusions à son homosexualité). *1905* mort de sa mère. Vit isolé ; liaison avec son secrétaire, Alfred Agostini. *1914* mort accidentelle d'Agostini ; vit enfermé dans sa chambre, travaillant à ses romans malgré de nombreuses crises d'asthme ; ne sort que la nuit. *1919* Prix Goncourt. *1922* meurt de pneumonie.

Psichari, Ernest [E] (1883-1914) : l'Appel des armes (1913), le Voyage du centurion.

Quinet, Edgar [Pol] (1803-1875).

Rachilde, (Marguerite Vallette) [R] (1882-1953) : Monsieur Vénus, Déracinés.

Ramuz, Charles-Ferdinand. Voir Suisse, p. 306.

Ravaisson-Mollien, Félix [Ph] (1813-1900) : l'Habitude (1838).

Raymond, Marcel [E] (Suisse, 1897-1957) : le Sel et la Cendre.

Rebell, Hughes (Georges Grassal) [P, R] (1867-1905) : les Nuits chaudes du Cap français, la Nichina, la Câlineuse.

Régnier, Henri de ✠ [P, R] (1864-1936) : *Poésies :* la Cité des eaux (1902), le Miroir des eaux (1906), la Double Maîtresse.

Renan, Ernest ✠ [E, Ph] (1823-92) : la Vie de Jésus (1863), la Réforme intellectuelle et morale (1871), l'Antéchrist (1873), l'Avenir de la science (publ. 1890).

Renard, Jules [Hum] (1864-1910) : l'Écornifleur, Poil de Carotte (1894), Journal (5 vol., posth. 1925).

Renouvier, Charles [Ph] (1815-1903) : (5 vol., posth. 1925).

Renouvin, Pierre [H] (1893-1975) : les Crises du XXe siècle.

Reverdy, Pierre [P] (1889-1960) : la Lucarne ovale, le Gant de crin.

Reverzy, Jean [R] (1905-59) : le Passage (1954), le Corridor (1958).

Révillon, Antoine, dit Tony [R] (1832-98) : la Bourgogne pervertie.

Ribot, Théodule [Ph] (1839-1916).

Richepin, Jean ✠ [P] (1849-1926) : la Chanson des gueux (1876), le Chemineau.

Rictus, Jehan (Gabriel Randon de St-Amand) [P, Polé] (1867-1933) : les Soliloques du pauvre (1895), Fils de fer.

Rimbaud, Arthur [P] (1854-91) : Poésies (1869-73) dont le Bateau ivre (1871), Illuminations (1871), Une saison en enfer (1872). — *Biogr. :* fils d'une propriétaire terrienne ardennaise mariée à un officier, sans cesse en déplacement. *1860* séparation de ses parents ; vit avec sa mère à Charleville. *1870* fugue à Paris, puis en Belgique. *1871* nouvelle fugue à Paris. *1871-73* liaison homosexuelle avec Verlaine. *1872-73* fugue avec Verlaine en Belgique et en Angleterre (en mai, rupture : Verlaine blesse Rimbaud d'un coup de revolver). *1874* en Angleterre. *1875* en Allemagne ; vagabondage en Italie (frappé d'insolation à Brindisi, est rapatrié par le consul de France). *1876* s'engage dans l'armée coloniale hollandaise, mais déserte dès qu'il a touché la prime. *1877* interprète de cirque en Scandinavie. *1878* vagabondage en Europe centrale et orientale. *1879* chef de chantier à Chypre ; rapatrié après maladie. *1880-91* négociant (trafiquant d'armes et d'ivoire) en Afrique orientale. *1891* rapatrié pour maladie (tumeur au genou). Amputé, meurt chrétiennement à l'hôpital de Marseille.

Rivière, Jacques [E] (1886-1925) : l'Allemand (1918), Aimée (1922), Correspondance (posth. 1926-28).

Rochefort, Henri, Mis de [Polé] (1831-1913) : la Lanterne (*brochures,* 1868-70).

Rodenbach, Georges. Voir Belgique p. 272.

Rolland, Romain [E] (1866-1944) : Jean-Christophe (1903-12, F. 1905), Colas Breugnon (publ. 1918), Clérambault (1920), l'Ame enchantée (1922-33). — *Biogr. :* ancienne bourgeoisie protestante et rép. de Vézelay (Bourgogne). *1880* études à Paris. *1886* École normale sup. *1889-91* École fr. de Rome. *1898* entre aux *Cahiers de la quinzaine,* de Charles Péguy. *1914* surpris par la guerre en Suisse (neutraliste). *1915* Prix Nobel. *1922* fonde la revue *Europe. 1939* se retire à Vézelay.

Rollinat, Maurice [P] (1846-1903) : Dans les brandes, les Névroses.

Romains, Jules (Louis Farigoule ; son pseud. est dev. nom légal) ✠ [R, D] (1885-1972) : *Romans :* les Copains, Psyché, les Hommes de bonne volonté (27 vol., 1932-47, notamment : Éros de Paris, Recherche d'une Église, Prélude à Verdun, Verdun, Cette grande lueur à l'est), Une femme singulière (3 vol., 1957). *Théâtre :* Amédée ou les Messieurs en rang, Knock (1923), Donogoo-Tonka. — *Biogr. :* fils d'instituteur d'origine auvergnate. Études à Paris. *1906* École normale supérieure. *1909* agrégé de philosophie ; professeur à Brest, Laon, Nice. *1919* quitte l'université, vit de sa plume. *1923* enrichi grâce aux droits d'auteur de *Knock* (tournées de conférences autour du monde). *1940-45* réfugié au Mexique et aux États-Unis. *1945* fixé à St-Avertin (I.-et-L.).

Romier, Lucien [Es] (1885-1944) : l'Homme nouveau (1928), Qui sera le maître, Europe ou Amérique ?

Rosny, J.H. (Joseph Henri Boex) : **Rosny** aîné (1856-1940) ; son frère Séraphin Justin : **Rosny** jeune (1859-1948) (nés en Belg.) [R] : les Xipéhuz, Vamireh (ensemble), la Guerre du feu (**Rosny** aîné), Sépulcres blanchis (**Rosny** jeune).

Rostand, Edmond ✠ [D] (1868-1918) : la Princesse lointaine (1895), Cyrano de Bergerac (1897), l'Aiglon (1900), Chantecler (1910).

Rostand, Jean ✠ [Bio] (1894-1977).

Rostand, Maurice [P] (1891-1968).

Roussel, Raymond [P, D] (1877-1933) : Impressions d'Afrique (1910), Locus Solus (1914).

Sainte-Beuve, Charles ✠ [Cr, E] (1804-69) : Volupté (1834), Port-Royal (1840-67), Causeries du lundi (1851-75). — *Biogr. :* noblesse picarde, ayant abandonné la particule à la Révolution. Orphelin de père dès sa naissance. *1823* étudiant en médecine, adopte la philosophie matérialiste. *1825-33* fréquente les romantiques. *1832-36* liaison avec Adèle Hugo, femme de Victor. *1837-38* prof. de litt. fr. à Lausanne. *1840-48* conservateur de la bibliothèque Mazarine. *1848-49* prof. de litt. fr. à Liège. A partir de *1849,* critique litt. au *Constitutionnel ;* puis au *Moniteur* (rallié à l'Empire). *1857-61* prof. à l'École normale supérieure. *1865* sénateur.

Sainte-Soline, Claire (Nelly Fouillet) [R] (1891-1967) : Journée, Noémie Strauss.

Saint-Georges de Bouhélier (Stéphane-Georges de B., dit) [D] (1876-1947) : le Carnaval des enfants, Jeanne d'Arc.

Saint-John Perse (Alexis Léger) [P] (1887-1975) : Éloges (1911), Anabase (1924), Exil (1942), Pluies, Neiges, Vents (1945), Amers (1957), Chant pour un équinoxe. — *Biogr. :* se faisait appeler Saint-Léger Léger, famille de planteurs guadeloupéens. Études à Pointe-à-Pitre, puis Bordeaux. *1914* fonctionnaire aux Affaires étrangères. *1925-32* dir. de cabinet d'Aristide Briand. *1933-40* secr. gén. du Quai d'Orsay. *1941* réfugié aux États-Unis, publie ses 1res poésies. *1941-46* bibliothécaire du palais du Congrès à Washington. *1946* retraite en France, se consacre à la littérature. [N. 1960.]

Saint-Pol Roux (Paul Roux) [P] (1861-1940) : les Reposoirs de la procession.

Salacrou, Armand [D] (1899) : Une femme libre (1934), l'Inconnue d'Arras (1935), l'Archipel Lenoir (1947), Boulevard Durand (1960), Dans la salle des pas perdus, les Amours.

Salmon, André [P, R, Es] (1881-1969).

Samain, Albert [P] (1858-1900) : Au jardin de l'infante (1893), Aux flancs du vase (1898).

Sand, George (Aurore Dupin, B^{onne} Dudevant) [R] (1804-76) : Indiana (1832), Lélia (1833), Mauprat (1836), Consuelo (8 vol., 1842-43), la Mare au diable (1846), François le Champi (1848), la Petite Fadette (1849), les Maîtres sonneurs (4 vol., 1853), Elle et Lui (1859). — *Biogr. :* fille d'un officier ; orpheline de père à 4 ans. Élevée par sa grand-mère maternelle (fille naturelle du maréchal de Saxe), au château de Nohant (Indre). *1817-20* pensionnaire à Paris. *1822* mariée au baron Dudevant (séparée au bout de 2 ans). *1831* à Paris, avec son fils et sa fille, fréquente la bohème littéraire. *1832-34* liaison avec Jules Sandeau. *1834-35* avec Alfred de Musset ; vit largement de ses droits d'auteur. *1837-47* avec le musicien Chopin (long séjour aux Baléares). *1848* se rallie à la Révolution, puis, effrayée par les massacres de juin, se réfugie à Nohant. *1849-76* « bonne dame de Nohant », mène une vie patriarche, en liaison quasi conjugale avec son intendant.

Sandeau, Jules ✠ [R] (1811-83) : Mlle de la Seiglière, la Roche aux mouettes.

Sardou, Victorien ✠ [D] (1831-1908) : la Tosca, Madame Sans-Gêne (1893).

Schlumberger, Jean [E] (1877-1968) : Un homme heureux, Saint-Saturnin.

Scholl, Aurélien [Hum] (1833-1902).

Schwob, Marcel [E] (1867-1905) : Contes.

Sée, Henri [Ec] (1864-1936).

Ségalen, Victor [P] (1878-1919) : *Poèmes :* Stèles. *Romans :* les Immémoriaux, René Leys.

Sertillanges, le P. Antonin [Théo] (1863-1948).

Siegfried, André ✠ [Ec] (1875-1959) : Géographie politique des cinq continents.

Simiand, François [Ec] (1873-1935).

Simone (Pauline Porché, née Benda) [R, D] (1877-1985) : Jours de colère.

Sorel, Georges [E, Pol] (1847-1922) : Réflexions sur la violence (1908).

Soupault, Philippe [P] (1897) : Aquarium, Rose des vents, le Nègre.

Souriau, Étienne [Ph] (1892-1979).

Souvestre, Pierre (1879-1914) avec Marcel **Allain** (1883-1964) : Fantômas (32 vol.).

Suarès, Isaac-Félix, dit André [E] (1868-1948) : Voici l'homme (1906), Voyage du condottiere.

Sue, Eugène [R] (1804-57) : Atar-Gul (1831), Plick et Plock (1831), la Salamandre (1832), la Cucaratcha (1832-34), la Vigie de Koaten (1833), les Mystères de Paris (1842-43), le Juif errant.

Sully Prudhomme (Armand Prudhomme, dit) [P] (1839-1907) : Solitudes, Vaines Tendresses [N. 1901].

Supervielle, Jules [P] (1884-1960) : Gravitations (1925), le Voleur d'enfants, la Fable du monde (1938), Oublieuse Mémoire (1949).

Tailhade, Laurent [Polé] (1854-1919) : le Jardin des rêves (1880), Poèmes aristophanesques (1904).

Taine, Hippolyte ✠ [Ph, H] (1828-93) : Phil. de l'art (1865), De l'intelligence (1870), Origines de la France contemporaine (1875-93).

Teilhard de Chardin, R.P. Pierre [Ph, Sav] (1881-1955) : le Phénomène humain (1955), le Groupe zoologique humain (1956), le Milieu divin (1957), l'Avenir de l'homme (1959).

Tharaud, Jérôme (1874-1953) et Jean (1877-1952) [R] : Dingley l'illustre écrivain (G. 1906), la Maîtresse servante (1911), A l'ombre de la croix (1917).

Thérive, André (Roger Puthoste) [R, Cr] (1891-1967) : Noir et Or (1930).

Theuriet, André [R] (1833-1907) : Mademoiselle Guignon (1874), Madame Heurteloup (1882).

Thibaudet, Albert [Cr] (1874-1936) : la République des professeurs (1927), Réflexions sur la littérature (1938).

Thyde-Monnier (Mathilde Monnier, dite) [R] (1887-1967) : les Desmichels (7 vol.), Moi (4 vol., 1957).

Tillier, Claude [R] (1801-44) : Mon oncle Benjamin (1843).

Tocqueville, Alexis de [H] (1805-59) : De la démocratie en Amérique (1835), l'Ancien Régime et la Révolution (1850). — *Biogr.* : ancienne noblesse de robe, *1827* magistrat à Versailles. *1830* en mission aux États-Unis. *1832* démissionne ; journaliste politique. *1840* député de la Manche (libéral). *1849* min. des Affaires étrangères. *1852* exilé après le coup d'État bonapartiste. *1854* revient en France, renonçant à la politique.

Toulet, Paul-Jean [R, P] (1867-1920) : Mon amie Nane (1905), Contrerimes (1921).

Triolet, (Elsa Kagan, puis Mme Louis Aragon) [R] (or. russe 1896-1970) : le Cheval blanc (1942), Le 1er accroc coûte 200 F (G. 1944), l'Age du nylon, Écoutez-voir, Le rossignol se tait à l'aube, le Monument.

Truc, Gonzague [Cr] (1877-1972).

t'Serstevens, Albert. Voir Belgique p. 271.

Tzara, Tristan (Samuel Rosenstock) [P] (Roumain, 1896-1963) : l'Homme approximatif (1930), Terre sur terre (1946).

Valéry, Paul [P, E] (1871-1945) : la Soirée avec M. Teste (1895), Album de vers anciens (1900), la Jeune Parque (1917), l'Ame et la Danse (1921), Charmes (le Cimetière marin) (1922), Eupalinos ou l'Architecte, Variétés (1924-44), Analecta (1928), l'Idée fixe (1932), Tel quel (1941-43), Mon Faust (1941), Cahiers (1957). — *Biogr.* : fils d'un douanier corse et d'une Italienne. Études à Montpellier. *1897* rédacteur au min. de la Guerre. Fréquente le salon de Mallarmé, rue de Rome. *1900* secrétaire à l'Agence Havas. *1919-34* vit pauvrement, de conférences et d'articles, mais devient une personnalité du « Tout-Paris ». *1936* prof. de « poétique » au Collège de France. *1937* chargé de rédiger les inscriptions du Palais de Chaillot. *1945* funérailles nationales : enseveli au « Cimetière marin » de Sète.

Vallès, Jules [Polé] (1832-85) : Jacques Vingtras (l'Enfant 1879, le Bachelier 1881, l'Insurgé 1886).

Vaudoyer, Jean-Louis [E] (1883-1963).

Vautel, Clément (C. Vaulet) [E] (1876-1954). Voir Best-sellers p. 329.

Vercel, Roger (R. Cretin, son pseud. est devenu nom légal) [R] (1894-1957) : Capitaine Conan (G. 1934).

Verhaeren, Émile. Voir Belgique p. 272.

Verlaine, Paul [P] (1844-96) : Poèmes saturniens (1866), Fêtes galantes (1869), la Bonne Chanson (1870), Romances sans paroles (1874), Sagesse (1881), Jadis et Naguère (1884). — *Biogr.* : fils d'un capitaine ardennais, démissionnaire et vivant à Paris. Études à Paris (lycée Condorcet, Faculté de Droit). *1863-66* fréquente les milieux littéraires. *1870* garde national. *1871-73* liaison homosexuelle avec Rimbaud. *1873-75* emprisonné à Mons pour avoir blessé Rimbaud d'un coup de revolver, lors de leur rupture. *1874* sa femme obtient la séparation de corps. *1875-80* prof. en Angleterre, puis en France. Liaison avec un de ses élèves, Lucien Létinois. *1880-81* tentative de retour à la terre (avec Létinois). *1883* mort de Létinois ; conversion au catholicisme. *1884* notoriété après l'édition des *Poètes Maudits*. *1885* 3 mois de prison à Vouziers (violences envers sa mère). Syphilitique, fréquents séjours à l'hôpital. Vit en marginal, jusqu'à sa mort, avec 2 maîtresses, Eugénie Krantz et Philomène Boudin. *1892* gloire littéraire : tournées en Hollande, Belgique, Angleterre. *1894* élu prince des poètes. *1896* trouvé mort dans sa chambre (misère, alcoolisme).

Verne, Jules [R] (1828-1905) : 5 Semaines en ballon (1863), Voyage au centre de la Terre (1864), De la Terre à la Lune (1865), les Enfants du capitaine Grant (1867-68), Vingt Mille Lieues sous les mers (1870), le Tour du monde en 80 jours (1873), l'Ile mystérieuse (1874), Michel Strogoff (1876), Un capitaine de 15 ans (1878), les 500 Millions de la Bégum (1879), Nord contre Sud (1887), l'Ile à hélice (1895). [En tout : 64 voyages extraordinaires, 31 romans conjecturaux, 20 pièces (adaptations théâtrales des romans).] — *Biogr.* : fils d'un avoué nantais. *1848-51* doctorat en droit à Paris, fréquente les milieux littéraires. *1851-57* refuse le notariat ; auteur dramatique à Paris. *1857-63* marié ; courtier à la Bourse. *1863* contrat d'exclusivité avec l'éditeur Hetzel : gros droits d'auteur. *1864-71* vit surtout au Crotoy ; nombreuses croisières. *Après 1872* à Amiens ; renommée internationale (auteur français le plus souvent traduit).

Vialar, Paul [R] (1898) : la Rose de la mer (F. 1939), la Grande Meute (1943), La mort est un commencement (8 vol., 1946-51), Chronique franç. du XXe s. (10 vol., 1955-61), la Croule, la Chasse de décembre (1979).

Viélé-Griffin, Francis [P] (U.S.A., 1864-1937) : les Cygnes (1887), Joies (1889).

Vildrac (Charles Messager) [D, P] (1882-1971) : le Paquebot Tenacity, la Brouille.

Villiers de l'Isle-Adam, Auguste [P, R] (1838-89) : Axel (1872), Contes cruels (1883), l'Ève future (1886), Tribulat Bonhomet. — *Biogr.* : ancienne noblesse bretonne, appauvrie par la Révolution (la parenté avec l'Isle-Adam d'Ile-de-France n'est pas prouvée). *1855* déception sentimentale. *1857* sa famille vient avec lui à Paris, pour lui ouvrir une carrière littéraire (ruiné, retourne en Bretagne en 1859). *1863* revendique le trône de Grèce, en vertu de sa prétendue parenté avec les l'Isle-Adam. *1867* rédacteur en chef de la *Revue des Lettres et des Arts*. *1876* liaison avec une servante (qu'il épousera sur son lit de mort). *1883-89* vit de la charité de ses confrères, notamment Mallarmé et Huysmans.

Vitrac, Roger [P, D] (1899-1952) : Victor ou les Enfants au pouvoir (1928), le Loup-garou (1939).

Vivien, Renée (Pauline Tarn, dite) [P, E] (1877-1909) : Cendres et Poussières, Évocations.

Vogüé, Melchior, Vte de [E] (1848-1910) : le Roman russe (1886), Jean d'Agrève.

Wahl, Jean [Ph, P] (1888-1974).

Wallon, Henri [Ph] (1879-1962).

Weiss, Louise [R] (1893-1983) : la Marseillaise, Sabine Legrand, Mémoires d'une Européenne.

Wurmser, André [J] (1899-1984) : l'Enfant enchaîné, la Comédie inhumaine, Une fille trouvée.

Zévaco, Michel [R] (1860-1918) : le Pont des soupirs (1901), Borgia (1906), le Capitan (1907), les Pardaillan (1907), Triboulet (1910), la Cour des Miracles (1910), Buridan (1911).

Zimmer, Bernard [D] (1893-1964).

Zola, Émile [R] (1840-1902) : Thérèse Raquin (1867), les Rougon-Macquart (1871-93) [20 vol. : la Fortune des Rougon (1871), la Curée (1872), le Ventre de Paris (1873), la Conquête de Plassans (1874), la Faute de l'abbé Mouret (1875), Son Excellence Eugène Rougon (1876), l'Assommoir (1877), Une page d'amour (1878), Nana (1880), Pot-Bouille (1882), Au bonheur des dames (1883), la Joie de vivre (1884), Germinal (1885), l'Œuvre (1886), la Terre (1887), le Rêve (1888), la Bête humaine (1890), l'Argent (1891), la Débâcle (1892), le Docteur Pascal (1893), les Trois Villes (3 vol., 1894-98), les Quatre Évangiles (3 vol., 1899-1903, inachevé)]. — *Biogr.* : fils d'un ingénieur italien, travaillant à Aix-en-Prov. Orphelin de père à 7 ans. Études au collège d'Aix. *1868* vient à Paris avec sa mère (très pauvre). Échoue au bac. *1862* employé chez Hachette ; naturalisé français. *1871-76* gloire littéraire avec 6 romans. *1877* classé 1er écrivain français (avant Victor Hugo). *1877-80* réunit ses disciples dans sa villa de Médan (groupe des naturalistes ou Soirées de Médan). *1888* prend une maîtresse (Jeanne Rozerot, 20 ans) pour procréer (sa femme stérile, à la mort de Zola, adoptera les enfants de Jeanne). *1897* prend parti pour Dreyfus. *1898* condamné à 1 an de prison pour son article *J'accuse* (le titre est de Clemenceau), s'enfuit en Angleterre. *1902* meurt asphyxié par son feu de cheminée (attentat ?). *1908* transporté au Panthéon.

Nés après 1900

Aba, Nouredine [P, D] (1921).

Abellio, Raymond (Georges Soulès) [R, Es] (1907) : Heureux les pacifiques, Les yeux d'Ézéchiel sont ouverts, la Fosse de Babel, Assomption de l'Europe, Ma dernière mémoire [I. Un faubourg de Toulouse (1972) ; II. les Militants (1975)], Visages immobiles.

Abirached, Robert [Cr, Es, R] (1930) : Casanova ou la dissipation (1961), l'Émerveillée, Tu connais la musique (1971), la Crise du personnage dans le théâtre moderne (1977), l'Amour dans l'âme (1979).

Adamov, Arthur [D] (Russe, 1908-70) ; (Arménien. En France dès l'âge de 16 ans) : l'Invasion (1950), Ping-pong (1955), Paolo Paoli (1957), Printemps 71 (1961), Offlimits (1969).

Ajar, Émile (Paul Pavlowitch, 1949) fit paraître sous ce nom plusieurs livres de son oncle R. Gary (v. page 295).

Albérès, René-Marill [Es, R] (1921-1982) : la Révolte des écrivains d'aujourd'hui, l'Aventure intellectuelle du XXe siècle, Velléda, le Livre du silence.

Alleg, Henri [Es, J] (1921) : la Question (1958), la Guerre d'Algérie (1981), Croissant vert et Étoile rouge (1983).

Almira, Jacques [R] (1950) : le Voyage à Naucratis (M. 1975).

Alquié, Ferdinand [Ph] (1906-85).

Althusser, Louis [Ph] (1918) : Pour Marx (1965).

Alyn, Marc (Fécherolle) [Cr, P] (1937) : Demain l'amour.

Amade, Louis [P] (1915).

Amadou, Jean [Hum] (1929).

Amadou, Robert [Es] (1924).

Ambrière, Francis (Charles Letellier) [Cr, R] (1907) : les Grandes Vacances (1940).

Amette, Jacques-Pierre [Cr, R] (1943).

Amouroux, Henri [J, E] (1920) : Une fille de Tel-Aviv, la Vie des Français sous l'occupation (1961), la Grande Histoire des Français sous l'occupation [I. le Peuple du désastre (1976), II. Quarante millions de pétainistes (1977), III. les Beaux Jours des collabos, IV. le Peuple réveillé (1979), V. les Passions et les Haines (1981), VI. l'Impitoyable Guerre civile (1983)], Ce que vivent les roses, Un printemps de mort et d'espoir (1985).

André, Robert [R, Es] (1921) : Un combat opiniâtre (1961), le Regard de l'Égyptienne (1965), l'Enfant miroir (1978).

Andreota, Paul [E] (n.c.) : Schizo.

Andreu, Pierre [Es] (1909).

Anouilh, Jean [D] (1910) : *Théâtre :* 8 recueils (1942-1960) : *Pièces noires* (1942) : l'Hermine (1932), le Voyageur sans bagage (1937), la Sauvage (1938) ; *P. roses* (1942) : le Bal des voleurs (1938), le Rendez-vous de Senlis (1942) ; *P. brillantes* (1951) : l'Invitation au château (1947), la Répétition ou l'Amour puni (1950) ; *P. grinçantes* (1956) : la Valse des toréadors (1952), Ornifle ou le Courant d'air (1955), Pauvre Bitos ou le Dîner de têtes (1956) ; *Nouvelles P. noires* (1958) : Antigone (1944), Roméo et Jeannette (1947), Médée (1953) ; *P. costumées* (1960) : l'Alouette (1953), Becket ou l'Honneur de Dieu (1959), la Foire d'empoigne (1960) ; *Nouvelles P. grinçantes* (1970) : l'Hurluberlu (1959), la Grotte (1961), l'Orchestre (1962), le Boulanger, la Boulangère et le Petit Mitron (1968), les Poissons rouges (1970) ; *P. baroques* (1974) : Cher Antoine (1969), Ne réveillez pas Madame (1970), le Directeur de l'Opéra (1971) ; *Hors recueil :* Chers Zoiseaux (1976), Vive Henri IV (1977), la Culotte (1978), le Nombril (1981). *En collab. avec Robert Piétri :* le Scénario (1976). — *Biogr.* : fils d'un tailleur bordelais. *1928* employé dans la publicité à Paris. *1930* secrétaire de Louis Jouvet, au théâtre de l'Athénée ; commence à écrire pour le théâtre. *1937* célèbre, grâce au *Voyageur sans bagage* (Pitoëff). *1965* metteur en scène.

Antier, Jean-Jacques [H, R] (1928).

Arcangues, Guy [J, P, R] (1924).

Ariès, Philippe [H] (1914-84) : l'Homme devant la mort, l'Enfant et la Vie familiale sous l'Ancien Régime.

Armand, Louis [Es] (1905-71).

Arnaud, Georges (Henri Girard) [R] (1918) : le Salaire de la peur (1949), le Voyage du mauvais larron, la Plus Grande Pente.

Arnothy, Christine (Mme Cl. Bellanger) [R, D] (Budapest, 1930) : *Romans :* J'ai 15 ans et je ne veux pas mourir, le Cardinal prisonnier (1962), le Jardin noir, Jouer à l'été, Aviva, Un type merveilleux, le Cavalier mongol, J'aime la vie, le Bonheur d'une manière ou d'une autre, Toutes les chances plus une (I. 1980), Un paradis sur mesure, l'Ami de la famille (1984). *Th.* : la Peau de singe (1961).

Aron, Raymond [Es] (1905-83) : l'Homme contre les tyrans (1944), le Grand Schisme (1948), l'Opium des intellectuels (1955), Dimensions de la conscience historique (1960), Paix et Guerre entre les nations (1962), la Lutte des classes (1964), Penser la guerre (1976), Plaidoyer pour l'Europe décadente (1977), la Nouvelle Censure, le Spectateur engagé (1981), Mémoires (1983).

Arrabal, Fernando [D, P] (Esp., 1932) : Pique-nique en campagne (1959), Théâtre panique, le Jardin des délices (1969), Bella Ciao (1972), Sur le fil (1975), la Tour de Babel (1976), Théâtre Bouffe (1978).

Arsan, Emmanuelle [R] (n.c.) : la Leçon d'homme (1973), l'Anti-Vierge (1974), les Enfants d'Emmanuelle (1976).

Audisio, Gabriel [P, Pros] (1900-78) : *Poésies :* l'Homme au soleil (1923), Ici-bas (1927). *Essais :* Misères de notre poésie (1943), Ulysse ou l'Intelligence (1945). *Romans :* les Augures (1932), les Compagnons de l'Ergador (1940).

Audouard, Yvan [Hum] (1914) : A Catherine pour la vie (1953), Brune hors série (1956), les Secrets de leur réussite (1969), Lettre ouverte aux cons (1974).

Audry, Colette [R] (1906) : Derrière la baignoire (M. 1962), Léon Blum, ou la politique du juste (1970), l'Autre planète (1972), l'Héritage (1984).

Aury, Dominique (Anne Desclos) [Cr] (1907).

Aveline, Claude (Eugen Avtsine) [E, P, R] (1901) : la Vie de Philippe Denis, l'Œil de chat.

Avril, Nicole [R] (1939) : les Gens de Misar, les Remparts d'Adrien, le Jardin des absents, la Disgrâce (1981), Mon père, mon amour (1986).

Aymé, Marcel [D, R] (1902-67) : la Table aux crevés (Ren. 1929), la Jument verte (1933), Travelingue (1941), le Passe-Muraille (1950), la Vouivre (1952), Contes du chat perché (3 vol., 1954-58). *Théâtre :* Clérambard (1950), la Tête des autres (1952).

Balandier, Georges [Soc] (1920).

Barbier, Elisabeth [R] (1920) : les Gens de Mogador (1947-61), Mon père, ce héros (1958), Serres paradis (1968), Ni le jour ni l'heure (1969).

Bardèche, Maurice [Es, J] (1909) : Balzac, Stendhal, Marcel Proust, Histoire du cinéma (1935), Histoire des femmes (1968).

Barillet, Pierre (1923) et **Grédy,** Jean-Pierre (1920) [D] : le Don d'Adèle, la Plume (1956), Au revoir Charlie (1964), Quarante Carats, Folle Amanda (1971), le Préféré (1978), Potiche (1980).

Barjavel, René [J, R] (1911-85) : Ravage (1943), Tarendol (1944), la Nuit des temps (1968), les Chemins de Katmandou (1969), le Grand Secret, les Dames à la licorne (1974), la Charrette bleue (1980), la Tempête (1982), l'Enchanteur.

Barthes, Roland [Es] (1915-80) : le Degré zéro de l'écriture (1953), Mythologies, Sur Racine, Critique et Vérité (1966), S/Z (essai sur la Sarrazine de Balzac, 1970), Sade, Fourier, Loyola (1971), Fragments d'un discours amoureux (1977), le Grain de la voix (1981).

Bartillat, Christian de [R] (1930) : Christophe ou la Traversée, Flash-back, la Culture aux ailes de briques, les Flammes de la Saint-Jean (1982).

Basile, Jean (Jean-Basile Bezroudnoff) [J] (Canadien, 1932).

Bastide, François-Régis [Cr, D, R] (1926) : la Première personne (1949), Saint-Simon par lui-même (1953), les Adieux (F. 1956), Flora d'Amsterdam, Zodiaque (1963), la Palmeraie, la Forêt noire (1968), la Fantaisie du voyageur, l'Enchanteur et Nous.

Bataille, Michel [R] (1926) : l'Arbre de Noël, Une colère blanche, le Cri dans le mur, les Jours meilleurs, Soleil secret.

Baudrillard, Jean [Pol] (1929) : les Allemands (1963), le Système des objets (1968), Pour une critique de l'économie politique et du signe (1972), le Miroir de la production (1973), la Société de consommation (1974), l'Archange symbolique et la Mort (1976).

Bazin, Hervé (J.P. Hervé-Bazin) [R] (1911) : Vipère au poing (1948), la Mort du petit cheval, Lève-toi et marche, l'Huile sur le feu, Qui j'ose aimer, Au nom du Fils, le Matrimoine, les Bienheureux de la Désolation, Cri de la chouette, Madame Ex (1975), Un feu dévore un autre feu (1978), Abécédaire, l'Eglise verte. Voir best-sellers p. 326 et 327.

Béalu, Marcel [P] (1908) : l'Araignée d'eau (1948), Enfance et Apprentissage (1980), Porte ouverte sur la rue (1981).

Béarn, Pierre (Louis Besnard) [R, P] (1902) : Dialogues de mon amour, Passantes.

Beauvoir, Simone de [E] (1908-86) : l'Invitée (1943), le Deuxième Sexe (1949), les Mandarins (G. 1954), Mémoires d'une jeune fille rangée (1958), la Force des choses (1963), les Belles Images (1966), Une mort très douce (1964), la Femme rompue (1967), la Vieillesse (1970), Tout compte fait (1972), Primauté du spirituel (1979), la Cérémonie des adieux (1981). – *Biogr. :* fille d'un avocat parisien (bourgeoisie titrée). *1929* agrégée de philo ; compagne de Jean-Paul Sartre. *1931-43* prof. de philo. *1943* quitte l'enseignement après le succès de *l'Invitée. 1970-71* directrice des revues l'*Idiot international* et l'*Idiot liberté. 1974* Pte de la Ligue du droit des femmes.

Beck, Béatrix. Voir Belgique p. 272.

Becker, Lucien [P] (1911).

Beckett, Samuel [D, R] (Irl., 1906) : *Romans :* Murphy (1938), Watt (1944), Molloy (1951), Malone meurt (1952), Comment c'est (1961). *Théâtre :* En attendant Godot (1952), Fin de partie (1957), la Dernière Bande (1958), Oh ! les beaux jours (1965), Mal vu, mal dit. – *Biogr. :* fils d'un ouvrier irlandais ; études à Dublin. *1926* 1er séjour en France. *1928-30* lecteur d'anglais à Normale Sup. *1930-32* assistant de français à Dublin. *1933-37* vit pauvrement à Londres. *1937* vient à Paris (homme de lettres). *1942-45* réfugié à Roussillon (Vaucluse). *1945-52* vit pauvrement à Paris (traducteur d'anglais). *1952* fait fortune grâce à *Godot ;* mène une vie retirée. *1969* Prix Nobel de littérature.

Bédarida, François [H] (1926).

Beer, Jean [D, Es] (1911).

Beguin, Albert. Voir Suisse, p. 306.

Bénézet, Mathieu [Es, P] (1946).

Ben Jelloun, Tahar [Es] (Maroc, 1944) : l'Enfant de sable (1985).

Benoist, Alain de [Es] (1943) : Anthologie critique des idées contemporaines (1977), Vu de droite.

Benoist, Jean-Marie [Pol] (1942) : Marx est mort (1970), Tyrannie du Logos (1975), la Révolution structurale (1975), Pavane pour une Europe défunte (1976), les Nouveaux primaires (1978), Dans l'œil du dragon (1978), Un singulier programme (1979), le Devoir d'opposition (1982).

Benoist-Méchin, Jacques [H] (1901-83) : Histoire de l'armée allemande, 60 jours qui ébranlèrent l'Occident, Fayçal d'Arabie, Alexandre le Grand, Frédéric de Hohenstaufen.

Berger, Yves [R] (1934) : Sud (F. 1962), le Fou d'Amérique (1976).

Bérimont, Luc (André Leclercq) [P, R] (1915-83) : *Poésies :* l'Herbe à tonnerre, les Accrus. *Roman :* le Bois Castiau.

Bernard, Marc [R] (1900-83) : Zig-zag (1927), Anny (1934), les Marionnettes (1977).

Bernard, Michel [R] (1934) : la Plage, la Négresse muette, la Jeune Sorcière, Une amoureuse, le Cœur du paysage.

Bernardi, Gil [R, J] (1952) : Ormuz.

Bertin, Célia [H] (1921) : Mayerling, la Dernière Bonaparte, la Dernière innocence (Ren. 1953).

Besançon, Alain [H] (1932).

Besson, Patrick [R] (1956) : Dara (1985).

Bésus, Roger [R] (1915) : Cet homme qui vous aimait, Paris le monde, la Couleur du gris, le Maître, Pourquoi pas ?

Beuve-Méry, Hubert (pseud. : Sirius) [J] (1902) : le Suicide de la IVe République (1958).

Billetdoux, François [R, D] (1927) : l'Animal, Tchin-Tchin (1959), Va donc chez Törpe (1961), Il faut passer par les nuages (1964), Rintru pa trou tar, hin ! (1971), la Nostalgie, camarade (1974).

Billetdoux, Raphaëlle [R] (1951) : Prends garde à la douceur des choses (I. 1976), Mes nuits sont plus belles que vos jours (Ren. 1985).

Blais, Marie-Claire. Voir Canada p. 273.

Blanchot, Maurice [E] (1907) : Aminadab, le Très-Haut, Thomas l'Obscur (1950), le Dernier Homme, l'Espace littéraire (1955).

Blancpain, Marc (Bénoni) [R] (1909) : le Solitaire, Arthur et la planète, Ces demoiselles de Flanfolie, la Femme d'Arnaud vient de mourir, l'Estaminet des cœurs sensibles, la Saga des amants séparés, Musique en fête, le Sentier de la douane, Monsieur le Prince (1986).

Blanzat, Jean [R] (1906-77) : Septembre, l'Orage du matin (1942), le Faussaire (F. 1964).

Blier, Bertrand [R] (1939) : les Valseuses (1972), Beau-Père (1981).

Blond, Georges [J, H] (1906) : le Survivant du Pacifique, Verdun (1961), la Marne (1962), Pétain, Rien n'a pu les abattre, la Grande Armée (1979).

Blondin, Antoine [R] (1922) : les Enfants du Bon Dieu (1952), l'Europe buissonnière (1953), l'Humeur vagabonde (1955), Un singe en hiver (I. 1959), Monsieur Jadis ou l'Ecole du soir (1970), Quat'Saisons (1975), Certificats d'études (1977), Sur le tour de France (1979), le P.C. des maréchaux.

Bodard, Lucien [J, R] (1914) : la Guerre d'Indochine (5 vol., 1963-69), la Chine de Tseu-Hi à Mao, M. le consul (I. 1973), le Fils du consul (1975), la Vallée des roses (1977), la Duchesse (1979), Anne-Marie (Goncourt 1981), la Chasse à l'ours (1985).

Boisdeffre, Pierre de [Cr, R] (1924) : les Fins dernières, Une histoire vivante de la littérature d'aujourd'hui, Anthologie vivante de la litt. d'auj., les Ecrivains de la nuit. *Romans :* l'Amour et l'Ennui (1959), les Nuits (1980), l'Ile aux livres. *Essais :* De Gaulle malgré lui, Gœthe m'a dit.

Bonheur, Gaston (Tesseyre) [J, R] (1913-80) : Qui a cassé le vase de Soissons ? (1964), la République nous appelle, Qui a cassé le pot au lait ?, Notre patrie gauloise, la Croix de ma mère (1976), le Soleil oblique (1977).

Bonnefoy, Yves [Cr, Es, P] (1923) : Hier régnant désert, Pierre écrite, la Seconde Simplicité (1961), l'Obstacle, le Nuage rouge, Rue Traversière (1977).

Bordier, Roger [Cr d'a, R] (1923) : les Blés (Ren. 1961), le Tour de ville, les Eventails, l'Océan, Meeting, l'Objet contre l'art (1972), les Temps heureux (1984).

Bordonove, Georges [H, R] (1920) : la Caste, Chien de feu, les Atlantes, les Rois qui ont fait la France.

Raphaëlle Billetdoux
(Photo : René Jacques)

Borel, Jacques [Cr, R] (1925) : l'Adoration (G. 1965), le Retour, la Dépossession, la Fuite au cœur (1984).

Borne, Alain [P] (1915-63) : Cicatrices, Orties, La nuit me parle de toi.

Bory, Jean-Louis [R, Cr] (1919-79 suicidé) : Mon village à l'heure allemande (G. 1945), Chère Aglaé, la Sourde Oreille, Usé par la mer (1959), l'Odeur de l'herbe, Eugène Sue, Des yeux pour voir, Ma moitié d'orange, Tous nés d'une femme, le Pied, les Cinq Girouettes, Tout feu, tout flamme (1979), Cambacérès.

Bosquet, Alain (Anatole Bisq) [P, R, Es] (1919) : Premier testament, Maître objet, Verbe et Vertige, la Confession mexicaine (I. 1965), les Tigres de papier, l'Amour à deux têtes, les Bonnes Intentions, Ni Guerre ni Paix, les Trente premières années, Une mère russe, les Fêtes cruelles, Un jour après la vie.

Bost, Pierre [R, D] (1901-75) : le Scandale, Monsieur Ladmiral va bientôt mourir.

Bouchet, André du [P] (1925) : Dans la chaleur vacante (1962).

Boudard, Alphonse [R] (1925) : la Métamorphose des cloportes (1962), la Cerise (1963), l'Hôpital, Cinoche, les Combattants du petit bonheur (Ren. 1977), le Corbillard de Jules, le Banquet des léopards (1980), le Café du pauvre. *Nouvelles :* Enfants de chœur (1982).

Boudjedra, Rachid (Algérie) [R] (1941) : la Répudiation, l'Insolation.

Boulanger, Daniel [D, P, R] (1922) : l'Ombre, les Noces du merle, la Nacelle, Fouette, cocher ! (G, 1974), l'Eté des femmes, A la belle étoile (1985).

Boulle, Pierre [E] (1912) : le Pont de la rivière Kwaï (1952), $E = MC^2$ (1957), la Planète des singes (1963), Histoires charitables, Quia absurdum, les Oreilles de jungle, les Vertus de l'enfer (1971), la Baleine des Malouines.

Bourbon-Busset, Jacques, Cte de [R, Es] (1912) : *Romans :* le Silence et la Joie (1957), les Aveux infidèles (1968), le Berger des nuages (1983). *Essais :* Moi César, Le lion bat la campagne. *Journal :* 10 vol. (1966-85).

Bourdet, Claude [J] (1909).

Bourgine, Raymond [J] (1925).

Bourin, André [Cr, Es] (1918) : Dict. de la litt. franç. contemp.

Bourin, Jeanne [R] (1922) : le Bonheur est une femme (1963), la Chambre des dames, Très Sage Héloïse (1980), le Jeu de la tentation, la Dame de beauté (1982), le Grand feu (1985).

Bourniquel, Camille [R] (1918) : le Lac, Sélinonte ou la Chambre impériale (M. 1970), l'Enfant dans la cité des ombres (1973), la Constellation des lévriers, Tempo, l'Empire Sarkis (1981), le Dieu crétois (1982), le Jugement dernier.

Boutang, Pierre [Polé, Es] (1916) : la Politique, les Abeilles de Delphes, Apocalypse du désir, Maurras, la destinée et l'œuvre (1984).

Bouvard, Philippe [J, E] (1929) : Carnets mondains, Un oursin dans le caviar (1973), la Cuisse de Jupiter (1974), « Impair et passe », Du vinaigre sur les huiles, Et si je disais tout, Tous des hypocrites sauf vous et moi, Un oursin chez les crabes (1981), les Fous rires des grosses têtes.

Brasillach, Robert [E, R] (1909-45) : l'Enfant de la nuit (1934), Comme le temps passe (1937), les Sept

Couleurs (1937), Notre avant-guerre (1941), la Conquérante (1943), les Quatre Jeudis (1944), Écrit à Fresnes (*poèmes*, 1944), les Captifs, la Reine de Césarée (*théâtre*) (monté en 1957). — *Biogr.* : fils d'un officier tué au Maroc en 1914. Élevé par sa mère à Paris. *1928* École normale supérieure. *1930* critique littéraire de l'*Action Française*. *1937-43* rédacteur en chef de la revue *Je suis partout* (extrême droite, ralliée aux Nazis en 1940). *1944* condamné à mort ; sa grâce fait l'objet d'une pétition d'écrivains, même résistants. *1945* grâce refusée par De Gaulle ; fusillé au fort de Montrouge.

Braudel, Fernand ⚔ [Ec, H] (1902-1985) : la Méditerranée et le Monde méditerranéen à l'époque de Philippe II (1949), Civilisation matérielle, Économie et Capitalisme xve-xviiie s. (3 vol., 1967-79), Écrits sur l'histoire (1969), Histoire économique et sociale de la France de 1450 à 1980 (avec Ernest Labrousse, 4 vol., 1980), la Dynamique du capitalisme (1985), l'Identité de la France (1986).

Brenner, Jacques (J. Meynard) [R] (1922) : les Petites filles de Courbelles (1955), Journal de la vie littéraire, Une femme d'aujourd'hui (1966), Une humeur de chien (1985).

Bretagne, Christian [J, R] (1928-84) : les Enfants de la patrie (1981).

Breton, Guy [Chr] (1919) : Histoires d'amour de l'histoire de France.

Brincourt, André [J, R] (1920).

Bruce, Jean (J. Brochet) [R] (1921-63), à partir de 1963, Josette Bruce (J. Przybyl) : série O.S.S. 117.

Butor, Michel [Cr, R] (1926) : *Romans* : l'Emploi du temps (1956), la Modification (Ren. 1957), Degrés, Mobile, Portrait de l'artiste en jeune singe (1967), Boomerang (1978), le Quadruple Fond. *Essais* : Répertoire I (1960), II (1964), III (1968), IV (1974), Essai sur les essais (1968).

Cabanis, José [R] (1922) : le Bonheur du jour, la Bataille de Toulouse (Ren. 1966), les Profondes Années (1976).

Cadou, René-Guy [P] (1920-51) : la Vie rêvée (1944), Pleine Poitrine (1946), Hélène ou le Règne végétal (posth. 1952).

Caillois, Roger ⚔ [Es] (1913-78) : le Mythe et l'Homme (1938), l'Homme et le Sacré (1939), les Jeux et les Hommes (1958), Ponce Pilate (1961), Pierres (1966), la Pieuvre (1973), la Dissymétrie (1973), Approches de l'imaginaire (1976), Rencontres, le Fleuve Alphée (1978).

Calaferte, Louis [R] (1925) : Requiem des innocents, No man's land, Rosa mystica, Portrait de l'enfant, le Chemin de Sion, Londoniennes (1985).

Calet, Henri [Hum] (1903-56) : la Belle Lurette, les Murs de Fresnes.

Camoletti, Marc [D] (1923) : Boeing-boeing (1961), Secretissimo (1965), Duo sur canapé, Happy Birthday (1976), le Bluffeur (1985).

Camus, Albert [Ph, E, D] (1913-60) : *Théâtre* : le Malentendu (1945), Caligula (1945), l'État de siège (1948), les Justes (1949). *Essais* : Noces (1938), le Mythe de Sisyphe (1942), Actuelles (3 vol., 1950-58), l'Homme révolté (1951), l'Été (1954). *Romans* : l'Étranger (1942), la Peste (1947), la Chute (1956), la Mort heureuse (1971). *Nouvelles* : l'Exil et le Royaume (1957). — *Biogr.* : fils d'un ouvrier français d'Algérie, tué en 1914. Élevé pauvrement par sa mère à Belcourt. *1932* tuberculeux ; 1 an de sanatorium. *1933-37* acteur et directeur de troupe théâtrale à Alger. *1937-39* journaliste à Paris. *1940-43* résistant en zone libre. *1943-44* lecteur chez Gallimard, à Paris. *1945* journaliste à *Combat*. *1946* célèbre grâce à *la Peste*. *1948* polémique avec Jean-Paul Sartre sur l'engagement politique avec le communisme. *1957* Prix Nobel. *1960* tué dans un accident de voiture.

Caratini, Roger [Ency] (1924) : Encyclopédie Bordas, Philosophie.

Cardinal, Marie [R] (1920) : Écoutez la mer (1962), la Clef sur la porte, les Mots pour le dire, Une vie pour deux, le Passé empiété, la Philosophie.

Carré, Ambroise-Marie [Théo] (1908) : nombreux ouvrages et sermons.

Carrière, Jean [R, Cr] (1932) : Retour à Uzès (1967), l'Épervier de Maheux (Goncourt 1972), la Caverne des pestiférés [I. Lazare (1978) ; II. les Aires de Comeizas (1979)].

Cars, Jean des [E, H] (1943) : Louis II de Bavière, Haussmann, Elisabeth d'Autriche, Sleeping story.

Cars, Guy des [R, D] (1911). Voir p. 327.

Cartier, Raymond [J] (1904-75) : les 48 Amériques, les 19 Europes, la Seconde Guerre mondiale, l'Après-guerre.

Castans, Raymond [Cr, D] (1920) : Marcel Pagnol m'a raconté (1974). *Théâtre* : le Pirate (1955), Auguste (1957), Libres sont les papillons (1969), Rendez-vous au Plaza (1973), le Grand Standing (1975), Rendez-vous à Hollywood (1977), les Meilleurs amis du monde.

Castelot, André (Storms) [H] (1911) : Marie-Antoinette, l'Aiglon, Joséphine, Napoléon Bonaparte (10 vol., 1969-70), Maximilien et Charlotte, Talleyrand (1980), François Ier (1983).

Castillo, Michel del [R] (Esp., 1933) : Tanguy, le Colleur d'affiches, le Manège espagnol, le Vent de la nuit, Gérardo Lain, le Silence des pierres, Les cyprès meurent en Italie, la Nuit du décret (Ren. 1981), la Gloire de Dina.

Castillou, Henri [R] (1921) : Cortiz s'est révolté (I. 1948), Soleil d'orage, Intercontinental Petroleum, Frontière sans retour (1967), la Victorieuse (1968), l'Orage de juillet (1968), le Vertige de midi (1969), Lumière violente (1970).

Castries, R. duc de Castries [H] (1908) : Mirabeau, Mme du Barry, la Fin des rois, Chateaubriand, la Pompadour, Monsieur Thiers (1983), la Reine Hortense (1984), Julie de Lespinasse (1985).

Cau, Jean (P, R] (1923) : la Pitié de Dieu (G. 1961), Pauvre France (1972), le Traité de morale (1974), les Otages (1976), la Conquête de Zanzibar (1980), l'Innocent (1982), Une rose à la mer (1983), Croquis de mémoire (1985), Mon lieutenant (1985).

Cauvin, Patrick : voir **Klotz.**

Cavanna, François [R, Hum] (1926) : les Aventures de Dieu (1971), Et le singe devint con (1972), les Ritals (1978), les Russkoffs (I. 1979), Bête et Méchant, les Écritures, les Yeux plus grands que le ventre (1983), Maria (1985).

Cayrol, Jean [P, R] (1911) : Je vivrai l'amour des autres (Ren. 1947), La vie répond, Je l'entends encore, N'oubliez pas que nous nous aimons, De l'espace humain (1968), Histoire de la mer, Histoire d'une forêt, Histoire d'une maison, les Enfants pillards (1978), l'Homme dans le rétroviseur (1981), Histoire d'une prairie, Histoire d'un désert, Histoire du ciel, les Châtaignes.

Cazeneuve, Jean [Soc] (1915) : l'Ethnologie (1967), l'Homme téléspectateur (1974), la Raison d'être (1981), le Mot pour rire (1984).

Cerf, Muriel [R] (1951) : le Diable vert, Hiéroglyphes de mes fins dernières, le Lignage du serpent, les Seigneurs du Ponant (1979), Une passion (1981), Maria Tiefenthaler, Une pâle beauté (1984).

Certeau, Père Michel de [Ph, H] (1925-86).

Césaire, Aimé [P] (Martinique, 1913) : Soleil cou coupé, Cadastre, le Roi Christophe, Une saison au Congo, Moi laminaire (1982).

Cesbron, Gilbert [R, Es] (1913-79) : *Romans* : Notre prison est un royaume (1948), Les saints vont en enfer (1952), Chiens perdus sans collier (1954), Il est plus tard que tu ne penses (1958), Une abeille contre la vitre (1964), C'est Mozart qu'on assassine (1966), Voici le temps des imposteurs (1974), Don Juan en automne (1975), Mais moi, je vous aime (1977). *Essais* : Ce siècle appelle au secours (1955), Huit Paroles pour l'éternité (1978). *Théâtre* : Il est minuit, Docteur Schweitzer (1952). Voir Best-sellers p. 327.

Chabannes, Jacques [Chr] (1900) : les 4 Vents du monde.

Chabrol, Jean-Pierre [R] (1925) : les Fous de Dieu, Fleur d'épine (1957), la Dernière Cartouche, Un homme de trop, les Rebelles, la Gueuse, l'Embellie, Contes d'outre-temps, le Canon Fraternité, Les chevaux l'aimaient, le Bouc du désert, Vladimir et les Jacques (1980), le Lion est mort ce soir (1982).

Chabrun, Jean-François [P, Cr d'art, J] (1920) : Vingt et Un Grammes de plus.

Champion, Jeanne [R] (1931) : les Gisants.

Chamson, André ⚔ [E] (1900-83) : le Crime des justes, la Suite cévenole (1948), la Neige et la Fleur, le Chiffre de nos jours, Comme une pierre qui tombe, la Superbe, Suite pathétique (1969), la Tour de Constance (1970), la Reconquête.

Chancel, Jacques (Joseph Crampes) [J] (1928) : Radioscopie (6 vol.), le Temps d'un regard (1978).

Chandernagor, Françoise [E] (1945) : l'Allée du Roi (1981).

Chapsal, Madeleine [E, J] (1925) : Grands Cris dans la nuit du couple (1966), la Jalousie, Une femme en exil, Envoyez la petite musique, Un flingue sous les roses (Théâtre, 1985).

Char, René [P] (1907) : le Marteau sans maître (1934), les Matinaux, A une sérénité crispée, Aromates chasseurs (1976), les Voisinages de Van Gogh (1985).

Charles-Roux, Edmonde (Mme Gaston Defferre) [R] (1920) : Oublier Palerme (G, 1966), Elle Adrienne, l'Irrégulière, Une enfance sicilienne (1981).

Charrière, Christian (1939) : les Vergers du ciel, le Simorg (1977), la Forêt d'Issambre (1979).

Chauffin, Yvonne [R] (1905) : les Rambourt (4 vol., 1925-55), la Brûlure, le Séminariste, la Cellule, les Amours difficiles.

Chaunu, Pierre [H, R] (1923) : Séville et l'Atlantique, l'Espagne de Charles Quint, le Temps des Réformes, la Mémoire de l'éternité, la Mort à Paris (du xvie au xviie s.), la Mémoire et le Sacré (1978), la Peste blanche (avec G. Suffert), Histoire quantitative, Histoire sérielle, le Sursis, la France, Pour l'histoire (1984).

Chawaf, Chantal [R] (1948) : Blé de semences, le Soleil de la terre, Crépusculaires.

Chazal, Malcolm de [E, P] (Mauricien, 1902-81).

Chedid, Andrée [P] (Liban., 1921) : le Sixième Jour, Visage premier, Nefertiti et le Rêve d'Akhenaton, le Soleil délivré, Cérémonial de la violence, le Corps et le Temps, la Maison sans racines (1985).

Chessex, Jacques [R] (Suisse, 1934) : la Confession du pasteur Burg, Saintes Écritures, l'Ogre (G. 1973), l'Ardent Royaume.

Chiappe, Jean-François (J, H] (1931).

Cholodenko, Marc [R, P] (1950) : les États du désert (M. 1976), les Pleurs ou le Grand Œuvre d'Andréa Bajarsky (1979). *Poèmes* : Deux odes (1981), Tentation du trajet de Rimbaud (1981).

Chraibi, Driss [R] (Marocain, 1926) : le Passé simple, les Boucs, l'Âne, la Mère du printemps (1982).

Christophe, Robert [H] (1907-83) : Danton (1964), les Flammes du purgatoire (1979).

Cioran, E.M. [Es] (Roumain, 1911) : Précis de décomposition (1949), la Chute dans le temps (1964), De l'inconvénient d'être né (1973), Exercice d'admiration (1985).

Cixous, Hélène [R] (1937) : Dedans (M. 1969), le Troisième Corps, les Commencements, Portrait du soleil, Souffles (1975), Angst ou l'Art de l'innocence.

Clancier, Georges-Em. [P, Cr, R] (1914) : Une voix (poèmes, 1956), Terres de mémoire, le Pain noir, la Fabrique du Roi (1957), l'Éternité plus un jour, les Incertains, Oscillantes Paroles, l'Enfant double (1984).

Clavel, Bernard [R] (1923) : l'Ouvrier de la nuit, l'Espagnol, la Grande Patience, les Fruits de l'hiver (G. 1968), le Tambour du bief, le Massacre des innocents, le Seigneur du fleuve, le Silence des armes, Lettre à un képi blanc (pamphlet, 1975), les Colonnes du Ciel [I. la Saison des loups (1976), II. la Lumière du lac (1977), III. la Femme de guerre (1978)], Marie Bon Pain (1980), les Compagnons du Nouveau Monde, Harricana : 2 vol. : le Royaume du Nord (1983) et l'Or de la terre (1984), Miserere (1985).

Clavel, Maurice [D, Es, R] (1920-79) : *Théâtre* : les Incendiaires. — *Romans* : St-Euloge de Cordoue, Une fille pour l'été, la Pourpre de Judée, le Tiers des étoiles (M. 1972), le Mur et les Hommes, Irène ou la Résurrection. *Essais* : Ce que je crois, les Paroissiens de Palente (1974), Dieu est Dieu, nom de Dieu !, Nous l'avons tous tué ce juif de Socrate, Deux Siècles chez Lucifer.

Closets, François de [J, Es] (1933) : le Bonheur en plus, la France et ses Mensonges, Scénarios du futur, le Système EPM (1980), Toujours plus (1982), Tous ensemble (1985).

Collange, Christiane (Servan-Schreiber, ép. Jean Ferniot) [J, E] (1930) : Madame et le Bonheur, Ça va les hommes ? (1981), Moi ta mère.

Conchon, Georges [R] (1925) : l'État sauvage (G. 1964), l'Amour en face, le Sucre, Sept morts sur ordonnance (1975), Judith Therpauve (1978), le Bel avenir (1983).

Congar, le père Yves [Es, Théo] (1904).

Conte, Arthur (Es, H, R] (1920) : les Étonnements de Mister Newton, la Vigne sous le rempart, Yalta, Bandoung, Sire ils ont voté la mort, l'Aventure européenne, l'Après Yalta, les Dictateurs du xxe s., les Présidents de la Ve République (1985).

Conty, Jean-Pierre (Jean Walrafen) [R] (1917) : Série des Suzuki.

Cornevin, Robert [H] (1919) : Hist. de l'Afrique (1956-76), Littératures d'Afrique Noire de langue fr. (1976).

Couffon, Claude [Cr] (1926).

Coulonges, Henri (Marc-A. de Dampierre) [R] (1936) : les Rives de l'Irrawady (1975), l'Adieu à la femme sauvage (1979), A l'approche d'un soir du monde (1983).

Cousteau, Jean [Sav] (1910) : le Monde du silence.

Couteaux, André [R] (1930) : l'Enfant à femmes, Un homme aujourd'hui, Don Juan est mort, la Guibre.

Crevel, René [P, R, Es] (1900-35) : la Mort difficile, les Pieds dans le plat, Mon corps et Moi.

Curtis, Jean-Louis (Louis Laffitte) [E] (1917) : les Forêts de la nuit (G. 1947), les Justes Causes, Un jeune couple, le Thé sous les cyprès, le Roseau pensant, l'Étage noble, l'Horizon dérobé, le Battement de mon cœur (1981), le Mauvais choix, Une éducation d'écrivain.

Curvers, Alexis. Voir Belgique, p. 272.
Daix, Pierre [R] (1922): la Dernière Forteresse (1949), Un tueur (1954), Maria (1962), l'Accident (1965), les Chemins du printemps (1979), la Porte du temps (1984), l'Ordre et l'aventure (1984).
Daniel, Jean (Bensaïd) [J, E] (1920): le Temps qui reste, l'Ère des ruptures, l'Erreur (1954), le Refuge et la source (1977).
Daniélou, Cardinal Jean ⚔ [Théo] (1905-74): Platonisme et Théologie mystique (1944).
Daniel-Rops (Henri Petiot) [R, J, Es] (1901-65): l'Âme obscure, Mort où est ta victoire?, Hist. de l'Église du Christ (7 vol., 1948-66).
Daninos, Pierre [Hum] (1913): Sonia, les Autres et Moi, les Carnets du Bon Dieu (I. 1947), les Carnets du major Thompson (1954), Un certain M. Blot, le Jacassin, Snobissimo, le 36ᵉ Dessous, le Pyjama, les Touristocrates, la Première Planète à droite en sortant par la Voie lactée, Made in France, la Composition d'histoire, le Veuf joyeux (1981), la Galerie des glaces ou les Caractères de notre temps, Auto-mémoires (1984), la France dans tous ses états (1985).
Dansette, Adrien [H] (1901-76).
Dard, Frédéric [R] (1921). V. R. policiers: San Antonio. Voir Best-sellers p. 329.
Darnar, Pierre (Laurent) [J] (1901).
Daumal, René [Es, P] (1908-44): le Mont analogue (1952).
Debray, Régis [J, R] (1941): l'Indésirable, La neige brûle (F. 1977), le Scribe (1980), la Puissance et les rêves (1984), les Empires contre l'Europe (1985).
Debray-Ritzen, Pierre (P. Debray) [E, R] (1922).
Decaunes, Luc [Es, P] (1913): À l'œil nu, Air natal.
Decaux, Alain ⚔ [H] (1925): la Castiglione (1953), le Prince impérial (1957), les Grands Mystères du passé (1964), Dossiers secrets de l'Histoire (1966), Nouveaux Dossiers secrets (1967), Histoire des Françaises (2 vol., 1972-74), Alain Decaux raconte (1978), Victor Hugo (1984).
Decoin, Didier [R] (1945): Un policeman, Dans ses trois milliards de voyages, Abraham de Brooklyn, John l'enfer [G 77], la Dernière Nuit (1977), Elisabeth ou Dieu seul le sait, l'Enfant de la mer de Chine, Il était une joie... Andersen, Béatrice en enfer.
Dédeyan, Christian [P, R] (1910): le Carnaval en deuil.
Deforges, Régine [R]: Blanche et Lucie, le Cahier volé, Lola et quelques autres, Contes pervers, la Bicyclette bleue (1982), 101 avenue Henri-Martin (1983), le Diable en rit encore (1985), Sur les bords de la Gartempe (1985).
Deguy, Michel [P] (1930): Fragments du cadastre, Ouï-dire, Reliefs, Jumelages, Made in U.S.A, le Livre des gisants (1983).
Delavouet, Max-Philippe [P] (1920): Poèmes provençaux (1971 et 77).
Delay, Florence [Es] (1941): l'Insuccès de la fête, Riche et légère (F. 1983).
Delay, Jean ⚔ [Sav, Es] (1907).
Deleuze, Gilles [Ph] (1925): Nietzsche, Empirisme et subjectivité, Proust et les signes, la Logique du sens, l'Anti-Œdipe, Rhizome, Spinoza, Cinéma I (l'image mouvement).
Delumeau, Jean [H] (1923): la Peur en Occident, Histoire vécue du peuple chrétien, le Péché et la Peur, Histoire de la Bretagne, le Christianisme va-t-il mourir?
Démeron, Pierre [J, Cr] (1932).
Demouzon, Alain [R] (1945): Mouche (1976), le Premier-Né d'Égypte, Un coup pour rien, la Pêche au vif, Mes crimes imparfaits, Adieu la Jolla, Paquebot (1983), la Perdriolle.
Denuzière, Maurice [J, R] (1926): Lettres de l'étranger (1975), Comme un hibou au soleil (1976), Louisiane (1977), Fausse Rivière (1979), Un chien de saison (1979), Bagatelle (1981), C'est pour amuser les coccinelles (1982), Une tombe en Toscane, les Trois chênes (1985).
Déon, Michel ⚔ [R] (1919): Je ne veux jamais l'oublier, la Carotte et le Bâton, le Balcon de Spetsaï (1961), les Poneys sauvages (I. 1970), Un taxi mauve (1973), le Jeune Homme vert, Thomas et l'Infini (1977), Mes arches de Noé (1978), Un déjeuner de soleil (1981), Je vous écris d'Italie...
Derrida, Jacques [Ph.] (1930).
Desnos, Robert [P] (1900-45): Corps et Biens (1930), Fortunes (1942).
Detrez, Conrad [R] (1937-85): l'Herbe à brûler (Ren. 1978).
Devay, Jean-François [J] (1925-71).
Dhôtel, André [R] (1900): le Pays où l'on n'arrive jamais (F. 1955), la Maison du bout du monde, l'Honorable M. Jacques, le Soleil du désert, le Couvent des pinsons, le Train du matin, le Plateau de Mazagran, le Mont Damion, la Tribu Bécaille, Bonne nuit Barbara (1978), Je ne suis pas d'ici (1981), le Ciel du faubourg, Histoire d'un fonctionnaire.
Dib, Mohammed [P, R] (Algérien, 1920): la Grande Maison (1952), Un été africain (1959), Dieu en Barbarie, Habel (1977).
Dietrich, Luc [P, Pros] (1912-44): le Bonheur des tristes, l'Injuste Grandeur (posth. 1951).
Dollé, Jean-Paul [Ph] (1939): le Désir de révolution (1972), Voie d'accès au plaisir (1974), le Myope (1975), la Haine de la pensée (1976).
Dominique, Antoine (Dominique Ponchardier) [R] (1917): R. policier: le Gorille.
Dorin, Françoise [D, R] (1928): *Romans:* Virginie et Paul, la Seconde dans Rome, Va voir maman, papa travaille, les Lits à une place (1980), les Jupes-culottes (1984). *Théâtre:* la Facture (1968), Un sale égoïste, les Bonshommes, le Tournant (1973), le Tube, le Tout pour le tout (1978), l'Intoxe (1980), l'Autre Valse, Si t'es beau t'es con (1976), l'Étiquette (1983). *Comédie musicale:* La Valise en carton (1986).
Dormann, Geneviève [R] (1933): la Première Pierre, la Fanfaronne (1959), le Chemin des Dames, le Bateau du courrier, Mickey l'ange, Fleur de péché (1980), le Roman de Sophie Trébuchet (1982), Amoureuse Colette.
Droit, Michel ⚔ [R, Es, J] (1923): Plus rien au monde, Pueblo, le Retour, les Compagnons de la Forêt-Noire, l'Orient perdu, La coupe est pleine, les Feux du crépuscule, les Clartés du jour, le Lion et le Marabout (1979), Une fois la nuit est venue... (1984).
Drouet, Minou [P] (1947): Arbre mon ami (1956), Du brouillard dans les yeux.
Druon, Maurice ⚔ [R, D] (1918): les Grandes Familles (G. 1948), la Chute des corps (1950), Rendez-vous aux Enfers (1951), les Rois maudits (7 vol., 1955-77), les Mémoires de Zeus (1963-68), le Pouvoir (maximes, 1965), la Parole et le Pouvoir (1974), Réformer la démocratie (1982). *Théâtre:* Mégarée (1942), le Voyageur (1954), la Contessa (1961). — *Biogr.:* auteur avec son oncle J. Kessel du Chant des Partisans (1941). Min. des Aff. culturelles (1973-74); dép. de Paris (1978-81); représentant à l'Assemblée européenne (1979, démissionne 1980).
Dubillard, Roland [D, Hum] (1923): Naïves Hirondelles (1962), la Maison d'os (1964), Diablogues (1976), le Bain de vapeur (1977).
Duby, Georges [H] (1919): le Temps des cathédrales (1976), Saint-Bernard (1976), les Trois Ordres ou l'Imaginaire du féodalisme (1978), Histoire de la France rurale (1975-77), Histoire de la France urbaine (1980-83), Guillaume le Maréchal (1984).
Duché, Jean [E, Hum] (1915): Elle et Lui, l'Histoire de France racontée à Juliette, Histoire du monde, le Premier Sexe, l'Enlèvement de M. Rémi-Potel, le Bouclier d'Athéna (1983).
Ducreux, Louis [D] (1911): Un souvenir d'Italie, Le roi est mort.
Dumitriu, Petru (Roumain, 1924): le Beau voyage, la Liberté (1983), Mon semblable mon frère (1983).
Dumur, Guy [R, Cr] (1921): Dix ans de littérature en France (1959).
Duras, Marguerite (Donnadieu) [R, D] (1914): *Romans:* Un barrage contre le Pacifique (1950), le Marin de Gibraltar (1952), Moderato cantabile (1958), le Ravissement de Lol V. Stein (1964), Détruire, dit-elle (1969), l'Amour (1972), Agatha et outside, la Maladie de la mort, l'Amant (Goncourt 1984), la Douleur (1985). *Théâtre:* le Square (1955), l'Amante anglaise, les Viaducs de Seine-et-Oise, Des journées entières dans les arbres (1966), The Lovers of Viorne (1971), Suzanna Andler (1971), Éden-Cinéma, la Maladie de la mort, Savannah Bay, la Musica Deuxième (1985). *Films:* Hiroshima mon amour (1960), India Song, Nathalie Granger (1973), la Femme du Gange (1974), le Camion. *Chronique:* l'Été 80. — *Biogr.:* née en Indochine, de fonctionnaires coloniaux (enseignants). *1932* fait son droit à Paris. *1935-41* fonctionnaire au ministère des Colonies. *1943* démissionne et vit de sa plume à Paris. *1970* devient réalisatrice de films. *1980* candidate à l'Acad. fr.
Dutourd, Jean ⚔ [R] (1920): Au bon beurre (I. 1952), Doucin, les Taxis de la Marne, l'Âme sensible, les Horreurs de l'amour, 2024, Mascareigne, le Printemps de la vie (1972), Mémoires de Mary Watson (1980), Un ami qui vous veut du bien, Henri ou l'Éducation nationale, le Septennat des vaches maigres (1984), la Gauche la plus bête du monde (1985). *Chroniques:* De la France considérée comme une maladie.
Duverger, Maurice [E, Jur, J, Pol] (1917): les Institutions françaises, la Démocratie sans le peuple.
Duvignaud, Jean [Ph] (1921): Sociologie du théâtre (1965), Sociologie de l'art, le Langage perdu, le Favori du désir.
Eaubonne, Françoise d' [R] (1920): Comme un vol de gerfauts (1947), Jusqu'à la gauche (1963), les Monstres de l'été (1966), On vous appelait terroristes (1979).
Éliade, Mircéa [Ph, R] (Roumain, 1907): Mademoiselle Christine (en fr., 1978), l'Histoire des croyances et des idées religieuses, la Nostalgie des origines, l'Épreuve du labyrinthe (1985). Voir aussi littérature roumaine.
Ellenstein, Jean [H] (1927): Histoire du phénomène stalinien, Histoire de la France contemporaine, Staline.
Ellul, Jacques [H, Ph] (1912): Histoire des institutions, la Parole humiliée (1981).
Emmanuel, Pierre (Noël Mathieu) [P, R] (1916-84): Tombeau d'Orphée, Sodome, Qui est cet homme? (1948), Babel, Jacob, Tu (1978), Una ou la Mort la vie (1978), Duel (1979).
Erlanger, Philippe [H] (1903): Cinq-Mars, Louis XIV, Richelieu.
Escarpit, Robert [Hum] (1918): les Dieux du Patamba, le Littératron, les Somnambidules (1971), Appelez-moi Thérèse.
Estang, Luc (Lucien Bastard) [P, R] (1911): Charges d'âmes [I. les Stigmates (1949), II. Cherchant qui dévorer (1951)], Que ces mots répondent (1964), l'Apostat (1964), la Fille à l'oursin (1971), Il était un p'tit homme, Boislevent, les Déicides (1980), Corps à cœur, les Femmes de M. Legouvé (1983).
Etchart, Salvat [R] (1927): Une bonne à six, le Monde tel qu'il est (Ren. 1967).
Etcherelli, Claire [R] (1934): Élise ou la Vraie Vie (F. 1967), Un arbre voyageur.
Étiemble, René [R, Cr, Es] (1909): l'Enfant de chœur, Parlez-vous franglais?
Exbrayat, Charles (Durivaux) [R] (1906): Une ravissante idiote.
Fabrègues, Jean de [J] (1906-83).
Fallet, René [R, P] (1927-83): Banlieue sud-est, Paris au mois d'août (I. 1964), le Braconnier de Dieu, Ersatz, Dix-Neuf Poèmes pour Cerise (1969), Le beaujolais nouveau est arrivé, Y a-t-il un docteur dans la salle?, les Yeux dans les yeux (1978), la Soupe aux choux (1979), l'Angevine (1982).
Fanon, Frantz (Psycho) (1925-61): Peau noire Masques blancs (1952), les Damnés de la terre (1961).
Faraggi, Claude [R] (1942): le Maître d'heure (F. 1975), le Passage de l'ombre (1981).
Farès, Nabil (Algérie) [R, P] (1940): Découverte du Nouveau Monde.
Fasquelle, Solange (Cᵗᵉˢˢᵉ Solange de la Rochefoucauld) [E] (1933): le Congrès d'Aix (1961), l'Air de Venise (1966), les Amants de Kalyros (1971), l'Été dernier (1975), les Falaises d'Ischia (1978), les Chemins de Bourges, les Routes de Rome (1985).
Faure, Edgar ⚔ [E] (1908): Pour un nouveau contrat social (1973), Turgot. *Policiers signés Edgar Sanday.* Avoir toujours raison... c'est un grand tort (mémoires).
Faure, Lucie [J, R] (1908-77): Journal d'un voyage en Chine (1958), les Passions indécises (1961), Filles du calvaire (1964), l'Autre Personne (1968), les Bons Enfants (1972), Mardi à l'aube (1974), Un crime si juste (1976).
Fauvet, Jacques [J, E, Pol] (1914): la IVᵉ République (1959), Histoire du Parti communiste français (2 vol., 1964-65).
Favier, Jean [H] (1932): Philippe le Bel, la Guerre de Cent Ans (1980), François Villon (1982), le Temps des principautés.
Fayard, Jean [J, R] (1902-78): Mal d'amour (G. 1931), Chasse aux rêves.
Faye, Jean-Pierre [Ph, P] (1925): Langage totalitaire, Théorie du récit, la Critique du langage et son économie, les Grandes Journées du père Duchesne, l'Écluse (Ren. 1964), l'Hexagramme. *Fonde* la revue « Change » 1964.
Feraoun, Mouloud [R] (Algérien, 1913-62): le Fils du pauvre (1950), Journal (posth. 1962).
Féret, Henri-Marie [Théo] (1904): Mort et Résurrection du Christ d'après les Évangiles et le Linceul de Turin (1980).
Fernandez, Dominique [Cr, R] (1929): Mère Méditerranée, l'Échec de Pavèse, Eisenstein, Naples (M. 1974), Dans la main de l'ange (G. 1982), l'Amour (1986).
Ferniot, Jean [J, E] (1918): l'Ombre portée (I. 1961), Ça suffit!, Pierrot et Aline, les Vaches maigres, les Honnêtes Gens, C'est ça la France, Saint Judas (1984).
Fisson, Pierre [R] (1918): Voyage aux horizons (1948).
Follain, Jean [P, Es] (1903-71): Chants terrestres, Appareil de la terre, D'après tout, Espaces d'Instants (1971).
Fombeure, Maurice [P, D] (1906-81): les Moulins de la parole (1938), Une forêt de charme (1958), Sous les tambours du ciel. *Théâtre:* Orion le tueur (1946).

Fontaine, André [J] (1921) : Hist. de la guerre froide, Un seul lit pour deux rêves (1981), Sortir de l'hexagonie (1984).

Foucault, Michel [Ph, Es] (1926-84) : Histoire de la folie à l'âge classique (1961), Naissance de la clinique, les Mots et les Choses (1966), l'Archéologie du savoir (1969), Histoire de la sexualité [t. I : la Volonté de savoir ; t. II : l'Usage des plaisirs (1984) ; t. III : le souci de soi (1984)].

Fouchet, Max-Pol [Ethn, J, P, Es] (1913-80) : *Poésies :* Demeure le secret (1961). *Essais :* les Peuples nus, Anthol. thématique de la poésie française, les Évidences secrètes, la Nuit de Santa-Cruz.

Fourastié, Jean [Ec] (1907) : le Grand Espoir du xxe s. (1949), les 40 000 Heures, les Conditions de l'esprit scientifique, Essais de morale prospective, Ce que je crois (1981).

Fraigneau, André [R, Es] (1907) : Journal de raison d'un roi fou, Julien l'Apostat (1952), l'Amour vagabond, Jean Cocteau par lui-même (1957), les Étonnements de Guillaume Francœur.

Frank, Bernard [R, Es] (1929) : la Géographie universelle, les Rats, Un siècle débordé, Solde (1980).

Frénaud, André [P] (1907) : les Rois mages, les Paysans, la Sorcière de Rome.

Freustié, Jean [R] (1914-1983) : Marthe, la Passerelle, Isabelle ou l'Arrière-saison (Ren. 1970), Harmonie ou les Horreurs de la guerre, Loin du paradis, Aventure familiale, Proche est la mer, le Médecin imaginaire, l'Héritage du vent.

Frison-Roche, Roger (1906) : Premier de cordée, l'Appel du Hoggar (1965), Djebel Amour (1978), le Versant du soleil (1981).

Frossard, André [D] (1915) : Dieu existe, je l'ai rencontré (1968), Il y a un autre monde (1978), N'ayez pas peur ! (1982), l'Évangile selon Ravenne (1984).

Furet, François [H] (1927) : la Révolution française (avec D. Richet), Lire et écrire, Penser la Révolution française (1978), Terrorisme et Démocratie (1985).

Gabriel-Robinet, Louis [J] (1909-75).

Gadenne, Paul [R] (1907-56) : Siloé (1941), le Vent noir (1947), l'Avenue (1949), l'Inadvertance, la Rue profonde, la Plage de Scheveningen (1952), l'Invitation chez les Stirl (1955), les Hauts-Quartiers (posth. 1973), Baleine.

Gaillard, Robert [R] (1909-75) : les Liens de chaîne (Ren. 1942), l'Homme de la Jamaïque, Marie des îles, la Volupté de la haine, Moissons charnelles (1971).

Galey, Matthieu [Cr] (1934-86).

Gallo, Max [J, H, R] (1932) : le Cortège des vainqueurs, Un pas vers la mer, l'Oiseau des origines, la Baie des anges (1975), le Palais des fêtes, la Promenade des Anglais, Que sont les siècles pour la mer, Les hommes naissent tous le même jour, Une affaire intime (1979), France (1980), Un crime très ordinaire (1982), Garibaldi (1982), la Demeure des puissants (1984), le Grand Jaurès, la Troisième Alliance (1984), les Idées décident de tout (1984), Beau Rivage (1985).

Gallois, Claire [R] (1938) : A mon seul désir, Des roses plein les bras, Une fille cousue de fil blanc, Jérémie la nuit, La vie n'est pas un roman, le Cœur en quatre.

Ganne, Gilbert [R, J] (1924) : les Plages de l'hiver, les Chevaliers servants, les Hauts Cris, Interviews imputables, Saint-Aviste, Comme les roses de Jericho.

Garaudy, Roger [Ph, Es, R] (1913) : l'Affaire Israël (1983), Hegel (1985).

Gardel, Louis [R] (1939) : l'Été fracassé (1973), Couteau de chaleur (1976), Fort Saganne (1980).

Gary, Romain (Kacew) [R] (1914-80 suicidé) : l'Éducation européenne (1945), les Racines du ciel [G. 1956], la Promesse de l'aube, Lady L (1963), la Danse de Gengis Cohn (1967), Chien blanc, les Enchanteurs, les Têtes de Stéphanie, La nuit sera calme, Au-delà de cette limite votre ticket n'est plus valable, Clair de femme, les Clowns lyriques (1979), les Cerfs-volants (1980). *Sous le nom d'Émile Ajar :* Gros Câlin, la Vie devant soi (G. 1975), Pseudo (1976), l'Angoisse du roi Salomon (1979). – *Biogr. :* Israélite, citoyen soviétique. *1942* aviateur, membre de l'escadrille fr. Normandie-Niémen. *1945* naturalisé français, diplomate (1956-60 : consul de Fr. à Los Angeles). *1963* ép. l'actrice Jean Seberg (div. 1972). *1967* fonct. du ministère de l'Information. *1975* réussit une supercherie litt. (obtient un 2e prix Goncourt sous le nom d'Ajar). *1979* suicide de J. Seberg. *1980* se suicide.

Gascar, Pierre (Fournier) [J, R] (1916) : les Bêtes, le temps des morts (G. 1953), les Chimères, l'Homme et l'Animal, Voyage chez les vivants.

Gatti, Armand [D] (1924) : le Crapaud-buffle (1959), l'Éboueur Auguste Geai (1962), Chronique d'une planète provisoire (1963), Chant public devant deux chaises électriques (1966), la Passion du général Franco (1968).

Gautier, Jean-Jacques [R, Cr] (1908-86) : Histoire d'un fait divers (G. 1946), la Chambre du fond, Cher Untel (1974), Une femme prisonnière, Face trois quarts profils (1980).

Gay-Lussac, Bruno [R] (1918) : Une gorgée de poison, le Salon bleu, Introduction à la vie profane, Dialogue avec une ombre, l'Homme violet, la Chambre d'instance, l'Heure, l'Arbre éclaté, le Voyage enchanté (1981), l'Autre Versant, l'Ane savant (1984), les Anges fous (1985).

Genet, Jean [R, D] (1910-86) : Journal du voleur. *Théâtre :* Querelle de Brest (1944), Notre-Dame des Fleurs, Miracle de la rose, les Bonnes (1946), Haute surveillance (1949), les Nègres (1959), le Balcon (1960), les Paravents (1961).

Gennari, Geneviève [R, Es] (Italienne, 1920) : les Cousins Muller, Journal d'une bourgeoise, J'avais vingt ans, la Fugue irlandaise, Un mois d'août à Paris, la Robe rouge, la Neuvième Vague.

Gerber, Alain [R] (1943) : le Plaisir des sens (1977), le Faubourg des Coups-de-Trique (1979), Une sorte de bleu (1980), le Jade et l'Obsidienne (1981), Des jours de vin et de roses (1983), Une rumeur d'éléphant. *Nouvelles :* le Lapin de lune (1984).

Gheorghiu, Virgil [R] (Roumain, 1916), la 25e Heure (1949), la Seconde Chance (1952), la Tunique de peau (1960), la Condottiera (1964), l'Espionne (1971), le Grand Exterminateur (1978), Dieu à Paris (1980).

Gibeau, Yves [R] (1916) : Allons z'enfants ! (1953), les Gros Sous (1964).

Gilson, Paul [P, D] (1904-63) : Ballades pour fantômes (1951), le Grand Dérangement (1954).

Girard, René [Es] (1923) : Mensonge romantique et vérité romanesque (1961), la Violence et le sacré (1972), le Bouc-émissaire (1982), la Route antique des hommes pervers (1985).

Giroud, Françoise (Gourdji) [J, E, R] (1916) : le Tout-Paris, la Nouvelle Vague, Portrait de jeunesse, Si je mens (1972), la Comédie du pouvoir, Ce que je crois (1978), Une femme honorable (1981), le Bon Plaisir (1982).

Giudicelli, Christian [J] (1942).

Glissant, Édouard [P, R] (1928) : la Terre inquiète, la Lézarde (Ren. 1958), l'Intention poétique, Malemort (1975).

Glucksmann, André [Ph] (1937) : le Discours de la guerre (1968), Stratégie et Révolution en France (1968), la Cuisinière et le Mangeur d'hommes (1975), les Maîtres penseurs (1977), Cynisme et Passion, la Force du vertige (1983), la Bêtise (1985).

Goldmann, Lucien [Soc] (1913-70) : le Dieu caché.

Goubert, Pierre [H] (1915) : Les Français ont la parole (1965), l'Ancien Régime, Louis XIV et 20 millions de Français (1966), Clio parmi les hommes (1976), la Vie quot. des paysans au XVIIe s., Initiation à l'histoire de la France (1984).

Gougaud, Henri [Hum] (1936) : le Grand Partir.

Gracq, Julien (Louis Poirier) [R] (1910) : Au château d'Argol (1938), le Rivage des Syrtes (G. 1951, refusé), Un balcon en forêt (1958), la Presqu'île (1970), les Eaux étroites (1976), la Forme d'une ville (1985). *Essai :* Lettrines (1967-74), En lisant, en écrivant.

Grainville, Patrick [R] (1947) : les Flamboyants (G. 1976), le Dernier Viking (1980), les Forteresses noires, la Caverne céleste (1984), le Paradis des orages (1986).

Green, Julien [D, E] (1900) : *Romans :* Mont-Cinère, Adrienne Mesurat (1927), Léviathan, le Visionnaire, Minuit, Moïra (1950), l'Autre, Liberté, le Mauvais Lieu, Frère François (1983), le Langage et son double (1985). *Théâtre :* Sud (1953), l'Ennemi, l'Ombre. *Autobiographie :* Partir avant le jour, Terre lointaine. *Journal :* 10 tomes (1928-76).

Grégoire, Menie [J, R] (1919) : le Métier de femme (1964), Femmes (1966), la Belle Arsène, Passeport du couple, Menie Grégoire raconte..., les Contes de Menie Grégoire (1978), Des passions et des rêves (1981), Tournelune (1983).

Grenier, Roger [R] (1919) : le Palais d'hiver (1965), Avant une guerre (1971), Ciné-Roman (F. 1972), le Miroir des eaux (1975), la Salle de rédaction (1977), Un air de famille, la Follia (1980), la Fiancée de Fragonard (1982), Il te faudra quitter Florence (1985).

Grosser, Alfred [H] (1925).

Groult, Benoîte [R] (1920) : la Part des choses, Ainsi soit-elle, le Féminisme au masculin, les Trois Quarts du temps (1983). FLORA [R] (1924) : Maxime ou la Déchirure, Un seul ennui, les jours raccourcissent (1977), Ni tout à fait la même, ni tout à fait une autre (1979), le Passé infini. *Sous leur double signature :* Journal à 4 mains, le Féminin pluriel, Il était 2 fois.

Groussard, Serge [R, J] (1921) : Pogrom, la Femme sans passé (F. 1950), Taxi de nuit (1971).

Guérin, Raymond [R] (1905-54) : Quand vient la fin, les Poulpes.

Guillemin, Henri [H] (1903) : Histoire littéraire, Pas à pas (1969), Jeanne dite Jeanne d'Arc (1970), l'Avènement de Monsieur Thiers (1971), la Liaison Musset-Sand (1972), Regards sur Bernanos (1976), Une histoire de l'autre monde, Par notre faute, Cette nuit-là, Précisions (1973), Nationalistes et Nationaux (1974), Sulivan ou la Parole libératrice (1977).

Guillevic, Eugène [P] (1907) : Exécutoire, Sphère, Euclidiennes, Encoches (1971), Trouées (1981).

Guimard, Paul [R, J] (1921) : les Faux Frères, Rue du Havre (I. 1957), l'Ironie du sort, les Choses de la vie (1967), le Mauvais Temps.

Guitton, Jean [E, Ph] (1901) : la Pensée moderne et le Catholicisme, Dialogues avec M. Pouget (1954), le Christ écartelé, Siloé, Journal [t. I (1966), t. II (1968)], la Dernière Heure, Césarine ou le Soupçon, Portrait de Marthe Robin (1985).

Guth, Paul [Pros] (1910) : *Série* du Naïf, *Série* de Jeanne la Mince, Quarante contre un, Hist. de la littérature française, Hist. de la douce France, le Chat beauté, Moi Joséphine impératrice.

Guyotat, Pierre [Pros] (1940) : Eden, Eden, Eden (1971).

Haedens, Kléber [Cr, R] (1913-76) : Une histoire de la littérature française (1970). *Romans :* Salut au Kentucky, Adieu à la rose, L'été finit sous les tilleuls (I. 1966), Adios (1974).

Haedrich, Marcel [R, J] (1913) : la Rose et les Soldats (1961), le Patron (1964).

Hallier, Jean-Edern [E, R] (1936) : le Grand Écrivain (1967), la Cause des peuples (1972), la Liste noire, Chagrin d'amour (1973), Le premier qui dort réveille l'autre, Chaque matin qui se lève est une leçon de courage (1978), Lettre ouverte au colin froid (1979), Fin de siècle (1980).

Hamburger, Jean [Méd] (1909) : la Puissance et la fragilité (1972), l'Homme et les hommes (1976), Demain, les autres (1979), Un jour, un homme... (1981), le Journal d'Harvey (1983), la Raison et la passion (1984). *Théâtre :* le Dieu foudroyé (1985).

Halter, Marck [R] (Pol., 1936) : la Mémoire d'Abraham (1983).

Haumont, Marie-Louise [R] (1929) : le Trajet (F. 1976), l'Éponge (1981).

Hébrard, Frédérique (Chamson) [R] (1927) : La vie reprend au printemps, la Citoyenne (1985).

Helias, Pierre-Jakez [R] (1914) : le Cheval d'orgueil, l'Herbe d'or, Compère Jackou (1979), Contes du vrai et du semblant (1984).

Henry, Michel [R] (1922) : l'Amour les yeux fermés (Ren. 1976).

Hougron, Jean [R] (1923) : Tu récolteras la tempête (1950), Rage blanche, Soleil au ventre, Mort en fraude (1953), les Asiates (1954), Histoire de Georges Guersant (1964), les Humiliés, l'Homme de proie, l'Anti-jeu (1977), la Chambre (1982), Coup de Soleil (1984).

Huguenin, Jean-René [R] (1936-62) : la Côte sauvage (1960), Journal.

Humbert, Marie-Thérèse [R] (1940) : A l'autre bout de moi (1979), le Volkameria (1984).

Husson, Albert [D] (1912-78) : la Cuisine des anges (1952), le Système Fabrizzi.

Huyghe, René [Cr] (1906) : Dialogue avec le visible, l'Art et l'Homme, la Nuit appelle l'aurore (1980).

Ikor, Roger [R, Es] (1912) : les Eaux mêlées (G. 1955), Si le temps... (4 vol., 1960-64), le Cas de conscience du professeur, Frères humains, le Tourniquet des innocents, le Cœur à rire (1978), l'Éternité dernière (1980).

Illich, Ivan [Pol] (Autrichien, 1926) : Libérer l'école, Une société sans école (1971), Libérer l'avenir, Énergie et Équité (1973), la Convivialité (1973), Némésis médicale (1975).

Ionesco, Eugène [D] (or. roum., 1912) : la Cantatrice chauve (1950), la Leçon, les Chaises, Amédée ou Comment s'en débarrasser, le Nouveau Locataire, Rhinocéros (1960), Le roi se meurt, la Soif et la Faim (1966), Jeux de massacre (1970), Macbett, l'Homme aux valises (1975), Rions jusqu'à la mort. *Roman :* le Solitaire (1973). *Cr. litt. :* Notes et contre-notes (1962). – *Biogr. :* fils d'un avocat roumain et d'une Française. *1913-25* séjour en France. *1925-34* études à Bucarest. *1934-38* prof. de français au lycée de Bucarest. *1938* retour en Fr. (thèse sur Baudelaire). *1940-45* réfugié à Marseille, rédacteur aux *Cahiers du Sud. 1945* correcteur d'imprimerie à Paris. *1950* fait fortune au théâtre, grâce à *la Cantatrice chauve. 1970* Acad. fr. Également peintre.

Isou, Isidore (Goldstein) [P, D] (Roumain, 1925) : Introduction à une nouvelle poésie et à une nouvelle musique.

Jaccotet, Philippe. Voir Suisse, p. 306.

Jacob, François [E] (1920) : la Logique du vivant (1970), Sciences de la vie (avec F. Gros et P. Royer, 1980).

Jacquemart, Simone [P, R] (1924) : le Veilleur de nuit (Ren. 1962), l'Éruption du Krakatoa, la Thessalienne (1973), le Mariage berbère (1975).

Jambet, Christian [R] (1950) : l'Ange (avec G. Lardreau) (1976).

Jankélévitch, Vladimir [Ph] (1903-1985).

Japrisot, Sébastien (J.-B. Rossi) [R] (1931) : Compartiments tueurs, l'Été meurtrier (1977).

Jardin, Pascal [R] (1934-80) : la Guerre à neuf ans (1971), Toupie la rage (1972), le Nain jaune (1978), la Bête à Bon Dieu.

Jean, Raymond [R] (1925) : les Grilles (1963), la Vive (1968), l'Or et la soie (1983).

Jean-Charles [Hum] (1922) : la Foire aux cancres (1962), Le Rire c'est la santé, l'Amour en perles, la Foire aux ronds-de-cuir.

Jeanson, Francis [E, Ph] (1922).

Joffo, Joseph [R] (1931) : Un sac de billes, Anna et son orchestre, Baby-Foot, la Vieille Dame de Djerba, Simon et l'enfant.

Josselin, Jean-François [R, J] (1939) : Quelques jours avec moi (1980), l'Enfer et compagnie (M. 1982).

Joubert, Jean [P, R] (1938) : l'Homme des sables (Ren. 1975).

Jouffroy, Alain : le Roman vécu (1978), l'Indiscrétion faite à Charlotte (1980), la Vie réinventée (1982).

Jouvenel des Ursins, Bertrand de [E] (1903) : Du pouvoir (1945-72), un Voyageur dans le siècle (1980).

Juin, Hubert (Loescher) [Cr, P, R] (1926).

Jullian, Marcel [J, Dia, R] (1922) : la Bataille d'Angleterre, le Maître de Hongrie (1980).

Kanters, Robert [Cr] (Belge 1910-85).

Kenny, Paul [Gaston Vandenpanhuyse (1913) et Jean Libert (1913)] : *série* des Coplan.

Kern, Alfred [R] (1919) : le Clown, le Bonheur fragile (Ren. 1960), le Viol.

Klossowski, Pierre [R] (1903) : la Révocation de l'Édit de Nantes, Roberte ce soir (1953), le Baphomet.

Klotz, Claude [R] (1932) : Paris Vampire (1974), Achète-moi les Amériques (1975), Darakan (1978). *Écrit sous le nom de* **Cauvin,** Patrick : l'Amour aveugle (1974), Monsieur Papa (1976), E = MC² mon amour (1977), Huit Jours en été (1979), les Appelés (1982), Laura Brams.

Lacan, Jacques [Méd, Ph] (1901-81) : Écrits (1966), les Écrits techniques de Freud (1975), Encore (1975), le Moi dans la théorie de Freud et la Technique de la psychanalyse (1978), les Psychoses (1981).

Lacouture, Jean [J, Es] (1921) : le Poids du tiers monde (1962), De Gaulle (1965), Hô-Chi-Minh (1967), André Malraux (1974), Un sang d'encre (1974), Léon Blum (1977), Survivre le peuple cambodgien ! (1978), Mauriac (1980), Pierre Mendès France (1981), De Gaulle.

La Gorce, Paul-Marie de [E, H] (1928) : De Gaulle entre deux mondes (1964), Clausewitz, la France pauvre, Naissance de la France moderne, la Prise du pouvoir par Hitler, l'État de jungle (1982), la Guerre et l'atome (1985).

Lainé, Pascal [R] (1942) : l'Irrévolution (M. 1971), la Dentellière (G. 1974), Si on parlait (1978), Tendres Cousines (1979), l'Eau du miroir, Terre des ombres.

Lamour, Philippe [F] (1903) : le Cadran solaire (1980), les Quatre Vérités (1981).

Lanoux, Armand [R] (1913-83) : le Commandant Watrin (I. 1956), le Rendez-vous de Bruges, Quand la mer se retire (G. 1963), le Berger des abeilles, l'Or et la Neige.

Lanza del Vasto (L. di Trabia-Branciforte), Joseph [P, Ph] (Italie, 1901-81) : le Chiffre des choses (1942), le Pèlerinage aux sources (1943). *Théâtre :* Noé (1965). — *Biogr. :* né en Italie (père sicilien, gros propriétaire terrien, mère belge). Études de philosophie. Voyages (Inde 1936, rencontre Gandhi). *1939* se fixe à Paris. *1943 le Pèlerinage aux sources* assure sa célébrité. *1944* essaie de fonder une communauté. *1948* crée la communauté de l'Arche dans les Charentes (1954 Vaucluse, 1963 Hérault) prônant le retour à la vie naturelle.

Lanzmann, Jacques [R] (1927) : Cuir de Russie (1957), Viva Castro, Qui vive, les Nouveaux Territoires, le Têtard, les Transsibériennes, l'Age d'amour (pseudonyme : Michaël Sanders), Rue des Mamours, la Baleine blanche (1982), le Lama bleu (1983), le Septième ciel (1985), Fou de la marche (1985).

Lapierre, Dominique [R] (1931) : Un dollar les 1 000 km, Lune de miel autour de la Terre, la Cité de la joie (1985). *Avec* **Larry Collins** : Paris brûle-t-il ? (1964), ...Ou tu porteras mon deuil (1967), O Jérusalem ! (1971), Cette nuit, la liberté (1975), le Cinquième Cavalier (1980).

Serge Lentz
(Photo : J. Ducrot)

Lardreau, Guy [E] (1947) : le Singe d'or (1974) (avec C. Jambet).

Lartéguy, Jean (Osty) [J, R] (1920) : Ces voix qui nous viennent de la mer (1956), les Centurions (1959), les Mercenaires (1960), les Prétoriens (1961), le Mal jaune (1962), les Chimères noires, les Tambours de bronze, les Guérilleros, les Murailles d'Israël, Tout homme est une guerre civile [I. le Prêtre astronome ; II. les Libertadors], Voyage au bout de la guerre, Enquête sur un crucifié (1973), les Naufragés du Soleil (1978), le Cheval de feu (1979), le Baron céleste (1981), Marco Polo, espion de Venise (1983), l'Or de Baal (1985). Voir Best-sellers p. 328.

Las Vergnas, Raymond [Cr, R] (1902) : les Rois mendiants, l'Adieu à Saigon.

La Tour du Pin, Patrice Cte de [P] (1911-75) : la Quête de joie (1933), Une somme de poésie (1946), le Second Jeu (1959), En ce temps-ci, Une lutte pour la vie (1970), Psaumes de tous mes temps (1974).

Laurent, Jacques (Laurent-Cély) [R] (1919) : les Corps tranquilles, le Petit Canard, la Fin de Lamiel (1966), les Bêtises (G. 1971). *Essai :* Roman du roman. *Sous le nom de Cécil Saint-Laurent :* Caroline chérie (1947), Clotilde (série), Hortense (série), les Agités d'Alger, les Petites Filles et les Guerriers, les Bourgeoises (1975), les Mutants (1978), les Sous-Ensembles flous (1981), les Dimanches de mademoiselle Beaunon, Stendhal comme Stendhal (1984), le Dormeur debout (1986) ; *d'Albéric Varenne :* ouvrages historiques.

Lauzier, Gérard [Hum] (1932) : la Course du rat.

Le Breton, Auguste (Monfort) [R] (1915) : Du rififi chez les hommes (1954).

Le Clézio, Jean-Marie [R, Es] (1940) : le Procès-Verbal (Ren. 1963), la Fièvre, le Déluge, le Livre des fuites, la Guerre, les Géants, Voyage de l'autre côté, l'Inconnu sur terre, Mondo et autres histoires, Trois Villes saintes, Désert (1980), le Chercheur d'or (1985).

Leduc, Violette [R] (1913-72) : l'Asphyxie (1946), Trésors à prendre (1960), la Bâtarde (1964), Thérèse et Isabelle (1966), la Chasse à l'amour (1973).

Lefebvre, Henri [Ph] (1905).

Léger, Jack-Alain [R] (1949) : Mon premier amour (1973), Un ciel si fragile (1975), Monsignore I, II (1976-81), Capriccio (1978), l'Heure du tigre (1979), Océan boulevard (1982), Pacific palisade (1984).

Le Hardouin, Maria (Sabine Vialla) [R, Es] (Suisse, 1912-67) : la Voile noire, la Dame de cœur (F. 1949).

Leiris, Michel [P, Es] (1901) : *Poésie :* Haut Mal (1943), Nuits sans nuit (1961). *Autobiogr. :* l'Age d'homme [I. la Règle du jeu (1946) ; II. Biffures (1948) ; III. Fourbis (1955) ; IV. Fibrilles (1966)], Frêle Bruit (1976), Langage tangage ou ce que les mots me disent (1985).

Lemarchand, Jacques [R, Cr] (1908-74) : R.N. 234, Parenthèse, Geneviève.

Lentz, Serge [R] (1934) : les Années sandwiches, Vladimir Roubaïev (I. 1985).

Le Porrier, Herbert [R] (1913-77) : la Rouille (1954), la Demoiselle de Chartres (1968), le Médecin de Cordoue (1974).

Leprince-Ringuet, Louis [Sav, Es] (1901) : Des atomes et des hommes (1958), le Bonheur de chercher (1976), le Grand Merdier (1978), les Pieds dans le plat (1985).

Leroi-Gourhan, André [Ph] (1911-86) : la Civilisation du renne, Archéologie du Pacifique Nord, l'Homme et la Matière (1943), Milieux et Techniques (1945).

Leroy-Ladurie, Emmanuel [H] (1929) : Territoire de l'historien (1973), Montaillou, village occitan de 1294 à 1324 (1975), le Carnaval de Romans (1979), la Sorcière de jasmin (1983).

Lesort, Paul-André [R] (1915) : les Reins et les Cœurs (1947), le Fil de la vie (1951), G.B.K. (1960), Après le déluge (1977).

Lestienne, Voldémar [R] (1932) : l'Amant de poche (I. 1975).

Lévi-Strauss, Claude [Ph, Ethn] (1908) : les Structures élémentaires de la parenté (1949), Tristes Tropiques (1955), l'Anthropologie structurale (1958), la Pensée sauvage (1962), Mythologiques (t. I, le Cru et le Cuit 1964), le Regard éloigné (1983), Paroles données, la Potière jalouse (1985).

Lévy, Bernard-Henri [Es] (1948) : la Barbarie à visage humain (1977), le Testament de Dieu, l'Idéologie française (1981), le Diable en tête (M. 1984).

Lhote, Henri [E] (1903) : le Tassili.

Ligneris, Françoise de [R] (1913) : Fort Frederick, Psyché 58, la Septième Rose.

Loesch, Anne [R] (1941) : la Valise et le Cercueil, le Tombeau de la chrétienne, Une toute petite santé, la Grande Fugue, la Bête à chagrin, Le vent est un méchant, les Couleurs d'Odessa (1979).

Lowery, Bruce [R] (Américain, 1931).

Macaigne, Pierre [J] (1920).

Maine, René (Boyer) [H, J] (1907).

Malet, Léo [R] (1909) : 120, rue de la Gare.

Mallet-Joris, Françoise. Voir Belgique p. 272.

Malraux, André [R, E] (1901-76) : la Tentation de l'Occident (1926), les Conquérants (1928), le Royaume farfelu (1928), la Voie royale (I. 1930), la Condition humaine (G. 1933), le Temps du mépris (1935), l'Espoir (1937), les Noyers de l'Altenburg (1943), Psychologie de l'art [I. le Musée imaginaire (1947) ; II. la Création artistique (1948) ; III. la Monnaie de l'absolu (1949)], Saturne (1950), les Voix du silence (1951), le Musée imaginaire (2e formule 1952-57), Métamorphose des dieux (1957), Antimémoires (1967), les Chênes qu'on abat (1970), Oraisons funèbres (1971), la Tête d'obsidienne, Lazare (1974), Hôtes de passage, l'Homme précaire et la Littérature, l'Intemporel, le Surnaturel. Voir p. 328. — *Biogr. :* famille bourgeoise parisienne (parents divorcés). *1919* éditeur de livres d'art. *1921* mariage avec Clara Goldschmidt qui restera « Clara Malraux », même après leur divorce. *1923* exploration en Indochine ; condamné à 3 ans de prison pour vol de bas-reliefs khmers. *1925* fonde le mouvement nationaliste indochinois (anti-français). *1927* rédacteur à la NRF. *1933* Prix Goncourt pour *la Condition humaine. 1936-37* combattant républicain en Espagne (aviateur). *1939-40* combattant. *1943-44* résistant. *1944-45* colonel de la Brigade Alsace-Lorraine. *1945-46* ministre de l'Information du gouvernement De Gaulle. *1959-69* ministre des Affaires culturelles.

Mammeri, Mouloud [R] (Algérien, 1917) : la Colline oubliée (1952), le Sommeil du juste, l'Opium et le Bâton.

Manceron, Claude [E] (1923) : les Vingt Ans du Roi, le Vent d'Amérique, le Bon Plaisir, la Révolution qui lève, les Hommes de la liberté.

Marceau, Félicien (Louis Carette) [R, D] (Belge, nat. Fr. 1913) : Bergère légère (1953), les Élans du cœur (I. 1955), Creezy (G. 1969), le Corps de mon ennemi. *Théâtre :* l'Œuf (1956), la Bonne Soupe, la Preuve par quatre.

Margerie, Diane de [Gr, R].

Margerit, Robert [R] (1910) : le Dieu nu (Ren. 1951), la Terre aux loups, la Révolution.

Martinet, André [Ling] (1908).

Massip, Renée [J, R] (1907) : la Régente, la Bête quaternaire (I. 1963), le Rire de Sara (1966), Douce lumière (1985).

Masson, Loys [P, R] (Ile Maurice, 1915-69) : *Poésie :* les Vignes de septembre. *Romans :* l'Étoile et la Clé, les Tortues, la Douve, le Notaire des Noirs, les Anges noirs du trône.

Matzneff (Gabriel) [R] (1936).

Maulnier, Thierry (Jacques Talagrand) [D, Es] (1909) : Introduction à la poésie française, la Maison de la nuit (1953), les Vaches sacrées, le Soir du Conquérant.

Mauriac, Claude [Cr, R] (1914) : l'Alittérature contemporaine, le Dîner en ville (M. 1959), La marquise sortit à 5 h, l'Oubli, Une amitié contrariée, le Temps immobile (8 tomes, 1974-1985), Et comme l'espérance est violente, la Terrasse de Malagar. *Théâtre :* la Conversation (1964), Ici maintenant (1971), Le Bouddha s'est mis à trembler.

Mazars, Pierre [Cr, E] (1921).

Mégret, Christian [R] (1904): En ce temps-là (1944), le Carrefour des solitudes (F. 1957), J'ai perdu mon ombre (1974), la Croix du Sud (1984).

Melchior-Bonnet, Christian [H] (1904).

Memmi, Albert [R] (Tunisien nat. Fr. 1920): *Romans:* la Statue de sel (1953), Agar (1955), le Scorpion (1969). *Essais:* Portrait du colonisé, l'Homme dominé.

Merle, Robert [R] (1908): Week-end à Zuydcoote (G. 1949), La mort est mon métier, l'Ile, Un animal doué de raison, Derrière la vitre, Malevil (1972), les Hommes protégés, Madrapour, Fortune de France, En nos vertes années (1979), Paris ma bonne ville, le Prince que voilà, la Violente amour (1983), la Pique du jour (1985).

Merleau-Ponty, Maurice [Ph] (1908-61): Phénoménologie de la perception, Humanisme et Terreur, les Aventures de la dialectique.

Métral, Maurice [R] (Suisse, 1929): l'Avalanche (1966), les Hauts Cimetières (1970), l'Enfant refusé (1972), l'Appel du soir (1979), les Loups parmi nous (1980).

Michelet, Claude [R] (1938): la Grande Muraille, Des grives aux loups (1979), les Palombes ne passeront plus (1980), les Promesses du ciel et de la terre (1985).

Mimouni, Rachid [R] (Algérie, 1945): le Fleuve détourné.

Miquel, Pierre [H] (1930): Histoire de France, les Guerres de religion, la Grande Guerre, l'Antiquité, I-Rome (1984).

Mithois, Marcel [Hum] (1922): Croque-Monsieur (1954), Passez, Muscade (1954), les Folies du samedi soir (1978).

Mitterrand, François [Pol, Chr] (1916): la Paille et le Grain (1975), l'Abeille et l'Architecte (1978).

Modiano, Patrick [R] (1947): la Place de l'Étoile (1968), la Ronde de nuit (1969), les Boulevards de ceinture, Villa triste, Livret de famille (1977), Rue des boutiques obscures (G. 1978), Une jeunesse (1981), De si braves garçons (1982), Quartier perdu, Poupée blonde (Théâtre, 1983), Quartier perdu (1985).

Mohrt, Michel ✠ [R, Es] (1914): Mon royaume pour un cheval (1949), les Nomades, la Prison maritime (1962), la Campagne d'Italie, Deux Indiennes à Paris, les Moyens du bord, la Maison du père (1979), la Guerre civile (1986).

Moinot, Pierre [R] (1920): Armes et Bagages, la Chasse royale, le Sable vif, le Guetteur d'ombres (F. 1979).

Mongrédien, Georges [H] (1901).

Monnerot, Jules [Soc] (1909): Sociologie du communisme (1949), Sociologie de la Révolution (1969).

Monod, Jacques [E] (1910-76): le Hasard et la Nécessité.

Monteilhet, Hubert [R] (1928): les Mantes religieuses (1960), le Retour des cendres (1961), Retour à zéro (1978), Neropolis (1984).

Morin, Edgar [Ph] (1921): l'Homme et la Mort (1951), les Stars (1957), Autocritique (1959), l'Esprit du temps (1962), Introduction à une politique de l'homme (1965), Mai 68: la brèche (1968), Journal de Californie (1970), le Paradigme perdu: la nature humaine (1973), l'Unité de l'homme, Pour sortir du xxe s. (1981), Sociologie, New York (1984).

Morvan-Lebesque [D, J, R] (1911-70): Soldats sans espoir, l'Amour parmi nous.

Mossé, Robert [Ec] (1906): l'Économie socialiste, perspectives de l'an 2000.

Mounier, Emmanuel [Ph] (1905-1950): Introduction aux existentialismes (1946), le Personnalisme (1949).

Mourgue, Gérard [E] (1925).

Mourre, Michel [H] (1928-77): Charles Maurras (1953), Dictionnaire d'histoire universelle (8 vol.: 1968-1978).

Mousset, Paul [R] (1907): Quand le temps travaillait pour nous (Ren. 1941), Neige sur un amour nippon (1954).

Moustiers, Pierre [R] (1924): la Paroi (1969), Hiver d'un gentilhomme, le Cœur du voyage (1981), Un crime de notre temps.

Murciaux, Christian (Muracciole) [R] (1915): les Fruits de Canaan, N.-D. des Désemparés, Pedro de Luna.

Nadeau, Maurice [Es, Cr] (1911).

Navarre, Yves [R, D] (1940): Évolène (1972), les Loukoums (1973), le Cœur qui cogne (1974), Niagarak (1976), le Temps voulu (1979), le Petit Galopin de nos corps, le Jardin d'acclimatation [G 1980], Biographie (1981), Premières Pages (1983), l'Espérance de beaux voyages, été/automne, Louise (1986).

Navel, Georges [R] (1904): Travaux (1947).

Négroni, François de [E] (1943): les Colonies de vacances.

Némo, Philippe [E] (1949): l'Homme surnaturel.

Neveux, Georges [D, P] (1900): la Beauté du diable, le Voyage de Thésée.

Nimier, Roger [R, Polé] (1925-62): les Épées, le Hussard bleu (1950), les Enfants tristes, Histoire d'un amour. *Pamphlet:* le Grand d'Espagne.

Nizan, Paul [R, Polé] (1905-40): *Romans:* Antoine Bloyé (1933), la Conspiration (I. 1938). *Pamphlets:* Aden Arabie (1931), les Chiens de garde (1932), Chronique de septembre.

Noël, Bernard [P, R] (1930): Extraits du corps, le Château de Cène (1971), la Chute d'Icare, les Premiers Mots.

Nord, Pierre (André Brouillard) [R] (1900-85): Mes camarades sont morts (1947), Terre d'angoisse, Chroniques de la guerre subversive, Double Crime sur la ligne Maginot.

Nourissier, François [R, Es] (1927): l'Eau grise, le Corps de Diane, Un malaise général [I. Bleu comme la nuit (1958), II. Un petit bourgeois (1964), III. Une histoire française (1966)], le Maître de maison, la Crève (F. 1970), Allemande, Lettre à mon chien, Musée de l'Homme, l'Empire des nuages (1981), la Fête des pères (1986).

Nucera, Louis [R] (1928): le Chemin de la lanterne (1981), le Roi René (1976), la Kermesse aux idoles (1977).

Obaldia, René de [P, R, D] (1918): *Poésie:* les Richesses naturelles (1952). *Romans:* Tamerlan des cœurs (1955), le Centenaire (1959). *Théâtre:* Génousie (1960), le Satyre de la Villette (1963), Du vent dans les branches de sassafras (1966), Poivre de Cayenne (1976), Monsieur Klebs et Rosalie (1975).

Oldenbourg, Zoé [R] (Russe, 1916): Argile et cendre (1946), la Pierre angulaire (F. 1953), le Bûcher de Montségur (1959), la Joie des pauvres, les Cités charnelles (1961), Visages d'un autoportrait.

Olivier-Lacamp, Max [J, R] (1914-83).

Ollier, Claude [R] (1923): la Mise en scène (M. 1958), l'Échec de Nolan (1967), Our ou Vingt Ans après.

Ollivier, Éric [R] (1927): Une femme raisonnable, Panne sèche, Le temps me dure un peu (1980), l'Orphelin de mer (I. 1982), l'Arrière-saison (1985).

Oraison, Marc [Théo] (1914-79): Une morale pour notre temps, le Couple en question.

Orieux, Jean [R, Es] (1907): Fontagre (1946), le Lit des autres (1964), la Fontaine, l'Étoile et le Chaos, Souvenirs de campagne, Talleyrand (1970).

Orizet, Jean [P] (1937).

Ormesson, Jean Cte d' ✠ [E, R] (1925): L'amour est un plaisir (1956), les Illusions de la mer, la Gloire de l'Empire (1971), Au plaisir de Dieu (1974), le Vagabond qui passe sous une ombrelle trouée (1978), Dieu, sa vie, son œuvre (1981), Mon dernier rêve sera pour vous (1982), Jean qui grogne et Jean qui rit (1984), le Vent du soir (1985), Tous les hommes en sont fous (1986).

Parmelin, Hélène (Jungelson) [R] (1915): la Montée au mur, le Soldat connu, la Gadgeture, la Manière noire, le Perroquet manchot, la Femme écarlate, la Désinvolture (1983).

Parturier, Françoise [R] (1919): Les lions sont lâchés, Le plaisir donne sur la cour, Lettre ouverte aux femmes (1974), Calamité, mon amour (1978), les Hauts de Ramatuelle.

Pauwels, Louis [E] (Belge, 1920): l'Amour monstre, le Matin des magiciens (avec **J. Bergier**, 1961), Lettre ouverte aux gens heureux et qui ont bien raison de l'être (1971), Blumroch l'admirable, l'Apprentissage de la sérénité (1977), Comment devient-on ce qu'on est? (1978).

Paysan, Catherine (Annie Roulette) [R] (1926): les Feux de la Chandeleur (1966), l'Empire du taureau, le Clown de la rue Montorgueil.

Perec, Georges [R] (1936-82): les Choses (Ren. 1965), Un homme qui dort (1967), la Boutique obscure (1973), Alphabets (1975), la Vie mode d'emploi (M. 1978). *Théâtre:* l'Augmentation (1981), la Poche Parmentier (1981).

Pernoud, Régine [H] (1909): Vie et Mort de Jeanne d'Arc (1953), Histoire de la bourgeoisie en France (1960-62), Pour en finir avec le Moyen Age, la Femme au temps des cathédrales (1980), le Tour de France médiéval (avec **Georges Pernoud**).

Perrault, Gilles [R] (1931): l'Orchestre rouge, la Longue Traque (1975), le Pull-over rouge (1978), Un homme à part.

Perret, Jacques [R] (1901): le Caporal épinglé (1947), Bande à part (I. 1951), Rue du Dragon. *Théâtre:* Mutinerie à bord.

Perros, Georges [P] (1923): Papiers collés (2 t.).

Perroux, François [Ec, Soc] (1903).

Perruchot, Henri [Cr d'art, H] (1917-67).

Perry, Jacques (Touchard) [R] (1921): l'Amour de rien (Ren. 1951), Vie d'un païen, la Beauté à genoux, la Peau dure, le Ravenala ou l'Arbre du voyageur.

Peuchmaurd, Jacques [R] (1923): le Plein Été, le Soleil de Palicorna, la Nuit allemande.

Peyrefitte, Alain [Pol] (1925): Quand la Chine s'éveillera... (1973), le Mal français (1976), les Chevaux du lac Ladoga, Quand la rose se fanera (1983), Encore un effort M. le Président (1985).

Peyrefitte, Roger [R, Es] (1907): les Amitiés particulières (Ren. 1944), la Mort d'une mère (1950), les Ambassades (1951), les Clés de saint Pierre (1955), Chevaliers de Malte, les Fils de la lumière (1961), les Juifs (1965), les Américains, Des Français, la Coloquinte, Manouche (1972), l'Oracle, Propos secrets (2 vol.), Tableaux de chasse (1976), la Jeunesse d'Alexandre (1977), l'Enfant de cœur (1978), les Conquêtes d'Alexandre (1979), Alexandre le Grand, Propos secrets, la Soutane rouge, Voltaire, sa jeunesse et son temps (1986). Voir p. 328. — *Biogr.:* fils d'un propriétaire terrien de Castres; interne au collège à Toulouse, puis au lycée de Foix; licence de lettres à Toulouse. *1928* Sciences po. à Paris. *1931* reçu 1er au concours du quai d'Orsay. *1933-38* secrétaire d'ambassade à Athènes. *1938-40* rappelé au quai d'Orsay. *1944* publie son 1er roman à sujet homosexuel, succès de scandale. *1945* révoqué du quai d'Orsay. *1945-78* longue bataille juridique pour faire annuler cette révocation. *1978* obtient gain de cause; est réintégré et mis à la retraite.

Philipe, Anne [R] (1917): le Temps d'un soupir, les Rendez-vous de la colline, Ici, là-bas, ailleurs, Un été près de la mer, les Résonances de l'amour.

Pichette, Henri [P, D] (1924): Apoèmes, les Épiphanies. *Théâtre:* les Revendications, Nucléa (1952).

Picon, Gaëtan [Es] (1915-76): Panorama des idées contemporaine, l'Usage de la lecture, Un champ de solitude.

Piettre, André [Ec] (1906): les Trois Ages de l'économie.

Pieyre de Mandiargues, André [P, R] (1909): le Musée noir, Soleil des loups, Marbre, le Lis de mer, l'Age de craie, la Motocyclette (1963), la Marge (G. 1967), Marbre ou les mystères d'Italie (1985).

Pilhes, René-Victor [R] (1934): la Rhubarbe (M. 1965), le Loum, l'Imprécateur (F. 1974), la Bête, la Pompéi.

Pingaud, Bernard [R, Cr] (1923): l'Amour triste (1950), Mme de La Fayette (1959), la Scène primitive, l'Étranger, l'Imparfait, la Voix de son maître (1973), l'Expérience romanesque (1983).

Pinget, Robert [D, R] (Suisse, 1920): *Théâtre:* l'Hypothèse (1961), Abel et Bela (1971). *Romans:* le Fiston (1959), l'Inquisition, Quelqu'un (F. 1965), le Libéra, Passacaille, Cette voix, l'Apocryphe, Monsieur Songe (1982), le Harnais.

Pisar, Samuel [Pol] (1929): le Sang de l'espoir, les Armes de la paix, la Ressource humaine (1983).

Pivot, Bernard [R] (1935): l'Amour en vogue, le Football en vert (1980).

Poirot-Delpech, Bertrand [R, Cr] (1929): le Grand Dadais (I. 1958), l'Envers de l'eau, Finie la comédie, la Folle de Lituanie, les Grands de ce monde, Saïd et Moi (1980). *Sous la signature Hasard d'Estin:* Tout fout le camp (1976), la Légende du siècle, l'Été 36.

Politzer, Georges [Ph] (1903-42): Critique des fondements de la psychologie (1928), le Bergsonisme, mystification politique (posth. 1945).

Pons, Maurice [R] (1925): Métrobate (1951), Virginales, les Saisons, Rosa, Mademoiselle B, la Maison des brasseurs (1978), Douce - amère (1985).

Poulet, Georges. Voir Belgique, p. 272.

Prassinos, Gisèle [P, R] (1920): le Rêve, Le temps n'est rien, le Grand Repas, la Vie, la Voix (1971), Brelin le Frou, Mon cœur les écoute (1982).

Prévert, Jacques [P] (1900-77): Paroles (1945), Histoires (1948), Spectacle, la Pluie et le Beau Temps (1955), la Cinquième saison. — *Biogr.:* fils d'un employé de la mairie de Neuilly, famille nombreuse (enfance dans la gêne). *1920-26* avec son frère Pierrot (n. 1906, devenu cinéaste), fréquente les surréalistes. *1926* écrit des scénarios pour son frère. *1932-37* troupe théâtrale Octobre (auteur de sketches politiques de gauche). *1937* fait fortune avec le scénario de *Quai des Brumes*. *1946* ses amis publient ses poésies qui circulaient en feuilles dactylographiées et ronéotypées depuis 1931. *1975* avec Pierre, grand prix national du cinéma.

Prévost, Françoise [R] (1929): Ma vie en plus, l'Amour nu (1981), les Nuages de septembre (1985).

Prévost, Jean [R, Es] (1901-44): Brûleurs de la prière, les Frères Bouquinquant (1930), le Sel sur la plaie.

Prou, Suzanne [R] (1920): les Pataphasis (1966), l'Été jaune, Méchamment les oiseaux, la Terrasse des Bernardini (Ren. 73), les Femmes de la pluie, Jeanne, l'hiver (1982), le Pré aux narcisses (1983), les Amies de cœur (1984), le Dit de Marguerite (1986).

Puget, Claude-André [D] (1910-75) : Échec à Don Juan, la Peine capitale.

Queffélec, Henri [R] (1910) : Un recteur de l'île de Sein, Solitudes, Trois Jours à terre, la Voile tendue, Tempête sur Douarnenez, A fonds perdus, le Phare, le Grand Départ, Un Breton bien tranquille (1978), François d'Assise.

Queffélec, Yann [J, R] (1949) : le Charme noir (1983), les Noces barbares (G. 1985).

Queneau, Raymond [P, R, Hum] (1903-70) : *Poésies :* l'Instant fatal (1948), Petite Cosmogonie portative (1950), Si tu t'imagines (1952), le Chien à la mandoline (1958), Cent Mille Milliards de poèmes (1961), Battre la campagne (1968), Morale élémentaire (posth. 1975). *Romans :* le Chiendent (1933), Pierrot mon ami (1942), On est toujours trop bon avec les femmes, par Sally Mara (1947), Journal intime de Sally Mara (1951), le Dimanche de la vie (1952), Zazie dans le métro (1959), Sally plus intime (1962), les Fleurs bleues (1965), le Vol d'Icare (1968). *Essais :* Exercices de style (1947), De quelques langages animaux imaginaires (posth. 1971).

Rabiniaux, Roger (Bellion) [P, R] (1914) : l'Honneur de Pédonzigue (1950), les Enragées de Cornebourg (1957), le Soleil des dortoirs (1965), la Grande réception (1981).

Radiguet, Raymond [R] (1903-23) : le Diable au corps (1923), le Bal du comte d'Orgel (publ. 1924).

Ragon, Michel [Cr, R] (1924) : Naissance d'un art nouveau, Trompe-l'œil.

Rank, Claude [R] (1925).

Raspail, Jean [R] (1925) : le Jeu du roi (1976), le Camp des saints (1978), Moi, Antoine de Tounens, roi de Patagonie (1981), les Hussards (1982), les Yeux d'Irène (1984).

Réage, Pauline (pseud. d'un auteur non identifié) [R] : Histoire d'O (1955), Retour à Roissy, Une fille amoureuse.

Rebatet, Lucien [Polé, R] (1903-72) : les Décombres (1942), les Deux Étendards (1952).

Rémond, René [H] (1918).

Rémy (colonel) (Gilbert Renault) [Chr] (1904-84) : Mémoires d'un agent secret (1946), la Ligne de démarcation (21 t.), Le Monocle rit jaune (roman d'esp.).

Rémy, Pierre-Jean (Jean-Pierre Angremy) [R] (1937) : le Sac du palais d'été (Ren. 1971), Mémoires secrets pour servir à l'histoire de ce siècle, Rêver la vie, les Nouvelles Aventures du chevalier de La Barre (1978), Orient-Express, Cordélia ou l'Angleterre (1979), Salue pour moi le monde (1980), Pandora (1980), Un voyage d'hiver, le Dernier Été, Orient-express t. 2 (1984), la Vie d'un héros (1985).

Renard, Jean-Claude [P] (1922).

Revel, Jean-François (Ricard) [Cr, Pol] (1924) : Pourquoi des philosophes (1957), Ni Marx ni Jésus (1970), la Tentation totalitaire (1976), la Nouvelle Censure (1977), la Grâce de l'État (1981), Comment les démocraties finissent (1983), le Rejet de l'État (1984), Une anthologie de la poésie française (1984).

Rey, Henri-François [R] (1919) : les Pianos mécaniques (I. 1962), le Rachdingue, le Barbare, le Sacre de la putain (1983).

Rey, Pierre [R] : le Grec, Palm Beach.

Rezvani, Serge [D, R] (1928) : *Théâtre :* le Rémora (1971). *Romans :* les Années lumière, la Table d'asphalte (1980), le Testament amoureux (1980).

Rheims, Maurice ⚔ [Cr. d'art, R] (1910) : la Main (1960), l'Art 1900 (1964), le Saint Office (1983).

Ribaud, André (Rog. Fressoz) [J] (1921).

Ricaumont, Jacques de [Cr] (1913).

Richaud, André de [P] (1909) : la Création du monde, le Droit d'asile.

Rihoit, Catherine [R] (1950) : Rougeâtre, le Bal des débutantes, les Petites Annonces, la Favorite, le Triomphe de l'amour.

Rinaldi, Angelo [Cr, R] (1940) : la Loge du gouverneur (1969), la Maison des Atlantes (F. 1971), les Dames de France, la Dernière Fête de l'Empire, les Jardins du consulat.

Rivoyre, Christine de [R] (1921) : la Mandarine (1957), les Sultans (1964), le Petit Matin (I. 1968), Fleur d'agonie, Boy (1973), le Voyage à l'envers, Belle Alliance, la Reine-Mère (1985).

Robbe-Grillet, Alain [R] (1922) : les Gommes (1953), le Voyeur (1955), la Jalousie (1957), Dans le labyrinthe (1959), la Maison de rendez-vous (1965), Projet pour une révolution à New York (1970), Topologie d'une cité fantôme (1976), Un régicide (1978), le Triangle d'or, Djinn (1981). *Critique :* Pour un nouveau roman (1963), le Miroir qui revient.

Robert, Paul [Ency] (1910-80) : Dictionnaire alphabétique et analogique de la langue française (7 vol., 1950-70), Petit Robert (1967), Micro-Robert (1971), Dictionnaire universel des noms propres (4 vol., 1974) le Petit Robert II des noms propres (1 vol., 1974), Divertissement sur l'amour, Dialogue des grands écrivains (1951), Aventures d'un dictionnaire (1966), Au fil des ans et des mots (2 vol., 1979-80).

Yann Queffélec
(Photo : Jacques Robert)

Robida, Michel [R, Es] (1909) : le Temple de la longue patience (F. 1946), les Bourgeois de Paris, Sourires siciliens, Un monde englouti.

Roblès, Emmanuel [R, D] (1914) : les Hauteurs de la ville (F. 1948), Cela s'appelle l'aurore, la Remontée du fleuve, la Croisière, la Chasse à la licorne (1985). *Théâtre :* Montserrat, La vérité est morte, l'Horloge, les Sirènes.

Roche, Denis [R] (1937) : la Louve basse (1976).

Rochefort, Christiane [R] (1917) : le Repos du guerrier (1958), les Stances à Sophie, Une rose pour Morrison, Printemps au parking, C'est bizarre l'écriture (1970), Archaos ou le Jardin étincelant, Encore heureux qu'on va vers l'été, les Enfants d'abord (1976), Quand tu vas chez les femmes (1982).

Rolin, Dominique. Voir Belgique p. 272.

Rosnay, Joël de [Sav] (1937) : le Macroscope (1975).

Rouart, Jean-Marie [R] (1943) : la Fuite en Pologne, les Feux du pouvoir (I. 1977), Avant-guerre (Ren. 1983), Ils ont choisi la nuit.

Rougemont, Denis de. Voir Suisse, p. 306.

Rousselot, Jean [P, R] (1913) : Le Goût du pain, Une fleur de sang, le Luxe des pauvres, Agrégation du temps, Un train en cache un autre, Hors d'eau, Il y aura une fois (1984).

Rousset, David [J, Es] (1912) : l'Univers concentrationnaire (Ren. 1946), les Jours de notre mort (1947).

Roussin, André [D] ⚔ (1911) : Une grande fille toute simple, la Petite Hutte (1947), Nina (1949), les Œufs de l'autruche, Bobosse, Lorsque l'enfant paraît (1951), les Glorieuses, la Voyante (1963), la Claque (1972), le Rideau rouge (1982), Rideau gris et Habit vert (1983).

Roux, Dominique Cte de [Polé] (1935-77) : la Mort de L.-F. Céline, Maison jaune, la France de Jean Yanne, le Cinquième Empire, la Jeune Fille au ballon rouge.

Roy, Claude (Orland) [P, R] (1915) : l'Enfance de l'art, le Soleil sur la terre, la Traversée du pont des Arts, Sais-tu si nous sommes encore loin de la mer ? *Autobiogr. :* Moi je (1969), Nous (1972), Somme toute (1976).

Roy, Gabrielle. Voir Canada p. 273.

Roy, Jules [R] (1907) : *Romans :* la Vallée heureuse (Ren. 1946), la Mort de Mao (1969). *Fresque algérienne :* I. les Chevaux du soleil (1968) ; II. Une femme au nom d'étoile (1968) ; III. les Cerises d'Icherridène (1969) ; IV. le Maître de la Mitidja (1970) ; V. les Armes interdites (1972) ; VI. le Tonnerre et les Anges. *Essais :* le Métier des armes (1957), la Guerre d'Algérie (1960), l'Amour fauve (1971), J'accuse le général Massu (1972), Danse du ventre au-dessus des canons (1976).

Rudel, Yves-Marie (Rémi Menoret) [R, H] (1907) : le Roman d'Anne de Bretagne.

Sabatier, Robert [P, Es, R] (1923), *Poésie :* les Fêtes solaires (1961), Poisons délectables (1965), les Châteaux des millions d'années (1968). *Essais :* l'État princier (1961), Dictionnaire de la Mort (1967), Histoire de la Poésie française (1975-76). *Romans :* Alain et le Nègre (1953), Canard au sang (1958), la Mort du figuier (1962), le Chinois d'Afrique (1966), Trilogie [les Allumettes suédoises (1969) ; Trois Sucettes à la menthe (1972) ; les Noisettes sauvages (1974)], les Enfants de l'été (1977), les Fillettes chantantes (1980), la Poésie du xxe siècle, les Années secrètes de la vie d'un homme (1984), David et Olivier (1986).

Sachs, Maurice (Jean-Maurice Ettinghausen) [Chr] (1906-45) : le Sabbat (publ. 1946), la Chasse à courre, Abracadabra.

Sagan, Françoise (Quoirez) [R, D] (1935) : *Romans :* Bonjour Tristesse (1954), Un certain sourire, Dans un mois dans un an, Aimez-vous Brahms ?..., les Merveilleux Nuages, la Chamade, le Garde du cœur, Un profil perdu, le Lit défait, la Femme fardée, le Chien couchant (1980), Un orage immobile (1983), De guerre lasse (1985). *Théâtre :* Un château en Suède (1959), la Robe mauve de Valentine, les Violons parfois, le Cheval évanoui, le Piano dans l'herbe. *Nouvelles :* Des yeux de soie. *Autobiogr. :* Des bleus à l'âme (1972), Réponses, Avec mon meilleur souvenir (1984).

Saint-Bris, Gonzague [Cr] (1948) : le Romantisme absolu, Qui est snob ? (1973), Athanase ou la Manière bleue (1976), la Nostalgie camarades !

Saint-Exupéry, Antoine de [E] (1900-44) : Courrier Sud (1929), Vol de nuit (F. 1931), Terre des hommes (1939), Pilote de guerre (1942), Lettre à un otage (1943), le Petit Prince (1943), Citadelle (posth., 1948). — *Biogr. :* ancienne noblesse, sans fortune ; orphelin de père à 4 ans. *1919* échoue à l'École navale. *1920-21* service militaire dans l'aviation. *1926* pilote chez Latécoère, à Toulouse. *1927* chef d'escale à Cap Juby. *1931* mariage. *1934* pilote à Air France. *1937* paralysé partiel après un 5e accident aérien (Mexique). *1940* combattant dans l'aviation. *1942* réfugié aux U.S.A. *1944* pilote de guerre en Corse ; abattu au cours d'un vol.

Saint-Laurent, Cécil. Voir **Laurent,** Jacques.

Saint-Paulien (Maurice Yvan Sicard) [R, Es] (1900) : le Soleil des morts, Double Cœur, les Maudits, Histoire de la collaboration.

Saint-Phalle, Thérèse de (B^onne J. de Drouas) [R, Cr] (1930) : la Mendigote (1966), la Chandelle, le Tournesol, le Souverain, la Clairière, le Métronome (1980), le Programme (1985).

Saint-Pierre, Michel, Mis de [R] (1916) : la Mer à boire, les Aristocrates (1954), les Écrivains, la Nouvelle Race, les Nouveaux Prêtres (1964), le Drame des Romanov, le Milliardaire, l'Accusée, Je reviendrai sur les ailes de l'aigle, les Passions de l'abbé Delance (1978), Laurent (1980), Docteur Ericson (1982), le Double crime de l'impasse Salomon (1984).

Saint-Robert, Philippe de [E] (1934) : Montherlant le séparé, la Même Douleur démente, les Septennats interrompus, Discours aux chiens endormis, Midi en cendres.

San Antonio : Voir **Dard.**

Sarraute, Nathalie (Cherniak) [R, Es] (Russie 1900) : le Planétarium (1959), les Fruits d'or, Entre la vie et la mort, Vous les entendez ? (1972), Disent les imbéciles, l'Usage de la parole (1980), Enfance.

Sarrazin, Albertine [R] (1937-67). Voir p. 329.

Sartin, Pierrette [P, R] (1911).

Sartre, Jean-Paul [Ph, R, D, Pol] (1905-80) : *Théâtre :* les Mouches (1943), Huis clos (1944), la P... respectueuse (1946), les Mains sales (1948), le Diable et le Bon Dieu (1951), les Séquestrés d'Altona (1960). *Romans :* la Nausée (1938), le Mur (1939), les Chemins de la liberté [l'Âge de raison (1945), le Sursis (1945), la Mort dans l'âme (1949)], les Carnets de la drôle de guerre. *Philosophie :* l'Imagination (1936), Esquisse d'une théorie des émotions (1939), l'Imaginaire (1940), l'Être et le Néant (1943), L'Existentialisme est un humanisme (1946), Critique de la raison dialectique (1959). *Crit. litt. :* Situations (9 vol., 1947-72). *Autobiogr. :* les Mots (1964). *Corresp.* Lettres au Castor (1983). — *Biogr. :* bourgeoisie périgourdine (attaches protestantes, cousin du Dr Schweitzer). Orphelin de père à 2 ans. *1916* remariage de sa mère ; vit à Paris (études à Henri-IV, puis Louis-le-Grand). *1924* École normale supérieure. *1929* agrégé de philosophie. En ménage quasi conjugal avec Simone de Beauvoir. *1931-45* prof. de philo. dans plusieurs lycées (Condorcet 1942-45). *1945* quitte l'enseignement ; fondateur et directeur des *Temps Modernes. 1964* Prix Nobel de littérature (refusé). *1966* membre du « Tribunal » Russel. *1970* dir. de *la Cause du Peuple. 1975* perd la vue.

Sauvy, Alfred [Ec] (1902) : Richesse et Population (1943), la Montée des jeunes (1959-69), Croissance zéro ? (1973), la Fin des riches (1975), la Vie en plus (1981).

Schéhadé, Georges [P, D] (Libanais, 1910) : *Poèmes :* l'Écolier sultan (1950), Si tu rencontres un ramier (1951). *Théâtre :* la Soirée des proverbes (1954), Histoire de Vasco, le Voyage (1961), l'Émigré de Brisbane (1965), L'habit fait le prince (1973).

Schneider, Marcel [R] (1913) : la Première île (1951), l'Enfant du dimanche (1953), le Jeu de l'Oie (1960), le Prince de la terre (1980).

Schoendoerffer, Pierre [R] (1928) : l'Adieu au roi (I. 1969), le Crabe-tambour (1976), Là-haut (1981), l'Honneur d'un capitaine (1982).

Schulz, Bruno [R] (1941) : le Sanatorium au croquemort.

Sédouy, Cte Alain de [Pol] (1935).

Seghers, Pierre [P] (1906) : Chansons et Complaintes, Inferno, Visions.

Senart, Philippe [Cr].

Senghor, Léopold Sédar ⚜ [P] (Sénégalais, 1906) : *Poésies :* Chants d'ombre (1945), Hosties noires (1948), Éthiopiques (1956), Nocturnes (1961), les Élégies des alizés (1969), Lettres d'hivernage (1973). *Essais :* Liberté [I (1964) ; II (1971) : III (1977)].

Serres, Michel [Ph] (1929) : les Cinq sens (M. essai 1985).

Servan-Schreiber, Jean-Jacques [Es, J] (1924) : Lieutenant en Algérie, le Défi américain (1967), Ciel et Terre (1970), le Défi mondial (1980).

Sigaux, Gilbert [Cr, Es, J, R] (1918-82) : les Grands Intérêts (1946), Terre lointaine (1947), Chiens enragés (I. 1949), Fin (1951).

Silvain, Pierre [R] (1927) : la Chair et l'Ombre (1963), la Dame d'Elche (1965), Zacharie Blue, la Promenade en barque.

Simenon, Georges. Voir Belgique p. 272.

Simon, Claude [R] (1913) : le Tricheur (1945), la Corde raide (1947), le Sacre du printemps (1954), le Vent, l'Herbe, la Route des Flandres, Histoire (M. 1967), la Bataille de Pharsale, Triptyque, Leçon de choses, les Géorgiques (1981), la Chevelure de Bérénice (1984) [N. 1985].

Simon, Pierre-Henri ⚜ [Mor] (1903-72) : les Raisins verts, Elsinfor, l'Homme de Cordouan, Histoire d'un bonheur, les Corps conducteurs, la Sagesse du soir.

Simonin, Albert [R] (1905-80) : Touchez pas au grisbi (1953), Le cave se rebiffe (1954).

Sipriot, Pierre [J, Es] (1921) : Montherlant sans masque t. 1 (1982), t. 2 le Tombeau de Pétrone (1984).

Sollers, Philippe (Joyaux) [R] (1936) : Une curieuse solitude (1958), le Parc (M. 1961), l'Intermédiaire, Drame, Nombres, Logiques (1968), Lois (1972), H (1973), Sur le matérialisme (1974), Paradis (1981), Femmes (1982), Portrait du joueur.

Soubiran, André [R] (1910) : J'étais médecin avec les chars (Ren. 1943), les Hommes en blanc (1947-58), Journal d'une femme en blanc.

Soustelle, Jacques ⚜ [Ethn] (1904). Voir Index.

Sperber, Manès [E] (1905-84, réfugié en Fr. 1933) : Et le buisson devint cendre (1949), Plus profond que l'abîme (1950), Qu'une larme dans l'océan (1952), la Baie perdue (1952), le Talon d'Achille (1957), Ces temps-là (4 tomes, 1975-79).

Steeman, Stanislas-André. Voir Belgique, p. 272.

Stil, André [R] (1921) : le Premier Choc, Viens danser, Violine, André, Romansonge, l'Ami dans le miroir, Dieu est un enfant (1979), les Berlines fleuries, les Quartiers d'été (1984), Soixante-quatre coquelicots (1984).

Suffert, Georges [J] (1927) : Le Cadavre de Dieu bouge encore, la Peste blanche (avec P. Chaunu), Lettre ouverte aux gens de 20 ans à qui l'on ment, Quand l'Occident s'éveillera (1979), Un royaume pour une tombe, le Tocsin.

Sulitzer, Paul-Lou [R] (1946) : Money, Cash, Fortune, le Roi vert, Hannah (1985).

Sulivan, Jean [R] (1913-80) : Mais il y a la mer, Devance tout adieu, Bonheur des rebelles.

Sullerot, Évelyne [Es] (1924) : le Fait féminin (1978), l'Aman (1981), Pour le meilleur et sans le pire (1984).

Tapié, Victor-Lucien [H] (1900-74).

Tardieu, Jean [P, Es, D] (1903) : Accents, Jours pétrifiés, Poèmes à jouer.

Tavernier, René [Cr, P] (1915).

Thibon, Gustave [Ph] (1903) : l'Échelle de Jacob (1942), Notre regard qui manque à la lumière (1970).

Tillard, Paul [R] (1914-1966) : le Montreur de marionnettes (1956), l'Outrage (1958).

Todd, Olivier [J, R] (1929) : l'Année du crabe, les Canards de Ca Mao, la Marelle de Giscard, Un fils rebelle, Un cannibale très convenable, Une légère gueule de bois, Jacques Brel, une vie (1984), la Ballade du chômeur (1986).

Toesca, Maurice (Royat) [R] (1904) : le Soleil noir (1946), le Singe bleu (1948), Un héros de notre temps (1978).

Touchard, Pierre-Aimé [Cr, Es] (1903).

Touraine, Alain [Es] (1925).

Tournier, Michel [R] (1924) : Vendredi ou les Limbes du Pacifique (1967), le Roi des Aulnes (G. 1970), les Météores (1975), le Vent Paraclet, le Coq de bruyère, Gaspard, Melchior et Balthazar (1980), le Vol du vampire (1981), Gilles et Jeanne (1983), le Vagabond immobile (1984), la Goutte d'Or (1985).

Robert Sabatier
(Photo : Louis Monier)

Tournoux, Jean-Raymond [Chr, J, Pol] (1914-84) : Pétain et de Gaulle, la Tragédie du général, le Mois de mai du général, Jamais dit, Journal secret, le Feu et la Cendre.

Tristan, Frédérick (Frédérick Baron) [R] (1931) : les Égarés (G, 1983), le Fils de Babel (1986).

Troyat, Henri (Lev Tarassov) ⚜ [R, D] (1911) : Faux Jour (1935), l'Araigne (G. 1938), le Vivier, Grandeur nature, la Clef de voûte, Tant que la terre durera, le Sac et la Cendre, Étrangers sur la Terre, les Semailles et les Moissons (1953-1958), la Lumière des Justes (1959-1963), les Eygletière (1965-1967), les Héritiers de l'avenir, la Pierre, la Feuille et les Ciseaux, Anne Prédaille, le Moscovite (1974-1975), Grimbosq, le Front dans les nuages, Un si long chemin, le Prisonnier n° 1, Catherine la Grande, Pierre le Grand (1979), Viou, Alexandre Ier, Ivan le Terrible, le Pain de l'étranger, la Dérision, Marie Karpovna (1983), Tchekhov (1984), le Bruit solitaire du cœur (1985), Tourgueniev (1986). Voir p. 329.

Tulard, Jean [H] (1933) : le Mythe de Napoléon, Napoléon, Dictionnaire du cinéma.

Vailland, Roger [R, Es] (1907-65) : Drôle de jeu (I. 1945), les Mauvais Coups, 325 000 Francs, la Loi (G. 1957), la Truite (1964).

Van der Meersch, Maxence [R] (1907-51) : Invasion 14 (1935), l'Empreinte du Dieu (G. 1936), Pêcheurs d'hommes (1938), Corps et Âmes (1943), la Fille pauvre (3 vol., 1948-53).

Vanoyeke, Violaine [P] (1956).

Vauthier, Jean [D] (1910) : Capitaine Bada, le Personnage combattant, le Sang (1970), les Prodiges (1971).

Véraldi, Gabriel [R] (1926) : A la mémoire d'un ange, le Chasseur captif, les Espions de bonne volonté.

Vercors (Jean Bruller) [E] (1902) : le Silence de la mer (1942), la Marche à l'étoile, Sylva, la Bataille du silence, le Radeau de la Méduse, Comme un frère, les Chevaux du temps.

Véry, Pierre [R] (1900-60) : les Disparus de St-Agil, l'Assassinat du Père Noël.

Vialatte, Alexandre [Hum] (1901-71) : le Fidèle Berger, les Fruits du Congo, Dernières Nouvelles de l'homme (1978), L'Éléphant est irréfutable (1980).

Vian, Boris (et pseud. Vernon Sullivan) [R, Hum, D] (1920-59) : J'irai cracher sur vos tombes (1947), l'Écume des jours (1947), Et on tuera tous les affreux, l'Automne à Pékin, l'Herbe rouge, l'Arrache-cœur. *Théâtre :* les Bâtisseurs d'empire, le Goûter des généraux (posth. 1965). – *Biogr. :* fils d'un riche industriel. *1938* reçu à l'École centrale. *1942-46* ingénieur à l'AFNOR. *1947* trompettiste de jazz à St-Germain-des-Prés. *1948* en ménage avec Ursula Kübler (Suissesse, épousée en 1954) ; vit de traductions. *1955-59* compositeur, interprète de chansons (cardiaque, meurt d'un infarctus).

Viansson-Ponté, Pierre [J] (1920-79).

Vidalie, Albert [R, D] (1913-71) : les Bijoutiers du clair de lune, la Bonne Ferté, les Verdures de l'Ouest.

Vigo, René [R, Cr] (1914) : les Hommes en noir, Tragédie à Clairveaux (bourse Goncourt du récit historique 1975).

Vilallonga, José-Luis de [R] (1920) : Les Ramblas finissent à la mer (1952), les Gens de bien, Visa sans retour, Gold Gotha, À pleines dents, Furia, Femmes, Fiesta.

Villiers, Gérard Adam de [R] (1929) : série des S.A.S.

Vilmorin, Louise Lévêque de (Ctesse Paul Palffy) [R, P] (1902-69) : Julietta, Madame de..., l'Heure malicieuse.

Vincenot, Henri [Es, R] (1912-1985) : le Sang de l'Atlas (1974), la Billebaude (1978), les Étoiles de Compostelle, l'Œuvre de chair, le Pape des escargots (1972).

Vincent, Raymonde [R] (1908-83) : Campagne (F. 1937).

Volkoff, Vladimir [R] (1932) : le Retournement (1979), les Humeurs de la mer [4 vol. : Olduvaï (1980), la Leçon d'anatomie, Intersection, les Maîtres du temps], le Montage, Lawrence le Magnifique (1984), Lecture de l'Évangile selon saint Matthieu (1985), le Professeur d'histoire (1985).

Voronga, Ilarie [P] (Roumanie, 1903-46, suicidé) : La Joie est pour l'homme.

Vrigny, Roger [R] (1920) : la Nuit de Mougins (F. 1963), la Vie brève (1972), Un ange passe (1979).

Walder, Francis. Voir Belgique, p. 272.

Weil, Simone [E, Ph] (1909-43) : la Pesanteur et la Grâce (1947), Attente de Dieu, l'Enracinement, la Condition ouvrière.

Weingarten, Romain [D] (1926) : Akar (1948), l'Été (1966), Alice dans les jardins du Luxembourg (1970), les Nourrices.

Wiesel, Élie [R] (1928) : la Nuit, l'Aube, le Jour, le Mendiant de Jérusalem (M. 1968), Entre deux soleils, le Serment de Kolvillag, le Cinquième Fils.

Wittig, Monique [R] (1935) : l'Opoponax (M. 1964), le Corps lesbien.

Wolfromm, Jean-Didier [Cr, R] (1941) : Lueur de plomb (1963), Diane Lanster (I. 1978).

Yacine, Kateb [R, D, P] (Algérien, 1929) : Nedjma, le Cercle de représailles.

Yourcenar, Marguerite (Marguerite de Crayencour) ⚜ [E] (1903) : Mémoires d'Hadrien, Denier du rêve, l'Œuvre au noir (F. 1968), le Coup de grâce, Souvenirs pieux, Archives du Nord, Sous bénéfice d'inventaire, la Couronne et la Lyre, l'Homme assis dans le couloir, Mishima ou la Passion du vide, le Temps, ce grand sculpteur (1983). – *Biogr. :* famille aristocratique française, fixée en Belgique ; études auprès de précepteurs particuliers ; célibataire, vit au château de ses parents jusqu'en *1940 ;* commence à écrire en *1929. 1940* se fixe en Amérique, achetant le domaine de Petite Plaisance, dans le Maine. *1947* nationalité américaine. *1970* membre étranger de l'Acad. royale de Belgique. *1972* Prix Pierre de Monaco. *1977* grand prix de littérature de l'Académie française. *1979* reprend la nationalité française pour pouvoir entrer à l'Académie (1re femme académicien, reçue le 22-1-1981). Yourcenar est l'anagramme de Crayencour.

Zéraffa, Michel [R, Es] (1918-1984) : le Temps des rencontres, l'Histoire.

Zermatten, Maurice. Voir Suisse, p. 307.

Littérature italienne

Nés avant 1500

Alberti, Leon Battista [E] (1407-72) : De la famille.

Aretino, Pietro (Bacci) (l'Arétin) [D, P] (1492-1556) : Ragionamenti (1534), Lettres volantes. – *Biogr. :* fils d'un cordonnier d'Arezzo (*Aretinus* signifie « d'Arezzo »). *1508* peintre à Pérouse. *1512* secrétaire du banquier romain Agostino Chigi. *1514* fonctionnaire pontifical ; se fait des ennemis par ses épigrammes. *1524* rejoint le camp des Bandes noires, et se réfugie à Venise, protégé par le doge Andréa Gritti. Y vit dans la débauche, respecté par tous les souverains d'Europe, notamment François Ier.

Ariosto, Ludovico (l'Arioste) [P] (1474-1533) : Roland furieux (1516-32). – *Biogr. :* fils d'un courtisan de Ferrare. *1494* échec au doctorat en droit, se tourne vers les « humanités ». *1503-17* gentilhomme de chambre du duc de Ferrare, chargé de missions diplomatiques. *1518* le duc Alphonse Ier le pensionne sans lui imposer de fonctions à la cour. *1524* achète une villa à Ferrare, y vit noblement jusqu'à sa mort.

XIIIᵉ siècle

École sicilienne. Poètes et intellectuels groupés autour des rois de Sicile Frédéric II et Manfred Iᵉʳ. S'efforcent de créer une langue littéraire, pour imiter les troubadours provençaux, et d'adapter les œuvres savantes et philosophiques des hellénoarabes. Giacomo da Lentinis, le roi Enzo (1224-72).

Dolce still nuovo (« doux style nouveau »). Surnom donné à l'école toscane avant Dante : culte de la femme érigé en philosophie amoureuse (analyse psychologique du sentiment amoureux). Guido Guinicelli (v. 1235-76).

Classicisme florentin. Renoue avec les grandes traditions, en les christianisant : la morale est théologique, non plus mythologique chez Dante Alighieri (1265-1321) ; elle reste païenne chez Pétrarque (1304-74), de morale épicurienne réaliste chez Boccace (1313-75).

XVᵉ siècle

École pastorale. Prosateurs et versificateurs traitent le thème de la « Bergerie », amours souvent déçues, mais toujours fades entre des bergers vivant en Arcadie. Influence considérable sur la littérature européenne. Jacopo Sannazaro (1456-1530).

XVIᵉ siècle

Rinascimento. Siècle d'or de l'humanisme. Découverte enthousiaste de la culture classique. Synthèse philosophique et scientifique. Machiavel (1469-1527), L'Arioste (1474-1533), Michel-Ange (1475-1564), Le Tasse (1544-95).

XVIIᵉ-XVIIIᵉ siècle

Commedia dell'arte. Genre théâtral à peine littéraire (pas de textes écrits), mais ayant une profonde influence sur la littérature théâtrale : réalisme caricatural, création de personnages typiques (Arlequin, Scapin, Polichinelle, Pantalon, etc.). *Dramaturges classiques :* Goldoni [comédies (1707-93)], Alfieri [trag. (1749-1803)].

XIXᵉ siècle

Risorgimento (« renaissance nationale »). Forme politique du romantisme. Inspire les écrivains engagés dans la lutte pour l'unité italienne. Alessandro Manzoni (1785-1873), Silvio Pellico (1789-1854), Ippolito Nievo (1831-61).

Vérisme. Réalisme antihumaniste et anticlassique. Souvent caricatural (scapigliatura, c.-à-d. vie de bohème). Alberto Cantoni (1841-1904). Le vérisme positiviste est à l'imitation des Français : Giovani Verga (1840-1922).

XXᵉ siècle

Antivérisme. Réaction antiréaliste appelée parfois novécentisme (« école du XXᵉ s. »). Veut mêler les idéologies à la littérature : Gabriele d'Annunzio (1863-1938), Curzio Malaparte (1898-1957), Vasco Pratolini (n. 1913).

Théâtre de l'Absurde. Créé par Luigi Pirandello (1867-1936) et répandu dans la plupart des littératures contemporaines. Centré sur le problème de l'identité des individus : suis-je quelque chose ou rien ? Le ton est un mélange d'humour et de lyrisme. La technique théâtrale emprunte beaucoup au symbolisme français. Ugo Betti (1892-1953).

Bandello, Matteo [E] (v. 1485-1561) : Nouvelles, Prose della vulgar lingua (1525).

Bembo, Pietro [P] (1470-1547) : Hist. de Venise.

Bibbiena (card. Bernardo Dovizi dit le) [D] (1470-1520) : la Calandria (1515).

Boccaccio, Giovanni (Boccace) [P] (1313-75) : le Décaméron (1353). – *Biogr. :* fils illégitime d'un marchand toscan et d'une noble française. S'adonne d'abord au commerce (Naples 1330) puis aux études juridiques, enfin à la littérature, à la cour du roi Robert. « Fiammetta », fille naturelle du roi, fut son héroïne.

Boiardo, Matteo Maria [P] (1434-94) : Roland amoureux (1476).

Castiglione, Baldassare [P, Es] (1478-1529) : le Courtisan (1528).

Catherine de Sienne (sainte) [Théo] (1347-80) : De la Trinité (1378).

Cavalcanti, Guido [P] (v. 1255-1300).

Colonna, Vittoria [P] (1492-1547) : Sonnets.

Dante Alighieri [P] (1265-1321) : Vita nuova, la Divine Comédie (1307-21), il Convivio. – *Biogr. :* petite noblesse florentine, rattachée à l'illustre famille des Élisés. *1287* étudiant à Bologne. *1288-90* amour pour Béatrice (fille de Folco Portinari, épouse de Simone de Bardi, elle meurt en 1290). *1289* combattant dans l'armée florentine (guelfe) contre les Gibelins de Toscane. *1289* mariage avec Gemma di Manetto Donati. *1295-1301* carrière politique à Florence (admis au Conseil des Prieurs le 15-6-1300) dans le parti des « Blancs ». *1301* coup d'État des « Noirs ». *1302* condamné à mort par contumace. *1304* les « Blancs » sont écrasés à La Lastra (refuse de participer à la bataille). *1305-18* vie errante dans différentes villes (Vérone, Lucques, Padoue, etc.). *1310* aurait fait des études de théologie à Paris. *1318* se réfugie à Ravenne près de Guido Novello da Polenta ; connaît la gloire littéraire grâce à *l'Enfer*, au *Purgatoire* et au *Paradis.*

Ficino, Marsilio [Ph] (1433-99).

François d'Assise (saint) (v. 1182-1226) : Cantique du Soleil (1226), Fioretti (apocryphes, apr. 1350).

Guicciardini, Francesco [H] (1483-1540) : Hist. de Florence, Hist. d'Italie.

Guinizelli, Guido [P] (v. 1235-76).

Machiavelli, Niccolò (Machiavel) [Pol, D] (1469-1527) : le Prince (1513, publ. 1531), l'Art de la guerre, Hist. de Florence, la Mandragore (1520). – *Biogr. :* ancienne noblesse florentine. *1498* secrétaire de la chancellerie de Florence. *1499-1512* chargé de missions diplomatiques, notamment auprès de Louis XII et de l'emp. Maximilien Iᵉʳ. *1512* chassé de Florence par les Esp. qui rétablissent les Médicis [vit en exil dans sa terre de Saint-Andrea (Toscane)]. *1515* rentre en grâce auprès des Médicis : les rép. le déchoient de ses droits civiques ; meurt dans le dénuement.

Médicis, Lorenzo de [Pol] (1449-92).

Michel-Ange Buonarroti [P] [peintre, sculp., arch.] (1475-1564) : Sonnets.

Petrarca, Francesco (Pétrarque) [P] (1304-74) : Sonnets (1342-47), Églogues (en latin, 1346-57), l'Africa (1339). – *Biogr. :* fils d'un notaire florentin, exilé politique à Arezzo. *1312* sa famille se réfugie à Avignon. *1316* études à Montpellier. *1320* à Bologne. *1326* retenu à Avignon, à la mort de son père ; fonctionnaire à la cour des Papes jusqu'en *1353*. *1327* rencontre avec Laure (amour platonique). *1337* mission en Italie ; achète le domaine de Vaucluse (Comtat Venaissin). *1353-61* se fixe à Milan, au service des Visconti. *1361-67* à Padoue ; séjour à Venise. *1368* séjourne jusqu'à sa mort à Arquà, en Vénétie.

Pic de la Mirandole, Jean [Sav, Ph] (1463-94) : Conclusions (1486).

Politien, Agnolo Ambrogini, dit le [P] (1454-94) : la Fable d'Orphée (1480), la Joute.

Savonarole, Girolamo [Or] (1452-98) : Sermons (1483-98). – *Biogr. :* fils d'un médecin de Ferrare. *1475* dominicain à Bologne. *1489* prédicateur célèbre. *1492* appelé au chevet de Laurent de Médicis mourant (à Florence), se fixe là. *1495* chasse les Médicis et proclame Jésus-Christ « roi du peuple florentin » (exerce une dictature théocratique). *1498* excommunié par le pape Alexandre VI, résiste par les armes ; puis il accepte, et enfin refuse l'ordalie par le feu ; arrêté, il est condamné à mort et exécuté.

Thomas d'Aquin, saint [Ph, Théo] (1225-74) : Somme théologique (1266-74).

Todi, Iacopone Benedetti da [E] (1230-1306) : Laudi.

Vinci, Léonard de [Peintre, Sav.] (1452-1519) : Cahiers (22 vol., publ. 1901).

Voragine, le Bienheureux Jacques de (J. de Varazze) [E] (v. 1228-98) : la Légende dorée (en latin, v. 1250).

Nés entre 1500 et 1700

Bruno, Giordano [Ph] (1548-1600) : Sonnets, Dialogues.

Campanella, Tommaso [Ph, P] (1568-1639) : la Cité du soleil (1623).

Cellini, Benvenuto [P, Mém, sculpteur] (1500-71) : Ma vie (1558-66 ; publ. 1728), Canzoni.

Chiabrera, Gabriello [P] (1552-1638).

Maffei, Scipione [Cr, D] (1675-1755) : Mérope (1713).

Marino, Giambattista (Cavalier Marin) [P] (1569-1625) : Adonis (1623).

Metastase (Pietro Trapassi) [P] (1698-1782) : Didon abandonnée, l'Olympiade, la Clémence de Titus, Thémistocle.

Muratori, Ludovico Antonio [Eru] (1672-1750) : Rerum italicarum scriptores (1723-38), Antiquitates italicae Medii Aevi (1738-43), Annali d'Italia.

Tasso, Torquato (Le Tasse) [P] (1544-95) : Aminta, Jérusalem délivrée (1575-80).

Tassoni, Alessandro [P] (1565-1635) : le Vol d'un seau d'eau (1622).

Vasari, Giorgio [H] (1511-74) : Vies des plus célèbres peintres, sculp., architectes.

Vico, Giambattista [H, Ph] (1668-1744) : Principes de la philosophie de l'histoire (1725).

Nés entre 1700 et 1800

Alfieri, Cᵗᵉ Vittorio [P, D] (1749-1803) : *Tragédies :* Mérope, Saül (1782), Philippe, Antigone, Virginie (1783), Marie Stuart. *Satires* (1786-97). – *Biogr. :* études dans un collège militaire de Turin. Parcourt l'Europe de *1767* à *1772*. D'humeur belliqueuse. Admirateur de Rousseau, Voltaire et Montesquieu. La Cᵗᵉˢˢᵉ d'Albany fut son inspiratrice. Il vécut avec elle à Paris d'où la Révolution les chassa.

Algarotti, Francesco [P, Cr] (1712-64) : Écrits sur la littérature, la musique, l'art militaire, l'hist. ancienne et moderne.

Azeglio, Massimo, Mⁱˢ d' [E] (1798-1866) : Ettore Fieramosca, Niccolò dei Lapi.

Baretti, Giuseppe [Cr] (1719-89) : le Fouet littéraire (1763-65).

Beccaria, Cesare, Mⁱˢ de [Jur] (1738-94) : Des délits et des peines (1754).

Berchet, Giovanni [P] (1783-1851) : Lettera semiseria di Grisastomo.

Foscolo, Ugo [P, R] (1778-1827) : Lettres de Jacques Ortis, les Tombeaux (1807). – *Biogr. :* père vénitien, mère grecque. *1792-97* à Venise. À 19 ans, publie une tragédie, *Tieste,* inspirée d'Alfieri. À Milan, rencontre Parini et Monti. Vie politique intense. Combat dans la Légion cisalpine et la Division italienne aux côtés de l'Armée française. Retour à Milan puis Brescia où il compose son chef-d'œuvre, *I Sepolcri.* Meurt près de Londres.

Goldoni, Carlo [D] (1707-93) : le Café (1750), le Menteur (1750), les Curieuses (1751), la Locandiera (1753), la Villégiature (trilogie 1754-55), les Querelles de Chioggia (1762), l'Éventail (1765), le Bourru bienfaisant (en français, 1771). – *Biogr. :* fils d'un médecin vénitien. *1720* étudiant en philosophie à Rimini d'où il s'enfuit avec des comédiens. *1728* tonsuré, juge ecclésiastique à Pavie, puis à Feltre. *1731* docteur en droit à Padoue, professeur à Venise. *1734* triomphe à Venise comme dramaturge. *1734-44* comédien ambulant. *1744-48* avocat à Florence. *1748-62* auteur attitré du théâtre San Angelo à Venise. *1762* se fixe à Paris, comme auteur de la Comédie italienne.

Gozzi, Carlo [D] (1720-1806) : Turandot, le Roi cerf, l'Oiseau vert, l'Amour des trois oranges.

Gozzi, Gasparo [J, P] (1713-86) : la Gazette vénitienne (1761-62), l'Observateur vénitien (1767-68), Sermons, Lettres.

Leopardi, Giacomo, comte [P] (1798-1837) : Chants (Amour et Mort, le Genêt, le Passereau solitaire, Consalvo). – *Biogr. :* famille noble, études de philo. classique, vie familiale austère, poète de la mélancolie et de la douleur.

Manzoni, Alessandro [P, R, D] (1785-1873) : Hymnes sacrés, le Cinq Mai, les Fiancés (1825-27), Adelchi, le Comte de Carmagnole. – *Biogr. :* famille noble ; sa mère, fille de Cesare Beccaria. *1805* à Paris se lie avec Fauriel. *1808* très voltairien, se convertit. Sénateur à Milan : sa sincérité et son amour de la patrie lui confèrent l'estime générale.

Monti, Vincenzo [P, D] (1754-1828) : Prosopopée de Périclès (1779), la Bassvilliana (1794), la Féroniade.

Parini, Giuseppe [P] (1729-99) : Odes, le Jour (1763-1801).

Pellico, Silvio [E] (1789-1854) : Francesca da Rimini (1815), Mes prisons (1832). – *Biogr. :* patriote, condamné à mort, mais par la grâce impériale, enfermé 8 ans à Spielberg.

Nés entre 1800 et 1900

Alvaro, Corrado [R, J] (1895-1956) : l'Homme dans le labyrinthe (1926), Gens d'Aspromonte, L'Homme est fort (1938), Terreur sur la ville, la Brève Enfance (1946), Mastrangélina (1961), Tout est arrivé (1962). *Journal* (2 vol.) : Presque une vie (1927-47), Dernier Journal (1948-56).

Amicis, Edmondo de [E] (1846-1908): Grands Cœurs, Sur l'Océan, Nouvelles.
Annunzio, Gabriele d' (Gaetano Rampagnetto, dit) [P, R, D] (1863-1938): l'Enfant de volupté (1889), le Triomphe de la mort (1894), les Vierges aux rochers (1896), le Feu (1899), Forse che si, forse che no, le Martyre de saint Sébastien (en français, 1911). *Tragédies:* la Ville morte, la Léda sans cygne (1916), Francesca de Rimini. — *Biogr.:* famille bourgeoise des Abruzzes (Pescara). *1879* publie son premier livre poétique (16 ans). *1881* se fixe à Rome, fréquentant les milieux littéraires. *1897* élu député (extrême droite). *1910* ruiné, poursuivi par les créanciers, se réfugie en France. *1915* revient en Italie, chef du parti interventionniste. *1916-18* combattant dans l'aviation (perd l'œil gauche; nombreuses décorations). *1919* enlève la ville de Fiume aux Yougoslaves. *1922* se brouille avec Mussolini. *1923* créé par le roi prince de Monte Nevoso reçoit le domaine de Vittoriale, près du lac de Garde. *1925* réconciliation avec Mussolini. *1937* Pt de l'Académie nationale.
Bacchelli, Riccardo [R] (1891): les Moulins du Pô, la Folie Bakounine (1974).
Baldini, Antonio (1889-1962): Michelaccio (1924), Rugantino (1942), Melafumo (1950), Doppio Melafumo (1955).
Banti, Anna [R] (1895): Alarme sur le lac, Je vous écris d'un pays lointain.
Betocchi, Carlo [P] (1899).
Betti, Ugo [D, R] (1892-1953): Pas d'amour, l'Ile aux chèvres (1950), Haute Pierre, Un beau dimanche de septembre.
Bontempelli, Massimo [R] (1878-1960): Des gens dans le temps.
Campana, Dino [P] (1885-1932): Chants orphiques.
Capuana, Luigi [E] (1839-1915): le Marquis de Roccaverdina (1901).
Cardarelli, Vincenzo (Nazareno Caldarelli) [P] (1887-1959).
Carducci, Giosue [P, Cr] (1835-1907): professeur de litt. it. à Bologne de *1860* à *1904*. Ses écrits en vers ou en prose sont tous un hommage à la perpétuité du génie latin. Odes barbares, Iambes et Épodes [N. 1906].
Cecchi, Emilio (1884-1966): Poissons rouges (1920), l'Auberge du mauvais temps (1927), America amara (1940), Courses au trot, Vieilles nouvelles (1941), Notes pour le périple de l'Afrique (1954).
Chiarelli, Luigi [D] (1884-1947): Masques et Visages, Feux d'artifice.
Comisso, Giovanni (1895-1965): Gens de mer (1929), Voyages heureux (1949), Caprices italiens (1952).
Croce, Benedetto [Ph, Cr] (1866-1952): Bréviaire d'esthétique (1913), la Poésie antique et moderne (1941).
De Filipo, Eduardo [D] (1900-80).
Deledda, Grazia [R] (1871-1936): Elias Portolu (1903), Cendres (1904), Roseaux sous le vent (1913) [N. 1926].
De Roberto, Frédérico [R] (1861-1927): les Vice-Rois (1894).
Ferrero, Guglielmo [H, Soc] (1871-1943): Grandeur et Décadence de Rome (1901-07), Aventure, Bonaparte en Italie.
Fogazzaro, Antonio [P, R] (1842-1911): Malombra, Danièle Cortis, Petit Monde d'autrefois (1895), Petit Monde d'aujourd'hui (1901), le Saint.
Fucini, Renato [R] (1843-1921): les Veillées de Néri (1889).
Gadda, Carlo Emilio [Hum] (1893-1973): l'Adalgisa, Nouvelles, l'Affreux Pastis de la rue des Merles (1957), Connaissance de la littérature.
Gentile, Giovanni [Ph, Pol] (1875-1944): Théorie générale de l'esprit.
Gioberti, Vincenzo [Ph, Pol] (1801-52).
Gozzano, Guido [P] (1883-1916): le Chemin du refuge (1907), Colloques (1911).
Gramsci, Antonio [Pol] (1891-1937): Lettres de la prison (1947), Écrits politiques (posth. 1947-55).
Lampedusa, Giuseppe Tomasi di [R] (1897-1957): le Guépard (posth. 1958), le Professeur et la Sirène.
Malaparte, Curzio (Kurt Suckert) [R] (1898-1957): Technique du coup d'État (en français, 1931), Kaputt (1944), la Peau (en français, 1948), Ces sacrés Toscans, Ces chers Italiens (posth. 1975).
Manzini, Gianna [E] (1896-1974): l'Épervière, Temps d'amour (1928).
Mazzini, Giuseppe [E, Pol] (1805-72).
Montale, Eugenio [P] (1896-1981): Os de seiche (1925), la Maison aux deux palmiers [N. 1975].
Moretti, Marino [P, R] (1895-1976): Andreana (1935), la Veuve Fioravanti (1940), les Époux Allori, la Chambre des époux, Anne et les éléphants (1936).
Niccodemi, Dario [D] (1877-1934): Scampolo.

Quelques personnages de la littérature italienne

Béatrice: la Divine Comédie (1472) de Dante Alighieri (protectrice et inspiratrice des poètes).
Laure: Pétrarque (la beauté, l'esprit et la vertu).
Commedia dell'Arte (XVIe siècle): *Arlequin* (bouffon cynique et poltron), *Scapin* (canaille astucieuse), *Polichinelle* (ivrogne querelleur et glouton), *Pierrot (Pedrolino)* (nigaud sentimental), *Colombine* (soubrette frétillante).
Pinocchio: les Aventures de P. (1878) par Collodi (gamin insouciant et espiègle).
Don Camillo: série de romans (1948-68) par Guareschi (curé humoriste et violent).
Peppone: même ouvrage (communiste en principe antireligieux).
Don Abbondio: Manzoni (curé poltron et veule).

Nievo, Ippolito [R] (1831-61): les Confessions d'un octogénaire (posth. 1867, appelées ensuite: Confessions d'un Italien).
Oriani, Alfredo [R] (1852-1909): Au-delà (1877), Jalousie (1894), la Défaite, Tourbillon (1899).
Palazzeschi, Aldo (Giurlani) [P, R] (1885-1974): les Sœurs Materassi, les Frères Cuccoli, Bêtes de notre temps, le Doge.
Panzini, Alfredo, [R] (1863-1939): la Lanterne de Diogène, Xanthippe.
Papini, Giovanni [E] (1881-1956): Un homme fini (1912), Histoire du Christ (1921), Figures humaines, Michel-Ange (1949), le Diable (1953).
Pareto, Vilfredo [Soc, Éc] (1848-1923): Cours d'économie pol. (1896-97), Traité de sociologie générale (1916).
Pascoli, Giovanni [P] (1855-1912): Myricae, le Petit Enfant, Odes.
Pirandello, Luigi [R, D] (1867-1936): Nouvelles pour une année (1894-1919), Feu Mathias Pascal (1904), Chacun sa vérité (1916), la Volupté de l'honneur (1917), Six Personnages en quête d'auteur (1921), Henri IV (1922), Vêtir ceux qui sont nus (1922), la Vie que je t'ai donnée (1923), Comme ci comme ça (1925), Ce soir on improvise (1930). — *Biogr.:* fils d'un Sicilien, exploitant une mine de soufre près d'Agrigente. *1889-91* lecteur d'italien à Bonn (Allemagne). *1893* se fixe à Rome. *1894* épouse Antonietta Portulano (qui deviendra folle en 1903). *1897-1922* professeur à l'Institut sup. de Rome. *1903* famille ruinée (éboulement dans la soufrière). *1919* Antonietta internée. *1923* fait fortune au théâtre (triomphe à Paris des *Six Personnages*). *1924* s'inscrit au parti fasciste. *1929* membre de l'Académie nat. [N. 1934].
Pizzuto, Antonio [R] (1890-1976): Signorina Rosina (1916), On répare les poupées (1960).
Raimondi, Giuseppe [E] (1898): Giuseppe in Italia (1949), Journal.
Rosso di San Secondo, Pier Maria [D] (1887-1956): Un passionné de marionnettes (1918).
Saba, Umberto [P] (1883-1957): Oiseaux (1950).
Sanctis, Francesco de [E] (1817-83): Hist. de la littérature italienne.
Savinio, Alberto (Andrea de Chirico) [Hum] (1891-1952): Toute la vie (1946), Maupassant et l'autre.
Serao, Matilde [R] (1856-1927): la Ballerine, Petites Ames, le Ventre de Naples, il Paese di cuccagna.
Sraffa, Piero [Ec] (1898-1983).
Svevo, Italo [R] (Ettore Schmitz) (1861-1928): Une vie, Sénilité, la Conscience de Zeno (1923), Court Voyage sentimental (1979), le Destin des souvenirs.
Tecchi, Bonaventura [R] (1896-1968): I Villateuri (1937), Valentina Velier (1950), les Égoïstes (1959).
Tozzi, Federico [R] (1883-1920): le Domaine, les Trois Croix.
Ungaretti, Giuseppe [P] (1888-1970): le Port enseveli (1916), les Cinq Livres, Vie d'un homme.
Verga, Giovanni [R, D] (1840-1922): les Vaincus (1881) [I. les Malavoglia; II. Maître Don Gesualdo], Nouvelles siciliennes. *Théâtre:* Cavaleria Rusticana (1884).
Vogolo, Giorgio [P] (1894-1978).

Nés après 1900

Arpino, Giovanni [E] (1927): Serena, Un délit d'honneur, le Bonheur.
Balestrini, Nanni [P, R] (1935): Nous voulons tout (1971), Prenons tout (1972).
Bassani, Giorgio [R] (1916): le Jardin des Finzi-Contini, Derrière la porte, le Héron.
Berto, Giuseppe [R] (1914-77): la Cose buffe (1960), le Mal obscur, Le Ciel est rouge (1969).
Bevilacqua, Alberto [R] (1934): la Califfa, Cet amour qui fut le nôtre, le Voyage mystérieux, Aventure humaine, Attention au bouffon, Une ville amoureuse, les Grands Comiques.
Bianciardi, Luciano [R] (1922-71): l'Intégration (1960), la Vie aigre (1962).
Bonaviri, Giuseppe (1924): la Divine Forêt, le Fleuve de pierre (1969), Martedina (1976, écrit 1960).
Brancati, Vitaliano [Hum] (1907-54): Don Juan en Sicile (1942), le Bel Antonio (1949), les Ardeurs de Paolo (1955).
Buzzati, Dino [R] (1906-72): Barnabo des montagnes (1933), le Désert des Tartares (1940), les Sept Messagers (1942), l'Invasion des ours en Sicile (1945), Un cas intéressant (1953), l'Écroulement de la Baliverna (1954), l'Image de pierre (1959), Un amour (1963), A ce moment précis (1963), le K (1966), le Rêve de l'escalier (1973), Nous sommes au regret de... (posth. 1982), Mystères à l'italienne (posth. 1983).
Calvino, Italo [R] (1923-85): le Baron perché, le Vicomte pourfendu, Temps zéro, les Villes invisibles, le Château des destins croisés (1976), Si par une nuit d'hiver un voyageur (1979), Palomar (1985).
Cassola, Carlo [R] (1917): la Coupe de la forêt, Fausto et Anna (1952), la Fiancée de Bube, Cœur aride (1961), Fiorella, le Chasseur, Une liaison, Anna de Volterra, Mario, la Maison de la rue Valadur, Peur et Tristesse, l'Homme et le Chien, l'Antagoniste.
Castellaneta, Carlo [R] (1930): Voyage avec mon père, la Dolce Campagna, la Paloma, Tante Storie.
Cespedes, Alba de [R] (1911): Elles (1949), le Cahier interdit (1952), le Remords (1964), la Bambolona, Sans autre bien que la nuit (en français) (1974).
Chiara, Pietro [R] (1913): il Pitto Piange (1962), la Spartizione (1964), l'Uovo al cianuro (1969), la Stanza del vescovo (1970).
Coccioli, Carlo [R] (1920): la Mariée en ville (1939), la Difficile Espérance (1947) (en français, 1955), le Ciel et la Terre (1950), la Ville et le Sang, la Petite Vallée du Bon Dieu, le Bal des égarés, Ambroise, le Feu (1952), le Caillou blanc, Manuel le Mexicain, Découverte de la Sardaigne, David.
Dessi, Giuseppe [R] (1909-77): la Justice (1959), le Déserteur (1963), les Moineaux, la Danseuse de papier.
Eco, Umberto [Es] (1932): l'Œuvre ouverte (1962), la Structure absente (1968), le Nom de la rose (1980), Sept Années de désir, Lector in fabula (1986), la Guerre des faux (1986).
Fabbri, Diego [D] (1911-80): Procès à Jésus (1955), le Séducteur (1955), Procès de famille (1955), Inquisition (1957), le Signe du feu (1961).
Fenoglio, Beppe [R] (1922-63): les Vingt Jours de la ville d'Alba, Un jour de feu, la Guerre sur les collines.
Fo, Dario [D] (1926).
Fruttero, Carlo et **Lucentini,** Franco [R]: la Femme du dimanche, la Nuit du grand boss.
Gatto, Alfonso [P] (1909-76).
Ginzburg, Natalia [R] (1916): les Voix du soir, les Petites Vertus, les Mots de la tribu, Je t'écris pour te dire (1975).
Giovene, Andrea [R] (1904): l'Autobiographie de Giulano di Sansevero (5 vol.).
Guareschi, Giovanni [Hum] (1908-68): le Mari au collège, Don Camillo (6 vol., 1948-68).
Jovine, Francesco [R] (1902-50): les Terres du Saint-Sacrement.
Landolfi, Tommaso [R] (1908-79): la Pierre de lune (1939), l'Épée (1942), la Muette (1964).
Levi, Carlo [R] (1902-75): Le Christ s'est arrêté à Eboli (1945), la Peur de la liberté (1946), la Montre (1950).
Luzi, Mario [P] (1914).
Marotta, Giuseppe [Hum, D] (1902-63): l'Or de Naples (1947), A Milan il ne fait pas froid (1949), les Élèves du soleil (1952).
Morante, Elsa [R] (1918-85): Mensonge et Sortilège (1948), l'Ile d'Arturo (1957), le Châle andalou (1963), la Storia (1975), Aracoeli.
Moravia, Alberto (Pincherle) [R, D] (1907): *Romans:* les Indifférents (1929), les Ambitions déçues (1935), Agostino (1944), la Belle Romaine (1947), la Désobéissance (1948), le Conformiste (1951), le Mépris (1954), la Ciociara (1957), Nouvelles romaines, Autres Nouvelles romaines (1959), l'Ennui (1960), l'Attention (1965), Une chose est une chose (1967), Lui et Moi (1971), Une autre vie (1975), Desideria. *Nouvelles* (1976). *Théâtre:* Le Monde est ce qu'il est. *Essai:* A quelle tribu appartiens-tu ? (1974).
Parise, Goffredo [R] (1934-82): En odeur de sainteté, les Fiançailles, le Patron, l'Absolu naturel, le Diable se peigne.
Pasinetti, Pier Maria [R] (1911): Rouge vénitien, le Sourire du lion, le Pont de l'Académie.

Pasolini, Pier Paolo [Ciné, R] (1922-75) : les Ragazzi, Une vie violente, le Rêve d'une chose.
Pavese, Cesare [R, P] (1908-50) : *Romans :* Par chez toi (1941), la Plage (1942), Vacances d'août (1946), le Compagnon, Dialogues avec Leuco (1947), Avant que le coq chante, le Bel Été (1949), la Lune et les Feux (1950). *Poésie :* Travailler fatigue (1936), la Maison sur la colline, la Prison (1949), Viendra la mort et elle aura tes yeux (1950). *Journal :* le Métier de vivre (1952), Salut Masino (1974).
Penna, Sandro [P] (1906-77).
Petroni, Guglielmo (1911) : Le Monde est une prison (1949), la Couleur de la terre (1964), la Mort de la rivière (1974).
Piovene, Guido [R] (1907-74) : la Novice, Pitié contre pitié, Voyage en Italie, les Étoiles froides, Paris cette inconnue, les Furies.
Pomilio, Mario [R] (1921) : la Compromission (1965), le Cimetière chinois (1969), le 5e Évangile (1975).
Porta, Antonio [P] (1935).
Pratolini, Vasco [R] (1913) : le Quartier, Chronique des pauvres amants (1947), le Gâchis, Un héros de notre temps (1949), Metello (1955), les Filles de Sanfrediano, Chronique familiale, la Constance de la raison (1963).
Prisco, Michele [R] (1920) : Fils difficiles, la Dame de Naples, les Héritiers du vent, Jeux de brouillards, les Ciels du soir.
Quarantotti-Gambini, Pier Antonio [R] (1910-65) : les Régates de San Francisco, la Rose rouge.
Quasimodo, Salvatore [P] (1901-68) : La Vie n'est pas un songe (1949), la Terre incomparable (1958) [N. 1959].
Rea, Domenico [R] (1921) : Enfants de Naples (1953).
Sanguineti, Edoardo [E] (1930) : Caprice italien (1963), le Noble Jeu de l'Oye (1967).
Santucci, Luigi [R] (1918) : Orphée au Paradis.
Satta, Salvatore [R] (n.c.) : le Jour du jugement (posth.).
Sciascia, Leonardo [R] (1920) : les Oncles de Sicile (1958), le Jour de la chouette, la Mort de l'inquisiteur, À chacun son dû (1966), la Mer couleur de vin, Candide, les Poignardeurs, l'Affaire Moro, la Sicile comme métaphore (1979).
Sereni, Vittorio [P] (1913) : Diario d'Algeria, Un posto di vacanza (1973).
Silone, Ignazio (Secondo Tranquili) [R] (1900-78) : Fontamara (1930), le Pain et le Vin (1937), le Grain sous la neige (1940), Une poignée de mûres (1952), le Secret de Luc (1956), le Renard et les Camélias, Sortie de secours (1965), l'Aventure d'un pauvre chrétien (1968). *Essais :* Der Faschismus (1935), l'École des dictateurs (1939).
Soldati, Mario [R] (1906) : la Vérité sur l'affaire Motta, le Vrai Silvestre (1957), l'Enveloppe orange, Raconte carabinier, le Dernier Rôle, l'Émeraude, l'Épouse américaine (1979).
Testori, Giovanni [R, D] (1923) : *Romans :* la Ghisolfa (1958), les Amants ennemis (1961). *Théâtre :* l'Arialda (1961).
Tobino, Mario [R, P] (1910) : le Libere donne di Magliano (1953), Per le antiche scale (1972), il Perduto Amore (1979).
Vittorini, Elio [R] (1908-66) : Conversation en Sicile (1941), les Hommes et les Autres (1945), Le Simplon fait un clin d'œil au Fréjus (1947), l'Œillet rouge (éd. compl., 1948), les Femmes de Messine (1949), Erica (1954), Journal en public (1957, éd. déf. 1970), J'étais un homme, la Trêve, les 2 Tensions (1967), les Villes du monde (posth. 1969).
Volponi, Paolo [R] (1924) : Pauvre Albino (1962), Memoriale (1962), la Macchina mondiale.
Zanzotto, Andrea [R] (1921) : la Beauté (1968), le Galateo dans le bois (1979).

Littérature portugaise

Nés avant 1600

Anonymes : Cancioneiros de Ajuda, de la Vaticane, Colocci Brancuti (XIIIe s.) ; Cronica geral (1344) ; Livres des lignes (XIVe s.) ; Chronique du Connétable du Portugal (v. 1440) ; Cancioneiro de Baena (1445). *Collectives :* Cancioneiro geral ou de Resende (1516).
Anchieta, José de (Brés.) [P, D] (1534-97).
Barros, João de [H] (1496-1570) : Décades.
Bernardes, Diogo [P] (1530-1605) : Bucoliques.
Camoens, Luis de [P] (1525-80) : les Lusiades (1572), Redondilhas.
Ferreira, António [D] (1528-69) : la Castro (1587).
Gois, Damião de [H] (1502-72) : Chronique du Prince João (1567).
Lopes, Fernão [H] (v. 1385-v. 1460) : Chronique du Portugal (1419).
Lopes de Castanheda, Fernão [H] (1500-59) : Histoire de la découverte et de la conquête de l'Inde (1551-61).
Mendes Pinto, Fernão [Chr] (1510?-83) : Pèlerinages (1614).
Pina, Rui de [H] (1440-1522) : Chronique du roi Duarte.
Resende, André Falcão de [P] (1527-99) : Microcosmographies.
Resende, Garcia de [H] (1470-1536) : Chronique du roi João II, Cancioneiro.
Ribeiro, Bernardim [P, D] (v. 1482-1552) : Toute jeune et pucelle (1554).
Sá de Miranda, Francisco de [P, D] (1485-1558) : les Étrangers (1528), Lettres.
Vasconcelos, Jorge Ferreira de [D] (v. 1515-1585) : Euphrosine (1555).
Vicente, Gil [D] (v. 1470-1536) : *Théâtre :* les Vaisseaux (1517-18), l'Ame (1518), l'Inde, Inês Pereira (1523).
Zurara, Gomes Eanes de [H] (v. 1420-v. 1500) : Prise du Ceuta (1450).

Nés entre 1600 et 1800

Almeida Garrett, João Baptista de [P, H, D] (1799-1854) : Frei Luis de Sousa (1843), Voyages dans mon pays (1846), Feuilles tombées (1853).
Barbosa du Bocage, Manuel Maria [P] (1765-1805) : Rimes (5 vol., 1806-14).
Caldas Barbosa (Brés.) [P] (1740-1800).
Costa, Manuel da (Brés.) [P] (1729-89).
Cruz e Silva, António Dinis da [P] (1731-99) : le Goupillon (1802).
Cunha, José Anastacio da [P] (1744-87).
Garção, Correia [P, D] (1724-77) : l'Assemblée (1770).
Gonzaga, Tomás António [P] (1744-1810) : Marilia de Dirceu (1792-1800).
Macedo, José Agostinho de [Polé] (1761-1831) : les Anes ou le Règne de la stupidité (1812).
Matos Guerra (Brés.) [P] (1633-96).
Melo, D. Francisco Manuel de [Mor, H] (1608-66) : Guide pour les gens mariés (1665).
Nascimento, Francisco Manuel do (ou Filinto Elisio) [P] (1734-1819) : Poésie lyrique portugaise (Paris, 1808).
Santa Rita Durão, José de (Brés.) [P] (1722-84).
Silva, António José da (ou le Juif) [D] (1705-39, brûlé) : Vie de Don Quichotte, Amphitryon, les Guerres du romarin et de la marjolaine, les changements de Protée (1737), la chute de Phaéton (1738).
Silva Alvarenga, Manuel Inacio da (Brés.) [P] (1749-1814) : le Déserteur, Glaura.
Tolentino de Almeida (Nicolau) [P] (1740-1811) : le Billard (1779).
Verney, Luis António [E] (1713-92) : Véritable méthode d'apprentissage (1746).
Vieira, Père António [Or] (1608-97) : Sermons.

Nés entre 1800 et 1900

Abreu, Casimiro de (Brés.) [P] (1839-60) : les Printemps (1859).
Alencar, José de (Brés.) [R] (1829-77) : le Guarani, Iracema, le Gaucho.
Almeida, Manuel António de (Brés.) [R] (1831-61).
Andrade, Mário de (Brés.) [P] (1893-1945) : la Ville hallucinée, Macunaima.
Azevedo, Aluizio (Brés.) [R] (1857-1913) : le Mulâtre (1881), la Ruche (1890), Pension de famille.
Bandeira, Manuel (Brés.) [P] (1886-1968) : Carnaval (1919), Crónicas do Brazil (1936).
Barreto, Alfonso Lima (Brés.) [R, J] (1881-1922) : Histoires et Songes.
Braga, Teófilo [P, E] (1843-1924).
Brandão, Raúl [R, D] (1867-1930) : Humus.
Caminha, Adolfo (Brés.) [P, R] (1867-97) : la Normalienne (1893), le Bon Créole (1895).
Castelo Branco, Camilo [R] (1825-90) : Amor de Perdição (1862).
Castilho, António Feliciano de [P, D] (1842-75) : la Nuit au château.
Castro, Eugénio de [P] (1869-1944) : Oarystes.
Castro Alves, António de (Brés.) [P] (1847-71) : la Chanson de l'Africain (1863).
Coelho Neto, Henrique (Brés.) [R] (1864-1934) : le Mirage (1895).
Cortesão, Jaime [H] (1884-1960).
Cunha, Euclides da (Brés.) [Es] (1866-1909) : En marge de l'Histoire (1909).
Eça de Queirós, José Maria [R] (1845-1900) : la Faute du P. Amaro (1875), le Cousin Basile (1878), la Relique (1887), Une famille portugaise (Os Maias) (1888), Contes.
Ferreira de Castro, José Maria [R] (1898-1974) : Émigrants (1928), Forêt vierge (1930), Terre froide (1934).
Gonçalves Dias, António (Brés.) [P] (1823-64) : Cantos.
Guimarães, Bernardo (Brés.) [R] (1825-84) : le Chercheur d'or (1872), l'Esclave Isaure (1875).
Herculano, Alexandre [P, H, R] (1810-77) : Eurico (1844), Hist. des origines de l'Inquisition (1854-59), Histoire du Portugal.
Junqueira Freire, Luis José (Brés.) [P] (1832-55) : Inspirations du cloître.
Junqueiro, Abilio Guerra [Or, P] (1850-1923) : la Vieillesse du Père Éternel (1885), Patrie (1896).
Leal, António Duarte Gomes [P] (1848-1919) : Clarté du midi (1875), l'Antéchrist (1878).
Lobato, Bento Monteiro (Brés.) [R] (1882-1948) : Urupês (1918).
Macedo, Joaquim Manuel de (Brés.) [R] (1820-82) : la Négrillonne (1844).
Machado de Assis, Joaquim Maria (Brés.) [R] (1837-1908) : Quincas Borba (1891), Dom Casmurro, Esaü et Jacob (1904).
Magalhães, Goncalves de (Brés.) [P] (1811-82).
Martins, Joaquim Oliveira [Pol] (1845-94).
Peixoto, Afrânio (Brés.) [R] (1876-1947).
Pessanha, Camilo [P] (1871-1926) : Clepsydre (1920).
Pessoa, Fernando [P] (1888-1935) : Message (1935).
Pompeia, Raoul (Brés.) [R] (1863-95).
Quental, Antero de [P, Ph] (1842-91) : Sonnets, Odes modernes (1865).
Ramos, Graciliano (Brés.) [R] (1892-1953) : Sécheresse, Enfance (1947).
Régio, José [P, R] (1899-1971) : les Carrefours de Dieu, Jacob et l'Ange.
Ribeiro, Aquilino [R] (1883-1963) : Wolfram (1943), Quand hurlent les loups (1958).
Sardinha, António [E] (1888-1925).
Sergio, Antonio [E] (1883-1969).
Teixeira de Pascoaes [P] (1878-1952) : les Ombres (1907).
Varela, Nicolau Fagundes (Brés.) [P] (1841-75) : Nocturnes, Chants et Fantaisies.
Verde, Cesário [P] (1855-86).

Nés après 1900

Amado, Jorge (Brés.) [R] (1912) : Cacao (1933), Bahia de tous les saints, Moisson rouge (1948), Capitaines des sables, les Souterrains de la liberté (1954), Gabriela girofle et cannelle (1958), les Deux Morts de Quinquin-la-flotte, les Pâtres de la nuit, Tereza Batista, Dona Flor et ses deux maris, le Vieux Marin, Tiesta d'Agreste, la bataille du Petit Trianon (1980), Tocaia Grande (1985).
Andrade, Eugénio [P] (1919) : Obra poética.
Braganca, Nuno [R] (1929) : A Noite e o Riso.
Breyner, Sophia de Mello [P] (1919) : Livro Sexto, Dual.
Brito, Casimiro de [P, R] (1938) : Labyrinthus.
Callado, António (Brés.) [R] (1917) : Mon pays en croix.
Campos de Carvalho, Walter (Brés. ; n.c.) [R] : la Lune vient d'Asie, la Vache au nez subtil, la Pluie immobile.
Cardoso Pires, José [R] (1925) : l'Invité de Job (1963), le Dauphin (1968).
Carvalho, José Candido (Brés.) [R] (1914) : le Colonel et le Loup-garou.
Castro, Josué de [Pol, Méd] (1908-73) : Géographie de la faim (1949-53), le Livre noir de la faim (1957-62).
Costa, Orlando da [R, P] (1929) : O Signo da ira (1961), Canto Civil (1979).
Costa, Maria Velho da [R] (1938) : Casas Pardas (1977).
Correia, Natália [P, R, Es] (1923).
Dioníso, Mario [P, R, Es] (1916) : le Feu qui dort (1967).
Drummond de Andrade, Carlos (Brés.) [P] (1902).
Faria, Almeida [R] (1943) : la Passion.
Ferreira, David Mourão [P, R, Es] (1927).
Ferreira, José Gomes [P] (1900-85) : le Poète militant.

Ferreira, Manuel [R, Es] (1917) : le Pain de l'exode (1962), Noa, Reino de Caliban.
Ferreira, Vergílio [R] (1916) : Signo, Sinal (1979).
Figueiredo, Tomás de [R] (1904-70) : la Tanière du loup (1947).
Fonseca, Manuel da [P, R] (1911) : Cerromaior.
Gedeão, António [P] (1906).
Gomes, Sœiro Pereira [R] (1909-49) : Esteiros.
Guimarães Rosa, João (Brés.) [R] (1908-67) : Buriti, Diadorim, Hautes Plaines, les Nuits du Sertão (1956).
Hélder, Herberto [P] (1930) : Poesia toda.
Lins do Rego, José (Brés.) [R] (1901-57) : l'Enfant de la plantation.
Lispector, Clarisse (Brés.) [R] (1925-78) : le Bâtisseur de ruines.
Luís, Agustina Bessa [R] (1922) : A Sibila.
Marques Rebelo (Brés.) [R] (1907).
Meireles, Cecília (Brés.) [P] (1901-64) : Mer absolue.
Mello Breyner, Sophia [P] (1919) : Livre sixième (1962).
Mello Mourão, Gerardo (Brés.) [P, R] (1917) : le Valet de pique.
Melo e Castro, Ernesto M. [P, Es] (1932) : Antologia da Poesia Portuguesa I e II (1979-80), Corpos Radiantes (1982).
Mendes, Murilo (Brés.) [P] (1901-75) : les Métamorphoses.
Miguéis, José Rodrigues [R] (1901-80) : Léah (1959).
Moraes, Vinicius de (Brés.) [P] (1913-80) : Cinq Élégies (1943), Patria Minha (1949).
Namora, Fernando [R] (1919) : le Bon Grain et l'Ivraie (1954), l'Homme au masque (1957).
Nemésio, Vitorino [R, P] (1901-78) : Orage sur le canal (1945).
Neto, Agostinho (Angolais) [P] (1922-79) : Espérance sacrée (1974).
Neto, João Cabral de Melo (Brés.) [D] (1920) : Morte e Vida Severina.
Oliveira, Carlos de [P, R] (1921-81) : Finisterra (1979).
Paço d'Arcos, Joaquim [R, D] (1908-79) : Ana Paula, Cellule 27.
Pepetela, (Arthur Pestana) [R] (1941) : Mayombe.
Rebelo, Luis Francisco [D] (1924) : le Lendemain.
Redol, Alves [R, D] (1911-69) : Gaibéus, Barranco de Legos.
Ribeiro, João Ubaldo (Brés.) [R] (1941) : Sergent Getúlio.
Rosa, António Ramos [P] (1924).
Santareno, Bernardo [D] (1924) : le Juif.
Sena, Jorge de [P, Es] (1919-78).
Soromenho, Castro [R] (1910-68) : Camaxilo (1949), Virage (1957).
Suassuna, Ariano (Brés.) [D] (1927) : le Testament du chien.
Torga, Miguel [P] (1907) : les Bêtes (1940), Journal (1941-68).
Veríssimo, Erico (Brés.) [R, Soc] (1905-75) : Monsieur l'Ambassadeur, le Temps et le Vent (1949-1967).
Vieira, Luandino (Angolais) [R] (1935) : Luuanda.

Nota. — Les « Lettres portugaises » (1669) prétendument adressées par la religieuse Mariana Alcoforado au Français le Cte de Chamilly ont été écrites en français par Gabriel de Guilleragues (1628-1685).

Littérature russe

Nés avant 1700

Anonymes : Annales des temps passés (v. 1115), Dit de la campagne d'Igor (XIIe s.).
Avvakoum (archiprêtre) [E] (v. 1620-81) : Autobiographie.
Feofan Prokopovitch [Préd] (1681-1736).
Iavoski, Stéphane [Théo] (1658-1722) : la Pierre de la foi.
Ivan le Terrible (tsar) [E] (1530-84) : Correspondance.
Kourbski, prince André [E] (1528-83) : Histoire du grand-duché de Moscou.
Macaire (métropolite) [E] (v. 1482-v. 1563) : Grande Vie des saints (Tchetii Mineï), Encycl. historique.
Monomaque, Vladimir II [Mor] (1053-1126) : Instruction à mes fils (1096).
Polotski, Siméon [P, Th, D] (1629-80).

Nés entre 1700 et 1800

Ablessimov, Alexandre [D] (1742-83) : le Meunier sorcier (1782).
Aksakov, Serge [E] (1791-1859) : Chronique de famille, les Années d'enfance du petit-fils Bagrov.
Batiouchkov, Constantin [P] (1787-1855) : Le Tasse mourant, A l'ombre d'un ami, l'Espoir (1803).
Bestoujev, Alexandre (pseud. : Marlinski) [R] (1797-1837).
Bogdanovitch, Hippolyte [P] (1743-1803) : l'Amour et Psyché (1783).
Boulgarine, Thaddée [J] (1789-1859) : l'Abeille du Nord.
Chakhovskoï, prince Alexandre [D] (1777-1846) : l'École des coquettes (1815).
Chichkov, Alexandre [Gram, Cr] (1754-1843).
Delvig, Antoine [P] (1798-1831).
Derjavine, Gabriel [P] (1743-1816) : *Odes :* Felitsa, Sur la mort du prince Mechtcherski, la Cascade, le Grand Seigneur.
Dmitriev, Ivan [P] (1760-1837).
Fonvizine, Denis [D] (1745-92) : le Brigadier (1766), le Mineur (1782).
Glinka, Théodore [E, P] (1788-1880) : Lettres d'un officier russe (1808), la Carélie ou la Captivité de Martha Johannowna (1830).
Gneditch, Nicolas [P] (1784-1833).
Griboïedov, Alexandre [D] (1795-1829) : le Malheur d'avoir trop d'esprit (1824).
Joukovski, Basile [P] (1783-1852) : le Cimetière du village, Lioudmilla, le Prisonnier de Chillon, Lalla, Rouk, l'Odyssée, la Pucelle d'Orléans.
Kantemir, Antiochus [P] (1708-44) : Contre les dénigreurs de la culture, Contre l'envie et l'orgueil des méchants nobles.
Kapnist, Basile [D, P] (1757-1823) : la Chicane.
Karamzine, Nicolas [E, H] (1766-1826) : Lettres d'un voyageur russe, la Pauvre Lise, Histoire de l'empire russe.
Khemnitzer, Ivan [Fab] (1745-84).
Kheraskov, Michel [P] (1733-1807).
Kioukhelbeker, Guillaume [P] (1797-1846) : Prophétie, la Mort de Byron.
Kniajnine, Jacques [D] (1742-91) : Roslav, le Fanfaron.
Kozlov, Ivan Ivanovitch [P] (1779-1840) : le Moine, la Princesse Nathalie Dolgorouki, la Jeune Folle.
Krylov, Ivan [Fab] (1769-1844) : Fables.
Lomonossov, Michel [P, Gram] (1711-65) : Grammaire russe, Rhétorique, Ode sur la prise de Khotine, Pierre le Grand, Livre saint.
Loukine, Vladimir [D] (1737-94).
Maïkov, Basile [P] (1728-78).
Novikov, Ivan [J] (1744-1818) : le Bourdon.
Petrov, Basile [P] (1736-99).
Polevoï, Nicolas [R, H, Cr] (1796-1846) : Histoire du peuple russe.
Pouchkine, Alexandre [P, R] (1799-1837) : le Prisonnier du Caucase (1822), Poltava (1828), Eugène Onéguine (1828-30), Doubrovski (1829), Récits de Bielkine (1830), Boris Godounov (1831), la Dame de pique (1833), la Fille du capitaine (1836), le Cavalier d'airain (1837). — *Biogr. :* fils d'un membre de la haute noblesse et d'une Éthiopienne descendante d'otages rachetés aux Turcs par Pierre le Grand (type mulâtre) ; élevé à la française. *1811* lycée noble de Tsarskoïe-Selo. *1817* fréquente le milieu mondain et littéraire de Moscou et de St-Pétersbourg. *1820* exilé en Bessarabie (à cause de ses idées libérales). *1823-26* à Odessa. *1826* gracié, rentre à Moscou. *1829* combattant volontaire au Caucase. *1831* mariage avec Nathalie Gontcharova. *1834* « gentilhomme de la chambre », a 60 000 roubles de dettes. *1836* fonde la revue littéraire *le Contemporain*. *1837* tué en duel par un Français, Georges d'Anthès, qui courtisait sa femme.
Radichtchev, Alexandre [E, P] (1749-1802) : A la liberté, Voyage de Pétersbourg à Moscou.
Ryleïev, Conrad [P] (1795-1826) : Voïnarovski.
Soumarokov, Alexandre [D, P] (1718-77) : Khorev.
Tchaadaïev, Pierre [Ph] (1794-1856).
Tchoulkov, Michel [R] (1743-92) : Dictionnaire des superstitions russes (1782).
Trediakovski, Basile [P, D] (1703-69) : Traduction de Télémaque.
Viazemski, prince Pierre [P] (1792-1878).

Nés entre 1800 et 1900

Akhmatova, Anne [P] (1889-1966) : Soir, le Rosaire, Volée blanche, le Plantain, Anno Domini, le Poème sans héros.
Aksakov, Ivan [P] (1823-86).
Alexandrovski, Basile [P] (1897-1934).
Andreïev, Léonide [D, R] (1871-1919) : le Gouffre, l'Épouvante, le Rire rouge (1904), le Récit des sept pendus. *Théâtre :* la Vie d'un homme (1906), Jours de notre vie (1908).
Annenski, Innocent [P] (1856-1909) : le Coffret de cyprès, Chants à voix basse.
Antokolski, Paul [P] (1896) : le Fils.
Apoukhtine, Alexis [P] (1841-93).
Asseiev, Nicolas [P] (1889-1963) : Poème antigénial.
Babel, Isaac [E] (1894-1941) : Cavalerie rouge, Contes juifs, Premier Amour.
Bagritski, Édouard [P] (1896-1934) : la Mort de la pionnière (1932).
Bakounine, Michel [Pol] (1814-76) : le Plan de fédération internationale (1884), Fédéralisme, socialisme et antithéologisme (1872).
Balmont, Constantin [P] (1867-1942) : Visions solaires (1903), la Liturgie de la beauté (1905).
Baratynski, Eugène [P] (1800-44) : Eda, le Bal, la Tzigane, le Crépuscule.
Bedny, Demiane (Euthyme Pridvorov) [P] (1883-1945) : Héros de l'Antiquité (1936).
Berdiaev, Nicolas [Ph] (1874-1948). Voir littérature française.
Bielinski, Bessarion [Ph, Cr] (1811-48) : Rêveries littéraires (1834).
Biely, André [P, R] (1880-1934) : Symphonies, Moscou, Pétersbourg, Kotik, Letaiev, les Cendres, Or dans l'azur.
Blok, Alexandre [P] (1880-1921) : Vers sur la belle dame, le Masque de neige, les Douze, les Scythes.
Boulgakov, Michel [E, D] (1891-1940) : *Romans :* la Garde blanche, le Maître et Marguerite (1928-40), le Roman théâtral, Cœur de chien (1925), le Roman de Monsieur Molière. *Théâtre :* les Journées des Tourbine (1926), la Fuite (1926-28), l'Ile pourpre (1927), la Cabale des Dévots (1929-36).
Bounine, Ivan [P, R] (1870-1953) : le Village, le Vallon desséché, A la source des jours (1930), Elle (1939) [N. 1933].
Brioussov, Valéry [P] (1873-1924) : Urbi et Orbi, En ces jours.
Chaginian, Marietta [P, R] (1888) : Laurie Lane métallurgiste (1925), la Station hydroélectrique (1931).
Chestov, Léon [Ph] (1866-1938).
Chklovski, Victor [Es, R] (1893-1984) : le Voyage sentimental, l'Art de la prose, Zoo, le Voyage de Marco Polo, l'Énergie de l'erreur, la Marche du cheval.
Dahl, Vladimir [Gram] (1801-72) : Dictionnaire de la langue russe (1861-68).
Dobrolioubov, Alexandre [Ph, P] (1876-1918) : Du livre invisible.
Dobrolioubov, Nicolas [Ph, Cr] (1836-61) : Chroniques du *Contemporain* (1855-61).
Dostoïevski, Théodore [R] (1821-81) : les Pauvres Gens (1844), Souvenirs de la maison des morts (1861), Mémoires écrits dans un souterrain (1864), Humiliés et Offensés (1866), Crime et Châtiment (1866), le Joueur, l'Idiot (1868), l'Éternel Mari (1869), les Possédés (1870), Journal d'un écrivain (3 vol., 1873-80), l'Adolescent (1875), les Frères Karamazov (1879-80). — *Biogr. :* fils d'un médecin moscovite. *1828* 1re crise d'épilepsie. *1830* son père achète un domaine campagnard, Darovoïe ; sa mère, phtisique, s'y retire. *1837* mort de sa mère ; entre comme interne à l'école des ingénieurs. *1839* son père est assassiné par des moujiks ; vit pauvrement à St-Pétersbourg, fréquentant les milieux libéraux. *1849* emprisonné ; condamné à mort, puis gracié sur le terrain d'exécution. *1850-53* travaux forcés en Sibérie. *1854-59* soldat en Sibérie (se marie, mais une épilepsie l'empêche de consommer le mariage). *1860* revient à St-Pétersbourg ; vit de sa plume. *1864* veuf, couvert de dettes. *1866* s'engage par contrat à écrire un roman tous les 4 mois ; remariage avec Anna Grigorievna. *1867* s'enfuit à l'étranger. *1871* revient à St-Pétersbourg, après le succès des *Possédés ;* connaît la gloire littéraire et la fortune dans ses dernières années.
Ehrenbourg, Ilya [R, P] (1891-1967) : les Aventures extraordinaires de Julio Jurenito, Rapace, le Deuxième Jour de la création (1933), Sans reprendre haleine (1935), la Chute de Paris, la Tempête (1948), le Neuvième Flot, le Dégel (1954), les Années et les Hommes.
Essenine, Serge [P] (1895-1925) : Transfiguration, l'Accordéon, Pougatchev, Confession d'un voyou (1921).
Fédine, Constantin [R] (1892-1977) : les Villes et les Années (1924), les Frères, Premières Joies, Un été extraordinaire (1945), le Feu de joie.
Fet, Athanase [P] (1820-92) : Feux du soir.
Forch, Olga [H] (1873-1961) : Radichtchev (1934-39).

Quelques mouvements

XIXe siècle

Réalisme poétique. Rencontre très originale, dans le « roman en vers », entre le roman naturaliste engagé politiquement et le style poétique mi-romantique mi-classique (le lyrisme de Byron s'accommodant avec le didactisme des versificateurs du XVIIIe s.). Alexandre Pouchkine (1799-1837), Théodore Tioutchev (1803-73), Michel Lermontov (1814-41).

Classicisme national. Rassemble les grands romanciers et dramaturges du siècle, avec comme trait commun la tendresse pour le peuple russe, la préoccupation pour son avenir et un mélange particulier de tristesse et de fantaisie truculente. Gogol (1809-1852), Tchekhov, Tourgueniev, etc. L'écrivain français qu'ils admirent le plus est George Sand (romantisme social et réalisme populiste).

XXe siècle

Proletkult (abréviation de « culture prolétarienne »). Littérature orientée cherchant à exalter le travail collectif. Alexei Tolstoï (1883-1945), Ilya Ehrenbourg (1891-1967).

Groupe des Frères Sérapion. Tire son nom d'un héros de l'écrivain romantique allemand Hoffmann. Affirme la liberté et l'indépendance de l'écrivain. Maxime Gorki (1868-1936), dans la ligne des grands classiques nationaux, devenu écrivain officiel, les a protégés. Vladimir Maïakovski (1893-1930, suicidé), Boris Pasternak (1890-1960), classé comme « imaginiste » car il est en réaction contre le réalisme de la Proletkult.

Fourmanov, Dimitri [E] (1891-1926) : Tchapaev (1923).

Garchine, Vsevolod [R] (1855-88) : les Quatre Jours, la Fleur rouge.

Gladkov, Théodore [R] (1883-1958) : le Ciment, l'Énergie, le Soleil ivre.

Gogol, Nicolas [R, D] (1809-52) : Veillées à la ferme de Dikanka (1831-32), Mirgorod (contenant Tarass Boulba) (1835), Arabesques (contenant le Portrait), la Perspective Nevski, le Journal d'un fou (1835), le Manteau (1842), les Ames mortes (1842). *Théâtre :* le Revizor (1836). — *Biogr. :* noblesse militaire ukrainienne (cosaques) ; élevé au lycée de Niéjine. *1830* fonctionnaire au ministère des Apanages à St-Pétersbourg, démissionne au bout d'un an ; fréquente les milieux littéraires (notamment Pouchkine et Joukovsky). *1831-34* prof. d'histoire à l'Institut patriotique. *1834-36* à l'université de St-Pétersbourg. *1846* persécuté par l'administration après la représentation du *Revizor,* va vivre en Italie. *1848* pèlerinage de Jérusalem ; tombe dans le mysticisme et détruit une partie de ses manuscrits sur les conseils d'un illuminé, le P. Matthieu Konstantinovski. Meurt dans un état de quasi-démence.

Gontcharov, Ivan [R] (1812-91) : Simple Histoire, Oblomov (1859), Le Précipice.

Gorki, Maxime (Aleksei Pechkov) [R, D] (1868-1936) : *Romans :* les Vagabonds (1892-97), Thomas Gordeïev (1899), la Mère (1908), les Petits Bourgeois, la Maison Artamonov (1925), Vie de Klim Samguine (1927). *Théâtre :* les Bas-Fonds (1902). *Récits autobiographiques :* Enfance (1913-14), En gagnant mon pain (1918), Souvenirs sur Tolstoï (1919), Mes universités (1923). — *Biogr. :* fils d'un tapissier de Nijni-Novgorod ; enfance pauvre à Astrakhan. *1875* gagne sa vie comme garçon de courses (8 ans). *1887* tentative de suicide, revient à Nijni-Novgorod. *1892* commence à écrire dans les journaux locaux. *1895* succès d'« Esquisses et récits ». *1901* succès comme dramaturge ; se lie aux marxistes de St-Pétersbourg. *1902* académicien. *1905* arrêté pour sa participation aux émeutes. *1906* se fixe à Capri (Italie). *1913* amnistié, rentre en Russie. *1917* fonde le journal marxiste *Vie nouvelle* (interdit par Lénine en juillet 1918). *1912-22* se rallie à Lénine ; directeur des éditions d'État. *1922-28* vit à l'étranger, sous prétexte de santé. *1928* revient en U.R.S.S. ; personnage officiel du régime (1934, Pt de l'Union des écrivains sov.).

Goumiliov, Nicolas [P] (1886-1921) : le Carquois, la Colonne de feu, Vers l'étoile bleue.

Grigoriev, Apollon [Cr, P] (1822-64) : De la vérité dans l'art.

Grigorovitch, Dimitri [R] (1822-99) : le Village, les Quatre Saisons, les Émigrants.

Grine, Alexandre [R] (1880-1932) : le Chemin qui ne mène nulle part (1929).

Guerassimov, Michel [P] (1889-1939).

Herzen, Alexandre [Ph, Cr] (1812-70) : Qui est coupable ?, Lettres de France et d'Italie, Passé et Pensées.

Hippius, Zénaïde [P] (1869-1945).

Iazikov, Nicolas [P] (1803-46) : Épître à Arina Rodionovna (1833).

Inber, Véra [P] (1890) : le Méridien de Poulkovo, les Enfants de Leningrad.

Ivanov, Viatcheslav [P, Ph] (1866-1949).

Ivanov, Vsevolod [R] (1895-1963) : les Partisans, Train blindé n° 1469, Nous allons en Inde.

Karavaeva, Anne [R] (1893) : la Patrie (1943-50).

Kataïev, Valentin [R, D] (1897) : les Concussionnaires, Au loin une voile, le Fils du régiment, la Quadrature du cercle, le Puits sacré, l'Herbe de l'oubli.

Khlebnikov, Vélémir [P] (1885-1922) : l'Incantation par le rire.

Khodasievitch, Ladislas [P] (1886-1939).

Khomiakov, Alexis [P, D, Th] (1804-60).

Kliouiev, Nicolaï [P] (1885-1937).

Klytchkov, Serge [R, P] (1889) : En visite chez les grues.

Koltsov, Alexis [P] (1809-42).

Korolenko, Vladimir [E] (1853-1921) : le Songe de Makar, le Musicien aveugle, Hist. de mon contemporain.

Kouprine, Alexandre [R] (1870-1938) : Moloch, le Duel, la Fosse.

Kourotchkine, Basile [P, Polé] (1831-75).

Kouzmine, Michel [P] (1875-1935).

Kropotkine, prince Pierre [E, Pol] (1842-1921) : Paroles d'un révolté, Autour d'une vie.

Lavreniev, Boris [P, R] (1891-1959) : le Graveur sur bois (1929).

Leonov, Léonide [E] (1899) : les Blaireaux, le Voleur, l'Invasion, la Forêt russe.

Leontiev, Constantin [R, Cr] (1831-91) : la Colombe d'Égypte.

Lermontov, Michel [P, R, D] (1814-41) : le Boyard Orcha, la Mort du poète, le Chant du marchand Kalschnikov (1837), le Démon (1838-41), le Novice (1839), Un héros de notre temps (roman 1840). *Drames :* les Espagnols, l'Homme étrange.

Leskov, Nicolas [E, R] (1831-95) : Gens d'Église (1872), l'Ange scellé (1873).

Lounacharsi, Anatole [Gr] (1875-1933).

Maïakovski, Vladimir [P, D] (1893-1930) : 150 Millions, Octobre, la Punaise, les Bains publics, Moi, Bien !, Pour cela.

Maïkov, Apollon [P] (1821-97).

Makarenko, Antoine [E] (1888-1939) : Poème pédagogique (1933), les Drapeaux sur les tours (1938).

Mamine le Sibérien, Dimitri [R] (1852-1912) : les Frères Gordeïev (1891), le Pain (1895).

Mandelstam, Joseph [P] (1891-1938) : la Pierre, Tristia (1922), Poésies (1928).

Marchak, Samuel [P] (1887-1964) : les 12 Mois (1925), les Enfants en cage, la Poste (1943).

Melnikov-Petcherski, Paul [R] (1819-83) : le Grand-Père Polikarp (1875).

Merejkovski, Démétrius [D, R] (1865-1941) : le Christ et l'Antéchrist [Trilogie : Julien l'Apostat (1896), les Dieux ressuscités (1902), Pierre et Alexis (1905)].

Mikhailovski, Nicolas [Pol] (1842-1904).

Nekrassov, Nicolas [P] (1821-77) : Physiologie de Saint-Pétersbourg, le Gel au nez rouge (1863), Femmes russes, Qui peut vivre heureux en Russie ? (1863-70), Derniers Chants.

Nikiforov, Georges [E] (1884-1944).

Nikitine, Ivan [P] (1824-61) : le Koulak (1857), la Ligne de feu, Contes d'Obojansk.

Nikitine, Nicolas [R, D] (1897).

Odoïevski, prince Vladimir [R] (1803-69) : l'Asile d'aliénés, la Princesse Zizi.

Olecha, Jules [R, D] (1899-1960) : les Trois Méchants Gros (1928).

Ostrovski, Alexandre [D] (1823-86) : Entre amis on s'arrange, Une place lucrative (1857), l'Orage (1860).

Ouspenki, Nicolas [Hum] (1837-89).

Panfiorov, Théodore [R] (1896) : la Vie aux champs, les Fils de la terre, la Révolte de la terre.

Paoustovski, Constantin [R] (1892-1968) : Kara-Bougaz (1932), Colchide (1934), la Mer Noire (1936), le Roman des forêts, la Naissance de la mer, la Rose d'or, Histoire d'une vie (6 vol.).

Pasternak, Boris [P, R] (1890-1960) : Ma sœur la vie (1922), les Voies aériennes (1924), l'Enfance de Luvers, le Trait d'Apelle, Lettres de Toula, l'An 1905 (1926), l'Enseigne de vaisseau Schmidt (1927), la Seconde Naissance (1930-31), Sauf-Conduit, Docteur Jivago (1955). — *Biogr. :* fils d'un peintre ; études à l'école des Beaux-Arts. *1909* étudiant en philo. (1912 : université de Marburg, Allemagne). *1913* fréquente les poètes « centrifuges », notamment Maïakovski. *1923* adhère au LEF (Front de gauche des écrivains) ; s'en sépare rapidement, étant classé jusqu'en 1934 parmi les « compagnons de route ». *1934-36* se rallie à l'Union des écrivains, présidée par Gorki. *1936-41* condamné au silence. *1941-46* poète de la résistance nationale. *1946-54* écrit dans la clandestinité *le Docteur Jivago* (publié en Italie en 1957). *1958* Prix Nobel ; obligé de le refuser ; exclu de l'Union des écrivains.

Pilniak, Boris (Vogau) [R] (1894-disp. depuis 1935) : l'Année nue, la Volga se jette dans la Caspienne (1930).

Pissarev, Démétrius [E, Cr] (1840-68).

Pissemski, Alexis [R] (1820-81) : Tioufak, Mille Ames (1858), Amères Destinées (1859).

Platonov, André [R, P] (1889-1951) : les Herbes folles de Tchevengour (1929).

Plekanov, Georges [Es, Ph] (1875-1918).

Polonski, Jacques [P] (1819-98) : les Gammes (1844), le Grillon musicien (1859), Au déclin du jour (1881).

Pomialovski, Nicolas [R] (1835-63) : Bonheur bourgeois (1861), Scènes de la vie du séminaire (1862-63).

Prichvine, Michel [E] (1873-1954).

Remizov, Alexis [R] (1877-1957) : l'Étang, les Sœurs en croix.

Rojdestvenski, Vsevolod [P] (1895-1977).

Romanov, Panteléemon [R] (1884-1938).

Rozanov, Basile [Cr, Es] (1856-1919) : l'Apocalypse de notre temps.

Saltykov, Michel (pseud. : Chtchedrine) [E] (1826-89) : la Famille Golovlev.

Selvinski, Élie [P] (1899-1968) : Records, Pao Pao, Oulialaievchtchina.

Serafimovitch, Alexandre (Popov) [R] (1863-1949) : le Torrent de fer (1924).

Sieverianine, Igor [P] (1887-1943).

Sloutchevski, Constantin [P] (1837-1904).

Sologoub, Théodore (Teternikov) [P, R] (1863-1927) : le Cercle de feu, le Démon mesquin, la Charmeuse de serpents.

Sologoub, Vladimir [E] (1813-82).

Soloviev, Vladimir [Ph] (1853-1900) : la Justification du bien.

Soukhovo-Kobiline, Alexandre [D] (1817-1903) : le Mariage de Krechinski (1855), la Mort de Tarelkine (1869).

Sourikov, Ivan [P] (1841-80) : le Sorbier, le Rossignol dans le vert jardin.

Sourkov, Alexis [P] (1899) : Décembre devant Moscou (1842).

Stanislavski, Constantin (Alexeiev) [Cr] (1863-1938) : les Carnets d'art.

Tchekhov, Anton [R, D] (1860-1904) : *Romans :* la Steppe (1888), la Salle 6 (1892), la Dame au petit chien (1899). *Théâtre :* la Mouette (1896), Oncle Vania (1899), les Trois Sœurs (1901), la Cerisaie (1904). — *Biogr. :* fils d'un épicier ; enfance pauvre (famille nombreuse). *1874* répétiteur dans une famille bourgeoise. *1876* dans la misère (père ruiné et en fuite ; famille réfugiée à Moscou). *1879* rejoint sa famille ; commence sa médecine. *1881* gagne sa vie comme journaliste. *1884* médecin d'hôpital. *1886* lancé par Grigorovitch qui a lu un de ses contes dans un journal. *1888* succès littéraire (Prix Pouchkine). *1889* volontaire pour être médecin à Sakhaline. *1892* achète la cerisaie de Mélikhovo. *1898* liaison avec l'actrice Olga Knipper, interprète de *la Mouette* (mariage 1901). *1904* tuberculeux, va se soigner à Badenweiler (All.) ; y meurt au bout de deux mois.

Tchernychevsky, Nicolas [H, Cr] (1828-89) : Que faire ?

Tikhonov, Nicolas [P, R] (1896) : les Nomades, Kirov avec nous.

Tioutchev, Théodore [P] (1803-73) : Uranie.

Tolstoï, Alexis [R] (1883-1945) : le Chemin des tourments, Pierre le Grand.

Tolstoï, Alexis, comte K. [P, D, R] (1817-1875) : le Prince Serebriany (1862), la Mort d'Ivan le Terrible (1866).

Tolstoï, Léon, comte [R] (1828-1910) : Enfance, Adolescence, Jeunesse (1852), les Cosaques (1863), Guerre et Paix (1865-69), Anna Karenine (1875-77), la Puissance des ténèbres (1886), la Sonate à Kreutzer (1889), Résurrection (1899). *Essai :* Qu'est-ce que l'art ? (1898). — *Biogr. :* vieille noblesse terrienne. *1830* mort de sa mère (élevé au domaine de Yasnaïa Poliana, près de Toula, par sa tante Tatiana). *1837* installé à Moscou ; mort de son père (élevé à Kazan avec ses frères et sœurs par d'autres tantes). *1844-47* étudiant à Kazan. *1847* hérite de Yasnaïa Poliana, et s'y installe. *1851-55* officier, combattant volontaire au Caucase et en Crimée. *1856* gloire littéraire, grâce aux *Récits de Sébastopol ; démissionne de l'armée. 1859* vit dans son domaine, travaillant à l'amélioration du sort des moujiks. *1862* mariage avec Sophie Bers ; vit sur le domaine. *1881* retour à Moscou pour l'éducation de ses enfants. *1891* organise des actions philanthropiques (tolstoïsme). *1901* excommunié par l'Église russe. *1910* s'enfuit de Yasnaïa Poliana, pour se retirer du monde ; meurt de pneumonie dans la gare d'Astapovo.

Tourgueniev, Ivan [R] (1818-83) : Récits d'un chasseur (1852), Dimitri Roudine (1856), Journal d'un homme de trop, Une nichée de gentilshommes (1859), Premier Amour (1862), Fumée (1867), Terres vierges (1877), Poèmes en prose (1882). – *Biogr. :* fils d'un officier presque toujours absent ; vit avec sa mère dans son domaine rural près d'Orel. *1833* interne à Moscou, puis étudiant en lettres à St-Pétersbourg. *1838-41* en philo à Berlin. *1842* date officielle de la naissance de sa fille Pélagie [qu'il aurait eue d'une paysanne russe et qu'il aurait envoyée en France pour y être adoptée par le ménage Viardot (Louis Viardot, journaliste, 1800-85, marié à la cantatrice Pauline Garcia) ; en fait, Pélagie née plus tard serait la fille de T. et de Pauline (T. a connu les Viardot en 1843 et eu une liaison avec Pauline, tolérée par le mari ; le violoniste Paul Viardot serait aussi un enfant de T.)]. *1847* sa mère (scandalisée par sa passion pour une actrice) lui coupe les vivres ; vie de bohème à l'étranger, notamment en France, chez les Viardot. *1850* retour en Russie (mort de sa mère) ; exilé à Spaskoïé-Loutovinovo, pour un article élogieux sur Gogol. *1853-56* séjour à St-Pétersbourg (gloire littéraire, grâce aux *Récits d'un chasseur). 1856* reprend ses voyages en Occident, entrecoupés de séjours en Russie (séjourne fréquemment chez Pauline Viardot, où il meurt d'un cancer).

Trefolev, Léonide [P] (1839-1905).

Treniev, Constantin [D] (1876-1945) : Lioubov Yarovaya (1926).

Tsvetaïeva, Marina [P] (1892-1941) : la Vierge-Tsar, la Séparation, Psyché.

Tyniahov, Jules (1894-1943) : la Mort de Vazir Moukhtar (1929), le Lieutenant Kijé, Kiouchlia, Pouchkine (inach. 1936).

Venevitinov, Démétrius [P] (1805-27) : la Vie.

Veressaiev, Vincent [R] (1867-1945) : Récits de guerre (1906), Souvenirs (1936).

Vinogradov, Anatole [Es] (1888-1946) : le Gant perdu, le Consul noir, Trois Couleurs du temps.

Volochine, Maximilien [P] (1878-1932) : Poèmes sur la terreur (1923), les Voies de Caïn (1926).

Voronski, Alexandre [Gr] (1884-1937 ?).

Zaïtsev, Boris [R] (1881).

Zamiatine, Eugène [R] (1884-1937) : Choses de province, Au diable Vauvert, le Nord.

Zlatovratski, Nicolas [R] (1845-1911) : les Fondations (1878-83).

Zochtchenko, Michel [E] (1895-1958) : les Contes de Nazar Ilitch.

Nés après 1900

Abramov, Théodore [R] (1920) : les Priasline (1958-73).

Aionov, Basile [R] (1933) : Confrères, Surplus en stock-futaille, Billet pour les étoiles, les Oranges du Maroc.

Aitmatov, Tchinguiz [E] (1928) : Djamila.

Ajaïev, Basile [R] (1915-68) : Loin de Moscou.

Akhmadoulina, Bella [E] (1937) : le Magnétophone, Ma généalogie.

Aksenov, Basile [Hum] (1932) : le Billet étoilé.

Aliguère, Marguerite [P] (1915) : Zoïa.

Amalrik, André [H] (1938-80) : Voyage involontaire en Sibérie (1965), L'URSS survivra-t-elle en 1984 ?, le Journal d'un provocateur (1980).

Antonov, Serge [R] (1915) : Léna.

Arbouzov, Alexis [D] (1908) : Une histoire d'Irkoutsk (1959).

Babaievski, Siméon [R] (1909).

Baklanov, Grégoire [R] (1923) : Tête de pont, Les canons tirent à l'aube, Juillet 41.

Baranskaia, Nathalie [R] (n.c.) : Une semaine comme une autre.

Bek, Alexandre [R] (1903) : la Chaussée de Volokolamsk (1945), Quelques Jours (1950), la Réserve du général Panfilov (1960).

Bielov, Basile [R] (1933) : Affaire d'habitude.

Bondarev, Jules [R] (1924) : le Calme (1962), la Panique.

Boukovsky, Vladimir [R] (n.c.) : Et le vent reprend ses tours, Cette lancinante douleur de la liberté.

Brodski, Joseph [P] (1940) : la Halte dans le désert (1970).

Quelques personnages de la littérature russe

Boris Godounov : tragédie (1831) d'Alex. Pouchkine ; opéra (1869) de Moussorgsky (l'usurpateur).

Mazeppa : Poltava, poème (1828) d'Alex. Pouchkine (le héros épris de liberté).

Eugène Onéguine : poème (1833) d'Alex. Pouchkine (mondain sceptique et immoral).

Tarass Boulba : roman (1835) de Nicolas Gogol (féroce guerrier des luttes religieuses).

Oblomov : roman (1858) de Ivan Gontcharov (paresseux).

Porphyre Golovlev (le « Petit Judas ») : roman de la Famille Golovlev (1873-74) de Saltykov-Chtchedrine (être cupide et sans cœur).

Anna Karenine : roman (1875-77) de Léon Tolstoï (grande dame victime d'une passion amoureuse).

Le Docteur Jivago : roman (1957) de Boris Pasternak (idéaliste pris dans la Révolution).

Cholokhov, Michel [R] (1905-84) : le Don paisible, les Terres défrichées, Ils ont combattus pour la patrie, le Destin d'un homme (1957), les Défricheurs [N. 1965].

Choukchine, Basile [R] (1929) : l'Envie de vivre.

Daniel, Louli [Hum] (1925) : Ici Moscou.

Dombrovski, Jules [R] (1909) : Un singe à la recherche de son crâne (1959), le Conservateur des antiquités (1964).

Doroch, Euthyme (1908-72) : Pluie et Soleil, Méditation à Zagorsk.

Doudintsef, Vladimir [R] (1918) : L'homme ne vit pas seulement de pain (1956).

Evtouchenko, Eugène [P] (1933) : Autobiographie précoce, Trois Minutes de vérité, Poèmes (1952-60).

Fadeïev, Alexandre [R] (1901-56) : la Débâcle (1927), le Dernier des Oudégués (inach.), la Jeune Garde (1945).

Galitch, Alexandre (Guinzbourg) [P] (1919-77).

Gladiline, Anatole [Chr] (1935) : Chronique des temps de Victor Padgourski.

Granine, Daniel [R] (1919) : les Chercheurs, Je vais au-devant de l'orage.

Grossman, Vassili [E] (1905-83) : Vie et Destin, Tout passe.

Isakovski, Michel [P] (1900) : Quatre Souhaits, Enfance, le Matin.

Kaverine, Benjamin [R] (1902) : Deux capitaines (1944), la Pluie oblique (1962), l'Interlocuteur (1973).

Kazakevitch, Emmanuel [E] (1913) : l'Étoile, le Cahier bleu.

Kazakov, Jules (1928) : la Petite Gare, la Belle Vie, Ce Nord maudit.

Kirsanov, Siméon [P] (1906-72) : le Plan quinquennal ; la Parole de Foma Smyslov (1945).

Konetski, Victor [R] (1929) : l'Inconnue d'Arkhangelsk, Du givre sur les fils.

Kouchner, Alexandre [P] (1936).

Kouznetsov, Anatole [R] (1929) : la Vérité des pionniers, Suite d'une légende, Baby Yar, Jeunes Filles.

Latsis, Wilis [R, D] (1904-66) : la Bête libérée, la Tempête (1948), la Victoire, Après le grain (1963).

Lougovskoï, Vladimir [P] (1901) : Éclairs, les Souffrances de mes amis.

Martinov, Léonide [P] (1905).

Mojaiev, Boris [R] (1923) : Dans la vie de Fédor Kouzkine.

Naguibine, Jules [R] (1920).

Nekrassov, Victor (déchu de la nat. soviétique en 1979) [R] (1911) : la Ville natale, Kira Gueorguievna, Des deux côtés de l'océan.

Nikolaïeva, Galina [R] (1914) : la Moisson, l'Ingénieur Bakhirev.

Okoudjava, Boulat [R] (1924) : Pauvre Abrossimov.

Ostrovski, Nicolas [R] (1904-36) : Et l'acier fut trempé (1934), Enfantés par la tempête (1936).

Ovietchkine, Valentin [E] (1904) : Des visiteurs au hameau de Stoukatchi.

Panova, Vera [R] (1905) : Compagnons de voyage (1946), Clair Rivage (1948), les Saisons (1953), le Roman sentimental (1958), Valia (1960).

Pliouchtch, Léonide [Es] (1939) : Dans le carnaval de l'Histoire.

Pogodine, Michel [D] (1900-62) : le Temps, Mon ami, le Carillon du Kremlin.

Polevoï, Boris [R] (1908-81) : Un homme véritable, Nous autres Soviétiques.

Pomerantsev, Vladimir [Cr] (1907) : De la sincérité en littérature.

Prokoviev, Alexandre [P] (1900-71) : Russie (1944).

Rodjestvenski, Robert [P] (1932).

Rozov, Victor [D] (1913) : A la recherche du bonheur, la Lutte inégale.

Sakharov, André [Sav] (1921) : Mon pays et le Monde.

Salynski, Athanase [D] (1920) : la Tambourine.

Simonov, Constantin [P, R, D] (1915-79) : Compagnons d'armes, Attends-moi, les Jours et les Nuits, Gens de Russie, les Vivants et les Morts, Personne ne naît soldat, Dernier Été, Vingt Jours sans guerre.

Siniavski, André (Abraham Tertz) [E] (1925) : le Verglas, Lioubimov ville aimée (1964), Pensées impromptues (1966), la Voix hors du chœur.

Smirnov, Serge [P] (1913) : De ce qui est le plus intime (1950), Conversation sincère (1951).

Sneguirev, Élie [J, Chr] (1928-79) : Ma mère Maman.

Soljenitsyne, Alexandre [R] (1918) : Une journée d'Ivan Denissovitch (publ. en 1962), la Maison de Matriona (1963), l'Inconnu de Krétchétovka (1963), le Premier Cercle (1968), le Pavillon des cancéreux (1968), la Main droite (1968), la Procession pascale (1969), Août 14 (1971), l'Archipel du Goulag, Des voix sous les décombres, le Chêne et le Veau, Lénine à Zürich, Flamme au vent, l'Erreur de l'Occident (1981), le Premier Cercle [nouvelle version, (1982)], Nos pluralistes (1983), la Roue rouge [nouv. vers. d'Août 14, 1er t. (1983)], Octobre 16 [(2e t. d'Août 14 (1984)]. – *Biogr. :* fils d'un étudiant et d'une employée. Études à Rostov-sur-le-Don (math. et physique). *1939* entre à l'école d'artillerie. *1941-45* combattant (décoré, promu capitaine). *1945* condamné à 8 ans de détention pour avoir critiqué le régime dans une lettre (4 ans dans un camp spécial d'intellectuels ; 4 ans en régime « moyen », comme fondeur et maçon). *1953* atteint d'un cancer ; opéré, relégué au Kazakhstan. *1956* réhabilité ; vit comme enseignant à Riazan (avec sa femme, épousée en 1939). *1965* de nouveau suspect à cause d'un manuscrit découvert chez lui (un drame, *le Festin des vainqueurs,* écrit en camp de concentration, 1950). *1968* édition pirate, à l'étranger, de 2 romans : *le Premier Cercle, le Pavillon des cancéreux :* exclu de l'Union des écrivains sov. *1970* Prix Nobel ; invité à s'exiler, refuse, et ne reçoit pas son prix. *1971* interdit de séjour à Moscou. *1974* déchu de la nationalité soviétique, expulsé ; vit maintenant dans le Vermont (U.S.A.).

Soloukhine, Vladimir [R] (1924) : Une goutte de rosée, Lettres du musée russe.

Svetlov, Michel [P] (1903-64) : les Roues (1922).

Tendriakov, Vladimir [R] (1923) : Fondrières.

Trifonov, Youri [R] (1922-81) : les Étudiants, l'Apaisement de la soif, la Maison sur le quai.

Tvardovski, Alexandre [P] (1910-71) : Vassili Terkin, le Matin à Moscou.

Vampilov, Alexandre [D] (1937-72).

Vichnevski, Vsevolod [D] (1900-51) : Inoubliable 1919 (1949).

Voïnovitch, Vladimir [E] (1932) : les Aventures singulières du soldat Ivan Tchonkine.

Voznessenski, André [R] (1933) : la Poire triangulaire.

Zabolotski, Nicolas [P] (1903-58).

Zalyguine, Serge [R] (1913) : Au bord de l'Irtych.

Zinoviev, Alexandre [E] (1922) : les Hauteurs béantes, l'Avenir radieux, Nous et l'Occident, Communisme comme réalité, le Héros de notre jeunesse.

Écrivains russes de langue française

Marie BASHKIRTSEFF (1864-84) : Voir p. 285. Alexandre Mikhaïlovitch BELOSELSKI (1752-1809) : Épîtres aux Français, Épîtres aux Anglais, Dialogue sur la mort et la vie. Nicolas BERDIAEV (1874-1948) : Voir page 285. CATHERINE II, impératrice (1729-96) : 27 pièces de théâtre [11 comédies, 7 opéras, 9 proverbes], dont Oleg, le Chevalier de malheur, le Charlatan de Sibérie, O Temps, Mémoires (posthume 1859), Lettres à Grimm. Le PRINCE ÉLIM (Élim Pétrovitch Mestcherski) (1808-44) : 3 recueils de poésies : les Boréales, les Roses noires, les Poètes russes. Romain GARY (Kacew) (1914-80) : Voir page 295. Georges GURVITCH (1894-1965) : philosophe. Raïssa MARITAIN (Oumansoff) (1883-1960). Vsevolod ROMANOVSKY (1912). Nathalie SARRAUTE (Tcherniak) (1900) : Voir page 298. COMTESSE DE SÉGUR (Sophie Rostopchine, 1799-1874) : Voir page 284. Madame SWETCHINE (Anne Sophie Soymonor, 1787-1857). Elsa TRIOLET (E. Kagan, 1896-1970) : Voir p. 291. Henri TROYAT (Lev Tarassov) (1911) : Voir page 299.

Littérature suisse

De langue allemande

Barth, Karl [Théo] (1886-1968): Dogmatique (1927-51).

Bichsel, Peter [Pros] (1935): le Laitier.

Bonstetten, Charles-Victor de [Ph]. Bilingue, v. ci-dessous, langue fr.

Burckhardt, Jakob [H] (1818-97): la Civilisation de l'Italie au temps de la Renaissance (1860), Considérations sur l'Histoire universelle (1905).

Dürrenmatt, Friedrich [R, D, Es] (1921): *Romans:* le Juge et son bourreau (1952), la Ville (1952), le Soupçon (1953), Grec cherche Grecque (1955), la Panne (1956), la Promesse. *Théâtre:* le Mariage de Monsieur Mississippi (1952), Hercule et les Écuries d'Augias (1954), la Visite de la vieille dame (1956), les Physiciens (1962), Romulus le Grand (1964), le Météore (1966), Play Strindberg (1969). *Essais:* Sur Israël (1976), la Mise en œuvre (1981).

Frisch, Max [R, D] (1911): J'adore ce qui me brûle (1943), Cte Oederland (1951), Don Juan et la Géométrie (1953), Je ne suis pas Stiller (1954), Biedermann (1956), Homo Faber (1957), Montauk (1975), L'homme apparaît au quaternaire (1979). *Théâtre:* la Grande Muraille, Andorra (1962), Triptyque (1978).

Glauser, Friedrich [R] (1896-1938): Gourrama (1929).

Gotthelf, Jeremias (Albert Bitzins) [R, Théo] (1797-1854): Miroir des paysans (1837), Uli garçon de ferme (1846), Uli le fermier, l'Esprit ou l'Argent (1844).

Hohl, Ludwig [Es] (1904-80): les Notices ou la Réconciliation sans précipitation (1944-54), Nuances et détails (1964), Tous les hommes presque toujours s'imaginent (1967-71), Une ascension (1972).

Inglin, Meinrad [R] (1893-1971): Der Schweizerspiegel (1938).

Jung, Carl Gustav [Psycho] (1875-1961): les Types psychologiques (1921), Réalité de l'âme (1934), la Psychologie du transfert (1946), Psychologie et Éducation, Formes de l'inconscient (1950), Réponse à Job (1952).

Keller, Gottfried [P, R] (1819-90): Henri le Vert (1854), les Gens de Seldwyla (1856), Sept Légendes (1872), Nouvelles zurichoises (1878).

Lavater, Jean-Gaspard [Ph] (1741-1801): Essai sur la Physiognomonie, Confessions.

Meier, Herbert [R, D] (1928): Fin septembre (1959), Bräcker (1978).

Métral, Maurice [R] (1929).

Meyer, Conrad-Ferdinand [P, R] (1825-98): Derniers Jours de Hutten (1871), Jürg Jenatsch (1876), le Coup de feu en chaire (1877).

Müller, Jean de [H] (1752-1809): Histoire de la Confédération suisse (1780-86).

Muschg, Adolf (1934): l'Eté du lièvre (1965), l'Impossible Enquête (1974).

Späth, Gerold [R] (1939): Unschlecht (1970).

Spitteler, Carl [P] (1845-1924): Prométhée et Epiméthée, Printemps olympien [N. 1919].

Walser, Robert [R, P] (1878-1956): l'Homme à tout faire (1908), les Enfants Tanner, l'Institut Benjamenta (1909).

Zollinger, Alain [P, R] (1895-1941): Pfannenstiel (1940).

Zorn, Fritz [Es] (1944-76): Mars.

De langue française

Amiel, Henri-Frédéric [P, Mém] (1821-81): Journal intime (publ. 1923).

Aubert, Claude [P] (1915-1972): l'Unique Belladone (1968).

Barbey, Bernard [R] (1900-70): la Maladère, P.C. du général.

Barilier, Étienne [R, Es] (1947): le Chien Tristan (1977).

Béguin, Albert [C] (1901-57): l'Ame romantique et le rêve (1963).

Bénoziglio, Jean-Luc [Es] (1941).

Bille, Corinna [P, R] (1912-79): la Fraise noire (1968), Théoda (1978).

Bonnet, Charles [Ph] (1720-93): Essai sur les facultés de l'âme, Palingénésie philosophique.

Bonstetten, Charles-Victor de [Es] (1745-1832): Recherches sur la Nature et les lois de l'imagination, Études de l'Homme, l'Homme du Midi et l'Homme du Nord (en fr.); Mélanges, Nouveaux Mélanges (en allem.).

Borgeaud, Georges [R] (1914): le Préau (1952).

Bopp, Léon [Cr, R] (1899-1977): Ciel et Terre (1962), Psychologie des Fleurs du mal (1966).

Bouvier, Nicolas [Pros] (1929): l'Usage du monde (1963).

Budry, Paul [Cr. d'art] (1883-1949).

Buenzod, Emmanuel [R] (1893): Sœur Anne, Gens de rencontre.

Cendrars, Frédéric Sauser Hall, dit Blaise (nat. fr.) [P, R] (1887-1961): *Poésie:* la Prose du transsibérien, Pâques à New York. *Prose:* l'Or (1925), Moravagine (1926), Trop c'est trop (1927), l'Homme foudroyé (1945), Bourlinguer (1948).

Chappaz, Maurice [Pros] (1916): les Grandes Journées de printemps (1944).

Charrière, Isabelle de [R] (1740-1805): Caliste.

Chavannes, Fernand [D] (1868-1936): Guillaume le Fou.

Chenevière, Jacques [R] (1886-1976): les Captives (1943), Retours et Images (1966), Daphné (1969).

Chessex, Jacques [P, A] (1934): Batailles dans l'air (1959), Portrait des Vaudois (1969), les Saintes Écritures (1970), Carabas (1971), l'Ogre (G. 1973).

Cingria, Charles-Albert [P, Es] (1883-1954): *Poésies:* Stalactites, Enveloppes. *Critique:* Pétrarque.

Clerc, Charly [P, D] (1882-1958): *Poésie:* les Chemins et les Demeures. *Théâtre:* la Bonne Aventure.

Cohen, Albert [E] (1895-1981): le Livre de ma mère (1954), Belle du Seigneur (1968), Ô vous frères humains (1972).

Colomb, Catherine [R] (1899-1965): Châteaux en enfance (1945), les Esprits de la terre (1953).

Constant, Benjamin [R, Pol] (1767-1830): Adolphe (1816), De la religion (1824-31), le Cahier rouge (p. 1907), Cécile (publ. 1951). – *Biogr.:* noblesse terrienne vaudoise (protestante), d'origine picarde. Orphelin très jeune, élevé par son père, officier suisse aux Pays-Bas. Études à Oxford puis à Paris. *1785-87* nombreuses aventures féminines. *1787-94* chambellan du duc de Brunswick. *1794-95* mariage et divorce presque immédiat avec Wihelmine von Gramm. *1796-1810* liaison avec Mme de Staël qui réside surtout en Suisse. *1808* 2e mariage avec Charlotte de Hardenberg. *1814* revendique la nationalité fr. *1815* pendant les Cent-Jours, chargé par Napoléon de rédiger l'Acte additionnel à la Constitution. *1816* directeur du *Mercure de France,* organe des libéraux; joueur, fait de lourdes dettes. *1819* député de la Sarthe. *1830* se rallie à Louis-Philippe qui paie ses dettes. Meurt d'une blessure à la jambe, conséquence d'une chute. Funérailles nationales.

Crisinel, Edmond-Henri [P] (1897-1948): Alectone (1944).

Cuttat, Jean [P] (1916): Chansons du mal au cœur (1942), les Couplets de l'oiseleur (1967).

Dumont, Étienne [Ph] (1759-1829): Théorie des peines et des récompenses.

Dumur, Louis [R] (1863-1933): Nach Paris (1919), le Boucher de Verdun (1921), les Défaitistes (1923).

Eigeldinger, Marc [P] (1917): Prémices de la parole.

Francillon, Clarisse [R] (1899-1976): les Fantômes, Festival, le Frère, le Carnet à lucarnes.

Gaulis, Louis [D] (1932-78): Capitaine Karagheuz (1962).

Gilliard, Edmond [P, Es] (1875-1969): Hymne terrestre, la Dramatique du Moi.

Girard, Pierre [P, R] (1892-1956): la Flamme au soleil, Philippe et l'Amiral, Monsieur Stark, Othon et les Sirènes.

Godet, Philippe [Cr] (1850-1922).

Haldas, Georges [P, Chr] (1917): la Peine capitale (1957), Corps mutilé (1962), Boulevard des philosophes (1966), la Maison en Calabre (1970).

Jaccotet, Philippe [P] (1925): l'Effraie (1953), la Semaison (1971), Pensées sous les nuages (1983).

Jeanneret, Edmond [P] (1914): Matin du Monde, Rideaux d'environ.

Jomini, baron Henri [Écr. militaire] (1779-1869).

Landry, Charles-François [R] (1909-73): la Devinaize, les Étés courts.

Liègme, Bernard [D] (1927): Tandem (1976).

Lossier, Jean-Georges [P] (1911): le Long Voyage (1979).

Marsaux, Lucien (Marcel Hofer) [P, R] (1896): le Chant du cygne noir (1947).

Marteau, Jean [R] (1903-70) la Main morte (1939), Monsieur Napoléon (1941), Crève-cœur (1945).

Matthey, Pierre-Louis [P] (1893-1970): Seize à vingt (1914), Triade (1953).

Mercanton, Jacques [R] (1910): Thomas l'incrédule, l'Été des sept-dormants (1974).

Monnier, Jean-Pierre [R] (1920): la Clarté de la nuit (1956).

Morax, René [D] (1873-1963): le Roi David, Judith, la Belle de Moudon.

Olivier, Juste [P, R, Es] (1807-70): les Chansons lointaines, Luze Léonard, le Canton de Vaud, Études d'Histoire nationale.

Perrier, Anne [P] (1922): Selon la Nuit (1952).

Piaget, Jean [Ph] (1896-1980): Sagesse et Illusion de la philosophie, la Naissance de l'intelligence (1947), la Formation du symbole, la Psychologie de l'intelligence.

Piachaud, René-Louis [P, D] (1896-1941): Coriolan, Psaumes de David, le Poème paternel.

Pourtalès, Guy de [R, Es] (1884-1941): la Pêche miraculeuse, Louis II de Bavière, Berlioz.

Ramuz, Charles-Ferdinand [R, Es] (1878-1947): Aline (1905), Jean-Luc persécuté (1909), Histoire du Soldat (1920), la Grande Peur dans la montagne (1926), Taille de l'homme (1933), Derborence (1934), Si le soleil ne revenait pas (1937).

Raymond, Marcel [Cr] (1897-1981): De Baudelaire au surréalisme (1947).

Renfer, Werner [P, Es] (1898-1936).

Reynold, Gonzague de [H] (1880-1970): la France classique et l'Europe baroque (1962).

Rist, Charles [Ec] (1874-1955).

Rivoz, Alice [R, Es] (1901): Comptez vos jours (1966).

Rod, Édouard [R] (1857-1910): la Course à la mort (1885).

Rossel, Virgile [Cr] (1858-1933): Histoire de la litt. fr. hors de France (1895).

Roud, Gustave [P] (1897): Requiem (1967).

Rougemont, Denis de [Cr, Ph] (1906-85): Penser avec les mains (1936), l'Amour et l'Occident (1946), L'avenir est notre affaire (1977).

Rousseau, Jean-Jacques [Ph, E] (1712-78): Discours sur les sciences et les arts (1750), Sur l'origine de l'inégalité (1755), Lettre à d'Alembert sur les spectacles (1758), Julie ou la Nouvelle Héloïse (1761), l'Émile (1762), Du contrat social (1767), Rêveries du promeneur solitaire (1782), Confessions (1782-89). – *Biogr.:* fils d'un horloger genevois (protestant); orphelin de mère dès sa naissance. Éducation négligée. *1728* s'enfuit de Genève et se réfugie en Savoie, où il est pris en main par les organismes de conversion au catholicisme, confié à Mme de Warens [Louise-Éléonore de Latour du Pil, Bonne de (1700-62), agent secret du gouvernement savoyard, chargée de la surveillance des Genevois] dont il devient l'amant. *1729-30* musicien à la cathédrale d'Annecy. *1730-42* vit en ménage à 3 aux Charmettes, avec Mme de Warens et ses amants, dont Claude Anet et Wintzenried, mais en part souvent (notamment 1738, précepteur à Lyon). *1741* présente à Paris, à l'Académie, un nouveau système de notation musicale (échec). *1742-43* secrétaire de l'ambassadeur de France à Venise, M. de Montaigu. *1743* retour à Paris et liaison avec une blanchisseuse, Thérèse Levasseur (les 5 enfants qu'elle prétendra avoir remis à l'Assistance publique ne sont pas de Rousseau). *1750* succès de l'opéra *le Devin de village.* Rousseau refuse d'être présenté à Louis XV. *1751* reprend la citoyenneté genevoise et la religion protestante. Vit chez Mme d'Épinay (1726-83), à l'Ermitage, près de Montmorency. *1757* rupture avec Mme d'Épinay. S'installe à Montlouis, non loin de l'Ermitage. *1761* publie *la Nouvelle Héloïse* [inspirée par sa passion malheureuse pour la Ctesse d'Houdetot (1730-1813)]. *1762* condamné par la Sorbonne pour *l'Émile,* s'enfuit en Suisse puis en Angleterre. *1767* revient en France, dans la clandestinité. *1768* épouse Thérèse. *1770* revient à Paris, vivant de copie de musique. *1776* renversé par un chien, est recueilli à Ermenonville, chez le Mis de Girardin. Meurt d'apoplexie; est enseveli dans une île du lac (au Panthéon, 1794).

Saint-Hélier (Monique) (Berthe Briod) [R] (1894-1955): la Cage aux Rêves, Bois-Mort.

Savary, Léon [R, Es] (1895-1968): le Cordon d'argent, Lettres à Suzanne.

Sismondi, Jean-Charles Simonde de [H] (1778-1842): Histoire des Républiques italiennes, la Littérature du midi de l'Europe.

Staël, Germaine Necker, Bonne de [R, Es] (1766-1817): *Essais:* De la littérature (1800), De l'Allemagne (1810). *Romans:* Delphine (1802), Corinne (1807). – *Biogr.:* fille du banquier Necker, ministre de Louis XVI. Fréquente dès son enfance les salons parisiens. *1786* épouse un Suédois, le baron de Staël-Holstein, ambassadeur à Paris. *1792-94* réfugiée en Suède puis en Suisse (château des Necker à Coppet). *1794-1802* tient salon à Paris (libéral). Liaison avec Benjamin Constant dont elle a une fille, Albertine (née 1796). *1802* veuve. *1803* exilée par Bonaparte; voyages en Europe. *1810* rentre clandestinement à Paris pour publier *De l'Allemagne* (édition passée au pilon). *1810-12* en résidence forcée à Coppet (Suisse). *1811* remariage avec un jeune officier suisse, M. de Rocca. *1813* évadée de Coppet; réfugiée en Russie, puis à Londres. *1814-16* réside à Paris ; meurt d'un cancer à 50 ans.

Starobinski, Jean [G] (1920) : J.-J. Rousseau, la transparence et l'obstacle (1958).

Töpffer, Rodolphe [Hum] (1799-1846) : Nouvelles genevoises (1841), Voyages en zigzag (1845).

Traz, Robert de [R] (1884-1951) : Vivre, Fiançailles, Complices, l'Écorché, le Pouvoir des fables.

Vallotton, Benjamin [R] (1877-1962) : série des Commissaire Potterat.

Velan, Yves [R] (1925) : Je (1959).

Viala, Michel (1933) : Séance (1974).

Vinet, Alexandre [Théo, Cr] (1797-1847) : Littérature française au XIXe s. (1849-51).

Vuilleumier, Jean [R] (1934) : la Désaffection (1980).

Walzer, Pierre-Olivier [G] (1915).

Zermatten, Maurice [R, Es] (1910) : le Jardin des oliviers, la Montagne sans étoiles, la Fontaine d'Aréthuse.

Ziegler, Henri de [Es] (1885-1970) : Genève et l'Italie (1948).

Zimmermann, Jean-Paul [R, D] (1899-1952) : l'Étranger dans la ville, les Vieux-Prés.

Autres littératures

(Quelques auteurs)

Littérature d'Afrique noire de langue française

● **Bénin. Bhely**, Quénum Olympe (1928). **Dogbeh**, Richard. **Dramani Bazini**, Zakari (1940). **Glélé**, Maurice (1934). **Hazoumé**, Paul (1890-1980). **Joachim**, Paulin (1931). **Ologoudou**, Émile (1935). **Pliya**, Jean (1931). **Prudencio**, Eustache [P] (1924). **Tevoedjre**, Albert (1929).

● **Burkina (ex. Haute-Volta). Balima**, Albert Salfo (1930). **Boni**, Nazi (1921-69). **Coulibaly**, Augustin Sondé (1933). **Dabire**, Pierre (1935). **Dim Delobsom** (n.c.). **Ki Zerbo**, Joseph (1922). **Koulibaly**, Isaïe, Biton (1949). **Nikiema**, Roger (1935). **Titinga**, Frédéric Pacéré (1943). **Zongo**, Daniel (1947).

● **Burundi. Mworoha**, Émile (1934).

● **Cameroun. Bebey**, Francis (1929). **Belinga**, Eno (1933). **Beti**, Mongo (1932). **Dakeyo**, Paul (1948). **Dooh Bunya**, Lydie (1933). **Ewandé**, Daniel (1935). **Ewembé**, François Borgia (n.c.). **Ikelle Matiba**, Jean (1936-84). **Karone**, Yodi (1954). **Kayo**, Patrice (1942). **Kayor**, Franz (ps. **Tchakoute**, Paul) (1945). **Kuma, Ndumbe III. Kuoh Mukuri**, Jacques (1909). **Kuoh Mukuri**, Thérèse. **Médou Mvono**, Rémy Albert (1938). **Mokto**, Joseph Jules (1945). **Mveng**, Engelbert (1930). **Ndendi Penda**, Patrice (1945). **Nyunaï**, Jean-Paul (1932). **Owono**, Joseph (1920). **Oyono**, Ferdinand (1929). **Oyono M'Bia**, Guillaume (1939). **Philombe**, René (ps. Philippe Louis Ombede) (1930). **Sengat Kuo**, François (ps. Francesco Nditsouna) (1931). **Towa Marcien** (1931). **Werewere**, Liking (1950). **Yanou**, Étienne (1939).

● **Centrafrique. Bamboté**, Pierre (1932). **Goyemidé**, Étienne. **Ipeko Étomane**, Faustin Albert (1930-80). **Sammy**, Pierre (1935). **Yavoucko Cyriaque**, R. (1953).

● **Congo. Bemba**, Sylvain (ps. Martial Malinda, Michel Bervain) (1934). **Dongala**, Emmanuel (1941). **Labou**, Tansi Sony (1947). **Letembet-Ambily**, Antoine (1929). **Lopès**, Henri (1937). **Makouta Mboukou**, Jean-Pierre (1929). **Malonga**, Jean (1907-85). **Menga**, Guy (1935). **M'Fouilou**, Dominique (1942). **Mouangassa**, Ferdinand (1934-1974). **Ndebeka**, Maxime (1944). **Ngoma**, Eugène (1945). **Obenga**, Théophile (1936). **Sinda**, Martial (1935). **Tati Loutard**, J.B. (1939). **Tchicaya**, U'Tamsi (1937). **Tsibinda**, Marie-Thérèse : Mayombé (1980).

● **Côte-d'Ivoire. Adiaffi**, Jean-Marie (1941). **Amon d'Aby**, François Joseph (1913). **Anouma**, Joseph (1949). **Atta Koffi**, Raphaël (1947). **Bognini**, Joseph Miezan (1936). **Bolli**, Fatou (1956). **Dadie**, Bernard (1916). **Dem**, Tidiane (1909). **Diabaté**, Henriette (1935). **Dodo**, Jean (1919). **Kanie**, Anoma (1920). **Kaya**, Simone (1937). **Koffi Teya**, Pascal (1946). **Koné**, Amadou (1953). **Koné**, Maurice (1932-1980). **Kourouma**, Ahmadou (1927). **Loba Aké** (1926). **Nguessan**, Gbohourou Bertin (1935-1974). **Ouassenan**, Gaston (1939). **Oussou Essui**, Denis (1934). **Tiémélé**, Jean-Baptiste (1933). **Timité**, Bassori (1933). **Touré**, Kitia (1956). **Wondji**, Christophe. **Zadi**, Zaourou (1938). **Zégoua Nokan**, Charles (1936).

● **Gabon. Ambouroué**, Avaro Joseph. **Biffot**, Laurent (1919). **Leyimangoye**, Jean-Paul (1939). **Métégué N'nah. Ndong Ndoutoune Tsira** (1928). **Ndoua Depenaud**, Pascal (1937-1977). **Nyonda**, Vincent de Paul (1918). **Okoumba**, Nkoghe. **Pounah**, Paul-Vincent (1914). **Raponda-Walker**, André (1871-1969). **Rawiri**, Ndyugwelondo (1954). **Zotoumbat**, Robert (1944).

● **Guinée. Camara**, Nene Khaly (1930-1972). **Camara**, Sylvain-Soriba (1938). **Cissé**, Émile (1930-74). **Diallo**, Amadou. **Fantouré**, Alioune (1933). **Kake**, Ibrahima (1936). **Laye**, Camara (1928-80). **Sacko**, Biram (1947). **Sassine**, William (1944).

● **Mali. Ba Amadou**, Hampaté (1901). **Badian**, Seydou (1928). **Cissoko**, Sekené Mody (1928). **Dembélé**, Sidiki (1921). **Diabaté**, Massa Makan (1938). **Kaba**, Alkaly (1936). **Keita Aoua** (1912-80). **Ouane Ibrahima**, Mamadou (1907). **Ouologuem**, Yambo (1940). **Sidibé**, Mamby (1891-1977). **Sissoko**, Fily Dabo (1897-1964). **Traoré Issa**, Baba (1928).

● **Mauritanie. Ba Amadou**, Mamadou (1893-1958). **Ba Oumar** (1917). **Guèye**, Youssouf (1928). **Miské**, Ahmed Baba (1933).

● **Niger. Diado**, Amadou (1940). **Hama Boubou** (1906-82). **Hamani**, Djibo (n.c.). **Idé**, Oumarou (1937). **Issa**, Ibrahim (1929). **Laya**, Diouldé (n.c.). **Moumoumi**, Abdou (n.c.). **Ousmanne**, Amadou (1949). **Salifou**, André (1942). **Zoumé**, Boubé (1951).

● **Nigeria. Anozie Sunday**, Oghonna (n.c.). **Balogun**, Ola (1945). **Umezimwa Wilberforce** (n.c.).

● **Rwanda. Kagame**, Alexis (1912-81). **Kalibwami**, Justus (1924). **Naigiziki**, J. Saverio (1915).

● **Sénégal. Antaka**, Abdou (1931). **Ba Thierno** (n.c.). **Barry Boubakar. Boilat**, abbé David, (1814-1901). **Camara**, Camille. **Dia Amadou**, Cissé (1915). **Dia**, Malik . **Dia**, Mamadou (1910). **Diagne**, Pathé (1934). **Diakhaté**, Lamine (1927). **Diallo**, Bakary (1892-1971). **Diallo**, Nafissatou (1941-82). **Diop**, Birago (1906). **Diop**, Cheikh Anhta (1923). **Diop**, David (1927-60). **Dugué-Clédor**, Amadou (n.c.). **Fall Kiné**, Kirama (1934). **Guèye**, Lamine (1891-1968). **Kane**, Cheikh Hamidou (1928). **Kane Mohammadou**, Birago Diop. **Kebe Mbaye**, Gana (1936). **Ly**, Abdoulaye (1919). **Ly Sangaré**, Moussa (1940). **Mademba**, Abd el Kade (n.c.). **Mbaye d'Erneville**, Annette (1926). **Mbengue**, Mamadou Seyni (1925). **M'Bow Amadou**, Mahtar (1921). **Modou**, Fatim (1960). **Ndao**, Cheikh (1933). **N'Diaye**, Amadou. **N'Diaye**, Jean-Pierre (1936). **N'Diaye Massata**, Abdou. **Niane**, Djibril Tamsir (1932). **Ousmane**, Sembene (1923). **Niang Lamine** (1923). **Sadji**, Abdoulaye (1910-61). **Sall**, Ibrahima (1949). **Samb**, Amar. **Senghor**, Léopold Sédar (1906). **Socé**, Ousmane (1911-72). **Sow Fall**, Aminata. **Thiam**, Doudou (1926). **Wade**, Abdoulaye (1926). **Wane**, Abdoul. **Willane**, Oumar (1918).

● **Somalie. Syad**, William (1930).

● **Tchad. Babikir Arbab**, Djama (n.c.). **Bangui**, Antoine (1933). **Bebnone**, Palou. **Khayar Issa**, H. (n.c.). **Moustapha**, Baba (1953-82). **Seid**, Joseph Brahim (1927-81). **Thiam**, Djibi (1934).

● **Togo. Agblemagnon**, François N'Sougan (1929). **Ajavon**, Robert (1910). **Akakpo Amouzouvi**, Maurice. **Akakpo Typam**, Paul. **Aladji**, Victor (1941). **Ananou**, David (1917). **Atsou**, Julien. **Conchoro**, Félix (1900-68). **Dogbé**, Yves Emmanuel (1939). **Kouassigan**, Guy Adjété (1935-81). **Madjri**, John Dovi (1933). **Patokidéon Honoré**, K. (1944). **Sydol**, Francis (1939-75). **Zinzou Senouvo Agbote** (n.c.) (1946).

● **Zaïre. Buabua Wa Kayembe**, Mubadiate (1950). **Buana**, Kabue (n.c.). **Bolamba**, Lokolé (Antoine Roger) (1913). **Elebe**, Lisembe (1937). **Ilunga**, Kabulu (1940). **Kabongu Bujitu. Kadima-Nzuji**, Mukala (Dieudonné) (1947). **Kalanda**, Mabika (1932). **Kamitatu**, Cléophas (1931). **Kanza**, Thomas (1934). **Kashamura**, Anicet (1928). **Lomami**, Tshibamba Paul (1914). **Lonoh Malangi Bokolenge**, Michel (1939). **Lufuluabo**, François Marie (1926). **Lumumba**, Patrice (1925-1961). **Makonga**, Bonaventure (n.c.). **Mosheje**, Luc (n.c.). **Mudimbé**, Vumbi Yoka (Yves Valentin) (1941). **Mushiété Mahamwé**, Paul (1934). **Ngal Mbwil A Mpaang**, Georges. **Ngandu Nkashama** (1946). **Ngoma**, Ferdinand (n.c.). **Ngombo**, Mbala (1931). **Nzuji**, Madiya (1944). **Sabgu Sonsa**, Ferdinand (1946). **Tshimanga wa Tshibangu** (1941). **Witahnkenge Welukumbu Bene**, Edmond. **Yamaïna**, Mandala (1949). **Zamenga Bakutezanga** (1933).

Littérature arabe

Livre sacré : le Coran (texte établi en 651).

● **Anonymes** : les Mille et Une Nuits (contes, XIVe s.), les Fables de Bidpaï (Kalila et Dimna) (VIIIe s.).

● **Anciens : Abu Nuwas**, Hasan [P] (747-85) : Poèmes bachiques. **Avicenne** (Ibn Sina) [Ph] (980-1037) : la Guérison de l'erreur. **Farazdaq**, Hammâm ben Ghâlib [P] (640-733). **Ghazali** (Algazel, dit Al) [Ph] (1058-1111) : la Destruction des philosophes. **Jahiz**, Amr ben Bahr [Hum] (776-868) : Livre des avares, Livres des animaux.

● **Modernes : Afghani**, Jamal ad-Din [Pol] (1838-97) : Réfutation des matérialistes. **Hakîm**, Tawfiq [D] (1898) : Théâtre multicolore. **Idris**, Yusuf [R] (1926). **Kharrat**, Édouard al- (1927). **Mahfûz**, Nadjîb [R] (1912) : Trilogie cairote (1956-57). **Shawqi**, Ahmad [P] (1868-1932) : Divan (4 vol.). **Shumayyil**, Shibli [Sav] (1850-1911) : Force et Matière. **Zaydan**, Georges [H] (1861-1914) : Hist. de la civilisation islamique.

Littérature grecque (moderne)

Castanakis, Thrasso [R] (1901) : le Fouet et les Lustres (1930), Sept Histoires (1946).

Cavafis, Constantin [P] (1863-1933) : Poèmes (posth. 1935-48).

Élytis, Odysseus (Alipoudhelis) [P] (1911) : Chant héroïque et funèbre (1946), Six plus un remords pour le ciel (1977) [N. 1979].

Karkavitsas, André [R] (1866-1922) : le Mendiant.

Kazantzakis, Nikos [R, D, Es] (1883-1957) : *Romans :* Alexis Zorba (1941-43), le Christ recrucifié (1948), la Liberté ou la Mort (1953), les Frères ennemis (1949-54). *Théâtre :* Mélissa (1939).

Myrivilis, Statis [R] (1892-1969) : De profundis (1924), Notre-Dame la Sirène (1950).

Palamas, Costis [P] (1859-1943) : les Douze Paroles du Tzigane (1907), la Flûte du roi (1910).

Papadiamantis, Alexandre [R] (1851-1911) : la Tueuse.

Prévélakis, Pandélis [R] (1909) : le Crétois, le Soleil et la Mort (1959).

Séféris, Georges [P] (1900-71) : Stances (1931), Légende (1933) [N. 1963].

Sikelianos, Anghélos [P, D] (1884-1951) : Mater Dei.

Solomos, Denys [P] (1798-1857) : le Dialogue (1825).

Tsirkas, Stratis [R] († 1980) : Cités à la dérive, Printemps perdu.

Vénézis, Ilias [B] (1904-73) : Sérénité.

Voutyras, Démosthène [R] (1879-1958) : Vingt Nouvelles (1910), Tempêtes (1946).

Xénopoulos, Grégoire [R] (1867-1951) : le Minotaure (1925), la Pente (1928).

Littérature hongroise

Anonymes : 1re chronique hongroise (1052), Gesta Hungarorum (1284), Chron. de Simon Kézai (XIIIe s.), Chron. illustrée de Márk Kálti (1358), Oraison funèbre (1er monument litt. en prose et en hongrois), Lamentations de Marie (1re poésie en hongrois), Chronica Hungarorum (1er livre imprimé en Hongrie, 1473).

Ady, Endre [P] (1877-1919). **Aprily**, Lajos [P] (1897-1973). **Arany**, János [P] (1817-82). **Babits**, Mihály [P, R] (1883-1941). **Balassa**, Bálint [P] (1554-94). **Bessenyei**, György (1747-1811). **Csokonaï-Vitez**, Mihály [P] (1773-1805). **Déry**, Tibor [R] (1894-1975). **Eötvös**, József [R] (1813-71). **Esterhazy**, Peter [R] (1950). **Gárdonyi**, Géza [R, D] (1863-1922). **Illyés**, Gyula [P, R, Es] (1902-83). **Jokai**, Mór [R] (1825-1904). **József**, Attila [P] (1905-37). **Juhász**, Gyula [P] (1883-1937). **Katona**, Jozsef [tragique] (1791-1830). **Kassák**, Lajos [P] (1887-1958). **Kazinczy**, Ferenc [P, Pros, réformateur de la langue hongroise] (1759-1831). **Kölcsey**, Ferenc [P] (1790-1838) : hymne national. **Konrad**, Gyorgy [R] (1930). **Kosztolanyi**, Dezsö [P, R, Nouv] (1885-1936). **Krudy**, Gyula [R, Nouv] (1878-1933). **Lukács**, György [Ph] (1885-1972). **Madách**, Imre (1823-64). **Mikszath**, Kálmán [R] (1847-1910). **Moricz**, Zsigmond [R] (1879-1942). **Nagy**, Lajos [Nouv, R] (1883-1954). **Nagy**, László [P] (1925-78). **Németh**, László [R, Es] (1901-74). **Pannonius**, Ianus [P] (1434-72). **Petöfi**, Sándor [P] (1823-49). **Pilinszky**, János [P] (1921-80). **Radnoti**, Miklós [P] (1907-44). **Somlyó**, György [P] (1920). **Szabo**, Lörinc [P] (1901-57). **Szabo**, Magda [Pros, D] (1917).

Szerb, Antal [R] (1901-45). **Tamasi,** Aron [R] (1897-1966). **Toth,** Árpád [P] (1886-1928). **Vaci,** Mihály [P] (1924-70). **Vas,** István [P] (1910). **Vörösmarty,** Mihály [P, D] (1800-55). **Weöres,** Sándor [P] (1913). **Zilahy,** Lajos [R, D] (1891-1974). **Zrinyi,** Miklós [P épique] (1620-64).

Littérature indienne

Rushdie, Salman [R] (1947) : les Enfants de minuit, la Honte (1984).
Tagore, Rabindranath [P] (1861-1941) : l'Offrande lyrique [N. 1913].

Littérature israélienne

Agnon, Samuel [R] (1888-1970) [N. 1966].
Alterman, Natan [P] (1910-70).
Grinberg, Uri-Zvi [P] (1894-1980).
Shahar, David [R] (1926).
Tchernichowsky, Saül [P] (1875-1943).

Littérature japonaise

Abé, Kôbo [R, D] (1924) : la Femme des sables.
Deshimaru, Taisen [maître zen] (1911-82) : le Vrai Zen, la Pratique du Zen (1974), le Bol et le Bâton, le Chant de l'immédiat satori (1978).
Ihara, Saikaku [R] (1642-93) : Vie de cinq femmes libertines.
Inoue, Yasushi [R] (1907) : le Fusil de chasse, Histoire de ma mère.
Kakinomoto-no-Hitomaro [P] (VIIe s.).
Kawabata, Yasunari [R] (1899-1972) : Pays de neige (1948), Nuée d'oiseaux blancs (1952), les Belles Endormies [N., 1968].
Kenzaburo, Oe [R] (1935) : Jeu du siècle.
Ki-no-Tsurayuki [P, Pros] (v. 900-v. 950) : Journal de Tosa (935).
Matsuo, Bashô [P] (1644-95) : Poèmes en 17 syllabes (Haikus).
Mishima, Yukio [R] (1925-70, suicidé) : Confession d'un masque ou le Pavillon d'or (Neige de printemps, Chevaux échappés, le Temple de l'aube, l'Ange en décomposition), la Mort en été.
Murasaki Shikibu [R] (978-1020) : le Dit du Genji (54 livres).
Natsumé, Sôseki [R, Es] (1867-1916) : le Cœur, Ombres et Lumières.
Sei-Shonagon [Es] (fin du Xe s.) : Notes de chevet.
Takizawa, Bakin (Kyokutei) [R] (1767-1848).
Tanizaki, Junichiro [R] (1886-1965) : les Sœurs Makioka.
Tchikamatsu, Monzaemon [D] (1653-1724) : Théâtre Jôruri.
Uéda, Akinari [Sav., P, R] (1734-1809) : Contes de pluie et de lune.
Zéami ou **Séami,** Motokiyo [D] (1363-1443) : la Tradition secrète du Nô.

Littérature néerlandaise

☞ Voir aussi Belgique, p. 271.

En latin

Érasme, Didier (Geert Geerts) [Ph, Eru] (1469-1536) : Éloge de la folie (1509-11), Essai sur le libre arbitre (1521). — *Biogr.* : fils naturel du médecin Gérard de Praet (d'où son nom de Geert Geerts, « Gérard fils de Gérard »). Jamais légitimé, son père étant entré dans les Ordres. Orphelin à 12 ans. *1480* mis au séminaire de Bois-le-Duc. *1486* chanoine régulier à Gouda. *1496* études à Paris (collège Montaigu). *1497-99* pensionné par Henri VII à Londres et Oxford. *1504* précepteur du prince Alexandre d'Écosse. *1506* professeur de théologie à Bologne. *1511-13* curé à Addington (Angleterre). *1521* se fixe à Bâle. *1534* nommé prieur de Deventer (1 500 ducats de revenus), ne peut quitter Bâle où il meurt d'une crise de goutte.
Grotius, Hugo (De Groot) [Pol] (1583-1645) : les Droits de la guerre et de la paix.
Huyghens, Christian [Math] (1629-95) : Traité de la lumière (1690), Horloge à balancier (1703).
Second, Jean (Everaerts) [P] (1511-36) : les Baisers.
Spinoza, Baruch [Ph] (1632-77) : Éthique (1661-77). — *Biogr.* : famille de juifs portugais, réfugiés à Amsterdam. Études à l'école talmudique (apprend le latin avec le médecin hollandais Van der Ende). *1656* considéré comme hérétique, est chassé de la communauté juive (blessé d'un coup de poignard, se réfugie à Rhinsburg, près de La Haye). *1663* accueilli par la secte des collégiants, vit à Voorburg. *1669* se fixe à La Haye, gagnant sa vie comme artisan opticien. *1673* refuse une pension de Louis XIV, proposée par Condé. *1676* refuse une chaire à Heidelberg, proposée par l'électeur palatin. Meurt tuberculeux.
Thomas a Kempis [Théo] (1380-1417) : l'Imitation de J.-C.

En néerlandais

Bredero (Gerbrend Adriaensz) [D] (1585-1618).
Couperus, Louis Marie Anne [R] (1863-1923).
Du Perron, Edgar [P, Es, R] (1899-1940) : le Pays d'origine.
Frank, Anne [Pros] (1929-45) : Journal (1947).
Haasse, Hella [E] (1918).
Heinsius (Daniel Heins) [H, P] (1580-1655) : Poèmes néerlandais (1616) ; écrit aussi en latin.
Hermans, Willem Frederik [R] (1921) : la Chambre noire de Damoclès (1958).
Huizinga, Johan [H, Es] (1872-1945) : le Déclin du Moyen Âge (1919).
Marsman, Hendrik [P, R, Es] (1899-1940).
Mulisch, Harry (1927) : l'Attentat.
Multatuli, Édouard (Douwes Dekker) [R, Es] (1820-87) : Max Havelaar (1860), Idées (1862-77).
Noteboom, Téo [R, P] (1933).
Slauerhoff, Jan [R, P] (1898-1936).
t'Hart, Maarten (1944).
Van den Vondel, Joost [P, D] (1587-1679) : Adam en exil (1664).
Van Eeden, Frederik (1860-1932) : le Petit Jean (1887).
Van Schendel, Arthur [R] (1874-1946) : l'Homme de l'eau.
Vestdijk, Simon [Pros, P] (1898-1971) : la Mort attrapée.
Wolkers, Jan (1925).

Littérature roumaine

Alecsandri, Vasile [P, D] (1821-90) : Doïnas et muguets.
Arghezi, Tudor [P] (1880-1967) : Mots assortis, Fleurs de moisissure, Cantique de l'homme.
Bacovia, Georges [P] (1881-1957) : Plomb.
Barbu, Ion [P, Math] (1895-1961) : Jeu secondaire.
Blaga, Lucian [P, Ph] (1895-1961) : l'Éloge au sommeil, l'Espace miorithique.
Călinescu, George [Cr, R] (1899-1965) : l'Histoire de la littérature roumaine des origines à nos jours.
Cantemir, Dimitrie [H, Ph] (1673-1723) : Descriptio Moldaviae, Chronique de l'Antiquité des Romano-Moldo-Valaques.
Caragiale, Ion Luca [D] (1852-1912) : Une lettre perdue, Une nuit orageuse, Moments et Récits.
Cioran, E. M. [Es] (1911) : Crépuscule des pensées (1940) : écrit aussi en français.
Costin, Miron [Chr] (1633-91) : Chronique moldave.
Creangă, Ion [Pros] (1839-89) : Souvenirs d'enfance, Contes et Récits.
Eliade, Mircea [Ph, R] (1907) : la Nuit bengali (1923), les Gouligans (1935) : écrit aussi en français.
Eminescu, Mihail [P, Pros] (1850-89) : Hypérion, Glossa, le Pauvre Dionis.
Gheorghiu, Virgil : V. page 295.
Istrati, Panait [R] (1884-1935) : écrit aussi en français, voir p. 288.
Maiorescu, Titu [Ph, Cr] (1840-1917) : Critiques.
Neculce, Ion [Chr] (1672-1745) : Chronique moldave.
Petrescu, Camil [D, Es, Pros] (1894-1957) : Danton, le Jeu des sylphes.
Preda, Marin [Pros] (1922-80) : Les Moromete.
Rebreanu, Liviu [Pros] (1885-1944) : Ion, la Forêt des pendus, la Révolte.
Sadoveanu, Mihail [Pros] (1880-1961) : le Hachereau, le Rameau d'or.
Slavici, Joan [Pros] (1848-1925) : Mara.
Stancu, Zaharia [Pros] (1902-74) : Pieds nus.

Littérature scandinave

Anonymes : Islande : les Eddas (VIIe-XIIIe s.) [poèmes mythologiques] ; Sagas islandaises (XIe s.).
Andersen, Christian (Dan.) [Pros] (1805-75) : Contes.
Bellman, Carl Michael (Suéd.) [P] (1740-95).
Björnson, Björnstjerne (Norv.) [D] (1832-1910) [N. 1903].
Blixen, Kareen (Dan.) [R] (1885-1962) : Sept Contes gothiques (1934), la Femme africaine (1937), Contes d'hiver (1942), les Voies de la vengeance (1944), le Dîner de Babette (1958), Ombres sur la prairie (1960).
Christensen, Inger (Dan.) [Es, P, R] (1935).
Ekelöf, Gunnar (Suéd.) [P] (1907-68).
Gjellerup, Karl (Dan.) [R] (1857-1919) [N. 1917].
Gustafsson, Lars (Suéd.) [R] (1936) : la Mort d'un apiculteur (1978).
Gyllensten, Lars (Suéd.) [R] (1921) Infantilia, Senilia, Juvenilia.
Hamsun, Knut (Pedersen, Norv.) [R, D] (1859-1952) : la Faim (1890), le Cœur sauvage, Mystères, Pan, Victoria, Benoni, Auguste le marin [N. 1920], Femmes à la fontaine (1920), la Ville de Segelfoss.
Hansen, Martin Alfred (Dan.) [R, Es] (1909-55).
Heidenstam, Verner von (Suéd.) [R] (1859-1940) [N. 1916].
Ibsen, Henrik (Norv.) [D] (1828-1906) : Maison de poupée (1879), le Canard sauvage (1884), Hedda Gabler (1890).
Jensen, Johannes Vilhelm (Dan.) [R] (1873-1950) [N. 1944].
Johnson, Eyvind (Suéd.) [R] (1900-76) [N. 1974].
Karlfeldt, Erik Axel (Suéd.) [P] (1864-1931) [N. 1931].
Kierkegaard, Sœren (Dan.) [Ph] (1813-55) : le Concept d'angoisse (1844).
Kivi, Aleksis (Finl.) [R] (1834-72) : les Sept Frères (1870).
Lagerkvist, Pär (Suéd.) [P, R] (1891-1974) : le Bourreau, le Nain, Chants du cœur (1926), Barabbas, la Sibylle, la Mort d'Ahasverus, Pèlerin sur la mer, la Terre sainte [N. 1951].
Lagerlöf, Selma (Suéd.) [R] (1858-1940) : Gösta Berling, le Vieux Manoir, le Merveilleux Voyage de Nils Holgerson à travers la Suède (1906-07), la Maison de Lilliecrona (1911), Anna Svärd (1928) [N. 1909].
Laxness, Halldór (Isl.) [R] (1902) : la Beauté du ciel, la Cloche d'Islande (1979) [N. 1955].
Lindgren, Astrid (Suéd.) (1907) : Fifi Brindacier (1945), Ronya, fille de brigand (1981).
Lo-Johansson, Ivan (Suéd.) [R] (1901) : la Tombe du bœuf et Autres Récits (1936).
Madsen, Svendage (Dan.) [R] (1939).
Martinson, Harry (Suéd.) [P] (1904-78) : Les orties fleurissent (1935), Aniara (1956) [N. 1974].
Nordbrandt, Henrik (Dan.) [P] (1945).
Pontoppidan, Henrik (Dan.) [R] (1857-1943) [N. 1917].
Sandemose, Aksel (Dan.) [R] (1899-1965).
Schade, Jens August (Dan.) [P] (1903-78).
Sillanpää, Frans Emil (Finl.) [R] (1888-1964) [N. 1939].
Snorri Sturluson (Isl.) [Chr] (1179-1241) : Saga des rois de Norvège.
Sodergran, Edith (Finl.) [P] (1892-1923).
Stangerup, Henrik (Dan.) [R] (1938).
Strindberg, Auguste (Suéd.) [D] (1849-1912) : *Théâtre* : Master Olof (1872), Père (1887), Mlle Julie (1888), Créanciers (1890), la Danse de mort (1900), le Songe (1902), la Sonate des spectres (1907). *Récits autobiographiques* : Inferno (1897), l'Abbaye (1902), Seul (1903).
Swedenborg, Emmanuel (Suéd.) [Sav, Ph] (1688-1772) : les Arcanes célestes (en latin).
Thorup, Kirsten (Dan.) [P, R] (1942).
Trotzig, Brigitte (Suéd.) [R] (1929).
Undset, Sigrid (Norv.) [R] (1882-1949) : Christine Lavransdatter (1920-22), Ida-Elisabeth (1932), la Femme fidèle (1936), Madame Dorothea (1939) [N. 1928].

Littérature slave

☞ Littérature russe, voir p. 303.

Bulgarie

Bagriana, Élisabeth [P] (1893).
Botev, Christo [P] (1847-76).
Daltchev, Athanas [P] (1904-78).
Dgiagarov, Gjeorghi [P] (1925).
Karaslavov, Gjeorghi (1904-80) : Gens ordinaires (1952-75).
Konstantinov, Aleko (1863-1897) : Baï Canio (1895).
Mirnenski, Christo [P] (1898-1923).
Stanev, Emilian [R] (1907-79) : Ivan Kondarev (1958-64).
Vaptsarov, Nicolas [P] (1909-1942) : Poèmes.
Vazov, Ivan [P, R] (1850-1921) : Sous le joug (1889-1890).

Pologne

Andrzejewki, Jerzy [R] (1909-83) : Cendres et Diamants (1948), les Portes du paradis (1960), Sautant sur les montagnes (1963), la Pulpe (1981).
Borowski, Tadeusz [R, P] (1922-51) : le Monde de pierre (1948).
Dabrowska, Maria [R] (1859-1965) : les Nuits et les Jours (1932-34).
Gombrowicz, Witold [R, D] (1904-69) : *Romans :* Ferdydurke (1937), Bakakaï (1957), la Pornographie (1960), Cosmos (1965). *Théâtre :* Yvonne, princesse de Bourgogne (1935), le Mariage (1946), Opérette (1966). *Souvenirs* de Pologne.
Guzy, Piotr [R] (1922) : Vie courte d'un héros positif (1968).
Jwaszkiewicz, Jaroslaw [R, D, P] (1894-1980) : Mesdemoiselles de Vilko (1933), Un été à Nohant (1936), la Carte météorologique (1977).
Kochaïnowski, Jan [P] (1530-84) : les Thrènes, les Chants.
Korczak, Janusz [R] (1878-1942) : Colonie de vacances (1910), le Roi Mathias Ier (1923).
Krasinski, Zygmunt [P, D] (1812-59) : la Comédie non divine (1835).
Mickiewicz, Adam [P] (1798-1855) : Messire Thadée (1834) ; les Aïeux.
Milosz, Cseslaw (naturalisé amér.) [P, R, Es] (1911) : *Romans :* la Prise du pouvoir (1953), Sur les bords de l'Issa (1955), la Terre d'Ulro (1977). *Poèmes :* Enfant d'Europe (1980). *Essais :* la Pensée captive. *Autobiographie :* Une autre Europe (1964) [N. 1980].
Mrozek, Slawomir [D] (1929) : Tango (1965), les Émigrés (1975).
Norwid, Cyprian [P] (1821-83) : Vade-mecum, Promethidion.
Pankowski, Marian [P] (1919).
Parandowski, Jan [R] (1895-1978).
Prus, Boleslaw [R] (1847-1912) : la Poupée (1897), le Pharaon (1897).
Reymont, Wladyslaw [R] (1869-1925) : les Paysans (1904-09) [N. 1924].
Rozewicz, Tadeusz [P, D] (1921) : l'Inquiétude (1947). *Théâtre :* le Dossier (1962).
Schulz, Bruno [R] (1892-1942) : les Boutiques de cannelle, le Sanatorium au croque-mort (1937).
Sienkiewicz, Henryk [R] (1846-1916) : Quo Vadis ? [N. 1905].
Slowacki, Juliusz [P] (1809-49) : Kordian (1834), Anbelli (1838). Le Roi-Esprit.
Wierzynski, Kazimierz [P, R] (1894-1969) : la Liberté tragique (1936), la Vie de Chopin (1949).
Witkiewicz, Stanislas Ignacy [D, R, Es, Ph] (1885-1939) : *Romans :* l'Inassouvissement (1930). *Théâtre :* les Pragmatistes (1920), le Fou et la Nonne (1925), la Métaphysique du veau bicéphale (1928), la Poule d'eau (1922), la Mère (1924), les Cordonniers.
Wyspianski, Stanislaw [P, D] (1869-1907) : les Noces (1901).
Zeromski, Stefan [P] (1864-1925) : Cendres (1904), l'Aube du printemps (1924).
Zulawski, Miroslaw [E, P] (1913) : la Dernière Europe (1947), la Fuite en Afrique.

Tchécoslovaquie

● **Langue tchèque. Brezina**, Otokar (Vaclav Jebavy) [P] (1868-1929) : Vents des pôles.
Halas, Frantisek [T] (1901-49).
Hasek, Jaroslav [R] (1883-1923) : le Brave Soldat Chveik (1920-21).
Jirasek, Alois [R] (1851-1930).
Kundera, Milan (nat. français) [R] (1929) : la Plaisanterie (1967), l'Insoutenable Légèreté de l'être.
Lysohorsky, Ondra [P] (1905).
Nezval, Vitezslav [P, R, D, Es] (1900-58).
Seifert, Jaroslav [P] (1901-86) [N. 1984] : Sonnets de Prague, le Parapluie de Piccadilly.
Tchapek, Karel [R, D] (1890-1938) : *Romans :* la Fabrique d'absolu (1922), Hordubal (1933), Povetron (1934), la Guerre des salamandres (1936).

● **Langue slovaque. Hviezdoslav** (Pavel Orszagh) [P] (1849-1921) : Psaumes.

Yougoslavie

● **Langue slovène. Levstik**, Fran (Slovène) [P] (1831-87).

● **Langue serbe. Andric**, Ivo [R] (1892-1975) : la Chronique de Travnik, Il est un pont sur la Drina [N. 1961].
Jaksic, Djura [P] (1832-78) : Au bois des tilleuls.
Popa, Vasko [P] (1922).

André Brink

Littérature sud-africaine

Breytenbach, Breyten [R] (1939) : Mouroir, Confessions véridiques d'un terroriste albinos.
Brink, André [R] (1935) : Au plus noir de la nuit (1974), Rumeurs de pluie (1978), Une saison blanche et sèche, Un turbulent silence (1982), le Mur de la peste (1984).
Campbell, Roy [E, R] (1901-57) : The Flaming Terapin (1924), Adamastor (1930), Mithraic emblems (1936), Ligth on a dark house (1951).
Coetzee, J.M. [R] (1940) : En attendant les Barbares, Michael K (1983).
Essop, Ahmed [R] (1931) : The Visitation, The Emperor.
Fugard, Athol [D] (1932) : Master Harold... and the Boys.
Gordimer, Nadine [R] (1932) : Fille de burger.
Krige, Uys [P, Cr, D] (1910) : 'n Keur uit sy Gedigte.
Mphahlele, Eskia [R] (1919) : Chirundu (1979).
Paton, Alan [R] (1903) : Pleure, ô mon pays bien aimé.
Sepamla, Sipho [P, R, D] : « Aride on the Whirlwind ».
Smith, Hettie [R] (1908) : Sy kom met die sekelmaan.

Littérature turque

Adivar, Halide Edip [R] (1844-1964). **Abasiyanik**, Faik [R, P] (1906-54). **Beyatli**, Jahya Kemal [P] (1884-1958). **Bucra**, Tarik [R, D] (1918). **Çağlar**, Behçet Kemal [R, P] (1908-69). **Cumali**, Necati [P, N, D] (1921). **Daglarca**, Fazil [P] (1914). **Dranas**, Ahmet Muhip [P] (1909). **Ersoy**, Mehmet Akif [P] (1873-1936). **Güntekin**, Resat Nuri [E] (1888-1956). **Gürpinar**, Hüseyin Rahmi [R] (1864-1944). **Hikmet**, Nazim [P, D, R] (1902-63). **Hisar**, Abdülhak Şinasi [R] (1883-1963). **Kanok**, Orhan Veli [E] (1914-50). **Karaosmanoglu**, Yakup Kadri [E] (1889). **Kemal**, Yachar [E] (1922). **Kuleri**, Cahit [P] (1917). **Safa**, Peyami [R, J] (1899-1961). **Seyfeddin**, Omer [R] (1884-1920). **Taner**, Haldun [D] (1916). **Tanpinar**, Ahmet Hamdi [R, P] (1901-62). **Taranci**, Cahit Sitki [E] (1910-56). **Usakligil**, Halid Ziya [R] (1866-1945).

Littérature ancienne

Littérature grecque

Nés avant Jésus-Christ

Anacréon [P] (2e moitié VIe s.) : Poésies légères, Les « Odes anacréontiques » lui ont été attribuées à tort.
Anaxagore [Ph] (v. 500-428).
Anaximandre [Ph] (610-547).
Anaximène de Milet [Ph] (v. 550-480).
Antisthène [Ph] (v. 444-365).
Apollonios de Rhodes [P] (295-v. 230) : les Argonautiques.
Arcésilas [Ph] (316-v. 241).
Archiloque [P] (712-v. 644) : Élégies, Hymnes. Inventeur de l'iambe.
Aristophane [D] (v. 445-v. 386) : 11 comédies connues, dont les Nuées, les Oiseaux, les Guêpes, les Grenouilles, la Paix, Lysistrata.
Aristote [Ph] (384-322) : 400 ouvrages ; 47 restent dont : Éthique à Nicomaque, Logique, Physique, Métaphysique, Morale, Politique, Constitution d'Athènes, Poétique.
Callimaque [P] (310-v. 235) : Épigrammes.
Carnéade [Ph] (v. 215-v. 129).
Chrysippe [Ph] (280-205).
Démocrite [Ph] (v. 460-v. 370).
Démosthène [Or] (384-322) : 33 plaidoyers, plusieurs civils, 2 politiques dont la Couronne ; 25 harangues politiques, dont 4 Philippiques et 3 Olynthiennes.
Diodore de Sicile [H] (v. 90-v. 10) : Bibliothèque historique.
Diogène le Cynique [Ph] (413-327).
Empédocle [Ph] († v. 490).
Épicure [Ph] (341-270).
Eschine [Or] (v. 390-314) : Contre Timarque, Sur l'ambassade, Sur la couronne.
Eschyle [D] (525-456) : 20 drames satiriques, 70 tragédies dont 7 sont restées : les Suppliantes, les Perses, les Sept contre Thèbes, l'Orestie (comprenant Agamemnon, les Choéphores, les Euménides), Prométhée enchaîné.
Ésope [Fab] (VIIe-VIe s.) : œuvres transmises par tradition orale, reprises dans : Recueil de fables ésopiques.
Euclide d'Alexandrie [Ph, Math] (IIIe s.) : Les Éléments, les Données.
Euclide de Mégare (dit le Socratique) [Ph] (v. 450-v. 380).
Euripide [D, P] (480-406) : 92 pièces. Il reste 17 tragédies, 1 drame satirique (le Cyclope), Alceste, Médée, Hécube, Andromaque, Électre, Oreste, Hippolyte, Iphigénie à Aulis, Iphigénie en Tauride, les Bacchantes.
Gorgias [Ph] (v. 487-v. 380).
Héraclite [Ph] (v. 540-v. 480).
Hérodote [H] (v. 486-v. 420) : Histoire.
Hésiode (VIIIe s.) : les Travaux et les Jours, la Théogonie.
Hippocrate [Sav] (460-377) : Traité des airs, des eaux et des lieux, Aphorismes, Traité du pronostic.
Homère [P] (IXe s.) : l'Iliade : 24 chants (épisode de la guerre de Troie), l'Odyssée : 24 chants (aventures d'Ulysse après la guerre de Troie).
Isée [Or] (v. 400-v. 350).
Isocrate [Or] (436-338) : 6 plaidoyers, 15 harangues : Panégyrique d'Athènes, A Philippe, Panathénaïque.
Leucippe [Ph] (Ve s.).
Lysias [Or] (440-380) : 34 discours : Contre Ératosthène, Contre Diogiton, Pour l'invalide.
Ménandre [D] (v. 342-v. 292) : 100 comédies dont sont restées : le Dyscolos (seule en entier), l'Arbitrage, la Samienne, la Femme aux cheveux coupés, etc.
Parménide [Ph] (v. 540-v. 450) : De la nature.
Pausanias [H] (IIe s. apr. J.-C.) : Description de la Grèce (10 livres).
Philon d'Alexandrie (le Juif) [Ph] (v. 13 av. J.-C.-v. 54 apr. J.-C.).
Pindare [P] (v. 518-v. 438) : Épinicies (Odes triomphales).
Platon [Ph] (v. 428-v. 348-347) : 42 dialogues (28 authentiques) : Gorgias, le Banquet, la République, les Lois, Criton, Phédon, Phèdre ; 1 discours : l'Apologie de Socrate.
Polybe [H] (v. 210/05-v. 125) : Histoire générale du monde de 221 à 146 : 50 L., dont il reste les 5 premiers et des fragments des autres.
Posidonios [H, Ph] (v. 135-v. 50).
Protagoras [Ph] (v. 485-v. 410).
Pyrrhon [Ph] (v. 365-v. 275).
Pythagore [Ph, Math] (v. 580-v. 500) : Il n'a rien écrit ; sa doctrine a été exposée par ses disciples.
Sapho [P] (début VIe s.) : 9 L. d'épithalames, élégies hymnes dont il ne reste que des fragments.
Socrate [Ph] (470-399) : Il n'a rien écrit ; sa doctrine est exposée par Platon et Xénophon.
Sophocle [D] (v. 495-v. 405) : 100 pièces, dont il reste 7 tragédies : Ajax, Antigone, Électre, Œdipe à Colone, Œdipe Roi, Philoctète, les Trachiniennes, un fragment des Limiers et un drame satirique.
Stesichore [P] (VIe s.) : 26 L. de chants lyriques.
Strabon [H, Géog] (v. 58-v. 21-25 apr. J.-C.) : Géographie universelle, 17 L.
Thalès de Milet [Math, Ph] (fin VIIIe-déb. VIe s.).
Théocrite [P] (v. 315-v. 250) : 26 L. de chants lyriques. Créateur de l'idylle.

Théophraste [Ph] (372-287) : nombreux ouvrages, dont les Caractères.
Thucydide [H] (v. 465-v.395) : Histoire de la guerre du Péloponnèse de 431 à 411 (8 L.), inachevée.
Xénocrate [Ph] (v. 400-314).
Xénophane [Ph] (v. fin VIe s.) : poème sur la Nature.
Xénophon [H, Ph] (v. 430-v. 355) : 13 ouvrages : les Mémorables, la Cyropédie, l'Économique, Hiéron, l'Anabase, les Helléniques.
Zénon de Citium [Ph] (v. 335-v. 264) : fondateur du stoïcisme.
Zénon d'Élée [Ph] (490/485-?).

Nés après Jésus-Christ

Basile, saint (329-379) : Homélies, Panégyriques, Sermons : Hexaméron, 365 lettres.
Clément d'Alexandrie (v. 150-211/6).
Denys l'Aréopagite [St] (Ph] (Ier s.).
Épictète [Ph] (v. 50-v. 125) : Il n'a rien écrit ; sa doctrine est exposée par Arrien dans les Entretiens et le Manuel.
Flavius-Josèphe [H] (Juif) (37-100) : la Guerre juive, les Antiquités juives, Vie.
Grégoire de Nazianze, saint [P] (v. 330-390) : 45 discours : Oraisons funèbres de saint Athanase et de saint Basile. Invectives contre Julien. 243 lettres.
Jamblique [Ph] (v. 250-v. 330).
Jean Chrysostome, saint [E] (v. 340-407) : Éloquence, Homélies, Sermons, Traités : Sur le sacerdoce, 238 lettres.
Justin, saint [Ph] (v. 100-v. 165).
Lucien (v. 125-v. 191) : 80 ouvrages (50 authentiques). Dialogues moraux ; Dialogues des morts ; l'Assemblée des dieux. Dissertations, Manières d'écrire l'hist. *Roman :* l'Histoire vraie.
Marc Aurèle [Ph, empereur] (122-80) : Pensées (166-80).
Origène [Théo] (185-254) : 2 000 ouvrages : Hexaples (Bible en 6 colonnes), Commentaires et scolies sur les deux Testaments, Homélies, Lettres.
Plotin [Ph] (v. 205-v. 270).
Plutarque [H, M] (v. 50-v. 125) : 46 Vies parallèles comparées de deux hommes illustres, un Grec et un Latin, 80 traités de morale et de sujets divers.
Porphyre [Ph] (234-v. 305).
Proclus [Ph] (412-485) : Commentaire sur le Timée.
Valentin [Ph, or. égypt.] (?-161).

Littérature latine

Origine de l'alphabet latin

Emprunté par les Latins aux Étrusques, il a passé longtemps pour un dérivé de l'alphabet grec. On estime actuellement que les Étrusques l'ont introduit directement en Italie depuis l'Asie Mineure, où ils l'avaient emprunté aux Phéniciens, en le modifiant à leur manière, qui n'était pas celle des Grecs : maintien du Q, du H, du *digamma* (F, prononcé autrement). Suppression des 3 aspirées (th, ph, kh). Vers le VIIe s. av. J.-C., les Latins ont remplacé le *zêta* par le *G*, qui est le *gamma* des Grecs, muni d'une barre de différenciation.

Nés avant Jésus-Christ

Caton l'Ancien [Or] (234-149) : Préceptes, Traité « De agricultura ».
Catulle [P] (87-54) : 116 pièces. Noces de Thétis et de Pélée.
César, Jules [H, hom. pol.] (101-44) : la Guerre des Gaules, 7 L. (52-51), la Guerre civile, 3 L. (49-48).
Cicéron, Marcus Tullius [Or, hom. pol.] (106-43) : la République (6 L.), les Tusculanes, la Vieillesse, l'Amitié, les Devoirs (3 L.), Pour Quinctius, Pour Roscius, Pour Murena, Pour Archias, Pour Milon, 7 Verrines (contre Verrès), 4 Catilinaires (contre Catilina), 14 Philippiques (contre Antoine).
Cornelius Nepos [H] (99-24) : De viris illustribus.
Ennius, Quintus [P, D] (239-169) : Poésie épique, Annales (18 L., restent 600 vers), 20 tragédies (restent 300 vers).
Horace [P] (65-8) : 17 épodes, 18 satires, Odes (4 L.), Chant séculaire, Épîtres (2 L.), Art poétique.
Lucilius, Caïus [P] (180-102) : poésie satirique (30 L., restent 1 200 vers).
Lucrèce [P] (v. 98-55) : De natura rerum, poème didactique.
Ovide [P] (43 av. J.-C.-17 apr. J.-C.) : Amours (3 L.), 21 Héroïdes, l'Art d'aimer, les Métamorphoses, Tristes, Pontiques.
Phèdre [P] (v. 15 av. J.-C.-v. 50 apr. J.-C.) : 123 fables en 5 L.
Plaute [D] (v. 254-184) : *Comédies :* Amphitryon, l'Aulularia ou la Comédie à la marmite, les Captifs, les Ménechmes, le Soldat fanfaron, le Câble.
Properce [P] (v. 47-v. 15) : 92 élégies (4 L.).
Salluste [H] (86-35) : Conjuration de Catilina, Guerre de Jugurtha.
Sénèque le Philosophe (4 av. J.-C.-65 apr. J.-C.) : la Colère, le Bonheur, la Clémence, les Bienfaits, Lettres à Lucilius, Questions naturelles. *Tragédies :* Médée, les Troyennes, Agamemnon, Phèdre.
Sénèque le Rhéteur (v. 55 av. J.-C.-v. 39 apr. J.-C.) : Rhétorique et Critique, Controverses (10 L.).
Térence [D] (v. 190-159) : *6 comédies :* l'Andrienne, l'Homme qui se punit lui-même, l'Hécyre, l'Eunuque, les Adelphes, le Phormion.
Tibulle [P] (50-19 ou 18) : 18 élégies (2 L.).
Tite-Live [H] (64 ou 59-17 apr. J.-C.) : Histoire de Rome des origines à 9 apr. J.-C. 142 L., restent 35 L.
Varron [Érudit] (116-27) : 74 ouvrages en 620 L., dont il reste 5 L. de la Langue latine, 3 L. de l'Économie rurale.
Virgile [P] (70-19) : 10 Bucoliques, les Géorgiques, l'Énéide (12 chants).

Nés après Jésus-Christ

Ammien Marcellin [H] (v. 330-400).
Apulée [R] (120-v. 180) : l'Ane d'or.
Augustin, saint [Théo, Ph] (354-430) : les Soliloques (2 L.), les Confessions (13 L.), Sermons, la Cité de Dieu, Lettres, De la grâce.
Aulu-Gelle [E] († 163) : Nuits attiques.
Ausone [P] (v. 310-v. 395) 286 pièces : 20 idylles (les Roses, la Moselle), etc.
Boèce [P, Ph, homme pol.] (v. 480-524) : Consolation de la philosophie (5 L.).
Bonaventure, saint [Ph., Théo] (1221-74).
Cassien, Jean [Théo] (v. 360-435).
Cassiodore [E, hom. pol.] (v. 480-575) : Encyclopédie des connaissances, De orthographia (l'Art d'écrire), De origine actibusque Getarum (chronique).
Claudien [P] (v. 370-v. 404) : Panégyriques, Invectives.
Cyprien, saint, évêque [Théo] (v. 200-258) : considéré comme autorité théologique en Occident jusqu'à saint Augustin.
Jérôme, saint (v. 347-420) : Commentaire sur l'Écriture, traduction de la Bible (appelée la Vulgate), Lettres.
Juvénal [P] (v. 60-v. 140) : 16 satires.
Lucain [P] (39-65) : Œuvre considérable dont il ne reste que l'épopée la Pharsale (10 L.).
Martial [P] (v. 40-v. 104) : 1 500 épigrammes.
Pétrone [R] († 65) : le Satiricon.
Pline l'Ancien [Érudit] (23-79) : Histoire naturelle en 37 L.
Pline le Jeune [E] (62-v. 114) : 247 lettres en 9 L., 122 lettres de correspondance officielle avec l'empereur Trajan, Panégyrique de Trajan.
Prudence [P] (348-v. 415) : 20 000 vers, Apothéose, l'Origine du péché, 12 Hymnes pour les heures du jour, 14 Odes sur les martyrs.
Quinte-Curce [H] (Ier s. apr. J.-C.) : Vie d'Alexandre.
Quintilien [Rhéteur] (Ier s. apr. J.-C.) : l'Institution oratoire, 12 L.
Suétone [H] (v. 69-v. 125) : Vie des 12 Césars (de César à Domitien).
Tacite [H] (55-120) : Histoires, Annales, Dialogue des orateurs, Vie d'Agricola, la Germanie.
Tertullien [Théo] (v. 155-220) : Aux nations, Sur les spectacles, l'Idolâtrie, la Couronne du soldat, Apologétique.
Valère Maxime [H] (Ier s. apr. J.-C.) : Faits et Dits mémorables.

Littérature néo-latine

Du XVe au XVIIIe s., de nombreux auteurs écrivent en latin, notamment : *les Italiens* Pétrarque, Strozzi, Pontanus ; *les Hollandais* Jean Second, Érasme, Grotius, Heinsius, Spinoza ; *les Anglais* Buchanan, Bacon, Thomas Morus ; *le Polonais* Tycho-Brahé ; *les Français* Scève, Névelet, Macrin, de Thou, Ramus, Calvin, Descartes, Moisant de Brieux, Lhomond ; *les Allemands* Brandt, Leibniz ; *le Suédois* Swedenborg.

Philosophie

☞ Pour les philosophes, voir la liste des auteurs p. 259.

Quelques définitions

Académie. École philosophique de Platon et de ses disciples immédiats (Speusippe, Xénocrate).
Académie (nouvelle). École d'Arcésilas et de Carnéade (probabilistes).
Agnosticisme. Théorie rejetant toute métaphysique, dont les objets sont déclarés inconnaissables (Th. Huxley).
Animisme. Nom donné à certaines religions dites primitives, qui attribuent une âme humaine à certains êtres inanimés.
Associationnisme. Doctrine faisant de l'association des idées la base de notre vie mentale (Hume, J.-S. Mill, Taine).
Athéisme. Doctrine niant l'existence de toute divinité.
Atomisme. Doctrine considérant l'univers comme constitué d'atomes assemblés par pur hasard et d'une manière purement mécanique (Épicure, Leucippe, Lucrèce).
Béhaviorisme (de l'anglais *behaviour*). Doctrine réduisant la psychologie à l'étude du comportement (Watson).
Cartésianisme. Il repose sur quatre préceptes que Descartes s'était résolu à observer constamment et qu'il expose dans le Discours de la méthode, publié en 1637.
Le premier de ces préceptes était « de ne jamais recevoir aucune chose pour vraie qu'il ne la connût évidemment être telle ».
Le second, « de diviser chacune des difficultés qu'il examinerait en autant de parcelles qu'il se pourrait et qu'il serait requis pour les mieux résoudre ». Règle de l'analyse.
Le troisième, « de conduire par ordre ses pensées, en commençant par les objets les plus simples et les plus aisés à connaître, pour monter peu à peu comme par degrés jusques à la connaissance des plus composés, et supposant même de l'ordre entre ceux qui ne se précèdent point naturellement les uns les autres ». Règle de l'induction.
Et le dernier, « de faire partout des dénombrements si entiers et des revues si générales qu'il fût assuré de ne rien omettre ». Règle de l'énumération et de la déduction : l'ignorance et l'erreur venant selon Descartes presque toujours de ce que l'on a négligé un ou plusieurs des éléments essentiels des questions que l'on étudie.
Conceptualisme. Doctrine affirmant que les idées générales existent comme des conceptions de l'esprit mais ne font pas partie du monde réel (Abélard, Roscelin).
Criticisme. Nom donné au système de Kant, qui essaye de déterminer le champ d'application de notre entendement humain.
Cynisme. Doctrine méprisant convenances, opinions, richesses et honneurs, et affirmant que seule la vertu permet de se libérer en s'affranchissant du désir (Antisthène, Diogène).
Déterminisme. Doctrine philosophique suivant laquelle tous les événements de l'univers, et en particulier les actions humaines, sont liés d'une façon telle que les choses étant ce qu'elles sont à un moment quelconque du temps, il n'y ait pour chacun des moments antérieurs, ou ultérieurs, qu'un état et un seul qui soit compatible avec le premier.
Dogmatisme. Doctrine admettant que l'on peut établir des vérités définitives.
Dualisme. Doctrine admettant deux principes différents (ex. corps et âme, matière et esprit, bien et mal).
Dynamisme. Doctrine supposant que la matière et même la vie psychologique comportent des « forces » incontrôlables pour la raison.
Éclectisme. Doctrine groupant des thèses variées (école de Potamon d'Alexandrie, Victor Cousin).
Empirisme. Doctrine admettant seulement l'expérience comme source de nos connaissances (Locke, Hume, J.-S. Mill).
Empiriocriticisme. Doctrine reposant sur l'étude des relations qui existent entre les sciences physiques et psychologiques (Avenarius, Mach).
Épicurisme. Doctrine faisant du plaisir (consistant dans la culture de l'esprit et la pratique de la vertu) le souverain bien.
Épiphénoménisme. Théorie selon laquelle la conscience serait un simple épiphénomène, c'est-à-dire un phénomène accessoire et sans efficacité, l'élé-

ment constitutif du fait psychique étant essentiellement le processus nerveux.

Eudémonisme. Système de morale recherchant le bonheur de l'homme (Aristote).

Évolutionnisme. Doctrine philosophique et sociologique (Spencer, Teilhard de Chardin) fondée sur le transformisme des biologistes (Lamarck, Darwin).

Existentialisme. Doctrine soulignant la singularité de chaque existence humaine ; avant de se concevoir comme un être, l'individu a conscience d'exister : en agissant il se crée et se choisit (Kierkegaard, Heidegger, Jaspers, G. Marcel, J.-P. Sartre, R. Le Senne, Merleau-Ponty).

Fidéisme. Système plaçant dans une foi religieuse la connaissance des vérités premières.

Finalisme. Système expliquant l'univers par sa finalité (but vers lequel il tend).

Formalisme. Esthétique de la « vie des formes » (Élie Faure, Focillon, Malraux).

Gestalt-Théorie. Théorie selon laquelle l'esprit — par ex. dans la perception — saisit d'abord les ensembles et non leurs éléments (Koffka, Köhler, Wertheimer).

Gnosticisme. Tentative d'atteindre Dieu par la connaissance intellectuelle.

Hédonisme. Doctrine faisant du plaisir immédiat le but de la vie (Aristippe, Gide).

Hégélianisme. Doctrine selon laquelle être et penser sont un même principe se développant en 3 phases : thèse, antithèse et synthèse (Hegel, 1770-1831).

Humanisme. Doctrine conférant à l'être humain une valeur essentielle (humanismes chrétien, marxiste, existentialiste).

Humanitarisme. Morale réglant les relations humaines à l'échelon planétaire et fondée sur le respect de l'individu.

Hylozoïsme. Doctrine selon laquelle la matière est douée de vie (Thalès).

Idéalisme. Tendance qui consiste à ramener toute réalité substantielle à la pensée, au sens le plus large du mot « pensée » (Berkeley, Hume, Fichte, Schelling, Hegel, Hamelin, Schopenhauer).

Immatérialisme. Idéalisme absolu niant l'existence de la matière (Berkeley).

Immoralisme. Doctrine proposant de remplacer l'ordre des valeurs morales par l'ordre des faits (Nietzsche).

Instrumentalisme. Doctrine selon laquelle intelligence et théories sont des instruments destinés à l'action (Dewey).

Intellectualisme. Doctrine donnant plus d'importance à l'entendement qu'à la raison dans les activités mentales (Kant, Hegel, Taine).

Intuitionnisme. Doctrine selon laquelle il existe une connaissance intuitive, opposée à la démarche discursive (Bergson, Hamilton).

Jungisme. Voir Psychologie analytique.

Logicisme. Doctrine prétendant ramener toute science à la logique mathématisée (Russel).

Manichéisme. Doctrine admettant deux principes opposés, sources du devenir (le bien et le mal).

Matérialisme. Doctrine admettant que la matière seule est réelle (Démocrite, Épicure, Lucrèce, les Encyclopédistes, les Idéologues).

Matérialisme dialectique (marxisme). Doctrine selon laquelle la matière est indépendante de la pensée (qui n'est elle-même que de la matière prenant conscience de soi) et se développe dans le temps par une succession d'oppositions ou de négations. Le matérialisme historique applique les mêmes principes à l'Histoire, considérée comme un fait matériel (le « vécu » humain) ; il conclut à la nécessité de la lutte des classes, née des contradictions existant entre les modes de production et les formes de propriété.

Mécanisme. Théorie selon laquelle l'ensemble des phénomènes est susceptible d'être ramené à un système de déterminations « mécaniques ».

Méliorisme. Doctrine selon laquelle le monde peut être amélioré (Emerson, W. James).

Monisme. Nom générique des doctrines qui n'admettent qu'un seul principe là où d'autres en admettent deux ou plusieurs (ex. chez Spinoza, Dieu et la nature ne font qu'un).

Mysticisme. Doctrine selon laquelle l'homme peut atteindre le monde surnaturel par l'extase.

Naturalisme. Système pour lequel les sciences naturelles sont le fondement de la morale.

Naturisme. Doctrine selon laquelle le culte des phénomènes naturels est à l'origine des religions (Max Muller, Steinthal, Kuhn).

Néo-darwinisme. Nouvelle formulation du transformisme, expliquant la transformation des espèces (spéciation) par les mutations génétiques.

Néo-kantisme. Mouvement dérivé du criticisme kantien, se consacrant à des recherches philosophiques et logiques (école logistique de Marbourg) et morales (école axiologique de Bade).

Néo-platonisme. Doctrine de Platon mêlée de mysticisme (Plotin, Porphyre, Jamblique, saint Augustin).

Néo-pythagorisme. Morale dérivée des enseignements de Pythagore tendant à l'ascétisme et la pureté (2 premiers siècles de notre ère. A Rome).

Nihilisme (philosophique). Scepticisme absolu, niant toute réalité (Gorgias le sophiste).

Nominalisme. Doctrine réduisant tout concept, toute idée au signe qui l'exprime (Roscelin, Guillaume d'Occam, Hobbes, H. Poincaré, nominalisme scientifique).

Occasionnalisme. Doctrine selon laquelle matière et esprit ne peuvent agir l'un sans l'autre, ce que nous appelons cause antécédente étant, en réalité, une cause occasionnelle, c.-à-d. une intervention déterminante de Dieu (Malebranche).

Optimisme. Doctrine considérant que le monde « actuel » réalise toujours de façon optimale le monde conçu par Dieu (Leibniz).

Panpsychisme. Doctrine selon laquelle tout ce qui existe est de nature psychique (Thalès, Plotin, Spinoza, Leibniz, Schopenhauer).

Panthéisme. Système dans lequel Dieu s'identifie au monde (Stoïciens, Plotin, Spinoza, d'Holbach, Diderot).

Parallélisme. Théorie selon laquelle les faits psychiques et physiologiques sont indépendants mais correspondants (Spinoza).

Péripatéticiens. Nom donné aux élèves et disciples d'Aristote (de *peripatein*, se promener, car Aristote enseignait en se promenant). Pour lui, la nature représente l'effort de la matière brute pour s'élever à la pensée et à l'intelligence.

Personnalisme. Système reposant sur la notion de personne humaine, valeur morale et sociale opposée à l'individualité simple (Renouvier, Mounier).

Pessimisme. Doctrine selon laquelle mal et douleur l'emportent, dans la matière, sur bien et plaisir (Schopenhauer).

Phénoménalisme. Doctrine posant que l'homme ne peut rien atteindre au-delà du phénomène : l'absolu est inconnaissable (Kant, A. Comte, Spencer).

Phénoménisme. Théorie selon laquelle seul ce qui est perçu par les sens ou par la conscience est réel.

Phénoménologie. Méthode philosophique visant à saisir, par-delà les êtres empiriques et individuels, les essences absolues de tout ce qui est (Husserl). La phénoménologie contemporaine donne une primauté au senti, au perçu, voire à l'imaginé (Merleau-Ponty).

Physicalisme. Doctrine de Carnap et de l'École de Vienne rejetant toute métaphysique et ramenant la philosophie à une syntaxe logique du langage.

Pluralisme. Doctrine posant une pluralité de principes irréductibles (Atomistes, Leibniz, Herbart, W. James).

Positivisme. Doctrine reposant sur l'observation et l'expérience des phénomènes, en sciences humaines comme en sciences naturelles (Comte). Néo-positivistes : Carnap, Reichenbach, Wittgenstein.

Pragmatisme. Doctrine pour lequel seul ce qui réussit est vrai, la vérité théorique étant sans intérêt, même sur le plan moral (W. James).

Probabilisme. Système pour lequel toute opinion n'est jamais ni fausse ni vraie en totalité, et se contente de théories probables au lieu de certitudes (Arcésilas, Carnéade, A. Cournot, Reichenbach).

Psychanalyse. Méthode consistant à pratiquer l'investigation des processus psychiques profonds d'un individu, principalement appliquée au traitement de troubles mentaux et psychosomatiques (Freud).

Psychologie analytique. Étude de l'inconscient comme fonction psychique autonome, et notamment de l'inconscient collectif, créateur de mythes renaissant dans chaque structure individuelle (Carl Gustav Jung).

Rationalisme. Doctrine n'admettant que la seule autorité de la raison (s'opposant à la fois à l'empirisme et à toute croyance religieuse) (Encyclopédistes du XVIIIe s.).

Réalisme. Doctrine selon laquelle l'être existe en dehors et indépendamment de l'esprit qui le perçoit (opposé à l'idéalisme).

Relativisme. Théorie reposant sur la relativité de la connaissance (Montaigne).

Scepticisme. Doctrine selon laquelle l'esprit humain ne peut rien connaître avec certitude, et qui conclut à la suspension du jugement et au doute permanent (Hume, Kant).

Scientisme. Croyance en la possibilité d'atteindre des certitudes absolues par l'expérimentation et le raisonnement scientifique (Claude Bernard, Renan).

Scolastique. Désigne les doctrines officielles enseignées au Moyen Age et jusqu'au XVIIe s. dans les universités (ex. la philosophie d'Aristote adaptée aux dogmes chrétiens).

Sémiotique. Étude systématique des signes, c.-à-d. analyse de toutes les productions humaines qui utilisent des signifiants (langues, littératures, arts, religions). Introduit la psychanalyse dans les sciences humaines (Perrie, Saussure, Barthes, Lévi-Strauss).

Sensualisme. Doctrine selon laquelle toutes nos connaissances proviennent des sensations (Condillac).

Solipsisme. Doctrine selon laquelle « tout esprit est comme un monde à part se suffisant à lui-même » (Leibniz).

Sophisme. Raisonnement faux paraissant logique, reposant sur une équivoque, un énoncé incomplet, une construction grammaticale ambiguë (Protagoras, Gorgias, Calliclès).

Sophistique. Attitude éclectique et sceptique de certains penseurs grecs (Protagoras, Gorgias, Hippias, Prodicos, etc.).

Spiritualisme. Doctrine donnant à l'esprit une existence autonome par rapport à la matière (Platon, Plotin, Descartes et les cartésiens, Leibniz, Hegel).

Stoïcisme. Doctrine dont la morale commande de rester indifférent aux circonstances extérieures (plaisir, douleur, etc.) (Zénon de Citium, Cléanthe, Chrysippe, Sénèque, Épictète, Marc Aurèle).

Structuralisme. Système professant la primauté des structures par rapport aux éléments, et plus particulièrement par rapport à l'homme. Toute doctrine qui considère que le sujet humain est second par rapport à des structures écon. (marxistes ; Althusser), sociales ou ethnologiques (Lévi-Strauss), psychanalytiques (Lacan) ou linguistiques. Réaction contre les individualismes, et plus particulièrement contre l'existentialisme (M. Foucault).

Subjectivisme. Système n'admettant qu'une réalité, celle du sujet pensant.

Tautologie. Sophisme qui consiste à paraître démontrer une thèse en la répétant avec d'autres mots.

Théisme. Doctrine admettant l'existence d'un dieu personnel et créateur du monde.

Thomisme. Ensemble des doctrines de saint Thomas qui constituaient l'essentiel de l'enseignement théologique et philosophique de l'Église catholique.

Transcendantal. Qui contient des éléments a priori, capables d'être le fondement de principes universels.

Transcendantalisme. Mouvement mystique et panthéiste (Emerson).

Utilitarisme. Système jugeant de la valeur morale de nos actions d'après l'intérêt particulier ou général (Bentham, J.-S. Mill).

Vitalisme. Doctrine admettant l'existence d'un principe vital distinct de l'âme et du corps et régissant les actions organiques. Néo-vitalistes : Reinke, Driesch.

Volontarisme. Théorie selon laquelle notre volonté prend part à tout jugement et peut le suspendre (Duns Scot) ; pour Schopenhauer, la volonté est l'essence même de l'univers.

Zététique. Un des aspects du scepticisme considéré comme une recherche (Sextus Empiricus).

La bande dessinée

Quelques dates

• **Préhistoire : V. 1824** Création de l'imagerie d'Épinal par les Frères Pellerin. **27** *M. Vieux Bois* par Rodolphe Töpffer (Suisse, 1799-1846). **29** Création du *Docteur Festus* par Rodolphe Töpffer. **33** *L'Histoire de M. Jabot* du même auteur. **36** *Les Cent Robert Macaire* de Daumier. **37** *M. Crépin, les Amours de M. Vieux Bois* par Rodolphe Töpffer. **1840** *Voyages et Aventures du Dr Festus, M. Pencil* du même auteur. *Les Voyages de M. Trottman* de Cham. **45** *Monsieur Cryptogamme* et *Histoire de Jacques* par Rodolphe Töpffer. **48** *Herr Piepmeyer* d'A. Schrödter. **48** *Vie publique et privée de Monsieur Reac* par le photographe français Nadar. **65** *Max et Moritz les insupportables garnements* par Wilhelm Busch (Allemand). **89** *(31-8 au 24-6-90)* *Le Petit Français Illustré* publie *la Famille Fenouillard* de Georges Colomb, dit Christophe (1856-1945). **90** *(4-1)* *Le Sapeur Camember* par Georges Colomb, dit Christophe. **93** *(9-12 au 25-11-99)* *Vie et Mésaventures du Savant Cosinus* et *(23-12 au 9-1-03)* *les Malices de Plick et Plock* *(23-12)* du même auteur. **96** *Yellow Kid* de Richard Outcault.

• **1re génération : 1903** *(29-3)* Arthème Fayard publie *la Jeunesse illustrée*. **04** *(21-4)* Le même éditeur publie *Belles Images*. *(28-4)* Jules Tallandier lance le

Jeudi de la Jeunesse. **05** *(2-2)* Gauthier Languereau publie un hebdomadaire pour les filles, *la Semaine de Suzette*, où apparaît Bécassine dessinée par Pinchon (1871-1953) sur un texte de Caumery. **06** *(11-2)* La Bonne Presse lance *l'Écho de Noël. (31-10) L'Illustré* devient *le Petit Illustré.* **07** Un hebdomadaire parisien publie pour la 1re fois en France une b. d. américaine *the Newlyweds.* **08** *(9-4)* Parution de *l'Épatant* où apparaissent pour la première fois les Pieds nickelés *(4-6)* dessinés par Louis Forton. **09** *(21-10)* Parution de *Fillette. (12)* Winsor Mac Cay réalise la 1re adaptation en dessins animés de sa propre bande dessinée : *Little Nemo in Slumberland.* **10** *(22-5)* Parution de *l'Intrépide.* **11** La Bonne Presse lance *le Sanctuaire. (28-2)* Parution de *Cri-Cri.* **12** *(31-3)* Parution des *Romans de la Jeunesse. (16-5)* de *l'Inédit. (4-7)* Albin Michel publie *le Bon Point Amusant.* **13** 1er album de *Bécassine : l'Enfance de Bécassine.* **17** Émile Cohl réalise le 1er dessin animé français tiré d'une bande dessinée : *les Pieds nickelés.* **20** *(10)* Les Éditions du Petit Écho de la Mode lancent *Guignol.* **21** *(17-7)* Elles lancent *Lisette.* **22** 1re exposition de b. d. au Waldorf Astoria à New York. **23** *(4-3)* La Bonne Presse édite *Bernadette. L'Excelsior Dimanche* (qui deviendra *le Dimanche illustré* en 1925) publie Winnie Winkle (Bicot). **24** Albin Michel édite *le Petit Robinson.* **25** *(3-5) Le Dimanche illustré* publie *Zig et Puce* d'Alain Saint-Ogan. *(27-12)* Les Éditions du Petit Écho de la Mode lancent *Pierrot.* **29** Naissance de *Tintin* dans *le Petit Vingtième* (Bruxelles) : « Tintin au pays des Soviets ». *Juillet* Albin Michel édite *le Journal de Bébé. (14-11)* Jean Nohain lance *Benjamin. (8-12) Cœurs vaillants.* 1er album des *Pieds nickelés.* **30** *(7-10)* 1re publication de b. d. : Mickey, dans un quotidien français : *le Petit Parisien.*

● **Age d'or américain : 1934** *(21-10)* Fondation en France du *Journal de Mickey.* **35** *(5-6)* Cino del Duca fonde un des 1ers hebdomadaires français de b. d. : *Hurrah !* qui durera jusqu'en avril 1942. **36**-*1* La Bonne Presse édite *Bayard.* Fondation de *l'Aventureux (8-3), Junior (2-4), Aventures (14-4)* et *Robinson (26-4).* **37** Création du *Journal de Toto (11-3),* de *Hop-là ! (7-12),* de *l'As (8-12).* Fleurus lance *Ames vaillantes.* **38** *(6-3)* Création de *Bilboquet* (disparaît 8-2-39). *(6-2)* Fondation à Bruxelles de l'hebdo *Spirou* [*(21-4)* 1er no de l'éd. franç.]. *(16-6) le Bon Point Amusant* devient *Francis.* **39** *(8-2)* Disparition de *Bilboquet.* **40** Disparition du *Journal de Toto,* de *Hop-là ! (16-6)* et de *l'As (23-6). Gavroche (31-10).* **41** Disparition de *Aventures. (6-12)* Del Duca lance *l'Audacieux. Fanfan la Tulipe* (pétainiste, *22-5*). **42** Interdiction de publier en France des bandes dessinées américaines. *(20-7)* Disparition de *l'Aventureux* et de *l'Audacieux. (28-12)* Cino Del Duca lance les *Belles Aventures* à Nice. **43** *(15-1) Le Téméraire* (pronazi).

● **3e génération : 1944** *(17-8)* Disparition des *Belles Aventures. (20-11)* Fondation de *Coq hardi* avec comme dessinateurs Marijac (les Trois Mousquetaires au maquis), Le Rallic (Poncho Libertas), Liquois (Guerre à la Terre). *(13-10)* Le P.C.F. lance *le Jeune Patriote.* **45** *(1-6) Le Jeune Patriote* devient *Vaillant. (25-11)* Fleurus lance *Fripounet et Marisette,* lancement des édit. de Lyon (Sprint) et de Nice (Publi-Vog). **46** *(19-9)* Cino del Duca lance l'hebdo *Tarzan. (26-9)* fondation à Bruxelles de l'hebdomadaire *Tintin.* Parution de *Fantax* (1re publication des éd. Chott à Lyon, qui donna ensuite *Big Bill*). **47** *(23-3)* Fondation de *Donald* par Paul Winkler (il cessera de paraître le 22-3-1953 pour faire place au *Journal de Mickey*). **52** *(3-5)* Disparition de *Tarzan* qui est remplacé par *Hurrah ! (24-10).*

● **2e âge d'or franco-belge : 1959** *(29-10)* 1er numéro de *Pilote.* **60** Création en France de *Hara-Kiri,* 1re b. d. pour adultes. [*(4-12)* 1er no mensuel]. **62** *(29-3)* Création du « Club des bandes dessinées » (C.B.D.). **63**-*3* Disparition de *Coq hardi. (Octobre) Ames Vaillantes* est remplacé par *J2 Magazine, Cœurs Vaillants* par *J2 Jeunes.* **64** Publication de *Barbarella* par Eric Losfeld, 1er album de luxe de b. d. Peu à peu les albums d'histoires complètes vont concurrencer les périodiques. **64** Un schisme au sein du CELEG donne naissance à une nouvelle Sté, la SOCERLID. Création du journal *Chouchou.* **65** 1er congrès intern. de la bande dessinée à Bordighera en Italie. **66** Sortie de *Phenix,* revue spécialisée (en octobre). **67** Avril-mai, 1re exposition de b. d. à Paris. **69** *(1-2)* Lancement de *Charlie mensuel* ; évolution de la b. d. vers un public adulte avec Wolinski, Cabu, Bretecher, Reiser, Pichard. *(3-3) Vaillant* devient *Pif Gadget.* **69-70** Lancement (éd. Lug de Lyon) de revues réservées aux super-héros américains *(Fantask, Strange, Marvel, Nova, Les Fantastiques...).* **70** *(23-11)* Parution de *Charlie hebdo (oct.). J2 Jeunes* devient *Formule 1.* **71** Cours sur l'histoire et l'esthétique de la b. d. à la Sorbonne (F. Lacassin). **72** 1er congrès de la b. d. à New York. **73** Lancement de *l'Écho des Savanes* par Mandryka, Gotlib et Claire Bretecher. **74** *Le Canard sauvage ; le Monde* publie sa 1re b. d. : *Astérix (oct.). J2 Magazine* devient *Djin.* **74** 1er festival de la b. d. à Angoulême. *Pilote* devient mensuel. **75** Parution de nouveaux mensuels : *Métal hurlant, Fluide glacial* (par Gotlib), *Circus.* **77**-*3* Lancement de la revue *le Collectionneur de B.D.* Mort de René Goscinny *(5-11).* **78** Parution du mensuel *(A suivre),* mensuel de bandes dessinées adultes lancé par Casterman. **79** Le phénomène *Goldorak.* Parution du 1er catalogue de cotes des collectionneurs de b.d., 1res ventes aux enchères de b.d. de collection. **80**-*2* 1er numéro de *Captain Fulgur.* **81** *Gomme* par Glénat. -*8 Djin* et *Formule 1* sont remplacés par *Triolo* (un seul titre). Reparution de *l'Épatant.* **82** Reparution de *Charlie mensuel.* Mort d'Arnal, créateur de *Pif le chien.* **83** Lancement de *Rigolo* (disparaît 1984). *(3-3)* Mort de Hergé. Réédition des fac-similés des éd. de Tintin d'avant-guerre. Publication de *Épic.* -*12* Disparition de *Gomme.*

Tintin

Auteur. Georges Rémi dit Hergé (initiales du nom), (Belg. 1907-83).

Quelques dates. *1929 (10-1)* Tintin apparaît dans *le Petit Vingtième* (suppl. hebd. pour la jeunesse du quotidien catholique belge *le Vingtième Siècle*). *1929-30* Tintin au pays des Soviets. *1930-31* Tintin au Congo. *1931-32* Tintin en Amérique, histoires en noir et blanc, éditées par les Éditions du *Petit Vingtième* reprises par *Casterman. 1932-34* les Cigares du pharaon. *1934-35* le Lotus bleu. *1935-37* l'Oreille cassée. *1937-38* l'Ile noire. *1938-39* le Sceptre d'Ottokar.

La guerre ayant fait disparaître *le Petit Vingtième,* Hergé publie dans *le Soir,* sous forme de strips en noir et blanc, en *1940-41* le Crabe aux pinces d'or. *1941-42* l'Étoile mystérieuse. *1942-43* le Secret de la Licorne. *1943* le Trésor de Rackham le Rouge. *1944* les Sept Boules de cristal, interrompu par la Libération.

Années de publication, dans *Tintin* et, entre parenthèses, sous forme d'album : *1946-48* les Sept Boules de cristal (1948) [republication dans *Cœurs vaillants* (antérieure à celle de Tintin)] et le Temple du Soleil (1949). *1948-50* (1950) Tintin au pays de l'or noir. *1950-53* On a marché sur la Lune (1953) et Objectif Lune (1954). *1954-56* (1956) l'Affaire Tournesol. *1956-58* (1958) Coke en stock. *1958-59* (1960) Tintin au Tibet. *1961-62* (1963) les Bijoux de la Castafiore. *1966-67* (1968) Vol 714 pour Sydney. *1975-76* (1976) Tintin et les Picaros.

Adaptations cinématographiques. *Films à personnages* (réalisés par André Barret) : *1960* le Mystère de la toison d'or. *1964* les Oranges bleues. *Dessins animés* (produits par Belvision, Bruxelles) : *1969* le Temple du soleil. *1972* le Lac aux requins.

Ventes. *1985 :* env. 100 millions (*1978 :* env. 55 millions d'albums).

Traductions. Tintin et Milou (albums traduits en plus de 33 langues étrangères). *Afrikaans :* Kuifie, Spokie. *Allemand :* Tim, Struppi. *Anglais :* Tintin, Snowy. *Arabe :* Tin Tin, Milou. *Chinois :* Tinng, Tiung. *Danois :* Tintin, Terry. *Espagnol :* Tintin, Milú. *Finnois :* Tintti, Milou. *Grec :* Ten-Ten, Milou. *Hébreu :* Tantan. *Iranien :* Tainetaine, Milou. *Islandais :* Tinni, Tobbi. *Italien :* Tintin, Milu. *Japonais :* Tan Tan, Milo. *Néerlandais :* Kuifje, Bobble. *Norvégien :* Tintin, Terry. *Portugais :* Tintim, Milu. *Suédois :* Tintin, Milou.

Astérix

Origine. *1959* paraît dans *Pilote,* scénario René Goscinny, dessin Albert Uderzo. Dargaud reprend *Pilote* et devient l'éditeur des albums. *1961* 1er album : Astérix le Gaulois (1er tirage 6 000 ex., édité par Dargaud). *1965* tirage de + de 300 000 ex. *1967* Astérix le Gaulois, 1er dessin animé ; pour la 1re fois le tirage initial d'un album Astérix atteint 1 000 000 en France. *1977* mort de Goscinny. *1979* création des éditions Albert René à l'initiative d'Uderzo. *1980* 1er album Astérix écrit et dessiné par Uderzo seul, « Le Grand Fossé » (1 400 000 ex.).

Bilan global (début 1986). Albums : 27 titres en b.d. vendus à + de 160 millions d'ex. dans le monde et traduits en + de 30 langues. Le dernier titre, « Le Fils d'Astérix », publié fin 1983, a atteint 2,6 millions d'ex. en français (+ de 7 millions dans le monde).

Ventes totales (en millions d'ex., août 1984). France 50, Allemagne-Autriche 50, P.-Bas 12, Belgique 9, G.-B. 6, Suisse 5, Espagne 4, Italie 4, Finlande 3, Suède 3, Danemark 3, Norvège 3, Québec 3, Brésil 2, Portugal 1.

Films. 5 films d'animation long métrage : Astérix le Gaulois, Les douze travaux d'A., A. et Cléopâtre, A. et la surprise de César, A. chez les Bretons (sortie prévue fin 1986).

Bandes dessinées célèbres

1889 La Famille Fenouillard par Christophe (pseudonyme de G. Colomb, Français, 1856-1945). **90** Le Sapeur Camember (id.). **92** The Little Bears and Tigers par James Guilford Swinnerton (Américain). **93** Le Savant Cosinus par Christophe. **96** The Yellow Kid par Richard Felton Outcault (Amér.). **97** The Katzenjammer Kid, inspiré des héros de Busch par R. Dirks (Amér.), puis Harold Knerr (Pim, Pam, Poum pour les Français). **99** Happy Hooligan par Frédéric Burr Opper (Amér.).

1902 Buster Brown par Richard Felton Outcault (1863-1928), Mac Cay. **05** Little Nemo de Windson Mac Cay (Amér.). Bécassine par Joseph Porphyre-Pinchon, scénario de Jacqueline Rivière puis Caumery (Maurice Languereau). **07** M. A. Mutt, devenu Mutt and Jeff par Buff Fisher (Amér.). **08** Les Pieds nickelés par Louis Forton (1879-1934), Lacroix puis Pellos (tous 3 Fr.) : publiés à partir du 4 juillet par *l'Épatant.* **09** Pierino par Antonio Rubino (Italien) dans le *Corriere dei Piccoli.* 1re jeune héroïne, l'Espiègle Lili, de Jo Vale et A. Vallet (tous 2 Fr.).

1910 *The New York Journal* publie à partir du 26 juin Krazy Kat par George Herriman. **12** Lola et Lalla par Antonio Rubino (Ital.). **13** Bringing up Father par George McManus (Amér.) (devient la Famille Illico en 1936 dans la presse française). **14** The Bruin Bogs par H.S. Foxwell (Anglais). **17** Bonaventura par Sergio Toffano (Italien). **18** Boob Mac Nutt par Rube Goldberg (Amér.). **19** Pip, Squeak and Wilfred par Austin Bowen Payne (Anglais). Thimble Theatre par Elzie Chrisler Segar (Amér.).

1920 Winnie Winkle par Martin Michael Branner (Amér.) (devient Bicot Président de club en janvier 1924 dans *le Dimanche illustré*). Adamson par Oscar Jacobson (Suédois). Félix the Cat par Pat Sullivan (Austr., 1887-1933) et Otto Messmer (Amér., 1892-1983). **23** Gédéon le Canard par Benjamin Rabier (1869-1939) (Fr.). **24** *The Illustrated Daily News* publie The Little Orphan par Harold Gray ; 5 octobre *le Petit Illustré* publie Bibi Fricotin par Louis Forton. Pekaa Puupaa par Fogeli (Finlandaise). **25** Zig et Puce par Alain Saint-Ogan (1895-1974) (Fr.) paraît dans *le Dimanche illustré.* Betty Boop de Fleischer (Amér.). **28** Captain Easy de Roy Crane (Amér.). **29** Tintin par Hergé (Georges Rémi, Belge, 1907-83). Tarzan inspiré des romans de E.R. Burroughs, par Harold Foster (Amér.), et surtout par Burne Hogarth (Amér.) à partir de 1937. Popeye le mangeur d'épinards par Elzie Segar (Amér.). 1er héros de science-fiction, Buck Rogers de Nowlan et Calkins (tous 2 Amér.). Sor Pampurio par Carlo Bisi (Italien). Babar l'éléphant par Jean de Brunhoff (Fr.).

1930 Mickey Mouse par Walt Disney, dessiné par U.B. Iwerks. Little Annie Rooney par Batsford puis Darrel Mac Clure, d'après des scénarios de Brandon Walsh (tous Amér.). Blondie par Chic Young (Amér.), record mondial des adaptations et de la diffusion. **31** Le *Chicago Tribune* publie Dick Tracy de Chester Gould (Amér.). Quick et Flupke, gamins de Bruxelles par Hergé. **32** Tim Tyler's Luck par Lyman Young (Amér.) [devient Raoul et Gaston, ou Richard le Téméraire en France]. Connie par Frank Godwin (Amér.). Globi par Robert Lips d'après un scénario de J.K. Schiele (tous 2 Suisses). Les Nouveaux Exploits de Quick et Flupke par Hergé. **33** Kieru Ja Kairu par Asmo Alho, scénario de Mila Waltari (tous 2 Finl.). **34** Vater und Sohn par E.D. Plawen (Allem.), Flash Gordon par Alexander Raymond, scénario de Don Moore (tous 2 Amér.) (devient en France Guy l'Éclair). Jungle Jim par Alex Raymond (Amér.) (en France Jim la Jungle). Mandrake the Magician par Phil Davis, scénario de Lee Falk (tous 2 Amér.). The Little King par Otto Soglow (Amér.) (en France Le Petit Roi). Terry and the Pirats de Milton Caniff (Amér.). Agent Secret X-9 de Dashiell Hammett et Alex Raymond (tous 2 Amér.). En France, *le Journal* publie le Professeur Nimbus d'André Daix et *l'Illus-*

tration, la Semaine comique de Cami. **35** King of the Royal Mounted par Allen Dean, scénario de Zane Grey (tous 2 Amér.). L'Il Abner par Al Capp (Amér., 1909-79). Brick Bradford par Clarence Gray sur un scénario de William Ritt (tous 2 Amér.) (devient en France Luc Bradefer). Bronc Peeler de Fred Harman (Amér.). Garth de Steve Dowling (Anglais). **36** The Phantom par Ray Moore, scénario de Lee Falk (en France Le Fantôme du Bengale). **37** Prince Vaillant par Hal Foster (Amér.). Futuropolis par René Pellos (Fr.). Kit Carson Cavaliere del West par Rino Albertarelli (Ital.). **38** *(21-4)* Le journal *Spirou* publie les Aventures de Spirou de Rob Vel (Robert Velter, Français). Superman par Joe Schuster, scénario de Jerry Siegel (tous 2 Amér.). Red Ryder par Fred Harman (Amér.). Dick Fulmine par Carlo Cossio, scénario d'A. Martini (tous 2 Ital.). **39** Batman par Bob Kane (Amér.).

1941 Captain America par Jack Kirby, scénario de Joe Simon (tous 2 Amér.). The Spirit de Will Eisner (Amér.). Sad Sack de Georges Baker. Jean Valhardi de Jijé [Joseph Gillain (1914-80, Belge)] et Jean Doisy. Les Cahiers d'Ulysse (Fr.). **42** Barnaby par Crockett Johnson (Amér.). Mole Call de Milton Caniff pour les G.I. L'Épervier bleu de Sirius (Max Mayeu, Belge). **43** L'hebdomadaire *Bravo* publie le Rayon U par Edgar Jacobs (Belge). Kerry Drake par Alfred Andriola (Amér.). **44** L'hebdo *Coq hardi* publie Les 3 Mousquetaires au maquis par Marijac (Jacques Dumas). La Bête est morte de Calvo (2e Guerre mondiale). **45** Drago par Burne Hogarth (Amér.). L'hebdo *Vaillant* publie les Pionniers de l'espérance par Raymond Poïvet, scénario de Roger Lécureux. **46** Guerre à la Terre par A. Liquois (scénario Marijac). Rip Kirby par Alex Raymond, scénario de Ward Greene (tous 2 Amér.). Pogo par Walter Kelly (Amér.). Johny Hazard de Frank Robbins (Amér.). L'hebdo *Tintin* publie Blake et Mortimer par Edgar P. Jacobs (Belge). Lucky Luke par Morris (Maurice de Bevere, Belge) dans *Spirou* jusqu'en 1968, puis dans *Pilote.* Corentin de Paul Cuvelier (Belge) dans *Tintin.* Fantax et Big Bill le casseur par Chott. **47** Steve Canyon par Milton Caniff (Amér.). Buck Danny de Jean-Michel Charlier et Victor Hubinon (tous 2 Belges). Garry, par F. Molinari. **48** Alix par Jacques Martin (Belge). Pogo de Walt Kelly (Amér.). Brik et Yak par J. Cézard.

1950 Peanuts par Charles Schultz (Amér.). Censure de b.d. pour adultes aux États-Unis. Arabelle de Jean Ache paraît dans *France-Soir* (jusqu'en 1962). Le Secret de l'espadon (Blake et Mortimer) par E.P. Jacobs. **51** Les Nouvelles Aventures de Blondin et Cirage par Hubinon. **52** Création de *MAD* aux États-Unis, 1er journal de b.d. d'humour pour adultes (influencera la transformation de *Pilote* en journal d'actualités à la fin des années 60). Johan de Peyo (Pierre Culliford, Belge). Pif le chien par Claude Arnal [José Cabrero, Catalan (réfugié rép. esp.)], publ. par *l'Humanité* (repris en 1952 par *Vaillant*). Ardan, Audax Dynamic (Artima). **53** Juliet Jones par Stan Drake (Amér.) (devient en France Juliette de mon cœur dans *France-Soir*). Pom et Teddy de François Craenhals (Belge). Aventures Film Meteor (Artima). **54** Le journal *Spirou* publie Jerry Spring par Jijé (V. ci-dessus, *1941* Jean Valhardi). La Patrouille des Castors de J.-M. Charlier et Mitacq (tous 2 Belges). Chlorophylle de Raymond Macherot (Belge) et Dan Cooper de Albert Weinberg (Belge). Tarou (Artima). Lancement des 1ers pockets chez Impéria à Lyon. **55** Modeste et Pompon d'André Franquin (Belge). Ric Hochet de Tibet (Gilbert Gascar, Fr.) et André-Paul Duchâteau (Belge). Pif le chien *(Vaillant)* repris par R. Mas. **56** Gil Jourdan par Maurice Tillieux (Belge ; † 1978) dans *Spirou.* **57** Gaston Lagaffe par André Franquin et Jidéhem dans *Spirou.* **58** Introduction des Schtroumpfs dans Johan et Pirlouit de Peyo. Michel Vaillant de Jean Graton (Fr.). Oumpapah de Albert Uderzo (1927) et René Goscinny (1926-78) (tous 2 Fr.). **59** Astérix le Gaulois par Albert Uderzo, scénario de René Goscinny dans *Pilote.*

1960 Benoît Brisefer de Peyo et Will. Gaston par Franquin. **61** The X Men par Jack Kirby et texte de Stann Lee (Amér.). **62** Barbarella par Jean-Claude Forest (Fr.). Publication quasi généralisée des formats de poche. **63** Lieutenant Blueberry par Gir (Jean Giraud), scénario de Jean-Michel Charlier dans *Pilote.* Les Nouvelles Aventures de Zig et Puce par Michel Greg (Belge) d'après Saint-Ogan. The Fantastic Four par Jack Kirby et texte de Stan Lee (Amér.). **64** La Femme assise par Copi (Daniel Damonte, Fr.) dans *le Nouvel Observateur.* **65** Valentina par Guido Crepax (Ital.). Sibylline de Macherot (Belge). **66** Jodelle par Guy Pellaert, scénario de Pierre Bartier (tous 2 Fr.). Bernard Prince par Hermann (Belge) et Michel Greg. Chevalier Ardent par François Craehhals. The Silver Surfer par Jack Kirby et texte de Stan Lee (Amér.). **67** Valerian de Jean-Claude Mézière et texte de Christin (Fr.). **68** Lone Sloane par Philippe Druillet (Fr.). La Rubrique-à-brac de Marcel Gotlib (Fr.) dans *Pilote.* Les Tuniques bleues de Louis Salvérius (repris par Lambil) et Raoul Cauvin. **69** *Vaillant* (déjà nommé Journal de Pif) devient *Pif-Gadget.*

1970 Natacha de Walthéry et Gos (tous 2 Belges). Yoko Tsuno de Roger Leloup (Belge). Sammy de Berck et Cauvin (Belge). **71** Archie Cash de Malik et Brouyère (Belge). **72** Khéna et le Scrameustache de Gos (Roland Goossens, Belge). **73** Brindavoine de Jacques Tardi (Fr.) dans *Pilote.* **75** La Croisière des oubliés de Bilal (Fr.). Parution de *Circus* (mens.). **76** Adèle et la Bête de J. Tardi (Fr.). Histoire de France en b.d., œuvre collective (Larousse). **78** Canardo de B. Sokal (Belg.). **79** La Belette de Comtes (Belg.). Les Passagers du vent de Bourgeon. Lancement des archives Fleurus. Ricky Banlieue de Franck Margerin. Andy Gang de Chantal Montellier. **80** Silence de Comes (Belg.).

1981 Les Aventures d'Antoine de Ceppi (Suisse). **82** Réédition intégrale de Buck Danny. La Jeunesse de Corto Maltese, Iznogoud et les femmes. Superdupont est porté au théâtre. L'Incal noir de Moebius (Fr.). Les Murailles de Samaris de Schuiten et Peetèrs (Belg.). **83** L'Amour propre de Martin Veyron (Fr.). Partie de chasse de Bilal et Christin (Fr.). Aventures en Jaune de Yann et Conrad (Fr.). **84** Nouvelles revues : *Chic* (éd. Coba), *Zoulou* (Actuel). Xan de J. Martin et J. Pleyers. Le Cimetière des éléphants de Y. Chaland. Les Pionniers de l'aventure humaine de Boucq.

Quelques chiffres

• **Édition de b.d.** (albums de libraires). *Chiffre d'affaires (1983)* 265 millions de F. *Titres édités : 1974 :* 380, *82 :* 981, *83 :* 835. *Tirages moyens :* 14 693 (*1974 :* 21 266. *78 :* 34 275, *80 :* 23 173). *Nouveautés :* 16 145. *Réimpressions :* 13 864. *% de nouveautés :* 39,8 (*1974 :* 65,7). *Part de production des b.d. dans l'édition :* titres 3,05 (*1980 :* 2,55) ; exemplaires 3,36 (*1980 :* 4,16).

• **Prix (d'occasion).** Selon les titres et l'état des pièces, de 5 à 18 000 F.

Albums. *Tintin chez les Soviets* (1930) en excellent état de conservation et tirage de tête : 18 000 F. Suivent de près : Tintin au Congo (12 000 F), Tintin en Amérique 1 500 à 7 000, les Cigares du pharaon 2 000 à 4 000, le Lotus bleu 1 500 à 3 500, l'Oreille cassée 1 800 à 2 500, l'Ile noire [(en F) éd. de *1938 :* 1 800 à 2 500, *1956 :* 200, *1966 :* 80], le Sceptre d'Ottokar, N et B (édition originale) et certains albums des grands dessinateurs belges dont les éditions originales sont en hausse rapide [(en F) *Quick et Flupke, gamins de Bruxelles :* 3 000, *Les Nouveaux Exploits de Q. et F. :* 2 000, *1er Gaston Lagaffe :* 3 000, *Corentin :* de 40 à 800 selon les titres, *Le Mystère de la clef hindoue* par Jijé : 3 000. *Le Secret de l'espadon (Blake et Mortimer,* 1950) : 2 500, *Les Nouvelles Aventures de Blondin et Cirage :* 2 500, *Les Pionniers de l'espérance (Vers l'Ourang mystérieux) :* 1 500, *Félix, Mickey, Bécassine, Bob et Bobette, Zig et Puce :* 100 à 400 F, en hausse, *Pom et Teddy* 100 à 400, *Mickey* 50 à 350.

Nota. — Les b.d. contemporaines connaissent les hausses les plus rapides : *Astérix le Gaulois* (1961) et *Métal hurlant* (1976) cotent déjà 2 000 et 800 F. *Lucky Luke : Arizona* (1951) 1 000, *la Mine d'or de Dick Digger* (1949) 1 000, *Lucky Luke et Phil Defer* (1956) 350. (A Suivre) no 3, 500.

Journaux et récits complets. L'âge d'or américain : 20 à 100 F le fascicule selon les titres, certaines reliures atteignent 3 500 F. *Spirou, Tintin* et *Pilote* très recherchés [recueil 1 de *Spirou* (1938) : 6 000 F, collection complète (no 1 à 151) 36 000 à 60 000, recueil 1 de *Tintin :* 1 800 F, collection de *Pilote* complète : 6 000 F]. Les récits complets av. g. : 20 à 300 F, apr. g. 5 à 120 F (*Fantax 1 :* 3 000 F, *Yak* 300 F, *Reportages sensationnels* 400 F). Quelques nos rarissimes (guerre, tirages spéciaux) : + de 1 000 F. Très forte demande en têtes de séries de certains titres de chez Artima *(Ardan, Audax, Dynamic...) :* jusqu'à 300 F. En hausse : (*Robin l'Écureuil, Cadet journal :* 100 F chaque. *Goupil :* 50 F. *Pistolin :* 30 F...).

Romans. *Club du livre d'anticipation* 200 à 250 ; *Burroughs* 100 à 150 ; *Rayon fantastique* nos 1 à 124 (collect. complète) 1 500 (le no, 10 à 15) ; *Fleuve noir « anticipation »* 10 à 25 ; *Fleuve noir « angoisse »* 15 à 25 ; *Jean de la Hire* 52 fascicules non reliés 250 ; *R.M. de Nizerolles* (les Aventures du ciel, 108 fascicules reliés) 300 à 400 ; *H.G. Wells* 45 à 50.

Magasins spécialisés : env. 30, fréquentés par env. 4 000 à 5 000 collectionneurs.

Revues spécialisées : *Schtroumpf* (les cahiers de la BD), *le Collectionneur de BD :* 1 500 lecteurs, *Hop et Bédésup.*

• **Lecteurs adultes :** d'après un sondage réalisé en juin 1979, en France 21 % des lecteurs ad. lisaient des b.d. ; elles étaient le genre littéraire le moins apprécié (histoire 44 %, roman 42, roman policier 30, livres politiques 23).

☞ **Salon international de la b.d.** *Créé* en 1973, à Angoulême (annuel). Env. 120 000 visiteurs par an. **Musée-bibliothèque nationale de b.d.** *Créé* en 1983 à Angoulême.

Convention internationale annuelle de la b.d. à Paris à l'automne (palais de la Mutualité ou ancienne gare de la Bastille dep. 1969, Espace Austerlitz depuis 1984).

Académies en France

Légende : * Académie appartenant à l'Institut.

Premières académies

Origine du nom. Au xve s., le mot italien *accademia* désignait l'école philosophique de Platon, sens que le français *Académie* (avec majuscule) conserve dans le vocabulaire philosophique. Un groupe de philosophes platoniciens, dirigés par Marsilio Ficin (1433-99), réunis à Florence par le duc Cosme de Médicis (1439-1464), avait pris le nom d'*Akademia,* qui était celui du parc athénien où Platon enseignait à ses disciples (le nom du parc signifie : Jardin d'Akadémos ou Hékadémos, un héros protecteur d'Athènes).

Le groupe de savants réunis autour de Ficin devint rapidement célèbre, et toutes les sociétés savantes italiennes créées au xve s. à l'imitation de celle de Florence prirent le nom d'*Accademia,* même si leur spécialité n'était pas la philosophie.

Académie française de poésie et de musique. *Fondée* par Charles IX en 1570. Dirigée par Antoine de Baïf. Lieux de réunion : Collège Boncourt (actuelle rue Descartes).

Académie du Palais. Remplace l'Académie précédente à la mort de Charles IX (1574). S'installe à la cour de Henri III, au Louvre. Directeur : Guy de Pibrac (1529-84). Comprend plusieurs membres féminins, notamment la maréchale de Retz et Mme de Lignerolles. Disparaît à la mort de Henri III (1589).

Petite académie. *Fondée* en 1663, origine de l'Académie des inscriptions et belles-lettres. Voir p. 316.

Académie française. *Fondée* en 1635. Voir p. 314.

Académie des sciences. *Fondée* en 1666. Voir p. 317.

L'Institut de France

Histoire. 1793 *8-8* toutes les académies royales sont supprimées par un décret de la Convention. **1795** *22-8* la Constitution de l'an III (art. 298) les remplace par un *Institut national des sciences et des arts* qui est organisé par une loi du 3 brumaire an IV (25-10-1795) ; il comprenait 144 membres à Paris (et autant d'associés dans les départements), répartis en 3 classes : *Sciences physiques et mathématiques,* 60 membres ; *Sciences morales et politiques,* 36 ; *Littérature et Beaux-Arts,* 48. *20-11* 1er tiers est nommé par un arrêté ; les 2 autres tiers sont cooptés lors de la 1re réunion. Chaque classe est divisée en sections de 6 membres chacune, 6 associés lui étant rattachés ;

La 1re cl. en 10 sections : Mathématiques, Arts mécaniques, Astronomie, Physique expérimentale, Chimie, Histoire naturelle et Minéralogie, Botanique et Physique végétale, Anatomie et Zoologie, Médecine et Chirurgie, Économie rurale et Art vétérinaire ;

La 2e, 6 sect. : Analyse des sensations et des idées, Morale, Science sociale, Économie politique, Histoire, Géographie ;

La 3e, 8 sect. : Grammaire, Langues anciennes, Poésie, Antiquités et Monuments, Peinture, Sculpture, Architecture, Musique et Déclamation et recouvrait les anciens domaines de l'Académie française, de l'Ac. royale des inscriptions et belles-lettres et des 2 académies artistiques : celle de Peinture et Sculpture et celle d'Architecture.

1803 *23-1. Sous le Consulat* (arrêté du 3 pluviôse an XI), *la 2e cl.* est supprimée et *la 3e* est divisée en 3 sect. : *Langue et Littérature françaises*, rappelant l'ancienne Académie française : 40 membres, sans associés ; *Histoire et Littérature anciennes*, correspondant à l'ancienne Académie des inscriptions ; *Beaux-Arts*.

1816 *21-3. Sous la Restauration*, on revient au nom d'Académies et aux appellations traditionnelles : Académie française, Ac. des inscriptions et belles-lettres, Ac. des sciences, Ac. des beaux-arts.

1832 l'ancienne classe des Sciences morales et politiques est rétablie comme 5e Ac.

Costume. Connu surtout comme costume des membres de l'Académie française, il est commun (ainsi que l'épée) aux 5 Académies formant l'Institut de France. Il date du Consulat [arrêté du 23 floréal an IX (15-5-1801)]. Appelé traditionnellement « l'habit vert », il est noir avec des broderies vertes. Il y a le grand costume (broderies « en plein », le seul encore porté) et le petit (broderies sur les parements de manches et le collet). Ces 2 habits peuvent être ouverts sur un gilet ou fermés avec col montant. Victor Hugo (1841) adopta le premier le pantalon ; avant, culotte à la française avec bas de soie. Le peintre Édouard Detaille (1848-1912), membre de l'Institut en 1892, a créé la cape noire qui se porte actuellement plus souvent que le manteau.

Prix : sur mesure, de 20 000 à 55 000 F, selon les broderies. Mais il est permis de choisir un habit parmi ceux des membres décédés (on les garde au vestiaire de l'Inst.).

Épée : son coût dépend du montant de la souscription ouverte pour offrir son épée au nouvel élu (souscription souvent prise en charge par l'éditeur du nouvel élu). *Le droit de porter l'épée* s'est maintenu jusqu'à nos jours de façon symbolique (« l'épée d'académicien » est remise à un nouvel élu quelques jours avant sa réception) ; ce droit remonte à 1635, date où les « académistes » roturiers recevaient le privilège de l'exemption qui les assimilait à des nobles ayant droit au port d'armes (ils deviennent messires). En 1805, Napoléon, créant une nouvelle noblesse, leur donne également le droit à l'épée (à l'exception toutefois des ecclésiastiques qui, de nos jours encore, ne reçoivent pas d'épée académique lors de leur élection).

Domaines, musées, bibliothèques. *Domaine de Chantilly* (Oise), légué par le duc d'Aumale (7 500 ha dont 6 500 de forêts), château contenant le musée Condé et une bibliothèque, parc, grandes écuries ; *château de Langeais* (I.-et-L.), legs de Jacques Siegfried ; *bibliothèque Spoelberch* de Lovenjoul (donateur), à Chantilly, spécialisée dans le XIXe s. ; *bibl. Thiers*, à Paris (legs Mlle Dosne) et *musée napoléonien* (legs Frédéric Masson) ; *musée Jacquemart-André*, à Paris ; domaine et abbaye de Chaalis, près d'Ermenonville (Oise) (legs Mme André, née Jacquemart) ; *domaine et manoir de Kérazan* en Loctudy (Finistère) (legs Joseph Astor) ; *villa Kérylos* à Beaulieu-sur-Mer (legs Théodore Reinach) ; *maison de l'Institut de France* à Londres (donation Bon Edmond de Rothschild) ; *bibl. de l'Institut* (la plus riche de France en périodiques) ; *bibl. Mazarine. Appartiennent en propre à l'Académie des beaux-arts* : fondation Paul Marmottan, comprenant le musée Marmottan à Paris, enrichi en 1971 par le legs Michel Monet, et la bibl. Marmottan à Boulogne (Hauts-de-Seine) ; musée « Ile-de-France » et ses jardins, à St-Jean-Cap-Ferrat ; propriété de Claude Monet à Giverny (Eure).

Fortune mobilière. Plusieurs milliards d'anciens F en capital. Les mieux dotées sont l'Académie française (env. 16 300 000 F) et l'Ac. des sciences (11 800 000 F). Jusqu'en 1965, les Académies ne pouvaient placer leur argent qu'en valeurs d'État. Depuis lors, elles bénéficient d'une liberté de gestion. Les portefeuilles mobiliers sont gérés à la façon des Sicav, avec un fonds d'obligations, des valeurs françaises et quelques valeurs étrangères, le plus souvent héritées.

Chancelier : Édouard Bonnefous (1907). Membre de l'Académie des sciences morales et politiques.

Académie française *

Histoire

Origine. 1635. *Fondé* par Louis XIII à l'instigation de Richelieu (l'acte de fondation porte la date du 29-1-1635, mais il n'a été enregistré que le 10-7-1637). Un secrétaire du cardinal, l'humaniste François Le Metel, abbé de Boisrobert (1592-1662), lui avait recommandé en 1633 un groupe de grammairiens amateurs, dont il faisait partie, et qui se composait essentiellement d'habitués du salon de Rambouillet. Ce groupe s'appelait *Cercle de Conrart*, car il se réunissait habituellement chez l'érudit protestant Valentin Conrart (1603-75). Richelieu choisit d'un coup tous les membres du Cercle pour créer une compagnie officielle qu'il se proposait de patronner. Son intention (reprise après lui par Louis XIV) était d'avoir une équipe de grammairiens et de stylistes, travaillant à créer une langue utilisable à l'échelon national (et même, par la suite, international) comme outil de culture et d'administration. Conrart et ses amis acceptèrent en janvier 1634. Ils hésitèrent entre les noms d'*Académie éminente, Académie des Beaux-Esprits, Académie de l'Éloquence.* Finalement, Richelieu leur donna le nom d'Académie française et Conrart devint leur secrétaire, poste qu'il garda jusqu'à sa mort en 1675, créant la fonction de *secrétaire perpétuel*. **1793** *(8-8)* l'Académie française est supprimée par la Convention, et remplacée au sein de l'Institut créé en 1795 par la Classe de Littérature et Beaux-Arts. **1803** *(23-1)* cette classe devient le *23-1-1803* Classe de Langue et Littérature française. **1816** *(21-3)* elle reprend son nom d'Académie française.

Protecteur. A la mort de Richelieu (1642), un des membres, le chancelier Séguier, prit le titre et les fonctions de « protecteur ». A la mort de Séguier (1672), Louis XIV devint lui-même protecteur. Ce titre passera après lui à tous les rois ou chefs de l'État.

Rôle joué. L'Ac. a mal servi les intentions de Richelieu et de Louis XIV : elle a joué surtout un rôle d'apparat et son dictionnaire a eu peu d'influence sur la langue. Le décret du 7-1-1972, relatif à la langue française, et instituant des commissions de terminologie auprès des administrations centrales, a souvent été considéré comme l'acte de fondation de « contre-académies », moins solennelles et plus efficaces.

Élections. Les premiers académiciens furent nommés par le roi sur proposition du « protecteur ». Il y avait un vote à main levée après une conversation entre le protecteur et les membres (fournée de 15 membres en 1634, 22 désignations individuelles entre 1634 et 1640). A partir de 1672, les membres élurent eux-mêmes les remplaçants des défunts. Les *élections* sont soumises à l'approbation du chef de l'État et se déroulent de la façon prescrite par les différents « règlements ». Le chef de l'État a pu faire écarter plusieurs académiciens, par ex. : La Fontaine [réception retardée par Louis XIV (1693)], Piron écarté par Louis XV (1752), Paul Morand par De Gaulle (1959).

Données diverses

Les votes se font actuellement par bulletins secrets. Le quorum est fixé à 20 pour la 1re séance, 18 pour les suivantes (qui ont lieu quand le quorum n'a pas été atteint la 1re fois). La majorité est de la moitié + 1 voix. On ne compte pas dans le total les bulletins blancs, sauf s'ils sont marqués d'une croix. Un nombre important de bulletins blancs à croix suffit donc à empêcher toute élection (vote blanc).

● **Élections unanimes.** Elles sont rares, sauf pour les maréchaux de France (accord tacite) (voir ci-dessus). Voltaire a été élu à l'unanimité en 1746 (29 sur 29). Il arrive aussi que lorsqu'il y a juste le quorum (actuellement 20), les votants se mettent d'accord pour voter à l'unanimité, pour ne pas être obligés de renvoyer le vote (par ex., Camille Jullian, 1924).

Académiciens ayant eu le record des élections blanches avant d'être élu. Abel Hermant (1927) : 9 fois candidat, 6 él. bl.

● **Age. A l'élection.** LES PLUS JEUNES. *Sous l'Ancien Régime : 16 ans et demi* Armand de Coislin, petit-fils de Séguier (1652) ; *23 ans* Armand de Soubise, futur cardinal de Rohan (1740) ; *24 ans* Hubert de Cerisy (1634) ; Salomon de Virelade (1644) ; Paul Tallemant (1666) ; Mgr de Colbert (1678) ; maréchal de Richelieu (1720). *Après la Révolution : 30 ans* Abel Villemain (1821) ; *32* Casimir Delavigne (1825) ; *33* Edmond Rostand (1901) ; *35* Lucien Prévost-Paradol (1865). *Époque contemporaine : 48 ans* Henri Troyat (1959) ; Jean d'Ormesson (1973).

LES PLUS ÂGÉS : *82 ans* Jean-Baptiste Biot (1856) ; *81* Pasteur Marc Bœgner (1962) ; *80* Laujon (1807) ; Bon Joseph Dacier (1822) ; Bon Sellière (1946) ; Paul Morand (1968) ; Georges Dumézil (1978) ; Henri Gouhier (1979) ; *79* Fernand Gregh (1952) ; Jean Paulhan (1963).

Age moyen (élection et entre parenthèses mort) : *1700* : 40 (60), *1800* : 43 (73), *1900* : 50 (71), *1970* : 66 (81).

Age en 1986. *Les 5 plus âgés.* Duc de Broglie (15-08-1892) ; Jean Mistler (1-09-1897) ; Georges Dumézil (4-3-1898) ; Henri Gouhier (5-12-1898) ; Julien Green (6-9-1900).

Les 5 plus jeunes. Bertrand Poirot-Delpech (10-2-1929) ; Alain Peyrefitte (26-08-1925) ; Alain Decaux (23-07-1925) ; Jean d'Ormesson (16-06-1925) ; Michel Droit (23-01-1923).

Tranche d'âge (au 1-5-1986). De 57 à 60 ans : 1 ; *de 61 à 65* : 4 ; *de 66 à 70* : 4 ; *de 71 à 75* : 7 ; *76 à 80* : 12 ; *81 à 85* : 4 ; *86 à 90* : 4 ; *94* :1.

Académiciens ayant vécu le plus longtemps : *99 ans 10 mois et 15 j* Fontenelle ; *99 ans et plusieurs mois* Mis de Sainte-Aulaire ; *98 ans* Gal Weygand ; *97 ans* Mgr de Roquelaure, duc de Lévis-Mirepoix ; *96 ans* Ernest Legouvé ; *95 ans* M. de Freycinet, Amiral Lacaze, duc de Pasquier, Mal Pétain.

Académiciens morts les plus jeunes : *32 ans* Philippe Habert ; *33 ans* duc de la Trémoille ; *35 ans* Montigny ; *37 ans* Montereul, Gilles Boileau ; *39 ans* cardinal de Soubise, Florian.

● **Académiciens ayant occupé leur siège. Le plus longtemps :** maréchal de Richelieu (élu à 24 ans) *68 ans* (de 1720 à 88) ; Bernard de Fontenelle (mort presque centenaire) *66 ans* (de 1691 à 1757). **Le moins longtemps :** Moléon de Granier (1635-36) *8 mois* (exclu pour vol). Colardeau (1776) *35 j* (séjour le plus bref).

● **Académiciens morts avant d'avoir été reçus.** Octave Aubry (1945-46). Robert Aron (1974-75) *14 mois* (mort entre la commission de lecture et la réception).

● **Origine, profession. Académiciens chefs d'État.** 3 membres de l'Académie française sont devenus présidents de la République. Adolphe Thiers (1871), Raymond Poincaré (1913), Paul Deschanel (1920). Le maréchal Pétain est devenu « chef de l'État français » en 1940.

Nota. — Raymond Poincaré est le seul chef de l'État qui, malgré sa qualité de protecteur de l'Académie, ait agi en tant qu'académicien : le 5-2-1920, revêtu de son habit vert, il reçut le Mal Foch. Il avait été élu en mars 1910, malgré l'opposition des académiciens de droite. Leur chef, le Cte d'Haussonville, avait même fait élire son cousin, le mathématicien Henri Poincaré, pensant qu'on ne prendrait pas coup sur coup 2 membres de la même famille. Mais Raymond fut quand même élu au fauteuil d'Émile Gebhart.

Académiciens devenus 1ers ministres. *XVIIIe s.* : cardinaux Fleury, Dubois, Loménie de Brienne. *XIXe s.* : Victor de Broglie, Richelieu, Thiers, Guizot, Albert de Broglie, Dufaure, Jules Simon, Freycinet. *XXe s.* : Poincaré, Ribot, Barthou, Clemenceau (Pt du Conseil, 1906-09 et 1917-20, avant d'être académicien, 1918), Herriot (Pt du Conseil, 1924-32, avant d'être académicien, 1946), E. Faure.

Académiciens. Ducs. *Ancien Régime* : un seul a été écrivain : le duc de Nivernais (1745 ; † 1798) ; les autres (7) ont été élus à cause de leur haute naissance : 3 Coislin (le marquis, ac. 1652, créé duc 1669 ; ses 2 fils 1702 et 1710) ; 2 Saint-Aignan (1663 et 1727) ; la Trémoille 1738 ; Harcourt 1789. *Consulat et Empire* : Maret duc de Bassano (1803-16, radié en 1816), Cambacérès, duc de Parme (1803-16, radié en 1816). *Restauration* : abbé-duc de Montesquiou (1816-22, nommé), de Lévis (1816-30, nommé), de Richelieu (1816-22, nommé), Mathieu de Montmorency (1825-26, élu). *Louis-Philippe* : Pasquier (1842-62). *IIe Républi-*

que : de Noailles (1849-85). *Second Empire :* Victor de Broglie (1855-70), Albert de Broglie (1862-1901). *IIIe Rép. :* d'Aumale (1871-97), d'Audiffret-Pasquier (1878-1905), de la Force (1925-61), Maurice de Broglie (1934-60). *IVe Rép. :* Louis de Broglie (1944), de Lévis-Mirepoix (1953-81). *Ve Rép. :* de Castries (1972).

Académiciens. Maréchaux de France. *XVIIe s. :* 0. *XVIIIe :* de Villars (1714-34), d'Estrées (1715-37), de Richelieu (1720-88), de Belle-Isle (1749-61), de Beauvau (1771-93), de Duras (1775-89). *XIXe :* 0. *XXe :* Lyautey (1912-34, élu étant général, par 27 v. contre 2 à Boutroux et 1 bulletin blanc), Joffre (1918-31, élu par 22 v. sur 23 votants), Foch (1918-29, 23 v. sur 23), Pétain (1929-51, 33 v. sur 33 ; exclu en 1945), Franchet d'Espérey (1934-42, 29 v. et 1 bull. blanc), Juin (1952-67, 25 v. et 1 bull. blanc).

● **Candidatures. Règlements.** Les candidats envoient généralement une lettre de candidature. Mais on peut se porter candidat verbalement auprès du secrétaire, soit en personne, soit par l'intermédiaire d'un académicien. Ceux de 1675, 1701, 1752 interdisent la « brigue » (donc en principe les visites de candidature) ; pourtant celles-ci sont devenues traditionnelles ; elles sont assimilées à des visites de courtoisie, et un académicien n'a pas le droit d'engager sa voix avant le vote.

Nombre record de candidats pour une élection. 14 en 1901 (Edmond Rostand élu au 6e tour au fauteuil de Henri Bornier).

En 1956, l'académicien Daniel-Rops déclarait : « Immortel, on ne l'est que pour la vie » ; un pointage fait par Léon Bérard en 1955 avait révélé que sur les 500 premiers académiciens (de 1635 à 1903), seuls 31 avaient échappé à l'oubli : XVIIe s. 9, XVIIIe 7, XIXe 15.

Nationalité des candidats. Tout candidat doit être Français, règle fixée par Richelieu. Julien Green (élu en 1971) et Léopold Sédar Senghor (élu en 1983) ont une double nationalité (voir p. 316 b). Il y a eu 6 académiciens naturalisés français : Victor Cherbuliez, Suisse (1881) ; José Maria de Heredia, Cubain (1895) ; Henri Troyat (Tarassov), Russe (1959) ; Joseph Kessel, Russe (1962) ; Eugène Ionesco, Roumain (1970) ; Félicien Marceau, Belge (1975). Marguerite Yourcenar, naturalisée américaine en 1945, avait repris la nationalité française en janvier 1980, 1 mois avant son élection. Maurice Mæterlinck, Belge, a renoncé à l'Académie française en 1911 ainsi que Édouard Rod, Suisse (1857-1910), vers la même époque. Jusqu'en 1914, tous les membres devaient habiter Paris pour suivre les séances hebdomadaires du dictionnaire. Aujourd'hui, cette obligation est nettement moins stricte.

● **Démission.** L'Académie ne connaît pas la *démission* de ses membres. Si l'un d'entre eux décide de ne plus assister aux séances, on lui en reconnaît le droit, mais il n'est pas remplacé et reste considéré comme académicien jusqu'à sa mort. 3 académiciens ont affirmé et publié dans la presse qu'ils étaient « démissionnaires » : Mgr Dupanloup (1871 ; pour protester contre l'élection de Littré, athée), Pierre Benoît (1959 ; pour protester contre le veto de De Gaulle à l'élection de Paul Morand), Pierre Emmanuel (1975 ; pour protester contre l'élection de Félicien Marceau).

● **Dictionnaire.** Sa rédaction était prévue dans les statuts de 1635. Le 28-6-1674, les privilèges obtenus par l'Académie firent défense de « publier aucun dictionnaire français avant que le sien soit à jour ». Sa *1re édition* (2 volumes) paraît en 1694, 59 ans après la fondation de l'Académie. Vaugelas en a été le principal rédacteur (1650). *2e éd.* 1718 ; l'ordre alphabétique a été adopté. *3e éd.* 1740. *4e éd.* 1768. *5e éd.* 1798 ; nouveau titre : *Dictionnaire de l'Académie française corrigé et augmenté par l'Académie elle-même.* Édité par Morellet, ancien secrétaire perpétuel qui avait sauvé les brouillons en août 1793. *6e éd.* 1835 ; titre : *Institut de France, Dictionnaire de l'Académie française. 7e éd.* 1878 ; Firmin-Didot éditeur. *8e éd.* 1935 ; env. 37 000 mots ; les définitions sont adoptées lors des séances du jeudi, après un travail préparatoire de la commission dite « du Dictionnaire ». La *9e éd.* (env. 41 000 mots, actuellement à la lettre E) se fera en plusieurs volumes (le 1er, A-F, est prévu pour 1985-1986). En attendant, l'Académie publie, tous les 2 ans en moyenne, des mises en garde condamnant les expressions fautives.

Fauteuils

● **Fauteuil le plus disputé.** Celui de Jean Aicard (élu en 1909, mort en 1921) ; il a été pourvu au bout de 16 scrutins, en 4 fois ; finalement, il a été attribué à l'unanimité à Camille Jullian (1924).

En principe, les vacances doivent être comblées rapidement, mais, pour cause de guerre, certaines ont duré 5 ou 6 ans.

● **Le « 41e fauteuil ».** Expression forgée par Arsène Houssaye (Arsène Housset, 1815-96 dit) en 1855 dans un essai humoristique. *Le 41e fauteuil de l'Académie française,* présentant 53 célèbres auteurs français qui, pour des raisons diverses, n'ont pas fait partie de l'Acad. En 1894, Houssaye réédita son ouvrage sous le titre *Histoire du 41e fauteuil de l'Académie française ;* il y donne en tout 51 noms, dont 47 pris dans la liste précédente.

En 1971, Maurice Genevoix a publié une nouvelle série, *le 41e fauteuil,* présentant 13 noms supplémentaires (d'écrivains modernes).

1re liste Houssaye (1855). Volontairement non candidats : Descartes. La Rochefoucauld, Pascal, Malebranche, Regnard, d'Aguesseau, Lesage, Mably, Diderot, Désaugiers. **Candidatures rejetées :** Piron (écarté par Louis XV), Beaumarchais (interdiction de poser sa candidature), Benjamin Constant (2 échecs), Balzac (4), Alexandre Dumas (4). **Carrière interrompue par la mort :** Vauvenargues (32 ans), Nicolas Gilbert (29 ans), Camille Desmoulins (34 ans, guillotiné), André Chénier (32 ans, guillotiné), Millevoye (34 ans), Hégésippe Moreau (28 ans), Paul de Saint-Victor (54 ans), Stendhal (mort à 59 ans, quelques jours après avoir posé sa candidature). **Causes diverses :** Rotrou et Molière (comédiens), Scarron (cul-de-jatte), le card. de Retz (disgracié par Louis XIV), Saint-Évremond (libertin), Bayle (huguenot exilé), Bourdaloue (jésuite), Hamilton (étranger), Dufresny (dettes), Saint-Simon (œuvres posthumes), Jean-Baptiste Rousseau (condamné de droit commun), abbé Prévôt (bénédictin), Crébillon (auteur licencieux), Jean-Jacques Rousseau (étranger : Genevois), Helvétius (provincial), Mirabeau (dettes), Xavier et Joseph de Maistre (étrangers : Savoyards), Rivarol (en exil), Paul-Louis Courier (provincial), Lamennais (défroqué), Gérard de Nerval (malade mental), Eugène Sue (exilé politique), Léon Gozlan (juif), Théophile Gautier (en concubinage notoire), George Sand (femme), Frédéric Soulié (auteur scabreux). Houssaye cite également Louis XIV et Napoléon, ce qui, historiquement, est absurde (protecteurs).

2e liste Houssaye (1894). Il a retiré 5 noms d'écrivains mineurs : Nicolas Gilbert, Camille Desmoulins, Eugène Sue, Léon Gozlan, Paul de Saint-Victor, et celui de la seule femme citée en 1855 (George Sand). Il a rajouté 4 noms : Arnaud et Nicole (jansénistes), Senancour (misanthrope, volontairement non candidat), Henri Murger (mort à 39 ans).

Liste Genevoix. Volontairement non-candidats : Barbey d'Aurevilly, Flaubert, Mallarmé, Huysmans, Maupassant, Martin du Gard. **Candidatures rejetées :** Baudelaire (désisté avant le scrutin, sur les conseils de Sainte-Beuve), Émile Zola (24 échecs), Paul Verlaine (1 échec). **Carrière interrompue par la mort :** Marcel Proust (49 ans, sollicité par Maurice Barrès), Charles Péguy (41 ans, tué en 1914), Jean Giraudoux (62 ans, mort subitement). **Causes diverses :** André Gide (écrivain « immoraliste »).

Autres écrivains français non académiciens. Becque (1 échec), Bernanos, Léon Bloy, Albert Camus (mort à 47 ans), Auguste Comte, Alphonse Daudet (de l'ac. Goncourt), Fromentin, Fustel de Coulanges, Jean Giono (ac. Goncourt), Gobineau, les frères Goncourt, Choderlos de Laclos, Jean Moréas (étranger), Raymond Queneau (ac. Goncourt), E. Quinet, Restif de la Bretonne, Rimbaud, Saint-Exupéry (tué à la guerre), Saint-John Perse (veto de De Gaulle), Jean-Paul Sartre, Supervielle (ne voulait pas), Augustin Thierry, Louis Veuillot, Villiers de l'Isle-Adam.

● **Égalité des membres.** Les statuts de 1635 stipulent que tous les « académistes » sont égaux entre eux. Ni les ducs, ni les cardinaux n'ont jamais prétendu y avoir la préséance, à laquelle ils avaient droit partout ailleurs sous l'Ancien Régime (jusqu'à 1713, les cardinaux devaient s'asseoir sur des chaises, quoiqu'ils aient droit à un fauteuil ; certains évêques acad., nommés card., ayant renoncé à siéger pour cela le 4-11-1713, Louis XIV concéda le privilège du fauteuil à tous les acad.). En 1754, se posa pour la 1re fois le problème de la non-préséance d'un prince du sang : le Cte de Clermont, membre de la maison de Bourbon (petit-fils du Grand Condé), déclare accepter de devenir académicien. L'Académie statue qu'il devra siéger au même rang que ses confrères, et il y consent. Aucun autre Pce du sang ne sera académicien avant l'él. du duc d'Aumale (1871).

● **Exclusions.** Les exclusions d'académiciens (prévues par le règlement de 1635) ont été rares : 3 sous l'Ancien Régime [Granier, 1636 (il avait détourné l'argent d'un couvent), Furetière, 1684 (il avait publié un dictionnaire en utilisant les notes du dictionnaire de l'Académie) et l'abbé de Saint-Pierre, 1718 (il avait publié un pamphlet contre Louis XIV, mort 3 ans auparavant)] ; 14 membres de l'ancienne Académie supprimée en 1793 figurèrent dans la nouvelle ; 12 furent rétablis en 1803 dans la classe de langue et litt. française : Bissy, St-Lambert, Roquelaure, Delille, Suard, Boisgelin, Laharpe, Ducis, Target, Morellet, d'Aguesseau, Boufflers ; un 13e : Choiseul-Gouffier fut rétabli en 1816 ; le 14e : le cardinal Maury fut réélu en 1806 ; 11 sous la Restauration [en 1816 : Sieyès, Merlin de Douai, Lucien Bonaparte, Cambacérès, le cardinal Maury, Maret duc de Bassano, Regnault de St-Jean d'Angély, Arnault (réélu 1829), Garat, Roederer, Étienne (réélu 1829) (personnalités en vue des régimes républicain et bonapartiste)] : on les remplaça par 9 membres nommés par le roi : Choiseul-Gouffier, de Bausset, abbé de Montesquiou, Lainé, Lally-Tollendal, duc de Lévis, Bonald, comte Ferrand, duc de Richelieu, et par 2 élus : Laplace et Auger ; 4 sous la IVe République (en 1944 : Abel Hermant et Abel Bonnard, remplacés à leur siège ; Charles Maurras et le maréchal Pétain, non remplacés).

● **Femmes à l'Académie.** D'Alembert, vers 1760, voulant faire élire Julie de Lespinasse, proposa de réserver 4 sièges sur 40 à des femmes, mais il échoua (les femmes, sous l'Ancien Régime, ne pouvaient entrer dans « les corps électifs » que si leur éligibilité était stipulée). On offrit plus tard un fauteuil à Mme de Genlis si elle renonçait à un manifeste contre les Encyclopédistes. Elle préféra renoncer à l'Ac. En 1893, Pauline Savari, féministe, auteur du roman « Sacré Cosaque », posa sa candidature au fauteuil de Renan. L'Académie refusa de la prendre en considération : « Les femmes ne sont pas éligibles, déclara le duc d'Aumale, puisqu'on n'est citoyen français que lorsqu'on a satisfait à la conscription. »

En 1970, Françoise Parturier se présenta au fauteuil de Carcopino. Le 14-1-1971, elle eut 1 voix, Roger Caillois fut élu. Louise Weiss et Jean Charrat se présentèrent au fauteuil de Marcel Pagnol (au 1er t., elles eurent 4 et 6 voix). Le 26-6-1975, L. Weiss obtint 1 voix pour le fauteuil du card. Daniélou. Le 6-3-1980, Marg. Yourcenar fut la 1re élue (au 1er t.) par 20 voix sur 36 (contre 12 à Jean Dorst) au faut. de R. Caillois. Le 15-2-1978, Marie-Mad. Martin obtint 1 voix pour le faut. d'Ét. Gilson ; le 21-1-1982, Katia Granoff 1 voix pour celui de René Clair ; le 2-6-1983, la duchesse de La Rochefoucauld obtint 10 voix contre Léopold Sédar Senghor au fauteuil du duc de Lévis-Mirepoix.

Nota. – Créée en 1648, l'Ac. de peinture admit d'emblée 15 femmes. En 1689, Mme Deshoulières fut nommée membre d'honneur de l'Ac. d'Arles (créée en 1622).

● **Fondations et prix.** En dehors de ses dépenses de fonctionnement inscrites au budget national, l'Académie fr. gère 360 fondations. Ces biens dont elle est dépositaire viennent de dons et legs (les plus anciens remontent au XVIIIe s.) ; le plus récent et l'un des plus considérables est le legs Paul Morand, permettant la création d'un prix de 300 000 F, décerné tous les 2 ans.

Chaque année plus de 120 prix littéraires sont décernés. Leur montant, revalorisé depuis une dizaine d'années à la faveur de donations récentes, varie entre 2 000 et 5 000 F. Les grands prix de Littérature, de Poésie, de Critique, de l'Essai, de la Nouvelle, du Roman, du Rayonnement français, de Théâtre, d'Histoire (Prix Gobert qui conserve le nom de son fondateur, bien que les dévaluations aient pratiquement réduit à zéro la valeur de la fondation initiale) varient de 10 000 à 100 000 F.

Les prix sont attribués sur proposition de commissions, qui sont renouvelées chaque année.

● **Fortune.** Gérée par le secrétaire perpétuel et la commission administrative, elle comporte un portefeuille de valeurs mobilières et plusieurs immeubles.

Les revenus de ces biens sont destinés à décerner des prix littéraires, à récompenser des actes de dévouement (prix de Vertu) ou à encourager les familles méritantes (prix de Familles, prix Cognacq-Jay).

• **Grammaire.** La publication d'une grammaire était prévue par les statuts de 1635, elle ne parut qu'en 1932 sous le titre : *Grammaire de l'Académie* (chez Firmin-Didot, 254 p.). Publiée sans nom d'auteur, elle était l'œuvre d'un académicien, Abel Hermant, et d'un professeur honoraire au Lycée Buffon, Camille Aymonnier, agrégé, non académicien. Très critiquée, elle fut désavouée par l'Académie.

• **Indemnités.** En 1673, Colbert, vice-protecteur, trouvant que l'assiduité aux séances du dictionnaire n'était pas suffisante, décida de distribuer à chaque séance 40 jetons, à répartir entre les seuls académiciens présents (système en vigueur dans les chapitres de chanoines). Chaque jeton valait à peu près 32 sols (il y avait 3 séances en semaine, et en général une dizaine seulement d'académiciens). Le secrétaire touchait double part ; le libraire et l'huissier touchaient 1 jeton.

En 1985, les académiciens reçoivent une indemnité académique de 20 000 F par an env. ; la caisse des jetons de présence est alimentée par un prélèvement sur ces indemnités réparties ensuite chaque mois au prorata des présences. Les 4 doyens d'âge et les 4 doyens d'élection touchent chaque mois le double de leurs confrères.

• **Lieu de réunion.** Sous le protectorat de Richelieu, l'Académie n'a pas de siège déterminé (elle devait avoir une aile du *Palais Cardinal,* jamais construit). Sous le protectorat de Séguier, elle est installée à l'hôtel Séguier, rue de Bouloi ; de 1672 à 1805, elle occupe l'ancienne salle du Conseil du Roi, au Louvre. Depuis 1805, elle est, avec l'ensemble de l'Institut, installée dans l'ancien Collège des Quatre Nations (Cardinal Mazarin).

Les séances de travail hebdomadaires se tiennent dans une salle au 2e étage, les séances solennelles ont lieu dans l'ancienne chapelle du Collège Mazarin (« sous la Coupole »).

• **Politique.** Depuis le XVIIIe s., les tendances conservatrices et progressistes s'affrontent souvent à l'Académie, notamment lors des élections. De 1750 à 1789, la gauche d'alors (philosophes et encyclopédistes) était parvenue à conquérir les 40 fauteuils. Au XIXe s., libéraux et catholiques s'opposèrent violemment. Il n'y a plus aujourd'hui à l'Académie de semblables affrontements.

• **Réception.** Tout nouveau membre est reçu solennellement en présence de ses confrères au cours d'une séance tenue « sous la Coupole ». A chaque réception, il y a environ 500 invités. 2 *discours* sont lus ; très brefs aux XVIIe et XVIIIe s., ils ont été allongés à partir de 1816, et durent actuellement une heure chacun. 1° Le récipiendaire prononce l'éloge de son prédécesseur. 2° Une réponse est lue par un de ses confrères (le directeur en exercice à la mort de son prédécesseur).

Cas particuliers : en 1945, lors du remplacement des 2 académiciens exclus pour faits de collaboration (Abel Bonnard et Abel Hermant), les récipiendaires ont été priés de faire une conférence d'une heure sur le sujet qui leur plairait. En 1803, le discours de Parny, qui était mourant, a été lu par Regnault de Saint-Jean d'Angély. En 1885, Edmond About, et en 1975, Robert Aron, sont morts quelques jours avant leur réception : leurs discours, déjà imprimés, n'ont jamais été lus.

Incidents politiques : 1811 : Chateaubriand, chargé de faire l'éloge d'un « régicide » (Marie-Joseph Chénier), écrit un discours flétrissant le régicide ; Napoléon lui interdit de le prononcer. 1872 : Émile Ollivier (élection 1870, réception retardée par la guerre ; voir Index) ; Georges Clemenceau prépare un discours très polémique contre Raymond Poincaré, qui l'avait attaqué en recevant le maréchal Foch. Il renonce finalement à le lire et ne met jamais les pieds à l'Académie.

• **Séances** (périodicité). Les statuts de 1635 prévoyaient une réunion hebdomadaire (1635, lundi ; 1642, samedi ; vers 1650, mardi ; depuis 1816, jeudi sauf les jours de fêtes religieuses). Il y a en outre, le 25 octobre, anniversaire de la fondation de l'Institut en 1795, une séance annuelle d'ouverture groupant les 5 Académies formant l'Institut de France, et des séances solennelles de réception à chaque remplacement.

Membres au 2-4-86

Légende : entre parenthèses : date de naissance ; en italique : numéro de fauteuil, puis année d'élection à l'Académie.

Secrétaire perpétuel.

Maurice Druon depuis 1983.

Membres.

Jean Bernard [Méd] (1907) *25* 1975
Jacques de Bourbon-Busset [H] (1912) *34* ... 1981
Louis, duc de Broglie [Phys] (1892) *1* 1944
Rd P. Carré [Théo] (1908) *37* 1975
R., duc de Castries [H] (1908) *2* 1972
Alain Decaux [H] (1925) *9* 1979
Jean Delay [Méd] (1907) *17* 1959
Michel Déon [R] (1919) *8* 1978
Michel Droit [R] (1923) *27* 1980
Maurice Druon [R] (1918) *30* 1966
Georges Dumézil [H] (1898) *40* 1978
Jean Dutourd [R] (1920) *31* 1978
Edgar Faure [Pol] (1908) *18* 1978
Henri Gouhier [H] (1898) *23* 1979
Julien Green[1] [R] (1900) *22* 1971
Jean Guitton [Ph] (1901) *10* 1961
Jean Hamburger [Méd] (1909) *4* 1985
René Huyghe [H] (1906) *5* 1960
Eugène Ionesco [D] (1912) *6* 1970
Louis Leprince-Ringuet [Phys] (1901) *35* 1966
Claude Lévi-Strauss [Ph] (1908) *29* 1973
Félicien Marceau [R, D] (1913) *21* 1975
Thierry Maulnier (Cr] (1909) *20* 1964
Jean Mistler [Cr] (1897) *14* 1966
Michel Mohrt [R] (1914) *33* 1985
Pierre Moinot [R] (1920) *19* 1982
Jean d'Ormesson [R] (1925) *12* 1973
Alain Peyrefitte [H] (1925) *11* 1977
Bertrand Poirot-Delpech [Cr] (1929) *39* 1986
Maurice Rheims [Es] (1910) *32* 1976
André Roussin [D] (1911) *7* 1973
Maurice Schumann [J] (1911) *13* 1974
Léopold Sédar Senghor [2] [P] (1906) *16* 1983
Jacques Soustelle [E] (1912) *36* 1983
Henri Troyat [R] (1911) *28* 1959
Étienne Wolff [Bio] (1904) *24* 1971
Marguerite Yourcenar [R] (1903) *3* 1980

Nota. — (1) Double nationalité fr. (né à Paris, ambulancier en 1917) et amér. (2) Double nation. fr. et sénégalaise.

Lieu de naissance. France : *Aveyron :* Alain Peyrefitte. *Bouches-du-Rhône :* André Roussin. *Gard :* Duc de Castries, Louis Leprince-Ringuet, Thierry Maulnier. *Hérault :* Edgar Faure, Jacques Soustelle. *Loire :* Jean Guitton. *Loiret :* Père Carré. *Meuse :* Fernand Braudel. *Nord :* Alain Decaux. *Pas-de-Calais :* René Huyghe. *Pyrénées-Atlantiques :* Jean Delay. *Seine :* Jean Bernard, Michel Déon, Maurice Druon, Georges Dumézil, Julien Green, Jean d'Ormesson, Bertrand Poirot-Delpech, Maurice Schumann, Jean Dutourd. *Seine-Maritime :* Duc Louis de Broglie. *Deux-Sèvres :* Pierre Moinot. *Tarn :* Jean Mistler. *Val-de-Marne :* Michel Droit. *Yonne :* Henri Gouhier, Étienne Wolff. *Yvelines :* Maurice Rheims.

Jean d'Ormesson

Pays étrangers : *Belgique :* Claude Lévi-Strauss ; Félicien Marceau, naturalisé en 1959 ; Marguerite Yourcenar. *Roumanie :* Eugène Ionesco, naturalisé. *Russie :* Henri Troyat, nat. le 13-8-1933. *Sénégal :* Léopold Sédar Senghor.

Académie des inscriptions et belles-lettres *

Histoire

Origine. 1663, fondée sous le nom de *Petite Académie,* elle comprend 4 membres, puis 6, de l'Académie française, qui doivent composer les inscriptions et les devises destinées à figurer sur les monuments élevés et sur les médailles frappées en l'honneur du roi. **1683,** appelée Ac. des inscr. et devises (8 membres). **1701,** Ac. des inscr. et médailles (40 membres). **1716,** reformée (Ac. des inscr. et belles-lettres). **1793,** supprimée, **1803** rétablie (3e cl. de l'Institut). Le 21-3-1816 elle reprit son nom. **Aujourd'hui,** elle comprend 45 m., 10 m. libres, 20 associés étr., 70 corresp., dont 40 étr.

Les candidatures y sont interdites et les élections se font en comité secret.

Rôle

Conseil du gouvernement pour les questions de sa compétence sur lesquelles son avis est demandé légalement dans certains domaines. Ainsi des lois du II floréal an X (1-5-1802) et de 1809 lui ont conféré un droit de présentation aux chaires de littérature du *Collège de France* et de *l'École des Langues orientales.* Associée à la création de *l'École des Chartes,* conçue pour fournir des collaborateurs à ses travaux de publication documentaire et dont les anciens élèves continuent souvent à assurer les éditions dont elle a le patronage ; elle joue un rôle important dans son fonctionnement.

Exerce sa tutelle sur les *Écoles françaises d'Athènes* (fondée 1846) et de *Rome* (fondée 1875). *L'École biblique de Jérusalem* fournit également des rapports détaillés de son directeur et de ses membres qui sont désignés par l'Académie. **Contrôle scientifique** sur *l'École française d'Extrême-Orient,* qui a pris la suite de la Mission archéologique de l'Indochine.

« Résonance » de la recherche historique et archéologique par *les communications* (présentées chaque vendredi en séances publiques) : archéologie, philosophie et histoire. Par *le Journal des Savants* (elle en assume la charge depuis 1908), elle rend compte des ouvrages importants. Par *de nombreux prix* quelle attribue.

Publie des instruments de travail fondamentaux : *Collection des Chartes et diplômes, Documents financiers, Pouillés, Collection de documents* fournissant la documentation de base aux historiens de l'Orient, *Histoire littéraire de la France, Recueil des bas-reliefs, statues et bustes de la Gaule romaine* repris très prochainement, *Carte archéologique, Nouveau du Cange* (dictionnaire du latin médiéval), *Corpus des Inscriptions, Corpus des Vases antiques.* Soutient des ouvrages divers du même type.

Anime de nombreux chantiers de fouilles et des instituts de recherche.

Membres au 18-11-1985

Date de naissance et date d'élection (en gras).

Secrétaire perpétuel. Jean Leclant depuis 1983.

Membres ordinaires. Robert-Henri Bautier (1922) **74.** Raymond Bloch (1914) **82.** Claude Cahen (1909) **73.** André Caquot (1923) **77.** François Chamoux (1915) **81.** André Chastel (1912) **75.** Georges Daux (1899) **71.** Pierre Demargne (1903) **69.** Georges Duby (1919) **74.** Georges Dumézil (1898) **70.** Paul-Marie Duval (1912) **71.** Jean Favier (1932) **85.** Jacques Fontaine (1922) **83.** Bernard Frank (1927) **83.** Paul Garelli (1924) **82.** Jacques Gernet (1921) **79.** André Grabar (1896) **55.** Pierre Grimal (1912) **77.** Bernard Guénée (1927) **81.** Jacques Heurgon (1903) **68.** Jean Hubert (1902) **63.** Jean Irigoin (1920) **81.** Gilbert Lazard (1920) **80.** Jean Leclant (1920) **74.** Félix Lecoy (1903) **66.** Michel Lejeune (1907) **63.** Paul Lemerle (1903) **66.** André Leroi-Gourhan (1911) **80.** Jean Marcadé (1920) **83.** Robert Marichal (1904) **74.** Pierre Marot (1900) **58.** Roland Martin (1912) **75.** Michel Mollat du Jourdin (1911) **78.** Jean Monfrin (1924) **83.** Charles Pellat (1914). **84.** Georges Posener (1906) **69.** Jean Pouilloux (1917) **78.** Henri-

Charles PUECH (1902) **62**. Jacqueline de ROMILLY (1913) **75**. Francis SALET (1909) **77**. Jean VERCOUTTER (1911) **84**. André VERNET (1910) **80**. Raymond WEIL (1923) **85**.

Académiciens libres. Pierre AMANDRY (1912) **72**. Michel de BOÜARD (1909) **73**. Paul IMBS (1908) **72**. Emmanuel LAROCHE (1914) **72**. Paul OURLIAC (1911) **70**. Jean-Rémy PALANQUE (1898) **68**. Jean SCHNEIDER (1903) **68**. Marcel SIMON (1907) **69**. Ernest WILL (1913) **73**. Philippe WOLFF (1913) **73**.

Membres associés étrangers. Harold BAILEY (G.-B., 1899) **68**. Bernhard BISCHOFF (All. féd., 1906) **73**. Kurt BITTEL (All. féd., 1907) **81**. Richard BRÜHL (All. féd., 1925) **75**. Enrico CERULLI (Italie, 1898) **69**. John CHADWICK (G.-B., 1920) **85**. Gianfranco CONTINI (Italie, 1912) **80**. Eugen EWIG (All. féd., 1913) **75**. Léopold GÉNICOT (Belg., 1914) **79**. Aleksander GIEYSZTOR (Pol., 1916) **81**. Vassos KARAGEORGHIS (Chypre, 1929) **84**. Samuel Noah KRAMER (U.S.A., 1897) **70**. Maurice LEROY (Belgique, 1909) **79**. Arnaldo MOMIGLIANO (Italie, 1908) **78**. Dag NORBERG (Suède, 1909) **84**. Massimo PALLOTTINO (Italie, 1909) **75**. Dion PIPPIDI (Italie, 1905) **75**. Marcel RENARD (1909) **83**. Ronald SYME (G.-B., 1903) **67**. Jan H. WASZINK (Pays-Bas, 1908) **71**. Denys ZAKYTHINOS (Gr., 1905) **81**.

Académie des sciences *

Histoire

Fondée en 1666. Réformée en 1976. 130 m. titulaires et 80 ass. étrangers au plus. 160 corresp. 2 divisions : sciences mathématiques et physiques et leurs applications (4 sections : math., physique, sc. mécaniques, sc. de l'univers) ; sc. chimiques, naturelles, biologiques et médicales et leurs applications (4 sections : sc. chimiques, biologie cellulaire et moléculaire, biologie animale et végétale, biologie humaine et sc. médicales).

Membres au 1-1-1986

Légende. — Date de naissance et date d'élection (en gras).

Président. André BLANC-LAPIERRE (1915). **Vice-Pt.** Alain HOREAU (1909). **Secrétaires perpétuels.** Robert COURRIER (1895), pour les sciences chim. et nat. dep. 1948 **44**. Paul GERMAIN (1920), pour les sciences math. et physiques depuis 1975 **70**. Louis de BROGLIE (1892), secrétaire perpétuel d'honneur **33**.

● **Sciences mathématiques et physiques et leurs applications. Section de Mathématique.** Henri CARTAN (1904) **74**. Gustave CHOQUET (1915) **76**. Alain CONNES (1947) **82**. Jean DIEUDONNÉ (1906) **68**. Pierre LELONG (1912) **85**. Paul MALLIAVIN (1925) **79**. Laurent SCHWARTZ (1915) **75**. Jean-Pierre SERRE (1926) **76**. René THOM (1923) **76**. Jacques TITS (1930) **79**. André WEIL (1906) **82**.

Section de Physique. Anatole ABRAGAM (1914) **73**. Pierre AUGER (1899) **77**. Erwin-Félix BERTAUT (1913) **79**. André BLANC-LAPIERRE (1915) **70**. Jean BROSSEL (1918) **77**. Raymond CASTAING (1921) **77**. Georges CHARPAK (1924) **85**. Claude COHEN-TANNOUDJI (1933) **81**. Jacques FRIEDEL (1921) **77**. Pierre-Gilles de GENNES (1932) **79**. Serge GORODETZKY (1907) **71**. Pierre GRIVET (1911) **72**. André GUINIER (1911) **71**. Pierre JACQUINOT (1910) **66**. Louis LEPRINCE-RINGUET (1901) **49**. René LUCAS (1898) **64**. André MARÉCHAL (1916) **81**. Louis MICHEL (1923) **79**. Louis NEEL (1904) **53**. Philippe NOZIÈRES (1932) **81**. Francis PERRIN (1901) **53**. Pierre ROUARD (1908) **70**. David RUELLE (1935) **85**. Jean-Jacques TRILLAT (1899) **59**.

Section des Sciences mécaniques. Yvonne CHOQUET-BRUHAT (1923) **79**. Pierre CONTENSOU (1914) **82**. Robert DAUTRAY (1928) **77**. Pierre FAURRE (1942) **85**. Alexandre FAVRE (1911) **77**. Robert LEGENDRE (1907) **68**. Jean LERAY (1906) **53**. André LICHNEROWICZ (1915) **63**. Jacques-Louis LIONS (1928) **73**. Lucien MALAVARD (1910) **79**. Maurice ROSEAU (1925) **82**.

Section des Sciences de l'Univers. Jean AUBOUIN (1928) **81**. Reynold BARBIER (1913) **81**. Jacques BLAMONT (1926) **79**. Yves COPPENS (1934) **85**. Jean COULOMB (1904) **60**. Georges COURTÈS (1925) **82**. Jean-François DENISSE (1915) **67**. Charles FEHRENBACH (1914) **68**. Louis GLANGEAUD (1903) **68**. Henri LACOMBE (1913) **73**. Xavier LE PICHON (1937) **85**. Georges MILLOT (1917) **77**. Jean-Claude PECKER (1923) **77**. Jean PIVETEAU (1899) **56**. Évry SCHATZMAN (1920) **85**. Émile THELLIER (1904) **68**. Gérard WLÉRICK (1921) **77**. Jean WYART (1902) **59**.

● **Sciences chimiques, naturelles, biologiques et médicales et leurs applications. Section des Sciences chimiques.** Jacques BÉNARD (1912) **79**. Gaston CHARLOT (1904) **70**. Pierre DESNUELLE (1911) **77**. Jean-Pierre EBEL (1920) **79**. Claude FRÉJACQUES (1924) **79**. Fernand GALLAIS (1908) **73**. Alain HOREAU (1909) **77**. Marc JULIA (1922) **77**. Paul LACOMBE (1911) **81**. Edgar LEDERER (1908) **82**. Jean-Marie LEHN (1939) **85**. Henri NORMANT (1907) **66**. Guy OURISSON (1926) **81**. Jean ROCHE (1901) **63**.

Section de Biologie cellulaire et moléculaire. Roger BUVAT (1914) **65**. Pierre CHAMBON (1931) **85**. Pierre DOUZOU (1926) **79**. François GROS (1925) **79**. Marianne GRUNBERG-MANAGO (1921) **82**. François JACOB (1920) **76**. Pierre JOLIOT (1932) **82**. Raymond LATARJET (1911) **72**. André LWOFF (1902) **76**. Bernard PULLMAN (1919) **79**. Piotr SLONIMSKI (1922) **85**. René WURMSER (1890) **69**.

Section de Biologie animale et végétale. Ivan ASSENMACHER (1927) **82**. Édouard BOUREAU (1913) **77**. André CAUDERON (1922) **77**. Jean DORST (1924) **73**. Henri DURANTON (1926) **79**. Maurice FONTAINE (1904) **57**. Roger GAUTHERET (1910) **58**. Alfred JOST (1916) **79**. Nicole LE DOUARIN (1930) **82**. Théodore MONOD (1902) **63**. Alexis MOYSE (1912) **85**. Paul OZENDA (1920) **82**. Jean-Marie PERÈS (1915) **73**. André THOMAS (1905) **72**. Constantin VAGO (1921) **71**. Étienne WOLFF (1904) **63**.

Section de Biologie humaine et Sciences médicales. Jean-François BACH (1940) **85**. Étienne BEAULIEU (1926) **82**. Jean BERNARD (1907) **72**. Marcel BESSIS (1917) **79**. Jean DAUSSET (1916) **77**. Charles DUBOST (1914) **75**. Jean HAMBURGER (1909) **74**. Michel JOUVET (1925) **77**. Pierre KARLI (1926) **79**. Yves LAPORTE (1920) **85**. Guy LAZORTHES (1910) **75**. Pierre LÉPINE (1901) **61**. Paul MANDEL (1908) **82**. Robert MERLE d'AUBIGNÉ (1900) **66**. René TRUHAUT (1909) **68**. Raymond TURPIN (1895) **62**. Robert de VERNEJOUL (1890) **70**.

Associés étrangers. Victor A. AMBARTSUMIAN (U.R.S.S., 1908) **78**. Vladimir ARNOL'D (U.R.S.S., 1937) **84**. Sir Michaël ATIYAH (G.-B., 1929) **78**. Sir Derek BARTON (G.-B., 1918) **78**. George BATCHELOR (G.-B., 1920) **84**. Paul BERG (U.S.A., 1926) **81**. Sune BERGSTRÖM (Suède, 1916) **84**. Brebis BLEANEY (G.-B., 1915) **78**. Nicolaas BLOEMBERGEN (U.S.A., 1920) **81**. Enrico BOMBIERI (Italie, 1940) **84**. Armand BOREL (U.S.A., 1923) **81**. Daniel BOVET (Italie, 1907) **64**. Jean BRACHET (Belgique, 1909) **78**. Adolf BUTENANDT (All. féd., 1903) **74**. Warren BUTLER (U.S.A., 1925) **81**. Alberto CALDERON (Argentine, 1920) **84**. Hendrick CASIMIR (Pays-Bas, 1909) **81**. Carlos CHAGAS (Brésil, 1910) **84**. Stig CLAESSON (Suède, 1917) **81**. André COURNAND (U.S.A., 1895) **57**. Francis CRICK (U.S.A., 1916) **78**. Gérard DEBREU (U.S.A., 1921) **84**. Pierre DELIGNE (Belgique, 1944) **78**. Joseph DOOB (U.S.A., 1910) **75**. Charles Stark DRAPER (U.S.A., 1901) **78**. Christian R. de DUVE (Belgique, 1917) **78**. Gérald M. EDELMAN (U.S.A., 1929) **78**. Bengt EDLEN (Suède, 1906) **72**. Manfred EIGEN (All. féd., 1927) **78**. Israël GELFAND (U.R.S.S., 1913) **76**. Roger GUILLEMIN (U.S.A., 1924) **84**. Irving Clyde GUNSALUS (U.S.A., 1912) **84**. Marc HERLANT (Belgique, 1907) **78**. Heisuke HIRONAKA (Japon, 1931) **81**. Erik JARVIK (Suède, 1907) **81**. Niels JERNE (Danemark, 1911) **81**. Warner KOITER (Pays-Bas, 1914) **81**. André KOLMOGOROV (U.R.S.S., 1903) **66**. Ryogo KUBO (Japon, 1920) **84**. Peter D. LAX (U.S.A., 1924) **81**. Paul LEDOUX (Belgique, 1914) **84**. Luis LELOIR (Argentine, 1906) **78**. Sir James LIGHTHILL (G.-B., 1924) **76**. Heinz MAIER-LEIBNITZ (All. féd., 1911) **78**. Jean MAYER (U.S.A., 1920) **76**. Georg MELCHERS (All. féd., 1906) **84**. Matthew MESELSON (U.S.A., 1930) **84**. Jan MICHALSKI (Pologne, 1920) **84**. Marcel NICOLET (Belgique, 1912) **78**. Jan Hendrik OORT (Pays-Bas, 1900) **62**. Linus PAULING (U.S.A., 1901) **66**. Sir Rudolf PEIERLS (G.-B., 1907) **84**. Max F. PERUTZ (G.-B., 1914) **76**. Robert POUND (U.S.A., 1919) **78**. Vladimir PRELOG (Suisse, 1906) **81**. Frank PRESS (U.S.A., 1924) **81**. Georges William de RHAM (Suisse, 1903) **78**. Alexander RICH (U.S.A., 1924) **84**. Andrei SAKHAROV (U.R.S.S., 1921) **81**. Fred SANGER (G.-B., 1920) **81**. Knut SCHMIDT-NIELSEN (U.S.A., 1915) **78**. Leonid I. SEDOV (U.R.S.S., 1907) **78**. Nikolaï SEMENOV (U.R.S.S., 1896) **78**. George D. SNELL (U.S.A., 1903) **78**. Serge SOBOLEV (U.R.S.S., 1908) **78**. Henry STOMMEL (U.S.A., 1920) **84**. Andrzej TARKOWSKI (Pologne, 1933) **84**. Kenneth THIMANN (U.S.A., 1904) **78**. Rudolf TRÜMPY (Suisse, 1921) **84**. Jan WALDENSTRÖM (Suède, 1906) **78**. Yu WANG (Chine, 1910) **84**. Victor WEISSKOPF (U.S.A., 1908) **78**. Hassler WHITNEY (U.S.A., 1907) **81**. Georg WITTIG (All. féd., 1897) **72**. Ralph WYCKOFF (U.S.A., 1897) **74**.

Académie des sciences morales et politiques *

Histoire

Fondée en 1795, comme une division de l'Institut : « Classe des Sciences morales et politiques ». Supprimée en 1803 par Bonaparte ; rétablie avec le rang d'Académie par Louis-Philippe en 1832.

6 sections : philosophie 8 membres ; morale et sociologie 8 ; législation, droit public et jurisprudence 8 ; économie politique, statistiques et finances 8 ; histoire et géographie 8 ; section générale 10 ; 12 associés étrangers ; 60 correspondants (10 pour chaque section).

Membres au 1-12-1985

Date de naissance et date d'élection (en gras).

Président. Gal Fernand GAMBIEZ (1903). **Secrétaires perpétuels.** Bernard CHENOT (1909) **78**. Pierre CLARAC (1894), honoraire **78**.

Section I : Philosophie. Roger ARNALDEZ (1912), R.P. BRUCKBERGER (1907) **85**. Henri GOUHIER (1898) **61**. Olivier LACOMBE (1904) **77**. René POIRIER (1900) **56**. Raymond POLIN (1910) **80**. Jean STOETZEL (1910) **77**.

Section II : Morale et Sociologie. Pierre-Georges CASTEX (1915) **74**. Jean CAZENEUVE (1915) **73**. Pierre CLARAC (1894) **64**. Jean FOURASTIÉ (1907) **68**. Jean IMBERT (1919) **82**. Jacob (le Gd Rabbin) KAPLAN (1895) **67**. Jérôme LEJEUNE (1926) **82**. François LHERMITTE (1921) **75**.

Section III : Législation, Droit public et Jurisprudence. Marc ANCEL (1902) **70**. Suzanne BASTID (1906) **71**. Henri BATIFFOL (1905) **77**. Albert BRUNOIS (1911) **77**. Jean FOYER (1921) **84**. Henri MAZEAUD (1900) **69**. Alain PLANTEY (1924) **83**. Pierre RAYNAUD (1910) **85**.

Section IV : Écon. pol., Stat. et Finances. Pierre de CALAN (1911) **84**. Guillayme GUINDEY (1909) **79**. Henri GUITTON (1904) **71**. Émile JAMES (1899) **66**. Jean MARCHAL (1905) **80**. Robert MARJOLIN (1911) **84**. Pierre MASSÉ (1898) **77**. André PIETTRE (1906) **70**.

Section V : Histoire et Géographie. Henri AMOUROUX (1920) **78**. Pierre CHAUNU (1923) **82**. Jean-Baptiste DUROSELLE (1917) **75**. Pierre GEORGE (1909) **80**. Jean LALOY (1912) **75**. Maurice LE LANNOU (1906) **75**. Roland MOUSNIER (1907) **77**.

Section VI : Section générale. Édouard BONNEFOUS (1907) **58**. Bernard CHENOT (1909) **76**. Oscar CULLMANN (1902) **72**. Fernand GAMBIEZ (gén.) (1903) **74**. Louis JOXE (1901) **80**. Pierre-Olivier LAPIE (1901) **69**. Léon NOËL (1888) **44**. Henri SONIER DE LUBAC (cardinal) (1896) **58**. Raymond TRIBOULET (1906) **79**.

Associés étrangers. Hans Urs VON BALTHASAR (Suisse, 1905) **74**. Jorge Luis BORGES (Argentine, 1899) **81**. S.A.I. et R. l'archiduc Otto de HABSBOURG (Autriche, 1912) **70**. Giuseppe Ugo PAPI (Italie, 1893) **58**. Sandro PERTINI (1896) **84**. Karl POPPER (1902) **80**. Georges POULET (1902) **84**. Andrei SAKHAROV (1921) **80**. Léopold Sédar SENGHOR (Sénégal, 1906) **69**. Carl Friedrich von WEIZSÄCKER (B[on]) (All. féd., 1912) **74**. Constantin D. TSATSOS (Grèce, 1899) **79**.

☞ Voir également p. 319 et suivantes la liste des principales académies étrangères.

Académie des beaux-arts

Histoire

A pris la succession de 2 académies royales, dissoutes en 1793. *Académie royale de peinture et sculpture* : fondée par Le Brun en 1648, reçoit ses lettres patentes en 1655. *Académie royale d'architecture* : fondée par Colbert en 1671. En 1795, l'Institut national, créé par la Convention, comprenait dans sa IIIe classe, Littérature et Beaux-Arts, des littérateurs et des artistes. En 1803, Bonaparte sépara en deux cette classe et les artistes composèrent seuls la IVe classe des Beaux-Arts devenue l'Ac. des beaux-arts dans la réorganisation de 1816. *Actuellement* 7 sections : peinture 12 membres ; sculpture 7 ; architecture 8 ; gravure 4 ; composition musicale 6 ; m. libres 9 ; créations artistiques dans le cinéma et l'audiovisuel 4. — 15 associés étrangers et 50 correspondants.

Membres au 15-12-1985

Date de naissance et date d'élection (en gras).

Secr. perpétuel. Emmanuel BONDEVILLE (1898) **64.**

Section I : Peinture. Jean BERTHOLLE (1909) **83.** Yves BRAYER (1907) **57.** Bernard BUFFET (1928) **74.** Jean CARZOU (1907) **77.** Georges CHEYSSIAL (1907) **58.** Jacques DESPIERRE (1912) **69.** Hans HARTUNG (1904) **77.** Arnauld d'HAUTERIVES (1933) **84.** Georges MATHIEU (1921) **75.** Georges ROHNER (1913) **68.**

Section II : Sculpture. Jean CARDOT (1930) **83.** Jean CARTON (1911) **64.** ETIENNE-MARTIN (1913) **70.** Louis LEYGUE (1905) **69.** Raymond MARTIN (1910) **61.** Nicolas SCHÖFFER (1912) **82.** Hubert YENCESSE (1900) **73.**

Section III : Architecture. Henry BERNARD (1912) **68.** Jacques COUELLE (1902) **76.** Guillaume GILLET (1912) **68.** Christian LANGLOIS (1924) **77.** Maurice NOVARINA (1907) **79.** André REMONDET (1908) **79.** Marc SALTET (1906) **72.** Roger TAILLIBERT (1926) **83.** Bernard ZEHRFUSS (1911) **83.**

Section IV : Gravure. Raymond CORBIN (1907) **70.** Albert DECARIS (1901) **43.** André JACQUEMIN (1904) **81.** Pierre-Yves TRÉMOIS (1921) **78.**

Section V : Composition musicale. Emmanuel BONDEVILLE (1898) **59.** Raymond GALLOIS-MONTBRUN (1918) **80.** Marcel LANDOWSKI (1915) **75.** Daniel LESUR (1908) **82.** Olivier MESSIAEN (1908) **67.** Yannis XENAKIS (1922) **83.**

Section VI : Membres libres. Germain BAZIN (1901) **75.** Michel DAVID-WEILL (1932) **82.** Pierre DEHAYE (1921) **75.** Pierre DUX (1908) **78.** Michel FARÉ (1913) **81.** Gérald VAN DER KEMP (1912) **68.** Paul-Louis WEILLER (1893) **65.** Daniel WILDENSTEIN (1917) **71.** Louis PAUWELS (1920) **85.**

Section VII : Créations artistiques dans le cinéma et l'audiovisuel (créée 1985). Henry SAUGUET (1901) **75.** Marcel CARNÉ (1906) **79.**

Associés étrangers. Roger AVERMAETE (Belgique, 1893) **81.** Salvador DALI (Espagne, 1904) **78.** François DAULTE (Suisse, 1924) **81.** Paul DELVAUX (Belgique, 1897) **76.** Federico FELLINI (Italie, 1920) **79.** Witold LUTOSLAWSKI (1913) **79.** Richard NIXON (U.S.A., 1913) **86.** Ieoh MING PEI (Chine, 1917) **83.** Henry MOORE (G.-B., 1898) **73.** S.M.I. Farah PAHLAVI, (Iran, 1938) **74.** Kenzo TANGE (Japon, 1913) **83.** Andrew WYETH (U.S.A., 1917) **76.**

Académie nationale de médecine

Histoire

Fondée en 1820 par Louis XVIII sous le nom d'Académie royale de médecine, hérite de la plupart des prérogatives de l'Académie royale de chirurgie (1731) et de la Sté royale de médecine (1778). Conseillère du gouvernement pour tous les problèmes d'hygiène et de santé publique. *Séances publiques :* tous les mardis à 14 h 30. *Membres :* 130 titulaires en 8 sections (médecine et spécialités médicales ; chirurgie et spécialités chirurgicales ; hygiène et épidémiologie ; sciences biologiques, sciences vétérinaires ; sciences pharmaceutiques ; section générale et membres libres ; membres non résidants) ; 20 associés étr., 124 correspondants nationaux en 7 divisions, 100 correspondants étrangers en 7 divisions.

Nota. – Les membres qui ne peuvent plus prendre une part active aux travaux peuvent demander le titre de *membre émérite.*

Membres au 25-11-85

Date de naissance et date d'élection (en gras).

Président. Francis TAYEAU. **Vice-Président.** Jude TURIAF. **Secrétaire perpétuel et annuel.** André LEMAIRE, André DUFOUR. **Trésorier.** Pierre MERCIER.

Section I : Médecine et spécialités médicales. Guy ALBOT (1903) **73.** Raymond BASTIN (1914) **79.** Jean BERNARD (1907) **73.** Thérèse BERTRAND-FONTAINE (1895) **69.** Marc BOLGERT (1904) **75.** Pierre BOURGEOIS (1901) **79.** Yves BOUVRAIN (1910) **76.** Henri BRICAIRE (1914) **81.** Georges BROUET (1905) **69.** André CORNET (1911) **84.** Jean CROSNIER [1] (1921) **83.** Jacques DECOURT (1898) **60.** Jean DELAY [1] (1907) **55.** Alfred GILBERT-DREYFUS (1902) **74.** D.J. DUCHÉ **85.** Jean HAMBURGER (1909) **75.** Louis JUSTIN-BESANÇON (1901) **53.** André LAMBLING (1899) **70.** Robert LAPLANE (1907) **78.** Claude LAROCHE (1917) **80.** Clément LAUNAY (1901) **72.** André LEMAIRE (1898) **61.** Pierre MAURICE (1916) **84.** Pierre MOZZICONACCI (1911) **84.** Gabriel RICHET (1916) **80.** Stanislas de SÈZE (1903) **64.** Jude TURIAF (1904) **71.** Raymond TURPIN (1895) **57.**

Section II : Chirurgie et spécialités chirurgicales. Jean-Paul BINET (1926) **84.** Paul BREGEAT (1909) **80.** Jean CAUCHOIX (1912) **83.** Marcel DAVID (1898) **74.** Jean DEBEYRE (1920) **83.** André DUFOUR (1903) **68.** Claude DUFOURMENTEL (1915) **82.** Charles DUBOST (1914) **78.** Jacques HEPP (1905) **63.** René KÜSS (1913) **79.** Maurice LACOMME [1] (1897) **55.** Lucien LÉGER (1912) **70.** Jean LEROUX-ROBERT (1907) **80.** Jean-Louis LORTAT-JACOB (1908) **73.** Robert MERGER (1903) **71.** Robert MERLE D'AUBIGNÉ (1900) **65.** Guy OFFRET (1911) **77.** Claude OLIVIER (1910) **75.** Marcel ROUX (1909) [1] **75.** André SICARD (1904) **63.** Claude SUREAU (1927) **78.** Guy VOURE'H (1919) **84.**

Section III : Hygiène et épidémiologie. Henri BAYLON (n.c.) **80.** Jean BOYER (1908) **65.** Jean BRETEY (1903) **70.** Maurice DEPARIS (1906) **70.** Raymond MANDE **78.** Julien MARIE (1899) **69.** René MARTIN (1898) **62.** Pierre MERCIER (1910) **71.** Stéphane THIEFFRY (1910) **80.**

Section IV : Sciences biologiques. Lucien BRUMPT (1910) **73.** Jean CHEYMOL (1896) **60.** Robert COURRIER (1895) **41.** Jean DAUSSET (1916) **77.** André DELMAS (1910) **72.** Henri DESGREZ (1899) **60.** Pierre DESGREZ (1909) **79.** André DJOURNO (1904) **70.** Robert FASQUELLE SAINT-YVES-MÉNARD (1908) **68.** Paul GIROUD (1898) **56.** Paul LECHAT (1920) **80.** Jérôme LEJEUNE (1926) **84.** Robert LE MINOR (1920) **83.** Pierre LÉPINE (1901) **53.** Félix MERKLEN (1901) **63.** Louis ORCEL (1922) **84.** Jean-Louis PARROT (1908) **74.** Jacques POLONOVSKI (1920) **84.** Jean ROCHE (1901) **54.** Jacques RUFFIER (1921) **82.** Herbert TUCHMANN-DUPLESSIS (1911) **78.**

Section V : Sciences vétérinaires. Raymond FERRANDO (1912) **79.** Pierre GORET (1907) **65.** Jean GUILHON (1906) **77.** Henri JACOTOT [1] (1896) **61.** Jean JACQUET (1914) **79.** Charles PILEV (1931) **84.** Gustave THIEULIN (1903) **64.**

Section VI : Sciences pharmaceutiques. Claude BOUDENE (1924) **84.** Raymond CAVIER (1911) **82.** Jean-Émile COURTOIS (1907) **67.** Maurice FONTAINE (1904) **66.** Jean-Albert GAUTIER (1903) **59.** Maurice GIRARD (1910) **79.** Robert MOREAU (1916) **83.** Yves RAOUL (1910) **75.** René TRUHAUT (1909) **71.** Maurice VIGNERON (1904) **72.**

Section VII : Section générale et membres libres. Henri BARUK (1897) **65.** Édouard BONNEFOUS (1907) **80.** Jacques BRÉHANT (1907) **78.** Michel DECHAUME (1897) **56.** Pierre DENIRER (1917) **82.** Jean FLAHAUT (1922) **84.** Hugues GOUNELLE DE PONTANEL (1903) **62.** Pierre GRABAR (1898) **69.** Maurice GUÉNIOT (1918) **82.** Alexandre MONNIER (1904) **61.** Maurice PESTEL **85.** Jean-Daniel PICARD (1927) **84.** Jean-Charles SOURNIA (1917) **83.** André THOMAS (1905) **60.** Étienne WOLFF (1904) **66.**

Section VIII : Membres non résidants. Émile ARON (1907) **79.** Paul BOULANGER (1905) **68.** Jacques CHARPIN (1921) **84.** Jean-François CIER (1915) **79.** Jean COTTET (1905) **73.** Georges DESBUQUOIS (1901) **78.** Paul GUINET **(85).** Claude HURIEZ (1907) **72.** Henri LAFFITTE (1897) **80.** Guy LAZORTHES (1910) **70.** Paul MANDEL (1908) **84.** Jacques MIROUZE (1921) **81.** Francis TAYEAU (1913) **72.** Jean VAGUE (1911) **80.** Robert de VERNEJOUL (1890) **63.** Michel VERHAEGHE (1914) **85.**

Nota. – (1) Membre émérite.

Autres académies en France

Paris

Académie d'agriculture de France. Sté royale d'agric. *fondée* en 1761, devenue en 1793 Sté nat. d'agric. et, depuis 1915, Académie d'agric. *Pt d'honneur :* le ministre de l'Agric. *Membres :* 100 titulaires, 50 étr., 165 corresp., et 55 étr.

Académie d'architecture. *Origine :* Sté des Architectes (1811-16), Académie royale d'architecture *fondée* par Colbert en 1671 et dispersée en 1793, Sté centrale des architectes fondée en 1840 par J. Huyot (1780-1840), reconnue d'utilité publique en 1865 ; a pris le nom d'Académie d'architecture en 1953. *Membres :* titulaires 100, honoraires, corresp. étr. 60, associés non arch. 20.

Académie de chirurgie. *Fondée* en 1731. Ac. royale de chir. supprimée en 1793. Sté nat. de chir. en 1843. Ac. de chir. en 1935. *Membres :* 120 titulaires, 160 associés français (40 parisiens et 120 provinciaux), 150 associés étr., 10 m. libres, m. honoraires (anciens titulaires ou associés fr. ou étr.).

Académie nationale de chirurgie dentaire. *Fondée* en 1956. 90 m. titulaires, 30 m. libres, 90 m. associés nationaux, 80 m. associés étrangers ; m. d'honneur et m. honoraires illimités.

Académie diplomatique internationale. Organ. intern. intergouvernementale. *Fondée* en 1926. *Membres :* 91 États.

Académie Goncourt. Voir page 322.

Académie de marine. *Fondée* en 1752. Rattachée à l'Ac. royale des sciences en 1771. Rétablie en 1921. 1926 : Statut d'établissement public. *Membres :* 66 titulaires, 21 corresp., 20 associés étr. Ministre de tutelle : min. de la Défense.

Académie nationale de l'air et de l'espace. *Fondée* en 1983. *Membres :* 60 titulaires, 30 ass. étr., 20 corresp. fr., 5 sections. *Siège :* 1, av. Camille-Flammarion, 31500 Toulouse.

Académie nationale de pharmacie. Sté de pharmacie *fondée* en 1803, devenue Ac. de pharmacie en 1946 et Ac. nat. de ph. en 1979. *Membres :* 70 résidants, 20 non-résidants, des m. honoraires, 15 m. associés, 120 corresp. nat., 75 étr.

Académie des poètes classiques. *Fondée* en 1949.

Académie des sciences commerciales. *Fondée* en 1957. *Membres :* 71, correspondants français 70, étrangers 70. 5 classes et 14 sections. Établit le dictionnaire commercial ; décerne chaque année des prix et médailles ; oriente, coordonne, favorise le développement, aide à la diffusion de la recherche dans le domaine des sciences et techniques commerciales. *Siège :* 19, rue Leverrier, 75006 Paris.

Académie des sciences d'outre-mer. *Fondée* en 1922-23. *Rattachée* au ministère des Universités en 1969. 5 sections de 20 membres titulaires et 20 m. correspondants. 25 m. libres, 50 m. associés. Étudie les aspects scientifiques, politiques, économiques, historiques, sociaux et culturels des questions relatives aux pays situés au-delà des mers. Distribue 7 prix par an. *Publications : Mondes et Cultures* (trim.), *Hommes et Destins* (dict. biographique).

Académie des sports. *Fondée en 1905.* Reconnue d'utilité publique en 1910. *Membres :* 50, associés étr. 12, hon. 12.

Académie vétérinaire de France. *Fondée* en 1844. Reconnue d'utilité publique en 1878. *Membres :* titulaires 44, associés nationaux 6, corresp. nationaux 60 ; étrangers : associés 6, corresp. 40. *Siège :* 60, bd Latour-Maubourg, 75007 Paris.

Société nationale des antiquaires de France. *Siège* au Louvre, pavillon Mollien. *Fondée* en 1805 sous le nom d'Académie celtique, a pris son nom actuel en 1814. 10 m. honoraires, 45 m. résidents, 9 m. corresp. étr. honoraires, 355 m. corresp. nationaux, 31 m. corresp. étrangers. But : recherches d'histoire, archéol., histoire de l'art.

Province

La plus ancienne société littéraire connue d'Europe est l'*Académie des Jeux floraux* à Toulouse. Origine : les Jeux floraux, concours poétique annuel institué en 1323 par les 7 troubadours de Toulouse (Consistoire du gai savoir), restaurés selon la légende par Clémence Isaure (fin XVe). Au XVIe s., la compagnie fut appelée Collège de rhétorique, admit le français à côté de la langue d'oc, puis supprima celle-ci. En 1694, Louis XIV l'érigea en académie comprenant 40 membres (les « mainteneurs »). En 1895, richement dotée par le banquier Théodore Ozenne, ami des Félibres, elle réadmit la langue d'oc à ses concours. L'Académie comprend 40 « mainteneurs » et distribue ses prix le 3 mai : 10 fleurs d'orfèvrerie réservées à la poésie (*or :* violette, églantine, amarante, jasmin ; *vermeil :* laurier ; *argent :* violette, souci, primevère, œillet, lys), prix résultant de fondations (Fabien-Artigue, Capus, Fontana-Bonsirven, Fayolle, Sendrail, de Gorsse, etc.), réservés à des ouvrages imprimés et pouvant atteindre 5 000 F.

Autres académies. Agen (1776), Aix (1765), Amiens (1750), Angers (1685), Annecy (Ac. Florimontane, fondée par St François de Sales et le Pt Antoine Favre en 1606, réorganisée en 1851 sous le nom d'Association Fl. Prit le nom de Sté Fl. en 1862 et reprit celui d'Ac. Fl. en 1911. 60 membres effectifs, 60 m. associés et m. correspondants), Arras (1737), Auch (1891),

Avignon (Ac. de Vaucluse, 1801), Besançon (1752), Béziers (1834), Bordeaux (1712), Cholet (1881), Clermont-Ferrand (1747), Dax (Soc. de Borda, 1890), Dijon (1740), Grenoble (Ac. Delphinale, 1772), La Rochelle (1732), Limoges (1845), Lyon (1700), Mâcon (1805), Marseille (1726), Metz (1760), Nancy (Ac. de Stanislas, 1750), Nîmes (1682), Pau (1841), Périgueux (1820), Rodez (1836), Rouen (1744), Saint-Brieuc (1861), Saintes (1957), Strasbourg (1799), Versailles (1798), etc.

Académies étrangères

Les plus anciennes académies

Académie Han-lin-yuan (Chine) 738. A. des Jeux floraux, Toulouse, 1323. A. des beaux-arts, Pérouse, 1546. A. della Crusca, Florence, 1582. A. royale de pharmacie, Madrid, 1589. A. nationale des Lynx, Rome, 1603. Académie française, Paris, 1635. A. Léopoldine, Allemagne, 1652. Société royale, Londres, 1660. A. royale des beaux-arts de Ste-Isabelle de Hongrie, Séville, 1660. A. des inscriptions et belles-lettres, Paris, 1663. A. des sciences, Paris, 1666. A. prussienne des Sciences, Berlin, 1700.

Allemagne démocratique (R.D.A.)

Sächsische Akademie der Wissenschaften zu Leipzig (1846). 2 classes, 65 m. et 70 corresp.

Deutsche Akademie der Naturforscher Leopoldina (Halle/Saale). Ac. léopoldine des curieux de la nature (1652). 34 sections, env. 1 000 m. dont 35 français.

Akademie der Landwirtschaftswissenschaften der DDR (Berlin) (1951).

Akademie der Künste der DDR (Berlin) (1950).

Akademie der Wissenschaften der DDR (Berlin) (1700).

Bauakademie der DDR (Berlin) (1950).

Akademie der Pädagogischen Wissenschaften der DDR (Berlin) (1970).

Allemagne fédérale (R.F.A.)

Akademie der Künste (Berlin) (1696, Preussische A.d.K.). 1954 : 247 m. (max. 300). 1 m. hon. 6 sections.

Akademie der Wissenschaften zu Göttingen (Sciences) (1751). 2 classes. 119 m. et 133 corresp.

Akademie der Wissenschaften und der Literatur (Mayence) (1949). 3 classes. 90 m. et 129 corresp.

Bayerische Akademie der Wissenschaften (Munich) (1759). 2 classes. 76 m., 160 corresp.

Deutsche Akademie der Darstellenden Künste (Francfort) (1956). 115 m.

Deutsche Akademie für Sprache und Dichtung (Darmstadt) (1949).

Heidelberger Akademie der Wissenschaften (Heidelberg) (1763, réorg. 1909). 2 sections. 112 m., 100 corresp.

Rheinisch-Westfälische Akademie der Wissenschaften (Düsseldorf). Fondée en 1970. Remplace Arbeitsgemeinschaft für Forschung des Landes Nordrhein-Westfalen (1950). 2 classes. 139 membres et 29 correspondants.

Belgique

Académie royale d'archéologie de Belgique : Koninklijke Academie voor Oudheidkunde van België (Bruxelles) (1842). 60 m. titulaires et 40 m. corresp.

Académie royale de langue et de littérature françaises (Bruxelles) (1920). 40 m. *30 Belges* (20 écrivains, 10 philologues) : Mme Louis Dubrau (19-11-1904), B[onne] Suzanne Lilar (21-5-1901), Jeanine Moulin (10-4-1912), Albert Ayguesparse (1-4-1900), Willy Bal (11-8-1916), Charles Bertin (5-10-1919), Bon Carlo Bronne (29-5-1901), Paul Aloise De Bock (13-9-1898), Maurice Delbouille (26-1-1903), Robert Goffin (21-5-1898), André Goosse (16-4-1926), Claudine Gothot-Mersch (14-8-1932), Joseph Hanse (5-10-1902), Philippe Jones (8-11-24), Marcel Lobet (28-6-1907), Mgr Charles Moeller (18-1-1912), Roland Mortier (21-12-1920), Jean Muno (Robert Burniaux) (3-1-1924), Thomas Owen (Gérald Bertot) (22-7-1910), Maurice Piron (23-3-1914), Louis Remacle (30-9-1910), Pierre Ruelle (10-4-1911), Georges Simenon (12-2-1903), Georges Sion (Secr. perpétuel, 7-12-1913), Georges Thinès (Directeur, 10-2-1923), Jean Tordeur (5-9-1920), Raymond Trousson (11-6-1936), André Vandegans (vice-dir., 21-6-1921), Fernand Verhesen (2-5-1913), Robert Vivier (16-5-1894), Paul Willems (4-4-1912), Liliane Wouters (5-2-1930).

10 étrangers (6 littéraires, 4 philologues) : D[esse] Edmée de La Rochefoucauld (28-4-1895), Marguerite Yourcenar (8-6-1903), Gérald Antoine (5-7-1915), Lloyd James Austin (4-11-1915), Jean Cassou (9-7-1897), Mircéa Éliade (9-3-1907), Julien Green (6-9-1900), Robert Mallet (15-3-1915), Jacques Monfrin (26-04-1924), Jean Rousset (20-2-1910).

Académie royale de médecine de Belgique (Bruxelles) (1841). 6 sections, 40 m. titulaires, m. titulaires, hors cadre, 94 m. honoraires (belges et étrangers), 40 corresp. belges, et 80 corresp. étrangers.

Académie royale des sciences, des lettres et des beaux-arts de Belgique (Bruxelles) (1772). 3 classes, comprenant chacune 30 m., 20 corresp. et 50 associés étrangers.

Académie royale des Sciences d'outre-mer. Koninklijke Academie voor Overzeese Wetenschappen (Bruxelles) (1928). 3 classes. 232 m. (35 tit. hon., 37 tit., 23 associés honoraires, 70 associés, 20 corresp. hon., 49 corr.).

Koninklijke Academie voor Geneeskunde van België (d'expression néerlandaise) : (Bruxelles) (1938). 46 titulaires, 11 corresp. ; 1 m. hon. régnicoles.

Koninklijke Academie voor Nederlandse Taal en Letterkunde. Académie royale de langue et de littérature néerlandaises (Gand) (1886). 30 m. ordinaires ; un certain nombre de m. hon. ; 25 m. hon. étr.

Koninklijke Academie voor Wetenschappen, Letteren en Schone Kunsten van België (Bruxelles) (1938). Académie flamande, pendant de l'Académie royale des Sciences, Lettres et Beaux-Arts de Belgique. La loi du 1-7-71 place les deux Académies sur un pied d'égalité. 3 classes, de 30 m. chacune, 10 corresp. m. hon., 50 m. associés (étrangers) par classe.

Canada

Académie canadienne française. *Fondée* le 7-12-1944. 24 titulaires. *Pt. :* Jean-Guy Pilon, *secr. gén. :* J.-P. Duquette. *Siège :* Montréal (5724, chemin de la Côte Saint-Antoine).

Société des Écrivains canadiens. *Fondée* en 1936 ; issue de la Canadian Authors Association. Sont membres les écrivains qui ont déjà publié 1 livre. Actuellement : plus de 300 m. *Siège :* a/s de la Fondation Macdonald-Steward, 1195, rue Sherbrooke-Ouest, Montréal (Québec) Can. H3A IH9.

Espagne

Real (royale) Academia de Bellas Artes de San Fernando (1752). 4 sections : peinture, sculpture, architecture, musique. 48 m. madrilènes et un nombre illimité de correspondants espagnols et étrangers et d'académiciens honoraires.

Real Academia de Ciencias Exactas, Fisicas y Naturales (1847). 42 m., 32 corresp., 60 étr.

Real Academia de Ciencias Morales y Politicas (1857). 36 m., 30 corresp., 15 m. hon. et corresp. étr.

Real Academia Espagnola de la Lengua (1713). 46 m., 87 correspondants (41 espagnols, 3 sud-américains, 43 pays divers), 3 m. honoraires. Publications : Le Dictionnaire « d'Autorités » (1726-1737) et plusieurs éditions successives du Dictionnaire abrégé, publication périodique du « Diccionario de la Lengua Española » avec mise à jour du lexique.

Real Academia de la Historia (1738). 36 m., 286 corresp. espagnols, corresp. étr. (nombre indéterminé).

Real Academia Nacional de Medicina (1732). 40 m., 80 corresp. et 72 corresp. étr.

États-Unis

American Academy of Arts and Sciences (Boston) (1780). 2 300 m. 475 m. hon. étr.

American Academy and Institute of Arts and Letters. Issu en 1976 du National Institute of Arts and Letters (1898) et de l'American Academy of Arts and Letters (1904). 250 m. américains (de naiss. ou naturalisés), renommés pour leur œuvre en art, littérature ou musique. 75 m. honor. étrangers.

National Academy of Sciences (Washington) (1863). Organisation privée. 1 428 m.

Grande-Bretagne

British Academy (Londres) (1901). 468 m., 263 corresp., 13 m. honor. (au 20-11-85), 17 sections : histoire ancienne, médiévale, études religieuses, ét. orientales et africaines, littérature et philologie anciennes, litt. et ph. médiévales, philosophie, jurisprudence, écon. politique et hist. écon., archéologie, hist. de l'art, études sociales, hist. moderne 1500-1800, hist. moderne depuis 1800, études politiques, linguistiques, litt. moderne.

Royal Academy of Arts in London (Burlington House, Londres) (1768). 50 m. tit. et 30 associés (peintres, graveurs, sculpteurs, architectes).

Royal Cambrian Academy of Art (1881). 100 m.

Royal Institution for the Improvement of Sciences (Londres) (1799). 1 100 m.

Royal Scottish Academy of painting, sculpture and architecture (Edimbourg) (1826). 30 m. associés et honoraires.

Royal Society of Edinburgh (1783). Env. 850 m. et 75 m. hon., pour le développement de la science et de la littérature.

Royal Society for the Encouragement of Arts, Manufactures and Commerce (Londres) (1754). 10 374 m.

Royal Society of London for improving of natural knowledge (Londres) (1660). 700 m. et 65 étr. Décerne 9 médailles, dont la Copley Medal.

Italie

Accademia degli Arcadi. Ac. des Arcadiens (Rome) (1690). Appelée aussi Ac. letteraria Arcadia. Fondée par Christine de Suède et ouverte aux poètes des 2 sexes. Devenue plus philosophique et scientifique.

Accademia della Crusca (Florence) (1583). Publie le 1er dictionnaire historique de la langue italienne en 1612 (autres éd. : 1623, 1691, 1729-38, 1863-1923). 12 m. et 20 associés, 10 italiens, 10 étr.

Accademia delle Scienze (Turin) (1783). 250 membres. 2 sections : *1°)* sciences physiques, math. et nat. (145 m. dont 35 nationaux, 10 étrangers et 100 corresp.) ; *2°)* sc. morales, hist. et philos. (105 m. dont 35 nationaux, 10 étrangers et 60 corresp.).

Accademia Nazionale del Lincei. Ac. nat. des Lynx (Rome) (1603). 2 classes : *1°)* sc. physiques, math. et naturelles (216 m. dont 72 nationaux, 72 étrangers, 72 corresp.) ; *2°)* sc. morales, hist. et philologiques (216 m. dont 72 nationaux, 72 étrangers, 72 corresp.).

Accademia Nazionale di San Luca (Rome) (1577). 3 classes : peinture, sculpture, architecture (54 m., 90 corresp. italiens ; 30 corresp. étr.).

Accademia Toscana di Scienze e Lettere « la Colombaria » (Florence) (1735). 4 classes : *1°)* Philologie et critique littéraire (15 m. effectifs et 15 corresp.) ; *2°)* Sciences hist. et philos. (15 m. eff. et 15 corresp.) ; *3°)* Sc. juridiques, économiques et sociales (15 m. eff. et 15 corresp.) ; *4°)* Sc. physiques, math. et naturelles (15 m. eff. et 15 corresp.).

Luxembourg

Institut Grand-Ducal. Fondé le 24-10-1868. 6 sections : histoire, médecine, sciences, linguistique, arts et littérature, sciences morales et politiques.

Portugal

Academia des Ciências de Lisboa (1779). 2 classes. *Sciences :* mathématiques, physique, chimie, sc. naturelles, médecine, sc. appliquées et hist. des sciences. *Lettres :* littérature, études littéraires et linguistiques, philosophie et pédagogie, histoire et géographie, droit et sociologie, économie politique. *Membres :* Sciences 103 dont 18 effectifs, 41 corresp., 11 m. brésiliens, 33 m. étr. ; Lettres 80 dont 17 effectifs, 30 corresp., 3 m. associés, 12 m. brés., 1 m. du Cap-Vert, 17 m. étr.

Academia Nacional de Belas Artes (Lisbonne) (1836). 20 m. effectifs. Corresp. nat., étrangers, honoraires ; 2 m. mérite ; jubilés illimités.

Academia Portuguesa da Historia (Lisbonne) (1720). Restaurée 1936. *Membres :* 120 dont : 40 effectifs (30 Port., 10 Brés.), 40 corresp. port., 40 corresp. étr.

Suède

Académie royale des Belles-Lettres, de l'Histoire et des Antiquités (1753). 7 m. honoraires ; 58 m. suédois et 21 m. étr. (section histoire-antiquités), 58 m. suédois et 18 m. étrangers (section philosophie-philologie). 29 corresp. suédois et 9 corresp. étrangers.

Académie royale des sciences (1739). 12 divisions, groupant env. 280 m. suédois et 130 m. étr. Décerne les prix Nobel de physique et de chimie et le prix de sciences économiques en mémoire d'Alfred Nobel.

Académie royale suédoise des sc. de l'ingénieur (IVA en suédois) (1919). 540 m. suédois en 11 sections et 128 m. étr.

Académie suédoise. Fondée en 1786 sur le modèle de l'Ac. française. 18 m. ; décerne le prix Nobel de littérature. *Secrétaire permanent :* Lars Gyllensten.

Suisse

Pro Helvetia (P.H. Fondation suisse de la Culture). *Fondée* en 1949. 32 m. + 1 président nommés par le Conseil fédéral suisse. *But :* maintenir l'héritage spirituel de la Suisse et promouvoir la création culturelle de la Suisse ; établir des relations culturelles avec l'étranger. *Pt :* Dr Sigmund Widmer ; *Dir. :* Luc Boissonnas.

Académie rhodanienne des Lettres (1950 ; franco-suisse). 40 m. *Pts,* tantôt suisses, tantôt fr. (sans qu'il y ait obligation). *Vice-pts* statutairement fr. et suisses. *Siège social :* Avignon.

U.R.S.S.

● **Académie des Sciences d'U.R.S.S.** (Moscou) (1725). 284 membres actifs, 549 m. correspondants. *16 sections :* math. ; physique générale et astronomie ; physique nucléaire ; problèmes physico-techniques énergétiques ; mécanique et procédés de commande ; chimie gén. et technique ; physico-chimie et technologie des matières inorganiques ; biochimie, biophysique et chimie des composés physiologiques actifs ; physiologie ; biologie génér. ; géologie, géophysique et géochimie ; océanologie, physique de l'atmosphère et géographie ; histoire de la philosophie et droit ; économie ; littérature et langage. Section sibérienne de l'Académie des Sciences d'U.R.S.S. à Novossibirsk. Régit toute l'activité scientifique de l'U.R.S.S. Les programmes de recherches fondamentales sont établis par un Comité d'État (interministériel) pour la coordination (G.K.N.T.) et 5 % du budget annuel lui est consacré (1 milliard de roubles). La ville universitaire d'Akademgorodok (dans la banlieue de Novossibirsk en Sibérie occidentale) regroupe une quarantaine d'instituts, avec 100 académiciens, plus de 400 chercheurs et 10 000 techniciens (pop. totale : 30 000 hab.). Dépend en principe de l'ac. des Sciences, mais a une gestion autonome (Pt : Koptug Valentin Afanassievitch). *Créée* en principe pour étudier les problèmes du développement de la Sibérie, est devenue un centre de recherches fondamentales, notamment en physique nucléaire et en technologie des plasmas.

● **Autres académies. Agriculture.** 95 m., nombreux corresp. et des m. étrangers. **Architecture** (1955). 39 m. **Arts** (1947). 60 corresp. **Sciences médicales** (1944). 109 m. et des m. étrangers.

● **Instituts de recherche. Académies locales** dans les républiques.

Prix littéraires

En France

Statistiques

Nombre de prix. Environ 1 500 prix littéraires sont décernés par l'Institut de France, par des académies provinciales ou des jurys divers. **Montant :** 0 à 300 000 F. Beaucoup sont de 50 ou 100 F.

Les plus connus sont, pour des *œuvres d'imagination :* les Prix Goncourt, Fémina, Théophraste-Renaudot, Interallié, Médicis.

Autres prix importants : Grand Prix Paul-Morand (décerné par l'Académie française : 300 000 F), Grand Prix national des lettres (5 000 F), Médicis (4 500 F), Chateaubriand (50 000 F), Sainte-Beuve, Gd Prix de la Ville de Paris (50 000 F), du Pce Pierre de Monaco (50 000 F), de la Critique litt. (2 000 F), des Critiques (5 000 F), litt. des Libraires de France, des Deux-Magots (7 500 F), Cazes, Rabelais, de l'Humour noir, du Quai des Orfèvres, Grand Prix de littérature policière, Albert-Londres (pour les journalistes), etc. Pour l'*histoire,* le plus connu est le Prix Gobert (décerné par l'Académie française : 30 000 F). Pour la *poésie :* Prix Apollinaire (5 000 F), Max-Jacob (10 000 F), Gd Prix du roman de l'Ac. fr. (50 000 F), de littérature de l'Ac. fr. (100 000 F). Prix des volcans (10 000 F), Prix Paul-Valéry de la Fondation de Fr. (60 000 F).

Tirages. Les « grands prix » assurent souvent à l'auteur un tirage de best-sellers dans l'année qui suit : Goncourt (120 000 à 500 000), Fémina (80 000 à 150 000), Renaudot (60 000 à 120 000), Interallié (100 000), Médicis (30 000 à 240 000), Gd Prix du roman (20 000 à 50 000). En 1908, le Prix Goncourt fut tiré à 3 000 ex. ; il fallut 12 ans pour les épuiser. En 1975, le 73e Goncourt a assuré à son lauréat un tirage de 800 000 exemplaires.

Principaux prix

Nota. — **Éditeurs.** (1) Actes Sud. (2) Albin-Michel. (3) Alta. (4) Balland. (5) Le Bateau Ivre. (6) Bertil Galland. (7) Belfond. (8) Bibl. des Arts. (9) Calmann-Lévy. (10) Charlot. (11) Colbert. (12) Corréa. (13) Crès. (14) Denoël. (15) Donnat. (16) Didier. (17) Éditions du Feu. (18) Éd. de minuit. (19) Éd. du Myrte. (20) Éd. de la Plume. (21) Éd. de la Revue Fontaine. (22) Fasquelle. (23) Fayard. (24) Flammarion. (25) Flore. (26) Fontaine. (27) Grasset. (28) Hachette. (29) Henri Lefèvre. (30) Jean-Jacques Pauvert. (31) La Jeune Parque. (32) Julliard. (33) Lemerre. (34) Librairie universelle. (35) Mercure de France. (36) Nouvelle France. (37) N.R.F. (38) Ollendorf. (39) Oudin-Calmann-Lévy. (40) Pelletan. (41) Plon. (42) Plon-Perrin. (43) Presses de la Cité. (44) Ramsay. (45) Retz. (46) Rieder. (47) Robert Laffont. (48) Le Seuil. (49) Stock. (50) La Table Ronde. (51) La Vraie France. (52) Librairie Académique Perrin. (53) Gallimard. (54) Clouzot. (55) José Corti. (56) Lattès. (57) L'Age d'Homme. (58) Baudinière. (59) Milieu du Monde. (60) Vigneau. (61) Pavois. (62) Einaudi, Milan. (63) Lugneau-Ascot. (64) Casterman. (65) Herscher. (66) Éd. Presses de la Renaissance. (67) Lachenal et Ritter. (68) La Colombe. (69) Phébus. (70) Skira. (71) Éd. Mazarine. (72) Éd. du Regard. (73) Solin. (74) Nadeau.

☞ Pour le **prix Nobel**, Voir Index.

● **Académie (Grand Prix).** Grand prix d'histoire décerné par l'Académie française. **Montant :** 30 000 F. **Lauréats : 1984 :** André Castelot, pour l'ensemble de son œuvre historique.

● **Académie des Sciences d'Outre-mer** *7 prix :* Georges Bruel (créé 1951), Eugène Étienne (1934), Maréchal Lyautey (1934), M. et Mme Louis Marin (1976), Auguste Pavie (1982), Paul Rivet (1984), Emmanuel André You (1953).

● **Afrique noire** (grand prix littéraire de l'). Décerné par l'A.D.E.L.F. (voir Index) à un ouvrage ou un écrivain d'expression française originaire de l'Afr. noire. *Créé* en 1960. **Lauréats : 1980 :** Aminata Sow Fall (Sén.). **81 :** Jean-Marie Adiaffi (C.-d'Iv.). **82 :** Mariamna Ba (Sén.), Yodi Karone (Cam.), Frédéric Pacère Titinga (H.-Volta). **83 :** Baba Moustapha (Tchad), Soni-Labou Tansi (Congo). **84 :** Modibo Sounkala Keita (Mali).

● **Albert-Londres.** *Créé* en souvenir d'Albert Londres (disparu en mer au cours du naufrage du Georges-Philippar) en nov. 1932, par sa fille Florise Martinet-Londres (1904-75) (interrompu de 1940 à 46). **Décerné** annuellement (16 mai) à un grand reporter de langue française de moins de 40 ans. Depuis 1985, il est décerné à 2 journalistes : presse écrite, presse audiovisuelle. **Montant :** 5 000 F pour chaque lauréat. Pt : Henri Amouroux. Pt d'honneur : James de Coquet. Secr. général : Maxime Goury-Laffont. **Jury :** Josette Alia, Francis Ambrière, Lucien Bodard, Max Clos, Yves Courrière, Thierry Desjardins, Robert Guillain, Katia Kaupp, Jean Lartéguy, René Mauriès, Georges Menant, Marcel Niedergang, Dominique Pado, Henri de Turenne, Bernard Ullmann. **Adresse :** Hôtel de Massa, 38, rue du Fg-St-Jacques, 75014 Paris. **Lauréats : 1933** Émile Condroyer. **34** Stéphane Faugier. **35** Claude Blanchard. **36** Jean Botrot. **37** Max Massot. **38** Jean-Gérard Fleury. **39** Jacques Zimmermann. **46** Marcel Picard. **47** André Blanchet et Dominique Pado. **48** Pierre Voisin. **49** Serge Bromberger. **50** Alix d'Unienville. **51** Henri de Turenne. **52** Georges Menant. **53** Maurice Chanteloup. **54** Armand Gatti. **55** Jean Lartéguy. **56** René Mauriès. **57** René Puissesseau. **58** Max Olivier-Lacamp. **59** Jean-Marc Théoleyre. **60** J. Jacquet-Francillon. **61** Marcel Niedergang. **62** Max Clos. **63** Victor Franco. **64** José Hanu. **65** Michel Croce-Spinelli. **66** Yves Courrière. **67** Jean Bertolino. **68** Yves Cuau. **69** Yves-Guy Bergès. **70** Philippe Nourry. **71** Jean-François Delassus. **72** Pierre Bois et Jean-Claude Guillebaud. **73** Jean-Claude Pomenti. **74** François Missen. **75** Thierry Desjardins. **76** Pierre Veilletet. **77** François Debré. **78** Christian Hoche. **79** Hervé Chabalier. **80** Marc Kravetz. **81** Bernard Guetta. **82** Christine Clerc. **83** Patrick Meney. **84** Jean-Michel Caradec'h. **85** *Presse écrite :* Alain Louyot, *audio-visuelle :* Christophe de Ponfilly, Bertrand Gallet.

● **Alexis-de-Tocqueville.** *Créé* 1979. **Décerné** tous les 2 ans. **Jury** (1984) : Alain Peyrefitte (Pt), Georges Balandier, Raymond Boudon, Olivier Chevrillon, Michel Crozier, Jean-Marie Domenach, François Goguel, Stanley Hoffmann, Jess Pitts et Laurence Wylle. **Lauréat : 1984** Karl Popper, pour l'ensemble de son œuvre.

● **Ambassadeurs.** *Créé* en 1948 par Jean-Pierre Dorian. **But :** faire connaître la culture et la pensée françaises dans le domaine de l'histoire ou de l'histoire politique. **Jury :** *avant 1960,* 24 diplomates fr. et étrangers en poste à Paris, *dep. 1960,* seulement étrangers. *Pt du jury :* Youssef Ben Abbès, ambassadeur du Maroc en Fr. assisté d'un pré-jury. **Lauréats :** *premiers l. :* **1948** Antoine de Saint-Exupery, *La Citadelle* [53]. **49** Henry Bosco, *Malicroix* [27]. **50** Simone Weil, *l'Attente de Dieu* et l'ensemble de son œuvre [68]. *Derniers l. :* **80** Olivier Guichard, *Mon général* [27]. Jean Delay (Prix spécial). **81** Françoise Chandernagor, *L'Allée du Roi* [32]. **82** André Fontaine, *Un seul lit pour deux rêves* [23]. **83** Jean Des Cars, *Elisabeth d'Autriche ou la Fatalité* [52]. **84.** Alain Decaux, Victor Hugo [52].

● **Apollinaire.** *Fondé* en 1941 par Henri de Lescoët (1906). **Origine :** maintenir et développer le souvenir du poète disparu et encourager notamment par l'attribution du Prix une œuvre poétique. **Décerné** en juin à un ouvrage édité dans l'année littéraire précédente, dans le salon des Goncourt, chez Drouant. Doté actuellement par Robert Pascal (P.D.G. de la Sté, propriétaire du restaurant Drouant). **Montant :** 50 F jusqu'en 1973 ; 5 000 F actuellement. **Jury :** membres élus à vie : Jean Bancal, Hervé Bazin, Hubert Juin, Yvonne Caroutch, Andrée Chédid, Georges-Emmanuel Clancier, Rouben Melik, Jean L'Anselme, Henri de Lescoët, Robert Mallet, Robert Sabatier. **Lauréats : 1970** Pierre Dalle Nogare. **71** Gaston Bonheur. **72** Serge Michenaud. **73** Marc Alyn. **74** Léopold Sédar Senghor. **75** Charles Le Quintrec. **76** Bernard Noël. **77** Édouard J. Maunick. **78** Jean-Claude Renard. **79** Jean Laugier. **80** Jean Mambrino et Vénus Khoury-Ghata. **81** Gaston Miron. **82** Jean Orizet. **83** Pierre Gabriel. **84** Pierrette Micheloup. **85** Jean-Vincent Verdonnet.

● **Aujourd'hui.** *Fondé* en 1962 par un groupe de journalistes politiques. **But :** couronner un ouvrage historique ou politique sur la période contemporaine (ouvrage à caractère général, mémoires, étude, biographie...). **Montant :** 5 000 F. **Jury.** Roger Grion (Pt), Joseph Barsalou, Jean Boissonnat, Raymond Castans, Jacques Fauvet, Jean Ferniot, André Frossard, Hector de Galard, Claude Imbert, Bernard Lefort, Catherine Nay, Dominique Pado, Pierre Rostini, Philippe Tesson. **Lauréats : 1962** Gilles Perrault, *Les*

Parachutistes[48]. **63** J. Delarue, *Histoire de la Gestapo*[23]. **64** Eugène Mannoni, *Moi, Général de Gaulle*[48]. **65** Lucien Bodard, *L'Humiliation*[53]. **66** Pierre Rouanet, *Mendès France au pouvoir*[47]. **67** C. Levy et P. Tillard, *La Grande Rafle du vel d'Hiv.*[47]. **68** Claude Jullien, *L'Empire américain*[27]. **69** Arthur London, *L'Aveu*[53]. **70** Jacques Derogy, *La Loi du retour*[23]. **71** P. Viansson-Ponté, *Histoire de la rép. gaullienne*[23]. **72** Jean Mauriac, *Mort du Général de Gaulle*[27]. **73** Jean Lacouture, *Malraux*[48]. **74** Michel Jobert, *Mémoires d'avenir*[27]. **75** Pierre Jakez-Helias, *Le Cheval d'orgueil*[41]. **76** Marek Halter, *Le Fou et les Rois*[2]. **77** Franz-Olivier Giesbert, *François Mitterrand ou la Tentation de l'histoire*[48]. **78** Hélène Carrère d'Encausse, *L'Empire éclaté*[24]. **79** Jean Daniel, *L'Ère des ruptures*[27]. **80** Maurice Schumann, *Un certain 18 juin*[41]. **81** Raymond Aron, *Le Spectateur engagé*[32]. **82** Michel Albert, *Le Pari français*[48]. **83** Jean-François Revel, *Comment les démocraties finissent*[27]. **84** Catherine Nay, *Le Noir et le Rouge*[27]. **85** François de Closets, *Tous ensemble*[48].

● **Cazes.** *Fondé* en 1934. **Lauréats : 83** Edgar Faure. *Avoir toujours raison... c'est un grand tort*[41]. **84** Dominique Desanti. *Les Clés d'Elsa*[44]. **85** Jean-Paul Aron, *Les Modernes*[53]. **86** Xavier de La Fournière, *Biographie de Louise Michel*[52].

● **Chateaubriand.** *Fondé* en 1975. **Montant :** 50 000 F (décerné le 1er mardi de décembre ; fait partie des 5 prix annuels du Rayonnement français dotés chacun de 50 000 F par le Comité du Rayonnement français). **Jury :** Pt Georges Riond, Pierre de Boisdeffre, Jeanne Bourin, André Brincourt, Jean Cau, Jean Cazeneuve, François Lhermitte, François Nourissier, Louis Pauwels, Maurice Rheims, Michel de Saint-Pierre. **Lauréats : 1975** Michel Del Castillo. *Le Silence des pierres*[32]. **76** Rév. Père Bruckberger. *Traduction et Commentaire de l'Évangile*[2]. **77** Louis Pauwels. *L'Apprentissage de la sérénité*[45]. **78** Pierre Debray-Ritzen. *Lettre ouverte aux parents des petits écoliers*[2] et Jean Orieux. *Souvenirs de campagne*[24]. **79** Vladimir Volkoff. *Le Retournement*[32]. **80** Philippe Boegner. *L'Enchaînement*[3]. **81** Camille Bourniquel. *L'Empire Sarkis*[32] et l'ensemble de son œuvre. **82** Marguerite Castillon du Perron. *Charles de Foucauld*[27]. **83** Henri Amouroux. *L'Impitoyable Guerre civile*[47] et l'ensemble de son œuvre. **84** Paul Guth, pour l'ensemble de son œuvre. **85** Yves Courrière, *Joseph Kessel*[41] et l'ensemble de son œuvre.

● **Cino-del-Duca (Prix mondial).** *Créé* en 1969 par Mme Simone Cino del Duca. **But :** récompenser et faire connaître un auteur dont l'œuvre constitue un message d'humanisme moderne. **Décerné** en juin. **Montant :** 200 000 F. **Jury :** Pr Jean Bernard, Jean Delay, Pr Jean-François Denisse, Edgar Faure, Marcel Jullian, Robert Kanters, Louis Leprince-Ringuet, Jean Mistler, Michel Mohrt, Jean d'Ormesson, Maurice Rheims, Maurice Schumann, Étienne Wolff. **Lauréats : 1979** Pr Jean Hamburger. **80** Jorge Luis Borges. **81** Ernst Junger [bourse de 200 000 F attribuée à Patrick Besson, de 10 000 F à Jean-Michel Chatelier (auteur inédit)]. **82** Yachar Kemal. **83** Jacques Ruffié. **84** Georges Dumézil. **85** William Styron.

● **Critique littéraire (Grand Prix de la).** *Fondé* en nov. 1948, sur une idée de R. Kemp (1948-59) et Émile Henriot (1889-1961). **But :** encourager la création dans l'ordre de la critique et de l'histoire littéraire. Annuel. **Montant :** 3 000 F. **Jury :** Pt : Michel Decaudin. Secr. gén. : Robert André. Jacqueline Piatier, Henry Bonnier, Roger Giron, Alfred Kern, Guy Le Clec'h, Jean Mistler, Daniel Leuvers, Jacques Legris, Éric Roussel, Robert Sabatier, Joël Schmidt, Jean Rousselot. **Lauréats : 1949** Antoine Adam. **50** Pierre de Boisdeffre. **51** Pierre-Georges Castex. **52** Georges Poulet. **53** François-Régis Bastide. **54** John L. Brown. **55** Robert Mallet. **56** Samuel S. de Sacy. **57** Jean Delay. **58** Dominique Aury. **59** R.P. André Blanchet. **60** Michel Butor. **61** Henri Fluchère. **62** Suzanne Jean-Bérard. **63** Jean de Beer. **64** Pierre Frederix. **65** Henri Guillemin. **66** Jean Orieux. **67** Daniel Gilles. **68** Madeleine Fargeaud. **69** Maurice Nadeau. **70** Michel Mohrt. **71** Maurice Bardèche. **72** André Wurmser. **73** Pierre Parberis. **74** Jean-Pierre Richard. **75** José Cabanis. **76** Philippe Lejeune. **77** Roger Kempf. **78** Auguste Angles. **79** Jacques Catteau. **80** Bernard d'Astorg. **81** Marthe Robert. **82** Etiemble. **83** Béatrice Didier. **84** Henri Troyat, *Tchekov*[24]. **85** Éric Marty, *L'Écriture du jour*[48].

● **Deux-Magots.** *Fondé* en 1933 par Martine et Roger Vitrac. **But :** découvrir une œuvre originale et de qualité. **Montant :** 3 000 F depuis 1972. **Décerné** la 2e quinzaine de janvier, au café des Deux-Magots. **Jury :** Yvan Audouard, Charles Bersani, Jean-Marc Campagne, Jean-Paul Caracalla, Éric Ollivier, Henri Philippon, Gabriel Picabia, Marthe de Rohan-Chabot, Jean-Marie Rouart. **1er lauréat** (1933) : Raymond Queneau (Le Chiendent). **Lauréats : 70** Roland Topor. **71** Bernard Franck. **72** Alain Chédanne. **73** Michel Del Castillo. **74** André Hardellet. **75** Geneviève Dormann. **76** François Coupry. **77** Inès Cagnati. **78** Sébastien Japrisot. **79** Catherine Rihoit. **80** Roger Garaudy. **81** Raymond Abelio. **82** Michel Haas. **83** Jean Vautrin. **84** Arthur Sillent. **86** Éric Deschodt et Michel Breitman.

● **Élie-Faure.** *Créé* en 1980 par l'Institut de picturologie. **Montant global :** 80 000 F. Récompense les auteurs d'ouvrages sur la peinture présentant « un exceptionnel intérêt méthodologique ». **Jury** *(1985)* : Germain Bazin, Pierre de Boisdeffre, Henry Bonnier, André Brincourt, Pierre Debray-Ritzen (Pt), Pierre Dehaye, René Deheuvels, Jacques Despierre, Bernard Dorival, Jean Ferré, Antonio Fontan et Louis Pauwels. **Lauréats : 1982** Diego Angulo Iñiguez, *Murillo*[62]. **83** Jean-Pierre Cuzin, *Raphaël, la vie et l'œuvre*[8]. **84** Philippe Grunchec, *les Prix de Rome* (Éc. nat. des Beaux-Arts). Pierre Schneider, *Matisse*[24]. **Prix Élie-Faure de la reproduction picturale.** *Créé* 1984. **Lauréat : 84** Henri Scrépel, *les Paravents japonais*. **85** Pascal Bonnafoux, *Auto-portraits de Rembrandt*[70].

Gobert. Grand prix d'histoire décerné par l'Académie française. **Montant :** 30 000 F. **Lauréats : 1984** Jean-Denis Bredin, *l'Affaire*[32], Pierre Miquel, *la Grande Guerre*[23], **85** Gabriel de Broglie, *Madame de Genlis*[52].

● **Fémina.** *Fondé* en 1904 par 22 collaboratrices de la revue « Vie heureuse » (à laquelle a succédé la revue « Fémina »), pour encourager les lettres et rendre plus étroites les relations de confraternité entre les femmes de lettres. En 1951 le nombre des membres a été ramené à 12. **Montant :** 5 000 F (don, depuis 1960, de la librairie Hachette). Les tirages obtenus varient de 80 000 à 200 000 (parfois supérieurs au Goncourt). **Décerné** le dernier lundi de novembre. Environ 100 à 150 romans sont sélectionnés. Duchesse de La Rochefoucauld (Pt). **Jury :** Dominique Aury, Madeleine Chapsal, Régine Deforges, Claire Gallois, Benoîte Groult, D[esse] de la Rochefoucauld, Diane de Margerie, Renée Massip, Zoé Oldenbourg, Suzanne Prou, Marie Susini. *Secrétaire général :* Jacques Nels.

Lauréats. 1904 Myriam Harry, *La Conquête de Jérusalem*[23]. **05** Romain Rolland, *Jean-Christophe*[2]. **06** André Corthis, (Mlle Husson), *Gemmes et Moires*[24]. **07** Colette Yver, *Princesses de Science*[9]. **08** Édouard Estaunié, *La Vie secrète*[42]. **09** Edmond Jaloux, *Le Reste est silence*[41]. **10** Marguerite Audoux, *Marie-Claire*[22]. **11** Louis de Robert, *Le Roman du malade*[22]. **12** Jacques Morel, (Mme Edmond Pottier), *Feuilles mortes*[28]. **13** Camille Marbo (Mme Émile Borel), *La Statue voilée*[23]. **14-16** *Pas de prix décerné.* **17** René Milan (pseudon. : Maurice Larrouy), *L'Odyssée d'un transport torpillé*[23]. **18** Henri Bachelin, *Le Serviteur*[24]. **19** Roland Dorgelès, *Les Croix de bois*[2]. **20** Edmond Gojon, *Le Jardin des Dieux*[22]. **21** Raymond Escholier, *Cantegril*[2]. **22** Jacques de Lacretelle, *Silbermann*[37]. **23** Jeanne Galzy, *Les Allongés*[46]. **24** Charles Derennes, *Le Bestiaire sentimental*[2]. **25** Joseph Delteil, *Jeanne d'Arc*[27]. **26** Charles Silvestre, *Prodige du cœur*[41]. **27** Marie Le Franc, *Grand-Louis l'innocent*[46]. **28** Dominique Dunois (Marguerite Lemesle), *Georgette Garou*[9]. **29** Georges Bernanos, *La Joie*[41]. **30** Marc Chadourne, *Cécile de la Folie*[41]. **31** Antoine de Saint-Exupéry, *Vol de nuit*[37]. **32** Ramón Fernandez, *Le Pari*[37]. **33** Geneviève Fauconnier, *Claude*[49]. **34** Robert Francis, *Le Bateau-Refuge*[37]. **35** Claude Silve (Ctesse Jules de Divonne), *Bénédiction*[27]. **36** Louise Hervieu, *Sangs*[14]. **37** Raymonde Vincent, *Campagne*[49]. **38** Félix de Chazournes, *Caroline ou le Départ pour les îles*[37]. **39** Paul Vialar, *La Rose de la mer*[14]. **40-43** *Pas de prix décerné.* **44** Éditions de Minuit (Collection « Sous l'oppression » inaugurée par *le Silence de la mer* de Vercors). **45** Anne-Marie Monnet, *Le Chemin du soleil*[19]. **46** Michel Robida, *Le Temps de la longue patience*[32]. **47** Gabrielle Roy, *Bonheur d'occasion*[24]. **48** Emmanuel Roblès, *Les Hauteurs de la ville*[10]. **49** Maria Le Hardouin, *La Dame de cœur*[12]. **50** Serge Groussard, *La Femme sans passé*[37]. **51** Anne de Tourville, *Jobadao*[49]. **52** Dominique Rolin, *Le Souffle*[48]. **53** Zoé Oldenbourg, *La Pierre angulaire*[37]. **54** Gabriel Veraldi, *La Machine humaine*[53]. **55** André Dhotel, *Le Pays où l'on n'arrive jamais*[25]. **56** François-Régis Bastide, *Les Adieux*[53]. **57** Christian Mégret, *Le Carrefour des solitudes*[32]. **58** Françoise Mallet-Joris, *L'Empire céleste*[32]. **59** Bernard Privat, *Au pied du mur*[53]. **60** Louise Bellocq, *La Porte retombée*[53]. **61** Henri Thomas, *Le Promontoire*[53]. **62** Yves Berger, *Le Sud*[27]. **63** Roger Vrigny, *La Nuit de Mougins*[53]. **64** Jean Blanzat, *Le Faussaire*[53]. **65** Robert Pinget, *Quelqu'un*[18]. **66** Irène Monesi, *Nature morte devant la fenêtre*[35]. **67** Claire Etcherelli, *Élise ou la Vraie Vie*[14]. **68** Marguerite Yourcenar, *L'Œuvre au noir*[53]. **69** Jorge Semprun, *La 2e Mort de Ramón Mercader*[53]. **70** François Nourissier, *La Crève*[27]. **71** Angelo Rinaldi, *La Maison des Atlantes*[14]. **72** Roger Grenier, *Ciné-roman*[53]. **73** Michel Dard, *Juan Maldonne*[48]. **74** René-Victor Pilhes, *L'Imprécateur*[48]. **75** Claude Faraggi, *Le Maître d'heure*[35]. **76** Marie-Louise Haumont, *Le Trajet*[53]. **77** Régis Debray, *La neige brûle*[27]. **78** François Sonkin, *Un amour de père*[53]. **79** Pierre Moinot, *Le Guetteur d'ombre*[53]. **80** Jocelyne François, *Joue-nous España*[35]. **81** Catherine Hermary-Vieille, *Le Grand Vizir de la nuit*[53]. **82** Anne Hébert, *Les Fous de Bassan*[48]. **83** Florence Delay, *Riche et légère*[52]. **84** Bertrand Visage, *Tous les soleils*[48]. **85** Hector Bianciotti, *Sans la miséricorde du Christ*[53].

> **Les 20 meilleurs livres de l'année.** Parus entre le 1-1 et le 31-12-85 selon la rédaction de « Lire ». *Empire du soleil*[14] (J.G. Ballard). *Joseph Kessel ou sur la piste du lion*[41] (Yves Courrière). *Les années 40*[72] (Anne Bony). *Le Tournant*[73] (Klaus Mann). *Naissance d'une passion*[48] (Michel Braudeau). *Comme neige au soleil*[4] (William Boyd). *Les Cinq sens*[27] (Michel Serres). *Croquis de mémoires*[32] (Jean Cau). *Le Grand massacre des chats*[47] (Robert Darnton). *Sans la miséricorde du Christ*[53] (Hector Bianciotti). *A. M. Cassandre*[70] (Henri Mouron). *Langage tangage ou Ce que les mots me disent*[53] (Michel Leiris). *Le Grand empereur et ses automates*[2] (Jean Lévi). *Un monde à part*[14] (Gustaw Herling). *Les Bûchers de Sodome*[23] (Maurice Lever). *Sartre 1905-1980*[53] (Annie Cohen-Solal). *Petit Louis dit XIV*[48] (Claude Duneton). *Venise, une république maritime*[24] (Frédéric C. Lanne). *Palinure de Mexico*[23] (Fernando del Paso). *Céline*[35] (François Gibault).

● **Goncourt.** *Fondé* par testament par Edmond de Goncourt († 1896) en mémoire de son frère Jules († 1870). *Créé* le 21-12-1903. **Montant :** 50 F (à l'origine 5 000 francs-or). **Décerné** par l'Ac. Goncourt, fin novembre. **But :** destiné à un ouvrage en prose publié dans l'année, il est en fait donné presque exclusivement à un roman. Il doit récompenser en principe un jeune auteur, mais il est allé 1 fois à un sexagénaire : Lucien Bodard (1982) : 67 ans et 4 fois à des quinquagénaires : André Pieyre de Mandiargues (1967) : 58 ans, Félicien Marceau (1969) : 56 a., Henri Pourrat (1941) : 54 a. Jacques Laurent (1971), Frédérick Tristan (1983) : 52 a. **Lieu d'attribution :** 1903 chez Champeaux ; 1904-13 au Café de Paris ; depuis 1915, lors d'un déjeuner chez Drouant, place Gaillon (le déjeuner est offert par Drouant ; seuls les pourboires sont payés par les membres). **Jury** (début 1984) (date de naissance entre parenthèses et date d'élection) : Daniel Boulanger (1928) 1983, Hervé Bazin (1911) (P[t]) 1958, Jean Cayrol (1911) 1973, Edmonde Charles-Roux (1920) 1983, André Stil (1921) 1977, Michel Tournier (1924) 1972. Françoise Mallet-Joris (1931) 1970, François Nourissier (1927) (secr. gén.) 1977, Emmanuel Roblès (1914) 1973, Robert Sabatier (1923) 1971.

Bourses Goncourt attribuées depuis 1976 : **du récit historique** : **74** Georges Bordonove, **75** René Vigo : *la Tragédie de Clairvaux*[24], **76** André Rosfelder : *Clipperton l'Ile tragique*[2], **79** Jean-Paul Clébert : *l'Incendie du bazar de la charité*[14], **80** Barret et Gurgand : *Ils voyageaient la France*, **84** Michel Ragon : *les Mouchoirs rouges de Cholet*[2], **85** Jean Lévi : *le Grand empereur et ses automates*[2]. **de la nouvelle** (dans le cadre du Festival de Nice) : **74** Daniel Boulanger : *Fouette cocher !*[53], **75** Corinna Bille : *la Demoiselle sauvage*[6], **76** Antoine Blondin : *Quat' Saisons*[50], **77** Henri Gougaud : *Départements et Territoires d'Outre-Mort*[32], **78** Christiane Baroche : *Chambre avec vue sur le passé*[53], **79** Andrée Chédid : *les Corps et le Temps*[24], **80** Guy Lagorce : *les Héroïques*[32], **81** Annie Saumont : *Quelquefois dans les cérémonies*[53], **82** René Depestre : *Alléluia pour une femme jardin*[53], **83** Raymond Jean : *Un fantasme de Bella B.*[1], **84** Jeanne Champion : *Suzanne Valadon*[66], **85** Pierrette Fleutiaux : *Métamorphoses de la reine* ; **de la biographie** depuis 1980 : **80** Jean Lacouture : *Mauriac*[48], **81** Hubert Juin : *Victor Hugo*[24], **82** Pierre Sipriot : *Montherlant sans masque*[47], **83** Ghislain de Diesbach : *Mme de Staël*[42], **84** Alain Gerber : *Des jours de vin et de roses*[47], **85** Georges Poisson : *Choderlos de Laclos ou l'obstination*[27] ; **de la poésie** : **85** Claude Roy.

Incidents. *1975* : incarcération de l'écrivain Jacques Thieuloy qui avait jeté le 31-10 un cocktail Molotov dans l'immeuble de F. Mallet-Joris ; polémique avec Jean-Edern Hallier qui cherchait à imposer la candidature de Pierre Goldman pour *Souvenirs* *obscurs d'un Juif polonais né en France. 1977* : lors de la proclamation du prix, un protestataire inconnu a écrasé une pâtisserie sur le visage d'Armand Lanoux, qui proclamait les résultats, tandis qu'un autre projetait du ketchup sur Michel Tournier, à qui on venait de remettre la Légion d'honneur. *1983* : micros cachés sous la table.

Lauréats couronnés au 1er tour : 1914 (par contre en 1913 il avait fallu 11 tours), 1915 (R. Benjamin à l'unanimité ; c'était le seul volume reçu par le jury), 1916, 1918, 1923, 1929, 1932, 1934, 1937, 1940 (Ambrière à l'unanimité ; décerné en 1946), 1942, 1943, 1944, 1945, 1951, 1956. **Lauréats les plus jeunes** : *26 ans* J.-L. Bory (1945) ; *27 a.* H. Troyat (1938) ; *28 a.* F. de Miomandre (1908), L. Pergaud (1910) ; *29 a.* C. Farrère (1905), M. Elder (1913), J. Fayard (1931), M. Van der Meersch (1936). **Étrangers couronnés** : *Belges* : C. Plisnier (1937), B. Beck (1952), F. Walder (1958) ; *Roumain* : V. Horia (1960) ; *Suisse* : J. Chessex (1973) ; *Canadien* : Antonine Maillet (1979). **Prix refusé** : J. Gracq (1951) ; Émile Ajar (1975). **Prix décliné** : V. Horia (1960). **Lauréat dont le prix a couronné la 1re œuvre** : Paul Colin (1950, les Jeux sauvages) ; il n'a publié depuis qu'un seul livre en 1959. **1er volume de nouvelles couronné** : Faux Passeports (1937, C. Plisnier). **Titre couronné après avoir été refusé par un éditeur** : *Week-end à Zuydcoote* ref. par un lecteur de Julliard.

Académie Goncourt

Origine. **Créée** par le testament d'Edmond de Goncourt († 1896) ; elle fonctionna en janvier 1902. *Pt* (jusqu'en 1945, le doyen d'âge) élu par l'Ass. gén. annuelle ; il a voix prépondérante.

Membres. *1er lauréat élu membre* : R. Benjamin lauréat 1915, élu en 1938 ; *m. ayant démissionné* : J. de la Varende (déc. 1944 ; motif : élection d'A. Billy), S. Guitry (1948), L. Aragon (1968), B. Clavel (1977) ; *m. « épuré »* : R. Benjamin (1944) ; *m. féminins* : Judith Gautier (1910-17), Colette (1945-54), Fr. Mallet-Joris (dep. 1970). *Aucun membre de l'Ac. Goncourt ne s'est présenté à l'Ac. française sauf* J. de la Varende après sa démission, mais il ne fut pas élu, et Léopold Sédar Senghor. *Membres étrangers.* Élus en 1974 : Roger Lemelin (Canada), Georges Sion (Belgique), Jean Starobinski (Suisse), L. S. Senghor (Sénégal) ; 1976 : Valentin Kataiev (U.R.S.S.), Octavio Paz (Mexique) ; 1979, Jacques Chessex. Elle s'est réunie à Dakar en mars 1979.

Prix Goncourt best-sellers (tirages atteints en 1982) : *la Condition humaine* (Malraux) 2 074 500 ; *la Vie devant soi* (Ajar) 1 107 000 ; *l'Épervier de Maheux* (Carrière) 805 000 ; *A l'ombre des jeunes filles en fleurs* (Proust) 658 900.

Lauréats. 1903 (21-12) John-Antoine Nau (Eugène Torquet), *Force ennemie* [20]. **04** Léon Frapié, *La Maternelle* [34]. **05** Claude Farrère, *Les Civilisés* [38]. **06** Jérôme et Jean Tharaud, *Dingley, l'illustre écrivain* [40]. **07** Émile Moselly, *Jean des Brebis, Terres lorraines, le Rouet d'ivoire* [41]. **08** Francis de Miomandre (François Durand), *Écrit sur de l'eau* [17]. **09** Marius et Ary Leblond, *En France* [22]. **10** Louis Pergaud, *De Goupil à Margot* [35]. **11** Alphonse de Chateaubriant, *Monsieur des Lourdines* [27]. **12** André Savignon, *Les Filles de la pluie* [27]. **13** Marc Elder (Tendron), *Le Peuple de la mer* [39]. **14** Adrien Bertrand, décerné en 1916, *L'Appel du sol* [9]. **15** René Benjamin, *Gaspard* [23]. **16** Henri Barbusse, *Le Feu* [24]. **17** Henri Malherbe, *la Flamme au poing* [2]. **18** Georges Duhamel, Denis Thévenin, *Civilisation* [35]. **19** Marcel Proust, *A l'ombre des jeunes filles en fleurs* [53]. **20** Ernest Pérochon, *Nêne* [41]. **21** René Maran, *Batouala* [2]. **22** Henri Béraud, *Le Vitriol de lune et le Martyre de l'obèse* [2]. **23** Lucien Fabre, *Rabevel* [53]. **24** Thierry Sandre, 3 livres : *le Chèvrefeuille, le Purgatoire, le Chapitre XIII* (tr. d'Athénée) [53]. **25** Maurice Genevoix, *Raboliot* [27]. **26** Henri Deberly, *Le Supplice de Phèdre* [53]. **27** Maurice Bedel, *Jérôme, 60e latitude nord* [53]. **28** Maurice Constantin Weyer, *Un homme se penche sur son passé* [46]. **29** Marcel Arland, *L'Ordre* [53]. **30** Henri Fauconnier, *Malaisie* [49]. **31** Jean Fayard, *Mal d'amour* [23]. **32** Guy Mazeline, *Les Loups* [53]. **33** André Malraux, *La Condition humaine* [53]. **34** Roger Vercel, *Capitaine Conan* [2]. **35** Joseph Peyré, *Sang et Lumières* [27]. **36** Maxence Van der Meersch, *L'Empreinte du dieu* [2]. **37** Charles Plisnier, *Faux Passeports* [12]. **38** Henri Troyat (Lev Tarassov), *L'Araigne* [41]. **39** Philippe Hériat, *Les Enfants gâtés* [53]. **40** Réservé à un prisonnier. **Décerné en 1946.** Francis Ambrière, *Les Grandes Vacances* [36]. **41** Henri Pourrat, *Vent de mars* [53]. **42** Marc Bernard, *Pareils à des enfants* [53]. **43** Marius Grout, *Passage de l'homme* [53]. **44** Décerné en 1945, Elsa Triolet, *Le premier accroc coûte 200 francs* [14]. **45** Jean-Louis Bory, *Mon village à l'heure allemande* [24]. **46** Jean-Jacques Gautier, *Histoire d'un fait divers* [32]. **47** Jean-Louis Curtis, *Les Forêts de la nuit* [32]. **48** Maurice Druon, *Les Grandes Familles* [32]. **49** Robert Merle, *Week-end à Zuydcoote* [53]. **50** Paul Colin, *Les Jeux sauvages* [53]. **51** Julien Gracq (Louis Poirier), *Le Rivage des Syrtes* (Prix refusé) [55]. **52** Béatrix Beck, *Léon Morin, prêtre* [53]. **53** Pierre Gascar (Fournier), *Les Bêtes, le Temps des morts* [53]. **54** Simone de Beauvoir, *Les Mandarins* [53]. **55** Roger Ikor, *Les Eaux mêlées* [2]. **56** Romain Gary, *Les Racines du ciel* [53]. **57** Roger Vailland, *La Loi* [53]. **58** Francis Walder, *St-Germain ou la Négociation* [53]. **59** André Schwarz-Bart, *Le Dernier des Justes* [48]. **60** Vintila Horia, *Dieu est né en exil* [23]. (Prix refusé, attribué, il ne sera pas décerné.). **61** Jean Cau, *La Pitié de Dieu* [53]. **62** Anna Langfus, *Les Bagages de sable* [53]. **63** Armand Lanoux, *Quand la mer se retire* [32]. **64** Georges Conchon, *L'État sauvage* [2]. **65** Jacques Borel, *L'Adoration* [53]. **66** Edmonde Charles-Roux, *Oublier Palerme* [27]. **67** André Pieyre de Mandiargues, *La Marge* [53]. **68** Bernard Clavel, *Les Fruits de l'hiver* [47]. **69** Félicien Marceau, *Creezy* [53]. **70** Michel Tournier, *Le Roi des aulnes* [53]. **71** Jacques Laurent, *Les Bêtises* [27]. **72** Jean Carrière, *L'Épervier de Maheux* [30]. **73** Jacques Chessex, *L'Ogre* [27]. **74** Pascal Lainé, *La Dentellière* [53]. **75** Émile Ajar, *La Vie devant soi* [35]. **76** Patrick Grainville, *Les Flamboyants* [48]. **77** Didier Decoin, *John l'Enfer* [48]. **78** Patrick Modiano, *Rue des boutiques obscures* [53]. **79** Antonine Maillet, *Pélagie la Charrette* [27]. **80** Yves Navarre, *Le Jardin d'acclimatation* [24]. **81** Lucien Bodard, *Anne-Marie* [27]. **82** Dominique Fernandez, *Dans la main de l'ange* [27]. **83** Frédérick Tristan, *Les Égarés* [4]. **84** Marguerite Duras, *L'Amant* [18]. **85** Yann Queffelec, *les Noces barbares* [53].

● **Humour noir (Grands prix de l').** *Fondés* en 1954, à Dijon, par Tristan Maya (1926). **Décernés** à Paris, le dernier mardi du mois d'octobre. **Récompense** : honorifique. **Jury** : Noël Arnaud, Patrice Delbourg, Jean Fougère, Eugène Ionesco, Théodore Koenig, Jean-Paul Lacroix, Jean L'Anselme, Gabrielle Marquet, Tristan Maya (secr. gén.), Roger Rabiniaux, Yak Rivais.

Prix Xavier-Forneret (œuvre littéraire). **1970** Jean Anglade. **71** Yak Rivais. **72** Joseph Joliet. **73** Michel Dansel. **74** Roland Dubillard. **75** Patricia Highsmith. **76** Roald Dahl. **77** André Blavier. **78** Henri Gougaud. **79** Éric Losfeld. **80** Paul Thierrin. **81** Max Aub. **82** Daniel Apruz. **83** Maurice Rheims. **84** Alexandro Jodorowsky. **85** Marcel Bisiaux.

Prix Grandville (dessin, peinture). **1970** Bosc. **71** Ronald Searle. **72** Mose et Bonnot (Claude Favard). **73** Claude Serre. **74** Soulas. **75** Maurice Henry. **76** Fernando Puig Rosado. **77** Jacques Tardi. **78** Gérard Lauzier. **79** Christian Zeimert. **80** Roman Cieslewicz. **81** Joaquin Salvador Lavado dit Quino. **82** Arslan. **83** non décerné. **84** Ralph Steadman. **85** Gilbert Giboudeau.

Prix du Spectacle. 1980 Sylvie Joly. **81** Bernard Haller. **82** Sol. **83** Pierre-Jean Vaillard. **84** Jean-Paul Farré. **85** Raymond Cousse.

● **Interallié.** *Fondé* en 1930 par des journalistes au Cercle interallié. **Décerné** en novembre, de préférence à un roman de journaliste. **Montant** : néant. **Jury** : Lucien Bodard, Jean Couvreur, Jean Ferniot, Roger Giron (secrétaire général), Paul Guimard, Claude Martial, Henry-François Rey, Jean-Marie Rouart, Éric Ollivier, Pierre Schœndœrffer ; s'y joint chaque année le lauréat de l'année précédente.

Lauréats. 1930 André Malraux, *La Voie royale* [27]. **31** Pierre Bost, *Le Scandale* [53]. **32** Simone Ratel, *La Maison des Bories* [41]. **33** Robert Bourget-Pailleron, *L'Homme du Brésil* [53]. **34** Marc Bernard, *Anny* [53]. **35** Jacques Debû-Bridel, *Jeunes Ménages* [53]. **36** René Laporte, *Les Chasses de novembre* [14]. **37** Romain Roussel, *La Vallée sans printemps* [41]. **38** Paul Nizan, *La Conspiration* [53]. **39** Roger de Lafforest, *Les Figurants de la mort* [27]. **40-44** Pas de prix décerné. **45** Roger Vaillant, *Drôle de jeu* [12]. **46** Jacques Nels, *Poussière du temps* [5]. **47** Pierre Daninos, *Les Carnets du Bon Dieu* [31]. **48** Henry Castillou, *Cortiz s'est révolté* [23]. **49** Gilbert Sigaux, *Les Chiens enragés* [32]. **50** Georges Auclair, *Un amour allemand* [53]. **51** Jacques Perret, *Bande à part* [53]. **52** Jean Dutourd, *Au bon beurre* [53]. **53** Louis Chauvet, *L'Air sur la quatrième corde* [24]. **54** Maurice Boissais, *Le Goût du péché* [32]. **55** Félicien Marceau, *Les Élans du cœur* [53]. **56** Armand Lanoux, *Le Commandant Watrin* [32]. **57** Paul Guimard, *Rue du Havre* [14]. **58** Bertrand Poirot-Delpech, *Le Grand Dadais* [14]. **59** Antoine Blondin, *Un singe en hiver* [50]. **60** Henry Muller, *Clem* [50]. Jean Portelle *Janitzia ou la Dernière qui aima d'amour* [14]. **61** Jean Ferniot, *L'Ombre portée* [53]. **62** Henri-François Rey, *Les Pianos mécaniques* [47]. **63** Renée Massip, *La Bête quaternaire* [53]. **64** René Fallet, *Paris au mois d'août* [14]. **65** Alain Bosquet, *La Confession mexicaine* [27]. **66** Kléber Haedens, *L'été finit sous les tilleuls* [27]. **67** Yvonne Baby, *Oui l'espoir* [27]. **68** Christine de Rivoyre, *Le Petit Matin* [27]. **69** Pierre Schoendoerffer, *L'Adieu au roi* [27]. **70** Michel Déon, *Les Poneys sauvages* [53]. **71** Pierre Rouanet, *Castell* [27]. **72** Georges Walter, *Des vols de Vanessa* [27]. **73** Lucien Bodard, *Monsieur le Consul* [27]. **74** René Mauriès, *Le Cap de la Gitane* [23]. **75** Voldemar Lestienne, *L'Amant de poche* [27]. **76** Raphaële Billetdoux, *Prends garde à la douceur des choses* [48]. **77** Jean-Marie Rouart, *Les Feux du pouvoir* [27]. **78** Jean-Didier Wolfromm, *Diane Lanster* [27]. **79** François Cavanna, *Les Russkoffs* [7]. **80** Christine Arnothy, *Toutes les chances plus une* [27]. **81** Louis Nucéra, *Chemins de la Lanterne* [27]. **82** Éric Ollivier, *L'Orphelin de mer... ou Les Mémoires de monsieur Non* [14]. **83** Jacques Duquesne, *Maria Vandamme* [27]. **84** Michèle Perrein, *Les Cotonniers de Bassalane* [27]. **85** Serge Lentz, *Vladimir Roubaïev* [47].

● **Lettres (Grand Prix national des).** *Fondé* en 1951 par le min. de la Culture. Destiné à couronner un écrivain d'expression française qui, par l'ensemble de son œuvre, a contribué à l'illustration des lettres françaises sans distinction de genres. **Décerné** en décembre par le min. de la Culture. **Montant** : 50 000 F. **Jury** (1985) : Claude Durand, Dominique Fernandez, Viviane Forrester, Jean Gattegno (Pt), Patrick Grainville, Paul Otchakovski-Laurens, Bernard Pingaud, Denis Roche, Danièle Sallenave, Michel Serres, Mme Tschann, François Weyergans.

Lauréats : 1951 Alain. **52** Valery Larbaud. **53** Henri Bosco. **54** André Billy. **55** Jean Schlumberger. **56** Alexandre Arnoux. **57** Louis Martin-Chauffier. **58** Gabriel Marcel. **59** Saint-John Perse. **60** Marcel Arland. **61** Gaston Bachelard. **62** Pierre-Jean Jouve. **63** Jacques Maritain. **64** Jacques Audiberti. **65** Henri Michaux (refusé). **66** Julien Green. **67** Louis Guilloux. **68** Jean Grenier. **69** Jules Roy. **70** Maurice Genevoix. **71** Jean Cassou. **72** Henri Petit. **73** Jacques Madaule. **74** Marguerite Yourcenar. **75** André Dhotel. **76** Armand Lunel. **77** Philippe Soupault. **78** Roger Caillois. **79** Marcel Brion. **80** Michel Leiris (refusé). **81** Pierre Klosowski. **82** Nathalie Sarraute. **83** Jean Genet. **84** Jean Cayrol. **85** André Pieyre de Mandiargues.

● **Poésie (Grand Prix national de la).** *Fondé* en 1981 par le min. de la Culture. Destiné à couronner un poète d'expression française qui, par l'ensemble de son œuvre, a contribué à l'illustration des lettres françaises. **Décerné** en décembre par le min. de la Culture. **Montant** : 50 000 F. **Jury** (1984) : Tahar Ben Jelloun, Michel Chaillou, Andrée Chedid, Michel Chodkiewicz, Jean Gattegno (Pt), Édouard Glissant, Philippe Jaccottet, Hubert Juin, Paol Keineg, Hubert Nyssen, Jean Rousselot, James Sacré. **Lauréats : 1981** Francis Ponge. **82** Aimé Césaire. **83** André du Bouchet. **84** Eugène Guillevic. **85** André Frénaud.

● **Liberté (Prix de la).** *Parrainé* par le Pen Club français. Attribué pour la 1re fois en 1980 pour couronner une œuvre due à un écrivain opprimé. **Jury** : Eugène Ionesco (Pt), Georges-Emmanuel Clancier, Emmanuel Le Roy Ladurie, André Lwoff, Dimitri Stolypine (fondateur), René Tavernier et Vercors. **Lauréats** : **1980** Armando Valladares (Cuba), Lydia Tchoukovskaia (U.R.S.S.), Abdellatif Laabi (Maroc). **81** Varlam Chalamov (U.R.S.S.). **82** Adam Michnik (Pol.). **83** Léonide Borodine (U.R.S.S.), Marek Nowakowski (Pol.). **84** Jorge Valls Arango (Cuba), Viatcheslav Syssoiev (U.R.S.S.). **85** Youri Tarnopolski (U.R.S.S.).

● **Libraires (Prix des).** *Créé* en janvier 1955 par la Chambre syndicale des libraires de France (actuell. Fédération fr. des syndicats de libraires). Un comité de lecture composé de libraires désignés par leurs confrères et représentant les régions syndicales présente une sélection à l'Ass. gén. **Décerné** lors de l'Assemblée générale de la Fédération après une sélection et un vote de plus de 1 300 libraires francophones. **But** : distinguer un écrivain de langue française, le plus souvent un romancier, dont l'œuvre ne semble pas avoir reçu la consécration méritée. **Montant** : pas de prix numéraire.

Lauréats. 1955 Michel de Saint-Pierre, *Les Aristocrates* [50]. **56** Albert Vidalie, *La Bonne Ferté* [14]. **57** Françoise Mallet-Joris, *Les Mensonges* [32]. **58** Jean Bassan, *Nul ne s'évade* [41]. **59** Georges Bordenove, *Deux Cents Chevaux dorés* [32]. **60** Georges Conchon, *La Corrida de la victoire* [2]. **61** Andrée Martinerie, *Les Autres Jours* [53]. **62** Jean Anglade, *La Foi et la Montagne* [47]. **63** José Cabanis, *Les Cartes du temps* [53]. **64**

Pierre Moinot, *Le Sable vif*[53]. 65 Jacques Peuchemaurd, *Le Soleil de Palicorna*[47]. 66 Jacques Perry, *La Vie d'un païen*[47]. 67 Catherine Paysan, *Les Feux de la Chandeleur*[14]. 68 Paul Guimard, *Les Choses de la vie*[14]. 69 René Barjavel, *La Nuit des temps*[43]. 70 G.-E. Clancier, *L'Éternité plus un jour*[47]. 71 Anne Hébert, *Kamouraska*[48]. 72 Didier Decoin, *Abraham de Brooklyn*[48]. 73 Michel Del Castillo, *Le Vent de la nuit*[32]. 74 Michèle Perrein, *Le Buveur de Garonne*[24]. 75 Herbert Le Porrier, *Le Médecin de Cordoue*[48]. 76 Patrick Modiano, *Villa triste*[53]. 77 Pierre Moustiers, *Un crime de notre temps*[48]. 78 Jean Noli, *La Grâce de Dieu*[32]. 79 Christiane Singer, *La Mort viennoise*[2]. 80 Claude Michelet, *Des grives aux loups*[47]. 81 Claude Brami, *Un garçon sur la colline*[14]. 82 Serge Lentz, *Les Années sandwiches*[47]. 83 Serge Bramly, *La Danse du loup*[7]. 84 Guy Lagorge, *Le Train du soir*[27]. 85 Christian Dedet, *La Mémoire du fleuve*[69]. 86 Robert Mallet, *Ellyn*[53].

• **Littérature (Grand Prix de).** *Créé* en 1911 par l'Académie française, remis pour la 1re fois en 1912. **Décerné** par l'Académie française (2e quinzaine de juin, devenu biennal en 1981). **But :** récompense l'ensemble d'une œuvre littéraire. **Montant :** 100 000 F.

Lauréats : 1911 Non décerné. 12 André Lafon. 13 Romain Rolland. 14 Non décerné. 15 Émile Nolly. 16 Maurice Masson. 17 Francis Jammes. 18 Mme Gérard d'Houville. 19 Jérôme et Jean Tharaud. 20 Edmond Jaloux. 21 Ctesse de Noailles. 22 Pierre Lasserre. 23 François Porché. 24 Abel Bonnard. 25 Général Mangin. 26 Gilbert de Voisins. 27 Joseph de Pesquidoux. 28 Jean-Louis Vaudoyer. 29 Henri Massis. 30 M.-Louise Bourget-Pailleron. 31 Raymond Escholier. 32 Franc-Nohain. 33 Henri Duvernois. 34 Henry de Montherlant. 35 André Suarès. 36 Pierre Camo. 37 Maurice Magre. 38 Tristan Derème. 39 Jacques Boulenger. 40 Edmond Pilon. 41 Gabriel Faure. 42 Jean Schlumberger. 43 Jean Prévost. 44 André Billy. 45 Jean Paulhan. 46 Daniel-Rops. 47 Mario Meunier. 48 Gabriel Marcel. 49 Maurice Levaillant. 50 Marc Chadourne. 51 Henri Martineau. 52 Marcel Arland. 53 Marcel Brion. 54 Jean Guitton. 55 Jules Supervielle. 56 Henri Clouard. 57 Non décerné. 58 Jules Roy. 59 Thierry Maulnier. 60 Mme Simone. 61 Jacques Maritain. 62 Luc Estang. 63 Charles Vildrac. 64 Gustave Thibon. 65 Henri Petit. 66 Henri Gouhier. 67 Emmanuel Berl. 68 Henri Bosco. 69 Pierre Gascar. 70 Julien Green. 71 Georges-Emmanuel Clancier. 72 Jean-Louis Curtis. 73 Louis Guilloux. 74 André Dhotel. 75 Henri Queffelec. 76 José Cabanis. 77 Marguerite Yourcenar. 78 Paul Guth. 79 Antoine Blondin. 80 Non décerné. 81 Jacques Laurent. 82 Non décerné. 83 Michel Mohrt. 84 James de Coquet. 85 Roger Grenier[53] pour l'ensemble de son œuvre.

• **Littérature policière (Grand Prix de).** *Fondé* en 1948 par Maurice-Bernard Endrèbe. 2 fois par an, **décerné**, au printemps, à titre honorifique à un roman policier étranger ; à l'automne, à un français. **Montant :** néant. **Jury :** Jacques Baudou, Pierre Boileau, Alain Demouzon, Maurice-Bernard Endrèbe, Jean Guillaume, Pierre Lebedel, Michel Lebrun, Robert Margerit, Thomas Narcejac, Michel Renaud, Henri Thibault.

Lauréats : 1970 Paul Andreota. A. Samarakis (A.). 71 René Réouven. Dorothy Uhnak et Anders Bodelsen (ex aequo). 72 Gilbert Tanugi, Koenig et Dixon. 73 Jean-Patrick Manchette. E.V. Cunningham. 74 A.P. Duchateau. Stanley Ellin. 75 Yvon Toussaint. E. Boyd et R. Parkes. 76 J.F. Coatmeur. Éric Ambler. 77 Christopher Diable. Herbert Lieberman. 78 Madeleine Coudray. Ellery Queen. 79 Joseph Bialot. Stanislas Lem. 80 Dominique Roulet. Mary Higgins-Clark. 81 Pierre Siniac. Manuel V. Montalban. 82 J.-P. Cabanes. John Crosby. 83 Jean Mazarin, Frédérick Forsyth. 84 René Belletto, J.W. van de Wetering. 85 Didier Daeninckx, Peter Lovesey.

• **Maisons de la Presse (Prix des).** *Créé* en nov. 1969. 2 prix annuels (1er lundi de mai) : romans et documents de grande diffusion. **Jury :** comité de lecture de 9 m. dépositaires et grand jury de 45 m. dépositaires de presse-libraires.

Lauréats. 1970 Jean Laborde, *L'Héritage de violence*[24], Jean Pouget, *Manifeste du camp n° 1*[23]. 71 Luc Estang, *La Fille à l'oursin*[48], Brigitte Friang, *Regarde, toi qui meurs*[47]. 72 Pierre Moustiers, *L'Hiver d'un gentilhomme*[53], R. Auboyneau et Jean Verdier, *Gamelle dans le dos*[23]. 73 René Barjavel, *Le Grand Secret*[43], Georges Bortoli, *Mort de Staline*[47]. 74 Marie Chaix, *Les Lauriers du lac de Constance*[48], Michel Bataille, *Les Jours meilleurs*[32, 35]. 75 Charles Exbrayat, *Jules Mattrat*[2], Jacques Charon, *Moi un comédien*[2]. 76 Guy Lagorce, *Ne pleure pas*[27], Jacques-Francis Rolland, *Le Grand Capitaine*[27]. 77 Maurice Denuzière, *Louisiane*[56], Patrick Segal,

Michel Braudeau
(Photo : Mathilde Malaval. Éd. du Seuil)

L'Homme qui marchait dans sa tête[24]. 78 André Lacaze, *Le Tunnel*. 79 Florence Trystram, *Le Procès des étoiles*. 80 Nicole Ciravegna, *Les Trois Jours du cavalier*. 81 Jacques Chancel, *Tant qu'il y aura des îles*. 82 Irène Frain, *Le Nabab*[56], Gisèle de Monfreid, *Mes Secrets de la mer Rouge*. 83 Régine Desforges, *La Bicyclette bleue*[44]. 84 Michel Déon, *« Je vous écris d'Italie... »*[53]. 85 Patrick Meney, *Niet*[71]. Éric Lipmann, *Paderowsky, l'Idole des années folles*[4]. 86 André Le Gal, *le Shangaïe*[56].

• **Max-Jacob** [Fondation de Mme Florence Frank Jay Gould (1895-1982)]. *Fondé* en 1951. Attribué en mars, à un poète, de préférence mal connu, pour une œuvre poétique, en vers ou en prose, publiée l'année précédant le prix. **Montant :** 10 000 F. **Jury :** Pierre Andreu, Marcel Béalu, Yvon Belaval, Alain Bosquet, Georges-Emmanuel Clancier, Eugène Guillevic, Pierre Oster, Jean-Claude Renard, Jean Rousselot, Henri Sauguet. **Lauréats : 1981** Salah Stétié. 82 Jean-Michel Frank. 83 Patrice Delbourg. 84 Dominique Grandmont. 85 Jules Stefan.

• **Médicis.** *Fondé* en 1958 par Mme Gala Barbisan († 1982) et J.P. Giraudoux. *Remis* le même jour que le Fémina. **But :** destiné à un roman, à un récit ou à un recueil de nouvelles édité dans les 12 mois précédents et apportant un ton ou un style nouveau. **Montant :** 4 500 F. **Tirages obtenus :** 30 000 à 240 000 ex. **Jury :** Mmes Francine Mallet, Jacqueline Piatier, Christine de Rivoyre, Marthe Robert ; MM. François-Régis Bastide, Dominique Fernandez, Jean-Pierre Giraudoux, Claude Mauriac, Bernard Privat, Alain Robbe-Grillet, Denis Roche, Marcel Schneider (Pt).

Lauréats. 1958 Claude Ollier, *La Mise en scène*[18]. 59 Claude Mauriac, *Le Dîner en ville*[2]. 60 Henri Thomas, *John Perkins*[53]. 61 Philippe Sollers, *Le Parc*[48]. 62 Colette Audry, *Derrière la baignoire*[53]. 63 Gérard Jarlot, *Un chat qui aboie*[53]. 64 Monique Wittig, *L'Opoponax*[18]. 65 René-Victor Pilhes, *La Rhubarbe*[48]. 66 Marie-Claire Blais, *Une saison dans la vie d'Emmanuel*[27]. 67 Claude Simon, *Histoire*[18]. 68 Élie Wiesel, *Le Mendiant de Jérusalem*[48]. 69 Hélène Cixous, *Dedans*[27]. 70 Camille Bourniquel, *Sélinonte ou la Chambre impériale*[48]. 71 Pascal Lainé, *L'Irrévolution*[53]. 72 Maurice Clavel, *Le Tiers des étoiles*[27]. 73 Tony Duvert, *Paysage de fantaisie*[18]. 74 Dominique Fernandez, *Porporino ou les Mystères de Naples*[27]. 75 Jacques Almira, *Le Voyage à Naucratis*[53]. 76 Marc Cholodenko, *Les États du désert*[24]. 77 Michel Butel, *L'Autre Amour*[35]. 78 Georges Pérec, *La Vie, mode d'emploi*[28]. 79 Claude Durand, *La Nuit zoologique*[27]. 80 Jean-Luc Benoziglio, *Cabinet-Portrait*[48], Jean Lahougue, *Comptine des Height*[53] ; l'auteur refuse son prix. 81 François-Olivier Rousseau, *L'Enfant d'Édouard*[35]. 82 Jean-François Josselin, *L'Enfer et Cie*[27]. 83 Jean Échenoz, *Cherokee*[18]. 84 Bernard-Henry Lévy, *Le Diable en tête*[27]. 85 Michel Braudeau, *Naissance d'une passion*[48].

• **Médicis étranger.** *Fondé* en 1970 par Mme Gala Barbisan et J.P. Giraudoux. **But :** destiné à un roman étranger paru en français dans le courant de l'année.

Lauréats. 1970 Luigi Malerba, *Saut de la mort*[27]. 71 James Dickey, *Délivrance*[24]. 72 Severo Sarduy, *Cobra*[48]. 73 Milan Kundera (Tchéc., 1929), *La Vie est ailleurs*[53]. 74 Julio Cortazar (Argentine, 1914), *Livre de Manuel*[53]. 75 Steven Millhauser, *La Vie trop brève d'Edwin Mulhouse*[2]. 76 Doris Lessing, *Le Carnet d'or*[2]. 77 Hector Bianciotti, *Le Traité des saisons*[53]. 78 Alexandre Zinoviev, *L'Avenir radieux*[57]. 79 Alejo Carpentier, *La Harpe et l'Ombre*[53]. 80 André Brink, *Une saison blanche et sèche*[49]. 81 David Shahar, *Le Jour de la comtesse*[53]. 82 Umberto Eco, *Le Nom de la rose*[27]. 83 Kenneth White, *La Route bleue*[27]. 84 Elsa Morante, *Aracoeli*[53]. 85 Joseph Heller, *Dieu sait*[27].

• **Paul-Morand.** *Créé* en 1980 [Paul Morand (1888-1976) avait légué sa fortune à l'Académie pour créer ce prix]. **Décerné** par l'Académie française, tous les 2 ans, à l'ensemble de l'œuvre d'un auteur, « d'un écrivain français auteur d'ouvrages se recommandant par leurs qualités de pensée et de style et par leur esprit d'indépendance et de liberté ». **Montant :** 300 000 F. **Lauréats : 1980** Jean-Marie Le Clézio. 82 Henri Pollès. 84 Christine de Rivoyre.

• **Poésie (Grand Prix de).** *Créé* en 1927. *Attribué* par l'Académie française (2e quinzaine de juin). **Montant :** 30 000 F. **Lauréats : 1957** André Berry. 58 Mme Gérard d'Houville. 59 Tristan Klingsor. 60 Philippe Chabaneix. 61 Patrice de La Tour du Pin. 62 Marie Noël. 63 Pierre Emmanuel. 64 André Salmon. 65 Non décerné. 66 Pierre-Jean Jouve. 67 Georges Brassens. 68 Alain Bosquet et Jean Lebrau. 69 Robert Sabatier. 70 Jean Follain. 71 Louis Brauquier. 72 Jean Tardieu. 73 André Frénaud. 74 Philippe Soupault. 75 Gabriel Audisio. 76 Eugène Guillevic. 77 Robert Mallet et Marie-Jeanne Durry. 78 Charles Le Quintrec. 79 André Pieyre de Mandiargues. 80 Maurice Fombeure. 81 Yves Bonnefoy. 82 Jean Loisy. 83 Jean Grosjean. 84 Francis Ponge. 85 Philippe Roberts-Jones pour l'ensemble de son œuvre.

• **Prince-Pierre-de-Monaco (Prix littéraire).** *Fondé* en 1951 sous le nom « Prix litt. Rainier III » (jusqu'en 1965). **Décerné**, chaque année, à un écrivain d'expression française, pour l'ensemble de son œuvre. **Montant :** 40 000 F. **Jury :** Antoine Battaini (secr. gén.), Hervé Bazin, Alain Decaux, Maurice Druon, Jean-Jacques Gautier, Antonine Maillet, René Huyghe, François Nourissier, René Novella, Jean d'Ormesson, Léonce Peillard, Maurice Rheims, Denis de Rougemont, André Roussin, Robert Sabatier, Maurice Schumann, Georges Sion, Michel Tournier.

Lauréats : 1951 Julien Green. 52 Henri Troyat. 53 Jean Giono. 54 Jules Roy. 55 Louise de Vilmorin. 56 Marcel Brion. 57 Hervé Bazin. 58 Jacques Perret. 59 Joseph Kessel. 60 Alexis Curvers. 61 Jean Dutourd. 62 Gilbert Cesbron. 63 Denis de Rougemont. 64 Christian Murciaux. 65 Françoise Mallet-Joris. 66 Maurice Druon. 67 Jean Cassou. 68 Jean Cayrol. 69 Eugène Ionesco. 70 Jean-Jacques Gautier. 71 Antoine Blondin. 72 Marguerite Yourcenar. 73 Paul Guth. 74 Félicien Marceau. 75 François Nourissier. 76 Anne Hébert. 77 Léopold Sédar Senghor. 78 Pierre Gascar. 79 Daniel Boulanger. 80 Marcel Schneider. 81 Jean-Louis Curtis. 82 Christine de Rivoyre. 83 Jacques Laurent. 84 Patrick Modiano. 85 Françoise Sagan. 86 Dominique Fernandez.

• **Prix littéraire des lectrices de Elle.** **Créé** en 1970. **Couronne**, jusqu'en 1977, un roman ; dep. 77, un roman et un document. **Fonctionnement :** 8 comités de lecture reçoivent à tour de rôle 6 livres différents chaque mois choisis par *Elle* : 3 romans, 3 documents qu'ils doivent noter. Ainsi sont élus 8 « livres du mois/Roman » et 8 « livres du mois/Document ». Les 16 « livres du mois » sont soumis à un jury national qui couronne 2 lauréats.

Lauréats : 1970 Arlette Grébel, *Ce soir Tania*[53]. 71 Michèle Perrein, *la Chineuse*[32]. 72 Elvire de Brissac, *Un long mois de septembre*[27]. 73 Simone Schwartz-Bart, *Pluie et vent sur Telumee-Miracle*[48]. 74 Max Gallo, *Un pas vers la mer*[47]. 75 Françoise Lefèvre, *la Première Habitude*[30]. 76 Roger Boussinot, *Vie et Mort de Jean Chalosse, moutonnier des Landes*[47]. 77 Guyette Lyr, *la Fuite en douce*[35] (roman), Jean-Marie Pelt, *l'Homme renaturé*[48] (document). 78 Hortense Dufour, *la Marie-marraine*[27], Prof. Tubiana, *le Refus du réel*[47]. 79 Jeanne Bourin, *la Chambre des dames*[50], Ania Francos, *Il était des femmes dans la Résistance*[48]. 80 Marie-Thérèse Humbert, *A l'autre bout de moi*[49], Barbara W. Tuchman, *Un lointain miroir*[23]. 81 José-André Lacour, *le Rire de Caïn*[50], Kai Hermann et Horst Rieck, *Moi, Christiane F., 13 ans, droguée, prostituée...*[35] (traduit de l'allemand par Léa Marcou). 82 Clarisse Nicoidski, *Couvre-feux*[44], Françoise Chandernagor, *l'Allée du Roi*[32]. 83 Paul Savatier, *le Photographe*[53], Anne Delbée, *Une femme*[66], 84 Michel Ragon, *les Mouchoirs rouges de Cholet*[2], Ghislain de Diesbach, *Madame de Staël*[52]. 85 Frédéric Rey, *La Haute Saison*[24], Marie Chaix, *Juliette chemin des cerisiers*.

• **Quatre jurys (Prix Méridien des).** *Fondé* en 1952 par Jean-Pierre Dorian. *Destiné* à donner une chance à un jeune écrivain ayant obtenu au moins une voix à l'un des 4 grands prix litt. de fin d'année (Goncourt...). **Décerné** en janvier à l'hôtel Méridien à Paris ; **Montant :** 10 000 F et 1 semaine au Maroc. **Jury :** Dr Youssef Ben Abbes (Pt d'honn.) ; Louise Weiss (Pte) ; Henry Bonnier, Jean-Pierre Dorian, Paul Guth, Jacques Laurent, Jacques Nels, André Soubiran, Hélène de Turckheim.

Lauréats : 1978 Antonine Maillet. **79** Michel Audiard. **80** Yves Navarre. **81** Jacques Benoist-Méchin. **82** Monique Lange. **83** François Weyergans, *Le Radeau de la Méduse*[53]. **84** Raoul Mille, *Léa ou l'Opéra sauvage*[2]. **85** Jacqueline Justin-Chapot, *les Racines perdues*[2].

• **Renaissance.** *Créé* 1976. **But :** décerné à un auteur « ayant contribué à une renaissance des valeurs de notre civilisation ». **Lauréat : 1984** François Bluche, *la Vie quotidienne sous Louis XIV*[28].

• **Roman de l'Académie française (Grand Prix du).** *Fondé* le 19-3-1915 par l'Académie française. **But :** destiné à récompenser un jeune prosateur pour une œuvre d'imagination, d'inspiration élevée. **Montant :** 5 000 AF (en 1914), a été augmenté (ex. *1965 :* 5 000 F, *1966 :* 10 000 F, *1971 :* 20 000 F, *1973 :* 25 000 F, *1977 :* 30 000 F, *1982 :* 50 000 F). **Commission du prix :** M. Arland, M. Schumann, Duc de Castries, M. Déon, M. Druon, J. Dutourd, J.-J. Gautier, J. de Lacretelle, F. Marceau, J. Mistler, P. Moinot, J. d'Ormesson, M. Rheims, H. Troyat, se réunit plusieurs fois en septembre et octobre. Elle propose des noms à l'Académie qui, dans son ensemble, décerne le prix dans la 1re quinzaine de novembre.

Lauréats. 1915 Paul Acker, Pour son œuvre[41]. **16** Avesnes, *L'Ile heureuse*[41]. **17** Charles Géniaux, Pour son œuvre. **18** Camille Mayran, *Gotton Connixloo*[41]. **19** Pierre Benoit, *L'Atlantide*[2]. **20** André Corthis, *Pour moi seule*[2]. **21** Pierre Villetard, *Monsieur Bille dans la tourmente*[22]. **22** Francis Carco, *L'Homme traqué*[2]. **23** Alphonse de Chateaubriant, *La Brière*[27]. **24** Émile Henriot, *Aricie Brun ou les Vertus bourgeoises*[41]. **25** François Duhourcau, *L'Enfant de la victoire*[51]. **26** François Mauriac, *Le Désert de l'amour*[27]. **27** Joseph Kessel, *Les Captifs*[53]. **28** Jean Balde (Mlle Jeanne Alleman), *Reine d'Arbieu*[41]. **29** André Demaison, *Le Livre des bêtes qu'on appelle sauvages*[27]. **30** Jacques de Lacretelle, *Amour nuptial*[53]. **31** Henri Pourrat, *Gaspard des montagnes*[2]. **32** Jacques Chardonne, *Claire*[27]. **33** Roger Chauviré, *Mademoiselle de Bois-Dauphin*[24]. **34** Paule Régnier, *L'Abbaye d'Évolayne*[41]. **35** Albert Touchard, *La Guêpe*. **36** Georges Bernanos, *Journal d'un curé de campagne*[41]. **37** Guy de Pourtalès, *La Pêche miraculeuse*[53]. **38** Jean de La Varende, *Le Centaure de Dieu*[27]. **39** Antoine de Saint-Exupéry, *Terre des hommes*[53]. **40** Édouard Peisson, *Le Voyage d'Edgar*[27]. **41** Robert Bourget-Pailleron, *La Folie d'Hubert*[53]. **42** Jean Blanzat, *L'Orage du matin*[27]. **43** J. H. Louwyck, *Danse pour ton ombre*[41]. **44** Pierre de Lagarde, *Valmaurie*[58]. **45** Marc Blancpain, *Le Solitaire*[24]. **46** Jean Orieux, *Fontagre*[21]. **47** Philippe Hériat, *La Famille Boussardel*[53]. **48** Yves Gandon, *Ginèvre*[29]. **49** Yvonne Pagniez, *Évasion*[24]. **50** Joseph Jolinon, *Les Provinciaux*[59]. **51** Bernard Barbey, *Chevaux abandonnés sur le champ de bataille*[32]. **52** Henri Castillou, *Le Feu de l'Etna*[2]. **53** Jean Hougron, *Mort en fraude*[15]. **54** Pierre Moinot, *La Chasse royale*[27], Paul Mousset, *Neige sur un amour nippon*[53]. **55** Michel de Saint-Pierre, *Les Aristocrates*[50]. **56** Paul Guth, *Le Naïf locataire*[2]. **57** Jacques de Bourbon-Busset, *Le Silence et la Joie*[53]. **58** Henri Queffélec, *Un royaume sous la mer*[43]. **59** Gabriel d'Aubarède, *La Foi de notre enfance*[24]. **60** Christian Murciaux, *Notre-Dame des Désemparés*[41]. **61** Pham Van Ky, *Perdre la demeure*[53]. **62** Michel Mohrt, *La Prison maritime*[53]. **63** Robert Margerit, *La Révolution*[53]. **64** Michel Droit, *Le Retour*[32]. **65** Jean Husson, *Le Cheval d'Herbeleau*[48]. **66** François Nourissier, *Une histoire française*[27]. **67** Michel Tournier, *Vendredi ou les Limbes du Pacifique*[53]. **68** Albert Cohen, *Belle du Seigneur*[53]. **69** Pierre Moustiers, *La Paroi*[53]. **70** Bertrand Poirot-Delpech, *La Folle de Lituanie*[53]. **71** Jean d'Ormesson, *La Gloire de l'Empire*[53]. **72** Patrick Modiano[a], *Les Boulevards de ceinture*[53]. **73** Michel Déon, *Un taxi mauve*[53]. **74** Kléber Haedens, *Adios*[27]. **75** Non décerné. **76** Pierre Schoendoerffer, *Le Crabe-tambour*[27]. **77** Camille Bourniquel, *Tempo*[32]. **78** Pascal Jardin, *Le Nain jaune*[32], Alain Bosquet, *Une mère russe*[27]. **79** Henri Coulonges, *L'Adieu à la femme sauvage*[49]. **80** Louis Gardel, *Fort Saganne*[48]. **81** Jean Raspail, *Moi Antoine de Tounens roi de Patagonie*[2]. **82** Vladimir Volkoff, *Le Montage*[32]. **83** Liliane Guignabodet, *Natalia*[2]. **84** Jacques-Francis Rolland, *Un dimanche inoubliable près des casernes*[27]. **85** Patrick Besson, *Dara*[48].

Nota. — (a) Plus jeune lauréat du prix (25 ans).

• **Prix populiste.** *Créé* en 1929. Décerné de 1931 (Eugène Dabit : *Hôtel du Nord*) à 1977 (Claude Aubin : *le Marin de fortune*). Restauré en 1984 par Raymond La Villedieu. **Nouveau Prix populiste. 84** Daniel Zimmermann, *la Légende de Mar et Jeanne*[23]. **85** Leila Sebbar, *les Carnets de Shérazade*[49]. **86** Adda, *Elle voulait voir la mer*[74].

• **Théâtre (Grand Prix du).** *Créé* en 1980. *Attribué* par l'Académie française. 1er en 1980. **Montant :** 30 000 F. **Lauréats : 1980** Jean Anouilh. **81** Gabriel Arout. **82** George Neveux. **83** Marguerite Duras. **84** Jean Vauthier. **85** René de Obaldia pour l'ensemble de son œuvre.

• **Théâtre (Grand Prix national du).** *Fondé* en 1969. **Montant :** 20 000 F. **Lauréats : 1969** Eugène Ionesco. **70** Jean Dasté. **71** Jacques Lemarchand. **72** Madeleine Renaud. **73** Jean-Denis Malclès. **74** Jean-Louis Barrault. **75** Samuel Beckett. **76** Roger Blin. **77** François Périer. **78** Jacques Noël. **79** Roland Dubillard. **80** Jean Anouilh. **81** Andrée Tainsy. **82** André Acquart. **83** Denise Gence. **84** Laurent Terzieff. **85** Ariane Mnouchkine.

• **Théophraste-Renaudot.** *Fondé* en 1925 pour des informateurs littéraires désireux d'occuper l'attente parfois longue du prix Goncourt et intention de corriger éventuellement ses choix. **Décerné** en novembre le même jour que le Goncourt, avant un déjeuner chez Drouant, place Gaillon, à un roman français paru depuis un an, selon l'unique critère du talent et éventuellement de l'originalité. **Montant :** un déjeuner offert au lauréat l'année suivant l'attribution du prix. *Fondateur et Pt d'honneur :* Georges Charensol. **Jury :** des journalistes ou critiques [par ordre d'ancienneté, Marcel Sauvage, Francis Ambrière, Luc Estang, Henri Amouroux, Alain Bosquet, André Bourin, Roger Vrigny, Robert Malet, André Brincourt].

Lauréats. 1926 Armand Lunel, *Niccolo Peccavi*[53]. **27** Bernard Nabonne, *Maïtena*[13]. **28** André Obey, *Le Joueur de triangle*[27]. **29** Marcel Aymé, *La Table aux crevés*[53]. **30** Germaine Beaumont, *Piège*[53]. **31** Philippe Hériat, *L'Innocent*[14]. **32** Louis-Ferdinand Céline, *Voyage au bout de la nuit*[14]. **33** Charles Braibant, *Le Roi dort*[14]. **34** Louis Francis, *Blanc*[53]. **35** François de Roux, *Jours sans gloire*[53]. **36** Louis Aragon, *Les Beaux Quartiers*[14]. **37** Jean Rogissart, *Mervale*[14]. **38** Pierre-Jean Launay, *Léonie la bienheureuse*[14]. **39** Jean Malaquais, *Les Javanais*[14]. **40** Décerné en 1946. **41** Paul Mousset, *Quand le temps travaillait pour nous*[27]. **42** Robert Gaillard, *Les Liens de chaîne*[11]. **43** Dr André Soubiran, *J'étais médecin avec les chars*[16]. **44** Roger Peyrefitte, *Les Amitiés particulières*[50]. **45** Henri Bosco, *Le Mas Théotime*[10]. **46** Jules Roy, *La Vallée heureuse*[10], David Rousset, *L'Univers concentrationnaire* (Pavois) (prix 1940). **47** Jean Cayrol, *Je vivrai l'amour des autres*[48]. **48** Pierre Fisson, *Voyage aux horizons*[32]. **49** Louis Guilloux, *Le Jeu de patience*[53]. **50** Pierre Molaine, *Les Orgues de l'enfer*[12]. **51** Robert Margerit, *Le Dieu nu*[53]. **52** Jacques Perry, *L'Amour de rien*[32]. **53** Célia Bertin, *La Dernière Innocence*[12]. **54** Jean Reverzy, *Le Passage*[32]. **55** Georges Govy, *Le Moissonneur d'épines*[50]. **56** André Perrin, *Le Père*[32]. **57** Michel Butor, *La Modification*[18]. **58** Édouard Glissant, *La Lézarde*[48]. **59** Albert Palle, *L'Expérience*[32]. **60** Alfred Kern, *Le Bonheur fragile*[53]. **61** Roger Bordier, *Les Blés*[9]. **62** Simone Jacquemard, *Le Veilleur de nuit*[48]. **63** Jean-Marie Le Clézio, *Le Procès-verbal*[53]. **64** Jean-Pierre Faye, *L'Écluse*[48]. **65** Georges Pérec, *Les Choses*[32]. **66** José Cabanis, *La Bataille de Toulouse*[53]. **67** Salvat Etchart, *Le Monde tel qu'il est*[35]. **68** Yambo Ouologuem (n. 1940, Mali), *Le Devoir de violence*[48]. **69** Max Olivier-Lacamp, *Les Feux de la colère*[27]. **70** Jean Freustier, *Isabelle ou l'Arrière-saison*[50]. **71** Pierre-Jean Rémy, *Le Sac du palais d'Été*[53]. **72** Christopher Frank, *La Nuit américaine*[48]. **73** Suzanne Prou, *La Terrasse des Bernardini*[9]. **74** Georges Borgeaud, *Voyage à l'étranger*[27]. **75** Jean Joubert, *L'Homme de sable*[27]. **76** Michel Henry, *L'Amour les yeux fermés*[53]. **77** Alphonse Boudard, *Les Combattants du petit bonheur*[50]. **78** Conrad Detrez, *L'Herbe à brûler*[9]. **79** Jean-Marc Roberts, *Affaires étrangères*[48]. **80** Danièle Sallenave, *Les Portes de Gubbio*[48]. **81** Michel Del Castillo, *La Nuit du décret*[48]. **82** Georges-Olivier Châteaureynaud, *La Faculté des songes*[27]. **83** Jean-Marie Rouart, *Avant-guerre*[27]. **84** Annie Ernaux, *La Place*[53]. **85** Rafaelle Billetdoux, *Mes nuits sont plus belles que vos jours*[27].

• **Traduction (Grand Prix national de la).** *Fondé* 1985 par le min. de la Culture. Décerné en décembre. **Montant :** 50 000 F. **Jury (1985) :** Laure Bataillon, Christian Bourgois, Jean Gattegno (Pt), Michel Gresset, Bernard Lortholary, André Miquel, Claude Roy, Antoine Vitez, Céline Zins. **Lauréat : 1985** Pierre Leyris.

• **Ville de Paris (grands prix).** *Annuel :* roman ; *biennaux :* histoire, critique ou essai, poésie, littérature dramatique, litt. enfantine. **Montant :** 50 000 F chacun (sauf litt. enf. 25 000). Chacun est décerné à un auteur français ou d'expression française pour l'ensemble de son œuvre. **Jury :** maire adjoint chargé de la Culture, Pt dir. des Affaires cult., 5 conseillers de Paris désignés par l'Assemblée, 9 personnalités choisies en raison de leur compétence. Le jury peut ne pas décerner le prix.

Lauréats. 1946 Léon-Paul Fargue[c]. **47** André Suarès[d]. **48** Paul Vialar[a]. **49** Philippe Chabaneix[c]. **50** Jean Paulhan[c]. **51** Jean Rostand[d]. **52** Yves Gandon[a]. **53** Paul Fort[c]. **54** Jean Guéhenno[c]. **55** Louis Madelin[d]. **56** Francis Carco[a]. **57** Maurice Fombeure[c]. **58** Gérard Bauer[c]. **59** Daniel Halevy[d]. **60** Blaise Cendrars[a]. **61** Pascal Bonetti[c]. **62** Henri Perruchot[c]. **63** Émile Cornaert[d]. **64** Paul Guth[a]. **65** Marie Noël[c]. **66** Brice Parain[c]. **67** Gabriel Marcel[d]. **68** Bernard Clavel[a]. **69** Jean Rousselot[c]. **70** Charles Samaran[b]. **71** Jean Wahl[f]. **72** Maurice Toesca[a]. **73** Jean Grosjean[c]. **74** Jean Favier[b]. **75** Jules Roy[a]. **76** Henri Gouhier[c]. **77** Philippe Erlanger[b]. **78** Gilbert Cesbron[a]. **79** Roland Mousnier[b]. Pierre Seghers[c]. Jacques Perret[a]. François Sautereau[g]. **80** Père Bruckberger[c]. Zoé Oldenbourg[a]. **81** Jean Delumeau[b]. Jean Tardieu[c]. Geneviève Dormann[a] et Pierre Daninos[a]. Luda Schnitzer. **82** Victor-Henri Débidour[c]. Antoine Blondin[a]. **83** Élie Wiesel[a]. Jean-Pierre Babelon[b]. Jacques Réda[c]. Madeleine Gilard[g]. Louis Calaferte[h]. **84** Alain Gerber[a]. Marie-Claire Bancquart[c]. Joël Schmidt[b]. **85** Philippe Jaccottet[c]. Loleh Bellon[h].

Nota. — (a) Roman. (b) Histoire. (c) Poésie. (d) Histoire-Philosophie. (e) Essais-critique. (f) Philosophie-essai-critique. (g) Litt. enfantine. (h) Litt. dramatique.

Bilan des éditeurs d'ouvrages couronnés de l'origine à 1985

	Goncourt	Interallié	Renaudot	Fémina
Albin Michel	7			4
Calmann-Lévy	2		3	2
Denoël	1	6	7	4
Éd. de Minuit	1			
Fayard	3	2		3
Flammarion	2	1		1
Gallimard	29	12	12	15
Mercure de France	3		1	2
Grasset	9	16	8	5
Fasquelle	1			3
Julliard	4	3	7	3
Robert Laffont	1	2		
J.-J. Pauvert	1			
Plon	3	2		4
Le Seuil	3	1	7	5
Stock	1			3
La Table Ronde		2	3	
Balland	1			

Prix littéraires dans le monde

• **Allemagne.** *Prix de litt. de l'État de Rhénanie-Nord-Westphalie pour les jeunes auteurs* (Düsseldorf), annuel, 2 prix de 6 000 DM. *P. Fontane* (Berlin), annuel, 10 000 DM. *P. Alfred Döblin* (Berlin), bisannuel, 20 000 DM. *P. Gerhart Hauptmann* (Berlin), bisannuel, 10 000 DM. *P. all. pour le livre de jeunes* (Bonn), 4 sections, annuel, 7 500 DM. *P. litt. de la ville de Brême*, annuel, 10 000 DM. *P. Georg Büchner* (Dt. Akademie für Sprache und Dichtung, Darmstadt), annuel, 20 000 DM. *P. Andreas Gryphius* (Esslingen), annuel, 10 000 DM. *P. Rainer Maria Rilke* (Francfort), poésie, annuel, 5 000 DM. *P. Lessing* (Hambourg), tous les 4 ans, 20 000 DM. *P. Hermann Hesse* (Karlsruhe), tous les 3 ans, 10 000 DM. *P. Marie Luise Kaschnitz*, tous les 2 ans, 10 000 DM. *P. Heinrich von Kleist*, annuel, 25 000 DM. *P. Thomas Mann* Lübeck), tous les 3 ans, 10 000 DM. *P. litt. Kogge* (Minden), annuel, 10 000 DM. *P. de litt. des Éd. Bertelsmann*, bisannuel, 50 000 DM. *P. de litt. westphalienne* (Annette von Droste Hülshoff Preis) (Münster), bisannuel, 10 000 DM. *P. Luise Rinser*, annuel, 10 000 DM. *P. de litt. Heinrich Böll* (Cologne), annuel, 25 000 DM. *P. de litt. de Marburg*, bisannuel, 12 000 DM. *P. Arno Schmidt*, tous les 2 à 3 ans, 50 000 DM. *P. Heinrich Heine* (Düsseldorf), bisannuel, 25 000 DM. *P. Schiller de l'État de Bade-Wurtemberg* (Schiller Gedächtnis Preis) (Stuttgart), tous les 3 ans, 20 000 DM. *P. Helmut M. Braem* (Stuttgart), pour les traducteurs, bisannuel, 10 000 DM. *P. Gerrit-Engelke* (Hanovre), bisannuel, 15 000 DM. *P. Gœthe* (Francfort) : créé en 1927, tous les 3 ans, 50 000 DM (1927 Stefan George, 1928 Albert Schweitzer, 1929 Leopold Ziegler, 1930 Sigmund Freud, 1931 Ricarda Huch, 1932 Gerhart Hauptmann, 1933 Hermann Steht, 1934 Hans Pfitzner, 1935 Hermann Stegemann, 1936 Georg Kolbe, 1937 Guido Kolbenheyer, 1938 Hans Carossa, 1939 Carl Bosch, 1940 Agnes Miegel, 1941 Wilhelm Schäfer, 1942 Richard Kuhn, 1945 Max Planck, 1946 Hermann Hesse, 1947 Karl Jaspers, 1948 Fritz von Unruh, 1949 Thomas Mann, 1952 Carl Zuckmayer, 1955 Annette Kolb, 1958 Carl Friedrich von Weizsäcker, 1960 Ernst Beutler, 1961 Walter Gropius, 1964 Benno Reifenberg, 1970 Georg Lukacs, 1973 Arno Schmidt, 1976 Ingmar Bergman, 1979 Raymond Aron). *P. de la Paix* (décerné lors de la foire de Francfort), 25 000 DM, 2 Français l'ont eu : A. Schweitzer en 1951 et G. Marcel en 1964. 1979 Yehudi Menuhin, 1980 Ernesto Cardenal, 1981 Lew Kopelew, 1982 George F. Kennan, 1983 Manès Sperber, 1984 Octavio Paz, 1985 Teddy Kollek.

• **Belgique.** *P. Victor Rossel* (fondé en 1938 par le journal « Le Soir ») attribué en décembre à un roman ou un recueil de nouvelles, 125 000 FB ; considéré comme le « Goncourt » belge. **81** François Weyergans : *Macaire le Copte.* **85** Thierry Haumont : *le Conservateur des ombres.* Divers prix décernés par l'Ass. écriv. belges, par l'A.R.L.L.F. Prix décernés par le ministère de la Culture française : prix quinquennal de couronnement de carrière (300 000 FB), de la critique et des essais (225 000 FB), prix annuel de littérature française (successivement : poésie, roman et conte, littérature dramatique ; 175 000 FB), prix de la traduction (75 000 FB).

• **Canada.** *P. du Gouverneur général* (f. en 1937, annuel), 5 000 $. *Québec* : 6 prix annuels.

• **Danemark.** *Prix Sonning. 1983* : Simone de Beauvoir (160 000 F). *1985* : William Heinesen (160 000 F).

• **Espagne** (montant en pesetas). Annuels : *Nadal* 400 000, *Planeta* 8 000 000, *Gabriel Miró* 100 000, *Mundo* (n.c.), *National de journalisme* 500 000, *National de Littérature* 500 000, *Athénée de Séville* 1 000 000.

• **États-Unis.** *P. Pulitzer* (fondés en 1918, décernés par le conseil d'adm. de l'université de Columbia. 12 prix, de 500 $ chacun : services rendus à la cause publique, reportage, correspondance à Washington ou à l'étranger, article de fond, dessin humoristique, photographie, roman, théâtre, histoire, biographie, poésie, musique) *National Book award. Prix interaméricain de litt.* : décerné pour la 1re fois le 23 août 1970 à Jorge Luis Borges, montant 25 000 $.

• **Grande-Bretagne.** *Booker Prize* (f. en 1969, administré par la National Book League), 10 000 £ ; décerné à l'auteur du meilleur roman anglais de l'année. *W.H. Smith et Son literary award* (f. en 1959), 1 000 £ ; décerné à l'auteur anglais qui a apporté le plus à la littérature. *Whitbread literary award*, annuel, 3 catégories (roman, biographie et livre pour enfants), 1 500 £ chacun. *James Tait Black*, annuel, 2 catégories (roman et biographie), 500 £ chacun. *W. H. Heinemann award*, annuel, tout sujet, en anglais, 3 000 £.

• **Italie.** *P. Bagutta*, f. 1927, 5 000 lires et 95 000 lires d'indemnités de voyage. *P. Bancarella*, f. 1952, donné à une œuvre qui a eu un grand succès dans l'année précédente, prix : achat de 2 000 ex. au min. *P. Bancarella Sport*, f. 1964. *P. Campiello*, f. 1963, 5 lauréats, chacun reçoit 1 500 000 lires et le « supervainqueur » 2 500 000 lires. *P. Chianciano*, f. 1949, non attribué dep. 1970. *P. international Antonio Feltrinelli* 100 millions de lires décernés par l'Accademia Nazionale dei Lincei, à l'origine fondation d'Antonio Feltrinelli († en 1942) dont les revenus sont attribués au prix. *P. Libro d'oro*, f. 1957. *P. Napoli*, f. 1954, 3 prix, 5 000 000 lires chacun. *Prix Penna d'oro*, fondé en 1957. *P. Strega*, f. 1947. *P. Sila*, f. 1964. *P. Viareggio*, f. 1929, 3 prix de 5 000 000 lires, 3 de 1 000 000 lires, 1 prix international pour un étranger de 5 000 000 lires.

Sociétés savantes : la plus importante est l'*Ateneo Veneto* fondé en 1812 par Eugène de Beauharnais. *Sté Dante Alighieri* (dans les principales villes d'Italie et d'Europe) fondée en 1889 à Rome par R. Boughi et soutenue par Foscolo, Carducci et Fogazzaro, *Pte* : Dottore Cortese.

• **Suisse.** *Grand prix de la fondation Schiller* (fondé en 1905, décerné 11 fois, montant variable supérieur à 10 000 F.S.). *Prix Gottfried Keller* de la Fondation Martin Bodmer (fondé en 1921, décerné 12 fois, montant 15 000 F.S.). *Grand Prix C.F. Ramuz* (fondé en 1951, décerné 5 fois, montant 10 000 F.S.).

• **U.R.S.S.** *P. Lénine* (remplaçant depuis 1956 le prix Staline), 50 prix de 75 000 roubles chacun, dont pour science 12, technique 13, littérature et art 8.

Auteurs

Généralités

• **Age des écrivains.** *Parmi les plus âgés* : Alice Pollock (Angl.), *Portrait de ma jeunesse victorienne* (1971) : 102 ans. En France : Paul Géraldy et Maurice Genevoix ont écrit jusqu'à leur mort (à 98 et 90 ans). *Les plus jeunes* : Dorothy Straight (Amér.), *Comment le monde a commencé* (1962) : 5 ans. En France, Minou Drouet, *Poèmes* (1955) : 8 ans.

• **Écrivains les plus prolifiques.** L'Espagnol *Lope de Vega* (1562-1635) : 1 800 comédies (470 ont survécu à l'oubli), 400 pièces religieuses, 2 romans, beaucoup de poèmes. L'Anglais *Charles Hamilton* alias Franck Richards, auteur de bandes dessinées (1875-1961), a écrit 100 millions de mots. Le Belge *Georges Simenon* (1903) a écrit 212 romans sous son nom (dont plus de 80 Maigret) et env. 300 sous 17 pseudonymes. Katherine Lindsay (Afr. du Sud, 1903-73) : 904 romans. Les Français : *Voltaire* a écrit plus de 20 000 lettres, *Victor Hugo* plus de 150 000 vers, *Scribe* 350 œuvres, *Alexandre Dumas* 260 volumes, *Labiche* 174 pièces, *Balzac* 150 œuvres, *Marcel Jouhandeau* 129 œuvres, *Sacha Guitry* 125 pièces.

• **Écrivains les plus rapides.** L'Américain *Erle Stanley Gardner* (1889-1970) a écrit jusqu'à 7 romans à la fois et dictait jusqu'à 10 000 mots par jour.

L'Anglais *John Creasey* (1908-73) a produit jusqu'à 22 livres par an. Il a écrit 2 livres en 1 semaine.

Le Belge *Georges Simenon* écrit ses romans populaires de 20 000 lignes au rythme de 80 à 100 pages par jour.

• **Nombre d'écrivains en France.** D'après le prof. E. Gaede, il y aurait eu en France, depuis l'invention de l'imprimerie, de 30 000 à 70 000 écrivains qui ont écrit en tout 500 000 livres. *Des auteurs nés avant 1900*, 1 000 seulement environ (auteurs de 5 000 livres en tout) font encore parler d'eux.

Chaque année, 7 600 titres nouveaux sont publiés. Ce qui représente en gros 6 000 à 6 500 auteurs (dont 1 500 à 2 000 de romans). 945 bénéficiant, en 1982-83, du statut d'*écrivain professionnel* et ayant droit aux avantages sociaux qu'il procure. Moins de 500 *vivent de leur plume*. La plupart ont un métier principal (notamment les auteurs d'ouvrages d'érudition) ou une activité annexe (journalisme, radio, télévision, etc.).

• **Œuvres les plus longues. Romans.** *Les Hommes de bonne volonté* (Jules Romains), 27 vol. *A la recherche du temps perdu* (Proust), 15 vol., env. 1 310 000 mots. *Clarisse Harlowe* (1748) (Samuel Richardson), 984 870 mots (200 000 de plus que la Bible). *Yokuga-Waleyasu* (de Sohachi Yamaoka), feuilleton japonais en cours de publication, doit remplir 40 vol. **Poème.** *Le Mahàbhàrata* (Inde, 400 à 150 av. J.-C.), 220 000 vers. *La Guerre sacrée réduite en un poème épique* (de l'Anglais Robert Barret), 68 000 vers.

• **Poètes.** 200 000 env. dont 50 000 ayant déjà publié (hommes 78 %, moyenne d'âge : 28 ans, lycéens et étudiants 35 %, écrivains professionnels 29 %, enseignants 23 %, ouvriers ou employés 2 %). 120 revues de poésie sont diffusées en France (tirage moyen : 500 ex. ; maximum : 35 000).

• **Éditions à compte d'auteur et auto-édition.** 5 000 manuscrits env. sont refusés chaque année par les éditeurs. 1 500 écrivains financent eux-mêmes l'édition de leurs livres par le *système du compte d'auteur* s'ils recourent à des maisons spécialisées dans ce genre de contrat (de louage d'ouvrages), ou par le *système de l'auto-édition*, s'ils président eux-mêmes au lancement de leurs livres sans recourir aux services d'un éditeur (ils peuvent cependant conférer leur distribution à un distributeur). *Tirages habituels* : env. 1 000 ex. Prose : 3 000 ex. (rentable à partir de 1 500 ex. environ) ; poèmes : 1 000 ex. *Coût* : roman (250 p.) 62 000 F env. (y compris fabrication et publicité) ; poèmes (100 p.) 23 000 F. *Gains de l'auteur* : prose 40 % des ventes ; poèmes 60 %. Une *association* (62, rue Blanche, 75009 Paris, Pt d'honneur : A. Soubiran), fondée par Abel Clarté (n. 1904) en 1975, groupe des auteurs auto-édités.

Beaucoup d'écrivains commencèrent à compte d'auteur : Henry de Montherlant *(le Songe)*, A. Billy *(Bénoni, homme d'Église)*, François Mauriac *(les Mains jointes)*, Paul Géraldy *(Toi et Moi*, best-seller), Céline [*la Vie de Semmelweiss* (thèse de doctorat en médecine, signée L.F. Destouches)], Proust (1er tome de *A la recherche du temps perdu*), Jean Paulhan *(le Guerrier appliqué*). Jean Giraudoux *(Provinciales)*, Julien Gracq, Ernest Hemingway. *S'auto-éditèrent* : Pierre Louÿs, Marcel Pagnol, le Dr Soubiran.

• **P.E.N. Club (Poets, Essayists, Novelists).** *Fondé* en 1921 par Mrs C.A. Dawson Scott avec l'appui de John Galsworthy. **But** : rassembler les écrivains épris de paix et de liberté en vue de défendre les valeurs de l'esprit contre le racisme et le fanatisme. Indépendance politique, attachement à la libre circulation des idées et des personnes. Seule organisation mondiale d'écrivains reconnue par l'UNESCO. **Présidents** de la Fédération intern. du P.E.N. : John Galsworthy, H.G. Wells, Jules Romains, Maurice Maeterlinck, Benedetto Croce, Charles Morgan, André Chamson, Alberto Moravia, Arthur Miller, Heinrich Böll, Sir Victor Prichett, Mario Vargas Llosa, Pär Wastberg. **Membres** : 89 centres dans le monde réunissent plus de 10 000 écrivains.

• **P.E.N. Club français.** 6, rue François-Miron, 75004 Paris. **Membres** : env. 500. **Présidents** : Anatole France (1921), Paul Valéry (1924), Jules Romains (1934), Paul Valéry (1944), Jean Schlumberger (1946), André Chamson (1951), Yves Gandon (1959), Pierre Emmanuel (1973), Georges-Emmanuel Clancier (1976), René Tavernier (1979) (Vice-Président international du P.E.N. 1984). **Financement** : cotisations et vente annuelle de livres dédicacés. **Parraine** le *Prix de la liberté.*

Propriété littéraire

• **En France.** L'auteur d'une œuvre jouit d'un droit de propriété exclusif.

La durée de la propriété littéraire a été déterminée par les lois des 14-7-1866, 3-2-1919, 21-9-1951 et les articles de la loi du 11-3-1957. 1°) *Œuvres publiées avant le 24-10-1920* : application des lois de 1866, 1919, 1951 et 1957 ; protection : 64 ans et 274 j à partir de la fin de l'année civile durant laquelle l'auteur est décédé. 2°) *Du 24-10-1920 au 1-1-1948* : 58 ans et 122 j après la fin de l'année civile durant laquelle l'auteur est décédé (lois de 1951 et 1957). 3°) *Après le 1-1-1948* : 50 ans après la fin de l'année civile durant laquelle l'auteur est décédé (loi de 1957). Les auteurs demandent que cette durée soit prolongée. La loi du 21-9-1951 prévoit déjà une protection supplémentaire de 30 ans au profit des œuvres des auteurs morts pour la France.

L'auteur peut céder par contrat, à un éditeur, l'exploitation de ses droits pour la publication d'un ouvrage pendant une durée limitée ou pour toute la durée de la protection littéraire.

Sont tombées dans le domaine public *en 1967*, les œuvres d'Émile Zola ; *1970*, Alphonse Allais, José-Maria de Heredia, Jules Verne ; *1976*, Paul Arène, Edmond de Goncourt, Arsène Houssaye, Jules Simon, Paul Verlaine ; *1977*, Alphonse Daudet ; *1978*, Ferdinand Fabre, Stéphane Mallarmé ; *1979*, Henri de Lacretelle ; *1980*, Albert Samain, Frédéric Mistral ; *1982*, Paul d'Ivoi ; *1983*, Octave Mirbeau ; *1984*, Michel Zevaco.

• **A l'étranger.** *All. féd., Autriche* : protection pendant 80 ans (après le décès de l'auteur) ; *Espagne* : 70 ; *Grande-Bretagne* : 50 (au min. 30 après une œuvre posthume) ; *Belgique, Suisse, Canada, Italie* ont adhéré à la Convention de Berne et protègent les œuvres étrangères 50 ans après la mort de l'auteur + 6 ans en Italie pour les œuvres non tombées dans le domaine public au moment de l'entrée en vigueur du décret du 20-7-1945. *États-Unis*, avant 1978, les droits d'auteur sont régis par le *copyright* : la protection dure 28 ans après la 1re publication, renouvelable pour une même période si la demande est formulée par l'auteur ou ses ayants droit dans la 28e année. A partir du 1-1-1978, les œuvres se trouvant dans la 2e période bénéficient d'une durée de 47 ans, d'où une protection totale de 75 ans. Les œuvres publiées après le 1-1-1978 sont protégées durant la vie de l'auteur et 50 ans après sa mort.

Quelques organisations

Conseil permanent des écrivains, Hôtel de Massa, 38, rue du Faubourg-Saint-Jacques, 75014. Pt : Pierre Dumayet. Vice-Pt : Jacques Nantet. Secr. gén. : André Nataf. Adhérents en 1982 : *Académies française* (observateur), *Goncourt, Mallarmé. Associations des auteurs auto-édités (A.A.A.),* 62, rue Blanche, 75009 ; *écrivains de langue française (A.D.E.L.F.),* 38, rue du Fg-St-Jacques, 75014 ; fondée en 1926, Pt : Robert Cornevin. Secr. gén. : Edmond Jouve. Membres : 2 500 écrivains de 67 nationalités. Décerne des prix littéraires (Afrique méd., Afr. noire, Alpes-Jura, Asie, Caraïbes, France-Iran, Fr.-Québec, Jean Hamelin, Fr.-Belgique, Madagascar, Mascareignes, Seychelles, Comores, de la Mer, Fr.-Luxembourg, Océanie, Fr.-Liban, Européen) ; *écrivains combattants,* 8, rue Roquépine, 75008 ; *traducteurs littéraires de France (A.T.L.F.),* 10, rue Charles-V, 75004 ; *Comité des auteurs en lutte contre le racket de l'édition (C.A.L.C.R.E.),* 61, rue Édouard-Tremblay, 94400 Vitry ; *Pen-Club de France,* 6, rue François-Miron, 75004 ; *Union des écrivains,* 11, rue Guy-de-La Brosse, 75005. *Sociétés des auteurs, compositeurs et éditeurs de musique (S.A.C.E.M.),* 225, avenue Charles-de-Gaulle, 92521 Neuilly ; *auteurs et compos. dramatiques (S.A.C.D.),* 11, rue Ballu, 75009 ; *civile des auteurs multimédia (S.C.A.M.),* 38, rue du Fg-St-Jacques, 75014. *Syndicats : Association des Écrivains catholiques,* 99, rue de Rennes, 75006 ; *Sté fr. des traducteurs (S.F.T.),* 11, rue de Navarin, 75009 ; créée en 1947, membres 950 ; *Synd. des critiques littéraires,* 38, rue du Fg-St-Jacques, 75014 ; *Synd. des écrivains de langue fr. (S.E.L.F.),* 1, rue de Courcelles, 75008 ; *Synd. des écrivains professionnels (S.E.P.),* 38, rue du Fg-St-Jacques, 75014 ; *Synd. nat. des auteurs et compos. (S.N.A.C.),* 80, rue Taitbout, 75442 ; *Union des écrivains,* 11, rue Malebranche, 75005.

Fédération française des syndicats de libraires, 20 synd. régionaux, 1 500 libraires sur 3 000.

Association internat. des critiques littéraires, 38, rue du Fg-St-Jacques, 75014 Paris, créée en 1969 par Yves Gandon. Pt : Robert André (n. 1920). 850 adh. O.N.G., affiliée U.N.E.S.C.O.

Rémunération des auteurs

• **Droits d'auteur.** Généralement un auteur est rémunéré au % calculé sur le prix de vente (hors taxe) du livre au public. En général, ce % varie de 6 à 15 %. La rémunération forfaitaire n'est appliquée que dans certains cas expressément fixés par la loi sur la propriété littéraire et artistique. Autrefois, le système de forfait était fréquent. Ainsi la comtesse de Ségur toucha 1 000 F pour « les Mémoires d'un âne ». 1 500 F pour « Pauvre Blaise ». Si l'ouvrage est relié, le % est généralement calculé après déduction forfaitaire de 25 % pour la reliure. Les romanciers « arrivés » peuvent toucher 10 % sur les 6 premiers mille, 12 % de 6 000 à 20 000, 15 % au-delà. 20 % sont très rarement atteints ou dépassés (les droits moyens sur les livres scolaires primaires sont de 5 %, secondaires 8 %). L'auteur peut obtenir une avance représentant ses droits sur la vente de 5 000 à 10 000 exemplaires, exceptionnellement 50 000.

Suivant qu'il s'agit d'un tirage en édition brochée normale ou d'un tirage en livre de poche, le revenu qu'encaisse l'auteur peut varier de 1 à 15. Si un auteur a vendu 10 000 ex. d'un roman broché vendu à 50 F (hors taxe) dans le public, il touchera env. 50 000 F moins un % retenu par l'éditeur pour couvrir la « passe » (livres défectueux) soit net 47 200 F. (La « passe » qui ne s'applique pas aux 2 000 premiers ex. vendus du tirage initial est de 8 % jusqu'à 30 000 ex., 7 % au-delà de 30 000, 6 % au-delà de 45 000, 5 % au-delà de 60 000 ex. vendus. Elle n'est plus appliquée dans les nouveaux contrats pour les ouvrages de littérature générale.) Si l'ouvrage avait été relié il aurait touché 25 % en moins soit 35 400 F. Or atteindre 10 000 ex. est déjà un succès (en 32 ans, de 1927 à 1959, *Thérèse Desqueyroux,* de Mauriac, avait atteint 85 000 ex. en édition normale, *les Conquérants,* de Malraux, avait atteint 55 000 ex. de 1928 à 1959).

Les Misérables (1862) ont rapporté 250 000 à 300 000 F or à V. Hugo, *Tartarin* (1890) 100 000 à Alphonse Daudet, *La Vie de Jésus* (1863) 195 000 à Renan, *l'Histoire du siècle des Médicis* (1853) 120 000 à Lamartine.

50 % des ouvrages littéraires sont tirés à moins de 5 200 ex., 24 % de 6 000 à 12 000, 8 % de 12 000 à 18 000, 6,5 % de 18 000 à 24 000, 5 % de 24 000 à 36 000, 7,5 % au-delà.

• **Droits annexes.** *Traduction :* somme forfaitaire ou % sur les ventes versé par l'éditeur étranger et partagé avec l'éditeur français. *Représentation et adaptation théâtrale, cinématographique, télévisuelle. Merchandising :* utilisation du nom pour des produits divers (ex. James Bond, Astérix).

• **Activités annexes.** *Traductions* 65 à 160 F minimum la page dactylographiée de 1 500 signes. *Bande dessinée* 20 F le phylactère (bulle). *Rewriting* 100 à 200 F le feuillet.

Article de journal, jusqu'à 700 F la page dactylographiée (selon le journal, le sujet, la notoriété de l'auteur).

Pièce télévisée, jusqu'à 112 740 F par heure ; *radiophonique,* jusqu'à 19 500 F. Pour la 1re diffusion il est versé une prime d'inédit (au moins 4 000 F par h pour une dramatique).

Nota. — Deux pays compensent la perte des droits d'auteur sur les ouvrages prêtés par les bibliothèques. En *Finlande,* l'État soustrait 5 % de l'aide accordée aux bibliothèques et l'attribue à un fonds spécial « bourses-biblio » (sont attribués aux écrivains âgés 40 %, créateurs 35 %, auteurs malades ou dans une situation précaire 20 %, traducteurs 5 %). En *Suède,* une « Fondation des auteurs » gère les crédits versés par les biblio.

Best-sellers

Généralités

Best-sellers. Il est difficile de dresser une liste complète des best-sellers parus dans le monde ou même simplement en France. Les chiffres de tirages sont rarement communiqués, et quand ils le sont, ils ne sont guère vérifiables.

Best-seller mondial. *La Bible* (traduite en 1 502 langues). De 1815 à 1984, elle aurait été tirée à env. 2 700 millions d'exemplaires. L'United Bible Societies (couvrant 150 pays) a distribué en 1981 : 10 441 456 Bibles dans 150 pays.

Auteurs best-sellers (tirage en millions d'ex.). *Mao Tsé-toung,* de juin 1966 à nov. 1970 : + de 2 000 (dont le Petit Livre Rouge 800, les Poèmes du Pt Mao 96). *Lénine* (1870-1924) entre 1917 et 1967 : 350 (en 222 langues). *Staline* (1879-1953) : 672 (en 101 langues). *Erle Stanley Gardner* (U.S.A. 1889-1970) : 317 (en 37 langues au 1-1-84). *Georges Simenon* (1903) : 300 (en 28 langues). *Agatha Christie* (1891-1976) : 300 (en 103 l.), (87 romans policiers). *Frédéric Dard* (San Antonio) (n. 1921) : env. 95. *Barbara Cartland* (n. en 1901, grand-mère de Lady Di Pcesse de Galles) : 390 pour 390 romans (en 17 l.) *La Vérité qui mène à la vie éternelle* (Témoins de Jéhovah) : 105 (en 115 langues).

Best-sellers français du XIXe s.

Dumas (Alexandre). *Les Trois Mousquetaires* 60 000 ex. en 5 ans.

Flaubert. *Mme Bovary* 30 000 ex. en 4 ans.

Hugo. *Les Misérables* 130 000 ex. en 8 ans, *les Contemplations* 150 000 ex. en 2 ans (1856-58).

Lamartine. *L'Histoire des Girondins* 35 000 ex. en 1 an.

Lamennais. *Les Paroles d'un croyant* 70 000 ex. de 1834 à 1840.

Renan. *La Vie de Jésus* 1 300 000 ex. en 4 ans.

Sue (Eugène). *Les Mystères de Paris* et *le Juif errant* 60 000 ex. en 5 ans.

Zola. *L'Assommoir* 150 000 ex. dans l'année, *Une page d'amour* 150 000 ex. dans l'année dont les 2/3 le jour même.

☞ **Échecs. Balzac.** Avant 1850, ses romans étaient tirés de 1 500 à 2 000 ex. à la 1re édition et ne dépassaient pas 20 000 ex. au total.

Gide. Les Nourritures terrestres 300 ex. vendus les 16 premières années.

Stendhal. Le Rouge et le Noir : les 2 premières éditions furent tirées à 750 ex., **la Chartreuse de Parme** à 1 200.

Le Grand Meaulnes d'Alain Fournier et **Du côté de chez Swann** de Proust, sortis en 1913, n'eurent aucun succès.

Romans récents aux États-Unis (tirage en millions d'ex.). *La Vallée des poupées* (1966) de Jacqueline Susan, 27,6 (dont 6,8 les 6 premiers mois). *Autant en emporte le vent,* Margaret Mitchell + de 9,5 dans le monde (7,5 en anglais et 1,7 en français). *Love Story,* Erich Segal 15 (aux U.S.A.). *Le Petit Arpent du Bon Dieu,* Erskine Caldwell (paru en 1933), 8. *Peyton Place,* Grace Metalious (paru en 1956), 10 (dont 6 vendus les 6 premières semaines).

Ventes en France

Légende. Le 1er chiffre donne le total des ventes ; il est suivi entre parenthèses du tirage club (C) et du tirage en livre de format de poche (P), en milliers d'exemplaires.

Les chiffres sont approximatifs : certains sont sans doute exagérés (de 10 à 20 %). Des titres manquent : certains éditeurs se refusent à donner toute précision à leur sujet. Le chiffre en nota indique le nom de l'éditeur.

Nota. — **Éditeurs :** (1) Plon. (2) Julliard. (3) Gallimard. (4) Grasset. (5) Albin Michel. (6) E. Belin. (7) Laffont. (8) P.U.F. (9) Flammarion. (10) Fasquelle. (11) Denoël. (12) Arthaud. (13) Casterman. (14) Le Seuil. (15) Presses de la Cité. (16) Hachette. (17) Fayard. (18) Fleuve Noir. (19) Éditions de Minuit. (20) Bonne Presse. (21) Stock. (22) Calmann-Lévy. (23) Alpha. (24) Time-Life. (25) France Empire. (26) Seghers. (27) Desclée de Brouwer. (28) Rouge et Or. (29) Gautier-Languereau. (30) Alsatia. (31) Marabout. (32) Guy Le Prat. (33) Payot. (34) Dargaud. (35) Nathan. (36) Édition collective. (37) Deux Coqs d'or. (38) Pierre Horay. (39) Mame. (40) Librairie académique Perrin. (41) Fleurus. (42) J.-J. Pauvert. (43) La Pensée moderne. (44) Pavois. (45) Garnier-Flammarion. (46) Champs-Élysées. (47) J'ai lu. (48) Le Livre de poche. (49) Presse-Pocket. (50) Éd. du Cerf. (51) U.G.E. (52) Épi. (53) J.-C. Lattès. (54) Alta. (55) La Table ronde. (56) Mercure de France. (57) Larousse. (58) Bordas. (59) Éditions de Trévise. (60) Ramsay. (61) Buchet-Chastel. (62) Éd. Radio. (63) Olivier Orban. (64) Simoen. (65) Centurion. (66) Heinneman et Zsolnay. (67) Zodiaque. (68) Réunion des musées nationaux. (69) J.-P. Faure.

Littérature générale

Acremant (G). Ces dames aux chapeaux verts (1921) [1] 719.

Ajar (E). La Vie devant soi (1975) [56] 1 190 (C. 570).

Alain. Propos sur le bonheur (1928) [3] 567 (P. 277).

Alain-Fournier. Le Grand Meaulnes (1913) [12, 17] 3 750 (P. 3 160).

Anouilh. Antigone (1946) [55] + de 1 000. Le Voyageur sans bagages (1958) [55] + de 600. La Sauvage (1958) [55] + de 400.

Apollinaire. Alcools (1913) [3] 1 084 (P. 160).

Arnaud (G.) [2, 48]. Le Salaire de la peur (1949) 1 900 (P. 1 073).

Arnothy (C.). J'ai 15 ans et je ne veux pas mourir [17] (C. 80, P. 903).

Arsan (E.) [51]. Emmanuelle 800.

Avril (N.). La Disgrâce 887 (C. 636, P. 70). Jeanne (1984) [9] 643 (C. 390).

Aymé (M.). La Jument verte (1933) [3]. 1 074 (P. 652). Les Contes du chat perché (1939) [3] 1 709. La Vouivre (1943) [3] 412. Le Passe-Muraille (1950) [3] 843 (P. 386). La Tête des autres (P. 506) [4].

Bach (R.). Jonathan Livingstone le goéland (1973) [9] 629 (P. 306).

Bainville (J.). Hist. de France (1924) 535 (P. 182).

Balzac (H. de) [45, 48]. Le Père Goriot (P. 1 336). Eugénie Grandet (P. 905). Les Chouans (P. 606).

Barbusse (H.). Le Feu (1916) [9] 607 (P. 157).

Barjavel (R.) [11, 15, 49]. Ravage (1943) 891 (C. 145, P. 676). La Nuit des temps (1968) 460 (C. 120, P. 60). Les Chemins de Katmandou 420 (1969) (C. 120, P. 30). Le Grand Secret (1973) 500 (C. 230, P. 100).

Baudelaire. Les Fleurs du mal (1857) [45, 48] (P. 1 631).

Bazin (H.) [4, 48]. Vipère au poing (1948) 2 352 (P. 2 573). La Tête contre les murs (1949) (P. 917). La

Mort du petit cheval (1950) 1 583 (P. 1 310). Lève-toi et marche (1952) 931 (P. 1 000). L'Huile sur le feu (1954) 965 (P. 971). Qui j'ose aimer (1956) 1 461 (P. 1 329). Au nom du fils (1960) [14] 957 (P. 519). Chapeau bas (1963) [14] 520. Le Matrimoine (1967) [14] + de 1 295 (P. 486). Les Bienheureux de la désolation (1970) [14] 584. Madame Ex (1975) [14] 615. Un feu dévore un autre feu (1978) 433.

Béarn (G. et M.). Gaston Phoebus 400.

Beauvoir (S. de) [3]. L'Invité (1943) 660 (P. 420). Les Mandarins (1954) 497. Mém. d'une jeune fille rangée (1958) 996 (P. 377). La Force de l'âge (1960) 556. Une mort très douce (1964) 407.

Bellemare (P.) et **Antoine** (J.). Les Aventuriers (1978) (C. 140, P. 138). Les Dossiers extraordinaires (1976) 707 (C. 170, P. 292). Les Nouveaux Dossiers extr. (1977) 524 (C. 104, P. 224).

Benoit (P.) [5.48]. Kœnigsmark (1918) 1 317 (C. 100, P. 839). L'Atlantide (1919) 1 661 (C. 131, P. 748). Mlle de la Ferté (1923) (P. 426). La Châtelaine du Liban (1924) 675 (P. 426).

Bernadac (Ch.) [25]. Les Médecins maudits (1967) 700. Les Médecins de l'impossible 600. Les Sorciers du ciel 500. Le Train de la mort 500. Les Mannequins nus 500. Le Camp des femmes 500. Kommandos de femmes 500. Les 186 Marches 500. Le Neuvième Cercle 500. Des jours sans fin 500.

Bernanos (G.) [1.48]. Journal d'un curé de campagne (1936) 1 102 (P. 815).

Blier (B.). Beau-père (1981) 494 (C. 295, P. 150).

Bonnafé (A.). Georges Brassens (1963) [26] 425.

Bordeaux (H.) [1]. La Robe de laine (1910) 597. La Neige sur les pas (1912) 727.

Borniche (R.). Flic Story (1973) 703 (C. 320, P. 212).

Bosco. L'Enfant et la Rivière [3] (1953) 1 452.

Boulle (P.) [2.48]. Le Pont de la rivière Kwaï (1952) 763 (P. 540). La Planète des singes (P. 617).

Bourret (J.-C.). Le Nouveau Défi des O.V.N.I. (1975) [25] + de 400. La Nouvelle Vague des soucoupes volantes 400. La Science face aux extra-terrestres 400. O.V.N.I. : l'armée parle 400.

Bourin (J.) [55]. La Chambre des dames (1979) 1 669 (C. 999). Le Jeu de la tentation (1981) 1 817 (C. 1 385).

Bouvard (P.). Un oursin dans le caviar (1973) [21] 400 (C. 100, P. 100).

Brète (J. de la). Mon oncle et mon curé (1919) [1] 563.

Brétecher (C.). Les Frustrés 1 000.

Breton. Nadja (1918) [3] 519.

Bromfield (L.). La Mousson (1937) [21.48] (P. 502).

Brontë (C.). Jane Eyre [45.48] (P. 606).

Brontë (E.). Les Hauts de Hurlevent (1847) [33.48] (P. 1 248).

Brossard Le Grand (M.) et **de Carolis** (C.). Chienne de vie, je t'aime (1981) [65] 493 (C. 241, P. 132).

Bruce [15]. 62 millions d'ex. vendus.

Buck (Pearl Sydenstricker) [21.48]. Vent d'est, Vent d'ouest (1923) (P. 1 058). La Mère (1934) (P. 1 189). L'Exilée (1936) (P. 517). Un cœur fier (1938) (P. 578). Pavillon de femme (1946) (P. 685). Pivoine (1948) (P. 863). Fils de dragon [47] 423. La Terre chinoise (P. 442).

Butor (M.). La Modification (1957) [19] 494 (C. 153, P. 225).

Buzzati (D.). Le Désert des Tartares (1949) [7] 550 (C. 60, P. 475). Le K [7] (P. 470).

Campagne (Jean-Louis et Brigitte Dubreuil, dits Claude). Adieu mes quinze ans (1960) 545 [18].

Camus (Albert) [3]. Noces (1938) *suivi de* l'Été (1954) 754. Le Mythe de Sisyphe (1942) 836. L'Étranger (1942) 5 156 (P. 1 673). Caligula (1945) 1 232 (P. 373). La Peste (1947) 4 285 (P. 1 806). L'Homme révolté (1951) 598 (P. 165). La Chute (1956) 1 474 (P. 222). L'Exil et le Royaume (1957) 1 017 (P. 306). Les Justes 691.

Cardinal (M.) [4. 48]. Les Mots pour le dire (1975) (P. 654). La Clé sur la porte (1972) (P. 678).

Carell (Paul). Ils arrivent [1] (1961) 433 (C. 33, P. 539).

Carles (E.). Une soupe aux herbes sauvages (1979) [7.48] (P. 488).

Carrel (Alexis). L'Homme, cet inconnu (1935) [1. 48] 879 (P. 430).

Carrière (Jean). L'Épervier de Maheux (1972) [42] 805 (C. 212, P. 182).

Cars (Guy des) [9.47]. L'Impure (1946) (P. 1 732). La Corruptrice (1952) (P. 1 521). La Demoiselle d'opéra (1952) (P. 1 144). La Tricheuse (1954) (P. 1 666). L'Officier sans nom (1955) (P. 937). Le Château de la juive (1958) (P. 1 615). Les Filles de joie (1959) (P. 1 614). Cette étrange tendresse (1960) (P. 1 375). La Brute (1961) (P. 1 781). La Dame du cirque (1962) (P. 1 080). La Cathédrale de haine (1962) (P. 973). Sang d'Afrique (1963) (P. *t. I* 974 ; *t. II* 967). Les Sept Femmes (1964) (P. 1 157). L'Habitude d'amour (1966) (P. 1 170). La Maudite (1970) (P. 1 311). Le Grand Monde (P. *t. I* 766 ; *t. II* 742). La Révoltée (P. 925). Amour de ma vie (P. 727). Le Faussaire (P. 508). La Vipère (P. 472). L'Entremetteuse (P. 465). Une certaine dame 418.

Cavanna (F.). Les Ritals (P. 412).

Céline (L.-F.) [3]. Voyage au bout de la nuit (1932) 1 154 (P. 348). Mort à crédit (1936) 571.

Cesbron (Gilbert) [7]. Notre prison est un royaume (1948) 1 305 (C. 100, P. 1 042). Les saints vont en enfer (1952) 1 094 (C. 130, P. 865). Il est minuit Dr Schweitzer (1952) 732 (P. 573). Chiens perdus sans collier (1954) [47] 2 175 (C. 468, P. 1 515) [47]. Vous verrez le ciel ouvert (1956) [47] 853 (C. 50, P. 521). Il est plus tard que tu ne penses (1958) [47] 1 087 (C. 290, P. 670). Avoir été (1960) 461 (C. 35, P. 364). Entre chiens et loups (1962) 563 (C. 95, P. 356). Une abeille contre la vitre (1964) 488 (C. 96, P. 270). C'est Mozart qu'on assassine (1966) [47] 920 (C. 155, P. 669). Mais moi je vous aimais (1977) [7] 1 011 (C. 820, P. 50).

Cespédès (A. de). Le Cahier interdit [14] (1954) + de 588.

Chalais (F.). Les Chocolats de l'entracte (1972) [21] 430 (C. 180, P. 150).

Charrière (H.). Papillon (1966) [7] 1 794 (C. 84, P. 673) (avec les ventes à l'étranger 11 000 d'ex.).

Chase-Riboud (B.). La Virginienne 532 (C. 210, P. 180).

Chateaubriant (A. de). La Brière (1923) [4] 609 (P. 156).

Chevallier (G.). Clochemerle (1934) [8.48] 1 093 (P. 633).

Chow-Ching-Lie [7]. Le Palanquin des larmes 490 (C. 201, P. 100).

Christie (A.) [46.48]. *Plus de 70 titres dépassant 400 ex. dont :* Le Meurtre de Roger Ackroyd (1927) [46] 2 114 (P. 890). Le Crime du golf (1933) 994 (P. 467). Le Crime de l'Orient-Express (1934) 1 300. Cartes sur table (1938) 1 100. Le Train bleu (1933) 868. Dix Petits Nègres (1940) 2 534 (P. 1 664). Le Vallon (1948) 985 (P. 427). Le Noël d'Hercule Poirot (1946) 950. Un cadavre dans la bibliothèque (1946) 850. Le Chat et les Pigeons (1960) 850. Les Vacances d'H. Poirot (P. 404).

Claudel [3]. L'Annonce faite à Marie (1912) 980 (P. 365). Le Soulier de satin (1924) 525.

Clavel (B.). L'Espagnol (1959) [7] 795 (C. 202, P. 636). Les Fruits de l'hiver (1968) [7] 464 (C. 22, P. 192). Le Tonnerre de Dieu [47] (P. 508) [47]. Le Voyage du père (1965) [1] 483 (C. 18, P. 545). Malataverne (1960) [47] 1 283 (C. 15, P. 1 350). Le Seigneur du fleuve (1972) [7] 448 (C. 150, P. 185). La Saison des loups (1976) [7] 594 (C. 252, P. 100). La Lumière du lac (1977) 459 (C. 181, P. 100). Marie bon pain (1980) 433 (C. 187, P. 100). Compagnons du nouveau monde (1982) 415 (C. 175, P. 100). La Grande Patience (1962) (P. 451). La Maison des autres [47] (P. 480).

Closets (F. de). Toujours plus [4] 1 150.

Clostermann [9]. Le Grand Cirque (1948) 845 (P. 240). Feux du ciel (1951) 400 (P. 150).

Cocteau [48]. Thomas l'imposteur (1928) [3] 403. Les Enfants terribles (1929) [4] 1 045 (P. 846). La Machine infernale (1934) [4] (P. 598). Les Parents terribles (1938) [3] 848 (P. 704).

Colette. L'Ingénue libertine (1909) [5] 774 (C. 63, P. 602). Chéri (1920) [16] 924 (P. 491). Le Blé en herbe (1923) [9.47] 825 (P. 690). La Chatte (1933) (P. 682) [16]. Gigi (1943) [16] (P. 659). La Maison de Claudine (1922) [16] (P. 529). Claudine à l'école [16] 545 (C. 65, P. 464). Claudine à Paris (1901) [5] 529 (C. 55, P. 417). Claudine s'en va (1903) [5] 419 (C. 55, P. 340).

Conan Doyle [7]. Les Aventures de Sherlock Holmes 550 (C. 57, P. 431). Le Signe des quatre 445 (C. 47, P. 327). Étude en rouge 446 (C. 47, P. 327). Le Chien des Baskerville 907 (C. 38, P. 856). La Vallée de la peur 500 (C. 47, P. 406). Souvenirs de Sherlock Holmes 405 (C. 27, P. 324).

Cordelier (J.). La Dérobade (1976) [16.48] (P. 476).

Corman (A.) [7]. Kramer contre Kramer (1979) 1 275 (C. 925, P. 444).

Courtois (G.). La Plus Belle Histoire (1947) [41] 612.

Cronin (A.-J.) [5.48]. Sous le regard des étoiles (1937) (P. 816). La Citadelle (1938) 1 139 (C. 40, P. 612). Les Clés du royaume (1941) 1 156 (C. 225, P. 966). Les Vertes Années (1945) (P. 680). Le Destin de R. Shannon (1949) 1 050 (C. 25, P. 850). Le Jardinier espagnol (1950) (P. 537). Les Années d'illusion (1952) 1 055 (C. 171, P. 785). La Dame aux œillets 1 106 (C. 105, P. 878). L'Épée de justice (P. 505).

Curie. Madame Curie (1938) [3] 607.

Daniel-Rops. Mort où est ta victoire ? (1934) [48] (P. 470). Histoire sainte (1943) [17] 760 (P. 115). Jésus en son temps (1945) [17] 865 (P. 145).

Daninos (P.) [16.48]. Les Carnets du major Thompson (1954) 1 960 (P. 991). Un certain monsieur Blot (1960) 472 (P. 221). Sonia (3 vol., 1956-62) 439 (P. 330). Le Jacassin 710 (P. 429). Vacances à tous prix 570 (P. 328).

Dard (F.). Voir San Antonio.

Dassault (M.). Le Talisman (1970) [47] (P. 499).

Daudet (A.) [10.48]. Lettres de mon moulin (1866) (P. 2 349). Le Petit Chose (1868) (P. 1 098). Tartarin de Tarascon (P. 434). Les Contes du lundi (P. 422).

Decoin (Didier) [14]. John l'Enfer (1977) 546.

Deforges (R.). La Bicyclette bleue [60] (1982) 2 683 (C. 1 498, P. 405). 101, Avenue Henri-Martin (1983) [60] 1 419 (C. 909). Le diable en rit encore (1985) [60] 815 (C. 165).

Denuzière (M.) [53]. Louisiane (1977) 1 520 (C. 780, P. 180). Fausse rivière (1979) 1 150 (C. 560, P. 180). Bagatelle (1981) 1 480 (C. 930, p. 180).

Déon (M.). Un taxi mauve [3] 568.

Deschamps (F.). La Bougainvillée [5] t. 1 et 2 (1982) 1 100.

Desmaret (M.-A.). Torrents (1953) [11] 2 429 (C. 1 008, P. 551).

Dhotel (A.). Le Pays où l'on n'arrive jamais [38.47] (1955) [47] 894 (C. 70, P. 856) + jeunesse 165.

Diderot. La Religieuse (1796) [45.48] (P. 609).

Dorgelès (R.). Les Croix de bois (1919) [5] 925 (P. 436).

Dorin (F.) [9]. Les Lits à une place (1980) 1 241 (C. 736, P. 150). Les Jupes-culottes (1984) 728 (C. 475).

Dormann (G.). Le Roman de Sophie Trébuchet [5] (1982) 850 (C. 688).

Druon (M.). Les Grandes Familles (1948) [45.48] (P. 525).

Duchaussois (F.). Flash ou le grand voyage (1974) [17.48] (P. 435).

Duché (J.). Histoire de France racontée à Juliette (1954) [9] 600.

Duchesne. Mourir d'aimer (1971) [15] 520.

Dumas Fils (A.). La Dame aux camélias (1848) [45.48] (P. 537).

Du Maurier (D.) [5.48]. Rébecca (1940) 1 699 (C. 180, P. 926). Le Général du roi (P. 429). L'Auberge de la Jamaïque (P. 540). Ma cousine Rachel 540 (P. 542).

Dutourd. Au bon beurre (1952) 423.

Engel (L.). La Mer (1964) [24] 450.

Etcherelli (C.). Élise ou la Vraie Vie (1967) [11] 1 322 (C. 157, P. 990).

Exbrayat (Ch.) [46]. *Plus de 20 titres dépassant 400 000 ex.* Vous souvenez-vous de Paco ? (1958) 650. Chewing-gum et Spaghetti (1960) 600. La Nuit de Santa-Cruz (1957) 600. Ole torero (1963) 500. Dors tranquille Katherine (1962) 650.

Fallet (R.). Paris au mois d'août (1964) [11] 465 (C. 281, P. 120). La Soupe aux choux (1980) [11] 591 (C. 272, P. 40).

Flaubert. Madame Bovary (1856) [45.48] (P. 1 336).

Fontbrune (J.-C. de). Nostradamus (1981) 700 (C. 200, P. 100).

Fontgallan (Mme de). Une âme d'enfant (1927) 948.

Frain (I.). Le Nabab (1982) [53] 1 277 (C. 894, P. 133).

Frank (A.). Journal (1949) [22.48] (P. 2 297).

Freud (Sigmund). Introduction à la psychanalyse (1916) [33] (P. 760). Trois Essais sur la théorie de la sexualité (1923) [3] 495. Le Rêve et son interprétation (1925) [3] 445.

Frison-Roche (R.). Premier de cordée (1941) [12.48] 900. La Grande Crevasse (1948) [12] 708. La Piste oubliée (1949) [12] 477.

Gaillard (R.). Série « Marie des Isles » (1948) [18] (800 chaque volume).

Gallo (M.) La Baie des Anges (1975) [7] 505 (C. 212, P. 115).

Gardel (L.) [14]. Fort Saganne (1980) 420.

Gary (R.). La Promesse de l'aube (1960) [3] 412.

Gaulle (Gén. de) [1.48]. Mémoires de guerre tome 1 (1954) 932, t. 2 (1956) 774, t. 3 (1959) 619 (P. 1 258 pour les 3 t.). Mémoires d'espoir t. 1 (1970) 818 (P. 129), t. 2 (1971) 635 (P. 129).

Gaxotte (P.). La Révolution française (1928) [17] 567 (P. 167).

Gedge (P.). La Dame du Nil (1980) 515 (C. 190, P. 150).

Genevoix (M.). Un jour (1976) [14] 461. Trente Mille Jours (1980) 844. Raboliot [4.48] (P. 566).

Géraldy (P.). Toi et Moi (1913) 1 500 (P. 180).

Gheorghiu (C.V.). La 25e Heure (1949) [1.48] 792 (P. 672).

Gibran (Khalil). Le Prophète (1956) [13] 470 (C. 20).

Gide (A.) [3]. Les Nourritures terrestres (1897) et Nouvelles Nourritures 1 070 (294). L'Immoraliste (1902) (518). La Porte étroite (1909) (590). Isabelle (1911) 636 (329). Les Caves du Vatican (1914) 1 178 (511). La Symphonie pastorale (1919) 2 600 (1 033). Les Faux-Monnayeurs (1925) 1 148 (470). L'École des

femmes (1929) 614 (282). Si le grain ne meurt 530.
Gilbreth (E. et F.)[38]. Treize à la douzaine (1950)[3] 130 (C. 30, P. 300) + jeunesse 250.
Giono[48]. Un de Baumugnes (1929)[4] (P. 529). Regain (1930)[4] (P. 1 000). Le Chant du monde (1934)[3] 729 (P. 293). Que ma joie demeure (1935)[4] (P. 607). L'Eau vive (1943) (avec A. Alcioux)[25] + de 100. Colline[4] (P. 512). Le Moulin de Pologne (1953)[3] 450. Le Grand Troupeau (1931)[3] 422.
Giraudoux (J.)[4,48]. La guerre de Troie n'aura pas lieu (1935) (P. 1 204). Électre (P. 553). Intermezzo (P. 419).
Giscard d'Estaing (V.). Démocratie française (1976)[17] 1 185.
Golon (A. et S.)[59]. Série des Angélique, marquise des Anges : dep. 1954 5 millions d'ex. (11 vol.) dont la moitié en C. et P.
Gray (Martin)[7]. Au nom de tous les miens (1971) 909 (C. 99, P. 572). Le Livre de la vie (1973) 594 (C. 95, P. 148).
Grèce (Michel de). La Nuit du sérail (1982)[63] 3 450 (C. 800, P. 100). La Femme sacrée (1984)[63] 740 (C. 440, P. 150).
Green (Gérald). Holocause (1978) 552 (C. 229, P. 142).
Green (J.). Moïra[1] (P. 416).
Greene (Graham)[7,48]. La Puissance et la Gloire (1948) 1 151 (C. 269, P. 667). Tueur à gages (1947) 502 (C. 95, P. 375). Le Fond du problème (1949) 523 (C. 75, P. 353). Le Troisième Homme (1950) 865 (C. 135, P. 654). La Fin d'une liaison (1951) 437 (C. 85, P. 275).
Groult (B.). Ainsi soit-elle[4,48] (1975) (P. 433).
Guareschi (G.)[14]. Le Petit Monde de Don Camillo (1951) 544. Don Camillo et ses ouailles (1953) 550 (P. 196).
Guimard (P.). Les Choses de la vie (1967)[11] 813 (C. 363, P. 320).
Guth (P.). Le Naïf aux 40 enfants 580 (C. 55, P. 405).
Haley. Racines (1977) 1 085 (C. et P. 620)[4].
Hébrard (F.). Un mari c'est un mari (1976)[9] 1 055 (C. 630, P. 180).
Hélias (P.-J.). Le Cheval d'orgueil (1975)[1] 1 190 (C. 590).
Hemingway. Le soleil se lève aussi (1926)[3] 688 (P. 41). L'Adieu aux armes (1929)[3] 1 083 (P. 675). Pour qui sonne le glas (1940) (P. 1 118)[66]. Paradis perdu (1940)[3] 440. Dix Indiens (1946) 548 (P. 398). Le Vieil Homme et la Mer (1952)[3] 2 352 (P. 558). Les Neiges du Kilimandjaro[3] 689. 50.000 Dollars[3] 438.
Hémon. Maria Chapdelaine (1916)[4] 1 867 (P. 540).
Hériat (Ph.)[3]. Les Enfants gâtés (1939) 630 (P. 34). La Famille Boussardel (1946) 487.
Hermary Vieille (C.). La Marquise des ombres (1983)[63] (ordinaire 110, C. 450).
Herzog (M.). Annapurna premier Huit Mille (1952) 800 (P. 688).
Huxley (A.). Le Meilleur des mondes (1932)[1] 820 (P. 797).
Ionesco (E.). La Cantatrice chauve[3] 943. Rhinocéros[3] 1 031.
Japrisot (S.). L'Été meurtrier (1977)[11] 704 (C. 590, P. 65).
Jardin (P.)[15]. Le Nain jaune (800).
Jean-Charles. La Foire aux cancres (1962)[22] 1 203 (C. 10, P. 176). L'Amour en perles (1974)[15,4] 483 (C. 378, P. 50).
Joffo (J.). Un sac de billes (1973)[53] 1 688 (C. 558, P. 505).
Jones (J.). Tant qu'il y aura des hommes (1951)[15] 850 (P. 200).
Kafka (F.)[3]. La Métamorphose (1916) 971. Le Procès (1924) 905 (P. 359).
Kehayan (N. et J.)[14]. La Rue du prolétaire rouge (1978) 404.
Kessel (J.). L'Équipage (1923)[3] 859 (P. 459). Le Lion (1958)[3] 3 159 (P. 561). Les Cavaliers (1967)[3] 639. Les Mains du miracle[3] + de 500.
Kirst (H.H.). 08/15 (3 t.) (1955)[7] 958 (C. 46, P. 720).
Knittel (J.)[5,48]. Via Mala (1941) 854 (C. 40, P. 470). Thérèse Étienne 605 (P. 436).
Koestler (A.). Le Zéro et l'Infini (1940)[22,48] (P. 792).
Lacaze (A.)[15]. Le Tunnel + de 1 000.
Laclos. Les Liaisons dangereuses (1782)[45,48] (P. 690).
Lacretelle. Silberman (1922)[3] 474.
La Fayette (Mme de). La Princesse de Clèves (1678)[45,48] (P. 902).
La Grange (F. de). Les Animaux du monde 400[36]. Les Oiseaux du monde 400[36].
Lainé (P.). La Dentellière[3] 881.
Lampedusa (Th. di). Le Guépard (1959)[14] 1 035.
Lanoux (A.)[2]. Quand la mer se retire (1963). 553 (P. 293).
Lapierre (D.) et **Collins** (L.)[7]. Paris brûle-t-il ? (1964) 523 (C. 105, P. 162). Ô Jérusalem (1971) 566 (C. 87, P. 130). Cette nuit la liberté (1975) 697 (C. 155, P. 175). Le Cinquième Cavalier (1980) 907 (C. 227, P. 340).
La Roche (Mazo de). Jalna (1927)[48] (P. 415).
Lartéguy (J.)[15,49]. Les Centurions (1959) 1 600 (C. 380, P. 270). Les Mercenaires (1960) 680 (P. 350). Les Prétoriens (1961) 765 (P. 260). Le Mal jaune (1962) 735 (P. 200).
La Varende (J. de). Nez de cuir (1937)[1,48] 800 (P. 553).
Lawrence. L'Amant de Lady Chatterley (1926)[3] 1 495 (P. 882).
Leblanc (M.)[44, 45,48]. Arsène Lupin contre Sherlock Holmes (1908) (P. 644). L'Aiguille creuse (1909) (P. 866). Arsène Lupin gentleman cambrioleur (1914) (P. 732). Les Confidences d'Arsène Lupin (1914) (P. 512).
Leduc (V.)[3]. La Bâtarde (1964) 515.
Leroux (G.)[45,48]. Le Mystère de la chambre jaune (1908) (P. 848). Le Parfum de la dame en noir (1909) (P. 549). Le Fauteuil hanté (P. 400).
Le Roy (E.). Jacquou le croquant (1971)[45,48] (P. 509).
L'Herminier (commandant). Casabianca (1949)[25] + de 400.
Llewellyn (R.)[45,48]. Qu'elle était verte ma vallée (P. 483).
Lowery (B.). La Cicatrice[47] (P. 907).
Mac Cullough (C.)[47]. Les oiseaux se cachent pour mourir t. 1 (P. 733), t 2 (P. 733).
Mac Orlan (P.)[3]. Quai des brumes (1927) 454.
Mailer (Norman)[7]. Le Chant du bourreau (1980) 844 (C. 750).
Mallet-Joris (F.). Le Rempart des béguines (1950)[2] (P. 477). La Maison de papier (1972)[4,48] (P. 546).
Malraux (A.). Les Conquérants (1928)[4,48] 1 038 (P. 732). La Condition humaine (1933)[3] 2 899 (P. 1 179). L'Espoir (1937)[3] 1 209 (P. 47). Les Anti-mémoires (1967)[3] 515. La Voie royale[4,48] 1 117 (P. 690).
Marchais (G.). Le Défi démocratique[4] 700.
Margueritte (V.). La Garçonne (1922) 762 (P. 62).
Martin du Gard (R.). Jean Barois (1913)[3] 403. Les Thibault (1922-1940)[3] 731 (P. 301).
Marx (K.). Le Manifeste du parti communiste (1848)[51] 580.
Maupassant (G. de)[5,48]. Boule-de-suif (1860) 761 (C. 49, P. 716). Une vie (1883) 992 (C. 49, P. 943). Bel-Ami (1885) 588 (C. 49, P. 450). Le Horla 775 (C. 49, P. 810). Les Contes de la Bécasse (P. 433).
Mauriac (F.)[4,48]. Le Désert de l'amour (1925) 1 053 (P. 592). Thérèse Desqueyroux (1927) (P. 2 297). Le Nœud de vipères (1932) 1 544 (P. 1 387). Le Mystère Frontenac (1933) 941 (P. 798). La Fin de la nuit (1935) (P. 709). Les Anges noirs (1936) (P. 470). Le Baiser au lépreux (P. 506). Genitrix (P. 435).
Maurois (A.)[48]. Climats (1928) 1 262 (P. 710). Les Silences du colonel Bramble (1928) 764 (P. 267).
Mazière (Francis). Fantastique Ile de Pâques (1965)[7] 635 (C. 31, P. 314).
Mérimée (P.). Colomba et autres nouvelles[45] (P. 428).
Merle (R.). Week-end à Zuydcoote (1949)[3] 634 (P. 302). L'Ile[3] 410. La mort est mon métier (1953)[3] 438. Malevil (1972)[3] 462.
Michelet (Claude)[7]. Des grives aux loups (1979) 661 (C. 207, P. 150). Les palombes ne passeront plus (1980) 622 (C. 197, P. 150).
Mitchell (M.). Autant en emporte le vent (1936)[3] 1 708 (P. 432).
Modiano (P.). Rue des boutiques obscures (1978)[3] 839.
Montépin (X. de). La Porteuse de pain (1884) 1 500.
Montherlant (H. de)[3]. Les Célibataires (1934) 470. Les Jeunes Filles (1936) 743 (P. 487). Pitié pour les femmes (1936) 608 (P. 435). Le Démon du Bien (1937) 526. (P. 371). Les Lépreuses (1939) 552 (P. 400). La Reine morte (1942) 1 042 (P. 458). Le Maître de Santiago (1948) 446. Port-Royal (1954) 525 (P. 266).
Moody (R.)[7]. La Vie après la vie (1977) 752 (C. 232, P. 120).
Morris (D.)[4,48]. Le Singe nu (1967) + de 400.
Munthe (A.). Le Livre de San Michele (1934)[3] 538 (P. 163).
Nabokov[3]. Lolita (1958) 493.
Ohnet (G.). Le Maître de forges (1924)[5] 418.
Olievenstein (C.)[7]. Il n'y a pas de drogués heureux (1977) 445 (C. 80, P. 445).
Ormesson (J. d'). Au plaisir de Dieu (1974)[3] 439.
Orwell (G.). 1984 (1950)[3] 959.
Pagnol (M.)[45,48]. Topaze (1928) 1 052 (P. 990). Marius (1928) 1 206 (P. 1 072). Fanny (1929) 1 132 (P. 940). César (1931) 978 (P. 834). La Femme du boulanger (P. 561). Le Château de ma mère (1960) (P. 1 080). Le Temps des secrets (1960) (P. 912). La Gloire de mon père (1960) (P. 1 715).
Parrot (L.) et **Marcenac** (J.). Paul Eluard (1945)[26] 500.
Pascal. Pensées (1669)[45,48] (P. 568).
Pasternak. Le Dr Jivago (1957)[3] 1 255 (469).
Paton[5,48]. Pleure ô pays bien-aimé (1948) 908 (C. 612, P. 773).
Pauwels et Bergier[3]. Le Matin des magiciens (1961) 825 (P. 284).
Perrault (G.). Le Pull-over rouge (1978)[60] 800.
Perret (J.). Le Caporal épinglé (1947)[3] 483 (P. 311).
Perret (P.). Le Petit Perret illustré par l'exemple (1982)[53] 546 (C. 130, P. 120).
Peyrefitte (A.). Quand la Chine s'éveillera (1973)[17] 670. Le Mal français (1977)[1] + de 400.
Peyrefitte (R.)[9]. Les Amitiés particulières (1944)[47] 89 (P. 725). Les Ambassades (1951) 466 (P. 266). La Fin des ambassades (1953) 400 (P. 200). Les Clés de Saint-Pierre (1955) 405 (P. 235). Les Fils de la lumière (1961)[9] 405 (P. 260). Les Juifs (1965)[9] 412 (P. 172). Manouche (1972)[9] 416 (P. 132, C. 64).
Philipe (Anne)[45,48]. Le Temps d'un soupir (P. 661). Un été près de la mer (1977)[3] 681.
Pilhes (R.V.)[14]. L'Imprécateur (1974) 701.
Pierre l'Hermite (Mgr E. Loutil)[20]. La Grande Annie 520. Comment j'ai tué mon enfant (1921) 700.
Poe (E.). Histoires extraordinaires[45] (P. 455).
Poivre-d'Arvor (Patrick). Les Enfants de l'aube (1982)[53] 1 549 (C. 1 039, P. 260).
Prévert (J.)[3]. Paroles (1945) 2 493 (P. 799). Spectacle (1951) 702 (P. 397). La Pluie et le Beau Temps (1955) 648. Histoires 509.
Prévost (abbé). Manon Lescaut (1731)[45,48] (P. 611).
Proust (M.)[3]. Du côté de chez Swann (1919) 1 419 (P. 298). Un amour de Swann 928 (P. 644). A l'ombre des jeunes filles en fleurs (1918) 909 (P. 186). Sodome et Gomorrhe (1921) 596. Le Côté de Guermantes (1922) 594. La Prisonnière (1924) 603. Albertine disparue (1925) 541. Le Temps retrouvé (1927) 609.
Puzo (Mario). Le Parrain (1970)[7] 738 (C. 121, P. 283).
Queneau. Zazie dans le métro (1959)[3] 914 (P. 322).
Radiguet. Le Diable au corps (1923)[4,48] 1 165 (P. 822). Le Bal du comte d'Orgel[4,48] (P. 441).
Rampa (L.)[17]. Le 3e Œil (1962)[47] (P. 590). Les Secrets de l'Aura (1971)[47] (P. 425).
Reade (P. P.)[4]. Les Survivants + de 400.
Réage (P.)[42]. Histoire d'O (1954) 849 (C. 269, P. 200).
Remarque (E.-M.). A l'ouest rien de nouveau[21,48] (P. 998).
Rémy (colonel). Mém. d'un agent secret de la France libre (1946) 650. Orient-Express (1979)[5] 878 (C. 612).
Renard (J.). Poil de carotte (1894)[47] (P. 1 243).
Rey (P.). Le Grec (1973)[7] 416 (C. 105, P. 183).
Richomme (Agnès)[41]. La Belle Vie de Notre-Dame (1949) 435. Sainte Thérèse de l'Enfant Jésus (1951) 410.
Rimbaud (A.). Poèmes (1869-73)[45,48] (P. 892).
Rivoyre (C. de). Boy[4] 477.
Roblès (E.). Cela s'appelle l'aurore[14] (1952) + de 400.
Rochefort (C.)[4,48]. Le Repos du guerrier (1958) 987 (P. 857). Les Petits Enfants du siècle (P. 1 088). Les Stances à Sophie (P. 554).
Rolland (R.). Colas Breugnon[5] 634 (C. 161, P. 295). Jean-Christophe[5] (P. 1 004).
Romains (J.). Les Copains (1913)[3] 882 (P. 499). Knock (1923)[3] 2 463 (P. 635).
Rosny. La Guerre du feu (1911)[28] 435.
Rostand (E.). Cyrano de Bergerac (1899)[10,48] 1 408 (P. 830).
Ryan (C.). Le Jour le plus long (1960)[7] 1 143 (C. 50, P. 424).
Sabatier (R.)[5]. Les Allumettes suédoises (1969) 1 366 (C. 563). Trois Sucettes à la menthe (1972) 973 (C. 486). Les Noisettes sauvages (1974) 1 193 (C. 596). Les Enfants de l'été (1978) 685 (C. 335). Les Fillettes chantantes[5] (1980) 930 (C. 655).
Sachs (M.). Chronique joyeuse et scandaleuse (1951) (P. 407).
Sade (de). Œuvres[52] 600.
Sagan (F.)[2,48]. Bonjour tristesse (1954) 2 157 (P. 1 228). Un certain sourire (1956) 1 366 (P. 775). Dans un mois, dans un an (1957) 873 (P. 523). Aimez-vous Brahms ? (1959) 835 (P. 545). Un château en Suède (P. 451).
Saint-Alban (D.). Noëlle aux 4 vents (4 vol. 1967)[7] 2 879 (C. 308, P. 1 608).

Saint-Exupéry [3]. Courrier Sud (1929) 1 454 (P. 719). Vol de nuit (1931) 3 475 (P. 1 217). Terre des hommes (1939) 2 810 (P. 1 208). Pilote de guerre (1942) 1 553 (P. 773). Le Petit Prince (1943) 4 231 (P. 751). Citadelle (1948) 807 (P. 157). Lettres à un otage 464.

Saint-Laurent (C.) [15]. Caroline chérie (1947) 7 120.

Saint-Pierre (M. de). Les Aristocrates [55] (1954) + de 600 (P. 514).

San Antonio [18]. L'Histoire de France (250 vendus dans les 3 mois qui ont suivi sa parution) 1 400. Le Standinge 1 050. Béru et ces dames 600. Les Vacances de Bérurier 1 000. Béru-Béru 1 000. La Sexualité + 1 000. Les Cons 420. « Y a-t-il un Français dans la salle ? » 350. *Sous le nom de Frédéric Dard* : le Montecharge (1961) 400.

Sarrazin (A.) [42,48]. L'Astragale (1965) 1 278 (C. 106, P. 997). La Cavale (1965) 780 (P. 647). La Traversière (1966) 483 (P. 390).

Sartre (J.-P.) [3]. La Nausée (1938) 1 932 (P. 1 071). Le Mur (1939) 1 780 (P. 1 035). Huis-Clos (1944) (+ théâtre) 2 102 (P. 555). L'Âge de raison (1945) 990 (P. 516). Le Sursis (1945) 792 (P. 415). La P. respectueuse (1946) 1 064 (P. 488). Les Mains sales (1948) 2 075 (P. 936). La Mort dans l'âme (1949) 659 (P. 338). Le Diable et le Bon Dieu (1951) 938 (P. 520). Les Mots (1964) 891. Les Séquestrés d'Altona 1 433. Les Mouches 1 328. Morts sans sépulture 431.

Schwartz-Bart (A.) [14]. Le Dernier des Justes (1959) 543.

Segal (Erich) [9,47]. Love Story (1970) 1 743 (C. 327, P. 766).

Segal (P.) [9]. L'Homme qui marchait dans sa tête (1977) 663 (C. 146, P. 230).

Seghers (P.). Le Livre d'or de la poésie française des origines à 1940 (1961) 421.

Ségur (Ctesse de). Les Malheurs de Sophie (1864) [11] 1 906.

Servan-Schreiber (J.-J.). Le Défi américain (1967) [11] 857 (P. 280). Le Défi mondial (1980) [17] 516.

Shaw (I.). Le Bal des maudits (1948) [15] 900 (P. 250).

Signoret (S.) [14]. La nostalgie n'est plus ce qu'elle était (1976) 986. Adieu Volodia (1985) [17] 1 065 (C. 715).

Sim. Elle est chouette ma gueule (1983) [9] 501 (C. 108, P. 80).

Simenon (G.) [15,49]. Trois Chambres à Manhattan 525. La Pipe de Maigret 525. Maigret à New York 525. Lettre à mon juge 470. Le Chien jaune (1931) (P. 545). La neige était sale (1950) 470. Mon ami Maigret 600. Maigret chez le coroner 610. Maigret et la Vieille Dame 600.

Simonin. Touchez pas au grisbi (1953) [3] 403 (175).

Slaughter (F.-G.). Afin que nul ne meure (1941) [5,49] 1 575 (C. 120, P. 200).

Soljenitsyne (A.). Le Pavillon des cancéreux (1968) [2] 984 (P. 765) [48]. Le Premier Cercle (1968) [7] 674 (C. 185, P. 310). L'Archipel du Goulag (1974) [14] 900.

Steinbeck. Les Raisins de la colère (1939) [3] 1 408 (P. 621). Des souris et des hommes (1937) [3] 1 529 (P. 528). La Perle (1950) [3] 775. A l'est d'Eden [48] (P. 429).

Stendhal [45,48]. Le Rouge et le Noir (1830) (P. 1 822). La Chartreuse de Parme (1839) (P. 718).

Stéphanie. Des cornichons au chocolat (1983) [53] 412 (C. 152, P. 130).

Suyin (Han) (Elizabeth Comber). Multiple Splendeur [21,48] (P. 688).

Tolstoï (L.). Anna Karénine (1875-77) 481.

Tournier (M). Vendredi ou les Limbes du Pacifique (1967) [3] 747. Le Roi des Aulnes (1970) [3] 478. Vendredi ou la Vie sauvage (1977) 595.

Troyat (H.) [1]. Faux Jour (1935) [48] (P. 418). L'Araigne (1938) 821 (P. 468). Tant que la Terre durera [55] (1947), le Sac et la Cendre [55] (1948) et Étrangers sur la Terre [55] (1948) 3 530 (C 872, P. 2 512). La Neige en deuil (1952) [9,47] (P. 1 400). Les Semailles et les Moissons t. 1 (1953) 733 (P. 468), t. 2 Amélie (1955) 674 (P. 450), t. 3 La Grive (1956) 666 (P. 448), t. 4 Tendre et Violente Elisabeth (1957) 588 (P. 410), t. 5 La Rencontre (1958) 605 (P. 346). La Tête sur les épaules (1958) (P. 625) [48]. Le Vivier (1959) (P. 430) [48]. La Lumière des justes [9,47], t. 1 Les Compagnons du Coquelicot (1959), t. 2 La Barynia (1960), t. 3 La Gloire des vaincus (1961), t. 4 Les Dames de Sibérie (1962), t. 5 Sophie ou la Fin des combats (1963). (P. env. 820 par vol.) [47]. Les Eygletière (1965-67) [9,47] (3 vol.) [1] (P. env. 875 chacun) [47]. La Pierre, la Feuille et les Ciseaux (1972) [9] 400 (P. 250). Une extrême amitié (1963) [55] + de 500 (P. 290). Le Geste d'Ève (P. 403). Catherine la Grande (1977) [9] 560 (C. 290, P. 60). Viou (1980) [9] 585 (C. 237, P. 180).

Meilleurs tirages (en milliers d'ex., à fin 1985)

Collection « J'ai lu » (au 30-11-1984) 16 titres dépassaient 1 million d'exemplaires dont : *Guy des Cars* : 12 titres, la Brute (1 796). *Gilbert Cesbron* : Chiens perdus sans collier 1 465. *Henri Troyat* : la Neige en deuil 1 337. *Bernard Clavel* : Malataverne 1 268. *Jules Renard* : Poil de carotte 1 193.

Collection « 10 × 18 ». *Boris Vian* : l'Écume des jours 1 800. *Marx* : Manifeste du parti communiste 580. *A. Soljenitsyne* : Une journée d'Ivan Denissovitch 453. *Malson* : les Enfants sauvages 436. *E. Arsan* : Emmanuelle (tome 1) 420, (t. 2) 300, (t. 3) 202, (t. 4) 110.

Le Livre de poche (ventes de plus de 1 million d'ex., au 31-12-1985). *Alain-Fournier* : le Grand Meaulnes (1963) 3 160. *Vercors* : le Silence de la mer (1953) 2 900. *Zola (E.)* : Germinal (1956) 2 630. *Bazin (H.)* : Vipère au poing (1954) 2 573. *Franck (A.)* : Journal (1958) 2 297. *Daudet (A.)* : Lettres de mon moulin (1962) 2 349. *Mauriac (F.)* : Thérèse Desqueyroux (1955) 2 297. *Zola* : l'Assommoir (1955) 2 260. *Mathiot (G.)* : la Cuisine pour tous (1955) 2 108. *Stendhal* : le Rouge et le Noir (1958) 1 822. *Christie (A.)* : les Dix Petits Nègres (1963) 1 664. *Baudelaire* : les Fleurs du mal (1961) 1 631. *Mauriac (F.)* : le Nœud de vipères (1957) 1 387. *Balzac (H. de)* : le Père Goriot (1961) 1 336. *Flaubert (G.)* : Madame Bovary (1961) 1 336. *Bazin (H.)* : Qui j'ose aimer (1960) 1 329. La Mort du petit cheval (1955) 1 310. *Brontë (E.)* : les Hauts de Hurlevent (1955) 1 248. *Sagan (F.)* : Bonjour tristesse (1961) 1 228. *Buck (P.)* : la Mère (1959) 1 206. *Giraudoux (J.)* : La guerre de Troie n'aura pas lieu (1963) 1 204. *Zola (E.)* : la Bête humaine (1953) 1 133. *Hemingway* : Pour qui sonne le glas (1953) 1 118. *Daudet (A.)* : le Petit Chose (1962) 1 098. *Arnaud (G.)* : le Salaire de la peur (1954) 1 073. *Buck (P.)* : Vent d'est, vent d'ouest (1962) 1 039. *Rochefort (C.)* : les Petits Enfants du siècle (1969) 1 038. *Cesbron (G.)* : Notre prison est un royaume (1955) 1 036. *Zola (E.)* : Au bonheur des dames (1957) 1 025. Nana (1954) 1 022. *Giono (J.)* : Regain (1958) 1 000.

Larousse de poche (1968) 5 750. *Dictionnaire français/anglais* (1967) 1 615. *Atlas de poche* (1968) 1 314. *Méthode 90 anglais* (1969, Berman, Savio, Marcheteau) 1 237.

Collection Marabout. *Daco (Pierre)* : les Prodigieuses Victoires de la psychologie moderne (1960) 1 159. *Petit (Karl)* : Dictionnaire des citations (1960) 625. *Daco (Pierre)* : les Triomphes de la psychanalyse (1965) 582. *Favré (Henri)* : Guide Marabout de l'aquarium (1968) 547.

Collection Que sais-je ? Créée en 1941 par Paul Angoulvent (1899-1976) aux P.U.F. De 1941 à 1985 : 2 500 volumes, 256 000 p., trad. en 38 langues. Diffusion : 60 millions d'ex. Best-sellers : *le Marxisme* 330 000 ex., *la Psychologie de l'enfant* 271 000 ex., *la Psychanalyse* 244 000 ex.

Pléiade. Créée 1931. Tirage 15 000 à 20 000 ex. Meilleures ventes : Proust, Maupassant, Camus, Saint-Exupéry, Baudelaire.

Vailland. La Loi (1957) [3] 681 (P. 292). 325 000 Francs [61] (P. 768).

Valles (J.). L'Enfant [45] (P. 470).

Van der Meersch (M.). Corps et Ames (1943) [5] 1 010 (P. 210). La Maison dans la dune 574 (C. 10, P. 370).

Vautel (C.). Mon curé chez les riches (1920) [5] 1 125.

Vercors. Le Silence de la mer (1942) [15] dep. 1950 [5] 4 052 (P. 2 900). Les Animaux dénaturés (P. 449).

Verlaine. Poèmes saturniens (1866) [45,48] de (P. 481).

Vian (B.) [42, 48,51]. L'Écume des jours (1947) 1 957 (C. 393, P. 1 800). L'Arrache-cœur (1962) 1 982 (C. 95, P. 974) [48]. L'Herbe rouge (1962) 798 (C. 30, P. 752).

Villiers (G. de). R. policiers S.A.S. (env. 7 millions par an).

Vincenot (H.). La Billebaude (1978) [11] 1 108 (C. 581, P. 71).

Voltaire. Contes et mélanges, 2 t. (P. 676) [45,48]. Candide [45] (P. 495).

Wagner (P.) [55]. Graine d'ortie (1971) + de 500 (C. 416).

Webb (M.). Sarn (1924) [4] 616 (P. 327).

Wells (H.C.). L'Homme invisible 680 (C. 63, P. 582).

Winsor (K.) [44,48]. Ambre (1962) (P. 619).

Wright. Black Boy (1947) [3] 525.

Yourcenar (M.) [3]. Mémoires d'Hadrien (1971) 575. L'Œuvre au noir (1968) 570.

Zola (E.) [10,48]. Thérèse Raquin (1867) 1 743 (P. 1 005). L'Assommoir (1877) non com. (P. 2 260). La Bête humaine 1 639 (P. 1 116). Germinal (1885) 3 041 (P. 2 630). Nana 1 770 (P. 1 038). Le Rêve 1 573 (P. 918). La Terre (1887) (P. 805). Au bonheur des dames (P. 1 071). La Curée (P. 810). Le Ventre de Paris (P. 602). Pot-Bouille (P. 639). La Fortune des Rougon (P. 636). Une page d'amour (P. 563). La Joie de vivre (P. 487). La Débâcle (P. 427). La Faute de l'abbé Mouret (P. 718). L'Œuvre (P. 434), L'Argent (P. 461).

Nota. — Parmi les livres qui connurent récemment des démarrages « foudroyants », on peut citer : *le Défi américain* de J.-J. Servan-Schreiber en 1968, *Papillon* de Charrière en 1969, les *Mémoires* du général de Gaulle en 1970 (le 2e volume de la 2e série fut tiré d'emblée à 500 000 ex.) et *Démocratie française* de V. Giscard d'Estaing en 1976.

Encyclopédies, dictionnaires, guides

Alpha. (1re édition 11-10-67, rééditions 68, 69, 71) 1 433.

Citations. Dict. des c. du monde entier de K. Petit (1960) [21] 586.

La Faune. (1re édition 2-2-71, 2 rééditions) 738.

Langue. *Dictionnaire* : franç.-angl. [57] (P. 1 615) ; franç.-esp. [57] (P. 642) ; franç.-all. [57] (P. 628). *Méthode 90* : angl. (de Berman-Savio-Marcheteau) [45] (P. 1 237) ; all. (de A. Jenny) [45] (P. 488) ; esp. (de J. Donvez) [45] (P. 563).

Larousse. *Petit* [1] : env. 30 000 depuis 1905 (dont Poche 5 490, par an : 800 à 1 340 en 1981). En couleur 8 000 dep. 1967. *Grand* : env. 250 [le nouveau (10 volumes parus de 1982 à 1985, 190 000 articles, 122 millions de signes) aura coûté 250 millions de F et devra être vendu à 120 000 ex. au moins pour équilibrer]. *De poche* : 5 750.

La Mer. (1re éd. 18-1-72, 1 réédition) 467.

Le Million. (1re éd. 3-2-69, réédition 73) 617.

Michelin (*créé* en 1900). Guide rouge France (1985), 630 (édition ordinaire).

Quid. Édit. 1985 : 435 000 ex.

Records (Livre Guiness des). Édit. 1982 : 480 (dep. la création 45 millions dans le monde en 21 langues).

Robert. Micro-Robert (1974) 800. Petit Robert (1967) 2 000. Grand Robert 160.

Nota. — (1) Sur 75 700 articles en 1 665 pages. En 1986, le Petit Larousse ajoutait 66 noms propres (dont sportifs 32), 84 mots nouveaux, 32 acceptions et 23 expressions nouvelles, mais il y a eu des suppressions.

Livres d'art

Classés par ordre décroissant des ventes (en milliers d'ex.).

Bourgogne romane (*Raymond Oursel*), (1954) [67] : 98,4. **Brueghel** (1968) [9] : 86. **Égypte** (*Claudio Barocas*) [35] : 75. **Manet** (*Fr. Cachin, Ch. S. Moffett, J. Wilson-Bareau*), (1983) [68] : 74. **Auvergne romane** (*chanoine B. Craplet*), (1955) [67] : 72. **Préhistoire de l'art occidental** (*Leroi-Gourhan*) : 70. **Jérôme Bosch** (1967) [9] : 69. **Turner** (*J. Gage, E. Joll, A. Wilton*), (1983) [68] : 57,6. **Picasso** (*A. Fermigier*), (1969) [67] : 57. **Or des Scythes, trésor des musées soviétiques** (*V. Schiltz*), (1975) [68] : 53,9. **Histoire de l'art** (*E. Faure*), (1965) [69] : l'art antique 59, l'art moderne (t. I) 57, (t. II) 59, l'art médiéval 56. **Centenaire de l'impressionnisme** (*A. Dayez, M. Hoog, Ch. Moffett*), (1974) [68] : 51,8. **Grèce** (*B. d'Agostino*) [35] : 50. **Botticelli** (1968) [9] : 45.

Ouvrages pour la jeunesse

Bruno. Le Tour de France par deux enfants (1877) [6] 9 100 (C. 100).

Courtois [41] (G.). La Plus Belle Histoire (1947) 634.

Cuvillier et Dubois [41]. Les Aventures de Sylvain-Sylvette 10 700.

Dalens (Serge). Le Bracelet de vermeil (1937) [52] 1 075. Le Prince Éric (1940) [52] 1 099. La Mort d'Éric (1944) [52] 679. La Tache de vin (1946) 869.

Foncine (J.L.). La Bande des Ayacks (1938) [52] 473. Le Relais de la chance au roy (1941) [52] 527.

Gilbreth (E. et F.). Treize à la douzaine 1950 [38] 425 (C. 30, P. 275).

Goscinny et **Uderzo.** Astérix [34] (tous les titres) 50 952 (C. 891) ; et **Morris.** Lucky Luke (tous les titres) 18 875 (C. 584).

Gotlib. Rubrique à brac 485 (chaque titre).

Greg. Achille Talon 570 (chaque titre).

Hergé. Tintin et Milou [13] (23 albums, 1929-81) (chaque album) 1 200 ; (au total) 70 000.

Malot (H.). Sans famille (1933) [11] 1 225.

Pesch (J.-L.) puis **Claude Dubois** [41]. Aventures de Sylvain et Sylvette (1953, collection Fleurette) 11 034. **Pesch** (J.-L.) [41] (1973, coll. Seribis) 1 254.

Philippe (René). Les Aventures de Sylvie (depuis 1956) au total 5 000.

Pinchon (H.) et **Caumery** [9]. Bécassine (depuis 1905) au total plusieurs millions d'ex.

Richomme (A.) [41]. La Belle Vie de Notre-Dame (1949) 453. Sainte Thérèse de l'Enfant Jésus (1951) [41] 400.

Ségur (Ctesse de). Ensemble de l'œuvre dans la Bibliothèque rose [16] 27 500.

Sempé et Goscinny [11]. Le Petit Nicolas (1960) 1 797 (P. 1 376).

Vasconcelos (J.-M.). Mon bel oranger [21] (P. 412).

Verne (J.). Voyage au centre de la Terre (1864) [36] 1 014 (144) (P. 447). Ensemble de l'œuvre dans la Bibliothèque verte 11 000.

Vernes (H.). Les Aventures de Bob Morane (depuis 1953) [31] au total 16 000 d'exemplaires.

Ouvrages pratiques

Aisberg (E.) [62]. La Radio ? Mais c'est très simple ! (1936) 403. **Atlas de poche** [45] (P. 1 258).

Beaumont (P. de) [39]. Les 4 Évangiles aux hommes d'aujourd'hui (1969) 1 000. Prière du temps présent, nouvel office divin (1969) 483. **Bible de Jérusalem** [27] (1955) 800. **Blouin** (Cl.-B.). Guide santé-médecine [58] (1978) 434 (C. 424). **Breuil** (E. de). Le Nouveau Secrétaire [32] (+ de 400).

Cabanne (P.) [58]. Guides des Voyages : la France (1976) 940 (C. 882). **Caramel** (Blanche) [29]. Nouveau Livre de cuisine (1948) (+ de 400). **Carnegie** (Dale). Comment se faire des amis (1936) [15,16,48] (P. 639).

Daco (Pierre). Les Triomphes de la psychanalyse (1958) [31] (P. 582). Les Prodigieuses Victoires de la psychologie (1960) [31] (P. 1 159). **Dalet** (R.). Supprimez vous-même vos douleurs par simple pression d'un doigt (1978) [59] 650 (C. 316, P. 100). **Delpha.** Le Nouvel Art de tirer les cartes (1946) [32] + de 400. Réussites et Jeux de patience + de 400 [32].

Dumay (R.) [21,48] Guide du vin (P. 470).

Évangiles (École biblique de Jérusalem) (1950) [50] (P. 4 250).

Favalelli (M.) [45]. Mots croisés t. 1 (P. 422). **Favre** (H.) [31]. Le Guide Marabout de l'aquarium (1968) 547.

Gardel (J.) [45]. Le Bricolage dans votre appartement (P. 472).

Iseneuve (J. d'). Le Passé et l'Avenir dans les lignes de la main (+ de 400) [32].

Jenny. Méthode 90 allemand.

Maine (M.) [48]. Cuisine pour toute l'année (P. 423).

Mathiot (G.) [5,48]. Je sais cuisiner (1932) 4 490 (C. 200, P. 2 640). La Cuisine pour tous (1960) 4 213 (P. 2 305). La Pâtisserie pour tous 1 009 (P. 438). La Cuisine de tous les pays (P. 421). **Mességué** (M.) [7]. Des hommes et des plantes (1970) 948 (C. 157, P. 289). C'est la nature qui a raison (1972) 934 (C. 104, P. 280). Mon herbier de santé (1975) 576 (C. 105, P. 167).

Norma (Mlle, pseud. de Le Normand). La Véritable Cartomancie (+ de 400) [32]. **Nouveau Missel des dimanches** (1970, 71, 72) (P. 800) [36].

Pellaprat (Henri-Paul). Cuisine familiale et pratique (1955) [2]. Près de 2 000 exemplaires. **Pernoud** (L.). J'attends un enfant (1956) 1 437 (90) [38]. J'élève mon enfant (1965) [38] 1 120 (P. 100). **Pradal** (Dr H.). Le Guide des médicaments les plus courants (1974) [14] 575.

Le Rouzic (P.). Un prénom pour la vie 729 (C. 387).

Spock (Dr B.). Comment soigner et éduquer son enfant (1952) [31] (P. 573, paru aux U.S.A., 24 000 dans le monde).

Tarpel (C.). Les Rêves et la Destinée [22] + de 400. **Téramond** (B. de) [43]. Maigrir par la méthode des basses calories (1959) 720. 300 Recettes culinaires pour maigrir (1962) 700.

Willy (Dr A.) et **Jamont** (C.). La sexualité t. 1 (1964) [31] 545, t. 2 (1964) [31] 485.

Nota. – Coll. Marabout-Flash : Dansons (1959) 531. Je parle anglais (1960) 861. Je parle allemand (1960) 628. Je parle espagnol (1961) 611. Je parle italien (1959) 527.

Œuvres d'enseignement

Les livres scolaires dépassent souvent 400 000 ex. Exemples : **Bergamini** (D.). Les Mathématiques (1965) [24] 415 000 ou **Berman** [45]. Méthode 90 anglais (P. 1 100 000). **Bouillon** (Jacques). Histoire de la 2e à la terminale 600 000 ex. de 1970 à 1982. **Cahiers de vacances Loulou et Babette** (1933 chez Magnard) 42 500 000 ex. **Eiller** (Robert). Cahiers d'exercices de la classe préparatoire 300 000 ex. par an depuis 1977. **Fournier** (Jean) et **Lafarge** (Alain). 8 à 10 millions d'ex. en 20 ans. **Lagarde** (André) et **Michard** (Laurent). De 1959 à 1968 chacun des 6 vol. de la coll. se vendait à + de 100 000 ex. par an. Actuellement env. 50 000 de chaque par an. **Tavernier** (Raymond). Biologie 6e-3e 500 000 ex. dep. 1977.

Édition (techniques)

Plus vieux textes recueillis. *5000 av. J.-C. :* tablettes d'argile, texte cunéiforme sumérien. *4000 av. J.-C. :* papyrus, roseau égyptien. *3000 av. J.-C. à 500 apr. J.-C. :* manuscrits sur bois, Chine. *200 apr. J.-C. :* velum (De Felsa Legatione, de Démosthène).

Plus vieux livres conservés. *200 apr. J.-C. : papyrus* de 108 pages numérotées, cousues en 6 fascicules. *IIIe-IVe s. : Codex Sineaticus* (Bible en grec, découverte en 1859 au monastère Ste-Catherine du Sinaï, achetée 9 000 roubles par la tsarine en 1869, vendue 100 000 £ en 1933 par l'U.R.S.S. au British Museum). *Codex Vaticanus* au Vatican. *Ve s. : Codex Alexandrinus* au British Museum.

Encyclopédie. La plus ancienne. *Speusippus* (370 av. J.-C., Athènes). **La plus grosse.** *Yung-Lo Ta Tien :* 22 937 chapitres manuscrits écrits par 2 000 savants chinois (1403-08). Il en subsiste 370.

Dimensions. Le plus grand livre. Édité à Denver (U.S.A.) en 1976 : 300 p., 2,74 m sur 3,97 m, 252,6 kg. **Le plus petit livre.** *Histoire de la fourmi Ari* publié à Tokyo en 1980 : 1,4 × 1,4 mm. *Lord's Prayer* en 7 langues, musée Gutenberg : 3,5 × 3,5 mm.

Palimpseste. Parchemin réutilisé après trempage dans l'eau, on effaçait les inscriptions avec une pierre ponce et de la craie. L'ancien texte subsistait plus pâle.

Incunable. Ouvrage datant du berceau (incunabulum en latin) de l'imprimerie. On distingue les tabellaires (xylographiques) et les typographiques. Environ 40 000 éditions (en moyenne de 500 vol.) représentant 20 millions de livres sont sorties avant 1500 (45 % sont des ouvrages religieux, 10 % scientifiques, 10 % juridiques, 30 % littéraires ; 77 % sont en latin, 4 à 5 % en français). A la fin du xve s., le nombre de livres imprimés atteignait env. 15 à 20 millions d'exemplaires (30 000 titres) ; au xvie s., 200 millions d'ex. (200 000 titres).

Principales collections. Paris (Bibl. Nat.), Munich, Londres (Brit. Mus.) [chacune comprend un ou plusieurs exemplaires de 9 000 éditions antérieures à 1500], Oxford (Bodleian Library, 5 000 éditions).

Colophon. Note finale donnant le nom de l'imprimeur, le lieu de l'impression et la date d'achèvement.

Quelques dates

● **Impressions xylographiques.** *Ier-IXe s. :* en Chine et au Japon. *704-851 :* Dharani-sutra de la lumière pure, imprimé coréen (découvert en 1966 à Kyongju). *868 :* Sutra du diamant, 1er exemplaire important connu : livre bouddhique avec gravures, imprimé en Chine (British Museum).

XIVe et XVe s. Europe : D'abord sous forme de planches : *1340 :* Cartes, Venise. *1360 :* le Centurion du Calvaire, gravure imprimée à La Ferté-sur-Crosne (France). *1423 :* St Christophe portant l'enfant Jésus, imprimé aux Pays-Bas.

Plus tard on assemble des feuilles en *anapisthographes,* petites brochures imprimées d'un seul côté. Env. 3 000 connus (*spéculums :* recueils de préceptes religieux ; *donats :* sortes de syntaxes latines ; chansons populaires) dont : *1430 :* Bréviaire (8 p. de 9 lignes), imprimé par Lorenzo Coster à Haarlem où il est conservé. Le Donat par Lorenzo Coster. *1439 : Speculum humanae salvationis* (63 p. avec 38 planches de figures ; serait à la fois imprimé en xylographie et avec des caractères mobiles). Bible des pauvres par Lorenzo Coster.

● **Impressions sur presse à caractères mobiles. Asie. Chine.** Sans doute utilisés dès le xie s. (Pi Ching aurait eu, le 1er, recours à des poinçons pour établir des caractères mobiles en 1041). Le « Jik ji sim kyong » (1377), recueil de textes bouddhiques, serait le plus ancien livre connu imprimé en caractères mobiles métalliques. **Corée.** Les archives mentionnent l'existence, vers 1234, d'un livre imprimé à l'aide de caractères métalliques intitulé « Sangjong Yemun ». Il ne semble en subsister aucun exemplaire.

Europe. Vers 1439. 1res expériences de Johannes Gensfleisch dit Gutenberg (v. 1395-1468) à Mayence. Il mit au point un système de fabrication de caractères individuels fondus en un alliage de plomb, d'antimoine et d'étain.

1454 ou 1455 ou 1456. *Bible de Gutenberg,* en latin, non datée (peut-être imprimée par Füst et par Schoeffer). Volumes in-folio de 317 à 324 pages (30 cm × 20 cm) imprimées sur 42 lignes et 2 col. 210 ex. (30 sur parchemin avec lettres capitales peintes en or et couleurs, 180 sur papier avec capitales en rouge et bleu). Tirage : 200, dont 48 parvenus jusqu'à nous (21 complets). 12 sur parchemin. 1 ex. est conservé à la bibliothèque Mazarine (Paris), voir p. 337 b. Le *missel de Constance* (192 p.) découvert à Bâle pourrait être antérieur. **1455.** *Donat.* **1456.** *Bible de 40 lignes* de Füst et Schoeffer. **1457.** *Psautier de Mayence* (livre daté et portant un nom d'imprimeur). **1458.** *2e Bible de Gutenberg* dite de 36 lignes. **1459.** *« Rationale divinorum officiorum »* de Guillaume Durand (imprimé à Mayence par Füst et Schoeffer). **1462.** *Bible de 48 lignes* de Schoeffer. **1463.** *1re page de titre* donnant le titre de l'œuvre et le nom de l'auteur dans « Bul zy Deutsch » de Pie II, imprimé à Mayence. **1465.** *1er texte littéraire.* « De officiis » de Cicéron. **1470.** *1er livre imprimé à la Sorbonne* (Paris) : Lettres de Gaspard de Bergame, in-quarto de 118 feuillets. **1472.** *1er livre avec des illustrations techniques :* Valturius, « De re militari » (Vérone). **1473.** *1re impression de musique avec des caractères mobiles* dans « Collectorium super magnificat », imprimé par Conrad Fyner à Esslingen. *1re impression d'un livre en Belgique* (à Alost). **1476.** *1er livre imprimé en français :* Les Grandes Chroniques 3 vol. (par Pasquier-Bonhomme à Paris). **1481.** *1er livre illustré en France :* « Missale viridunense ». **1501.** *1er caractère en italique,* utilisé dans un livre par Aldus Manutius à Venise. **1559.** Publication à Rome de « *Index* librorum prohibitorum », les catholiques ne pouvaient plus lire ces livres sans dispense.

1609. *1er journal, portant une date régulière de parution :* « Avisa Relation oder Zeitung », imprimé probablement à Wolfenbüttel, Allemagne. **1784.** *1er livre imprimé sur un papier sans toile coton* (mélange d'herbe, d'écorce d'arbre et d'autres fibres végétales). **1800.** *Presse d'imprimerie en fer* par Lord Stanhope. **1808.** *1re lithographie à plusieurs couleurs,* imprimée pa Strixner et Piloty de Munich. **1833.** *1re machine à composer des lignes-blocs,* inventée par Xavier Progin, Marseille. **1840.** *1re machine à composer en pratique,* brevetée par J.H. Young et A. Delcambre (Lille, d'après les projets de Henry Bessemer). **1841.** *1er livre broché* publié par Christian Bernhard Tauchnitz, à Leipzig (Allemagne). **1865.** *1re presse rotative* pour l'impression des journaux, construite par William Bullock à Philadelphie.

● **Typographie et autres procédés. 1878.** *Héliogravure* Klietsch (Hongrie). **1885.** *Impression simili* 3 couleurs (Frédérik E. Ives, U.S.A.). **1887.** *Machine moderne pour imprimer* à 2 tours (Robert Miehle, U.S.A.). *Machine à composer* Monotype (Tolbert Lanston, U.S.A.) brevetée. **1904.** *Presse offset litho* (W. Rubel, New York). **1928.** 1re démonstration à Rochester (New York) du *télétypesetter* de Walter Morey (breveté par C. Meray-Horvath de Budapest en 1897). **1947-1956.** Modification des machines à composer (en plomb) pour film (*Fotosetter, Monophoto).* **1948.** 1re démonstration publique d'une *machine à photographier xérographique,* brevetée en 1938 par Chester Carlson (U.S.A.). **1949** (1re démonstration.) *Lumitype 200* inventée par les Français Higonet et Moyroud, présentée au public en 1954. **1955-65.** *Photocomposeuses électro-mécaniques avec ordinateurs* (Photon 200 et 500, Linofilm). **1964.** *1re photocomposeuse ultra-rapide* (Photon ZIP).

Modèle de corrections typographiques

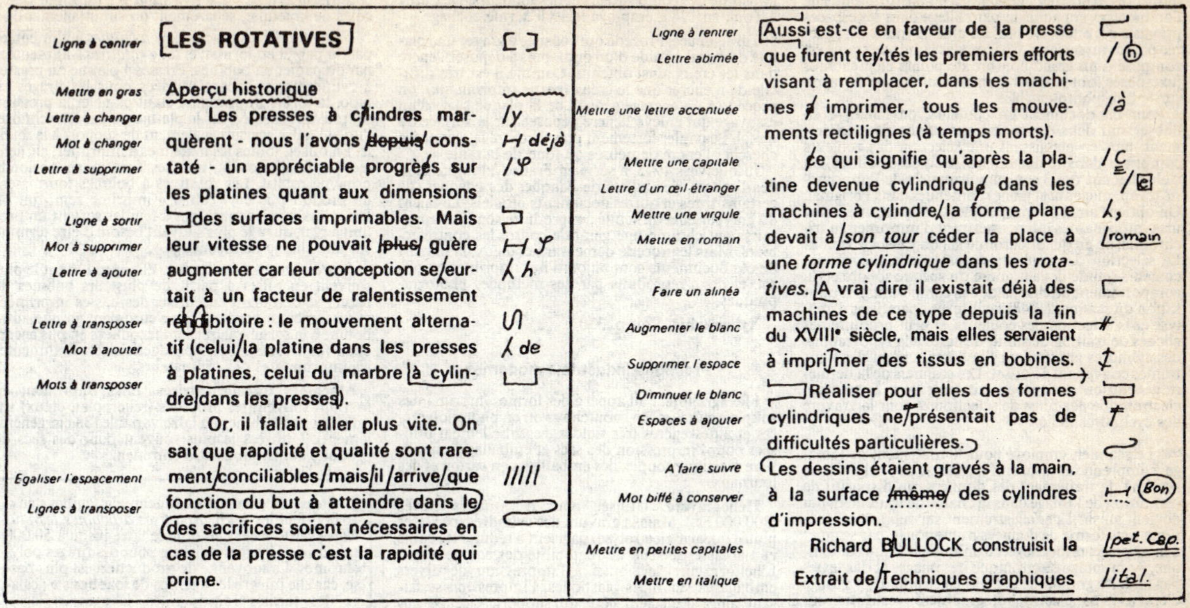

Nota. — Les corrections doivent être indiquées, au besoin par des renvois de forme différente, *en partant toujours du texte*, soit de gauche à droite dans la marge droite et de droite à gauche dans la marge gauche. Il est recommandé d'utiliser exclusivement la marge de droite chaque fois qu'il s'agit de feuillets isolés ; la marge de gauche n'est utilisée que pour la correction de textes sur deux colonnes.

Caractères

Histoire. Les 1ers caractères fondus furent *gothiques* (Gutenberg travaillait à Mayence). Puis on s'inspira de l'Antiquité et l'on créa des caractères *romains*. En 1501, un Vénitien, *Alde Manuce* [Tebaldo Manuzio (v. 1449-1515)] inventa l'*italique*. Pendant longtemps on se contenta de ces grandes familles de caractères avec 4 variantes. Vers 1650, un libraire-imprimeur hollandais, *Elzévir* [Isaac Elzevier (1596-1651)], donna son nom à un nouveau caractère aux empattements triangulaires. Ce caractère, populaire en Europe, ne fut vraiment adopté en France qu'après 1850. Entre-temps, en 1775, François-Ambroise *Didot* (1730-1804) revint au caractère romain avec des empattements rectilignes très fins.

Points typographiques. *Point didot* [créé en 1775 par Fr.-A. Didot] = 0,3759 mm (soit 1/6 de la ligne de pied de roi ou 1/72 du pouce français). Ex. : *Cicéro* = 12 points (4,51 mm) ; *Philosophia* = 11 points ; *Petit romain* = 9 ; *Gaillarde* = 8 ; *Petit texte* = 7,5 ; *Mignonne* = 7, etc.

En G.-B. et aux U.S.A., le point mesure 0,351 mm. Depuis 1978, la norme Afnor NF Q 60-010 a défini les mesures typographiques dans le système international. Seule l'unité retenue, le millimètre, doit être utilisée dans les échanges commerciaux en attendant la généralisation de son usage.

Caractère typographique. La largeur ou *chasse* correspond à la dimension du caractère prise parallèlement à la ligne d'impression (dim. différente pour chaque lettre) ; le *corps* correspond à la dimension du caractère prise perpendiculairement à la ligne d'impression. *L'œil* reçoit l'encre, c'est l'élément imprimant ; les *talus* ou *espaces* laissés de part et d'autre de l'œil évitent le chevauchement des lettres (les *approches* désignent plus précisément les talus situés à gauche et à droite de l'œil).

Familles de caractères typographiques. *Une famille de caractères comprend :* capitales (majuscules), bas de casse (minuscules) (de l'endroit où on les range dans leur casier de rangement : la casse), supérieures, ponctuations, lettres accentuées, etc. Chaque famille existe en plusieurs tracés (gras, demi-gras, maigre, large, normal, étroit, etc.). On leur adjoint parfois : vignettes, filets, dessins, etc. La *police* de caractères comprend l'ensemble des caractères d'une même famille pour un même corps et une même graisse.

Au-delà de la distinction élémentaire entre caractères *romains* (à hampes et à jambages verticaux) et *italiques* (à hampes et jambages inclinés), les familles de caractères se distinguent par l'importance et la forme de leurs empattements (manière dont se terminent hampes ou jambages).

Classification des caractères. Il y a des dizaines de milliers de types : Elzévir, Égyptienne, Garamond, Bodoni, Pharaon, Caravelle, Univers, Baskerville, Garalde, etc. Des spécialistes (dont Francis Thibaudeau et Maximilien Vox) les ont classés en familles : *didots*, à empattements rectilignes très fins ; *antiques*, sans emp. ; *égyptiennes*, aux emp. de la même force que le corps de la lettre ; *elzévirs*, à emp. triangulaires. On continue à créer des caractères notamment en utilisant les procédés photographiques et électroniques. Par ex., l'*univers* est né en prenant la moyenne visuelle obtenue en juxtaposant les films de plusieurs autres caractères. *Créateurs réputés :* Jean Larcher, Adrien Frutiger, Ladislas Mandel et José Mendoza (créateur du Sully-Jonquières).

Composition

Dans les petits ateliers d'imprimerie. Elle se fait à peu près comme du temps de Gutenberg. Le typographe prélève un par un, dans la casse, les caractères et les signes nécessaires qu'il assemble dans un composteur, les lignes formées mises à la suite les unes des autres deviennent des pages. Celles-ci, disposées dans des *formes* constituées par des châssis en acier, sont serrées et ajustées sur une table pleine en fonte, le *marbre*. On monte la forme sur la machine et l'impression se fait par étalement de l'encre sur le papier le long du relief des caractères (procédé classique d'impression appelé *typographie*).

Dans les grandes imprimeries industrielles. La composition (livre, journal ou revue) se fait en gros de 2 manières différentes :

1°) Composition chaude *(au plomb)* : en voie de disparition. Les machines à composer utilisant le plomb peuvent produire des caractères individuels (machines « monotype ») ou des lignes-blocs (« linotype »). Elles fonctionnent à l'aide d'un clavier et disposent d'une fondeuse annexe ou d'un creuset incorporé, qui produisent caractères ou lignes-blocs à la demande. Avec la « linotype », les corrections sont moins faciles à réaliser qu'avec la « monotype ».

Une fois la composition terminée et mise en forme, à plat sur le marbre, on peut tirer à plat ou passer sur les cylindres de la rotative, grâce à la *stéréotypie*. Une empreinte de la forme est prise à forte pression, à l'aide d'une matière première ressemblant à du papier mâché (appelé *flan*). Ce flan constitue un moule de la composition. On le place dans un habitacle semi-cylindrique correspondant au cylindre de la rotative que l'on utilisera et on lui injecte au sein d'un moule un mélange de plomb, d'antimoine et d'étain en fusion. Une fois refroidi, ce métal formera un cliché stéréo et sera monté sur la rotative typographique.

Les clichés stéréos peuvent également se faire à plat, mais le type de machines auquel ils sont destinés est en voie de disparition.

2°) Composition froide ou photocomposition. 1re génération de photocomposeuses (1947-56). Se contentent de photographier la composition au plomb qu'elles viennent de créer. **2e gén.** (années 1960), créent à partir d'un clavier souvent aveugle une bande perforée qui sert à alimenter un élément de composition photographique dont le calculateur a été programmé en fonction des impératifs du tirage (justification, interlignage, etc.). **3e gén.** (1967) les machines ne comportent pratiquement plus de pièce mécanique. Dotées d'un écran à tube cathodique permettant le contrôle immédiat du travail du claviste et d'un ordinateur incorporé garantissant une programmation affinée, elles permettent d'atteindre de grandes vitesses de production (plusieurs millions de signes ou caractères à l'heure). L'informatique permet désormais la suppression des matrices (matrices-plomb de la 1re génération ou matrices sur film ou sur verre des générations suivantes). Les polices de caractères sont stockées sous forme de digits binaires dans les mémoires de la machine. Ces mémoires comportent des données gouvernant la coupure des mots en fin de ligne, la répartition des blancs, l'interlignage, la justification, etc. **4e gén.** (1973) fait appel au laser qui produit une composition plus rapide, plus fine et plus nette, dépourvue de tout halo. Le laser intervient aussi dans les lecteurs optiques solidaires des machines à composer.

Photogravure. Le texte est composé sur des films ou papiers photosensibles que l'on peut découper et assembler pour préparer les plaques servant à l'impression. Les illustrations sont traitées *au trait* (grâce à des films à fort contraste) ou en *similigravure* (les demi-teintes seront reproduites à l'impression, par une infinité de points dont la surface et le nombre au cm^2 sont soigneusement calculés ; ces points, invisibles à l'œil nu, sont traditionnellement obtenus en interposant une trame entre film négatif et film vierge qui, après exposition, deviendra un positif tramé que l'on incorporera au texte par collage dans les espaces prévus à cet effet). De plus en plus, la trame est générée par un rayon laser. Chacun des points de trame est composé d'un grand nombre de points élémentaires juxtaposés, obtenus par l'impact lumineux du rayon sur le film photosensible.

Pour un document en couleurs, on l'analyse en l'observant dans des conditions standards d'éclairement, puis en établissant une sélection des couleurs comprises dans le document. A l'aide de filtres, on isole chacune des 3 couleurs primaires de l'imprimerie (cyan, magenta et jaune) contenues dans l'original. On obtient ainsi 3 films de sélection et ensuite 3 formes imprimantes qui permettront d'imprimer en trichromie, ou en quadrichromie si l'on y associe le noir. La sélection des couleurs repose sur la théorie des couleurs (étude de la lumière du spectre solaire et du comportement de chacun de ses composants). L'utilisation du scanner (1948) facilite les opérations d'analyse et la sélection des couleurs. Il peut produire des clichés de trait ou de simili destinés à la typographie, des cylindres gravés pour l'héliogravure ou des films tramés convenant à l'offset. Les scanners de la dernière génération ont recours au laser pour le tramage électronique des films de sélection et pour la gravure des cyclindres hélio.

☞ Le scanner, employé pour le traitement de l'image, comprend un dispositif d'analyse de l'original, un système de traitement des données, un dispositif de restitution de l'image dans la chaîne de traitement qui devient ainsi : 1 : enregistrement sur support magnétique sous forme de données numériques, par scanner d'analyse, 2 : retouche électronique sur écran cathodique, 3 : montage électronique des images et des textes par tablette graphique et stylo électronique, 4 : tirage d'épreuves par électrophotographie, 5 : restitution sur fibre (ou plaque ou cylindre) par « scanner de sortie ».

Impression

☞ Voir Imprimerie à l'Index.

Procédés anciens

Chromolithographie. Senefelder imprima à Paris des lithographies en plusieurs couleurs dès 1819. Le Français Godefroi Engelmann (1788-1839), en 1836, perfectionna ce procédé en inventant le cadre à repérer : il publia en 1837 un album célèbre. Apogée vers 1900, puis déclin (trop coûteux). Dès 1905, la rotocalcographie la remplaça.

Chromotypographie. Apogée vers 1880. Déclin vers 1900. La *trichromie* l'a supplantée pour les impressions de gravures. Parmi les précurseurs : Lafond, Camarsac, Goupil, à Paris ; Obernetter à Munich, Grüne à Berlin.

Chrysoglyphie. Procédé de gravure chimique, breveté en avr. 1854, par l'imprimerie Firmin Didot. Sur une planche de cuivre, revêtue du vernis des graveurs, on traçait le dessin à la pointe, puis l'on faisait mordre un acide. On enlevait le vernis et l'on dorait la planche (d'où le nom : du grec *khrusos*, « or »). On recouvrait ensuite d'un mastic inattaquable aux acides qui ne devait rester que dans les tailles. On ponçait la plaque pour enlever l'or de sa surface, afin que les tailles restent en relief. On détourait les grands blancs à la scie. Ce procédé n'a pas eu de succès.

Lithographie. Vers 1825, l'Allemand Aloïs Senefelder (1771-1834) utilise la répulsion réciproque de l'eau et des corps gras pour déterminer à la surface d'une pierre servant de forme imprimante les parties qui accepteront l'encre et celles qui la repousseront. De cette idée naîtra l'impression offset. La lithographie, trop coûteuse, ne sert plus aujourd'hui qu'aux éditions d'art.

Panéïconographie (gillotage). Photographie sur zinc par voie chimique. Brevet pris en 1851 par Firmin Gillot (1820-72). 2 techniques : *photogravure au trait* (les documents sont traduits par des blancs et des noirs purs) ; *à demi-teintes* ou *similigravure* (grâce à l'artifice de la trame, tous les dégradés du document sont reproduits, c'est le fac-similé qui sert à la copie).

Stéréotypie. Le Parisien Valleyre imprima v. 1700 un Livre d'Heures d'après une matrice obtenue au moyen d'une masse d'argile dans laquelle on coulait du cuivre. Joseph Muller, à Leyde, en 1702, et l'Écossais Ged, à Londres, en 1725, employèrent un procédé analogue mais sans beaucoup de succès à cause de l'hostilité des compositeurs et des fondeurs. De Carey à Toul, en 1785, employa le 1er le terme clichage.

Taille-douce. Procédé qui consiste à graver une plaque de métal à l'aide d'un outil, puis à déposer l'encre dans les creux ainsi obtenus. Comme il est très difficile de n'encrer que le creux (partie imprimante), on procède à un encrage général de la plaque suivi d'un essuyage qui enlève l'encre déposée sur la surface du métal. Le papier fortement pressé contre la plaque ira chercher l'encre demeurée au fond de la taille.

Jusque vers 1975, a servi en France à l'impression des timbres, des billets de banque, des chèques, de certains titres et autres documents officiels. Le talent du graveur et la difficulté à reproduire son trait apparaissaient comme une garantie contre les contrefacteurs. Mais le procédé demeurant coûteux, la plupart de ces documents sont aujourd'hui imprimés en offset, et donc reproduits par des méthodes photographiques.

Xylographie. Voir p. 330 b.

Procédés industriels modernes

Flexographie. Fait appel à des formes imprimantes souples, en relief, en caoutchouc ou en photopolymères et à des encres très fluides, essentiellement utilisées pour l'impression des sacs et emballages en matière plastique souple, des emballages en carton et des journaux.

Héliogravure. Utilisée pour des tirages élevés (300 000 ex.). Mais la gravure des cylindres (par laser plutôt que par électrolyse) parvient à réduire les coûts et à abaisser le seuil de rentabilité des équipements. L'héliogravure sert aussi à l'impression de divers emballages sur films plastiques, l'impression se faisant alors d'un seul côté du support. Occupe aujourd'hui 15 % du marché français.

Offset. Dérivé moderne de la lithographie, occupe en 1986 plus de 80 % du marché. Tire son nom de l'anglais « to set off », qui implique une idée de décalque de l'image. La forme imprimante est une plaque qui a été impressionnée par un procédé photographique. Une fois encrée selon le principe de répulsion réciproque de l'eau et de l'encre grasse, elle transmet la surface à imprimer à un support intermédiaire en caoutchouc appelé blanchet, lequel, à son tour, dépose l'image sur le papier.

Sérigraphie. Procédé dans lequel l'encre doit traverser un écran aux endroits où l'on souhaite imprimer et où elle est retenue par ce même écran là où il ne doit pas y avoir d'encre. Utilisée sur des supports variés : papier, carton, métal, verre, bois, tissus, matières plastiques, ce qui la rend propre à la reproduction artistique. Sur le plan industriel, sert essentiellement à la fabrication des circuits imprimés et de tous imprimés nécessitant un encrage « couvrant ». A l'échelon artisanal, sert à la reproduction de certaines œuvres d'art. Peut reproduire demi-teintes et quadrichromies, et imprimer des feuilles allant jusqu'à 120 × 320 cm.

Typographie. Fait appel à des éléments d'impression en relief (v. « composition au plomb » et « stéréotypie ») ou à la composition artisanale à la main. Sa part du marché fr. dans l'impr. (15 %) décroît.

Xérographie par laser (en continu, 20 000 lignes/mn ou feuille à feuille, 120 p./mn). **Électrographie. Jet d'encre.** Nouvelles techniques d'impression, dites « sans impact », permettant la suppression de la forme imprimante intermédiaire entre l'original et sa reproduction, la machine étant actionnée par un ordinateur à partir d'informations numérisées. *2 méthodes* : exploitation d'une mémoire magnétique préenregistrée (listes d'adresses par ex.), ou par application en temps réel, l'original étant analysé par lecteur optique ou caméra vidéo. Permettent la personnalisation de l'imprimé, chaque exemplaire d'un tirage pouvant être différent des autres.

Machines à imprimer

Que l'on fasse appel à l'une ou l'autre des techniques d'impression, que les formes imprimantes soient en creux comme pour l'héliogravure, à plat comme pour l'offset ou en relief comme pour la typographie, l'impression à travers la machine se fait toujours, directement ou indirectement, par pression de la forme imprimante enduite d'encre sur le papier. Pour imprimer un tirage en couleurs, il faut plusieurs passages à travers la même machine, ou une machine comportant plusieurs groupes imprimants, chaque groupe n'imprimant qu'une seule couleur.

Une machine « en blanc » n'imprime qu'un seul côté de la feuille ; à « *retiration* » : imprime des 2 côtés de la feuille, séparément ou simultanément.

On distingue les machines « *à feuilles* » alimentées par du papier en format, et les « *rotatives* » alimentées par du papier en bobines. Presses à platine ou presses à cylindre sont encore utilisées pour les tirages en typo, la forme imprimante étant plane et la pression se trouvant exercée par la platine ou par le cyclindre, l'un et l'autre servant également de support à la feuille. En offset, toutes les machines à imprimer, alimentées par feuilles ou par bobines, fonctionnent selon le principe rotatif. Les rotatives à bobines fournissent un produit plié en « cahier » imprimé semi-fini ou fini, alors que les machines à feuilles sortent un produit à plat, qui a le plus souvent besoin d'être terminé sur une chaîne de façonnage.

Petites rotatives en continu. Elles produisent le plus souvent en offset à partir de plusieurs bobines de papier se déroulant ensemble, des liasses imprimées et perforées en continu, qui s'enroulent en une autre bobine à la sortie, ou qui sont façonnées en plis accordéon (paravents). Cette production sert à alimenter les imprimantes des ordinateurs.

Machines transformatrices. Elles impriment en mariant souvent les procédés (relief, plat, creux) sur du papier en bobines de laize variable (38 cm généralement). Utilisées le plus souvent pour des sacs de produits alimentaires et d'entretien.

Vitesse de production. Machine à feuilles : env. 10 000 feuilles à l'h. *Rotatives à bobines les plus élaborées* tournent en double laize jusqu'à 50 000 cahiers de 16 pages à l'heure pour des tirages polychromes. La moyenne de production est plus basse, car elle intègre les « temps de fonctions » : calage des formes imprimantes, lavages, réglages, etc.

Papier

☞ Voir aussi Économie à l'Index.

Origine

Apparu en Chine. Introduit en Espagne au XIe s., et connu en France au XIVe s. (1er moulin à Troyes et en 1348 à Ambert).

Papiers utilisés dans les livres anciens

Vergé. Papier de cuve obtenu dans des châssis en bois ou *formes* au fond garni d'un cadre métallique. A base de chiffons. Le papier de forme a des bords irréguliers marqués de franges ou de *barbes*, de boursouflures, d'aspérités ; il laisse apparaître le dessin des fils de laiton ou *vergeures* placés au fond de la cuve, coupés perpendiculairement par d'autres fils plus espacés, les *pontuseaux*. Entre ces fils on peut avoir un *filigrane*. Le *filigrane*, apparu à partir du XVIIIe s., représente, en général, la marque du fabricant — monogramme, devise ou dessin — incorporée au tamis. Il a donné ses noms à quelques formats de papier : raisin (motif du dessin : grappe de raisin) et jésus (monogramme I.H.S.).

Faux Vergé. Papier fabriqué à la machine. La pâte encore fraîche passe entre des cylindres à cannelures imitant vergeures et pontuseaux.

Vélin (1750). Inventé par l'Anglais John Baskerville (1706-75), sans grain, très uni, lisse et satiné ; possède transparence, finesse et aspect du vélin véritable venant de la peau de veaux mort-nés. Fabriqué comme le vergé mais avec un treillis métallique beaucoup plus fin.

Papier de Hollande. Invention française importée en Hollande par des protestants exilés après la révocation de l'édit de Nantes ; il est grené, ferme, solide.

Papier Whatman. Inventé par l'Anglais Whatman (1770) ; ressemble au papier de Hollande mais sans vergeures.

Japon. *Impérial* vient de l'écorce d'arbrisseaux, légèrement teinté en jaune, soyeux, satiné, très souple, transparent et épais ; *ancien à la forme*, sorte de vélin très lisse, teinté bistre très clair ; *blanc supernacré*, résistant, soyeux, offrant l'aspect de paillettes de nacre accolées (Rembrandt l'utilisa le 1er en Europe pour les états définitifs de ses estampes).

Chine. Préparé en plein air avec l'écorce du bambou, gris ou jaunâtre, aspect sale, mince, spongieux, doux et brillant comme la soie ; enduit sur une face d'une composition à base de glycérine ; recherché pour le tirage des gravures.

Papier de Rami ou ortie de Chine (cultivée dans le midi de la Fr.). Coûteux, utilisé seulement pour la confection des billets de banque.

Papier d'alfa. Souple, soyeux, résistant, utilisé par les Anglais.

Papier indien. Très mince et très opaque, procédé détenu par l'université d'Oxford ; coûteux.

Nota. — Exemplaires dits de *petits papiers* tirés sur vélin ou sur vergé. Désignés sous les noms de papeteries qui les fabriquent : Arches, Rives, Marais (lieu-dit de Seine-et-M.), Lafuma, Montval, etc.

Dans l'édition moderne on distingue *8 catégories :* papier bible, bouffant (papier léger), apprêté, satiné, offset, surglacé, couché, hélio.

Format

Le papier est vendu aux 100 kg en ramettes ou en *bobine ; 25 feuilles* constituent une *main* et 20 mains une *rame* soit 500 feuilles. Les noms anciens des formats (cloche, pot...) viennent des dessins primitivement représentés en filigrane (voir ci-dessus).

Formats en simple (en italique, les plus courants). Cloche 30 × 40 cm. Pot 31 × 40. Tellière 34 × 44. Couronne 36 × 46. *Écu* 40 × 52. Coquille 44 × 56. Carré 45 × 56. Cavalier 46 × 62. *Raisin* 50 × 65. *Jésus* 56 × 76. Soleil 60 × 80. *Colombier* 63 × 90. Petit Aigle 70 × 94. Grand Aigle 75 × 106. Grand Monde 90 × 126. *Univers* 100 × 130.

Formats en double. Double Cloche 40 × 60 cm. Double Pot 40 × 62. Double Tellière 44 × 68. Double Couronne 46 × 72. Double Coquille 56 × 88. Double Carré 56 × 90. Double Cavalier 62 × 92. Double Raisin 65 × 100. Double Jésus 76 × 112. Double Soleil 80 × 120. Double Colombier 90 × 126. Les formats carré, raisin, jésus sont les seuls encore vendus sur catalogue. En général, l'imprimeur ou l'éditeur fait fabriquer le papier utile, en fonction des dimensions des machines à imprimer disponibles pour faire un produit étudié dans le format qui en découle : 72 × 102, 120 × 160.

Formats de papiers à plat et pliés (voir Quid 1983).

Série normalisée internationale A. Suite de formats tels que chaque f. plus petit est obtenu en divisant le f. immédiatement supérieur en 2 parties égales, le rapport entre les longueurs des côtés de chaque f. étant toujours égal à $\sqrt{2}$. Le f. de base, désigné par A 0, a une surface de 1 m². Dimensions en mm :

A0	841 ×	1 189	A6	105 ×	148
A1	594 ×	841	A7	74 ×	105
A2	420 ×	594	A8	52 ×	74
A3	297 ×	420	A9	37 ×	52
A4	210 ×	297	A10	26 ×	37
A5	148 ×	210			

De nombreuses normes Afnor précisent les caractéristiques des papiers.

Format des livres

Feuille. Ensemble des pages imprimées au recto et au verso d'une feuille de la dimension choisie. La feuille ensuite pliée à la dimension d'une *page* forme un *cahier* qui contient ainsi un certain nombre de *feuillets ;* chaque feuillet comporte deux pages. Le nombre de feuillets contenus dans une feuille détermine le *format.* On distingue ainsi :

	Feuillets	Pages
in-plano	1	2
in-folio (in-f°)	2	4
in-quarto (in-4°)	4	8
in-octavo (in-8)	8	16
in-douze (in-12)	12	24
in-seize (in-16)	16	32
in-trente-deux (in-32)	32	64
in-quarante-huit (in-48)	48	96

Dimension du livre. Dépend de la grandeur de la feuille employée (raisin, jésus, etc.). On aura ainsi : un in-quarto raisin (250 × 325 non rogné) ; un in-octavo jésus (190 × 280) ; etc.

Vocabulaire pratique

Broché : br. *Relié :* rel. *Neuf, broché, non découpé :* n. br. nc. *Pleine reliure :* Pl. rel. *Relié de la matière principale au dos et aux coins :* Rel. 1/2 à c. *Édition originale :* Éd. or. *Sans date :* s. d. *Sans lieu, ni date :* s. l. n. d. *Couverture conservée :* couv. cons. *Reliure d'époque :* Rel. ép. *Feuillet :* f. *Plusieurs feuillets :* f.f. *Page :* p. *Plusieurs pages :* p.p. *Feuillet blanc :* f. bl.

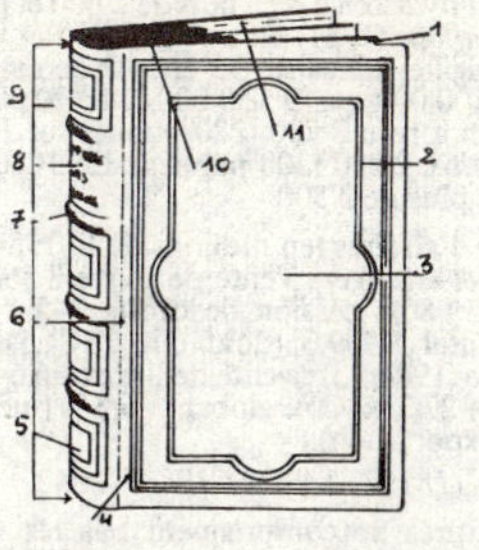

1. Garde de couleur, 2. Filet, 3. Plat, 4. Encoche de coiffe, 5. Fers, 6. Mors, 7. Nerfs, 8. Pièce de titre, 9. Dos, 10. Tête (tranche supérieure). 11. Chasse.

Si le papier est filigrané, on peut reconnaître le format réel d'un ouvrage ancien : *folio :* pontuseaux verticaux, filigrane au centre de la page ; *in-4° :* p. horizontaux et f. vers le bord gauche de la page ; *in-8° :* p. verticaux et f. dans le coin supérieur gauche ; *in-12 :* p. horizontaux et f. vers le bord droit aux ⅔ de la hauteur de la page ; *in-16 :* p. horizontaux et f. dans le coin supérieur droit de la page.

Direction des vergeures (papier vergé). Permet de reconnaître les formats. *V. horizontales :* in-f°, in-8°, 18, 24, 32. *V. verticales :* in-4°, 12, 16.

Édition (statistiques)

Dans le monde

Titres publiés (nombre de 1res éd., 1983). *Source :* UNESCO, 1985. U.S.A. 66 527 [2]. U.R.S.S. 50 040. All. féd. 38 294. G.-B. 35 998. Japon 32 744 [3]. Chine 22 108 [5]. Espagne 22 087 [3]. Corée du S. 18 588. Canada 13 606 [1]. *France 12 100* [4]. Suisse 11 180 [3,5]. Italie 10 233. Inde 9 835 [3]. Pays-Bas 9 377 [3]. Belgique 6 946 [5]. Tchécoslovaquie 6 580. Yougoslavie 6 546. Finlande 5 983. Hongrie 5 810. Thaïlande 5 602. Pologne 5 448. Autriche 5 212 [3]. Danemark 5 146. Indonésie 4 187. Colombie 4 176. Norvège 3 749. Bulgarie 3 728. Hong Kong 3 065. All. dém. 2 885. Malaisie 2 107 [3]. Australie 1 548 [3]. Grèce 1 484 [1]. Nigeria 1 077.

Nota. — (1) 1980. (2) 1981. (3) 1982. (4) Source : Synd. nat. de l'éd., 1984 (5) Livres + brochures.

On aurait imprimé de 1437 à 1900 env. 10 millions d'ouvrages (*1437 :* 1 ; *1438* à *1500 :* 307 520 ; *1500* à *1600 :* 287 824 ; *1600* à *1700 :* 972 000 ; *1700* à *1800 :* 1 637 196).

Chiffre d'affaires des principaux éditeurs Voir Index.

Montant consacré en 1978 à l'achat de livres (en F). Belg. 190 ; P.-Bas 110 ; All. féd. 104 ; France 62.

Traductions. Ouvrages les plus traduits (en %, source UNESCO 1985, chiffres 1980). Œuvres litt. 48, sciences et techniques 15,5, hist. et géo. 7,7. Le % d'ouvrages scient. et techn. traduits du russe (22,4) ou de l'anglais (18,5) est beaucoup plus important que pour l'allemand (8,8) ou le français (10,5).

Langues les plus traduites (nombre de traductions, 1980). Anglais 22 415. Russe 6 450. *Français* 5 972 (littérature 2 758, Beaux-Arts 423, Sc. soc. 642, Géo.-hist. 556, Sc. appliquées 514, Religion 395, Philosophie 430, Sc. pures 206, Généralités 48). Allemand 4 823. Italien 1 476. Suédois 1 225. Espagnol 851. Tchèque 651. Danois 649. Hongrois 633. Polonais 608. Latin 537. Grec classique 458. Néerlandais 409.

Auteurs les plus traduits dans le monde. *1961 à 1975 :* voir Quid 1982.

En 1980 : V.I. Lénine [1] 468 traductions. W. Disney [5] 285. Bible 232. A. Christie [4] 189. J. Verne [2] 172. E. Blyton [4] 147. K. Marx [3] 136. B. Cartland [4] 135. F. Engels [3] 132. W. Shakespeare [4] 112. L.I. Brejnev [1] 109. J. Grimm [3] 103. R. Goscinny [2] 101. J. London [3] 93. H.C. Andersen [7] 91. M. Twain [5] 88. F.M. Dostoïevski [1] 85. I. Asimov [5] 82. G. Simenon [6] 82. L.N. Tolstoï [1] 79. H.G. Konsalik [3] 72.

Nota. — (1) U.R.S.S. *(2) France.* (3) All. (4) G.-B. (5) U.S.A. (6) Belgique. (7) Danemark. (8) Italie.

En France

Source : Syndicat national de l'édition.

Nombre de titres publiés. *1790 :* 2 000. *1828 :* 6 000. *1889 :* 1 500. *1913 :* 25 000. *1983 :* 27 348. *1984 :* 28 797.

Production de livres

Nombre édité en 1984 et entre parenthèses nouveautés. En romain nombre de titres (en unités), en italique nombre d'exemplaires (en millions). Livres scolaires : 3 771 (893), *53,9 (13,3)* [dont préscolaire et primaire 1 072 (240), *17,4 (4,7) ;* secondaire 781 (127), *13,9 (2,7) ;* technique et commercial 716 (177), *6,1 (1,4) ;* parascolaire 1 202 (349), *16,4 (4,4)*]. **L. scientifiques, professionnels et techniques :** 2 330 (1 263), *8,6 (4,7)* [dont sciences pures et appliquées 1 476 (785), *5,1 (2,9) ;* médecine 555 (323), *2,4 (1,2) ;* économie d'entreprise 299 (155), *1,1 (0,5)*]. **L. de sciences humaines :** 3 834 (2 081), *17,8 (8,3)* [dont sc. humaines générales 1 621 (928), *6,3 (3,2) :* sc. écon. et pol. 450 (293), *2,2 (1,4) ;* droit 436 (231), *2,3 (0,6) ;* religion 1 031 (526), *5,7 (2,6) ;* ésotérisme et occultisme 296 (103), *1,4 (0,5)*]. **Littérature :** 8 995 (4 158), *159,5 (84,8)* romans (la somme des classiques et contemporains non ventilés) 6 515 (2 880), *143,1 (75,2) ;* r. classiques 486 (94), *5,3 (0,8) ;* r. contemporains 6 029 (2 786), *137,8 (74,4) ;* théâtre, poésie 265 (166), *0,9 (0,4) ;* critiques et essais littéraires 367 (223), *1,5 (0,9) ;* histoire (mémoires, témoignages, essais historiques, bibliographies) 924 (551), *5,5 (3,8) ;* actualités, reportages, documents 721 (310), *7,6 (4,3) ;* géographie 203 (28), *0,9 (0,2)*]. **Encyclopédies et dictionnaires :** 655 (141), *11,2 (1,9)* [dont encycl. et dict. traditionnels 492 (104), *9,7 (1,6) ;* encycl. en fascicules (non comprises dans le total de la production) 514 (401), *26,1 (22,5) ;* encycl. thématiques 163 (37), *1,5 (0,3)*]. **Beaux-Arts et beaux livres :** 891 (513), *6,3 (3,2)* [dont ouvrages théoriques 170 (113), *1 (0,6) ;* beaux livres d'art 294 (174), *1,9 (1,1) ;* autres beaux livres 359 (186), *3,3 (1,4) ;* bibliophilie 68 (40), *0,1 (0,08)*]. **Livres pour la jeunesse :** 5 275 (2 085), *71,7 (29,9)* [dont albums 1 681 (670), *19,2 (8,7) ;* livres 2 581 (1 040), *30,7 (14,1) ;* bandes dessinées 1 013 (375), *21,8 (7)*]. **Livres pratiques :** 3 223 (966), *42,9 (10,1)* [dont cours pratiques 636 (142), *5,1 (1,6) ;* tourisme (guides et monogr.) 373 (137), *8 (1,8) ;* divers 1 282 (575), *10,9 (5,8) ;* annuaires 51 (8), *0,32 (0,04) ;* cartes géographiques et atlas 881 (104), *18,6 (0,8)*]. **Total :** 28 974 (12 100), *371,9 (156,1).*

Nota. — Catégories de livres se renouvelant le plus rapidement : livres d'art et beaux livres (57,6 % des titres produits sont des nouveautés), l. de sc. humaines (54,2 %), l. scientifiques et techniques (54,2 %) ; *se renouvelant le moins rapidement :* encyclopédies et dictionnaires (21,5 %), l. scolaires (23,7 %).

Nombre de romans publiés à la rentrée d'automne. *1975 :* 117. *80 :* 130. *81 :* 177. *82 :* 181. *83 :*168. *84 :* 187. *85 :* 204.

Romans roses. 30 millions de volumes vendus par an, dont 19 millions de la maison Harlequin qui publie 420 titres par an et réalise plus de 250 millions de F de CA.

Tirage moyen par branches en 1984. *Livres scolaires :* préscolaires et primaires 16 245, secondaires 17 827, parascolaires 13 679, techniques et commerciaux 8 532. *L. scientifiques et techniques :* sciences pures et appliquées 3 469, médecine 4 390, économie d'entreprise 3 575 ; *l. de sc. humaines :* sc. éco. et sc. pol. 4 780, sc. hum. gén. 3 867, religion 5 549, ésotérisme 4 569, droit 5 361 ; *littérature :* romans 21 967 (les nouveaux auteurs, tirés à 2 000, 3 000 et 5 000, ne sont vendus fréquemment qu'à 1 000 ex. ; un roman ne commence à être « rentable » pour l'éditeur que lorsqu'il en a vendu 6 000 ex.), théâtre et poésie 3 507, histoire 5 964, géographie 4 304, actualité 10 549, critiques et essais 4 079 ; *encyclopédies et dictionnaires :* traditionnels 19 767, thématiques 9 055 ; *beaux-arts, beaux livres :* ouvrages théoriques 5 983, beaux livres d'art 6 345, autres beaux livres 9 187, bibliophilie 1 533 ; *l. pour la jeunesse :* albums 11 426, livres 11 887, bandes dessinées 21 483 ; *l. pratiques :* cours pratiques 7 994, guides touristiques 21 449, divers 8 475, annuaires 6 326, cartes géographiques et atlas 21 115.

Sur 10 titres publiés par un éditeur, 2 ou 3 se vendent passablement et 1 ou 2 seulement sont de bonne vente. En édition classique, jusqu'à 30 % du tirage est envoyé en spécimens.

Livres de poche en 1984. *Nombre de titres : 1980 :* 4 788 (dont policiers, espionnage 735), *1981 :* 4 472 (625), *1982 :* 4 801 (703), *1983 :* 5 169 (734), *1984 :* 5 737 (563) ; *nombre d'ex. : 1980 :* 129,1 millions (dont policiers, espionnage 22,7), *1981 :* 112,5 (18,3), *1982 :* 119,7 (17,5), *1983 :* 130,3 (18,7), *1984 :* 137,5 (14,6).

Les livres de poche représentent 37 % de la production totale en ex. (35,7 en *1983*). En littérature : 81,6 %.

Il y a 293 collections de poche (84 éditeurs) et 20 200 titres disponibles en poche.

Livres traduits publiés (1983). Sur 26 348 titres enregistrés, 19 002 ont été recensés dans Livres Hebdo dont 2 529 traductions (2 130 1res traductions, 399 nouvelles éditions et réimpressions, sans compter les éditions bilingues).

Total dont, entre parenthèses, **1res traductions.** 2 529 (2 130) dont Anglais 951 (786), Amér. 724 (633), Allemand 256 (213), Italien 128 (117), Russe 58, Espagnol 51, Grec 13, Japonais 16 (13), Arabe 27, Chinois 18, Latin 12 (11), Tchèque 10, Suédois 15, Polonais 14, Néerlandais 14, Brésilien 12, Yiddish 4, Roumain 3, Persan 5, Portugais 3, Norvégien 1, Hongrois 5, Turc 3, Albanais 3, Irlandais 1, Hébreu-Araméen 5.

Exportation des livres français

12,6 % du total des ventes en 1984, cessions de droits 30,2 %.

Résultats par catégories d'ouvrages en % (1984). Livres scolaires 27,48. Livres scientifiques et techniques 9,55 dont médecine 3,55. Sciences humaines 9,48 dont droit 1,83, religion 2,41, ésotérisme 0,70. Littérature générale 12,22. Encyclopédies et dictionnaires 12,57. Beaux-arts et beaux livres 4,62. Livres pour la jeunesse 8,96. Livres pratiques 13,38 dont cartes géographiques 3,18. Divers 1,74.

Nota. — Aide à l'exportation du livre (Fonds culturel du Livre) par la Direction du livre et de la lecture (en million de F) : 1983 : 44,3 ; 84 : 50,7.

Prix des livres

Décomposition du prix d'un livre. Dans le système du prix conseillé (en vigueur jusqu'au 1-7-1979), pour un prix public conseillé de 23 F : prix de fabrication 3,90 (16,95 %), publicité 0,69 (3 %), coût de distribution 11,82 (51,4 %), droits d'auteur 2,15 (9,4 %), marge de l'éditeur 2,94 (12,8 %), TVA 1,50 (7 %).

Prix de vente d'un livre. Il est souvent fixé à partir du prix technique multiplié par un coefficient de 4 à 5 selon les maisons.

Décomposition du prix de fabrication (moyen) d'un ouvrage de litt. gén. (de 290 p. tiré à 10 000 ex.) (en %). Impression 28, composition 27, papier 25, brochage 11, photogravure 4, pelliculage 2, divers 3.

Livre de classe, 4 couleurs, 352 pages, 198 000 ex., format 17 × 23 : composition 4,06 ; tirage 25,20 ; photogravure 16,61 ; pelliculage 3,03 ; papier 27,57 ; façonnage, cartonnage 24,53.

Prix moyen de vente « éditeur » (en F, en 1982). Livres scolaires 19,68. Scientifiques et techniques 72,98. Sc. hum. 28,46. Littérature (poche exclu) 47,51 (poche inclus) 13,82. Encyclopédies et diction. 84,54. Beaux-Arts 90,97. Jeunesse 12,25. Livres pratiques 21,45.

Soit 21 % d'augmentation des prix des livres, toutes catégories confondues, par rapport à 1981.

Éditeurs

Entreprises d'édition (1984). 3 742 (dont : n'ayant pas de salarié 1 839, ayant de 1 à 5 s. 1 322, de 6 à 9 s. 219, 10 à 99 s. 327, 100 s. et + 35). **Établissements** (1982). 3 923 (dont Paris 2 275, reste de l'Ile-de-France 584, Provence 229, Rhône-Alpes 169, Centre 75).

Le Synd. nat. de l'Édition interroge chaque année env. 600 maisons et publie les résultats de celles dépassant 200 000 F de chiffre d'affaires, soit en 1984 : 391 maisons [287 avaient leur *siège social à Paris* (dont Ve 35, VIe 81, VIIe 27) et 104 en province (dont 27 dans la région parisienne, 8 dans le Rhône et 7 en Alsace].

Titres déposés. En 1984 sur 391 éditeurs, 14 n'ont déposé aucun titre, 66 en ont déposé de 1 à 4, 55 de 5 à 9, 74 de 10 à 19, 88 de 20 à 49, 39 de 50 à 99, 17 de 100 à 149, 6 de 150 à 199, 32 plus de 200.

Un éditeur reçoit de 200 à 2 000 manuscrits par an. En 1979, *Fayard* en a reçu plus de 2 000 et publié 110, *Robert Laffont* (1981) en a reçu 2 000 et publié 164 (111 d'origine française, 53 étr. ; 2 de ces titres ont dépassé 100 000 ex., 9 : 50 000, 24 : 20 000), *Flammarion* en a reçu 3 700 (220 publiés) et *Les Presses universitaires* 2 000 (300 publiés). En 1980, *Le Seuil* en a reçu plus de 3 500.

Chiffre d'affaires (en millions de F, 1984). *Marché intérieur et étranger :* vente de livres 8 563,9 [1] (dont étranger 1 080) ; cession de droits 345,4 (dont étr. 104,2) ; total 8 909,3 (dont étr. 1 184,1). *Taux de croissance* (1984/83) : vente de livres + 6,5 %, cession de droits + 27,3 %, C.A. global : + 6,3 % (métropole), + 13,2 % (exportation).

Nota. — *(1) 1977 :* 4 422 ; *1983 :* 8 042.

Ces chiffres ne comprennent pas les ventes des commissionnaires exportateurs, des diffuseurs et de certains clubs étrangers. *Statistiques douanières* (total des factures au niveau des commissionnaires comprenant frais de distribution et de port) : 1 600 millions de F. En 1984, sur 409 éditeurs, 117 ont réalisé un C.A. supérieur à 10 millions de F, 43 de 5 à 10, 79 de 2 à 5, 63 de 1 à 2, 89 de 0,2 à 1.

Personnes travaillant dans l'édition (31-12-1984). 13 148 (direction, cadres, employés : 9 785 ; V.R.P. : 2 940 ; ouvriers : 423). 21 maisons employaient plus de 100 personnes, 18 de 50 à 99, 37 de 25 à 49, 64 de 10 à 24, 77 de 5 à 9, 118 de 1 à 4, 56 n'ont rien déclaré.

Principaux groupes de l'édition, chiffre d'affaires (en millions de F), **principales filiales et départements édition France, en 1984. Hachette : (1983) :** 2 280 ; H. littérature, H. classiques, H. jeunesse, H. guides bleus, H. beaux livres, Le Chêne, B.F.B.-Trévise, Cie internationale du livre, Éditions no 1, Éditions maritimes et d'outre-mer, Fayard, Grasset, Lattès, Librairie des Champs-Élysées, Le Masque, Libr. générale française, Livre de poche, Marabout, Mazarine, Média 1 000, Stock, Edireg, Livre de Paris, Éditions Quillet, Sté nouvelle des Éditions Pauvert. **Presses de la Cité :** 3 199 dont Presses 366 ; Bordas (acheté en 1985, 45 millions de F) 422 : Pédagogie moderne, Dunod, Gauthier-Villars, Technique et Vulgarisation ; France Loisirs 1 949 : Plon, Rocher, 10-18, Fleuve noir, Julliard, Librairie académique Perrin, GP Rouge et Or, Solar, Presses Pocket, Christian Bourgois, Garancière. **Larousse :** 660. **Gallimard :** 570,4 ; Denoël, Mercure de France. **Laffont :** 430 ; Seghers, Quid. **Flammarion :** 600 ; La Maison rustique, Skira, Arts et Métiers graphiques, Le Père Castor, Herscher, J'ai lu, Aubier, Balland, Barrault, G.-F., Horay, P.O.L., R.M.C.

Diffusion

Circuits de distribution (en % du C.A., en 1984, entre parenthèses en 1983). Vente aux libraires, grossistes, commissionnaires et grandes surfaces : 39,8 (38,8) ; par diffusion : 34 (34) ; aux consommateurs par correspondance : 12,3 (13,5) ; par courtier : 9,4 (9,5) ; aux clubs : 1,3 (1,3) ; aux collectivités et adm. : 1,4 (1,3) ; autres circuits : 1,7 (1,6).

Ventes (en 1983). *Par correspondance* 13,8 % ; *par correspondance et clubs,* part des % de ventes de livres : 22,5 %, C.A. : 2,7 milliards de F, lecteurs : env. 8 millions. Les clubs représentent 50 % des chiffres cités ci-dessus ; *par courtage,* part des ventes de livres : 8,6 %.

Depuis *la loi Lang* (entrée en vigueur le 1-1-1982), lorsqu'un livre est réédité en vue de sa diffusion par correspondance ou par un club, son prix doit être au moins égal à celui de la première édition pendant 9 mois.

Organismes de diffusion

1°) Organismes de distribution communs (entre parenthèses principaux éditeurs qu'ils distribuent) :

Hachette-Centre de distr. du livre. Installé à Maurepas (44 000 m² pouvant abriter + de 50 millions de volumes, et services 20 000 points de vente, v. index). *Éditeurs du groupe diffusés en exclusivité :* Hachette (créé en 1826 par Louis Hachette 1800-64), Hachette littérature, Guides bleus, Le Chêne, Grasset, Stock, Fayard, Lattès, Éditions maritimes et d'outre-mer, Mazarine, Pauvert, B.F.B., Trévise, Librairie générale française (Livre de Poche), Librairie des Champs-Élysées (le Masque), Média 1 000, Hachette jeunesse (Bibliothèques verte et rose), Cie intern. du Livre, Édition no 1, Marabout, Livre de Paris, Édimonde, Classiques Hachette, Édicef. *Éditeurs extérieurs diffusés en exclusivité :* Belfond, Presses de la Renaissance, Acropole, Grancher, Mengès, Le Hameau, Love me tender, Filipacchi, Tallandier, Pac, Éd. de l'Orée, Éd. du Quotidien, Mazenod, Hallwag, Générique, Deux coqs d'or, Whitman. *Éditeurs extérieurs distribués :* Harlequin, Mégrelis, Papyrus, Sycomore, Éd. associés. *C.A. 1983 :* 1 500 000 000 F (avec les 17 centres régionaux). Volumes vendus 110 000 000 (littér. gén. 42 %, poche 22 %, policiers 5 %, jeunesse 16 %, classique 15 %).

Sodis. *Éditeurs distribués :* Age d'homme, Baschet, Bayard-Presse, Bordas, Centurion, Chotard et associés, Denoël, Des Femmes, Éditions Sociales, Farandole, Galilée, Gallimard, Gonthier, L'Herne, Humanoïdes associés, Mercure de France, Orban, Payot, Presses d'aujourd'hui, Le Progrès, Pygmalion, Ramsay, Retz, Table Ronde. Temps actuels. *C.A. 1982 :* 930 000 000 F. *Livres vendus :* 33 000 000.

Sofedis. *Éditeurs distribués :* Agora, André Bonne, Atelier Bayard-Presse, Bardèche, Booth Clibborn, Bordas, Le Centurion, Chotard Associés, Élina, Feu Nouveau, Mardaga, Le Monde de la Bible, Nord-Sud Suisse, Payot Lausanne, Presses de l'Ile-de-France, Retz, Le Missel. *C.A. :* 61 720 000 F. *Livres vendus :* 1 235 000.

Inter Forum (créé en 1972, fusion d'Inter f. en août 1949, Forum f. en août 1963). *Éditeurs diffusés :* Robert Laffont, Seghers, Quid, Albin Michel, Le Robert, Sélection du Reader's Digest, C.E.P., Berger Levrault, Ouest-France, Éd. de l'Homme, Éd. du Jour, Time-Life, Cercle d'art, Phébus, Sorbier, Favre, Picollec, Arbalète, Hermé, R.T.L. Éd., Bottin Gourmand. *C.A. 1985 :* 470 000 000 F. *Nombre de livres vendus :* 9 000 000.

Messageries du Livre, filiale des Presses de la Cité. *Éditeurs distribués :* groupe « Les Presses de la Cité » (Pr. de la Cité, Presse-Pocket, G.P. Rouge et Or, Solar, U.G.E., 10/18, Plon, Lib. Ac. Perrin, Julliard, Fleuve Noir, Ch. Bourgois, Le Rocher, Pélican, Collin Maillard, Garancière). *Autres éditeurs :* Lombard, Albert René (Astérix), Grands Vents, Fluide Glacial, Bretecher, Les Archers, Chasse et Sports, Musées Nationaux, Graton Éditeur, Guide Susse, Usborne. *C.A. net H.T. (1985) :* 460 000 000 F. Livres vendus 27 700 000 (litt. gén. 14 %, format de poche 27 %, policiers 44 %, jeunesse 6 %, B.D. 9 %) ; le Fleuve Noir du groupe des « Presses de la Cité » se distribue personnellement (12 000 000 ex. de l. policiers vendus chaque année).

Union Diffusion. *Éditeurs distribués :* A.M. G. Arthaud, Aubier-Montaigne, Flammarion, J'ai lu, Skira, CNAC Georges-Pompidou, La Maison rustique, Herscher, P.O.L., Balland, Horay, Barrault. *Livres vendus :* 28 000 000.

2°) Maisons assumant elles-mêmes leur diffusion : P.U.F., Larousse (6 %), Le Seuil, Calmann-Lévy, Éditions d'organisation, Éditions du Cerf, Bordas, Mazenod (pour 2/3), etc.

Les livres scientifiques et techniques, édités principalement par Bordas (fusion avec Dunod/Gauthier-Villars en 1974), P.U.F., Masson, Éd. d'organisation et hommes et techniques, etc., sont diffusés par un réseau relativement étroit de librairies spécialisées.

Édition belge. *Plus grands éditeurs :* Casterman, Dupuis, Marabout. C.A. réalisés par les bandes dessinées et les livres pour enfants : 57 % ; scolaire 8 ; litt. génér. 2,4 ; sc. humaines 4 ; b.-arts 8,6 ; ouvrages scient. et encycl. 20. *Exportations* (1983) : 850 000 000 FF (France 36 %, P.-Bas 34 %) soit, en 1983, 47 296 t de livres (export. franç. 33 158 t). *Chiffre d'affaires* des éditeurs belges de langue française : 758 millions de FF.

Librairies

• **Nombre en France.** Environ 20 800 points de vente de livres (600 librairies générales, 4 000 papeteries, 1 200 bibliothèques de gare, 15 000 divers : tabacs, kiosques, etc.). 30 librairies réalisent plus de 10 000 000 F de C.A. La moitié des librairies sont à Paris. 50 % des ventes de nouveautés et d'ouvrages de grande portée intellectuelle sont réalisés dans 4 arrondissements de Paris : 5e, 6e, 7e, 16e.

De nombreuses librairies vendent à côté des livres : papeteries (45 % du C.A.), journaux (15 à 30 %), objets d'art et de piété (1,5 à 4 %), dessins (1,5 à 3,5 %).

Nombre d'habitants pour 1 grande librairie : Paris (5e, 6e, 7e) 1 200 à 1 600 ; Lyon (2e) 1 500 ; Marseille (centre) 1 700 ; quartiers urbains populaires : 90 000 à 100 000.

● **Titres disponibles.** Env. 250 000 sur le marché. L'assortiment moyen d'une libr. générale comprend de 10 000 à 20 000 livres, un assortiment important de 20 000 à 50 000 titres (40 à 80 000 volumes).

● **Librairies les plus importantes. Du monde :** *Foyle* à Londres : vend 5 000 000 de livres par an et a en stock 4 millions d'ouvrages sur 27 km de rayons. A Hay-in-Wye (Pays de Galles) plus grande librairie d'occasion (3 millions d'ex. par an, 250 000 visiteurs). **De France :** *La FNAC*-Forum des Halles 2 160 m², 130 000 titres et 600 000 volumes présentés, 3 600 000 ouvrages vendus par an. *Le Furet du Nord* à Lille 137 000 000 F de C.A., 150 000 titres, 500 000 livres en stock, 180 employés, 4 500 m² de surf. de vente, environ 20 000 visiteurs par jour. 1 400 000 livres vendus par an. *Les Presses universitaires de France* (49, bd St-Michel, Paris), 53 000 000 F de C.A. en 1983 (uniquement en livres), plus de 2 millions de visiteurs par an.

● **Remise aux libraires avant le 1-1-1979.** % touché par le libraire sur le prix de vente conseillé par l'éditeur. Livres scolaires : 20 à 30 % ; de littérature : 33,3 % ; techniques et scient. : 10 % ; d'érudition : 10 %. Le % était souvent plus important pour les commandes importantes ou à partir d'un certain C.A. annuel. *Du 1-7-1979* (entrée en vigueur de l'arrêté Monory du 23-2-1979) *au 1-1-1982*, il n'y eut plus de prix conseillé. L'éditeur cédait au libraire le livre à un prix de base que celui-ci était libre de majorer à son gré pour la vente au public. **Depuis le 1-1-1982** (entrée en vigueur de la loi Lang du 10-8-1981 sur le prix du livre, suivie du décret du 3-12-1981 et de la circulaire du 30-12-1981) l'éditeur est tenu de fixer un prix de vente public. Il détermine à partir de ce prix la marge commerciale du libraire en calculant des remises qualitatives devant être supérieures aux remises quantitatives. Le libraire ne peut vendre de livre qu'au prix public (avec une marge de 5 % au max.) sauf s'il vend à des bibliothèques, établissements d'enseignement, de recherche et de formation profess. Il peut consentir des prix réduits sur les livres édités depuis plus de 2 ans, et dont le dernier approvisionnement remonte au moins à 6 mois.

L'arrêt du 10-1-1985 de la Cour de Justice de la Commun. européenne reconnaît la compatibilité de cette loi avec les règles communautaires de la concurrence.

Commissionnaires et grossistes de livres. Remise de 40 % ou plus. *Nombre :* 2 très importants, 4 ou 5 importants, plus un nombre difficile à déterminer de moins importants dont une vingtaine en province. Certains éditeurs ont créé des agences et des dépôts régionaux pour hâter l'approvisionnement.

Vente par correspondance et par courtage

Principales maisons
(C.A. en millions de F)

Le Livre de Paris. *Courtage :* notamment Encyclopédie générale Hachette et Tout l'univers (14 vol., 1 900 000 ex. vendus en 19 ans). *Par correspondance :* ouvrages pratiques, ouvr. pour enfants ; licencié de Walt Disney. C.A *1985 :* 848.

France-Loisirs (50 % Presses de la Cité, 50 % Bertelsmann). Distribution par correspondance et par points de vente (184 en France). Livres contemporains, encyclopédies, guides pratiques, disques et jeux, photographies ; catalogue trimestriel. *Statistiques 1983* (France uniquement) : adhérents : 3 915 000 servis en moyenne par trim. ; livres : 24 000 000 d'ex. ; disques : 3 400 000 ; jeux : 650 000. C.A. T.T.C. (1985) : 1 949 197 000 F. Meilleurs tirages (en milliers d'ex.) : Larousse encycl. (22 vol.) 10 000, Guides des routes de France 900, la Bicyclette bleue 820, Harricana 450, la Pierre et le Sabre 300, les Trois Quarts du temps 380. 3 disques d'or (+ d'1 million d'ex. vendus) : Linda de Suza, Michael Jackson, le Boléro de Ravel.

Sélection du Reader's Digest. *C.A.* (de juillet 1984 à juin 85) 561. Principaux succès (en milliers d'ex.) : Guide de la route de France (avril 1969) 4 680, France des routes tranquilles (mai 1977) 1 750, Vous et la Loi (nov. 1971) 1 000, Atlas mondial (nov. 1961) 1 225, Guide des réparations domestiques (févr. 1974) 600, Cuisine sans souci (mars 1973) 600, Calendrier du jardinage (sept. 1973) 540, Merveilles naturelles de la France (janv. 1973) 520, Guide des oiseaux (avr. 1971) 470, Savoir tout faire au jardin (mars 1980) 470. Plus beaux villages de France (juillet 1975) 460, Monde étrange et fascinant des animaux (octobre 1971) 520, Guide des plantes médicinales (mars 1977) 560. Album des châteaux de Fr. (août 1975) 420.

Rombaldi éditeur (filiale de la Redoute). VPC : Cuisine 570 000 clients, Tricot 140 000, Bricolage, Fascicules Beauté « Vous êtes belle » 90 000, Hist. de France en BD 120 000, Astérix 125 000, l'Intégrale de Lucky Luke 98 000, les Rois de la BD 45 000, Alix 15 000, les Meilleures Histoires du journal Tintin 20 000, Beautés de la France 78 000, Beautés du monde 67 000, Dict. encycl. Larousse 45 000, les Géants de l'Ouest 20 000, Œuvre int. d'Hergé (Tintin) 83 000, Tout Franquin (Spirou, Gaston) 25 000, VPR : Livres (avec le CFED) : Grand Quid Illustré, la France contemporaine, la Bible, Encyclopédie générale médicale, Ouvrages historiques, Littérature, Lithographie. *C.A. (1982)* 270.

Robert Laffont. VPC (collections à caractère encyclopédique et culturel). 600 000 ouvrages par an. Histoire : Histoire de France et des Français, Grand dictionnaire de l'histoire de France, les Grands Empires. Nature : Encyclopédies du commandant Cousteau. Culture : Usuels du Robert, Peuples du monde entier. Nouveautés : Hauts Lieux de la spiritualité, Grand Fichier du commandant Cousteau. *C.A. :* 86.

● **Hypermarchés** (enquête réalisée sur 513 hyper. pour 1983 : sans tenir compte de la taille des magasins). *Rayon librairie.* Linéaire au sol : 45,5 m² ; chiffre d'aff. : annuel, 3 897 470 F (1,13 % du C.A. moyen de l'hyper.) ; par mètre linéaire au sol : 85 658 F ; employé : 1 694 552 F.

Chiffre d'aff. (par catégorie de livres en %). Grande diffusion : 19,7 ; litt. générale : 19,8 ; l. pratiques : 11,5 ; l. cadeaux : 6 ; l. pour la jeunesse : 33,3 ; encycl.-diction, l. parascolaires : 9,7.

Marché du livre en hypermarché. Nombre d'hyper. au 31-12-1983 : 513 ; chiffre d'aff. moyen du rayon librairie : 3 897 470 F ; chiffre d'aff. libr. de l'ensemble des hyper. : 1 999 402 110 F ; part des hyper. dans le marché du livre : 16,66 % (marché du livre en F. : 12 milliards de F).

● **Magasins populaires** (enquête auprès de 2 chaînes rassemblant 80 % des mag. pop., 1982). *Rayon librairie.* Linéaire au sol : 8 m ; chiffre d'affaires annuel : 1 764 170 F (0,55 % du C.A. total) ; par m. linéaire au sol : 22 058 F, employé : 88 235 F.

Chiffre d'aff. par catégorie de livres (en %). L. pour la jeunesse : 42,6 ; grande diffusion (l. au format de poche) : 33,9 ; litt. gén. (dont best-sellers, l. pratiques et l. cadeaux) : 16,9 ; diction. : 6,6.

Marché du livre dans les magasins pop. Nombre de magasins pop. : 661 ; % des magasins pop. dans le marché du livre : 1,2 %.

Le Grand Livre du Mois. Club de livres (actualité littéraire), *C.A. (1982)* 140.

Time-Life (1 300 000 ex.) : C.A. 92 (1980, prév.).

De plus, quelques grandes maisons d'édition (l. scientif. et techn. notamment) ont, outre leur réseau traditionnel, un important service de vente par correspondance. La plupart de ces maisons sont regroupées au sein du Syndicat des entreprises de vente par correspondance.

Centre national des Lettres

Statut. Établissement public (53, rue de Verneuil, 75007 Paris) à caractère administratif, doté de la personnalité civile et de l'autonomie financière, placé sous la tutelle du ministère de la Culture. Le Pt de droit est le directeur du Livre au ministère de la Culture. Organisation et missions définies par la loi du 11-10-1946 modifiée et complétée par la loi du 25-2-1956 et les décrets du 14-6-1973 et du 30-1-1976.

Objet. Encourager l'activité des écrivains et la diffusion du livre notamment par les aides suivantes.

A la création littéraire : bourses de création pour des auteurs ayant publié au moins une fois ; « allocations d'année sabbatique » pour des écrivains confirmés pour leur permettre d'écrire une année sans exercer d'autres activités rémunérées ; bourses d'encouragement pour aider les jeunes auteurs dont la 1re œuvre a été remarquée. Depuis 1980, le Centre international de recherche, de création et d'animation (C.I.R.C.A.) et le Centre nat. des Lettres (C.N.L.) expérimentent une formule d'aide à la création ; 2 auteurs reçoivent une allocation d'année sabbatique pour séjourner 1 an à la Chartreuse de Villeneuve-lez-Avignon où ils participent aux activités d'animation et poursuivent leurs recherches personnelles.

A l'édition : prêts et avances pour l'édition ou la réédition de textes appartenant au patrimoine littéraire et culturel français.

A la traduction : bourses aux traducteurs et subventions aux éditeurs pour la traduction de textes difficiles ou pour combler certaines lacunes éditoriales.

Aux activités littéraires : subventions aux associations littéraires, à des activités d'animation autour du livre, des écrivains et de la lecture, destinées à des achats de livres et de périodiques.

Aux revues littéraires : des subventions sont accordées directement aux principales revues de création littéraire et de sciences humaines.

A la lecture publique : attribution aux bibliothèques publiques de crédits destinés à des achats de livres et de périodiques.

Nota. — Depuis 1984, une partie de ces tâches est assurée par des Centres Régionaux des Lettres, ou Offices Rég. du Livre, créés par certains établ. publics rég. avec l'aide du Centre national des Lettres.

Actions menées en 1984. 11 années sabbatiques (97 000 F chacune), 46 bourses de création (54 000 F chacune), 41 b. d'encouragement (35 000 F chacune), 18 b. de traduction.

Aides en 1984 (en millions de F). Revues 2,9 ; association et animation littéraire 3,7 ; édition 25 ; bibliothèques (pour l'achat de livres) 43.

Ressources. *Budget* (en millions de F) *1976 :* 10, *1985 :* 102 (dont ressources essentielles : *subventions du « Fonds national du Livre »* alimenté par la redevance due par les éditeurs (0,20 %) sur leurs ventes d'ouvrages en France (ne sont pas concernées les maisons d'édition dont le chiffre d'affaires annuel est inférieur à 500 000 F) et 3 % sur l'emploi de la reprographie sur les ventes et l'importation en France de tous appareils de duplication ou de photocopie.

☞ Maison des écrivains : 53, rue de Verneuil, 75007 Paris. Inaugurée en 1986.

Dépôt légal

Modalités. Régi par la loi du 21-6-1943 complétée par 6 décrets : 21-6-1943 (modalités d'application), 17-7-1946 et 17-6-1964 (application aux D.O.M.-T.O.M.), 21-11-1960 (délais de dépôt), 30-7-1975 (œuvres audiovisuelles), 23-5-1977 (films). Pour les médailles, loi du 28-6-1929. Y sont soumis les imprimés de toute nature (livres, périodiques, brochures, estampes, gravures, cartes postales illustrées, affiches, cartes de géographie et autres), les œuvres musicales, photographiques, cinématographiques, phonographiques mises publiquement en vente, en distribution ou en location, ou cédées pour la reproduction. Sont exclus les travaux d'impression dits de ville, dits administratifs ou dits de commerce.

Imprimés. Dépôt à effectuer en 6 ex., dans les services du dépôt légal dépendant de la Bibl. nat. (58, rue de Richelieu, 75084 Paris Cedex 02). 4 déposés par l'éditeur 48 h avant la mise en vente, 2 déposés par l'imprimeur dès l'achèvement du tirage (à la Bibliothèque nationale pour les ateliers de la région parisienne, ou dans une des 19 bibl. municipales habilitées en province). Tous les exemplaires du livre doivent porter la mention du nom de l'imprimeur, du lieu de sa résidence, de l'année et du mois de son édition, et les mots « Dépôt légal » suivis de l'indication de l'année et du trimestre au cours duquel le dépôt est effectué. Pour les nouveaux tirages, l'indication de l'année où ils sont réalisés est obligatoire. Le nombre d'exemplaires déposés peut être inférieur pour certaines œuvres imprimées (ouvrages de luxe, estampes au tirage peu important...).

Œuvres audiovisuelles. Dépôt de 2 ex. du producteur et de l'éditeur (ou du diffuseur), à la Bibliothèque nationale. Tous les envois sont acheminés en franchise postale et doivent être accompagnés d'une déclaration en 3 ex. sur papier libre mentionnant (pour l'éditeur) : le titre de l'ouvrage, le nom et l'adresse de l'auteur, de l'éditeur, de l'imprimeur ; la date de mise en vente, le prix, le tirage, le format et le nombre de pages.

L'éditeur doit aussi déposer 1 ex. au *service du Dépôt légal du ministère de l'Intérieur* (3, rue Cambacérès, 75008 Paris) qui, avec celui de la Bibl. nat., « constitue un service commun dénommé Régie du Dépôt légal ». Les périodiques édités en dehors de Paris sont déposés à la préfecture du département. Les éditeurs de périodiques sont en outre astreints aux dépôts administratifs et judiciaires (loi du 29-7-1881, modifiée par la loi du 31-12-1954), et ceux de publications pour la jeunesse à un dépôt au min. de la Justice (loi du 16-7-1949).

• **Statistiques.** En 1979, le Dépôt légal a reçu 36 924 volumes, 489 287 fascicules périodiques, 3 375 feuilles et 408 volumes et notices de cartes et plans, 1 081 gravures, 1 414 photographies, 2 806 affiches, 405 médailles frappées, 62 planches de timbres, 2 536 partitions musicales, 12 546 phonogrammes, 4 438 diapositives.

En 1982, la *Bibliographie de la France* a publié 20 360 notices recensant 22 719 volumes dans la partie « Livres », et dans ses suppléments, 4 932 notices de publications en série (périodiques, annuaires, collections), 2 352 de publications off., 690 d'œuvres music., 759 d'atlas, cartes et plans. Catalogue tous les ouvrages quels qu'ils soient. Les publications décrites dans les notices de la Bibliographie de la France sont uniquement des publications françaises reçues par dépôt légal.

La différence entre le nombre d'enregistrement au Dépôt légal et le nombre des ouvrages annoncés à la Bibliographie de la France tient au fait : 1° que le Dépôt légal numérote chaque volume (unité matérielle) déposé, alors que la *Bibliographie de la France* annonce des titres d'ouvrages ; 2° que de nombreuses publications officielles des administrations et organismes publics et privés (recueils de circulaires, rapports annuels, etc.) ne sont annoncées qu'à l'occasion du dépôt du 1er numéro.

Censure

Instituée en *1741* par Louis XV, pour remplacer la censure religieuse, aux mains de la Sorbonne (voir index). Jusqu'en 1789, il y eut 79 censeurs chargés d'autoriser ou d'interdire la parution de livres, selon leur moralité (belles-lettres 35, théologie 10, jurisprudence 10, etc.). Montesquieu, Rousseau, Voltaire furent imprimés en Suisse, Hollande, Angleterre. *1789* l'Assemblée constituante abolit la censure. *1791* cette abolition est inscrite dans la Constitution. *1797* elle est rétablie par le coup d'État de Fructidor. *1801* la Constitution n'en parle pas. *1810* nomme censeur impérial : Royer-Collard qui prend le titre de directeur Gal de la librairie. *1814* la censure est rétablie par l'abbé de Montesquiou. *1815* elle est supprimée aux Cent-Jours. *1817* elle est rétablie. *1819* de nouveau abolie. *1820* établissement d'une commission de censure de 12 membres, jusqu'en 1822. *1827* nomination de 6 censeurs, tellement impopulaires qu'ils doivent garder l'anonymat. *1830* abolie. *1835* rétablie pour les ouvrages dramatiques. *1848* abolie, puis rétablie par Cavaignac. *1852* rétablissement de la juridiction en correctionnelle pour les auteurs d'écrits immoraux. *1881* abolition de toute censure, sauf pour les œuvres dramatiques.

Lecteurs

• **Achat.** 56 % des + de 15 ans ont acheté des livres en 1981, 10 % une fois ou deux, 27 % quelquefois, 19 % de nombreuses fois. Parmi les acheteurs : 33 % sont de gros consommateurs, 49 % sont des acheteurs occasionnels, 18 % sont acheteurs accidentels (1 ou 2 fois par an).

Lieux d'achat *(en %). Librairie :* 49 ; *hyper et supermarchés :* 24 ; *grands magasins :* 17 ; *magasins populaires (ex. Monoprix, Prisunic) :* 5 ; *librairies marchands de journaux :* 37 ; *vente par correspondance :* 29 (seulement adultes de 40 à 50 ans, habitants de communes rurales et personnes avec un niveau d'études modeste) ; F.N.A.C. : 14 (59 % de ses clients possèdent au moins le bac) ; kiosques de gare : 7. *Lieux d'achat des possesseurs de + de 200 livres (en %) :* librairie 52, grande distribution 37, par correspondance 28, F.N.A.C. 20.

• **Bibliothèques.** 14 % des Français de + de 15 ans sont inscrits dans une bibliothèque ; 50 % d'entre eux y vont 1 à 2 fois par mois. 63 % des inscrits lisent au moins 20 livres par an, 27 % 50 l. et +. 30 % font des études supérieures, 6 % n'ont aucun diplôme.

57 % sont inscrits dans les bibliothèques municipales (dont 20 % ont de 15 à 19 ans, 17 % ont 60 ans et +), 55 % dans les bibliothèques gratuites, 35 % dans les bibliothèques faisant payer chaque emprunt. 65 % des inscrits possèdent au moins 100 livres, 41 % en ont + de 200.

• **Émissions littéraires.** 16 % ont regardé « souvent » (23 %) ou « de temps en temps » des émissions littéraires à la T.V.

• **Lecture.** *Livres lus. Dans l'année* (en %) : aucun *26*, de 1 à 9 *28*, de 10 à 24 *26*, de 25 à 50 et + *18*. *Selon le niveau d'études.* Parmi ceux qui lisent 50 livres et +, on trouve (en %) : aucun diplôme 12, C.E.P. 18, brevet ou C.A.P. 32, baccalauréat 17, études supérieures 18, autres 3.

Livres préférés (enquête Figaro-Sofrès, 1979) (en %). Romans 48, histoire, récits 45, policiers, espionnage 31, santé, médecine, mort 26, scientifiques ou techniques 18, documents, politique 19, bandes dessinées 16, litt. classique 18, sc.-fiction 14, poésie 11, essais, philosophie, sciences humaines 11, livres d'art 11, encyclopédies 10, livres religieux 5.

Types de livres lus. 35 % lisent le + souvent des romans, 7 % lisent seulement des B.D.

• **Possesseurs de livres.** Français possédant des livres 80 %. Chez les agriculteurs 64 %, ouvriers de plus de 60 ans 61 %, cadres supérieurs 97 %. 28 % en possèdent plus de 200 (59 % des cadres supérieurs, 9 % des ouvriers).

Livres possédés (en %). Possèdent des dictionnaires 84 % des Français, romans 81, livres d'histoire 62, policiers ou espionnage 60, litt. classique 58, livres pour enfants 52, B.D. 50, l. scientifiques et techniques professionnels 48, poésie 43, essais politiques, philosophiques, religieux, psychologie, etc. 36, l, reportages d'actualité 35. Près de 1 Français sur 2 emprunte ou prête des livres.

☞ Enquête de l'Institut Louis-Harris, 1978 : voir Quid 1982, p. 508 b.

Sondage Sofrès-Le Pèlerin 1981, voir Quid 1984, p. 499 c.

Vitesse de lecture

Enfant jeune : 75 mots/mn, *lecteur moyen :* 250 à 300, *doué et entraîné :* 600, *exceptionnel :* 1 000.

La *lecture rapide* se fonde sur la saisie de groupes de mots pour reconstruire les parties logiques du raisonnement de l'auteur.

Principales foires

Foire du livre de Francfort. *Fondée* 1949. En *1985 :* 93 000 m², 192 000 visiteurs, 6 598 éditeurs de 77 pays (dont 1 783 all.) présentant 320 000 titres dont 92 000 nouveautés.

Foire du livre pour la jeunesse de Bologne. *Fondée* 1964. En *1985 :* 1 023 éditeurs (118 italiens et 905 étrangers), 1 700 vis. professionnels (59 pays), 13 660 m² d'exposition (556 stands). Prix Critici in erba (livre le mieux illustré) et Prix graphique Fiera di Bologna (livre au meilleur graphisme). Concours « L'affiche de l'année ».

Foire internationale du livre de Bruxelles. *Fondée* 1969. En *1984 :* 10 000 m², 322 919 vis., 1 500 éditeurs, 200 exposants, 40 pays représentés, 620 stands.

Foire internationale du livre de Jérusalem. *Fondée* 1961, biennale. En *1985*, 7 000 m², 1 000 exposants (42 pays), 55 000 visiteurs. Prix de Jérusalem (1985 : Milan Kundera, 5 000 $).

Journées mondiales de l'écrivain. *Fondées* en février 1983 par Jacques Médecin, Jacques Chancel, Marcel Jullian, Lionel Chouchan, Jacques Séguela, Jacques Samyn pour succéder au festival du livre de Nice et au Fidac en octobre. *But :* rencontre entre écrivains et public. *Organisation :* Promo 2000.

Salon du livre de Montréal. Remplace dep. nov. 1978 la Foire du livre de M. (créée 1973). Se tient en nov. En *1985 :* 79 000 visiteurs, 500 éditeurs, 11 000 m² d'exposition, 11 pays représentés. *Prix :* Canada/Suisse, Judith Jasmin (journalisme), Émile Nelligan (poésie), Journal de Montréal (jeunes écrivains).

Salon du livre à Paris. *Créé* 1981 au Grand Palais ; en *1985 :* 1 100 exposants, 15 000 m². *Visiteurs : 1981 :* 120 000, *85 :* 170 000., *86 :* 180 000.

Bibliothèques

Fréquentation en France

En 1981, 14,3 % des Français de plus de 15 ans étaient inscrits à une bibliothèque publique dont 8,5 % à une b. municipale.

Taux d'inscription *les plus élevés en 1981 :* élèves et étud. 36,8 % ; cadres sup. et prof. lib. 27,9 % ; bacheliers et diplômés de l'ens. sup. 27,4 % ; jeunes de 15-19 a. 22,4 % ; Parisiens 20,7 %.

Les plus bas : communes rurales 8,7 % ; + de 70 ans 8,4 % ; petits commerçants et artisans 8,2 % ; O.S., manœuvres et personnel de service 7,8 % ; non-diplômés 5,9 %.

Organisation en France

Depuis 1981, les b. municipales, les b. centrales de prêt, la B. publique d'information et la B. nationale dépendent de la Direction du Livre et de la lecture au min. de la Culture.

Les b. universitaires et celles des grands établissements (Institut, b. Mazarine, Muséum national d'histoire nat., Musée de l'homme, Académie de médecine) dépendent du Service des b. au min. de l'Éducation nat.

Budget de la direction du livre et de la lecture (en millions de F). *1981 :* 197,4. *82 :* 639,91. *83 :* 866,48. *84 :* 925,7 *(dépenses ordinaires et autorisations de programme : budget global (personnel inclus) :* 930,3 ; *aide à la lecture publique :* 705,7, dont *subvention aux bibl. municipales :* 272,4). *85 :* 946,5.

• **Bibliothèques municipales. Nombre** (1984), 670. **Population desservie** (en millions 1984), 26,6. **Personnel** (effectifs, 1984), 8 800. **Locaux** (en m², 1984), 760 000.

Collections (en millions, 1984). *Livres :* 50, *disques :* 1,6. **Livres prêtés** (en millions, 1984), 70.

Dépenses totales de fonctionnement (en millions de F, 1984), 1 300.

Subventions de fonctionnement de l'État (en millions de F, 1984) 180, **d'équipement de l'État** 107.

Prêt à domicile *(1983). Emprunteurs* 3 394 000 (soit 12,5 % de la pop. des villes ayant une bibliothèque municipale), Paris 8,1 % de la pop. ; villes de − de 5 000 h. 15,2 %.

Volumes prêtés : 74 828 000 (soit 2,65 vol. par h.), Paris 2,25 ; villes de − de 5 000 h. : 3,39.

Dépôt de livres dans les collectivités (sauf Paris) : communes 46,5 % (soit 65,7 % de la pop. correspondante) ; 1 582 400 vol. déposés (soit 5,66 % pour 100 h.).

Nota. − En 1981, Paris a prêté 4 927 000 livres (dont 33,2 % de livres pour enfants) et 741 300 disques.

• **Bibliothèques centrales de prêt (B.C.P.).** *Instituées* en 1945 pour desservir les zones rurales à l'échelle du département. Services décentralisés gérés par les départements, subventionnés parfois par les communes ou les régions. Nombre *1981 :* 77, *82 :* 94, *85 :* 94. Système de bibliobus (286 ayant 2 000 à 3 000 volumes chacun). **Dépôts** dans mairies, écoles, bibliothèques municipales et autres organismes culturels souvent sous la responsabilité de bénévoles.

Collections (millions). *Livres 1981 :* 10, *85 :* 14,6 ; *disques 1981 :* 0,067, *85 :* 0,48.

Personnel. *1981 :* 880 (dont État 786), *85 (est.) :* 1 324 (924). **Véhicules.** *1981 :* 300 (dont 210 bibliobus), *85 (est.) :* 481 (325).

Crédits de fonctionnement (millions de F) et entre parenthèses, **d'équipement.** *1981 :* 37,9 (17,8), *82 :* 94,9 (39,6), *83 :* 121,2 (50), *84 :* 123,6 (50,6), *85 :* 131,6 (44,5).

Population desservie (millions). *1981 :* 19,4, *85 :* 29. **Livres prêtés** (millions). *1981 :* 27,8, *84 (est.) :* 32, *85 (est.) :* 35.

• **Bibliothèques universitaires, interuniversitaires et d'université.** Organisées à la fin du XIXe s. Il y en a 62 (y compris la b. nationale et universitaire de Strasbourg) et 7 de grands établissements.

• **Bibliothèque nationale (Paris). Origine :** librairie de Charles V, installée à Paris en 1386 ; ouverte au public en 1692 et nationalisée en 1789. **Volumes** sous Charles V : 910, François Ier : 1 890, Louis XIII :

16 746, *1684 :* 50 542, *1790 :* 200 000, *1983 :* 10 000 000.

Budget (millions de F). *Crédits d'investissements ; 1981 :* 6, *82 :* 48,3, *83 :* 52,6, *84 :* 60 ; *de fonctionnement ; 1981 :* 30, *82 :* 51, *83 :* 64,6, *84 :* 68,5 ; *d'acquisition ; 84 :* 14. *Effectifs ; 1981 :* 1 200, *83 :* 1 273 dont 325 fonctionnaires et agents de niveau scientifique (licence ou maîtrise et diplôme supérieur de bibliothécaire, ou diplôme d'archiviste-paléographe).

Centre national chargé de collecter, cataloguer, conserver en permanence et exploiter les documents soumis au dépôt légal ; tout éditeur ou imprimeur de livres, de périodiques, d'estampes ou de photographies ; tout producteur d'œuvres sonores, audiovisuelles ou de multimédias, de médailles frappées, doit envoyer à la B.N. au moins un exemplaire de toute sa production. Elle rassemble des collections de manuscrits, monnaies et médailles, documents rares et précieux qui présentent un intérêt national et elle en dresse le catalogue. Elle est aussi un centre de recherches dans le domaine des sciences humaines et sociales.

Départements. *Livres imprimés* (plus de 10 millions de volumes) ; *Périodiques* (plus de 500 000 titres de pér. anciens ou en cours) ; *Publications off.* fr. (200 000 vol.) et étr. (entrant par accords intergouvernementaux d'échanges) ; *Entrées*, responsable des acquisitions et du catalogage courant des livres imprimés reçus par : dons, échanges, achats ; *B. de l'Arsenal* (manuscrits, estampes, livres imprimés, périodiques) ; *Cartes et Plans* (650 000 doc.) ; *Estampes et photos* (15 000 000) ; *Manuscrits* (180 000 vol. reliés de man. et d'autographes, dont 10 000 m. à peintures) ; *Monnaies, Médailles et Antiques* [800 000 monnaies et méd., camées et intailles, bronzes, objets d'art (dép. responsable aussi de l'étude des trésors monétaires anciens découverts en Fr.)] ; *Musique :* collections mus. de la B.N. et des b. mus. du Conservatoire et de l'Opéra (2 000 000 doc.) ; *Phonothèque* nat. et audio-visuelle (360 000 disques, 16 000 enregistrements, 5 500 cylindres, 600 machines parlantes) ; *Arts du spectacle* (livres, périodiques, affiches, photos, manuscrits, dessins, maquettes construites ; env. 3 millions de documents).

Nota. – Env. 700 000 volumes imprimés dep. 1875 s'autodétruisent car leur papier est de mauvaise qualité (bois et non plus chiffon). Plan de sauvegarde en cours pour procéder à la désacidification des papiers et à la microreproduction des ouvrages.

Services généraux : dépôt légal administration (500 000 fascicules de périodiques, 40 000 titres de livres), Accueil et orientation du public, Expositions, Publications, Restauration des collections.

● **Bibliothèques pour enfants.** En 1978, 653 b. municipales faisaient du prêt aux enfants. Existent en outre la b. pour enfants de Clamart (b. pilote), et des b. dans les établissements des 1er et 2e degrés.

« Centre d'information » : *Joie par les livres*, 8, rue St-Bon, 75004 Paris.

● **Bibliothèques privées.** B. des comités d'entreprise, Culture et B. pour tous, b. des œuvres laïques, b. d'institut, b. et centres de documentation des centres de recherche, laboratoires, sociétés...

Principales bibliothèques

Lieu, nom, date de fondation, nombre de volumes en milliers (tous les pays n'ont pas la même définition du volume, la B.N. par ex. classe un vol. à partir de 51 p. ; la b. Lénine de Moscou : 3 p.).

● **Du monde.** *Moscou* (Lénine, 1862) 28 216. *Leningrad* (État, 1795) 21 500. *Washington* (Congrès, 1800) 20 000. *Leningrad* (Ac. des Sc., 1714) 12 789. *Pékin* (Nationale, 1912) 11 000. *Cambridge*, Mass. (Univ. de Harvard, 1638) 10 409. *Moscou* (d'État des Sc. et Tech., 1958) 10 000. *Londres* (Brit. Libr., Reference Division) 10 300. *Paris* (Nationale, 1386) 10 000. *Novosibirsk*, Sibérie (Acad. des Sc., 1959) 9 974. *New York* (Publique, 1895) 9 000. *Bucarest* (Acad. Rép., 1867) 8 432. *Tbilissi*, Géorgie (Karl Marx, 1946) 8 000. *Kiev* (Acad. des Sc., 1919) 7 756. *Moscou* (Sc. sociales, 1969) 7 491. *Tokyo* (Nationale, 1948) 7 336. *New Haven*, Conn. (Univ. de Yale, 1701) 7 725. *Shangaï* (1952) 6 926. *Moscou* (Université, 1755) 6 629. *Erevan*, Arménie (État, 1921) 6 400. *Minsk* (B. de la Rép., 1922) 6 000.

● **France.** *Aix :* B. mun. (1810), 350. *Bordeaux :* B. mun. (1736), 784. B. interuniv. (1879), 910. *Caen :* B. univ., 460. *Chantilly :* B. du centre culturel Les Fontaines (PP. Jésuites, 1971), 600. *Grenoble :* B. mun. (1772), 761. *Lille :* B. des Facultés cath., 510. B. mun. (1726), 595. B. de l'Univ. (1562 et 1883), 180. *Lyon :* B. mun. (1693), 1 000 comprend depuis 1972 B. de La Part-Dieu (centrale : 27 203 m² de plancher, 90 km de rayonnages, capacité : 2 000), 1 000. B. interuniv. (1896), 80. *Marseille :* B. mun. 400. *Montpellier :* B. interuniv. (1890), 850. B. de la ville et du musée Fabre (1825), 500. *Nancy :* B. mun. (1750), 500. *Nantes :* B. mun. (1753), 350. *Nice :* B. mun. (1802), 455. *Orléans :* B. mun. (1714), 400.

Paris : B. nationale (voir p. 336), Abbaye Ste-Marie (1893) 100, B. des Aff. étrangères (1815) 400, des Archiv. nat. (1789) 1 500, de l'Arsenal (1797, dépend actuellement de la B.N.) 1 500, d'Art et d'Archéologie (1918) 250, de l'Assemblée nat. (1875) 600, de la Ch. de commerce (1821) 300 (13 000 coll. per. ; 1 500 annuaires prof.), du C.N.A.C. (voir ci-dessous), des Études (PP. Jésuites, 1856) 100 (env. 300 pér. en cours), histor. de la Ville de Paris (1871) 650, de l'Inst. catholique (1875) 600, de l'Inst. de France (1795) 1 500, Pédagogique (1879) 1 000, Mazarine (1643) 400, Ste-Geneviève (1624) 1 500, des Sciences pol. (1945) 250, du Sénat 600, de la Sté de Géogr. (1821) 400, de la Sorbonne (1253-1762) 2 200, du Musée d'Hist. nat. (1635) 800, de la Fac. de méd. (1733) 490, de Doc. Intern. contemp. (1914) 400, de l'Éc. des langues orientales 500, de l'Éc. nat. Sup. des Mines 500, du min. des Relations ext. 500.

Poitiers : B. mun. (pendant la Rév.), 305. *Rennes :* B. mun. (1790), 350. B. interuniv. (1855), 550. *Rouen :* B. mun. (1791), 350. *Strasbourg :* B.N. et univ. (1871), 3 020. *Toulouse :* B. mun. (1782), 500. B. interuniv. (1879), 900. *Tours :* B. mun. (1791), 460. *Versailles :* B. mun. (1803), 450.

B. publique d'information du Centre national d'art et de culture Georges-Pompidou. Ouverte à tous, tous les j. (sauf mardi) de 12 à 22 h, le dimanche de 10 à 22 h. Consultation sur place, sans prêt à l'extérieur. *Fréquentation :* env. 14 000 usagers par j. *Espace de lecture :* 14 460 m², 1 300 places, 550 000 volumes, 2 750 abonnements, 450 000 doc. audiovisuels divers, 2 500 cartes géog. *Salle d'actualité :* 850 m², 150 pl., 2 000 disques, 7 000 volumes, 310 périodiques ; *des enfants :* 250 m², 100 pl., 30 000 livres, 12 000 diapos., 70 revues. Labo. de langues de 65 pl., salles de réunions, d'études et d'expositions.

● **Belgique.** *Anvers :* B. Univ. St-Ignace (1852) 400. *Bruxelles :* B. de l'Univ. libre (1846) 1 491 ; Centrale B. VUB néerlandophone (1972), 270 ; B. du Parlement (1831), 3 000 ; B. royale (1837), 3 000. B. des sc. nat. (1846) 710. *Gand :* B. de l'Univ. (1797), 1 690. *Liège :* B. de l'Univ. (1817), 2 000. *Louvain :* B. de l'Univ. francophone (1971), 1 760 ; néerlandophone (1971), 1 900 ; Centre gén. de doc. de l'Univ. cathol. (1425), 800.

● **Suisse.** *Bâle :* B. de l'Univ. (1460), 2 476. *Berne :* B. nat. suisse (1895), 1 505 ; B. mun. et univ. (v. 1528), 1 478. *Fribourg :* B. cantonale et univ. (1848), 1 490. *Genève :* B. publique et univ. (1562), 1 662 ; B. de l'univ., 913. *Lausanne :* B. cant. et univ. (1537), 1 137. *Neuchâtel :* B. pub. et univ. (1788), 429. *Zurich :* B. centrale (1914), 2 131 ; B. de l'École polytechnique fédérale (1855), 3 483, dont 100 000 cartes de géographie ; 100 000 dessins ou estampes.

Nota. – La b. d'Alexandrie (Égypte), incendiée en 640 après J.-C., était réputée alors la plus riche du monde. Elle comptait de 500 000 à 700 000 manuscrits.

Cours atteints

Livres

Éléments du prix

État du livre (blancheur du papier ; absence de taches, de rousseurs, de déchirures). **Qualité du tirage,** des illustrations (noir profond, demi-teintes bien venues), état des gravures (présence ou non des gravures avant la lettre : tirées avant qu'on ait placé au bas l'inscription qui en indique le sujet et par conséquent avant que la planche ne soit usée par le tirage). **Typographie. Reliure :** matériau (exemple : plein maroquin du XVe s.), signature, ornementation, armoiries, chiffres. **Provenance :** dédicaces, livres « truffés » (documents joints : portraits, lettres, etc.). **Intégrité :** le livre doit être complet de tous ses volumes, de toutes ses pages et figures. **Qualité du papier :** une édition originale sur papier hollande (30 à 50 ex.) atteint env. 8 fois le prix de l'édition ordinaire (plus l'auteur est connu, plus elle a de valeur).

Éditions originales et premiers tirages (exemples en milliers de francs)

Atlas Major (Amsterdam, 1667) de Johan Blaeu 12 vol. : 670 (1980).

Bible de Gutenberg (1455-56) : un ex. fut vendu en privé 200 000 $ (1 million de F) en 1954. Un ex. incomplet a été vendu en mars 1978 1 080 $. Un autre ex. complet acheté 2 000 $ (10 000 F) le 7-4-1978 (chez Christie's à New York par le gouv. de Bade-Würtemberg) : 2 vol. in-fol. 643 ff., les 2 derniers bl., 2 col. 42 et 40 lignes, goth. 1re éd. de la Bible. Rel. anglaise vers 1813, mar. brun. C'était la 1re fois en 50 ans qu'une Bible de Gutenberg passait dans une vente publique. 48 exemplaires sont connus (dont aux U.S.A. 13, dont 6 complets ; France 4 dont 2 complets).

Roman de la Rose (Guill. de Lorris et Jean de Meung) (v. 1487) : 92 (1974).

Le Songe de Poliphile (1499) de Francesco Colonna, éd. Venise 1499 (plus de 160 fig. attribuées à Mantegna ou à Bellini) : 580 (6-6-1972).

Apollinaire Alcools (1913) : 10 (1982), ex. sur hollande : 60 (1977). Calligrammes : 8 (1982). Le Bestiaire ou Cortège d'Orphée : 50 (1981). **Aragon** Les Cloches de Bâle : 9 (1982). Le Paysan de Paris (1926), reliure. Paul Bonnet 145 (1984).

Balzac Le Père Goriot (1835) : 8 (1975). 1re édition complète (20 vol. parus de 1842 à 55, Furne, Houssiaux éditeurs) : 25 à 100 ; 1re réimpression 1855 : 5 000 à 10. Le Lys dans la vallée (1835) : 91 (1981), avec dédicace 580 (1985). **Barbey d'Aurevilly** Les Diaboliques (1874) : 9 (1982) ; 1 des 20 sur hollande avec lettre de B. : 152 (1975). **Baudelaire** Les Fleurs du mal (1857) : 200 à 300, dédicacées à Delacroix 1 300 (1985). **Benoît** (P.) Koenigsmark (1918) 28 (1983). **Bernanos** Le Journal d'un curé de campagne, sur japon, reliure de L. Bonet 20 (1977), Sous le soleil de Satan, rel. Semet et Plumelle 21 (1983). **Bossuet** Oraison funèbre du prince Louis de Bourbon (1687) : 105 (1976). **Breton** (A.) Manifeste du surréalisme (1924) : 88 (1981). 2e Manifeste du surréalisme (1930) : 36. **Brillat-Savarin** Physiologie du goût (1826) : 6 à 10 (1982).•**Buffon** Les Oiseaux (1771-86), 10 vol. : 200 (1979).

Camus L'Étranger (1942) : 5 (1982). La Peste, habillage conçu par Paul Bonnet 215 (1984). **Carroll** (L.) Alice au pays des merveilles (1865) : 100 (1976). **Céline** (L.-F.) Voyage au bout de la nuit (1932) : 50 (sur arches), 15 (sur alfa) (1982). **Cendrars** (B.) la Fin du monde illustrée par F. Léger : 26 (1981). **Cervantès** Don Quichotte (1836-37) : 9 (1976). **Chateaubriand** Mémoires d'outre-tombe 15, avec lettre 300 (1985). **Chaucer** (G.) Works (1896) 257 (1983). **Colette** La Treille muscate (1932) : 25 500 (1981). **Corneille** Le Cid (1637), éd. originale : 135. L'Illusion comique (1639) : 12. Cinna (1643) : 24. Polyeucte (1643) : 27. Andromède (1657), ex. ayant appartenu à Molière, avec des indications autographes : 181 (1978).

Descartes Discours de la méthode (1637) : 119 (1981). **Description générale et particulière de la France** 293 (1980). **Diderot et d'Alembert** L'Encyclopédie (1751-80), 35 vol. in-folio : 42 (1978), 55 (1981), 100 (1983). **Duhamel du Monceau** Traité des arbres et arbustes (1800), 7 vol. : 105.

Flaubert Madame Bovary (1857), 5 à 10 (40 à 60 en grand papier). L'Éducation sentimentale (1870), envoi à sa mère : 27 (1977).

Gide Le Voyage d'Urien (1893) 45. La Porte étroite (1909) 31. Si le grain ne meurt (1920) 27.

Hugo Notre-Dame de Paris (1831) 2 vol. : 7 (1972). L'Art d'être grand-père (1877) : 9 (1976). Les Misérables : 12 (1981).

Jacob (M.) Le Siège de Jérusalem (1914) : 56 (1981). Le Cornet à dés (1914) : 150 (1981). **Jarry** Ubu roi (1896) : 1 (1978).

Labé (L.) Œuvres (1555) 210 (1983). **La Bruyère** Les Caractères (reliure except.) 260 (1984). **La Fayette** (Mme de) la Princesse de Clèves (reliure except.) 300 (1984). **La Fontaine** Fables (1729-34), illustré : par Oudry : en 4 vol. in-folio, maroquin rouge, aux armes du duc de Richelieu : 90 (1973) ; – 4 vol. (1755-59) :

81 (1981). – contenant les 273 dessins originaux de Oudry : 2 000 (1973). Contes et Nouvelles (1762), éd. dite des Fermiers généraux : 35 à 149 (suivant reliure). **La Pérouse** Voyage autour du monde (1797) : 29 (1978) 4 vol. + atlas. **Laplace** Voyage autour du monde (1833-39), 5 vol. + 2 atlas : 119 (1978). **Léautaud** Le Petit Ami, un des 6 ex., hollande, avec envoi : 22 (1977). **Loti** Aziyadé (1879) : 3 (1982). **Louÿs** (P.) Trois Filles de leur mère (1926), avec dessins originaux 420 (1981).

Malraux L'Espoir, ex. sur japon : 25 (1983). La Condition humaine (1933) 22 (1983). **Marx et Engels** Manifeste du P.C. (1848) : 280 (1979). **Maupassant** Bel Ami (1885), sur hollande : 10 (1974). **Mérimée** Carmen (1846) : 15 (1982). **Molière** L'École des maris (1661) : 11 (1978). Sganarelle (1660) : 32 (1978). L'Avare (1669) : 38 (1974). L'École des femmes (1663) : 97 (1976). Le Misanthrope (1666) : 31 (1978). Œuvres illustrées par Boucher 40 à 200 (1979). Amphytrion (1668) 48 (1983). **Montaigne** Essais (1588) : 108 (1982) (relié maroquin aux armes de Mme de Montespan), 1 000 (1984). **Montesquieu** Lettres persanes (1721) : 123 (1976). **Musset** La Confession d'un enfant du siècle : 9 (1976).

Nerval Les Filles du feu (1854) : 9 (1983).

Pascal Pensées (1670), maroquin rouge époque : 43 (1973), 300 (1984). Lettres provinciales (1657) 11. **Poe** Tamerlane (1827) : 600 (1974). **Proust** 13 vol. : A la recherche du temps perdu (1914-27) 81. Du côté de chez Swann (1914) 10 (grand papier 50 à 150). Le côté de Guermantes, ex. de Léon Baudet 85 (1984).

Racine Bérénice (1671) : 12 (1974). Esther (1689) : 5 (1972). Athalie (1691) : 6 (1972) ; relié aux armes de la Maison de St-Cyr : 92 (1976). 2 vol. (10 pièces dont Phèdre) 326 (1980). **Radiguet** Le Diable au corps (1923) : 2 (1975). **Redouté** Les Roses (1817-24), 1re éd. in-folio, avec 169 pl. gravées en couleurs : 600 (1981). **Renan** Vie de Jésus (1863), sur hollande : 25 (1974). **Rimbaud** Une saison en enfer (1873) : 20 (1983). Les Illuminations (1886) : 30 (1980). **Rostand** Cyrano de Bergerac (1898) 28 (1983).

Saint-Exupéry Terre des hommes (1939, rel. P.-L. Martin) 48 (1983). **Saint-Simon** Mémoires (21 vol. 1829), annotés par Stendhal : 165 (1975). **Sand** (G.) Lelia (1833) 5 à 10 ; dédicacée à Musset 830 (1985). **Shakespeare** 1re édition in-folio (1623) : 1 550 (1980). **Stendhal** De l'amour (1822) 2 vol. : 15 (1975). Armance (1827) : 90 (1982). Le Rouge et le Noir (1831), 150 (1984). La Chartreuse de Parme (1837) : 148 (1981) ; dédicacée à Custine 410 (1985).

Taylor (Baron) Voyages pittoresques et romantiques dans l'ancienne France (1820-78) : 280 (1981). **Turgot** Plan de Paris : 25 (1982).

Valéry (P.) Le Cimetière marin : ex. sur chine : 30 (1976) ; ex. unique d'une édition abandonnée de Poésies, avec 37 aq. ou dessins originaux : 500 (1978). Charmes (1922) 65 (1983). **Verlaine** Sagesse (1881) : 52 (1976). **Verne** (J.) Ouvrage polychrome Hetzel dos au phare : 48. **Vigny** (A. de) La Maréchale d'Ancre (1831) : 206 (1981). **Villon** Les Œuvres (1532) : 79 (1976). **Voltaire** Œuvres complètes, publiées par J.-A. Naigeon, Desray et Deterville, 15 vol. (1798) : 55 (1980). Édit. de Kehl (1785-89), 70 vol. : 30 (1981).

Zola La Bête humaine, sur holl. : 8 (1979). L'Assommoir, sur holl. : 20 (1978).

Nota. – Certaines éditions originales d'auteurs contemporains gardent leur cote, comme Proust et les Surréalistes. D'autres auraient tendance à baisser, comme Gide et Claudel. Certaines montent : Saint-Exupéry, Malraux, Céline, Rimbaud. Il s'agit là d'écrivains ayant peu publié.

Livres modernes de peintres

Livres de luxe illustrés, par des peintres célèbres, de *gravures originales.* Depuis quelques années, ils sont recherchés.

● **Éléments du prix.** *Renommée du peintre, nombre des illustrations. Tirage* (300 ou 350 ex. au max.) : les exemplaires « de tête », 1ers numéros sur japon ou sur chine, sont plus recherchés que les suivants sur rives ou sur arches. *État de conservation* (primordial). *Présence de « suites »* (ensemble des planches illustrées présentées séparément) de dessins et aquarelles ayant servi à l'illustration.

En milliers de F. **Bonnard** Parallèlement de Verlaine (1900) : 222 (1984) (ce fut lors de son lancement un échec : Villard l'éditeur dut le céder au 1/3 de son prix de lancement) ; Daphnis et Chloé de Longus (1902) : 13 (1972).

Chagall Daphnis et Chloé de Longus (1961, relié par Bonet) : 215 (1979). **Chirico** Calligrammes de G. Apollinaire (1930) : 10 (1970).

Dali (S.) Les Chants de Maldoror de Lautréamont (1934) : 8 (1968). **Delacroix** Le Faust de Gœthe (1828), c'est le 1er « livre de peintre » : petit in-folio, env. 43 cm × 29, vignette de la couverture par Devéria : 140 (1985). **Denis** Le Voyage d'Urien de Gide relié par Pierre Legrain : 32, par Henri Mercher : 7 (1979). **Derain** Œuvres burlesques de St Matorel de Max Jacob (1912) : 35 (1979). **Dufy** Le Bestiaire d'Apollinaire (1911) : 80 (1981). Tartarin relié par Paul Bunet 260 (82). **Dunoyer de Segonzac** La Treille muscate de Colette (1932) : 210 (1976) ; Bubu de Montparnasse de Charles-Louis Philippe : 200 (1982).

Ernst Maximi Lianin de Guillaume Tempel (reliure de P. Martin) : 92 (1979).

Goya La Tauromachie (1815) : 280 (1985). Les Caprices 350 (1985).

Laprade Fêtes galantes de Verlaine : 135 (1982). **Laurencin** (M.) Les Petites Filles (20 aq. + 1 aq. originale) 130. **Léger** (F.) Le Cirque (1950) : 16 (1976).

Manet Le Corbeau d'E. Poe (1875, hol. avec suite sur chine) : 36 (1976). **Man Ray** Revolving Doors, Man Ray (1916-17) : 30 (1981). **Masson** Le Con d'Irène d'Aragon : 140 (1981). **Matisse** Jazz (1947) : 509 (1984) ; Poésies de Mallarmé (1932) 710 (1938).

Picasso Le Siège de Jérusalem de Max Jacob (1914) relié par Paul Bonet : 61 (1979) ; Buffon (1942) relié par Paul Bonet : 480 (1982) ; les Métamorphoses d'Ovide (1931) relié par Paul Bonet 340 (1982).

Rouault Le Cirque de l'étoile filante (1933) : 310 (1982) ; la Passion de A. Suarès (1939) : 436 (1982).

Staël Ballets minute de Pierre Lecuire : 75 (1979).

Toulouse-Lautrec Histoires naturelles de Jules Renard (1899, paru à 100 F et soldé faute d'acheteurs à 40 F) ; sur rives : 66 (1978).

Villon (J.) Les Pantalons rouges : 60 (1976).

☞ **Exemples.** *L'Apocalypse*, éditée à 1 seul exemplaire par Joseph Foret de 1958 à 1961 (210 kg, 300 000 peaux de mouton examinées pour sélectionner 150 parchemins), illustrée par 54 peintres (Buffet, Dali, Léonor Fini, Mathieu, Zadkine...) estimée 5 millions.

Reliures

Généralités

Origine. Jusqu'au XVIIIe s., les libraires vendaient des livres tout reliés. La couverture était muette. Pendant la Révolution, le prix du cuir ayant monté, on vendit des livres brochés sans couverture ou recouverts d'une feuille de papier gris ou mâché. Puis, on colla au dos des étiquettes indiquant l'auteur et le titre. La couverture imprimée apparut à la fin de l'Empire et se généralisa pendant le XIXe s.

Principaux types de reliures. *Basane* (de l'espagnol et portugais *badana,* mouton), en général fauve ou colorée. *Veau,* du brun au blond, parfois marbré, jaspé, en écaille, raciné ou coloré. *Chagrin* (de l'italien *zigrino,* chèvre d'Europe, employé depuis 1 siècle et demi). *Maroquin* (chèvre d'Afrique du Sud), le plus prisé, souvent rouge, vert, bleu nuit, jaune citron et crème (plus rare). *Peau de truie,* très employée au Moyen Age ; en faveur en Allemagne au XVIIIe s. *Cuir de Russie,* se remarque par son odeur due à la bétuline, principe actif de l'écorce de bouleau ; il trempe dans une décoction 20 j env. *Parchemin* (de Pergame en Turquie, célèbre autrefois pour sa bibliothèque), vient de la peau non tannée d'agneaux, moutons, chèvres, veaux (vélin).

Reliures pleines : ornées de fers, faites avec un seul fer de la grandeur même de l'ornement, du filet, du fleuron, etc., appelées *plein-or.* Si cette impression est faite sans dorure, avec des fers simplement chauffés, le livre est *gaufré* ou *estampé* à froid. Si les plats intérieurs sont ornés, on parle de reliure *doublée. Demi-reliure :* le dos seul est revêtu de peau, les plats sont garnis de papier ou de toile. Si les coins sont aussi garnis de peau, si la tête est dorée et les autres tranches ébarbées, on parle de *demi-reliure à coins. Reliure ou cartonnage à la Bradel :* nom d'un relieur français du XIXe s. ; le corps de l'ouvrage est emboîté dans une couverture cartonnée, puis fixé sur une mousseline collée, le dos étant séparé des plats par une rainure longitudinale. *Janséniste :* se dit d'une reliure pleine et sans ornement.

Prix des reliures (en F)

Reliures neuves. *Prix* (en 1984) pour un format de base in-8 carré 220 × 140 : toile ou demi-toile 110, demi-basane 160, demi-chagrin 180, demi-chagrin à coins 720, demi-maroquin ou demi-veau à coins 550, plein maroquin avec tranches dorées sur témoins et gardes soie 2 800.

Reliures anciennes. La beauté des décors de reliures signés et la provenance déterminée par les armes frappées sur les plats sont des éléments importants du prix.

Basane simple : textes religieux, auteurs démonétisés vendus comme garniture 15 à 30 le volume. **Reliure à décors :** *A filets* (2 ou 3) sur les bords 100 à 2 000 ; *à la roulette,* veau et maroquin 500 à 5 000 ; *à dentelles,* surtout sur maroquin 1 000 à 4 000 ; *à la plaque,* procédé semi-industriel (almanachs royaux) 1 500 à 6 000 ; *aux petits fers* 4 000 à 12 000. *Mosaïqués* (ou « à compartiments »), peaux découpées de différentes couleurs, dentelles aux petits fers 1 500 à 12 000 et plus. Ex. : Pièces exceptionnelles : 20 000 à 50 000.

Reliures contemporaines. Plein maroquin mosaïqué. De Pierre Legrain 20 000, Paul Bonnet : Recueil unique de documents manuscrits ou imprimés (surréaliste, 1931) : 630 000 (1981). Paul-Louis Martin : Antimémoires de Malraux (origin.) 42 000 ; Le Mur de J.P. Sartre (origin.) 68 000 (1984) ; Mercher. Voir plus haut livres de peintres.

Relieurs célèbres

XVIe s. : Claude de Picques, E. Roffet.

XVIIe s. : Boyer, Clovis Ève, Florimond-Badier, Le Gascon, Rocolet, Ruette.

XVIIIe s. : Bradel-Derôme, Derôme, Douceur, Dubuisson, Du Seuil, Fournier, Le Gascon, Le Monnier, Padeloup.

XIXe s. : Allô, Bauzonnet, Boutigny, Bozérian, Cambolle-Duru, Capé, Carayon, Cuzin, Doll, Duru, Duplanil, Ginain, Hardy, Hering, Lefebvre, Lortic, Mairet (de Dijon), Purgold, Rosa, Ruban, Simier (relieur de Louis-Philippe), Souze, Thouvenin, Trautz, Vogel.

XXe s. : Alix, Aussourd (R.), Bonet (Paul), Canape, Ch. Meunier, Cretté, Creuzevault, Devauchelle, Legrain (Pierre), Marius-Michel, Martin (P.-L.), Mercher, Mercier, Noulhac, Semet et Plumelle, Septier.

Manuscrits

Généralités

Éléments du prix. Le prix dépend de l'auteur, de la longueur du texte, de l'intérêt du sujet traité (le prix d'une lettre de simple soldat décrivant la bataille d'Austerlitz serait supérieur au prix d'une lettre sans intérêt de Napoléon), de la conservation et du fait qu'elle est entièrement autographe et signée ou simplement signée.

L'usage du papier s'est développé au XVe s. Avant on utilisait du parchemin, et l'écriture se limitait aux textes religieux et aux chartes officielles (la plus ancienne connue date de 628 et porte le monogramme du roi Dagobert).

Au XVe s., on commença à écrire des lettres. Dès le siècle suivant, l'autographe devient commun. En France, Philippe de Béthune, frère de Sully, et son fils Hippolyte formèrent la première collection d'autographes... Roger de Gaignières fut le plus grand collectionneur du XVIIe s. Au XIXe s., l'abbé Villenave (avocat) rédigea le *1er catalogue* d'une collection d'autographes (dont la vente eut lieu à Paris le 24 mai 1822).

De cette époque date le commerce des autographes. 1828 : Bérard publie une isographie des hommes célèbres (4 volumes de fac-similé) ; on admet les autographes comme valeurs de placement.

Manuscrits des rois de France. Ils signaient de leur main les diplômes pendant la période mérovingienne, puis dès le VIIIe s., ils firent écrire par un scribe la formule de souscription ou leur monogramme. Le roi Jean, le premier, apposa de nouveau sa signature au bas de certains actes. On en conserve un à la Bibl. nat. Après lui, tous les rois continuèrent à signer, mais seulement les lettres missives ou les actes importants.

Le plus ancien spécimen qui nous soit resté d'une lettre autographe d'un de nos rois est une lettre écrite et signée par Charles V en 1367.

Manuscrits du Moyen Age ornés de miniatures (en milliers de F)

Évangiles 97 680, le 6-12-1983 chez Sotheby's (G.-B.). **Codex Leicester** (de Léonard de Vinci) vendu 2 200 £, soit 24 000, le 12-12-1980 chez Christie's (G.-B.) à Armant Hammer, Américain. C'était le seul manuscrit de Vinci appartenant encore à un particulier. **Manuscrit persan** du XIVe s. sur la 1re histoire du monde par Rashid al Din vendu 8 330 (juillet 1980). **Bible** (768 j 1312) 7 800 (1984). **Le Graduel et sacramentaire de l'abbaye d'Ottobeuren** (v. 1164, All. du Sud) : 7 000 (1981). **Manuscrit de l'Apocalypse** (v. 1280) 6 670, le 25-4-83, chez Sotheby's. **Des cas des nobles hommes et femmes** (de Boccace) de 1403, vendu 3 800 (1980). **Sacramentaire d'Augsbourg** (XIe s.), 3 634 (1982). **Heures de la Vierge** à l'usage de Rome, en latin, ornées de bordures à chaque feuillet et de 84 miniatures, 3 145 (1976). **Histoire du monde** de Paulus Orosius, 2 596 (1982). **Grandes chroniques de France** 2 414 (1981). **Commentaire du Mishna** par **Maimonides**, 2 275 (1976). **Histoire ancienne** (v. 1380) 2 028 (1983). **Psautier d'Anne Boleyn**, en français (G.-B., 1529-32) 1 840 (1982). **Bible hébraïque** (v. 1313) 768 p. avec enluminures, 7 800 (1985). **Évangéliaire** (v. 1515) 464 p. avec 176 miniatures, en 2 vol. avec reliure ornée de plaques ciselées, 8 000 (20-11-1985). **Évangéliaire carolingien** (v. 860/880) 15 782, le 26-11-1985 chez Sotheby's.

Autographes (en milliers de F, année de vente entre parenthèses).

Légende. a. : autographe. b. : billet. l. : lettre. m.s. : manuscrit. p. : page. s. : signé.

Apollinaire 3 poèmes 7,9. **Aragon** les Beaux Quartiers (522 p.) 54 (1979). Poème 1 (1981).

Babeuf l. 1795 30 (1981). **Bach** m.s. cantate 21 p. 2 500 (1982). **Balzac** l. a.s. (4 p.) 16 (1981), l. à Berlioz 5 (1980). 68 feuillets d'épreuves corrigées du Lys dans la vallée 91 (1981) ; 1 l. (4 p.) à Stendhal 150 (1985). **Barbey d'Aurevilly** les Diaboliques 183 (1977). **Barras** brouillon de sa démission 6 (1982). **Bart (Jean)** 4 (1980). **Baudelaire** l. à sa maîtresse 250 (1984), l. à sa mère 3 à 160 (1982), poème (5 p.) 101 (1982). **Beaumarchais** 1 p. 5. **Beethoven** quelques lignes 25 à 40, 1 l. 37 (1979), p. Sonate Clair de lune 208 (1980). 4 p. concerto no 1, 3 300 (1983), 1 l. et contrat 200 (1984). **Bellini** mélodie 15 (1981). **Benoît** (P.) le Roman de Miraut 40 (1983). **Berlioz** 1 a.s. (8 p.) 16 (1981). **Bloy** 1 l. 3 500 (1983). **Boileau** l. 5 (1980). **Bolivar** l. **Boulez** Psalmodie 16 (1983). 194 (1981). **Bonaparte** l. à Mme Tallien 83 (1980). **Brantôme** m.s. (1 p.) 11 (1981). **Breton (André)** et **Soupault (Phil.)** les Champs magnétiques 127 (1982). **Bulletin de santé de Louis XVI et Marie-Antoinette au Temple** 13 (1981). **Byron** poème 150 (1984) ; 1 l. a. s. (3 p.) à Stendhal 380 (1985).

Cadoudal l. 1800 9 (1981). **Camus** l'État de siège 85 (1979). La Peste 200 (1983). **Céline** Guignol's Band 130 (1979). Mort à crédit 510 (1983). L'École des cadavres 185 (1984). D'un château l'autre 210 (1983). Féérie pour une autre fois 360 (1984). **Cendrars** Fragments de Moravagine 120 (1983). **Cézanne** 1 l. de 1905 11 (1980), l. s. 6 (1980). **Charles VII** signature 13 (1979). **Chateaubriand** 1 l. à V. Hugo 36 (1985). **Chopin** 14 portées 85 (1983), 2 p. musique 180 (1984). **Coleridge** poème 17. **Claudel** plusieurs l. 3 000 (1983). 337 l. 210 (1983). **Cocteau** brouillon d'une lettre à Pétain, 3,5 (1982). Opium 422 (1983), 1 l. à Proust 75 (1985). **Colette** 5 m.s. dont le Blé en herbe, la Seconde, Journal à rebours, Gigi, Pour un herbier 170 (1977). 337 l. 210 (1983). **Condorcet** 3 l. 11 (1979). **Corneille** 1 l. 40 à 50. **Courbet** 1 l. 7 (1980). **Courteline** Boubouroche 84 p. 10. **Curie** (Marie) Carnet de laboratoire légèrement radio-actif (130 p.) 360 (1984). (Pierre Carnet) (78 p.) 55 (1984). **Custine** 1 l. à Stendhal 91 (1985).

Louis Aragon
(Photo : Jacques Robert, N.R.F.)

Dali m.s. 9 (1980). La Dame aux Camélias dossier 122 (1984). **Daudet** (A.) Contes du lundi 105 (1980). **Daumier** 1 a. s. 16 (1981). **David** 1 l. s. 6 (1980). **Debussy** 1 l. 31 (1982), 12 p. de Pelléas et Mélisande 100. **Degas** 1 l. 5 (1980). **Delacroix** 1 l. 10 (1982). **Descartes** 1 l. 53 (1979). **Dickens** 22 p. de Nicolas Nickleby 165. **Desmoulins** (C.) 1 l. 16,5 (1983). **Diderot** l. 6 (1981). **Drouet** (Juliette) 17 l. (sur 18) à V. Hugo 255 (1969). **Dufy** Carnet de voyages 11 (1980). **Dutilleux** Métaboles 51 (1984).

Einstein m. s. (2 p.) 10 (1981). **Elisabeth Ire** l. 165 (1980) ; signature 23 (1981). **Eluard** 1 poème 6. **Engels** l. 16 (1981).

Fauré mélodie 16 (1983). **Fénelon** l. s. à Bossuet 7 (1980). **Flaubert** brouillon de l'Éducation sentimentale 450 (1975), m.s. sur la littérature (19 p.) 51 (1983), 1 l. à Baudelaire 216 (1984), 2 l.a. à Louise Colet 10 et 6 (1980). **Foucauld** (père de) 5 l. 14 (1980). **Fouquier-Tinville** 1 l. 7. **Franck** (C.) Ruth 45 (1982). **Frédéric II** l. à Voltaire 10 (1981). **Freud** 1 l. 36 (1983). **Fryer**, cap. du Bounty, l. relative à un des insurgés 9 (1981, Londres).

Gauguin Noa Noa 250 (1979), 1 l. 190 (1984). **De Gaulle** l. a. 2 (1980), l. s. 27-6-1940 5 (1982). **Genet** m.s. (10 p.) 280 (1985). **Géraldy** Toi et Moi 20,1 (1982). **Géricault** l. 9 (1981). **Gide** 11 l. à Fr. Jammes 19,5. Ménalque 38 (1983). **Giono** 15 l. 35 (1980). **Giraudoux** Jacques l'Égoïste 60 (1983). Suzanne et le Pacifique 60 (1983). **Goethe** b. 5 (1980). **Goya** 1 l. 33 (1980). **Guitry** Mon père avait raison (67 p.) 12,8 (1983).

Heine brouillon poème 17 (1984). **Henri II** 1 a.s. 11 (1981), brouillon de poème (1 p.) 32 (1982). **Henri IV** l. 8. **Henri VIII** 1 l. patente + sceau (28-4-1524) 1 150 (1983). **Hitler** signature 6 (1980). **Hugo** (Adèle) 798 p. sur V. Hugo 107 (1977). **Hugo** (V.) 1 l. moins de 0,2 à plus de 2, photogr. dédicacée à Sarah Bernhardt 16 (1982), carnet de notes et dessins 236 (1984). **Huysmans** Là-bas 59 (1977).

Jacob (Max) m.s. de méditations avec dessins (36 p.) 31 (1981). **Jarry** Messaline (219 p.) 160 (1983). **Jeanne d'Arc** 17 (1961). **Jongkind** 1 l. s. 4 (1980). **Joséphine** l. à Barras 8 (1980).

Klee 1 l. 5 (1980).

La Fayette (Mme de) l. 5 (1981). **Lamartine** 0,2 à plus de 2. **Lamennais** m.s. (95 p.) 13 (1981). **Largillière** l. 8 (1980). **La Rochefoucauld** l. 10 (1981). **Lawrence** l'Enfant dans le buisson 54 (1975). **Léautaud** 33 chroniques 152 (1983). **Leibniz** l. 18 (1980). **Lincoln** 25, carte de visite 5 (1980). **Linné** 1 l. 25 (1984). **Liszt** 11 p. 23 (1979), l. 6 (1981), Marche militaire hongroise 100 (1984). **Livingstone** l. 5 j avant sa rencontre avec Stanley 35 (1981). **Louis XIV** l. 18 (1981). **XVI** l. 14 (1981). **Luther** (Martin) 2 p. 4.

Magritte 1 l. 6 (1980). **Malherbe** l. 21 (1981). **Manet** 1 l. 10 (1980). **Marat** 3. **Marie-Antoinette** 1 l. 20 (1979). **Marx** 2 p. 8. **Maurois** (A.) le Cercle de famille 22 (1983). **Massenet** poème 97 (1974), mélodie 7. **Maupassant** 1 l. 2. 1 l. s. 66 (1983), l. sur sa vérole avec dessins et poème 90 (1984). **Mauriac** Le Désert de l'amour 65 (1983). **Maurras** préface de la Musique intérieure 17,5 (1984) : **Mazarin** 13 l. 90 (1979). **Médicis** (Cath. de) 7 l. 10 (1979), l. 7 (1981) ; (Marie) 14,5 (1984). **Mérimée** l. à sa mère 8 à 41 (1985). **Millet** 1 l. s. 7 (1980). **Mirabeau** 1 l., 1 a.s. (6 p.) 6 (1981). **Molière** une signature sur une quittance 165 (1978) ; on ne connaît que 5 ex. de son paraphe en dehors des archives notariales. **Monet** 1 l. 13 (1980). **Montespan** (Mise de) 1 l. 7,8 (1983). **Montesquieu** l. 15 (1981). **Montherlant** le Songe 88 (1979). **Mozart** 2 p. 105 ; quelques lignes 25 à 40, m. s. 149 (1983). **Mussolini** m.s. (5 p.) 5 (1982).

Napoléon 1 l. 90 ; man. de la campagne d'Égypte dicté et très corrigé par Napoléon à Ste-Hélène (plus de 300 p.) 150 (1978). **Nerval** poème 43 (1983).

Henry de Montherlant

Nietzsche 1 a.s. 26 (1981). **Nijinsky** journal 430 (1979). **Nizan** le Cheval de Troie 29,5 (1983).

Offenbach Phénice 32 (1984).

Pascal pièce signée 73,5 (1983). **Pasteur** 1 a.s. sur la rage 9 (1981). **Pierre le Grand** 1 p. 6 (1981). **Pilâtre de Rozier** l. 1,9 (1981). **Pissarro** l. 9 (1980). **Pompadour** (Mise de) 391. 5. **Prévert** m.s. 11 p. 36 (1981). **Proust** 1 l. (16 p.) à sa mère 155 (1985) ; 9 p. de manuscrit 390 (1985). **Pierre Puget** 1 a.s. 6 (1981).

Racine 1 l. 12 à 27. **Radiguet** le Diable au corps (1re ébauche) 52 (1977). **Raphaël** 2 l. 8. **Ravel** l. 15 (1982). Transcription d'une œuvre de Debussy 200 (1983). **Rembrandt** 80 à 120. **Rigaud** l. 6 (1981). **Rimbaud** « Les Voyelles » 330 (1982). 1 l. 95 (1983). **Romains** (J.) la Vie unanime 33 (1983). **Rossini** m.s. musical (10 p.) 100 (1984). **Rouget de Lisle** La Marseillaise (réécrite en 1833) 130 (1981 achetée par Serge Gainsbourg). **J.-J. Rousseau** m.s. (21 p.) 24 (1981), 1 a. 36 (1984).

Sade 1 l. 6 (1970). **Saint-Exupéry** 1 l. (9 p.) 10 (1979). **Sand** l. à Delacroix sur Chopin 72 (1982), à Flaubert 12. **Sartre** 4 p. 12 (1981). 2 m.s. 40 (1983), La Mort dans l'âme 85 (1984). **Schubert** Lied 45 (1980). **Schumann** 1 a.s. 13 (1981). **Soubiroux** (Ste Bernadette) 1 l. 12.**Steinlen** (861 p.) 20 (1982). **Stendhal** testament a. 90 (1985), sa dernière lettre (21-3-1842) 28 (1985). **Stravinsky** Sonate 110, le Sacre du printemps 360 (record pour un m.s. musical). **Surcouf** 1 a.s. relatant sa Légion d'honneur 30 (1982).

Tchaïkovsky 1 a.s. 25 (1982). **Toulouse-Lautrec** l. 7 (1981). **Tourgueniev** l. 15 (1982).

Valéry 133 Poèmes inédits 650 (1982). 11 l. 47 (1983). **Verlaine** 1 l. 12 et 32 (1982), Notes sur Rimbaud 60 (1983), poème 27 (1984). **Van Gogh** 1 l. l.s. 240 (1983). **Verne (J.)** 1 l. 0,9. **Vigny** 1 l. 15 (1982). **Voltaire** 1 l. 4, 1 l. 10 (1979), l. s. 17 (1980).

Wagner (R.) 2 p. Tannhäuser 60 (1982), l. 185 (1982). **Washington (G.)** l. s. 92 (1981), 1 l.s. (27-5-1778) 4 730 (1983).

Zola à partir de 0,05, l. à son avocat Labori 48 (1983). **Zweig** (St.) 40 l. 55 (1984).

Manuscrit d'un auteur vivant vendu le plus cher : « Passage to India, » de *E.M. Forster*, publié en 1924, vendu 90 000 F. Le manuscrit de l' « Appel à tous les Français », rédigé en juin 1940 par le *général de Gaulle*, a été vendu, en décembre 1970, 300 000 F, en privé. Le brouillon a été vendu 101 000 F, à Drouot, le 24-2-73. Le manuscrit de l'ordre du jour du 12 nov. 1918 de *Philippe Pétain* a été vendu 85 000 F, à Versailles, le 26-3-1973. Le journal de bord du Cne *Robert Lezis*, copilote de l'avion qui a largué la bombe atomique sur Hiroshima, le 6 août 1945, rédigé à la demande de M. William Laurence, rédacteur scientifique du *New York Times* (qui devait prendre place à bord de l'avion mais était arrivé trop tard), a été vendu le 23-11-1971 aux enchères, à New York, 37 000 $ (203 500 F).

Prix record pour une seule lettre : 425 000 F [reçue de l'Américain Button Gurnnett (1732-77) l'un des 56 signataires de la Déclaration d'indépendance], vendue le 18-10-1979 à New York. *Vendue du vivant de l'auteur :* le 22-1-1981 : 59 190 F (lettre de R. Reagan à Frank Sinatra).

Arts plastiques

Architecture

Données techniques

Appareil. Façon de tailler et de disposer les matériaux appelé grand, moyen, petit appareil selon les dimensions des pierres. Le petit (blocs inférieurs à 0,20 m ou 0,15 m) est cubique, allongé ou en épi, selon la forme des blocs et leur disposition (dit en dépouille quand la partie visible est amincie pour être mieux saisie par le mortier). Le mortier est indispensable. Grand et moyen sont souvent à joints vifs.

Architrave. Poutre de pierre entre 2 appuis (doivent être assez larges pour supporter la pression verticale exercée par la poutre). On l'appelle linteau quand elle couvre une baie pratiquée dans une maçonnerie pleine.

Béton armé. Principaux précurseurs : William Fairbairn (Angl. brevet 1844 ; raffinerie de 8 étages 1845), Jean-Louis Lambot (France, brevet 1885 pour un bateau-canot en ciment armé), François Coignet et Joseph Monier (horticulteurs), entre 1860 et 1865 construisent dalles, tuyaux, réservoirs en ciment armé ; jusqu'en 1896, Coignet emploie le mortier de ciment, ses réalisations sont en ciment avec ossature métallique ; Monier prend les brevets pour des ponts (1873), escaliers (1875), poutres (1879), gîtages en voussettes armées (1880). François Hennebique substitue le b. armé au ciment armé (1879), conçoit la 1re dalle en béton de ciment armé de fers ronds ; prend un brevet (1886) pour des poutres creuses en béton armé moulées d'avance (1892), introduit l'emploi des armatures transversales ; invente la barre relevée ; crée (1896) le pilot en béton armé (ligatures assez rapprochées). *1res applications de l'ensemble de ces procédés :* 1898 immeuble en béton armé, 1, rue Danton ; 1904 villa de Hennebique à Bourg-la-Reine (tour octogonale portée par des ressauts de 4 m). 1910 pilier-champignon créé à Zurich par le Suisse *Robert Maillart ;* 1913 1er ensemble monumental des Champs-Élysées d'A. Perret ; 1923 1er pont en béton précontraint, à St-Pierre-de-Vouvray, d'Eugène Freyssinet : l'armature est soumise à une tension (déterminée) imposant au béton qui adhère à elle une forte compression (avantages : résistance aux tractions, élasticité et étanchéité accrues, économie d'acier et de cuivre).

Bois. Lamellé-collé (inventé en 1906 par Otto Hetzer) : planches de 15 à 22 mm pressées à plat et collées. On peut construire des portées de plus de 100 m.

Câbles à filets (ou structures suspendues ou voiles prétendus). Ex. : ponts, toits suspendus à simple courbure ou résilles de câbles à courbures inverses.

Constructions plissées. Les plis donnent de la rigidité à des voiles de béton (ex. : salle des Congrès à l'UNESCO : Paris, N.-D. de Royan, de Gillet).

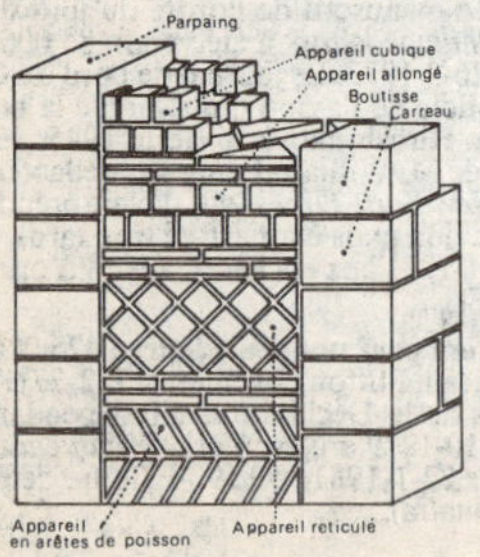

Coques. Segments de coques incurvés dans le sens de la portée (ex. : le CNIT à Paris). Coques cylindriques (ex. : stade de Hanovre). Coques de révolution, les plus répandues (ex. : Palais des sports par Nervi, à Rome). Hyperboloïde de révolution ou en selle de cheval (ex. : salle des Congrès de Berlin-Ouest). Formes libres (ex. : marché de Royan).

Coupoles. Quand elles sont sur un édifice carré, elles sont montées sur trompes (le carré se transforme en octogone) ou sur pendentifs (triangle concave).

Dômes. Coupoles surmontées d'une enveloppe extérieure en maçonnerie ou charpente.

Fer. *1res réalisations importantes : G.-B. :* Crystal Palace à Londres, 9 ha, par Joseph Paxton, 1851, allie le métal et le verre. *Aux États-Unis :* Georges W. Snow (Chicago) réalise des charpentes en fer très légères formant ossature et revêtues de bois, 1833. *En France :* Combles du salon Carré, au Louvre (1778), de la Comédie-Française (1786) ; charpente métallique du dôme de la Halle au blé (1809). Bibl. Ste-Geneviève par Labrouste, piliers en fonte, voûte en fer (1843). Halles de Baltard à Paris, la brique et le fer seulement utilisés pour le remplissage (1854-56). Ponts de Clichy (1851), Asnières (1852), Bordeaux (1860). Galerie des machines (de Dutert) à Paris (1889), pour la 1re fois un espace (420 × 15 m, haut. 45 m) est franchi sans point intermédiaire.

Fonte. *1res réalisations :* pont de Coalbrookdale, G.-B., 1779 ; en France : p. des Arts à Paris, 1803. En 1840, la mode des façades en fonte se répand aux U.S.A. et en G.-B.

Gratte-ciel. Leroy S. Buffington (de Minneapolis, *1882,* U.S.A.) établit les plans d'un bâtiment de 16 étages (l'acier ne servant que de charpente). *1885 :* le 1er gratte-ciel est construit à Chicago par William Le Baron Jenney, le Home Insurance (10 étages + 2 ajoutés ensuite) dont les piliers verticaux en maçonnerie enrobent des colonnes de fer associées à des poutrelles horizontales en fer formant l'ossature portante (remplaçant le système traditionnel de maçonnerie reposant sur un mur porteur continu). Le 1er ascenseur (offrant toutes les garanties de sécurité) est présenté à New York par Elisha G. Otis (1er usage public en 1857 dans le magasin new-yorkais Haughwout). Voir hauteur p. 346.

Mur. Porteur. Mur de façade, ou mur pignon, mur gouttereau (perpendiculaire à la façade) ; épaisseur 20 cm à 7,50 m (château de Coucy). **Non porteur.** Toute paroi qui ne subit pas les charges verticales (cloisons, murs, rideaux ; ex. : tour Nobel à Puteaux : tout mur non compris dans un noyau central ou dans l'ossature extérieure).

Poutre de gloire. Traverse l'*arc triomphal* qui masque à l'est l'entrée de la nef. Portait au milieu un crucifix, une Vierge, des reliquaires. A l'époque gothique, on construisit à sa place des jubés ornés de crucifix : murs transversaux portant une galerie servant aux lectures et aux chants.

Structures autostables. Réalisées en France par *Ferratex,* elles sont constituées d'une ossature métallique tubulaire (largeur 22 m ; hauteur 7,6 m ; travées 6,1 m), recouverte par une toile en textile synthétique (1 300 m^2 d'un seul tenant).

Structures gonflables. Un film plastique de 0,1 à 0,2 mm permet des portées de 1 à 2 m ; un film de 0,6 à 1 mm, de 5 à 10 m ; un tissu à trame de nylon ou de tergal, enduit de plastique assurant l'étanchéité, jusqu'à 25 m de portée. Au-delà, il faut des trames plus résistantes. *La plus grande structure du monde* (base carrée couvrant 1 ha) réalisée à Buc par la S.E.E.E. (Sté européenne d'études et d'essais d'environnement) associe une enveloppe souple (polyester à haute ténacité pesant 700 g/m^2), assurant l'étanchéité, et une résille (filet de câbles en acier). Pression : 3 millibars. Le toit, fixé au sol par ancrages de béton, est maintenu gonflé par une soufflerie. Cette technique a été appliquée pour la couverture temporaire durant l'hiver de courts de tennis (2 000 m^2 couvrant le plus souvent 4 tennis).

Dôme aéroporté le plus grand : dôme du Pontiac Silverdome Stadium à Chicago (Michigan, U.S.A.), 159 m sur 220 m (3,4 ha), pression de l'air 34,4 kPa, couverture transparente en fibre de verre (4 ha) ; aux mesures standards : 262 m de long, 42,6 m de large et 19,8 m de haut à Lima (Ohio, U.S.A.).

Treillis spéciaux. Béton et acier (ex. : Gd Marché de Francfort-sur-le-Main, Allemagne, 1927) ; coupole en tôle d'aluminium (pavillon des U.S.A., Exposition de Montréal, 1967).

Voûte. En berceau (au XIIe s., elle devient pointue : en arc brisé, dite en ogive), d'arête, nervurée, croisée d'ogives). *Sexpartite* (6 branches d'ogive) ; en *étoile* (ne subsistent que les liernes et les tiercerons). Les *liernes,* nervures secondaires situées entre la clef d'ogives et la clef des doubleaux, renforcent la voûte. Les *tiercerons* sont des nerv. secondaires de la naissance des ogives à l'extrémité des liernes.

Earth-worker ou land's art

Exemples : Christo (Chr. Savacheff, Bulg., n. 1935) a emballé des km de côtes australiennes, en 1985 le Pont Neuf à Paris. *Michaël Heizer* a creusé des trous gigantesques dans le désert du Nevada ou dans la neige. *Walter de Maria* a tracé 2 tranchées parallèles d'un demi-mile dans le désert du Nevada. *Huchkinson* a pioché sur les flancs de volcans en activité des rigoles pour orienter les coulées de lave. *Denis Oppenheim* a souligné à la charrue les courbes de niveau d'un paysage et tracé un sillon de plusieurs km pour concrétiser le méridien de Greenwich. *Keith Arnatt* a ensablé 120 personnes jusqu'au cou sur la plage de Liverpool, face à la mer. *Robert Smithson* a construit dans le Grand Lac Salé une digue en spirale de 450 m avec des rochers, des cristaux de sel et de la terre. *Uriburu* a coloré les eaux de New York, Paris, Venise et Buenos Aires.

France

Époque celtique
(900-52 av. J.-C.)

Architecture militaire

Enceintes fortifiées (ou oppidums). *Gergovie :* longtemps localisée à Merdogne (renommée Gergovie par Napoléon III) au S. de Clermont. Certains le situent actuellement au N. (côtes de Clermont, à l'E. du col de Purtol). *Guillon :* mur de 6 km [5 m de haut (150 000 m^3 de pierres sèches) style protohistorique] découvert en 1975-80 [à 16 km d'Avallon (Yonne)]. Identifié par certains, comme Alésia, de préférence à Alise-Ste-Reine (hypothèse de Napoléon III), grâce aux restes des 23 fortins construits par César. *Bibracte :* 5 km, 136 ha.

Art gallo-romain
(Ier s. av. J.-C.-Ve siècle apr. J.-C.)

Amphithéâtres ou arènes. *Paris* (ar. de Lutèce : 60 à 120 ap. J.-C. ; 15 000 pl.). *Arles* (ar. 80 à 90 ap. J.-C. ;

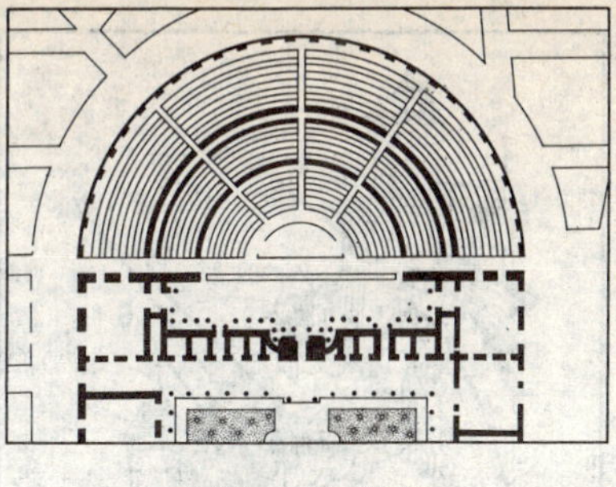

Théâtre romain d'Arles

Maison romaine. 1 atrium. 2 tablinum. 3 péristyle. 4 triclinium. 5 œcus.
D'après Guide Michelin (Provence, 23ᵉ éd.).

136 × 107 m, 21 000 pl.). *Bordeaux :* palais Gallien (IIIᵉ s. ap. J.-C. ; 132,3 × 110,6 m). *Fréjus* (Var ; fin Iᵉʳ s. ap. J.-C. ; 113 × 85 m, 10 000 pl.). *Nîmes* (68-70 ap. J.-C. ; 131 × 104 m, 365 m de tour ext., haut. 21 m, 25 000 pl.). *Orange* (v. 120 ap. J.-C. ; long. 19,48 m, prof. 8,50 m, haut. 18,80 m).

Aqueducs. *Pont du Gard* [Iᵉʳ s. ap. J.-C. ; long. 273 m ; haut. totale 48,77 m (1ᵉʳ ét. 21,87 m, 2ᵉ ét. 19,5 m, 3ᵉ ét. 7,40 m)], sur le Gardon, commune de Vers. Le plus grand des aqueducs romains, celui de Carthage, en Tunisie (117-138 ap. J.-C.), parcourait 141 km (capacité 31,8 millions de l par jour).

Arcs. *Carpentras* (Iᵉʳ s. ap. J.-C. ; haut. 10 m ; larg. 5,90 m ; prof. 4,54 m). *Cavaillon* (Iᵉʳ s. ap. J.-C.). *Orange :* de Tibère (haut. 22,73 m ; larg. 21,45 m ; prof. 8,50 m). *St-Rémy* (B.-du-Rh. ; Iᵉʳ s. av. J.-C. ; long. 12,40 m ; prof. 5,60 m ; haut. sous voûte 7,50 m).

Ponts. De l'*Argens* (Var). *Pont-Ambroix* (Hérault). *St-Chamas* (B.-du-Rh.) : pont Flavien (Iᵉʳ s. ap. J.-C. ; long. 21,40 m ; larg. 6,20 m). *Sommières* (Gard). *Vaison-la-Romaine* (Vaucluse, arche unique de 17,20 m d'ouverture).

Portes. *Autun :* p. St-André (Iᵉʳ s. ap. J.-C. ; haut. 14,50 m ; larg. 20 m) et p. d'Arroux (haut. 17 m ; larg. 19 m). *Besançon :* p. Noire (haut. 10 m ; larg. 5,60 m). *Reims :* p. de Mars (haut. 13,50 m ; long. 33 m).

Temples. *Nîmes :* Maison Carrée (4 ap. J.-C. ; hexastyle, pseudopériptère, long. 26,3 m, larg. 13,55 m, haut. 17 m). *Vienne :* temple d'Auguste et de Livie (27 av. J.-C. à 11 ap. J.-C.).

Théâtres. *Arles* (Iᵉʳ s. av. J.-C. ; 103,8 m diam. ; 1 600 pl.). *Autun* (70-80 ap. J.-C. ; 147,80 m diam. ; 16 000 pl.). *Fréjus* (Iᵉʳ s. ap. J.-C. ; 72 m diam.). *Grand* (Vosges, Iᵉʳ s. ap. J.-C. ; 149,50 m diam., le plus grand théâtre de l'Antiquité). *Lyon* (Iᵉʳ s. av. J.-C. ; 103 m diam. ; le plus ancien théâtre de Gaule). *Orange* (début Iᵉʳ s. ap. J.-C. ; 103 m diam. ; 36 m haut. ; 40 000 pl. ; le mieux conservé). *Vaison-la-R.* (Iᵉʳ s. ap. J.-C. ; 96 m diam.). *Vienne* (Iᵉʳ s. av. J.-C., début Iᵉʳ s. ap. J.-C. ; 103,40 m diam.).

Thermes. *Paris :* musée de Cluny (fin IIᵉ s. ap. J.-C.). *Arles :* palais Constantin (98 × 45 m, IVᵉ s. ap. J.-C.). *Lambesc* (B.-du-Rh.). *Nîmes :* temple de Diane (117 × 135), en ruine, fut probablement le bâtiment principal des thermes.

Tombeaux. *St-Rémy* (B.-du-Rh.) : mausolée des Jules (Vᵉ s. ap. J.-C. ; haut. 19,30 m).

Trophées. *St-Bertrand-de-Comminges* (Hte-Gar., IIᵉ s. ap. J.-C.). *La Turbie* (Alpes-Mar.) : trophée d'Auguste (6 av. J.-C. ; haut. 50 m, aujourd'hui 35 m ; larg. 34 m).

Époque mérovingienne
(Vᵉ-VIIIᵉ s.)

Architecture religieuse

Caractères. Imitation de la basilique romaine : nef séparée des bas-côtés par des colonnes, abside ornée de mosaïques, revêtements de marbre, plafond en bois sculpté relevé d'or. Influence orientale sensible : deux absides opposées, abside flanquée de deux salles carrées, tour-lanterne entre abside et nef, baptistère octogonal, avec une colonnade sur laquelle repose une coupole.

Principaux monuments. Peu de vestiges : beaucoup étaient en matériau léger. *Plan basilical :* fragments de St-Pierre de *Vienne* (Isère) ; cryptes de St-Laurent, *Grenoble ;* de St-Paul, *Jouarre* (S.-et-M.) ; *Néris* (Allier). *Plan central :* baptistères de Saint-Jean, à *Poitiers ; Riez* (Alpes-de-Hte-P.) ; *Fréjus* et *Aix ;* cathédrale de *Nevers.*

Époque carolingienne
(IXᵉ s.)

Architecture religieuse

Caractères. Influence orientale : plan central surmonté d'une coupole, décor de feuillages, tresses, cercles. Annonce l'art roman : porche voûté surmonté d'une église antérieure (*St-Riquier*, Somme) qui se retrouve dans la tribune sur passage voûté à l'entrée des églises auvergnates et dans les clochers-porches de *St-Benoît-sur-Loire* (Loiret), *Ébreuil* (Allier). Coupoles et absides décorées de mosaïques.

Principaux monuments. Abbaye de *St-Riquier* (Somme ; détruite, reconstruite XIIIᵉ-XVIᵉ s.) ; *St-Philbert-de-Grand-Lieu* (L.-Atl.) ; *Germigny-des-Prés* [Loiret, sur le plan d'Etchmiadzine (Arménie)] ; *St-Germain* (C.-d'Or) ; *St-Pierre-de-Jumièges* (S.-M.) ; basse-œuvre de *Beauvais.*

Église de Germigny-des-Prés (Loiret, IXᵉ s.)

Époque préromane
(Xᵉ s.)

Architecture religieuse

Caractères. Bas-côtés séparés de la nef par des piliers. Pas de transept. Nef et bas-côtés terminés chacun par une abside. Extérieur : niches continues au sommet de l'abside et décoration en « bandes lombardes » (reliées en séries de festons).

Principaux monuments. *St-Philibert-de-Tournus* (S.-et-L.) ; *St-Guilhem-le-Désert* (Hérault) [cloître transporté au Metropolitan Museum (U.S.A.)] ; *St-Martin-d'Aime* (Savoie).

Époque romane
(fin Xᵉ, XIᵉ, milieu XIIᵉ s.)

☞ **Le mot « roman »** a été utilisé pour la 1ʳᵉ fois par l'archéologue Charles Duhérissier de Gerville (1769-1853) dans une lettre de 1818 à Auguste Leprévost (archéol., 1787-1859, député de Bernay).

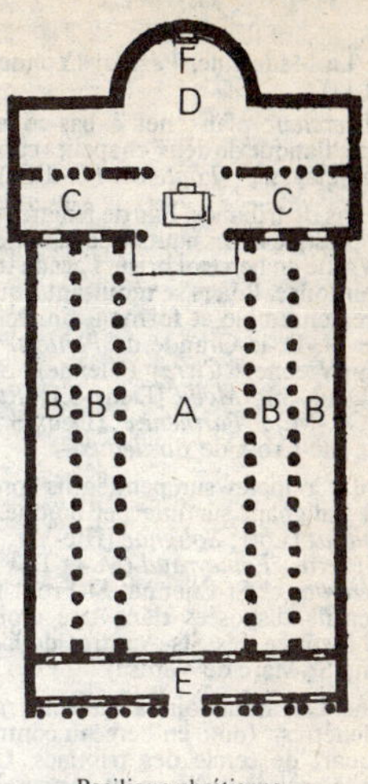

Basilique chrétienne
A nef centrale. B latérale. C chœur.
D abside. E narthex. F siège de l'évêque

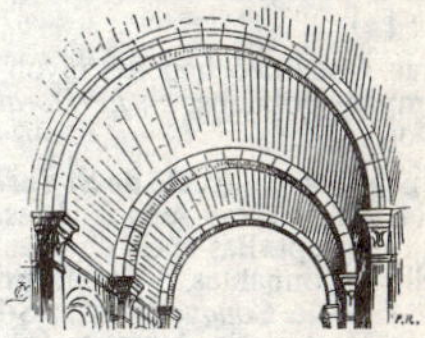

Voûte romane en berceau sur doubleaux

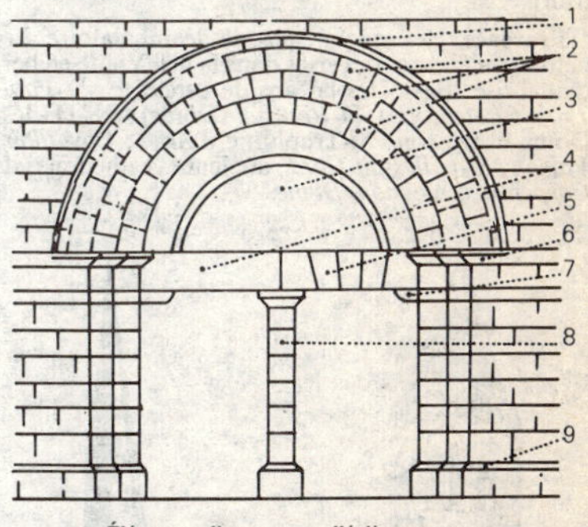

Éléments d'une porte d'église romane.
1 archivolte. 2 voussures. 3 tympan. 4 linteau. 5 linteau appareillé. 6 imposte. 7 corbeau. 8 trumeau. 9 moulure de soubassement

Architecture religieuse

Normandie. Plan bénédictin sans déambulatoire avec des absides décroissantes des deux côtés de l'abside principale. Piliers alternativement forts et faibles. Collatéraux avec tribunes. Fenêtres hautes avec galerie de circulation. Nef non voûtée. Tour-lanterne (tradition mérovingienne). 2 tours encadrant la façade. Clocher de pierre. – Abbayes : aux Hommes (St-Étienne, voûte gothique), aux Dames (Trinité), à *Caen ;* de *Jumièges* (S.-M.) ; *St-Martin-de-Boscherville* (S.-M.) ; *Cerisy-la-Forêt* (Manche) ; *Lessay* (Manche) (voûte gothique).

Nord. Petits édifices. Voûtes rares. – *Paris :* St-Germain-des-Prés ; *Reims :* St-Rémi ; *Morienval* (Oise) ; *Beauvais :* St-Étienne.

Bourgogne. *Type clunisien :* cinq nefs et deux transepts, déambulatoire, élévation intérieure : arcades, triforium, fenêtres ouvertes dans la nef, voûte en berceau brisé ; deux tours encadrant la façade. – *Cluny* (S.-et-L.), détruit de 1809 à 1823 ; *Paray-le-Monial* (S.-et-L.) ; *La Charité-sur-Loire* (Nièvre) ; Saint-Lazare d'*Autun* (S.-et-L.) ; *Semur-en-Brionnais* (S.-et-L.) ; *Beaune* (C.-d'Or) ; *Langres* (H.-M.).

Type de Vézelay : élévation à 2 étages (sans triforium) ; voûte d'arêtes séparées par des arcs doubleaux. — La Madeleine, *Vézelay* (Yonne) ; *Anzy-le-Duc* (S.-et-L.).

Type cistercien : plan : nef à bas-côtés, transept, chœur carré, flanqué de deux chapelles carrées ; élévation à deux étages. — *Fontenay* (C.-d'Or).

Poitou. Pas de tribunes. Pas de fenêtres dans la nef. Bas-côtés presque aussi hauts que la nef et percés de fenêtres. Voûte en berceau brisé. Façade très ornée en Poitou, Saintonge. Piliers se réduisant à quatre colonnes soudées ensemble et formant un trèfle à quatre feuilles. — N.-D.-la-Grande de *Poitiers ;* St-Pierre à *Chauvigny* (Vienne) ; *Civray* (Vienne) ; *St-Jouin-de-Marnes* (Deux-S.) ; *Melle* (Deux-S.) ; *Ruffec* (Ch.) ; *Aulnay* (Ch.-M.) ; *Parthenay* (Deux-S.) ; *Airvault* (Deux-S.) ; Ste-Croix de *Bordeaux.*

Périgord. Coupoles sur pendentifs (provenant de l'Orient ?) s'alignant sur une nef unique. — *Cahors* (Lot) ; *Souillac* (Lot) ; *Solignac* (Hte-V.) ; *Angoulême* (Ch.) : St-Pierre ; *Fontevraud* (M.-et-L.) ; *St-Émilion* (Gir.) ; *Périgueux :* St-Étienne, St-Front (5 coupoles sur pendentifs disposées dans une croix grecque ; exception inspirée des Sts-Apôtres de Constantinople, comme St-Marc de Venise).

Auvergne. Déambulatoire à chapelles rayonnantes. Nef sans fenêtres. Voûte en berceau contre-butée par l'arc en quart de cercle des tribunes. Coupole sur trompes à la croisée du transept. Appareil polychrome (pierres volcaniques). — N.-D.-du-Port de *Clermont-Ferrand* et cathédrale du *Puy* (influence de l'art arabe d'Espagne) ; *Issoire, St-Nectaire, Orcival,* St-Amable de *Riom* (P.-de-D.).

Languedoc. Nef unique. Chœur et chapelles rayonnantes. Portail sans tympan, polylobé. — *Le Dorat* (Hte-V.) ; *Brantôme* (Dord.).

Grandes églises « de pèlerinage » (route de St-Jacques-de-Compostelle). Nef en berceau sans fenêtres. Hautes tribunes et vaste transept. Bas-côtés doubles. Déambulatoire à chapelles rayonnantes. — St-Martin de *Tours* (détruit) ; Ste-Foy de *Conques* (Av.) ; St-Sernin de *Toulouse ;* St-Martial de *Limoges* (détruit).

Provence. Nef unique ; pas de déambulatoire. Fenêtres très étroites ouvertes dans la nef. Voûte en berceau brisé. Bas-côtés en arc de cercle. — *St-Paul-Trois-Châteaux* et *St-Restitut* (Dôme) ; N.-D.-des-Doms d'*Avignon ;* St-Trophime d'*Arles ; Cavaillon ; Vaison ; St-Gilles-du-Gard ;* anciennes cathédrales de *Carpentras, Avignon, Digne.*

Clocher roman (XIe-XIIe-XIIIe s.), St-Léonard-de-Noblat (Hte-Vienne)

Tour du XIVe s. St-Pol-de-Léon (Finistère)

Architecture monastique

Cloîtres. Arcades reposant sur des colonnes jumelées. — *Montmajour* (B.-du-Rh.) ; St-Trophime d'*Arles ; Moissac* (T.-et-G.) ; *Elne* (P.-O.) ; *St-Bertrand-de-Comminges* (H.-G.) ; *Vaison* (Vaucluse) ; *St-Michel-de-Cuxa* (P.-O., transporté en partie à New York) ; *St-Martin-du-Canigou* (P.-O.).

Cuisines. *Fontevraud* (M.-et-L.).

Salles capitulaires. *Vézelay* (Yonne, en partie XIIe s.) ; *Noirlac* (Cher) ; *Frontfroide* (Aude, partie goth.).

Architecture militaire

Ne subsistent que les constructions en pierre.

Donjons. *Langeais* (994, I.-et-L.) ; *Loches* (fin XIe, I.-et-L.) ; *Beaugency* (fin XIe, Loiret) ; Château-Gaillard, *Les Andelys* (XIIe, Eure) ; *Provins* (XIIe-XIIIe, S.-et-M.).

Enceintes. *Carcassonne* (XIIe-XIIIe-XIVe) ; *krak des Chevaliers* (Syrie, par l'Ordre de l'Hôpital).

Bélier. Grosse poutre munie d'une tête de fer, suspendue à une charpente ou fixée sur un affût mobile pour disloquer une maçonnerie.

Bretèche. Construction en saillie percée de mâchicoulis pour le tir plongeant, et quelquefois de meurtrières pour le tir horizontal. Assurait le plus souvent la défense d'une porte.

Châtelet. Petit château fort destiné à la défense d'un pont, d'une route ou d'une voie d'accès.

Courtine. Mur de défense réunissant 2 tours ou bastions surmonté généralement d'un chemin de ronde.

Échauguette. Tourelle en encorbellement pour le guet et le tir, placée sur un angle.

Escarpe. Talus intérieur d'un fossé sis du côté de la place, le talus extérieur est la contrescarpe.

Glacis. Terrain aménagé en pente douce vers l'extérieur, qui obligeait l'assaillant à se présenter à découvert.

Guette. Tourelle de surveillance généralement au sommet du donjon.

Hourd. Galerie de bois établie en encorbellement à l'extérieur des murs, afin de battre le pied des défenses (remplacé par les *mâchicoulis* en pierre).

Merlon. Partie pleine d'un parapet comprise entre 2 créneaux ; l'archer tire par les créneaux ou à travers des archères pratiquées dans les merlons.

Meurtrière. Petite ouverture pour le tir.

Motte. Éminence naturelle ou artificielle sur laquelle était érigée la défense principale d'un château.

Architecture civile

Maisons. *Cluny* (S.-et-L.) ; Hôtel de ville de *Saint-Antonin* (T.-et-G.).

Ponts. *Airvault* (XIIe, Deux-Sèvres) ; *Avignon,* pont Saint-Bénezet (1177-1185) construit par saint Bénezet et ses disciples. Il se composait de 2 arches (850 m env.). Les piles sont peut-être d'origine romaine. Reconstruit au XIIIe s. (après le siège de 1228), rompu depuis le XVIIe s., il subsiste 4 arches, le Châtelet (XIVe et XVe), la chapelle St-Nicolas (romane, remaniée au XIIIe s. et déb. du XVIe s.).

Époque gothique
(milieu XIIe-début XVIe s.)

Origine du mot « gothique ». Créé v. 1440 par l'Italien Lorenzo Valla pour désigner un style d'écriture (dans le sens de « médiéval », l'expression *Moyen Age* n'existant que depuis 1604). Au XVIe s., Vasari appelle *tedesco,* « tudesque » (c.-à-d. germanique), toutes les architectures médiévales, à la fois romanes et gothiques (au XVe s., Palladio distinguait entre le plein cintre et l'ogive, mais sans les classer chronologiquement). L'adjectif latin *gothicus* (dans le sens de « médiéval ») a été créé en 1610 pour l'architecture par un jésuite français voulant traduire l'italien *tedesco ;* le 1er emploi de *gothique* en français, dans le même sens, est de 1619. Aux XVIIe et XVIIIe s., le mot prend un sens

Enceinte fortifiée :
1 Hourd (galerie en bois).
2 Mâchicoulis (créneaux en encorbellement).
3 Bretèche.
4 Donjon. 5 Chemin de ronde couvert. 6 Courtine.
7 Enceinte extérieure. 8 Poterne

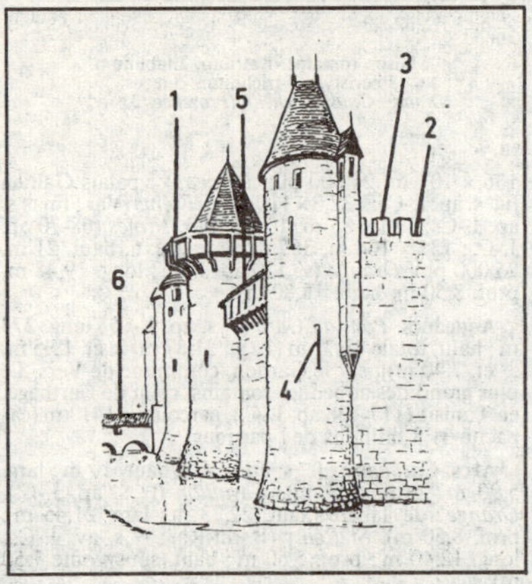

Tours et courtines :
1 Hourd. 2 Créneau. 3 Merlon.
4 Meurtrière ou archère. 5 Courtine.
6 Pont dit dormant (fixe) par opposition au pont-levis (mobile)

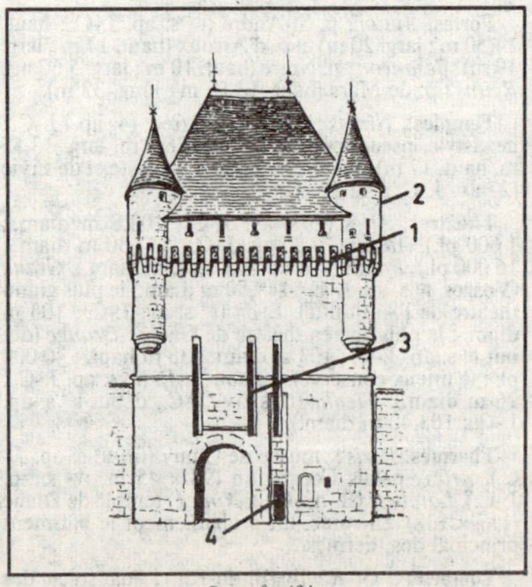

Porte fortifiée :
1 Mâchicoulis. 2 Échauguette (pour le guet).
3 Logement des bras du pont-levis.
4 Poterne : petite porte dérobée, facile à défendre en cas de siège
Dessins d'après Guide Michelin (Châteaux de la Loire 25e éd.)

péjoratif (à la fois « médiéval » et « suranné »). En 1823, le Français Charles Duhérissier de Gerville, voir p. 341, divise pour la 1re fois l'histoire architecturale du Moyen Age en 2 périodes : plein cintre, qu'il appelle « roman » (car il est l'héritier de la voûte romaine), et le style « ogival » auquel il réserve le nom de *gothique*. Les 2 mots deviennent synonymes pour désigner l'architecture du XIIIe s. à la Renaissance ; *gothique* s'emploie en outre pour tous les autres arts de cette époque.

Architecture religieuse

Gothique primitif (1130-1230). Grande rose de façade comprise dans un arc en plein cintre. Voûtes sur plan carré et sexpartites. Tribunes au-dessus des bas-côtés. Alternance de piles fortes et faibles (sauf N.-D. de *Paris*). Chapiteaux à crochets. Fenêtres moins grandes. — *St-Denis* (S.-St-D., 1132-44), façade, avant-nef et déambulatoire avec chapelles rayonnantes (nef du XIIIe) ; *Noyon* [1] (Oise, 1140-86), plan roman ; *Sens* [1] (Yonne, 1130-70) ; *Laon* [1] (Aisne, 1150-1233) ; N.-D. de *Paris* (1160-1245) ; St-Rémi de *Reims* (chœur 1162) ; *N.-D.-en-Vaux*, à Châlons-sur-M. (Marne) ; *Senlis* [1] (Oise, 1167-91).

Apogée (1230-1300 environ). Grande rose de façade dans un arc brisé. Voûtes sur plan *barlong* (plus long d'un côté que de l'autre). Tribunes remplacées par des arcs-boutants. Au triforium succède la claire-voie (*Amiens* [1], chœur). Piliers cantonnés de colonnes engagées. Fenêtres plus vastes. Bas-côtés très hauts.

Chartres [1] : porche (1re moitié XIIe), incendie (1194), nef terminée (1220), haut du transept (1240), dédicace et suppression des tribunes (1260). *Bourges* [1] : conçue dès 1172-1235, voûtes sexpartites sur plan carré, contreforts bas, plus légers qu'à Chartres. *Soissons* [1] (1235). *Reims* [1] : chœur (1212-41), façade occidentale (1285), 1er étage des tours (1311-XIVe), étage supérieur (XVe). *Strasbourg* [1] (1240-75) : nef romane modifiée (1277), début de la façade occidentale. *Le Mans* [1] (1254). *Amiens* [1] (1220-36) : nef terminée (1238-69), chœur (1288). *Troyes* [1] (début XIVe). *Beauvais* [1] (1225) : incendie chœur (1280), voûtes écroulées (1284), terminée (1324). *St-Denis* (S.-St-D., 1231-81) : nef. *Paris :* nef Ste-Chapelle (1245-48). *Troyes :* St-Urbain (1262-90). *Rouen* [1], très modifiée. *Sées* (Orne). *Coutances* [1] (Manche). *St-Pol-de-Léon :* Kreisker. *Angers :* St-Maurice, St-Serge.

Gothique rayonnant (XIVe s.). Piliers à faisceaux de colonnettes. Murs plus ajourés. Chapiteaux à bouquets de feuillages. Moulures en saillie (façade). Statues dégagées dans des niches.

Rouen : St-Ouen (chœur) ; cathédrale (portails de la Calende, 1310, et des Libraires). *Clermont-Ferrand* [1] : nef. *Limoges* [1]. *Bayonne* [1]. *Tours* [1]. *Auxerre :* St-Vincent. *Carcassonne :* St-Nazaire. *Nevers* [1] : chœur. *Évreux* [1] : chœur. *Bordeaux :* St-André. *Strasbourg* [1] : façade. *Lyon :* St-Jean. *Albi :* Ste-Cécile (pas d'arcs-boutants ni de bas-côtés, contreforts pénétrant à l'intérieur). *Perpignan :* St-Jean.

Nota. — (1) Cathédrale.

Gothique flamboyant (XVe s.). Piliers monocylindriques. Arcs pénétrant dans le fût. Chapiteaux disparus remplacés parfois par une bague. Voûtes à petits

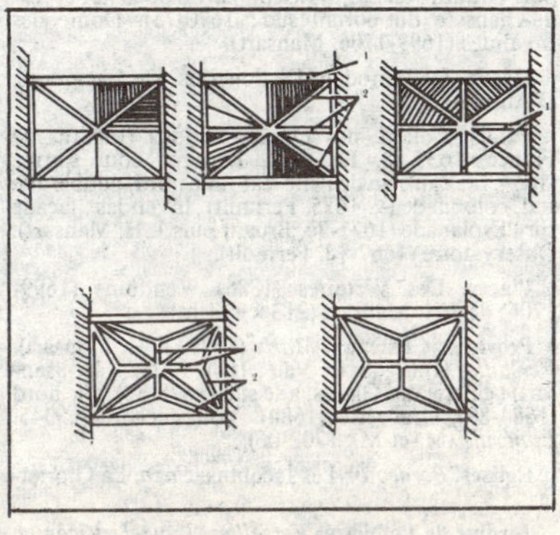

I Croisée d'ogives simples.
II Voûte sexpartite : 1 doubleau, 2 ogives.
III Ogives et liernes : 1 liernes.
IV Ogives, liernes et tiercerons : 1 liernes, 2 tiercerons. V Voûte en étoile

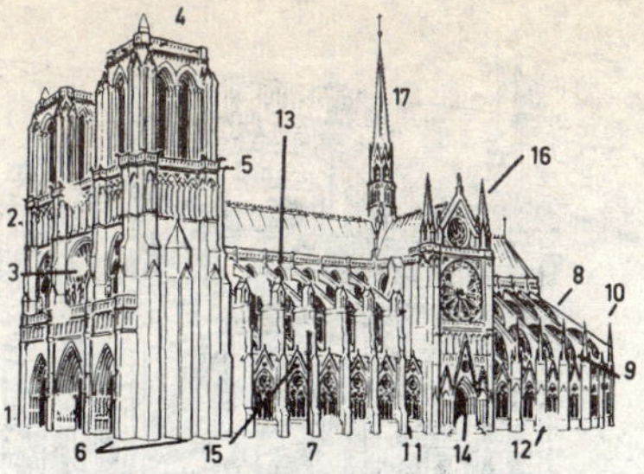

Cathédrale gothique :
1 Porche. 2 Galerie.
3 Grande rose. 4 Tour clocher parfois terminée par une flèche. 5 Gargouille servant à l'écoulement des eaux de pluie. 6 Contrefort. 7 Culée d'arc-boutant. 8 Volée d'arc-boutant. 9 Arc-boutant à double volée. 10 Pinacle. 11 Chapelle latérale. 12 Chapelle rayonnante. 13 Fenêtre haute. 14 Portail latéral. 15 Gâble. 16 Clocheton. 17 Flèche (ici, placée sur la croisée du transept)

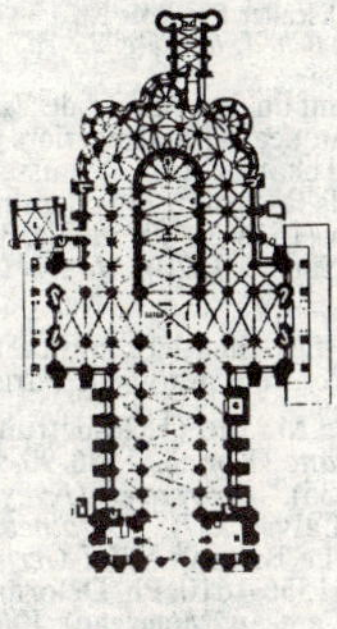

Chartres
(XIIe-XIIIe, gothique)

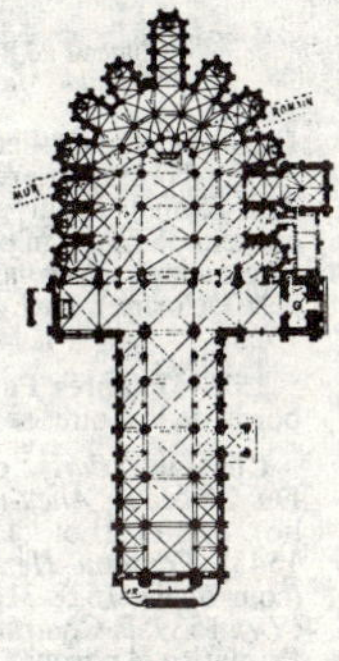

Le Mans
(XIIIe, gothique)

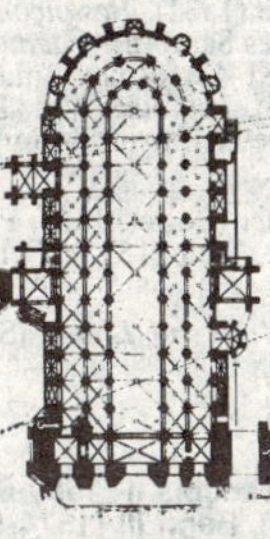

Bourges
(XIIe-XIIIe, gothique)

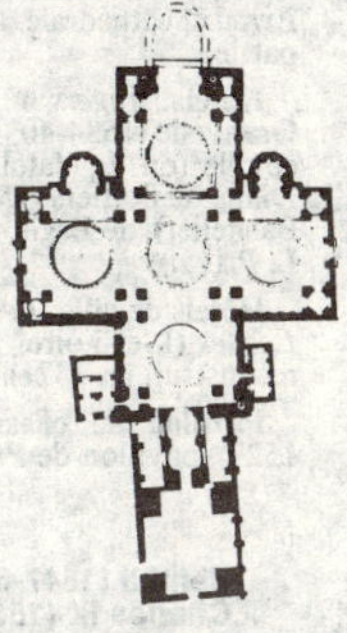

Périgueux
(XIIe, roman)

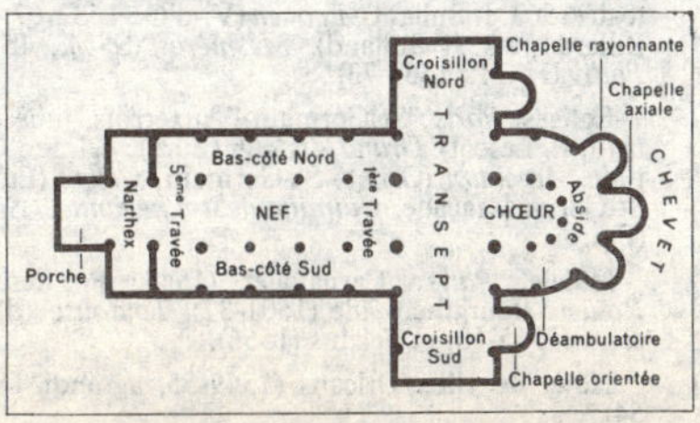

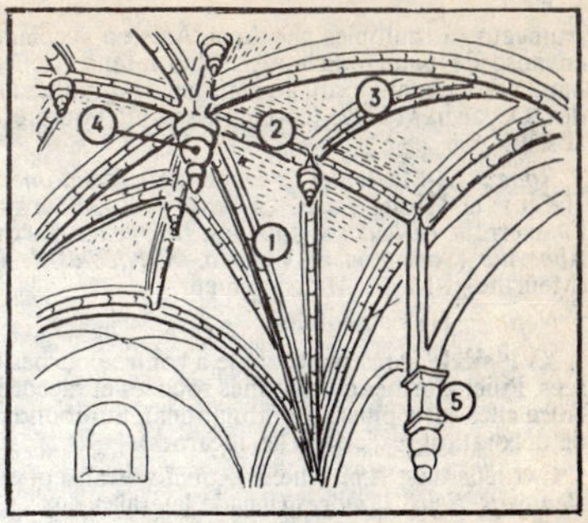

Voûte à clef pendante :
1 Croisée d'ogives. 2 Lierne. 3 Tierceron.
4 Clef pendante. 5 Cul-de-lampe

Coupole sur trompes :
1 Coupole octogonale. 2 Trompe.
3 Arcade du carré du transept

Voûte à pénétration :
1 Voûte à pénétration. 2 Fenêtre à pénétration ou « lunette ». 3 Voûte en berceau

Coupole sur pendentifs :
1 Coupole circulaire. 2 Pendentif.
3 Arcade du carré du transept

panneaux, à multiples nervures. Arcs en accolade et en anse de panier. Éclairage plus intense, fenêtres hautes descendant jusqu'au sommet des grandes arcades. Décor très chargé (choux, frises, etc.) ou presque absent.

Rouen : St-Maclou et St-Ouen (nef). *Vendôme* (L.-et-Ch.) : la Trinité. *Paris :* St-Séverin et St-Germain-l'Auxerrois. *Lisieux :* St-Jacques. *Dieppe :* St-Jacques. *Abbeville* (Somme) : St-Vulfran. *St-Nicolas-de-Port* (Meurthe-et-Mos.). *Metz* [1] : chœur.

Nota. – (1) Cathédrale.

XVIe siècle. Arcs en accolade à contre-courbes brisées. Piliers formés de colonnes soudées et raccordées entre elles (dits piliers à ondulations). Surabondance de décoration (ex. : dans les lucarnes).

CATHÉDRALES. *Albi* (chœur), *Senlis* (transept sud), *Beauvais, Sens, Limoges* (façade latérale).

ÉGLISES. *Brou* (*Bourg-en-Bresse*, Ain), *Saint-Riquier* et *Rue* (Somme). *Montfort-l'Amaury* (Yvel.). *Compiègne* (Oise) : St-Antoine (chœur). *Paris :* St-Eustache (nef, transept et chœur). *Provins* (Seine-et-M.) : Ste-Croix (portail, déambulatoire).

Architecture monastique

Cloîtres. *Mont-Saint-Michel* (Manche, XIIIe) ; *Villefranche-de-Rouergue* (Aveyron, XVe).

Réfectoires. Abb. de *Royaumont* (V.-d'O., XIIIe) ; abb. de St-Martin-des-Champs à *Paris* (XIIIe, auj. bibl. des Arts et Métiers).

Salle synodale. *Sens* (XIIIe s.).

Architecture militaire

Aigues-Mortes (Gard), remparts (XIIIe), *Avignon*, palais des Papes (XIVe). *Carcassonne*, enceinte (XIIe, XIIIe et XIVe). *Coucy* (Aisne), donjon (XIIIe). *Pierrefonds* (Oise) (XIVe). *Lassay* (Mayenne) (XVe).

Architecture urbaine

Beffroi. Désigna d'abord les tours mobiles utilisées dans les sièges, puis la charpente soutenant les cloches à l'intérieur d'une tour et enfin le donjon communal renfermant la cloche. *Arras* (P.-de-Calais), beffroi (XVe-XVIe s., reconstruit au XXe).

Maisons. *Cordes* (Tarn), maison du Grand Fauconnier (XIVe). *Bourges*, hôtel Jacques Cœur (XVe). *Paris*, hôtel de Cluny (XVe). *Poitiers*, palais des Comtes (XIVe). *Beaune*, hospice (XVe).

Marchés couverts. *Provins* (S.-et-M.), grange aux Dîmes (ancien ouvrage militaire, milieu XIIe).

Palais de justice. *Rouen* (Seine-Maritime, commencé en 1499).

Ponts. *Cahors* (Lot), pont Valentré (XIVe).

Renaissance
(XVIe s.)

Charles VIII (1483-98)

Château. *Amboise* (1495-98).

Louis XII (1498-1515)

Bureau des Finances. *Rouen* (Roulland Le Roux 1509).

Châteaux. *Blois*, aile Louis XII (1498-1503). *Gaillon* (Eure), 1509 (démoli, restes à l'École des Beaux-Arts à Paris). *Ussée* (I.-et-L., gothique, chapelle 1520-38). *Chaumont-sur-Loire* (L.-et-Ch., 1465-1510, gothique), *Châteaudun* (E.-et-L., aile Nord, 1470-1520). *Nancy*, palais des ducs de Lorraine (1502-44).

Églises. *Albi*, porche et jubé. *Rouen*, St-Maclou.

Hôtels. *Les Andelys* (du Grand-Cerf). *Blois* (d'Alluye, terminé en 1508). *Bourges* (Cujas et Lallemant).

Hôtels de ville. *Dreux* (1512-37).

François Ier (1515-47)

1515-25 (avant Pavie). Châteaux. *Azay-le-Rideau* (1524-27). *Blois*, aile François Ier (1515), façade des Loges (1525). (Dimensions du château : 128 × 88 m, 56 m de haut au clocheton central, 28 m au niveau des terrasses. 440 pièces. 365 cheminées. 74 escaliers.) *Bury* (L.-et-C., 1514-24). *Chambord* (1519-24, puis

Château de Blois. Escalier François Ier.
D'après Guide Michelin (Ch. de la Loire, 25e éd.)

1526-44), plans italiens dont un de Léonard de Vinci ; maître d'œuvre Pierre Trinqueau (1 800 ouvriers pendant 15 ans) ; le plus grand château de la Renaissance, hauteur 58 m (33 m pour la lanterne), 365 cheminées, 63 escaliers. *Chenonceaux* (1515-81, galerie de Philibert Delorme). *Le Lude* (Sarthe, 1520). *Montal* (Lot, 1523).

1525-47 (après Pavie). Les chantiers, quittant les bords de la Loire, se concentrent autour de Paris.

Châteaux. *Paris :* ch. de Madrid (1528-détruit, A. Du Cerceau). *Ancy-le-Franc* (Yonne, 1546-90, Serlio). *Assier* (Lot, 1525-35). *Bournazel* (Aveyron, 1545). *Fontaine-Henry* (Calv. 1537). *Fontainebleau* (cour ovale, 1528-31, G. Le Breton). *Saint-Germain* (Yv., 1539, P. Chambige ; 1556-1610, Ph. Delorme, le Primatice, Androuet Du Cerceau, Métezeau). *Villers-Cotterêts* (Aisne, 1533, Le Breton).

Églises. *Paris :* St-Eustache (1532-1632), St-Étienne-du-Mont (façade et jubé Henri IV). *Caen :* St-Pierre (chevet). *Champigny-sur-Veude* (I.-et-L.) : chapelle. *Dijon :* St-Michel, St-Pantaléon et Ste-Madeleine. *Évreux :* cathédrale. *Gisors* (Eure) : St-Protais (grande partie).

Hôtels. *Angers*, h. Pincé (1532). *Besançon*, palais Granvelle (1534-40, Hugues Sambin). *Caen*, h. d'Escoville (ou de Valois, 1531-42). *Rouen*, maison de Diane de Poitiers (1510-23). *Toulouse*, h. de Buet (N. Bachelier), de Bagis, du Vieux-Raisin, Bernuy (1530, L. Privat).

Hôtels de ville. *Beaugency* (Loiret, 1525, P. Biart). *Loches* (I.-et-Loire, 1540). *Niort* (1535). *Pau* (1531, reconstruit en 1871).

Pavillon de chasse. *Moret-sur-Loing* (S.-et-M., 1527), pavillon de François Ier.

Henri II (1547-59), François II (1559-60), Charles IX (1560-74), Henri III (1574-89)

Châteaux. *Paris :* Louvre (aile de P. Lescot, 1546-59, Petite Galerie sous Charles IX), Tuileries (1564, Philibert Delorme, pour Catherine de Médicis). *Anet* (1548, Philibert Delorme, restent l'aile gauche, la chapelle et le portique de la cour). *Chantilly*, Petit Château (1563, J. Bullant). *Écouen* (V.-d'O., 1532-67, Ch. Billard puis J. Bulland). *Mesnières* (S.-M., 1545). *Pailly* (H.-M., 1564-73).

Églises. *Paris :* St-Germain-l'Auxerrois, jubé (détruit, P. Lescot). *Grand Andelys* (Eure) : égl. Ste-Clotilde. *Argentan* (Orne) : St-Germain. *Gisors* (Eure) : St-Gervais, façade. *Guimiliau, St-Thégonnec, Sizun* (Fin.).

Hôtels. *Paris :* Carnavalet (1544, P. Lescot). *Rouen :* Bourgtheroulde (1501-37). *Toulouse :* d'Assézat (1555-60) et Felzins (1556).

Hôtel de ville. Orléans (1549-55, agrandi 1850-54).

Fin XVIe-début XVIIe siècle

Henri IV (1589-1610), Louis XIII (1610-43), Louis XIV (minorité, 1643-60)

• **Paris. Églises.** Façade de St-Gervais-St-Protais (1616-25, de Brosse, Métezeau). St-Paul-St-Louis (1630-40, E. Martellange). N.-D.-des-Victoires (1629-1740). Val-de-Grâce (1645-65, Mansart, Le Mercier, Le Muet, Le Duc). Chap. de la Sorbonne (1635-53, Le Mercier).

Hôpital. St-Louis (Chatillon, 1607-11 ; ouvert en 1616).

Hôtels. De Sully (1624-30, Jean Ier Du Cerceau). Lambert (vers 1640, Le Vau). De Lauzun (1642-50). De Beauvais (1655, Lepautre).

Palais. Louvre, achèvement de la Petite Galerie (Métezeau et Jacques Du Cerceau), Grande Galerie du Bord-de-l'Eau (1609), pavillon de l'Horloge (1624, Le Mercier). Luxembourg (1613-20, de Brosse).

Places. Des Vosges (1604-15, ancienne place Royale 140 × 140 m). Dauphine (construite par François Petit en 1607, en partie démolie).

Pont-Neuf (1604).

• **Province. Calvaire.** *Guimiliau* (Fin., 1581-88), représentant la Passion et l'Enfance de Jésus. 200 personnages.

Châteaux. *Balleroy* (Calv., 1626-39, Mansart). *Blois*, aile Gaston-d'Orléans (1635, Mansart). *Brissac* (M.-et-L., 1606-21, Corbineau d'Angluze). *Cany-Barville* (S.-M., 1640-46). *Cheverny* (L.-et-Ch., 1634). *Cadillac* (Gironde, 1588-1600). *Effiat* (P.-de-D., 1627). *Fontainebleau*, porte Dauphine ou du Baptistère, portail de la cour des Offices (1609), escalier du Fer-à-Cheval (1632, Jean Androuet Du Cerceau). *Maisons-Laffitte* (Yvelines, 1642-50, Mansart). *Miromesnil* (S.-M.). *Tanlay* (Yonne, 1610-42, Le Muet). *Vaux-le-Vicomte* (S.-et-M., 1656-60, Le Vau). *Versailles* (1624, façade de la cour de Marbre, centre). *Vizille* (Isère, 1611-19).

Églises. *Nevers*, Visitation.

Hôtels publics. *La Rochelle*, Hôtel de ville (1544-1607). *Lille*, palais de la Bourse (1652, Julien Destré). *Rennes*, palais de justice (1618-19, de Brosse).

Place. *Charleville*, place Ducale (1608 Cl. Métezeau).

XVIIe-XVIIIe siècles

Louis XIV (majorité, 1660 à 1715)

Paris. Arcs. Porte-St-Denis (1672, Blondel, hauteur 24 m, largeur 23,97 m, épaisseur 4,87 m, sculpture de Michel Augier, commémore les victoires de Louis XIV en Allemagne) ; St-Martin (1674, Bullet, hauteur 18 m, commémore la conquête de la Franche-Comté).

Églises. St-Jacques-du-Haut-Pas (1675, Gittard). St-Roch (1736, R. et J. de Cotte). St-Sulpice (Le Vau, puis Gittard : chœur, transept, partie de la nef et rez-de-chaussée du portail sud ; 1670-75). Dôme des Invalides (1699-1706, Mansart).

Hôtels. De Pimodan. De Soissons. De Chevreuse. D'Aumont.

Palais. Collège des Quatre-Nations (Institut de France, 1633-88, Le Vau). Louvre : cour Carrée (1664, Le Vau), fin de l'aile sud ; aile nord, double aile sud, colonnade (v. 1675, Perrault). Invalides : façade sur l'Esplanade (1671-76, Bruant puis J. H. Mansart). Observatoire (1667-72, Perrault).

Places. Des Victoires (1886). Vendôme (1699-1706) de J.H. Mansart (213 × 124 m).

• **Province. Châteaux.** *Marly* (1679, J. H. Mansart). *Versailles* (1661-68, Le Vau ; 1668-1708, J. H. Mansart) : galerie des Glaces, aile sud (1678-84), aile nord (1684-89), Orangerie (1684). Voir encadré p. 345. *Lunéville* (M.-et-M., 1702-06).

Églises. *Bordeaux*, Les Jacobins. *Caen*, La Gloriette.

Jardins de Le Nôtre. *Versailles. Vaux-le-Vicomte. Fontainebleau. St-Germain-en-Laye*, terrasse 2 400 m (1669-73). *St-Cloud.*

Portes. *Lille*, porte de Paris. *Montpellier*, porte du Peyrou (d'Orbay).

Louis XV (1715-74)

• **Paris. École militaire.** (1750-88, Gabriel).

Églises. St-Sulpice (nef d'Oppenordt, façade de Servandoni, 1733-54, tour nord reprise par Chalgrin). St-Roch (façade de R. et J. de Cotte). N.-D.-des-Victoires (façade).

Hôtels. De Rohan-Soubise (1704-12, décoration intérieure de Boffrand). Matignon (1715-20, Courtonne). De la Monnaie (1768-75, Antoine, néo-classique). Peyrenc de Moras (1729-30, J. Gabriel et Aubert). De Toulouse (Banque de France) (1656-1735, de Cotte, galerie Dorée). D'Évreux (1717, Mollet et Lassurance, devenu l'Élysée).

Place. Concorde (1754-63, Gabriel, néo-classique). La plus vaste de Paris (259 × 259 m). Ancienne place Louis XV où était érigée une statue équestre de Louis XV (de Bouchardon, enlevée en 1790), devint la place de la Révolution (l'échafaud de Louis XVI y fut dressé) puis, en 1795, la place de la Concorde. En 1799, une statue de la Liberté (en plâtre) par Dumont remplaça la statue de Louis XV. En 1836, l'obélisque de Louqsor fut érigé et la place décorée de colonnes rostrales et de 8 pavillons surmontés de statues assises représentant les principales villes de France (Marseille, Lyon, Strasbourg, Lille, Rouen, Brest, Nantes, Bordeaux), de 2 fontaines et de 2 groupes (Chevaux se cabrant ou Chevaux de Marly, hauteur 4 m, par Coustou). De chaque côté de la grille des Tuileries, 2 autres groupes : Mercure et la Renommée.

• **Province. Châteaux.** *Champlatreux* (1757, Yvelines, Chevolet). *Champs* (S.-et-M., v. 1715-20, Bullet de Chambain). *Chantilly.* Grandes Écuries (1719-35, Aubert). *Compiègne* (1750-70, Gabriel, néo-classique). *Haroué* (M.-et-M., 1720, Boffrand). *Lunéville* (1705-15, M.-et-M., Boffrand). *Strasbourg,* palais des Rohan (1736-42, R. de Cotte). *Versailles,* pavillon Français, Opéra (1753-70), aile sur la cour de Marbre (Gabriel), Petit Trianon (1762-64, Gabriel, néo-classique).

Églises. *Amiens,* St-Acheul (1752). *Avignon,* chapelle des Pénitents-Noirs (1739). *Nancy,* N.-D.-de-Bon-Secours (1738-41, Héré). *Versailles,* cathédrale St-Louis (1743, Mansart de Sagonne, néo-classique).

Places. *Lyon,* Bellecour (1714 ; 310 × 200 m). *Nancy,* Stanislas (1752-60, Boffrand et Héré, 124,50 × 106 m), ancienne place Royale et de l'Hémicycle (Héré).

Époque néo-classique

(1770-1830)

Retour à l'antique, après les découvertes d'Herculanum (1711) et de Pompéi (1748) et sous l'influence

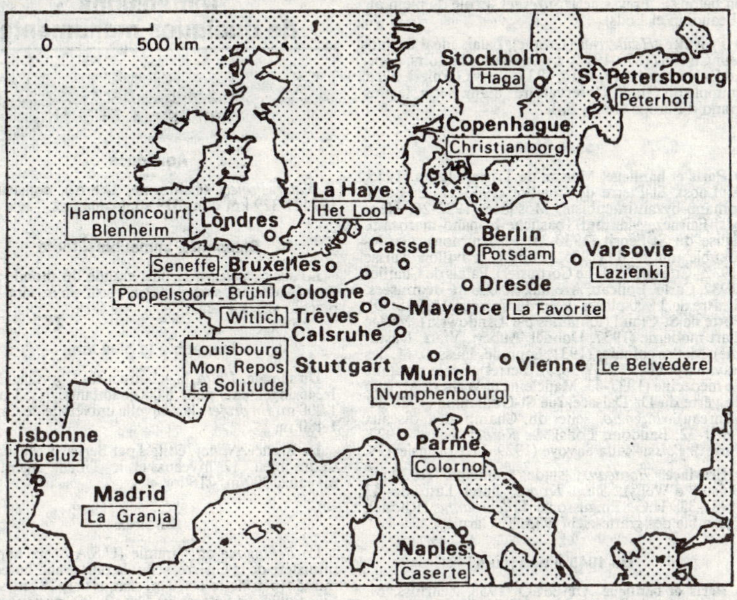

Versailles

Palais. Façade sur le parc : longueur 670 m (415 m sans les retours d'angle de l'avant-corps). Le château comprenait sous l'Ancien Régime : 1 300 pièces, 1 252 cheminées, 188 logements (outre ceux de la famille royale) ; actuellement 500 pièces, 67 escaliers, 352 cheminées, 2 143 fenêtres. *Galerie des Glaces :* 73 m × 10 m, haut. 13 m, 17 fenêtres et 17 arcades feintes revêtues de glaces. La *Grande Galerie,* le *salon de la Guerre,* le *salon de la Paix* sont décorés de 483 glaces (chacune représentait le salaire de 5 000 h de travail d'un manœuvre). Plus de 60 variétés de marbres furent utilisées pour la décoration. *Toits :* 11 ha (surface de Versailles et des Petit et Grand Trianon).

Le *Domaine Royal* comprenait : les jardins, 95 ha dont le Tapis Vert (335 m × 64 m), limités par le château ; l'allée des Matelots ; l'allée de Trianon ; la route de Saint-Cyr. Il fallait 150 000 plantes pour décorer les parterres. 6 000 m³ d'eau sont nécessaires pour faire marcher les fontaines (jours de grandes eaux, 607 jets ; sous Louis XIV : 1 400) ; *Petit Parc,* 1 738 ha dont la pièce d'eau des Suisses (682 m × 234 m, prof. 3 m, surf. 3 ha) creusée par les gardes suisses de 1679 à 1683 ; *Grand Canal* (périmètre 5,670 km, 24 ha, long. 1 650 m, larg. 62 m ; le Petit Bras : 1 070 m × 80 m) ; *Trianon* (le Grand, 120 m de façade) ; *Grand Parc* 5 614 ha, utilisé pour la chasse, 43 km d'enceintes (22 portes). Surface totale 8 447 ha (bois de Boulogne 865, parc de Saint-Cloud 450, jardin du Luxembourg 22).

L'*Orangerie* abritait sous Louis XIV 3 000 orangers et grenadiers (actuellement 1 200 palmiers et orangers dont 8 datant de l'Ancien Régime). Galeries voûtées 381 m : principale galerie : 156 m × 12 m, haut. 13 m ; côté long. 114 m. *Les Écuries* pouvaient abriter 2 400 chevaux, 200 carrosses.

La *place d'Armes* a la même superficie que la place de la Concorde : 8 ha 48 ares ; la *cour d'Honneur,* 2 ha 86 ares (place Vendôme 2 ha 64 ares). 3 avenues convergent vers la cour d'Honneur : av. de Paris (122,48 m de large), de Saint-Cloud (94,86 m), de Sceaux (83,75 m) (les Champs-Élysées à Paris font 66 m de large).

Coût de Versailles. Les dépenses les plus considérables ont été accomplies chaque fois que la paix était proclamée : paix d'Aix-la-Chapelle en 1668, de Nimègue en 1678, trêve de Ratisbonne en 1684 (qui paraît avoir rapporté à Louis XIV 4 millions de livres). Entre 1664 et 1680, Louis XIV consacre à Versailles près d'un million de livres par an. Bâtiments, jardins et domaines, sans compter les fêtes, ont coûté env. 80 millions de livres, dont 9 pour l'adduction des eaux de l'Eure qui devaient alimenter les fontaines des jardins. Cette somme correspondait d'après J. Fourastié à 1 500 millions d'heures de travail d'un manœuvre payé en moyenne 1 sou par h en 1698 (soit 1 ou 2 milliards de F en 1960). La Tour Eiffel a coûté, en 1889, 7,5 millions de F (30 millions d'heures à un salaire horaire de 0,25 F), soit moins de 50 fois le prix de Versailles.

Principaux donateurs : env. 400. Depuis 1837 : roi Louis-Philippe, famille Rockefeller, famille David-Weill, Mrs Barbara Hutton, Bon de Rédé, Sir Alfred et Lady Beit, M. et Mme Arturo Lopez-Wilshaw, M. Rushmore Kress, C^dt Paul-Louis Weiller, famille de Rothschild, Cte et Ctesse Niel, Mis et M^ise de la Ferronays, M. Antenor Patino, Cte et Ctesse de Boisrouvray, Ctesse Georges de Pimodan, M. et Mme Pierre Schlumberger, M. George Parker, Docteur Roudinesco.

Nombre de visiteurs. 1960 : 1 014 935. *1967 :* 2 050 147. *1977 :* 2 830 246. *1982 :* 3 341 111. *1985 :* 3 894 515, y compris Grand et Petit Trianon.

Quelques dates. *1623* Louis XIII installe sur la butte de Versailles, au Val-de-Galie, un rendez-vous de chasse. *1631-43* Philibert Le Roy reconstruit le château en brique et pierre (dimensions actuelles de la cour de Marbre). *1660-62* Louis XIV commence à renouveler jardins et intérieurs. *1665* Les premières statues des parterres sont placées. *1666* Inauguration des jeux d'eau dans les jardins. *1667* On commence à creuser le Grand Canal. *1670* Création du Trianon de Porcelaine détruit en 1687. *1671* Début de la décoration des Grands Appartements sous la direction de Charles Lebrun. Le Roi décide de créer une ville à Versailles. *1678* Nouveau plan de Jules Hardouin-Mansart (deux ailes supplémentaires). Construction de la galerie des Glaces. Achèvement de l'escalier des Ambassadeurs. *1682* Cour et gouvernement se fixent définitivement à Versailles. *1686* Adduction des eaux de la Seine par la machine de Marly. *1687-88* Construction du Trianon de Marbre.

1710 Achèvement de la chapelle royale. *1715* Louis XIV meurt le 1-9. Louis XV et la Cour quittent V. pour Paris. *1722* Retour de Louis XV et de la Cour à V. *1743* 1re pierre de la cathédrale de V. *1762-68* Construction du Petit Trianon par Gabriel, pour le roi et madame de Pompadour. *1770* Inauguration de l'Opéra de Gabriel à l'occasion du mariage du Dauphin et de Marie-Antoinette. *1771* Gabriel commence, côté cour, l'aile Louis XV. *1783* 20-1 : signature du traité de Versailles qui donne naissance aux États-Unis d'Amér. R. Mique commence le hameau de Trianon. *1789* 6-10 : la famille royale quitte définitivement V. pour les Tuileries. *1794* Vente aux enchères d'une partie du mobilier ; tableaux et antiques sont envoyés à Paris.

1814 Le pavillon Dufour commencé sous l'Empire est achevé, pendant de l'aile Louis XV. *1837* 10-6 : inauguration du musée de l'Histoire de France. *1871* 18.1 : proclamation de l'Empire d'All. dans la Galerie des Glaces ; 12-3 l'Assemblée Nationale siège à V.

1919 28-6 : signature du tr. de V. dans la galerie des Glaces. *1953-58* Vote de la loi de sauvegarde de V. *1957-80* Restauration de la Chambre du Roi. *1966* Restauration du Grand Trianon. *1973-80* Restauration de la Galerie des Glaces. *1975* Inauguration de la Chambre de la Reine, des grands salons restaurés du Petit Trianon. *1978* 26-6 : attentat par des membres du F.L.B. (5 millions de F de dégâts). *1980 :* fin de la restauration du décor et de la reconstitution du mobilier de la Galerie des Glaces et de la Chambre du Roi. *1986 (mars) :* ouverture des appartements des Dauphin, Dauphine et épouse du roi, au rez-de-chaussée et réouverture des salles consacrées au XIXe s.

des archéologues : Comte de Caylus, Winckelmann, Quatremère de Quincy.

● **Paris. Églises.** Ste-Geneviève (devenue Panthéon, 1764-80, Soufflot). St-Philippe-du-Roule (1774-84, Chalgrin). Chap. expiatoire à la mémoire de Louis XVI, Marie-Antoinette et des 500 morts de la Garde Suisse (1815-26, plans de Fontaine). La Madeleine (1806-42, Vignon). N.-D.-de-Lorette (1823-26, Le Bas, pastiche de Ste-Marie-Majeure). St-Vincent-de-Paul (1824-44, Lepère et Hittorff).

Monuments civils. École de médecine (1775, Gondoin). Collège de France (1778, Chalgrin). Odéon (1779-82, Peyre et de Wailly, reconstruit après incendie, 1802-06, par Chalgrin). Théâtre-Français (1786, Louis). Galeries du Palais-Royal (1781, Louis). Hôtel de Salm (p. de la Légion-d'Honneur, 1787, Pierre Rousseau). Folie de Bagatelle (1779, Bélanger). Pavillon des Douanes (1786-1806). Rotonde de la Porte de La Villette (1785-89, Ledoux). Pavillon du parc de Monceau (1782, Ledoux). Rue des Colonnes. Louvre (raccord avec les Tuileries, pavillon de Marsan, dernier étage sur la cour Carrée). Arc du Carrousel (1806-08, Percier et Fontaine), Voir p. 351. Bourse (1808-26, Brongniart), Arc de Triomphe (1806-36, Chalgrin puis Blouet), Voir p. 351. Colonne Vendôme (1806-10, Lepère et Gondoin). Hôtel de Beauharnais (1714, Boffrand). Palais-Bourbon (façade 1804-07, Poyet), Voir Index.

● **Province. Églises.** *St-Germain* (Yvelines), église (Potain). *Versailles*, chapelle du couvent des Carmes-de-la-Reine (lycée Hoche, Mique).

Monuments civils. *Amiens*, Théâtre (1778-80, Rousseau). *Bordeaux*, Grand Théâtre (à partir de 1773, Louis), Hôtel de ville et Préfecture, pont de Pierre (1813-21, long. 490 m). *Metz*, Hôtel de ville, place d'Armes (1764, Blondel). *Nevers*, ancien collège des Jésuites. *Rambouillet*, Laiterie (Mique). *Reims*, place Royale (1758, Legendre). *Versailles*, Petit Trianon (hameau, Mique et Robert ; belvédère, jardin anglais, 1781, théâtre 1788, Mique).

Époque éclectique (1830-1880)

● **Paris. Églises.** St-Augustin (nef 1860-71, Baltard, romano-gothique, voûtes en fer). St-Pierre de Montrouge (romano-byzantine, Vaudremer, 1870). Sacré-Cœur de Montmartre (1876-1919, Abadie, romano-byzantin). Ste-Clotilde (1846, Gau et Ballu, gothique). La Trinité (façade, 1861-67, Ballu, essai d'un style Napoléon III). N.-D.-des-Champs (1867-76, Ginain) et St-Ambroise (1863-69, Ballu, néo-roman). Saint-Eugène (1854-55, Boileau, ossature en fer).

Monuments civils. École des Beaux-Arts : façade rue Bonaparte (1833-61, Duban, renaiss. florentine). Louvre : aile Visconti et Lefuel (1853-1857). Colonne de la Bastille (1831-40, Duc). Palais de justice : façade place Dauphine (1857-68, Duc). Tribunal de commerce (1865, Ballu). Opéra (1862-75, Charles Garnier). Trocadéro (1878, Davioud). Les 2 théâtres de la pl. du Châtelet (1862, Davioud). Gare du Nord (1863, Hittorff). Bibl. Sainte-Geneviève : façade (1843-50, Labrouste). Bibl. Nationale : salle des imprimés (1868, Labrouste), 9 coupoles de fer, faïence et verre portées par 16 colonnes de fonte. Hôtel-Dieu (1868-78, Diet). Beffroi, place du Louvre (1860, Ballu). Tombeau de Napoléon Ier (1843-61) dû à Visconti.

Place. *De l'Étoile* (1854). En 1860, Hittorff y construisit 12 hôtels identiques bordant la place.

● **Province.** *Lourdes :* basilique (1876). *Lyon :* basilique de Fourvière (1872-94). A *Rothéneuf*, le recteur de la paroisse, Adolphe-Julien Fouéré (1839-1910), sculpta de 1870 à 1895 dans des rochers du littoral (723 m²) des légendes sur les habitants du pays.

De 1880 à nos jours

Les matériaux changent : fonte, fer et acier, béton armé et verre. A l'éclectisme et au rationalisme succèdent le *modern style*, puis le style moderne *cubique*.

1880-1920

● **Paris et banlieue.** Tour Eiffel (1889). Galerie des Machines (1889, Contamin, 420 × 115 m de larg. sans tirant, détruite en 1910). Grand Palais (1897-1900, Deglane, Louvet, Thomas, 40 000 m²) et Petit Palais (1900, Girault, 7 000 m²). Halles : construction en fer à toiture vitrée ; 10 pavillons construits de 1854 à 1866, 2 en 1936 ; superficie, plus de 10 ha ; seuls les 6 pavillons Est sont dus à Baltard (1854-70) ; démolies en 1972 ; un pavillon reconstruit à Nogent-s.-Marne (Val-de-M.), un autre à Yokohama (Japon). Imm. 25 bis, rue Franklin (1903, A. et G. Perret). Théâtre des Champs-Élysées (1910-13, A. Perret), 1re application du béton armé à l'arch. monumentale [les 1res expériences furent celles d'A. de Baudot (1834-1915) et de F. Hennebique (1842-1921)]. Pont Alexandre-III (1895-1900, Resal et Alby), arche de 107,50 m. Pont Mirabeau (1895, Resal). Gare d'Orsay (1898-1900, Laloux). Gare de Lyon (1899, remaniée en 1927). Hôtel de Ville (1874-82, Ballu et Deperthes), pastiche de l'Hôtel de Ville du Boccador brûlé en 1871. Galeries Lafayette, grand hall (1898, Chanut). Palais Galliera (1878-98, Ginain), pastiche de la Renaissance italienne. Céramic Hôtel, 34 av. de Wagram (1904, Lavirotte). Castel Béranger, 14 rue La Fontaine (1898, Guimard). 26 rue Vavin (1912, Sauvage). N.-D.-du-Travail (1899-1901, Astruc), construite en fer. St-Dominique, rue St-Dominique (1913-21, Gaudibert), 1er édifice religieux réalisé en béton.

Orly, hangars pour dirigeables (1916-24, construits en béton, E. Freyssinet). *Suresnes*, École de plein air (Beaudoin et Lods).

● **Province.** *Hauterives* (Drôme), palais idéal du facteur Cheval (1879-1912). *Lyon*, stade, abattoirs, hôpital E.-Herriot (1913, 1914, 1933, Tony Garnier). *Nice*, coupole du Grand Observatoire ; diam. 84 m, le plus grand d'Europe (1885, Eiffel).

1920-1945

● **Paris et banlieue.** Maison de Tristan Tzara (1926, A. Loos). St-Pierre de Chaillot (1933-37, E. Bois), romano-byzantin-cubiste. Mosquée (1922-26, Henbès, Fairnez, Mantout), pastiche hispano-marocain. Église du St-Esprit (1930-35, P. Tournon). Garde-Meuble national (1935, Perret). Pavillon suisse (1932 ; Cité univers., Le Corbusier). Palais de Chaillot (1937, Carlu, Boileau, Azéma), 70 000 m² de musées, théâtre de 3 000 places. Pont du Carrousel (1935-39). Porte de St-Cloud (fontaines par Landowski). Musée d'art moderne (1937, Dondel, Aubert, Viart, Dastugue). M. des colonies (1931, Laprade, Jaussel). M. des travaux publics (1937-38, A. Perret). École pratique de médecine (1937-53, Madeleine et Walter). Maison de verre du Dr Dalsace, rue St-Guillaume (1928-31, Chareau). *Bagneux*, cité du Champ des oiseaux (1931-32, Baudoin, Lods). *Le Raincy*, église (1922, Perret). *Poissy*, villa Savoye (1929, Le Corbusier).

● **Province.** *Bordeaux*, stade municipal (1939, J. Boistel d'Wells). *Saint-Tropez*, hôtel Latitude 43 (1931-33, H.G. Pingusson). *Villeurbanne* (Rhône), ensemble des gratte-ciel (1933, T. Garnier).

De 1945 à nos jours

● **Paris et banlieue.** UNESCO (1958, Zehrfuss, M. Breuer, L. Nervi). Siège de St-Gobain (1960, A. Aubert, P. Bouin, M. Marican). Palais des Sports (1960, P. Dufau, V. Parjadis de la Rivière). Mémorial des martyrs de la déportation, Mont Valérien (1962, H.G. Pingusson). Restaurant universitaire Censier (1965, H. Pottier, J. Tessier). Maison de la Radio (1962, H. Bernard). Tour Maine-Montparnasse (1972, E. Beaudouin, J. Cassan, L. Hoyme de Marian, J. Saubot). Centre national d'art et de culture G. Pompidou [C.N.A.C. (plateau Beaubourg) 1977, Piano, Rogers, Franchini]. Front de Seine (Lopez, H. Pottier, M. Proux). Voir Index. Opération Bercy (B. Zehrfuss). Siège du Parti communiste, place du Cel Fabien, Paris (1969-71, O. Niemeyer, J. Oeroche, P. Chemetou). Cité des Sciences et de l'Industrie, la Villette (1985).

Bobigny (S.-St-D.), cité de l'Abreuvoir. *La Défense* (ensemble construit sur l'emplacement du monument érigé en 1883, commémorant la défense de Paris en 1870-71), comprend le C.N.I.T. [Centre national des industries et techniques (8-5-1956/sept. 1958, Camelot, de Mailly, Zehrfuss)], voûte d'arête inscrite dans un triangle équilatéral de 818 m de côté, hauteur au centre 46,30 m, repose sur 3 points d'appui au sol qui supportent une couverture de 7 500 m² [développés 6 800 m² en plan, record mondial des plus grandes portées pour une structure voûtée en coque mince (206 m en façade, 238 m sur l'arête de voûte)], 22 000 m² ; la préfecture des Hauts-de-Seine (1967, Wogenscky) ; le centre d'affaires dont les tours Esso (1963), Aquitaine (1966), Nobel (CIMT, 1966-69, de Mailly, Dépussé). *Marly*, Les Grandes Terres (Yvelines ; Lods, Beufe, Honnegger, 1960). *Pantin*, cité des Courtillières (1959, E. Aillaud). *Roissy*, aérogare (1973, Andrea). *Versailles* (Yvelines) maison particulière, 1re maison oblique (1968, C. Parent). *Vigneux* (Essonne), tours (1966, R. Lopez).

● **Province.** *Assy* (Hte-S.), église (1950, Novarina). *Caen*, Université (H. Bernard). *Chamonix* (Hte-Savoie), complexe sportif (1974, R. Taillibert). *Grenoble*, maison de la Culture (1967, André Wogenscky). *Hem* (Nord), chapelle Ste-Thérèse (1958, Herman Baur). *Firminy* (B.-du-Rh.), maison de la Culture (1967, Le Corbusier). *Grande Motte* (Hérault) (1972, J. Balladur). *Le Havre*, reconstruction (1946, Perret) ; musée (1961, Lagneau, Audigier, Jankovic) ; pont de la Bourse (1970, G. Gillet). *Lourdes*, basilique souterraine (1958, Vago, Le Donne, Pinsart). *Marseille*, Cité radieuse [1947-52, Le Corbusier, haut. 50 m (16 étages), long. 137 m, larg. 24 m, 337 appartements]. *Neufchâtel-en-Bray* (S.-M.), théâtre (1962, R. Auzelle). *Ronchamp* (H.-Saône), église (1955, Le Corbusier). *Royan*, église (1958, G. Gillet) ; marché couvert (Simon et Morisseau). *Valence*, château d'eau (1971, Gomis-Philalaos). *Vence*, chapelle (1951, Matisse).

Dimensions de quelques monuments

Dimensions par types de monuments, en mètres

Aqueducs

Water Project (Californie, U.S.A.), construit en 1974, 1 329 km dont 619 sont canalisés.

Bâtiments, immeubles, tours

La scène lacustre la plus grande du monde : Bregenz (Autriche), surf. 3 000 m², prof. 36 m, larg. 48 m, places assises 4 323.

Immeuble le plus long

Du monde. *Italie*, la « barre » du Corviale (1972), 1 246 logements pour 6 000 habitants, 7 353 pièces, 1 000 m. *En projet* : la nouvelle université de Calabre, 1 480 m.

De France. *Nancy*, édifiés par Bernard Zehrfuss : le Cèdre bleu, 17 niveaux et le Tilleul argenté, 15 niveaux, 300 m, 716 log.

Bureaux

Le *Pentagone* en Virginie (U.S.A.), qui abrite le ministère de la Guerre, serait le plus grand bureau du monde (périmètre 1 370 m, chaque côté 281 m, superficie totale des 5 étages 60,4 ha ; 29 000 pers. y travaillent) ; coût 415 millions de F.

Au *World Trade Center* à New York (U.S.A.), chaque tour a 40,6 ha, la + haute (Tour B) 415,22 m.

La tour Sears à Chicago (U.S.A.) est le plus haut bureau du monde (443 m, avec ses antennes 475,10 m, 110 étages). 16 700 personnes utilisent 103 ascenseurs et 18 escaliers roulants. 16 000 fenêtres. *En projet : la Tour de la Paix* à Los Angeles (U.S.A.), 610 m, 15 000 t d'acier, restaurant panoramique de 1 000 places, hôtel de luxe (100 appartements), 1 hôtel de 500 chambres, 1 centre commercial et musée de l'Espace.

La *Tour Maine-Montparnasse* totalise 11,6 ha (2 011 m² par étage), haut. 210 m (58 étages).

Le *Sunshine 60* (Ikebukuro, Tokyo, Japon), 60 étages, 240 m de haut.

Canaux d'irrigation

Karakumski (U.R.S.S.), long. 850 km, 450 km de voies navigables ; en projet : 1 300 km (coût 1,9 milliard de F).

Châteaux forts et Palais

● **Châteaux forts.** *Hradčany* à Prague (Tchécoslovaquie) IXe s., polygone, 570 × 128 m, 7,29 ha. *Alep* (Syrie), 375 m × 236 m. En France, hauteur de quelques donjons : *Bonaguil* (L.-et-G.), 35 m ; *Châteaudun*, 31 m, 46 avec toiture ; *Coucy* (Aisne), 54 m, donjon détruit pendant la guerre de 1914-18, 97 m de circonférence, 31,25 m de diam. avec des murs épais de 7 m ; *Crest* (Drôme), 49 m ; *Fougères*, 30 et 27 m ; *Largoët-en-Elven*, 44 m (57 m au-dessus des fossés) ; *Loches*, 37 m ; *Provins*, 45 m ; *Tarascon*, 45 m ; *Vincennes*, 52 m.

● **Palais et châteaux. Allemagne.** *Potsdam, Nouveau Palais de Sans-Souci* : long. 213 m, 322 fenêtres, 230 pilastres, 428 statues, 400 pièces (1763 par Büring-Manger-Von Gontard).

Autriche. *Vienne, Schönbrunn* (1722) : 1 400 pièces, dont château : 300 pièces ; bâtiments : 6,7 ha. *Les châteaux du Belvédère* : le Belvédère supérieur (1721-23), le Belvédère inférieur (1714-16), Orangerie, magnifique parc (1700-1725).

Chine. *Pékin, Palais impérial* : 72 ha, 960 × 750 m, entouré d'un fossé larg. 49 m et d'une muraille haut. 10 m (1307-20 ; 200 000 ouvriers).

Espagne. *Escurial* (1563-84) : à 48 km de Madrid ; 207 × 161 m ; 9 tours, 16 cours intérieures, 15 cloîtres, 300 pièces, 1 200 portes, 2 673 fenêtres. Fondé par Philippe II en souvenir de la prise de St-Quentin et pour l'accomplissement d'un vœu fait à saint Laurent. L'édifice a la forme du gril sur lequel le saint avait souffert le martyre.

France. *Louvre* : 19 ha (4,8 bâtis au sol), longueur 680 m (Grande Galerie 300 m). Le musée comprend 246 salles d'exposition. La cour Carrée a 112,50 m de côté. *Versailles* voir p. 345.

G.-B. *Hampton Court* : 13,6 ha (le dernier monarque y résidant fut George II). *Buckingham Palace* (XVIIIe, restauré 1825, façade 1913). *Ch. royal de Windsor* (XIIe, superficie au sol : 576 m × 164 m), habité.

Italie. *Milan, palais Sforza* : 240 m de côté, place d'Armes 90 × 170 m (1450, loggia attribuée à Bramante). *Mantoue, Palais ducal* : 450 pièces, 15 cours (XVIe-XVIIIe s.). *Caserte, La Reggia* : 253 × 202 m ; 1 790 fenêtres, 1 200 pièces, 34 escaliers, cascade de 78 m (1752-74 par Jantivelli). *Rome, le Vatican* : 5,5 ha, 1 400 pièces (325-1667).

U.R.S.S. *Moscou, Kremlin* : enceinte circulaire de 2,5 km ; haut. des murs 15 à 20 m, épaisseur 8 m, 5 portes, 18 tours (XVe s.) ; tour (XVIIe) ; Grand Palais, long. 125 m, haut. 45 m (salle Catherine 21 × 14 m, haut. 7 m ; salle St-Georges 61 × 20,3 m, haut. 17,5 m) (1753-1849).

Cheminées d'usine (hauteur en m)

Sudbury (Ontario, Canada, 1971), 379,60. Diam. : base 35,40 m, sommet 15,8 m, 39 006 t, construite en 1970, en 60 j, 27,5 millions de F. *Puentes* (Espagne) 345. *Trboulje* (Youg., 1976) 350. *Aramon* (France, 1975), 250. Diam. ext. : base 32 m, sommet 14 m, centrale E.D.F. *Le Havre* (France, 1968), centrale E.D.F., 240. *Porcheville* (France, 2 ch. : 1967 et 72), 220. Diam. ext. : base 19,93 m, sommet 11,08 m, centrale E.D.F. *Madison* (Indiana, U.S.A.) 208. *Leverkusen* (Allemagne, 1964), 200. Diam. : base 15,68 m, sommet 5,38 m. *Vitry-sur-Seine* (France, 1968) 160.

Colonnes (hauteur en m)

France

Ajaccio. C. Napoléonienne (1837) 33.

Boulogne. C. de la Gde-Armée (1841) 53.

Paris. C. de Juillet, pl. de la Bastille (1831-40) 51. Commémore la révolution de 1830. 1re pierre en 1831, inauguration le 28-7-1840. Comprend 3 soubassements : le 1er avançant dans la vasque de la fontaine de l'Éléphant (projetée par Alavoine) ; le 2e a 3,80 m de haut. et 17 m de diam. ; le 3e en rectangle a 2,70 m de haut., 8,50 m de larg. Le *piédestal*, rectangulaire en bronze, haut. 7 m (principale décoration : le Lion de Juillet par Barye). Le *fût* dont la base a 16 m de circonf. est composé de 21 tambours d'une seule pièce en bronze. Le *chapiteau*, haut. 2,80 m en bronze coulé d'un seul jet (11 t). La *lanterne* (6,50 m de haut.) est surmontée d'une sphère de 1,50 m de diam. supportant la statue en bronze doré représentant le *Génie de la Liberté* par Dumont (haut. 4 m ; extrémité du flambeau 50 m au-dessus du sol). Poids total de la colonne : 179 t. L'intérieur comprend les caveaux renfermant les restes des combattants de juillet (abriteraient aussi, selon Victorien Sardou, des restes des momies rapportées d'Égypte après l'expédition de Napoléon) et un escalier de 140 marches. Coût : 1 303 000 F dont 60 000 pour la statue, sculptures et modèles 63 000 F.

C. de la Grande-Armée, pl. Vendôme (1806-10) 43. Désignée successivement colonne d'Austerlitz, c. de la Victoire, c. de la Grande-Armée. En pierre de taille (90 m au-dessus du niveau de la mer). *Soubassement* (0,48 m de haut.) sur le pilotis qui supportait la statue équestre de Louis XIV par Girardon. Le *piédestal* (5,67 m) en pierre de taille est recouvert entièrement de plaques de bronze [378 pièces mobiles soutenues par 3 400 tenons, tasseaux, boulons libres (proviendraient de 1 200 pièces de canon prises sur l'ennemi)]. Le *fût* (haut. 27,50 m ; diam. 3,10 m), ordre dorique, décoré d'un bas-relief divisé en 76 parties (développement 280 m) évoquant les faits d'armes de la Grande Armée (entre 1805 et 1807), repose sur une base (1,84 m) surmontée aux 4 angles d'aigles en bronze attribués au sculpteur Renaud (poids 250 kg chacun). Le *chapiteau* (haut. 1,35 m) est surmonté par un stylobate ou lanterne (3,89 m) portant la dédicace. La 1re statue de Napoléon Ier (1810) en bronze, de Chaudet (3,33 m), fut enlevée en 1814 et employée à la fonte du Henri IV placé sur le Pont-Neuf. En 1831, une nouvelle statue de Napoléon par Seurre (haut. 4 m) est posée, mais elle est déposée en 1863 (haut. 3,57 m, domine actuellement la cour des Invalides) et remplacée par une statue de Dumont inspirée de celle de Chaudet (Napoléon, vêtu à l'antique, porte une statuette de la Victoire). Renversées en 1871 (décret de la Commune), la colonne et la statue furent restaurées en 1875. (Le peintre Courbet, accusé d'être à l'origine de la destruction de la colonne en 1871, fut condamné à payer la dépense, mais il se réfugia en Suisse pour échapper à la peine.) Escalier de 177 marches. Poids total du bronze : 251 ou 180 t selon certains. Coût : 1 983 023 F en 1810.

C. de Cath. de Médicis (v. 1575, adossée à la Bourse de Commerce) 31. C. de la place de la Nation (1670-1843) 30,50.

Monde

San Jacinto (Texas), Washington Monument (1939), béton 32 000 t, 174. *Kassel*, c. d'Hercule (1745) 72. *Berlin*, c. de la Vict. (1873) 67. *Londres*, The Monument (1674) 62. *Bruxelles*, c. du Congrès (fût) (1859) 47. *Darmstadt* (All.), c. de Louis-Ier (1844) 43. *Rome*, c. Trajane (114) 42. *Rome*, c. Marc Aurèle (193) 42. *Blenheim* (Angleterre) (1705-22) 40. *Stuttgart* (All.), c. du Jubilé (1841) 30. *Alexandrie* (Égyp.), c. de Pompée (IIIe) 30. *New York*, c. ornementales de l'Educational Building of Albany 27,43. *Leningrad*, c. d'Alexandre (1829) haut. totale 46,5 m 27. *Karnak* (Égyp.), c. de soutènement du temple d'Amon (1270 av. J.-C.) 21.

Dômes, coupoles et voûtes
(Diamètre en m)

En pierre. Ctesiphon (Irak, v. 600), *la plus haute voûte de brique connue* (larg. 27 m) : 33. **Florence**, *Ste-Marie-des-Fleurs* (1296-1461), hauteur ext. 108 m : 42. **Istanbul**, *Ste-Sophie* (532-57), haut. 55 m : 31 ; *mosquée bleue* (1609-16) : 22. **Londres**, *British Museum* (1857) : 42 ; *St-Paul* (1710), diam. ext. 36 m (haut. ext. 110 m, int. 65,5 m, nef : long. 155 m, larg. 36 m, façade occ. 54 m) : 31. **Paris**, *Invalides* (1679-1706) : 28 ; *Panthéon* (1764) (haut. 83 m, bâti en croix grecque, long. 113 m péristyle compris, larg. 84,50 m, sommet de la Lanterne à 117,60 m au-dessus du niveau de la Seine, 143,36 m au-dessus de celui de la mer) : 20,5 ; *Val-de-Grâce* (1645-65) : 17 ; *Sacré-Cœur* (1876-1919) : 16 ; *Sorbonne* (1635-53) : 12. **Rome**, *Panthéon* (1er s. av. J.-C.), haut. 43,5 m : 43,5 ; St-Pierre (XVIe), haut. ext. 132,5 m, int. 119 m : 42 m. **Washington**, *Capitole* (1792), haut. 87 m : 30.

En acier. Paris, *Palais des Sports* (1962) : 63. **U.S.A.**, *Baton Rouge* (1958) : 113 ; *Oklahoma City* (1956) : 111.

En verre. Lyon, *Rotonde* (1894) : 110. **Vienne** (Autriche), *Rotonde* (1873, détruite en 1939) : 102.

En béton. Leipzig (All., 1929) : 76. **La Nouvelle-Orléans** (U.S.A., 1974) : 207. **Paris**, CNIT (1960) : 238, côté 216 m, flèche 46,30 m, 22 000 m².

Hangars

Allemagne féd. *Francfort*, hangar d'entretien de l'aéroport, long. 275 m, toit 130 m d'envergure.

Arabie Saoudite. Terminal *Hajj* (aéroport King Abdul Aziz) 150 ha.

France. *Bordeaux*, Parc des expositions, hall ; long. 861 m, larg. 60 m, haut. 12 m (1973 ; architecte : Xavier Arsène-Henry). *Le Havre*, hangar à coton (1953) : sup. 8,3 ha, long. 546 m (charpente métallique) + 196 m (béton), larg. 113 m, haut. 5,5 m. *Roissy*, hangar no 1 : long. 276 m, larg. 132 m.

U.S.A. *Everett*, ateliers Boeing (1968) : 5,6 millions de m³. *Akron* (Ohio), hangar de la Cie de caoutchouc Goodyear : long. 358 m, larg. 99 m, haut. 61 m, 3,54 ha, volume 1 600 000 m³. *Cap Canaveral*, atelier de montage : longueur 218 m, largeur 158 m, hauteur 160 m, 3,18 ha, 3 666 500 m³. *San Antonio* (Texas), hangars de la base de l'U.S. Air Force : 9,3 ha. *Delta Air Lines*, aéroport internat. d'Hartsfield, Atlanta (Georgie) : 14,5 ha.

Jets d'eau
(Hauteur en m)

Fountain Hills (Arizona, U.S.A., soulève 8 t d'eau ; débit 441 l par s ; pression 26,3 kg ; coût 7,5 millions de F) 170. *Genève* (Suisse, 1891, pesant 7 t ; débit 500 l par s : vitesse de l'eau à la sortie de la tuyère 200 km/h ; du jeudi de l'Ascension au 30-9) 130. *Hanovre* (All. féd., 1956 ; 1re construction 1720 ; haut. max. 81 m ; débit d'eau 140 l par s, 500 m³/h ; de Pâques au 30-9, 2 h 1/2/jour) 77. *Lappeenranta* (Finlande, 1957) 35. *Marly-le-Roi* (France, Yvelines) (1952, débit 187 m³/h, de mai à sept., de 16 h 30 à 17 h, en général le 4e dimanche du mois) 37. *Paris* (fontaine de Varsovie, jardins du Trocadéro) 55 m (j. horizontaux).

Mâts de télévision
(Hauteur en m)

Pologne, Konstantynov (1974) 646,40. Poids 550 t, restaurant tournant à 347,5 m ; construction la plus haute du monde. *U.S.A.*, Fargo (N. Dakota, 1963) 628. Shreveport (Louisiane, 1959) 579. Knoxville (Tennessee, 1963) 533. Colombus (Georgie, 1962) 533. Cap Girardeau (Mississippi, 1960) 510. Portland (Maine, 1959) 493. Roswell (N.-Mexique, 1958) 490. Oklahoma (1954) 479. *Canada*, Toronto (1975) 553. *U.R.S.S.*, Moscou (1967) 533. Leningrad (1962) 325. *Chine*, Pékin 400. *Australie*, N.W. Cape (1967) 387. *Angleterre*, Belmont (1965) 386. *Pays-Bas*, Lopik (1959-60) 383. *Groenland*, Thulé 369. *Berlin-Est* (1969) 360. *Japon*, Tokyo (1958) 333. *Angleterre*, Emley Moor (1971) 330. *Finlande*, 33 mâts T.V. (1955-77) 323. *France*, Paris, tour Eiffel (1889) 320,75. *Suisse*, Beromünster (1931) 215. Sottens (1948) 180.

Murailles

Chine (246-210 av. J.-C.) long. 3 460 km + 2 860 km de ramifications, 16,50 m de haut par endroits, largeur base 8 à 9,80 m, hauteur 4,5 à 12 m, tour de garde tous les 60 m. **Grande-Bretagne.** *Mur d'Hadrien* (entre Écosse et Angleterre, de 122 à 126 apr. J.-C.) : long. 120 km ; haut. 4,5 à 6 m, épaisseur 2,3 à 3 m. *Mur d'Antoninus Pius* (Écosse) : long. 59 km. **Irak, Ur** (2006 av. J.-C.) : 27 m d'épaisseur.

Obélisques (Hauteur en m)

Arles (1ers s. ?) : 15. **Héliopolis** (Égypte, 1750 av. J.-C.) : 21. **Istanbul**, o. (venu d'Égypte en 390) 58. *O. d'Assouan* (1490 av. J.-C.), 1 168 t, long. 41,75. **Karnak** (Égypte, v. 1500 av. J.-C., 320 t) : 24. **Londres**, *Cleopatra's Needle* (v. 1500 av. J.-C., ér. 1878) : 21. **New York**, *Central Park* : 21. **Paris**, o. de Louqsor (250 t) ; érigé en 1836 sur l'emplacement de la statue de Louis XV ; donné par le vice-roi d'Égypte, Méhémet-Ali. Placé avant à Louqsor à l'entrée du palais de Ramsès III. Formé d'un bloc de granit rose gravé de hiéroglyphes racontant les règnes de Ramsès II et R. III. Socle : hauteur 4 m, larg. 1,70 m : 23. **Rome**, *place St-Jean-de-Latran*, o. d'Héliopolis (v. 1450 av. J.-C., érigé en 1588) (457 t) : 33,5 ; *o. de Karnak* (érigé en 390) : 29 ; *place St-Pierre*, o. d'Héliopolis (ér. 1586, 3,26 t) : 24 ; *o. du Champs-de-Mars* : 22. **Washington** (1878, le plus haut mon. du monde avant la construct. de la tour Eiffel). Construit en souvenir du 1er président des États-Unis, 73 002 t, rythme d'enfoncement annuel 1,43 mm : 169.

Ponts (dimensions en m)

Ponts routiers les plus longs

Du monde. *U.S.A.*, ponts du lac Pontchartrain, Louisiane (1er terminé en 1956, 38 352 m, 2 242 tabliers de béton ; 2e parallèle, terminé en 1969, 38 422 m, 1 505 tabliers, 150 millions de F). *Brésil*, p. Rio de Janeiro-Niterói (1974, 12 103 m dont 8 900 au-dessus de l'eau ; arche centrale en acier de 300 m, hauteur 60 m ; coût 150 millions de $). **En maçonnerie.** Svinesund (Suède-Norv., 1946) 155. **En bois.** Great Salt Lake Railroad Trestle (Utah, U.S.A., 1904) avec 19 108 m (remplacé en 1960 par une levée de terre). **Pont couvert.** Hartland Bridge (New Brunswick, Canada), 1899 : 390,80.

D'Europe. *Pont reliant l'île d'Öland à la côte de Suède* (6 070 m, 13 km avec les routes d'accès, largeur 13 m, 153 arches, béton précontraint, partie la plus haute 36 m, chaussée 7 m de larg., coût 135 millions de F, terminé 1972). *Oosterscheldebrug*, sur l'Escaut oriental (Pays-Bas, terminé en 1965, 5 022 m, repose sur 54 piles). *Ponte della Libertà* (P. Littoria) (It., 1933) de Venise à la terre ferme, 4 000 m (222 arches).

De France. *Pont de Mindin (St-Nazaire-St-Brévin)* sur la Loire, ouvert le 18-10-1975, comprenant 1 pont métallique à haubans de 720 m en 3 parties dont 1 portée de 404 m au-dessus du chenal et 2 travées de rive (2 pylônes de 75 m au-dessus du pont) + 2 viaducs d'accès de 1 115,40 et 1 521 m ; longueur 3 356,40 m, tirant d'air max. 61 m ; *coût :* 261 000 000 de F ; plus grand pont à haubans du monde. *Pont de Tancarville* (47 m au-dessus de l'eau), ouvert en 1959. Long. totale 1 410 m (2 parties : 1 pont suspendu à 3 travées : 176 m, 608 m, 176 m et 1 viaduc d'accès sur la rive gauche de la Seine, 400 m de long, 8 travées indépendantes de 50 m de portée, à pente de 6,3 % pour rattraper le niveau du terrain du marais Vernier), haut. du tablier au-dessus de la Seine 54 m, haut. des tours au-dessus des quais 121,9 m et 123,4 m ; chaussée 12,50 m de larg. ; trottoirs 1,25 m ; coût 94 050 000 F. *Pont de l'île d'Oléron*, ouvert en 1966 (2 862 m entre les culées, en 46 travées, larg. 10,92 m, tirant d'air 15 à 18 m). *Pont du Havre à Honfleur sur la Seine*, en projet (env. 4 000 m de long). *Pont de l'île de Ré*, en projet depuis le 1-1-1978. Début des travaux en 1986, ouverture du pont prévue début 1989. Coût prévu (1983) : 385 millions de F, y compris l'amélioration des accès à Rivedoux. Liaison prévue entre le continent (La Repentie) et l'île (Pointe de Sablanceaux), long. 3 840 m dont 2 920 m d'ouvrage d'art avec des travées de 100 m de portée. Un tunnel aurait été plus court (2,4 km) mais aurait coûté plus cher (620 millions de F).

Nota. — Les plus anciens ponts subsistant dont la portée des voûtes est d'environ 50 m sont ceux de Tournon (XIVe s.) et du château de Vérone (reconstruit après la guerre de 1939-45 sur le modèle du XIVe s.). En général, jusqu'à la fin du XVIIIe s., la portée moyenne des grandes voûtes était de 30 m. A la fin du XIXe s., les ponts atteignent 60 m.

Ponts de chemins de fer les plus longs

Du monde. *U.S.A.* Huey P. Long Bridge (Louisiane, 16-12-1935), travée 241 m, 7 000. *Chine* Yang-tsé (Nankin, 1968), 6 772.

Ponts les plus hauts

Du monde. *Royal Gorge Bridge*, suspendu à 321 m au-dessus de l'Arkansas (Colorado, U.S.A.), construit en 1929 ; tablier central 268 m.

D'Europe. *Pont de Gueunroz*, à 186 m au-dessus du Trient (Suisse, canton du Valais).

De France. *Pont de l'Artuby*, à 180 m au-dessus des gorges du Verdon (Var), construit en 1947. *Pont de La Caille* (Savoie, 1924-1928), 147 m. *Pont de chemin de fer de Fades*, à 132,5 m au-dessus de la Sioule (Puy-de-Dôme), long. 374 m (plus longue portée 144 m), construit par Vidard (1901-09). *Viaduc de Garabit* (Cantal), à 122 m au-dessus de la Truyère, long. 564 m dont partie métallique 448 m, construit en 1882-84 par G. Eiffel. Repose sur 5 piles (la plus haute mesure 89,64 m : en maçonnerie, 25 m de largeur, hauteur 28,90 m, et en métal 61 m). Arche principale parabolique, système Eiffel : corde 165 m, flèche moyenne 56,86 m, épaisseur à la clef 10 m (écartement des têtes 6,28 m à la partie supérieure, 20 m à la base). Poids total du métal 3 254 t ; coût (maçonnerie comprise) 3 137 000 F.

Pont le plus large du monde

Harbour Sydney Bridge (Sydney, Australie, 1932), 48,80 m, plus grande portée 502,90 m. Supporte 2 voies ferrées électrifiées, 8 voies routières, 1 voie cycliste et 1 voie piétonnière.

Grands ponts par catégories

● **Ponts suspendus. Par câbles.** *Akashi Kaikyo* (Japon, prévu pour 1988). Plus grande travée 1 780 m ; long. totale des travées suspendues et des tr. latérales 3 560 m ; 2 étages (1 pour les voitures, 1 pour les trains) ; coût env. 17,3 milliards de F. *Humber Estuary* (Angleterre, 1981) 1 410. Haut. des tours 162,5 m, elles s'écartent de 36 mm de la parallèle pour tenir compte de la courbure de la surface terrestre ; coût 54 millions de £. Porte les 2 parties extérieures aux pylônes 280 m au N., 530 au S. ; longueur totale 2 220 m ; tablier (trottoirs et pistes cyclables compris) 28,5 m de large ; à 30 m au-dessus de l'eau ; pylônes s'élevant à plus de 152 m au-dessus du tablier ; l'arc-boutant mesure 2 220 m. *Verrazano* (New York, 1964) 1 298. Relie Richmond (Staten Island) à Brooklyn (Long Island). 2 niveaux, 6 voies de circulation, haut. 210 m, long. totale 4 176 m ; coût 305 millions de $. *Golden Gate* (San Francisco, 1937) 1 280. Tour de 227 m, tablier à 69 m au-dessus de l'eau, larg. 27 m. Depuis 1937 : 712 suicides ; la chute dure 3 s, le corps entre dans l'eau à 120 km/h. *Mackinac Straits* (Michigan, 1957) 1 158. Long. avec les approches 5 853,79 m, entre les supports 2 543 m ; haut. des tours au-dessus de l'eau 168 m ; coût 500 millions de $. *Bosphore* (Istanbul, Turquie, 1973) 1 074. 1 560 m de rive à rive ; tirant d'air max. 64 m ; coût 700 millions de F. *George Washington* (New York, 1931) 1 067. *Ponte 25 de Abril* (Lisbonne, Port., 1966) 1 013. Fondation de 79,3 m ; haut. 190,5 m ; long. totale 3 223 m ; coût 75 millions de $. *Forth* (Queensferry, Écosse, 1964) 1 006. *Severn* (Beachley, Anglet., 1966) 997. *Pierre-Laporte* (Québec, Canada, 1970) 908. *Ohnaruto* (Japon, 1983) 876. *Tacoma* (Washington, 1950) 853. *Innoshima* (Japon, 1982) 770. *Angostura* (Cd. Bolivar, Venez. 1967) 712. *Kanmon* (Shimonoseki, Japon, 1973) 712. *Transbay* (San Francisco, Cal., 1936) 2 × 704. *Whitestone* (New York, 1939) 701. *Delaware I* (Wilmington, Del., 1951) 655. *Delaware II* (Wilmington, Del., 1968) 655. *Whitman* (Philadelphie, 1957) 610. *Tancarville* (France, 1959) 608. Long. totale 1 410 m (960 m pour le tablier suspendu), haut. du tablier au-dessus de la Seine 47 m, haut. des tours au-dessus des quais 120,9 m et 123,4 m, 12,5 m de large ; coût 94 050 000 F. *Lillebaelt* (Middelfart, Dan., 1970) 600.

Pont de Bordeaux (ou pont d'Aquitaine), inauguré le 6-5-1967 : longueur travée centrale 393,75 m, partie suspendue 679,75 m, pont entre les culées 1 589,95 m ; hauteur au-dessus de l'eau 53 m ; coût 118 millions de F (y compris les accès : 7,5 km).

Ponts en projet : Messine (Italie) 3 000 m, pylônes 304,8 m ; coût 20 milliards de francs. Tokyo (Japon) 8 ponts géants (dont Akashi Kaiko 1 780 m) pour relier les îles Honshu et Shikoku (Japon), 1988 ; long. totale et travées latérales 3 560 m ; coût 17,3 milliards de F. Gibraltar 7 tabliers × 3 000 m.

Par chaînes (acier). *Hercilio Luz* (Florianópolis, Brésil, 1926) 339. *Elizabeth* (Budapest, Hongrie, 1903) 290. *Point* (Pittsburgh, U.S.A., 1877) 244. *Reichsbrücke* (Vienne, Autr., 1937) 241.

● **Ponts à poutres. En treillis d'acier (cantilever).** *Québec* (Canada, 1899-1917) 987. Une partie du pont s'effondra lors de sa construction en 1907 : 87 ouvriers tués ; en 1916, accident sur la travée centrale : 13 tués ; coût 46 230 000 F. (2) 549 m entre les piliers. *Forth* (Queensferry, Écosse, 1890) 2 × 521. *Minato Ohashi* (Japon, 1974) 510. *Commodore Barry* (Pennsylvanie, 1974) 501.

Haubanées en acier. *St-Nazaire* (France, 1975) 404. *Puente de Rande* (Espagne, 1978) 400. *Luling* (Louisiane, 1981-83) 372. *Düsseldorf-Flehe* (All. féd.) 367.

Haubannées en béton. *Brotonne* (France, 1977) 320. *Pasco-Kennewick* (État de Washington, U.S.A., 1978) 299. *Wadi-el-Kuf* (Libye, 1971) 282. *Tiel* (P.-Bas, 1974) 267.

Continues en treillis (acier). *Astoria* (Oregon, 1966) 376. *Francis Scott Key* (Maryland, 1977) 366. *Oshima* (Japon, 1976) 325. *Kuronoseto* (Japon, 1974) 300.

En béton précontraint. *Koror-Babelthuap* (Pacific Trust Ter., U.S.A., 1977) 241. *Hamana* (Japon, 1976) 240. *Hiroshima* (Japon, 1975) 236. *Urado* (Japon, 1972) 230.

● **Ponts à arc. En acier.** *Fayetteville* (West Virginia, 1977) 518. *Bayonne* (New York, 1931) 504. *Sydney* (Australie, 1932) 503. *Fremont* (Portland, Oregon, 1973) 383.

En béton. *Krk I* (île de Yougoslavie, 1980) 390. *Gladesville* (Sydney, Australie, 1964), longueur totale 580 m, 305. *Paraná* (Brésil/Paraguay, 1964) 290. *Arrábida* (Porto, Portugal, 1963) 270.

● **Ponts à plaque continue et à poutres-caissons (acier).** *Rio-Niterói* (Guanabara, Brésil, 1974) 300. *Sava I* (Belgrade, Yougoslavie, 1956) 261. *Zoobrücke* (Cologne, All. féd. 1966) 259. *Sava II* (Belgrade, Yougoslavie, 1970) 200.

Nota. — En France, Bénodet 200.

● **Ponts flottants.** *Lake Washington II* (Wash, 1963, 3 839 m au total), coût 53 570 000 F, 2 291. *Lake Washington I* (Wash, 1940) 2 000. *Hood Canal* (Wash, 1961) 1 972.

● **Ponts transbordeurs. Premier.** *Système analogue* à celui des ponts transbordeurs, celui de l'architecte Le Royer. Relia en 1870 St-Servan à St-Malo (90 m) ; il se composait d'une plate-forme supportée par 4 montants verticaux en fer reposant sur un bâti muni de 4 roues. L'ensemble roulait sur 2 rails. Il pouvait transporter 100 passagers en 90 secondes. *1er véritable pont transbordeur* (à câbles paraboliques) construit par le Français Ferdinand Arnodin (1845-1924) en 1889 à Portugalete près de Bilbao : une nacelle était suspendue à un chariot de roulement ; 2 pylônes métalliques reposant sur les fondations par des rotules d'acier supportaient par l'intermédiaire de rouleaux un tablier métallique (suspendu à des câbles paraboliques et obliques fixés aux pylônes). Ce système fut appliqué à Rouen (1897), à Martrou (1900, tablier 176 m, classé en 1976 mon. historique), à Newport-Man (Pays de Galles, 1906). Arnodin inventa aussi le système à contrepoids et à articulations (utilisé à Nantes, Marseille). L'arrimage des pylônes par contrepoids prenait moins de place.

Grands ponts disparus : *Stalingrad* (U.R.S.S., 1955, 874 m) ; *Sky Ride Bridge*, Chicago (U.S.A., 1933, 564 m) ; *Newport-Man* [G.-B., 1906 ; tablier 236 m (débouché 196,5 m), hauteur 54 m au-dessus des plus hautes mers ; pylônes 73,60 m ; nacelle 10 m × 12 m (poids en surcharge 117,5 t)] ; *Marseille* [1905, détruit en 1944-45 ; réunissait le quai de la Tourette au boulevard du Pharo ; tablier 235 m (débouché 165 m), hauteur 50 m ; pylônes 84,60 m ; nacelle 10 m × 12 m (poids en surcharge 144 t)] ; *Nantes* [1903, détruit en 1958 ; tablier 191 m (débouché 140 m) ; pylônes 75,65 m ; nacelle 10 m × 12 m] ; *Rouen* [1897, détruit en 1940 ; tablier 146 m (débouché 143 m), hauteur au-dessus des plus hautes mers 51 m ; pylônes 66,35 m ; nacelle 10,14 m × 13 m (poids en surcharge 101 t)].

Transbordeurs fonctionnant régulièrement en 1986 : 2 en All. féd. (à Osten près de Hambourg et à Rendsburg) ; 2 en G.-B. (à Newport et Middlesbrough plus 1 à Warrington fonctionnant épisodiquement) ; 1 en Espagne (Bilbao).

● **Ponts basculants.** *Le Havre* (France, 1971, écluse François-Ier) : portée record 74 m, larg. totale 16,80 m. Poids de la partie basculante 1 800 t.

Ponts les plus anciens. *Nil*, 2650 av. J.-C. *Salaro* (Italie, 600 av. J.-C.) 100 ; 3 arches en plein cintre : arche centrale 21 m, les 2 autres 16,9 m. *Smyrne* (Turquie, 850 av. J.-C.) n.c.

Ponts métalliques. *1er, en fonte*, pont de Coalbrookdale sur la Severn (Angl. 1775-1779), fabriqué par Abraham Darby sur les dessins de T.F. Pritchard, portée 30 m). Eiffel, entre 1870 et 1880, construisit des arcs de 160 m. A partir de 1880, le procédé d'affinage de l'acier par Thomas et Gilchrist permit des travées plus longues [pont de Forth (Queensferry, 1882-90) Angleterre-Écosse 521 m]. Le viaduc de San Francisco à Oakland (1936) a eu 2 travées de 704 m.

Ponts en béton armé. *Premiers : pont-route de Châtellerault* [1899-1901, 3 travées (40, 50 et 40 m de portée, application du système Hennebique)] ; *passerelle Mativa* [1905 (exposition de Liège), 55 m] ; *pont Adolphe* sur la Pétrusse à Luxembourg [1904, par Séjourné qui innove en reliant 2 anneaux en maçonnerie par un tablier de béton armé (ouverture 85 m)] ; *pont du Risorgimento* sur le Tibre à Rome (portée de 100 m atteinte pour la 1re fois) (1911, réalisé par la maison Hennebique). *Ponts de St-Pierre-de-Vouvray* (131,80 m, 1924), *de la Caille* (1928), *de la Tournelle* (Paris, 1928, à la place du pont de 1654, arche centrale 73,30 m d'ouverture), *de Plougastel* en 1930 (880 m, 3 arches de 186 m, 2 étages : 1re voie ferrée normale, 2e route et chemin d'intérêt local). E. Freyssinet, en 1914, réalisa un pont de 98 m *en béton non armé* à Villeneuve-sur-Lot.

● **Pont levant.** *Le plus long d'Europe*, pont de Recouvrance (Brest, Finistère, 1950-54) à 22 m au-dessus de l'eau. Travée métallique mobile de 87 m et 530 t, peut s'élever en 150 s à 26 m.

☞ **Ponts-canaux.** Voir Index.

Salles (grandes)

Paris : Palais de justice, salle des Pas perdus (1872-75, Duc et Daumet) 68 × 26,5 m (sup. 1 082 m²). Gare St-Lazare 210 × 18 m (sup. 3 780 m²).

Stades Voir Index.

Statues colossales

(Hauteur en m)

Antiquité

Égypte. Sphinx (long. 57 m, pierre) 21. Colosses (4) de Ramsès II, Abou-Simbel (pierre) 20. Colosses de Memnon (pierre) 18.

Grèce. Colosse de Rhodes (bronze) 32. Zeus, Olympie (or, ivoire) 18.

Italie. Néron, Rome (bronze doré) 33. Athéna, Parthénon, Athènes (or, ivoire) 12.

Époque moderne

Afghanistan. Bouddha de Bamyan (debout) IIIe ou IVe s. 53. Bouddha de Baimiyan (assis) taillé dans le roc 35.

Allemagne. Hercule (*Kassel*, 1665-1745, cuivre avec l'octogone) 71. *Detmold* (Arminius, 1838-75, cuivre 16 m, plus socle) 54. *Rüdesheim* Germania (1888, bronze avec socle) 38. Bavaria, Munich (1850, bronze avec socle) 36.

Angleterre. Wilmington en brique peinte, à flanc de coteau (époque pré-rom.) 71.

Argentine. Christ des Andes (Col de la Cumbre ou de Uspallata,1904), poids 7 t, bronze, à 3 511 m, 7.

Autriche. Impératrice Marie-Thérèse (Vienne, 1888), bronze, superficie du monument 632 m², poids total 44 t n.c.

Birmanie. Bouddha de Pégu (XVIe s.) (couché, long. 44 m) 14.

Brésil. Christ-Roi de Rio de Janeiro (béton, 1931) 82.

Canada. Montréal, stabile de Calder (1967, nickel) 20.

Chili. Statues de l'île de Pâques, jusqu'à 10.

Chine. Bouddha de Kiantag 45.

France. N.D. du Sacré-Cœur, Mas-Rillier, près de *Lyon* (1941) 73. *Paris* [la République, 1883, sculptures de Léopold Morice, la statue (bronze, hauteur 9,50 m) est placée sur un piédestal entouré par 3 figures assises : la Liberté, l'Égalité, la Fraternité ; le socle est décoré de 12 hauts-reliefs relatant les grands événements de la République, devant, un lion en bronze (hauteur 3 m)] 24. *Vienne* (Pyramide, V-IVe s.) 23. *Les Houches* (Christ-Roi, 1934) 20. *Le Puy* [(N.-D., 1860). Poids 110 t (Enfant Jésus 30 t, la chevelure de la Vierge mesure 7 m, pieds 1,92 m) faite avec 213 canons pris à Sébastopol, placée sur un socle de 7 m de haut, domine de 132 m la ville du Puy] 16. *Belfort* [Lion, 1880, symbolise la défense de Belfort en 1870 ; sculpteur : Bartholdi ; statue en grès rouge (h. 11 m, long. 22 m), une copie placée (en 1880) au centre de la place Denfert-Rochereau à Paris (h. 4 m, long. 7 m)] 16. Triomphe de la République, *Paris* (1899, coût : 415 000 F dont 120 000 au sculpteur Dalou) 11. N.-D. de la Garde (*Marseille*, 1864) 10.

Inde. Ermite Gomateshwara, Sravanabelgola (985) 19.

Italie. Mon. Victor-Em. II (Rome) (1911) 81. St-Charles Borromée, Arona (1697) 37. Jupiter Pluvius, Pratolino (1594) 21.

Japon. Boudda *(Nara, 749)* (*1180* incendié, *1195* reconstruit, *1567* incendié partiellement, *1691* réparé, *1709* réparations complétées). 26 m sans le piédestal, la plus grande statue en bronze, 45 t) 42. Daibutsu (745-49, bronze, mercure, or, fin, 551 t, haut. actuelle 16,2 m) 25. Déesse Kwannon, *Ofuna* (1961, 1 915 t, haut. 25 m, larg. 18,57 m, ciment) 24. *Kamakoura* (Daibutsu, 1252, en bronze, 124 t ; 24 m de large) 11,4.

Norvège. Fridthjof (*Sognefjord*, 1913), 14 t 12.

Portugal. *Lisbonne* (Christ-Roi, statue 28 m avec socle béton, 1959) 110.

Suisse. *Lucerne* (lion, 1821) 6.

Thaïlande. *Bangkok* Bouddha de Wat Benchamaborpitr (1809-27, couché, long. 45 m) 15. *Bangkok* Wat Po (v. 1850, couché, long. 49 m) 12. *Bangkok* Wat Trimitr (1238-78) 2.

U.R.S.S. *Volgograd* La Mère-Patrie (1967, en béton 82,3 m avec socle) 52.

U.S.A. *S. Dakota* Crazy Horse (chef oglala sculpté, 1948-82, Korczak Ziolkowski. Long. 195 m) 171. *New York* La Liberté, île Bedloe (1886), 46 m, avec socle 71 m, env. 300 t (cuivre 80 t, fer 20 t), main 5,50 m, 40 personnes peuvent tenir dans la tête : coût 2 250 000 F or ; œuvre de François Bartholdi. [*1875 :* création du comité de soutien au projet de construction d'une statue à la gloire de l'indépendance américaine. *1881 :* début de l'assemblage. *1884 (4-7) :* remise officielle au gouvernement américain. *1885 (15-5) :* embarquement (210 caisses à bord du navire de guerre « l'Isère » à Rouen). *1886 (28-10) :* inauguration.] Copie à Paris offerte à la France par la colonie américaine de Paris (pont de Grenelle, 1885). Il y a 2 autres copies à la chapelle du musée des Arts et Métiers et dans le jardin du Luxembourg, à côté de la rue Guynemer 92. *Stone Moutain* (Georgie, 1958-70), têtes de Jefferson Davis, Robert Lee, Jonathan Jackson) 27,4. *Mont Rushmore* (S. Dakota, 1927-41, têtes de Washington, Jefferson, Th. Roosevelt et Lincoln sculptées dans le roc) 19.

Les sept merveilles du monde

1. Pyramides d'Égypte, v. 2580 av. J.-C. : *Chéops* (haut. 137,2 m, autrefois 148,5 m, base 5,05 ha, volume 2,5 millions de m³), *Chéphren* (haut. 136,5 m) et *Mykérinos* (haut. 66 m).

2. Jardins suspendus de Babylone (Irak), 604-562 av. J.-C., construits par Nabuchodonosor II, de 23 à 92 m. Détruits.

3. Statue de Zeus Olympien, Olympie (Grèce), entre 456 et 447 av. J.-C., par Phidias, en or et ivoire, 18 m de hauteur. Détruite en 475 apr. J.-C. à Constantinople dans un incendie.

4. Colosse de Rhodes (Grèce), 292-280 av. J.-C., par Charès, 32 m de hauteur. Détruit par un tremblement de terre en 224 av. J.-C.

5. Mausolée d'Halicarnasse, 377-353 av. J.-C. Élevé par Artémise, reine de Carie, pour son frère et époux le roi Mausole, 42 m de haut, 133,5 m de tour. Fragments au British Museum (Londres) et à Bodrum (Turquie).

6. Temple de Diane à Éphèse (Turquie), 450 av. J.-C., la construction de l'Artémision dura 120 ans. Incendié par Érostrate en 356 av. J.-C., reconstruit puis détruit au IIIe s. av. J.-C. Long. 138 m ; larg. 71,5 m ; colonnes de 19,5 m de haut. Des éléments ont été réutilisés pour l'église St-Jean à Éphèse et Ste-Sophie à Istanbul. Restes au British Museum (Londres).

7. Phare d'Alexandrie (Égypte), 270 av. J.-C. Élevé par Sostrate de Cnide sous Ptolémée II Philadelphie. Détruit en 1375 par un tremblement de terre. Hauteur 120 m.

☞ *Le plus haut totem :* 52,73 m, situé à Albert Bay, Colombie Brit. (Canada). *Le plus grand mobile :* White Cascade, 31 m, 8 t, réalisé par Calder, à la Federal Reserve Bank de Philadelphie (U.S.A.).

Dimensions (par pays)

En mètres.

Afrique du Sud. Bloemfontein, Mémorial national aux Femmes (1913), 36,6. **Grahamstown,** Mon. aux Immigrants de 1820 (1974), 26,25. **Johannesburg,** J.G. Strijdom Post Office Tower (1971), 269. SABC Tower (1969), 229. Carlton Centre (1972), 208. Tour de télécommunications Lucasrand, 177. Ponti Flats (1976), 162. SANLAM Centre (1977), 150. SABC Head Office (1976), 146. Standard Bank (1970), 135. **Pretoria,** Union Buildings (1913), 49,4. Mon. aux Voortrekkers (1949), 42,3.

Algérie. Alger, mon. des Martyrs 92 m. **Constantine,** mosquée (en constr.), 120 (2 minarets carrés de 120 m surmontés de croissants de cuivre, coupole de 65 m de haut et 24 m de circonférence, salle de prière pour 12 000 fidèles). **Oran,** immeuble, 66.

Allemagne démocratique. Berlin-Est, tour T.V. (1969), 365. H. de ville (1865-1870) reconstruit apr. 1945, 97. Pte de Brandebourg (1788-91), 26. **Dresde,** cathédrale (1754), 85. **Leipzig,** tour de l'Université (1973), 142. Monument de la Bataille des Nations (1898-1913), 91. **Rostock,** St-Pierre, XIVe s., 127. Kröpeliner Tor, XIIIe s., 54.

Allemagne fédérale. Augsbourg, Holiday Inn (1972), 117. **Berlin-Ouest,** tour radio (1924), 150. Charlottenburg, H. de ville (1900), 88. Europa Center (1965), 86. **Bonn,** building des Députés (1970), 112. **Cologne,** Cathédrale (1880), 156. **Düsseldorf,** Caisse d'assur. (1976), 120. Maison Thyssen (1957), 95. **Francfort,** tour de télécomm. (1977), 331. Hôtel Francfort Plaza (1976), 161. Tour Henninger (1960) [1], 120. **Fribourg-en-Brisgau,** cath. (XIVe) [2], 116. **Hambourg,** tour T.V. (1968), 271. Église St-Nicolas (1846-47), 144. St-Michel (1906), 134. St-Pétri (reconstr. 1842), 133. Église St-Jacques (XIVe s.), 124. Hôtel Hambourg Plaza (1973), 118. Église Ste-Catherine (1350), 115. Hôtel de ville (1897), 112. **Hanovre,** tour de télécommunications (1960), 141. Hôtel de ville (1913), 100. Église du Marché (1359), 95. **Kiel,** Hôtel de ville (1911), 106. **Leverkusen,** usine Bayer (1962), 122. **Lübeck,** Notre-Dame (1310), 125. **Ludwigshafen,** imm. Badische Anilin (1957), 100. **Munich,** tour Olympique (1968), 290. Notre-Dame (1525), 100. Hôtel de ville (1908), 85. **Nördlingen,** St-Georges (1508), 90. **Ottobeuren,** église (1766), 87. **Ratisbonne,** cathédrale St-Pierre (achevée 1869), 105. **Stuttgart,** tour T.V. (béton, 1956), 217. **Ulm,** cathédrale (achevée 1890) [3], 161.

Nota. — (1) Silo de stockage de grains avec restaurant rotatif. (2) Intérieur : long. 125, larg. 30, haut. 27. (3) La plus haute égl. du monde. Intérieur : long. 124, larg. 49, haut. 42. *Longueur de la cathédrale* de Worms : 158 ; de Spire : 133 ; de Mayence : 112.

Australie. Melbourne, BHP House (1972) [1], 153. Centre culturel, tour métall. (1978), 132. **Sydney,** Tour Centrepoint (1979) [3], 274. MLC Centre (1977-79), 68 étages, 244. Australia Square (1968) [2], 185. Opéra (1958-73) [4], 67.

Nota. — (1) 41 étages ; aire d'atterrissage pour hélicoptères au sommet. (2) Restaurant tournant au 47e étage, 43 m de diam., révolution en 105 mn. (3) 283,4 m avec antenne, 2 restaurants tournants. (4) Coût 650 millions de F. Salles de 2 700 pl. (concerts), 1 550 (opéra), 550, 420, 150 (studios, s. d'expositions et de conférences), 3 restaurants tournants.

Autriche. Linz, Nouvelle Cath. (1862-1924), 135. **Melk,** abbaye (1746), 63. **Salzbourg,** cath. (1628), 72. **Vienne,** Donauturm (1963-64) [1], 252. St-Étienne (1147), 137. Centre de l'O.N.U. [2], 120. Hôtel de ville (1883), 100. Grande Roue (1897), 64. **Zwettl,** abbaye (1139, rest. XVIIe-XVIIIe), 90.

Nota. — (1) Restaurant tournant au dernier étage. (2) 24 000 fenêtres, 6 000 portes.

Belgique. Anvers, cath. (1530), 123. Antwerp Tower (1974), 87. **Bruges,** égl. Notre-Dame (1297), 122. Beffroi (1321), 83. **Bruxelles,** Palais de Justice (1883), 118. Tour Martini (1959), 117. Tour du Midi (1968), 110. Tour Louise (1968), 107. Tour place Madou (1965), 105. World Trade Center (1973), 102. Atomium (1958), 102. Manhattan Center (1973), 100. Tour A.G. (p. de Namur, 1961), 100. Tour I.T.T. (1973), 100. Hôtel de ville (1454), 96. Tour Saifi (1975), 95. Hôtel Hilton (1967), 85. Hôtel Westbury (1964), 78. Tour P.S. (p. de Shaerbeek, 1961), 65. Tour Philips (1969), 65. Centre administratif (1970), 63. **Gand,** beffroi (1661), 91. **Liège,** tour cybernétique de Schöffer (1959), 52. **Malines,** tour de la cathédrale St-Rombaut (1520) (achevée, elle aurait atteint 167 m ?). **Marche-en-Famenne,** tour (1970), 75. **Mons,** beffroi (1661), 87. **Ronquières,** tour du Plan-Incliné (1965), 150. **Waterloo,** Butte (1823-27), 45.

Birmanie. Rangoon, Pagode Schwedagon (XIIe-XVIe), 99.

Brésil. São Paulo, Banque d'État, 161 (inaugurée 1947).

Canada. Hamilton, Century 21 Building, 152. **Montréal,** Bourse (1963), 192. Banque can. imp. de com. (1963), 189. Place Ville-Marie (1963), 187. Hôtel Château Chaplain (1967), 146. Oratoire St-Joseph (1924), 142. **Niagara,** Falls Skylon (1965), 158. **Toronto,** C.N. Tower (1975) [1], 555. Bank of Montreal (1972), 284. Commerce Court (1972), 239. Toronto-Dominion Bank Tower (1968), 226.

Nota. — (1) + haute structure auto-portante du monde ; structure de béton finie en 1973 ; inaugurée mai 1976 ; plates-formes panoramiques à 335 m pouvant contenir 600 pers. (accès par 4 ascenseurs, trajet 1 mn, 1 300 pers./h, 3e ét. à 447 m) ; restaurant tournant de 416 pl. à 347,5 m ; visibilité : jusqu'à 120 km. Mât T.V. à 457 m, de 91 m de haut, assemblé au sol avant fixation ; poids 130 000 t (ciment 106 000, acier 5 700) ; surface au sol 6 500 m².

Chine. Nankin, tour de Porcelaine (détruite v. 1860), 100.

Danemark. Aarhus, cathédrale (1927), 96. **Copenhague,** H. de ville (1905), 106. Tour de Christiansborg

(1907-28), 106. Tour Ronde (1637), 36. **Frejlev**, tour T.V. (1956), 231.

Égypte. Le Caire, tour (1955), 187. Min. mosquée du sultan Hassan (XIVe), 84. 2 minarets mosquée Muhammad Ali (dite d'Albâtre) (1830-48), 82. **Dahshur** (pyramides de Snefru, 2600 av. J.-C.), 102 et 104. **Gizeh**, Grande Pyramide (Chéops), 2580 av. J.-C. (voir encadré p. 349), 137,2. P. de Chéphren, 136,5. P. de Mykérinos, 66. Sphinx [1], 21. Colosses de Memnon, 18. **Meidum** (pyramide, 2600 av. J.-C.), 89. **Saqqarah** (pyramide, 2650 av. J.-C.), 62.

Nota. – (1) Long. 57 m (73,5, en comptant le mur anti-ensablement qui entoure la statue) ; le chiffre de 20 m pour la hauteur correspond aux années de haut ensablement. Colosse d'un animal légendaire ayant le corps d'un lion et le visage d'un homme (serait celui du pharaon Chéphren qui fit construire la 2e pyramide).

Espagne. Barcelone, Sagrada Familia (1884), 110. **Burgos**, cathédrale (milieu XVe) [1], 84. **Los Caidos**, Croix (1940) [2], 150. **Cordoue**, cathédrale (1593-1664), 93. **Madrid**, tour (1960) [3], 150. « La Telefonica » (1929), 90. Tour de Valence (1971), 82,7. **Murcie**, cathédrale (1521-1792), 95. **Palais de l'Escurial** (prov. de Madrid, 1563-84), 56. **St-J.-de-Compostelle**, cath. (1675-80) [4], 76. **Salamanque**, cathédrale (1769) [5], 110. **Ségovie**, cathédrale (XVIe) [6], 110. **Séville**, Giralda (fin XIIe) [7], 97. **Tolède**, cathédrale (1380-1440) [8], 90.

Nota. – (1) 106 × 59 ; h. 50. (2) Basilique souterraine de Guadarrama : 260 × 20 ; h. 42. (3) 37 étages. (4) 97 × 67 ; h. 32 (dimensions intérieures en m). (5) 104 × 49 ; h. 60. (6) 105 × 48 ; h. 67. (7) 130 × 76 ; h. 40. (8) 113 × 57 ; h. 30.

États-Unis. Atlanta Hôtel Peachtree Plaza (70 ét.) 220,3. **Chicago** (7 buildings de + de 200 m) Sears Tower (1973), 475,17. Voir p. 346. Standard Oil (1971 ; 80 ét.), 346. John Hancock Center (1967), 337. Water Tower Place (74 ét.), 262. First Nat. Bank (1968), 259. IBM Building (1971), 211,8. Civic Center (City Hall, 1965), 201,8. Temple, 173. **Dallas**, Dallas Tower (en construction), 278. **Los Angeles** (3 buildings de + de 200 m), United Calif. Bank (1973 ; 62 ét.), 262. Security Pacific Nat. Bank (55 ét.), 224. Atlantic Richfield (52 ét.), 213. **New York** (31 buildings de + de 200 m), World Trade Center (1972), 415. Archit. Eero Saarinen. Acier lesté de béton ; 2 tours jumelles de 110 étages ; superficie : 65 000 m², 43 600 fenêtres ; chaînette inversée à section triangulaire de 16,5 m de côté à la base, 5,2 m au sommet. Empattement : 192 m ; doubles parois de 91 cm à 19,7 cm d'épaisseur ; poids 17 246 t (dont 12 127 de béton) ; coût : 36 500 000 $; accès au sommet par trains de 8 capsules de 5 passagers chacune (système unique au monde) ; musée souterrain. Empire State Building (1929-30), 380. Chrysler Building (1930 ; 77 ét.), 318. American International Building, 289,6. 60 Wall Tower (1934), 282,6. Citicorp Center, 278,6. Bank of Manhattan (1930), 274. R.C.A. Building Rockefeller Center (1939, 7 oct), 259. Chase Manhattan Plaza (1941), 247,8. Pan Am (1960-63 ; 59 ét.), 246. Woolworth Building (1913), 242. One Liberty Plaza, 226,5. Penn Plaza, 233. Chemical Bank, 209,4. Exxon, 228,6. City Bank, 225,9. One Astor Piaza, 222,5. Union Carbide Building (1969), 215,5. General Motors Building, 214,9. Metropolitan Life (1909), 213,4. 500 Fifth Avenue, 212,4. 9 West 57 Street, 209,7. 55 Water Street, 209,4. Chanin Building (1929), 207,3. Gulf + Western, 207. Marine Midland (1967), 206,3. McGraw-Hill, 205,4. Lincoln Building, 205,1. 1633 Broadway, 204,2. 725 5th Avenue, 202,4. Waldorf Astoria (47 ét.), 190. Nations unies (1957), 166. Cath. St-Jean (nef : h. 89, l. 183, 11 240 m², 476 350 m³), 152. **St-Louis** (Missouri), Gateway Arch [3], arche d'acier (1965), 192. **Washington**, Obélisque (1848-84), 169.

> **Los Angeles : Space Tower 2000.** Conçue par André Pollack dont les brevets ont été rachetés en 1972 par Jean-Claude Destievan. Haut. 609 m, diam. 36 m. Prête pour les J.O. 1984 de Los Angeles. *Coût* : 500 millions de dollars (3 milliards de F) dont : aménagement et construction 200, « space park » 120, parking 180.

Finlande. Helsinki, égl. Mikael Agricola (1935), 106. Cathédrale (1830-52), 74. Stade olympique (1934-40), 72. **Kuopio**, belvédère de Puijo (1964), 74. **Tampere**, belvéd. de Näsinneula (1971), 134. **Turku**, cathédrale (1229), 96.

Grande-Bretagne. Londres, Post Office Tower (1966) 189. Blackpool Tower (1894) 160. St-Paul (1315-1561) 149. Vickers House (1963) 119. Shell Center (1962) 108. Houses of Parliament : Victoria Tower (1850-55) 104. Chaque année, le portail d'honneur est ouvert pour l'entrée du souverain qui ouvre la session du Parlement. L'Union Jack flotte sur cette tour, pendant les sessions parlementaires de jour (une lanterne s'allume sur le sommet de Clock Tower pendant les sessions de nuit). Clock Tower (1860) 104. Contient Big Ben (13,5 t) qui doit son nom au souvenir de Sir Benjamin Hall, responsable des travaux de Westminster. Big Ben a donné son indicatif à la B.B.C. Central Tower (1850-55) 93. Tower Bridge (1894) 87. Long. 270 m (2 tabliers mobiles de 1 200 t) ; passerelle pour piétons (actuellement interdite) reliant les sommets des 2 tours à 43 m au-dessus de la Tamise. Architectes : Sir Horace Jones et Sir John Wolfe Barry. Monument (1674) 62 (d'après les plans de Christopher Wren et de Robert Hooke, commémore l'incendie de Londres en 1666). Nelson Monument (1840-1844) 52. Albert Memorial (1876) 51. **Lincoln**, cathédrale (1307-1548) 160.

Nota. – La cath. de Winchester (long. 170 m) est la plus longue cath. gothique d'Europe. La cath. Church of Christ à Liverpool (1904-78) est la plus longue de G.-B. (203 m).

Guatemala. Tikal, temple (IIIe-IXe) 70.

Hongrie. Budapest, Parlement (1885-1906) 105. Église Mathias (XIIIe et 1851-1905) 103.

Inde. Agra, Taj Mahal (1629-53) 74. Bhubaneshwar, Chand Minar (1435) 64. Temple Lingaraja (XIe) 50. **Bijapur**, Gol Gumbaz (XVIIe) 65. **Calcutta**, minaret Shaheed (1828) 50. **Delhi**, Qutub Minar (minaret) (1200) 72. **Hampi**, temple de Shiva 60. **Hyderabad**, Char Minar (1591) 56. **Kanchipuram**, temple d'Ekambareshwara (1509) 60. *Madurai*, temple de Minakshî (XVIIe) 60. **Tanjore**, temp. de Brihadishwara (XIe) 66.

Irak. Babylone, ziggourat (peut-être t. de Babel ; détruite, 90 m de côté, 7 terrasses superposées) (600 av. J.-C.) 90. **Ur**, ziggourat (61 × 45,70 m à la base, en partie détruite) (2113-2096 av. J.-C.) 18.

Iran. Ziggourat de Choga Zambil (1250 av. J.-C.) 50.

Israël. Tel-Aviv, tour Shalom (1963) 140.

Italie. Bologne, tour des Asinelli (1119) (inclinaison 1,20 m) 97,60. Tour Garisenda (1109), inachevée, inclinaison 3,20 m 48. **Crémone**, campanile (XIVe) 111. **Florence**, Ste-Marie-des-Fleurs (1296-1461) 113. Tour d'Arnolfo (1298-1314) 94. Campanile (1334-59) 85. **Milan**, imm. Pirelli (1956-60) 127. Cathédrale (Duomo) (1386-1805) 108. **Modène**, t. Ghirlandina (1099-1323) 88. **Novare**, St-Gaudenzio (1878) 121. **Pise**, tour (XIIe-XIVe) 55 (côté nord 55,22 m, sud 53,52 m. Affaissement moy. 2,40 m ; inclinaison 2,26 m ; poids 14 500 t. L'inclinaison, mesurée chaque année depuis 1934, augmente d'env. 1,5 mm par an), except. 1984, 48 cent. de mm. **Pistoia**, tour du Podestat (1367) 66. **Rome**, St-Pierre (1626) 132 [superficie : 15 160 m² (dôme de Milan : 11 700, N.-D. de Paris : 5 955) ; longueur : 187 m (211,5 avec le portique ; longueur du transept : 137,5)]. Colisée (72-80) 57. Arc de Constantin 21 (larg. 25,7 m, épais. 7,4 m. Le plus grand des arcs antiques). **Sienne**, tour del Mangia (1338-48) 102. **Turin**, Mole Antonelliana (1863) 167. Campanile (1470-1720) 59. **Venise**, campanile de St-Marc (XIIIe-XIVe, écroulé le 14-7-1902, rec. 1912) 99. **Vicence**, tour de l'Horloge (XIIe) 82.

Japon. Tokyo, tour T.V. métallique (1958) 333. Immeuble (1974) 211.

Koweit. Tours 147 à 121 m.

Luxembourg. Berg, château (restauré 1850) 65. **Kirchberg**, immeuble (1966) 82. **Luxembourg**, cathédrale (1621) 76. R.T.L., villa Louvigny (1932) 43.

Maroc. Casablanca, Le Liberté (v. 1950), 21 ét., 55. Tour Atlas, 33 étages, n.c. Préfecture 50. **Marrakech**, La Koutoubia (XIIe s.) 68. **Rabat**, tour Hassan (XIIe s.) 44.

Mexique. Chichen Itza, pyramide du Castillo (XIe-XIIe) 24. **Mexico**, hôtel (1972) 219 (structure en béton la plus élevée du monde sur terrain séismique). Tour de l'Am. latine (1956) (193,50 avec mât de T.V.) 139. **Simbolo del Conjunto**, Nonoalco-Tlatelolco (1964) 127. **Teotihuacán**, pyramide du Soleil (IVe) (base 225 × 225 m) 63. Pyr. de la Lune (IVe) (140 × 150) 46.

Népal. Katmandu, tour de Bhimsen (1830) 60.

Norvège. Trondheim, cathédrale (XIIe-XIVe) 103. **Tryvann**, tour (1962) 118.

Pays-Bas. Amsterdam, Vieille Égl. (1566) 68. **Delft**, Nouvelle Église (1496) 108. **Groningue**, tour (XVe) 97. **Haarlem**, Gde Église (1519) 80. **La Haye**, Gde Église (1424) 92. Palais de la Paix (1907-13) 80. **Lopik**, Gerbrandytoren, tour T.V. (1959-60) 383. **Middelburg**, beffroi (XVIe) 55. **Rotterdam**, Euromast (1960, 104 m, surélevée en 1970) 185. Raadhuis (1914-20) 71. **Utrecht**, cathédrale (XIVe) 112.

Pologne. Varsovie, palais de la Culture (1955) (avec mât de T.V.) 234. Hôtel Forum (1973) 110.

Sénégal. Dakar, minaret (1964) 67. **Touba**, minaret (1963) 87.

Suède. Lund, cath. (1145) 56. **Stockholm**, tour T.V. de Kaknäs (1967) 155. Égl. de Klara (1590 ; tour 1886) 108. H. de ville, tour (1923) 106. *Uppsala*, cath. (1435) 118.

Suisse. Bâle, immeuble Lonza (1960) 68. Cathédrale (1428) 64. **Berne**, collégiale (1517-1893) 100. Palais fédéral (XIXe) 63. **Beromünster**, tour T.V. (1931) 215. **Däniken**, centr. nucléaire (1979) 150. **Fribourg**, cathédrale (1490) 76. **Genève**, cath. St-Pierre (1160-1262) 64. **Lausanne**, cathédrale (1150-1275) 79. **St-Gall**, cathédrale (1767) 68. **Schwarzenburg**, tour radio (1919) 120. **Soleure**, cathédrale (XVIIIe) 66. **Sottens**, tour T.V. (1948) 180. **Spreitenbach**, immeuble locatif (1974) 73. **Winterthur**, immeuble Sulzer (1964) 92.

Syrie. Alep, minaret Gde Mosquée (XIe) 50.

Thaïlande. Bangkok, temple de l'Aurore (1767-82) 74. **Chiang Mai**, chédi de *Wat Phra That Doi Suthep* 32. **Nakhon Si Thammarat**, chédi de Wat Mahathat (Xe) (flèche en or massif 400 kg) 78. **Nakorn Pathom**, chédi (150 av. J.-C.) 115.

Tunisie. Tunis, immeuble Africa (1970) 90.

Turquie. Ankara, mausolée d'Atatürk (1953) 21. **Istanbul**, tour de Galata (relevée en 1349) 68. Tour de Beyazit (1623) 50. **Nemrut Dag**, sanctuaire (69-34 av. J.-C.) 50.

U.R.S.S. Leningrad, St- Isaac (1818-58) 102. **Moscou**, tour d'Ostankino (1967) 533. Université (39 étages) (1953) 240. Hôtel Ukrainia (1953) 170. Kotelnitchenkaïa (1952) 170.

Dimensions (France)

Paris et région parisienne

Tours

● **Tour Eiffel. Origine.** En 1882, Maurice Koechlin (1856-1946), chef du bureau des études de l'entreprise Eiffel (Gustave Eiffel 1832-1923), et son collègue Émile Nouguier eurent l'idée de construire une tour métallique pour l'Exposition de 1889. Ils établirent un avant-projet (calculs sommaires et croquis) et le soumirent à Gustave Eiffel, qui déclara ne pas s'y intéresser mais autorisa ses 2 ingénieurs à poursuivre l'étude. Ceux-ci firent appel à la collaboration d'un architecte, pour l'établissement d'un dessin à grande échelle qui fut soumis au sculpteur Bartholdi, et au Commissaire général de l'Exposition des Arts décoratifs (qui devait se tenir à l'automne 1884). Ce dernier accepta d'exposer le dessin de la tour projetée. Eiffel décida alors de s'associer au projet. Il fit déposer une demande de brevet d'invention en sept. 1884 « pour une disposition nouvelle permettant de construire des piles et des pylônes métalliques d'une hauteur pouvant dépasser 300 m », et passa en déc. 1884 un contrat avec ses ingénieurs. Nouguier et Koechlin cédèrent à Eiffel la propriété exclusive du brevet. En contrepartie, Eiffel prit en charge les frais entraînés par le brevet et s'engagea, si la tour était réalisée (même avec des modifications), à verser à chacun d'eux une « prime » de 1 % des sommes qui « lui seraient payées pour les diverses parties de la construction ». Il s'engagea enfin « à citer toujours les noms de ces Messieurs chaque fois qu'il y aurait lieu de mentionner, soit le brevet, soit l'avant-projet actuel » (engagement qui ne fut pas respecté).

Le projet de Gustave Eiffel obtint ex æquo le 1er prix du concours proposé en 1886 pour l'exposition de 1889 (18 projets avaient été retenus sur 700). *1887* 26-1, 1er coup de pioche. 30-6 fondations achevées, montage commencé le 1-7. *1888* 1-4, 2e étage terminé ; 14-8, 3e ét. ; *1889* 31-3, inauguration. Les ascenseurs ne fonctionnant pas encore (celui du 1er étage sera mis en service 2 mois après l'inauguration), le Pt du Conseil (62 ans) s'arrête au 1er étage et envoie le ministre du Commerce auprès d'Eiffel au sommet, pour lui remettre la Légion d'honneur. Il n'y avait eu aucun accident pendant la construction. Gustave Eiffel signe, avec le préfet Poubelle, une convention d'exploitation de la tour Eiffel de 20 ans au terme de laquelle la gestion de la tour devait faire retour à la Ville de Paris. 15-5, inauguration, la tour est illuminée par 22 000 becs de gaz.

Petite histoire. *1898* 5-11, Eugène Ducretet réussit la 1re liaison radiotélégraphique entre Tour et Panthéon. *1901*, Santos-Dumont, tentant de tourner autour avec un dirigeable, s'échoue sur la tour (sain et sauf) : une femme accoucha de frayeur dans l'ascenseur. *1906*, le capitaine Férié fait parvenir à des bateaux en mer des messages parfaitement audibles. *1909*, 1er survol de Paris et de la tour Eiffel en aéroplane. *1910*, la concession accordée à Eiffel prend fin, la Ville de Paris concède ses droits à une société privée. *1912*, un tailleur tente un vol plané qui échoue (on sut plus tard qu'il voulait se suicider). *1913*, on parle de démolir la tour, la guerre de 1914-18 la sauvera en en faisant un centre militaire radiotélégraphique. *1920*, on pense utiliser le fer de la tour pour la reconstruction des usines dans les régions dévastées. *1921* 30-12, l'acteur Lucien Guitry réalise la 1re émission radio en direct. *1922*, les émissions de Radio-Tour-Eiffel commencent. *1923* 2-6, un journaliste, Pierre Labric, à la suite d'un pari, descend en bicyclette l'escalier à partir du 1er étage. *1926*, Léon Coliot tente de passer en avion entre les pieds de la tour, il s'écrase aveuglé par le soleil. *De 1925 à 1936*, publicité lumineuse (pour Citroën) réalisée par Fernand Jacoppozi. Elle coûta 2 500 000 F de l'époque (entretien et consommation électrique 1 000 000 de F par an). Réalisée en 6 couleurs, composée de 250 000 ampoules, elle était visible à 38 km (le « N » mesurait 20,8 m de hauteur). *De juin 1940 à août 1944*, occupée par les Allemands. *D'août 1944 à mars 1946*, par l'armée américaine. *1946* 1-6, réouverte au public. *1954*, juillet Alfred Thomanel l'escalade. *1957*, installation d'une plate-forme destinée à recevoir les paraboles de diffusion en direct des émissions des 3 chaînes de télévision et l'émetteur de radio en modulation de fréquence. *1960*, un marchand anglais prétend vendre la tour à des ferrailleurs pour 20 centimes le kg ; une Sté hollandaise verse une avance de 50 millions de F. L'escroquerie fut découverte, le marchand fut condamné mais la Sté holl. ne récupéra pas son argent. *1964*, la tour est classée monument historique. *1980* 1-1, le maire de Paris confie la gestion de l'édifice à un nouveau concessionnaire, la Société nouvelle d'exploitation de la Tour Eiffel (S.N.T.E.). *1983* 25-10, montée jusqu'au 2e étage et descente en moto de trial (Charles Coutard et Joël Descuns). 1-12, vente aux enchères de l'escalier en colimaçon qui allait du 2e au 3e étage (en morceaux vendus de 50 000 à 180 000 F). *1985* 31-12, nouvelles illuminations (292 projecteurs éclairant la tour de l'intérieur).

Caractéristiques. En fer. *Poids total* : 9 700 t en 1889 (7 300 pour la partie métallique), 11 000 t en 1981, 10 000 t en 1984 (après travaux). Charge au sol 4 kg/cm^2 env. (celle d'un homme moyen assis sur une chaise). Par suite des constructions, le plancher du 1er étage supporte une surcharge de 1 120 t (l'équivalent de 1 120 voitures du type CX I) par rapport aux calculs d'Eiffel. *Hauteur* 312,27 m à l'origine ; 320,75 m depuis l'ajout d'une antenne TV en 1956. 3 plates-formes à 57,63 m au-dessus du sol (alt. + 33,50 m), 115,73 m, 276,13 m. Les 4 piliers ont leurs centres situés suivant les sommets d'un carré de 125 m de côté. Entre les piliers, des arcs (purement décoratifs) de 74 m de diam. se développent. *Surface au plancher du 1er étage* (vides pour le passage des ascenseurs déduits) 4 200 m^2 ; *du 2e* 1 400 m^2 ; *du 3e* 350 m^2. Largeur à la base 127,50 m. Repeinte tous les 7 ans, la tour a reçu 16 couches de *peinture* (du rouge brun au jaune brun, la dernière tirant sur le beige ; poids d'une couche : 40 t). Par vent de 180 km/h, le plus fort jamais enregistré, le sommet oscille et décrit des ellipses (grands axes max. 10 à 18 cm). La face exposée aux rayons solaires se dilate : le sommet s'éloigne du soleil et décrit une courbe de 18 cm qui vient se refermer le soir sur son point de départ. La hauteur peut diminuer de 15 cm par grand froid.

Ascenseurs : 3 du sol au 2e étage ; 2 hydrauliques (1889) sont dans les piliers ouest et est. Depuis 1965, un ascenseur électrique transporte 106 personnes et fait 12 aller-retour par heure (86 et 8 avec les ascenseurs hydrauliques). *Escalier* : 1 792 marches. *Vue du sommet par temps clair* : au nord à 60 km, ouest 70, sud 55, est 65.

La tour n'est pas montée sur des vérins hydrauliques comme on l'a souvent dit, mais, lors de sa construction, 16 vérins (ayant chacun une puissance de 800 t) furent utilisés pour soulever les arbalétriers qui constituent l'armature principale de chaque pilier. Une fois l'horizontalité de la plate-forme du 1er étage assurée, la charpente métallique fut fixée dans des fondations de maçonnerie qui, pour les 2 piles situées du côté Seine, descendent jusqu'à 14 m de profondeur, au niveau du lit du fleuve. Les vérins furent enlevés. Les fondations ont nécessité 31 000 m^3 de déblais et 12 500 m^3 de maçonnerie. La tour comprend 15 000 pièces dans lesquelles on a percé 7 millions de trous, 620 feuilles de 3 à 18,5 mm assemblées par 55 000 rivets (2 500 000 au total).

La structure fut conçue pour recevoir, en même temps, 10 416 personnes réparties entre les 3 plates-formes.

Durée de la construction : 2 ans, 2 mois et 5 jours. *Ouvriers* : 132.

Coût. 8 000 000 de F dont fondations, maçonnerie, soubassements 900 000 F ; montage métallique, fers, octroi pour les fers 3 800 000 F ; peinture 200 000 F ; ascenseurs et machines 1 200 000 F ; restaurants, décoration, installations diverses 400 000 F. Subvention de l'État 1 500 000 F ; terrain concédé par la Ville de Paris. La Sté de la Tour Eiffel (formée par G. Eiffel) avait un capital de 5 100 000 F (dont 100 000 F de fonds de roulement) ; pas d'émission publique ; la moitié des parts appartenaient à G. Eiffel ; l'autre, aux Stés financières faisant partie de la Sté. L'emprunt qui servit à financer cette somme fut remboursé sur les recettes de la première année.

Visiteurs. En 1889, 1 980 000 (rapportant 6 000 000 de F) dont 1 968 287 entre l'inauguration (15-5-1889) et la clôture (5-11) de l'exposition ; ce record n'a pas été battu avant 1963 : 2 013 594. À la fin de 1889, la recette s'élevait à 5 919 884 francs-or couvrant les 3/4 du coût total de la construction (8 000 000 de F/or). Le 31-5-1953 le 25 millionième visiteur (un maçon) gagna une berline de luxe. Entrées en *1902* : 121 144 ; *1970* : 2 757 768 ; *1975* : 3 045 573 ; *1980* : 3 594 190 ; *1981* : 3 393 208 ; *1982* : 3 999 683 ; *1983* : [(*2-08)* : 105 961 183 dep. l'ouverture] 3 701 558 ; *1984* : 4 183 857. *1985* : 4 368 573.

Prix d'entrée (1986). *Ascenseur* : *1er étage* : 10 F, *2e* : 24 F, *3e* : 40 F. *Escalier* : *1er* et *2e* : 7 F.

Suicides. 370 dont 2 rescapés selon la préfecture de Police et la presse, 349 selon la Sté de la tour Eiffel (il y aurait eu plus de 2 rescapés). Le 1er suicide eut lieu le 15-7-1898 par pendaison à une poutrelle.

Statut. La tour appartient à la Ville de Paris, qui en concéda l'exploitation à la *Sté de la tour Eiffel* de 1889 à 1979. L'exploitation de la tour a été confiée par la Ville de Paris, depuis le 1-1-1980 (pour 25 ans), à la S.A.G.I. (Sté anonyme de gestion immobilière), d'économie mixte, qui gère 25 000 logements sociaux et construit de nombreux logements pour la Ville. La S.A.G.I. a constitué à cette fin la Société nouvelle d'exploitation de la tour Eiffel (S.N.T.E., Pt. : Bernard Rocher). *Capital* : 30 % à la Ville de Paris, 70 % à la S.A.G.I. (dont 40 % de son propre capital est lui-même détenu par la Ville de Paris).

Chiffres d'affaires. *1980* : 47 millions de F (dont 6 millions de redevances versées à la ville). Une part importante des recettes des montées constitue la provision conventionnelle pour l'entretien et la peinture (28 % actuellement) ; *1983* : 68 ; *1984* : 104,8.

Programme des travaux. *Rénovation* : plancher du 1er étage allégé de 1 343 t. Remplacement de certains éléments de charpente ; peinture ; réparation du masque (habillage décoratif de tôle qui entoure le 1er étage).

Modernisation des installations : inst. électriques ; remplacement de l'ascenseur du sommet par 4 ascenseurs électr. qui permettront d'acheminer 1 700 personnes/heure (à leur vitesse maximale qui ne sera pas utilisée en temps normal, capacité actuelle 600 personnes/heure) ; chaque cabine pourra contenir 20 passagers. Nouvelles structures d'accueil au 1er étage et reconstruction des 3 pavillons.

Achèvement des grands travaux (de 1980 à 83). Ouverture du restaurant panoramique le Jules Verne au 2e étage.

● **Tour Maine-Montparnasse (1973).** Ensemble immobilier de plus de *300 000 m^2 de planchers* : 103 000 m^2 de bureaux, 30 000 de commerce, 16 000 d'archives et de réserves. 100 000 m^2 de parties communes. 21 000 m^2 de locaux spéciaux, 1 850 emplacements de voitures comprenant : 1°) la *Tour. Hauteur* 210 m, la + haute d'Europe avec ses 58 niveaux et une terrasse pour hélicoptères [52 de bureaux, 3 techniques (15e, 42e, 58e), 1 de boutiques, 1 rest. panoramique et point de vue panor. (56e) (620 000 vis. en 1985), 1 de télécommunications (57e)]. *Étages* : hauteur de sol à sol 3,42 m ; surface 2 011 m^2 dont 1 750 utiles. *Ascenseurs* : 25 (les plus rapides : jusqu'à 6 m/s ; sommet atteint en 39 s), 2 monte-charges, 6 *sous-sols* : restaurant interentreprises (5 000 repas/j), locaux pour équip. informatiques, centrales techniques (transformateurs, chauffage, compresseurs frigorifiques, groupes électrogènes). *Poids total* : 120 000 t. *Fondations* : 56 pieux ancrés à 70 m au-dessous de l'esplanade, enjambant une ligne de métro. *Fenêtres* : 7 200. *Population* : 7 à 8 000 pers. (100 à 140 par ét. de bureaux). 2°) le *Centre commercial* (2 grands magasins, 80 boutiques). 3°) le *Centre sportif* (3 piscines, 14 pistes d'escrime). 4°) le *Bâtiment cube* (Centre international du textile de 12 ét. et 200 firmes). 5° le *Bât. longitudinal* (3 ét. dont 2 de bureaux).

● **Autres tours et immeubles.** Tour du GAN (1974), 180. 134. Courbevoie, tour des Poissons (1970), 128. St-Denis, tour Pleyel (1973), 125. Nanterre, préfect. des H.-de-S. (1973), 113. Invalides (1679-1706), 105. Faculté des sciences (1971), 90. Immeuble Potin, rue de Flandres (1963-64), 89. Panthéon (1764) 113 × 84,30 m, 83. Issy-les-Moulineaux, im. E.D.F. (1974), 80. Tour de la Cité de l'Air, 77. Créteil, Hôtel de ville (1980), 75. Caisse centrale du Crédit hôtelier (1972), 67. Maison de la radio (1962) 27 ét., couronne extér. 900 m de tour. 36 m de haut, 63. B.A. 117, Cité de l'Air (1971), 61. Immeuble, 50, rue Corvisart (1967), 61. Immeuble, rue Croulebarbe (1958), 61. Opéra (1861-75), 54. Centre G.-Pompidou (1977), 42.

Autres monuments

● **Arcs. Arc de Triomphe** (1806-36). 49,54 m, larg. 44,82 m, épaiss. 22,21 m. Grand arc : haut. 29,19 m, larg. 14,62 m ; petits arcs : haut. 16 m, larg. 8,44 m. Hauts-reliefs : 11,60 m (figures 5,85 m). Fondations : prof. 8,37 m. Poids 100 000 t (avec fondations), 4 408 m^3 de pierre utilisés. Coût : 9 651 116 F dont sous l'Empire 3 200 714 F. Restauration 3 000 779 F, Louis-Philippe 3 449 623 F. Élevé sur ordre de Napoléon Ier, à la gloire de la Grande Armée. Commencé le 15-8-1806. En 1810, pour l'entrée solennelle de Napoléon et de Marie-Louise, un simulacre (en charpente et en toile) de l'arc fut élevé. En 1811, décès de Chalgrin, Joust lui succède et à la fin de 1813 l'arc atteint 19 m de hauteur. Interruption des travaux en 1814. En 1823, Louis XVIII, pour perpétuer le souvenir de l'Armée des Pyrénées, après l'expédition d'Espagne, décide la reprise des travaux (sur les plans de Chalgrin). L'architecte Blouet achève la construction et fait exécuter, à partir de 1833, la sculpture statuaire et ornementale. Rude sculpte le Départ 1792, Cortot le Triomphe 1810, Étex la Résistance 1814 et la Paix 1815. Les 4 bas-reliefs (3,75 m × 2 m), placés au-dessus de ces groupes, sont exécutés par Lemaire. Dédié à la gloire des Armées françaises, l'arc est inauguré le 29-7-1836. La nomenclature des batailles, armées, citations, fut confiée au Gal Baron Saint-Cyr Nugues. Il proposa une liste de 30 grandes batailles, 96 faits d'armes éclatants, 384 militaires. En définitive 662 noms furent retenus (il subsiste encore 3 inscriptions) : 44 maréchaux de France et d'Empire, 442 généraux de division et lieutenants-généraux, 122 gén. de brigade et maréchaux de camp, 14 colonels et officiers, 26 amiraux et contre-amiraux, 5 intendants, 3 médecins et chirurgiens.

Arc du Carrousel (1806-08). 15 m. Construit en mémoire de la campagne de 1805. Au sommet, la Paix, conduite sur un char de triomphe (bronze, h. 3,50 m) par Bosio, remplace le char de Napoléon Ier tiré par les 4 chevaux en bronze doré de la basilique St-Marc de Venise (restitués en 1815).

Arc de la Défense. (Projet), 140 m, 160 000 m^2 de bureaux.

● **Colonnes. Place de la Bastille** (1831-40). 51 m. **Vendôme** (1806-10). 43 m. Voir p. 346.

● **Églises. Sacré-Cœur de Montmartre.** Montmartre (1876-1919). (102 m) en pierre blanche des carrières de Souppes (Château-Landon). Style romano-byzantin, architecte Abadie. Dim. intérieures 85 m × 35 m, longueur de la nef 60,50 m ; coupole, hauteur sous clef de voûte 55 m, diamètre 16 m, alt. de la croix du campanile 91 m. La crypte, hauteur 9 m, reproduit la disposition de l'église supérieure. Un fossé (largeur 4 m, profondeur 8 m) entoure l'église. Coût total 40 millions de F (projeté 7 millions de F) couvert par les souscriptions des fidèles. La 1re pierre fut posée le 16-5-1875 par le Gal Guibert, les fondations commencèrent en juin 1876. La consécration définitive qui devait avoir lieu le 17-10-1914 fut reportée au 5-8-1919.

Notre-Dame (XIIIe). Peut contenir 9 000 pers. dont 1 500 dans les tribunes. Tours 63 m, long. 130 m, superf. 5 955 m^2, haut. int. transept 48 m, nef 35 m. Flèche 81 m.

Sainte-Chapelle (XIIIe s.). 63 m.

● **Obélisque. Concorde** (avec socle, 1836). 27 m. V. p. 324.

● **Portes. St-Denis** (1671-72). 24 m. **St-Martin** (1674). 18 m.

● **Divers.** *Cheminée*, chauffage urbain (XVe arr., 1977). 134 m. *Périscope*, 83, av. d'Italie (1969). *Rocher* du zoo de Paris (1934), 70 m.

Province

(Pour les phares, voir Index.) **Ajaccio**, tours des Salines (1969) 64. **Amiens**, cathédrale (1204-60) 113 (la plus vaste égl. médiévale, long. int. 133,50 m, transept 70 m, larg. nef 14,60 m, bas-côtés 8,65 m, haut. de la nef sous clef 42,30 m, superficie 7 760 m², volume 200 000 m³, tours achevées : 1366-1402). Tour Perret (1952) 104. **Angers**, tour St-Aubin (XIIe) 54. Cath. St-Maurice (XIIe-XIIIe, reconstr. XVIe) 70-75. Résidence des Hauts-d'Anjou (1972) 48. Immeuble (1972) 100. **Arras**, beffroi (XVe-XVIe, reconstr. XXe) 75. Tours St-Jean (1970 et 75) 52. **Bayonne**, cath. (XIIIe-XVe ; XIXe) 80. **Beauvais**, St-Pierre (1568-73) 153. **Bordeaux**, tour St-Michel (1492, flèche ref. 1865) 114 avec la croix. Tour de la Cité admin. (1968) 90. Cath. St-André, haut. des flèches 85 [long. ext. 149,17 m ; larg. 61,25 m au transept (int. 49,45 m) ; haut. sous voûte 37,95 m ; surface 6 650 m²]. Clocher « Tour Pey Berland » 48. Colonne des Girondins 43. Grande marquise de la gare St-Jean 26. Hall du parc des expositions (861 × 60 m, 5,1 ha) 12. **Boulogne**, Notre-Dame (1866) 86. Colonne de la Gde-Armée (1841) 54. Tour H.L.M. (1973) 50. Beffroi 35. **Calais**, beffroi de l'Hôtel de ville (1923) 75. Phare (1848) 58. **Cambrai**, clocher de l'église St-Géry (XVIIIe) 73. Beffroi (tour de l'ancienne église St-Martin, XVIIIe) 62,5. **Chartres**, Notre-Dame (XIIe-XIIIe) 130 [larg. 32 m au niveau des clochers, 46 m aux portes latérales, long. de la nef (du portail à la grille du chœur) 73 m, long. 16,40 m (7 travées), haut. (au transept) 36 m, transept long. 64,30 m (d'un trumeau à l'autre), chœur long. 38,34 m, roses diam. 1,336 m, superficie (intérieure) totale 5 800 m²]. Cathédrale (XVIe) 115. **Chinon**, enceinte sphér. E.D.F. (1956) 55. **Colombey**, mémorial de De Gaulle (1972) 43 (granit ; 1 500 t, envergure max. 19,16 m). **Dijon**, cath. St-Bénigne (XIIIe, flèche ref. 1894) 92,6. Tour Philippe le Bon (XIVe-XVe) 42,55. **Dole**, Notre-Dame (XVIe) 74. **Grenoble**, tours de l'Ile-Verte (1966) 106. Tour Perret (1925) 87. **Le Havre**, chem. centrale E.D.F. (1958) 240. Église St- Joseph (XXe) 105. Tour de l'Hôtel de ville (1958) 73. **Le Mans**, tour Émeraude (1976, acrotère) 55,50. Cathédrale 34. **Lille**, beffroi de l'Hôtel de ville (1925-33, inaug. 1932) 105. Église du Sacré-Cœur (1878-98) 81. Cité administrative (1959) 76. Bourse, clocheton (v. 1900) 69. Église St-Maurice (XIVe-XIXe) 67. Tour Marcel-Bertrand (1963) 63. **Limoges**, égl. St- Michel-des-Lions

Cathédrale de Chartres

(1373) 65. Cathédrale (XIIIe-XIVe) 62. Gare (XIXe) 57. **Lyon**, tour Crédit Lyonnais (1977) 165. Tour panoramique (1972) 100. Tour métall. de Fourvière (1894) 80. Centre international de recherche sur le cancer (1972) 72. Tour de l'U.A.P. (1972) 71. Cheminée de l'usine d'incinération des ordures ménagères (1962) 70. Grand dôme Hôtel-Dieu (XVIIIe) 59. Beffroi de l'Hôtel de ville (1702) 50. **Marseille**, Le Grand Pavois (1973) 90. Le Méditerranée (1970) 80. Cath. de la Major (1852-96) 80. Imm. chemin Joseph-Aiguier 75. Tour parc Sévigné (1956) 72. Imm. Le Corbusier (1951) 72. N.-D.-de-la-Garde (1864) 72. Église St-Vincent-de-Paul (Les Réformés, 1855) 71. Super Rouvière (1968) 60. Tours du Roy d'Esp. (1972) 60. Brasilia (1960) 55. St-Georges (1958) 55. Building du Pharo (1955) 50. Square de la Bourse (1958) 50. Imm. chemin de Gibbes 50. **Metz**, Temple Neuf (1880) 96,20. Cathédrale (XIIIe-XVIe, nef) 41,83. Tour de Mutte (beffroi municipal XIVe) 88. Tour H.L.M. Ste-Barbe (1959) 62,48. Tour H.L.M. rue des Marronniers à St-Julien/Vallières (1972) 55,06. Tour résidentielle Coislin (1965) 52,70. Église St-Vincent (XIIIe) haut. tours 46. **Moulins**, cathédrale (XIXe) 95. Tour de Jacquemart (XVe) 45. **Mulhouse**, tour de l'Eur. (1972) 28 ét. 106. **Nancy**, tour Thiers-Frantel (1975) 90. **Nantes**, tour Bretagne (1975) 100. Imm. des Aff. étrangères (1969) 75. **Reims**, cathédrale (XIIIe-XVe) 83 [long. ext. 149,17 m ; larg. 61,25 m au transept (int. 49,45 m) ; haut. sans voûte 37,95 m ; surface 6 650 m²]. **Rodez**, cathédrale (XVIe) 87 [long. 107 m, larg. 36 m, haut. (au transept) 30 m]. **Rouen**, cathédrale (XIIIe), flèche refaite (1823) 151 [la tour St-Romain (gauche) mesure 75 m de haut., la tour de Beurre (droite) 77 m. La flèche remplace la tour qui s'élevait sur la croisée du transept (détruite par la foudre en 1822). Nef : 136 m de long ; 51,60 m de larg. au transept ; 28 m de haut.]. Tour des Archives (1965) 85. Saint-Ouen (XIVe) 82 [nef : long. 138 m, haut. 32,50 m (42 m au transept). La tour est terminée par une plate-forme à clochetons dite la Couronne de Normandie. Portail refait au XIXe s.]. **Strasbourg**, cathédrale (1420-39) 141 [construite sur l'emplacement de l'église (en bois et terre) par Clovis, reconstruite par Charlemagne et détruite en 1007. Édifice actuel XIe, XIIe et XIIIe (nef et façade). Long. 110 m, larg. 41 m]. Institut de chimie (1965) 69. Tour « Schwab » cité de l'Ill (1961) 55. Imm. « Porte de France » (1972) 50. **Troyes**, cathédrale (1208-1638) 66. **Tulle**, tour P.L.M. Brigouleix (1973) 101. Cathédrale (XIIe-XIVe) 71 [subsistent un porche et la nef à 6 travées (transept et chœur ont été détruits en 1793)]. **Valenciennes**, basilique Notre-Dame-du-St-Cordon (1852-65) 82.

Longueurs des nefs

Lourdes, basilique St-Pie-X (1958) 201 [6 m sous terre, larg. 81 m, pouvant contenir 20 000 pers. ; la plus vaste église après St-Pierre de Rome]. *Cluny* (1088-1130) (voûte h. 38 m) 198. *Amiens* (XIIIe) 145. *Marseille* (cath. 1852-96) 139. *Reims* (fin XVe), cathédrale 139. *Rouen*, St-Ouen (1318-1851) 138. Cathédrale (XIIe-XVIe) 136. *Paris*, Notre-Dame (XIIIe) 130. *Reims*, abbatiale St-Rémi (XIe-XIIe) 126. *Bourges*, (1200-1260) (voûte h. 37 m) 124 (tour Sourde 58 m, de Beurre 68 m). *Vézelay* (milieu XIIe) 120. *Nantes*, cath. St-Pierre (XVe-XVIe-XVIIe) 102 (largeur 32 m, haut. 37,50 m). *Langres*, St-Mammès (XIIe s.) 91. *Bordeaux*, St-Michel (XIVe-XVe-XVIe) 72. *Dôle* (XVIe) 58.

Architectes et urbanistes français

Nés entre 1400 et 1700

Androuet du Cerceau, Jacques Ier (v. 1510-85). Jacques II (v. 1550-1614). Jean Ier (1585-1649).
Aubert, Jean († 1741).
Bachelier, Nicolas (v. 1487-1556).
Biart, Colin (1460-après 1515).
Blondel, Nicolas-François (1617-86).
Boffrand, Germain (1667-1754).
Brosse, Salomon de (v. 1565/70-1626).
Bruant, Libéral (v. 1635-97).
Bullant, Jean (v. 1515-78).
Bullet, Pierre (v. 1639-1716).
Chambiges, Pierre Ier († 1544).
Chatillon, Claude de (1547-1615).
Contant d'Ivry, Pierre (1698-1777).
Coqueau, Jacques († 1569).
Cotte, Robert de (1656-1735).
Courtonne, Jean (1671-1739).
Cuvillies, François (1695-1768).
Delamair, Pierre Alexis (1676-1745).
Delorme, Philibert (v. 1510/15-1570).
Dorbay, Francis (1634-97).
Fain, Pierre (trav. vers 1501-08).
Gabriel, Jacques-Ange (1698-1782).
Gabriel, Jacques-Jules (1667-1742).
Hardouin-Mansart, Jules (1646-1708).
Lassurance, (Pierre Cailleteau, dit) (1655-1724).
Lemercier, Jacques (v. 1585-1654).
Le Muet, Pierre (1591-1669).
Lepautre, Antoine (1621-91).
Lescot, Pierre (1510-78).
Le Vau, Louis (1612-70).
Mansart, François (1598-1666).
Martellange, (Ange-Martel, dit), Père Étienne (1569-1661).
Métezeau, Clément I, XVIe s. Louis (v. 1560-1615). Clément II (1581-1652).
Mollet, Armand-Claude (1670-1742).
Orbay, François d' (1634-97).
Perrault, Claude (1613-88).
Sambin, Hugues (1518-1601).
Servandoni, Jean-Jérôme (1695-1766).
Sourdeau, Jacques († en 1524).

Nés entre 1700 et 1800

Antoine, Jacques-Denis (1733-1801).
Bélanger, François-Joseph (1745-1818).
Bodiansky, Vladimir.
Boullée, Étienne-Louis (1728-99).
Brongniart, Alexandre-Théodore (1739-1813).
Chalgrin, Jean-François (1739-1811).
Cherpitel, Mathurin (1736-1809).
Clérisseau, Charles-Louis (1722-1820).
Duban, Félix (1797-1870).
Fontaine, Pierre-François (1762-1853).
Gau, François-Chrétien (1790-1853), or. all.
Gondoin, Jacques (1737-1818).
Héré de Corny, Emmanuel (1705-63).
Hittorff, Jacques (1792-1867).
Jardin, Nicolas (1720-1799).
Lebas, Hippolyte (1782-1867).
Ledoux, Claude-Nicolas (1736-1806).
Lepère, Charles (1761-1844).
Louis, Victor (1731-92).
Mansard de Jouy, Jean (1706-59).
Mansard de Sagonne, Jacques (1709-79).
Mique, Richard (1728-94).
Patte, Pierre (1723-1812).
Percier, Charles (1764-1838).
Peyre, Marie-Joseph (1730-85).
Potain, Nicolas Marie (1719-93).
Rondelet, Jean-Baptiste (1743-1829).
Rousseau, Pierre (1751-1829).
Soufflot, Germain (1713-80).
Vallin de la Mothe, Jean-Baptiste (1728-1800).
Vignon, Pierre Alexandre (1763-1828).
Visconti, Ludovico (1791-1853).
Wailly, Charles de (1730-98).

Nés entre 1800 et 1900

Abadie, Paul (1812-1884).
Ballu, Théodore (1817-1885).
Baltard, Victor (1805-74).
Baudot, Anatole de (1834-1915).
Beaudoin, Eugène (1898-1983).
Boileau, Louis-Auguste (1812-1896).
Boileau, Louis-Charles (1837-1910).
Carlu, Jacques (1890-1976).
Chareau, Pierre (1883-1950).
Cheval, Ferdinand (1836-1924).
Davioud, Gabriel (1823-81).
Deglane, Henri (1855-1931).
Duc, Joseph-Louis (1802-79).
Dutert, Ferdinand (1845-1906).
Eiffel, Gustave (1832-1923).
Espérandieu, Henri-Jacques (1829-74).
Freyssinet, Eugène (1879-1962).
Garnier, Charles (1825-99).
Garnier, Tony (1869-1948).
Girault, Charles (1851-1932).
Guadet, Jules (1834-1908).
Guimard, Hector (1867-1942).
Gustave, P. (1876-1952).
Haussmann, Eugène, baron (1809-91).
Hennebique, François (1842-1921).
Horeau, Hector (1801-72).
Jeanneret, Pierre (1895-1967).
Labrouste, Henri (1801-75).
Laloux, Victor (1850-1937).
Laprade, Albert (1883-1978).
Lavirotte, Jules (1864-1924).
Le Corbusier, (Charles-Édouard Jeanneret, dit) (1887-1965), orig. suisse.
Lefuel, Hector (1810-81).
Lemaresquier, Charles (1870-1972).
Le Ricolais, Robert (1894-1977).
Lods, Marcel (1891-1978).
Lurçat, André (1894-1970).
Mallet-Stevens, Robert (1886-1945).
Nelson, Paul (1895-1979).
Nénot, Paul (1853-1934).
Perret, Auguste (1874-1954).
Perret, Claude (1880-1960).
Perret, Gustave (1876-1952).
Pingusson, Henri-Georges (1894-1978).
Roux-Spitz, Michel (1888-1957).
Sauvage, Henri (1873-1932).
Vaudoyer, Léon (1803-72).
Vaudremer, Joseph (1829-1914).
Viollet-le-Duc, Eugène (1814-79).
Walter, Jean (1883-1957).

Nés après 1900

Aillaud, Émile (n. 1902).
Andrault, Michel (n. 1926).
Arretche, Louis-Gérard (n. 1905).
Auzelle, Robert (n. 1913-83).
Badani, Daniel (n. 1914).
Balladur, Jean (n. 1924).
Belmont, Joseph (n. 1928).
Bernard, Henry (n. 1912).
Calsat, Henri (n. 1905).
Candilis, Georges (Bakou, 1913).
Connehaye, Jean (n. 1924).
Couëlle, Jacques (n. 1902).
Dubuisson, Jean (n. 1914).
Dufau, Pierre (n. 1908).
Dufetel, Pierre-André (n. 1922).
Faugeron, Jean (1915-83).
Gillet, Guillaume (n. 1912).
Grandval, Gérard (n. 1930).
Hoym de Marien, Louis (n. 1920).
Labro, Jacques (n. 1935).
Lagneau, Guy (n. 1915).
Langlois, Christian (1924).
Large, Pierre (n. 1929).
Lopez, Raymond (1904-66).
Mailly, Jean de (1911-75).
Mathé, Henri (1905-79).
Maymont, Paul (n. 1926).
Monge, Jean (n. 1916).
Novarina, Maurice (n. 1907).
Parat, Pierre (n. 1928).
Parent, Claude (n. 1923).
Pottier, Henry (n. 1912).
Pouillon, Fernand (n. 1912).
Prouvé, Jean (1901-83).
Soulages, Pierre (n. 1912).
Spoerry, François (n. 1912).
Starkier, Jacques (n. 1927).
Sue, Olivier (n. 1915).
Taillibert, Roger (n. 1926).
Utudjian, Martin (n. 1911).
Vago, Pierre (n. 1910), orig. hongr.
Vicariot, Henry (n. 1910).
Willerval, Jean (n. 1924).
Wogenscky, André (n. 1916).
Zehrfuss, Bernard (n. 1911).

Architectes étrangers

Nota. — (1) Italien. (2) Espagnol. (3) Anglais. (4) Allemand. (5) Autrichien. (6) Finlandais. (7) Néerlandais. (8) Belge. (9) Hongrois. (10) Suédois. (11) Russe. (12) Brésilien. (13) Américain. (14) Égyptien. (15) Danois. (16) Australien. (17) Norvégien. (18) Suisse. (19) Japonais.

Nés avant 1800

Bernin. Gian-Lorenzo Bernini, dit Le (1598-1680) [1].
Borromini. Francesco Castelli, dit (1599-1667) [1].
Bramante. Donato d'Angelo Lazarri, dit (1444-1514) [1].
Brunelleschi. Filippo (1377-1446) [1].
Cortona. Pietro Berettini da (1596-1669) [1].
Cortone. Domenico de, dit le Boccador († 1549) [1].
Fischer von Erlach. Johann-Bernhard (1656-1723) [5].
Herrera. Juan-Bautista (1530-97) [2].
Hildebrandt. Johann-Lukas von (1668-1745) [4].
Jones. Inigo (1573-1652) [3].
Maderna. Carlo (1556-1629) [1].
Michel-Ange. Michelangelo Buonarotti (1475-1564) [1].
Nash. John (1752-1835) [3].
Neumann. Johann-Balthazar (1687-1753) [4].
Palladio. Andrea (1508-80) [1].
Paxton. Joseph (1803-65) [3].
Rastrelli. Bartolomeo (1700-71) [1].
Wren. Christopher (1632-1723) [3].

Nés depuis 1800

Aalto, Alvar (1898-1976) [6].
Asplund, Erik-Gunnar (1885-1940) [10].
Bakema, Jacob Berend (n. 1914) [7].
Baker, Herbert (1862-1946) [3] (Afrique du Sud).
Bartning, Otto (1883-1959) [4].
Behrens, Peter (1868-1940) [4].
Belluschi, Pietro (né en 1899) [1].
Berg, Max (1870-1947) [4].
Berlage, Hendrick-Petrus (1856-1934) [7].
Blomstedt, Aulis (1906-79) [6].
Boehm, Dominikus (1880-1955) [4].
Bofill, Ricardo (1939) [2] (Catalan).
Bohigas Guardiola Oriol (n. 1925) [2].
Bourgeois, Victor (1897-1962) [8].
Breuer, Marcel (1902-81) [9].
Bryggman, Erik (1891-1955) [6].
Candela, Félix (n. 1910) [2].
Celsing, Peter (1920-1974) [10].
Chtchoussev, Alexeï (1873-1949) [11].
Coderch de Sebtmenat, José A. (n. 1913) [2].
Costa, Lúcio (n. 1902 à Toulon) [12].
Cuypers, P.J.H. (1827-1921) [7].
Domenech i Montaner, Luis (1850-1923) [2].
Dudok, Willem-Marinus (1884-1974) [7].
Eames, Charles (1907-78) [13].
Ekelund, Hilding (1893-1984) [6].
Ervi, Aarne (1910-77) [6].
Fathy, Hassan (n. 1900) [14].
Friedman, Yona (n. 1923) [9].
Friis, Knud (n. 1926) [15].
Fuller, Richard Buckminster (1895-1983) [13].
Gaudi i Cornet, Antonio (1852-1926) [2].
Goff, Bruce (n. 1904) [13].
Gropius, Walter (1883-1969) [4].
Grounds, Roy Burman (n. 1905) [16].
Hankar, Paul (1859-1901) [8].
Harrison, Wallace K. (1895-1981) [3].
Hassell, Frank Colin (n. 1910) [16].
Horta, Victor, baron (1861-1947) [8].
Jacobsen, Arne (1902-71) [15].
Johnson, Philip (1906) [13].
Kahn, Louis (Eston, 1901-74) [13].
Koninck, Louis-Herman de (n. 1896) [8].
Kurokawa, Kisho (n. 1935) [19].
Loos, Adolf (1870-1933) [5].
Lund, Kjell (n. 1927) [17].
Lutyens, Edwin Landseer (1869-1944) [3].
Maillart, Robert (1872-1940) [18].
Markelius, Sven (1889-1972) [10].
Maybeck. Bernard (1862-1957) [13].
Mendelsohn, Erich (1887-1953) [4].
Mies van der Rohe, Ludwig (1886-1969) [13] (or. allemande).
Moltke Nielsen, Elmer (n. 1924) [15].
Moretti, Luigi (1907-73) [1].
Nervi, Pier Luigi (1891-1979) [1].
Neutra, Richard Joseph (1892-1970) [13] (or. autrichienne).
Niemeyer, Oscar (n. 1907) [12].
Ostberg, Ragnar (1866-1945) [10].
Otto, Frei (n. 1925) [4].
Oud, Jacobus Johannes Pieter (1890-1963) [7].
Pei, Ieoh Ming (n. 1918, or. chinoise) [13].
Pietilä, Reima (n. 1928) [6].
Pompe, Antoine (1873-1980) [8].
Ponti, Gio (n. 1891-1979) [1].
Poulsson, Magnus (1881-1958) [17].
Prouvé, Jean (1901-84).
Revell, Viljo (1910-64) [6].
Rietveld, Gerrit-Thomas (1888-1964) [7].
Root, John Wellborn (1850-91) [13].
Ruusuvuori, Aarno (1925) [6].
Saarinen, Eero (1910-61) [6].
Saarinen, Eliel (1873-1950) [6].
Scharoun, Hans (1893-1972) [4].
Schwanzer, Carl (1918-75) [5].
Seidler, Harry (Autr., 1923) [16].
Sert, José Luis (1902-83) [2].
Skidmore, Louis (1897-1962) [13].
Slaatto, Nils (n. 1923) [17].
Speer. Albert (1905-81) [4].
Stein, Clarence S. (n. 1882) [13].
Sullivan, Louis-Henry (1856-1924) [13].
Suomalainen, Timo (n. 1928) [6].
Suomalainen, Tuomo (n. 1931) [6].
Svien, Heikki (n. 1910) [6].
Tangé, Kenzo (n. 1913) [19].
Taut, Bruno (1880-1938) [4].
Tschumi, Jean (1904-62) [12].
Utzon, Jorn (n. 1918) [15].
Van den Broek, Johannes Hendrik (1898-1978) [7].
Van der Vlugt, Leendert Cornelis (1894-1936) [7].
Van de Velde, Henry (1863-1957) [8].
Van Eesteren, Cornelis (n. 1897) [7].
Van Eyck, Aldo Ernest (n. 1918) [7].
Van Neck, Joseph (1880-1959) [8].
Vesnine, Alexandre (1883-1959) [11].
Vesnine, Léonid (1880-1933) [11].
Vesnine, Victor (1882-1950) [11].
Vigano, Vittoriano (1919) [1].
Wagner, Otto (1841-1918) [5].
Wright, Frank Lloyd (1867-1959) [13].
Wurster, William W. (n. 1895) [13].
Yamasaki, Minoru (n. 1912) [13].
Zevi, Bruno (n. 1918) [1].

Dessin, Peinture, Sculpture

Dessin

Technique

Matériaux solides

Craie. Utilisation courante au XVIe s. Généralisée au XVIIe s. Servait de rehaut aux dessins à la pierre noire ou à la sanguine. Au XVIIIe s., la mode aux *2 crayons* sur papiers teintés se répandit (noir et blanc). Puis vint la technique aux *3 crayons,* noir, blanc et sanguine (ocre rouge, oxyde de fer, cinabre) ou bistre (terre ocre, ocre jaune, suie). Ces 2 techniques furent reprises au XIXe s. et au XXe s. : Prud'hon, Chaplin, Chéret. Dans la 2e moitié du XIXe s., les artistes employèrent des crayons de toutes les couleurs : Sisley, Mucha, Rouveyre, Ibels, Picasso.

Fusain (baguette de charbon de bois). Difficile à fixer. Peu d'avant le XVIIe s. bien conservés.

Mine de plomb. En réalité crayon de graphite [gisements découverts en 1654 dans le Cumberland (G.-B.)]. Remplacée fin XVIIIe s. par le crayon de plombagine artificiel [mélange d'argile et de graphite pulvérisé, créé par le Français Nicolas-Jacques Conté (1755-1805)]. En vogue au XIXe s.

Pastel. Pâte faite de terre blanche, colorants et gomme arabique diluée dans de l'eau, puis séchée. *1499* Jean Perreal, venu à Milan avec Louis XII révèle cette technique à Léonard de Vinci. *1665* Nicolas Dumontier donne 1 pastel (le 1er comme morceau de réception à l'Académie). 1ers pastels attribués à l'Allemand J.A. Thiele au début du XVIIIe s. Introduction en France vers 1721. Procédé de fixation mis au point par Quentin de La Tour et Loriot. XVIIIe s., Rosalba Carriera est à l'origine de la grande vogue. XIXe s., Boudin, Pissarro, Guillaumin, Mary Cassat, Degas l'utilisèrent. Actuellement délaissé.

Pierres. *Pierre noire* ou *pierre d'Italie* (schiste argileux à grain serré) : apparaît fin XVe s. Une pierre noire « artificielle » (mélange d'argile et de noir de fumée) la remplace peu à peu au XVIIe s. *Sanguine* (argile ferrugineuse, du rouge clair au rouge violacé : « sanguine brûlée ») : d'abord employée comme couleur, puis, fin XVe., utilisée pour le tracé du trait. A la mode au XVIIIe s., délaissée début XIXe s.

Pointes de métal (or, argent, cuivre ou plomb). Le plomb fut couramment utilisé, les autres métaux beaucoup moins car ils nécessitaient une préparation spéciale du support (l'École de la Loire, au XVe s., utilisa la pointe d'argent). Remplacées au XVIe s. par la pierre d'Italie.

Matériaux liquides

Bistre (suie de cheminée broyée et dissoute dans du vinaigre, portée à ébullition puis additionnée de gomme arabique). Du brun noir au blond clair. Employé dès le XIVe s. Remplacé au XIXe s. par la sépia.

Encre de Chine (noir de fumée, gélatine et camphre). Utilisée à partir du XVIe s. pour les lavis.

Encre de noix de galle (décoction de noix de galle, de sulfate de fer, de gomme arabique ou d'huile de térébenthine). En vieillissant, tourne au brun ou au jaune et brûle le papier.

Lavis. Dilution d'encre, étalée avec un pinceau. Appelé *lavis d'encre* s'il va du noir à la sépia (couleur brune), *en camaïeu* s'il réalise toutes les tonalités et les intensités d'une autre couleur. Utilisé notamment au XVIIe s. : Adam Pyjnacker, Puget (sur vélin ou parchemin), au XIXe s. : Harpignies (petits paysages).

Dans le lavis, le trait est en général tracé à la plume ou au crayon et le colorant est étalé au pinceau.

Au XIXe s., les plumes de métal (dont la plume-baïonnette) remplacèrent les plumes animales et les tiges végétales (roseau, bambou).

Sépia (de la vessie de seiche brun). A partir du XVIe s.

Supports du dessin

Les plus anciens dessins sont sur parchemin ou tablettes de buis. Le *papier* apparut au XIe s., en Espagne et en Italie. Les papiers fabriqués mécaniquement (à partir de 1798 environ) se reconnaissent par la netteté et l'absence de vergeures et de pontuseaux (lignes claires laissées dans le papier par la trame de fils de métal destinée à retenir la pâte).

Certains dessins sont sur des fonds teintés, préparés spécialement (ex. : pour le tracé à la pointe d'argent) ou passés au lavis *(l'aquarelle)*. Dès la fin du XVe., on fabriqua à Venise du papier teinté dans la pâte (bleu, gris ou chamois).

Prix

Éléments du prix

En premier lieu, la *qualité* du dessin et *état* de conservation (un dessin estompé ou passé perd de son intérêt) ; puis *notoriété* de l'artiste, *signature*, degré de *finition*, *sujet* (par ordre : scène d'extérieur à plusieurs personnages, portrait de femme, scène d'intérieur, paysages animés, portrait d'homme, dessin d'architecture, dessin préparatoire à une œuvre peinte ou gravée), *couleurs*.

Nota. — Des faussaires « corrigent » les dessins : des vieilles femmes deviennent des jeunes femmes.

Dessins les plus chers du monde

Vente de gré à gré. *La Vierge, l'Enfant avec St Jean-Baptiste et Ste Anne* (139 × 101 cm), de Léonard de Vinci vendu par la Burlington Academy, acheté par la National Gallery en privé après souscription 10 000 000 F (800 000 £) en 1962.

Ventes publiques. *Étude de nu, Cléopâtre,* de Rembrandt : 3 150 000 F (7-7-1981). *Tête à la pierre noire de Raphaël :* 38 000 000 F (42 000 000 avec les frais, 3-7-1984, Christies à Londres).

Cote (en milliers de francs)

Sources : Annuaire Mayer, Guidargus (G. Schurr), Art at Auction 1983 (Sotheby's), Review of the Season 1983 (Christie's), Connaissance des Arts.

Quelques exemples

Mouvement général en hausse de 1 à 100 depuis 10 ans. Prix en forte hausse pour les dessins d'exceptionnelle qualité, stables sinon en baisse pour les œuvres de qualité moyenne. Le marché a tendance à se raréfier.

Légende : aq. aquarelle.

Bakst 3,5 à 155. *Baldung-Grien* 800 (1981). *Barbieri (G.F.)* 3 à 170. *Barlach (E.)* 6 à 170. *Barocci (F.F.)* 15 à 150. *Bastien-Lepage (J.)* pierre noire 148,2 (1985). *Bazaine* aq. 4,2 à 10,5. *Beckmann (M.)* 6 à 168. *Bellmer (Hans)* 2,1 à 49. *Bernard (E.)* 34 (1985), aq. 3,9 à 400. *Berthelin* projet 29 (1980). *Boilly (L.L.)* 2,2 à 2 101. *Bol (Hans)* 8,4 à 289,8 (1980). *Bonnard* 3 à 80, aq. 20 à 990. *Boucher* 9 à 327. *Boudin (E.)* 1,5 à 64. *Braque* 24 à 155. *Breton (A. et F.), Tanguy (J. et Y.)* collage 60 (1985). *Bruegel le Vieux* 32 à 667,2 (1978). *Burne-Jones (E.C.)* 2 à 84. *Canaletto* 35,2 à 385. *Caravage (Le)* 332 (1984). *Carmontelle* 383 (1978). *Carraci (Augustin)* 4,5 à 145,9 (1979). *Carrare (Annibale)* 55 à 144 (1979). *Cassatt (Mary)* 5 à 79,2. *Castiglione (dit Il Grechetto)* 3,8 à 1 925 (1982). *Cézanne* 21 à 474,2 ; except. 1 000 ; aq. 155 (1985). *Chagall* 4 à 200 ; aq. 56 à 759. *Champaigne (Ph. de)* 53. *Chardin* 1,4 à 4,7. *Chassériau* 5 à 170. *Chirico (G. de)* 2,5 à 726. *Christo* 16 à 161. *Cocteau* 1 à 50. *Constable* 3 à 192. *Corot* 8 à 190. *Courbet* 16,7 à 152,5. *Cranach* aq. 1 714 (1984). *Dali* 5 à 240. *Daumier* 5 à 1 080 (1981). *David (Jacques Louis)* 10 à 400. *Degas* 28 à 3 400 ; aq. 20 à 650. *Delacroix* 0,9 à 100 ; aq. jusqu'à 460 ; carnet de croquis au Maroc préemptés par le Louvre 666 (1983). *Denis* 2,1 à 17 ; except. 130 (Femmes attablées, 1978). *Derain* 2,6 à 140. *Dignimont* 0,5 à 2 ; aq. 0,6 à 3,8. *Doré (G.)* 2,2 à 70. *Doyen (G.)* 4,2 à 60. *Dubuffet* 11 à 80. *Dufy* 0,7 à 220 (1985). *Dunoyer de Segonzac* 1,1 à 78. *Dürer* plume 520 (1981) ; pastel 750 (1982) ; dessin rehaussé d'aq. 5 337,6 (1978) ; burin 23,5 (1986). *Ernst* 8,1 à 147,6. *Fantin-Latour* 2,5 à 80. *Feininger (L.)* 6 à 55. *Feure (G. de)* aq. 0,5 à 141. *Fini (L.)* 1 à 10 ; aq. 7 à 20. *Flënck* 21,5 (1981). *Flint* 3 à 33. *Forain* 0,6 à 15. *Foujita* 5,2 à 337,5 (1980) ; aq. 17 à 200. *Fra Bartolomeo* 300,2 (1978). *Fragonard* (2 200 dessins connus dont 50 importants) 1,7 à 1 950 (1985) ; pierre noire 10,5 à 1 280. *Gauguin*

Léonard de Vinci : Étude pour Leda

1,3 à 315. *Gen Paul* 1 à 4,1. *Gérard (baron)* 3 et +. *Géricault* 6,5 à 650 (1986), except. aq. 4 270 (1985). *Giacometti* 11 à 160. *Girodet-Trioson* 1,4 à 44. *Goya* 3 207 (1985). *Goyen (J. van)* rec. 194,6 pierre noire (1983), dessins de la première période 20 à 40. *Graf (Urs)* 1 017,5 (1978). *Greuze* 398,7 (1984). *Gris (J.)* 3 à 108. *Gromaire* 2,2 à 14,2. *Grosz* 3,2 à 134,4 ; aq. 10 à 137. *Guardi (F.)* 16 à 320. *Guirand de Scevola (L.V.)* aq. 0,9 à 16,5. *Guys (Constantin)* 1 à 28. *Harpignies* 0,7 à 8,4. *Helleu* 1 à 43,7. *Hockney (D.)* 5 à 147. *Hodler (F.)* 5,6 à 60. *Hogarth (W.)* 170 à 280. *Homer (W.)* 12,3 à 492,8. *Hopper (E.)* 11 à 79,2. *Houdon* jusqu'à 50,5. *Huber (Wolf)* 2 à 957,6 (1978). *Huet* 2 à 40. *Hugo (Victor)* 6 à 235 ; aq. 100 à 946. *Icart (L.)* 1,5 à 17,5. *Ingres* 15 à 1,5 (1983). *Isabey* 1,6 à 96,8. *Jacob (M.)* gouache 5 à 40. *John (A.)* 2,2 à 160. *Jongkind* 4 à 19,5. *Jordaëns* 9,8 à 231,5 (1980). *Kandinsky* 17,3 à 205 (1980). *Khnopff (F.)* 4 à 93. *Kirchner* 1,5 à 435,6. *Kisling* 4,5 à 20. *Klee* 13,8 à 896 (1981). *Kokoschka (O)* 9,5 à 67,5. *Kollwitz (K.)* 8 à 86. *Kooning (W.C. de)* 14 à 156,8. *Kubin* 1,5 à 135. *Kupka* aq. 3,5 à 105. *Lagneau* 13 à 165 (1980). *Lancret* 9,5 à 31. *Lapicque (C.)* jusqu'à 3,2. *Laurencin (Marie)* 2 à 50 ; aq. 4,8 à 286. *Le Brun (C.)* 7,2 à 55. *Le Corbusier* 3,2 à 26,5. *Léger* 6,5 à 270 ; aq. 17 à 350. *Léonard de Vinci* 200 à 9 562 (1962). *Leprince (J.-B.)* 2 à 15. *Leyde (Lucas de)* 280 (1980). *Lewis (J.F.)* 2,8 à 84. *Longhi (P.)* 12,3 à 20,5. *Macke (A.)* 6,3 à 390. *Maes (N.)* 5 à 15. *Magritte* 1,6 à 160. *Maillol* 3,5 à 520 (1981). *Manet* 13,2 à 1 007 (1980). *Man Ray* 4,6 à 29. *Masson (A.)* 3,5 à 22. *Marquet* 1,7 à 31 (1980). *Matisse* 4,8 à 540 ; except. pinceau et e. de Chine 1 666,7 (N. Y. 1985) ; aq. 1 050 (1983). *Mantegna* 1 200 (1984). *Menzel (A. von)* 5 à 137. *Michaux (H.)* 2 à 14,5. *Michel-Ange* 350 à 1 377 (1976). *Millet (J.-F.)* 2,7 à 1 120 (1980). *Miró* 4,5 à 406. *Modigliani* 15 à 792. *Mondrian* 9 à 88. *Monet* 8 à 115. *Moore* 5 à 360 ; aq. 390. *Moreau le Jeune* 2,6 à 139 (1980). *Morisot* 4,5 à 48 ; aq. 40 à 492. *Mucha (A.)* 0,8 à 36,9. *Münch* 6 à 220. *Natoire* 1,4 à 70. *Nicholson (B.)* 13,5 à 66. *Oudry (F.B.)* 6,2 à 420 (1985). *Parmigianino (El)* 100 à 680 (1982). *Parrocel (C.)* 3,2 à 67. *Pascin* 1,5 à 39,2. *Pechstein (H.M.)* 1,4 à 26,4. *Percier et Fontaine* 1,5 à 25. *Picabia* 1,3 à 52 ; except. 123 (1980). *Picasso* 9 à 1 110 ; pastels et gouaches 18 à 4 620 (1980) ; pastel sur toile 39 339 (N. Y. 1984). *Pillement* 0,8 à 85. *Pintoricchio* 592,8 (1978). *Piombo (Fra Sebastiano del)* 100 à 1 000 (1980). *Piranèse (G.-B.)* 24 à 240. *Pissarro* 3 à 180. *Point (A.)* aq. ou pastels 1 à 37. *Portail* 3 à 160,9. *Primatice (Le)* 354 (1984). *Proust (M.)* jusqu'à 10. *Prud'hon* 4 à 102,5. *Puvis de Chavannes* 0,6 à 60. *Quentin-Latour* Portrait d'homme au pastel 4 000 (1984 ; le même 25 en 1974). *Raphaël* 38 000, record pour une tête à la pierre noire. *Redon* 6 à 1 104 ; pastel 2 340 (1980). *Redouté (P.J.)* crayon et aq. 297 (1984) ; aq. 1 221 (1985). *Rembrandt* 3 246 sanguine (1981) ; except. 7 322 (1984). *Renoir* 7,3 à 324 (1980). *Rivera* 7,3 à 57 ; aq. 29 à 525. *Robert (Hubert)* (craie rouge) 285 (1984) ; 530 (1986). *Rodchenko (A.)* 112,5. *Rodin* 3,1 à 70 (1980). *Romain (Jules)* 372 (1972). *Rosa (S.)* 3,2 à 143. *Rossetti* 43 à 360. *Rouault* gouache 450 (1985) ; aq. 3 (1986). *Rousseau (T.)* 1,2 à 33. *Roux (A.)* 16. *Rubens* 2 600 (1984). *Ruysdaël (J. Van)* pierre noire et lavis 17,3 (1981). *Sandys (A.F.)* 2,4 à 125. *Saint-Aubin* 0,9 à 70 (1980). *Sand (G.)* 3 à 6. *Schiele* 19,2 à 245. *Schmidt-Rottluff (F.)* 12 à 50. *Segantini (Giovanni)* 55 à 300 (1981). *Seurat* 3,3 à 70. *Signac* 3,5 à 72,6. *Sonrel (E.)* aq. 1,5 à 170. *Steinlein* 1,2 à 204. *Tiepolo (G.-B.)* 14 à 190. *Tiepolo (G.D.)* 3,8 à 829,9. *Tintoret* 14,3 à 75. *Tobey (M.)* aq. 5 à 65. *Touchagues* aq. 0,6 à 4. *Toulouse-Lautrec* 3,2 à 1 590 (1980). *Turner (W.)* aq. 6,5 à 1 460 (1981). *Utrillo* 4,8 à 83,6. *Valéry (P.)* 1 à 5. *Van de Velde Lejeune (W.)* pierre noire lavis et bistre 5 à 50. *Van Dongen* aq. 315 (1985). *Van Gogh* 35,2 à 935 (1983). *Van Loo* 95 (3 dessins, 1980). *Véronèse* Étude d'armure 144,4 (1984). *Vlaminck (M. de)* 6,3 à 51. *Vuillard* 3,1 à 100. *Watteau* 4 à 517,6. *Wolfli (A.)* 7,3 à 35. *Zille (H.)* 1 à 43,7. *Zuniga (F.)* 11 à 36,4.

Mentions

Tableau de ou *par X :* authentifie le tableau.

Attribué à X : doute sur l'identité, mais de grandes chances pour que le peintre soit l'auteur du tableau.

Signé X : le peintre est l'auteur.

Une signature X : douteuse.

École de X : tableau parfois postérieur à X, mais sensiblement de la même époque.

D'après X : peut être une copie ancienne.

Genre de X : falsification.

Pastiche : peinture « à la manière de »...

Réplique : répétition d'une œuvre exécutée par l'auteur ou sous sa surveillance.

Enluminures

Définition

Lettres ornées ou peintures de petites dimensions qui illustrent les feuillets d'un manuscrit. On en trouve sur papyrus (dès le IIIe millénaire av. J.-C.), vélin ou papier. Religieux jusqu'au XIIIe s., puis profane.

Les couleurs fines sont délayées à l'eau gommée. Au XIVe s., les fonds d'or cèdent la place à des fonds de couleur puis progressivement à des paysages. La grisaille apparaît.

Enluminures célèbres

IIIe-Ve s. : *Iliade* (Bibl. ambrosienne, Milan). Ve s. : *Genèse* (Vienne). VIe s. : *Evangile de St Matthieu* [1], *Virgile* [2], *Térence* [2], Ve ou VIe s. : *Dioscoride* (Vienne), *Codex Vaticanus, Œuvres de St Augustin* (Cambridge, Corpus Christi). IXe s. : *Bible de Charles le Chauve* [1], *Apocalypse de St-Sever.* 875 : *Codex Aureus* [3]. v. 1200 : *Psautier d'Ingeburge de Danemark* [4]. XIIIe s. : *Psautier de Blanche de Castille* (bibl. de l'Arsenal), *Psautier de St Louis* [1]. XIVe s. : *Décret de Gratien* par Maître Honoré (Tours), *Heures de Jeanne d'Évreux* par Jean Pucelle. v. 1415 : *Très Riches Heures du duc de Berry* par les frères Limbourg [4]. XVe s. : *Grandes Heures de Rohan* [1], Œuvres de Jean Fouquet *(Heures d'Étienne Chevalier* [4], *Antiquités judaïques* [1], *Boccace* [3]). v. 1515 : *Heures de Maximilien Ier* par Dürer (Munich, Besançon). XVIe s. : *Très Riches Heures d'Anne de Bretagne* par Jean Bourdichon [1], *Bréviaire Grimani* (Venise). *Enluminures persanes.*

Nota. — (1) Bibliothèque nationale, Paris. (2) Vatican. (3) Munich. (4) Chantilly.

Prix

Variables suivant l'époque (du XIVe au XIXe s.), l'auteur, le thème, le pays. Voir Index.

Principales collections

Paris (BN), Chantilly (m. Condé), Vatican, Munich, Vienne, Londres (British Museum), Istanbul (Topkapi).

Estampes et gravures

Définitions

Originaux

Chalcographie. Art de graver sur cuivre. Utilisée à partir de la fin du XVe s.

Estampe. Image imprimée, quelle que soit la technique employée. Apparaît à la fin du XIVe s. en Occident. Pour être originale, elle doit ête conçue et réalisée entièrement à la main par l'artiste.

Fumé. Épreuve d'essai d'une gravure sur bois.

Gravure sur bois. *En relief* ou *en taille d'épargne :* jusqu'au XVIIIe s. dans le sens des fibres [*bois de fil* (poirier, cormier, cerisier, pommier)] ; au XIXe s. perpendiculairement aux fibres [*bois de bout* (le plus souvent en buis)] ; au XXe s. en bois de fil ou de bout.

Gravure sur métal. Au *burin ;* à la *pointe sèche* (aiguille) ; à l'*eau-forte* (plaque généralement en cuivre recouverte de vernis sur lequel on dessine à la pointe, le métal mis à nu est attaqué par l'acide et creusé) ; à la *manière noire* [*mezzo-tinto :* plaque bercée (c.-à-d. hérissée de petites « bardes » en pointe avec un berceau) puis passée au brunissoir] ; au *grain de résine* [*aquatinte :* travaillée comme l'eau-forte, mais la plaque est saupoudrée de résine (le sucre fond...) avant d'être trempée dans l'acide] ; au *vernis mou* (ou *en manière de crayon :* vernis à base de bitume et de saindoux).

Impression en taille-douce. Le papier est pressé sur la plaque dont les tailles, réservées à la pointe sèche, à l'eau-forte ou au burin (trait plus épais), sont garnies d'encre. Depuis la fin du XIXe s., les tirages sont généralement signés et numérotés (numéro d'ordre de l'épreuve suivi du chiffre du tirage ; ex. : 21/75).

Autrefois les tirages n'étaient pas limités, les 1res épreuves ou les 1ers états étant les plus recherchés (épreuves avant la lettre ou non terminées).

Lithographie. Impression sur du papier d'un dessin tracé au crayon gras sur une pierre calcaire, une plaque de zinc, ou du papier lithographique dit « papier report ». Découverte et mise au point en 1798 ou 1799 par l'Allemand Aloys Senefelder. Une lithographie originale est conçue et réalisée à la main par l'artiste. Le tirage d'une estampe peut comporter plusieurs « états » : l'artiste, assistant au tirage, modifie l'œuvre en cours, corrige un trait, accentue une teinte. Le tirage peut être limité (20 à 200 ex. en général) et chaque exemplaire est signé et numéroté par l'artiste. La pierre est grainée (effacée) après la dernière épreuve ; on supprime ainsi toute possibilité d'impression postérieure. En fait, certains artistes contemporains autorisent un artisan à exécuter le dessin sur pierre d'après une de leurs œuvres et apposent ensuite leur signature sur ces estampes d'interprétation.

Par ailleurs, on propose aujourd'hui au public, sous le nom de lithographie, des œuvres tirées de façon mécanique et d'après des plaques de métal.

Sérigraphie. Impression à travers des écrans de soie interposés entre le papier et l'encre.

Zincographie. Lithographie sur plaque de zinc. A été utilisée pour les affiches de grand format (ex : Lautrec) ou par Gauguin et Émile Bernard.

Nota. — Sens des inscriptions latines : *delineavit* signifie « a dessiné », *pinxit* « a peint », *fec. (fecit)* « a gravé », *inv. (invenit)* « a créé », *sculpsit* « a gravé ».

Reproduction

Anaglyphe. Basée sur le principe de la stéréoscopie. 2 images identiques sont imprimées successivement avec un léger décalage, l'une en bleu-vert, l'autre en rouge. Ex. : avec un binocle portant 1 filtre bleu-vert d'un côté et rouge de l'autre, l'impression se présente en relief et les couleurs décalées disparaissent.

Anastatique (impression). Par décalque sur pierre lithographique, puis tirage.

Galvanoplastie. Au moyen du courant électrique, un métal préalablement dissous (à l'état de sel) dans un bain est déposé sur un autre métal, ou sur une surface quelconque préalablement métallisée. En 1849, un compositeur parisien, Coblence, appliquant un procédé qu'il appelait *électrotypie,* obtenait des galvanos, des gravures et même des pages de texte du *Magasin pittoresque.*

Héliogravure. Plaque gravée chimiquement à travers une réserve obtenue photographiquement. Mise au point en 1875 par Karl Klic (Autr., 1841-1926).

Photogravure. Gravure d'après photo. 1re exécutée par Niepce (1826). En 1845, Loire, Michelet et Quinet inventèrent la gravure chimique. En 1868, brevets pour l'utilisation d'une trame quadrillée sur bristol. En 1878, Frédéric-Eugène Ives obtient des clichés par gonflement de la gélatine. En 1880, Charles-G. Petit invente la *similigravure* et, en 1882, Meisenbach, à Munich, la similigravure avec trame lignée.

Simili (gravure en). Gravure photomécanique qui permet de reproduire les teintes du lavis.

Cote

Gravures de mode. Provenant de journaux de mode. XVIIIe s. : 400 à 800 F. Début XIXe s. : 400 F. Fin XIXe s. : 50 à 80 F. Début XXe s. : 200 à 250 F. Collection complète « Gazette du bon ton » : 38 000 F.

Prix

Éléments

Rareté, qualité du tirage, netteté, papier, nombre d'ex. connus ou restant en circulation, *sujet,* épreuves hors commerce, *couleurs,* état.

Les estampes aux marges coupées ou pliées perdent de 50 à 60 % de leur valeur.

Quelques exemples (en milliers de francs)

Évolution depuis 1900. Hausse des estampes du XVe au XVIIe s. et du XIXe s. Baisse du XVIIIe s. depuis 1940, mais reprise possible. Le XXe s. se vend difficilement depuis 1973, sauf les grands maîtres.

Légende : aq. : aquatinte ; e.-f. : eau-forte ; gr. : gravure ; li. : lithographie ; p.s. : pointe sèche.

Estampes anciennes. *Bellange (J.)* e.-f. 157,1. *Callot (J.)* 6,5 à 157. *Cranach (L.)* 3,6 à 150,1 (1981). *Delacroix* 1 à 148 (1980). *Dürer* gr. 2,7 à 466,2, except. 2 244 (1983). *Fragonard* 3,5 à 16. *Géricault* li. 33 à 377 (1984). *Goya* e.-f. 2,5 à 665 (suite complète de 80) ; 1 080 en 1984 (suite complète de 18 e.-f. et aq.) ; except. li. 210 à 768. *Le Lorrain* e.-f. *(C. Gellée) 1 à 33. Leyden (L. de)* gr. 3 à 210. *Mantegna* gr. 300 (1983) except. 3 000 (1984). *Piranèse* e.-f. 1,2 à 319 (except. 2 volumes de 124 pl. en 1984). *Rembrandt* e.-f. 6 à 660 ; except. 6 300 (1984). *Tiepolo* e.-f. 3,5 à 162.

Parmi les graveurs, *Janinet* et *Debucourt* sont parmi les plus célèbres pour l'impression en couleurs, *Demarteau* et *Bonnet* pour l'impression en sanguine, *Cochin, Beauvarlet* et *Delaunay* pour le noir.

Modernes. *Audubon* aq. coloriée 671,5 (1982). *Barlach (Ernst)* gr. 3,4 à 60, li. 1,5 à 22,5. *Beckmann* 1,5 à 318,2. *Benton (T.)* 2,3 à 44,8. *Besnard (Albert)* 0,5 à 7,5 (1984). *Bonnard* li. 3,8 à 198, paravent li. 336 (1981). *Braque* e.-f. 9 à 162 ; li. 4,2 à 143, aq. 150 (1984). *Buffet (B.)* li. 0,5 à 40 ; except. 10 li. 103 (1984). *Cassat (M.)* 1 à 405. *Cézanne* 3,7 à 8 500. *Chagall* e.-f. 1,7 à 213 (1982) ; except. 1065 album de 105 e.-f. (1984) ; li. 3,9 à 382,5 ; paravent 120 (1981). *Chirico* li. 1,8 à 74. *Corot (C.)* 14 (1984). *Dali (S.)* e.-f. 0,7 à 51,3. *Daumier* li. 77 (1984). *Degas* e.-f. 4,2 à 435. *Denis* li. 1 à 29,1. *Dubuffet* 11,5 à 369 (1980). *Dunoyer de Segonzac* e.-f. 0,5 à 23,1. *Ensor (J.)* 1,5 à 152,5 (except.). *Ernst (M.)* li. 3 à 19. *Escher (M.C.)* gr. 10,2 à 720 (except.), li. 5 à 184,5. *Folon (J.M.)* 0,6 à 4,8. *Foujita* e.-f. 1,5 à 88 ; li. 1,9 à 372 (suite, 1981). *Gauguin* gr. 4,5 à 481 (1984) ; e.-f. 225 (1982) monotype 620 (1984) ; bois, except. 336 (1984). *Giacometti* li. 4,2 à 21,4 ; e.-f. 1,5 à 27,6. *Heckel (E.)* li. 2,5 à 51,2 ; gr. 1,2 à 480 ; gr. 1,2 à 198. *Helleu* p.s. 40,5 (1985). *Hockney (D.)* e.-f. 3 à 81 ; li. 2,5 à 38,5. *Homer (W.)* e.-f. 20 à 126. *Hopper (E.)* e.-f. 17,5 à 135. *Hugo (Victor)* 1,9 à 55. *Icart (L.)* p.s. 2,4 à 6. *Jawlensky (A. von)* 5,5 à 18,6. *Johns (J.)* li. 4,2 à 126 (suite de 10 en 1984, 405). *Jongkind (J.-B.)* cahier de 6 e.-f. 6,2 à 60 (1984). *Kandinsky* gr. 3,6 à 129. *Kirchner (L.)* li. 6 à 414. *Klee (P.)* e.-f. 11,5 à 216 ; li. 8,5 à 138. *Kokoschka (O.)* li. 1,3 à 323. *Kollwitz (D.)* e.-f. 1,2 à 16,8 ; li. 5 à 192,4 ; gr. 3,8 à 50. *Laboureur (J.-E.)* 0,9 à 19. *Laurencin (M.)* e.-f. 0,5 à 51,5 ; li. 2,9 à 38. *Le Vau (L.)* 28. *Malevich* 34 dessins et li. 552 (1984). *Manet* e.-f. 1,2 à 71,5 ; li. 11,8 à 108. *Marquet* e.-f. 0,8 à 31. *Matisse* e.-f. 6,7 à 63 ; li. 6,6 à 126. *Meryon (C.)* e.-f. 83,6. *Miró (J.)* e.-f. 6,7 à 157 ; li. 1,9 à 122 ; aq. 5,3 à 35,2. *Morandi* e.-f. 10 à 126 (1980). *Münch* gr. 31 à 928 ; li. 5,5 à 720. *Picasso* e.-f. 6,5 à 1 375 ; p.s. 4,5 à 347 ; li. 5 à 337 (1981) ; « suite Vollard » (100 e.-f. et aq.) 3 980,8. *Pissarro* e.-f. 2,4 à 310 ; li. 4,5 à 525. *Prud'hon* li. 7 (1984). *Redon* li. 1,8 à 869 (suite de 24). *Renoir* vernis mou 23 (1984) ; la même 0,07 (1960) ; li. 208. *Rivière* gr. coul. 19,5 à 32 (1984). *Robbe (M.)* 1,3 à 12. *Rops (F.)* 4 à 10,5 (1984). *Rouault (G.)* aq. 1,9 à 56 ; li. 0,8 à 117 (1984). *Schongaueur (M.)* gr. 2,8 à 118. *Signac* li. 2,9 à 158. *Stella (F.)* li. 0,8 à 24 ; sérigraphie 7,3 à 43,4. *Toulouse-Lautrec* 1,9 à 540. *Utrillo* 2,5 à 23. *Vallotton* 22 (1984). *Van Gogh* e.-f. 49 à 332. *Vasarely* sérigraphie 0,8 à 9,8. *Villon* e.-f. 1,3 à 148 ; aq. 76,4 ; p.s. 2,6 à 130 (1978). *Vuillard* 2,2 à 88 (1984). *Warhol (A.)* sérigraphie 2,5 à 18,2.

Japonaises. Voir art japonais, p. 374.

Affiches

Origine. En 1477, William Coxton réalisa la 1re affiche (1,3 × 0,7 m) visant à faire connaître les cures thermales de Salesbury. Pendant les guerres de religion, les affiches étaient manuscrites. L'affiche illustrée commença à paraître en 1715, mais elle ne se développa qu'avec l'invention de la lithographie.

Affichistes célèbres. Hugo d'Alési (1906), Émile Bedmans, Maurice Biais, Pierre Bonnard (1867-1947), Willy Bradley (1868-1962), Leonetto Cappiello (1875-1942), Jean Carlu, Carrière, Jules Chéret (1836-1933), Paul Colin (1892), Cuzin, Jean Dupas, Léon Dupin, Georges de Feure (van Sluijters, 1868-1943), Léon Gischia (1903), Gérard Grandval (1803-1847), Eugène Grasset (1891-1917), Charles Loupot, Georges Mathieu (1921), Robert McClay, Henri Meunier (1873-1922), Victor Mignot (1872), Victor Moscoso, Adolphe Mouron dit Cassandre (1901-68), Alphonse Mucha (1860-1930), Naudin (1876-1940), Manuel Orazi, Privat-Livemond (1852), Joseph Sattler (1867-1931), Raymond Savignac (1907), Bob Schnepf, Severo Sepo (S. Pozzati dit, 1895), Bradbury Thompson, Henri de Toulouse-Lautrec (1864-1901), Émile Vavasseur (auteur de l'affiche Ripolin), Jean d'Ylen.

Quelques exemples de cours (en milliers de F). *Auzolle* 24 (1984), l'Arroseur arrosé. *Barbier* 13,8 (1984). *Bistofli* 4 (1986). *Bonnard* 10 à 29 (1981). *Cappiello* 0,9 à 16. *Carlu* 2,8 à 14,2. *Carter (Leslie)* 25 (1985). *Casino* 52 (1984). *Cassandre* 1,8 à 180 [Dubo, Dubon, Dubonnet (1985)]. *Chéret* 0,8 à 26,4. *Chote* 7,8. *Colin (P.)* 1 à 18. *Daumier* (n'a fait qu'une affiche) 7. *Dufrène (Maurice)* 4,8. *Falcucci* 11,4. *Forain* 0,5 à 112. *Grasset (Eugène)* 2,2 à 11. *Ham (Géo.)* 5 à 13. *Lhuer (Jean)* 3,2 à 6 (1985). *Loupot (Charles)* 1,5 à 21 (1984). *Mucha* 4,5 à 62. *Orazi (E.J.F.)* 1,4 à 127,6. *Peyrolle* jusqu'à 26. *Privat-Livemont* 5 à 39,6. *Rassenfosse* 3,8 à 8,8. *Savignac* jusqu'à 48. *Steinlein* 150 (1985). *Toulouse-Lautrec* 3,3 à 120.

☞ **Record.** *Koloman Moser* (1902) 744 (1985).

Affiches de cinéma

Types. *1°)* dessinées et plus recherchées, *2°)* à base de montage photographique. *Formats :* jusqu'en 1934 : divers ; apparition des 120 × 160 et 60 × 60. Dep. 1940 : 120 × 160, 60 × 80, 40 × 60, 40 × 80 (formats « pantalons »). Les affiches américaines : « three sheets », env. 60 × 160.

Affichistes. *Illustrateurs célèbres :* Dubout, Hergé, Cocteau, Maurice Toussaint, Savignac, Frank Frazetta, Philippe Druillet, B. Grinsson, Ferracci, J. Mascii, R. Soubie, R. Lefebvre, G. Allard, C. Belinsky, J. Bonneaud, Landi, J. Koutachy, Cerrutti, B. Lancy.

Collectionneurs. En France plus de 1 000. **Prix.** Certaines, ex. : « l'Atalante », « Silence de la mer », « Enfants du paradis », « Orphée », « La Belle et la Bête », trilogie « Marius » « Fanny » « César », « Grande Illusion » (par B. Lancy, 13 000 F, 1986). 2 000 F et +. Affiches courantes (120 × 160) : 200 à 600 F.

Peinture

Définitions

Aquarelle. Les couleurs sont diluées à l'eau et étalées sur un support sec ou humide (meilleur fondu). On appelle lumières les blancs du papier laissés en réserve. S'y illustrèrent : Delacroix, Bonington, Jongkind, Boudin, Lami, Bottini, Signac, Cézanne, Vlaminck, Marquet, Dufy, Dunoyer de Segonzac, etc. Mode d'expression utilisé souvent aussi par les illustrateurs (le report sur pierre ou zinc est proche de l'original à l'aquarelle).

Anamorphose. Peinture disloquant les formes jusqu'à leur donner une apparence inintelligible : le peintre suscite la curiosité. Les motifs disloqués se reforment à partir d'un miroir cylindrique ou si on les regarde sous un certain angle. [Le tableau *les Ambassadeurs* d'Holbein (1533, National Gallery, Londres) représente ainsi 2 jeunes hommes riches et beaux ; à leurs pieds une masse informe qui, si l'on se place sur le côté droit, laisse apparaître une tête de mort.]

Collage. Découpage de papiers collés sur de la toile ou du carton. Max Ernst fit sa 1re exposition de collages en 1922, son 1er roman-collage *(la Femme 100 têtes)* en 1929. Matisse l'employa à partir de 1947.

Décalcomanie. Introduite chez les surréalistes par Oscar Dominguez en 1936 et adoptée par Max Ernst en 1938. Fait surgir des formes par la superposition et la séparation de feuilles de papier ou de toiles déjà enduites de couleurs.

Détrempe. Désigne l'amalgame subi par toute préparation de peinture (gouache, aquarelle, huile). Par extension, a désigné le procédé de peinture à l'eau dont l'agglutinant est une colle végétale (ex. : gomme arabique pour l'aquarelle), ou animale (ex. : colle de peaux). Utilisée au XVIIIe s. et au XIXe s. pour les papiers peints originaux (très recherchés). G. Desvallières l'utilisa pour ses cartons de vitraux, Édouard Vuillard, Bonnard, Ker Xavier Roussel (1867-1944), pour leurs maquettes.

Fixé sous verre. Peinture exécutée au revers d'une plaque de verre. L'œuvre étant regardée sur la surface non peinte du verre. Le peintre compose à l'envers : commence par les détails, finit par les fonds. France, Angleterre XVIIIe-XIXe (paysages, portraits, boîtes). Europe centrale (scènes religieuses et populaires).

Fresque. Peinture murale exécutée avec des couleurs détrempées dans de l'eau sur une surface de mortier frais à laquelle elles s'incorporent.

Frottage. Mis au point en 1925 par Max Ernst, il correspondait à l'écriture automatique des poètes surréalistes. L'artiste applique une feuille de papier sur un objet, puis la frotte à la mine de plomb pour faire ressortir les irrégularités qui deviennent les éléments de la composition graphique.

Gouache. Se dilue à l'eau comme l'aquarelle (mais se présente sous forme de pâte sèche ; l'épaisseur de la pâte est obtenue au moment de la détrempe, par adjonction de gommes venant en majorité de l'acacia). Chagall, Dufy, Rouault, Pignon ont souvent utilisé gouache et aquarelle conjointement (fonds à l'aquarelle). Utilisée couramment pour les maquettes de décors et de costumes.

Miniatures occidentales. Scènes ou surtout portraits exécutés principalement au XVIIIe s., pour des médaillons, des tabatières ou des couvercles de boîtes. Sur *ivoire :* peinture à l'huile. Sur porcelaine : peinture émaillée. *Plaque d'or* ou *de cuivre :* émail cuit, puis peint au pinceau, à l'aide de poudres sèches délayées, d'essence grasse ou demi-grasse. Séchage et cuisson entre chaque couche (jusqu'à 6).

Prix records (mondiaux). Miniature de Isaac Olivier (1556-1617) 781 200 F au *8-6-71,* m. de Nicolas Hilliard 710 000 F au *24-3-80,* m. de J.A. Laurent 1 250 000 F (1981).

Miniaturistes célèbres. F. Dumont (1751-1831). Jean-Jacques Augustin (1759-1832). J.-B. Isabey (1767-1855). J. Guérin P.-A. Hall (1739-1793), Suédois établi à Paris, J.A. Laurent.

Peinture à la cire. *Origine :* haute antiquité grecque et égyptienne ; pigment incorporé dans la cire : l'ensemble fondu et entretenu dans la cendre chaude pendant le travail de l'artiste. Henri Gros réinventa ce procédé à la fin du XIXe s.

Peinture à l'huile. Inventée par les Flamands au XVe s. Outre l'huile végétale (lin, colza, œillette), le peintre utilise séparément ou conjointement : un acide gras (essence de térébenthine), un médium composé de gommes (variables en qualité et en quantité) en suspension dans l'alcool, des vernis à retouches.

Peinture à l'œuf. Utilisée jusqu'au XVe s. (Pérugin, Raphaël). Emploi de l'œuf comme liant (blanc ou jaune ou les deux réunis mélangés aux pigments).

Peinture en trompe-l'œil. Peinture exécutée avec un tel réalisme qu'elle donne l'illusion de la réalité (illusion de relief).

Peinture sur bois. Les primitifs peignaient sur bois (peuplier, tilleul, saule, cèdre, pin, chêne). Les Hollandais, Flamands, Napolitains utilisaient les bois flottés (ayant séjourné longtemps dans l'eau) qui ne subissaient plus de gauchissements. Le panneau était encollé (6 couches de colle spéciale faite avec des rognures de parchemin), puis recouvert d'une toile très fine pour recouvrir les joints et limiter les effets de la dilatation du bois, et encollé de nouveau (8 couches). Des lames croisées au revers du panneau empêchaient les planches de se disjoindre (parquetage).

Toiles tendues sur châssis. Utilisées à partir du XVIe s. D'abord tissées de fils de chanvre ou de lin vers le milieu du XVIIIe s., puis de coton (très tirées). Parallèlement, le châssis à clef supplantait le châssis à clous. *Autres supports :* toiles tissées avec la ramie (ortie orientale) utilisées par l'École de Barbizon, soie, ivoire, cuivre, plaque de verre, carton en toile, fibrociment (peinture de fleur d'Odilon Redon).

Nota. — Beaucoup de peintres depuis le XIXe s. n'ont pas su maîtriser leur *technique ;* la plupart ont utilisé, sans connaître la manière dont ils vieilliraient, de nombreux pigments, notamment du bitume qui a viré au noir fumeux en se craquelant, ce matériau ne séchant pas (Prud'hon). Watteau utilisait des huiles trop grasses qui séchaient mal. Manet utilisait trop d'huile (ses œuvres ont perdu de leur éclat). Beaucoup n'ont pas su préparer leur support, beaucoup ont abusé des épaisseurs (les toiles sont des pièges à poussière).

Photomontage. Regroupe dans une même composition des éléments figuratifs disparates. *Ex. : l'Éléphant Célèbes, Œdipus Rex* de Max Ernst en 1921.

Nettoyage des tableaux. *Superficiel :* eau tiède mélangée à du savon de Marseille sur éponge à peine humide (à utiliser avec précaution). Pomme de terre, oignon ou demi-citron ne nettoient pas et peuvent causer des dégâts supplémentaires.

Nombre d'or. Nom donné par les artistes de la Renaissance au rapport $\frac{1+\sqrt{5}}{2}$, soit environ 1,618. Deux dimensions sont alors entre elles dans la même proportion que la plus grande avec leur somme. Cette proportion entre 2 grandeurs est considérée comme privilégiée par un certain nombre de penseurs et d'artistes depuis l'Antiquité. Sa formule a été utilisée en architecture (pyramide de Chéops, Parthénon), en sculpture et également en peinture.

Format des tableaux

Le format d'un tableau se mesure en points. Ex. : un tableau de 55 cm de long sur 33 cm de large sera appelé un 10 marine.

Nbre de points	Figure	Paysage	Marine
0	18 × 14	18 × 12	18 × 10
1	22 × 16	22 × 14	22 × 12
2	24 × 19	24 × 16	24 × 14
3	27 × 22	27 × 19	27 × 16
4	33 × 24	33 × 22	33 × 19
5	35 × 27	35 × 24	35 × 22
6	41 × 33	41 × 27	41 × 24
8	46 × 38	46 × 33	46 × 27
10	55 × 46	55 × 38	55 × 33
12	61 × 50	61 × 46	61 × 38
15	65 × 54	65 × 50	65 × 46
20	73 × 60	73 × 54	73 × 50
25	81 × 65	81 × 60	81 × 54
30	92 × 73	92 × 65	92 × 60
40	100 × 81	100 × 73	100 x 65
50	116 × 89	116 × 81	116 x 73
60	130 × 97	130 × 89	130 × 81
80	146 × 114	146 × 97	146 × 89
100	162 × 130	162 × 114	162 × 97
120	195 × 130	195 × 114	195 × 97

Les plus grands tableaux du monde

Exécutés avant 1860. *Le Paradis* exécuté de 1587 à 1590 par Le Tintoret et son fils (Venise, Palais des Doges) : 22 m de long, 7 m de haut. *Les Noces de Cana* de Véronèse (1528-88) (Louvre) : 6,70 m × 9,75 m.

Exécutés après 1860. *La Bataille de Gettysburg* (Caroline du N., U.S.A.) : 125 m × 21,3 m, 5,5 t, terminée en 1883 après 2 ans 1/2 de travail par Paul Philippoteaux (Français) et 16 assistants. *La Bataille d'Atlanta* (Grant Park, Atlanta, Georgie, U.S.A.) : 121,9 m × 15,24 m, 8 t ; exécutée en 1885-86 par 2 Allemands. Le *Panorama du Mississippi* (City Art Museum, St-Louis, Miss., U.S.A.) : 106,7 m ; un autre *Panorama du Mississippi,* achevé en 1846 par John Banvard, mais détruit en 1891, mesurait 1 525 m × 3,65 m. *La Fée Électricité* (Paris, musée d'Art Moderne) (commandée à Raoul Dufy par l'E.D.F. pour l'Exposition de 1937) : 60 m × 10 m. *La Tentation de St Antoine* (ex. à Vézelay par Claude Maresse) : 2 m de haut × 20 m de long.

La plus grande fresque. 1 ha, décore le toit du mémorial des Vétérans à Phoenix, Arizona (U.S.A.) ; *créée* par John Glitsos (1973).

La plus grande mosaïque. Murs de la bibliothèque de l'université de Mexico (1 203 m^2 sur les plus grands murs).

Authenticité

• **Grands faussaires.** *Piero Vecchia* (XVIe s.) fabriquait des Giorgione. *Hans Hofman* des Dürer. *Franchard* et *Terenzio da Urbino* (XVIIIe s.) des Raphaël. *Elmyr de Hory* (1905-1976) de faux Dufy, Derain, Matisse, Marquet, Modigliani, Van Dongen. Le surréaliste belge *Marcel Mariën,* qui était l'ami de *René Magritte,* vendit de 1942 à 1946 un grand nombre de dessins et tableaux attribués à Picasso, Braque et Chirico tous peints par Magritte. *Hans Van Meegeren* (1880-1947), Hollandais morphinomane, peignit de 1937 à 1945 de faux Vermeer. Il répandit la rumeur que Vermeer aurait peint des sujets religieux et mystifia les experts dont Van Bennigen. Il vendit *le Christ et la femme adultère* à Goering. Accusé de collaboration avec les Allemands, il dut avouer pour se disculper. Pour prouver ses capacités, il exécuta en 8 semaines, sous surveillance, *Jésus parmi les docteurs.* Condamné à 1 an de prison le 12-11-1947. Gracié, il mourut en clinique le 30-12-1947. *Otto Wacker* peignit v. 1930 de faux Van Gogh. *Jean-Pierre Schecroun,* de 1960 à 1962, de faux Picasso, Nicolas de Staël, Hartung, Pollock, Miró, Léger, Kupka, Braque. *David Stein,* de 1961 à 1966, env. 400 faux Chagall, Matisse, Picasso. On estime à 30 000 le nombre de faux Corot répandus en Europe.

Nota. — Fernand Legros (26-1-1931-1983) a vendu au musée de Tokyo et à l'Américain Meadows environ 40 faux tableaux attribués à des peintres célèbres.

• **Erreurs d'attribution.** 2 Watteau achetés par le Louvre 1 500 000 F en 1927 furent attribués + tard à Quillard, perdant ainsi les 9/10 de leur valeur. En 1972, on attribuait 200 à 300 peintures à Watteau ; depuis, 39 à 42. Un *Christ guérissant un aveugle,* attribué à Véronèse, fut adjugé 37 800 £ chez Christie à Londres en 1958 : 2 ans après, il fut attribué au Gréco et revendu 100 000 £. La *Messe pontificale,* attribuée à Antoine Le Nain, a été auparavant attribuée à Pourbus, Champaigne, Van den Berg, Chalette et Bergaigne. *Le Concert champêtre* par Giorgione est considéré comme une œuvre de jeunesse du Titien (Louvre). *Le Philosophe,* attribué à Rembrandt, est aujourd'hui attribué à ses élèves. *Descartes* par Franz Hals (Louvre) et *St François d'Assise* par Georges de La Tour sont contestés. Le Centre Georges-Pompidou a failli acheter en 1981 3 tableaux de Mondrian, qui se révélèrent faux. *Les dessins de Rimbaud.* Ils avaient été décalqués sur divers livres et journaux. *Un « coucher de soleil sur l'Adriatique » signé J.R. Boronali.* Ce tableau remporta un vif succès en 1910. Son auteur était en réalité un âne (Boronali : Aliboron), à la queue duquel un pinceau avait été attaché. Ce canular était dû à de joyeux drilles montmartrois (dont Roland Dorgelès). *Diane au bain* a été attribué à Rembrandt de 1910 à 1926 ; prix (en F 1983) : *1892* 1 300 F, *1926* 340 000 F, *1983* 95 000 F. Un tableau *(Bacchanale)* acheté par le Louvre en 1968 s'est révélé être un Poussin après une attribution erronée à l'école des Carrache (16 ans de procédure pour le jugement et la restitution possible).

Expositions

• **Salons.** Expositions périodiques d'œuvres d'artistes vivants. Le 1er Salon s'ouvrit à Paris en 1667, à l'instigation de Colbert. Il y eut sous Louis XV 25 expositions de 1725 à 1773. Elles s'ouvraient généralement le 25 août, jour de la St-Louis, duraient un mois et se tenaient dans le Salon Carré du Louvre (d'où vint leur nom). De 1751 à 1795, le Salon fut bisannuel. Seuls exposèrent des membres de l'Académie royale de peinture et de sculpture et des professeurs de l'école. Sous la Révolution, l'Académie fut supprimée.

La création de l'Institut de France, en 1795, entraîna le retour du favoritisme et l'exclusion des artistes indépendants. De 1795 à la fin du XIXe s., la plupart des grands peintres français luttèrent contre cet arbitraire. Eugène Delacroix (1798-1863), chef des Romantiques, maltraité par Jean Dominique Ingres (de l'Institut et défenseur du classicisme), ne parvint à la célébrité qu'à la veille de sa mort. En 1863, Napoléon III créa le Salon des Refusés où, devant des milliers de visiteurs, furent exposées les œuvres de Courbet, Fantin-Latour, Manet, Harpignies, Whistler et Jongkind.

• **Galeries.** Il y en a env. 400 à Paris (+ celles du plateau Beaubourg).

Prix

Éléments du prix

Notoriété de l'auteur. Authenticité du tableau. Provenance. Rareté. Qualité. Période de l'artiste. État de conservation. Dimensions. Forme (toiles ovales peu recherchées : question de mode et de cadre difficile à trouver). *Sujet : Portraits :* on préfère les fonds clairs (fonds d'or pour les primitifs italiens), une femme ou un enfant à un homme (surtout s'il s'agit d'abbés ou de gens de justice), une princesse à une bourgeoise, une personne célèbre à un inconnu. *Nus :* le féminin est plus apprécié que le masculin jugé académique (à qualité égale, 1 nu féminin de Boucher se vend 5 fois + cher qu'un masculin). *Scènes :* on préfère des scènes civiles (kermesses, intérieurs typiques, etc.) aux scènes religieuses et, pour celles-ci, les souriantes (nativité ou annonciation) aux douloureuses (crucifixion ou déposition). *Natures mortes :* on préfère les fonds clairs, les compositions aérées et harmonieuses : fleurs, tables servies, coquillages ou instruments de musique (rarissimes), vanités de belle qualité (gibiers morts ou poissons déplaisent à beaucoup). Actuellement, les natures mortes françaises sont les plus recherchées (Linard, Moillon). Le *pastel,* moins recherché, car fragile (il craint trépidation et humidité) et difficile à restaurer, vaut 3 à 5 fois moins cher qu'une toile (exception : *Perronneau* qui a peint peu de toiles).

L'usage de la signature se répand au XVIIe s. et devient courant au XVIIIe s. Les tableaux non signés sont alors dépréciés par rapport aux tableaux signés. Un changement d'identité (tableau reconnu de et non pas copie) peut multiplier ou diviser par 100 le prix d'un même tableau. Les appellations d'écoles nationales deviennent plus rares, car on s'efforce de rattacher les tableaux à des maîtres. La valeur décorative d'un tableau non signé détermine généralement son prix (très faible par rapport à un tableau signé : de 1 à 10 % suivant la qualité).

Il est difficile d'établir la cote des peintres célèbres, certains étant très rarement cotés (ex. : Van Eyck, Roger Van der Weyden, Giotto, Raphaël, Léonard de Vinci, etc.).

La cote d'un même peintre varie suivant le sujet traité (ex. : Corot), les périodes de la vie du peintre auxquelles elles se rattachent (ainsi les œuvres de la période fauve de Vlaminck se vendent 1,5 à 5 fois + cher que celles de ses autres périodes ; Picasso est préféré pour ses périodes bleue et rose, puis pour ses toiles cubistes de l'époque Lautrec et enfin pour ses toiles classiques et ses toiles récentes).

Les peintres modernes bénéficient souvent d'un engouement semblable à celui qu'ont connu certains peintres du XIXe s. dont les cours se sont effondrés.

Évolution

1900-30 : forte progression ; baisse après la crise de 1929-30, puis progression jusqu'en 1950 (nabis, fauves, cubistes, surréalistes, expressionnistes) ; **1950-73 :** hausse générale ; **1974-77 :** crise de la peinture contemporaine : baisse générale de la cote ; **1977-81 :** selon l'offre et la demande ; hausses sur les tableaux de qualité (impressionnistes, pompiers, orientalistes, petits-maîtres, symbolistes, préraphaélites, néo-classiques). **1982-84 :** remontée de la cote de la peinture contemporaine.

> **Bénézit.** Dictionnaire des peintres, sculpteurs, dessinateurs et graveurs. *Créé* en 1911 par Emmanuel Bénézit (1854-1920). *1re édition* 1911-1923 : 3 vol. *2e* 1948-1955 : 8 vol. *3e* 1976 : 10 vol. (env. 8 000 pages, 300 000 entrées).
>
> **Annuaire international des ventes Mayer.** *Créé* en avril 1963 par E. Mayer (n. 1915). Donne env. 50 000 prix de tableaux. *Tirage (1985) :* édition française 65 000 ex., anglaise 38 000 ex.

Prévisions. A long terme, les œuvres exceptionnelles des meilleurs peintres augmenteront, car les œuvres de qualité sont rares sur le marché.

Le nombre des musées s'accroît et beaucoup désirent se constituer des collections représentatives des diverses époques.

Les œuvres achetées par les musées ne reviennent plus dans les ventes publiques (sauf aux U.S.A. où les musées sont des sociétés privées). Ainsi malgré une baisse de la peinture abstraite, en 1962, le cours des « têtes de file » comme Mondrian, Kandinsky, Soulages, de Staël et les peintres américains ont monté. Depuis 1968, certains tableaux d'impressionnistes et de modernes avaient atteint un tel prix qu'ils ne pouvaient plus augmenter en F constants.

Tableaux les plus chers du monde

• **Tableaux achetés de gré à gré. Anciens.** *Ginevra dei Benci* (portrait présumé) de Léonard de Vinci, peint sur bois laqué, acheté 30 000 000 F en 1967 au Pce de Liechtenstein par la National Gallery de Washington (en F 1981 : 79 500 000). *Le Christ faisant ses adieux à sa mère* d'Albrecht Altdorfer (1er Européen ayant osé peindre des paysages véritables) aurait été vendu en 1980 60 000 000 F à la National Gallery par les héritiers de Lady Zia Wernher, belle-fille du collectionneur Sir Julius. *Le Tricheur à l'as de carreau* de G. de La Tour a été acheté par le Louvre pour 10 000 000 F en 1973 (aidé par le Gouvernement pour 5 000 000 F). C'est l'achat le plus coûteux jamais fait par la France. *Le Verrou* de Fragonard a été acheté 5 000 000 F en 1974 par le Louvre ; attribué à un de ses élèves, il avait été adjugé 55 000 F en 1969. *La Madeleine au miroir* de G. de La Tour a été acheté 12 000 000 F par la National Gallery de Washington en 1974. *Le Mariage de Poséidon et d'Amphitrite* de L. de Vinci a été acheté 50 000 000 F par un musée hollandais en 1979.

Modernes. *Les Grandes Baigneuses* (130 × 195 cm) de Cézanne acheté par la National Gallery de Londres aux héritiers d'Auguste Pellerin, 7 500 000 F en 1965. *Blue Poles* (les Mâts bleus, 2,10 × 5,90 m) de Jackson Pollock (1912-56), peint en 1953, acheté par la National Gallery d'Australie 8 400 000 F en 1973.

> *La Joconde.* Peinte par Léonard de Vinci, v. 1499-1512, a été évaluée 500 000 000 F en 1962 (77 × 53 cm), représenterait Mona (diminutif de Madonna) Lisa Gherardini, épouse de Francesco del Giocondo, de Florence qui, n'aimant pas le tableau, aurait refusé de le payer. François Ier l'acheta en 1517 4 000 florins d'or (15 kg), soit env. 1 million de F de 1982.

• **Record absolu en ventes publiques** (depuis 1957, en F). **1957 Gauguin,** *Nature morte aux pommes* (66 × 76 cm), 1 040 000, Paris. **1958 Cézanne,** *Le Garçon au gilet rouge* (92 × 73 cm), 2 306 000, Londres. **1959 Rubens,** *L'Adoration des Mages* (370 × 280 cm), acheté par le King's College (Cambridge, G.-B.), 3 800 000, Londres. **1961 Fragonard,** *La Liseuse* (80 × 65 cm), acheté par la National Gallery de Washington à la vente Erickson, 4 375 000, New York. **1961 Rembrandt,** *Aristote contemplant le buste d'Homère* (141 × 134 cm), acheté par le Metropolitan Museum de New York à la vente Erickson, 11 500 000 (en F 1983 : 65 230 000), New York. **1965 Rembrandt,** *Titus* (60 × 65 cm), acheté par M. Norton Simon (U.S.A.) à la vente Francis Cook, 11 720 000, Londres. **1970 Velasquez,** *« L'Esclave de Velasquez » Juan de Pareja* (78 × 64 cm), peint en 1649, acheté par la Galerie Wildenstein (U.S.A.) à la vente Radnor (il avait été acheté 40 £ en 1801 et 151 £ en 1810 ; le Louvre avait offert jusqu'à 13 200 000 F), 30 600 000 (en F 1983 : 113 602 000), Londres. **1984** (5-7) **Turner,** *Folkestone,* 85 000 000. **1985** (19-4) **Mantegna,** *l'Adoration des mages* (v. 1500) 94 689 000.

☞ Avant *1914,* plusieurs tableaux ont été payés plus de 20 millions de F *1983. Ex. : 1885 :* la Madone Ansidei (Raphaël) 29 300 000 F ; *1900 :* Portrait d'Elena Grimaldi-Cattaneo (Van Dyck) 39 951 000 F ; *1901 :* tableau d'Autel Colonna (Raphaël) 50 897 000 F ; *1911 :* Le Moulin (Rembrandt) 26 977 500 F ; *1911 :* Petite Madone (Raphaël) 37 950 000 F ; *1914 :* Madame Benois (L. de Vinci) 10 026 500 F.

Record à Drouot. 1985. Vuillard, *Petit déjeuner à Villerville* 3 372,7.

Exemples de cotes (en milliers de F) Primitifs

Les œuvres du XIIIe et XIVe s. sont rarissimes. En général, il ne se vend en France qu'env. 20 œuvres anciennes de grande qualité par an.

Allemands. Rares et particulièrement recherchés. Triptyque (panneau central 143 × 125 cm, volets 143 × 55 cm), thème : la Passion du Christ, peintre anonyme « Maître de l'autel de Maikammer » : 1 210,6 en 1977, Tryptique de la Descente de Croix (atelier du Maître de Francfort, bois marqueté 114 × 76,6 cm) 829,9 (1984). *Baldung-Grien* 2 234,4 (1978). *Cranach (le Vieux)* 190 à 3 086 ; *(le Jeune)* 65 à 360 (1980). *Dürer* 5 337,6 (1978). *Strigel (B.)* 1 094,4 (1978).

Espagnol. *Le Greco* 850,6 (1978).

Flamands et Hollandais. *Beert (Osias)* 291 à 1 050. *Bouts (Dieric),* Résurrection 16 320 (1980). *Bruegel (Jan* dit *de Velours)* 144 à 5 681. *Juan des Flandres* 1 220. *Mostaert* 89,6 à 338,2 (1977). *Van Stalbemt* 100,8 à 330. *Van Valckenborch* 100 à 1 100. *Wtewaël (J.)* 6 882 (1984).

Français. *Corneille de Lyon* 32,3 (1976), 165,6 (1978), 115 (1983).

Italiens. *Altobello Melone* 392,2 (1978). *Bassano* 82,5 à 240 ; except. 3 686 (1972). *Botticelli* 1 568 (1981), 8 250 (1982). *Duccio di Buoninsegna* 8 500 (1976). *Fra Angelico* 2 800 (2 panneaux, 1972). *Giotto* (atelier d'Ambrogio) 515 (1980). *Giovanni di Paolo* 925 à 4 560 (1978). *Ghirlandaio* 1 250,5 (1980). *Lotto (L.)* 1 819 (1984). *Luca di Tommè* 656,6 (1978). *Maestro del Bambino Vispo* 950 (1980). *Mantegna* except. 94 689 000 (1985). *Orcagna* 132 (1972). *Il Parmigianino,* record 5 590 (1977). *Pier-Francesco Fiorentino* 547,2 (1979). *Piero della Francesca* record 10 000 (1978). *Piombo (Sebastiano del)* 1 000 (1977). *Taddeo di Bartolo* 501,6 (1978). *Tintoret* 1 430 (1982), 1 584 (1983).

XVIIe

Flamands et Hollandais. *Avercamp* 240 à 1 064. *Bosschaert (J.)* 1 593. *Bruegel (P.)* 77 à 7 458. *Cuyp (A.)* 19,8 à 6 999 (1973). *Flinck* 45 à 420 (adjugé comme un Rembrandt) ; 1858 (autoportrait, 1986). *Hals* 189 à 2 940 (1972). *Heda (Willem Claesz)* 78,5 à 1 624. *Hooch (Pieter de)* 77 à 1 323 (1975). *Jordaëns* 77 à 650. *Lingelbach* 23,4 à 330. *Maes (N.)* 32 à 1 250 (1974). *Metsys* 127,5 (1976). *Rembrandt* 1 250 (1980), 16 250 (Junon, 1976). *Rubens* 85 à 23 000 (Samson et Dalila, 1980). *Ruysdaël* 100 à 5 400 (1983). *Savery (R.)* 23 à 1 380 (1981). *Storck (A.)* 33,6 à 290. *Ter Borch* 79,9 à 209. *Ter Brugghen (Henrick)* 242 à 1 900. *Uyttenbroeck* 40 à 660 (1982). *Van der Ast* 200 à 1 045. *Van der Neer (A.)* 88 à 1 900. *Van de Velde (le Jeune)* 84 à 650. *Van de Velde (le Vieux)* 115 à 330. *Van Goyen* 70 à 1 570. *Van Dyck (A.)* 5 400 (1983). *Van Mieris (le Vieux)* 110 à 540. *Verelst (S.P.)* 45 à 320 (1981). *Vlieger (S. de)* 90 à 1 650 (1983). *Wouwerman (P.)* 20 à 1 485 (1983).

Espagnols. *De Valdès Leal (Juan de)* 11,4 à 380. *Murillo* 109 à 4 150 (1983). *Ribera (J. de)* 300 à 1 904.

Français. Œuvres plus rares. *Champaigne (Ph. de)* 38 à 180. *Dubois (Ambroise)* 70 à 230. *La Tour (G. de)* 1 000 à 10 000 (1972), tableau de l'atelier : 8 500 (3-12-85, « ravalé par le propriétaire »). *Le Lorrain* 550 à 745. *Le Nain* (ou le Maître des jeux) 2 101,3 (1984). *Louise Moillon* 140 à 2 000 (1986). *Poussin (N.)* 1 600 (1983), 16 500 (1981). *Vouet (Simon)* 198 à 2 100 (1982).

Italiens. *Carrache (Annibale)* 2 371,2 (1978). *Le Dominiquin,* record 1 320 (1971). *Le Guerchin* 1 001,2 (1981). *Raphaël* 1 311 à 3 500 (1984). *Reni* 27 000 (record 85). *Titien* 900 (1981), la Mort d'Actéon 23 500 (record, 1971).

XVIIIe

Anglais. *Constable* 78 à 3 500 (1982). *Copley (J.S.)* 70 à 2 000. *Gainsborough* 41 à 3 000 (1972). *Hicks (E.)* 176 à 1 180. *Hogarth (W.)* 2 240 (1981). *Reynolds (J.)* 26,4 à 3 649 (1983). *Russel (J.)* 8,2 à 280. *Stubbs (G.)* 50 à 4 800. *Zoffany* 40 à 1 380 (1981).

Espagnols. *Gagneraux* 180 (1984). *Goya* 400 à 9 000 (1981).

Français. *Boucher* 42 à 5 000 (1974). *Carmontelle (L. Carrogis)* 50 à 175. *Chardin* 400 à 1 815 (1983). *Danloux (H.-P.)* 588,3 (1984). *David (J.L.)* 8 125 (1985). *Desportes (A.-F.)* 2 211,3 (1984). *Drouais (Fr.-H.)* 443 (1983). *Fragonard* 168 à 5 500 (1974). *Greuze* 36 à 2 300 (1976). *Gros (A.)* 150 (1982). *Huet* 65 à 245. *Lancret* 100 à 1 000 (1972). *Largillière* 52 à 1 885 (La Belle Strasbourgeoise, 1973). *Leprince (J.B.)* 520 (1984). *Nattier* 90 à 875 ; except. 2 425 (1985). *Oudry (J.-B.)* 120 à 710. *Pater* 25 à 810 (1980). *Perronneau* 50 à 680 (1976). *Pillement* 20 à 320. *Robert (H.)* 9 à 480. *Saint-Aubin (G. de)* 39 à 200 (1980). *Vernet (J.)* 26 à 1 023 (1977). *Vigée-Lebrun* 12 à 6 900 (1984).

Watteau 325 à 3 000 (Diane, 1980) (Pèlerinage à Cythère, estimé 45 000 à 96 000).

Italiens. *Bellotto* 80 à 2 600. *Canaletto* 179,2 à 5 700 (1985). *Carlone (E.I.)* 9 à 2 310 (1966). *Carpaccio* 1 900 (1974). *Guardi* 40 à 2 170. *Longhi* 180 à 700 (1972). *Tiepolo* 55 à 4 900. *Zuccarelli* 61,6 à 600.

Pays-Bas. *Spohler (J.J.)* 45 à 168. *Van Kessel (J.)* 40 à 1 150 (1981). *Van Os* 55 à 820.

Suisse. *Liotard (J.-E.)* 750 à 2 700 (1981).

XIXe

Divers. *Abott (J.W.)* 1 000. *Alken (Henry Junior)* 7 à 162. *Alken (Henry Senior)* 12,9 à 616. *Bingham (George Calch)* 28 à 4 418 (1978). *Blum (R.F.)* 26 à 3 010. *Bocion (F.)* 12,2 à 104,9. *Boilly (J.)* 3,8 à 18. *Boilly (L.-L.)* 9,6 à 2 500 (1982). *Bonheur (R.)* 3,6 à 63. *Bonington* 22 à 1 600. *Boutet de Monvel (L.-M.)* 2,8 à 75. *Carolus Duran* 2 à 181,5. *Carrier-Belleuse (P.)* 1,7 à 36,7. *Cassatt (Mary)* 96 à 4 900 (1982). *Catlin (G.)* 39,6 à 1 556,9. *Chaigneau* 3,8 à 24. *Chase (W.M.)* 35 à 3 980,6 (1981). *Chassériau (Th.)* 7 à 560. *Church (F.)* 18 à 10 750 (1980). *Corot* 1,5 à 36 385 (N.Y. 1984). *Courbet* 27,5 à 2 654. *Cropsey (J.)* 22 à 2 898,6. *Danby (F.)* 2,8 à 628. *Daubigny (C.-F.)* 4,8 à 168. *Daubigny (K.)* 3,2 à 62. *Daumier* 11 à 2 394 (1981). *Delacroix* 22 à 1 020 (1984). *Demarne (J.-L.)* 5 100 à 316. *Detaille (E.)* 1,7 à 131. *Devéria (E.)* 5,3 à 38,5. *Diaz de la Peña (N.-V.)* 2 à 176. *Doré (G.)* 4,4 à 352. *Dreux (A. de)* 4,8 à 686 (2 toiles) (1983). *Dupré (V.)* 7 à 193. *Easkins (Thomas)* 6 à 1 194,6 (1978). *Farny* 153,7 à 2 576. *Ferneley (J.)* 20 à 1 375 (1982). *Friedrich (C.D.)* 1 700 (1981). *Forain (J.-L.)* 5 à 162,4. *Galien-Laloue (E.)* 5 à 60. *Gavarny (G.)* 3 à 23,3. *Géricault* 354,5 (1984). *Gudin (H.)* 3,5 à 21,7. *Gudin (J.)* 3 à 20,3. *Grimshaw (J.A.)* 19 à 605 (1981). *Harpignies* 2,9 à 187. *Heade (M.J.)* 28,5 à 1 736 (1981). *Herring (J.-F. Senior)* 15 à 880. *Hodler (F.)* 78 à 2 800 (1979). *Homer (W.)* 456 à 7 480 (1980). *Hoppner (J.C.I.)* 120 à 1 650 (1982). *Huet (P.)* 3,5 à 54. *Hunt (W.H.)* 18 à 506 (1981). *Ingres (J.-A.)* 18,5 à 3 523,9. *Inness* 17,6 à 840. *Isabey (E.)* 10,5 à 280. *Jacque (C.)* 4,6 à 268,8. *Jongkind (J.-B.)* 1 277,6 (1984). *Kensett (J.-F.)* 40 à 1 850. *Lear (E.)* 33 à 550. *Leickert (C.)* 16 à 138. *Leighton (Lord)* 10 à 3 000 (1983). *Lepage (F.)* 688,2 (1985). *Lewis-Brown (J.)* 2,7 à 127,6. *Le Poittevin (E.)* 6 à 94. *Maillol (A.)* 24,5 à 740. *Marshall (Ben)* 67,5 à 550. *Meissonier (E.)* 4,7 à 20. *Millet (J.-F.)* 15,8 à 2 616 (1978). *Monchablon (J.-F.)* 3,6 à 33,6. *Monticelli (A.)* 5,9 à 125. *Moran (L.)* 21 à 98. *Munnings (Sir A.)* 24 à 2 275. *O'Keeffe (G.)* 77,9 à 1 960. *Pearce (C.S.)* 10,5 à 1 260. *Pollard (James)* 10,5 à 364,8. *Portaëls* 1,8 à 21,8. *Poynter* 26 à 1 800 (1981). *Prendergast (M.)* 33 à 896. *Princeteau* 15,6 à 234 (1980). *Prud'hon (P.-P.)* 1 498,5 (1984). *Puvis de Chavannes* 10 à 437,4. *Raeburn (H.)* 19 à 1 650. *Raffaelli (J.-F.)* 7 à 245. *Raffet (A.)* 2 à 8. *Ranney (W.-J.)* 2 992. *Remington (F.)* 100 à 3 245. *Rochegrosse (G.)* 275 (1985). *Rousseau (Th.)* 8 à 195. *Sargent* 24,2 à 2 080. *Saurfelt (L.)* 6 à 14. *Schelfhout (A.)* 15 à 490,6. *Schlesinger (F.)* 20 à 180,4. *Schwiter (L.A. de)* 641 (1983). *Salomon (A.)* 5 à 672. *Sorolla y Bastida (J.)* 17 à 1 344. *Steinlen (T.)* 5 à 200. *Stuart (G.)* 8,8 à 660. *Tissot (J.)* 19,8 à 6 739 (1983). *Trouillebert (P.-D.)* 8 à 126. *Troyon (C.)* 3 à 120. *Turner* 95 à 26 700 (Juliette et sa nurse, 1980). *Valadon (S.)* 200 (1986). *Vallon* 0,2 à 242,7. *Vallotton* 11 à 380. *Vernier* 3,2 à 20,9. *Vincent (F.A.)* 641 (1983) ; except. 3 400 (1985). *Wintherhalter (F.-X.)* 10,6 à 100. *Ziem* 3,1 à 100.

Fauves. *Camoin (C.)* 5 à 98. *Chabaud (A.)* 4,8 à 137,5. *Derain* 5,5 à 8 000. *Dufy* 5 à 2 200 (1983). *Kirchner (E.-L.)* 200 à 1 036. *Marquet* 9,5 à 1 236,7. *Matisse* 42 à 3 500 (1983). *Seyssaud* 5 à 200. *Valtat* 5,5 à 264,5 (1980). *Van Dongen* 60 à 1 520 (Portrait d'Adeline Radoux, 1980). *Vlaminck* 33 à 5 800.

Impressionnistes. *Boggs (F.)* 2 à 62. *Boudin* 21 à 2 112. *Caillebotte (G.)* 4,2 à 600. *Cézanne* 80 à 17 589 (1980). *Degas* 250 à 25 000 (l'Attente, 1983). *Lauvray (A.)* 4,8 à 50. *La Villéon (E. de)* 10 à 45. *Lebourg* 5,3 à 171. *Manet* 172,5 à 28 800 (la Promenade, 1983). *Monet* 110 à 24 200 (N.Y. 1984) 18 810 (1985). *Morisot (B.)* 26,4 à 1 780. *Pissarro* 465 à 4 015 (1982) ; 49 684,8 (N.Y. 1985). *Renoir* 60 à 18 900 (1983). *Seago (E.)* 11 à 128. *Sisley* 207 à 3 200. *Toulouse-Lautrec* 88 à 7 590 (1982). *Van Gogh* 126 à 22 800 (le Jardin du poète, 1980) ; 93 159 (N.Y. 1985).

Nota. – « Petits impressionnistes ». Les plus importants (ex.) : *Cazin* 2,5 à 17. *Chintreuil* 2,5 à 54. *Delattre (J.-M. L.)* 2,6 à 38. *Guillaumin (A.)* 9 à 750. *Lépine (S.)* 16 à 290. *Lhermitte (L.)* 3,7 à 58,5. *Moret* 4,7 à 122. *Veyrassat* 7 à 9. Voir aussi Allongé, Appian, Cabié, Cazin, Chintreuil, Cicéri, Damoye, Daubigny fils, Defaux, Delpy, Deshayes, Français, Isenbart, Japy, Lambinet, Lavieille, Pelouse, Petitjean, Ravier, Richet, Rigolot, Saintin, Véron.

Nabis. *Bonnard* 95 à 3 300 (1983). *Denis* 2,5 à 310. *Espagnat (d')* 15 à 280. *Lebasque* 2,5 à 398,7. *Lacombe (G.)* 6,2 à 705. *Mols (F.)* jusqu'à 341. *Ranson* 3 à 210. *Roussel (K.-X.)* 3,4 à 39. *Schuffnecker (E.)* 30 à 40. *Sérusier* 11 à 4 354 (1984). *Verkade (W.)* jusqu'à 130. *Vuillard* 46 à 3 375 (1985).

Naïfs. *Bauchant* 4,5 à 112. *Bombois* 15 à 1 346 (1980). *Rousseau (le Douanier)* 32 à 4 262 (Paysage exotique, 1971). *Vivin (L.)* 3,8 à 52.

Néo-impressionnistes. *Angrand (C.)* 12 à 2 211,8 (1985). *Binet (G.)* 3 à 33. *Cross* 2,8 à 1 900 (1983). *Dubois-Pillet* 9 à 505 (1979). *Gauguin* 120 à 30 800 (1984). *Laugé (A.)* 5,5 à 280. *Loiseau* 20 à 310. *Luce* 4,6 à 507 (1974). *Martin (H.)* 2,8 à 305. *Maufra* 3,8 à 221,8. *Seurat* 420 à 5 500. *Signac* 30 à 8 349 (Brise à Concarneau, 1986). *Van Rysselberghe* 6,5 à 1 350.

Orientalistes. *Berchère (N.)* 6,5 à 1 350. *Chataud (A.)* 3,2 à 140. *Dehodencq (A.)* 4 à 45. *Deutsch (L.)* 2,2 à 1 100 (1983). *Dinet (E.)* 4,5 à 890,3. *Frère (C.T.)* 5 à 50. *Fromentin (E.)* 1,3 à 150. *Giraud (E.)* 1 659 (1984). *Goodall (F.)* 3,8 à 22. *Marilhat (P.)* 6,5 à 41. *Philippoteaux* 1 050 (1984). *Raffaële* 660 (1984). *Schreyer (A.)* 11,2 à 402,5. *Tournemine (C. de)* 4 à 10.

Peintures 1900. *Béraud (J.)* 8,2 à 1 170. *Boldini (A.)* 17,5 à 1 008. *Chaplin (C.)* 2,4 à 117,6. *Chéret* 4,6 à 91. *Helleu* 1,5 à 528. *Henner* 6,2 à 185 (1984). *Stevens (A.)* 4,8 à 162,4.

Pompiers. *Alma Tadema (L.)* 9,9 à 1 378. *Bouguereau (W.)* 100 à 3 000 (1983). *Courtois (G.)* 16,8 à 100,8. *Dadd (R.)* jusqu'à 580 (1983). *Gérome* 4 à 880 (1981) ; except. 4 166 (1985).

Préraphaélites. *Burne-Jones* 88 à 1 170. *Rossetti (D.G.)* 110 à 1 850 (1981).

Symbolistes. En hausse [ex. : *Lévy Dhurmer* 0,5 en 1961 ; 3,5 à 203 (1983)]. *Aman-Jean (E.-F.)* 4 à 40. *Carrière (E.)* 5 à 44. *Fantin-Latour* 13 à 1 256 (1980). *Feure (G. de)* 2,5 à 71 (1980). *Guirand de Scevola (L.-V.)* 0,9 à 8. *Khnopff* jusqu'à 351. *Le Sidaner* 18 à 584. *Maxence* 24,2 à 1 190,5. *Moreau (G.)* 22 à 2 000 (1982). *Mucha* 16 à 720 (1980). *Point (A.)* 1,3 à 230. *Redon* 35 à 2 170. *Rops (F.-J.)* 364,8 à 94,3. *Ven (Jan van der)* 2,8 à 11,4.

XXe

Cubistes. *Braque* 65 à 3 406 (1984). *Gernez (P.-E.)* 4,8 à 60. *Gleizes* 3,6 à 780. *Goerg* 6,1 à 125. *Gris (J.)* 250 à 1 800. *Hayden* 2,3 à 140. *Herbin* 10 à 136. *Kandinsky* 115 à 7 700. *Laurencin (M.)* 13 à 697. *Léger (F.)* 62 à 4 600. *Lempicka (I. de)* 50 à 211. *Lhote* 7,8 à 450,4. *Picasso*, record 29 680 (Autoportrait, 1981) ; cote de son vivant : 9 800 (les 2 Frères et l'Arlequin, 1967), 670 (Femmes dormant, 1963). *Villon* 13 à 180.

École de Paris. *Chagall* 280 à 3 360 (1981). *Foujita* 17 à 609 (1984). *Kisling* 17 à 609. *Modigliani* 270 à 43 890 (1984). *Pascin* 20 à 619. *Soutine* 18 à 1 495 (1974).

Expressionnistes. *Alechinsky (P.)* 3,6 à 83,6. *Beckmann (M.)* 26,3 à 3 360 (1981). *Dix (Q.)* 49 à 2 420. *Gromaire* 15,5 à 176. *Jawlensky (A. von)* 22 à 1 800. *Mueller (O.)* 150 à 798 (1981). *Munch (E.)* 90 à 7 000 (1981). *Rouault* 75 à 2 600 (1984). *Schiele* 77 à 2 959 (N.Y. 1985) ; except. 36 047 (Londres 1984). *Tamayo (R.)* 100 à 1 400 (1981).

Hyperréalisme. *Estes (R.)* 798 (1981), 910 (1982). *Morley (M.)* 242 (1981). *Titus-Carmel (Gérard)* 3,5 à 5.

Impressionnistes. *Utrillo* 80 à 865.

Néo-plastique. *Domela (César)* 5 à 100.

Non-figuratifs. *Dubuffet* 50 à 870 ; record 6 160 (N.Y. 1985). *Estève* 8,2 à 160. *Francis (S.)* 13 à 66 (1984). *Freundlich (O.)* 830 (1981). *Gallien (P.-A.)* 101. *Gorky (A.)* 21,5 à 1 720. *Hartung* 9,5 à 231. *Hofmann (H.)* 14 à 810. *Hündertwasser* jusqu'à 380. *Klee* 160 à 4 200 (1983). *Kline (F.)* 11,8 à 8 333,6 (N.Y. 1985). *Louis (Morris)* 19,8 à 1 660. *Magnelli* 5,3 à 416. *Manessier* 5,8 à 95,8. *Mathieu* 4 à 100 (1974). *Messagier (J.)* 1 à 14,5. *Mondrian* 50 à 16 600 (record, 1983). *Nicholson (Ben)* 55 à 1 232. *Noland (K.)* 27 à 1 840. *Piaubert (J.)* 1,8 à 14,5. *Poliakoff* 8 à 619,8. *Pollock (J.)* 151 à 2 420 (1980), 8 400 (1973). *Riopelle* 18 à 201. *Rothko (M.)* 266 à 14 800 (1983). *Soulages* 14 à 175. *Vasarely* 4,5 à 156,8 (1981). *Viera da Silva* 48 à 243,9. *Wols* 7 à 65 (1981).

Nouveaux réalistes. *Arman (F.)* 3 à 61. *Christo* 20 à 168. *Klein (Yves)* 13,5 à 387 (1980). *Raysse (M.)* 13 à 32. *Rotella* 2,8 à 40.

Pop Art. *Adami* 14 à 60. *Hockney (D.)* 14 à 735 (1983). *Johns (Jasper)* 77,9 à 2 495 (1983). *Klasen* 2,8 à 16,6. *Lichtenstein* 16,8 à 924 (1980). *Schlösser* 4,6 à 82,4. *Warhol* 8,4 à 450,8 (1978). *Wesselman* 12,6 à 238.

Surréalistes. *Brauner* 30 à 533 (1980). *Chirico* 45 à 1 344. *Dali* 60 à 4 600 (1984). *Delvaux* 15,4 à 1 540. *Ernst* 25 à 2 542 (1980). *Labisse* 3 à 53. *Lam* 10 à 389,5 (1980). *Lewitt* 4,5 à 15,9 (1977). *Magritte* 120 à 2 128 (1981). *Man Ray* 2,6 à 3 000 (1979). *Masson (A.)* 6 à 476. *Matta* 20,9 à 280. *Miró* 85 à 16 500 (record, 1983). *Tanguy* 190 à 1 107 (1980).

Divers. *Andreis (A. de)* 7,4 à 20 (1980). *Appel (Karel)* 8 à 801 (1977). *Atlan (J.-M.)* 5,1 à 380. *Bacon (F.)* 550 à 1 960 (1981). *Balthus* 9 775 (1984). *Bazaine* 8 à 280. *Baziotes* 2 800 (1984). *Bernard (E.)* 3,9 à 155. *Bissière (R.)* 2,8 à 50,4. *Bonnat (L.)* 1 à 42. *Botero (F.)* 100 à 1 100 (1983). *Brancusi (C.)* 180 (1980). *Brayer (V.)* 2 à 52. *Brianchon (M.)* 2,5 à 82. *Buffet (B.)* 15 à 680. *Calder (A.)* 5,5 à 249. *Campigli (M.)* 50 à 532. *Carzou (J.)* 7 à 38. *Delaunay (R.)* 31 à 1 624. *Delaunay (S.)* 5,5 à 630. *Dolla (Noël)* 1,8 à 5. *Domergue (J.-G.)* 5 à 98. *Dunoyer de Segonzac (A.)* 20 à 245. *Dupas (J.)* 3,3 à 55. *Ensor (J.)* 40 à 2 150 (1981). *Epstein (H.)* 1,5 à 14. *Fautrier (J.)* 7,2 à 225. *Fechin (N.)* 22 à 616. *Feure (G. de)* 202 (1984). *Fini (Léonor)* 6,2 à 310. *Flint (Sir W.-R.)* 13,5 à 127,8 (1981). *Frank-Will* 1,8 à 26,8. *Friesz* 3,8 à 672. *Gen Paul (E.)* 4,5 à 61. *Gervex* 4 à 52 (1980). *Giacometti (A.)* 16,3 à 1 729,9 (1981). *Gnoli* 17,1 à 242,6 (1977). *Gontcharova* 4,6 à 380. *Grau-Sala (E.)* 2,7 à 70. *Hayter* 18,1 à 111. *Heckel (E.)* 90 à 780. *Kokoschka (O.)* 142,6 à 1 100. *Kooning (W. de)* 52 à 18 156,6 (N.Y. 1985). *Kuniyoshi* 28 à 1 050. *Kupka (F.)* 7 à 158,4 (1980). *Lanskoy (A.)* 29 à 200. *Lapicque (C.)* 1 à 150. *Lindner (R.)* 1 400 (1982), 2 300 (1983). *Lorjou* 3,6 à 35. *Lurçat* 2,8 à 60. *Mac Avoy (E.-G.)* 1,4 à 6,1. *Mané-Katz* 3,5 à 184. *Martin (Agnès)* 24,2 à 140. *Moholy-Nagy* 57,4 à 460. *Monory (Jacques)* 1 à 26. *Morandi* 108 à 945. *Morley (Malcolm)* 14 à 242. *Motherwell* 100 à 1 400. *Neuman (B.)* 481 à 1 100 (1980). *Nolde* 81 à 1 350. *Nowland (K.)* 182,4. *Picabia* 4,2 à 456. *Pougny* 2,8 à 500. *Rauschenberg* 21,2 à 6 300 (1984). *Reille* 0,7 à 16,5. *Rivera (D.)* 32,8 à 2 160 (1983). *Rusha (E.)* 3,9 à 250,7. *Scheeler (C.)* 22 à 12 800 (1983). *Senlis (S. de)* 15 à 200. *Soto* 9 à 91. *Sutherland (G.)* 50 à 170. *Tal-Coat* 2,7 à 15. *Trapies* 21 à 294. *Thébaud* 619. *Trouille* 7,8 à 85. *Twombly* 35,2 à 980. *Valmier (G.)* 14 à 140. *Wiyeth* 2 580 (1981).

Vie des peintres

● **Certains peintres consacrés eurent une existence dorée.** Ainsi, au XVIIIe s., pour un portrait, *Mme Vigée-Lebrun* demandait de 4 000 (env. 80 000 F) à 12 000 livres (env. 200 000 F), *Chardin* 2 000 livres (env. 40 000 F). En 1810, ces portraits se vendaient 12 à 50 F ; aujourd'hui, ils atteindraient 600 000 F. *Tocqué* en 1754 gagnait env. 20 000 livres par an (400 000 F). En 1805, *Gros* reçut 16 000 F pour les Pestiférés de Jaffa (450 000 F). Au XIXe s., *Flandrin* demandait 80 000 F (500 000 F actuels) pour un portrait (qui se vendrait aujourd'hui entre 5 000 et 10 000 F). Cote de Meissonnier de 1884 à 1890 : 100 000 à 190 000 F de l'époque (actuellement 4 700 à 20 000 F).

● **Beaucoup de peintres vécurent dans la misère.** *Rembrandt*, déclaré insolvable en 1656, mourut pauvre. *Daumier* dut être enterré aux frais de l'État. *Van Gogh* ne put vendre un tableau plus de 100 F. *Gauguin* en vendit plusieurs à 160 F. *Modigliani* obtenait parfois 100 F en espèces ainsi qu'une bouteille d'alcool.

● **Plusieurs peintres ont laissé peu d'œuvres certaines.** Léonard de Vinci 15, Georges de La Tour 20, Vermeer 40, Dürer 70, Le Titien 140, Raphaël 200.

● **D'autres furent plus prolifiques.** Rembrandt 650 peintures à l'huile, 300 eaux-fortes, 2 000 dessins, Toulouse-Lautrec env. 737 peintures, 275 aquarelles, 4 790 dessins, lithos ou croquis, Van Gogh 817, Rubens 2 500 (500 peut-être non authentiques), Corot 4 000, Renoir 6 000, Picasso 13 500 tableaux, et dessins, 100 000 lithos et gravures, 34 000 illustrations, 300 sculptures et céramiques.

● **Picasso** (1881-1973). Voir cote ci-contre (XXe Cubiste). L'héritage de Picasso (60 000 œuvres dont environ 1 876 tableaux, 27 388 estampes, 2 880 céramiques, 11 748 dessins, 1 355 sculptures) a été évalué à 1 251 673 200 F qui ont été partagés (une fois réglés les 20 % de droits de succession pour les enfants et 40 % pour les petits-enfants) entre *6 héritiers* : sa *veuve* Jacqueline (née 1926, 2e épouse) ; ses *enfants natu-*

rels Maya Widmayer (n. 1935) née de Marie-Thérèse Walter, Claude (n. 1947) et Paloma Picasso (n. 1949), nés de Françoise Gillot ; ses *petits-enfants* nés de son fils Paulo († 1975, fils d'Olga Khokhlova, 1896-1935, 1re épouse) et Emmanuelle Lotte (épousée 1950), Pablito († 1973) et Marina Picasso (n. 1951), et de Christine Paulin (épousée 1962), Bernard Picasso (n. 1959).

Cote des artistes peintres actuels. De nos jours, un peintre est payé au point (débutant de 20 à 50 F, déjà célèbre 700 et plus). La cote augmente en fonction des réactions de la critique, de la demande, de la mode, du nombre des expositions, de la participation à des salons internationaux importants (Documenta de Cassel, exposition Carnegie de São Paulo et Tokyo, triennales de Milan et de Turin), la présence d'œuvres dans les grandes collections et les récompenses reçues (prix de Venise et São Paulo, prix Carnegie, prix Guggenheim, prix Marzotto et prix Lissone).

Quelques écoles et mouvements

Allemagne

Nazaréens (XIXe s.). Groupe qui remit l'art religieux en honneur : Wackenroder, Tieck, Overbeck, Pforr, Vogel, Hottinger, Wintergerst, Sutter, Cornelius. Rejoints par Schnorr von Carosfeld, Führich.

Jugendstil (v. 1880-1900). Mouvement en liaison avec l'Art Nouveau français.

École de Düsseldorf (1828-50). En réaction contre l'art italien : Andreas Achenbach (1815-1910), Albert Bierstadt (1830-1902), Peter Hasenclever (1810-53), Wilhelm-J. Heine (1813-39) Ferdinand-Théodore Hildebrandt (1804-74), Karl Wilhelm Hübner (1814-79), Friedrich Lessing (1808-80), Karl Sohn (1805-67).

Die Brücke (Le Pont). École expressionniste (Dresde puis Berlin, 1905-13) : Bleyl, Heckel, Kirchner, Schmidt-Rottluff, Nolde, Pechstein, Mueller, Amiet (Suisse).

Der Blaue Reiter (le Cavalier Bleu). Créé à Munich, en 1911 par Kandinsky et Marc. Recherches pour l'émancipation de l'art. Rassemble jusqu'en 1913 de nombreux représentants de l'Art Moderne : Macke, Campendown, Klee, Münter.

Bauhaus. École qui réunit à Weimar, de 1919 à 1933, *architectes :* Gropius, Mies van der Rohe, Breuer ; *peintres :* Klee, Kandinsky, Moholy-Nagy (Hongrois), Feininger (Am.), Schlemmer ; *sculpteurs :* Marcks.

Zéro (Düsseldorf, 1957-67). Mouvement en liaison avec l'Art Nouvelle Tendance (Heinz Mack, Otto Piene, Günther Uecker).

Belgique

École mosane (VIIIe au XVe s.). Orfèvrerie et sculpture.

Écoles de Bruxelles, d'Anvers, de Malines (XVe s.). Retables.

École de Tervuren (1866). Groupe de paysagistes réalistes : Boulenger, Dubois, Coosemans.

Groupe des XX. Association, créée en 1884 par Octave Maus et Verheyden, qui organisa chaque année une exposition où figuraient les peintres d'avant-garde. Dissoute en 1894, elle fut remplacée par la *Libre Esthétique.*

École symboliste (vers 1900). Fernand Khnopff, Jean Delville, William Degouve de Nuncques, Henri de Groux, Léon Frédéric.

Écoles de Laethem-Saint-Martin (Gand) (dès 1900). Peintres symbolistes, puis expressionnistes : Valerius de Saedeleer, Gustave van de Woestijne, puis Constant Permeke, Frits Van Den Berghe, Gustave de Smet, Albert Servaes.

Fauvisme brabançon. Fernand Schirren, Willem Paerels, Charles Dehoy, Jean Vanden Eeckhoudt, Marcel Jefferys, Médard Maertens, Auguste Oleffe, Marthe Guillain.

Groupe surréaliste de Bruxelles (dès 1924). Mesens, Magritte, Colinet, Souris, Nougé et Lecomte. Participation wallonne à partir de 1934 *(Groupe Rupture :* Chavée, Simon et Lefranc). En 1947, le *Groupe surréaliste révolutionnaire* regroupe Wallons et Bruxellois.

Jeune peinture belge. Groupe créé en 1945 : Louis van Lint, Anne Bonnet, Gaston Bertrand, Marc Mendelson.

Art abstrait. Groupe fondé en 1952 par Delahaut qui a créé en 1956 le groupe *Formes* avec Pol Bury et Guy Vandenbranden.

Groupe Cobra. Pierre Alechinsky, Christian Dotremont.

Espagne

Dau al Set. Groupe fondé à Barcelone (1948) : Tharrats, Cuixart.

El Paso. Groupe fondé à Madrid : Canogar, Saura, Nieva, Millares, Feito.

☞ Mouvements récents, voir page 360.

États-Unis

Ashcan School (École de la Poubelle). Fondée en 1908 par le groupe des 8 (The Eight) à New York : Robert Henri, Arthur B. Davies, Maurice Prendergast, Everett Shinn, William Glackens, Ernest Lawson, John Sloan, George Luks.

École de New York. Groupe de peintres détachés de la peinture européenne : Pollock, de Kooning, Tobey, Kline, Still, Rothko, Francis.

Hudson River School. École (v. 1825-70) de paysagistes romantiques : Th. Cole, Asher Brown Durand, J.F. Kensett, Frederic Church, George Inness, Alvan Fisher, Thomas Doughty, Jasper F. Cropsey, Homer D. Martin, Worthington Whittredge.

France

École de Tours (XVe s.). Fouquet.

École du Centre (XVe s.). Maître de Moulins.

École d'Avignon (XVe s.). Maître de la Pietà de Villeneuve-lès-Avignon. Simone Martini, Enguerrand Charonton (ou Quarton). Maître de l'Annonciation d'Aix, Nicolas Froment.

École de Fontainebleau. *1re école, vers 1530-1589 :* Le Rosso, Le Primatice, Nicolò dell' Abate (Italiens), François Clouet, Jean Cousin, Antoine Caron. *2e école, vers 1589-1610 :* Toussaint Dubreuil, Martin Fréminet, Ambroise Dubois (Flamand).

École française. XVIIe s., *1re moitié :* Le Valentin, Jacques Callot, Georges de La Tour, Antoine, Mathieu et Louis Le Nain, Philippe de Champaigne (Flamand), Vouet, Le Sueur. *2e moitié :* Poussin, Claude Gellée dit Le Lorrain, Lebrun, Mignard, Dumonstier, Nanteuil, Rigaud, Largillière.

XVIIIe s., *1re moitié :* Gillot, Watteau, Boucher, Quentin de La Tour, Perronneau, Chardin. *2e moitié :* Jean-Honoré Fragonard, Hubert Robert, Gabriel de Saint-Aubin, Jean-Baptiste Greuze, Pierre-Paul Prud'hon.

Néo-classicisme (1re moitié du XIXe s.). David, F. Gérard, Girodet-Trioson, Ingres, Th. Chassériau, Puvis de Chavannes.

Romantisme (1re moitié du XIXe s.). Baron Gros, Théodore Géricault, Eugène Delacroix.

Orientalisme. XIXe s. Peinture inspirée par l'Orient. Scènes exotiques et colorées. Ingres-Delacroix, Girodet, Guérin, Géricault, Decamps, Darilhat, Chassériede, Regnault, B. Constant, Gérôme, Deutsch, E.J.H. Vernet.

Réalisme (2e moitié du XIXe s.). Honoré Daumier, Gustave Courbet.

Art pompier. Allusion aux personnages casqués de certaines compositions. Peinture officielle de la 2e moitié du XIXe s., conventionnelle et solennelle. Bouguereau, Gérôme, Cabanel, Delaroche, Buissonier.

École de Barbizon (du village de Barbizon, S.-et-M.) (milieu et 2e moitié du XIXe s.). J.-F. Millet, Th. Rousseau, Dupré, Daubigny, Troyon, Corot, Diaz.

École de Honfleur. Née au milieu du XIXe s., prélude à l'impressionnisme : Isabey, Huet, Daubigny, Jongkind, Boudin, Monet.

Impressionnisme (fin du XIXe s.). Le nom vient du tableau de Monet, *Impression, soleil levant,* exposé chez Nadar en 1874. Donne à la lumière une importance nouvelle, en juxtaposant des touches colorées qui semblent être des rayons lumineux. *Précurseurs :* Boudin, Jongkind, Lépine, sous l'impulsion de Corot ; Guigou, Bazille, sous celle de Courbet ; Degas, Monet, Guillaumin, Sisley, Pissarro, Renoir, Cézanne, Manet, Morisot, Van Gogh, Toulouse-Lautrec, Cassatt, Zandomeneghi. Gauguin expose avec les impressionnistes de 1880 à 82.

École de Pont-Aven. A groupé à partir de 1886 : Gauguin, E. Bernard, Seguin, Filiger, Verkade, Sérusier, Laval.

Les Nabis (en hébreu : prophètes). Groupe créé en 1888 (1re expos. 1891) : Sérusier, Maurice Denis, Bonnard, K.X. Roussel, Ranson, Vuillard, Verkade, Vallotton, Maillol-Lacombe.

Symbolisme. Mot officialisé en 1886 par Moréas. *Français :* G. Moreau, Puvis de Chavannes : *Allemand :* Boeklin ; *Anglais :* Burne-Jones. De 1892 à 97, 6 salons de la Rose-Croix, organisés par Joséphin Peladan, leur furent consacrés : G. Moreau, O. Redon, F. Khnopff, Louis Chalon, Jean Delville, F. Odler, Jean Toorop, Alphonse Osbert, Georges de Feure, Armand Point. *Tendances symbolistes* chez E. Carrière, Fantin-Latour, Hébert, Levy-Dhurmer, Le Sidaner.

Néo-impressionnisme (divisionnisme, pointillisme). Utilise les couleurs pures sans les mélanger. Seurat (*Un dimanche d'été à la Grande Jatte,* 1896), Pissarro, Signac, Engrand, Dubois-Pillet, Cross, H. van de Velde, Théo van Rysselberghe, Luce.

Post-impressionnistes. André, d'Espagnat, Loiseau, Maufra, Moret.

Fauvisme. (1905-07). Le critique Louis Vauxcelles compara à une « cage aux fauves » la salle du Salon d'Automne (1905) où exposaient Camoin, Derain, Manguin, Marquet, Matisse, Puy, Valtat, Rouault, Van Dongen, Vlaminck. Ceux-ci, rejetant perspective et valeurs de l'art classique, exaltaient la couleur.

Expressionnisme. Mouvement né en 1900. *Belgique :* Ensor ; *Norvège :* Munch ; *Allemagne :* Groupe Die Brücke ; *France :* Soutine, Pascin et Chagall, Rouault, Gromaire, La Patellière ; *Hollande :* Sluyters, Charley, Toorop ; *Suisse :* Auberjonois, Hodler ; *Brésil :* Segall, Portinari.

Art abstrait (non-figuration). Origine : 1909, *Caoutchouc* aquarelle abstraite de Picabia ; 1910, aquarelle abstraite de Kandinsky, puis tableaux de Delaunay et Kupka.

Cubisme. En 1908, Matisse (ou le critique Vauxcelles ?) parla de petits cubes à propos de toiles de Braque, dont 5 sur 7 furent refusées au Salon d'Automne. *Adeptes :* Csaky, Delaunay, les frères Duchamp, Gleizes, Kupka, La Fresnaye, Le Fauconnier, Léger, Lhote, Metzinger, Reth, Villon. *Sculpteurs :* Archipenko et Brancusi.

Section d'or. Le « groupe de Puteaux » (1911) qui réunit des cubistes : Duchamp, Villon, Gleizes, Kupka, Metzinger, Picabia, Léger, organise son propre salon (1912) où figure également « La Section d'or » ; abandon de la perspective classique cubiste, répartition de l'espace à 2 dimensions selon la « Section d'or » ou « divine proportion ». M. Laurencin, Marcoussis, Lhote.

Bateau-Lavoir. Baraquement d'ateliers d'artistes édifié v. 1860 à Paris, place Ravignan (devenue Émile-Goudeau). Habité, après 1872, par des peintres dont : Picasso (il y peint les « Demoiselles d'Avignon », 1907), K. Van Dongen, J. Gris, A. Modigliani, A. Herbin ; des écrivains dont P. Mac Orlan, A. Salmon, M. Jacob, P. Reverdy. Fréquenté par Gargallo, M. Laurencin, G. Braque, le Douanier Rousseau, H. Matisse, M. de Vlaminck, A. Derain ; le poète Apollinaire, les comédiens Harry Baur et Charles Dullin.

Orphisme. Nom donné par Apollinaire en 1912 à la peinture de Delaunay, puis étendu à toute la peinture d'avant-garde ne découlant pas du cubisme orthodoxe de Picasso. Repose sur les possibilités constructives des contrastes de couleurs. Appelé aussi « Cubisme écartelé ». Les Delaunay, Duchamp, Kandinsky, Kupka.

Dada. Mouvement intellectuel : révolte contre la société bourgeoise. Libération totale de l'individu. Terme trouvé au hasard dans le Petit Larousse le 8-6-1916, à Zurich, le jour de l'inauguration du Cabaret Voltaire où se réunissaient autour de Tzara, Hugo Ball, Hans Arp, Marcel Jenco. *Adeptes* à New York, en Allemagne (Max Ernst, Kurt Schwitters), à Paris. Disparaît en 1922.

Purisme. Mouvement cubiste rigoriste lancé par Ozenfant et Jeanneret (Le Corbusier) en 1918.

Surréalisme. Mouvement littéraire et artistique lancé par *le Manifeste du surréalisme* d'André Breton

(1924). A la première exposition (1924), exposèrent : Chirico, Arp, Man Ray, Max Ernst, Masson, Miró, Ray. Parmi les adeptes : Tanguy, Dali, Magritte, Brauner, Delvaux.

École de Paris. Groupe de peintres expressionnistes (dep. env. 1925), dont Modigliani (It.), Soutine (Russe), Chagall (Russe), Kisling (Pol.), Pascin (Bulg.). Depuis 1945, a souvent désigné l'ensemble des artistes étrangers travaillant à Paris.

Cercle et carré. Groupe d'artistes abstraits, qui exposa pour la 1re fois en 1930 : Mondrian, Arp, Kandinsky, Plosner, Schwitters, Léger.

Abstraction création. Créé 1931. Perpétue l'esprit du groupe cercle et carré, dont il rassemble des membres comme Herbin, Beothy, Valmier, Kupka, Gleizes.

Abstraction géométrique. Expression employée après 1945. Vasarely, Schöffer.

Art informel. Né en 1951, créé par Fautrier et Dubuffet : Riopelle. Refus de peindre le reflet d'une réalité.

Abstraction lyrique (v. 1954). Expression pure et libre qui s'oppose à l'abstraction géométrique. Se développe dans l'Art informel, la Peinture gestuelle et le Tachisme. Sam Francis, Hartung, Schneider, Soulages, Atlan, Poliakoff, Staël, Mathieu.

Grande-Bretagne

Préraphaélite. Mouvement formé en 1848 par 8 étudiants de la Royal Academy dont Rossetti, Millais, Holman Hunt.

New English Art Club (N.E.A.C.). Fondé 1886 par un groupe d'artistes jugeant la Royal Academy trop conventionnelle : Sargent, Sickert, Steer *(John Innes, Wilson, non cités dans Laclotte).* Ils sont influencés par l'impressionnisme français.

Camden-Town Group. Groupe postimpressionniste entre 1911 et 1913. Fondé par des peintres associés à la N.E.A.C. Sickert, Gilmar, Gore, Ginner, Pissaro.

London Group. Créé 1913 par H. Gilman et les membres du Camden Town Gr. Veut réunir toutes les tendances de l'art anglais moderne. Première exposition : 1914.

Vorticisme. Mouvement d'avant-garde lancé en 1914 par Wyndham Lewis. Exposition 1915. *Adeptes :* Etchells, Gaudier-Brzeska, Roberts, Wadsworth, E. Pound.

Euston Road Group. École fondée et dirigée de 1937 à 1939 par G. Bell, W. Coldstream, V. Pasmore, et Cl. Rogers. Peinture objective, d'après nature.

Unit One. Association de peintres, sculpteurs, et architectes. Fondée 1933 par P. Nash. *Adeptes :* B. Nicholson, H. Moore, B. Hepworth.

Italie

Macchiaioli (v. 1850-60). Peinture par touches, colorées (Macchia : tache). Fattori, Lega, Signorini, et un groupe de 3 Toscans (Banti, De Tivoli, Sernesi) avec un Romain, G. Costa ; puis d'Ancona, Borrani, Cabianca, Cecioni, Abatti.

Futurisme. Mouvement né du Manifeste littéraire de 1909 de F.T. Marinetti, suivi du Manifeste technique de la peinture et de la sculpture futuriste, signé des peintres Balla, Boccioni, Carra, Russoll et Severini. Exalte le « futur » et les mythes de la société moderne : la machine, la vitesse, le dynamisme. En 1912, Saint-Élia publie le manifeste de l'architecture futuriste ; adhésions de Soffici, Prampolini et Dépéro, puis de Bragaglia.

Metafisica. Peinture basée sur la métaphore et le rêve. Groupe né à Ferrare : Giorgio de Chirico, son frère Andrea (connu sous le nom d'Alberto Savinio), Carlo Carrà et Filippo de Pisis. Chirico peignait des œuvres métaphysiques depuis 1910. Giorgio Morandi et Marcus Sironi adhérèrent au groupe quelque temps.

Novecento. Mouvement intellectuel né à Milan en 1922. 1re exposition en 1923, puis 1924 (Biennale de Venise). Théoricien : le critique Margherita Sarfatti. Aux expositions nationales de 1926 et 1929 participent Sironi, Carrà, Tosi, Morandi, Funi, Soffici, De Pisis, Campigli, Chirico ; 2 sculpteurs : A. Martini et M. Marini.

Fronte Nuovo delle Arti. Manifeste de 1946, signé par Birolli. Animé par le critique Marchiori ; à partir de 1947 comprend le sculpteur Leonardi et des peintres abstraits (Vedova, Turcato) mais aussi réalistes, fortement influencés par la peinture cubiste, et surtout par Picasso : Guttuso, Pizzinato, Birolli, Corpora, Santomaso, Cassinari, Morlotti, C. Levi, Fazzini, Franchina.

Groupe des huit de la Biennale de Venise. A regroupé en 1952 les abstraits : Santomaso, Corpora, Morlotti, Vedova, Moreni, Afro, Turcato.

Pays-Bas

Néo-plasticisme. Fondé à Leyde en 1917 par Mondrian et Van Doesburg. Organe : la revue *De Stijl.* N'admet que des lignes horizontales et verticales, puis préconise l'aplat et limite les couleurs au bleu, jaune, rouge. 1924, dissidence de Van Doesburg qui lance l'**Élémentarisme** (introduction de l'angle aigu).

Cobra (Abr. de Copenhague, Bruxelles, Amsterdam). Groupe néo-expressionniste, fondé en 1948. Alechinsky et Cornelius Guillaume Doutremont (Belges) ; Jorn (Danois), Beverloo dit Corneille et Constant Appel (Néerl.).

Russie

Rayonnisme. Lancé en 1910 par Larionov et Gontcharova.

Réalisme socialiste. Des années 1932 à nos jours.

Suprématisme. Lancé en 1913 à Moscou par Malévitch *(Carré noir sur fond blanc).*

Non-objectivisme. Lancé en 1913 par Rodchenko.

Constructivisme. Lancé par Pevsner et Gabo en 1920.

Mouvements internationaux récents

Action Painting ou expressionnisme abstrait (1952). U.S.A. Technique où le geste du peintre joue le rôle le + important. Projections ou coulées de couleur liquide (Pollock, de Kooning, Kline, Skill, Rothko, Motherwell, Baziotes).

Art cinétique (1965). U.S.A. Artistes intégrant dans leurs œuvres un mouvement produit par un moteur ou des variations de lumière, de pesanteur, etc. (Schöffer, Vasarely, Le Parc).

Art cybernétique (1920). Forme d'art faisant appel à l'utilisation d'ordinateurs [ex. : certaines sculptures mobiles de Schöffer, commandées par un cerveau électronique, Gabo (*Motor* 1920), Calder (*Wind* 1932)].

Art pauvre (1967). Italie. Matériaux bruts, terre, cordes, bois. Confrontation de formes et de matières apparemment antinomiques : Joseph Beuys, Merz.

Art technologique (1960). Art utilisant des moyens technologiques modernes (ex. : les ondes magnétiques de Takis, les ondes lumineuses d'Agam et les circuits vidéo de télévision de Martial Raysse).

Body Art. L'artiste se met en scène lui-même dans des actions éphémères le plus souvent filmées en vidéo ; Chris Burden, G. Brus, R. Schwarzkeyler, G. Pane, Vito Acconci, Gilbert et George.

Conceptual Art (1967). U.S.A. Activité où toute pratique artistique est abandonnée au profit d'une réflexion sur l'art : Kosuth, Weiner, Huebler, Barry.

Hyperréalisme (v. 1970). Recherche la reproduction de la réalité d'après des photos, sans sentiments ni émotions. *Thème :* civilisation urbaine. Aux U.S.A. : Jack Beal (n. 1931), T. Blackwell, John Clem Clarke (n. 1937), Robert Cottingham (n. 1935), D. Eddy, R. Estes, R. Goings, D. Hanson, J. Kacere, H. Kanovitz, N. Mahaffey, Malcolm Morley (n. 1931), Joe Raffacle (n. 1933), B. Schonzeit. Évolution vers davantage de distances avec les sources photogr. ; se rattache ainsi au Pop Art.

Land's Art. Voir p. 340.

Minimal Art (1960-65). Courant (peinture et sculpture) voulant réduire les formes à leurs éléments les plus simples : cubes, rectangles, parallélépipèdes. Mot d'ordre : « Less is more » (Moins, c'est davantage). F. Stella, Morris Newman, Tony Smith, Ad Reinhardt, Sol Lewitt, D. Judd, R. Serra.

Muralisme. Créé au Mexique par Diego Rivera, José Clemente Orosco, v. 1930. Fresques et décorations sur les murs des villes. Hans Hammers (Holl.), Warren Johnson (U.S.A.), Fabio Reti, Ernest Pignon-Ernest (France).

Nouveau Réalisme. Courant européen (1960-63) ; fondé par le critique Pierre Restany, parallèle au Pop Art. Utilise directement l'objet (ex. : affiches découpées, accumulation de tubes de couleurs, petit déjeuner collé sur une table). Arman (1935, Fr.), César, Dufrêne, Hains, Klein (1928-62, Fr.), Raysse, Spoerri, Tinguely, Villeglé et plus tard Niki de Saint-Phalle en 1961, Christo (1935, Youg.), Gérard Deschamps en 1962, sont en fait des assemblagistes (sauf Klein).

Nouvelle Figuration. Soutenue depuis 1968 par le critique Gerald Gassiot-Talabot. Mode figuratif : sujets politiques, publicité, bande dessinée, actualité (utilisés à des fins critiques). Adami, Arroyo (1937, Esp.), Erro (1932, Isl.), Fromanger, Buri, Monory, Rancillac (1931, Fr.), Reccalcati, Télémaque, Klasen (1935, All.), F. Bacon (G.-B.), Giacometti (It.).

Op'Art (de l'anglais optical art) (1960). Création d'illusions optiques par le jeu de formes géométriques (applications : peinture, décoration et ameublement, bijoux). Kenneth Noland, Bridget Riley, Henryk Berlewi, Vasarely ; groupe de recherche d'art visuel de Paris (J.-R. Soto, Gyula Kosice) ; groupe Zero (Allemagne : G. Uecker, Otto Piene, Heinz Macke) ; Josef Albers (U.S.A.) ; Schöffer, J. Le Parc, Lassus, Müller...

Peinture « fantastique ». Djuric Dado (1933, Youg.), Ljuba (1934, Youg.), Yvan Towar (1942, Youg.).

Pop Art. Désigné comme tel pour la 1re fois par Rayner Banham et Leslie Fiedler en 1955. **Pop Art I** ou proto-Pop Art ou Pop Art assemblagiste (l'objet est intégré à l'œuvre d'art, seul ou réuni avec d'autres objets). *Précurseurs :* la *Nature morte à la chaise cannée* (1912, Picasso), les *Ready Mades* (objets manufacturés promus objets d'art par l'artiste) de Duchamp, certaines œuvres de Picabia, les *Merzbilder* de Schitters, les *Objets surréalistes,* les *Boîtes* de Joseph Cornell. Comprend les *Combine Paintings* de Rauschenberg (1954-55), les *Happenings* [environnements composés d'épaves urbaines réelles ou simulées, traversées par des personnages (dont l'artiste) ayant un rôle défini. Ont lieu toujours devant un public] de Oldenburg et Dine (1959).

Quelques noms : Woody van Amen (1936, P.-Bas), Arman (1928, Fr.), César (1921, Fr.), Jim Dine (1935, U.S.A.), Marcel Duchamp (1887-1968, Fr.), Jasper Johns (1930, U.S.A.), Edward Kienholz (1927, U.S.A.), Claes Oldenburg (1929, Suède), Robert Rauschenberg (1925, U.S.A.), Martial Raysse (1936, Fr.), Mimmo Rotella (1918, It.), George Segal (1924, U.S.A.), Daniel Spoerri (1930, Roumanie), Jean Tinguely (1925, Suisse), Tom Wesselmann (1931, U.S.A.). *Assemblagistes (1950-61) :* George Brecht (n. 1926), Jim Dine, Jean Follet (n. 1917), Esther Gentle (n. 1916), Gloria Graves, Johnson Kaprow (1927, U.S.A.), Robert Mallary (n. 1917), Salvatore Meo (n. 1920), Robert Moskowitz (n. 1935), Samaras (n. 1936, Grèce), Édith Schloss (n. 1919), John Cage (1912, U.S.A.), inspirateur du Néo-Dada et des happenings.

Pop Art II. Apparu en 1961 à New York. Pictural et sculptural. Il s'appuie sur des supports de mass media (affiches, bandes dessinées, photographies de magazine, dessins animés, cinéma, T.V.) et se manifeste par une agressivité délibérée contre les traditions artistiques et le bon goût. Rauschenberg fixa sur ses toiles des animaux empaillés ; Jasper Johns, des lampes électriques coulées dans du bronze ; Warhol proposait des boîtes de soupe Campbell ; Lichtenstein des agrandissements sophistiqués de comics ; Oldenburg fabriquait des W.C. mous. *Quelques noms :* Valerio Adami (1935, It.), Allan d'Arcangelo (1930, U.S.A.) Évelyne Axell (1935-72, Belgique), Peter Blake (1932, G.-B.), Patrick Caufield (1936, G.-B.), Richard Hamilton (1922, G.-B.), David Hockney (1937, G.-B.), Allen Jones (1937, G.-B.), Konrad Klapeck (1935, All.), Roy Lichtenstein (1932, U.S.A.), Marisol (Marisol Escobar dite, 1930, Fr.), Mel Ramos (1935, U.S.A.), James Rosenquist (1933, U.S.A.), Peter Saul (1934, U.S.A.), Peter Stämpfli (1937, Suisse), Marjorie Strider (U.S.A.), Hervé Télémaque (1937, Haïti), Andy Warhol (1930, U.S.A.).

Serrafisme. Œuvre figurative donnant l'impression de relief grâce à un procédé créé en 1980 par Luc-Elysée Serraf, nécessitant le passage par 4 étapes successives avant l'achèvement de la toile.

Street Art. Peinture murale née vers 1970 aux U.S.A., utilisant techniques et formats de la publicité. *Exemples :* façades de la faculté de Médecine de

Montpellier : patinoire de Grenoble ; laboratoire de l'hélium à la Halle aux Vins ; immeuble de R.T.L. (décoré par Vasarely).

Supports-Surfaces. Groupe constitué autour de Nice, en 1970, par des peintres qui développaient dep. 1966 des expériences sur la matérialité de la peinture : le tableau recouvre son caractère essentiel de « support » et de « surface ». Bioulès, Cane, Devade, Dezeuze, Dolla, Jaccard, Valensi, Viallat.

Figuration libre. Mouvement lancé en 1982 par des Français (H. di Rosa, F. Boisrond, R. Blanchard, R. Combas) et des Américains (J.M. Basquiat, K. Haring Crash, H. Sharf), s'inspire des graffitis, comics, du rock et de l'esprit punk. Grande rapidité d'exécution. Couleurs très vives.

Peinture cultivée. Triomphe à la biennale de Venise 1984. Retour à l'académisme. *Italiens :* C.M. Mariani, A. Abate, V. Bartoloni, G. Dicroba, S. di Stasio ; *Français :* G. Garouste, J.M. Albérola.

Trans-Avant-garde (fin années 70). Créé par le critique italien A. Bonito Oléva, M. Paladino, F. Clemente, E. Cucchi, S. Chia, N. de Maria.

Graffitisme. Issu des graffiti du métro de New York : Y.M. Basquiat, K. Haring Toxic, A-one. Futura Zoro, K. Scharf.

Bad Painting (peinture baclée). « Nouveaux sauvages » pour les Allemands : P. Angerman, J. Immerdorf, W. Dahn. E.U. : J. Schnabel.

Nouvel Expressionnisme. Berlin, fin des années 60. Expression grandiloquente de l'angoisse et de la douleur. H Middendorf, R. Fetting, M. Lüpertz, A. Kieger, D. Hacker, G. Baselitz, P. Kirkeby.

Principaux peintres

Allemagne

Nés avant 1700

ALTDORFER, Albrecht (av. 1480-1538).
AMBERGER, Christoph (v. 1500-61/62).
ASAM, Cosmas Damien (1686-1739).
BALDUNG, Hans dit Grien (v. 1480/85-1545).
BERTRAM, Maître (1345-v. 1415).
BRUYN, Bartholomäus (1493-1555).
BURGKMAIR, Hans (1473-1531) : gravures.
CRANACH l'Ancien, Lucas (1472-1553).
CRANACH le Jeune, Lucas (1515-86).
DÜRER, Albrecht (1471-1528).
ELSHEIMER, Adam (1578-1610).
GRÜNEWALD, Matthias (1460/70-1528).
HOLBEIN l'Ancien, Hans (v. 1465-1524).
HOLBEIN le Jeune, Hans (1497-1543).
HUBER, Wolf (1490-1553).
KONRAD VON SOEST (v. 1370-v. 1422).
KULMBACH, Hans Süss von (1476-1522).
LOCHNER, Stephan (v. 1410-51).
MAÎTRE DE HEILIGENKREUZ (actif v. 1395-1420) (Autr.).
MAÎTRE DE St LAMBERT (actif en 1434) (Autr.).
MAÎTRE DE Ste VÉRONIQUE (v. 1420).
MAÎTRE DE TRÉBON (Prague) (v. 1380).
MAÎTRE DE VISSY BROD (Prague) (v. 1350).
MAÎTRE FRANCKE (v. 1405-apr. 24).
MAÎTRE THÉODORIC (Prague) (actif 1348-68).
MOSER, Lukas (actif v. 1431).
MULTSCHER, Hans (v. 1400-67).
PACHER, Michael (v. 1435-98) (Autr.).
SCHÄUFELEIN, Hans Leonhard (v. 1480-1539/40).
SCHONGAUER, Martin (1435?-91).

Nés entre 1700 et 1800

BLECHEN, Karl (1798-1840).
CARSTENS, Jacob Asmus (1754-98).
CORNELIUS, Peter von (1783-1867).
FOHR, Carl-Philipp (1795-1818).
FRIEDRICH, Caspar David (1774-1840).
FÜGER, Heinrich (1751-1818) (Autr.).
KERSTING, Georg-Friedrich (1785-1847).
KOBELL, Wilhelm von (1766-1853).
MENGS, Anton Raphael (1728-79).
OLIVIER, Ferdinand von (1785-1841).
OVERBECK, Johann Friedrich (1789-1869).
RUNGE, Philipp-Otto (1777-1810).
SCHADOW, Wilhelm von (1788-1862).
SCHICK, Gottlieb (1776-1812).
SCHNORR VON CAROLSFELD, Julius (1794-1872).
TISCHBEIN, Johann Friedrich-August (1750-1812).
VEIT, Philippe (1793-1877).

Nés entre 1800 et 1900

ACKERMANN, Max (1887-1975).
BAUMEISTER, Willi (1889-1955).
BECKMANN, Max (1884-1950).
BISSIER, Julius (1893-1965).
BUCHMEISTER, Carl (1890-1964).
BUSCH, Wilhelm (1832-1908) : caricatures.
CORINTH, Lovis (1858-1925).
DIX, Otto (1891-1969).
ERNST, Max (1891-1976), fixé à Paris en 1922.
FELIXMÜLLER, Conrad (1897-1977).
FEUERBACH, Anselm von (1829-80).
GILLES, Werner (1894-1961).
GROSZ, George (1893-1959).
HECKEL, Erich (1883-1970).
HÖCH, Hannah (1889-1978).
HOELZEL, Adolf (1853-1934).
HUBBUCH, Karl (1891-1979).
KANOLDT, Alexander (1881-1939).
KIRCHNER, Ernst-Ludwig (1880-1938).
KLEE, Paul (1879-1940) (Suisse).
KOLLWITZ, Käthe (1867-1945).
LEIBL, Wilhelm (1844-1900).
LENBACH, Franz von (1836-1904).
LIEBERMANN, Max (1847-1935).
MACKE, August (1887-1914).
MARC, Franz (1880-1916).
MARÉES, Hans von (1837-87).
MENZEL, Adolf von (1815-1905).
MODERSOHN-BECKER, Paula (1876-1907).
MUELLER, Otto (1874-1930).
MÜNTER, Gabriele (1877-1962).
NESCH, Rolf (1893-1974).
NOLDE, Emil Hansen dit (1867-1956).
PECHSTEIN, Max (1881-1955).
PURRMANN, Hans (1880-1966).
RADZIWILL, Franz (1895-1983).
RICHTER, Hans (1888-1976).
SCHAD, Christian (1894-1982).
SCHLEMMER, Oskar (1888-1943).
SCHMIDT-ROTTLUFF, Karl (1884-1976).
SCHREYER, Adolf (1828-99).
SCHWITTERS, Kurt (1887-1948).
SLEVOGT, Max (1868-1932).
STUCK, Franz von (1863-1928).
TAPPERT, Georg (1880-1957).
THOMA, Hans (1839-1924).
UHDE, Fritz von (1848-1911).
VOGELER, Heinrich (1872-1942).
VORDEMBERGE-GILDEWART (1899-1962).
WERNER, Theodor (1886-1968).

Nés après 1900

ACKERMANN, Peter (1934).
ALTENBOURG, Gerhard (1926).
ANTES, Horst (1936).
BASELITZ, Georg (1938).
BELLMER, Hans (1902-75).
BEUYS, Joseph (1921-86).
BUTHE, Michaël (1944).
DAHMEN, Karl Fred (1917-81).
DARBOVEN, Hanne (1941).
FRUHTRUNK, Günter (1923-83).
GEIGER, Ruprecht (1908).
GIRKE, Raimund (1930).
GRAUBNER, Gotthard (1930).
GRÜTZKE, Johannes (1937).
HARTUNG, Hans (1904).
HELDT, Werner (1904-54).
HOEHME, Gerhard (1920).
JANSSEN, Horst (1929).
JOCHIMS, Reimer (1935).
KALINOWSKI, Horst Egon (1924).
KIEFER, Anselm (1945).
KLAPHECK, Konrad (1938).
KLASEN, Peter (1935).
LÜPERTZ, Markus (1941).
MEISTERMANN, Georg (1911).
NAY, Ernst Wilhelm (1902-68).
OELZE, Richard (1900-80).
PENCK, A.R. (1939).
POLKE, Sigmar (1941).
RICHTER, Gerhard (1932).
SCHULTZE, Bernard (1915).
SCHUMACHER, Emil (1912).
THIELER, Fred (1916).
TRÖKES, Heinz (1913).
VOSTELL, Wolf (1932).
WINTER, Fritz (1905-76).
WOLS, Wolfgang Schulze (1913-51).

Argentine

BADI, Aquiles (1894).
FADER, Fernando (1882-1935).
GUIDO, Alfredo (1892).
LA CARCOVA, Ernesto de (1867-1927).
LE PARC, Julio (1928).
MALHARRO, Martin (1865-1911).
PETTORUTI, Emilio (1892-1971).
SCHIAFFINO, Eduardo (1858-1935).
VITULLO, Sesostris César (1899-1953).

Autriche

HAUSNER, Rudolf (1914).
KLIMT, Gustav (1862-1918).
MAÎTRE de l'autel des Écossais à Vienne (XVe).
MAKART, Hans (1840-84).
MAULBERTSCH, Franz Anton (1724-96).
PACHER, Michael (fin XVe s.).
RAINER, Arnulf (1929).
ROMAKO, Anton (1832-89).
SCHIELE, Egon (1890-1918).
WALDMÜLLER, Ferd. Georg (1793-1865).

Belgique

Nés avant 1600

BLÈS, Henry (v. 1500-1554).
BOSCH, Jérôme, v. Pays-Bas.
BOUTS, Thierry (1415-75).
BRUEGEL le Vieux, Pierre (v. 1525-69).
CHRISTUS, Petrus (1420-73).
DAVID, Gérard (v. 1460-1523).
GOSSAERT, Jean (dit Mabuse) (1472/75-1533/36).
JORDAENS, Jacob (1599-1678).
LIMBOURG (Pol, Hennequin et Hermann) : voir France.
MEMLING, Hans (v. 1435-94).
METSYS, Quentin (1465/66-1530).
MORO, Antonio, ou MOR VAN DASHORT, Antonis (Utrecht 1517-Anvers 1576).
PATENIER, Joachim (1475/80-1524).
RUBENS, Pierre-Paul (1577-1640).
SNYDERS, Frans (1579-1657).
TENIERS le Vieux, David (1582-1649).
VAN DER GOES, Hugo (v. 1440-82).
VAN DER WEYDEN, Rogier (Roger de la Pasture) (v. 1400-64).
VAN DYCK, Antoine (1599-1641).
VAN EYCK, Jan (v. 1390-1441).
VAN ORLEY, Bernard (v. 1488-1541).

Nés entre 1600 et 1700

BROUWER, Adrien (v. 1606-38).
CHAMPAIGNE, Philippe de, V. France.
TENIERS le Jeune, David (1610-90).

Nés entre 1700 et 1800

MADOU, Jean-Baptiste (1796-1877).
NAVEZ, François-Joseph (1787-1869).
REDOUTÉ, Pierre (1759-1840).
VERHAEGEN, Pierre-Joseph (1728-1811).

Nés entre 1800 et 1900

BOULENGER, Hippolyte (1837-74).
BRAEKELEER, Henri de (1840-88).
BRUSSELMANS, Jean (1884-1953).
CARTE, Anto (1886-1954).
CLAUS, Émile (1844-1924).
DAEYE, Hippolyte (1873-1952).
DEGOUVE DE NUNCQUES, William (1866-1935).
DELVAUX, Paul (1897).
DELVILLE, Jean (1867-1953).
ENSOR, James (1860-1949).
EVENEPOEL, Henri (1878-99).
FREDERIC, Léon (1856-1940).
GALLAIT, Louis (1810-87).
GOERG, Edouard (1893-1969).
KHNOPFF, Fernand (1858-1921).
LAERMANS, Eugène (1864-1940).
LEYS, Baron Henri (1815-69).
MAGRITTE, René (1898-1967).
PAULUS, Baron Pierre (1881-1959).
PERMEKE, Constant (1886-1952).
PORTAELS, Jean (1818-95).
ROPS, Félicien (1833-98).
SAEDELEER, Valerius de (1867-1941).
SERVAES, Albert (1883-1966).
SERVRANCKX, Victor (1897-1965).
SMET, Gustave de (1877-1943).
SMITS, Jakob (1856-1928).
SPILLIAERT, Léon (1881-1946).
STEVENS, Alfred (1823-1906).
TYTGAT, Edgard (1879-1957).
VAN DEN BERGHE, Frits (1883-1939).
VAN DE VELDE, Henry (1863-1957).
VAN DE WOESTIJNE, Gustave (1881-1947).
VAN RYSSELBERGHE, Théo (1862-1926).
VERWEE, Alfred (1838-95).
WIERTZ, Antoine (1806-65).
WOUTERS, Rik (1882-1916).

Nés après 1900

ALECHINSKY, Pierre (1927).
BERTRAND, Gaston (1910).
BONNET, Anne (1908-60).
BURSSENS, Jan (1925).
CAMUS, Gustave (1914).
COX, Jan (1919-80).
DELAHAUT, Jo (1911).
DOTREMONT, Christian (1922-79).
DUDANT, Roger (1921).

Folon, Jean-Michel (1931).
Landuyt, Octave (1922).
Mara, Pol (1920).
Mendelson, Marc (1915).
Mesens, E.L.T. (1903-71).
Mortier, Antoine (1908).
Peire, Luc (1916).
Raveel, Roger (1921).
Somville, Roger (1923).
Strebelle, Jean-Marie (1916).
Ubac, Raoul (1910-85).
Vandercam, Serge (1924).
Van Lint, Louis (1909).

Brésil

Bandeira, Antonio (1922-67).
Camargo, Iberê (1914).
Carvalho, Flavio de (1899).
Da Costa, Milton (1915).
Di Cavalcanti, Emiliano (1897-1976).
Figueiredo e Nello, Pedro Americo (1843-1905).
Mabé, Manabu (1924).
Malfatti, Anita (1896-1964).
Meireles, Victor (1832-1903).
Mota e Silva, Djanina (1914-79).
Portinari, Candido (1903-62).
Raimundo de Oliveira (1930-66).
Scliar, Carlos (1920).
Silva, Presciliano (1883-1965).

Canada

Borduas, Paul-Émile (1905-60).
Bush, Jack (1909-77).
Carr, Emily (1871-1945).
Clark, Paraskeva (1898).
Colville, Alexander (1920).
Curnoe, Greg (1936).
Fitzgerald, Lionel Le Moine (1890-1956).
Fortin, Marc-Aurèle (1888-1970).
Harris, Lawren Stewart (1885-1970).
Hurtubise, Jacques (1939).
Jackson, Alexander Young (1882-1974).
Kurelek, William (1927-77).
Leduc, Fernand (1916).
Lemieux, Jean-Paul (1904).
MacDonald, J.E.H. (1873-1932).
Milne, David (1882-1953).
Molinari, Guido (1933).
Morrice, James Wilson (1865-1924).
Pellan, Alfred (1906).
Riopelle, Jean-Paul (1923).
Shadbolt, Jack (1909).
Snow, Michaël (1929).
Suzor-Coté, Marc-Aurèle (1869-1937).
Thomson, Tom (1877-1917).
Town, Harold (1924).
Varley, Frederick (1881-1969).
Watson, Homer (1855-1936).

Chili

Aldunate, Cármen (1940).
Antunez, Nemesio (1918).
Bravo, Claudio (1936, en Algérie).
Carreño, Mario (1913).
Lira, Benjamin (1950).
Matta, Roberto (1911, en France).
Opazo, Rodolfo (1935).
Sutil, Francisca (1953).
Toral, Mario (1935).
Zañartu, Enrique (1921).

Colombie

Botero, Fernando (1932).

Cuba

Lam, Wilfredo (1902-82).
Pedro, Luis Martinez (1910).
Portocarrero, René (1912).
Rodriguez, Mariano (1912).

Danemark

Abildgaard, Nicolai (1743-1809).
Alfelt, Else (1910-74).
Ancher, Anna (1859-1935).
Ancher, Michaël (1849-1927).
Andersen, Mogens (1916).
Bille, Ejler (1910).
Birkemose, Jens (1943).
Brandes, Peter Erling (1944).
Eckersberg, C.W. (1783-1853).
Freddie, Wilhelm (1909).
Giersing, Harald (1881-1927).
Hammershoi, Vilhelm (1864-1916).
Heerup, Henry (1907).
Hornung, Preben (1919).
Hoyer, Cornellius (1741-1804).
Jacobsen, Egill (1910).
Jorn, Asger (1914-73).
Juel, Jens (1745-1802).
Kirkeby, Par (1938).
Koebke, Christen (1810-48).
Kroyer, Peter Severin (1851-1909).
Lundbye, J. Th. (1818-48).
Lundstrom, Vilhelm (1893-1950).
Mortensen, Richard (1910).
Paüelsen, Érik (1749-90).
Pedersen, Carl Henning (1913).
Philipsen, Theodor (1840-1920).
Sitter, Inger (1929).
Skovgaard, P.C. (1817-75).
Sonderborg, K.R.H. (1923-77).
Sörensen, Arne Haugen (1932).
Tuxen, Laurits (1853-1927).
Weie, Edvard (1879-1943).
Willumsen, Jens Ferdinand (1863-1958).

Espagne

Nés avant 1500

Bassa, Ferrer (v. 1285-1348).
Bermejo, Bartolomé (v. 1440-après 1498).
Berruguete, Alonso (v. 1490-1561).
Berruguete, Pedro (v. 1450-1503 ou 1504).
Borrassa, Luis (v. 1360-apr. 1425).
Fernández, Alejo (v. 1475-1545 ou 1546).
Gallego, Fernando (v. 1440-après 1507).
Gonçalves, Nuno († 1480) (Portugal).
Huguet, Jaime (1414/15-98).
Llanos Fernando (?-apr. 1525).
Macip, Juan Vicente (v. 1475-1545).
Vasco-Fernandes (v. 1480-v. 1545).
Yánez, Fernando (? -apr. 1531).

Nés entre 1500 et 1600

Carducho, Vicente (v. 1576-1638).
Céspedes, Pablo de (1538-v. 1608).
Coello, Alonso Sánchez (v. 1532-88).
Greco (dit el Greco), Domenicos Theotocopulos (1540-1614).
Herrera el Viejo, Francisco de (v. 1590-1657).
Juanes, Juan de (Vicente Juan Masip) (v. 1510-79).
Morales, Luis de (dit El Divino) (v. 1510-86).
Orrente, Pedro (1580-1645).
Pacheco, Francisco (1564-1654).
Pantoja de la Cruz, Juan (1553-1608).
Ribalta, Francisco (1565-1628).
Ribalta, Juan (1596-1628).
Ribera, José de (1591-1652).
Velázquez de Silva, Diego (1599-1660).
Zurbaran, Francisco (1598-1664).

Nés entre 1600 et 1700

Arellano, Juan de (1614-76).
Cano, Alonso (1601-67).
Carreño de Miranda, Juan (1614-85).
Cerezo, Mateo (v. 1626-66).
Coello, Claudio (1642-93).
Espinosa, Jeronimo Jacinto (1600-67).
Herrera el Joven, Francisco (1622-85).
Mazo, Juan Bautista Martinez del (v. 1610/67).
Murillo, Bartolomé Esteban (1618-82).
Pereda, Antonio (1611-78).
Valdes Leal (1622-90).

Nés entre 1700 et 1800

Bayeu, Francisco (1734-95).
Goya, Francisco de (1746-1828).
Madrazo, José de (1781-1859).
Maella, Mariano Salvador (1739-1819).
Melendez, Luis (1716-80).
Paret, Louis (1746-99).

Nés entre 1800 et 1900

Blanchard, Maria (1881-1932).
Carbonero, José Moreno (1860-1942).
Fortuny, Mariano (1838-74).
Gisbert, Antonio (1835-1902).
Gris, Juan (1887-1927). A Paris en 1906.
Hermoso, Eugenio (1883-1963).
Madrazo, Federico de (1815-94).
Miró, Juan (1893-1983).
Picasso, Pablo Ruiz (1881-1973).
Regoyos, Dario de (1857-1913).
Rosales, Eduardo (1836-73).
Sert, José Maria (1876-1945).
Solana, José (1885-1945).
Sorolla, Joaquin (1863-1924).
Zuloaga, Ignacio (1870-1945).

Nés après 1900

Aguayo, Fermin (1926-1977).
Arroyo, Eduardo (1937).
Clavé, Antonio (1913).
Cuixart, Modesto (1924).
Dali, Salvador (1904).
Feito, Luis (1929).
Hernandez, Mariano (1938).
Nieva, Francisco (1924).
Lopez-Garcia, Antonio (1936).
Pelayo, Orlando (1920).
Saura, Antonio (1930).
Tapies, Antonio (1923).

États-Unis

Albers, Josef (1888-1976) (or. all.).
Avery, Milton (1893-1965).
Bellows, George Wesley (1882-1925).
Benton, Thomas Hart (1889-1975).
Berman, Eugène (1899-1972).
Bingham, George C. (1811-79).
Bloom, Hyman (1913).
Burchfield, Charles (1893-1967).
Cassatt, Mary (1844-1926).
Church, Frederic-Edwin (1826-1900).
Cole, Thomas (1801-48).
Copley, John Singleton (1738-1815) (se fixe à Londres en 1775).
Cropsey, Jasper Francis (1823-1900).
Davies, Arthur B. (1862-1928).
Davis, Stuart (1894-1964).
Demuth, Charles (1883-1935).
Dine, Jim (1935).
Eakins, Thomas (1844-1916).
Earl, Ralph (1751-1801).
Estes, Richard (1936).
Evergood, Philip (1901-73).
Feininger, Lyonel (1871-1956) (or. all.).
Francis, Sam (1923).
Frankenthaler, Helen (1928).
Gorky, Arshile (1904-48).
Gottlieb, Adolph (1903-74).
Grosz, George (1893-1959) (or. all.).
Hofmann, Hans (1880-1966).
Homer, Winslow (1836-1910).
Hopper, Edward (1882-1967).
Indiana, Robert (1928).
Johns, Jasper (1930).
Kienholz, Edward (1927).
Kline, Franz (1910-62).
Kooning, Willem de (Holl. 1904).
Kuhn, Walt (1877-1949).
Levine, Jack (1915).
Lewitt, Sol (1928).
Lichtenstein, Roy (1923).
Lindner, Richard (1901-78) (or. all.).
Marin, John (1870-1953).
Moses, Grandma (1860-1961).
Motherwell, Robert (1915).
Newman, Barnett (1905-70).
Noland, Kenneth (1924).
O'keeffe, Georgia (1887-1986).
Peale, Charles Willson (1741-1827).
Peale, Rembrandt (1778-1860).
Pollock, Jackson (1912-56).
Prendergast, Maurice (1859-1924).
Rauschenberg, Robert (1925).
Ray, Man (1890-1976).
Reinhardt, Ad (1913-67).
Rivers, Larry (1923).
Rosenquist, James (1933).
Rothko, Mark (Marcus Rothkovitch dit) (1903-70).
Ryder, Albert Pinkham (1847-1917).
Sargent, John Singer (1856-1925).
Shahn, Ben (Lituanie, 1898-1969).
Shinn, Everett (1876-1953).
Sloan, John (1871-1951).
Stella, Frank (1936).
Stella, Joseph (1877-1946).
Still, Clyfford (1904-80).
Stuart, Gilbert (1755-1828).
Tanguy, Yves (1900-55) (or. franç.).
Tobey, Mark (1890-1976).
Trumbull, John (1756-1843).
Tworkow, Jack (1900-82).
Warhol, Andy (1928).
Weber, Max (1881-1961).
Wesselmann, Tom (1931).
West, Benjamin (1738-1820).
Whistler, James (1834-1903).
Wyeth, Andrew (1917).

France

Nés avant 1500

Beauneveu, André (v. 1330-v. 1410) (Franco-Flamand).
Bourdichon, Jehan (v. 1457-1521).
Broederlam, Melchior (v. 1328-apr. 1410) (Fr.-Flam.).
Clouet, Jean (v. 1475-1541).
Cousin, Jean, dit le Père (v. 1490-v. 1561).
Fouquet, Jean (v. 1420-70 ou 80).
Froment, Nicolas (v. 1435-84).
Girard d'Orléans († 1361).
Hesdin, Jacquemart de († v. 1410) (Fr.-Flam.).
Limbourg, Les Frères de (début XVe) (Fr.-Flam.).
Maître de l'Annonciation d'Aix (XVe).
Maître de Moulins (1480-v. 1500).
Maître des Heures de Rohan (actif v. 1420-40) (Franco-Flamand) (BN).
Malouel, Jean (Mael Wael) (v. 1370-1419) (Flamand).
Pucelle, Jean (début XIVe s.).
Quarton, Enguerrand (1410-apr. 69).

Nés entre 1500 et 1600

Callot, Jacques (1592-1635).
Caron, Antoine (1521-99).
Clouet, François (v. 1520-72).
Corneille de Lyon (v. 1505-v. 1574) (Néerl.).
Cousin, Jean (dit le Fils) (v. 1522-v. 1594).
Dubois, Ambroise (1553-1614).
Dumonstier, Daniel (1574-1646).
Dumonstier, Pierre Ier (v. 1524-v. 1604).
Ecole de Fontainebleau.
Fréminet, Martin (1567-1619).
La Tour, Georges de (v. 1593-1652).

Le Nain, Antoine (v. 1588-1648).
Le Nain, Louis (1593-1648).
Le Valentin (Jean de Boullongne) (1594-1632).
Linard, Jacques (v. 1600-45).
Maître de St Gilles (v. 1500)
Perrier, François (le Bourguignon) (v. 1590-1650).
Poussin, Nicolas (1594-1665).
Stella, Jacques de (1596-1657).
Stoskopff, Sébastien (1597-1657).
Tournier, Nicolas (av. 1600-apr. 1660).
Varin, Quentin (v. 1570-1634).
Vignon, Claude (v. 1593-1670).
Vouet, Simon (1590-1649).

Nés entre 1600 et 1700

Baugin, A. (v. 1630).
Baugin, Lubin (1610-63).
Blanchard, Jacques (1600-38).
Bosse, Abraham (1602-76).
Bourdon, Sébastien (1616-71).
Bourguignon, Jacques (Courtois dit le) (1621-76).
Champaigne, Philippe de (Bruxelles, 1602-74).
Chardin, Jean-Baptiste (1699-1779).
Coypel, Antoine (1661-1722).
Desportes, François (1661-1743).
Drouais, Hubert (1699-1767).
Dughet, Gaspard (le Guaspre Poussin) (1613-75).
Dupuis, Pierre (1610-82).
Garnier, François (actif v. 1627-58).
Gellée, Claude (dit le Lorrain) (1600-82).
Gillot, Claude (1673-1722).
Jeaurat, Étienne (1699-1789).
Jouvenet, Jean-Baptiste (1644-1717).
La Fosse, Charles de (1636-1716).
La Hyre, Laurent de (1606-56).
Lancret, Nicolas (v. 1690-1743).
Largillière, Nicolas de (1656-1746).
Le Brun, Charles (1619-90).
Lemoyne, François (1688-1737).
Le Nain, Mathieu (1607-77).
Lesueur, Eustache (1617-55).
Mignard, Pierre (1612-95).
Moillon, Louise (1610-96).
Monnoyer, Jean-Baptiste (1634-99).
Nanteuil, Rob. (v. 1623-78).
Nattier, Jean-Marc (1685-1766).
Oudry, Jean-Baptiste (1686-1755).
Pater, Jean-Baptiste (1695-1736).
Restout, Jean (1692-1768).
Rigaud, Hyacinthe (1659-1743).
Subleyras, Pierre-Hubert (1699-1749).
Tassel, Jean (1608-67).
Tocqué, Louis (1696-1772).
Troy, François de (1645-1730).
Van Loo, Jean-Baptiste (1684-1745).
Watteau, Antoine (1684-1721).

Nés entre 1700 et 1800

Aved, Jacques-André (1702-66).
Boilly, Louis-Léopold (1761-1845).
Boucher, François (1703-70).
Carmontelle (Louis Carrogis) (1717-1806).
Charlet, Nicolas (1792-1845).
Corot, Jean-Baptiste (1796-1875).
David, Louis (1748-1825).
Delacroix, Eugène (1798-1863).
Delaroche, Hippolyte (dit Paul) (1797-1856).
Demarne, Jean-Louis (1744-1829).
Drolling, Martin (1752-1817).
Drouais, François-Hubert (1727-75).
Ducreux, Joseph (1735-1802).
Duplessis, Joseph-Silfrède (1725-1802).
Fontaine, Pierre-François-Léonard (1762-1853).
Fragonard, Jean-Honoré (1732-1806).
Gérard, François, baron (1770-1837).
Géricault, Théodore (1791-1824).
Girodet-Trioson (Anne-Louis Girodet de Roucy) (1767-1824).
Granet, François-Marius (1775-1849).
Greuze, Jean-Baptiste (1725-1805).
Gros, Antoine, baron (1771-1835).
Guérin, Pierre (1774-1833).
Huet, Jean-Baptiste (1743-1811).
Ingres, Jean-Auguste Dominique (1780-1867).
Isabey, Jean-Baptiste (1767-1855).
Labille-Guiard, Adélaïde (1749-1803).
La Tour, Maurice Quentin de (1704-88).
Lemoyne, Jean-Baptiste (1704-78).
Lépicié, Nicolas (1735-84).
Mallet, Jean-Baptiste (1759-1835).
Michel, Georges (1763-1843).
Moreau l'Aîné, Louis-Gabriel (1740-1806).
Moreau le Jeune, Jean-Michel (1741-1814).
Natoire, Charles (1700-77).
Nonnotte, Donat (1708-85).
Percier, Charles (1764-1838).
Perronneau, Jean-Baptiste (1715-83).
Prud'hon, Pierre-Paul (1758-1823).
Regnault, Jean-Baptiste, baron (1754-1829).
Robert, Hubert (1733-1808).
Saint-Aubin, Gabriel de (1724-80).
Scheffer, Ary (1795-1858).
Valenciennes, Pierre-Henri de (1750-1819).
Vallayer-Coster, Anne (1744-1818).
Van Loo, Carle (Charles-André) (1705-65).
Vernet, Carl (1758-1835).
Vernet, Horace (1789-1863).
Vernet, Joseph (1714-89).
Vestier, Antoine (1740-1824).
Vien, Joseph-Marie (1716-1809).
Vigée-Le Brun, Marie-Louise Elis. (1755-1842).

Nés entre 1800 et 1900

Abbéma, Louise (1858-1927).
Adler, Jules (1865-1952).
Aman-Jean, Edmond (1860-1935).
André, Albert (1869-1954).
Angrand, Charles (1854-1926).
Arp, Jean ou Hans (1887-1966).
Asselin, Maurice (1882-1947).
Atalaya, José (dit Enrique) (1851-1913).
Bail, Joseph (1862-1921).
Bauchant, André (1873-1958).
Baudry, Paul (1828-86).
Bazille, Frédéric (1841-70).
Beaudin, André (1895-1979).
Bellangé, Hippolyte (1800-66).
Béraud, Jean (1848-1935).
Berchère, Narcisse (1819-91).
Bernard, Émile (1868-1941).
Besnard, Albert (1849-1934).
Bissière, Roger (1886-1964).
Blanche, Jacques-Émile (1861-1942).
Bombois, Camille (1883-1970).
Bompard, Maurice (1857-1936).
Bonheur, Rosa (1822-99).
Bonnard, Pierre (1867-1947).
Bonnat, Léon (1833-1922).
Bonvin, François (1817-87).
Bottini, Georges (1873-1907).
Boudin, Eugène (1824-98).
Bouguereau, William (1825-1905).
Boulanger, Louis (1806-67).
Boussingault, Jean-Louis (1883-1943).
Braquaval, Louis (1854-1919).
Braque, Georges (1882-1963).
Brianchon, Maurice (1899-1979).
Brown, John-Lewis (1829-90) (or. irl.).
Cabanel, Alexandre (1823-89).
Caillebotte, Gustave (1848-94).
Camoin, Charles (1879-1965).
Cappiello, Leonetto (1875-1942) (or. ital.).
Carolus-Duran (Ch. Durand) (1838-1917).
Carrier-Belleuse, Louis (1848-1913).
Carrière, Eugène (1849-1906).
Céria, Edmond (1884-1955).
Cézanne, Paul (1839-1906).
Chagall, Marc (1887-1985) (or. russe).
Chassériau, Théodore (1819-56).
Chastel, Roger (1897-1981).
Chenavard, Paul-Joseph (1807-95).
Chéret, Jules (1836-1932).
Chintreuil, Antoine (1816-73).
Ciceri, Eugène (1813-90).
Comerre, Louis (1850-1916).
Cottet, Charles (1863-1924).
Courbet, Gustave (1819-77).
Cousturier, Lucie (1870-1925).
Couture, Thomas (1815-79).
Dagnan Bouveret, Pascal (1852-1929).
Daubigny, Charles-François (1817-78).
Daubigny, Karl-Pierre (1846-86).
Dauchez, André (1870-1943).
Daumier, Honoré (1808-79).
Dauzats, Adrien (1804-68).
David, Hermine (1886-1970).
Debat-Ponsan, Édouard (1847-1913).
Decamps, Alexandre-Gabriel (1803-60).
Degas, Edgar (1834-1917).
Dehodencq, Alfred (1822-82).
Delattre, Joseph (1858-1912).
Delaunay, Robert (1885-1941).
Delaunay, Sonia (1885-1979).
Delpy, Hippolyte (1842-1910).
Denis, Maurice (1870-1943).
Derain, André (1880-1954).
Desnoyer, François (1894-1972).
Desvallières, Georges (1861-1950).
Detaille, Édouard (1848-1912).
Deutsch, Ludwig (1855-1935) (or. autr.).
Devéria, Achille (1800-57).
Devéria, Eugène (1805-65).
Diaz de la Peña, Narc.-Virg. (1807-76).
Dignimont, André (1891-1965).
Dinet, Étienne (1861-1929).
Domergue, Jean-Gabriel (1889-1962).
Dreux, Alfred de (1808-60).
Dubois-Pillet, Albert (1846-90).
Dubreuil, Pierre (1891-1970).
Duchamp, Marcel (1887-1968).
Dufy, Raoul (1877-1953).
Dunoyer de Segonzac, André (1884-1974).
Dupré, Jules (1811-89).
Dupré, Victor (1816-79).
Ernst, Rudolph (1854-1924) (or. autr.).
Espagnat, Georges d' (1870-1950).
Fantin-Latour, Henri (1836-1904).
Fautrier, Jean (1898-1964).
Feure, Georges de (1868-1943).
Flandrin, Hippolyte (1809-64).
Flers, Camille (1802-68).
Forain, Jean-Louis (1852-1931).
Foujita, Tsuguharu (1886-1968).
Français, Louis (1814-97).
Friesz, Othon (1879-1949).
Fromentin, Eugène (1820-76).
Gallien, Pierre-Antoine (1896-1963).
Gauguin, Paul (1848-1903).
Gavarni (Sulpice-Guillaume Chevalier, dit Paul) (1804-66).
Gen Paul (Eugène Paul) (1895-1975).
Gérôme, Jean-Léon (1824-1904).
Gervex, Henri (1852-1929).
Gigoux, Jean (1806-94).
Gleizes, Albert (1881-1953).
Goerg, Édouard (1893-1969).
Gondouin, Emmanuel (1883-1934).
Gontcharova, Natalia (1881-1962) (or. russe).
Grandville (Isidore Gérard, dit) (1803-47).
Gromaire, Marcel (1892-1971).
Guérin, Charles (1875-1939).
Guigou, Paul (1834-71).
Guillaumet, Gustave-Achille (1840-87).
Guillaumin, Armand (1841-1927).
Guirand de Scevola, Victor (1871-1950).
Guys, Constantin (1802-92).
Harpignies, Henri (1819-1916).
Hayden, Henri (1883-1970).
Helleu, Paul (1859-1927).
Henner, Jean-Jacques (1829-1905).
Herbin, Auguste (1882-1960).
Hervieu, Louise (1878-1954).
Heuzé, Edmond (1884-1967).
Hosiasson, Philippe (1898).
Huet, Paul (1803-69).
Icart, Louis (1888-1950).
Isabey, Eugène (1803-86).
Kandinsky, Vassili (1886-1944) (or. russe).
Kisling, Moïse (Pol., 1891-1953 ; nat. Franç. 1914).
La Fresnaye, Roger de (1885-1925).
Lami, Eugène (1800-90).
La Patellière, Amédée de (1890-1932).
Lapicque, Charles (1898).
Laprade, Pierre (1875-1931).
Laugé, Achille (1861-1944).
Laurencin, Marie (1885-1956).
Laurens, Jean-Paul (1838-1921).
Lauvray, Abel (1870-1950).
Lebas, Hippolyte (1812-80).
Lebasque, Henri (1865-1937).
Lebourg, Albert (1849-1928).
Lecomte du Nouy, Jean-Jules-Antoine (1842-1923).
Léger, Fernand (1881-1955).
Legros, Alphonse (1837-1911).
Legueult, Raymond (1891-1971).
Lépine, Stanislas (1836-92).
Leprin, Marcel (1891-1933).
Le Sidaner, Henri (1862-1939).
Lévy-Dhurmer, Lucien (1865-1953).
Lhote, André (1885-1962).
Loir, Luigi (1845-1916).
Loiseau, Gustave (1865-1935).
Luce, Maximilien (1858-1941).
Lurçat, Jean (1892-1966).
Maclet, Elysée (1881-1962).
Madrassi, Lucien (1881-1956).
Mahn, Berthold (1882-1975).
Mané-Katz (Russie, 1894-1962).
Manet, Édouard (1832-83).
Manguin, Henri (1874-1949).
Marcoussis (Louis Markous) (Pol., 1883-1941).
Marilhat, Prosper (1811-47).
Marquet, Pierre-Albert (1875-1947).
Martin, Henri (1860-1943).
Masson, André (1896).
Matisse, Henri (1869-1954).
Maufra, Maxime (1861-1918).
Maxence, Edgar (1871-1954).
Meissonier, Ernest (1815-91).
Meryon, Charles (1821-68).
Metzinger, Jean (1883-1956).
Millet, Jean-François (1814-75).
Monet, Claude (1840-1926).
Monnier, Henri (1805-77).
Montézin, Pierre (1874-1946).
Monticelli, Adolphe (1824-86).
Moreau, Gustave (1826-98).
Moret, Henry (1856-1913).
Moretti, Raymond († 1931).
Morisot, Berthe (1841-95).
Mossor, Gustav Adolf (1883-1971).
Nanteuil, Célestin (1813-73).
Neuville, Alphonse de (1835-85).
Noël, Jules (1815-81).
Olive, Jean-Baptiste (1848-1936).
Oudot, Roland (1897-1981).
Ozenfant, Amédée (1886-1966).
Pascin, Jules (Julius Pinkas) (1885-1930) (Bulgare, nat. Américain).
Pécrus, Charles Fr. (1826-1907).
Pégurier, Auguste (1856-1936).
Petitjean, Hippolyte (1854-1929).
Picabia, Francis (1879-1953).
Picou, Henri Pierre (1824-95).
Pissarro, Camille (1830-1903).
Point, Armand (1861-1932).
Pointelin, Auguste (1843-1933).
Pougny, Jean (1894-1956) (or. russe).
Poulbot, Francisque (1879-1946).
Pourtau, Léon (1872-97).
Princeteau, René (1844-1914).
Prins, Pierre (1838-1913).
Puvis de Chavannes, Pierre (1824-98).
Puy, Jean (1876-1960).
Raffaelli, Jean-Fr. (1850-1924).
Raffet, Denis-Auguste (1804-60).

Redon. Odilon (1840-1916).
Regnault. Henri (1843-71).
Reichel. Hans (1892-1958) (or. all.).
Renoir. Auguste (1841-1919).
Ribot. Théodule (1823-91).
Rochegrosse. Georges-Antoine (1859-1938).
Rops. Félicien (1833-98).
Rouault. Georges (1871-1958).
Rousseau (Henri, dit le Douanier) (1844-1910).
Rousseau, Théodore (1812-67).
Roussel. Ker-Xavier (1867-1944).
Roux-Champion. Joseph-Victor (Roux dit V.-J.) (1871-1953).
Roy. Pierre (1880-1950).
Roybet. Ferdinand (1840-1920).
Rozier. Jules (1821-82).
Schneider. Gérard (1896).
Schuffenecker. Claude-Émile (1851-1934).
Schwabe. Carlos (1866-1926).
Séraphine de Senlis (S. Louis) (1864-1942).
Sérusier. Paul (1865-1927).
Seurat. Georges (1859-91).
Seyssaud. René (1867-1952).
Signac. Paul (1863-1935).
Sisley. Alfred (1839-99).
Sonrel. Élizabeth (1874-1953).
Soutine. Chaïm (1894-1943).
Steinlen. Théophile-Alexandre (1859-1923) (or. suisse).
Survage. (1879-1968) (or. russe).
Tassaert. Octave (1800-74).
Tissot. James (1836-1902).
Touchagues. Louis (1893-1974).
Toulouse-Lautrec. Henri de (1864-1901).
Trouillebert. Paul-Désiré (1829-1900).
Troyon, Constant (1810-65).
Urbain. Alexandre (Alexandre-Urbain Koenig) (1872-1952).
Utrillo. Maurice (1883-1955).
Utter. André (1886-1948).
Valadon. Suzanne (1867-1938).
Valtat. Louis (1869-1952).
Véron. Alexandre (1826-97).
Vignon. Victor (1847-1909).
Villon. Jacques (1875-1963).
Vivin. Louis (1861-1936).
Vlaminck. Maurice de (1876-1958).
Vollon. Antoine (1833-1900).
Vuillard, Édouard (1868-1940).
Waroquier. Henri de (1881-1970).
Willette. Adolphe (1857-1926).
Zandomeneghi. Federico (1841-1917).
Ziem. Félix (1821-1911).

Nés après 1900

Aïzpiri. Paul-Augustin (1919).
Ambrogiani. Pierre (1907).
Anty. Henri d' (1910).
Arman (1928).
Arnal (Joseph Cabrero) (1907-82).
Atlan. Jean-Michel (1913-60).
Aujame. Jean (1905-65).
Balthus (Balthazar Klossovski de Rolla) (1908).
Bardone, Guy (1927).
Bayram (Bayram Küçük) (1937) (or. turque).
Bazaine. Jean-René (1904).
Bérard. Christian (1902-49).
Bettencourt. Pierre (1917).
Bezombes. Roger (1913).
Boltanski. Christian (1944).
Brauner. Victor (1903-66) (or. roum.).
Brayer. Yves (1907).
Bryen. Camille (1907-77).
Buffet. Bernard (1928).
Cadiou. Henri (1906).
Cadiou. Pierre (1928).
Cane. Louis (1943).
Carzou. Jean (1907).
Cassandre (J.-M. Mouron) (1901).
Cavaillès, Jules (1901-77).
Chaissac. Gaston (1910-64).
Chapelain-Midy. Roger (R. Chapelain) (1904).
Couy. Jean (1910-83).
Debré. Olivier (1920).
Despierre. Jacques (1912).
Dewasne. Jean (1921).
Deyrolle. Jean (1911).
Dolla. Noël (1945).
Dominguez, Oscar (1906-57) (or. esp.).
Dubuffet. Jean (1901-85).
Dupont. Jacques (1909-78).
Effel. Jean (1908-82).
Estève. Maurice (1904).
Eve. Jean (1900-68).
Fini. Leonor (1908) (Ital., née à Buenos Aires, fixée en France).
Fontanarosa. Lucien (1912-75).
Fougeron. André (1913).
Frank-Will (1900-51).
Fromanger. Gérard (1939).
Giess. Jules (1901-73).
Gischia. Léon (1903).
Gonzales. Roberta (1909-76).
Gozlan. Claude (1930).
Gruber. Francis (1912-48).
Hajdu. Étienne (1907) (or. hong.).
Helion. Jean (1904).
Henry. Pierre (1924).
Jacquet. Alain (1939).
Jacus. Jean-Théobald (1924).
Labisse. Félix (1905-82).
Lagage. Pierre-César (1911-77).
Lanskoy. André (1902-76).
Le Corbusier, Charles-Édouard Jeanneret (1887-1965) (or. suisse).
Lelong. Pierre (1908).
Le Moal. Jean (1909).
Lorjou. Bernard (1908-86).
Manessier. Alfred (1911).
Mathieu. Georges (1921).
Meurice. Jean-Michel (1938).
Molinier. Pierre (1900-76).
Molnar. Véra (1925).
Morellet. François (1926).
Noyer. Philippe (1917-85).
Pandel. Michel (1929).
Piaubert. Jean (1900).
Pignon. Édouard (1905).
Poliakoff. Serge (1906-69) (or. russe).
Prassinos, Mario (1916) (or. grec).
Rancillac. Bernard (1931).
Raynaud. Jean-Pierre (1939).
Raysse. Martial (1936).
Rebeyrolle. Paul (1926).
Savy. Max (1918).
Schlosser. Gérard (1931).
Schurr. Claude (1921).
Séradour. Guy (1922).
Seuphor, Michel (1901) (or. belg.).
Soulages. Pierre (1919).
Staël. Nicolas de (1914-55).
Talcoat. Pierre (1905-85).
Titus-Carmel. Gérard (1941).
Toffoli. Louis (1907).
Trémois. Pierre Yves (1921).
Tyszblat. Michel (1936).
Van Hecke. Arthur, (1924).
Vasarely. Victor (1908) (or. hong.)
Viallat. Claude (1936).
Yvaral. Jean-Pierre (1934).
Zendel. Gabriel (1906).

Grande-Bretagne

Nés avant 1700

Cooper. Samuel (1609-72).
Des Granges. David (1611/13-v. 75).
Dobson. William (1611-46).
Ferguson. William Gowe (v. 1633-95).
Highmore. Joseph (1692-1780).
Hilliard. Nicholas (v. 1547-1619).
Hogarth. William (1697-1764).
Jamesone. George (v. 1587-1644).
Johnson. Cornelis (1593-1661).
Knapton. George (1698-1778).
Kneller. Sir Godfrey (v. 1646 ou 49-1723) (or. all.).
Lely. Sir Peter (1618-80) (or. holl.).
Oliver. Isaac (1551 ou 56 ou 65-1617).
Richardson. Jonathan (1665-1745).
Riley. John (1646-91).
Thornhill. Sir James (1675 ou 76-1734).
Walker. Robert (1607-1658 ou 60).
Wootton. John (v. 1682-1764).
Wright. John Michael (1617-1700).

Nés entre 1700 et 1800

Abbott. Lemuel Francis (1760-1803).
Alken. Henry (1785-1851).
Allan. David (1744-96).
Barry. James (1741-1806).
Beechey. Sir William (1753-1839).
Bewick. Thomas (1753-1828).
Blake. William (1757-1827).
Calvert. Edward (1799-1883).
Constable. John (1776-1837).
Cosway. Richard (1742-1821).
Cotes. Francis (1726-70).
Cotman. John Sell (1782-1842).
Cox. David (1783-1859).
Cozens. Alexander (v. 1717-86).
Cozens. John Robert (1752-97).
Crome. John (1768-1821).
Dayes. Edwin (1763-1804).
Devis. Arthur (1711-87).
De Wint. Peter (1784-1849).
Downman. John (v. 1750-1824).
Etty. William (1787-1849).
Fuseli. Henri (1741-1825).
Gainsborough. Thomas (1727-88).
Gillray. James (1757-1815).
Girtin. Thomas (1775-1802).
Haydon. Benjamin Robert (1786-1846).
Hayman. Francis (1708-76).
Hoppner. John (1758 ?-1810).
Lawrence. Sir Thomas (1769-1830).
Linnell. John (1792-1882).
Martin. John (1789-1854).
Morland. George (1763-1804).
Mulready. William (1786-1863).
Northcote. James (1746-1831).
Opie. John (1761-1807).
Raeburn. Sir Henry (1756-1823).
Ramsay. Allan (1713-84).
Reynolds. Sir Josuah (1723-92).
Romney. George (1734-1802).
Rowlandson. Thomas (1757-1827).
Sandby. Paul (1730-1809).
Scott. Samuel (1702-72).
Stubbs. George (1724-1806).
Towne. Francis (v. 1739 ou 40-1816).
Turner. Joseph Mallord William (1775-1851).
Varley. Cornelius (1781-1873).
Varley. John (1778-1842) (TG).
Ward. James (1769-1859).
Wheatley. Francis (1747-1801).
Wilkie. Sir David (1785-1841).
Wilson. Richard (1713 ou 14-82).
Wright. Joseph (1734-97).
Zoffany. Johann (1733-1810) (or. allem.).

Nés entre 1800 et 1900

Alma-Tadema. Sir Lawrence (1836-1912).
Beardsley. Aubrey (1872-98).
Bell. Vanessa (1879-1961).
Bevan. Robert Polhill (1865-1925).
Bomberg. David (1890-1957).
Bonington. Richard Parkes (1802-28).
Brown. Ford Madox (1821-93).
Burne-Jones. Sir Edward (1833-98).
Dyce. William (1806-64).
Frith. William Powell (1819-1909).
Fry. Roger (1866-1934).
Gertler. Mark (1891-1939).
Gilman. Harold (1876-1919).
Ginner. Charles (1878-1952).
Gore. Spencer (1878-1914).
Grant. Duncan (1885-1978).
Hitchens. Ivon (1893-1979).
Hodgkins. Frances (1869-1947).
Hunt. William Holman (1827-1910).
Innes. James Dickson (1887-1914).
John. Augustus Edwin (1878-1961).
John, Gwen (1876-1939).
Kokoschka, Oskar (1886-1980) (or. autr.).
Landseer. Sir Edwin (1803-73).
Leighton. Lord Frederick (1830-96).
Lewis. Wyndham (1882-1957).
Lowry, L.S. (1887-1976).
Millais. Sir John Everett (1829-96).
Nash, John (1893-1977).
Nash. Paul (1889-1946).
Nicholson. Ben (1894-1982).
Nicholson. Sir William (1872-1949).
Orpen. Sir William (1878-1931).
Palmer. Samuel (1805-81).
Poynter. Sir E. (1836-1919).
Roberts. William (1895-1980).
Rossetti. Dante Gabriel (1828-82).
Rothenstein, Sir William (1872-1945).
Scott. David (1806-49).
Sickert. Walter (1860-1942).
Smith. Sir Matthew (1879-1959).
Spencer. Sir Stanley (1891-1959).
Steer. Phillip Wilson (1860-1942).
Stevens. Alfred (1817-75).
Vézelay, Paule (1892-1984).
Wadsworth. Edward (1889-1949).
Walker. Dame Ethel (1861-1951).
Watts. George Frederick (1817-1904).

Nés après 1900

Ardizzone. Edward (1900-79).
Auerbach. Frank (1931).
Ayrton. Michael (1921-75).
Bacon. Francis (1909).
Bawden. Edward (1903).
Bell. Graham (1907-43).
Blake. Peter (1932).
Boshier. Derek (1937).
Burgin. Victor (1941).
Burra. Edward (1905-76).
Caulfield. Patrick (1936).
Cohen. Bernard (1933).
Cohen. Harold (1928).
Coldstream. Sir William (1908).
Collins, Cecil (1908).
Craig-Martin. Michael (1941).
Craxton. John (1922).
Davie. Alan (1920).
Denny. Robyn (1930).
Evans, Merlyn (1910-73).
Freedman. Barnett (1901-58).
Freud, Lucian (1922).
Frost. Terry (1915).
Green, Anthony (1939).
Gowing. Sir Lawrence (1918).
Hamilton. Richard (1922).
Heath. Adrian (1920).
Heron. Patrick (1920).
Hilton. Roger (1911-75).
Hockney. David (1937-85).
Hodgkin. Howard (1932).
Hoyland. John (1934).
Huxley. Paul (1938).
Inshaw, David (1943).
Jones. Allen (1937).
Lancaster. Marc (1938).
Lanyon. Peter (1918-64).
Law. Bob (1934).
Mac Bryde. Robert (1913-66).
Moon. Jeremy (1934-73).
Moynihan. Rodrigo (1910).
Pasmore. Victor (1908).
Phillips. Peter (1939).
Phillips. Tom (1937).
Piper. John (1903)
Ravilious. Eric (1903-42).
Richards. Ceri (1903-71)
Riley. Bridget (1931).
Scott. William (1913).
Smith. Richard (1931).
Stephenson. Ian (1934).
Stokes, Adrian (1902-72).
Sutherland. Graham, O.M. (1903-80).
Tilson. Joe (1928).
Tunnard. John (1900-71).
Uglow, Evan (1932).
Vaughan. Keith (1912-77).
Walker. John (1939).
Weight, Carel (1908).
Wells, John (1907).
Wynter. Bryan (1915-75).

Grèce

BOUZIANIS, Georges (1885-1959).
GALANIS, Demetrios (1882-1966, nat. Fr.).
GHIKA, Nicolas (1906).
MORALIS, Jean (1916).
PARTHENIS, Constantin (1878-1967).
SPYROPOULOS, Jannis (1912).
TAKIS, Vlassis (1925).
THEOPHILOS, Hadjimihaël (1866-1934).
TSAROUCHIS, Jean (1910).
TSINGOS, Thanos (1914-65).

Hongrie

BENCZUR, Gyula (1844-1920).
BIHARI, Sándor (1856-1906).
CSÁKY, Jozsef (1888-1971).
CSONTVÁRY-KOSZTKA, Tivadar (1853-1919).
CZOBEL, Béla (1883-1976).
FERENCZY, Károly (1862-1917).
GULACSY, Lajos (1882-1932).
HANTAI, Simon (1922).
HUSZAR, Vilmos (1884-1960).
LOTZ, Károly (1833-1904).
MEDNYÁNSZKY, László (1852-1919).
MESZOLY, Gezlá (1887-1916).
MOHOLY-NAGY, László (1895-1946).
MUNKÁCSY, Mihály (1844-1900).
PAÁL, László (1846-79).
RIPPL-RONAL, József (1861-1927).
SZENES, Árpád (1897-1985, trav. à Paris).
TIHANYI, Lajos (1885-1939).
VASZARY, János (1867-1939).

Italie

Nés avant 1600

Rome

CAVALLINI, Pietro (1250-1330).
TORRITI, Jacopo (v. 1295).
ZUCCARO, Taddeo (1529-66).

Lucques (Toscane)

BERLINGHIERI, Bonaventura (1re moitié du XIIIe s.) : Crucifix (1220).

Florence (Toscane)

BALDOVINETTI, Alessio (1425-99).
BERRETTINI DA CORTONA, Pietro (1506-1669).
BONAIUTO, Andrea di (A. de Florence) (v. 1343-77).
BOTTICELLI, Sandro (Alessandro di Mariano Filipepi) (1444-1516).
CASTAGNO, Andrea del (1423-57).
CIMABUE, Giovanni (v. 1240-apr. 1302).
COPPO DE MARCOVALDO (v. 1225-74).
DADDI, Bernardo (v. 1290-1349).
FRA ANGELICO, Giovanni da Fiesole (1387-1455).
FRA BARTOLOMEO (1472-1517).
FRA FILIPPO LIPPI (v. 1406-69).
GENTILE DA FABRIANO (v. 1370-1427).
GENTILESCHI, Orazio (v. 1565-1638).
GHIRLANDAIO, Domenico (1449-94).
GIOTTO DI BONDONE (v. 1266-1337).
GOZZOLI, Benozzo (1420-97).
LEONARD DE VINCI (1452-1519).
LIPPI, Filippino (v. 1457-1504).
LORENZO, Monaco (v. 1370-apr. 1422).
MASACCIO (Tomasso Guidi) (1401-29).
MASOLINO DA PANICALE (1383-v. 1447).
MICHEL-ANGE (Michelangelo Buonarroti) (1475-1564).
ORCAGNA (Andrea di Cione Arcagnolo) (1308-v. 48).
PIERO DI COSIMO (1462-1521).
POLLAIOLO, Antonio Benci (v. 1432-98).
PONTORMO (Jacopo Carruci, dit) (1494-v. 1556).
RAPHAËL, Sanzio (Raffaello Santi) (1483-1520).
SARTO, Andrea del (1486-1530).
SPINELLO, Aretino (1347-1410).
THANI, Francesco (v. 1321-44).
UCCELLO (Paolo di Domo) (1397-1475).
VASARI, Giorgio (1511-74).
VERROCCHIO (Andrea di Cione, il) (1435-88).

Sienne (Toscane)

DUCCIO DI BUONINSEGNA (v. 1260-1319).
GUIDO DA SIENA (déb. XIIIe s.).
LORENZETTI, Ambrogio (act. v. 1319-v. 48).
LORENZETTI, Pietro (v. 1280-v. 1348).
LORENZETTI, Ambrogio (v. 1280-v. 1348), son frère.
MARTINI, Simone (v. 1284-1344).
SASSETTA (Stefano di Giovanni) (1392-1450).
SODOMA (Antonio Bazzi) (1477-1549).

Padoue (Vénétie)

ALTICHIERO (1330-85) et AVANZO.
MANTEGNA, Andrea (1431-1506).
SQUARCIONE, Francesco (1397-1468).

Milan (Lombardie)

BOLTRAFIO, Giovanni Antoni (1467-1516).
FERRARI, Gaudenzio (v. 1480-1546).
FOPPA, Vincenzo (v. 1427-v. 1515).
LUINI, Bernardino (v. 1480-1532).
PREDIS, Ambrogio de (1472-1517).

Ferrare (Émilie-Romagne)

COSSA, Francesco del (v. 1436-v. 78).
COSTA, Lorenzo (v. 1450-1535).
DELL'ABATE, Nicolo (v. 1509-71).
DOSSI, Dosso (1479-v. 1541).
ROBERTI, Ercole del (v. 1450-96).
ROMANO, Giulio (Jules Romain) (v. 1492-1546).
TURA, Cosimo (v. 1425-95).

Ombrie

DOMENICO VENEZIANO (v. 1400-61).
FRANCESCA, Piero della (v. 1410/20-92).
MELOZZO DA FORLI (1438-94).
PERUGIN (Pietro Vannucci) (1445-1523).
PINTURICCHIO (Bernardino di Betto) (v. 1454-1513).
PISANELLO (Antonio Pisano) (v. 1395-v. 1450).
SIGNORELLI, Luca (v. 1445-1523).

Venise

ANTONELLO DA MESSINA (v. 1430-79).
BASSANO, Jacopo da Ponte (1510/18-92).
BELLINI, Gentile (v. 1429-1507).
BELLINI, Giovanni (dit Giambellino) (v. 1429-1516).
BELLINI, Jacopo (v. 1400-70).
BORDONE, Paris (1500-71).
CARPACCIO, Vittore (v. 1455-1525).
CIMA DA CONEGLIANO, Giovanni Battista (v.1459-1517/18).
CRIVELLI, Carlo (v. 1430-v. 1493).
GIORGIONE (Giorgio da Castelfranco) (v. 1477-1510).
LOTTO, Lorenzo (v. 1480-1556).
MORONI, Giovanni Battista (v. 1525-78).
PALMA LE VIEUX (Jacopo Negretti) (v. 1480-1528).
SEBASTIANO DEL PIOMBO (1485-1547).
STROZZI, Bernardo (le Capucin) (1581-1644).
TINTORET (Jacopo Robusti) (v. 1518-94).
TITIEN (Tiziano Vecellio) (v. 1490-1576).
VÉRONÈSE (Paolo Caliari) (1528-88).
VIVARINI, Alvise (v. 1446-apr. 1503).
VIVARINI, Antonio (v. 1415-75/80).
VIVARINI, Bartolomeo (1432-99).

Bologne

ALBANE (Francesco Albani) (1578-1660).
BARBIERI (Giovanni Francesco, dit le Guerchin) (1591-1666).
CARACCIOLO, Giov. Battista (v. 1570-1637).
CARRACHE (Carracci), Agostino (1557-1602).
CARRACHE (Carracci), Annibale (1560-1609).
CARRACHE (Carracci), Louis (1555-1619).
FRANCIA (Francesco Raibolini, dit il) (v. 1460-1517).
GUIDO, Reni (dit le Guide) (1575-1642).
PRIMATICE (Francesco Primaticcio) (1504/05-70).
SACCHI, Andrea (1599-1661).

Parme

BAROCCI, Federigo (1528-1612).
BRONZINO, Angelo (1503-73).
CORRÈGE (Antonio Allegri) (v. 1489-1534).
PARMESAN (Francesco Mazzola, dit il Parmigianino ou le) (1503-40).

Autres régions

CARAVAGE (Michelangelo Merisi) (1573-1610) (Rome, Nap., Sic.).
DOMINIQUIN (Domenico Zampieri) (1581-1641) (Bol., Rome).
MANFREDI, Bartolomeo (1580-v. 1620) (Mantoue).

Nés entre 1600 et 1700

BACICCIA (Giovanni Battista Gaulli, il) (Gênes) (1639-1709).
CANALETTO (Antonio Canal, il) (1697-1768).
CARRIERA, Rosalba (1675-1757).
DOLCI, Carlo (1616-86).
GIORDANO, Luca (dit Luca Fa Presto) (1632-1705).
MAGNASCO, Alessandro (v. 1667-1749).
PIAZZETTA, Giov. Battista (1683-1754) (Ven).
PRETI, Mattia (1613-99).
RICCI, Sebastiano (1659-1734).
ROSA, Salvatore (1615-73).
TIEPOLO, Giambattista (1690-1770).

Nés entre 1700 et 1800

APPIANI, Andrea (1754-1817).
BELLOTTO, Bernardo (1720-80).
GUARDI, Francesco (1712-93).
HAYEZ, Francisco (1791-1882).
LONGHI (Pietro, Falca, dit) (1702-85).
PIRANÈSE (Giambattista Piranesi) (1720-78).
ZUCCARELLI, Francesco (1702-88) (Flor).

Nés entre 1800 et 1900

BALLA, Giacomo (1871-1958).
BOCCIONI, Umberto (1882-1916).
BOLDINI, Giovanni (1842-1931).
CAMPIGLI, Massimo (1895-1971).
CARRÁ, Carlo (1881-1966).
CASORATI, Felice (1883-1963).
CHIRICO, Giorgio de (1888-1978).
COSTA, Nino (1826-1903).
DE PISIS, Filippo (1896-1956).
FATTORI, Giovanni (1825-1908).
FAVRETTO, Giacomo (1849-87).
FONTANA, Lucio (1899-1968).
FONTANESI, Antonio (1818-82).
GUIDI, Virgilio (1891-1984).
MAGNELLI, Alberto (1888-1971).
MANCINI, Antonio (1852-1930).
MODIGLIANI, Amedeo (1884-1920).
MORANDI, Giorgio (1890-1964).
PRAMPOLINI, Enrico (1894-1956).
REGGIANI, Mauro (1897-1980).
RUSSOLO, Luigi (1885-1947).
SAVINIO, Alberto (Chirica, Andrea de, dit) (1891-1952).
SEVERINI, Gino (1883-1966).
SIRONI, Mario (1885-1961).
SOLDATI, Atanasio (1896-1953).
SPADINI, Armando (1883-1925).
ZANDOMENEGHI, Federico (1841-1917).

Nés après 1900

ACCARDI, Carla (1924).
ADAMI, Valerio (1935).
BARUCHELLO, Gianfranco (1924).
BASALDELLA, Afro (1912-76).
BERTINI, Gianni (1922).
BIROLLI, Renato (1906-59).
BURRI, Alberto (1915).
CAGLI, Corrado (1910-76).
CAPOGROSSI, Giuseppe (1900-72).
CRIPPA, Roberto (1921-72).
GNOLI, Domenico (1933-70).
GUTTUSO, Renato (1912).
MAFAI, Mario (1902-65).
MANZONI, Piero (1933-63).
MORENI, Mattia (1920).
MORLOTTI, Ennio (1910).
MUSIC, Antonio (1909).
NIGRO, Mario (1917).
PAOLINI, Giulio (1940).
PASCALI, Pino (1935-68).
RECALCATI, Antonio (1938).
SCIPIONE (Borichi, Gino, dit) (1904-33).
TURCATO, Giulio (1912).
VEDOVA, Emilio (1919).

Mexique

CUEVAS, José Luis (1934).
OROZCO, José Clemente (1883-1949).
RIVERA, Diego (1886-1957).
SIQUEIROS, David Alfaro (1898-1974).
TAMAYO, Rufino (1899).

Norvège

BACKER, Harriet (1845-1932).
CAPPELEN, August (1827-52).
DAHL, Johan Christian (1788-1857).
EGEDIUS, Halfdan (1877-99).
EKELAND, Arne (1908).
ERICHSEN, Thorvald (1868-1939).
FJELL, Kai (1907).
GUDE, Hans (1825-1903).
GUNDERSEN, Gunnar S. (1921-83).
HERTERVIG, Lars (1830-1902).
JOHANNESSEN, Jens (1934).
KARSTEN, Ludvig (1876-1926).
KIELLAND, Kitty (1843-1914).
KROHG, Christian (1852-1925).
MUNCH, Edvard (1863-1944).
SOERENSEN, Henrik (1882-1962).
THAULOW, Frits (1847-1906).
TIDEMAND, Adolph (1814-76).
WEIDEMANN, Jakob (1923).
WERENSKIOLD, Erik (1855-1938).
WIDERBERG, Frans (1934).

Pays-Bas

Nés avant 1500

Anonymes : Maître de la Manne, Maître de Virgo inter Virgines, Maître d'Alkmaar, Maître de la Déposition Figdor, Maître de l'autel de St-Jean.

BOSCH (Jérôme van Aken) (v. 1450-1516).
ENGELBRECHTSZ, Cornelis (1468-1533).
GEERTGEN TOT SINT JANS (v. 1465-95).

HEEMSKERCK, Maerten van (1498-1574).
LEYDE, Lucas de (?-1533).
MOSTAERT, Jan (v. 1475-1555).
VAN OOSTSANEN, Jacob Cornelisz (v. 1470-1533).
VAN OUWATER, Albert (trav. entre 1430 et 1460).
VAN SCOREL, Jan (1495-1562).

Nés entre 1500 et 1600

AERTSEN, Pieter (1508-75).
AVERCAMP, Hendrik (1585-1634).
BAMBOCCIO (Pieter van Laer) (1592 ou 1595-1642).
BEERT, Osia, (v. 1570-1624).
BLOEMAERT, Abraham (1564-1651).
CLAESZ, Pieter (1597-1661).
ELIAS, Nicolaes (dit Pickenoy) (1590/91-1654/56).
GOLTZIUS (Hendrik Goltz) (1558-1617).
HALS, Dirk (1591-1656).
HALS, Frans (v. 1580-1666).
HEDA, Willem Glaesz (1594-1680/82).
HONTHORST (Gerard van, dit de la Nuit) (1590-1656).
KETEL, Cornelis (1548-1616).
KEYSER, Thomas de (1596/97-1667).
LASTMAN, Pieter (v. 1583-v. 1633).
MANDER, Karel van (1548-1606).
MIEREVELT, Michiel Jansz van (1567-1641).
MOR, Sir Anthonius (Antonio Moro en Espagne) (1517/21-76/77).
POELENBURGH, Cornelis van (1586/95-1667).
PORCELLIS, Jan (v. 1587-1632).
SAENREDAM, Pieter (1597-1665).
SEGHERS, Hercule (1589/90-av. 1643).
TER BRUGGHEN, Hendrick (1588-1629).
VAN BABUREN, Dirck (v. 1590-v. 1624).
VAN DE VELDE, Esaias (v. 1590-1630).
VAN GOYEN, Jan (1596-1656).
VAN VALKENBORCH, Lucas (v. 1537-97).

Nés entre 1600 et 1700

ASSELIJN, Jan (1610-52).
BACKER, Jacob Adriaensz (1608-51).
BACKHUYSEN, Ludolf (1631-1708).
BERCHEM, Nicolaes (1620-83).
BERCKHEYDE, Gerrit (1638-98).
BOL, Ferdinand (1616-80).
BOR, Paulus (v. 1600-69).
BOTH, Jan (v. 1620-52).
CAMPHUYSEN, G.D. (1624-72).
COQUES, Gonzalès (1614-84).
CUYP, Albert (1620-91).
DOU, Gérard (1613-75).
DUJARDIN, Karel (v. 1622-78).
EVERDINGEN, Allart van (1617-78).
FABRITIUS, Carel (1622-54).
FLINCK, Govaert (1615-60).
GELDER, Aert, de (1645-1727).
HEEM, Jan David de (1606-83).
HOBBEMA, Meindert (1638-1709).
HOOCH, Pieter de (1629-apr. 84).
HUYSUM, Jan van (1682-1749).
KALF, Willem (1619-93).
KONINCK, Philips de (1619-88).
KONINCK, Salomon (1609-56).
LEYSTER, Judith (1609-60).
LIEVENS, Jan (ou Leyvens) (1607-74).
LINGELBACH, Jan (1622-74).
MAES, Nicolaas (v. 1634-93).
METSU, Gabriel (1629-67).
MOLENAER, Jan (1610-68).
NETSCHER, Caspar (1639-84).
OCHTERVELT, Jacob (v. 1632-v. 1700).
POTTER, Paulus (1625-54).
REMBRANDT, Harmensz van Rijn (1606-69).
RUYSCH, Rachel (1664-1750).
SIBERECHTS, Jan (1627-v. 1703).
SORGH, Hendrick Maertensz (1611-70).
STEEN, Jan (1626-79).
TERBORCH, Gérard (1617-81).
TROOST, Cornélis (1697-1750).
VAN BEYEREM, Abraham (1620-90).
VAN DE CAPPELLE, Jan (v. 1625-79).
VAN DEN EECKHOUT, Gerbrandt (1621-74).
VAN DER HAGEN, Joris (v. 1615-69).
VAN DER HELST, Bartholomeus (1613-70).
VAN DER HEYDEN, Jan (1637-1712).
VAN DER NEER, Aert (1603/04-77).
VAN DER WELFF, Adrien (1659-1722).
VAN DE VELDE, Adriaen (1636-72).
VAN DE VELDE, Willem l'Ancien (1611-93).
VAN DE VELDE, Willem le Jeune (1663-1707).
VAN EVERDINGEN, Allart ou Allard (1617-75) ou (1621-78).
VAN OSTADE, Adriaen (1610-84).
VAN RUISDAEL, Jacob (1628/29-81/82).
VAN RUYSDAEL, Salomon (1600/02-70).
VERKOLJE, Jan (1650-93).
VERMEER, Jan (1632-75).
WEENIX, Jan (1640-1719).
WIT, Jacob de (1695-1754).
WITTE, Emmanuel de (v. 1617-92).
WOUWERMANS, Johannes Philips (1619-68).
WYNANTS, Jan (v. 1630-84).

Nés après 1700

APPEL, Karel (1925).
BOHEMEN, Kees van (1928).
BOSBOOM, Johannes (1817-91).
BRANDS, Eugène (1913).
BREITNER, Georg-Hendrik (1857-1923).
CHABOT, Hendrik (1894-1949).
CONSTANT (1920).
DIBBETS, Jan (1941).
DOMELA-NIEUWENHUIS, César (1900).
EYCK, Charles-Hubert (1897-1982).
FEURE, Georges de (1868-1943).
GESTEL, Léo (1881-1941).
HEEMSKERK VAN BEEST, Jacoba (1876-1923).
HENDERIKSE, Jan (1937).
HEYDEN, Jacques van der (1928).
ISRAELS, Isaac (1865-1934).
ISRAELS, Joseph (1824-1911).
JONGKIND, Johan Barthold (1819-91).
KOEKKOEK, Barend (1803-62).
KRUYDER, Hermann (1881-1935).
LATASTER, Ger (1920).
LELIE, Adrien de (1755-1820).
LUCEBERT (1924).
MARIS, Jacob (1837-99).
MAUVE, Anton (1838-88).
MESDAG, Hendrik Willem (1831-1915).
MOESMAN, Joop (1909-81).
MONDRIAN, Piet (er Cornelis) (1872-1944).
MUYS, Nicolas (1740-1808).
NANNINGA, Jaap (1904-62).
NIEUWENHUIS, Jan (1922).
OUWATER, Isaak (1850-93).
PRIKKER, J. Thorn (1868-1932).
ROELOFS, Willem (1822-97).
ROOSKENS, Anton (1906-76).
SCHELFHOUT, Andreas (1787-1870).
SCHOONHOVEN, Jan (1914).
SCHOUMAN, Aart (1710-92).
SLUYTERS, Jan (1881-1957).
SPEENDONCK, C. van (1756-1840).
STRUYCKEN, Peter (1939).
TOOROP, Charley (1891-1955).
TOOROP, Jan (1858-1928).
VAN DER LECK, Bart Anthony (1876-1958).
VAN DOESBURG, Théo (1883-1931).
VAN DONGEN, Kees (1877-1968).
VAN GOGH, Vincent (1853-90).
VAN OS, Jan (1744-1808).
VAN VELDE, Bram (1895-1981).
VAN VELDE, Geer (1898-1977).
VERKADE, Wilibrord (1868-1946).
VERSTER, Floris (1861-1927).
WEISSENBRUCH, Jan Hendrik (1824-1903).
WERKMAN, Hendrik (1882-1945).
WESTERIK, Co (1924).
WIEGERS, Jan (1893-1959).
WIEGMAN, Matthieu (1886-1971).
WILLINK, Carel (1900-83).
WOLVECAMP, Theo (1925).
ZEKVELD, Jacob (1945).

Pologne

BOZNAŃSKA, Olga (1865-1940).
BRODOWSKI, Antoni (1784-1832).
BRZOZOWSKI, Tadeusz (1918).
CHELMONSKI, Józef (1849-1914).
CHODOWIECKI, Daniel (1726-1809).
GIERYMSKI, Alexander (1850-1901).
GIERYMSKI, Maksymilian (1846-74).
GROTTGER, Artur (1837-67).
HAYDEN, Henri (1883-1970) (en France).
KANTOR, Tadeusz (1915).
KOWARSKI, Felicjan (1890-1948).
KUCHARSKI, Alexander (1741-1819).
MAKOWSKI, Tadé (1882-1932).
MALCZEWSKI, Jacek (1854-1929).
MATEJKO, Jan (1838-93).
MEHOFFER, Jozef (1868-1946).
MICHALOWSKI, Pierre (1800-55).
NOWOSIELSKI, Jerzy (1923).
OCIEPKA, Theofil (1892-1978).
ORLOWSKI, Alexander (1777-1832).
PLONSKI, Michel (1778-1812).
PRONASZKO, Zbigniew (1885-1958).
RODAKOWSKI, Henri (1823-94).
RUSZCZYC, Ferdynand (1870-1936).
SLEWINSKI, Wladyslaw (1854-1918).
SMUGLEWICZ, François (1745-1807).
STAŻEWSKI, Henryk (1894).
STRZEMINSKI, Wladyslaw (1893-1952).
WEISS, Wojciech (1875-1950).
WITKIEWICZ, Stanislaw Ignacy (dit Witkacy) (1885-1939).
WOJNIAKOWSKI, Casimir (1772-1812).
WOJTKIEWICZ, Witold (1879-1909).
WYSPIANSKI, Stanislas (1869-1907).
ZAK, Eugène (1884-1926).

Portugal

ALMADA NEGREIROS, José (1893-1970).
COLUMBANO (1857-1929).
DACOSTA, António (1914).
ELOY, Mário (1900-51).
GONÇALVES, Nuno (1420?-80).
LANHAS, Fernando (1923).
MALHOA, José (1855-1933).
PINHEIRO, Columbano Bordalo (1857-1926).
POMAR, Julio (1926).
POUSAO, Henrique (1859-84).
RESENDE, Julio (1917).
SEQUEIRA, Domingos (1768-1836).
SMITH, Francisco (1881-?).
SOUZA-CARDOSO, Amadeu (1887-1918).
VIEIRA DA SILVA, Maria Helena (1908) (nat. Franç.).

Roumanie

ALMASANU, Virgil (1916).
AMAN, Theodor (1831-91).
ANDREESCU, Ion (1850-82).
BABA, Corneliu (1906).
BRAUNER, Victor (1903-66).
BUNESCU, Marius (1880-1962).
CATARGI, Henri (1894-1976).
CIUCURENCU, Alexandru (1903-77).
CIUPE, Aurel (1900).
COVALIU, Bradut (1924).
DARASCU, Nicolae (1883-1959).
DUMITRESCU, Stefan (1886-1933).
GHEORGHIU (Alin), Ion (1929).
GHIATA, Dumitru (1888-1972).
GRIGORESCU, Lucian (1894-1965).
GRIGORESCU, Nicolae (1838-1907).
GRIGORESCU, Octav (1945).
IANCU, Marcel (1895).
ISER, Iosif (1881-1958).
LUCHIAN, Stefan (1868-1916).
MARGINEAN, Viorel (1933).
MATTIS TEUTSCH, Johann (1884-1960).
MAXY, Max Herman (1895-1971).
NICODIM, Ion (1932).
PACEA, Ion (1924).
PALLADY, Theodor (1871-1956).
PETRASCU, Gheorghe (1872-1949).
RESSU, Camil (1880-1962).
SIRATO, Francise (1877-1953).
STERIADI, Jean Al. (1880-1956).
TONITZA, Nicolae (1886-1940).
TUCULESCU, Ion (1910-62).

Russie et URSS

Fresques (cath. Dormition et de Vladimir) (1408).
BRULOV, Karl (1799-1852).
CHISCHKIN, Ivan (1831-98).
FALK, Robert (1886-1958).
IVANOV, Aleksandr (1806-58).
KOROVINE, Konstantin (1861-1939).
KOWALSKI, Piotr (1927).
KUZNEZOV, Pavel (1878-1968).
LARIONOV, Mikhaïl (1881-1964) (nat. Franç.).
LISSITZKI, El. (1890-1947).
MALEVITCH, Kasimir (1878-1935).
PETROV-VODKINE, Kiozma (1878-1939).
RÉPINE, Ilia (1844-1930).
ROKOTOV, Fiodor (1738-1812).
ROUBLIOV, Andreï (1370-1430).
TATLINE, Vladimir (1885-1956).
TERECHKOVITCH, Kostia (1902-78).
VENETSIANOV, Alexis (1780-1847).
WROUBEL, Mickhaïl (1850-1910).

Suède

AROSENIUS, Ivar (1878-1909).
BAERTLING, Olle (1911-81).
CARLSUND, Otto (1897-1948).
FAHLSTRÖM, Oyvind (1928-76).
GRÜNEWALD, Isaac (1889-1946).
HALL, Peter Adolf (1739-93).
HILL, Carl Fredrik (1849-1911).
JOSEPHSON, Ernst (1851-1906).
KAKS, Olle (1941).
LAFRENSEN (Lavreince), Niclas (1737-1807).
LARSSON, Carl (1853-1919).
LINDBLOM, Sivert (1931).
LUNDQUIST, Evert (1904).
MARTIN, Elias (1739-1818).
RHODE, Lennart (1916).
ROSLIN, Alexander (1718-93).
SKÖLD, Otte (1894-1958).
SVANBERG, Max Walter (1912).
ZORN, Anders (1860-1920).

Suisse

ALTHERR, Heinrich (1878-1947).
AMIET, Cuno (1868-1961).
ANKER, Albert (1831-1910).
APPIA, Adolphe (1862-1928).
AUBERJONOIS, René (1872-1957).
BAIER, Jean (1932).
BAILLY, Alice (1872-1938).
BALMER, Wilhelm (1865-1922).
BARRAUD, Maurice (1889-1954).
BARTH, Paul Basilius (1881-1955).
BAUD-BOVI, Auguste (1848-1899).
BEAUMONT, Gustave (1851-1922).
BEN (Ben Vautier) (1935).
BERGER, Hans (1882-1977).
BIÉLER, Ernest (1863-1948).
BILL, Max (1908).
BILLE, Edmond (1878-1959).
BLANCHET, Alexandre (1882-1961).
BOCION, François (1828-90).
BÖCKLIN, Arnold (1827-1901).
BODMER, Paul (1886-1983).
BRIGNONI, Serge (1903).
BRÜHLMANN, Hans (1878-1911).
BUCHET, Gustave.
BUCHSER, Frank (1828-90).

Buri, Max (1868-1915).
Buri, Samuel (1935).
Burnand, Eugène (1850-1921).
Calame, Alexandre (1810-64).
Camenisch, Paul (1893-1970).
Castres, Édouard (1838-1902).
Chiesa, Pietro (1876-1959).
Cingria, Alexandre (1879-1945).
Clément, Charles (1889-1972).
Clénin, Walter (1897).
Coghuf, Ernst (Ernst Stocker) (1905-76).
Dahm, Helen (1878-1968).
Danioth, Heinrich (1896-1953).
Dessouslavy, Georges (1898-1952).
Deutsch, Niklaus-Manuel (1484-1530).
Diday, François (1802-77).
Dietrich, Adolf (1877-1957).
Donzé, Numa (1885-1952).
Erni, Hans (1909).
Federle, Helmut (1944).
Fischer, Hans dit Fis (1909-58).
Forestier, Henri-Claudius (1875-1922).
Füssli, Johann Heinrich (1741-1825).
Gertsch, Franz (1930).
Gessner, Salomon (1730-88).
Giacometti, Alberto (1901-66).
Giacometti, Augusto (1877-1947).
Giacometti, Giovanni (1868-1933).
Giauque, Fernand (1895-1973).
Gimmi, Wilhelm (1886-1965).
Girardet, Karl (1813-95).
Glarner, Fritz (1899-1972).
Gleyre, Charles (1806-74).
Graeser, Camille (1892-1980).
Graf, Urs (1485-1527).
Graff, Anton (1736-1813).
Gubler, Max (1898-1973).
Heintz, Joseph (1564-1609).
Helbig, Walter (1878-1968).
Hodler, Ferdinand (1853-1918).
Huber, Hermann (1888-1967).
Iseli, Rolf (1934).
Itten, Johannes (1888-1967).
Kämpf, Max (1912-82).
Kauffman, Angelika (1741-1807).
Klee, Paul (1879-1940).
Koller, Rudolf (1828-1905).
Kreidolf, Ernst (1863-1956).
Kündig, Reinhold (1888-1984).
Leu, Hans (1490-1531).
Leuppi, Léo (1893-1972).
Liotard, Jean-Étienne (1702-89).
Lohse, Richard Paul (1902).
Lüthy, Oscar (1882-1945).
Mangold, Burkhard (1873-1950).
Menn, Barthélemy (1815-93).
Merian, Matthäus (1593-1650).
Meyer-Amden, Otto (1885-1933).
Moilliet, Louis (1880-1962).
Moos, Max von (1903-79).
Morach, Otto (1887-1973).
Morgenthaler, Ernst (1887-1962).
Mühlenen, Max von (1903-71).
Müller, Albert (1897-1926).
Neuhaus, Werner (1897-1934).
Obrist, Hermann (1862-1927).
Oppenheim, Meret (1913-85).
Pellegrini, Alfred H. (1881-1958).
Pfister, Albert (1884-1978).
Raetz, Martens (1941).
Robert, Léopold (1794-1835).
Roth, Dieter (1930) (or. all.).
Schiess, Ernesto (1872-1919).
Schnyder, Albert (1898).
Schumacher, Hugo (1939).
Schürch, Robert (1895-1941).
Segantini, Giovanni (1858-99).
Seligmann, Kurt (1900-62).
Serodine, Giovanni (1594-1631).
Soutter, Louis (1871-1942).
Spoerri, Daniel (1930).
Stämpfli, Peter (1937).
Stauffer-Bern, Karl (1857-91).
Stimmer, Tobias (1539-84).
Stœcklin, Nicklaus (1896-1982).
Stückelberg, Ernst (1831-1903).
Surbek, Victor (1885-1975).
Taeuber-Arp, Sophie (1889-1943).
Thomkins, André (1930-85).
Töpffer, Wolfgang-Adam (1766-1847).
Trachsel, Albert (1863-1929).
Tschumi, Otto (1904-84).
Vallet, Édouard (1876-1929).
Vallotton, Félix (1865-1925).
Varlin (Guggenheim, Willy) (1900-77).
Weber, Ilse (1908-84).
Welti, Albert (1862-1912).
Werner, Joseph (1637-1710).
Wiemken, Walter Kurt (1907-40).
Witz, Conrad (v. 1400-45).
Wolf, Caspar (1735-83).
Zünd, Robert (1827-1909).

Tchécoslovaquie

Bauch, Jan (1898).
Brandl, Peter (1668-1735).
Capek, Josef (1887-1945).
Filla, Emil (1882-1953).
Fulla, Lútdovít (1902-80).
Gross, Frantisek (1909).
Grund, Norbert (1717-67).
Hollar, Vaclav (1607-77).
Kolar, Jiri (1914).
Kubista, Bohumil (1884-1918).
Kupka, Frantisek (1871-1957).
Majerník, Cyprián (1909-45).
Mánes, Josef (1820-71).
Mucha, Alfons (1860-1939).
Preisler, Jan (1872-1918).
Purkyne, Karel (1834-68).
Sima, Josef (1891-1971).
Skreta, Karel (1610-74).
Slavícek, Antonín (1870-1910).
Soucek, Karel (1915-82).
Spala, Václav (1885-1946).
Tichy, Frantisek (1896-1961).
Zrzavy, Jan (1890-1977).

Uruguay

Arzadun, Carmelo de (1888-1968).
Barradas, Rafael (1890-1929).
Blanes, Juan Manuel (1830-1901).
Blanes Viale, Pedro (1879-1926).
Cuneo Perinetti, José (1887-1977).
Figari, Pedro (1861-1938).
Hequet, Diogenes (1866-1902).
Herrera, Carlos Maria (1875-1914).
Rose, Manuel (1887-1961).
Saez, Carlo Federico (1878-1901).
Torres Garcia, Joaquín (1874-1949).

Yougoslavie

Generalic, Ivan (1914).
Generalic, Josip (1936).
Lackovic, Ivan Croata (1932).
Naumovski, Vangel (1924).
Rabuzin, Ivan (1921).
Velickovic, Vladimir (1935).

Sculpture

Histoire

Préhistoire. Vers 25 à 20 000 av. J.-C., apparition de statuettes féminines [la Vénus de Brassempouy (Landes, gis. aurignacien), en ivoire, conservée au musée de St-Germain-en-Laye].

Égypte. Dès la Iʳᵉ Dynastie, grande perfection qui durera 30 siècles. Personnages représentés de front, sans mouvement ; œil vu de face dans tête de profil ; torse de face posé sur jambes de profil. Œuvres gigantesques aux formes enveloppées et bien définies, dénuées de détails. Représentation de la beauté du corps humain nu, associée à la symbolique animale.

Grèce. *Période archaïque.* 2ᵉ moitié du VIIᵉ s. au début Vᵉ s. av.-J.-C. L'art se dégage lentement de l'influence égyptienne : représentation de l'homme nu (couros), de la femme hiératique et drapée (coré). La décoration sculptée des frises et des métopes incite l'artiste à varier les poses et l'athlète vivant remplace le couros abstrait.

Période classique. Vᵉ s. à fin IVᵉ s. av. J.-C. Connue par les marbres romains, copies des bronzes originaux disparus. Myron et Polyclète expriment l'idéal de la forme antique ; Phidias décore les métopes et la frise du Parthénon ; Scopas introduit l'expression de la passion ; Praxitèle représente le premier corps féminin nu.

L'art hellénistique. A la mort d'Alexandre (323 av. J.-C.), l'Empire grec cède, au contact de cultures étrangères, à des effets faciles de pittoresque. Multiples reproductions des chefs-d'œuvre classiques.

Rome. Les Romains copient les sculptures grecques. Rome importe œuvres et artistes hellénistiques. Cependant, les bas-reliefs à tendance narrative et historique et les portraits sont très caractéristiques de la sculpture romaine.

Byzance. Reprend l'art romain. Querelle des iconoclastes jusqu'en 843 (régence de Théodora). L'art chrétien au contact de la Syrie et de la Mésopotamie devient uniquement décoratif. L'esprit plastique ne subsiste que dans les objets en ivoire.

Art roman. Renaissance de la sculpture à la fin du XIᵉ s. en Languedoc et en Bourgogne, dans la décoration des églises : encadrement des portails (tympans, statues-colonnes) et chapiteaux ; représentation humaine, animale et végétale dynamique ; disproportion et déformation des personnages afin de respecter la hiérarchie spirituelle et le cadre assigné par l'architecture. Apogée de l'art roman au portail royal de la cathédrale de Chartres (1145 à 70) qui marque le passage du roman au gothique.

Art gothique. *XIIIᵉ s.*, époque des grandes cathédrales et abbatiales, sculpture religieuse visant à instruire les fidèles. *XIVᵉ s.*, la statuaire se détache de l'architecture, goût du réalisme, du macabre ; apparition du portrait dans les gisants ; suppression partielle du contrôle de l'Église. *Du XIVᵉ au XVᵉ s.*, les sculptures sont anonymes. A la cour de Bourgogne, fin XIVᵉ s., Claus Sluter, né en Hollande, influence et domine son époque de son art très réaliste. Au *XVᵉ s.*, son neveu Claus de Werve et Antoine Lemoiturier suivent ses traditions : vierges, pietàs, retables de la Passion, tombeaux (statues trapues, drapés aux plis mouvementés). La Champagne, l'Ile-de-Fr., la Touraine sont réfractaires à cette influence (Michel Colombe).

En Allemagne, la sculpture gothique associe les influences françaises et les particularismes locaux.

Renaissance. *En Italie,* la sculpture, qui a résisté à l'influence gothique, s'est libérée au XIIIᵉ s. de la tutelle byzantine et, aux XVᵉ et XVIᵉ s., vise à magnifier la puissance et la beauté du corps humain (Jacopo della Quercia, Verrocchio, Mino da Fiesole). Apparition du premier nu masculin depuis l'Antiquité (Donatello), suprématie de Michel-Ange.

En France, sous François Iᵉʳ, foyer d'italianisme à Fontainebleau ; influence durable du Primatice (Francesco Primaticcio), introduction d'originaux et de copies de marbres antiques. L'art de Fontainebleau rayonne sur l'Europe. Sous Henri II, Jean Goujon et Germain Pilon inaugurent une longue période classique.

XVIIᵉ s. *En France,* sous Louis XIV, les sculpteurs renouent avec la plastique grecque classique en travaillant pour Versailles (Antoine Coysevox, François Girardon, les frères Coustou, Robert Le Lorrain). Pierre Puget, d'origine méridionale, se distingue par le côté baroque de son art.

En Italie, la recherche du mouvement et de l'expression aboutit à un art théâtral (le Bernin).

XVIIIᵉ s. *En France,* sous Louis XV, « rococo » (avec Jean-Louis Lemoyne, Sébastien Slodtz, Lambert et Nicolas Adam, Jean-Baptiste Pigalle et Étienne Falconet) ; sous Louis XVI, néo-classicisme (Jean-Antoine Houdon, Augustin Pajou, Louis-Claude Vassé). *En Italie,* néo-classicisme très strict (A. Canova).

XIXᵉ s. *Sous l'Empire et la Restauration,* servitude antique de la sculpture (François-Joseph Bosio, James Pradier) ; plus de personnalité chez François Rude et chez le plus grand animalier du siècle : Antoine Barye. *Animaliers :* Barye, Mène, Frémiet, Moigniez, Frates, Bugatti, Pompon. *Autres sujets* (le plus souvent la femme) : Dalou, Rodin, H. Moreau, Raoul Larche. *IIᵉ Empire :* Jean-Baptiste Carpeaux allie la grâce du XVIIIᵉ s. à la vie et au mouvement ; Auguste Rodin, artiste tourmenté, attiré par la lumière et le mouvement, allie l'art romantique et l'esthétique baroque ; 3 peintres célèbres sculptent : Théodore Géricault, Honoré Daumier, Edgar Degas.

XXᵉ s. *L'art officiel* maintient les canons du XIXᵉ s. *Les Indépendants* donnent une image qui va de l'observation de la nature à son affranchissement en passant par des degrés intermédiaires. *Antoine Bourdelle* s'inspire des styles archaïques de la Grèce et de l'art roman. *Aristide Maillol* sculpte des volumes puissants, des nus féminins plantureux. *Charles Despiau* fait revivre la tradition française des bustes, portraits psychologiques.

École de Paris : aux Français qui, à la suite du cubisme, prennent des libertés avec le modèle, se mêlent de nombreux étrangers (Henri Laurens, Raymond Duchamp-Villon, Constantin Brâncusi, Ossip Zadkine, Alexandre Archipenko). Les peintres poursuivent parfois leurs recherches dans la sculpture : Matisse, Braque, Picasso, Arp, Giacometti.

Quelques définitions

Ciselure. Art des métaux précieux, pierres dures (travail à la coquille), pierres de *camaïeu* (intaille).

Matériaux. *Bois* (quelquefois chauffé pour qu'il durcisse, laissé à l'état brut ou poli). *Cire* (modelage), *plastiline. Matériaux durs :* marbre, pierre, etc. (taille directe). *Terre argileuse ou terre glaise :* modelage en terre glaise à partir duquel sort un premier plâtre (plâtre original). *Bronze, plomb* (figurines), *étain* (coqs de clochers), *cuivre* revêtu d'argent, *argent massif, or, laiton, fer, zinc, aluminium. Matériaux transformés* *par cuisson :* terre cuite, biscuit. *Matières composites :* plâtre, chaux, ciment, béton. *Matières synthétiques :* plexiglas, polyuréthane, mousses de polyester, matières plastiques souples.

Moulage. Objet reproduit au moyen d'un moule.

Patines. Les plus courantes pour le bronze : noire et foncée, brun soutenu au marron plus ou moins clair (dite médaille), verte et rouge (dite giroflée).

Plastique. Art de modeler.

Relief. Objet représenté en saillies sur un fond. Dans le *bas-relief :* contours et forme ne sont indiqués que par une légère saillie ; dans le *demi-relief* ou demi-bosse : les figures « sortent » à peu près de la moitié de leur épaisseur ; dans le *haut-relief :* les figures sortent presque complètement du fond.

Ronde-bosse. Sculpture indépendante, théoriquement visible sous toutes ses faces (ex. : statue).

Sculpture. Art qui consiste à créer une forme en opposant dans l'espace des volumes ou reliefs à des creux ou vides à partir d'un modèle existant : corps, visage ou animal.

Statue chryséléphantine. Statue d'or et d'ivoire, ou bronze doré et ivoire époque 1925-30 (ex. : Chiparus).

Cours de quelques sculptures

Hausse importante amorcée vers 1965, se poursuit (elle atteint 400 à 700 % depuis 13 ans).

Nota. — V. Art nègre, Chine et Japon à l'Index.

Bois

Anciens. Éléments du prix : *Sujet :* une Vierge à l'enfant se vend plus cher que calvaires ou pietàs ; statues de saints, groupes anecdotiques recherchés plus qu'un évêque ou un apôtre barbu ; les personnages dits civils (en général, des saints patrons) et les cavaliers sont très recherchés ; les scènes dramatiques, sauf les Christs en croix, sont moins prisées. *Taille :* 20 cm à grandeur nature, rarement plus. La polychromie d'époque sur bois ou pierre est un élément recherché. Raréfaction des pièces de qualité.

Art populaire : 1 000 à 10 000 F ; bonne qualité : 15 000 à 100 000 F ; exceptionnelle, polychromie d'époque : 500 000 F et +.

Renaissance. *Cours :* 2 000 à 240 000 F.

Modernes. *Arp (J.)* 507 300 F (1977).

Bronze

Composition. Alliage de cuivre et d'étain, obtenu, dès l'époque chalcolitique, par réduction directe des minerais d'étain et de cuivre, autrefois nommé parfois *airain.* Teneur variable selon l'usage : *bronzes ordinaires* ou *à l'étain :* 3 à 40 % d'étain (monnaies 3 à 8, cloches et cymbales 20 à 30, anciens miroirs 30 à 40) ; *br. spéciaux :* au zinc, au plomb, phosphoreux, au zinc et au plomb ; le *br. parisien* (utilisé pour bijouterie, ornementation) est en réalité un laiton au plomb ; *br. d'art :* cuivre et étain, avec addition de plomb et zinc (statues, pendules...).

Toutes les civilisations ont pratiqué l'art du bronze : Turquie 4300 av. J.-C. ; Mésopotamie 3000 av. J.-C. ; Crète 2000 av. J.-C. ; Chine XVIe s. av. J.-C. ; Corée IIIe s. apr. J.-C. ; Japon VIe s. apr. J.-C.

> **Fonte des statues en bronze.** Faite soit *au sable* (le sculpteur qui fait fondre au sable fournit un modèle définitif dont il est pris des empreintes au sable au moyen d'un moule en 2 ou plusieurs parties par la suite rempli de bronze en fusion), soit *à la cire perdue* (le sculpteur modèle en terre sa statue ; sur ce modèle est pris un moule en « bon creux » dans lequel est appliquée une couche de cire qui sera, par coulée, remplacée par le bronze ; cette cire peut être remodelée pour quelques tirages). Les fontes les plus recherchées sont les fontes au sable à cause de la plus grande difficulté de leur réalisation.

Nota. — L'analyse spectrale des métaux anciens (réalisée pour la 1re fois en 1833 en Allemagne) a révélé la présence d'un fort % d'arsenic dans certains bronzes anciens [notamment en Transcaucasie (3000 av. J.-C.) ; en Arménie (4000 av. J.-C.) ; de la vallée de l'Indus aux Iles britanniques (de 4000 à 1000 av. J.-C.)]. On distinguerait maintenant 2 périodes dans l'âge du bronze : 1re période, alliage cuivre minerais d'arsenic (réalgar, orpiment) ; 2e période, cuivre étain. *Régule.* Alliage de plomb, d'étain et d'antimoine imitant le bronze.

• **Bronzes anciens** (prix en milliers de francs). **Afrique.** Voir p. 348. **Allemagne.** Cheval (30 cm), XVe s., 375 (1978). Chandelier autel (27 cm), XIIIe s., 1 472 (1978). **Égypte.** Voir p. 373. **France.** Record, cheval écorché du XVIe s. 1 500 (1975). XVIIe et XVIIIe s., de 40 à 350. *Desjardins (M. van der Bogaert, dit),* XVIIe s., 1 200 à 1 700. **Grande-Bretagne.** Chevalier en bronze doré (10,1 cm), XIIe s., 4 587 (1978). Cheval (attr. à l'atelier de A. Coysevex, v. 1680) 2 442 (1984). **Iran.** Bronzes du Louristan, voir p. 373. **Italie.** Bronze de l'école de Lysippe, IVe s. av. J.-C., 19 500 (1971), statue la plus chère du monde. Figure de femme nue (32 cm), XIIe s., 834 (1978). Homme nu debout, attribué à Michel-Ange, 1 200 (1980). Statuette bronze (25,5 cm) XVIe s. 2 000 (1983). Bronze florentin XVIIe par F. Tacca, 565,8 (1985). Cheval écorché (Florence, fin XVIe) 1 650 (1975). **Pays-Bas.** Adrien de Vries (1560-1626), cheval 9 200 (1984).

• **Bronzes récents. Éléments du prix.** *Notoriété du sculpteur, sujet, célébrité* (ex. : Ratapoil, de Daumier). *Qualité de la fonte* (ex. : les bronzes de Dalou, fondus par Hébrard, valent plus cher que ceux fondus par Susse). *Tirage :* le nombre d'ex. édités et le numéro de la pièce peuvent figurer sur tout bronze original dans la partie inférieure appelée terrasse : justification du tirage avec numéro d'ordre, marque ou signature du fondeur (les premiers ex., qui passent pour les plus précis, ont le plus de valeur). Pour certains bronzes, il peut exister plusieurs tirages avec différents fondeurs (ex. : Ratapoil, de Daumier : la 1re édition Siot-Decauville a beaucoup plus de valeur que celle qui a suivi, fondue par Rudier pour Bing à 20 épreuves en 1925). *Patine :* un bronze décapé perd une partie de sa valeur ; patines les plus recherchées : en général claires, appelées patines médaille, vertes, puis noires.

Ex. (en milliers de F). *Armitage* 9,2 à 64. *Barias (E.)* 25 (1984). *Barlach (E.)* 9,2 à 246. *Barye* animaux 2,9 à 92. *Bill (M.)* 11,4 à 45,5. *Bonheur (I.)* 1,9 à 320. *Borglum (S.H.)* 460. *Bourdelle* 10 à 250 ; Grande Pénélope 580 (1979). *Bugatti (Rembrandt)* 3,2 à 177 ; except. 1 253,2 (1985). *Caillé (J.-M.)* 177,6. *Calder* 11 à 1 064. *Carriès (J.)* 105,7. *Carpeaux (J.-B.)* 5,3 à 344. *Carrier-Belleuse (A.-E.)* 1,5 à 190. *Chadwick (L.)* 5,3 à 145. *Chirico (G. de)* 22 à 44,8. *Claudel (C.)* 311. *Cordier (E.)* 800 (1984). *Cornell (J.)* 30,8 à 448. *Csaky (J.)* 3,2 à 241. *Dalou* 3 à 102,7. *Daumier* 15,5 à 331 (1966). *Degas* 50 à 531,4. *Despiau (C.)* 72,5. *Duchamp-Villon* 33 à 650 (1978). *Epstein (Sir J.)* 5 à 72. *Ernst (M.)* 13,5 à 532. *Fautrier (J.)* 1,2 à 420. *Flavin (D.)* 18,5 à 33. *Fontana (L.)* 4,4 à 40. *Fraser (J.-E.)* 4,2 à 367. *Frémiet* 36 (1982). *Freundlich (G.)* 7,4. *Gabo (N.)* 3 à 397. *Gargallo* 20 à 509,3. *Gaudier-Brzeska* 2,7 à 30,8. *Gauguin (P.)* 10 à 637,5. *Gilioli* 1,2 à 35. *Greco (E.)* 7 à 180,4. *Guyot (G.)* 72,5. *Hepworth (B.)* 9 à 319. *Johns (Jasper)* 17,6 à 44,8. *Kauba (C.)* 3 à 168. *Kolbe (G.)* 16,8 à 140,8. *Lalane (F.X.)* 6 à 52,8 (1980). *Larche (R.)* 1,6 à 245. *Laurens* 20 à 1 800 (1986). *Lehmbruck* 17,5 à 64. *Lichtenstein (R.)* 3 à 140. *Magritte* 92,5 à 451. *Maillol* 20 à 8 800 (1984). *Man Ray* 2,3 à 348,5. *Manship (P.H.)* 15,4 à 440. *Manzu (G.)* 41 à 980. *Matisse* 60 à 1 800 (1982). *Mène (P.-J.)* 1 à 92,5. *Modigliani* 23 à 40. *Moreau (H.)* 19,5 (1984). *Myklos (G.)* 100,2. *Picasso* 22 à 327 (1980). *Pompon* 2,3 à 154,9. *Preiss (F.)* 6,3 à 128. *Proctor (A.P.)* 2,8 à 206,8. *Remington (E.)* 33 à 4 550. *Renoir (P.-A.)* 16 à 980. *Rodin* 20 à 3 000 (1984). *Rosso (M.)* 15. *Shrady (H.-M.)* 26 à 112. *Sintenis (R.)* 4,6 à 59,8. *Smith (D.)* 70 à 3 640. *Troubetskoy (Prince P.)* 2,1 à 75. *Vindevogel (T.).* 10 à 21,8. *Volti (A.)* 4 à 130. *Zadkine* 8,5 à 280. *Zuniga* (F.) 20 à 308.

Autriche. Bronzes de Vienne (XIXe s.), petits animaux en bronze (de 4 mm à 40 cm), de 0,4 à 3.

Statues chryséléphantines (v. 1925) en bronze doré et ivoire. *Barias* 4,5 à 80. *Bouraine* 2,7 à 106. *Chiparus* 7 à 380. *Léonard (A.)* 20,5 (1984). *Lipchitz* 6 à 644.

Marbre

Ex. (en milliers de F). *Arp* 175 à 352 (1977). *Bernini :* Buste de Grégoire XV (v. 1621) 1 200. *Carpeaux (J.-B.)* 150 (1983). *Corradini (A.) :* Statue de vestale (XVIIIe) 154 (1976). *Foucou (J.-J.) :* Paires de torchères L. XIV : 943,5 (1985). *Houdon :* Buste d'enfant (1781) 551 (1977) ; Buste de Voltaire 300 (1980). *Rodin :* Deux Mains 562,2 (1978). *Roubiliac (L.-F.) :* 6 060 (1985).

Grande-Bretagne. Albâtres de Nottingham. Du XIVe au XVIe s. Principalement sujets religieux, 30 à 150.

Art contemporain

Ex. (en milliers de F). *Agam (Yaacov)* 4 à 75. *André (L.)* 127,6. *Archipenko* 9,9 à 280. *Arman* 1,4 à 68,2. *Arp (J.) :* 307,2. *Brancusi* 800 à 16 500 (1984). *César (B.)* 1,2 à 84. *Chareau (Pierre)* 469 (1983). *Christo (J.)* 1,1 à 171. *Dali (S.)* 2,3 à 190. *Duchamp (M.)* 16,5 à 64. *Giacometti* 10 à 14 300 (1983). *Kiaphec* 79,2 (1981). *Klein (Yves)* 1,8 à 170,5 (1974). *Marini (Marino)* 23,5 à 1 450. *Moore (Henry)* 14 à 8 050 (1983). *Nevelson. (Louise)* 24,2 à 484 (1980). *Rauschenberg (R.)* 100 à 1 064. *Raynaud* 0,5 à 20. *Saint-Phalle (N. de)* 2,2 à 34,1. *Segal (G.)* 4 à 206,8. *Tinguely* 5,2 à 220.

Sculpteurs

☞ Voir également l'histoire de la sculpture et les cours de quelques sculptures (page 367 et ci-dessus).

Allemagne

Nés avant 1600

BACKOFEN, Hans († 1519)
DAUHER, Adolf (v. 1460-1523/24).
ERHART, Gregor (v. 1460-av. 1540).
GERHAERT, Nikolaus (P.-Bas, v. 1430-73) (1462-73 à Trèves, Strasbourg, Vienne).
HAGUENAU, Nicolas de (Strasbourg) (v. 1460-1538).
KRAFFT, Adam (v. 1460-v. 1509).
NOTKE, Bernt (v. 1440-1509) (trav. en Sui.).
RIEMENSCHNEIDER, Tilman (1460-1531).
STOSS, Veit (v. 1440-1533).
SYRLIN, Jörg (v. 1425-v. 1491).
VEIT, Konrad (v. 1485-v. 1544) (trav. aux P.-Bas).
VISCHER, Peter (1460-1529) et ses fils, Herman, Peter (1487-1528), Hans.

Nés entre 1600 et 1800

ASAM, Egide Quirin (1692-1750) et son frère Cosmas Damian (1686-1750).
FEUCHTMAYER, Joseph Anton (1696-1770).
GÜNTHER, Ignaz (1725-75).
PERMOSER, Baltazar (1651-1732).
RAUCH, Christian (1777-1857).
SCHADOW, Gottfried (1764-1850).
SCHLÜTER, Andreas (1664-1714).

Nés après 1800

BANDAU, Joachim (1936).
BARLACH, Ernst (1870-1938).
BEGAS, Reinhold (1831-1911).
BELLING, Rudolf (1886-1972).
BLUMENTHAL, Hermann (1905-42).
CREMER, Fritz (1906).
FISCHER, Lothar (1933).
GERZ, Jochen (1940).
GIES, Ludwig (1887-1966).
HAJEK, Otto Herbert (1927).
HARTUNG, Karl (1908-67).
HAUSER, Erich (1930).
HEILIGER, Bernhard (1915).
HILDEBRAND, Adolf von (1847-1921).
KNOEBEL, Jmi (1940).
HOETGER, Bernhard (1874-1949).
KLINGER, Max (1857-1920).
KOENIG, Fritz (1924).
KOLBE, Georg (1877-1947).
KRAMER, Harry (1925).
KRICKE, Norbert (1922-84).
LEHMANN, Kurt (1905).
LEHMBRUCK, Wilhelm (1881-1919).
LÖRCHER, Alfred (1875-1962).
LOTH, Wilhelm (1920).
LUTHER, Adolf (1912).
MACK, Heinz (1931).
MARCKS, Gerhard (1889-1982).
MATSCHINSKY-DENNINGHOFF, Brigitte (1923).
NIERHOFF, Ansgar (1941).
OBRIST, Hermann (1863-1927).
OPPERMANN, Anna (1940).
OTTO, Waldemar (1929).
PIENE, Otto (1928).
POHL, Uli (1940).
RINKE, Klaus (1939).
ROSENBACH, Ulrike (1943).
RUCKRIEM, Ulrich (1938).
RUTHENBECK, Reiner (1937).
SCHARFF, Edwin (1887-1955).
SCHEIBE, Richard (1879-1964).
SINTENIS, Renée (1888-1965).
STADLER, Toni (1888-1976).
UECKER, Günther (1930).
UHLMANN, Hans (1900-75).

WALTHER, Franz Erhard (1939).
WIMMER, Hans (1907).
WINDHEIM, Dorothée von (1945).

Autriche

DONNER, Georg Raphael (1693-1741).
FERNKORN, Anton (1813-78).
HANAK, Anton (1875-1934).
HRDLICKA, Alfred (1928).
MESSERSCHMIDT, Franz Xaver (1736-83).
PACHER, Michael (v. 1435-98).
PILGRAM, Anton (1460-1515).
WOTRUBA, Fritz (1907-75).
ZAUNER, Franz Anton (1746-1822).

Belgique

BLONDEEL, Lancelot (1496-1561).
BURY, Pol (1922).
CAILLE, Pierre (1912).
CANTRE, Jozef (1890-1957).
CARON, Marcel (1890-1961).
DELCOUR, Jean (1627-1707).
DELVAUX, Laurent (1696-1778).
DE VRIENDT, Corneille (1514-75).
D'HAESE, Reinhoud (1928).
D'HAËSE, Roel (1921).
DU QUESNOY, François (1597-1643).
FAID'HERBE, Lucas (1617-97).
GEEFS, Guillaume (1805-83).
GENTILS, Vic (1919).
GHYSELS, Jean-Pierre (1932).
GODECHARLE, Gilles-Lambert (1750-1835).
GRARD, Georges (1901-84).
GUILMOT, Jacques (1927).
IANCHELEVICI, Ibel (1909).
JESPERS, Floris (1889-1965).
JESPERS, Oscar (1887-1970).
KERRYCKX, Willem (1652-1719).
KESSELS, Mathieu (1784-1836).
LAMBEAUX, Jef (1852-1908).
LEPLAE, Charles (1903-61).
LEROY, Christian (1931).
MACKEN, Mark (1913-78).
MARTINI, Remo (1917).
MEUNIER, Constantin (1831-1905).
MICHIELS, Robert (1933).
MINNE, George (1866-1941).
MOESCHAL, Jacques (1913).
MONE, Jean (1485-1550).
PERMEKE, Constant (1886-1952).
POOT, Rik (1924).
QUELLIN, Artus (le Vieux) (1609-68).
REINHOUD (D'Haese) (1928).
ROMBAUX, Egide (1865-1942).
ROUSSEAU, Victor (1865-1954).
SLUTER, Claus (1345-1405/6).
STIEVENART, Michel (1910).
STREBELLE, Olivier (1927).
UBAC, Raoul (1910-85).
VAN HOEYDONCK, Paul (1925).
VAN TONGERLOO, Georges (1886-1965).
VERBRUGGEN, Hendrik (1654-1724).
VERHAEGHEN, Theodor (1701-59).
VERHULST, Rombaut (1624-98).
VINCOTTE, Thomas (1850-1925).
WIJNANTS, Ernest (1878-1964).
WILLEQUET, André (1921).
WOLFERS, Philippe (1858-1929).
WOUTERS, Rik (1882-1916).

Brésil

BRECHERET, Victor (1894-1955).
CAMARGO, Sergio (1930).
CESCHIATTI, Alfredo (1928).
CRAVO junior, Mario (1923).
FIGUEIRA, Joaquim († 1943).
GIORGI, Bruno (1905).
HENRIQUE, Gastao Manuel (1933).
KRAJCBERG, Frans (1921).
MARTINS, Maria (1900-73).
TOYOTA, Yukata (1931).
WEISSMANN, Franz Josef (1914).

Danemark

BERG, Claus (v. 1470-1532).
BERGSLIEN, Brynjulf (1830-98).
BISSEN, Hermann Vilhelm (1798-1868).
BJERG, Johannes (1886-1955).
FISCHER, Adam (1888-1968).
FISCHER, Egon (1935).
FREUND, Hermann Ernst (1786-1840).
GUNNERUD, Arne Vinje (1930).
HENNING, Gerhard (Suède, 1880-1967).
JACOBSEN, Robert (1912) (trav. à Paris).
JANSON, Gunnar (1901).
JÖRGENSEN, Börge (1926).
MANCOBA, Sonja Ferlov (1911).
NIELSEN, Kai (1882-1924).
NOACK, Astrid (1888-1954).
SÖRENSEN, Eva (1940).
SÖRENSEN, Jörgen Haugen (1934).
STANLEY, Carl Frederik (1738-1813).
STANLEY, Simon Carl (1703-61).
STORM, Per Palle (1910).
SUNDBY, Nina (1944).
THOMMESEN, Erik (1916).
THORVALDSEN, Bertel (1770-1844).
WIEDEWELT, Johannes (1731-1802).
WILLY, Orskov (1922).

Espagne

Nés avant 1600

ALEMÁN, Rodrigo (1470-1542).
BEAUGRANT, Guyot de (V. 1530-50).
BERRUGUETE, Alonso (v. 1490-1561).
BIGUERNY, Philippe (Français, actif en Esp., 1498-1542).
COLONIA, Francisco de (1470-apr. 1542).
DANCART (v. 1482-92) (Français).
FORMENT, Damian (v. 1480-1541).
GUAS, Juan († 1496).
HERNANDEZ, Gregorio (v. 1576-1636).
JOLY, Gabriel († 1538) (or. fr.).
JUNI, Juan de (1507-77) (or. fr.).
LA ZARZA, Vasco de († 1524).
MESA, Juan de (1586-1627).
MONTAÑÉS, Juan Martinez (v. 1568-1649).
NUÑEZ DELGADO, Gaspar (v. 1578-v. 1605).
OLANDA, Guillen de (v. 1521-40).
ORDOÑEZ, Bartolomé († 1570).
ROJAS, Pablo de (v. 1581-v. 1607).
SILOÉ, Diego de (1495-1563).
SILOÉ, Gil de (trav. v. 1486-99) (Flamand).

Nota. — Sculpteurs florentins : D. Fancelli, P. Torrigiani, G. Moreto, etc.

Nés entre 1600 et 1700

CANO, Alonso (1601-67).
CHURRIGUERA, José (1665-1723).
DUQUE CORNEJO, Pedro (1677-1757).
MENA, Pedro de (1628-88).
MORA, Diego de (1658-1724).
MORA, José de (1642-1724).
RISUEÑO, José (1667-1721).
ROLDÁN, Luisa (1656-1704).
ROLDÁN, Pedro (1624-1700).
TOMÉ, Diego († v. 1732).
TOMÉ, Narciso (trav. 1721).
VERGARA (le Vieux) (1681-1753).
VILLABRILLE, Alonso de (début XVIIIe).

Nota. — Sculpteurs français : Jean Thierry, René Frémin, Jacques Bousseau, P. Pitué, A. et M. Dumandré, Michel Verdiguier.

Nés entre 1700 et 1800

GINÉS, José (1768-1863).
GUTIERREZ, Francisco (1727-82).
PASCUAL DE MENA, Juan (1707-84).
PEREIRA Y CUBERO (1768-1828).
RUIZ DEL PERAL, Luis (1708-73).
SALVADOR CARMONA, L. (1707-67).
SALZILLO, Francisco (1707-83).
VERGARA, Ignacio (1715-76).

Nés entre 1800 et 1900

ANTONIO, Julio (1889-1919).
BELLVER, Ricardo (1845-1924).
BENLLIURE, Mariano (1866-1947).
BLAY, Miguel (1866-1936).
CASANOVAS, Enrique (1882-1948).
FENOSA, Apelles (1899).
FERRANT, Angel (1891-1961).
GARGALLO, Pablo (1881-1934) (à Paris et en Esp.).
GONZALEZ, Julio (1876-1942) (tr. Paris 1900).
HERNANDEZ, Mateo (1888-1949).
LLIMONA, José (1864-1934).
MANOLO (Manuel Hugue) (1872-1945) (à Paris 1900).
MARÉS, Federico (1894).
MELIDA, Arturo (1849-1902).
MOGROVEJO, Nemesio (1875-1910).
OMS, Manuel (1842-89).
PICASSO, Pablo (1881-1973) (trav. en France).
PLANES, José (1893-1974).
QUEROL, Agustín (1863-1909).

Nés après 1900

CHILLIDA, Eduardo (1924).
CONDOY, Honoro Garcia (1900-53).
FERREIRA, Carlos (1914).
PEREZ MATEOS, Francisco (1904-36).
SERRANO, Pablo (1910-85).

États-Unis

BARNARD, George Grey (1863-1938).
CALDER, Alexander (1898-1976) (trav. en France).
CALLERY, Mary (1903-77).
CHRISTO (Javacheff, dit) (1935).
DI SUVERO, Mark (1933).
FERBER, Herbert (1906).
FLAVIN, Dan (1933).
FRENCH, Daniel Chester (1850-1931).
GABO, Naum (1890-1977).
GREENOUGH, Horatio (1805-52).
HARE, David (1917).
JUDD, Donald (1928).
KIENHOLZ, Edward (1927).
KREBS, Rockne (1938).
LACHAISE, Gaston (1882-1935).
LAURENT, Robert (1890-1970).
NEVELSON, Louise (1900) (or. russe).
NOGUCHI, Isamu (1904).
OLDENBURG, Claes (1929) (or. suéd.).
OPPENHEIM, Denis (1938).
ROSZAK, Théodore (1907-81) (or. pol.).
RUSH, William (1756-1833).
SAINT-GAUDENS, Augustus (1848-1907).
SEGAL, George (1924).
SMITH, David (1906-65).
SMITH, Tony (1912-80).
TAJIRI, Shinkicki (1923).
WARD, John Quincy Adams (1830-1910).

France

Nés avant 1600

BOLOGNE, Jean (1529-1608).
BONTEMPS, Pierre (v. 1506-v. 1570).
COLOMBE, Michel (v. 1430-v. 1513).
GOUJON, Jean (v. 1510/14-64/69).
GUILLAIN, Simon (1581-1658).
LA SONNETTE, Jean-Michel et Georges de (n.c.).
LE MOITURIER, Antoine (v. 1425-1497).
PILON, Germain (v. 1537-90).
RICHIER, Ligier (v. 1500-67).
SARRAZIN, Jacques (v. 1588-1660).
SLUTER, Claus (v. 1350-1406) (or. Pays-Bas).
WERVE, Claus de (actif 1396-1436).

Nés entre 1600 et 1700

ANGUIER, Michel (1612-86).
BOUCHARDON, Edme (1698-1762).
CAFFIERI, Jacques (1678-1755).
COUSTOU, Guillaume Ier (1677-1746).
COUSTOU, Nicolas (1658-1733).
COYSEVOX, Antoine (1640-1720).
GIRARDON, François (1628-1715).
GUÉRIN, Gilles (1606-78).
LE LORRAIN, Robert (1666-1743).
LEMOYNE, Jean-Louis (1665-1755).
LEPAUTRE, Pierre (1660-1744).
PUGET, Pierre (1620-94).
SLODTZ, Sébastien (1655-1726).
SLODTZ, Sébastien-Antoine (1695-1754).
TUBY, Jean-Baptiste (v. 1630-1700).
VARIN, Jean (1604-72).

Nés entre 1700 et 1800

ADAM (l'Aîné), Lambert-Sigisbert (1700-59).
ADAM (le Jeune), Nicolas (1705-78) (trav. à Versailles et à Nancy).
ALLEGRAIN, Christophe-Gabriel (1710-95).
BARYE, Antoine (1796-1875).
BOSIO, Bon François-Joseph (1768-1845).
CAFFIERI, Jean-Jacques (1725-92).
CLODION, Claude Michel (1738-1814).
COUSTOU, Guillaume II (1716-77).
DAVID D'ANGERS, Pierre-Jean (1788-1856).
FALCONET, Étienne (1716-91).
HOUDON, Jean-Antoine (1741-1828).
LADATTE, François (1700-87).
LEMOYNE, Jean-Baptiste (1704-78).
PAJOU, Augustin (1730-1809).
PIGALLE, Jean-Baptiste (1714-85).
PRADIER, James (Genève, 1792-1852).
RUDE, François (1784-1855).
SALY, J.F.J. (1717-76).
SLODTZ, Michel-Ange (1705-64) (Flamand).
SLODTZ, Paul-Ambroise (1702-58).
VASSÉ, Louis-Claude (1716-72).

Nés entre 1800 et 1900

ARP, Hans (1887-1966).
BARTHOLDI, Frédéric-Auguste (1834-1904).
BARTHOLOMÉ, Paul-Albert (1848-1928).
BELMONDO, Paul (1898-1982).
BLOC, André (1896-1966).
BOUCHER, Jean (1870-1939).
BOURDELLE, Antoine (1861-1929).
CARABIN, Robert (1862-1932).
CARPEAUX, Jean-Baptiste (1827-75).
CHAUVIN, Jean (1895-1976).
CHAUVIN, Louis (1889).
CHEVAL, Ferdinand (1836-1924).
CHIPARUS, Dimitri (1888-1950).
CLAUDEL, Camille (1864-1943).
DALOU, Jules (1838-1902).
DAUMIER, Honoré (1808-79).
DEGAS, Edgar (1834-1917).
DESPIAU, Charles (1874-1946).
DUCHAMP-VILLON, Raymond (1876-1918).
DURET, François-Joseph (1804-65).
FALGUIÈRE, Alexandre (1831-1900).
FRÉMIET, Emmanuel (1824-1910).
GAUDIER-BRESKA, Henri (1891-1915).
GIMOND, Marcel (1894-1961).
HUGUES, Jean (1849-1930).
ICARD, Honoré (1845-1917).
LAMBERT-RUCKI, Jean (1888-1932).
LANDOWSKI, Paul (1875-1961).
LAURENS, Henri (1885-1954).
LIPCHITZ, Jacques (1891-1973) (or. pol.).
MAILLOL, Aristide (1861-1944).
MALFRAY, Charles (1887-1940).
MAROCHETTI, Bon Carlo (1805-67).

Méne. Pierre-Jules (1810-79).
Miklos. Gustave (1888-1967).
Noll. Alexandre (1890-1970).
Peyrissac. Jean (1895).
Pompon. François (1855-1933).
Préault. Antoine-Auguste (1809-79).
Réal del Sarte. Maxime (1888-1954).
Rodin. Auguste (1840-1917).
Sartorio, Antoine (1885).
Saupique. Georges (1889-1961).
Tourgueneff, Pierre (1854-1912).
Zadkine. Ossip (Russie, 1890-1967) (nat. Fr. en 1921).

Nés après 1900

Adam, Henri-Georges (1904-67).
Arman (1928).
Auricoste. Emmanuel (1908).
César (César Baldaccini, dit) (1921).
Cieslarczyk. Adolphe (All., 1916) (à Paris 1922).
Couturier. Robert (1905).
Decaris, Albert (1901).
Delahaye, Charles (1928).
Dodeigne. Eugène (1923).
Etienne-Martin (1913).
Gilioli. Émile (1911-77).
Givaudan. Marie-Thérèse (1925).
Hajdu, Étienne (1907) (or. roum.).
Ipousteguy. Jean (1920).
Leygue. Louis (1905).
Longuet. Karl-Jean (1904-81).
Moninot. Bernard (1949).
Oudot. Georges (1928).
Pommeureulle. Daniel (1937).
Richier. Germaine (1904-59).
Saint-Maur. Samuel (1906).
Saint-Phalle. Niki de (1930).
Schöffer, Nicolas (1912) (or. hong).
Vasarely, Victor (1908) (or. hong.).
Viseux. Claude (1927).
Volti. Antoniucci (1915).
Zwoboda. Jacques (1900-67).

Grande-Bretagne

Nés avant 1800

Bacon. John (1740-99).
Bailly. Edward (1788-1867).
Banks. Thomas (1735-1805).
Bied. Francis (1667-1731).
Chantrey, Sir Francis (1781-1841).
Cibber. Caius Gabriel (1630-1700).
Critz. John de († apr. 1657) (Holl.).
Flaxman. John (1755-1826).
Gibbons. Grinling (1648-1721).
Gibson. John (1790-1866).
Le Sueur. Hubert (v. 1610-70) (Fr.).
Nollekens. John (1737-1823).
Nollekens. Joseph (1702 ou 1705-1762).
Roubiliac. Louis-Franç. (1695-1752) (Fr.).
Rysbraeck. Jean-Mich. (Anvers, 1693-1770).
Scheemaker. Pierre (Anvers, 1691-1781).
Westmacott. Richard (1775-1856).
Wilton. Joseph (1722-1803).
Wyatt. Richard James (1795-1850).

Nés après 1800

Abrahams. Ivor (1935).
Adams. Robert (1917).
Armitage. Kenneth (1916).
Boyle. Mark (1934).
Brock. Sir Thomas (1847-1922).
Butler. Reg (1913-83).
Caro. Anthony (1924).
Chadwick. Lynn (1914).
Dalwood. Hubert (1924-76).
Dobson. Frank (1888-1963).
Epstein. Sir Jacob (1880-1959).
Finlay. Ian Hamilton (1925).
Flanagan. Barry (1941).
Ford. Edward Onslow (1852-1901).
Frampton. Sir George (1860-1928).
Frink. Elizabeth (1930).
Fullard. George (1923-73).
Gabo, Naim (1890-1977).
Gaudier-Brzeska, Henri (1891-1915).
Gilbert and George (1943 & 1942).
Gill. Eric (1882-1940).
Hepworth. Barbara (1903-75).
Hill. Anthony (1930).
Hughes. Malcom (1920).
Kapoor, Anish (1954).
King. Phillip (1934).
Long. Richard (1945).
Mackennal. Sir Bertram (1863-1931) (Austr.).
Martin. Kenneth (1905-84).
Martin. Mary (1907-69).
McWilliam. F. E. (1909).
Meadows. Bernard (1915).
Moore. Henry (1898).
Paolozzi. Eduardo (1924).
Pope. Nicholas (1949).
Reynolds-Stephens. Sir William (1862-1943).
Scott, Tim (1937).
Stevens. Alfred (1817-75).
Thomas. John (1813-62).
Tucker. William (1935).
Turnbull. William (1922).
Walker. Arthur George (1861-1939).
Wheeler. Sir Charles (1892-1974).
Wood. Francis Derwent (1871-1926).
Woolner. Thomas (1825-92).

Hongrie

Alexy. Károly (1823-80).
Beck. O. Fülöp (1873-1945).
Beöthy. István (1897-1962) (trav. à Paris dep. 1925).
Csáky. József (1888-1971).
Ferenczy. Béni (1890-1973).
Ferenczy. István (1792-1856).
Kemény. Zoltán (1907-65).
Kovács. Margit (1902-78).
Medgyessy. Ferenc (1881-1958).
Moholy-Nagy, László (1895-1946).
Reigl. Judit (1923).
Somogyi. József (1916).
Szabo. László (1917) (trav. à Paris).
Telcs. Ede (1872-1948).
Zala. György (1858-1929).

Italie

XIIIe, début XIVe siècle

École de Pise

Antelami. Benedetto (v. 1150-v. 1225).
Balduccio. Giovanni di (XIVe).
Cambio. Arnolfo di (v. 1240-v. 1302).
Orcagna (Andrea di Cione Arcagnolo, dit l') (v. 1308-1369).
Pisano. Andrea (A. da Pontedera) (1270-1348).
Pisano. Giovanni (1245-1320).
Pisano. Niccolò (v. 1220-v. 1284).
Pisano. Nino (†1368).

Quattrocento (fin XIVe, XVe s.)

École de Florence

Banco. Nanni di (1373-1421).
Bertoldo. Giovanni di (1410-91).
Donatello (Donato di Betto Bardi, dit) (1386-1466).
Duccio. Agostino di (1418-81).
Fiesole. Mino da (1430-84).
Ghiberti. Lorenzo (1378-1455).
Maiano. Benedetto da (1442-64).
Pollaiolo. Antonio (1432-98).
Robbia. Andrea della (1435-1528).
Robbia. Luca della (1400-82).
Rossellino. Antonio (1427-79).
Rossellino. Bernardo (1409-64).
Settignano. Desiderio da (1431-64).
Verrocchio (And. di Cione, dit del) (1435-88).

École de Sienne

Giorgio Martini. Francesco di (1439-1502).
Quercia. Jacopo della (v. 1375-1438).
Tino di Camaino (v. 1285-1337).
Vecchietta (Lorenzo di Pietro, dit il) (v. 1412-80)

Lombardie

Amadeo. Giovanni Antonio (1447-1522).
Briosco. Andrea (1470-1532).
Romano. Cristoforo (av. 1470-1512).

Lucques

Civitali. Matteo (1436-1501).

Modène

Bari. Niccolò da (1440-94).
Mazzoni. Guido (v. 1450-1518).

Naples, Urbin

Laurana. Francesco († apr. 1500).

Venise

Lombardo. Pietro (v. 1435-1515).
Rozzo. Antonio (v. 1465-98).

Renaissance (XVIe siècle)

Ammannati. Bartolomeo (1511-92).
Cellini. Benvenuto (1500-71). Orfèvrerie.
Leoni. Leone (v. 1509-90) (trav. en Espagne).
Leoni. Pompeo (1533-1608).
Le Primatice (Francesco Primaticcio) (1504-70).
Michel-Ange (Michelangelo Buonarroti) (1475-1564).
Porta. Giacomo della (v. 1540-1602).
Riccio. Andrea († 1532).
Sansovino (Andrea Contucci, dit) (1460-1529).
Sansovino (Jacopo Tatti, dit il) 1486-1570).
Vittoria. Alessandro (1525-1608).

XVIIe, XVIIIe siècle

Algardi. Alessandro (1595-1654).
Bracci. Pietro (1700-73).
Bussola. Dionigi (1612-87).
Collino. Filippo (1724-93).
Corradini. Antonio (1668-1752).
Della Valle. Filippo (1696-1770).
Foggini. Giovanni Battista (1652-1725).
Guidi. Domenico (1625-1701).
Le Cavalier Bernin (Gian Lorenzo Bernini, dit) (1598-1680).
Legros. Pierre II (1666-1718) (Français).
Maderno. Carlo (1576-1638).
Mazzuoli. Giuseppe (1644-1725).
Mochi. Francesco (1580-1654).
Morlaiter. Gian Maria (1699-1781).
Parodi. Domenico (1668-1740).
Parodi. Filippo (1630-1702).
Raggi. Antonio (1624-86).
Rusconi. Carlo (1558-1626).
San Martino. Giuseppe (1720-93).
Schiaffino. Francesco Mario (1691-1765).
Serpotta. Giacomo (1656-1732).
Spinazzi. Innocenzo (v. 1720-95).
Tacca. Pietro (1577-1640).
Tinelli. Giuliano (1601-71).

XIXe, XXe siècle

Bartolini. Lorenzo (1777-1850).
Basaldella. Mirko (1910-69).
Bistolfi. Leonardo (1859-1933).
Boccioni. Umberto (1882-1916).
Bugatti. Rembrandt (1885-1916).
Calò. Aldo (1910-83).
Canova. Antonio (1757-1822).
Cappello. Carmelo (1912).
Cascella. Pietro (1921).
Consagra. Pietro (1920).
Dupré. Giovanni (1817-82).
Fabbri. Agenore (1911).
Fiori. Ernesto de (1884-1945).
Fontana. Lucio (1899-1968).
Franchina. Nino (1912).
Gerardi. Alberto (1889-1965).
Greco. Emilio (1913).
Lardera. Berto (1911-† Paris 1952).
Leoncillo. Leonardi (1919-68).
Licini. Osvaldo (1894-1958).
Manzù (Giacomo Manzoni, dit) (1908).
Marini. Marino (1901-80).
Martini. Arturo (1889-1947).
Mascherini. Marcello (1906-83).
Mastroianni. Umberto (1910).
Melli. Roberto (1885-1958).
Melotti. Fausto (1901).
Minguzzi. Luciano (1911).
Pomodoro. Arnaldo (1926).
Pomodoro. Gio (1930).
Rosso. Medardo (1858-1928).
Trentacoste Domenico (1859-1933).
Viani. Alberto (1906).
Volti, Antoniucci (1915).
Wildt. Adolfo (1868-1931).
Zanelli. Angelo (1879-1942).

Norvège

Aas. Nils (1933).
Berg. Boge (1944).
Berg. Magnus (1666-1739).
Bergslien, Brynjul (1830-98).
Breivik, Bård (1948).
Haukeland. Arnold (1920-83).
Middelthun. Julius (1820-86).
Sinding. Stephan (1846-1922).
Vigeland. Gustav (1869-1943).
Vik. Ingebrigt (1867-1927).

Pays-Bas

Amen. Woody van (1936).
Andriessen. Mari (1897-1980).
Bailleux. César (1937).
Baljeu. Joost (1925).
Bronner. Jean (1881-1972).
Couzijn. Wessel (1912).
Elk. Ger van (1941).
Engels. Pieter (1938).
Gerhard. Jubert (v. 1550-1620).
Keyser. Hendrick de (1565-1621).
Krop. Hildo (1884-1970).
Leeser. Titus (1903).
Mendes da Costa (1863-1939).
Munster. Jan van (1939).
Pallandt. Charlotte van (1898).
Raedecker. Johan (1885-1956).
Reyers. Willem (1910-58).
Rooyackers. Rudi (1920).
Sluter, Claüs (1340-1405).
Van de Werve. Claus (1380-1439).
Verhulst. Rombout (1624-96).
Visser. Carel (1928).
Volten. André (1925).
Vries. Adriaen de (1550-1626).
Wagemaker. Jaap (1906-73).
Wesel. Adriaen van (XVe siècle).
Wezelaar. Han (1901).
Wijk. Charles van (1875-1917).
Zijl. Lambertus (1866-1947).

Pologne

Beres. Jerzy (1930).
Dunikowski. Xavery (1875-1964).
Guyski. Marceli (1832-93).
Karny. Alfons (1901).
Kobro. Katarzyna (1898-1951).
Konieczny. Marian (1930).
Kretz. Léopold (1907) (trav. à Paris).

Kuna, Henryk (1879-1945).
Kurzawa, Antoni (1843-98).
Lipsi, Maurice (1898) (trav. à Paris).
Oleszczynski, Wladyslaw (1807-66).
Rygier, Theodor (1841-1919).
Slesinska, Alina (1926).
Szapocznikow, Alina (1926-73).
Szczepkowski, Jan (1878-1964).
Wiecek, Madeleine (1924).
Wittig, Edward (1879-1941).
Wojciezsynski, Stanislas (dit Wostan, 1915, à Paris dep. 1945).
Zamoyski, Auguste (1893-1970).
Zbrozyna, Barbara (1923).
Zemla, Gustave (1931).

Portugal

Carneiro, Alberto (1937).
Conduto, Fernando (1937).
Cutileiro, João (1937).
Franco, Francisco (1885-1955).
Macedo, Diogo de (1889-1959).
Machado de Castro, Joaquim (1731-1822).
Rodrigues, José (1936).
Soares dos Reis, Antonio (1847-89).
Teixeira Lopes, Antonio (1866-1942).
Vieira, Jorge (1922).
Virgilio, Domingues (1932).

Nota. – Les Normands : Nicolas Chantereine, Philippe Oudart, Jean de Rouen au XVIe s.

Roumanie

Anghel, Gheorghe (1904-66).
Apostu, George (1934).
Baraschi, Const. (1902-66).
Brâncusi, Constantin (1876-1957).
Caragea, Boris (1906-82).
Codru, Florin (1943).
Constantinescu, Mac (1900-79).
Damian, Horia (1922).
Flamînd, Horia (1941).
Georgescu, Ioan (1856-98).
Han, Oscar (1891-1976).
Iliescu-Calineşti, Gheorghe (1932).
Irimescu, Ion (1903-83).
Jalea, Ion (1887-n.c.).
Ladea, Romul (1901-70).
Maitec, Ovidiu (1925).
Medrea, Cornel (1888-1964).
Paciurea, Dumitrie (1873-1932).
Petrascu, Militza (1892-1976).
Popovici, Constantin (1938).
Spataru, Mircea (1938).
Storck, Carol (1854-1926).
Storck, Frédéric (1872-1942).
Valbudea-Ionescu, Stefan (1854-1926).
Vida, Gheza (1913-80).

Russie

Antokolski, Mark (1843-1902).
Archipenko, Aleksandr (1887-1964) (aux U.S.A. après 1919).
Chadr, Ivan (1887-1941).
Choubine, Fiodor (1740-1805).
Chtchedrine, Feodosy (1751-1825).
Clodt von Jürgensburg, Peter (1805-67).
Gabo, Naum (1890-1977) (aux U.S.A. dep. 1946).
Golubkina, Anna (1864-1927).
Konenkov, Sergheï (1874-1971).
Kozlovski, Mikhaïl (1753-1802).
Krylov, Mikhaïl (1786-1850).
Lebedeva, Sarra (1892-1967).
Matveev, Aleksandr (1878-1960).
Muchina, Vera (1889-1953).
Orloff, Chana (1888-1968) (en France).
Orlovski, Boris (1796-1837).
Pevsner, Antoine (1886-1962) (en France après 1923).
Sokolov, Pavel (1765-1831).
Troubetskoï, Paolo (1866-1938).
Zack, Léon (1892).

Suède

Arle, Asmund (1918).
Bouchardon, Jacques Phil. (1711-53) (Fr.).
Derkert, Siri (1888-1973).
Eriksson, Liss (1919).
Eldh, Carl (1873-1954).
Frisendahl, Carl (1886-1948).
Grate, Eric (1896).
Hjorth, Bror (1894-1968).
Larchevêque, Pierre-Hub. (1721-78) (Fr.).
Marklund, Bror (1907-77).
Milles, Carl (1875-1955).
Sergel, Johan Tobias (1740-1814).
Ultvedt, Per Olof (1927).

Suisse

Aeschbacher, Hans (1906-80).
Bänninger, Otto-Charles (1897-1973).
Bodmer, Walter (1903-1973)
Burckhardt, Carl (1878-1923).
Eggenschwiler, Franz (1930).
Fischli, Hans (1909).
Geiser, Karl (1898-1957).
Giacometti, Alberto (1901-66).
Haller, Hermann (1880-1950).
Hubacher, Hermann (1885-1976).
Josephson, Hans (1920).
Kemeny, Zoltan (1907-65) (Hongrois).
Koch, Oedön (1906-77).
L'Eplattenier, Charles (1874-1946).
Linck, Walter (1903-75).
Luginbühl, Bernhard (1929).
Marcello, Dsse de Castiglione Colonna (1836-79).
Müller, Otto (1905).
Müller, Robert (1920).
Niederhäusern, Auguste, dit Rodo (1863-1913).
Probst, Jakob (1888-1966).
Ramseyer, André (1914).
Richier, Germaine (1902-59).
Rossi, Remo (1909-82).
Scherer, Hermann (1893-1927).
Stanzani, Emilio (1906-77).
Tinguely, Jean (1925).
Trippel, Alexander (1744-93).
Vela, Vincenzo (1822-91).
Walderg, Isabelle (1911).
Wiggli, Oskar (1927).
Zschokke, Alexander (1894-1981).

Tchécoslovaquie

Bendl, Jan Jiri (1620-80).
Bilek, Frantisek (1872-1941).
Braun, Matyas Bernard (1684-1738).
Brokof, Ferdinand Maximilian (1688-1731).
Gutfreund, Otto (1889-1927).
Lauda, Jan (1898-1959).
Lidicky, Karel (1900-76).
Makovsky, Vincenc (1900-66).
Myslbek, Josef Václav (1848-1922).
Pokorny, Karel (1851-1940).
Stefan, Bedřich (1896-1982).
Stursa, Jan (1880-1925).
Wagner, Josef (1901-57).
Wichterlová-Stefanová, Hana (1903).

Uruguay

Broglia, Enrique Fernandez (1942).
Mane, Pablo (1880-1971).
Pena, Antonio (1894-1947).
Yepes, Eduardo (1909-78).
Zorrilla de San Martin, José Luis (1891-1975).

Yougoslavie

Bakic, Vojin (1915).
Boskov, Petar Hadzi (1928).
Hozic, Arfan (1928).
Kantoci, Ksenija (1909).
Kozaric, Ivan (1921).
Laurana, Francesco (v. 1420-v. 1502) (trav. en France).
Logo, Oto (1931).
Mestrovic, Ivan (1883-1962).
Radovani, Kosta Angeli (1916).
Richter, Vjenceslav (1917).
Rotar, France (1933).
Trsar, Drago (1927).

Arts divers

1res créations artistiques. Époque de l'*Homo sapiens* (v. 33 000 av. J.-C.) : gravure et piquetage. Ornementation des grottes-sanctuaires (peinture, sculpture, gravure), des objets d'usage (armes, outils, parures), objets d'art sans fonctions précises (galets, os gravés). Décors géométriques ou figuratifs (symboliques ?).

Art de l'Afrique noire

Certains distinguent 3 grandes zones : *soudanaise* (du Mali à la Côte-d'Ivoire), *guinéenne* et *congolaise* (entre Gabon et Angola).

D'autres opposent naturalisme et abstraction (sculptures du Mali) qui subsistent parfois dans la même région.

• **Architecture.** En pierre et en terre séchée : vestiges de cités anciennes au Soudan et au Mali (Djenne, Tombouctou), près du lac Tanganyika et en Rhodésie (Zimbabwe), au Nigeria (civilisations de Nock, 2 000 ans, et d'Igé, Xe-XIIIe s.).

En matériaux fragiles : constructions récentes ornées de bas-reliefs, de motifs peints et d'éléments sculptés surajoutés (Dahomey, Cameroun) ou parfois de plaques de décoration en bronze (palais au Bénin XVe au XVIIe s.).

• **Arts du corps.** Scarifications, tatouages, peintures, parures, coiffures.

• **Arts de la vie quotidienne.** Les objets usuels portent tous un élément décoratif chargé d'une signification religieuse. Généralement, les femmes pratiquent le filage et la poterie (sans four, moulage sur une forme, cuisson à feu nu) ; les hommes tissent (coton, raphia, fibres) et fabriquent des armes de jet et de combat ; sagaies, couteaux, le plus souvent ces objets sont sculptés.

• **Peinture pariétale.** Représentations préhistoriques, négro-africaines, de scènes pastorales et de danseurs masqués (Kalahari, Sahara, massif du Tassili).

• **Sculpture.** Toujours rituelle. *Masques* (apanage des hommes, des femmes au Liberia, des initiés et des associations secrètes) : multiplicité des formes. *Statues* : représentations religieuses ou magiques généralement petites. Mépris des proportions anatomiques, formes variant selon les tribus : raides et anguleuses (Dogon, Bambara), figées et rondes (Fang, Babuba, Baoulé), souples (Tada, Sherbro). Nombreux objets d'usage : poulies de métier à tisser ; petits meubles : sièges, trônes ; poids en bronze pour la poudre d'or, armes...

Matériaux. *Bois* (dans toute l'Afrique). *Pierre* (Haute-Guinée, Sierra Leone, Nigeria, Angola, Zaïre). *Ivoire* (amulettes, masques, trompes, traversières, petits objets, bijoux : Bénin, Congo, Côte-d'Ivoire, Ghana). Objets assez recherchés, en hausse pour les pièces de grande qualité. *Argile* (statuettes très anciennes de Mopti, Ifé, Pays Sao, Jos, Djénné). *Or* (bijoux) (pays Baoulé et Ashanti). *Bronze* (Ifé, Bénin, Nigeria, Niger). *Fer forgé* (Dogon, Bambara, Sénoufo, Fon, Dahomey : Yorouba). *Argent* (en Afr. blanche particulièrement). *Cuivre martelé et argent* (Dahomey).

Age des objets. Un objet est réputé « authentique » lorsqu'il fut fabriqué par et pour l'indigène dans un

Statue provenant du Bénin

but rituel ou usuel mais non commercial (env. du VIIIe s. jusqu'à nos jours).

Cours en milliers de F. Certains objets ayant appartenu à des peintres célèbres peuvent atteindre des cours élevés. *Quelques exemples :* prix supérieurs donnés pour des pièces exceptionnelles. **Angola :** statuette *Tschokwe*, hauteur 37,5 cm : record 2 200 (1979). **Bénin :** bronzes très rares, tête d'*Oba* 400 à 3 000 ; plaques 300 à 1 000 ; statuettes **Babembe** 15 à 70. **Congo :** fétiche à clou 80 à 350. **Cameroun :** stat. Brahmn recouvertes de perles 8 à 15. **Côte-d'Ivoire : Waka Sona** (effigie d'ancêtre *baoulé*) 15 à 150 fétiches ; moins de 1 ; masques *Dan* 10 à 300 ; poulie de métier à tisser 0,5 à 17 ; statuette *sénoufo* 319 (1977). **Gabon :** figure de reliquaire *Bwete* 324 ; masques *Fang* 136 ; statuette mâle *Fang* 60 à 300, femelle 324 à 1 200, *Pounou* 1 à 350 ; fig. d'ancêtre 7 à 333 ; fétiche reliquaire, bois 10 à 200 ; *Ambété* 630 ; masque, bois et cuivre *Bakota* 10 à 230 ; femme *Mitsogo* 71,4. **Ghana :** pesons (figurines bronze ou laiton) ; objet 0,2 à 6 (équestre) ; masque 37 (1981), en or 330. **Guinée :** statues 11 à 60 ; danseuse 400 (1977). **Hte-Volta :** masque 122. **Liberia :** masque 3 ; *Dan* 40 à 440. **Mali :** effigie d'ancêtre, bois 2 à 345, stat. *Dogon* à 5 têtes 380 ; coiffure rituelle *bambara* 0,5 à 79, statuettes (paire) 70 ; *Nommo :* statue (haut. 2 m), 280 (1983). **Nigeria :** *Ibeji* (culte des jumeaux) (paire de stat. *Yoruba*) 0,8 à 4 : masques 22 à 190 ; fig. d'ancêtre bois et cuivre 102. **Soudan :** stat. *Dogon* 345. **Tanzanie :** siège *Hehe* 240. **Zaïre :** masque 0,6 à 30, except. 96 (1978) ; fig. anciennes en or 3 à 20 ; ivoire *Bakongo* 190 ; stat. magique 0,6 à 600 ; siège *Luba* 250 ; cloche en bois 143 ; table 231 (1985).

Arts d'Amérique

Art esquimau

Culture de Dorset (800 av. J.-C., Xe s. apr. J.-C.). Art magico-religieux. *Objets utilitaires :* grattoirs, manches de couteaux, têtes de bêches, racloirs à verglas, protège-poignets, pointes de harpon, objets de parure ; amulettes (animaux sculptés, souvent avec humour). Ivoire de morse, bois de caribou, pierre verte, silex, os de baleine.

Culture de Thulé (Xe s.-début du XIXe s. apr. J.-C.). Art plus fonctionnel où coexistent l'inspiration sacrée et le sens de l'observation. Au contact des explorateurs, l'art perd de son rituel.

Cours en milliers de francs. *Défense de morse*, gravée (40 cm) 18. *Pendentif*, ivoire, silhouette féminine (haut. 4,25 cm) 0,1 à 4. *Support de harpon*, ivoire 50. *Archet de foret* pour percer ivoire 15. *Maquettes de Kagalas* 10 à 12. *Panoplie de chasseur* esquimau 11,1.

Art précolombien

☞ Art d'avant la conquête européenne. **Époques.** Voir Index.

• **Objets. Amérique centrale.** Céramique à motifs zoomorphes. Apparition du travail de l'or, bijoux, outils, les plus beaux étant en forme de jaguar, v. 800 apr. J.-C. *Métates* (de l'aztèque *métatl :* « meule dormante avec broyeur horizontal »). Pierres cérémonielles pour culte funéraire, en basalte, servant à moudre ou piler le maïs, principalement au Costa Rica, Panama (Veraguas), Nicaragua.

Antilles. CIVILISATIONS. *Des Ciboney :* surtout pêcheurs et chasseurs (les plus anciens occupants). *Des Arawaks :* venus vers le XIIe s. du continent sud-américain, ils occupaient les Antilles en 1492 (conquête), sédentaires, ils sont représentés surtout par les *Taïnos.* Objets votifs : jougs fermés en pierre, colliers, pierres à 3 pointes (zémi), travail du bois. *Des Caribes :* civilisation semblable à celle des Arawaks contre qui ils luttèrent. Céramique très fruste (période belliqueuse).

Pérou. Vases funéraires avec, le plus souvent, une anse dite « en étrier » à engobe brun-rouge-crème-noire (Nazca : peints de couleurs). Malgré leur nombre (des milliers), rares car retenus par le gouvernement péruvien.

• **Cours en milliers de francs** (variables selon provenance, époque et matériau).

Amazonie. Exemple : diadème *meoko* 10, oko-oré 80.

Amérique du Nord. Périodes, voir Index. *Katchina hopie* 0,8 à 6. Ceinture et calumet de la paix 20. Vêtement en peau (plaines) 3 à 230 ; couverture *navajo* 27 à 178. Coiffure iroquoise 160. Masques et totems 8 à 35. Paniers et coupes en vannerie (Apaches et Sioux) 2 à 70. Objets modernes env. 10.

Antilles. Siège en bois Taïno 120, petite sculpture en pierre 24. Hache (Haïti) 2, personnage en basalte (dieu Zemi) 60, fig. d'homme serpent ou dieu Zemi (38,5 cm), record 100 (1981). Peu d'objets sur le marché.

Mexique. Périodes, voir Index. Personnages debout en serpentine noire (30 cm) VI-Ier s. av. J.-C. 35 ; except. grande statuette pierre 609,8 (1985). Masques en pierre dure de Teotihuacán 30 à 180 ; m. pectoral à visage humain en schiste vert 30 ; jade olmèque 90 à 180 ; statuettes mayas moulées 2 à 12, sculptées 12 à 120 [des Nayarit proto-classiques 18 à 30], record : ornement pour la bouche, en or, mixtèque 1 075 (1980).

Panama. Vase de Veraguas 4 à 15.

Pérou. Périodes, v. Index. Masques funéraires 3 à 35, or 12 à 120. *Métates* 6 à 25. Pendentif en or (aigle) 8 à 20. Disque pectoral en or 2 à 10. Momie d'enfant 7. Beaucoup de faux dans les figurines ou vases — céramique et pierre — (pas dans les momies).

Colombie britannique

Objets. Rares sur le marché car systématiquement achetés par les musées américains.

Cours en milliers de francs : masques 28 à 110, coupe en corne de mouflon 4, grande cuillère en corne blonde 45, poteau totem 18, haut de coiffe 55, *objets datant d'avant 1914 :* petits totems en schiste noir poli 40, hochets de danse 30, caisses à grain en bois 50.

Art chinois

☞ **Époques.** Voir Index : Chine.

Céramique

☞ *A partir du XVIe s. av. J.-C.*, on désigne la céramique chinoise par les noms des dynasties ou des empereurs les plus importants.

A partir du XIVe s., les porcelaines de Chine, sauf celles destinées à l'exportation, portent souvent des marques au revers des pièces en bleu sous couverte (4 ou 6 caractères, indiquant nom de la dynastie et titre du règne, qui se lisent de haut en bas et de droite à gauche). On trouve aussi des marques d'atelier, d'appréciation, des emblèmes, des symboles, des dédicaces. Certaines marques parmi les plus anciennes ont été parfois copiées à des époques postérieures. Elles ne peuvent donc servir à dater une pièce.

Une pièce de qualité possède un bleu idéal, ni trop clair, ni trop sombre, sans craquelures. Les copies sont revêtues d'émail bleu.

Types

• **Avant J.-C. Époque néolithique** [IIIe mill. (?)-XVIe s. (?)]. Poteries peintes en noir et rouge (*Yang-chao, Honan, Pan-chan, Kansou,* etc.) ; noires très fines (*Long-chan*). **Age du bronze** [XVIe s. (?)-VIe s.]. *D. Chang* (v. 1521-1028 av. J.-C.). Poteries grises, blanches. 1res couvertes naturelles (glaçures minces). **Dyn. Zheou** *(Tcheou)* [1111 ou 1050 (?)-256]. Dont Royaumes Combattants (v. 453-221). Poteries grises à décor géométrique. Céramique noire incisée. 1res couvertes feldspathiques. 1ers grès. 1res glaçures plombifères. 1res figurines funéraires.

• **Après J.-C. Dyn. Han** (206 av.-220). Poteries avec ou sans glaçures. Proto-porcelaines. Grand développement des statuettes funéraires *(ming-k'i)* et des statues de guerriers grandeur nature en terre cuite [tombe de Ts'in Che Houang-Ti, empereur fondateur de la Chine (221-210 av. J.-C.)]. **Six Dyn.** (220-589). Statuettes funéraires peintes ou non. Grès de *Yue* (gris-vert). **Dyn. Sui** *(Soue)* (589-618). 1res porcelaines blanches. **Dyn. Tang** (618-907). Poteries à glaçures minces, dont « 3 couleurs » *(san-ts'ai).* Statuettes funéraires *(ming-k'i)*, personnages, chevaux, chameaux, etc., avec ou sans glaçures, 20 cm de base × 40 cm de haut, très rarement 70 × 86. Proto-céladons de *Yue.* Porcelaines blanches. 1ers grès noirs. **Dyn. Song** (960-1279). Porcelaines et grès monochromes : blancs *Ting* et bleutées *T'sing-p'ai* ; céladons (baptisés ainsi au XVIIe s. du nom du berger Céladon, héros de l'Astrée, roman d'H. d'Urfé, qui portait des rubans verts) de *Long-ts'iuan* ; striées de craquelures très apparentes (du gris-vert au bleu-vert) *Kouan* ; bleu lavande ou gris sale avec taches pourpres (dites clair de lune en Europe) *Kiun* ; noirs *Kien* et du *Honan* ; grès peints ou gravés *Ts'eu.* 1ers émaux de petit feu. **Dyn. Yuan** (1279-1368). Apparition du bleu de cobalt. 1ers « bleu et blanc ». Céladons. **Dyn. Ming** (1368-1644). Bleu et blanc. Rouge et blanc. Glaçures « trois couleurs » (bleu foncé, turquoise, aubergine, ou vert, jaune, aubergine). Émaux « deux couleurs ». « Cinq couleurs ». Rouge et vert. Monochromes, etc. Apparition des marques de règne. Décor cloisonné, ou ajouré.

Dyn. Qing *(Ts'ing)* (1644-1911). 3 règnes importants : *Kangxi (K'ang-hi)* (1662-1723). « Famille verte ». Biscuits (« f. noire » et « jaune »). Bleu et blanc. Monochromes : verts, rouges (« sang de bœuf », « peau de pêche »), bleu « fouetté », noir « miroir », etc. « Blancs de Chine ». Décor classique uni. *Yongzheng (Yong-tcheng)* (1723-36). « Famille rose ». « Coquille d'œuf », etc. Copies de pièces Song. *Qianlong (K'ien-long)* (1736-96). « Famille rose ». Décors « Mille fleurs », « graviata », etc. Imitation de bronze, bois, jade...

Porcelaine « Compagnie des Indes » (en anglais : China Export) (XVIIe-XIXe). Fabriquée sur commande de marchands d'Europe, d'Amérique, du Proche et Moyen-Orient ou du Japon, et importée par les vaisseaux des différentes Cies des Indes. De 1700 à 1791, 10 millions de pièces de porcelaine de Chine ont été importées en France. Émaux polychromes de la famille rose, camaïeux bleus ou rose violine, décors en grisaille à l'encre de Chine rehaussée d'or (dès 1720 ; très recherché).

Nota. — De nombreux modèles occidentaux copiant la Chine se trouvèrent à leur tour copiés par elle. Ex. : faïences de Rouen à décor chinois sur forme européenne, copiées par la Chine. « Dame au parasol », décor chinois traditionnel bleu du XVIIe s., redessiné au XVIIIe par un peintre hollandais, Cornélis Pronk, puis réorientalisé sur ces dessins par les artistes chinois.

Cours en milliers de francs

Poteries. *Époque Chang :* vase *gui* 820 (1981), pot à vin *you* 800 (1980). Ming-k'i d'époque Han 3 à 300. Chevaux d'époque *Wei-Sui* 5 à 80. *Époque Tang* (pièces les plus recherchées, beaucoup de faux) : femme 2 à 10, except. 180 à 1 000, homme 3 à 60, cheval avec glaçure 100 à 1 294 (1983), sans gl. 13 à 228, statues autres 25 à 160 ; modèles « 3 couleurs » : assiette 220, amphore 1 700 (1983), pot 339, jarre 200 à 3 600 (record, 1983), tripode 700 (1982), except. gourdes à glaçures sancai, 6 050 (1984). *Époque Song :* pot en grès 209 (1978), vase tripode except. 1 110 (1982), *dingyao* 2 420 ; pot tripode 90 à 250 ; bol 380 à 1 933. *Époque Yuan :* jarre 120 et +, *guan* 56 à 1 900, à vin 3 000 (1982).

Porcelaines. *Époque Tang :* 200 à 800. *Époque Song* (la plus cotée, surtout les céladons) : gourde céladon 460, vase 160 à 2 000 (1972), plat céladon 160, bouteille *Kouan Yao* (fabrique impériale) 1 248 (1970), petit pot en céramique 21, plat 230 ; *vente Chow, 22-11-80 :* coupes 2 270 et 3 942, bol avec piédouche 536, assiette polylobée 717, oreiller en porcelaine Cizhou 956 ; suivant les centres : *Kiun :* 20 à 350, *Ting :* assiettes 10, bol 427 (1975), *Long-Ts'iuan :* 261 (1974), *T'seu* (décor peint) : 3 à 15. *Époque Yuan :* jarre 10, except. potiche 1 900, gourde 2 500, plat creux bleu et blanc (diam. 40 cm) : 400, vase 407. *Époque Ming* (XIVe et XVe) : bleu et blanc surtout connues par des copies Yongzheng ; vase 8 à 70, except. 12 000 (1983), coupe 380 à 4 000, bol 400, plat 400, plat à sauce *Xuande* 1 946, plat *Xuande* (29,5 cm) 450, gourde *Xuande* 814, bol à thé 370, jarre 6 400 ; *vente Chow, 25-11-80 :* bol *Xuande* (1426-35) 3 460, coupe *Chenghua* 3 927, *Chenghua* « au coq » diam. 8,2 cm : 4 482. *Époque Jiajing* (XIVe) : vase 68 à 1 160 (1972), except. vase à vin 11 301 (N.Y. 1985), plat impérial 160, brûle-parfum 88. *Époque Qing* (XVIIIe s.) : *Kangxi :* coupes à eau (« peau de pêche ») 2 à 250, à vin 371, biscuits turquoise 2 à 12, porcelaines (« blancs de Chine ») 1 à 89, plat 15 à 24, potiches (paire) 14 à 43, vases (paire) 40 à 55 bouteille à décor rouge et blanc, except. 2 900 (1980), perroquets (paire) 5 à 60, *Yongzheng :* 3 à 10, bol 230 (1981), vase « famille rose » 6 caractères 75 à 360, *Qianlong* (1736-

95) : 1 à 150, service complet 10 à 50, pièces de métal émaillé 12 à 20, aiguières 120, terrine 6 à 35, (paire) 500 (1973), vase 4 à 258, except. vase impérial « famille rose » (paire) 5 003,5 (1985), *guan* 19 (1981), plat (31,5 cm) 10,5, statuettes (paire, 55 cm) 333. *XIXe s.* (qualité inférieure) : assiette à partir de 0,1, potiches montées en lampe, vases polychromes ou cloisonnés 4 à 10, jardinière polychrome 35.

Nota. — Les montures en bronze des porcelaines de Chine serties au XVIIIe s. représentent 60 à 80 % de leur valeur (leur authenticité est parfois difficile à reconnaître ; signes : dessin plus systématique, partie intérieure plus lisse, dorure englobant le dessous de la base, présence de vis de montage). *Ex. de prix :* vase famille verte Kangxi, monture en bronze Louis XIV, 600 (1981) ; v. Ming bronze (paire) 215 (1979) (sans bronze estim. 20 à 25) ; v. Qianlong bronze Louis XIV (paire) 600 (1983) ; v. Ming bronze IIe Empire 40 à 50.

Porcelaines « Compagnie des Indes ». *Service complet :* blanc 266, rose (44 pièces) 80 à 1 500 (1976). *Assiettes :* roses ou vertes 1 à 2, à décor en grisaille rehaussé d'or 2 à 12, armoiries 1 à 2 (sauf exception), scènes eur. 2 à 15. *Bidet :* 34. *Plats :* émaux polychromes 13, décorés en bleu, déb. XVIIIe s., 10 à 13. *Pot.* couvert polychrome 17. *Soupière :* polychrome 30 à 70.

Émaux

Émaux cloisonnés. Du XIVe au XIXe s. Au XVe s. : décor aéré, fonds nus turquoise clair, pièces petites. Au XVIe s. : fonds à petites spirales, couleurs « mélangées ». Au XVIIIe s. : grandes pièces, fonds ternes, apparition du rose.

Émaux peints. XVIIIe et XIXe s. Couleurs de « famille rose » posées sur cuivre ou sur or. En grande partie fabriqués à Canton pour l'exportation vers l'Europe.

Estampes

A partir de l'invention de l'imprimerie xylographique à l'époque Tang, elles servent à illustrer les livres. La plus ancienne estampe conservée est de 868. *A l'époque Ming,* devant la multiplication des livres et des estampes, s'instaure la division du travail. L'illustration originale est fournie par un peintre, le graveur la transpose ensuite sur sa planche. Ouvrage le plus connu : Jin Ping Mei.

A partir du XVIIe s., livres d'estampes en couleurs reproduisant les chefs-d'œuvre de la peinture. *Publications les plus connues :* Recueils du studio des 10 bambous (1644) de Hou Tcheng-Hen, Fastes pour l'anniversaire de l'Empereur (1713), Jardin du grain de moutarde (1701).

Peinture

● **Généralités.** Considérée par les Chinois comme le seul art véritablement intellectuel. *Caractéristiques :* jamais de peinture à l'huile, pas de perspective suivant le critère occidental, pas d'étude du corps humain, peinture toujours exécutée en intérieur, grande virtuosité dans le maniement délicat du pinceau, jamais de cadre, le tableau peut s'enrouler verticalement ou de droite à gauche ou de haut en bas ; peinture en mouvement de haut en bas : c'est un paysage qui se déroule (jamais statique).

Nota. — *La calligraphie* a exercé une influence profonde sur les arts chinois, particulièrement sur la peinture : l'art du lavis monochrome cherchait davantage à écrire le signe des choses qu'à en décrire les apparences.

● **Écoles et peintres principaux : Primitifs.** Kou K'ai-Tche (304-406). *École T'ang.* Wou Tao-Tseu (né vers 680), fresques. Wang Wei (699-759), lavis. **Age d'or du paysage** (X^e-XIIe s.). King Hao (actif vers 900-960). Houan T'ong. Tong Yuan (2e moitié du Xe s.). Kiu-Jan (milieu du Xe s.). Siu Tao-Ning (XIe s.). Kouo Hi (XIe s.). Li T'ang (1050-1130). Mi-Fei (1051-1107). **Peintres animaliers académiques.** Honei-Tsong (empereur de 1101 à 1125). Li Ti (1100-1197). **Peinture zen.** Mou-K'i (actif vers 1200-1250). **Lyrisme.** Ma Yuan (actif vers 1190-1224). Hia Kouei (actif vers 1180-1230).

Époque Yuan. Ts'ien Siuan (1235-1290). Kao K'o-Kong (1248-1310). Houang Kong-Wang (1269-1354). Wang Meng († 1385). Wou Tchen (1280-1394). Ni-Tsan (1301-1373). Tchao Mong-Fou (1254-1322). **Étude des Anciens.** Tan-Tsin (actif 1430-1455). Chen-Tcheou (1427-1509). T'ang Ying (1470-1523). **Orthodoxes.** Tong K'i-Tchan (1555-1636). Wang Che-Min (1592-1680). Wang Kien (1598-1677). Wang-Houei (1632-1717). Wang Yuan-Ki (1642-1715). **Individualistes.** Siu Wei (1529-1593). Bada Shanren (1625-1705). Kin Nong (1687-1764). Li Chan (1re moitié XVIIIe s.).

Temps modernes. Hiu-Kou (1824-96). Jen Po-Nien (1840-96). Houang Pin-Hong (1863-1955). Ts'i Pai-Che (1863-1957).

● **Cours en milliers de francs. XVe-XVIIe s. :** Wang-Che-Min 280. **XVIIe et XVIIIe s. :** scènes taoïstes 1 à 20. Yuan-Ki, paysage 24 à 280. **XIXe s. :** ancêtres, sujets féminins, intimistes, 1 à 50.

Pierres dures

● **Jade.** Vient de l'espagnol « piedra de ijada » (pierre des reins) car, selon la tradition, les statuettes mexicaines en jade guérissaient les maux de reins. Les Chinois ne disposèrent que de *jade-néphrite* (venant du Turkestan chinois) à partir de 7000-1600 av. J.-C. jusqu'à l'importation de *jade-jadéite* (plus dur et plus rare) de Birmanie, au XVIIIe s. Armes et objets rituels puis dragons et créatures mythiques.

Plusieurs associés acquéraient un bloc de jade et le confiaient à un sculpteur ; à mesure que le travail avançait, et selon les espoirs en la qualité du jade ou les défauts cachés de la pierre qui étaient mis au jour, la valeur des parts de l'association augmentait ou diminuait. De nos jours, il faut encore souvent plus d'un an pour sculpter un bloc de jade.

La *néphrite,* réduite en poudre, fut utilisée comme médicament en Chine (réputée donner l'immortalité), ou placée dans les tombes pour empêcher la putréfaction, puis en Europe, sous le nom de *lapis nephreticus.* Diverses pierres ornementales vertes peuvent rappeler le jade (serpentine, californite, grossulaire massif, chlorite massive, calcite, etc.). La *serpentine* vaut 5 à 8 fois moins cher que le jade. On peut faire vérifier les pierres au Service public du contrôle des diamants, perles et pierres précieuses de la Chambre de commerce, à Paris.

Éléments du prix. En France (par ordre décroissant) : jade vert émeraude dit vert impérial, blanc dit gras de mouton, vert de mer, pi-yu (vert foncé). En Angleterre, le jade « gras de mouton » prime. Authenticité, qualité de la taille, qualité de la pierre (pièces récentes), aspect onctueux ; sonore.

Prix en milliers de francs. Jade. *Période des Royaumes Combattants* (475-221 av. J.-C.) : boucle de ceinture 3 000 (record, 1983). **XIIe-XIIIe s.** *av. J.-C. :* disque rituel 65 000. **XVIIIe s. :** coupe 18, boucle de ceinture blanc céladoné 3, plaque sonore 22, groupe 4, coupe 66, except. bol 200, vase céladonné 65, *Qianlong* 410, 4 panneaux en jade impérial (61,6-34,3 cm) 588. **XIXe s. :** statuette 2 à 220, vase couvert 8 à 50.

● **Quartz rose.** Sans taches blanchâtres : moitié prix des jades modernes : 1 à 12. **Corail.** 18 à 80 (les coraux sculptés au Japon valent 3 fois moins cher). **Malachite.** Déesse du printemps 20. **Turquoise.** Avec peu de veines noires, vase (haut. 10 cm) : à partir de 6. **Spath fluor.** Avec peu de veines, statuettes et vases couverts : 1 à 4.

Sculpture

● **Époques.** 1res sculptures animales à l'époque Chang. S'épanouit au début de notre ère dans l'art funéraire, puis entre le IVe et le Xe s. sous l'égide du bouddhisme. A partir du XIIIe s. : épuisement de l'inspiration religieuse, alourdissement du style.

● **Cours en milliers de francs.** Statues exécutées pour la plupart au cours des périodes *Song* (960-1279), *Yuan* (1280-1368) et *Ming* (1368-1644). Sujet le plus classique : Kouan-Yin, divinité protectrice bouddhique 10 à 140 et +, except. 650 (1986).

Beaucoup de faux (surtout s'ils ont moins de 80 cm et sont dans un bois léger).

Divers

(Cours en milliers de francs)

Paravents. Prix variant suivant ancienneté, décor, état, taille. Laque de Coromandel XVIIe s. : 30 à 300 ; XVIIIe s. : 30 à 160 ; XIXe s. : 10 à 30.

Bronze. Bronzes archaïques, objets rituels, ont peu évolué jusqu'au XIIIe s. Après, vases, animaux, cerfs et biches grandeur nature : 18 à 30. Quelques vases *ding* ou *gui* sans décor ou incomplets env. 10, avec décor, except. 450. Except. *zun* 1 000 (1978), *fang-yi* 1,7 (1974) ; nombreux faux. *Chang :* jue 60 à 104, fangding 280 à 798, jia 385 (1980) ; pot à vin 800 (1980), vase *tsouen* 900. *Tchong* (cloche rituelle) 303 (1978). *Han :* anse en forme de léopard des neiges 110, porte-bougie bronze doré 188,6 (1984). *Six Dynasties :* petit dragon 700 (1974). *Tang :* reliquaire bronze doré 830 (1984) ; Kouan-Yin bronze doré 449,4 (1984). *Wei :* stèle bronze doré 308 (1978). *Quianlang :* vase bronze cloisonné 179,3 (1984). *XIXe s. :* nombreux bouddhas.

Ivoires. XIIIe-XIVe s. Kouan-Yin 154 (1979). **XVIIe s.** philosophe 7 à 10. Putaï, époque *Ming* 10 à 20, plaque ép. Ming 160. **XVIIIe s.** 4 à 70. **XIXe s.** défense 33.

Meubles. *Époque Tang :* miroir en bronze 2 à 15. *XVIe s.,* 2 chaises cannées en bois de *hua-li* 163 (1981), coffre *hua-li* 125. *XVIIe et XVIIIe s.,* tables basses (servant uniquement à la décoration) 5 à 184, hautes et étroites (t. d'offrande) 10 à 40, hautes et carrées, sellettes 1 à 8, armoires 3 à 600 (paire, 1983), coffres et cabinets 2 à 14, sièges 2 à 14, except. fauteuils (paire) 400. *XIXe et début XXe s.,* armoire 17, lit de fumeur d'opium 6, buffet 20.

☞ *Collections à Paris :* musée Guimet, m. des Arts décoratifs, m. d'Ennery, m. Cernuschi.

Art égyptien

☞ Voir Égypte à l'Index.

Cours en milliers de francs. *Exemples : Reliefs :* 8 à 300 selon sujet et époque. *Chaouabtis* (ou *oushebtis* de *ousheb :* répondre) : figurines 5 à 20 cm, chargées dans les tombes d'exécuter les travaux quotidiens à la place des morts : d'abord taillées dans le bois de *perséa (shaouab),* XVIIe dynastie, en offrande à Osiris, dieu des morts, puis en faïence, terre cuite ou céramique *(fritte émaillée)* à couverte bleu-vert pâle à bleu foncé intense ; à Thèbes, artisans créateurs du bleu dit de « *Deir el Bahari* » (*oushebtis* les plus recherchés), obtenu avec quelques grammes d'oxyde de cuivre. Cours selon couleur et inscriptions en registre ; 2 à 30 [Nouvel Empire 2 à 30, + chers que Basse Époque (525 av. J.-C.)]. *Statues en calcaire* (3000-1500 av. J.-C.) : *homme et femme debout* (56 cm) 300 (1978), *homme* 2 982 (1980), *en bronze* 13 à 70 selon le sujet et l'époque, Isis tenant l'enfant Horus 11 à 240, chat (20 cm) époque Saïte 19 à 83, except. 450 (1980), Amon (44,5 cm) ép. Saïte 500 (1985), Horus (faucon en bronze, 21 cm) 145 (1981), (en pierre) 380. *Osiris* bronze 27 cm 23, except. Ouadjet ou Mahes (à tête de lionne, ép. libyenne, 61 cm) 1 049,7 (1984). *Lampes à huile* en terre cuite 0,3 à 0,4. *Masques de sarcophage* (bois stuqués et peints) 2 à 80 ; copies en stuc 6 à 60 ; portraits de Fayoum 30 à 100. *Amulettes :* de collier 0,3 à 2 ; *couronne* avec cornes de bélier ptolémaïque (haut. 35 cm) 20. *Modèle réduit de bateau* XXe s. av. J.-C. (49 cm) 43. *Statue* de Merenptah, granit (3 000 av. J.-C.) 2 500 (except., 1983). *Vase* canope (v. à viscères) en albâtre 13 à 21 ; les plus grands : 100 à 150. *Poisson en bronze* oxyrhynque 7 à 10.

Nota. — Petites pièces : 0,5 à 0,6.

Art islamique et du Moyen-Orient

Période (art islamique). VIIe au XIXe s. : Golfe du Bengale, Proche-Orient (de La Mecque à Damas, du Caire à Bagdad), Turquie ottomane, Empire iranien et Inde islamisée. **Caractéristiques.** Poteries de Nicapour, à glaçures, faïence d'Isnik, cuivre ou bronze (plateaux, bassins, aiguières, chandeliers), gravés, ciselés, niellés ou damasquinés, avec souvent une dédicace aux P^ces pour lesquels ils ont été exécutés, parfois noms et signatures des artisans ; décors animaliers, de fleurs ou calligraphies (art très apprécié). En vogue depuis 1970.

Cours (en milliers de francs)

Inde. XVIIIe s. : ép. moghole, hookah en verre à décor doré 134,9 (1984).

Irak. Cylindre d'Akkad (2340-2180 av. J.-C.), serpentine noire 32 (1981).

Iran. Civilisation Amlash (IIe-Ier millénaire av. J.-C.) : bronze : pendentif 4, statuette féminine 3 à 8, figurine masculine 90, petite chaise 13, support à décor de mouflons 350. **VIIIe-VIIe av. J.-C.** : mors 49 à 90, tête d'épingle en bronze, Louristan 115 ; idole en bronze, Louristan 118,2 (1984). **Art sassanide** (apogée au VIe apr. J.-C.) : attelage de 4 chevaux (28 cm) 220, support 2 panneaux (diam. 33 cm) 340, aiguière argent 38, brûle-parfums bronze 370, buste royal 390, épée à fourreau d'or 250, vase en argent 260, coupelle en argent 50, buste royal en bronze 430. **XIIe s.** : céramique : carreau 94, plat 150 ; cuivre : brûle-parfums (perdrix) 40, chandelier 337. **XIIIe s.** : pichet, bol 50, except. 380, aiguière argent et cuivre 950. **XIVe s.** : bassin 10. **XVIe s.** : chandelier « Chamdan » 51. **XVIIe s.** : sébille de derviche 28. **Art kadjar** : éléments du prix (1780-1925) : qualité, harmonie de la composition, coloris (vifs et brillants), sujets (portraits historiques, scènes de cour, grands événements, signature de peintres connus). Prix multipliés par 1 000 ou 2 000 de 1972 à 1978. En baisse depuis la révolution. *Laque* : plumier XVIIIe s. 42 (1977) ; 1804, signé d'Ismaïl 200 (1978). *Narguila* (œuf d'autruche sur trépied) 20 (1979). Aiguière *âftâbe* 46.

Syrie. XIIe s. : grand plat Lakadi 25. **XIIIe-XIVe s.** : gobelet émaillé 7. **XIVe-XVe s.** (Mamelouks) : boîte cuivre 30, bassin cuivre 32. **XIXe s.** : vasque cuivre 50, Kursi orné de textes religieux, 144,4. **XXe s.** : chandelier cuivre 20.

Turquie. Ier s.-Ier apr. J.-C. Flacon camée (h. 7 cm) 3 664,4 (1985). Carreaux de céramique d'Isnik 1 à 25. **XIIIe s.** : panneau de céramique, seldjoukide 155,5 (1984). **XVIe s.** : paire de carreaux 52, panneau 8 car. 62, plat 23 à 604, boucle de ceinture ottomane en ivoire (5,7 cm) 74. **XVIe-XVIIe s.** : plat 4 à 10. **XVIIIe s.** : carreaux en faïence (28 × 73 cm) 5, broderie Bohça 85 (1985) ; aiguière cuivre 41, bol cuivre 10,5 ; aiguière et bassin en tombak (cuivre doré) 380 (1986) ; 8 tasses à charhat (record) 500 (1985). **XIXe s.** : aiguière 7 à 90 ; except. aiguière et bassin 387 (1984) ; narguileh 60 à 80.

Art japonais

☞ **Époques.** Voir Index : Japon.

Céramique

Faïence et grès

• **Époques. IIIe-VIe s.** Poterie rouge *(hagi)*, grise cuite *(sueki)* pour les tombes. Statuettes funéraires en poterie rouge *(haniwa)*. **VIe-VIIIe s.** *Hagi* et *sueki*. Poterie à vernis plombifères 3 couleurs *(san sai)*. **IXe-XIe s.** Les sueki deviennent des poteries d'usage. Certains sont revêtus d'une couverte à base de cendre et destinés à l'aristocratie de cour *(sanage* près de Nagoya).

XIIe-XIIIe s. Grès des 6 fours anciens : Seto, Tokoname près de Nagoya, Shigaraki, Bizen, Echizen (région de Fukui), Tamba : jarres à grains et à saké. **XIVe-XVe s.** Influence de la Chine, vases et chandeliers pour le culte bouddhique revêtus d'une couverte à base de cendres imitant le céladon, décor gravé ou estampé *(ko-seto)*. **XVe-XVIe s.** Développement des grès destinés à la cérémonie du thé. *Seto* : imitation des Temmoku chinois (seto guro ou noir). A Bizen grès rougeâtres pour l'eau chaude du thé : *Mitzusashi*.

Fin XVIe-XVIIe s. Les types précédents. Dans la région de Minô, près de Kujiri, création des *ki-seto* (jaune rehaussé de taches vertes), des *shinô* à décor peint en brun sous couverte blanche, grise ou rougie par la flamme, et des *oribe* (vernis vert). A Kyôto création des *raku* (bols à thé) par Shôjirô ou fabriqués par un amateur tel Kôetsu (1558-1637). Au Kyûshû, nombreux potiers coréens dans la région de Fukuola (Hizen), et à Karatsu (Prov. de Saga). **XVIIe s.** (fin). Kyôto : Ninsei, jarres pour le thé et bottes à encens à décor d'émaux colorés ; Kenzan décore de brun de fer des assiettes et des plats.

XVIIIe-XIXe s. A Kyôto, Kyô Yaki s'inspire de Ninsei. Aoki Mokubei (1761-1833), Dôhachi (1783-1855) et Eiraku (1795-1855) transposent les modèles chinois en poteries et porcelaines.

• **Quelques définitions. Chaïre,** petit bol à couvercle en ivoire contenant le thé vert en poudre (cérémonie du thé). **Chawan,** bol à thé (cérémonie du thé). **Hachi-ho.** « Huit Trésors ». Décor de monnaie, livres, perle, losange, miroir, cornes de rhinocéros, branchage et carillons. Apparaît surtout sur les porcelaines de Kutani. **Hanaike,** récipient de taille et forme variables destiné à contenir des fleurs. **Koro,** brûle-parfum. **Mizukoboshi,** récipient pour l'eau qui a servi à réchauffer et rincer le bol à thé (cérémonie du thé). **Mitzusashi,** récipient pour l'eau froide (cérémonie du thé). **Shi kunshi,** motif du pin, prunier, bambou, chrysanthème ou orchidée associés. Motif des « Quatre Amis ». **Shochikubai,** décor du pin, du prunier et du bambou associés. **Suiteki,** petite verseuse pour la préparation de l'encre. **Suzurimono,** pierre à encre. **Tsubo,** jarre avec ou sans couvercle.

Porcelaine

• **Époques. XVIIe s.** Création des premières porcelaines. Premiers bleu et blanc à Arita et Hiradô. Émaux colorés créés par Kakiemon et ses descendants. Ils sont imités par les artisans d'Arita pour la commande hollandaise, connus en Europe sous le nom d'*imari*. Création à la fin du siècle des ateliers de Nabeshima, patronnés par les daimyo de Saga. A Kutani, dans la région de Kanazawa, création d'ateliers pour les Maeda, daimyo de la région. Production éphémère dans le goût chinois.

XIXe s. Nombreux ateliers mais décadence du goût. Porcelaine pour le thé et la table.

XXe s. Grande production de porcelaines dans la région de Seto et Arita. Potiers paysans (Honda, Tamba). Retour à la tradition populaire japonaise et coréenne avec Yanagi Sôetsu, créateur du mouvement Mingei. Grands potiers : Hamada Chôjirô à Machiko, Kawai Kanjirô (décédé), Kaneshige Tôyô à Imbe (Bizen) (décédé), Arazawa Tôyôzô dans la région de Minô, Nakazatô à Karatsu...

• **Pièces les plus appréciées.** Celles destinées à la cérémonie du thé. Également les productions contemporaines. Les porcelaines le sont moins, à l'exception des *kutani* et des *kakiemon.*

• **Cours en milliers de francs.** *Bol* évasé, XIIe s. 11, *à thé* : XVIIe s., période Edô 4 à 20, période Momoyama jusqu'à 40 (Japon). *Bouteille* style Imari Kinrande, polychrome, motifs or XVIIe s. 95 (1974). Kakiemon 150. *Broc* Kakiemon 85. *Cache-pot,* XIXe s. 4. *Chaïre* (grès) 1 à 3. *Chawan* (grès) 0,4 à 5. *Chevaux* Kakiemon, fin XVIIe s. exceptionnel 561 (1978). *Coupes* (paire) XVIIe-XVIIIe s. Kakiemon 22. Kutani à fond blanc et avec émaux polychromes 1 à 8. *Jarres* Kakiemon polychromes 400 (1983). *Plat* Kakiemon 120. *Vases* (paire). *Potiches* XVIIIe s. (paire), polychromes 15 à 40.

Estampes

Origine : XIVe s., cet art se perfectionne au XVIIe s.

Technique. Le sujet est dessiné sur un papier transparent, puis est collé à l'envers sur une planche de bois de cerisier que le graveur incise à travers le papier.

Termes. *Beni-e* : coloriée à la main en 2 ou 3 couleurs, le « beni » (pourpre). *Benizuri-e* : 1res estampes imprimées en 2 ou 3 couleurs. *Harimaze* : petites estampes groupées sur une même feuille. *Hashira-e* : format très étroit, en hauteur, 50 à 70 × 10 à 15 cm. *Ishizuri* : dessin blanc sur fond noir. *Kakemono-e* : grand format en hauteur ; 60 à 80 × 25 à 30 cm. *Nishiki-e* : polychrome imprimée à l'aide d'autant de planches que de couleurs. *Sumizuri-e* : impression en noir avec une planche unique. *Surimono* : polychrome principalement XIXe s. pour commémorer une cérémonie ou envoyer des vœux. Impression très soignée avec rehauts fréquents d'or, d'argent ; accompagnée de poèmes et de signatures. Petits et carrés ou très allongés. *Tany-e* : rehaussée à la main, en rouge orangé (tan) avec parfois des touches vertes et jaunes. *Uchiwa* : en forme d'éventail. *Urushi-e* : coloriée à la main avec parties lustrées imitant la laque.

Principaux artistes. Bunchô (1725-94). Eishi (1756-1829). Harunobu (1724-70). Hiroshige I (1797-1858). Hiroshige II (1826-69) et III (1843-94). Hokusai (1760-1849). ·Kiyonaga (1752-1815). Kiyonobu (1664-1729). Koryusai (1710-71). Kuniyoshi (1791-1861). Masanobu (1625-94). Moronobu (1618-94). Sharaku (vers 1790). Shigémasa (1738-1820). Shigénaga (1697-1756) Shun-ei (1762-1819). Shunsho (1726-92). Toyoharu Utagawa (1735-1814). Toyonobu (1711-85). Utagawa Toyokuni (1769-1825). Utamaro (1754-1806).

Cours en milliers de francs. *Choki* : 143 à 600 (record 1981). *Harunobu* : 1 à 140 (1973). *Hiroshige* : 10,5 à 116. *Hokusai* : 90 à 133, record recueil (la Vague et 40 vues du Fuji) 1 595 (1979). *Kiyonaga* : triptyque 187 (1980). *Masanobu* : 1 à 15. *Sharaku* : 1 à 490 (1983). *Shunsho* : 3 à 105. *Toyokuni* : 7 à 20. *Toyonobu* : 2 à 253 (1974). *Utamaro* : 6 à 385 (1980).

Masques

Époques. IXe-XVe s. *Gigaku,* en laque sèche (Kanshitsu, technique de la période Nara) ou en bois, d'aspect grotesque, pour danses anciennes, religieuses ou militaires. **XIIe-XIIIe s.** *Bugaku,* pourvus d'yeux de verre et mâchoire articulée, pour danses. **XIVe-XVIIIe s.** *Nô,* recouverts d'un enduit de blanc et de colle puis peints à l'eau, portés dans les drames lyriques.

Cours en milliers de francs. Masques de théâtre. *Gigaku* XIVe-XVe s. 30 à 100. *Nô* XVIIe s. 5 à 50, *féminins* 20 à 30. **M. de guerre.** *Somen,* couvrant tout le visage, en une pièce ou en 2 reliées par des crochets 20 à 50. *Mempo,* demi-masque avec nez amovible 5 à 20. *Hambo,* demi-masque sans nez 0,5 à 7.

Peinture

• **Technique.** En général exécutée à l'encre de Chine ou avec des couleurs liquides, ignore clair-obscur et relief. La perspective n'apparaît qu'au XVIIIe s. L'artiste ne donne que l'indispensable pour l'évocation poétique.

Fresques religieuses. *Kakemonos* (allongés en hauteur), *e-makimonos* (en largeur) qu'on regarde en les déroulant. *Paravents. Portes à glissière. Éventails.*

• **Principaux artistes et écoles. 670-710.** Peintures murales du Hôryuji, monastère près de Nara. **VIIIe s.** Peint. bouddhiques et profanes au Shôsôin du Tôdaiji (Nara) dep. 756. **IXe-XIe s.** Peint. bouddhiques ; profanes des ateliers de la cour (lignée des Kosé). Passage des sujets à la chinoise *(kara-e)* à ceux d'inspiration japonaise *(yamato-e)*. **XIIe s.** Épanouissement du *yamato-e.* Rouleaux à l'encre du *Kôzanji,* faussement attribués à Toba Sôjô, moine peintre. Portraits de Fujiwara Takanobu (1145-1206) et de son fils Nobuzane.

XIIIe-XIVe s. Perpétuation du yamato-e, double influence chinoise : écoles *Takuma* et *Suibokuga* (lavis à l'encre de Chine), paysages. *Ex. de prix* : paysage de rivière par Wen Zhengming 1 777 (N.Y. 1984).

XIVe-XVIe s. Épanouissement du *suiboku-ga* (influence des peintures Song et Yuan) : Shûbun (1re moitié du XVe s.), Oguri Sôtan (1413-81), Sesshû (1420-1506), Nôami (1397-1471), Sôami (1450-1525), Sesson (1504-89). Atelier de la cour (lignée des Tosa) perpétue le style *yamato-e,* nuages dorés et gaufrés : Mitsonobu (1430-1521), Mitsuoki (1617-91). École Kanô (influence chinoise des Ming) fondée par *Kanô Masanobu* (1434-1530) et son fils Motonobu (1476-1559). Kanô Eitoku (1543-90) adopte des fonds or pour ses décors de paravents et portes à glissière.

XVIIe s. *L'école Kanô* se divise en 2 branches : Kâno Tan-nyû et ses frères vont à Edô, Kanô Sanraku (1559-1635), Sansetsu (1590-1651) restent à Kyôto. Les ateliers Kanô resteront l'école officielle jusqu'en 1868, date de la restauration de Meiji. *Les décorateurs* : Kôetsu (1588-1637), Sôtatsu Kôrin (1638-1716), Hoistsu (1761-1828), Kenzan (1663-1723).

XVIIIe s. Influence chinoise : réalisme, Hanabusa Itchô (1652-1724), Maruyama Okyô (1733-95) et son disciple Goshun (1752-1811) fondent l'*école Shijô,* à Kyôto. *École ukiyo-e (peinture du monde flottant)* : peinture de genre (estampes). Influence de la peinture chinoise des lettres de l'époque Yuan et Ming : Nanga (école du Sud) ou Bunjinga (école des lettrés individualistes) : Talga (1723-76), Yosa Buson (1716-83), Gyokudô (1745-1821), Aoki Mokubei (1767-1883), Tessai (1836-1924).

XIXe-XXe s. A partir de 1850, prépondérance de l'influence occidentale. Cependant retour au *yamato-e. Ex. de prix* : Shibata Zeshin 188 410 F (1980). Toshusai Sharaku, portrait d'un acteur 240 000 F (1980).

Sculpture

VIIe s. Influence coréenne, nombreuses statuettes en bronze doré. Grande statuaire en bois de camphrier. **VIIIe s.** Influence chinoise T'ang. Grand Bouddha du Todai-ji de Nara. Laque sec et terre (décor polychrome) dans les monastères (Nara). **IXe-Xe s.** grande statuaire en bois (torse taillé d'un seul tenant, draperies, plusieurs bras et têtes).

XIe s. Bois laqué, doré, en plusieurs morceaux assemblés. Constitution d'ateliers. **XIIe s.** Aspect précieux. Multiplication des images. **XIIIe s.** Retour au style du VIIIe s. influencé par la Chine des Song: Unkei. Réalisme. **XIVe-XVe s.** Portraits de moines zen assis dans de hautes chaires.

XVIe-XVIIe s. Sculpture décorative dans les monastères et les résidences (décor ajouré peint et doré), se perpétue sous les Tokugawa (mausolée Niklo). **XVIIIe-XIXe s.** Nombreux *netsuké* en buis, ivoire, sculptures expressives zen *(Enku)*. Bouddhas.

Nota. — La pierre a été très peu travaillée. **XIIe-XIIIe s.**: on trouve de grandes images gravées sur des pans de collines.

Divers
(cours en milliers de F)

Armures. XVIIIe s. 85. **XIXe s.** 30; miniature en laque d'or composée d'un *tanto* (petit poignard) et 3 *tachi* (sabres d'apparat) 40 à 80.

Boîtes (hako ou bako). En laque. *Kobako*: assez grande, usages variés. *Kogo*: boîte à encens. *Suzuribako*: boîte écritoire, destinée aux lettrés, contenait la pierre (suzuri) pour réduire en poudre le bâton d'encre solide, un récipient pour l'eau qui servait à la délayer, des emplacements pour l'encre et pour les pinceaux. *Prix*: 6 à 100.

Casques (kabuto). En fer ou fer laqué, rarement en cuir. Calotte composée de 6, 8, 12 jusqu'à 20 lamelles triangulaires rivetées entre elles, 3 formes: *bacchi* (bombe du casque), bol formé de 3 lamelles minimum; *san-mai; suji bacchi*: lamelles garnies de clous saillants. Autres casques en fer repoussé: *eboshi*: haute coiffure portée à partir du XVIIe s. par les nobles; *momonari*: ressemble à un morion (arrière tourné vers l'avant). *Prix*: 10 à 100.

Fuchi-Kashira. Pommeaux et bagues de poignée.

Émaux. *Cloisonnés*: principalement XVIIIe et XIXe s. Employés surtout pour les gardes de sabre, souvent avec émaux translucides gravés. A la fin du XIXe s., imitation des cloisonnés chinois, à Kyôto, souvent signés.

Inro («*in*» cachet, «*ro*» boîte) (souvent en bois «honoki» recouvert de laque à décor et souvent incrusté). Étuis portatifs en laque (5 à 7 cm sur 10 à 12 cm). Apparaissent fin XVIe s. jusqu'en 1850. Contenaient au début le cachet (sceau) que les hauts dignitaires devaient avoir à portée de la main, suspendu à la ceinture du kimono par un cordon de soie, puis des herbes médicinales. Ils comprennent 2 ou plusieurs compartiments qui s'emboîtent. Certains objets demandent 8 à 10 ans de travail (long séchage entre chaque couche, jusqu'à 30 couches pour les plus beaux). *Éléments du prix: qualité et couleur de la laque, du décor* (surtout animaux, puis paysages et personnages); *composition* (large et aérée de préférence aux scènes confuses et surchargées de détails); *état de conservation* (primordial). *Artistes*: Koshida, Kenzan, Yoyusaï, Masanari, Zeshin, dynasties Kajikawa, Koma, Shibayama (nombreuses signatures apocryphes). *Exemples de prix*: XVIIe s.: 2 à 3. XVIIIe et XIXe s.: 2 à 271 (de Koshida, 1981).

Ivoires. Statuette 4 à 42; jeu d'échecs 38.

Kimonos. Les plus anciens datent du XVe s. Récents (1800-1950): 1 à 3.

Kodansus. Cabinets miniatures à tiroirs. XIXe s. *Prix*: 20 à 100.

Kosukas. Manches de petits couteaux portés le long du fourreau du sabre (utilisés pour manger, découper du papier...). *Prix*: 0,2 à 28.

Netsuké (prononcer *netské* «racine qui fixe») (haut. 2 à 10 cm, moy. 5 à 6 cm, épaisseur 2 à 3 cm). Leur costume traditionnel ne comportant pas de poches, les Nippons des classes élevées suspendaient à leur ceinture différents objets, tabatières, inros à l'aide de cordonnets de soie terminés par les netsuké, qui servaient de boutons d'arrêt. Usage répandu au XVIIe s., apogée entre 1750 et 1800; en bois, buis, *kinoki*: sorte de cyprès, santal, *édine*, cerisier, mais aussi, moins fréquemment: laque sur *kinoki* ou bambou, corail noir, *umoregi*: matière fossile végétale, corne de cerf; plus modernes: jade ou pierre dure, métal. *1er type* (les plus appréciés): *katabori*: sculptures en ronde-bosse, comportant généralement un *himotoshi*: trou pour passer la cordelette, sinon c'est un *okimono*: ornement d'alcôve sans valeur. Certains spécimens sont compacts ou très allongés et étroits *(sashi)*. *2e type: manju*, le plus souvent de forme circulaire, diam. 4 à 6 cm, généralement en ivoire, sculptés en bas-relief et gravés sur l'autre face. *3e type: kagamibuta*: souvent ronds, creusés d'une coupelle (ivoire ou corne), à bord légèrement incurvé contenant un disque ou métal (fait par les fabriquants de *tsuba*: gardes de sabres). *4e type: netsuké-masques*: ivoires, bois parfois laqué, peuvent être des copies en réduction de ceux portés par les acteurs du théâtre Nô, par les danseurs de *bugaku* ou de *gigaku*, ou des représentations de démons.

Éléments du prix. Les plus appréciés: *katabori*; sujets les plus recherchés: dieux et démons du shintoïsme ou du taoïsme, sages bouddhistes, animaux, hollandais, puis fruits et légumes; qualité de la sculpture; époque (surtout XVIIe et XVIIIe); signature [env. 3 000 signatures parmi lesquelles quelques dizaines d'artistes renommés: Tomodata (XVIIIe s.), Masanao, Okatomo Okatori, Hogen, Rantei, Kuraigyoku Masatsugu, Ikkwan, Kano Tomokazu, Osaki Kokusai; une signature donne en général une plus-value de 30 à 40 % (+ pour un grand maître). Shuzan, le plus célèbre sculpteur (fin XVIIe), n'a rien signé et beaucoup de netsuké portent une signature apocryphe]; matière (en G.-B. l'ivoire est plus apprécié que le bois). Grande vogue entre 1900 et 1930, depuis 1969 et surtout 1978-79.

Exemples de cours en milliers de F: manju 4 à 15, *kagamibuta* masques 2 à 6, *katabori* 4 à 190; *record*: cheval ivoire Okatomo 243 (1981), de Masatsugu 377 (1981).

Paravents. *Matériau*: papier; *fond*: le plus souvent en or; *composition*: hauteur 1,20 à 1,50 m, largeur 2 à 8 feuilles de 60 à 70 cm; *dessin*: le plus souvent à «pleine surface» large de 5 à 6 m. Plus ancien: IXe s.

Cours: fin XVIe-début XVIIe s., pièces de collection 30 à 150, except. 1 980 (avec peinture eur. de la Ste-Trinité, 1982); XVIIe s. 27 à 190; XVIIIe-XIXe s. 3 à 10 [except. 2 paravents en laque signés Hochu fin XIXe s. haut. 190 cm 490 (1980)].

Sabres. Les plus anciens (lame droite à double tranchant) sont antérieurs à 756. La lame est courbe depuis 900. *Époques Héian* (794-1185): fin et peu adapté au combat; *Kamakura* (1185-1335): plus trapu, pointe plus longue (*tachi*, porté suspendu à 2 bélières); *Muromachi* (1392-1598): période de guerres perpétuelles, par manque de chevaux, le samouraï combat à pied et raccourcit son sabre (*katana* porté sur la face droite et *wakizashi*, passé dans la ceinture, le tranchant tourné vers le ciel) pour le glisser dans la ceinture; *Edo* (1596-1868), périodes Shinto et Shinshinto: paix relative, montures richement ornées. Le port des sabres et armures a été interdit en 1873. *Prix des lames*: 0,5 à 500.

Tabatières. XVIIIe s. 30 à 120; XIXe s. 5 à 30.

Tsubas. Gardes de sabre amovibles, plaques arrondies ou lobées (de 7 à 10 cm), en fer à l'origine, puis en bronze, cuivre, argent. Apparues dès le VIIIe s., deviennent des objets d'art au XVe s. D'abord œuvres des armuriers puis, à partir du XVIe s., de dynasties d'artisans spécialisés, parfois véritables joailliers utilisant pour les décors (fleurs, arbres, oiseaux, personnages...) des techniques très variées: ajourages, ciselures, reliefs, incrustations, dorure, etc. Sont souvent signées. Au XVIIe s.: nombreuses écoles régionales (Higo, Awa, Dewa). Il y a des gardes de sabre avec des dessins chrétiens cachés. Les tsubas disparaissent à la fin du XIXe s. avec l'interdiction du port du sabre (1873). Il resterait actuellement 5 millions de tsubas dans le monde. *Prix*: XVIe au XIXe s. 0,4 à 20 pour des tsubas d'orfèvres. Tsubas en fer ciselé ou damasquinés moins prisés.

Termes: *gin* (argent), *kin* (or), *kinko* (orfèvre), *kinzogan* (incrustation d'or), *mei* (signature), *shakudo* (alliage cuivre et or à patine bleu-noir), *sentuko-do* (cuivre, zinc, étain), *shibuichi* (alliage métallique ressemblant à de l'argent), *sentoku* (bronze jaune), *shippo* (émail), *takazogan* (relief incrusté), *tsuchime-ji* (surface martelée), *udenuki-ana* (orifice pour passer le cordon), *yamagane* (cuivre brut).

Art océanien

Caractéristiques. Objets souvent en bois ou en fibre végétale (Mélanésie), en pierre (Polynésie, Micronésie). Seuls sont authentiques les objets utilisés par les indigènes.

Cours en milliers de francs. Pièces de grande qualité, rares et anciennes. *Exemples*: **Iles Marquises**: étrier d'échasses 38, manche d'éventail ivoire sculpté 75 (1985). **Ile de Pâques**: statuettes 3 à 100, mâle *Moaï Kavakava* 77, pendentif rituel ayant appartenu à Pierre Loti 40. **Ile de la Pentecôte**: masque en bois 250 à 1 500. **Iles Cook**: statue de Rarotonga, record 1 650 (1978); *ta iri* (éventail) 333. **Vanuatu**: *muyu ne bu* (pierres à cochons, sculptées en forme de tête humaine pour le commerce des cochons) 8 à 20; sculpture 25 à 85, plat en bois 10, *rambaramb* (mannequin funéraire du sud de Malekula) à partir de 20, assommoir rituel à porcs (82 cm) 7 env. *Wallis*: *tapas* 1,5 à 4. **Hawaii** (objets les + appréciés): *ahu'ula* (vêtement polynésien) record 1 200 (1977), sculpture «stick god» 343 à 2 200, tambour 532, instruments de torture (en dents de requin) 250 à 300, colliers *(lei niho palaoa)* 4 à 12 cm 30 à 45. **N.-Bretagne**: crâne humain surmodelé 14, boucliers 4. **N.-Calédonie**: chambranle 370 (1978); masque 281 (1985). **N.-Guinée**: crochet 2 à 3, tambour 8, vrombisseur 7,5, statuettes 11 à 780 (1977), masque 92, *tapas* 5 à 10. **N.-Irlande**: *malanggan* (sculpture en bois) 18 à 1 000, proues de pirogue 5 à 60, *totok* (sculptures 1,20 m à 1,80 m plantées en terre), 25 à 90, linteaux et frises en haut-relief (0,50 à 2 m) 8 à 18, masque 15 à 45. **N.-Zélande**: *tiki* (sculpture sur pierre) en jade (art maori) 26 à 108, boîte à trésor 7, linteau de porte maori 340. **Tahiti**: tabourets de chef 70 et +, *tapas* 5 à 10. **Tubuaï**: tambour de sacrifice 1 845 (record 1980). **Divers**: ornement de canoë en bois *Taupara* 326, bol *Oko* 30, tambour bois recouvert d'une peau de requin 533.

Nota. — Objets moins exceptionnels mais authentiques (petits objets rituels, masques, statues d'ancêtre) 4 à 50 (1981-84).

Armures et armes

Armes à feu

Catégories. Armes à mèche (fin XVe s.), à rouet (XVIe s.), à chenapan (fin XVIe s.), à silex (XVIIe-XVIIIe s., début XIXe), à percussion (à partir de 1825). On distingue celles qui se chargent par la bouche de celles qui se chargent par la culasse. 2 catégories d'armes: réglementaires (en usage dans les armées régulières), sobres, plus accessibles; a. d'honneur (a. de récompense distribuées après 1796, réglementaires courantes, portant une plaque d'argent où était gravée une dédicace et l'identité du récipiendaire): env. 2 200. Le *1er pistolet réglementaire* fabriqué en série apparut en 1713 (pistolet de cavalerie). Samuel Colt (1814-62), avec la mise au point du système à barillet, inventa le *revolver* (les r. réglementaires apparaissent en 1858). Le 1er brevet d'arme automatique fut déposé en 1888 par Clair.

Cours en milliers de francs. Suivant qualité et état de conservation: un pistolet transformé perd 1/3 de sa valeur (les armes à pierre transformées en «armes à capsule» et à nouveau reconverties en «armes à pierre» perdent les 2/3). Une réparation ou un manque fait baisser le prix de 20 à 40 %.

XVIe s. *Pistolet à rouet* français (rarissime) 80 à 200, italien 40. *Arquebuses* (All., militaires) 50 à 179.

XVIIe s. *Pistolet à rouet*: Allemagne 65 à 100 (1981), Pologne (v. 1630-40) 30, Suisse (paire) 195 (1975), Italie 43, France: alsacien (signé Elias Gessler, v. 1600) 320 (1981), de Louis XIII (restauré) 182 (1979), de Louis XIV (paire) 234 (1975), incrustés de nacre (paire) 180 (1985); *à silex*: France (XVIIe s.) 115 à 850, paire signée Monlong, Londres 1690-1700), except. à 2 canons tournants, offert par L. XIV à un prince étr. 1 242 (1984), «Lorenzoni» (v. 1690-1700) 90, de «Piraube aux Galeries» (paire) 140 (1985). *Arquebuse à rouet*: Allemagne 23 à 53; Europe de l'Est (v. 1650-60) 139 (1976), de type «Tchinké» Bohême (v. 1645) 25 (1979), de Brunswick 42 (1985); *à mèche*: P.-Bas, Allemagne (v. 1600-20) 36 (1976); *à air comprimé*: Bohême 80 (1983). *Fusil à pierre*: signé Piraube 76 (1975), du roi Louis XIII 1 375 (1972); *à silex*: de Louis XIV avec 2 canons tournants 300 (1985).

XVIIIe s. *Bonne arme à feu* (v. 1700) 3 à 80; paire 25 à 300. *Carabine* 11 à 75. *Canons* (paire): Angl. 410. *Pistolets* (paire) 15 à 90.

XIXe s. *Fusil* ayant appartenu à Napoléon Ier 399 (1977); *à silex*: 21; *de chasse*: de Jérôme Bonaparte,

2 canons, 1 793, except. par Jean Le Page avec coffret 653 (1980); *d'honneur*: de Boutet 70. *Mousqueton d'honneur* par Boutet 20 à 105. *Bonne arme à feu*: Ier Empire 4 à 9; Restauration 2 à 6. *Pistolets réglementaires* (à partir de 1763) modèles 1763, 1777, an IX, an XIII, 1816, 1822: 4 à 20, « à capsule » modèle 1822 transformé jusqu'en 1861: 10 à 25; *d'officier* (paire) 5 à 20, coffret de pistolets par Boutet 130, Ier Empire 170 (1985); *à silex* 8 à 85 (paire) jusqu'à 280 (famille Boutet, 1984); *d'arçon à silex*: France (v. 1800) 80 (1979); *de garde du corps du roi*: Ire Restauration 45 (1976); IIe Empire 3 à 5 (paire) jusqu'à 45; *de marine* (1849) 8. *Colt*: modèles 1851 à 1865: 3 à 10 (Walker, Paterson, Dragoon) 10 à 50. *Carabines Winchester*: 5 à 20. *Carabine colt* Burgess (1884) 23. *De chasse à silex*: par C. Korber (ensemble de 6) 364. *Cassette*: pist. de duel 15 à 660 (par Boutet, 1981). *Sabre* d'officier d'artillerie 52 (1985). *Casque de mousquetaire* Restauration 70 (1985).

Armes de poing à système (1850-1910). Pistolet Derringer 1 à 2; dague-pistolet de Dumonthier 3; *dolnebar* (revolver cou-de-poing-poignard, surnommé « Apache ») 3 à 8; revolver *clic-clac* (fixé aux jarretelles des dames) env. 0,6.

XXe s. *Pistolet* 55 (Mauser de W. Churchill). *Carabine* Mauser (All. féd.) de la Wehrmacht 1. Sturmgewehr M-P 43 (fusil d'assaut) 5 (parfait état). Mauser courant 7. *Pistolet* Borchardt 12 (1979). *Fusils de chasse* Purdey 100 et +. *Armes d'Am. du Nord* (Winchester, colt, Remington, Derringer) 2 à 10.

Accessoires d'armes à feu. XVIe-XVIIe s. *Poires à poudre* de 0,5 à 10.

Armes blanches, défensives, d'hast, de jet

Éléments du prix. Ancienneté, rareté, état de conservation, qualité du décor, signature d'un maître arquebusier (Boutet, Le Page), appartenance à un personnage historique célèbre. Les sabres de l'époque révolutionnaire ou du Ier Empire sont plus cotés que les épées de la même époque. Pièces exceptionnelles en hausse [surtout armes réglementaires, de gardes du corps du roi et d'honneur (2 200 distribuées de 1796 à 1804)].

• **Prix en milliers de F, Armes blanches, IXe-Xe s.** *Épée viking* 16. **XIIIe s.** *Épée* 8 et +. **XIVe-XVe s.** *Épée* France (v. 1450) 45. *Dague à rognons* Italie (1454) 73. **XVIe s.** jusqu'à 300. **XVIIe s.** *Épées* 2 à 80; except. 360 (1983). *Dague* Italie 62. *Rapière* 42. **XVIIIe s.** *Épées* bronze ou fer ciselé 2,5 à 5, argent 6 à 8, incrustées d'or 12 à 15; *de cour* 5 à 205 (except. 1983). *Sabre français* 3 à 180 (s. de Keller brandi à Valmy, le 20-9-1792). *Couteaux de chasse* 3 à 10. **XIXe s.** *Glaive* destiné à l'un des 3 consuls 205 (1980); *sabres réglementaires* (Ier Empire) 20 à 175; *de garde* 6 à 7; *de hussard de troupe* 7 à 10; *de tambour-major*, modèle 1822, 32; *de grenadier à cheval*, **Ier Empire** 21; *d'honneur* 22; *d'officier* 6 à 22; *de luxe* (par Boutet) 135 (1985). *Épées* 0,6 à 4; Ier Empire de Cambacérès, 95 (1975); épée avec garde en or 227 (1984); **IIe Empire** 0,5 à 5; d'Alphonse XIII 85. *Glaive de parement* (except.) 280. **Asie.** *Poignard* à lame courbe or et pierres précieuses 250 (1980). **Japon.** Voir p. 374.

Armes défensives. XVIe s. *Rondache* Italie (v. 1575-85) 5 à 20.

Armes d'hast. [Armes dont le fer est monté sur haute (longue hampe) et armes contondantes.] **XVe, XVIe et XVIIe s.** *Hallebarde* 3 à 90. *Masse d'armes* 0,6 à 6. **Armes de jet. XVe, XVIe et XVIIe s.** *Arbalète* 12 à 190.

Armures

Types. Utilisées depuis l'Antiquité. L'armure romaine comprenait: haut de corps, casque et bouclier. Aux XIIIe, XIVe et XVe s., l'armure se compléta et s'alourdit; elle disparut au XVIIe s. Les plus célèbres armuriers travaillaient alors à Milan (Italie); Augsbourg, Nuremberg ou Landshut (Allemagne); Greenwich (G.-B.); Tours (France). Au XVe, une armure pesait de 18 à 24 kg, au XVIIe, une demi-armure (sans les défenses des jambes) 35 kg, des armures de siège parfois plus de 50 kg.

Cours (en milliers de F). **XVe s.** *Bassinet*, All. (v. 1400) except. 1 110 (1983). *1/2 armure*, All. 1 900 (1983). *Armure* (Tyrol) 1 200 (1983). **XVIe s.** *Casque* morion Angleterre 10 et +. *Bourguignotte* Allemagne (v. 1570-80) 20 à 75. *Armet français* 11 à 410 (1983). *Demi-armure* Allemagne 50. *Armure* 30 à 70; de Henri II (v. 1540-45) 22 325 (record, 1983). *Demi-armure* (Angl.) 180 (1982). **XVIIe s.** *Armet français* (v.1610-20) 12. *Demi-armure* Allemagne 34. *Armure* anglaise (1610-13), atelier de Greenwich, William Pickering pour le duc de Brunswick 4 485 (1981), record mondial. **XIXe s.** Cuirasse et casque d'off. de la Garde Royale (Restauration) 16, armure de style François Ier 41 (1984).

Principales collections

Allemagne. *Dresde. Berlin.* Angleterre. *Londres*: Wallace Collection, Victoria and Albert Museum, Tour de Londres. *Windsor. Glasgow* (coll. Scott). **Autriche.** *Vienne*: Neue Hofburg (Waffensammlung). **Belgique.** *Bruxelles*: Musée de la Porte de Hal. **Espagne.** *Madrid*: Real Armeria. **États-Unis.** *New York*: Metropolitan Museum. **France.** *Besançon*: m. du Palais Granvelle. *Bordeaux*: m. de la Marine. *Gien*: Musée de la Chasse. *Paris*: Musée de l'Armée (Invalides); m. de la Marine (Chaillot); Maison de la Chasse et de la Nature (hôtel Guénégaud). *Salon-de-Provence*: m. de l'Empéri. *Senlis*: m. de la Vénerie. *Tulle*: m. du Cloître. **Italie.** *Florence* (coll. Stibert). *Naples. Rome* (coll. Odescalchi). *Turin*: Armeria Reale. **Monaco.** M. Napoléonien. **Suisse.** *Berne*: Musée historique. *Zurich*: Musée national. *Genève*: M. historique. **U.R.S.S.** *Leningrad*: L'Ermitage. *Moscou*: Kremlin.

Cartes postales

Origine

Xe s. (Chine): 1res cartes de vœux illustrées. **1855**: Fenner Matter aurait fait à Bâle quelques tirages en lithographie. **Éditions officielles**: *Autriche-Hongrie* (1-10-1869), *Allemagne, Luxembourg, Angleterre* (1870), *Belgique, Canada, P.-Bas et Suisse* (1871), *Russie* (1872), *France* (loi du 20-12-1872); parution de 2 cartes illustrées le 15-1-1873 (la 1re est destinée à circuler à découvert en Fr. et en Algérie dans une même ville ou dans la circonscript. d'un même bureau; à droite, cadre rectangulaire avec inscript.: place pour 2 timbres à 5 c.); on utilisa déjà pendant la g. de 1870 des c. d'ambulances ou de secours aux blessés, c. par ballon monté ou non monté, c. réponse; *Espagne, Japon, U.S.A.* (1873), *Italie et G.-B.* (1874). 1873: émissions de c. publicitaires (*ex.*: Belle Jardinière). 1877: la loi entérina cet usage. 1881: c. p. photographiques de Dominique Piazza adressant des vues de Marseille en Argentine. 1889: à l'Expo. une c. de la Tour Eiffel (gravée par Libonis, 5 modèles connus, tirage initial env. 300 000, il en resterait env. 5 000) est éditée par la Sté d'exploitation de la Tour (et non par « Le Figaro », comme on l'a cru longtemps).

Quelques chiffres

Collectionneurs et conservateurs de cartes. All. féd.-Autriche 2 000 (30 000), Belgique 4 000 (35 000), *France* 18 000 (200 000) (Cercles de collectionneurs: 525; Négociants: 919; Bulletins de clubs: 20; de négociants: 1), G.-B. 10 000 (130 000), Italie 3 000 (100 000), Scandinavie 5 000 (100 000), Suisse 500 (4 000), U.S.A. n.c. (200 000).

Le marché de la c. postale est passé en France de 250 000 F en 1974 à 50 millions de F en 1982.

Production mondiale. Plusieurs milliards (en 1905: 450 millions de cartes furent imprimées); une ville moyenne de 10 000 hab. comptait env. 2 000 c. éditées avant 1918; 50 000 hab.: 10 000, etc.

La plus vendue. Tour Eiffel, tirée à plus de 5 milliards d'exemplaires dep. 1889. 6 grands imprimeurs. **Tirage moyen** c. postales pittoresques jusqu'à 3 000 000 ex., à message 1 000 000 ex. Sujet le plus apprécié: coucher de soleil sur la mer.

Cours

Éléments du prix. Selon rareté, état, époque, lieu concerné, thème, qualité de l'illustration, plan choisi (plus il est rapproché, plus il est coté) (un coin plié diminue d'1/4 la valeur, un coin manquant lui retire les 3/4 de sa valeur). Les plus cotées: celles des grands illustrateurs; régionales; à thèmes précis (petits métiers, poste, naissance de l'aviation, etc.).

D'après une étude parue dans l'*Officiel international des c. postales*, dans les ventes aux enchères, sur env. 300 000 c., 40 % se vendent moins de 1 F, 38 % de 1 à 10 F, 22 % plus de 10 F; + de 100 F 1 carte sur 140, + de 50 F 1 sur 2 000.

Cotations *(approximatives en F). France av. 1873*: ambulances et croix-rouges 700 à 1 000, correspondances zones allemandes 250 à 600, c. dépêche-réponse 250 à 400, reproduction des « ballons non montés » 300 à 450; siège de Paris 800 à 1 000. *France officielle*: 25 à 1 900. *Étranger: antérieures à 1882*, 60 à 1 400; ant. à 1889, 50 à 1 200. *1890-1920*: la publication atteint des centaines de millions par an (env. 20 millions sont sur le marché français en 1981-82); petits illustrateurs n'appartenant pas à une série ou ne se rattachant pas à une région 12 à 60, les plus recherchées 400 à 1 500 (cartes régionales, insolites ou rares). *1920-60*: cours variables.

Enchères records. 1981: *Freud* (c. postales à découvert) 9 500. *Mucha* (Wewervley Cycles) 6 612. *De Feure* (Cocorico) 5 359. *Kokoschka* (W.W. 64) 5 520. *Mucha* (Cocorico) 5 104. *Jubilee* (Victoria, 1897) 3 410. *Tolstoï* (autographe) 3 200. *Beograd Sender* (c. nazie, 1942) 3 125. *Kupka* (Cocorico) 2 929. *Roubille* (Cocorico) 2 807. *Steinlen* (Cocorico) 2 807. *Popineau* (Cocorico) 2 603. **1982.** *Toulouse-Lautrec* (Cinos) 6 125. *De Feure* (Cocorico) 4 640. *Kokoschka* (W.W. 55) 4 500. *Beograd* (1942, nazie) 3 770. **1983.** *Life boat-Saturday* 19 800. *Ballon de Beckenham* 9 240. *Toulouse-Lautrec* 8 025. **1985** Kokoschka 118 000.

Cotes de quelques artistes (1981-84): Sager (2e période) 20 à 130; Boileau 20 à 60; Fabiano 35 à 80; Wain Louis, chats 60 à 150; Orens numérotées 35 à 1 300; Boutet (bonnes c.p.) 25 à 300; Nolde (Émile) 150 à 350; Mucha 250 à 5 104; Jossot, publicitaire 700 à 1 200; Combaz, proverbes 600 à 1 200; Rabier 35 à 110; Villon 1 500 à 7 000; Kokoschka 4 000 à 5 520; De Feure 800 à 5 354; Toulouse-Lautrec 3 500 à 6 125; Maria Likartz 900; Picasso 250 à 1 100; Signac 1 800; Brunelleschi 160 à 1 200; Steinlen 100 à 2 807; Laskoff 100 à 900; Basch Arpad 80 à 1 200; Christiansen Hans 600 à 1 000; Kirchner R. 120 à 950; Man Ray (U.S.A.) 400 à 600; Schiele Egon 500 à 1 000; Vallotton Félix 450 à 900; Privat Livemont 1 400 à 3 000; Balla 300 à 600; Berthon 250 à 1 000; Cassandre 140 à 800; Danniell (Eva) 600 à 800; Meunier (H.) 350 à 1 000; Tafuri (R.) 60 à 400.

Cotes de quelques thèmes (1890-1920). *Agriculture*: paysan 30 à 320, battage 100 à 500. *Alcool*: vendanges en Champagne 25 à 400, alambic 120 à 450. *Amour*: baiser 12; nu carte ancienne: femme 60, homme 80, exotique 35; duel seins nus 50; symbole masculin 30 à 65, féminin 35 à 70; travestis 200, sado-masochisme, fouets, fessée 220, eunuque 220, amoureux mièvres 1925 3 à 12. *Animaux*: chiens ordinaires 3 à 20, baleines échouées 90 à 320, ramasseurs de chiens errants 250 à 700. *Attelages*: de chiens 30 à 2 000, de chevaux 20 à 2 000, chaise à porteurs thermale 30 à 200, attelage d'âne 45 à 160. *Autobus*: de grandes villes 25 à 700. *Aviation*: lancers de ballons localisés et datés 400 à 700, avions d'avant 1920 18 à 550, vues de meetings ou de raids oblitérés d'époque 30 à 400. *Bateaux*: sous-marins 60 à 250, haleurs en gros plan 160 à 400, grands voiliers 60 à 300. *Beaux-Arts*: tableaux 1 à 50. *Catastrophes*: mines de Courrières 30 à 150, inondations de province en 1910 25 à 70; except. 60 à 380. *Chemins de fer, funiculaires, tramways*: gare de ville 10 à 350, tramway 12 à 1 200. *Édifices*: officiels 5 à 150, phares 10 à 20, scènes de construction 60 à 300. *Fêtes*: arcs de triomphe provisoires 70 à 150, visites présidentielles 40 à 180. *Folklore*: noces 35 à 200, couronnements de rosière 80 à 220. *Grande guerre*: célébrités 40 à 200, libération d'Alsace-Lorraine 25 à 80, théâtre aux armées 50 à 120. *Justice*: Bonnot 100 à 350, petites affaires locales 200 à 550, forçats 70 à 800. *Littérature et linguistique*: bardes 70 à 300. *Militaires*: casernes 6 à 35, défilés 40 à 120. *Musique et danse populaire*: chansons de Botrel 25 à 90, cartes-disques 25 à 320. *Nature*: rochers 2 à 35, fleuves 4 à 40. *Phénomènes* (femmes à barbe, etc.) 80 à 250. *Politique*: ministres français 20 à 120, grèves avec manifestants 70 à 500. *Postes*: bureaux de poste 20 à 200, facteurs 40 à 3 000 (dans attelage de chiens). *Religion*: pèlerinages 20 à 250, messes (divers) 35 à 140, inventaires 100 à 400. *Santé*: médecins 80 à 300, rebouteux 350 à 650. *Sports et loisirs*: ski 15 à 320, autocycle 80 à 200, joutes nautiques 60 à 180, scènes de casino 15 à 280. *Spectacle*: Otéro 15 à 35, Mata Hari 350 à 600. *Villes, villages*: grandes rues animées 9 à 80, petites rues 50 à 220.

Évolution récente: *1976* + 119 %, *1977* + 42 %, *1978* + 41 %, *1979* + 29 %, *1980* + 19 %, *1981* + 15 %. *1983-85* + 30 %.

Bibliographie : Officiel international des cartes postales (Joëlle et Gérard Neudin, 15 000 ex. en 1986, 1 000 adresses, plus de 20 000 cotations). Argus Fildier Catalogue, 4, bd Morland, 75004 Paris. *Revues :* C. postales et collections, BP 15, 95220 Herblay. Le Quotidien des cartophiles (P. Mourot, Aix-en-Provence). Cartorama, BP 46, 77190 Dammarie. CP Magazine, BP 7, 72150 Gd-Lucé.

Céramique

Techniques

Définition. Du grec *keramos,* désignait les cornes de certains animaux puis les coupes (en forme de cornes) en argile séchée. Désigne actuellement les objets en argile.

Le silicate d'alumine hydraté contenu dans l'argile permet, à l'état humide, le travail de la terre. On modela d'abord l'argile à partir d'une boule que l'on creusait, puis on fabriqua des *colombins* (boudins de pâte enroulés les uns au-dessus des autres, et lissés à la main). Enfin, les potiers inventèrent le tour : plateau de bois monté sur un pivot qui tourne (une boule de terre est placée sur le centre du plateau, le pivot est actionné par une pédale, la vitesse du tour donne au modelage une forme régulière).

Températures de cuisson. *Ordre de grandeur :* Copenhague (porc. dure) 1 370 °C. Sèvres (porc. dure) 1 300 °-1 410 °. Grès cérame 1 250 °-1 310 °. Angleterre (porc. tendre) 1 200 °-1 300 °. Sèvres (porc. tendre) 800 ° à 900 °. Majolique 1 200 °-1 300 °. Poterie commune 850 °-900 °.

Entretien. Ne jamais immerger une faïence ancienne pour la nettoyer, mais passer au pinceau du savon noir à l'ancienne, laisser sécher 5 minutes, rincer rapidement à l'eau courante et essuyer. Les détersifs attaquent la dorure. Pour déceler une fêlure de petite dimension (cheveu), ne pas se fier au son mais passer l'objet à la lampe à ultraviolets. Éviter les réparations de fortune.

Différentes sortes

A pâte poreuse

• **Faïence. Commune ou stannifère.** A base d'argile, marne et sable, recouverte d'un émail à base d'étain opaque généralement blanc. Le nom vient de *Faenza* (v. d'Italie). Dans certains cas (f. de Delft) un 2ᵉ revêtement (glaçure transparente) rehausse les couleurs.

Fine. Apparaît d'abord en G.-B. à la fin du XVIIᵉ s., puis en France au XVIIIᵉ s. Parfois imperméable. Recouverte d'une *glaçure* transparente, en général incolore. Suivant la pâte, on distingue : *terre de pipe* (argile, silex, craie) ; *cailloutage* (argile, silex) ; *faïence fine feldspathique* (silex, argile, kaolin et feldspath).

• **Majoliques.** Faïence à glaçures stannifères (à base d'étain), introduite en Italie par des artisans de Majorque, d'où son nom, mais déjà connue en Perse. Les plus belles datent de 1520-60. En italien : *maïolica.*

• **Azulejos.** Carreaux de faïence émaillée à dessins bleu azur. D'origine orientale, ils furent beaucoup employés en Espagne et au Portugal.

• **Terre cuite.** Rougeâtre à base d'argile et de sable. Ex. : vases grecs et statuettes comme les *Tanagra,* bas-reliefs du Moyen Age, terres cuites de G. Pilon, bustes et médaillons du XVIIIᵉ s. (Houdon, Clodion).

A pâte imperméable

• **Biscuit.** Porcelaine sans couverte cuite une seule fois entre 800 et 900 °C (pâte tendre ; blanc crémeux, lisse, sonorité mate) ou entre 1 300 et 1 410 °C (pâte dure, à partir de 1 772 ; blanc froid, léger grain, sonorité cristalline), sans couverte.

• **Grès cérame.** A pâte dure et opaque ; *grès commun :* mélange d'argiles vitrifiables ; *grès fins ou composés :* argile additionnée de feldspath.

• **Porcelaine** (Marco Polo découvrit la vaisselle chinoise blanche et la compara à la nacre des coquillages *porcella* qui servait d'écuelles). Pâte compacte translucide et non colorée, composée d'un matériau fusible (feldspath, fritte) soutenu par une ossature infusible (kaolin, marne). Cuite 2 fois. Après une 1ʳᵉ cuisson, le *dégourdi* est recouvert d'une *couverte* et recuit.

Porcelaine dure ou chinoise. Connue en Chine et au Japon aux VIᵉ-VIIᵉ s. ; redécouverte à Meissen, Allemagne, par Böttger en 1709 (découverte des gisements de kaolin). Fabriquée en France à Strasbourg en 1751 par Paul Hannong avec du kaolin venu d'Allemagne, puis ailleurs (Paris, Sèvres, Marseille, Niderwiller, Limoges) après la découverte de kaolin à St-Yrieix (Hte-Vienne) en 1769. Pâte fine, dure et translucide : kaolin pur ou mélangé de marne, magnésie, feldspath (petuntse). Couverte dure : feldspath quartzeux.

Porcelaine tendre artificielle ou française (obtenue à Rouen en 1673). Pâte translucide à base de craie et de fritte alcaline (mélange déjà vitrifié en partie et broyé), très peu utilisée de nos jours.

Porcelaine tendre naturelle ou anglaise ou encore demi-porcelaine (obtenue vers 1740). Pâte : argile, os calcinés, sable et feldspath. Glaçure : feldspath, silex, minium, soude. Elle ne va pas au feu.

Principaux centres (quelques cours)

Pour calculer la valeur d'un service de table ancien, on peut estimer ainsi le nombre de « pièces de forme » (autres que les couverts) : plats et saucières : 5 à 8 ; assiettes : 36 ; coupes et présentoirs : 6 ; légumiers, terrines, soupières : 12.

Les pièces du début de fabrique sont de meilleure qualité. Les décors aux paysages et oiseaux sont plus rares que les motifs floraux, ainsi que les fonds jaunes et roses. Une pièce restaurée perd env. 75 % de sa valeur.

Allemagne

• **Centres. Grès.** Frechen, Cologne, Siegbürg, Kreussen, Raeren, Meissen (grès rouge), Plaue, Westerwald, Sachsen, Bunzlau [*céramistes célèbres :* Jan Emens (1568-94), Mennicken (v. 1575-85), Böttger (1682-1719)].

Faïence. Ansbach, Bayreuth, Crailsheim, Hoechst, Francfort, Hanau, Hambourg, Künersberg, Berlin, Rheinsberg, Nuremberg, Zerbst, Erfurt, Dorotheenthal, Fulda, Kiel, Stockelsdorf [*céramistes célèbres :* Adam Friedrich Löwenfinck (1714-54), et ses frères Fulda, Haguenau, Christian Wilhelm († 1753), Karl Heinrich (1718-1754) ; Maria Seraphia née Schink (1728-1805) ; famille Hess : S. Friedrich († 1698) et ses fils Ignaz, Johan Lorenz, Franz Joachim].

Porcelaine. Meissen (1709). *Éléments du prix. Périodes :* de Böttger (1709-19) ; de 1720-56, la meilleure pour les pièces de service (pour les statuettes : 1731-45). *Notoriété du peintre* à qui le décor est attribué (à Meissen, l'exécution était en principe anonyme) ; parmi les plus célèbres : Johann-Gregor Höroldt (1696-1775), Christian-Friedrich Höroldt (1700-79). A.F. Löwenfinck (1714-54), E. Städler. *Fraîcheur des couleurs. Sujet :* décor (les plus appréciés : émaux imités de la famille verte, « fleurs des Indes », scènes avec des personnages chinois de fantaisie, sujets à la Watteau). *Fond :* le fond de couleur, jaune, vert d'eau, mauve, etc., est plus cher que le blanc. *Importance* de la pièce et *état de conservation* (peu de statuettes du XVIIIᵉ s. sont intactes). — Vienne (Autriche, 1718-1864), Hoechst (1746-98), Fürstenberg (1747), Ludwigsbourg (1758-1824), Frankenthal (1755-99), Nymphenbourg (1747), Berlin Wegely (1751-57), Berlin Gotzkowsky (1761-63), Berlin KPM (1763-1918), Berlin Staatliche Porzellan-Manufaktur (1918). [*Céramistes célèbres :* Böttger (1682-1719), Johann-Joachim Kändler (1706-75), Franz-Anton Bustelli (1723-63)].

• **Cours en milliers de francs.** *Porcelaine :* Tasse et soucoupe 2 à 10. Chocolatière 240. Théière XVIIIᵉ 56. *Meissen :* aiguière et bassin 232 (1984), cloche de table 352 (1984), rince-doigts 33, théière 70, tasse et soucoupe (except. 1985) 69,4, service à thé 730 (1981). Plat 95. Vase 10 à 240, de Vienne, paire (except., 1983) 790. Statuettes : XVIIIᵉ s. 1 à 380, groupes 5 à 200 ; XIXᵉ s. 5 à 451 (except.). Assiette en porcelaine polychrome 0,2 à 0,5. *Faïence :* Cruche Ansbach 14. Hanap Bayreuth 9. Cruche Chambrelans 61. Terrine dindon de Hoechst 64, vanneau 63. Vase v. 1750, 44. *Grès :* Cruche Frechen XVIᵉ s. 37 cm 38 (1982). Creussen : chope 30, bouteille 40.

Nota. — Chambrelan : nom donné aux peintres qui travaillaient chez eux. Ils décoraient les porcelaines blanches de diverses manufactures.

Angleterre

• **Centres. Grès.** Doulton.

Faïence. Lambeth, Leeds. *Céramistes célèbres :* Richard Champion, David et Philip Elers, John et Thomas Astbury, Thomas Whieldon, Ralph Wood, Josiah Wedgwood et Thomas, Bentley, Bernard Leach. **Fine.** *Centres :* Leeds, Stoke-upon-Trent.

Porcelaine. Tendre. Bow, Chelsea, Derby, Caughley, Longton Hall, Liverpool, Lowestoft, Worcester. *Céramistes célèbres :* Edward Heylin, Thomas Frye, William Duesbury, Benjamin Lund, William Cookworthy, William Littler, Dr Wall, Nicholas Sprimont, Joseph Willems. **Dure.** *Centres :* Plymouth, New Hall, Bristol.

• **Cours en milliers de francs.** *Chelsea :* vases (paire) 70 à 75 ; terrine en forme de pigeon 120 ; statuette 8 cm 16 ; plat à sauce 38. *Lowestoft* (1975) : tasse bleue et blanche (1760) 5,1 ; bouteille (Richard Phillips 1740) 62. *Staffordshire :* chocolatière (Whieldon, 1745) 50 (1981) ; salière 180 ; statuettes polychromes (perroquet, v. 1755) 69 ; groupe (Whieldon, v. 1740) 270. *Worcester :* assiettes à soupe (paire) 89 et plat 46 ; théière 91, cafetière 25 cm 35 ; pot à moutarde 38.

Belgique

Porcelaine. *Centres :* Bruxelles, Tournai, Andenne.

Chine

Voir Art chinois p. 372.

Danemark

• **Centre. Porcelaine.** Copenhague et la Manufacture royale de porcelaine créée en 1775 ; manufacture de Bing et Groendahl (1853).

• **Cours en milliers de francs.** Vase 4 à 5. Plat creux 5 à 10. V. art nouveau (env. 1900) 4 à 63.

Espagne

• **Centres. Faïence.** Province de Valence : *Paterna* (XIVᵉ s., vert et noirâtre ; XVᵉ s., bleu) ; *Manises* (XIVᵉ s., vert et noirâtre de manganèse : XVᵉ s., bleu ; XIVᵉ-XVᵉ s., à reflets dorés avec bleu ; XVIᵉ à XVIIIᵉ s., à reflets dorés sans bleu) ; *Alcora* (XVIIIᵉ-XIXᵉ s., bleu, jaunâtre et polychrome). Catalogne ; *Reus* (XVIᵉ-XVIIᵉ s., à reflets dorés) ; *Barcelone* (XIVᵉ-XIXᵉ s., bleu et polychrome) ; *Manresa* (XIVᵉ s., vert et noirâtre de manganèse). Aragon : *Teruel* (XIIIᵉ à XXᵉ s., vert et noirâtre de manganèse ; XVIᵉ à XVIIIᵉ s., bleu et blanc ; XIXᵉ et XXᵉ vert et noirâtre) ; *Muel* (XVIᵉ-XVIIᵉ s., à reflets dorés ; XVIᵉ à XXᵉ s., bleu, bleu et vert, vert et noirâtre) ; *Villafeliche* (XVIIIᵉ-XIXᵉ s., bleu foncé, violet de manganèse) ; *Calatayud* (XIVᵉ s., bleu et noirâtre de manganèse). Andalousie : *Malaga* (XIIIᵉ-XIVᵉ s., à reflets dorés avec bleu ou sans bleu) ; *Séville* (XVᵉ à XVIIᵉ s., polychrome, bleu et blanc) ; *Triana* (XVIᵉ à XXᵉ s., polychrome, bleu et blanc). Castille : *Toledo* (XIIᵉ à XXᵉ s., polychrome, bleu et blanc) ; *Talavera* (XVIᵉ à XXᵉ s., bleu et blanc, polychrome) ; *Puente del Arzobispo* (XVIᵉ à XXᵉ s., polychrome, bleu et blanc).

Porcelaine. Alcora (pâte tendre), Buen Retiro (XVIIIᵉ, XIXᵉ s.), La Moncloa (XIXᵉ s.).

• **Cours en milliers de francs.** *Alcora,* plat polychrome XVIIIᵉ s. 5 à 9 (except. 130), assiette polychrome 4. *Buen Retiro,* XVIIIᵉ s. 3 à 5. *Manises,* plat à reflets dorés 15 à 30. *Talavera,* pot de pharmacie 3.

France

• **Centres. Faïence et faïence fine.** *Aprey, Apt-en-Vaucluse, Avon, Bellevue, Chantilly, Creil, Gien, Les Islettes, Lille, Limoges, Lunéville, Manerbe, Marseille* (Étienne Héraud, Leroy, Fauchier, Vve Perrin, Honoré Savy, Gaspard Robert, Antoine Bonnefoy), *Montpellier, Montereau, Moulins, Moustiers* [famille Clérissy (1ʳᵉ manufacture, v. 1675 à 1783), Olérys, Fouque, Pelloquin, Féraud, Ferrat], *Nevers* (les frères Conrade, Barthélemy Boursier, Nicolas Estienne, Pierre Custode), *Niederviller* (Michel Anstett), *Nîmes* (Antoine Syjalon), *Orléans, Paris* (dont Pont-aux-Choux), *Quimper, Rennes, Roanne, Rouen* (Masseot Abaquesne, les Poterat, Guillibaud, Levavasseur), *St-Omer, St-Porchaire, Salins, Sarreguemines, Sceaux* (R. Glot, J. Chapelle), *Sinceny* (Dominique Pellevé), *Strasbourg* (les Hannong, Frédéric de Lœwenfinck), *Toul, Vallauris.*

Principaux centres ayant fait des décors de grand feu (peint sur l'émail cru et cuit en même temps que l'émail) : Marseille (Clérissy, Fauchier), Moustiers, Nevers, Rouen, St-Jean-du-Désert. *Petit feu* (peint une fois, l'émail cuit est fixé à faible température) :

Marseille (Vve Perrin), Niederviller, Sceaux, Strasbourg.

Nota. – Bernard Palissy (1510-89), connu pour avoir brûlé, selon une légende, jusqu'à ses meubles pour retrouver les procédés italiens, a laissé des faïences fines ornées de figures en ronde-bosse.

Porcelaine. Arras 1770-90, Boissette 1778., Bordeaux (plusieurs centres) fin XVIIIe-milieu XIXe s. (Vieillard et Cie), Bourg-la-Reine 1773..., Chantilly (Chicaire, Cirou) 1725-1800, Lille 1711-30 + 1784-1817, Limoges, Mennecy (F. Barbin) 1734-65, Niederviller 1742..., Orléans 1754-1812, Paris, Rouen (Louis Poterat) 1673-90, St-Amand 1718-1880, St-Cloud (Chicaneau) 1693-1766, Strasbourg 1721-54, Valenciennes 1785-1810, Vincennes 1738-56 puis transféré à Sèvres (les frères Dubois).

• **Cours en milliers de francs. Bordeaux** (XVIIIe s.). Décor bleu et blanc. *Assiettes* XVIIIe s. 2 à 5.

Chantilly (1725-1801) (Porcelaine). *Goût d'Extrême-Orient* (1725-v. 1750) : couvertes d'émail stannifère blanc opaque, puis de vernis plombifère. Pièces les plus chères : décors polychromes dit coréens. *Assiette :* porcelaine XVIIIe 1 à 3. *Caches-pots* (paire) 120. *Fontaine à parfums* sur socle bronze doré 54 (1976). *Jardinières* (les 3) 103 ou 147 (1972). *Soupières* à fond vert 69 (1972). *Tasse et soucoupe* 9 (1984). *Statuettes* polychromes : Chinois 80 à 940 (paire, except. 1973), magot 110. *Style transitoire* (v. 1745-v. 1760) : décors polychromes ; en camaïeu (paysages japonais) ; imitation des blancs de Chine (pièces de forme et statuettes). *Sucriers* 7 et +. *Bol* 5. *Tasses, vases* Restauration porcelaine, romantique ; paire 2 à 10.

La Rochelle. *Assiette XVIIIe :* à partir de 0,6 « à la tulipe » 4, « à la rose » 3, « tronc coupé fleuri » 3, à décor patronymique 6. *Fontaine de table* 6. *Saladier,* polychrome 9,5.

Les Islettes (faïence). *Assiette* simple 0,9 à 6. *Plat* 0,8 à 12, polychrome 9 à 30.

Lille (faïence). *Fontaine* XVIIIe-XIXe s. Bacchus 22 à 90.

Lunéville. *Assiette* polychrome 9,5 à 13. *Plat* polychrome 2 à 22. *Soupière* rocaille 22. *Tulipière* (paire) polychrome 17.

Marseille (faïence XVIIIe). *Assiettes :* fleurs fines 1 à 15 (les plus chères : sur fond jaune de la Veuve Perrin) ; paysages 5 à 35 (décor « à la flèche »), poissons 8 à 35. *Écuelle à bouillon :* 40. *Plat :* camaïeu bleu 22 ; vert 18, ovale « au chinois » 22, décor poissons 30, Veuve Perrin à la double flèche 50. *Soupière :* Veuve Perrin 16 à 80. *Veilleuse :* Veuve Perrin 25.

Mennecy (v. 1735-73) (porcelaine). *Imitations* (v. 1735-50) St-Cloud, Chantilly, Vincennes, Meissen... *Décors originaux* (v. 1750-1773) : polychromes ; camaïeu bleu ou rouge. Boîtes, couteaux (manches en porcelaine) sont moins chers que statuettes et assiettes (surtout fleurs, oiseaux, paysages). *Assiette :* 11. *Boîte :* 5. *Sucrier* 3 à 10. *Tabatière* 3 à 11.

Moustiers (faïence). Manière italienne jusqu'en 1720. Puis, avec Clérissy, le motif central est entouré d'une broderie très fine ; 1ers décors : mythologie, histoire dans un camaïeu bleu (sur blanc mat), puis ornements légers, « grotesques », pièces à guirlandes et médaillons aux armoiries, au drapeau, « à la fleur de pomme de terre » (Olérys), vert émeraude, rouges profonds, fleurs, paysages, motifs « au chinois ». Influence sur Lyon, Bordeaux, Marseille (Fauchier), Montauban, Aubagne. *Assiettes :* 4 à 10 (camaïeu vert), 10 à 16 (camaïeu jaune et vert), et jusqu'à 33 ; décors classiques (fleurs, insectes, paysages) moy. 20. *Compotiers* à partir de 0,7, polychromes 25 à 45. *Coupe* polychrome 9. *Plat* 5,8 à 90, à décor grotesques 17 à 56. *Seau à bouteille* polychrome 76 (1985).

Nevers (faïence). Manière italienne de la fin du XVIe s. à 1670. Puis thèmes et motifs originaux : fleurs et oiseaux en blanc et jaune sur fonds bleu ou bleu persan ; quelquefois, fonds jaune-orangé, décors en blanc et bleu. Pastiche aussi les porcelaines chinoises ou japonaises et les autres centres (Rouen, Moustiers, Meissen). A la fin du XVIIIe s., production populaire en quadrichromie (dont productions révolutionnaires). Influence sur Ancy-le-Franc, La Rochelle, Moulins, St-Amand-les-Eaux, La Charité-sur-Loire. « Bleu persan », décor blanc parfois rehaussé de jaune ou d'ocre. *Assiettes* à décor bleu sur fond blanc 2 à 22, « révolutionnaires » 2,5 à 7,6 sauf décors rarissimes, polychromes 3 (XVIIIe) à 43 (paire, XVIIe). *Bouteilles, plats* 2 à 88. *Buires* (paire, XVIIe s. décor scènes mythol.) 240,5 (1985). *Gourde* 4 à 170. *Pichet* à décor « au chinois » 4 à 5. *Piluliers* 4 ; (paire) XVIIe s. 51. *Saladier* 10 à 25.

Paris. *Assiettes* porcelaine décor paysage 0,3 à 0,8. *Service* à café 4 à 32. *Vases* (paire) 2 à 41.

Roanne (faïence). *Chauffe-main* 29.

Rouen (faïence). **1re période (1530-60) :** *majoliques* de Masseot Abaquesne (*carrelages* d'Écouen, *pots de pharmacie, vases*), très rares ; 138 (1984). *Albarelli* (2) polychromes 27 cm de la fabrique de Masseot Abaquesne 82. **2e (1647-1700) :** imitation de Nevers et de Delft, très rare. **3e (à partir de 1680) :** style rayonnant très recherché. *Décor bleu :* assiette 3 à 18 ; pot-pourri 111 ; *bleu et rouge :* assiette 5 à 14 ; plats 15 à 60 ; *niellé* (argent incrusté d'émail noir) sur fond ocre : assiette très rare ; plat 56 cm, 465 (1983) ; appliques (paire) 89. **4e (1700-50) :** décor polychrome goût chinois et persan : assiette 3 à 60 ; décor bleu et rouge dans l'esprit de Delft jusqu'à 50, *cache-pot* polychrome 17 ; coupe polychrome goût chinois 71 ; fontaine d'ornement 89 ; pichet 19 à 36 ; plat faïence décoré 20 à 231 (1985) ; plaque faïence d'après Nicolas Poussin 115 (1982) ; plateau faïence 206 ; rafraîchissoirs (paire) 58. **5e (1750-70) :** style rocaille : assiette à la corne 2 à 4, pichet env. 5, plat env. 7, soupière env. 12. **6e (1750-85) :** faïence de petit feu : rare, mais moins recherchée ; assiette de l'atelier de Levavasseur 3 à 15, assiettes « révolutionnaires » 3 à 4.

Saint-Cloud (v. 1695-1766) (porcelaine). Décor polychrome de style coréen (1720-66), plus cher que le camaïeu bleu, style rouennais (v. 1695-v. 1730) (surtout les statuettes). *Boîte à épices* 4 à 12. *Couteaux* (14) à manche porcelaine 4. *Pots à pommade* (paire) 17. *Sucrier* 2 à 12. *Saleron* 5.

Chevrettes (pour conserver les sirops et les huiles). XVIe s. 20 à 69. XVIIe s. 31 (Montpellier), XVIIIe s. 5 et +.

Grès contemporain. Pierre Bayle. Ben Lisa 2 à 3 (vases). Claude Champy 0,6 à 1. Daniel de Montmollin.

Jacquelines. A l'origine, pichets en grès utilisés par les populations du Nord de la France pour y conserver la bière. Ensuite elles se firent en faïence dans les faïenceries d'Aire-sur-la-Lys et de Desvres (Nord). On en trouvait aussi dans les Ardennes. Représentent des personnages (hommes ou femmes vêtus de bleu, rouge, vert ou jaune, debout ou à califourchon sur des tonneaux) ; XVIIIe s., nombreux militaires à tricorne. Fabriqués au XVIIIe s. en Angleterre : Jack's pot (Tobby juge ou jug) ; Espagne : Pépé Botella avec les traits du roi Joseph. *Cours en milliers de francs,* fin XVIIIe s. à 1840 : 0,4 à 5, except. 40 (polichinelle, 1980).

Pots de pharmacie. XVIe s., coloris exceptionnels, brillant éclatant de l'émail. Lyon, Nîmes, Montpellier, Rouen. XVIIIe s. Lyon style hispano-mauresque, forme de poire dont la pointe repose sur un piédouche. Nevers : fonds bleus et décor au chinois. Lunéville, Niederviller : style baroque, Montpellier : décor en relief. Paris : décor en camaïeu de rinceaux et d'arbustes fleuris. Saint-Cloud et Sceaux : décor coréen ou à la rose.

Tisanières. A partir de 1750. Marques de fabrique : Flamen, Fleury, Darte, Cassé, Maillard à Paris, Louis Flourens à Bayeux, Jacob Petit [décor rocaille (1830), initiales J.P. en bleu]. *Cours :* personnages 3 à 30.

Sceaux (1749-95) (porcelaine). Décors camaïeu bleu, camaïeu rouge, polychromes. Rares. *Assiettes* 30. *Soupière* 10 à 32. *Terrine* 34.

Sèvres. Voir Vincennes.

Strasbourg (XVIIIe s.). *Assiettes* fleurs fines 4 à 15, décor polychrome 8 à 40. *Pendule* Louis XVI signée Paul Hannong, à cadran tournant inscrit dans un vase en porcelaine et biscuit de Niederviller 52 (1974). *Plat* 6 à 8. *Statuettes* homme et femme 35. *Soupière* 24 à 55. *Terrine* 90 à 165. *Plat* décor chinois 45.

Toulouse. *Époque gallo-romaine :* céramiques utilitaires de couleur orangée, revêtues d'un engobe doré à forte teneur en mica. *XIVe et XVe s. :* poteries gris sombre ou noires concurrencées par l'émail plombifère. *XVIIe :* Georges d'Olive, Guillaume Ollivier et Claude Favier fondent la 1re faïencerie toulousaine. *XVIIIe s. :* fondation d'autres faïenceries. V. 1788 fabrique de faïence anglaise ou demi-porcelaine sans adjonction d'étain, pour concurrencer les produits anglais : assiettes imprimées à décor de vues de Toulouse, histoire de la ville, cavaliers, divers personnages ou mois de l'année.

Vincennes (1740-56), puis Sèvres (porcelaine). *Goût d'Extrême-Orient* (1740-v. 1750) : imitation des blancs de Chine (très rares). Scènes chinoises ou fleurs des Indes. *Goût français* (v. 1750-1800) env. 3 à 40 : camaïeu bleu, rouge ou vert ; polychromes (fleurs, oiseaux, paysages ou scènes animées sur fond blanc) ; en réserve sur fond coloré (jaune, vert, bleu turquoise, bleu foncé, rose ; ces fonds peuvent être unis ou agrémentés de motifs dorés : œil-de-perdrix, pointillé, caillouté, vermiculé, etc.) ; décor de rubans ; blanc et or ; except. naïade montée en bronze 750 (1979).

Sculptures : fleurs polychromes. Statuettes et groupes en porcelaines blanches et colorées ; statuettes et groupes en biscuit (porcelaine sans couverte).

Les porcelaines à fond blanc, à décor camaïeu ou polychrome sont peu recherchées, sauf si le décor est d'un grand nom (Aloncle, Vieillard, Taillandier, Noël, etc.) ; les fonds de couleurs sont très prisés (par ordre : jaune ou rose, bleu turquoise, vert, bleu foncé ; les unis l'emportent sur les fonds trop agrémentés de dorures). Les pièces surdécorées sont considérées comme des faux. Seul le support est bon, le décor étant rapporté après que la pièce est sortie de la manufacture et par des décorateurs n'appartenant pas à Sèvres. Les pièces ne portent pas toutes les marques de Sèvres.

Assiettes porcelaine dure 5 à 20 ; except., ayant appartenu à Nap. 800 (1983) ; à décor polychrome en pâte tendre fin XVIIIe s. 0,5 ; except. pièce d'un service commandé L. XVI 168 ; *écuelle à bouillon* 25 à 480 (dans le goût de Boucher, 1982) ; tête-à-tête donné par Nap. à Caroline Murat 832,5 (1984) ; service à thé XIXe s. 444 (1983) ; pot à eau et bassin 1 300 (record). *statuettes* (paire) 18 ; *sucrier* pâte tendre (1768) 8 ; *vases* XVIIIe s. jusqu'à 448 ; (paire) XIXe s. monture ou base en bronze 42 à 340 ; except. v. fuseau commandé par Nap. 1 400 (1985).

Céramique fin XIXe-début XXe s. *Alexandre Bigot* (1862-1927) 45 à 100, *René Buthaud* (n. 1886), *Jean-Charles Cazin* (1841-1901), *Ernest Chaplet* (1835-1909) 0,6 à 40, *Albert Dammouse* (1848-1926) 2 à 8, *Théodore Deck* (1823-91) 0,7 à 5, *Émile Decœur* (1876-1953), *Louis Delachenal* (1897-1964) 0,5 à 3, *Auguste Delaherche* (1857-1940) 0,2 à 1, *Taxile Doat* (1851-1938) 6 à 15, *Émile Gallé* chat, chien 2 à 30, amphore dite « du Roi Salomon » 1 150 (1981), *Frédéric Kiefer* (1894-1977) 2 à 9, *Edmond Lachénal* (n. 1855) 0,2 à 0,7, *Raoul Lachenal* (1885-1956), *Émile Lenoble* (1875-1940) 0,6 à 20, *Clément Massier* (1845-1917) 0,2 à 1, *Félix Massoul* (1872-1938), *Jean Mayodon* (1893-1967) 0,8 à 2, *Jean Pointu* (1843-1925) 0,4 à 0,6, *Georges Serré* (1889-1956) env. 4, *Henri Simmen* (1880-1963) exc. 16 (78), *Séraphin Soudbinine* (1870-1944).

Faïence de *Creil, Choisy, Montereau,* décor noir sur fond blanc ; assiette 8 à 17.

Nota. – En 1860, une pièce en faïence de St-Porchaire atteignit plus de 200 000 F or.

Grèce ancienne

Éléments du prix. Intérêt du décor, peintre réputé, forme du vase (amphore, lécythe et œnochos sont plus recherchés que coupes, cratères ou petits vases : skyphos, pyxis).

Cours en milliers de francs. Ve-Ier s. av. J.-C. : *amphore à col* 16 à 1 600 (peinte par Psiax, 1981) ; *coupe à pied* 100 à 240 ; *cratère* 19 à 286 ; *lécythes* polychromes 6 à 45 ; *tessons* jusqu'à 50. **IVe s. av. J.-C. :** *cratère* (350-20 av. J.-C.) 46 (1975) ; d'Euphronios acheté 1 000 000 $ (5 000 000 F) par le Metropolitan Museum en 1972 ; *vases* de moins de 3 à 20 et +. *Objets Grande Grèce et Iles :* 0,3 à 11. *Statuettes :* Éros de Tarente 10 à 15 ; Tanagra de Béotie 15 à 60 ; petits animaux en terre cuite Chypre 3 à 8.

Hollande

• **Centres. Faïence.** Haarlem dès le XVIe s., Delft (meilleure époque XVIIe). *Céramistes célèbres :* Abraham de Cooge, Van Frytom, Rochus Hoppestein, Pieter Adriaen Kocks.

Porcelaine. Weesp, Loosdrecht, Amstel, La Haye.

• **Cours en milliers de francs. Delft.** *Faïence : assiette* XVIIIe s. 0,9 à 8, plus si décor à fond noir ; camaïeu bleu fin XVIIIe 0,2 à 0,6 ; *cache-pot* 5 ; *plaque décorative* 17 à 36 ; *plat ovale* 14 à 21,5, *rond* 17 à 55 ; *potiche* 0,4 à 1 (très belle paire 31) : *statuettes* 4 à 88 (paire) ; *chevaux* (paire) 22 cm 116.

Italie

• **Centres. Faïence.** Cafaggiolo, Castel Durante (Nicola Pellipario), Castelli (les Grue et les Gentili),

Deruta, Faenza, Florence (Della Robbia), Gubbio (Maestro Giorgio Andreoli), Naples, Sienne, Urbino (Nicola Pellipario, Guido Fontana, Francesco Xanto Avelli).

Porcelaine. *Tendre :* Florence, Pise, Venise (maison Vezzi et Cozzi). *Dure :* Doccia, Le Nove, Naples (1756), Capodimonte.

Cours en milliers de francs. Majoliques. Délaissées entre 1930 et 1955, leur prix a décuplé de 1955 à 1960. Meilleure période : entre 1475 et 1550. *Style Orvieto :* très rare. *Gothico-floral :* 12 à 20. *Plats : Faenza,* bordure chimères et grotesques, 3 à 30 ; décor a quartieri 3 à 5 ; albarello à décor polychrome env. 1480, 80. *Deruta et Gubbio :* 5 à 59 ; *Caffagiole et Castel Durante* (décor à candelieri) : 5 à 45 ; *Urbino* (décor historié) : 4 à 73 et + ; plat 120 à 180. *Giorgio :* except. 550 (1975). De *Florence* 1 bol (XVIe s.) 875 (1973). **Venise.** *Plat rond* polychrome XVIIIe s. 299 (record 1981). *Service de table* décor de chinois 250. *2 Vases* XVIe s. 27.

Portugal

Azulejos. Revêtement de sols, plafonds, murs, formé de petits carrés de terre cuite émaillée (dès le début du XVe s. jusqu'au XIXe s.).

Japon

Voir Art Japonais page 374.

Suisse

- **Centres. Porcelaine.** Nyon, Zurich. *Goût européen* (v. 1755-v. 1800) : décors polychromes sur fond blanc ou coloré (influence de Sèvres) ; en camaïeu bleu ou rouge de semis (à l'œillet, à l'épi, etc.) ou de paysages ; blanc et or ; statuettes.
- **Cours en milliers de F.** *Assiettes* 0,1 à 2. *Plat* 5. *Salières* (paire) XVIIIe s. 150. *Seaux* (paire) 30. *Statues* 8 à 40. *Tasse et soucoupe* 2 à 5.

Émaux

Différentes espèces

L'émail est une poudre vitrifiable (issue d'oxydes de fer, cuivre, manganèse, alumine, etc., cuits dans des fours spéciaux entre 1 000 et 14 000 degrés) dont on recouvre les poteries (voir Céramique), les objets de métal ou de verre. Il peut être opaque ou transparent. On distingue :

Émaux cloisonnés. De minces lames de métal sont soudées sur une plaque de fond, dont on a relevé les bords. L'émail est vitrifié entre ces cloisons.

Émaux de plique à jour. Les lames de métal sont posées entre des cloisons soutenues par une plaquette d'argile ôtée après refroidissement.

Émaux champlevés (ou en taille d'épargne). Connus des Irlandais dès le VIe s. L'émail est vitrifié dans les alvéoles d'une plaque creusée au burin.

Émaux de basse-taille. Ils sont translucides sur métal partiellement déprimé et ciselé à des profondeurs différentes pour modeler un bas-relief subtil.

Émaux peints. Peinture à l'émail en plusieurs couches sans parois ni cloisons.

Principaux émaux

Chine Voir p. 372, **Japon** Voir p. 374. **Chypre.** XIVe s. av. J.-C. (coll. musée du Caire). **Égyptiens.** Verre incrusté à froid. **Hellénistiques.** Athènes (coll. Statathos). **Celtiques.** A partir du IIIe s. avant J.-C. Mont-Beuvray (Ardennes). **Romains et géorgiens.** Londres (British Museum).

Byzantins. Cloisonnés. Apogée vers les Xe-XIe s. Ex. : Pala d'Oro (St-Marc de Venise, panneau de 3 m × 2 m). **Carolingiens.** IXe s. Couronne de Monza, Paliotto de St-Ambroise à Milan. **Ottoniens.** Xe-XIIe s. Trésor d'Essen. **Persans.** XIIe s. Cloisonnés. Bassin d'Innsbruck (Ferdinandeum Museum).

XIIe et XIIIe s. Champlevés. *École de la Meuse* (Godefroy de Huy) *et du Rhin :* parement d'ambon de Klosterneuburg (Autriche) par Nicolas de Verdun. *École méridionale :* émail de Geoffroy Plantagenet (Le Mans), autel de Silos (musée de Burgos, Espagne). *École de Limoges :* ciboire d'Alpais (Louvre).

XIIIe-XIVe s. Translucides sur basse-taille : Italie (notamment Sienne ; reliquaire du Corporale à Orvieto, par Ugolino di Vieri), Espagne, France, Rhénanie, Angleterre. Coupe royale en or de Charles V et Jean de Berry (British Mus.).

XVe et XVIe s. Émaux peints : Flandres, Italie, France (Limoges). *Émailleurs célèbres :* les Pénicaud (n.c.) ont travaillé au XVIe et début XVIIe s. ; les Limosin : François (XVIe s.), Léonard I (1605-77), Jean I (1528-1605), Jean II (1516-46), Léonard II (1550-1625), III (1626-35), Jean III (1600-46), Jean Courteys (1568-n.c.), Pierre Courteys (n.c.-† 1591), Nicolas II Nouailheur dit Colin (1514-67), Jean (1521-83), et sa fille Suzanne Court (1563-1621).

XVIIe et XVIIIe s. Émaux peints sur cuivre : Limoges, les Laudin : Jacques (1627-95), Jean (1616-88), Noël dit le Vieux (1586-1681). Sur or champlevé : Augsbourg. Londres.

XVIIIe s. Miniature et bijouterie en peinture sur émail. *France (émailleurs célèbres) :* Toutin, Bordier, Petitot, Gribelin. *Angleterre :* à Battersea. Émaux peints avec rocaille blanche en relief. Limoges : Nouailheur.

XIXe s. Émaux sur lave. Russie (Fabergé).

XXe s. Grisailles de Limoges : pièces dont les dimensions permettent la création de panneaux.

Cours des émaux

Exemples récents en milliers de francs. XIIe s. *Plaque sur coffre de bois* 1 251 (1978). *Émail champlevé :* armilla (bracelet) de l'empereur Barberousse (11,5 cm sur 13) 9 295 (1978), médaille attribuée à Godefroid de Claire (14,5 cm) 10 008 (1978), 3 plaques d'une cassette (16,5 cm sur 5,9) 2 169 (1978). **XIIe s.** *Émail champlevé :* colonnette sur cuivre doré, Cologne, fin XIIe s. 115 (1985) ; plaquette de coffret polychrome, Cologne, fin XIIe s. 110 (1985). **XIIIe s.** *Émail champlevé :* reliquaire 23 (1980) ; pyxide 10 à 50 ; plaque dorée et émaillée, la Crucifixion en applique, Limoges 195 (1982) ; Christ gravé sur croix, Limoges 70 (1985) ; châsse reliquaire, Limoges 1 700 (1985). *Cuivre et émail champlevé :* plaque de reliure d'évangéliaire, le Christ en majesté, Limoges 2 109 (1984) ; Christ d'applique en cuivre sur croix d'émail champlevé, Limoges, 125 (1985). **XVIe s.** Émaux peints de Limoges, de Léonard Limosin, coupe 92 (1980) ; de Pierre Reymond, assiette 31 à 60, salière 31, panneaux 630 ; salerons (paire) 9 (1982) ; coffret polychrome (1982), aiguière attribuée à J. Raymond 99 (1982) ; assiettes polychromes (paire) par Suzanne de Court 30 (1982) ; plaque d'émail polychrome : la Crucifixion, atelier des Pénicaud 44 (1985). **XVIIe s.** Plaque de St J.-Baptiste de J. Laudin 7 ; bougeoirs (paire) de J. Laudin 45 (1982). Assiettes en grisaille (rare ensemble de 12), décor allégorique des 12 mois, attribuées à P. Reymond 999 (1984). **XXe s.** Panneau de 15 plaques champlevé polychrome 332,4 (1984).

Dorure

Or employé. *Épaisseur de la feuille :* 1/10 000e de millimètre. *Nombre de carats :* 22 c. (13 grammes, 1 000 feuilles), 22 c. 06, 23 c. 06 (23 g, 1 000 f).

Dorure à la feuille (sur bois). La feuille, martelée jusqu'à n'avoir plus qu'une épaisseur de 1/10 000e de millimètre, est appliquée sur la surface de l'objet à dorer. Il faut env. 3 feuilles d'or (8,4 cm × 8,4 cm) pour dorer une bande de 1 m large de 1 cm.

Dorure au mercure. Sur le cuivre ou la porcelaine notamment. L'objet est recouvert d'une mince couche de mercure, puis de la feuille d'or ; celle-ci adhère au cuivre en se combinant avec le mercure, qui est ensuite éliminé par la chaleur. Donne un format qui est légèrement en relief sur la surface de la glaçure. *Bronze doré :* recouvert d'un amalgame d'or dilué dans du mercure qui s'évapore par chauffage en laissant l'or apparaître. Des précautions sont prises pour la protection du personnel et de l'environnement.

Dorure à la détrempe (sur bois). Sur les objets de bois et de *gesso* (mélange de blanc de Troyes, de colle de parchemin et d'huile de lin), on appliquait une couche de colle, puis l'« apprêt en blanc » (colle de peau de lapin et blanc de Troyes), puis l'« assiette » (mélange où entrent surtout du bol d'Arménie et de la sanguine), enfin la feuille d'or qui était ensuite « brunie » (polie) en la frottant avec une pierre d'agate.

Dorure à l'huile (sur bois et grilles). On passe une mixtion à dorer (huile de lin sicativée) teintée en jaune et rouge et ensuite on applique la feuille d'or.

Dorure à froid. Sur les objets en métal (ex. en argent). On dissolvait l'or dans l'*eau régale* (mélange d'acide nitrique et d'acide chlorhydrique). On y trempait un morceau de chiffon et on le calcinait. Les cendres étaient frottées sur le métal et elles laissaient un mince dépôt de particules d'or finement divisées.

Dorure électro-chimique. Procédé datant d'environ 1840 : l'or est déposé sur le métal par un courant électrique.

Nota. — L'argent doré est appelé *vermeil.* L'*électrum* est un alliage d'or et d'argent (d'habitude à 50 %) jaune pâle ressemblant à du vermeil. *L'ormulu* est un alliage de cuivre, zinc et étain imitant l'or : ressemble au bronze doré. Voir cote aux différents objets (meubles, bronze, etc.).

Presque toutes les appliques du XVIIIe s. étaient dorées au mercure (les appliques vernies étaient rares et généralement de faible qualité). Une applique peut être redorée au mercure pour 7 000 F, au nitrate de mercure (tons d'or différents) pour 3 000 F, ou à *l'électrolyse* (aspect rougeâtre, surface trop uniforme et brillante). Un modèle est déprécié de 50 % si sa dorure d'origine est usée, de 80 % s'il est redoré.

Étain

Données générales

Origine. L'étain se disait en grec : *cassiteros,* on le disait venir des îles Cassitérides (peut-être les îles Britanniques ou les îles Scilly). Il apparaît vers 2000-1500 av. J.-C., seul ou en alliage avec le cuivre (bronze). Jusqu'au XIIIe s., il vient en majorité d'Angleterre (Cornouailles). Ensuite, d'Allemagne (découverte de mines). En France, après la pénétration romaine, l'étain, parfois nommé *plombum album* (plomb blanc), en partie débarqué à Marseille, suivait la route de l'eau : Rhône, Saône, Loire ou Seine. Production importante dans toute l'Europe, surtout pays germaniques et nordiques.

Alliages. Étaient réglementés : *l'étain le plus pur* n'avait pas de plomb, *étain fin* de 2 à 8 % (souvent 7 à 8 %), *étain commun* de 10 à 20 %, *le « claire étoffe »* de 30 à 50 % (usage interdit pour l'alimentation).

Les faux en étain

Surveiller : *le métal* (les productions actuelles chargées en plomb ont un reflet bleu, les anciennes un reflet jaune ; d'autre part, plus un étain est léger, plus grande est sa pureté : densité de l'étain 7,2 ; du plomb 11,3) ; *la technique* (rejeter les fontes au sable, le repoussé mécanique qui se distingue par une trace concentrique régulière à l'intérieur de la pièce, et l'embouti) ; *le style* (rejeter les décors en relief apparaissant en creux au revers, les mélanges de styles et les objets agrémentés de reliefs en applique) ; *la patine* (chocs intentionnels et fausses réparations (l'acide laisse des marbrures noirâtres)]. *Poinçons les plus copiés :* anges, roses, fleurs de lis. Souvent : surcharge de poinçons (*ex. :* rose et couronne) ; les faux poinçons sont fondus avec la pièce (le relief faible ne permet pas toujours de les déceler). Les étains anciens ont parfois un poinçon, frappé en creux. Les faux en ont presque toujours.

Nettoyage. Un étain ancien patiné est très difficile à éclaircir, un étain moderne (même copie dite ancienne) relativement facile. Prohiber : acides, brosses métalliques, papier de verre ou d'émeri. Employer éventuellement : des abrasifs doux (ponce soie), des produits pour argenterie, une peau de chamois.

Maladie. L'étain se détériore au froid et peut se présenter sous une forme pulvérulente en dessous de − 13 °C (détérioration maximale v. − 40 °C). Sa maladie, appelée *peste de l'étain,* « gale » ou « maladie de musée », pourrait, dit-on, se transmettre par contact... On peut éventuellement remédier au mal par décapages dans des bains d'acides ou bases composées (usage parfois dangereux) et des rinçages chauds et froids alternés.

Poinçonnage. Les étains peuvent porter des poinçons différents difficiles à identifier (mais ils manquent souvent, leur absence permettait d'échapper à l'impôt). *P. de maître :* en général 2 (le grand figuré en armes parlantes et complété du nom et de la date de la maîtrise ; le petit, un marteau couronné accompagné des initiales du maître). *P. de contrôle :* pratiquement circulaire (diam. 1 cm), présente le nom de la ville et la date de l'édit d'obligation (1691 est la plus employée) ; au centre, les initiales F ou C couronnées pour l'étain fin ou le commun. L'obligation du poinçonnage fut supprimée en 1794. *P. de jaugeage :* souvent de type armorial, apposé sur les gobelets, les pichets. *P. de propriété :* souvent très grand et sans règles fixes.

Vaisselle de table [l'étain ne s'oxyde pas au contact des aliments (sauf citron et vinaigre)] ; en alliages (plomb, antimoine, cuivre, zinc), pour accessoires du culte (croix, burettes, calices, ciboires, custodes, coffrets à saintes huiles), matériel d'hospitalisation et de soins aux malades. Beaucoup d'ustensiles d'étain ont survécu.

Étains français

Principaux centres : Besançon, Bordeaux, Lyon, Paris, Strasbourg, Toulouse. *Objets les plus fréquents :* gobelets, assiettes, plats, écuelles, aiguières, pichets, etc., burettes de table très rares. Sous Louis XIV, les arrêts publiés à partir de 1689 réduisirent la production de l'orfèvrerie d'or et d'argent, qui fut alors remplacée par la vaisselle d'étain (et plus tard de faïence) dans le style de l'orfèvrerie de l'époque. *Collections publiques :* musées des Arts décoratifs (Paris, Strasbourg).

Cours en milliers de francs. Fonction de l'époque, de l'état, de la qualité, du poinçonnage. Pièces les plus recherchées : XVIIe et XVIIIe s. *Aiguière :* 8 à 15. *Assiette :* 0,6 à 2. *Bougeoirs :* XVIIIe s. (paire) 5 à 7. *Cimarres :* XVIIIe s. (récipients destinés à servir le vin d'honneur aux hôtes) 25 max. *Chope* attr. à F. Briot [Lorraine (?) v. 1600] 20 (1985). *Cruche à huile :* 8 à 12. *Écuelle :* 4 à 20. *Fontaine :* 5 à 25. *Pichet :* 3 à 15 ; du Nord env. 2. *Plat : « à la cardinale »* 5 à 20 ; *à filets Louis XVI* 2 à 3 ; *Louis XV* 2 à 3. *Porte-dîner* (ou déjeuner de berger, gamelle) : 3 à 6 ; fin XIXe s. env. 1. *Soldats :* Voir p. 401. *Soupière :* 5 à 15. *Théière :* boule, anse bois noir, Sheffield XIXe s. 0,5. *Timbales à coco* (cadeaux de fiançailles XVIIIe s.) avec gravure 2 à 3. *Étains médicaux :* Clystères 0,5 à 3. Vase de nuit 2. Pot à tisane 1 à 2. Boule à sangsues 2 à 3. Biberon 2 à 3. Palette à saignée 2 à 5. XXe s. *Vase* étain martelé avec décor en laque par I. Dunand 555 (1984).

Nota. — Objets non poinçonnés (pièces ordinaires) : décotes 30 à 50 %.

Instruments scientifiques

Instruments anciens

Prix en milliers de F

Anneau astronomique. Cadran solaire universel composé de 2 ou 3 cercles en laiton doré, cuivre ou argent. Le cercle extérieur gradué représente le méridien et l'autre l'équateur, le 3e est le plan du méridien où se trouve le Soleil. Les plus beaux (fin XVIIe s. et début XVIIIe s.) sont signés de Culpeper, Rowley, Butterfield, Delure, Sevin et Chapotot. *Prix :* XVIIe s. 21 à 40 ; XVIIIe s. 8 à 200 ; XIXe s. 20 à 52.

Astrolabe. Connu des Grecs, transmis aux Arabes et par leur intermédiaire à l'Espagne et à l'Europe occid. Disque en cuivre ou en laiton doré, recouvert d'un treillis ajouré appelé araignée qui est la projection stéréographique de la carte du ciel. On y distingue 2 cercles (Capricorne et Zodiaque). Les astrolabes syriens sont les plus anciens, les persans les plus beaux, les occidentaux (gothiques) les plus rares, les plus luxueux ceux du XVIe et XVIIe s. Au XVIe s., l'astrolabe marin est en général un cercle de bronze suspendu au mât et utilisé verticalement (au centre une traverse munie de 2 pinnules, petites plaques percées d'une fente et servant aux visées). Au XVIIe s., le cercle réduit à 1/8 devient l'*octant.* Au XVIIIe s., le *sextant* mis au point mesure les angles. *Signatures recherchées :* Galterius Arsenius, Erasmus Habernnel, Thomas Gemini. Astrolabe nautique et astrolabe quadrant sont très rares. *Prix :* 10 à 1 210 (vente Linton, 9 et 10-9-1980).

Baromètres, thermomètres. Fabriqués à partir de 1660. *Thermomètre :* inventé en 1621 par le physicien hollandais Drebbel, mis à la mode aux XVIIe et XVIIIe s. Le *baromètre* (inventé en 1663 par Toricelli), à l'origine tube de verre de 90 cm contenant du mercure, se présente au XVIIIe s. sous forme d'une aiguille se déplaçant sur un cadran grâce à l'invention du piston. Bar. et therm. se combinent sous Louis XV dans la même ébénisterie. Fin XVIIIe s., les mécanismes se perfectionnent, les dimensions se réduisent. Sous l'Empire, utilisation de l'acier et de cadrans en verre églomisé (du nom de l'inventeur Glomy : feuille d'or gravée maintenue entre 2 couches de verre). 1847, Vidi et Bourdon remplacent le mercure par une boîte métallique vide d'air. Le jésuite italien Secchi met au point un baromètre à balance qui pèse la pression atmosphérique.

Prix. Thermomètres. Louis XIV, marqueterie Boulle 40. *L. XVI* 24. *Début XIXe s.* 5 à 10. *Baromètres-thermomètres. L. XV* 15. *L. XVI* 7. *Début XIXe s.* 8. *Restauration* 11. *Baromètres. L. XIV* cartel 28. *L. XVI* 5 à 18. *De Fabergé* (XXe s.) 110.

Boussole. Probablement importée par les Arabes, mise au point par le Portugais Ferrande en 1480. Rarement employée seule. *Prix :* XVIIe s. France 10 à 25 ; XVIIIe s. 4 et + ; XIXe de Lorieux 15.

Cadran solaire. Mesure le temps par le cheminement de l'ombre portée par une pointe ou *gnomon.* En Égypte et Grèce, obélisques et escaliers servaient de gnomon. Il existait des cadrans solaires transportables. A partir du XVe et du XVIe s. fabriqués en Europe (Nuremberg, Augsbourg, Munich), Afr. du N., Chine. Formes complexes ou associées à d'autres instruments. Apogée au XVIIIe s. avec Butterfield. *Types : cadran simple* (ou c. particulier), ne donne l'heure qu'en un point déterminé, par l'ombre projetée de son style sur les divisions du temps ; *c. universel* à style réglable, s'utilise sous toutes les latitudes ; *c. équatorial* permet, sur inclinaison donnée par rapport à l'équateur, d'avoir l'heure partout. Peuvent être verticaux ou horizontaux, en laiton, bois ou ivoire. *Prix :* c. solaire XVIe s., except. 90, XVIIe 2,5 à 135, XVIIIe 2,7 à 80, XIXe 2 à 210.

Compas. XVIIe s. déb. XVIIIe s., fer 5,4, bronze 8,5 ; d'artilleur pour le calibrage des boulets, v. *1790. Prix :* 28 (1980).

Équerre. XVIIIe s. 16 ; avec fil à plomb de N. Bion (Paris, v. 1700). *Prix :* 4,8.

Globe. *Célestes :* fabriqués par les Arabes dès le Xe s. ; métal gravé puis bois recouvert de parchemin ou papier peint à la main ou imprimé. A partir du XVIe s. : souvent par paires. *Prix :* 8 à 68. *Terrestres :* le plus ancien, de Martin Behaim (1490, Nuremberg). Fuseaux de papier remplaçables à chaque nouvelle découverte, sur globes en bois. *Prix* 4,5 à 13, except. 152 (1983) ; paire de gl. de parquet, terrestre et céleste, de G. et L. Valk (1715). *Prix :* 332,4 (1984).

Graphomètre. Inventé en 1597 ; demi-cercle gradué de 0 à 180° pour levés topographiques par triangulation (en mesurant les angles horizontaux). *Prix :* 4 à 40.

Lunette d'approche, longue-vue, lorgnette. Datent de la fin du XVIe s. Vers la fin XVIIIe s. : forme actuelle, lunette binoculaire ou jumelle. *Prix :* 0,5 à 2.

Marine (instruments de). *Prix : boussole* (All. XVIIIe s.) 20,5, télégraphe de pont *(chadburn)* 2,4. Cercle de hublot 0,3 et +, fanal en cuivre 1 à 2, barre en cuivre ou écoutilles 2 env., sabliers XVIIIe s. 1 à 2, milieu XIXe s. 1, chronomètre de marine XIXe s. 10 à 500, compas de navigation XVIIe s. 8 à 15.

Médicaux et chirurgicaux (instruments). *Prix :* XVIIIe s. trousse pour trépanation 45. Scie de chirurgie 2. XIXe s. extracteur de polypes 1,1, bistouri 0,2 à 1, forceps 1 à 2, perce-crâne 1,2 à 4, scie rachitome 13, spéculum 1 à 8. Scie à amputer XVIIe s. 1 à 20 ; Charles X env. 5,5, stéthoscopes Napoléon III 0,2 à 1,5 ; clystères laiton et ébène 0,6 à 1,6, ivoire XVIIIe 8.

Microscope. *Prix :* XVIIe, XVIIIe s. 5 à 350 ; XIXe s. 1,5 à 22.

Nécessaire astronomique. Réunit plusieurs instruments (c. solaires, lunaires, nocturlabe, calendrier).

Nocturlabe (ou cadran aux étoiles). Permettait de connaître l'heure en observant les étoiles autour de la polaire. Inventé v. 1580 par Gemma Fresius. Très répandu fin XVIe et début XVIIe s. Remplacé par la montre à la fin du XVIIe s. Les n. français sont les plus beaux, les anglais les plus simples. *Prix :* except. XVIe s. (Florence) 162 (1979). XVIIIe s. 28.

Planétaire. Représente le mouvement des planètes ; 1er modèle : basé sur la sphère armillaire (système ptolémaïque, boule centrale : Terre) ou copernicien (au centre le Soleil) ; 2e : à bras mobiles « Orrery » simulant le système solaire avec rotation des astres et satellites par un mécanisme d'horlogerie ou à main ; mis au point par John Rowley (XVIIIe s.), en bois précieux, cuivre, ivoire, métal ; 3e : boule de cristal creuse où sont gravées les étoiles.

Sextant. *Prix : de poche* 2,4 et +. XVIIIe s. env. 8 à 15. XIXe s. 2,7 à 8. **Octant** fin XVIIIe s. 6 à 34 ; XIXe s. 5 à 6.

Sphère armillaire. Composée de cercles ou armilles ; représentent équateur (écliptique et horizon), méridien, tropiques, cercles polaires. Terre et planètes sont souvent représentées. Inventée par Archimède en 1250 av. J.-C. Construite jusqu'au XVIIe s. selon le système de Ptolémée (Terre au centre) malgré la découverte de Copernic au début du XVIe s., théorie acceptée seulement au XVIIIe s. (le Soleil est au centre de l'univers). Généralement en carton recouvert de papier gravé surtout aux XVIIIe s., sinon en cuivre, rarement en bois peint ou doré. Pieds ouvragés. Servait à enseigner l'astronomie et à montrer la position des planètes. *Prix :* 3 à 400.

Théodolite. Servait à mesurer longueurs, largeurs, distances et profondeurs. Inventé par un Anglais au XVIe s. Combine cercle d'arpentage, gradué de 0° à 360°, fixe, et demi-cercle, posé perpendiculairement au 1er, mobile autour d'un axe, les extrémités servant pour viser. Au XVIIe s. on remplaça les pinnules de visée par des lunettes. Les th. des XVIe et XVIIe s., les plus recherchés, sont en laiton ou cuivre doré, ceux du XVIIIe s. plus utilitaires sont en général anglais. *Prix :* XVIIIe-XIXe s. 4,4 à 8.

Ivoires

Données générales

Composition. L'ivoire est formé de fibres : plus elles sont fines et serrées, plus l'ivoire est solide et beau. Il durcit en vieillissant et se gonfle à l'humidité. L'ivoire *vert,* recueilli sur un animal fraîchement tué, est vivant et garde ses qualités ; l'ivoire *mort* recueilli sur des cadavres se fendille en vieillissant et est beaucoup moins solide.

Provenance de l'ivoire brut. Surtout de l'éléphant (mais aussi hippopotame, narval, sanglier, morse, baleine, cachalot, bois de cervidés et mammouths préhistoriques trouvés dans les glaces de Sibérie). Seuls éléphant et hippopotame ont commercialement le droit à l'appellation ivoire. On distingue l'ivoire de forêt (le meilleur) et l'ivoire de savane. Le Kenya est le principal fournisseur ; l'ivoire tend à se raréfier devant les nouvelles lois de protection de la faune sauvage. *Les plus grandes défenses connues* furent trouvées en Afrique en 1898 : la paire pesait plus de 200 kg (l'une est au Musée d'histoire naturelle de Londres, l'autre à Sheffield). La matière première devient de plus en plus rare. L'ivoire vendu représente env. 20 % des possibilités offertes par le cheptel vivant.

Ivoires travaillés

Époques. *Préhistoriques* (20 000 av. J.-C.). *Égyptiens, Babyloniens* et *Assyriens. Égéens. Gréco-Romains. Romains* (tête, musée de Vienne, Fr.). *Byzantins :* Alexandrie (art classique grec) ; Antioche (art syrien) ; Constantinople (nombreux diptyques consulaires représentant les consuls) ; triptyques Harbaville, feuillet de diptyque impérial, dit ivoire Barberini (Louvre) ; chaire de Maximien (VIe s., Ravenne) ; coffrets. *Carolingiens :* la Vierge et l'Enfant (Vict. and Alb., Londres) ; chaire de St-Pierre (Vatican, Rome). *Ottoniens :* panneaux « de l'antependium de Magdebourg » (répartis entre plusieurs musées). *Romans. Gothiques : ex. :* la Déposition (Louvre), diptyque du trésor de Soissons (Vict. and Alb., Londres). *Renaissants. Modernes.*

Arabes. Japonais : fin XIXe s., défenses d'éléphants sculptées, signées et datées, et statues bouddhiques rehaussées de couleurs, fabriquées pour l'exportation et vendues par des colporteurs. *Chinois. Indiens. Birmans. Indonésiens.*

A partir de la Renaissance, les objets religieux sont

délaissés pour des sujets profanes : les *ivoirines* s'inspirent des grands maîtres de l'estampe. Actuellement, le terme *ivoirine* désigne des copies en matières agglomérées (le terme est en fait interdit par le service de la répression des fraudes, car il prête à confusion). Actuellement les sculpteurs sur ivoire disparaissent peu à peu. Hong Kong travaille la majorité de l'ivoire vendu actuellement (autres centres : Pékin, Japon, Inde).

Principales collections. *France :* Louvre, musée de Cluny, Dieppe (Dieppe et Paris furent, au XVIIIe s., les derniers centres importants où l'on travaillait l'ivoire en Europe). *G.-B. :* British Museum, Victoria and Albert. *U.S.A. :* Metropolitan. *Vatican, Athènes, Le Caire, Tokyo.*

Cours en milliers de F. Varient selon l'époque, la qualité de la sculpture, le lieu de travail de la pièce. **IXe-VIIIe s. av. J.-C.** Plaque d'iv. phénicien (Syrie, 10,1 sur 7,7 cm) 369 (1985). **Xe s.** Plaque d'ivoire (15,5 sur 7 cm) 3 837 (1978) ; **XIe s.** Christ (byzantin) (24,5 sur 13 cm) 5 324 (1978) ; plaque de St Luc (ottonienne, Cologne, 4,8 cm) 380 (1980), coffret Italie du N. 143 (1982). **XIIe s.** Plaque l'Arbre de Jessé, Bamberg (?), v. 1200, 280 (1972), acheté en commun par le Metropolitan Museum et le Musée du Louvre, exposé 5 ans dans chacun tour à tour. **XIVe s.** Valve de miroir 140 (1983) ; coffret, scènes de la vie de St Eustache, I.-de-France 5 016 (1983) ; crosse double face, France 848 (1983) ; Vierge à l'Enfant 850 (1984). **XVe s.** Coffret Italie 83 (1980). **XVIe s.** Peigne double face, Italie 59 (1983) ; crucifix signé Francesco Terilli, dit « il Rossetto » 20 (1982) ; statuette Cosimo de Médicis (?) (29,5 cm), Italie 860 (1981). **XVIIe s.** Crucifix 3 à 15 ; groupe d'Atalante et Hippomène, Augsbourg (?) 61 (1982) ; Vierge à l'Enfant attribuée à l'école de F. Duquesnoy 154 (1981) ; poire à poudre, All. 250 (1983) ; cadran solaire de Paul Reinman, All. 171 (1983) ; crucifix, Flandres (h. : 104 cm) 75 (1984) ; ensemble de 10 plaques gravées, d'après J. Callot « les Horreurs de la guerre » (1633, France) 200 (1985) ; la Victoire des Anges sur le Démon (multiples personnages), Naples, v. 1700, 127 (1985). **XVIIIe s.** Râpe à tabac, Dieppe, 10 (1985) ; statuette du pape Pie VI, 1776, 36 (1985) ; Vierge à l'Enfant, Goa, 15 (1982) ; flûte par Nikolaus Staub, Nuremberg 39 (1983). **XIXe s.** Mortier tourné et son pilon, 12 (1984) ; l'Astronomie, d'après J. de Bologne, 18 (1984) ; groupe : Caïn assommant Abel, Autriche, entourage de Simon Troger, 110 (1984). *Échecs.* Français en ivoire Ier Empire 15 ; indien en ivoire début XIXe s. 37 (1979) ; autrichien XVIIIe s. 60 (1979). **XXe s.** Coupe iv. et onyx à incrustations d'argent (1913, par Mme O'Kin Simmen) 103 (N.Y. 1985).

Copies XIXe s. : canne (pommeau) 0,5 à 0,9, chope sculptée 12 à 13 ; statuette de Louis XIV, Dieppe (47,5 cm) 24 (1982). **XXe s. :** échecs (pour un roi de 15 cm) 10 et +.

Entretien

Pour éviter le dessèchement de l'ivoire, munir les radiateurs d'humidificateurs d'air, ne pas les exposer à une chaleur trop forte (ampoule de projecteur par ex.). *Nettoyage* (sauf pour les ivoires anciens) : ne jamais employer le jus de citron mais l'eau et le savon ou la lessive St-Marc (15 g par litre d'eau tiède). *Objets usuels* (brosses, manches de couteau, touches de piano) : un peu de blanc d'Espagne mélangé à de l'alcool à brûler. *Ivoire très sculpté* incrusté de poussière : le tremper dans un bain de lait cru quelques h., le brosser avec un pinceau à poil raide, et frotter avec un chiffon sec et doux jusqu'à séchage complet. *Ivoire rayé :* le repolir avec du blanc d'Espagne dissous dans de l'eau tiède ; dès que le blanc est sec, frotter avec une peau de chamois.

Laque

Généralités

Définition : mot féminin quand il désigne la matière, masculin pour un objet laqué. Nom de l'artiste : laqueur ou laquiste. *Asie* (ts'i chou en chinois, urushi en japonais) : revêtement solide, résistant aux intempéries, extrait de la sève d'un arbre, le « rhus vernicifera » (toxique). *Indes :* « laksha » : tirée d'une résine sécrétée par une cochenille. **Origine :** Chine (dynastie des Han, 3 s. av. J.-C.), utilisée d'abord pour protéger les armes puis des objets ménagers et meubles. **Fabrication :** sèves résineuses utilisées aussitôt après avoir été purifiées, colorées ou employées comme laque transparente brun or ; elles sèchent en formant un film insoluble et sans pores, on doit étaler la laque en couches très minces (en Chine, jusqu'à 18 couches et + sur les objets sculptés). *1730 :* invention du vernis Martin par les frères Martin, de Paris, imitation de la laque (fragile à l'eau). *XIXe s. (milieu) :* imitation chimique, de meilleure qualité. *XXe s. :* emploi de la nitrocellulose et de vernis durcissant à l'air.

Provenance

Laques de Chine. *Laques peints* (ou *« houa ts'i »*) avec légers reliefs (paravents, meubles). *Laques sculptés* (ou *« tia ts'i »*). *Laques de Pékin* (vases plateaux, fauteuils). *Laques de Coromandel* ou *l. champlevés.* Les plus connus : portent le sceau de l'empereur Kien-Long (1736-95) (décor gravé, fonds peints à la détrempe de tons vifs d'où ressortent les contours en relief). *Principaux maîtres laqueurs :* Huang-Hsiao-wu (époque Song 960-1299). Chang Cheng (ép. Yuan 1280-1367). Chen-Ching (ép. Ming 1368-1644). Lao-Wei (ép. Ts'ing 1644-1909). *Prix* (exemple). **XVIe s.** Bahut 13 000 à 17 000. **XVIIe s.** Armoire 17 000. Paravent Kien-Long 12 feuilles (50 × 200 cm) 150 000. **XVIIIe s.** Paravent 42 000. **XIXe s.** Armoire 8 500. Vase laque de Pékin 25 000.

Laques du Japon. Palais, temples, inro, peignes, statues, bronzes laqués, meubles. Secret de fabrication du VIIe s. à 1878 (huiles siccatives + latex + préparations diverses). *Principaux maîtres (XVIIe-XVIIIe s.) :* Naga-Shige (1599-1651), Kano-Nao-Nobu (1607-50) (paravents), Kaji-Kawa († 1682) laque noire, inro, Ritsuo ou O-Gawa (1663-1747) incrustations. *XIXe :* Ta-Tsuki Yei Suke, inro Bun-Sai. *XXe :* Gonroku Matsuda, Katsutaro Yamazaki, Tomio Yoshino. *Prix* (exemples). **XVIIe s.** Inro 12 800. **XVIIIe s.** Inro 15 000. **XIXe s.** Paravent 30 000 à 45 000, except. de Bin Bun-Sai 490 000. Inro 5 000.

Nota. — Laques de Corée et du Viêt-nam (avec incrustation de nacres).

Laques d'Europe. Meubles vernis réalisés dès le XIIIe s. sous l'influence des objets laqués rapportés par Marco Polo. *Iran,* objets en carton vernis depuis la dynastie séfévide (1510-1737). *Russie,* sous l'influence de la Perse, depuis Pierre le Grand (boîtes, tabatières, coffrets en papier mâché imprégnés d'huile de lin cuite au four).

Laques de France. Employées pendant la guerre de 1914-18 pour les hélices d'avion pour leur résistance. Puis par les décorateurs Art déco (même technique que celle des maîtres chinois et japonais mais la sève du « rhus vernicifera » toxique est remplacée par les laques glycérophtaliques, cellulosiques, polyuréthanes sur des supports : contre-plaqué, latté, aggloméré ou tôle d'aluminium).

Principaux laquistes. Bobot Pierre (1902-74). Bousquet Jean-Pierre (1934). Dunand Bernard (1908). Dunand Jean (1877-1942). Gerbaud Andrée (1926). Gray Eyleen (1878-1976). Hamanaka Katsu (Japon, 1895-1982). Ingert Roland (1940). Margat André (1903). Nam (1881-1974). Sain P.-E. (1904).

Exemples de prix (en milliers de F). *J.-P. Bousquet :* panneaux 18. *J. Dunand :* dinanderie 8, table forme rognon 110. *B. Dunand :* paravent 250. *F. Férone :* bahut 52. *A. Gerbaud :* paravent 180. *E. Gray :* chaise laquée 105, paravent 179. *Hamanaka :* paravent 275. *Margat :* panneaux 35. *Nam :* panneaux 19. *P.-E. Sain :* panneaux 20.

Mobilier

Sources : Gazette de Drouot, Connaissance des arts, le Revenu français, Cie des commissaires priseurs, etc.

Le cours des meubles dépend de la qualité (bois et bronze employés), de l'exécution (finition, équilibre des formes, accord des bronzes et de la marqueterie), de l'époque (pas nécessairement la plus ancienne), de la signature, de la rareté et de la mode. Le nombre influe aussi : une paire de fauteuils vaut 3 ou 4 fois plus qu'un isolé, 3 fauteuils ne valent guère plus qu'une paire ; en revanche un salon complet n'est pas toujours plus cher.

Moyen Age

Périodes. 1) *Du XIe au milieu du XIVe s.,* les meubles (armoire, coffre) sont en planches épaisses (jusqu'à 10 cm). Des pentures en fer forgé, souvent en forme de volutes, les maintiennent.

2) *Du milieu du XIVe au 1er quart du XVIe s.,* les montants sont en saillie, les panneaux reproduisent comme une fenêtre : meneaux flamboyants, roses, accolades. Les serrures sont clouées sur un carreau de velours ou de drap en général rouge ; trop coûteuses, les vis sont en effet réservées aux armes.

Principaux meubles. *Armoire, banc* ou *archebanc* (avec dais au XVe s.), *chaire* (bras et dossier), *coffre, dressoir* (à 2, 3, 4 étagères), *faudesteuil* (jusqu'au XIVe s. ; siège à base en X), *lectrin* ou *lutrin, lit* (ciel-de-lit accroché au plafond jusqu'au XVe s., sur colonnes et sur le chevet ensuite), *table* (planche sur tréteaux).

Renaissance

Caractéristiques

Deux procédés (connus déjà au XIIe s.) permettent de cacher davantage les assemblages :

— *Assemblage d'onglet* qui perfectionne l'assemblage à tenon et mortaise : les pièces de bois ne sont plus disposées suivant l'horizontale et la verticale, mais suivant la diagonale.

— *Assemblage à queues d'aronde.* Elles pénètrent dans des encoches et sont masquées par une épaisseur de bois réservée en creusant les entailles, dites queues recouvertes ou queues perdues.

Sous Louis XII. Les meubles empruntent des motifs à la Renaissance italienne comme les *rinceaux*, et d'autres à l'époque gothique comme les *pinacles.*

Sous François Ier. La décoration est toute italienne : bustes en saillie, pilastres décorés d'arabesques ou de feuillages et de grotesques.

Sous Henri II. On utilise de grands panneaux parfois uniques, faits de plusieurs planches assemblées. La composition est de caractère architectural. Les pilastres ornés sont remplacés par des pilastres cannelés ou des colonnes unies ou cannelées. Le chêne est le plus souvent remplacé par le noyer avec parfois des plaques en marbre (Fontainebleau).

En *Ile-de-France*, les meubles sont parfois incrustés de marbre blanc et noir et souvent sculptés en bas-relief. En *Bourgogne*, il sont surtout sculptés en haut-relief. Hugues Sambin est maître en 1549. Dans la région d'*Ile-de-France* dominent arcade et colonnettes, c'est le style de Du Cerceau (1512-84) ; médaillon ovale et bombé : « le miroir ».

Principaux meubles. Armoire (en 2 parties, généralement la + haute en retrait), **Buffet. Caquetoire** (siège de femme). **Chaire à bras** (appelée fauteuil dès le XVIIe s. ; couverte de cuir, tapisserie, vers la fin du siècle). **Chaire de salle** (réservée au chef de famille). **Crédence** (disparaît après Henri III). **Lit. Table** (jusqu'à 88 cm de haut ; sous Henri II, toupies pendantes sous chaque angle de la ceinture, piètement en croix de Lorraine ; fin XVIe, tables à 6, 8, 9 pieds).

Cours en milliers de francs

Armoire. 35. **Bahut.** *A 2 corps* 55, *noyer* 130. **Buffet.** *Chêne* 40 à 375. **Cabinet.** 30 à 900. **Cathèdre.** *Chêne sculpté* 40 à 80 et + ; *noyer* 30. **Chayère** (siège formant coffre) 44 à 125. **Crédence.** *Sculptée* 45 à 80 et +. **Table.** 20 à 60. *Noyer,* rallonges à l'italienne (v. 1550) 40 à 115 (*copies :* hausse sur Henri II : buffet, desserte et 10 chaises 20).

Louis XIII

Caractéristiques

L'influence étrangère (Flandres, Allemagne, Espagne, Italie) est encore très forte. Le placage marque la naissance de l'*ébénisterie.* En 1608, on parle pour la première fois des menuisiers en ébène.

On utilise : *ébène :* feuilles minces, sculptées en bas-relief en applique sur le bâti ; *bois exotiques* (dits bois de violette, d'amarante, etc.) ; *bois français* (if, buis, noyer, merisier, orme) ; *incrustations :* lames de bois de couleur ou feuilles de marbre ou d'écaille collées dans des entailles ; *marqueterie :* décor en mosaïque de bois de couleur, assemblé au préalable, revêt le bâti.

Principaux meubles. Armoire (influence néerlandaise). **Bahut** à 2 corps superposés, en noyer ou chêne naturel, à panneaux à losanges ou rectangulaires. **Cabinets** sculptés ou peints (entièrement ou les façades de tiroirs au dos des portes) ou ornés de fixés sur verre (*flamands,* abondamment sculptés ; *allemands,* à 2 corps superposés, plaqués d'ambre et d'ébène ; *italiens,* peu nombreux, ornés d'agate et fil d'argent ; le cabinet du maréchal de Créqui, au musée de Cluny, est le 1er *bureau*). **Chaise** *à arcades* (infl. espagnole et mauresque), à *pieds obliques* (à partir du milieu du XVIIe s., on appelle chaise le siège dépourvu d'accotoirs). **Siège** *tendu de cuir* (venu d'Italie au milieu du XVIe s.), *canné* (remplace le *jonc* du XVIIe, innovation hollandaise). **Table, fauteuil, chaise** et **petite table** à pieds torsadés, balustrés ou « os de mouton », entretoise en H.

Principaux ébénistes. Laurent Strabe. Jean Macé (de Blois ; 1600-72). Pierre Boulle (n. en Suisse 1580-1635). Jean Desjardins (connu v. 1636-57). Philippe Baudrillet. Jean Adam (connu v. 1657). Jean Lemaire (connu 1636-57).

Éléments du prix. Patine d'origine (assez sombre, un peu irrégulière, très brillante). Sculpture à l'extrémité des accotoirs des fauteuils (têtes de lion, assez rares ; lions couchés ou bustes de femmes, rarissimes). Les entretoises sculptées indiquent parfois une origine nordique (Hollande, Flandres, Angleterre). Une tapisserie d'époque en bon état peut tripler le prix. Soieries et velours d'époque sont pratiquement introuvables en bon état.

Cours en milliers de F. Armoire 15 à 80 ; *bois fruitier* 10 à 40, *à 2 corps, bois naturel,* portes flanquées de cariatides env. 60. **Bahut** 40 à 100. **Buffet** *2 corps* 48. **Cabinet.** 25 à 160 (1979). **Sièges.** *Canapé* 3 à 20. *Chaise* seule, tissu moderne 2 à 5, paire 5 à 12 et +. *Fauteuil* seul 8 à 141, paire 25 à 60 et +, suite de 6, 106 (séries très rares). *Tabouret* (très rare) seul 6, paire 15 à 20. *Copies fauteuils* (paire) 3, *chaise non recouverte* 0,8 à 15, *chaise « os de mouton »* 6. **Table.** 15 à 70.

Louis XIV

Caractéristiques

Placages de cuivre, d'étain et d'écaille avec des garnitures de bronze doré triomphent dans les ateliers royaux. Ailleurs, la tradition du bois massif se maintient. Meubles en bois de « rapport » avec des vases de fleurs dans le goût de Monoyer, avec des fleurs en « ivoire », en général de jasmin, d'où l'attribution à l'ébéniste Jasmin, sans doute l'un des Boulle.

Marqueterie de Boulle : André Charles Boulle (1642-1732) perfectionne le procédé de la marqueterie d'écaille, de cuivre et d'étain, venu d'Italie. Il utilise la corne (colorée), l'écaille de tortue (souvent teinte en rouge), la nacre, l'ivoire ou le cuivre et l'étain. Boulle découpait ensemble une feuille d'écaille et une feuille de cuivre ; le motif de cuivre était inséré dans le fond d'écaille et celui d'écaille dans le fond de cuivre. Le décor à fond d'écaille formait la *première partie,* celui à fond de cuivre la *contrepartie* (les meubles étaient souvent fabriqués en paire avec les motifs de matériau inversés).

Les garnitures vernis or ou de bronze doré (au mercure) et ciselé représentent des masques, mascarons, groupes d'enfants, rosaces, coquilles, feuillages. Elles avaient un but pratique : renforcer les assemblages, protéger les arêtes vives, maintenir à l'aide d'une large bordure ou d'une baguette les panneaux de marqueterie.

André Charles Boulle, 1er ébéniste du roi, donna son nom à la plupart des meubles marquetés (d'écaille rouge ou brune et de cuivre). Fabriqués entre la 2e moitié du XVIIe et le milieu du XVIIIe s. [par les fils ou les élèves de Boulle], puis de nouveau sous Louis XVI [Louis Delaître (maître en 1738, disparut en 1750), Philippe-Claude Montigny (1734-1800) et Étienne Levasseur (1721-98)] (ils réparaient et copiaient des meubles de Boulle). Bâtis sous Louis XIV : sapin ; Louis XVI : chêne. *Éléments du prix :* élégance, qualité, intérêt des bronzes et surtout état de conservation.

Principaux meubles. Bibliothèque (à partir de la fin du XVIIe s.). **Bureau** (dit Mazarin, à 8 pieds jumelés, disparaît après L. XIV ; *plat,* 3 tiroirs). **Canapé. Cabinet. Commode** (1re v. 1700, par A.C. Boulle). **Console** (à partir du début du XVIIIe). **Écran. Fauteuil** (remplace vers 1632 la chaise à bras), dit de commodité ou *f. en confessionnal,* **lit** (+ de 2 m × 2 m ; *à quenouilles* dans la 1re moitié du XVIIe, *en housse,* c'est-à-dire à pentes tombantes, ensuite). **Miroir. Placet** et **ployant. Table. Torchère.**

Principaux artistes. Ébénistes : André Charles Boulle (1642-1732), Gaudron, Jean Macé (1600-72), Jacques Sommer, P. Poitou, Louis Delaitre (reçu maître en 1738), Guillemard (1644-96), Hecquet, Pierre Golle (Holl., † Paris 1634), Dominique Cucci (Ital., 1635-1705). **Ornemaniste :** Jean Bérain (1639-1711), Alexandre-Jean Oppenordt (1639-1715). **Sculpteurs sur bois :** Filippo Caffieri (1634-1716), Mathieu Lespagnandelle (1617-89). **Sculpteurs-orfèvres :** Jean Warin (1604-72), Claude Ballin (1615-78).

Commodes régionales (XVIIe au XIXe s.)

A façade droite de style indéterminé 15 000 à 25 000 et +, en arbalète en noyer 25 000 à 35 000, bordelaises en acajou massif 45 000 à 60 000, provençales à sculptures ajourées jusqu'à 100 000.

Cours en milliers de francs

Armoire. 8 à 40 ; *bois fruitier* 5 à 10 ; *chêne* 12 à 20 ; *noyer plaqué vallée du Rhône* 10 à 100 ; *sculpté protestant* 60 ; *placage* 95 à 200. **Bibliothèque.** 23 à 300. **Buffet.** *Bois naturel* mouluré et sculpté, 3 portes, dessus marbre env. 33 ; *en chêne* 41 à 70. **Bureau.** *Mazarin,* bois naturel 52 à 85, placage jusqu'à 510, marqueterie 68 à 275. *Plat* 1 051 (vte Tannouri, 1984) ; marqueterie 55 à 380, à caissons bois nat. 80 à 156, placage (cuivre, écaille, ébène, etc.) 55 à 298. *Copies : bureau plat* placage de Beurdeley 160 (1979). **Cabinet.** 50 à 250. **Cheminée.** *Copies* 5 à 65. **Chenets.** 5 à 90. **Clavecin.** *Signé Peter Jean Couchet 1671,* 370 (1978). **Commode.** *Bois naturel* 27 à 57, *placage* bois de violette ou palissandre 50 à 198, *décor ébène,* filet cuivre 12 à 225 ; *ébène* ou bois de jasmin plus de 198, *marqueterie* 23 à 480 ; sur fond d'ébène avec rehauts d'ivoire 1 221 (1984) ; placage tôle laquée 4 953 (1985). *Copies* poirier, forme arbalète 40,5. **Console.** *Bois doré* 42 à 198 ; (paire) *ébène* 430 (1973). **Glace.** 8 à 43. **Lustre.** 30 à 34. **Sièges.** *Canapé* début Louis XIV 5 à 25. *Chaise* (noyer tourné) 2 à 5. *Fauteuil* canné 3 à 21 ; (paire) 9 à 200 ; dossier plat avec tapisserie 15 à 30, except., f. d'apparat 680 (1983), 752 (vte Tannouri) ; suite de 7, 226. Une tapisserie d'époque en bon état peut en doubler le prix. *Tabourets :* classiques bois tourné 3 à 5 ; bois sculpté 12 ; doré jusqu'à 210 la paire. *Copies* fauteuils « os de mouton cannelé » paire 4, tabouret 7,3. **Table.** 30 à 900 ; except. marqueterie d'écaille, cuivre, étain et bois 4 773 (1984). *Copies XIXe s.* 30 à 120.

Nota. — Une dorure d'origine est rarissime. La plupart des sièges ont été décapés ou redorés au XIXe siècle.

Meubles Boulle. *Armoire.* 13 à 70 (original 293). *Bibliothèque* 50 à 1 018 (paire, vte Tannouri, 1984), *d'entre-deux* (paire) except. 113 (1976). *Bureau plat* 113 à 6 000 (1983). *Mazarin* 66 à 338. *Commode* 600 à 2 000. *Consoles* (paire) 110 ; except. 2 300 (1982). *Desserte* 1 700. *Gaines* (paire) 498,2 (1984). *Meuble* 2 corps 70 ; d'appui (paire) except. 617 (1974). *Table console* marquetée 2 000 (1982) ; *de milieu* (marqueterie d'écaille, cuivre et étain 4 300 (1984).

Régence

Caractéristiques

Meubles plus légers. Plaqués de bois satiné importé des Indes : palissandre, amarante, bois violet dit de violette, bois de rose. Une innovation : le *chantournement,* les courbes concaves alternant avec les courbes convexes, comme dans la commode dite à la Régence ou en tombeau. Les meubles en bois massif redeviennent à la mode.

Canapé à oreilles, début de l'époque Louis XV.

Principaux meubles. *Armoire, bibliothèque, bureau, plat, commode, fauteuil à garniture fixe, secrétaire à abattant* (inspiré de Liège), *siège canné.*

Principaux artistes. Ébéniste : Charles Cressent (1685-1768). Watteau lui inspire les bustes de femme souriante qu'on appelle *espagnolettes,* qu'il place aux angles des meubles ; la traverse inférieure de ses commodes a un mouvement sinueux : le profil en arbalète. **Sculpteur :** Sébastien Slodtz (1655-1726).

Cours en milliers de francs

Appliques. Paire 30 à 300, suite de 4, 260. **Armoire.** 35 à 270. **Bahut.** 4 à 90. **Bibliothèque.** 25 à 1 900 (except., 1983). **Buffet.** 47 ; *deux corps* 42 à 300. **Bureau.** *A plateau rectiligne* 42 à 700. *Plat* 96 à 1 000. *De pente* 65 à 90.

Chenets. *Obélisques ou en forme de pyramides* avec feuillages 14 à 22, avec sujets (surtout chinois) 48 à 96 (dorure d'époque : + 50 à 80 %). **Commode.** *« En tombeau »* (3 rangs de tiroirs) bois naturel 35 à 60, placage 24 à 200, marquetée 50 à 829,9 (Doirat, 1984) ; *à « 2 tiroirs »* 36 à 120, except. de Cressent 1 300 (1979) ; *Boulle* 50 à 650. D'origine provinciale en bois fruitier 31 à 60. **Console.** *Bois sculpté et doré* 24 à 85 ; *chine naturel, sculptée,* belle qualité 100 à 210,7 (1984). **Glace.** 3 à 72. Une dorure refaite ou à refaire peut diminuer de 50 % la valeur. Miroir neuf et parquet refait (assemblage de bois tenant le miroir) diminuent le prix. **Lustre.** *Bronze doré* except. 309. **Sièges.** *Bergère* à oreilles, bois naturel sculpté 18 à 27. *Canapé* à oreilles, bois nat. 8 à 30, sculpté doré 24 à 54. *Chaise* cannée 3, paire 5 à 9, suite de six, 30 à 68 ; ornée 5, (paire) 15. *Fauteuil* canné 6 à 10, (paire) 41, bois nat. 12 à 53, except. à ceinture et dossier incurvé 128 (1985) ; (paire) 16 à 52, série de *4,* 30 à 100, de *6,* 150, à châssis 32, de bureau 15 à 80, de cabinet 230 (1983), dossier plat 9,2 (si tapisserie ancienne), cabriolet bois nat. 10, (paire) 24 à 180. *Tabouret* (paire) à partir de *12,* (seul) jusqu'à 85. **Table.** *De salon* 36 à 300 ; à gibier 25 à 100 et + ; *à jeu* en chêne nat. ou noyer 24 (avec sculptures et plateaux circulaires en saillie 30 à 60) ; *desserte* except. 980 (1983) ; *de changeur* 67.

Copies. *Bureau plat* 11 à 25. *Commode tombeau* 30 à 60. *Fauteuil canné* 4 à 5. *Bergère* (paire) 40.

Louis XV

Caractéristiques

Triomphe de la ligne courbe. Décor de fleurs et de rocailles ; de la fantaisie, jamais d'outrance. Des meubles nouveaux apparaissent : petits bureaux, petites tables. On fait beaucoup usage de la marqueterie, de l'acajou et des panneaux laqués en Orient. Les frères Martin inventent le vernis, appelé vernis Martin. Le décor européen est le plus rare. Les bronzes ne doivent, en principe, jamais dissimuler les motifs de marqueterie, mais en suivre fidèlement les méandres.

Principaux meubles. Armoire. Bergère (fin XVIIe s.), *b. à gondole.* **Bibliothèque. Bonheur-du-jour. Bureau** à *cylindre, à dessus brisé* ou *à dos d'âne* (à double pente), dit capucin (de dame). **Chaise** *à la Reine* (à dossier violoné, puis ovale à partir de 1785 env.), *longue* dite de duchesse ou d. *à bateaux* (+ de 1,60 m et 2 dossiers) ou *brisée* (en 2 ou 3 éléments). **Chiffonnière. Commode. Encoignure. Fauteuil** *en cabriolet* (v. 1750), *de cabinet.* **Lit** (*à la française* ; *à la polonaise,* à 3 dossiers à partir du XVIIIe s. ; *à l'anglaise* ; *à la turque* ; *d'ange, en dôme, à l'impériale, à la duchesse,* hérités du XVIIe s. ; *à la romaine,* à baldaquin). **Marquise** (milieu XVIIIe s.). **Méridienne. Meuble à transformation. Ottomane. Régulateur. Secrétaire** (apparition v. 1745). **Sofa** *bas.* **Sultane, table** *d'accouchée, de chevet, coiffeuse, de toilette.* **Turquoise** (canapé). **Veilleuse** (canapé).

● **Principaux artistes. Menuisiers :** Jean Avisse (1723-93), maître en 1745 (signe : I. Avisse). Louis Delannois (1731-92), maître en 1761. Jean Gourdin (signe : Père Gourdin, trav. v. 1737-63). Nicolas Heurtaut (1720-80?). Nicolas Quinibert-Foliot (1708-76). J.-B. Tilliard II († 1797). **Ornemaniste :** Nicolas Pineau (1684-1754). **Ébénistes :** Pierre Bernard (1715-65). BVRB (Bernard Van Risen Burgh) (v. 1740-1770). Antoine-Mathieu Criaerd (1724-87). Léonard Boudin (1735-1804). Jacques Dubois (1693-1763). Charles-Joseph Dufour (1740-82). Les Hache :

Table France v. 1550

Table Henri II

Meuble bahut à 2 corps XVIIe s.

Fauteuil époque Henri IV

Fauteuil à torsades Louis XIII

Tabouret Louis XIV

Canapé Louis XIV bois doré

Chaise bois doré et Fauteuil bois ciré Louis XIV

Bureau dit Mazarin (Louis XIV)

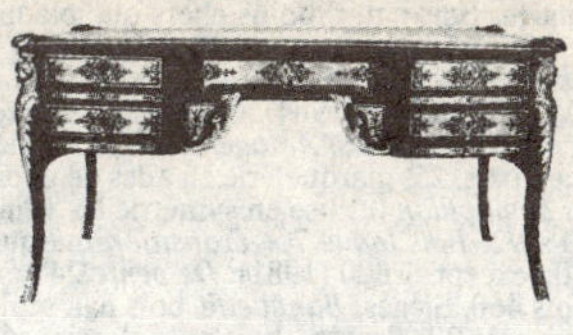

Bureau fin Louis XIV début Régence

Fauteuil et Commode Régence

Chaise et Table Régence

Lit de repos Louis XV

Commode et Bureau dos d'âne Louis XV

Semainier et Bureau à cylindre Louis XV

Bureau avec son cartonnier et Chaise Louis XV

Table bouillotte et Table demi-lune Louis XVI

Commode transition

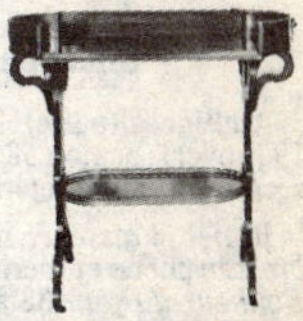

Travailleuse Louis XVI

Secrétaire et Commode acajou Louis XVI

Guéridon, Desserte et Encoignure Louis XVI

Semainier acajou et Bonheur-du-jour Louis XVI

Fauteuil dossier écusson et Bergère gondole Louis XVI

Thomas (1664-n.c.), Pierre (1703 ou 1705-1776), Jean-François (1730-n.c.), Christophe-André (1748-1831). Pierre Macret (1726-96). Nicolas Petit (1732-91). Louis Péridiez (1731-ap. 1787). Jacques Dautriche (Van Ostenryck, v. 1743-78). Louis Delanois (1731-92). Adrien Delorme, maître en 1748. Jean Dumoulin (1715-98). Charles Cressent (1685-1768). Pierre Garnier (1720-1800). Antoine-Robert Gaudreaux (1680-1751). Joseph (orig. allemande : Joseph Baumhauer) († 1772). Gilles Joubert (v. 1689-1775). La Croix (Roger Van der Cruse, dit) (1723-99). Pierre II Migeon (1701-58). Jean-François Œben (1720-63). Christophe Wolff (1720-95). Jean-Pierre Latz (n.c.).

Cours en milliers de francs

Appliques (paire). 30 à 300. **Armoire.** Bois fruitier 19 (noyer) ; acajou 58 à 69 ; placage 17 à 110 ; formant secrétaire, marqueterie 686.

Buffet. *Vaisselier* merisier 12, à 2 corps 14 à 24 ; *bressan* chêne et merisier, placage d'orme 59. **Bureau.** *Bonheur-du-jour* 38 à 170. *Capucin* (à la bourgogne) système à ressort et placage 39 à 50 ; mécanisme à manivelle et marqueterie 180 à 360 (peu copié). *A culbute,* bois nat. 18 ; placage 24 à 810 (peu copié). *A cylindre* (lamelles) placage 39 à 340 (copie XIXe s. 12 à 25) ; petite doucine, bois nat. 25, marqueterie à fleurs 48. *De dame* 70 à 700. *Dos d'âne* 24 à 360. *Plat* 30 à 2 500 (de J. Baumhauer, 1981) (copie 9 à 174) ; 120 à 130 (BVRB, 1984). *De pente,* bois nat. 15 à 25 ; placage et/ou marqueterie 13 à 75 ; très contourné riches bronzes 81 à 640 ; laque à décor sur fond noir 300 à 1 200 (peu copié). *De port,* bois nat. 10 à 14, acajou massif 18 à 22 (peu copié) ; *merisier* 40. *Transition* 380 (est. Boudin, 1985).

Cabinet. Acajou et ébène, décoré de panneaux de cire fixés sous verre, de Beneman (mobilier de Mme Adélaïde à Versailles) 15 000 (record mondial, 1984).

Chenets. Paire en bronze 90 à 250. **Chiffonnier.** 18 à 186. **Coffret.** Maroquin rouge 6 à 90. **Coiffeuse.** 11 à 130 ; en forme de cœur, marqueterie 885 (1985). **Commode.** *2 tiroirs* 28 à 1 665, *3 tiroirs* 21 à 480, *laque* 50 à 760 (est. Criaerd, 641,9), *marqueterie* 106 à 285 (est. BVRD, 2 433 en 1984), *bois fruitier* 24,5. *Tombeau* 28 à 80, de Charles Cressent 818, de BVRB 2 200. *Régionale* sculptée et moulurée 30 à 810. *De port* acajou massif 24 à 100. *Transition* 30 à 950. [*Copies :* 10 à 75 (par Sormant, Linke, Beurdeley ou Durand). Il s'agit souvent de reproductions de meubles célèbres du Louvre ou de la collection Wallace à Londres.] **Console.** 6 à 105, paire 12 à 216.

Estampilles. Les premières apparaissent sous Louis XV. La Corporation des menuisiers-ébénistes de Paris les rendit obligatoires en 1743. Elles devaient s'accompagner d'un poinçon de contrôle (les 3 lettres J.M.E.) de la Jurande des menuisiers-ébénistes parisiens. Pour ne pas régler de droit ou par négligence, quelques maîtres s'abstinrent. Mentions figurant dans les catalogues de vente : *porte une estampille X* ou *estampillé X* ou *marqué X* ne garantissent pas l'authenticité ; *estampillé de X : époque Louis*... la garantit.

Époque. *Meuble « d'époque Louis XV » :* fabriqué sous Louis XV, ou peu après ; *meuble de « style Louis XV » :* fabriqué n'importe quand ; *meuble ancien :* ayant environ 100 ans d'âge ou plus (délai donné par le Code des douanes).

Meubles des châteaux royaux. Ils portent, exécutée au fer rouge ou au pochoir sous un marbre, sur l'arrière d'un montant ou le dos, la marque du château surmontée d'une couronne : W (Versailles), F ou FN (Fontainebleau), St C (St-Cloud), CP (Compiègne), ML (Marly), CT (Petit Trianon), 2 G accolés (Tuileries). A qualité égale, la marque d'un château royal peut suffire à tripler le prix d'un meuble.

En-cas. Marqueté en feuilles, de Migeon 30 (1976). **Encoignure.** 8 à 29, (paire) 36 à 215 ; except. de J.-P. Latz 2 600 ; de J. Dubois, 7 600.

Glace. Bois doré et sculpté 4 à 40 ; except. 350 (1983). **Lit.** *A crosse* 9 à 21, *de repos* 18 à 60 (paire) 120, *d'alcôve,* bois nat. sculpté 10 à 51. **Poudreuse.** 20 à 40 ; except. 144 à 480. **Rafraîchissoir** (modèle de Canabas) 30. **Régulateur.** Except., mouvement de Berthoud + baromètre et thermomètre 2 322 (vte Tannouri, 1984).

Secrétaire. Bois nat. : moins chers que plaqués ou marquetés ; acajou (encore rare sous Louis XV) 20 à 50. *A abattant* plaqué et marqueté, except. 30 à 580 (est. R.V.L.C. 1 327 en 1984). *Galbé et en arbalète* 24 à 90. *Semainier* 12 à 48. *A doucine* marqueterie 24 à 68 (copie XIXe s. 25, marqueterie en ailes de papillon). *En ailes de papillon* (utilise en symétrie les veines du bois) 40 à 92. *Bois laqué* 70. *Transition* marqueterie 17 à 260 ; except. 1 300 (1981). *De pente* 24 ; except. de Dubois 460. **Sièges.** *Banquette,* bois nat. sculpté, 8 pieds cambrés 20. *Bergère,* bois nat., dossier violoné ou gondolé 10 à 37 ; dossier plat 26, (paire) 33 à 132, suite de 6,53, de 12, 113. *Canapé* droit canné 7 à 12 ; corbeille 8 à 25 ; à oreille 11 à 350 (de N. Heurtaut, 1983). *Chaise* 4,5 à 8, cannée, isolée 0,6 à 1, (paire) 3, (suite de 6) 72 à 272. *Cabriolet* 4 à 6, (paire) 11 à 22, except. de Delanois 600, suite de 4, 13 à 21, de 6, 20 à 70, except. de Foliot 1 021, de 10, 42 à 100. *Chaise-longue* 16. *Chaise à porteurs* 8 à 36. *Chauffeuse* sculptée, isolée 4 à 8 ; dossier plat 9, (paire) 10 et + ; longue (duchesse brisée) 9 à 30. *Fauteuil* plat 3 à 30, (paire) 10 à 210, suite de 4, 41 à 410 ; cannés (paire) 4 à 46 ; cabriolet 3 à 9, (paire) 10 à 53, suite de 4, 51 à 126, de 6, 50 à 165 ; de bureau, canné 16 à 45 (5 pieds ou siège tournant 24 à 60) ; sculptés et dorés (est. Heurtaut 487, 1 en 1984) ; f. transition L. XV-L. XVI, dossier plat 7,5. *Marquise* sculptée 3 à 56, (paire) 18 à 130 (1980). Ployants except. (paire) 232. *Salon,* 1 canapé + 4 faut. avec tapisserie 92 à 240 ; 8 faut. 350 ; 1 canapé + 6 faut., 105 à 1 000 (1981). 2 ottomanes + 12 faut. de Nadal 2 120 (1983). *Tabouret* sculpté 6 à 12 ; doré, except. 48 (1979), (paire) 20 à 240, (suite de 6) 741 (1984) ; de pied 4 à 15.

Nota. — Les fonds de canne peints de treille (peinture d'époque) sont plus chers.

Table (marqueterie). *De chevet* 4 à 30. *Chiffonnière* 18 à 150. *A écrire* 58 à 750. *A gibier* 24 à 100. *A jeux* 8 à 280. *Liseuse* 23 à 120 (copie XIXe s. 4 à 14). *A ouvrage* jusqu'à 700 (1983). *De salon* 12 à 290. *Tambour* 36. *Trictrac* 23 à 205. Except. : *à la Bourgogne* placage marqueté 1 200 (1979) ; *à café,* de J.-F. Œben ayant appartenu à Mme de Pompadour, 2 225 (1971).

Nota. — Provence panetière, pétrin 8 à 14 ; console, buffet, armoire 15 à 24 ; commode 20 à 60.

Louis XVI

Caractéristiques

Lignes droites, angles en pan coupé, simplicité ; marqueterie (décor géométrique), baguettes de bronze ; ronce d'acajou, bois clairs (citronnier, amarante). Une galerie en bronze ajouré surmonte souvent les meubles.

Principaux meubles. Bibliothèque (v. 1775). **Bonheur-du-jour** (v. 1754). **Buffet** *servante.* **Bureau** *à cylindre.* **Chiffonnier** (v. 1750 ; à 7 tiroirs : *semainier*). **Commode,** *desserte.* **Régulateurs** et **horloges. Secrétaires** *à abattant.* **Serre-bijoux. Servante. Serviteur** *muet.* **Sièges** (mêmes types que sous L. XV). **Table-***bouillotte, de salle à manger* (apparaît v. 1780). **Trictrac.**

Principaux artistes. Menuisiers : Jean-Baptiste Boulard (1725-89). Georges Jacob (1739-96). Lelarge (Jean-Baptiste Ier début XVIIIe s., II 1711-76, III 1743-1802). Claude Ier Séné (1724-92) et Jean-Baptiste Claude Séné (dit Séné l'Aîné, 1748-1803). **Ébénistes :** Étienne Avril (1748-91). Guillaume Benneman (maître en 1785). Martin Carlin (v. 1730-1785). Pierre Denizot (1715-82). J.-F. Leleu (1729-1807). Jean-Henri Riesener (1734-1806). David Roentgen (1743-1807). Adam Weisweiler (1744-1820, maître en 1778). **Ciseleurs :** Feuchère (plusieurs frères). Pierre-Joseph-Désiré Gouthière (1732-1813). Pierre-Philippe Thomire (1751-1843).

Cours en milliers de francs

Appliques. 4 à 280 (isolée : à peine le quart, 4 semblables valent + que 2 paires si très belle qualité). Celles à 3 branches sont plus recherchées, min. 60, avec oiseaux, animaux, amours chinois 30 à 120. **Armoire.** 6 à 26 ; chêne 34 à 60.

Bibliothèque. 10 à 72 ; except. de Levasseur 1 500 (1983) ; (paire), acajou 200 (1983). **Bonheur-du-jour.** 17 à 1 800 (copie XIXe s. 10). **Buffet rustique.** 5 à 25 ; 4 portes acajou 30 à 60 ; 2 corps 57. **Bureau.** *A cylindre* (lamelles) 20 à 200 ; *en marqueterie* attribué à Roentgen 907,3 (1983). *Grand bureau à étagère,* acajou 30 à 40 ; placage 60 (peu copié). *A gradin* 180 à 670. *Dos d'âne,* placage 122. *De pente* à vitrine, acajou 36 ; placage 72 ; laque verte 180 ; provincial, bois nat. 15 ; placage 30. *De dame* placage acajou 40. *Plat* 60 à 1 276 (de C.C. Saunier, 1984), de Carlin 10 800 (1983) ; 7 187 (Cuvilier, 1983) ; à la manière de Boulle 6 200 (1983) ; avec cartonnier ébène 1 200 à 5 550 (de Baumhauer, 1981) ; laque de Chine 1 800. *De voyage,* acajou 87. [*Copies XIXe s. : plat* dans le goût de Boulle 75 ; *célèbres* 36 à 150 (les originales dépasseraient 600)].

Cabinet. De Benneman 15 000 (record mondial, 1984) ; placage except. 2 800 (1979) ; *c.-secrétaire* de Weisweiler 10 000 (record, 1983) ; (paire) 1 800 (1983). **Candélabres.** 4 à 180. **Cheminée.** 10 à 30. **Chenets.** 5 à 100. **Chiffonnier.** 7 à 35. **Clavecin.** De Roentgen 54. **Coiffeuse.** 11 à 109 ; d'homme 10 à 60. **Commode.** *Acajou* 19 à 150 [est. Benneman 411 (1985)] ; *bois de placage* 25 à 120 ; *marquetée* 40 à 300 ; except. de Leleu 10 866 (1985). *Demi-lune* 38 à 190. *A ressaut* 30 à 150. *A vantaux* 300 à 1 500 (de M. Carlin). *Laquée* except. de Macret 4 500 (1985). [**Copies** *XIXe s.* de Dasson, Durand, Linke, Beurdeley, Sormani.] **Console.** Acajou 29, (paire) 33 à 1 600 (1983). *Desserte* 25 à 150, (paire) 410 à 1 600 (1983), de Weisweiler en acajou ornée de bronzes 237,3 (1984). *Demi-lune* 10 à 250, (paire) 400. *A ressaut,* jusqu'à 1 000, (paire) 40 à 200. [*Copies. XXe s. :* jusqu'à 150.]

Encoignure. 10 à 66, 387,6 (estim. Macret en 1984), (paire) 30 à 152. **Glace.** Cadre sculpté et doré 172 (1984). **Guéridon.** 10 à 316 (de Carlin), de Weisweiler à 2 plateaux 310 (1984) ; de B. Molitor avec montants sculptés 765 (1984). **Liseuse** 7,6. **Lit.** 3 (mouluré) à 90 (sculpté) ; de repos 7 à 20. **Meuble d'entre-deux.** 30 à 1 100 (1983), (paire) 270 ; except. 1 000 (1973). **Objets montés.** 12 à 84 ; *torchères* (paire) de Foucou 250 (1981). **Rafraîchissoirs.** *Acajou,* attribués à Canabas (paire) 210,7 (1984).

Secrétaire. *Acajou* 23 à 150. *Marqueterie et bronzes* 498,2 (R.V.L.C., 1984). *Schlichtig, marqueterie except.* 1 300. *Placage* 25 à 150. *A abattant* 25 à 500 ; except. avec bronzes dorés 480 à 6 400 (de M. Carlin, 1983). *De dame* 30 à 135. *A guillotine* 55. *A hauteur d'appui* 36 à 330. *En laque* 2 083 (1985), except. de Weisweiler 11 900 (1983). *D'enfant* 50. *Copies XXe s. :* 30 à 50.] **Semainier.** *Placage* 23. **Sièges.** *Banquettes* 3 à 18. *Bergère* courante 8 à 30 ; except. de J.-B. Séné 260, appartenant à Mme Élisabeth, sœur de Louis XVI (1979) ; (paire) 10 à 130. *Canapé* 9 à 40. *Chaises* 2 à 5 (pièce), suite de 7, 128 (de G. Jacob, 1983). A qualité égale, l'acajou vaut souvent plus que le bois peint. Les sièges cannés, moins confortables, se vendent moins bien. On préfère les dossiers grand médaillon plat (8 à 25), puis les rectangulaires (6 à 20 la paire) et les médaillons (5 à 15 la paire). Les grandes signatures (J.-B. I et II. Tilliard, Follot, Heurtaut, Delanois, Jacob, Séné, Boulard) donnent une plus-value d'env. 30 % et +. Pour les dossiers ajourés, les modèles à montgolfière, « à la houlette » de Jacob, et les motifs « anglo-chinois », les gerbes 4 à 9, les lyres 4,5 à 8, (paire) 12 à 15, enfin les colonnettes (paire) 5 à 8. Les plus chers sont à ceinture détachée du dossier. *Chaise-longue* 22. *Chaise lyre,* hêtre 5,9, (paire) 85. *Chaise voyeuse* (ou *ponteuse*) (paire) 8 à 260 (de G. Jacob, 1979). *Fauteuil.* Dossier plat et carré 3 à 210, (paire) 15 à 75, suite de 4, rectangulaire, 100 à 2 300 (de Séné, 1983) ; cintré (cabriolet) 5 à 18, (paire) 250 ; médaillon 5 à 25, (paire) 12 à 30 ; de bureau 18 à 443. Avec une tapisserie en bon état (ex. fables de La Fontaine ou fleurs tissées à Aubusson) ou une « bonne estampille » et des décorations nombreuses 280 à 680. *Marquise.* Dossier rectangulaire 20 ; plat (paire) 50 à 80 ; légèrement cintré (paire) 80 à 100. *Salon* simple 6 faut. 30 à 100 ; 8 f. 70 ; 10 f. 110 ; 1 canapé, faut. et chaises 14 à 400 ; except. 6 faut., 6 chaises de G. Jacob (collection L. Cartier) 1 000 (1979). *Marquise* (paire) 236 (1985). *Tabouret.* 3 à 20. *Pliants en X,* jusqu'à 220, (paire) except. jusqu'à 600. **Table.** *Acajou* ou *placage d'acajou,* rectangulaire 15 à 220. *Bouillotte* 22 à 80. *Chiffonnière* 20 à 25. *Demi-lune* 15 à 50. *A écrire* 14 à 600. *En-cas* 42. *A jeux* 20 à 50. *De milieu* 110 à 1 100 (de G. Jacob). *De salle à manger* 15 à 50. *De salon* 20 à 160 ; except. par Saunier 1 000 (1986). *Tricoteuse* 25 à 130. *Trictrac* 20 à 200. *Tronchin* 30 à 120 acajou 25,5. [*Copies XIXe s. :* except. en bronze doré (copie de celle exécutée par Weisweiler pour M.-Antoinette) 177,6, *XXe s. :* t. en-cas 9, en placage d'acajou 40.] **Vitrine.** *Simple* 20 à 70. [*Copies XXe s. :* 8 à 20 ; plates (paire) 9.]

Fin de l'Ancien Régime (1789) à l'Empire (1806) : gouvernement révolutionnaire (1789-95), Directoire (1795-99), Consulat (1799-1804) ; période de transition ; le genre étrusque apparaît en 1786-87 ; le style Louis XVI sera repris sous la Restauration.

Directoire et Consulat

Caractéristiques

Même type de meubles en acajou ou peints. Formes ajourées, évasées en gondole. Motifs républicains (piques, bonnets phrygiens), égyptiens ou étrusques.

Principaux ébénistes. François-Xavier Heckel (trav. av. 1797 et après 1811). Georges Jacob (1739-1814). Bernard Molitor (All. 1730-ap. 1811). François-Ignace Papst (maître 1785, trav. encore en 1822). Jean-Baptiste Claude Séné (1748-1803) (Voir L. XVI ci-dessus). Adam Weisweiler.

Cours en milliers de francs

Bureau. *Plat* 20 à 50. **Candélabres** (paire) 20. **Commode.** 5 à 700 (1983). **Flambeaux.** *Bouillotte* 20. **Guéridon.** 5 à 260. **Lampe.** *Bouillotte* bronze doré 30. **Lustre.** 8 à 100. **Secrétaire.** 25 à 350 (1979). *Régional*, bois fruitier 10 à 20. **Sièges.** *Bergère* 8 à 30. *Chaises* (paire) 3 à 5. *Fauteuil* 6 à 90. **Table.** *A jeu* 12 à 30. *A pans coupés* 60. *Mobilier* 1 table, 2 faut., 6 chaises 60 à 95. *Salle à manger* 12 à 35. *Tronchin* 30 à 60. *Vide-poche* 110.

Empire

Caractéristiques

Meubles d'allure sévère, de style officiel, massifs, la plupart en acajou et chargés de bronzes dorés.

Principaux meubles. Bureau-bibliothèque. Chiffonnier. Commode. Console. Lit *en bateau.* **Méridienne. Psyché. Secrétaire** *à abattant ou cylindre.* **Table** *guéridon.* **Athénienne.**

Principaux artistes. Ébénistes : Jean Beurdeley (1772-1853). Pierre Brion (n. 1767). Jacob-Desmalter (1770-1841). Pierre Duguers de Montrozier (1758-1806). François-Xavier Heckel. Charles-Joseph Lemarchand (1759-1826). Simon Mansion (1741-1805). Pierre Marcion (1769-1840). François-Ignace Papst. **Ciseleurs :** Antoine Ravrio († 1814). Pierre-Philippe Thomire (1751-1843).

Cours en milliers de francs

En hausse. Peu de meubles en vente. Presque toute la production est restée en place dans les palais. Napoléon eut un règne court (10 ans) à côté de celui de Louis XV (+ de 50 ans).

Appliques. Bronze doré 10 à 30 et +. **Athénienne.** (Paire) 40 à 110. **Bibliothèque.** *Acajou. Paire* en acajou et bronzes de Kolping 288. **Buffet.** *Acajou* 15 à 60. **Bureau.** *Acajou* 27. *Bonheur-du-jour* bronze doré, acajou 11 à 30 (copie XIXe s. : 10). *A cylindre :* 10 ; placage acajou 45 (copie XIXe s. : 10). *Plat* 66 à 290 (copie XIXe s. : 7 à 35).

Candélabres. 12 à 316 (Thomire). **Chenets.** 5 à 12. **Coiffeuse.** 8 à 30. **Commode.** 10 à 30, (paire) 340 (1981) ; *acajou* 39. **Console.** 3 à 65, (paire) 25 à 700. **Flambeaux.** *Bronze doré* (paire) 4 ; *bouillotte* 10 à 35. **Guéridon.** 5 à 423 (Jacob, 1985). **Lit.** *Droit* 4 à 50 ; *bateau* 15 à 157 ; *de repos* 7 à 95. **Lustre.** 8 à 60.

Secrétaire. 10 à 150. **Sièges.** Dossiers les plus recherchés : en gondole, puis à crosse et à frontons et droits rectangulaires : accotoirs tête de sphinx, puis col de cygne et tête de dauphin ; pieds sabots et griffes. *Bergère* 5 à 20 ; *b. gondole,* acajou, de Jacob, except. 195. *Chaise* 8 à 15 ; acajou (paire) 4 à 25 (de Jacob). *Fauteuil* isolé bois doré 3 à 5 ; de Jacob 12 ; acajou 5 à 30 ; curule 40 ; de bureau 6 à 20 ; (paire) 3 à 126 (de Jacob) ; 4 faut. 9 à 70. *Siège* en forme de char à roues (paire) 115 (1979). *Tabouret* 6 à 31 ; des maréchaux 45. *Salon* 22 à 200 (Jacob). **Table.** 10 à 45. *A jeu* 5 à 918 (de Lannuier, 1981). *De toilette,* except. 180.

Restauration

Caractéristiques

Le style Empire se prolonge sous Louis XVIII où l'on assiste aussi au retour du style Louis XVI, dit « deuil de la reine » (décor de filets et cannelures de cuivres). Il se modifie sous Charles X : meubles en acajou, palissandre, et bois clair (citronnier, orne, érable, frêne), incrustés de bois foncé (palissandre, amarante, ébène). *Éléments du prix :* estampille, dimensions, proportions, élégance, qualité du bois, marqueterie de bois clair et bois foncé, originalité du type de meuble, utilisation du verre opalin de diverses couleurs (quelquefois monté de bronze finement ciselé).

Principaux artistes. Ornemaniste : Jean-Jacques Werner (1791-1849). **Ébénistes :** Famille Bellangé [Pierre-Antoine (1757-1840), Louis-François (1759-1827), Alexandre-Louis (1799-n.c.)], Jacob-Desmalter (1770-1841), Félix Remon, les Jeanselme, J.-J. Werner (1791-1844), et les ébénistes savants du Ier Empire.

Cours en milliers de francs

Appliques. 5 et +. Bonnes copies, fin XIXe s.-déb. XXe s. 3 à 12. **Armoire.** Bois fruitier 8. *Louis-Philippe* 1,6 à 30. **Bibliothèque.** Érable (paire) 142. **Bureau.** *Charles X : palissandre* 40 à 59 ; *plat* 4 à 58 (copie XIXe s. : 8 à 10) ; *à cylindre,* bois contrasté 20, bois clair 50 (copie XIXe s. : 22) ; *surmonté d'une étagère* à tiroirs encadrés de consoles, acajou 45, palissandre 7, bois clair 120 (copie XIXe s. : 25). *Louis-Philippe : bonheur-du-jour* acajou 30 ; palissandre 20 à 50, bois clair 90 ; *à cylindre* (rigide) acajou 60 à 90 ; *sans cylindre* 45 à 75 ; *tronchin* 10. **Buffet.** 4,1.

Coiffeuse. *Charles X* 9 à 47. **Cheminées.** 7 à 9. **Commode.** *Charles X* 16 à 45. *A portes :* prix maximaux. **Console.** 6 à 10. *Charles X,* record 170 (1979). **Flambeaux.** *Simples* (paire) 1,5 à 2. *Bronze* 3 à 5. *Charles X* en opaline 8 et +. **Guéridon.** *Placage,* de Jacob 250 (1983) ; *bois clair* 62. **Lit.** *Charles X* 7 à 44, bateau 10 à 25. **Lustre.** Peu de cristaux 15 à 20. *Charles X* 4 à 7, cristaux de couleurs 30. **Pianoforte.** *Charles X* 10 et +.

Secrétaire. *Charles X* 20 à 100. *Louis-Philippe* 15 à 100. **Sièges.** *Louis XVIII : chaise* acajou 0,6 à 10 ; incrustée de feuillages (paire) 15. *Fauteuil* droit acajou 1,2 à 2 (paire 3 à 5) ; plus-value de 20 à 30 % pour accotoirs à crosse et présence de bronzes dorés. *Salon :* 1 canapé et 6 fauteuils 161 (1984). *Charles X : chaise,* bois clair, paire 6 à 13 ; *fauteuil* bois clair, seul, 5 à 10 ; acajou marqueté 15 (paire 13 à 24) ; gondole (paire) 10,5 à 50 ; méridienne 10,7 à 38 ; 2 faut., 4 chaises 30. *Salon* 51,2 (1985). Les estampilles Jacob-Desmalter, Jeanselme, Bellangé donnent une plus-value de 20 %. **Table.** *A jeu* acajou 5 à 20 ; *à volets* en frêne sur 6 pieds 10 ; *demi-lune* en bois naturel 3 à 7 ; *à la Tronchin* 58. **Travailleuse.** *Charles X* 10 à 80.

Napoléon III et IIIe République

Caractéristiques

L'éclectisme domine : imitation Renaissance, Louis XIII, Louis XIV, Louis XV, Louis XVI (dit Louis XVI-Impératrice).

Principaux artistes. Louis-Auguste (1802-82) et Alfred Beurdeley fils (1847-1919). Michel-Victor (v. 1836) et Albert Cruchet (n.c.). Henry Dasson (1825-96). Charles-Guillaume Diehl (1855-85). Louis Durand (n.c.). Alexandre (1799-1871) et Henri Fourdinois (1830-v. 1865). Guillaume Grohé (1808-85). Charles-Jeanselme (n.c.). Krieger (n.c.). Lincke (n.c.). Claude Mercier (1803-n.c.). Riboullier (n.c.). Auguste-Hippolyte Sauvrezy (1815-54). Paul Sormani (n.c.). Louis Soubrier (n.c.). Tahan (n.c.). Wassmus frères (n.c.). Charles Winckelsen (n.c.). Swiener (n.c.).

Matériaux. Bois noirs décorés de motifs peints et incrustés de nacre, inspirés du XVIIIe s. Marqueterie Boulle (écaille et cuivre découpés sur fond d'ébène) ; env. le 1/10 des Boulle Louis XIV. Carton bouilli verni en noir (pâte à papier et colle forte) à partir de 1820 ; fonte (canapés, lits, sièges) mélangée au rotin. Tissus luxueux et voyants (velours de soie, lampas, satin), rideaux lourds, perses dites indiennes.

Principaux meubles. Commodes, Dessertes, Secrétaires. Sièges (indiscret, confident, borne, causeuse, poufs, fauteuils crapauds).

Cours en milliers de francs

Évolution générale. En hausse : meubles en bois noir décorés de motifs peints et incrustés de nacre, inspirés du XVIIIe, marqueterie Boulle (écaille et cuivre découpés sur fond d'ébène) : environ le dixième des Boulle Louis XIV. Mais les innovations trop rococo sont souvent invendables.

Meubles Boulle. *Armoire* 9 à 20. *Bonheur-du-jour* 12 à 20. *Bureau* 9 à 40. *Meuble d'appui* à une porte 10 à 20 ; *d'entre-deux* 10 à 20. *Table à jeu* écaille rouge et bronze doré 6 à 10 ; *de milieu* 10 à 30.

Autres meubles. Armoire. *Placage* 76. **Bibliothèque.** *Marqueterie* 10. **Buffet.** *Style Louis XVI* 60 (1979). **Bureau.** 10 à 20 ; *style Louis XV* 70, *Louis XVI* 60. *Bonheur-du-jour* 12 à 80. **Coiffeuse.** 19. **Commode.** Rustique 4 à 14. **Écritoire.** 3 à 5. **Guéridon.** 2 à 191. **Secrétaire.** 6 à 30. **Sièges.** *Canapé* style Louis XVI 6 ; indiscret en bois capitonné 9. *Chaise* à dossier ajouré bois laqué noir et burgau (pièce) 0,6 à 15 ; à dossier ballon 3 ; capitonné 4 ; médaillon (paire) 8 ; en poirier à incrustations de nacre 6 à 8. *Fauteuils* (paire) haut dossier 9. *Salon* 10 pièces palissandre 20. *Tabouret* 7. **Table.** 6 à 15 ; except. *bronze* doré et laque du Japon, de Beurdeley 200 ; *cristal* de Baccarat (12 × 58 cm) 340 (1979) ; *de salon* jusqu'à 48 ; *à jeu* 5 à 15 ; *à ouvrage* 8 à 116 (1983) ; *style Louis XV* de Lincke 232 (1981) ; suite de 4 *gigognes* 32. **Torchère.** De Guillemin 172. **Travailleuse.** 0,7 à 2. **Vitrine.** 6 à 36.

Modern Style Art nouveau 1880-1914

Caractéristiques

Meubles aux formes végétales (style « nouille »). Motifs floraux.

Principaux artistes. Architecte : Hector Guimard (1867-1934). **Bijoutier :** René Lalique (1860-1945). **Ébénistes :** Peter Behrens (1868-1940). De Bellery-Desfontaines (1867-1909). Chanaux (1887-1965). Alexandre Charpentier (1856-1909). Jules Chéret (1836-1933). Eugène Colonna (1862-n.c.). André Fréchol (1875-1973). Eugène Gaillard (1859-1933). Jacques Gruber (1870-1936). Georges Hoenchel (1855-1915). Joseph Hoffmann (1870-1956). Victor Horta (1861-1947). Charles Mackintosh (1898-1928). Louis Majorelle (1859-1926). Eugène Vallin (1856-1922). Henri Van de Velde (1863-1957). **Décorateurs :** Louis-Comfort Tiffany (1848-1923). **Sculpteur :** François-Rupert Carabin (1862-1932). Raoul Larche (1860-1912). **Illustrateur-affichiste :** Eugène Grasset (1841-1917). **Verriers :** Daum Frères (1853-1909) (1864-1940). Émile Gallé (1846-1904).

Cours en milliers de francs

Gallé. *Buffet* aux épis de blé 280 ; *chaises* (paire) 6 à 12, except. paire aux ombrelles 75 ; *coiffeuse* 144 ; *table* 2 à 200 ; gigognes 5,5 à 26 ; à jeu 5,3 à 53,5 ; desserte 13 ; vitrine 20 à 100. **Gaillard.** *Bibliothèque* 3,5 ; *chaises* (paire) 4, *chambre à coucher* 7,5 ; *salle à manger* 48 à 68. **Guimard.** *Coiffeuse* acajou 850 (1983) ; *fauteuil* 61 ; *bibliothèque écritoire* poirier sculpté 160 ; *chaise* (paire) 35. **Mackintosh.** *Cabinet* 720 (1979) ; *table* 300. **Majorelle.** *Bibliothèque* 20 à 125 ; *buffet* 200 à 575 (New York, 1967) ; *bureau* 12 à 420 ; *chambre à coucher* 4 pièces 111, 5 p. 1012 (1983) ; *desserte* 30 ; *guéridon* 14 à 120 ; *lit* 10 à 50 ; *miroir* noyer sculpté 20 ; *piano* (marqueterie de Victor Prouvé) 242 ; *salle à manger* 10 p. 50, « fleurs d'artichauts » 11 p. 116, « chicorée » 16 p. 200 ; *salon* « pommes de pin » 4 p. 19, clématites 5 p. 40, aux ombrelles 46 ; *tables* 3 à 45 ; *vitrine* 64. **Rapin.** Salle à manger 160. **Lampes.** Voir verre p. 397.

Art déco 1910-1930

Caractéristiques

Formes géométriques, lignes brisées, volumes simples. *Bois exotiques :* acajou de Cuba, bois de violette ou d'amarante, loupe d'amboine, macassar, palissandre de Rio, ébène, citronnier, ambroise clair, sycomore (Follot, Dufrêne). *Marqueteries :* ivoire, nacre, écaille, argent, plaques ou médaillons sculptés (Ruhlmann). *Galuchat* (peau de squale teintée) gainant meubles et panneaux (Ruhlmann, Groult, Chareau). *Cuir, daim, étoffes* à motifs géométriques sur les sièges. *Motifs floraux* stylisés (influence du cubisme). *Accessoires :* boutons, anneaux, filets d'ivoire de bronze. *Laques* (artistes) : Marcel Jallot (n.c.), Paul Follot (1877-1941), Michel Dufet (1888-1959), Jean Dunand (1877-1942), André Mare (1887-1932) et Louis Sue (1875-1968), Jean Puiforcat (1897-1945), Cartier. *Bronzes* dorés, *cuivres et argent* (poignées, serrures).

Principaux ébénistes et décorateurs. Rose Adler. Éric Baggé (1890-1978). Edgar Brandt (1880-1960). Chanaux (1887-1965). Pierre Chareau (1883-1950).

Bergère Directoire

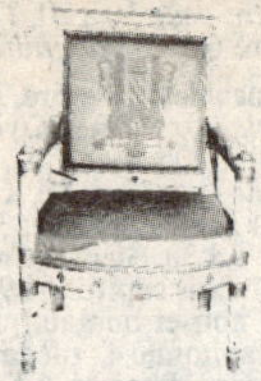

Fauteuil retour d'Égypte

Fauteuil Jacob, Tabouret, Guéridon, Coiffeuse et Secrétaire Empire

Lit, Bureau à cylindre et Commode Empire

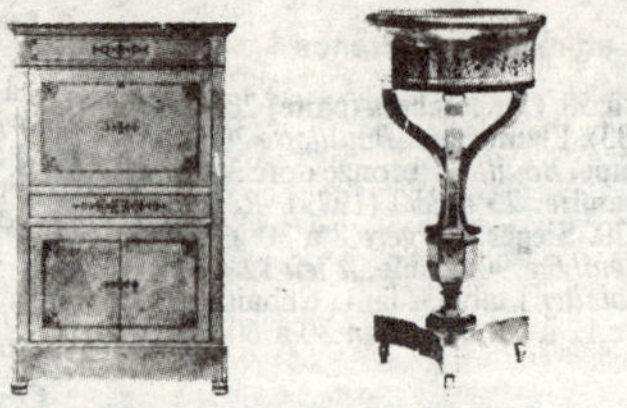

Secrétaire et Jardinière Charles X

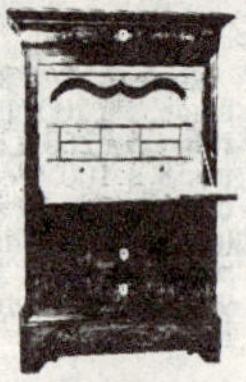

Secrétaire Louis-Philippe

Fauteuil début XIXe s.

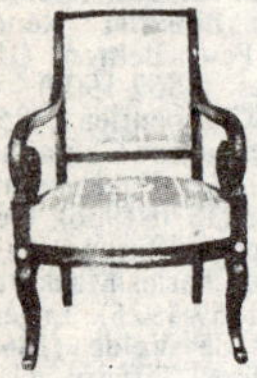

Fauteuil acajou XIXe s.

Canapé bois laqué noir (avec feuillage or, incrustation de nacre) et Bureau de dame Napoléon III

Table de milieu Napoléon III (copie Louis XIV)

Fauteuil Modern style Majorelle

Marcel Coard (1889-1975). Djo-Bourgeois (1898-1937). André Domin (1883-1962) et Marcel Genevrière (1885). Maurice Dufresne (1876-1955). Jean Dunand (1877-1942). Dupré-Lafont. Georges de Feure (1869-1928). Jean-Michel Franck (1895-1941). René Gabriel (1890-1950). Eileen Gray (1879-1976). André Groult (1884-1967). René Herbst. Paul Iribe (1883-1935). Léon Jallot (1874-1967). Francis Jourdain (1876-1958). Pierre Lahalle (1877-1956). Jules Leleu (1883-1961). Alfred Levard. Pierre Legrain (1889-1929). Maurice Lucet (1877-n.c.). Louis Majorelle (1859-1926). André Mare (1887-1932). Clément Mère (1870-n.c.). Robert Mallet-Stevens (1886-1945). Pierre-Paul Montagnac (1883-1961). Eckart Muthésius (1909). Eugène Printz (1889-1948). René Prou (1899-1947). Charles Pumet (1861-1928). Henri Rapin (1873-1939). Armand-Albert Rateau (1882-1938). Clément Rousseau (1872-n.c.). Émile Ruhlmann (1879-1933). Tony Selmersheim (1871-1970). Louis Sognot (1892-1970). Louis Sorel (1867-1933). Raymond Subes (1893-1970). Louis Sue (1875-1968).

Boutiques Art déco dans les grands magasins. Primavera (créé en 1912) au Printemps (Mme Chauchet-Guilleré, Louis Sognot). *La Maîtrise* (1922) aux Galeries Lafayette (Maurice Dufresne). *Pomone* (1922) (Paul Follot, 1877-1941) et *Studium* (1923) (Étienne Kohlmann) au Bon Marché.

Cours en milliers de francs

Hausse à partir de 1970 (1 à 100 et plus), les meubles exceptionnels dépassent 100 000 F. **Chanaux.** *Coiffeuse* (avec Frank) 7 ; *commode* 25 à 200 ; *com. galuchat* 1 100 (1984) ; *fauteuils* (paire avec Frank) 160 ; *meuble d'appui* avec Frank 54 ; *tabouret* galuchot (avec Frank) 107 (1984). **Chareau.** *Bureau et fauteuil* 559 (1984) ; *salon* en osier 52 ; *banquette* 76 ; *fauteuils* (paire) 43 ; *secrétaire* 70 ; *table* 25. **Marcel Coard.** *Bureau* 22 ; *canapé gondole* 150 ; *table* 12. **Le Corbusier.** *Bureau* 22 ; *chaise longue* 5 à 148 (avec Thonet) ; *fauteuils* (paire) 32. **Dominique.** *Meuble d'entre-deux* 135. **Jean Dunand.** *Bibliothèque* (avec B. Lacroix) 439 (1984) ; *commode* 153 (1980) ; *lit* 140 ; *meuble* en laque de Chine 180 ; *panneau laqué* arraché noir, rouille, ocre 340 (1984) ; *paravent* 155 ; *table* 31 à 112, laquée noire 305, 6 gigognes 140 ; except. table à jeux avec 4 fauteuils emboîtables 4 129 (1984). **Jean-Michel Frank.** *Coiffeuse* 7 ; *lampe* 11 ; *lit* 30 ; *meuble d'appui* 54 ; *table* basse 20 à 60, de chevet 55. **Eileen Gray.** *Commode* 70 ; *canapé pirogue* 600 ; *fauteuil* 8, *transat* 315, (paire) 48 ; *paravent* 110 à 170. **André Groult.** *Bureau* galuchot (avec Chanoux) 388 (1984) ; *chaise* 83 ; except. bergère 256,6 (1984) ; *com.* galuchot (avec Chanoux) 1 217 (1984) ; *lit* 363. **Paul Iribe.** *Chaises* (paire) style boudoir ; *sièges et bergères* env. 25 ; except. *bergère* 229 (1985), amarante massif 2. **Léon Jallot.** *Lit* 30 ; *meuble* 118. **Pierre Legrain.** *Coiffeuse* en galuchat 120 ; *siège* 44, s. curule 32 ; bureaux 345 (1984). **Jules Leleu.** *Buffet* 51 ; *bureau* 22 à 60 ; *commode* 22 à 225 ; *guéridon* 8 ; *lit* 32 ; *siège* curule 22 ; meuble plaqué écaille de tortue 121. **Clément Mère.** *Commode* 80 et +. **Mergier.** *Lit* de repos 19. **Mollino.** *Chaises* (paire) 60. **Muthésius.** *Fauteuils* (paire) 180 ; *secrétaire* à vitrine en bois laqué 46. **Printz.** *Bahut* 265 ; *bureau* plaqué 175 ; *commode* 85 ; *ensemble* 4 p. 99 ; *meuble* rectangulaire 300, de rangement 410 ; *tables* à partir de 16 ; *fauteuil* (paire) 17 à 70. **G. Pulitzer.** *Cabinet* 220. **Clément Rousseau.** *Armoires* (paire) bois de Macassar 333 ; *barbière* 265 ; *chaise* 39 ; *guéridon* 300 ; *meuble d'appui* 200 à 418 ; *table* ébène 70. **Ruhlmann.** *Armoire* 121 ; *bibliothèque* (9 modules) 280 ; *bureau* 30 à 860 (avec 5 chaises, 1981) ; *cabinet* 832 ; *canapé* 83 ; *chaises* 2 à 11, (paire) 5 à 35 ; *chevet* (paire) 31 ; *chiffonnière* 90 à 180 ; *coiffeuse* 10 à 200, except. 1 000 (1982) ; *commode* 70 ; *fauteuil* 3, club 200, (paire) 48 à 180 ; *guéridon* en loupe d'amboine 4 ; *lit* 36 à 90, except. « soleil » 161 (1979) ; *meubles « caves-fuseaux »* (paire) 304 ; *psyché* 180 ; *secrétaire* 102 à 850. **Sognot et Charlotte Alix.** *Fauteuil* 31 ; *lit* 560. **Louis Sorel.** Dep. 80. **Sue et Mare.** *Commode* 75 ; *fauteuils* (paire) 55 ; *secrétaire* 90 ; *table de salon* 192.

Le Kitsch

Kitschen (Allemagne du Sud) signifie « bâcler, faire du neuf avec du vieux ». Par extension *kitsch* est devenu synonyme de l'inauthentique, qui se donne pour vrai. Le style apparut v. 1860-1910 : symbolisations, ornements à outrance, couleurs pures complémentaires, et des blancs, rose bonbon, dorés. Industrie du « souvenir », imitations.

Le Design

Mobilier des années 1950. 2 types : 1° *dans la tradition des années 1930* (Eugène Printz, Paul Dupré Lafon, Leleu, Jansen, Herbst) avec les mêmes matériaux (bois précieux, laques, bronzes, etc.), formes moins massives. Cours modestes, hausse possible : René Gabriel, Charlotte Perriard, René Prou, Jean Royer. 2° *inspiré des théories des architectes du Bauhaus :* lignes souples [Olivier Mourgue (n. 1939), Pierre Paulin (n. 1927), Jean-Pierre Garrault (n. 1942)] ou rigoureux volumes géométriques [Joseph-André Motte (n. 1925), Christian Ragot (n. 1933), Laurent Dioptaz] ; style international, « tonique, couleurs vives ». Le mobilier est là pour remplir une fonction. En Italie, Gio Ponti (n. 1891) (revue Domus), Bernini, Joë Colombo (1930-71). Aux U.S.A., Knoll (groupe allemand), fondé en 1951, regroupe des architectes et dessinateurs : Eero Saarinen, Marcel Breuer, Harry Bertoia. *Matières :* bois blanc (moins précieux), contre-plaqué moulé à chaud, plastiques colorés, transparents, moulés ; acier, verre, fumé ou non.

Nota. — *Style High-Tech* (1980). Volumes géométriques, tons métalliques, gris ou noir (style usine).

Cours en milliers de F (ex.). *Bureau* 3,3 à 300 (de Ch. Perriard, 1984). *Lit* bateau 2,4. *sièges :* chaises (paire) de Carlo Mollino 60 (1983), fauteuils (paire) 2, canapé 10. *Secrétaire* 2 à 20.

Meubles miniatures (cours en milliers de F). **Armoire** 8 à 15. **Commode.** *L. XVI*, en noyer, arbalète 7. *L. XVI*, placage de loupe, signée Huret 15,5. *De style* 3 à 5. **Lit et siège.** 1 à 3. **Secrétaire.** 6 à 8. **Table toilette.** *Napoléon III* 3 à 4.

Mobilier anglais

Caractéristiques

Époques. *Tudor* 1500-50 (gothique). *Elisabethean* 1558-1603 (Renaissance). *Jacobean* 1603-25 (Renaissance). *Carolean* 1625-49 (Renaissance). *Cromwell*

(ou Commonwealth) 1649-60 (Renaissance). *William and Mary* 1660-1702 (baroque). *Queen Ann* 1702-14 (baroque). *Early Georgian* 1714-40 (rococo). *Chippendale* 1750-70 (rococo). *Adam (Late Georgian)* 1760-90 (néo-antique). *Regency* (néo-antique). *Victorian* (romantique). *Art nouveau*.

Nota. – Période du chêne 1550-1650, *du noyer* 1650-1720, *acajou* 1720-70, *satiné* 1710-1810, *acajou* 1800-1850. *En architecture :* Normand (XIIe s.), Early English (XIIIe s.), Decorated (1250-1350), Perpendiculaire (XVe s.).

Dessinateurs et ébénistes. Grinling Gibbons (1648-1720). Pierre Langlois. Daniel Marot (1660-1720). William Kent (1685-1748). Robert Gillow (1703-73). Thomas Chippendale (1718-79). Thomas Chippendale le Jeune (1749-1822). Robert Adam (architecte et dessinateur, 1728-92). George Hepple-White († 1786). Thomas Sheraton (1751-1806). Thomas Hope (1770-1831). John Channon. Welly Northmore Pugin (1812-52).

Lexique

Adam : style pompéien naturalisé anglais par Robert Adam (1728-92) ; avec son frère William, il publia « Works of Architecture » (1773), bible britannique du néo-antique. **Angelica Kaufmann :** peintre et collaboratrice attitrée de Robert Adam.

Bachelor chest : coffre de célibataire. **Butler's tray :** plateau de maître d'hôtel, petite table à thé rectangulaire ou ovale bordée d'une galerie.

Canterbury : petit casier à musique d'époque Regency. **Carolean :** prolongement du style *jacobean* sous Charles Ier (1625-49). **Carlton House writing table :** bureau bonheur-du-jour en forme de D. **Cheval glass :** psyché. **Chinese lattice back :** dossier ajouré à croisillons. **Claw and ball :** griffe et boule. Type de pied, en faveur entre 1720 et 1760. **Cromwellian :** 1649-60.

Davenport : bureau pupitre. **Drum table** (de *drum :* tambour) : grande table de bibliothèque garnie de tiroirs.

Early georgian : style de transition sous George Ier (1714-27) et George II (1727-60). **Elisabethan :** « Renaissance », sous Elisabeth Ire (1558-1603).

Gate-leg-table : table ronde pliante, fin XVIIe, populaire jusqu'en 1720, chêne ou noyer. **Georgian :** période partagée entre Early et Late Georgian. **Gesso** (plâtre en italien) : pâte à base de parchemin et plâtre, sculptée puis peinte et dorée, servant à la décoration des lambris et des meubles (surtout 1re moitié du XVIIIe s.). **Grandfather clock** (horloge du grand-père) : h. de parquet (+ de 1,80 m).

Harlequin Pembroke table : variante de la **Pembroke table. Hepplewhite :** version simple et élégante du style Adam popularisé par George Hepplewhite. **Holland** (Henry, 1746-1806) : créateur du style Regency. **Hope** (Thomas, 1789-1831) : architecte et collectionneur auteur d'un recueil de modèles « Household furniture and Interior Decoration » (1807).

Jacobean : sous Jacques Ier Stuart (1603-25), influence hispano-flamande, motifs et moulures en bois tournés. **Japanned** (japonné) : meuble laqué.

Knee-hole desk : bureau ministre.

Late georgian : néo-antique des deux 1ers tiers du règne de George III (1760-1820) (styles Adam, Hepplewhite et Sheraton). **Lazy Susan** (paresseuse Suzanne) : plateau tournant posé au centre des tables de salle à manger.

Military chest : commode à poignées latérales, aux arêtes protégées par des équerres de cuivre. **Mule chest :** coffre orné de faux tiroirs (fin XVIIe).

Nests of tables (nids de table) : tables gigognes, appelées également trio ou quarteto selon le nombre d'éléments.

Pembroke table : table à volets, imaginée en 1700 par un Cte de Pembroke. **Pen Work :** décor de papier découpé appliqué sur un meuble laqué et recouvert de vernis noir, XIXe s. **Pier table :** table console en forme de demi-lune, fin XVIIIe s. **Princes of Wales motif :** 3 plumes d'autruche, symbole du P^ce de Galles, motif décoratif, souvent utilisé par Hepplewhite et Sheraton.

Queen Anne : reine Anne (1702-14), en fait, période du noyer [(Walnut period) de la restauration monarchique (1660) à l'avènement de George Ier (1714)].

Regency : celle du futur George IV de 1790 à 1804 ; survivances néo-antiques, romantisme gothico-chinois. **Rent table :** table de bibliothèque octogonale, avec casiers entre les pieds (époque : fin XVIIIe-début XIXe s.).

Screen desk : petit secrétaire de dame à abattant. Sheraton : (1751-1806) célèbre ornemaniste. **Sideboard :** meuble-console, avec tiroirs et armoires pour la vaisselle et les bouteilles dans la salle à manger.

Tall boy (grand garçon) : meuble à 2 corps constitué de 2 commodes superposées, en vogue à l'époque Queen Anne. **Tea Poy :** petit guéridon tripode. **Tracery :** croisillon pour décorer et protéger les portes vitrées des bibliothèques ; époque Regency. **Trafalgar chair :** inspirée d'un modèle grec, en l'honneur de la victoire de Nelson (1805). **Tub chair :** bergère à oreilles très profondes. **Tudor :** gothique tardif [Henri VIII (1509-47)]. **Victorian :** style « Napoléon III ».

Wellington chest : petit chiffonnier. **William Vile :** ébéniste « palladien » (2e moitié du XVIIIe s.). **What not :** étagère à 3 ou 4 plateaux, supportés par des colonnettes. **William and Mary :** baroque anglais, influence hollandaise, sous Charles II (1660-85) et Guillaume et Marie (1689-1702).

Cours en milliers de francs (exemples)

Bibliothèque. *Charles II* 480 (1981) ; *Chippendale* 195 (1985) ; *Hepplewhite* 69 (1985). **Bureau.** *George Ier* 959, b.-bibliothèque 1 805 (1981) ; *George II* 280 à 331 (1985) ; *Regency* 14 à 600 ; *XIXe s.* 6 à 200. *Copies* 10 à 18. Attribué à E. Townsend 1 032. **Chiffonnier.** *Chippendale* except. 3 101 (1985). **Commode.** *George II* 15 à 260 ; *Chippendale* jusqu'à 1 730 (1980) ; *George III* 20 à 700, (paire) 125 à 1 250. *C.-bateau* 6 à 10, acajou début XIXe s. 6 à 15.

Semainier. *George I* 23 à 50. **Sièges.** *Chaise : George Ier* (paire) 6 à 180 ; *George II* 12 à 800 ; *Chippendale* 1 800 (record, 1983). *Fauteuil :* le plus ancien connu, acajou (fin XVIe-début XVIIe s.) 110 (1983). *George Ier* jusqu'à 900, *George II* 25 à 125, (paire) jusqu'à 390 ; *George III* 9 à 500, (paire) 21 à 776 (1985). *Salon : George II* 1 canapé, 1 fauteuil, 1 chaise 1 642 (1981). *Tabouret : George Ier* (paire) 410. **Table.** *George I* 12 à 100 ; *George II* 19 à 100 ; *George III* 15 à 650 ; *Regency* 10 à 260. *Chippendale :* t.-secrétaire 701 ; à jeu 1 650 (record, 1983) ; à thé 822. **Torchères.** (Paire) *George III* 115.

Nota. – Le plus grand lit du monde serait le grand lit de Ware (Victoria and Albert Museum, Londres), 3,26 m de large, 3,38 m de long, 2,66 m de haut, datant d'environ 1580.

Monnaies (Numismatique)

(*Source :* J. Vinchon, expert national).

Données générales

• **Origine de la monnaie. Précurseurs :** *cachets* (5000 av. J.-C.) et *cylindres* (3800-3500 av. J.-C.) : minuscules objets en pierres dures ou semi-précieuses (stéatite, ivoire, hématite, lapis-lazuli, cornaline, agate, etc.), inventés par les Sumériens. Utilisés en Asie Mineure et surtout Mésopotamie, s'appliquaient ou se déroulaient sur des plaquettes d'argile ou directement sur les jarres (le graveur recouvrait intégralement les surfaces de telle sorte que rien ne puisse être ajouté). Servaient de marques de propriété, lettres de change, traites, reçus.

Matières employées pour servir de moyen d'échange, *lorsque le troc devint insuffisant :* morue (Terre-Neuve), coquillages (Maldives), sel (Abyssinie), fourrures et cuir (Russie, jusqu'à Pierre Ier), graines de cacao et poudre d'or (Mexique), bœuf (*cf.* pécuniaire et capital, du latin *pecus :* troupeau, et *caput :* tête), etc. Puis on utilisa des barres de métal (fer ou cuivre), disques, bijoux ou lingots en métaux précieux. On a trouvé à Mohenjo Daro (Indus) des barres de cuivre du IIIe millénaire av. J.-C. ; des lingots de fer ont servi aux Hittites (IIe millénaire av. J.-C.) et aux Doriens (Grèce, XIIe s. av. J.-C.).

Naissance de la monnaie : l'électrum (alliage d'or et d'argent) apparaît en Lydie, où coule le fleuve *Pactole* (Asie Mineure), au milieu du VIIe av. J.-C., sous le roi Ardys (652-615) : de couleur ambrée, avec *protomé* de lion à l'avers, et au revers la marque du poinçon, dans le système sexagésimal mésopotamien. *Crésus* (561-546), roi lydien, frappa le premier un double monnayage or et argent avec les *créséides*, marquées du couple oriental du lion et du taureau affrontés. Plus tard, Darius Ier, roi des Perses, reprit le système lydien : pièces d'or, *dariques*, de 8,41 g, frappées jusqu'à la conquête d'Alexandre, et marquées avec l'emblème de l'archer royal. L'usage de la monnaie se répandit ensuite très vite.

Origine du mot monnaie. La m. romaine était frappée dans le temple de Juno Moneta (de *monere :* avertir, par allusion aux oies du Capitole qui sauvèrent Rome du danger gaulois) et parfois elle portait cette épithète sous l'effigie de la déesse. Les Romains disaient *nomisma* (consacré par la loi : du grec *nomos*). Les langues modernes se réfèrent à des métaux (allemand : *Geld,* argent) ou toute espèce en circulation (anglais : *currency*) ou au *denier* romain (italien : *denaro*, espagnol : *dinero*, serbe, bulgare, arabe, etc. : *dinar*).

Fabrication. Jusqu'à Louis XIII, médailles ou monnaies étaient obtenues par la fonte ou la frappe. Les *coins* servant à la frappe des monnaies étaient gravés, en taille directe, ou au *touret* ; les *flans* ou *carreaux* étaient pressés entre 2 coins puis frappés avec un marteau. Sur le revers ou *pile* était gravé l'emblème, sur l'avers ou *trousseau*, l'effigie du prince. En 1547 fut introduite en France la 1re machine à frapper les monnaies (*balancier* ou *frappe au moulin* : la force hydraulique remplaçant marteau et enclume). Le balancier, inventé par l'Allemand Bracher, fut périodiquement utilisé en France (*ex. :* Nicolas Briot en 1629, Jean Varin en 1660). Perfectionné par le Suisse Droz (1721-90), il fut délaissé pour la *presse monétaire* (inventée par l'Allemand Dietrich Ulhorn). Perfectionnée par les Français Thonnelier et Gingembre en 1811, celle-ci sera plus tard remplacée par la *presse monétaire de Munich*. Actuellement, 6 opérations principales : fonte (et coulage en *lames* et en *lingots*), laminage, découpage, cordonnage, recuit et brillantage, frappe (à la presse).

Métaux et alliages utilisés. *Dans l'Antiquité :* or, argent, bronze, billon (cuivre allié d'argent), étain, cuivre, nickel (en Bactriane, au IIIe s. av. J.-C.), électrum (alliage naturel d'or et d'argent), potin (forte partie d'étain et faible d'argent), spéculum (étain, plomb, cuivre et fer). *De nos jours :* argent, bronze, cupronickel, nickel, alliages d'aluminium (V. Index).

Poids de quelques pièces en grammes. *Drachme d'Égine :* 6,28. *Statère lydien :* 15,90 ; d'Alexandre : 8,60. *Denier carolingien :* 2 à 3. France, *20 francs argent :* 20. *100 fr.-or :* 32,258. U.S.A., *20 dollars-or :* 33,436 (double aigle). Angleterre, *5 livres-or :* 39,940 ; *demi-couronne :* 14,138 ; *florin :* 11,310. Panama, *20 balboas argent :* 129,5 (diam. 61 mm, la pièce d'argent la plus lourde du monde). Suède, *plaque de cuivre* (640 × 340 mm, 14,5 kg, la plus grande monnaie du monde) 8 Daler Silvermynt (c.-à-d. valant 8 dalers d'argent), Avesta mint (c.-à-d. frappée à Avesta, Suède), au centre (valeur) et aux 4 coins Karl Gustav de Suède (1659), découverte en 1901 ; extrêmement rare, vendue 143 913 F (1979). *Civilisations primitives :* pierres rondes trouées pesant plusieurs dizaines de kg (île de Yap, Pacifique).

Définitions

Aloi (ou titre) : proportion de métal précieux composant la monnaie. **Anépigraphes :** sans légende. **Antiques :** monnaies grecques, romaines, gauloises, byzantines. **Atelier :** lieu de monnayage, identifié par un symbole ou une lettre. **Autonomes :** monnaies frappées par des villes indépendantes. **Avers (ou droit) :** côté de la pièce portant effigie, monogramme ou armoiries. **Billon :** alliage de cuivre et d'un peu d'argent. **Boustrophédon :** légende ou exergue (inscription) où les lettres sont placées dans l'ordre inverse. **Cannelures :** stries sur la tranche (pièces actuelles 5, 2, 1 et 1/2 F). **Champ :** espace entre le sujet et la légende. Une médaille est dite **conjuguée** quand les têtes de l'avers regardent du même côté et se couvrent en partie ; à **têtes affrontées :** 2 visages se regardant. **Coin :** outil de métal très dur sur lequel est gravée l'empreinte qui, reproduite par coups ou pression sur le flan, le transformera en monnaie. **Commémorative :** émission monétaire célébrant un événement national (souvent à faible circulation). **Contorniate :** monnaie en bronze, pourvue d'un cercle paraissant en être détaché par une rainure profonde. **Contremarque :** marque frappée postérieurement pour modifier la valeur de la pièce (le signe monétaire est la 1re marque de fabrication). **Cordon :** renforcement du rebord de la pièce la protégeant de l'usure. **Crénelée** (ou **dentelée**) : médaille découpée sur les bords.

Date : millésime de fabrication. Existe sur les pièces françaises dep. 1550 env. **Démonétisée :** monnaie dont tout pouvoir légal de paiement est retiré par décret. **Déneral :** plaque de métal servant de modèle : diamètre et poids d'une monnaie (ou poids monétaire utilisé autrefois par les changeurs pour vérifier le poids des monnaies). **Différents :** marques du graveur ou d'atelier. **Électrum :** mélange naturel d'or et d'argent. **Encastrée :** m. à cercle ornée de moulures et placée à la suite du médaillon. **Essais** (ou « pièces d'hommage ») : projet de graveurs concevant un modèle nouveau, ou 1re frappe avec un coin nouveau, servent à la présentation du modèle aux membres du gouvernement, aux parlementaires et à certaines personnalités. Sous la monarchie, les intendants, échevins, etc., bénéficiaient de cette coutume. **Fleur de coin** (prooflike) : conservation exceptionnelle ; qui n'a pratiquement jamais circulé et a gardé sa fraîcheur de frappe. **Fonte originale :** meilleur exemplaire connu d'une médaille ; **de l'époque :** de l'ép. de la fonte originale ; **ancienne :** pouvant être faite 20 ans après. **Fourrée :** plaqué d'argent ou d'or sur un métal commun (en allemand : **subferraten** désigne les mélanges de cuivre ou de fer plaqués d'argent ; **subplumbaten** la plaque d'argent est posée sur du plomb). **Frappe : en médaille :** dans le même sens avers et revers ; **en monnaie :** la partie haute de l'avers correspond au bas du revers. **Inscription :** texte horizontal inscrit sur une monnaie, souvent sa valeur.

Jetons : à Rome les **tessères** (petits disques ou tablettes de bois, ivoire, terre cuite ou métal) sont utilisées dans les assemblées pour élire les magistrats et exprimer les suffrages ; ou distribuées au peuple pour servir de monnaie d'échange pour la nourriture, l'accès aux théâtres, cirques, lupanars ; ou servent de signes de reconnaissance (premiers chrétiens) ou aussi de signes de ralliement ou d'introduction pour des réunions non publiques. Au Moyen Age, le **méreau** finit par se confondre avec le jeton : destinations variées, en plomb, cuivre ou étain ; **m. ecclésiastiques**, les plus nombreux à l'heure actuelle : rétributions des religieux ou donnant droit à des dons divers pour les pauvres ; **m. civils** pour certaines confréries ou corporations : convocation, laissez-passer, marques d'identification, etc. ; **jeton,** au début instrument de calcul pour les comptes des particuliers ou des administrations (imitant souvent les monnaies, peuvent servir à frauder d'où l'expression « faux comme un jeton ») ; les rois et princes en utilisent comme marque de reconnaissance, récompense, puis beaucoup en font graver en témoignage de leur puissance ; ils sont plus rares que la plupart des monnaies (leur frappe allait de quelques centaines à 8 000 ou 10 000) ; les jetons en or sont rares car souvent fondus pour récupérer le métal précieux. **Prix des jetons.** En argent (Henri II à Louis XVI) valent 500 à 5 000 F, record déb. XVIe s. jeton de Jacques Charmolue (changeur du Trésor sous Louis XII et François Ier) 8 500 ; cuivre de 50 à 300 F.

Contrefaçons

Procédés. La *frappe*, gravure séparée en relief des différentes parties du prototype, imprimées ensuite sur un « coin » d'acier qui servira de moule aux fausses pièces. Un expert peut assez facilement reconnaître une pièce fausse. *Peines encourues* (loi du 27-11-1968) : 1 à 5 ans de prison, amende de 2 000 à 200 000 F pour faux de monnaies étrangères or ou argent ayant eu cours légal. (Le faussaire n'est jamais assimilé aux faux-monnayeurs et s'expose à des peines moins lourdes.)

Pays. Surtout Liban, Turquie, Irak, Syrie (assez grossier), Grèce, Italie, Pays-Bas.

Faussaires célèbres. XVIIIe s. : Carl Wilhelm Becker (Allemand). XIXe s. : Constantin Cristodoulos (Grec), Gigal (Italie). XXe s. : Peter Rosen (N. Y.), Dr Schmidt (Bonn, All. féd.).

Légende : inscription circulaire à l'avers ou au revers, parfois sur la tranche. **Mancoliste :** liste des monnaies recherchées ou offertes, inscrite selon une méthode abrégée mais suffisamment précise pour permettre des échanges.

Médaille : désignait dans l'Antiquité la monnaie (moyen d'échange) ; actuellement, c'est une pièce commémorative (ovale ou ronde) nommée **pièce de plaisir** par les anciens, sans valeur de paiement ou d'appoint. Elle montre en général à l'avers un personnage (souvent en buste) et au revers une allégorie ou symbole se rapportant à son action. La médaille atteignit son apogée à la Renaissance (Pisanello fixe en 1439 ses caractères définitifs). Les 1res méd. furent fondues d'après un modèle de cire ; au XVIIe s., le procédé de la frappe au balancier fut adopté en Fr. Après Louis XIV, apparut l'influence de la grande peinture historique, et un certain académisme. On doit distinguer les premières fontes et les fontes anciennes (faites quelquefois 10 ans après la fonte originale). **Médaille non frappée :** morceau de métal non décoré servant de valeur d'échange ; **grenelée :** couverte de petits points ronds entourant le sujet principal (type) ou occupant le champ ; **incuse :** revers reproduisant en creux le type de l'avers ; **martelée :** revers effacé au marteau.

Méreau : jeton de présence d'organismes officiels ou privés. V. plus haut. **Module :** diamètre d'une médaille (**quinaire :** plus petit module ; **médaillon :** plus grand que les dimensions ordinaires). **Monogrammes** (lettres entrelacées) : apparaissent à partir du monnayage grec. **Obsidionales :** monnaies émises pendant le siège des villes par assiégés et assiégeants. **Panthées :** m. à tête ornées des attributs de divinités. **Parlantes :** monnaies offrant des types se rapportant à la signification du nom de la localité (*ex. :* m. de Cordia, ornées d'un cœur).

Pièces de nécessité : p. battues sur autorisation de l'État en certaines périodes agitées, par des corps constitués ou des particuliers (*ex. :* chambres de commerce, municipalités, grandes sociétés).

Piéforts : appelés « pièces d'honneur », ils étaient offerts par le roi aux dignitaires de son entourage (grands féodaux, prélats, etc.). Ils étaient plus épais que l'original et frappés comme modèle. Actuellement des piéforts de divers métaux sont frappés chaque année par la Monnaie, en nombre limité, vendus aux collectionneurs. Ex. : pièce de 50 F millésimée 1979, piéfort en platine 30 ex., en or 400 ex., dans le métal des pièces 2 250 ex. A partir de la création du « Gros Tournoi » par Saint Louis, les piéforts furent frappés au format ordinaire. **Primitives :** monnaies de forme rustique utilisées dans des temps très anciens ou hors d'Europe (coquillage, frappes sur divers objets). **Saucé :** cuivre argenté ou recouvert d'une feuille d'étain (potin : composé de cuivre et d'argent). **Supposée :** monnaie ou méd. argentée remplaçant temporairement dans une collection certaines pièces authentiques manquantes. **Spintrienne :** jeton d'entrée dans les maisons de débauche des empereurs romains. **Symboles :** Antiquité (**tête d'éléphant :** symbole de l'Afrique ; **sistre et ibis :** Égypte ; **chameau :** Arabie ; **lapin** et **soldat armé d'un javelot :** Espagne). **Tranche :** épaisseur du pourtour de la pièce avec parfois des inscriptions en relief ou en creux ou d'autres signes variés. **Treizains :** pièces bénies (13), versées par l'époux, dans de petites boîtes d'argent ou dans des sacs brodés le plus souvent en argent, argent doré, rarement en or. **Type :** effigie, motif ou représentation identiques sur une série de pièces (ex., type à la croix).

Principales séries et cours 1984-85 [1]

Nota. — (1) Cours en milliers de F. Voir aussi Index.

Source : Jean Vinchon (expert national).

Abréviations : a. : aureus ; d. : didrachme ; de. : décadrachme ; di. : distatère ; dr. : drachme ; m. : médaillon ; o. : octodrachme ; s. : statere ; se. : sesterce ; si. : silique ; so. : solidus (au pluriel : solidi) ; t. : tétradrachme ; tr. : tridrachme ; tre. : tremissis.

Monnaies les plus rares. On connaît plus de 100 pièces dont il n'existe qu'un spécimen. La plus connue est la pièce de 20 statères d'Eucratide Ier (169-159 av. J.-C.). En 1946, un dollar d'argent américain de 1804 (6 ex. connus) a été vendu 200 000 dollars. L'écu d'or de St Louis (1re pièce d'or frappée en France depuis l'époque carolingienne, 8 ex. connus) vaut env. 2 000 000 F. Décadrachme en argent de la reine Démarète env. 2 000 000 F ; décadrachme d'Athènes env. 3 330 000 F ; tétradrachme de Naxos env. 930 000 F.

Principaux éléments du prix. État de conservation et rareté. Une monnaie à « *fleur de coin* » (F.D.C.) peut valoir 10 fois plus qu'une même monnaie dans un état moyen et 1 000 fois plus que les frustes, utilisées pendant un ou plusieurs siècles (jusqu'en 1856 avant le monnayage du 2e Empire).

« Superbe » (éclat peut être terni, sans défaut), *« très beau », « T.B. », « beau »* (fruste), *« B »* (très fruste).

• **Monnaies protohistoriques** (et début de la période historique). *Cachets* 500 à 6 000. *Cylindres* 500 à 30 000.

• **Monnaies grecques.** *700-480 av. J.-C.* (époque archaïque) : 1er monnayage sous Solon (640-558), création du tétradrachme en 561 par Pisistrate (profil d'Athéna sur l'avers, chouette sur le revers). *480-415 :* diversification des monnaies (env. 1 650 types) ; chaque pièce porte une marque de la cité émettrice : *Phocée,* phoque ; *Corinthe,* poulain (Pégase) ; *Athènes,* Athéna et chouette ; *Clazomène,* Apollon ; *Égine,* tortue ; *Éphèse,* abeille ; *Syracuse,* nymphe Aréthuse et courses de chars ; *Étrurie,* Gorgone ; *Crète,* Minotaure. *415-336 :* apogée, certaines monnaies sont signées. *336-196 :* Alexandre (336-323) crée une monnaie panhellénique qui dure jusqu'en 170 av. J.-C. et frappe des pièces à son effigie. *196-27 :* conquête romaine, seules les villes ralliées aux vainqueurs battent librement leur monnaie.

Système ayant la drachme pour étalon, multiples : didrachme (2), tétradrachme (4), décadrachme (10) ; sous-multiples : hémidrachme (triobole), diobole (1/3 de drachme), obole (1/6 de drachme). *Ayant le statère,* multiples : double statère, trihémistatère ; sous-multiples : hémistatère (1/2 st.), trité (1/3), tétraté (1/4), hecté (1/6) [la pièce était si petite que les Grecs la mettaient dans la bouche pour ne pas la perdre, d'où l'expression : *avoir un bœuf sur la langue* (car la pièce représentait un bœuf)].

Cours [1]. Électrum : *Milet (Ionie)* (VIe s. av. J.-C.) hecté (tête de lion la gueule béante) 8. *Carthage* (242-146). *Tr.* (242 av. J.-C.) s. olympique 68. *Samos* (v. 500 av. J.-C.) hecté 3. **Or :** *Macédoine Alexandre le Grand* (336-323 av. J.-C.) di. 17,16 g, 79,2. *Mysie-Lampsaque* (394-350 av. J.-C.) s. 8,4 g, 112,5. *Thrace-Chersonèse-Taurique-Panticapée* (400-300) s., 9.11 g, 540. *Thrace-Lysimaque* (323-281 av. J.-C.) s. 49 g, 45. *Tarente* (315-314) s. 8,52 g, 149,5. *Epire-Pyrrhus* (295-272) s. 8,57 g, 285. *Égypte-Arsinoé* (270-246) o. 27,78 g, 95. *Ptolémée IV* (221-204) o. 27,72 g, 101,5. *Bérénice II* (246-211) de. 42,75 g, 780. **Argent :** *Naxos* (461-430 av. J.-C.) t. 930. *Zeugitane-Carthage* (242-146 av. J.-C.) de. 101. *Thrace* (v. 400 av. J.-C.) t. 180, except. 343. *Delphes* (336-334 av. J.-C.) s. 12,29 g, 465 ; (350-388 av. J.-C.) s. 420 (1984). *Lucanie-Métaponte* (400-350) s. italiote 7,80 g, 6. *Sicile-Syracuse* (425-413 av. J.-C.), de. attique de Kimon, 42,77 g, 540 ; t. attique de Eucleidas, 17,06 g, 39. *Attique-Athènes* (338-329) t. 17,20 g, 2,7 ; de. 575 ; 40,4 g (v. 483) 520. *Agrigente* (413-406) t. 16,92 g, 186,5. *Aenos* (400-350) t. 15,73 g, 489. *Amphipolis* (424-358) t. 88,8. *Posidonia* (550-470) s. 72. *Crète-Knossos* (600-431) s. 11,99 g, 45. *Carie-Orontopatès* (334-333) t. 14,97 g, 117. *Cilicie-Pharnabaze* (379-374) s. 15,16 g, 190. *Égypte-Ptolémée Ier Sôter* (305-285) t. 15,67 g, 35. *Cléopâtre VII* (51-30) t. 13,5 g, 780. **Bronze :** *Sicile-Syracuse* (413-357) tête d'Athéna, 22,82 g, 6,2.

• **Monnaies romaines.** *IVe s. av. J.-C. :* 1ers types monétaires, d'origine étrusque : *as signatum :* grand lingot de bronze coulé représentant bétail, caducée, trident, etc. ou symbole religieux ; *as* ou *assis* (lingot d'une livre de 327 g), *quincussis* (5 as), *quadrussis* (4 as). *V. 269 av. J.-C. :* 1res monnaies d'argent plus légères, l'as descend à 109 g, puis 27 g (as oncial). *V. 280 av. J.-C. :* apparition de l'*as grave* en bronze (en 268, création d'un atelier de frappe au Capitole), *denier* (argent) de 4,30 g, valant 10 as de bronze, *demi-denier* (quinaire), *demi-quinaire* (*sesterce* en arg.). *V. 187 av. J.-C. :* naissance du système romain. *En 87 av. J.-C.,* à partir de Sylla ; *aureus, demi-aureus* (ou quinaire d'or), *denier* d'argent (et quinaire d'argent). *D'Auguste à Dioclétien :* or : *aureus* quinaire d'or (très rares à l'époque pré-impériale), 1/2 *aureus ;* argent : *denier* (1/25 aureus) et *quinaire* d'argent, 1/2 denier ; bronze ou cuivre : *sesterce* (1/4 denier) ; *dupondius* (1/8 denier) ; *as* (1/6 denier) ; *semis* (1/2 as) ; *quadrans* (1/4 as). *Au début du IIIe s.* apparaît un double denier d'argent *(antoninien)* qui se dévalue durant la 2e moitié du IIIe s. *Après Constantin,* en or : *solidus* (ou sou d'or), *semissis* (demi-sou), *tremissis* (1/3 de sou) ; en argent : *milliarense* (ou millarès), *silique* et *demi-silique.*

Cours [1]. Or : *Trajan* (98-117) 6,94 g, 12. *Aelius* (136-138) a., 7,24 g, 51. *Antonin le Pieux* (138-161) a., 7,32 g, 77,2. *Marc Aurèle* (161-180) a., 7,37 g, 14. *Lucius Vérus* (161-169) a., 7,30 g, 71,5. *Marc Aurèle* (140-161) a., 7,27 g, 53,5. *Commode* (180-192) a., 7,24 g, 59,5. *Septime Sévère* (193-211) a., 7,17 g, 101. *Caracalla* (212-217) a., 7,37 g, 190. *Diadumenien* (217-218) a., 7,37 g, 202. *Lelien* (268) a., 6,72 g, 380. *Probus* (276-282) a., 6,54 g, 90. *Fausta* (vers 300) m. 2 so., 8,98 g, 416. *Constantin II* (337-340) m. 1,5 so., 6,7 g, 105. *Magnence* (350-353) so., 4,50 g, 21. *Procope* (365-366) so., 4,31 g, 200. *Honorius* (395-423) so., 4,49 g, 1,6. *Eudoxie* (434-455) so., 4,44 g, 116.

Argent : *Romano-campanien* (342-317 av. J.-C.) d. ou s. 6,67 g, 28. *Octave Auguste* (63-14 av. J.-C.) denier 3,79 g, 10. *Constantin le Grand* (307-337) m.

de 4 si. 13,1 g, 115. *Constance II* (337-361) m. de 4 si. 13,07 g, 128.

Bronze : *Vespasien* (69-79) se. 25,92 g, 46. *Faustine mère* (épouse d'Antonin le Pieux, 105 apr. J.-C.) dupondius 11,62 g, 3,6. *Alexandre Sévère* (cousin d'Élagabale, 205) se. 19,67 g, 8,5. *Nigrinien* (fils de Carin ou d'Alexandre Tyran en Afrique, 283) petit bronze 4,16 g, 7,5. *Valeria* (fille de Dioclétien et 2e épouse de Galère, 315) follis 6,15 g, 1,2. *Constantin Ier le Grand* (323-337) petit bronze 2,73 g, 1,9. *Crispus* (fils de Constantin et Minervina, 300) petit bronze 3,61 g, 1,6. *Constance Galle* (frère de Constantin le Grand, 325) follis 4,30 g, 1,9.

• **Monnaies byzantines** (395-1453 apr. J.-C.). Style hiératique. L'effigie de l'empereur cède la place au Christ Pantocrator (Croix présente à partir du milieu du ve s.). Avec la querelle des iconoclastes (VIIIe s.), les images du Christ se font rares et réapparaissent au IXe s., associées à celle de la Vierge, parfois au Souverain. Au XIe s., les *scyphates* (plaques rondes et concaves, métal mince) portent les effigies des empereurs (Comnène, Paléologue). **Cours [1]. Or :** *Marcien* (450-457) so. ou sou d'or 4,44 g, 3. *Justin II* (565-578) so. 4,48 g, 4,3. *Constantin IV* et ses frères *Heraclius et Tibère* (668-685) so. 4,30 g, 2. *Justinien II* (685-695) so. 4,45 g, 5,5. *Léon V* (813-820) so. 4,41 g, 44. *Basile Ier* (867-86). *Romain III Argyre* (1028-1034) so. de flan large ou Nomisma histaménon 4,39 g, 4,5.

• **Monnaies gauloises.** *Vers IIe av. J.-C. :* 1res monnaies gravées. Style variable selon régions. Figuration symbolique très stylisée (corne d'abondance, astres, lyres, silhouettes stylisées, bestiaire fabuleux). **Cours [1]. Or :** *Aulerci cenomani* (région du Mans) s. or 7,10 g, 8. *Parisii* (Paris) s. or 80. *Helvétie* (Suisse) double s. 83,5. *Namnètes* (Nantes) s. 27,5. **Argent :** *Massilia* (IVe s. av. J.-C.) 4,4. *Celtes du Danube,* t. 16,91 g, 25.

• **Monnaies mérovingiennes et carolingiennes.** L'époque mérovingienne est peu favorable à la monnaie. Le *triens* (or) présente à l'avers l'effigie royale stylisée ; au revers, une croix avec la mention de l'atelier de frappe. Le bimétallisme (or et argent) se généralise au VIIe s. (abbayes, villes ou seigneuries battent monnaie). Charlemagne rétablit l'unité de frappe et renoue avec la tradition romaine : sur l'avers des deniers et 1/2 deniers, effigie de l'emp. à l'antique ; sur le revers, stylisation de la basilique romaine. **Cours [1]. Or :** *Ostrogoths Athalaric* (fils d'Amalasunthe, 526-534) so. 4,35 g, 8. *Théodebert :* sou d'or 1re monnaie royale fr. *Dagobert* (629-639) tre. 1,34 g, 62. *Pépin le Bref* (751-768) denier 1,19 g, 14. *Louis le Pieux* (814-840) so. 4,33 g, 144 ; denier 1,66 g, 15. *Benevent Grinwald et Charlemagne* (788-792) sou d'or 3,82 g, 12.

• **Monnaies royales françaises.** *Philippe Auguste,* avec le denier d'argent Parisis et le tournois, rétablit l'unité monétaire. *St Louis* limite circulation et validité des monnaies féodales, impose la monnaie royale, s'engage en 1266, en créant l'écu d'or, à ne frapper que de la monnaie de bon aloi. *Jean le Bon* émet en 1360 : franc [à pied (roi debout sous un dais), à cheval] ; sert à payer sa rançon ; *Louis XI :* écu du soleil ; *Louis XII :* teston d'agent (buste à l'antique) ; *François Ier :* 1540, frappe contrôlée par un graveur général des Monnaies. *Henri II :* qualité améliorée par balancier. *Louis XIII :* 1640, restaure le système monétaire ; le double louis (Louis) d'or conservera jusqu'en 1709 poids et titre (avers : effigie du roi ; revers 8 L disposés en croix). Écu blanc en argent ; deniers, sous, liards en billon.

Cours [1]. Or : *Philippe IV le Bel* (1285-1314) denier d'or à la reine (1305) 4,68 g, 108. *Louis X le Hutin* (1314-16) agnel d'or (1314) 4,06 g, 33. *Jean II le Bon* (1350-64) écu d'or (1351) 4,47 g, 1,9 ; mouton d'or (1355) 4,65 g, 22,5. *Charles V le Sage* (1364-80) franc à pied (1365) 3,77 g, 6,8. *Henri VI* (1422-53) salut d'or (1423) 3,42 g, 6,5. *Louis XI* (1461-83) écu d'or à la couronne (13-12-1461, 4-1-1474) 3,36 g, 4. *François Ier* (1515-47) écu d'or au soleil, 1er type (23-1-1515) 3,40 g, 3,8 ; écu d'or au soleil, 4e type (21-7-1519) 3,36 g, 3,5. *Henri III* (1574-1589) écu d'or au soleil (1586), 3,31 g, 2,7. *Louis XIII* (1610-43) écu d'or au soleil (1624) 3,34 g, 11,6 ; 10 louis d'or au col nu, except. (1642) 67,26 g, 325 ; double l. d'or (1640) 13,44 g, 75 ; l. d'or à la mèche longue (1642) 6,71 g, 13,5. *Louis XIV* (1643-1715) l. d'or juvénile tête nue (1668) 6,73 g, 16 ; l. d'or aux 4 L (1694) 6,70 g, 7 ; l. d'or aux 8 L et insignes (1701) 6,67 g, 13,5 ; l. d'or aux insignes (1704) 6,70 g, 6,6 ; double l. d'or au soleil (1712) 16,25 g, 39,5 ; l. d'or au soleil (1710) 8,13 g, 11. *Louis XV* (1715-74) l. d'or aux 8 L (1715) 8,13 g, 150 ; l. d'or à la Croix de Malte (1718) 9,77 g, 25,5 ; double l. de Noailles (1717) 12,21 g, 104 ; l. d'or aux 2 L (1721) 9,76 g, 29,5 ; l. d'or aux lunettes (1737) 8,09 g, 15 ; double l. d'or au bandeau (1746) 16,29 g, 5,5 ; l. d'or au bandeau (1742) 8,03 g, 15. *Louis XVI* (1774-93) l. d'or aux palmes (1774) 8,14 g, 45 ; l. d'or au buste habillé (1782) 8,12 g, 12,5 ; double l. d'or au buste nu (1786) 15,25 g, 12,2 ; l. d'or au buste nu (1787) 7,64 g, 6,8. *Constitution* (1792-1793) l. d'or de 24 livres (1792-an 4) 7,59 g, 53,75. *Convention* (1792-95) l. d'or de 24 livres (1793-an II) 7,67 g, 31.

• **Collections principales** (nombre de pièces). ALLEMAGNE : *Berlin :* 500 000 ; *Dresde :* 30 000 ; *Munich :* 220 000. ANGLETERRE : *Cambridge,* Fitzwilliam Museum : 120 000 ; *Londres,* British Museum : 500 000 ; *Oxford,* Ashmolean Museum : 90 000. AUTRICHE : *Vienne,* Musée impérial : 500 000 ; coll. des Bénédictins. BELGIQUE : *Bruxelles :* 200 000. ESPAGNE : *Barcelone,* Cabinet numismatique : 120 000. FRANCE : *Bordeaux,* 4 000 médailles, 15 000 pièces de monnaie, jetons, minéraux, etc., av. le vol de mars 1975, 10 000 depuis ; *Lille :* 5 000 env. ; *Lyon :* 15 000, *Marseille :* 20 000 ; *Paris,* Cabinet des Médailles : env. 500 000 monnaies, 100 000 médailles, 30 000 jetons ; Hôtel de la Monnaie. GRÈCE : *Athènes.* HOLLANDE : *La Haye :* 200 000. INDE : *Calcutta.* ITALIE : *Bologne :* 100 000 ; *Florence ; Milan :* 145 000 ; *Naples,* Musée civique Gaetano Filangieri : 8 500 ; Musée national ; env. 300 000. *Padoue ; Palerme ; Reggio di Calabria ; Rome* (Vatican), Cabinet numismatique : 100 000 ; *Turin ; Syracuse :* 5 000. TURQUIE : *Istanbul :* 500 000. U.S.A. : *New York,* American Numismatic Society : 900 000.

Argent : *Louis IX* (1266-70) gros tournois de St Louis 4 g, 2,6. *Louis XIII* piéfort de l'essai du franc (1618) 56,10 g, 17,3 ; l. d'argent de 68 sols tournois (1642) 27,28 g, 25 ; franc en argent (1638) Bordeaux 32. *Louis XIV* écu au buste juvénile (1667) 27,14 g, 3,2 ; é. carambole (1685) 37,02 g, 6,8 ; é. aux 3 couronnes (1709) 30,39 g, 6,4. *Louis XV* é. Vertugadin (1716) 30,41 g, 5,5 ; é. de France et de Navarre (1719) 24,35 g, 5,4 ; é. aux 8 L (1724) 23,54 g, 21 ; essai de l'é. au bandeau (1740) 29,43 g, 14. *Louis XVI* 1/2 é. aux lauriers (1789) 14,69 g, 1,9 ; é. de Calonne (1786) 29,17 g, 11 ; *gouvernement constitutionnel* (1789-93) essai en argent de Vasselon (1791) 29,36 g, 23,5 ; petit é. de 3 livres (1792) 14,55 g, 2,8.

• **Nettoyage des monnaies. Généralités :** on ne peut pas restituer le relief d'une pièce usée. Se méfier de tous abrasifs et des procédés souvent conseillés ; dans bien des cas, se contenter d'eau et de savon. La patine doit être conservée.

Argent : nettoyer à l'alcool, à l'éther ou à la lessive Saint-Marc diluée dans de l'eau très chaude ; tremper les pièces très sales quelques secondes dans une solution de vitriol et d'eau (1/10e de vitriol versé dans l'eau). **Bronze :** brosse de soie ; conserver la patine. **Or :** tremper les pièces dans de l'eau savonneuse bouillante.

• **Numismates** (collectionneurs). *France :* 100 000 dont plus de 30 000 suivent les manifestations numismatiques. *U.S.A. :* 20 millions. *Allemagne :* 100 000.

• **Régime fiscal.** Taxe de vente forfaitaire due même en l'absence de plus-value. *Vente privée :* monnaies d'avant 1800 : taxe de 6 % sur le prix de vente (exonération jusqu'à 20 000 F et décote entre 20 000 et 30 000 F) ; depuis 1800 : t. de 6 %, sans exonération ni décote. *Vente publique :* taxe de 4 % sur le prix de vente (exonération jusqu'à 20 000 F, décote entre 20 000 et 30 000 F).

• **Monnaies féodales. Cours [1]. Or :** AQUITAINE : *Édouard III* (1317-55) Guyennois 3,84 g, 34. *Édouard* (Prince Noir 1355-75) chaise 5,48 g, 65 ; hardi 3,92 g, 116 ; pavillon 5,32 g, 22. AVIGNON : *Clément VIII,* quadruple écu d'or 80. BÉARN : *François Phebus* (1479-83) écu 3,42 g, 34. BOURGOGNE : *Philippe le Bon* (1419-67) cavalier 3,62 g, 25. LORRAINE : *Antoine* (1508-44) florin d'or 6. *Charles III* (1545-1608) double pistole (1588) 5. *Léopold Joseph Ier* (1697-1729) double léopold (1726) 67. **Argent :** LORRAINE : *François II* (1625-32) écu à la vierge (1632) 65. CHATEAURENAUD : *François de Bourbon et Marguerite* écu (1614) 22. VERDUN : *Charles de Lorraine-Chaligny* (1611-22) grand écu 30.

• **Monnaies contemporaines.** *1793 :* le profil de L. XVI est remplacé par une couronne de branches de chêne, la Convention remplace le système duodécimal par le système décimal. *1795 :* le franc remplace la livre-tournois ; sur les *monnaies de confiance,* apparaît le visage de la Ire Rép. *Directoire :* apparition du 5 F en argent. *Restauration :* la Monnaie Royale commence à frapper le platine (d'Am. du Sud). *1849 :* 1er visage de Marianne avec la devise Liberté, Égalité, Fraternité. *1872 :* la IIIe Rép. reprend les modèles de 1793 et 1848 jusqu'en 1895. *1897 :* Semeuse de Roty (pièces de 50 c, 1 F, 2 F en argent jusqu'en 1928), coq de Chaplain en or, Rép. au bonnet phrygien de Dupuis en cuivre. *1914-44 :* sous troués en nickel. *1940 :* le mar. Pétain émet des essais avec son effigie (non mis en circulation) ou la francisque (mise en circulation).

Cours [1]. *Napoléon Ier* (1804-14) 5 F (1805-15) 24,87 g, 2,1 ; 5 F tête laurée (1814) 24,88 g, 0,7. *Louis XVIII* (1815-24) 5 F au collet (1814) 25,03 g, 2,2. *Charles X* (1824-1830) 20 F tristriée 9. *Louis Philippe* (1830-48) 5 F tête nue (1830) 24,70 g, 1,9. *Napoléon III* (1852-70) 5 F tête nue (1856) 24,93 g, 2,4. *IIIe République* (1871-1940) essai bimétallique de 5 centimes par Bazor (1935) 13,85 g, 3,8.

• **Monnaies étrangères. Cours [1]. Or.** ALLEMAGNE : *Hildesheim ville :* 5 ducats 75 (1528), 16,72 g, 75. BELGIQUE : *Philippe IV d'Esp.* (1621-65) : double souverain (1636) 10,94 g, 15. CHINE : dollar en or (1921) 29,5. ÉGYPTE : *Saladin :* dinar (1187) 280 (record, 1983). ESPAGNE : *Ferdinand II* (1452-1516) : 10 ducas (1479) 34,97 g, 341. *Charles III* (1759-88) : 4 escudos (1774) 13,47 g, 3,5. *Alphonse XIII* (1886-1931) : 100 pesetas (1897) 32,24 g, 18,3. G.-B. : *Édouard III* (1327-77) : noble (1356-61) 7,57 g, 10. ITALIE : *République de Florence* (1189-1531) : florin 3,51 g, 2,9 ; *Victor-Emmanuel II* (1849-61) : 20 lires (1858) 6,42 g, 1. JAPON : *Mutsu Hito* (1867-1912) : 20 yen (1877) 33,3 g, 295. PAYS-BAS (Utrecht) : cavalier de 14 florins (1750) 9,68 g, 4,5. PERSE : *Nasredin* (1848-96) : 10 tomans (1880) 27,54 g, 19. SUISSE (Soleure) : doublon (1787) 7,63 g, 15 ; 100 F Vreneli (1925). TURQUIE : *Abdul Aziz* (1861-76) 500 piastres (1870) 36,03 g, 3,6. **Argent.** AUTRICHE (Tyrol) : *Charles VI :* thaler (1721) 3,1. G.-B. : *Victoria* (1837-1901) : couronne « gothique » (1847) 28,2 g, 10,65. P.-BAS (Utrecht) : ducaton ou cavalier (1786) 1,7. U.S.A. : 1/4 de $ (1806) 3,4 ; 1/2 $ (1806) 1,7 $ (1795) 19.

Nota. — (1) Cours en milliers de francs.

Mosaïque

En latin, *musivum opus* signifie : travail auquel président les Muses. Les *musea* étaient des grottes naturelles ou artificielles, des fontaines décorées de mosaïques.

Technique

Sol ou mur enduits d'un 1er ciment de marbre pilé et de chaux ; puis d'un 2e ciment plus fin (brique pilée et chaux) qui recevra les cubes taillés en biseau. Pour le 2e ciment, on étalait la surface correspondant au travail qui pouvait être exécuté immédiatement après. L'image à reproduire était peinte sur cette surface ; ensuite on enfonçait les cubes dans le ciment encore frais. Ces cubes en brique, pierre, marbre, terre cuite ou verre peuvent être recouverts d'une mince feuille d'argent ou d'or et enrobés de verre, ou colorés par des oxydes métalliques mélangés à de la pâte de verre (ainsi qu'avec des morceaux de vaisselle cassée, des coquilles d'œufs ou des coquillages).

Principales mosaïques

• **Moyen-Orient.** Quelques vestiges de mosaïques murales.

• **Grecques et romaines.** On en a retrouvé un grand nombre : la plupart ornaient le sol. Faites au début de cailloux noirs et blancs mal égalisés, elles deviennent au IIIe s. polychromes et plus fines ; cependant, les Romains (notamment à Pompéi) produiront surtout des mosaïques noires et blanches.

Principales collections. M. de Naples, des Thermes du Latran (Rome), du Bardo, de Sfax, d'El Djem, de Sousse (Tunisie), British Museum (G.-B.).

Pièces célèbres. Vue sur le Nil (Ier s. av. J.-C., 1re mosaïque romaine connue), palazzo Barberini (Palestrina, Italie). Bataille d'Issus, trouvée à Pompéi (m. de Naples). Colombe de la villa d'Hadrien (m. du Capitole). Virgile entre les 2 muses (m. du Bardo).

• **Chrétiennes. Italie.** *Rome :* mausolée de Ste-Constance, St-Jean-de-Latran, chap. de Ste-Rufine, Ste-Pudentienne (IVe s.) ; Ste-Marie-Majeure (Ve s.) ; St-Laurent-hors-les-Murs (578-80) ; Ste-Agnès-hors-les-Murs (VIIe s.).

• **Byzantines. 1er Age d'or byzantin** (ve-vie s.). *Ravenne :* mausolée de Galla Placidia (450), baptistère des orthodoxes (425-30), baptistère arien (520), St-Apollinaire-le-Neuf (la Vie du Christ) (520-26), St-Vital (Justinien et Théodora) (526-47), St-Apollinaire-in-Classe (535-49). *Naples :* baptistère de Soter (470-90). *Parenzo* (530-35). *Salonique :* St-Démétrius (Ier-viie s.). *Mont Sinaï :* monastère de Ste-Catherine (sous Justinien).

2e Age d'or byzantin (ixe-xiie s.). Les sujets occupent généralement ces places : *Coupole :* buste du Christ Pantocrator entouré des apôtres, des prophètes et d'archanges. *Pendentifs :* les 4 évangélistes. *Abside :* la Vierge, la communion des apôtres. *Nef* et *narthex :* vies du Christ et de la Vierge, images de saints.

Deux scènes se rencontrent fréquemment : l'*Hémistasis* représentant le trône vide réservé au Christ pour le Jugement dernier : l'*Anastasis* représentant la visite du Christ aux limbes.

France. *Germigny-des-Prés* (Loiret) (801-806). *Grand* (Vosges) : 14 m de côté, la plus grande trouvée en France.

Grèce. *Daphni* (la Crucifixion) (1100). *St-Luc-de-Stiris* (xie s.). *Nea Moni* (île de Chio, 1052-56). *St-Luc-en-Phocide.*

Italie. *Rome :* Ste-Marie-Majeure (abside par J. Torriti, xiiie s.), St-Jean-de-Latran (abside par Torriti, xiiie s.), palais Stefaneschi (par Giotto), Ste-Marie-du-Transtévère (par Cavallini, xiiie s.). *Orvieto :* cath. (refaite xviie et xviiie s.) *Venise :* St-Marc (du xiie s. à la Renaissance). *Murano :* basil. (abside). *Torcello :* cath. (abside, xie-xiie s.).

Sicile. *Palerme :* la Martorana, chap. Palatine, la Liza (1154-64). *Monreale* (1174-82). *Cefalu* (1150-75, chœur). *Messine :* St-Grégoire.

Turquie. *Istanbul :* Ste-Sophie (jusqu'en 1204), Kahriye Djami, Fetiye Djami (xive s.).

• **Amérique latine.** Il s'agit surtout d'objets incrustés de pierres (obsidienne, grenat, quartz, béryl, malachite, etc.). On en trouve chez les Mayas et les Aztèques.

Principales collections. Musées : de l'Amérique latine, New York, Mexico, Berlin, Copenhague, Londres, Rome, Vienne.

Pièce la plus célèbre. Masque du British Museum à Londres, comprenant des milliers de morceaux de turquoises.

• **Modernes.** Depuis 1930, on décore à nouveau les murs de mosaïques : Université de Caracas (Venezuela) par Fernand Léger ; UNESCO et Maison de la Radio (France) par Bazaine ; Fondation Maeght (France, St-Paul-de-Vence) par Chagall ; Bibliothèque de l'université nationale de Mexico (la plus grande mosaïque du monde : 1 203 m², évoque le passé préhistorique du Mexique) par Siqueiros.

Orfèvrerie

Histoire

Origine. Du latin *aurum* (or) et *faber* (fabricant), l'orfèvrerie est l'art de travailler l'or et l'argent. Pratiquée en Orient, en Égypte, en Grèce et à Rome, se développe surtout, en Europe, au Moyen Age. Jusqu'au xviiie s. (apogée de l'orfèvrerie en Fr. : 300 orfèvres à Paris), orfèvrerie, bijouterie et joaillerie n'étaient qu'un seul métier. L'orfèvre fabrique surtout des objets usuels ; le bijoutier ne fabrique que des bijoux ; le joaillier se sert des métaux précieux pour monter les pierres. Pour éviter toute fraude, les taux d'alliage ont été réglementés. Les orfèvres étaient tenus de travailler à la vue des passants ; ils n'avaient pas le droit de travailler la nuit.

Orfèvres français célèbres. St Éloi (viie s.). Abbon (viie s.). Hennequin du Vivier (xve s.). Benvenuto Cellini (Italien d'origine, 1500-71). François Briot (1550-déb. xviie s.). Claude Ballin (1615-78). Thomas Germain (1673-1748) et son fils François-Thomas (1726-83). Louis Lehendrick (xviiie s.). Nicolas Delaunay (1647-1727). Jacques Nicolas Roettiers (1707-84). Ambroise Nicolas Cousinet (1710-88). Robert-Joseph Auguste (1723-95) et son fils Henry (1759-1816). Antoine Boule (xviiie s.). Edme Pierre Balzac († v. 1786). François Joubert (xviiie s.). Nicolas Outrebon Ier et Nicolas Outrebon II († 1779). Charles Auguste Aubry (v. 1730-92). Dynastie des Odiot : Jean-Baptiste Gaspard († 1767) et Henri Gaspard (son frère, † 1772), Jean-Claude (fils de J.-B., † 1778). Guillaume Biennais (1764-1843). Jean-Baptiste Claude (fils de J.-C., † 1850). *Strasbourg :* Imlin, Alberti, Oertel.

Pièces célèbres

Pièces anciennes

En or : Sumer (4000 av. J.-C.), Égypte (3000 av. J.-C.), Mycènes (2100-1900 av. J.-C.), Phénicie (1400 av. J.-C.), Inde (xe s. av. J.-C.), Pérou (ixe s. av. J.-C.). **En argent :** travaillé dès le ve s. av. J.-C.

Quelques pièces célèbres : Calice d'Antioche (argent, ive ou ve, New York, coll. pr.). Trésor Esquilin, (argent, B M), de Lampascus (argent, B M), de Louxor (ve-vie s., L.), de Chypre (vie s., B M), Croix d'or de Justin II (vie s., St-Pierre, Rome). Devant d'autel (ixe s., St-Ambroise, Milan). Statue de Ste Foy (xe s., Conques). Codex Aureus. Ciboire de l'emp. Arnulf (Munich). Calice de St Rémi (Reims). 2 Vierges (xie s., Essen). Croix de Laon (vers 1200, L). Calice de Nicolas de Verdun (xiiie s., Borga, Finlande). Reliquaire de St Éleuthère (1247, cath. Tournai). Ciboire (xiiie s., Sens). Croix (Amiens). Châsse de St Taurin (xiiie s., Évreux). Vierge (xive s., Roncevaux). Vierge (1339, L). Reliquaire (vers 1338, Orvieto, Italie). Buste de Ste Agathe (1376, Catane Italie). Coupe des rois de Fr. (1380, B M). Coupe (1462, Oxford, Oriel College). Aiguière (1581-82, L). Bouclier d'or de Charles IX (L). De Benvenuto Cellini : aiguière et salière (Vienne), coupe (v. 1540, L). Ecuelle en vermeil de Thomas Germain (1783, L).

Nota. — L : Louvre ; B M : British Museum.

Couronnes et trésors royaux

Allemagne. *Couronne de l'Empire allemand* (1871). *C. de Saxe* (avec le diamant Dresden, voir p. 395).

Angleterre. *A la Tour de Londres : Couronne de St Edward,* faite en 1661 pour remplacer l'original détruit en 1649, utilisée pour le couronnement ; refaite pour la reine Victoria, en 1838, elle serait la plus précieuse du monde : elle comprend 4 rubis dont le rubis du Prince Noir, 11 émeraudes, 16 saphirs (dont le saphir des Stuarts), 277 perles et 2 783 diamants (dont un des plus gros fragments du Star of Africa) ; la reine la porte pour l'ouverture du Parlement. *C. impériale des Indes,* faite pour le couronnement de George V aux Indes. *C. de la reine Marie de Modène* (épouse de Jacques II). *C. de la reine Mary* (ép. de George V), portant le Koh-i-Noor (voir p. 395). *C. d'Elisabeth* (C. de la reine mère). *Petite C. de la reine Victoria* (diamants). *C. d'Écosse,* pour Robert Bruce (1314).

Autriche. *A la Hofburg (Vienne) : Insignes du St Empire :* couronne impériale [exécutée pour le sacre d'Othon le Grand 962 (?)], globe imp. [de résine enrobé d'or (xiie s.)], épée imp. ou de St Maurice (entre 1198-1218), croix imp. (v. 1024), la sainte lance (avec laquelle Longin aurait percé le côté de J.-C.), sabre de Charlemagne, chape du couronnement (exécutée pour Roger II de Sicile 1133-34). *C. de Rodolphe II* (1602, devenue c. imp. autr. en 1804). Les 2 *pièces héréditaires* inaliénables de la maison de Habsbourg : coupe d'agate (Trèves, ive s., 75 cm de largeur, elle passe pour être le St-Graal), défense de licorne (corne de narval, 243 cm).

Espagne. *A l'Armeria Real (Madrid) : C. des rois wisigoths* (viie s., de Swinthila et 2 autres).

France. *Au musée de Cluny (Paris) :* 3 couronnes de rois wisigoths, dont celle de Sonnica. *Au Louvre (galerie d'Apollon) ; Épée de Charlemagne,* « La Joyeuse », ixe s. (et xixe s.) ; *Sceptre de Charles V,* xive s. ; *Bague de St Louis,* xiiie s. (ou xive-xve s.) ; *C. de L. XV* (pierres remplacées par des verroteries) ; *C. de Napoléon Ier,* dite de Charlemagne, faite avec des camées anciens en 1804, servit aussi au sacre de Charles X. *Trésors :* abb. de St-Denis ; Ordre royal du St-Esprit ; gemmes et cristaux de L. XIV (galerie de minéralogie, m. d'Hist. naturelle de Paris).

Hongrie. *C. de St Étienne,* roi de Hongrie, xe s. *Calvaire du roi Mathias,* xve s.

Iran. *Téhéran* (à la Banque centrale) : *C. des Pahlavi* (1924), 2 080 g de pierres précieuses (dont 3 380 diamants, 368 perles, 5 émeraudes, 2 saphirs). *Diamant Daria - I Nour,* globe (1869) incrusté de 51 366 pierres, 3 656 g., *Trône de Nader* (début xixe s.).

Italie. *A Monza : C. de fer de Lombardie* vie s. (ou ixe s.), bande de fer (clou de la vraie Croix ?) sur laquelle sont montées 6 plaques d'or serties d'émaux et de pierres précieuses. Portée entre autres par Charles Quint et Napoléon Ier comme rois d'Italie.

U.R.S.S. *A Moscou : C. impériale,* commencée sous Catherine II et terminée pour Paul Ier (2 kg, 4 936 pierres totalisant 2 858 cts). *Sceptre,* surmonté du diamant Orloff (voir p. 395).

Collections

Paris : *Musée des Arts décoratifs* (xviiie s.), *Petit Palais, Le Louvre, Hôtel Nissim de Camondo* (xviiie s.). **Strasbourg :** *Musée de l'œuvre Notre-Dame.* **Lisbonne :** *M. des Arts décoratifs (Espirito Santo).* **Londres :** *Victoria and Albert Museum.* **New York :** *Metropolitan Museum.*

Titre

Définition. Quantité de métal fin (or, argent ou platine) contenue dans un ouvrage, celui-ci n'étant utilisé que sous forme d'alliage avec des métaux communs, leur malléabilité risquant d'entraîner une usure rapide et une déformation des ouvrages. Le titre (égal au poids du métal fin divisé par le poids de l'alliage) se définit en millièmes (*ex. :* 920/1000 correspondent à 920 g d'or pur pour 1 kg) ; le titre ancien de l'or se donne en carats et en 32e de carat (l'or fin valait 24 carats) : l'argent, en deniers de 12 grains [l'argent fin titrait 12 deniers (*ex. :* 11 deniers, 12 grains = 958 millièmes 333)].

Titres légaux. *Argent :* 925 et 800 millièmes (avant 1972, le 1er titre était de 950/1000). *Or :* 920, 840 et 750. *Platine :* 950. On évalue aussi le titre de pureté de l'or en carats, l'or pur étant à 24 carats ou 1 000 millièmes ; un objet à 18 cts comprend 18 cts d'or fin et 6 d'alliage (cuivre jaune ou rouge, argent ou nickel).

Le titre minimum légal représente la teneur en métal fin en dessous de laquelle le service de la Garantie n'appose pas le poinçon et ne peut être commercialisé en France. Il est en France et pour les objets importés en Fr. de : 750 millièmes ou 18 carats (or), 800 millièmes (argent), 950 millièmes (platine). *Tarifs des droits de garantie* par hectogramme d'alliage reconnu à un des titres légaux : or 270 F, argent 13 F, platine 530 F.

Poinçons en France

Appliqués sur les pièces d'or, argent, vermeil et pas sur le métal. Mais des pièces en plaqué du xviiie s., fabriquées en l'hôtel de Fère et en l'hôtel de Pomponne (manufactures royales) et exécutées par les orfèvres Tugot, Daumy et Huguet, peuvent porter des poinçons et signatures d'orfèvre.

Nombre de poinçons sur une pièce

1662-1797 (argenterie ancienne)

Poinçon du maître. Institué en 1355. Symbole (épée couronnée, lion couronné, fleur de lys couronnée) et devise du fabricant (soleil, étoile, rose). A partir du xvie s., pour éviter des confusions, il comprend en plus les initiales du maître.

Poinçon de communauté ou de jurande. Institué en 1279 pour l'argent, en 1313 pour l'or. Apposé par les gardes des communautés d'orfèvres. Garantissait le titre et indiquait le lieu du contrôle avec des lettres-dates se succédant dans l'ordre alphabétique. Reproduisait souvent les armes de la ville.

Poinçon de charge (créé en 1672). Généralement une lettre surmontée d'une couronne ou d'une fleur de lys, apposé chez les orfèvres par les commis des fermiers généraux sur les ouvrages en cours de fabrication. Garantissait le titre et indiquait que, l'ouvrage étant pris en charge par le fermier général, l'orfèvre aurait à acquitter un impôt auprès de celui-ci, une fois l'ouvrage terminé.

Poinçon de décharge. Plus petit, figures diverses. Appliqué lorsque l'ouvrage était terminé et l'impôt payé. Seul, avec le p. de recense (dans de rares cas) à attester du paiement d'un impôt. P. de charge et de décharge deviennent p. d'État à partir de 1797.

Poinçon dit de recense. Institué en 1722 pour parer à des fraudes à la suite de contrefaçon ou de vol de poinçon. Lorsqu'une recense était prescrite, les p. anciens perdaient toute valeur et les marchands devaient porter aux bureaux de garantie tout ouvrage en métal précieux qu'ils détenaient pour qu'il soit marqué gratuitement. Les fermiers généraux l'utilisèrent aussi pour des ouvrages poinçonnés par leurs prédé-

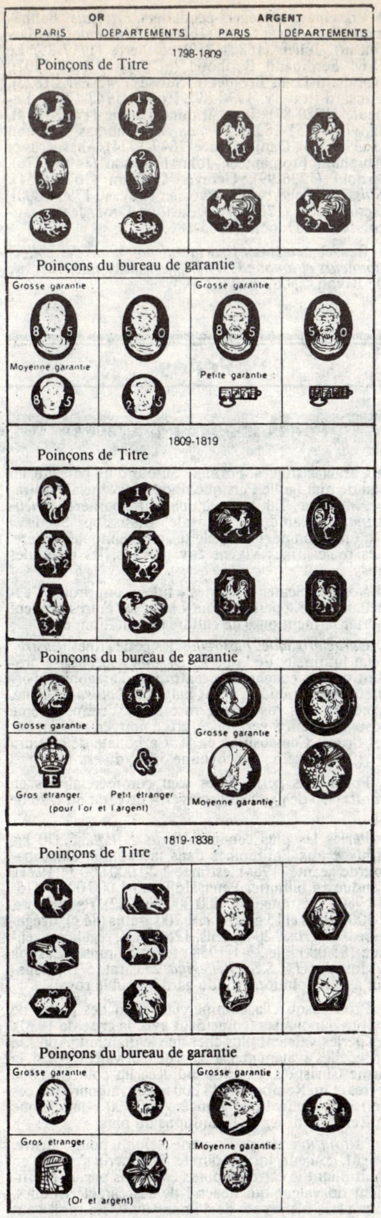

cesseurs. Après la Révolution, l'État l'apposera sur tous les ouvrages marqués sous l'Ancien Régime. Pour les ouvrages d'avant le 10 mai 1838, non contrôlés depuis et commercialisés, la « recense » est toujours obligatoire.

1797-1838 (arg. ancienne)

Poinçon de titre. D'abord pour l'argent : un coq dans un cadre rectangulaire ou ovale, puis la tête de Michel-Ange (Paris) ou d'une vieille femme (départements) (titre aux 950 millièmes) ; pour l'or : le coq, puis la levrette (Paris) ou le loup (départements) (titre aux 920 millièmes). **P. de garantie.** Têtes aux profils variés (tête de Minerve dans un cadre à pans coupés avec mention de chiffres correspondant au titre), attestant du paiement des droits.

Depuis 1838 (arg. moderne)

Poinçon du fabricant (losange à filet simple).

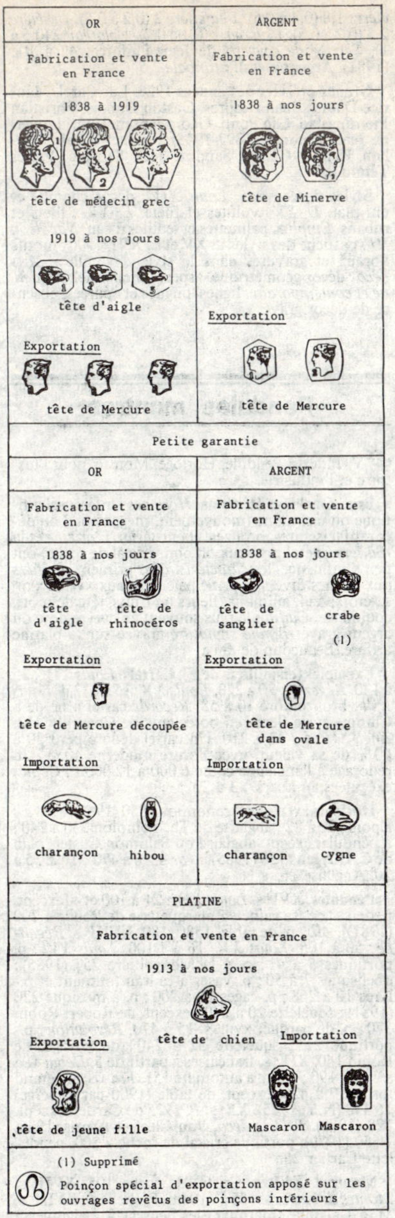

Poinçons de garantie. P. de grosse garantie. *Or :* tête d'aigle avec mention du 1er, 2e ou 3e titre ; *argent :* tête de Minerve au 1er ou 2e titre sur les ouvrages français essayés par des méthodes exactes ; à la coupelle pour l'or et par la voie humide pour l'argent. **P. de petite garantie.** Généralement sur les ouvrages essayés par la méthode du « touchau » et n'assurant que le titre min. légal. Certains ouvrages (petits ou fragiles) ne reçoivent que la petite g. à cause de leur taille.

Depuis 1973

Ajout d'une lettre, par ordre alphabétique tous les 10 ans, uniquement pour le poinçon tête de Minerve au 1er titre.

Maillechort : alliage de cuivre, de zinc et de nickel, du nom de ses inventeurs Maillet et Chorier (1829).

Métal anglais : alliage à base de zinc et d'antimoine. Il est plus spécialement utilisé par les Anglais.

Métal argenté : au XVIIIe s., on utilisait le procédé du *plaqué ;* on disait aussi le *doublé* ou le *fourré* (une feuille d'argent était appliquée sur une plaque de cuivre, on soudait cette feuille en la martelant ou en la pressant à chaud avec des cylindres).

Actuellement, on argente par *électrolyse,* procédé inventé en 1840 par le Français Henri de Ruolz (1811-87) et l'Anglais Henry Elkington (1801-65), ce procédé fut vendu à Charles Christofle (1805-63) en 1842.

En France, l'appellation « métal argenté » est donnée aux ouvrages recouverts de métal précieux au moins égal à 500 millièmes.

Vermeil : argent doré.

Ventes publiques

Ne peuvent figurer que des objets d'occasion. Ils doivent comporter : soit les p. légaux en vigueur (*or :* tête d'aigle ou hibou, ou charançon dans un ovale ; *argent :* crabe, cygne ou charançon dans un rectangle ; *platine :* mascaron découpé, masc. dans un rectangle) ; — soit le p. de recense de 1838 (tête de girafe ou de dogue) accolé à d'anciens poinçons ; — soit un p. d'exportation (« tête de Mercure » or et argent, « tête de jeune fille » pour le platine) accompagné du p. de retour sur le marché intérieur à « tête de lièvre ».

A défaut de poinçon de garantie, les ouvrages sont *soumis au contrôle* pour que le titre soit déterminé. *Ceux en argent :* reconnus au titre sont marqués du poinçon « crabe » ou « cygne » ; *en or :* « tête d'aigle » ou « hibou » ; *en platine :* mascaron dans un rectangle. Les ouvrages à bas titre doivent être brisés sauf les anciens qui présentent un caractère d'art ou de curiosité (p. spécial dit « poinçon E.T. »).

Sont dispensés de marque : ouvrages antiques (bijoux ou objets romains ou antérieurs) ; pièces de monnaie ; médailles antérieures à 1832 ou revêtues du poinçon de l'Hôtel des monnaies ; ouvrages dont la ténuité ne pourrait leur faire supporter l'empreinte du poinçon sans détérioration (consulter le Service de la Garantie) ; tous objets en argent d'un poids au plus égal à 5 g et, tous objets en or, d'un poids inférieur à 0,5 g.

Cours

Au XVIIe s., il y avait des meubles en argent (jardinières de 150 kg, commodes). Les rampes des bassins de Versailles étaient en argent (l'une pesait 2 788 kg). Cependant, la belle argenterie française est rare, de nombreuses fontes ayant fait disparaître beaucoup de pièces entre Louis XIV [qui fit fondre 25 t d'argenterie pour payer les échecs militaires (par les édits-confiscations de 1689 et 1709, d'où l'utilisation de la faïence et de l'étain pour la vaisselle)] et Napoléon III. L'argenterie Louis XV (l'orfèvre Thomas Germain fournissait toutes les cours d'Europe) est environ 2 fois plus chère que l'argenterie Louis XVI, puis, par ordre décroissant, Empire, Restauration, début de l'époque Louis-Philippe, et après le 9-5-1838.

L'argenterie de Paris et celle de Strasbourg sont les plus cotées. Un même modèle peut être estimé du simple au double selon qu'il est d'un « petit » orfèvre ou d'un « grand ». Les armoiries des grandes familles ajoutent de la valeur. Les simples chiffres, surtout du XIXe s. ou modernes, en retirent. Modèles de couverts les plus recherchés : uniplat, puis à filets simples, puis à décors rocaille ou chargés.

Prix du gramme d'argent (objets d'occasion). En moyenne 2,5 à 2,8 F par g. *« Au Coq » :* couverts 6 F, pièces de forme 10 à 30 F ; *« au vieillard »* ou *« à la tête de Michel-Ange » :* couverts 5 F, pièces de forme 10 à 20 F ; *Moderne* (poinçon « à la Minerve ») : couverts 3 à 4 F, pièces de forme 3 à 5 F.

PRIX A LA CASSE (1986) : 1 à 1,2 F (suivant le cours de la bourse des métaux).

Nota. — Pour les couverts, ces cours s'entendent 12 identiques et portant le même poinçon.

Prix des pièces en milliers de F

XIVe s. *Coupe* (Suisse ou All.) avec couvercle 1 370 ; double coupe 1 450 (1983). Flacon 630. Pot 250. **XVe s.** *Cuiller* 18,8. **XVIe s.** Angleterre : *hanaps* (paire) 880. *Coupe* 70 à 398. *Cuiller* (12 petites) 1 200. *Timbale* d'Henri VIII 1 200 (1983). **XVIIe s.** *Aiguière* argent doré (Utrecht, 1614) 1 317 (1976). *Boîtes* (paire) 280. *Bougeoir* de chevet 42 ; liturgique 55. *Calice* 33. *Cerf et chien chasseur* (37 cm) argent et vermeil 1 000. *Chope* (All.) 37 à 222. *Coupe* de mariage 46 ; à vin (Angl. v. 1643) 233 ; ronde 200. *Couverts :* 1 cuiller 6 à 25 ; 1 fourchette 18 ; 1 c. et 1 f. 20. *Écuelle* avec couvercle (Paris) 224 (1985). *Flambeaux* (paire) Louis XIV 360 (1975). *Pichet* 1 600 (1984). *Plat* sculpté 995, except. plat de parade pontifical 4 049 (1984). *Service de toilette* (12 pièces) de Charles II (Angl.) argent doré 2 700 (1983). *Timbale 55. Sucrier-saupoudroir* 182. *Théière* (Augsbourg) argent doré 620. *Verseuses* (paire) et bassin Guillaume III de B. Pyne 2 200 (1982).

XVIIIe s. *Aiguière* (avec bassin) 40 à 335 ; except. de T. Germain 2 600. *Appliques* 4 à 40. *Assiettes*, pièce 5 à 8 ; (douzaine) 80 à 100 ; except. 24 (Angl.) 1 800 (1983). *Barbière* 34. *Biberon de malade* 105. *Bol* à 2 anses de Wynkoop 650. *Boîte* à épices 41, except. (paire) 280 (1983) ; à thé (paire) except. (Angl.) 300. *Bougeoirs* de toilette 25 à 35 ; de chevet 22 à 45 ; de bureau 55 ; de toilette 25 à 35. *Bouillon* à anses 30 à 100. *Boules* à savon et éponge 21 à 100. *Burette* (paire) 17,2. *Candélabres* (paire) 70 à 250. *Cafetière* 17 à 165. *Chandeliers*, except. 4, de R.-J. Auguste 1 300. *Chenets* except. (Angl.) 773. *Chocolatière* 10,5 à 160. *Chopes, hanaps, vidrecommes* (vases à boire) (All.) 10 à 70. *Coquetier* (paire) de R. Mothé 42,5 à 68. *Coupes*, vermeil (Strasbourg) 640 ; à vin 3 à 22 ; de mariage jusqu'à 52 ; à quêter 18,5. *Couverts* : filets 0,8 à 1,2 ; (douzaine) 20 à 75 ; à filets et coquille 1,5 à 1,8, (douzaine) 15 à 35 ; de service 16,5 ; fourchette env. 0,3 ; 1 cuillère à ragoût 2 à 10, (paire) 13,5 ; à olive 6,8 à 41 ; pelle à tarte 14,5 à 17,5. *Crémier* 25 à 37. *Ecuelle* avec couvercle 25 à 350. *Flambeaux* (paire) 30 à 260. *Fontaine* 87. *Gourde* de chasse (paire) 56. *Jardinières*, except. (paire) par Thomas Germain (1726-28) 3 600 (1975). *Jattes* (paire) avant 1750 (rondes et à côtes pincées) 35 à 46 ; après 1750, 15 à 220. *Gobelet* 53. *Huilier* 2 à 15. *Jattes* (paire) 55. *Lampe de bibliothèque* except. 1809, 342 (1975). *Légumier* 4 à 110. *Louche* env. 10. *Ménagère* (1 200 pièces env.) 60 à 260. *Milieux de table* (paire) except. de Henrich Weyhe, d'Augsbourg 1 352. *Mouchettes* (paire) 70 à 185. *Moutardiers* (crémiers) 20 à 115. *Nécessaire de voyage* offert par Fouché à sa 2e femme 420 (1980) ; de campagne du mar. Soult offert par Napoléon 700 (1980). *Pipette à vin* 27. *Plat* 8 à 44 (copie 2) ; rond. aux armes de Frédéric Auguste Ier, roi de Pol. 510 ; de James Fray (George IV, 1828) 670 ; à ragoût jusqu'à 59. *Poivrier* 1 150. *Pot* à lait jusqu'à 50 ; à eau except. 235 de A. Manapier (1985) ; à huile 25 à 1 923 (except. de J.-B. Odiot, 1982) ; à vin 7 à 24 ; et bassin except. (Angl., 1735) 1 850 (1983). *Présentoir* George III 1772) 164,6 (1985). *Rafraîchissoirs* (paire) 31. *Salières* (paire) 1 à 34, suite de 6, 150. *Saucière* 10 à 132. *Saupoudroir* (1979) 45 à 390. *Seaux* (paire) 43. *Service de toilette* except. Reine Anne (v. 1703, G.-B.) 17 pièces, 1720. *Service à dîner* except. George II 9 413,2 (1984). *Sonnerie* de table 61. *Soupière* 15 à 980 (except. de J.N. Roettiers, 1770, venant du service Orloff) ; (paire) except. de J.A. Meissonnier, 1734, 37,65 kg 11 475 (1977). *Sucrier* 10 à 344 ; except. avec couvercle or de Louis Picasse 480 (1974). *Tastevin* 3,5 à 13. *Tasse* de chasse 15 à 30 ; à vin 7 à 37. *Terrines* (paire) 350 à 2 400 (except. de J.B. Odiot, 1982). *Théière* 5 à 180. *Timbale* « cul-rond » ou tulipe unie godronnée 5 à 35 ; pièces ciselées 10 à 41 ; à décor de lambrequins en applique Régence ou Louis XV, 40 à 170 ; d'avant 1709, 90 et + ; ornée de roseaux en applique (1755-65) 30 à 195 ; (1775-85) 12 à 33 ; à piédouche en vermeil de Strasbourg à côtes pincées, ciselées sous le col (1re moitié du XVIIIe s.) 50 à 172 (copies 0,5 à 0,8). *Tisanière* 8 cm (Marchant, 1780-89) 33. *Vases* (paire) de J.B. Loir, 1701, 310 ; à vin (paire) de J.B. Odiot 1 850. *Verseuses* 17 à 112.

XIXe s.-Empire. *Corbeille à pain* 11. *Coupe* ronde et sa base 90. *Couvert* 0,6 à 1 ; (douzaine) 10 à 15. *Huilier* 3 à 5. *Légumier* 4 à 12. *Œuf* de Nicolas II, par Carl Fabergé 1 100 (1977). *Plat* ovale env. 3 à 40. *Saucière* 5. *Seau à rafraîchir* (paire d'Odiot) 300. *Service à entremets* vermeil de J.-B. Odiot 215 ; thé/café vermeil 35. *Soupière* 13 à 31, except. argent doré, de J.-B. Odiot 1 850 (1983). *Théière* 8 à 10 et +. **Restauration.** *Coupe* des Vendanges (par Froment-Meurice, agate, argent, or et vermeil) 888 (1984). *Couverts* (douzaine) 8 à 14. *Légumier* 8 à 24. *Plat* 4 à 6. *Porte-huilier* 15. *Soupière* 15. *Timbale* 1,5 à 3 et +. **Louis-Philippe.** *Bougeoir* (paire) 3 à 6. *Cafetière* 1,5 à 2,5. *Théière* « côtes de melon » manche d'ivoire 5. *Verseuse* 6. **Fin XIXe s.** *Bol à punch* et sa louche de Fabergé 60. *Bouclier d'Achille* de J. Flaxman 5 324 (1984, record). *Chocolatière* 3,4 à 60. *Clochette* de table 14,5. *Seau* à glace (paire) plaqué 3. *Grand sucrier* 3 à 5.

XXe s. Bijoux en or : prix du g : négoce 300 à 400 ; public (Drouot) 80 à 100. Cours de rachat (oct. 1982) : 63 F/g. **Métal argenté :** prix du neuf et, entre parenthèses, occasion. *Couvert* : 0,2 à 0,4 ; (douzaine) 3 (0,5 à 1) ; 12 c. à entremets 1,3 (0,2 à 0,7) ; c. à poisson 2,5 (0,5 à 1,2) ; série de couteaux 3 à 4 ; 12 cuillers à café 0,6 (0,2). *3 plats* ovales 2 (0,4 à 0,8). *2 plats* ronds 2 (0,3 à 0,5). 1 *légumier* couvert 1,8 (0,3 à 0,6). 2 *saucières* 1,8 (0,4 à 0,6). 1 *cafetière* 2 (0,2 à 0,5). 1 *théière* 2,3 (0,2 à 0,5). 1 *sucrier* 1 (0,1 à 0,2). 1 *plateau* 2 (0,5 à 1). *Service de couverts* de Jean Puiforçat 42 à 102 (1981). **Argent massif :** *timbale* 2,5.

Grands orfèvres des années 1920. Luc Carel. Maurice Daurat. Jean Desprès. Gaston Dubois. Christian Fjerdingstad. Gio Ponti. Georg Jensen. Henri Lappara. Jean Puiforçat (1897-1945). Ravinet-d'Enfert. Johan Rohde. Gérard Sandoz. Jean Serrière. Frères Tétard.

Styles de couverts. *Louis XIV* : décor coquille et uni-plat. *L. XV* : volutes et filets. *L. XVI* : filets et rubans. *Empire* : palmettes et feuilles d'eau. *Napoléon III* : pastiche des styles L. XV et L. XVI. *1900* : motifs floraux et gravures dans le style « Nouille ». *Arts déco* : décor géométrique, aspect fonctionnel. *Moderne et contemporain* : lignes longues et épurées, absence de décor gravé.

Pendules, montres

☞ V. Index à Pendule, Horloge, Montre, pour l'histoire et l'industrie.

• **Prix. Quelques éléments.** *Horloges* : intérêt scientifique ou technique (mouvement, mécanisme) ou décoratif (ciselures, bronzes, ébénisterie). L'*origine* et la *matière* (métal précieux ou non, cristal de roche) ont peu d'influence, les *caractéristiques* priment. *Boîtiers* aux formes diverses, principalement aux XVIe et XVIIe s., croix, œuf, animaux, fleurs ou fruits, tête de mort, coquillage. *Cadran* le plus souvent en cuivre doré ou argent gravé. *Bonne signature* gravée sur la platine arrière. Beaucoup de faux.

Exemples (en milliers de F). Cartels. *Louis XIV* : 25 à 130. *Régence* : 20 à 220. *Louis XV* : 15 à 332,4. *Louis XVI* : bronze doré 10 à 58. *Record* : cartel orné de 8 Chinois et de fleurs en porcelaine de Chantilly 412. *Angl. XVIIe s.* : 62 à 210. Un cartel dédoré perd 30 à 40 % de sa valeur, avec dorure moderne 40 %. Un redorage à l'ancienne coûte 6 000 à 12 000 F. *Copies* exécutées au XIXe s. : 3 à 20.

Horloges. *XVIe s.* : astronomique 850 (1983). *XVIIe s.* : à poids 20 à 82 ; anglaise de Th. Tompion 230 à 240 ; à pendule, except. anglaise ou Salomon Custer, plan de C. Huygens 720 (1985). *XVIIIe s.* : 8 à 470. *XIXe s.* : 5 à 20. Anglaise 26.

Pendules. XVIe s. *Louis XIV* : 21 à 100 et + [except. p. de Latz et sa gaine en marqueterie de Boulle 1 700 (1981)]. *All.* : p. de table, 1580, 180. **XVIIIe s.** *Régence* : 50 à 105. *Louis XV* : 16 à 1 100. *Louis XVI* : p. portiques 5 à 41 ; p. à la Mongolfière 257 (1985) ; obélisques 7 à 50 ; p. vases à cadran tournant et p.-lyres 10 à 268 ; p.-cages 20 à 200 ; p. à musique 220 (1981) ; squelette 20 à 240 ; except. de Robert Robin 370 ; p. de parquet XVIIIe s. 15 à 470. *Révolution* : p.-portique 215 ; squelette 32 à 240 ; de voyage, de Robin 140. **XIXe s.** françaises à partir de 5. *Début XIXe s.* : 15 à 190 ; pend. à automate 151. *Fin XIXe s.* : grand format 2 à 420, except. de table (1900 par Fabergé) 16 438 (N.Y. 1985). **XXe s.** *P. 1925* de Cartier, except. 728 (1978). *P. Arts déco.* Van Cleef et Arpels, 1926, 1 650 (1979), portique cristal de roche 2 200, pendulette Cartier 26.

Montres. XVIe s. Cristal de roche 105. **XVIIe s.** *Montre de carrosse* 155 à 410 (m. Richelieu). **XVIIIe s.** M. à 1 aiguille (marquant les heures), à 2 aiguilles à partir de 1700, 10 à 100 et +. *Oignons Louis XIV* : 6 à 70 ; except. d'Abraham Cusin 413 (1980) ; scène polissonne 85 (1986). *All.* : 92. **XVIIIe s.** M. ordinaires 3 à 10 (or giselé). *Louis XV* : 14 et + ; except. de F. Berthoud 370 (1980). *Louis XVI* : or ciselé 3 à 13, or 3 couleurs 4 à 10, or émaillé jusqu'à 130, argent 31 ; double-boîtier 15 à 20 ; sonnerie 15 à 20 ; m. de dame à clef 25 ; m. avec châtelaine or 13 à 76. *Directoire* : 28 à 40 ; de carrosse à sonnerie 155 ; émaillé de Jacquet-Droz 577. **XIXe s. :** populaires acier ou argent 0,6 à 6 ; m. à secondes 2 à 5 ; 100 à 526 except. à automates offerte à Bonaparte (1976) ; or émaillé de J.-F. Victor Dupont 300 ; or à échappement à ancre 410 ; or à cylindre 110 (1985) ; de Bréguet 60 à 1 440 (1982) ; chronomètre de poche de J.-B. Mallat 440 ; m. de 1856, 797 ; m. de carrosse 112 ; **fin XIXe-début XXe :** or dep. 1,5, argent dep. 0,2. *XXe s.* (début) : or, émail, perles 1 à 110 ; érotiques 30 à 130 ; suisse en or 330 ; à échappement à détente en or de V. Kulberg, 440 ; (fin) : de qualité (Ph. Patek, Vacheron, Constantin, etc.) 2 à 88, except. de luxe Anthony Randall, Th. Engel, George Daniels 60 à 700 (1984).

• **Principaux horlogers-penduliers.** *Français* : Balthazard (1637-95) et Gilles (1640-72) Martinot (ou Martineau), Julien (1686-1759) et Pierre (1717-85) Le Roy, Ferdinand Berthoud (n. Suisse, 1727-1807), Abraham-Louis Bréguet (n. Suisse, 1747-Paris 1823), Causard (trav. v. 1770-89), Robin (1742-1799), Lepaute (1720-87), Jean-Antoine Lépine (1720-1814), Janvier (1751-1835). *Londoniens* : Thomas Tompion (1639-1713), Daniel Quare (1649-1724), Ahasuerus et Abraham Fromanteel, John Harrison (1693-1776), Arnold (1736-99), Georges Graham (1673-1751). *Suisses* : Robert et Courvoisier (trav. v. 1790-1800), Henri Louis (1752-1791), Jacquet-Droz, Jean-François Victor Dupont (1785-1863).

Renseignements. *Association nationale des collectionneurs et amateurs d'horlogerie ancienne*, 107, rue de Rivoli, 75001 Paris.

Perles

Perles fines (ou naturelles)

• **Caractéristiques.** Formées autour d'un parasite, en eau de mer (golfe Persique, Inde, Venezuela, Australie, Mexique, Tahiti...) par une huître perlière (*Meleagrina*). En eau douce (Bengale, Mississippi, Suède...) par un unionidé (uniomulette), c.-à-d. moule perlière. Les méléagrines vivent env. 10 ans, les naïadidés 30.

Nota. — Seules les perles « fines » ont droit à l'appellation de « perles » tout court, les autres doivent porter la mention « de culture », imitation, etc.

Caractéristiques naturelles des perles fines. *Lustre* : éclat lumineux de la perle. *Orient* : aspect irisé produit par les couches concentriques d'aragonite. *Formes* : ronde, bouton, poire, baroque. *Couleurs* : blanc, avec ou sans rosé, rosé, rosé bleuté, crème, crème rosé, vert clair à vert foncé, gris à noir, en passant par les bruns. **Composition en %.** Carbonate de calcium 91,12 ; eau 2,25 ; conchyoline 5,14 ; divers 1,49.

Poids. Les perles fines sont commercialisées en *carats* (1/5 de g) ou en *grains* (1/4 de carat ou 1/20 de g).

Perles les plus connues. *Perle d'Allah*, 6,370 kg, trouvée aux Philippines dans la coquille d'une palourde géante (1934), estimée à 20 000 000 F (1971), vendue au bijoutier Peter Hoffman 1 000 000 F (15-5-1980), réestimée 240 000 000 F (1982). *Perle d'Asie*, 2 300 grains (115 g). *Hope*, 1 700 grains (85 g), irrégulière. *Pelegrina*, 204 grains, 126 carats, régulière, vendue 185 000 F le 23-1-1968 ; serait au musée Zosima à Moscou (U.R.S.S.). *Pellegina*, 27 carats 5/16, disparut à la révolution (vol du garde-meuble royal).

Prix. Jusqu'à la commercialisation des perles de culture japonaises (coïncidant avec la crise de 1930), les perles valaient plus cher que le diamant. Après la crise, elles avaient perdu 90 % de leur valeur. Ainsi, la firme Christie's, en 1928, adjugea un collier 45 000 livres et un Rembrandt 48 000 livres ; aujourd'hui ces perles pourraient être adjugées 600 000 F tandis que le Rembrandt ferait 10 millions ou plus.

Estimation du prix : varie selon : poids, lustre, orient, couleur, forme, pureté. Une perle s'estime en multipliant le carré du poids en grains par un coefficient de valeur qui dépend de ses caractéristiques. Une perle blanc rosé de 4 grains (env. 5,3 mm) vaut (coefficient 50) : 4 × 4 = 16 ; 16 × 50 = 800 F ; p. crème rosé de 12 grains vaut (coeff. 50) : 12 × 12 = 144 ; 144 × 55 = 7 920 F. Rang de perles fines 6 000 à 100 000 et + (selon qualité, grosseur et longueur).

Perles de culture

Caractéristiques. Analogues à celles des perles fines sauf pour les couleurs dont la gamme est moins étendue. La plupart des perles de culture gris-noir sont teintes. Néanmoins, des méléagrines peuvent donner directement des couches perlières gris-noir autour du noyau de nacre greffé dans les fermes perlières de Tahiti.

Culture. *Formées* à l'aide d'un noyau de nacre, ou organique (*Biwa* venant d'un unionidé du lac Biwa, près de Kyoto, procédé mis au point par Ushida) ; noyau de grosseur variable (2 à 9 mm) selon la taille de la perle à obtenir : le noyau est entouré d'épithélium d'une huître sacrifiée (mêmes types de mollusques que pour la perle fine, en eau douce et en eau de mer), puis greffé dans une autre (vivante). Il faut 3 ans pour obtenir une perle et l'opération échoue dans 50 % des cas, échecs nombreux si la grosseur du noyau de nacre est importante. Procédés étudiés par Mikimoto en 1893 (brevet tombé dans le domaine public en 1921) ; Tatsuhei et Misis en 1904 (procédés utilisés à l'heure actuelle). Une *Hyeropsis schlegeli* (unionidé utilisé pour la culture en eau douce) permet d'obtenir 2 à 3 générations successives de perles de culture, soit au max. 3 × 40 = 120 perles (1 méléagrine, max. 1).

Poids. En carats (1/5 de g) ou en *mommés* (18,75 cts ou 3,75 g), utilisés au Japon.

Pays producteurs. Japon, Chine, Corée, Australie, Birmanie, Tahiti, Philippines.

Prix. Varient selon forme, couleur, orient, pureté de la surface, qualité. Rang 1 200 à 125 000 et + (selon qualité, grosseur et longueur).

Perles d'imitation ou artificielles

Procédé ancien. V. 1650, boules de verre creuses enduites intérieurement d'essence d'Orient (solution d'écaille de poissons dans une liqueur organique, exclusivité française jusqu'en 1918) et bourrées de cire. Auraient été inventées par des Français. Le Français Hunter obtint quelques perles de culture en 1787.

Procédé moderne. Bille de verre, plastique ou toute autre matière, blanc opaque, recouverte d'essence d'Orient qui est souvent remplacée par des sels métalliques d'aspect nacré, notamment les sels de plomb (interdits en France pour des raisons de santé publique) et les sels de bismuth.

Nota. — A l'examen radiographique aux rayons X, la *perle fine* présente des couches concentriques jusqu'au centre ; la *p. de culture classique à noyau de nacre* présente un noyau avec des couches parallèles entouré d'une fine couche perlière ; la *p. de culture à noyau organique*, dite « Biwa », présente une tache noire, souvent en forme de virgule, au centre ; la *p. d'imitation ancienne* est transparente, la *p. d'imitation actuelle* est opaque.

☞ **Colliers.** *Chute :* la dimension des perles va croissant du fermoir au centre. *Chocker :* perles de dimension égale sur toute la longueur ou n'ayant qu'un 1/2 mm d'écart entre elles.

Pierres précieuses et minéraux

Généralités

Types. Il y a sur Terre env. 3 000 espèces de minéraux dont moins de 100 sont considérées comme des pierres de bijouterie et d'ornementation. On distingue **1) les gemmes** [terme autrefois réservé aux pierres précieuses transparentes par opposition aux pierres précieuses opaques *(orbes)*] : *pierres précieuses* [4 ont droit en France à cette appellation (décret du 19-11-1968) : diamant, rubis, saphir, émeraude], *pierres fines* et *pierres d'ornementation*. Leur attrait est principalement dû à leur couleur et leur éclat, mis en valeur par la taille. La couleur résulte de l'interaction de la lumière sur la gemme observée par le sujet ; elle est déterminée par : *absorption* (couleur des gemmes transparentes, par ex., l'émeraude) ; *gemmes idiochromatiques :* couleur résultant de la structure cristallo-chimique du cristal (ex. : olivine) ; *gemmes allochromatiques :* résultant de la présence d'accidents structuraux (substitutions isomorphiques, notamment) dans un cristal normalement incolore (ex. : corindon : rubis ou saphir) ; *dispersion* (« feux » de certaines gemmes tel le diamant) ; *diffusion* variable selon taille et orientation des particules diffusives : classique (opalescence du quartz laiteux) ; orientée (astérisme des saphirs étoilés, chatoyance de l'« œil de chat », variété de chrysobéryl) ; *interférences sur un réseau* (iridescence de l'opale noble, adularescence de la pierre de lune) ; *interférences sur une lame* (irisations du quartz-iris). **2) les minéraux de collection.**

Dureté des pierres. Les minéraux sont classés par un test de rayure les comparant à 10 témoins choisis par le physicien *Mohs :* 1 Talc, 2 Gypse, 3 Calcite, 4 Fluorine, 5 Apatte, 6 Orthose, 7 Quartz, 8 Topaze, 9 Corindon, 10 Diamant. 2 minéraux de même dureté se rayent l'un l'autre et un minéral plus dur raye un minéral plus tendre. Les échelons de l'échelle de Mohs ne sont pas régulièrement espacés. Le classement par la résistance à l'abrasion (Rosival) sur la meule indique approximativement : diamant 140 fois + « dur » que le corindon ; corindon 5,7 fois + que la topaze ; topaze 1, 5 fois + que le quartz. Les pierres précieuses peuvent se révéler fragiles. Ainsi, un diamant que seul un autre diamant peut rayer ou entamer peut être clivé par un choc dans le plan de clivage.

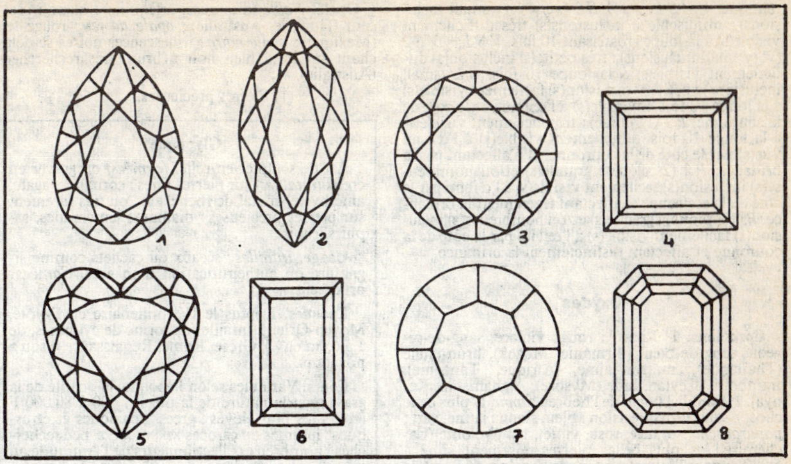

Principales formes de taille de diamant : 1. Taille poire. 2. Marquies. 3. Brillant. 4. Carré. 5. Cœur. 6. Baguette. 7. (8/8). 8. Émeraude.

Classement

Diamant

☞ **Définition et production.** Voir Index.

Classement des diamants bruts. *Stones :* pierres monocristallines le plus souvent octaédriques. *Shapes :* comme les *stones* mais de forme souvent allongée, se prêtant à la taille des pierres de forme fantaisie. *Macles :* pierres composées de plusieurs cristaux. *Clivages :* cristaux clivés naturellement.

Évaluation. Un diamant se décrit ou s'apprécie selon 4 critères de qualité indissociables, les 4 C : poids, taille, couleur, pureté. 2 types principaux d'évaluation : en valeur de remplacement (assurance), en valeur de réalisation.

Poids. S'exprime en carats (1 carat : 0,20 g) subdivisés en 100 points ou centièmes. La grosseur de la pierre est un élément important de rareté.

Taille. Historique. *Jusqu'au* XIVe *s. :* la taille consiste en un simple polissage : forme naturelle, octaédrique, parfois de type *« glassies ».* XVe *s. :* les Flamands taillent les premiers le diamant en forme géométrique (1res informations publiées par Louis de Berquem). XVIIe *s. :* le Vénitien Vincent Peruzzi met au point une taille à 56 facettes (taille « brillant ») ; *v. 1650 :* taille *Mazarine*, ancêtre de la taille moderne ; on retaille les 12 gros diamants de la couronne royale sur ordre du cardinal Mazarin. *Jusqu'en 1914 :* on taillait plus en fonction du poids que de l'éclat. Pour donner une brillance max., on a diminué peu à peu le rapport profondeur/diamètre de la pierre et supprimé ou réduit la grandeur de la *colette*, petite facette de la pointe de la *culasse*, parallèle à la *table*.

Un d. de taille ancienne vaut moins cher qu'un d. de taille moderne de même poids et même qualité. S'il est retaillé, sa valeur sera celle du produit de sa retaille selon les normes en vigueur, diminuée des frais de retaille. La perte de poids est compensée par l'augmentation du jeu, de l'éclat de la pierre.

Rôle de la taille. Utiliser au mieux la lumière et les lois de sa propagation (réflexion externe et interne, réfraction et dispersion), déterminant taille et proportions théoriques du d., pour lui donner feu, éclat et scintillement. Lorsque les proportions sont bonnes, la lumière pénètre dans la pierre et ressort par la *couronne*. La lumière blanche est modérément décomposée, si bien que toutes les couleurs du spectre jouent harmonieusement, ce que l'on désigne sous le nom de *feux* (la *fabulite*, imitation du diamant, présente une trop forte dispersion qui sépare nettement les couleurs du spectre, entraînant un aspect désagréable).

Différentes phases. 1°) *Indications du travail à faire :* marquées sur le d. brut à l'encre de Chine. **2°)** *La pierre peut être morcelée selon : clivage* qui fend la pierre comme une bûche (à cause du sens de cristallisation) ; *sciage :* partage la pierre perpendiculairement au plan de clivage avec un disque enduit de poudre de diamant tournant 4 500 à 6 500 tours/min. Il faut env. 8 h pour scier un d. brut d'1 carat. **3°)** *Ébrutage :* donner à la pierre la forme voulue par frottement contre un autre diamant. **4°)** *Polissage :* par frottement sur le plateau d'une meule en fonte enduite d'huile (d'olive en général) et de poudre de d.

Principales formes de taille. Voir dessin ci-dessus. *Brillant* (la plus répandue), 58 facettes : 1 *table*, 8 *étoiles*, 8 *coins de table* (ou *bezels*), 16 *halefis*, 16 *halefis de culasse*, 8 *coins de culasse*, 1 *colette*. *Poire, marquise* (ou *navette*), *ovale, cœur :* tailles brillant dites « fantaisie ». *Émeraude, baguette, carrés :* tailles fantaisie dites à degrés. Certaines petites pierres (0,03 carat et moins) sont taillées en 8/8, (8 facettes dessus, 8 f. dessous).

Centres de taille. Par ordre d'importance : *Inde :* Bombay (350 000 ouvr.). *Belgique :* Anvers (7 000 ouvr.). *Israël :* Tel Aviv (7 000). *U.S.A. :* New York. *P.-Bas :* Amsterdam. *France* (peu important) : Paris, St-Claude. *Autres centres :* Afr. du S., G.-B., Japon, Madagascar, Philippines, Porto Rico, Portugal, T'aiwan, Thaïlande, Sri Lanka, U.R.S.S.

● **Couleur.** La plupart des d. sont légèrement colorés (jaune à brun), très peu sont incolores (totalement blancs). La couleur d'un d. s'apprécie en le comparant à un autre d. servant d'étalon. Des normes internationales codifient les nuances : normes C.I.B.J.O. (Confédération intern. de la bijouterie, joaillerie, orfèvrerie, diamants, perles et pierres), G.I.A. (Gemmological Institute of America). *C.I.B.J.O. et entre parenthèses, G.I.A.* Blanc exceptionnel + (D), b. except. (E), extra + (F), b. extra (G), blanc (H), b. nuancé (I, J), légèrement teinté (K, L), teinté (M à Z).

Nota. — Diamants de couleurs (dits couleur fantaisie, rares) : roses bleus, bruns, verts, jaunes canari ou jonquille, dorés.

● **Pureté.** La plupart des d. comportent des inclusions naturelles ou particularités de cristallisation. Leur nature, nombre, dimension et position déterminent le degré de pureté de la pierre. Elles n'altèrent pas sa beauté si elles n'affectent pas le passage de la lumière. Certaines (+/− 5 microns) ne peuvent être décelées qu'à la loupe grossissant 10 fois par un professionnel. *Classification* (selon les normes de la C.I.B.J.O.) : pur à la loupe 10 fois : absolument transparent et exempt d'inclusion sous grossissement 10 fois, en lumière normale, au moyen d'une loupe aplanétique et achromatique. *VVS 1 – VVS 2* (very very small inclusions) : minuscule(s) inclusions(s) très difficilement visible(s) à la loupe grossissant 10 fois. *VS 1 – VS 2* (very small inclusions) : très petite(s) inclusion(s) difficilement visible(s) à la loupe 10 fois. *S.I.* (small inclusions) : petite(s) inclusion(s) facilement visible(s) à la loupe 10 fois, invisible(s) à l'œil nu par le côté de la couronne. *P 1* (1er piqué) : très facilement visible(s) à la loupe 10 fois, difficilement visible(s) à l'œil nu vue(s) par le côté de la couronne, et n'affectant pas la brillance. *P 2* (2e piqué) : grande(s) et/ou nombreuse(s) inclusion(s) facilement visible(s) à l'œil nu par le côté de la couronne et affectant légèrement la brillance. *P3* (3e piqué) : grande(s) et/ou nombreuse(s) inclusion(s) facilement visible(s) à l'œil nu par le côté de la couronne et affectant distinctement la brillance.

Oxydes

Corindons. 1° Rubis [1] : rouge violacé, sang-de-pigeon, sang-de-bœuf (Birmanie, Mogok), brun-jaune (Thaïlande), marron-jaune (Afrique, Tanzanie), framboise [Ceylan, Inde (Mysore), Afghanistan, Kenya]. **2° Saphir** [1] (vient de l'hébreu *sappir*, la plus belle chose), sans autre précision : bleu, sinon : jaune, vert ; *paparadscha* : orange, rose, violet, bleu velouté (Cachemire, les plus belles pierres, gisement situé à 5 000 m dans l'Himalaya près de Zanskar, au S.-est de Srinagar), profond (Birmanie), nuancé violet (Ceylan), plus ou moins clair (Ceylan), pastel (Afrique, Tanzanie), nuancé jaune-vert (Cambodge, Thaïlande), vert foncé métallique [Montana, Colorado (U.S.A.), Madag., Rhodésie, Afghan., Mysore (Inde), Australie, Menet (Cantal, non exploitable)]. Un corindon naturel d'une autre couleur que bleu ou rouge doit être appelé : saphir jaune, s. vert, etc.

Spinelles. *Chlorospinelle* : vert, violet, bleu, jaune, rose, rouge ; *pléonaste* : noir ; *ceylonite* : marron (Birmanie, Ceylan, Thaïlande, Afghan., Austr., Suède, Brésil, U.S.A.).

Chrysobéryl. *Œil de chat* : sans autre précision, ce ne peut être que du chrysobéril vert chatoyant. *Chrysobéril ou cymophane* : vert clair. *Alexandrite* : vert à la lumière du jour, rouge à la lumière artificielle (Oural, Ceylan, Brésil, Zimbabwe, Madag., Tasmanie, Bornéo).

Silicates

● **1. Nésosilicates : Grenats.** *Pyrope* : rouge pourpre (Afr. du S., Sibérie, Bohême) ; *almandin* : rouge [Alabanda (Asie Mineure), Inde, Ceylan, Brésil, Madag., Tyrol, U.S.A., Écosse] ; *spessartine* : orangé (Madag., Californie, Ceylan, Brésil, Norvège) ; *tsavorite* : vert (Kenya) ; *hessonite* : hyacinthe (Ceylan) ; *grossulaire* : jaune orangé à rouge (Transvaal, Can., Pak., Zambie) ; *mélanite* : noir [Vésuve (It.)] ; *démantoïte* : vert (Oural, Congo, It.) ; *uvarovite* : vert (Finl.).

Péridots. *Olivine* : vert clair ; *chrysolite* : vert clair ; *péridot* : vert [Sebisgev (mer Rouge), Kyankpon (Mogok), Arizona, Mexique, Norvège, Austr., Brésil].

Zircons. *Hyacinthe* : rouge orangé ; *malacom* : vert olive ; *métamicte* : en général vert [Cambodge, Ceylan, Austr., Birmanie, Norvège, Cantal (France)].

● **2. Nésosubsilicates : Topazes.** *« Goutte d'eau »* : incolore (Mogok, Madag., Oural, Brésil, Nigeria, Ceylan, Birmanie, Austr., Tasmanie, Californie, Japon, Mexique).

● **3. Cyclosilicates : Béryls.** *Émeraude* [1] : vert (Égypte, Autriche, Inde, Pakistan, Austr., Oural, Brésil, Colombie, Zimbabwe Sud) ; *béryl vert* : vert (Brésil) ; *aigue-marine* : bleu clair à foncé (Madag., Brésil, Russie, U.S.A., Zimbabwe, Birmanie) ; *héliodore* : jaune (Madag., Brésil, Russie, Afr. du S.) ; *morganite* : rose (Californie, Brésil) ; *goshenite* : incolore.

Tourmalines. *Achroïte* : blanc ; *sibérite* : violet ; *indigolite* : bleu ; *elbaïte* : vert, jaune (Oural, Brésil, Ceylan, Zimbabwe, Mogok, Tanzanie, Madag., Californie, Népal) ; *rubellite* : rose, rouge ; *schörl* : marron ; *« melon d'eau »* : vert et rouge.

● **4. Inosilicates : Spodumènes.** *Triphane* : jaune (Brésil) ; *hiddenite* : vert (Californie, Brésil, Madag.) ; *kunzite* : rose (Caroline, Norvège, U.S.A.).

● **5. Tectosilicates : Quartz.** *Cristal de roche* : blanc ; *améthyste* : violet (Afr. du S., Oural, Uruguay, Brésil, Madag., Auvergne, Vosges, Bretagne) ; *citrine* : jaune à orangé fumé (Brésil, Madag.) ; *quartz fumé* : marron clair (Alpes, Écosse, Turquie, Brésil, U.S.A.) ; *morion* : marron foncé (Alpes, Écosse) ; *quartz rose* : rose (Brésil, Madag., Inde).

Opale. *Noble* (dite aussi arlequine) : blanc iridescent (Hongrie, Australie) ; *opale de feu* : rouge feu (Mexique) ; *opale noire* : iridescences noires se détachant sur fond bleu noir à brun, très recherchées (Australie).

Nota. – (1) Pierres précieuses.

Glyptique

Art de sculpter en relief *(camées)* ou graver en creux *(intailles)* sur pierres fines : cornaline, agate, améthyste, cristal de roche, etc., ou très rarement sur pierres précieuses : diamants, émeraudes, saphirs, rubis.

Usage. *Intailles* : sceaux ou cachets comme signature ou authentification d'un acte. *Camées* : ornement.

Époques. Depuis le IVe millénaire en Égypte, Moyen-Orient (intailles en forme de cylindres, de 1 à 6 cm env.), Grèce, Rome, Renaissance jusqu'à nos jours.

Cours. Variables selon l'époque, la qualité de la gravure et la nature de la pierre : 600 à 80 000 F (cours les plus élevés : grecs archaïques et étrusques ; intailles ou camées XIXe et XXe s. peu recherchés ; nombreux collectionneurs de l'Antiquité au XIXe s., rares ensuite).

Valeur

Minéraux

Éléments du prix

Rareté : gisement épuisé ou en voie de l'être, conditions d'importation. Les minéraux venant de mines épuisées ou fermées sont plus chers s'ils sont de qualité et non des résidus, ex. : *quartz* de la Gardette (massif de l'Oisans), *azurite* de Chessy, *cristaux d'argent* de Konsberg (Norvège), *stibine* de la Lucette (Mayenne). **Qualité de l'éclat** : limpidité (minéraux transparents). **Cristallisation** : les cristaux doivent être bien développés, régulièrement disposés, sans cassure ou fêlure. Sont appréciées aussi les *géodes*, cavités plus ou moins sphériques contenant des cristaux, ainsi que les pierres sur *gangues* ou des associations de minéraux de nature différente. **Dimensions. Intégrité** de la pierre. **Couleurs** : intenses et lumineuses, doivent mettre en valeur les cristaux. **Forme** : 7 formes fondamentales de cristaux différents réalisant des combinaisons très variées.

Cours en francs

Fluorine : de 50 à 3 000 suivant importance et qualité. **Quartz fumé et améthyste** : de 100 à 1 500. **Paesine** (marbres ruiniformes) : de 120 à 500. **Argent natif de Konsberg** (Norvège) de 1 000 à 2 500 et +. **Pyrite de fer** cristallisée : de 40 à 800. Ensemble de **quartz, wolfram et apatite** (Panasquera) : 4 000 à 6 000 ; except. ensemble de cristaux de quartz (Arkansas), 750 kg, env. 120 000 (1980). **Plaque de grenat** du Canada : 1 000. **Apophyllite verte** env. 300, **cristal d'améthyste** 700, **cuivre natif** 900, **dioptase** 1 000, **tectiles** (7 cm) 120, t. australiennes 1 000, **météorite** (Canyon Diablo, Arizona), contenait des poussières de matière interstellaire : 3 kg 3 000, 350 g 350 ; **aérolithe** 4 000 le kg (chondrites).

Pierres précieuses

Éléments du prix

La valeur des pierres précieuses prend en compte : **Couleur** (Voir Quid 1984, p. 384, l'échelle des couleurs). **Masse** exprimée en carats métriques [1 ct = 0,2 g] divisés en 100 centièmes de carat ou points (rarement employés) [à ne pas confondre avec le *karat*, unité tolérée de teneur pour les bijoux en or ($1\ karat = \frac{1}{24}$)]. **Propreté** ou **pureté** (absence ou présence d'inclusions). **Taille** (proportions et formes).

Pierres les plus cotées. *Rubis* « sang de pigeon » de Mogok, r. birman (pierres rares). *Émeraude* : de Colombie. *Diamant. Saphir* : du Cachemire, s. de Birmanie, s. de Ceylan.

● **Pureté de la couleur.** Les couleurs franches et les plus intenses possibles sont recherchées. *Différents critères* : *ton* (on préférera un rouge sang artériel pour le rubis, un bleu de France pour le saphir, etc.) ; *satu-*

● **Authenticité.** Le *Service public du contrôle des diamants, perles fines et pierres précieuses* (2, place de la Bourse, 75001 Paris), géré par la Chambre de Commerce et d'Industrie de Paris, peut vérifier l'authenticité d'un diamant, d'une perle ou d'une pierre précieuse, et à condition qu'ils ne soient pas sertis, délivrer des attestations de garantie pour les diamants.

● **Bourses de la pierre.** La plus ancienne : Ste-Marie-aux-Mines (déb. juillet) ; Munich (oct.) ; Alès (nov.) ; Lyon (nov.) ; Tarbes (2e quinzaine de nov.) ; Jouy-en-Josas (nov.) ; Liège (nov.) ; Paris (déc.), hôtel PLM St-Jacques. Le calendrier des bourses est publié dans des revues spécialisées : *Minéraux et fossiles, Monde et minéraux.*

● **Collections principales** (France). École des mines. Musée minéralogique. Muséum d'histoire naturelle, galerie de Minéralogie. Faculté des sciences de Paris (Jussieu, tour n° 25), collection de minéralogie et de cristallographie. Bureau de recherches géol. et minières. *Au XVIIIe s.* : on constitua des collections scientifiques (collection du prince de Condé, François Boucher et Bonnier de la Mosson).

Nota. – La plus grande collection privée : celle d'Ilia Deleff, né en Bulgarie (nat. Brésilien) : 78 pièces exceptionnelles, vendues au Muséum d'histoire naturelle, et à été exposée de 1983 à 1985 au jardin du Luxembourg.

● **Fiscalité.** *T.V.A.* Pierres non montées en bijoux (depuis 1981) et montées en bijoux 33,33 %. La douane peut exiger le paiement de la T.V.A. (plus des pénalités) à toute personne qui ne peut produire une facture justifiant d'une importation régulière. Règlement obligatoire par chèque au-dessus de 10 000 F. *Taxe forfaitaire sur les plus-values* de 6 % (vente publique 3 %).

● **Langage des pierres.** *Améthyste* : sincérité, dissipait les fumées du vin et donnait de l'esprit. *Bague en quartz ou cornaline* : servait d'antidote à la tristesse. *Cristal de roche* : délivrait des mauvais rêves. *Diamant* : pureté, fidélité. *Émeraude* : bonheur vertueux, faisait se sauver le diable et était le gage de la virginité. *Hématite* : délivrait de la goutte. *Rubis* : amour, pureté. *Saphir* : sagesse, rendait aimable. *Topaze* : amitié, modérait les natures bouillantes.

● **Matières d'origine végétale ou animale utilisées en bijouterie.** *Animale* : corail, ivoire, nacre, écaille. *Végétale* : ambre (ou succinite) [résine fossile, venant de la mer Baltique, Pologne, Russie. Il peut être aisément travaillé ; *ambre pressé* : morceaux d'ambre agglomérés par fusion superficielle et pression ; *ambre fondu* : ambre solidifié après fusion complète (valeur de ces produits peu importante). Attention à l'imitation de morceaux d'ambre noyés dans une résine artificielle. A ne pas confondre avec *l'ambre gris*, produit sécrété par les baleines, utilisé dans la fabrication des parfums], jais (dû à la fossilisation des conifères), bois fossile.

● **Minéraux et pierres d'ornementation utilisés occasionnellement,** en ital. les plus courants. Pyrite ; *hématite* ; *marcassite* ; fluorine ; sphalérite ; cassitérite ; smithsonite ; *rhodocrosite* ; azurite ; *malachite* ; célestine ; amblygonite ; brazilianite ; apatite ; variscite ; *turquoise* ; *aventurine* ; *calcédoine* (claire : calcédoine ; verte : *chrysoprase* ; marron : *cornaline* ; noire : *onyx* ; veinée : *agate* ; verte à points rouges : héliotrope) ; *sardoine* ; *jaspe* ; *œil de tigre* ; phénacite ; euclase ; andalousite ; dystène ou cyanite ; sphène ou titanite ; dumortiérite ; épidote ; soïsite ; *tanzanite* ; vésuvianite ou idocrase ; phrénite ; bénitoïde ; axinite ; cordiérite ; dioptase ; chrysocolle ; diopside ; enstatite ; statetite ; *jade-jadéite* ; *jade-neparite* ; *rhodonite* ; apophyllite ; antigorite ; serpentine ; orthose ; *pierre de lune* ; *amazonite* ou *microdine* ; pierre de soleil ; labradorite ou spectrolite ; danburite ; *sodalite* ; hauyne ; lazurite ; scheelite ; *lapis-lazuli* ; scapolite ; *obsidienne* (verre volcanique) ; moldavite (verre météorite).

Minéraux. *Antiquité au XVIIIe s.* : certains minéraux étaient considérés comme des objets magiques, d'autres transformés en objets d'art.

ration (on préfère une spectrale pure à une « délavée de blanc ») ; *intensité* (on préfère une vive à une rabattue, tendant vers le gris-noir).

De plus, on doit rechercher si la couleur est naturelle ou non : certains lapis-lazuli sont baignés dans une teinture bleue, certaines émeraudes ou certains rubis recèlent dans leurs givres ouverts des teintures vertes ou rouges, certains diamants jaunes ont acquis ce jaune à la suite d'un traitement physique, etc.

Plus une pierre est pure, plus elle est appréciée. Toute pierre peut, au cours de sa croissance, piéger de petits cristaux présents dans son milieu de formation (inclusions antégénétiques) ; des cavités peuvent se former pendant sa croissance, des cristaux peuvent croître simultanément avec elle (inclusions syngénétiques) ; enfin, des inclusions peuvent apparaître après sa formation du fait de la variation des conditions physico-chimiques (textures d'exsolution), ou par suite de fractures resoudées in situ, comme les givres de guérison (inclusions postgénétiques ou secondaires).

Cours en milliers de francs

Aigue-marine. 0,5 à 5 le carat suivant poids et qualité.

Diamant. Selon poids, couleur, taille et pureté de la pierre. *1 ct* : 7 à 300 ; *2 cts* : 12 à 600 ; *3 cts* : 20 à 900 ; *4 cts* : 30 à 1000.

Émeraude. Selon poids, taille et couleur. *1 ct* : 0,2 à 70 et + ; except. 195 le ct (1980) ; *2 cts* : 170 ; *3 cts* : 9 à 600 et + ; *Ém. de Colombie* 12,6 cts 2 500 (1979).

Rubis. Selon qualité, provenance et poids. *1 ct* : 0,3 à 200 ; *3 cts* : 3 à 700 ; *4 cts* : 4 à 900 ; [except. 4,12 cts 1 700 (1979)]. Rubis *birmans* 100 à 150 le ct ; r. *siam* (de Thaïlande) 5 cts 41 à 60 ; 10 cts 85 env. *Synthétique* : 0,2 le carat. Except. *Rubis coussin* 4,12 cts 466 le ct (1979).

Saphir. Selon poids, taille et couleur. *1 ct* : 0,2 à 9 ; *3 cts* : 3 à 300 ; *4 cts* : 4 à 400 ; *17,85 cts* : 535 (1977). *Saphir de Cachemire* : 1 ct env. 103 à 160 [except., 11,81 cts : 1 250 (1980)] ; *de Birmanie* : 5 cts 50 le ct, 20 cts jusqu'à 110 le ct ; *de Ceylan* : 5 cts 7 à 15 le ct ; 20 cts 55 max. le ct ; saphirs orangés ou rose vif valent env. 10 fois moins ; *de Thaïlande ou Australie* : 10 max. le ct. *Record* : saphir taillé à degrés de 66,03 cts : 5 600 (1981). *Bague*, record mondial 9,6 cts 1 305 (1980) (avec diamants).

Topaze. 300 le ct. **Chrysobéryl** œil-de-chat. *82,38 cts* : 300.

Source : Jean Lafarge, Gourdji, Service public du contrôle des diamants, perles fines et pierres préc.

Pierres célèbres

Diamants célèbres

(Les plus gros)

Année et lieu de découverte ; classés par ordre de poids (taillé) indiqué en carats ; caractéristiques.

● **Blancs : Cullinan** (1905, Afr. du S.). Non taillé 3 106 cts. Blanc. Appelé du nom du fondateur de la mine. Acheté en 1907 par le gouvernement du Transvaal qui l'offrit au roi Édouard VII pour son 66e anniversaire. Le roi confia sa taille à Asscher d'Amsterdam, qui en tira 9 pierres principales : la 1re, l'*Étoile d'Afrique*, en forme de poire à 74 facettes de 530,2 cts, est montée sur le sceptre de la reine d'Angleterre ; la 2e, le *Cullinan II*, en forme de coussin (317,40 cts), sur la couronne impériale d'Angleterre.

Jubilee. 245,35 cts. Blanc, taille coussin. C'est la plus grosse pierre du diamant *Reitz* (1895, Afr. du S.) 650,25 cts, taillé l'année du jubilé de la reine Victoria (1897) en 12 pierres. Appartient à Paul-L. Weiller.

Orloff (XVIIIe s., Inde). 300 cts. Taillé 189,62 cts, demi-œuf, facetté, taille à rose sur le dessus, non facetté en dessous, blanc teinté de jaune. Acheté par le Pce Orloff pour la Grande Catherine. Orne le sceptre impérial. Conservé au Kremlin.

Victoria (1884, Afr. du S.). 469 cts. Blanc. Taillé en un brillant ovale de 184,5 cts, et un rond de 20 cts. Vendu au nizam d'Hyderabad.

Moon. Taillé 183 cts, en rond, blanc jaune. Vendu chez Sotheby le 20-8-1942.

Daria-I-Nur (Dacca). Taillé 150 cts, carré, blanc. Vendu en 1959 à Dacca.

Nawanager. Taillé 148 cts, forme en rond, blanc. A Rajmata Gulabkunverba de Nawanager.

Régent (XVIIIe s., Inde). 410 cts. Taillé 140,5 cts, forme coussin, blanc, légèrement bleuté. Un esclave le découvrit en 1701 dans une mine aux Indes et s'enfuit vers l'Angleterre en le cachant dans une blessure qu'il s'était faite volontairement à la jambe, mais il révéla son secret. Thomas Pitt, gouverneur de Madras, le vendit au régent Philippe d'Orléans. Napoléon le fit sertir sur le pommeau de l'épée de son sacre en 1804. Actuellement conservé au Louvre.

Reine de Hollande. 136,32 cts, forme coussin, blanc, avec teinte bleue. Vendu par un prince hindou à Londres en 1960.

Étoile du Sud (1853, Brésil). 261,88 cts, ovale, blanc. Taillé 128,8 cts. Appartiendrait à Rustomjee Gamsetjee (Bombay).

Portugais. 127,10 cts, forme coussin, blanc. Appartient au Smithsonian Institute, Washington.

Light of Peace (1969, Sierra Leone). 434 cts. Taillé 125,5 cts, blanc. Ce diamant ne sera pas vendu, mais exposé lors des campagnes en faveur de la paix. Appartient à Zale Corporation, Dallas.

Taj-E-Mah. 115,06 cts, taille à rose, blanc. Joyaux de la couronne d'Iran.

Koh-i-Noor (env. 1304, Inde). 186 cts. Taillé 108,93 cts, forme ovale, blanc. Orne la couronne de la reine Elisabeth d'Angleterre, conservé à la Tour de Londres. Réclamé en sept. 1976 par le Pakistan et l'Inde.

● **Bleu : Hope** (XVIIe s., Inde). 112,5 cts. Taillé 44,5 cts. A appartenu à Louis XIV, au sultan de Turquie, à Cartier (Paris), à Harry Winston qui en fit don au Smithsonian Institute de Washington.

● **Brun : Earth Star.** 111,59 cts, forme poire. Appartient à Baumgold Bros. Inc. New York.

● **Champagne : Croix d'Asie.** 109,26 cts, forme table, champagne. Présenté par une institution charitable américaine à Jokes San Antonio, Texas, 1947.

● **Jaunes : Tiffany.** 128,51 carats, forme coussin. Appartient à Tiffany, New York. **De Beers** (1888, Afr. du S.). 428,5 cts, jaune. Taillé 234,5 cts. Appartient à un prince hindou. **Red Cross** (Afr. du S.). 375 cts. Taillé 205 cts, carré, jaune canari. Offert à la Croix-Rouge anglaise et vendu aux enchères en 1918. **Iranian Yellow A.** Taillé 152,16 cts, jaune, rectangle vieille taille brillant, silver cape. **B.** 135,45 cts, ancienne taille, brillant forme coussin, cape. **C.** 123,93 cts, forme coussin, silver cape. **E.** 114,28 cts, forme coussin, cape. Trésor d'Iran. **Shah** (1571, Inde). 99,52 cts. Taillé 88,7 cts, forme coussin, jaunâtre. Offert par la Perse en 1829 pour racheter le meurtre de l'ambassadeur russe, le poète Griboïedov. Conservé à Moscou.

● **En poire : Grand Chrysanthème.** 105,15 cts. Couleur bronze, New York, collection privée. **Niarchos** (Ice Queen) (1954, Afr. du S.). 426,5 cts, taillé 128,25 cts (le Niarchos). Appartient à Stavros Niarchos.

● **Roses : Grand Mogol** (v. 1650, Inde). 787,5 cts (estim.), incolore, rose. Perdu depuis 1747. Taillé, il aurait eu 280 cts. Certains pensent que l'*Orloff* et le *Koh-i-Noor* sont des fragments du Grand Mogol retaillé. **Premier Rose** (1978, Afr. du S.). 353,9 cts. Taillé 137,02 cts. Vendu 11,5 millions de $ en 79.

● **Vert : Vert Dresden** (1743, Inde). 119,5 cts. Taillé en 41 cts. Conservé au palais de Dresden.

Autres diamants importants (poids en carats)

Arc (1921, Afr. du S.). 381. **Baumgold** (1922, Afr. du S.). 609. Taillé en 14 pierres, les deux plus grosses, les *Baumgold Pears*, de 50 chacune. La plupart des 14 pierres ont été achetées par des Chinois. **Berglen** (1924, Afr. du S.). 416,25. **Black Diamond of Bahia** (1850 ?, Brésil). 350. **Bob Grove** (1908, Afr. du S.). 337. **Broderick** (1928, Afr. du S.). 412,5. **Cartier ou Taylor-Burton** (1966, Afr. du S.). 240,80. Taillé 69,42. Acheté pour Élisabeth Taylor par Richard Burton 14 500 000 F, revendu à Henry L. Lambert (New York) en 1979. **Catherine Bokassa** (1978, Rép. centrafricaine). 138 cts. Taillé à Paris (par les ateliers Sirakian) en forme de poire 82,15. Serti sur la couronne impériale. **Corondel IV** (1941, Brésil). 400,65. **Darcy Vargas** (1939, Brésil). 455 brut. Nom de la femme du Pt Vargas (Mme Getulio Vargas). Brun ; trouvé dans le district de Coromandel (Minas Gerais). **Étoile de la Paix** (1974, Centrafrique). 500, taillé 170,49. Vendu à l'émir d'Abou Dhabi 100 000 000 F. **Étoile de Sierra Leone** (1972, Sierra Leone). 968,8. Blanc. Évalué à 59 millions de F. **Excelsior** (1893, Afr. du S.). 995,2. Taillé en 21 pierres, la plus grosse de 70. **Goyaz** (1906, Brésil). 600. Taillé en plusieurs pierres (la plus grosse 80). Sa trace a été perdue. **Indien.** 250, forme poire, blanc. **Jonker** (1934, Afr. du S.). 726, taillé 125,65, taille émeraude, blanc. A M. Takashima, Kyoto, Japon. **Kimberley** (début XXe s., Afr. du S.). 503. Couleur champagne. Taillé en 1 pierre, taille émeraude de 70, retaillé en 1958 en 1 pierre de 55,9. Vendu en 1971 à un Texan. **La Lune de la Montagne** (XVIIe s. env.). 126, non taillé. On pense qu'il est conservé parmi les joyaux de la couronne de Russie. **Lesotho** (1967, Lesotho). 601,25, brun. Taillé en 70 pierres (la plus grosse 70). **Patos** (1937, Brésil). 324. **Presidente Dutra** (1746, Brésil). 409. Taillé en 46 pierres (la plus grosse : 9,06). **Président Vargas** (1938, Brésil). 726,6. Blanc. Pierre découverte dans la rivière San Antonio (Coromandel, Minas Gerais) par un prospecteur et un fermier qui l'ont vendue 56 000 $; a atteint 235 000 $; Harry Winston, marchand de pierres américain, l'a achetée en 1939 env. 600 000 $ et taillée en 1941 en 29 pierres, la plus grosse de 48,26. A Mrs R.W. Windfohr (Texas) puis à Harry Winston. **Sancy** (XVIe s., Inde). 55, taillé. Appartient à la famille Astor. Trouvé, dit-on (mais c'est peu vraisemblable), sur Charles le Téméraire au moment de sa mort. Il appartint au roi Antoine de Portugal puis à Nicolas Harlay de Sancy (ministre d'Henri IV) ; vendu en 1604 à Jacques Ier d'Angleterre, revint à Mazarin qui le légua à la couronne de France. Volé à la Révolution, il réapparut vers 1828 (acheté par une famille russe). Depuis, acheté par William Waldorf Astor et porté par Lady Astor († 1964). Retour du Sancy au musée du Louvre en janv. 1979. Le maharadjah de Patial possède une pierre de 60,40 et prétend posséder le vrai Sancy. **Tiros I** (1938, Brésil). 354. **Venter** (1951, Afr. du S.). 511,25. Jaune. Taillé en 32 pierres, la plus grosse de 18. Propriétaires inconnus. **Victoria** (1943, Brésil). 328,34. Taillé en 44 pierres, la plus grosse de 30,39. Propriétaire inconnu. **Woyie** (1945, Sierra Leone). 770. Blanc. Taillé en 30 pierres dont une de 31,35. Offert à la reine Elisabeth II. **X...** (1965, Lesotho). 527,25. Blanc.

Autres minéraux célèbres

Aigue-marine. 103,8 kg (Brésil, 1910). 61 kg (Brésil, 1955). **Ambre.** 15,25 kg (Birmanie, acheté en 1860), au Musée d'histoire naturelle de Londres. **Argent.** 1 026,5 kg (Sonora, Mexique), possédé par l'Espagne dès avant 1821.

Chrysobéryl. 171 carats (Muséum de Washington). 45 carats (British Mus.). **Cristal de roche.** 71 t (piézo-cristal trouvé au Kazakhstan en 1958). 48 kg Warner sphere (trouvé en Birmanie, auj. au Muséum de Washington).

Émeraude. 11 130 carats (U.R.S.S., 1834, musée minéralogique de Moscou). 11 000 cts (Transvaal, 1956). 6 225 cts (Brésil). 2 680 cts (jarre sculptée au XVIIe s., Vienne). 1 384 cts (pierre de Devonshire venant de Colombie). 16 300 cts (3,26 kg, Istanbul, Topkapi). 135,25 cts (à Moscou). Les plus célèbres viennent de Muso et Chivor (Colombie). Il y aurait une émeraude hexagonale d'env. 20 000 cts valant env. 500 000 000 F.

Jade (néphrite). 143 t, 603 m³ (Chine, 1978). Le mausolée de Tamerlan à Samarcande est un monolithe de néphrite.

Marbre. Bloc de 90 t (Yule, Colorado, U.S.A.) dans lequel a été taillée une pierre de 45 t pour la tombe du soldat inconnu (cimetière d'Arlington, Virginie).

Opale. 22 800 carats, 6,842 kg (jaune orangé) (Anda Mooka, Australie, 1970), déterrée par un bulldozer, composée de 2 morceaux imbriqués l'un dans l'autre (bloc de 28 × 25 × 12,5 cm), évaluée à plus de 5 millions de F, exposée à Sidney (Australie). 77 cts (O. de Louis XVIII, Paris, Jardin des Plantes).

Painite (Ca^4 Al^2O $BSiO^{38}$). Pierre la plus rare (découverte en 1951, Birmanie).

Pépite d'or. Pépite d'Holtermann, 214,32 kg (Australie, 1872). La pépite la plus pure : Welcome Stranger (Moliagul, Australie), 70,92 kg dont 69,92 kg d'or pur.

Rubis. 3 421 carats (U.S.A., 1961), mais il est brisé ; le plus gros morceau pèse 750 carats). 1 184 carats (Birmanie). Rosser Reever Ruby 138 cts. Delog Star 100 cts. Rubis de la Paix (Birmanie, 1918).

Saphir. 100 000 carats (Ceylan). 63 000 cts (Birmanie). 2 302 cts (Anakie, Australie, v. 1935) dans lequel a été taillé la tête d'Abraham Lincoln (1 318 cts, U.S.A.). 2 097 cts, taillé 1 444, en forme de buste du Gal Eisenhower (Étoile noire, U.S.A. v. 1953-55). *Rose* 2 000 cts (non taillé, Caroline du Nord, U.S.A., 1901). 1 997 cts (taillé 1 056). 1 200 cts (brut, Australie 1956). 951 carats (Birmanie, trésor du roi à Ava).

563,35 cts (Star of India, venant de Ceylan, au Muséum de New York). 259 cts (Moscou). 135,80 cts [Ruspoli ou saphir de Louis XVI, trouvé au Bengale ; taillé en rhomboèdre (parallélépipède dont les 6 faces sont des losanges égaux) ; à Paris, Jardin des Plantes]. **Spinelle.** Rubis de Timour (ou Tamerlan) 361 carats (G.-B.). R. du Pce Noir (G.-B.). R. de Catherine II, de 400 carats (G.-B.).

Topaze. 270,3 kg, 1 351 500 cts, 221 facettes, bleu ciel (trouvée au Brésil, au Muséum de New York). 117 kg (Brésil, au Muséum de Vienne). 60 kg (Norvège). 28,10 cts (t. de Louis XIV, 326 facettes, Paris, Jardin des Plantes). **Turquoise.** 98,8 kg (à l'origine 113,4 kg, Californie, 1975).

Minéraux d'imitation

Quelques types

Verre. La plus ancienne imitation (âge du fer, Égyptiens) des pierres précieuses. Le *simili :* verre recouvert d'un enduit réflecteur doré ou argenté, imite le diamant. Les *verres colorés* imitent toutes les pierres précieuses et ornementales puis verre aventuriné (des paillettes de cuivre y sont incorporées) au XVIIIe s. (verre + paillon). **Millefiori** (boules presse-papiers) au XIXe s.

Strass. Inventé au XVIIIe s. par l'Allemand Joseph Strasser après la découverte du verre au plomb (flint dit cristal) par les Anglais en 1623, pour imiter le diamant. Se raye facilement. *Composition* (%) : oxyde de plomb 35 ; silice 38 ; potasse ; borax et arsenic 8.

Doublets et pierres composites. Assemblages divers.

Perles. Voir p. 392.

Cristaux artificiels. *Par fusion :* corindons synthétiques (synthèse de rubis, saphirs, topazes, morganite, kunzites, etc.), spinelles synthétiques (imitation de l'aigue-marine, etc.), rutile synth., titanate de strontium YAG, oxyde de zirconium (imitation du diamant). *Par dissolution hydrothermale :* émeraude, quartz ; *dissolution anhydre* (dans un fondant) : émeraude synth., rubis, alexandrite ; *par cristallisation :* émeraude.

Minéraux et roches de couleurs artificielles modifiées. Les couleurs de certaines pierres de basse qualité peuvent être renforcées par traitement. *Pour imiter un minéral ou une roche :* jaspe teint en bleu ; *accentuer une couleur :* lapis-lazuli et turquoise baignés ; *changer la couleur :* diamants exposés à des radiations, améthystes traitées thermiquement.

Quelques dates

XVIIe s. Flint (cristal au plomb), perle d'imitation. **1800 :** Doublet quartz-verre, découverte du béryllium, du chrome, strass, détermination chimique du diamant, perles de culture au laboratoire. **1850 :** Doublet grenat-verre, émeraudes synth. au laboratoire, doublets 1/2 perle de culture-nacre (« perles japonaises »), millefiori. **1885 :** « Rubis de Genève », petits morceaux de rubis assemblés à chaud à l'aide de chromate de potassium utilisé comme fondant superficiel. **1890-1902 :** des artisans appliquent la découverte de E. Frémy (« boules » de rubis synthétiques). **Début XXe s. :** le chalumeau oxhydrique de Verneuil permet la fabrication industrielle (1904) du rubis synth. et (1907) du corindon synth. bleu coloré grâce à des traces de cobalt (commercialisé sous le nom de Hope). **1910 :** Doublet quartz-gélatine-quartz, saphirs synth. au cobalt galalithe, chalumeau Verneuil, bakélite. **1920 :** Perles de culture. **1930 :** Doublet quartz-émail-quartz, saphir synth., spinelle synth. **1940 :** Émeraude synth. Igmerald, doublet béryl-émail vert-béryl. **1945 :** Doublet à base d'opale, émeraude synth. Carol Chattham. **1950 :** Saphir synth. étoilé. **1954** *(16-12) :* 1er diamant synthétique obtenu par le Pr Hall (U.S.A.). **1955 :** Doublet spinelle synth.-émail-spinelle synth., spinelle synth. fritté (phosphates comprimés), rutile synth., perles de culture à noyau organique. **1960 :** « Néolite », émeraudes synth. Gilson, Zerfass..., « béryl enrobé » Lechleitner, rubis synth. en fusion anhydre, mise au point du YAG (produit de synthèse ind., manufacturé). **1960 :** Quadruplets quartz-opale-agate, rubis synth. hydrothermal, « fabulite ». **1965 :** Doublet émeraude-émail-émeraude YAG, quartz synth. au cobalt, doublet béryl-tourmaline « Smaryl », émeraude synth. hydrothermale Linde. **1970 :** Opale synth., améthyste synth., alexandrite synth., doublet saphir-saphir synth., turquoise synth.-G.G.G., linobat, K.T.N. **1975 :** Saphir synth. (fusion anhydre), oxyde de zirconium cubique, lapis-lazuli synth., citrine synth. **1982 :** Cristallisation naturelle d'émeraudes de synth. (de Léonard Lens, Belge).

Tapis

Source : Berdj Achdjian, expert.

Généralités

Origine

La technique du tapis noué est le résultat d'une évolution de différentes techn. (feutre, tissage-kilim, tissage-verneh, etc.) remontant à plusieurs millénaires. *Le plus ancien tapis noué existant* actuellement daterait du IVe ou Ve s. av. J.-C. [tapis en laine (2 × 1,90 m, exécuté au nœud symétrique, 3 600 nœuds au dm²)], dit de Pazyrik, découvert en 1949 par l'archéologue Rudenko (dans une tombe scythe dans les monts Altaï) et conservé au musée de l'Ermitage à Leningrad. Des tapis ou fragments de tapis des IXe et Xe s. sont conservés notamment au Japon, en Chine et en Europe (Aix-la-Chapelle). En outre, certains musées conservent des tapis ou fragments de tapis des XIIIe, XIVe et XVe s.

Types de tapis

Tapis noués. *Types de nœuds : nœud symétrique* dit *Ghiordes* (ou turc ou turkbaf), employé principalement au Caucase, en Turquie et par des nomades de l'Iran ; *nœud asymétrique* dit *Senneh* (ou persan ou farsbaf), employé par les manufactures iraniennes, en Chine et dans la plus grande partie de l'Asie centrale. Ces types de nœuds ont de nombreuses variantes.

Tapis tissés. 2 techniques : 1) *kilim* ou tissage plat simple, les fils (trame) passant alternativement entre les fils de chaîne ; 2) *soumak* en tissage complexe plat. *Autres variantes : verneh* (en sileh), Djadjim.

Métiers, principaux types : *horizontal* surtout utilisé par nomades et artisans orientaux, car il est démontable et facile à transporter, *vertical* utilisé par les sédentaires, villageois et les art. occidentaux. Dans les 2 cas, les fils de chaîne sont tendus sur le métier dans le sens de la longueur et l'artisan débute par le tissage d'une étroite bande de kilim constituée par l'entrecroisement des fils de trame avec les fils de chaîne. Puis il commence le nouage des brins (de laine, poils de chameau, etc.) de couleurs différentes, qui forment le velours et le décor du tapis. Ces brins de laine sont noués selon le nœud choisi, symétrique ou asymétrique, sur toute la largeur du métier. Chaque rangée est en général maintenue et séparée de la suivante par le passage d'un ou plusieurs fils de trame, puis ces trames et les nœuds sont tassés avec un peigne. Les brins formant le velours sont coupés après 1 ou plusieurs rangées terminées. Une fois le tapis fini, le velours est égalisé. Le tapis est terminé par une partie tissée. Les franges sont constituées par les fils de chaîne.

Centres de production

2 types de production : artistique (le tapis, œuvre d'art), commerciale (objet de consommation).

● **Afrique. Algérie.** Tissages du Haut-Atlas. **Égypte.** Tissages coptes anciens, et tapis contemporains. **Tunisie. Maroc.** Rabat.

● **Amérique.** Tissages Navajo, précolombiens, Pérou, Guatemala.

● **Asie. Asie centrale.** Iran, Afghanistan, Turkmenistan, Uzbekistan. Dits *Boukhara* (*ethnies :* Tekké, Yomoud, Imreli, Pendeh, Salor, Kizil Ayak, Bechir, Chodor, Saryk, Béloutches, etc.). **Cachemire, Pakistan.**

Caucase. *Tapis antiques caucasiens* (XVIe-milieu XIXe s.). Dits Koubas ou tapis arméniens. Régions de Chirvan, Karabagh, Kouba. *Anciens de villages et de nomades caucasiens* (XVIe-début XXe s.). Chirvan, Kazak, Daghestan, Kouba, Gendje, Seikhour, Khila, Karabagh, Talish, Marasali, Derbend, Akstafa, etc. Tapis tissés : Kilim, Soumak, Verneh, Sileh.

Chine, Est du Turkestan, Tibet. *Tapis antiques des cours impériales.* Ning-Hsia. Dits *Samarkand.* Viennent des oasis du bassin du Tarim : Yarkand Khotan, Kashgar. *Du XIXe s.* Ning-Hsia, Pao tou (et Siryan), Kansu, Pékin.

Inde. Agra, Mirzapoor, Amritsar, Lahore, Daree (tissage kilim), Namda (tapis de feutre).

Iran. *Tapis de la cour séféfide* (Shah Abbas, XVIe-XVIIe s.). Ex. : tapis dit Ardébil (Victoria and Albert M., Londres). Kirman, Kechan, Herat, Djochagan. *De villages* (XVIIe-début XXe s.). Sarouk, Tabriz, Téhéran, Kechan, Khorassan, Ispahan, Kirman, Yoravan, Feraghan, Sérab, Hériz, etc. *De nomades* (jusqu'à nos jours). Afchars, Khamseh, Kurdes, Shahsawan, Kashgaï (dits *Chiraz*). Tapis tissés : Gelim, Djidjim, Kerneh. *De manufactures et d'ateliers* (fin du XIXe s. à nos jours). Kirman, Ispahan, Téhéran, Khorassan, Tabriz, Bidjar, Mechhed, Nain, Goum, Veramin.

Turquie. *Tapis de cour et de manufactures* (XVIe-fin XIXe s.). Ouchak, Brousse (Boursa), Héréké, Komkapi. *De villages (ruraux) ou de paysans* (XVIIe, XVIIIe, XIXe s.). Ghiordes, Koula, Ladik, Melas, Konia, Moudjour, Kirsheir, Avanos, etc. *De nomades.* Kurdes, Yürüks, nomades de la région de Bergame. *Ateliers* (XXe s.). Césarée (ou Kayseri), Koula, Melas, Avanos, Kirsheir, Maden, Megri, Moudjour, Karapinar, Nidge, Orta-Keuy, etc. Nouage moyen. *De manufactures pour l'exportation.* Smyrne, Ouchak, Borlou, Sparta, Sivas.

● **Europe. Angleterre.** Axminster (métiers industriels). **Espagne.** Fondation Franco del Pardo, Fabrica Real de Madrid, Barcelone, Burgos, Cuenca, Grenade (tapis *Alpujaras). **France.** La Savonnerie (manufacture en 1627, réunie à celle des Gobelins en 1826), Amiens, Nîmes, Tourcoing. **Hollande.** Deventer. **Italie.** Florence, Venise, Modène, Corrège, Pérouse, Naples, Rome. **Roumanie.** Kilims anciens et tapis modernes.

Cours des tapis (en milliers de F)

Tapis antiques et anciens. *Quelques records.* Tapis « ottoman », fin XVIe s (121 × 173 cm) 392,7 ; « polonais » (Iran), 1re moitié du XVIIe s. (110 × 385 cm) 2 500 (1983) ; Lori-Pamback, Caucase (175 × 267 cm) 224,4 (1983) ; Belouch (119 × 266 cm) 38,3 ; Senneh fin XIXe s. (401 × 350 cm) 268,3 (1984) ; Tabriz Maffer (580 × 405 cm) 316,4 (1984). « Téhéran » fin XIXe s. 235 (1985).

Tapis modernes : Hausse due au coût de la main-d'œuvre. Exemples (en milliers de francs par m² et au détail, 1983). Tapis pakistanais 1 à 2. Soviétique (Caucase) 1,8 à 3,5. Roumain 1,3 à 3. Cachemire 1 à 2. Turc en soie (Héréké) 10 à 20. Arménien 2 à 3.

Nettoyage. *Tapis ancien :* passer (occasionnellement) l'aspirateur à l'envers et le balai-brosse sur le velours. Lavage manuel tous les 3 ou 5 ans. Éviter les nettoyages chimiques. *Neuf :* passer l'aspirateur ou le balai de paille de riz, sans excès. *Tache :* nettoyer tout de suite (produits différents selon la nature de la tache).

Tapisseries

Données générales

● **Définitions. Chancellerie.** Tapisserie aux armes de France, donnée par les rois à leurs chanceliers, à leur entrée en fonctions. **Suite.** 1 seule pièce répétée plusieurs fois ; ex. : la Portière des Renommées (Le Brun), dont le motif est répété 72 fois.

Tapisserie aux armes. Les motifs du milieu sont des armes héraldiques. **A écriteaux** (ou t. à rouleaux). Le sujet ou le sens moral est indiqué en lettres gothiques dans des écriteaux tissés ; ex. : les Amours de Gombault et Macée. **T. mille-fleurs** (à semis ou fond de fleurs). Fond bleu-vert ou rose (la Dame à la Licorne). **Tenture.** Ensemble des tapisseries de lisse se rapportant au même sujet ; ex. : la Tenture d'Esther. **Verdure.** Le paysage (arbres et feuillages) prédomine.

● **Fabrication. A la main.** Fils de couleur [laine, soie (or et argent ne sont plus utilisés depuis la fin du XVIIIe s.)] passés entre les fils d'une chaîne (laine ou rarement lin) tendue verticalement [tapisseries de *haute lisse* (la lisse est une cordelette qui fait partie de la perche de lisse ; dans les métiers de haute lisse, elle est placée au-dessus de la tête du lissier)] ou horizontalement (t. de *basse lisse*). Le jeu des fils de trame forme le dessin et les coloris. La tapisserie à l'aiguille se fait sur un canevas uni (fils simples) ou sur un canevas *Pénélope* (fils doubles).

Mécanique. Machines dérivées du métier Jacquard, ne permettant le passage que de 6 ou 7 couleurs (on prévoit de nouveaux métiers autorisant l'emploi de 15 couleurs).

Semi-mécanique (chaînes de coton actionnées mécaniquement, mais trames de laine passées à la main). Couleurs et formats (1,40 × 3 m au max.) limités. Prix : 1 400 F le m².

Mosaïque de laine. Inventée par le peintre Fabrice (Robert-Jean Fabre) en 1955. Obtenue manuellement en collant, sur un calque réalisé d'après le carton du peintre, plusieurs épaisseurs de laine superposées. On détache ensuite chacune des couches que l'on recolle définitivement sur un support de toile.

Au Moyen Age, il fallait env. 6 à 8 mois à un ouvrier pour tisser 1 m² (les fils étaient assez gros : 4 à 5 mm). A partir de la Renaissance, le nombre de fils au cm fut porté à 10, l'ouvrier mettait alors 1 an pour tisser 1 m² à paysage ou verdure ; au XVIIe s., le grand nombre de personnages ralentit la vitesse : plus d'1 an pour 1 m² ; actuellement on compte à Aubusson 1 mois pour 1 m², aux Gobelins 3 mois à 1 an (fils plus fins).

Cartons. Les t. sont réalisées d'après des « cartons » de peintres (au *XVIe s.* Raphaël, Van Orley ; *XVIIe s.*, Jordaens, Téniers, Oudry, Le Brun ; *XVIIIe s.*, Van Loo, Desportes, Pillement, Coypel, Vernet, Boucher, Huet ; *XIXe s.*, Goya ; *XXe s.*, Dufy, Fujita, Matisse, Dom Robert, Lurçat, Rouault, Picasso...) : modèles dessinés ou peints de la grandeur de la tapisserie ; au Moyen Age, le lissier disposait surtout d'indications écrites ; au XVIIe s., les cartons étaient faits à la sanguine, le lissier choisissait les couleurs. Ensuite on numérota les couleurs (le lissier perdit toute initiative).

Tapisseries célèbres

Le plus ancien spécimen *connu* (1483-1411 av. J.-C.) fut trouvé dans la tombe de Thoutmès IV en Égypte ; *connues en Europe* : t. de St-Géréon de Cologne, fin XIe s. (fragments conservés : Lyon au m. des Tissus, Londres, Nuremberg). **La plus grande connue :** le Christ de Gloire (cath. de Coventry, G.-B.) de 22,76 × 11,60 m exécutée à Aubusson (France, ateliers Felletin) sur un dessin de Graham Sutherland, achevée en février 1962, coût 274 000 F. La t. de la bataille de Roosebeck (Arras, 1387) mesurait 395 m² (disparue).

Tapisserie de la reine Mathilde (XIe, 70 m de long sur 0,50 m de haut) conservée à Bayeux : c'est, selon la légende, une tapisserie au point brodée à l'aiguille, réalisée par la reine Mathilde (?), femme de Guillaume le Conquérant. En fait, commandée par Eudes de Conteville, évêque de Bayeux, à des brodeurs saxons. Représente l'histoire de la conquête de Normandie. Comprend 72 scènes où figurent 623 personnages, 202 chevaux et mulets, 55 chiens, 505 animaux différents, 37 bâtiments, 41 vaisseaux et barques, 49 arbres.

☞ Voir Quid 1983, p. 539.

Principaux ateliers

Allemagne. Berlin, Munich, Wurtzbourg, Dresde, Lauingen, Cologne. **Angleterre.** Barcheston, Mortlake, Lambeth, Hatton Garden, Soho, Chelsea. **Danemark.** Rosenborg. **Espagne.** Santa Barbara, Séville. **Flandres.** Arras (haute lisse, fin XIIIe s., rattachée au duché de Bourgogne en 1384). Tournai (propriété du domaine royal français jusqu'en 1525, apogée début du XVIe s.). Produisaient des sujets profanes et religieux se caractérisant par l'entassement de personnages (aux riches costumes), une certaine confusion dans la composition et l'absence de perspective. Valenciennes. Lille. Douai. Audenarde. Bruges. Gand. Enghien (Edingen). Grammont (Geraardsbergen). Anvers. Bruxelles. Delft. Amsterdam.

France. *En France,* la t. serait apparue vers la fin du VIIIe s. ; les 1ers ateliers parisiens auraient été créés au XIIIe s. L'art prit son essor au XIVe s. (encouragé par Charles V) ; en 1379, Nicolas Bataille reçut la commande de l'Apocalypse (Angers), la plus ancienne t. française que nous ayons conservée. **Vallée de la Loire :** ateliers nomades suivant la cour de château en château (vers 1500). Ont produit les **mille-fleurs** (dont la Dame à la Licorne). **Fontainebleau** (S.-et-Marne) : atelier créé par François Ier, durée éphémère ; une seule tapisserie attribuée avec certitude (la Galerie des réformés décorée par Rosso et le Primatice, ch. de Fontainebleau). **Paris** : au XVe s., la guerre de Cent Ans et l'occupation anglaise brisèrent l'essor des ateliers parisiens. Mais au XVIe s. de nombreux lissiers se réfugièrent à Paris pour échapper à des persécutions religieuses. 1551 : Henri II crée un atelier à l'hôpital de la Trinité pour les enfants pauvres et les orphelins. 1597 : Henri IV crée un atelier. 1601 : il interdit l'importation des t. étrangères, puis fait venir 2 teinturiers flamands (Marc de Comans et François de la Planche) auxquels il accorde en 1607 le monopole de la basse lisse. Ces tapisseries [cartons de Henri Lerambert, Guillaume Dumée, Laurent Guyot, Simon Vouet (sous Louis XIII)] sont reconnaissables à la fleur de lys associée à la lettre P ou à 2 P. *Les Gobelins* : 1662, Colbert regroupe les ateliers parisiens et la manufacture de Maincy (fondée par Fouquet), et les installe dans un hôtel acheté à la famille Gobelin (teinturiers). Au XVIIIe s., le style devient décoratif (cartons de Claude Audran) ; les couleurs se multiplient (plusieurs milliers) pour arriver en 1824 à 14 400. **Beauvais (Oise)** : fondée en 1664 pour concurrencer les ateliers de Flandres (cartons de Jean Berain, J.-B. Monnoyer, J.-B. Oudry, François Boucher, J.-B. Le Prince, J.-B. Huet). **Felletin et Aubusson (Creuse) :** lissiers flamands installés au début du XVIe s., manufactures royales en 1665 (apogée 1731-80) ; travail de basse lisse, sur chaîne en laine, plus fragile que sur chaîne en lin ou en chanvre ; s'inspirent aussi des Gobelins et de Beauvais. *Bellegarde* (basse lisse). *Nancy. Reims.*

Italie. Mantoue, Ferrare, Milan, Venise, Florence, Pérouse, Sienne, Rome, Turin, Naples. **Macao.** T. sino-européenne. **Russie.** Ekaterinhof. **Suisse.** Bâle.

Couleurs

Bois de campêche (ou d'Inde, avec mordants d'alumine : gris-violet ; de fer concentré : noir intense). **Cochenille** : rouge écarlate. **Curcuma** (herbes vivaces à rhizomes) : curcumine, orange à reflets bleus (Asie orientale). **Garance** (rubia tinctorum, herbe vivace) : rouge. **Gaude** : herbe à jaunir (ou réséda), les tiges renferment un principe nommé lutéoline. **Guède** (crucifère, appelée pastel ou vonède) : bleue (Saxe, Flandres, Hollande, région de Toulouse). **Rocouyer** (arbrisseau) : fleur rouge incarnat en panicules, dont on tire le rocou (Am. centrale).

Précautions. Protéger les t. contre les mites, éviter l'exposition au soleil. Ne jamais les plier ; au besoin, les superposer sur un même mur. Renforcer par doublure ou parmentage. Faire nettoyer par un spécialiste tous les 20 ans.

Restauration. *Coût* : de 1 000 à 200 000 F selon l'état de la pièce.

Cours des tapisseries

Tapisseries anciennes

Éléments du prix. *Croissant avec l'époque* : Gothique (très rare) jusqu'à 1520, Renaissance, XVIIe (grandes réalisations faites en France pour la Couronne ; Aubusson), XVIIIe (Gobelins et Beauvais). *État de conservation* (des couleurs trop passées ou une pièce ravaudée font perdre 50 % de la valeur). *Dimensions les plus recherchées* : 2 × 3 m (2,80 × 4 m est encore un format courant). *Finesse du point* : Gobelins et Beauvais ont les points les plus fins ; Aubusson (moins coté, 3 fois moins cher) : 3 spécialités dont l'Aubusson Royal (points les plus fins), Felletin (gros points). *Sujet* : champêtre, animaux ou rivière, chasse ou pêche, paysage avec perspective (verdures). Sujets les moins appréciés : historiques, bibliques et mythologiques à grands personnages ; médaillons ornés de petites pastorales, guirlandes de fleurs. *Composition* : un déséquilibre indique souvent que la pièce est un fragment. *Coloris* : le XVIIIe, moins sévère, est souvent plus coté (présence de rouge, clarté).

Cours (en milliers de F). Varient selon l'époque, le sujet, la taille et davantage selon l'état que selon l'origine (manufacture). *Aubusson.* XVIIe s. 13,5 à 700. XVIIIe s. 15 à 180. XIXe s. 20 à 70. *Beauvais.* XVIIe s. 50 à 255. XVIIIe s. 30 à 248, except. « l'Embarquement » et son pendant « le Prince en voyage » 1 110 (1984). *Bruxelles.* XVIe s. 45 à 380. XVIIe s. 50 à 350. XVIIIe s. 18 à 280. *Ferrare.* XVIIe s. 257 (1985). *Flandres.* XVe s. except. 1 500 (1983). XVIe s. 44 à 150 ; la Feuille d'Aristoloche (d'Audenarde) 220. XVIIe s. 24 à 161. XVIIIe s. 25 à 150. *Gobelins.* XVIIe s. 40 à 160. XVIIIe s. 30 à 3 660 (except. d'après Coypel). *Lille.* XVIIIe s. 18 à 250. *Savonnerie.* XVIIe s. jusqu'à 480. XVIIIe s. jusqu'à 150 à 1 400. XIXe s. 60 à 200. *Tournai.* XVe s. except. 2 000 (1983). XVIe à XVIIIe s. jusqu'à 900. *Atelier* (n.c.) : Tenture des Dieux d'après Boucher : 1 045 (1973). Chasse au faucon (XVIe s.) : 1 371 (1980). *Suisse* : XVe s. : 5 500 (1981).

Tapisseries modernes

A la main. De 15 000 à 60 000 F le m² (dont 50 % au lissier, 50 % à l'artiste et à la galerie), selon les tirages (de 1 à 8 ex.) pour les artistes vivants (*Prassinos, Gilioli, Singier, Lapicque, Lagrange, Tourlière, Wongensky, Vasarely, Jullien, Picart-Le Doux, Borderie, Calder, Fumeron, Maurice André,* etc.), 60 000 pour *Chagall* [Ex. : 3 des Gobelins de *Chagall* pour le Parlement d'Israël (la Création, l'Exode, l'Entrée à Jérusalem) 1 200 000 (except. 1969)] ; *Lurçat* (2 × 3 m) 72 000. Pour de grands noms disparus comme *Léger, Le Corbusier, Fenaille, Picasso, Marc Saint-Saens, Gromaire, Dom Robert, Dufy, Coutaud, Braque, Adam* ou *Lurçat* 15 000 à 70 000 F. Except. La Quête du Graal (1898-99, 2,40 × 5,18 m) de *E. Burne-Jones* 900 000 (1980). *Depuis 1970* : textiles et tapisseries architecturés en relief : *Abakanowicz, Jagoda Buic, Sheila Hicks, Gleb, Grau Garriga, Cora Paszkowski, Olga de Amaral, Vasarely,* etc. (encore en ventes publiques) : env. 5 000 F le m². *Aubusson* : 35 000 à 50 000 le m².

Mécanique (sur métier Jacquard). Belles qualités (bouclé très serré ou textures épaisses comprenant jusqu'à 110 trames de laine au cm linéaire) : 4 000 à 6 000 F le m² (tirages de 1 000 à 2 000 ex.).

Mosaïque de laine. On peut réaliser 8 modèles à la fois pour env. 800 F le m², + élaboré : 3 000-4 000 F/m². Des cartons de *Picart-Le Doux, Fumeron, Maurice André* et *Michèle Ray* ont été traduits ainsi.

Verre et Cristal

Origine

Fabrication. Procédé découvert vers 4000 av. J.-C. dans le Bassin méditerranéen. **Évolution.** A l'époque romaine, l'utilisation de la *canne à souffler* se diffusa dans l'Empire et plus tard en Orient. Murano (Italie) sera jusqu'au XVIe s. la capitale de la verrerie d'art (les Vénitiens avaient fait venir des verriers orientaux) ; malgré l'obligation du secret, la technique se répandit dans d'autres villes. Au XVIIe s., les verriers de Bohême employèrent les 1ers le quartz broyé : le verre devint beaucoup plus pur. Au XVIIe s., les Anglais découvrent le *cristal* : ils abaissèrent le niveau de fusion en utilisant un nouveau fondant : l'oxyde de plomb. Au XVIIIe s., avec l'amélioration du procédé, le cristal supplante le verre de Bohême (en France se développe après 1789). *Cristalleries les plus anciennes* : XVIIIe s. : Le Creusot, St-Louis, Baccarat ; XIXe s. : Choisy-le-Roi (1821), Bercy (1827), Clichy, La Guillotière (Lyon), La Villette-Pantin. *Gobeleterie fine* : Plaine-de-Walsch (demi-cristal), Portieux, Poix, Fourmies, Trélon, Le Landel.

En ajoutant au bain de silice fondue (constituant essentiel) soude et chaux, on obtient du verre à vitre ou de la glace selon la technique de fabrication ; de l'oxyde de plomb, on a du cristal ; des oxydes d'éléments de transition, des verres colorés ; des fluorures ou des phosphates, des opalines. La fabrication du cristal ne diffère pas de celle du verre ordinaire (mais à plus petite échelle).

Verre églomisé. Le dessinateur-encadreur français Jean-Baptiste Glomy († 1786) faisait des encadrements gravés à filets d'or sur un fond de vernis noir appliqué au revers du verre. On donna son nom à ce procédé connu déjà sous l'Antiquité.

Cours (en milliers de francs)

● **Boules presse-papiers.** Appelées à tort *sulfures* (le sulfure, d'aspect argenté, n'est qu'un procédé de décor). Généralement datées et signées (B : Baccarat, SL : St-Louis, C : Clichy).

Éléments du prix : finesse et centrage du décor, fleurs ou bouquets, « overlay » (plusieurs couches de couleurs opaques retaillées en fenêtre), harmonie des couleurs [vives et franches à Baccarat (33 % de plomb), plus délicates à St-Louis, très intenses à Clichy], limpidité du cristal, volume, date de fabrication (meilleure époque 1845-95). *Ex. de prix :* modèles simples (millefiori dits aussi bonbons anglais, fleurettes) 1,6 à 10. *Clichy* décor concentrique env. 3 à 46, sur fond de *latticiono* (sorte de résille losangée) à partir de 1,5, sur mousseline 4,5 ; *Baccarat* fleurs 3 à 80, *Baccarat* mousseline 10, *St-Louis* fruits 4 à 8 ; moins courants : fleurs + de 10, papillons 4,5 (seuls) à 53 (butinant une clématite jaune), serpents 10 à 20, bouquet jusqu'à 43, mille-fleurs jusqu'à 43, lézards jusqu'à 25, overlay 8 à 62.

Cours except. : Baccarat double overlay à facettes 112 (1980), *St-Louis* brin de muguet 260, *Clichy* bouquet de fleurs 68, record 1979, 464 (boule « double overlay » en cristal avec bouquet de gentianes dressé sur un axe vertical). Baccarat et St-Louis ont produit des copies fines (prix min. 1).

● **Opalines.** Apogée entre 1829 et 1870. Dès le XVIIe s., du verre additionné de plomb, étain ou magnésie imitait l'opale.

Opalines les plus recherchées : gorge-de-pigeon, jaune (Louis-Philippe), bleue (Charles X) ; bleu céleste, lavande, rose, blanche (lampe à pétrole à partir de 1845). *Décors appréciés :* bouquets polychromes, filets d'or, arabesques, motifs gothiques, serpents enroulés, décor « overlay » (2 couches d'opaline superposées et retaillées).

Ex. de prix : coupe sur piédouche gorge-de-pigeon 25 (1979), Charles X 17 ; vases balustres Ch. X (paire) 22 (1979) ; ovoïde Restauration 15 ; flacon boule Ch. X 10 (1981) ; horloge opaline gorge-de-pigeon v. 1830, 160 (1982).

● **Verre,** flacon 7,6 cm sculpté 3 800 (1985). **XIVe-XIIIe s. av. J.-C.** Égypte : amphoristique, verre obtenu par enduction sur noyau, 123,8 (1984). **IVe-IIIe s. av. J.-C.** Carthage : tête d'homme en pâte de verre 115 (1983). Record diatreton (coupe « romaine ») (300 av. J.-C.), or, syrienne ou iranienne 5 376 (1979)]. **IIe s. av. J.-C.** (ht 8 cm) 40. Carreaux de revêtement byzantin 9 et 11 (1979). **Ier s. apr. J.-C.** Italie ou Égypte : Flacon en v. rubané d'or, 939 (1984). Pixide, Sidon, atelier d'Ennion, 93,7 (1984). Syrie : patelle, v. mosaïque, 96. **IIe-Ve s.** art gallo-romain. Aiguière bleue 800 (1985), coupe bleu-vert 410 (1985), carafon 46, bocal 28. **XIVe s.** Nuppenbecher (9,8 cm) 156 (1980). **XVe s.** Fond de coupe 6 à 60. Bouteille 88 ; vénitienne émaillée, 100 (1983). **XVIe s.** Verres façon de Venise 17 à 94 [except. v. à pied de Venise (1584) de Verzelini gravé par Anthony de Lysle 727 (1979)]. Coupes en verre de Venise 10 à 62. Plat gravé except. 66. **XVIIe s.** Façon de Venise, v. pied ouvragé 9 à 23 ; craquelé 34. *Bohême :* verre émaillé 165 ; verre sans pied 43 à 54. *Rhénanie :* Römer (coupe à bord incurvé) 3 à 21 (except. 200) ; gobelet avec couvercle 95. *G.-B. :* env. 10. *Silésie :* except. 910 (1981). **XVIIIe s.** *Bohême :* v. à pied 2 à 35 ; sans pied 8 à 44. *Greenwood* (F) 351. *Franconie :* v. sans pied 53. *France :* gobelet 35. *G.-B. :* 0,9 à 50 ; [v. except. (1762) 186 (1975)] ; v. en cristal taillé et gravé de St-Louis (1775) 10 (1980). *V. vénitienne XVIIIe et début XIXe s.* hausse. Nombreux faux. **XIXe s.** carafes : offres importantes par rapport à la demande 200 à 600. *Baccarat :* v. à pied 4,6. *Bohême :* v. à pied à personnages 4 à 5 [except. de H. Hackel (v. 1815) 85 (1979)] ; style Biedermeier (v. 1865) 1,2 à 25. *G.-B. :* env. 20. **1900-25.** *Argy-Rousseau (Gabriel)* (1885-1953) : 3 à 136 (record, 1981). *Brandt (Edgar)* (1880-1960) : lampadaire 33 à 121 (1980). *Chareau (P.)* (1883-1950) : lampadaire 469 (1983) ; lampe « religieuse » 710 (1985). *Dammouse (Albert)* (1846-1926) : 1,5 à 93 (1985). *Daum :* 2,1 à 2 158 (1984). *Décorchemont (François-Émile)* (1880) technicien de l'estampage : 3,8 à 161 (1981). *H. Cros :* tête de gorgone en pâte de verre 220 (1980). *Gallé (Émile)* (1846-1904) : vase 1,6 à 600 ; coupe 4 à 680 ; en forme de coquillage 925 (1979), amphore dite du roi Salomon 1 150 (1981) ; Gallé « industriel » (après 1890) : 0,6 à 7 ; sculptures avec applications modelées à chaud : 50 à 208 ; lampes 10 à 1 520 (1981). *Lalique (René)* (1860-1945) : 2,7 à 120. *Larche (Raoul)* (1860-1912) : lampe 53. *Marinot (Maurice)* (1882-1960) : 10 à 340 (1985). *Michel (Eugène)* (1867-1910?) : 45 (1977). *Mathesius :* lampadaires (paire) en alpaca 150 (1980). *Schneider (Charles)* (1881-1953). *Walter :* pâte de verre 9 à 26.

A l'étranger, l'Allemand *Karl Koepping* (1848-1914) : 5 à 13 et l'Américain *Charles-Lewis Tiffany* (1812-1902) : lampe 3,5 à 1 200 ; vase 6 à 20. **1925.** *Legras* (1882-1960) : 0,2 à 2. **1950.** *Flavio Poli* vase 5 à 30.

Nota. — L'irisation des verres antiques varie selon la nature du sol (calcaire, oxydes métalliques) dans lequel ils ont séjourné.

Vitraux

Généralités

Technique. Compositions décoratives translucides, faites de pièces de verre (blanc ou teint dans la masse, fabriqué à la verrerie), serties dans un réseau de plomb qui souligne le dessin général. Choix des verres et découpe des pièces sont essentiels pour la composition du vitrail. Pour rendre les détails des formes, on modifie la transparence des pièces (mais non leur couleur) en les peignant, principalement sur leur face interne, avec de la grisaille, matière noire ou brune qu'une cuisson vitrifie à la surface du verre.

Depuis le début du XIVe s., le jaune d'argent, teinture posée à l'extérieur du verre, permet d'en modifier localement la couleur : par exemple, un visage peint sur un verre blanc peut être encadré, sans plomb supplémentaire, de cheveux blonds. Au XVe s., la sanguine, pure ou mélangée à la grisaille, donne le ton chair au verre blanc. La gamme complète des couleurs est fournie par les émaux, peintures vitrifiables qui permettent de supprimer les plombs (technique employée à partir du milieu du XVIe s. surtout dans les vitraux d'appartement, très peu dans le vitrail monumental en France).

Depuis 1930 env., on fabrique des vitraux en dalles de verre, taillées et serties dans du ciment ou des résines synthétiques. Autres techniques : éléments verre-plomb vissés sur verre trempé (L.-R. Petit), dalle associée à la pierre, ou aluminium (C. Baillon), verres collés superposés (Zembok).

Conservation. Les v. du Moyen Age (à fondant potassique) sont beaucoup plus sensibles à l'humidité que les v. antiques ou modernes (fondant sodique). Le *gaz carbonique* produit sur les 2 faces des v. des dépôts de carbonates ; *l'anhydride sulfureux,* associé à l'humidité, dépose des sulfates de calcium ou de potassium favorisant le maintien de l'humidité. Selon la teneur du v. en alcalins, l'altération est uniforme ou en cratères. Les mousses, lichens, bactéries favorisent aussi le maintien de l'humidité et peuvent être à l'origine de sécrétions acides.

Vitraux célèbres

● **Vitraux anciens. Premiers vitraux connus.** Peut-être fin du XIe : tête de Lorsch (musée de Darmstadt), tête de Christ de l'abbaye de Wissembourg, v. 1050, conservée au musée de l'Œuvre de N.-Dame de Strasbourg.

France. XIIe : Chartres (cath. : l'Arbre de Jessé, Enfance et Passion du Christ, Notre-Dame de la belle verrière), Angers (cath. St-Serge), Le Mans (cath.), Poitiers (cath. : Crucifixion), St-Denis, Châlons-sur-Marne, Le Champ (Isère), Strasbourg (cath.), Lyon, Vendôme, etc. XIIIe : Chartres, Sens, Bourges, Paris (Ste-Chapelle, roses de N.-D.), Lyon, Poitiers, Auxerre, Tours, Troyes, Soissons, Laon, Reims, Strasbourg, Amiens, Rouen, Le Mans, Clermont-Ferrand, Sées, etc. XIVe : Rouen, Évreux, Strasbourg, Narbonne, Fécamp, etc. XVe : Riom (Ste-Chapelle), Bourges, Évreux, Paris (Ste-Chapelle, St-Séverin), Strasbourg, St-Lô, Rouen, etc. XVIe : Auch, Chartres, Paris (St-Gervais, St-Étienne-du-Mont, Ste-Chapelle de Vincennes), Écouen, Montmorency, Troyes, Beauvais, Brou, Conches, Châlons-sur-M., Rouen, Metz, Bourges, Moulins, etc.

Nota. — La France a 100 000 m^2 de vitraux (plus que tous les autres pays réunis), 2 600 m^2 se trouvent à Chartres. L'Allemagne, 25 000 m^2 env. (dont 3 000 m^2 à la cath. de Cologne). *Le plus grand vitrail du monde :* mausolée de la Résurrection (Justice, Illinois, U.S.A.), 2 448 panneaux vitrés couvrant une surface de 2 079 m^2.

Suisse. XIIe : Zurich (musée : Vierge de Flums). XIIIe : Lausanne (le Miroir du monde). XIVe s. : Königsfelden, Zurich (musée), etc. XVe : Bâle, Zurich (musée), Wettingen, Berne. Musée du vitrail, Romont.

● **Vitraux modernes. All. féd. :** *Aix-la-Chapelle* (Schaffrath), *Dortmund* (Schreiter). **France :** *Assy* (Rouault, Bazaine). *Audincourt* (Léger). *Brest :* égl. St-Louis (J. et P. Bony). *Charleville-Mézières* (Durrbach). *Douai* (S. Gaudin, Schreiter, Hermet). *Issy-les-Moulineaux* (L. Zacq). *Les Bréseux* (Manessier). Cath. de *Metz* (Chagall, Villon). *Mont-St-Aignan* (C. Baillon). *Nantes* (Le Moal, A. Le Chevallier, Chapuis). *Paris :* cath. N.-Dame (J. Le Chevallier), St-Séverin (Bazaine). Cath. de *Reims* (Chagall, B. Simon). *St-Malo* (Le Moal). *Varengeville* (Braque). *Vence* (Matisse). **G.-B. :** cath. de *Coventry* (Piper, Reyntiens, Hutton, Lee). **Israël :** *Jérusalem :* synagogue de l'hôpital universitaire (Chagall). **Suisse :** *Romont* (S. de Castro).

Centre international du vitrail, 5-10, rue du Cardinal Pie, 28 000 Chartres. Exposition annuelle.

Cours des vitraux

Vitraux anciens. Cours en fonction de l'état et de l'ancienneté. Exemples (en milliers de F). *Grande verrière XIVe s.* (donateur avec leurs patrons) : 25 à 30. *Vitrail de Gruber :* 17.

Vitraux modernes. *Grand vitrail de brasserie 1900 :* 30. *Attribué à Tiffany :* 28. *V. 1925* avec différents verres imprimés : 11. **Contemporains.** 5 000 à 20 000 F le m^2 selon la composition et la technique.

Gemmail

Imaginé en 1939 par le peintre français Jean Crotti (1878-1959) ; assemblage sans plomb obtenu en juxtaposant et en superposant des morceaux de verre coloré. On peut voir des gemmaux au métro Franklin-Roosevelt (Paris) et au Musée du gemmail (Tours).

Objets divers

Prix en francs

Arbres nains japonais (bonzaïs) datant de + de 300 ans : jusqu'à 50 000.

Automates. *XVIIIe s. :* 1 150 000 (record 1985). *XIXe s. :* 10 000 à 150 000 (musées : Monaco, Neuilly). *Modernes :* 800 à 1 500.

Avions (miniatures). 3 000 à 10 000.

Bateaux. *Maquettes. Ex-voto* (faites pas les marins) 3 000 à 15 000. *De chantiers ou arsenaux :* XVIIe s. 23 000 à 380 000 ; XVIIIe s. jusqu'à 390 000 ; XIXe s. : 5 000 à 30 000 ; XXe s. 4 000 à 80 000. *D'ornement* XIXe 4 000 à 58 000. *En bouteille* 600 à 2 000. *Jouets :* Bateaux Carette 6 000, Radiguet (France) 8 500 à 40 000. Marklin (All.) 10 000 à 300 000. *Électrique :* Lusitania 180 000 (record, 1983).

Bâton de maréchal (Restauration). 168 000.

Bijoux. *Celtiques* (âge du bronze, v. 1200-900 av. J.-C.) : or 72 000. *Romains* (364-378 apr. J.-C.) : 10 000 à 324 000. *Anciens,* d'occasion en or (en F/gramme) : chaînes et gourmettes 80 à 100 en vente publique, 300 à 400 en magasin ; chaînes de gilet et sautoirs fin XIXe début XXe s. 150 ; bijoux except. (façon et style) jusqu'à 250 ; très ordinaires jusqu'à 60. *XVIe s. :* camée émail et or 132 000. *XVIIIe s. :* collier or émaillé (Prague ?) 400. *XVIIIe s. :* record collier diamants et émeraude 2 385 320 (1980). *XIXe s.* (IIe Empire) : colliers, bracelets or et grenat, corail, lapis-lazuli ou citrine 2 500 à 150 000. *Art nouveau :* Lalique bague 17 000, collier 85 000 à 420 000, plaque de cou 150 000, pendentif 80 000 à 160 000. *Arts déco* (les plus cotés) : France (Cartier, Lacloche, Chaumet, Boucheron, Janesich), G.-B. (Black Start and Frost), U.S.A. (Tiffany), Russie (Mashalk). *Bijoux 1940 :* en hausse (gros bracelets « tanks »).

Boîtes. *Types :* cassette à bijoux ; b. à jeux ; drageoir ; écrin ; étui ; reliquaire ; tabatière v. ci-dessous ; b. à pilules, à priser, à senteur, à cure-dents, à compas, à couture, à surprise, publicitaires ; b. à musique. *Matériaux :* or, argent, *pomponne* (cuivre doublé), écaille, pierres dures. *XVIIIe s.,* b. en or 3 000 à 300 000, or et pierres précieuses 100 000 à 2 000 000, et laque du Japon, de T. Germain 1 250 000, b. à miniatures XVIIIe s. 1 250 000 (1983).

Bouteilles à sujet. Personnages (historiques, Bacchus, sirènes, clowns, arlequins, pierrots, colombines, petits métiers), animaux, monuments, objets divers. Faites à partir de 1850 ; à l'origine, données en prime (verreries de St-Denis, de La Guillotière).

Boutons. *Origine :* XIIe et XIIIe s. (?). En cuivre fondu, bronze, or, ivoire, verre, étoffe (parfois or). XVIe s. souvent en bronze ou plomb décorés de scènes religieuses ; parfois, en argent rehaussé d'émail ou de fausses pierres. XVIIe s., recouverts d'étoffe (Hollande :

argent, atteignent 6 cm de diam.). XVIIIe s., acier poli (quelquefois pierres précieuses). Puis grande diversité : boutons politiques, b. consacrés à la nature, b. à glace, b. peints (fixés sous verre), b. d'équipage de chasse à courre (voir Index). *Cours :* acier (armée, livrées 15 à 25), sinon 30 à 800.

Cadres. Louis XIII 7 000, XVIIe s. 3 000 à 15 000, XVIIIe s. 3 000 à 34 000. XIXe s. 600 à 5 000.

Canivet. Images encadrées de dentelles de papier. *Origine :* début XVIe s. en France, Belgique, All., P.-Bas XVIIIe s. (8 à 20 cm) 250 à 2 000 (grand format gouaché 8 000 à 10 000) ; XIXe s. (pièces machine) 35 à 200. Les + cotées : images profanes.

Cannes. Bois naturel sculpté 800 à 3 000 ; décoratives 2 000 à 5 000 ; cannes à système : cannes-épées, revolvers, montres, de voyage pliantes, de scribe avec encrier et porte-plume, « Toulouse-Lautrec » avec flacon à liqueur et verre à pied 1 400 à 17 000 ; canne-violon 23 500 (1979).

Carnet de bal. XVIIIe s. Écaille ou ivoire 800 à 2 000 ; or 2 400 à 7 000 ; laque de Chine XVIIIe s. 21 000.

Cartes de géographie. France, régions côtières (Normandie à Méditerranée) 1 000 à 1 500 ; cartes marines jusqu'à 20 000 ; d'apparat pour les hauts personnages 8 000 à 15 000 et + ; du XIXe s. 100 à 500. Les plus chères : avant 1750 ; record Atlas Major de Johan Blaeu (12 vol., 1667) 670 000 (1982).

Châles. Cachemire, Inde 2 500 à 10 000, (France) 1 000 à 10 000.

Chemin de fer (souvenirs). Cafetière en forme de locomotive (v. 1850) 10 000 à 36 000. Blagues à tabac, assiettes, encriers, carnets de bal rappelant l'ouverture de la ligne Paris-St-Germain (24-8-1837) 1 200 à 2 500 ; billets 1re classe (1868) Paris-Compiègne 600 ; billets canadiens en cuivre (avant 1850) : env. 2 000.

Cheminées. Louis XIII 4 000 (copies) à 60 000. Louis XV 9 000 et +. Restauration 6 000 à 9 000.

Ciseaux. Fer XVIe s. 400, argent XVIIe s. 400.

Coffres. *Italiens du XVe s., XVIe s.* 20 000 à 500 000. *Français et étrangers* inspiration gothique (plis de serviette, fenestrages flamboyants ou décor mélangé gothique et Renaissance) 25 000 à 70 000 ; inspiration Renaissance, à médaillons 25 000 à 80 000 ; à décor géométrique 15 000 à 40 000. France XIXe s. 52 500 (1980).

Coffrets. Nombreux au XVe s. et au XVIe s. (les plus anciens connus en Europe semblent ceux en ivoire). Cote : XIVe au XVIIe s. 3 000 à 150 000. Cuir ou bois : 2 000 à 30 000. De chirurgie 7 000 à 130 000.

Coiffures militaires. *XVIe s.* Italie 38 000. *Ier Empire :* casque de cuirassier 53 000 et +. Chapska 32 000 à 40 000. Bonnet à poils de la Garde impériale 120 000 à 180 000. Shako 4 700 à 12 500. *Restauration :* 39 500. *IIe Empire :* off. des cuirassiers de la Garde 13 000 ; de colonel des Cent-Gardes 32 000 ; c. de pompier 400. *1914-18 :* casque 200 à 600 ; képi porté par Pétain en 1919, 7 000 (1976) ; c. cuirassier ou dragon avec plumet 3 000 ; 1939 env. 120 ; de scaphandrier 4 500 à 12 000. *Casquettes :* allemandes (1939-45) 1 000 à 3 000 ; Gal amér. (1939-45) 500 à 1 000 ; soviét. 500 à 2 500.

Compigné. Petit tableau en étain doré ou argenté parfois rehaussé de gouache ou de vernis coloré, signé Compigné (XVIIIe s.).

Coquillages. François Ier, Louis XIII, Louis XIV, Catherine II de Russie, Buffon, Lamarck, Guillaume II furent de grands collectionneurs de c. A la Renaissance, les c. étaient souvent utilisés comme coupes. Au XVIIIe s., on en fabriqua des tabatières ; au XIXe s. des bonbonnières. *Prix :* de 100 à 22 000.

Grandes collections : Paris : Muséum national d'histoire naturelle. *Londres :* British Museum. *Washington :* Smithsonian Institution.

Couperet de guillotine qui aurait servi à décapiter Louis XVI (vendu en oct. 1967) : 3 500 (vendu en 1936 : 12 500 AF). Depuis, une partie aurait été perdue. A déclic sur lame, 1793, 15 000 (1981).

Croquis et décors de théâtre. Étude de costumes par décorateurs de 2e plan, dep. 750, de maîtres [*jusqu'en 1920 :* Bakst, Larionov, Gontcharova ; *1925 :* Erté (music-hall) ; *1935 :* Christian Bérard] 1 500 à 169 000 [1981, Bakst, costume du ballet « le Train Bleu », Diaghilev (1911)].

Cycles. Draisienne 1820 : 6 200 ; grand « bi » fin XIXe s., tricycle (diam. roues 100 cm) 3 000 à 5 000.

Décorations. *Collier du St-Esprit* du duc de Maillé 520 000 (1984). *Croix de St-Louis,* commandeur XVIIIe s. 25 000, chevalier 5 000 à 6 000 (avec fleurs de lys rognées au XIXe s., 30 % de moins). *Croix du Mérite militaire* commandeur XVIIIe s. 100 000, chevalier XVIIIe s. 30 000. *Médaillon de vétérance* 3 000 à 4 000, double (48 ans de service) 40 000. *Étoiles de la Légion d'honneur* Ier Empire : G. Aigle 100 000, off. 1er type 20 000, 2e t. 25 000, de chevalier 9 000 ; Restauration ou IIe Rép. : G. Aigle 25 000 à 30 000, chevalier 1 500 à 2 000 ; IIe Empire : G. Aigle 20 000, chevalier 700. Ordre de la couronne d'Inde (1883) 69 000. *Médailles militaires* IIe Empire 1er type 3 500, 2e t. 600, IIIe Rép. 3e t. 3 000, ensuite 150 à 600.

Dentelle ancienne. *Éventails* en Alençon 1 500 à 2 000, *mouchoirs* Valenciennes ou Alençon 250 à 900, de « souveraine » 800 à 1 200. *Nappe* (en Rosaline et Milan) 7 000 (1945 : 1 500 000, soit env. 550 000 1984), point de Venise (Belg.) 2 400, pièce d'Alençon (13 m) 12 000, *rideau* (Venise et Bruges) 950, *couvre-lit* dentelle du Puy 950.

Dé à coudre. Record 33 600 (1975).

Diplôme de bachelier de Verlaine : 4 600 (1973).

Empreintes de mains : Coco Chanel 12 600, Édith Piaf 8 500, Sacha Guitry 3 000, Jules Berry 2 500, André Luguet 1 800, Yvonne Printemps 1 400, Danielle Darrieux 1 300 (1985).

Enseignes. XVIIIe et XIXe s. 700 à 7 000.

Épingle. A chapeau, de cravate avec camée, sulfure, émail, pierre 800 à 3 000, de Lalique 17 000 à 200 000.

Étui à cire. En pomponne ou vernis Martin : 700 à 1 000 ; en or : 10 000 à 27 000. **A message.** Or XVIIIe s. : 23 000 à 50 000.

Éventail. *Origine :* chasse-mouches oriental (le 1er serait en feuilles de palmier desséchées). Au Moyen Age l'*esmouchoir* réservé aux dames de la cour. Catherine de Médicis introduisit en France l'éventail rond, orné de plumes. *Modèle le plus répandu :* demi-cercle se resserrant en plis allongés, matières : papier, parchemin, soie, dentelle. *Les plus recherchés :* décors peints, bon état, XVIIe s. : 1 000 ; except. 19 000 (1986). XVIIIe s. : simples 300 ; décorés 500 à 4 350 ; except. 20 000 à 39 000 (par peintre célèbre). XIXe s. 2 600 ; except. ivoire (Japon) 26 000 ; peint (France) 12 000 à 30 000.

Face-à-main. XVIIIe s. 1 500 à 10 000 ; XIXe s. 300 à 4 000.

Fontaines. En cuivre XVIIe-XVIIIe s. 5 000, de cheminée 22 000, marbre Louis XIV 58 000, étain XVIIIe s. 8 300, grès XIXe s. 6 800 à 16 400.

Fossiles. Se trouvent dans les affleurements de roches sédimentaires (argile, calcaire, sable, grès de falaises, carrières, sablières, mines, berges de rivières). *Fréquents :* mollusques, oursins, cnidaires et nummulites. *Rares :* vertèbres, dents de requins.

Grandes collections. Autriche. Vienne : Foraminifères d'Alcide d'Orbigny. *Belgique. Bruxelles :* Institut royal des sciences nat. (Iguanodons de Bernissart) ; *Tervuren :* Musée d'Afr. centrale. *France. Paris :* Muséum d'hist. nat. (180 000 échantillons, notamment mollusques d'Alcide d'Orbigny, grands vertébrés dans les galeries) ; École des Mines (avec oursins de G. Cotteaux et coll. de G.P. Deshayes) ; Sorbonne (plantes fossiles de Brongniart) ; *Lyon :* Musée Guimet et Laboratoire de géologie de la fac. des sciences ; *Nancy :* École nat. de géologie ; *Dijon :* fac. des sciences ; *Marseille :* musée Longchamp ; *Rennes :* fac. des sciences ; *Nantes :* Musée municipal ; *Angers :* Musée mun. ; *La Rochelle :* Musée mun. *G.-B. Londres :* British Museum of Natural History (Dinosaures, Archéoptéryx) ; Geological Survey Museum. *Suisse. Genève :* Muséum nat. ; *Zurich :* Polytechnicum.

Prix : coupe d'Araucaria géant fossile (60 cm) 7 200, (90 cm) 24 000 et +, chêne ou érable fossile, dep. 250, fougères fossiles 600.

Franc-maçonnerie. *Tabliers :* simples 1,5 à 2, *brodés* 5 à 18. *Cordons de maître :* ordinaires 0,8 à 1,2, *except.* 3,8. *Jetons de présence* 3 à 4. *Médailles d'atelier* 0,5 à 0,8. *Bijoux de gd. maître* 11, *du conseil de l'ordre* 26. *Tapis de loge* 13.

Henri IV. *Poils de barbe* arrachés lors de la profanation de son tombeau le 12 brumaire 1793 à St-Denis, 650.

Icônes (du grec image, ressemblance). Les plus anciennes en mosaïque Ve s., puis peintes sur panneaux de bois. Détruites au VIIIe s. à Byzance sous Constantin, réhabilitées en 843. XIIe s. : école de Novgorod, Moscou, Pskov, Tver, Rostov, Stroganov (Russie). *Prix :* conservation, qualité, époque, rareté, sujet (les plus cotées : scènes multiples et animées sur fond d'or, couleurs fraîches et claires, modèles XIXe s. ornés d'un riza). *Crétoise* XVe s. 320 000 (1980), 363 000 (1981), XVIe s. 86 000 à 180 000, XVIIe s. 220 000 (1981). *Grecque* XIVe-XVe s. : 120 000, XVIe s. 60 000, XVIIe s. de T. Poulakis 165 000 à 420 000 (1981), XVIIIe s. 92 000. *Russe* XVe s. : 65 000 à 300 000, XVIIe s. 20 000 à 38 000, XVIIIe s. : 8 000 à 17 000, XIXe s. 1 000 à 100 000 (pièce rare, grand orfèvre). Il y a beaucoup de faux.

Jambe de bois (dès les XVe et XVIe s. en Allemagne). XIXe s. + de 1 200 ; bras + de 2 000.

Jouets. *Robots et de science-fiction :* 500 à 5 000. *Bilboquets* (de *bille* et *becquet* petit bec, ou *bocquet,* représentation d'un fer de lance). En vogue sous Henri III et au XVIIIe s. jusqu'en 1880 (ivoire ou os priment le bois) : XVIe s. 12 000 à 20 000 et +. XVIIIe s. 2 500 à 60 000, Louis-Philippe et IIIe Rép. 2 000 à 8 000 [billes en forme de têtes (Thiers, Mac-Mahon, Louis XVIII, etc.)]. *Machine à vapeur* 1 300 à 40 500 [marques Radiguet (France), Marklin, Bing, Ernest Planck (All. féd.)] ; j. scientifiques Radiguet 1 500 à 6 000, canonnière et cuirassé à vapeur Radiguet (30 à 78 cm) 8 000 à 24 000 (à l'époque 20 à 105). *Mécaniques* (anciens) marques Martin (France), Lehmann, Guntermann (All.), 1 200 à 12 000 ; Théroude (France) 5 000 à 20 000 ; George Braun, Yves, Kingsburg (U.S.A.).

☞ Voir Avions, bateaux, poupées, soldats, trains, voitures.

Journaux. *Époque 1900 :* hebdomadaires (Nib, Gil Blas, Le Mirliton, Le Rire avec publications de dessins originaux de Steinlen, Vallotton, Caran d'Ache, Cappiello) 20 à 250. Journaux relatant un événement marquant 30 à 100.

Lanterne magique. Connue dans l'Antiquité et sous la Renaissance, réinventée au XVIIe s. par le père Kircher (jésuite all.) 600 à 12 000. *Plaques* animées sur châssis bois 120 à 400 ; lithographiées encadrées 500 à 1 000 la série de 6 ou 12.

Lunettes d'Yves Montand dans « l'Aveu », 6 500 (1985).

Machine à sous (v. 1930-50). 4 000 à 55 000.

Masque mortuaire. Chopin 250 000.

Marqueterie de paille. Dans les couvents, prisons, bagnes. Souvent petites pièces. 300 à 4 000.

Mouchoirs d'instruction militaire (1873 à 1914). De la manufacture Ernest Renault à Rouen 600 à 6 000 ; se méfier des faux (tissu moins fin).

Napoléon Ier (souvenirs). *Prix* (1979-80) : mèche de cheveux 3 000. Copie du testament par Vignali (aumônier de l'empereur à Ste-Hélène) 20 000 (oct. 1977). Édition (1833?) du masque mortuaire 24 000. Couvert aux armes impériales 45 500 ; timbale aux armoiries (poinçonnées par Biennais) 63 000. Chemise, culotte « à pont », gilet de l'empereur 9 000. Chapeau 50 000 à 608 000 (1972) (il y aurait 11 chapeaux authentiques). Chaussettes portées à Ste-Hélène 5 500 (1980). 4 cheveux 2 500 (1980). Redingote 165 000 (1980). Billet de Bonaparte à Mme Tallien 83 000 ; lettre à Joséphine (29-8-1804) 90 000. Bannières de régiment (parfait état) 100 000.

Napoléon III (souvenirs). Grand Cordon et plaque de l'Ordre de la Tour et de l'Épée du Port 34 000. O. de la Toison d'Or, 57 000.

Nazis (souvenirs). *Prix* (1979-80) : tableau attribué à Hitler 6 000, bâton de maréchal de Hans Model 100 000. Les ventes sont interdites en France.

Nécessaires à couture. Écaille 1 200 ; or 20 000 et +.

Objets à musique (fin XVIIIe). Médaillon : 3 000 ; couteau : 7 000 ; flacons : 11 000 à 20 000.

Œufs. En pierre, faïence, ivoire, buis, émail, 120 à 44 500 ; except. œuf pendule avec coucou automate 150 000 (1979) ; 20 œufs miniatures 304 000 ; except. d'Aepyornis (disparus dep. 5 000 ans) 12 000 (1980).

Oiseau empaillé. Record grand pingouin capturé en Islande en 1521 (ht 57 cm) 117 000.

Outils. En bois. *Rabot* XVIIIe s., XIXe s. 400 à 16 000. *Varlope* XVIIIe-XIXe s. 500 à 2 000. *Guillaume* XIXe s. 300 à 1 500. *Compas de tonnelier* XVIIIe s. 5 000. *Fourche à 3 branches* (2 m) 900. *Joug de bovin* 300 à 3 000, *collier de bovin ou d'ovin* 300 à 2 000. *Rouet* XVIIIe s., XIXe s. 900 à 6 000. *Soufflet de forge* 2 500 à 3 000. *Charrue* frêne, soc en fer forgé, début XIXe s. 2 000 à 3 000. **En métal.** *Marteaux* 120 à 300. *Faucilles* 60. *Rabot* début XVIIIe s. 600, orné except. 10 000. *Enclume* Moyen Age 3 000. *Scies* 600 à 1 300, de serrurier XIXe s. ornée 3 600. *Haches* 360 à 2 000. *Vilebrequins* 600 à 10 000. *Tour* XVIIIe s. 115 000.

● **Antiquaires. Nombre :** *en France* env. 13 000 antiquaires et brocanteurs dont 25 % en région parisienne. 600 appartiennent au Syndicat national des antiquaires. 4 800 au Syndicat national du commerce, de l'antiquité et de l'occasion (antiquaires et brocanteurs), 120 à la Guilde des antiquaires. *En Europe*, 40 000 antiquaires et brocanteurs, 16 000 galeries d'art contemporain, 5 000 librairies.

Formation. *Cours de perfectionnement pour les antiquaires et brocanteurs :* siège du Syndicat national du commerce de l'antiquité et de l'occasion, 18, rue de Provence, 75009 Paris. *École de formation à la prof. d'antiquaire :* créée en 1980 par le Centre d'études d'objets d'art, 10, rue Thénard, 75005 Paris. 3 cycles annuels. *Institut des carrières artistiques (Icart).* 61, rue Pierre-Charron, 75008 Paris.

● **Artistes.** Env. 40 000 (avec les amateurs et les artistes à temps partiel), 12 000 ont un emploi (hommes 74 %, femmes 26 %) ; *répartition :* peintres 70 %, sculpteurs 15 %, illustrateurs et graphistes 12 %, graveurs 3 % ; 9 002 étaient inscrits à la Sécurité sociale des artistes au 28-2-1986 dont peintres 5 557, sculpteurs 1 206, graphistes 719, illustrateurs 766, graveurs 158, autres 576.

Ateliers d'artistes à Paris. *Nombre :* 400, + banlieue 400 [dont 526 attribués par le min. de la Culture (236 à Paris)].

En 1985, 81 ateliers ont été attribués sur plus de 1 000 dossiers en instance. 80 % des artistes vivent en Ile-de-France.

● **Collectionneurs. Annuaire des collectionneurs** (Who's What), créé en 1972 par Jean-Claude Baudot, tirage 25 000 ex. Mise à jour-additif par Jean-Claude Gilbert (1979) tirage 6 000 ex. O.R.I.L., 8, rue du Jura, 75013 Paris. Répertorie plus de 700 thèmes, 15 000 collections, 3 000 clubs, 2 500 ouvrages.

Collections diverses. Env. 700 thèmes dont les plus insolites. Archets, bouchons de radiateur, billets de loterie, buvards illustrés, bénitiers, bidets, coqs de montre, coquetiers, crânes, cure-dents, diplômes, étiquettes de bagages, faire-part, fèves de galettes des rois, emballages de papier hygiéniques, fers à chaussures, flippers, fausses nouvelles (manchettes de journaux), hochets, masques à gaz, menus, moulins (à café, à poivre, à sel), objets maçonniques, pinces à linge, pipes, pots de yaourt, sables, sucres en morceaux empaquetés, souvenirs funéraires, de catastrophes, tickets de métro, de cinéma, vases de nuit, etc.

Noms. *Actions, obligations, emprunts, titres.* Scripophile. *Allumettes* (boîtes d'). Philuméniste. *Bagues de cigares.* Vitolphiliste. *Balles de frondes.* Glandophile. *Bière* (tout ce qui s'y rapporte). Tegestophile. *Blason...* Héraldistes. *Boutons.* Fibulanomiste. *Cartes maximum.* Maximaphile. *Cartes postales.* Cartophile. *Cartouches.* Pyrothécophile. *Chemins de fer.* Ferrovipathe. *Cigarettes* (paquets de). Nicophile. *Coquillages.* Conchyophile. *Coquilles d'œufs.* Oologiste. *Drapeaux.* Vexillologiste. *Emballages de sucre.* Glycophile. *Étiquettes de bouteilles.* Œnosémiophiliste. *Étiquettes de fromages.* Tyrosémiophile. *Étiquettes de vins, liqueurs.* Éthylabélophile. *Fers à repasser.* Sidérophile. *Fers à repasser anciens.* Pressophile. *Jetons.* Jetonophile. *Livres.* Bibliophile. *Marques postales.* Marcophiliste. *Méreaux.* Mérellophile. *Minéraux.* Minéralophile. *Monnaies.* Numismate. *Papiers timbrés* (lettres ornées, décrets, etc.). Scripophile. *Plombs fiscaux, de douane, d'octroi, de contrôle divers.* Plombophile. *Porte-clés.* Copocléphiliste. *Pots de yaourt.* Glacophile ou Yaourtphile. *Sceaux.* Sigillographe. *Sous-bocks.* Cervalobelophile. *Tabac (tout sur le).* Tabacophile. *Timbres.* Philatéliste *(poste aérienne :* aérophilatéliste). *Vignettes.* Erinnophiliste.

Pays les plus collectionneurs. Belgique, All. féd., U.S.A., G.-B., France (1 Français sur 10, soit env. 5 000 000, enfants inclus).

● **Revues d'art.** (Nombre d'exemplaires et, entre parenthèse, d'abonnés.) *ABC Décor :* 55 000. *L'Amateur d'art :* 20 000 (3 500). *Beaux-Arts magazine :* 42 935. *Bulletin de l'Antiquaire* (mens. du Synd. du commerce de l'antiquité) : 5 500. *Le Collectionneur français :* 20 000 (7 000). *Connaissance des Arts :* 40 810 (33 577). *La Cote des Antiquités* (mensuel) : 10 000 (6 900). *L'Estampille :* 30 000 (12 500). *La Gazette de l'Hôtel Drouot* (hebdomadaire) : 38 000 (21 500). *L'Œil :* 35 000 (13 000). *La Revue de l'Art* (éditions du C.N.R.S.) : 2 600. *La Revue du Louvre et des musées de France* (bimestriel) : 13 000. *Trouvailles* (bimestriel) : 24 445 (5 166).

Guide Emer. Créé en 1947 par Marc Roy (26-7-1918). 50, quai de l'Hôtel-de-Ville, 75004 Paris. Paraît toutes les années impaires ; env. 70 000 adresses (en Europe) d'antiquaires, brocanteurs, galeries d'art, bouquinistes, marchés aux puces, salons, foires d'antiquité et de brocante, commissaires-priseurs, etc. *Tirage :* 1re édition 1947-48 : 1 200 ex., 1983-84 : 15 000.

● **Vols d'objets d'art.** Depuis 1954, 40 000 œuvres d'art auraient disparu en Italie, 12 000 en France (progression 7 à 8 % par an en France).

Près de 1 000 musées de province sont particulièrement exposés, surtout les églises et édifices culturels.

Environ 75 % des tableaux volés sont récupérés au bout de 7 ans car ils sont souvent très difficiles à écouler.

En 1975, a été créé l'Office central de répression du vol d'œuvres d'art (O.C.R.V.O.O.A.), dépendant de la Direction centrale de la Police judiciaire.

Œuvres célèbres volées. 1891 : un pastel de Manet (m. des Beaux-Arts de Lille), retrouvé à Buenos Aires 1983. **1911** *21-8 : la Joconde* (Louvre), par Vincenzo Peruggia, Italien, retrouvée 1913. **1939** *11-6 : l'Indifférent* de Watteau par Serge-Claude Boguslavsky (soi-disant pour restaurer la toile). **1960 :** des Picasso, Modigliani, Fujita, Soutine, Vlaminck et Utrillo (M. de Menton) récupérées le lendemain. **1961 :** *le Duc de Wellington*, de Goya (National Gallery de Londres) ; *15-7 :* 57 toiles dont des Bonnard, Matisse, Dufy, Vlaminck, Utrillo au m. de l'Annonciade à Saint-Tropez, retrouvées en nov. **1962** *12-8 :* 8 Cézanne, dont *le Joueur de cartes* (M. d'Aix-en-Pr.) retrouvés 9 mois plus tard. **1966** *21-4 :* 56 dessins et lavis de Boucher, Rembrandt, Véronèse, Tiepolo et Fragonard (M. de Besançon). **1970** tableau de Boldini par Charles Meril-Mount (historien d'art) ; *27-11 :* 19 toiles au m. Fabre de Montpellier (Géricault, Courbet, Corot et Millet), restituées 1 mois plus tard. **1971 :** *Lettre d'amour* de Vermeer (Bruxelles) (rançon demandée : 200 millions de F belges pour les réfugiés du Bengale) ; *4-2 :* 43 toiles au M. de Mirande ; *4-3 :* 3 Rembrandt (M. de Bayonne) retrouvés ; *23-12 : Ma Fuite en Égypte* de Rembrandt (m. des Beaux-Arts de Tours). **1972** *13-11 :* 15 tableaux (Renoir, Monet, Cézanne) au M. de Bagnols-sur-Cèze. **1973 :** *le Joueur de flûte* de Vermeer à Henwood House (G.-B.) ; *1-3 :* 6 tableaux (Ingres, Rubens, Corot et Dufy) au m. des Beaux-Arts de Marseille, retrouvés nov. 1974 ; *9-12 :* 11 Picasso (m. Picasso d'Antibes). **1974 :** collection de Sir Alfred Beit près de Dublin. **1975 :** *étude* de Matisse (m. d'Art moderne) ; *patère d'Ajax* (M. de Lyon). **1976** *31-1 :* 118 Picasso (Palais des Papes, en Avignon) retrouvés en oct. ; *1-2 :* partie d'un diptyque de l'école de Giotto (Louvre) ; *16-12 :* épée de parade de Charles X (Louvre). **1977 :** groupe de l'Annonciation, ivoire (XIVe s.), valeur 10 millions de F (m. du Breuil, Langres). **1978** *13-12 : l'Escamoteur* (St-Germain-en-Laye), par des militants d'extrême gauche, retrouvé depuis. **1980** *juillet :* 38 miniatures de Fragonard, estimés 5 à 10 millions de F (m. Jacquemart-André, Paris), une partie retrouvée et restituée ; 40 tapisseries d'Aubusson estim. 2 335 000 (Paris). **1981** *14-1 :* 14 tableaux (Monet, Boudin, Courbet), valeur 10 millions de F (M. de Morlaix), retrouvés juil. 1985. **1982** *12-1 :* 6 Toulouse-Lautrec (m. d'Aurillac, Albi). **1984** *19-10 :* 5 Corot (M. de Semur-en-Auxois, C.-d'Or). **1985** *27-10 :* 9 tableaux [dont 5 Monet (dont *Impression soleil levant* qui donna son nom à l'impressionnisme, estimé au moins à 80 millions de F), 2 Renoir] au m. Marmottan à Paris lors d'un hold-up, valeur 100 à 200 millions de F ; *8-11 :* 1 Vuillard (M. d'art et d'essai du palais de Tokyo, Paris).

Nota. — Les Douanes sanctionnent chaque année env. 300 à 400 affaires d'exportations illicites d'objets d'art (valeur, plusieurs dizaines de milliers de F).

Un incendie au musée d'Art moderne de Rio de Janeiro (Brésil) le 8-7-1978 a fait disparaître 950 œuvres majeures sur 1 000 (Picasso, Van Gogh, Dali, Miró, Viera da Silva, etc.).

Nota. — 30 à 50 % des pièces présentées d'origine XVIIIe s. sont des faux.

Papillons. Les collections sont maintenant déconseillées. Nombreuses espèces en voie de disparition (chasse à outrance, insecticides, altération des milieux naturels, etc.) ; certaines sont strictement protégées. *Grandes collections : en France :* Bibliothèque municipale de St-Quentin (coll. réunie au XIXe s. par M. Passet : 600 000 spécimens du monde entier). *En G.-B. :* British Museum of Natural History (coll. de Lépidoptères de Lionel Walter et de Lord Rothschild). *Prix records* 10 000 à 36 000.

Phénakistiscope (du grec *phénax*, trompeur et *skopein*, voir). Inventé en 1832 par le Belge Plateau 3 000 à 8 000.

Piano mécanique. 5 000 à 20 000.

Polyorama panoptique. Appareil permettant la vision de plusieurs tableaux pouvant se superposer et créer l'illusion du mouvement. Avec 6 vues jusqu'à 6 000, vues simples 200 à 800.

Pot de chambre. Faïence à sujet 200 à 2 000. Étain, XVIIIe s. 3 500. *Bourdaloue* (de Hannong) 11 100.

Poupées. *Antiquité :* usage funéraire [Égypte *(chaouabtis)*, Pompéi, Grèce] ou religieux (Grèce) ; en terre cuite, bois, plomb, os ou ivoire (10 à 35 cm). *Moyen Age, Renaissance :* usage religieux (crèche), en Italie, Fr., All., pour enfants (à partir de la Renaissance). *XVIIe s. :* pour enfants en All. et en Fr., puis en Angl. à partir du *XVIIIe s. :* visage en bois ou papier mâché peint, vêtements très soignés ; maison de poupée acajou 7 600. *XIXe s. :* 2 000 à 100 000 ; en cire (1807-1920). *1820 :* p. à tête en papier mâché, corps en cuir, membres en bois ; 1res têtes en porcelaine (dep. 1845 en Autriche) et corps en cuir ou tissu. *1824 :* 1res p. qui parlent (inventées par Léonard Maelzel avec cylindre). *1826 :* qui marchent et dont les yeux se ferment. *1850* et *1851 :* 1res p. en gutta percha (caoutchouc), 1ers bébés (Montanari). Perruques en mohair (poil de chèvre Angora) (jusque-là lin, laine, cheveux naturels, fourrure d'agneau). *1858 :* tête pivotante (Mme Rohmer). *1862 :* tête piv. brevet Jumeau (d'après modèle de Carrier-Belleuse). *1869 :* 1res p. articulées à rotules (Bru). *1895 :* 1res têtes en celluloïd. *1899 :* 1ers cils en cheveux naturels. *Fin XIXe s. :* bouches ouvertes. *1909 :* 1res p. de caractère (bébés). *1913 :* 1res p. aux yeux qui louchent (Googlies). *XXe s. : Titania Palace* (long. 3,50 m, larg. 2,80 m, haut. 9,90 m) renfermant 4 000 meubles et un orgue (en état de marche) vendu à Londres, en 1967 : 432 000. *Cuisine de poupée* Nap. III 14 000 ; m. de 14 pièces (long. 7 m), 316 000 (1983). Scènes miniatures : except. salon de Mme Récamier 40 000. Scènes du Moyen Age (salle du château) 140 000.

Principaux fabricants (entre 1860 et 1900 : env. 200 en France) : *poupées jouets :* Jumeau (1842-99), Steiner (1855-91), Schmitt (1863-91), Armand Marseille (1865-1925), Bru (1866-99), Simon Halbig (1870-1925).

Modèles de mode : Huret (1850-1920), Rohmer (1857-80), Gaultier (1860-1916), Simonne (1837-79), Gesland (1865-1915), Jullien (1875-99), Thuillier (1875-99), Rabéry et Delphieu (1875-99), Bouchet (1892-99), Sté française de fabrication de bébés et jouets (1899-1957).

Éléments du prix. Conservation, trousseau d'origine avec nombreux accessoires en bon état, ancienneté, qualité de l'expression et de la porcelaine.

Cours : XVIIIe s. jusqu'à 20 000 et +. XIXe-début XXe s. 1 600 à 160 000 (Bru) ; bébés 2 200 à 39 500. *Par marques :* Bru 10 000 à 160 000 ; Schmitt 8 500 à 40 000 ; Steiner 5 000 à 31 000 ; Jumeau avant 1875 20 000 à 120 000 (« Jumeau triste »), classique bouche fermée 9 000 à 87 000, ouverte 3 000 à 22 500 ; après 1875, 3 500 à 85 000 ; Gaultier et Eden-bébé 3 000 à 13 800, except. de Marque 240 000 ; Thuillier jusqu'à 100 000. Après 1899, S.F.B.J. 1 000 à 14 000 (bouche ouverte), Simon, Halbig (All.) jusqu'à 13 000. *P. de mode* 1 000 à 7 500 (Rohmer, Huret, Gaultier), × 3 ou 4 avec leur vestiaire. *P. Bleuette* et *Bambino* 1 200 à 4 000. *P. de bois ou de carton type Pauline* 1 500 à 22 000. *P. à tête de porcelaine avant 1920*, marques moins connues françaises et all., 1 000 à 3 500.

Vêtements. Robe 500 à 1 500. Chaussures (paire) dep. 500. Mitaines jusqu'à 2 200.

Collections. Paris : musée de l'Histoire et de l'Éducation. *Beaujeu :* m. des Traditions populaires. *Courbevoie :* m. poupée. *Fécamp :* m. de l'Enfance. *Lyon :* m. international de la Marionnette. *Poissy :* m. poupée et jouets. *Strasbourg :* m. Alsacien.

Praxinoscope. Inventé en 1878 par Émile Reynaud ; composé de 12 miroirs, permet d'animer des bandes chromolithographiques de 650 × 55 mm sur lesquelles 12 mouvements différents sont représentés. *Prix :* 3 000 à 15 000.

Préhistoire. Os gravés 500 à 15 000, pointe de lance 8 000, hache 5 000 à 15 000.

Râpe à tabac XVIIIe s. Buis 6,7 ; bois sculpté 3,7.

Scrimshaws. Objets (boîtes, étuis, manches de couteau) en ivoire de morse ou de cachalot et grosses dents de cachalot gravées à l'aiguille par les marins. Les plus anciens datent du XVIIIe s., les mieux travaillés sont du XIXe s. *Thèmes recherchés :* pêche au cachalot 10 000, bateaux (jusqu'à 300 000, except. 1983). Se méfier des faux : gravure trop épaisse, trait empâté (ne valent pas plus de 200).

Serrure ancienne. 550 à 108 000 (très ouvragée) ; clefs isolées 200 à 6 000 (except. 92 400).

Soldats (petits). *Antiquité :* en bois sculpté et peint. *XVIIIe s. :* ronde-bosse en plomb. *XIXe s.* (milieu) : figurines ou *zinnfiguren*, plates, gravées en creux sur une seule face, coulées en étain et peintes ; *vers 1880 :* apogée de la ronde-bosse avec Lucotte et CBG en France (alliage plomb-antimoine), puis avec Mignot (séries jouets, séries étrangères, personnages historiques, soldats de la Grande Guerre). Les *Britain* en Angleterre sortent dès 1895. *Soldats en aluminium :* nés en 1932 ; 3 fabricants : Quiralu (1933 à 1961, 30 000 000 de pièces), Mignalu (CBG Mignot), L.R. (le Rapide) utilisant les déchets de leur fonderie d'aluminium. Env. 650 attitudes distinctes, 1 500 pièces différentes. 1res : figurines, ½ plates, haut. 15 cm, armée française ; 2es : env. 10 cm ; 1945, bras écartés du corps ; v. 1950-54, bras resserrés, taille plus petite (modèles recherchés). Figurine L.R. socle rectangulaire épais et sans couleur particulière. Mignalu : haut. 60 à 65 mm, 1960 : figurines en ronde-bosse. Actuellement, acétate de cellulose, polystyrène ou plomb.

Cours : Lucotte fantassin 150 à 250, cavalier 300 à 600 ; *Mignot* fantassin 100 à 200, cavalier 300 à 360 ; *figurines modernes* 500 à 1 800 env. (varie selon l'artiste) ; *figurines plates* (de 3 cm) d'avant 1914, 8 à 40, par série (de 20) 400 à 1 000, à peinture fine (série) 3 000 à 6 500, soldats d'étain, fabriqués du XIXe s. à nos jours 200 à 400. Ne pas faire des retouches sur la peinture d'origine (perte de valeur).

Stylos. Avant 1945 : 35 à 100 ; stylomine 505 env. 240 ; 1er Waterman (n. en 1884) + de 600 ; Montblanc (système à piston) 200.

Tabatières. Vogue au début du XVIIe s., on en change tous les jours (le prince de Condé en avait 800) ; par contre, on les cachait sous Louis XIV (il n'aimait pas le tabac). *Formes diverses. Matières :* bois, noix de coco, ivoire, cornaline, sardoine, argent, or, porcelaine, émail, étain, écaille. *Illustration :* caricatures, sujets légers (tabatière à secret sous Louis XV), sujets politiques, portraits, légende napoléonienne (production populaire). *Prix :* 150 à 12 000 sauf *pièces d'orfèvrerie* [ex. Dresde, de H. Taddel 1 400 000 (1982)]. Louis XV 40 000 à 2 000 000. L. XVI 50 000 à 1 625 000. Copies L. XVI 10 000 à 95 000. Empire à miniature 55 000 à 250 000. All. de Frédéric le Grand, record 4 350 000 (1982). De Fabergé 40 000 à 240 000. Russie, de J.-P. Ador (v. 1765) 1 350 000 (1983). *Chinoises* (jade, opale, malachite, agate, etc.) 5 000 à 156 000.

Tête réduite d'Amazonie Tzanza ou Jivaro 5 000 à 47 000 (Londres).

Tire-bouchon. *XVIIe s.* jusqu'à 5 000. *XVIIIe s.* env. 900 à 3 500 et +. *XIXe s.* 600 à 2 500.

Trains miniatures. 1ers en plomb ou bois montés sur des socles à roulettes, puis en fer-blanc peint. Fin du Second Empire, apparition des moteurs à piston, à ressort et à vapeur. *Marques :* françaises Radiguet, D.S., C.R. (Charles Rossignol), L.G.-F.V. (Émile Faivre et E.F. Lefèvre successeur), J.C. (J. Caron) ; étrangères : Märklin, Bing, Carette. *Prix : locomotives écartement I :* Bing 2 000 à 7 500 ; Märklin 13 000 à 46 000 ; *II :* Bing 17 000 ; Märklin 4 000 à 20 000 ; Basset-Lowke 3 000 à 5 000. *Écartement 0 :* Bing 5 600 ; Märklin 4 500 à 80 000 ; Basset-Lowke 1 400 à 16 000. Gare électr. Bing 10 000. Wagon métro 42 000.

Ustensiles ménagers. *Baratte à beurre* 2 000 à 4 500. *Boîte à sel* (bois sculpté) 3 400. *Casse-noix* 320, buis XVIIIe s. 12 000. *Égouttoir à fromage* 100 à 900. *Farinière* v. 1800, 2 000. *Fers à calandrer* 800 à 7 000. *Gaufrier en fer forgé* fin XVIIIe s. 500. *Gîte à pâté* en terre XVIIIe s. 1 150. *Gril* métallique tournant XVIIIe s. 850. *Machine à coudre* à motifs, début XXe s. 600 à 1 200. *Moulin à café* XVIIIe s. 1 800 à 3 000 (noyer et cuivre), XIXe s. 1 100 (chêne), 2 500 (chêne et laiton), Charles X 9 700 (bois marqueté). *Marque à beurre* XVIIIe s. 650 à 2 000. XIXe s. 900. *Moulin à farine* XIXe s. 600. *Pelle à écrémer* XIXe s. Savoie 650. *Rouleau à beurre* 200 à 600. *Tourne-omelette* 2 100. *Vinaigrier* (terre) 6 200.

Vénerie (objets de). *Boutons* 50 à 200 ; *couteau* XVIIIe s. 1 000 ; *plaques* des gardes 300 à 500 ; *massacres* (bois de cerf ou chevreuil sur écusson) cerf 10 cors 1 000 à 5 000.

Vêtements. *Culotte* (1925) 40 ; *robe de communiante* 300 à 500 ; *jupon* (1900) 50 à 700 ; *robes Louis XVI* 3 200 ; *1930 avec 1 boa* 600 à 2 000 ; de Mariano Fortuny jusqu'à 447 300 (record 1982).

Voitures miniatures de collection. *U.S.A.* 1res en 1920 : *Tootsietoys* (notamment camions Mack, puis Ford, Buick, Chevrolet). *Europe,* avant 1914, auto. en tôle peinte avec souvent des mécanismes élaborés (Märklin et Bing en All.). AR et CD (Fr.) créent entre 1923-30 des modèles tôle et plomb Renault, Peugeot, Citroën, Delahaye, Bugatti. 1923 *1re voiture mécanisée pour enfants* (la Torpédo 10 ch Citroën vendue à 15 000 ex. en 1 an), 1933 *Citroën* ouvre une usine spéciale miniatures. 1933 *Dinky Toys* de Frank Hornby, inventeur du Meccano (1907) et des trains mécaniques Hornby (1920), dont l'échelle 0 correspond au 1/43e (échelle de réduction la plus courante). *Prix : avant 1914 :* 5 000 à 100 000. *1920-39 :* 3 000 à 41 000. *1/43* (surtout Dinky Toys) 50 à 20 000.

Zootrope. Inventé 1834 par l'Anglais Horner, 1 000 à 3 000.

Musées et collections

Données générales

Dans le monde

Nombre. Il existe des milliers de musées ou collections publiques [dont U.S.A. 4 609, All. féd. 1 700 (41 millions de vis.), U.R.S.S. 1 465 (151 millions de vis.), *France 1 400*, Italie 1 275, Canada 940 (45 millions de vis.), All. dém. 739 (47 millions de vis.), Japon 493 (98 millions de vis. en 1978), Suisse 300, Belg. 137, Turquie 93].

Certains contiennent des collections très diverses (ex. le Louvre : peinture, sculpture, archéologie, objets d'art, dessins... ou le Metropolitan Museum de New York). D'autres sont plus spécialisés (ex. peinture à la National Gallery de Londres ; arts décoratifs au Victoria and Albert Museum de Londres ; préhistoire à St-Germain-en-Laye ; arts asiatiques au musée Guimet à Paris...). Certains sont consacrés plus particulièrement à un artiste (ex. : musée Frans-Hals à Haarlem ; m. Rodin et m. Bourdelle à Paris). D'autres comprennent des collections d'objets déterminés (ex. : m. de Belem, Portugal : carrosses ; Rouen : ferronnerie ; Faenza, Italie : céramique ; Gobelins à Paris : tapisseries...).

Le plus ancien musée du monde est aujourd'hui l'Ashmolean Museum (Oxford, G.-B.) fondé par Elias Ashmole en 1679.

Le plus grand serait le musée d'Histoire naturelle de New York, fondé en 1874 (9,3 ha) et en France, le musée du Louvre, créé le 10-8-1793.

En France

● **Organisation. Origine :** *10-8-1793 :* inauguration au Louvre du musée de la République ; les musées de province se constituent à partir de biens saisis. *16-4-1895, 14-1-1896, 10-8-1941* et *13-7-1945 :* organisation des musées.

Nombre : 1 400 *musées publics,* dont 1 019 relevant de la Direction des musées de France (min. de la Culture), 38 *m. nationaux* (dont Louvre et Versailles), 31 *m. classés* et env. 950 *m. contrôlés,* conservant au total plus de 20 millions d'œuvres et objets (le reste des m. publics relevant d'autres services du min. de la Culture ou d'autres administrations). *M. à statut privé :* env. 1 000.

● **Musées relevant de la Direction des musées de France.**

Musées nationaux. Statut : administrés en régie directement par l'État sauf 3 établissements publics disposant de la personnalité morale et de l'autonomie financière : m. Henner, Gustave-Moreau et Rodin (le seul à disposer de ressources propres grâce au titre des droits sur la reproduction des fontes du sculpteur).

Situés en majorité dans la région parisienne.

M. classés et contrôlés, sous la *tutelle* de l'Inspection gén. des musées (Direction des m. de Fr.) ; appartiennent aux communes, aux départements, à des associations culturelles ou à des fondations. Le statut du personnel scientifique seul distingue les m. classés (fonctionnaires de l'État) des contrôlés (agents des collectivités territoriales ou des associations recrutés sur une liste d'aptitude nationale). Certains m. contrôlés possèdent des ensembles d'objets importants (m. Dobrée à Nantes, m. des Beaux-Arts à Strasbourg). La hiérarchie entre les m. de province établie en 1945 s'est estompée avec l'apparition des m. contrôlés particulièrement actifs, aux statuts hétérogènes, à cause de la diversité des propriétaires (Conseil général, Chambre de Commerce, associations sous la loi de 1901, etc.).

Éco-musées. Origine : m. associant la population à la préservation, à la mise en valeur et à l'animation du patrimoine du territoire qu'il s'est donné pour cadre, prenant parfois la forme d'un musée de plein air.

● **Musées divers. M. de la Ville de Paris** logiquement assimilés à des m. classés, ils bénéficient en fait d'un régime spécial depuis le règlement du 21-08-1955 et leur organisation est fortement calquée sur celle des musées nationaux. *Nombre :* 10. **M. publics** relevant d'autres min. que celui de la Culture : Éducation nationale (200 muséums d'histoire nat., m. scientifiques et techniques), Défense, P.T.T., etc. **M. de l'Institut. M. privés** appartenant à des personnes privées ou à des collectivités à but lucratif.

Nota. — Le m. national d'Art moderne est rattaché depuis 1975 au Centre national d'art et de culture Georges-Pompidou (Beaubourg), établ. public autonome relevant du ministre de la Culture. Ses collections restent la propriété de l'État.

● **Direction des Musées de France.** Direction du min. de la Culture, elle a la charge de la gestion des m. nationaux et de la tutelle de l'État sur les m. classés et contrôlés. Sa compétence s'étend à la plus grande partie des m. français.

Elle a un droit de préemption en vente publique et contrôle l'exportation des œuvres d'art.

● **Réunion des musées nationaux.** Établissement public institué en 1895, administré par le Directeur des m. de France. *Ressources :* droits d'entrée dans les musées nationaux et produit des ventes des publications scient., des catalogues d'expositions, affiches, cartes postales, gravures, moulages et copies de bijoux qu'elle édite. *Dépenses :* achat d'œuvres d'art pour le compte de l'État. *Budget* (en millions de F) *1980 :* 117. *83 :* 191. *84 :* 233. *85 :* 284,7.

Nota. — Les m. français participent aux activités de l'I.C.O.M. (International Council of Museums), association internationale non gouvernementale.

● **Budget** (en millions de F, Beaubourg exclu). *Équipement* des m. nationaux, classés et contrôlés (subventions de l'État en autorisation de programme) : *1980 :* 331,2. *81 :* 254,9. *82 :* 412,8. *83 :* 973,8. *84 :* 521,3. *85 :* 902,8. *Fonctionnement : 1980 :* 148,1. *81 :* 169,4. *82 :* 317,9. *83 :* 445. *84 :* 493. *85 :* 501.

Financement des musées de province : 53 % des m. classés, 46 % des m. contrôlés de 1re cat. et 53 % des m. contrôlés de 2e catégorie sont financés par la commune seule. Pour les autres, le reste du financement est assuré par ordre d'importance par : le département, les associations culturelles, l'État.

● **Personnel.** *Conservateurs (1985) :* 205 dont 5 inspecteurs généraux des musées, 8 conservateurs en chef de classe exceptionnelle, 14 de cl. normale, 12 de 1re cl. en cl. except., 57 de 1re cl. en cl. normale, 109 de 2e cl. *Personnel d'entretien* 278, *surveillance* 1 344.

Gardiens et personnel technique : selon une enquête de 1980-81, sur 450 m. classés et m. contrôlés de province, 87 % des m. classés ont 1 seul conservateur, 13 % ont au moins 1 conservateur adjoint ; 75 % des m. contrôlés de 1re catégorie ont 1 conservateur, 25 % en ont au moins 2 ; Besançon, Chambéry, Grenoble en ont plusieurs, Bordeaux 5, 95 % des musées de 2e catégorie ont 1 conservateur, 1 % en ont 2.

● **Fréquentation des musées.** *Nombre de visiteurs* (en millions) : *1983* + de 22 (dont m. nationaux payants 5,2 ; gratuits 4,8 ; m. de province 9 ; m. modernes et Beaubourg 2 ; divers 1,6).

37,7 % des Français ont visité des m. dans leur localité ou aux environs, 74,9 en ont fréquenté ailleurs. En avaient visité 55,6 % des Parisiens, 61 des cadres sup. et membres des prof. libérales, 30,1 des Français au cours des 12 derniers mois dont 11 % : 1

seule fois ; 7,3 % : 2 fois ; 6 % : 3 ou 4 ; 2,7 % : 5 à 9 ; 21 % : 10 et +.

Visites d'expositions, musées et monuments historiques (1981) : Français ayant visité au moins une fois une foire-exposition ou salon 41,4 %, monuments hist. 31,7, musée 30,1, foire à la brocante 28,6, antiquaire ou brocanteur 28,6, expo. temporaire de peinture ou sculpture 21,4.

☞ *Expositions les plus visitées,* voir encadré p. 404.

Monuments historiques : en ont visité : gros commerçants et industriels 61,1 % ; bacheliers et diplômés de l'enseignement sup. 52,4 ; Parisiens 39,9 ; 15-19 ans 39,8 ; 14,2 % des Français en ont visité ces dernières années [dont 31,7 % au cours des 12 derniers mois et 12,1 % de l'ensemble de la pop. 1 seule fois (soit 38,8 % des personnes interrogées) 6,2 % : 2 fois (19,9 %), 6,1 % : 3 ou 4 (19,6 %), 3 % : 5 à 9 (9,7), 3,2 % : 10 et + (10,1 %)].

Magasins et foires d'antiquités et de brocante : y sont allés : 38,5 % des 20-24 ans, 38,2 des 25-39 ans, 39 des étudiants, 48,2 des gros commerçants et industriels, 56,1 des cadres sup. et prof. libérales, 42,4 des Parisiens, 52,8 des titulaires du bac ou d'un diplôme d'études sup. ; 28,6 % des Français y sont allés au cours des derniers mois [dont 6,6 % de l'ensemble de la pop. 1 seule fois (soit 23,7 % des personnes interrogées) 5,1 % : 2 fois (18,2 %), 5,8 % : 3 ou 4 (20,8 %), 3,7 % : 5 à 9 (13,3 %), 6,4 % : (10 et + 22,8 %)].

Jardins et parcs zoologiques : 22,6 % des Français ont visité des jardins et parcs zoologiques dont 13,1 % : 1 seule fois, 4,8 % : 2 fois, 2,4 % : 3 ou 4, 1,4 % : 5 et +.

Principaux musées

Musées d'art

Nombre de visiteurs (vers 1980-85)

● **Allemagne dém.** Musées d'Histoire et Monuments : *122* (8,4 millions de vis.). Musées d'Art : *76* (10,9). M. Littérature, Théâtre, Musique : *45* (1,5). **Berlin-Est :** 60 m. *Coll. des antiquités. (M. Pergame). M. du Proche-Orient. M. Islamique. Coll. de l'Extrême-Orient. M. du Folklore. M. Égyptien. Coll. de papyrus. Coll. d'art paléochrétien et byzantin. Coll. numismatique. Galerie des peintures. Coll. des sculptures. M. de la préhistoire et de la protohistoire. Galerie nationale. Cabinet des estampes. M. de l'Artisanat.* **Dresde :** *Galerie de peinture des maîtres classiques. Coll. de porcelaines (Zwinger). Galerie de peintres des XIXe et XXe s. Coll. des sculptures (Albertinum). La Voûte verte. Coll. d'estampes et de dessins de la R.D.A. Cabinet des monnaies et médailles. M. de l'Artisanat (château Pillnitz). M. des Arts et Traditions populaires.* **Potsdam-Sans-Souci :** *châteaux et jardins.* **Rostock. Schwerin. Francfort (Oder). Schwerin :** *M. Junge Kunst.* **Eisenach.**

● **Allemagne féd.** 2 047 m. : m. municipaux 63 %, m. d'État 23 %, m. privés 14 %. **Berlin-O. :** *M. de Charlottenburg* (pré- et protohist., antiquités gr. et rom., égyptologie, arts décor.) 2 213 468 visiteurs. *M. de Dahlem* (peintures, sculptures, art byzantin, estampes, ethnographie, art indien, extrême-oriental et islamique). *Nationalgalerie* (art XIXe et XXe s.). **Brême :** *Kunsthalle.* **Cologne :** *Kunsthalle,* 362 000. *Städtmuseum,* + de 1 300 000 vis. en 1980 pour l'exposition Toutânkhamon. *M. Wallraf-Richartz* (peint., Moyen Age, Temps mod.), 410 349. *M. Schnütgen* (sculpt. et artisanat, Moyen Age). *Römisch-Germanisches M.,* 630 705. **Darmstadt. Hessisches Landesmuseum. Düsseldorf :** *Städtische Kunsthalle,* 75 600. *Kunstsammlungen Nordrhein-Westfalen* (peint. XXe s.). **Essen :** *M. Folkwang* (peint. XIXe et XXe s.). **Francfort :** *Städelsches Kunstinstitut* (peint. europ. XIVe-XXe s.), 166 150. *Museum für moderne Kunst.* **Hambourg :** *Kunsthalle* (peint., sculpt.), 171 515. **Hanovre :** *Niedersächs Landesmuseum.* **Karlsruhe. Kassel. Mayence :** *M. romain germanique.* **Mönchengladbach :** *Kunstmuseum.* **Munich :** *Haus der Kunst,* 582 000. *Ancienne Pinacothèque* (peint. europ. XIVe-XVIIIe s., Rubens, 19 salles, 35 cabinets), 360 175 (83). *Nouvelle Pinacothèque* (XIXe s.), 787 316. *Staatsgalerie moderner Kunst* (XXe s.), 89 550. *Glyptothèque* (sculpt. gr. et rom.). *M. national bavarois* (sculpt., arts déc. XIe-XVIIe s.). *Résidence* (chambre du Trésor). *Deutsches M.* (le + grand musée technique du monde), 1 383 822. **Nuremberg. Stuttgart :** *Staatsgalerie. Württembergischer Kunstverein,* 112 000.

● **Angleterre.** Voir Grande-Bretagne.

● **Autriche. Vienne :** *Kunsthistorisches Museum* (peint. espagn. : Vélasquez ; ital. : Titien, Giorgione).

● **Belgique. Anvers :** *M. royal des beaux-arts* (peint. flam. XVe au XVIIe s., peint. et sculpt. du XIXe et XXe s., 50 salles), 185 000 (1983) (650 000 en 1977 année Rubens). *M. de la marine,* 253 200. *M. plein air de la sculpture,* 155 000. *M. Plantin Moretus,* 130 000. *Maison de Rubens,* 190 550. **Bruges :** *M. Groeninge* (peint. flam., Van Eyck, Bosch 13 salles), 126 000. **Bruxelles :** *M. royaux des beaux-arts* (peint., sculpt., flam., holl., fr., all., it. XIVe au XXe s., 2 000 œuvres exposées), 339 127 (1984). *M. royal d'art moderne.* **Gand :** *M. des beaux-arts,* 70 000, *château des comtes de Flandres,* 200 000. **Liège :** *M. des beaux-arts* (XIXe, XXe s.). **Genk :** *M. de plein air Bokrijk,* 348 200. **Tervwien :** *M. royal de l'Afrique centrale,* 203 300.

● **Canada :** 1 800 m. **Calgary :** *Glenbow-Alberta Institute.* **Frederiction :** *Beaverbrook Art Gallery.* **Halifax :** *Nova Scotia Museum.* **Montréal :** *M. of Fine Arts. M. d'art contemporain.* **Québec :** *M. du Québec :* art québecois. **Ottawa :** *National Gallery of Canada (M. des beaux-arts du Canada)* (peint. europ., art. XVe s., art can. XVIIIe-XXe s.). **Saint-John :** *Memorial University Art Gallery.* **Saskatoon :** *Gallery and Conservatory Corporation (Mendel Art Gallery).* **Toronto :** *Art Gallery of Ontario, Royal Ontario Museum.* **Vancouver :** *Art Gallery.* **Winnipeg :** *Art Gallery.*

● **Danemark.** 335 m. dont d'État 15, municipaux 120, privés env. 200. **Copenhague :** *Musée national,* 340 000. *Ny Carlsberg Glyptotek,* 192 000. *Château de Kronborg,* 224 000. *Louisiana,* 326 000.

● **Égypte. Le Caire :** *M. égyptien* (antiquités préh. jusqu'au VIe s. apr. J.-C.), 824 502. *M. islamique* (jusqu'en 1879), 47 238. *M. copte* (sculpt., archit., ivoire, poterie, verre), 80 184.

● **Espagne. Madrid.** *Prado* [Titien (31 tabl.), Rubens (76), Goya (115), Vélasquez (50), Greco, Zurbaran, primitifs flam.], 1 765 296. *Musée archéol.* L'Escurial. **Barcelone :** *M. d'art catalan* (Moyen Age à nos jours). *M. Picasso.* **Vich :** *M. épiscopal* (Moyen Age).

● **États-Unis. New York :** *Museum of Modern Art* (1880 à nos jours. 50 salles), 1 300 000. *Metropolitan Museum of Art* (peintures de toutes époques, art islamique, 13 hectares de salles), 3 800 000. *M. Guggenheim* (peint. et sculpt. mod.). *Collection Frick* (peint. XIVe s. au XIXe s., porcelaine chin., fr., meubles fr., it., bronzes it.), 267 285. *Whitney Museum of American Art* (art américain, XXe s.), 500 000. **Boston :** *Museum of Fine Arts* (peint. amér., franç., XIXe s., Moyen Age et d'Extr.-Orient). **Brooklyn :** *Brooklyn Museum* (art égypt., art prim. afr., océanien, amér., peint., art-déco américain, XIXe s.), 500 000 (1979 et 1980). **Chicago :** *Art Institute* (arts de toutes époques, arts graphiques, XIXe s., impressionniste, art d'Extr.-Or.), 1 737 561. **Houston :** *Museum of Fine Arts* (peint. amér., franç. XIXe s., XXe s., Moyen Age et d'Extr.-Orient). **Los Angeles :** *Los Angeles County Museum of Art* (art ancien, classique, amér., eur.). 1 003 000. **Philadelphie :** *Museum of Art* (peint. primitifs holl., céramique). **San Francisco :** *California Palace of the Legion of Honor* (art fr. M. Age au XIXe s., Rodin), 780 000. *M. H. de Young Memorial Museum* (art eur. et amér. Antiquité au XXe s., art primitif afr., océan., amér.), 1 680 000. **Washington :** *Corcoran Gallery* 293 312 (1983). *National Gallery of Art* (art occid. du XIIIe s. à nos jours), 4 859 172 (1984). *Phillips collection* (art mod. et ses sources) 100 000 (1982).

● **France. Paris. M. nationaux :** *Louvre,* créé le 27-7-1793, le plus grand de France [antiquités orientales, égyptiennes, grecques, romaines, sculptures, cabinet des dessins, objets d'art Moyen Age au XIXe s., peintures XVIe au XIXe s., sup. 45 000 m², 198 salles ouvertes au public (1985), env. 300 000 objets dont 23 000 exposés sur 33 000 m², 16 500 en dépôt, 15 000 tableaux inscrits à l'inventaire dont 5 600 au Louvre (2 200 exposés et 3 400 en réserve)]. La 1re collection est due à François Ier (dont la Joconde). Projet d'aménagement du grand Louvre en 1984 par l'architecte sino-américain Ieoh Ming Pei décidé par le Pt Mitterrand : creusement d'un sous-sol sous la cour Napoléon avec entrée couverte d'une pyramide de verre (haut. 20 m, base 32 m). *1970 :* 2 413 000 vis., *1972 :* 3 000 000, *1977 :* 3 161 000, *1979 :* 3 732 170 (dont 1 881 039 payants), *1982 :* 2 545 658 (1 247 301 pay.), *1983 :* 2 877 218 (1 309 807 pay.), *1985 :* 3 210 708 (2 054 855 pay.). *Salles les plus visitées* (en 1978-79, en %) : salle de la Renaissance italienne (la Joconde) : 67 %, Grande Galerie 57, peint. XVIIIe et XIXe s. 52, salle Rubens 46, Antiquités égypt. du rez-de-ch. 42, 1er étage 30, salles grecques 32, joyaux de la couronne 19. *Jeu de Paume* (impressionnistes), 878 438 dont 702 723 pay. *Orangerie. M. des monuments français* (créé 1882, 2 000 moulages des principaux monuments et sculptures, 5 000 m² de peintures murales), 117 856 (41 166 pay.). *M. des arts et traditions populaires :* 90 397 (27 676 pay.). *M. Hébert. Musée du XIXe s. français* (ouvert 1987 dans l'ancienne gare d'Orsay). *M. Picasso* (ouvert en 1985 à l'hôtel Salé pour abriter la donation des héritiers de Picasso : 200 tableaux, 1 000 dessins, 137 sculptures) 211 997 pay. *M. Guimet* (fondé 1885, arts d'Extr.-Orient) : 73 422 (42 135 pay.). *Cluny* (f. 1843 Moyen Age) : 182 410 (111 494 pay.). *M. d'Ennery. M. Rodin* (f. 1916), 321 953 vis. pay. *M. Gustave-Moreau* (f. 1902) 17 191. *M. Henner. M. Eugène-Delacroix. M. des arts africains et océaniens. Galeries nat. d'exposition du Grand Palais. M. d'art et d'essai* (Palais de Tokyo). *M. d'Ecouen* (Renaissance). *M. des antiquités nat. de St-Germain-en-Laye. M. de Malmaison. M. de Sèvres* (céramique). *M. du château de Versailles et des Trianons. M. des Granges de Port-Royal* (Magny-les-Hameaux-Yvelines). *M. du château de Fontainebleau. M. du château de Compiègne.*

Province. M. nationaux : *m. du château de Pau. M. du message biblique de Marc Chagall* (Nice). *M. Adrien-Dubouché* (Limoges). *M. de préhistoire des Eyzies-de-Tayac. M. Fernand-Léger* (Biot). *M. Magnin* (Dijon). *M. Picasso* (Vallauris).

Musées classés et contrôlés. Aix-en-Provence : *m. Granet.* **Albi :** *m. de Toulouse-Lautrec.* **Amiens :** *m. de Picardie.* **Angers :** *m. des Beaux-Arts, Turpin de Cissé* (f. 1889) 12 361. **Arras :** *m. des Beaux-Arts* (f. 1793) 14 423. **Avignon :** *m. Calvet* (f. 1811) 40 000 ; *m. du Petit Palais.* **Besançon :** *m. des Beaux-Arts* (f. 1694, 1re collection accessible au public en France) 37 018. **Bordeaux :** *m. des Beaux-Arts ; m. d'Aquitaine.* **Bourges :** *m. du Berry.* **Caen :** *m. de Normandie ; m. des Beaux-Arts* (f. 1801) 28 000. **Castres :** *m. Goya et m. Jean-Jaurès.* **Chambéry :** *m. des Beaux-Arts, savoisien.* **Chantilly :** *m. Condé* (f. 1884) 250 000. **Colmar :** *m. d'Unterlinden* (f. 1849) 360 000. **Dijon :** *m. des Beaux-Arts.* **Grenoble :** *m. de peinture et de sculpture.* **Le Havre :** *m. des Beaux-Arts André-Malraux.* **Lille :** *m. des Beaux-Arts* (f. 1793). **Lyon :** *m. des Beaux-Arts ; m. de la Chambre de Commerce* (tissus et arts décoratifs) ; *m. de la civilisation gallo-romaine ; m. historique de Lyon et m. de la marionnette* (Gadagne). **Le Mans :** *m. municipal.* **Marseille :** *m. Borély* (archéologie) ; *m. des Beaux-Arts ; m. Cantini.* **Metz :** *m. d'art et d'histoire.* **Montauban :** *m. Ingres* (f. 1867) 25 899. **Montargis :** *m. Girodet.* **Montpellier :** *m. Fabre.* **Moulins :** *m. municipal.* **Nancy :** *m. des Beaux-Arts et m. historique lorrain.* **Nantes :** *m. des Beaux-Arts et musée Dobrée.* **Nice :** *m. municipaux.* **Orléans :** *m. des Beaux-Arts et m. historique et archéologique de l'Orléanais* (f. 1823) 27 834. **Poitiers :** *m. municipal.* **Quimper :** *m. des Beaux-Arts.* **Reims :** *m. des Beaux-Arts.* **Rennes :** *m. des Beaux-Arts* (f. 1799) 22 000. **Rouen :** *m. des Beaux-Arts et de la céramique et m. départemental de la Seine-Maritime.* **Saint-Tropez :** *m. de l'Annonciade.* **Saumur :** *m. municipal.* **Sens :** *m. municipal.* **Strasbourg :** *m. archéologique ; m. alsacien ; m. d'art moderne ; m. des Beaux-Arts.* **Toulouse :** *m. des Augustins.* **Tours :** *m. des Beaux-Arts.* **Troyes :** *m. des Beaux-Arts et d'archéologie et m. d'art moderne* (donation Levy). **Valenciennes :** *m. des Beaux-Arts* (f. 1906-08). **Vienne :** *m. des Beaux-Arts et d'archéologie.* **Villeneuve-d'Ascq :** *m. d'art moderne du Nord.* **Villeneuve-lès-Avignon :** *m. municipal.*

Musées divers. Centre national d'art et de culture Georges-Pompidou : *M. national d'art moderne.* **M.**

Musée Grévin. *Inauguré* le 5-6-1882 (galerie d'actualités). *Fondateur :* Arthur Meyer, dir. du journal « Le Gaulois ». *Financier, organisateur :* Gabriel Thomas. *Artiste metteur en scène :* Alfred Grévin, directeur artistique avant 1900. *Adjonctions :* Théâtre Grévin (1900), Palais des Mirages (1906) et les principaux tableaux de l'Histoire de France. 125 000 actions fin 79. 3 700 m². 50 tableaux présentent env. 400 personnages. *1937-38 :* création de musées aux U.S.A. et au Canada ; en France : historial de Hte-Auvergne à Aurillac, rachat du musée de Cire de Lourdes et scènes hist. du château de Breteuil. *1980 :* Nouveau Musée Grévin au Forum des Halles. *1984 :* historial de Touraine au château royal de Tours. *Chiffre d'affaires prév.* (1983) : 14 millions F H.T. *Visiteurs* (1984) : Paris : bd Montmartre 647 000, Forum des Halles 160 000. Lourdes : 220 000. Tours : 108 000.

Musée de Cire : dep. mars 1980, Forum des Halles (130 personnages de la belle époque, spectacle avec animations).

des Arts décoratifs (appartenant à l'Union centrale des Arts décoratifs). M. de la ville de Paris : *M. d'art moderne de la ville de Paris. Maison de Balzac. M. Carnavalet. M. Cernuschi. M. du Costume et de la Mode. M. du Petit Palais. Maison de Victor Hugo.* **Paris** : *M. de l'Armée* (Défense). *M. de la Marine* (Défense). *M. de l'Homme* (Éducation nationale). *M. Marmottan* (Institut fondé en 1934 : Empire, impressionnistes, enluminures 60 000 vis.). *M. Jacquemart-André* (Institut). *M. instrumental du Conservatoire national de musique de Paris. M. Grévin. M. d'art juif de Paris. M. du Cinéma.* **Province** : **Chantilly** : *m. Condé* (Institut). **Saint-Paul-de-Vence** : *fondation Maeght.* **Saint-Rémy-de-Provence** (Culture : direction du Patrimoine).

• **Grande-Bretagne. Londres** : *National Gallery* (peint. d'Europe occ. du XIIIe au début XXe s. 46 salles), 3 156 725 (1985). *Tate Gallery* (peint. angl., modernes étrangers, 61 salles), 1 277 639 (1984). *British Museum* [archéol. : 1753, Pierre de Rosette, sculptures du mausolée du roi Mausole à Halicarnasse, (IVe s. av. J.-C.), marbres d'Elgin, statues et frises du Parthénon (Procession des Panathénées), du temple d'Athéna Niké et de l'Erechtheion, monument des Harpyes (tombeau de style ionien découvert à Xanthos, Ve s. av. J.-C.) ; arts mineurs] 2 844 700. *M. of London* (hist. de Londres) 596 700. *Victoria and Albert M.* (arts décor.) 1 817 800. *Wallace Collection* (peint., arts mineurs) 142 000. **Aberdeen** : *Art Gallery.* **Belfast** : *Ulster M.* **Birmingham** : *City M. and Art Gallery.* **Cambridge** : *Fitzwilliam M.* 204 500. **Cardiff** : *Nat. M. of Wales* 302 800. **Edimbourg** : *Nat. Gallery of Scotland, Scottish Nat. Gallery of Modern Art* 343 400, *Scottish Nat. Portrait Gallery* 192 600. **Glasgow** : *The Burrel Collection.* **Leeds** : *City Art Gallery* 197 400. **Liverpool** : *Walker Art Gallery* 175 000. **Manchester** : *City Art Gallery, Whitworth Art Gallery.* **Newcastle** : *Laing Art Gallery* 89 500. **Nottingham** : *Castle M.* **Oxford** : *Ashmolean M.* 125 000, *M. of Modern Art.* **Sheffield** : *Graves Art Gallery* 232 000. **York** : *Art Gallery.*

• **Grèce.** 110 musées et 108 collections archéologiques. **Athènes** : *M. archéologique national* (préhistoire, époques géométrique, archaïque, classique, hellénistique, gréco-rom. 48 salles), 894 548 dont 243 000 non payants. *M. de l'Acropole, M. byzantin, Pinacothèque nationale, M. numismatique, M. épigraphique, M. de l'Agora ancienne, M. de Kerameikos, M. d'art populaire, M. historique ethnologique, M. Goulandris* (*M. d'histoire naturelle*, coll. privée), *M. Kanellopoulos* (coll. privée), *M. Benaki, M. de l'art moderne* (coll. Vorres), Pinacothèque de l'art moderne (coll. privée Pierides), *M. ethnographique et ethnologique de Macédoine* à Salonique, *M. folklore* à Nauplie, *M. archéologiques* à Cavala, Chalkis, Corfou, Corinthe, Delphes, Délos, Épidaure, Kalamata, Héraclion, Nauplie, Olympie, Patras, Pylos, Salonique, Sparte, Volos, Yannina, Rhodes, Samos, Dion, Pella, Chio, Thèbes.

• **Hongrie. Budapest** : *M. des Beaux-Arts, M. Rath, Galerie nationale.*

• **Inde. Bénares** : *Bharatia Kala Bhavan.* **Bombay** : *Jahangir Art Gallery.* **Calcutta** : *Indian Museum* (125 000 objets). **Madras** : *Contemporary Gallery of Modern Art.* **Hyderabad** : *Salarjung Museum.* **New Delhi** : *Gallery of Contemporary Art/Lalit Kala Akademy, National Gallery of Modern Art, National Museum.*

• **Italie. Rome** : *Galerie nationale d'art antique, Galerie nationale d'art moderne, M. du Capitole* (sculpt.), *M. du Vatican* (peint. ancienne, Renaiss.), *M. du Latran* (art ancien, chrétien, ethnol.), *galerie Borghèse* (peint.), *galerie Colonna, galerie Doria.* **Milan** : *Pinacothèque de Brera, M. civique, M. Poldi Pezzoli, Bibl. ambrosienne.* **Bologne** : *M. civique, Pinacothèque.* **Florence** : *Galleria della Accademia*, 763 273, *Les Offices* (peint, ital. XVe et XVIe s. 46 salles), 1 135 745, *Palais Pitti* (peint.), *M. national* (Bargello) (sculpt., arts min., monnaies antiques), *couvent St-Marc* (Fra Angelico). **Naples** : M. national (peint., archéol. romaine), *M. de Capodimonte.* **Venise** : *galerie de l'Académie* (peint. vénitienne du XIIIe au XVIIIe s. 24 salles), 179 308, *M. d'Art oriental.* **Turin** : *Sabauda* (peint.), *M. des antiquités.*

• **Japon. Kurashiki** : *M. des Beaux-Arts O'hara.* **Kyoto** : *M. national* (peint. et arts déco. jap.). *M. municipal des Beaux-Arts* (peint. moderne jap.). **Nara** : *M. national* (art bouddhique). **Osaka** : *M. municipal des Beaux-Arts. M. national d'ethnologie.* **Sakura** : *M. national d'archéologie et d'ethnologie.* **Tokyo** : *M. d'art populaire japonais. M. national* (archéologie et art extr.-orientaux). *M. national des Beaux-Arts occidentaux* (peint. et sculpt. françaises du XIXe au XXe s.). *M. national d'art moderne* (département arts déco.).

• **Maroc. Essaouira** : *M. Sidi Mohamed Ben Abdellah* (ethnographie). **Fès** : *M. du Batha* (ethnographie), *M. du Borj Nord* (armes). **Larache** : *M. de Larache* (ethnographie). **Marrakech** : *M. Dar Si Saïd* (ethnographie). **Meknès** : *M. Dar Jamaï* (ethnographie). **Rabat** : *M. archéologique, M. des Oudaïas* (ethnographie). **Tanger** : *M. de la Kasbah* (archéologie, ethnologie). **Tétouan** : *M. archéologique.*

• **Norvège. Oslo** (84) : *Nasjonalgalleriet* (arts plastiques) 104 200. *Kunstindustrimuséet* (arts et métiers) 40 000. *Munch-muséet* (œuvres du peintre Munch) 137 000. **Bergen** (84) : *Vestlandske kunstindustrimuseum* 9 000. **Trondheim** (84) : *Nordenfjellske kunstindustrim* 52 600.

• **Pays-Bas.** 550 musées dont d'État 45, municipaux env. 100, privés env. 400. **Amsterdam** : *Rijksmuseum* [peint., sculpt. du XVe au XIXe s., arts décor., asiat., hist., estampes (env. 1 million), 200 salles], 1 013 654, *Stedelijk* (art moderne), 436 000, *M. Van Gogh*, 443 362. **La Haye** : *Mauritshuis* (peint.), 77 403, *Gemeentemuseum*, 212 741. **Rotterdam** : *Boymans-Van Beuningen* (peint., arts mineurs), 225 000. **Haarlem** : *Frans Hals*, 173 560. **Otterlo** : *Kröller Muller* (peint. mod., Van Gogh), 350 000. **Utrecht** : *M. central* (peint., arts min., archéol.), 80 000.

• **Portugal** (1982). Env. 200 musées, env. 1,5 million de vis. **Lisbonne** : *M. national des arts anciens, M. Gulbenkian* 105 406, *M. des azulejos, M. national des carrosses royaux, M. de la Ville, M. d'art populaire, M. de la marine, M. du costume, M. des arts décoratifs.* **Amarante** : *M. Albano Sardoeira* (peintures de Souza Cardoso). **Coimbra** : *M. Machado de Castro.* **Porto** : *M. national Soares des Reis.*

• **Suède** (1982). 164 m., 11 971 079 vis. : *M. centraux* (11), 2 388 367, *régionaux* (23), 2 124 905, *locaux* (50), 3 007 407, *autres* (80), 4 450 400. **Stockholm** : *M. nationaux des Beaux-Arts* [Statens Konstmuseer : Nationalmuseum, Ostasiatiska museet, Moderna Museet, Fotografiska Museet, Gripsholms Slott (à Mariefred) 885 422].

• **Suisse.** *Musées* : env. 550. *Visiteurs* (1983) : env. 2 500 000. **Bâle. Berne** : *M. historique.* **Brienz** : *Freilichtmuseum Ballenberg.* **Genève** : *M. d'art et d'histoire* (f. 1910) 117 171. **Lucerne** : *Verkehrshaus der Schweiz.* **Neufchâtel** : *M. des arts et techniques.* **Winterthur** : *Technorama.* **Zurich** : *M. national suisse.*

• **Tchécoslovaquie. Prague** : *M. national, M. de la ville.* **Bratislava** : *M. national slovaque.*

• **Tunisie. Tunis.** *M. du Bardo* (archéol., mosaïque), *M. des P.T.* **Djerba** : *M. de Djerba.* **Carthage** : *M. national.* **Sousse. Sfax** : *Palais de la municipalité.*

• **Turquie** (1984). 127 musées. **Ankara** : *M. des civilisations anatoliennes*, 120 443. **Éphèse** : *M.*, 687 966. **Istanbul** : *M., Sainte-Sophie*, 903 837, *M. archéologique*, 116 708, *Topkapi*, 1 421 402. **Konya** : *M.*, 653 227. **Pergame** : *M.*, 210 981.

• **U.R.S.S. Leningrad** : *L'Ermitage* (peint., archéol. 400 salles) 4 492 369. **Moscou** : *M. des Beaux-Arts Pouchkine* (peint. europ.), *gal. Tretyakov* (art russe).

Centre national d'art et de la culture Georges Pompidou (C.N.A.C.).

Créé en 1969, ouvert le 31-1-1977. **Coût de la construction** : 993 millions de F. **Dimensions.** Au sol 1 ha (sur les 2 ha du plateau Beaubourg), 7 500 m² par étage (5) ; surfaces vitrées 11 000 m² ; ossature métallique 15 000 t. Long. : 116 m. Hauteur : 42 m. Larg. : 60 m.

Activités. *Bibliothèque publique d'information* (Voir p. 337) : 1 300 places. *Musée national d'art moderne* : 13 430 m², 15 000 œuvres ; un des plus grands musées d'art mod. du monde. *Centre de création industrielle* : architecture, urbanisme, communications visuelles ; informe le public, effectue des études pour collectivités locales et administrations. *Institut de recherches et de coordination acoustique musique. Services communs* : 1 restaurant, 1 cinémathèque, 1 salle polyvalente, des espaces d'expositions, théâtre, danse, concerts, débats, etc. *Ouverture* : tous les j. sauf mardi de 12 h à 22 h (sam. et dim. 10 h à 22 h). Env. 1 100 pers. travaillent au Centre.

Entrées (1984) : 8 413 500 (soit 26 880 par jour) dont (en %) région parisienne 53, province 20, étranger 27. 16 % viennent une fois ou + par semaine, 32 % au moins une fois par mois, 50 % viennent pour la bibliothèque, 75 % ont – de 35 ans.

Budget. 1984 et entre parenthèses prév. 1986, en millions de F.

Total : 359,05 (372,7) dont fonctionnement 259,08, équipements 41, recherche 4,05, acquisitions 23,86, recettes propres 31,06.

En % : charges salariales 40, bât., admin., équipements 30, action culturelle 30.

Identification des œuvres d'art

Méthodes d'examen. Coupes minces en peinture. L'échantillon de peinture à analyser, enrobé d'une résine polyester liquide, est débité en coupes de 45 millièmes de mm. On pratique sous microscope des tests de solubilité, chauffage, fixation de colorants spécifiques pour déterminer liants picturaux, protéines, acides gras, résine. A partir d'une écaille de peinture, on a pu attribuer « la Pietà » de Nouans-les-Fontaines à la jeunesse de Jean Fouquet, à cause de son émulsion d'œuf et d'huile.

Radiographie. Peintures (rayons X « mous » de 15 à 80 kV), objets archéologiques (bois ou céramiques) (40 à 90 kV), métal (300 kV).

Holographie. V. Index.

Méthodes d'analyse. Spectrométrie de fluorescence X. Contient une source qui émet des photons (lumière) ou des particules qui vont exciter la matière à analyser. Celle-ci émet alors un rayonnement X mesuré avec des détecteurs et dont on analyse la dispersion.

Chromatographie. Méthode de séparation des constituants d'un mélange (analyse qualitative et quantitative). On entraîne les différents constituants (liquide ou gaz) le long d'un support dans lequel ils sont retenus plus ou moins suivant leur nature. Ils se séparent donc progressivement.

Méthode de datation. Carbone 14. Toute matière vivante absorbe en permanence du carbone provenant du gaz carbonique de l'atmosphère (C14 très rare et radioactif, et ses jumeaux isotopes C12 et C13, stables). Quand l'organisme meurt, l'échange avec l'atmosphère cesse, et la radioactivité du carbone 14 décroît de moitié tous les 5 568 ans (période du C14). Cette méthode vaut jusqu'à 40 000 ans.

Préservation

Température : env. 20°, stable et sans variations brusques. **Hygrométrie** (mesure de l'humidité relative de l'air) : 45 à 55 % sans variations brusques. Filtre à air : parfois nécessaire si le bâtiment n'est pas climatisé, pour éviter que l'oxygène de l'air jaunisse les vernis (photo-oxydation), altère les tissus et certaines couleurs. **Isolation des vibrations** aériennes (bruit) ou solides (transmises par structures) pour les objets fragiles ou les peintures mal fixées sur leur support. **Rayonnement lumineux** : les ultraviolets et l'infrarouge peuvent entraîner des réactions chimiques dangereuses (surtout pour les objets contenant des matières organiques : pigments, colorants, etc).

Sources de lumière (recommandées ou admises et entre parenthèses éclairement acceptable). *Métaux, céramiques, minéraux, bijoux, verres, émaux, sculptures* : tubes fluorescents de température de couleur 4 000° K à 6 500° K ; lampes à incandescence ordinaires et à cycles d'iode (300 lux au max., au-delà risque d'échauffement nuisible). *Peinture à l'huile, détrempes, cuirs naturels, laques, bois, corne, ivoires* : tubes fluor. à double couche n'émettant pas d'ultraviolet, ou à défaut fluor. courants (temp. de 4 000° K) combinés avec un filtre : si l'on admet la lumière du jour, limiter les infrarouges et arrêter les ultraviolets (max. 150 à 180 lux en service). *Aquarelles, textiles, tapisseries, costumes, impressions, dessins, timbres, estampes, manuscrits, miniatures, tentures murales, cuirs teints, spécimens d'hist. nat.* : tubes fluor. à double couche (temp. 2 900° K), sinon tubes fluor. à simple couche (même temp. si on arrête leur rayonnement ultraviolet avec un filtre) ; la lumière du jour devrait être totalement évitée (pas + de 50 lux).

Expositions fréquentées par plus de 200 000 visiteurs (en France)

Légende : Nombre d'entrées, nature de l'exposition, musée (1 Orangerie, 2 Petit Palais, 3 Versailles, 4 Grand Palais, 5 Louvre, 6 Art moderne, 7 Beaubourg), et année.

1 240 975 Toutankhamon [2] (1967). + *1 million* Ramsès le Grand [4] (1976). *735 207* Manet [4] (1983). *603 132* Picasso [2,4] (1966). *548 496* Turner [4] (1983). *505 692* Centenaire de l'impressionnisme [4] (1974). *504 422* Monet [4] (1980). *494 233* Van Gogh [1] (1972). *488 200* Bonnard [7] (1984). *457 326* Picasso [4] (1979). *450 000* Watteau [4] (1984). *385 740* Cézanne [4] (1978). *369 462* Pissarro [2] (1981). *359 596* L'Or des Scythes [4] (1975). *351 000* Kandinsky [7] (1984). *348 235* La Tour [1] (1972). *347 612* Collection Walter [1] (1966). *347 136* Matisse [4] (1970). *339 983* Chardin [4] (1979). *335 866* La Comédie-Française de 1680 à 1862 [3] (1962). *317 702* Vermeer [1] (1966). *311 636* Goya [1] (1970). *296 690* Les Frères Le Nain [4] (1979). *289 872* Cézanne [1] (1974). *261 135* Gainsborough [4] (1981). *256 168* Collection suisse [1] (1967). *255 792* Courbet [4] (1978). *253 930* Chagall [4] (1970). *252 242* de Renoir à Matisse [4] (1978). *246 039* Les Fastes du gothique [4] (1981). *239 531* Le Brun [3] (1963). *235 503* Vienne à Versailles [3] (1964). *225 714* Peintures XVIIe s. dans les collections américaines [4] (1982). *220 178* Hommage à Corot [1] (1975). *204 963* Bonnard [1] (1967). *201 068* La Tapisserie du XIVe au XVIe s. [4] (1973).

Moyenne journalière : Centenaire de l'impressionnisme 9 199. Toutankhamon 7 342. Picasso 6 224. Vermeer 5 608. Van Gogh 5 314.

Musées historiques ou ethnologiques

• **Allemagne dém.** 109 m. histor. (7,6 millions vis.) 367 m. régionaux et ethnologiques, 7,1 millions vis. **Berlin-E. :** *M. de l'histoire allemande, Märkisches M.* **Buchenwald. Cottbus :** *M. régional.* **Dresde. Potsdam :** *M. de l'armée.* **Güstrow. Konigstein. Leipzig. Magdeburg :** *M. de la Ville.* **Meissen :** *M. de la Ville.* **Ravensbrück. Sachsenhausen. Wernigerode :** *M. féodal.*

• **Allemagne féd. Berlin-O. :** *Musée ethnologique.* **Bonn :** *Rheinisches Landesmuseum.* **Cologne :** *Rautenstrauch-Joest-Museum, M. romano-germanique et préhistorique.* **Francfort :** *M. ethnologique.* **Hambourg :** *M. des arts décoratifs.* **Munich :** *M. national bavarois, M. ethnologique, M. de la Ville de Munich, M. de la Résidence.* **Nuremberg :** *M. germanique.*

• **Canada. Ottawa :** *National Museum of Man, M. national de l'homme.* **Winnipeg :** *Manitoba Museum of Man and Nature.*

• **Danemark. Copenhague :** *M. national, Centre de recherches archéologiques de Ledre,* 88 000. **Aarhus :** *M. préhistorique de Moesgaard,* 193 000.

• **Espagne. Madrid :** *M. ethnologique.*

• **France. Paris :** *M. de l'homme* (préhist., anthropologie, ethnologie), *M. de l'armée* (Invalides, 300 000 objets, 1 212 271 vis.), *M. Carnavalet* (Histoire de Paris), *M. des arts et traditions populaires* (Arnold Van Gennep est le fondateur de l'ethnologie française), *M. de la marine,* 189 000 vis.

• **Grande-Bretagne. Londres :** *Museum of Mankind* (British Museum) 233 900.

• **Norvège** (1984). **Oslo :** *Historisk museum* (musée hist. inclus m. Viking) 402 300. *Norsk Folkemuseum* (m. de plein air) 271 900. **Bergen :** *Historisk museum* 38 700. **Lillehammer :** *De Sandvigske samlinger* (m. de plein air) 113 350. **Trondheim :** *Museum* 24 140. **Tromso :** *Tromso museum* [inclus collections sami (Lapon)] 62 000.

• **Pays-Bas. Amsterdam. Leyde.**

• **Portugal. Lisbonne :** *M. nat. d'archéologie et d'ethnologie.*

• **Roumanie. Bucarest :** *M. du Village, M. d'art, M. d'histoire, M. de collection.*

• **Suède. Stockholm :** *M. nordique,* 182 226. *Skansen* (M. de plein air), 2 053 406.

• **Suisse. Bâle. Neuchâtel. Zurich.**

• **Tchécoslovaquie. Prague.**

• **U.R.S.S. Moscou :** *M. de la Révolution, M. historique.* **Leningrad :** *M. ethnographique.*

• **U.S.A. Washington :** *M. national d'hist. amér.* 5 369 336, *Smithsonian Institution,* 1 012 741.

Musées d'histoire naturelle

• **Allemagne dém.** 50 m. 3,8 millions vis. **Berlin-E. :** *M. fur Naturkunde.* **Dresde :** *Hygienemuseum.* **Stralsund :** *Meeresmuseum.* **Gotha :** *Naturkundemuseum.* **Iéna :** *Phyletisch M.*

• **Allemagne féd. Bonn :** *M. Alexander Koenig.* **Francfort :** *Natur-M., Forschungs-Institut Senckenberg.*

• **Autriche. Vienne :** *Naturhistorisches M.*

• **France. Paris :** *Muséum national d'histoire naturelle* (Jardin des Plantes), *École nat. sup. des mines.*

• **Grande-Bretagne. Londres :** *Natural History Museum* 2 533 600. *Geological Museum* 531 000. **Oxford :** *Ashmolean Museum* 125 000.

• **Monaco.** *M. océanographique* et son *Aquarium* (1910, dir. dep. 1957 : J.-Y. Cousteau) 928 294.

• **Norvège** (1984). **Oslo :** *Muséum d'histoire naturelle* 130 000. **Bergen :** *M. zoologique et jardin botanique* 29 800. **Tromso :** *Muséum* 62 000.

• **Pays-Bas. Leyde.**

• **Suède. Stockholm :** *M. national d'histoire naturelle* (Naturhistoriska Riksmuseet) 161 798.

• **Tunisie. Carthage-Salammbô :** *Institut national d'océanographie et de pêche.*

• **U.S.A. Chicago. Milwaukee. New York. San Francisco. Washington :** *Nat. M. of Natural History* (Smithsonian Institution), 6 096 282.

Collections zoologiques

Les plus anciennes : roi d'Égypte Ptolémée II (dont un serpent géant). *XVIe s. :* Aldrovandi. *XVIIe s. :* anim. indonésiens de Georg Eberhard Rumpf. *V. 1660,* en Allemagne, coll. de Göttorf, du duc de Holstein (crocodiles naturalisés, calmars). *XVIIIe s. :* France, nombreux cabinets d'hist. nat. (17 à Paris en 1742, 61 en 1780). Jenner classe les coll. rapportées par Cook en 1771. De Linné (Stockholm et Londres). Du Père David.

Principales collections au XIXe s. **Berlin :** *Musée zoologique Carl Illiger, Unter den Linden.* **Copenhague :** *Musée zool.,* 268 000. **Londres :** *Musée Levarianum, British Museum, Musée d'histoire naturelle.* **Leyde :** *Rijksmuseum Van Natuurlijke.* **Paris :** *Muséum d'histoire naturelle* (1 500 000 échantillons en zoologie, 36 900 échantillons en anatomie).

Musées des sciences et des techniques

• **Allemagne dém.** 37 m. 2 millions de vis. **Dresde :** *M. des transports.* **Berlin-E. :** *M. de la poste.* **Schwerin-Muess :** *M. polytechnique.* **Rostock :** M. const. nav.

• **Allemagne féd. Berlin :** *M. de la radio.* **Bochum :** *M. de l'industrie minière.* **Bremerhaven :** *M. de la navigation, M. des sciences.* **Francfort :** *M. de l'architecture.* **Munich :** *Musée allemand.* **Nuremberg :** *M. des transports.*

• **Grande-Bretagne. Londres :** *Science Museum* 3 345 800. *Greenwich* M. maritime 600 000. *York* M. des ch. de fer 937 950.

• **France. Paris :** *Conservatoire national des arts et métiers, Palais de la Découverte,* 650 000 vis., *Cité des sciences et de l'industrie* (1980-87), dans les anciens abattoirs de la Villette, 90 000 à 150 000 m². *M. instrumental du Conservatoire national de musique,* 10 000 vis.

• **Japon. Tokyo :** *M. national scientifique,* 1 302 840, *M. des sciences, M. de la télécommunication.*

• **Norvège** (1984). **Oslo :** *M. maritime,* 96 500, *M. technique* (82), 77 532. **Elverum :** *M. de la sylviculture,* 105 600. **Bergen :** *Aquarium* 151 000.

• **Suède. Stockholm :** *M. national des sciences et des techniques* (Sveriges Tekniska Museum) 194 659.

• **U.S.A. Philadelphie :** *The Franklin Institute.* **Chicago :** *Museum of Science and Industry,* 4 000 000. **Washington :** *M. national de l'air et de l'espace* (Smithsonian Institution), fondé en 1976, 30 110 566.

Régimes fiscaux du mécénat. Exonérations et montants déductibles. *All. féd. :* 5 % du revenu, 2 ‰ du chiffre d'affaires. *Belg. :* 10 % du revenu net, 10 millions de F belges. *France :* déduction pour des dons à des œuvres d'intérêt général, social et culturel : 1 ‰ du chiffre d'affaires, 2 ‰ du chiffre d'affaires pour les associations ayant le double agrément du ministère de l'Économie et des Finances et du ministère de la Culture à partir du 1-1-1985, 1 à 5 % du revenu imposable (pièces justificatives à fournir) depuis le 1-1-1984, déductible du bénéfice au titre des frais généraux si la signature de l'entreprise est expressément mentionnée sur le tract ou l'affiche, etc., dep. le 12-4-1985. *Italie :* 2 % du bénéfice ou 5 ‰ de la masse des salaires. *Lux. :* 5 % du revenu net ou 5 millions de F lux. *P.-Bas :* 10 % du revenu net, 3 % du bénéfice des sociétés.

Nombre de fondations. U.S.A. 30 000. G.-B. des dizaines de milliers de « charities ». All. féd. 10 000. Suisse 10 000. France 300.

☞ *Mécénat industriel. Association pour le développement du mécénat industriel et commercial.* 116, rue de la Boétie, 75008 Paris.

Expertises

Commissaires-priseurs

Historique. *XIIIe s.,* St Louis crée les *sergents à verge* à Paris puis les *sergents à cheval* dans les provinces. *1556,* édit d'Henri II créant des *offices de priseurs vendeurs* de meubles. *Fév. 1691,* Louis XIV crée 120 *huissiers-priseurs* à Paris et, par un édit du 16-10-1696, des *jurés-priseurs* dans les provinces. *1713,* pour la 1re fois appellation de commissaire-priseur. *XVIIIe s.,* profession supprimée par la Révolution. *1801,* 80 c.-priseurs rétablis à Paris. *1816,* c.-p. en province. *20-4-1924,* loi permettant aux femmes d'être c.-p. *1945,* 2 décrets réorganisent la profession. *1969,* décret autorisant les c.-p. à s'associer avec des tiers.

En *1980 :* 387 c.-p. en France dont Paris 80 (2 femmes), province 307 (26 femmes). *1984 :* projet de réforme du statut des officiers ministériels.

Chiffre d'affaires de la profession, Paris (1985), 1 447 866 761 F.

A Paris et villes où il y a plusieurs c.-p. : une partie de leurs revenus est réservée à une bourse commune qui répartit le total entre eux à parts égales.

Émoluments de prisée : 1° *Si l'estimation des meubles sert de base à un partage ou à la formation de lots, sur chaque article :* 2 % de 1 à 3 000 F ; 1 % de 3 000,01 à 10 000 F ; 0,50 % au-dessus.

Le notaire qui établit des actes rémunérés par des émoluments proportionnels dans lesquels sont repris les meubles soumis à la prisée ne perçoit aucun émolument sur la partie du capital correspondant à la valeur prisée desdits meubles. Il en est de même pour les déclarations de succession établies par les notaires.

2° *Autres cas, sur chaque article :* 1 % jusqu'à 3 000 F ; 0,50 % de 3 000,01 à 10 000 F ; 0,25 % au-dessus. Toutefois il n'est dû au c.-priseur, dans les cas prévus à l'art. 943 C. proc. civ., que des honoraires de vacation réglés comme spécifié au tarif des notaires.

Si dans les 6 mois qui suivent la date de la prisée, le commissaire-priseur est requis de vendre les meubles, les émoluments prévus au présent article seront imputés sur l'émolument de vente.

Le *commissaire-priseur* doit : être capacitaire ou bachelier en droit ; suivre 3 ans de stage dans une étude de c.-priseur (2 pour les licenciés en droit) ; à la fin du stage, réussir un examen professionnel qui autorise à traiter avec un c.-priseur démissionnaire pour reprendre son office ou possibilité d'exercer la prof. sous la forme de Sté civile prof.

Experts

☞ Le titre d'expert n'est pas reconnu. Il apparaissait dans le décret du 21-11-1956 qui se trouve supprimé par le décret du 29-3-1985.

Experts. Env. 700 dont 150 inscrits au Syndicat professionnel des œuvres d'art, 15, rue Vaneau, 75015

Paris. 24 spécialités. N'importe quel marchand ou amateur d'art peut se déclarer expert. L'expert (et, en cas de décès, ses héritiers) est responsable (pendant 30 ans) de ses erreurs sur l'authenticité des biens expertisés (loi de la responsabilité trentenaire, en vente publique et clientèle privée).

Honoraires d'expertise en vente publique (en % de la vente réalisée avec l'assistance d'un commissaire-priseur). Animaux vivants de race, chevaux de sang et demi-sang (3). Armes anciennes, décorations, souvenirs historiques (3). Arts précolombien, océanien, nègre (3). Autographes et livres à l'unité (6). Bijoux comportant des pierres précieuses (3). Céramiques anciennes (3). Dentelles (3), Dessins (3). Estampes (5). Extrême-Orient (5). Hte-Époque, Moyen Age, Renaissance (5). Histoire naturelle (3). Instruments de musique anciens, instruments de musique à cordes de toutes époques (3). Livres (ventes sans catalogues) (5). Monnaies et médailles (5). Objets d'art, de curiosité et d'ameublement anciens des XVIIe et XVIIIe s. (3). Orfèvrerie ancienne (3). Tableaux anciens (3). Tableaux et sculptures modernes (3). Tapis d'Orient (3). Timbres-poste (6). Tissus anciens (3).

Expertise pour compte privé (succession, partage, sinistres, assurances). Barème du Syndicat français des experts professionnels en œuvres d'art (15, rue Vaneau, 75007 Paris). Env. 2 % de la valeur de l'objet + frais de déplacement (province ou étranger) + T.V.A. 18,60 %.

Il n'y pas de barème officiel imposé.

Musée de Brooklyn (U.S.A.)

Musique

Liste des abréviations.

Ballet : ba. Cantate : ca. Chanson : ch. Choral : cho. Clarinette : clar. Clavecin : cl. Comédie musicale : com. m. Concerto : ct. Dramatique : dr. Ensemble instrumental : Ens. ins. Étude : ét. Fantaisie : fa. Flûte : fl. Folklore : folkl. Fugue : fu. Guitare : guit. Harpe : h. Hautbois : hb. Lied : li. Lyrique : lr. Madrigal : ma. Mélodie : mél. Messe : me. Motet : mo. Musique contemporaine : m. con. - de chambre : m. ch. - électronique : élec. - aléatoire : aléat. - de films : m. films - pour orchestre : m. orc. - graphique : m. graph. - sérielle : m. sér. - concrète : m. concr. - religieuse : m. re. - de théâtre : m. th. Œuvre chorale : œ.ch. - instrumentale : œ. in. - vocale : œ. voc. Opéra : O. - bouffe : O. b. - comique : O. c. Opérette : o. Oratorio : or. Orchestre de chambre : O. ch. Orgue : org. Ouverture : ouv. Passion : pa. Piano : pi. Psaume : ps. Quatuor : q. Quintette : Q. Romantique : rm. Sonate : so. Suite : su. Symphonie : sy. Symphonie concertante : sy. conc. Trio : Tr. Valse : val. Variation : var. Violon : vi. Violoncelle : vlc.

Principaux compositeurs

Allemagne et Autriche

Nota : * Autrichien.

Nés avant 1600

ECCARD, Johann (1553-1611) : me., mo., près de 250 compositions polyphoniques.
FINCK, Heinrich (1445-1527) : Deutschelieder, hymnes, mo., me.
HASSLER, Hans Leo (1564-1612) : mo., me., ps., Sacri concentus vocum.
HOFHAIMER, Paul (1459-1537) : li. et mo.
ISAAC, Heinrich (v. 1450-1517 ; or. flamande) : m. re. (40 me., 50 mo.), lieder, chansons, œ. in.
LUTHER, Martin (1483-1546) : cho. (Ein feste Burg).
LES MEISTERSINGER (maîtres chanteurs) : Heinrich von MEISSEN (1250-1318), Hanz FOLZ (1450-1515), Hans SACHS (1494-1576).
NICOLAÏ, Philipp (1556-1608) : 2 cho.
PRAETORIUS, Hieronymus (1560-1627) : chants sacrés, 5 Magnificats, 6 me.
PRAETORIUS, Michael (1571-1621) : m. re. (+ 1 200 mo.).
SCHEIDT, Samuel (1587-1654) : œ. org., in.
SCHEIN, Johann Hermann (1586-1630) : 200 cho., mo., ma., 20 su.
SCHÜTZ, Heinrich (1585-1672) : 4 pa., or., ps., mo., symphonies sacrées.
SENFL, Ludwig (v. 1490-1542 ou 43) : me., mo., lieder.
WALTER, Johann (1496-1570) : 1er livre de chants protestants : Geystliche Gesangbüchlein.

Nés entre 1600 et 1700

ALBERT, Heinrich (1604-51) : lieder relig. et profanes.
BACH, Johann Christoph (1642-1703) : ca., mo., 44 cho. org.
BACH, Johann Michael (1648-94) : mo., cho. org.
BACH, Johann Sebastian (1685-1750) : œ. org. (Livre d'orgue, cho., préludes, fu., toccatas, passacaille, 6 so.), œ. cl. (Clav. bien tempéré, inventions, préludes et fu., fa. chromatique, 6 su. franç., 6 su. angl., 6 partitas, toccatas, so.), m. re. (magnificat, pa., me., 200 ca., 6 mo.), m. in. (6 ct. brandebourgeois, ct. divers, Art de la fugue, Offrande musicale, 6 so. vi., 6 so. vlc., so. flûte), m. orc. (ouv. ou su.).
BIBER, Heinrich von (1644-1704) : œ. vi.
BOEHM, Georg (1661-1733) : œ. cl., org., pa., ca., li.
BUXTEHUDE, Dietrich (1637-1707) : œ. org., cl., ch.
ERLEBACH, Philipp Heinrich (1657-1714) : ca., su., œ. in., O. (Singspiel), li.
FROBERGER, Johann Jakob (1616-67) : œ. org., cl.
FUX, Johann Joseph (1660-1741) : 50 me., m. re., O., or., 36 so.
HAENDEL, Georg Friedrich (1685-1759) (mort Anglais) : 40 O., ca., ps., mo., 5 Te Deum, 28 or. (le Messie), 2 pa., 12 ct. org., nombreuses œ. in., œ. cl. (su., fu., var.).
HASSE, Johann Adolph (1699-1783) : 60 O., or., mo., me., œ. in.
KEISER, Reinhard (1674-1739) : pa., or., mo., ps., 120 O. (Basilius), m. ch.
KINDERMANN, Erasmus (1616-55) : m. re.
KUHNAU, Johann (1660-1722) : so. cl., ca.
KUSSER, Johann Sigismund (1660-1727) : 14 O. (Scipion l'Africain), su. in.
LÜBECK, Vincent (1656-1740) : 3 ca., œ. org.
MATTHESON, Johann (1681-1764) : 8 O., 24 or., pa., me., œ. in.
MUFFAT, Georg (1653-1704) : ct., su. orc., œ. cl.
PACHELBEL, Johann (1653-1706) : m. ch., œ. org., cl., ca., mo.
QUANTZ, Johann Joachim (1697-1773) : œ. fl.
REINKEN, Jan Adam (1623-1722) : or., so. org.
RICHTER, Ferdinand (1649-1711) : sérén., or., œ. dr.
ROSENMÜLLER, Johann (v. 1619-84) : œ. voc., in., me., mo.
TELEMANN, Georg Philipp (1681-1767) : + 1 000 ca., 44 pa., 600 ouv., 40 O., œ. in.

Nés entre 1700 et 1800

BACH, Wilhelm Friedemann (1710-84) : œ. cl. (polonaises, fa., so.), 21 ca.
BACH, Karl Ph. Emmanuel (1714-88) : or., 6 sy., so., fa., ct.
BACH, Johann Christoph Friedrich (1732-95) : 6 or., 14 sy., ct. grossos.
BACH, Johann Christian (1735-82) : Requ., ct., so., sy.
BEETHOVEN, Ludwig van (1770-1827) : 9 sy. *nº 1* en ut majeur op 21, *nº 2* en ré majeur op 36, *nº 3* en mi bémol majeur op 55 « Eroïca », *nº 4* en si bémol majeur op 60, *nº 5* en ut mineur op 67 « du Destin », *nº 6* en fa majeur op 68 « Pastorale », *nº 7* en la majeur op 92 « Apothéose de la danse », *nº 8* en fa majeur op 93, *nº 9* en ré mineur op 125 « Hymne à la joie », ouv., 5 ct. pi., 1 ct. vi., 1 triple ct., 32 so. pi., 10 so. pi. vi., 5 so. pi. vlc., trios, 16 q., Q., Missa Solemnis, li. (A la Bien-Aimée lointaine), 1 O. (Fidelio).
CRAMER, Johann Baptist (1771-1858) : 105 so., var. et ét. pi.
DANZI, Franz (1763-1826) : 16 O., ba., ca., or., œ. in., m. re., li.
DITTERSDORF, Karl Ditters von (1739-99) : sy., m. ch., m. re., ct., 50 O., env. 150 œ. pi.
EICHNER, Ernst (1740-77) : m. ch., 31 sy.
FILTZ, Anton (1730 ou 33-60) : 41 sy., œ. vlc.
GLUCK, Christoph Willibald von (1714-87) : 107 O. (Orphée, Iphigénie), ba. (Sémiramis).
GOLDBERG, Johann Gottlieb (1717-1756) : 2 ca., 2 ct. cl., œ. cl. et so.
GRAUN, Heinrich (1704-59) : 27 œ. dr., œ. re., O.
GRAUN, Johann (1703-71) : 100 sy., 1 pa., ca.
HAYDN, Franz Joseph (1732-1809)* : 104 sy. (Oxford, Militaire, Ours, Miracle, Reine, Horloge, etc.), 83 q., trios, 62 so. pi., nombreux ct. et œ. in., m. re., or. (les Saisons, la Création), O.
HAYDN, Johann Michaël (1737-1806)*, frère de Joseph : m. re. (28 me.), or., ca., 30 sy.
HOFFMANN, Ernst Theodor Amadeus (1776-1822) : Contes, O. (Ondine).
HOLZBAUER, Ignaz (1711-83) : 12 O., 60 sy., me., mo., or., m. ch.
HUMMEL, Johann Nepomuk (1778-1837) : œ. pi., m. ch., ct.
KITTEL, Johann Christian (1732-1809) : œ. org., pi.
LÖWE, Karl (1796-1869) : ballades, 10 or.
MARSCHNER, Heinrich (1795-1861) : 4 œ. dr., li., œ. pl et orc., m. ch.
MEYERBEER, Giacomo (1791-1864) : ca., or., mél., m. orc., O. (les Huguenots, Robert le Diable).
MOZART, Wolfgang Amadeus (1756-91)* : 41 sy. (Haffner, Linz, Prague, Jupiter, etc.), 24 O. (l'Enlèvement au sérail, les Noces de Figaro, Don Juan, Cosi fan tutte, la Flûte enchantée), Requiem, me. (« du Couronnement », « des Oiseaux »), œ. voc., divertissements, sérénades, 23 ct. pi., divers ct., q., Q., trios, 19 so. pi., etc.
RICHTER, Franz Xavier (1709-89) : me., mo., sy.
RIEGEL, Henri Joseph (1741-99) : or. (Prise de Jéricho, Jephté), O. c., œ. pi.
RIEPEL, Joseph (1709-82) : m. re., m. sy.
RIES, Ferdinand (1784-1838) : sy., so., ct.
SCHUBERT, Franz (1797-1828)* : + 600 li. (la Belle Meunière, le Voyage d'hiver), 10 sy. (dont « l'Inachevée »), œ. pi. (so., impromptus, moments musicaux), Q., q., trios, m. re., m. de scène (Rosamonde).
SPOHR, Louis (1784-1859) : m. ch., m. orc., 10 sy., œ. v., O.
STAMITZ, Johann (1717-57) : so., ct., m. ch., 74 sy.
STAMITZ, Karl (1745-1801) : 70 sy., ct., m. ch.
WEBER, Carl Maria von (1786-1826) : O. (Freischütz,

Obéron, Euryanthe), m. ch., œ. pi. (so., var., Invitation à la valse), ct., 2 sy., m. re.

Nés entre 1800 et 1900

Berg, Alban (1885-1935)* : O. (Wozzeck, Lulu), mél., so., q., Concerto à la mémoire d'un ange, suite lyrique, œ. orc., œ. pi.
Brahms, Johannes (1833-97) : œ. pi. (so., var., danses hongr., intermezzi), m. ch., 4 sy., 2 ouv., 2 ct. pi., 1 ct. vi., 1 ct. vi. et vlc., li., Requiem allemand.
Bruch, Max (1838-1920) : 3 ct. vi., 3 or.
Bruckner, Anton (1824-96)* : 11 sy., me., ps., ca., q. et Q.
Cornelius, Peter (1824-74) : O. (le Barbier de Bagdad), li.
David, Johann Nepomuk (1895-1977) : œ. ch., org., m. orc.
Dessau, Paul (1894-1979) : œ. in., O. (l'Expérience de Lucullus, Puntila, Lancelot).
Eisler, Hanns (1898-1962) : 2 sy., ch., ca., m. ch., m. orch.
Flotow, Friedrich von (1812-83) : O. (Alessandro Stradella, Martha).
Hindemith, Paul (1895-1963) : O. (Mathis le peintre), œ. in. (so. pour divers instrum., nombreux ct.), œ. orc. (Métamorphoses), li., Ludus tonalis pour pi.
Humperdinck, Engelbert (1854-1921) : O. (Hänsel et Gretel), m. sy., O. c.
Jarnach, Philipp (1892-1982) : Musique en mémoire du solitaire (q. à cordes).
Kaminski, Heinrich (1886-1946) : m. polyphonique.
Korngold, Erich Wolfgang (1897-1957)* : 2 so. pi., ouv., m. ch., 3 O.
Lortzing, Albert (1801-51) : 5 O. (Undine).
Mahler, Gustav (1860-1911)* : 10 sy., li., œ. voc. (le Chant de la Terre).
Marx, Josef (1882-1964)* : poèmes sy., œ. chor., m. ch., 1 ct. pi.
Mendelssohn-Bartholdy, Félix (1809-47) : m. de scène (le Songe d'une nuit d'été), 17 sy. (dont l'Écossaise, l'Italienne, la Réformation), or. (Élias), m. ch., 2 ct. pi., 2 ct. vi., œ. pi. (Romances sans paroles), œ. voc.
Nicolaï, Karl Otto (1810-49) : O. (les Joyeuses Commères de Windsor).
Orff, Carl (1895-1982) : œ. voc. et dr. (Carmina burana, Catulli carmina).
Pfitzner, Hans (1869-1949) : œ. scène, œ. voc., m. ch., O., 2 ct.
Reger, Max (1873-1916) : m. ch., li., m. orc., œ. ch., œ. org., œ. pi. (pièces var.).
Schmidt, Franz (1874-1939)* : 4 sy., var., O., or.
Schoenberg, Arnold (1874-1951)* : m. ch., O. (Moïse et Aaron, Erwartung), œ. voc. (li., Pierrot lunaire), œ. in. (la Nuit transfigurée), œ. pi., m. orch.
Schumann, Robert (1810-56) : œ. pi. (Papillons, Carnaval, Kriesleriana, Scènes d'enfants, ét. symphoniques, fa., 3 so., etc.), 4 sy., O. (Geneviève), m. ch. (so. pi. vi., trios, q., Q.), 240 li. (les Amours du poète, l'Amour et la Vie d'une femme).
Strauss, Johann I (1804-49)* : 250 œ., val., marches (Marche de Radetzky).
Strauss, Johann II (1825-99)* : 479 val. (le Beau Danube bleu), o. (la Chauve-Souris, le Baron tzigane).
Strauss, Richard (1864-1949) : poèmes sy. (Till l'Espiègle, Don Juan, Mort et Transfiguration, Ainsi parlait Zarathoustra), O. (le Chevalier à la rose, Elektra, Salomé), ct., li.
Suppé, Franz von (1819-95)* : ouv. (Poète et Paysan), o. (la Dame de pique, Cavalerie légère), m. re., sy., li.
Wagner, Richard (1813-83) : O. (le Vaisseau fantôme, Tannhäuser, Lohengrin, l'Anneau du Nibelung, Tristan et Isolde, les Maîtres chanteurs de Nuremberg, Parsifal), m. sy., œ. voc., pi.
Webern, Anton von (1883-1945)* : 70 œ., 50 mél., 2 ca., m. orc., œ. pi., m. ch.
Wellesz, Egon (1885-1974)* : 4 ba., 3 sy., 7 q., ca., 6 O., mo., li., su.
Wolf, Hugo (1860-1903)* : li., O. (le Corregidor), œ. orc. (Penthésilée).
Zemlinsky, Alexander (1871-1942) : O., ba., m. orc., sy. lr., m. ch.

Nés après 1900

Apostel, Hans-Erich (1901-1972) : m. ch.
Bialas, Günter (1907) : ct., œ. voc., O.
Blacher, Boris (1903-75) : O., or., var. orc., sy., ct.
Bose, Hans Jürgen von (1953) : O. (Das Diplom, Blutbund), m. orc. (Morphogenesis), m. ch.
Bresgen, Cesar (1913) : O., m. orc.
Cerha, Friedrich (1926)* : m. orc. (Spiegel), m. ch.
Distler, Hugo (1908-42) : mo., or., œ. org.
Eder, Helmut (1916) : O., ct., orc., m. ch.
Egk, Werner (1901-83) : O. (Irische Legende, Die Verlobung in San Domingo ; Der Revisor), ba., or., m. orc.
Einem, Gottfried von (1918)* : O. (la Mort de Danton, le Procès), m. orc.
Fortner, Wolfgang (1907) : O. (Bluthochzeit), m. ch., ba., m. orc.
Hamel, Michael (1947) : m, orc., m. ch.
Hartmann, Karl A. (1905-63) : 8 sy., 2 q., O., 3 ct.
Haubenstock-Ramati, Roman (1919) : O., m. orc., m. élec., m. in., œ. voc.
Heiller, Anton (1923-79) : m. org., m. religieuse.
Henze, Hans Werner (1926) : O. (Boulevard Solitude, Élégie pour de jeunes amants, le Jeune Lord), ba. (Ondine), 6 sy., ct., œ. voc., m. orc.
Huber, Nicolaus A. (1939) : m. ch.
Kagel, Mauricio (1931) (or. argentine) : m. élec.
Killmayer, Wilhelm (1927) : O., ba., m. orc., m. ch., œ. voc., 3 sy.
Klebe, Giselher (1925) : Machine à pépiements (m. orc.), O., sy., ct.
Krenek, Ernst (1900) (nat. américain) : m. sér., O. (Johny spielt auf), ba., m. orc., 8 sy., 10 ct., 7 q., œ. ch. et voc.
Lachenmann, Helmut (1935) : m. élec., m. orc., m. ch.
Ligeti, György (1923) (or. hongroise) : m. orc. (Atmosphères, Ramifications), m. re. (Requiem), m. ch. O. (le Grand Macabre), œ. org. (Volumina).
Matthus, Siegfried (1934) : O., m. élec., m. ch.
Müller-Siemens, Detlev (1957) : O., m. orc., m. ch.
Reimann, Aribert (1936) : m. ch., ca., O. (Lear), ct.
Riedl, Joseph Anton (1929) : m. élec. multi média.
Rihm, Wolfgang Michael (1952) : m. ch., m. élec., m. orc., O. (Harlekin), 3 sy.
Rubin, Marcel (1905)* : O., ba., 8 sy., mél., œ. pi.
Ruzicka, Peter (1948) : m. orc. (Torso, Versuch), m. ins.
Schnebel, Dieter (1930) : m. ch.
Schönbach, Dieter (1931) : O., m. ch.
Stockhausen, Karlheinz (1928) : m. sérielle et élec., œ. pi. (Klavierstücke), œ. orc. (Gruppen für 3 Orchester, Kontrapunkte), collages musicaux (Momente II).
Trojahn, Manfred (1949) : sy., m. ch., org.
Urbanner, Erich (1936)* : m. orc., ct., 3 q., m. ch.
Wagner-Régeny, Rudolf (1903-69) : m. orc., m. ch., O. (les Citoyens de Calais, Jeanne Balk).
Weill, Kurt (1900-50) : 16 O. (l'Opéra de quat'sous, Mahagonny), m. th.
Wimberger, Gerhard (1923) : O. (Dame Kobold, Lebensregeln), m. orc., m. ch.
Wittinger, Robert (1945)* : m. orc., ct. hb. 2, ct. or., 4 q., m. ch.
Zender, Hans (1936) : m. orc.
Zimmermann, Bernd Alois (1918-70) : O. (les Soldats), ct., sy., œ. pi., m. ch., œ. voc.

Argentine

Aguirre, Julián (1868-1924).
Alberdi, Juan Bautista (1810-84) : m. rm.
Alcorta, Amancio (1805-62) : Esnabla.
Bautista, Julián (1901-61).
Castro, Juan José (1895-1968).
Falu, Eduardo (1923).
Garcia Morillo, Roberto (1911).
Giaccobbe, Juan Francisco (1911).
Giannes, Luis (1897-1968).
Gilardi, Gilardo (1889-1963).
Ginastera, Alberto (1916-83) (vécut en Suisse) : O. (Don Rodrigo), m. orc. (Variations concertantes), 2 ct. vlc., 2 ct. pi., ct. h., ct. vi., œ. voc.
Krieger, Armando (1940) : m. ch., 2 q. m. orc. (Métamorfosis).
López Buchardo, Carlos (1881-1948).
Paz, Juan Carlos (1897-1972) : m. in.
Roque-Alsina, Carlos (1941) (vit en France) : m. in., m. ch., m. orc.
Williams, Alberto (1862-1952) : 9 sy., m. ch., m. pi.

Australie

Banks, Don (1923-80) : m. orc., m. ins., ct. vi., m. voc.
Conyngham, Barry (1944) : O., m. orc., m. élec., m. in.
Meale, Richard Graham (1932) : m. orc., m. ch.
Sculthorpe, Peter (1929) : m. orc. (Sun Music), m. voc., m. ch. (Irlande).

Belgique

☞ Voir France : École franco-flamande.

Absil, Jean (1893-1974) : m. de théâtre ; a abordé tous les genres.
Baervoets, Raymond (1930) : m. orc., ct., m. ch., œ. in., m. voc., ba.
Bartholomée, Pierre (1937) : m. orc.
Benoit, Peter (1834-1901) : or. (l'Escaut, le Rhin).
Boesmans, Philippe (1936) : m. élec. aléat., ct. vi. et orc. O (la Passion de Gilles), m. orc., pièce pour pi., org., œ. voc.
Brenta, Gaston (1902-69) : m. orc., m. ch., œ. voc., ba.
Chevreuille, Raymond (1901-76) : 10 q., so., ca., 3 ba., 8 sy., 10 ct., O.
Defossez, René (1905) : m. orc., m. ch., œ. voc., O., o., ba.
De Jong, Marinus (1891-84) : 4 sy., m. orc., ct., m. ch., voc., ba., O., me.
De Meester, Louis (1904) : m. orc., m. ch., élec., th.
Fontyn, Jacqueline (1930) : m. orc., m. ch., œ. voc.
Froidebise, Pierre (1914-62) : m. ch., org.
Gevaert, François-Auguste (1828-1908) : O., m. re. et profane.
Gilson, Paul (1865-1942) : sy. (la Mer), ba., O.
Goethaes, Lucien (1931) : m. ser., m. élec.
Goeyvaerts, Karel (1923) : m. orc., m. ch., œ. in., élec., aléat.
Grétry, André-Modeste (1741-1813) : O. c. (Richard Cœur de Lion, le Tableau parlant).
Huybrechts, Albert (1899-1938) : orc., m. ch., ct., œ. voc.
Jongen, Joseph (1873-1953) : m. ch., œ. voc., in., sy., org., œ. pi.
Jongen, Léon (1884-1969) : œ. lr., m. orc.
Kersters, Willem (1929) : 4 sy., m. orc., m. ch., œ. in., voc., ba.
Laporte, André (1931) : m. orc., m. ch., œ. in., voc.
Leduc, Jacques (1932) : m. orc., ct., m. ch., œ. voc.
Legley, Victor (1915) : 6 sy., m. orc., m. ch.
Lekeu, Guillaume (1870-94) : m. ch. (1 so. pi. vi., trio, 2 q.), œ. pi., œ. orc.
Louël, Jean (1914) : m. orc., m. ch., pi.
Maes, Jef (1905) : m. orc., ct., m. ch., œ. voc., ba., O.
Michel, Paul-Baudouin (1930) m. orc., m. ch., pi., œ. in., voc., cho., m. aléat.
Ockeghem, Jean de (v. 1430-97) : me., mo., ch.
Peeters, Flor. (1903) : 200 ch., 5 me., 30 mo., ca., 200 œ. org.
Poot, Marcel (1901) : 7 sy., ct., m. orc., m. ch., ba., œ. pi.
Pousseur, Henri (1929) : musique sérielle, m. élec., m. aléat., orc., O. (Votre Faust).
Quinet, Marcel (1915) : sy., ct., m. orc., m. ch., m. pi.
Rosseau, Norbert (1907-75) : m. orc., m. ch., pi., vi., m. élec., m. re. (me., or.).
Ryelandt, Joseph (1870-1965) : 5 sy., m. orc., pi., m. ch., mél., cho., m. re., mo., or., me.
Simonis, J.-Marie (1931) : m. orc., m. ch., m. con.
Souris, André (1899-1970) : m. orc., m. ch., œ. voc.
Stehman, Jacques (1912-75) : m. orc., m. ch., ch., m. pi.
Tinel, Edgar (1854-1912) : or. (Franciscus).
Van der Velden, Renier (1910) : m. orc., ct., m. ch., œ. voc., ba.
Van de Woestijne, David (1915-79) : m. orc., m. ch., œ. voc.
Van Rossum, Fréd. (1939) : m. orc., m. ch., œ. voc.
Ysaÿe, Eugène (1858-1931) : 6 ct., 6 so. vi.

Brésil

Antunes, Jorge (1942).
Fernandez, Oscar Lorenzo (1897-1948) : O. (Malazarte), m. sy., m. ch.
Gismonti, Egberto (1947).
Gomes, Carlos (1836-96) : 6 O., ca., m. sy.
Guarnieri, Camargo (1907) : 4 sy., 2 ct., Chôro, 3 q.
Krieger, Edino (1928) : m. ch.
Levy, Alexandre (1864-92) : m. sy., œ. pi.
Mignone, Francisco (1897) : 2 O., 6 ba., œ. sy.
Moraes, Vinicius de (1914-80) : m. sy., m. films.
Nepomuceno, Alberto (1864-1920) : Série brasilia, œ. lr., sy., mél.
Nobre, Marlos (1939) : m. orc., ct. pi., m. guit.
Santoro, Claudio (1919) : m. orc., ba., m. ch.
Villa-Lobos, Heitor (1887-1959) : env. 1 000 œ., 11 sy., m. sy., O., ba., m. ch., œ. pi.

Bulgarie

ATHANASSOV, Maëstro Guéorgui (1882-1931) : O. (Guergana, Tzvéta, Kossara, Altzek), o., O. ch.
CHRISTOV, Dimitar (1933) : m. orc., m. ch., pi., O. (le Jeu).
CHRISTOV, Dobri (1875-1941) : œ. ch., ch., ouv., su.
DRAGOSTINOV, Stefan (1948) : sy., ca., ct., oe. in.
GOLEMINOV, Marine (1908) : O. (Ivaïlo, Zachari le Zographe, etc.), œ. sy., ba. (Nestinarka), m. orc., m. ch., q., ct., œ. in.
HADJIEV, Parachkev (1912) : O. (Loude Guidya, Albèna, les Maîtres, Maria Dessislav, etc.), o., ba., m. ch., œ. voc., œ. in.
ILIEV, Konstantin (1924) : sy., m. orc., m. ch., œ. in., O. (le Maître de Boïana, le Royaume des Cerfs).
KASANDJIEV, Vassil (1934) : sy., m. orc., m. ch., œ. ch.
KAUTER, Filip (1902-82) : sy., m. orc., œ. ch.
KYOURKTCHIISKI, Krassimir (1936) : œ. sy., m. ch., ct., œ. ch., O. (Youla), ba. (La Corne de la chèvre).
MARINOV, Ivan (1928) : m. orc., m. ch., œ. voc.
MINTCHEV, Guéorgui (1939) : m. orc., m. ch., œ. ch.
NAOUMOV, Émile (1962), fixé en Fr. : m. pi.
OBRETENOV, Svétoslav (1909-55) : œ. cho., ch., or.
PIPKOV, Lyoubomir (1904-74) : O. (les Neuf Frères de Yana, Momtchil, Anthigona'43), or. (Oratorio de notre temps), 4 sy., m. ch., q., ct., œ. voc., ch.
PIRONKOV, Siméon (1927) : m. orc., sy., m. ch., O. (Le Bonhomme de Sechuan).
RAITCHEV, Alexandar (1922) : sy., m. orc., m. ch., œ. voc., 0. (le Pont, l'Alarme, Chan Asparouh), ba. (La Chanson des haidouks).
SPASSOV, Ivan (1934) : œ. sy., œ. voc., m. ch., pi.
STAINOV, Petko (1896-1977) ; 2 sy., m. orc., œ. ch., œ. voc.
STOIANOV, Vesséline (1902-69) : O. (Pierre le Malin, Salammbô, le Royaume de Femmes), ba. (la Papesse Jeanne), œ. sy.
TAPKOV, Dimitar (1929) : sy., m. orc., ca. (Cantate de la Paix), ct., m. ch., œ. voc.
TZVETANOV, Tzvetan (1931-82) : sy., m. orc., m. ch., ba. (Orphéus et Rodopa).
VLADIGEROV, Pantcho (1899-1978) : O. (Tzar Kaloïan), ba. (la Légende du lac), œ. sy., ct., m. ch., œ. in.

Canada

BROTT, Alexander (1915) : tous genres sauf l'opéra.
CHAMPAGNE, Claude (1891-1965) : m. orc., q., œ. in., folklore, œ. ch., œ. voc.
CONTANT, Alexis (1858-1918) : me., or., mo., mél., pi., m. ch., m. in., m. org., m. voc.
COULTHARD, Jean (1908) : tous les genres.
FREEDMAN, Harry (1922) : ba., m. de scène, m. orc., m. cho., m. voc., m. ch., q., Q., pi.
GARANT, Serge (1929) : œ. in., voc., pi.
HÉTU, Jacques (1938) : m. con., m. ch., œ. ch., m. orc., m. pi.
KENINS, Talivaldis (1919) : tous les genres.
MATHER, Bruce (1939) : m. films, m. orc., œ. ch., œ. voc., m. ch., pi., ct.
MATHIEU, Rodolphe (1890-1962) : m. orc., m. sol. et orc., m. cho. et orc., œ. ch., m. voc., m. pi.
MATTON, Roger (1929) : m. orc., œ. ch.
MERCURE, Pierre (1927-1966) : m. con., orc., ch. et orc., in., voc., m. ch., sol. et O. ch., élec.-acous., élec., m. films, ba.
MORAWETZ, Oskar (1917) : tous les genres.
MOREL, François (1926) : m. orc., œ. voc., m. ch., perc., pi., fl., org., q., Q.
PAPINEAU-COUTURE, Jean (1916) : œ. in., pi., ct.
PÉPIN, Clermont (1926) : m. orc., sy., œ. in., voc., pi.
PRÉVOST, André (1934) : œ. in., m. orc.
SAINT-MARCOUX, Micheline Coulombe (1938-85) : m. films, m. orc., œ. ch. et in., m. voc., m. ch., pi., m. élec., q., Q.
SCHAFER, R. Murray (1933) : O., m. orc., œ. ch., voc., m. ch., q., m. élec.
SOMERS, Harry (1925) : O., m. films et télé., m. orc., œ. ch., voc., m. ch., q., Q., pi., guit., vi.
TREMBLAY, Gilles (1932) : œ. in., pi., m. orc.
VIVIER, Claude (1948-83) : m. orc., ch. O., pi., m. ch., voix et ins., q.
WEINZWEIG, John (1913) : m. orc., œ. in.
WILLAN, Healey (1880-1968) : tous les genres.

Corée

YUN, Isang (1917) (nat. allemand) : O. m. orc. (Fluktuationen, Colloïdes sonores), m. ch., ct. vi., fl., cl., m. org. (Tuyaux sonores), 3 sy.

Cuba

ARDÉVOL, José (1911-81) : ba., œ. ch., m. orc., 3 sy., m. ch.
BROUWER, Leo (1939) : m. guit.
GARCIA CATURLA (1906-40) : m. orc., m. in., pi.
NIN, Joaquin (1879-1949) : m. pi., m. ch.
NIN-CULMELL, Joaquin (1908) : O., ct. vlc., m. pi.
ROLDAN, Amadeo (1900-39) : ba., m. orc., m. in., m. voc.

Danemark

BENTZON, Niels Viggo (1919) : 2 O., 15 sy., 20 ct.
BRUHNS, Nicolaus (1665-97) : 12 ca., org.
GADE, Niels Wilhelm (1817-90) : chœurs, œ. in., 8 sy., œ. ch. et orc., m. ch., mél.
HARTMANN, Johan Peter Emilius (1805-1900) : O. (Liden Kirsten), m. orc., m. org., m. ch.
HEISE, Peter (1830-79) : chants, O., m. ch.
HOLMBOE, Vagn (1909) : 9 sy., ct., m. ch.
KOPPEL, Herman David (1908) : 5 sy., ct., or., m. ch., mél.
KUHLAU, Friedrich (1786-1832) : O., œ. pi., fl.
NIELSEN, Carl (1865-1931) : 6 sy., 2 O. (Mascarade, Saül et David), ct., œ. pi., m. ch., mél., m. org.
NORGAARD, Per (1932) : 2 O., 3 sy., ba., m. orc., m. ch., m. pi., etc.
RIISAGER, Knudäge (1897-1974) : ba. (Études, Quartsiluni), sy., m. ch.
WEYSE, C.E.F. (1774-1842) : O., singspiels (Sovedrikken), 6 sy., mél.

Espagne

Nés avant 1800

La **« vihuela »** (instrument à cordes pincées de la même famille que le luth), XVIe s. : MILAN, Luis ; MUDARRA. Alonso ; NARVAEZ. Luis ; PISADOR. Diego.
CABANILLES, Juan (1644-1712) : œ. org.
CABEZON, Antonio de (v. 1500-66) : œ. cl., org.
CASANOVAS, Narciso (1747-99) : m. re., œ. cl.
CEREROLS, Juan (1618-76) : œ. ch., villancicos.
GUERRERO, Francisco (1527-99) : m. voc., re., ma.
JUAN DEL ENCINA (1469-v. 1529) : églogas, chansons polyphoniques.
MORALES, Cristóbal (v. 1500-53).
VICTORIA. Tomas Luis de (v. 1549-1611) : m. re., voc.

Théoriciens. *XVIe s. :* BERMUDO, Juan ; MONTANOS. Francisco ; RAMOS PAREJA, Bartolomé ; SALINAS, Francisco. *XVIIe s. :* LORENTE, Andrés ; RUIZ DE RIBAYAZ, Lucas ; SANZ. Gaspar. *XVIIIe s. :* EXIMENO. Antonio ; NASSARE. Pablo ; RODRIGUEZ DE HITA, Antonio.
CORREA DE ARAUJO. Francisco (1583-1663) : org.
FLECHA. Mateo (1481-1553) : œ. voc., ca., ma.
ORTIZ. Diego (v. 1525-v. 1575) : œ. in., var.

Musique scénique (opéra, tonadilla) : CARNICER. Ramon (1789-1855) ; DURON. Sebastian (1645-1716) ; GARCIA, Manuel (1775-1832) ; MARTIN Y SOLER, Vicente (1756-1806) ; MISON, Luis (1720-66) ; TERRADELLAS, Domingo (1713-51).
SOLER, Antonio (1729-83) : ct., so., oc. voc.
SOR, Fernando (1778-1839) : œ, guit.

Nés après 1800

ALBÉNIZ, Isaac (1860-1909) : O. c. (Pepita Jiménez), œ. pi. (Chants d'Espagne, Iberia, la Vega), ct., m. ch.
ARBOS, Enrique Fernandez (1863-1939) : O.c. (le Centre de la Terre), 3 trios avec pi., œ. orc. (Nuits d'Arabie).
ARRIAGA, Juan Chrysostomo de (1806-26) : sy., O., œ. ch.
BARBIERI. Francisco A. (1823-94) : zarzuela.
BAUTISTA, Julian (1901-61) : m. ch., œ. pi., O., ba. (Juerga), m. films.
BENGUEREL, Xavier (1931) : œ. voc., ct. guit., ct. org.
BRETON. Tomas (1850-1923) : o., zarzuela, m. ch., m. orc. (La Verbena de la Paloma).
CAMPO, Conrado del (1876-1953) : m. ch. et scène considérable.
CASAS, Pérez (1874) : O. (Lorenzo).
ESPLA, Oscar (1886-1976) : 1 O., poèmes sy., ca., ba., m. ch.
FALLA, Manuel de (1876-1946) : O. (la Vie brève, l'Atlantide), ba. (l'Amour sorcier, le Tricorne), 1 ct. cl., Nuits dans les jardins d'Esp. (pi. et orc.), œ. pi.
GRANADOS, Enrique (1867-1916) : O. (Goyescas, Maria del Carmen), œ. pi. (Goyescas, Danses esp.).
HALFFTER, Cristobal (1930) : m. orc., ct. vlc., m. ch., œ. in.
HALFFTER, Ernesto (1905) : œ. pi., 1 q., ba., œ. orc.
HALFFTER, Rodolfo (1900) : ba., ct. vi., q., pi., 1 O.
LLACH, Luis (1949).
MARCO. Tomas (1942).
MOMPOU, Federico (1893) : œ. pi. (Charmes, Scènes d'enfants, Suburbis), mél.
MONTSALVATGE, Xavier (1911) : m. pi., m. ch., m. orc., œ. voc., O.
MORENO-TORROBA, Federico (1891-1982) : zarzuelas, m. guit.
MORERA, Enrique (1865-1942) : 40 O., sardanas.
PABLO, Luis de (1930) : ct., œ. sy., O. (Kiu).
PEDRELL, Felipe (1841-1922) : 5 O., œ. orc.
PITTALUGA, Gustavo (1906) : ba., 1 ct. vi., m. in.
RODRIGO, Joaquín (1901) : O., œ, in., œ. pi., mél., ct. (ct. d'Aranjuez pour guit.).
SARASATE, Pablo de (1844-1908) : œ. vi.
TARREGA. Francisco (1852-1909) : m. guit.
TURINA, Joaquín (1882-1949) : œ. orc. (la Procesion del Rocio), m. de scène, O., nombreuses œ, pi. (Jardin d'enfants, Recuerdos de viaje).

États-Unis

ALBRIGHT, William (1944) : m. élec., m. orc., org.
ANTHEIL, George (1900-59) : ba. mécanique, 7 sy., 3 o. (Volpone).
BABBITT, Milton Byron (1916) : œ. in.
BARBER, Samuel (1910-81) ; 2 O. (Vanessa, Antony and Cleopatra), ba. (Medea), m. orc., œ. in. et voc., Prayer for Kierkegaard, Adagio pour cordes.
BERNSTEIN, Leonard (1918) ; œ. sy. et œ. lr. (West Side Story).
BOLCOM William (1938) ; m. ch., œ. pi.
BROWN, Earle (1926) ; m. graph. et élec., m. orc.
CADMAN, Charles (1881-1946) ; O., m. orc., m. voc.
CAGE, John (1912) ; m. films, m. scène, Bacchanale, œ. pour pi. préparé (so., interludes).
CARPENTER, J. Alden (1876-1951) ; ct., œ. sy., œ. in.
CARTER, Elliot (1908) ; ct., q., m. ch.
COPLAND, Aaron (1900) ; ba. (Appalachian Spring, Billy the Kid, Rodeo), ct. clar., ct. pi., 3 sy., m. orc. (El Salon Mexico, Connotations), m. pi., voc., m. films.
CORIGLIANO, John (1938) : m. orc., m. voc., ct. ob., ct. pi, ct. cl.
COWELL, Henry D. (1897-1965) : sy., m. ch., œ. pi.
CRESTON, Paul (1906-85) : 6 sy., ct., m. org., m. sér.
CRUMB, George (1929) : m. voc. (Star-Child), m. ch., m. or., m. pi. (Makrokosmos).
DELLO JOIO, Norman (1913) : m. orc., pi.
DEL TREDICI, David (1937) : m. voc., m. ch. (Alice in Wonderland), m. or.
DIAMOND, David (1915) : m. orc., m. in., ct. q. et orc.
EPSTEIN, David (1930) : m. orc., sy., m. ch., m. films.
FELDMAN, Morton (1926) ; O. (Neither), m. graph., m. orc., ch., œ. voc.
FINNEY, Ross Lee (1906) ; 3 sy., 8 q., m. voc.
FOSS, Lukas (1922) : œ. sy., œ. lr., œ. ch.
GERSHWIN, George (1898-1937) : ct. pi., Rhapsody in blue, Un Américain à Paris, O. (Porgy and Bess), œ. pi. (préludes), ch.
GOTTSCHALK, Louis Moreau (1829-69) ; 2 O., œ. sy., œ. pi.
HANSON, Howard (1896-1981) : O. (Merry Mount), m. orc.
HARBISON, John (1938) : m. orc., ct. vi.
HARRIS, Roy (1898-1979) : m. orc., 7 sy., ba., m. ch., œ. pi.
HARRISON, Lou (1917) : m. sy., cho., ct.
HOVHANESS, Alan (1911) : ct., sy., m. ch.
IMBRIE, Andrew Welsh (1921) : 1 sy., 1 O., œ. in.
IVES, Charles (1874-1954) : 4 sy., m. orc., œ. pi (Concord Sonata), mél.
KIRCHNER, Leon (1919) : O., ct. m. or., m. ch., m. voc.
KURTZ, Eugene (1923) : m. orc., m. ch.
LADERMAN, Ezra (1924) : O., 7 sy., ct. fl., 6 Q.
MACDOWELL, Edward (1861-1908) : œ. in., ct., 3 poèmes sy., so., œ. pi.
MENNIN, Peter (1923-83) : 7 sy., œ. orc., pi.
MENOTTI, Gian Carlo (1911) (or. italienne) : O. (le Consul, le Médium), ba., m. ch.
MOORE, Douglas Stuart (1893-1969) : m. orc., sy., O.
NABOKOV, Nicolas (1903-78) (or. russe) : O., ba., m. orc.

PISTON, Walter (1894-1976) : ba. (le Flûtiste incroyable), 8 sy., 5 q., ct.
RIEGGER, Wallingford (1885-1961) : m. orc., œ. in.
RODGERS, Richard (1902-79) : com. m., m. films.
ROGERS, Bernard (1893-1968) : 1 q., 4 sy., 2 so. pi., ca., ct. vi.
RUGGLES, Carl (1876-1971) : m. orc., m. in.
SCHÜLLER, Gunther (1925) : œ. sy. et œ. lr.
SCHUMAN, William (1910) : O., ba., m. orc., 10 sy., œ. voc.
SESSIONS, Roger (1896-1985) : O. (le Procès de Lucullus), 5 sy., ct., œ. in.
TCHÉREPNINE, Alexandre (1898-1977) (or. russe) : O., ba., m. sy., ct., m. pi.
THOMSON, Virgil (1896) : O. (Notre Mère à tous), m. sy., mél., m. ch.
TIOMKIN, Dimitri (1899-1979) : m. films.

Finlande

AHO, Kalevi (1949) : m. dr., 6 sy., m. ch., ct.
BERGMAN, Erik (1911) : ct. pi., œ. ch. et orc., œ. voc., m. orc., Ens. ins.
ENGLUND, Einar (1916) : 2 ba., 5 sy., 2 ct. pi., ct. vi., vlc., m. ch., m. films.
HEININEN, Paavo (1938) : O., 4 sy., ct., m. ch., m. élec.
JOHANSSON, Benght (1914) : cho., m. ch., m. orc., m. élec.
KILPINEN, Yrjö (1892-1959) : 750 lieder.
KLAMI, Uuno (1900-61) : m. orc., m. ch.
KOKKONEN, Joonas (1921) : O., 4 sy., m. orc., m. ch., œ. voc., m. re., ct. vlc.
KUULA, Toivo (1883-1918) : œ. cho. et orc., m. ch.
LINDBERG, Magnus (1958) : m. dr., m. orc., m. ch.
MADETOJA, Leevi (1887-1947) : 2 O., ba., 3 sy., ca., m. orc., m. ch., œ. voc., m. re.
MARTTINEN, Tauno (1912) : 12 O., 4 ba., 7 sy., m. orc., m. ch., œ. voc., 10 ct.
MERIKANTO, Aarre (1893-1958) : O., 4 ct. pour pi., 4 ct. pour vi., 2 ct. pour vlc., 3 sy., m. orc., m. ch., 2 ca., m. th.
MERILÄINEN, Usko (1930) : 4 ba., 2 ct. pour pi., ct. pour vlc., 5 sy., m. orc., m. ch.
NORDGREN, Pehr Henrik (1944) : m. orc., 3 ct. pour vi., 2 ct. pour viole, 2 ct. pour pi., m. ch.
NUMMI, Seppo (1932-81) : li., m. ch.
PALMGREN, Selim (1878-1951) : O., 5 ct. pour pi., 6 ca., m. th., m. orc., œ. pi.
PYLKKÄNEN, Tauno (1918-80) : 10 O., ca., m. orc., m. ch., m. voc.
RAUTAVAARA, Einojuhani (1928) : 4 O., ba., 4 sy., ct., m. orc., m. ch., œ. voc.
SALLINEN, Aulis (1935) : 3 O., 5 sy., ct. pour vi., ct. pour vlc., m. orc. (Shadows), m. ch. (5 q.), m. voc.
SALMENHAARA, Erkki (1941) : O., 4 sy., m. orc., m. ch., œ. voc.
SEGERSTAM, Leif (1944) : œ. orc., œ. ch., œ. voc.
SIBELIUS, Jean (1865-1957) : O., 7 sy., ct. pour vi., m. orc., m. ch., m. voc., m. pi.

France

Écoles du Moyen Age

Musique monodique. Chansons populaires. Troubadours : Guillaume IX d'AQUITAINE (1076-1127), Bertrand de BORN (1140-1214), MARCABRU (1120-1140), RUDEL, Bernard de VENTADOUR (1125-95). **Trouvères :** BRULÉ (1159-1214 ?), Guy de COUCY († 1202), BLONDEL DE NESLES (1155-?), Colin MUSET (XIIIe s.). **Mus. polyphonique** jusqu'à la mort de DUFAY.

École de N.-D. de Paris (1105-1330) : Adam de LA HALLE (v. 1240-87) : Jeu de Robin et Marion, LÉONIN (XIIe s.), PÉROTIN († 1197 ou 1238).

Ars Nova : Phil. de VITRY (1290-1361), G. de MACHAUT (v. 1300-77) : lais mon., rondeaux, ballades, mo. (2, 3 ou 4 voix), me. Notre-Dame.

École franco-flamande : Gilles BINCHOIS († 1460), Antoine BUSNOIS († 1492), Guillaume DUFAY (v. 1400-74), Nicolas GRENON, Jacob OBRECHT (1450-1505, Flamand), Jean de OCKEGHEM (v. 1430-97, Flamand), Pierre de la RUE (v. 1460-1518).

Nés avant 1600

BERTRAND, Anthoine de (?-1580) : ch., airs spirituels.
CERTON, Pierre (?-1572) : me., mo., ps., ch.
COMPÈRE, Loyset (v. 1450-1518) : me., mo., Magnificat.
COSTELEY, Guillaume (v. 1531-1606) : ch., mo.
DES PRÉS, Josquin (v. 1440-v. 1521) : 129 mo., ps., 19 me., ch.
DU CAURROY, Eustache (1529-1609) : me., mo., fa. in.
ESTOCART, Paschal de (v. 1540-v. 1590) : œ. ch., ps.
FÉVIN, Antoine de (v. 1470-1511?) : m., mo.
GOMBERT, Nicolas (v. 1500-v. 1556) : me., mo., ch.
GOUDIMEL, Claude (v. 1505-72) : me., ch. re., profanes, ps.
GUÉDRON, Pierre (1565?-v. 1620) : airs.
JAMBES DE FER, Philibert (1520-25/1565).
JANEQUIN, Clément (v. 1480-1558) : ch. rel., profanes, descriptives (le Chant des Oiseaux, la Bataille, les Cris de Paris).
LASSUS, Roland de (v. 1531-94) : 500 mo., 53 me., 4 pa., ch. poly., Stabat Mater.
LE JEUNE, Claude (v. 1530-1600) : le Printemps, Dodécacorde, ch. poly.
MAUDUIT, Jacques (1557-1627) : Requiem pour Ronsard, me., mo.
MOUTON, J. de Hollingue dit (v. 1470-v. 1522) : me., Magnificat, mo., ch.
SERMISY, Claudin de (v. 1490-1562) : me., mo., ch.
TITELOUZE, Johan (1563-1633) : mo., org.

Nés entre 1600 et 1700

ANGLEBERT, Jean-Henri d' (1628-1691) : œ. cl.
BERNIER, Nicolas (1664-1734) : 3 volumes de mo., 4 livres de ca., Nuits de Sceaux.
BLANCHARD, Esprit (1696-1770) : 30 mo., 1 Te Deum.
CAMPRA, André (1660-1744) : + de 200 œ., 24 O. (Iphigénie en Tauride).
CHAMPION DE CHAMBONNIÈRES, Jacques (apr. 1601-72) : œ. cl., œ. in.
CHARPENTIER, Marc Antoine (v. 1636-1704) : 500 œ. re., prof., 1 Te Deum.
COUPERIN, François, dit le Grand (1668-1733) : 4 livres cl., préludes, so. in. (l'Astrée), ct. (Concerts des goûts réunis), œ. org. (2 me.), œ. voc. (Leçons de ténèbres).
COUPERIN, Louis (v. 1626-v. 1661) : œ. cl., org.
DAQUIN, Louis (1694-1772) : Noëls pour org., œ. cl.
DELALANDE, Michel (1657-1726) : mo., ba., me.
DESMARETS, Henry (v. 1660-1741) : mo., ba., O. (Didon).
DESTOUCHES, André (1669-1749) : ba. (Omphale, les Éléments, Issé).
DORNEL, Antoine (1685-1765) : œ. org. et cl.
FRANCŒUR, François (1698-1787) : so., sy.
GAULTIER LE JEUNE, Denys dit (v. 1603-72) : la Rhétorique des dieux, pour luth seul.
GILLES, Jean (1669-1705) : m. re., in.
GRIGNY, Nicolas de (1672-1703) : livre d'orgue.
LEBÈGUE, Nicolas (1631-1702) : 2 livres cl., 3 liv. org.
LECLAIR, Jean-Marie (1697-1764) : 100 œ. vi., 12 ct. vi. et cordes.
LULLI, Jean-Baptiste (1632-87) : O. (Cadmus et Hermione, Alceste, Thésée, Amadis, Armide, Isis), m. re.
MAGE, Pierre du (1676-1751) : œ. org.
MARAIS, Marin (1656-1728) : O. (Alcyone), su. pour viole.
MARCHAND, Louis (1669-1732) : 5 livres org.
MONTÉCLAIR, Michel (1667-1737) : ca., 1 O. biblique (Jephté), ch., mo.
MOULINÉ, Étienne (1600-1669) : airs de cour, œ. re.
MOURET, Jean-Joseph (1682-1738) : 6 recueils de divertissements, O., ba., mo.
RAMEAU, Jean-Philippe (1683-1764) : O. (Hippolyte et Aricie, les Indes galantes, Castor et Pollux), œ. cl., œ. in. (concerts en sextuor), œ. voc., écrits théoriques.
ROBERDAY, François (1624-1680) : œ. org.

Nés entre 1700 et 1800

ALAYRAC, Nicolas d' (1753-1809) : 100 œ.
AUBER, Daniel (1782-1871) : O. c. (les Diamants de la couronne, la Muette de Portici), O. (Fra Diavolo).
BOËLY, Alexandre (1785-1858) : œ. org., pi.
BOÏELDIEU, François-Adrien (1775-1834) : O. c. (la Dame Blanche), œ. pi., m. ch., ct.
CASSANÉA DE MONDONVILLE, Jean-Joseph (1711-72) : so., 12 mo., œ. cl., vi.
CORRETTE, Michel (1709-95) : 21 ct., m. ch.
DUNI, Egidio (1709-75) (né en Italie) : O. c. (le Peintre amoureux de son modèle).
DUPHLY, Jacques (1715-1789) : œ. cl.
GOSSEC, Fr.-Joseph Gossé dit (1734-1829) : me., q., 20 O. c., 30 sy.
HALÉVY, Jacques Fromental Lévy dit (1799-1862) : O. c. (la Juive, la Reine de Chypre, la Dame de pique, Manon).
HÉROLD, Louis-Ferdinand (1791-1833) : œ. lr.
LESUEUR, Jean-François (1760-1837) : 33 me., œ. lr. (le Triomphe de Trajan).
MÉHUL, Étienne (Henri Nicolas) (1763-1817) : Chant du départ, œ. lr.
MONSIGNY, Pierre-Alexandre (1729-1817) : 11 O. c. (Rose et Colas), ba. (Aline reine de Golconde).
MONTAN-BERTON, Henri (1767-1844) : 48 O.
ONSLOW, Georges (1784-1853) : O., 4 sy., m. ch., pi.
PHILIDOR, François-André (1726-95) : 20 O. c. (Blaise le Savetier, la Belle Esclave, Tom Jones).
PLEYEL, Ignace (1757-1831) : m. pi., harpe, m. ch., ct., 6 sy. conc., œ. voc.
ROUGET DE LISLE, Claude (1760-1836) : ch., la Marseillaise.
ROUSSEAU, Jean-Jacques (1712-78) : 1 O. (le Devin du village), œ. lr.
SAINT-GEORGES, Joseph, chevalier de (1739-99) : m. pi., m. ch., sy., 10 sy. conc.

Nés entre 1800 et 1900

ADAM, Adolphe (1803-56) : O. c. (le Postillon de Longjumeau), ba. (Giselle).
ALKAN, Charles Valentin (1813-88) : œ. pour pi.
AUBERT, Louis (1877-1969) : O. (la Forêt bleue) ba., m. pi., m. orc., m. ch., œ. voc. (la Mauvaise Prière).
AUDRAN, Edmond (1842-1901) : O. c. (le Grand Mogol, la Mascotte).
AURIC, Georges (1899-1983) (1) : œ, pi. m. ch., mél., m. sy., O., ba., m. films (la Belle et la Bête, Moulin Rouge, etc.).
BERLIOZ, Hector (1803-69) : m. orc. (sy. fantastique, Roméo et Juliette, sy. funèbre et triomphale), O. (les Troyens), Requiem, ouv. (Carnaval romain).
BEYDTS, Louis (1895-1953) : m. de la Kermesse héroïque, O., mél.
BIZET, Georges (1838-75) : sy., O. (Carmen, les Pêcheurs de perles), m. orc. (Jeux d'enfants), sy., m. sc. (l'Arlésienne).
BONDEVILLE, Emmanuel (1898) : O. (Madame Bovary, Antoine et Cléopâtre).
BOULANGER, Lily (1893-1918) : ps., Faust et Hélène, mél.
BRUNEAU, Alfred (1857-1934) : O. (le Rêve, l'Ouragan).
BÜSSER, Henri (1872-1973) : O. (Daphnis et Chloé, le Carrosse du Saint-Sacrement).
CANTELOUBE, Marie-Joseph (1879-1957) : Chants d'Auvergne et autres.
CAPLET, André (1878-1925) : mél., mus. rel. (messe, Miroir de Jésus), mus. orc. (Épiphanie), m. ch. (Conte fantastique).
CASTILLON, Alexis de (1838-73) : pi. (Pensées fugitives).
CHABRIER, Emmanuel (1841-94) : œ. pi. (Pièces pittoresques, Bourrée fantasque), œ. orc. (España, Joyeuse Marche), O. (Gwendoline), mél.
CHARPENTIER, Gustave (1860-1956) : O. c. (Louise).
CHAUSSON, Ernest (1855-99) : sy., Poème pour vi. et orc., drame lr.
CHOPIN : voir p. 387.
CHRISTINÉ, Henri (1867-1941) : ch., o. (Phi-Phi).
CLIQUET-PLEYEL, Henri (1894-1963) : 2 q., 2 so. vi., mél.
DEBUSSY, Claude (1862-1918) : œ. pi. (24 préludes, 12 études, Images, Children's Corner, su. bergamasque, etc.), œ. orc. (Prélude à l'après-midi d'un faune, Nocturnes, Ibéria, Jeux, la Mer), œ. lr. (Pelléas et Mélisande, le Martyre de saint Sébastien), mél., m. ch. (q., 3 so.).
DELANNOY, Marcel (1898-1962) : O. c. (le Poirier de misère), ba., m. sy.
DELIBES, Léo (1836-91) : O. c. (Lakmé), ba. (Coppélia, Sylvia).
DELVINCOURT, Claude (1888-1954) : œ. pi. (Croquembouches), mél. (Chants de la ville et des champs), qqes œ. orc. (Radio sérénade), œ. lr.
DÉSORMIÈRE, Roger (1898-1963) : m. films.
DUKAS, Paul (1865-1935) : œ. orc. (l'Apprenti sorcier), œ. lr. (Ariane et Barbe-Bleue), œ. pi. (1 so., var. sur un th. de Rameau).
DUPARC, Henri (1848-1933) : mél. (la Vie antérieure, l'Invitation au voyage, Chanson triste).
DUPRÉ, Marcel (1886-1971) : œ. org.
DUREY, Louis (1888-1979) (1) : mél., q., œ. pi.
EMMANUEL, Maurice (1862-1938) : œ. in., orc., voc., O. (Prométhée enchaîné, Salamine).
ERLANGER, Camille (1863-1919) : 57 mél., 12 dr. lr. (le Juif polonais).
FAURÉ, Gabriel (1845-1924) : Requiem, m. ch. (2 so. pi. vi., 2 so. pi. vlc., trio, q., Q.), mél. (la Bonne Chanson, l'Horizon chimérique), œ. pi. (13 noctur-

nes, 13 barcarolles, 9 préludes, Impromptus, Thème et variations), O. (Prométhée, Pénélope).
FERROUD, Pierre Octave (1900-36) : ba., m. sy., m. ch., mél.
FRANCK, César (1822-90) (or. belge) : or. (les Béatitudes), 1 sy., œ. org. (3 chorals), œ. pi. (prélude, ch. et fu.), var. sy. (pour pi. et orc.), q., Q., 1 so. pi. vi., mél. O.
GANNE, Louis (1862-1923) : o. (les Saltimbanques, la Marche lorraine).
GEDALGE, André (1856-1926) : 4 sy., ct. pi., q., 2 so. pi. et vi., mélodies.
GODARD, Benjamin (1849-95) : O. (Jocelyn), m. orc.
GOUNOD, Charles (1818-93) : O. (Faust), O. c. (Mireille, Roméo et Juliette), mél., 13 me.
GUIRAUD, Ernest (1837-92) : O. (Frédégonde, achevé par St-Saëns).
HAHN, Reynaldo (1875-1947) : mél., 3 ct., œ. pi., m. ch., o. (Ciboulette).
HERVÉ, Florimond Ronger dit (1825-92) : o. (Mam'zelle Nitouche).
HONEGGER, Arthur (né en Suisse, 1892-1955) (1) : œ. lr. (les Aventures du roi Pausole, le Roi David, Jeanne au bûcher, Antigone), 5 sy., œ. orc. (Pacific 231, Rugby), ct., m. ch., mél., ca. de noël, œ. pi.
IBERT, Jacques (1890-1962) : œ. pi. (Histoires), m. ch., ct., œ. lr., O. c. (le Roi d'Yvetot), m. orc. (Divertissement, suites), m. films.
INDY, Vincent d' (1851-1931) : O. (Fervaal), sy. sur un chant montagnard français, mél., q., so., œ. pi.
INGHELBRECHT, Désiré (1880-1965) : mél., œ. orc. (Marines), ba. (le Diable dans le beffroi).
KOECHLIN, Charles (1867-1950) : œ. sy. (le Livre de la jungle), œ. dans tous les genres, œ. théoriques.
LADMIRAULT, Paul (1877-1944) : Suite bretonne.
LALO, Édouard (1823-92) : O. (le Roi d'Ys), ba. (Namouna), sy. espagnole, Rhapsodie norvégienne, 2 ct. vi., ct. vlc.
LECOCQ, Charles (1832-1918) : o. (la Fille de Madame Angot), mél.
LE FLEM, Paul (1881-1984) : 4 sy., œ. pi., voc., O. (La Magicienne de la mer).
LOUCHEUR, Raymond (1899-1979) : 2 sy., ba., m. ch.
MAGNARD, Albéric (1865-1914) : 3 O., 4 sy., 1 q., mél., œ. pi. (Promenades).
MARTELLI, Henri (1895-1980) : près de 150 œuvres dans tous les genres.
MASSÉ, Victor (1822-84) : mél., œ. lr. (les Noces de Jeannette).
MASSENET, Jules (1842-1912) : O. (Manon, Werther, Thaïs, le Jongleur de Notre-Dame, Hérodiade), or. (Ève), 1 ct. pi.
MESSAGER, André (1853-1929) : o. (Véronique, les Deux Pigeons, Monsieur Beaucaire).
MIGOT, Georges (1891-1976) : 13 sy., m. orc., m. ch., œ. in., m. pi., œ. voc., ch. org.
MIHALOVICI, Marcel (1898-1985) (or. roum.) : sy., ba., m. ch., li.
MILHAUD, Darius (1892-1974) (1) : + 800 œuvres dans tous les genres ; O. (Bolivar, les Choéphores), m. ch. (18 q., 5 Q., so. diverses), m. orc. (sy. et su.), œ. pi. (Printemps, Saudades do Brazil, Scaramouche), ct. pour presque tous les instr., ba. (le Bœuf sur le toit, la Création du monde, l'Homme et son désir), ca. (le Château de feu), mél. (Catalogue de fleurs, Machines agricoles), etc.
MORETTI, Paul (1893-1954) : m. légère, o., m. films (Sous les toits de Paris).
NIEDERMEYER, Louis (1802-61) (or. suisse).
OFFENBACH, Jacques (1819-80) (né à Cologne) : O. c. (les Contes d'Hoffmann), 102 o. et O. b. (la Belle Hélène, Orphée aux Enfers, la Vie parisienne).
PIERNÉ, Gabriel (1863-1937) : ba. (Cydalise et le Chèvre-pied), m. ch., œ. pi., mél.
PLANQUETTE, Robert (1848-1903) : o. (les Cloches de Corneville).
POULENC, Francis (1899-1963) (1) : O. (les Mamelles de Tirésias, Dialogues des carmélites), m. re. (Stabat Mater, Gloria, Litanies à la vierge noire), m. orc. (Sinfonietta), ba. (les Biches, les Animaux modèles), m. ch. (so., trios, 1 sextuor), ct. (pour pi., pour 2 pi., pour cl., pour org.), œ. pi. (Mouvements perpétuels), nombreuses mél.
RABAUD, Henri (1873-1949) : la Procession nocturne, or. (Job), m. films (le Miracle des loups), œ. lr. (Mârouf).
RAVEL, Maurice (1875-1937) : œ. pi. (Jeux d'eau, Gaspard de la nuit, Valses nobles et sentimentales, Ma mère l'Oye, Tombeau de Couperin), œ. orc. (la Valse, Boléro, Rhaps. espagnole), œ. lr. (l'Heure espagnole, l'Enfant et les Sortilèges), ba. (Daphnis et Chloé), 2 ct. pi. (dont ct. pour la main gauche), m. ch. (1 q., 1 trio, so. pi. vi., so. vi. vlc.), mél. (Histoires naturelles).
REYER, Ernest (1823-1909) : O. (Sigurd, la Statue).
RIVIER, Jean (1896) : œ. voc., œ. sy., qqes ct., m. re.
ROGER-DUCASSE, Jean (1873-1954) : œ. pi., mél., m. re., 2 q.
ROLAND-MANUEL (Rol. Alexis Manuel Lévy dit) (1891-1966) : m. films (les Inconnus dans la maison), O. c. (le Diable amoureux), mél., œ. orc., ba.
ROPARTZ, Guy (1864-1955) : O. (le Pays), 5 sy., m. ch.
ROUSSEL, Albert (1869-1937) : ba. (le Festin de l'araignée, Bacchus et Ariane), 4 sy., œ. pi., m. ch.
SAINT-SAËNS, Camille (1835-1921) : 3 sy. (dont n° 3 avec orgue), 5 ct. pi., 3 ct. vi., œ. orc. (Danse macabre, Carnaval des animaux, Su. algérienne), O. (Samson et Dalila), m. ch., œ. pi. (ét.).
SAMAZEUILH, Gustave (1877-1967) : m. orc. (le Chant de la mer), q. à cordes, so.
SAMUEL-ROUSSEAU, Marcel (1882-1955) : ca. (Maïa), O. c. (Tarass Boulba).
SATIE, Erik (1866-1925) (2) : œ. pi. (Gymnopédies, Morceaux en forme de poire, Gnossiennes), ba. (Parade, Relâche), œ. lr. (Socrate).
SCHMITT, Florent (1870-1958) : ba. (la Tragédie de Salomé), œ. sy., m. ch., œ. pi. (le Petit Elfe Ferme-l'œil).
SCOTTO, Vincent (1876-1952) : m. légère (la Petite Tonkinoise, Sous les ponts de Paris), o. (Violettes impériales).
SÉVERAC, Déodat de (1872-1921) : mél., œ. pi. (En Languedoc, Cerdaña), œ. org.
TAILLEFERRE, Germaine (1892-1983) (1) : œ. voc. (Cantate du Narcisse), œ. sy. (Concerto des vaines paroles), œ. lr., ba., m. ch., œ. pi.
TANSMAN, Alexandre (1897) (or. pol.) : œ sy., pi., œ. voc., ba., m. ch.
TERRASSE, Claude (1867-1923) : o. (le Sire de Vergy, Monsieur de La Palisse).
THOMAS, Ambroise (1811-96) : O. c. (Mignon, Hamlet), ba.
TOURNEMIRE, Charles (1870-1939) : 8 sy., ps., m. ch., l'Orgue mystique, O.
VARÈSE, Edgar (1885-1965) (nat. Américain en 1926) : œ orc. (Amériques, Intégrales, Déserts, Ionisation pour 40 instr.).
VELLONES, Pierre (1889-1939) : mél., m. orc., m. pi.
VIERNE, Louis (1870-1937) : 5 sy. org., 24 mél., 1 Q. pi.
WALDTEUFEL, Émile (1837-1915) : valses.
WIDOR, Charles (1844-1937) : ba. (la Korrigane), 10 sy. pour org.
WIENER, Jean (1896-1982) : œ. pi., œ. org., m. films.
YVAIN, Maurice (1891-1965) : m. légère, o. (Ta bouche), m. films (Blanche-Neige).

Nota. — (1) En 1918-20, Auric, Durey, Honegger, Milhaud, Poulenc, G. Tailleferre constituaient le *Groupe des Six* autour de Satie et de Cocteau. (2) Satie patronna l'*École d'Arcueil* avec Cliquet-Pleyel, Désormière, Jacob, Sauguet.

Nés après 1900

ALAIN, Jehan (1911-40) : œ. org., su. monodique pour pi., Prière pour nous autres charnels.
AMY, Gilbert (1936) : m. sérielle : Antiphonies, Triade, Écrits sur toile (1983), chants.
APERGHIS, Georges (1945) : Jacques le Fataliste, Pandémonium.
ARRIEU, Claude (1903) : m. pi., m. ch., 5 ct., m. th.
AUBIN, Tony (1907-81) : 3 sy., su. danoise, la Chasse infernale, O. (Goya).
BALLIF, Claude (1924) : œ. pi., m. ch., m. sy., Requiem.
BANCQUART, Alain (1934) : 3 sy., m. orc., m. ch., m. voc.
BARRAINE, Elsa (1910) : œ. sy., Musique rituelle pour org.
BARRAQUÉ, Jean (1928-73) : œ. voc., so. pour pi.
BARRAUD, Henry (1900) : œ. lr. (Numance, Farce de Maître Pathelin), ba. (l'Astrologue dans le puits), œ. sy.
BAUDRIER, Yves (1906) (1) : le Raz de Sein, m. films (la Bataille du rail).
BAYLE, François (1932) : m. électro-ac. (Espaces inhabitables).
BERTHOMIEU, Marc (1906) : m. légère, o. (Robert Macaire).
BONDON, Jacques (1927) : m. sy., ct., m. ch., O. (la Nuit foudroyée).
BOUCOURECHLIEV, André (1925) : m. élec., m. de scène, Archipel I pour 2 pi., O.
BOULEZ, Pierre (1925) : Structures pour 2 pi., m. sér., 3 so. pi., le Marteau sans maître, Pli selon Pli, Éclats, Rituel.
CAPDEVIELLE, Pierre (1906-69) : mél., so., œ. sy.
CASANOVA, André (1919) : sy., ct., m. ch., pi., li., m. lr.
CASTERÈDE, Jacques (1926) : m. ch., m. sy., œ. voc. (la Chanson du mal aimé).
CHAILLEY, Jacques (1910) : 1 q., 1 sy., la Tentation de saint Antoine.
CHARPENTIER, Jacques (1933) : Études karnatiques pour pi., m. orc. org., divers ct.
CHAYNES, Charles (1925) : divers ct., sy., O. (Erzsebet).
CONSTANT, Marius (1925) : O., sy., ba. (Éloge de la folie).
DAMASE, Jean-Michel (1928) : O. c. (la Croqueuse de diamants), ct., m. ch., œ. orc. (Silk Rhapsody), œ. pi.
DANIEL-LESUR (1908) (1) : œ. pi. et org., mél., m. ch., su. orc., 2 O. (Andréa del Sarto).
DELERUE, Georges (1925) : sy., O., m. films.
DESENCLOS, Alfred (1912-71) : m. sy., m. films, Requiem.
DUFOURT, Hugues (1943) : m. or., m. instr.
DUHAMEL, Antoine (1925) : m. th., m. films.
DURUFLÉ, Maurice (1902) : œ. org., 1 Requiem.
DUTILLEUX, Henri (1916) : so. pi., 2 sy., q., ct. vlc., ct. vi., ba. (le Loup), m. orc. (Métaboles).
ELOY, Jean-Claude (1938) : m. élec., m. orc.
EMER, Michel (1906-84) : ch. (la Fête continue).
FERRARI, Luc (1929) : m. élec.
FLORENTZ, Jean-Louis (1946) : 1 ct., œ. in., 1 or.
FRANÇAIX, Jean (1912) : O. (le Diable boiteux), ba. (les Malheurs de Sophie), œ. in., m. ch., ct., œ. pi. (so., danses exotiques), œ. cl. (l'Insectarium), œ. voc.
GALLOIS-MONTBRUN, Raymond (1918) : Tableaux indochinois pour q. cordes, ba., ca., ct. vi.
GLOBOKAR, Vinko (1934) (or. yougoslave) : m. orc., m. ch., œ. ch.
GUÉZEC, Jean-Pierre (1934-71) : m. sér.
GUILLOU, Jean (1930) : œ. org., pi., m. ch., or.
HASQUENOPH, Pierre (1922-82) : 3 sy., ct., q., O., ba.
HENRY, Pierre (1927) : m. concr.
HERSANT, Philippe (1948) : m. ch., or.
HUGON, Georges (1904-80) : m. pi., m. ch., 3 sy., œ. voc.
JACOB, Maxime, dom Clément (1906-77) : ps., m. re.
JARRE, Jean-Michel (1948) : m. élec. (Oxygène, Équinoxe).
JARRE, Maurice (1924) : Passacaille à la mémoire d'Honegger, O., ba., m. films (Lawrence d'Arabie).
JAUBERT, Maurice (1900-40) : m. films (Drôle de drame), mél., œ. pi., œ. orc.
JOLAS, Betsy (1926) : o., ca., O. (le Pavillon au bord de la rivière), m. ch.
JOLIVET, André (1905-74) (1) : 2 so. pi., 3 sy., 12 ct. (pour o. Martenot, pour piano, pour harpe), m. ch., œ. pi. (Cinq Danses rituelles, Mana).
KIEFFER, Détlef (1944) : O., œ. re., m. orc.
KOSMA, Joseph (Hongrie, 1905-69) : m. légère, de films (les Enfants du paradis, les Portes de la nuit), ba. (l'Écuyère).
LAFARGE, Guy (1904) : m. légère, o., ba.
LANDOWSKI, Marcel (1915) : 3 sy., or. (Rythmes du monde), ct., O. (le Fou).
LANGLAIS, Jean (1907) : œ. org., 24 œ. sy., me., mo.
LEGRAND, Michel (1932) : m. films, pi., ch. (les Parapluies de Cherbourg, les Demoiselles de Rochefort).
LEMELAND, Aubert (1932) : 4 sy., m. ch., inst., ct. v.
LENOT, Jacques (1945) : m. ch., m. orc.
LE ROUX, Maurice (1923) : O., sy., m. films (Crin blanc, Ballon rouge), ba. (le Petit Prince), œ. pi. orc.
LEVINAS, Michael (1949) : m. orc. (Appels), 2 ct. pi., m. pi.
LITAIZE, Gaston (1909) : m. org., œ. voc.
LOPEZ, Francis (1916) : m. légère, o. (la Belle de Cadix, Andalousie).
LOUIGUY (1916) : m. légère (la Vie en rose, Mademoiselle Hortensia).
MÂCHE, François-Bernard (1935) : m. élec.
MAGNE, Michel (1930-84) : m. concr., m. films.
MALEC, Ivo (1925) : m. élec., m. orc., œ. voc.
MARTINET, Jean-Louis (1912) : m. sér., œ. voc., m. in., 3 mouvements sy.
MARTINON, Jean (1910-76) : 4 sy., œ. pi., ct., q., m. orc., O. (Hécube).
MEFANO, Paul (1937) : m. orc., œ. voc., m. th.
MESSIAEN, Olivier (1908) (1) : œ. pi. (20 Regards sur l'Enfant Jésus, Catalogue d'oiseaux), œ. org. (Ascension, Livre d'org.), m. orc. (Turangalîla-Symphonie), m. ch. (q. pour la fin du temps), O. (St François d'Assise), mél.
MIROGLIO, Francis (1924) : m. sér.
MISRAKI, Paul (1908) : m. légère, m. films, O.
MONNOT, Marguerite (1903-61) : m. légère, m. films, o. (Irma la Douce).
NIGG, Serge (1924) : œ. sy., ct. bi., m. ch.
OHANA, Maurice (1914 ; or. espagnole) : œ. voc.

(Cris, Syllabaire pour Phèdre), œ. in. (Signes, Pentacle, Silenciaire).
PARÈS, Philippe (1901-79) : m. légère et de films souvent en collaboration avec Georges Van Parys.
PASCAL, Claude (1921) : ct., so., m. ch.
PETIT, Pierre (1922) : o. (la Maréchale Sans-Gêne), ct. pi., org., œ. in., ba.
PHILIPPOT, Michel (1925) : m. sér. et concr.
PREY, Claude (1925) : O. (Jonas, le Cœur révélateur, la Noirceur du lait).
PRODROMIDES, Jean (1927) : O. (Passion selon nos doutes, Ulysse), les Perses, m. films (Danton).
REINHARDT, Django (1910-53) : jazz, guitare (Nuages, Rythmes futurs).
ROSENTHAL, Manuel (1904) : O. b., sy.
SAGUER, Louis [All. (identité gardée secrète)] : O. (Mariana Pineda), m. orc., m. ch.
SAUGUET, Henri (1901) : O. c. (la Voyante, les Caprices de Marianne), ba. (les Forains), m. ch., m. orc., œ. pi., mél., divers ct.
SCHAEFFER, Pierre (1910) : m. concr.
SCHERCHEN-HSIAO, Tona (1938) : m. orc. in., ch. d'inspiration chinoise.
THIRIET, Maurice (1906-72) : O. c. (le Bourgeois de Falaise), O. ba. (la Locandiera), or. (Œdipe-Roi), ct., m. ch., sy., mél., m. films (les Visiteurs du soir).
TOMASI, Henri (1901-71) : ba. (les Santons, Noces de cendre), O., O. c., m. re., m. ch., ct.
VAN PARYS, Georges (1902-71) : m. légère et de films.
XENAKIS : Voir Grèce.

Nota. — (1) Baudrier, Jolivet, D.-Lesur, Messiaen constituèrent le groupe *Jeune-France.*

Grande-Bretagne

Nés entre 1400 et 1600

BULL, John (v. 1562 ou 63-1628) : 150 œ. org. ou virginal, 50 pour cordes.
BYRD, William (v. 1543-1623) : m. re., ayres, 130 œ. virginal.
DOWLAND, John (1563-1626) : œ. cl., luth, viole.
DUNSTABLE, John († 1453) : m. re.
FARNABY, Giles (v. 1563-1640) : œ. cl., ch.
FAYRFAX, Robert (1464-1521) : m. re., ch.
GIBBONS, Orlando (1583-1625) : m. re., œ. in., œ. org., cl. viole.
LAWES, Henry (1536-1664) : m. re.
MERBECKE, John (v. 1505 ou 10-1585) : m. re.
MORLEY, Thomas (v. 1557-1603) : ca., œ. voc., in., re.
MORTON, Robert (v. 1430-1475) : rondeaux, ball. voc. et in.
POWER, Leonel (v. 1530-1545) : m. re.
TALLIS, Thomas (1505-1585) : m. re.
TAVERNER, John (v. 1490-1545) : m. re.
TOMKINS, Thomas (1572-1656) : madrigaux, ba., ch., m. re., m. viole, cl.
TYE, Christopher (v. 1505-v. 1572) : m. re.
WEEKLES, Thomas (v. 1576-1623) : ma, m. re.
WILBYE, John (1574-1638) : mo.

Nés entre 1600 et 1800

ARNE, Thomas (1710-78) : 50 O., or., me., so. pi., 8 sy.
BLOW, John (1649-1708) : m. re., org.
BOYCE, William (1710-79) : m. re., Cathedral Music, sy.
CLARKE, Jeremiah (v. 1674-1707) : m. re., m. ch., œ. pi.
COOKE, Henry (v. 1615-72) : m. re et ch.
FIELD, John (1782-1837) (Irl.) : 12 nocturnes et œ. pi.
HUMFREY, Pelham (1647-74) : m. re.
LAWES, William (1602-1645) : œ. voc.
LOCKE, Matthew (v. 1621 ou 22-77) : m. pour le Siège de Rhodes, la Tempête.
PURCELL, Henry (1658-95) : O. (le Roi Arthur, Didon et Enée), Odes, so., trios, œ. in., m. re.
SIMPSON, Christopher (v. 1610-69) : m. viole, fa.

Nés entre 1800 et 1900

BANTOCK, Sir Granville (1868-1946) : O., or., sy., m. ch.
BAX, Sir Arnold (1883-1953) : 7 sy., ct. vi., ct. vlc.
BENEDICT, Julius (1804-85) : 2 sy., 2 ct. pi., O. (le Lys de Killarney).
BENNETT, Sir William Sterndale (1816-75) : ouv., sy., m. pi., 4 ct.
BLISS, Sir Arthur (1891-1975) : ba., O. (les Olympiens), 3 œ. voc. et in., 1 ct., 1 sy.
BRIDGE, Frank (1879-1941) : m. orc., m. ch.
COWEN, Sir Frederick (1852-1935) : O., o., ca., or., 300 mél., 6 sy., m. ch.
DAVIES, Peter Maxwell (1934).
DELIUS, Frederick (1862-1934) : 6 O., Requiem, ct., œ. ch., rhapsodies pour orc.
ELGAR, Sir Edward (1857-1934) : or. (le Rêve de Gerontius), ca., m. ch. et in., m. orc. (Enigma variations), 2 sy., O.
GERHARD, Roberto (1896-1970) (or. suisse) : or. (la Peste), collages pour bande magnétique, 4 sy.
GOOSSENS, Eugene (1893-1962) : 2 O. (Don Juan de Mañara, Judith), 2 sy.
GRAINGER, Percy (1882-1961) (Austr.) : œ. orc., m. ch., m. folklorique.
HOLST, Gustav (1874-1934) : cho., or., 7 O., 1 sy. avec chœurs, su. sy. (les Planètes).
HOWELLS, Herbert (1892-1983) : cho., 2 ct., m. ch.
IRELAND, John (1879-1962) : ch., ct., m. ch., m. sy.
MACFARREN, Sir George Alexander (1813-87) : O., 8 sy., or. ca.
MACKENZIE, Sir Alexander (1847-1935) : 7 O., or. ca., ct., œ. sy.
PARRY, Sir Hubert (1848-1918) : or., œ. ch., 5 sy., 1 ct. pi.
SCOTT, Cyril (1879-1971) : œ. pi., mél., 3 O., œ. in., 3 sy., ct., m. ch.
STANFORD, Sir Charles (1852-1924) : œ. in., 10 O., sy., 6 œ. vi. et orc., œ. org., œ. re., ct.
SULLIVAN, Sir Arthur (1842-1900) : ba., 1 sy., œ. pi., mél., o. (le Mikado).
VAUGHAN WILLIAMS, Ralph (1872-1958) : 6 O., 9 sy., ba., m. films, m. ch., ct.
WARLOCK, Peter (1894-1930) : ch., Capriol suite.

Nés après 1900

ARNOLD, Malcolm (1921) : m. orc., cho., m. ch., dr., sy.
BEDFORD, David (1937) : or., ch.
BENNETT, Richard Rodney (1936) : O., m. orc., cho., m. ch., dr.
BERKELEY, Lennox (1903) : ch., m. orc., cho., m. ch., dr.
BERKELEY, Michael (1948) : ct. ob., ct. vc., m. orc. (Gregorian Variaticus) ; m. ch., or.
BIRTWISTLE, Harrison (1934) : O., œ. orc.
BRITTEN, Benjamin (1913-76) : mél., œ. orc. (variations sur un th. de Purcell), m. dr., œ. in., War Requiem, O. (Peter Grimes, Songe d'une nuit d'été, Mort à Venise).
BURGON, Geoffrey (1941) : or, m. voc.
BUSH, Alan (1900) : O., cho., m. orc., m. ch.
FERNEYHOUGH, Brian (1943) : m. ch. (Time and Motion Study), m. sy., m. élec.
FINNISSY, Michaël (1946) : O., 2 ct. pi., ca.
FINZI, Gerald (1901-56) : œ. voc., ct. clar.
FRICKER, Peter Racine (1920) : m. orc., m. ch., 7 ct., 5 sy., œ. voc., m. ch., m. pi., org.
GARDNER, John (1917) : m. orc., cho., m. ch., dr.
GOEHR, Alexander (1932) : O., m. orc., cho., m. ch., dr.
HARVEY, Jonathan (1939) : m. sy., œ. ch., m. ch., m. élec.
HODDINOTT, Alun (1929) : m. orc., cho., m. ch., dr.
HOLLOWAY, Robin (1943) : m. orc., m. ch., œ. voc.
KNUSSEN, Olivier (1952) : O., 3 sy., m. ch., m. voc.
LAMBERT, Constant (1905-51) : m. films, ba.
LLOYD WEBER, Andrew (1948) : m. or., Requiem, Jésus-Christ Superstar, Starlight Express, Cats.
LUTYENS, Elizabeth (1906-83) : m. orc., cho., m. ch., dr.
MACONCHY, Elizabeth (1907) : ct., O.
MAW, Nicholas (1935) : m. orc., cho., m. ch., dr.
MAXWELL DAVIES, Peter (1934) : O., m. th., ba., m. orc., 2 sy., œ. voc., m. ch.
MUSGRAVE, Thea (1928) : O., m. ch., ct., or.
PATTERSON, Paul (1947) : m. orc., ct. tr., ct. cor., ct. or., m. voc. (Requiem, Time Piece).
RAINIER, Priaulx (1903) : or., cho., m. ch., ct. vlc.
RANDS, Bernard (1935) : m. orc., m. in., m. ch., mus. élec.
RAWSTHORNE, Alan (1905-71) : 3 sy., ct.
RUBBRA, Edmund (1901) : or., m. ch., cho.
SEARLE, Humphrey (1915-82) : m. orc., cho., m. ch., dr., ct.
SEIBER, Matyas (1905-60) (Hongrois) : m. orc., cho., m. ch., dr.
SWAYNE, Giles (1946) : m. orc. (Orlando's Music), 1 sy., m. ch., 2 Q.
TAVENER, John (1944) : O., œ. ch. (Celtic Requiem), m. sy., ct. pi., m. ch.
TIPPETT, Sir Michael (1905) : 4 O. (the Midsummer Marriage, the Knot Garden, King Priam, the Ice-Break), m. orc., 4 sy., ct. pi., so., q.
VICTORY, Gerard (1921) : O., m. sy., m. ch.
WALTON, William (1902-83) : 2 O. (Troïlus and Cressida, the Bear), ba. (Façade), 2 sy., ct. vi., ct. alto, ct. vlc., œ. sy., m. ch. (Belshazzar's Feast), m. ch., m. v., m. film.
WILLIAMSON, Malcolm (1931) : O., m. orc., m. ch.
WOOD, Hugh (1932) : m. orc., cho., m. ch., dr.

Grèce

PETRIDIS, Petro (1892) : 5 sy., 3 ct., or. (St Paul), O. (Zefyra), m. re., ba.
SKALKOTTAS, Nikos (1904-49) : m. sér., 6 ct., m. orc., m. ch., 4 q., m. pi.
THEODORAKIS, Mikis (1925) : m. orc., ba., or., m. films (Zorba le Grec).
XENAKIS, Iannis (1922) : m. élec., électro-acoustique et informatique, œ. sy., voc., m. ch.

Hongrie

Nés avant 1800

BAKFARK, Bálint (1507-76) : mo., ch., madrigaux.
CSERMÁK, Antal (1774-1822) : danses, romances hongr.
PÁLÓCZI HORVÁTH, Adám (1760-1820) : m. folkl.
ROZSAVOLGYI, Márk (1787-1848) : verbunkos, csárdás, danses hongr.
TINÓDI, Sebestyén (1505-56) : 23 mél.

Nés après 1800

BARTÓK, Béla (1881-1945) : O. (le Château de Barbe-Bleue), ba. (le Mandarin merveilleux), 3 ct. pi., 2 ct. vi., 1 ct. orc., m. ch. (6 q.), m. orc. (Musique pour cordes, percussions, célesta), œ. pi. (Mikrokosmos, so., su., danses).
DOHNÁNYI, Ernö (1877-1960) : O., m. orc., m. ch., m. pi.
DURKÓ, Zsolt (1934) : m. dodécaph.
ERKEL, Ferenc (1810-93) : Hymne national, O. (Bánk bán, Hunyadi László).
FARKAS, Ferenc (1905) : O., ba., œ. sy., œ. in., voc.
GOLDMARK, Károly (1830-1915) : m. ch., O. (la Reine de Saba, Zrinyi), ct. pi. vi.
HARSÁNYI, Tibor (1897-1954) : ba., m. sy., m. ch., œ. pi.
KADOSA, Pál (1903-83) : ct., su., so., m. ch.
KÁLMÁN, Imre (1882-1953) : O.
KODÁLY, Zoltán (1882-1967) : O. (Hary Janos), m. re. (Psalmus Hungaricus), ct., œ. ch., m. ch., m. orc. (Danses de Galantha, de Marosszek), mél., œ. pi.
KURTÁG, György (1926) : œ. in., œ. ch.
LAJTHA, Lászlo (1892-1963) : ba., œ, voc., sy., m. ch.
LÁNG, István (1933) : O. (Pathelin mester), q., var. et allegro (orc.).
LEHÁR, Ferenc (1870-1948) : O. (la Veuve joyeuse).
LIGETI, György (1923) : V. p. 406.
LISZT, Franz (1811-86) : poèmes sy. (Hungaria, les Préludes, Mazeppa, Faust-symphonie), 2 ct. pi., innombrables œ. pi. (ét. transcendantes, Années de pèlerinage, rhaps. hongroises, so., Harmonies poétiques et religieuses), m. re. (Messe de Gran, Christus, Légende de sainte Élisabeth), mél., écrits litt.
PETROVICS, Emil (1930) : O., or., œ. in., ch.
SZABÓ, Ferenc (1902-69) : sy., œ. lr., or. (poèmes de Petoefi), œ. in., cho.
SZOKOLAY, Sándor (1931) : O., or., ch., cho.
SZOLLOSY, Andreas (1921) : Ct. orc., Transfiguration orc. et chœurs.
WEINER, Léo (1885-1960) : or.

Italie

Nés entre 1300 et 1500

CARA, Marchetto (?-v. 1530) : frottole.
CASCIA, Giovanni da (ou Jean de Florence) (XIVe s.) : madrigaux (2 voix).
DONATUS DE FLORENTIA (XIVe s.) : l'un des plus anciens représentants de l'Ars nova italienne.
FESTA, Costanzo (v. 1485-1545) : mo. et madrigaux.
FOGLIANO, Giacomo (1468-1548) : ps., madrigaux, canzoni, frottole, tablatures d'orgue.
FRANCESCO DA MILANO (1497-v. 1543) : œ. pour luth.
GHERARDELLO DE FLORENCE (?-1362/64) : madrigaux (2 voix), chants religieux.
JACOPO DA BOLOGNA (1300-65) : madrigaux (2 voix).

LANDINI, Francesco (1335-97) : madrigaux, ballades (2 et 3 voix).
LURANO, Filippo de (fin du XVe s.) : frottole.
PESENTI, Michele (v. 1475-1521) ; frottole.
PETRUCCI, Ottaviano (1466-1539) : il fut le fondateur de la première imprimerie musicale (à partir de 1501).

Nés entre 1500 et 1600

ANERIO, Felice (v. 1560-1614) : m. re., madrigaux.
CACCINI, Giulio (v. 1550-1618) : madrigaux, pastorale (Euridice).
CAVALIERI, Emilio de (1550-1602) : m. re., m. th. (la Rappresentazione di Anima e di Corpo), or.
CORTECCIA, Francesco (1504-71) : madrigaux, mo.
FERRABOSCO, Alfonso I (1543-88) : mo. et madrigaux.
FERRABOSCO, Domenico Maria (1513-74) : mo. et madrigaux.
FRESCOBALDI, Girolamo (1583-1643) : mo., madrigaux, toccatas, fu.
GABRIELI, Andrea (v. 1510-86) : m. re., œ. ch., œ. in.
GABRIELI, Giovanni (1557-1612) : org.
GAGLIANO, Marco da (1582-1643) : madrig., m. rel.
GALILEI, Vincenzo (1520-91) : Un chant de la Divine Comédie.
GERO, Jhan (Belg., 1518-83) : 3 liv. de madrig.
GESUALDO DI VENOSA, Don Carlo (v. 1560-1613) : œ. voc., in.
INGEGNERI, Marc Antonio (1547-92) : madrigaux à 4, 5, 6 voix.
MARENZIO, Luca (v. 1553-99) : madrigaux profanes et villanelles.
MERULO, Claudio (1533-1604) : œ. voc. et in.
MONTEVERDI, Claudio (1567-1643) : O. (Orphée, le Couronnement de Poppée), m. re. (Vêpres de la Vierge), œ. vo., madrigaux.
PALESTRINA, Giovanni Pierluigi da (1525-94) : me. (Ecce sacerdos, Veni Creator), mo., ma.
PERI, Jacopo (1561-1633) : O. (Eudirice).
RINUCCINI, Ottavio (1563-1621).
ROSSI, Luigi (1598-1653) : or., œ. voc.
SORIANO, Francesco (1549-1620) : m. re.
TRABACI, Giovanni Maria (v. 1575-1647) : œ. org.
VECCHI, Orazio (v. 1550-1605) : divertissements.
VICENTINO, Nicola (v. 1511-75) : musicologue.
VIOLA, Alfonso della (1508-70) : intermèdes musicaux pour la scène.
VIOLA, Francesco della (?-1568) : madrigaux, mo.

Nés entre 1600 et 1700

ALBINONI, Tomaso, Giovanni (1671-1751) : plus de 50 œ., concerti grossi.
BENEVOLI, Orazio (1605-72) : m. re.
BERNABEI, Ercole (v. 1622-87) : 5 O.
BONTEMPI, Giovanni (1628-1705) : O.
CALDARA, Antonio (v. 1670-1736) : 90 O., m. re., œ. in.
CARISSIMI, Giacomo (1605-74) : 16 or. (Jefte), m. re.
CAVALLI, Pietro Francesco (1602-76) : + de 40 œ.
CESTI, Marc Antonio (1623-69) : O., ca.
COLONNA, Giovanni (1637-95) : or. et O.
CORBETTA, Francesco (v. 1615-v. 81) : guitariste.
CORELLI, Arcangelo (1653-1713) : œ. in., 5 recueils de so., concerti grossi.
GABRIELLI, Domenico (v. 1659-90) : 12 O., mo.
GEMINIANI, Francesco (1687-1762) : trios, so., ct.
LOCATELLI, Pietro (1695-1764) : so., ét. vi.
MARCELLO, Benedetto (1686-1739) : or., ca., ps., œ. in.
PALLAVICINI, Carlo (v. 1630-88) : 21 O.
PASQUINI, Bernardo (1673-1710) : œ. cl., œ. ch.
ROSSI, Dom Francesco (1627-1700) : mélodrames, O., ct., m. re.
ROSSI, Emilio de (1610-51).
ROSSI, Michele Angelo (v. 1600-56) : œ. vi., org., so.
SCARLATTI, Alessandro (1660-1725) : 115 O., 600 ca., 200 me., œ. in.
SCARLATTI, Domenico (1685-1757) : Stabat Mater, + de 500 so. cl.
STEFFANI, Agostino (1654-1728) : O., so. pour cordes.
STRADELLA, Alessandro (1644-82) : or., O, ca., mo., œ. in.
TARTINI, Giuseppe (1692-1770) : ct., so. vi.
TORELLI, Giuseppe (1658-1709) : ct.
VERACINI, Francesco Maria (1690-1750) : so. vi., ca.
VITALI, Tommaso Antonio (1663-1745) : so., chaconne vi.
VIVALDI, Antonio (1678-1741) : plus de 500 concertos (les 4 Saisons), O. (Juditha Triomphans), m. re. (Gloria).

Nés entre 1700 et 1800

BOCCHERINI, Luigi (1743-1805) : ct. vlc., 20 sy., m. ch., O.
CHERUBINI, Luigi (1760-1842) : O. (Médée), m. ch., m. re., me. du Sacre.
CIMAROSA, Domenico (1749-1801) : O. (le Mariage secret), ct., m. ch., so. cl.
CLEMENTI, Muzio (1752-1832) : 60 so., ét. pi. (Gradus ad Parnassum), sy., m. ch.
DONIZETTI, Gaetano (1797-1848) : O. (la Fille du régiment, Don Pasquale, Lucie de Lammermoor).
FIOCCO, Joseph-Hector (1703-41) : œ. ch., or., œ. cl.
GALUPPI, Baldassare (1706-85) : O., ca., so., ct.
MERCADANTE, Saverio (1795-1870) : O., ct. fl., ct. clar.
PAER, Ferdinando (1771-1839) : O. (Leonora), m. orc., mél., m. in.
PAGANINI, Niccolo (1782-1840) : œ. vi. (6 ct., so., var.), œ. guitare.
PAISIELLO, Giovanni (1740-1846) : O. (le Barbier de Séville), 12 sy., 6 ct. pi., ca.
PERGOLESE, Giovanni Battista (1710-36) : m. re. (Stabat Mater, Salve Regina), O. (la Servante maîtresse), ct. vi., vlc.
PICCINNI, Nicola (1728-1800) : O. (Armide).
ROSSINI, Gioacchino (1792-1868) : O. (le Barbier de Séville, l'Italienne à Alger, Tancrède, Othello, Guillaume Tell), Stabat Mater, m. ch.
SALIERI, Antonio (1750-1825) : O., m. orc., m. re., m. in.
SAMMARTINI, Giovanni Battista (1701-74) : sy., so.
SPONTINI, Gaspare (1774-1851) : O. (la Vestale).
VIOTTI, Giovanni Battista (1755-1824) : 29 ct. vi., 21 q., 21 Tr., so., ct.

Nés entre 1800 et 1900

ALFANO, Franco (1876-1954) : O. (Cyrano de Bergerac), sy., mél.
BELLINI, Vincenzo (1801-35) : O. (la Norma, la Somnambule, Capulets et Montaigus).
BOITO, Arrigo (1842-1918) : O. (Mefistofele).
BUSONI, Ferruccio (1866-1924) : O. (Doktor Faust), œ. org., œ. pi., m. sy., ct., m. ch., transcriptions d'œ. de Bach.
CASELLA, Alfredo (1883-1947) : O., or., sy., m. ch., nomb. œ. pi. (so., ét., toccata).
CASTELNUOVO-TEDESCO, Mario (1895-1968) : or. (la Lune de Jonas), vi., ct. guitare, œ. voc.
GHEDINI, Giorgio Federico (1892-1965) : ct., O.
GIORDANO, Umberto (1867-1948) : O. (André Chénier).
LEONCAVALLO, Ruggero (1858-1919) : O. (Paillasse).
LUALDI, Adriano (1887-1971) : O.
MALIPIERO, Francesco (1882-1973) : O. (Jules César), sy. du Zodiaque, m. ch., ct.
MANCINELLI, Luigi (1848-1921) : O.
MARTUCCI, Giuseppe (1856-1909) : ct. pi., sy.
MASCAGNI, Pietro (1863-1945) : O. (Cavalleria Rusticana, l'Ami Fritz, Iris).
MONTEMEZZI, Italo (1875-1952) : O. (l'Amour des trois rois).
PIZZETTI, Ildebrando (1880-1968) : O. (Deborah et Jael, Meurtre dans la cathédrale).
PONCHIELLI, Amilcare (1834-86) : O. (la Gioconda).
PUCCINI, Giacomo (1858-1924) : O. (Manon Lescaut, la Bohème, la Tosca, Madame Butterfly, Turandot).
RESPIGHI, Ottorino (1879-1936) : poèmes sy. (les Oiseaux, les Pins de Rome, les Fontaines de Rome), 9 O., ct. pi.
RIETI, Vittorio (1898) : O., ba. (Barabou), 5 sy., œ. pi., 2 q., ct.
VERDI, Giuseppe (1813-1901) : O. (Rigoletto, le Trouvère, la Traviata, Don Carlos, Aïda, Otello, Falstaff), Requiem.
WOLF-FERRARI, Ermanno (1876-1948) : O. (l'École des pères, le Secret de Suzanne, les Bijoux de la Madone).
ZANDONAI, Riccardo (1883-1944) : O. (Roméo et Juliette, Francesca da Rimini).

Nés après 1900

ARRIGO, Girolamo (1930) : O. (Orden, Garibaldi), 2 épigrammes, la Cantata Hurbinek.
BERIO, Luciano (1925) : O. (Passaggio, Opera), m. orc. (Nones, Chemins), m. in. (Sequenzas), ct. 2 pi., œ. voc. (Sinfonia, Circles), m. élec. (Momenti), Omaggio a Joyce.
BUSSOTTI, Sylvano (1931) : m. dodécaphonique, Rara Requiem, O. (la Passion selon Sade).
CASTIGLIONI, Niccolo (1932) : m. orc., m. in.
CLEMENTI, Aldo (1925) : m. or. (Triplum, Informel), ct. pi, ct. cb., ct. v., m. ch., o. (Es).
CORGHI, Azio (1937) : O. (Tactus), m. orc., m. ch.
DALLAPICCOLA, Luigi (1904-75) : O. (le Prisonnier, Job), ba. (Marsyas), ct. pi., œ. pi. (Quaderno musicale di Anna Libera), mél.
DONATONI, Franco (1927) : m. orc., m. ch., m. in., m. élec.
GAVAZZENI, Gianandrea (1909) : Concerto du Cinquando.
GORLI, Sandro (1948) : m. orc., m. in.
MADERNA, Bruno (1920-73) : m. th., m. orc. (Aura), ct. 2 pi., ct. pi., ct. vi., m. élec. (Musique en 2 dimensions), q., m. ch. (Aulodia), m. in. (Widmung).
MENOTTI, Gian Carlo (1911). Voir États-Unis.
MORRICONE, Ennio (1928) : m. films.
NIELSEN, Riccardo (1908) : O. (l'Incube), m. ch.
NONO, Luigi (1924) : m. sér. : O. (Intolleranza), m. in. (Incontri), ca.
PETRASSI, Goffredo (1904) : O. (la Morte dell'Aria), 8 ct. pour orc., œ. ch., m. instr.
ROTA, Nino (1932-79) : m. films.
SCIARRINO, Salvadore (1949) : m. orc. (Clair de lune), m. ch., m. pi.
TURCHI, Guido (1916) : Concerto breve.
VLAD, Roman (or. roumaine, 1919) : O., ba., m. orc., œ. voc., m. dodécaphonique.

Japon

ISHII, Maki (1936) : m. orc., m. ch., mins.
MAYUZUMI, Toshiro (1929) : O. (le Temple du pavillon d'or, Minoko), ba. (Bugaku), ca., m. orc., m. élec., m. films.
SHINOHARA, Makoto (1931), fixé à Berlin : m. ch., m. orc. (Visione), m. élec.
TAÏRA, Yoshihisa (1938) : m. orc. (Hiérophonie, Chromophonie), m. ch.
TAKEMITSU, Tôru (1930) : m. orc. (Requiem, November Steps, Quatrain), m. ch., m. in., m. élec. (Relief statique), m. films.
TAMBA, Akira (1932).

Mexique

AYALA, Daniel (1906-75) (1) : ba., œ. sy., m. ch.
CARRILLO, Julian (1875-1965) : m. orc., œ. in.
CASTRO, Ricardo (1864-1907) : 4 O. (la Légende de Rudel), œ. pi. orc., 2 sy.
CHÁVEZ, Carlos (1899-1978) : Toccata pour percussion, 5 sy., ba., œ. pi. (préludes).
CONTRERAS, Salvador (1912) (1).
GALINDO, Blas (1910) (1) : 7 ba., 3 sy., 2 ct. pi.
HALFFTER, Rodolfo : V. p. 383.
HERRERA DE LA FUENTE, L. (1916) : ba., m. re.
MONCAYO, José Pablo (1912-58) (1) : O., œ. sy. (Hommage à Cervantès), m. instr.
MORALES, Melesio (1838-1908) : 5 O., me., œ. sy. (la Locomotive).
PANIAGUA, Cenobio (1821-82) : m. re., voc.
PONCE, Manuel (1882-1948) : ct. vi., pi., guit.
REVUELTAS, Silvestre (1899-1940) : 7 poèmes sy., m. films.
ROLÓN, José (1883-1945) : ct.
SANCHEZ DE FUENTES, Eduardo (1874-1944) : m. orc.
TELLO, Rafael (1872-1946) : 4 O., œ. sy.

Nota. — (1) Ayala, Contreras, Galindo, Moncayo ont constitué le *Groupe des quatre* en 1934.

Norvège

BIBALO, Antonio (1922) : O. (The smile at the foot of the ladder), ba., m. ch.
BULL, Edvard Hagerup (1922) : O., ba., sy., m. orc., m. ch.
EGGE, Klaus (1906-79) : 5 sy., ct., m. ch.
GRIEG, Edvard (1843-1907) : ct. pi., m. orc. (Peer Gynt, Danses norvégiennes), m. ch., œ. pi. (Pièces lyriques).
LINDEMAN, Ludvig Mathias (1812-87) : m. org., œ. voc.
MORTENSEN, Finn (1922-83) : m. sér., m. aléat., 1 sy., m. orc., m. ch., œ. pi.
NORDHEIM, Arne (1931) : m. élec., ba. (The Tempest), m. orc., m. ch., œ. voc.
SÆVERUD, Harald (1897) : sy., œ. pi., ct., m. th. (Peer Gynt).
SINDING, Christian (1856-1941) : œ. in., 1 O., 3 sy., ct., m. ch., œ. pi. (Frühlingsrauschen), 250 li.
SVENDSEN, Johan (1840-1911) : 2 sy., 4 rhapsodies norv., ct., Carnaval à Paris.
TVEITT, Geirr (1908-81) : ba., O. ba. (Jeppe), m. orc., 3 sy., 6 ct. pi., m. ch., 36 so. pi., li., ch.
VALEN, Fartein (1887-1952) : 4 sy., m. orc., m. ch., œ. voc., œ. pi.

Pays-Bas

ANDRIESSEN, Louis (1939) : « De Staat », Anachronie II.
BADINGS, Henk (1907) : 6 O., 14 sy., 22 ct., m. ch. et inst.
DE LEEUW, Ton (1926) : Spatial Musik.
DIEPENBROCK, Alphons (1862-1921) : Te Deum.
ESCHER, Rudolf (1912) : 2 sy., le Tombeau de Ravel, Musique pour l'esprit en deuil.
HEPPENER, Robert (1925) : Haec Dies.
KETTING, Piet (1904) : m. ch, ps., « Jazon en Medea ».
KEURIS, Tristan (1946) : sy., ct.
LOEVENDIE, Théo (1930) : m. pi. et fl., 6 turkish folk-poems.
PIJPER, Willem (1894-1947) : m. sy., 2 O., mél.
RUYNEMAN, Daniel (1886-1963) : Hiéroglyphes.
SCHAT, Peter (1935) : O. (Labyrint, To You), 2 sy.
SWEELINCK, Jan (1562-1621) : 250 œ. re., voc., org.
VAN BAAREN, Kees (1906-70) : ct. pi.
VERMEULEN, Matthijs (1888-1967) : 7 sy., m. ch., mél.

Pologne

BACEWICZ, Grazyna (1913-1969) : 4 sy., 4 ct. vi., m. orc., œ. ch., vi., pi., ba.
BAIRD, Tadeusz (1928-1981) : O., 3 sy., m. ch., m. orc. (Variations sans thème), œ. voc.
CHOPIN, Frédéric (1810-49, or. franç.) : œ. pi. (préludes, nocturnes, valses, polonaises, mazurkas, ballades, études, scherzos, impromptus, etc.), 2 ct. pi.
ELSNER, Józef (1769-1854) : œ. sy., m. re., O.
FITELBERG, Grzegorz (1879-1953) : 2 sy., m. orc.
FITELBERG, Jerzy (1903-51) : m. ch., m. orc.
GOMOLKA, Mikolaj (env. 1535-91) : mél., Psalterz Polski.
GORCZYCKI, Grzegorz Gerwazy (v. 1667-1734) : m. re., œ. voc.
GÓRECKI, Henryk Mikolaj (1933) : 3 sy., œ. orc., m. voc., m. in., m. ch.
JARZEBSKI, Adam (1590-1648) : œ. in., œ. voc., in.
KAMIEŃSKI, Maciej (1734-1821) : 1er Opéra polonais.
KARLOWICZ, Mieczyslaw (1876-1909) : m. sy., m. ch., mél.
KILAR, Wojciech (1932) : m. orc., m. ch., œ. in..
KRAUZE, Zygmunt (1938) : m. sy., m. pi., 2 q., ct. vi.
KURPIŃSKI, Karol (1785-1857) : 30 O., œ. voc., œ. in.
LUTOSŁAWSKI, Witold (1913) : m. orc. (ct. orc., Livre, Mi-parti), ct. vlc., m. ch., œ. voc., œ. pi.
MALAWSKI, Artur (1904-57) : m. orc., m. ch., œ. vi. et pi., voc. et in.
MEYER, Krzystof (1943) : m. ch., m. in., m. orc.
MIELCZEWSKI, Marcin (n.c.-1651) : 50 œ. voc., in.
MONIUSZKO, Stanislaw (1819-72) : 14 O. (Halka), 300 mél., sy., œ. voc., in., m. orc., m. re.
MOSZKOWSKI, Maurycy (1854-1925) : 1 O., 1 ba. vi., m. ch., œ. pi.
PADEREWSKI, Ignacy (1860-1941) : 1 sy., 2 O., œ. pi.
PALESTER, Roman (1907) : ba., m. re., m. sy., in.
PANUFNIK, Andrzej (1914) (nat. G.-B.) : œ. orc.
PENDERECKI, Krzysztof (1933) : O. (les Diables de Loudun, le Paradis perdu), m. orc. (Thrène, De Natura sonoris), m. re. (Passion selon St Luc), m. in., m. ch., ct. vi., ct. vlc.
PEKIEL, Bartlomiej (n.c.-v. 1670) : œ. voc. et in., m. re.
RADOM, Mikolaj (XVe s.) : m. re., voc.
SCHAEFFER, Boguslaw (1929) : m. orc., m. ch., œ. in., m. élec., m. th.
SEROCKI, Kazimierz (1922-1981) : m. orc., m. ch.
SIKORSKI, Kazimierz (1895) : 6 sy., œ. in., m. ch.
SZABELSKI, Boleslaw (1896-1979) : m. orc., m. ch., œ. voc., in.
SZALOWSKI, Antoni (1907-73) : ouv., q. à cordes, so. hb., ba., var. sy., m. ch.
SZYMANOWSKI, Karol (1882-1937) : 4 sy., 2 O. (le Roi Roger), 2 ct. vi., m. re. (Stabat Mater), œ. vi., œ. in., mél., ba.
TURSKI, Zbigniew (1908-1979) : œ. orc., pi., ba.
WACLAW, Szamotuly de (v. 1526-v. 1560) : œ. voc., m. re.
WIENIAWSKI, Henryk (1835-1880) : œ. vi.

Nota. – Groupe *Jeune Pologne :* G. Fitelberg, Karlowicz, Rozycki, Szeluto, Szymanowski.

Portugal

BRAGA-SANTOS, July (1924) : 3 O., 5 sy.
CARNEYRO, Claudio (1895-1963) : m. orc., m. ch., 3 q.
COELHO, Manuel Rodriges (1583-1635) : m. ch.
COELHO, Ruy (1891) : 14 O., 7 ba., 2 ct. pi., m. ch., 6 sy.
CRUZ, Ivo (1901) : m. orc., m. ch.
FREITAS, Frederico de (1902-80) : O. ba., m. or., Q.
FREITAS-BRANCO, Luis de (1890-1955) : poème sy. (Paraísos artificiais).
LOPES GRAÇA, Fernando (1906) : œ. pi. (Dansas breves, Preludios), ch. (Canções heroicas).
MARTINS, Maria de Lourdes (1926).
NUNES, Emanuel (1941).
PEIXINHO, Jorge (1940) : m. or., m. ch., m. voc., m. film.
PIRES, Filipe (1934).
SEIXAS, Carlos de (1704-42) : m. org., m. clav.
VASCONCELLOS, Jorge Croner de (1910-74).

Roumanie

BENTOIU, Pascal (1927) : O., m. sy., m. ch., m. voc.
ENESCO, Georges (1881-1955) : O. (Œdipe), 3 sy., 2 rhaps. roumaines pour orc., m. ch., m. pi.
FELDMAN, Ludovic (1893) : m. sy., ch.
GOLESTAN, Stan (1875-1956) : m. orc. (Rhaps. roumaine), m. ch., ct. v., ct. vc.
JORA, Mihail (1891-1971) : ba., m. sy., m. ch., m. voc.
LIPATTI, Dinu (1917-50) : m. sy., m. pi.
MARBE, Myriam (1931) : m. sy., m. voc., m. ch.
MIEREANU, Costin (1943) (nat. Français) : m. orc., O., m. élec.
NICULESCU, Stefan (1927) : O., m. orc., m. ch.
OLAH, Tiberiu (1928) : dr., ca., or., sy., œ. ch., œ. voc., m. films.
POPOVICI, Doru (1932) : O., ca., 3 sy., m. ch., œ. ch.
STROE, Aurel (1932) : O., ca., œ. orc., m. voc.
ŢĂRANU, Cornel (1934) : m. sc., ca., 2 sy., m. voc., m. ch.
TODUŢA, Sigismund (1908) : ca., or., sy., m. ch., œ. voc.
VANCEA, Zeno (1900) : dr., sy., m. ch., œ. ch., œ. voc., ct.
VIERU, Anatol (1926) : ca., or., sy., ct., m. ch., m. films.

Russie

ARENSKI, Anton, Stepanovitch (1861-1906) : ct. pi., O., ba., sy.
BALAKIREV, Mili (1837-1910) (1) : 2 sy., poème sy. (Thamara), œ. pi. (Islamey).
BORTNIANSKI, Dmitri (1751-1825) : O. (Alcide, Sokol).
BORODINE, Aleksandr (1833-87) (1) : O. (Prince Igor), m. orc. (Dans les steppes de l'Asie centrale, 3 sy.), mél., m. ch., m. pi. (Petite su.).
CHOSTAKOVITCH, Dimitri (1906-75) : O. (Catherine Ismaïlova), ba., divers ct., m. ch., sy. (no 1, 5, 7, 11, 12, 15), œ. pi. (préludes et fu., so.).

Les musiciens les plus féconds

Georg Philip Telemann (1681-1767), Allemand, composa 12 cycles annuels de 52 cantates, plus de 1 000 cantates et oratorios, 44 passions, 40 opéras et d'innombrables œuvres de musique instrumentale dont 600 à 700 suites pour orchestre. *Johan Melchior Molter* (All., 1695-1765) composa 165 symphonies. *Joseph Haydn* (1732-1809) 104. *Darius Milhaud* (1892-1974) composa plus de 800 œuvres.

Mozart (1756-1791) a composé 1 000 œuvres dont 70 furent éditées avant sa mort à 35 ans.

Les œuvres les plus longues

Symphonie. *Sy. Victory at Sea* de l'Anglais Richard Rodgers (1952) : 13 h. *Sy. no 3 en ré mineur* de l'Autrichien Gustav Mahler (1850-1911) : 1 h 34 mn (dont 45 mn pour le 1er mouvement). *La sy. no 8* de l'Autrichien Anton Bruckner (1824-96) : 1 h 20 mn.

Œuvre pour piano. *Vexations* d'Erik Satie (1866-1925) : 18 h 40 mn pour 180 notes répétées 840 fois. *The well tuned piano* de Monte Young à New York (1980) : 4 h 12 mn 10 s.

Silence. Le plus long ; 4 mn 33 s, *Totally Silent Opus* de John Cage (1912, U.S.A.).

Cadence. Le ténor Crevilia a chanté pendant 25 minutes les 2 mêmes mots : *felice ognora,* en 1815 à l'Opéra de Milan.

CHTCHEDRINE, Rodion (1932) : 3 O. (les Ames mortes), ba. (Carmen, Anna Karenine), 2 sy., 3 ct. pi., m. or., m. ch., m. voc.
CUI, César (1835-1918) (1) : O. (le Prisonnier du Caucase, William Ratcliff).
DARGOMYJSKI, Aleksandr (1813-69) : O. (Ondine, le Convive de Pierre, Russalka).
DENISOV, Edison (1929) : O. (Ivan le soldat, l'Écume des jours), sy., ct., m. ch. (Requiem), œ. voc. (Chant d'automne).
FOMINE, Evstigueny (1751-1800) : O. (les Cochers au repos), dr. (Orfée).
GLAZOUNOV, Aleksandr (1865-1936) : ba., 9 sy., ct., œ. pi.
GLINKA, Mikhaïl (1804-57) : O. (Rouslan et Ludmilla, Ivan Soussanine), m. sy. (Kamarinskaïa), mél.
GRETCHANINOV, Aleksandr (1864-1956) : 4 sy., m. re., 2 O., pi., m. ch.
KABALEVSKI, Dimitri (1904-79) : O. (Colas Breugnon, la Famille de Tarass), sy., ct., œ. pi. (toccata, so.).
KANTCHELI, Giya (1935) : 6 sy., m. ch.
KARAEV, Kara (1918) : ba. (Par le sentier du tonnerre).
KHATCHATURIAN, Aram (1903-78) : ct. pi., vi., vlc., sy., ba. (Gayané, Spartacus).
KHRENNIKOV, Tikhon (1913) : O. (la Mère), ct. vi. et pi.
LIADOV, Anatole (1855-1914) : O. (Kikimora, le Lac enchanté), œ. pi.
LIAPOUNOV, Serge (1859-1924) : ét. pi.
MEDTNER, Nicolas (1880-1951) : mél., so., 3 ct.
MIASKOVSKI, Nicolaï (1881-1950) : sy. (no 5, 21, 27), m. ch.
MOSSOLOV, Aleksandr (1900-73) : ba. (l'Usine), 6 sy., m. or. (Fonderie d'acier).
MOUSSORGSKI, Modest (1839-81) (1) : O. (Boris Godounov), poème sy. (Une nuit sur le mont Chauve), œ. pi. (Tableaux d'une exposition, orc. par Ravel), mél. (Enfantines, Sans soleil).
PÄRT, Arvo (1935) : 3 sy., m. voc., m. ch., m. rel. (Credo).
PROKOFIEV, Sergueï (1891-1953) : 7 sy. (dont *no 1* « Classique »), ba. (Chout, le Pas d'acier, Roméo et Juliette), m. orc. (Pierre et le Loup), m. ch., œ. pi. (9 so., Visions fugitives), m. films, O. (Alexandre Nevski), O. (Guerre et Paix, l'Ange de feu, l'Amour des trois oranges).
RACHMANINOV, Sergheï (1873-1943) : 4 ct. pi., 2 sy., 3 O. (Aleko, Francesca da Rimini, l'Avare), œ. pi. (préludes, études-tableaux), 79 mél.
RIMSKI-KORSAKOV, Nicolaï (1844-1908) (1) : O. (Snegourotchka, Kitège, le Coq d'or, Tsar saltan), m. sy. (Shéhérazade, Capriccio espagnol, la Grande Pâque russe).
RUBINSTEIN, Anton (1829-94) : O., sy., so., ct.
SCHNITTKE, Alfred (1934) : 4 ct. vi., m. orc., 2 sy., q., m. ch., œ. ch. (Requiem).
SCRIABINE, Aleksandr (1872-1915) : m. orc. (Prométhée, Poème de l'extase, 3 sy.), œ. pi. (préludes, ét., morceaux, 10 so.).
STRAVINSKI, Igor (1822-1971) (nat. Amér.) : ba. (l'Oiseau de feu, Petrouchka, le Sacre du printemps, les Noces, Renard), œ. in., ct., m. re. (sy. de psaumes, Messe), œ. pi. (so., Piano rag-music), œ. lr. (Œdipus Rex).
SVIRIDOV, Georgi (1915) : or. (Or. pathétique), ca., m. ch.
TCHAIKOVSKI, Piotr Ilitch (1840-93) : ba. (le Lac des cygnes, Casse-noisette), O. (Eugène Oneguine, la Dame de pique), m. ch., 3 ct. pi., 2 ct. vi., 6 sy., ouv. (Roméo et Juliette), œ. pi (1 so., les Quatre Saisons), mél.
TCHEREPNINE, Nikolaï (1873-1945) : ct. pi., poèmes sy., ba. (Pavillon d'Armide).
TITCHENKO, Boris (1939) : O., ba., ct. v., ct. p., 5 sy., m. ch.
VYCHNEGRADSKY, Ivan (1893-1979) : m. con., pi., œ. in., voc., ba.

Nota. – (1) Balakirev, Borodine, Cui, Moussorgski, Rimski-Korsakov ont constitué le *Groupe des Cinq.*

Suède

ALFVÈN, Hugo (1872-1960) : 3 Rhapsodies suédoises, 5 sy., mél.
ATTERBERG, Kurt (1887-1974) : 9 sy., ct. pi. vi. et vlc., su. pour orc.
BÄCK, Sven-Erik (1919) : m. ch., m. re., O.
BELLMAN, Carl-Michael (1740-95) : le Temple de Bacchus, ch.
BERWALD, Franz (1796-1868) : O. (Estrella de Soria, la Reine de Golconda), 4 sy. (sy. Sérieuse), ct. pi., vi., 3 q.
BLOMDAHL, Karl-Birger (1916-68) : 3 sy., O. (Aniara, Herr v. Hancken), m. de ba.

Börtz, Daniel (1943) : 6 sy., m. in., ct.
Eliasson, Anders (1947) : m. ch.
Frumerie, Gunnar de (1908) : O. (Singoalla), mél., 2 ct. pi.
Grippe, Ragnar (1951) : ba., m. films, m. élec.
Hemberg, Eskil (1938) : œ. ch.
Hermanson, Ake (1923) : 4 sy., œ. in.
Holewa, Hans (1905) : 5 sy., œ. in., O. (Apollos Forvandling).
Johanson, Sven-Eric (1919) : O., œ. pi., 8 q., 8 sy., m. ch.
Kraus, Joseph-Martin (1756-92) : O., m. pi., m. orc., m. ch.
Larsson, Lars Erik (1910) : 3 sy., O. (la Princesse de Chypre), ca. (le Dieu déguisé).
Lidholm, Ingvar (1921) : m. orc. (Ritornello, Riter, Poesis), m. ch., chœurs.
Mellnäs, Arne (1933) : m. ch., m. orch.
Morthenson, Jan W. (1940) : œ. in.
Nilsson, Bo (1937) : m. orc., m. ch.
Nystroem, Gösta (1890-1966) : 5 sy., œ. voc.
Peterson-Berger, Wilhelm (1867-1942) : O. (Arnljot), mél.
Pettersson, Allan (1911-80) : 16 sy., 3 ct. orc. à cordes, ct. vi.
Rangström, Ture (1884-1947) : 4 sy., mél.
Rosenberg, Hilding (1892-1985) : or. (Joseph et ses frères), 9 sy., 12 q., O. (Marionnettes), ct. pi., vi., vlc.
Sandström, Sven-David (1942) : œ. in., O. (Slotter det vita, Kejsar Janes, Hasta), O. à Iskade brud, ct. H., guit., œ. ch., m. orc., q. Requiem.
Stenhammar, Wilhelm (1871-1927) : 2 sy., 2 ct. pi., Sérénade p. orc., 6 q., mél.
Werle, Lars Johan (1926) : O. (le Rêve de Thérèse, d'après Maupassant, Die Reise, Tintomara, en Midsommarnattsdröm), Animalen, œ. in., œ. ch.
Wirén, Dag (1905) : Sérénade, 5 sy., ct. pi. et vi., 5 q.

Suisse

Beck, Conrad (1901) : or., ca., 7 sy., m. ch.
Binet, Jean (1893-1960).
Bloch, Ernest (1880-1959, nat. Américain) : O. (Macbeth), sy. (Israël), ct., 5 q., m. or. (Schelomo).
Burkhard, Willy (1900-55).
Gagnebin, Henri (1886-1977).
Holliger, Heinz (1939) : O., m. orc. (Atembogen), m. ch., q.
Honegger, Arthur : V. France, p. 409.
Huber, Klaus (1924) : O., m. orc., ct. vi., m. ch., œ. voc.
Jaques-Dalcroze, Émile (1865-1950) : O., 3 q., 2 ct. vi.
Kelterborn, Rudolf (1931) : 2 O., m. voc., œ. in., m. orc.
Liebermann, Rolf (1910) : O. (Pénélope, l'École des femmes), m. orc. (Furioso), œ. voc.
Marescotti, André-François (1902) : m. orc. (Concerts carougeois), œ. voc., mél.
Martin, Frank (1890-1974) : O., or. (le Vin herbé, Golgotha), œ. sy., 2 ct. pi., ct. vi., ct. cl., m. ch.
Mieg, Peter (1906) : ct., m. ch.
Moeschinger, Albert (1897-1985) : 3 sy., ct., m. ch.
Muller, Paul (1898) : ct., m. or.
Oboussier, Robert (1900-57) : O., m. voc., ct.
Regamey, Constantin (1907-82) : O., m. ch., m. or.
Schibler, Armin (1920) : O., m. orc. (Passacaille), ct., m. ch.
Schnyder von Wartensee, Xavier (1786-1868).
Schoeck, Othmar (1886-1957) : 5 O. (Penthésilée), mél., ct., m. ch.
Suter, Hermann (1870-1926).
Suter, Robert (1919) : m. ch., m. orc., oe. voc., m. dr.
Sutermeister, Heinrich (1910) : 11 O., ba., m. orc., 6 ct., m. ch., œ. ch.
Veress, Sándor (1907, or. hongr.) : m. re., ct., m. ch., mél., œ. pi.
Vogel, Vladimir (1896-1984 ; All., or. russe, vit en Suisse).
Vuataz, Roger (1898) : œ. ly., or., m. rel., instrumentation de l'Art de la fugue de J.-S. Bach.
Wissmer, Pierre (1915, nat. Français) : 4 sy., 9 ct., 2 q., œ. voc.
Wildenberg, Jacques (1922) : m. orc., m. ch.
Wissmer, Pierre (1915, nat. Français) : 4 sy., 9 ct., 2 q., œ. voc.
Wyttenbach, Jurg (1935) : m. orc., ct. pi., m. ch.
Zbinden, Julien-François (1917) : m. or., m. ch.

☞ Liste des abréviations, p. 405.

Tchécoslovaquie

Bárta, Lubor (1928-72) : 2 ct. v., 3 sy., m. orc., m. voc., m. ch.
Brixi, František X. (1732-1771) : m. re., 5 ct. org.
Cikker, Ián (1911) : 8 O., œ. symph.
Dobiáš, Václav (1909-1978) : ch., cho., ca., m. in., nonetto « le Pays natal ».
Dussek, Jan Ladislav (1760-1812) : 15 ct., so. pi.
Dvořák, Antonín (1841-1904) : 9 sy. (dont *n° 9* « du Nouveau Monde »), O. (la Naïade), m. orc. (Danses slaves), ct., m. ch., œ. pi.
Eben, Petr (1929) : œ. voc., in., org.
Feld, Jindřich (1925) : m. orc., ch.
Fibich, Zdeněk (1850-1900) : sy., O. (Sárka).
Flosman, Oldřich (1925) : m. orc., ch., œ. ch., ct.
Foerster, Josef Bohuslav (1859-1951) : O., sy., m. ch.
Hába, Alois (1893-1973) : O. (la Mère), 16 q., m. de microintervalles.
Janáček, Leoš (1854-1928) : O. (Jenufa, Káťa Kabanová, la Maison de la Mort, la Petite Renarde rusée), poèmes sy., ch. populaires, m. ch.
Kabeláč, Miroslav (1908-79) : 8 sy., m. voc., m. ch., m. instr.
Kalabis, Viktor (1923) : 5 sy. (dont *n° 2* « Pacis »), ct., m. ch.
Kardoš, Dezider (1914) : 6 sy., m. orc., ch., voc.
Koželuh, Leopold Antonnin (1747-1818) : O., 45 me., 300 œ. sacrées, 5 sy., 400 œ. voc. et in., œ. pi.
Krommer-Kramář, František (1759-1831) : 5 sy., 10 ct., m. ch.
Kučera, Václav (1929) : m. ch., élec. (Spartakus), œ. voc.
Kurz, Ivan (1947) : 3 sy., so. pi.
Martinů, Bohuslav (1890-1959) : O. (Juliette), ct., sy., m. ch., œ. pi.
Moyzes, Alexander (1906-84) : 9 sy., m. orc., ch., voc.
Mysliveček, Josef (1737-81) : O., sy., m. ch.
Novák, Vitězslav (1870-1949) : O., sy., m. ch.
Ostrčil, Otakar (1879-1935) : O. (le Royaume de Jeannot), poème sy. (Chemin de croix).
Pauer, Jiří (1919) : 5 O., ct. basson, sy., 3 q.
Reicha, Antonin (1770-1836) : 24 Q. à vent, m. re., org., œ. pi.
Smetana, Bedřich (1824-84) : poèmes sy. (Ma patrie), 2 q., O. (Dalibor, la Fiancée vendue, Libuše).
Suchoň, Eugen (1908) : O. (Krútňava), m. dr. (Svätopluk), sy.
Suk, Josef (1874-1935) : œ. sy., m. ch., œ. pi.
Tausinger, Jan (1921-80) : O., sy., ct. v., m. voc.
Voříšek, Jan Vaclav (1791-1825) : sy., 12 rhapsodies pi.
Zelenka, Jan Dismas (1679-1745) : m. re., or., ps.

Turquie

Akses, Necil Kâzim (1908) : O. (Bayönder, Timur), 1 sy., m. orc., m. ch., m. pop.
Erkin, Ulvi Cemal (1906) : 2 sy., ct. pi., ct. vi., m. orc., m. pop.
Saygon, Ahmet Adnan (1907) : O. (Ozsoy, Kerem, Köroglu), 4 sy., ct. pi., ct. vi., or.
Tüzün, Ferit (1929-77) : O., 1 sy., m. orc., ba. (Cayda Cira).

Viêt-nam

Dao, Nguyen Thien (1940), fixé en France : O. (My chau Trong), m. orc. (Koskom, Giai Phong), m. voc.

Yougoslavie

Kelemen, Milko (1924-79) : m. sér., O., ba., 3 ct., m. orch., m. ch., œ. voc.
Malec, Ivo (1925) : Voir p. 409.

Formations

Orchestres

Dispositions

Plusieurs sont possibles. Sur les partitions : *bois :* flûtes, hautbois, clarinettes (saxophones), bassons ; *cuivres :* cors, trompettes, cornets, trombones, tubas ; *harpes ; instruments à clavier ; instruments à percussion ; cordes :* quatuor, comprend en fait 5 parties : 1ers violons. 2es violons, altos, violoncelles, contrebasses.

Disposition moderne habituelle en France

Percussion	Timbales	Percussion	
	Cuivres	Cuivres	
	Bois	Bois	
Harpes	2es violons	Altos	Contrebasses
1ers violons	Chef d'orchestre	Violoncelles	

Nombre d'exécutants

Orchestre classique. 2 flûtes, 2 hautbois, 2 clarinettes, 2 bassons, 2 cors, 2 timbales, nombre varié de 1ers violons, altos, violoncelles, contrebasses (clavecin dans maints récitatifs ; trombone, trompette et contrebasson exceptionnellement).

Orchestre romantique. 1 piccolo, 2 flûtes, 2 hautbois, 2 clarinettes, 2 bassons et quelquefois 1 contrebasson, 4 cors, 2 trompettes, 3 trombones, 1 tuba, 2 ou 3 timbales, cordes.

Orchestre symphonique moyen. a) *cordes* (environ 40) : 10 à 12 1ers violons ; 8 à 10 2es violons ; 6 à 8 altos ; 6 à 8 violoncelles ; 4 ou 5 contrebasses. b) *harmonie* (par groupe de 2) : bois (flûtes, hautbois, clarinettes, bassons, etc.), cuivres (environ 10). c) timbales.

Grandes formations symphoniques. Environ une centaine d'exécutants : 18-16 1ers violons, 16-14 2es violons, 14-12 altos, 12-10 violoncelles, 10-8 contrebasses, 4 flûtes (dont 1 piccolo), 3 hautbois, 1 cor anglais, 4 clarinettes (dont 1 petite clarinette, 1 clarinette basse), 3 bassons, 1 contrebasson, 4-8 cors, 4 trompettes, 3-4 trombones, 1 tuba, timbales, percussions en nombre variable, 2 harpes, 1 clavier.

Orchestre idéal selon Berlioz *(Traité d'instrumentation)* : 467 instrumentistes (dont 120 violons, 40 altos, 45 violoncelles, 33 contrebasses à 3 et 4 cordes, 30 pianos, 30 harpes, etc.) et 360 choristes ; le Requiem demandait à peu près cela, plus 800 chanteurs.

Quelques records mondiaux. Le 17-6-1872, Johann Strauss a dirigé à Boston (U.S.A.) 2 000 musiciens (dont 350 violonistes) et 20 000 choristes. En août 1958 à Trondheim (Norvège), un orchestre réunit 12 600 exécutants. Entre 1958 et 1965, il y eut parfois 13 500 exécutants aux Journées de l'Orchestre de l'Université du Michigan (U.S.A.). Au festival de Tallin, la scène peut contenir 30 000 chanteurs et 20 000 danseurs.

Harmonie. Ensemble d'instruments à vent, batterie et contrebasse, harpe (de 50 à 85 exécutants).

Fanfare. Ensemble de cuivres et batterie (de 20 à 60 exécutants).

Trio. *A cordes :* violon, alto, violoncelle. *Autres :* piano, violon, violoncelle ; violon, flûte, hautbois ; piano, clarinette, violon, etc. *Trio d'anches :* hautbois, clarinette, basson.

Quintette (5 instruments). *A vent :* trompette, trombone, clarinette, saxo alto, cor ; ou : flûte, hautbois, clarinette, basson, cor. *A cordes :* 2 violons, 2 altos, violoncelle (parf. 1 alto, 2 violoncelles).

Octuor (8 instr.). *Classique :* 2 violons, 1 alto, 1 violoncelle, 1 contrebasse, 1 clarinette, 1 cor, 1 basson.

☞ *La Direction d'orchestre* a été inventée au XIXe s. Jusqu'alors, le compositeur dirigeait lui-même l'orchestre (Mendelssohn, Berlioz).

Baguette du chef d'orchestre : l'Allemand L. Spohr fut le 1er à utiliser une baguette (à l'opéra de Francfort entre 1815 et 1817). Aux XVIIe et XVIIIe s. on se servait d'une canne pour marquer les temps. Lully se blessa ainsi le pied. La gangrène se déclara et il mourut en quelques semaines.

Grands orchestres

Légende : O. ph. : orchestre philharmonique ; O. sy. : orchestre symphonique.

Allemagne fédérale. O. ph. de Berlin (chef permanent et à vie : Herbert von Karajan), O. radio-sy. de Berlin (chef : Riccardo Chailly), O. sy. de la radio bavaroise (chef: Colin Davis), O. ph. de Munich (chef: Sergiu Celibidache), O. du Gürzenich de Cologne (chef: Marek Janowski), O. sy. du W.D.R. (Radio de Cologne) (chef: Gary Bertini), O. sy. du N.D.R. (Radio de Hambourg) (chef: Günter Wand), O. radio-sy. de Francfort (chef: Eliahu Inbal), O. sy. Bamberg (chef: Horst Stein), O. sy. du S.D.R. [Radio de Stuttgart (chef: Neville Marriner)], O. ph. de Hambourg (chef: Hans Zender), O. s. de la radio de Sarrebrück (chef: Mung-Whun Chung).

Allemagne démocratique. O. du Gewandhaus de Leipzig (chef: Kurt Masur), O. de la Staatskapelle de Dresde (chef: Hans Vonk), O. ph. de Dresde (chef: Herbert Kegel), O. sy. de Berlin (chef: Claus Peter Flor).

Autriche. O. ph. de Vienne, O. sy. de Vienne. O. sy. O.R.F. (radio, chef: Lothar Zagrosek), O. Mozarteum de Salzbourg (chef: Hans Graf).

Belgique. O. philharmonique de Flandre (chef: Émile Tchakarov), O. ph. de Liège (chef: Pierre Bartholomée), O. sy. de la R.T.B.F. (chef: Alfred Walter), Philharmonisch Orkest B.R.T. (chef: Fernand Terby), O. national de Belgique (O.N.B.) (chef: Mendi Rodan, or. Israël), O. sy. de l'Opéra national (chefs: John Pritchard, Sylvain Cambreling).

Canada. O. sy. de Montréal (chef: Charles Dutoit), O. sy. de Toronto (chef: Andrew Davis), O. sy. de Québec (chef: Simon Streatfeild), O. du Centre national des arts d'Ottawa (chef: Gabriel Chmura), O. sy. d'Edmonton (chef: Uri Mayer), O. sy. de Vancouver (chef: Rudolf Barshai).

Danemark. O. sy. de la radio danoise.

États-Unis. O. ph. de New York (chef: Zubin Mehta), O. sy. de Boston (chef: Seiji Ozawa), O. de Cleveland (chef: Christoph von Dohnányi), O. sy. de Chicago (chef: Georg Solti), O. de Philadelphie (chef: Riccardo Muti), O. sy. de Pittsburgh (chef: Lorin Maazel), O. sy. de Dallas (chef: Eduardo Mata), O. sy. de Détroit (chef: Gunther Herbig), O. du Minnesota (chef: Edo de Waart), O. sy. de Los Angeles (chef: André Prévin), O. sy. de San Francisco (chef: Herbert Blomstedt), National Symphony Orchestra, Washington (chef: Mstislav Rostropovitch), O. sy. de Cincinnati (chef: Michael Gielen), O. sy. de Houston (chef: Sergiu Comissiona), O. sy. de Saint Louis (chef: Leonard Slatkin). Le N.B.C. Symphony Orchestra, créé pour Toscanini, a été dissous en 1954.

France. O. de Paris (1967, dir.: Daniel Barenboïm), O. national de France (f. en 1934, sous le nom d'O. national, 121 musiciens, premier chef: Lorin Maazel), Nouvel O. philharmonique de Radio-France [N.O.P., premier chef: Marek Janowski, constitué le 1-1-1976 par fusion de 2 formations de l'ex-O.R.T.F.: l'Orchestre lyrique (créé en 1945) et l'Orchestre philharmonique (créé en 1937 sous le nom d'Orchestre radio-symphonique); 138 musiciens], O. du Théâtre national de l'Opéra de Paris, O. des concerts Lamoureux (1881), Association des concerts Colonne (1872, chef: Pierre Dervaux), concerts Pasdeloup (1851-82 et 1918, chef: Gérard Devos), O. du Capitole de Toulouse (dir.: Michel Plasson), O. de l'Ile-de-France (dir.: Jacques Mercier), O. philharmonique de Strasbourg (dir.: Theodor Guschlbauer), O. de Lyon (dir.: Serge Baudo), O. national de Lille (dir.: Jean-Claude Casadesus), O. ph. des pays de la Loire (dir.: Marc Soustrot), O. ph. de Montpellier (dir.: Cyril Diederich), O. sy. et lyrique de Nancy (dir.: Jérôme Kaltenbach), O. sy. de la Garde républicaine (chef: Lt-Col. Roger Boutry), O. ph. de Metz-Lorraine (chef: Jacques Houtmann), O. de Bordeaux-Aquitaine (dir.: Roberto Benzi), O. ph. de Nice (chef: Berislav Klobucar), O. sy. du Rhin (dir.: Luca Pfaff).

Grande-Bretagne. O. ph. de Londres (chef: Klaus Tennstedt), O. sy. de Londres (chef: Claudio Abbado), Royal Philharmonic Orchestra (chef: André Prévin), B.B.C. Symphony Orchestra (chef: John Pritchard), Philharmonia Orchestra (chef: Giuseppe Sinopoli), Hallé Orchestra (Manchester, chef: Stanislaw Skrowaczewski), City of Birmingham Symphony Orchestra (chef: Simon Rattle), Scottish National Orchestra (chef: Neeme Järvi), O. sy. de Bournemouth (chef: Rudolf Barshaï).

Hongrie. O. de la Philharmonie nationale, O. sy. de la Radio-T.V. hongroise (chef: György Lehel).

Israël. O. ph. d'Israël (chef: Zubin Mehta), O. sy. de Jérusalem (chef: Gary Bertini), O. sy. de Beersheba (chef: Mendi Roclan).

Italie. O. sy. de la R.A.I., Rome (chef: Gianlugi Gelmetti), O. de l'Académie Sainte-Cécile de Rome (chef: Giuseppe Sinopoli), O. sy. de la R.A.I., Milan, O. Mai musical florentin (chef: Zubin Mehta), O. ph. de Milan (dir.: Claudio Abbado).

Japon. O. ph. de Tokyo (chef: Tadaaki Otaka), Tokyo Metropolitan S.O. (chef: Ken-Ichiro Kobayashi), O.S. de la N.H.K. (chef: Hiroyuki Iwaki), New Japan Ph. O. (chef: Seiji Ozawa).

Monaco. O. ph. de Monte-Carlo (chef: Lawrence Foster).

Norvège. O. ph. d'Oslo (chef: Mariss Jansons).

Pays-Bas. O. du Concertgebouw d'Amsterdam (chef: Riccardo Chailly en 1988), O. de la Résidence de La Haye (chef: Hans Vonk), O. ph. de Rotterdam (chef: James Conlon), O. du Brabant, O. ph. de Radio-Hilversum (chef: Sergiu Commissiona), O. ph. néerlandais (chef: Helmut Heanchen).

Roumanie. O. ph. de Bucarest « Georges Enesco » (chefs: Mihai Brediceanu, Mircea Basarab, Mircea Cristescu), O. sy. de la radio-TV. roumaine (chef: Iosif Conta), O. ph. de Cluj-Napoca (chefs: Emil Simon, Cristian Mandeal), O. ph. moldave de Iassy (chef: Ion Baciu).

Suisse. O. de la Suisse romande (chef: Armin Jordan), O. de la Tonhalle de Zurich (chef: Hiroshi Wakazugi), O. sy. de Bâle (chef: Horst Stein), O. de la Radio suisse italienne, Lugano (chef: Marc Andreae), O. sy. de Berne (chef: Peter Maag), O. de Winterthour (chef: Mario Venzago), O. de Saint-Gall (chef: Samuel Friedmann).

Tchécoslovaquie. O. ph. tchèque (chef: Václav Neumann), O. sy. de Prague FOK (chef: Jiři Bělohlávek), O. sy. de la radio de Prague (chef: František Vajnar), O. ph. de Brno (chef: Petr Vronsky), Philharmonie slovaque (chef: Bystrik Rezucha), O. sy. de Radio-Bratislava (chef: Ondrej Lenárd).

U.R.S.S. O. ph. Moscou (chef: Dmitri Kitayenko), O. sy. d'État de l'U.R.S.S. (chef: Evgeny Svetlanov), O. sy. de la radio de l'U.R.S.S. (chef: Vladimir Fedosseiev), O. ph. Leningrad (chefs: Evgeny Mravinski et Alexandre Dmitriev).

Orchestres de chambre

Allemagne fédérale: O. c. de Stuttgart (chef: Karl Münchinger), O. c. Pro Arte de Munich, (chef: Kurt Redel), Bach Collegium de Stuttgart (chef: Helmuth Rilling), O. c. de Hambourg (chef: Heribert Beissel), O. c. de Cologne (chef: Helmut Müller-Brühl), Südwestdeutsches Kammerorchester (chef: Paul Angerer), Die Deutschen Bachsolisten (chef: Helmut Winschermann), Cappella Coloniensis, Ensemble 13 Baden-Baden (chef: Manfred Reichert).

Allemagne démocratique: O. c. de Berlin (sans chef), O. Bach du Gewandhaus de Leipzig (dir.: Gerhard Bosse).

Autriche. Concentus Musicus Vienne (chef: Nicolaus Harnoncourt), Wiener Kammerorchester (chef: Philippe Entremont).

Belgique. O. ch. de la Communauté française, « I Fiaminghi » (1er violon; Rudolf Werthen).

Bulgarie. O. c. Sofia (chef: Emil Tabakov).

États-Unis. O. ch. de Los Angeles (chef: Gerard Schwarz), O. ch. Saint Paul (chef: Pinchas Zukerman).

France. O. c. Paul Kuentz, O. Jean-François Paillard, Ens. inst. Haute-Normandie (chef: J.-Pierre Berlingen), O. c. de Toulouse, Ens. orchestral de Paris (1978, chef: Armin Jordan), Ens. instrumental de France (dir.: P. Bride), O. Bernard Thomas, O. Andrée Colson, Ensemble instrumental de Provence, Le Sinfonietta d'Amiens (chef: Alex. Myrat), Ensemble Mouvement 12 (dir.: Claude Manlay), O. de Cannes-Provence-Côte d'Azur (chef: Philippe Bender), Ens. instr. de Grenoble (chef: Marc Tardue), O. régional d'Auvergne (chef: Jean-Jacques Kantorow), O. rég. de Bayonne-Côte Basque (dir.: D. Dechico), O. de Chambéry et de la Savoie (dir.: Patrice Fontanarosa), Ensemble instrumental La Follia, O. c. de St-Denis, O. « Ad Artem » de Metz, Ensemble instrumental du Mans, O. c. du Limousin. Centre national de musique de chambre d'Aquitaine, O. c. de Versailles, Ensemble Alternance, Ensemble instrumental Jean Walter Audoli.

Grande-Bretagne. English Chamber Orchestra, Academy of Saint-Martin-in-the-Fields (chefs: Iona Brown et Neville Mariner). Scottish Chamber Orchestra (chef: Raymond Leppard).

Hongrie. O. c. hongrois (chef: Vilmos Tatrai), O. c. Franz Liszt de Budapest (chef: Janos Rolla), O. c. Corelli (chef: Istvan Ella).

Israël. O. ch. d'Israël (chef: Uri Segal).

Italie. I Musici, I Solisti Veneti (chef: Claudio Scimone), I Virtuosi di Milano, Nuovi Virtuosi di Roma.

Norvège. O. c. norvégien.

Pays-Bas. O. du XVIIIe s. (chef: Frans Brüggen).

Pologne. O. c. polonais (chef: Jerzy Maksymiuk).

Portugal. O. de la Fondation Gulbenkian (chef: Claudio Scimone).

Roumanie. O. c. « Bucuresti » (chef: Ion Voicu).

Suisse. O. c. de Lausanne (chef: Lawrence Foster), O. c. de Bâle (chef: Paul Sacher), Festival Strings Lucerne (chef: Rudolf Baumgartner), O. c. de Zurich (chef: Edmond de Stoutz), Collegium Musicum de Zurich (chef; Paul Sacher), Ensemble vocal et instrumental de Lausanne (chef: Michel Corboz), O. Camerata de Zurich (chef: Räto Tschupp), O. Camerata de Berne (chef: Thomas Fueri).

Tchécoslovaquie. O. c. de Prague (sans chef), O. c. tchèque (chef: Josef Vlach), O.c. B. Martinů, Brno (sans chef), O. c. L. Janáček (sans chef), O. c. slovaque (chef: Bohdan Warchal), O. c. d'État de Žilina (chef: Ján Valta).

U.R.S.S. O. c. de Moscou (chef: Victor Tretiakov), solistes de l'O. du Bolchoï (chef: Alexandre Lazarev).

Yougoslavie. Solistes de Zagreb.

Ensembles de musique ancienne

Allemagne. Collegium Aureum, Odhecaton-Ensemble für Alte Musik, Cologne, Musica Reservata, Collegium vocale, Musica Antiqua de Cologne (chef: Reinhard Goebel).

Autriche. Concentus Musicus (Nikolaus Harnoncourt), les Menestrels, Clemencic Consort, Ensemble Musica Instrumentalis, Cappella Academica Wien (chef: Eduard Melkus).

Belgique. Bruxelles Consortium antiquum (chef: J.-P. Biesemans), Ens. instrum. du Brabant (chef: Jean Hervé), Ens. Huelvas (chef: Paul Van Nevel), Polyphonies, Barokensemble A. Bauwens, Ensemble Musica Polyphonica (chef: Louis Devos), Collegium Vocale de Gand (Philippe Herreweghe), la Petite Bande (chef: Sigiswald Kuijken).

Canada. Le Studio de Musique ancienne de Montréal (chefs: Réjean Poirier, Christopher Jackson), ensemble Claude-Gervaise (chef: Gilles Plante).

Espagne. Atrium Musicae (chef: Gregorio Paniagua), Pro Musica Antiqua (chef: Miguel Angel Tallante).

États-Unis. Camerata de Boston (chef: Joël Cohen).

France. Ensemble Guillaume Dufay, les Arts Florissants (chef: William Christie), Florilegium Musicum de Paris, la Grande Écurie et la chambre du Roy (Jean-Claude Malgoire), la Chapelle royale (chef: Philippe Herreweghe), Trio Jean-Philippe Rameau, Ensemble Ars Antiqua de Paris.

Grande-Bretagne. Deller Consort (chef: Mark Deller), Musica Reservata (chef: John Beckett), The English Concert (chef: Trevor Pinnock), The Academy of Ancient Music (chef: Christopher Hogwood), The Consort of Musicke (chef: Anthony Rooley), The Scholars.

Pays-Bas. Ensemble Syntagma Musicum, ens. Ton Koopman, Quadro Hotteterre.

Portugal. Ensemble Segreis de Lisboa (chef: Manuel Morais).

Suisse. Schola Cantorum Basiliensis (chef: Peter Reidemeister), Ens. Ricercare (dir.: Michel Piguet), Hesperion XX (dir.: Jordi Savall).

Tchécoslovaquie. Madrigalistes de Prague (chef: Svatopluk Jánýš), Ars rediviva (chef: Milan Munclinger).

Ensembles de musique contemporaine

Allemagne. Buccina-Ensemble, Percussionsensemble Siegfried Fink, Ensemble Kontraste.

Autriche. Kontrapunkte, die Reihe (chef : Friedrich Cerha).

Belgique. Ens. Musique nouvelle (chef : Georges, Elie Octors). De Nieuwe Muzikgroep (chef : Mark De Smet). Philharmonietta Nova (chef : Pierre Bartholomée).

Canada. Sté de musique contemporaine du Québec (S.M.C.Q.), Association de musique actuelle de Québec (A.M.A.Q.), Association pour la création et la recherche électroacoustiques du Québec (A.C.R.E.Q.), ARRAYMUSIC, Les Événements du Neuf.

France. 2e 2m (Paul Méfano), Itinéraire (Tristan Murail), Ars Nova (Marius Constant), Musique vivante (Diego Masson, Philippe Nahon), Percussions de Strasbourg (Georges Van Gught), Quintette de cuivres Ars Nova (Camille Verdier), Trio Deslogères (Françoise Deslogères), Quatuor de flûtes Arcadie (P.-Y. Artaud), Atelier Musique de Ville d'Avray (J.-L. Petit), Studio III de Strasbourg (Detlef Kieffer), Octuor Edgar Varese (Victor Martin), Coll. de musique contemporaine de l'Essonne (Alain Savouret), Coll. de musique contemporaine du Languedoc-Roussillon (Jenny Szaho), Intervalles (J.-Y. Bosseur), Ensemble Inter Contemporain (Peter Eötvös).

Pays-Bas. Percussions d'Amsterdam. Ens. Asko, ens. Hoketus (Louis Andriessen), ens. Schoenberg (Renibert de Leeuw), Percussions d'Amsterdam, Quatuor de saxophones néerlandais.

Grandes chorales

Allemagne. C. de la cathédrale Ste-Hedwige (Berlin, chef : Roland Bader), Chœurs du festival de Bayreuth, Chœurs et orchestre Bach de Munich (chef : Hanns Martin Schneitt), C. de Ste-Croix (Dresde), C. de Düsseldorf (chef : Hartmut Schmidt), C. de St-Thomas (Leipzig), Frankfurter Kantorel, Gächinger Kantorei, Chœurs de l'église du Souvenir de Stuttgart (pour ces 3 dernières chorales, chef : H. Rilling), C. Monteverdi de Hambourg (chef : Jürgen Jürgens).

Autriche. C. des Amis de la musique à Vienne, Chœurs de l'Opéra de Vienne, Wiener Singakademie, Wiener Sängerknaben (Uwe Christian Harrer).

Belgique. Omrœpkoor van de B.R.T. (chef : Vic Nees), chorale Cantores (chef : Aimé de Haene), Ens. voc. de Bruxelles (chef : Fritz Hoyois), Concinite de Louvain (chef : Karel Aerts).

Bulgarie. C. S. Obrenebov.

Espagne. Orfeon Donostiarra (San Sebastian, chef : Antonio Ayestaran).

États-Unis. Mormon Tabernacle Choir, C. Robert Shaw, C. Westminster (New York), N.E.C. Chorus du conservatoire de la Nouvelle-Angleterre (chef : Lorna Cooke de Varon).

France. C. Elisabeth Brasseur (Michel Aunay), Stéphane Caillat, Vittoria (Michel Piquemal), Ensemble Jean de Ockeghem (Tours), C. de Radio-France (professionnels, 100 personnes, chef : Michel Tranchant), C. national (J. Grimbert), Ensemble choral Contrepoint (O. Schneebeli), Maîtrise de Notre-Dame (chanoine J. Revert), Maîtrise de Radio-France (créée le 29-4-1946 par Henry Barraud ; 70 à 100 élèves recrutés par concours à 10 ou 11 ans ; enseign. mixte général + musical et vocal ; dir. : Michel Lasserre de Rozel), Chœur de l'Orchestre de Paris (Arthur Oldham), C. de l'orch. de Lyon (Bernard Tétu), Groupe vocal de France, Maîtrise Gabriel Fauré à Marseille (Marie-Thérèse Fizio), la Cigale à Lyon-Chorale d'enfants (Christian Wagner), Ensemble vocal de Toulouse (Alix Bourbon), de Bourgogne (B. Tetu), de Lyon, universitaire de Montpellier, Josquin des Prés de Poitiers, « Da Camera » de Bourges, Jean Bridier de Paris, Gérard George de Paris, Maîtrise de la cath. de Dijon (J.-M. Rolland), de la cath. de Reims, Chœur de l'université de Paris-Sorbonne, C. de la cath. de Strasbourg, C. « Audite Nova », Contrepoint de Besançon, les Rossignolets de Roubaix, Société des concerts de St-Guillaume de Strasbourg (R. Matter), assoc. St-Evode de Rouen, les Petits Chanteurs à la croix de bois (abbé Delsinne). *C. agréées en 1979 :* Groupe vocal « Arpège » de Bordeaux, Justus Von Websky de Paris, chœur et ensemble « Résonances » du Mans. *En 1980 :* la Psalette d'Orléans, C. Vincent d'Indy de Marseille, Chœur contemporain de Dijon, C. universitaire de Dijon, Manécanterie des Petits Chanteurs du Marais de Paris, Chanteurs de St-Eustache (Paris, dir. : R.P. Émile Martin), Chœur de la Chapelle Royale (Philippe Merreweghe).

Grande-Bretagne. C. de la B.B.C. (John Poole et Brian Wright). Philharmonia Chorus (Heinz Mende). Royal Choral Society (Meredith Davies), Bach Choir (David Willcocks). *Cambridge :* King's College (chef : Stephen Cleobury), St-John's College (chef : George Guest) ; *Oxford :* New College (chef : Edward Higginbottom), Christ Church Cathedral (chef : Francis Grier), Magdalen College (chef : Bernard Rose).

Hongrie. Chœur de Budapest (Mátyás Antal), C. Madrigal de Budapest (Ferenc Szekeres), C. de la Radio hongroise (Ferenc Sapszon).

Pays-Bas. Chœur de l'orchestre du Concertgebouw (chef : Arthur Oldham, 175 personnes).

Portugal. C. de la fondation Gulbenkian (M. Corboz).

Suède. C. Orphei Drängar d'Uppsala (chef : Éric Ericson).

Suisse. Ens. vocal de Lausanne (M. Corboz).

Tchécoslovaquie. C. des Instituteurs moraves (chef : Lubomír Mátl), C. Philharmonique tchèque (Lubomír Mátl), C. Radio tchécoslovaque (chef : Milan Maly).

U.R.S.S. C. Alexandre Yourlov (Stanislas Gousev), C. Académique de ch. de Moscou (Vladimir Minin).

Divers

Trios : Ars Antiqua, Beaux-Arts Trio, Couperin, à cordes français, à cordes de Paris, Debussy, Delta, Européen, Fiori Musicali, Guarneri, Harpe, flûte et violoncelle de Paris, de Mannheim, Mozart, Nordmann, Nouveau trio de Prague, Pasquier, Ravel, Rouvier-Müller-Kantorow, Suk, Tchèque, Trieste.

Quatuors : Bartholdy, Brandis, Koeckert, Kreuzberger, Melos (All.), Alban Berg, Franz Schubert, Hagen, Musikverein de Vienne (Autr.), Dimov (Bulg.), Danois (Dan.), Arcana, Bernède, Margand, Parrenin, Via Nova (Fr.), Aeolian, Allegri, Amadeus, Arditti, Chiligirian, Gabrieli (G.-B.), Bartok, Eder, Kodaly, Tatraï, Nouveau Quat. de Budapest (Hongr.), Tokyo (Japon), Esterhazy, Orlando (P.-Bas), Voces (Roum.), Janacek, de Prague, Smetana, Talich (Tchéc.), Beethoven, Borodine (U.R.S.S.), Cleveland, Guarnari, Juilliard, Lasalle, Nouveau Quat. hongrois (U.S.A.).

Concours internationaux (1987)

Affiliés à la Fédération des concours internationaux de musique, 12, rue de l'Hôtel-de-Ville, CH-1204, Genève (Suisse). *Renseignements :* Association française d'action artistique, ministère des Relations extérieures, bureau de la Musique, 45, rue Boissière, 75116 Paris.

Alto : Genève (CIEM). **Basson :** Genève (CIEM). **Chant :** Athènes (Maria Callas), Barcelone (Canals), Rio de Janeiro, Busseto, 's Hertogenbosch, Genève (CIEM), Budapest, Verviers, Toulouse, Vercelli, Barcelone (Viñas). **Clarinette :** Munich, Belgrade. **Clavecin :** Paris. **Composition :** Genève (CIMOB), Trieste, Vercelli. **Cor :** Prague. **Duos piano/violon et piano/violoncelle :** Barcelone (Canals). **Direction d'orchestre :** Besançon, Katowice. **Flûte :** Vercelli, Rome (Bucchi). **Guitare :** Alessandria. **Musique de chambre :** Florence, Paris. **Orgue :** Munich. **Piano :** Épinal, Athènes (Maria Callas), Barcelone (Canals), Bruxelles, Lisbonne, College Park (U.S.A.), Santander, Cleveland, Vevey-Montreux, Bolzano, Munich, Leeds, Vercelli, Viña del Mar. **Quatuor à cordes :** Colmar, Évian, Munich. **Quintette à vent :** Belgrade. **Trombone :** Prague. **Trompette :** Prague. **Violon :** Prague, Montréal, Sion, Vienne (Kreisler), Gênes, Vercelli, Paris (Long-Thibaud).

Associations symphoniques parisiennes

Sté des Concerts du Conservatoire. Rue du Conservatoire. Salle de l'ancien Cons. de musique et de déclamation, ancienne salle des Menus Plaisirs du roi, reconstruite par Delannoy en 1807. *Fondée* 1828, « transformée » en Orchestre de Paris en 1967. Depuis 1983, installée Salle Pleyel, 252, rue du Faubourg-St-Honoré, Paris.

Orchestre Colonne. Théâtre musical de Paris-Châtelet. 2, rue Édouard-Colonne, 75001 Paris. *Fondé* en 1873 par l'éditeur Georges Hartmann sous le nom de Concert national dont il confie la direction à Édouard Colonne (1838-1910). 9 concerts à l'Odéon puis au Th. du Châtelet de nov. 1873 à mars 1874. Création et 1er concert au Th. du Châtelet de l'Assoc. artistique en nov. 1874, puis de l'Assoc. art. des Concerts Colonne en 1910. *Chefs successifs :* Gabriel Pierné, Paul Paray, Charles Münch et Pierre Dervaux. Assure actuellement une saison symphonique et participe à la saison lyrique du Th. musical de Paris.

Concerts Lamoureux : 252, rue du Faubourg-St-Honoré (salle Pleyel). *Fondés* en 1881 sous le nom de « Nouveaux Concerts » par Charles Lamoureux (1834-1889), 2e chef démissionnaire de la Sté des Concerts du Conservatoire. *Chefs successifs :* Camille Chevillars, Paul Paray, Albert Wolff, Eugène Bigot, Jean Martinon, Igor Markévitch, Jean-Baptiste Mari. Actuellement, Jean-Claude Bernède partage avec des jeunes chefs français et des chefs étrangers confirmés la direction des concerts. Concerts d'octobre à mars, salle Pleyel.

Concerts Pasdeloup. 18, rue de Berne, 75008 Paris. *Fondés* en 1861 par Jules-Étienne Pasdeloup (1819-87). *Chefs successifs :* Rhéné-Bâton, Albert Wolff, Gérard Devos. Concerts au Théâtre des Champs-Elysées d'octobre à mars.

Age moyen. *Grands solistes internationaux* (y compris chefs d'orchestre) : *25-40 ans :* 30 %, *40-55 a. :* 25 %, *55-70 a. :* 45 % ; solistes de 2e plan : 25-40 a. : 55 %, *40-50 a. :* 15 %, *50-75 a. :* 30 %. *Musiciens d'orchestre :* 40 a. (*1960 :* 50 a.).

Exception faite de quelques prodiges, la carrière débute entre 25 et 35 a., elle connaît généralement une éclipse entre 35 et 45 a. (ou un ralentissement) ; si le cap des 45 a. est franchi, elle peut continuer brillamment jusqu'à la mort de l'interprète. Ceux-ci s'arrêtent souvent d'eux-mêmes vers 65-70 a.

Yehudi Menuhin jouait avec les plus grands orchestres américains à 7 ans les concertos de Mendelssohn, Beethoven, etc. A 64 ans, il refuse du monde à chacun de ses concerts et son planning se prépare sur les 3 années à venir.

La pianiste japonaise Harumi Hanafusa (28 ans) a commencé en public (à l'opéra) à 2 ans 1/2 dans la rôle d'un petit lapin spécialement écrit pour elle. A 3 ans, elle commençait le piano et à 13 ans elle remportait un triomphe en jouant en public devant 2 000 personnes un récital consacré à Liszt.

Divers. Le violoniste Jascha Heifetz était sujet à un « trac » épouvantable (il fallait littéralement le mettre sur scène pour qu'il ose y entrer).

L'organiste Helmut Walcha, aveugle depuis l'enfance, connaît (par cœur) tout l'œuvre d'orgue de J.-S. Bach. Il n'a pas appris avec la méthode Braille, mais son épouse lui a joué chaque voix séparée de chaque œuvre et il en faisait mentalement la synthèse avant de se mettre au clavier et d'interpréter l'œuvre dans son intégralité.

Antonio Stradivari, dit Stradivarius (Crémon 1648-1737), vécut 89 ans et produisit des instruments 71 ans. Il en reste env. 500 dans le monde.

Chefs d'orchestre restés le plus longtemps à la tête du même orchestre. Willem **Mengelberg**, 50 ans (Concertgebouw d'Amsterdam, 1895-1945). Ernest **Ansermet**, 49 ans (orch. Suisse romande 1918-67). Evgeny **Mravinski**, 48 ans (Leningrad, dep. 1938). Eugene **Ormandy**, 44 ans (Philadelphie, 1936-80). Volkmar **Andreae**, 43 ans (Tonhalle de Zurich, 1906-49). Bernhard **Baumgartner**, 40 ans (Mozarteum de Salzbourg, 1922-38 puis 1944-69). **L'orchestre de Philadelphie** a eu 5 chefs permanents en 84 ans dont 2 en 68 ans.

Principales salles de concerts

Amsterdam : Concertgebouw (*1888*, gr. s. 2 100 pl., pt. s. 500, s. de miroirs 250). **Anvers :** de Singel (2 s.), Salle Reine Elisabeth (*1960*, 2 070 pl.). **Barcelone :** Palau de la Música Catalana (*1908*, 2 060 pl.), Gran Teatre del Liceu (opéra, ballets et concerts) (*1847*, 3 000 pl.). **Berlin** (Ouest) : Philharmonie (*1963*, 2 200 pl., dir. adm. : Peter Girth). **Bonn :** Beethovenhalle (*1956-59*, gr. s. 1 800 pl.). **Boston :** Symphony Hall (*1900*, 2 625 pl.). **Bruxelles :** Palais des Beaux-Arts (*1972*, 2 050 pl.), Salle du Conservatoire (850 pl., musique de chambre). **Charleroi :** Palais des Beaux-Arts (*1954-57*, 1 800 pl.). **Cologne :** Gürzenich (*1441*, transformée en 1857, rénovée 1955, gr. s. 1 287 pl.), Kölner Philharmonie (*1986*, gr. s. 2 000 pl.). **Dort-**

mund : Westfalenhalle (*1952*, 12 000 pl., concerts pop). **Dresde** : Kultur Palast (*1969*, Festsaal 2 433 pl. et Studiotheater 192 pl.). **Düsseldorf** : Tonhalle (*1978*, 2 salles, gr. s. 1 900 pl.) ; Philipshalle (*1971*, 3 salles, 6 200 pl.). **Francfort/Main** : Jahrhunderthalle Höchst (*1963*, 2 500 pl.). **Genève** : Victoria Hall (*1874*, 2 000 pl.). **Hambourg** : Musikhalle (*1908*, 2 s., gr. s. 2 014 pl.). **La Haye** : Centre des Congrès (*1969*, 6 500 pl). **Lausanne** : Théâtre de Beaulieu (*1954*, 1 800 pl.), Théâtre municipal (*1871*, 900 pl.). **Leipzig** : Gewandhaus (*1981*, grande salle 1 903 pl., petite 493). **Lille** : Palais des Congrès. **Linz** : Brucknerhaus (*1970*, grande salle 1 520 pl., petite 392). **Londres** : Royal Albert Hall (*1871*, 5 606 pl.), Queen Elizabeth Hall (1 100 pl.), Wigmore Hall (542 pl.), Royal Festival Hall (*1965*, 2 909 pl. ; recital-room 200 pl.), Barbican Center. **Los Angeles** : Music Center, Dorothy Chandler Pavilion (3 197 pl.), Ahmanson Theatre (2 071 pl.), Mark Taper Forum (742 pl.). **Lucerne** : Kunst-und-Kongresshaus (*1933*, 1 500 pl.). **Lyon** : Auditorium Maurice Ravel (*1975*, 2 055 pl.). **Madrid** : Teatro Real (*1850*, 2 153 pl.), Teatro de la Zarzuela, Auditorium del real conservatorio superior de música. **Munich** : Olympia Halle (*1972*, 14 000 pl., concerts pop). **New York** : Carnegie Hall (*1891*, 2 800 pl.), Avery Fisher Hall (Lincoln Center, rénové *1962*, 2 742 pl.). **Ostende** : Kursaal (*1952*, 1 600 pl.). **Paris** : Salle Pleyel (*1927*, rénovée *1981*, 2 310 pl.), Salle Gaveau (*1907*, rénovée *1982-83*, 1 043 pl.), Théâtre des Champs-Élysées (*1912*, 1 911 pl.), Th. de Chaillot (gr. s., fondée en *1937* et transformée en *1975*, 1 162 pl. max.), Th. musical de Paris-Châtelet (2 333 pl.), Maison de Radio-France (Auditorium 104 : 928 pl., Studio 105 : 215 pl.), Th. de la Ville (*1968*, 995 pl., fréq. moy. saison *1984-85* : 87 % : théâtre 94 %, danse 91 %, musique 82 %, poésie 100 %, chansons fr. et étr. 67 %, rire, humour 95 %), Palais des Congrès (*1974*, gr. auditorium 3 700 pl.), Palais des Sports (3 700 à 5 000 pl., concerts pop), Palais Garnier (*1875*), Salle Favart. **Prague** : Dvořák (*1884*, 1 100 pl.), Smetana (*1911*, 1 600 pl.), Salle des Congrès (*1981*, 3 000 pl.). **Rome** : Auditorio Pio (*1969*, 1 950 pl.), Auditorium R.A.I. (*1938*, 850 pl.). **Rotterdam** : « De Doelen » (gr. s. 2 200 pl.). **Salzbourg** : Großes Festspielhaus (*1960*, gr. s. 2 164 pl., p. s. 1 379, Felsenreitschule 1 560 pl.). **Strasbourg** : Palais de la musique des Congrès (2 020 pl.). **Stuttgart** : Liederhalle, 3 salles (*1955-56*, 3 200 pl.). **Toulouse** : Halle aux grains. **Vienne** : Musikvereinsaal (*1869*, gr. s. 2 087 pl.), Konzerthaus (*1913*, 2 040 pl.). **Zurich** : Tonhalle, 2 salles (*1893-95*, gr. s. 1 547 pl., p. s. 656 pl.).

Virtuoses

Chefs d'orchestre

Abbado. Claudio (1933), It.
Abendroth. Hermann (1883-1956), All.
Ahronovitch. Yuri (1932), URSS (nat. Israël).
Almeida. Antonio de (1928), Fr.
Amy. Gilbert (1936), Fr.
Ancerl. Karel (1908-73), Tchéc.
André. Franz (1893-1975), Belg.
Ansermet. Ernest (1883-1969), Suis.
Argenta. Ataulfo (1913-58), Esp.
Atherton. David (1944), G.-B.
Barbirolli. Sir John (1899-1970), G.-B.
Barenboïm. Daniel (1942), Israël.
Barshai. Rudolf (1924), URSS (nat. Isr.).
Bartholomée. Pierre (1937), Belg.
Baudo. Serge (1927), Fr.
Baumgartner. Rudolf (1917), Suisse.
Beecham. Sir Thomas (1879-1961), G.-B.
Beinum. Eduard van (1901-59), P.-B.
Bellugi. Piero (1924), It.
Belohlavek, Jiri (1946), Tchéc.
Bender. Philippe (1942), Fr.
Benzi. Roberto (1937), Fr.
Berglund. Paavo (1929), Finl.
Berio. Luciano (1925), It.
Bernstein. Leonard (1918), USA.
Bertini. Gary (1927), Israël.
Bigot. Eugène (1888-1965), Fr.
Blareau. Richard (1910-79), Fr.
Blomstedt. Herbert (1927), Suède.
Böhm. Karl (1894-1981), Autr.
Bonynge. Richard (1930), Austr.
Boulanger. Nadia (1887-1979), Fr.
Boulez. Pierre (1925), Fr.
Boult. Sir Adrian (1889-1983), G.-B.
Bour. Ernest (1913), Fr.
Bruck, Charles (1911), Fr. (or. roum.).
Busch. Fritz (1890-1951), All.
Cambreling. Sylvain (1948), Fr.
Cantelli. Guido (1920-56), It.
Capolongo. Paul (1940), Fr.
Carvalho. Eléazar de (1912), Brés.
Casadesus. Jean-Claude (1935), Fr.
Ceccato. Aldo (1934), It.
Celibidache. Sergiù (1912), Roum.
Chailly. Ricardo (1953), It.
Chmura. Gabriel (1946), Isr. (orig. all.).
Chorafas. Dimitri (1918), Grèce.
Chostakovitch. Maxime (1938), URSS.
Chung. Myung-Whun (1953), Corée (nat. USA).
Cluytens. André (1905-67), Belg. (nat. Fr.).
Colonne. Édouard (1838-1910), Fr.
Conlon, James (1950), USA.
Coppola. Piero (1888-1971), It.
Corboz. Michel (1934), Suisse.
Danon. Oskar (1913), Youg.
Davis. Andrew (1944), G.-B.
Davis. Sir Colin (1927), G.-B.
Defossez. René (1905), Belg.
Dervaux. Pierre (1917), Fr.
Désormière. Roger (1898-1963), Fr.
Devos. Gérard (1927), Fr.
Dobrowen. Issaï (1894-1953), Russie (nat. Norv.).
Dohnányi. Christoph von (1929), All.
Doráti. Antal (1906), USA (or. hongr).
Dutoit. Charles (1936), Suisse.
Ehrling. Sixten (1918), Suède.
Évrard. Jane (1893-1984), Fr.
Faccio. Franco (1800-91), It. [1].
Fedosseiev. Vladimir (1932), URSS.
Ferencsik. János (1907-84), Hongr.
Foster. Lawrence (1941), USA.
Fourestier. Louis (1892-1976), Fr.
Fournet. Jean (1913), Fr.
Freitas-Branco. Pedro de (1896-1963), Port.
Frémaux. Louis (1921), Fr.
Fricsay. Ferenc (1914-63), Hongr.
Froment. Louis de (1921), Fr.
Frühbeck de Burgos. Rafaël (1933), Esp.
Furtwängler. Wilhelm (1886-1954), All.
Galliera. Alceo (1910), It.
Gardelli. Lamberto (1915), It. (nat. Suèd.).
Gardiner. John Eliot (1943), G.-B.
Gaubert. Philippe (1879-1941), Fr.
Gavazzeni. Gianandrea (1909), It.
Gelmetti, Gianluigi (1945), It.
Georgescu. Georges (1887-1964), Roum.
Gibault. Claire (1945), Fr.
Gielen. Michaël (1927), All.
Giovaninetti. Reynald (1932), Fr.
Giulini. Carlo Maria (1914), It.
Golschmann. Vladimir (1893-1972), Fr. (nat. USA).
Groves. Sir Charles (1915), G.-B.
Gui. Vittorio (1885-1975), It.
Guschlbauer. Theodor (1939), Autr.
Hager. Leopold (1935), Autr.
Haïtink. Bernard (1929), P.-Bas.
Harnoncourt. Nikolaus (1929), Autr.
Hartemann. Jean-Claude (1929), Fr.
Horenstein. Jasha (1898-1973), Russie (nat. USA).
Houtmann. Jacques (1935), Fr.
Iliev. Konstantin (1924), Bulg.
Inbal. Eliahu (1936), Israël et G.-B.
Inghelbrecht. Désiré-Émile (1880-1965), fr.
Iwaki. Hiroyuki (1932), Jap.
Jacquillat. Jean-Pierre (1935), Fr.
Janowski. Marek (1939), All.
Jansons, Mariss (1944), Norv. (né en URSS).
Järvi, Neeme (1937), U.R.S.S. (fixé en G.-B.).
Jochum. Eugen (1902), All.
Jordan. Armin (1932), Suisse.
Kaltenbach. Jérôme (1946), Fr.
Kamu. Okko (1946), Finl.
Karajan. Herbert von (1908), Autr.
Kazandjiev. Vassil (1934), Bulg.
Keilberth. Joseph (1908-68), All.
Kempe. Rudolf (1910-76), All.
Kempen. Paul van (1893-1955), P.-Bas.
Kertész. Istvan (1929-73), Hongr. (nat. All.).
Kitayenko, Dmitri (1940), URSS.
Klecki. Paul (1900-73), Pol. (nat. Sui.).
Kleiber. Carlos (1930), All.
Kleiber. Erich (1890-1956), Autr. (nat. Arg.).
Klemperer. Otto (1885-73), All.
Knappertsbusch. Hans (1888-1965), All.
Kondrachine. Kiril (1914-81), URSS.
Konwitschny. Franz (1901-62), All.
Kord. Kazimierz (1930), Pol.
Korody. Andràs (1922), Hongr.
Kosler. Zdenek (1928), Tchéc.
Koussevitzky. Serge (1874-1951), Russie (nat. USA).
Krauss. Clemens (1893-1954), Autr.
Krenz. Jan (1926), Pol.
Krips. Josef (1902-74), Autr.
Krivine. Emmanuel (1947), Fr.
Kubelik. Rafael (1914), Tchéc. (nat. Suisse).
Kuentz. Paul (1930), Fr.
Kuhn, Gustav (1947), Autr.
Lamoureux. Charles (1834-99), Fr.
Lehmann. Fritz (1904-56), All.
Leinsdorf. Erich (1912), Autr. (nat. USA).
Leitner. Ferdinand (1912), All.
Leppard. Raymond (1927), G.-B.
Le Roux. Maurice (1923), Fr.
Levine. James (1943), USA.
Lindenberg. Édouard, Roum. (1908-73), nat. Fr.
Lombard. Alain (1940), Fr.
Maag. Peter (1919), Suisse.
Maazel. Lorin (1930), USA.
Mácal. Zdenek (1936), Tchéc.
Mackerras. Sir Charles (1925), Austr.
Maderna. Bruno (1920-73), It. (nat. All.).
Maksymiuk, Jerz (1936), Pol.
Malgoire. Jean-Claude (1940), Fr.
Markevitch. Igor (1912-83), Russie (nat. It. puis Fr.).
Marriner. Sir Neville (1924), G.-B.
Martinon. Jean (1910-76), Fr.
Marty. Jean-Pierre (1932), Fr.
Masson. Diego (1935), Fr.
Masur. Kurt (1927), All. dém.
Mata. Eduardo (1942), Mex.
Matacic. Lovro von (1899-1985), Youg.
Mehta. Zubin (1936), Inde.
Mengelberg. Willem (1871-1951), P.-B.
Mercier. Jacques (1945), Fr.
Mitropoulos. Dimitri (1896-1960), Grèce (nat. USA).
Molinari-Pradelli. (1911), Fr. (nat. It.).
Monteux. Pierre (1875-1964), Fr. (nat. USA).
Moralt. Rudolf (1902-58), All.
Mottl. Felix (1856-1911), Autr.
Mravinsky. Eugène (1906), URSS.
Muck. Karl (1859-1940), All.
Münch. Charles (1891-1968), Fr.
Münchinger. Karl (1915), All.
Muti. Riccardo (1941), It.
Neumann. Václav (1920), Tchéc.
Nikisch. Arthur (1855-1922), Hongr.
Ormándy. Eugene (1899-1985), Hongr. (nat. USA).
Otterloo. Willem van (1901-78), P.-B.
Ozawa. Seiji (1935), Jap.
Paillard. Jean-François (1928), Fr.
Païta. Carlos (1932), Arg.
Paray. Paul (1886-1979), Fr.
Pâris. Alain (1947), Fr.
Pasdeloup. Jules-Ét. (1819-87), Fr.
Patane. Giuseppe (1932), It.
Perisson. Jean (1924), Fr.
Perlea. Ionel (1900-70), Roum.
Pierné. Gabriel (1863-1937), Fr.
Plasson. Michel (1933), Fr.
Poulet. Gaston (1892-1974), Fr.
Prêtre. Georges (1924), Fr.
Previn. André (1929), USA (or. All.).
Pritchard. Sir John (1921), G.-B.
Rattle. Simon (1955), G.-B.
Redel. Kurt (1918), All.
Reiner. Fritz (1888-1963), Hongr. (nat. USA).
Renzetti, Donato (1950), It.
Richter. Hans (1843-1916), Hongr.
Ristenpart. Karl (1900-1967), All.
Rodzinski. Artur (1892-1958), Pol. (nat. USA).
Rojdestvenski. Gennadi (1931), URSS.
Rosbaud. Hans (1895-1962), Autr.
Rosenthal. Manuel (1904), Fr.
Rostropovitch. Mstislav (1927), URSS (nat. Sui.).
Rowicki. Witold (1914), Pol.
Rudel, Julius (1921), U.S.A.
Russell-Davies, Dennis (1944), USA.
Sabata. Victor de (1892-1967), It.
Sacher. Paul (1906), Suisse.
Salonen, Esa-Pekka (1958), Finl.
Sanderling. Kurt (1912), All. dém.
Santi. Nello (1931), It.
Sanzogno. Nino (1911-83), It.
Sargent. Sir Malcolm (1895-1967), G.-B.
Sawallisch. Wolfgang (1923), All.
Scherchen. Hermann (1891-1966), All.
Schippers. Thomas (1930-1977), USA.
Schmidt-Isserstedt. Hans (1900-73), All.
Schuricht. Carl (1880-1967), All.
Scimone. Claudio (1934), It.
Sebastian. George (1903), Fr. (or. hongr.).
Segal. Uri (1944), Israël.
Segerstam. Leif (1944), Finl.
Semkow. Jerzy (1928), Pol.
Serafin. Tullio (1878-1968), It.
Silvestri. Constantin (1913-69), Roum. (nat. G.-B.).
Simonov. Yuri (1941), URSS.
Sinopoli. Giuseppe (1946), It.
Skrowaczewski. Stanislaw (1923), Pol. (nat. USA).
Solti. Sir Georg (1912), Hongr. (nat. G.-B.).
Somogyi. Laszlo (1907), Hongr.
Soudant. Hubert (1946), P.-Bas.
Soustrot. Marc (1949), Fr.
Stein. Horst (1928), All.
Steinberg. William (1899-1978), All. (nat. USA.)
Sternefeld. Daniel (1905), Belg.
Stokowski. Leopold (1882-1977), G.-B. (nat. USA).

Stolz. Robert (1880-1975), Autr.
Stoutz. Edmond de (1920), Suisse.
Straram. Walter (1876-1933), Fr.
Svetlanov. Evgueni (1928), URSS.
Szell. George (1897-1970), Hongr. (nat. USA).
Tabachnik. Michel (1942), Suisse.
Talich. Vaclav (1883-1961), Tchéc.
Tate, Jeffrey (1943), G.-B.
Tchakarov. Émile (1948), Bulg.
Temirkanov. Iouri (1938), URSS.
Tennstedt. Klaus (1926), All.
Terby. Fernand (1928), Belg.
Tilson-Thomas. Michaël (1944), USA.
Toscanini. Arturo (1867-1957), It.
Vajnar, František (1930), Tchéc.
Vandernoot. André (1927), Belg.
Varviso. Silvio (1924), Suisse.
Waart. Edo de (1941), P.-Bas.
Wallez. Jean-Pierre (1939), Fr.
Walter. Bruno (1876-1962), All. (nat. USA).
Wand. Günter (1912), All.
Weikert. Ralf (1940), Autr.
Weingartner. Felix (1863-1942), Autr. (nat. Suisse).
Weller. Walter (1939), Autr.
Wenzinger. August (1905), Suisse.
Wolff. Albert (1884-1970), Fr.
Zecchi. Carlo (1903-84), It.
Zender. Hans (1936), All.

Nota. — (1) Faccio, chef d'orchestre de la Scala de Milan entre 1871 et 1889, est devenu fou en pleine représentation des *Maîtres chanteurs* à Vienne ; il est mort dans un asile.

Chefs de chœur

Alix, René (1907-66), Fr.
Alldis, John (1929), G.-B.
Bader, Roland, All. féd.
Balatsch, Norbert (1928), Autr.
Caillard, Philippe (1924), Fr.
Caillat, Stéphane (1928), Fr.
Ericson, Eric (1918), Suède.
Herreweghe, Philippe (1947), Belg.
Jaroff, Serge (1896-1985), USA or. Russe.
Jouineau, Jacques (1924), Fr.
Jürgens, Jurgen (1925), All. féd.
Mauersberger, Erhard (1903), All. dém.
Mauersberger, Rudolf (1889-1971), All. dém.
Oldham, Arthur (1926) G.-B.
Piquemal, Michel (1947), Fr.
Pitz Wilhelm (1887-1973), All. féd.
Poole, John (1934), G.-B.
Ramin, Günther (1898-1956), All. dém.
Richter, Karl (1926-81), All. féd.
Rilling, Helmuth (1933), All. féd.
Rotzsch, Hans Joachim (1929), All. dém.
Thomas, Kurt (1904-73), All. féd.
Tranchant, Michel, Fr.
Wagner, Roger (1914), USA, or. Fr.
Werner, Fritz (1898-1977), All. féd.
Yourlov, Alexandre (1927-73), URSS.

Chanteurs

☞ Voir Jazz page 420 et Personnalités à l'Index.

Barytons

Bacquier. Gabriel (1924), Fr.
Bailey. Norman (1933), G.-B.
Bastianini. Ettore (1922-67), It.
Battistini. Mattia (1856-1928), It.
Baugé. André (1892-1966), Fr.
Benoit. Jean-Christophe (1925), Fr.
Bernac. Pierre (Pierre Bertin, dit) (1899-1979), Fr.
Berry. Walter (1929), Autr.
Bianco. René (1908), Fr.
Blanc. Ernest (1923), Fr.
Bourdin. Roger (1900-73), Fr.
Bruscantini. Sesto (1919), It.
Bruson. Renato (1936), It.
Calès. Claude (1934), Fr.
Capecchi. Renato (1923), It.
Cappuccilli. Piero (1930), It.
Dens. Michel (1914), Fr.
Edelmann. Otto (1917), Autr.
Evans. Geraint (1922) Gallois (G.-B.).
Fischer-Dieskau. Dietrich (1925), All.
Fugère. Lucien (1848-1935), Fr.
Glossop. Peter (1928), G.-B.
Gobbi. Tito (1913-84), It.
Gottlieb. Peter (1930), Tchéc. (nat. Fr).
Hüsch. Gerhard (1901-84), All.
Huttenlocher. Philippe (1942), Sui.
Jansen. Jacques (1913), Fr.
Krause. Tom (1934), Finl.
Kruysen. Bernard (1933), P.-Bas.
Kunz. Erich (1909), Autr.
Lafont. Jean-Philippe (1951), Fr.
Laplante. Bruno (1938), Can.
London. George (1919-85), Can.
Manuguerra. Matteo (1924), Fr.
Massard. Robert (1925), Fr.
Mauranne. Camille (1911), Fr.
Maurel. Victor (1848-1923), Fr.
Mazourok. Youri (1931), URSS.
Mazura. Franz (1924), Autr.
McIntyre. Donald (1934), Néo-Zél.
Merrill. Robert (1917), USA.
Milnes. Sherrill (1935), USA.
Nienstedt. Gerd (1932), All.
Nimsgern. Siegmund (1940), All.
Ohanessian. David (1927), Roum.
Panerai. Rolando (1924), It.
Panzéra. Charles (1896-1976), Fr.
Périer. Jean (1869-1954), Fr.
Prey. Hermann (1929), All.
Raimondi. Ruggero (1941), It.
Rehfuss. Heinz (1917), Suisse.
Reinemann. Udo (1942), All.
Renaud. Maurice (1861-1933), Fr.
Ruffo. Titta (1877-1953), It.
Sammarco. Mario (1867-1930), It.
Schlusnus. Heinrich (1888-1952), All.
Schoeffler. Paul (1897-1977), Autr.
Shirley Quirk. John (1931), G.-B.
Singher, Martial (1904), Fr.
Souzay. Gérard (1918), Fr.
Stabile. Mariano (1888-1968), It.
Stewart. Thomas (1928), USA.
Stilwell. Richard (1942), USA.
Stracciari. Riccardo (1875-1955), It.
Taddei. Giuseppe (1916), It.
Tamburini. Antonio (1800-76), It.
Tibbett. Lawrence (1896-1960), USA.
Vinay. Ramon (1914), Chili.
Wächter. Eberhard (1929), Autr.
Warren. Leonard (1911-60), USA.
Weikl. Bernd (1942), All.
Wixell, Ingvar (1931), Suède.

Basses

Adam. Theo (1926), All. dém.
Bastin. Jules (1934), Belg.
Björling, Sigurd (1907), Suède.
Böhme. Kurt (1908), All.
Borg. Kim (1919), Finl.
Cabanel. Paul (1891-1958), Fr.
Cangalovic. Miroslav (1921), Youg.
Chaliapine. Feodor (1873-1938), Russie.
Christoff. Boris (1914), Bulg.
Conrad. Doda (1905), Pol. (nat. USA).
Corena. Fernando (1916-84), Suisse.
Crass. Franz (1928), All.
Dean. Stafford (1937), G.-B.
Depraz. Xavier (1926), Fr.
De Reszké. Édouard (1853-1917), Pol.
Engen. Keith (1925), USA.
Frick. Gottlob (1906), All.
Ghiaourov. Nicolaï (1929), Bulg.
Ghiuzélev. Nicolaï (1936), Bulg.
Greindl. Joseph (1912), All.
Hines. Jerome (1921), USA.
Hotter. Hans (1909), All. (nat. Autr.).
Journet. Marcel (1868-1933), Fr.
Kipnis. Alexandre (1891-1978), URSS (nat. USA).
Lablache. Luigi (1794-1858), It.
List. Emanuel (1890-1967), Autr. (nat. USA).
Lloyd. Robert (1940), G.-B.
Marcoux. Vanni (1877-1962), Fr.
Meven. Peter (1929), All.
Moll. Kurt (1938), All.
Montarsolo. Paolo (1923), It.
Neidlinger. Gustav (1912), All.
Nesterenko. Evgeny (1938), URSS.
Pasero. Tancredi (1893-1983), It.
Pernet. André (1894-1966), Fr.
Petrov. Ivan (1920), URSS.
Pinza. Ezio (1892-1957), It.
Plançon. Pol (1851-1914), Fr.
Ramey. Samuel (1942), USA.
Ridderbusch. Karl (1932), All.
Robeson. Paul (1898-1976), USA.
Rossi-Lemeni. Nicola (1920), It.
Rouleau. Joseph (1929), Can.
Roux. Michel (1924), Fr.
Salminen, Matti (1944), Finl.
Schorr. Friedrich (1888-1953), Hongr. (nat. USA).
Siepi. Cesare (1923), It.
Sotin. Hans (1939), All.
Soyer. Roger (1939), Fr.
Talvela. Martti (1935), Finl.
Van Dam. José (1940), Belg.
Van Mill. Arnold (1921), P.-Bas.
Vedernikov. Aleksandr (1927), URSS.
Vessières. André (1918), Fr.
Weber. Ludwig (1899-1974), Autr.
Wiener. Otto (1913), Autr.

Ténors

Alva, Luigi (1927), Pérou.
Alvarez, Albert-Raymond (Gourdon) (1861-1933), Fr.
Aragall. Giacomo (1939), Esp.
Araiza. Francisco (1950), Mex.
Beirer. Hans (1911), Autr.
Bergonzi. Carlo (1924), It.
Björling. Jussi (1911-60), Suède.
Bonisolli, Franco (1938), It.
Briliòth. Helge (1935), Suède.
Burrows. Stuart (1939), Gallois (G.-B.).
Carreras. José (1947), Esp.
Caruso. Enrico (1873-1921), It.
Chauvet. Guy (1933), Fr.
Corelli. Franco (1921), It.
Cossuta. Carlo (1932), It.
Cuénod. Hugues (1902), Suisse.
David, Léon (1867-1962), Fr.
Del Monaco. Mario (1915-1982), It.
De Marchi. Emilio (1861-1917), It.
De Reszké. Jean (1850-1925), Fr.
Dermota. Anton (1910), Autr. (or. Youg.
Devos. Louis (1926), Belg.
Di Stefano. Giuseppe (1921), It.
Domingo. Placido (1941), Esp.
Duprez, Gilbert (1806-96), Fr.
Dvorsky, Peter (1951), Tchéc.
Equiluz, Kurt (1929), All.
Erb. Karl (1877-1958), All.
Gedda. Nicolaï (1925), Suède.
Gigli. Beniamino (1890-1957), It.
Goldberg. Reiner (1939), All. dém.
Gonzalez. Dalmacio (1946), Esp.
Hofmann. Peter (1944), All.
Holm. Richard (1912), All.
Hopf, Hans (1916), All.
Jerusalem. Siegfried (1940), All.
Jobin. Raoul (1906-74), Can.
Jouatte. Georges (1892-1969), Fr.
Jung, Manfred (1948), All.
Kiepura. Jan (1902-66), Pol. (nat. USA).
King. James (1925), USA.
Kmentt. Waldemar (1929), Autr.
Kollo. René (1937), All.
Konya. Sandor (1923), Hongr.
Kraus. Alfredo (1927), Esp.
Kuen. Paul (1910), All.
Lance. Albert (1925), Austr. (nat. Fr.).
Langridge. Philip (1939), G.-B.
Lanza. Mario (1921-59), USA.
Lauri-Volpi. G. (1892-1979), It.
Lewis. Richard (1914), G.-B.
Lima. Luis (1950), Arg.
Lindroos, Peter (1944), Finl.
Lorenz. Max (1901-75), All.
Luca, Libero de (1913-50), Suisse.
Luccioni. José (1903-78), Fr.
Mario. Giovanni (Di Candio) (1810-83), It.
Martinelli. Giovanni (1885-1969), It.
Mason, René (1895-1962), Belg.
McCormack. John (1884-1945), USA (or. Irl.).
Melchior. Lauritz (1890-1973), Dan. (nat. USA).
Muratore. Lucien (1876-1954), Fr.
Nourrit, Adolphe (1802-39), Fr.
Nourrit, Louis (1780-v. 1826), Fr.
Ochman. Wieslaw (1937), Pol.
Pampuch. Helmut (1940), All.
Pataky, Kálmán (1896-1964), Hongr.
Patzak. Julius (1898-1974), Autr.
Pavarotti. Luciano (1935), It.
Pears. Sir Peter (1910), G.-B.
Peerce. Jan (1904-84), USA.
Pertile. Aureliano (1885-1952), It.
Podesta. Mario (Henri Lemoine, dit) (1892-1977), Fr.
Poncet. Tony (Antoine Poncé, dit) (1918-1979), Fr.
Réti. Jozsef (1925-73), Hongr.
Rubini. Giovanni (1794-1854), It.
Schipa. Tito (1889-1965), It.
Schock. Rudolf (1915), All.
Schreier. Peter (1935), All. dém.
Sénéchal. Michel (1927), Fr.
Shicoff. Neil (1949), USA.
Simoneau. Léopold (1919), Can.
Slezak. Leo (1873-1946), Autr.
Stolze. Gerhard (1926-79), All.
Svanholm. Set (1904-64), Suède.
Tamagno. Francesco (1850-1905), It.
Tappy. Éric (1931), Suisse.
Tauber. Richard (1891-1948), Autr.
Tear. Robert (1939), Gallois (G.-B.).
Thill. Georges (1897-1984), Fr.
Thomas. Jess (1927), USA.
Tucker. Richard (1913-75), USA.
Uhl. Fritz (1928), Autr.
Unger. Gerhard (1916), All.
Valletti. Cesare (1921), It.
Van Dyck. Ernest (1861-1923), Belg.
Vanzo. Alain (1928), Fr.
Vezzani. César (1886-1951), Fr.
Vickers. Jon (1926), Can.
Villabella. Miguel (1892-1954), Esp.
Vinay. Ramon (1914), Chili.
Volker. Franz (1899-1965), All.
Windgassen. Wolfg. (1914-74), All.
Winkelmann. Herm. (1849-1912), All.
Wunderlich. Fritz (1930-66), All.
Zanelli. Renato (1892-1935), It.
Zednik. Heinz (1940), Autr.
Zenatello. Giovanni (1876-1949), It.
Zimmermann. Erich (1892-1968), All.

Hautes-Contre et Contre-ténors

Belliard. Jean (1935), Fr.
Bowman. James Th. (1941), G.-B.
Deller. Alfred (1912-79), G.-B.
Deller. Mark (1938), G.-B.
Esswood. Paul (1942), G.-B.
Jacobs. René (1946), Belg.
Ledroit, Henri (1946), Fr.
Sage. Joseph (1935), Fr.
Smith. Kevin (n.c.), G.-B.

Chanteuses

Sopranos

Albanese. Licia (1913), It. (nat. USA).
Albani. Dame Emma (1847-1930), Can.
Alliot-Lugaz, Colette (1947), Fr.
Altmeyer. Janine (1948), USA et Suisse.
Ameling. Elly (1934), P.-Bas.

Anfuso, Nella (1942), It.
Angelici. Marta (1907-73), Fr.
Armstrong. Karan (1941), USA.
Armstrong. Sheila (1942), G.-B.
Arroyo. Martina (1935), USA.
Aruhn, Britt-Marie (1943), Suède.
Auger. Arleen (1939), USA.
Bahr-Mildenburg. Anna (1872-1947), Autr.
Balslev. Lisbeth (1945), Dan.
Barrientos. Maria (1883-1946), Esp.
Behrens. Hildegard (1937), All.
Benackova-Capova, Gabrielle (1947), Tchéc.
Berganza. Teresa (1935), Esp.
Berger. Erna (1900), All.
Bjoner, Indrid (1927), Norv.
Blanzat, Anne-Marie (1944), Fr.
Blegen. Judith (1941), USA.
Borkh. Inge (1917), Suisse.
Boué. Géori (1918), Fr.
Branchu. Caroline (1780-1850), Fr.
Bréval. Lucienne (1869-1935), Fr.
Brothier. Yvonne (1889-1967), Fr.
Brouwenstyn. Gré (1915), P.-Bas.
Brumaire. Jacqueline (1921), Fr.
Brunner. Evelyn (1949), Suisse.
Caballé. Montserrat (1933), Esp.
Callas. Maria (Maria Anna Sophia Kalogeropoulos) (1923-77), Grèce.
Calvé. Emma (1858-1942), Fr.
Caniglia. Maria (1906-79), It.
Caron. Rose (1857-1930), Fr.
Cebotari. Maria (1910-49), Autr.
Chamonin. Jocelyne (1938), Fr.
Chenal. Marthe (1881-1947), Fr.
Chlostawa. Danièle (1949), Fr.
Command. Michèle (1946), Fr.
Cotrubas. Ileana (1939), Roum.
Crespin. Régine (1927), Fr.
Dal Monte. Toti (1893-1975), It.
Danco. Suzanne (1911), Belg.
Della Casa. Lisa (1919), Suisse.
Dernesch. Helga (1939), Autr.
Destinn. Emmy (1878-1930), Tchéc.
Deutekom. Christina (1932), P.-Bas.
Dimitrova, Ghena (1944), Bulg.
Donat, Zdzistawa (1939), Pol.
Donath. Helen (1940), USA.
Duval. Denise (1923), Fr.
Eda-Pierre. Christiane (1932), Fr.
Evstatieva, Stefka, Bulg.
Falcon. Cornélie (1812-97), Fr.
Farrar. Géraldine (1882-1967), USA.
Farel. Eileen (1920), USA.
Fernandez. Wilhelmenia W. (1948), USA.
Flagstad. Kirsten (1895-1962), Norv.
Freni. Mirella (1935), It.
Galli-Curci. Amel. (1882-1963), It.
Garcisanz. Isabel (1934), Fr., (or. Esp.).
Garden. Mary (1874-1967), Écos.
Gencer. Leyla (1928), Turque.
Giebel. Agnès (1921), All.
Grisi. Giula (1811-69), It.
Grist. Reri (1935), USA.
Gruberova. Edita (1946), Tchéc.
Grümmer. Elisabeth (1911), All.
Güden. Hilde (1917), Autr.
Guiot. Andréa (1928), Fr.
Harper. Heather (1930), G.-B.
Harwood. Elizabeth (1938), G.-B.
Heldy. Fanny (1888-1973), Fr.
Hendricks, Barbara (1948), USA (Noire).
Hollweg. Ilse (1922), All.
Hunter. Rita (1933), G.-B.
Ivogün. Maria (1891), All.
Janowitz. Gundula (1937), All.
Jeritza. Maria (1887-1982), Tchéc. (nat. Autr.).
Joachim. Irène (1913), Fr.
Jones. Gwyneth (1936), P. de Galles.
Jurinac. Sena (1921), Autr. (or. Youg.).
Kabaïvanska. Raïna (1934), Bulg.
Knie. Roberta (1938), USA.
Köth. Erika (1927), All.
Kurz. Selma (1874-1933), Autr.
Larsen-Todsen. Nanny (1884-1982), Suède.
Lawrence. Marjorie (1907-79), Austr.
Lear. Evelyn (1928), USA.
Leblanc. Georgette (1875-1941), Fr.
Lehmann. Lilli (1848-1929), All.
Lehmann. Lotte (1888-1976), All. (nat. USA).
Leider. Frida (1888-1975), All.
Lemnitz. Tiana (1897), All.
Ligabue. Ilva (1932), It.
Lindholm. Berit (1934), Suède.
Lipp. Wilma (1925), Autr.
Litvinne. Felia (1860-1936), URSS.
Loose. Emmy (1914), Autr.
Lorengar. Pilar (1928), Esp.
Los Angeles. Victoria de (1923), Esp.
Lubin. Germaine (1887-1979), Fr.
Malibran (La), Maria Felicita Garcia (1808-36), Esp.
Maliponte. Adriana (1938), It.
Martinelli. Germaine (1887-1965), Fr.
Marton, Eva (Hongr.).
Masterson. Valérie (1937), G.-B.
Mathis. Edith (1936), Suisse.
Melba. Nellie (1861-1931), Austr.
Mesplé. Mady (1931), Fr.
Micheau. Janine (1914-76), Fr.
Migenes-Johnson, Julia (1948), USA.
Miranda. Ana-Maria (1937), Fr. et Arg.
Mödl. Martha (1912), All.
Moffo. Anna (1932), USA.
Moore. Grace (1901-47), G.-B.
Moser. Edda (1941), All.
Müller. Maria (1898-1958), Autr.
Muzio. Claudia (1889-1936), It.
Neblett. Carol (1946), USA.
Nelson. Judith (1939), USA.
Nespoulos. Marthe (1894-1962), Fr.
Nilsson. Birgit (1918), Suède.
Norman. Jessye (1945), USA (Noire).
Ott, Karin, Suisse.
Otto. Lisa (1919), All.
Paliughi. Lina (1911-1980), It.
Palmer. Felicity (1944), G.-B.
Pasta. Giuditta (1797-1865), It.
Patti. Adelina (1843-1919), It.
Peters. Roberta (1930), USA.
Pilarczyk. Helga (1925), All.
Pons. Lily (1898-1976), Fr. (nat. USA).
Ponselle. Rosa (1897-1981), USA.
Popp. Lucia (1939), Tch. (nat. Autr.).
Price. Leontyne (1927), USA (Noire).
Price. Margaret (1941), P. de Galles.
Reining. Maria (1903), Autr.
Rethberg. Elisabeth (1894-1976), All. (nat. USA).
Revoil. Fanely (1910), Fr.
Rhodes. Jane (1929), Fr.
Ricciarelli. Katia (1946), It.
Ritter-Ciampi. Gabri. (1886-1974), Fr.
Robin. Mado (1918-60), Fr.
Rodde. Anne-Marie (1943), Fr.
Ross. Elise (1947), USA.
Rothenberger. Anneliese (1924), All.
Rysanek. Léonie (1926), Autr.
Sack. Erna (1898-1972).
Sarroca. Suzanne (1927), Fr.
Sayao. Bidù (1902), Brés.
Schöne. Lotte (1891-1978), Autr. (nat. Fr.).
Schröder-Feinen. Ursula (1936), All.
Schumann. Elisabeth (1885-1952), All. (nat. USA).
Schwarzkopf. Elisabeth (1915), All.
Sciutti. Graziella (1932), It.
Scotto. Renata (1933), It.
Seefried. Irmgard (1919), All.
Silja. Anja (1935), All.
Sills. Beverly (1929), USA.
Slatinaru, Maria (1938), Roum.
Söderström. Elisabeth (1927), Suédoise.
Sontag. Henriette (1806-54), All.
Spoorenberg. Erna (1920), P.-Bas.
Stader. Maria (1911), Suisse.
Stapp, Olivia (1940), USA.
Steber. Eleanor (1916), USA.
Stich-Randall. Teresa (1927), USA.
Stratas. Teresa (Strataki, Anastasia[1]) (1938), Can.
Streich. Rita (1920), All.
Suliotis. Elena (1943), Grèce.
Sutherland. Joan (1926), Austr.
Tebaldi. Renata (1922), It.
Te Kanawa. Kiri (1943), N.-Zél.
Tetrazzini. Luisa (1871-1940), It.
Teyte. Maggie (1888-1976), G.-B.
Thorborg, Kerstin (1896-1970).
Tomowa-Sintow. Anna (1943), Bulg.
Traubel. Helen (1899-1972), USA.
Vallin. Ninon (1886-1961), Fr.
Varady. Julia (1941), Roum. (nat. All.).
Varnay. Astrid (1918), Suédoise (nat. USA).
Vejzovic. Dunja (1943), Youg.
Vichnievskaia. Galina (1926), URSS (nat. Suisse).
Vinzing. Ute (1936), All.
Welitsch. Ljuba (1913), Bulg.
Watson. Claire (1927), USA.
Yakar. Rachel (1938), Fr.
Zylis-Gara-Teresa (1935), Pol.

Mezzos

Arkhipova. Irina (1925), URSS.
Baker. Janet (1933), G.-B.
Baltsa. Agnes (1944), Grèce.
Barbieri. Fedora (1920), It.
Bathori. Jane (1877-1970), Fr.
Berberian. Cathy (1925-83), USA.
Berbié. Jane (1931), Fr.
Bouvier. Hélène (1905-78), Fr.
Branzell-Reinshagen, Karin (1891-1974), Suède.
Bumbry. Grace (1937), USA.
Coppey. Anne (1945), Fr.
Cortez. Viorica (1935), Roum. (nat. Fr.).
Cossoto. Fiorenza (1935), It.
Croiza. Claire (Conelly[1]) (1882-1946), Fr.
Denize. Nadine (1943), Fr.
Fassbaender. Brigitte (1939), All.
Gorr. Rita (1926), Belg.
Grey. Madeleine (1896), Fr.
Hesse. Ruth (1936), All.
Höngen. Elisabeth (1906), All.
Horne. Marilyn (1934), USA.
Killebrew. Gwendolyn (1939), USA.
Klose. Margarete (1902-68), All.
Kolassi. Irma (1918), Grèce (nat. Fr.).
Lenya. Lotte (1898-1981), Autr. (nat. USA).
Lindenstrand, Sylvia (1941), Suède.
Ludwig. Christa (1928), All.
Merriman. Nan (1920), USA.
Meyer. Kerstin (1928), Suède.
Miltcheva, Alexandrina (1934), Bulg.
Minton. Yvonne (1938), Austr.
Murray. Ann (1949), G.-B.
Nafe. Alicia (1947), Arg.
Nigoghossian, Somia (1944), Fr.
Obraztsova. Elena (1937), URSS.
Randova. Eva (1936), Tchéc.
Schmidt, Trudeliese (1941), All.
Simionato. Giulietta (1910), It.
Soukupova. Vera (1932), Tchéc.
Stade. Frederica von (1945), USA.
Stignani. Ebe (1904-74), It.
Supervia. Conchita (1895-1936), Esp.
Troyanos. Tatiana (1939), USA.
Valentini-Terrani. Lucia (1946), It.
Veasey. Josephine (1930), G.-B.
Verrett. Shirley (1931), USA.
Viardot. Pauline (1821-1910), Fr.
Watkinson. Carolyn (1949), G.-B.

Altos

Bugarinovic. Melania (1905), Youg.
Burmeister. Annelies (1930), All. dém.
Delna. Marie (1875-1932), Fr.
Dominguez. Oralia (1927), Mex.
Finnilä. Birgit (1931), Suède.
Hamari. Julia (1942), Hongr. (nat. All.).
Höffgen. Marga (1921), All.
Resnik. Regina (1922), USA.
Rössel-Majdan. Hildegard (1921), Autr.
Taillon, Jocelyne (1941), Fr.
Töpper. Herta (1924), Autr.

Contraltos

Alboni. Marietta (1823-94), It.
Anderson. Marian (1902), USA.
Bollen. Ria (1942), Belg.
Collard. Jeanine (1923), Fr.
Ferrier. Kathleen (1912-53), G.-B.
Forrester. Maureen (1930), Can.
Heynis. Aafje (1924), P.-Bas.
Matzenauer. Margarete (1881-1963), Autr. (nat. USA).
Onegin. Sigrid (1889-1943), Suède.
Procter. Norma (1928), G.-B.
Reynolds. Anna (1936), G.-B.
Scherr. Vera (1944), All.
Watts. Helen (1927), G.-B.
Wenkel. Ortrun (1942), All.

Nota. — (1) Vrai nom.

Accordéon

Nota. — Français sauf indication.

Abbott. Alain (1938).
Aimable (Pluchart) (1922).
Astier. Astier (1923).
Azzola. Marcel (1930), or. ital.
Baselli. Joss (1926-82).
Beau, Bertrand.
Bonnay, Max (1957).
Carrara. Émile (1915).
Cocquemont, Philippe.
Corchia. Primo (1913), or. ital.
Dardy. Philippe.
Deprince. Adolphe.
Ferla. Guy.
Horner. Yvette.
Legrand. Loulou.
Marceau. Victor.
Murena. Tony (1917), or. ital.
Privat. Jo (1919).
Prud'homme. Émile (1913).
Rossi. Joe (1922).
Roussel. Gilbert (1930).
Secheresse. Marie-Antoinette.
Siozade. Raymond.
Vacher. Émile.
Verchuren. André.
Verstraete. Charles (1924).
Viseur. Gus (1916-74), Belg.

Alto

Aronowitz. Cecil (1916-78), G.-B.
Bashmet, Youri (1953), URSS.
Bianchi. Luigi Alberto (1945), It.
Caussé. Gérard (1948), Fr.
Chaves. Ana Bela (1952), Port.
Collot. Serge (1923), Fr.
Fukai, Hirofumi (1942) Jap.
Giuranna. Bruno (1933), It.
Golan. Ron (1924), Suisse.
Imai. Nobuko (n.c.), Jap.
Katims. Milton (1909), USA.
Pasquier. Bruno (1943), Fr.
Primrose. William (1903-82), Écossais (G.-B.).
Tertis. Lionel (1876-1975), G.-B.
Vieux. Maurice (1884-1951), Fr.

Basson

Allard. Maurice (1923), Fr.
Hongne. Paul (n.c.), Fr.
Oubradous, Fernand (1903-86), Fr.
Sennedat, André (1929), Fr.

Clarinette

Berkes. Kálmán (1952), Hongr.
Boeykens. Walter (1938), Belg.
Brymer. Jack (1915), G.-B.
Dangain. Guy (1935), Fr.
Delécluse. Ulysse (1907), Fr.
De Peyer. Gervase (1926), G.-B.
Deplus. Guy (1924), Fr.
Drucker. Stanley (1929), USA.
Glazer, David (1913), USA.

Hacker, Alan (1938), G.-B.
Klosé, Hyacinthe (1808-80), Fr.
Kovács, Béla (1937), Hongr.
Lancelot, Jacques (1938), Fr.
Leister, Karl (1937), All.
Lethiec, Michel (1946), Fr.
Portal, Michel (1935), Fr.
Prinz, Alfred (1920), Autr.
Sennedat, André (1929), Fr.

Clavecin

Ahlgrimm, Isolde (1914), Autr.
Boulay, Laurence (1925), Fr.
Caumont, Catherine (1947), Fr.
Chojnacka, Elisabeth (1939), Pol. (nat. Fr.).
Christie, William (1944), USA.
Curtis, Alan (1934), USA.
Dart, Thurston (1921-71), G.-B.
Delfosse, Michèle (1939), Fr.
Dreyfus, Huguette (1928), Fr.
Gerlin, Ruggero (1899-1983), It.
Gilbert, Kenneth (1932), Can.
Grémy-Chauliac, Huguette (1928), Fr.
Haudebourg, Brigitte (1942), Fr.
Hogwood, Christopher (1941), G.-B.
Kipnis, Igor (1930), USA.
Kirkpatrick, Ralph (1911-84), USA.
Koopman, Ton (1944), Hol.
Landowska, Wanda (1879-1959), Fr. (or. Pol.).
Leonhardt, Gustav (1928), P.-Bas.
Leppard, Raymond (1927), G.-B.
Lindley, Patrick H. (1947), USA.
Malcolm, George (1917), G.-B.
Nef, Isabelle (1895-1976), Suisse.
Picht-Axenfeld, Edith (1914), All.
Pinnock, Trevor (1946), G.-B.
Pischner, Hans (1914), All. dém.
Puyana, Rafaël (1931), Colombie.
Ross, Scott (1951), USA.
Ruzicková, Zuzana (1927), Tchéc.
Sgrizzi, Luciano (1910), It.
Tilney, Colin (1933), G.-B.
Van de Wiele, Aimée (1907), Belg.
Van Immerseel, Jos (1945), Belg.
Verlet, Blandine (1942), Fr.
Veyron-Lacroix, Robert (1922), Fr.

Cor

Barboteu, Georges (1924), Fr.
Baumann, Hermann (1934), All.
Bourgue, Daniel (1937), Fr.
Brain, Dennis (1921-57), G.-B.
Civil, Alan (1929), G.-B.
Del Vescovo, Pierre (1929), Fr.
Petr, Milos (1933), Tchéc.
Seifert, Gerd (1931), All.
Tuckwell, Barry (1931), Austr.

Cymbalon

Fábián, Màrta (1946), Hongr.
Gerencsér, Ferenc (1923), Hongr.

Flûte et flûte à bec

Adorjan, Andras (1944), Hongrie.
Artaud, Pierre-Yves (1946), Fr.
Baker, Julius (1915-76), USA.
Bourdin, Roger (1923-76), Fr.
Brüggen, Frans (1934), P.-Bas.
Clemencic, René (1928), Autr.
Debost, Michel (1934), Fr.
Fumet, Gabriel (1937), Fr.
Galway, James (1938), Irl.
Gaubert, Philippe (1879-1941), Fr.
Gazzelloni, Severino (1919), It.
Graf, Peter-Lukas (1929), Suisse.
Kuijken, Berthold (1949), Belg.
Lardé, Christian (1930), Fr.
Larrieu, Maxence (1934), Fr.
Linde, Hans Martin (1930), Suisse.
Marion, Alain (1938), Fr.
Moyse, Marcel (1889-1984), Fr.
Munchinger, John, Robert.
Munrow, David (1942-76), G.-B.
Nicolet, Aurèle (1926), Suisse.

Otten, Kees (1924), P.-Bas.
Rampal, Jean-Pierre (1922), Fr.
Shaffer, Elaine (1930-1973), USA.
Stilz, Manfred (1946), All.
Taffanel, Paul (1844-1908), Fr.
Veilhan, Jean-Claude (1940), Fr.
Zamfir, Gheorghe (1941), Roum.
Zöller, Karlheinz (1928), All.

Guitare

Alfonso, Nicolas (Esp., 1913), Belg.
Andia, Rafaël (1942), Fr.
Barrueco, Manuel (1952), Cubain (nat. USA).
Behrend, Siegfried (1933), All.
Bream, Julian (1933), G.-B.
Brouwer, Léo (1939), Cuba.
Caceres, Oscar (1938), Urug.
Davezak, Betho (1938), Uruguay.
Diaz, Alirio (1923), Venezuela.
Dintrich, Michel (1933), Fr.
Lagoya, Alexandre (1929), Fr.
Polasek, Barbara (1941), Tchéc.
Ponce, Alberto (1935), Esp.
Presti, Ida (1924-67), Fr.
Pujol, Emilio (1886-1980), Esp.
Ragossnig, Konrad (1932), Autr.
Romero, P. (1944), Esp. (nat. USA).
Santos, Turibio (1943), Brésil.
Scheit, Karl (1909), Autr.
Segovia, Andrès (1894), Esp.
Szendrey Karper, Làszló (1932), Hongr.
Williams, John (1942), G.-B.
Yepes, Narciso (1927), Esp.

Harpe

Cambreling, Frédérique (1956), Fr.
Challan, Annie (1940), Fr.
Flour, Mireille (1906-84), Fr. (nat. Belg.).
Gallais, Bernard (1930), Fr.
Géliot, Martine (1948), Fr.
Grandjany, Marcel (1891-1975), Fr.
Holliger, Ursula (1937), Suisse.
Jamet, Marie-Claire (1933), Fr.
Jamet, Pierre (1893), Fr.
Laskine, Lily (1893), Fr.
Michel, Catherine (1948), Fr.
Mildonian, Susanna (1941), Arménie (nat. It. puis Belg.).
Nordmann, Marielle (1941), Fr.
Pierre, Francis (1931), Fr.
Renié, Henriette (1875-1956), Fr.
Robles, M. (1937), Esp. (nat. G.-B.).
Zabaleta, Nicanor (1907), Esp.

Hautbois

Bourgue, Maurice (1939), Fr.
Craxton, Janet (1929), G.-B.
Debray, Lucien (n.c.), Fr.
Goossens, Leon (1897), G.-B.
Holliger, Heinz (1939), Suisse.
Koch, Lothar (1935), All.
Malgoire, Jean-Claude (1940), Fr.
Maugras, Gaston (1938), Fr.
Pierlot, Pierre (1921), Fr.
Piguet, Michel (1932), Suisse.
Vandeville, Jacques (1930), Fr.
Winschermann, Helmut (1920), All.

Luth et Luth oriental

Bachim, Jamil (1925-77), Irak.
Besson, Kléber (n.c.), Fr.
Bream, Julian (1933), G.-B.
Dupré, Desmond (1916-74), G.-B.
Gerwig, Walter (1899-1967), All.
Huelle, Philippe (1952), Fr.
Robert, Guy (1943), Fr.
Rooley, Antony (1944), G.-B.
Smith, Hopkinson (1946), USA.
Spencer, Robert (1932), G.-B.
Verle, Fabienne (1954), Fr.

Ondes Martenot

Deslogères, Françoise (1929), Fr.
Laurendeau, Jean (1938), Can.

Loriod, Jeanne (1928), Fr.
Martenot, Ginette (1902), Fr.
Murail, Tristan (1947), Fr.

Orgue

Alain, Marie-Claire (1926), Fr.
Asma, Feike (1912), P.-Bas.
Bailleux, Odile (1939), Fr.
Baker, George C. (1951), USA.
Benbow, Charles (1947), USA.
Bonnet, Joseph (1886-1944), Fr.
Boyer, Jean (1948), Fr.
Brosse, Jean-Patrice (1950), Fr.
Chaisemartin, Suzanne (1923), Fr.
Chapelet, Francis (1934), Fr.
Chapuis, Michel (1930), Fr.
Cochereau, Pierre (1924-84), Fr.
Commette, Édouard (1883-1967), Fr.
Costa, Jean (1924), Fr.
Darasse, Xavier (1934), Fr.
Delvallée, Georges (1937), Fr.
Devernay, Yves (1937), Fr.
Dupré, Marcel (1886-1971), Fr.
Duruflé, Maurice (1902), Fr.
Falcinelli, Rolande (1920), Fr.
Fleury, André (1903), Fr.
Foccroulle, Bernard (1953), Belg.
Franck, César (1822-90), Belg. (nat. Fr.).
Gavoty, Bernard (1908-81), Fr.
Gigout, Eugène (1844-1925), Fr.
Gil, Jean-Louis (1951), Fr.
Girod, Marie-Louise (1915), Fr.
Grunenwald, J.-J. (1911-82), Fr.
Guillou, Jean (1930), Fr.
Guilmant, Alexandre (1837-1911), Fr.
Heiller, Anton (1923-79), Autr.
Houbart, François-Henri (1952), Fr.
Isoir, André (1935), Fr.
Koopman, Ton (1944), P.-Bas.
Langlais, Jean (1907), Fr.
Lanzky-Otto, Ib (1940), Suède.
Lefebvre, Philippe (1949), Fr.
Lehotka, Gabor (1934), Hongr.
Litaize, Gaston (1909), Fr.
Marchal, André (1894-1980), Fr.
Messiaen, Olivier (1908), Fr.
Peeters, Flor (1903), Belg.
Pierre, Odile (1932), Fr.
Puig-Roget, Henriette (1910), Fr.
Richter, Karl (1926-81), All.
Robert, Georges (1928), Fr.
Robillard, Louis (1939), Fr.
Rogg, Lionel (1936), Suisse.
Roth, Daniel (1942), Fr.
Saint-Martin, Léonce de (1886-1954), Fr.
Saint-Saëns, Camille (1835-1921), Fr.
Saorgin, René (1928), Fr.
Straube, Karl (1873-1950), All.
Tagliavini, L.F. (1929), It.
Thiry, Louis (1935), Fr.
Tournemire, Charles (1870-1939), Fr.
Trillat, Ennemond (1890-1980), Fr.
Vidal, Pierre (1927), Fr.
Viderö, Finn (1906), Dan.
Vierne, Louis (1870-1937), Fr.
Walcha, Helmut (1907), All.
Weir, Gillian (1941), Nou.-Zél.
Widor, Ch.-Marie (1845-1937), Fr.
Zacher, Gerd (1929), All.
Ziegler, Klaus Martin (1929), All.

Percussion

Caskel, Christoph (1932), All.
Chemirami (n.c.), Iran.
Drouet, Jean-Pierre (1935), Fr.
Gualda, Sylvio (1939), Fr.
Jacquet, Alain (n.c.), Fr.
Masson, Diego (1935), Fr.

Piano

Achot, Tania (1937), Iran (nat. Port.).
Akl, Walid (1945), Liban.
Anda, Géza (1921-76), Hongr. (nat. Suisse).
Argerich, Martha (1941), Arg.

Arrau, Claudio (1903), Chili.
Ashkenazy, Vladimir (1936), URSS (nat. isr.).
Askenase, Stefan (1896-1985), Belg.
Backhaus, Wilhelm (1884-1969), All.
Badura-Skoda, Paul (1927), Autr.
Barbizet, Pierre (1922), Fr.
Barenboïm, Daniel (Argent., 1942), Isr.
Benedetti-Michelangeli, Arturo (1920), It.
Berman, Lazar (1930), URSS.
Béroff, Michel (1950), Fr.
Biret, Idil (1941), Turque.
Bishop-Kovacevitch, Stephen (1940), USA.
Bœgner, Michèle (1939), Fr.
Bolet, Jorge (1914), Cubain (nat. USA).
Boschi, Hélène (1917), Fr.
Boukoff, Yuri (1923), Bulg. (nat. Fr.).
Braïlowsky, Alexandre (Russie, 1896-1976), USA.
Brendel, Alfred (1931), Autr.
Brunhoff, Thierry de (1934), Fr.
Casadesus, Robert (1899-1972), Fr.
Chailley-Richez, Céliny (1884-1973), Fr.
Cherkassky, Shura (1911), URSS (nat. USA).
Ciccolini, Aldo (1925), It. (nat. Fr.).
Clidat, France (1932), Fr.
Collard, Catherine (1947), Fr.
Collard, Jean-Philippe (1948), Fr.
Cortot, Alfred (1877-1962), Fr.
Curzon, Sir Clifford (1907-82), G.-B.
Cziffra, Georges (1921), Hongr. (nat. Fr.).
Dalberto, Michel (1955), Fr.
Darré, Jeanne-Marie (1905), Fr.
Davidovitch, Bella (1928), URSS (nat. USA).
Demus, Jörg (1928), Autr.
Devetzi, Vasso (1927), Grèce.
Dikov, Anton (1938), Bulg.
Doyen, Jean (1907-82), Fr.
Drenikov, Ivan (1945), Bulg.
Duchable, François-René (1952), Fr.
Egorov, Youri (1954), URSS.
Engerer, Brigitte (1952), Fr.
Entremont, Philippe (1934), Fr.
Eschenbach, Christoph (1940), All.
Estrella, Miguel Angel (1936), Arg.
Février, Jacques (1900-79), Fr.
Fischer, Annie (1914), Hongr.
Fischer, Edwin (1886-1960), Suisse.
Foldes, Andor (Hongr., 1913), USA.
François, Samson (1924-1970), Fr.
Frémy, Gérard (1935), Fr.
Gage, Irwin (1939), USA.
Gelber, Bruno-Leonardo (1941), Arg.
Gheorghiu, Valentin (1928), Roum.
Gianoli, Reine (1915-79), Fr.
Gieseking, Walter (1895-1956), All.
Gould, Glenn (1932-82), Can.
Groot, Cor de (1914), P.-Bas.
Guilels, Emil (1916-85), URSS.
Gulda, Friedrich (1930), Autr.
Haas, Monique (1909), Fr.
Haas, Werner (1931-76), All.
Haebler, Ingrid (1926), Autr.
Hanafusa, Harumi (1952), Jap.
Haskil, Clara (1895-1960), Roum. (nat. Suisse).
Heidsieck, Eric (1936), Fr.
Helffer, Claude (1922), Fr.
Henriot, Nicole (1925), Fr.
Hofmann, Josef (1876-1957), Pol. (nat. USA).
Horowitz, Vlad. (1904), Russie (nat. USA).
Indjic, Eugène (1947), USA.
Istomin, Eugene (1925), USA.
Iturbi, José (1895-1980), Esp.
Ivaldi, Christian (1938), Fr.
Janis, Byron (1928), USA.
Kahn, Claude (1939), Fr.
Kalichstein, Joseph (1946), Israël.
Katchen, Julius (1926-69), USA.
Katsaris, Cyprien (1951), Fr.
Kempff, Wilhelm (1895), All.
Kentner, Louis (1905), Hongr. (nat. G.-B.).
Kocsis, Zoltan (1952), Hongr.

Kontarsky. Alfons (1932), All.
Kontarsky. Aloys (1931), All.
Kraus. Lili (1908), Hongr. (nat. USA).
Labèque. Katia (1953), Fr.
Labèque. Marielle (1956), Fr.
La Bruchollerie. Monique de (1915-72), Fr.
Larrocha. Alicia de (1923), Esp.
Laval. Danièle (1939), Fr.
Lee. Noël (1924), USA.
Lefébure. Yvonne (1904-86), Fr.
Lhévinne. Josef (1874-1944), USA (or. Russie).
Lipatti. Dinu (1917-50), Roum.
Long. Marguerite (1874-1966), Fr.
Loriod. Yvonne (1924), Fr.
Lupu. Radu (1945), Roum.
Magaloff. Nikita (1912), Suisse (or. Russie).
Malcuzynski. Witold (1914-77), Pol.
Menuhin. Hephzibah (1920-81), USA.
Menuhin. Jeremy (1951), USA.
Merlet. Dominique (1938), Fr.
Moore. Gerald (1899), G.-B.
Nat. Yves (1890-1956), Fr.
Ogdon. John (1937), G.-B.
Osinska. Eva (1941), Pol.
Ousset. Cécile (1936), Fr.
Paderewski. Ignacy (1860-1941), Pol.
Palenicek. Josef (1914), Tchéc.
Pennetier. Jean-Claude (1942), Fr.
Perahia. Murray (1947), USA.
Perlemuter. Vlado (1904), Fr. (or. Pol.).
Pires. Maria-João (1944), Port.
Planté. Francis (1839-1934), Fr.
Pludermacher. Georges (1944), Fr.
Pogorelich, Ivo (1958), Youg.
Pollini. Maurizio (1942), It.
Pommier. Jean-Bernard (1944), Fr.
Pugno. Raoul (1852-1914), Fr.
Quéffélec. Anne (1948), Fr.
Rachmaninov. Sergueï (1873-1943), Russie.
Ránki. Dezsö (1951), Hongr.
Richter. Sviatoslav (1914), URSS.
Richter-Haaser, Hans (1912-80), All.
Rigutto. Bruno (1945), Fr.
Risler. Édouard (1873-1929), Fr.
Ringeissen. Bernard (1934), Fr.
Rogé. Pascal (1951), Fr.
Rubinstein. Artur (1887-1982), Pol. (nat. USA).
Rudy. Michael (1953), URSS (nat. Fr.).
Sabran, Gersende de (1942 ; ép. duc d'Orléans, fils du comte de Paris), Fr.
Sancan. Pierre (1916), Fr.
Sándor, György (1912), Hongr. (nat. USA).
Schiff. Andràs (1953), Hongr.
Schnabel. Artur (Pol. 1881-1951), Autr. (nat. USA).
Sequeira-Costa. José (1929), Port.
Serkin. Rudolf (1903), Autr. (nat. USA).
Södergren. Inger (1947), Suède.
Solomon. (1902), G.-B.
Tacchino. Gabriel (1934), Fr.
Tagliaferro. Magda (1890), Fr.
Thibon. Catherine (1942), Fr.
Thiollier. François-Joël (1943), Fr.
Van Cliburn (1934), USA.
Vásáry. Tamás (1933), Hongr.
Vianna da Motta. José (1868-1948), Port.
Vines. Ricardo (1875-1943), Esp.
Weissenberg. Alexis (Sofia, 1929), Fr.
Wittgenstein. Paul (1887-1961), Autr. (nat. USA).
Yankoff. Ventsislav (1926), Bulgare (nat. Fr.).
Zelter. Mark (1947), URSS.
Zimerman. Krystian (1956), Pol.

Saxophone

Deffayet. Daniel (1922), Fr.
Londeix. Jean-Marie (1932), Fr.
Mule. Marcel (1901), Fr.

Trompette

André. Maurice (1933), Fr.
Bernard. André (1946), Fr.
Calvayrac. Albert (1934), Fr.
Delmotte. Roger (1925), Fr.
Hardy. Francis (n.c.), Fr.
Scherbaum. Adolf (1909), All.
Soustrot. Bernard (1954), Fr.
Tarr. Edward (1936), USA.
Thibaud. Pierre (1929), Fr.
Touvron. Guy (1950), Fr.

Viole de gambe

Casademunt. Sergi (n.c.), Esp.
Charbonnier. Jean-Louis (1951), Fr.
Coin. Christophe (1958), Fr.
Harnoncourt. Nik. (1929), Autr.
Kuijken. Wieland (1938), Belg.
Savall. Jordi (1941), Esp.
Wenzinger. August (1905), Suisse.

Violon

Accardo. Salvatore (1941), It.
Amoyal. Pierre (1949), Fr.
Auer, Leopold (1885-1930), Hongr.
Bull, Ole (1810-1880), Norv.
Busch. Adolf (1891-1952), All. (nat. Suisse).
Campoli. Alfredo (1906), It.
Chung. Kyung-Wha (1948), Corée.
Dumay. Augustin (1949), Fr.
Enesco. Georges (1881-1955), Roum.
Erlih. Devy (1928), Fr.
Elman, Mischa (1891-1967), Russie (nat. USA).
Ferras. Christian (1933-82), Fr.
Flesch. Carl (1873-1944), Hongr.
Fontanarosa. Patrice (1942), Fr.
Francescatti. Zino (1905), Fr.
Gertler. André (1907), Hongr. (nat. Belg).
Gitlis. Ivry (1927), Israël (vit en France).
Grumiaux. Arthur (1921), Belg.
Heifetz. Jascha (1899), Litu. (nat. USA).
Hoelscher, Ulf (1942), All.
Huberman. Bronislaw (1882-1947), Pol.
Jarry. Gérard (1936), Fr.
Joachim. Josef (1831-1907), Hongr.
Kagan. Oleg (1946), URSS.
Kang. Dong Suk (1954), Corée.
Kantorow. Jean-Jacques (1945).
Kogan. Leonid (1924-82), URSS.
Kovács. Dénes (1930), Hongr.
Krebbers. Herman (1923), P.-Bas.
Kreisler. Fritz (1875-1962), Autr. (nat. USA).
Kremer. Gidon (1947), URSS (vit en All. Féd.).
Krivine. Emmanuel (1947), Fr.
Kubelík. Jan (1880-1940), Tchéc.
Kuijken. Sigiswald (1944), Belg.
Kulenkampff. Georg (1898-1948), All.
Kulka. Konstanty Andrzej (1947), Pol.
Lin. Cho-Liang (1960), Chine (nat. USA).
Loewenguth, Alfred (1911-83), Fr.
Melkus. Eduard (1928), Autr.
Menuhin. Sir Yehudi (1916), USA, G.-B. et Suisse (or. URSS).
Milanova. Stoïka (1945), Bulg.
Milstein. Nathan (1904), USA (or. Russie).
Mintcho, Mintchev (1948), Bulg.
Mintz. Shlomo (1957), USA (or. URSS-Israël).
Mutter. Anne-Sophie (1963), All.
Neveu. Ginette (1919-49), Fr.
Nicolas. Marie-Annick (1956), Fr.
Oïstrakh. David (1908-74), URSS.
Oïstrakh. Igor (1931), URSS.
Oleg, Raphaël (1959), Fr.
Olof. Theo (1924), P.-Bas.
Pasquier. Régis (1945), Fr.
Peinemann. Édith (1937), All.
Perlman. Itzhak (1945), Israël.
Pikaisen. Viktor (1933), URSS.
Ricci. Ruggiero (1920), USA (or. It.).
Rosand. Aaron (1927), USA.
Sarasate. Pablo de (1844-1908), Esp.
Schneider. Alexandre (1908), USA.
Schneiderhan. Wolfgang (1915), Autr.
Sitkovetski. Dmitri (1954), URSS émigré aux USA.
Spivakov. Vladimir (1944), URSS.
Stern. Isaac (1920), USA (or. URSS).
Suk. Josef (1929), Tchéc.
Székely. Zoltán (1903), Hongr. (nat. USA).
Szeryng. Henryk (1918), Pol. (nat. Mex.).
Szigeti. Joseph (1892-1973), Hongr. (nat. USA).
Thibaud. Jacques (1880-1953), Fr.
Tretiakov, Viktor (1946), URSS.
Ughi, Uto (1944), It.
Varga. Tibor (1921), Hongr. (nat. G.-B.).
Voicu. Ion (1925), Roum.
Wallez. Jean-Pierre (1939), Fr.
Werthen. Rudolf (1946), Belg.
Wieniawski, Henryk (1835-80), Pol.
Wilkomirska. Wanda (1929), Pol.
Yordanoff. Luben (1926), Bulg. (nat. Monégasque).
Ysaÿe. Eugène (1858-1931), Belg.
Zukerman. Pinchas (1948), Israël.

Violoncelle

Bazelaire. Paul (1886-1958), Fr.
Becker. Hugo (1863-1954), All.
Cassadó. Gaspar (1897-1966), Esp.
Casals. Pablo (1876-1973), Esp.
Chiffoleau, Yvan (1956), Fr.
Chuchro. Josef (1931), Tchéc.
Du Pré. Jacqueline (1945), G.-B..
Feuermann. Emanuel (1902-42), Pol. (nat. USA).
Flachot. Reine (1922), Fr.
Fontanarosa. Renaud (1946), Fr.
Fournier. Pierre (1906-86), Fr.
Gendron. Maurice (1920), Fr.
Geringas, David (1946), URSS (émigré en All. féd.).
Gueorgian, Karine, URSS.
Harrell. Lynn (1944), USA.
Jablonski. Roman (1945), Pol.
Janigro. Antonio (1918), It.
Lodéon. Frédéric (1952), Fr.
Mainardi. Enrico (1897-1976), It.
Maisky. Mischa (1948), URSS (vit en France).
Maréchal. Maurice (1892-1964), Fr.
Markevitch. Dimitry (1923), USA (or. URSS).
Ma, Yo-yo (1955), USA (or. Chine).
Meunier. Alain (1942), Fr.
Navarra. André (1911), Fr.
Noras. Arto (1942), Finl.
Palm. Siegfried (1927), All.
Perényi. Miklós (1948), Hongr.
Piatigorski. Gregor (1903-76), Russie (nat. USA).
Pidoux. Roland (1946), Fr.
Rose. Leonard (1918-84), USA.
Rostropovitch. Mstislav (1927), URSS (nat. Suisse).
Sádlo, Miloš (1912), Tchéc.
Schiff. Heinrich (1947), Autr.
Starker. János (1924), Hongr. (nat. USA).
Tortelier. Paul (1914), Fr.
Walevska. Christine (1948), USA.

Jazz

Nota. — Américain, sauf indication.

☞ Voir aussi **Personnalités** à l'Index.

Adderley. Julian Edwin (1928-75), S.
Armstrong. Louis Daniel (4-7-1900/6-7-71), Tp. Ch. Comp. C. d'or. N.

Liste des abréviations

Accordéon : Accor.	Harmonica : H.
Alto : Al.	Mandoline : Man.
Banjo : Ban.	Noir : N.
Batteur : Bat.	Orgue : O.
Blanc : Bl.	Pianiste : Pian.. Pi.
Chanteur (se) : Ch.	Saxo : S.
Chef d'orch. : C. d'or.	Ténor : Tén.
Clarinettiste : Cl.	Trombone : Tb.
Compositeur : Comp. Cp.	Trompettiste : Tp.
Contrebasse : C.	Vibraphoniste : Vi.
Cornettiste : Co.	Violoniste : Viol.
Guitariste : Gui.	Washboard : Wb.

Ayler. Albert (1936-70), S. N.
Baquet. George (1883-1949), Cl. N.
Barbieri. Gato (1933), S. Tén. Argentin Bl.
Basie. Count (William) (1904-84), Pian. O. C. d'or. N.
Bechet. Sidney (1887-1959), Cl. S. soprano, Comp. N.
Beiderbecke. Bix (Léon) (1903-31), Tp. Co. Pian. Bl.
Bellson. Louie (6-7-1924), Bat. Bl.
Berry. Chew (Leon) (1910-41), S. N.
Bigard. Barney (1906-80), Cl. et S. Tén. N.
Blake. Eubie (1883-1983), Cp. et Pi. N.
Blakey. Art (11-10-1919), Bat. N.
Bolden. Buddy (1877-1931), Tp. N.
Bolling. Claude (10-4-1930), Pi. Bl.
Braxton. Anthony (1945), S. N.
Brown. Charles (1920), Gui. N.
Brubeck. Dave (1920), Pian. Bl.
Buckner. Milt (1915-77), Pian. Vi. O. C. d'or. Bl.
Bunn. Teddy (1909-78), Gui. N.
Burton. Gary (1943), Vi. Bl.
Byas. Carlos Don (1912-72), S. N.
Byrd. Charlie (1925), Gui. Bl.
Calloway. Cab. (25-12-07), Ch. C. d'or. N.
Carter. Benny (8-8-1907), S. Al. Tp. Cl. Comp. C. d'or. N.
Catlett. Sidney (1910-51), Bat. N.
Celestin. Papa (1884-1954), Tp. N.
Charles. Ray (23-9-1932), Ch. Pian. S. Al. O. C. d'or. N.
Cherry. Don (Donald) (1936), Tp.
Christian. Charlie (1919-42), Gui. N.
Clarke. Kenny (1914-85), Bat. N.
Clayton. Buck (Wilber) (12-11-1911), Tp. N.
Cohn. Al (1925), S. Tén. Bl.
Cole. Cozy (1909-81), Bat. N.
Cole. Nat King (Nathaniel) (17-3-1917/16-2-65), Pian. Ch. N.
Coleman. Bill (1904-81), Tp.
Coleman. Ornette (1930), S. Al. N.
Collins. Lee (1901-60), Tp. N.
Coltrane. John (1926-67), S. Cp. N.
Combelle. Alix (1912-78), S. Tén. Cl. C. d'or. Bl. (Franç.).
Condon. Eddie (1905-73), Ban. Gui. Bl.
Corea. Chick (1941), Pian. N.
Davis. Eddie « Lockjaw » (2-3-1922), S. Tén. N.
Davis. Miles (1926), Tp. Comp. N.
Desmond. Paul (1924-77), Al. Bl.
Diddley. Bo (Ellas Mc Daniel) (1928).
Dodds. Baby (1898-1959), Bat. N.
Dodds. Johnny (1892-1940), Cl. N.
Dolphy, Eric (1928-64), Al., Cl. N.
Domino. Fats (1928), Pi. Ch. C. d'or. N.
Dorsey. Jimmy (James) (1904-57), S. Al. Cl. C. d'or. Bl.
Dorsey. Tommy (1905-56), Tb. Tp. C. d'or. Bl.
Eckstine. Billy (W.C. Eckstein) (1914), C. d'or. Ch. N.
Edison. Sweets (Harry) (10-10-1915), Tp. N.
Eldridge. Roy (1911), Tp. N.
Ellington. Duke (29-4-1899/24-5-1974), Pian. C. d'or. Comp. N.
Evans. Bill (1929-80), Pian.
Evans. Gil (1912), Pian. C. d'or. Bl.

Fitzgerald. Ella (25-4-1918), Ch. N.
Foster. Pops (George-Murphy) (1892-1969), C. N.
Garner. Erroll (1921-77), Pian. N.
Getz. Stan (1927), S. Tén. Bl.
Gillespie. Dizzy (John) (21-10-1917), Tp. C. d'or. N.
Goodman. Benny (30-5-1909), Cl. C. d'or. Bl.
Grappelli. Stéphane (26-1-1908), Viol. Pian. Bl. (Français).
Guerin. Beb (1941-80), C.
Gullin. Lars (1928-76), S. Bl. Sué.
Hampton. Lionel (20-4-1913), Bat. Pian. Vi. C. d'or. N.
Harrison. Jimmy (James Henry) (1900-1931), Tb. Ch. N.
Hawkins. Coleman (1904-69), S. Tén. N.
Henderson. Fletcher (18-12-1898/29-12-1952), Pian. Comp. C. d'or. N.
Herman. Woody (1913), Cl. C. d'or. Bl.
Hines. Earl (1905-83), Pian. Comp. C. d'or. N.
Hodges. Johnny (Cornelius) (1906-70), S. Al. C. d'or. N.
Holiday. Billie (1915-59), Ch., N.
Howlin' wolf (Chester Burnett) (1910-76), Ch. Gui.
Jackson. Chubby (Greig Stewart) (25-10-1918), C. Bl.
Jackson. Mahalia (1911-72), Ch. N.
Jackson. Milt (1923), Vi. N.
Jackson. Tony (1876-1921), Pi. Ch. N.
Jacquet. Illinois (Bapt.) (1922), S. Tén. N.
Jarrett. Keith (1945), Pian. Bl.
Johnson. Bunk (Will.) (1879-1949), Tp. N.
Johnson. James P. (1894-1955), Pi. N.
Johnson. Jay Jay (James Louis) (1924), Tb. N.
Johnson. Jimmy (James P.) (1894-1955), Pian. Comp. N.
Johnson. Luther (1934-76), Ch. Gui.
Jones. Hank (1918), Pian. N.
Jones. Joe (1911-85), Bat.
Jones. Philly Joe (1923-85), Bat. N.
Jones. Thad (1923), Tb. N.
Joplin. Scott (1868-1917), Pi. Cp. N.
Keppard. Freddy (1889-1933), Tp. N.
King. Freddie (1932-76), Gui. N.
Kirk. Roland (1935-1977), S. Tén. N.
Konitz. Lee (1927), S. Al. Bl.
Krupa. Gene (1909-73), Bat. C. d'or. Bl.
Ladnier. Tommy (1900-39), Tp.
Lafitte. Guy (1927), S. Tén. Cl. Bl. (Franç.).
La Rocca. Nick (1899-1961), Co. Comp. Bl.
Levy. Lou (1928), Pian. N.
Lewis. John (1920), Pi. et C. d'or. N.
Lunceford. Jimmie (James Melvin) (1902-47), C. d'or. S. N.
Luter. Claude (23-7-1923), Cl. C. d'or. Bl. (Français).
Lyons. Jimmy (1932), S.
Makowicz. Adam (1940), Pian. Pol.
Marsalis. Wynton, Tp. N.
McLean. Jackie (John Lenwood) (1932), S.
Mezzrow. Milton (« Mezz ») (1899-1972), Cl. S. C. d'or. Comp. Bl.
Miley. Bubber (James) (1903-32), Tp. N.
Miller. Glenn (1904-44), Tb. C. d'or. Bl.
Mingus. Charles (1922-79), C. N.
Monk. Thelonious (1917-82), Pi. N.
Morton. Jelly Roll (Ferdinand Jos. La Menthe) (20-9-1885/10-7-1941), Pian. Comp. Ch. C. d'or. N.
Mulligan. Gerry (1927), S. baryt. Bl.
Nelson. Big Eye Louis (Louis Delisle) (1885-1949), Cl. N.
Newborn. Phineas (1931), Pian. N.
Nicholas. Alb. (Nick) (1900-73), Cl. N.
Noone. Jimmy (23-4-1895/19-4-1944), Cl. N.
Oliver. Joe « King » (1885-1938), Tp. C. d'or. Comp. N.
Ory. Kid (1886-1973), Tb. C. d'or. N.
Palmer. Roy (1892-1964), Tb. N.
Parker. Charlie (1920-55), S. Al. N.
Pass. Joe (1929), Gui, Bl.
Pepper. Art (1925-82), S. Al. Cl. Bl.
Perkins, Carl (1928-58), Pian.
Peterson. Oscar (15-8-1925), Pi. N.
Pettiforrd, Oscar « Opie » (1922-1960), C.
Ponty. Jean-Luc (1942), Viol Bl.
Portal. Michel (1935), Cl. S. Bl. (Français).
Powell. Bud (1924-1966), Pian. N.
Price. Sammy (6-10-1908), Pian. N.
Reinhardt. Django (10-1-1910/16-5-53), Tzigane n. Belg., Gui. Cp. Bl.
Roach. Max (1924), Bat. N.
Robeson. Paul (1898-1976), Ch. N.
Rogers. Shorty (1924), Tp. Bl.
Rollins. Sonny (1929), S. N.
Shaw. Artie (Arthus Arshewsky) (23-5-1910), Cl. C. d'or. Bl.
Shepp. Archie (1944), S. N.
Silva. Alan (1939), C. C. d'or.
Silver. Horace (Ward Martin Tavares) (2-9-1928), Pian. S. C. d'or. N.
Sims. Zoot (1925-85), S. Tén. Bl.
Singleton. Zutty (Arthur) (1898-1975), Bat. N.
Smith, Bessie (1894-1937), Ch. N.
Smith. Jimmy (8-12-1925), O. Pian. Ch. N.
Smith. Willie (William Bertholoff) (1897-1973), Pi. Cp. C. d'or. N.
Solal. Martial (1927), Pian. Bl. Fran.
Spiers. Pierre (1917-80), Pian. C. d'or. Comp. Bl. Français.
St Cyr, John Alexander (1890-1966), Gui. Ban.
Sun Ra (Sonny Blondt) (1925), Pi. N.
Tatum. Art (1910-56), Pian. N.
Taylor. Cecil (1933), Pian. N.
Teagarden. Jack (1905-64), T. Ch. Bl.
Thornton, Clifford (1936-83), Tp. N.
Tristano. Lennie (1919-78), Pian. Bl.
Tyner. McCoy (1933), Pian. N.
Vaughan. Sarah (1924), Ch. N.
Waller. Fats (1904-43), Pian. O. Ch. Comp. C. d'or.
Washington. Ernie F. (1926-79), Pi. Ch.
Webb. Chick (William) (1909-39), Bat. C. d'or. N.
Webster. Ben (1909-73), S. Tén. N.
Williams. Cootie (Charles Melvin) (1911-85), Tp. Ch. C. d'or. N.
Williams. Mary Lou (1910-81), Pian. Comp. N.
Wilson. Teddy (24-11-1912), Pian. C. d'or.
Young. Lester « Prez » (27-8-1909/15-3-1959), S. Tén. Cl. N.

Blues

Nota. — Américain, sauf indication.

Alexander. Texas (1890-1955) : Ch., Gui.
Allison, Luther (1939) : Ch., Gui.
Arnold. Kokomo (1913-1969) : Ch., Gui.
Berry. Chuck (Charles Edward) (1931) : Gui., Ch., Bl.
Big Bill Broonzy (1893-1958) : Ch., Gui.
Big Maceo (1905-1953) : Ch., Pian.
Bland. Bobby « Blue » (11-10-1919) : Ch.
Blind. Blake (1885-1930) : Gui., Ch.
Boyd. Eddie (25-11-1914) : Pian., Ch.
Brown. Ada (1891-1950) : Ch.
Brown. Roy (James) (10-9-1925) : Ch.
Carr. Leroy (1905-35) : Ch., Pian.
Chenier. Clifton (1925) : Ch., Accor.
Cox. Ida (1889-1967) : Ch.
Crayton. Peewee (1914) : Ch., Guit.
Crudup. « Big Boy » (Arthur) : Ch., Gui.
Davenport. Cow cow (1894-1955) : Ch., Pian.
Davis. Blind Gary (1896-1972) : Ch., Guit, Ban.
Davis. Walter (1912-64) : Ch., Pian.
Dawkins. Jimmy « Fast Fingers » (1938) : Ch., Gui.
Dixon. Willie (1915) : C., Ch.
Dupree. Champion Jack (William Thomas) (1910) : Ch., Pian.
Estes. John, « Sleepy John » (1900-77) : Ch., Gui.
Fuller. Jesse (1896-1976) : Ch., Gui., H.
Fulson. Lower (1921) : Ch., Gui.
Gillum. William « Jazz Gillum » (11-9-1904) : Ch., H.
Guy. Buddy (30-7-1936) : Ch., Gui.
Harris. Wynonie (1915-69) : Ch.
Hogg. Smokey (1914-60) : Ch., Gui.
Holiday. Billie « Lady Day » (1915-1959) : Ch.
Hooker. Earl (1930-70) : Gui., Ch.
Hooker. John Lee (22-8-1917) : Ch., Gui.
Hopkins. « Lightnin » (1912-82) : Ch., Gui.
James. Elmore (1918-63) : Ch., Gui.
James. « Homesick » (30-4-1910) : Gui., Ch.
James. Skip (1902-69) : Ch., Gui., Pian.
Jefferson. « Blind Lemon » (1880-1929) : Ch., Gui.
Johnson. Lonnie (1894-1970) : Gui., Ch.
Johnson. Luther (1934-1976) : Ch., Gui.
Johnson Jr., Luther (1939) : Ch., Gui.
Johnson. Robert (1910-38) : Ch., Gui.
Jones. Curtis (1906-71) : Ch., Pian.
Jones. Johnnie « Little Johnnie » (1924-1964) : Pian., Ch.
Joseph. Pleasant (21-12-1907) : Ch., Gui.
King. Albert (25-4-1924) : Gui., Ch.
King « B.B. » (16-9-1925) : Ch., Gui.
King. Freddie (1934-76) : Ch., Gui.
Korner. Alexis (1928-84) : Gui.
Leadbelly (1889-1949) : Ch., Gui.
Lightnin'Slim (1913-74) : Ch., Gui.
Lipscomb. Mance (1895-1976) : Ch., Gui.
Little Milton (1934) : Ch., Gui.
Little Walter (1930-68) : H., Ch.
Lockwood. Robert Jr. (1916) : Ch., Gui.
Louisiana Red (1936) : Ch., Gui., H.
Lucas. Lazy Bill (1918) : H., Pian., Gui.
McGhee. Brownie (1915) : Ch., Gui.
Magic Sam (Samuel Maghett) (1937-69) : Ch., Gui.
Martin. Carl (1906) : Ch., Gui., Man.
Mayers. Louis (1929) : Gui., H., Ch.
Mc Clennan. Tommy (1908-59) : Ch., Gui.
Mc Coy. Joe (1900-51) : Gui., Ch.
Memphis Minnie (1900-73) : Ch., Gui.
Memphis Slim (3-9-1915) : Ch., Pian.
Muddy Waters (1915-83) : Ch., Gui.
Nighthawk. Robert (1919-67) : Ch., Gui.
Patton. Charley (1887-1934) : Ch., Gui.
Peg Leg. Sam (1911) : Ch., H.
Professor Longhair (1918-80) : Ch., Pian.
Rainey Ma, Gertrude (1886-1939) : Ch.
Reed. Jimmy (1925-76) : Ch., H., Gui.
Robinson. L.C. « Good Robin » (1915-76) : Ch., Gui., Viol.
Rogers. Jimmy (1924) : Ch., Gui.
Rush. Otis (1934) : Ch., Gui.
Shines. Johnny (25-4-1915) : Ch., Gui.
Slim. Sunnyland (1907) : Ch., Pian.
Smith. Georges (1924) : Ch., H.
Span. Otis (1930-70) : Pian., Ch.
Stackhouse. Houston (1910) : Gui., Ch.
Sunnyland. Slim (5-9-1907) : Ch., Pian.
Sykes. Roosevelt (1906-83) : Ch., Pian.
Tampa Red (1903-81) : Ch., Gui.
Taylor. Eddy (1923) : Ch., Gui.
Temple. Johnny (1908) : Ch., Gui.
Terry. Sonny (1911) : H., Ch.
Thornton. Big Mama (1926-85) : Ch., H.
Tucker. Tom. (1933) : Ch., Pian., O.
Turner. Ike (1931) : Gui., Pian., Ch.
Walker. Aaron « T-Bone » (1909-75) : Ch., Gui.
Washboard. Sam (Robert Brown) (1910-66) : Ch. Wb.
Wells. Junior (1934) : Ch., H.
Wilkins. Joe Willie (1924) : Gui., Ch.
Williams. Big Joe (1899-1982) : Ch., Gui.
Williamson. « Sonny Boy » (1910-48) : Ch., H.
Williamson. « Sonny Boy » (IIe) (1901-65) : Ch., H.
Young. Johnny (1917-74) : Ch., Man., Gui.

Genre, style et forme

Les *genres* comprennent la musique sacrée, profane, vocale, instrumentale. Le *style* caractérise plutôt une époque. La *forme* est la manière dont l'ensemble d'une œuvre est constitué.

Formes principales

Musique profane

Air de cour (XVIe-XVIIe s.), air à chanter galant et pastoral. **Aria ou air** (XVIIe-XIXe s.), mélodie vocale ou instrumentale. **Arioso** (XVIIe-XVIIIe s.), récitatif vocal accompagné.

Ballade (XIVe-XVe s.), chanson voc. ou instrumentale de forme fixe, dont l'élément caractéristique est le vers-refrain à la fin de chaque strophe ; (fin XVIIIe s.), mélodie vocale inspirée par un texte littéraire ; devient au XIXe s. une pièce instrumentale.

Cantate (début XVIIe s. ; puis XXe s.), composition profane ou religieuse à 1 ou plusieurs voix avec accompagnement. **Canzone** (XVIe-XVIIe s. surtout), œuvre vocale adaptée aux instruments. **Cassation** (XVIIIe s. surtout), divertissement de plein air à jouer le soir. **Chaconne,** danse instrumentale à 3 temps. **Chanson polyphonique** (XVIe s.), avec nombre de voix variable.

Concerto (d'abord dialogue des voix et des instruments). *Concerto vocal de chambre* (XVIIe s.). *Concerto grosso* (1674), dialogue entre le groupe des instruments solistes (concertino) et la masse orchestrale (ripieno ou grosso) ; il s'effacera devant la symphonie concertante (voir ci-dessous). *Concerto pour soliste* (XVIIe-XXe s.), dialogue d'un seul instrument avec l'orchestre.

Contrepoint, combinaison de différentes parties harmoniques. *Contrepoint simple :* les différentes parties s'accompagnent, soit note contre note, soit 2, soit

4 notes contre une. *C. fleuri :* les parties (sauf le chant principal) procèdent par des valeurs plus brèves et des rythmes différents. *C. double ou renversable :* combinaison où les parties peuvent se renverser du grave à l'aigu, c.-à-d. passer du dessus à la basse et inversement. *C. triple ou quadruple :* 3 ou 4 parties différentes qui peuvent se placer à l'aigu, à la basse et aux parties intermédiaires, chacune à son tour. *C. fugué :* combinaison avec les formes de la fugue. *C. libre :* autorisation de certaines libertés. *C. rigoureux ou classique :* suivant les règles tracées par les maîtres. Existent encore le *C. rétrograde,* le *C. par mouvement contraire* ou *par augmentation et par diminution,* le *C. à double-chœur* (8 voix).

Divertissement ou Divertimento (XVIIIe s., puis au XXe s.), suite libre de différents morceaux pour groupe d'instruments solistes. **Étude** (fin XVIIIe-XXe s.), pièce de structure variable dictée par la difficulté technique. **Fantaisie** (XVIe-XXe s.), au début, composition polyphonique instrumentale, puis devient une forme librement improvisée. **Frottole** (fin XVe s., début XVIe s.), chant populaire italien à 3 ou 4 voix. **Fugue** (fin XVIIe-XXe s.), écrite à plusieurs voix ; à un sujet s'oppose une réponse. **Ground** ou **basse contrainte** (basso ostinato) (XVIe-XVIIe s.), sur une même basse qui se répète sans cesse, se développent des dessins différents.

Impromptu (surtout XIXe s.), pièce pour instrument à demi improvisée ou dans un style évoquant l'improvisation. **Intermezzo** (XVIe-XVIIIe s.), évolue du divertissement à l'opéra bouffe et au ballet-divertissement ; (XIXe s.), pièce instrumentale. **Invention** (XVIIIe s.), petite étude de style à imitations.

Lied (Allemagne), au XVIe s., chanson polyphonique ; à partir du XVIIIe s., pièce vocale avec piano ou orchestre. **Madrigal** (XVIe s.), pièce vocale de style libre. **Masque** (XVIe-XVIIIe s.), divertissement dramatique (chant, danse et texte parlé). **Mélodie** (XIXe-XXe s., France), pièce vocale accompagnée au piano ou à l'orchestre.

Opéra, O. comique, Opérette : V. Index. **Oratorio** (XVIIe-XXe s.), composition pour soli, chœur et orchestre ; œuvre dramatique non représentée. **Ouverture** (début du XVIIe s.), pour l'orchestre, vient en tête d'un opéra ; sa structure a varié depuis le XVIIe s. *Ouverture à la française :* forme instrumentale dans le genre de la suite. **Poème symphonique** (XIXe-XXe s.), décrit ou raconte en musique ; pas de structure précise. **Prélude** (XVIe s.), introduit une fugue ou une suite de danses ou encore se suffit à lui-même.

Quatuor, vocal, dès le XVIe s., puis devient aussi instrumental à partir du XVIIIe s. jusqu'à nos jours ; le plus souvent : 2 violons, 1 alto, 1 violoncelle (quatuor à cordes). **Récitatif,** au XVIIe s., suit de près le rythme du langage, au XIXe s., de plus loin. **Rhapsodie** (XIXe-XXe s.), fantaisie sur des chants populaires ou des thèmes très simples, souvent folkloriques (hongrois, norvégiens). **Ricercare** (XVIe-XVIIe s.), évoluera vers la fugue. **Romance,** chant d'amour ; vocale ou instrumentale. **Rondeau** (XIIe-XVe s.), chanson vocale ou instrumentale de forme fixe (a b/a a a b/a b). **Rondo** (XVIIe-XXe s.), caractérisé par le retour d'un refrain ; constitue souvent le final d'une sonate, d'un concerto, d'une symphonie.

Scherzo (XIXe-XXe s.), pièce à 3 temps, brillante, 3e mouvement de symphonie ou sonate en remplacement du menuet. **Sérénade** (surtout au XVIIIe s.), pièce vocale, puis instrumentale. **Sinfonia** (XVIIe s.), forme mal définie, confondue (au XVIIIe s.) avec l'ouverture à l'italienne. Terme encore employé pour les ouvertures des opéras de Rossini, Donizetti, Bellini, Cherubini. **Sonate** (début XVIIe s.), œuvre instrumentale « monothématique » ; thème unique développé sur le ton principal puis sa dominante (Bach, Haendel) ; XVIIIe s. : sonate bithématique, 2 th. dév. tour à tour sur 2 tons ; fin XVIIIe s. : sonate en 3 ou 4 mouvements (allegro bithématique, mouvement lent, éventuellement menuet, final bithématique ou rondo) (C.P.E. Bach, puis Haydn, Mozart et Beethoven). **Suite** (XVIe-XVIIIe s., XXe s.), succession de mouvements de danse. **Symphonie** (XVIIIe-XXe s.), en général vaste composition pour orchestre, réplique de la sonate ; la plupart du temps à 4 mouvements : allegro, andante (adagio), menuet, allegro finale. **Symphonie concertante** (XVIIIe s.), sorte de concerto à plusieurs solistes.

Tiento (XVIe s., espagnol), équivalent du prélude ou du ricercare. **Toccata** (de *toccare ;* toucher) (XVIe-XXe s.), pas de structure précise ; pour instruments à clavier (orgue, clavecin, piano), en général. Aux XIXe et XXe s., devient une pièce de virtuosité. **Trio** (XVIIe-XXe s.), à trois voix ; il peut être à cordes ; piano, violon, violoncelle ; d'anches (hautbois, clarinette, basson) ; d'orgue ou vocal. **Variation** (XVe-XXe s.), expose un même thème sous divers aspects. **Virelai** (XIIe-XVe s.), chanson vocale ou instrumentale de forme fixe (a b b a a).

Musique religieuse

Anthem (surtout XVIe s.), texte en anglais tiré de la Bible ou la paraphrasant. **Cantate** d'église (dans les pays germaniques luthériens), prédication en musique où choral et chœur ont une place privilégiée (ne contient pas d'éléments épiques ou dramatiques comme l'oratorio). **Choral** (début XVIe-XVIIIe s., puis renouveau au XIXe-XXe s., apogée avec Bach) ; revêt diverses formes : contrapuntique, fugué, figuré, en canon, etc. **Concerto da chiesa** (XVIe s.), vocal accompagné d'instruments.

Messe, ensemble des 5 chants principaux qui constituent le *commun* ou l'*ordinaire* de la messe : Kyrie, Gloria, Credo, Sanctus, Agnus Dei. On distingue la messe : *grégorienne,* ou en plain-chant à une voix ; *polyphonique,* à plusieurs voix ; *concertante,* avec des chœurs, airs, duos, faisant souvent de chaque verset un morceau séparé. **Motet** (XVe s.), vocal polyphonique illustrant le propre d'un office ; répons, hymnes, lamentations, litanies, magnificat, etc.

Oratorio (XVIe s.), sorte de grande cantate à personnages multiples ; il comprend : aria, arioso, récitatif, duo, trio, chœurs. **Passion,** chant de la Passion du Christ, sur un récitatif plus ou moins orné, réparti entre plusieurs récitants, et parfois accompagné de chorals. **Plain-chant,** forme de musique vocale monodique en usage dans les églises, allant du grégorien aux messes de Dumont. **Psaume,** chant s'appuyant sur le texte de l'un des 150 psaumes de David ; respecte le plus souvent le découpage des versets. **Requiem,** messe funèbre comprenant Introït (Requiem), Kyrie, Graduel (Requiem), Trait (Absolve), Sequence (Dies irae), Offertoire (Domine Iesu Christe), Sanctus, Agnus, Communion (Lux aeterna).

Principaux styles

• **Musique monodique.** A une seule voix, n'admettant que l'unisson ou l'octave. Elle semble avoir été la seule connue dans l'Antiquité, et est encore conservée en Orient. La musique du Moyen Age, jusque vers 1150, resta monodique (ex. chant grégorien).

• **Musique polyphonique.** A plusieurs voix. L'orgue byzantin, la jota, la chifonie pouvaient émettre simultanément 2 ou 3 sons, les 1ers essais importants datent du XIe s. On appelle *organum* les 1ers essais polyphoniques où domine une voix chantant en *plain-chant ;* dans le *déchant* (plus tard, au XIe s.), la voix principale ne dominera plus. Dans le *gymel* (Angleterre), les voix progressent par tierces ; dans le *faux-bourdon* (1re moitié du XVe s.), la voix sera accompagnée par une tierce grave émise à l'octave supérieure. Au XIIe s., Léonin et Pérotin définiront la polyphonie *(ars antiqua)* et au XIVe s., Ph. de Vitry donnera de nouvelles règles *(ars nova).*

• **Musique aléatoire** (1951, née des expériences de John Cage, Karl Stockhausen, Pierre Boulez). Introduction d'éléments de hasard dans la composition ou l'interprétation.

• **Musique concrète.** Emploie systématiquement des objets sonores de toute provenance, enregistrés et transformés par des procédés électro-acoustiques. *Premiers essais :* Études de bruits de Pierre Schaeffer (1948). *Premières réalisations ;* Pierre Schaeffer et Pierre Henry (studios de la R.T.F. à Paris, Symphonie pour un homme seul et Bidule en ut, en 1950). D'autres auteurs ont suivi : Ivo Malec, Luc Ferrari, Iannis Xenakis, François Bayle, Bernard Parmegiani.

• **Musique électronique.** Utilise des sons obtenus à partir de générateurs électroniques ; ces sons subissent divers traitements modifiant leur hauteur, leur volume, leur timbre. *Premières réalisations :* en 1953 en Allemagne. *Principaux représentants :* Karlheinz Stockhausen (Elektronische Studie, Gesang der Jünglinge), Bruno Maderna (Notturno, Continuo), Luciano Berio (Omaggio a Joyce), Henri Pousseur (Scambi), Pierre Boulez (Poésie pour pouvoir), Mauricio Kagel.

• **Musique atonale.** Créée par Arnold Schoenberg (1874-1951), à partir de 1908. Les 12 demi-tons de la gamme chromatique tempérée jouent un rôle égal et aucun n'exerce d'attraction sur un autre. *Œuvres :* Pierrot lunaire, Pièces pour orchestre opus 16, Erwartung, de Schoenberg (1912) ; Wozzeck, de Berg (1925) ; premières œuvres de Webern.

Musique sérielle et mus. dodécaphonique. Schoenberg, vers 1923, inventa la série dodécaphonique, se fondant sur une succession de 12 sons qui n'ont de rapport qu'entre eux. Aucune note ne doit être réentendue avant le déroulement des 11 autres afin de ne pas polariser la mélodie. *Principaux représentants en France :* Pierre Boulez (le Marteau sans maître, 1955) ; *Allemagne :* K. Stockhausen ; *Autriche :* Berg et Webern ; *Belgique :* Henri Pousseur ; *Italie :* Berio, Maderna et Nono.

Jazz

Quelques termes

Bamboula. Danse africaine des mulâtres de La Nouvelle-Orléans avant l'apparition du jazz.

Batterie. Comprend essentiellement une grosse caisse, une caisse claire, 2 caisses *(toms)* médiums, une tom basse, une cymbale high-hat, une cymbale libre, et divers accessoires de percussion.

Beat. Accentuation des temps d'une mesure. **Two beat :** rythme à 4 temps (avec accentuation 1er et 3e temps ou 2e et 4e temps). **Four beat :** les 4 sont marqués. **After beat :** accentuation des temps faibles.

Be-bop. Période du jazz liée aux années 40 et dont les chefs de file furent Charlie Parker, Dizzy Gillespie, Thelonious Monk, Kenny Clarke, Max Roach. • Représente une évolution sur les plans technique et rythmique par rapport au jazz « classique ».

Big Band. Grand orchestre d'une quinzaine de musiciens surtout en vogue dans les années 30 et 40 (D. Ellington, C. Basie, J. Lunceford, B. Goodman, D. Gillespie).

Blues. La forme la plus ancienne du jazz. A l'origine, un chant de désespoir construit sur une base harmonique immuable de 12 à 16 mesures où se superposent mode majeur et mode mineur. Style perpétué sous une forme folklorique ; *représentants les plus connus :* Big Bill Bronzy, Lightnin' Hopkins, John Lee Hooker, B.B. King, Memphis Slim.

Boogie-woogie. Façon primitive de jouer le blues au piano en utilisant un tempo rapide. Les accords d'accompagnement sont décomposés note par note sur un rythme « croche pointée — double croche » et des basses « ambulantes » ; représentants les plus connus : Pine Top Smith, Big Maceo Merryweather, Joshua Altheimer, Memphis Slim, Jimmy Yancey, Sammy Price, Pete Johnson et Albert Ammons.

Break. Courte phrase rythmique ou mélodique exécutée pendant une pause de l'accompagnement. *Ex. :* 4 premières mesures de Bugle Call Rag et chorus de trompette de L. Armstrong dans Potato Head Blues.

Cajun. Style particulier à la Louisiane.

Chant. Celui des Noirs se distingue de celui des Blancs par le *timbre* de la voix moins métallique et claire, la *technique* plus gutturale, l'*attaque* plus soudaine et forte, le *vibrato* plus rapide et plus marqué, l'abondant emploi d'*inflexions.* On distingue ; *chanteurs religieux* (Mahalia Jackson, Sister Rosetta Tharpe) ; *ch. de « blues rural »* (Blind Lemon Jefferson, Sleepy John Estes, Sonny Boy Williamson) ; *ch. de jazz* (Jimmy Rushing, Louis Armstrong, Billie Holiday) ou *soul* (James Brown, Ray Charles, Stevie Wonder).

Chicagoans. Musiciens blancs de Chicago, influencés dès 1918 par le jazz de La Nouvelle-Orléans (Eddie Condon, Muggsy Spanier, Mezz Mezzrow, Bix Beiderbecke).

Chorus (prendre un). Jouer en soliste pendant le nombre de mesures du thème de départ, ou, par extension, jouer un solo.

Cinquante-deuxième rue. Rue de New York comprise entre la 5e et la 7e Avenue, célèbre à cause du nombre de grands musiciens ayant joué dans ses petits cabarets (Famous Door, Onyx Club, Jimmy Ryan's, Three Deuces).

Coda. Fragment musical qu'un orchestre ou un soliste exécute en conclusion d'un chorus final.

Contrepoint. Juxtaposition de plusieurs lignes mélodiques indépendantes. Résulte de l'entrecroisement des 2, 3, 4 ou 5 parties mélodiques d'une improvisation collective.

Cool. « Frais ». Style formaliste qui, vers 1950, s'oppose à l'expressionnisme be-bop (Miles Davis). De nombreux musiciens blancs (Stan Getz, Gerry

Mulligan, Lee Konitz) s'exprimeront dans ce style que l'on appellera aussi West-Coast.

Dirty (jouer). Jouer avec âpreté, dureté, d'une façon arrachée, « méchante », par opposition à « jouer joli ». La sonorité « growl » est l'effet « dirty » le plus employé.

Dixieland. États du sud des U.S.A. Style des orchestres de jazz blancs qui ont assimilé à leur façon le style « New Orleans » des Noirs. L'un d'eux, l'« Original Dixieland Jass Band », effectua le 1er enregistrement de musique de jazz (févr. 1917).

Drive (prononcer : *draïve*). Désigne la vigueur, la force impulsive du jeu d'un musicien (Louis Armstrong dans Sunset Cafe Stomp, Jimmy Harrisson, Coleman Hawkins).

East-Coast (ou hard bop). Réaction des musiciens noirs de New York contre le style West-Coast jugé trop mou, trop artificiel.

Fox-trot. Danse la plus populaire dans le jazz. Quand le tempo est lent, c'est un *slow fox* ou *slow*.

Free jazz. Jazz libre c.-à-d. dégagé de toute règle harmonique et métrique dans le désir de retrouver une expression totalement spontanée. John Coltrane en fut un des précurseurs (O. Coleman, A. Shepp, C. Taylor, A. Ayler, D. Cherry, Sun Ra).

Funk. Funky. Forme du style East-Coast au climat plus violent. Apparaît vers 1957 (Jazz Messengers).

Gospel song. Chant religieux des Afro-Amér.

Groove. Exprime la perfection d'un climat musical, l'inspiration dans une interprétation donnée.

Growl. Effet de grondement ou raclement (cuivres et clarinette).

Hard bop. Retour au jazz noir dans les années 60 après la période cool (Jazz Messengers, Sonny Rollins, Horse Silver).

Harlem. Actuel quartier noir de New York, capitale du jazz après Storyville, New Orleans (1900-17) et Chicago (1917-28).

High hat. Double cymbale de la batterie, actionnée par une pédale (aussi appelée « cymbale charleston »).

Honky tonk. Nom donné aux cabarets de La Nouvelle-Orléans fréquentés par les classes pauvres noires. Ils comprenaient un piano, une salle où l'on dansait et une arrière-salle ou tripot.

Hot. « Chaud ». Musique, improvisation passionnée par opposition à *straight.*

Jam session. Réunion de musiciens improvisant librement.

Jazz. Mot d'origine incertaine désignant la musique créée au début du siècle par les Noirs des U.S.A.

Jazz rock. Rencontre d'une instrumentation électrique héritée du rock avec le raffinement harmonique ou la subtilité d'expression hérités du jazz : John McLaughlin, Jean-Luc Ponty, Weather Report, ou les disciples de Miles Davis : Herbie Hancock, Chick Corea.

Jazz At The Philharmonic. Organisation de concerts de jazz créée par Norman Granz en 1942. Donna ses concerts au Philharmonic Auditorium de Los Angeles.

Jive. Argot des Noirs américains.

Jug blowing. Cruchon dans lequel on souffle.

Lazy. Jouer de façon « paresseuse », détendue, sans effort apparent (*Sweet Chariot* de Duke Ellington).

Low down. Façon de jouer « méchante » et « accablée », s'appliquant au blues lent.

Mahogany Hall. Ancienne maison close de Lulu White à La Nouvelle-Orléans.

Mesure. La plupart des morceaux de jazz comptent 32, 16 ou 12 mesures et se découpent en phrases de 8 ou 4 mesures.

Minstrels. Blancs qui, au XIXe s., parcouraient le sud des U.S.A. travestis en Noirs et interprétaient des chansons folkloriques.

Musiques improvisées. Forme d'improvisation proche du free jazz apparue et développée en Europe au cours des années 70. On y trouve parfois la recherche de racines musicales non américaines.

Negro spiritual. Psaume religieux afro-américain ayant subi l'influence du choral luthérien et du chant grégorien. Construit à l'origine sur la gamme à 5 tons de l'Ouest africain (do, ré, fa, sol, la). Alterne en général un verset chanté en solo et un verset, toujours le même, repris en chœur. Né au cours de « Prayer meetings » (prière en commun) dès le XVIIIe s. ; codifié au XIXe s. *Principale interprète :* Mahalia Jackson.

New Orleans. Style lié aux débuts du jazz vers 1915 à La Nouvelle-Orléans. *Principaux représentants :* Jelly Roll Morton, Sidney Bechet, Louis Armstrong.

Oua-oua (wa-wa). Genre de sourdine placée devant le pavillon d'une trompette ou d'un trombone et agitée de façon à modifier le son.

Perdido. Quartier noir de La Nouvelle-Orléans. Composition de Juan Tizol pour l'orchestre de Duke Ellington.

Ragtime. Style de piano antérieur à la naissance du jazz. Signifie : temps « déchiqueté » et indique le caractère très syncopé de cette musique comprenant 2, 3 ou 4 thèmes distincts de 16 mesures. *Thèmes les plus connus :* Maple Leaf Rag, King Porter Stomp et Carolina Shout de James P. Johnson.

Revival. « Renaissance ». Retour au style Nouvelle-Orléans après la guerre de 1939-45.

Rhythm and Blues. Forme populaire de jazz à partir des années 50, basée sur les harmonies du blues et l'importance du rythme. *Principaux représentants :* Ray Charles, James Brown, Otis Redding.

Riff. Courte phrase mélodique, répétée en général tout au long du chorus et jouée en section pour accentuer encore l'intensité rythmique.

Riverboat. Bateau fluvial du Mississippi sur lequel jouaient des orchestres noirs.

Rock and roll. Style de musique populaire américaine s'apparentant au *rhythm and blues*, reprenant le rythme du boogie-woogie et également influencé par la musique country blanche.

Salsa. « La Sauce ». Musique d'origine cubaine basée sur des rythmes sud-américains, autre source où le jazz a puisé. *Ex. :* Machito, Ray Barretto.

Scat. « Éparpiller ». Façon de chanter : des onomatopées remplacent les mots.

Shout. « Cri ». « Interjection ». Chants improvisés des Noirs au cours de cérémonies religieuses.

Slap. « Gifle ». Claquement de la corde contre le bois de la contrebasse jouée pizzicato.

Soul music. « Musique de l'âme », musique noire des années 1960, marquant un retour aux racines (gospel et blues). Par extension, musique populaire noire vocale des années 70.

Stomp. Désigne une musique bien cadencée. Synonyme de « swing ».

Stop-chorus. La section rythmique ne scandant plus que les mesures, le soliste continue à jouer le chorus.

Straight. Style « droit » opposé au « hot ». Joué d'après une partition.

Swing. Désigne le balancement du langage musical des Noirs américains. Temps faibles et forts sont accentués, mais d'une manière différente. Les notes tombant sur les temps forts sont jouées plus longues qu'elles ne devraient l'être normalement, les notes tombant sur les temps faibles sont plus courtes mais plus fortes. En général, ces deux modes d'accentuation sont partagés entre les exécutants. Ex. : la contrebasse marquant le temps fort (beat), la guitare le temps faible (after beat), la batterie marquant les 2, grâce à la diversité des timbres qu'elle offre. Période de jazz liée aux années 30, également nommée middle jazz, marquée par l'avènement des grands orchestres (Duke Ellington, Count Basie), du saxophone ténor (Coleman Hawkins, Lester Young), et une évolution du jazz vocal (Ella Fitzgerald, Billie Holiday). Terme générique qui désigne aussi le style de jazz qui prévalait à la fin des années 30 (l'ère swing).

Vibraphone. Instrument composé de lamelles métalliques de longueurs différentes formant clavier, sur lesquelles on frappe à l'aide de mailloches (baguettes à tampon). Son usage se répandit vers 1930 et supplanta celui du xylophone.

Washboard. Planche à lessiver en tôle ondulée

Musique arabe

Généralités. Ignore la notation et la polyphonie. Fondée à l'origine sur la gamme pythagoricienne, elle s'en est ensuite écartée. Échelles modales à base de 2 tétracordes conjoints ou disjoints. Les intervalles des gammes fondamentales comportent des intervalles de 3/4 de ton formés par des 1/2 dièses ou des 1/2 bémols. La combinaison des 12 genres originaux permet d'obtenir 120 modes *(maqams)* et, dans la musique médiévale classique, env. 300 maqamats (moins dans la musique arabe d'Occident : musique « andalouse » se rattachant à un système de 24 modes d'où sortirent 24 *nûbas*, sortes de grandes suites vocales et instrumentales qui peuvent durer plusieurs heures).

Principaux instruments. *Ud* (luth à 5 ou 6 cordes), *darbouka* (tambour en gobelet à une peau), *duff* [grand tambour sur cadre à peau (de chèvre)], *gasba* (flûte de roseau plus longue que le naï), *kamandja* (vièle à 2, 3 ou 4 cordes), *kanoun* (cithare en forme de trapèze à cordes pincées), *nay* ou *naï* (flûte de roseau), *rabâb* (rebec), *santur* (cymbalum à cordes martelées), *tar* [tambour à une peau (de poisson)].

Orchestre. *Classique oriental :* plusieurs *luths*, un *santur*, un *kanoun*, une *kamandja*, un *nay*, une *darbouka*. *Maghrébin :* comprend en plus un *rabâb*, une *gasba*.

Instruments de musique populaire : ghaïta (musette), *qarâbeb* (crotales) chez les danseurs nègres, *bendir* (grand tambourin) chez les Berbères, *zokra* (sorte de pipeau avec bec en roseau, élargi au bout).

Musique chinoise

Gamme. *5 degrés constitutifs :* gong, shang, giao, che et yu (correspondent à do, ré, mi, sol, la, échelle pentatonique) et *2 degrés auxiliaires :* biangong et bian-che (si et la dièse). Parmi les 5 gammes principales (diao), les plus utilisées sont ; *do, ré, mi, sol, la* et *sol, la, do, ré, mi* et *la, do, ré, mi, sol, la.*

Instruments traditionnels. Classés en 8 catégories : métal, pierre, soie, bambou, bois, peau, calebasse et terre. Sont encore utilisés : *Qin :* cithare sur table à 7 cordes en soie. *Zheng :* cithare à 16 cordes, en soie ou en acier, tendues sur des chevalets mobiles. *Sheng :* « orgue à bouche » à 17 tuyaux de bambou. *Pipa :* luth piriforme à 4 cordes. *Sanxian :* luth à 3 cordes. *Nanhu :* vièle à 2 cordes. *Yangqin ;* cithare (en forme de trapèze) à 36 cordes minimum quadruplées et frappées à l'aide de 2 baguettes flexibles en bambou. *Xiao :* flûte droite. *Dizi :* flûte traversière. *Gu :* tambour. *Daluo :* grand gong. *Xiaoluo :* petit gong. *Po :* cymbales, etc.

Remarque : cithare, luth et vièle sont des *termes génériques.*

Musique indienne

Échelle musicale. Au sein de l'intervalle d'octave divisé en 22 intervalles audibles *(sruti)* existent 7 degrés *(svara)* séparés les uns des autres par 2, 3 ou 4 sruti et désignés ainsi : sa-ri-ga-ma-pa-dha-ni.

Structure : *modale (râga) :* l'exploitation des ressources fournies par l'emploi des différents intervalles musicaux possibles donne naissance à des modes musicaux ; *rythmique (tâla) :* cycles rythmiques qui servent de cadre à l'improvisation des musiciens.

Instruments. 4 familles : *idiophones : cymbales. membranophones : pakhavaj* du Nord ou *mridangam* du Sud (gd tambour à 2 peaux frappé à main nue) ; *tablâ* (couple d'instruments consistant en un tambour vertical à son sec et une timbale à son sourd). *Aérophones : conques, longues trompes métalliques, flûtes* de bambou droites ou traversières, *shahnaï* du Nord ou *nagasvaram* du Sud (hautbois. *Cordophones* [a) nudra veena, b) santur] : *vinâ* (luth à 7 cordes dont le manche est muni de 2 résonateurs en calebasse) ; *sitar* (6 ou 7 cordes principales et nombre variable de cordes sympathiques) ; *sarod* (luth à 5 cordes principales et plusieurs cordes sympathiques, à table en peau) ; *surbahar* (sitar grave) ; *luth tampura* (4 cordes accordées sur « sa » tonique, la quinte du sa et l'octave du sa) ; *sarangi* et *sarinda* (sorte de vièle servant surtout à accompagner le chant).

raclée avec les doigts garnis de dés à coudre pour produire une assise rythmique.

West-Coast. Style pratiqué en Californie par des musiciens surtout blancs (San Francisco, Los Angeles, etc.). Apparaît v. 1953. Meilleurs représentants : Gerry Mulligan, Lee Konitz, Shorty Rogers.

Work song. Chant de travail des esclaves noirs.

Revues de jazz. *Jazz Hot*, 25 000 ex. *Jazz Magazine*, 24 000 ex.

Pop music et rock

Origine

Noms donnés à la quasi-totalité des genres musicaux populaires anglo-américains apparus depuis 30 ans. Le rock (le terme pop music fut plutôt en faveur dans les années 60) est né d'une rencontre entre la country music blanche et le rhythm and blues noir.

V. 1940. Rhythm and blues, forme populaire de jazz représentée par Louis Jordan ou Jay McShann.

V. 1950. Vulgarisé sous le nom de rock and roll[1] avec Bill Haley (1927-81), puis Fats Domino (1928), Little Richard (1935), Elvis Presley (1935-77), Gene Vincent (1935-71), Chuck Berry (1931), Buddy Holly (1938-59), Eddie Cochran (1938-60), Jerry Lee Lewis (1926). *En 1955*, un « disc-jockey », Alan Freed, organise au « Brooklyn Paramount » de New York le 1er « Rock and Roll Show ».

1956. En Angleterre, Lonnie Donnegan (musicien dans l'orchestre de Chris Barber) intoduit le *skiffle*. La révolte des Teddy Boys s'accompagne bientôt d'un *rock and roll* encore plus explosif. Les premiers chanteurs de rock se produisent en Angleterre : Tommy Steel (1936), puis Marty Wilde, Vince Taylor (1939), Billy Fury, Cliff Richard (1940) et les Shadows.

En 1958. Apparaît le 1er disque de rock français en France (Danyel Gérard interprète : « D'où viens-tu Billy Boy ? » – texte de Boris Vian). Le rock se développe à Paris au « Golf-Drouot ». Les formations fleurissent sous l'étiquette « twist » (les Chaussettes Noires, les Chats Sauvages, les Pirates, les Champions, etc.) tandis que naissent les vedettes de la génération *yéyé* : Johnny Hallyday, Eddy Mitchell, Dick Rivers, Richard Antony. A grand renfort de concerts plus ou moins « scandaleux », le rock s'installe dans le monde, puis triomphe en 1961 avec 4 jeunes Britanniques, les Beatles[2], qui prôneront un retour à la mélodie et au raffinement des effets sonores.

Nota. – (1) Blues et rock and roll, étant tous deux construits sur 3 accords (mi, la, si) et 12 mesures (4/4/4), on les différenciait alors mal. (2) Entre 1962 et 70 les 2 compositeurs les plus féconds du groupe (Paul McCartney et John Lennon) ont écrit 30 chansons vendues chacune à plus d'1 000 000 d'exemplaires.

☞ Quelques festivals ont marqué la vie du mouvement pop. Parmi les plus célèbres : ceux de l'île de *Wight* (août 1969 et 1970, env. 400 000 pers.), *Woodstock* (août 1969, 400 000 pers.), *Hyde Park* (juillet 1969, concert gratuit des Rolling Stones), *Amougies* (oct. 1969, Belgique).

Les films « Five plus One », « Monterey Pop », « Mad Dogs and Englishmen », « Woodstock », « Gimme Shelter », « 200 Motels » seront des documents sur le phénomène pop.

Rock actuel

Depuis sa naissance, le rock s'est divisé en de multiples tendances.

Country rock. Bob Dylan (n. 1941) est à l'origine du renouveau des guitares sèches et des chansons style ballade (textes poétiques ou engagés). Ses héritiers (côte Ouest américaine) font une musique inspirée du style country et du *rock and roll. Principaux représentants :* David Crosby, Stephen Stills, Graham Nash, Neil Young, Van Morrison, Joni Mitchell, James Taylor, Emmylou Harris, Linda Ronstadt, Dire Straits, J.J. Cale, Jackson Browne, Ry Cooden et les anciens : Byrds, Allman Brothers, Eagles, etc.

Disco. *Origine :* 1974-75, le « Munich sound » exploité par un Italo-Suisse, Giorgio Moroder. Basé sur la mise en avant de la batterie systématiquement imposée, adopté d'abord dans les discothèques et lancé par le film « la Fièvre du samedi soir » (John Travolta, Olivia Newton-John). Quelques noms : Donna Summer (Amér.), Gloria Gaynor (Amér.), Jean-Marc Cerrone (Fr.), Village People (Fr.), Karen Cheryl (Fr.). Le mouvement a évolué vers le « funk », plutôt illustré par des groupes noirs axés sur la musique de danse (Earth, Wind and Fire).

Rock music. Au début des années 60, les Rolling Stones ont ranimé le *blues* et le *rock and roll* en mélangeant deux tendances : le *blues revival* (ou *blues blanc*, illustré par les Animals d'Eric Burdon et John Mayall, qui s'est métamorphosé en *hard rock* par l'intermédiaire des Cream et de Jimi Hendrix) et le *rock revival* (souvenir des « pionniers » comme Chuck Berry). Le terme rock music peut désigner bien des courants de la variété anglo-américaine contemporaine, mais s'applique plus particulièrement à la musique des adeptes du hard rock, naguère les Anglais Led Zeppelin (leader Jimmy Page), Deep Purple, les Who (Pete Townshend), Status Quo, Bad Co, Black Sabbath ou plus récemment Def Leppard, ou les Américains Alice Cooper, J. Geils Band, Kiss, Ted Nugent, Blue Oyster Cult, Iggy Pop, Cheap Trick, ZZ Top, Van Halen, les Australiens AC/DC et les Allemands Scorpions. Sous l'étiquette « rock », on peut aussi recenser des groupes anciens comme les Anglais John Mayall, Kinks, Jethro Tull, King Crimson, Procol Harum et Fleetwood Mac, les Américains Doors (Jim Morrison), Beach Boys, Chicago, Santana, J. Geils Band ou Grand Funk Railroad : guitaristes Eric Clapton, Jeff Beck et Rory Gallagher (Anglais) ou Johnny Winter (Américain), proches du blues, des chanteurs comme David Bowie, Lou Reed, Rod Stewart, Joe Cocker, Bruce Springsteen, Tom Waits, Randy Newman, Mink de Ville, des chanteuses comme Patti Smith, Pat Benatar, Marianne Faithfull ou Debbie Harry (du groupe Blondie), des groupes américains « historiques » comme le Jefferson Airplane et le Grateful Dead (liés à la période hippie de San Francisco 68), des héritiers des Beatles comme Genesis et Supertramp (anglais), ou les groupes plus récents comme les Pretenders, Dire Straits, Talking Heads, Police, Cure, Simple Minds, Frankie Goes To Hollywood, Téléphone (gr. français). Le rock actuel se caractérise par un retour à la musique « fun », pour le plaisir ; c'est une musique plus superficielle, aux succès éphémères, faite pour les boîtes et complétée par les vidéo-clips qui passent à la télévision.

Disparus : Jimi Hendrix (1946-70), Janis Joplin (1943-70), Jim Morrison (1943-71), John Lennon (1940-80).

Progressive music (terme un peu tombé en désuétude). Recherches sonores illustrées par des *groupes anglais* comme Soft Machine, Pink Floyd de Roger Waters et David Gilmour, Genesis, Yes, King Crimson, des *groupes allemands* adeptes du rock « planant » (Tangerine Dream, Kraftwerk, Ash Ra Tempel, Klaus Schulze) ou *français* (Magma), des Américains comme Frank Zappa (leader naguère des Mothers of Invention) et des *personnalités* comme Eno, John McLaughlin, Robert Wyatt, Peter Gabriel, Mike Oldfield, Pat Metheny ou Jean-Michel Jarre.

Grande variété rock. Héritière de toutes les tendances, n'est pas un genre proprement dit. Regroupe des artistes d'horizons divers : Elton John, Gilbert O'Sullivan, Murray Head, Alan Parsons, Kate Bush, Kim Carnes, Neil Diamond, Cat Stevens (aujourd'hui retiré), Léonard Cohen, les Bee Gees, Donna Summer, les Wings de Paul McCartney, Billy Joel, Simon et Garfunkel, Kim Wilde, Diana Ross, etc.

Reggae. Influencé par le rythme de la musique traditionnelle de la Jamaïque. Son succès est lié à l'influence de Bob Marley (1945-81, Jamaïcain), adepte de la secte religieuse des Rastafaris. Autres personnalités du reggae : Peter Tosh, Toots and the Maytals, Jimmy Cliff (1948), Burning Spear. Le reggae apparut naguère en Angleterre sous le nom de *blue beat* ou de *ska* (au rythme plus haché) ; le ska redevint un moment à la mode en 1980.

Punk. Désignait les prostituées en Angleterre au XVe s. A marqué dans les années 70 le retour à des sons bruts, amplifiés au maximum, et le refus d'une technologie coûteuse. Les paroles hurlées sont couvertes par la batterie et les guitares. Les punks se reconnaissent à leurs cheveux teints, ils portent des vêtements de cuir, de plastique, des tee-shirts déchirés, et épingles de nourrice à l'oreille ou au col. Les Sex Pistols, aujourd'hui dissous, restent le groupe-symbole de cette période.

Soul music. Musique noire populaire américaine dérivée du rhythm and blues dont Stevie Wonder est le meilleur représentant (Ray Charles, Otis Redding mort en 1967, les Temptations, Aretha Franklin, Wilson Pickett, Al Green, James Brown, Ike et Tina Turner, Sly Stone, Curtis Mayfield, Marvin Gaye, Chic). La dernière star de la musique populaire noire est Michael Jackson, l'ancien chanteur des Jackson Brothers.

Notation musicale

Sons

Ils sont produits par la pression qu'exerce un objet oscillant sur les molécules de l'air.

Qualités du son. *Hauteur :* fonction du nombre de vibrations par seconde ou *fréquence* de l'émetteur. Plus la fréquence est élevée, plus le son est aigu. L'oreille n'entend que les sons entre 20 et 20 000 hertz (vibrations par s). Les instruments de musique donnent des sons de 40 à 5 000 Hz.

Intensité : fonction de la fréquence, de l'amplitude de l'objet vibrant, de la densité de l'air. L'intensité perçue par l'oreille est évaluée en *décibels.*

Timbre : caractérise chaque instrument car à la note fondamentale jouée se superposent des notes parasites, les *harmoniques.* Le *diapason* (inventé en 1711, par J. Shore, Angl.) donne un « la » pur sans harmonique : 440 Hz.

Gammes

Série de sons ascendants (du plus grave au plus aigu) ou descendants, séparés par des intervalles déterminés.

L'*octave* est l'intervalle acoustique séparant une note donnée de la note de fréquence double (ex. la_3 = 440 Hz, la_4 = 880 Hz). Le 1/2 ton est l'intervalle obtenu en divisant l'octave en 12 parties égales (le ton vaut 2 1/2 tons). On distingue :

La gamme diatonique : intervalles composés de tons et 1/2 tons. 2 sortes :

a) *Gamme majeure :* do-ré : 1 ton ; ré-mi : 1 ton ; mi-fa : 1/2 ton ; fa-sol : 1 ; sol-la : 1 ; la-si : 1 ; si-do : 1/2 (total : 12 1/2 tons).

b) *Gamme mineure :* 1, 1/2, 1, 1, 1/2, 1 1/2, 1/2.

La gamme chromatique : comporte 12 notes séparées d'un demi-ton.

Nom des notes. Choisi par Gui d'Arezzo (XIe siècle), vient des premières syllabes des hémistiches des premiers vers de l'hymne des Vêpres de l'office de saint Jean-Baptiste :

« UT queant laxis
REsonare fibris
MIra gestorum
FAmuli tuorum
SOLve polluti
LAbii reatum
Sancte Iohannes (initiales SI). »

« Afin que tes serviteurs puissent chanter, avec des voix libérées, le caractère admirable de tes actions, Ôte, saint Jean, le péché de leur lèvre souillée. »

Le *si* fut ajouté à la fin du XVIe s. par Anselme de Flandres (?).

L'Italien Bononcini, en 1673, aurait nommé la note do qui devint synonyme de *ut.*

Des lettres représentent les notes.

En anglais :

A	B	C	D	E	F	G
la	si	do	ré	mi	fa	sol

En allemand :

A	B	C	D	E	F	G	H
la	sib	do	ré	mi	fa	sol	si

Forme des notes. Indique la durée des sons : la ronde = 2 blanches, 4 noires, 8 croches, 16 doubles croches, 32 triples croches, 64 quadruples croches.

Portée. Ensemble des 5 lignes sur lesquelles on écrit les notes et des lignes supplémentaires ajoutées au-dessus ou au-dessous.

Clef. Signe placé au début de la portée, indique la position de la note à laquelle elle correspond (sol, fa, ut ou do). Cette position conditionne celle de toutes les autres notes.

Silences. Marquent l'arrêt des sons et correspondent aux valeurs des notes. *Pause :* ronde ; *demi-pause :* blanche ; *soupir :* noire ; *demi-soupir :* croche ; *quart de soupir :* double croche ; *huitième de soupir :* triple croche ; *seizième de soupir :* quadruple croche.

Altérations. Placées devant la note à altérer (alt. accidentelle) ou près de la clef (alt. permanente). *Dièse :* élève la note d'1/2 ton (on multiplie par 25/24 le nombre des vibrations de la note). *Bémol :* abaisse la note d'1/2 ton (on multiplie par 24/25 le nombre des vibrations de la note). *Double dièse :* élève la note d'1 ton. *Double bémol :* abaisse la note d'1 ton. *Bécarre :* rétablit la note altérée.

Tonalité. Un morceau est écrit à l'aide d'une gamme donnée, c'est la tonalité, appelée improprement ton. Cette tonalité est définie par la tonique (note de base de la gamme utilisée) et l'armature (altération permanente).

Mesure. Divise un morceau en parties égales. Inscrite aussitôt après la clef, elle comprend 2 chiffres : le chiffre inférieur indique l'unité de temps suivant les conventions (2 = blanche, etc.) ; le chiffre supérieur, le nombre de blanches, noires, croches par mesure ; la lettre C, une mesure à 4 temps avec la noire pour unité, soit 4/4, et la lettre ¢, une mesure à 2/2.

Métronome : J.N. Maëlzel, physicien autrichien, ami de Beethoven, le fit breveter en 1816.

Instruments

Principaux instruments

Légende : * Peu ou pas utilisé dans les orchestres classiques actuels. b. : bémol, c. : corde.

I. Instruments à vent

● **1. A bec sifflet.** *Flûte douce** (bois). 5 types subsistent : sopranino en fa, soprano en ut, alto en fa, ténor en ut, basse en fa.

● **2. A anche** (lame de roseau, de plastique ou de métal vibrant sous l'action de l'air ; on appelle anches membraneuses les lèvres du souffleur).

a) **A bec et anche :** *Clarinette :* inventée par J. Chr. Denner (All.) vers 1670 ; *ancêtres :* arghoul (Égypte), aulos (Grèce), chalumeaux du XVIIe s. (la bémol aigu, mi bémol, ré, ut, si bémol, la). *Cor de basset* en fa : les plus anciens datent de 1770 et sont signés Schofflmeyer et Mayrhofer. *Clarinette alto* en mi b. : inventée par Müller ; *cl. basse* en si b ; *cl. contrebasse* en mi b, en si b. *Saxophone :* inventé vers 1840 par Adolphe Sax (7 variétés : sopranino, mi b ; soprano, si b ; alto, mi b ; ténor, si b ; baryton, mi b ; basse, si b ; contrebasse, mi b).

b) **A anche double :** *Cromorne** (de forme recourbée). *Cor anglais* (English horn). *Hautbois. Basson. Contrebasson* (le plus ancien construit en 1714 par Andreas Eichentopf). *Biniou*. Cornemuse*. Bombarde*. Reita*.*

Accordéon

Origine. Inventé à Vienne par Cyrill Demian (1772-1847) le 6-5-1829 *(accordion)* et à Londres par Charles Wheatstone le 19-6-1829 *(concertina) :* petite boîte en bois de 21 × 9 cm et 6 cm de haut, munie d'un soufflet à 2 plis, améliorée par Marie-Candide Buffet (1796-1859) et Isoard entre 1831 et 1835. 1ers accordéon à système chromatique montés en 1910 par les établissements Hohner.

Principe. Anche libre métallique. Au XIXe s., populaire à Vienne et dans la bourgeoisie parisienne, il est fabriqué en France, en Allemagne, Irlande, Russie, Suisse et surtout en Italie. A partir de 1900, délaissé par la bourgeoisie, il est adopté par les orchestres musette. Peu avant 1939, il apparaît sur des scènes de music-hall, dans des studios d'enregistrement ; le système « basses chromatiques » qui permet de jouer intégralement des œuvres classiques est adopté après la guerre, période pendant laquelle l'accordéon aborde le jazz.

Airs les plus célèbres. Le Dénicheur, le Retour des hirondelles, les Triolets, la Valse des as, Ça gaze, la Marche des accordéonistes lyonnais, Indifférence, Swing Valse, Aubade d'oiseau, Brise napolitaine, Perle de cristal, Reine de musette, Balajo, Adios Sévilla, Espana cani, Coplas, le Petit Bal du samedi soir, Geraldine (Dolby Valse), Fantaisie (en mi mineur, Système « A »).

Écoles françaises. V. Quid 1984, p. 354.

Associations. U.N.A.F. (Union nationale des accordéonistes de France), 34, rue du Faubourg-St-Martin Paris 10e. A.C.F. (Accordéon Club de France). A.P.H. (Ass. des professeurs Hohner).

Lauréats français des coupes mondiales. *1938* Freddy Balta. *1948* Yvette Horner. *1949* Gilbert Roussel. *1951* Maurice Vittenet. *1977* Frédéric Guérouet. *1979* Max Bonnay. *1981* Alain Musichini. *1983* Jean-Luc Manca. *1985* Jean-Marc Marroni.

Fabricants d'accordéons. 3 en France : Cavagnolo, 71, rue d'Alsace, 69100 Villeurbanne. Maugein, rue d'Arsonval, 19000 Tulle. Fratelli Crosio, 7, cité de l'Ameublement, 75011 Paris.

Principales firmes étrangères. *All. féd. :* Hohner. *Italie :* Crucianelli, Piermaria, Paolo Soprani, Exelsior, Dallapé.

Carillons

A l'origine, dans les 1ers monastères, une seule cloche sonnait toutes les heures ; plus tard, une cloche plus petite fut ajoutée pour les demi-heures, puis le système se perfectionna. Un système d'avertissement ou prélude, précédant l'heure, se composait de quelques clochettes nommées « appeelkens » (néerl.) ou « appeaulx » (fr.). L'ensemble de 4 clochettes s'appelait « quadrillon » d'où le mot « carillon ».

Actuellement, le carillon comprend au moins 36 cloches harmonisées (3 octaves) maniées à l'aide d'un clavier composé de bâtons en guise de touches et de pédales. Le carillon idéal possède 4 octaves (49 cloches). Le carillon bas fait défaut, car c'est une cloche très coûteuse et rarement employée. L'importance d'un carillon varie selon le poids de ses cloches. Sa qualité dépend de l'art du fondeur de cloches et du savoir-faire de l'installateur.

Aux XVIIIe et XIXe s. on se désintéressa des carillons puis il y eut un renouveau au XXe s., grâce au Belge Jef Denyn (1862-1941) qui fonda l'école de carillon de Malines en 1922 (depuis 1959 école royale de carillon Jef-Denyn-Institut intern. supérieur de l'art campanaire : 10 à 20 élèves y sont régulièrement inscrits). D'anciens élèves de cette école ont fondé leur école : Leen't Hart à Amersfoort aux Pays-Bas (1964) et Jacques Lannoy à Tourcoing en France (1972).

Quelques carillons célèbres. *Australie :* Sydney, Melbourne. *Belgique :* Bruges, Lokeren, Mol, Meise, Malines (cathédrale St-Rombaut, 49 cloches, bourdon 8 884 kg, total 38 000 kg ; N.-D. au-delà de la Dyle, 50 cloches, bourdon 2 217 kg, total 9 123 kg ; Busleyden, 49 cloches, bourdon 420 kg, total 2 541 kg ; possède un carillon ambulant). *Canada :* Montréal, Niagarafalls, Ottawa, Toronto. *Danemark :* Copenhague. *France :* Avesnes-sur-Helpe, Bergues, Béthune, Blois, Carcassonne, Castres, Châlons-sur-Marne, Chambéry, Châtellerault, Dijon, Douai, Dunkerque, Le Quesnoy, Lisieux, Paris (mairie du 1er arr.), Perpignan, Rouen, St-Amand-les-Eaux, Seclin, Selongey, Tourcoing. *Nlle-Zélande :* Wellington. *Pays-Bas :* Amersfoort, Amsterdam, Delft, Rotterdam, Utrecht. *Portugal :* Mafra, 114 cloches (dont 1 de 10 t).

Carillon le plus grand du monde. Laura Spelman Rockefeller Memorial à Riverside Church (New York) (74 cloches, 102 t). **Le plus lourd du monde.** Liverpool, cathédrale anglicane (G.-B.), cloches fondues en 1933-39, 16 700 t.

Nombre de carillons. 5 500 répertoriés dont 4 430 en G.-B. et Irlande.

Fabrication en France. 3 fonderies de cloches (300 à 400 cloches par an). **Prix d'une cloche.** 60 à 80 F/kg (métal : cuivre 78 %, étain 22 %).

Orgue

C'est le plus complet des instruments de musique ; donne tous les sons grâce à une série de tuyaux de 2 types (à bouche et à anche), contenus dans un « buffet ». Le vent est amené dans les tuyaux par une soufflerie. L'instrument dispose de plusieurs claviers. **Les plus anciens :** 200 ans av. J.-C. Le 1er vu en France fut offert à Pépin le Bref par un empereur byzantin (757).

Jeu : série de tuyaux accordés chromatiquement et donnant des sons de même caractère : indication de la longueur en pieds (33 cm) du tuyau le plus long correspondant à la note la plus basse : un tuyau ouvert de 32 pieds (10,56 m) donne la fréquence de 16 périodes, la plus basse que l'oreille puisse percevoir. *Jeux de fond :* constitués par les tuyaux ouverts (flûtes) ou fermés (bourdons) : de taille large à embouchure de flûte. Le son est excité par le choc de l'air sur un biseau comme dans un sifflet. *Jeux principaux :* développent une sonorité riche en harmoniques à cause de la faiblesse de la taille (rapport de la largeur à la longueur des tuyaux). *Jeux de mutation :* donnent quintes, tierces, septièmes ou neuvièmes en rangs séparés ou collectifs.

Anche : languette élastique vibrante à l'embouchure du tuyau, qui produit plus de timbre et d'éclat.

Orgues les plus grands du monde. *Auditorium d'Atlantic City* (New Jersey, U.S.A.) terminé en 1930, 33 112 tuyaux de 4,70 mm à 19,50 m de long, 1 477 registres, 2 buffets (7 et 5 claviers). *Philadelphie* (Wanamaker Store, U.S.A.), 30 000 tuyaux env., 6 claviers, 451 jeux. Actuellement le plus grand orgue du monde. *Passau* (All. féd.), 16 000 tuyaux, 118 registres, 5 claviers. *Temple des Mormons de Salt Lake City* (Utah) de 1863, 5 claviers, 10 814 tuyaux et 160 registres environ. *Town Hall de Sidney* (Australie), 128 registres. *Santa Maria Nuova* (Monreale, Sicile), 10 140 tuyaux, 130 registres, 6 claviers. *Riga* (U.R.S.S.), 124 reg. *Albert Hall* (Londres), 114 reg. *N.-D. de Paris*, 107 registres, plus de 7 000 tuyaux, 5 claviers. *St-Thomas* de Leipzig (All. dém.) (Ulrich Boehme). *St-Sulpice* (Paris), 118 reg., 7 000 tuyaux, 5 claviers. *Lourdes.* L'orgue de Pie X possède en France le plus de trompettes en chamade, l'écho dure 12 secondes.

Nota. — L'orgue du cinéma parisien le Gaumont-Palace, le plus grand d'Europe continentale, installé en 1930 pour accompagner les films muets, a été reconstruit au pavillon Baltard à Nogent-sur-Marne.

Principaux orgues français et leurs titulaires. **Beauvais :** cath. (Jean Galard). **Bordeaux :** cath. (Christian Robert). **Chartres :** cath. (Philippe Lefebvre). **Lyon :** primatiale St-Jean (Joseph Reveyron), Saint-François-de-Sales (Louis Robillard), Auditorium Maurice-Ravel. **Paris :** La Madeleine (François-Henri Houbart), N.-Dame-de-Paris (Yves Devernay, Olivier Latry, Philippe Lefebvre et Jean-Pierre Leguay), N.-D.-des-Blancs-Manteaux (Dominique Merlet), Sacré-Cœur (Daniel Roth). Ste-Clotilde (Jean Langlais), St-Étienne-du-Mont (Maurice et Marie-Madeleine Duruflé). St-Eustache (Jean Guillou et André Fleury), St-François Xavier (Gaston Litaize), St-Germain-des-Prés (André Isoir et Odile Bailleux), St-Gervais (Jan Ver Hasselt), St-Merry (Norbert Dufourcq), St-Nicolas-des-Champs (Jean Boyer), St-Séverin (Francis Chapelet, Michel Chapuis, Jean Boyer), St-Sulpice (Daniel Roth), St-Vincent-de-Paul (Jean Costa), Temple de l'Oratoire (Henriette Puig-Roget et Marie-Louise Girod), Trinité (Olivier Messiaen). **Poitiers :** cath. (Jean-Albert Villard), **St-Germain-en-Laye :** Saint-Louis (Marie-Claire Alain). **St-Maximin** (Pierre Bardon). **Sens :** cath. (Michelle Leclerc). **Strasbourg :** cathédrale (Claude Schnitzler), St-Pierre le Jeune, St-Thomas. **Toulouse :** St-Sernin (Michel Fonvieille). **Versailles :** cath. (André Fleury), N.-D. (Georges Robert).

Piano

Grandes marques de piano (en 1985). *Erard* (fondé en 1780), *Pleyel* (1807), *Gaveau* (1847) [France, fusion en 1960 (et rachat par les assurances La Paternelle) ; marques concédées au facteur allemand Schimmel (1885) depuis 1970] : 30 000 (1939) ; 7 200 (1971) ; 10 500 (1979) ; 11 200 (1980). *Rameau :* 3 900 pianos droits (1980), n'existe plus depuis oct. 85. *Yamaha* (Japon, fondé en 1887) : 180 000 dr. et à queue. *Kawai* (Japon) : 200 000. *Young Chang* et *Samick* (Corée du Sud). *Kimball* (U.S.A.) : 60 000. *Steinway* (U.S.A., fondé en 1853) : New York 3 200, Hambourg 1 800. *Bösendorfer* (Vienne, Autriche ; racheté en 1966 par Kimball) : 600.

c) **A anche libre :** *Harmonica*. Harmonium*. Accordéon**.

• **3. A embouchure.** *a.* **Flûte traversière** (bois, métal). *Grande flûte* en ut, *petite (piccolo)* en ré b. (harmonies) ou en ut (orchestres). *Flûte basse* en ut, *flûte alto* en sol. *Flûte de Boehm :* en 1832, Th. Boehm (All.) renouvelle la facture de la flûte en modifiant la perce et en concevant un système rationnel et perfectionné des clefs.

b. **Cuivres :** *Clairon* (si b.). *Trompette de cavalerie* (mi b.). *Trompes de chasse** (ré pour la chasse ou tr. de piqueur, mi b. pour les fanfares). *Trompette* (plusieurs sortes, surtout en ut ou si b.). *Trompette d'harmonie* sans pistons. *Trompette* (si b., ut), à pistons. *Trombone* (5 sortes subsistent, dont le trombone à coulisse). *Cor* (French horn). *Olifant* (au Moyen Age) : cor taillé dans des défenses d'éléphant ; introduit dans l'orchestre au XVIIe s. Stoelzel (All.) invente, en 1815, le cor chromatique à pistons, seul utilisé de nos jours. *Cornet à pistons* (si b., ut). *Posthorn**. *Saxhorns* en laiton poli, verni, laqué or ou argenté, à embouchure et à 3 pistons : petit bugle (mi b.), bugle (si b.), alto (mi b.), baryton (mi b.), basse (si b., un 4e piston derrière le pavillon) ; contrebasse (mi b. et si b. ou « bombardon »). *Tuba :* sorte de basse saxhorn en si b., employée dans l'orchestration symphonique. *Soubassophones :* mi b et si b (à pavillon en avant et orientable).

II. Instruments à cordes

• **1. Frottées.** *a)* **Par un archet.** Modifié par les Italiens Arcangelo Corelli (1653-1713) et Giuseppe Tartini (1692-1770), l'archet actuel fut établi par F. Tourte (Fr.) v. 1775. *Violes**. *Violon* (4 cordes : mi$_4$, la$_3$, ré$_3$, sol$_2$) ; archet : en arc puis droit à partir de 1770 env., mesure 0,75 m et pèse de 55 à 85 g (violoncelle). La sonorité du violon et des instruments dérivés dépend des bois utilisés (épicéa pour la table, érable pour le fond, éclisses et manche), consistance du vernis, hauteur des voûtes, épaisseurs, modèle, etc. Silhouette géométrique en huit : les 2 anses de panier, appelées C.C., raccordées par des arcs de cercle, sont conçues pour résister au maximum aux déformations [le jeu des cordes sur les planchettes (1 à 4 mm d'épaisseur) provoque une tension de 20 kg (30 en tension normale appelée aussi « ton de l'opéra »)] ; une caisse plus épaisse devient trop rigide et susceptible de déformations interdisant toute amplitude vibratoire. Les échancrures latérales permettent le passage de l'archet et la virtuosité du jeu. Un violon sans coins ni C.C. (anses de panier) fut réalisé par Chanot (1787-1823). *Alto* (4 cordes : la$_3$, ré$_3$, sol$_2$, ut$_2$). *Violoncelle* (4 cordes : la$_2$, ré$_2$, sol$_1$, ut$_1$). *Contrebasse* (4 ou 5 cordes : sol$_1$, ré$_1$, la$_{-1}$, mi$_{-1}$, do$_{-1}$). *Vielles médiévales**.

b) **Par une roue :** *Chifonie**. *Vielle** (6 cordes et touches).

• **2. Pincées.** *a)* **Instruments avec manche :** *Guitare* [A. Torres Jurado (Esp., 1817-1892) fabriqua l'archétype de la guitare moderne (1850)]. G. classique (6 cordes : mi, la, ré, sol, si, mi). G. sèche (non électrique) ou folk (6 et 12 c. de métal) ; g. électrique (caisse pleine, amplification électronique) ; g. basse (4 c.) ; g. expérimentale de 7, 8, 10 et 11 cordes. A double manche : 6 + 10 cordes (Japon) ; g. théorbe de 17 c. (Canada). Au XIXe s. apparurent des lyres-g., des g. doubles (accolées), des harpi-g., traits d'union entre instruments à c. avec manche et sans manche. *Luth* Renaissance (1 c. simple, 4 doubles), luth baroque [11 à 13 « chœurs » (cordes doubles)] ; l. Viola Amarantina (Portugal, 2 rosaces) ; l. Cavaquinho (Portugal, 4 c., petite g., adopté par le Brésil) ; dérivés du luth (archiluth, théorbe). *Guitar moon* (Japon). *Sitar* (Inde). *Balalaïka* (Russie, 3 c. : mi, mi, la). *Bouzouki* (Grèce). *Bandurria* (Espagne, 5 ou 6 c. doubles jouées avec plectre). *Viola braguese* (Portugal). *Timple* (Iles Canaries, guitare exiguë de 5 c. simples). *Tres* (Cuba, 3 c. doubles). *Cuatro* (Venezuela, 4 c. simples). *Requinto* (Colombie, 5 c. doubles). *Tiple* (Colombie, 4 c. triples). *Charango* (Bolivie, corps de tatou, 5 c. doubles). *Jarana* (Panama et Mexique, 5 c. simples). *Bordonua* (Porto Rico, 5 c. doubles). *Guitare hawaiienne* (manche lisse sans barettes). *Violao de Caipira* (Brésil, 5 c. doubles). *Mandoline* (5 ou 6 c. doubles). *Guitarron* (Mexique, grosse guitare au dos bombé, 6 cordes simples). *Bandola* (Colombie, 6 cordes doubles). *Bocona* (Panama, 5 cordes simples). *Târ* (Iran, de 3 à 6 cordes simples), or. étymologique du mot guitare. **Instruments disparus :** *Vihuela* (6 c. doubles, en usage en Espagne jusqu'au XVIe s.). *Guiterne* (4 chœurs, 1 c. simple, 3 doubles. Disparu vers le milieu du XVIe s. en France). *Guitare baroque* (5 c. doubles. Elle est remplacée par la g. classique de 6 c. simples v. la fin du XVIIIe s.).

b) **Instruments sans manche :** *Lyre *. Cithare *. Harpe **. En vogue au Moyen Age, puis désaffection jusqu'au XVIIIe s., quand Hochbrucker (luthier all.) reprendra v. 1660 l'idée d'un artisan tyrolien de commander par pédales des crochets permettant de raccourcir les cordes. En 1786, le Français S. Érard modifie ce système et, en 1801, fabrique les harpes à double mouvement. 46 cordes couvrant 6 1/2 octaves (ut b$_1$ à sol b$_6$) et 7 pédales à 2 crans permettant de hausser d'1/2 ton ou d'1 ton chacune des notes de la gamme à toutes les octaves. *Psaltérion *. Épinette des Vosges *. Dulcimer **.

c) **Instruments à clavier :** *Épinette *. Virginal *. Clavecin* (le mot clavecin apparaît en 1631).

• **3. Frappées.** *a)* **Instruments avec clavier** (avec des touches) : *Clavicorde *. Piano* [*Piano-forte* (signifiant, en italien, « doucement-fortement ») fut construit par Bartolomeo Cristofori (1655-1731) en 1720 : il avait créé en 1698 son 1er cembalo à Martelletti (clavier à petits marteaux) avec échappement, étouffoir]. Présente actuellement un clavier de 7 1/3 octaves chromatiques : 49 touches blanches, 35 noires. Forme carrée (jusqu'à la fin du XIXe s.), à pieds droits ou supportés par des X, puis à queue (issu du clavecin), et enfin, droit (« piano-buffet », créé en 1758 par Christian Ernst Friederici). Les pédales sont ajoutées par J. Stein en 1789. En 1822, S. Érard (Fr.) inventa l'échappement double qui permet une meilleure répétition des notes.

b) **Instruments sans clavier :** *Dulcimer *. Cymbalum hongrois **.

III. Instruments à percussion

• **1. A hauteur déterminée.** *a)* **Sans clavier :** *Timbales* (de 2 à 5). *Cloches* (tubes de métal). *Xylophone** (lames en bois). *Métallophone* (lames en acier). *Vibraphone* (U.S.A. 1921) (métallophone à amplificateur). *Marimba, Glockenspiel. b)* **Avec clavier :** *Célesta* (inventé par Mustel en 1886). *Glockenspiel* (à clavier).

• **2. A hauteur indéterminée.** *a)* **Percussion sur peau :** *Caisse claire. Caisse roulante* (ou *caisse claire*). *Grosse caisse. Tambourin. Tambour de basque. Bongos* (tambour double africain). *Tom alto. Tom basse. b)* SUR MÉTAL : *Triangle* (tige coudée 2 fois). *Cymbales. Crotales* ou *cymbales antiques* (petites cymbales). *Gong. Tam-tam. Cloches. c)* **Sur bois :** *Wood-block. Castagnettes. Fouet. Claves. d)* **Bruits divers :** *Maracas* (calebasses séchées). *Crécelles. Raclettes* (guitcharo). *Grelots*, etc.

IV. Instrument mécanique

Piano mécanique (1887, U.S.A.).

V. Instruments électriques

Orgue Hammond : produit des oscillations à l'aide d'alternateurs ; *Trautonium* du Dr Trautwein : produit des oscillations à l'aide de tubes au néon.

VI. Instruments électroniques

Supplantent les instruments de musique électrique depuis plusieurs années.

Instruments monodiques (ne produisant qu'un seul son à la fois). *Theremin, Ondioline, Clavioline, Ondes Martenot* [seul ce dernier subsiste : créées par Maurice Martenot (Français, 1898-1980), présentées à l'Opéra de Paris en 1928, oscillations électriques provoquées par un clavier à 7 octaves et un ruban, amplifiées par un haut-parleur, un haut-parleur principal et 3 diffuseurs de coloration].

Permet d'obtenir un vibrato reflétant les moindres gestes de l'interprète tant par sa fréquence que par son amplitude. Possède une *touche de nuance* qui remplace l'action de l'archet ou du souffle et une *bague* permettant une progression infinitésimale des sons qui l'apparente à l'expression vocale.

Instruments harmoniques (pouvant jouer les accords). Connus sous le nom « d'orgues électroniques » (inventés par le Français Givelet). Produisent des sonorités variées grâce à des microcircuits.

Synthétiseur. Instrument électronique, modulaire (monophonique, duophonique, ou polyphonique), permettant de procéder à la synthèse du son. *1955 et 1959 :* 1res réalisations aux U.S.A. par R.C.A. ; *1964 :* conception musicale par Robert Moog ; *1968 :* l'Américain Walter Carlos réalise « Switched on Bach » chez Columbia. *Prix* (1986) : 1 500 à 150 000 F.

Instruments électrostatiques. Orgue Derreux [2 claviers et 1 pédalier complet reproduisant les sons enregistrés sur des orgues Féels à tuyaux (31 jeux plus les accouplements habituels)]. N'est plus fabriqué.

Quelques chiffres

Instruments en France

Importations entre parenthèses et exportations en italique, en millions de F. (763,1) *262,7.* Pianos, clavecins et autres instruments à cordes, à claviers, harpes (283,2) *20,2.* Cordes (33,5) *6,3.* Orgues, harmoniums et similaires (3) *3.* Accordéons, harmonicas à bouche (22,7) *1,7.* Autres instruments à vent (cuivres, flûtes à bec) (40,9) *142,6.* Percussion (27,8) *7,7.* Électromagnétiques, électrostatiques et similaires (248,2) *22,3.* Divers (11,2) *5,3.* Parties, pièces détachées et accessoires (92,6) *53,6. Importations en quantité, en 1984.* Pianos neufs 24 730, guitares 80 997, cuivres 4 614, flûtes à bec 439 461, orgues électriques et électroniques 216 942, guitares électriques et électroniques 23 343, autres instruments de musique électroniques et similaires 19 375.

Pianos neufs (même automatiques avec ou sans claviers). *Exp. en 1984 :* 550 dont P.-B. 119, Suisse 75, Martinique 69, Espagne 41, Guadeloupe 26. *Imp. en 1985 :* 23 311 dont Corée du S. 5 511, All. dém. 4 173, All. féd. 3 931, Japon 3 071, Finlande 1 774, P.-Bas 950, Pologne 691, G.-B. 489.

Ventes en France

Chiffre d'affaires des facteurs et importateurs d'instruments (en millions de F en 1982). 861,3 dont facteurs d'instruments 339 (à vent 248,6, à claviers 68,5, à cordes 21,9), importateurs 522,3. *Marché intérieur* 175,8, *extérieur* 163,2.

Établissements de facture instrumentale et importateurs, 1982. 70 dont facteurs d'instruments à vent 25, à claviers 15, à cordes 12 ; importateurs 18. Certaines de ces entreprises sont affiliées à la Chambre syndicale de la facture instrumentale (CSFI). *Effectifs :* 2 172 salariés.

Ventes en France (1981). Instruments français et étrangers. Accordéons 18 000 ; orgues électroniques d'appartement 20 000, portables 45 000 ; pianos droits 38 000, à queue 3 600 ; guitares 180 000 (dont 5 000 fabr. en France) ; harmonicas 400 000 ; flûtes (scolaires) 4 000 000.

Nota. — La France est le meilleur producteur mondial de roseaux (entre Hyères et Fréjus, Var) pour la fabrication des anches de clarinettes, hautbois, saxophones, etc. ; en majeure partie achetés par le fabricant d'anches Rico (U.S.A.) et par les Ets Vandoren (Fr.).

Prix d'instruments de qualité
(en milliers de francs 1985-86)

Anciens. XVIIe-XIXe s.

Éléments du prix : signature, qualité de fabrication, état de conservation, certificat d'authenticité. **Violon :** école italienne (XVIIe-XVIIIe s.) : ex. Stradivarius [Antonius Stradivari, dit Stradivarius (Crémone 1648-1737), vécut 89 ans et produisit 635 violons et 17 altos en 71 ans. Il en reste env. 500 dans le monde], 550 à 4 950, Guarnerius (1683-1745) 550 à 4 950, Andrea Amati (1500-1580, fondateur de la dynastie des Amati), Rogerius (1650-1730), élève d'Amati 275 à 550 ; école française (XIXe) ; Nicolas Lupot 220 à 385, Jean-Baptiste Vuillaume 132 à 275. *Archet* de François-Xavier Tourte (XVIIIe s.) 55 à 165, Dominique Peccatte (1810-74) 55 à 110, François Nicolas Voirin, Eugène Sartory (1871-1940) 165 à 275 (un bon archet actuel 5,06 à 24,24). **Vielle à roue :** fin XVIIIe 8,8 à 22, à caisse plate 66. **Violoncelle :** 19,8 ; Stradivarius (il en fabriqua 60) 1 440 à 4 950. **Viole d'amour :** 11. **Guitare :** XVIIe (1624) : Chittara, par Jacob Stadler 1 045 ; XVIIIe s. 6,6 à 13,2 ; XIXe, signée Torres ou Ramirez de 22 à 55. **Harpe :** 16,5 à 22. **Épinette :** de Thomas Hancock (1725) 19,8. **Pendule à musique :** (Janvier) 52,8. **Orgue :** (Cavaillé) 38,5, mécanique de salon (Davrainville) 63. **Clavecin :** 5 octaves, 2 claviers XVIIe et XVIIIe s. 66 à 352. **Piano :** droit 5,5 à 22, 1/2 queue 11 à 55 ; queue (Steinway, 1888) 1 727. **Piano-forte :** 11 à 79,2. **Mandoline :** de Marie-Antoinette 92,51. **Cécilium** (ancêtre de l'accordéon) : 7,7 et plus.

Modernes

A vent. *Accordéon* d'étude 5,39 à 8,69, professionnel 15,9 à 23,2, de concert jusqu'à 50,6. *Bugle* 3,85 à 7,26. *Clarinette* 2,31 à 11,1. *Cor d'harmonie* 4,4 à 27,5. *Cornet* 2,695 à 6,655. *Flûte douce* 40,7 à 1 210, *traversière* 2,86 à 40. *Saxophone* alto 6,325 à 11,495, ténor 6,6 à 12,905, baryton 16,896 à 19,965. *Trombone* 2,926 à 12,905. *Trompette* 2,238 à 10,285. (Prix avec étui et tous accessoires.)

A percussion. *Vibraphone* 7,865 à 21,780. *Jeu de cloches* 18,15. *Xylophone* 18,15. *Marimba* 19,36.

A cordes. *Alto* 3,327 à 9,295. *Guitare* classique 0,786 à 45,98, « western » ou « folk » 1,133 à 15,73, électrique plate 1,331 à 7,986. *Harpe* 39,93 à 133,1, celtique 6,655 à 11,33. *Violon* d'étude 1,815 à 3,487, de maître à partir de 30,25. *Violoncelle* 4,235 à 11,91, de maître 19,965 et +.

Les prix des instruments d'étude comprennent étui ou housse et archet.

Claviers. *Clavecin* 26,7 à 189,5. *Épinette* 16,4 à 46,95. *Orgue classique :* étude 7,5, avec pédaliers de 25 notes 144,7. *Piano* droit 12,9 à 95,6, à queue 37,75 à 350 ; de concert 200 à 350.

Principales collections

Paris : *musée instrumental du Conservatoire nat. sup. de musique* (environ 4 000 instr., surtout européens) ; *m. de l'Homme* (instr. ethniques du monde entier, France exceptée) ; *m. des Arts et Traditions populaires* (instr. des provinces françaises). **Bruxelles :** *m. instrumental du Conservatoire royal de musique.* **La Haye :** *Gemeente Museum.* **Leipzig :** *Musikinstrumenten-Museum, Karl-Marx-Universität.* **Londres :** *Victoria and Albert Museum ; Royal College of Music ; Horniman Museum.* **Milan :** *Musée des instruments anciens, Castello Sforzesco.* **New York :** *Metropolitan Museum of Art.* **Washington :** *Smithsonian Institution.* **Stockholm :** *Musikmuseet.* **Nuremberg :** *Germanisches Nationalmuseum.* **Vienne :** *Kunsthistorisches Museum.* **Berlin :** *Staatlisches Institut für Musikforschung Preussischer Kulturbesitz.*

Quelques records

● **Cloches les plus lourdes. Étranger.** *Moscou* [Tsar Kolokol (reine des cloches) au Kremlin, fondue en 1735, brisée, 196 t, diam. 5,90 m, haut. 5,87 m, épaisseur max. 60 cm]. *Mingoon* Birmanie (90 t, diam. 5 m, heurtoir en teck la frappant de l'extérieur). *Chonan* Japon (75 t). *Pékin* Chine (54 t). *Cologne* Allemagne (Petersglocke, 1923, cathédrale, 25 t, diam, 3,40 m). **France.** *Paris* Sacré-Cœur de Montmatre (la Savoyarde, 1891, 18,83 t, diamètre 3,04 m, haut 3,06 m) ; N.-D. de Paris [Emmanuelle, 1683, 13 t, diamètre 2,70 m, nommée par Louis XIV et Marie-Thérèse, refonte de « Jacqueline » (7,5 t) donnée en 1400 par Jean de Montaigu, refondue en 1430 puis en 1681]. *Sens* Cathédrale (la Savinienne, 1860, 15,6 t, diamètre 2,60 m ; la Potentienne, 1860, 13,9 t, diamètre 2,34 m). *Reims* Cathédrale (Charlotte, 1570, 9,5 t, diamètre 2,50 m ; 2ᵉ bourdon, 7,4 t, diamètre 2,32 m). *Bordeaux* Cathédrale St-André (1869, 11 t, diamètre 2,33 m). *Marseille* N.-D. de la Garde (1845, 8,2 t, diamètre 2,40 m). *Lyon* Fourvières (1894, 7,2 t, diamètre 2,30 m).

Nota. — La plus ancienne serait celle du palais babylonien de Nemrod « Tintinabulum » (1100 av. J.-C., découverte en 1849). En France, celle de Fontenailles (Gard), de 1203 (musée de Bayeux, Calv.).

● **Instruments à cordes.** *Pantaléon,* utilisé en 1767 par George Noël (270 cordes sur une surface de 4,60 m^2). *Octobasse,* construite en 1849 par J.-B. Vuillaume (1798-1875), 3,6 m (au musée du Conservatoire de Paris) (3 cordes, ut, do, ut, permettant d'atteindre la tierce majeure inférieure de la contrebasse moderne). *Guitare* construite par Edessey Guitar Co à Vancouver (Canada) (3 m de haut, 172 kg). *Contrebasse* d'Arthur Ferris (U.S.A.) (4,26 m de haut, 590 kg). *Le plus ancien piano* construit à Florence par Bartolomeo Cristofori (1720) (au Metropolitan Museum of Art à New York) ; long. 2,26 m ; larg. 0,94 m.

● **Instruments à vent.** *Tuba,* utilisé dans un cirque d'Afrique du Sud (2 m de haut, 12 m de tuyauterie). *Cor des Alpes,* Suisse (18 m), construit en 1976.

● **Divers.** *Tambour* de Disneyland fabriqué en 1961 (U.S.A.) : diam, 3,20 m, 204 kg ; *tambour* construit en 1872 à Boston (U.S.A.) : diam. 3,65 m, 272 kg. *Componium* construit en 1821 à Amsterdam par Dietrich Nicolaus Winkel : instrument mécanique à cylindres, triangle et tambour capable de produire un thème et ses variations (il faudrait 138 trillions d'années pour les épuiser toutes, en comptant 5 mn par variation) (au musée du conservatoire de Bruxelles).

Voix humaine

Définitions

Tenue des sons. Dépend de la capacité pulmonaire, de la pression et de la section du larynx. La *justesse* est obtenue quand les sons émis correspondent à ceux d'une échelle de hauteur convenue, arbitraire (à une « gamme » donnée, et il en existe des centaines).

Tessiture (*tessitura,* trame). Étendue des sons qui peuvent être émis par une voix (correspond à la hauteur d'un son en acoustique).

Le *registre* est son étendue maximale. Il va de 30 à 4 200 hertz environ. Tessiture la plus étendue : Marita Gunther (clavier du piano). On distingue 2 registres : la voix de poitrine et la voix de tête (ou voix mixte, ou de fausset).

Durée d'un son sans inspiration : 20-25 s (Waltraute Demmer : 55 s).

La puissance « auditive » de la voix, pour une note donnée, dépend du « placement » de la voix (répartition de l'énergie entre les harmoniques du son, l'oreille étant 1 million de fois plus sensible à 1 000 Hz qu'à 30 Hz). *Classification des voix selon la puissance maximale* (recueillie de face, à un mètre du chanteur) selon Raoul Husson : voix dites de Grand-Opéra : 120 dB (dB physiques) et plus, d'Opéra : 110 à 120 dB, d'Opéra-comique : 100 à 110 dB, d'Opérette : 90 à 100 dB, de salon : 80 à 90 dB, banale ou de micro : — de 80 dB.

L'emploi d'une voix dépend de son intensité, de son placement (timbre), de la qualité acoustique du lieu d'écoute et en particulier du volume de la salle utilisée : 1ʳᵉ catégorie : 30 000 m^3 ou plus ; 2ᵉ : 16 000 à 30 000 m^3 ; 3ᵉ : 10 000 à 16 000 m^3, 4ᵉ : 7 000 à 10 000 m^3 ; 5ᵉ : moins de 7 000 m^3 (un 1ᵉʳ emploi de théâtre lyrique dans une salle de 1ʳᵉ catégorie ne peut être tenu que par une voix atteignant au moins 120 dB).

Quelques définitions

Aria : morceau écrit pour une seule voix. **Ariette :** petit air léger. **Barcarolle :** pièce vocale ou instrumentale construite sur le rythme régulier et tranquille de la barcarola des gondoliers vénitiens. **Brindisi :** chanson à boire, toast. **Cantabile :** passage mélodique d'une expression intense. **Cavatine :** morceau d'opéra plus court que l'aria et généralement sans reprise. **Coda :** partie terminale d'un morceau. **Fioriture :** broderie ajoutée à la note écrite. **Grupetto :** ornement mélodique formé d'un groupe rapide de plusieurs notes. **Interlude :** petite pièce instrumentale insérée entre deux scènes d'opéra. **Legato :** exécution dans laquelle les différents sons se succèdent sans interruption. **Pizzicato :** son pincé. **Récitatif :** déclamation vocale qui fait avancer l'action par opposition aux morceaux chantés plus statiques ou plus méditatifs ; remplace le parler des opéras-comiques. **Rubato :** art d'accélérer ou de ralentir le tempo afin d'obtenir des effets expressifs. **Strette :** passage d'une partie finale dans lequel les « tempi » sont accélérés en vue du point culminant. **Vocalise :** formule mélodique ornementale appliquée à une voyelle.

Le timbre des voix chantées est défini par 5 qualités (qui différencient les voix de même nature, pour des sons de même hauteur) : *volume, épaisseur, mordant* (capacité d'attaque du son), *couleur, vibrato* (légère oscillation de voix autour d'une note). *Colorature :* voix d'une grande agilité.

Une chanteuse comme l'Égyptienne *Oum Kalsoum* (1898-1975) émettait 14 000 vibrations par s (un gosier normal : 4 000).

Mado Robin (1918-60) atteignait le *ré₆* (contre-contre ré) dans la scène de la folie de *Lucie de Lammermoor* (fréquence la plus élevée historiquement atteinte par la voix humaine) ; elle couvrait 3 octaves, sans effort ; elle avait un petit larynx et des cordes vocales épaisses (1 cm).

Classification des voix

Avant le milieu du XVIIIᵉ s., on distinguait empiriquement les voix féminines et masculines (pour l'étendue tonale) et les voix graves et aiguës à l'intérieur de ces 2 catégories. Puis on distingua pour les hommes, les *basses, barytons* et *ténors ;* pour les femmes, *altos, mezzos* et *sopranos.* Au début du XIXᵉ s., on introduisit, à l'intérieur de cette classification, des nuances de couleur de voix et de timbre [*ténors* graves, aigus, légers ; *barytons* graves, aigus, légers ; *basses* profondes, chantantes ; *sopranos* dramatiques, lyriques, légers (dits coloratures)]. Puis, vers le milieu du XIXᵉ s., des distinctions de puissance (*baryton* d'opérette, d'opéra, d'opéra-comique...) et d'emploi (*baryton* Verdi, *ténor* wagnérien, *basse* Bouffe...). La classification physiologique (établie en 1953) avait proposé une méthode de mesure « scientifique » : l'excitabilité du nerf de la phonation (déterminant la limite supérieure d'un registre) se mesure par la chronaxie. On peut lui opposer une classification plus traditionnelle dans laquelle les voix sont classées de l'aigu au grave avec leurs principales particularités de timbre.

● **Femmes. Soprano léger** (dit colorature). Voix la plus aiguë et très étendue (2 octaves et demie, Mozart écrivit jusqu'au sol₅). *Rôles : La Reine de la nuit* (la Flûte enchantée), *Lakmé, Lucie de Lammermoor, Gilda* (Rigoletto). **S. lyrique léger.** Intermédiaire entre le s. léger et le s. lyrique, volume plus important que celui du s. léger. *Rôles : Sophie* (le Chevalier à la rose), *Manon.* **S. lyrique, grand lyrique, dramatique.** Étendue : 2 octaves (ut₃, ut₅ = contre-ut) ; d'un type à l'autre, la tessiture s'abaisse, la puissance croît et la couleur s'assombrit. *Rôles : Lyrique : Juliette, Marguerite* (Faust), *Agathe* (Freischütz). *Grand lyrique : Mimi* (la Bohème), *Aïda, Elisabeth* (Tannhäuser). *Dramatique : Gioconda, Brünnhilde* (la Tétralogie), *Isolde.* **Intermédiaire** entre soprano et contralto, aigu moins étendu, grave plus riche. *Rôles* (chantés par sopranos et contraltos) : *Léonore* (Fidélio), *Marguerite* (Damnation de Faust). **Colorature dramatique** (ou soprano dramatique d'agilité), voix très étendue (du la grave au contre-ut dièse). *Rôles :* dans œuvres de Haendel, Mozart *(Donna Anna, Fiordiligi),* Rossini *(Sémiramis, Armide, Otello),* Weber (dans Obéron), Verdi (dans Ernani, la Traviata, le Trouvère). [*Dugazon,* voix légère, au timbre épais. *Rôles : Siebel* (Faust), *Stephano* (Roméo), *Chérubin* (Noces de Figaro), *Mignon* (en général, nombreux travestis du répertoire léger). *Desclauzas,* emplois de duègne, religieuse, dame de compagnie (Mme Desclauzas, 1840-1922, créa le rôle de *Lange* dans la Fille de Mme Angot).] *Contralto* (ou mezzo-soprano), voix longue (2 octaves et demie, du mi grave au si). *Rôles : Charlotte* (Werther), *Amnéris* (Aïda), *Ortrude* (Lohengrin), *Carmen, Dalila* (Samson et Dalila), *Ulrica* (Bal masqué), *Erda* (Tétralogie).

Contralto-colorature, voix spécialisée dans les rôles à vocalises de Rossini *(Rosine, Arsace, Cendrillon...),* Bellini, Donizetti, Meyerbeer (*Fidès* doit vocaliser du la bémol au contre-ut).

● **Hommes. Ténors.** Étendue : 2 octaves jusqu'au contre-ut, nombreuses subdivisions. **Haute-contre :** voix très aiguë émettant des sons naturels au moyen de la « résonance de tête » ; registre couvrant partiellement celui du contralto féminin, timbre essentiellement masculin, pur, pénétrant et souple, de qualité presque instrumentale, apprécié du Moyen Age au XVIIIᵉ s. et au XXᵉ (le Songe d'une nuit d'été de Britten). *Rôles :* dans les œuvres de Lully, Campra, Rameau ; *L'Astrologue* (le Coq d'or). **T. trial :** t. très léger, d'aspect comique (Carmen, Turandot). **T. léger** (t. aigu, « de grâce », lyrique léger), voix brillante à l'aigu facile ou voix au médium étoffé et à l'aigu limité au si bémol. *Rôles : t. aigu : G. Brown* (Dame Blanche), *Gérald* (Lakmé). **T. « de grâce » :** *Almaviva* (Barbier de Séville), *Ottavio* (Don Juan). **T. lyrique léger :** *Nemorino* (l'Élixir d'amour), *Tamino* (la Flûte enchantée). Les t. légers peuvent chanter aussi des rôles d'opérette. **T. lyrique :** voix plus large ; étendue jusqu'au contre-ut (sauf en Allemagne). *Rôles : Des Grieux* (Manon), *Rodolphe* (La Bohème), *Roméo* (Roméo et Juliette). **T. dramatique :** voix claire, timbre incisif, aigu éclatant. *Rôles : Lohengrin, Énée* (les Troyens), *Radamès* (Aïda). **Fort-ténor (ou central) :** *Othello, Tannhäuser, Samson* (Samson et Dalila) [volume sonore important, l'aigu peut être limité au si bémol (devenu très rare)]. *Heldenténor :* tessiture plus aiguë que celle du fort-ténor. Répertoire wagnérien. **Voix graves. Baryton-martin :** claire, souple, l'aigu s'étend jusqu'au la. *Rôles : Mârouf, Pelléas, Ange Pitou* (la Fille de Mme Angot), *Danilo* (la Veuve joyeuse). **B. d'opéra-comique :** tessiture restreinte, faible volume vocal, emploi de théâtre plutôt qu'une voix. **B. Verdi** : voix souple, 2 octaves (la grave, la bémol aigu). *Rôles : Figaro* (Barbier de Séville), *Valentin* (Faust), *Rigoletto*. **B. basse** : pas de limites précises entre les b. basses ou b. d'opéra et les basses. *Rôles : Wolfram* (Tannhäuser), *Grand-prêtre* (Samson et Dalila). *Scarpia* (La Tosca), *Wotan* (la Walkyrie). **Basse chantante** : plus lyrique que la b. basse, fa grave (fa$_1$). *Rôles : Boris Godounov, Méphisto* (Faust), *Philippe II* (Don Carlos), *Gurnemanz* (Parsifal). **Basse noble** (profonde ou Nivette) : très étendue (ut grave = ut$_1$, fa aigu = fa$_3$), fréquente dans les pays nordiques et orientaux. *Rôles : Ramfis* (Aïda), *Hunding* (Walkyrie), *Zarastro* (la Flûte enchantée).

Concours Eurovision de la Chanson. *Créé* en janv. 1955 sous le nom de « Grand Prix Eurovision de la chanson européenne ». *Jurys nationaux :* composés d'un échantillon de téléspectateurs. *Titres gagnants :* **1956** *Refrain* (Lys Assia), Suisse. **57** *Net als toen* (Carry Brokken), P.-Bas. **58** *Dors mon amour* (André Claveau), France. **59** *Een Beetje* (Teddy Scholten), P.-Bas. **60** *Tom Pillibi* (Jacqueline Boyer), France. **61** *Nous les amoureux* (J.-Claude Pascal), Luxembourg. **62** *Un premier amour* (Isabelle Aubret), France. **63** *Dansevise* (Grethe et Jörgen Ingmann), Danemark. **64** *Non ho l'età* (Gigliola Cinquetti), Italie. **65** *Poupée de cire, poupée de son* (France Gall), Luxembourg. **66** *Merci chérie* (Udo Jurgens), Autriche. **67** *Puppet on a string* (Sandy Shaw), G.-B. **68** *La la la* (Massiel), Espagne. **69** *Un jour un enfant* (Frida Boccara), France ; *Boom-Bang-A-Bang* (Lulu), G.-B. ; *Vivo cantando* (Salomé), Espagne ; *De troubadour* (Lennie Kuhr), P.-Bas. **70** *All kinds of everything* (Dana), Irlande. **71** *Un banc, un arbre, une rue* (Séverine), Monaco. **72** *Après toi* (Vicky Leandros), Luxembourg. **73** *Tu te reconnaîtras* (Anne-Marie David), Luxembourg. **74** *Waterloo* (Abba), Suède. **75** *Ding Dinge Dong* (Teach-In Group), P.-Bas. **76** *Save your kisses for me* (Bratherhood of Man), G.-B. **77** *L'Oiseau et l'Enfant* (Marie Myriam), France. **78** *A-Ba-Ni-Bi* (Izhar Cohen & The Alphabeta), Israël. **79** *Hallelujah* (Gali Atari & Milk and Honey), Israël. **80** *What's another year* (Johnny Logan), Irlande. **81** *Making your mind up* (Brucks Fizz), G.-B. **82** *Ein bisschen Frieden* (Nicole), All. féd. **83** *Si la vie est cadeau* (Corinne Hermes), Luxembourg. **84** *Diggi-Loo-Diggi-Ley* (Herrey's), Suède. **85** *La det swinge* (Bobbysocks), Norvège.

Castrats. La castration, pratiquée vers 8 ans chez les garçons, arrête le développement du larynx et confère à la voix des qualités particulières (vélocité et tenue de souffle remarquables, étendue atteignant parfois 3 octaves). Connue dès l'Antiquité, elle fut pratiquée dans les chœurs byzantins et en Europe (sauf en France). Avant le XIXe s., aucune femme ne pouvait, en Italie, chanter dans les chœurs d'église. La plupart des castrats étaient uniquement des chanteurs d'église. Les chœurs de la Chapelle Sixtine utilisèrent les castrats à partir de 1588 jusqu'en 1903 [l'Église néanmoins désapprouvait la castration euphonique et ne tolérait que les castrats accidentels (la castration pour hernie était une pratique courante à l'époque)]. 3 000 à 5 000 enfants de 6 à 10 ans (surtout les enfants de paysans pauvres) étaient opérés chaque année en Italie. **Castrats célèbres :** Baltasare Ferri (1610-80) ; Carlo Broschi, dit Farinelli ou « le chanteur des rois » (1705-82) ; Guadagni Capparelli ; Crescentini (enseigna le chant à Bellini) ; Alessandro Monschi (1858-1922, enregistré en 1902) ; Giambattista Velluti (1780-1861), dernier à paraître sur scène. [Monteverdi, Haendel, Gluck, Mozart (Lucio Silla, Idoménée, la Clémence de Titus, et des cantates) ont écrit pour des castrats.]

Parmi les derniers castrats à s'être produits en France : le castrat soprano romain Alessandro Moreschi à l'église St-Bonaventure (Lyon) ; un castrat contralto s'est présenté pour la 1re fois à l'église Ste-Marie de Limoges le 9-2-1983.

Opéras

Définitions

Opéra (opera seria). Grande tragédie ou drame mis en musique, dont les rôles sont chantés et rarement parlés. Le 1er serait : *Daphné* de Rinuccini, musique de Peri, joué en 1594 (le premier théâtre d'opéra s'ouvre en 1637 à Venise).

La structure a évolué : le type ancien *(Don Juan)* est à numéros (Introduction, Récitatif, Trio, Aria, Duo, Aria, etc.), le type moderne est à scènes et, avec Debussy, à interludes.

Opéra-ballet. Créé en 1695 par Pascal Collasse (1649-1709) : *les Saisons ; les Indes galantes* de Rameau (1735). Consiste en des entrées de danse et de chant, chaque acte formant une unité complète.

Opéra-comique (opéra bouffe). Apparaît au XVIIIe siècle comme une parodie utilisant beaucoup le parler. Depuis le XIXe s., sa forme imprécise le rapproche de l'opéra. Le premier serait *Chi saffre speci*, de Rospigliosi (musique : Marazzoli et Mazzocli).

Opérette. Genre théâtral léger, dans lequel les couplets chantés alternent avec le parler, avec parfois des fins parodiques ou satiriques. Dérivée de l'opéra bouffe, se développa au XIXe siècle avec Hervé et Offenbach.

Salles d'opéras

Salles d'opéras principales

Allemagne féd. *Bayreuth :* Festspielhaus. *Berlin :* Deutsche Oper (Intendant : Götz Friedrich, dir. mus. : Jesus Lopez-Cobos). *Cologne* (int. : Michael Hampe, dir. mus. : John Pritchard). *Düsseldorf-Duisbourg :* O. du Rhin allemand (int. : Kurt Horres, dir. mus. : Gary Bertini). *Francfort* (dir. mus. : Gary Bertini). *Hambourg :* O. d'État de Hambourg (int. : Rolf Liebermann, Peter Ruzicka en 1988, dir. mus. : Hans Zender, Gerd Albrecht en 1988). *Munich :* O. bavarois (int. et dir. mus. : Wolfgang Sawallisch). *Stuttgart* (int. : Hans-Peter Doll, dir. mus. : Enrique Garcia-Navarro).

Allemagne dém. *Berlin :* Deutsche Staatsoper (int. : Günter Rimkus, dir. mus. : Otmar Suitner), O.-comique (int. : Harry Kupfer, dir. mus. : Rolf Reuter). *Dresde* (int. : Gerd Schönfelder, dir. mus. : Hans Vonk). *Leipzig.*

Argentine. *Buenos Aires :* Teatro Colon (3 500 pl., inaugurée le 25-5-1908) (dir. : Cecilio Madanes, dir. mus. : Antonio Pini).

Australie. *Sydney* [plus grande salle (1972) : 2 700 pl.]. *Melbourne* [plus grande salle (1982) 2 600 pl.].

Autriche. *Vienne :* Wiener Staatsoper (intendant : Claus-Helmut Drese, dir. mus. : Claudio Abbado), Volksoper (intendant : Eberhard Wächter). *Salzbourg :* Grosses Festspielhaus, Kleines Festspielhaus, Felsenreitschule.

Belgique. *Anvers :* Opéra royal flamand (K.V.O.). *Bruxelles :* Opéra national (la Monnaie) (dir. gén. : Gérard Mortier, dir. mus. : John Pritchard et Sylvain Cambreling). *Charleroi :* P. des Beaux-Arts. *Gand :* Opéra royal. *Liège :* Opéra de Wallonie (Théâtre royal de Liège).

Bulgarie. *Sofia* (dir. mus. : Ruslan Raitchev).

Danemark. *Aarhus :* Maison de la musique. *Copenhague :* Théâtre royal (Ballet royal danois).

Espagne. *Barcelone :* Liceo. *Madrid :* Teatro Real.

États-Unis. *Chicago* (dir : Ardis Krainik, dir. mus. : Bruno Bartoletti). *New York Metropolitan Opera* (reconstruit 1960-66) (dir. : Schuyler Chapin, dir. art. : James Levine), *City Opera* (dir. : Beverly Sills, dir. mus. : Julius Rudel). *Brooklyn ;* Academy of Music. *Los Angeles :* Music Center. *Philadelphie. San Francisco* (dir. : Terence McEwen, dir. mus. : Sir John Pritchard).

France. *Paris :* Théâtre national de l'Opéra de Paris (Adm. gén. : Jean-Louis Martinoty), Palais Garnier, salle Favart (v. plus loin) ; Th. musical de Paris (dir. : Jean-Albert Cartier), Châtelet (ancien Châtelet, transformé dep. 19-12-1978). Opéra de la Bastille (2 700 à 4 000 pl.). Projet Carlos Ott, ouverture prévue 1989, dir. Gérard Mortier. *Bordeaux* (dir. : Gérard Boireau). *Lille* (dir. : Humbert Camerlo, dir. mus. : Henri Gallois). *Lyon* (dir. : Louis Erlo, dir. mus. : John Eliot Gardiner). *Marseille* (dir : Jacques Karpo, dir. mus. : Janos Fürst). *Montpellier* (dir. : Henri Maier, dir. mus. : Cyril Diederich). *Nice* (dir. art. : Pierre Médecin, dir. mus. : Berislav Klobucar). *Strasbourg :* Opéra du Rhin (dir. gén. : René Terrasson, dir. mus. : Theodor Guschlbauer). *Toulouse :* Th. du Capitole (dir. : Jacques Doucet, dir. mus. : Michel Plasson).

Grande-Bretagne. *Cardiff :* Welsh National Opera. *Glasgow :* Scottish Opera. *Glyndebourne* (manoir où se déroule un festival d'opéras de mai à août, Sussex, dir. prod. : Sir Peter Hall, dir. mus. : Graeme Jenkins). *Leeds :* Opera North. *Londres :* Royal Opera House, Covent Garden (dir. : Sir John Tooley, dir. mus. : Sir Colin Davis, Bernard Haitink à partir de 1988). English National Opera (dir. : Peter Johnas, dir. mus. : Mark Elder).

Hongrie. *Budapest :* Állami Operahúz (O. d'État hongrois, dir. : Andras Milhaly, dir. mus. : Andras Korody), Erkel Színház (Opéra) ; sections d'O. à Debrecen, Pécs, Szeged.

Italie. *Bari :* Petruzzelli. *Bologne :* Comunale. *Florence :* Comunale. *Gênes :* Carlo Felice (en reconstruction). *Milan :* Teatro alla Scala (1778, surintendant : Carlo-Maria Badini, dir. art. : Cesare Mazzonis, dir. mus. : Claudio Abbado, à partir de 1986 Riccardo Muti). *Naples :* San Carlo (dir. : Roberto De Simone, dir. art. : Elio Boncompagni). *Palerme :* Massimo. *Rome :* Teatro dell'Opera. *Turin :* Regio. *Venise :* Teatro La Fenice (surintendant : Lamberto Trezzini, dir. art. : Italo Gomez, dir. mus. : Eliahn Inbal).

Monaco. *Monte-Carlo* (dir. : John Mordler).

Pologne. *Varsovie :* Gr. Théâtre (dir. mus. : Robert Satanowski). *Lodz :* Gr. Théâtre. *Wroclaw :* Opéra. *Poznan :* Gr. Théâtre Stanislas Moniuszko (dir. mus. : Mieczystaw Dondajewski).

Roumanie. *Bucarest :* O. Romana (1885, reconstruit en 1953). *Cluj-Napoca :* O. Romana (1919). O. Maghiara (1948). *Iasi :* O. de Stat (1896). *Timisoara :* O. de Stat (1947).

Suède. *Stockholm :* Th. royal, Th. du château de Drottningholm. *Göteborg :* Gr. Théâtre. *Malmö :* Th. municipal. *Karlstad :* Th. musical de Värmland. *Umea :* Th. de Västerbotten.

Suisse. *Bâle :* Basler Theater (dir. : Horst Stakus). *Berne :* Stadttheater (dir. : Ernest Gosteli). *Genève :* Gr. Théâtre (dir. : Hugues Gall). *Zurich :* Opernhaus (dir. : Christoph Groszer, dir. mus. : Ralf Weikert). *Berne. Lucerne :* Stadttheater (dir. : Philippe de Bros). *St-Gall :* Stadttheater (dir. : Glado von May).

Tchécoslovaquie. *Prague :* Th. national (dir. art. : Zdenek Kosler). *Brno. Bratislava.*

U.R.S.S. *Moscou :* Bolchoï (dir. : Stanislas Louchine, dir. mus. : Youri Simonov), Palais des Congrès (6 000 pl.). *Leningrad :* Th. Kirov (dir. mus. : Youri Temirkanov). *Kiev.*

Yougoslavie. *Belgrade. Zagreb.*

Opéras les plus grands

Pour le nombre de places. Le nouveau Metropolitan Opera de New York (3 788 pl.), construit en 1966 (scène : larg. 71 m, prof. 45 m), et la Scala de Milan (3 600 pl.), construite en 1778, détruite dans les bombardements de 1944-45 et reconstruite à l'identique après la guerre.

Pour la superficie. L'Opéra de Paris, construit en 1862-75, 11 237 m^2. 2 156 pl. Scène prof. 23,80 m, jusqu'au foyer de la danse 50 m ; haut. sous clef 95 m, larg. 15 m (non compris les 8,50 m de coulisse de chaque côté de la scène). Rénovation : *1963* frontons et ravalement ; *1964* plafond de Chagall recouvrant l'ancien plafond de Lenepveu, remplacement de *la Danse* (sculptée par Carpeaux, transportée au Louvre) par une copie de Paul Belmondo.

Pour la hauteur. L'Opéra de Chicago (42 étages).

Pour le nombre de balcons. La Scala de Milan et le Bolchoï de Moscou (6 étages).

Nota. — Budget. Voir Quid 1984, p. 358.

Théâtres lyriques en France

Théâtre national de l'Opéra

Organisation. Depuis le décret du 7-2-1978, l'établ. public du Théâtre national de l'Opéra intègre l'Opéra et l'École d'art lyrique (ancien Opéra-Studio).

Opéra de Paris. Créé 1671 au Jeu de Paume de la Bouteille. Dans les locaux actuels depuis 1875. *Saison 1984-85 : Palais Garnier :* 10 spectacles lyriques (Macbeth, le Chevalier à la Rose, l'Enlèvement au Sérail, Tosca, Tristan et Isolde, Docteur Faustus (création mondiale), Wozzeck, Alceste, Un bal masqué, Robert le diable) ; 6 chorégraphiques ; 7 récitals ; 6 conférences ; 5 concerts. *Salle Favart :* 5 lyriques dont 1 nouveau (Don Quichotte) ; 4 chorégraphiques ; 12 concerts. Extérieur : *Palais des Sports :* une nouvelle production (Turandot, 1985). *Théâtre des Champs-Élysées :* 3 lyriques dont 1 création (Médée) ; 3 concerts ; 1 chorégraphique. *Palais des Congrès :* 3 chorégraphiques. *Bouffes du Nord :* 1 création mondiale (la Tragédie de Carmen). *Palais de Chaillot :* 1 lyrique. *Basilique St-Denis :* 1 lyrique. *Tournées du Ballet :* Mexico, Allemagne, Madrid, Barcelone, Londres. *Tournées du G.R.C.O.P. :* 10 villes de province.

En 1982-83, l'Opéra de Paris a donné 164 représentations à Paris au Palais Garnier, dont 108 lyriques, 56 chorégraphiques, 8 concerts (261 000 spectateurs, taux de fréquentation pour lyriques 100 %, chorégraphiques 94) ; 60 représentations Salle Favart (87 000 spectateurs, fréquentation 98 %). *Extérieur :* 1 lyrique ; 6 chorégraphiques.

Direction. *Directeur général :* Jean-Philippe Saint-Geours (31-7-1947) dep. janvier 84. *Conseil d'administration :* 12 membres ; Pt André Larquié (26-6-1938) dep. le 6-9-1983. *Chef de chœur :* Roland Bader (1938).

Troupe permanente : 22 emplois (1984). Recrutement assuré désormais essentiellement par l'Éc. d'art lyrique *créée en* 1978.

L'Opéra représente environ 28,6 % du budget de la musique, soit environ 4 % du budget de la Culture. Les salaires représentent env. 70 % du budget de l'Opéra (1 196 employés) ; les dépenses artistiques 17,5 %, les investissements 2 %.

Ballet de l'Opéra de Paris. *Dir. de la danse :* Rudolf Noureev, *administrateur de la danse :* Thierry Fouquet, *maîtres de ballet :* Claire Motte, Eugène Poliakov, *régisseur gén. du ballet :* Jacques Johanin, *dir. de l'éc. de danse :* Claude Bessy.

Corps de ballet. 3 groupes : un (72) chargé des grandes productions classiques ; un (60), plus mobile, ouvert au répertoire contemporain ; un (15 volontaires), groupe de recherche chorégraphique de l'Opéra (G.R.C.O.P.), dirigé par Jacques Garnier. *Age :* 16 à 45 ans ; moy. 26 ans.

Ordre hiérarchique (dep. le 1-1-1964) : 1° Quadrilles. 2° Coryphées. 3° Sujets. 4° Premiers danseurs et danseuses. 5° Danseurs et danseuses étoiles.

Effectif : 148 danseurs dont 16 étoiles. *Danseuses étoiles :* Mlles Wilfride Piollet, Noëlla Pontois, Ghislaine Thesmar (anciennes étoiles — artistes invitées), Nanon Thibon, Elisabeth Platel, Monique Loudières, Sylvie Guillem, Claude de Vulpian, Françoise Legrée. *Danseurs étoiles :* MM. Cyril Atanassoff, Patrice Bart, Michaël Denard, Jean-Pierre Franchetti, Jean Guizerix, Charles Jude, Georges Piletta, Jean-Yves Lormeau, Patrick Dupond.

École d'art lyrique (ancien Opéra-Studio). Depuis le 8-2-1978, l'un des services de l'Opéra de Paris. *Dir. :* Michel Sénéchal (1981). *Recrutement :* par concours (hommes de 20 à 26 ans, femmes de 18 à 24 ans).

Enseignement : à temps complet, rémunéré ; chant, étude de rôle, solfège, formation musicale, travail scénique (durée des études : 3 ans).

Effectifs (1984-85) : 18 + 2 auditeurs.

Théâtres lyriques de province

Nombre. 13 théâtres employant à l'année des personnels administratifs, techniques et artistiques (orchestre, chœur et ballet) sont subventionnés par l'État. Une vingtaine de compagnies lyriques indépendantes bénéficient de l'aide de l'État.

Réunion des Théâtres lyriques municipaux de France (R.T.L.M.F.). Créée en 1964. Avignon (Th. des Pays de Vaucluse), Bordeaux (Grand Th.), Lille-Roubaix-Tourcoing (Opéra du N.), Lyon (Opéra), Marseille (Opéra), Metz (Th. mun.), Nancy (Grand Th.), Nantes (Grand Th.), Nice (Th. de l'Opéra), Rouen (Th. des Arts), Strasbourg-Mulhouse-Colmar (Op. du Rhin), Toulouse (Th. du Capitole), Tours (Grand Th.)

Compagnies et théâtres lyriques subventionnés en 1984 par le ministère de la Culture. *Angers* Th. mun. *Bordeaux* école de Bordeaux. *Brive* Aureliana. *Choisy-le-Roi* Action lyrique en Ile-de-France. *Le Mans* Atelier lyrique du Maine. *Marseille* Opéra de chambre, D. Barraud. *Metz* Institut lorrain de musique ancienne. *Montpellier* Th. mun. *Paris* Atelier de recherche et de création pour l'art lyrique, Ballet-th. musical de France, les Chanteclercs, Centre intern. d'échanges musicaux, Association Théâtre et Musique, Théâtre du Jardin, Théâtre lyrique nouveau, Opéra de chambre, Musica Opéra, Musique de Sorbonne, Centre France lyrique, la Chapelle royale. *Strasbourg* Ensemble théâtral de l'Est. *Verneuil* Association pour la promotion de l'art lyrique et des chanteurs français. *Villersexel* Justiniana.

Opéra. D'après une enquête récente : 1,9 % des Français y avaient assisté ces dernières années et 2 % au cours des 12 derniers mois dont 1 % de l'ensemble de la population, 0,4 % 2 fois (17,3 %), 0,3 % 3 ou 4 (13,6 %), 0,2 % 5 et plus (9,4 %).

Entrées à l'Opéra (1982-83). 337 633. *Opéra* 267 721, payants 253 919, tarif normal 188 218, spécial (collectivités et t. réduits) 19 481, galas privés 6 726, abonnements 39 494, bénéficiaires de servitudes 13 754, invitations 48. *Salle Favart* 88 000. *Palais Garnier* 173 000.

Opérette. 5,8 % des 60-69 ans, 4 % des cadres supérieurs et professions libérales, 3,8 % des retraités y avaient assisté. 2,4 % des Français y avaient assisté au cours des 12 derniers mois dont 1,5 % de l'ensemble de la population une seule fois (soit 66 % des pratiquants), 0,4 % 2 fois (soit 18 %), 0,3 % 3 ou 4 (12,8 %).

Opéras et opéras-comiques célèbres

Auteur de la musique et, entre parenthèses, du livret

Affaire Makropoulos (L') (1925). Janácek (liv. tchèque d'après Karel Capek). **Africaine (L')** (1865). Meyerbeer (liv. fr. Scribe). **Aïda** (1871). Verdi (liv. it. A. Ghislanzoni). D'après du Locle. **Alceste** (1674). Lully (liv. fr. Quinault). **Alceste** (1776). Gluck (liv. fr. Leblanc du Rollet). Tiré d'une tragédie d'Euripide. **Amahl et les visiteurs nocturnes** (1952). Gian Carlo Menotti (liv. angl. id.). Inspiré par l'Adoration des mages de J. Bosch. **Amélie va au bal** (1937). Gian Carlo Menotti (liv. it.). **Amour de Danaé (L')** (1940). Richard Strauss (liv. all. Josef Gregor). **Amour des trois oranges (L')** (1921). Serge Prokofiev (liv. russe Prokofiev). Tiré d'une comédie italienne du XVIIIe s. de Carlo Gozzi. **Amour des trois rois (L')** (1913). Italo Montemezzi (liv. it. Sem Benelli). **André Chénier** (1896). Umberto Giordano (liv. it. Luigi Illica). **Ange de feu (L')** (1919-27). Prokofiev. **Angélique** (1927). Jacques Ibert (liv. fr. Nino). **Aniara** (1959). Karl Bierger Blomdahl (liv. suéd. Eric Lindegren). **Anneau des Nibelungen (L')** : *l'Or du Rhin* (1869), *la Walkyrie* (1870), *Siegfried* (1876), *le Crépuscule des Dieux* (1876). Richard Wagner (liv. all. id.). **Apothicaire (L')** (1768). Joseph Haydn (liv. it. Carlo Goldoni). **Arabella** (1933). Richard Strauss (liv. all. Hugo von Hofmannstahl). **Ariane à Naxos** (1916). Richard Strauss (liv. all. Hugo von Hofmannstahl). **Ariane et Barbe-Bleue** (1907). P. Dukas (liv. fr. Maeterlinck). **Armide** (1777). Gluck (liv. fr. Quinault). **Ascension et la chute de la ville de Mahagonny (L')** (1930). K. Weill (liv. all. Bertold Brecht).

Bal masqué (Un) (1859). Giuseppe Verdi (liv. it. Antonio Somma). Tiré de Scribe. **Barbier de Séville (Le)** (1782). Paisiello (liv. it. Petroselli d'après Beaumarchais). **Barbier de Séville (Le)** (1816). Rossini (liv. it. Cesare Sterbini). Tiré de la comédie de Beaumarchais. **Bastien et Bastienne** (1768). Mozart (liv. all. F. Weisskern). Tiré de la parodie du Devin du village de Rousseau. **Béatrice et Bénédict** (1862). Berlioz (liv. fr. de Berlioz d'après Shakespeare). **Benvenuto Cellini** (1838). Berlioz (liv. fr. L. de Wailly et A. Barbier). **Bijoux de la Madone (Les)** (1911). Ermanno Wolf-Ferrari (liv. it. Golisciani et Zangarini). **Bohème (La)** (1896). Puccini (liv. it. Giuseppe Giacosa et Luigi Illica). Tiré des Scènes de la vie de Bohème de H. Murger. **Boris Godounov** (1874). Modeste Moussorgski (liv. russe id.). Tiré de Pouchkine. **Boulevard Solitude** (1951). H.W. Henze (liv. allemand G. Weil d'après W. Jöckisch).

Capriccio (1942). Richard Strauss (liv. all. Clemens Krauss et le compositeur). **Cardillac** (1926-52). Hindemith (liv. allemand F. Lion d'après E.T.A. Hoffmann). **Carmen** (1875). Bizet (liv. fr. Meilhac et Halévy). Tiré de la nouvelle de Mérimée. **Castor et Pollux** (1737). Rameau (liv. fr. Gentil Bernard). **Cavalleria rusticana** (1890). Pietro Mascagni (liv. it. G. Menasci et G. Targioni-Tozzetti). Tiré de la pièce de G. Verga. **Cenerentola (La)** (Cendrillon) (1817). Rossini (liv. it. de Jacopo Ferretti). Tiré d'Étienne pour un opéra d'Isouard. **Château de Barbe-Bleue (Le)** (1918). Béla Bartók (liv. hongr. Béla Balázs). Tiré des Contes de ma mère l'Oye. **Chevalier à la rose (Le)** (1911). Richard Strauss (liv. all. H. von Hofmannstahl). **Clémence de Titus (La)** (1791). Mozart (liv. it. Métastase). **Combat de Tancrède et de Clorinde (Le)** (1624). Monteverdi (liv. italien d'après Le Tasse). **Consul (Le)** (1950). Gian Carlo Menotti (liv. angl. id.). **Contes d'Hoffmann (Les)** (1881). Jacques Offenbach (liv. fr. Jules Barbier). Tiré de 3 histoires de E.T.A. Hoffmann. **Coq d'or (Le)** (1909). Rimski-Korsakov (liv. russe V.L. Bielski). Tiré de Pouchkine. **Cosi fan tutte** (1790). Mozart (liv. it. Lorenzo Da Ponte). **Couronnement de Poppée (Le)** (1642). Monteverdi (liv. it. Busenello). Tiré des Annales de Tacite. **Crépuscule des Dieux (Le)** (1876). R. Wagner (liv. all. Wagner).

Dame blanche (La) (1825). Boïeldieu (liv. fr. Scribe). **Dame de pique (La)** (1890). P.I. Tchaïkovski (liv. russe Modest Tchaïkovski). Tiré d'une nouvelle de Pouchkine. **Damnation de Faust (La)** (1846). Berlioz (liv. fr. Berlioz). Tiré de la version française de Gérard de Nerval du Faust de Gœthe. **Daphné** (1938). Richard Strauss (liv. all. Josef Gregor). **Dardanus** (1739). Rameau (liv. fr. La Bruère). **Déserteur (Le)** (1769). Monsigny (liv. fr. Sedaine). **Devin du village (Le)** (1753). J.-J. Rousseau. **Diables de Loudun (Les)** (1969). Penderecki (liv. angl. Huxley). **Dialogues des Carmélites** (1957). Francis Poulenc (liv. fr. id.). D'après Bernanos, adapté d'une nouvelle de G. von Le Fort, d'un scénario de P. Agostini et du R.P. Bruckberger. **Didon et Énée** (1689). H. Purcell (liv. angl. Nahum Tate). Tiré du livre IV de l'Énéide de Virgile. **Don Carlos** (1867). G. Verdi (liv. fr. Fr. Jos. Mery et Camille du Locle). Tiré de la pièce de Schiller. **Don Juan** (1787). Mozart (liv. it. Lorenzo Da Ponte). Tiré de Molina, Molière, Goldoni... **Don Pasquale** (1843). G. Donizetti (liv. it. G. Donizetti et Cammanaro). Tiré de Ser Marc Antonio d'Anelli. **Duègne ou la Retraite au monastère (La)** (1948). S. Prokofiev (liv. russe S. Prokofiev et Mira Mendelssohn). Tiré d'une pièce de Sheridan.

Élégie pour deux jeunes amants (1961). H.W. Henze (liv. anglais W.A. Auden et Chester Kallman). **Elektra** (1909). Richard Strauss (liv. all. Hugo von Hofmannstahl). Tiré de l'Électre de Sophocle. **Élixir d'amour (L')** (1832). G. Donizetti (liv. it. Felice Romani). **Enfant et les Sortilèges (L')** (1925). Ravel (liv. fr. Colette). **Enlèvement au sérail (L')** (1782). Mozart (liv. all. Gottlieb Stephanie). Tiré d'une pièce de Ch. Fr. Bretzner. **Erwartung** (écrit 1909, créé 1924). Arnold Schönberg (liv. de Marie Pappenheim). **Eugène Onéguine** (1879). Tchaïkovski (liv. russe Tchaïkovski et Shilovski). Tiré de Pouchkine. **Europe galante (L')** (1697). Campra (liv. de La Mothe). **Euryanthe** (1824). Weber (liv. all. H. von Chezy).

Falstaff (1893). Verdi (liv. it. Arrigo Boito). Tiré des Joyeuses Commères de Windsor et de Henri IV de Shakespeare. **Faust** (1859). Gounod (liv. fr. Jules Barbier et Michel Carré). Tiré de Goethe. **Fedeltà premiata (La)** (1781). Haydn (liv. it.). **Femme sans ombre (La)** (1919). Richard Strauss (liv. all. H. von Hofmannsthal). **Femme silencieuse (La)** (1932-34). R. Strauss (livret all. de Stefan Zweig d'après Ben Jonson). **Fiancée vendue (La)** (1866). B. Smetana (liv. tchèque Karel Sabina). **Fidelio** (1805). Beethoven (liv. all. Joseph Sonnleithner). Tiré de J. N. Bouilly. **Fille du Far-West (La)** (1910). Puccini (liv. it. Zangarini et Civinini). **Fille du régiment (La)** (1840). Donizetti (liv. fr. J. de St-Georges et J. Bayard). **Fille joyeuse (La)** (1876). Ponchielli (liv. it. A. Boito). Tiré de Victor Hugo. **Flûte enchantée (La)** (1791). Mozart (liv. all. Emmanuel Schikaneder). **Force du destin (La)** (1862). Verdi (liv. it. Francesco Piave). **Freischütz (Der)** (1821). Weber (liv. all. J. Fr. Kind). **Gianni Schicchi** (1918). Puccini (liv. it. Gioacchino Forzano). **Grand Macabre (Le)** (1978). Ligeti (liv. all. M. Meschke et G. Ligeti). **Guerre et Paix** (1942). Prokofiev (liv. russe id.). Tiré du roman de Tolstoï. **Guillaume Tell** (1829). Rossini (liv. fr. H. Bis et Jouy). **Gwendoline** (1893). Chabrier (liv. fr. Catulle Mendès).

Hänsel und Gretel (1894). Engelbert Humperdinck (liv. all. Adelheid Wette). Tiré du conte de Grimm. **Hary Janos** (1926). Kodaly (liv. hongrois Bela Paulini et Zsolt Harsanyi). **Hélène d'Égypte** (1928). Richard Strauss (liv. all. Hugo von Hofmannstahl). **Hernani** (1844). G. Verdi (liv. it. Francesco Maria Piave). Tiré de V. Hugo. **Hérodiade** (1884). Massenet (liv. fr. Millet et Grémont). **Heure espagnole (L')** (1911). Ravel (liv. fr. Franc-Nohain). **Hippolyte et Aricie** (1733). Rameau. **Huguenots (Les)** (1836). Meyerbeer (liv. fr. Scribe d'après Deschamps).

Idoménée (1781). Mozart (liv. it. G. B. Varesco). **Impresario (L')** (1786). Mozart (liv. all. Stephanie Le Jeune). **Indes galantes (Les)** (1735). Rameau (liv. fr.

Fuzelier). **Iphigénie en Aulide** (1774). Gluck (liv. fr. du Rollet). — (1788). Cherubini (liv. it. Moretti). **Iphigénie en Tauride** (1779). Gluck (liv. fr. Guillard). — (1781). Piccinni (liv. fr. A. du C. Dubreuil). Tiré d'Euripide. **Ivan Soussanine (la Vie pour le tsar)** (1836). Glinka (liv. russe Rosen).

Jenufa (1904). Janácek (liv. tch. inspiré de G. Preisova). **Jeune Lord (Le)** (1964). H.W. Henze (liv. all. I. Bachmann d'après W. Hauff). **Joconde (La)** (1876). Ponchielli (liv. it. Arrigo Boito). Tiré d'une pièce de V. Hugo (Angelo, tyran de Padoue). **Jolie Fille de Perth (La)** (1867). Bizet (liv. fr. St-Georges et Adenis d'après Walter Scott). **Jour de paix** (1938). Richard Strauss (liv. all. Hugo von Hofmannstahl). **Joyeuses Commères de Windsor (Les)** (1849). Nicolaï (liv. all. Mosenthal d'après Shakespeare). **Juive (La)** (1835). Halévy (liv. fr. Scribe). **Jules César** (1724). Haendel (liv. it. Nicola Haym).

Katia Kabanova (1921). Janácek (liv. tchèque Cervinka d'après l'Orage d'Ostrovski). **Khovanchtchina (La)** (1886). Moussorgski, achevé par Rimski-Korsakov (liv. russe Moussorgski et Vladimir Stassov). **Kitège** (1907). Rimski-Korsakov (liv. russe V. Bielski).

Lady Macbeth de Mtsensk (1934). Dimitri Chostakovitch (liv. russe A. Preis et Dimitri Chostakovitch). **Lakmé** (1883). Léo Delibes (liv. fr. Gondinet et Gilles). Tiré du Mariage de Loti de Pierre Loti. **Lear** (1964). A Reimann (liv. all. Claus H. Henneberg d'après Shakespeare). **Lohengrin** (1850). Wagner (liv. all. Wagner). Tiré du Chevalier au cygne de C. von Würzburg. **Louise** (1900). Charpentier (liv. fr. Charpentier). **Lucie de Lammermoor** (1835). Donizetti (liv. it. Salvatore Cammarano). Tiré de la Fiancée de Lammermoor de Walter Scott. **Luisa Miller** (1849). Verdi (liv. it. Cammarano). **Lulu** (1937). Berg (liv. all. Berg). D'après l'Esprit de la terre et la Boîte de Pandore de Wedekind.

Macbeth (1847). Verdi (liv. it. Francesco Piave). Tiré de Macbeth de Shakespeare. **Madame Butterfly** (1904). G. Puccini (liv. it. Giuseppe Giacosa et Luigi Illica). Tiré de Belasco. **Madame Chrysanthème** (1893). Messager. **Maître de Chapelle (Le)**. Paër (1821) (liv. Sophie Gay). Tiré de la comédie d'Alex Duval, le Souper imprévu. **Maîtres chanteurs (Les)** (1868). Wagner (liv. all. de Wagner). **Manon** (1884). Jules Massenet (liv. fr. Henri Meilhac et Philippe Gille). Tiré du roman de l'abbé Prévost. **Manon Lescaut** (1893). Giacomo Puccini (Leoncavallo, Praga, Oliva, Illica, Giacosa). **Mariage secret (Le)** (1792). Cimarosa (liv. it. Giovanni Bertati). Tiré d'une comédie anglaise de George Colman. **Mariage de Télémaque (Le)** (1910). C. Terrasse. **Marouf** (1914). Rabaud (liv. fr. Lucien Népoty d'après Les Mille et une Nuits). **Martha** (1847). Friedrich von Flotow (liv. all. W. Friedrich). Tiré du ballet Lady Henriette ou la Servante, de Greenwich de St-George. **Mathis le peintre** (1934). Hindemith (liv. all. id.). **Médée** (1793). Cherubini (liv. fr. F.B. Hoffmann). **Médium (Le)** (1946). Menotti (liv. angl. id.). **Mefistofele** (1868). Arrigo Boito (liv. fr. d'Arrigo Boito). **Mignon** (1866). Ambroise Thomas (liv. fr. M. Carré et J. Barbier). D'après Gœthe. **Midsummer Mariage. Mireille** (1864). Ch. Gounod (liv. fr. inspiré de Mistral). **Moïse et Aaron** (1957). Schönberg (liv. all. d'après la Bible). **Monde de la Lune (Le)** (1787). Haydn (liv. it. Carlo Goldoni). **Mort à Venise** (1973) Britten (livret angl. de Myfanwy Piper d'après Thomas Mann). **Muette de Portici (La)** (1828). Auber (liv. fr. Scribe et Delavigne).

Nabucco (1842). Verdi (liv. it. T. Solera). **Noces de Figaro (Les)** (1786). Mozart (liv. it. Lorenzo Da Ponte). Tiré du Mariage de Figaro, de Beaumarchais. **Norma** (1831). Bellini (liv. it. Felice Romani). Tiré de la pièce Norma, de Louis Soumet. **Nuit de mai (La)** (1880). Rimski-Korsakov (liv. russe d'après Gogol).

Obéron (1826). Weber (liv. fr. Planché). Tiré de Wieland. **Œdipe** (1936). Enesco (liv. fr. Edmond Fleg d'après Sophocle). **Œdipus-Rex** (1927). Stravinski (liv. latin de Cocteau traduit par Jean Daniélou). **Or du Rhin (L')** (1869). R. Wagner (liv. all. id.). **Orfeo** (1607). Monteverdi (liv. it. A. Striggio). **Orphée et Eurydice** (1762). Gluck (liv. it. Calzabigi). Tiré de la mythologie grecque. **Otello** (1887). Verdi (liv. it. Arrigo Boito). Tiré d'Othello, de Shakespeare.

Paillasse (1892). Leoncavallo (liv. it. id.). **Palestrina** (1917). Pfitzner (liv. all.). **Paradis perdu (Le)** (1978). Penderecki (liv. angl. Christopher Fry). **Parsifal** (1882). Wagner (liv. all. Wagner). Tiré de 2 légendes : Contes du Graal de Chrét. de Troyes, Parsifal de W. von Eschenbach. **Pêcheurs de perles (Les)** (1862-63). Bizet (liv. fr. Cormon et Carré). **Pelléas et Mélisande** (1902). Claude Debussy (liv. fr. M. Maeterlinck). **Pénélope** (1913). G. Fauré (liv. fr. René Fauchois). **Peter Grimes** (1945). Benjamin Britten (liv. angl. Montagu Slater). Tiré du poème The Borough, de G. Crabbe. **Platée** (1749). Rameau (liv. fr. J. Autreau et A.J. Le Vallois d'Orville). **Porgy and Bess** (1935). George Gershwin (liv. angl. DuBose, Heyward et Ira Gershwin). Tiré de la pièce Porgy, de Dubose et D. Heyward. **Prince Igor (Le)** (1890). Borodine (liv. russe id.). Tiré de Stassov. **Prisonnier (Le)** (1948). Dallapiccola (liv. it. d'après Villiers de L'Isle-Adam et Ch. Coster). **Prophète (Le)** (1849). Meyerbeer (liv. fr. Scribe). **Puritains (Les)** (1835). Bellini (liv. it. Carlo Popoli).

Rake's Progress (The) (1951). Stravinski (liv. angl. Auder et Chester Kallman). Tiré de William Hogarth. **Richard Cœur de Lion** (1784). Grétry (liv. fr. Sedaine). **Rienzi** (1842). Wagner (liv. all. Wagner). **Rigoletto** (1851). Verdi (liv. it. Francesco Maria Piave). Tiré du Roi s'amuse, de V. Hugo. **Robert le Diable** (1831). Meyerbeer (liv. fr. Scribe et Delavigne). **Roi d'Ys (Le)** (1888). Lalo (liv. fr. Ed. Blau). **Roi malgré lui (Le)** (1887). Chabrier (liv. fr. Najac et Burani). **Roméo et Juliette** (1867). Gounod (liv. fr. Barbier et Carré). D'après Shakespeare. **Rossignol (Le)** (1914). Stravinski (d'après Andersen). **Russalka** (1901). Antonín Dvorák (liv. J. Kvapil).

Sadko (1898). Rimski-Korsakov (liv. russe Rimski-Korsakov et Bielski). **Sainte de Bleecker Street (La)** (1954). Menotti (liv. angl. Menotti). **Salamine** (1929). Emmanuel (liv. fr. Reinach). **Salomé** (1905). Richard Strauss (liv. all. H. Lachmann). Traduit d'Oscar Wilde. **Samson et Dalila** (1877). Camille Saint-Saëns (liv. fr. Ferdinand Lemaire). **Schwanda le joueur de cornemuse** (1927). Jaromir Weinberger (liv. tch. M. Kares). **Servante maîtresse (La)** (1733). Pergolèse (liv. it. Federico). **Servante maîtresse (La)** (1781). Paisiello (liv. it. G.A. Federico). **Siegfried** (1876). Wagner (liv. all. Wagner). **Sigurd** (1884). Reyer (liv. fr. d'après des Eddas scandinaves). **Simon Boccanegra** (1857). Verdi (liv. it. F. Piave). Tiré d'une pièce de A.-G. Gutierrez. **Soldats (Les)** (1965). B.A. Zimmermann (liv. all. d'après la pièce de J.M. Lenz). **Somnambule (La)** (1831). Bellini (liv. it. Felice Romani).

Tannhäuser (1845). Wagner (liv. all. id.). **Tosca (La)** (1900). Puccini (liv. it. L. Illica et G. Giacosa). Tiré de V. Sardou. **Tour d'écrou (Le)** (1954). Britten (liv. anglais Myfanwy Piper d'après Henry James). **Traviata (La)** (1853). Verdi (liv. it. Fr. M. Piave). Tiré de la Dame aux camélias, d'A. Dumas fils. **Tristan et Isolde** (1865). Wagner (liv. all. id.). **Trouvère (Le)** (1853). Verdi (liv. it. Salvatore Cammarano). **Troyens (Les)** (1863-90). Berlioz (liv. fr. id.). Tiré de l'Énéide de Virgile. **Tsar Saltan (Le)** (1900). Rimski-Korsakov (liv. russe Bielski). **Turandot** (1926). Puccini (liv. it. Adami et Simoni). Tiré d'une fable de Carlo Gozzi.

Ulysse (1968). Dallapiccola (liv. it. d'après Homère).

Vaisseau fantôme (Le) (1843). Wagner (liv. all. Wagner). Tiré des Mémoires de Herr von Schnabelewopski de Heine. **Vanessa** (1958). Samuel Barber (liv. angl. Menotti). **Vêpres siciliennes (Les)** (1855). Verdi (liv. fr. Scribe et Duveyrier). **Vestale (La)** (1807). Spontini (liv. fr. Jouy). **Vie brève (La)** (1905). Manuel de Falla (liv. esp. Carlos Fern. Shaw). **Ville morte (La)** (1920). Korngold (liv. all. de Paul Schott). Tiré de la nouvelle de G. Rodenbach « Bruges la morte ». **Viol de Lucrèce (Le)** (1946). Britten (liv. anglais Ronald Duncan). **Vol de nuit** (1939). Dallapiccola (liv. it. d'après St-Exupéry).

Walkyrie (La) (1870). Wagner (liv. all. id.). **Werther** (1893). Massenet (liv. fr. Blau, Millet et Hartmann). Tiré de Goethe. **Wozzeck** (1925). Alban Berg (liv. all. id.). Tiré d'une tragédie de Georg Büchner.

Quelques records

Œuvres les plus jouées en France (représentations en 1982-83, en province). **Opéras** : Cosi Fan Tutte 30, Madame Butterfly 29, Faust 26, Roméo et Juliette 21, La Clémence de Titus 18, La Vie de bohème 18, La Petite Renarde rusée 15, Le Barbier de Séville 15. **Opérettes** : La Veuve joyeuse 60, West Side Story 60, Valses de Vienne 57, La Belle Hélène 39, Le Pays du sourire 37, L'Auberge du cheval blanc 37, Le Chanteur de Mexico 30, La Vie parisienne 29, La Belle de Cadix 26, La Mascotte 26, Balalaïka 25, La Fille du tambour major 24.

Opéras les plus longs. *Les Maîtres chanteurs de Nuremberg* (R. Wagner), 5 h 15 mn. *Les Hérétiques* de Gabriel von Wayditch (Hongro-Américain), orchestré pour 110 instruments, 8 h 30 mn. Le *Guillaume Tell* de Rossini durerait 7 h s'il était donné intégralement.

Plus long solo d'opéra. Immolation de Brünnhilde dans *le Crépuscule des dieux* (R. Wagner), 15 mn.

La plus jeune chanteuse d'opéra. Jeanette Gloria La Bianca (n. 12-5-1934) interprétait Rosine dans *le Barbier de Séville* à 15 ans et 361 jours.

Le plus âgé. Le ténor Giovanni Martinelli (Altoum dans *Turandot)* a chanté en public le 4-2-1967 à 81 ans.

Opérettes célèbres et comédies musicales

A la Jamaïque (1955). F. Lopez. **Amants de Venise (Les)** (1953). V. Scotto. **Amour masqué (L')** (1923). A. Messager. **Amours de Don Juan (Les)** (1955). J. Morata. **Andalousie** (1947). F. Lopez. **Annie du Far-West** (1946). I. Berlin. **Auberge du Cheval Blanc (L')** (1930). R. Benatzky. **Au pays du soleil** (1932). V. Scotto. **Aventures du roi Pausole (Les)** (1930). A. Honegger.

Balalaïka (1936). G. Postford, B. Grün. **Barbe-Bleue** (1866). J. Offenbach. **Baron tzigane (Le)** (1885). J. Strauss. **Barnum** (1980). C. Coleman. **Basoche (La)** (1890). A. Messager. **Belle Arabelle (La)** (1956). G. Lafarge, P. Philippe. **Belle de Cadix (La)** (1945). F. Lopez. **Belle Hélène (La)** (1864). J. Offenbach. **Boccace** (1879). F. von Suppé. **Brigands (Les)** (1869). J. Offenbach. **Brummel** (1931). R. Hahn.

Cancan (1953). C. Porter. **Cent Vierges (Les)** (1872). C. Lecocq. **Chanson d'amour** (1916). F. Schubert, H. Berté. **Chansons de Bilitis (Les)** (1954). J. Kosma. **Chanson gitane** (1946). M. Yvain. **Chanteur de Mexico (Le)** (1951). F. Lopez. **Chapeau de paille d'Italie (Un)** (1966). G. Lafarge et A. Grassi. **Chaste Suzanne (La)** (1910). J. Gilbert. **Chauve-souris (La)** (1874). J. Strauss Jr (liv. all. Carl Haffner et Richard Genée). Tiré d'une comédie franç. : le Réveillon. **Chilpéric** (1868). Hervé. **Ciboulette** (1923). R. Hahn. **Cloches de Corneville (Les)** (1877). R. Planquette. **Comte de Luxembourg (Le)** (1909). F. Lehár. **Coups de roulis** (1928). A. Messager.

Danseuse aux étoiles (La) (1950). V. Scotto. **Dédé** (1921). H. Christiné. **Divorcée (La)** (1908). L. Fall. **Dragons de l'Impératrice (Les)** (1905). A. Messager.

Éducation manquée (Une) (1879). E. Chabrier. **Étoile (L')** (1877). Chabrier.

Fanfan la Tulipe (1882). L. Varney. **Fatinitza** (1875). F. von Suppé. **Fille de Madame Angot (La)** (1872). C. Lecocq. **Fille du tambour-major (La)** (1879). J. Offenbach. **Fortunio** (1907). A. Messager. **Fragonard** (1933). G. Pierné. **Frederique** (1928). F. Lehár.

Geisha (La) (1896). S. Jones. **Gipsy** (1971). F. Lopez. **Giroflé-Girofla** (1874). C. Lecocq. **Gondolier (Le)** (1889). A. Sullivan. **Grand Mogol (Le)** (1877). E. Audran. **Grande-Duchesse de Gérolstein (La)** (1867). J. Offenbach.

Hair (1969). G. Mac Dermot. **Hans, le joueur de flûte** (1906). L. Ganne. **Hello Dolly** (1964). J. Herman. **Homme de la Mancha (L')** (1968). F. Leigh.

Il faut marier maman (1950). G. Lafarge. **Irma la douce** (1956). M. Monnot.

Kiss me, Kate (1948). C. Porter.

Là-haut (1923). M. Yvain. **Lulu** (1927). P. Parès et G. Van Parys.

Malvina (1935). R. Hahn. **Mam'zelle Nitouche** (1883). Hervé. **Mascotte (La)** (1880). E. Audran. **Mayflower** (1975). E. Charden. **Méditerranée** (1955) F. Lopez. **Mélodie du bonheur (La)** (1959). R. Rodgers. **Michel Strogoff** (1964). J. Ledru. **Mikado (Le)** (1885). A. Sullivan. **Miss Helyett** (1890). E. Audran. **Mississippi** v. Show Boat. **Moineau** (1931). L. Beydts. **Monsieur Beaucaire** (1918). A. Messager. **Monsieur Carnaval** (1965). Ch. Aznavour. **Monsieur de La Palisse** (1904). C. Terrasse. **Mousquetaires au couvent (Les)** (1880). Varney. **Mozart** (1925). R. Hahn. **My Fair Lady** (1956). F. Loewe.

Naples au baiser de feu (1957). R. Rascel. **Napoléon** (1984). Y. Gilbert. **Nina-Rosa** (1930). S. Romberg. **Nini la chance** (1976). G. Liferman. **No, no, Nanette** (1924). V. Youmans. **Nuit à Venise (Une)** (1883). J. Strauss Jr.

Œil crevé (L') (1867). Hervé. **Oiseleur (L')** (1891). C. Zeller. **Oklahoma** (1943). R. Rodgers. **Opéra de 4 sous (L')** (1928). Kurt Weill. **Orphée aux Enfers** (1858). J. Offenbach.

Paganini (1925). F. Lehár. **Pas sur la bouche** (1925). M. Yvain. **Pays du sourire (Le)** (1929). F. Lehár. **Périchole (La)** (1868). J. Offenbach. **Petit Duc (Le)** (1878). C. Lecocq. **Petit Faust (Le)** (1869). Hervé. **Petites Cardinal (Les)** (1938). A. Honegger, J. Ibert. **Phi-Phi** (1918). H. Christiné. **Polka des lampions (La)** (1961). G. Calvi. **Poupée (La)** (1896). E. Audran. **Pour Don Carlos** (1950). F. Lopez. **Prince de Madrid (Le)** (1967). F. Lopez. **Princesse Csardas** (1915). E. Kalmann. **Princesse Dollar** (1907). Léo Fall. **P'tites Michu (Les)** (1897). A. Messager.

Rêve de valse (1907). O. Straus. **Révolution française (La)** (1973). C.M. Schönberg. **Rip** (1884). R. Planquette. **Rose-Marie** (1924). R. Friml et H. Stothart. **Route fleurie (La)** (1952). F. Lopez.

Saltimbanques (Les) (1899). L. Ganne. **Show Boat** (1927). J. Kern. **Sidonie Panache** (1930). J. Szulc. **Sire de Vergy (Le)** (1903). C. Terrasse. **South Pacific** (1949). R. Rodgers.

Ta bouche (1922). M. Yvain. **Timbale d'argent (La)** (1872). L. Vasseur. **Travaux d'Hercule (Les)** (1901). C. Terrasse. **Trois Jeunes Filles nues** (1925). R. Moretti. **Trois Valses** (1935). O. Straus. **Troublez-moi** (1924). R. Moretti. **Tzarevitch (Le)** (1927). F. Lehár.

Valses de Vienne (1933). J. Strauss père et fils. **Véronique** (1898). A. Messager. **Veuve joyeuse (La)** (1905). F. Lehár. **Vienne chante et danse** (1967). J. Ledru et J. Strauss. **Vie parisienne (La)** (1866). J. Offenbach. **Violettes impériales** (1948). V. Scotto. **Violon sur le toit (Un)** (1969). J. Bock.

West Side Story (1957). L. Bernstein.

Quelques statistiques sur la musique en France

Les Français et la musique

• **Instruments de musique.** *% des Français possédant un instrument et % de ceux qui en ont utilisé personnellement un au cours des 12 derniers mois (enquête 1981).* Au moins 1 instr. de musique 36,6 (18,7) ; 1 à vent 19,8 (6,9) ; 1 guitare 15,8 (6,6) ; 1 piano 7,4 (4,1) ; 1 autre à cordes 4,5 (0,8) ; 1 autre instrument 9,7 (4,2).

• **Chant.** *Fréquence. % des Français.* 15,5 chantent très souvent ; 27,5 assez souvent ; 18,1 assez rarement, 5,4 très rarement. *Chantent « très » ou « assez » souvent :* les jeunes de 20-24 ans : 60 % ; + de 70 ans : 17,1 ; femmes : 47,4 ; élèves et étudiants : 61,1 ; cadres moyens : 56,8 ; employés : 51,1 ; cadres supérieurs et prof. libérales : 48 ; agriculteurs : 33,6 ; petits commerçants et artisans : 36,9 ; Parisiens : 52,4 ; ruraux : 35,5.

16,5 % chantent juste selon eux, 21,5 assez juste, 18,2 pas tellement, 40,4 pas du tout, ne se prononcent pas 3,4.

Disent chanter juste : 41,7 % des femmes interrogées, 57,5 % des gros commerçants et industriels, 47,7 % des cadres supérieurs et membres des professions libérales, 50,5 % des cadres moyens ; 46,9 % des élèves et étudiants, 49,5 % des Parisiens, 52,7 % des bacheliers et diplômés de l'enseignement supérieur.

• **Compositeurs connus.** *Compositeurs de musique classique que les Français disaient connaître, ne serait-ce que de nom* (en 1979) : Beethoven 45 %, Mozart 37, Chopin 23, Bach 22, Schubert 15, Liszt 13, Wagner 9, Vivaldi 8, Brahms 7, Berlioz 7, Strauss (sans précision) 7, Ravel 6, Verdi 6, Schumann 6, Tchaïkovski 6, Debussy 5, Haendel 4, Albinoni 2, Rossini, Mahler, Lully, Bizet 1.

27 % ne connaissent aucun compositeur. Les 1ers Français dans le classement sont Berlioz 7 %, Ravel 6 %, Debussy 5 %, Bizet 1 %.

• **Concerts.** *Grande musique :* 4,2 % des Français avaient fréquenté des concerts de grande musique et 7,5 % les 12 derniers mois dont 2,5 de l'ensemble de la population une seule fois (soit 34,1 % des pratiquants), 2 % 2 fois (27,5), 1,5 % 3 ou 4 (20,1), 0,6 % 5 à 9 (8,6) et 0,6 % 10 et plus (7,7). 0,8 % (10,3) y étaient allés seuls.

S.A.C.E.M. (Société des auteurs, compositeurs et éditeurs de musique)

Fondée 1851 par Ernest Bourget, auteur du « Sire de Framboisy » (sur une musique de Laurent de Rille), défend les intérêts juridiques et économiques des auteurs, compositeurs et éditeurs de musique, autorise et contrôle l'utilisation de leurs œuvres en France, perçoit et répartit les droits d'auteur. Représente aussi en France le répertoire de 50 pays environ, avec lesquels elle a conclu des accords de réciprocité.

Statistiques (1984). **Membres** 52 725 (42 051 créateurs et éditeurs vivants). **Œuvres déposées :** 112 087 dont 59 048 françaises (dont 14 991 éditées) et 53 039 étrangères sous-éditées. **Œuvres françaises :** 13 944 chansons (dont 7 281 éditées) ; 10 770 œuvres instrumentales (dont 6 530 éd.) ; 807 poèmes (dont 95 éd.) ; 2 088 sketches et monologues (dont 50 éd.) ; 2 374 œuvres de musique de chambre, symphoniques, électro-acoustiques (dont 195 éd.), etc. **Titres gérés :** + de 5 000 000. **Œuvres utilisées en France dans le circuit de diffusion publique :** 361 231. **Œuvres ayant fait l'objet d'une reproduction sonore ou visuelle :** 155 335. **Montant global des droits perçus par la SACEM et la S.D.R.M.** (Société pour l'administration du droit de reproduction mécanique) (en millions de F) : 1 532 (dont : bals 100,1 ; discothèques 182,6 ; cabarets 12,6 ; disques et cassettes produits en France 308). **Sommes reçues de Stés étrangères** (All. féd., Belg., Japon, Ital., U.S.A., etc.) : 180,3 ; **sommes versées à ces Stés :** 178,6. Solde : + 1,7.

Points de diffusion. 91 000 galas de variétés, 7 660 concerts symphoniques, 182 766 bals, 4 050 discothèques, 6 750 salles de cinéma. **Contrats conclus** avec 314 cabarets, 205 505 cafés, hôtels, restaurants et autres lieux publics (dont 34 000 juke-boxes). **Disques et cassettes produits en France :** 113 millions d'ex.

Œuvres différentes exploitées + de 400 000 dont un peu plus des 2/5 d'origine étrangère. **Comptes crédités à la SACEM :** 22 774 (dont ont reçu – *de 4 000 F :* 15 658 ; *4 000 à 48 000 :* 5 172 ; *48 000 à 75 000 :* 473 ; *75 000 à 125 000 :* 411 ; *125 000 à 300 000 :* 536 ; *300 000 à 500 000 :* 212 ; *+ de 500 000 :* 312.

Versements, prélevés statutairement sur les droits à répartir à des sociétaires âgés et en difficulté : env. 81 millions de F ; consacrés à diverses actions de soutien à la création, l'enseignement, la diffusion de la musique : 5,5 millions de F. **3 fonds de valorisation** ont amélioré les revenus de 600 compositeurs, éditeurs de musique contemporaine et poètes. **Attribution** de bourses, prix et subventions aux élèves des conservatoires et écoles de musique, aux organisateurs de concerts, animateurs culturels. Cofinance le Centre de documentation de la musique contemporaine, création commune de la SACEM, de la Direction de la Musique et de la Danse, et de Radio France ; apporte son soutien à la production de disques de « Musique française d'aujourd'hui » (collection de 62 enregistrements, lancée à l'initiative du ministère de la Culture et de la SACEM) ; soutient la Fondation pour la communication musicale ; organise des stages de formation prof. et des auditions publiques destinés aux jeunes interprètes et auteurs-compositeurs-interprètes ; participe, en collaboration avec le ministère de la Culture, au financement du Centre de formation sup. des variétés, inauguré en déc. 1983.

Rôle d'information : colloques, congrès, rencontres de créateurs, articles de presse, brochures [2 périodiques : Revue internationale du droit d'auteur (pour juristes et techniciens), bulletin « Notes »].

Nota. – Depuis 1965, la SACEM possède un dictionnaire musical (650 000 fiches, 12 000 chansons et œuvres musicales y entrent chaque année) permettant de vérifier l'originalité des œuvres déposées et de retrouver des antériorités (en cas de réclamations). On compte, pour le territoire national, 225 chansons fr. et adaptations ayant pour titre « je t'aime » et 154 publiées sous le label « Vivre ».

Musique pop, folk, rock ou jazz : 11,1 % s'y étaient rendus seuls. En 1981, 27,4 % des 15-24 ans, 39,3 % des élèves et étudiants, 22,5 % des gros commerçants et industriels, 18,3 % des cadres supérieurs, 19,2 % des cadres moyens, 16,5 % des employés, 24,2 % des bacheliers et diplômés de l'enseignement supérieur y étaient allés au moins une fois. 4 % y avaient assisté ces dernières années et 10,1 % au cours des 12 derniers mois dont 3,1 % de l'ensemble de la population une seule fois (soit 31,4 % des pratiquants), 2,1 % 2 fois (21,9 %), 2,3 % 3 ou 4 (23,6 %), 0,8 % 5 à 9 (8,4 %), 0,5 % 15 et plus (4,9 %).

• **Interprètes, chefs d'orchestre ou instrumentistes cités :** Herbert von Karajan 15 %, Roberto Benzi 13 %, Arthur Rubinstein 4 %, Yehudi Menuhin 2 %, Maria Callas 2 %, Georges Cziffra 2 %, Léonard Bernstein, Pablo Casals, Samson François, Claude Kahn, Daniel Barenboïm, Maurice André, Michel Plasson, Alexis Weissenberg, Arturo Toscanini, Pierre Boulez 1 %.

(Chez les agriculteurs, 67 % ne peuvent citer aucun instrumentiste.)

Nombre d'auditeurs (1979-80). *Concerts des orchestres régionaux :* 601 925 dont Ile-de-Fr. 117 725, Toulouse-Midi-Pyrénées 84 000, Strasbourg 66 900, Bordeaux-Aquitaine 66 500, Pays-de-Loire 49 500, Lyon 40 500, Lille 40 000, Provence-Côte-d'Azur 36 000, Lorraine-Metz 32 300, Pupitre 14 25 000, Grenoble 20 000, Rhin 13 000, Bayonne-Côte Basque 10 500. *Grandes associations symphoniques :* 69 500 dont Concerts Colonne 29 500, Pasdeloup 23 000, Lamoureux 17 000.

Représentations. Nombre en province (1982-83) : *opéras :* 638 pour 105 ouvrages ; *opérettes :* 952 pour 76 ouvrages ; *ballets :* 703. *Total :* 2 293 pour 2 194 101 spectateurs (956 par représentation).

Enseignement

Associations éducatives

Jeunesses musicales de France (J.M.F.). 20, rue Geoffroy-l'Asnier 75004 Paris. *Fondées* en 1944 par René Nicoly (1907-71). *Pt :* Jean-Loup Tournier, *Dr. :* Robert Berthier. Animation et concerts en milieu scolaire, encouragement à la pratique musicale, concerts publics, promotion des jeunes artistes. *Saison 1984-85 :* 3 000 à 5 000 concerts publics et scolaires (env. 1 million d'entrées). 22 associations régionales (350 villes).

Musicoliers. 58, rue de Saussure, 75017 Paris. *Fondés* en 1966 par Philippe Gondamin et Léon Barzin. 25 animateurs et 40 musiciens. S'adressent aux classes maternelles et aux 1ers degrés du primaire.

Musigrains. 11, rue St-Louis-en-l'Ile, 75004 Paris. *Fondés* en 1939 par Germaine Arbeau-Bonnefoy. Concerts éducatifs pour jeunes de 7 à 12 ans (1 h de musique commentée et illustrée de diapos.).

Fédér. des Centres musicaux ruraux. 2, place du Gl-Leclerc, 94130 Nogent-sur-Marne. *Fondée* en 1948 par Émile Demais-Précédent.

Établissements d'enseignement musical

Conservatoire national supérieur de musique de Paris (14, rue de Madrid, 75008 Paris). *Origine : 1792.* Bernard Sarrette (1765-1858) fonde l'École de musique de la garde nationale parisienne à partir du noyau de musiciens et élèves du dépôt des Gardes françaises qu'il avait réunis et armés aux Invalides le 14-7-1789. *1795,* Institut national de musique puis, par décret de la Convention du 16 thermidor, an III (3-8-1795) Conservatoire de musique avec intégration dans le corps professoral des prof. de l'École royale de chant créée par le Roi en 1784. *1816,* École royale de musique. *1831,* Conservatoire nat. de musique et de déclamation. *1909-11,* l'école quitte l'Hôtel des Menus Plaisirs du Roi, rue du Faubourg-Poissonnière (entrée actuelle : 2, rue du Conservatoire) pour des locaux plus grands mis sous séquestre de l'École St-Ignace (tenu par les Jésuites), rue de Madrid. *1946,* les classes d'art dramatique sont séparées et forment le Conservatoire nat. d'art dramatique (2, rue du Conservatoire). *1957,* Conservatoire nat. supérieur de musique. *Originalité :* établissement public d'enseignement supérieur de la musique en France. *Admission :* par concours avec limites d'âge variables selon disciplines. *Disciplines enseignées :* composition, orchestration, fugue, contrepoint, harmonie, orgue, direction de chant, accompagnement au piano, direction d'orchestre, analyse, esthétique, histoire de la musique, préparation au professorat de musique, piano, clavecin, harpe, guitare, violon, alto, violoncelle, contrebasse, flûte, hautbois, clarinette, saxophone, basson, cor, trompette, cornet, trombone, tuba-saxhorn, percussion, musique de chambre, chant, art lyrique, opérette et comédie musicale, danse classique, interprétation de la musique ancienne, ondes Martenot. *Durée de scolarité* (minimale et, entre parenthèses, maximale en années), exemple : Fugue 1 an (3 ans). Disciplines instrumentales 3 (5). Accompagnement au piano 2 (4). Orgue exécution 3 (4), Orgue improvisation 2 (3). Direction d'orchestre 3 (5). Analyse 3. Esthétique 3 (4). Préparation au C.A. 1 (2). *Diplômes* selon les cas : *a)* 1er Prix, 2e Prix, 1er Accessit, 2e Acc. *Diplôme - b) Certificat. Effectifs :* env. 1 300 élèves et 300 enseignants.

Grand prix musical de la Ville de Paris. Doté de 40 000 F, décerné chaque année à un compositeur français (ou ayant réalisé la majeure partie de son œuvre en France). **Lauréats.** *1968 :* Alain Kremsky-Petitgirard. *69 :* Daniel Lesur. *70 :* Jean Rivier. *71 :* Jacques Boigallais. *72 :* Marcel Mihalovici. *73 :* Serge Nigg. *74 :* Henri Dutilleux. *75 :* Claude Prey. *76 :* André Boucourechliev. *77 :* Germaine Tailleferre. *78 :* Jacques Charpentier. *79 :* Antoine Tisne. *80 :* Claude Ballif. *81 :* Betsy Jolas. *82 :* Pierre Boulez. *83 :* Maurice Ohana. *84 :* Marius Constant. *85 :* Olivier Messiaen.

Grand Prix de Rome. Attribué chaque année, de 1803 à 1969, par l'Académie de Fr. à Rome, et comprenant un séjour de 4 ans, avec traitement, à la villa Médicis.

Conservatoire national supérieur de musique de Lyon. *Créé* en 1979. Diplôme nat. d'études supérieures musicales, diplôme nat. d'ét. sup. chorégraphiques. Établissement public d'enseignement supérieur de musique. *Admission :* par concours, limites d'âge 16 à 30 ans. *Effectifs 1985-86 :* 220 étudiants, 80 enseignants. *Durée de la scolarité :* 4 ans pour violon, alto, violoncelle, contrebasse, flûtes, hautbois, clarinettes et clarinette basse, basson et contrebasson, cor, trompette et cornet, trombone, percussion, piano, clavecin, harpe, écriture, direction de chœurs, accomp. au piano. *Danse :* 3 ans, *orgue :* 2 ans.

Conservatoires nationaux de région. Établissements municipaux financés par les collectivités locales et par l'État. *Effectifs 1981-82 :* 44 900 élèves. Conservatoires existants à la rentrée 1982 : 31 : Amiens, Aubervilliers, La Courneuve, Besançon, Bordeaux, Boulogne-sur-Seine, Caen, Clermont-Ferrand, Dijon, Douai, Grenoble, Lille, Limoges, Lyon, Marseille, Metz, Montpellier, Nancy, Nantes, Nice, Paris, Poitiers, Reims, Rennes, Rueil-Malmaison, Rouen, St-Maur, Strasbourg, Toulouse, Tours, Versailles.

Écoles nationales de musique. 20 ou 24 disciplines. Département traditionnel et facultativement département à horaires aménagés.

Lieux ayant une école en 1983 : 83 : Agen, Aix-en-Provence, Alençon, Angoulême, Annecy, Arras, Aulnay-sous-Bois, Avignon, Bayonne, Beauvais, Belfort, Blanc-Mesnil, Bobigny, Boulogne-sur-Mer, Bourg-la-Reine-Sceaux, Bourges, Brest, Brive, Calais, Cambrai, Cergy-Pontoise, Chalon-sur-S., Chambéry, Charleville-Mézières, Chartres, Châteauroux, Cholet, Colmar, Corse, Créteil, École départementale de la Creuse, Dole, Évreux, Gap, Gennevilliers, Grand-Couronne, École dép. de la Haute-Loire, La Rochelle, La Roche-sur-Yon, Le Havre, Le Mans, Le Raincy, Limoges, Lisieux, Lorient, Mâcon, Mantes-la-Jolie, Meudon, Montbéliard, Montluçon, Montreuil, Mulhouse, Nevers, Nîmes, N.-D. de Gravenchon, Nouméa, Orléans, Orsay, Oyonnax, Pantin, Papeete, Pau, Perpignan, Poitiers, Romainville, Roubaix, St-Brieuc, St-Étienne, St-Germain-en-Laye, St-Omer, St-Nazaire, St-Quentin, Tarbes, Toulon, Tourcoing, Troyes, Tulle, Valence, Valenciennes, Vannes, Vichy, Ville-d'Avray, Yerres. *Effectifs 1982-83 :* 65 841 élèves.

Écoles municipales agréées. Agrément après inspection d'établissement et 2 disciplines obligatoirement enseignées : formation musicale et chant choral. *Nombre en 1983 :* 113. *Effectifs 82-83 :* 51 834 élèves.

Classes à horaires aménagés. Fonctionnent depuis 1966 dans certains lycées ou conservatoires de région. Associent l'enseign. général et musical (primaire au 1er cycle secondaire 6 h 30 de musique par sem. ; 2e cycle secondaire au bac. 10 à 11 h). *Diplômes :* bac F 11 (technicien musical) ou bac A 6 (phys. du son en option). *Débouchés :* U.E.R. de musique des universités, conservatoires supérieurs.

Préparation au baccalauréat musical de technicien F 11 (dans les C.N.R. et certaines E.N.M.). Classes de 2de, 1re, terminale (suite des précédentes) : 10 h d'enseignement musical, 15 h d'ens. général. La section A 6 comprend 3 h de musique par semaine.

Crédits accordés aux écoles de musique contrôlées par l'État (en millions de F) : *1977 :* 17, *79 :* 30,5, *80 :* 57,4, *81 :* 84, *82 :* 135, *83 :* 140.

Diffusion

Implantation : 21 délégués régionaux à la musique, 31 conservatoires nationaux de région, 14 orchestres de région, 13 théâtres lyriques municipaux, 5 cellules de création et de recherche (Bourges, Marseille, Metz, Issy-les-Moulineaux, Grenoble).

• **1°) Orchestres permanents.** *Orchestres A,* 65 à 120 musiciens, métropoles régionales, mission symphonique, lyrique et d'animation ; *O. B,* 45 à 60 mus., villes de – de 150 000 à 250 000 h., même mission, répertoire ne nécessitant pas un effectif important ; *O. C,* 12 à 40 mus., villes de – de 150 000 h. plus particulièrement musique de chambre.

Orchestre de Paris. *Fondé* en oct. 1967 à partir de la Sté des Concerts du Conservatoire. 120 instrumentistes. *Dir. artistiques :* Charles Münch (Pt fondateur) 1967-68, Herbert von Karajan (conseiller musical) 1969-72, Sir Georg Solti 1972-75, Daniel Barenboïm dep. 1975. *Saison 1984-85 :* 60 concerts en abonnements, 6 concerts de musique de chambre, remplissage 90 %. Tournées : Europe, États-Unis. Chœurs de 200 amateurs (*dir. :* Arthur Oldham). Festival Mozart en mai (Don Giovanni en coproduction avec l'Opéra de Washington).

Ensemble intercontemporain. *Fondé* en 1976. Unique formation en Europe se consacrant à la musique du xxe s. Travaille en étroite collaboration avec l'IRCAM (département musique du Centre Georges-Pompidou). *Pt. :* Pierre Boulez, *Dr. musical* Peter Eötvös. 31 solistes. *Saison 84/85 :* 32 concerts à Paris, 11 en province, 13 à l'étranger ; des séances pédagogiques.

Ensemble orchestral de Paris. *Fondé* en 1978. *Musiciens :* 35. *Dir. :* Jean-Pierre Wallez. *Saison 1985-86 :* Paris 41 concerts, province et étranger 20.

Grandes associations symphoniques parisiennes. Les orchestres Colonne, Lamoureux, Pasdeloup. *Auditeurs* (1979-80) : Colonne 29 500, Pasdeloup 23 000, Lamoureux (1984-85) 27 000.

Orchestres régionaux. Titulaire et nombre d'instruments (1982). Orchestre de Bordeaux-Aquitaine ; directeur musical : Roberto Benzi (95). O. de l'Ile-de-France ; Jacques Mercier (70). O. philharmonique de Lille ; Jean-Claude Casadesus (99). O. ph. de Metz-Lorraine ; Emmanuel Krivine (82). O. de Lyon ; Serge Baudo (108). O. ph. des Pays de Loire ; Marc Soustrot (116). O. ph. de Strasbourg ; Theodor Guschlbauer (108). O. du Capitole de Toulouse ; Michel Plasson (104). O. symphonique du Rhin ; Luca Pfaff (56). O. régional d'Auvergne ; Jean-Jacques Kantorow. O. de Bayonne-Côte basque ; Daniel Dechico (22). O. de Cannes-Provence-Côte d'Azur ; Philippe Bender (39). Ens. instrum. de Grenoble ; Marc Tardue (16). Le Sinfonietta (Amiens) ; Alexandre Myrat (22). O. ch. de Chambéry ; Patrice Fontanarosa. *Auditeurs* (1979-80). 601 925 dont : Ile-de-France 117 725 ; Toulouse-Midi-Pyrénées 84 000 ; Strasbourg 66 900 ; Bordeaux-Aquitaine 66 500 ; Pays de Loire 49 500 ; Lyon 40 500 ; Lille 40 000 ; Provence-Côte d'Azur 36 000 ; Lorraine-Metz 32 300 ; Grenoble 20 000 ; Rhin 13 000 ; Bayonne-Côte basque 10 500.

Orchestres municipaux en 1982. O. de Montpellier ; *dir. musical :* Cyril Diederich (70). O. symphonique et lyrique de Nancy ; Jérôme Kaltenbach (66). O. de Rennes ; Claude Schnitzler (21).

• **2°) Formations missionnées.** En 1983, 39 formations (24 de musique classique, 15 de musique contemporaine).

Musique classique : *15 orchestres de chambre :* Ens. instrum. Andrée Colson, O. de ch. Paul Kuentz, O. de ch. J.-Fr. Paillard, Ens. instrum. la Follia de Mulhouse, O. de ch. du Limousin, Ens. instrum. du Mans, Ens. instrum. de Provence, O. de ch. de Rouen, Ens. ad Artem, Centre national de musique de ch. d'Aquitaine, O. de ch. Bernard Thomas, la Grande Écurie et la Chambre du Roy, O. de ch. de Versailles, Alternance, Ens. instrum. Jean Walter Andoli. *3 quatuors :* Bernede, Arcana, Via Nova. *4 trios :* à cordes de Paris, Delta, Ars Antiqua, Ravel. *1 duo :* Duo Cantais Collard. *1 ensemble vocal :* A sei soci.

Musique contemporaine. *15 ensembles :* 2E 2M, Itinéraire, Ars Nova, Musique vivante, Percussions de Strasbourg, Quintette de cuivres Ars Nova, Trio Deslogères, Quatuor de flûtes Arcadie, Atelier musique de Ville-d'Avray, Studio III de Strasbourg, Octuor Edgar Varèse, Pro Mamoua, Collectif de musique contemporaine de l'Essonne, du Languedoc-Roussillon, Intervalles.

• **3°) Formations conventionnées en 1983.** *8 classiques.* O. de ch. de Saint-Denis, Octuor de Paris, Quintette à vent de Paris, Qu. Parrenin, Qu. Lœwenguth, Trio Debussy, Trio harpe, flûte et violoncelle de Paris, Qu. de saxophones Deffayet. *1 contemporaine.* Trio G.R.M. Plus. *5 groupes vocaux subventionnés.* Groupe vocal de France (*dir. :* M. Tranchant), La Chapelle royale (*dir. :* Philippe Herreweghe), le Chœur de ch. de l'O. de Lyon (Bernard Tetu), Ensemble vocal Michel Piquemal, Ens. vocal et instrumental « Les Arts Florissants » (William Christie).

• **4°) Contrats de mission en 1983.** *Chanson :* Ricet Barrier, groupe Indochine, Gérard Pierron. *Jazz :* Luis Fuentes, Jef Gilson, Yves Basselmann, groupe Imbroglio, Ivan Jullien, Bernard Lubat, Marvelous Band, Dominique Piffarelly et Eddy Louis, Tony Busso et Alain Batot.

• **5°) Festivals subventionnés.** *1980 :* 104, *81 :* 139, *82 :* 145, *83 :* 150. *Spectateurs 1981 :* 1 300 000, *82 :* 1 350 000, *83 :* 1 600 000.

• **6°) Fédérations subventionnées et (ou) conventionnées par le min. de la Culture.** *Musique populaire.* Regroupe 48 fédérations et 6 000 sociétés musicales (harmonies, fanfares, orchestres divers, groupes folkloriques, chorales, chorégraphies, etc.). Conf. musicale de France (C.M.F.), 21, rue La Fayette, 75010 Paris. Conf. française des batteries et fanfares (C.F.B.F.), 7, allée des Lauriers, 92420 Vaucresson. Union des Fanfares de France (U.F.F.), B.P. 164, 75634 Paris Cedex 13. *Féd. chorales.* Mouvement A Cœur Joie, 8, rue de la Bourse, 69289 Lyon Cedex 1. Union féd. française de musique sacrée (U.F.F.S.), 6, avenue Vavin, 75006 Paris. Féd. musique et chant du protestantisme français, 58, rue Madame, 75006 Paris. *En milieu scolaire.* Centres musicaux ruraux (C.M.R.), 2, place du Général-Leclerc, 94130 Nogent-sur-M. Féd. nationale des Associations culturelles d'expansion musicale (F.N.A.C.E.M.), 2, rue Rossini, 75009 Paris. Musicoliers, 36, avenue Théophile-Gautier, 75016 Paris. *Diffusion musicale.* Jeunesses musicales de France (J.M.F.), 14, rue François-Miron, 75004 Paris. *Pratique amateur chorales et instrumentales.* Féd. musicale populaire (F.M.P.), 67, rue d'Amsterdam, 75018 Paris. Association pour l'action musicale (A.S.P.A.M.), 4, allée Ariane, 77100 Meaux. Féd. nat. des activités musicales (F.N.A.M.U.), 41, quai de la Loire, 75019 Paris. Féd. nat. des foyers ruraux (E.N.F.R.), 1, rue Ste-Lucie, 75015 Paris. Féd. sportive et culturelle de France, 5, rue Cernuschi, 75017 Paris. Ligue française de l'Enseignement et de l'Education permanente, 3, rue Récamier, 75341 Paris Cedex 07. Le Mouvement d'action musicale, 45, rue de la Glacière, 75015 Paris.

Groupes folkloriques

Fédération nationale des groupes folkloriques originaires des provinces françaises. 8, rue Voltaire, 75011 Paris. *Fondée* en 1932, groupe 90 formations. Élit chaque année sa « Payse de France ».

Quelques groupes. Allobroge de Savoie, Alsace mu-

Dépenses musicales

Subventions de l'État (en millions de F) : O. de Paris 286, autres scènes 76, fest. d'Aix-en-Pr. 2,1, chor. d'Orange 1. **Des collectivités locales :** scènes françaises env. 334,5, fest. d'Aix-en-P. 2,2, chor. d'Orange 2,8.

Prix des places (en F) : O. de Paris, opéras 40 à 420, ballets 25 à 230, galas 60 à 600 (– 50 % pour collectivités) ; fest. d'Aix-en-P. 40 à 350 ; chor. d'Orange 40 à 300 ; autres scènes 6 à 250.

Coût de montage d'un opéra. Environ 700 000 à 2 000 000 de F.

Dépenses du ministère de la Culture pour la musique et la danse (1983) : 1 208 millions de F (soit 17,3 % du budget du ministère), dont % : danse 3,4, art lyrique 31,4 (Opéra de Paris 25,1, Opéra de la Bastille 0,4, autres 5,9), diffusion 15,7 (orchestres et formations 12,9, festivals 2,8), création et recherche 2,5, enseignement 17,1, action musicale (jazz, chanson, chorales, musiques traditionnelles) 2,9 et équipement 21,1.

sicale (fondé en 1932), Ballets catalans Aire de Festa, Basque, Blaudes et Coeffes (1931) (Normandie), Cardils du Périgord, Coupo Santo (Provence), Échassiers landais, Ensoulelhada (danseurs et chanteurs du Pays toulousain), Estrambord (Provence), Gaichons et Diaichottes de Franche-Comté, groupes d'Auvergne, groupes de Haute et Basse-Bretagne, groupes Provinces d'Outre-Mer (Martinique, Guadeloupe, Guyane, Réunion), Ile-de-France, Limousins de Paris, Mélusine du Poitou, Nivernais-Morvan, Pastouriaux du Berry, Rose d'Anjou (1972), Saboteux de Bourgogne.

Spectacles

Théâtre

☞ Pour les œuvres dramatiques, *voir liste des auteurs et de leurs œuvres p. 259 ;* pour les acteurs, *V. Personnalités à l'Index ;* pour les salles d'opéras, *V. p. 428.*

Le théâtre dans le monde

Représentations (records)

Los Angeles (U.S.A.). *The Drunkard* (l'Ivrogne) par W. H. Smith, créée en 1843, reprise au Théâtre Mart tous les soirs du 6 juillet 1933 au 6 sept. 1953 et, en alternance avec une nouvelle adaptation musicale, du 7 sept. 1953 au 17 oct. 1959 : 9 477 représ., 3 000 000 de spectateurs.

New York (Broadway). *A Chorus Line :* 4 320 représ. (21-12-1985). *Grease :* 3 388 (1972-80). *Fiddler on the Roof :* 3 242 (1964/2-7-1972). *Life with Father,* à l'Empire : 3 224 (1939-47). *Tobacco Road :* 3 182. *Hello Dolly :* 2 844.

Londres. *The Mousetrap* (la Souricière) d'Agatha Christie (25-11-1952) : 13 732 au 25-11-85. *No sex, please. We're British* d'Antony Marriott et Alistair Foot (juin 1971) : 5 200 au 3-12-82 (Garrick th.). *Jesus Superstar* de Tim Rice (musique d'Andrew Lloyd Webber) : 3 357 du 9-8-1972 au 23-8-80 (record pour un « musical »). *Grease :* 3 243. *Evita* (21-6-1978) : 3 109. *Hello Dolly :* 2 844.

Paris. La plus longue série de représentations (9 087 au 15-6-1984) à Paris est celle de *la Cantatrice chauve* de Ionesco à la Huchette, créée en 1950, ininterrompue dep. la reprise en 1957. Pour les créations, *Boeing-Boeing* à l'affiche depuis 1960, *Lorsque l'enfant paraît* d'André Roussin (1 650) et *Patate* de Marcel Achard (2 255 au théâtre St-Georges) ont battu le record de *Monsieur de Falindor. Coluche* s'est produit 418 fois de déc. 1977 à juin 1979 (recettes 20 millions de F). *Thierry le Luron* d'oct. 79 à mai 80 s'est produit 187 fois au théâtre Marigny (187 000 spect., 10 millions de F de recettes).

Allemagne. *La Passion* est jouée à Oberammergau, depuis 1634, tous les 10 ans, par les habitants du village (125 rôles parlants plus des figurants). 1980 : 103 représ., durée 5 h 30 mn avec les entractes, 500 000 vis.

Salles de théâtre (records)

Le plus vieux théâtre public. Malaga, Espagne, 1520.

Les plus vieux théâtres couverts. Hôtel de Bourgogne (Paris, France, 1550). The Theatre (Middle sex parish of St. Leonard's Shoreditch, 1576). Teatro Olimpico (Vicence, Italie, 1584) par Palladio (1508-80), conservé.

Les plus grands théâtres couverts. Le Palais des Congrès du Peuple (Pékin, Chine, 1958-59) : 10 000 places, 5,23 ha. Perth Entertainment Centre (Australie) : 8 003 pl., scène de 1 148 m². Radio City Music Hall (Rockefeller Center, New York) : 6 200 pl. (env. 8 000 000 de spectateurs par an, la scène mesure 43,89 m de large et 20, 27 m de profondeur). Théâtre Chaplin (nommé auparavant Blanquita, La Havane, Cuba, 1949) : 6 500 pl. Palais des Congrès, Porte Maillot (Paris) : 3 700 pl.

Les plus grands théâtres en plein air. Megalopolis (Grèce centrale ancienne, en ruine) : 17 000 places. Mendoza (Argentine) : 40 000 places.

La plus grande scène. Le Ziegfeld Room de Reno (Nevada, U.S.A.) : 53,60 m de large.

Les plus anciens décors de théâtre. Sébastien Serlio dans « Le Second Livre de la perspective » (1545).

La 1re utilisation de rideaux pour indiquer les fins de scènes. The Lyceum, G.-B. (1881).

Le théâtre en France

Gestion d'un théâtre

En *1975,* on estimait qu'une salle de 500 places revenait à 3 400 F par jour, une de 1 000 places à 6 300 F. Les charges fiscales représentaient 40 % et les droits d'auteur 12 % du prix payé par le spectateur.

Sans tenir compte de l'amortissement des décors et des costumes ni des frais de publicité, une pièce, jouée par 3 comédiens à 200 F par représentation, par 3 autres à 45 F et 4 « utilités » à 20 F, revenait chaque soir à 2 765 F dans une salle de 500 places. Pour obtenir cette somme, il fallait avoir perçu plus de 5 300 F au guichet, ce qui représentait une salle pratiquement « bourrée ».

Une salle pleine rapporte environ par représentation : Théâtre de Paris 37 000 F, La Bruyère 22 000 F, Poche-Montparnasse 2 800 F.

D'après les conventions collectives, une pièce doit se jouer au minimum 30 fois, mais après une critique désastreuse qui fait le désert, le directeur préfère parfois payer les acteurs et suspendre la pièce pour couper court aux dépenses de fonctionnement.

Taxes que paie un spectacle dramatique, outre les impôts sur les sociétés et les charges sociales :

1° *T.V.A.* : 7 % (2,10 % pour créations et spectacles classiques jusqu'à 140 représ. ; 17,6 % en cas de vente forfaitaire d'un spectacle monté). Sont exemptés : les 30 premières d'une pièce n'ayant jamais été interprétée en France, ou dont la représentation n'a pas eu lieu depuis plus de 50 ans ; les 50 premières d'une pièce n'ayant jamais été interprétée dans sa langue originale, ni dans une adaptation dans une autre langue, en France ou à l'étranger ; les spectacles classiques – liste fixée par des arrêtés des min. de l'Économie et du Budget, du min. de la Culture et du ministre de l'Intérieur ; les œuvres françaises et les œuvres étrangères dans leur langue originale dont les auteurs sont morts depuis plus de 50 ans, et les traductions et les adaptations dont la 1re représ. date de plus de 5 ans ; certains auteurs désignés par une commission spéciale (ex. : Brecht, Garcia Lorca).

2° *Taxe additionnelle au prix des places :* de 0,20 F (places 5 F à 10 F), 0,60 F (10 F à 20 F), 1 F (plus de 20 F), utilisée par l'Association pour le soutien au théâtre privé. Sont exonérés les th. nationaux et municipaux et les compagnies subventionnées.

3° *Taxe d'apprentissage :* 0,5 % des salaires, *t. de formation continue :* 1 % des salaires dep. 1974, *aide à la constr. :* 1 %.

Nombre de théâtres

A Paris. Il y a *48* théâtres en activité offrant plus de *26 000* places. *38* sont privés, *4* municipaux [Espace Pierre Cardin (Ambassadeurs), Marigny, Théâtre de la Ville, Théâtre musical de Paris (ex-Châtelet)], *6* nationaux [Opéra, Opéra-Comique, Comédie-Française, Théâtre national de l'Odéon (2 salles), Théâtre national de Chaillot, Théâtre de l'Est parisien]. La Ville de Paris ne gère elle-même aucun de ses 4 théâtres, mais elle assume d'une certaine manière la responsabilité financière du Th. de la Ville, par la subvention spéciale qu'elle lui accorde, et participe à sa gestion par l'intermédiaire de son conseil d'administration.

Il existe par ailleurs env. 125 cafés-théâtres (80 en province) et env. 20 salles à usage de spectacle.

Théâtres érotiques (permanents) : les Nouveaux Innocents, le Théâtre Saint-Denis, le Théâtre des 2 Boules (fondé en 1974).

Nota. – Nombre de théâtres à Paris, sous *Louis XIV* 5, *Louis XV* 3, *Révolution* 22.

En province. Les théâtres (environ 25) sont des théâtres municipaux concédés ou exploités en régie directe. Ils sont consacrés en priorité à l'art lyrique.

Les seuls théâtres privés permanents de province sont le Théâtre Molière à Bordeaux (appelé d'abord Th. de poche) et le Petit Théâtre de Rouen.

Nota. – Vers 1868-70, on comptait 366 théâtres en province. Certaines villes en possédaient plusieurs : Bordeaux, Lyon 6 ; Marseille, Le Havre, Nîmes 5 ; Nantes, Elbeuf, Rochefort, Rouen 4 ; Amiens, Brest, Toulouse, Versailles 3.

Spectateurs (Paris)

Fréquentation *(1984).* Nombre de spectateurs et, entre parenthèses, nombre de représentations. *Théâtres privés dramatiques :* 4 161 766 (11 686) ; *Th. municipaux non subventionnés* [1] *:* 207 556 (526) ; *Spectacles occasionnels* [2] *:* 597 245 ; *Total secteur privé :* 4 966 567 (11 530). *Th. municipaux subventionnés* [3] *:* 239 211 (263) ; *Salles subventionnées* [4] *:* 111 522 (467) ; *Th. nationaux* [5] *:* 696 116 (1 234) ; *Total subventionné :* 983 189 (1 878).

Nota. – (1) Marigny, Espace Cardin. (2) Palais des Congrès, Palais des Sports, Omnisports de Bercy. (3) Théâtre musical du Châtelet, Théâtre de la Ville. (4) Bouffes du Nord, Théâtre du Rond-Point, Théâtre de la Bastille, Carré Silvia Monfort. (5) T.E.P., Opéra, Opéra-Comique, Comédie-Française, Odéon, Chaillot.

Théâtres privés : parafiscale à 3,50 %, 3 664 136 (11 092) ; à 1,75 % [1], 497 630 (594). *Théâtres municipaux non subventionnés :* 207 556 (526). *Spectacles occasionnels :* parafiscale à 1,75 % [2], 239 648 ; dispensés de parafiscale [3], 358 191 (172). *Total secteur privé :* 4 967 161 (12 349). *Théâtres nationaux :* 632 701 (1 126). *Théâtres municipaux subventionnés :* 288 605 (334). *Total subventionné :* 921 306 (1 460).

Nota. – (1) Théâtre des Folies-Bergères, Théâtre du Gymnase, Élysée-Montmartre. (2) Palais des Sports : Un homme nommé Jésus. (3) Palais des Congrès : Ballet Béjart. Palais des Sports : Ballet/Opéra. Omnisports de Bercy : Opéra/Ballet, Aïda.

En *1958,* les théâtres privés avaient accueilli 4 200 000 spectateurs, en *1967* 3 300 000, en *1976* 3 000 000. Le déclin s'explique par la concurrence du secteur public (aux prix moins élevés car ils sont davantage subventionnés), les difficultés de transport, le départ du public en week-end, la télévision.

En moyenne, les spectateurs de théâtre ont vu 2,9 spectacles en 1981 (3,6 en 1973). Y étaient allés : 14,5 % des 25-39 ans, 29,1 % des cadres supérieurs, 20,8 % des cadres moyens, 23,5 % des élèves et étudiants et 28,2 % des titulaires du bac ou d'un diplôme d'enseignement supérieur. 9 % y étaient allés seuls. Y étaient allés ces dernières années 5,7 %, au cours des 12 derniers mois 10,3 % dont 4,1 % de l'ensemble de la population une seule fois (soit 40,5 % des participants), 2,2 % 2 fois (22,1 %), 1,9 % 3 ou 4 (18,9 %), 1,1 % 5 à 9 (10,9 %), 10 et plus 0,6 % (5,5 %).

Salles parisiennes

Antoine. Bâti en 1866 (salle des Menus-Plaisirs), Th. Libre (fondé par André Antoine) en 1890, Th. Antoine en 1897. Dir. Simone Berriau en 1943. Depuis 1984, dir. H. Bossis et D. Darès. 875 pl. **Atelier.**

Ouvert en 1822 (Th. de Montmartre) par un danseur (P.-J. Sevestre) du Vaudeville, devint le Th. de l'Atelier en 1921 avec Charles Dullin. Dir. André Barsacq, Pierre Franck depuis 1975. 600 pl. **Atelier-Théâtre d'Aujourd'hui.** Créé 1963. Formation d'acteurs-réalisateurs. Cours annuels et stages. Dir. : E. Pestre. **Athénée-Louis-Jouvet.** Ouvert en 1894 (Comédie Parisienne), Th. de l'Athénée Comique (nom de l'ancien Th. Scribe fermé en 1883) en 1896, Athénée en 1899, 1934-51 direction de Louis Jouvet. Depuis le 1-1-1982 mission confiée à Josyane Horville par le min. de la Culture d'accueillir les Cies dramatiques sans lieu fixe, subventionnées par le min. de la Culture. 694 pl. (salle Christian Bérard 71 pl.).

Bobino. Ouvert en 1873. 1 160 pl. provisoirement à l'Eldorado (4, bd de Strasbourg, 10e) en attendant sa reconstruction. Réouverture rue de la Gaîté prévue 1986. **Bouffes-Parisiens.** Ouvert en 1827 (Th. des Jeunes Acteurs), 1855 Th. des Bouffes-Parisiens (salle d'hiver) avec Offenbach. 726 pl.

Carré Silvia-Monfort. Siège à l'ex-Gaieté lyrique, qui avait été théâtre municipal sous le nom de Th. de la Musique jusqu'au 1-10-1974 (transformé alors en centre culturel ; confié à Sylvia Monfort, sous le nom de Nouveau Carré). En 1981, la Gaieté lyrique étant en travaux, Sylvia Monfort s'installa à l'ancien abattoir de Vaugirard, devenu parc Georges-Brassens (106, rue Brancion, Paris XVe). 642 pl. sous chapiteau-théâtre. **Casino de Paris.** Construit sur l'emplacement de la Folie-Richelieu (voir Folies-Bergères, ci-dessous) ; dirigé par Henri Varna 1929-69 (revue, music-hall) ; fermé en 1979, réouvert en 1982. *Dir. :* Luc Richard. 1 500 pl. **Caveau de la République.** Chansonniers. 1 500 pl. **Chaillot.** Voir Th. nationaux. **Champs-Elysées.** Grand théâtre 1 980 pl., Comédie des Champs-Elysées 690 pl., Studio 274 pl. Construit en 1913 (maîtres d'œuvre Gabriel Astruc et Gabriel Thomas, architectes Auguste et Gustave Perret) : frises, fresques, sculptures d'Antoine Bourdelle et Maurice Denis ; classé monument historique en 1957. *Dir. :* Georges Fr. Hirsch. **Châtelet.** Voir Th. musical de Paris. **Cirque d'Hiver.** Construit par Hittorf sous Napoléon III. Directeurs et propriétaires : Frères Bouglione (dep. 50 ans). 1 800 pl. **Cité internationale universitaire.** Grand Th., construit en 1936 : 865 pl. La Galerie : 180 pl. La Resserre : 170 pl. Également concerts et cinéma. Centre culturel créé en 1968 par André-Louis Périnetti et dirigé, depuis 1972, par Guy Caron. **Comédie Caumartin.** Créé en 1901 (C. Royale) ; René Rocher lui donne son nom en 1923 (th. de boulevards, fameux par 20 ans de Boeing-Boeing : 1960-80). **Comédie-Française.** Voir ci-après. **Coquille.** 250 pl.

Daunou. Ouvert en 1921. 448 pl. **Deux-Anes.** Créé 1922 par Roger Ferréol et André Dahl. S'est appelé Les Truands, l'Araignée, la Truie qui file. Seul théâtre de chansonniers à Paris jouant des revues satiriques. *Dir. :* Jean Herbert. 300 pl.

Édouard-VII. Créé 1916 par Alphonse Franck. 700 pl. **Espace Pierre Cardin** (Ambassadeurs). Ouvert en 1861, reconstruit en 1929. 1939-53 Henri Beenstein directeur, 1962-69 Marcel Karsenty, 1970 P. Cardin transforme la salle. 700 pl.

Folies-Bergères [le mot *folie* désignait, depuis la fin du XVIIIe s., les *petites maisons,* créées sous la Régence par des membres de la haute noblesse, pour y abriter des fêtes nocturnes, avec concerts, spectacles et ballets (étymologies proposées : 1° caprice entraînant de folles dépenses ; 2° le terme napolitain *foglia,* du latin *folia,* « feuilles », car la noblesse napolitaine construisait ses retraites à la campagne)]. A Paris, les plus connus, en 1789 étaient les F. Méricourt, Saint-James, Genlis, Richelieu, Beaujon, Regnault (La Roquette), qui donnèrent leur nom à leur quartier. A partir de 1830, les th. parisiens adoptent souvent ce nom, en le mettant au pluriel (à cause des *Folies amoureuses,* pièce de Regnard, 1704) : Folies Dramatiques (1830), Marigny (1848), Nouvelles (1852), Saint-Antoine (1865), et enfin Bergères, spécialisé dans les variétés à grand spectacle, sur le modèle de l'Alhambra de Londres. 1 700 pl. *1869* le magasin de literie « Au sommier élastique » finance l'ouverture d'une salle de spectacle, et l'appelle du nom de la rue : « Bergère ». *1-5* ouverture. *1870* salle de réunions électorales. L'historien Michelet y parle. *1871-novembre* Léon Sarri, 1er directeur ; 1ers grands succès, inauguration du promenoir. Devient momentanément le « Concert de Paris » ; grands compositeurs contemporains : Gounod, Delibes, Saint-Saëns, Massenet... Echec. *1886-30-11* « Revue » des frères Isola et de M. et Mme Lallemand ; 1re apparition d'une troupe de girls venues d'Europe centrale. *1892* Loie Fuller lance « la Danse serpentine » et la « Danse du feu ». *1908* Colette fait partie de la Revue avec Maurice Chevalier. *1912* Yvonne Printemps. *1917* Gaby Deslys présente un spectacle de « jazz band » et c'est la 1re à descendre le célèbre « escalier », partenaire : Harry Pilcer. *1918-66* Paul Derval, directeur ; 33 revues se succédèrent avec toujours un titre en 13 lettres comprenant le mot « Folie ». *1918* Mistinguett et Maurice Chevalier : la « Valse renversante ». *1922* « Folie sur folie » avec le comique Bach, Constant Rémy et Jenny Golder. *1924* « Cœurs en folie » avec Bach et Laverne. *1926* réfection, création d'un 2e balcon « la Folie du jour » avec Joséphine Baker. *1927* « Vent de folie » avec J. Baker. *1928* « la Grande folie » avec Agnès Souret (Miss France). *1934* « Folies en folie », Mistinguett apparaît sur son escalier. *1935* « Femme en folie » avec Jean Sablon. *1937* « en Super folies » avec J. Baker. *1938* « Folie en fleurs » pour Damia. *1939* « Madame la folie » avec Jeanne Aubert et le comique Dandy. *1942-44* Revue des Quatre Millions avec Charpini, puis Brancato, Charles Trenet, Maurice Teynac. *1946* « C'est de la folie » avec Suzy Prim et Nita Raya. *1949* J. Baker et les Peter Sisters. *1966* Mme Derval succède à son mari. *1977* Hélène Martini, directrice. **Fontaine.** Créé 1951 par André Puglia dans un ancien dancing, le Chantilly. Dirigé par Marie-Claire Valène dep. 1985. 640 pl.

Gaîté-Montparnasse. Café-concert ouvert en 1868, transformé en théâtre en 1939. 435 pl. **Gaveau.** Voir Salles de concerts, p. 391. **Gymnase Marie-Bell.** Gymnase dramatique 1820, Th. de Madame 1824, Gymnase dramatique 1830, Gymnase Marie-Bell 1958, 783 pl.

Hébertot. Fondé en 1838 (Th. des Batignolles-Monceau). En 1983, installation de la Cie J.-L. Cochet. Th. des Arts 1906, Jacques Hébertot en prend la direction en 1940. 634 pl. **Huchette.** En 1985, 740 000 spect. pour 9 750 représentations de la Cantatrice chauve et la Leçon de Ionesco (depuis 28 ans), géré par une SARL de 22 comédiens actionnaires. Depuis 1981, spectacles de créations à 21 h 30 et 22 h 30. 90 pl.

La Bruyère. 400 pl. **Lucernaire-Centre national d'Art et Essai.** 2 th. de 150 pl., 2 cinémas, 1 salle de concerts, 1 galerie de peinture, 1 restaurant, 1 bar, centre national d'art et d'essais.

Madeleine. Créé en 1924, direction Simone Valère, Jean Desailly. 763 pl. **Marigny.** Construit en 1850, accueillit Offenbach de 1855 à 1858, (Bouffes-Parisiens, salle d'été), nommé Folies-Marigny en 1862, démoli en 1881 et remplacé par un panorama qui devint th. Marigny en 1925. Dir. J.J. Bricaire. 1 000 pl. **Mathurins.** Édifié en 1906 par Sacha Guitry, qui y créa Nono. Georges et Ludmilla Pitoeff y jouèrent de 1927 à 1939. *Dir. :* Gérard Caillaud. 493 pl. **Michel.** Créé en 1906 par Michel Mortier. Dir. Germaine Camoletti. 350 pl. **Michodière.** Inauguré en 1925, dirigé par Victor Boucher, Yvonne Printemps et, depuis le 1-9-1981, par Jacques Crépineau. 700 pl. **Moderne.** Créé en 1958. 325 pl. **Mogador** (Henri Varna). Créé 1919, rénové en 1982. Violettes Impériales, la Danseuse aux étoiles, les Amants de Venise, opérettes de Vincent Scotto, y dépassèrent la 1 000e. Dir. Fernand Lumbroso. 1 792 pl. **Montparnasse.** Créé en 1817 par Pierre-Jacques Sevestre, dans le quartier de la Barrière d'Enfer (qui avait eu son 1er théâtre en 1772). Dirigé par Gaston Baty dep. 1930, par Marguerite Jamois dep. 1943, par Lars Schmidt dep. 1966, rénové par Myriam de Colombi dep. 84. 715 pl. **Musical de Paris** (Théâtre). Ex-Châtelet. Construit sur l'emplacement d'un cirque par Davioud (1862), surface au sol 3 524 m², scène 24 m × 24 m, 2 332 pl. Th. subventionné exclusivement par la Mairie de Paris depuis sa réouverture en nov. 1980.

Nouveautés. Créé en 1827 place de la Bourse ; Feydeau en devint l'auteur attitré en 1890 ; salle actuelle de 1921. Dir. Denise Moreau-Chantegris. 585 pl.

Odéon. Voir Th. nationaux, p. 435. **Œuvre.** Fondé en 1892 par Lugné-Poe. Après Paulette Pax et Raymond Rouleau, Georges Herbert en a repris la direction et créé des pièces de Valéry, Montherlant, Claudel, Anouilh, René de Obaldia. 400 pl. **Olympia-Bruno-Coquatrix.** 1893 inauguré par Joseph Oller, 1929 cinéma Jacques Haick, 1954 Bruno Coquatrix († 1-4-1979) Dir. : music-hall. 2 033 pl. **Opéra.** Voir Th. lyriques, p. 428.

Palais des Congrès, Palais des Sports. Voir salles de concerts, p. 391. **Palais-Royal.** Construit en 1784, par A.-V. Louis, « Th. des Beaujolais », acheté et agrandi en 1789 par Mlle Montansier qui le dirigea jusqu'en 1807. Après de multiples changements, prit son nom actuel en 1831. Y furent créées les œuvres de Labiche (88 comédies), V. Sardou, Meilhac et Halévy, Feydeau, Tristan Bernard (Le Petit Café 1912), Offenbach (La Vie Parisienne 1866), de nos jours Jean Poiret (La Cage aux Folles 1973) et Françoise Dorin. 792 pl. **Paris.** Ouvert en 1891 (Nouveau Th.), Th. Réjane en 1906 (dirigé par Mme Réjane), 1919 Th. de Paris avec Léon Volterra. 1 240 pl.

Paris-Villette. Ancienne Bourse à la criée (1867). Créé en 1972 par Arlette Thomas et Pierre Peyrou (Th. Présent). Th. d'arrondissement du XIXe dep. 1979. Dir. : Henri de Menthon et Jean-Pierre Blanc. 280 pl. **Plaine.** Construit 1973 par la ville de Paris (théâtre, danse, concerts, spect. pour enfants). 284 pl. **Plaisance.** Ouvert en 1963. 150 pl. Recherche et création. Dir. : Jean-Jacques Aslanian. **Pleyel.** Voir salles de concert, p. 415. **Porte-Saint-Martin.** 1re salle construite en 1781, abrita la troupe de l'Opéra royal jusqu'en 1794. On y joue des drames à grand spectacle dep. 1814 (notamment la Tour de Nesles, 1832), 1871 incendié par la Commune, 1873 reconstruit, 1874 gros succès avec les Deux Orphelines et la création de Cyrano de Bergerac. Dir. Hélène et Bernard Régnier. 1 100 pl. **Potinière.** Créé en 1919 par Saint-Granier et Gaston Gabaroche. Dir. : Félix Ascot. 350 pl.

Renaissance. Ouvert en 1873, parmi les directeurs : Sarah Bernhardt, Lucien Guitry, Henri Varna (1942), Jean Darcante (1946), Vera Korene (1956), Francis Lopez (1978-82), Michèle Lavalard dep. mars 1983. Dir. artistique : Nika Lavalard-Reynier. 707 pl. **Robert-Cordier.** Créé sept. 1985. Auparavant Marie-Stuart, créé par Sala, dir. de la Potinière. 95 pl. **Rond-Point.** Créé en 1981 par la Cie Renaud-Barrault (créée elle-même en 1946). Grande salle 900 pl., petite (Petit Rond-Point) 190 pl.

Saint-Georges. Créé en 1929. Dir. France Delahalle et Marie-France Mignal. 498 pl.

T.E.P. Voir Th. nationaux p. 435. **Théâtre des Enfants.** Créé 1931 par Roland Pilain sur une proposition de Lucie Delarue Mardrus, pour donner aux enfants le goût du th. 800 pl. Cours hebdomadaires. **Tristan-Bernard** (ex-Ch. de Rochefort). 400 pl.

Variétés. Construit en 1807 par Mlle Montansier. Parmi les principales créations : opérettes d'Offenbach (Belle Hélène 1864, la Périchole 1868), Hervé (Mam'zelle Nitouche 1883), R. Hahn (Ciboulette 1923), comédies de Scribe (37 pièces !), Meilhac et Halevy, Flers et Caillavet (le Roi 1908, l'Habit Vert 1912), Marcel Pagnol (Topaze 1928), Sacha Guitry, Louis Verneuil, Jacques Deval, Robert Dhéry, Françoise Dorin, Jean Poiret. Restauré en 1975. Façade classée Monument historique, 924 pl. **Ville** (Th. de la). Construit sur l'emplacement de l'ancien Th. Lyrique (1847), devint Opéra-Comique national, détruit 1871, reconstruit 1874, accueillit l'Opéra-Comique, puis 1895 Sarah Bernhardt, en 1968 Th. de la Ville, intérieur refait, dir. Jean Mercure. Fermé le 3-1-1982 (après incendie scène et machinerie), rouvert 11-1-1983. 995 pl.

Vieux-Colombier. Env. 300 pl. Racheté en 1986 par l'État. *Projet :* école européenne d'acteurs ; dir. Giorgo Strehler.

Théâtres dramatiques nationaux

5 établissements publics, créés par décret.

● **Nombre de spectacles et, entre parenthèses, nombre de spectateurs par saison.** *1980-81 :* 1 555 (705 156). *81-82 :* 1 894 (809 449). *82-83 :* 1 647 (676 076). *83-84 :* 1 630 (606 404). *84-85 :* 1 624 (639 034).

● **Comédie-Française. Statut.** *Créée* par Louis XIV en 1680 par la jonction des troupes de l'Hôtel de Bourgogne et de l'Hôtel Guénégaud. Salles occupées successivement : 1680-89, Hôtel Guénégaud ; 1689-1770, rue des Fossés-Saint-Germain-des-Prés (actuelle rue de l'Ancienne-Comédie) ; 1770-82, salle des machines du Palais des Tuileries ; 1782-93, salle devenue le Th. de l'Odéon. 1799 : après 6 ans d'interruption, la troupe occupe l'actuelle salle Richelieu, qu'elle n'a plus quittée. En 1812, Napoléon organise ses *statuts* (décret signé à Moscou le 15-10-1812). Dernière réforme : 1975. *Exploitée* par la Sté des Comédiens français, composée de sociétaires en activité et dirigée par 1 administrateur général, nommé par décret en Conseil des ministres, assisté d'un Comité d'administration de 6 sociétaires + 2 suppléants, et dont est membre de droit le *doyen,* sociétaire le plus ancien dans la société (dep. le 1-1-85 Yvonne Gaudeau, 1re femme doyen). *Bénéfices* partagés en 32 parts (1 mise en réserve) : 30 réparties entre les sociétaires, de 3/12e de part pour le soc. nouvellement nommé à 1 part entière (le max.) ; la part restante peut être attribuée chaque année à titre exceptionnel, en totalité ou partie, à 1 ou 2 sociétaires à part entière, dont l'activité au cours de l'année écoulée aura été particulièrement remarquée. Les accroissements successifs de la part se font par 1/12e ou demi 1/12e. *Troupe :* constituée de *sociétaires* (34 au 1-2-1985), liés au théâtre pour 10, 15, 20, 25 ou 30 ans, et de *pensionnaires* (29 au 1-2-1985), recrutés par contrat de 1 an renouvelable et pouvant être sociétaires après 1 an de présence au moins et au plus 10 ans de services ininterrompus. Les sociétaires honoraires (21 au 1-2-1985) peuvent éventuellement être appelés à jouer.

Saison 1984-85. 19 pièces et 2 montages (15 auteurs) représentés : *Audureau (Jean) :* Félicité ; *Becque (Henry) :* les Corbeaux ; *Corneille :* Cinna ; *Courteline (Georges) :* Rue de la Folie Courteline (montage de 13 pièces en 1 acte) ; *Feydeau (Georges) :* Feu la mère de Madame, Hortense a dit : « Je m'en fous ! », Léonie est en avance ; *Goldoni (Carlo) :* l'Imprésario de Smyrne (texte français de Dominique Fernandez) ; *L'Hermite (François-Tristan) :* la Mort de Sénèque ; *Joly (Maurice) :* Dialogue aux Enfers entre Machiavel et Montesquieu ; *Marivaux :* le Triomphe de l'Amour ; *Molière :* la Critique de l'École des femmes, l'École des femmes, le Misanthrope ; *Péguy (Charles) :* le Mystère de la Charité de Jeanne d'Arc ; *Ponge (Francis) :* le Savon ; *Pralon (A.) :* Molière en liberté (montage) ; *Racine :* Bérénice ; *Shakespeare :* la Tragédie de Macbeth (texte français de Jean-Michel Déprats) ; *Tchekhov (Anton) :* Ivanov (texte français de Simone Sentz et Claude Régy), l'Oncle Vania (adaptation de Simone Sentz-Michel).

Activités diverses. *Radio :* 38 pièces enregistrées intégralement, textes divers et un dossier Tristan l'Hermite. *Expositions :* réalisation d'une exposition dans le métro et participation à 28 exp. à Paris (dont Colbert, Raphaël, Ionesco), en banlieue, en province (Marseille, Nancy) et à l'étranger (All., G.-B.). *Publications :* 6 nouveaux volumes de la coll. « le Répertoire » ; 1er volume de la coll. « Grands Dramaturges » ; 5 nos de la revue Comédie-Française ; 10 nos de la Gazette du Français.

État (jusqu'au 31-7-86). *Administrateur général :* Jean-Pierre Vincent.

Sociétaires (par ordre d'ancienneté) : *MM. :* François CHAUMETTE (8-9-23). Bernard DHÉRAN (17-6-26). Michel AUMONT (15-10-36). Jacques DESTOOP (17-6-31). Simon EINE (8-8-36). Alain PRALON (12-11-39). François BEAULIEU (30-5-43). Jean-Luc BOUTTÉ (1-9-47). Nicolas SILBERG (2-1-44). Dominique ROZAN (4-9-29). Jacques SEREYS (1928). Jean LE POULAIN (1924). Gérard GIROUDON (10-8-49). Yves GASC (21-5-30). Richard FONTANA. Roland BERTIN (16-11-30). Guy MICHEL, Marcel BOZONNET.

Mmes : Yvonne GAUDEAU (27-6-21). Denise GENCE (8-3-24). Claude WINTER (18-2-31). Catherine SAMIE (9-2-33). Geneviève CASILE (15-8-37). Françoise SEIGNER (7-4-28). Paule NOËLLE (30-3-42). Bérangère DAUTUN (10-5-39). Claire VERNET (12-8-45). Ludmilla MIKAËL (27-4-47). Christine FERSEN (5-3-44). Tania TORRENS (21-4-45). Catherine HIÉGEL (10-12-46). Catherine SALVIAT (21-1-47). Dominique CONSTANZA (20-4-48). Catherine FERRAN (13-6-45). Christine MURILLO (1-8-51). Claude MATHIEU (8-2-52).

Représentations. (1984-85). 542 dont : Salle Richelieu 405, Province et Périphérie 109, D.O.M.-T.O.M. 1, Étranger 27. **Subventions** (en millions de F) : *79* 53,6 ; *80* 59,2 ; *81* 61,3 ; *82* 80 ; *85* 93. **Gestion** (1981, en millions de F) : *dépenses* 77 ; *recettes* 83,5 (dont 61,2 de subventions). **Places (nombre) :** 892 (37 % vendues à tarif préférentiel). *Prix réel* des places (en 1986) 35 à 155 F. *Coefficient de remplissage* 83,60 %.

Nota. — Coût total de la rénovation de la salle Richelieu (1974-76) : 68 367 000 F.

● **Théâtre national de l'Odéon.** Construit à l'origine pour la troupe de la Comédie-Française (1781), prit le nom de Th. Français (1782), Th. de la Nation (1789), Th. de l'Égalité, puis Th. du Peuple (1794), Odéon (1796), Th. de l'Impératrice (1804), incendié, reconstruit en 1808, Odéon (1814), Th. de l'Impératrice puis Th. Royal de l'Odéon (1815). Incendié à nouveau, reconstruit par Baraguey et Prévost, devint Odéon-Second Th. Français (1819), puis Th. Nat. de l'Odéon (1941), Comédie-Française Salle Luxembourg (1946), Th. de France (1959, dir. Jean-Louis Barrault) et Th. Nat. de l'Odéon (1971, dir. Pierre Dux, 1979, Jacques Toja, 1983, François Barachin). Th. autonome de création et de recherche dep. 1971 (Établissement public à caractère industriel et commercial). A la disposition du Th. de l'Europe (dir. : Giorgio Strehler) de sept. à février, et de mars à juillet présente des spectacles de la Comédie Française, du T.N.P. et des troupes de décentralisation. Le *Petit Odéon* est un laboratoire de textes. **Saison (1984-85)** (Grande salle et, entre parenthèses, Petit Odéon) : spectacles 13 (9) ; représentations 174 (190) ; spectateurs 115 773 (10 898) ; coefficient de remplissage 70 % (55 %).

● **Théâtre national de Chaillot.** Théâtre national populaire, de sa *fondation* (1920) à 1972 (voir T.N.P. ci-contre). En 1968 établissement public subventionné entièrement par l'État. *Mission :* favoriser le renouvellement de la création théâtrale contemporaine (décret du 9-5-75). 2 salles : *s. du Grand Théâtre* (qui avait 2 700 pl.), a été transformée par les architectes Fabre et Perrottet et le scénographe Raffaëlli (réouverture oct. 1975). Le rapport spectacle-public varie (lieu scénique et gradins mobiles) ; *Th. Gémier* inauguré fin 1966 (430 pl.). Dir. Antoine Vitez. **Subventions** (millions de F) : *1974 :* 9,5 ; *80 :* 12,5 ; *82 :* 38 ; *83 :* 43 ; *84 :* 45 ; *85 :* 46,8. **Saison 1984-85 :** représentations 419, spectateurs 124 500 (*1967* 400 000 ; *71 :* 175 000 ; *79 :* 90 000). **Coef. de remplissage :** 77,5 %. **Coût moyen par spectateur :** *1971 :* 45 F ; *76 :* 221 F ; *79 :* 172 F ; *82 :* 390 F ; *84 :* 437 F.

● **Théâtre de l'Est parisien.** Ouvert en oct. 1963. Théâtre national depuis le 1-7-1972. Directeur et fondateur : Guy Rétoré. Vocation de théâtre populaire. Salle définitive en construction (17, rue Malte-Brun Paris XXe 800 pl.) et une 2e salle de 150 à 200 pl. *Saison 1985-86 :* 200 représentations (5 spectacles en création) programmées, 159, avenue Gambetta Paris XXe (salle 400 pl.). Coef. de remplissage : 80 %.

● **Théâtre national de Strasbourg.** Ancien Centre dramatique de l'Est (1946), devenu Th. national de Strasbourg en 1968. Statut d'établ. public dep. le 1-7-1972. *Dir. :* Jacques Lassalle. *Spectacles* présentés de 5 à 20 fois à Strasbourg + tournées en France et à l'étranger. 4 productions par an. *Saison 1983-84,* à Strasbourg et, entre parenthèses, hors Strasbourg : spectacles 14 (2) ; représentations 116 (31) ; *spectateurs :* 88 328 ; *coefficient de remplissage* 80,26 %.

Centres dramatiques nationaux

Troupes fondées par un accord de l'État et de la ou des municipalités intéressées dès 1946, pour contribuer à une décentralisation artistique. Entreprises privées indépendantes, distinctes des *troupes permanentes,* qui sont d'initiative privée. Dep. 1972, sous contrat triennal avec l'État pour la plupart (une subvention de base est versée contre l'engagement de présenter un certain nombre de spectacles nouveaux, un nombre minimum de représentations). 5 furent créés entre 1947 et 1950 (le 1er, le Centre dramatique de l'Est, est devenu Th. national de Strasbourg).

Saison 1983-84. *Nombre de représentations et, entre parenthèses, nombre de spectateurs.* 5 426 (1 531 530) dont CDN 4 324 (1 380 914), CDNES 1 102 (150 616).

● **Centres dramatiques nationaux** (au 1-1-1986). *Saison 1983-84.* Nombre de représentations et, entre parenthèses, nombre de spectateurs. *Angers,* CDN d'Angers (créé en 1957 à Nantes, depuis 1968 à Angers ; dir. Claude Yersin) 116 (35 669). *Aubervilliers,* CDN d'Aubervilliers, Groupe TSE (CDN 1975 ; dir. Alfredo Arias) 186 (15 146). *Besançon,* Nouveau Th. de Besançon, CDN de Franche-Comté (CDN 1972 ; dir. Denis Llorca) 65 (11 050). *Béthune,* CDN du Nord-Pas-de-Calais (dir. Jean-Louis Martin-Barbaz) 273 (76 772). *Caen,* Comédie de Caen (créé en 1963, CDN 1968 ; dir. Michel Dubois) 255 (64 770). *Châtenay-Malabry,* Th. du Campagnol (dir. Jean-Claude Penchenat) 138 (33 470). *Dijon,* Nouveau Th. de Bourgogne (dir. Alain Mergnat) 115 (14 299). *Gennevilliers,* Th. de Gennevilliers (dir. Bernard Sobel) 120 (12 295). *Grenoble,* CDN des Alpes (créé en 1960, CDN 1971 ; dir. Georges Lavaudant) 84 (18 820). *Lille-Tourcoing,* Th. national de Région, La Salamandre (dir. Gildas Bourdet) 269 (52 156). *Limoges,* CDN du Limousin (créé en 1962 ; dir. Pierre Meyrand) 71 (12 559). *Marseille,* Th. national de Marseille, La Criée (ex-Comédie de Provence, créé et CDN en 1952 à Aix, siège à Marseille ; dir. Marcel Maréchal) 337 (159 230). *Montpellier-Béziers,* Nouveau Th. Populaire de la Méditerranée (dir. Jacques Niche). *Nanterre,* Th. de Nanterre-Amandiers (dir. Patrice Chéreau), 199 (96 134). Voir encadré ci-contre. *Nice,* Nouveau Th. de Nice, CDN Nice-Côte d'Azur (créé et CDN en 1969 ; dir. Jacques Weber) 41 (17 707). *Paris,* Tréteaux de France (créé en 1959, CDN 1971 ; dir. Jean Danet) 143 (78 516). *Reims,* CDN de Reims (dir. Jean-Claude Drouot) 212 (41 033). *Rennes,* Comédie de Rennes, CDN de Bretagne (créé en 1949 ; dir. Pierre Debauche) 281 (27 222). *St-Denis,* Th. Gérard Philipe (dir. Daniel Mesguich) 320 (55 668). *St-Étienne,* Comédie de St-Étienne (créé en 1947, CDN 1956 ; dir. Daniel Benoin) 328 (112 707). *Toulouse,* Grenier de Toulouse (créé et CDN en 1949 ; dir. Jacques Rosner) 88 (36 182). *Villeurbanne,* Th. national populaire de Villeurbanne, Cie du Th. de la Cité (dir. Roger Planchon et Robert Gilbert) 364 (160 847). Voir encadré ci-contre.

Théâtre des Amandiers à Nanterre (créé en 1982 après dissolution de la MCN et CDN) ; dir. Patrice Chéreau, Catherine Tasca, subventionné par l'État, la Ville et le Conseil général. *2 salles :* à l'italienne avec une scène de 22 m de large, rideau de fer, fosse d'orchestre courbe, arrière-scène de 6 m de prof. ; polyvalente de 24 m × 30 m. 2 salles de répétition, des ateliers de décor, 1 école de comédiens (20 élèves env. par cycle). *Fréquentation :* env. 100 000 spectateurs par an.

Théâtre national populaire (T.N.P.). *Fondé* en 1930 à Paris (palais de Chaillot).

Du 1-11-1951 au 1-7-63, Jean Vilar étant directeur, le T.N.P. a donné 3 382 représentations dramatiques devant 5 186 957 spectateurs. 29 œuvres françaises et 22 étrangères ont été interprétées. *Records de fréquentation :* Molière 904 106 spectateurs (580 représentations), Shakespeare 383 366 (201), Brecht 368 152 (309), Corneille 341 241 (230).

Du 5-12-1963 au 25-3-72, sous la direction de Georges Wilson, il a donné 1 141 représentations dans la grande salle du Palais de Chaillot, devant 2 359 236 spectateurs. 11 œuvres françaises et 19 étrangères ont été créées. *Record :* Brecht 488 125 spectateurs (5 pièces : 227 représentations).

Depuis avril 1972, le T.N.P. a été transféré à Villeurbanne (Rhône), au Théâtre de la Cité, créé en 1959, CDN en 1963. Ses activités s'étendent à l'ensemble du territoire national. Directeurs : Roger Planchon, Robert Gilbert. Le titre de T.N.P. correspond à une mission populaire et est assorti de subventions spéciales, mais le théâtre *n'est pas* un établissement public.

Saison 1983-1984 : spectacles du T.N.P. : 11 ; 335 représentations, 144 856 spectateurs. Spectacles invités : 7 ; 35 représentations, 20 150 spectateurs.

Société des auteurs et compositeurs dramatiques (S.A.C.D.)

Créée en 1777 par Beaumarchais ; c'est la plus ancienne Sté d'auteurs du monde. Elle perçoit et répartit les droits (en 1982, 176 millions de F) venant de l'exploitation des œuvres dramatiques, théâtrales ou musicales, radiophoniques, télévisuelles et cinématographiques. En *1982,* 12 960 séances (4 669 888 spectateurs) à Paris, 28 622 représentations théâtrales en province. **Membres :** 24 000 (Français et étrangers, auteurs vivants ou successions). **Répertoire :** env. 250 000 œuvres de vocation théâtrale ; reçoit par an env. 3 000 œuvres destinées au théâtre, à la radio et à la télévision. Recueille pour chaque exploitation d'un ouvrage dramatique l'autorisation préalable de l'auteur, établit le cas échéant un contrat avec l'utilisateur, perçoit et répartit les droits d'auteurs. Intervient directement dans les pays francophones et dans de nombreux pays étrangers, assure une promotion du répertoire dramatique en offrant à de jeunes auteurs, la possibilité de faire entendre leur texte dans un théâtre devant des professionnels du spectacle, en participant à des manifestations (ex. Festival d'Avignon). Un Club des auteurs et une bibliothèque sur les arts dramatiques (60 000 documents) sont mis à la disposition des auteurs.

Enseignement de l'art dramatique

Conservatoire national supérieur d'art dramatique. *Origine :* Conserv. impérial de musique et de déclamation (1808). *Création :* 1812. Établissement public d'enseignement supérieur de l'art dramatique. *But :* formation du comédien professionnel. *Admission :* sur concours annuel, en 2 parties. *1985 :* candidats 1 180, admis 29. *Épreuves :* 4 scènes dont 2 classiques préparées par le candidat. *Élèves* (env.) : 96 français et 12 étrangers en 8 classes de formation individuelle. *Professeurs :* 18 dont 8 de formation individuelle. *Durée des études :* 3 ans. Présentation des élèves en cours d'année et présentation publique à la fin de l'année scolaire.

Autres écoles officielles. Les conserv. de province, les conserv. municipaux à Paris, l'École nationale supérieure des arts et techniques du théâtre, l'École nationale de Strasbourg.

• **Centres dramatiques nationaux pour l'enfance et la jeunesse** (au 1-1-1986). *Saison 1983-84.* Nombre de représentations et, entre parenthèses, nombre de spectateurs. *Caen,* Th. du Gros Caillou (dir. Yves Graffey) 172 (17 807). *Lille,* Th. La Fontaine (dir. René Pillot) 152 (29 991). *Lyon,* Th. des Jeunes Années (dir. Maurice Yendt) 215 (34 007). *Nancy,* Comédie de Lorraine (dir. Henri Degoutin) 128 (17 146). *St-Denis,* Cie Daniel Bazilier (dir. Daniel Bazilier) 169 (31 168). *Sartrouville,* Pomme verte (dir. Françoise Pillet) 266 (20 497).

Tournées théâtrales

Nombre en 1985 : 130 directeurs de tournées théâtrales membres du syndicat national, un certain nombre d'organisateurs indépendants.

Galas Karsenty-Herbert : association des Galas Marcel Karsenty et des Productions théâtrales Georges Herbert. Présentent chaque année en France, Belgique, Suisse, Luxembourg, P.-Bas, Allemagne, Tunisie, Maroc, Tahiti, La Réunion, Madagascar, Ile Maurice et Antilles. 800 à 1000 représentations de 10 spectacles différents. Rassemblent, dans 110 villes visitées, 120 000 abonnés.

Troupes amateurs

Nombre. Environ 5 067 associations, dont 3 567 (au 25-2-1986) appartiennent à la Féd. nat. des Cies de Th. et d'Animation 12, rue de la Chaussée d'Antin, 75441 Paris Cedex 09. *Statistique des troupes amateurs :* animateur indépendant 34 %, travaillant en milieu socio-éducatif 22 %, en milieu scolaire et universitaire 23 %, issues des activités de comités d'entreprises 21 %.

Festival. *National*, par thème, tous les 2 ans (années impaires), *mondial* tous les 4 ans à Monaco. *Le Masque d'Or* tous les 2 ans (années paires).

Aide financière de l'État

Consentie en 1985 (en millions de francs), *Crédits de fonctionnement* 606,97 dont théâtres nationaux 224,58 (Comédie-Française 91,64, Caisse des retraités de la Com.-Fr. 7,03, Th. de Chaillot 46,32, Th. de l'Odéon 35,06, Th. de l'Est parisien 18,23, Th. nat. de Strasbourg 26,30), décentralisation dramatique (centres dramatiques nat. 209,58, crédits de fonctionnement autres que les crédits de matériel 197,1, crédits de matériel 4). Crédits d'équipement (autorisations de programme) : Th. nat. 81, décentralisation dramatique 12.

Aide à la création. 840 000 F.

Subventions attribuées aux Cies dramatiques indépendantes en 1985 : 127,8 (*84 :* 121,19). *Commission d'aide aux Cies dramatiques :* 27,47 (326 Cies théât.). *Cies indépendantes subventionnées directement hors commission* 100,33 (138 Cies). *Commission d'aide à la création dramatique* 14,01.

Nota. — Les bâtiments qui abritent les théâtres dramatiques nationaux sont classés bâtiments civils ; les travaux sont financés directement par l'État (Direction de l'architecture et direction du théâtre dépendant des Affaires culturelles).

Théâtres municipaux : les subventions d'équipement relèvent des préfets de région. Les crédits inscrits au budget du min. de la Culture leur sont délégués globalement.

Enseignement dramatique (en millions de F). Subvention de fonctionnement du Conservatoire national supérieur d'art dramatique : 3. Formation des professionnels du théâtre : 5,6.

Théâtre privé (millions de F, 1985) : 10,95.

Cirque

• **Origine.** Créé en G.-B. en 1770 par Philip Astley. Au début, apparurent les clowns à cheval puis les clowns acrobates, jongleurs, etc. Au XXe s. associés avec l'Auguste devenu le bouffon (origine possible : un certain Tom Belling aurait emprunté le costume et les facéties d'un garçon de piste maladroit du cirque Renz, prénommé Auguste).

1ers cirques fixes : *G.-B. :* C. Philip Astley [Astley's Riding School 1770 (1er cirque puis Royal Amphitheatre of Arts 1780) C. Royal (Royal Circus) de Hughes. *France. Paris :* Amphithéâtre Astley (1780-1802) C. Olympique (1807-62), C. des Champs-Élysées (C. d'été, 1841-1900), C. Napoléon (C. d'hiver, 1852), C. Fernando (Medrano puis Montmartre, 1873-1973), Nouveau Cirque (Arènes nautiques, 1875-1927) C. Métropole (C. de Paris, 1906-30), Hippodrome de la place Clichy (1900 ; plus tard Gaumont-Palace). *États-Unis :* Bill Ricketts (1790 env.), Adam Ringling Brothers, Forepaugh, puis Ringling Bros and Barnum Bailey. *Allemagne :* C. de Berlin (1839) et Renz (1843). 1re direction : Dejean.

• **Cirques principaux. Étrangers.** *Afrique du Sud :* Boswell-Wilkie. *Allemagne :* (disparus : Renz, Carola Williams) Carl Althoff, Barum, Busch-Roland, Hagenbeck, Krône, Sarrasani. *Angleterre :* (disparu : Mills) Chipperfield, Mary Chipperfield, Tower Circus (Blackpool, c. fixe), Austen Bros, Robert Bros, Jerry Cottle, Billy Russel (Great Yarmouth, c. fixe), Billy Smart, David Smart, Hoffmann, Robert Fossett. *Australie :* Ashton. *Belgique :* (disparus : Dejonghe, Semay Piste) C. Royal de Bruxelles. *Chine :* C. d'État. *Danemark :* (disparus : Miehe, Schuman) Arena, Arli, Benneweiss, Bunger, Carneval, Vivi Roncelli. *Espagne :* Americano, Atlas, Christo, Monumental, Price, Tonetti. *Irlande :* Fossett. *Italie :* (disparus : Biasini, Travaglia) Americano (Togni), Embell-Riva, Liana et Rinaldo Orfei, Medrano, Nando et Moira Orfei, Palmiri, Darix Togni, Tribertis, Nyuman, Cesare Togni. *Norvège :* Arne Arnardo. *Pays-Bas :* (disparus : C. Carré, Strassburger) Boltini. *Suède :* Benzo, Ray Miller, Scala, Scott. *Suisse :* Knie, Knock, Olympia, Stey. *U.R.S.S. :* C. d'État. *U.S.A. :* Clyde Beatty-Cole Bros, Hamid-Morton, Mills Bros, Polak Bros, Ringling Bros and Barnum et Balley (le + grand cirque du monde : 2 éditions simultanées, 300 artistes par spect.), Vargas, King Bros.

Français. *Disparus :* Bureau, Loyal, Médrano (1873-1963), Radio Circus (1949-55), Grand Cirque de France (1959-65), Nouveau cirque Jean Richard (1974-76), Lamy, Francki, Pourtier. *Cirques itinérants :* Cirque Fratellini (800 pl., dir. Annie Fratellini-Pierre Étaix), Amar, Bouglione, Douai, Pauwells, Arizona (dir. Clément), du Puits aux Images, Cirques Gruss à l'ancienne (Cirque national dep. avril 1982) ; Jean Richard, Pinder, Reno, Moreno, Achille Zavatta, Zavatta fils. *Cirques fixes :* C. d'Amiens (fondé par les Rancy, 2 700 pl.), C. de Reims, C. d'Hiver (Bouglione).

• **Écoles de cirque** (en France, Paris). *École au Carré (Carré Silvia Monfort) :* 25 élèves (max.) admis chaque année, après sélection, âge minimum 16 à 23 ans, 3 ans d'études. Enseignement de base : acrobatie et danse classique, puis trapèze, jonglage, fil de fer, équilibre, trempolino, acrobatie sur cycles, claquettes, mime, etc. Cours d'initiation pour enfants (de 10 à 16 ans) le mercredi.

École nationale du cirque (Pte : Annie Fratellini) : 100 élèves chaque année à partir de 8 ans, les mercredi et samedi, 100 élèves de plus de 16 ans tous les jours. Age minimum 8 ans, 3 ans d'études. Disciplines : danse, acrobatie, mime, fil, jonglage, trapèze, voltige à cheval, équilibre, expression corporelle, initiation à l'art clownesque, histoire du clown. L.P. menant à un C.A.P. d'État (contrat d'association avec l'État), 2, rue de la Clôture, 75019 Paris.

École nationale supérieure des arts du cirque (Châlons-sur-Marne) : à partir de 16 ans.

Écoles de cirque à l'étranger : Moscou (dep. 1929), Budapest, Bucarest, Sofia, New York (Big Apple), Clown College de Venise (Floride), Australie, Chine, Corée, Allemagne de l'E., Le Caire.

• **Clowns. Du passé :** Auriol (n. 1806, 1er clown français, il n'était pas maquillé et portait un masque qui ressemblait à celui d'Arlequin et à celui du bouffon anglais par la coiffure ornée de grelots). L'Anglais Giuseppe Grimaldi (1713-88) fut le 1er clown de scène, Billy Saunders le 1er clown de cirque (c/o Astley, 1770), Félix Adleei (1897), Alex (1897) les Andreu-Rivels (1896), Antonet (1872) et Beby (1885-1958), Belling (1er Auguste), Boboss (1945), Boulicot (1878-1958), Geronimo Medrano « Boum Boum » (1840-1912), Charlie Cairoli (1910-80), Charly (1920), Charlie Rivels (1846), les Dario-Bario (1880), Foottit (1864-1910) et Chocolat (1868-1917), les Fratellini [(Gustave (1842-1902) et ses enfants : Louis (1867-1909), Paul (1877-1940), François (1879-1951), Albert (1886-1961)], Otto Griebling (1897-1972), Grock (1880-1959), Little Tich (1868-1928), Little Walter (1879-1937), Loriot (1884-1973), Maïss (1844-1976), Manetti (1901-1969), Billy Hayden, E.-P. Loyal (1896-1965), Porto (1889-1941), Gougou Loyal (1853-1925), Tony Crice, Pipo (1891-1970) et Rhum (1904-53), Léonide Enguibarov (1935-72), la Famille Dourov, Baba Fratellini (1914-81), Charlie Rivels (1896-1984).

Contemporains : Babusio, les Bario (Nello 1918, Freddy 1922, son épouse Henny Meschi 1926), les Bento, Bocky (1929) et Randel (1921), les Chabri, les Chicky, Dimitri (1935), les Dubsky, Pierre Étaix et Annie Fratellini (1935), les Francesco (1922), Ernesto (1917), Enrico (1912), André Gruss (1919), Lou Jacob, Karandach (1961), les Rudy, Llatta, Nikouline (1921), Popov (1930), les Rastelli, les Steckel, Achille Zavatta (1915).

• **Critiques de cirque.** Adrian, Jacqueline Cartier, Paul Carrière, L.-R. Dauven, Jacques Richard. *Critiques disparus :* G. Fréjaville, Legrand-Chabrier, Tristan Rémy, Henry Thétard.

• **Statistiques** (France). **Artistes** env. 200. **Employés** env. 2 000. **Cirques** 30 [dont env. 20 petites entreprises familiales (1 000 employés) et 7 « grandes »].

Assistance. Env. 4 millions de spectateurs par an ; 10,5 % des Français sont allés au cirque ces dernières années ; 9,7 % au cours des 12 derniers mois dont 7,4 % de l'ensemble de la pop. 1 seule fois (soit 77,7 % des spectateurs), 1,4 % 2 fois (14,7), 0,4 % 3 ou 4 fois (4,1). 0,3 % y étaient allés seuls.

Subvention de l'État (en millions de F). *1983 :* 12,07. *84 :* 15,07. *85 :* 18,6. *86 :* 25,6.

Budget. *Frais quotidiens :* petits cirques 10 000 F, grands cirques 35 000 à 45 000 F. *Coût d'un orchestre* (5 musiciens) par soirée : 1 800 F ; *d'un bon numéro :* 800 à + de 2 000 F ; *d'une tonne de foin :* 500 à 2 000 F (un éléphant en consomme plus de 200 kg par j.) ; *d'un lion :* quelques dizaines de milliers de F (prix d'achat et dressage, consomme de 10 à 20 kg de viande par j) ; *de 1 toile de chapiteau :* 150 000 à 300 000 F (il faut la renouveler tous les 3 ou 4 ans). *Prix des places :* 30 à 70 F.

• **Statut** (France). *Avant 1978,* le cirque n'était pas reconnu officiellement comme un art du spectacle. *1979,* création d'un fond de modernisation du cirque (alimenté pour 2/3 par les subventions du min. de la Culture et pour 1/3 par les cotisations des cirques bénéficiaires du fond). *1980,* remplacé par l'Association pour le soutien, la promotion et l'enseignement du cirque. L'association *La Piste* vient en aide aux artistes blessés ou dans le besoin. **Revue spécialisée :** « Scènes et pistes ».

Marionnettes

Nom. Diminutif altéré de Mariette, Marion, petite Marie, qui désignaient au Moyen Age des figurines représentant la Vierge.

Animations. *Inférieure,* marotte, à tige ou à gaine ; *supérieure,* à fil ou à tringle ; *postérieure* (ombres, Bunraku).

Origine. *XIXe s. av. J.-C. :* animation des statues sacrées dans les temples d'Égypte. *XIe av. J.-C. :* marionnettes à tige et silhouettes animées improvisent sur le thème des grandes épopées mythologiques en Inde et en Indonésie. *470 av. J.-C. :* Korokosmia en Grèce antique. *Moyen Age :* en Europe, représentations religieuses dans les églises.

En France, il existe 150 compagnies dont env. 60 inscrites au Centre national de la Marionnette. *Théâtres fixes :* Beaune, Charleville-Mézières, Crosne, Epinal, Lyon, Metz, Nantes, Roubaix (en projet), Vincennes, les « Guignol » des squares parisiens (le plus important : celui du Jardin du Luxembourg qui joue toute l'année). Programmation Saisonnière (Maisons de la Culture, C.A.C. etc.).

Festivals : Charleville-Mézières tous les 3 ans ; Strasbourg, « les Giboulées », annuel ; Paris « Les Semaines », annuel ; Mougins-le-Canet, annuel ; Nantes, Nouvel An de la Marionnette ; Pau, Micro-festival ; Clermont-Ferrand, les journées du théâtre de figure, annuel.

Principales troupes : Marionnettes théâtrales d'*A. Verdun,* M. à fils d'*A. Blin, Cie Y. Joly, Cie A. Tahon, Cie Poirson, Cie Genty, Théâtricule* (de J.-P. Hubert), *Lucien Caron, Bjorn Fühler, Francis et Robert Désarthis, Alain Recoing, Cie Daru, Claude et Colette Monestier, Paul et Mathilde Dougnac, Jean-Pierre Lescot, Dominique Houdart, Hubert Jappelle, Jean-Guy Mourguet, Cie Henri Delpeux, Th. du Fust* (E. Valantin), *Cie Amoros et Augustin, l'Olifant* (B. Cordreaux), *Th du Petit Miroir* (J.-L. Penso), *Th. en Ciel* (R. Schonn), *Th. Caroube, les Marionnettes de Nantes* (M. Créteur), *Pascal Sanvic, Jacques Voyet, J.-G. Mourguet, A. Duverne, Th. d'Eau* (Jacky Beffroi), *Cie Belizi, Th. des Manches à balais, Th. de Cuisine, Marionnettes des Champs-Élysées, Th. d'Objets animés, Th. du bambou, Th. Bululu, Marionnettes du Charivari, Th. d'animation du Verseau, Th. Marnaf, Th. Chignolo. Cie de l'Arc en Terre, le Cizkubu, Th. de la Goutte d'Eau, Th. de l'Ombrelle, Th. de L'Olifant.*

Compagnies de marionnettistes subventionnées (en 1983) : 32. Cies subventionnées hors Commission par le ministère de la Culture (dir. du Th. et des Spect.) 14 : *Th. d'Animation du Verseau* (Giles et ses Marottes). *Cie Hubert Jappelle, Th. de Marionnettes de Metz* (R. Poirson), *Cie Dominique Houdart, Cie Genty, Cie G. Lafaye, Cie Lucien Morisse, Cie Claude et Colette Monestier* (Th. sur le Fil), *Cie A. Recoing* (Th. aux Mains Nues), *Cie Jean-Loup Temporal* (Atelier 75), *C. Daru, Marionnettes Paul et Mathilde Dougnac, Cie A. Verdun.* En Commission 30 : *Pascal Sanvic, Th. Caroube, les Marionnettes de Nantes* (M. Créteur), *Jacques Voyet, Théâtre du Fust* (E. Valentin), *Cie de l'Échelle, Amauros et Augustin, Th. en Ciel* (R. Schonn), *Jean-Guy Mourgue, l'Olifant* (B. Cordreaux), *Alain Duverne.*

Budget consacré par le min. de la Culture à l'ensemble de la profession spécialisée dans la marionnette (en F). *1981 :* 1 635 000, *82 :* 6 300 000, *83 :* 7 618 000, *84 :* 7 000 000 [1].

Nota. – (1) Chiffre CNM.

Quelques noms. *France :* Guignol (créé fin XVIIIe par Mourguet à Lyon), Lafleur (Amiens). *Espagne :* Orlando, Don Cristobal Polichinela (XVIIe). *Italie :* Pulcinello (Naples, XVIe), Girolama (fin XVIIIe, Milan), Cassandre (Rome), Pantalone (Venise). *Belgique :* Tchantchès (Liège). *Angleterre :* Punch. *Hollande :* Jean Pickelhoering. *Autriche :* Kasperl (Vienne). *Tchécoslovaquie :* Kasparek. *Turquie :* Karagöz. *Russie :* Petrouchka. *Inde :* Vidouchaka. *Japon :* Kurakuza (XVIe). *Java (Bali) :* les Wayangs (ombres avec silhouettes en buffle découpé). *Grèce :* Karaghiosis. *Allemagne :* Kasper.

Musées. *All. féd. :* Munich. *R.D.A. :* Dresde. *France :* Musée des arts et traditions populaires (Paris), m. Gadagne (Lyon). *P.-Bas :* La Haye. *Suède :* Stockholm, plus de 20 000. *Tchécosl. :* Chrudim. *U.R.S.S. :* Moscou.

Institut international de la marionnette. A Charleville-Mézières (France).

Associations. *Centre national de la marionnette* (composé de professionnels ; promoteur des « Semaines de la Marionnette à Paris, et du projet de Th. Permanent de Paris). 5, rue des Colonnes-du-Trône 75012 Paris. *Unima-France* 86, rue Notre-Dame-des-Champs, 75006 Paris, *Marionnette et Thérapie* 14, rue St-Benoît, 75006 Paris. *S.F.A. (Branche Marionnettes)* 21 bis, rue Victor-Massé, 75009 Paris.

Bibliothèque. *Département des Arts du spectacle (Bibliothèque nationale)* à la bibliothèque de l'Arsenal, 1, rue Sully 75004 Paris. Médiathèque de l'Institut intern. de la Marionnette, 7, pl. Winston-Churchill, 08000 Charleville.

Étranger (nombre de théâtres professionnels). U.R.S.S. 117, All. féd. 36, Roumanie 23 th. d'Ét., Pologne 21, Belgique 19, Yougoslavie 19, Bulgarie 14, P.-Bas 14, Tchécosl. 14, All. dém. 13, Italie 10, Autriche 7, G.-B. 7, Finlande 5, Suisse 5, Danemark 4, Norvège 4, Grèce 2, Suède 2, Espagne 1, Hongrie 1 (mais beaucoup de th. amateurs), Islande 1.

Principaux festivals

Légende. – (1) Musique. (2) Art dramatique. (3) Danse. (4) Folklore.

Allemagne. *De l'Ouest :* Ansbach (Bach, juil. août), Bad Ersfeld (id), Berlin (fév., mai-juin, sept.-oct. nov.) [1,2,3], Bayreuth (Wagner, juil.-août), Bonn (Beethoven, mai-sept.), Donaueschingen (août-nov.) [1], Munich (juil.) [1,2], Schwetzingen (mai), Wiesbaden (mai). *De l'Est :* Berlin (sept.-oct.), Dresde, Halle (Haendel, juin), Leipzig (Bach, sept.). **Autriche.** Graz (sept.-oct.) [1,2,3]. Salzbourg (juil.-août) [1]. Vienne (fév.-avril, mai-juin) [1,2,3]. Bregenz (juil.-août) [1]. Ossiach-Villach (juin-août). Linz (sept.-oct.) [1]. **Belgique.** Festival des Flandres (avr.-oct.) [1]. Festival de Wallonie (sept.-nov.). Liège (les Nuits de Septembre) [1]. Chimay (juin-juil.). St-Hubert (juillet). Spa (juin-août-sept.) [1,2,3]. Stavelot (août). **Bulgarie.** Sofia (mai-juin) [1]. **Espagne.** Barcelone (oct.) [1,2,4]. La Coruña (juil. à août). Cuenca (mus. relig., Pâques). Grenade (juin-juil.) [1,3,4]. Santander (juil.-sept.). **Finlande.** Helsinki (août-sept.) [1,3]. Savonlinna (opéra, juil.).

France. *Janvier :* Fondation Maeght [1]. *Avril :* Évian [1]. Lourdes [1]. Paris [1] (dep. 1974). Agen [1] (chorales). Strasbourg (chant choral, mars-avril). *Mai :* Bordeaux [1]. Nancy [2] (créé par Jack Lang, repris par Lew Bodgen). Saintes (mai-juin) [1]. Toulon (mai-juil.) [1]. Versailles [1,2,3]. *Juin :* Angers [2]. Annecy (juin-août) [2]. Arras [2]. Côtes méditerranéennes [fest. méd. [1], 16 villes côtières différentes (juin-août) : classique, lyrique, folkl., jazz (créé 1976)]. Divonne (juin-juil.) [1]. La Rochelle (juin-juil.) [1,2,3]. Lyon [1,2]. Mulhouse [1] (F. Bach). Nantes [2]. Paris, f. du Marais (juin-juil.) [1,2,3,4] (dep. 1962, 75 000 spectateurs en 79). Strasbourg [1] (créé en 1932). Tours [1]. *Juillet :* Aix-en-Pr. (juil.-août) [1] (chant). Albi (juil.-août) [1]. Antibes [1]. Arles [1,3,4]. Avignon [2,3] (juil.-août). Carpentras [1]. Châteauvallon (danse, juil.). Les Baux [3]. Salon-de-Provence [1]. Carcassonne [2]. Gourdon [1]. Orange (juil.-août) [1]. Paris [1] (f. estival ; 15 juil.-21 sept.). Prades (juil.-août) [1]. St-Pierre-la-Chartreuse [1]. Nîmes [1]. Saintes [1]. Sceaux [1]. *Août :* Annecy [2] (th. rel.). Antibes-Juan-les-Pins [1]. Confolens [4] [siège social du Comité international des Organisateurs de Festivals folkloriques (C.I.O.O.F.)]. Croisière en Méditerranée [1]. Évian [2] (plein air). La Chaise-Dieu (août-sept.) [1]. Semaines musicales du Luberon [1]. Menton [1]. Vichy [1]. Sarlat (juil.-août) [2]. *Sept. :* Besançon [1]. Chartres [1] (sept.-oct., samedis musicaux). Parc du Haut-Languedoc [1] (f. Bach). Lyon [1] (f. Berlioz). *Oct. nov. :* Lille [1,2,3,4]. *Novembre :* Bordeaux [1,2] (Sigma). Paris (sept.-déc.) [3]. *Décembre :* Lille [1,2,3,4].

Grande-Bretagne. Aldeburgh (juin) [1]. Bath (mai-juin) [1,2]. Cheltenham (juil.) [1]. Édimbourg (août-sept.) [1,2,3]. Glyndebourne (mai-août). Harrogate (août). Hereford [1], Gloucester [1], Three Choirs (août-sept.) [1], formé par roulement des chœurs de Hereford, Gloucester et Worcester. **Grèce.** Athènes (juin-sept.) [1,2,3]. **Hongrie.** Budapest (mars, juil.-oct.) [1,4]. **Irlande.** Wexford (oct.-nov.). **Islande.** Reykjavik (juin). **Israël.** Césarée, Jérusalem (mai-juin) [1,2,3], Tel-Aviv (août-sept.) [1,3,4]. **Italie.** Boya (juil.-août). Cervo (juil.-août) [1]. Florence (avril-juil.) [1,3]. Gênes (juil.) [3]. Monreale. Pérouse (sept., mus. sacrée). Rome (juil.). Spolète (juin-juil.) [1,2,3]. Stresa (août-sept.). Taormina (août). Venise (mus. contemp. tous les 2 ans en sept.). Vérone (juil.-août) [1,3].

Japon. Osaka (avril) [1,2,3]. **Luxembourg.** Echternach (juin-juil.) [1]. **Monaco.** Monte-Carlo (mars-avril) [1,2,3]. **Norvège.** Bergen (mai-juin) [1,2,3]. **Pays-Bas.** F. de Hollande (juin) [1,2,3] (Amsterdam, La Haye, Rotterdam). **Pologne.** Varsovie (Automne de Vars., mus. contemp., sept.) [1,4]. Wroclaw (Breslau, sept.) [1]. **Portugal.** Estoril (juil.-août) [1,2,3,4]. **Suisse.** Engadine (juil.-août). Gstaad (juil.-août). Interlaken (fin juil.). Lausanne (mai-juil.) [1,2,3]. Lucerne (août-sept.) [1]. Montreux-Vevey (août-oct.) [1]. Zurich (mai-juil.) [1]. **Tchécoslovaquie.** Brno (sept.-oct.). Prague (mai-juin) [1]. Bratislava (sept.-oct.) [1]. **Turquie.** Istanbul (juin-juil.) [1,2,3,4]. **Yougoslavie.** Belgrade (oct.). Dubrovnik (juil.-août) [1,2,4]. Ohrid (juil.-août) [1,2,4]. Ljubljana (juin-août) [1,2,3,4]. Split (juil.-août). Zagreb (biennale, avril 87) [1].

☞ **Public en France.** Voir enquête de 1974 et 75 dans Quid 1979 p. 471.

Établissements d'action culturelle

Nombre. Au 1-1-1984 : 49 établ. reconnus par le ministère de la Culture, sous tutelle de la Direction du Développement culturel.

Missions. Être des lieux de production artistique ; organiser la confrontation des formes artistiques en privilégiant la création contemporaine ; constituer des lieux de référence au niveau national et international dans l'un ou l'autre domaine de la culture contemporaine (ainsi Amiens pour édition et recherche sur l'identité régionale, Bourges : théâtre avec l'Atelier théâtral national, Créteil : danse, Montbéliard : arts plastiques et vidéo, Villeneuve-lès-Avignon : nouvelles technologies) ; transformer les comportements à l'égard de la création artistique et participer au développement culturel de la cité.

Fonctionnement. Gérés, dans le cadre de l'entreprise privée, par des associations loi 1901 dont l'État et les collectivités locales qui financent sont membres de droit, minoritaires.

Le directeur, nommé par le conseil d'administration avec l'agrément des tutelles, sur la base d'un projet culturel et artistique triannuel, est seul responsable devant le conseil d'adm. de la gestion de l'établ., du choix du personnel, de la conception et de la réalisation du projet d'activités.

Les équipements appartiennent à la collectivité locale qui les met gratuitement à la disposition de l'association.

Aide financières de l'État *(1984) :* crédits de fonctionnement 147 158 500 F, d'équipements 65 396 044 F.

Maisons de la Culture

Créées à partir de 1960, dans le cadre du VIe plan sur l'initiative d'une municipalité en accord avec l'État. *Financement de l'équipement et du fonctionnement :* 1/2 État, 1/2 Collectivités locales.

Nombre. 12. En *1985 :* Amiens (créée en 1965), Bourges (1963), Chambéry (1964), Créteil (1975), Firminy (1965), Grenoble (1966), La Rochelle (1966), Le Havre (1961), Nevers (1970), Reims (1956), Rennes (1963), La Seine-St-Denis (1973).

Spectateurs payants. *(1982-83)* Amiens 44 855. Bourges 29 292. Chalon-Sur-Saône 41 758. Chambéry 18 852. Créteil 89 852. Firminy 5 962. Grenoble 92 241. La Rochelle 88 423. Le Havre 90 877. Nevers 42 402. Reims 106 612. Rennes 97 720. Seine-St-Denis 77 626.

Nota. – Dans les maisons de la culture ayant des adhérents, la proportion de ceux-ci parmi les spectateurs est de l'ordre de 78 %.

☞ Théâtres dramatiques nationaux, v. p. 434.

Centres d'action culturelle

Créés à partir de 1968. *Financement : du fonctionnement* 1/3 État, 2/3 Coll. loc. ; *de l'équipement* 1/2 État, 1/2 Coll. loc.

Nombre. 29 en *1985 :* Angoulême, Annecy, Avignon, Belfort, Cergy-Pontoise, Châteauvallon, Chelles, Le Creusot, Douai, Evry, Freyming-Merlebach, La Guadeloupe, Istres, Mâcon, Malakoff, Marne-la-Vallée, La Martinique, Montbéliard, Mulhouse, Orléans, Paris XIV (Carré Silvia Montfort), St-Brieuc, St-Médard-en-Jalles, St-Quentin-en-Yvelines, Sartrouville, Sceaux, Villeneuve d'Ascq, Villeneuve-lès-Avignon, Yerres.

Nouvelles structures

Financées en partie par l'État. Reconnues en 1983. Centre de développement culturel de Calais, c. d'action culturelle de Dole et de la région jurassienne, c. de développement culturel « Le Parvis » à Ibos-Tarbes (cas particulier de financement : État-mécénat privé), association « Lieux publics » Issue du c. d'action culturelle de Marne-la-Vallée.

Les Français et le spectacle

Tous spectacles : Étaient allés au moins une fois au cinéma en 1981, 49,6 % des Français ; voir un match ou spectacle sportif payant, 20,3 % ; un spectacle joué par des amateurs, 11,8 % ; des danses folkloriques, 11,2 % ; Music-hall, variétés, chansonniers, 10,5 % ; une pièce de théâtre jouée par des professionnels, 10,3 % ; un concert de musique pop, de folk, de rock, de jazz, 10,1 % ; cirque, 9,7 % ; un concert de grande musique, 7,5 % ; un festival, 7,2 % ; un ballet dansé par des professionnels, 5 % [dont 2,9 % une seule fois, 1,1 % 2 fois, 0,7 % 3 et plus (13,1 % des cadres supérieurs, 12,6 % des bacheliers et diplômés de l'enseignement supérieur, 15,9 % des Parisiens)] ; des courses de taureaux, 3,9 % ; une opérette, 2,4 % ; un opéra, 2 %.

La fréquentation décroît à mesure que l'âge s'élève, de 90,4 % chez les 15-19 ans à 7,2 % chez les plus de 70 ans. Elle est de 96,9 % chez les élèves et étudiants, de 82,3 % chez les célibataires. Dans les catégories aisées et moyennes, elle est de 81,3 % chez les cadres supérieurs et professions libérales, de 75,7 % chez les gros commerçants et industriels ainsi que chez les cadres moyens. 79,6 % à Paris intramuros et 33 % pour les ruraux.

Music-hall, variétés, chansonniers. Spectacles plus fréquemment appréciés des 20 à 39 ans (16,3 %), dans les ménages de gros commerçants et industriels (21,7 %), de cadres supérieurs et professions libérales (19,5 %), de cadres moyens (17,2 %) et d'employés (19,4 %), chez les bacheliers et diplômés de l'enseignement supérieur (19,9 %). 7,1 % y avaient assisté ces dernières années ; 10,5 % au cours des 12 derniers mois dont 5,3 % une seule fois, 2,2 % 2 fois, 1,7 3 ou 4 fois et 1 % plus de 5 fois.

Danse

La Danse en France

Source : Centre intern. de documentation pour la danse et Dir. de la Musique et de la Danse.

Troupes

Paris. *Réunion des Théâtres lyriques nationaux (R.T.L.N.) :* Th. National de l'Opéra de Paris, Ballets de l'Opéra, spectacles au Palais Garnier, Salle Favart, Palais des Congrès, Th. des Champs-Élysées, Th. de la Ville. Tournées en province et à l'étranger (1982 : Londres).

Compagnies chorégraphiques subventionnées par le min. de la Culture en 1984. 70 au total + 13 implantations.

Paris. Cie Régine Chopinot. Cie de l'Esquisse (J. Bouvier – R. Obadia). Le Four Solaire (A. M. Reynaud). Cie Peter Goss. Kaleidanse (A. de Raucourt). Kovich et Cie. Cie Astrakan (D. Larrieu). MA danse rituel Théâtre (Hideyuki Yano). Ballets Éthery Pagava. Centre de rencontre J.C. Ramseyer. Cie Karine Saporta. Ris et Danceries (F. Lancelot). « IB » (F. Verret). Ballets contemporains (K. Waehner). J.-C. Ramseyer. Arcor (Witzman-Arraya). Ecchymose (P. Roger). G. Martinez. J. Gaudin. Cie la Place Blanche (J. Baiz). Lolita (D. Rebaud). Danse 80 (J. Pomarès). Cie M. Triomphus. Dunes (B. Misrahi). Çà (H. Diasnas).

Banlieue. *Argenteuil :* Chapiteau Français de la Danse (S. Keuten). *Bagneux :* Vocalise Danse Théâtre (E. Ambash). *Créteil :* Ballet Théâtre de l'Arche (Maguy Marin). *Vitry :* Ensemble Chorégraphique (M. Caserta).

Province. *Angers :* Centre National de Danse Contemporaine (Viola Farber). *Aix-en-Provence :* Cie la Place Blanche (J. Baiz). *Bayonne :* Etorki – Oldarra (groupes basques). *Caen :* Cie Quentin Rouillier. *Cannes :* S. Bennathan. *Darnetal :* Beau Geste (G. Priasso). Ballet de la Cité Théâtre (C. Atlani). *Dijon :* Delta Phi (Pat' o' Bin). *Grenoble :* Groupe Emile Dubois (J.-C. Gallotta). *Hédé :* Ballet Théâtre Libault-Estier. *Le Havre :* C. Marcadé. *Lyon :* Adra – Maison de la Danse (G. Darmet). Cie la Traboule (H. Verrechia). Cie Hallet-Eghayan (M. Hallet). *Marseille :* Ballet national de Marseille (R. Petit). *Montpellier :* Centre chorégraphique régional (D. Bagouet). *Mulhouse :* Ballets du Rhin (J. Sarelli). *Nancy :* Ballet Théâtre français (Trailine). *Nice :* B.T. d'Eau. *Rennes :* Théâtre chorégraphique (Gigi Caciuleanu). *La Rochelle :* Théâtre du Silence (B. Lefèvre). *Roubaix :* Centre chorégraphique national, Ballet du Nord (Alfonso Cata). *Toulouse :* Ballet Théâtre Joseph Russillo.

A l'étranger. *All. féd. :* Ballet de l'Opéra de Stuttgart, B. de l'Opéra de Hambourg. *Belgique :* B. du XXe s. (dir. M. Béjart), Ballet des Flandres. *Danemark :* Royal B. *P.-Bas :* Nederland Dans Theater (J. Kylian), Het National Ballet. *U.S.A. :* New York City B., American B. Theater, B. Martha Graham, Alvin Ailey Co., Joffrey Ballet, Merce Cunningham Co. *G.-B. :* Royal B., London Festival B., B. Rambert. *U.R.S.S. :* Bolchoï, Kirov, B. Moisseiev (créés en 1937).

Enseignement en France

1° Établissements publics nationaux. École de danse de l'Opéra. Dir. par Claude Bessy. Gratuite, cycle de 6 à 8 ans, de débutant à artiste professionnel (92 élèves). Admission entre 8 et 12 ans. **Conservatoire national supérieur de musique.** 2 cl. de danse pour hommes (24 él. français, 6 él. étr.) ; 2 cl. pour femmes (36 él. françaises, 8 él. étr.). Les 1ers prix sont admis à concourir pour l'entrée en « classe d'engagement » à l'Opéra.

2° Établissements municipaux contrôlés par l'État : 100 conservatoires nationaux de région et écoles nationales de musique.

3° Baccalauréat de technicien option danse : préparation depuis la rentrée *1977.*

Centres de formation agréés par la Fédération française de danse (12, rue St-Germain-l'Auxerrois, Paris 1er). Cycle d'études 3 ans. Sanctionné par les épreuves du Certificat d'aptitudes élémentaires d'enseignement de la danse. *Institut privé de formation pour l'enseignement de la danse contemporaine,* 104, bd de Clichy, Paris 18e. *Centre privé de formation aux métiers de la danse,* Centre Intern. de la danse de Paris, 40, rue de Bagnolet, Paris 19e *École de préparation au professorat de danse contemporaine,* 2, rue Lieutaud, 13100 Aix-en-Pr. *Danse Création,* 35, rue de l'Herrengrie, 59700 Marcq-en-Baroeul.

En attente d'agrément provisoire : *Centre de formation professionnelle danse,* Cercle laïque poitevin, 18, rue de la Brouette-du-Vinaigrier, 86000 Poitiers. *Centre de formation Free Danse Song,* Petit théâtre de la Maison internationale, 21, bd Jourdan, Paris 14e.

Principaux styles

On distingue la danse expression d'un groupe ethnique (animalière, astrale, funéraire, guerrière, etc.), folklorique, de la danse théâtrale qui comprend 3 styles : d. classique née au XVIIe s., d. contemporaine née aux U.S.A. vers 1930, d. de variétés née aux U.S.A. v. 1880 (jazz, music-hall, claquettes).

Danse classique ou académique. Repose sur le principe de l'en-dehors et sur les *5 positions* traditionnelles des membres. Principes codifiés par Beauchamp (1636-1719). *Mouvements :* arabesque, assemblé, attitude, développé, coupé, jeté, jeté battu, etc. ; *pirouettes :* on peut en faire 6 à la suite sur la pointe et 4 sur la demi-pointe ; *fouettés :* 32 dans le Lac des cygnes ; *entrechats* (croisé et décroisé en un seul saut) : un très bon danseur en réalise de 6 à 8. Nijinsky en aurait réussi 10 ; Jean Babilée, 12.

Danse moderne. Ne repose sur aucun des principes précédents, mais chaque partie du corps doit exprimer la pensée du danseur et participer à l'action aussi naturellement que possible. Précurseurs : François Delsarte, Émile Jaque-Dalcroze, Isadora Duncan. Représentée aux U.S.A. avec Ruth Saint-Denis, Martha Graham, Doris Humphrey, Merce Cunningham, Paul Taylor ; en Allemagne avec Mary Wigman.

Quelques dates

1661 fondation de l'Académie royale de danse. *1669* création de l'Académie d'Opéra. *1713* fondation de l'École de danse. Le costume de ballet se différencie du costume de cour (avec Marie Sallé qui, la 1re, paraît en scène en costume plus léger). *1772* le public ne s'installe plus sur la scène. *1786* Noverre sépare l'œuvre dansée de l'œuvre chantée et invente le ballet d'action ; l'usage du masque disparaît. *1789* Dauberval crée « la Fille mal gardée ». *1832* « la Sylphide », 1er ballet romantique [Marie Taglioni est la 1re danseuse à monter sur des pointes et à porter le tutu de mousseline (inventé pour elle par le dessinateur Eugène Lami)].

Concours internationaux de danse classique

Arcachon : fondé en 1981, en classique, est exclusivement réservé à la danse contemporaine dep. 1983. Pour tous danseurs de 17 à 28 ans. 2 catégories : « Contemporain » et « Jazz ». A lieu tous les 2 ans.

Helsinki : créé en 1984.

Jackson *(U.S.A.) :* fondé en 1979 ; 2 sections : juniors et seniors.

Lausanne : créé en 1973, destiné aux danseurs de 16-19 ans qui n'ont pas encore atteint le niveau professionnel ; prix : bourses d'études [à effectuer dans l'une des grandes écoles du monde occidental : Opéra de Paris, Royal Ballet School-Londres, Royal Danish School-Copenhague, School of American Ballet-New York (Balanchine), American Ballet Theatre School-New York, Académie de Danse classique de Monaco et Centre de Danse classique de Monaco et Centre de Danse international de Cannes]. A lieu tous les ans ; depuis 1980 : un prix professionnel. En 1985 a eu lieu pour la 1re fois à New York.

Moscou : fondé en 1969, tous les 4 ans ; des pas de deux doivent être présentés, mais les prix peuvent également être donnés à des solistes.

Tokyo : fondé en 1976.

Varna : fondé 1964, le plus connu (Bulgarie). Tous les 2 ans, juillet. 2 sections : 15-19 et 20-28 ans.

Concours internationaux de chorégraphie : Bagnolet (Fr.), Cologne (All.) et Nyon (Suisse).

Ballets célèbres

Principaux ballets avec leurs auteurs ou compositeurs et, entre parenthèses, les chorégraphes.

1581 *Ballet comique de la Royne* Beaujoyeulx.
1661 *Les Fâcheux* Molière. 1er spect. interprété par des danseurs professionnels (Beauchamp).
1670 *Les Amants magnifiques* Lulli (Beauchamp).
1681 *Le Triomphe de l'Amour* Lulli. Créé le 21 janvier, avec pour la 1re fois sur une scène française une danseuse professionnelle, Mlle de La Fontaine.
1735 *Les Indes galantes* Rameau.
1739 *Les Fêtes d'Hébé* Rameau.
1749 *Platée et Zoroastre* Rameau (Lany).
1762 *Orphée et Eurydice* Gluck (Angiolini).
1778 *Les Petits Riens* Mozart (Noverre).
1786 *Caprices de Cupidon* Lolle (Galeotti).
1789 *La Fille mal gardée* Dauberval (pot-pourri).
1800 *La Dansomanie* Méhul (Gardel).
1801 *Les Créatures de Prométhée* Beethoven (Vigano).
1832 *La Sylphide* Schneitzhöffer (Taglioni).
1841 *Giselle* Adam (Coralli et Perrot).
1842 *Napoli* Helsted (Bournonville). *La Jolie Fille de Gand* Adam (F. Albert).
1845 *Pas de quatre* Pugni (Perrot).
1856 *Le Corsaire* Adam (Mazillier).
1860 *Le Papillon* Offenbach (Taglioni).
1866 *La Source* Delibes et Minkus (Saint-Léon).
1870 *Coppélia* Delibes (Saint-Léon).
1876 *Sylvia* Delibes (Mérante).
1877 *La Bayadère* Minkus (Petipa).
1880 *La Korrigane* Widor (Mérante).
1882 *Namouna* Lalo (Lucien Petipa).
1886 *Les Deux Pigeons* Messager (Mérante).
1890 *La Belle au bois dormant* Tchaïkovski (Petipa).
1892 *Casse-Noisette* Tchaïkovski (Ivanov).
1893 *La Maladetta* P. Vidal (J. Hansen).
1894 *Le Lac des cygnes* Tchaïkovski (Petipa et Ivanov).
1905 *Le Cygne* St-Saëns (Fokine).
1909 *Les Sylphides* Chopin (Fokine). *Danses polovtsiennes* Borodine (Fokine).
1910 *Shéhérazade* Rimski-Korsakov (Fokine). *L'Oiseau de feu* Stravinski (Fokine). *Carnaval* Schumann (Fokine).
1911 *Petrouchka* Stravinski (Fokine). *Le Spectre de la rose* Weber (Fokine).
1912 *L'Après-midi d'un faune* Debussy (Nijinsky). *Daphnis et Chloé* Ravel (Fokine). *La Péri* Dukas (Clustine).
1913 *Suite de Danses* Chopin (Clustine). *Le Festin de l'araignée* Roussel (Staats). *Le Sacre du printemps* Stravinski (Nijinsky).
1915 *L'Amour sorcier* De Falla (Imperio).
1917 *Parade* Satie (Massine). *Les Femmes de bonne humeur* Scarlatti (Massine).
1919 *La Tragédie de Salomé* Schmitt (N. Guerra). *La Boutique fantasque* Rossini-Respighi (Massine). *Le Tricorne* De Falla (Massine).
1921 *L'Homme et son désir* D. Milhaud (Borlin).
1922 *Renard* Stravinski (Nijinska).
1923 *Cydalise et le chèvre-pied* Pierné (Staats). *Padmâvati* Roussel (Léo Staats). *La Création du monde* Milhaud (Borlin). *Les Noces* Stravinski (Nijinska).
1924 *Les Biches* Poulenc (Nijinska). *Beau Danube* Strauss (Massine).
1925 *Soir de Fête* Delibes (Staats). *Les Matelots* Georges Auric (Massine). *L'Enfant et les sortilèges* Ravel (Balanchine). *L'Amour sorcier* De Falla (Argentina).
1927 *La Chatte* Sauguet (Balanchine).
1928 *Apollon musagète* Stravinski (Balanchine). *Boléro* Ravel (Nijinska).
1929 *Le Fils prodigue* Prokofiev (Balanchine). *Créatures de Prométhée* Beethoven (Lifar).

1931 *Bacchus et Ariane* Roussel (Lifar).
1932 *La Table verte* F. Cohen (Jooss).
1933 *Jeux d'enfants* Bizet (Massine).
1934 *Sérénade* Tchaïkovski (Balanchine).
1935 *La Grisi* Metra-Tomasi (Aveline). *Icare* Szyfer (Lifar). *Prélude à l'après-midi d'un faune* Debussy (Lifar).
1936 *Symphonie fantastique* Berlioz (Massine).
1937 *Alexandre le Grand* Gaubert (Lifar).
1938 *Le Cantique des cantiques* Honegger (Lifar). *Gaieté parisienne* Offenbach (Massine).
1940 *Roméo et Juliette* Prokofiev (Lavrovski).
1941 *Le Chevalier et la damoiselle* Gaubert (Lifar). *Sylvia* Delibes (Lifar). *Istar* d'Indy (Lifar).
1942 *Les Animaux modèles* Poulenc (Lifar). *Joan de Zarissa* Egk (Lifar). *Le Mandarin merveilleux* (H. Bartok).
1943 *L'Amour sorcier* (Lifar). *Suite en blanc* Lalo-De Falla (Lifar).
1944 *Guignol et Pandore* Jolivet (Lifar). *Appalachian Spring* Copland (Graham).
1945 *Les Forains* Sauguet (Petit).
1946 *Quatre Tempéraments* Hindemith (Balanchine). *La Somnambule* Bellini-Rieti (Balanchine).
1947 *Errand into the maze* Menotti (Graham). *Palais de cristal* Bizet (Balanchine). *Les Mirages* Sauguet (Lifar).
1948 *Orphée* Stravinski (Balanchine).
1949 *Carmen* Bizet (Petit).
1950 *Phèdre* Auric (Lifar). *La Croqueuse de diamants* Damase (Petit).
1951 *Pied piper* Copland (Robbins). *La Cage* Stravinski (Robbins). *La Valse* Ravel (Balanchine).
1953 *Le Loup* Dutilleux (Petit). *Les Algues* Bernard (Charrat). *Afternoon of a faun* Debussy (Robbins).
1954 *L'Oiseau de feu* Stravinski (Lifar).
1955 *Symphonie pour un homme seul* Schaeffer et Henry (Béjart). *Roméo et Juliette* Prokofiev (Lifar).
1957 *Agon* Stravinski (Balanchine). *Symphonie inachevée* Schubert (Van Dyk).
1958 *Orphée* P. Henry (Béjart). *Concerto* Jolivet (Skibine).
1959 *Le Sacre du printemps* Stravinski (Béjart). *Daphnis et Chloé* Ravel (Skibine).
1960 *Le Lac des cygnes* Tchaïkovski (Bourmeister).
1961 *Boléro* Ravel (Béjart).
1962 *Maldoror* M. Jarre (Petit). *Noces* Stravinski (Béjart). *Symphonie concertante* Martin (Descombey).
1963 *Bugaku* Toshiro Mayuzumi (Balanchine).
1964 *La 9e Symphonie* Beethoven (Béjart). *La Damnation de Faust* Berlioz (Béjart).
1965 *Notre-Dame de Paris* M. Jarre (Petit).
1966 *Webern-Opus 5* Webern (Béjart). *Roméo et Juliette* Berlioz (Béjart).
1967 *Jewels* Stravinski (Balanchine). *Messe pour le temps présent* P. Henry (Béjart).
1968 *Spartacus* Katchaturian (Grigorovitch). *Turangalila* Messiaen (Petit).
1969 *Dances at a Gathering* Chopin (Robbins).
1970 *Comme la princesse Salomé est belle ce soir !* R. Strauss et chants d'oiseaux (Béjart). *Ils disent participer* Masson (Garnier). *L'Oiseau de feu* Stravinski (Béjart).
1971 *Nijinsky, clown de Dieu* P. Henry-Tchaïkovski (Béjart). *The Sleepers* (Falco).
1973 *Golestan* musique traditionnelle iranienne (Béjart). *Un jour ou deux* John Cage (Merce Cunningham).
1974 *I trionfi* Berio (Béjart). *Icare* Slonimsky (Vassiliev). *Cérémonie* Pierre Henry et Gary Wright (Fernand Nault). *L'Or des fous* (Carison). *Tristan* Henze (Tetley).
1975 *3e Symphonie* Mahler (Neumeier). *Les Fous d'or* Igor Wakhevitch (Carolyn Carlson). *La Symphonie fantastique* Berlioz (Petit). *Ivan le Terrible* Prokofiev (Grigorovitch).
1976 *Un mois à la campagne* Chopin (Ashton). *Nana* Constant (Petit). *Push comes to shove* Haydn (Twyla Tharp). *Molière Imaginaire* Rota (Béjart).
1977 *Héliogabale* divers (Béjart).
1978 *Symphonie de Psaumes* Stravinsky (J. Kylian).
1979 *4 Saisons* Verdi (Robbins).
1982 *Passion selon saint Matthieu* Bach (Neumeier).
1983 *Messe pour le temps futur* divers (Béjart).

Chorégraphes, Danseurs et Danseuses célèbres

Carrière. En général de 16/20 ans à 40 ans (45 pour les hommes) à l'Opéra. Des carrières plus longues sont rares [Yvette Chauviré (1917) a dansé jusqu'en 1972]. Il n'y a pas de limites pour les chorégraphes (Petipa travaillait encore à 85 ans ; Balanchine, à 79 ans).

Nota. – (1) Administrateur. (2) Chorégraphe. (3) Danseur. (4) Imprésario. (5) Maître de ballet. (6) Professeur.

Ailey, Alvin (1931, Amér.) [2.3].
Albert, F. (1789-1865, Fr.) [2.3].
Algaroff, Youri (1918, Russe) [3.1].
Alonso, Alicia (1921, Cubaine) [3.1].
Amaya, Carmen (1913-63, Esp.) [3].
Amboise, Jacques (d') (1934, Amér.) [3].
Amiel, Josette (1930, Fr.) [3.6].
Angiolini, Gaspero (1731-1803, Ital.) [3.2.5].
Antonio (1921, Esp.) [3].
Araiz, Oscar (1940, Argent.) [3.2].
Araujo, Loïpa (1943, Cubaine) [3].
Argentina (la) (Antonia Mercé y Luque) (1888-1936, Esp.) [3].
Ari, Carina (1897-1970, Suéd.) [3.2.5].
Arova, Sonia (1927, Angl.) [3.5].
Ashton, Sir Frederick (1904, Angl.) [3.2].
Astaire, Fred (1899, Amér.) [3.2].
Atanassoff, Cyril (1941, Fr.) [3].
Aumer, Jean-Pierre (1774-1833, Fr.) [2.5].
Aveline, Albert (1883-1968, Fr.) [3.2.6].
Babilée, Jean (Gutman) (1923, Fr.) [3.2].
Baker, Joséphine (1906-75, Amér.) [3].
Balachova, Alexandra (1887-1978, Russe) [3].
Balanchine, George (1904-83, Russe) [3.2.5].
Balon, Jean (1676-1739, Fr.) [3].
Bardin, Micheline (1920, Fr.) [3].
Bari, Tania (1936, Holl.) [3].
Baronova, Irina (1919, Russe) [3].
Bart, Patrice (1945, Fr.) [3].
Baryschnikoff, Mikhaïl (1948, Russe) [3.2.5].
Basil, C. (de) (1881-1951, Russe) [1].
Bausch, Pina (1940, All.) [3.2].
Beauchamp, Charles de (1636-1705, Fr.) [3.5].
Beaugrand, Léontine (1842-1925, Fr.) [3].
Beaujoyeulx, Balthazar de (15 ?-1587 ?) [5].
Beck, Hans (1861-1952, Dan.) [3.2.5].
Béjart, Maurice (Maurice-Jean de Berger) (1927, Fr.) [3.2.5].
Bessmertnova, Natalia (1941, Russe) [3].
Bessy, Claude (1932, Fr.) [3].
Biagi, Vittorio (1941, Ital.) [2.3.5].
Bigottini, Émilie (1784-1858, Fr.) [3].
Blasis, Carlo (1795-1878, Ital.) [3.2].
Blaska, Félix (1941) [2.3].
Blondi, Michel (1677-1747) [5].
Blum, René (1878-1942, Fr.) [1].
Bolm, Adolph (1884-1951, Russe) [3.5.2].
Boni, Aïda (1880-1974, Ital.) [3].
Bonnefous, Jean-P. (1943, Fr.) [3.2].
Borlin, Jean (1893-1930, Suéd.) [3.2].
Bortoluzzi, Paolo (1938, Ital.) [3].
Bos, Camille (n.c., Fr.) [3].
Bourgat, Marcelle (1910-80, Fr.) [3.6].
Bourmeister, Vladimir (1904-71, Russe) [5.2].
Bournonville, Auguste (1805-79, Dan.) [3.2.5].
Bozzacchi, Giuseppina (1853-70, Ital.) [3].
Brenaa, Hans (1910, Dan.) [3.2.5.6].
Briansky, Oleg (1929, Belge) [3].
Brianza, Carlotta (1867-1930, Ital.) [3].
Bruel, Michel (1944, Fr.) [3].
Bruhn, Erik (1928, Dan.) [3.5].
Bryans, Rudy (1945, Fr.) [3.6].
Bujones, Fernando (1955, Amér.) [3].
Butler, John (1920, Amér.) [2].
Caciuleanu, « Gigi » (1947, Bucarest) [3.2.5].
Camargo, Marie-Anne (de Cupis) (1710-70, Fr.) [3].
Carlson, Carolyn (1943, Amér.) [2.3.5].
Caron, Leslie (1931, Fr.) [3].
Casado, Germinal (1935, Fr.) [3.2.5].
Cecchetti, Enrico (1850-1928, Ital.) [3].
Cerrito, Fanny (1817-1909, Ital.) [3].
Charrat, Janine (1924, Fr.) [3.2].
Chase, Lucia (1907-86, Amér.) [3.1].
Chauviré, Yvette (1917, Fr.) [3.6].
Chazot, Jacques (1928, Fr.) [3.2].
Clerc, Florence (1951, Fr.) [3].
Clustine, Ivan (1862-1941, Russe) [5.3].
Coralli, Jean (1779-1854, Ital.) [3.5].
Coulon, Jean-François (1764-1836, Fr.) [3].
Cranko, John (1927-73, Sud-Afr.) [2.3].
Cuevas, George de (1885-1961, Chil.) [1].
Cullberg, Birgit (1908, Suéd.) [3.2].
Cunningham, Merce (1919, Amér.) [3.2].
Dandre, Victor (1870-1944, Russe) [1].
Danilova, Alexandra (1904, Russe) [3].
Dantzig, Rudi Van (1933, Holl.) [3.2].
Darsonval, Lycette (1912, Fr.) [3].
Dauberval, Jean (Bercher) (1742-1806, Fr.) [5].
Daydé, Liane (1932, Fr.) [3.6].
Delsarte, François (1811-71, Fr.) [6].
Denard, Michaël (1944, Fr.) [3].
Denham, Serge (1897-1970, Russe) [4].
Descombey, Michel (1930, Fr.) [3.2.5].
Diaghilev, Serge de (1872-1929, Russe) [1].
Didelot, Charles-Louis (1767-1837, Fr.) [3.2.6].
Dijk, Peter Van (1929, All.) [3.2.1].
Dolin, Anton (Patrick) (1904-83, Angl.) [3.6].
Donn, Jorge (1946, Argent.) [3].
Doudinskaia, Nathalie (1912, Russe) [3.6.5].
Dowell, Anthony (1943, Angl.) [3].
Duncan, Isadora (Irma Dorette Henrietta Ehrich Grimme) (1878-1927, Amér.) [3].
Dunham, Katherine (1910, Amér.) [3.2.6].
Dupond, Patrick (1960, Fr.) [3].
Duport, Louis (1783-1853, Fr.) [3.2.5].
Dupré, Louis (1697-1774, Fr.) [3.6].
Eglevsky, André (1917-77, Russe) [3.6].
Egorova, Lubov (1880-1972, Russe) [3].
Elssler, Fanny (1810-84, Autr.) [3].
Escudero, Vicente (1892-1982, Esp.) [3].
Evdokimova, Eva (1948, Amér.) [3].
Fadeetchev, Nikolaï (1933, Russe) [3].
Farrell, Suzanne (Roberta Sue Ficher) (1945, Amér.) [3].
Feld, Elliot (1943, Amér.) [3.2.1].
Feuillet, Raoul (1675 ?-1710, Fr.) [3].
Flindt, Flemming (1936, Dan.) [5.3.2.1].
Fokine, Michel (1880-1942, Russe) [3.2.6].
Fonteyn, Margot (Peggy Hookham) (1919, Angl.) [3].
Fracci, Carla (1936, Ital.) [3].
Franchetti, Jean-Pierre (1944, Fr.) [3].
Franchetti, Raymond (1921, Fr.) [3.5.6].
Fuller, Loïe (1862-1928, Amér.) [3].
Gailhard, Pedro (1848-1918, Fr.) [1].
Ganio, Denys (1950, Fr.) [3].
Gardel, Maximilien (1741-87, Fr.) [5].
Gardel, Pierre (1758-1840, Fr.) [5].
Garnier, Jacques (1944, Fr.) [3.2.5].
Genee, Adeline (1878-1970, Dan.-Angl.) [3].
Gerdt, Paul (1844-1917, Russe) [3].
Gilpin, John (1930-83, Angl.) [3].
Godounov, Alexandre (1949, U.R.S.S.) [3].
Goleizovski, Kazyan (1892-1970, Russe) [3.2.6].
Golovine, Serge (1924, Fr.) [3.6].
Gordeev, Viatcheslav (1948, Russe) [3].
Gore, Walter (1910-79, Angl.) [3.2].
Graham, Martha (1893, Amér.) [3.2.5].
Grahn, Lucile (1819-1907, Dan.) [3].
Grantzow, Adèle (1845-77, All.) [3].
Gregory, Cynthia (1947, Amér.) [3].
Grey, Beryl (1927, Angl.) [3.1].
Grigoriev, Serge (1883-1968, Russe) [3.5].
Grigorovitch, Youri (1927, Russe) [2.3.5].
Grisi, Carlotta (1819-99, Ital.) [3].
Gsovsky, Victor (1902-74, Russe) [3.2.6].
Guerra, Nicola (1865-1942, Ital.) [3.2].
Guillem, Sylvie (1966, Fr.) [3].
Guimard, Madeleine (1743-1816, Fr.) [3].
Guizerix, Jean (1945, Fr.) [3.2].
Hansen, Joseph (1842-1907, Fr.) [3.2.6].
Hawkins, Erick (1909, Amér.) [3.2.6].
Haydee, Marcia (1939, Brés.) [3.5].
Hayden, Melissa (1928, Canad.) [3.6].
Hightower, Rosella (1920, Amér.) [3.2.6].
Hilverding, Franz (1710-68, Autr.) [3.2.5.6].
Hirsch, Georges-François (1944) [1].
Humphrey, Doris (1895-1958, Amér.) [3.2.5].
Hurok, Sol (1888-1974, Russ.-Amér.) [4].
Istomina, Avdotia (1799-1848, Russe) [3].
Ivanov, Lev (1834-1901, Russe) [3.2.5.6].
Jamison, Judith (1943, Amér.) [3].
Jeanmaire, Zizi (Renée) (1924, Fr.) [3].
Joffrey, Robert (1930, Amér.) [3.2.6].
Johanson, Anna (1860-1917, Suéd.) [3].
Johansson, Christian (1817-1903, Suéd.) [3.6].
Jooss, Kurt (1901-79, All.) [3.2.5].
Jude, Charles (25-7-53, Fr.) [3].
Kain, Karen (1951, Canad.) [3].
Kalioujny, Alexandre (1924, Russe) [3].
Karsavina, Tamara (1885-1978, Angl. d'or. russe) [3].
Kaye, Nora (1920, Amér.) [3].

Kelly, Gene (1912, Amér.) [3.2].
Khalfouni, Dominique (23-6-51, Fr.) [3].
Kirkland, Gelsey (1953, Amér.) [3].
Kirstein, Lincoln (1907, Amér.) [1].
Kniassef, Boris (1900-75, Russe) [3.2].
Kochno, Boris (1904, Russe) [1].
Kschessinskaya, Mathilde (Krassinska-Romanovska) (1872-1971, Russe) [3.6].
Labis, Attilio (1936, Fr.) [3.6].
Lacotte, Pierre (1932, Fr.) [3.5.2.6].
La Fontaine, Mlle de (1655-1738 Fr.) [3].
Lander, Harald (1905-71, Dan.) [3.2.5.6].
Lany, Jean Barthélemy (1718-86, Fr.) [5.3.2].
Lavrovsky, Leonid (1905-67, Russe) [3.2.5.6].
Lazzini, Joseph (1926, Fr.) [3.2.5].
Lefèvre, Brigitte (1944, Fr.) [2.3].
Legnani, Pierina (1863-1923, Ital.) [3].
Lehmann, Maurice (1895-1974, Fr.) [1].
Lepechinskaia, Olga (1916, Russe) [3].
Lichine, David (Liechtenstein) (1910-72, Russe) [3.2].
Liepa, Maris (1936, Russe) [3.5].
Lifar, Serge (1905, Fr. d'or. russe) [3.2.5].
Limon, José (1908-72, Mex.) [3.2.5].
Livry, Emma (1842-63, Fr.) [3].
Lopez, Pilar (1905, Esp.) [3.2].
Lorcia, Suzanne (1902, Fr.) [3].
Louis, Murray (1926, Amér.) [3.2].
Luisillo (1927, Mex. d'or. esp.) [3].
Mac Bride, Patricia (1942, Amér.) [3].
Mac Millan, Kenneth (1929, Angl.) [3.2.1].
Makarova, Natalia (1940, Russe) [3].
Maré, Rolf de (1898-1964, Suéd.) [1].
Markova, Alicia (Lilian Alicia Marks) (1910, Angl.) [3].
Martins, Peter (1946, Dan.) [3.5].
Massine, Leonid (L. Fedorovich Massine) (1895-1979, Russe) [3.2].
Maximova, Ekaterina (1939, Russe) [3].
Mazilier, Joseph (1801-68, Fr.) [5.3.2].
Merante, Louis (1828-87, Fr.) [5.3.2].
Messerer, Asaf (1903, Russe) [3.6].
Mille, Agnès de (1909, Amér.) [3.2].
Miller, Marie (Mme Gardel) (1770-1833, Fr.) [3].
Milloss, Aurel von (1906, Hongr.-Ital.) [3.2.5].
Milon, Louis (1766-1845, Fr.) [3.5.2.6].
Miskovitch, Milorad (1928, Youg.) [3.2].
Moisseiev, Igor (1906, Russe) [3.2].
Montessu, Pauline (1805-77, Fr.) [3].
Motte, Claire (1937, Fr.) [3].
Neumeier, John (1942, Amér.) [5.3.2].
Nijinska, Bronislava (1891-1972, Russe) [2.3].
Nijinski, Vaslav (1888-1950, Russe) [3.2].
Nikolais, Alwin (1912, Amér.) [2.1.6].
Noblet, Lise (1801-52, Fr.) [3].
Noureev, Rudolf (1938, Russe) [3.2.5].
Noverre, Jean-Georges (1727-1810, Fr.) [3.2.5].
Oulanova, Galina (1910, Russe) [3.5.6].
Page, Ruth (1905, Amér.) [3.2.1].
Pavlova, Anna (1881-1931, Russe) [3].
Pavlova, Nadejda (1956, Russe) [3].
Pécour, Louis (1655-1729, Fr.) [3.2].
Peretti, Serge (1910, Fr.) [3.6].
Perrot, Jules (1810-92, Fr.) [3.2.5].
Petipa, Lucien (1815-98, Fr.) [5.3.2].
Petipa, Marius (1818-1910, Fr.) [3.2].
Petit, Roland (1924, Fr.) [3.2.1].
Piletta, Georges (1945, Fr.) [3].
Piollet, Wilfride (1943, Fr.) [3].
Platel, Élisabeth, (1959, Fr.).
Plissetskaia, Maïa (1925, Russe) [3].
Pontois, Noëlla (1943, Fr.) [3.6].
Preobrajenska, Olga (1870-1962, Russe) [3.6].
Prévost, Françoise (1680-1741, Fr.) [3].
Rambert, Marie (1888-1982, Pol.) [3.6.1].
Rayet, Jacqueline (1933, Fr.) [3.6].
Renault, Michel (1927, Fr.) [3.5].
Rhodes, Lawrence (1939, Amér.) [3].
Riabouchinska, Tatiana (1917, Russe) [3.6].
Ricaux, Gustave (1884-1961, Fr.) [3.5.6].
Robbins, Jérôme (1918, Amér.) [3.2.5].
Rosario (Florencia Pérez Podilla) (1918, Esp.) [3].
Rosen, Elsa Marianne von (1927, Suéd.) [3.2.6.1].
Rouche, Jacques (1862-1957, Fr.) [1].
Roux, Aline (1935, Fr.) [3.2.6.1].
Rubinstein, Ida (1885-1960, Russe) [3.6].
Russillo, Joseph (1938, Amér.) [2.3.6.1].
St-Denis, Ruth (1878 ou 80-1968, Amér.) [3.2.6.1].
St-Léon, Arthur (1821-70, Fr.) [3.2.5.6].
Salle, Marie (1707-56, Fr.) [3].
Sangalli, Rita (1850-1909, Ital.) [3].
Savignano, Luciana (1943, Ital.) [3].
Schanne, Margrethe (1921, Dan.) [3].
Schaufuss, Pierre (1949, Dan.) [3].
Schmucki (1940, Suisse) [5.3.2].
Schwarz, Solange (1910, Fr.) [3.6].
Scouarnec, Claudette (1942, Fr.) [3.6].
Sedova, Julie (1880-1970, Russe) [3].
Semeniaka, Ludmilla (1952, Russe) [3].
Sergueev, Nicolas (1876-1951, Russe) [3.5.6].
Seymour, Lynn (1939, Can.) [3].
Shearer, Moïra (1926, Angl.) [3].
Sibley, Antoinette (1939, Angl.) [3].
Skibine, Georges (1920-81, Amér. d'origine russe) [3.2.5].
Skorik, Irène (1928, Fr.) [3].
Skouratoff, Wladimir (1925, Fr.) [3.2.5].
Sombert, Claire (1935, Fr.) [3.6].
Somes, Michael (1917, Angl.) [3.5].
Sparemblek, Milko (1928, Youg.) [3].
Spessivtseva, Olga (1895, Russe) [3].
Spoerli, Heinz (1941, Suisse) [3.2.5].
Staats, Léo (1877-1952, Fr.) [3.2.5.6].
Subligny, Marie-Thérèse (1666-1736, Fr.) [3].
Taddei, Noëlle (1948, Fr.) [3].
Taglioni, Filippo (1777-1871, Ital.) [3.2].
Taglioni, Marie (1804-84, Ital.) [3].
Tallchief, Maria (1925, Amér.) [3].
Taras, John (1919, Amér.) [3.2.5].
Taylor, Paul (1930, Amér.) [3.2.5.1].
Tcherina, Ludmilla (1924, Fr.) [3].
Tetley, Glen (1926, All.) [3.2].
Tharp, Twyla (1942, Amér.) [3.2].
Thesmar, Ghislaine (1943, Fr.) [3.5].
Thibon, Nanon (1944, Fr.) [3.6].
Thomas, Robert (1944, Fr.) [3.2].
Tomasson, Helgi (1942, Island.) [3].
Toumanova, Tamara (1919, Russe) [3].
Trefilova, Vera (1875-1943, Russe) [3].
Tudor, Antony (1908, Angl.) [3.2.6.5].
Vaganova, Agrippina (1879-1951, Russe) [3].
Valois, Ninette de (1898, Irl.) [3.2.1].
Vassiliev, Vladimir (1940, Russe) [3.2].
Vaussard, Christiane (1923, Fr.) [3.6].
Verdy, Violette (1933, Fr.) [3.5.6].
Véron (1798-1867, Fr.) [1].
Vestris, Auguste (1760-1842, Fr.) [3.6].
Vestris, Gaëtan (1729-1808, Ital.) [3.2].
Vigano, Salvatore (1769-1821, Ital.) [3.2].
Villella, Edward (1936, Amér.) [3].
Vlassi, Christiane (1938, Fr.) [3.6].
Volinine, Alexandre (1882-1955, Russe) [3].
Volkova, Vera (1904-75, Russe) [3].
Vulpian, Claude de (1954, Fr.) [3].
Vyroubova, Nina (1921, Russe) [3.6].
Weidmann, Charles (1901-75, Amér.) [3.2.6].
Wigman, Mary (1886-1973, All.) [3.2.6].
Woizikowsky, Léon (1899-1975, Pol.) [3].
Wright, Belinda (1929, Angl.) [3].
Youskevitch, Igor (1912, Amér. d'origine russe) [3].
Yuriko, (1920, Amér.) [3.2.6].
Zambelli, Carlotta (1877-1968, Ital.) [3.6].
Zucchi, Virginia (1847-1930, Ital.) [3.6].
Zvereff, Nicolas (1888-1965, Russe) [3.5.6].

Cinéma

Principaux réalisateurs et principales œuvres

☞ Voir Personnalités à l'Index.
Les films muets sont en italique.

Allemagne

Baky (Josef von) (Hongrie, 1902-66) : Aventures du baron de Münchhausen (1943), le Maître de poste (4e vers.), Un petit coin de paradis, Avouez Dr Corda, Stefanie.

Dudow (Slatan) (Bulgarie, 1903-63) : Ventres glacés (1932), Notre pain quotidien, Plus fort que la nuit, Capitaine de Cologne.

Fassbinder (Rainer Werner) (1946-82) : le Marchand des quatre saisons (1971), les Larmes amères de Petra von Kant, Tous les autres s'appellent Ali, Effi Briest, le Droit du plus fort, Roulette chinoise, le Rôti de Satan, Despair (1977), la Troisième Génération, le Mariage de Maria Braun, Lili Marleen, Lola, une femme allemande, le Secret de Veronika Voss, Querelle.

Harlan (Veit) (1899-1964) : Crépuscule, le Juif Süss (1940), le Grand Roi, la Ville dorée, Immensee, le Tigre de Colombo, le Troisième Sexe, Impudeur.

Herzog (Werner) (1942) : Signes de vie, Fata Morgana, Les nains ont commencé petits, Aguirre ou la Colère de Dieu (1972), l'Énigme de Kaspar Häuser (1975), Cœur de verre, la Balade de Bruno, Woyzeck, Nosferatu, fantôme de la nuit (1978), Fitzcarraldo, le Pays où rêvent les fourmis vertes.

Käutner (Helmut) (1908-80) : Lumière dans la nuit (1943), le Dernier Pont, Général du diable (1956), Louis II, Une jeune fille des Flandres, Capitaine de Köpenick, Monpti, Sans tambour ni trompette, le Verre d'eau (1960), la Femme rousse.

Lang (Fritz) (Vienne, 1890-1976) : *les 3 Lumières, Nibelungen, Metropolis (1926),* M. le Maudit, le Testament du Dr Mabuse, Furie, J'ai le droit de vivre (1937), Les bourreaux meurent aussi, la Femme au portrait, le Secret derrière la porte, l'Ange des maudits, Moonfleet, l'Invraisemblable Vérité (1956), le Tigre du Bengale, le Tombeau hindou, le Diabolique Dr Mabuse (1961).

Murnau (Friedrich Wilhelm) (Plumpe) (1889-1931) : *Château Vogelod, Nosferatu le Vampire (1922), le Dernier des hommes, Tartuffe, Faust, l'Aurore (1927), l'Intruse (1930), Tabou (1930).*

Pabst (Georg Wilhelm) (1885-1967) : *Rue sans joie (1925), Loulou, Crise, Trois Pages d'un journal,* Quatre de l'infanterie, l'Opéra de quat'sous (1931), l'Atlantide, Don Quichotte, Mademoiselle Docteur, Paracelsus, le Procès, C'est arrivé le 20 juillet (1956).

Riefenstahl (Leni) (1902) : la Lumière bleue (1932), le Triomphe de la volonté, les Dieux du stade (1938), Tiefland.

Schlöndorff (Volker) (1939) : les Désarrois de l'élève Törless (1965), Vivre à tout prix, Michaël Kolhaas le rebelle, la Soudaine Richesse des pauvres gens de Kombach, Feu de paille, l'Honneur perdu de Katarina Blum, le Coup de grâce, le Tambour (1979), le Faussaire (1981), Un amour de Swann (1984).

Staudte (Wolfgang) (1906-84) : Les assassins sont parmi nous (1946), Rotation, Pour le roi de Prusse, Rose Berndt, Madeleine et le Légionnaire, Je ne voulais pas être un nazi, l'Opéra de quat'sous (2e vers.).

Elia Kazan

Thiele (Rolf) (Autriche, 1918) : Friederike von Barring, El Hakim, la Fille Rosemarie (1958), A bout de nerfs, Liebe Augustin, Loulou (2e vers.), Tonio Kröger, Ondine.

Ucicky (Gustav) (Vienne, 1900-1961) : l'Immortel Vagabond, la Cruche cassée, Une mère, Toute une vie, le Maître de poste (3e vers., 1940), la Jeune Fille de Moorhof.

Weidenmann (Alfred) (1916) : Amiral Canaris (1954), Kitty, Scampolo, les Buddenbrooks, Opération coffre-fort.

Wenders (Wim) (1945) : l'Angoisse du gardien de but au moment du penalty, Alice dans les villes, Faux

Quelques dates

Antiquité. La lanterne magique aurait été connue en Égypte à l'époque des pharaons et en Italie à l'époque romaine (vestiges à Herculanum). Léonard de Vinci (1452-1519) traça les dessins d'une lanterne de projections.

1646. Le jésuite allemand Athanase Kircher (1601-80) construit une *lanterne magique pratique* (pouvant projeter des textes à plus de 150 m).

1823. Le Dr Pâris (Fr.) invente le *thaumatrope* : appareil composé d'un disque et de fils attachés aux extrémités du diamètre de ce disque. Sur chaque face il y a un dessin ; en faisant pivoter le disque, on voit simultanément les 2 dessins. **1829.** Joseph Plateau (Belg. 1801-83) établit scientifiquement qu'une impression lumineuse reçue sur la rétine persiste 1/10 de seconde après la disparition de l'image ; il en conclut que des images se succédant à plus de 10 par seconde donnent l'illusion du mouvement (la découverte du principe de *persistance des impressions rétiniennes* remonterait au IIe s. apr. J.-C.). Différents appareils ont été construits sur la base de ce principe : le *phénakistiscope* (J. Plateau, 1829), le *stroboscope* (Simon von Stampfer, 1829), le *zootrope* ou *tambour magique* (Hörner, 1833), le *stroboscope projecteur* (S. von Stampfer, 1845), le *phantascope* (Dr Lake, 1832), le *kinétoscope* (Dr von Uchatius, 1853).

1874. L'astronome Jules Janssen (Fr., 1824-1907) invente le *revolver photographique* pour photographier les différentes phases du passage de Vénus devant le Soleil. **1877.** Émile Reynaud (Fr., 1844-1916) invente le *praxinoscope.*

1882. Étienne-Jules Marey (Fr., 1830-1904) réalise un *fusil photographique* enregistrant 12 images par seconde sur une même plaque. É. Reynaud met au point son théâtre optique. **1887.** É.-J. Marey construit le *chronophotographe* à pellicule mobile (il en avait déjà construit un à plaque fixe). **1888.** Augustin Le Prince (1842-disparu en 1890) : film à 10/12 images/seconde. **1889.** William Friese-Greene (G.-B., 1855-1921) fabrique la *1re caméra photoramique.* Edison (Amér., 1847-1931) invente le film de 35 mm.

1891. Georges Demeny (Fr., 1850-1917) construit un *phonoscope* qui reproduit les mouvements de la parole et les jeux de physionomie. **1892.** 12 févr. : Léon Bouly brevète un *« cinématographe ».* **1892-1900.** *Théâtre optique* en France (praxinoscope amélioré de Reynaud) : 12 000 séances en 8 ans, 500 000 spect. **1894.** *Kinétoscope* de Thomas Edison. 14 avril : *1re projection payante* au Kinétoscope, Holland Bros, 1155 Broadway, à New York. **1895.** 22 mars : *1re représentation privée,* 44, rue de Rennes à Paris. Auguste (1862-1954) et Louis (1864-1948) Lumière présentent la Sortie des usines Lumière (tournée en août-sept. 1894). 28 déc. : *1re publique et payante du cinématographe* des frères Lumière à Paris, au Grand Café ((la Sortie des usines Lumière, l'Arrivée d'un train en gare de La Ciotat, l'Arroseur arrosé, Querelle de bébés, le Bassin des Tuileries, le Régiment, le Maréchal-ferrant, la Partie d'écarté, Mauvaises Herbes, le Mur, la Mer ; chaque film dure 2 minutes) : 35 personnes (ayant payé 1 F-or de droit d'entrée). **1896.** A. Promio (Fr., 1870-1927) invente le *panoramique* et le *travelling.* Georges Méliès (Fr., 1861-1938) découvre la *surimpression* (le fondu en 1897). **1897.** *1ers films à scénario* de Méliès. **1898.** Charles Pathé (Fr., 1863-1957) fonde avec son frère la firme mondiale *Pathé* (monopole jusqu'en 1913). Crée les *1res actualités filmées : Pathé-Journal.*

1900. *Cinéorama,* cinéma circulaire présenté à l'Exposition de Paris. Georges Albert Smith (G.-B., 1864-1959) utilise le gros plan. **1903.** *1re apparition du travelling* dans un film de Alfred Collins (G.-B.). **1908.** Film en couleurs de G.A. Smith et Charles Urban (G.-B.) : procédé de *kinémacolor* (2 images : une rouge, une verte, se superposent sur l'écran).

1910. Léon Gaumont (Fr., 1864-1946) réalise un *chronophone* permettant la sonorisation synchrone des films. Invention du *technicolor* par Herbert T. Kalmus (Amér., 1881-1963). 1er film fait à Hollywood : In old California, de David Griffith (Am. 1875-1948). **1913.** Naissance d'une nation, de David Griffith ; le langage cinématographique (découpage, montage, plans variés) prend naissance. Louis Feuillade (Fr., 1873-1924), scénariste chez Gaumont, crée le *cinéroman* avec « Fantômas ». **1915.** Courts métrages en 3 dimensions.

1921. *1er film de long métrage en couleurs naturelles* (procédé bichrome) : le Vagabond du désert, de Irwing C. Willat (Amér.). **1922.** Power of Love de Nat Deverich (1er film long métrage en 3 dimensions). **1926.** *1er film sonore :* Don Juan, d'Alan Crosland (Amér., 1894-1936) [produit par la Warner Bros Pictures Inc. suivant les procédés mis au point par des ingénieurs de l'American Telephone and Telegraph Co et de la Western Electric. Interprète : John Barrymore (1882-1942) accompagné par l'orchestre philharmonique de New York]. **1927.** *1er film avec passages parlants ou chantants :* le Chanteur de jazz, d'Alan Crosland (produit par la Warner Bros Pictures Inc.). **1927.** Napoléon, d'Abel Gance (Fr., 1889-1981), sur *triple écran* (magirama). **1928.** *1er film 100 % parlant :* Lights of New York, de Bryan Foy.

1936. Nozze Vagabonde (1er film parlant en 3 dimensions).

1952. *1er spectacle en cinérama* (U.S.A.). **1953.** *1er film en cinémascope* et son stéréophonique [4 pistes ; procédé du Français Henri-Jacques Chrétien (1879-1956)] : la Tunique, d'Henri Koster (All., 1905).

1960. Jean Bourguignon invente un procédé de cinéma en relief, le *vidiréal,* utilisant un objectif spécial adapté à la caméra de prise de vues et un autre objectif spécial à la projection.

1977. 1re démonstration réussie d'un film holographique (durée 30 s., visible simultanément par au max. 4 spectateurs).

Hollywood. Dite « La Mecque du cinéma ». Fondée en 1887, annexée à Los Angeles en 1910 ; *1911* 4 000 habitants, *1920* 36 000, *1980* 200 000. *Plus fameux boulevard :* Sunset Boulevard ; *quartier des grandes vedettes :* Beverley Hills. Depuis 1911, près de 30 000 films y ont été tournés. De 1948 à 1963, crise : 87 films produits contre 850 en moyenne vers 1945-50. Actuellement, travaille aussi pour la télévision.

Mouvement (1974), Au fil du temps, l'Ami américain, Hammett, l'État des choses, Paris Texas.
Wysbar (Frank) (Tilsitt, 1902-67) : Anna et Elisabeth (1932), Nasser Asphalt, Chiens, à vous de crever (1959), UB. 55 corsaire de l'Océan, Fabrique d'officiers S.S., Héros sans retour.

Argentine

Torre Nilsson (Leopoldo) (1924-78) : la Maison de l'ange (1957), Fin de fiesta, la Main dans le piège, Martin Fierro.

Autriche

Marischka (Ernst) (1893-1963) : Sissi (1955-57).

Belgique

Delvaux (André) (Delvine) (1926) : l'Homme au crâne rasé, Un soir un train, Rendez-vous à Bray, Femme entre chien et loup, Benvenuta.

Brésil

Barreto (Lima) (1906-82) : O Cangaceiro.
Cavalcanti (Alberto) (1897-1982) : *En rade,* Au cœur de la nuit (1945) (en coll.), le Chant de la mer, Simon le borgne, Maître Puntila et son valet Matti.
Guerra (Ruy) (1931) : Os Fuzis, Tendres Chasseurs, les Dieux et les Morts (1970), Erendira.
Rocha (Glauber) (1938-81) : Barravento, le Dieu noir et le Diable blond, Terre en transe, Antonio das Mortes (1969), Têtes coupées, le Lion à sept têtes.

Canada

Carle (Gilles) (1934) : les Mâles, la Vraie Nature de Bernadette, la Mort d'un bûcheron, les Corps célestes, l'Ange et la Femme, Fantastica, les Plouffe, Maria Chapdelaine (1983).
Jutra (Claude) (1927) : A tout prendre, Mon oncle Antoine (1971), Kamouraska (1973), Pour le meilleur et pour le pire.
Perrault (Pierre) (1927) : Pour la suite du monde (coréal. : Michel Brault), le Règne du jour (1967), les Voitures d'eau, Un pays sans bon sens, l'Acadie l'Acadie, le Goût de la farine.

Chine

Cai Chusheng : l'Aube dans la cité (1933), le Chant des pêcheurs, Femmes nouvelles, les Larmes du Yang-Tsé, les Larmes de la rivière des perles.
Sang-Ku et **Huang-Sha** : les Amours de Liang Shan Po et Tchou Ying Tai (1953).
Sun Yu : Du sang sur le volcan (1933), la Route, la Reine du sport, la Légende de Ban (1958).
Wang-Pin et **Shui-Hua** : la Fille aux cheveux blancs (1950).
Xie Jin : Printemps au pays des eaux (1955), la Basketteuse no 5, le Détachement féminin rouge, Sœurs de scène (1965), la Jeunesse (1977), le Gardien de chevaux.

Danemark

Christensen (Benjamin) (1879-1959) : *la Sorcellerie à travers les âges (1920).*
Dreyer (Carl) (1889-1968) : *le Président, le Maître du logis, la Passion de Jeanne d'Arc (1928),* Vampyr, Dies Irae (1940), Ordet, Gertrud (1964).

Espagne

Bardem (Juan Antonio) (1922) : Cómicos, Mort d'un cycliste, Grand-rue, la Vengeance, les Pianos mécaniques.
Berlanga (Luis Garcia) (1921) : Bienvenue M. Marshall, Calabuig, Placido, le Bourreau.
Bunuel (Luis) (1900-83) : *Un chien andalou, l'Age d'or (1930),* Terre sans pain, los Olvidados, Robinson Crusoé, Nazarin, la Jeune Fille, El (1952), Viridiana (1961) l'Ange exterminateur, Belle de jour, la Voie lactée, Tristana, le Charme discret de la bourgeoisie, Cet obscur objet du désir.
Saura (Carlos) (1932) : Peppermint frappé, le Jardin des délices, Anna et les loups, la Cousine Angélique, Cria Cuervos, Elisa vida mia, les Yeux bandés, Maman a 100 ans, Vivre vite, Noces de sang, Antonieta, Carmen.

États-Unis

Aldrich (Robert) (1918-83) : Bronco Apache, Vera Cruz (1954), En 4e vitesse, le Grand Couteau, Attaque, Tout près de Satan, Trahison à Athènes, Sodome et Gomorrhe, le Vol du Phénix, Douze Salopards (1967), le Démon des femmes, Trop tard pour les héros, Pas d'orchidées pour miss Blandish, Fureur apache, Plein la gueule, la Cité des dangers.
Allen (Woody) (Allen Stewart) (Konisberg, 1935) ; *acteur et réalisateur :* Prends l'oseille et tire-toi (1969), Bananas, Tout ce que vous avez toujours voulu savoir sur le sexe..., Woody et les Robots, Guerre et Amour, Annie Hall (1977), Intérieurs, Manhattan, Stardust Memories (1980), Comédie érotique d'une nuit d'été, Zélig, Broadway Danny Rose, la Rose pourpre du Caire.
Altman (Robert) (1925) : MASH (1970), Brewster McCloud, John McCabe, Images, le Privé (1973), California Split, Nashville (1975), Buffalo Bill et les Indiens, 3 Femmes, Un Mariage (1978), Secret Honor, Fool for Love, Quintette, Un couple parfait, Popeye, Streamers.
Borzage (Frank) (1893-1961) : *l'Heure suprême, la Femme au corbeau,* l'Adieu aux armes, Ceux de la zone (1933), Comme les grands, Désir, la Grande Ville, l'Ensorceleuse, 3 Camarades, le Fils du pendu.
Brooks (Richard) (1912) : Bas les masques, le Cirque infernal, Sergent la Terreur, Graine de violence (1955), la Dernière Chasse, les Frères Karamazov, la Chatte sur un toit brûlant, Elmer Gantry, Doux Oiseau de jeunesse, Lord Jim, les Professionnels, De sang-froid (1967), Dollars, la Chevauchée sauvage, A la recherche de Mr Goodbar.
Brown (Clarence) (1890) : *la Chair et le Diable,* Anna Christie, Vol de nuit, Anna Karénine (1935), Ah ! Wilderness, Marie Walewska, la Mousson, l'Intrus (1949).
Capra (Frank) (Palerme, 1897) : New York-Miami (1934), l'Extravagant M. Deeds, Horizons perdus,

Sujets les plus souvent filmés

Anna Karénine (L. Tolstoï) : Goulding 1927 ; Brown 1935 ; Duvivier 1948 ; Zarkhi 1967. 13 films.

Arlésienne (L') (A. Daudet) : Capellani 1910 ; Antoine 1921 ; Baroncelli 1930 ; Allégret 1941.

Assommoir (L') (É. Zola) : Capellani 1909 ; Maudru 1921 ; Roudès 1933 ; Clément 1956.

Atlantide (L') (P. Benoit) : Feyder 1921 ; Pabst 1932 ; Tallas 1948 ; Ulmer 1961.

Bossu (Le) (P. Féval) : Heuzé 1914 ; Kemm 1925 ; Sti 1934 ; Delannoy 1944 ; Hunnebelle 1959 ; Decourt 1968.

Brave Soldat Chveik (Le) (J. Hasek) : Lamac 1925 ; Frie 1931 ; Youtkevitch 1943 ; Trnka 1955 ; Stekly 1956 ; Ambesser 1959 ; Liebeneiner 1963.

Buffalo Bill : Ford 1924 ; Taylor 1926 ; Stevens 1935 ; De Mille 1936 ; Wellman 1944 ; B. Ray 1947 ; Sidney 1951 ; Hopper 1953 ; Altman 1975. 45 films dont 2 parodies.

Carmen (Mérimée) : Calmettes 1909 ; Walsh 1915 ; De Mille 1915 ; Lubitsch 1918 ; Feyder 1926 ; Walsh 1928 ; Christian-Jaque 1942 ; Ch. Vidor 1952 ; Scotese 1953 ; Preminger 1954 ; Gallone 1963 ; Saura 1982 ; Brook 1983 ; Godard 1983 ; Rosi 1984.

Casanova : Volkoff 1926 ; Barberis 1933 ; Boyer 1947 ; Freda 1948 ; Steno 1954 ; Comencini 1969 ; Fellini 1975.

Catherine II : Czerepy 1920 ; Lubitsch 1925 ; Waschneck 1929 ; R. Bernard 1929 ; Czinner 1934 ; Sternberg 1934 ; Ozep 1938 ; Preminger 1945 ; Curtiz 1960 ; Lenzi 1963 ; G. Flemyng 1968.

Chasseur de chez Maxim's (Le) (Y. Mirande et G. Quinson) : Rimsky 1927 ; Anton 1932 ; Cammage 1939 ; Diamant-Berger 1953 ; Vital 1976.

Châtelaine du Liban (La) (P. Benoit) : de Gastyne 1924 ; Epstein 1933 ; Pottier 1956.

Cléopâtre : Guazzoni 1913 ; G. Edwards 1917 ; C.B. De Mille 1934 ; G. Pascal 1945 ; Mattoli 1955 ; Cottafavi 1959 ; Mankiewicz 1963 ; Tourjansky-Pierotti 1963.

Comte de Monte-Cristo (Le) (A. Dumas) : Pouctal 1917 ; Flynn 1921 ; Fescourt 1929 ; Lee 1934 ; Vernay 1943 et 1954 ; Autant-Lara 1962.

Crime et Châtiment (Dostoïevski) : Wiene 1921 ; Chenal 1934 ; Sternberg 1936 ; Lampin 1956 ; Koulidjanov 1966.

Dame aux camélias (La) (Dumas fils) : Pouctal 1909 ; Capellani 1915 ; Serena 1915 ; Edwards 1919 ; Smallwood 1921 ; Molander 1925 ; Niblo 1927 ; Gance 1934 ; Cukor 1936 ; R. Bernard 1951 ; M. Bolognini 1981.

Dernier des Mohicans (Le) (F. Cooper) : Tourneur 1921 ; Eason-Beebe 1932 ; Seitz 1936 ; Sherman 1947 ; Reinl 1966.

Derniers Jours de Pompéi (Les) (B. Lytton) : Maggi 1908 ; Caserini 1913 ; Vidali 1913 ; Gallone 1925 ; Schoedsack 1935 ; L'Herbier 1948 ; Bonnard 1960.

Deux Orphelines (Les) (A. d'Ennery) : Capellani 1910 ; Griffith 1921 ; Tourneur 1932 ; Gallone 1943 ; Gentilomo 1954 ; Freda 1965.

Docteur Jekyll et Mr Hyde (Stevenson) : Murnau 1919 ; Robertson 1920 ; Mamoulian 1932 ; Fleming 1941 ; Fisher 1960 ; J. Lewis 1963.

Duchesse de Langeais (La) (Balzac) : Calmettes 1910 ; Lloyd 1922 ; Czinner 1927 ; Baroncelli 1942.

Fabiola (Cal Wiseman) : Perrego 1913 ; Guazzoni 1917 ; Blasetti 1947 ; Malassoma 1960.

Fanny (M. Pagnol) : Allégret 1932 ; Almirante 1933 ; Wendhausen 1934 ; Whale 1938 ; Logan 1961.

Fantômas : Feuillade 1912 ; Féjos 1932 ; Sacha 1947 ; Vernay 1948 ; Hunnebelle 1964-66.

Femme X (La) (A. Bisson) : Savage 1916 ; Lloyd 1920 ; Barrymore 1929 ; Wood 1937 ; Rich 1966.

Frères Karamazov (Les) (Dostoïevski) : Buchowietzky 1920 ; Ozep 1931 ; Brooks 1958 ; Pyriev 1968.

Hamlet (Shakespeare) : Blom 1911 ; Gade 1920 ; Olivier 1948 ; Kozintsev 1964 ; Richardson 1969 ; 50 films dont 9 parodies.

Huckleberry Finn (M. Twain) : Taylor 1919 ; Taurog 1931 ; Thorpe 1938 ; Curtiz 1960.

Jeanne d'Arc : Méliès 1900 ; Caserini 1908 ; Capellani 1908 ; Oxilia 1913 ; De Mille 1917 ; de Gastyne 1928 ; Dreyer 1928 ; Ucicky 1935 ; Fleming 1948 ; Delannoy 1952 ; Rossellini 1954 ; Preminger 1957 ; Bresson 1963.

Jésus-Christ : Zecca et Nonguet 1902 ; Antamoro 1914 ; Wiene 1925 ; De Mille 1927 ; Duvivier 1934 ; N. Ray 1961 ; Pasolini 1964 ; Stevens 1965 ; Jewison 1972 ; Rossellini 1976 ; Zeffirelli 1977.

Kœnigsmark (P. Benoit) : Perret 1918 ; Tourneur 1935 ; S. Terac 1953.

Lady Hamilton : Oswald 1921 ; Lloyd 1929 ; Korda 1946 ; Christian-Jaque 1968.

Louis II de Bavière : Dieterlé 1930 ; Käutner 1955 ; Visconti 1972 ; Syberberg 1972.

Lucrèce Borgia : Capellani 1909 ; Caserini 1910 ; Oswald 1921 ; Gance 1935 ; Christian-Jaque 1953 ; Grieco 1959.

Macbeth (Shakespeare) : 29 films.

Madame Sans-Gêne (V. Sardou) : Calmettes 1911 ; A. Negroni 1921 ; Perret 1924 ; Richebé 1941 ; Christian-Jaque 1962.

Maître de poste (Le) (Pouchkine) : Jeliabousky 1925 ; Tourjansky 1937 ; Ucicky 1940 ; Von Baky 1955.

Manon Lescaut (Abbé Prévost) : Capellani 1911 ; Winslow 1914 ; Crosland 1927 ; Robison 1928 ; Gallone 1940 ; Clouzot 1948 ; Costa 1954 ; Aurel 1967.

Marraine de Charley (La) (B. Thomas) : Sidney 1925 ; Christie 1930 ; Colombier 1935 ; Mayo 1941 ; Butler 1952 ; Quest 1956 ; Chevalier 1959 ; Cziffra 1963.

Mayerling : Litvak 1936 ; Delannoy 1948 ; Jugert 1958 ; Dagover 1958 ; Young 1968 ; Jancsö 1975.

Michel Strogoff (J. Verne) : Tourjansky 1926 ; Baroncelli-Eichberg 1936 ; Gallone 1956 ; Tourjansky 1961 ; E. Visconti 1970.

Misérables (Les) (V. Hugo) : Capellani 1913 ; Frank Lloyd 1918 ; Fescourt 1925 ; R. Bernard 1934 ; Boleslawsky 1935 ; Freda 1947 ; Milestone 1953 ; Le Chanois 1958 ; Hossein (1982). 25 films.

Mystères de Paris (Les) (E. Sue) : Capellani 1912 ; Burguet 1922 ; Gandera 1935 ; Baroncelli 1944 ; Cerchio 1957 ; Hunebelle 1962.

Nana (Zola) : Renoir 1926 ; D. Arzner 1933 ; Corostiza 1943 ; Christian-Jaque 1955.

Napoléon : Gance 1927 ; Grüne 1928 ; Lupu-Pick 1929 ; Wenzler 1935 ; Brown 1937 ; Guitry 1954 ; Koster 1954 ; Gance 1960 ; Bondartchouk 1969. Son rôle a été joué dans plus de 163 films.

Notre-Dame de Paris (V. Hugo) : Capellani 1911 ; Worsley 1924 ; Dieterlé 1938 ; Delannoy 1956.

Oliver Twist (Dickens) : de Morlhon 1910 ; Lloyd 1920 ; Brennon 1932 ; Lean 1946 ; Reed 1969. 18 films.

Pêcheur d'Islande (P. Loti) : Pouctal 1914 ; Baroncelli 1924 ; Guerlais 1933 ; Schoendoerffer 1959.

Porteuse de pain (La) (X. de Montépin) : Denola 1912 ; Le Somptier 1923 ; Sti 1934 ; Cloche 1950 ; Cloche 1963.

Quatre Plumes blanches (Les) (A.E.W. Mason) : Plaissetty 1922 ; Schoedsack-Cooper 1930 ; Z. Korda 1939 ; Young-Korda 1955 ; Sharp 1977.

Quo Vadis ? (H. Sienkiewicz) : Calmettes 1910 ; Guazzoni 1912 ; Jacoby-d'Annunzio 1924 ; Le Roy 1951.

Raspoutine : Malikoff 1929 ; Trotz 1932 ; Boleslavsky 1933 ; L'Herbier 1938 ; Combret 1954 ; Chenal 1960 ; Sharp 1966 ; Hossein 1967.

Résurrection (L. Tolstoï) : Griffith 1909 ; Tchardynine 1915 ; E. José 1918 ; Carewe 1927 ; Blasetti 1931 ; Carewe 1932 ; Mamoulian 1934 ; Hansen 1958. 23 films.

Robinson Crusoé : 36 films.

Rocambole (Ponson du Terrail) : Denola 1914 ; Maudru 1924 ; Rosca 1932 ; Baroncelli 1946 ; Borderie 1963.

Roger la Honte (J. Mary) : Baroncelli 1923 ; Roudès 1933, Cayatte 1946 ; Freda 1966.

Roméo et Juliette (Shakespeare) : Caserini 1908 ; Blackton 1916 ; Cukor 1936 ; Castellani 1953 ; Zeffirelli 1968. 40 films dont 8 parodies.

Saint François d'Assise : Antamoro 1926 ; Rossellini 1950 ; Curtiz 1961 ; Zeffirelli 1973.

Sonate à Kreützer (La) (L. Tolstoï) : Tchardynine 1911 ; Brenon 1915 ; Machaty 1926 ; Harlan 1937 ; Dréville 1938.

Topaze (M. Pagnol) : Gasnier 1933 ; d'Abbadie d'Arrast 1933 ; Pagnol 1936 ; Pagnol 1951 ; P. Sellers 1962.

Tour de Nesle (La) (Dumas) : Capellani 1911 ; Roudes 1937 ; Gance 1953 ; Legrand 1969.

Trois Mousquetaires (Les) (A. Dumas) : Caserini 1909 ; Pouctal 1913 ; Niblo 1921 ; Diamant-Berger 1922 ; Dwan 1929 ; Diamant-Berger 1932 ; Lee 1935 ; Sidney 1948 ; Hunnebelle 1953 ; Borderie 1961 ; Lester 1973 ; Hunnebelle 1974. 30 films + 10 variantes.

Zaza (Berton-Simon) : Porter 1915 ; Dwan 1923 ; Cukor 1939 ; Castellani 1943 ; Gaveau 1955.

Héros les plus souvent filmés

Sherlock Holmes. Détective créé par Sir Arthur Conan Doyle (1859-1930) joué par 61 acteurs dont 1 Noir (Sam Robinson) de 1900 à 1980. Joué notamment par Eille Norwood (47 films) et Basil Rathbone (14). Reginald Aven fut le seul acteur à avoir joué Sherlock Holmes et le Docteur Watson.

Tarzan (env. 100 films) : le 1er avec Elmo Lincoln (2 films en 1918), parmi les 35 suivants Johnny Weismuller (1932 à 48, 12 films), Lex Barker (1949 à 53, 5), Gordon Scott (1955 à 58, 5), Azad (Inde 1964 à 70, 13).

Frankenstein (91 films).

Hopalong Cassidy (66 films).

Zorro (65 films).

Charlie Chan (49 films).

Robin des Bois (48 films).

Vous ne l'emporterez pas avec vous, M. Smith au Sénat, Arsenic et vieilles dentelles, Pourquoi nous combattons (1944), La vie est belle, l'Enjeu, Un trou dans la tête.

Chaplin (Charles Spencer) (Londres, 1889-1977) : *Charlot soldat (1918), le Kid, le Pèlerin, l'Opinion publique, la Ruée vers l'or (1925), le Cirque,* les Lumières de la ville (1930), les Temps modernes, le Dictateur (1940), M. Verdoux, Limelight, Un roi à New York, la Comtesse de Hong Kong (1966).

Coppola (Francis Ford) (1939) : Big Boy, les Gens de la pluie, le Parrain (1971), Conversation secrète (1974), le Parrain (2e partie 1975), Apocalypse now (1979), Coup de cœur, Rusty James, Cotton Club.

Cukor (George) (1899-1983) : Little Women, David Copperfield, le Roman de Marguerite Gautier (1936), Vacances, Femmes, Hantise, Je retourne chez maman, Une femme qui s'affiche, Une étoile est née, les Girls, la Diablesse en collant rose (1959), le Milliardaire, My fair lady (1964), Justine, Voyages avec ma tante, l'Oiseau bleu, Riches et célèbres.

Curtiz (Michaël) (M. Kertesz, 1898-1962) : *l'Arche de Noé (1928),* 20 000 ans sous les verrous, Capitaine Blood, la Charge de la brigade légère, Robin des Bois, Anges aux figures sales, les Conquérants, la Caravane héroïque, le Vaisseau fantôme, Casablanca, la Femme aux chimères, les Comancheros (1961).

Dassin (Jules) (1911) : les Démons de la liberté, la Cité sans voiles, les Bas-fonds de Frisco, les Forbans de la nuit (1950), Du rififi chez les hommes, Celui qui doit mourir, la Loi, Jamais le dimanche (1960), Phaedra, Topkapi, Point noir, la Promesse de l'aube.

Daves (Delmer) (1904-77) : les Passagers de la nuit (1947), Destination Tokyo, la Flèche brisée, l'Aigle solitaire, l'Homme de nulle part, la Dernière Caravane, Trois Heures dix pour Yuma (1957), Cow-boy, la Colline des potences.

De Mille (Cecil B.) (1881-1959) : *Forfaiture (1915), les Dix Commandements (1re vers.), le Roi des rois,* le Signe de la croix, les Tuniques écarlates, l'Odyssée du Dr Wassel, Samson et Dalila (1951), Sous le plus grand chapiteau du monde, les Dix Commandements (2e vers., 1956).

Disney (Walt) (Elias) (1901-66) (dessins animés) : Blanche-Neige et les 7 nains (1937), Pinocchio, Fantasia, Dumbo, Bambi, les 3 Caballeros, Cendrillon (1950), Peter Pan, les 101 Dalmatiens, Merlin l'Enchanteur (1963), le Livre de la jungle.

Dmytryk (Edward) (1908) : Adieu ma belle, Crossfire, Donnez-nous aujourd'hui, Ouragan sur le Caine, la Lance brisée, le Bal des maudits (1958), l'Homme aux colts d'or, les Ambitieux, Mirage, Alvarez Kelly, la Bataille pour Anzio, Barbe-Bleue.

Donen (Stanley) (1924) : Chantons sous la pluie (1952), les Sept Femmes de Barberousse, Drôle de frimousse, Beau fixe sur New York, Embrasse-la pour moi, Pique-nique en pyjama, Indiscret, Chérie recommençons, Charade (1964), Arabesque, Voyage à deux, l'Escalier, le Petit Prince, Lucky Lady, Folie Folie.

Dwan (Allan) (1885-1981) : *Robin des Bois (1922),* Suez, Iwo-Jima (1949), la Belle du Montana, Quatre Étranges Cavaliers, la Reine de la prairie, le Mariage est pour demain, Deux Rouquines dans la bagarre (1956).

Flaherty (Robert) (1884-1951) : *Nanouk, Moana (1926), Tabou* (avec Murnau), l'Homme d'Aran (1932-34), Louisiana Story (1948).

Fleischer (Richard) (1916) : l'Énigme du Chicago-Express, 20 000 Lieues sous les mers (1954), les Inconnus dans la ville, la Fille sur la balançoire, Bandido Caballero, le Temps de la colère, les Vikings (1958), Drame dans un miroir, l'Étrangleur de Boston, Tora-Tora-Tora, Terreur aveugle, Les flics ne dorment pas la nuit, Mandingo.

Fleming (Victor) (1883-1949) : *le Virginien,* l'Ile au trésor, Imprudente Jeunesse, Capitaine courageux, Pilote d'essai, Autant en emporte le vent (1939), Tortilla Flat, Jeanne d'Arc (1948).

Ford (John) (Sean O'Feeney) (1895-1973) : *le Cheval de fer (1924),* la Patrouille perdue, Toute la ville en parle, le Mouchard, la Chevauchée fantastique (1939), Vers sa destinée, les Raisins de la colère, Qu'elle était verte ma vallée, la Poursuite infernale (1946), Dieu est mort, le Massacre de Fort-Apache, la Charge héroïque, l'Homme tranquille (1952), la Prisonnière du désert, les Cavaliers, le Sergent noir, les Deux Cavaliers, l'Homme qui tua Liberty Valance, les Cheyennes (1964), Frontière chinoise.

Fuller (Samuel) (1911) : J'ai vécu l'enfer de Corée (1950), Baïonnette au canon, le Port de la drogue, le Démon des eaux troubles, Maison de bambou, le Jugement des flèches, Verboten, les Bas-fonds newyorkais, Les maraudeurs attaquent (1962), Shock Corridor, Un pigeon mort dans Beethoven Street, The Big Red One, Dressé pour tuer, les Voleurs de la nuit.

Garnett (Tay) (1895-1977) : Voyage sans retour (1932), l'Amour en première page (1937), le Dernier Négrier (1937), Quelle joie de vivre, Bataan, Le facteur sonne toujours deux fois (1946), les Combattants de la nuit (1960).

Griffith (David W.) (1875-1948) : *Naissance d'une nation (1915), Intolérance (1916), le Lys brisé, le Pauvre Amour, A travers l'orage, les Deux Orphelines, la Nuit mystérieuse,* Abraham Lincoln (1930).

Hathaway (Henry) (1898-1985) : les 3 Lanciers du Bengale (1934), Peter Ibbetson, les Gars du large, Johnny Apollo, le Carrefour de la mort, Niagara, la Cité disparue, le Grand Sam (1961), le Dernier Safari, Cinq cartes à abattre.

Hawks (Howard) (1896-1977) : Scarface (1932), l'Impossible M. Bébé, Seuls les anges ont des ailes, Sergent York, Air Force, le Port de l'angoisse, le Grand Sommeil (1946), la Rivière rouge, Les hommes préfèrent les blondes, Rio Bravo (1959), Hatari, El Dorado, Rio Lobo.

Hill (George Roy) (1926) : Deux Copines, Un séducteur, Millie, Butch Cassidy et le Kid (1970), Abattoir 5, l'Arnaque, la Kermesse des aigles, I Love you, je t'aime, le Monde selon Garp.

Hitchcock (Alfred) (1899-1980) : les 39 Marches (1935), Une femme disparaît, Rebecca, l'Ombre d'un doute, les Enchaînés, la Corde (1948), les Amants du Capricorne, l'Inconnu du Nord-Express, la Loi du silence, Fenêtre sur cour, la Main au collet, Mais qui a tué Harry ?, l'Homme qui en savait trop (2e vers.), le Faux Coupable, Vertigo (Sueurs froides), la Mort aux trousses, Psychose, les Oiseaux (1963), le Rideau déchiré (1966), l'Étau, Frenzy (1972), Complot de famille (1976).

Huston (John) (1906) : le Faucon maltais, le Trésor de la Sierra Madre (1947), Key Largo, Quand la ville dort, African Queen, Moulin-Rouge, Plus fort que le diable, Moby Dick, le Vent de la plaine, les Misfits (1961), la Bible, Reflets dans un œil d'or, la Lettre du Kremlin, Promenade avec l'amour et la mort, Fat City, Juge et hors-la-loi, le Piège, l'Homme qui voulut être roi, le Malin, A nous la victoire, Annie, Au-dessous du volcan.

Kazan (Elia) (Kazanjoglou) (Istanbul, 1909) : Boomerang, Panique dans la rue, Un tramway nommé Désir (1951), Viva Zapata, Sur les quais, A l'est d'Eden, Baby Doll, Un homme dans la foule, le Fleuve sauvage, la Fièvre dans le sang, America America (1964), l'Arrangement, les Visiteurs, le Dernier Nabab (1976).

Keaton (Buster) (Joseph Francis) (1895-1966) : *les Lois de l'hospitalité (1923), la Croisière du Navigator, Sherlock junior, Fiancées en folie, le Mécano de la Générale (1926), l'Opérateur, le Figurant,* le Roi de la bière (1933).

King (Henri) (1896-1982) : *Tol'able David (1921), Dans les laves du Vésuve, Romola (1925),* la Foire aux illusions, Ramona (1936), l'Incendie de Chicago, Stanley et Livingstone, le Brigand bien-aimé, le Chant de Bernadette, David et Bethsabée, Le Soleil se lève aussi, Tendre est la nuit (1961).

Kubrick (Stanley) (1928) : Ultime Razzia (1956), les Sentiers de la gloire, Spartacus, Lolita, Docteur Folamour, 2001 Odyssée de l'espace (1968), Orange mécanique, Barry Lyndon, The Shining.

Lewis (Jerry) (Joseph Levitch) (1926) : le Dingue du palace (1960), le Tombeur de ces dames, Docteur Jerry et Mister Love, Jerry souffre-douleur, les Tontons farceurs, Trois sur un sofa, Ya Ya mon général, Au boulot Jerry, T'es fou Jerry.

Logan (Joshua) (1908) : Picnic, Bus Stop (1956), Sayonara, South Pacific, Fanny, la Kermesse de l'Ouest.

Losey (Joseph) (1909-84) : Haines, le Rôdeur (1951), M. le Maudit (2e version), la Bête s'éveille, Temps sans pitié, l'Enquête de l'inspecteur Morgan (1959), les Criminels, Eva (1962), The Servant, Pour l'exemple, Accident, Boom, Cérémonie secrète, Deux Hommes en fuite, le Messager (1971), l'Assassinat de Trotsky, Maison de poupée, l'Anglaise romantique, M. Klein (1975), les Routes du Sud, Don Giovanni (1978), la Truite.

Lubitsch (Ernst) (Allem., 1892-1947) : *Madame du Barry, l'Éventail de lady Windermere (1925), le Patriote,* Parade d'amour, Haute pègre, Si j'avais un million, Sérénade à trois, la Veuve joyeuse, la 8e Femme de Barbe-Bleue, Ninotchka (1939), To be or not to be, Le ciel peut attendre, la Folle Ingénue (1946).

Lucas (George) (1944) : THX 1138, American Graffiti, la Guerre des étoiles.

Lumet (Sidney) (1924) : Douze Hommes en colère (1957), Point limite, la Colline des hommes perdus, le Groupe, la Mouette, le Crime de l'Orient-Express, Serpico, Un après-midi de chien, Network, The Wiz, le Prince de New York, Piège mortel, The Verdict, Daniel.

Mac Carey (Léo) (1898-1969) : Soupe au canard (1933), Cette sacrée vérité, Elle et Lui (1re version), la Route semée d'étoiles, les Cloches de Ste-Marie, Elle et Lui (2e version), la Brune brûlante.

Mankiewicz (Joseph L.) (1909) : Chaînes conjugales, Ève, l'Affaire Cicéron (1952), Jules César, la Comtesse aux pieds nus, Un Américain bien tranquille, Soudain l'été dernier, Cléopâtre (1963), le Reptile, le Limier.

Mann (Anthony) (1906-67) : Winchester 73, les Affameurs, l'Appât, Je suis un aventurier, l'Homme de la plaine, Cote 465, l'Homme de l'Ouest, la Charge des tuniques bleues (1959), la Ruée vers l'Ouest, le Cid.

Minnelli (Vincente) (1913) : Ziegfeld Follies, le Père de la mariée, Un Américain à Paris (1951), les Ensorcelés, Tous en scène, Brigadoon, la Toile d'araignée (1955), Gigi (2e version), Comme un torrent, Un numéro du tonnerre, 15 Jours ailleurs, le Chevalier des sables, Mélinda, Nina (1976).

Mulligan (Robert) (1925) : Prisonnier de la peur (1957), Du silence et des ombres, le Sillage de la violence, Daisy Clover, Escalier interdit, l'Homme sauvage, Un été 42, l'Autre.

Peckinpah (Sam) (1926-84) : Coup de feu dans la Sierra, Major Dundee, la Horde sauvage, les Chiens de paille, le Dernier Bagarreur, Pat Garrett et Billy the Kid, Apportez-moi la tête d'Alfredo Garcia, Croix de fer, le Convoi, Osterman Week-end.

Penn (Arthur) (1922) : le Gaucher, Miracle en Alabama, Mickey One, Bonnie and Clyde, Little Big Man, Missouri Breaks.

Pollack (Sydney) (1934) : Propriété interdite, les Chasseurs de scalps, Un château en enfer, On achève bien les chevaux (1969), Jeremiah Johnson, Nos plus belles années, Yakuza, les 3 Jours du Condor, Bobby Deerfield, le Cavalier électrique, Absence de malice, Tootsie, Souvenirs d'Afrique.

Preminger (Otto) (Vienne, 1906) : Laura, Crime passionnel, Ambre (1947), le Mystérieux Dr Korvo, Un si doux visage, Rivière sans retour, l'Homme au bras d'or (1955), Bonjour tristesse, Autopsie d'un meurtre, Exodus (1961), Tempête à Washington, le Cardinal, Bunny Lake a disparu, Skidoo, Rosebud.

Ray (Nicholas) (Kienzle) (1911-79) : les Amants de la nuit, le Violent, les Diables de Guadalcanal, la Maison dans l'ombre, Johnny Guitare, la Fureur de vivre (1955), Derrière le miroir, Amère Victoire, le Traquenard (1955), le Roi des rois, les 55 Jours de Pékin.

Scorsese (Martin) (1942) : Bertha Boxcar (1972), Mean Streets, Alice n'est plus ici, Taxi Driver, New York New York, The Last Walz, Raging Bull, la Valse des pantins.

Sirk (Douglas) (Detlef Sierk) (Danemark, 1900) : l'Aveu (1944), Des filles disparaissent, Jenny femme marquée, Tempête sur la colline, Écrit sur du vent, la Ronde de l'aube, le Temps d'aimer et le temps de mourir (1959), Mirage de la vie.

Spielberg (Steven) (1947) : Duel (1971), The Sugarland Express, les Dents de la mer, Rencontres du troisième type, 1941, les Aventuriers de l'Arche perdue, E.T. l'extra-terrestre (1982), la Quatrième dimension, Indiana Jones et le Temple maudit.

Sternberg (Josef von) (Vienne, 1894-1969) : *les Nuits de Chicago (1927), les Damnés de l'Océan,* l'Ange bleu (1930), Cœurs brûlés, Shanghai Express, l'Impératrice rouge, la Femme et le Pantin, Shanghai, Fièvre sur Anathan.

Stevens (George) (1904-75) : Gunga Din (1939), Une place au soleil, l'Homme des vallées perdues, Géant, le Journal d'Anne Frank (1959), Il était une fois l'Amérique.

Stroheim (Erich von) (Autriche, 1885-1957) : *la Loi des montagnes (1918), Folies de femmes, les Rapaces (1923), la Veuve joyeuse, Symphonie nuptiale, Queen Kelly (1928).*

Tashlin (Frank) (1913-72) : Artistes et Modèles (1955), la Blonde et moi, Un vrai cinglé du cinéma, la Blonde explosive, le Kid en kimono, l'Increvable Jerry.

Tourneur (Jacques) (1904-77) : la Féline, l'Homme léopard, Vaudou, Angoisse, le Passage du canyon, la Griffe du passé (1947), la Flibustière des Antilles, le Gaucho, l'Or et l'Amour, Frontière sauvage, la Nuit du démon, Tombouctou, Bataille de Marathon.

Ulmer (Edgar G.) (Vienne, 1900-72) : le Chat noir, le Démon de la chair, Carnegie Hall, l'Implacable, le Bandit (1955), l'Atlantide, Sept contre la mort.

Vidor (King) (1894-1982) : *la Grande Parade (1925), la Foule,* Hallelujah ! (1929), Notre pain quotidien, Stella Dallas, la Citadelle, le Grand Passage, Duel au soleil, le Rebelle, la Furie du désir, l'Homme qui n'a pas d'étoile, Guerre et Paix, Salomon et la Reine de Saba (1959).

Walsh (Raoul) (1892-1981) : *le Voleur de Bagdad (1re version, 1924),* Gentleman Jim, la Charge fantastique, Aventures en Birmanie, la Vallée de la peur, la Fille du désert, Un roi et quatre reines, l'Esclave libre, les Nus et les Morts (1958), Esther et le Roi, la Charge de la 8e brigade.

Welles (Orson) (1915-85) : Citizen Kane (1940), la Splendeur des Amberson, la Dame de Shanghai, Macbeth, Othello, Mr Arkadine, la Soif du mal, le Procès (1962), Falstaff, Histoire immortelle, Vérités et Mensonges, Filming Othello.

Wellman (William) (1894-1975) : *les Mendiants de la vie (1928),* l'Ennemi public, la Joyeuse Suicidée, Une étoile est née (1937), Beau Geste (1939), la Lumière qui s'éteint, Buffalo Bill, l'Étrange Incident, les Forçats de la gloire, la Ville abandonnée, le Rideau de fer, l'Allée sanglante (1955).

Wilder (Billy) (Samuel) (Vienne, 1906) : Assurance sur la mort, Le Poison (1943), Boulevard du Crépuscule, le Gouffre aux chimères, Stalag 17, Sabrina, Sept ans de réflexion, Ariane, Certains l'aiment chaud (1959), la Garçonnière, Irma la Douce, Embrasse-moi idiot, la Vie privée de Sherlock Holmes, Avanti, Spéciale première, Fedora.

Wise (Robert) (1914) : Nous avons gagné ce soir (1949), les Rats du désert, la Tour des ambitieux, Marqué par la haine, le Coup de l'escalier, West Side Story (1961), la Mélodie du bonheur, le Mystère Andromède, l'Odyssée du « Hindenburg », Star Trek.

Wyler (William) (Mulhouse, 1902-81) : Rue sans issue, l'Insoumise, les Hauts de Hurlevent (1939), le Cavalier du désert, la Vipère, Mrs Minniver, les Plus Belles Années de notre vie, l'Héritière, Vacances romaines, la Loi du Seigneur, Ben Hur (2e version, 1959), la Rumeur, l'Obsédé, Funny Girl.

Zinneman (Fred) (Vienne, 1907) : Le train sifflera trois fois (1952), Tant qu'il y aura des hommes, Au risque de se perdre, Un homme pour l'éternité (1966), Chacal, Julia, Cinq jours ce printemps-là.

France

Allégret (Marc) (Bâle, 1900-73) : *Voyage au Congo,* Lac aux Dames (1934), Gribouille, Entrée des artistes, Félicie Nanteuil, Julietta, l'Amant de Lady Chatterley, En effeuillant la marguerite, le Bal du comte d'Orgel.

Allégret (Yves) (1907) : Dédée d'Anvers (1948), Manèges, Les miracles n'ont lieu qu'une fois, Nez de cuir, les Orgueilleux, Germinal, Mords pas on t'aime.

Astruc (Alexandre) (1923) : le Rideau cramoisi, les Mauvaises Rencontres, Une vie (1958), la Proie pour l'ombre, Éducation sentimentale, la Longue Marche, Flammes sur l'Adriatique.

Autant-Lara (Claude) (1903) : le Mariage de Chiffon (1942), Douce, le Diable au corps, le Blé en herbe, le Rouge et le Noir, la Traversée de Paris, En cas de malheur, la Jument verte, Tu ne tueras point, le Franciscain de Bourges, Gloria.

Becker (Jacques) (1906-60) : Dernier Atout, Goupi-Mains rouges (1943), Falbalas, Antoine et Antoinette, Rendez-vous de juillet, Casque d'or (1952), Rue de l'Estrapade, Touchez pas au grisbi, Montparnasse 19, le Trou (1960).

Boisset (Yves) (1939) : Cran d'arrêt (1969), Un condé, l'Attentat, R.A.S., Dupont-la-Joie (1974), le Juge Fayard dit le Shériff, Un taxi mauve (1976), la Clé sous la porte, la Femme flic, Allons z'enfants.

Bresson (Robert) (1907) : les Anges du péché (1943), les Dames du bois de Boulogne, le Journal d'un curé de campagne (1951), Un condamné à mort s'est échappé (1956), Pickpocket, le Procès de Jeanne d'Arc, Au hasard Balthazar, Mouchette, Une femme douce, Quatre Nuits d'un rêveur, Lancelot du Lac, le Diable probablement, l'Argent.

Broca (Philippe de) (1933) : les Jeux de l'amour, le Farceur, l'Amant de 5 jours, Cartouche, l'Homme de Rio (1963), les Tribulations d'un Chinois en Chine, le Roi de cœur, le Diable par la queue, la Poudre d'escampette, le Magnifique, l'Incorrigible, Julie pot de colle, Tendre Poulet, le Cavaleur, On a volé la cuisse de Jupiter, l'Africain, Louisiane, la Gitane.

Camus (Marcel) (1912-82) : Orfeu Negro (1959), Os Bandeirantes, le Chant du monde, le Mur de l'Atlantique, Othalia de Bahia.

Carné (Marcel) (1906) : Drôle de drame (1937), Quai des Brumes, Hôtel du Nord, Le jour se lève, les Visiteurs du soir, les Enfants du paradis (1945), les Portes de la nuit, les Tricheurs, les Jeunes Loups, les Assassins de l'ordre, la Merveilleuse Visite.

Cayatte (André) (Marcel Truc) (1909) : Pierre et Jean, les Amants de Vérone (1949), Justice est faite, Nous sommes tous des assassins (1952), Avant le déluge, le Passage du Rhin, le Glaive et la Balance, la Vie conjugale, les Risques du métier, les Chemins de Katmandou, Mourir d'aimer, Il n'y a pas de fumée sans feu, A chacun son enfer (1976), la Raison d'État.

Chabrol (Claude) (1930) : le Beau Serge, les Cousins (1959), A double tour, les Bonnes Femmes, Landru, la Ligne de démarcation, la Femme infidèle, Que la bête meure, le Boucher (1969), la Rupture, la Décade prodigieuse, Dr Popaul, les Noces rouges, Nada, les Innocents aux mains sales, Folies bourgeoises, Alice ou la dernière fugue, Liens de sang, Violette Nozières, le Cheval d'orgueil, les Fantômes du chapelier, le Sang des autres, Poulet au vinaigre, Partage de minuit.

Christian-Jaque (Charles Maudet) (1904) : les Disparus de St-Agil, la Symphonie fantastique, Sortilèges, la Chartreuse de Parme, Fanfan la Tulipe (1952), Lucrèce Borgia, Madame du Barry, Nana, les Bonnes Causes, les Pétroleuses, la Vie parisienne.

Clair (René) (Chomette) (1898-1981) : *Entracte (1924), Un chapeau de paille d'Italie,* Sous les toits de Paris, le Million (1931), A nous la liberté, Quatorze Juillet, Fantôme à vendre, Ma femme est une sorcière, C'est arrivé demain, Le silence est d'or, les Belles de nuit, les Grandes manœuvres (1955), Porte des Lilas, Tout l'or du monde, les Fêtes galantes.

Clément (René) (1913) : la Bataille du rail (1946), les Maudits, Au-delà des grilles, Jeux interdits (1951), Monsieur Ripois, Gervaise, Plein Soleil, les Félins, Paris brûle-t-il ?, le Passager de la pluie, la Course du lièvre à travers champs.

Clouzot (Henri-Georges) (1907-77) : l'Assassin habite au 21, le Corbeau (1943), Quai des Orfèvres, Manon, le Salaire de la peur (1953), les Diaboliques, le Mystère Picasso, la Vérité, la Prisonnière.

Cocteau (Jean) (1889-1963) : le Sang d'un poète (1930), la Belle et la Bête, l'Aigle à deux têtes, les Parents terribles, Orphée (1950), le Testament d'Orphée (1960).

Corneau (Alain) (1943) : France société anonyme, Police Python 357, la Menace, Série noire, le Choix des armes, Fort Saganne.

Costa-Gavras (Grèce, 1933) : Compartiment tueurs, Un homme de trop, Z (1968), l'Aveu, État de siège, Section spéciale, Clair de femme, Missing, Hanna K, Conseil de famille.

Daquin (Louis) (1908-80) : Nous les gosses (1941), Premier de cordée, les Frères Bouquinquant, le Point du jour, Bel-Ami.

Decoin (Henri) (1896-1969) : Battement de cœur, Premier Rendez-vous, les Inconnus dans la maison (1942), la Fille du diable, la Vérité sur Bébé Donge, la Chatte, Les Parias de la gloire.

Delannoy (Jean) (1908) : Pontcarral, l'Éternel Retour (1943), la Symphonie pastorale, Dieu a besoin des hommes, la Princesse de Clèves, les Amitiés particulières.

Delluc (Louis) (1890-1924) : *la Fête espagnole* (coréal. : Germaine Dulac), *le Silence, Fièvre, la Femme de nulle part (1922), l'Inondation (1924).*

Demy (Jacques) (1931) : Lola, la Baie des anges, les Parapluies de Cherbourg (1963), les Demoiselles de Rochefort, The Model Shop, Peau d'âne, le Joueur de flûte, Lady Oscar, Une chambre en ville, Parking.

Deray (Jacques) (1929) : le Gigolo (1960), la Piscine, Borsalino, Borsalino et Cie, Flic story, le Gang, Trois hommes à abattre, le Marginal.

Deville (Michel) (1931) : Ce soir ou jamais, Adorable Menteuse, A cause à cause d'une femme, On a volé la Joconde, Benjamin (1967), Bye Bye Barbara, Raphaël ou le Débauché, la Femme en bleu, le Mouton enragé, l'Apprenti salaud, le Dossier 51, le Voyage en douce, Eaux profondes, la Petite Bande, Péril en la demeure, le Paltoquet.

Doillon (Jacques) (1944) : l'An 01, les Doigts dans la tête, Un sac de billes, la Femme qui pleure, la Drôlesse, l'Homme de ma vie.

Doniol-Valcroze (Jacques) (1920) : l'Eau à la bouche, le Cœur battant, la Dénonciation, le Viol, la Maison des Bories (1969).

Dréville (Jean) (1906) : le Joueur d'échecs (2e vers., 1938), la Cage aux rossignols (1944), Copie conforme, la Bataille de l'eau lourde, les Casse-pieds, la Reine Margot, Normandie-Niémen, La Fayette (1961).

Duvivier (Julien) (1896-1967) : la Bandera, Pépé le Moko (1937), Un carnet de bal, le Petit Monde de don Camillo, Marianne de ma jeunesse, Pot-Bouille, Marie-Octobre (1959).

Étaix (Pierre) (1928) : le Soupirant (1962), Yoyo, le Grand Amour.

Feuillade (Louis) (1874-1925) : *la Vie telle qu'elle est* (série), *Fantômas* (série), *les Vampires* (série 1915-16), *Judex* (série 1916-17), *Vendémiaire, les Deux Gamines, l'Orpheline, Parisette, Vindicta, le Stigmate (1925).*

Feyder (Jacques) (1888-1948) : *l'Atlantide (1921), l'Image, Carmen (1926), Thérèse Raquin (1928),* le Spectre vert (U.S.A.), le Grand Jeu, Pension Mimosas, la Kermesse héroïque (1936), les Gens du voyage, la Loi du Nord (1939-42).

Franju (George) (1912) : la Tête contre les murs, les Yeux sans visage, Thérèse Desqueyroux (1962), Judex, Thomas l'imposteur, la Faute de l'abbé Mouret.

Gance (Abel) (1889-1981) : *le Droit à la vie (1917), Mater Dolorosa, la 10e Symphonie (1918), J'accuse (1919), la Roue, Napoléon (1927),* la Fin du monde (1930), Lucrèce Borgia, Un grand amour de Beethoven (1936), J'accuse (2e version, 1937), Louise, Paradis perdu, Vénus aveugle, le Capitaine Fracasse (1942), la Tour de Nesle (1954), Austerlitz (1960), Cyrano et d'Artagnan (1963).

Godard (Jean-Luc) (1930) : A bout de soufle (1959), le Petit Soldat, Une femme est une femme, Vivre sa vie, les Carabiniers, le Mépris, Bande à part, Une femme mariée, Alphaville, Pierrot le fou, Masculin féminin, Made in U.S.A., 2 ou 3 choses que je sais d'elle, la Chinoise (1967), Week-end, Vent d'Est, Tout va bien, Numéro deux, Comment ça va, Sauve qui peut (la vie), Passion, Prénom Carmen, Je vous salue Marie, Détective.

Grémillon (Jean) (1902-59) : Gueule d'amour, l'Étrange Monsieur Victor, Remorques, Lumière d'été (1942), Le ciel est à vous, Pattes blanches, l'Amour d'une femme (1953).

Guitry (Sacha) (St-Pétersbourg, 1885-1957) : le Roman d'un tricheur (1936), Quadrille, Désiré, Ils étaient 9 célibataires, le Diable boiteux, la Poison, la Vie d'un honnête homme, Si Versailles m'était conté (1953), Napoléon, Assassins et Voleurs.

Hunebelle (André) (1896-1985) : Métier de fous (1948), Mission à Tanger, Méfiez-vous des blondes, les 3 Mousquetaires (1953), Cadet Roussel, le Bossu (1959), le Miracle des loups, les Mystères de Paris (1962), Fantômas (1964).

Kast (Pierre) (1920-84) : le Bel Age, la Morte-saison des amours (1960), Vacances portugaises, le Grain de sable, Drôle de jeu, Un animal doué de déraison, le Soleil en face, la Guerillera.

Lautner (Georges) (1926) : le Monocle noir (1961), les Tontons flingueurs, les Barbouzes, Laisse aller c'est une valse (1970), Il était une fois un flic, la Valise, les Seins de glace (1974), Mort d'un pourri, Flic ou voyou (1978), le Guignolo, le Professionnel, Joyeuses Pâques.

Leenhardt (Roger) (1903-85) : Naissance du cinéma, les Dernières vacances (1947), le Rendez-vous de minuit.

Lelouch (Claude) (1937) : le Propre de l'homme, Une fille et des fusils, Un homme et une femme (1965), Vivre pour vivre, le Voyou, Smic smac smoc, L'aventure c'est l'aventure, la Bonne Année, Toute une vie, Mariage, le Chat et la Souris, le Bon et les Méchants, Si c'était à refaire, Un autre homme, une autre chance, Robert et Robert, A nous deux, les Uns et les Autres, Édith et Marcel, Viva la vie, Partir revenir, Vingt ans déjà.

L'Herbier (Marcel) (1888-1979) : *El Dorado, Don Juan et Faust, l'Inhumaine, Feu Mathias Pascal (1925), l'Argent,* le Mystère de la chambre jaune, le Parfum de la dame en noir, les Hommes nouveaux, la Citadelle du silence, Adrienne Lecouvreur (1938), la Comédie du bonheur, la Nuit fantastique, l'Honorable Catherine, la Vie de Bohème (1943), les Derniers Jours de Pompéi.

Malle (Louis) (1932) : le Monde du silence, Ascenseur pour l'échafaud, les Amants (1958), Zazie dans le métro, Vie privée, Feu follet, Viva Maria, le Voleur, Histoires extraordinaires, Calcutta, le Souffle au cœur, Lacombe Lucien, Black Moon, la Petite, Atlantic City, Crackers, Alamo Bay.

Marker (Chris) (1921) : Lettre de Sibérie, Cuba si !, le Joli Mai (1963), la Spirale (collect.), Le fond de l'air est rouge (1977), Sans soleil.

Melville (Jean-Pierre) (1917-73) : le Silence de la mer, les Enfants terribles, Bob le flambeur, Deux hommes dans Manhattan, Léon Morin prêtre (1961), le Doulos, l'Aîné des Ferchaux, le Deuxième Souffle, le Samouraï, l'Armée des ombres, le Cercle rouge, Un flic.

Ophüls (Max) (Oppenheimer) (Sarrebruck, 1902-57) : Liebelei (1932), Divine, la Tendre Ennemie, De Mayerling à Sarajevo, Lettre d'une inconnue, la Ronde, le Plaisir, Madame de..., Lola Montès (1955).

Oury (Gérard) (Max-Gérard Tannenbaum) (1919) : le Corniaud, la Grande Vadrouille (1966), le Cerveau, la Folie des grandeurs, les Aventures de Rabbi Jacob, la Carapate, le Coup du parapluie, l'As des as, la Vengeance du serpent à plumes.

Pagnol (Marcel) (1895-1974) : Angèle, César, Regain, la Femme du boulanger, la Fille du puisatier (1940), Manon des Sources, les Lettres de mon moulin.

Pialat (Maurice) (1925) : l'Infante nue (1969), Nous ne vieillirons pas ensemble, la Gueule ouverte, Passe ton bac d'abord, Loulou (1980), A nos amours, Police.

Prévert (Pierre) (1906) : L'affaire est dans le sac, Adieu Léonard, Voyage-surprise.

Renoir (Jean) (1894-1979) : *Nana (1926),* la Chienne, Boudu sauvé des eaux, Toni, le Crime de M. Lange, Une partie de campagne (1937), la Grande Illusion (1937), la Règle du jeu (1939), Journal d'une femme de chambre, la Femme sur la plage, le Fleuve, le Carrosse d'or, French Cancan (1954), le Déjeuner sur l'herbe, le Caporal épinglé (1962).

Resnais (Alain) (1922) : Nuit et Brouillard, Hiroshima mon amour (1959), l'Année dernière à Marienbad, Muriel, La guerre est finie, Je t'aime je t'aime, Stavisky, Providence, Mon oncle d'Amérique, La vie est un roman, l'Amour à mort, Mélo.

Rivette (Jacques) (1928) : Paris nous appartient, la Religieuse (1965), l'Amour fou, Céline et Julie vont en bateau, Duelle, Noroît, Merry go round, le Pont du Nord, l'Amour par terre.

Robert (Yves) (1920) : la Guerre des boutons (1962), Bébert et l'omnibus (1963), les Copains (1964), Un éléphant ça trompe énormément, Nous irons tous au paradis (1977), Courage fuyons, le Jumeau.

Rohmer (Éric) (Maurice Scherer) (1920) : le Signe du Lion, Paris vu par..., la Collectionneuse, Ma nuit chez Maud (1969), le Genou de Claire, l'Amour l'après-midi, la Marquise d'O, Perceval le Gallois, la Femme de l'aviateur, le Beau Mariage, Pauline à la plage, les Nuits de la pleine lune.

Rouch (Jean) (1917) : Moi un Noir (1958), la Pyramide humaine, Chronique d'un été, la Punition, Jaguar, Cocorico M. Poulet.

Sautet (Claude) (1924) : Classe tous risques, les Choses de la vie (1969), Max et les Ferrailleurs, César et Rosalie, Vincent François Paul et les autres, Mado, Une histoire simple, Un mauvais fils, Garçon.

Schoendoerffer (Pierre) (1928) : la Passe du Diable (coréal. : J. Dupont), Pêcheurs d'Islande (1959), la 317e Section, Objectif 500 millions, le Crabe-Tambour, l'Honneur d'un capitaine.

Tacchella (Jean-Claude) (1925) : Voyage en grande Tartarie, Cousin Cousine, le Pays bleu, Il y a longtemps que je t'aime, Croque la vie, Escalier C.

Tati (Jacques) (1908-82) : Jour de fête (1947), les Vacances de M. Hulot (1953), Mon oncle, Playtime, Trafic, Parade.

Tavernier (Bertrand) (1941) : l'Horloger de Saint-Paul (1973), Que la fête commence, le Juge et l'Assassin (1975), Des enfants gâtés, la Mort en direct (1979), Une semaine de vacances, Coup de torchon, Un dimanche à la campagne, Autour de minuit.

Thomas (Pascal) (1945) : les Zozos (1972), Pleure pas la bouche pleine, le Chaud Lapin, la Cuisine du chef, Confidences pour confidences, Celles qu'on n'a pas eues.

Truffaut (François) (1932-84) : les Quatre Cents Coups (1959), Tirez sur le pianiste, Jules et Jim, Fahrenheit 451, La mariée était en noir, Baisers volés, la Sirène du Mississippi, l'Enfant sauvage (1969), Domicile conjugal, Deux Anglaises et le continent, la Nuit américaine, l'Histoire d'Adèle H, l'Argent de poche, l'Homme qui aimait les femmes, la Chambre verte, l'Amour en fuite, le Dernier Métro, la Femme d'à côté, Vivement dimanche.

Vadim (Roger) (Plemiannikov) (1928) : Et Dieu créa la femme (1956), Sait-on jamais ?, les Liaisons dangereuses, Et mourir de plaisir, le Repos du guerrier, le Vice et la Vertu, Château en Suède, la Curée, Barbarella, la Jeune Fille assassinée, Une femme fidèle.

Varda (Agnès) (Bruxelles, 1928) : la Pointe courte, Cléo de 5 à 7, le Bonheur, les Créatures, Lions Love, l'Une chante l'autre pas, Sans toit ni loi.

Verneuil (Henri) (Malakian) (1920, Turquie) : la Table aux crevés (1951), le Fruit défendu, Des gens sans importance, la Vache et le Prisonnier, le Président, Un singe en hiver, Week-end à Zuydcoote, le Clan des Siciliens (1969), Peur sur la ville, Mille milliards de dollars, les Morfalous.

Vigo (Jean) (Almereyda) (1905-34) : *A propos de Nice*, Zéro de conduite (1933), l'Atalante (1934).

Grande-Bretagne

Asquith (Anthony) (1902-68) : Pygmalion, l'Écurie Watson, le Chemin des étoiles, l'Ombre d'un homme, Il importe d'être constant (1951), Évasion, Ordre de tuer, les Dessous de la millionnaire, 7 heures avant la frontière.

Boorman (John) (1933) : le Point de non-retour (1947), Duel dans le Pacifique, Leo the Last, Délivrance, Zardoz, l'Hérétique, Excalibur, la Forêt d'émeraude.

Cornelius (Henry) (Afr. du S., 1913-58) : Passeport pour Pimlico (1949), Geneviève, le Major galopant, Une fille comme ça.

Crichton (Charles) (1910) : A cor et à cri, De l'or en barres (1951), Tortillard pour Titfield, l'Habit fait le moine, la Bataille des sexes.

Dearden (Basil) (1911-71) : Frieda, la Lampe bleue, Opération Scotland Yard, Hold-up à Londres, Scotland Yard contre X, la Victime, la Femme de paille, Khartoum (1966), Assassinats en tous genres.

Hamer (Robert) (1911-63) : Il pleut toujours le dimanche, Noblesse oblige (1949), Détective du Bon Dieu, Deux Anglais à Paris, le Bouc émissaire, l'Académie des coquins.

Lean (David) (1908) : Ceux qui servent sur mer, Heureux Mortels, l'Esprit s'amuse, Brève Rencontre (1945), Grandes Espérances, Oliver Twist, les Amants passionnés, Vacances à Venise, le Pont de la rivière Kwaï, Lawrence d'Arabie (1963), Docteur Jivago, la Fille de Ryan, la Route des Indes.

Lester (Richard) (1932) : 4 Garçons dans le vent, le Knack (1964), Au secours !, Pétulia, les Trois Mousquetaires, Terreur sur le « Britannic », Royal Flash, la Rose et la Flèche, les Joyeux Débuts de Butch Cassidy et le Kid, Superman II, Finders Keepers.

Mackendrick (Alexander) (U.S.A., 1912) : Whisky à gogo, l'Homme au complet blanc, Maggie, Tueurs de dames (1955), le Grand Chantage, Cyclone à la Jamaïque.

Olivier (Sir Laurence) (1907) : Henri V, Hamlet (1948), Richard III, le Prince et la Danseuse.

Powell (Michael) (1905) : Un de nos avions n'est pas rentré, Colonel Blimp, Je sais où je vais, Question de vie ou de mort, les Chaussons rouges (1948), Contes d'Hoffmann, le Voyeur.

Reed (Sir Carol) (1906-76) : Sous le regard des étoiles, Huit Heures de sursis, Première Désillusion, le Troisième Homme (1949), l'Homme de Berlin, Notre agent à La Havane, l'Extase et l'Agonie (1965), Oliver, l'Indien, Sentimentalement vôtre.

Reisz (Karel) (Tchéc., 1926) : Samedi soir dimanche matin (1961), Morgan, Isadora, le Flambeur, la Maîtresse du lieutenant français.

Richardson (Tony) (1928) : les Corps sauvages, le Cabotin, Sanctuaire, Un goût de miel, la Solitude du coureur de fond (1962), Tom Jones, le Cher Disparu, Mademoiselle, le Marin de Gibraltar, la Charge de la brigade légère (nouv. version), Chambre obscure, Hamlet, Joseph Andrews, Police frontière.

Russell (Kenneth) (1927) : Love (1970), Music Lovers, les Diables, le Messie sauvage, Mahler, Tommy, Lisztomania, Valentino, Au-delà du réel.

Schlesinger (John) (1926) : Billy Liar, Darling, Macadam cow-boy, Un dimanche comme les autres, le Jour du fléau, Marathon Man, Yanks.

Grèce

Angelopoulos (Theo) (1936) : Jours de 36, le Voyage des comédiens, les Chasseurs, Alexandre le Grand, Voyage à Cythère.

Cacoyannis (Michel) (1922) : Stella, la Fille en noir, Fin de crédit, Électre (1962), Zorba le Grec (1964), les Troyennes, Iphigénie (1976).

Hongrie

Fabri (Zoltán) (1917) : Un petit carrousel de fête (1956), le Professeur Hannibal, Match en enfer, 20 Heures.

Feher (Imre) (Vienne, 1926) : Un amour du dimanche (1957).

Jancsö (Miklos) (1921) : les Sans-Espoir (1966), Rouges et Blancs, Silence et Cri, Psaume rouge, Agnus Dei.

Inde

Ray (Satyajit) (1921) : Pather Panchali (1955), Aparajito, le Monde d'Apu, la Pierre philosophale, la Déesse, le Salon de musique (1958), Charulata (1964), les Joueurs d'échecs (1977), Tonnerres lointains.

Italie

Antonioni (Michelangelo) (1912) : Chronique d'un amour, Femmes entre elles (1955), la Dame sans camélias (1960), le Cri, l'Avventura, la Notte, l'Éclipse, le Désert rouge, Blow up, Zabriskie Point, Profession reporter, Identification d'une femme (1982).

Bertolucci (Bernardo) (1940) : Prima della Rivoluzione, la Stratégie de l'araignée, le Conformiste, le Dernier Tango à Paris (1972), 1900, la Luna (1978), Une femme italienne, la Tragédie d'un homme ridicule.

Blasetti (Alessandro) (1900) : *Terra madre*, Mille huit cent soixante (1932), Vieille Garde, la Couronne de fer (1940), Quatre Pas dans les nuages, Un jour dans la vie, Fabiola, Heureuse Époque, Dommage que tu sois une canaille.

Bolognini (Mauro) (1923) : les Amoureux, Jeunes Maris, les Garçons, Ça s'est passé à Rome, le Bel Antonio, la Viaccia (1961), Agostino, les Sorcières, Metello, la Grande Bourgeoise, Vertiges, la Dame aux camélias.

Camerini (Mario) (1895-1981) : Les hommes quels mufles (1932), le Tricorne, Une romantique aventure, les Fiancés, Deux Lettres anonymes, Ulysse (1953), Chacun son alibi, les Guérilleros.

Castellani (Renato) (1913) : Sous le soleil de Rome, Primavera, Deux Sous d'espoir (1950), Roméo et Juliette, l'Enfer dans la ville.

Comencini (Luigi) (1916) : Pain, amour et fantaisie (1953), Pain, amour et jalousie, la Grande Pagaille, la Ragazza, l'Incompris, Casanova, un adolescent à Venise, l'Argent de la vieille, Un vrai crime d'amour, Mon Dieu comment suis-je tombée si bas ?..., la Femme du dimanche, Qui a tué le chat ?, le Grand Embouteillage, Eugenio, l'Imposteur, Cuore.

De Santis (Giuseppe) (1917) : Chasse tragique, Riz amer (1948), Pâques sanglantes, Onze heures sonnaient, Jours d'amour, Hommes et Loups.

De Seta (Vittorio) (1923) : Bandits à Orgosolo (1961), Un homme à moitié, l'Invitée.

De Sica (Vittorio) (1902-74) (naturalisé Français 1967) : Sciuscia (1946), le Voleur de bicyclette (1948), Miracle à Milan, Umberto D, l'Or de Naples, le Toit, la Ciociara, les Séquestrés d'Altona, Mariage à l'italienne, Un monde nouveau, le Jardin des Finzi-Contini (1970), le Voyage.

Fellini (Federico) (1920) : I Vitelloni, la Strada (1954), Il Bidone, les Nuits de Cabiria, la Dolce Vita, Huit et demi, Juliette des Esprits, Histoires extraordinaires, Satyricon (1969), les Clowns, Roma, Amarcord, Casanova, Prova d'Orchestra, la Cité des femmes, Et vogue le navire, Ginger et Fred.

Ferreri (Marco) (1928) : le Mari de la femme à barbe (1963), Break Up, Liza, la Grande Bouffe, la Dernière Femme, Rêve de singe, Pipicacadodo, Contes de la folie ordinaire, Histoire de Piera, le Futur est femme.

Genina (Augusto) (1892-1957) : Prix de beauté, les Amours de minuit, l'Escadron blanc (1936), le Siège de l'Alcazar, Benghazi, la Fille des marais, Frou-Frou.

Germi (Pietro) (1914-74) : Au nom de la loi, le Chemin de l'espérance, le Disque rouge, l'Homme de paille, Divorce à l'italienne (1962), Séduite et abandonnée, Signore e Signori, Serafino.

Lattuada (Alberto) (1914) : le Bandit, Sans pitié, le Moulin du Pô, le Manteau, la Louve, Guendalina, la Tempête, les Adolescentes, l'Imprévu, la Steppe, Mafioso, la Mandragore, Fräulein Doktor, la Bambina, Cœur de chien, la Cigale.

Leone (Sergio) (1921) : Pour une poignée de dollars, le Bon, la Brute et le Truand, Il était une fois dans l'Ouest (1969), Il était une fois la Révolution, Il était une fois en Amérique.

Lizzani (Carlo) (1922) : Achtung Banditi !, Chronique des pauvres amants, le Bossu de Rome (1960), Procès à Vérone, Bandits à Milan, Mussolini, Fontamara.

Monicelli (Mario) (1915) : Gendarmes et Voleurs (en coll. avec Steno), le Pigeon (1958), la Grande Guerre, Larmes de joie, les Camarades, Nous voulons les colonels, Mes chers amis, Caro Michele, Voyage avec Anita, Rosy la Bourrasque, la Chambre d'hôtel, le Marquis s'amuse.

Olmi (Ermanno) (1931) : Le Temps s'est arrêté, l'Emploi, (1961), les Fiancés, la Circonstance, l'Arbre aux sabots, A la poursuite de l'étoile.

Pasolini (Pier Paolo) (1922-75) : Accatone, l'Évangile selon St Matthieu, Œdipe roi, Théorème (1968), Porcherie, Médée, le Décaméron, les Contes de Canterbury, les Mille et Une Nuits, Salò ou les 120 Journées de Sodome.

Risi (Dino) (1916) : Une vie difficile, le Fanfaron (1962), les Monstres, Fais-moi très mal mais couvre-moi de baisers, Une poule, un train et quelques monstres, Au nom du peuple italien, Sexe fou, Rapt à l'italienne, Parfum de femme, la Carrière d'une femme de chambre, Ames perdues, Dernier Amour, Cher Papa, Fantôme d'amour, Dagobert.

Rosi (Francesco) (1922) : le Défi, Salvatore Giuliano (1962), Main basse sur la ville, les Hommes contre, l'Affaire Mattéi (1971), Lucky Luciano, Cadavres exquis, le Christ s'est arrêté à Eboli (1978), Trois Frères, Carmen.

Rossellini (Roberto) (1906-77) : le Navire blanc (1941), Rome ville ouverte, Païsa, Amore, Stromboli, Europe 51, Voyage en Italie (1953), la Peur, India, le Général della Rovere (1959), Vanina Vanini, la Prise du pouvoir par Louis XIV, Socrate, Blaise Pascal, le Messie.

Scola (Ettore) (1931) : Cent millions ont disparu (1964), Belfagor le Magnifique, Drame de la jalousie, la Plus Belle Soirée de ma vie (1972), Nous nous sommes tant aimés, Affreux, sales et méchants, Une journée particulière, la Terrasse, Passion d'amour, la Nuit de Varennes, le Bal, Macaroni.

Visconti (Luchino) (V. de Modrone) (1906-76) : Ossessione, la Terre tremble (1948), Bellissima, Senso, Nuits blanches, Rocco et ses frères, Boccace 70, le Guépard (1962), Sandra, l'Étranger, les Damnés, Mort à Venise, le Crépuscule des dieux, Violence et Passion, l'Innocent.

Zampa (Luigi) (1905) : Vivre en paix (1946), les Années difficiles, la Belle Romaine, la Blonde enjôleuse, Question d'honneur.

Zurlini (Valerio) (1926-82) : Été violent, la Fille à la valise (1961), Journal intime, Des filles pour l'armée, le Professeur, le Désert des Tartares.

Japon

Ichikawa (Kon) (1915) : la Harpe birmane (1956), Feux dans la plaine, Tokyo Olympiades, la Vengeance d'un acteur.

Kinugasa (Teinosuke) (1896-1982) : Jujiro (1928), la Porte de l'Enfer (1954), le Héron blanc.

Kurosawa (Akira) (1910) : Chien enragé, Rashomon (1950), Vivre, les Sept Samouraïs, la Forteresse cachée, le Château de l'araignée, Sanjuro, l'Idiot, Barberousse, Dersu Uzala, Kagemusha, Ran.

Mizoguchi (Kenji) (1898-1956) : O'haru femme galante, Contes de la lune vague après la pluie (1952), l'Intendant Sansho, l'Impératrice Yang Kouei-Fei, le Héros sacrilège, Rue de la Honte.

Naruse (Mikio) (1905-69) : Ma femme, sois comme une rose (1935), Okasan, Nuages flottants.

Oshima (Nagisa) (1932) : la Pendaison (1968), le Petit Garçon, la Cérémonie, l'Empire des sens (1976), l'Empire de la passion, Furyo, Max mon amour.

Ozu (Yasujiro) (1903-1963) : Rêves de jeunesse (1928), les Frères Toda, le Goût du riz avec le thé vert, Printemps tardif, Voyage à Tokyo (1953), Fleurs d'équinoxe, Herbes ondoyantes, Fin d'automne, Dernier caprice, le Goût du saké.

Shindo (Kaneto) (1912) : les Enfants d'Hiroshima, l'Ile nue (1961), Onibaba.

Quelques scandales célèbres

1921. Mort de l'actrice Virginia Rappe après une « partie » organisée par le célèbre comique Fatty (Roscoe Arbuckle). Accusé de meurtre, puis acquitté, Fatty vit sa carrière ruinée et ne reparut plus à l'écran.
1922. Assassinat du metteur en scène W.D. Taylor. Mystère jamais éclairci, à base de chantage et de drogue, où fut compromise Mabel Normand, célèbre vedette des films de Charlie Chaplin.
1924. Au cours d'un dîner chez Edna Purviance (autre vedette de Chaplin), le chauffeur de Mabel Normand tue un convive d'un coup de revolver. Le scandale mit fin à la carrière de Mabel Normand qui mourut de tuberculose à l'hôpital en 1930. Elle avait 32 ans.
Mort mystérieuse du metteur en scène Thomas H. Ince (sans doute assassiné par un jaloux), sur le yacht de W.R. Hearst, magnat de la presse américaine.
1926. Mort à 26 ans de Barbara La Marr, célèbre vamp (vedette des « Trois Mousquetaires »...), victime de la drogue. Elle avait eu six maris.
1932. Suicide de Paul Bern, mari de Jean Harlow, après 2 mois de mariage (il avait été le 6e mari de Barbara La Marr).
1935. Mort mystérieuse (suicide ? assassinat ?) de la jeune vedette Thelma Todd, chez un ami metteur en scène.
1943. Procès d'Errol Flynn, accusé du viol de 2 filles de moins de 16 ans. — Procès de paternité retentissant fait à Chaplin par Miss Barry. Chaplin condamné.
1948. Robert Mitchum condamné à 60 j de prison pour usage de stupéfiants.
1949. Arrestation puis internement en maison de santé du jeune premier Robert Walker (« L'Inconnu du Nord-Express »), ex-mari de Jennifer Jones.
1958. La fille de Lana Turner poignarde le gangster Johnny Stompanato (amant de sa mère).
1959. Procès du journal à scandales *Confidential.* Mise en cause de nombreuses vedettes dont Dorothy Dandridge, Maureen O'Hara...
1968. Assassinat de Ramón Novarro dans sa villa à Hollywood par deux jeunes vagabonds.
1969. Assassinat de Sharon Tate par une bande de hippies drogués.

Quelques records de mariage

Anouk Aimée : D.V. Zimmermann, Niko Papadakis, Pierre Barouh, Albert Finney.
Brigitte Bardot : Roger Vadim, Jacques Charrier, Gunther Sachs.
Ingrid Bergman : Peter Lindstrom, Roberto Rossellini, Lars Schmidt.
Humphrey Bogart : Helen Mencken, Mary Phillips, Mayo Methot, Laureen Bacall.
Martine Carol : Steve Crane, Christian-Jaque, Dr Rouveix, Mike Eland.
Charlie Chaplin : Mildred Harris, Lita Grey, Paulette Goddard, Oona O'Neil.
Christian-Jaque : Germaine Spy, Simone Renant, Renée Faure, Martine Carol, Laurence Cristol.
Joan Crawford : Douglas Fairbanks Jr, Franchot Tone, Philips Terry.
Danielle Darrieux : Henri Decoin, Porfirio Rubirosa, Georges Mitsinkidès.
Bette Davis : Harmon Nelson, Andrew Farnsworth, William Grant Sherry, Gary Merrill.
Errol Flynn : Lili Damita, Nora Eddington, Patricia Wymore.
Clark Gable : Joséphine Dillon, Rhéa Langham, Carole Lombard, Lady Sylvia Ashley, Kay Streckell.
Zsa Zsa Gabor : Burham Belge, Conrad Hilton, George Sanders, Herbert L. Huntner, Joshua Cosden Jr.
Ava Gardner : Mickey Rooney, Artie Shaw, Frank Sinatra.
Judy Garland : David Rose, Vincente Minnelli, Sid Luft, Mark Herron, Mickey Deans.
Paulette Goddard : E.D. James, Charlie Chaplin, Burgess Meredith, Erich-Maria Remarque.
Cary Grant : Virginia Merrill, Barbara Hutton, Betsy Drake, Dyan Cannon.
Sacha Guitry : Charlotte Lysès, Yvonne Printemps, Jacqueline Delubac, Geneviève de Séréville, Lana Marconi.
Rex Harrison : Lilli Palmer, Kay Kendall, Rachel Roberts.
Rita Hayworth : Edward Judson, Orson Welles, Ali Khan, Dick Haymes, James Hill.
Mary Marquet : Maurice Escande, Victor Francen, Marcel Journet.
Marilyn Monroe : James Dougherty, Joe di Maggio, Arthur Miller.
François Périer : Jacqueline Porel, Marie Daems, Colette Boutoulaud.
Tyrone Power : Janet Gaynor, Annabella, Linda Christian.
Ginger Rogers : Jack Culpepper, Lew Ayres, Jack Briggs, Jacques Bergerac, William Marshall.
Mikey Rooney : Ava Gardner, Betty Jane Rase, Martha Vickers, Elaine Mahnken, Barbara Thomason, Margaret Lane, Carolyn Hackett, Jan Chamberlain.
Jean Seberg : François Moreuil, Romain Gary, Dennis Berry.
Frank Sinatra : Ava Gardner, Mia Farrow, Hope Lange.
Gloria Swanson : Wallace Beery, Herbert K. Somborn, Henri de La Falaise, Michael Farmes, William Davey, William Dufty.
Elizabeth Taylor : Nick Hilton, Michael Wilding, Mike Todd, Eddie Fisher, Richard Burton (2 mariages, 2 divorces), John Warner.
Lana Turner : Artie Shaw, Steve Crane (2 fois), Bob Topping, Lex Barker, Fred May, Robert Eaton, Ronald Dante.
Roger Vadim : Brigitte Bardot, Annette Stroyberg, Jane Fonda, Catherine Schneider.
Marina Vlady : Robert Hossein, Jean-Claude Brouillet, Vladimir Vissotsky.
Johnny Weissmuller : Beryl Scott, Bobby Arnst, Arleen Gaetz.
Shelley Winters : M.P. Meyer, Vittorio Gassman, Anthony Franciosa.

Quelques destins hors série

Se sont suicidés : Roland Alexandre (1956). Pier Angeli (1971). Pedro Armendariz (1963). Pierre Batcheff (1932). Martine Carol (1967). Dorothy Dandrige (1965). Bella Darvi (1971). Patrick Dewaere (1982). John Garfield (1953). Nicole Ladmiral (1958). Carole Landis (1948). Raoul Lévy (1966). Max Linder (1925, avec sa femme). Simone Mareuil (1954). Marilyn Monroe (1962). Ivan Mosjoukine (1939). Marie Prévost (1935). Lya de Putti (1931). George Sanders (1972). Jean Seberg (1979). Françoise Spira (1965). Lupe Velez (1944). Robert Walker (1951).

Assassinés : Ramón Navarro (1968). Pier Paolo Pasolini (1975). Sharon Tate (1969, assassinat organisé par le luciférien Charles Manson).

Morts accidentellement. Auto. James Dean (1955). Nicole Berger (1967). Françoise Dorléac (1967). Fernand Reynaud (1973). **Avion.** Carole Lombard (1942). Audie Murphy (1971, c'était le soldat le plus décoré de la 2e Guerre mondiale). Will Rogers (1935, tué au Canada avec l'aviateur Wiley Post). Leslie Howard (1943, avion abattu dans le golfe de Gascogne). Grace Moore (1947). **Incendie.** Linda Darnell (1965). **Noyade.** Maria Montez (1951, dans sa baignoire). **Train.** Lucien Coëdel (1947, tombé du train, tunnel de Blaisy, Côte-d'Or). **Yacht.** Steve Cochran (1965, mort d'épuisement sur son yacht dans la mer des Caraïbes).

Mort en déportation : Robert Lynen (1944).

Divers : Irène Dunne : représentante des U.S.A. à l'O.N.U. Luisa Ferida : abattue (1945) par les partisans italiens dans l'entourage de Mussolini. Georges Galli : ex-jeune premier (l'Homme à l'Hispano), devenu curé d'une paroisse du midi de la France. Grace Kelly : princesse de Monaco, par son mariage (1956) avec le prince Rainier. Robert Le Vigan : condamné pour collaboration avec l'ennemi (1946), exilé en Argentine. Ronald Reagan : élu Pt des États-Unis. Shirley Temple : ambassadrice des U.S.A. Rock Hudson : 1er mort célèbre du Sida (1985).

Jeunes premiers et jeunes premières
(en France)

Des années 30. Jean Murat, Henri Garat, Albert Préjean, Fernand Gravey, Pierre-Richard Wilm, Pierre Blanchar, Pierre Fresnay, Raymond Rouleau, Jean Servais, Claude Dauphin, Jean-Pierre Aumont, Paul Bernard, Roger Duchesne, Bernard Lancret, Georges Grey, Annabella, Jacquel. Francell, Simone Simon, Danielle Darrieux, Michèle Morgan, Corinne Luchaire, Lisette Lanvin, Sylvia Bataille, Orane Demazis, Madeleine Ozeray, Annie Vernay, Meg Lemonnier, Danièle Parola, Monique Rolland, Jeanine Crispin.

Des années 40. Jean Marais, Gérard Philipe, Louis Jourdan, Georges Marchal, Henri Vidal, Alain Cuny, François Périer, Serge Reggiani, Michel Auclair, Jean Desailly, Jacques Dacmine, Jacques Berthier, André Le Gall, Roger Pigaut, Frank Villard, Jean Paqui, Gilbert Gil, Jean Chevrier, René Dary, Madeleine Sologne, Micheline Presle, Odette Joyeux, Blanchette Brunoy, Michèle Alfa, Marie Déa, Gaby Sylvia, Louise Carletti, Renée Faure, Suzy Carrier, Gisèle Pascal, Jacqueline Gautier, Jeanine Darcey, Josette Day, Simone Valère, Claude Génia, Irène Corday, Lise Topart, Dany Robin.

A partir des années 50, les emplois ont cessé d'être des spécialités cataloguées. (Exceptions : Daniel Gélin, Jean-Claude Pascal, Maurice Ronet, Jacques Charrier, Alain Delon, Brigitte Bardot, Marina Vlady à leurs débuts.)

Mexique

Fernandez (Emilio) (Honduras, 1904) : Maria Candelaria (1946), Enamorada, la Perle, Rio Escondido, la Malquerida, la Red.

Pays-Bas

Ivens (Joris) (1898) (documentaires) : Pluie, Zuyderzee, Borinage, Terre d'Espagne (1937), Indonesia Calling, les Premières Années, le Chant des fleuves, La Seine a rencontré Paris, le 17e Parallèle.

Pologne

Ford (Aleksander) (1908-80) : La vérité n'a pas de frontière (1948), la Jeunesse de Chopin, les 5 de la rue Barska, les Chevaliers teutoniques, le Premier Cercle.

Kawalerowicz (Jerzy) (1922) : l'Ombre, Train de nuit, Mère Jeanne des Anges (1961), Pharaon.

Munk (Andrzej) (1921-61) : Eroïca, De la veine à revendre (1961), la Passagère.

Polanski (Roman) (1933) : le Couteau dans l'eau, Répulsion, Cul-de-sac, le Bal des vampires, Rosemary's Baby, Macbeth, Quoi ?, Chinatown, le Locataire, Tess, Pirates.

Wajda (Andrzej) (1926) : Génération, Kanal, Cendres et Diamant (1958), Lotna, les Innocents charmeurs, Samson, Tout est à vendre, Paysage après la bataille, les Noces, le Bois de bouleaux, la Terre de la grande promesse, l'Homme de marbre, les Demoiselles de Wilko, Sans anesthésie, le Chef d'orchestre, l'Homme de fer, Danton (1982), Un amour en Allemagne.

Zanussi (Krzystof) (1939) : la Structure de cristal, Illumination, Spirale, la Constante, l'Impératif, le Pouvoir du mal.

Portugal

Oliveira (Manoel de) (1908) : Aniki Bobó (1942), l'Acte du printemps (1962), le Passé et le Présent (1971), Amour de perdition (1978), Francisca (1981), le Soulier de satin.

Suède

Bergman (Ingmar) (1918) : Prison, Jeux d'été, Monika, la Nuit des forains, Sourires d'une nuit d'été (1955), le Septième Sceau, les Fraises sauvages, le Visage, la Source, A travers le miroir, les Communiants, le Silence (trilogie), Persona, l'Heure du loup, la Honte, Une passion (1970), le Lien, Cris et Chuchotements (1972), Scènes de la vie conjugale, la Flûte enchantée (1974), Face à face, l'Œuf du serpent (1977), Sonate d'automne (1977), Mon île Faro, De la vie des marionnettes, Fanny et Alexandre, Après la répétition.

Mattson (Arne) (1919) : Elle n'a dansé qu'un seul été, le Pain de l'amour, Salka Valka, la Charrette fantôme (3e vers. 1958).
Sjöberg (Alf) (1903-80) : le Chemin du ciel, Tourments, Mademoiselle Julie (1951), Barabbas.
Sjöman (Vilgot) (1924-80) : la Maîtresse, Ma sœur, mon amour, Je suis curieuse, Elle veut tout savoir, Joyeuses Pâques.
Sjöström (Victor) (1879-1960) : *Les Proscrits (1917), la Montre brisée, la Charrette fantôme (1920), l'Épreuve du feu (1921), la Lettre écarlate (1926), le Vent (1928).*
Stiller (Mauritz) (1883-1928) : *le Trésor d'Arne, le Vieux Manoir, la Légende de Gösta Berling (1923), Hôtel impérial.*

Suisse

Goretta (Claude) (1929) : Jean-Luc persécuté, le Fou, l'Invitation, Pas si méchant que ça, la Dentellière, les Chemins de l'exil, la Provinciale, la Mort de Mario Ricci.
Lindtberg (Léopold) (Vienne, 1902-84) : Lettre d'amour perdue, Marie-Louise, la Dernière Chance, Swiss tour, Quatre dans une jeep.
Lyssy (Rolf) (1936) : Eugen, Vita-Parcœur, Konfrontation, les Faiseurs de Suisses, l'Amour en vidéo, Teddy Baer.
Schmid (Daniel) (1941) : Faites tout dans les ténèbres, Cette nuit ou jamais, la Paloma, l'Ombre des anges, Violanta, Hécate.
Soutter (Michel) (1932) : James ou pas (1970), les Arpenteurs, l'Escapade, Repérages, l'Amour des femmes.
Tanner (Alain) (1929) : Charles mort ou vif (1969), la Salamandre, le Retour d'Afrique, le Milieu du monde, Jonas, Messidor, les Années-lumière, Dans la ville blanche, No man's land.

Tchécoslovaquie

Forman (Milos) (1932) : l'As de pique, les Amours d'une blonde (1965), Au feu les pompiers. *Aux U.S.A. :* Taking off, Vol au-dessus d'un nid de coucou (1975), Hair, Ragtime, Amadeus.
Trnka (Jiri) (1910-69) : *Films d'animation :* le Rossignol de l'empereur de Chine (1949), Prince Bayaya, Vieilles Légendes tchèques, le Brave Soldat Chveik, Songe d'une nuit d'été.
Zeman (Karel) (1910) : Monsieur Prokouk (série 1947-48), les Aventures fantastiques (1958), le Baron de Crac (1962).

U.R.S.S.

Alexandrov (Grigori) (1903-83) : Joyeux Garçons (1934), Volga-Volga, Glinka.
Barnett (Boris) (1902-65) : Okraïna, Un été prodigieux, le Lutteur et le Clown.
Bondartchouk (Sergueï) (1922) : le Destin d'un homme, Guerre et Paix, Waterloo, Ils ont combattu pour la patrie.
Donskoï (Mark) (1897-1981) : l'Enfance de Gorki (1938), En gagnant mon pain, Mes universités, l'Arc-en-ciel, la Mère (2e vers.), le Cheval qui pleure.
Dovjenko (Alexandre) (1894-1956) : *Zvenigora, Arsenal, la Terre (1930), Ivan, Aerograd,* Mitchourine, le Poème de la mer.
Eisenstein (Sergueï) (1898-1948) : *la Grève, le Cuirassé Potemkine (1925), Octobre, la Ligne générale, Que viva Mexico !,* Alexandre Newski, Ivan le Terrible (1945).
Ermler (Fridrik) (1898-1967) : *Un débris de l'Empire, Contre-plan,* les Paysans, Camarade P (1943), le Tournant décisif, le Roman inachevé, la Lettre inachevée.
Guerassimov (Sergueï) (1896-1985) : le Don paisible (1957), Filles et Mères.
Kalatozov (Mikhaïl) (1903-73) : Quand passent les cigognes (1959).
Kosintzev (Grigori) (1905-73) et **Trauberg** (Leonid) (1902) : *le Manteau, la Nouvelle Babylone (1928),* la Jeunesse de Maxime, le Retour de Maxime, Maxime à Viborg, Don Quichotte, Hamlet, le Roi Lear.
Mikhalkov-Kontchalovski (Andreï) (1936) : le Premier Maître (1966), le Nid de gentilshommes, Oncle Vania, la Romance des amoureux, Sibériade, Maria's Lovers (E.-U.).
Poudovkine (Vsevolod) (1893-1953) : *la Mère, la Fin de St-Pétersbourg, Tempête sur l'Asie (1928),* le Déserteur, Amiral Nakhimov, la Moisson (1953).
Pyriev (Ivan) (1901-68) : l'Idiot, les Nuits blanches, les Frères Karamazov (1968).
Raïzman (Iouli) (1903) : la Dernière Nuit (1937), le Communiste, Vie privée, le Temps des désirs.
Romm (Mikhaïl) (1901-71) : *Boule de suif (1933),* les Treize, Lénine en 1918, Neuf Jours d'une année (1962).
Tarkovski (Andreï) (1932) : l'Enfance d'Ivan, Andreï Roublev (1969), Solaris, le Miroir, Stalker, Nostalghia.
Tchiaourelli (Mikhaïl) (1894) : le Serment, la Chute de Berlin (1949), l'Inoubliable Année 1919 (1952).
Tchoukraï (Grigori) (1921) : le Quarante et Unième, la Ballade du soldat (1960), Ciel pur.
Trauberg (Ilia) (1905-40) : *le Train mongol (1929).*
Trauberg (Leonid) (1902) : V. Kosintzev.
Vassiliev (Sergueï) (1895-1943) : Tchapaiev (1933), la Défense de Tsaritsyne, les Héros de Chipka.
Vertov (Dziga) (1896-1954) : *l'Homme à la caméra,* la Symphonie du Donbass, Trois Chants sur Lénine (1934).
Youtkevitch (Sergueï) (1904-85) : Ceux de la mine, Salut Moscou !, Skander Beg (1953), Othello, Un amour de Tchekhov.

Principaux acteurs et actrices

☞ Principaux rôles tenus. En italique : films muets. Voir aussi Personnalités à l'Index.

Allemagne

Bucholz (Horst) (1932) : les Demi-Sels, Résurrection, Mompti, les Sept Mercenaires, Fanny, Cervantès, l'Astragale, le Sauveur.
Dagover (Jil) (1897-1980) : *le Cabinet du docteur Caligari (1919), les Trois Lumières, Tartuffe, Orient-Express (1927), le Diable blanc,* Le Congrès s'amuse, la Danseuse de Sans-Souci, Accord final, la Sonate à Kreützer (1937), Destin de femme, Bismarck, Friedrich Schiller (1940), Mayerling (1958), Karl May (1975).
Ganz (Bruno) (1941) : la Marquise d'O, Lumière, l'Ami américain, la Femme gauchère, le Couteau dans la tête, Nosferatu, fantôme de la nuit, Retour à la bien-aimée, le Faussaire.
Hasse (Otto) (1903-78) : Amiral Canaris, Sait-on jamais ?, les Espions, Arsène Lupin, le Médecin de Stalingrad, Frau Warrens Gewerbe.
Helm (Brigitte) (1908) : *Metropolis (1927), Crise, Mandragore, l'Argent (France, 1928), l'Amour de Jeanne Ney, Manolescu roi des voleurs,* Gloria, l'Atlantide (1932), Adieu les beaux jours, le Secret des Woronzeff, l'Étoile de Valencia, l'Or, Un mari idéal (1935).
Jannings (Emil) (1885-1950) : *Madame du Barry (1918), Anne de Boleyn, la Femme du pharaon, Danton, Othello, les Frères Karamazov, Quo Vadis ?, Variétés, le Dernier des hommes, Tartuffe, Faust, Quand la chair succombe (U.S.A., 1927), Crépuscule de gloire, le Patriote (U.S.A., 1929),* l'Ange bleu (1930), les Deux Rois, Crépuscule, la Lutte héroïque, le Président Krüger (1941), Jeune Fille sans famille (1944).
Jurgens (Curd) (1912-82) : les Rats, Général du diable, Les héros sont fatigués, Et Dieu créa la femme, Michel Strogoff, Œil pour œil, Amère Victoire, Katia, Château en Suède, la Bataille d'Angleterre, l'Espion qui m'aimait.
Knef (Hildegarde) (1925) : Les assassins sont parmi nous, le Traître, Courrier diplomatique, l'Homme de Berlin, la Fille de Hambourg, Landru, Ballade pour un voyou, Loulou (2e version), Fedora.
Kruger (Hardy) (1928) : Liane la sauvageonne, Sans tambour ni trompette, l'Enquête de l'inspecteur Morgan, Hatari, les Dimanches de Ville-d'Avray, l'Espion, le Franciscain de Bourges, les Oies sauvages.
Leander (Zarah) (1907-81, Suède) : Première (1937), la Habanera, Paramatta bagne de femmes, Magda, la Belle Hongroise, Pages immortelles, Marie Stuart, le Chemin de la Liberté, Un grand amour (1942), Foyer perdu (1943), Ave Maria (1953), Comment j'ai appris à aimer les femmes (1967).
Messemer (Hannes) (1924) : Rose, le Médecin de Stalingrad, Les S.S. frappent la nuit, Babette s'en va-t-en guerre, le Général della Rovere, les Évadés de la nuit, la Grande Vie, l'Espion.
Pulver (Liselotte) (Suisse, 1929) : Hanussen, Piroschka, Confession de Félix Krüll, Arsène Lupin, le Temps d'aimer et le Temps de mourir, le Joueur, les Buddenbrooks, le Verre d'eau, Maléfices.
Schell (Maria) (1926) : le Dernier Pont, les Rats, Rose, Gervaise, Nuits blanches, Une vie, les Frères Karamazov, la Colline des potences, la Ruée vers l'Ouest, le Diable par la queue, Paulina 1880, Superman.
Schneider (Romy) (Rosemarie Albach-Retty) (Autriche, 1938-82) : Sissi, Jeunes Filles en uniforme (2e vers.), Boccace 70, le Combat dans l'île, le Procès, le Cardinal, la Piscine, les Choses de la vie, Max et les Ferrailleurs, César et Rosalie, le Crépuscule des dieux, le Train, le Mouton enragé, L'important c'est d'aimer, le Vieux Fusil, Une femme à sa fenêtre, Une histoire simple, Clair de femme, la Mort en direct, la Banquière, Fantôme d'amour, Garde à vue, la Passante du Sans-Souci.
Schygulla (Hanna) (1943) : le Marchand des quatre saisons (1971), les Larmes amères de Petra von Kant, Effi Briest, le Mariage de Maria Braun, Lili Marleen, Passion, la Nuit de Varennes, Antoniéta, Histoire de Piera, Un amour en Allemagne, le Futur est femme.
Tiller (Nadia) (1929) : El Hakim, la Fille Rosemarie, le Désordre et la Nuit, Du rififi chez les femmes, les Buddenbrooks, l'Affaire Nina B, la Chambre ardente, Loulou, Lady Hamilton.
Van Eyck (Peter) (1913-69) : le Salaire de la peur, la Fille Rosemarie, l'Ange sale, A bout de nerfs, la Rage de vivre, l'Espion du Caire, le Diabolique Dr Mabuse, la Fête espagnole.
Veidt (Conrad) (1893-1943) : *le Cabinet du Docteur Caligari (1919), le Tombeau hindou, les Mains d'Orlac, le Cabinet des figures de cire, l'Étudiant de Prague, l'Homme qui rit (U.S.A.),* la Dernière Compagnie, Le Congrès s'amuse, l'Homme qui assassina, le Juif Süss (G.-B., 1934), Sous la robe rouge, le Joueur d'échecs (1938), le Voleur de Bagdad (1940), Casablanca (U.S.A., 1942).

États-Unis

Astaire (Fred) (Frederick Austerlitz) (1899) : Carioca (1933), la Joyeuse Divorcée, Roberta, Top Hat, Swing Time, Demoiselle en détresse, Amanda, la Grande Farandole, Broadway Melody (1940), Ô toi ma charmante, Ziegfeld Follies, Yolanda et le voleur, Parade du Printemps, Entrons dans la danse, la Belle de New York, Tous en scène, Drôle de frimousse, la Belle de Moscou (1957), la Vallée du bonheur (1968), Un taxi mauve.
Bacall (Lauren) (Betty Jolan Perske) (1924) : le Port de l'angoisse, le Grand Sommeil, les Passagers de la nuit, Key Largo, la Femme aux chimères, Écrit sur du vent, la Femme modèle, le Crime de l'Orient-Express.
Bergman (Ingrid) (Suède, 1915-82) : Pour qui sonne le glas, les Enchaînés, la Maison du Dr Edwards, Jeanne d'Arc, les Amants du Capricorne, Stromboli, Voyage en Italie, Éléna et les hommes, Anastasia, la Rancune, le Crime de l'Orient-Express, Sonate d'automne.
Bogart (Humphrey) (1899-1957) : Anges aux figures sales, le Faucon maltais, le Port de l'angoisse, le Grand Sommeil, les Passagers de la nuit, le Trésor de la Sierra Madre, African Queen, Ouragan sur le Caine, la Comtesse aux pieds nus.
Brando (Marlon) (1924) : Un tramway nommé désir, Viva Zapata, Jules César, l'Équipée sauvage, Sur les quais, le Bal des maudits, Vengeance aux deux visages, la Comtesse de Hong Kong, Reflets dans un œil d'or, le Parrain, le Dernier Tango à Paris, Apocalypse now, Superman, la Formule.
Bronson (Charles) (Buchinski) (1922) : Vera Cruz, Mitraillette Kelly, les Sept Mercenaires, la Grande Évasion, Douze Salopards, Il était une fois dans l'Ouest, le Passager de la pluie, Soleil rouge, les Collines de la terreur, Cosa nostra, le Cercle noir, le Justicier dans la ville, l'Évadé, le Bagarreur, Un espion de trop, Chasse à mort, le Justicier de minuit, le Justicier de New York.
Brooks (Louise) (1900-85) : *Au suivant de ces messieurs (1926), les Mendiants de la vie, Un homme en habit, Une fille dans chaque port, The Canary Murder Case, Loulou, le Journal d'une fille perdue,* Prix de beauté, Hollywood Boulevard (1937).
Brynner (Yul) (Taidje Khan, Jr) (Sibérie, 1915-85) : les Dix Commandements, le Roi et Moi, Anastasia, les Frères Karamazov, Salomon et la reine de Saba, Chérie recommençons, les Sept Mercenaires, Tarass Boulba, le Mercenaire de minuit, les Turbans rouges, Pancho Villa, le Phare du bout du monde, le Serpent.
Cagney (James) (1899-1986) : l'Ennemi public, Prologues, les Hors-la-loi, Anges aux figures sales, A chaque aube je meurs, Du sang dans le soleil, le Bar aux illusions, A l'ombre des potences, Ragtime.
Chaplin (Charles S.) (1889-1977) : Voir p. 442.

Acteurs

Ayant commencé jeunes. *3 ans* Shirley Temple (née 1928 : dernier film : A Kiss for Corliss 1949 à 21 ans, devient Ambassadeur au Ghana, puis chef du protocole à la Maison Blanche), *5 a.* Brigitte Fossey (Jeux interdits), Nathalie Wood, *6 a.* Jackie Coogan (The Kid), Jackie Cooper, Mickey Rooney, Mark Lester, Freddie Bartholomew, *7 a.* Jane Whiters, Mandy Miller, Peter Lawford, *8 a.* Roddy McDowall, Géraldine Chaplin, *10 a.* Elisabeth Taylor, *13 a.* Betty Grable, *14 a.* Judy Garland, Romy Schneider, Jean Simmons.

Qui ont eu le plus de spectateurs. *Vers 1930 :* Clark Gable, Shirley Temple, Will Rogers, Janet Gaynor, Joan Crawford, Marie Dressler, Wallace Beery, Fred Astaire & Ginger Rogers, Mickey Rooney, Spencer Tracy. *V. 1940 :* Bing Crosby, Bob Hope, Gary Cooper, Betty Grable, Abbott et Costello, Clark Gable, Humphrey Bogart, Spencer Tracy, Mickey Rooney, Greer Garson. *V. 1950 :* John Wayne, James Stewart, Dean Martin & Jerry Lewis, Gary Cooper, Bing Crosby, William Holden, Rock Hudson, Bob Hope, Glenn Ford, Betty Grable. *V. 1960 :* John Wayne, Doris Day, Cary Grant, Rock Hudson, Elizabeth Taylor, Jack Lemmon, Julie Andrews, Paul Newman, Sean Connery, Elvis Presley. *V. 1970 :* Clint Eastwood, Burt Reynolds, Barbra Streisand, Robert Redford, Paul Newman, Steve McQueen, John Wayne, Woody Allen, Dustin Hoffman, Al Pacino.

Ayant récemment touché les plus gros cachets (en millions de F). Marlon Brando pour *Superman* 24 + 95 % sur bénéfices. Burt Reynolds 2 par j. de tournage dans *Cannonball Run.* Richard Gere 35 pour *Cotton club.* Sylvester Stallone 80 dans *Over the top.*

Salaires annuels en $. *Vers 1930 :* Humphrey Bogart 39 000, Bette Davis 15 600, James Cagney 20 800. *V. 1939 :* Cary Grant 93 750 ; vers 1941-42 Bob Hope 204 166, Spencer Tracy 233 460, Judy Garland 89 666 ; vers 1943 Joan Crawford 194 615. *V. 1955 :* Kim Novak 4 200.

Charysse (Cyd) (Tulla Ellice Finklea) (1924) : Ziegfeld Follies (1945), la Danse inachevée, le Brigand amoureux, Au pays de la peur, Chantons sous la pluie, Sombrero, Tous en scène, Brigadoon, Beau fixe sur New York, la Belle de Moscou, Traquenard, Quinze Jours ailleurs, Maroc dossier n° 7.

Clift (Montgomery) (1920-66) : la Rivière rouge, l'Héritière, Une place au soleil, la Loi du silence, Tant qu'il y aura des hommes, le Bal des maudits, Soudain l'été dernier, Misfits, le Fleuve sauvage, Freud, l'Espion.

Cooper (Gary) (Frank) (1901-61) : Sérénade à trois, les Trois Lanciers du Bengale, l'Extravagant M. Deeds, Sergent York, Pour qui sonne le glas, l'Odyssée du Dr Wassel, Le train sifflera trois fois, Vera Cruz, la Loi du Seigneur, l'Homme de l'Ouest.

Cotten (Joseph) (1905) : Citizen Kane, la Splendeur des Amberson, l'Ombre d'un doute, le Troisième Homme, les Amants du Capricorne, Niagara, El Perdido, l'Argent de la vieille.

Crawford (Joan) (Lucille Le Sueur) (1908-77) : Pluie, l'Ensorceleuse, Femmes, Suzanne et ses idées, Mildred Pierce, Johnny Guitare, la Maison sur la plage, Feuilles d'automne.

Davis (Bette) (Ruth Elisabeth) (1908) : l'Emprise, Femmes marquées, l'Insoumise, Victoire sur la nuit, Vie privée d'Elizabeth d'Angleterre, la Lettre, la Vipère, Ève, l'Argent de la vieille.

Dean (James) (1931-55) : A l'est d'Eden, la Fureur de vivre, Géant.

De Carlo (Yvonne) (Peggy Yvonne Middleton) (1924) : Salomé, la Belle Esclave, les Démons de la Liberté, Casbah, Pour toi j'ai tué, la Belle Espionne, Sombrero, Capitaine Paradis, la Castiglione, Tornade, les Dix Commandements, l'Esclave libre.

De Havilland (Olivia) (1916) : Capitaine Blood (1935), Anthony Adverse, la Charge de la brigade légère, l'Aventure de minuit, Robin des Bois, la Bataille de l'Or, les Conquérants, Vie privée d'Elizabeth d'Angleterre, Autant en emporte le vent, Strawberry blonde, la Charge fantastique, la Vie passionnée des sœurs Brontë (1946), la Fosse aux serpents, l'Héritière, Ma cousine Rachel, Chut chut, Chère Charlotte (1965).

De Niro (Robert) (1943) : Bloody Mama (1970), Mean Streets, le Parrain (2e partie), Taxi Driver, 1900, le Dernier Nabab, New York New York, Voyage au bout de l'enfer, Raging Bull, la Valse des pantins, Il était une fois en Amérique.

Dietrich (Marlène) (Marie Magdalena von Losch) (Allem., 1901) : l'Ange bleu, Cœurs brûlés, Shangai-Express, Blonde Vénus, la Femme et le Pantin, la Belle Ensorceleuse, l'Ange des maudits, la Soif du mal, Jugement à Nuremberg.

Douglas (Kirk) (Issur Danielovich Demsky) (1916) : Champion, le Gouffre aux chimères, Histoire de détective, les Ensorcelés, la Vie passionnée de Van Gogh, Règlement de comptes à O.K. Corral, les Vikings, le Dernier Train de Gun Hill, Spartacus, 7 Jours en mai, la Caravane de feu, les Frères siciliens, l'Arrangement, le Reptile, la Brigade du Texas, Furie.

Dunaway (Faye) (1941) : Bonnie and Clyde, Que vienne la nuit, l'Affaire Thomas Crown, l'Arrangement, Little Big Man, Portrait d'une enfant déchue, Chinatown, la Tour infernale, les 3 Jours du Condor, Network, les Yeux de Laura Mars, le Champion, Maman très chère.

Dunne (Irène) (1904) : la Ruée vers l'Ouest (1932), Back Street, Ann Vickers, Roberta, Show Boat, le Secret magnifique, Théodora devient folle, la Furie de l'or noir, Cette sacrée vérité, Quelle joie de vivre, Elle et Lui, Veillée d'amour, Invitation au bonheur, Mon épouse favorite, la Chanson du passé, Anna et le Roi de Siam, Tendresse, le Moineau de la Tamise (1950).

Eastwood (Clint) (1930) : Pour une poignée de dollars (1964), le Bon, la Brute et le Truand, Un shériff à New York, les Procès, l'Homme des hautes plaines (+ réalis.), l'Inspecteur Harry, Magnum force, le Canardeur, Josey Wales hors-la-loi (+ réalis.), l'Évadé d'Alcatraz, Firefox, l'Arme absolue (+ réal.), Honkytonk Man (+ réal.), la Corde raide.

Fairbanks (Douglas) (Julius Ullman) (1883-1939) : *le Métis (1915), l'Américain, Cauchemars et Superstitions, le Signe de Zorro, les Trois Mousquetaires (1921), Robin des Bois, le Voleur de Bagdad, le Pirate noir, le Gaucho, le Masque de fer,* la Mégère apprivoisée (+ réalis.), la Vie privée de Don Juan (1932).

Fields (William Claude) (Dukinfields) (1879-1946) : *Sally, fille de cirque (1925),* Si j'avais un million (1932), le Président fantôme, Alice au pays des merveilles, International House, Mississippi, David Copperfield, Une riche affaire, le Cirque en folie, Mon petit poussin chéri, Mine de rien, Passez muscade, Hollywood parade, Swing circus (1945).

Flynn (Errol) (1904-59) : Capitaine Blood (1935), la Charge de la brigade légère, Aventures de Robin des Bois, les Conquérants, Vie privée d'Élizabeth d'Angleterre, la Caravane héroïque, l'Aigle des mers, la Piste de Santa-Fé, la Charge fantastique, Gentleman Jim (1942), Aventures en Birmanie, la Rivière d'argent, Montana, Kim, le Vagabond des mers, Le soleil se lève aussi, les Racines du ciel.

Fonda (Henry) (1905-82) : J'ai le droit de vivre, l'Insoumise, Je n'ai pas tué Lincoln, les Raisins de la colère, l'Étrange Incident, la Poursuite infernale, Guerre et Paix, le Faux Coupable, Douze Hommes en colère, Tempête à Washington, Il était une fois dans l'Ouest, le Reptile, le Serpent, les Noces de cendre, Fedora, la Maison du lac.

Fonda (Jane) (1937) : Liaisons coupables, l'École des jeunes mariés, les Félins, Cat Ballou, la Curée, Que vienne la nuit, Histoires extraordinaires, On achève bien les chevaux, Klute, la Maison de poupée, l'Oiseau bleu, Julia, le Cavalier électrique, la Maison du lac, Agnès de Dieu.

Fontaine (Joan) (De Havilland) (1917) : Demoiselle en détresse, Gunga Din (1939), Femmes, Rebecca, Soupçons, Tessa la nymphe au cœur fidèle, Jane Eyre, l'Aventure vient de la mer, la Valse de l'Empereur, Lettre d'une inconnue, Ivanhoé (1952), The Bigamist, Sérénade, Invraisemblable Vérité, Un certain sourire, Tendre est la nuit (1962).

Gable (Clark) (1901-60) : New York-Miami, les Révoltés du Bounty, Pilotes d'essai, San Francisco, Autant en emporte le vent, Au-delà du Missouri, Mogambo, les Implacables, Un roi et quatre reines, l'Esclave libre, Misfits.

Garbo (Greta) (Gustafson) (Suède, 1905) : *la Légende de Gösta Berling, Rue sans joie, la Chair et le Diable,* Anna Christie, Grand Hôtel, la Reine Christine, Anna Karénine, Marie Walewska, le Roman de Marguerite Gautier, Ninotchka, la Femme aux deux visages.

Gardner (Ava) (Lucy Johnson) (1922) : les Tueurs, Un cadeau de Vénus, Pandora, les Neiges du Kilimandjaro, Vaquero, Mogambo, la Comtesse aux pieds nus, la Croisée des destins, Le soleil se lève aussi, l'Ange pourpre, l'Oiseau bleu.

Garland (Judy) (Frances Gumm) (1922-69) : le Magicien d'Oz (1939), Place au rythme, Débuts à Broadway, For Me and My Gal, Parade aux étoiles, le Chant du Missouri, The Clock, Ziegfeld Follies, le Pirate, Parade du printemps, la Jolie Fermière (1950), Une étoile est née (1954), Jugement à Nuremberg (1961), Un enfant attend, l'Ombre du passé (1963).

Gish (Lilian de Guiche) (1896). *Judith de Béthulie (1914), Naissance d'une nation, Intolérance, Cœurs du monde, Une fleur dans les ruines, le Lys brisé (1919), le Pauvre Amour, A travers l'orage, les Deux Orphelines, Dans les laves du Vésuve, Romola, Au temps de la Bohème, la Lettre rouge, le Vent (1928),* Duel au soleil (1947), la Nuit du chasseur (1955), le Vent de la plaine (1960), les Comédiens (1967), Un mariage (1978).

Grant (Cary) (Archibald Leach) (G.-B., 1904) : Cette sacrée vérité, le Couple invisible, l'Impossible M. Bébé, Vacances, Seuls les anges ont des ailes, Arsenic et Vieilles Dentelles, les Enchaînés, la Main au collet, la Mort aux trousses, Indiscret, Charade.

Harlow (Jean) (Harlean Carpentier) (1911-1937) : Parade d'amour (1929), les Anges de l'enfer, l'Homme de fer, l'Ennemi public, Blonde platine, la Belle de Saïgon, les Invités de 8 heures, Imprudente Jeunesse, la Malle de Singapour, Une fine mouche, Saratoga, Valet de cœur (1937).

Hart (William s.) (1870-1946) : *le Serment de Rio Jim (1914), la Capture de Rio Jim, le Sacrifice de Rio Jim, les Loups, Pour sauver sa race, l'Homme aux yeux clairs, la Caravane, le Vengeur, le Fils de la prairie (1925).*

Hayworth (Rita) (Marguerite Cansino) (1918) : Arènes sanglantes, la Reine de Broadway, Gilda, la Dame de Shanghai, l'Enfer des Tropiques, la Blonde ou la Rousse, Ceux de Cordura, Du sang en 1re page.

Hepburn (Audrey) (Hepburn-Ruston) (Belgique, 1929) : Vacances romaines, Sabrina, Guerre et Paix, Ariane, Drôle de frimousse, Vertes Demeures, Au risque de se perdre, le Vent de la plaine, Diamants sur canapé, Charade, My Fair Lady, Voyage à deux, la Rose et la Flèche, Liés par le sang.

Hepburn (Katharine) (1907) : Little Women, Marie Stuart, l'Impossible M. Bébé, Vacances, Indiscrétion, les Fils du dragon, African Queen, Vacances à Venise, Soudain l'été dernier, Devine qui vient dîner, le Lion en hiver, la Folle de Chaillot, Une bible et un fusil, la Maison du lac.

Heston (Charlton) (1924) : Sous le plus grand chapiteau du monde (1952), la Furie du désir, Quand la Marabunta gronde, les Dix Commandements, les Grands Espaces, la Soif du mal, les Boucaniers, Ben Hur (1959), le Cid, les 55 Jours de Pékin, Major Dundee, Khartoum, Soleil vert, Tremblement de terre, la Bataille de Midway (1975), la Fureur sauvage (1980), la Fièvre de l'or (+ réal.).

Hoffman (Dustin) (1937) : le Lauréat, Macadam cow-boy (1969), John et Mary, Little Big Man, les Chiens de paille, Papillon, les Hommes du président, Marathon Man, Kramer contre Kramer, Tootsie.

Holden (William) (William Franklin Beedle) (1918-81) : l'Esclave aux mains d'or, Boulevard du crépuscule (1950), Comment l'esprit vient aux femmes, les Amants de l'enfer, Boots Malone, le Cran d'arrêt, Stalag 17, La lune était bleue, Fort Bravo, la Tour des ambitieux, Sabrina, Picnic, le Pont de la rivière Kwaï, les Cavaliers, la Horde sauvage, Network, Fedora.

Jones (Jennifer) (Phyllis Isley) (1919) : le Chant de Bernadette, Duel au soleil, les Insurgés, Madame Bovary, la Furie du désir, Plus fort que le diable, la Colline de l'adieu, l'Adieu aux armes, Tendre est la nuit.

Karloff (Boris) (William Henry Pratt) (1887-1969) : Frankenstein (1931), Scarface, la Momie, Une étrange soirée, le Masque d'or, le Chat noir, le Corbeau, la Fiancée de Frankenstein, le Rayon invisible, le Mort qui marche, le Fils de Frankenstein, la Tour de Londres, Des filles disparaissent, les Conquérants d'un nouveau monde, le Château de la Terreur, la Cible (1969).

Kaye (Danny) (David Daniel Kaminsky) (1913) : le Joyeux Phénomène, la Vie secrète de Walter Mitty, Vive monsieur le maire !, Hans Christian Andersen et la Danseuse, le Fou du cirque, la Doublure du général.

Kelly (Gene) (1912) : Parade aux étoiles (1944), Cover girl, Escale à Hollywood, Ziegfeld Follies, le Pirate, les 3 Mousquetaires (1948), Un jour à New York (+ co-réalis. avec S. Donen), Un Américain à Paris, Chantons sous la pluie (+ co-réalis. avec S. Donen), Brigadoon, Beau fixe sur New York (+ co-réalis. avec S. Donen), Invitation à la danse (+ réalis.), les Girls, les Demoiselles de Rochefort, Hello Dolly (réalis.).

Lamour (Dorothy) (Kaumeyer) (1914) : Hula fille de la brousse (1937), le Dernier Train de Madrid, la Furie de l'or noir, Hurricane, Toura déesse de la jungle, les Gars du large, Chirurgiens, Johnny Apollo, En route vers Singapour, Aloma princesse des îles, Loona la sauvageonne, la Brune de mes rêves, Sous le plus grand chapiteau du monde, la Taverne de l'Irlandais.

Lancaster (Burt) (1913) : les Tueurs, les Démons de la liberté, Tant qu'il y aura des hommes, Reviens petite Sheba, Bronco-Apache, Règlement de comptes à O.K. Corral, Vera Cruz, le Vent de la plaine, Elmer Gantry, le Guépard, les Professionnels, Fureur apache, Violence et Passion, 1900, Buffalo Bill et les Indiens, Atlantic city, la Peau, Local Hero.

Laurel (Stan) (Arthur Stanley Jefferson) (1890-1965) et **Hardy** (Oliver) (1892-1957) : Fra Diavolo (1933), les Compagnons de la nouba, les Sans-soucis, la Bohémienne, Laurel et Hardy au Far West, les Montagnards sont là, Têtes de pioche, Laurel et Hardy conscrits, les As d'Oxford (1940), Atoll K (1949).

Lewis (Jerry) (1926) : Voir Réalis. p. 443.

Lloyd (Harold) (1893-1971) : *Marin malgré lui (1921), Monte là-dessus (1923), Une riche famille, Vive le sport,* Quel phénomène, A la hauteur, Silence on tourne, Patte de chat, Soupe au lait, Oh ! quel mercredi (1947).

Lombard (Carole) (1908-42) : Boléro (1934), Vingtième Siècle, la Joyeuse Suicidée, My Man Godfrey, la Folle Confession, la Peur du scandale, le Lien sacré, l'Autre, Mr and Mrs Smith, To be or not to be (1942).

Loy (Myrna) (Williams) (1905) : Transatlantic (1931), Arrowsmith, Aimez-moi ce soir, le Masque de Fu-Manchou, Vol de nuit, l'Introuvable, le Grand Ziegfeld, Une fine mouche, Nick, gentleman-détective, Pilote d'essai, Un envoyé très spécial, la Mousson, les Plus Belles Années de notre vie, le Poney rouge, Du haut de la terrasse (1960), 747 en péril (1975).

Mac Donald (Jeanette) (1907-65) : Parade d'amour (1929), le Vagabond roi, Monte-Carlo, Aimez-moi ce soir, Une heure près de vous, la Veuve joyeuse, Rose-Marie, San-Francisco, le Chant du printemps, l'Espionne de Castille (1938), la Belle Cabaretière, Emporte mon cœur, l'Île des amours (1940).

Mac Laine (Shirley) (Beaty) (1934) : Mais qui a tué Harry ?, Artistes et Modèles, le Tour du monde en 80 jours, la Vallée de la poudre, Comme un torrent, la Garçonnière, Irma la douce, Sierra torride, l'Amour à quatre mains.

Mac Queen (Steve) (1930-80) : les Sept Mercenaires, la Grande Évasion, Une certaine rencontre, le Sillage de la violence, Nevada Smith, l'Affaire Thomas Crown, Bullitt, Le Mans, Guet-apens, Papillon, la Tour infernale, Tom Horn, le Chasseur.

Marvin (Lee) (1924) : Cat Ballou, Duel dans le Pacifique, A bout portant, l'Homme qui tua Liberty Valance, l'Équipée sauvage, Canicule, Gorky park.

Marx Brothers [Chico (Leonard) 1891-1961, Harpo (Adolphe puis Arthur) 1893-1964, Groucho (Julius) 1895-1977, Zeppo (Herbert) 1901-79] : *Noix de coco* (1929), Animal Crackers, Monnaie de singe, Plumes de cheval, la Soupe au canard, Une nuit à l'Opéra, Un jour aux courses, Un jour au cirque, Panique à l'hôtel, Chercheurs d'or (1940), les Marx au grand magasin, Une nuit à Casablanca, la Chasse au trésor (1949).

Menjou (Adolphe) (1890-1963) : *les Trois Mousquetaires (1921), l'Opinion publique, Comédiennes, Paradis défendu, Mon homme, la Grande-Duchesse et le Garçon d'étage, Un homme en habit, Monsieur Albert, Sérénade, le Figurant de la gaieté,* Mon gosse de père (France, 1930), Cœurs brûlés, The Front Page, l'Adieu aux armes, la Folle Semaine, Soupe au lait, Une étoile est née (1937), Pension d'artistes, Monsieur Tout-le-monde, l'Enjeu, Au-delà du Missouri, l'Homme à l'affût (1952).

Mitchum (Robert) (1917) : Lame de fond, Macao, Crossfire, les Indomptables, Rivière sans retour, Bandido caballero, la Nuit du chasseur, l'Aventurier du Rio Grande, Celui par qui le scandale arrive, Eldorado, la Route de l'Ouest, Pancho Villa, Cinq cartes à abattre, Cérémonie secrète, la Colère de Dieu, Yakuza, le Dernier Nabab, Maria's Lovers.

Monroe (Marilyn) (Norma Jean Baker) (1926-62) : Quand la ville dort, Niagara, Les hommes préfèrent les blondes, Rivière sans retour, Sept Ans de réflexion, Bus stop, Certains l'aiment chaud, le Milliardaire, Misfits.

Nazimova (Alla) (1879-1945) : *Révélation, l'Occident, Hors de la brume, la Lanterne rouge, la Fin d'un roman, la Danseuse étoile, Maison de poupée, Salomé (1922), la Dame aux camélias, l'Heure du danger (1926),* Arènes sanglantes (1941), Depuis ton départ.

Negri (Pola) (Appolonia Chalupek) (1898) : *Carmen (1919), Madame du Barry, Sumurun, le Paradis défendu, Mon homme, A l'ombre des pagodes, Hôtel impérial, Confession, la Méprise,* Fanatisme (1932), Mazurka, Moscou-Shanghai, Madame Bovary (1937), la Nuit décisive.

Newman (Paul) (1925) : le Gaucher, la Chatte sur un toit brûlant, la Brune brûlante, Exodus, l'Arnaqueur, le Rideau déchiré, Butch Cassidy et le Kid, Juge et Hors-la-loi, l'Arnaque, la Tour infernale, Buffalo Bill et les Indiens, Quintette, le Policeman, Absence de malice, l'Affrontement (+ réal.).

Nicholson (Jack) (1937) : l'Ouragan de la vengeance, The Shooting, Easy Rider, Melinda, 5 Pièces faciles, Vas-y fonce (+ réalisation), la Dernière Corvée, Chinatown, Profession reporter, Vol au-dessus d'un nid de coucou, le Dernier Nabab, The Shining, Le facteur sonne toujours deux fois, Police frontière, Reds, l'Honneur des Prizzi.

Novak (Kim) (Marilyn) (1933) : Du plomb pour l'inspecteur, Picnic, l'Homme au bras d'or, Un seul amour, la Blonde ou la Rousse, Vertigo, l'Adorable Voisine, Liaisons secrètes, le Démon des femmes.

Pacino (Al) (1940) : Panique à Needle Park, le Parrain (1972), l'Épouvantail, Serpico, le Parrain (2ᵉ partie), Un après-midi de chien, Bobby Deerfield, Scarface (2ᵉ vers.).

Palance (Jack) (1919) (Walter Palanvik) : Panique dans la rue, l'Homme des vallées perdues, le Grand Couteau, la Peur au ventre, Attaque, Austerlitz, les Mongols, le Mépris, les Professionnels, Monte Walsh, les Cavaliers.

Peck (Gregory) (1916) : les Clés du royaume, Duel au soleil, le Monde lui appartient, les Neiges du Kilimandjaro, Vacances romaines, Moby Dick, Bravados, la Femme modèle, les Canons de Navarone, l'Homme sauvage, la Malédiction, Mac Arthur le général rebelle.

Perkins (Anthony) (1932) : Prisonnier de la peur, Barrage contre le Pacifique, Du sang dans le désert, Psychose, Aimez-vous Brahms ?, Phædra, le Procès, le Glaive et la Balance, le Scandale, la Décade prodigieuse, le Crime de l'Orient-Express.

Pickford (Mary) (1893-1979) : *la Villa solitaire (1909), le Luthier de Crémone, Un bon petit diable, Molly, Cendrillon, Petite Princesse, Fille d'Écosse, Une pauvre petite fille riche, Papa longues jambes, Pollyanna, le Petit Lord Fauntleroy (1922), Tess au pays des haines, Rosita, Dorothy Vernon,* la Mégère apprivoisée, Kiki, Secrets (1933).

Pitts (Zasu) (1900-63) : *Maris aveugles (1924), la Rançon, le Diable par la queue, les Rapaces, la Symphonie nuptiale, Mariage de prince,* Hello Sister, Monte-Carlo, Solitude, Dames, l'Admirable Mr Ruggles (1935), Cette nuit ou jamais (1957), Un monde fou, fou, fou (1963).

Power (Tyrone) (1914-58) : Dortoir de jeunes filles (1936), l'Amour en première page, l'Incendie de Chicago, Marie-Antoinette, Suez, la Folle Parade, le Brigand bien-aimé, la Mousson, Johnny Apollo, le Signe de Zorro (1940), Arènes sanglantes, le Cygne noir, le Fil du rasoir, Capitaine de Castille, Tant que soufflera la tempête, Le soleil se lève aussi, Témoin à charge (1958).

Quinn (Anthony) (1915) : Viva Zapata, la Strada, N.-D. de Paris, la Vie passionnée de Van Gogh, les Boucaniers, Barabbas, les Canons de Navarone, Lawrence d'Arabie, Zorba le Grec, la Bataille de St-Sébastien.

Redford (Robert) (1937) : Propriété interdite, Willie Boy, Butch Cassidy et le Kid, Jeremiah Johnson, Votez Mac Kay, Nos plus belles années, l'Arnaque, Gatsby le Magnifique, les 3 Jours du Condor, les Hommes du président, le Cavalier électrique, Brubaker, Des gens comme les autres (réal. seulement), le Meilleur, Souvenirs d'Afrique.

Robinson (Edward G.) (Emmanuel Goldenberg) (Bucarest, 1893-1973) : Little Caesar, Toute la ville en parle, le Mystérieux Dr Clitterhouse, Assurance sur la mort, la Femme au portrait, le Criminel, Key Largo, les Dix Commandements, Un trou dans la tête.

Rogers (Ginger) (Virginia Mc Math) (1911) : Chercheuses d'or (1933), 42ᵉ Rue, la Joyeuse Divorcée, Roberta, le Danseur du dessus, Swing Time, Top Hat, l'Entreprenant M. Petrov, Pension d'artistes, Mariage incognito, Amanda, Mademoiselle et son bébé, la Grande Farandole, Kitty Foyle, Uniformes et Jupons courts, Lune de miel mouvementée, Entrons dans la danse (1949), Chérie je me sens rajeunir, la Veuve noire (1954).

Sinatra (Frank) (1915) : Un jour à New York, Tant qu'il y aura des hommes, l'Homme au bras d'or, Johnny Concho, la Blonde ou la Rousse, Comme un torrent, Un trou dans la tête, Un crime dans la tête, le Détective.

Stanwyck (Barbara) (Ruby Stevens) (1907) : Liliane, la Femme en rouge (1935), la Gloire du cirque, Saint-Louis blues, Révolte à Dublin, Stella Dallas, Miss Manson est folle, Pacific-Express, Lady Eve, l'Homme de la rue, Boule de feu, l'Étrangleur, Obsessions, Assurance sur la mort (1944), l'Emprise du crime, Raccrochez c'est une erreur, les Furies, Le démon s'éveille la nuit, la Tour des ambitieux, la Reine de la prairie, Quarante Fusils (1957).

Stewart (James) (1908) : Vous ne l'emporterez pas avec vous, M. Smith au Sénat, La vie est belle, la Corde, l'Appât, l'Homme de la plaine, Fenêtre sur cour, Vertigo, Autopsie d'un meurtre, les Deux Cavaliers, l'Homme qui tua L. Valance, Bandolero, Attaque au Cheyenne Club.

Streisand (Barbra) (1942) : Funny girl (1968), Hello Dolly, Melinda, la Chouette et le Pussycat, Nos plus belles années, Funny Lady, Une étoile est née (3ᵉ version), Main Event.

Swanson (Gloria) (1899-83) : *Après la pluie, le beau temps (1919), l'Admirable Chrichton, l'Échange, le Cœur nous trompe, Zaza, Madame Sans-Gêne (1925), Faiblesse humaine, l'Intruse, Queen Kelly (1929),* Boulevard du Crépuscule (1950), 747 en péril (1975).

Taylor (Elisabeth) (Londres, 1932) : le Père de la mariée, Une place au soleil, Ivanhoé, Soudain l'été dernier, Vénus au vison, Cléopâtre, le Chevalier des sables, la Mégère apprivoisée, Qui a peur de Virginia Woolf ?, Reflets dans un œil d'or, Boom, Cérémonie secrète, les Noces de cendre, l'Oiseau bleu, Le miroir se brisa.

Taylor (Robert) (Spangler Arlington Brugh) (1911-69) : le Secret magnifique (1935), la Petite Provinciale, le Roman de Marguerite Gautier, Valet de cœur, Vivent les étudiants, Trois Camarades, la Valse dans l'ombre, Bataan, Lame de fond, Embuscade, la Porte du diable, Quo vadis, Convoi de femmes, Ivanhoé, Quentin Durward, la Dernière Chasse, le Trésor du pendu, Libre comme le vent, Traquenard, les Ranchers du Wyoming (1963).

Tracy (Spencer) (1900-67) : Ceux de la zone, Furie, Capitaine courageux, Des hommes sont nés, le Grand Passage, Dr Jekyll and Mr Hyde, Tortilla Flat, 30 secondes sur Tokyo, le Père de la mariée, Un homme est passé, Jugement à Nuremberg, Devine qui vient dîner ?

Valentino (Rudolph) (Rodolfo Guglielmi) (1895-1926) : *les Quatre Cavaliers de l'Apocalypse (1920), la Dame aux camélias, Eugénie Grandet, le Cheik, Arènes sanglantes (1922), le Droit d'aimer, Cobra, l'Hacienda rouge, Monsieur Beaucaire (1924), l'Aigle noir, le Fils du Cheik (1926).*

Wayne (John) (Marion Morrisson) (1907-79) : la Chevauchée fantastique, le Massacre de Fort-Apache, l'Homme tranquille, la Prisonnière du désert, la Cité disparue, Rio Bravo, les Cavaliers, Alamo, le Grand Sam, Hatari, l'Homme qui tua L. Valance, Eldorado, les Bérets verts, Rio Lobo, les Cow-boys, Une bible et un fusil, le Dernier des géants.

West (Maë) (1892-1980) : Lady Lou (1933), Je ne suis pas un ange, Ce n'est pas un péché, Klondyke Annie, Je veux être une lady, Fifi peau-de-pêche, Mon petit poussin chéri (1940), Myrra Breckinridge (1969), Sextette (1977).

White (Pearl) (1889-1938) : *le Foulard rouge (1911), les Exploits d'Élaine, les Mystères de New York, le Masque aux dents blanches, la Fille du fauve, Rédemptrice, Amour de sauvage, Pillage, Terreur (1923).*

Widmark (Richard) (1914) : Carrefour de la mort, Panique dans la rue, Coup de fouet en retour, Sainte Jeanne, l'Homme aux colts d'or, Alamo, les Deux Cavaliers, le Dernier Passage, les Cheyennes, Alvarez Kelly, la Route de l'Ouest, la Guerre des bootleggers, le Crime de l'Orient-Express.

France

Adjani (Isabelle) (1955) : la Gifle, l'Histoire d'Adèle H., Barocco, les Sœurs Brontë, Nosferatu fantôme de la nuit, Possession (1981), Tout feu tout flamme, Quartet, Mortelle randonnée, Antoniêta, l'Été meurtrier, Subway.

Aimée (Anouk) (Françoise Dreyfus) (1932) : les Amants de Vérone, le Rideau cramoisi, les Mauvaises Rencontres, Montparnasse 19, la Dolce Vita, Lola, Sodome et Gomorrhe, Huit et demi, Un homme et une femme, Justine, Si c'était à refaire, Mon premier amour, la Tragédie d'un homme ridicule, le Succès à tout prix.

Annabella (Suzanne Charpentier) (1910) : *Napoléon (1926), Maldone,* Deux fois vingt ans, Un soir de rafle, le Million (1931), Paris-Méditerranée, Marie Légende hongroise, Quatorze juillet, la Bataille (1933), l'Équipage, la Bandera, Anne-Marie, Hôtel du Nord, la Baronne et son valet (U.S.A.), Suez (1938), 13, rue Madeleine (U.S.A.), l'Homme qui revient de loin (1949).

Ardant (Fanny) (1950) : la Femme d'à côté (1981),

la Vie est un roman, Vivement dimanche, Conseil de famille, Mélo, le Paltoquet.

Arletty (Léonie Bathiat) (1898) : Désiré, Hôtel du Nord, Le jour se lève, Fric-frac, Mme Sans-Gêne, les Visiteurs du soir, les Enfants du paradis, l'Air de Paris, Maxime, Voyage à Biarritz.

Azéma (Sabine) (1955) : On aura tout vu (1976), la Vie est un roman, Un dimanche à la campagne, D'amour à mort, Mélo.

Bardot (Brigitte) (1934) : Futures Vedettes, Cette sacrée gamine, En effeuillant la marguerite, Et Dieu créa la femme, En cas de malheur, Babette s'en va-t-en guerre, la Vérité, Vie privée, le Repos du guerrier, le Mépris, Viva Maria, Shalako, l'Ours et la Poupée, Boulevard du Rhum, les Pétroleuses, Don Juan (1973).

Barrault (Jean-Louis) (1910) : Sous les yeux d'Occident (1936), Jenny, Mademoiselle Docteur, Un grand amour de Beethoven, Drôle de drame, la Symphonie fantastique (1941), le Destin fabuleux de Désirée Clary, les Enfants du paradis (1944), D'homme à homme, la Ronde, Dialogue des Carmélites, le Testament du docteur Cordelier (1959), La Nuit de Varennes.

Baur (Harry) (1881-1943) : *Shylock (1912), l'Ame du bronze (1917),* David Golder, les Cinq Gentlemen maudits (1930), Poil de Carotte, les Misérables, Golgotha, Crime et Châtiment (1935), Tarass Boulba, Un grand amour de Beethoven, les Hommes nouveaux, Un carnet de bal, l'Homme du Niger, Volpone, l'Assassinat du Père Noël, Symphonie d'une vie (All., 1942).

Baye (Nathalie) (1951) : la Nuit américaine (1973), l'Homme qui aimait les femmes, la Chambre verte, Une semaine de vacances, la Provinciale, Beau-Père, le Retour de Martin Guerre, la Balance, Notre histoire, Rive droite-rive gauche, Détective.

Belmondo (Jean-Paul) (1933) : A double tour, A bout de souffle, Classe tous risques, la Ciociara, la Viaccia, Léon Morin prêtre, Cartouche, le Doulos, l'Homme de Rio, Week-End à Zuydcoote, Pierrot le fou, le Voleur, la Sirène du Mississippi, le Cerveau, Un homme qui me plaît, Borsalino, les Mariés de l'an II, le Casse, l'Héritier, la Scoumoune, le Magnifique, Stavisky, Peur sur la ville, l'Incorrigible, l'Alpagueur, l'Animal, Flic ou Voyou, le Guignolo, le Professionnel, l'As des as, le Marginal, les Morfalous.

Berry (Jules) (1883-1951) : *l'Argent (1928),* le Crime de M. Lange, Bacarra, le Mort en fuite, Aventure à Paris, Café de Paris, Derrière la façade, Le jour se lève, les Visiteurs du soir, le Voyageur de la Toussaint, Marie-Martine, l'Homme de Londres (1943), Portrait d'un assassin (1949).

Blanchar (Pierre) (1896-1963) : *Jocelyn (1921), Geneviève, le Tombeau sous l'Arc de triomphe, le Joueur d'échecs, le Capitaine Fracasse (1927),* En 1812, l'Atlantide, les Croix de bois, Au bout du monde, Turandot, Crime et Châtiment, l'Homme de nulle part, la Dame de pique, Un carnet de bal, le Joueur, l'Étrange M. Victor, Pontcarral, Un seul amour (+ réalis.), le Bossu (1944), la Symphonie pastorale, Docteur Laënnec, le Monocle noir (1961).

Blier (Bernard) (Arg., 1916) : Hôtel du Nord, Quai des Orfèvres, Dédée d'Anvers, l'École buissonnière, Manèges, les Misérables, Arrêtez les tambours, les Barbouzes, l'Étranger, le Distrait, les Chinois à Paris, Ce cher Victor, Calmos, Nuit d'or, Série noire, Buffet froid.

Bouquet (Michel) (1925) : les Amitiés particulières, La mariée était en noir, la Femme infidèle, Un condé, la Rupture, l'Attentat, la Main à couper, le Jouet, les Misérables (1982), Poulet en vinaigre.

Bourvil (André Raimbourg) (1917-70) : les 3 Mousquetaires, Cadet Rousselle, les Hussards, la Traversée de Paris, les Misérables, la Jument verte, le Capitan, Fortunat, le Corniaud, la Grande Vadrouille, les Cracks, le Cerveau, le Cercle rouge.

Boyer (Charles) (1897-1978) : *l'Homme du large (1920), le Capitaine Fracasse,* le Procès de Mary Dugan, Big House, Tumultes, IF1 ne répond plus, l'Épervier, le Bonheur, la Bataille, Liliom (1934), Mayerling, le Jardin d'Allah, Marie Walewska, Elle et Lui, Veillée d'amour, l'Étrangère, Back Street (2e version), Obsession, Hantise, Arc de triomphe, la Première Légion, Madame de..., Nana (1954), Une Parisienne, Maxime, les 4 Cavaliers de l'Apocalypse (1960), Stavisky (1974).

Brasseur (Claude) (1936) : Rue des Prairies (1959), le Caporal épinglé (1962), Germinal, Peau de banane, Bande à part, les Seins de glace, Un éléphant ça trompe énormément (1976), Nous irons tous au paradis, l'État sauvage, l'Argent des autres (1978), Une histoire simple, Au revoir à lundi, la Banquière, la Boum, l'Ombre rouge, Guy de Maupassant, Légitime violence, la Boum 2, la Crime, Palace, Détective.

Brasseur (Pierre) (Espinasse) (1905-72) : Quai des Brumes, Lumière d'été, les Enfants du paradis, les Amants de Vérone, la Tour de Nesle, Porte des Lilas, la Loi, les Yeux sans visage, les Bonnes Causes, la Vie de château.

Brialy (Jean-Claude) (Alg., 1933) : le Beau Serge, les Cousins, Une femme est une femme, Les lions sont lâchés, Éducation sentimentale, le Glaive et la Balance, Château en Suède, La mariée était en noir, le Bal du comte d'Orgel, le Genou de Claire, le Juge et l'Assassin, les Œufs brouillés, Barocco, l'Imprécateur, l'Œil du maître, la Nuit de Varennes, Sarah, Édith et Marcel, Un bon petit diable (réal.), Inspecteur Lavardin.

Carol (Martine) (Maryse Mourer) (1922-67) : Voyage surprise, les Amants de Vérone, Caroline chérie, Belles de nuit, Lucrèce Borgia, Madame du Barry, Lola Montès, Nathalie.

Casarès (Maria) (Maria C. Quiroga) (Esp., 1922) : les Enfants du paradis, les Dames du bois de Boulogne, la Chartreuse de Parme, Orphée, le Testament d'Orphée.

Cassel (Jean-Pierre) (Crochon) (1932) : les Jeux de l'amour, le Farceur, Candide, la Gamberge, le Caporal épinglé, Cyrano et d'Artagnan, Jeu de massacre, l'Armée des ombres, la Rupture, les 3 Mousquetaires, le Mouton enragé, le Crime de l'Orient-Express, Dr Françoise Gailland, le Soleil en face, la Truite.

Constantine (Eddie) (U.S.A., 1917) : la Môme, Vert-de-gris, Les femmes s'en balancent, les Truands, Me faire ça à moi, Lucky Jo, Alphaville, A tout casser.

Darc (Mireille) (1938) : les Barbouzes, Galia, Week-end, Fantasia chez les ploucs, Il était une fois un flic, le Grand Blond avec une chaussure noire, la Valise, les Seins de glace, le Retour du grand blond, le Téléphone rose, Mort d'un pourri.

Darrieux (Danielle) (1917) : Mayerling, Premier Rendez-vous, la Ronde, Madame de..., le Rouge et le Noir, l'Amant de Lady Chatterley, Pot-Bouille, les Yeux de l'amour, Landru, les Demoiselles de Rochefort, Divine, l'Année sainte, le Cavaleur, Une chambre en ville.

Delon (Alain) (1935) : Christine, Faibles Femmes, Plein Soleil, Rocco et ses frères, l'Éclipse, le Guépard, l'Insoumis, les Centurions, le Samouraï, Adieu l'ami, la Piscine, le Clan des Siciliens, Borsalino, le Cercle rouge, la Veuve Couderc, l'Assassinat de Trotsky, les Seins de glace, Borsalino and Co, Zorro, Flic Story, le Gitan, Monsieur Klein, le Gang, Armaguedon, Mort d'un pourri, Attention les enfants regardent, Airport 80, Concorde, le Toubib, Trois Hommes à abattre, Pour la peau d'un flic (+ réal.), le Choc, le Battant (+ réal.), Un amour de Swann, Notre histoire.

Delorme (Danielle, Mme Yves Robert) (Gabrielle Girard) (1926) : Gigi, l'Ingénue libertine, la Jeune Folle, le Guérisseur, Dossier noir, le Temps des assassins, Mitsou, les Misérables, le 7e Juré, Marie Soleil, le Voyou, Un éléphant ça trompe énormément, Nous irons tous au paradis, la Cote d'amour.

Deneuve (Catherine) (Dorléac) (1943) : les Parapluies de Cherbourg, Répulsion, la Vie de château, les Demoiselles de Rochefort, Benjamin, Belle de jour, la Chamade, la Sirène du Mississippi, Tristana, Peau d'âne, Liza, l'Agression, le Sauvage, Si c'était à refaire, Ames perdues, Il était une fois la légion, l'Argent des autres, Écoute voir, A nous deux, Ils sont grands ces petits, Courage fuyons, le Dernier Métro, le Choix des armes, Hôtel des Amériques, le Choc, l'Africain, les Prédateurs, le Bon plaisir, Fort Saganne, Paroles et musique, le Lieu du crime.

Depardieu (Gérard) (1948) : l'Affaire Dominici, Deux hommes dans la ville (1972), les Valseuses, Stavisky, Vincent, François, Paul et les autres, 1900, 7 Morts sur ordonnance, Barocco, Dites-lui que je l'aime, Préparez vos mouchoirs, Rêve de singe, le Sucre, les Chiens, Buffet froid, Mon oncle d'Amérique, Loulou, le Dernier Métro, le Choix des armes, la Femme d'à-côté, la Chèvre, le Retour de Martin Guerre, Danton, la Lune dans le caniveau, les Compères, Fort Saganne, Police, Jean de Florette, Tenue de soirée.

Dewaere (Patrick) (1947-82) : les Mariés de l'an II, les Valseuses, Lily aime-moi, Adieu poulet, la Meilleure Façon de marcher, F comme Fairbanks, le Juge Fayard dit le Shériff, Préparez vos mouchoirs, la Clé sur la porte, Série noire, Coup de tête, Un mauvais fils, Plein Sud, Beau-Père, Hôtel des Amériques, Mille milliards de dollars, Paradis pour tous.

Fabian (Françoise) (1935) : les Fanatiques, Belle de jour, le Voleur, Ma nuit chez Maud, Un condé, Raphaël ou le Débauché, la Bonne Année, Projection privée, les Fougères bleues, Par les escaliers anciens, Madame Claude, Benvenuta.

Fernandel (Fernand Contandin) (1903-71) : Angèle, Regain, François Ier, la Fille du puisatier, l'Auberge rouge, le Petit Monde de Don Camillo, Ali-Baba, Don Juan, la Vache et le Prisonnier, Crésus, l'Âge ingrat, la Bourse et la Vie.

Feuillère (Edwige) (Caroline Cunati) (1907) : Lucrèce Borgia, De Mayerling à Sarajevo, Sans lendemain, Mam'zelle Bonaparte, la Duchesse de Langeais, l'Honorable Catherine, l'Aigle à deux têtes, le Blé en herbe, En cas de malheur, la Chair de l'orchidée.

Francis (Ève) (1896-1980) : *Ames de fous (1917), la Fête espagnole, le Silence, Fièvre, El Dorado (1921), le Chemin d'Ernoa, Fumée noire, la Femme de nulle part, l'Inondation, Antoinette Sabrier (1927),* Forfaiture (1937), Yamilé sous les cèdres, la Comédie du bonheur (1940).

Fresnay (Pierre) (Laudenbach) (1897-1974) : Marius, Fanny, César, la Grande Illusion, Trois Valses, L'assassin habite au 21, la Main du diable, le Corbeau, Monsieur Vincent, Dieu a besoin des hommes, le Défroqué, les Évadés, les Aristocrates, les Fanatiques.

Funès (Louis de) (1914-83) : les Hussards, Courtetête, la Traversée de Paris, Ni vu ni connu, la Belle Américaine, le Gendarme de St-Tropez, le Corniaud, la Grande Vadrouille, les Grandes Vacances, Oscar, Hibernatus, la Folie des grandeurs, les Aventures de Rabbi Jacob, l'Aile ou la Cuisse, la Zizanie, l'Avare (+ réalis.), la Soupe aux choux.

Gabin (Jean) (Moncorgé) (1904-76) : la Bandera, les Bas-fonds, Pépé-le-Moko, la Grande Illusion, Quai des Brumes, la Bête humaine, Le jour se lève, Remorques, la Marie du port, Touchez pas au grisbi, French Cancan, la Traversée de Paris, les Misérables, le Tonnerre de Dieu, le Clan des Siciliens, le Chat, l'Affaire Dominici, Deux hommes dans la ville, l'Année sainte.

Gabrio (Gabriel) (1888-1946) : *la Fête espagnole (1920), les Misérables (1926), Antoinette Sabrier (1927),* la Bodega, Une belle garce, la Lettre, les Croix de bois, Lucrèce Borgia, Pépé-le-Moko, Regain, Deuxième Bureau contre Kommandantur, les Visiteurs du soir, le Val d'Enfer (1943).

Garcia (Nicole) (1948) : Que la fête commence (1975), la Question, le Cavaleur, Mon oncle d'Amérique, Beau-père, l'Honneur du capitaine, Péril en la demeure, 4e pouvoir.

Gélin (Daniel) (1921) : Rendez-vous de juillet, la Ronde, Édouard et Caroline, les Dents longues, Rue de l'Estrapade, Napoléon, Mort en fraude, la Proie pour l'ombre, le Souffle au cœur, Guy de Maupassant.

Girardot (Annie) (1931) : le Désert de Pigalle, Rocco et ses frères, la Proie pour l'ombre, les Caramades, Vivre pour vivre, Érotissimo, Mourir d'aimer, la Vieille Fille, Traitement de choc, la Gifle, le Gitan, Dr Françoise Gailland, D'amour et d'eau fraîche, Tendre Poulet, la Zizanie, la Clé sur la porte, le Cavaleur, Fais-moi rêver, On a volé la cuisse de Jupiter, Une robe noire pour un tueur, la Revanche, Partir revenir.

Giraudeau (Bernard) (1947) : Deux hommes dans la ville (1973), le Toubib, la Boum, Passion d'amour, Croque la vie, Rue barbare, les Spécialistes, Bras de fer, les Longs manteaux.

Guitry (Sacha) : Voir Réalisateurs, p. 444.

Hériat (Philippe) (1898-1971) : *le Carnaval des vérités (1919), l'Homme du large, El Dorado, Don Juan et Faust, l'Inondation, le Miracle des Loups, Rien que les heures, Napoléon, la Jalousie du Barbouillé, En rade,* Dans une île perdue, le Sexe faible, Divine (1933), Lucrèce Borgia (1935).

Huppert (Isabelle) (1954) : Aloïse, Rosebud, la Dentellière, Les Indiens sont encore loin, Violette Nozière, les Sœurs Brontë, Sauve qui peut (la vie), Loulou, la Porte du paradis, la Dame aux camélias, les Ailes de la colombe, Coup de torchon, Eaux profondes, Passion, la Truite, Coup de foudre, Histoire de Piera, la Garce, Signé Charlotte, Sac de nœuds.

Jobert (Marlène) (1943) : Masculin-Féminin, Alexandre le bienheureux, l'Astragale, le Passager de la pluie, Dernier Domicile connu, les Mariés de l'An II, la Décade prodigieuse, Nous ne vieillirons pas ensemble, Pas si méchant que ça, le Bon et les Méchants, Julie pot de colle, l'Imprécateur (1977), Va voir maman..., la Guerre des polices (1979), Une sale affaire, l'Amour nu, Effraction, les Cavaliers de l'orage.

Joubé (Romuald) (1876-1949) : *Shylock (1912), la Reine Margot, Marie Tudor, le Chevalier de Maison-Rouge, J'accuse (1919), Melle de la Seiglière, Mathias Sandorff, le Miracle des loups,* les Perles de la couronne (1937), le Brigand gentilhomme (1942).

Jouvet (Louis) (1887-1951) : la Kermesse héroïque, les Bas-fonds, Drôle de drame, la Marseillaise, Hôtel du Nord, Un revenant, Quai des Orfèvres, Miquette et sa mère.

Joyeux (Odette) (1914) : Lac aux dames (1934), Entrée des artistes, Altitude 3 200, le Mariage de

Chiffon (1941), le Lit à colonnes, le Baron fantôme, Lettres d'amour, Douce, les Petites du Quai-aux-Fleurs, Sylvie et le Fantôme, Pour une nuit d'amour, Orage d'été, la Ronde, Si Paris nous était conté.

Karina (Anna, Mme P.A. Fabre) (Hanne Karin Beyer) (Danemark, 1940) : Une femme est une femme, Vivre sa vie, Alphaville, Pierrot le Fou, la religieuse, Made in U.S.A., l'Étranger, Lamiel, Justine, l'Alliance, Rendez-Vous à Bray, Vivre ensemble, les Œufs brouillés (1975), Pain et Chocolat, Roulette chinoise (1976).

Lambert (Christophe) (1955) : Asphalte (1980) : Légitime violence, Greystoke la légende de Tarzan, Subway, Highlander.

Lanvin (Gérard) (1949) : Extérieur nuit (1980), Une semaine de vacances, le Choix des armes, Tir groupé, Marche à l'ombre, les Spécialistes.

Léotard (Philippe) (1940) : Max et les ferrailleurs (1970), Une belle fille comme moi, la Traque, l'Ombre des châteaux, la Balance, le Choc, Tchao Pantin, Rouge-gorge, le Paltoquet.

Le Vigan (Robert) (1900-1972) : les Cinq Gentlemen maudits, Madame Bovary, la Bandéra, Golgotha, les Bas-fonds, l'Homme de nulle part, Quai des Brumes, les Disparus de St-Agil, le Dernier Tournant, Paradis perdu, l'Assassinat du Père Noël, le Mariage de chiffon, Goupi mains-rouges (1942).

Manès (Gina) (1900) : *la Dame de Monsoreau (1923), l'Auberge rouge, Cœur fidèle, Ame d'artiste, Napoléon, Thérèse Raquin (1927), Nuits de prince,* le Requin, Salto mortale, Une belle garce (1931), la Tête d'un homme, Divine, Mayerling, la Maison du Maltais, les Caves du Majestic (1944), Rafles sur la ville (1957).

Marais (Jean) (Villain-Marais) (1913) : l'Éternel Retour, la Belle et la Bête, l'Aigle à deux têtes, les Parents terribles, Orphée, Nez de Cuir, Éléna et les Hommes, le Bossu, la Princesse de Clèves, les Mystères de Paris, Peau d'âne.

Miou-Miou (1950) (Sylvette Héry) : les Valseuses, Pas de problèmes, Lily aime-moi, F comme Fairbanks, On aura tout vu, Jonas, Dites-lui que je l'aime, les Routes du Sud, la Dérobade, la Femme-flic, Est-ce bien raisonnable ?, la Gueule du loup, Guy de Maupassant, Josepha, Coup de foudre, Canicule, Tenue de soirée.

Modot (Gaston) (1887-1970) : *le Collier vivant (1909), Mater dolorosa, la Sultane de l'amour (1919), la Fête espagnole, Fièvre, le Miracle des loups, la Châtelaine du Liban, Carmen (1926), le Navire des hommes perdus,* Sous les toits de Paris, l'Age d'or, l'Opéra de quat'sous, Quatorze juillet, Pépé-le-Moko, la Grande Illusion, la Règle du jeu (1939), les Enfants du paradis, Casque d'or, French Cancan, le Testament du Dr Cordelier (1959).

Montand (Yves) (Ivo Levi) (Venise, 1921) : les Portes de la nuit, le Salaire de la peur, Marguerite de la nuit, les Sorcières de Salem, le Milliardaire, Z, l'Aveu, le Cercle rouge, la Folie des grandeurs, Tout va bien, César et Rosalie, État de siège, le Fils, Vincent, François, Paul et les autres, le Sauvage, Police Python 357, le Grand Escogriffe, la Menace, les Routes du Sud, Clair de femme, le Choix des armes, Tout feu, tout flamme, Garçon, Jean de Florette.

Moreau (Jeanne) (1928) : Touchez pas au grisbi, la Reine Margot, Julietta, Ascenseur pour l'échafaud, le Dos au mur, les Amants, les Liaisons dangereuses, le Dialogue des Carmélites, la Nuit, Jules et Jim, Eva, le Procès, la Baie des Anges, Peau de banane, Mata Hari, Viva Maria, La mariée était en noir, Lumière (+ réalis.), Monsieur Klein, le Dernier Nabab, l'Adolescente (réalis.), la Truite, Querelle.

Morgan (Michèle) (Simone Roussel) (1920) : Quai des Brumes, Remorques, la Symphonie pastorale, Fabiola, les Orgueilleux, les Grandes Manœuvres, Marie-Antoinette, le Miroir à deux faces, Fortunat, Landru, les Centurions, Benjamin, le Chat et la Souris.

Morlay (Gaby) (Blanche Fumoleau) (1897-1964) : *les Épaves de l'amour, l'Agonie des aigles, les Nouveaux Messieurs (1928),* Accusée levez-vous, le Bonheur, Ariane jeune fille russe, le Roi, Quadrille, Entente cordiale, Derrière la façade, le Destin fabuleux de Désirée Clary, le Voile bleu (1942), Un revenant, Gigi, le Plaisir, Mitsou, Fortunat (1960).

Mosjoukine (Ivan) (1889-1939) : *la Vie pour le tzar (1911), la Puissance des Ténèbres, Résurrection, la Dame de pique, le Père Serge (1917), l'Enfant du carnaval, le Brasier ardent, Kean, le Lion des Mogols, Feu Mathias Pascal, Michel Strogoff, Casanova (1927),* Sergent X, les Amours de Casanova, Nitchevo (1936).

Musidora (Jeanne Roques) (1884-1957) : *Severo Torelli (1914), les Vampires (1916), Judex, la Vagabonde, Vicenta* (+ réalis.), *Pour Don Carlos* (+ réalis. *1920), Soleil et Ombre* (+ réalis. *1922).*

Noël-Noël (Lucien Noël) (1897) : Adémaï aviateur, Adémaï bandit d'honneur, la Cage aux rossignols, le Père tranquille, les Casse-pieds, le Fil à la patte, Messieurs les ronds-de-cuir, les Vieux de la vieille.

Noiret (Philippe) (1931) : la Pointe courte, Zazie dans le métro, Thérèse Desqueyroux, la Vie de château, la Vieille Fille, l'Attentat, l'Horloger de St-Paul, Que la fête commence, le Vieux Fusil, le Juge et l'Assassin, le Désert des Tartares, Un taxi mauve, Tendre Poulet, On a volé la cuisse de Jupiter, Une semaine de vacances, Pile ou Face, Coup de torchon, l'Étoile du Nord, l'Africain, le Grand Carnaval, Fort Saganne, les Ripoux.

Périer (François) (Pilu) (1919) : Lettres d'amour, Sylvie et le Fantôme, la Vie en rose, Le silence est d'or, Cadet Rousselle, Gervaise, les Nuits de Cabiria, Bobosse, l'Amant de cinq jours, Orphée, le Testament d'Orphée, le Samouraï, le Cercle rouge, l'Attentat, Dr Françoise Gailland, Police Python 357, le Battant.

Philipe (Gérard) (1922-59) : l'Idiot, le Diable au corps, Une si jolie petite plage, la Beauté du Diable, la Chartreuse de Parme, Fanfan la Tulipe, Belles de nuit, les Orgueilleux, Monsieur Ripois, le Rouge et le Noir, les Grandes Manœuvres, Montparnasse 19, les Liaisons dangereuses.

Piccoli (Michel) (1925) : le Doulos, le Mépris, la Curée, les Demoiselles de Rochefort, Belle de jour, Benjamin, l'Étau, les Choses de la vie, Max et les Ferrailleurs, la Poudre d'escampette, la Décade prodigieuse, l'Attentat, les Noces rouges, la Grande Bouffe, le Trio infernal, Vincent, François, Paul et les autres, 7 Morts sur ordonnance, Mado, l'Imprécateur, l'État sauvage, le Sucre, l'Homme de ma vie, Une étrange affaire, Espion lève-toi, la Passante du Sans-Souci, Passion, le Prix du danger, Viva la vie, la Diagonale du fou, Péril en la demeure, Adieu Bonaparte.

Presle (Micheline) (Chassagne) (1922) : Paradis perdu, la Nuit fantastique, Falbalas, le Diable au corps, Guérillas, l'Amour d'une femme, Une fille pour l'été, l'Enquête de l'inspecteur Morgan, les Grandes Personnes, l'Amant de cinq jours, le Roi de cœur, la Religieuse, le Bal du comte d'Orgel, Peau d'âne.

Raimu (Jules) (Muraire) (1883-1946) : Marius, Fanny, César, Gribouille, la Femme du boulanger, la Fille du puisatier, les Inconnus dans la maison, le Colonel Chabert, l'Homme au chapeau rond.

Reggiani (Serge) (Italie, 1922) : Carrefour des enfants perdus, les Portes de la nuit, Manon, les Amants de Vérone, la Ronde, Casque d'or, les Misérables, le Doulos, les Aventuriers, Vincent, François Paul et les autres, le Chat et la Souris, Une fille cousue de fil blanc, la Terrasse.

Richard (Pierre) (1934) : le Distrait (+ réalis. 1970), les Malheurs d'Alfred (+ réalis.), le Grand Blond avec une chaussure noire, Je sais rien mais je dirai tout (+ réalis.), La moutarde me monte au nez, le Retour du grand blond, la Course à l'échalote, Je suis timide mais je me soigne (+ réalis.), la Carapate, C'est pas moi, c'est lui (+ réal.), le Coup du parapluie, la Chèvre, les Compères, le Jumeau.

Riva (Emmanuelle) (1927) : Hiroshima mon amour, Léon Morin prêtre, Climats, Thérèse Desqueyroux, Thomas l'imposteur, les Risques du métier, les Portes de feu, le Diable au cœur.

Robinson (Madeleine) (Svoboda) (1917) : le Mioche (1936), Lumière d'été (1942), Douce, Sortilèges, les Chouans, Une si jolie petite plage, Dieu a besoin des hommes, le Garçon sauvage, l'Affaire Mauritzius, les Louves, la Bonne Tisane, la Croix des vivants, le Procès, le Petit Matin (1971), Une histoire simple, Corps à cœur.

Rochefort (Jean) (1930) : Cartouche, l'Héritier, Salut l'artiste, Que la fête commence, l'Horloger de Saint-Paul, Calmos, Un éléphant ça trompe énormément, Nous irons tous au paradis, le Crabe-Tambour, le Cavaleur, Courage fuyons, Chère Inconnue, Il faut tuer Birgitt Haas, Un dimanche de flics, Réveillon chez Bob.

Ronet (Maurice) (Robinet) (1927-83) : Rendez-vous de juillet, Ascenseur pour l'échafaud, Plein Soleil, le Feu follet, la Longue Marche, la Ligne de démarcation, le Scandale, la Piscine, Raphaël ou le Débauché, les Galets d'Étretat, Don Juan, Nuit d'or, Bartleby (réalis.), Beau-Père.

Rosay (Françoise) (1881-1974) : *Crainquebille (1922), les Deux Timides, Madame Récamier,* le Procès de Mary Dugan, le Rosier de Mme Husson (1932), le Grand Jeu, Pension Mimosas, la Kermesse héroïque, Jenny, Drôle de drame, Un carnet de bal, la Symphonie des brigands, Macadam, l'Auberge rouge (1951), la Reine Margot, le Joueur (1958).

Sanda (Dominique) (1951) : Une femme douce, le Conformiste, le Jardin des Fitzi-Contini, Violence et passion, l'Héritage, 1900, les Ailes de la colombe, Une chambre en ville, Poussière d'Empire.

Serrault (Michel) (1928) : les Diaboliques (1954), Assassins et Voleurs, le Roi de cœur, le Viager, la Cage aux folles, l'Argent des autres, Buffet froid, Malevil, Garde à vue, les Fantômes du chapelier, Deux heures moins le quart avant Jésus-Christ, Mortelle Randonnée, le Bon plaisir, A mort l'arbitre, Liberté, égalité, choucroute, les Rois du gag.

Signoret (Gabriel) (1872-1937) : *Britannicus (1912), Mères françaises, le Torrent, Bouclette, la Cigarette, le Silence, Pour Don Carlos, le Rêve, le Père Goriot, Jocaste,* Veille d'armes, le Coupable, les Hommes nouveaux, Messieurs-les-ronds-de-cuir (1936), la Danseuse rouge.

Signoret (Simone) (Kaminker) (All., 1921-85) : Dédée d'Anvers, Manèges, Casque d'or, Thérèse Raquin, les Diaboliques, la Mort en ce jardin, les Sorcières de Salem, les Chemins de la haute ville, le Diable à trois, l'Aveu, le Chat, la Veuve Couderc, la Chair de l'orchidée, Police Python 357, la Vie devant soi, l'Adolescente, Chère Inconnue, l'Étoile du Nord, Guy de Maupassant.

Simon (Michel) (François) (Suisse, 1895-1975) : *Tire-au-flanc,* Jean de la Lune, la Chienne, Boudu sauvé des eaux, l'Atalante, Drôle de drame, Quai des Brumes, la Beauté du Diable, la Poison, Les trois font la paire, le Vieil homme et l'Enfant, Blanche.

Simon (Simone) (1910) : Mam'zelle Nitouche (1931), Prenez garde à la peinture, Lac aux dames, les Beaux Jours (1935), Dortoir de jeunes filles (U.S.A., 1936), la Bête humaine, Cavalcade d'amour, Tous les Biens de la Terre, la Féline (1942), Mademoiselle Fifi (U.S.A., 1944), Petrus, La Ronde, Olivia, le Plaisir (1951).

Trintignant (Jean-Louis) (1930) : Et Dieu créa la femme, les Liaisons dangereuses, Il Sorpasso, Un homme et une femme, Z, Ma nuit chez Maud, le Voyou, le Conformiste, Sans mobile apparent, l'Attentat, le Mouton enragé, l'Agression, Flic Story, la Femme du dimanche, le Désert des Tartares, les Passagers, Repérages, l'Argent des autres, le Maître nageur (+ réalis.), la Banquière, Malevil, Passion d'amour, Eaux profondes, Vivement dimanche, la Crime, le Bon plaisir, Viva la vie, Under Fire, Partir revenir.

Vanel (Charles) (1892) : *Jim Crow (1912), l'Atre, Pêcheur d'Islande (1924),* les Croix de bois, les Misérables (1933), le Grand Jeu, la Belle Equipe, Jenny, Courrier sud, S.O.S. Sahara, Bar du Sud, la Loi du Nord, Le ciel est à vous, le Salaire de la peur, la Mort en ce jardin, l'Aîné des Ferchaux, Ballade pour un chien, 7 Morts sur ordonnance, Cadavres exquis, Nuit d'or, le Chemin perdu, Trois Frères.

Ventura (Lino) (Borrini) (1919) : Touchez pas au grisbi, le Chemin des écoliers, Classe tous risques, les Tontons flingueurs, les Barbouzes, le Rapace, l'Armée des ombres, Fantasia chez les ploucs, Cosa Nostra, le Silencieux, la Bonne Année, la Gifle, la Cage, Adieu poulet, Cadavres exquis, Un papillon sur l'épaule, l'Homme en colère, Garde à vue, Espion lève-toi, les Misérables (1982), le Ruffian, la 7e Cible.

Yanne (Jean) (Gouyé) (1933) : Érotissimo, Week-end, le Boucher, Que la bête meure, Nous ne vieillirons pas ensemble, l'Imprécateur, Armaguedon, la Raison d'État. *Acteur et réalisateur de :* Tout le monde il est beau, tout le monde il est gentil, Moi y'en a vouloir des sous, les Chinois à Paris, Chobizenesse, Je te tiens tu me tiens par la barbichette, Deux heures moins le quart avant Jésus-Christ, Liberté, égalité, choucroute.

Grande-Bretagne

Bisset (Jacqueline) (1944) : Cul-de-sac, le Détective, Bullitt, Airport, Juge et Hors-la-loi, la Nuit américaine, le Magnifique, le Crime de l'Orient-Express, les Grands Fonds, l'Empire du Grec, Riches et célèbres, Au-dessous du volcan.

Bogarde (Dirk) (Van den Bogaerde) (1920) : le Bal des adieux, The Servant, Pour l'exemple, Accident, Justice, les Damnés, Mort à Venise, le Serpent, Providence, Despair.

Burton (Richard) (Jenkins) (1925-84) : Ma cousine Rachel, Amère Victoire, Cléopâtre, Beckett, l'Espion qui venait du froid, la Mégère apprivoisée, Boom, l'Assassinat de Trotsky, Barbe-Bleue, le Voyage, l'Homme du clan, l'Hérétique, Equus, les Oies sauvages (1984).

Greenwood (Joan) (1921) : Noblesse oblige, Whisky à gogo, l'Homme au complet blanc, Il importe d'être constant, Monsieur Ripois, Moonfleet, Tom Jones.

Guiness (Alec) (1914) : Noblesse oblige, De l'or en barres, l'Homme au complet blanc, Tueurs de dames, le Pont de la rivière Kwaï, Notre agent à La Havane, les Fanfares de la gloire, Lawrence d'Arabie, Docteur Jivago, Cromwell, Un cadavre au dessert, le Petit Lord Fauntleroy, Krull, la Route des Indes.

Harrison (Rex) (Reginald Carey) (1908): la Citadelle, l'Honorable M. Sans-Gêne, Infidèlement vôtre, Qu'est-ce que maman comprend à l'amour ?, My Fair Lady, la Puce à l'oreille, l'Escalier.

Howard (Trevor) (1916): Brève Rencontre, le Troisième Homme, le Banni des îles, la Clé, les Racines du ciel, les Révoltés du Bounty (2e vers.), les Turbans rouges, la Bataille d'Angleterre, Superman, Gandhi.

Kerr (Deborah) (Kerr-Trimmer) (1921): l'Étrange Aventurière, Tant qu'il y aura des hommes, Vivre un grand amour, Thé et Sympathie, Bonjour tristesse, les Innocents, la Nuit de l'iguane, l'Arrangement.

Laughton (Charles) (1899-1962): la Vie privée d'Henry VIII, les Révoltés du Bounty, Quasimodo, le Procès Paradine, Témoin à charge, Spartacus, Tempête à Washington.

Leigh (Vivien) (Hartley) (Inde, 1913-67): Autant en emporte le vent, Lady Hamilton, César et Cléopâtre, Anna Karénine, Un tramway nommé Désir, le Visage du plaisir.

Mason (James) (1909-84): Huit Heures de sursis, Madame Bovary, l'Homme de Berlin. l'Affaire Cicéron, Une étoile est née, Derrière le miroir, la Mort aux trousses, Lolita, Georgy girl, la Mouette, Mandingo, Jésus de Nazareth, la Partie de chasse.

Niven (David) (1910-83): La lune était bleue, le Tour du monde en 80 jours, la Petite Hutte, Bonjour tristesse, Tables séparées, Une fille très avertie, les 55 jours de Pékin, Lady L., Prudence et la pilule, Un cadavre au dessert, Mort sur le Nil, Ménage à trois.

Olivier (Laurence) (1907): les Hauts de Hurlevent, Rebecca, Henry V, Hamlet, Richard III, le Prince et la Danseuse, Spartacus, le Cabotin, Bunny Lake a disparu, Khartoum, les Souliers de St Pierre, les Trois Sœurs, le Limier, Marathon Man, Jésus de Nazareth, I love you, je t'aime, le Bounty.

Rampling (Charlotte) (1944): les Damnés (1969), Zardoz, Portier de nuit, la Chair de l'orchidée, Adieu ma jolie, Un taxi mauve, Orca, Stardust Memories, Viva la vie, Max, mon amour.

Redgrave (Michael) (1908-85): Une femme disparaît, Au cœur de la nuit, le Deuil sied à Électre, l'Ombre d'un homme, Il importe d'être constant, M. Arkadin, Temps sans pitié, Un Américain bien tranquille.

Sellers (Peter) (1928-80): Trésors de dames (1955), Lolita, la Panthère rose, Docteur Folamour, Quoi de neuf Pussycat ? Un cadavre au dessert, Bienvenue Mr. Chance, A la recherche de la panthère rose (1982).

Simmons (Jean) (1929): Grandes Espérances, Hamlet, Un si doux visage, les Grands Espaces, Spartacus, Elmer Gantry, Ailleurs l'herbe est plus verte, Violence à Jéricho.

Ustinov (Peter) (1921): l'Héroïque Parade, Quo Vadis, l'Égyptien, Lola Montès, l'Espion, Spartacus, Billy Bud (+ réalis.), les Comédiens, Un taxi mauve, Jésus de Nazareth, Mort sur le Nil, le Voleur de Bagdad.

Irlande

O'Toole (Peter Seamus) (1932): Lawrence d'Arabie, Becket, Lord Jim, Quoi de neuf Pussycat ?, la Bible, Comment voler 1 million de dollars, la Nuit des généraux, la Gde Catherine, Rosebud, Caligula.

Italie

Bose (Lucia) (1931): Chronique d'un amour, Pâques sanglantes, Onze heures sonnaient, les Fiancés de Rome, la Dame sans camélias, Mort d'un cycliste, Cela s'appelle l'Aurore, Satyricon, Lumière.

Cardinale (Claudia) (Tunisie, 1939): le Bel Antonio, la Fille à la valise, la Viaccia, Cartouche, le Guépard, Huit et demi, les Indifférents, la Ragazza, Sandra, les Centurions, les Professionnels, Il était une fois dans l'Ouest, les Pétroleuses, l'Audience, la Peau, le Ruffian, l'Été prochain.

Cervi (Gino) (1901-74): Quatre Pas dans les nuages, Fabiola, le Petit Monde de Don Camillo, Christ interdit, Une fille nommée Madeleine, la Dame sans camélias, Sans famille.

De Sica (Vittorio) (1901-74): Demain il sera trop tard, Pain Amour et Fantaisie, Pain Amour et Jalousie, Heureuse Époque, le Bigame, l'Adieu aux armes, Noces vénitiennes, le Général della Rovere, les Souliers de St Pierre.

Gassmann (Vittorio) (1922): Riz amer, Anna, Mambo, le Pigeon, la Grande Guerre, le Fanfaron, Au nom du peuple italien, Parfum de femme, Nous nous sommes tant aimés, le Désert des Tartares, Ames perdues, Un mariage, Quintette, Cher Papa, le Petit Juge, la Terrasse, La vie est un roman.

Lollobrigida (Gina) (1927): Fanfan la Tulipe, la Provinciale, les Belles de nuit, la Belle Romaine, Plus fort que le diable, Notre-Dame de Paris, Trapèze, la Loi, Salomon et la Reine de Saba, la Femme de paille, Cervantès, le Cascadeur.

Loren (Sophia) (Scicoloni) (1934): l'Or de Naples, la Fille du fleuve, la Cité disparue, la Clé, la Diablesse en collant rose, la Ciociara, Boccace 70, Lady L., la Comtesse de Hong Kong, l'Homme de la Manche, Verdict, le Voyage, Une journée particulière.

Lualdi (Antonella) (Liban, 1931): Chronique des pauvres amants, le Rouge et le Noir, les Jeunes Maris, Une vie, A double tour, Les Garçons.

Magnani (Anna) (Égypte, 1907-73): Rome ville ouverte, le Bandit, Vulcano, le Carrosse d'or, Bellissima, Car sauvage est le vent, Larmes de joie.

Mangano (Silvana) (1930): Riz amer, Anna, Hommes et Loups, Barrage contre le Pacifique, la Tempête, Cinq Femmes marquées, Chacun son alibi, Procès de Vérone, Œdipe roi, les Sorcières, Théorème, Mort à Venise, Violence et Passion.

Masina (Giuletta) (1921): la Strada, Il Bidone, les Nuits de Cabiria, Fortunella, l'Enfer dans la ville, la Grande Vie, Juliette des Esprits, Ginger et Fred.

Mastroianni (Marcello) (1924): Jours d'amour, le Bigame, Nuits blanches, la Loi, le Pigeon, la Dolce Vita, la Nuit, le Bel Antonio, Vie privée, Divorce à l'italienne, Huit et demi, l'Étranger, Leo the last, Drame de la jalousie, Liza, Salut l'artiste, Allonsanfan, la Femme du dimanche, Todo modo, Une journée particulière, la Cité des femmes, la Terrasse, la Peau, la Nuit de Varennes, Histoire de Piera, Ginger et Fred, Macaroni.

Podesta (Rossana) (Libye, 1934): La Red, Ulysse, Hélène de Troie, Santiago, Sodome et Gomorrhe.

Sordi (Alberto) (1920): les Vitelloni, la Belle de Rome, Fortunella, la Grande Guerre, la Grande Pagaille, Une vie difficile, l'Argent de la vieille, Le marquis s'amuse.

Valli (Alida) (Altenburger) (Yougoslavie, 1921): Les miracles n'ont lieu qu'une fois, le Troisième Homme, Senso, le Cri, Barrage contre le Pacifique, les Bijoutiers du clair de lune, les Yeux sans visage, le Dialogue des Carmélites, la Chair de l'orchidée.

Vallone (Raf) (1916): Riz amer, Christ interdit, Thérèse Raquin, la Pensionnaire, le Secret de sœur Angèle, Rose, la Vengeance, la Ciociara, Vu du pont.

Vitti (Monica) (1931): l'Avventura, la Nuit, l'Éclipse, le Désert rouge, Modesty Blaise, Drame de la jalousie, Moi la femme.

Volonte (Gian Maria) (1930): Pour une poignée de dollars, le Cercle rouge, Enquête sur un citoyen au-dessus de tout soupçon, l'Affaire Mattei, l'Attentat, Lucky Luciano, le Soupçon, Todo modo, Le Christ s'est arrêté à Eboli, la Dame aux camélias, la Mort de Mario Ricci.

Suède

Anderson (Harriet) (1932): Monika, la Nuit des forains, Rêves de femmes, les Amoureux, Sophie de 6 à 9, Cris et Chuchotements, Fanny et Alexandre.

Andersson (Bibi) (1935): le 7e Sceau, les Fraises sauvages, Au seuil de la vie, le Visage, Sourires d'une nuit d'été, Ma sœur mon amour, Persona, le Viol, la Lettre du Kremlin, Une question, le Lien, Quintette.

Bergman (Ingrid) (1915-82, née en Suède, naturalisée Amér.). Voir page 447.

Björnstrand (Gunnar) (1909): l'Attente des femmes, Une leçon d'amour, Rêves de femmes, Sourires d'une nuit d'été, le 7e Sceau, les Fraises sauvages, le Visage, les Communiants, les Amoureux, le Rite.

Dahlbeck (Eva) (1921): Une leçon d'amour, Rêves de femmes, Sourires d'une nuit d'été, Au seuil de la vie.

Garbo (Greta) (Gustafon): née en Suède en 1905, naturalisée Amér. V. page 416.

Jacobson (Ulla) (1929-82): Elle n'a dansé qu'un seul été, Sourires d'une nuit d'été, Crime et Châtiment, Zoulou.

Sydow (Max von) (1929): le 7e Sceau, Au seuil de la vie, le Visage, la Source, les Communiants, l'Heure du loup, la Honte, Une passion, le Lien, les Émigrants, le Nouveau Monde, le Loup des steppes, l'Exorciste, Cadavres exquis, le Désert des Tartares, Cœur de chien, l'Hérétique, Hurricane, la Mort en direct, Flash Gordon.

Thulin (Ingrid) (1929): l'Énigmatique Monsieur D., les Fraises sauvages, Au seuil de la vie, le Visage, les 4 Cavaliers de l'Apocalypse, le Silence, les Communiants, La guerre est finie, l'Heure du loup, Adélaïde, les Damnés, le Rite, Cris et Chuchotements.

Ullman (Liv) (1938, Tokyo): Persona (1964), l'Heure du loup, la Honte, Une passion, Cris et Chuchotements, les Émigrants, Face à Face, l'Œuf du serpent, la Diagonale du fou.

Principaux films

Les 300 films les plus importants

1895. *l'Arroseur arrosé.* Louis Lumière[1].

1902. *le Voyage dans la lune.* Georges Méliès[1].

1908. *l'Assassinat du duc de Guise.* André Calmettes (Charles Le Bargy, Albert Lambert, Gabrielle Robinne)[1].

1912. *les Misérables.* Albert Capellani (Henry Kraus, Gabriel de Gravone, Marie Ventura, Mistinguett)[1]. *Quo Vadis ?* Enrico Guazzoni[2].

1913. *Protéa.* Victorin Jasset (Josette Andriot, Camille Bardou)[1]. *Cabiria.* Giovanni Pastrone (Italia Amirante Manzini, Lydia Quaranta, Bartolomeo Pagano alias Maciste, Umberto Mazzotto)[2].

1914. *Fantômas.* Louis Feuillade (René Navarre, Renée Carl, Bréon, Georges Melchior, Yvette Andreyor)[1].

1915. *les Vampires.* Louis Feuillade (Musidora, Jean Aymé, Édouard Mathé, Marcel Levesque)[1]. *Forfaiture.* Cecil B. De Mille (Fanny Ward, Sessue Hayakawa)[3]. *les Mystères de New York.* Louis Gasnier et Donald MacKenzie (Pearl White, Arnold Daly, Creighton Hale, Warner Oland)[3]. *Naissance d'une nation.* David Wark Griffith (Lilian Gish, Mae Marsh, Robert Harron, Miriam Cooper, Wallace Reid, Sam de Grasse, H.-B. Walthall)[3].

1916. *Intolérance.* David W. Griffith (Lilian Gish, Constance Talmadge, Elmer Clifton, Seena Owen, Bessie Love, Mae Marsh, Robert Harron, Sam de Grasse, Erich von Stroheim, Monte Blue)[3]. *Pour sauver sa race.* Thomas H. Ince et Reginald Barker (William S. Hart, Bessie Love)[3]. *Carmen du Klondyke.* Thomas H. Ince et Reginald Barker (William S. Hart, Dorothy Dalton)[3].

1917. *Judex.* Louis Feuillade (Musidora, René Cresté, Marcel Levesque, Yvette Andreyor, Édouard Mathé, Georges Flateau)[1]. *Mater Dolorosa.* Abel Gance (Firmin Gémier, Emmy Lynn, Armand Tallier, Gaston Modot)[1]. *les Proscrits.* Victor Sjöström (Victor Sjöström, Edith Erastoff)[4].

1918. *Charlot soldat.* Charlie Chaplin (Charlie Chaplin, Sydney Chaplin, Henry Bergman)[3]. *l'Homme aux yeux clairs.* Lambert Hillyer (William S. Hart, Mand George)[3].

1919. *la Fête espagnole.* Germaine Dulac (Ève Francis, Jean Toubout, Gaston Modot)[1]. *J'accuse.* Abel Gance (Séverin Mars, Romuald Joubé, Marise Dauvray)[1]. *Travail.* Henri Ponctal (Léon Mathot, Huguette Duflos, Raphaël Duflos, Camille Bert, Andrée Brabant)[1]. *le Cabinet du Docteur Caligari.* Robert Wiene (Werner Krauss, Lil Dagover, Conrad Veidt)[5]. *le Trésor d'Arne.* Mauritz Stiller (Mary Johnson, Richard Lund)[4]. *le Lys brisé.* David W. Griffith (Lilian Gish, Donald Crisp, Richard Barthelmess)[3].

1920. *la Charrette fantôme.* Victor Sjöström (Victor Sjöström, Hilda Borgström)[4]. *le Kid.* Charlie Chaplin (Charlie Chaplin, Jackie Coogan)[3].

1921. *l'Atlantide.* Jacques Feyder (Stacia Napierkowska, Georges Melchior, Jean Angelo, Marie-Louise Iribe)[1]. *El Dorado.* Marcel L'Herbier (Ève Francis, Jaque-Catelain, Philippe Hériat, Marcelle Pradot)[1]. *Fièvre.* Louis Delluc (Ève Francis, Edmond van Daële, Gaston Modot, Elena Sagrary, Footit)[1]. *la Terre.* André Antoine (René Alexandre, Jean Hervé, Berthe Bovy, Germaine Rouer)[1]. *la Femme du pharaon.* Ernst Lubitsch (Emil Jannings, Paul Wegener, Lydia Salmonowa)[5]. *les Trois Lumières.* Fritz Lang (Bernhard Goetzke, Lil Dagover, Rudolf Klein-Rogge)[5]. *le Dernier des Mohicans.* Maurice Tourneur (Wallace Beery, Lilian Hall, Barbara Bedford)[3]. *les Quatre Cavaliers de l'Apocalypse.* Rex Ingram (Rudolph Valentino, Alice Terry, Wallace Beery)[3].

1922. *la Femme de nulle part.* Louis Delluc (Ève Francis, Roger Karl, Gine Avril)[1]. *la Roue.* Abel Gance (Séverin Mars, Ivy Close, Gabriel de Gravone)[1]. *le Docteur Mabuse.* Fritz Lang (Rudolf Klein-Rogge, Alfred Abel)[5]. *Nosferatu le vampire.* Friedrich Wilhelm Murnau (Max Schreck, Alexander Granach, Greta Schroeder)[5]. *les Deux Orphelines.* David W. Griffith (Lilian et Dorothy Gish, Joseph Schildkraut, Monte Blue)[3]. *Folies de Femmes.* Erich von Stroheim (Erich von Stroheim, Mae Busch, Maud George)[3]. *Nanouk l'Esquimau.* Robert Flaherty. Documentaire[3]: *Robin des Bois.* Allan Dwan (Douglas Fairbanks, Wallace Beery, Enid Bennett, Sam de Grasse)[3].

1923. *les Nibelungen* (I. *La Mort de Siegfried ;* II. *la Vengeance de Kriemhilde*). Fritz Lang (Paul Richter, Margarethe Schön, Theodor Loos, Bernhard Goetzke, Rudolf Klein-Rogge)[5]. *la Légende de Gösta Berling.* Mauritz Stiller (Lars Hanson, Greta Garbo)[4]. *l'Opinion publique.* Charlie Chaplin (Edna Purviance, Adolphe Menjou)[3]. *Salomé.* Charles Bryant (Alla Nazimova)[3].

1924. *Entracte.* René Clair (Jean Borlin, Picabia, Man Ray, Marcel Duchamp, Marcel Achard, Touchagues)[1]. *le Dernier des hommes.* Friedrich W. Murnau (Emil Jannings, Maly Delschaft)[5]. *la Croisière du Navigator.* Buster Keaton et Donald Crisp (Buster Keaton, Kathryn McGuire)[3]. *les Rapaces.* Erich von Stroheim (Zazu Pitts, Gibson Gowland, Jean Hersholt)[3]. *le Voleur de Bagdad.* Raoul Walsh (Douglas Fairbanks, Anna May Wong)[3].

1925. *Feu Mathias Pascal.* Marcel L'Herbier (Ivan Mosjoukine, Marcelle Pradot, Pierre Batcheff, Philippe Hériat, Michel Simon, Jean Hervé, Loïs Moran, Pauline Carton)[1]. *la Rue sans joie.* Georg Wilhelm Pabst (Werner Krauss, Asta Nielsen, Greta Garbo, Valeska Gert, Ivan Petrovitch)[5]. *Tartuffe.* Friedrich W. Murnau (Emil Jannings, Lil Dagover, Werner Krauss)[5]. *Variétés.* Ewald-André Dupont (Emil Jannings, Lya de Putti, Warwick Ward, les Codonas)[5]. *le Cuirassé Potemkine.* Serge Mikhaïlovitch Eisenstein (A. Antonov, G. Alexandrov, V. Barsky)[6]. *la Ruée vers l'or.* Charlie Chaplin (Charlie Chaplin, Georgia Hale, Mack Swain)[3].

1926. *Nana.* Jean Renoir (Catherine Hessling, Werner Krauss, Jean Angelo, Valeska Gert)[1]. *Faust.* Friedrich W. Murnau (Emil Jannings, Camilla Horn, Gösta Ekman, Yvette Guilbert)[5]. *Metropolis.* Fritz Lang (Brigitte Helm, Alfred Abel, Rudolf Klein-Rogge, Gustav Froelich, Heinrich George)[5]. *la Mère.* Vsevolod Poudovkine (Vera Baranowskaïa)[6]. *le Mécano de la Générale.* Buster Keaton et Clyde Bruckman (Buster Keaton, Jim Farley)[3]. *Ben Hur.* Fred Niblo (Ramon Novarro, May MacAvoy, Betty Bronson)[3].

1927. *Un chapeau de paille d'Italie.* René Clair (Albert Préjean, Olga Tchekowa, Alice Tissot, Jim Gérald)[1]. *Napoléon.* Abel Gance (Albert Dieudonné, Antonin Artaud, Edmond van Daële, Philippe Hériat, Abel Gance, Gina Manès, Annabella, Damia, Eugénie Buffet, Suzanne Bianchetti)[1]. *Loulou.* Georg W. Pabst (Louise Brooks, Fritz Kortner, Franz Lederer, Gustav Diessl)[5]. *Octobre.* Serge M. Eisenstein (Nikandrov, N. Popov, B. Livanov)[6]. *l'Aurore.* Friedrich W. Murnau (Janet Gaynor, George O'Brien, Margaret Livingstone)[3]. *Symphonie nuptiale.* Erich von Stroheim (Erich von Stroheim, Fay Wray, Zasu Pitts, Maud George)[3]. *Une fille dans chaque port.* Howard Hawks (Louise Brooks, Victor MacLaglen, Robert Armstrong)[3].

1928. *la Passion de Jeanne d'Arc.* Carl Theodor Dreyer (Falconetti, Sylvain, Antonin Artaud, Michel Simon)[1]. *Tempête sur l'Asie.* Vsevolod Poudoukine (Valeri Inkijinoff, Anna Soudakevitch)[6]. *la Foule.* King Vidor (Eleanor Boardman, James Murray)[3]. *Solitude.* Paul Féjos (Glen Tryon, Barbara Kent)[3]. *le Vent.* Victor Sjöström (Lilian Gish, Lars Hanson, Dorothy Cummings)[3].

1929. *l'Argent.* Marcel L'Herbier (Brigitte Helm, Alcover, Alfred Abel, Marie Glory, Antonin Artaud, Yvette Guilbert)[1]. *le Train mongol.* Ilya Trauberg[6]. *Broadway Melody.* Harry Beaumont (Bessie Love, Anita Page, Charles King)[3]. *Hallelujah.* King Vidor (Daniel Haynes, Nina Mae McKinney)[3]. *Parade d'amour.* Ernst Lubitsch (Maurice Chevalier, Jeannette MacDonald, Lupino Lane)[3].

1930. *Sous les toits de Paris.* René Clair (Albert Préjean, Pola Illery, Gaston Modot, Aimos)[1]. *la Terre.* Alexandre Dovjenko (Julia Solntseva, Semion Svachenko)[6]. *l'Ange bleu.* Joseph von Sternberg (Marlène Dietrich, Emil Jannings, Hans Albers)[5]. *Cœurs brûlés (Morocco).* Joseph von Sternberg (Marlène Dietrich, Gary Cooper, Adolphe Menjou)[3]. *les Lumières de la ville.* Charlie Chaplin (Charlie Chaplin, Virginia Cherrill)[3].

1931. *la Chienne.* Jean Renoir (Michel Simon, Janie Marèze, Georges Flamant)[1]. *le Million.* René Clair (Annabella, René Lefèvre, Vanda Gréville)[1]. *Jeunes Filles en uniforme.* Léontine Sagan (Hertha Thiele, Dorothea Wieck)[5]. *M, le Maudit.* Fritz Lang (Peter Lorre, Gustaf Gründgens, Theo Lingen)[5]. *l'Opéra de quat'sous.* Georg W. Pabst (Albert Préjean, Florelle, Margo Lion, Antonin Artaud, Gaston Modot)[5]. *Frankenstein.* James Whale (Boris Karloff, Colin Clive)[3]. *Tabou.* Friedrich W. Murnau et Robert J. Flaherty (Anna Chevalier, Bill Bambridge)[3].

1932. *Boudu sauvé des eaux.* Jean Renoir (Michel Simon, Charles Granval, Marcelle Hainia)[1]. *la Croisière jaune.* André Sauvage. Documentaire[1]. *Zéro de conduite.* Jean Vigo (Jean Dasté, Delphin, Léon Larive)[1]. *Liebelei.* Max Ophüls (Magda Schneider, Luise Ullrich, Wolfgang Liebeneiner, Gustaf Gründgens, Olga Tchekowa)[5]. *Scarface.* Howard Hawks (Paul Muni, George Raft, Ann Dvorak, Karen Morley, Boris Karloff)[3]. *Voyage sans retour.* Tay Garnett (Kay Francis, William Powell)[3].

1933. *le Jeune Hitlérien Quex.* Hans Steinhoff (Heinrich George, Claus Clausen, Hans Deppe)[5]. *Extase.* Gustav Machaty (Heddy Kiesler : Hedy Lamarr)[8]. *l'Homme invisible.* James Whale (Claude Rains, Gloria Stuart, Una O'Connor)[3]. *Sérénade à trois.* Ernst Lubitsch (Gary Cooper, Frederic March, Miriam Hopkins)[3]. *Soupe aux canards.* Leo MacCarey (les Marx Brothers, Margaret Dumont)[3].

1934. *Angèle.* Marcel Pagnol (Orane Demazis, Fernandel, Andrex, Jean Servais)[1]. *le Roman d'un tricheur.* Sacha Guitry (Sacha Guitry, Marguerite Moreno, Rosine Deréan, Pauline Carton)[1]. *l'Atalante.* Jean Vigo (Michel Simon, Dita Parlo, Jean Dasté, Gilles Margaritis)[1]. *l'Impératrice rouge.* Joseph von Sternberg (Marlène Dietrich, John Lodge, Sam Jaffe)[3]. *New York-Miami.* Frank Capra (Clark Gable, Claudette Colbert)[3].

1935. *le Crime de M. Lange.* Jean Renoir (Jules Berry, Florelle, René Lefèvre, Nadia Sibirskaïa)[1]. *la Kermesse héroïque.* Jacques Feyder (Françoise Rosay, Alerme, Jean Murat, Louis Jouvet)[1]. *la Bandera.* Julien Duvivier (Jean Gabin, Annabella, Aimos, Robert Le Vigan, Pierre Renoir)[1]. *les Trente-Neuf Marches.* Alfred Hitchcock (Madeleine Carroll, Robert Donat)[9]. *Anna Karénine.* Clarence Brown (Greta Garbo, Frederic March, Basil Rathbone)[3]. *Peter Ibbetson.* Henry Hathaway (Gary Cooper, Ann Harding)[3]. *les Révoltés du Bounty.* Frank Lloyd (Charles Laughton, Clark Gable, Franchot Tone)[3]. *les Temps modernes.* Charlie Chaplin (Charlie Chaplin, Paulette Goddard)[3]. *Toute la ville en parle.* John Ford (Edward G. Robinson, Jean Arthur, Donald Meek)[3]. *les Trois Lanciers du Bengale.* Henry Hathaway (Gary Cooper, Franchot Tone, Richard Cromwell)[3].

1936. *Fantôme à vendre.* René Clair (Robert Donat, Jean Parker, Eugène Palette)[9]. *la Charge de la brigade légère.* Michael Curtiz (Errol Flynn, Olivia de Haviland, David Niven)[3]. *le Roman de Marguerite Gautier.* George Cukor (Greta Garbo, Robert Taylor, Lionel Barrymore)[3].

1937. *la Grande Illusion.* Jean Renoir (Pierre Fresnay, Jean Gabin, Dita Parlo, Erich von Stroheim, Dalio, Carette)[1]. *Quai des Brumes.* Marcel Carné (Jean Gabin, Michèle Morgan, Michel Simon, Pierre Brasseur, Robert Le Vigan)[1]. *Blanche-Neige et les Sept Nains.* Walt Disney. Dessin animé[3]. *Cette sacrée vérité.* Leo MacCarey (Irène Dunne, Cary Grant)[3].

1938. *la Bête humaine.* Jean Renoir (Jean Gabin, Simone Simon, Carette, Fernand Ledoux)[1]. *les Dieux du stade.* Leni Riefenstahl. Documentaire[5]. *Alexandre Nevsky.* Serge M. Eisenstein (Nicolas Tcherkassoff)[6]. *Anges aux figures sales.* Michael Curtiz (James Cagney, Pat O'Brien, Humphrey Bogart)[3]. *l'Insoumise.* William Wyler (Bette Davis, Henry Fonda, George Brent)[3].

1939. *l'Espoir.* André Malraux (Andrès Mejuto, Nicolas Rodriguez, Julio Pena)[1]. *le Jour se lève.* Marcel Carné (Jean Gabin, Jules Berry, Arletty)[1]. *Paradis perdu.* Abel Gance (Fernand Gravey, Micheline Presle, Elvire Popesco, Robert Le Vigan)[1]. *la Règle du jeu.* Jean Renoir (Nora Grégor, Paulette Dubost, Mila Parély, Dalio, Carette, Roland Toutain, Gaston Modot, Jean Renoir)[1]. *Autant en emporte le vent.* Victor Fleming, Sam Wood et George Cukor (Vivien Leigh, Clark Gable, Leslie Howard, Olivia de Haviland)[3]. *la Chevauchée fantastique.* John Ford (John Wayne, Claire Trevor, John Carradine, Thomas Mitchell)[3]. *les Hauts de Hurlevent.* William Wyler (Laurence Olivier, Merle Oberon, David Niven)[3]. *Ninotchka.* Ernst Lubitsch (Greta Garbo, Melvyn Douglas, Bela Lugosi)[3]. *Seuls les anges ont des ailes.* Howard Hawks (Cary Grant, Jean Arthur, Richard Barthelmess, Rita Hayworth)[3].

1940. *la Fille du puisatier.* Marcel Pagnol (Raimu, Fernandel, Josette Day)[1]. *le Juif Süss.* Veit Harlan (Ferdinand Marian, Kristina Söderbaum, Werner Krauss, Heinrich George)[5]. *le Dictateur.* Charlie Chaplin (Charlie Chaplin, Paulette Goddard, Jack Oakie)[3]. *les Raisins de la colère.* John Ford (Henry Fonda, John Carradine, Jane Darwell)[3].

1941. *Citizen Kane.* Orson Welles (Orson Welles, Joseph Cotten, Agnès Moorehead, Dorothy Comingore)[3]. *le Faucon maltais.* John Huston (Humphrey Bogart, Mary Astor, Peter Lorre)[3]. *Qu'elle était verte ma vallée.* John Ford (Walter Pidgeon, Maureen O'Hara, Donald Crisp)[3]. *la Vipère.* William Wyler (Bette Davis, Herbert Marshall, Teresa Wright)[3].

1942. *Lumière d'été.* Jean Grémillon (Madeleine Renaud, Pierre Brasseur, Paul Bernard, Madeleine Robinson)[1]. *les Visiteurs du soir.* Marcel Carné (Arletty, Jules Berry, Marie Dea, Alain Cuny, Marcel Herrand)[1]. *Ossessione.* Luchino Visconti (Clara Calamaï, Massimo Girotti)[2]. *Pourquoi nous combattons.* Frank Capra, Anatole Litvak, John Huston. Documentaires (série)[3]. *la Splendeur des Amberson.* Orson Welles (Joseph Cotten, Anne Baxter, Dolorès Costello)[3]. *To be or not to be.* Ernst Lubitsch (Carole Lombard, Jack Benny, Robert Stack)[3].

1943. *les Anges du péché.* Robert Bresson (Renée Faure, Jany Holt, Sylvie, Mila Parély)[1]. *le Corbeau.* Henri-Georges Clouzot (Pierre Fresnay, Ginette Leclerc, Pierre Larquey, Micheline Francey)[1]. *Douce.* Claude Autant-Lara (Odette Joyeux, Madeleine Robinson, Marguerite Moreno, Jean Debucourt)[1]. *Goupi Mains-rouges.* Jacques Becker (Fernand Ledoux, Blanchette Brunoy, Robert Le Vigan, Georges Rollin)[1]. *Dies irae.* Carl. Th. Dreyer (Lisbeth Movin, Thorkild Rosse)[10]. *Air Force.* Howard Hawks (John Garfield, Harry Carey)[3]. *Casablanca.* Michaël Curtiz (Ingrid Bergman, Humphrey Bogart, Paul Henreid, Peter Lorre, Conrad Veidt)[3]. *l'Ombre d'un doute.* Alfred Hitchcock (Joseph Cotten, Teresa Wright)[3].

1944. *les Enfants du paradis.* Marcel Carné (Arletty, Jean-Louis Barrault, Pierre Brasseur, Maria Casarès, Marcel Herrand, Louis Salou, Pierre Renoir, Jane Marken)[1]. *Henry V.* Laurence Olivier (Laurence Olivier, Renée Asherson)[9]. *Ivan le Terrible.* Serge M. Eisenstein (Nicolas Tcherkassoff)[6]. *Assurance sur la mort.* Billy Wilder (Barbara Stanwyck, Edward G. Robinson, Fred MacMurray)[3]. *Laura.* Otto Preminger (Gene Tierney, Dana Andrews, Clifton Webb)[3].

1945. *la Bataille du rail.* René Clément (interprètes non professionnels)[1]. *les Dames du Bois de Boulogne.* Robert Bresson (Maria Casarès, Elina Labourdette, Paul Bernard, Lucienne Bogaert)[1]. *Rome ville ouverte.* Roberto Rossellini (Marcello Pagliero, Anna Magnani, Aldo Fabrizi)[2]. *Brève Rencontre.* David Lean (Trevor Howard, Celia Johnson)[9].

1946. *la Belle et la Bête.* Jean Cocteau (Jean Marais, Josette Day, Mila Parély, Michel Auclair)[1]. *Païsa.* Roberto Rossellini (interprètes non professionnels)[2]. *Grandes Espérances.* David Lean (Valérie Hobson, Jean Simmons, John Mills, Martita Hunt)[9]. *les Plus Belles Années de notre vie.* William Wyler (Frederic March, Myrna Loy, Teresa Wright, Dana Andrews)[3]. *le Grand Sommeil.* Howard Hawks (Humphrey Bogart, Laureen Bacall, Dorothy Malone)[3].

1947. *le Diable au corps.* Claude Autant-Lara (Micheline Presle, Gérard Philipe, Jean Debucourt)[1]. *Quai des Orfèvres.* Henri-Georges Clouzot (Louis Jouvet, Suzy Delair, Bernard Blier, Simone Renant, Charles Dullin)[1]. *la Dame de Shanghai.* Orson Welles (Rita Hayworth, Orson Welles)[3]. *Monsieur Verdoux.* Charlie Chaplin (Charlie Chaplin, Martha Raye)[3].

1948. *Manon.* Henri-Georges Clouzot (Cécile Aubry, Michel Auclair, Serge Reggiani, Gabrielle Dorziat)[1]. *Riz amer.* Giuseppe de Santis (Silvana Mangano, Raf Vallone, Vittorio Gassman)[2]. *La terre tremble.* Luchino Visconti (interprètes non professionnels)[2]. *le Voleur de bicyclette.* Vittorio de Sica (interprètes non professionnels)[2]. *Hamlet.* Laurence Olivier (Laurence Olivier, Jean Simmons)[9]. *Macbeth.* Orson Welles (Orson Welles, Jeannette Nolan)[3]. *le Massacre de Fort-Apache.* John Ford (John Wayne, Henry Fonda, Shirley Temple)[3].

1949. *Orphée.* Jean Cocteau (Jean Marais, Maria Casarès, François Périer, Marie Déa)[1]. *Noblesse oblige.* Robert Hamer (Dennis Price, Valérie Hobson, Joan Greenwood, Alec Guiness)[9]. *le Troisième Homme.* Carol Reed (Joseph Cotten, Alida Valli, Trevor Howard, Orson Welles)[9].

1950. *Chronique d'un amour.* Michelangelo Antonioni (Lucia Bose, Massimo Girotti)[2]. *Jeux d'été.* Ingmar Bergman (May Britt Nilson, Birger Malmsten)[11]. *Ève.* Joseph Mankiewicz (Bette Davis, Anne Baxter, George Sanders, Marilyn Monroe)[3]. *Boulevard du Crépuscule.* Billy Wilder (Gloria Swanson, William Holden, Erich von Stroheim)[3]. *Rashomon.* Akira Kurosawa (Toshiro Mifune, Machiko Kyo)[12].

1951. *le Journal d'un curé de campagne.* Robert Bresson (Claude Laydu, Nicole Ladmiral, Nicole Maurey)[1]. *le Fleuve.* Jean Renoir (Nora Swinburne, Esmond Knight, Adrienne Corri)[3]. *l'Inconnu du Nord-Express.* Alfred Hitchcock (Farley Granger, Robert Walker, Ruth Roman)[3]. *Un Américain à Paris.* Vincente Minnelli (Gene Kelly, Leslie Caron, Georges Guétary, Oscar Levant)[3]. *Un tramway nommé Désir.* Elia Kazan (Vivien Leigh, Marlon Brando, Kim Hunter)[3]. *Une place au soleil.* George Stevens (Elizabeth Taylor, Montgomery Clift, Shelley Winters)[3].

1952. *Belles de nuit.* René Clair (Gérard Philipe, Martine Carol, Gina Lollobrigida)[1]. *Casque d'Or.* Jacques Becker (Simone Signoret, Serge Reggiani, Claude Dauphin)[1]. *le Carrosse d'or.* Jean Renoir (Anna

Magnani, Duncan Lamont, Jean Debucourt)[1,2]. *Madame de.* Max Ophüls (Danielle Darrieux, Charles Boyer, Vittorio de Sica)[1]. *Chantons sous la pluie.* Gene Kelly et Stanley Donen (Gene Kelly, Debbie Reynolds, Donald O'Connor, Cyd Charisse)[3]. *Othello.* Orson Welles (Orson Welles, Suzanne Cloutier, Michael MacLiammoir)[3].

1953. *les Vacances de Monsieur Hulot.* Jacques Tati (Jacques Tati, Nathalie Pacaud)[1]. *I Vitelloni.* Federico Fellini (Alberto Sordi, Franco Fabrizi, Franco Interlenghi, Leonora Ruffo)[2]. *Voyage en Italie.* Roberto Rossellini (Ingrid Bergman, George Sanders, Maria Mauban)[2]. *Jules César.* Mankiewicz (Marlon Brando, James Mason, John Gielgud, Louis Calhern, Deborah Kerr)[3]. *les Contes de la lune vague après la pluie.* Kenzi Mizoguchi (Machiko Kyo)[12].

1954. *Monsieur Ripois.* René Clément (Gérard Philipe, Joan Greenwood, Valérie Hobson)[1]. *Touchez pas au grisbi.* Jacques Becker (Jean Gabin, René Dary, Jeanne Moreau, Dora Doll)[1]. *la Strada.* Federico Fellini (Giulietta Masina, Anthony Quinn, Richard Basehart)[2]. *Senso.* Luchino Visconti (Alida Valli, Farley Granger, Massimo Girotti)[2]. *la Comtesse aux pieds nus.* Joseph Mankiewicz (Ava Gardner, Humphrey Bogart, Rossano Brazzi, Bessie Love)[3]. *Johnny Guitare.* Nicholas Ray (Joan Crawford, Sterling Hayden, Ernst Borgnine, Mercedes McCambridge)[3]. *Rivière sans retour.* Otto Preminger (Marilyn Monroe, Robert Mitchum, Rory Calhoun)[3].

1955. *French Cancan.* Jean Renoir (Jean Gabin, Maria Félix, Françoise Arnoul, Gianni Esposito, Valentine Tessier, Édith Piaf)[1]. *Lola Montès.* Max Ophüls (Martine Carol, Anton Walbrook, Peter Ustinov, Oskar Werner, Ivan Desny)[1]. *Sourires d'une nuit d'été.* Ingmar Bergman (Ulla Jacobson, Harriet Andersson, Eva Dahlbeck, Gunnar Björnstrand, Bibi Andersson)[11]. *Ordet.* Carl Th. Dreyer (Henrik Malberg, Birgit Federspiel)[10]. *A l'est d'Eden.* Elia Kazan (James Dean, Julie Harris, Raymond Massey, Jo Van Fleet)[3]. *la Fureur de vivre.* Nicholas Ray (James Dean, Nathalie Wood, Sal Mineo)[3]. *l'Impératrice Yang-Kwei-Fei.* Kenzi Mizoguchi (Machiko Kyo)[12].

1956. *le Septième Sceau.* Ingmar Bergman (Max von Sydow, Gunnar Björnstrand, Nils Poppe, Bibi Andersson)[11]. *Baby Doll.* Elia Kazan (Caroll Baker, Karl Malden, Eli Wallach, Mildred Dunnock)[3]. *les Dix Commandements.* Cecil B. De Mille (Charlton Heston, Yul Brynner, Anne Baxter, Yvonne de Carlo, E.-G. Robinson, Debra Paget, John Derek)[3]. *Guerre et Paix.* King Vidor (Audrey Hepburn, Henry Fonda, Mel Ferrer, Vittorio Gassman, John Mills, Anna-Maria Ferrero)[3]. *la Prisonnière du désert.* John Ford (John Wayne, Jeffrey Hunter, Vera Miles, Nathalie Wood)[3].

1957. *les Fraises sauvages.* Ingmar Bergman (Victor Sjöström, Gunnar Björnstrand, Ingrid Thulin, Max von Sydow)[11]. *Kanal.* Andrzej Wajda (Teresa Izewska, Tadeusz Janczar)[13]. *les Girls.* George Cukor (Gene Kelly, Mitzi Gaynor, Kay Kendall, Taïna Elg)[3].

1958. *Cendres et Diamant.* Andrzej Wajda (Zbigniew Cybulski, Ewa Krzyzanowska)[13]. *Gigi.* Vincente Minelli (Leslie Caron, Louis Jourdan, Maurice Chevalier, Hermione Gingold, Eva Gabor)[3]. *les Nus et les Morts.* Raoul Walsh (Aldo Ray, Cliff Robertson, Raymond Massey)[3]. *la Soif du Mal.* Orson Welles (Orson Welles, Janet Leight, Charlton Heston, Marlène Dietrich)[3]. *Vertigo.* Alfred Hitchcock (James Stewart, Kim Novak, Barbara bel Geddes)[3].

1959. *A bout de souffle.* Jean-Luc Godard (Jean Seberg, Jean-Paul Belmondo, Daniel Boulanger, Claude Mansard)[1]. *Hiroshima, mon amour.* Alain Resnais (Emmanuelle Riva, Eiji Okada, Bernard Fresson)[1]. *les Quatre Cents Coups.* François Truffaut (Jean-Pierre Léaud, Claire Maurier, Albert Rémy)[1]. *le Testament d'Orphée.* Jean Cocteau (Jean Cocteau, Édouard Dermit, Maria Casarès, François Périer, Jean Marais, Yul Brynner, Serge Lifar)[1]. *l'Avventura.* Michelangelo Antonioni (Monica Vitti, Lea Massari, Gabriele Ferzetti)[2]. *la Dolce Vita.* Federico Fellini (Marcello Mastroianni, Anouk Aimée, Anita Ekberg, Yvonne Furneaux, Alain Cuny)[2]. *Certains l'aiment chaud.* Billy Wilder (Marilyn Monroe, Tony Curtis, Jack Lemmon)[3].

1960. *la Nuit.* Michelangelo Antonioni (Monica Vitti, Marcello Mastroianni, Jeanne Moreau)[2]. *le Fleuve sauvage.* Elia Kazan (Montgomery Clift, Lee Remick, Jo Van Fleet, Barbara Loden)[3]. *Psychose.* Alfred Hitchcock (Antony Perkins, Janet Leight, Vera Miles, John Gavin)[3].

1961. *l'Année dernière à Marienbad.* Alain Resnais (Delphine Seyrig, Sacha Pitoëff, Giorgio Albertazzi)[1]. *Jules et Jim.* François Truffaut (Jeanne Moreau, Oscar Werner, Henri Serre, Marie Dubois)[1]. *The Misfits.* John Huston (Marilyn Monroe, Clark Gable, Montgomery Clift, Eli Wallach, Thelma Ritter)[3]. *West Side Story.* Robert Wise et Jerome Robbins (Nathalie Wood, George Chakiris, Rita Moreno, Russ Tamblyn)[3].

1962. *Procès de Jeanne d'Arc.* Robert Bresson (Florence Delay, Jean-Claude Fourneau, Jean Gilibert)[1]. *Eva.* Joseph Losey (Jeanne Moreau, Virna Lisi, Stanley Baker)[9]. *Les maraudeurs attaquent.* Samuel Fuller (Jeff Chandler, Ty Hardin)[3]. *Tempête à Washington.* Otto Preminger (Henry Fonda, Charles Laughton, Walter Pidgeon, Gene Tierney, Franchot Tone, Peter Lawford)[3]. *Huit et demi.* Federico Fellini (Marcello Mastroianni, Anouk Aimée).

1963. *le Guépard.* Luchino Visconti (Burt Lancaster, Alain Delon, Claudia Cardinale)[2]. *America America.* Elia Kazan (Stathis Giallelis, Frank Wolff, John Marley, Linda Marsh)[3]. *les Oiseaux.* Alfred Hitchcock (Rod Taylor, Tippi Hedren, Suzanne Pleshette)[3].

1964. *les Parapluies de Cherbourg.* Jacques Demy (Catherine Deneuve, Anne Vernon, Nino Castelnuovo)[1]. *My Fair Lady.* George Cukor (Audrey Hepburn, Rex Harrison, Stanley Holloway)[3].

1965. *Pierrot le fou.* Jean-Luc Godard (Jean-Paul Belmondo, Anna Karina, Raymond Devos)[1]. *la 317e Section.* Pierre Schoendoerffer (Jacques Perrin, Bruno Crémer)[1]. *l'Évangile selon saint Matthieu.* Pier Paolo Pasolini (Enrique Irazoqui, Susana Pasolini)[2]. *les Amours d'une blonde.* Milos Forman (Hana Brejchova, Vladimir Pucholt)[8].

1966. *Au hasard Balthazar.* Robert Bresson (Anne Wiazemsky, François Lafarge, Pierre Klossowski)[1].

1967. *la Chinoise.* Jean-Luc Godard (Anne Wiazemsky, Jean-Pierre Léaud, Juliet Berto, Francis Jeanson)[1]. *Accident.* Joseph Losey (Dirk Bogarde, Stanley Baker, Jacqueline Sassard, Michaël York, Delphine Seyrig)[9]. *Reflets dans un œil d'or.* John Huston (Elisabeth Taylor, Marlon Brando, Julie Harris, Brian Keith)[3].

1968. *Les Damnés.* Luchino Visconti (Dirk Bogarde, Ingrid Thulin, Helmut Berger, Helmut Griem, Charlotte Rampling)[2]. *2001, l'Odyssée de l'espace.* Stanley Kubrick (Keir Dullea, Gary Lockwood, William Sylvester, Daniel Richter)[9].

1969. *Ma nuit chez Maud.* Eric Rohmer (Jean-Louis Trintignant, Françoise Fabian, Marie-Christine Barrault, Antoine Vitez)[1]. *Satyricon.* Federico Fellini (Martin Potter, Hiram Keller, Salvo Randone, Magali Noël, Lucia Bose, Alain Cuny)[2]. *Love.* Ken Russell (Glenda Jackson, Oliver Reed, Alan Bates)[9]. *Andreï Roublev.* Andrei Tarkowsky (A. Solonitzine, N. Sergueev)[6]. *On achève bien les chevaux.* Sydney Pollack (Jane Fonda, Michael Sarrazin, Susannah York, Red Buttons)[3].

1970. *Cinq Pièces faciles.* Bob Rafelson (Jack Nicholson, Karen Black, Susan Anspach)[3].

1971. *le Décaméron.* Pier Paolo Pasolini (Franco Citti, Ninetto Davoli, Angela Luce, Pier Paolo Pasolini)[2]. *Mort à Venise.* Luchino Visconti (Dirk Bogarde, Silvana Mangano, Björn Andresen)[2]. *le Messager.* Joseph Losey (Julie Christie, Alan Bates, Michaël Redgrave, Margaret Leighton)[9]. *Orange mécanique.* Stanley Kubrick (Malcolm McDowell, Patrick Magee, Adrienne Corri, Michael Bates, Warren Clarke)[9].

1972. *la Nuit américaine.* François Truffaut (Jacqueline Bisset, Jean-Pierre Aumont, Valentina Cortese, François Truffaut, Jean-Pierre Léaud, Nathalie Baye, Alexandra Stewart)[1]. *l'Affaire Mattei.* Francesco Rosi (Gian Maria Volonte, Peter Baldwin, Franco Graziosi)[2]. *Cabaret.* Bob Fosse (Liza Minnelli, Michaël York, Helmut Griem, Marisa Berenson, Joël Grey)[3]. *Délivrance.* John Boorman (Burt Reynolds, Jon Voight, Ned Beatty, Ronny Cox)[3]. *le Parrain.* Francis Ford Coppola (Marlon Brando, Al Pacino, James Caan, Robert Duvall, Sterling Hayden, Diane Keaton)[3]. *la Vraie Nature de Bernadette.* Gilles Carle (Micheline Lanctôt, Donald Pilon), Québec.

1973. *Lacombe Lucien.* Louis Malle (Pierre Blaise, Aurore Clément, Térésa Giehse, Stéphane Youb, Jean Rougerie)[1].

1974. *Amarcord.* Federico Fellini (Magali Noël, Bruno Zanin, Pupella Maggio)[2].

1975. *l'Histoire d'Adèle H.* François Truffaut (Isabelle Adjani, Bruce Robinson, Sylvia Marriott, Ivry Gitlis)[1]. *Barry Lyndon.* Stanley Kubrick (Ryan O'Neal, Marisa Berenson, Patrick Magee, Hardy Krüger)[9]. *Nashville.* Robert Altman (Geraldine Chaplin, Keith Carradine, Lily Tomlin, Barbara Harris, Michael Murphy, Ned Beatty, Shelley Duvall)[3].

1976. *le Désert des Tartares.* Valerio Zurlini (Jacques Perrin, Vittorio Gassman, Giuliano Gemma, Helmut Griem, Fernando Rey, Jean-Louis Trintignant, Max von Sydow)[1,2]. *Nous nous sommes tant aimés.* Ettore Scola (Vittorio Gassman, Nino Manfredi, Stefania Sandrelli, Stefano Satta Flores)[2]. *Cria Cuervos.* Carlos Saura (Géraldine Chaplin, Ana Torent), Espagne. *le Dernier Nabab.* Elia Kazan (Robert de Niro, Tony Curtis, Robert Mitchum, Ingrid Boulting, Jeanne Moreau, Ray Milland, Dana Andrews)[3]. *Taxi Driver.* Martin Scorsese (Robert de Niro, Jodie Foster, Harvey Keitel, Cybill Shepherd)[3].

1977. *le Crabe-Tambour.* Pierre Shoendoerffer (Jean Rochefort, Jacques Perrin, Claude Rich, Odile Versois)[1]. *le Diable probablement.* Robert Bresson (Antoine Monnier, Tina Irissari, Laetitia Carcano)[1]. *Casanova.* Federico Fellini (Donald Sutherland, Tina Aumont)[2]. *Annie Hall.* Woody Allen (Woody Allen, Diane Keaton)[3]. *Rencontres du troisième type.* Steven Spielberg (Richard Dreyfuss, François Truffaut)[3].

1978. *Perceval le Gallois.* Eric Rohmer (Fabrice Lucchini, André Dussolier, Clémentine Amouroux, Anne-Laure Meury, Marie-Christine Barrault)[1]. *Don Giovanni.* Joseph Losey (Ruggero Raimondi, Edda Moser, Kiri Te Kanawa)[1,2]. *l'Arbre aux sabots.* Ermanno Olmi (interprètes non professionnels)[2]. *Un mariage.* Robert Altman (Géraldine Chaplin, Lauren Hutton, Vittorio Gassman, Carol Burnett, Mia Farrow, Lilian Gish)[3]. *Voyage au bout de l'Enfer.* Michael Cimino (Robert de Niro, Christopher Walken, John Savage, Meryl Streep)[3].

1979. *Tess.* Roman Polanski (Nastassia Kinski, Peter Firth, Leigh Lawson)[1]. *le Christ s'est arrêté à Eboli.* Francesco Rosi (Gian Maria Volonte, Lea Massari, Alain Cuny, François Simon)[2]. *Apocalypse Now.* Francis Ford Coppola (Marlon Brando, Martin Sheen, Robert Duvall)[3]. *Manhattan.* Woody Allen (Woody Allen, Diane Keaton, Michael Murphy, Mariel Hemingway, Meryl Streep)[3]. *The Rose.* Mark Rydell (Bette Midler, Alan Bates, Frederic Forrest)[3].

1980. *le Dernier Métro.* François Truffaut (Catherine Deneuve, Gérard Depardieu, Jean Poiret, Sabine Haudepin, Paulette Dubost)[1]. *Mon oncle d'Amérique.* Alain Resnais (Gérard Depardieu, Nicole Garcia, Roger Pierre, Marie Dubois)[1]. *The Shining.* Stanley Kubrick (Jack Nicholson, Shelley Duvall, Danny Loyd)[9]. *Kagemusha.* Akira Kurosawa (Tatsuya Nakadaï, Tsutomu Yamazaki)[12].

1981. *Raging Bull.* Martin Scorsese (Robert de Niro, Cathy Moriarty)[3]. *les Aventuriers de l'arche perdue.* Steven Spielberg (Harrison Ford, Karen Allen, Paul Freeman)[3]. *la Femme de l'aviateur.* Eric Rohmer (Philippe Marlaud, Marie Rivière, Anne-Laure Meury)[1]. *Trois Frères.* Francesco Rosi (Charles Vanel, Philippe Noiret, Michele Placido)[2] *Elephant Man.* David Lynch (Anthony Hopkins, John Hurt, John Gilgud, Anne Bancroft)[3]. *Coup de torchon.* Bertrand Tavernier (Philippe Noiret, Isabelle Huppert)[1].

1982. *Reds.* Warren Beatty (W. Beatty, Diane Keaton)[3]. *la Maîtresse du lieutenant français.* Karel Reisz (Meryl Streep, Jeremy Irons)[9]. *Missing.* Costa-Gavras (Jack Lemmon, Sissy Spacek)[3]. *E.T. l'extra-terrestre.* Steven Spielberg (Dee Wallace)[3].

1983. *la Balade de Narayama.* S. Imamura (K. Ogata)[12]. *l'Argent.* R. Bresson (Ch. Patay, C. Lang)[1]. *Fanny et Alexandre.* I. Bergman (P. Allwin. B. Guve)[11]. *la Traviata.* F. Zeffirelli (T. Stratas, P. Domingo)[2].

1984. *Paris Texas.* W. Wenders (H.D. Stanton, N. Kinski). *Au-dessous du volcan.* J. Huston (A. Fimay, J. Bisset). *Amadeus.* M. Forman. *Les Nuits de la pleine lune.* E. Rohmer (P. Ogier, F. Lucchini).

1985. *la Rose pourpre du Caire.* W. Allen (W. Allen, M. Farrow). *Ran.* A. Kurosawa. *L'Année du Dragon.* M. Cimino (M. Rourke).

Nota. — (1) France. (2) Italie. (3) U.S.A. (4) Suède. (5) Allemagne. (6) U.R.S.S. (7) Autriche. (8) Tchécoslovaquie. (9) Angleterre. (10) Danemark. (11) Suède. (12) Japon. (13) Pologne.

☞ **Les meilleurs films de l'histoire du cinéma.** Voir Quid 1983, p. 482.

Principales comédies musicales

1929. *Broadway Melody.* Harry Beaumont (Bessie Love, Anita Page). *Parade d'amour.* Ernst Lubitsch (Maurice Chevalier, Jeanette Mac Donald).

1932. *42e Rue.* Lloyd Bacon (Bebe Daniels, George Brent, Ruby Keeler). *Prologues.* Lloyd Bacon (James Cagney, Joan Blondall, Ruby Keeler). **1933.** *Chercheuses d'or.* Mervyn Le Roy (Dick Powell, Joan Blondell, Ruby Keeler, Ginger Rogers). **1934.** *La Veuve joyeuse.* Ernst Lubitsch (Maurice Chevalier, Jeanette Mac Donald). **1935.** *Top Hat.* Mark Sandrich (Fred Astaire, Ginger Rogers). *Swing Time.* George Stevens (Fred Astaire, Ginger Rogers). **1936.** *Le Grand Ziegfeld.* Robert Z. Leonard (William Powell, Mirna Loy, Luise Rainer). **1937.** *Vogues 38.* Irvings Cummings (Joan Bennett, Warner Baxter). **1938.** *Amanda.* Mark Sandrich (Fred Astaire, Ginger Rogers).

1940. *Broadway Melody 1940.* Norman Taurog (Fred Astaire, Eleanor Powell). **1942.** *O toi, ma charmante.* William Seiter (Fred Astaire, Rita Hayworth). **1944.** *Le Bal des Sirènes.* Georges Sidney (Esther Williams, Red Skelton). *Le Chant du Missouri.* Vincente Minnelli (Judy Garland). **1948.** *Parade du printemps.* Charles Walters (Judy Garland, Fred Astaire). **1949.** *Un jour à New York.* Gene Kelly et Stanley Donen (G. Kelly, Frank Sinatra).

1950. *Un Américain à Paris.* Vincente Minnelli (G. Kelly, Leslie Caron). **1951.** *Chantons sous la pluie.* G. Kelly et Stanley Donen (G. Kelly, Debbie Reynolds). *Show-boat.* George Sidney (Kathryn Grayson, Howard Keel, Ava Gardner). **1953.** *Tous en scène.* Vincente Minnelli (Fred Astaire, Cyd Charisse). **1954.** *Les 7 Femmes de Barberousse.* Stanley Donen (Jane Powell et Howard Keel). **1957.** *Les Girls.* George Cukor (G. Kelly, Kay Kendall). *Drôle de frimousse.* Stanley Donen (Fred Astaire, Audrey Hepburn). **1958.** *Gigi.* Vincente Minnelli (Leslie Caron, Maurice Chevalier). *La Belle de Moscou.* Rouben Mamoulian (Fred Astaire, Cyd Charisse).

1961. *West Side Story.* Robert Wise (Natalie Wood, George Chakiris). **1964.** *My Fair Lady.* George Cukor (Audrey Hepburn, Rex Harrison). **1969.** *Hello Dolly.* G. Kelly (Barbra Streisand). *Star.* Robert Wise (Julie Andrews). *Sweet Charity.* Bob Fosse (Shirley Mc Laine). *Darling Lili.* Blake Edwards (Julie Andrews).

1974. *Il était une fois à Hollywood.* Jack Haley Jr (films de montage des classiques M.G.M.). **1978.** *Grease.* Randal Kleiser (John Travolta). **1979.** *Folie folie.* S. Donen.

1980. *All That Jazz.* Bob Fosse (Roy Sheider). **1982.** *Coup de cœur.* Francis F. Coppola. **1983.** *Flashdance.* Adrian Lyne. **1984.** *Cotton Club.* F. Coppola (R. Gere).

Dessin animé

● **Technique.** Fondé sur l'analyse et la recomposition du mouvement, chaque 24e de s (vitesse de défilement des projecteurs) représentant une phase du mouvement et nécessitant un dessin distinct. On peut également animer le dessin par d'autres techniques : éléments découpés et articulés (« Le Cirque » de Jiri Trnka), éléments découpés animés par substitution (« La Planète sauvage » de René Laloux, d'après Topor), silhouettes articulées (films de Lotte Reiniger, Bruno Bottge), dessins ou peintures modifiés directement sous la caméra (films de McLaren, Robert Lapoujade), ordinateurs (« La Faim » de Peter Foldès).

● **Quelques grandes dates. 1832.** Invention du *phénakistiscope* par le physicien belge Joseph Plateau qui réalise la 1re synthèse du mouvement. **1877.** Invention du *praxinoscope* par Émile Reynaud. **1892-1900.** Exploitation du *Théâtre optique* au musée Grévin par É. Reynaud. Les images sont peintes, une à une, directement sur la pellicule. Films : *Un bon bock (1889), Clown et ses chiens (1890), Pauvre Pierrot (1891), Rêve au coin du feu (1894), Autour d'une cabine (1894).* **1906.** Aux U.S.A., J. Stuart Blackton perfectionne la prise de vues « image par image ». 1er d. a. de l'ère cinématographique : *Humorous Phases of Funny faces.* **1908 (17-8).** 1re projection de dessins animés *(Fantasmagorie)* d'Émile Cohl (pseudonyme d'Émile Courtet, 1857-1938), pionnier du genre. Principales œuvres : *Retapeur de cervelles, les Joyeux Microbes, le Fantoche, les Pieds Nickelés...* **1908-1923.** Émile Cohl réalise plus de 200 films d'animation en imaginant la plupart des techniques encore utilisées aujourd'hui : *les Allumettes animées* et *le Petit Soldat qui devint Dieu (1908), la Lampe qui file (1909), le Petit Chantecler (1910,* ombres animées), *le Tout Petit Faust (1910).* **1914.** Progrès techniques importants avec l'invention des « cel » (cellulo ou feuilles transparentes) par les Américains Earl Hurd et J. Randolph Bray. **1924.** Création des Studios Disney à Hollywood : le d. a. passe du stade artisanal au plan industriel. Le style en « O » régnera 20 ans. Chaque animal est étudié d'après un modèle vivant. **1926.** *Les Aventures du prince Achmed* de Lotte Reiniger et Berthold Bartosch, réalisé au moyen de silhouettes découpées (imitées du « théâtre d'ombres »). **1929-30.** *Les Études* d'Oskar Fishinger, 1ers dessins animés abstraits. Ladislas Starewitch réalise en France le 1er film de marionnettes de long métrage : *le Roman de Renard.* **1930.** 1er d. a. colorié photomécaniquement : séquence d'introduction pour *King of the Jazz,* réalisé par Walter Lantz. **1932.** *L'Idée* de Berthold Bartosch et Franz Masereel, 1er dessin animé adulte (musique d'Arthur Honegger). 1er « Oscar » du d. a. attribué à *Flowers and Trees* de Walt Disney. **1933.** *Une nuit sur le mont Chauve* d'Alex Alexeieff et Claire Parker, réalisé en ombres portées obtenues en éclairant un écran de 500 000 épingles. **1934-37.** *Blanche-Neige et les Sept Nains* (Walt Disney). 1er d. a. de long métrage (environ 400 000 dessins). **1935.** 1er film abstrait réalisé sans caméra, par dessin direct sur la pellicule : *Colour Box* de Len Lye. 1er film de McLaren : *Camera Makes Woopee.* **1936.** Création des « Gémeaux » par Paul Grimault. **1938.** *Barbe-Bleue* de Jean Painlevé et René Bertrand (marionnettes souples en plastiline colorée). **1945.** Fondation de l'United Productions of America (UPA) par Stephen Bosustow et des dissidents de l'équipe Disney : Robert Cannon, John Hubley... L'UPA rénove le genre en intégrant les influences du graphisme et de la peinture modernes. **1947.** *L'Année tchèque.* 1er long métrage en marionnettes de Jiri Trnka. **1947-50.** 1er d. a. français de long métrage : *la Bergère et le Ramoneur,* de Paul Grimault, adaptation de Jacques Prévert (1re présentation publique en 1952 dans une version désavouée par les auteurs). Version définitive achevée en 1979 sous le titre *le Roi et l'Oiseau.* **1948.** *Le Rossignol de l'empereur de Chine* de Jiri Trnka. **1950.** 1ers films de McLaren, dessinés ou gravés directement sur la pellicule. **1952.** Films en *pixillation* (totalisation d'images instantanées) de McLaren : *Two Bagatelles* et *Aimez votre prochain.* **1957.** Aux U.S.A., 1ers films expérimentaux réalisés par John Whitney à l'aide de dispositifs électroniques. **1982.** *Fritz the Cat* de Ralph Bakshi, d. animé « pour adultes ». *Tron* de Steven Lisberger : long métrage avec animation informatique (Prod. W. Disney).

● **Quelques héros.** Le Fantoche (Émile Cohl, 1908), Félix the Cat (Pat Sullivan, 1920), Mickey Mouse (Walt Disney, 1928), Betty Boop (Max Fleischer, 1930), Popeye (Fleischer, 1933), Donald Duck (Walt Disney, 1934), Tom et Jerry (Bill Hamma et Joe Barbera, 1940), Bugs Bunny (Tex Avery, Chuck Jones, 1940), Woody Woodpecker (Walter Lantz, 1941), Mr Maggoo (Pete Burness, 1949).

Fantastique et science-fiction

1904. *Voyage à travers l'impossible.* G. Méliès[1].

1912. *A la conquête du pôle.* G. Méliès[1]. **15.** *la Folie du Dr Tube.* A. Gance [1]. **19.** *le Cabinet du Dr Caligari.* R. Wiene [2].

1920. *le Golem.* P. Wegener [2]. **21.** *Nosferatu le vampire.* F.W. Murnau [2]. *la Charrette fantôme.* V. Sjöström [3]. **24.** *les Nibelungen.* F. Lang [2]. *la Cité foudroyée.* L. Morat [1]. **26.** *l'Étudiant de Prague.* H. Galeen [2]. *Métropolis.* F. Lang [2]. *Faust.* F.W. Murnau [2].

1930. *Dracula.* T. Browning [4]. **31.** *Frankenstein.* J. Whale [4]. *la Fin du monde.* A. Gance [1]. **32.** *Vampyr.* C. Th. Dreyer [9]. *la Momie.* K. Freund [4]. *le Masque d'or.* C. Brabin [4]. *Freaks.* T. Browning [4]. *Dr Jekyll and Mr Hyde.* R. Mamoulian [4]. *les Chasses du Cte Zaroff.* E.B. Schoedsack et M.C. Cooper [4]. **33.** *l'Ile du Dr Moreau.* E.C. Kenton [4]. *L'Homme invisible.* J. Whale [4]. *King-Kong.* E.B. Schoedsack et M.C. Cooper [4]. **34.** *les Mains d'Orlac.* K. Freund [4]. *le Chat noir.* E. Ulmer [4]. **35.** *la Fiancée de Frankenstein.* J. Whale [4]. *la Marque du vampire.* T. Browning [4]. **36.** *la Mort qui marche.* M. Curtiz [4]. *le Rayon invisible.* L. Hillyer [4]. **37.** *Horizons perdus.* F. Capra [4]. **39.** *le Magicien d'Oz.* V. Fleming [4].

1940. *le Voleur de Bagdad.* L. Berger et T. Whelan [5]. **42.** *la Nuit fantastique.* M. L'Herbier [1]. *les Visiteurs du soir.* M. Carné [1]. *la Féline.* J. Tourneur [4]. **43.** *la Main du diable.* M. Tourneur [1]. *le Baron fantôme.* S. de Poligny [1]. *Aventures fantastiques du baron de Münchhausen.* J. von Baky [2]. *Le ciel peut attendre.* E. Lubitsch [4]. **45.** *Au cœur de la nuit.* A. Cavalcanti, C. Crichton, B. Dearden et R. Hamer [5]. *le Portrait de Dorian Gray.* A. Lewin [4]. **46.** *la Belle et la Bête.* J. Cocteau [1]. *la Bête aux cinq doigts.* R. Florey [4].

1950. *Orphée.* J. Cocteau [1]. **51.** *Le jour où la Terre s'arrêta.* R. Wise [4]. **52.** *la Chose d'un autre monde.* Ch. Nyby [4]. *Sadko.* A. Poutchko [6]. **53.** *la Guerre des mondes.* B. Haskin [4]. **55.** *la Nuit du chasseur.* Ch. Laughton [4]. *Planète interdite.* F.M. Wilcox [4]. *les Survivants de l'infini.* J. Newman [4]. **56.** *la Marque.* V. Guest [5]. *le Septième Sceau.* I. Bergman [3]. **57.** *l'Homme qui rétrécit.* J. Arnold [4]. **58.** *le Cauchemar de Dracula.* T. Fisher [5]. **59.** *le Voyeur.* M. Powell [5]. *les Yeux sans visage.* G. Franju [1].

1960. *le Testament du docteur Cordelier.* J. Renoir [1]. *le Masque du Démon.* M. Bava [7]. *la Chute de la maison Usher.* R. Corman [4]. *la Machine à explorer le temps.* G. Pal [4]. *Voyage au centre de la Terre.* H. Levin [4]. **61.** *les Damnés.* J. Losey [5]. **62.** *les Innocents.* J. Clayton [5]. *l'Effroyable Secret du Dr Hichcock.* R. Hampton [7]. **63.** *les Oiseaux.* A. Hitchcock [4]. *la Maison du diable.* R. Wise [4]. **64.** *Alphaville.* J.-L. Godard [1]. **65.** *le Masque de la mort rouge.* R. Corman [4]. **66.** *Fahrenheit 451.* F. Truffaut [1]. **67.** *les Monstres de l'espace.* R.W. Baker [5]. *la Planète des Singes.* F. Shaffner [4]. *Histoires extraordinaires.* Fellini, Louis Malle, Roger Vadim [1,7]. **68.** *2001, l'Odyssée de l'espace.* S. Kubrick [5]. *Rosemary's Baby.* R. Polanski [4]. *la Nuit des morts-vivants.* G.A. Romero [4]. *Un soir, un train.* A. Delvaux [1].

1971. *Brewster Mac Cloud.* R. Altman [4]. **72.** *l'Abominable Dr Phibes.* R. Fuest [4]. *l'Autre.* R. Mulligan [4]. *le Maître et Marguerite.* A. Petrovic [8]. **73.** *Zardoz.* J. Boorman [4]. **74.** *Phantom of the Paradise.* B. de Palma [4]. *le Fantastique Voyage de Sindbad.* G. Hessler [5]. **77.** *la Guerre des Étoiles.* G. Lucas [4]. **78.** *Rencontres du 3e type.* S. Spielberg [4]. **79.** *Alien.* R. Scott [4].

1980. *L'Empire contre-attaque.* I. Kershner [4]. *le Trou noir.* G. Nelson [4]. **81.** *New York 1997.* J. Carpenter. *la Guerre du Feu.* J.-J. Annaud. **82.** *E.T. l'Extraterrestre.* S. Spielberg [4]. *Mad Max.* G. Miller [10]. *Stalker.* Tarkovsky [6]. **83.** *le Retour du Jedi.* R. Marquand [4]. **84.** *Gremlins.* J. Dante. *Dune.* D. Lynch. **85.** *Lady Hawke,* R. Donner [4]. *Retour vers le futur,* R. Zemeckis [4].

Nota. — (1) France. (2) Allemagne. (3) Suède. (4) U.S.A. (5) G.-B. (6) U.R.S.S. (7) Italie. (8) Yougoslavie. (9) Danemark. (10) Australie.

Principaux westerns

Le western est un genre spécifiquement américain. A part les anciennes tentatives de Joë Hamman (1885-1974) en France au temps du muet (série Arizona Bill) et, en Allemagne, les adaptations d'après K. May (série Winetou), on ne peut que mentionner les *westerns-spaghettis* réalisés en Italie, ex. : *El Chuncho,* de Damiano Damiani, avec Gian-Maria Volonte, ou *Colorado* de Sergio Sollima avec Lee Van Cleef ; les films de Sergio Leone : *le Bon, la Brute et le Truand,* avec Clint Eatswood, *Il était une fois dans l'Ouest,* avec Henry Fonda et Charles Bronson... Également, quelques séries purement commerciales *(Sabata, Trinita...).* Il s'agit plutôt de parodies que d'illustrations authentiques du genre.

1904. *le Vol du rapide.* (W.S. Porter).

1914. *le Shériff.* R Barker (W.S. Hart). **16.** *Pour sauver sa race.* W.S. Hart, supervision Th. H. Ince (W.S. Hart).

1923. *la Caravane vers l'Ouest.* J. Cruze. **24.** *le Cheval de fer.* J. Ford (G. O'Brien).

1930. *la Piste des géants.* R. Walsh (J. Wayne). **36.** *Une aventure de Buffalo Bill.* C.B. de Mille (G. Cooper). **39.** *la Chevauchée fantastique.* J. Ford (J. Wayne).

1940. *le Cavalier du désert.* W. Wyler (G. Cooper). *le Retour de Frank James.* F. Lang (H. Fonda). **41.** *la Charge fantastique.* R. Walsh (E. Flynn, O. de Haviland). **46.** *la Poursuite infernale.* J. Ford (H. Fonda, L. Darnell). **47.** *le Massacre de Fort Apache.* J. Ford (J. Wayne, H. Fonda). **48.** *Duel au soleil.* K. Vidor (G. Peck, J. Cotten et J. Jones). *la Rivière rouge,* H. Hawks (J. Wayne, M. Clift). *la Ville abandonnée.* W.A. Wellman (G. Peck, R. Widmark). **49.** *la Flèche brisée.* D. Daves (J. Stewart). *la Charge héroïque.* J. Ford (J. Wayne).

1950. *la Cible humaine.* H. King (G. Peck). **51.** *Convoi de femmes.* W.A. Wellman (R. Taylor). **52.** *l'Ange des maudits.* F. Lang (M. Dietrich, A. Kennedy). *Le train sifflera trois fois.* F. Zinneman (G. Cooper). *l'Homme des vallées perdues.* G. Stevens (A. Ladd). **53.** *Je suis un aventurier.* A. Mann (J. Stewart). **54.** *Johnny Guitare.* N. Ray (S. Hayden). *Bronco Apache.* R. Aldrich (B. Lancaster). *Vera Cruz.* R. Aldrich (G. Cooper, B. Lancaster). *Quatre Étranges Cavaliers.* A. Dwan (J. Payne). *l'Homme de la plaine.* A. Mann (J. Stewart). *Rivière sans retour.* O. Preminger (R. Mitchum, M. Monroe). **55.** *les Implacables.* R. Walsh (C. Gable). **56.** *la Dernière Chasse.* R. Brooks (R. Taylor). *la Prisonnière du désert.* J. Ford (J. Wayne). *Sept Hommes à abattre.* B. Boetticher (R. Scott, L. Marvin). **57.** *Cow-Boy.* D. Daves (G. Ford). *3 Heures 10 pour Yuma.* D. Daves (G. Ford). *Règlement de comptes à O.K. Corral.* J. Sturges (B. Lancaster, K. Douglas). **58.** *Bravados.* H. King (G. Peck). *les Grands Espaces.* W. Wyler (G. Peck). *l'Homme de l'Ouest.* A. Mann (G. Cooper). *Rio Bravo.* H. Hawks (J. Wayne, D. Martin). **59.** *l'Aventurier du Rio Grande.* R. Parrish (R. Mitchum). *les Cavaliers.* J. Ford (J. Wayne, W. Holden). *le Dernier Train de Gun Hill.* J. Sturges (K. Douglas, A. Quinn). *l'Homme aux colts d'or.* E. Dmytryk (H. Fonda, R. Widmark, A. Quinn). *le Vent de la plaine.* J. Huston (B. Lancaster, A. Hepburn).

1960. *Alamo.* J. Wayne (J. Wayne, R. Widmark). *les Sept Mercenaires.* J. Sturges (Y. Brynner, S. McQueen). **61.** *Coups de feu dans la Sierra.* S. Peckinpah (J. McCrea, R. Scott). **62.** *l'Homme qui tua Liberty Valance.* J. Ford (J. Wayne, J. Stewart et L. Marvin). **63.** *la Conquête de l'Ouest.* J. Ford, H. Hathaway et G. Marshall (J. Wayne, H. Fonda, R. Widmark). *la Charge de la 8e brigade.* R. Walsh. **64.** *les Cheyennes.* J. Ford (R. Widmark). **65.** *les Quatre Fils de Katie Elder.* H. Hathaway (J. Wayne, D. Martin). **66.** *les Professionnels.* R. Brooks (B. Lancaster, L. Marvin). **67.** *El Dorado.* H. Hawks (J. Wayne, R. Mitchum). **68.** *Willie Boy.* A. Polonsky (R. Redford). *Butch Cassidy et le Kid.* G. Roy Hill (P. Newman, R. Redford). *Chisum.* A. McLaglen (J. Wayne). *Rio Lobo.* H. Hawks (J. Wayne).

1971. *les Cow-Boys.* M. Rydell (J. Wayne). *le Convoi sauvage.* R. Sarafian (J. Huston). *Jeremiah Johnson.* S. Pollack (R. Redford). **72.** *Fureur apache.* R. Aldrich (B. Lancaster). *l'Homme des hautes plaines.* C. Eastwood (C. Eastwood). *Juge et Hors-la-loi.* J. Huston (P. Newman). **73.** *Pat Garrett et Billy le Kid.* S. Peckinpah (J. Coburn). **74.** *la Chevauchée sauvage.* R. Brooks (G. Hackman, J. Coburn). **76.** *Josey Wales, hors-la-loi.* C. Eastwood (id.). *The Missouri Breaks.* A. Penn (J. Nicholson, M. Brando).

1980. *Bronco Billy.* C. Eastwood (id.). **85** *Silverado.* L. Kasdan (S. Glenn).

Films de guerre

Légendes. — (1) France. (2) Allemagne. (3) U.S.A. (4) G.-B. (5) U.R.S.S. (6) Italie. (7) Pologne.

1930. *A l'ouest, rien de nouveau.* L. Milestone[3]. *Quatre de l'infanterie.* G.W. Pabst[2]. **32.** *les Croix de bois.* R. Bernard[1]. **39.** *Espoir.* A. Malraux [1].

1940. *le Siège de l'Alcazar.* A. Genina [6]. *SOS 103.* F. de Robertis [6]. *Victoire à l'ouest.* W. Ruttmann [2]. **41.** *Guerre à l'est.* W. Ruttmann [2]. *Stukas.* K. Ritter [2]. *le Navire blanc.* R. Rossellini[6]. *Sergent York.* H. Hawks[3]. **42.** *Ceux qui servent sur mer.* D. Lean[4]. *Plongée à l'aube.* A. Asquith[4]. *Un de nos avions n'est pas rentré.* M. Powell[4]. *la Bataille de Midway.* J. Ford[3]. *la Sentinelle du Pacifique.* J. Farrow[3]. *Les bourreaux meurent aussi.* F. Lang[3]. **43.** *Victoire du désert.* R. Boulting[4]. *Vivre libre.* J. Renoir[3]. *l'Héroïque Parade.* C. Reed[4]. *Convoi vers la Russie.* L. Bacon[3]. *Air Force.* H. Hawks[3]. *Bataan.* T. Garnett[3]. *les Anges de miséricorde.* M. Sandrich[3]. **44.** *l'Odyssée du Dr Wassel.* C.B. De Mille[3]. *Memphis Belle.* W. Wyler[3]. *les Fils du dragon.* J. Conway[3]. *Prisonniers de Satan.* L. Milestone[3]. *Destination Tokyo.* D. Daves[3]. *30 Secondes sur Tokyo.* M. Le Roy[3]. *l'Arc-en-ciel.* M. Donskoï[5]. **45.** *Commando de la mort.* L. Milestone[3]. *Retour aux Philippines.* E. Dmytryk[3]. *Aventures en Birmanie.* R. Walsh[3]. *les Forçats de la gloire.* W. Wellman[3]. *le Tournant décisif.* F. Ermler[5]. *Rome, ville ouverte.* R. Rossellini[6]. *la Bataille du rail.* R. Clément[1]. **46.** *Gung ho !* R. Enright[3]. *les 5 Secrets du désert.* B. Wilder[3]. *Païsa.* R. Rossellini[6]. **47.** *les Maudits.* R. Clément[1]. *la Bataille de l'eau lourde.* J. Dréville[1]. **49.** *Iwo Jima.* A. Dwan[3]. *Bastogne.* W. Wellman[3]. *la Bataille de Stalingrad.* V. Petrov[5]. *la Chute de Berlin.* M. Tchiaoureli[5].

1950. *Guérillas.* F. Lang[3]. **51.** *Baïonnette au canon.* S. Fuller[3]. *J'ai vécu l'enfer de Corée.* S. Fuller[3]. *Okinawa.* L. Milestone[3]. *les Diables de Guadalcanal.* N. Ray[3]. *le Renard du désert.* H. Hathaway[3]. **52.** *les Rats du désert.* R. Wise[3]. *le Cirque infernal.* R. Brooks[3]. *Commando sur St-Nazaire.* C. Besmett[4]. *Crève-cœur.* J. Dupont[1]. **53.** *Tant qu'il y aura des hommes.* F. Zinnemann[3]. *Sergent la Terreur.* R. Brooks[3]. *les Bérets rouges.* T. Young[4]. **54.** *la Patrouille infernale.* S. Heisler[3]. *la Flamme pourpre.* R. Pawish[3]. *les Briseurs de barrage.* M. Anderson[4]. *le Dernier Pont.* H. Kaütner[2]. **55.** *le Général du diable.* H. Kaütner[2]. *la Fin d'Hitler.* G.W. Pabst[2]. *la Bataille du Rio de la Plata.* M. Powell, E. Pressburger[4]. *Opération Tirpitz.* R. Thomas[4]. *le Cri de la victoire.* R. Walsh[3]. **56.** *Patrouille de choc.* C. Bernard-Aubert[1]. *l'Enfer des hommes.* J. Hibbs[3]. *le Temps de la colère.* R. Fleischer[3]. *Cote 465.* A. Mann[3]. *Attaque.* R. Aldrich[3]. *Commando dans la Gironde.* J. Ferrer[4]. **57.** *Commando sur le Yang-Tsé.* M. Anderson[4]. *le Pont de la rivière Kwaï.* D. Lean[3]. *le Temps d'aimer et le Temps de mourir.* D. Sirk[3]. *Les commandos passent à l'attaque.* W. Wellman[2]. *Kanal.* A. Wajda[7]. **58.** *Cendre et Diamant.* A. Wajda[7]. *Dunkerque.* L. Norman[4]. *le Bal des maudits.* E. Dmytryk[3]. *les Nus et les Morts.* R. Walsh[3]. *Tarawa, tête de pont.* P. Wendkos[3]. **59.** *la Bataille de la mer de Corail.* P. Wendkos[3]. *Coulez le Bismarck.* L. Gilbert[1]. *le Pont.* B. Wicki[2].

1960. *Saipan.* Ph. Karlson[3]. *la Balade du soldat.* G. Tchoukraï[5]. **61.** *le Jour le plus long.* D.F. Zanuck[3]. *les Canons de Navarone.* J. Lee Thompson[4]. **62.** *Les maraudeurs attaquent.* S. Fuller[3]. *L'enfer est pour les héros.* D. Siégel[3]. **64.** *la Bataille de France.* J. Aurel[1]. **65.** *les Centurions.* M. Robson[3]. *Première Victoire.* O. Preminger[3]. *Paris brûle-t-il ?* R. Clément[3]. *la Bataille des Ardennes.* K. Annakin[4]. *la 317e Section.* P. Schoendoerffer[1]. **66.** *la Longue Marche.* A. Astruc[1]. **67.** *la Bataille pour Anzio.* E. Dmytryk[3]. **68.** *Duel dans le Pacifique.* J. Boorman[3]. *les Bérets verts.* J. Wayne et R. Kelloz[3]. **69.** *Patton.* F. Schaffner[3]. *Hoah Binh.* R. Coutard[1]. *la Bataille d'Angleterre.* G. Hamilton[4]. *l'Armée des ombres.* J.-P. Melville[1].

1973. *le Train.* P. Granier-Deferre[1]. **74.** *Lacombe Lucien.* L. Malle[1]. **75.** *le Vieux Fusil.* R. Enrico[1]. **76.** *Un pont trop loin.* R. Attenborough [4]. **77.** *la Bataille de Midway.* J. Smight [3]. **79.** *La Légion saute sur Kolwezi.* R. Coutard[1]. *Voyage au bout de l'enfer.* M. Cimino. *Apocalypse now.* F.F. Coppola [3].

1981. *la Peau.* Liliana Cavani [6]. **82.** *l'Honneur d'un capitaine.* P. Schoendoerffer [1].

Festivals et prix

Festival de Venise

Créé en 1932. Fin août-début septembre. **Prix principaux :** Lion d'Or de St-Marc (Grand Prix), Coupes Volpi (interprétation masculine et féminine). Prix de l'O.C.I.C., Prix de la FIPRESCI (Critique), Coupe Pasinetti, Prix San Giorgio.

De 1934 à 1942, **Coupes Mussolini** pour le meilleur film étranger et le meilleur film italien. En 1947 et 1948, **Grand Prix international de Venise.** Depuis 1948, **Lion d'Or de Saint-Marc.**

1934 L'Homme d'Aran (Robert Flaherty). Teresa Confalonieri (G. Brignone). **35** Anna Karénine (Clarence Brown). Casta Diva (Carmine Gallone). **36** L'Empereur de Californie (L. Trenker). L'Escadron blanc (A. Genina). **37** Un carnet de bal (Julien Duvivier). Scipion l'Africain (Carmine Gallone). **38** Les Dieux du stade (Leni Riefenstahl). Luciano Serra pilote (G. Alessandrini). **39** Abuna Messias (G. Alessandrini).

1940 Le Maître de poste (Gustav Ucicky). Le Siège de l'Alcazar (A. Genina). **41** Le Président Kruger (H. Steinhoff). La Couronne de fer (A. Blasetti). **42** Le Grand Roi (Veit Harlan). Bengasi (Augusto Genina). **43** *Non décerné.* **46** *Non décerné.* **47** Sirena (Karel Stekly). **48** Hamlet (Laurence Olivier). **49** Manon (H.-G. Clouzot).

1950 Justice est faite (André Cayatte). **51** Rashomon (Akira Kurosawa). **52** Jeux interdits (René Clément). **53** *Lion d'or non décerné.* Lion d'argent : Thérèse Raquin (Marcel Carné). **54** Roméo et Juliette (R. Castellani). **55** Ordet (Carl Dreyer). **56** *Lion d'or non décerné.* **57** Aparajito (Satyajit Ray). **58** L'Homme au pousse-pousse (Hiroshi Inagaki). **59** Le Général della Rovere (R. Rossellini). La Grande Guerre (M. Monicelli).

1960 Le Passage du Rhin (André Cayatte). **61** L'Année dernière à Marienbad (Alain Resnais). **62** Journal intime (V. Zurlini). L'Enfance d'Ivan (A. Tarkovski). **63** Main basse sur la ville (F. Rosi). **64** Le Désert rouge (M. Antonioni). **65** Sandra (Luchino Visconti). **66** La Bataille d'Alger (G. Pontecorvo). **67** Belle de jour (Luis Buñuel). **68** Les Artistes sous le chapiteau : perplexes (Alexander Kluge). **69** *De 1969 à 1979, pas de jury, pas de prix.*

1980 Gloria (J. Cassavetes). Atlantic City (Louis Malle). **81** Les Années de plomb (M. von Trotta). **82** L'État des choses (Wim Wenders). **83.** Prénom Carmen (J.-L. Godard). **84** L'Année du soleil tranquille (Krzystof Zanussi). **85** Sans toit ni loi (Agnès Varda).

Festival de Cannes

Créé le 20-9-1946. A lieu en mai. **Prix principaux :** Palme d'Or, Prix spécial du Jury (courts et longs métrages), Prix d'interprétation masculine et féminine, Prix de la mise en scène, Prix de la C.S.T., Prix de la FIPRESCI, Caméra d'Or.

Palmes d'Or (Grands Prix de 1946 à 54 et 64 à 74). **1946** 11 Grands Prix décernés à 11 pays différents ; France : la Symphonie pastorale (J. Delannoy). **49** Le Troisième Homme (Carol Reed).

1951 Miracle à Milan (Vittorio de Sica). Mademoiselle Julie (Alf Sjöberg). **52** Deux sous d'espoir (Renato Castellani). Othello (Orson Welles). **53** Le Salaire de la peur (H.-G. Clouzot). **54** La Porte de l'Enfer (T. Kinugasa). **55** Marty (Delbert Mann). **56** Le Monde du silence (J.-Y. Cousteau-Louis Malle). **57** La Loi du Seigneur (William Wyler). **58** Quand passent les cigognes (Mikhaïl Kalatozov). **59** Orfeu Negro (Marcel Camus).

1960 La Dolce Vita (Federico Fellini). **61** Une aussi longue absence (Henri Colpi). Viridiana (Luis Buñuel). **62** La Parole donnée (Anselmo Duarte). **63** Le Guépard (Luchino Visconti). **64** Les Parapluies de Cherbourg (J. Demy). **65** The Knack (Richard Lester). **66** Un homme et une femme (C. Lelouch). Signore e Signori (P. Germi). **67** Blow up (Michelangelo Antonioni). **68** *Pas de prix* (festival interrompu). **69** If (Lindsay Anderson).

1970 M.A.S.H. (Robert Altman). **71** Le Messager (Joseph Losey). **72** L'Affaire Mattei (Francesco Rosi). La classe ouvrière va au paradis (Elio Petri). **73** L'Épouvantail (Jerry Schatzberg). La Méprise (Alan Bridges). **74** La Conversation (Francis F. Coppola). **75** Chronique des années de braise (M. Lakhdar Hamina). **76** Taxi Driver (Martin Scorsese). **77** Padre padrone (Paolo et Vittorio Taviani). **78** L'Arbre aux sabots (Ermanno Olmi). **79** Apocalypse Now (Francis F. Coppola). Le Tambour (V. Schlondorff).

1980 Kagemusha (A. Kurosawa). Que le spectacle commence (B. Fosse). **81** L'Homme de fer (A. Wajda). **82** Yol (Yilmaz Güney) et Missing (Costa-Gavras). **83** La Balade de Narayama (Sh. Imamura). **84** Paris-Texas (Wim Wenders). **85** Papa est en voyage d'affaires (Emir Kusturica). **86** La Mission (Roland Joffé).

Festival de Moscou

Créé en 1959. Alterne avec le festival de Karlovy Vary et de Tachkent (1 an sur 2). **Récompenses :** 3 prix d'or et d'autres prix. Concours de films courts et longs métrages ainsi que films pour enfants (Prix d'or et d'argent).

Grands Prix. 1959 Destin d'un homme (S. Bondartchouk). **61** L'Île nue (K. Shindo). Le Ciel clair (G. Tchoukraï). **63** Huit et demi (F. Fellini). **65** Guerre et Paix (S. Bondartchouk). Vingt Heures (Z. Fabri). **67** Un journaliste (S. Gherassimov). Le Père (I. Szabo). **Prix d'or. 1969** Lucia (U. Solas). Serafino (P. Germi). Jusqu'à lundi (S. Rostotski). **71** Les Aveux d'un commissaire de police au procureur de la République (D. Damiani). Vivre aujourd'hui, mourir demain (K. Shindo). Oiseau blanc à la tache noire (Y. Ilienko). A. Wajda (Pol.) pour son œuvre. **73** Le Mot doux liberté (V. Jalakjavitchus). Oklahoma Crude (S. Kramer). L'Amour (L. Staïkov). **75** Dersu Uzala (A. Kurosawa). La Terre promise (A. Wajda). Nous nous sommes tant aimés (E. Scola). Parade (J. Tati). **77** Le 5e Sceau (Z. Fabri). Fin de semaine (J.A. Bardem). Mimino (G. Danélia). **79** Que viva Mexico (S. M. Eisenstein, E. Tissé, G. Alexandrov) (honor.) Le Christ s'est arrêté à Eboli (F. Rosi). 7 Jours en janvier (J.A. Bardem). Le Cinéphile (K. Kieslowsky). Le Chien se baladant sur le piano à queue (V. Grammatikov). **81** L'Homme pressuré (J.-B. de Andrade). Le Champ dévasté (Nguyen Hong Chan). Téhéran 43 (Naoumov et Alov). **83** Amok (S. Ben Barka). Alcino et le Condor (N. Littin). Vassa (Gleb Panfilov). **85** Va voir (E. Klimav). L'Histoire du soldat (N. Jewison). La Fin des neuf (C. Shiapachas).

Festival international de Berlin

● Créé en 1951, international de catégorie A depuis 1956. En février-mars. **Récompenses :** Ours d'or berlinois, Ours d'argent (meilleurs réalisateurs, interprétations masculine et féminine, autre mérite individuel remarquable), Ours d'or et d'argent pour les courts métrages, prix de l'O.C.I.C., de l'UNICRIT, de la FIPRESCI, du CIDALC, de la Guilde des écrivains internationaux, du Jury évangélique du film.

● **Ours d'or berlinois. 1956** Invitation à la danse (Gene Kelly). **57** Douze Hommes en colère (Sydney Lumet). **58** Les Fraises sauvages (Ingmar Bergman). **59** Les Cousins (Claude Chabrol). **60** El Lazarillo de Tormes (Cesar Ardavin). **61** La Nuit (M. Antonioni). **62** A Kind of Loving (John Schlesinger). **63** Bushido (Tadashi Imaï). Le Diable (Gian-Luigi Polidoro). **64** L'Été sans eau (Ismaïl Metin). **65** Alphaville (J.-L. Godard). **66** Cul-de-sac (R. Polanski). **67** Le Départ (Jerzy Skolimowski). **68** Ole Dole Doff (Jan Troell). **69** Rani Radovi (Zelimir Zilnik). **70** *Ours d'or non décerné.* **71** Le Jardin des Finzi-Contini (Vittorio de Sica). **72** Les Contes de Canterbury (Pier Paolo Pasolini). **73** Ashani Sanket (Satyajit Ray). **74** L'Apprentissage de Duddy Kravitz (Ted Kotcheff). **75** Adoption (Marta Meszaros). **76** Buffalo Bill et les Indiens (Robert Altman). **77** Ascension (Larissa Chepitko). **78** A tous les Espagnols présents. **79** David (Peter Lilienthal). **80** Heartland (Richard Pearce). Palermo ou Wolfsburg (Werner Schroeter). **81** Vivre vite (Carlos Saura). **82** Veronika Voss (R. Fassbinder). **83** Ascendancy (E. Bennett). La Colmena (la Ruche) (Mario Camus). **84** Love Streams (John Cassavetes) (o. d'argent : Sale Petite Guerre d'Hector Olivera). **85** Wetherby (David Hare) et La Femme et l'Étranger (Rainer Simon).

Festivals divers

Annecy. Journées intern. du cinéma d'animation, *créées* en 1956 à Cannes. Depuis 1960 à Annecy. Tous les 2 ans en juin, les années impaires, en alternance avec Zagreb (Yougoslavie) et Toronto (Canada). Parallèlement au festival, un marché du film international pour le cinéma et la télévision et un salon des techniques de l'image par image sont organisés. *Grand Prix :* **83** Les Possibilités du dialogue (Jan Svankmajer). **85** Une tragédie grecque (Nicole Van Goethem).

Avoriaz. Festival intern. du film fantastique, *créé* en 1973. Principaux prix : Grand Prix, prix du jury, de la critique. *Grand Prix :* **73** Duel (S. Spielberg). **74** Soleil vert (R. Fleischer). **75** Phantom of the Paradise (B. de Palma). **76** the Bed Sitting Room (R. Lester). **77** Carrie (B. de Palma). **78** Full Circle (R. Longcraine). **79** Patrick (R. Franklin). **80** Time After Time (N. Meyer). **81** Elephant (D. Lynch). **82** Mad Max 2 (G. Miller). **83** the Dark Crystal (J. Henson et F. Oz). **85** Dream Lover (A. Pakula).

Karlovy Vary (Tchéc.). *Créé* en 1948. A lieu en juillet, 1 an sur 2 (alterne avec le Festival de Moscou). *Grand Prix :* Globe de cristal. **83** non décerné. **84** Leon Tolstoï (Sergei Gerasiniov).

Lille-Région Nord-P.-de-C. *Créé* en 1971. En mars, Fest. internat. court métrage et du documentaire.

Locarno (Suisse). *Créé* en 1946. En août. Principal prix : Léopard d'or. **84** Stranger than Paradise (Jim Jarmush). **Nyon (Suisse).** Festival intern. de cinéma, créé en 1968. En oct. Films documentaires. *Principal prix :* Sesterce d'or. **84** The Times of Harvey Mailk (R. Epstein, R. Schmiechen). **85** Höhenfeuer (F. M. Murer).

Saint-Sébastien (Espagne). *Créé* en 1953. En septembre. **85** Yesterday (R. Piwawarski).

Tachkent (U.R.S.S.). *Créé* en 1968. Alterne tous les 2 ans avec le Festival de Moscou.

Festivals divers. Acapulco, Bergame, Biarritz (festival du film sportif), Cork, Hyères (cinéma d'aujourd'hui et cinéma différent), Knokke-le-Zoute, La Plagne (festival du film d'aventure vécue), Mannheim, Mar del Plata, Melbourne, Mexico, Montréal, San Francisco, Téhéran.

Oscars

Créés en 1927 aux U.S.A. pour améliorer « arts et techniques de la profession cinématographique », par l'Academy of Motion Picture Arts and Sciences (organisme honoraire de + de 4 000 membres de l'industrie du cinéma). Pour chaque prix, les membres de l'association concernés (acteurs pour les acteurs, scénaristes pour les scénarios, etc.) proposent un maximum de 5 noms. Vote à bulletin secret ensuite. Env. 21 oscars (statuettes d'or), 10 autres mentions sont décernées.

• **Ont obtenu plusieurs Oscars. Acteurs :** Marlon Brando (54, 72), Walter Brennan (36, 38, 40), Gary Cooper (41, 52), Jack Lemmon (55, 73), Frederic March (31-32, 46), Robert de Niro (74, 80), Anthony Quinn (52, 56), Jason Robards (76, 77), Spencer Tracy (37, 38), Peter Ustinov (60, 64)... **Actrices :** Ingrid Bergman (44, 56, 74), Bette Davis (35, 38), Jane Fonda (71, 78), Olivia de Haviland (46, 49), Helen Hayes (31-32, 70), Katharine Hepburn (32-33, 67, 68, 81), Glenda Jackson (70, 73), Vivien Leigh (39, 51), Luise Rainer (36, 37), Maggie Smith (69, 78), Elizabeth Taylor (60, 66), Shelley Winters (59, 65)... **Metteurs en scène :** Frank Borzage (27-28, 31-32), Frank Capra (34, 36, 38), John Ford (35, 40, 41, 52), Elia Kazan (47, 54), David Lean (57, 62), Frank Lloyd (28-29, 32-33), Leo Mc Carey (37, 44), Joseph L. Mankiewicz (49, 50), Lewis Milestone (27-28, 29-30), Georges Stevens (51, 56), Billy Wilder (45, 60), Robert Wise (61, 65), William Wyler (42, 46, 59), Fred Zinneman (53, 66).

Français ayant eu des Oscars. Acteurs : Maurice Chevalier (1958, special award). **Actrices :** Claudette Colbert (1934), Simone Signoret (1959).

Plus jeunes interprètes ayant reçu un Oscar : Shirley Temple (1934, âgée de 6 ans), Tatum O'Neal (1973, 10 ans).

Films : Ben Hur (1959) : 11 ; West Side Story (1961) : 10 ; Gigi (1958) : 9 ; Tendres Passions (1983) : 5 ; Gandhi (1982), Amadeus (1984) : 8 ; Vol au-dessus d'un nid de coucou (1975) : 5. Pour l'ensemble de son œuvre, Walt Disney en a obtenu 25 de 1931 à sa mort en 1966 ; le studio en a obtenu 2 de 1966 à 1969.

Oscars du meilleur film. 1927-28 Les Ailes (W. Wellman). L'Aurore (F.W. Murnau). **28-29** The Broadway Melody (H. Beaumont). **29-30** A l'ouest rien de nouveau (L. Milestone). **30-31** Cimarron (W. Ruggles). **31-32** Grand Hôtel (E. Goulding). **32-33** Cavalcade (F. Lloyd). **34** New York-Miami (F. Capra). **35** Les Révoltés du Bounty (F. Lloyd). **36** The Great Ziegfeld (R.Z. Leonard). **37** Vie d'Émile Zola (W. Dieterle). **38** Vous ne l'emporterez pas avec vous (F. Capra). **39** Autant en emporte le vent (V. Fleming). **40** Rebecca (A. Hitchcock). **41** Qu'elle était verte ma vallée (J. Ford). **42** Mrs Miniver (W. Wyler). **43** Casablanca (M. Curtiz). **44** La route semée d'étoiles (L. McCarey). **45** Le Poison (B. Wilder). **46** Les Plus Belles Années de notre vie (W. Wyler). **47** Le Mur invisible (E. Kazan). **48** Hamlet (L. Olivier). **49** Les Fous du roi (R. Rossen). **50** Eve (J.L. Mankiewicz). **51** Un Américain à Paris (V. Minnelli). **52** Sous le plus grand chapiteau du monde (C.B. De Mille). **53** Tant qu'il y aura des hommes (F. Zinneman). **54** Sur les quais (E. Kazan). **55** Marty (D. Mann). **56** Le Tour du monde en 80 jours (M. Anderson). **57** Le Pont de la rivière Kwaï (D. Lean). **58** Gigi (V. Minnelli). **59** Ben Hur (W. Wyler). **60** La Garçonnière (B. Wilder). **61** West Side Story (R. Wise-J. Robbins). **62** Lawrence d'Arabie (D. Lean). **63** Tom Jones (T. Richardson). **64** My Fair Lady (G. Cukor). **65** La Mélodie du bonheur (R. Wise). **66** Un homme pour l'éternité (F. Zinneman). **67** Dans la chaleur de la nuit (N. Jewison). **68** Oliver (C. Reed). **69** Macadam Cow-Boy (J. Schlesinger). **70** Patton (F. Schaffner). **71** French Connection (W. Friedkin). **72** Le Parrain (F. Ford Coppola). **73** L'Arnaque (G.R. Hill). **74** Le Parrain (2e ép.) (F. Ford Coppola). **75** Vol au-dessus d'un nid de coucou (M. Forman). **76** Rocky (J. Avildsen). **77** Annie Hall (W. Allen). **78** Voyage au bout de l'enfer (M. Cimino). **79** Kramer contre Kramer (R. Benton). **80** Des gens comme les autres (R. Redford). **81** Les Chariots de feu (Hugh Hudson). **82** Gandhi (R. Attenborough). **83** Tendres Passions (J. Brooks). **84** Amadeus (M. Forman). **85** Out of Africa (S. Pollack).

Prix Louis Delluc

Fondé en 1937 par Maurice Bessy et Marcel Idzkowski. *Décerné* en janvier en France. *Destiné* à récompenser un film français. Jury de 17 membres (J. de Baroncelli, M. Bessy, Pierre Bouteiller, G. Charensol, G. Cravenne, M. Favallelli, G. Jacob, S. Lachize, Lo Duca, D. Marion, C. Mauriac, Michel Perez, N. de Pabaudy, R. Regent, J. Siclier, P. Tchernia, S. Tobiana). *Pt :* Maurice Bessy, *Membres d'honneur :* N. Frank, J. Vidal. **L. Delluc** (1890-1924) : 1er journaliste français spécialisé dans le cinéma ; fonda, en France, les ciné-clubs. Son meilleur film fut : La Femme de nulle part (1922).

1937 Les Bas-fonds (Jean Renoir). **38** Le Puritain (Jeff Musso). **39** Quai des brumes (Marcel Carné). **45** Espoir (André Malraux). **46** La Belle et la Bête (Jean Cocteau). **47** Paris 1900 (Nicole Vedrès). **48** Les Casse-pieds (Jean Dréville). **49** Rendez-vous de juillet (J. Becker). **50** Le Journal d'un curé de campagne (Robert Bresson). **51** *Non attribué.* **52** Le Rideau cramoisi (A. Astruc). **53** Les Vacances de M. Hulot (J. Tati). **54** Les Diaboliques (H.-G. Clouzot). **55** Les Grandes Manœuvres (René Clair). **56** Le Ballon rouge (Albert Lamorisse). **57** Ascenseur pour l'échafaud (L. Malle). **58** Moi, un Noir (Jean Rouch). **59** On n'enterre pas le dimanche (M. Drach). **60** Une aussi longue absence (H. Colpi). **61** Un cœur gros comme ça (François Reichenbach). **62** L'Immortelle (Alain Robbe-Grillet). Le Soupirant (Pierre Étaix). **63** Les Parapluies de Cherbourg (J. Demy). **64** Le Bonheur (Agnès Varda). **65** La Vie de château (J.-P. Rappeneau). **66** La guerre est finie (Alain Resnais). **67** Benjamin (Michel Deville). **68** Baisers volés (F. Truffaut). **69** Les Choses de la vie (Cl. Sautet). **70** Le Genou de Claire (E. Rohmer). **71** Rendez-vous à Bray (A. Delvaux). **72** État de siège (Costa Gavras). **73** L'Horloger de St-Paul (B. Tavernier). **74** La Gifle (Cl. Pinoteau). **75** Cousin Cousine (J.-Ch. Tachella). **76** Le Juge Fayard dit le Shérif (Yves Boisset). **77** Diabolo menthe (Diane Kurys). **78** L'Argent des autres (Christian de Chalonge). **79** Le Roi et l'Oiseau (Paul Grimault). **80** Un étrange voyage (Alain Cavalier). **81** Une étrange affaire (Pierre Granier-Deferre). **82** Danton (A. Wajda). **83** A nos amours (Maurice Pialat). **84** La Diagonale du fou (Richard Dembo). **85** L'Effrontée (Claude Miller).

Grands prix du cinéma français Louis Lumière

• **Fondé** en 1934 par la Sté d'encouragement pour le cinéma. *Pt :* Robert Sabatier. *Membres :* Mmes Le Maresquier, M.-J. Nat, V. Volmane ; MM. Bessy, H. Chapier, R. Chazal, J. Chausserie-Lapre, P. Mentre, R. Régent, J. Rigaud, J. Rochereau.

1934 Maria-Chapdelaine (Julien Duvivier). **35** La Kermesse héroïque (Jacques Feyder). **36** L'Appel du silence (Léon Poirier). **37** Légions d'honneur (Maurice Gleize). **38** Alerte en Méditerranée (Léon Joannon). **39** *à* **45** *Non attribué.* **46** Farrebique (Louis Rouquier). **47** Monsieur Vincent (Maurice Cloche). **48** Parade du temps perdu (Jean Dréville). **49** *Non attribué.* **50** Jour de fête (Jacques Tati). **51** Le Journal d'un curé de campagne (Robert Bresson). **52** *Non attribué.* **53** Les Belles de nuit (René Clair). **54** Le Blé en herbe (Claude Autant-Lara). **55** Les Évadés (Jean-Paul Le Chanois). **56** *Non attribué,* mais il a été décerné 2 médailles d'or aux courts métrages : Le Ballon rouge (Albert Lamorisse) et Nuit et Brouillard (Alain Resnais). **57** Porte des Lilas (René Clair). **58** Les Tricheurs (Marcel Carné). **59** Les Étoiles de Midi (Marcel Ichac). **60** La Vérité (H.-G. Clouzot). **61** Un taxi pour Tobrouk (Denys de la Patellière). **62** Jusqu'au bout du monde (François Villiers). **63** Un roi sans divertissement (François Leterrier). **64** Le Monde sans soleil (commandant Cousteau). **65** Viva Maria (Louis Malle). **66** Les Fruits amers (Jacqueline Audry). **67** Vivre pour vivre (Claude Lelouch). **68** Baisers volés (François Truffaut). **69** Un grand amour (Pierre Étaix). **70** Mourir d'aimer (André Cayatte). **71** La Veuve Couderc (P. Granier-Defferre). **72** César et Rosalie (Claude Sautet). **73** Projection privée (François Leterrier). **74** Parade (Jacques Tati). **75** La Vie d'Adèle H (François Truffaut). **76** Le Désert des Tartares (Valério Zurlini). **77** Le Crabe-Tambour (Pierre Schœndœrffer). **78** Un papillon sur l'épaule (Jacques Deray). **79** I comme Icare (Henri Verneuil). **80** Mon oncle d'Amérique (Alain Resnais). **81** Garde à vue (Claude Miller). **82** Le Beau Mariage (Eric Rohmer). **83** La vie est un roman (Alain Resnais). **84** Un dimanche à la campagne (Bertrand Tavernier).

Césars

• **Créés** en 1976 par Georges Cravenne à l'imitation des Oscars américains. Attribués par un vote d'environ 200 membres de la prof. cinémat. française, à la fin de chaque année. Remise des récompenses (statuettes sculptées par César) en février de l'année suivante. **Récompenses :** meilleur acteur, actrice, 2e rôle masculin, féminin, jeune espoir masculin, féminin, film de l'année, 1re œuvre, scénario, dialogue ou adaptation, réalisateur, musique, photo, son, montage, film étranger, francophone, décor, court métrage de fiction, documentaire, d'animation, costumes.

En 1981, le Dernier Métro a reçu 10 Césars (en + de ceux cités : scénario, musique, photo, son, montage, décor).

• **Meilleur film. 1976** Le Vieux Fusil (R. Enrico). **77** Monsieur Klein (J. Losey). **78** Providence (A. Resnais). **79** L'Argent des autres (C. de Chalonge). **80** Tess (R. Polanski). **81** Le Dernier Métro (F. Truffaut). **82** La Guerre du feu (J.-J. Annaud). **83** La Balance (Bob Swaim). **84** A nos amours (Maurice Pialat), Le Bal (Ettore Scola). **85** Les Ripoux (C. Zidi). **86** Trois hommes et un couffin (C. Serreau).

Meilleur réalisateur. 1976 Bertrand Tavernier (Que la fête commence). **77** Joseph Losey (Monsieur Klein). **78** Alain Resnais (Providence). **79** Christian de Chalonge (L'Argent des autres). **80** Roman Polanski (Tess). **81** François Truffaut (Le Dernier Métro). **82** Jean-Jacques Annaud (La Guerre du feu). **83** Andrzej Wajda (Danton). **84** Ettore Scola (Le Bal). **85** Claude Zidi (Les Ripoux). **86** Michel Deville (Péril en la demeure).

Meilleur acteur. 1976 Philippe Noiret (Le Vieux Fusil). **77** Michel Galabru (Le Juge et l'Assassin). **78** Jean Rochefort (Le Crabe-Tambour). **79** Michel Serrault (La Cage aux folles). **80** Claude Brasseur (La Guerre des Polices). **81** Gérard Depardieu (Le Dernier Métro). **82** Michel Serrault (Garde à vue). **83**

Philippe Léotard (la Balance). **84** Coluche (Tchao Pantin). **85** Alain Delon (Notre histoire). **86** Christophe Lambert (Subway).

Meilleure actrice. 1976 Romy Schneider (L'important c'est d'aimer). **77** Annie Girardot (Docteur Françoise Gailland). **78** Simone Signoret (La Vie devant soi). **79** Romy Schneider (Une histoire simple). **80** Miou-Miou (La Dérobade). **81** Catherine Deneuve (Le Dernier Métro). **82** Isabelle Adjani (Possession). **83** Nathalie Baye (la Balance). **84** Isabelle Adjani (L'Été meurtrier). **85** Sabine Azéma (Un dimanche à la campagne). **86** Sandrine Bonnaire (Sans toit ni loi).

Meilleur second rôle masculin. 1976 Jean Rochefort (Que la fête commence). **77** Claude Brasseur (Un éléphant ça trompe énormément). **78** Jacques Dufilho (Le Crabe-Tambour). **79** Jacques Villeret (Robert et Robert). **80** Jean Bouise (Coup de tête). **81** Jacques Dufilho (Un mauvais fils). **82** Guy Marchand (Garde à vue). **83** Jean Carmet (Les Misérables). **84** Richard Anconina (Tchao Pantin). **85** Richard Bohringer (L'Addition). **86** Michel Boujenah (Trois hommes et un couffin).

Meilleur second rôle féminin. 1976 Marie-France Pisier (Cousin Cousine, Souvenirs d'en France). **77** Marie-France Pisier (Barocco). **78** Marie Dubois (La Menace). **79** Stéphane Audran (Violette Nozière). **80** Nicole Garcia (Le Cavaleur). **81** Nathalie Baye (Sauve qui peut, la vie). **82** Nathalie Baye (Une étrange affaire). **83** Fanny Cottençon (l'Étoile du Nord). **84** Suzanne Flon (L'Été meurtrier). **85** Caroline Cellier (L'Année des méduses). **86** Bernadette Lafont (L'Effrontée).

Autres prix

Jean Vigo, Georges Méliès, Léon Moussinac, Georges Sadoul, Jean Cocteau, de la Nouvelle Critique, Grand Prix du Cinéma français, Médaille d'or du Cinéma, de la critique internat. du jury œcuménique, de la commission supérieure technique.

Statistiques

Sources : U.N.E.S.C.O., Guiness, C.N.C.

Le cinéma dans le monde

• **Films. Produits (1983).** Nombre, entre parenthèses coproductions, en italique longueur minimale en m. Inde 741 *2 000.* U.S.A. 396 *n.c.* Japon [2] 320 (1) *1 600.* U.R.S.S. 156 (6) *1 800.* France 131 (30) *1 600.* Italie 128 (12) *1 600.* Hong Kong 116 (2) *2 000.* Mexique 105 (8). Espagne 99 *1 650.* Corée 91 (5) *2 000.* Égypte 90 [1] *2 000.* All. féd. 83 (8) *1 600.* Pakistan 82 (2) *3 600.* Thaïlande 55 [1]. Grèce 47 *2 000.* Tchécoslovaquie 45 (8) *1 800.* G.-B. 39 *2 000.* Pologne 35 (1) *2 000.* Canada 32 [2] *2 060.* Suisse 22 (6) *1 600.* Belgique 14 (7) *1 600.* Australie 10 *2 000.*

Nota. — (1) 1975. (2) 1980.

Recettes (en millions de $). Meilleurs succès U.S. en 1983. Le Retour du Jedi (mai R. Marquand) 165. Tootsie (déc. 82 S. Pollack) 94,6. Un fauteuil pour deux (mai J. Landis) 40,6. War Games (mai J. Badham) 36,6. Superman III (juin R. Lester) 36,4. Flashdance (avril A. Lyne) 36,2. Staying Alive (juill. S. Stallone) 33,6. Octopussy (juin J. Glen) 33,2. Mister Mom (juill. S Dragoti) 31,5. 48 Heures (déc. 82 W. Hill) 30,3. **De tous les temps.** E.T. l'Extra-terrestre (1982 S. Spielberg) 237,8. La Guerre des Étoiles (1977 G. Lucas) 193,5. Le Retour du Jedi (1983 R. Marquand) 165,5. L'Empire contre-attaque (1980 I. Kershner) 141,6. Les Dents de la mer (1975 S. Spielberg) 133,4. Les Av. de l'arche perdue (1981 S. Spielberg) 115,6. Grease (1978 R. Kleiser) 96,3. Tootsie (1982 S. Pollack) 94,6. L'Exorciste (1973 W. Friedkin) 89. Le Parrain (1972 F. Ford Coppola) 86,3. Rencontre du 3e type (1980 S. Spielberg) 83,4. Superman (1978 R. Donner) 82,8. La Mélodie du bonheur (1965 R. Wise) 79,7. L'Arnaque (1973 G. Roy Hill) 79,4. Autant en emporte le vent (1939 V. Fleming) 76,7. La Fièvre du samedi soir (1977 J. Badham) 74,1. American College (1978 J. Landis) 74. Comment se débarrasser de son patron (1980 C. Higgins) 66,2. L'Œil du tigre (1982 S. Stallone) 65,8. Superman II (1981 R. Lester) 65,1.

Coûts (en millions de $). **Les plus élevés.** *Films muets :* Ben Hur de Fred Niblo (U.S.A. 1925) 3,9. *Parlants :* Guerre et Paix de Bondartchouk (U.R.S.S. 1963-67) 100 ; le Chasseur de daims (U.S.A. 1939) 50 ; Cléopâtre (U.S.A. 1963) 44. Cotton Club (U.S.A. 1985) 45.

Succès les plus rapides (en millions de F). *Goldfinger :* les 14 premières semaines, rapporta 51,5. *Love Story* (1971) aurait couvert ses frais en 2 jours ; *L'Exorciste* (1973) les aurait couverts en 2 semaines. *L'Empire contre-attaque* (1980) : en 10 semaines, 1 300. *E.T. l'Extra-Terrestre* (1982) : (du 11-6-82 au 1-1-83) 2 250 (montant des sommes versées par les salles). *Star Trek II* (1982) : le 1er week-end de sa sortie, 100 dans 1 621 salles américaines. *Le Flic de Beverly Hills* (1985) : 2 000 en 3 semaines. *Dangereusement vôtre* (1985) : 360 en 5 j.

Échecs. Coûts et gains en millions de $. *Cléopâtre* (1962) : c. 44, g. 26. *La Chute de l'Empire romain* (1964) : c. 20, g. 1,9. *Waterloo* (1969) : c. 25, g. 1,4. *Darling Lili* (1970) : c. 22, g. 3,3. *Hurricane* (1979) : c. 22, g. 4,9. *Le Titanic* (1980) : c. 36, g. 6,8 ; *Les Portes du Paradis* (1980) : c. 36, g. 1,5.

Film le plus long. *The Loves of Ondine* de l'Américain Andy Warhol : 24 h ; sa version commerciale fut réduite à 90 mn. *La Condition humaine* (1968) du Japonais Masaki Kobayashi : 8 h 50 mn (moins 2 entractes de 20 mn chacun). En France : *Shoah* (Claude Lanzmann) (1984) : 9 h 30 mn ; *L'Amour fou* (Rivette) (1969) : 4 h 32 mn ; *Out !* (J. Rivette) (1972) (durée non commerciale : 12 h 40 mn, réduit : 4 h 15 mn) ; *Le Chagrin et la Pitié* (Marcel Ophüls) (1971) : 4 h 10 mn.

Film le plus vu en salle. *Autant en emporte le vent* (Victor Fleming, 1939) : vu par 120 millions de personnes.

Films ayant employé le plus de figurants. *Guerre et Paix* (1962-67, S. Bondartchouk) 120 000. *Ben Hur* (1959, W. Wyler) 100 000. *Intolérance* (1916, D.W. Griffith) 15 à 20 000.

Fréquentation annuelle par habitant (1983). Iles Turks et Caïques 83,3 [1]. U.R.S.S. 14,9. Singapour 12,7. Hong Kong 12,2. Bulgarie 10,6. Roumanie 9,6. Cuba 8,7. Inde 6,8 [4]. Israël 6,6 [2]. Hongrie 6,5. Viêtnam 5,2 [3]. U.S.A. 4,5. All. dém. 4,4. Canada 4 [5]. Mexique 3,9. Yougoslavie 3,8. Espagne 3,7. France 3,5. Suisse 3. Italie 2,9. Danemark 2,7. Suède 2,3 [5]. Pakistan 2,2 [3]. Belg. 2,1 [5]. All. féd. 2. P.-Bas 2 [4]. Japon 1,3 [4]. Algérie 1,2 [4]. Brésil 1,1 [4]. G.-B. 1,1.

• **Salles. Nombre de salles de 35 mm, et entre parenthèses de 16 mm** (nombre d'établissements fixes, 1983). U.R.S.S. 141 641. U.S.A. 16 032. Italie 6 361. France 4 894 (1 410). Espagne 4 861. All. féd. 3 664. Bulgarie 2 988 (257). Japon 2 298 [4]. Tchécosl. [4] 2 136 (835). G.-B. 1 327. Canada 983 [5]. P.-Bas [4] 551. Belgique [5] 472.

Drive-in (1983) : U.S.A. 2 852. Canada 270 [5]. All. féd. 23. Venezuela 20. France 3.

Nota. — (1) 1977. (2) 1978. (3) 1979. (4) 1981. (5) 1982. Salles 16 mm comprises. Il n'y a pas de cinémas en Arabie Saoudite.

Salles les plus grandes. Berlin (All.) Stade olympique en plein air, 22 000 places. *En France :* Gaumont-Palace (place Clichy, Paris), démoli en 1973, avait une capacité de 5 000 places (puis de 3 800) ; l'écran était de 24 × 13 m ; Rex (bd Poissonnière, Paris) 2 800 (grande salle). *Aux U.S.A. :* Radio City (New York), *en 1932 :* 5 945, *79 :* 5 882 ; Roxy (N. York) *27 :* 6 214, *57 :* 5 869. *Drive-in* Loew's Open Air à Lynn (U.S.A.) 5 000 voitures.

Salles les plus anciennes. Atlanta (Géorgie, U.S.A.) octobre 1895. Electric Theatre (Los Angeles, U.S.A.), chapiteau de cirque (2-4-1902) ; Biographic Cinema (Londres), en dur, 500 places (1905).

Le cinéma en France

• **Centre national de la cinématographie (C.N.C.).** 12, rue de Lubeck, 75016 Paris. *Créé* en 1946 et placé dep. 1959 sous l'autorité du ministre chargé des Aff. culturelles. Assure la gestion du compte de soutien financier, alimenté à 90 % par la Taxe spéciale additionnelle (14 %) sur le prix des billets d'entrée. Distribue des subventions à la production, à l'exploitation, à la distribution (si elle a concouru, par des avances remboursables exclusivement sur recettes, au financement de la production de films), à divers secteurs, institutions et mécanismes cinématographiques ; et par des avances sur recettes accordées par le ministre de la Culture aux producteurs sélectionnés par une commission spéciale.

Le Service des archives du film (78390 Bois d'Arcy), *créé* en 1968, rattaché au C.N.C., a reçu en dépôts volontaires plus de 80 000 titres de films (700 000 bobines). Depuis 1977, par délégation de la Bibliothèque nationale, il conserve les films reçus au titre du dépôt légal. Il restaure les films anciens, en transférant progressivement sur un support de sécurité toute la production fr. (des origines à 1955 env.), établie sur nitrate de cellulose, condamnée à l'autodestruction. Collections : 40 000 photographies de films, 11 000 affiches, 1 100 appareils de cinéma. Centre de consultation et de recherche pour les professionnels du cinéma et de l'audiovisuel.

Volume des informations à gérer par le C.N.C. *Profession.* 5 050 salles de cinéma (35 et 16 mm) dont 850 Art et Essai. 1 220 points de projection (tournées). 950 producteurs de longs métrages, 1 500 de courts métrages. 9 500 réalisateurs. 1 600 distributeurs dont 300 actifs. 450 importateurs, exportateurs, courtiers et industries techniques autorisées. 5 500 techniciens.

Activité annuelle. 7 000 films longs ou courts métrages exploités ; 2 400 exportés, 350 importés ; 160 longs m. agréés au soutien financier ; 440 courts m. fr. ; 200 festivals cinéma ; 600 demandes d'avance sur recette des films, dont 40 à 50 attribuées ; 1 000 demandes de crédit au soutien à l'exploitation.

55 000 courts et longs métrages gérés dep. 1945 (100 000 titres).

• **Cinémathèque française.** *Créée* en 1936. *Bibliothèque.* Environ 10 000 ouvrages, 1 000 000 de photos recensées, 23 000 affiches, fonds d'archives, découpages de films, manuscrits ou ronéotypés, maquettes de décors et de costumes, 20 000 appareils de cinéma. *Musée du cinéma.* 5 000 documents et pièces diverses.

La Cinémathèque programme plus de 2 000 films par an dans ses 2 salles de Chaillot et de G.-Pompidou. Elle contribue à de nombreux festivals et manifestations en France et à l'étranger.

Nota. — Sur 12 000 films français muets, il en reste env. la moitié dont à peu près 3 800 seraient utilisables sans travaux de restauration. Le 3-8-1980, la Cinémathèque française, près de Rambouillet, a perdu dans un incendie 7 000 bobines sur les 70 000 qu'elle détenait.

• **Crédits destinés au cinéma** *(et inscrits au budget de la Culture, 1984, en millions de F). Crédit de fonctionnement.* C.N.C. 33,9, musée et cinémathèque, I.D.H.E.C. 29,1, encouragements à diverses activités cinématographiques 101, création et diffusion audiovisuelles 77,5, total 241. *Crédits d'équipement 1983 :* 43,7.

Production

• **Producteur.** Personne morale, société commerciale qui prend la responsabilité de la réalisation de l'œuvre, du financement du film, souvent du choix des vedettes, parfois du scénario et du réalisateur. Désigne aussi le responsable ou le fondé de pouvoirs d'entreprise (prod. délégué, exécutif, associé, etc.).

Il doit apporter en principe « un capital en espèces au moins égal à... 15 % du devis du film, obligatoirement investi à titre personnel ». En fait, cet apport varie de 0 à 100 % (film d'auteur à petit budget) à 20 % (film commercial). L'U.F.I.C. (Union pour le financement de l'industrie cinématographique), l'I.F.C.I.C. (Institut de financement du cinéma et des industries culturelles), les distributeurs, les crédits accordés par les collaborateurs de création et les industries techniques fournissent le supplément.

En outre, le producteur reçoit une aide automatique (110 % du produit de la taxe additionnelle perçue lors de l'exploitation du film jusqu'à 15 millions de F de recettes, 55 % au-delà) et éventuellement une aide sélective (avances sur recettes), remboursable, accordée par une commission de l'Office de création cinématographique « en fonction des caractéristiques propres à chaque film et, notamment, de ses qualités ». *Le taux de T.V.A.* appliquée au cinéma a été abaissé de 17,6 à 7 % le 1-11-1979.

Aide de l'État à la production de films de long métrage (en millions de F). Aide automatique (arrêté du 6-11-1979) et, en ital., sélective, après avis d'une commission spécialisée (avances sur recettes). **1980** 125,53 ; *25,87.* **1983** 186,55 ; *51.* **1984** 189,17 ; *53,63* (32 films « avant réalisation » et 8 « après réalisation »).

Sociétés de production (au 31-12-84). Courts métrages 256 actives ; longs métrages 215 autorisées ; actives 175.

Plus grandes sociétés (C.A. en millions de F). *Gaumont* [*créée* en 1863 par Léon Gaumont, C.A. *1985 :*

576 F h.t.]. *Greenwich Productions (créée* par Serge Silberman). *Ariane Films* (*créée* en 1945 par Alexandre Mnouchkine et Georges Dancigers, C.A. *1983 :* 98). *Trinacra Films* (*créée* par Yves Rousset-Rouard). *Renn Productions* (*créée* par Claude Berri, C.A. *1984 :* 125). *Guéville* (*créée* par Danièle Delorme et Yves Robert). *S.F.P.* (Voir Index).

• **Studios.** Nombre, et coefficient d'occupation en italique. **1958** : 46 (22 430 m²) *86,30 %*. **70** : 29 (16 074 m²) *56,4*. **80** : 12 (9 696 m²) *70,02*. **84** : *71,1*.

Effectifs (estimation en 1980) : laboratoires 1 700, constructeurs 400, auditoriums 300, studios 70.

• **Réalisateur.** Personne qui, parfois, prend l'initiative de la réalisation d'un film, collabore à l'adaptation et au scénario, choisit tout ou partie des techniciens et artistes. En accord avec le producteur, dirige ou coordonne la préparation artistique du tournage, le tournage lui-même, les travaux de finition du film, et collabore fréquemment au lancement du film. Il peut avoir, en plus d'un fixe, un % sur les bénéfices. Le chômage est fréquent.

En 1984 : sur 425 réalisateurs actifs, 131 avaient participé à la réalisation de 1 film, 5 à la réalisation de 2, 6 à la réalisation de 3. 1 025 réalisateurs inactifs étaient titulaires d'une carte d'identité profes. en 1982. 56 autorisations exceptionnelles accordées.

• **SOFICA** (Stés de financement des ind. cinématographiques). *Créées* 1985. Permettent aux particuliers et entreprises de déduire de leurs revenus imposables des sommes investies dans la prod. cinématogr. et audiov. Un particulier peut déduire l'intégralité des investissements dans la limite de 25 % de ses revenus. Une entreprise soumise à l'impôt sur les Stés peut amortir dès la 1re année 50 % du montant versé.

Les œuvres doivent être : réalisées dans leur version originale en français ; être de nationalité d'un État de la CEE et être agréées par le ministre de la Culture. En sont exclus : œuvre à caractère porno ou d'incitation à la violence, œuvre utilisable à des fins publicitaires, programmes d'information, débats d'actualité, émissions sportives ou de variétés, document et programme audiovisuel ne comportant qu'accessoirement des éléments de création originale. Le producteur reste responsable de la production. Sa participation financière doit rester égale à 15 % du budget du film. Les sommes investies au titre de « l'abri fiscal » ne peuvent excéder 50 % du devis.

Films

• **Films produits.** *Longs métrages :* **1960** : 158 (dont 79 intégralement français). **61** : 167 (69). **62** : 125 (43). **63** : 141 (36). **64** : 148 (45). **65** : 142 (34). **66** : 130 (45). **67** : 120 (47). **68** : 117 (49). **69** : 154 (70). **70** : 138 (66). **71** : 127 (67). **72** : 169 (71). **73** : 181 (85). **74** : 191 (101). **75** : 162 (101). **76** : 156 (112). **77** : 144 (112). **78** : 161 (116). **79** : 174 (126). **80** : 189 (144). **81** : 231 (186). **82** : 164 (134) ; 43 films long métrage ont été coproduits avec les filiales spécialisées d'organisme de télévision dont avec A2 17, FR3 17, TF1 12, SFP 8, INA 1. **1983** : 132 (101). **84** : 161 (120). **85** : 151 (106).

Coproductions. *Total* (1949 à 1980) : 2 008 films. *En 1981 :* 45. *82 :* 30. *83 :* 30. *84 :* 41. *85 :* 45 (dont 25 majoritaires français).

Courts métrages commerciaux. *1978 :* 509. *79 :* 355. *80 :* 429. *81 :* 474. *82 :* 438. *83 :* 501. *84 :* 572.

• **Coût d'un film** (en 1984 en millions de F). *Moyen :* 10,66 ; coproduction 13,2 ; films français 9,78.

Nombre selon le coût de production. *+ de 20 millions de F :* films français 17 ; coproductions 12 (dont majoritaires fr. 7). *De 10 à 20 millions :* fr. 30 ; co. 16 (11). *De 8 à 10 :* fr. 8 ; co. 3 (1). *5 à 8 :* fr. 19 ; co. 9 (3). *3 à 5 :* fr. 12 ; co. 4 (2). *2 à 3 :* fr. 5. *1 à 2 :* fr. 1 ; co. 1. *0,60 à 1 :* fr. 2. *– de 0,60 :* fr. 1.

Rapport. En moyenne, 1 film sur 20 rapporte beaucoup d'argent ; 5 ou 6 peu, 5 ou 6 sont déficitaires. 90 % des recettes sont réalisées durant la 1re année d'exploitation commerciale (1er trim. : env. 50 à 60 %). 50 % viennent de l'exploitation de films français.

Postes du devis (en %, 1985). Techniciens 20,91, assurances 1,93, charges sociales 12,72, interprétation 12,81, extérieurs 10,64, fournitures 8,13, pellicules, laboratoires 6,46, sujet 6,25, studios 1,19, divers 15,44. **Investissements français** *(en millions de F, 1985).* 2 011,85 dont 1 203,48 films intégralement français et 808,37 en coproduction.

Exportations (en millions de F). *1982 :* 276. *83 :* 329,75. *84 :* 407,83 (dont exp. proprement dites de films fr. : 367,32, rexp. de films étr. 40,51).

Principaux marchés du film français 1984. Recettes (en milliards de F) : All. féd., All. dém., Autr. 72,1 ; E.-U., Can. 47,9 ; Belg., P.-Bas 35,5 ; Japon 27,1 ; Sui. 23 ; It. 15,6 ; Esp. 13 ; G.-B. 12,1 ; Lux. 5,7 ; Hong Kong 5,2 ; Australie 5 ; U.R.S.S. 4,5 ; Arg. 3,4.

32 films ont réalisé plus de 4 millions de F à l'exportation en 1983 et/ou 1984 (au total 282 millions de F, 45 % de la recette de 1983 et 1984). *Principaux films (1984) :* les Morfalous, Emmanuelle IV, Un amour de Swann, les Compères, Joyeuses Pâques.

Distribution

Le producteur passe avec un distributeur un contrat de mandat, assorti de redevances, en principe proportionnelles aux recettes qui seront réalisées dans les salles. Avant le tournage, le distributeur donne souvent au producteur une « garantie de recettes » ou un « à valoir ».

• **Distributeur.** Il tire un certain nombre de copies du film, organise publicité et promotion, loue le film à des directeurs de salles, moyennant une commission de 30 à 50 %.de la recette du film et assure la distribution physique des copies (300 000 programmes par an env.). Il se charge de réclamer auprès de l'exploitant ou d'entreprendre un recours auprès d'une commission spécialisée du C.N.C. en cas d'infraction à la montée des recettes.

Au 31-12-1984, il y avait 291 entreprises de distribution dont 286 ayant fonctionné. 3 importantes possédant des agences dans chacune des régions cinématographiques avaient chacune distribué + de 300 films, 23 de 100 à 300, 56 de 1 à 5.

Chiffre d'affaires (84) : 1 808,78 millions de F.

• **Exploitation.** *Chaînes d'exploitants :* Union générale cinématographique (env. 600 salles), dénationalisée en *1970* et cédée à un groupe de 120 exploitants. Groupe Gaumont-Pathé, créé en 1969 (plus de 700 salles), 38e Sté franç. par les capitaux propres, seule cotée en Bourse. Gaumont et Pathé se sont séparés au début 1983. Chaîne Parafrance (250 à 300 salles), commanditée par Paramount. Chaîne Océanic (à Bordeaux, Marseille, Lyon). Fox Série.

• **Films. Nombre total distribués :** *1971 :* 8 090. *75 :* 8 303. *79 :* 8 523. *Visas d'exploitation délivrés en 1984 : films français :* 634 (180 longs métrages, 454 courts métrages) ; *films étrangers :* 361 (348 longs métrages dont 231 doublés, 13 courts métrages).

Films de long métrage. Distribution (1984). 492 : 153 français (dont 24 coproductions) et 339 étrangers (américains 131, Hong Kong 45, italiens 29, soviétiques 22, allemands 14, britanniques 17).

• **Films projetés.** *1971 :* 4 265. *75 :* 4 470. *76 :* 4 866 (français 1 510). *77 :* 5 064 (fr. 1 637). *78 :* 5 084 (fr. 1 701). *79 :* 5 189 (fr. 1 753). *80 :* 5 256 (fr. 1 763). *81 :* 5 357 dont *France 1 841 ;* U.S.A. 1 396 ; Italie 481 ; Hong Kong 312 ; G.-B. 264 ; All. 180 ; U.R.S.S. 94 ; Inde 90 ; Égypte 78 ; Japon 72 ; Espagne 69 ; Suède 48 ; Canada 45 ; Liban 43 ; Taïwan 31 ; Grèce 29 ; Pologne 21 ; Benelux 21 ; Australie 19 ; Algérie 18 ; Suisse 18 ; Mexique 18 ; divers 75.

Par ancienneté *(en unités, 1982).* 5 357. *Moins d'1 an :* 597 ; *1 :* 546 ; *2 :* 572 ; *3 :* 469 ; *4 :* 402 ; *5 :* 346 ; *6 :* 275 ; *7 :* 267 ; *8 et + :* 1 883.

• **Groupements et ententes de programmation.** *Gaumont, Associés et Cie :* 344 écrans (6,6 % des écrans français), dont 198 à Gaumont ou à ses filiales, 118 à des membres programmés. *N° 1 (Parafrance) :* 293 (5,71 %), dont 105 à Parafrance ou à ses filiales, 100 aux membres statutaires du groupement, 62 à des programmés non statutaires. *Pathé-Edeline et indépendants :* 386 (7,4 %), dont 101 à Pathé, 82 aux membres statutaires du groupement, 149 à des programmés non statutaires. *U.G.C. Diffusion :* 341 (6,64 %), dont 40 à des programmés non statutaires.

• **Séances (en milliers, 1981). Par nationalité.** 3 656,3 dont *France 1 764,5 ;* étranger 1 891,8 dont U.S.A. 1 141,1 ; Italie 217,8 ; G.-B. 214,5 ; All. 100 ; Hong Kong 61,7 ; Canada 30,7 ; Pologne 16,4 ; Australie 13,2 ; Espagne 12,1 ; Japon 11,1 ; Inde 9,2 ; Grèce 6,4 ; Suède 5,9 ; Israël 4,9 ; Turquie 4,2 ; divers 26.

Par ancienneté Moy. générale 683. *Moins d'1 an :* 3 342 ; *2 :* 1 368 ; *3 :* 207 ; *4 :* 173 ; *5 :* 163 ; *6 :* 188 ; *7 :* 276 ; *8 :* 226 ; *9 :* 333 ; *10 et + :* 225.

Nombre moyen de séances par film *(en unités, 1984).* 840. *Français 1 138 ;* américains 1 106 ; britanniques 862 ; allemands 404 ; italiens 367.

• **Recettes (1985).** 3 804,3 millions de F (soit 22,1 F par spectateur) dont films français 1 699 ; étrangers 2 094 (en 83 : 1 972,4 dont américains 1 499, britanniques 312, italiens 63, allemands 24, russes 3,3, divers 193) ; courts métrages 12. **Part du film français** dans la recette globale (en %). *1973 :* 61,8. *78 :* 46,5. *79 :* 51,1. *80 :* 47,7. *82 :* 53,7. *83 :* 47,01. *84 :* 49,6. *85 :* 44,6. **Répartition** *(hors taxe spéciale additionnelle et timbre quittance)* (1984, en %.) Exploitant 48,5, producteur et distributeur 43,3, T.V.A. 6,7, Sacem 1,4.

• **Censure.** La commission de contrôle (créée par décret du 19-7-1919) émet un avis sur le visa d'exploitation. Composée de représentants de l'Administration, de la profession cinématographique, de médecins et éducateurs, tous nommés par arrêté ministériel. Propose : autorisation pour tout public, interdiction aux moins de 13 ans ou aux mineurs ou interdiction totale. Le ministère de tutelle (Information puis Affaires culturelles) reste maître de la décision à prendre. Agrée en outre le matériel publicitaire du film.

Restriction de programmation (1984). *Longs métrages* (497 présentés à la Commission) : interdiction totale : 0 ; aux mineurs : 45 ; moins de 13 ans : 69. *Courts métrages* (517 présentés à la Commission) : int. totale : 0 ; aux mineurs : 1 ; moins de 13 ans : 4. *Classés porno* 33. *Interdits aux mineurs pour incitation à la violence :* aucun.

• **Cinéma pornographique (mesures contre).** Depuis le décret du 31-10-75, les producteurs de films pornographiques ne bénéficient plus de l'aide automatique. Leurs films ne peuvent être projetés que dans un circuit de salles spécialisées. La loi de finances pour 1976 a élevé le taux de la TVA à 33,33 % sur recettes et ventes de droits de films « pornographiques ou d'incitation à la violence » (amendement Marette) ; superfiscalité (20 %) sur la fraction des bénéfices industriels et commerciaux réalisés à l'occasion de la production de tels films (amendement Foyer, modifié par le Sénat) ; taux de la taxe additionnelle sur les places des salles de cinéma où sont projetés ces films multiplié par 2,25.

Nombre de salles autorisées à projeter des films porno. *1976 :* 151 (53 à Paris), *77 :* 168, *79 :* 171, *80 :* 147, *81 :* 104, *85 :* 82.

Part des films classés X *dans la production française en %. 1977 :* 38, *78 :* 53, *80 :* 32, *81 :* 41, *83 :* 33,58, *84 :* 50. *Spectateurs de films X : En 1972 :* 10 % de l'ensemble du public de cinéma ; *1974 :* 14 ; *75 :* 25 ; *76 :* 5,87 ; *77 :* 5,7 ; *78 :* 5 ; *79 :* 4,4 ; *80 :* 2,6.

Production en 1984 : 10 films soit un investissement total de 3,72 millions de F, coût moyen par film : 0,37 million F. Sur 161 films agréés en 1984, 157 ont été tournés en couleurs et 3 en noir et blanc, 1 à la fois tourné en noir et blanc et en couleurs. Pellicules couleur utilisées : Eastmancolor : 122 ; Fujicolor : 45. Sur 161 films agréés, 29 ont été tournés en studios dont 19 dans des studios français. *En 1984 :* 42 films ont bénéficié d'une avance sur recettes (32 films « avant réalisation » et 8 « après réalisation »). Montant global des avances : 54 millions de F.

• **Salles (1984). Projetant des films de 16 mm.** 1 410. **Standard (format 35 mm) :** 5 098. Offrant 1 306 491 fauteuils. (*1972 :* 4 206 s. 1 936 909 f.) dont en % (1982) : *salles de 1 000 places et + :* 1 % (dont 2 de + de 2 000 : Paris 2, Lille 2), *de 700 à 999 :* 5 %, *de 500 à 699 :* 11 %, *de 400 à 499 :* 12 %, *de 300 à 399 :* 18 %, *de – de 300 :* 53 %.

Drive-in : 5 (Rungis, Bages, Canet-en-Roussillon, St-Nazaire, Marseille).

Spectateurs

• **Spectateurs. Dans les salles standards** (en millions). *1947 :* 423,7. *50 :* 370,7. *52 :* 359,6. *57 :* 411,6. *60 :* 328,3. *65 :* 259,1. *70 :* 184,4. *75 :* 180,7. *77 :* 169. *80 :* 174. *81 :* 187,6. *82 :* 200,5. *83 :* 197,1. *84 :* 187,8. *85 :* 172,2.

• **Le public du cinéma** (en %, 1982). 47,2 % des Français de + de 15 a. vont au moins une fois par an au cinéma. Parmi ceux-ci, répartition *selon la catégorie socio-professionnelle du chef de ménage :* cadres moyens 20,4, ouvr. qualifiés, contremaîtres 19,1, cadres sup. 16, inactifs 12,4, ouvr. spécialisés, services 11,6, employés 9,9 petits patrons 6,3 agr. 4,1 ; *selon la cat. socio-prof. de l'interrogé :* inactifs 38,9, cadres moyens 13,8 cadres sup. 13,5, ouvr. qual., contrem. 10,9, ouvr. spéc., services 10, cadres sup. 7,8 petits patrons 3,1 agr. 1,9.

• **Rythmes de fréquentation** (en %, sur les personnes allant au moins une fois par an au cinéma, 1982 et

Le *pourboire* n'est pas obligatoire. Si *la place attribuée ne convient pas,* on peut en exiger une autre ou se faire rembourser le prix de son billet. *Si par la suite de panne ou de modification du programme, on ne peut assister à tout le programme,* on peut se faire rembourser. La loi du 11 mars 1957 (art. 47) précise : « L'entrepreneur de spectacle doit assurer la représentation ou l'exécution publique dans des conditions techniques propres à garantir le respect des droits intellectuels et moraux de l'auteur. »

On peut écrire à la *Commission supérieure technique du Cinéma* (CST), 11, rue de Galilée, 75016 Paris, pour signaler de mauvaises conditions de projection ou l'état défectueux d'une copie (joindre ticket d'entrée et détailler les imperfections constatées), ou aux *Raisins de la Colère,* 173, rue du Fbg St-Antoine, 75011 Paris (association de défense du spectateur).

entre parenthèses 1962). *Vont au cinéma moins d'1 fois par mois* 58,9 (50,2), *au moins 1 f. par mois* 41,1 (49,8), *1 à 3 f. par mois* 31,8 (31,6), *1 f. par sem. ou +* 9,3 (18,23). *Sur la pop. totale* (1983) : 49,9 % des Fr. ne vont pas au cinéma, 28,9 % vont occasionnellement (moins d'1 fois par mois), 16,98 % régulièrement (1 à 3 f. par mois), 4,2 % de manière assidue (au moins 1 fois par semaine).

19 % des Français allant au cinéma au moins une fois par mois ont acheté à eux seuls 85 % des billets vendus en 1982.

● **Répartition des entrées** (en %, 1983) : *hommes* 52,4, *femmes* 48,1 ; *15 à 24 a.* 51,2, *25-34 a.* 23,8, *35-49 a.* 22,3, *50-64 a.* 21,1, *65 a et +* 17,6.

Cinéma à la télévision

La télévision représente 4 milliards de spect. pour 485 films diffusés en 1984 (mais elle ne verse au cinéma que 10 % des recettes du marché intérieur fr.).

● **Films autorisés par année** (nombre maximum). TF1 (1983) au moins 130, au plus 170 films par an. FR3 (1982) au moins 160, au plus 180 (avant, un minimum de 208 films était imposé).

● **Films programmés à la télévision française.** *Longs métrages : 1973* : 460. *75* : 474. *76* : 517. *77* : 526. *78* : 524. *79* : 537. *80* : 527. *81* : 500 (français 283, étrangers 217 dont 171 américains). *82* : 475 (fr. 279, étrangers 196 dont 132 amér.). *83* : 475 (fr. 256, étrangers 219 dont 153 amér.). *Par chaîne* (en 1984) : **TF1** : 142 [dont dimanche 20 h 30 : 53 (dont 29 fr., 19 amér., 2 ital., 3 brit.) ; ciné-club : 18 (dont 10 fr.)]. **A2** : 130 [dont vendredi 23 h 00 (ciné-club) : 50 (dont 17 fr., 16 amér., 5 ital., 2 soviét., 1 pol., 1 can., 2 arg., 1 all., 2 brit., 3 jap.) ; hors-grille : 14 (dont 5 fr., 1 brit., 5 amér.)]. **FR3** : 213. **Total** : 485 [fr. 265 (53 %), étr. 220 dont 153 amér. et 34 appartiennent à des cinématographies généralement méconnues présentées notamment par l'émission « Cinéma sans visa »].

Rediffusions. En 1984 : 220 films (46,3 % du total) ont été présentés pour la 1re fois (1983 : 39,8 %) et 265 rediff. (*TF1* sur 142 films : 47 1re diff., 95 rediff.).

● **Magnétoscopes.** Selon la SIMAVELEC, 651 000 ventes en 1984, soit un accroissement de 27 % par rapport à 1983. *Parc* (1983) : 2,2 millions d'unités.

Foyers équipés de magnétoscope. Part en % dans la pop. fr. 2,7, public du cinéma 3,9, entrées 6.

● **Quota de films français.** Films diffusés hors ciné-clubs : 60 % doivent émaner « directement et exclusivement des pays de la communauté europ. », 50 % doivent être « d'expression française originale » ; films de ciné-clubs : 40 % doivent être français.

Quotas réalisés *(en 1984 en %).* Français hors ciné-clubs et ciné-clubs : *TF1* 53,2 et 55,6, *A2* 55,4 et 34 ; *FR3* 61,4 et 40 ; européens : *TF1* 62,9, *A2* 63,7, *FR3* 65,6. *Total* hors ciné-clubs 57,1 (58,1 *en 82*), ciné-clubs 50,5, européens 65,6.

● **Délai minimum de diffusion à l'antenne.** 36 mois après l'obtention du visa d'exploitation du film, 24 après l'obtention du visa d'exploitation pour les films coproduits avec les sociétés de télévision.

● **Part des sociétés de télévision dans le financement.** Films coproduits en 1985, *nombre,* et, en millions de F, total de la participation (dont droits d'antenne ; part coproducteurs). TF1 : *21* [56,9 (30,7 ; 26,3)] ; A2 : *25* [79,1 (36,9 ; 42,3)] ; FR3 : *21* [52,3 (24 ; 28,3)] ; Canal Plus : *12* [14 (14)]. *Total* : 79 [202,2 (105,4 ; 96,8)]. **Participation au fonds de soutien au cinéma** *(1984). TF1* 17 295 600 F ; *A2* 15 800 000 F ; *FR3* 21 840 000 F. *Types de versement.* Ordinaires (à chaque diffusion de film) *TF1* et *A2* : 55 000 à 120 000 F ; *FR3* : 52 000 à 104 000 F. Versements supplémentaires quand les quotas d'origine du film sont dépassés : 110 000 à 220 000 F.

● **Prix d'achat moyen** (1984). *TF1* : film français 800 000 F ; étrangers 500 000 F. *A2* 250 000 à 2 200 000 F ; *FR3* 250 000 à 1 000 000 F.

Ciné-Clubs

Origine. *1919* création du mot par Louis Delluc. *1925 1re séance* organisée selon le fonctionnement actuel.

Fédérations. 8 en France, regroupant 11 000 ciné-clubs et plus d'1 million d'adhérents. *Féd. française des ciné-clubs (FFCC)* créée en 1946 par Georges Sadoul. *Pt* : Jean-Pierre Picquenal. *Dir.* : Michel Serouart. *Féd. Jean Vigo :* (fondée en 1954 par Jean Michel, 400 ciné-clubs ; *Pte* : Ginette Delmas ; cinémathèque de 150 titres). *Inter Ciné-Clubs (UNICE). UFOLEIS* : (fondée en 1933, 9 200 ciné-clubs, 17 cinémath. région., 500 titres ; *dir.* : Michel Serouart). *Féd. Loisirs et Culture (FLEC)* : (1 000 ciné-clubs). *Film et Vie (F.V.)* : (créé en 1948 par M. et Mme de Tienda et le docteur Pierre Thévenard). *Féd. d'associations et ciné-clubs (FAC). Coopérative régionale du cinéma culturel (CRCC)* : (créée en 1949 à Strasbourg : 300 associations en France).

Presse : Jeune Cinéma (Féd. Jean Vigo), la Revue du Cinéma-Image et Son (UFOLEIS). Cinéma 84 (FFCC).

Réglementation. En principe, un ciné-club ne peut passer un film que 2 ans après sa sortie sauf dérogation ou après son passage à la télévision : env. 60 dérogations par an pour des films plus récents.

Spectateurs (1983) : 5 800 000, 45 200 programmes effectifs.

☞ Féd. des Clubs français de cinéastes (F.C.F.C.) (créée en 1933) : regroupe 260 clubs de cinéastes réal. (5,8 mm, 9,5 mm, 16 mm). Siège : 54, rue de Rome, 75008 Paris.

Cinémas d'art et d'essai

Origine. L'Association française a été *créée* en 1956 par Jeander et Armand Tallier ; une loi les régissant en 1961.

Réglementation. Les salles classées bénéficient d'une subvention du ministre de la Culture sur le Fonds de soutien de l'industrie cinématographique produit par une taxe spéciale additionnelle, et de la liberté de fixation du prix des places.

Salles (nombre au 1-1-1985) : 850 dont : *59* en catégorie « recherche », *163* « A 1 », *138* « A 2 », *198* « A. 3 », *292* « B. ». *Spectateurs* (1984) : 30 158 000 (16,1 % de la fréquentation nationale).

Revues de cinéma

L'Avant-Scène Cinéma. *Créée* en 1961 par Robert Chandeau. *Tirage :* 10 000 ex. *Dir. :* Christian Dupeyron (n. 14-9-1936), *Réd. en chef :* Claude Beylie.

Cahiers du cinéma. *Créée* en avril 1951. *Tirage :* 50 000 ex. *Dir. :* Serge Toubiana (n. 15-8-1949). *Comité de rédaction :* Olivier Assayas, Alain Bergala, Pascal Bonitzer, Alain Philippon, Charles Tesson, Marc Chevrie, Hervé Le Roux.

Ciné jeunes (Revue du Comité français du cinéma pour la jeunesse). *Créée* en 1955. *Tirage :* 3 000 ex. *Dir. :* Charles Dautricourt (n. 11-7-1918).

Cinéma 84. *Créée* en 1954 par la Fédération française des ciné-clubs. *Tirage :* 25 000 ex. *Dir. :* Georges Montaron (n. 10-4-1921). *Réd. en chef :* Joël Magny (n. 3-2-1946).

Cinématographe. *Créée* en 1973 par Denis Offroy. *Tirage :* 20 000. *Dir. :* Jacques Fieschi.

Films et documents. *Créée* en 1940 par Marcel Cochin. *Tirage :* 4 000 ex. *Dir. :* H. Vey.

Jeune cinéma (Revue mensuelle de la Fédération Jean Vigo des ciné-clubs). *Créée* en 1964 par Jean Delmas. *Tirage :* 4 500 ex. *Dir. :* André Tournès.

Positif. Revue mensuelle. *Créée* en mai 1952 par Bernard Chardère. *Tirage :* 12 000. *Dir. :* Michel Ferloni.

Revue du Cinéma (Image et Son). *Créée* en 1946. Revue de l'UFOLEIS. *Tirage :* 47 000 ex. *Dir. :* Jacques Zimmer.

Films ayant eu le plus de succès en France en salle

Année de sortie, nationalité, *réalisateur,* interprètes principaux et nombre de spectateurs (en millions) du 1-1-1956 au 31-12-1984.

La Grande Vadrouille (1966 Fr.) *G. Oury :* Bourvil, L. de Funès. 17,2. **Il était une fois dans l'Ouest** (1969 It.) *S. Leone ;* C. Bronson, H. Fonda, C. Cardinale. 14,5. **Ben Hur** (1960 Amér.) *W. Wyler ;* C. Heston. 13,5. **Le Pont de la rivière Kwaï** (1957 Brit.) *D. Lean ;* Alec Guiness, W. Holden. 13,4. **Les Dix Commandements** (1958 Amér.) *Cécil B. De Mille ;* C. Heston, Yull Brynner. 13,9. **Le Jour le plus long** (1962 Amér.) *K. Annakin ;* A. Marton, B. Wicki. 11,8. **Le Corniaud** (1965 Fr.) *G. Oury ;* Bourvil, L. de Funès. 11,7. **Le Livre de la jungle** (1968 Amér.) *W. Reitherman ;* dessin animé. 10,2. **Les Canons de Navarone** (1961 Amér.) *J. Lee Thompson ;* G. Peek, D. Niven, A. Quinn. 10,2. **Les 101 Dalmatiens** (1961 Amér.) *W. Disney.* 10.

Les Misérables (2 époques) (1958 Fr.) *J.-P. Le Chanois ;* J. Gabin, B. Blier, Bourvil. 9,9. **Docteur Jivago** (1966 Amér.) *D. Lean ;* J. Christie, O. Sharif. 9,7. **La Guerre des boutons** (1963 Fr.) *Y. Robert.* 9,6. **Les Aristochats** (1971 Amér.) *W. Reitherman ;* dessin animé. 9,3. **La Vache et le Prisonnier** (1959 Fr.) *H. Verneuil ;* Fernandel. 8,8. **La Grande Évasion** (1963 Amér.) *J. Sturges ;* Steve McQueen. 8,7. **Emmanuelle** (1974 Fr.) *Just Jaeckin ;* S. Kristel. 8,7. **West Side Story** (1962 Amér.) *R. Wise, J. Robbins ;* G. Chakiris, R. Iamblyn, N. Wood. 8,6. **E.T. l'Extraterrestre** (1982 Amér.) *Steven Spielberg ;* Dee Wallace. 7,9. **Le Gendarme de St-Tropez** (1964 Fr.) *J. Girault ;* L. de Funès. 7,8. **Les Bidasses en folie** (1971 Fr.) *C. Zidi ;* Les Charlots. 7,5. **Les Aventures de Rabbi Jacob** (1973 Fr.) *J. Girault ;* L. de Funès. 7,4. **Les Sept Mercenaires** (1961 Amér.) *J. Sturges ;* Y. Brynner, E. Wallach, Steve McQueen. 7.

Les Grandes Vacances (1967 Fr.) *J. Girault ;* L. de Funès. 6,9. **La Chèvre** (1981, Fr.) *F. Weber ;* P. Richard, G. Depardieu. 6,9. **Michel Strogoff** (1956 Fr.) *C. Gallone ;* C. Jurgens, G. Page. 6,8. **Le Gendarme se marie** (1968 Fr.) *J. Girault ;* L. de Funès. 6,8. **Sissi** (1956 Autr.) *E. Marischka ;* Romy Schneider, Karl Böhm. 6,6. **Goldfinger** (1965 Br.) *G. Hamilton ;* S. Connery. 6,5. **Sissi impératrice** (1957 Autr.) *E. Marischka ;* R. Schneider, Karl Böhm. 6,4. **La Cuisine au beurre** (1963 Fr.) *G. Grangier ;* Fernandel, Bourvil. 6,4. **Le Bon, la Brute et le Truand** (1966 It.) *S. Leone ;* C. Eastwood, E. Wallach, L. Van Cleef. 6,3. **Les Dents de la mer** (1975 Amér.) *S. Spielberg.* 6,2. **Le Gendarme et les Extraterrestres** (1978 Fr.) *J. Girault ;* L. de Funès. 6,2. **Oscar** (1967 Fr.) *E. Molinaro ;* L. de Funès. 6. **Mourir d'aimer** (1971 Fr.) *A. Cayatte ;* A. Girardot, B. Pradal. 5,9. **La Guerre et la Paix** (1956 Amér.) *King Vidor ;* A. Hepburn, H. Fonda, M. Ferrer. 5,9. **Orange mécanique** (1971 Brit.) *Stanley Kubrick ;* Malcom McDowell. 5,9. **L'Aile ou la Cuisse** (1976 Fr.) *Cl. Zidi ;* L. de Funès. 5,8. **Le Bossu** (1959 Fr.) *A. Hunebelle ;* J. Marais, Bourvil. 5,8. **Sissi face à son destin** (1958 Autr.) *E. Marischka ;* Romy Schneider, Karl Böhm. 5,8. **Les Fous du stade** (1972 Fr.) *Cl. Zidi ;* Les Charlots. 5,7. **A nous les petites Anglaises** (1976 Fr.) *M. Lang.* 5,7. **Notre-Dame de Paris** (1956 Fr.) *J. Delannoy ;* G. Lollobrigida, A. Quinn. 5,7. **La Vérité** (1960 Fr.) *H.-G. Clouzot ;* B. Bardot. 5,7. **La Folie des grandeurs** (1971 Fr.) *G. Oury ;* Louis de Funès, Yves Montand. 5,6. **Les Valseuses** (1974 Fr.) *Bertrand Blier ;* Miou Miou. 5,5. **Le Cerveau** (1969 Fr.) *G. Oury, Cl. Clément ;* Bourvil, J.-P. Belmondo, D. Niven. 5,5. **Le Petit Baigneur** (1968 Fr.) *R. Dhéry ;* L. de Funès. 5,5. **Le Gendarme à New York** (1965 Fr.) *Jean Girault ;* Louis de Funès. 5,5.

● **Films ayant eu le plus de spectateurs au cours de leur exclusivité parisienne depuis 1950.** (Nombre d'entrées au 1-5-1985. *Source :* Le Film français.) Emmanuelle (1974) 3 238 558. E.T. l'Extraterrestre (1982) 1 855 516. Le Dernier Tango à Paris (1972) 1 505 067. Les Dieux sont tombés sur la tête (1982) 1 501 130. Les Aventures de Rabbi Jacob (1973) 1 500 462. La Grande Vadrouille (1966) 1 483 479. West Side Story (1962) 1 476 382. Les Aventuriers de l'Arche perdue (1981) 1 459 940. Indiana Jones (1984) 1 404 010.

Les religions dans le monde

Les statistiques anciennes prenaient soin de faire coïncider populations et religions, chacun étant censé appartenir à une religion. Aujourd'hui on tend à ne compter que les adhérents explicites.

Les catholiques enregistrent les baptisés, mais dans les pays latins, aucune statistique nationale ni même régionale ne regroupe les données locales. Dans certains pays (ex. : U.S.A.), on ne prend en compte que ceux qui fréquentent l'église. En Extrême-Orient, on peut être à la fois confucianiste, bouddhiste et taoïste et, au Japon, bouddhiste et shintoïste. Les statistiques concernant la Chine et l'U.R.S.S. sont presque impossibles à établir. D'une façon générale, les démocraties populaires rejettent toute tentative de statistique confessionnelle. En Afrique, beaucoup d'animistes s'inscrivaient naguère à l'état civil comme chrétiens ou musulmans, alors qu'ils n'étaient ni l'un ni l'autre. Toutefois l'animisme retrouve un regain de faveur sous l'appellation de religion traditionnelle et de culte des ancêtres.

Les chiffres ci-dessous résultent d'une analyse critique des données courantes (d'origine confessionnelle, étatique, encyclopédique) récapitulées et arrondies. *Source :* Missi. (Voir aussi p. 506.)

Nombre en 1984

Animistes. Env. *200 000 000.* Afrique 130 000 000, Asie 60 000 000, Amér. du S. et Antilles 4 000 000, Océanie 1 000 000. (A l'animisme se rattachent le shintoïsme et le confucianisme, comme interprétations de l'animation du monde.)

Bouddhistes. *250 951 580* (ou *551 000 000* avec les bouddhistes supposés en Chine continentale, au Viêtnam ainsi qu'au Cambodge et au Laos dont on ne sait rien). Europe 238 300, Amér. du N. 336 290, Amér. du S. 241 090, Océanie 23 700, Afrique (Maurice) 15 000.

Chrétiens. *1 056 693 000.* Répartis en 3 grands rameaux : *Catholiques romains* (1984) : 621 639 000 (soit 22,3 % de la population mondiale), dont Amérique 324 127 000 (49,8), Europe 178 033 000 (23,3), Asie 57 265 000 (2), Afrique 56 999 000 (11), Océanie 5 215 000 (22). *Orthodoxes :* 65 645 000 (dont 48 000 000 probables en U.R.S.S.) ; Europe 47 069 000, Afrique (dont Égypte, Éthiopie) 9 402 000, Amér. du N. 5 649 000, Asie (dont Inde) 2 763 000, Océanie 408 000, Amér. du S. 355 000. *Protestants :* 369 408 000 dont Europe 112 577 000, Amér. du N. 107 935 000, Afrique 80 675 000 [1], Asie 44 071 000, Océanie 13 158 000, Amér. du S. 10 993 000.

% de chrétiens en 500 : 22,4 (dont Blancs 38,1). *1000* 18,7 (Bl. + de 50). *XIXe* 23,1 (Bl. 86,5). *1950* 34,1 (Bl. 63,5). *1983* 1,55 milliard (dont Blancs 47,4, Noirs 19,4, Métis 11,6, Mulâtres 11, Jaunes 7,2, Rouges 3,9). *Augmentation annuelle (en millions) :* chrétiens 23, athées 8,5.

Langues les plus parlées par les chrétiens : esp. 207 millions, anglais 196, portugais 128, allem., français, italien, russe, polonais, ukrainien, néerlandais.

Nota. — (1) *Source :* Nations unies, 1982.

Confucianistes. *168 615 000.* Le confucianisme qui est une philosophie de la vie politique et sociale, banni de Chine continentale durant la période maoïste, est de nouveau autorisé, mais n'est pas admis au Viêtnam ni en Corée du Nord. Il peut être rayé des statistiques religieuses où il ne figure qu'abusivement à cause de ses éléments taoïstes, bouddhistes et du culte des ancêtres. Nombre : Asie (surtout T'ai-wan) 167 907 800, Amérique 177 300, Europe 507 000, Afrique 3 500, Océanie 19 400. On ne peut donner aucune précision pour la Chine continentale.

Hindouistes. *457 881 100.* Asie 454 955 800, Amér. du S. 673 700, Afrique 1 263 800, Océanie 340 700, Europe 392 500, Amér. du N. 254 600.

Juifs. *16 820 850.* Amér. du N. 7 266 900, Asie 4 096 870, Europe 4 470 800, Amér. du S. 699 950, Afrique 213 530, Océanie 72 800.

Musulmans (mahométans). *548 075 500.* Asie 375 105 400, Afrique 150 192 200 (surtout Afrique du N. et Nigeria), Europe 20 959 600, Amér. du S. 405 400, Amér. du N. 1 326 200, Océanie 86 700.

Shintoïstes. *38 135 000.* Asie 38 000 000, Amér. du S. 75 000, Amér. du N. 60 000.

Taoïstes. *25 000 000.* Asie 25 000 000, Amér. du N. 16 000, Amér. du S. 10 000.

Zoroastriens. *257 450.* Asie 236 200.

Total : *environ 2 532 524 600* sur une poulation mondiale d'env. 4 milliards 400 millions. Le reste (1 800 000 000) comprend des athées sans religion ou des personnes professant une religion précise sans qu'on puisse déterminer leur nombre (ex. : en Chine et en U.R.S.S.).

☞ **Proportion de croyants en Europe** (en % en 1983). Irlande 95, Espagne 87, Italie 84, Belgique 77, G.-B. 76, All. féd. 72, P.-Bas 65, France 62, Danemark 58.

Association internationale pour la défense de la liberté religieuse (AIDLR). *Créée* en 1946 par Jean Nussbaum (1888-1967). Reconnue par l'O.N.U. en 1978, le Conseil de l'Europe en 1984. *Activités :* 2 congrès mondiaux (Amsterdam, mai 1977 ; Rome, sept. 1984) réunissant catholiques, protestants, juifs, musulmans et athées ; conférences dans le cadre des universités. *Publication :* Conscience et Liberté (semestr.) éd. en 6 langues. *Secr. gal :* Dr Jean-François Rossi. *Adr. :* Schosshaldenstr. 17, 3006 Berne (Suisse). *Pour la Fr. :* 130, bd de l'Hôpital, 75013 Paris.

Animisme

Origine. Nom donné aux religions traditionnelles. Il est pratiqué de façons diverses de temps immémorial par Océaniens, Africains et aborigènes d'Asie. D'autres noms ont été peu à peu écartés : *fétichisme, naturalisme, polythéisme, totémisme, manisme, dynamisme, vitalisme.* Le *paganisme* désigne les croyances locales, par opposition aux religions nouvelles monothéistes : judaïsme, islam et christianisme, et par assimilation aux religions grecques et romaines de l'antiquité. Ce mot devenu péjoratif n'est plus guère employé.

Principales caractéristiques. Culte des ancêtres et des forces de la nature. Les morts sont vivants et agissants, ils peuvent être plus ou moins proches, bienfaisants ou hostiles (dans ce cas, il faut les apaiser par des rites appropriés). La plupart des animismes ou religions traditionnelles sont dominés par la conscience de l'existence d'un être suprême (Nyame, Mawu, Maangal, Neele, etc.) qu'on invoque mais à qui généralement on ne rend pas un culte direct ; initiations (rites de passage à l'époque de la puberté) ; divinations (devins-guérisseurs, hommes-médecine) ; magie ; sociétés religieuses secrètes (la plupart, tout en baignant dans une atmosphère religieuse, ont surtout un rôle politique, économique, ethnique ou tribal).

Vaudou. *Origine :* Bénin, Antilles (notamment Haïti), U.S.A. (Sud : Noirs), Brésil (sous le nom de *Macumba*). **Vaudou haïtien.** Associe l'animisme africain, un rituel chrétien et des pratiques magiques [satanisme, ophiolâtrie (adoration du serpent), phallicisme]. Sectes diverses de types spontanés ; admettent en gén. un Dieu unique, le *Grand Maître,* créateur des génies, vénérant les forces qui nous entourent personnalisées sous des noms divers, ex. le baron Samedi, dieu des cimetières et souverain des Morts ; la maîtresse Erzulie, déesse de l'amour ; la plupart des saints catholiques (notamment Thérèse de Lisieux), dont les fêtes sont célébrées aux dates du calendrier romain.

Chaque vaudouiste a son génie spécial, le loa, « maître-tête », qui prend possession de lui, grâce à des procédés rituels (la crise de loa), consistant surtout à manger certains produits (le manger loa). Une fois possédé par son loa, le vaudouiste devient son interprète : les paroles qu'il prononce sont considérées comme celles du loa.

Organisation. Chaque confrérie vaudou est dirigée par un prêtre, le *hougan* (« maître de dieu » en dahoméen), ou une prêtresse, la *mambo.* Les *hounsi,* fils et filles spirituels, partagent les tâches auxiliaires : le *chef-cambuse* garde la pièce des offrandes et les administre ; la *confiance* seconde le hougan ; *« la place »* (« commandant général de la place ») veille au bon ordre des chœurs ; la *reine chanterelle* dirige les chœurs. *Rites :* initiation après un « coma sacré » de 7 à 11 j. puis 7 mois de retraite au couvent, le corps baissé vers la terre, dans l'obscurité et le silence, puis enseignement de langues sacrées. Initiation en 3 ans. Sacrifices d'animaux (dons expiatoires) suivis de danses rituelles incantatoires.

Catholicisme

L'Église catholique est une forme de la religion chrétienne (c.-à-d. fondée par Jésus-Christ), qui se rattache à l'ensemble des religions bibliques.

Base biblique

● **Croyance en l'inspiration biblique.** L'Église catholique croit que la Bible a été inspirée par Dieu, c.-à-d. que Dieu en est l'auteur : les livres qui la composent sont sacrés et divins, comportant une vérité et une infaillibilité qui sont celles de Dieu.

● **Canon biblique.** Le mot grec *kanôn* (« règlement ») désigne la liste des textes bibliques reconnus officiellement comme inspirés.

Nota. — Les *orthodoxes* ont le même canon biblique que les catholiques. Les *protestants* reconnaissent les 24 livres de la Bible hébraïque et les livres protocanoniques du Nouveau Testament ; ils appellent « apocryphes » les livres *deutérocanoniques* qu'ils publient parfois en annexe dans leurs éditions.

● **Ancien Testament. Fixation du canon.** Comprend la *Bible judaïque* dans son édition grecque des Septante : *1re partie : 39 livres hébraïques* (formant le 1er groupe de canons) : *Loi* 5 ; *Prophètes* 17 ; *Hagiographes* 17 ; 2o : *7 livres grecs* (2e gr. de canons) : *Hagiographes* 5 ; *Histoire* 2 (les *Macchabées*). Ce classement est légèrement différent de celui que fait le judaïsme (voir p. 513 b). Le texte officiel en latin *(Vulgate),* œuvre de St Jérôme (IVe s.), est une traduction du texte grec des Septante (voir p. 513 b).

Au IIIe s. on discuta des livres de l'Ancien Testament que l'on devait considérer comme canoniques. Origène exclut les livres grecs, tandis que certains auteurs ajoutèrent des apocryphes comme le livre d'Hénoch, l'Ascension d'Isaïe, le IVe livre d'Esdras.

RÔLE DANS LA RELIGION CHRÉTIENNE : *1°) Autorité reconnue.* Par JÉSUS : la divinité de sa mission était prouvée par 2 « témoignages » : a) son don des miracles (témoignage du Père) ; b) le témoignage de l'Écriture (3 textes invoqués : lois de Moïse, Prophètes, Psaumes). Par le CREDO : la résurrection de Jésus a eu lieu « conformément aux Écritures » (secundum scripturas) ; *2°) Prophéties dites « messianiques ».* Voir § suivant ; *3°) Enseignement de la morale* (v. Décalogue, p. 468 b) ; *4°) Grandes vérités des récits bibliques.* Voir Judaïsme, p. 513 à 515 [l'Église catholique les interprète autrement que le judaïsme : le pape Pie X a affirmé le caractère « historique » des faits relatés par la Genèse (30-6-1909), rappelant cependant que ces faits étaient relatifs aux fondements de la religion chrétienne, ce qui leur accordait une nature différente des autres faits historiques. En 1948, dans une lettre au cardinal Suhard, archevêque de Paris, puis en 1950, dans l'Encyclique *Humani generis,* le pape Pie XII a autorisé les chercheurs catholiques à prendre les récits de la Genèse, notamment celui de la création d'Adam et d'Ève, dans un sens très large, pouvant se concilier avec la théorie de la multiplicité des premiers couples humains (considérée à l'époque comme la seule scientifiquement valable ; mais cette théorie est de nouveau écartée actuellement)].

Controverse avec le judaïsme. L'Église catholique s'est efforcée (depuis St Paul) de démontrer que les grands dogmes chrétiens (incarnation, venue du fils de Dieu sur Terre, salut par le baptême, etc.) avaient été annoncés par l'Ancien Testament : Jésus est préfiguré par 2 personnages bibliques différents dont il a fait la synthèse : le *Messie* (roi glorieux) et le *Juste souffrant* (homme de douleur) ; Marie est préfigurée par la *Zèra* (descendance d'Ève) ; l'Église est le *Royaume* restauré, etc. Le judaïsme a toujours contesté ces interprétations, dont plusieurs reposent sur une mauvaise lecture des textes. Il n'admet pas que Jésus ait réalisé les espérances juives (au contraire, Jérusalem a été détruite et le peuple hébreu dispersé 40 ans après sa mort). Actuellement, l'enseignement de l'Église insiste sur le sens religieux des promesses de l'Ancien Testament : salut de l'âme, pardon des péchés.

● **Nouveau Testament. Définition.** Ensemble des textes sacrés postérieurs à la venue de Jésus au monde. Pour les Églises chrétiennes, comme pour l'islam, ils font partie de la Bible au même titre que les livres de l'Ancien Testament. Pour le judaïsme, au contraire, ils ne sont ni inspirés, ni sacrés, ni divins.

Fixation du canon. Sont déclarés *canoniques* : 1°) 20 livres *protocanoniques* (c.-à-d. formant le 1er § du canon) : les 4 *Évangiles* (St Matthieu, St Marc, St Luc, St Jean), les *Actes des Apôtres,* 15 *Épîtres* : 1re de St Pierre, la 1re de St Jean et 13 de St Paul [réparties traditionnellement en 3 groupes : a) *grandes épîtres dogmatiques* (Romains, I et II Corinthiens, Galates) ; b) *é. de la captivité* (Philémon et les 3 é. « Christologiques » : Éphésiens, Philippiens, Colossiens) ; c) *é. pastorales* (I et II Timothée, Tite)]. 2°) 7 livres *deutérocanoniques* [appelés jusqu'au XVIe s. « discutés » (épithète forgée par le dominicain Sixte de Sienne)] : 6 épîtres : [Hébreux (inspirée par St Paul, mais rédigée par St Barnabé, ou St Jude, ou Apollos d'Alexandrie) ; St Jacques ; II de St Pierre ; II et III de St Jean ; St Jude] l'*Apocalypse* [*révélations sur Jésus* : voir p. 464 ; – *symbole des « 4 Cavaliers »* : 1re *conquête,* sur un cheval blanc, a un arc et une couronne, 2e *guerre,* cheval couleur de feu, a une grande épée, 3e *famine,* cheval noir, tient une balance, 4e *mort,* cheval vert jaune ; – *symbole des « 4 animaux »* (avec anges adorateurs se tenant autour du trône). 1er ressemble à un lion, 2e à un taureau, 3e à un homme, 4e à un aigle]. D'après le collectif (cath., orthodoxe, prot.) de la Traduction œcuménique de la Bible (TOB), les évangiles de Marc auraient été composés en 65-70, de Luc v. 80, de Matthieu v. 80-90, de Jean v. 90. On a longtemps admis qu'ils avaient été écrits à l'origine en araméen (et alors retraduits en grec). Or il semblerait qu'ils aient été écrits en hébreu : certains passages évangéliques (Matthieu, les 2 premiers chapitres de Luc sauf le recouvrement au Temple, Marc) se traduisent en hébreu presque au mot à mot. Du IIIe s. jusqu'au décret du pape Gélase (492-96), on hésita pour le Nouveau Testament par suite de la parution de nombreux apocryphes et des attaques menées par des hérétiques comme Marcion (par ex., il y a eu doute sur la canonicité de l'Apocalypse).

Symboles des Évangélistes. Tirés de l'Apocalypse de St Jean (IV, 6-7) qui reprend lui-même un passage de l'Ancien Testament, la Vision d'Ézéchiel (I, 5, 13, 14). Le trône céleste (trône de l'Agneau pour St Jean) est entouré de 4 êtres surnaturels qui ressemblent à un lion, un taureau, un homme et un aigle. L'Église primitive a vu dans ces 4 êtres les symboles de 4 évangélistes : ils ont été répartis ainsi par St Jérôme et St Augustin : *1° le lion :* Marc, car son évangile commence par des scènes au Désert ; *2° le taureau :* Luc, qui parle du prêtre Zacharie, membre de la tribu de Lévi dont le symbole est le taureau ; *3° l'aigle :* Jean, car le prologue de son Évangile s'élève à des hauteurs vertigineuses ; *4° l'homme :* Matthieu, qui donne la généalogie humaine du Christ.

Apocryphes. Livres non canoniques (c.-à-d. exclus du canon). ÉVANGILES. *1°) Fragmentaires :* papyrus divers (Fayoum, Egerton, Oxyrhynchos, etc.) ; Év. judéo-chrétiens ; des Égyptiens ; de Pierre ; des chefs de sectes (Basilide, Marcion). *2°) Entiers :* cycle de la parenté de Jésus (protév. de Jacques, Dormition de la Mère de Dieu) ; cycle de l'Enfance (récits de Thomas, év. arabe) ; cycle de Pilate. ACTES. *1°) Anciens :* de Jean, de Paul, de Pierre, d'André, de Thomas. *2°) Plus récents :* à 2 personnages (Pierre et Paul, André et Mathias, Pierre et André, Paul et André) : à 1 personnage [Philippe, Barthélemy, Barnabé, Thaddée (avec la correspondance entre Jésus et Abgar)]. ÉPITRES. Paul (aux Alexandrins, aux Laodicéens, IIIe aux Corinthiens) ; Lettre des Apôtres (Jérusalem, IIe s.). APOCALYPSES. Pierre, Paul, Thomas. En 1945, à Nag Hammadi (Hte-Égypte), on a découvert de nombreux apocryphes du IIIe s., notamment l'Évangile selon Thomas ou les « Paroles de Jésus », donnant des variantes intéressantes.

Versions allemandes de la Bible. *Luther :* traduction (1510-22), condamnée en 1523 pour 1 400 erreurs de traduction et d'interprétation. La plus notable (corrigée dans les versions protestantes modernes) introduit un adjectif dans l'Épître aux Romains (III, 28) : « L'homme est justifié sans les œuvres par la foi (seule). » *J.L. Schmidt :* traduction « rationaliste » (1735), inachevée, expliquant de façon naturelle tous les passages contenant du « merveilleux biblique ».

Versions françaises. *Jacques Lefèvre d'Étaples* (1523) : mise à l'index à cause de notes d'inspiration luthérienne. *Pierre Olivetan* (1535) : correction de la version de Lefèvre d'Étaples. *Sébastien Castalion* (1555) : adaptation familière et souvent triviale ; condamnée par protestants et catholiques. *Bible avec l'explication du sens littéral* (1672-84) par Isaac Le Maistre de Sacy (1613-84). *Louis Segond* (pasteur genevois) : 1re version protestante (1894) dont l'usage ait été autorisé canoniquement par l'Église cath.

AUTRES ÉDITIONS FRANÇAISES MODERNES : *La Bible du Centenaire* (prot.) 4 vol., Paris 1928-47 ; *Le Nouveau Testament* (1949), par le chanoine Émile Osty (1887-1981) ; *La Sainte Bible* (catholique), sous la dir. de l'École biblique de Jérusalem, 1 vol., Paris 1956 ; *La Bible, l'Ancien Testament,* E. Dhorme, éd. coll. La Pléiade (2 vol., Paris 1956-59) ; *La Bible par les membres du Rabbinat français* (israélite), Paris 1966 ; *Traduction œcuménique de la Bible,* Paris 1967 et suiv.

Versions provençales. 1°) 5 chapitres de St Jean, copiés à Limoges au XIIe s., et conservés au British Museum ; 2°) v. 1250-80 : tout le Nouveau Testament, traduit à l'usage des Cathares, dans l'actuel dép. de l'Aude (conservé au Musée de Lyon, édité par Léon Clédat en 1888) ; 3°) un raccourci de ce texte (l'Év. de St Matthieu manque) à l'usage des Vaudois (XIVe s. ; édité par Wollemberg 1868) ; 4°) le manuscrit de Jean de Chastel, év. de Carcassonne († 1475), traduit sur la Vulgate en usage en Fr. depuis le IXe s.

Versions anglaises. *Bible de Matthew* (1537) : proscrite par le Parlement, imprimée clandestinement à Paris en 1538, où elle est saisie sur ordre de la Sorbonne ; ses imprimeurs transportent les plombs à Londres où elle reçoit finalement l'approbation anglicane. *B. de Reims* (1609-10) : version catholique angl. écrite dans une langue si barbare qu'elle ne peut s'imposer. *B. du Roi* (1611) : b. officielle anglicane, à la langue très pure ; compilation de toutes les traductions angl. ; elle n'a jamais été contestée par les catholiques.

Histoire

Jésus

● **Noms.** En hébreu *Josuah,* dont une des transcriptions est Josué. *Jésus* est la forme latinisée du grec *Iêsous* qui est une hellénisation de Josu(ah). Le qualificatif grec *Christ,* ajouté à son nom par ses disciples dès le début, signifie « oint » et traduit l'hébreu, *hamashiah ;* latin *messias,* « oint ». Jésus lui-même n'a revendiqué ce titre qu'au moment de son procès et a été condamné de ce fait pour blasphème. *Nazaréen* ou de *Nazareth :* indique le lieu d'origine (traditionnellement le 2e nom dans l'Orient antique).

Le Fils de l'Homme (nom que Jésus se serait donné à lui-même) est une mauvaise traduction de l'hébreu *Ben Adam,* « fils d'homme », c'est-à-dire « être humain ». Le terme fait allusion à un passage du Prophète Daniel (Dan. VII, 13-4), disant qu'un « fils d'homme » recevra de Dieu « domination, gloire et règne » sur toutes les nations.

● **Parents. Père adoptif :** Joseph (dates inconnues), charpentier à Nazareth, descendant de David (tribu de Juda). D'après l'*Histoire de Joseph le charpentier,* texte copte du IXe s., introduit en Occident en 1522, Joseph serait mort à 111 ans, pendant le ministère de Jésus. Ses dates seraient donc : v. 80 av. J.-C.-v. 30 apr. J.-C. Ce récit, légendaire, s'inspire de plusieurs apocryphes, notamment l'*Év. syroarabe de l'Enfance,* et le *Protévangile de Jacques.*

Mère : Marie [née v. 16 av. J.-C. de parents (légendaires) Anne et Joachim). Une tradition indique qu'elle a été élevée au Temple (orpheline, de la tribu de Lévi). L'évangile confirme son appartenance à la tribu de Lévi, en la donnant comme « parente » d'*Elisabeth* (dates inconnues), née dans cette tribu et épouse d'un lévite, *Zacharie.* Aucune mention de sa mort, mais de nombreux récits de son « départ » *(transitus),* sous forme de Dormition (Jérusalem) ou d'Assomption (Éphèse). Dates non mentionnées]. Sa virginité a été affirmée par St Matthieu, qui lui a appliqué une prophétie d'Isaïe : « Voici que la vierge enfantera. » Matthieu a cité le texte d'Isaïe d'après la traduction des Septante (voir p. 513 b), qui rend le terme hébraïque d'Isaïe *almah* par le grec *parthenos.* Mais le sens de ce mot a été discuté. Employé 9 fois dans la Bible, il signifie 2 fois « jolie fille » et 7 fois « femme consacrée à la divinité (dans l'ancienne religion cananéenne) ». Le nouveau testament dit que Marie était « fiancée à Joseph ». Quand l'Ange Gabriel lui annonce qu'elle a été choisie pour donner le jour au fils de Dieu (fête de l'Annonciation), Joseph, la voyant enceinte, envisage de la répudier en secret (car la loi mosaïque aurait assimilé la grossesse de Marie à un adultère, puni de lapidation), mais il est averti divinement de la naissance miraculeuse de Jésus, et il accepte d'être son père aux yeux des hommes.

Frères et sœurs : les Évangiles parlent des « sœurs » de Jésus et nomment plusieurs de ses « frères » : Jacques apôtre, Joseph ou José, Jude, Siméon de Jérusalem ; la tradition les considère comme ses cousins germains, le mot *frère* ayant normalement ce sens en hébreu.

Enfance. 2 Évangiles sur 4 racontent l'enfance de Jésus (Matthieu et Luc).

Naissance. *Lieu :* à Bethléem, cité de David (le Messie devant selon les prophéties y naître).

D'après St Luc, Joseph et Marie s'étaient rendus en Judée pour le recensement ; faute de place à l'hôtellerie, ils s'étaient logés dans une bergerie. J. y naît dans la nuit (le 25 déc. a été adopté comme date en 440). St Luc indique que J. a été couché dans une *crèche* (mangeoire d'animaux) ; la présence d'un âne et d'un bœuf mentionnée dans un apocryphe arménien [le pseudo-Matthieu, considéré comme authentique jusqu'au Concile de Trente (1553) ; ce texte a fait naître la dévotion populaire des « crèches de Noël » qui comportent toutes un âne et un bœuf]. *Date :* l'année 754 de Rome a été choisie comme celle de la naissance du Christ et comme début de l'ère chrétienne par le moine Denys le Petit (VIe s.). Depuis le XIXe s., les historiens estiment plus vraisemblables les dates de 759 ou 760 de Rome (5 ou 4 apr. J.-C.). Le jour du 25 décembre a été choisi au IVe s. (1re mention : 336). Il correspond à une ancienne fête païenne solaire commune à la religion romaine et au culte de Mithra [solstice d'hiver (le solstice d'été, 24 juin, a été choisi symétriquement comme jour de naissance du cousin de Jésus, Jean le Baptiste, qui avait tressailli dans le sein de sa mère Elisabeth, à l'approche de la Vierge Marie)]. Mithra était appelé par ses fidèles le *Soleil triomphant ;* les chrétiens ont appelé Jésus : *Lumière des Nations, Soleil de Justice, Soleil nouveau, Vrai Soleil et Vrai Jour.* Au XXe s., certains astronomes ont voulu déterminer la date exacte de la naissance de Jésus d'après celle de *l'Étoile des Mages* (voir § suivant) ; mais les récits évangéliques ne prétendent pas à la précision astronomique.

Premiers événements après la naissance. *1°) Circoncision puis reconnaissance comme Messie* par 2 fidèles du Temple, Anne et Siméon (date indéterminée ; normalement, la circoncision a lieu 8 j après la naissance).

2°) Adoration des Mages : il s'agirait d'astrologues venus d'Iran, attirés par une « étoile » inconnue, qui signifiait pour eux la naissance d'un personnage illustre. Leur nombre n'est pas donné : le chiffre 3 a été adopté v. 450 par Origène et St Léon le Grand. Le titre de *rois* leur a été donnée par influence d'un passage des psaumes : « les rois de Tharsis offriront l'encens » ; les noms que leur a donnés une tradition remontant au VIIe s. sont : Melchior, Gaspard, Balthazar [déformation de *Beltshatsar*, surnom babylonien du prophète Daniel (étymologiquement Balât-Sharusur, « Baal protège la vie du roi »), rappelant le pouvoir d'interpréter les songes].

Au XVe s., on a attribué à chacun une race différente : Melchior blanc, Gaspard jaune, Balthazar noir [leur culte était devenu populaire depuis 1164, année où leurs reliques ont été déposées à Cologne et où un prêtre rhénan, Jean de Hildesheim, a écrit leur légende. La fête de la galette (ronde et dorée), dont on fait attribuer les parts par un enfant caché sous la table (le petit roi ou l'Enfant-soleil), se rattacherait au culte solaire préchrétien, dont une des fêtes majeures se situait au 6 janvier, date de l'Épiphanie (en Normandie, on s'adresse à l'enfant caché sous la table en lui disant : *« Phoebe Domine »,* Seigneur Phébus)].

3°) Massacre des Innocents : le roi Hérode Ier (dont la famille s'appuyait sur les milieux messianistes et revendiquait pour elle les droits du Messie) cherchait à supprimer un rival éventuel ; envoie donc des émissaires avec ordre de tuer tous les enfants (de 2 ans et moins) de Bethléem et des environs (144 000 d'après une tradition des Égl. éthiopiennes et du ménologue grec, née de la lecture d'un texte de l'Apocalypse, XIV, 1, qui se faisait le 28-12, jour de la fête des Saints Innocents, une vingtaine selon les démographes qui considèrent la population présumée de Bethléem à l'époque).

4°) Fuite en Égypte : conséquence du massacre des Innocents. Joseph met Jésus et sa mère à l'abri des persécutions d'Hérode jusqu'à la mort de celui-ci.

« Genre littéraire » de ces récits. *1°) Réminiscences historiques :* ils font allusion à des événements historiques plus ou moins contemporains de la naissance de Jésus : passage de la comète de Halley, règne d'un roi sanguinaire (Hérode Ier), habitude romaine de recenser les populations, existence d'un gouverneur nommé Quirinius. *2°) Inexactitude de la chronologie :* écrivant vers 90, Luc n'avait pas les moyens de vérifier les dates exactes des événements racontés. Les historiens modernes savent, au contraire, qu'ils s'échelonnent sur une vingtaine d'années : passage de la comète de Halley : 12 av. J.-C. ; mort d'Hérode Ier : 4 av. J.-C. [remplacé en Galilée par son fils Hérode Antipas (le « tétrarque », qui exécutera Jean le Baptiste et interviendra dans le procès de Jésus), et en Judée par le roi Archélaos] ; nomination de Quirinius : 10 apr. J.-C. *3°) Volonté de rester fidèle à l'Ancien Testament.* a) naissance à Bethléem (cité de David) : souligne l'appartenance de Jésus à la famille royale davidique ; b) recensement romain et gouvernement de Quirinius. L'empereur « César Auguste » est mentionné (comme Cyrus dans l'Ancien Testament) pour montrer que les rois de la terre font la volonté de Dieu, unique souverain du monde ; c) événement astronomique, venue des mages étrangers : montre la grandeur universelle de l'événement (mais la venue vers la crèche des bergers des environs rappelle aussi que la naissance de Jésus intéresse le peuple juif) ; d) persécution, exil : évocation de Moïse, qui aurait dû également périr à sa naissance sur un ordre royal, et qui a ramené le peuple élu en Terre sainte.

Autre épisode de l'enfance de Jésus. *Jésus retrouvé au Temple :* A 12 ans, Jésus, perdu par ses parents à l'occasion d'un pèlerinage à Jérusalem, est retrouvé au Temple, discutant des textes de la loi avec les scribes sacerdotaux.

Genre littéraire différent (anecdote réelle, racontée peut-être par la Vierge Marie).

Baptême par Jean le Baptiste. 28-29. Jésus (probablement âgé de 34 ans) est baptisé par son cousin Jean au gué de Béthabarra, sur le Jourdain, après un jeûne de 40 j. Ces 2 rites sont dans la tradition initiatique des moines esséniens, nombreux dans la région du bas Jourdain (d'où l'hypothèse, non vérifiée, de l'appartenance de Jean aux sectes esséniennes). **29** (sans doute en août), *Hérode* met à mort Jean le Baptiste qu'il gardait prisonnier dans l'*ergastule* (prison privée pour esclaves) de Machéronte. Il avait promis à sa belle-fille, *Salomé,* de lui accorder tout ce qu'elle demanderait ; elle demanda la tête de Jean, à l'instigation de sa mère, *Hérodiade,* ennemie de Jean. On ignore en vertu de quelle autorité Hérode a pu le faire décapiter (les Romains ayant retiré le droit de mort aux chefs de la communauté juive). Sans doute Jean, vivant sur le domaine privé d'Hérode (Machéronte), était assimilé juridiquement à un de ses esclaves, ouvriers agric.

• **Ministère public.** A partir de 29, Jésus commence à prêcher sa Bonne Nouvelle (Évangile) en Galilée. Il annonce le « Royaume des Cieux ».

1°) Doctrine spirituelle et morale (l'amour charité devant remplacer la revendication individuelle et servir de lien entre tous les hommes, ainsi qu'entre l'homme et Dieu) ; *2°) Eschatologie* (« annonce des fins dernières »), c'est-à-dire un message de foi en un autre monde situé au-delà de celui où nous vivons et devant le remplacer ; *3°) Société humaine organisée* (le *Troupeau* ou *Église*) formée de tous les baptisés et encadrée par les apôtres. Sa prédication se fait souvent par la *parabole* (genre littéraire oriental, faisant passer une idée abstraite par analogie avec des réalités concrètes).

Portraits miraculeux de Jésus

Portraits achiropoètes, c'est-à-dire non faits de main d'homme (origine supposée miraculeuse) : 1° *Image du Sauveur dite d'Édesse,* capitale du royaume syrien, dont il existe une copie à St-Sylvestre de Rome : attribué par une légende du VIe s. à un miracle de J. en faveur du roi d'Édesse, Abgar, qui voulait se faire envoyer un portrait de lui (style byzantin). **2° Voiles de Véronique** (Volto Santo), portrait de Jésus « Sainte Face », fixé sur un voile de soie conservé au Vatican. Il aurait, selon une tradition du Ve s., appartenu à Ste Véronique (biographie inconnue) ; celle-ci aurait essuyé le visage de J. portant sa Croix et le voile aurait gardé miraculeusement le portrait « imprimé ». L'Évangile ne parle pas de cet épisode. 4 autres voiles du même type sont conservés à Besançon, Caen, Compiègne, Milan. 3° *Portrait de la Scala Santa* (chapelle de la Santa Sanctorum, près du Latran à Rome). Style byzantin. La légende dit qu'il fut commencé par St Luc et achevé par les anges. 1re mention au VIIIe s. **Suaire de Turin** (v. ci-dessous, Reliques) a fourni un visage de J.

L'Église, sauf pour le suaire de Turin, ne s'est pas explicitement prononcée. Voir p. 475 c.

• **Miracles de Jésus.** D'après les Évangiles, J. a accompli de nombreux miracles, comme signes de sa mission d'amour. Mais ils n'ont guère convaincu les Juifs, et ont souvent eu l'effet contraire : persuader que J. était un imposteur dangereux, capable de séduire les foules par des actes magiques (la magie étant idolâtrique aux yeux des Juifs).

Différents types de miracles : 1°) sur les choses de la nature (10) : eau changée en vin, tempête apaisée, multiplication des pains à Adjaret en Nasara ; 2°) expulsion de démons ; 3°) guérisons ; 4°) résurrections de morts (3) : fils de la veuve de Naïm, fille de Jaïre, Lazare.

• **Lutte avec le judaïsme. 1°) Les Pharisiens** (hébreu : *Perushim*), Juifs pieux, héritiers des *Hassidim* (v. Judaïsme p. 487). Une doctrine relativement proche de celle de J. : Dieu est un être spirituel tout-puissant ; il rétribue les bons après leur mort ; il y aura une résurrection ; la présence de Dieu est partout, et pas seulement dans le Temple (de nombreux « scribes » de tendance pharisaïque se sont mis à enseigner la Loi en dehors du Temple, dans des synagogues privées) ; J. fait comme eux, mais il critique la soumission aveugle des scribes à la lettre de la Loi, et dénonce l'hypocrisie d'une partie des Pharisiens.

2° Les Sadducéens (hébreu : *Zedukim,* c.-à-d. sans doute « disciples de Zadok », théologien j. du IIe s. avant J.-C.), groupe sacerdotal conservateur, très attaché au culte du Temple, auquel il ramène toute la religion. Ils ne croient pas à la résurrection et estiment qu'ils peuvent apporter Dieu aux hommes, selon une tradition influencée par le paganisme. J. les heurte en parlant de l'inutilité du Temple (qui peut être détruit) et de la nécessité d'une religion intérieure (plus importante que les pratiques rituelles) ; les marchands qu'il a chassés du Temple travaillaient pour l'aristocratie d'argent sadducéenne.

3° Les Esséniens (Hérodiens) servaient le « tétrarque » Hérode dans ses palais et travaillaient au Temple de Jérusalem (qu'ils avaient aidé à construire sous Hérode le Grand). J. recrute de nombreux disciples parmi eux, mais s'oppose à la secte en refusant d'engager contre les Romains une lutte politique qui était la raison d'être de nombreux Esséniens appelés les *Zélotes.* J. est en outre en butte à l'hostilité d'Hérode, qu'il critique souvent (le traitant de « renard »), et qui a mis à mort son cousin Jean le Baptiste.

Rôle du « tétrarque » Hérode

Hérode Antipas (20 av. J.-C.-39 apr. J.-C.) [2e fils d'Hérode Ier le Grand (73-4 av. J.-C.), le bâtisseur du Temple et le massacreur des Innocents]. Il ne peut hériter du titre royal et doit se contenter de celui de « tétrarque », c.-à-d. chef d'un quart du royaume paternel. Il règne sur la Galilée, où il construit la ville de Tibériade.

Au traité de Rhodes (9 apr. J.-C.), il reçoit à titre privé le vaste domaine *(latifundium)* de Machéronte, sur le bas Jourdain, où se trouve le gué de Bethabarra. Il joue ainsi un rôle essentiel dans la vie de la secte des Esséniens, implantée dans la région. Pour les Romains, il est un *pater familias* disposant d'un pouvoir absolu sur les colons attachés à son domaine. Selon l'historien Flavius Josèphe, il aurait fait décapiter Jean le Baptiste (qu'il considère pourtant comme un prophète) pour des raisons politiques (car de nombreux Zélotes, activistes antiromains, sortaient des ermitages du bas Jourdain). Politiquement, il n'avait aucun droit sur lui (Hérode régnait en Galilée, Jean était de la Judée). Pourtant son droit de vie et de mort ne lui a pas été contesté.

Quels étaient les droits d'Hérode sur Jésus ? : 1°) Autorité politique (Jésus est Galiléen), sans droit de vie et de mort ; 2°) Droits du *pater familias* de Machéronte, à cause du baptême reçu à Bethabarra des mains de Jean [contestables ; mais Hérode les a sans doute revendiqués, ne distinguant pas entre le statut juridique des deux cousins ; il a forcé Jésus à mener une vie clandestine et même à fuir à l'étranger (Tyr)]. Les vigiles qui ont arrêté Jésus dépendaient d'Hérode (serviteurs du Temple, recrutés parmi le personnel de ses domaines ou palais).

Judas, synonyme de « traître »

2 apôtres s'appelaient Judas (Ioudas), mais la tradition a déformé en *Jude* le nom de Judas-Thaddée, pour le distinguer de Judas Iscariote (« homme de Kériot », c.-à-d. du « Bourg », nombreuses localités de Palestine portant ce nom : Kériat El Hénab, etc.). Judas Iscariote trahit, a-t-on dit, par ambition politique déçue, ou par amour violent et jaloux, ou par simple maladresse. Il aurait voulu forcer J. à livrer le combat final contre ses adversaires du Sanhédrin. L'explication de l'Évangile (il était voleur) admise traditionnellement (il est toujours représenté une bourse à la main) cadre mal avec la réaction de Judas après la mort de J. : désespoir violent et suicide.

L'allusion au « baiser de Judas » (faux geste amical causant la perte d'une victime) rappelle le signal convenu entre Judas et les vigiles d'Hérode : « celui à qui je donnerai un baiser, saisissez-le ». Il s'agissait d'un baiser sur la main (marque ordinaire de respect du disciple à son maître). Mais l'iconographie chrétienne a toujours adopté le baiser sur la joue (anachronique).

• **Arrestation.** Une coalition momentanée entre Hérodiens, prêtres sadducéens et scribes pharisiens se noue contre J. lors de la Pâque de l'année 30. Ils entreprennent de faire condamner J. par le procurateur romain *Ponce Pilate* [Pontius Pilatus, c.-à-d. « Pontius titulaire d'un javelot d'honneur » ; né v. 10 av. J.-C., m. v. 39 apr. J.-C., en exil à Vienne (Gaule)]. Les conjurés bénéficient d'une complicité leur permettant de s'emparer de la personne de Jésus, celle d'un des apôtres, Judas (voir encadré). Le prix convenu avec Judas pour la livraison de Jésus est de 30 deniers [somme versée normalement pour la récupération d'un esclave fugitif (voir l'encadré sur Hérode, ci-contre)]. Le mardi avant la Pâque (après avoir célébré celle-ci avec ses disciples à une date anticipée, selon le rite galiléen), J. passe la nuit au *Jardin des Oliviers* (oliveraie sur une colline proche de Jérusalem). Il y souffre d'une crise d'angoisse, son « agonie ». Avant l'aube, il est arrêté par des vigiles du Temple.

• **Procès : 1°) Religieux.** J., amené devant le *Sanhédrin,* est reconnu comme blasphémateur et destructeur du Temple (les historiens juifs estiment qu'il n'y a pas eu de convocation du Sanhédrin pour juger J. : les Évangiles se contredisent sur ce point) ; J. a été interrogé par des personnalités religieuses, presque toutes sadducéennes, réunies dans la maison du grand prêtre. A cette occasion « Pierre » (nommé chef des disciples par J.) jure 3 fois qu'il ne connaît pas son maître par peur d'être arrêté avec lui.

2° **Civil** *(devant Ponce Pilate).* La loi romaine ne connaît pas les chefs d'accusation. Pilate pourrait relaxer J. Pour des raisons politiques, il essaye d'obtenir le consentement des Juifs. La tradition permettait de gracier un accusé le j de la Pâque. Il propose à la foule de gracier J. ou un condamné de droit commun, Barabbas. A son étonnement, la foule choisit de gracier le criminel et le somme de condamner J., même sans texte de la loi romaine.

Intervention d'Hérode. Hérode et Pilate sont brouillés, car Hérode a dénoncé à Rome le procurateur (coupable d'avoir placé un bouclier votif sur la tour Antonia, geste jugé idolâtrique par les Juifs). Néanmoins, Pilate envoie J. à Hérode, dans l'espoir d'être tiré de l'impasse où il se trouve (motif invoqué : J. est Galiléen et Hérode est souverain de Galilée ; mais Pilate avait reconnu à Hérode le droit de mettre à mort Jean, cousin de J.). H. fait revêtir J. d'une tunique spéciale (probablement la tenue portée par le personnel des palais d'Hérode). Pilate se trouve alors dessaisi de l'affaire, qui relève de la juridiction (privée) d'un *pater familias.* Il se lave les mains, geste rituel mettant fin aux audiences publiques. J. est remis à des milices privées (légalisées par la présence d'une garde romaine) pour être crucifié hors de l'enceinte de Jérusalem, sur le mont du *Golgotha* (signifiant « Mont du Crâne » ou « Mont Chauve »). Avec J. sont mis en croix 2 « larrons » (du latin *latro : «* voleur ») ; l'un d'eux reconnaît en J. le Messie ; l'autre (le mauvais) méprise J. qui, humainement parlant, est un vaincu.

● **Mort.** *Date :* traditionnellement, l'Égl. a admis celle du vendredi 3-4-33 (jour d'une éclipse visible à Jérusalem). 2 autres dates ont également été retenues : les vendredis 18-3-29 et 7-4-30. En 1974, Roger Russk (Américain) a démontré que Jésus est mort un jeudi [juste avant la Pâque juive (14 nissan) le 6-4-30] ; ayant ressuscité le dimanche, il est bien resté 3 j au tombeau (et non 2, comme on est forcé de conclure, quand on situe sa mort un vendredi). *Circonstances :* il se produit des prodiges : obscurcissement du Soleil, secousses sismiques dont l'une fait choir le linteau du Temple, ce qui déchire le voile du « Tabernacle » (partie la plus sacrée).

● **Résurrection.** Après sa résurrection, J. vit dans un « état glorieux » : il échappe à l'espace et au temps (apparaissant et disparaissant brusquement), tout en ayant un corps (il parle, mange, peut être touché).

Principaux témoins : Marie-Madeleine (assimilée par certains à Marie, sœur de Lazare) : elle découvre le tombeau de J. vide, le lendemain du sabbat pascal (le dimanche matin) ; les *« disciples d'Emmaüs »* (cités par St Luc) dont l'un est nommé Cléophas : cheminant sur la route de Jérusalem à Jaffa, ils sont rejoints par J. ressuscité qui, dans le village d'Emmaüs (non localisé, à 11 km de Jérusalem), leur donne le pain consacré selon le rite eucharistique.

Il apparaît plusieurs fois aux Apôtres (il reproche à Thomas son incrédulité). Au bout de 40 j, J. bénit ses disciples et « monte au ciel » **(Ascension)** ; 10 j après (fête juive de la **Pentecôte,** c'est-à-dire des 50 j), les Apôtres (en présence de la Vierge Marie) reçoivent le *Saint-Esprit* (des langues de feu, venues du Ciel, descendent sur leur assemblée). Ils sont chargés d'aller évangéliser tous les hommes en les baptisant. Le baptême doit être donné « au nom du Père, du Fils et de l'Esprit », 1re explicitation du dogme de la Trinité.

Révélations de l'Apocalypse sur Jésus. Dans l'Apocalypse de St Jean (écrite vers la fin du Ier s.), J. est défini comme : le premier-né d'entre les morts, le prince des rois de la Terre ; le premier et le dernier qui fut mort et qui est vivant ; celui qui tient les clefs de la mort et des Enfers ; qui régit les nations avec un sceptre de fer ; qui conduit les bienheureux aux sources de vie. Ces textes parlent du gouvernement de la Providence, des armées d'anges et de démons, de la réalité de la vie future, de la rigueur des jugements de Dieu, de l'alternative inévitable d'un bonheur ou d'un malheur sans fin.

Les ennemis du Christ sont symbolisés : *Antéchrist* (« Bête de la Mer » et « Bête de la Terre »), cavalier semant la mort, sauterelles, dragon (image de Satan). L'Apocalypse prophétise néanmoins la victoire de l'Agneau (Jésus) et de son Église sur les forces du Mal ; son message est donc, sous une autre forme, le même que celui de l'Évangile (« Bonne Nouvelle »).

Le personnage de Jésus pour les Juifs. Son nom n'a pas été mentionné dans le Talmud avant l'édition de Bâle de 1578-80. Pour tous, il est un prédicant et un thaumaturge (« faiseur de miracles »), comme le judaïsme en a produit plusieurs, à diverses époques. *1°) Pour certains,* il se présentait comme le Messie (à une époque où les « prétendants messianiques » étaient nombreux). Quelques faits révélateurs : les 12 apôtres avaient reçu pour mission de juger les 12 tribus d'Israël, le Jour du Jugement (devenus seulement plus tard les chefs de l'Église) ; certains évangélistes l'ont fait systématiquement naître dans la ville messianique, Bethléem (mais St Jean l'a présenté comme Galiléen, né à Nazareth) ; certains évangélistes ont parlé de sa conception miraculeuse et de la virginité de sa mère, qui conviennent à la dignité du Messie [mais on peut considérer que Jacques le Mineur était réellement son frère, et non son cousin (l'apôtre cousin de Jésus étant Simon le Zélote)]. Conséquence pour la condamnation : la remise aux autorités romaines d'un prétendant messianique n'avait rien d'anormal ; elle ne nécessitait pas une sentence du Sanhédrin. *2°) Pour d'autres,* il ne se présentait pas comme le Messie. *Argument :* a) il n'a jamais employé le mot « Messie », mais l'expression *« Fils de l'Homme »* (objection : ces 2 formules étaient souvent synonymes à l'époque). b) Il employait toujours cette expression à la 3e personne, ce qui signifiait qu'il prophétisait la venue d'un autre, le véritable Messie futur (objection : certaines phrases deviennent incompréhensibles si Jésus ne parlait pas de lui-même à la 3e personne). c) Pour plusieurs sectes judéo-chrétiennes primitives (notamment Ébionites et Nazaréens), Jésus était simplement un prophète, ayant joué un rôle purement prophétique. Les Johannites, d'ailleurs, considéraient Jean le Baptiste comme un prophète de même envergure que Jésus.

Les 12 apôtres

Pierre (10-64), à leur tête, crucifié en 64 à Rome ; *André* (son frère), crucifié en 64 à Patras (Grèce) ; *Jacques le Majeur* († 44), martyrisé en Palestine sur ordre d'Hérode Agrippa (autre tradition : apôtre de l'Espagne, mort à Compostelle) ; *Jean l'Évangéliste* († v. 100 dans l'île de Patmos, en mer Égée ; fr. de J. le Majeur) (tous 4 pêcheurs sur le lac de Génésareth) ; *Philippe* († 80), de Bethsaïde, comme Pierre et André (probablement pêcheur comme eux), martyrisé à Hiérapolis en Phrygie ; *Matthieu* († 61), « publicain » (c.-à-d. percepteur d'impôts), martyrisé en Éthiopie ; *Barthélemy* (appelé Nathanaël par St Jean), compagnon de Philippe (probablement pêcheur), martyrisé au Moyen-Orient (peut-être en Inde ?) ; *Thomas* (ou Didyme, c.-à-d. le Jumeau), pêcheur, martyrisé à Calamine (Méliapour, Inde) ; *Jacques le Mineur* († 62), cousin de Jésus, Nazaréen, probablement cultivateur, martyrisé à Jérusalem ; *Simon le Zélote,* lévite (religieux essénien), demi-frère de Jacques le Mineur et de Jude (martyrisé en Perse avec Jude) ; *Judas* († 29, 30 ou 33, suicidé), remplacé par *Mathias* († 61 ou 64), Galiléen (membre du tout premier groupe des disciples, cultivateur ou pêcheur), martyrisé à Jérusalem (ou en Éthiopie ?) ; *Jude* ou *Thaddée* (frère de J. le Mineur) comme lui de la tribu de David, martyrisé avec son demi-frère Simon le Lévite.

St Paul (né à Tarse entre 5 et 15, converti en 34 sur le chemin de Damas, martyr en 67 à Rome) leur est assimilé sous le nom de *l'Apôtre des Gentils,* c'est-à-dire des non-Juifs. (Voir la liste de ses épîtres 462 a ; ses voyages 464 b.)

Les débuts du christianisme

Expansion du christianisme

● **Age apostolique (30-100).** Va de la mort du Christ à celle de St Jean, le dernier apôtre survivant. **1re période (30-42).** La chrétienté de Jérusalem. Formée des disciples déjà convertis par Jésus (nombre indéterminé), encadrés par les 12 apôtres et par les 7 diacres, créés v. 32. Persécutée par les Juifs (le diacre Étienne est lapidé par ordre du Sanhédrin entre 32 et 36). S'étend en Palestine : Samarie, Jaffa, Lydda, Gaza. **36,** conversion d'un des persécuteurs juifs (le Pharisien Saul, devenu Saint Paul, 13e apôtre, en 39). **42,** dispersion des apôtres après l'exécution de Jacques le Mineur, év. de Jérusalem, « frère » de Jésus. Ils vont rejoindre les communautés juives de la diaspora, dans tout l'Empire [St Pierre fonde la chrétienté d'Antioche, puis se rend (en 42 ou 44) à Rome qui devient la capitale de la chrétienté ; il y meurt martyr en 64].

2e période (42-70). Jusqu'à 49, l'apostolat chrétien se poursuit dans les milieux juifs (pas de rupture avec les obligations religieuses du judaïsme : interdits alimentaires, respect du sabbat, célébration des fêtes). **49,** concile de Jérusalem : Paul et Barnabé (délégués pour Antioche, mais ayant fondé aussi des Égl. à Chypre et en Asie Mineure) réclament l'évangélisation des *« Gentils »* (païens). Pierre, qui s'y oppose, est mis en minorité et cède. Paul organise alors les chrétientés d'Asie Mineure et de Grèce, à majorité non juives. [VOYAGES : **49** Phrygie, Galatie, Myrie. **50-52** Macédoine, Athènes, Corinthe, Jérusalem, Antioche. **53-57** Galatie, Phrygie, Éphèse (3 ans), Macédoine, Corinthe, Jérusalem (pour remettre l'argent des collectes). **57-59** captivité à Césarée. **59** Malte (naufrage). **60-64** Rome (semi-captivité)]. **64,** 1re persécution (Néron, à Rome : 2 000 ou 3 000 †, dont St Pierre et St Paul) : on a dit qu'elle était la conséquence de rivalités entre Juifs non chrétiens et Juifs chrétiens. Les premiers auraient demandé l'élimination des seconds par l'intermédiaire de Poppée, maîtresse de Néron, convertie au judaïsme (selon le Talmud, Néron lui-même aurait adopté la religion juive). **70,** destruction de Jérusalem par les Romains (Titus, fils de Vespasien) : les chrétiens de la ville s'étaient repliés avant le siège et ont survécu. Les Juifs de toute la Palestine sont déportés à travers l'Empire (notamment en Espagne). Le christianisme s'implante dans leurs communautés.

3e période (70-100). Fin de l'« âge apostolique ». Expansion et une stabilisation de l'Égl. (dont les membres ne sont pas encore distingués des Juifs). *Résultats obtenus :* 1) La primauté de l'év. de Rome sur les autres Égl. est admise [le pape Clément Ier (90-100) agit comme supérieur de l'év. de Corinthe en 97]. 2) Les textes sacrés (évangiles, épîtres, actes des apôtres) sont recueillis et diffusés. 3) Les écrits des « pères apostoliques » (dont la lettre du pape Clément Ier) sont rédigés. 4) Les prières et la liturgie sont unifiées. 5) Les prêtres (« presbytres », traduction grecque du latin *seniores*) sont reconnus comme chefs des communautés.

En 95, *persécution de Domitien* (51-96, empereur 81) : peu sanglante (quelques exils, dont celui de St Jean à Patmos). Les chrétiens avaient été assimilés aux Juifs du point de vue fiscal, mais avaient refusé de payer le « didrachme » (impôt payé jadis par les Juifs au Temple, et réclamé par le fisc romain depuis 70). Considérés dès lors comme « athées », ils sont punis comme tels.

Raisons de l'expansion chrétienne. *1°) Zèle apostolique* des disciples ; *2°) Extension de la diaspora juive* (des communautés dans toutes les villes de l'Empire) ; *3°) Excellence des moyens de communications* (Saint Paul a traversé plusieurs fois la Méditerranée d'est en ouest, allant jusqu'en Espagne) ; *4°) Baisse de la religiosité traditionnelle romaine* (les religions orientales sont accueillies avec faveur à cause de leur mysticisme) ; *5°) Sympathie des femmes* pour les idées de chasteté (la dépravation de la vie sexuelle les abaissait).

Obstacles à surmonter. *1°) Rigidité de la vie sociale romaine :* le culte de la famille est lié à celui de la cité ; le culte de la cité à la vie politique et institutionnelle ; *2°) Hostilité des Juifs :* les communautés de la diaspora réagissent comme celle de Jérusalem en 30-42 : elles fournissent le noyau des premiers convertis, mais s'allient aux païens pour freiner la défection de leurs membres ; *3°) Scepticisme de la pensée grecque :* les intellectuels grecs, maîtres à penser de la société romaine, répugnent à toute doctrine non fondée sur le raisonnement ; *4°) Concurrence des religions à mystères.* Les cultes ésotériques, venus d'Asie, dont certains remontent aux religions protohistoriques d'Europe, gardent de nombreux adeptes et sont même parfois en expansion (culte de Mithra).

Age des martyrs (112-313). Sont appelés *martyrs* (mot grec signifiant « témoins ») les chrétiens qui ont accepté de mourir pour témoigner de leur foi, au cours de 2 siècles où a été appliquée, par 8 empereurs romains, une législation antichrétienne. Cette période de persécutions est appelée : « temps des martyrs », « persécutions romaines », « grandes persécutions », « persécutions par décrets ».

Les clous qui ont fixé le Christ à la croix n'ont pas été plantés au niveau des paumes des mains (celles-ci se seraient déchirées) mais plus près du poignet, dans le carpe.

Comme on l'a constaté sur les déportés exécutés à Dachau, le crucifié meurt par asphyxie, elle-même due à une contracture du thorax empêchant l'évacuation de l'air. Le Christ était déjà mort quand des légionnaires romains vinrent briser les jambes des condamnés.

L'eau qui sortit de son côté quand le soldat Longin lui donna un coup de lance a été assimilée au liquide péricardique.

Nombre des « années de souffrances » : IIe s. : 86 ; IIIe s. : 24 ; IVe s. (début) : 13. Total : 129.

Rescrit de Trajan [Tertullien l'appelle par erreur *Institutum neronianum* (« décret de Néron »)]. Pris en 112 à la suite d'une demande d'instructions, présentée par Pline, gouverneur de Bithynie, il enjoint : de ne pas faire d'enquête sur les croyances ; de ne pas poursuivre d'office ; de condamner ceux qui, accusés régulièrement, se reconnaissent chrétiens ; d'acquitter ceux qui déclarent ne pas l'être ou avoir cessé de l'être (en faisant publiquement un acte religieux païen : mettre de l'encens sur l'autel de Rome).

Empereurs ayant appliqué le rescrit de 112 : Trajan (98-117), Marc Aurèle (121-180), Septime Sévère (193-211), Aurélien (270-275), Maximin (235), Decius (250), Valérien (257-261), Dioclétien (303-311). *L'emp. Hadrien (117-138)*, dans un rescrit de 127, déclara caduque la législation de Trajan (« le fait d'être chrétien et de l'avouer n'entraîne pas de sanction légale »). Pourtant, le pape Télesphore, le Romain Alexandre, Ste Symphorose et ses 7 fils furent martyrisés sous son règne.

Nombre des victimes. Inconnu. En 1648, le jésuite espagnol Ildefonso de Flores (1590-1660) a parlé de 11 millions (sans preuves scientifiques). *Persécutions les plus sanglantes :* sous Septime Sévère en Afr. du N., Dioclétien, pendant 10 ans (303-313), notamment en Égypte (estimation d'Eusèbe : 10 000 †). La Gaule n'a connu qu'une seule brève persécution, Decius (250), voir p. 495 b.

Bilan de cette période. Implantation de la foi chrétienne dans tout l'Empire ; constitution d'évêchés dans toutes les cités importantes ; primauté incontestée de l'Église de Rome (interventions contre toutes les déviations de la doctrine ou de la pratique du culte) ; création de la littérature patristique (Justin, Ignace d'Autriche, Cyprien) ; œuvre théologique d'Origène et de Tertullien.

Constantin le Grand (270-337 ; emp. 306). Fils de sainte Hélène, il est sentimentalement chrétien mais n'est baptisé que sur son lit de mort en 337. En 324, il devient empereur unique d'Occident et d'Orient, en éliminant Licinius (antichrétien, persécuteur), vaincu dans un combat où l'armée de C. avait pour emblème le *labarum* chrétien. Il s'affirme alors le protecteur officiel de l'Église, appliquant les décisions conciliaires, et unifiant la date de Pâques. Mais sa décision de mettre sa capitale à Constantinople (324) a affaibli l'Église, en créant un rival du pape romain.

L'Église après Constantin

313 Édit de Milan de l'empereur Constantin (voir encadré) : liberté du culte. **325 Concile de Nicée.** Voir page 488. **368** 1er emploi (par l'empereur Valentinien Ier) du mot « païens » *(pagani)* pour désigner les sujets non chrétiens de l'Empire : le mot signifie *ruraux*, ce qui prouve que la conversion des cités est chose faite. **391-392** L'empereur Théodose interdit le culte des idoles et ferme les temples païens. IVe-Ve **s.** Période des grandes hérésies. V. ci-dessous, encadré.

Évangélisation. *Allemagne :* St Boniface (v. 680-754). *Angleterre :* St Augustin de Cantorbéry († v. 605). *Danemark* et *Suède :* St Anschaire (801-865). *Écosse :* St Colomban (v. 540-615). *Espagne :* traditionnel. : 7 év. envoyés par St Pierre, mission de l'apôtre St Jacques le Mineur ; historique : St Fructueux de Tarragone (IIIe s.). *Gaule :* voir p. 495. *Hongrie :* St Étienne (v. 939-1038). *Irlande :* St Patrick (v. 390-v. 461). *Slaves :* St Cyrille (827-869) et St Méthode (825-885) (frères).

496 Conversion de Clovis. **634-732** La moitié sud des territoires chrétiens est conquise par l'islam. **Xe siècle.** La Rome papale ressemble aux seigneuries italiennes : corruption, violences, débauches (ex. : le pape Étienne VI fait exhumer le cadavre de son prédécesseur et le traduit en justice). Cependant à la même époque la vie contemplative fleurit en Rhénanie [la réaction contre les potentats locaux italiens vient avec le pape français Sylvestre II (999-1003) et Grégoire VII (1073-85)]. **1054 Schisme d'Orient.** Constitution de l'Église orthodoxe. Voir p. 513 a. **1184.** Création de *l'Inquisition :* le pape Lucius III établit avec l'empereur Frédéric Barberousse le principe du châtiment corporel des hérétiques considérés comme coupables de haute trahison. La plupart des roy. chrétiens utiliseront cette institution pour sévir contre les adversaires de l'autorité (qui était à la fois religieuse et civile). Peines prononcées : flagellation, pèlerinages, confiscations, destitutions, destructions des maisons, prison ou exécution sur le bûcher (pour les « relaps », c'est-à-dire ceux qui retombent dans l'hérésie après l'avoir abjurée). Les juges sont des ecclésiastiques, mais, comme les juges civils de leur époque, ils considèrent qu'ils doivent défendre la cohésion et l'unité de la société inextricablement civile et religieuse, d'abord contre les Albigeois et les Cathares, voir p. 466 b (encadré) et 495 c.

1309-77 Séjour des papes à Avignon. Urbain VI est élu par les cardinaux, sous la pression des foules romaines qui refusent un pape français. 4 mois plus tard, 12 cardinaux s'enfuient, disant que l'élection n'était pas libre et élisent le pape Clément VII, un Français. [Selon Pétrarque, la papauté avignonnaise était « la sentine de tous les vices et l'égout de la Terre ». En fait, les Italiens (jaloux de l'influence fr.) ont mis en avant des défauts réels, mais épisodiques et précurseurs de la Renaissance.] **1378-1417. Schisme d'Occident.** Les ambitions politiques des cardinaux provoquent une rupture entre France, Castille et Portugal d'une part ; Angleterre, St-Empire et Flandre d'autre part : chaque parti a son pape qui excommunie son rival. Le peuple chrétien, malgré le scandale des « antipapes », n'a jamais cessé de désirer un pape unique.

1409 Les 2 papes antagonistes sont déposés par le Concile de Pise ; un 3e pape est élu : Alexandre V, à qui succède Jean XXIII (1er du nom). **1417** *Concile de Constance.* Jean XXIII et l'antipape Grégoire XII abdiquent. L'autre antipape est déposé. Martin V est élu pape et sera reconnu par la chrétienté. **1439** Le *Concile de Bâle* essaie en vain de déposer Eugène IV et élit un antipape, Félix V, qui abdique en 1449. **XVe-XVIe s.** Renaissance : les papes sont raffinés, amis des arts, machiavéliques en politique ou (comme Jules II) de véritables *condottieri* (attitude de souverains des États de l'Église). Comme chefs religieux, ils laissent des prélats de valeur préparer les réformes (notamment par la convocation du concile de Latran, 1512).

1516-17 (à partir de) : Réforme protestante. Zwingli (1484-1531, tué à la bataille de Kappel), Luther (1483-1546) et Calvin (1509-64) prêchent la Réforme protestante (V. Protestantisme, p. 503). **1545-63 Concile de Trente :** définit les dogmes sur lesquels avaient porté la contestation prot., renforce la discipline dans l'Église cath., et organise la **« Contre-Réforme »** ou « Réforme cath. » qui se traduira jusqu'en 1648 par la reconquête de plusieurs régions prot. : Bavière, Rhénanie, Silésie, Pologne. **1616-33.** Procès de Galilée qui s'était rallié au système de Copernic (condamné en 1616) et l'avait amélioré : obligé de se rétracter et d'affirmer que le Soleil tournait autour de la Terre. Le 13-11-1979, le pape Jean-Paul II a annoncé la révision de ce procès (les minutes, enlevées à Rome par Napoléon Ier, ont été rendues au Vatican par le gouvernement français, contre la promesse expresse que le procès serait révisé). Mais l'évolution de la pensée scientifique (principe de la relativité) fait que les astro-physiciens trouvent les affirmations de Galilée trop sommaires, et admirent plutôt la prudence de son ami le cardinal Bellarmin, qui lui conseillait d'être moins catégorique. La révision du procès n'aura sans doute jamais lieu, car les naïvetés de la science galiléenne y apparaîtraient avec trop d'évidence (notamment la preuve de l'héliocentrisme par les marées).

1870 Fin des États de l'Église : Victor-Emmanuel II, roi de Sardaigne, prend le titre de « roi d'Italie » et fixe sa capitale à Rome. Il est excommunié (dernier exemple dans l'histoire d'un souverain régnant excommunié). Le *Concile de Vatican I* proclame le pape infaillible dans son enseignement, lorsque celui-ci est énoncé comme « de foi ». **1891.** L'encyclique *Rerum Novarum* reproche à la vie économique d'être devenue « dure, implacable et cruelle ». Pour l'Église, les biens matériels sont faits pour permettre le bonheur de tous ; il est inique de les accaparer. **1929** L'État de la Cité du Vatican remplace les États de l'Église (tr. de Latran).

1962-65 *Concile de Vatican II.* Voir p. 488 a. **1985** *Synode extraordinaire des évêques* à Rome : l'accent est mis de nouveau sur la nature de l'Église (un mystère religieux) plutôt que sur sa mission. Voir p. 488 b.

Pères et docteurs

Noms des principaux maîtres de la doctrine chrétienne. Les plus anciens sont appelés *Pères ;* les plus admirés parmi les anciens et tous les grands maîtres récents *Docteurs.*

Pères de l'Église grecque. *St Justin* (v. 100-v. 145), *Ignace d'Antioche* († v. 107, livré aux bêtes), *Basile* (329-379), *St Athanase* (v. 295-373), *Grégoire de Nysse* (v. 335-395), *Grégoire de Nazianze* (v. 330-v.390), *Jean Chrysostome* (v. 340-407), *Jean Damascène* († v. 749), le dernier.

Pères de l'Église latine. *Cyprien* (V. 200-258, martyr), *Hilaire* (v. 315-v. 367), *Ambroise* (v. 340-397), *Jérôme* (v. 347-420), *Augustin* (354-430), *Grégoire le Grand* (540-604), *Bède le Vénérable* (673-735), le dernier.

Docteurs de l'Église. L'Église romaine en reconnaît officiellement 32. Entre par. dates de naissance et de décès ; puis, date de reconnaissance.

Albert le Grand (1193-1280) 1931, *Alphonse de Liguori* (1696-1787) 1871, *Ambroise* (340-397) IVe s., *Anselme* (1033-1109) 1720, *Antoine de Padoue* (v. 1195-1231) 1946, *Athanase* (295-373) IVe s., *Augustin* (354-430) IVe s., *Basile de Césarée* (329-379) IVe s., *Bède le Vénérable* (673-735) 1899, *Bernard de Clairvaux* (1090-1153) 1830, *Bonaventure* (1221-74) 1588, *Catherine de Sienne* (1347-80) 1970, *Cyrille d'Alexandrie* (380-444) 1893, *Cyrille de Jérusalem* (315-386) 1893, *Ephrem* (306-373) 1920, *François de Sales* (1567-1622), le seul docteur de langue française, 1877, *Grégoire le Grand* (540-604) IVe s., *Grégoire de Nazianze* (v. 330-v. 390) IVe s., *Hilaire* († 468) 1851, *Isisore* (560-636) 1722, *Jean Chrysostome* (v. 340-407) IVe s., *Jean de la Croix* (1542-91) 1926, *Jean Damascène* († v. 749) 1893, *Jérôme* (347-420) IVe s., *Laurent de Brindes* (1559-1620) 1959, *Léon le Grand* († v. 461) 1754, *Pierre Casinius* (1521-97) 1925, *Pierre Chrysologue* (406-450) 1729, *Pierre Damien* (1007-72) 1828, *Robert Bellarmin* (1542-1621) 1931, *Thérèse d'Avila* (1515-82) 1970, *Thomas d'Aquin* (1225-74) 1567.

En Espagne, *Léandre de Séville* (v. 510-98), *Ildefonse* (v. 600-67) et *Fulgence d'Ecija* (v. 580-633) sont considérés comme Docteurs de l'Église.

Conversions célèbres

Depuis le paganisme. L'empereur Constantin (v. 280-370) à env. 30 ans (311) ; Clovis, roi des Francs (465-511) à env. 30 ans (496 ?) ; Boris, khan des Bulgares (852-889) ; St Vladimir de Russie (1053-1125).

Depuis le confucianisme. Les 8 martyrs, béatifiés le 27-5-1900 : Augustin Tchao († 1815), Joseph Juen († 1817), Paul Lieou († 1818), Thaddée Lieon († 1823), Pierre U († 1824), Joachim Ho († 1839), Laurent Pe († 1856), Agnès Tsao († 1856).

Depuis le judaïsme. St Paul (v. 10 av. J.-C.-67 apr. J.-C.) à env. 45 ans (v. 36) ; David Drach, rabbin, devenu polémiste ; ses 3 fils seront prêtres (1791-1865), 34 a. ; les frères Ratisbonne, banquiers strasbourgeois : Théodore (1802-44) ordonné prêtre à 28 a. ; Alphonse (1812-84), 30 ans, ordonné prêtre à 36 a. ; Max Jacob (1876-1944), poète, peintre, 39 a. ; Card. Jean-Marie Lustiger (n. 1926), archevêque de Paris en 1981, 14 a.

Depuis l'islam. Mgr Paul Mulla (1882-1959), Turc crétois, disciple (puis filleul) de Maurice Blondel, baptisé 1905, ordonné 1913, prof. à l'Institut pontifical oriental. Jean Mohammed Abd-el-Jalil (1904-79) ; Marocain, aide-de-camp du maréchal Lyautey, 24 ans. Il est devenu prêtre franciscain en 1935.

Depuis le protestantisme. Henri IV (1553-1610) : 1re abjuration à 19 a., 2e, 40 a. ; Christine de Suède (1626-89), 28 a. ; Maréchal de Turenne (1611-75), 57 a. ; Cardinal Henry Newman (1801-90), clergyman anglican, 44 a. ; Cardinal Henry Manning (1808-92), clergyman angl., 42 a.

Depuis l'incroyance ou l'irréligion. *Étant déjà baptisés :* St Jérôme (347-420), 25 a. ; St Augustin (354-430), 33 a. ; St François d'Assise (1182-1226), 24 a. ; St Ignace de Loyola (1491-1556), 31 a. ; Armand de Rancé (1626-1700), 34 a., abbé de la Trappe ; le père Henri Lacordaire (1802-61), orateur, 21 a. ; Louis Veuillot (1813-83), journaliste, 25 a. ; Léon Bloy (1846-1917), polémiste, 38 a. ; Paul Claudel (1868-1955), écrivain, 18 a. *Baptisés pour leur conversion :* Jacques Maritain (1882-1973), philosophe, 24 a. ; André Frossard (n. 1915), journaliste, 24 a.

Principales hérésies

IIIe siècle

Origénisme. Attribué à l'Alexandrin Origène (185-254), auteur du « Traité des Principes ». Idées platoniciennes sur la préexistence des âmes, déformées par les « origénistes » du VIe s., et condamnées par le concile de Constantinople II (553).

Gnosticisme. Introduisant des spéculations cosmologiques ou théosophiques.

Manichéisme. Dû au Persan Mani ou Manès (216 ?-273). Admet 2 principes divins : le Bon et le Mauvais. V. Parsisme à l'Index.

Ébionites. Nient la divinité de Jésus.

Montanistes. De Montanus, IIe-IIIe s. Rejettent la hiérarchie ecclésiastique. Prêchent une morale rigoriste.

Artotyrites. Célèbrent le repas eucharistique avec du pain et du fromage.

Cyrénaïques. Nient l'utilité de la prière.

Cliniques. Sobriquet donné à ceux qui se faisaient baptiser le plus tard possible pour obtenir un salut plus facile à une époque où la confession était pratiquement inexistante.

IVe-VIIe siècle

Arianisme (Arius d'Alexandrie 280-336). Influencé par le manichéisme : rejette l'incarnation car la chair (mauvaise) ne peut s'allier à Dieu (Bien infini). Nie la divinité de Jésus. Condamné à Nicée en 325.

Macédonianisme (Pneumatomaques). Dû à Macedonius († v. 370). Nie la divinité du Saint-Esprit. Ses disciples furent condamnés à Constantinople en 381.

Nestorianisme. Dû à Nestorius (v. 380-451), patriarche de Constantinople. Voit dans Jésus un être double : une personne humaine dans laquelle le Verbe divin habite comme dans un Temple. Rejette par conséquent la maternité divine de la Vierge. Condamné à Éphèse en 431.

Monophysisme ou **Eutychianisme.** Dû à Eutychès (v. 378-453). Affirme que la nature divine de Jésus a absorbé sa nature humaine. Condamné à Chalcédoine en 451. Son disciple Jacques Baradaï († 578) fonde l'Église jacobite.

Monothélisme. Dû au patriarche Sergius (610-38) appuyé par l'empereur Héraclius. Essai de conciliation entre l'orthodoxie et le monophysisme : il y a bien 2 natures dans le Christ (la divine et l'humaine), mais une seule volonté (la divine). Condamné au Concile de Constantinople en 680-81.

Pélagianisme. Dû au moine breton Pélage (v. 360-v. 422) et à son disciple italien Celestius. Attribue un caractère tout-puissant à la volonté humaine. Croit à la perfection possible sur Terre. Nie la nécessité de la grâce et le péché originel. Combattu par St Augustin. Cette question a connu un regain avec Jansénius au XVIIe s.

VIIIe-XVIIIe siècle

Iconoclastes. Léon III l'Isaurien, emp. d'Orient en 730, proscrit les images et ordonne leur destruction, surtout en Orient. En 843, le culte des images est rétabli par l'impératrice Théodora.

Prédestinationisme. Gotescal (v. 805-868) ou Gottschalk (ou Fulgence). L'homme est prédestiné avant sa naissance au salut ou à la damnation. Condamné à Mayence en 848.

Vaudois. Pierre Valdo (v. 1140-v. 1217) Promoteurs de la pauvreté, rejettent le culte des saints, le sacerdoce et la plupart des sacrements. Aujourd'hui, ils sont encore env. 20 000 en France et en Italie.

Dulcinistes ou **Apostoliques.** Gérard Segarelli (1300), Dulcin (Fra Dolcino, brûlé en 1307). Proclamaient qu'au règne du Père, puis du Fils, devait succéder celui du Saint Esprit qui mènerait les hommes à la perfection.

Albigeois (ou Cathares = purs). Héritiers des manichéens qui, après leur condamnation, s'étaient réfugiés en Asie, et des Ariens qui ont fondé en Occident les puissants royaumes gothiques (VIe-VIIIe s.). Espagne : alliés secrets des *musulmans.* Lombardie : *patarins,* c.-à-d. chiffonniers. France : surtout dans les fiefs du Cte de Toulouse (partie Est), où ils avaient de nombreux « hauts-lieux », notamment les châteaux de Pieusse (Aude), Quéribus (Aude), Montségur (Ariège). Condamnent sacrements, culte extérieur, hiérarchie ecclésiastique, droit de propriété. Nient le purgatoire et la résurrection des morts. Approuvent le suicide qui libère l'âme du mal. Considèrent comme un moindre mal sexualité, mariage, procréation. Condamnés par le Concile d'Albi en 1176 et ceux de Latran en 1179 et 1215. Exterminés après 20 ans de guerre par une croisade décidée en 1208 par Innocent III et menée par Simon de Montfort, puis Louis VIII. Au Camp dous Cramats, près de Montségur (1 217 m d'alt.), ont lieu chaque année des réunions célébrant la défaite et l'exécution par le feu des 205 derniers résistants cathares (1244).

John Wyclif (Angl. v. 1320-1384). Rejette autorité des évêques, culte des saints, cérémonies, vœux, transsubstantiation, nécessité de la confession.

Lollards. De « lullen » ou « lollen » (chanter) ? Adeptes de Wyclif. Rejettent cérémonies, sacrements, culte des saints.

Jan Hus (recteur de l'Université de Prague, 1369, brûlé en 1415). Reprend plusieurs thèses de Wyclif et les idées de Pélage sur la perfection. L'Église des Frères moraves ou Église évangélique tchèque (300 000 fidèles) se réclame de Jan Hus.

Taborites (Bohême). Disciples extrémistes (antipapistes) de Jan Hus, vaincus par les Calixtins unis aux catholiques. Se rallièrent en grand nombre aux Frères moraves.

Calixtins ou **Utraquistes** (Bohême). Disciples modérés (antischismatiques) de Jan Hus. Réclament la communion sous les deux espèces *(sub utraque specie).* Se rallièrent soit aux luthériens, soit aux Frères moraves.

Socinianisme ou **Antitrinitarisme.** Doctrine des 2 Italiens Lelio Sozzini (1525-62) et Fausto Sozzini, son neveu (1539-1604), réfugiés en Pologne où ils organisèrent l'*Église des Frères Polonais.* Reconnaissent la naissance miraculeuse de Jésus, mais nient sa divinité. Leur doctrine refleurit en Angleterre au XVIIIe s., appelée *Unitarisme.*

Jansénisme. Jansénius, évêque d'Ypres, Belgique (1585-1638), expose sa doctrine dans l'*Augustinus* paru en 1640 : la Grâce est nécessaire pour vivre chrétiennement, Dieu la refuse à ceux qu'il n'a pas prédestinés au Ciel ; la pratique de l'Eucharistie est réservée aux âmes ferventes. Introduit en France par l'abbé de *St-Cyran* (1581-1643), adopté à Port-Royal (*Pascal,* les *Arnauld :* Angélique 1591-1661, Antoine 1612-94, Robert 1589-1674), condamné en 1713 par la bulle *Unigenitus* de Clément XI.

La résistance des jansénistes à la Bulle se poursuivit durant tout le XVIIIe s. ; ils obtinrent la dissolution de leurs adversaires les jésuites en 1773, et le classement définitif de la Bulle aux archives du Vatican en 1782 (le jansénisme ne doit donc plus, dès lors, être classé parmi les « hérésies », mais seulement parmi les tendances du catholicisme). Néanmoins, une communauté janséniste séparée de Rome existe encore sous le nom de *Vieux Catholiques.* Voir p. 509 a.

Quiétisme. Idéal mystique selon lequel l'âme se tenant dans une totale quiétude passive peut se maintenir en union avec Dieu même sans pratique de dévotion. Exagéré dans son expression par le prêtre espagnol *Molinos* (1628-96), le quiétisme fut répandu en France par *Madame Guyon* (1648-1717). *Fénelon* (1651-1715) s'en fit le défenseur jusqu'en 1699.

XXe siècle

Modernisme. Professé en France par l'abbé Alfred Loisy (1857-1940) ; en Allemagne par l'abbé François-Xavier Kraus (1840-1901) ; Italie par l'abbé Romolo Murri (1870-1944) ; Angl. par le P. Georges Tyrrel (jésuite, 1861-1909). Condamné le 8-9-1907 par le pape Pie X (encyclique *Pascendi).* Ensemble de déviations, dues au souci de ne pas couper le christianisme des découvertes modernes, et se manifestant dans de nombreux domaines : philosophie, esprit de foi, théologie, histoire, critique, apologie, discipline ecclésiastique. Il s'agissait peut-être plus d'une mentalité que d'une doctrine : les modernistes étaient surtout des admirateurs de 2 protestants libéraux : Paul Sabatier (1859-1928) et Adolf von Harnack (1851-1930) ; ils voulaient transposer leurs méthodes de travail dans le contexte catholique.

Palmaristes (Andujar, Espagne). Disciples de Clemente Dominguez Gomez, qui croient aux apparitions de Palmar de Troya (condamnés par l'évêque de Jaén en 1970). Possèdent une hiérarchie épiscopale et un clergé depuis le 11-1-1976 : Pierre Martin Ngo Dinh Thuc (1897-1984), frère du Pt Diem et ancien archev. de Hué, avait ordonné 5 prêtres et consacré 5 évêques. Voir p. 479 b. En juill. 1984 (4 mois avant sa mort), il envoie une circulaire à tout le clergé palmariste, lui demandant de se rallier à Rome. Actuellement 43 évêques schismatiques. Mgr Dominguez s'est proclamé pape (Grégoire XVIII) à la mort de Paul VI (1978). Il a excommunié Jean-Paul II et créé un Vatican dissident près de Barcelone.

Nota. – Il n'existe plus aucun lien direct d'ordre sociologique entre les grandes hérésies du Moyen Âge et les groupes qui s'en réclament aujourd'hui. Néanmoins, les sectes actuelles, qui sont dans la mouvance du néo-paganisme, revendiquent souvent comme réf. intellectuelle le dualisme, entre autres, rencontré dans ces hérésies, catharisme, manichéisme.

Caractéristiques de la religion catholique

Métaphysique chrétienne

Attributs métaphysiques de Dieu. On les appelle aussi attributs « négatifs », car ils sont des perfections excluant l'imperfection correspondante : *1° Aséité* (du latin *a se,* « à partir de lui-même ») : Dieu tire son être de lui-même, non d'un autre être ; *2° Simplicité :* Dieu est un, non composé de parties ; *3° Immutabilité :* Dieu ne peut passer d'un état moins parfait à un état plus parfait, ni réciproquement ; *4° Éternité* (conséquence de l'*aséité* ou nécessité d'être) : l'existence de Dieu n'a pas eu de commencement et n'aura pas de fin ; *5° Immensité :* Dieu est en dehors de l'espace, comme il est en dehors du temps.

Attributs moraux de Dieu. On les appelle aussi attributs positifs (car ils sont des facultés que possède également l'homme mais à un degré infini) : intelligence, volonté, amour.

Preuves classiques de l'existence de Dieu. Dieu est : *1°) la cause première de tout mouvement* (« 1er moteur », Lui-même immobile parce qu'Il est en dehors de l'espace) ; *2°) le principe de toute cause* (la cause première, en lui-même *a se*) ; *3°) l'Être nécessaire* (les autres êtres apparaissent comme contingents, c.-à-d. non éternels) ; *4°) l'Être parfait* (les autres êtres n'étant pas immuables).

Une preuve est tirée d'un des attributs moraux de Dieu : il est l'intelligence parfaite que présuppose l'ordre du monde.

Personnalité de Dieu. Les arguments de l'existence de Dieu sont communs aux chrétiens et aux panthéistes, pour qui Dieu ne fait qu'un avec le monde. La philosophie chrét. conclut au contraire que Dieu (créateur du monde) est une personne qui « transcende » le monde qu'il a créé (c.-à-d. qui est d'une nature différente et supérieure) : le dieu des panthéistes, de même nature que le monde, ne peut être infini (ils confondent l'*infini* avec la *totalité*).

Mystères chrétiens

Définition. Vérités religieuses dépassant les données purement philosophiques. La raison humaine ne peut prétendre découvrir ces vérités et les expliquer par elle seule ; elles supposent donc une *révélation*, c'est-à-dire le don d'une vérité fait par Dieu aux hommes.

Révélation. Dieu a révélé aux hommes l'existence des mystères par la Bible dont les auteurs ont été *inspirés*, et par l'enseignement de l'Église dont les chefs peuvent sans se tromper définir des vérités essentielles, car ils sont assistés par le Saint-Esprit.

Principaux mystères. Création : la raison ne peut expliquer ni le pourquoi ni le comment de la création du monde, même si elle peut concevoir la notion d'un Dieu créateur ; la création de l'Homme, en particulier, est un mystère dépassant la raison (un mystère de l'amour divin) : Dieu, étant infini et parfait, se suffit à Lui-même ; il peut se passer d'aimer une créature et d'être aimé par elle. La raison de son acte d'amour créateur relève du mystère. **Trinité :** la raison peut expliquer que le Dieu unique peut être en 3 personnes (Père, Fils, Esprit) et qu'il doit même l'être (l'amour réciproque du Père et du Fils étant lui-même un être fécond). Mais l'essence à la fois une et « trine » de Dieu relève du mystère. L'adjectif « trine » a été forgé spécialement pour éviter *triple* qui relève de la raison. **Incarnation :** mystère du même ordre. Jésus a 2 natures (divine et humaine) en une seule personne. Aucun concept humain ne peut définir ou expliquer cette réalité. **Rédemption :** le sacrifice de J.-C. a permis au monde d'être sauvé, c.-à-d. de ne pas être vaincu par le Mal (la raison ne s'explique ni la nature du Mal, ni en quoi consiste la victoire de J.). **Corps mystique :** expression imagée servant à faire comprendre l'unité de la vie de la grâce (il n'y a de grâce que par le Christ : il est la tête d'une réalité vivante, dont l'Église est le corps). L'épithète *mystique* a le sens de « spirituel » et de « mystérieux ». L'expression *Corpus Christi mysticum*, désignant l'Église, a été créée au XIe s. par Maître Simon, disciple de Gilbert de La Porrée, ou par Isaac de l'Étoile. Elle n'a pas été employée dans un texte dogmatique avant Pie XII [encyclique *Mystici Corporis* (29-6-1943)].

Enseignement. Chaque mystère fait l'objet d'un dogme (du grec *dogma*, « enseignement »). Il constitue une vérité à croire par fidélité envers l'Église, et non par suite d'un raisonnement logique. Néanmoins, si les mystères chrétiens *dépassent* la raison, ils ne la *contredisent* absolument pas : ils ne sont ni irrationnels, ni antirationnels (lorsque Bossuet dit : « Tais-toi, raison imbécile », il emploie *imbécile* dans le sens de *faible :* la raison n'atteint pas le niveau du mystère révélé).

Dogmes

Symboles. L'essentiel de la foi cath. est résumé dans le *Symbole des Apôtres* (orig. romaine du IIIe s., fixé au VIIIe s.) ou dans le *S. de Nicée-Constantinople* (325-381), dits l'un et l'autre *Credo* (le 2e définit plus nettement la divinité de Jésus-Christ, qui était contestée par les hérétiques ariens).

Courants d'idées

Catholiques traditionnels. Rejettent l'appellation d'*intégristes* (définissant une mentalité plus qu'une doctrine), et de traditionalistes *(tradicionalistas,* désignant les Navarrais, attachés aux traditions). Affirment défendre la Tradition, qui est un des éléments constitutifs de la doctrine chrétienne. Leur revendication est le droit de célébrer la messe dans la liturgie de St Pie V.

En décembre 1983, dans une lettre ouverte à Jean-Paul II, Mgr Lefebvre l'a accusé d'être aussi porté aux réformes que son prédécesseur, de nommer des évêques collaborateurs dans les pays de l'Est, d'être infecté d'humanisme et d'avoir des amourettes avec les protestants. Il dénonçait le gouvernement collégial et l'orientation démocratique de l'Église, condamnée par le Syllabus ; une fausse conception des droits naturels de l'homme qui apparaît clairement dans le document conciliaire sur la liberté religieuse, condamnée par Quanta Cura ; une conception erronée des pouvoirs du pape ; la conception protestante du sacrifice de la messe et des sacrements condamnés par le Concile de Trente ; la libre diffusion des hérésies caractérisée par la suppression du Saint-Office.

Dirigeant du mouvement : Mgr Marcel Lefebvre n. 29-11-1905, religieux spiritain. **1955** arch. de Dakar. **1962** arch. de Tulle puis supérieur général des Spiritains. **1968** démissionne. **1969** *6-6*, fonde la Fraternité sacerdotale St-Pie X (dans le diocèse de Fribourg) avec l'accord de l'évêque du lieu Mgr Charrière. **1971** *6-6*, pose la 1re pierre du séminaire à la Fraternité à Écône (Valais). **1974** *27-11*, publie un manifeste, attaque Vatican II. **1975** *6-5*, Mgr Mamie (successeur de Mgr Charrière) retire (avec l'autorisation de Rome) son agrément au séminaire d'Écône. Mgr Lefebvre passe outre (en juin, il ordonne 3 prêtres). **1976** *29-6*, nouvelles ordinations. *22-7*, Mgr Lefebvre est suspendu *a divinis*. **1978** *19-11*, Jean-Paul II le reçoit. **1979**, il quitte Écône pour Rickenbach. **1982**, confie la Fraternité au Père Franz Schmidberger (All.). Des rencontres organisées avec le cardinal Ratzinger n'apportent rien de nouveau. **1985** *16-1*, demande officiellement que la Fraternité soit considérée comme Institut laïc de droit pontifical, ce qui lui permettrait de faire exercer ses prêtres sans demander l'incardination à des évêques.

Effectifs (juin 1981) : 125 prêtres, 230 grands séminaristes en 5 séminaires [Suisse, R.F.A., États-Unis, Arg., It. ; ordinations prévues : 40 par an à partir de 1983 (13 en 1982, les études étant prolongées d'un an)] ; 40 maisons en Europe et en Amérique, dont 7 résidences de « supérieurs de districts » (responsables nationaux), plusieurs monastères de frères et de religieuses.

En France, 7 écoles libres, 1 institut univ., 1 noviciat de frères, 1 maison de retraites spirituelles, 15 prieurés (résidences d'équipes sacerdotales de 2 ou 3 prêtres missionnaires itinérants), 1 petit séminaire ouvert en 1975 à Flavigny-sur-Ozerain (C.-d'O.), par l'abbé Louis Coache. Assistants à la messe dominicale de St-Nicolas-du-Chardonnet (occupée depuis févr. 1977) : 10 000.

Maison généralice : Rickenbach, Suisse. Successeur désigné par Mgr Lefebvre : Franz Schmidberger (All. 19-2-46) ordonné 8-12-75.

Des sondages auprès des catholiques allemands, anglais, américains auraient révélé une quasi-unanimité en faveur du catholicisme traditionnel.

La revendication de célébrer la messe en latin dans la liturgie de Saint-Pie V est devenue sans objet depuis le 15-10-1984 (la messe en latin est de nouveau autorisée dans toute l'Église).

Autres mouvements anticonciliaires. *Contre-Réforme catholique au XXe s.* (St-Parres-lès-Vaudes, Aube). Créée par l'abbé Georges de Nantes, jadis déclaré « suspens » par l'évêque de Troyes, puis désavoué publiquement par la Congrégation romaine pour la doctrine de la foi en août 1969. Veut démontrer que Vatican II, dont les « décrets de mort » ont été ratifiés par Paul VI, conduit l'Église romaine à sa perte. *Union pour la Fidélité* (13, rue d'Adéliau, Forges-les-Bains, 91470 Limours). Groupe des membres (prêtres, religieux, laïcs) qui s'opposent à la « liberté religieuse », à l'œcuménisme et au rejet de la constitution monarchique de l'Église. *Revue :* « Forts dans la Foi ».

Charismatiques. Se réfèrent à l'encyclique *Mystici Corporis* de Pie XII (1943), qui encourage les chrétiens à manifester à l'intérieur de l'Église (« corps mystique » du Christ) leurs inspirations individuelles ayant pour but l'édification et l'extension du Royaume. Sont à l'origine de communautés nouvelles mettant l'accent sur la prière, le partage de biens et l'évangélisation. *Principales personnalités :* Dom Helder Camara, archevêque de Recife (Brésil) ; le card. Suenens (Belgique) ; l'archev. Romero de San Salvador, assassiné dans sa cath. (le 24-3-1980) à cause de sa charité envers les pauvres, qui le faisait passer pour « sandiniste ». *En France :* Communauté Emmanuel, fondée en 1974 par Pierre Goursat, Hervé-Marie Catta, Martine Laffite [env. 1 000 m., dont 200 vivant en « maisonnées » (125 maisonnées en Fr., dont 72 en région parisienne)]. Accueil des êtres en détresse (drogués, marginaux). Conversations et prières au téléphone.

CIDOC (Centre intellectuel de documentation). *Fondé* en 1965 à Guernavaca (Mexique) par un prélat d'origine yougoslave, Ivan Illich (n. 1926). Conteste le sacerdoce actuel et veut séculariser la vie religieuse. De tendance révolutionnaire, veut créer un nouvel humanisme fondé sur la liberté individuelle. Inspire la revue internationale *Concilium*, à laquelle fait contrepoids, depuis 1975, la revue *Communio* (Paris).

École de Hans Küng. Théologien suisse (n. 1928), prof. à la Fac. de théologie de Tübingen (Allemagne) depuis 1960, expert au concile de Vatican II. Auteur en 1957 d'une thèse sur la *Justification* (se rapproche du théologien protestant Karl Barth), et en 1962 de *Structures de l'Église*, où il réexamine le dogme de l'infaillibilité pontificale. Rappelé à l'ordre par le Vatican en 1967, 1970, 1973 (déclaration *Mysterium Ecclesiae)*, 1975 (rapport des évêques allemands, suisses et autrichiens), 1977 (conférence épiscopale all.). Le 19-11-1979, la Congrégation pour la doctrine de la foi a déclaré qu'il « ne pouvait plus être considéré comme un théologien catholique ». Condamnation confirmée le 28-12-1979 par une délégation d'évêques all. réunis à Rome. Des cath., notamment des prof. de théologie, ont immédiatement créé un groupe pro-Küng (siège à Linz, Autriche), pour défendre ses idées. En 1985, publie un nouveau livre non orthodoxe sur la *Vie éternelle*.

Groupements français ayant donné leur adhésion à Hans Küng le 14-2-1980 : chrétiens pour le socialisme, communauté de Boquen, Commission générale d'évangélisation de l'Église Réformée de France, Culture et Foi, Bureau national des Équipes enseignantes, Franciscains et socialismes, Fédération nat. des parents pour l'éducation chrétienne des élèves cath. de l'enseignement public, la Lettre, Nomades et Fidèles, Vie nouvelle, Collectif pour une Église du Peuple, Équipes nationales de la J.E.C. et M.R.J.C. (en partie).

Intégrisme. Disposition d'esprit de catholiques, protestants ou orthodoxes (et même aussi de certains « progressistes ») qui veulent garder intégralement un bloc doctrinal déterminé et se méfient de toute modification, même sur des points de détail (par ex., les int. traditionalistes rejettent les nouvelles habitudes vestimentaires du clergé ; les int. progressistes rejettent toute prière en latin, même sur une musique grégorienne).

Progressistes. Chrétiens soucieux avant tout de *progrès social* et se déclarant prêts, pour le réaliser, à collaborer avec les partis de gauche, même marxistes. Environ 15 % des catholiques.

Théologie de la Libération. Créée en 1971, en Amérique du Sud, par un prêtre péruvien, Gustavo Guttierez (n. 1928). *Principal théoricien actuel :* le franciscain brésilien Leonardo Boff (n. 1938). *Autres membres :* Joseph Combin (Belge, n. 1923), Enrique Dussel (Arg., n. 1934), Pablo Richard (Chilien, n. 1939), Jon Sobrino (jésuite esp., n. 1938). Considèrent la pauvreté comme le problème le plus important de notre époque. L'Égl. doit d'abord aider les pauvres à se « libérer » de la misère. Le 20-3-1985, le livre du P. Boff, « Égl., charisme et pauvres » est condamné (le P. Boff est amnistié le 29-3-1986). Le 20-1-1986, le congrès de Lima (présidé par le card. colombien Alfonso Lopez Trujillo, arch. de Medellin) a défini la th. de la L. comme une tentative de déstabilisation de l'Égl. (ex.-type : Nicaragua) et a proposé à sa place une « th. de la Réconciliation ».

Relations Église/Marxisme. *1937* Pie XI (encycl. **Divini Redemptoris)** déclare l'athéisme marxiste « intrinsèquement mauvais » (formule reprise par Pie XII). *1949* Pie XII (décret du St-Office) déclare excommuniés *ipso facto* les cath. défendant et répandant la doctrine communiste. *1961* Jean XXIII admet le phénomène de « socialisation » et approuve le syndicalisme. *1971* Paul VI admet que la foi chrétienne est compatible avec des engagements politiques différents. *1972* les évêques fr., dans un document intitulé *Pour une pratique chrétienne de la politique*, admettent la formulation des idées polit. dans un vocabulaire de lutte des classes. *1977* ils reviennent en arrière, précisant qu'on ne peut concilier foi chrétienne et marxisme. *1981 (juin)* le général des Jésuites, le P. Pedro Arrupe, prend parti pour le clergé sud-américain cherchant le contact avec le marxisme (il est remplacé, 1983). *1985 (mars)* son successeur (le P. Kolvenback) adopte la même attitude. *10-4* Dom Helder Camara, arch. de Recife (Brésil), surnommé « l'év. rouge », démissionne.

Dogmes. Texte du Symbole des Apôtres en italique, et texte du S. de Nicée entre parenthèses. **1° Dieu Unique ; Dieu le Père.** *Je crois en Dieu, le Père tout-puissant, créateur du ciel et de la terre.* (Je crois en un seul Dieu, le Père tout-puissant, créateur du ciel et de la terre, de l'univers visible et invisible.) **2° Dieu le Fils.** *Et en Jésus-Christ, son Fils unique, notre Seigneur.* (Je crois en un seul Seigneur, Jésus-Christ, le Fils unique de Dieu, né du Père avant tous les siècles, il est Dieu, fils de Dieu, lumière, née de la lumière, vrai Dieu né du vrai Dieu. Engendré, non pas créé, de même nature que le Père ; et par lui tout a été fait.) **3° Incarnation.** *Qui a été conçu du Saint-Esprit, est né de la Vierge Marie.* (Pour nous, les hommes, et pour notre salut, il descendit du ciel ; par l'Esprit Saint, il a pris chair de la Vierge Marie, et s'est fait homme.) **4° Mort rédemptrice.** *A souffert sous Ponce Pilate, a été crucifié, est mort et a été enseveli, est descendu aux enfers.* (Crucifié pour nous sous Ponce Pilate, il souffrit sa passion et fut mis au tombeau.) **5° Résurrection.** *Le troisième jour est ressuscité des morts, est monté aux cieux, est assis à la droite de Dieu le Père tout-puissant.* (Il ressuscita le 3e jour, conformément aux Écritures, et il monta au ciel ; il est assis à la droite du Père.) **6° Jugement dernier.** *D'où il viendra juger les vivants et les morts.* (Il reviendra dans la gloire juger les vivants et les morts, et son règne n'aura pas de fin.) **7° Esprit-Saint.** *Je crois en l'Esprit-Saint.* [Je crois en l'Esprit-Saint, qui est seigneur et qui donne la vie ; il procède du Père et du Fils. Avec le Père et le Fils, il reçoit même adoration et même gloire ; il a parlé par les prophètes. (Le « et du Fils », en latin *filioque*, rajouté en 794 en Occident sur intervention de Charlemagne (accepté à Rome en 1014), a été en grande partie la cause du schisme orthodoxe.)] **8° Église.** *A la sainte Église catholique.* (Je crois en l'Église, une, sainte, catholique et apostolique.) **9° Communion des saints.** *A la communion des saints.* [Manque ; mentionné en Orient, dans le symbole de St Épiphane en 374 et dans le symbole usuel du sud de la Gaule (1er témoignage : 490), définit l'unité de vie dans le Christ de tous les membres de l'Église, vivants ou morts.] **10° Sacramentalité du baptême.** *A la rémission des péchés.* (Je reconnais un seul baptême pour le pardon des péchés.) **11° Résurrection de la chair.** *A la résurrection de la chair.* (J'attends la résurrection des morts.) **12° Vie éternelle.** *A la vie éternelle.* (Et la vie du monde à venir.)

Dogmes définis au cours des âges. La Vierge Marie est « Mère de Dieu » (431) ; le Christ est une seule personne en 2 natures (451) ; la nature humaine est blessée par le péché originel, la Grâce divine lui est indispensable (429-431) ; par la consécration, le pain et le vin deviennent le corps et le sang du Christ *(transsubstantiation)* (1215) ; la soumission au pontife romain est nécessaire au salut ; l'âme est immortelle et une assertion philosophique ne peut être vraie contre une vérité de foi (1513) ; l'Écriture Sainte reconnue par l'Église est inspirée (1546) ; la messe renouvelle le sacrifice du Christ (1562) ; la Vierge Marie a été conçue sans le péché originel dans le sein de sa mère.

Le dogme de l'*Immaculée Conception* (c'est-à-dire Immaculée dès sa conception « intouchée du diable », comme dit Mahomet dans le Coran) ne doit pas être confondu avec celui de la *conception virginale* de Jésus par Marie.

Le *magistère* du pape est infaillible quand il définit solennellement une doctrine de foi ou de morale (1870) ; Marie a été glorifiée dans son âme et son corps [1950 (constitution apostolique *Magnificentissimus Deus*)].

Commandements de Dieu (Décalogue)

Le Décalogue (ou Dix Commandements ou les Dix Paroles ou les deux Tables de la Loi) est attribué à Moïse et se trouve dans la Bible sous diverses formes.

1 C'est moi ton Dieu. 2 Tu ne feras pas de dieu à ton image. 3 Tu n'abuseras pas de son nom. 4 Tu sanctifieras le jour du Seigneur. 5 Honore ton père et ta mère. 6 Tu ne tueras pas. 7 Tu ne commettras pas d'adultère. 8 Tu ne voleras pas. 9 Tu ne seras pas un faux témoin. 10 Tu ne convoiteras pas.

Il a été mis en vers français dès 1491, pour faciliter son enseignement. Sa dernière édition officielle était de 1931 :

1. Un seul Dieu tu adoreras
 Et aimeras parfaitement.
2. Dieu en vain tu ne jureras
 Ni autre chose pareillement.
3. Les dimanches tu garderas
 En servant Dieu dévotement.
4. Tes père et mère honoreras
 Afin de vivre longuement.
5. Homicide point ne seras
 De fait ni volontairement.
6. Luxurieux point ne seras
 De corps ni de consentement.
7. Le bien d'autrui tu ne prendras
 Ni retiendras à ton escient.
8. Faux témoignage ne diras
 Ni mentiras aucunement.
9. L'œuvre de chair ne désireras
 Qu'en mariage seulement.
10. Biens d'autrui ne convoiteras
 Pour les avoir injustement.

Commandements de l'Église

Rédigés aussi en vers français au XVe s., ils indiquent les principales prescriptions de la discipline ecclésiastique. Plus tard, le 4e commandement fut mis à la 2e place et un 6e fut ajouté :

1. Les dimanches messe ouïras
 et fêtes de commandement.
2. Tous tes péchés confesseras
 à tout le moins une fois l'an.
3. Et ton créateur recevras
 au moins à Pasques humblement.
4. Les fêtes sanctifieras
 qui te sont de commandement.
5. Quatre-temps, vigiles, jeûneras
 et le carême entièrement.
6. Vendredi chair ne mangeras,
 Ni le samedi mesmement.

L'*interdiction de manger de la viande* les vendredis et pendant les 40 j du Carême remonte aux premiers siècles du christianisme, et avait été rendue obligatoire sous peine d'excommunication par le *Concile de Laodicée*, entre 443 et 481 ; elle avait été levée pour le peuple espagnol après la bataille de Lépante gagnée sur les Turcs musulmans, en 1570, par une escadre en majorité espagnole ; le nombre des j. d'abstinence n'a cessé de diminuer, et, en France (1966) ainsi qu'en de nombreux pays, le maigre du vendredi a été supprimé définitivement, sauf pendant le Carême.

Croyances non dogmatiques

Anges. Du grec *aggelos*, « messager ». Créatures non corporelles (êtres spirituels) ; classés en bons et mauvais (entraînés par *Lucifer*, ange révolté contre l'Amour divin). Selon l'Ancien Testament, les anges forment « des armées » (ils sont innombrables) ; ils servent d'intermédiaires entre Dieu et les hommes. Selon certains commentaires bibliques, les anges vivant en présence de Dieu sont répartis en 9 assemblées ou chœurs (terminologie du Pseudo-Denys, VIe s.) : *Séraphins, Chérubins, Trônes, Dominations, Principautés, Puissances, Vertus, Archanges* [7 : Gabriel, Raphaël, Michel (les 3 seuls vénérés par l'Égl. cath., le 29-9), Phanuel (« les 4 anges de lumière » ou « anges de la Présence », car ils sont les plus proches de Dieu), Raguel, Uriel, Suriel (dans d'autres listes, Raguel remplace Phanuel comme ange de lumière)], *Anges* (terminologie du « Pseudo-Denys », VIe s.). Les *Anges gardiens*, mentionnés dans l'Ancien Testament, sont chargés de défendre contre les tentations et de protéger contre les dangers chacun des êtres humains. Les Pères de l'Église ont, dans l'ensemble, cru en leur existence (pour Basile et Cyrille d'Alexandrie, seuls les fidèles ont un ange gardien). Leur fête fut instituée officiellement pour la 1re fois à Rodez en 1526. St Pierre Canisius l'introduisit en All. en 1562. Clément X l'étendit à l'Église universelle en 1615.

Démonologie. Dans la tradition hébraïque (Bible), on distingue nettement entre les démons ou « esprits mauvais » (qui rappellent les dieux des religions primitives polythéistes) et *Satan* (c.-à-d. l'adversaire), qui est plutôt un ange, soumis à l'autorité de Dieu, et chargé d'imposer des épreuves aux hommes.

La *Bible*, interdisant toute pratique « magique » (c.-à-d. visant à conjurer les esprits mauvais), fait rarement mention des démons. Elle nomme néanmoins les *Seirim* (« démons velus », qui vivent dans les ruines) ; les démons Lilith (un succube [1], rappelant la déesse sumérienne Lil) ; Resheph (ancien dieu cananéen), etc. Le *Nouveau Testament* parle fréquemment des esprits mauvais, et présente plusieurs fois le satan, ange tentateur, dont le nom est traduit en grec par *diabolos* (mot signifiant également « calomniateur »). *L'Apocalypse de St Jean* parle d'anges révoltés contre Dieu, et vaincus par l'ange Michel, qui les chasse du ciel. Leur chef est nommé le « dragon » (nom commun). La tradition chrétienne a fait le rapprochement entre ce texte de St Jean et 2 autres textes bibliques :

1° Ancien Testament : une prophétie d'Isaïe contre Babylone : « Te voilà donc tombé du Ciel, Lucifer, fils de l'Aurore » ;

2° Nouveau Testament (Luc 10, 18) : une parole de Jésus : « J'ai vu Satan tomber du Ciel comme la foudre ». Ainsi, Satan, Lucifer, le Diable (avec majuscule), le Serpent ou le Dragon, le Chef des Anges rebelles ont été confondus en un seul personnage : le *« Prince des Ténèbres »* ; les anges révoltés ont été assimilés à des diables (avec minuscule), des démons (mot grec signifiant « génie » ou dieu secondaire païen), des esprits impurs comme les *seirim* et des serviteurs du prince des ténèbres. Cette assimiliation n'est pas postérieure aux temps évangéliques : St Jean identifie Satan avec le diable et l'antique serpent ; St Paul l'accuse de faire tomber les âmes dans le mal et de se transfigurer « en ange de lumière » pour les tromper.

Honorius Augustodunensis, moine irlandais auteur de l'*Elucidarium* (v. 1150), déformé plus tard en *Lucidaire*, ajoute aux données bibliques des éléments empruntés aux légendes irlandaises de la *Vision de Tungdal* (diables hideux et cruels résidant en enfer). Les *Lucidaires* inspirèrent la *Divine Comédie* de Dante, et de nombreuses œuvres picturales du XIIIe s. Au XVe s., Denys le Chartreux (Denys Leeuwis ou Van Leeuwen, né à Ryckel dans le Limbourg belge, 1402-71), auteur des *Quatre Fins de l'Homme*, commentant une vision apocryphe due à un mystique flamand ou allemand du XIVe s., répandit les concepts de la *Vision de Tungdal*, ajoutant la notion biblique de « tentateur » (le Diable, cherchant à avoir de nombreuses victimes à tourmenter pour l'éternité, s'efforce de les faire tomber en Enfer). Du XVe s. date l'expression de *« malin »*, signifiant à la fois « cruel » et « rusé ».

Nota. – (1) Les *succubes* sont des démons tentateurs femelles venant rejoindre les hommes pendant la nuit ; les *incubes* sont des tentateurs mâles allant rejoindre les femmes.

Millénarisme. Croyance au retour du Christ sur terre ou Parousie (grec *parousia*, « arrivée ») pour un règne de 1 000 ans avec ses fidèles avant le combat final contre ses adversaires, suivi de son règne éternel dans le ciel. Un nouveau millénarisme est né plus récemment en dehors du catholicisme.

Miracles. Connus dans toute religion (judaïsme, islam, christianisme...). Un chrétien, par le fait même qu'il adhère au Christ et à son Évangile, croit au pouvoir miraculeux de Dieu, forme de sa Toute-Puissance, mais n'est pas tenu de croire à tels ou tels miracles en particulier.

Miracles les plus cités ou représentés : *Ancien Testament :* passage de la mer Rouge, ânesse de Balaam douée de parole, enlèvement d'Élie au Ciel ; *Nouveau Testament :* voir Miracles de Jésus p. 463 b.

Eschatologie *(Fins dernières,* c.-à-d. vérités sur l'Au-delà). 2 vérités sont « de foi » (citées dans le *Credo*) : il y a une vie éternelle après la mort, celle des âmes et celle des corps. Les autres croyances en l'au-delà développent ces 2 dogmes. Certaines se fondent sur les textes de l'*Évangile :* les corps ressuscités sont dans l'état « glorieux », comme le corps du Christ pendant les 40 j entre la Résurrection et l'Ascension ; les méchants iront aux « ténèbres extérieures » ; les bons se sont amassé un « trésor dans le Ciel ». D'autres sur des textes de l'*Apocalypse :* combat final contre l'*Antéchrist* (personnage nommé *fils de la Perdition* par St Paul) ; il tentera de faire damner les hommes, mais sera vaincu ; *Jugement final* ou *général*, appelé aussi *Jour du Fils de l'Homme, Jour du Christ, Jour du Jugement, Jour de la Colère, Grand Jour*, etc. Cette idée existe déjà dans l'Ancien Testament : au *Jour du Seigneur*, les bons seront distingués des mauvais [le « sein d'Abraham » serait à peu près l'équivalent du Ciel ; la *Géhenne* (torrent de Jérusalem servant de tout à l'égout), celui de l'Enfer]. En attendant le Jour du Seigneur, les morts sont dans le *Shéol* (sans doute nom propre féminin, d'un personnage biblique symbolisant la tombe, ou la nuit, ou la vermine).

D'autres croyances chrétiennes sont des développements théologiques ou traditionnels de plusieurs textes : joies du Paradis, le « Ciel » étant vu comme le **Paradis terrestre** avant le Péché, où Dieu est présent [synthèse de la *Genèse* (bonheur d'Adam), de l'*Évangile* (Jésus promet au Bon Larron de l'emmener au « Paradis »), des *Épîtres de St Paul* (il a été emmené au « Troisième Ciel »)].

Enfer et Purgatoire. Il faut distinguer *« les enfers »* expression désignant le lieu des morts [nommé dans l'Évangile de St Matthieu (XVI, 18) sous son nom mythologique grec : *l'Hadès ;* pour les juifs : *Shéol*] où le Christ lui-même est allé (Il *« est descendu aux enfers »,* dit le Credo ; l'idée d'un séjour des morts existe dans la Bible), et *« l'Enfer »,* lieu de damnation ; la notion des *flammes de l'Enfer* est chrétienne : Matthieu parle de la *géhenne* du feu (V, 29). Elle synthétise les souffrances de ceux que Dieu a rejetés (« pleurs et grincements de dents »), la colère de Yahweh, ardente comme une flamme, le pouvoir purificateur du feu.

A partir de la notion de purification par le feu *(ignis purgatorius)* a été créée celle du *Purgatoire,* lieu considéré à partir de Tertullien (IIIe s.) comme différent de l'*Enfer :* les morts ayant subi l'épreuve purificatrice ont l'espoir d'être admis en présence de Dieu ; les peines de ceux qui sont « rejetés » sont, au contraire, considérées comme éternelles. On prie *pour les âmes du Purgatoire* (liturgie des défunts, commémoration de tous les fidèles défunts le 2 novembre, intercession à chaque messe et à l'office du soir, *De profundis,* confréries du purgatoire...) ou on leur demande (en privé seulement) leur intercession. L'Église exige qu'elles soient toujours faites en privé (jamais au cours d'une liturgie publique). Au Moyen Âge, on situait l'Enfer sous terre, le Paradis dans le ciel, le Purgatoire au fond du cratère de l'Etna ou du Stromboli, ou dans une caverne d'Irlande.

☞ **La foi catholique n'est pas compatible avec l'astrologie.** Dieu seul connaît le futur de tout homme et celui de l'humanité ; si l'avenir était prévisible, l'homme ne serait pas maître de son destin, alors que Dieu l'a créé libre.

Morale

Commandements moraux (pratique des vertus, fuite du péché). Leur observation est indispensable à la vie religieuse. La loi morale chrétienne n'a pas été présentée comme différente de la loi morale juive par Jésus-Christ lui-même, mais la surpassant : « Je ne suis pas venu abolir la loi mais l'accomplir. » St Augustin (fin du IVe s.) a su clairement préciser la doctrine morale chrétienne : 1°) il est indispensable de pratiquer les préceptes du Décalogue (« morale des préceptes », qui constitue le minimum de la vie morale) ; 2°) il est louable d'observer les conseils du Sermon sur la Montagne (« morale des conseils » menant à la Sainteté).

Les violations des préceptes du Décalogue (qui sont en majorité des interdictions ou « préceptes négatifs ») constituent des péchés ; les plus graves (appelés par St Paul *mortels*) amènent la mort de toute vie religieuse. Le manque d'accueil pour la perfection évangélique, non considéré comme un « péché », risque cependant de causer un dépérissement spirituel.

Vertus. *Théologales* (ayant Dieu pour objet) : foi, espérance, charité. *Cardinales* (sur lesquelles repose la vie morale ; le latin *cardo* signifie gond) : justice, prudence, force, tempérance. *Morales* (conduisant à la perfection) : humilité, pénitence, zèle et apostolat, chasteté et continence, pauvreté, obéissance.

Le pape Jean-Paul II a pris nettement position contre une libéralisation de la morale sexuelle catholique ; il a condamné explicitement divorce, contraception, sexualité hors mariage, homosexualité, avortement ; interdit le mariage des transsexuels ; exigé une rétractation de 20 religieux et religieuses américains qui avaient pris parti pour la libéralisation de l'avortement. Il a également affirmé les principes moraux en matière de vie sociale, économique et politique.

Les 7 œuvres de miséricorde. D'après St Matthieu (25, 31, 46) : nourrir les affamés, désaltérer les assoiffés, vêtir ceux qui sont nus, ensevelir les morts, accueillir les voyageurs, visiter les malades, libérer les prisonniers.

Péché originel. Tendance existant dans tout être humain, et l'incitant à commettre le mal, au lieu de rechercher le bien. Tire son nom du couple « originel » de l'humanité ; le 1er homme et la 1re femme, que la Bible (livre de la Genèse) nomme Adam et Ève. Mis en demeure par Dieu par un test moral (*négatif :* ne pas manger du « fruit défendu »), ils se sont laissés aller à suivre de préférence leur instinct. La tradition populaire a présenté le « fruit défendu » comme une *pomme* (du latin *pomum,* « fruit »). D'après la Genèse, il s'agit de « l'Arbre de la Science du Bien et du Mal ». Cette expression désigne symboliquement la vie morale (conscience de la nécessité d'observer certains préceptes et directives).

Péchés capitaux. Sept : orgueil, avarice, gourmandise, envie, luxure, colère, paresse. Ils ne sont pas en eux-mêmes des péchés, mais des *vices,* c.-à-d. des tendances à commettre certains péchés.

Catéchisme

Définition. Manuel contenant les vérités essentielles de la doctrine catholique, et destiné aux enfants. Les 1ers ont été protestants (Luther 1529, Calvin 1545). Les 1ers c. catholiques sont ceux de Canisius (Allemagne 1554) et de Robert Bellarmin (Italie 1593). Le 1er c. français est une traduction de Bellarmin, publiée par François de Sales en 1601. Les plus connus sont ceux de Bossuet (1671-82). Chaque diocèse français a possédé son c., jusqu'à la publication du c. national (1947).

« Pierres Vivantes » et catéchisme national. En 1966, les évêques français décident de remplacer le catéchisme national par un « fonds commun obligatoire », à partir duquel différents manuels seraient rédigés [le 1er, en 1978, à l'assemblée de Lourdes, sous le titre : « Il est grand, le mystère de la Foi » (approuvé à Rome 1978)]. A partir de ce document, ont été publiés : des *Parcours catéchétiques* (diocésains) et un recueil de documents *« Pierres Vivantes »,* adopté par l'assemblée plénière de Lourdes (1980). Mais ces publications ont déclenché de vives polémiques. Le synode extraordinaire des évêques (Rome, nov.-déc. 1985) a émis le vœu d'un exposé de la foi à l'usage de toute l'Égl.

Sacrements

Définition. Acte religieux, permettant d'obtenir ou d'accroître la grâce [1] de Dieu. Le terme, employé souvent dans un sens large, a été réservé au Concile de Florence (1439) à 7 « signes » reconnus comme institués par le Christ lui-même. Les autres « signes » ont été appelés sacramentaux. Les sacrements font appel à des réalités de la vie humaine dans l'antiquité : eau, pain, vin, huile...

Nota. — (1) La *Grâce* est la participation à la vie de Dieu par l'intermédiaire du Christ (elle peut être symbolisée par la sève de la vigne dont Jésus est le cep et les fidèles les sarments, cf. Jean XV). La grâce habituelle et permanente (donnée par le baptême ; redonnée, après le péché, par la pénitence) est la *grâce sanctifiante ;* les autres participations à la vie divine sont les *grâces actuelles.*

Baptême. Sacrement de l'eau ; 1er de tous les sacrements, introduit le fidèle dans l'Église (un chrétien est un baptisé). Il fait obtenir la *grâce sanctifiante,* que l'on ne possède pas à la naissance, tous les hommes venant au monde avec une tendance au péché, appelée *péché originel.*

Dans la *1re lettre aux Corinthiens,* St Paul signale (v. l'an 56) que certains fidèles, par superstition, administreraient le baptême à des morts.

Le ministre (évêque, prêtre, diacre, ou un laïc, même non baptisé, en cas d'urgence) verse de l'eau sur la tête du candidat au baptême en disant : « Je te baptise au nom du Père, et du Fils, et du Saint-Esprit. » On l'appelait *ondoiement* quand il se réduisait à cet acte. En cas de danger de mort, s'il est impossible de recevoir le sacrement, celui-ci peut être suppléé par le *baptême de désir* (si la personne souhaite être baptisée). Pour un non-baptisé, le martyre pour le Christ est considéré comme un *baptême de sang.* Pour les enfants morts sans baptême, des théologiens ont parlé de *limbes* (ni paradis, ni enfer).

Le baptême a été administré par *immersion totale* dans l'eau jusqu'au IVe s. en Occident (et jusqu'à nos jours dans les Églises orientales). Du Ve au XIIIe s., on a pratiqué l'*immersion partielle :* le néophyte entre dans la piscine jusqu'à mi-jambes, et on lui verse de l'eau sur la tête (pratiqué après le XIIIe s. dans la liturgie mozarabe et à Bénévent). Depuis le XIIIe s. (et déjà avant pour les malades alités), on pratique le baptême par *affusion* (de l'eau est versée sur la tête). Le baptême par *aspersion* a existé jadis pour donner le sacrement à des groupes. La dévotion à l'eau bénite (aspersion dominicale, signe de croix avec l'eau bénite) est un rappel de cette forme de baptême.

Liturgie actuelle : le baptême des adultes se fait par étapes, après une préparation personnelle et communautaire approfondie, souvent pendant plusieurs années (1972). Le baptême des petits enfants met en évidence le rôle et les devoirs des parents et des parrains (1969), et leur préparation exige un temps plus ou moins long. Le regroupement des baptêmes le dimanche est recommandé pour favoriser la participation de la communauté. En nov. 1980, une instruction romaine admet la possibilité de différer ce sacrement ou même de le refuser, si les garanties d'une éducation chrétienne des nouveau-nés baptisés sont insuffisantes ou nulles.

Confirmation. Sacrement administré avec de l'huile. Cette huile parfumée par l'adjonction d'un « baume » (mélange de résines et d'essences naturelles) et appelée *saint chrême* (du grec *chrisma,* « onction d'huile ») est consacrée par l'évêque une fois par an, au cours de la messe chrismale (Jeudi Saint) et rappelle l'huile dont on se servait dans l'Ancien Testament pour consacrer prêtres, prophètes et rois. La confirmation achève (confirme) le baptême, assimile par l'onction d'huile le chrétien au Christ (*Christos :* celui qui a reçu l'onction), et le remplit de la force du St-Esprit pour affirmer sa foi même en cas de péril.

Liturgie actuelle : donnée, après la liturgie de la Parole au cours de la messe, normalement par l'évêque qui peut s'associer des prêtres, ou parfois, par un prêtre délégué (1971).

Eucharistie [1] (Communion). Sacrement de la nourriture (pain et vin), qui contient réellement, substantiellement, le corps et le sang du Christ sous les apparences du pain et du vin. La communion est la participation à ce sacrement, normalement à la messe, sous les 2 espèces pour le prêtre qui célèbre, habituellement sous la seule espèce du pain pour les fidèles. La pratique de la communion au vin, conservée par les Églises d'Orient, a été réintroduite dans l'Église latine pour les fidèles dans certaines circonstances (par ex. messe de mariage, profession religieuse, baptême d'adulte...). La *Communion pascale* a été prescrite par le 4e Concile du Latran (1215) comme un minimum requis par l'Église. Pie X a recommandé la communion fréquente et même quotidienne.

Jusqu'à la Révolution, il a existé des formes spéciales d'hosties pour les personnes de haut rang, appelées *hosties choisies.* Lorsqu'il n'est pas possible de se procurer du vin (pays de mission), il est toléré de faire macérer dans de l'eau des raisins secs et d'en extraire le jus.

Nota. — (1) Messe, voir Liturgie.

> **Pain bénit.** Apparaît à l'époque carolingienne, quand la coutume de la communion à la messe dominicale disparaît dans le peuple. Pain sur lequel a été prononcée une formule de bénédiction (et non de consécration) au début de la messe : il est consommé à la fin de la messe et les assistants peuvent en emporter pour ceux qui étaient absents. En usage également dans l'église orthodoxe.

Certains dans le tiers monde souhaitent pouvoir consacrer la nourriture habituelle des habitants (riz, thé), en restant fidèle à l'intention de Jésus. Mais l'Église ne semble pas vouloir s'écarter de la lettre de l'Évangile (consacrer le « fruit de la vigne »).

Règle canonique de 1983 : définie au canon 924 du nouveau code : « le pain eucharistique doit être de pur froment et confectionné récemment. Le vin doit être du vin naturel de raisins, et non corrompu ».

Age : jusqu'au XIIe s., les enfants communient (avec une goutte de vin consacré) aussitôt après leur baptême (coutume encore observée par les Églises d'Orient). On les admet après la messe à finir les pains consacrés non utilisés. Depuis le XIIIe s., l'usage, canonisé par le Concile de Trente (1562) était d'attendre l'âge de discrétion (pour les filles : 12 ans ; les garçons : 14 ans). Pie X en 1910 a ramené cet âge à environ 7 ans.

La *Communion solennelle* (rappel de l'ancienne « 1re Communion » vers 12 ans) s'accompagne du *Renouvellement des promesses du baptême.*

Le culte de l'Eucharistie en dehors de la communion elle-même a été très répandu dans l'Église cath. surtout depuis le XIIIe s. (compensation de l'absence pratique de communion) ; il a été une des raisons de la révolte de Luther qui reprochait aux Romains d'adorer un Dieu-Pain. Lié à la foi en la présence réelle, il comprenait notamment : la dévotion au St Sacrement, appelé aussi Ste Réserve (visite, garde nocturne, procession, génuflexions) ; la notion d'*objets consacrés* qui, par leur contact avec le Corps du Christ, méritaient un respect spécial (notion reprise de la liturgie juive du Temple où il existait un Saint et un Saint des Saints, réservés aux prêtres). Ainsi, seuls les diacres pouvaient toucher les *« Saintes Espèces »* (hosties et vin consacrés) ; seuls les sous-diacres pouvaient toucher patènes et calices venant de servir à l'Eucharistie ; seuls les clercs (et par permission spéciale, les sacristains ou sacristines) pouvaient toucher aux objets liturgiques devant servir à l'Eucharistie : linges, pales, patènes, calices. Saisir une hostie avec les doigts, sauf cas de force majeure (incendie, etc.) était un sacrilège pour un laïc. Ces exigences ont été supprimées après Vatican II.

Ordre. Sacrement qui donne le pouvoir d'exercer dans l'Église le ministère apostolique. Il comprend 3 degrés : épiscopat, presbytérat, diaconat. Pour chacun, l'ordination, réservée à l'évêque, se fait par une imposition des mains, accompagnée d'une prière de consécration.

Liturgie actuelle : l'ordination des évêques, prêtres et diacres se déroule selon un plan identique, au cours de la messe, après la liturgie de la Parole (1968). Pour un évêque, tous les évêques présents lui imposent les mains ; pour un prêtre, l'évêque consécrateur et tous les prêtres présents ; pour un diacre, l'évêque seul. Un homme marié peut être ordonné diacre (1970). A côté des degrés de l'Ordre, des ministères peuvent être donnés à des laïcs au cours d'une cérémonie d'institution (1972).

Mariage. Sacrement du couple humain. Demande les grâces du bonheur conjugal et de la fécondité. Indissoluble, sauf par la mort d'un époux. Les époux sont eux-mêmes les ministres de ce sacrement ; le prêtre est là pour apporter la sanction de l'Église. Le sacrement est dans la volonté des époux de s'unir pour la vie. L'Église n'admet pas le divorce, mais reconnaît certains cas de nullité. *Les divorcés :* non remariés, n'encourent aucune sanction ; remariés, ils ne sont pas excommuniés, mais en situation irrégulière qui les prive de la communion. En France, la loi interdit le mariage religieux avant le mariage civil.

Liturgie actuelle : préparé par des entretiens entre les fiancés et le prêtre, le mariage est célébré après la liturgie de la Parole ou dans le cadre de la messe, avec choix possible des lectures et des prières. L'échange des consentements se fait dans un dialogue entre les fiancés (1969). La discipline est assouplie pour les mariages entre catholiques et non-catholiques (1966 et 1970).

Pénitence. Sacrement de la réconciliation du pécheur : le fidèle dit à un prêtre son état de pécheur et le prêtre prononce une formule d'absolution, qui notifie le pardon accordé par Dieu des péchés commis après le baptême. Procure la grâce du repentir et rend la grâce sanctifiante, c.-à-d. la participation à la vie du Christ et à la communion des saints. Dans l'Église primitive (comme actuellement encore dans les Églises orientales), les fidèles reconnaissaient leur état de pécheurs de façon générale et publique. La confession privée s'est généralisée en Irlande à partir du VIe s. et sur le continent aux VIIIe-IXe s. Le Concile de Trente l'a rendue obligatoire pour les péchés mortels.

Le nouveau rituel romain de la pénitence (1973) maintient la pratique de la pénitence sacramentelle avec confession individuelle et institue 3 autres types de rite pénitentiel : 1° non sacramentel ; 2° communautaire avec confession et absolution individuelles ; 3° communautaire avec absolution collective dans des cas exceptionnels.

Onction des malades. Sacrement des malades, administré avec de l'huile, pour obtenir la guérison de l'âme et du corps. L'ancienne appellation *(extrême-onction)* a été remplacée pour éviter d'en faire le sacrement des mourants. Conférée par l'application de *l'huile des malades* (différente du saint chrême) sur le corps du malade (l'huile était utilisée dans l'Antiquité pour désinfecter les plaies) : avant 1614, onctions plus ou moins nombreuses en des endroits variables, selon rituels locaux ; après, sur les organes des sens (yeux, oreilles, narines, lèvres, mains, pieds) ou seulement sur le front, dans le *rite abrégé*, lorsque la mort était proche. Depuis 1972, 2 onctions sont prévues (front et mains) et le sacrement peut être administré au cours d'une messe, dans une maison ou à l'église. Les prières sont adaptées à la situation précise du malade. Le sacrement peut être célébré de manière communautaire.

Liturgie

Mot d'origine grecque signifiant « service public » : culte rendu à Dieu par les assemblées de fidèles (opposé à la dévotion privée).

Messe. Encore appelée sainte cène, eucharistie, et primitivement fraction du pain, commémore le sacrifice de la croix en reproduisant les paroles et les gestes du Christ à la dernière Cène. 2 parties : la *liturgie de la Parole* [2 lectures bibliques (3 le dimanche) dont l'Évangile avec chants, homélie et prière universelle] et l'*Eucharistie* (prière eucharistique, où le pain et le vin sont consacrés pour devenir corps et sang du Christ ; Notre Père ; fraction du pain ; communion).

La structure de la messe est demeurée identique à travers les siècles et la variété des rites orientaux (melkite, syrien, maronite, arménien, copte...) et occidentaux (ambrosien, mozarabe, gallican, dominicain, lyonnais, parisien...).

Les rites diocésains français des XVIIe et XVIIIe s. ont disparu entre 1840 et 1875 devant le rite romain. Celui-ci, fixé après le Concile de Trente (missel de St Pie V, 1570), a été de nouveau réformé après Vatican II (missel de Paul VI, 1970). Cette réforme liturgique a été rejetée par les traditionalistes et a fait l'objet de vives polémiques pendant 15 ans. Le 15-10-1984, une lettre du pape aux présidents des conférences épiscopales du monde entier a autorisé de nouveau la messe en latin de St Pie V, sous 5 conditions : 1°) Aucune connivence avec les adversaires de la messe de 1970 (c'est-à-dire les traditionalistes). 2°) Célébration dans des lieux de culte désignés par l'évêque. 3°) Suivre le missel (latin) de 1962. 4°) Pas de mélange avec la liturgie de 1970. 5°) Rapport présenté au pape par les évêques au bout d'un an. La 1re messe célébrée à Paris en vertu de cette autorisation a eu lieu le 15-12-1984 à St-Étienne-du-Mont (plus de 3 000 assistants).

Liturgie actuelle : introduction du français dans lectures (16-2-64), chants et prières (3-1 et 7-3-65 et 30-1-66), prière eucharistique (26-11-67). Retour à l'usage romain ancien de célébrer face au peuple, de communier en certains cas sous les 2 espèces du pain et du vin (1965) et de recevoir la communion dans la main (1969). Répartition nouvelle des fonctions : lectures assurées par des laïcs, même des femmes (1964), communion donnée en certains cas par des laïcs (1970), concélébration de la même messe par plusieurs prêtres (1965). 3 nouvelles prières eucharistiques, nouveau missel romain et nouveau lectionnaire comprenant pour le dimanche un cycle de 3 lectures sur 3 ans (1969). Dispositions plus souples pour messes de jeunes (1968), m. dominicales dès le samedi soir (1969), m. de petits groupes (1970), 5 nouvelles prières eucharistiques (1974).

Liturgie des heures. Livre contenant les offices de prières (en commun ou en particulier) répartis à différentes heures de la journée : *matines, laudes, prime, tierce, sexte, none, vêpres, complies.* Depuis la réforme de Vatican II, *matines* est devenu l'*office de lecture*, *prime* a été supprimé et l'ensemble de l'office a été révisé (1-11-1970).

Nota. — A cause de la pénurie de prêtres en France et ailleurs, les paroisses sans prêtre sont invitées, par leur évêque, à organiser des assemblées de prière le dimanche.

Liturgie sacramentelle. Voir Sacrements.

Funérailles. Le rite rénové (1969) manifeste le caractère pascal de la mort chrétienne et la foi en la résurrection (absoute finale remplacée par un « dernier adieu », couleur violette ou grise plutôt que noire, présence du cierge pascal). Le rituel s'adapte aux usages locaux et aux requêtes des familles. L'enterrement religieux d'enfants qui n'auraient pas pu être baptisés est prévu et la crémation du corps est acceptée.

Divers. Consécration des vierges, profession religieuse, bénédiction d'un abbé ou d'une abbesse (1970), culte eucharistique (1973), admission d'un baptisé à la pleine communion catholique (1972), dédicace des églises et des autels (1977), bénédictions (1984), cérémonial des évêques (1984).

Chant grégorien. Répertoire de chants liturgiques latins unifié sous Pépin le Bref et Charlemagne. Ils sont groupés en 2 livres, l'*antiphonaire* de l'office, et celui de la messe (appelé aujourd'hui *graduel*). Le centre de rayonnement de ce chant dit romain mais largement remanié paraît être Metz (VIIIe s.). Attribué par les réformateurs carolingiens à St Grégoire le Grand (pape de 590 à 604). Restauré au XIXe s. par l'abbaye de Solesmes.

Antiphones ou antiennes : textes brefs, généralement bibliques, qui encadrent la psalmodie d'un psaume, et dont la mélodie indique sur quel *ton* (ou sur quel *mode*) le psaume doit être psalmodié [il y a 8 *modes diatoniques*, utilisés par les musiciens romains, mais probablement d'origine grecque : ils consistent en une note *dominante* (ré, mi, fa, etc.), combinée obligatoirement avec 2 ou 3 autres notes pour marquer milieu et fin de chaque verset]. L'antienne peut avoir une mélodie très simple ou ornée (aux fêtes).

Caractéristique musicale des antiennes : homophoniques (pas d'harmonie) ; rythme « plain » (donnant la même valeur à toutes les notes) : *plain-chant* ; on peut chanter plusieurs notes sur chaque syllabe.

Notation musicale : les chants religieux furent d'abord transmis de mémoire. Pour éviter leur altération, on inventa et perfectionna la notation neumatique carrée (manuscrits du Xe s.).

Mélodies grégoriennes. Pour l'office (antiphonaire) : *psalmodie des psaumes ; antiennes,* chantées au début de chaque psaume et répétées à la fin ; *hymnes*, chants à strophes alternées au début de l'office, inspirés par la fête liturgique, ou par le moment de la journée ; *répons,* bref texte biblique, chanté en 2 chœurs alternés. *Pour la messe* (graduel) : *introïts,* antiennes (généralement très ornées) précédant et concluant le psaume psalmodié pendant la procession d'entrée ; chants à récitatifs plus ou moins ornés, comme le *Gloria*, le *Credo*, la *Préface ; graduels* (qui ont donné leur nom au livre) et *traits ; alléluias,* acclamations chantées, suivies d'un verset, *Kyrie, Sanctus, Agnus,* séquences ou proses.

Les musiciens religieux n'ont pas cessé de créer des airs d'inspiration grégorienne jusqu'au XVIIe s. (par ex. les messes de Du Mont).

L'introduction des langues vivantes dans la liturgie, après Vatican II, n'a pas supprimé l'usage du chant grégorien, mais a entraîné l'adoption de nouvelles formes.

> **Notre Père**
>
> Texte commun adopté depuis 1966 par les chrétiens de langue française :
>
> « Notre Père qui es aux cieux, que ton nom soit sanctifié, que ton règne vienne, que ta volonté soit faite sur la terre comme au ciel. Donne-nous aujourd'hui notre pain de ce jour. Pardonne-nous nos offenses, comme nous pardonnons aussi à ceux qui nous ont offensés. Et ne nous soumets pas à la tentation, mais délivre-nous du Mal. »
>
> *Nota.* — Le Notre Père se conclut soit par *Amen,* soit par une « doxologie » (formule de louange) : « Car c'est à toi qu'appartiennent le règne, la puissance et la gloire pour les siècles des siècles. »

Droit canonique

• **Code du 20-5-1917.** Promulgué par Benoît XV (Bulle *Providentissima*) ; entré en vigueur le 19-5-1918. Ne s'appliquant qu'aux Églises latines, et laissant en vigueur les dispositions concordataires, se montrant en outre très souple envers les coutumes générales et particulières. Contenait 2 414 *canons*, répartis en 5 Livres (règles générales, personnes, choses, procès, peines). **Code du 27-11-1983.** Remplace celui de Benoît XV (décision de Jean XXIII, janv. 1959). Une commission de révision avait été créée à cet effet en mars 1963 [*Pt :* cardinal Pietro Civiaci († 1967), puis card. Périclès Felici ; 2 livres supplémentaires : le 2e (fidèles) et le 4e (sacrements)]. Le nombre des canons est réduit de 2 414 à 1 752 [les 2 derniers livres (procès et peines) sont très réduits]. Le nouveau code s'efforce de faire passer dans les institutions de l'Église les indications données par le Concile de Vatican II. Il insiste notamment sur les droits des laïcs, et sur le rôle des femmes.

• **Excommunication.** L'excommunié est exclu de la communauté des fidèles et ne peut recevoir ni sacrements, ni sépulture ni obsèques religieuses, mais il peut rentrer dans une église. Le code de 1917 prévoyait 42 cas d'excommunication. Celui de 1983 n'en connaît plus que 7 : 1°) hérésie, apostasie, schisme ; 2°) avortement ; 3°) sacrilège contre l'Eucharistie ; 4°) violence physique contre la personne du pape ; 5°) absolution du complice (péché charnel ou avortement) ; 6°) consécration illicite d'un évêque ; 7°) violation du secret de la confession.

Dévotions non liturgiques

Attitude pendant la prière. Jusqu'au Moyen Age, debout les mains écartées et dressées vers le ciel (attitude conservée par le prêtre pendant la messe) ; à partir du XVe s., à genoux, les mains jointes.

« Actes ». 4 prières orientées vers des attitudes fondamentales du chrétien devant Dieu.

Acte de foi : « Mon Dieu, je crois fermement toutes les vérités que vous nous enseignez par votre Église, parce que c'est vous, la vérité même, qui les lui avez révélées et que vous ne pouvez ni vous tromper, ni nous tromper. » *Acte d'espérance :* « Mon Dieu, j'espère avec une ferme confiance que vous me donnerez, par les mérites de Jésus-Christ, votre grâce en ce monde, et, si j'observe vos commandements, le bonheur éternel dans l'autre ; parce que vous l'avez promis, et vous êtes souverainement fidèle dans vos promesses. » *Acte de charité :* « Mon Dieu, je vous aime de tout mon cœur et par-dessus tout, parce que vous êtes infiniment bon et infiniment aimable, et j'aime mon prochain comme moi-même pour l'amour de vous. » *Acte de contrition :* « Mon Dieu, j'ai un très grand regret de vous avoir offensé, parce que vous êtes infiniment bon, infiniment aimable et que le péché vous déplaît ; je prends la ferme résolution, avec le secours de votre sainte grâce, de ne plus vous offenser et de faire pénitence. »

Adoration nocturne. *1810 Créée* à Rome. *1844* Introduite à Paris par François de La Bouillerie (1810-82), vicaire général. *1848* Transformée en dévotion paroissiale (N.-D. des Victoires) par le P. Hermann Cohen (1820-71), juif converti devenu religieux carme. *1852* Répandue par le commandant de Cuers dans 43 autres sanctuaires, dont 25 paroisses.

Adoration perpétuelle. *Créée* en 1856 par un religieux mariste, St Julien Eymard (1811-68) pour les communautés religieuses (les adorateurs se relaient d'heure en heure, par groupe de 2) et les diocèses (chaque paroisse se charge de l'adoration de jour et de nuit à une date fixe). Encore pratiquée à la basilique du Sacré-Cœur de Montmartre à Paris.

Adoration réparatrice. *Créée* en 1848 par Mère Marie-Thérèse Dubouché (1806-80). Adoptée par de nombreux instituts religieux et par les Confréries du St-Sacrement. *Pratique :* une visite quotidienne à l'église ou un temps déterminé d'adoration devant le St-Sacrement en réparation des blasphèmes ou des injures proférées contre le St-Sacrement.

Chemin de Croix. Dévotion répandue au XVe s. par les Franciscains qui, dep. 1312, avaient obtenu des Turcs la garde des *Lieux Saints*, notamment de la *Via Dolorosa (Voie Douloureuse* allant du tribunal de Pilate au Golgotha). L'occupation turque rendant difficiles les pèlerinages traditionnels, les Franciscains favorisèrent l'aménagement de « Voies douloureuses » de remplacement en plein air, ou dans les églises. Pour les jalonner, on fixait des croix, tableaux, bas-reliefs représentant les étapes (ou stations) parcourues par Jésus portant sa croix vers le Calvaire.

Le nombre des stations a varié jusqu'au XIXe s. Le chiffre de 14, propagé par les Franciscains, l'a emporté sur les autres : 1. J. est condamné à mort ; 2. J. est chargé de sa croix ; 3. J. tombe sous le poids de sa croix ; 4. J. rencontre sa très sainte Mère ; 5. Simon le Cyrénéen aide J. à porter sa croix ; 6. Une femme pieuse essuie la face de J. ; 7. J. tombe pour la deuxième fois ; 8. J. console les filles d'Israël qui le suivent ; 9. J. tombe pour la 3e fois ; 10. J. est dépouillé de ses vêtements ; 11. J. est attaché à la croix ; 12. J. meurt sur la croix ; 13. J. est déposé de la croix et remis à sa mère ; 14. J. est mis dans le sépulcre. La dévotion organisée par Clément XII (1731) et Benoît XIV (1742) comporte, devant chaque station, des prières, des cantiques et une exhortation.

Les plus célèbres en France. En plein air : Lourdes, Pontchâteau (L.-Atl.), Callac (Morbihan), calvaires historiés du Finistère (antérieurs à la dévotion au chemin de croix). *Dans les églises :* de Lambert-Rucki à Ste-Thérèse de Boulogne-Billancourt.

Calendrier liturgique

Le nouveau calendrier romain général, promulgué par le décret de la Congrégation des rites du 21 mars 1969, est entré en vigueur le 1er janvier 1970.

Jour liturgique. Va de minuit à minuit, mais la célébration du dimanche et des solennités commence la veille au soir avec les premières vêpres. Certaines solennités ont en outre une messe propre pour la veille au soir. Les célébrations de Pâques et Noël se poursuivent 8 j de suite. Chacune de ces octaves est régie par ses lois propres.

Les **fêtes** n'ont pas de premières vêpres, sauf les fêtes du Seigneur tombant les dimanches et se substituant à eux.

Les **mémoires** (une prière rappelant le saint, dite au cours de la messe et à la fin des offices) sont obligatoires (jamais pendant le Carême, ni du 17 au 31 décembre) ou facultatives.

Catégories de fêtes

Selon leur solennité. Sont considérées comme des fêtes de précepte ou d'obligation pour l'Égl. universelle les fêtes suivantes : tous les dimanches de l'année, circoncision (1-1), Épiphanie (6-1), St Joseph (19-3), Ascension, Fête-Dieu, Sts Pierre et Paul (29-6), Assomption (15-8), Toussaint (1-11), Immaculée Conception (8 déc.), Noël (25-12).

Ont été supprimées, après avoir été adoptées pendant plusieurs siècles : Purification (2-2), St Mathias (24-2), Annonciation (23-3), Lundi de Pâques, Mardi de Pâques, Sts Philippe et Jacques (1-5), Lundi de la Pentecôte, Mardi de la Pentecôte, St Jean-Baptiste (24-6), St Jacques (25-7), Ste Anne (26-7), St Laurent (10-8), St Barthélemy (24-8), Nativité de Notre-Dame (8-9), St Mathieu (21-9), St Michel (29-9), Sts Simon et Jude (28-10), St André (30-11), St Thomas (21-12), St Étienne (26-12), St Jean (27-12), Sts Innocents (28-12), St Sylvestre (31-12).

Selon l'objet de la dévotion.

a) Du Seigneur : solennités : *Noël, Épiphanie, Annonciation du Seigneur, Pâques, Ascension, Pentecôte, Trinité, St-Sacrement, Sacré-Cœur, Christ-Roi, Dédicace de l'église ;* fêtes : *Ste-Famille, Baptême du Seigneur, Présentation au Temple (Purification ou Chandeleur), Transfiguration, Croix glorieuse, Dédicace du Latran.*

b) De la Vierge : principales *(Immaculée Conception, Nativité, Maternité divine, Visitation, Assomption),* secondaires [*Marie, Reine ; N.-D. des Douleurs* (15-9, lendemain de la fête de la Croix) ; *N.-D. du Rosaire, Présentation)*], facultatives : *N.-D. de Lourdes ; du Carmel ; dédicace de Ste-Marie-Majeure ; Cœur Immaculé de Marie* (samedi après la fête du Sacré-Cœur).

c) De St Joseph : 19 mars et 1er mai (facultative).

d) Des Anges : fête des archanges *Michel, Gabriel* et *Raphaël* (29 sept.) et des *Anges gardiens* (2 oct.).

e) Des Apôtres : *St Pierre* [*Martyre,* 29 juin, *Chaire* (c.-à-d. son épiscopat à Rome) 22 fév.] et *St Paul* (*Martyre,* 29 juin ; *Conversion* 25 janv.) ont 2 fêtes, les autres en ont une.

f) Des Saints : célébrées le jour de la mort du saint [*dies natalis* (c.-à-d. « anniversaire de la naissance » : leur mort a été leur naiss. au Ciel)] ; certains saints sont célébrés dans l'Église universelle (docteurs, missionnaires, martyrs), les autres étant laissés au culte local, national, régional ou diocésain. 64 saints ou groupes de saints inscrits au calendrier romain général ont vécu aux 10 premiers siècles ; 81 aux 10 siècles suivants dont aux XIe s. (25), XIIe (12), XVIe (17) et XVIIe (17).

128 fêtes concernent des saints d'Europe (dont 25 romains, 37 italiens, 16 fr. et 11 esp.).

Évêques, prêtres, religieux, religieuses sont majoritaires, mais il y a aussi des laïcs (ex. Justin, Monique, Louis IX, Thomas More, Maria Goretti). *Le plus ancien témoignage d'un culte rendu* à un martyr : saint Polycarpe, évêque de Smyrne († v. 156). *Culte :* Voir p. 476-477. Le saint le plus récent inscrit au calendrier (1983) est St Maximilien Kolbe († Auschwitz, 1941).

Déroulement

Légende. — (1) *Fêtes d'obligation* en France et en Belgique en vertu du Concordat et de l'indult du 9 avril 1802 (Noël, Ascension, Assomption, Toussaint). Le jour est férié, et les fidèles sont tenus d'assister à la messe. (2) Autres fêtes d'obligation pour l'Église universelle (d'après le Droit canon n° 1246).

Octave de Noël [2]. 1er janvier. Ste Marie, mère de Dieu. La plus ancienne fête romaine de Marie (VIIe s.).

Épiphanie [2] (du grec « apparition » ou *manifestation).* Fête d'origine orientale (v. 320), fixée au 6 janvier, généralement transférée au dimanche après le 1er janvier.

En Orient, c'est la fête du baptême de Jésus où il a été manifesté comme Fils de Dieu. En Occident, depuis le IVe s., commémore surtout la manifestation de Jésus aux mages. Voir p. 463 a.

Baptême du Seigneur. Le dimanche après l'Épiphanie, en Occident.

Conversion de St Paul. 25 janvier.

Présentation du Seigneur (Purification ou Chandeleur). 2 février. Jésus est conduit au temple (40 j après sa naissance). *Chandeleur* vient du latin *candelorum (festivum),* « (fête) des chandelles » : une procession avec des cierges allumés (fin VIIe s.) marque cette fête qui a peut-être pris la place des anciennes lupercales romaines où l'on s'assemblait avec des torches, et mangeait la galette de céréales en l'honneur de Proserpine : les *crêpes* de la Chandeleur pourraient venir de là.

Temps du Carême. 40 j de préparation à Pâques. Le Carême commence par 1 j de jeûne, le *mercredi des Cendres* (où le prêtre marque d'une croix de cendre le front des fidèles pour leur rappeler qu'ils sont de la « poussière ») et se termine au *Jeudi Saint.*

On appelle les dimanches : 1er, 2e, 3e, 4e, 5e dim. de Carême puis « dim. de la Passion du Seigneur ou dim. des Rameaux ».

Saint-Joseph [2]. 19 mars.

Annonciation du Seigneur. 25 mars. Annonce faite à Marie, par l'ange Gabriel, qu'elle deviendrait la mère du Messie (la fête peut être déplacée à cause de la date de Pâques).

Dimanche des Rameaux. 7 j avant Pâques. Nommé ainsi à cause des rameaux (olivier, laurier ou buis) tenus à la main au cours de la procession et rappelant les branches brandies par le peuple le jour où Jésus est entré solennellement à Jérusalem. Début de la semaine sainte.

Triduum pascal. Les fêtes pascales, qui commencent avec la messe du soir le *Jeudi Saint* (Institution de l'Eucharistie ; le matin, l'évêque qui concélèbre la messe avec ses prêtres bénit les *saintes huiles* et confectionne le *saint chrême*) et se terminent avec les vêpres du dimanche de *Pâques.* Traditionnellement, son commencement et sa fin (pendant le *Gloria* de la Messe) sont marqués par une sonnerie de cloches à la volée. Entre ces 2 sonneries, l'usage des cloches est prohibé.

Le *Vendredi Saint,* l'après-midi, on célèbre la *Passion du Seigneur* (crucifixion et mort de Jésus sur le Calvaire ou le Golgotha).

Le *Vendredi* et le *Samedi Saint,* on observe le jeûne pascal.

Pâques. Entre le 22 mars et le 25 avril. Résurrection de Jésus, célébrée dans la nuit (veillée pascale) et le jour de Pâques. Le *temps pascal* va de Pâques à la Pentecôte. Les 8 premiers j constituent l'octave de Pâques.

Rogations (du latin *rogare,* « demander »). J. de supplication (lundi, mardi et mercredi avant l'Ascension) pour les fruits de la terre et les travaux des hommes.

Ascension (de Jésus au Ciel) [1]. 40 j après Pâques (toujours un jeudi). Reportée au 7e dimanche de Pâques, dans les pays où elle n'est pas un jour férié.

Pentecôte [en grec : cinquantième (jour)]. 49 j après Pâques. Descente du St-Esprit sur les Apôtres et clôture du Temps de Pâques.

Trinité. Fête théologique occidentale, fixée en 1334 (1er dimanche apr. la Pentecôte).

Fête-Dieu [2]. Fête du St-Sacrement ou du Corps du Christ célébrée à Liège dès 1247 sur les instances de Ste Julienne, moniale du Mont-Cornillon (1191-1258) à la suite d'une vision qu'elle avait eue en 1208. Instituée pour toute l'Église par le pape Urbain IV en 1264 et promulguée de nouveau par Clément V en 1312 et Jean XXII en 1317. Devenue populaire (appelée en français « la Fête-Dieu »), elle était marquée par une procession [on sortait le St-Sacrement, toutes les autorités, paroisses et corps de métier d'une ville participaient. Dans certaines régions (Anjou), on l'appelait le Grand Sacre].

Sacré-Cœur. Fête issue de la dévotion française (XVIIe s.) et étendue à toute l'Église en 1856.

Visitation de la Ste Vierge (à Ste Élisabeth, sa cousine, enceinte de St Jean-Baptiste). 31 mai.

St Pierre et St Paul [2]. 29 juin.

Transfiguration. 6 août. J.-C. est transfiguré, en présence de 3 apôtres, sur le mont Thabor.

Assomption [1]. 15 août. La Vierge monte corporellement au Ciel (dogme depuis 1950).

Nativité. 8 sept. Naissance de la Vierge.

Exaltation de la Ste Croix. 14 sept. Rappelle la dédicace des basiliques constantiniennes du Golgotha le 13 sept. 335. A Jérusalem dès le ve s., en Occident à partir du VIIIe s.

Saints Michel, Gabriel et Raphaël. Archanges. (29-9).

Notre-Dame du Rosaire. 7 oct. Sanctionne (dep. 1573) l'usage d'honorer la Vierge en récitant le Rosaire.

Toussaint [1]. 1er novembre. Fête de tous les saints.

Commémoration de tous les fidèles défunts (Trépassés). 2 nov. Jour des Morts.

Présentation de la Vierge au Temple. 21 nov.

Christ-Roi. Fête instituée en 1925 (dernier dimanche d'octobre) et fixée depuis 1970 au dernier dimanche du temps ordinaire.

Temps de l'Avent. 4 semaines de préparation à Noël. Les dimanches s'appellent 1er, 2e, 3e et 4e dimanches de l'Avent.

Immaculée Conception [2]. 8 déc. Rappelle que la Vierge Marie a été exempte du péché originel (Voir p. 468 a) avant sa naissance (dogme en 1854).

Temps de Noël (du latin *natale,* « jour de la naissance »). Des premières vêpres de Noël jusqu'au dimanche du baptême du Seigneur inclusivement. Messe de vigile de Noël le soir du 24 déc., avant ou après les premières vêpres. Le j de Noël (25 déc. retenu comme anniversaire de la naissance de Jésus-Christ depuis 330 à Rome), on peut selon la tradition romaine, célébrer 3 messes : m. de minuit, de l'aurore et du jour.

Temps (temps ordinaire). En dehors de l'Avent, Noël, Carême et Pâques, il reste env. 30 semaines qui constituent le « temps ordinaire » rythmé par le dimanche : chaque dimanche est une Pâque hebdomadaire.

Quatre-Temps. Jours de prière et autrefois de jeûne placés [à Rome dès le IVe s. (attestés par St Jérôme)] au début de chaque saison de l'année (mercredi, vendredi, samedi d'une même semaine), pour la sanctifier (dans un cadre avant tout agricole : semailles, moissons, vendanges). *Origine :* ces 3 j de jeûne gardent peut-être la tradition des *feriae* de la Rome païenne ou suivent la prescription biblique de Exode 34,24). *Evolution :* des offices liturgiques spéciaux (avec des lectures) furent créés pour ces journées dont le samedi était aussi consacré aux ordinations.

Liés aux raisons du bassin méditerranéen et à un monde agraire, les Quatre-Temps sont depuis Vatican II laissés à l'initiative des épiscopats locaux.

☞ **Mobilier et objets liturgiques.** Voir Quid 1982 p. 363 et 364. Ambon. Autel. Baptistère. Bénitier. Cloches et clochettes. Croix processionnelle. Crosse épiscopale. Encensoir. Instrument de paix. Mitre. Soutane. Tabernacle. Vases. Vêtements liturgiques.

Symboles chrétiens. Agneau. Aigle. Ailes. Ange. Anneau. Arbre. Arc-en-ciel. Bélier. Bourse. Cerf. Cheval. Chien. Clefs. Clous. Colombe. Coq. Corbeau. Couronne. Couteau. Croix. Crucifix. Dauphin. Dragon. Enfant. Épée. Étoiles. Évangélistes (Symboles des). Feu. Feuilles. Foudre. Gril. Labyrinthe. Lampe. Lion. Lis. Livre. Manteau. Miroir. Navire. Nimbe. Œil. Oiseaux. Olivier. Pain. Palme. Paon. Pélican. Phénix. Pin. Poisson. Pomme. Prière. Raisin. Sceptre. Serpent. Soleil. Stigmates. Tables de la loi. Taureau (ou bœuf). Triangle équilatéral. Vigne. Voile.

Congrès eucharistiques internationaux. *Créés* en 1881 en France (Lille). Célébrés annuellement, puis tous les 2 ans de 1922 à 1938, 8 fois après 1952. En tout : 43. Dernier, en 1985, à Nairobi. *Buts :* approfondir la doctrine catholique de l'Eucharistie ; rendre un hommage public et solennel au St-Sacrement. *Programme :* séances d'études, conférences, célébrations liturgiques (messe, procession du St-Sacrement, adoration).

Culte du Sacré-Cœur. Prôné par St Jean Eudes (1601-80), approuvé par Clément XIII en 1765, étendu à tout le rite romain par Pie IX en 1856 (messe et office le 3e vendredi après la Pentecôte). Les *litanies du Sacré-Cœur* ont été composées en 1718 par la vénérable Anne-Madeleine de Rémusat, religieuse visitandine de Marseille (1696-1730) et approuvées par Léon XIII (1899). Juin a été considéré comme *« mois du Sacré-Cœur ».*

Salut du Saint-Sacrement. Office de dévotion, suivant vêpres ou complies, répandu à partir du XVIe s. (1555 à Bruges, confrérie du St-Sacrement). L'hostie est déposée dans un ostensoir (qui a souvent la forme d'un soleil). Elle est encensée et montrée à la foule par un prêtre ou un diacre qui élève l'ostensoir, dans un geste de bénédiction. Le prêtre peut être revêtu de la chape et l'autel doit être décoré de cierges allumés. La seule prière prescrite jusqu'en 1973 était le *Tantum ergo* [les 2 dernières strophes de l'hymne *Pange lingua* composé par St Thomas d'Aquin (1225-74) pour l'office du St-Sacrement institué par le pape Urbain IV en 1264].

Crucifix. Jusqu'à la fin du XIIe s., le corps est attaché à la Croix par 4 clous (1 par membre) ; les 3 clous apparaissent au XIIIe s., le « titre » de la Croix [c.-à-d. les lettres *INRI (Iesus nazarenus rex iudæorum,* « Jésus de Nazareth roi des Juifs »)] au XIVe s., sous l'influence de Ste Brigitte († 1363). Du VIe au XIIIe s., la tête du Christ est entourée d'un nimbe ; puis d'une couronne d'épines. C'est seulement au XVe s. que le corps du Christ est dénudé, sauf un linge (influence de l'Académisme italien) ; jusque-là, il portait une robe sans manches. Au XVIIe s., s'est répandu un type de crucifix dit *janséniste* où le corps du Christ n'a pas les bras écartés mais redressés au-dessus de la tête et cloués d'un seul clou (utilisé pour la fabrication de crucifix populaires et bon marché : le personnage étant sculpté dans un seul os, on économisait l'ajustage des 2 bras transversaux). Une explication théologique a été fournie après coup : le Christ n'ouvre pas ses bras pour accueillir *tout* le genre humain ; il rapproche ses mains pour recueillir quelques *élus.*

Scapulaire. Primitivement, pièce de vêtement à capuchon, couvrant les épaules et attachée à la taille par une ceinture, que les bénédictins portaient sur leur tunique en travaillant aux champs. Devenu au XIIe s. l'insigne des Tiers Ordres (c'est-à-dire celui des laïcs cherchant à vivre la vie spirituelle des religieux, sans toutefois quitter le monde). Porté sous les vêtements, il s'est réduit finalement à un carré d'étoffe suspendu à un cordon, ou même à une médaille.

Scapulaire le plus connu : celui des Carmes [dévotion instituée v. 1240 par le bienheureux Simon Stock (1165-1265)].

Culte marial

Culte liturgique. Célébration des fêtes de la Vierge, récitation ou chant de l'office de la Vierge, dont plusieurs pièces (antiennes, hymnes, répons) sont souvent reprises, en dehors de l'Office ex. : *Salve Regina).*

« Madone ». Terme italien *(mia donna :* ma Dame), utilisé hors d'Italie dep. le XVe s. pour désigner tableaux et statues d'origine it. représentant la Vierge.

« Je vous salue Marie » (Ave Maria). Prière composée : 1° de l'antienne *Ave maria* (paroles de l'Ange, lors de l'Annonciation, Luc, I, 28) : « Je vous salue, Marie, pleine de grâce, le Seigneur est avec vous, vous êtes bénie entre toutes les femmes et Jésus le fruit de vos entrailles est béni » (en usage dep. le ve s.) ; 2° d'une invocation officialisée par St Pie V, mentionnant le titre de *Théotokos* (« Mère de Dieu »), définie au concile d'Éphèse en 421 : « Sainte Marie, Mère de Dieu, priez pour nous, pauvres pécheurs, maintenant et à l'heure de notre mort. »

Angélus. Sonnerie de cloches du soir, puis du matin, enfin du midi. S'est généralisé en Fr. à partir de Louis XI. Signalait, surtout à la campagne, le rythme de la journée.

Prières l'accompagnant : 3 *Ave Maria* et une *oraison* commémorant le mystère de l'Incarnation.

Chapelet. Forme de dévotion pratiquée dans l'Inde dep. le ve s. av. J.-C. ; adoptée par les musulmans (chapelet de 3 fois 33 grains) et avant eux par les moines orientaux puis occidentaux, organisée par Ste Brigitte d'Irlande (VIe s.), puis répandue avec les Croisades, comme prière mariale (XIe s.).

Les musulmans considèrent que la prière est dite automatiquement quand le grain de chapelet file entre les doigts (ils en font couler ainsi 6 666 ; néanmoins, ils récitent souvent une formule à chaque passage d'un grain : « Dieu est louable », « Gloire à Dieu », « Dieu est grand »).

Les chrétiens disent systématiquement une prière par grain du chapelet.

Rosaire. Dévotion répandue par Alain de La Roche (fin XVe s.) ; propagée surtout par les dominicains et vivement encouragée par Léon XIII qui fit du mois d'octobre le mois du Rosaire. Chapelet comportant 50 petites boules, séparées (de 10 en 10) par 5 grosses. Pour chaque petite, on dit un *Ave Maria ;* pour chaque grosse, un *Pater.* le chapelet est récité 3 fois (150 *Ave*), avec chaque fois la méditation d'un « mystère » : *5 joyeux :* Annonciation, Visitation, Naissance de Jésus, Présentation au Temple, Conversation avec les Docteurs ; *5 douloureux :* Agonie au jardin des Oliviers, Flagellation, Couronnement d'épines, Port de la Croix, Crucifixion ; *5 glorieux :* Résurrection, Ascension, Descente du St-Esprit, Assomption et Couronnement de la Vierge. Un des titres donné à la Vierge est : N.-D. du Rosaire.

Le mot *rosaire* vient de ce qu'on a assimilé cette prière à une guirlande de roses, dont on ornait les statues de la Vierge.

Litanies de Lorette. D'inspiration orientale. Nombreuses versions, à partir du XIVe s. en Occident. Forme actuelle attestée à Lorette (Italie) en 1531, approuvée par Sixte Quint en 1587 et officiellement en 1862. Série d'invocations à la Vierge empruntées à la Bible (ex. : Arche d'Alliance), et à la littérature poétique mariale, florissante au Moyen Age (ex. : Miroir de justice, Maison d'Or).

Depuis 1862, 5 invocations ont été ajoutées (définitions dogmatiques ou dévotions nouvelles) : *Reine conçue sans faute originelle, Reine du St Rosaire, Mère du Bon Conseil, Reine de la Paix, Reine montée au Ciel.*

Procession du 15 août. Dite « du vœu de Louis XIII ». Instituée le 10-2-1638 par L. XIII, sur l'initiative du cardinal de Richelieu et du Père Joseph. A la suite de victoires pendant la g. de 30 ans, L. XIII promit de reconstruire le grand autel de N.-D. de Paris et d'y organiser chaque année une procession solennelle ; interdite sous la Révolution, remplacée sous l'Empire par la St-Napoléon, elle fut ensuite rétablie. Le 21-3-1922, Benoît XV proclama Notre-Dame de l'Assomption, patronne principale de la France.

Quelques dates œcuméniques

1964. Paul VI rencontre en Terre Sainte Athénagoras Ier, patriarche de Constantinople. Décret conciliaire *Unitatis redintegratio.* **1965.** Rome et Constantinople lèvent des excommunications qui, au XIe s., avaient marqué le début du grand schisme entre Orient et Occident. **1966.** Le Dr Ramsey, archevêque de Cantorbéry, rencontre Paul VI au Vatican. Création de la commission internationale anglicane-catholique. **1967.** P. VI rencontre le patriarche Athénagoras à Istanbul et Rome. **1969.** P. VI est reçu à Genève, au Conseil œcuménique des Églises. **1971.** Accords de Windsor sur l'Eucharistie (cath.-anglicans). **1972.** Accords des Dombes sur l'Eucharistie (cath.-luthériens-réformés). Rapport de Malte sur l'Eucharistie et le ministère (cath.-luthériens). **1973.** Chénouda III, pape d'Alexandrie et chef de l'Église copte, rencontre P. VI à Rome. Accords de Cantorbéry sur le ministère (catholiques-anglicans). **1974.** Déclaration du groupe de dialogue luthéro-catholique des U.S.A. : « La primauté du pape ; points de convergence. »

1980. Intégration dans l'Égl. cath. de 60 prêtres anglicans mariés, Jean-Paul II assure que cette mesure respectera la sensibilité œcuménique et ne portera pas préjudice à l'unité recherchée. **1982.** 3 pays luthériens, Suède, Danemark, Norvège, établissent des relations dipl. avec le Vatican. Le cath. y avait été hors-la-loi jusqu'en 1781 (Suède), 1849 (Danemark), 1952 (Norvège). *29-5* Jean-Paul II reçu à la cathédrale de Cantorbéry. **1983** il visite l'égl. luthérienne de Rome. **1985** échange de lettres avec l'év. James Frumley, Pt des Égl. luthériennes d'Amérique.

Avec les non-chrétiens : **1985**, *août* entrevue à Casablanca avec le roi Hassan II, chef religieux des musulmans (commandeur des croyants). **1986** *avr.* Visite de Jean-Paul II à la synagogue de Rome.

Œcuménisme catholique

L'Église catholique : *1° reconnaît* les sacrements des orthodoxes (autres confessions : cela dépend des Églises) ; *2° recommande* de prier en commun avec des frères séparés (réunions aliturgiques) ; *3° permet* d'assister à des liturgies non cath. pour une raison sociale ou d'amitié ou de rapprochement, même avec participation aux gestes, répons et chants (sauf s'ils étaient manifestement contraires à la foi cath.), cependant sans communier ; d'être lecteur dans une liturgie orthodoxe (avec accord de l'évêque) ; de recourir à la confession, la communion et l'onction des malades des orthodoxes, en cas de besoin (voyage, éloignement), si les épiscopats sont d'accord et en toute réciprocité (N.B. : en observant les usages particuliers, par exemple le jeûne eucharistique) ; d'assister le dimanche ou un jour de fête d'obligation à une messe de rite oriental séparé ; d'être parrain ou marraine d'un orthodoxe ou de prendre pour parrain ou marraine un orthodoxe (pourvu que l'autre soit catholique) ; d'être « témoin chrétien » pour les baptêmes des autres confessions ; d'être témoin à un mariage de non-cath. ; de prêter des objets et lieux de culte en cas de besoin avec l'accord de l'évêque. *Textes d'accord ou déclarations communes :* 21 entre l'Égl. cathol. et une autre Égl. chrétienne.

En matière d'œcuménisme, le Vatican reconnaît comme premier interlocuteur le Conseil œcuménique des Églises mais prend part aussi à d'autres conférences œcuméniques.

Pèlerinages et apparitions

Généralités

Beaucoup de p. se déroulent sur les lieux d'apparition de la Vierge, dans des endroits conservant des reliques ou dans des centres de dévotion divers.

Pèlerinages en Terre Sainte

Attestés dès le IIe s., faits volontairement, par dévotion. P. *pénitentiels,* imposés par l'Église après un péché public, pour sortir d'excommunication, attestés dep. le VIe s. (Rome, Terre Sainte). Au XIIIe s., ils sont parfois imposés par des juridictions non ecclésiastiques (Compostelle, Cantorbéry, Rome).

Vierges noires

Leur culte (répandu en Europe occidentale) semble s'être substitué à l'époque chrétienne aux cultes plus anciens de la Déesse-mère Cybèle (introduit d'Orient) et des divinités celtiques ou préceltiques de la Terre et de l'Eau. Autre explication : les artistes ont façonné des Vierges noires à cause du verset du *Cantique des Cantiques* chanté à l'office de la Vierge : « Je suis noire, mais je suis belle, filles de Jérusalem ».

Nombre. En France, 205, dont 190 existaient au XVIe s. (25 ont été détruites par les Huguenots, 46 par les Jacobins, 48 ont été remplacées par des copies). Il n'y en a que 31 au N.-O. d'une ligne Bordeaux-Nancy, et 159 au S.-E., dont 60 en Auvergne. Elles sont souvent vénérées auprès d'une grotte, dans une crypte et à proximité d'une source ou d'un puits.

Les plus célèbres : Chartres (E.-et-L.) ; Tournus (S.-et-L.) ; Le Puy (Hte-L) ; Rocamadour (Lot) ; St-Victor de Marseille (B.-du-R.) ; N.-D du Marthuret, Riom (P.-de-D) ; N.-D. du Laghet (A.-M.) ; N.-D. du Port, Clermont-Ferrand (P.-de-D.) ; Orcival (P.-de-D.) ; Liesse (Aisne) ; Myans (Savoie). *A l'étranger :* Montserrat (Catalogne, Espagne), attestée au IXe s. ; N.-D. de Lorette (Italie) ; Czestochowa (Pologne) ; Guadalupe (patronne du Mexique).

Phénomènes préternaturels

Vierges qui pleurent : *Brescia, Ancône, Pistoie (Italie), etc. ;* **saignant :** *Vierge du Kremlin, N.-D. des Miracles (Déols) ;* **donnant du lait :** *St-Bernard (Châtillon-sur-Seine).* **Sang d'un martyr devenant fluide :** *St-Janvier (Naples).* **Tombeaux sécrétant une huile :** *Amalfi, Bari, Arras, Eichstätt, Anaya* (Liban).

Principaux pèlerinages en France

Légende : v. = visiteurs par an.

Aire-sur-la-Lys (P.-de-C.) : du 1er au 2e dim. de sept. (2 000 v.) N.-D. Panetière (« distributrice de pains »), commémore la délivrance de la ville, assiégée en 1213. Égl. collégiale du XVIe s.

Argenteuil (V.-d'O.) : depuis le XIIe s. ; 21-5 Ste Tunique. Ostension 1934 : 150 000 v. 1984 : 75 000. Prochaine ostension prévue : 2034 (Voir p. 476 a).

Arras (P.-de-C.) : pèl. (auj. disparu) de l'Ascension à la Pentecôte, N.-D. des Ardents ; commémore la fin miraculeuse d'une épidémie de mal des ardents (1105). Le cierge votif [« sainte chandelle d'Arras » ou « joyel » (enveloppé d'un étui d'argent)] avait été, disait-on, apporté par la Ste Vierge. 5 000 v. (500 par j pendant 10 j). Égl. reconstruite en 1876.

Ars (Ain) : 4-8 anniversaire de la mort de St Jean-Marie-Baptiste Vianney, curé d'Ars, patron des curés (1786-1859) ; canonisé (1925). Grand pèl. le 4-8. 600 000 v. de Pâques à la Toussaint.

Boulogne-sur-Mer (P.-de-C.) : toute l'année (temps fort : 15-8) N.-D. de B. ; commémore l'arrivée miraculeuse (636) d'une statue de la Vierge, sur une barque « sans rames ni matelots ». 1er sanctuaire marial de Fr. avant les apparitions de Lourdes (au XVIe s., après un pèlerinage à Boulogne-sur-Mer des habitants des Menuls reproduisirent le lieu de culte dans leur paroisse qui devint Boulogne-sur-Seine). Basilique avec dôme, commencée en 1822 ; crypte du XIe au XIVe s., et XIXe s., longueur 125 m. *N.-D.-du-Grand-Retour :* de 1943 à 1948, 4 chars portant la Vierge de Boulogne parcoururent en France 120 000 km, visitant 16 000 paroisses, provoquant un élan de prière et de conversion, et rassemblant 100 000 personnes au vieux stade de Colombes en 1946. 100 000 v. (dont du 15 au 30-8 : 12 000).

Cadouin (Dord.) : ancienne abbaye cistercienne, fondée 1115 ; pèl. au « saint suaire », supprimé en 1935, le suaire ayant été reconnu comme un tissu musulman du XIIe s., visible au « musée du pèlerinage » ; 30 000 v.

Capelou (près Belvès, Dord.) : N.-D. de Pitié. Depuis le Moyen Age. Neuvaine début sept., avec une journée de « marche » vers Cadouin (13 km) et cérémonies à l'Abbatiale.

Chartres (E.-et-L.) : N.-D. de Sous-Terre XIe s. ; aux environs de 876, Charles le Chauve donne au sanctuaire le voile de la Vierge (que l'on crut longtemps être la Ste Chemise ; une expertise du XXe s. a prouvé que le voile fut tissé en Orient à l'époque du Christ). Au Moyen Age, pèl. le plus célèbre en France avec Le Puy. En 1975, restauration de la crypte romane (fresques). 27-4, pèl. des étudiants (à la suite de Péguy, 1910) ; 25-5 S.-C. de Montmartre ; 15-8 pèl. général ; 7-9 pèl. des mères. 2 000 000 à 3 000 000 v. (env. 500 000 pèl.).

Clichy-sous-Bois (Seine-S.-D) : Semaine encadrant le 8-9 (Nativité de la Vierge), N.-D.-des-Anges. Fondée en 1212, en même temps que la « portioncule » de St François d'Assise, dont elle a pris le nom. Source miraculeuse. Vierge du XVe s. 5 000 v. env.

La Délivrande (Calv.) : jeudi après 15-8, fête du Couronnement. 50 000 v.

Domremy (Vosges) : mai-sept., maison natale et église du baptême de Jeanne d'Arc ; basilique nat. au Bois-Chenu (1881), sur l'emplacement d'un oratoire du XIVe s., dédié à la Vierge, où J. a entendu l'appel de Dieu. Une chapelle construite par un petit-neveu de Jeanne, Étienne Hordal, chanoine de Toul, avait été détruite par les Suédois au XVIIe s. Fête de J. d'Arc le 2e dim. de mai ; pèlerinage « des Voisins » fin sept. 250 000 v.

L'Épine (Marne) : 1405 ; découverte d'une statue de la Vierge dans un buisson d'épines lumineux ; fêtes de la Vierge (toute l'année) ; pèlerinage du diocèse en mai ; basilique gothique flamboyant XVe et XVIe s. A 8 km de Châlons, sur la route de Metz 130 000 v.

Frigolet (B.-du-R) : 15-5 fête de N.-D. de Bon-Remède (attestée depuis 962). Dernier dimanche de juin, fête des malades. 29-9 fête de St Michel-Archange. 650 000 v.

Honfleur (Calv.) : lundi de Pentecôte. Pél. des marins ; mi-juin, fête liturgique de N.-D. de Grâce.

Issoudun (Indre) : dernier samedi de mai, basilique de N.-D. du Sacré-Cœur (commémoration de la consécration de la Fr. au S.-C. 1873). 8-9 grand pèl. national. 20 000 v.

La Louvesc (Ard.) : 16-6 ou le dimanche suivant, tombeau de St François-Régis s.j. (ou jésuite) (1597-1640 ; canonisé 1737) (100 000 v.). 1er dimanche de sept. tombeau de Ste Thérèse Couderc (n. 1805, † 26-9-1885 ; canonisée 1970) fondatrice de la congrégation de N.-D. du Cénacle.

La Salette (Isère) : 1846 (19-9) apparition de la Vierge à Mélanie Calvat (1831-1904) et Maximin Giraud (1836-75). 1872 fondation des pèlerinages nationaux. 1879 (21-8) couronnement de la Vierge. Passages annuels 200 000. Fermé novembre.

Le Laus (Htes-A.) : de 1664 à 1718, nombreuses apparitions de la Vierge à Benoîte Rencurel (1647-1718, déclarée vénérable en 1872). 1666 : basilique. Centre de pèlerinage ouvert toute l'année. 20 000 pèlerins ; 35 000 v.

Le Puy-en-Velay (Hte-L.) : Pél. à la Vierge Noire. Grande procession le 15-8. Grand jubilé quand le Vendredi Saint tombe le 25-3 (dernier 1932, prochain 2000 5).

Lisieux (Calv.) : dernier dimanche de sept., fête de Ste Thérèse de l'Enfant Jésus (Th. Martin, n. 1873, † 30-9-1897 ; béatifiée 1923 ; canonisée 1925). 1 500 000 v.

Lourdes (Htes-P.) : *apparitions* (1858 : 1re 11-2 ; 18e et dernière 16-7) à Bernadette Soubirous (n. 7-1-1844, † 16-4-1879 ; béatifiée 14-6-1925 ; canonisée 8-12-1933) ; *principaux pèlerinages :* 11-2 fête des App. ; 18-2 Ste Bernadette ; 25-3 Annonciation ; juin pèl. militaire international ; 16-7 anniv. de la 18e app. ; 12/16-8 pèl. nat. fr. ; oct. pèl. fr. du Rosaire ; 8-12 Immaculée Conception. Pèl. d'un jour, de juillet à sept. ; Festival de Pâques art et musique sacrés, annuel du vend. saint au 1er dim. de Pâques ; Biennale internationale du Gemmail d'art sacré (vitrail sans plombs), tous les 2 ans le lundi de Pentecôte ; Assemblée plénière de l'Épiscopat, en nov.

Guérisons enregistrées chaque année : env. 12, mais pour qu'elles soient retenues, il faut que : l'affection guérie ait une base organique évidente et qu'elle soit grave (les guérisons de maladies mentales ou fonctionnelles ne sont pas retenues) ; la guérison ait été spontanée, immédiate ; elle n'ait pas été précédée d'un traitement médical ; elle soit définitive ; on puisse faire la preuve certaine de la mal. antérieure (beaucoup de cas ne sont pas retenus pour cette raison, le médecin refusant de témoigner). Un nouvel examen des cas retenus a lieu pendant plusieurs années avant qu'il soit reconnu en 1re instance par le *Bureau des constats de Lourdes*. En 2e instance, le *Comité médical international* de Lourdes (30 spécialistes) reprend l'étude du cas par l'intermédiaire d'un (ou plusieurs) de ses membres. Après dépôt d'un rapport, il admet, ou non, le caractère inexplicable de la guérison.

Entre 1858 et 1984, l'Église cathol. n'a reconnu que 64 guérisons miraculeuses (alors que 5 000 personnes se sont déclarées guéries après un pél. à Lourdes). Depuis 1947, le Comité a déclaré « médicalement inexplicables » 29 guérisons sur 56 contrôlées et reconnues par le Bureau des constats. En 3e instance, 19 seulement ont été proclamées miraculeuses par l'évêque du diocèse où résidaient les personnes guéries, après un procès canonique en forme. Un 65e miracle sera peut-être prochainement proclamé : Delizia Cirolli (n. 16-11-1964) de Paterno, Sicile, guérie d'un cancer au tibia droit le 25-12-1976, après un pèlerinage à Lourdes du 5 au 13-8 (guérison reconnue le 28-7-80 par le Bureau des constats, et le 26-10-82 par le Comité médical international). Entre avril et oct. 1985, 12 dossiers de « guérisons médicalement inexplicables » ont été ouverts par le directeur du Bureau des constatations médicales, le Dr Mangiapan.

Visiteurs : visite du Pape Jean-Paul II, 15-8-83. En 1984, 4 210 000 v. dont 3 160 000 pèlerins, participant à env. 600 pèlerinages organisés, et un grand nombre d'isolés de 102 pays. 65 922 malades en 1984 contre 68 853 en 1983 viennent chaque année. Pél. étrangers : 911 840 de 111 pays ; 350 000 jeunes dans l'année. *Source :* débit 17 000 à 72 000 l par j soit 10 l par minute l'été et 40 l l'hiver. Débit régularisé par 3 réservoirs de 24, 50 et 2 500 m³, construits depuis 1949 (source captée et mise sous plaque de verre). Aucune restriction d'eau n'est imposée aux pèlerins, mais on interdit en 1985 les pompages nocturnes par grosses quantités (destinée aux pays islamiques).

Lyon (Rhône) : 15-8 et 8-9 N.-D. de Fourvière. Statue miraculeuse : Vierge habillée à l'espagnole, XIIe s. *Quelques dates :* 5-4-1638 vœu de l'Aumône Générale (Hospice de la Charité) pour obtenir la guérison du scorbut ; chaque année, pèl. des Hospices peu après Pâques. 12-3-1643 vœu des Échevins pour que Lyon soit délivrée de la peste (ce qui arriva) : chaque année, le 8-9, pèl. de la municipalité. 8-12-1852 inauguration de la Vierge dorée sur le clocher de la vieille chapelle et 1res illuminations (depuis le 8-12, les Lyonnais illuminent, notamment avec des lampions). 1872-84 construction de la basilique. 1 000 000 v.

Magné (Deux-Sèvres) : 6-7. Depuis le Xe s. pèl. de Ste Macrine, patronne du Marais poitevin et des moissonneurs. Chapelle démolie 1792, reconstruite 1806, restaurée 1977. 2 500 pèlerins. 30 000 v.

Marseille (B.-du-Rh.) : N.-D. de la Garde (ermitage fondé par Maître Pierre, prêtre en 1214) ; v. 1400 nouvelle chapelle ; 1544 chap. dite « Renaissance ».

1853-64 construction de la basilique (consacrée 4-6-1864) ; statue au-dessus de la tour à 60 m du sol [cuivre fixé par galvanoplastie et recouvert de feuilles d'or ; 9,70 m, 9 t (16 avec l'escalier intérieur), bénite en 1870]. 15-8 f. patronale. 1 600 000 v.

Mont-St-Michel (Manche) : lieu de culte remontant à l'Antiquité préchrétienne. 706, sur demande de l'Archange St Michel, St Aubert construit la 1re chapelle. 966, après les invasions normandes, les bénédictins construisent la 1re basilique. 4 grands pél. : début mai (St-Michel du Printemps) ; 2e quinz. de juil. (à travers les grèves, à partir de Genêts) ; dim. le plus près du 29-9 (St-Michel) ; 16-10 (dédicace de la basilique). 2 500 000 de v.

Mont-Sainte-Odile (Bas-Rhin) : Ste Odile est la patronne de l'Alsace. Fêtes principales : 13-12 (anniv. de Ste O.), 1er dim. de juil. (transfert des reliques lors de la Révolution). 1 000 000 de v.

Myans (Savoie) : Vierge noire (N.-D. des Abîmes). 1248 un éboulement, venu du Mt Granier, s'arrête au pied d'un oratoire de la Vierge. Pèlerinage régulier dep. le XIVe s. ; 1er dim. de juil. (malades) ; 1er dim. de sept. (familles) ; 8-9 : fête patronale.

Nevers (Nièvre) : 18-2 Ste Bernadette Soubirous [la voyante de Lourdes (1844-79), devenue religieuse de la congr. de Nevers en 1866 : châsse à St-Gildard ; le corps (exhumé les 22-9-1909, 3-4-1919 et 18-4-1925) s'est conservé intact ; exposé au public, avec une légère couche de cire sur le visage et les mains].

Paray-le-Monial (S.-et-L.) : juin, fête du Sacré-Cœur ; juillet-août, sessions du Renouveau charismatique ; 16-10 Ste Marguerite-Marie Alacoque (n. 1647, † 17-10-1690 ; canonisée 13-5-1920) ; basil. romane du XIIe s., prieuré bénédictin (basil. du S.-Cœur) ; chapelle de la Visitation (châsse de Ste M.-M) ; chapelle de la Colombière [châsse du B. Claude La Colombière, jésuite (1641-82 ; béatifié 1929), confesseur de Ste M.-M., promoteur du culte du Sacré-Cœur]. 700 000 v.

Paris : Montmartre (Sacré-Cœur) : basilique construite sous la direction de Paul Abadie (1812-84 ; restaurateur de St-Front de Périgueux) en exécution d'un Vœu national en l'honneur du Cœur du Christ (1870). Adoration perpétuelle du Christ dans l'Eucharistie et intercession pour la France, l'Église et le Monde, de jour et de nuit : 12 000 participants. 4 000 000 de v. *Fêtes principales* : S.-C. en juin (3e jeudi, vendr. et dim. après Pentecôte, bénédiction extérieure de Paris le dim.) ; Christ-Roi (dernier dim. de nov.) ; Vendredi Saint et Pâques. **St-Étienne-du-Mont** : du 3 au 12-1, neuvaine de Ste Geneviève, patronne de Paris.

Médaille miraculeuse 1 500 000 v. (140, rue du Bac, Paris 7e) : 19-7 anniv. de la 1re app. de la Vierge (1830) à Ste Catherine Labouré [(1806-76 ; canonisée 1947) ; 27-11 anniv. de la 2e app. avec demande de faire frapper une médaille. (Médailles diffusées : janv. 1834 : 50 000 ; déc. 1834 : 500 000 ; 1835 : 10 millions ; 1842 : 100 millions ; 1876 : 1 milliard.)].

Pellevoisin (Indre) : 5 app. de la Vierge entre le 14-2 et le 19-2-1876 à Estelle Faguette, employée dans la famille de La Roche-Foucauld qui répandra la dévotion du scapulaire le 9-9. La guérison d'Estelle a été reconnue par l'archevêque de Bourges le 4-9-1983 puis 10 apparitions du 1-7- au 8-12-1876. Pél. : 1er dim. de sept. 15 000 v., surtout mai-oct. Archiconfrérie du Scapulaire érigée 1894 (approuvée par Léon XIII, 4-4-1900). Monastère de dominicaines, construit 1893, avec le sanctuaire (chambre d'Estelle) comme chapelle.

Pont-Château (L.-A.) : Calvaire 200 000 v.

Pont-Main (May.) : 17-1-71, app. de la Vierge à Eugène Barbedette (1858-1927) 12 ans ; Joseph, son frère (1860-1930) 10 a. ; Françoise Richer (1860-1915) 11 a., et Jeanne-Marie Lebossé (1861-1933) 10 a., le 17-1-1871. 24-7-1934 cour. de la Vierge. Sanctuaire construit 1873-88. Un message s'inscrit dans le ciel : « Mais priez mes enfants, Dieu vous exaucera en peu de temps. Mon fils se laisse toucher. » L'év. de Laval, Mgr Wicart, a reconnu l'authenticité de l'apparition le 2-2-1872.

Fêtes principales : 17-1 (anniv. de l'apparition) ; septembre (pèl. des malades) ; 15-8 250 000 à 300 000 v.

Rocamadour (Lot) : lieu de culte très ancien. Pél. à la Vierge Noire depuis le Haut Moyen Age. 1166 découverte du corps intact de l'ermite Amadour-Zachée. 1172 le Livre des Miracles de N.-D. de Rocamadour, conservé à la B. N., mentionne des pèlerins venus d'Esp., d'It., d'All., d'Angl., des P.-Bas, du Proche-Orient, etc. XIIe-XIIIe s. les bénédictins construisent chapelles et monastères, organisent des étapes sur le chemin de St-Jacques ainsi qu'une rayonnante confrérie. Trouvères et troubadours chantent la Dame de Rocamadour (Durandal fichée dans le rocher rappelle la Chanson de Roland). Pèlerins attestés : St Bernard, St Dominique, St Engelbert de Cologne, Raymond Lulle, St Antoine de Padoue, Henri II Plantagenêt, Blanche de Castille, St Louis, Philippe le Bel, Louis XI, etc. Jacques Cartier en 1545 invoque N.D. de Rocamadour et implante son culte au Canada. Plus d'un million de v. Pélerinage diocésain : semaine du 8-9. Ascension du Grand Escalier (223 marches) et chemin de croix dans la montagne.

Ronchamp (Hte-S.) : pèl. dep. le Moyen Age. Église détruite en 1913, rebâtie, détruite en 1944 ; reconstruite par Le Corbusier. Pèlerinages de mars à nov. 110 000 v.

Ste-Anne-d'Auray (Morb.) : du 7-3 au 1er dim. d'oct. ; grand pardon 26-7, Ste Anne, mère de la Vierge et patronne de la Bret. 1623-25 apparitions de Ste Anne à Yvon Nicolazic. Le 7-3-1625 il découvre une statue de Ste A. et construit un sanctuaire (démoli 1865, remplacé par basilique 1872). Au sommet (70 m) statue de Ste Anne en bronze (6,50 m) de Bizette-Lindet (1972). Autre statue en granit (5,40 m) dans le parc. 1 000 000 v.

Ste-Baume (Var) : culte de Ste Marie-Madeleine (patronne de la Provence) qui aurait fait pénitence dans la grotte, après avoir débarqué aux Stes-Maries-de-la-Mer, 500 000 v. Fêtes principales : Lundi de Pentecôte et le 22-7.

Saintes-Maries-de-la-Mer (B.-du-Rhône) : 24/25-5 (100 000 pèlerins dont 20 000 gitans) et avant-dernier dimanche d'octobre. Culte de Ste Marie Jacobé, Ste Marie Salomé (mères d'apôtres) et de Ste Sara, patronne des gitans (crypte). Église romane : + d'un million de visiteurs.

St-Omer (P.-de-C.) : 3 j avant le 14-7, N.-D. des Miracles. Ostension d'un fragment du voile de la Ste Vierge le 14-7. 10 000 v.

Sion (M.-et-M.) 300 000 v.

Thierenbach (H.-Rh.) : pèlerinage marial le plus fréquenté d'Alsace. 300 000 v.

Tilly-sur-Seules (Calv.) : chaque dimanche à 15 heures récitation du rosaire à la Chapelle de la Reine du Très Saint Rosaire au Champ des Apparitions. 15-8 commémoration du vœu de Louis XIII. Du 18-3 au 26-7-1896, apparitions aux enfants de l'École du Sacré-Cœur et aux 3 religieuses, puis nombreuses apparitions à Marie Martel sur le Champ († 1913) jusqu'en 1899.

Tours (I.-et-L.) : 11-11 et dim. suivant, solennités : la basilique, du XIXe s., renferme le tombeau de St Martin (à *Marmoutier*, à 2 km de Tours, vestiges de l'abb. fondée par St Martin).

Vieux-Marché (C.-du-N.) : pèl. islamo-chrétien des 7 Saints dormants d'Éphèse, créé en 1954, commémore la légende des saints endormis dans une grotte d'Éphèse sous la persécution de Dèce (250) et réveillés sous Théodose II (401-450). 5 000 v. [la grotte des 7 dormants existe toujours à Éphèse. Les musulmans ont également une légende de caverne léthargique : Er Raqîm, à *El Kahf* (« la Grotte ») près d'Ammân (Jordanie)]. Fête : le dimanche qui suit la fête de Ste Marie-Madeleine.

A l'étranger

Argentine. *Luján* : 8-5, lieu permanent de pèlerinages. *Mendoza* : 8-9, N.-D. du Carmel de Cuyo. *Santos Lugares* (prov. de Buenos Aires) : 11-2 reproduction de la grotte et des sanctuaires de Lourdes : centre de pél. 2 000 000 v. par an.

Belgique. *Beauraing* (500 000 v.) : 22-8 pèlerinage d'été, fête du Cœur Immaculé de Marie. Apparitions de la Vierge du 29-11-1932 au 3-1-1933. Parmi les 5 voyants, 3 sont encore en vie. Dans le voisinage, église de Foy-N.-D. (Dinant) et basiliques de N.-D. de Walcourt et de St-Hubert : pèlerinages séculaires. *Banneux* : 8 apparitions du 15-1 au 2-3-1933 à Mariette Beco (12 ans). Pèlerinage : 15-8 (600 000 v.). *Montaigu* (100 000 v.).

Bolivie. *Copacabana* : 1-8, 22-8.

Canada. *Ste Anne de Beaupré* (1 500 000 pèler. de mai à oct.) : Ste Anne est la patronne du Québec. 1re chapelle érigée en 1658. *N.-D. du Cap de la Madeleine* (Québec), Madone nationale. Chapelle construite en 1714, grande basilique en 1964 (800 000 v.) : de mai à fin sept., 15-8 Assomption. Le 22-6-1888 eut lieu l'animation de la statue de N.-D. du Cap. *St Joseph du Mt Royal* [chap. construite 1904, crypte 1917-18 ; gde basilique 1924-66 (carillon de 56 cloches) ; 2 000 000 v.].

Colombie. *Chiquinquira* : 9-7 anniv. du couronn. et 26-12 anniv. de l'app. de N.-D.

Espagne. *Montserrat* (950 000 v.) : 11-9. *Saragosse* : 12-10 N.-D. du Pilar. *Guadalupe* : 8-10 (fête de la Vierge) et 12-10 (fête de « la Hispanidad »). *St Jacques de Compostelle* : corps de l'apôtre St Jacques le Majeur trouvé en 814 (env. 2 500 000 v., lors des années saintes ; prochaines a. stes 1993, 1999). Le pèl. de *Palmar de Troya* à *Alcaparrosa* : a été interdit le 8-5-1970 par l'év. de Jaén.

Irlande. *St Patrick* : 1-6/15-8 caverne de Lough Derg (Donegal) ; Croagh Patrick (comté de Mayo) ; dernier dim. d'août.

Israël (et territoires occupés). JÉRUSALEM : fréquenté déjà v. 130 : *Cénacle* (lieu de la dernière Cène, basilique du IVe s., restaurée par les Croisés, entretenue par les franciscains depuis 1524) ; *St-Sépulcre* (basil. signalant l'emplacement du Calvaire et du tombeau du Christ, construite par Constantin v. 330, visitée par les pèl. de 333 à 614, restaurée par les Croisés en 1130) ; *Via Dolorosa* Chemin de Croix (du lieu de la Flagellation au St-Sépulcre : 14 « stations »). 1 450 000 v. en 1985 : procession quotidienne dep. 333 ; *Jardin des Oliviers* (agonie de Jésus). AUTRES LIEUX : *Ein Karem* (Visitation), *Tabga* (lieu de la Multiplication des pains), *Nazareth* (Basilique et crypte de l'Annonciation ; maison de la Ste Famille), *Mt Carmel* (tombeau du Prophète Élie), *Mt des Béatitudes* (env. de Capharnaüm), *Mt Thabor* (Transfiguration), *Carpharnaüm* (séjour de Jésus), *Bethléem* (Basilique et crypte de la Nativité, champs des Bergers), *Cana* (1er miracle de Jésus).

Italie. *Assise* : *Basilique St-François* (patron de l'Italie) : tous les vendr. et sam. de Carême (févr.-mars), *offices des Corda Pia*, commém. de la mort de Jésus et de St Fr. 3/4-10 fête solennelle de St Fr. *Basilique Ste-Claire* 22-6 fête du miracle (libération des sarrazins), 12-8 fête solennelle de Ste Cl. *Cathédrale St-Ruffin* cérémonie de la Déposition (dep. le XIVe s.). *Basilique de N.-D. des Anges* [à 5 km de la ville (appelée aussi *Portioncule*, « petite portion », nom du 1er couvent franciscain]. Fête-Dieu et octave : processions. 1/2-8 : Solennité du Pardon, instituée par St François (indulgence plénière concédée à perpétuité attire des pèlerins du monde entier). *Egl. Ste-Marie-Majeure* (ancienne catédr.). 15-8 fête de L'Assomption.

Lorette : 7/8-9 nativité de la Vierge et 10-12 translation de la Santa Casa (maisonnette de la Vierge à Nazareth, transportée admirablement par les pèlerins sur un bateau en Italie). 3 500 000 pél. env.

Années saintes et jubilés

Périodes d'un an, pendant lesquelles l'Église encourage les pèlerinages à Rome, en accordant une indulgence plénière (v. p. 454) aux pèlerins. Dans le calendrier hébraïque, tous les 49 ans (7 × 7), une année était proclamée « année sainte », pendant laquelle les esclaves étaient libérés et les sols laissés en friche. En 1300 Boniface VIII institua le 1er jubilé chrétien. Ces années jubilaires devaient revenir tous les 100 ans, mais dès 1350, on décida 50 ans ; en 1389, 33 ans ; en 1470, 25 ans. Il y a donc en principe 4 « jubilés ordinaires » par siècle, aux années 00, 25, 50, 75. Les années saintes sont des jub. extraordinaires, proclamés en dehors du rythme des 25 ans (par ex. : 1933, 19e centenaire de la Passion du Christ ; 1958, centenaire des apparitions de Lourdes). En 1951, l'année jub. a été prolongée d'un an par Pie XII. Depuis 1500, l'indulgence plénière était accordée seulement aux pèlerins qui allaient prier successivement dans les 4 basiliques « majeures » de Rome : St-Pierre, St-Paul-hors-les-Murs, St-Jean-de-Latran, Ste-Marie-Majeure. Depuis 1950, on peut l'obtenir dans tous les pays, en visitant une église désignée par les évêques l'année suivant l'année sainte. En 1973 (en prévision du jubilé de 1975), il a été décidé que les indulgences plénières pourraient être obtenues loin de Rome au cours de l'année précédant le jubilé (1974). Une fois l'année sainte proclamée, toutes les indulgences se gagnent à Rome. Rome a accueilli 8 700 000 v. en 1975. Une année sainte (extraordinaire) a eu lieu du 25-3-1983 au 22-4-1984 pour le 1 950e anniversaire de la mort et de la résurrection du Christ. La prochaine est prévue pour 2000.

Naples : miracle de St Janvier, 19-9 (date de son martyre, v. 305) ; samedi précédant le 1er dim. de mai (translation des reliques à Naples) : la liquéfaction du sang coagulé de St Janvier se répète durant 8 j successifs après ces 2 dates, au cours d'une série d'« ostensions » face à une grande foule. 16-12, commémor. de l'éruption du Vésuve (16-12-1631), qui fit 4 000 victimes, mais épargna Naples (le sang demeura liquide un an). Des ostensions ont lieu aussi lors de calamités ou de visites à la chapelle de personnages illustres (en moyenne, 17 fois par an). Le sang est contenu dans 2 ampoules hermétiques disposées dans un ostensoir. Il se liquéfie en changeant de couleur, poids et volume (du simple au double). Jusqu'à présent, la liquéfaction échappe aux lois naturelles connues, mais Rome ne s'est pas prononcée sur le caractère miraculeux du fait. On a émis l'hypothèse d'une substance chimique mise au point au XIVe s., capable de se modifier sous l'effet d'ondes psychiques, ou sensible aux variations hygroscopiques [passage d'un endroit sec et obscur (niche) à un endroit illuminé, saturé de vapeur par la présence d'une foule (chapelle)]. D'après l'analyse spectroscopique faite en 1902, il s'agit bien de sang humain. Le 1er miracle historiquement documenté remonte au 17-8-1389. En 1931 (tricentenaire du miracle), durée de la liquéfaction : 1 an. En 1971 (mai) : 8 j (toute l'octave). Les Napolitains croient que si le sang ne se liquéfiait pas au moins 3 fois par an, leur ville serait détruite.

Padoue : basilique (XIIIe s.) contenant le tombeau de St Antoine (1195-1231) et la langue incorrompue du saint canonisé 1232, docteur de l'Égl. 1946. 8 000 000 de v. Dévotion centrée sur la Pénitence, l'Eucharistie, les requêtes (objets perdus, peines de cœur, réussite aux examens). Milliers d'ex-voto. Mensuel Messager de St Antoine en 6 langues avec 1 500 000 abonnés.

Rome : catacombes, tombeau de St Pierre, Madonna del divino amore (env. de Rome), Basiliques des Jubilés (voir plus loin).

Jordanie (Voir partie occupée par Israël.).

Mexique. *Guadalupe-Hidalgo :* 12-10, 9-12 anniv. de l'app.

Pologne. *Czestochowa :* Yasna Gora. Vierge noire, patronne de la Pologne : icône offerte à des moines paulins (ordre de St Paul ermite), venus de Hongrie pour le Pce Ladislas Opolczyk, en 1382, qui bâtit un cloître. 1656 la Vierge reçoit le titre de « Reine de Pologne ». 1918 après le rétablissement de l'indép., env. 1 000 000 de v. par an. 1945-56 Interdiction de tout pèlerinage. 1978 Regain de ferveur après l'élection de Jean-Paul II (5 000 000 de v.).

Portugal. *Fatima : 1917* 13-5 Lucie dos Santos, 10 ans (devenue carmélite), François Marto, 9 ans († 4-4-1919) et Jacinthe Marto, 7 ans († 20-2-1920) voient sur un chêne vert la Vierge qui leur demande de venir 5 fois, les mois suivants, à midi. 13-7 elle promet un grand miracle « pour que tout le monde croit ». 13-10 6e et dernière apparition : « danse du soleil » devant 70 000 personnes env. La Vierge parle aux enfants du retour aux Commandements de Dieu et à l'Évangile. Les justes sont invités à faire pénitence pour les pécheurs, afin de les préserver de l'enfer et d'obtenir la paix du monde par la conversion de la Russie. Le 13-6-1929, la Vierge réapparaît à Lucie (au Carmel) et lui dit de demander pour 1930 la consécration de la Russie au Cœur immaculé de Marie. Pie XII procéda à cette consécration en 1942 (sans nommer la Russie, à cause de la g. germano-russe). 1982 12/13-5 Jean-Paul II l'a renouvelée à Fatima, en parlant de la Russie.

Turquie. *Éphèse :* 22-6 anniv. du Concile de 431. Maison de la Vierge (Panaya Kapulu), découverte en 1881 à 2 lieues d'Éphèse par un prêtre français, l'abbé Gouchet, après les révélations de la visionnaire allemande Catherine Emmerich (1774-1824), publiées par Clément von Brentano (1768-1842) en 1833. Il organisa un pèlerinage devenu populaire malgré des objections (1° le livre de Brentano est fantaisiste, 2° une tradition affirme que Marie est morte à Jérusalem où on vénère son tombeau vide). Paul VI et Jean-Paul II s'y sont rendus précisant que leur dévotion s'adressait à la ville où Marie avait été déclarée « Mère de Dieu » par l'Église Universelle.

Apparitions récentes

Principales apparitions depuis 1931. Année. Lieu. Voyants. Décision des autorités religieuses. (1 : reconnu. 2 : non reconnu. 3 : décision en suspens). De 1928 à 1971, il y eut 220 manifestations que l'Église a refusé de reconnaître. En 1940, 100 apparitions furent signalées (mais non reconnues).

Allemagne : *Fehrbach* (1949, 1 fille 12 a.)[2] ; *Forstweiler* (1947/49, 1 fille, 8 ap.)[2] ; *Heede* (1937, 4 filles 13-14 a.) ; *Heroldsbach* (1949/50, 4 filles, puis d'autres enfants)[2] ; *Pfaffenhofen* (1946, 1 j. fille 22 a., 2 ap.)[3]. **Autriche :** *Aspang* (1948, 1 homme 61 a.)[2]. **Belgique :** *Banneux* (1933, 1 fille 12 a., 8 ap.)[1] (1949) ; *Beauraing* (1932, 2 garçons, 3 filles)[1] (1943). **Brésil :** *Urucaina* (1947/51, 1 religieuse)[3]. **Égypte :** *Zeitoun* (1968, depuis 7 mai, foule)[2]. **Espagne :** *Codosera* (1945, 1 fille 10 a., puis 100 pers.)[3] ; *Ezquioga* (1931, 2 enf., puis 150 pers.)[2] ; *Garabandal* (1965, 3 filles)[2] ; *Palmar de Troya* (1968, 3 fillettes, Josefa, Rafaela, Ana)[2]. **France :** *Athis-Mons* (1950, des adultes)[2] ; *Bouxières-aux-Dames* (1947, 1 prêtre et des adultes)[2] ; *Dozulé* (une femme aurait vu le Christ avec sa croix durant plusieurs années) au lieu-dit la « Haute-Butte ». Le 19-12-1985, Mgr Badré, évêque de Bayeux et Lisieux, a conclu à l'inauthenticité et interdit tout acte cultuel [2] ; *Englancourt* (1955, 2 enfants)[2] ; *Entrevaux* (1953, public, le doigt de Ste Anne saignait : la supercherie fut ensuite reconnue)[2] ; *Ile-Bouchard* (1947, plusieurs enfants)[3] ; *Kerizinen* (Fin.) (1968, 1 femme, les app. durent depuis 28 ans)[2] ; *Rinxent* (1953, 2 garçons, 1 fille, 1 vieille dame)[2] ; *La Talaudière* (Loire) (1982) 1 f. Blandine Piegay ; *Montpinchon* (Manche) (1984 : 2 garçons 3 a. artistes de cirque ambulant, puis 1 mère de 9 enf.)[3]. **Hongrie :** *Hasznos* (1949, la foule)[2]. **Italie :** *Assise* (1948, la foule : « La Vierge qui bouge »)[2] ; *Bergame* (1944, 1 fille 7 a., 12 ap)[2] ; *Gimigliano* (1948, 1 fille 13 a.)[2] ; *Rome Tre Fontane* (1947, 1 homme 34 a. et 3 enf.)[3] ; *San Damiano* [16-10-1964, 1 femme mère de 3 enf., Rosa Quatrini, née Buzzini (un poirier déjà chargé de fruits se couvre de fleurs ; la Vierge Marie y apparaît plusieurs fois) ; malgré la condamnation, des milliers de pèl., surtout français (27 trains spéciaux en 1980) ; à sa mort (1981), Rosa laisse à l'Église un complexe hospitalier de 44 ha, valant 25 millions de F [2] ; *Pie XII* (1954, 2 ap., phénomène semblable à ceux de Fatima)]. **P.-Bas :** *Amsterdam* (1968)[2]. **Philippines :** *Lipa* (1948, 1 j. fille 19 a.)[2]. **Pologne :** *Lublin* (1949, la foule « La Vierge qui pleure »)[2] ; *Varsovie* (1959, public)[2]. **Roumanie :** *Cluj* (1948, la foule)[3]. **Sicile :** *Acquaviva Platani* (1950, 1 fille 12 a., 7 ap.)[3]. **Tchécoslovaquie :** *Turczovka* (1958, 2 hommes)[2]. **Yougoslavie :** *Medjugorjé* (dep. 24-6-1981) 3 filles et 3 garçons de 10 à 16 ans)[2].

Reliques

● **Origine du culte.** Né de l'habitude de célébrer la messe sur le tombeau d'un martyr (catacombes de Rome, au IIIe s.). En Afrique, dès le IVe s., les reliques des martyrs sont l'objet d'un culte privé (on les porte sur soi, dans des boîtes de fer). Au VIe s., à Rome, on prescrit d'inclure des ossements de martyrs dans les autels destinés à la célébration de la messe, pour que ces autels puissent être assimilés à un *martyrium* (en français « martroi », lieu de culte).

Malgré les critiques [notamment des protestants comme Calvin qui en 1543 dans le *Traité des Reliques* dénonça la multiplication des mêmes objets dans des endroits différents (14 clous de la Croix, 4 couronnes d'épines, etc.)], l'Église n'a pas interdit cette dévotion mais simplement édicté des règles (reprises dans le Code canonique ; can. 1281-89) et interdit le trafic des reliques (can. 2326).

● **Commerce.** Au début, les Églises comptant des martyrs envoyaient gratuitement des reliques à celles qui n'en avaient pas. Les besoins augmentant, les Églises occidentales enverront à Rome, du VIe au IXe s., des centaines de pèlerins qui achèteront les ossements (de chrétiens anonymes ou sans notoriété), retrouvés en masse dans les catacombes. Après le IXe s., on exigea de plus en plus de reliques de saints célèbres (ossements ou autres souvenirs).

Le centre du commerce des reliques passa à Constantinople, où des spécialistes fournissaient des pièces (beaucoup seront considérées plus tard comme douteuses). Dans l'état des reliques de l'abbaye bénédictine de *Corbie* (Somme), on trouvait ainsi des reliques de *J.-C.* (sang, cheveux, morceaux de son cordon ombilical, de la crèche, de sa serviette d'enfant, de sa croix, de son tombeau et de ses vêtements, des pains multipliés au désert) ; *de la Vierge* (gouttes de son lait, cheveux, morceaux de son manteau et de son voile) ; *de St Pierre* (cheveux et barbe, fragments de sa croix, sandales, table, poussière de son tombeau) ; *de Marie-Madeleine* (cheveux et portion des parfums) ; *de Zacharie*, père de J.-Baptiste (os) ; *de J.-Baptiste* (vêtements) ; *de Noé* (poils de barbe).

● **Reliques encore vénérées à l'époque moderne.**

Du Christ. La colonne de la flagellation à Ste Praxède de Rome ; la couronne d'épines et un fragment de la Croix (provenant de la Ste-Chapelle de Paris, à N.-D. de Paris) ; fragments de la Croix : Troyes, Baugé, etc. ; un clou de la crucifixion dans la « couronne de fer » des rois d'Italie à Milan (cathédrale) ; le prépuce (provenant de St-Jean de Latran à Rome) à Calcata, près de Viterbe [(volé en 1983) ; d'autres reliques rappelant la circoncision (et appelées « Sainte Vertu » ou « Saint Nom ») sont des linges maculés de sang : abbaye de Coulombs (E.-et-L.), abbaye de Charroux (Poitou : retrouvée en 1856, elle est actuellement à la cathédrale de Poitiers), Hildesheim (All. Féd.), Anvers (Belg.)] ; la crèche à Ste-Marie-Majeure (Rome) ; la cruche de Cana à St-Denis ; des larmes versées par le Christ sur Lazare, à Vendôme.

De la Vierge. Fragments de son cierge à N.-D. des Ardents à Arras.

De St Jean-Baptiste. 3 doigts à St Jean de Maurienne (cathédrale). 1 doigt à St Jean du Doigt, près de Morlaix ; fragments de la tête à St Jean d'Angely (Charente-Mme) : grande partie de la tête dans la cath. d'Amiens ; mâchoire à la cath. de Verdun.

De St Pierre. Les chaînes de son cachot, à St Pierre-ès-Liens, à Rome. Reliques à St-Sernin de Toulouse.

D'autres apôtres. Philippe, Jacques le Majeur, Simon, Jude, Paul à St-Sernin de Toulouse.

D'autres personnages. Écaille de la lèpre du Lépreux, à St-Denis, ceinture de Ste Marguerite à St-Germain-des-Prés.

● **Saints suaires. Cadouin** (Dordogne). Petite pièce d'étoffe (suaire de la tête). Rapportée de Terre Sainte par Adhémar de Montel, év. du Puy († en mer, au retour de la 1re croisade, v. *1105*). *1114* données aux moines cisterciens de C., qui construisent une égl. pour l'abriter (consacrée 1154). *1345* le pape Clément VI accorde une indulgence aux pèlerins. *1935* identifié comme un tissu musulman du XIe s., culte interrompu.

Turin. *Histoire : 1204* pillage de Constantinople, les templiers prennent le suaire et l'amènent en Europe. *1353* Geoffroy, 1er cte de Charny (neveu de Geoffroy de Charny, templier exécuté sur le bûcher), le donne aux chanoines de Lirey (près de Troyes). *1357* l'évêque de Troyes, Henri de Poitiers, conclut à un faux et ordonne d'arrêter les ostensions. *1387* Pierre d'Arcy, son successeur, demande à Clément VII d'intervenir (les ostensions ayant repris). C. VII autorise l'ostension à condition que les fidèles soient avertis qu'il s'agit d'une représentation. *1418* mis à l'abri en Savoie, pendant la g. de Cent Ans, par Marguerite de Charny, conservé à St Hippolyte-sur-le-Doubs. *1452* 22-5 Marguerite de Charny (fille de Geoffroy II, et veuve du duc Humbert de Savoie) le donne à Anne de Lusignan, héritière de la couronne de Chypre et épouse du duc Louis 1er de Savoie. *1453 à 82* déposé au château ducal de Chambéry, endommagé par un incendie, il est confié près d'un siècle aux clarisses de Chambéry, qui le réparent. *1578* au château ducal de Turin, chaque année le 4-5 mai, montré à la foule depuis un balcon. Les ostensions auront lieu seulement tous les 25 ou 30 ans. *1898* photographié par Secondo Pia, apparaît sur le négatif comme l'image positive d'un homme de 1,81 m, nu et couché (de face et de dos). Le visage est barbu, yeux clos, cheveux longs. *1931.* Ostensions : 22 j, 1 million de pèlerins (prise de 12 nouvelles photos par Giuseppe Enrie). *1978* ostensions du 27 août au 8 oct., 3 300 000 pèlerins. *1983* légué au Vatican par l'ex-roi Humbert II d'It. († 18-3-83).

Description : toile de lin de 4,36 × 1,12 m avec 2 silhouettes d'un brun rougeâtre. L'empreinte reflète les tourments subis par J.-C. : couronne d'épines, flagellation du flagellum romain, blessure de lance dans la poitrine, clous dans les poignets (avec mouvement réflexe du pouce recroquevillé sous les doigts), écorchures aux genoux, clous dans les pieds, position du corps due à la crucification ; 16 détails concordent avec les évangiles, notamment : 1°) les jambes ne sont pas brisées ; 2°) les bords du visage ne sont pas gravés sur l'étoffe (il y avait un 2e linge autour de la mâchoire) ; 3°) le mort a eu, appliquées sur ses paupières, 2 pièces de monnaie qui y ont laissé leur empreinte ; ces monnaies sont des oboles de bronze palestiniennes datant des années 29 à 32 apr. J.-C. (procuratorat de Ponce Pilate) ; les Juifs avaient coutume de placer des monnaies dans les orbites des morts ; 4°) seule la surface de l'étoffe a été impressionnée.

Thèses : authentique ou fabriqué dès les tout premiers siècles du christianisme avec une étoffe datant du Ier s.

RAPPORTS *1973* (Max Frei, Suisse) : identifie les pollens : plantes croissant en France ou sur les rives de la mer Morte, en Italie, dans la région de Jérusalem, d'Édesse (Turquie), et les environs d'Istanbul. *1976* (chercheur italien) : démontre qu'il ne s'agit pas d'une peinture. *1977 :* à Albuquerque, constitution du STURP (Shroud of Turin Research Project), conclut à l'impression par suite d'un flash de nature inexpliquée. *1978* oct. : 33 membres du STURP et des collègues européens examinent le suaire pendant 5 j. Ils concluent à un contact entre l'étoffe et le corps ayant duré moins de 2 j.

Rapport de Walter Mc Crone, chimiste : conclut que le suaire de Turin est l'œuvre d'un artiste qui, travaillant sur commande, a tracé sur un tissu de lin une image du Christ et l'a coloriée avec 2 pigments.

Nota. — On a signalé un suaire à Compiègne (détruit à la Révolution) et à Besançon.

● **Saintes tuniques.** Tuniques portées par Jésus au Calvaire. L'Évangile parle d'une seule de ces tuniques, tirée au sort entre les soldats chargés de l'exécution de Jésus. Mais les Juifs de l'époque portaient habituellement 2 tuniques : une légère par-dessous, et une épaisse par-dessus [la tunique du dessus était probablement celle qu'avait fournie Hérode (voir p. 464 a) ; il est vraisemblable qu'elle a été achetée aux soldats par les disciples de Jésus].

Les premières saintes tuniques sont signalées au VIe s. à Germia, en Galatie (Asie Mineure) et à Safed, près du lac de Galilée, en Palestine. Depuis le XIIe s., on a mentionné celle d'*Argenteuil*, désignée comme une *cappa*, « tunique de dessus », et faite d'un tissu pareil à ceux des tombes coptes du IIe s. apr. J.-C. ; possédée au VIIIe s. par Irène, imp. d'Orient, qui la donna à Charlemagne dont la fille, Théotrade, fonda le monastère d'Argenteuil et l'y déposa (dérobée le 13-12-1983, elle fut rendue intacte à un prêtre le 2-2-1984) ; et celle de *Trèves* (Allemagne), mais elle daterait du Ve ou VIe s.

● **Saintes chapelles.** Nom donné par le peuple chrétien à certaines chapelles contenant des reliques particulièrement vénérables : Ste-Chapelle de Paris (couronne d'épines, fragment de la vraie croix) ; de Chambéry (saint suaire, actuellement à Turin).

Saints

Généralités

☞ V. liste de saints à l'Index (fêtes à souhaiter).

Définition. Chrétiens que l'Église proclame *saints* après leur mort et qu'elle honore (chez les catholiques et les orthodoxes) d'un culte public [*dulie* : celui de la Sainte Vierge étant hors pair *(hyperdulie)*].

Catégories : 1°) *Les martyrs* (env. 30 000) mis à mort pour leur Foi, seuls ou en groupes (ex. : dans l'Église primitive, Japon, Chine, Corée, Viêt-nam). 2°) *Les saints ou confesseurs de la foi morts en odeur de sainteté* [env. 4 000 (dont 700 femmes) dont 50 % canonisés par les évêques avant l'époque (XIIe s.) où le Pape s'est réservé toutes les causes] ; un petit nombre honoré.

Nombre de saints (et bienheureux) canonisés individuellement. Italie 626, France 576, Angleterre 243, Japon 171, Espagne 157, Viêt-nam 107, Allemagne 102, Corée 90, Chine 75, Belgique 59, Portugal 58, Pologne 25, Ouganda 22, Pays-Bas 20, Tchécoslovaquie 15, Irlande 14, Hongrie 10, Autriche 8, Danemark 7, Irlande 7, Yougoslavie 7, Écosse 7, Turquie 7, Suède 6, Suisse 6, Arménie 5, Mexique 4, U.R.S.S. 4, Syrie 4, Lituanie 4, Norvège 4, Grèce 3, Inde 3, Canada 2, Pérou 2, Paraguay 1, Roumanie 1, Éthiopie 1, Rép. Dominicaine 1, Islande 1, Canaries 1, Géorgie 1, Israël 1, Équateur 1, Liban 1 (P. Charbel Makhlouf, † 1898, canonisé le 9-10-1977), États-Unis 1 (Ann Seton, 1774-1821, canonisée le 14-9-75). Inconnus 141, *total 2 470.*

Groupes vénérés comme martyrs (nombres les plus élevés). 1°) *Non prouvés historiquement* Cologne 11 000 Vierges [le nom d'une des martyres (en 674) : *Undecimilla* (c.-à-d. « fille d'*Undecimus* ») a été lu *undecim milla* (11 000)] ; Rome 10 203 martyrs de la Grotte-qui-coule-toujours (en 198) ; Nicomédie 10 000 (en 387) ; Mt Ararat (Arménie) 10 000 (en 381) ; Perse 9 000 Compagnons d'Ia (en 69) ; Égypte 5 000 Compagnons de Julien. 2°) *Prouvés historiquement* Afr. du N. 4 966 clercs déportés (en 483-84).

Les plus célèbres sont les 40 soldats martyrs de Sébaste (en 320) et les 25 martyrs (compagnons de Paul Miki) crucifiés à Nagasaki au Japon (en 1597) et intégrés dans le calendrier universel du 6 février. Parmi eux, 2 jeunes garçons de 11 et 13 ans. *France :* principalement victimes de la Révolution (1792-96), mises à mort pour des raisons exclusivement religieuses : les 16 carmélites de Compiègne, 191 prêtres réfractaires massacrés en septembre 1792, les 32 religieuses d'Orange, 99 martyrs d'Angers [béatifiés 20-2-1984 ; l'abbé Noël Pineau (guillotiné revêtu de ses habits sacerdotaux, avait été béatifié dès 1926)].

Saints du calendrier. Le calendrier romain général a été révisé en 1969 : il retient le nom des saints qui ont une importance pour l'Église d'aujourd'hui, s'ouvre à des saints de tous les continents, mais laisse à un culte local beaucoup de saints qui n'ont pas une importance particulière pour l'Église, et ceux dont l'histoire est peu assurée. Parmi ceux-ci : Alexis (10-7), Barbe (4-12), Bibiane ou Viviane (2-12), Boniface de Tarse (14-5), Catherine d'Alexandrie (25-11), Christophe (25-7), Cyprien et Justine (26-9), Domitille (7-5), les Douze Saints Frères (1-9), Eustache (20-9), Félix de Valois (20-11), Hippolyte (22-8), Jean et Paul du Ier s., auxquels est dédiée une basilique romaine (26-6), Lucie (19-9), Marguerite d'Antioche (20-7), Martine (20-1), Modeste (15-6), Paul Ermite et Maur (15-1), Placide (5-10), Pudentienne (19-5), Respice et Nymphe (19-11), Suzanne (11-8), Symphorose (18-7), Thècle (23-9), Tryphon, Bacchus et Apulée (8-10), Ursule, ancienne patronne de l'ordre des Ursulines (21-10), Venant (18-10). Ste Cécile (22-11) patronne des musiciens a été maintenue exceptionnellement.

1re sainte canonisée dont on possède la photographie. Ste Bernadette, la voyante de Lourdes, photographiée en 1862 par l'abbé Bernadou.

Deux jeunes martyres et leurs bourreaux. Ste Maria Goretti (1890-1902), tuée par Alexandre Serelli qui voulait la violer. Canonisée en 1947 (45 ans après sa mort, délai normal : 50 ans). Serelli, converti et devenu oblat capucin, a assisté aux cérémonies (1950). En 1985, canonisation au Zaïre d'une jeune chrétienne tuée dans les mêmes conditions (le bourreau n'assistait pas à la cérémonie).

Le plus jeune saint non martyr. St Dominique Savio (de Riva, Piémont, Italie), élève de St Jean Bosco et mort à 15 ans (1842-57). Béatifié en 1950, canonisé en 1954.

Saints Innocents (28 déc.), nouveau-nés mis à mort par Hérode le Grand qui voulait éliminer l'Enfant Jésus quelques j. après sa naissance ; fête depuis le Ve s. sous les noms d'*infantes* (nouveau-nés) ou de *parvuli* (tout petits) dans la majorité des Églises latines ; de *népioi* (même sens) dans l'Égl. grecque. A Rome, Milan et Naples, on les appelait plutôt Innocents. Au Moyen Age, la messe romaine du 28 déc. a été adoptée dans toute la chrétienté et y a généralisé l'expression « les Saints Innocents ».

St Nicolas (6 déc.), évêque de Myre (Asie Mineure) au IVe s., est le patron de la Russie, des écoliers. Sa réputation de donneur de cadeaux vient du fait qu'il aurait doté 3 jeunes filles pauvres menacées de perdre leur vertu. Il est à l'origine du personnage du Père Noël, en Amérique *Santa Claus,* « St Nicolas » [(déformation du néerlandais *Sinter Klaas*) la fête a été introduite par les Hollandais au XVIe s.]. *Les Français* ont adopté la date de Noël pour la distribution des cadeaux de St Nicolas, à cause du décalage qui a existé jusqu'au XVIIIe s. entre pays à calendrier julien et pays à c. grégorien (13 j). *Les Anglais* avaient leur St Nicolas à peu près à la date du Noël de France. Dans l'Angl. catholique, et encore pendant un demi-siècle dans les cathédrales anglicanes, les enfants de chœur avaient St Nicolas pour patron : le 6-12 pour leur fête patronale, ils élisaient leur « évêque » (le plus sage d'entre eux), à qui on rendait les honneurs jusqu'aux Sts Innocents (28-12 suivant). En *Belgique* et aux *Pays-Bas,* le 5 au soir, les enfants laissaient devant la cheminée des sabots de bois, remplis de foin, pour le cheval blanc du saint ; le 6 au matin, ils trouvaient leurs sabots emplis de friandises. En *Alsace,* le 5 au soir, les jeunes garçons parcourent encore les rues des villages avec des clochettes en criant « Au lit les enfants ; St Nicolas va passer ! ». En *Allemagne,* l'élection de « l'évêque des enfants » a survécu, déplacée au 12-3, fête de Grégoire le Grand, patron des étudiants en théologie.

Cultes fokloriques de Saints de « fantaisie » (dont le nom ne figure sur aucun martyrologe, ni romain, ni diocésain). Personnages légendaires remontant à des divinités locales, païennes de l'ancienne Gaule. Certaines ont été identifiées. Ex. : St Bonnet (déformation de Beaunet) porte le nom du dieu gaulois Bélenos [Ap(polon)] ; St Sylvain [culte vivace au hameau de Loubresac (Vienne), dieu des Lupercales (c.-à-d. Pan) appellé aussi St Birotin (réminiscence des cultes priapiques), mais on a imaginé pour justifier ses fêtes un St Sylvain, ermite, qui aurait vécu au VIe s. dans le Maine]. Les martyrologes d'Évreux et d'Auch nomment un St Taurin, qui semble être un héritier du dieu cornu Cernunos. Les saintes Ouenne, Eanne, ou Emenane seraient des héritières de la déesse Epona. Ste Macrine (martyre authentique, s'est peut-être appelée primitivement Morgane, comme la « fée » (déesse celto-germanique). Le nom primitif souvent déformé par de « fausses étymologies populaires » est difficile à retrouver. St Goard et St Genard portent apparemment le nom du dieu forgeron Govannon ; mais St Genou (invoqué en cas de rhumatismes) a certainement été nommé ainsi à cause du rôle qu'on lui attribue, un St Genou (Génufle), à Cahors, a fourni l'occasion du jeu de mots. St Faustin (prononcé Foutin) a été invoqué contre l'impuissance, St Cloud contre les furoncles, St Bavard contre le mutisme, etc. Ces dévotions ont peut-être été suggérées par le clergé, désireux de « récupérer » une pratique superstitieuse difficile à déraciner.

Canonisation

Histoire. *Ier siècle* consiste simplement en l'érection d'un autel sur la sépulture d'un martyr. *Ve-XIe s. 993* 1er acte authentique de canonisation connu : Udalric, béatifié par Jean XV dans un concile tenu à Rome. *1042* Siméon, év. de Trèves, canonisé par Benoît VIII. *1153* Gauthier de Pontoise, dernier St béatifié par un évêque (l'archev. de Rouen).

Procès de béatification. Procédure réformée par la Constitution apostolique. *Divinus perfectionis Magister* (25-1-1983). Les évêques diocésains enquêtent sur la vie, les vertus ou le martyre, etc., de ceux dont la béatification ou la canonisation est désirée. L'évêque envoie à la Congrégation pour la cause des saints les pièces de l'enquête (actes et documents). A Rome, un rapporteur prépare le dossier *(positio)* sur les vertus ou sur le martyre. Le dossier, qui requiert habituellement plusieurs années d'études, est ensuite jugé par des théologiens *(congressus peculiaris)* puis par les cardinaux et évêques, membres de la Congrégation. Même procédure pour l'examen d'une guérison miraculeuse, présentée en vue de la béatification (facultative pour les martyrs) après enquête faite dans le diocèse où a lieu la guérison, étudiée par : 1°) médecins experts, 2°) théologiens consulteurs, 3°) cardinaux et évêques, membres de la Congrégation.

Pour la canonisation, il est requis un miracle opéré après la béatification. *Culte :* Les bienheureux ont droit à un culte dans une église particulière ou dans une congrégation religieuse ; les saints sont l'objet d'un culte dans l'Église universelle.

Durée d'un procès de canonisation ; maximale : 744 ans (de 1117 à 1861), St Bernard de Tiron. *Minimale :* St Antoine de Padoue (13-6-1231 au 30-5-1232), 352 j ; en moyenne : env. 50 ans.

Causes en instance : moins de 1 000 dont 500 env. à l'étude. Il y a des groupes parfois importants [192 martyrs de Paris en sept. 1792, beaucoup de chrétiens exécutés en Espagne en 1936 (g. civile)].

Auréole (souvent en amande), surface lumineuse figurée autour du personnage tout entier.

Nimbe entoure seulement la tête. Symbolise le rayonnement de la sainteté et prend l'aspect d'un nuage doré, d'un cerne plus ou moins chargé ou de traits rayonnants. *Origine : les imagines clipcatae* des Romains païens, « effigies sur écusson » (*clipeus* signifie « bouclier », puis « médaillon ») : créées par les Grecs et répandues en Asie (hindouiste et bouddhiste) par les artistes grecs de Bactriane (les saints du bouddhisme chinois portent un nimbe circulaire et doré). *Évolution :* apparaît dans l'iconographie chrétienne au IVe s., mais, jusqu'au VIIIe s., est réservé aux figurations de la Divinité chrétienne : agneau mystique, colombe du St Esprit et au personnage du Christ (nimbe souvent orné d'une croix). Dans les catacombes, les saints chrétiens ont leur tête entourée d'un disque bleu sur les bords s'éclaircissant jusqu'au blanc sur le centre, ce qui suggère un rayonnement. Puis l'auréole entoure la Vierge quand elle est figurée avec l'Enfant ; à partir du XIe s., la Vierge seule ; à partir du XIVe s., tous les saints canonisés. Le nom et le monogramme de Jésus sont souvent aussi entourés d'auréoles lumineuses, ou de soleils. A partir du Ve s., le nimbe du Christ s'orne de signes particuliers (souvent une croix pourpre ou violette). A partir du Moyen Age, le nimbe tend à se réduire à une ligne circulaire, souvent dorée (constellée de diamants ou d'étoiles, pour la Vierge Marie). Le nimbe de Judas est traditionnellement noir. L'usage se perd à la Renaissance, mais est repris par les artistes chrétiens modernes.

Quel est leur saint patron ?

Métiers ou situations personnelles

Agriculteurs. Benoît 21-3. Médard 8-6.
Alpinistes. Bernard de Menthon 28-5.
Archers. Sébastien 20-1.
Architectes. Benoît 21-3. Raymond Gayrard 3-7. Thomas 21-12.
Ardoisiers. Lézin 13-2.
Armuriers. Michel 29-9.
Artilleurs. Barbe 4-12.
Assureurs. Yves 19-5.
Aumôniers d'hôpitaux. Armel 16-8.
Automobilistes. Françoise Romaine 9-3. Christophe 25-7.
Aviateurs. Joseph de Copertino 18-6.
Avocats. Yves 19-5.
Balanciers. Michel 29-9.
Banquiers. Matthieu 21-9. Michel archange 29-9.
Bateliers. Nicolas 6-12.
Bergères. Geneviève 3-1.
Bergers. Germaine Cousin 19-1. Druon 16-5. Loup ou Leu 29-7.
Bijoutiers. Éloi 1-12.
Blanchisseuses. Blanchard 10-3.
Bouchers. Nicolas 6-12.
Boulangers. Honoré 16-5. Michel 29-9.
Brasseurs. Médard 8-6.
Brodeurs. Claire 12-8.
Brossiers. Barbe 4-12.
Buveurs. Chrodegang (prononcé « Godégrand ») 3-9. Bibiane 2-12.
Candidats au permis de conduire. Expédit 19-4.
Canonniers de marine. Barbe 4-12.
Cardeurs. Blaise 3-2. Madeleine 22-7.
Carriers. Roch 16-8.
Cavaliers. Benoît 21-3. Georges 23-4.
Chantres. Grégoire 9-5.
Chapeliers. Jacques 1-5.
Charbonniers. Maur 15-1. Thibaud 30-6.
Charcutiers. Antoine 17-1.
Charpentiers. Joseph 19-3.
Charrons. Éloi 1-12.
Chasseurs. Hubert 3-11.
Chasseurs alpins. Maurice 22-9.
Chaudronniers. Maur 15-1.
Chauffeurs de taxis. Fiacre 30-8. Christophe 25-7.
Chimistes. Albert le Gd 15-11.
Chirurgiens. Côme et Damien 27-9. Luc 8-10.
Cloutiers. Cloud 7-9.
Coiffeurs. Louis 25-8.
Comédiens. Genès 26-8.
Commerçants. François d'Assise 4-10.
Commères. Babile 21-8.
Conducteurs de machines. Benoît 21-3.
Comptables. Matthieu 21-9.
Cordiers. Paul 29-6.
Cordonniers. Crépin 25-10.
Couples mariés. Lien ou Lienne 14-2.
Couteliers. Jean-Baptiste 24-6.
Couvreurs. Vincent Ferrier 5-4.
Cuisiniers. Marthe 29-7.
Curés. Jean-Marie Vianney 4-8.
Déchargeurs. Christophe 25-7.
Dentellières. Anne 26-7.
Dentistes. Apolline 9-2.
Diplomates. Gabriel archange 24-3.
Douaniers. Matthieu 21-9.
Écolières. Sophie Barat 25-5.
Écoliers. Charlemagne 23-1. Expédit 19-4.
Écrivains. François de Sales 29-1.
Éditeurs. Jean Bosco 31-1.
Électriciens. Lucie 13-12.
Éleveurs de bovins et ovins. Blaise 2-2. Marc 25-4.
Éleveurs de chevaux. Alor 26-10.
Éleveurs de porcs. Antoine 17-1.
Émigrés. Françoise-Xavier Cabrini 22-12.
Employés de maison. Zita 5-7.
Enseignants. Grégoire le Gd 12-3. Jean-Baptiste de La Salle 15-5. Robert Bellarmin 17-9.
Épiciers. Nicolas 6-12.
Escrimeurs. Michel 29-9.
Étudiants. Catherine 25-11.
Exégètes. Jérôme 30-9.
Experts. Thomas apôtre 21-12.
Faïenciers. Antoine de Padoue 17-1.
Fantassins. Martin 11-11.
Femmes enceintes. Anne 26-7. Marguerite 20-7.
Femmes stériles. Rita 22-5.
Fermiers. Isidore le Laboureur 15-5.
Ferronniers. Éloi 1-12.
Fiancés. Valentin 14-2.
Fondeurs. Étienne 26-12.
Forestiers. Hubert 3-11.
Forgerons. Éloi 1-12.
Fossoyeurs. Maur 15-1.
Gantiers. Marie-Madeleine 22-7.
Gardiens de prison. Martinien 2-7. Hippolyte 13-8.
Gendarmerie. Geneviève 3-1.
Grainetiers. Marcel 16-1.
Hommes d'affaires. Expédit 19-4.
Horlogers. Éloi 1-12.
Hôteliers, Hôtesses. Marthe 29-7.
Illusionnistes. Jean Bosco 31-1.
Immigrés. Françoise-Xavier Cabrini 22-12.
Imprimeurs. Jean-Porte-Latine 6-5. Augustin 28-8.
Infirmiers. Camille 14-7.
Infirmières. Rose de Lima 30-8.
Intendants. Thérèse d'Avila 15-10.
Instituteurs libres. Lô 22-9.
Jardiniers. Fiacre 30-8. Dorothée 6-2. Phocas 22-9.
Jeunes filles (à marier) (catherinettes). Catherine 25-11.
Jeunesse. Louis de Gonzague 21-6. *Casimir* 4-3.
Journalistes. François de Sales 29-1. Bernardin de Sienne 20-5.
Juristes. Raymond de Peñafort 23-1.
Laboureurs. Isidore 10-5.
Lanterniers. Clair 2-1.
Lavandières. Marthe 29-7. Claire 12-8.
Libraires. Jean-Porte-Latine 6-5.
Lingères. Véronique 4-3.
Luthiers. Cécile 22-11. Grégoire 9-5.
Maçons. Pierre 29-6. Thomas 21-12.
Maîtres d'école. Cassien 13-8.
Maîtresses de maison. Marthe 29-7.
Maquignons. Éloi 1-12.
Maraîchers. Fiacre 30-8.
Marchands de vin. Nicolas 6-12.
Maréchaux. Martin 11-11.
Marine guerre. Pierre Gonzalez 15-4.
Marins. Mathurin 9-11.
Médecins. Pantaléon 27-6. Côme, Damien 27-9. Luc 18-10.
Menuisiers. Joseph 19-3. Anne 26-7.
Mères de famille. Anne 26-7.
Messagers. Christophe 25-7.
Métallurgistes. Éloi 1-12.
Meuniers. Blaise 3-2. Winnoc 6-1. Catherine 25-11.
Militaires. Maurice 22-9. Martin 11-11 (*armée fr. :* Jeanne d'Arc 8-5).
Mineurs. Barbe 4-12.
Missionnaires. Thérèse de Lisieux 3-10. François-Xavier 3-12.
Monnayeurs. Éloi 1-12.
Moralistes. Alphonse de Liguori 2-8.
Mourants. Joseph 19-3.
Musiciens. Blaise 3-2. Cécile 22-11. Dunstan 19-5. Grégoire le Gd 12-3.
Mutilés de guerre. Raphaël archange 24-10.
Naturalistes. Albert le Gd 15-11.
Navigateurs. Cuthbert 20-3. Elne 2-6. Christophe 25-7. Nicolas 6-12.
Notaires. Yves 19-5.
Nourrices. Mammès 17-8.
Œuvres de charité. Louise de Marillac 15-3. Vincent de Paul 19-7.
Orfèvres. Éloi 1-12.
Organisateurs. Thomas 21-12.
Orphelins. Jérôme Émilien 8-2.
Ouvriers. Joseph 19-3.
Parachutistes. Michel 29-9.
Parfumeurs. Marie-Madeleine 22-7.
Passementiers. Louis 25-8.
Pâtissiers. Macaire 2-1. Honoré 16-5.
Paveurs. Étienne 26-12.
Pêcheurs. Pierre 29-6. André 30-11.
Peintres. Lazare 23-2. Luc 18-10.
Pèlerins. Jacques le Majeur 25-7.
Percepteurs. Matthieu 21-9.
Personnel hospitalier. Jean de Dieu 8-3.
Personnel soignant. Catherine de Sienne 30-4.
Pharmaciens. Jacques le Majeur 25-7.
Philosophes. Catherine 25-11.
Photographes. Véronique 6-8.
Piétons. Martin 11-11.
Plombiers. Éloi 1-12.
Poètes. Cécile 22-11.
Poissonniers. Pierre 29-6.
Policiers. Geneviève 3-1. Sever 25-8.
Pompiers. Laurent 10-8. Barbe 4-12.
Porteurs. Christophe 25-7.
Prisonniers. Sébastien 20-1.
Publicité. Bernardin de Sienne 20-5.
Raccommodeurs. Catherine 25-11.
Radiodiffusion. Gabriel archange 24-3.
Radiologues. Michel archange 29-9.
Relieurs. Jean de Dieu 8-3. Célestin 19-5. Barthélémy 24-8.
Rémouleurs. Jean-Baptiste 24-6.
Rôtisseurs. Laurent 10-8.
Sacristains. Guy 12-6.
Sapeurs. Barbe 4-12.
Savants. Albert le Gd 15-11.
Scieurs de long. Simon, Jude 28-10.
Scouts. Georges 23-4.
Sculpteurs. Luc 18-10.
Secrétaires. Cassien 23-7.
Semeurs. Sennen 30-7.
Sergents de ville. Sébastien 20-1.
Serruriers. Pierre 29-4. Éloi 1-12.
Servantes. Marthe 29-7.
Service de santé. Luc 18-10.
Skieurs. Bernard de Menthon 28-5.
Soldats. Adrien 5-3. Martin 11-11. Georges 23-4. Jeanne d'Arc 30-5.
Solitaires. Antoine 17-1.
Sonneurs de cor. Blaise 3-2.
Sourds-muets. François de Sales 29-1.
Speakers. Jean Chrysostome 13-9.
Spéléologues. Benoît 21-3.
Tailleurs d'habits. Clair 2-1. Casimir 4-3.
Tailleurs de pierre. Blaise 3-2. Claude 6-6.
Tanneurs. Barthélemy 24-8. Simon 28-10.
Tapissiers. Geneviève 3-1.
Taverniers. Vincent 28-1.
Teinturiers. Maurice 22-9.
Télévision. Gabriel archange 24-3. Claire 12-8.
Tisserands. Blaise 3-2. Barnabé 11-6.
Tonneliers. Jean-Bapt. 24-6. Michel 29-9. Nicolas 6-12.
Touristes. Christophe 25-7.
Traducteurs. Jérôme 30-9.
Universitaires. Thomas d'Aquin 28-1.
Vanniers. Paul, ermite 25-1.
Verriers. Clair 2-1.
Veuves. Françoise Romaine 9-3. Anne 26-7.
Vierges. Maria Goretti 6-7.
Vignerons. Vincent 22-1. Werner ou Verny 19-4. Jean-Porte Latine 6-5.
Vinaigriers. Vincent 28-1.
Vitriers. Luc 18-10.
Voyageurs. Julien l'Hospitalier 29-1. Christophe 25-7.
Voyagistes. François-Xavier 3-12.

Pays

Afrique (du Nord). Augustin 28-8. Cyprien 16-9.
Allemagne. Boniface 5-6.
Alsace. Odile 13-12.
Amériques. Rose de Lima 23-8.
Angleterre. Georges 23-4.
Asie Mineure. Jean évangéliste 27-12.
Autriche. Léopold 15-11. Florian 14-12.
Belgique. Charles le Bon 2-3. Joseph 19-3.
Bretagne. Yves 19-5. Anne 26-7.
Canada. Joseph 19-3. Anne 26-7. René Goupil 18-10. (*Can. fr. :* Jean-Baptiste 24-10).
Chypre. Épiphane 12-5. Barnabé 11-6.
Corse. Julie 22-5.
Pays danubiens. Cyrille et Méthode 14-2.
Écosse. Marguerite 16-11.
Espagne. Ferdinand 30-5. Jacques le Majeur 25-7.
Europe. Benoît 21-3.
France. PRINCIPAUX : *Jeanne d'Arc* (patronne et protectrice, 30 mai) ; — *Vierge Marie* (Assomption 15 août) ; — *archange St Michel* (29 sept.) ; — *St Martin de Tours* (11 nov.). SECONDAIRES : *Ste Thérèse de l'Enfant Jésus* (1er oct.). *Ste Pétronille* 31-5.
Guatémala. Jacques le Majeur 25-7.
Hongrie. Stanislas Kostka 15-8. Étienne 20-8.
Inde. François-Xavier 3-12.
Irlande. Brigitte de Kildare 1-2. Patrick 17-3.
Islande. Olav 29-7.
Italie. Catherine de Sienne 29-4. François d'Assise 4-10.
Jordanie. Jean-Baptiste 24-6.
Lituanie. Casimir 4-3. Georges 23-4.
Madagascar. Vincent de Paul 19-7.
Mexique. N.-D. de Guadalupe 12-10.
Monaco. Dévote de Monaco 27-2.
Mongolie. François-Xavier 3-12.
Nicaragua. Jacques le Majeur 25-7.
Nigeria. Patrick 17-3.
Norvège. Olav 29-7.
Pakistan. François-Xavier 3-12.
Pérou. Joseph 19-3. Rose de Lima 23-8.
Philippines. Rose de Lima 23-8.
Pologne. Casimir 4-3. Stanislas 7-5.
Portugal. Antoine de Padoue 17-1.
Russie. Nicolas 6-12.
Suède (luthériens). Brigitte de Suède 8-10 ; *(catholiques)* Éric 18-5.
Suisse. Gall 16-10.
Tchécoslovaquie. Ludmilla 16-9. Wenceslas 28-9.
Turquie. Georges 23-4.
Uruguay. Philippe et Jacques 1-5.
Viêt-nam. Joseph 19-3.

Saint Joseph

Nombre de canonisations et de béatifications. De *1900 à 1949 :* 49 c., 86 b. ; *1950 à 1983 :* 54 c., 106 b. (certaines pouvant concerner plusieurs saints ou bienheureux à la fois). *Cérémonies :* **1974-84** 15 cérémonies de c. (17 saints), 32 de b. : [182 bienheureux, dont 7 martyrs d'Arménie († 1895), 16 martyrs japonais (XVIIe s.) et 99 martyrs d'Angers († 1794), le P. Daniel Brottier (1876-1936), fondateur des orphelins d'Auteuil et la sœur Elisabeth de la Trinité (E. Catez, 1880-1906), auteur de la prière : « Ô mon Dieu, Trinité que j'adore »]. **1985** *3-11* Béat. du P. Titus Brandsma, carme néerlandais, journaliste au quotidien de Nimègue *De Gelderlander*, † à Dachau 26-7-1942 (1er journaliste béatifié).

Titres et terminologie

Abbayes territoriales [antérieurement *nullius (dioceseos)* (« d'aucun diocèse »), car le territoire monastique constitue un diocèse à lui seul]. Monastères dont l'abbé a territorialement les mêmes pouvoirs qu'un évêque. Directement soumis au Saint-Siège. Ex. : St-Maurice en Suisse.

Ablégat. Prélat romain chargé d'aller porter la barrette à un cardinal nouvellement créé, lorsque la tradition veut qu'elle soit imposée au nouvel élu par le chef de l'État où il réside (par ex. le nonce apostolique à Paris reçoit traditionnellement la barrette des mains du Pt de la République).

Archevêque (du grec *arché,* « primauté », et *episcopos,* « évêque » ; évêque métropolitain). Évêque préposé à une *métropole* dont dépendent plusieurs diocèses qui forment sa *province* (et dont les évêques sont dit suffragants du métropolitain). Il peut convoquer des conciles provinciaux et intervenir si un suffragant n'accomplit pas sa charge. *Insigne propre :* le pallium (bande de laine blanche ornée de croix noires) reçu du pape. En France, l'archiépiscopat est devenu surtout honorifique, les diocèses étant regroupés non plus en provinces ecclésiastiques, mais en « régions apostoliques » plus vastes. Marseille est archevêché sans être métropole, n'ayant pas de suffragants.

Archidiacre. Titre porté jadis par le chef des diacres d'un diocèse, actuellement par un délégué épiscopal chargé des affaires administratives.

Archiprêtre. Titre honorifique accordé dans certains diocèses aux curés de chefs-lieux d'arrondissement et des églises-cathédrales ou anciennement cathédrales.

Bedeau (du francique *bidal,* « huissier » ou « messager » ; anglais *beadle,* « huissier »). Officier ecclésiastique subalterne, assure l'ordre pendant les cérémonies. Le règlement du 19-5-1786 lui assigne notamment de chasser les chiens des églises. Il peut avoir un costume spécial, comportant une robe longue ; il tient à la main une baguette ou une masse, mais il est laïc et n'a pas sa place au chœur.

Biens ecclésiastiques. Peuvent appartenir à l'Église romaine ou à toute autre Église ou à toute autre personne morale comprise dans l'Église universelle. En France, depuis 1924, ces personnes morales sont : 1° pour les biens des paroisses et diocèses (notamment les églises construites après 1905 ; les édifices du culte public antérieurs à 1905 sont devenus biens communaux) : des « associations culturelles diocésaines », présidées par l'évêque et comprenant 4 vicaires généraux et 1 chanoine (associations déclarées, ne pouvant recevoir ni dons ni legs) ; 2° pour les biens des monastères et des congrégations religieuses : des Stés civiles de toutes sortes, ayant souvent le statut d'un syndicat.

Bulle. Document solennel du pape pour conférer les offices majeurs de l'Église, définir une vérité dogmatique, promulguer les canonisations des saints. Tire son nom du sceau en plomb qui l'authentifie. Écrite en latin. On la distingue généralement par les 2 premiers mots latins du texte.

Camauro. Ancienne coiffure des papes (bonnet en velours ou satin), remise en usage par Jean XXIII, mais abandonnée par Paul VI.

Camerlingue. Titre s'appliquant à 2 fonctions différentes : 1° *C. du Sacré-Collège :* sorte de secrétariat, exercé chaque année à tour de rôle, par un des cardinaux, selon son rang d'ancienneté. 2° *C. de l'Église Romaine :* poste créé au XIIe s., pour remplacer l'archidiacre, c.-à-d. le responsable financier du gouvernement de l'Église. Au XVIe s., ces fonctions passent au vice-camerlingue, et le c. joue un rôle d'apparat, tant que le pape est en vie. C'est un cardinal, inamovible, nommé par le pape ; dès que le siège apostolique est vacant, il préside la chambre apostolique et devient le représentant de l'Église universelle, battant monnaie à ses armes.

Cappa magna. Tenue officielle des cardinaux.

Cardinal. Voir p. 486.

Catéchistes. Personnes chargées de l'instruction chrétienne, sans appartenir à la hiérarchie ecclésiastique.

Cathédrale. Pour *église cathédrale,* c.-à-d. où se trouve la chaire (du grec *kathedra*) d'un évêque. Jusqu'au Xe s., on disait « égl. mère » ou « égl. majeure ». Lieu réservé pour certaines cérémonies : ordinations, consécration du chrême, bénédiction des saintes huiles. Traditionnellement, la c. était l'édifice religieux le plus imposant d'un diocèse (ainsi en 1966, lors de la création du diocèse de St-Denis, l'ancienne abbaye royale, de grande dimension, a été choisie comme siège du nouvel évêque).

La cathédrale qui a la plus vaste surface au sol est celle de New York (St-Jean-le-Théologien, commencée en 1892, encore inachevée : 11 240 m²), suivie par celle de Séville (Espagne : 10 422 m²). Maximum en France ; Amiens 7 760 m². *La plus petite du monde* est la chapelle de Laguna Beach (Californie, U.S.A., 93,6 m²).

Chanoine. A l'origine, clerc assistant l'évêque et vivant en communauté avec lui. St Augustin, év. d'Hippone, fixa par écrit les règles organisant la vie « canoniale » ; au cours des siècles, beaucoup d'essais similaires s'en inspirèrent. Le clergé s'étant accru, un petit groupe seulement resta aux côtés de l'évêque comme ses auxiliaires directs et son conseil. Mais, à diverses époques, l'idée de St Augustin fut reprise pour la création d'ordres religieux composés de prêtres *(ch. réguliers).* Ainsi par St Norbert, qui fonda les Prémontrés. Jusqu'à la Révolution, il a existé aussi des églises *collégiales* (526 en France), dirigées par un chapitre de *ch. séculiers,* mais sans siège épiscopal (notamment les Saintes Chapelles de Paris et de Vincennes, St-Martin-de-Tours, etc.). La dignité de ch. fut alors par courtoisie décernée à des laïcs, à charge de payer un remplaçant pour dire l'office à leur place. Voir p. 497 c.

Aujourd'hui, les *ch. titulaires,* dans les cathédrales, sont les membres constitutifs du chapitre. A la mort de l'évêque, ils élisent le *vicaire capitulaire* pour l'administration intérimaire du diocèse. Ils sont tenus également de réciter l'office public au nom du diocèse, et leurs honoraires leur sont versés en fonction de leur assiduité : jusqu'à la Révolution, ils recevaient à la fin de chaque office un jeton de présence ou *méreau* qui leur permettait de se répartir à la fin de l'année, proportionnellement au nombre de leurs jetons, les revenus dont disposait le chapitre (très importants comme à Lyon ou Strasbourg). C'est pourquoi certains nobles prenaient le titre de chanoine dans un de ces chapitres, mais n'occupaient pas leur place (chanoines *forains)* et se faisaient remplacer par des ch. *coadjuteurs.* Les *ch. honoraires* d'un diocèse sont beaucoup plus nombreux, et leur titre est seulement honorifique. *Ch. honoraires de la Vaticane :* seuls les ch. de la basilique Vaticane ont le droit de vénérer de près les 3 reliques insignes de la Croix, de la Lance et de la Sainte Face, qui se conservent à part dans l'intérieur d'un pilier de la basilique. Des princes et des souverains désirant vénérer de près ces saintes reliques, on tourna la difficulté en les faisant ch. honoraires de Saint-Pierre.

Chapelle papale. Messe solennelle, célébrée en présence du pape.

Chirographie (grec : « acte manuscrit »). Acte revêtu de la signature autographe du pape et non de son cachet.

Clergé. *Clergé séculier* (vivant dans le siècle) : archevêques, évêques, curés et vicaires. *Clergé régulier :* prêtres ou laïcs religieux constitués en ordres ou en congrégations et vivant sous une règle.

La législation de l'Église interdit au clergé des professions et occupations profanes à moins d'utilité pastorale. Mais il y a des prêtres, surtout en mission, médecins, chirurgiens, fonctionnaires, députés, avocats, etc., avec l'accord de l'autorité compétente (évêque, supérieur).

Les *prêtres ouvriers* (Mission ouvrière) sont nés d'une initiative française, avec le dominicain Loew et le jésuite Magand, après la guerre de 1939/1945. En 1976, il y avait en France env. 1 000 pr. o. diocésains ou religieux (facteurs, camionneurs, garçons de café, en usine, en chantier, peintres en bâtiment, mariniers, balayeurs, garagistes, etc.). La majorité faisait partie de la Mission ouvrière (fondée 1954). Leur mission consiste en une évangélisation dans le cadre du travail et non pas de la paroisse.

Commende. Coutume en vigueur dans l'Église de Fr. entre 1516 et 1789 : les revenus d'une abbaye étaient donnés à un personnage portant fictivement le titre d'abbé (et ne mettant pour ainsi dire jamais les pieds au monastère). L'abbaye était gouvernée par un *prieur claustral* à qui l'abbé commendataire laissait une *portion congrue* (du latin *congrua,* « suffisante » ; mais l'usage a fini par lui donner le sens de « à peine suffisante »).

Conseil curial. Nom donné à des conseils de fabrique élargis qui, en plus des membres prévus par le droit canonique, comportaient un nombre important de paroissiens. Leur existence n'entraînait pas la suppression des c. de fabrique, qui jouaient le rôle de c. curiaux restreints.

Stigmates

Plaies en forme de blessures par clous enfoncés, aux mains et aux pieds et par fer de lance à la poitrine (c.-à-d. les 5 plaies du Christ sur la Croix), s'étant formées sur le corps de **St François d'Assise**, du 14-9-1224 à sa mort (3-10-1226). Ce fait surnaturel a été déclaré authentique par une double lettre personnelle du pape Grégoire IX, en 1237, et confirmé par env. 30 bulles de souverains pontifes. La fête de la Stigmatisation de St François a été fixée le 17-9.

Ste Catherine de Sienne (1347-80, canonisée 1461), stigmatisée à partir du 1-4-1375 (stigmates douloureux, mais invisibles, révélés à son confesseur).

Catherine Emmerich (1774-1824), de Münster, All. (marques d'épines sur le front et de blessure à la poitrine ; douleurs invisibles aux mains et aux pieds, dep. 1812) ; enquête canonique par le vicaire gén. de Münster, Clément Aug. Droste-Vischering (1773-1845), futur archev. de Cologne : il conclut qu'il n'y a aucune imposture, sans définir le caractère surnaturel (plaies examinées par des médecins) ; en 1892, cause de béatification introduite ; sans suite.

Marie von Moerl (1812-68), de Kaltern, Autriche ; l'une des 3 « stigmatisées du Tyrol ». Stigmates à partir de 1844. Non authentifiés.

Louise Lateau (1850-83) « stigmatisée » à partir du 24-4-1868, à Bois d'Haine, dioc. de Tournai, Belg. Enquête du card. Deschamps, archev. de Malines. Non authentifiée publiquement.

Ste Gemma Galgani (1878-1903), de Lucques, Italie, canonisée le 2-5-1940. Stigmatisée à partir du 8-6-1899 ; les stigmates cessent d'être visibles, sur demande de son confesseur, mais continuent à être douloureux ; le décret de canonisation ne se prononce pas sur leur authenticité.

Padre Pio (Francesco Forgione, 1887-1968), religieux franciscain de San Giovanni Rotondo en Apulie, Italie. Stigmatisé depuis le 20-9-1918. Des millions de pèlerins ont assisté à ses messes et ont vu ses plaies.

Thérèse Neumann (n. 8-4-1898, † 18-9-1962) ne s'était pas alimentée depuis 40 ans, dormait 2 h par nuit, travaillait le jour aux champs et revivait chaque vendredi la passion du Christ.

Marthe Robin (n. 13-3-1902, † 6-2-1981, à 78 ans, à Châteauneuf de Galaure, Drôme), paralysée à 25 ans et stigmatisée. Le vendredi, ses pieds et ses mains saignaient, des gouttes de sang, rappelant la couronne d'épines du Christ, perlaient sur son front. Elle avait fait le vœu de ne plus s'alimenter que de l'eucharistie qu'elle recevait quotidiennement dans son lit.

Marie Rosalina Veira (Tropeco, Portugal), 18 ans en 1982, n'aurait plus rien mangé ni bu depuis ses 12 ans pour respecter la volonté du Christ.

☞ On connaît le cas d'une cinquantaine de personnes qui auraient vécu sans manger pendant plusieurs années.

☞ A la fin du XIXe s. ont été répertoriés : *321 stigmatisés dep. 1900.* 20 cas ont été étudiés médicalement, en général des femmes. D'après le Dr Bolgert, il paraît vraisemblable qu'en raison de l'acuité de leur sentiment religieux et de leur désir extrême de s'identifier au Christ, des lésions de la peau puissent apparaître spontanément sous forme de rougeur et d'œdème. Ces lésions, d'abord intermittentes, peuvent être favorisées par des manipulations volontaires plus ou moins conscientes.

Conseil de fabrique. Avant 1905, nom du comité local qui administrait les biens paroissiaux. Actuellement, il est remplacé par le c. paroissial présidé par le curé.

Couvent. Maison où résident des religieux non moines, tels que franciscains ou dominicains (pour les jésuites, on dit : maison).

Curé. Prêtre chargé du soin *(cura)* des âmes, c.-à-d. de la responsabilité religieuse d'une *paroisse.* En France et Belgique, en vertu des articles organiques de 1803, certaines paroisses sont inamovibles, l'évêque ne peut déplacer le curé, sauf nécessité pour le bien des paroissiens. Avant (et depuis 1515), la nomination des curés dépendait de l'administration royale, et une cure était considérée comme une sorte de fief. Ainsi, en 1645, le sieur de Fiesque fit attaquer par ses laquais et par des spadassins, la cure de St-Sulpice de Paris sur laquelle il prétendait avoir des droits.

Diaconesses. Dans l'église primitive, étaient chargées des œuvres charitables et aidaient à l'administration du baptême par immersion. En Bretagne, au VIe s., distribuaient la communion. Disparurent vers le XIIe s. en Occident et en Orient. Au XVIe s. les religieuses cath. passées à la Réforme ont pris le nom de « diaconesses ». Elles sont env. 40 000 dans le monde, la plupart en Allemagne ; en France, les 2 maisons les plus importantes sont celles de Strasbourg et de Paris. L'Association permanente du diaconat américain voudrait voir rétablir le diaconat des femmes dans l'Égl. catholique.

Diacre. 1er degré des sacrements de l'Ordre. Quelqu'un peut être ordonné et rester d. toute sa vie. Les hommes mariés peuvent être ordonnés d. s'ils ont plus de 35 ans et si leur épouse y consent. Un d. ordonné ne peut plus se marier et un d. devenu veuf se remarier. Avant oct. 1964, les séminaristes étaient ordonnés d. avant leur accession au sacerdoce, mais ils ne le restaient pas. La vocation du d. est d'unir « les 3 diaconies de la liturgie, de la parole et de la charité ». Il administre solennellement le baptême, conserve et distribue l'Eucharistie, est témoin au nom de l'Église dans un mariage. Il peut bénir, présider au culte et à la prière des fidèles, porter le viatique aux mourants (mais non l'extrême-onction) et présider aux rites funèbres, mais il ne peut pas confesser ni célébrer la messe. *Nombre de diacres permanents* (mars 1986) : *monde* 12 000 [dont *U.S.A.* 7 000, *Allemagne* 3 000, *France* 291).

Dicastère (du grec *dikasterion,* « tribunal » désigne d'abord les tribunaux de la curie romaine, puis les congrégations et les offices). Se dit, au Vatican, des grandes administrations pontificales, correspondant aux différents ministères d'un État laïc. Elles ont généralement à leur tête un cardinal.

Diocèse. Dirigé par un *évêque* ou un *archevêque*, assisté éventuellement d'un ou plusieurs évêques *auxiliaires* (ayant la responsabilité d'un territoire, ou d'une catégorie de diocésains), et d'un *évêque coadjuteur* (adjoint plus jeune, ayant droit à la succession). Les *vicaires généraux* sont à la tête des administrations diocésaines. Les *curés-doyens* ont une autorité morale (surveillance et conseil) sur un groupe de curés de paroisse (un *doyenné* correspond d'habitude à un canton). Dans chaque diocèse, des *zones pastorales* peuvent regrouper plusieurs doyennés ou fractions de doyenné. Elles sont dirigées par un conseil de zone composé de prêtres, religieux, laïcs.

Ecclésiastiques. Membres du clergé.

Église. Assemblée de fidèles réunis par une même foi sous les mêmes pasteurs. L'adjectif *chrétien* englobe catholiques, orthodoxes, anglicans et protestants. L'*Égl. catholique, apostolique* et *romaine* comprend seulement les cath. reconnaissant l'autorité du pape (*cath.* signifie universel ; *apostolique* indique la tradition des apôtres, et *romaine*, la suprématie du pape, évêque de Rome). Les cath. utilisent aussi les expressions : *Égl. militante* (fidèles vivants), *souffrante* (justes souffrant dans le Purgatoire), *triomphante* (saints triomphant dans le Ciel).

Au sens matériel (écrit avec un é minuscule) : lieu consacré ou béni en vue de la prière. *Orientation.* Depuis le Ve s., on préfère orienter les égl. vers l'est. Au début, le prêtre célébrant face au public, la façade regardait vers l'orient (ex., à Rome : St-Pierre, St-Jean-de-Latran). En Gaule chrétienne, on orientait la façade vers l'occident (mais il n'y avait pas obligation). Le seul texte prescrivant cette orientation est de 1937 (décret des év. de Belgique). Actuellement, on utilise des terrains aux contours déjà tracés, on ne se préoccupe guère d'orienter les églises.

La plus grande église du monde (non cathédrale) : St-Pierre de Rome (surface au sol 15 142 m², longueur 186,33 m). *Les plus longues sont :* Santa-Cruz de Valle de Los Caidos, Esp. : crypte 260 m ; l'égl. souterraine St-Pie X à Lourdes : 200 m.

Envoyés pontificaux. Représentent le pape. On distingue : 1° *Les légats ordinaires* ayant une mission permanente : *Nonces :* légats détachés comme ambassadeurs auprès des gouvernements. Ils sont doyens du corps diplomatique des pays où ils sont en poste. *Prononces :* nonces qui ne sont pas doyens du corps diplomatique. *Internonces :* envoyés ayant rang de ministres plénipotentiaires. *Délégués apostoliques :* représentants du pape auprès de l'épiscopat seulement, et sans mission diplomatique.

2° *Les légats extraordinaires* ayant une mission bien déterminée (concile, congrès, manifestation religieuse). *Légat a latere :* card. que le pape envoie comme un autre lui-même après l'avoir détaché de son côté *(a latere)*, c'est-à-dire de son conseil intime, en lui déléguant des pouvoirs.

Évêques (du grec *episkopos,* « surveillant »). Considérés comme les successeurs des apôtres, ils sont à la tête d'une « Église », c.-à-d. d'un diocèse ; ils ordonnent prêtres, diacres, acolytes, lecteurs, bénissent le saint-chrême et autres huiles employées pour certains sacrements, confirment, consacrent les églises, etc. *Age minimal requis pour l'épiscopat :* fixé à 30 ans par le concile de Latran [(1178) mais il y a des dispenses].

Ils sont investis par Rome et sacrés par 3 évêques (un consécrateur et 2 assistants). Crosse, mitre, anneau et croix pectorale sont les insignes de leur dignité. Ils ont droit à la soutane et aux bas violets.

1ers évêques. *Chinois :* un dominicain du XVIIe s., Grégoire Lo-Wen-Tao (ordonné prêtre en 1656, il fit quelques ordinations à la fin de sa vie). Puis il y eut 270 ans sans consécration d'évêque asiatique jusqu'au 26-10-1926 (Pie XI consacra 6 év. chin. dont Mgr Tien qui fut le 1er cardinal non européen). *Japonais* Mgr Hayasaka (év. de Nagasaki, 1927) ; *Indochinois* Mgr Tong (év. de Phat-Diem, 1933) ; *Noir africain* Mgr Faye (év. de Ziguinchor, Sénégal, 1939) ; *Malgache* Mgr Ramarosandratana (év. de Mianarivo, 1939).

Meurtres d'évêques. Depuis le concile de Trente (1563), sur 23 000 év., env. 50 ont été tués, à cause de leur épiscopat, d'un crime de droit commun ou d'un acte de violence ne les visant pas personnellement. La plupart dans des pays de mission (plusieurs au cours des g. de décolonisation) et en Espagne 12 év. tués en 1936-39 (g. civile). En France, une douzaine d'év. ont péri pendant la Révolution, notamment les 2 martyrs des Carmes, qui ont été béatifiés. Les autres étaient membres du clergé schismatique (év. constitutionnel). 3 archevêques de Paris ont péri de mort violente au XIXe s. : Mgr Affre (abattu sur les barricades le 25-6-1848) ; Mgr Sibour (poignardé le 31-1-1857 par Jean Verger, prêtre hostile au dogme de l'Immaculée Conception) ; Mgr Darboy (fusillé le 24-5-1871 par les Communards).

Les évêques sont tous égaux quant à la puissance spirituelle, mais ils sont soumis à une hiérarchie d'ordre disciplinaire (voir Archevêque). Depuis 1966, ils sont invités à se démettre de leur charge quand ils atteignent 75 ans. Cette démission ne peut leur être imposée.

Collégialité : outre leur autorité sur une Église diocésaine, les év. participent collectivement, en union avec le pape, au gouvernement de l'Égl. univ. ; cette collectivité s'appelle le « Collège des év. ».

Les évêques ne peuvent consacrer un évêque sans avoir été mandatés par le pape sous peine d'excommunication. Néanmoins, la consécration reste valide et le nouvel év. (excommunié lui aussi) garde le caractère épiscopal [consécrations illégitimes : 1976, Palmar de Troya (Espagne) : 3 Espagnols et 2 Américains ordonnés par Mgr Ngo-dinh-Thuc ; 1979, Pékin (Chine) : Mgr Michel Fu Tie Shan, élu évêque par des « catholiques patriotiques » et ordonné ; 1981, Toulon (France) : Mgr Ngo-dinh-Thuc ordonne évêques 1 Français (le dominicain Guérard des Lauriers), et 2 Mexicains, dont l'un a ordonné ensuite évêques 2 autres Mexicains et 1 Américain].

Évêques titulaires (autrefois *in partibus infidelium*). Évêques n'ayant pas de diocèse à gouverner. Ils portent le titre d'un évêché ancien d'Europe, d'Afrique ou d'Orient disparu après les invasions musulmanes.

Depuis Vatican II, les évêques se groupent en *conférence épiscopale*, qui répartit entre des commissions épiscopales l'étude des problèmes qui se posent à l'échelon national (ex. : action cath., monde du travail, presse, enseignement, liturgie, etc.).

Anciennes seigneuries épiscopales. Les évêques ont fréquemment cumulé la juridiction ecclésiastique sur le diocèse et la suzeraineté seigneuriale sur leur évêché. Dans le Royaume de France, on comptait 6 pairs ecclésiastiques (voir liste p. 496 c) et de nombreux évêques-comtes, notamment Cahors, Rodez, Mende. Dans le St Empire, jusqu'au recez de 1803, les évêques étaient seigneurs souverains, plusieurs portaient un titre princier (princes-évêques de Liège, Bâle, Trente, etc. ; princes-archevêques de Prague, Olmütz, Salzbourg, Göritz, Vienne, etc.) ou électoral (archevêques électeurs de Cologne, Trèves, Mayence). En Pologne, l'év. de Cracovie était prince, etc. De tous ces titres féodaux portés par des évêques, il n'en subsiste qu'un seul au XXe s. : l'évêque de la Seo d'Urgel, en Espagne, est co-prince d'Andorre (pouvoir partagé avec le Pt de la Rép. française).

Insignes épiscopaux. Crosse. Appelée en latin *baculus,* « bâton de berger », symbolise l'autorité de l'évêque sur les fidèles du diocèse, et celle de l'abbé sur les moines. D'abord en bois, puis en général en métal à partir du XVe s. ; de nouveau, couramment en bois dep. 1950. Quand un évêque officie dans son diocèse ou un abbé dans son monastère, ils tiennent la volute de leur crosse tournée vers le peuple. En dehors de leur juridiction, ils la gardent tournée vers eux-mêmes.

Mitre. Était, dans l'Orient antique, symbole d'autorité (le grec *mitra* signifie « bandeau » ou « diadème ») ; elle fut portée par les évêques et abbés à partir du XIIIe s. Faite d'étoffes somptueuses, ornée de broderies et de pierreries, elle a pesé jusqu'à 15 livres. Actuellement, elle est en toile de soie montée sur des cartons. Coiffure non liturgique (quand ils sont en soutane violette) : chapeau violet, rond, à large bord, orné de cordons et de glands de soie ; quand ils sont en soutane noire, chapeau noir avec cordons et houppe violets ; ces chapeaux, de moins en moins portés, figurent toujours ainsi sur les armoiries comme insigne du rang. Dessin : cardinal, chapeau rouge à 30 houppes ; patriarche, vert à 30 h. ; archevêque, vert à 20 h. ; évêque, vert à 12 h. ; généraux des ordres et protonotaires, noir à 12 h. ; abbés crossés et mitrés, noir à 12 h. ; prieurs et chanoines privilégiés, noir liséré rouge à 6 h. ; chanoines ordinaires, noir liséré rouge à 2 h.

Nombre d'évêques dans le monde (31-12-1981) : 3 844, dont Afrique 457, Amérique 1 485, Asie 538, Europe 1 264, Océanie 100.

Exorcistes. Jusqu'en 1972 : clercs ayant reçu l'ordre mineur de l'exorcistat, et héritiers des fidèles chargés, dans l'Église primitive, de s'occuper des énergumènes *(possédés du démon)* ; ils ne pratiquaient jamais d'exorcismes *réels* mais prononçaient les formules d'exorcismes *virtuels* qui s'appliquaient aux cas généraux et figuraient dans des livres liturgiques (parmi ces exorcismes, il y a des formules de malédiction contre les animaux nuisibles, tels que mulots et chenilles, ou contre des animaux atteints d'un mal les rendant dangereux, tels que porcs ou chiens ; on les a souvent nommés à tort des *excommunications*). Les exorcistes diocésains (toujours prêtres et délégués spécialement par leur évêque) sont, depuis 1918, chargés d'administrer les exorcismes *réels* c.-à-d. d'accomplir les rites spéciaux prévus pour les cas de *possession diabolique.* Ils ne doivent prononcer les formules liturgiques que lorsqu'ils sont convaincus de ne pas avoir affaire à un trouble d'origine nerveuse ou psycho-pathologique.

Comportement du possédé : insolence, haine ; parle et comprend des langues qu'il n'a jamais apprises, discute en théologien, manifeste une force herculéenne, est sujet à des phénomènes comme la lévitation, se plaint de douleurs (différence avec les hystériques : les hystériques hurlent, s'agitent, sont conscients de leur état).

Fidei donum (« don de la foi »). Institution tirant son nom du titre d'une encyclique de Pie XII (21-4-1957) et chargée d'envoyer des prêtres dans les diocèses dont le clergé est trop peu nombreux pour subvenir à leurs besoins.

Indulgences. Pratique traditionnelle, remontant à l'époque où les évêques excommuniaient leurs fidèles pendant une certaine durée, pour les punir d'une faute grave. Certains actes pieux (prières, jeûnes, aumônes) pouvaient abréger leur temps d'excommunication de 10 j, 20 j, 30 j, etc. Certains pèlerinages leur valaient une « plénière », c.-à-d. la remise totale de leur peine. Quand l'excommunication a été supprimée en pratique (VIIIe s.), les expressions de « 10 j, 20 j, 30 j d'i. » et

« i. plénière » sont demeurées pour fixer une hiérarchie de valeur entre différents actes pieux. La pratique des i. (et surtout des « quêtes indulgenciées ») a été violemment critiquée par Luther en 1520. Le Concile de Trente (1545-63) a proclamé que les i. étaient « utiles », mais il n'a pas dit en quoi, ni ce que signifiaient des expressions telles que « 10 j » ou « plénière ». Beaucoup de catholiques, sans pouvoir s'appuyer sur aucun texte officiel de l'Église les ont interprétées longtemps dans le sens de « réduction du temps passé au Purgatoire » (ce que dénonçaient les protestants). La pratique des actes de dévotion « indulgenciés » a presque disparu dans l'Église contemporaine, sauf celle des pèlerinages pendant les années saintes, où l'on peut obtenir une « i. plénière » en recevant la bénédiction pontificale. Un texte leur a été consacré : la constitution apostolique « Indulgentiarum doctrina » (1-1-1967). Seule est restée la distinction entre i. *plénière* et *partielle*, la computation des j ayant disparu. Le 14-12-1985, les évêques ont reçu le droit d'accorder l'i. plénière (5 fois par an) aux fidèles ne pouvant aller à Rome et suivant la cérémonie de la bén. pontificale à la T.V.

Interdit. Interdiction d'administrer les sacrements et de célébrer les messes dans un territoire donné (« excommunication territoriale »).

Marguilliers. Élus par le conseil de fabrique (3 par paroisse) parmi ses membres. Chargés du budget de la paroisse.

Missions. Églises créées du dehors dans des pays de civilisation non chrétienne et dont les circonscriptions ecclésiastiques (863, dont 353 en Afrique) ne dépendent pas de la Congrégation des évêques, mais relèvent directement du pape par le *Dicastère de la Sacrée Congrégation pour l'Évangélisation des Peuples (anciennement : de la Propagation de la Foi).* Au 1-1-1982, le *Dicastère des missions* administrait 70 000 000 fidèles (9,5 % des catholiques) répartis dans 875 circonscriptions ecclésiastiques (archidiocèses, diocèses, vicariats, prélatures et préfectures apostoliques, etc.) : Asie 388, Afrique 359, Amérique 80, Océanie 36, Europe 12.

Principaux Instituts missionnaires. Masculins : Sté des Missions étrangères de Paris, Congrégation du St-Esprit (créée en 1703), Sté des missions africaines, Pères Blancs. Voir p. 490. *Féminins :* Congr. des sœurs missionnaires de la Sté de Marie, Salésiennes missionnaires, Sœurs de N.-D. des Apôtres, Missionnaires du St-Esprit, Sœurs missionnaires de N.-D. d'Afrique (Sœurs Blanches), St-Joseph de Cluny. Voir p. 493-494.

Personnel missionnaire fourni par les instituts : 4 491 femmes, 4 380 hommes. Afrique et océan Indien, 2 924 femmes (dont Afr. du Nord 713, Afr. subsaharienne 1 868, océan Indien 343) et 2 609 hommes ; Asie 488 F., 825 H. ; Amérique latine 670 F., 614 H. ; Amér du N. 255 F., 179 H. ; Océanie 154 F., 153 H.

Œuvres pontificales missionnaires (O.P.M.). Institution unique avec 4 branches : *l'Œuvre de la Propagation de la Foi* (*fondée* 1822, Lyon, par Pauline Jaricot) ; *Œuvre de Saint Pierre Apôtre* (*f.* 1889, Caen, par Stéphanie et Jeanne Bigard) ; *Œuvre de la Sainte-Enfance ou Enfance missionnaire* (*f.* 1843, Mgr de Forbin-Janson, évêque de Nancy) ; *Union pontificale missionnaire* (*f.* Italie, 1916, Père Manna).

Les O.P.M. existent actuellement dans 95 pays du monde. *Centres* France : 5, rue Monsieur, 75007 Paris ; 12, rue Sala, 69287 Lyon Cédex 02.

Subsides 1984 (en millions de F) : Propagation de la Foi 725, Œuvre de St Pierre Apôtre 282, Enfance missionnaire 101.

Presse : principaux titres et tirages : Solidaires 175 000 ; Lumière du Monde 100 000 ; Peuples du Monde, magazine de la mission universelle 50 000 ; Terres lointaines 900 000 ; Mission de l'Église 13 000 ; Pentecôte sur le Monde 25 000 ; Pôles et Tropiques 30 000 ; Missi 30 000.

Le nombre des missionnaires originaires du tiers monde ne cesse de s'accroître (Indiens, Malgaches, Japonais, Brésiliens entre autres). Des instituts de missions étrangères se sont ouverts au Mexique, en Colombie, en Inde, en Corée.

Monseigneur. Au XVIIe s., il était courant pour un noble de se faire appeler *monseigneur* par ses domestiques et ses fournisseurs. Les évêques français, nobles ou assimilés à des nobles par leur charge épiscopale, réclamèrent cette appellation. Pour en imposer l'usage, ils s'appelèrent entre eux « Monseigneur », ce qui les rendit ridicules aux yeux de la noblesse, car seul le dauphin de France était appelé ainsi par les nobles (avant, on avait dit : « Messire Evesque », puis « Monsieur l'Évêque » ; les prélats étaient appelés par le nom de leur charge : « Monsieur le camérier »). En 1816, les domestiques ne disaient plus à leurs maîtres « Monseigneur », mais Monsieur le comte, M. le baron, etc. L'appellation « Monseigneur » resta alors exclusivement ecclésiastique. Depuis le XIXe s., on la donna à des prélats romains tels que camériers ou protonotaires. On dit « un monseigneur » (italien : *monsignore,* espagnol : *monseñor*) pour les désigner.

Notaires apostoliques. Officiers publics de la Cour de Rome chargés de dresser des actes officiels concernant le St-Siège.

Opus Dei (prélature de la Ste Croix et Opus Dei). Érigée le 28-11-1982 en prélature personnelle (voir p. ci-contre) par Jean-Paul II. *Fondée* le 2-10-1928 à Madrid par Mgr Josemaría Escrivá de Balaguer (1902-75) (procès de béatification ouvert à Rome le 12-5-1981), auteur de *Chemin* (3 000 000 d'ex. en 36 langues) et d'autres livres de spiritualité de grande diffusion. *But :* diffuser dans toutes les couches de la société un appel à la sainteté et à l'apostolat dans la vie ordinaire (travail professionnel), sous la responsabilité personnelle de chacun. Un membre de l'Opus Dei, Joaquin Navarro-Valls (Esp.), a été nommé le 5-12-1984 porte-parole du St-Siège. *Membres :* un prélat, Mgr Alvaro del Portillo ; clergé incardiné dans la prélature (+ de 1 000 prêtres) et des laïcs, hommes et femmes, célibataires et mariés (+ de 72 000 dans 87 pays), unis à l'Opus Dei par un lien contractuel, tout en restant des fidèles ordinaires dans leurs diocèses respectifs. Des coopérateurs, qui peuvent être non cath. ou non chrétiens, collaborent par leurs prières, travail et aumônes. La Sté sacerdotale de la Ste Croix, association de prêtres séculiers, est intrinsèquement unie à la prélature. Son Pt est le prélat de l'Opus Dei. *Curie de la prélature :* Viale Bruno Buozzi 73, 0197 Rome.

EN FRANCE : *Vicaire régional :* abbé Pierre Lefresne (5, rue Dufrenoy, 75116 Paris). *Membres :* 1 315.

Ordinaire. Tout supérieur ayant juridiction spirituelle sur des religieux (ordinaires simples) ou les catholiques d'un territoire ecclésiastique (ordinaires des lieux).

Pallium. Dérivé de l'*omophorion* (« scapulaire ») des évêques orientaux, qui était l'ancien vêtement des pâtres anatoliens, porté symboliquement par les pasteurs d'âmes. Sorte de *poncho* de laine écrue blanche, ornée de 6 croix en soie noire. Insigne de l'autorité métropolitaine, réservé aux archevêques et primats, aux patriarches et au pape. Il avait été concédé à certains évêques dont le siège était très ancien (en France : Autun et Le Puy), mais un décret de Paul VI (28-5-1978) en a limité l'attribution aux seuls « métropolites » et au patriarche de Jérusalem. Depuis Jean-Paul Ier (3-9-1978), la remise du pallium au pape (primat d'Italie) remplace celle de la tiare.

Papabile. Tout cardinal ayant des chances d'être élu pape (ceux qui font campagne, plus ou moins discrètement, pour être élus sont surnommés *papeggianti*).

Patriarcats catholiques d'Orient. Autorités suprêmes des Églises de rite oriental, rattachées à Rome. **1° Égl. catholiques existant à côté d'Églises orientales de même rite, séparées de Rome :** *Alexandrie des Coptes* (Sa Béatitude Stéphane Ier, Le Caire, Égypte). *Antioche et tout l'Orient, Alexandrie et Jérusalem, des Grecs melchites* [S.B. Maximos V (Georges Hakim n. 1908) dep. nov. 1967 ; hiver : Le Caire (Égypte), été : Damas (Syrie)]. *Antioche, des Syriens* [S.B. Ignace Hayek ; hiver : Beyrouth, été : Charfé (Liban)]. *Cilicie, des Arméniens* (S.B. Ignace Pierre XVI Batanian ; Beyrouth, Liban). **2° Égl. orientales uniquement catholiques :** *Antioche, des Maronites* (S.B. Nasrallah Sfeir ; hiver : Bkerké, été : Dimane, Liban). *Babylone, des Chaldéens* (S.B. Paul II Cheikho ; Bagdad, Irak) ; liturgie en araméen ; seule trace dans le catholicisme de l'ancienne église (nestorienne) dont elle est issue. **3° Égl. latine avec juridiction :** *Jérusalem des Latins :* S.B. Giacomo Beltriti.

Patriarcats honorifiques. *Indes orientales* (à Goa), *I. occidentales* (antérieurement à Tolède ; non conféré actuellement), *Lisbonne, Venise.* Supprimés en 1964 : *P. latin d'Alexandrie, l. de Constantinople, d'Antioche.* En France, avant la Révolution, comme il y avait 2 primats d'Aquitaine (voir ci-dessus, primat), l'arch. de Bourges portait le titre de « primat et patriarche d'A. ».

Patriarches. Depuis 1965, ils viennent juste après les cardinaux. Les premiers furent les évêques de Rome, d'Alexandrie et d'Antioche (325), puis ceux de Constantinople (381) et Jérusalem (451). Le pape est patriarche d'Occident.

Préfet apostolique. Prélat (temporaire) chargé d'un territoire missionnaire non encore érigé en diocèse.

Prélat. Titre donné aux évêques, aux abbés, aux protonotaires et aux ecclésiastiques appelés « Monseigneur » à vie (ils ont droit à la soutane violette).

Prélature personnelle. Juridiction non territoriale, créée par Paul VI (1966) pour réaliser des activités pastorales ou missionnaires particulières, gouvernée par un prélat propre, ayant la même juridiction qu'un ordinaire, et nommé par le St-Siège. Peut former et incardiner des prêtres séculiers et avoir la coopération de laïcs.

Prélatures territoriales. Possédant un régime identique à celui des abbayes *nullius* (voir p. 478 a), mais ayant à sa tête un prélat du clergé séculier. De 1970 à 1985, le mot *nullius,* supprimé pour les prélatures, fut maintenu pour les abbayes ; en 1985, toutes deux sont appelées « territoriales ». La plupart se trouvent dans les Églises orientales ou les pays de mission. *France :* prélature territoriale de Pontigny (détachée du diocèse d'Auxerre). Constituée par la paroisse de Pontigny (l'église paroissiale est ancienne abbatiale cistercienne) et confiée à la Mission de France (Voir p. 498 a) dont le supérieur est choisi par le St-Siège parmi les évêques français.

Prêtre. On devient prêtre par le sacrement de l'*Ordre* conféré par un évêque. Auparavant, après 5 années d'études (philosophie 2 ; théologie 3, passées normalement dans un séminaire), les candidats *(séminaristes)* recevaient les *ordres mineurs,* désormais appelés *ministères : lecteur, acolyte (portier, exorciste* ayant été supprimés en 1972), puis les *ordres majeurs : sous-diaconat* (supprimé en 1972), *diaconat et sacerdoce.*

CÉLIBAT : ce n'est pas un dogme, mais il apparut dès l'origine, les ministres du Temple de Jérusalem étaient déjà tenus d'observer la continence sexuelle avant de remplir leurs fonctions. Peu à peu, des décisions locales, Conciles d'Elvire (300), Arles (314), Ancyre (315), Néocésarée, Antioche (341), Carthage (340), Tolède (400) pour ne citer que les plus anciens, l'imposèrent comme règle absolue pour le clergé d'Occident. Au cours des siècles, de nombreuses oppositions se manifestèrent, mais toujours on en revint au célibat (ou veuvage) strict.

PRÊTRES MARIÉS. *Églises occidentales :* très peu nombreux jusqu'en 1984 [il s'agissait de pasteurs luthériens convertis, d'un évêque vieux-catholique (Mgr Salomeo Ferraz, Brésilien, vicaire titulaire d'Eleutherna † 9-5-1969)]. En 1980, on a admis aux U.S.A., 60 prêtres anglicans (« épiscopaliens ») mariés qui avaient demandé en 1977 en bloc leur admission dans l'Égl. catholique, pour protester contre l'ordination d'une femme. *Égl. orientales :* des hommes mariés peuvent devenir prêtres (et c'est l'usage), mais un prêtre célibataire ou veuf ne peut pas se marier. En 1899, ce régime avait été étendu aux prêtres paroissiaux des églises de rite oriental fondées en Amérique, mais le célibat y a été rendu obligatoire en 1929.

SACERDOCE DES FEMMES : les femmes aspirant au ministère presbytéral avaient créé une amicale internationale. Lors du voyage du pape Jean-Paul II aux U.S.A., 2 manifestations féministes eurent lieu : 1° Sœur Rita Jirak, Pte de la conférence pour l'ordination des femmes, invita le pape à une veillée de prières la nuit du 2 au 3 oct. ; 2° Sœur Theresa Kane, supérieure gén. de l'Union des religieuses des U.S.A. l'exhorta à permettre aux femmes d'accéder à tous les ministères. Le pape répondit de prendre « Marie comme modèle de la place des femmes dans l'Église ». L'Association a mis fin à ses activités (motifs : respect de l'autorité et souci de communion dans l'Église).

SANCTIONS SUBIES. *Suspense :* le prêtre est privé par son évêque du droit d'exercer ses fonctions sacerdotales. Il peut, en outre, être frappé d'*interdit personnel* (sanction non réservée au clergé), qui le tient éloigné de tout acte religieux. *Retour à l'état laïque :* le prêtre est relevé de ses droits et obligations ecclésiastiques, ex. : célibat, célébration de la messe. [*Nombre : 1914 à 1963 :* 810 demandes. *1963 à 1978 :* 32 231 (pour la plupart acceptées par Jean XXIII et Paul VI). Depuis Jean-Paul II, les demandes sont bloquées.] *Excommunication :* sur les 7 cas d'excommunications encore prévus par le code de 1983, 2 cas sont réservés aux prêtres (absolutions illicites, viol du secret de confession). Voir p. 470 c.

ATTEINTES A LA DIGNITÉ SACERDOTALE. Énumérées dans le code de 1917, elles ont été supprimées dans celui de 1983 (par ex. port d'armes, fréquentation des cabarets).

Prêtres (nombre au 1-1-1982) (entre parenthèses diocésains et religieux). Monde : 411 074 (255 904, 155 170), dont Europe 240 124 (166 731, 73 393),

Amérique 120 249 (66 127, 54 122), Asie 27 509 (13 822, 13 687), Afrique 17 578 (6 332, 11 246), Océanie 5 614 (2 892, 2 722). *Total 1984 :* 405 950.

Prêtres pour 100 000 h (catholiques ou non) (en 1981). Europe 52, Amérique du Nord 28, Océanie 24, Amér. latine 14, Afrique 4, Asie 2. *Charge pastorale* (nombre de cath. pour un prêtre en 1982) : Europe 1 144, Afrique 3 658, Amér. latine 7 255.

Pays ayant le plus de prêtres (1981) : Italie 62 861, U.S.A. 58 174, France 38 449. *En Afrique* (entre parenthèses, proportion pour 10 000 cath.) : Zaïre 2 584 (2). Tanzanie 1 543 (4,2). Afrique du Sud 1 194 (5,6). Nigeria 1 350 (2,4). Ouganda 927 (1,7). Kenya 897 (2,7). Cameroun 862 (3,7). Madagascar 687 (3,5). Zambie 518 (3). *En Asie :* Inde 12 000 (diocésains 7 058, religieux 4 943 ; évêques 146 pour 12 000 000 de cath., répartis en 5 139 paroisses).

Séminaristes (au 1-1-1984)	Grands [1]	Petits [1]
Afrique	6 905 (+ 52,3)	28 966 (+ 16,7)
Amérique	24 346 (+ 17,7)	36 208 (+ 0,9)
Asie	12 499 (+ 26,8)	16 983 (+ 17,9)
Europe	24 032 (– 5,6)	51 001 (– 29,5)
Océanie	851 (+ 11,5)	434 (n.c.)
Total	68 633 (+ 11,5) [2]	133 592 (– 9,8)

Nota. — (1) Entre parenthèses, variation par rapport à 1974. (2) Entrées en gds séminaires (1982) : 49 380, soit 6,36 % de plus qu'en 1981 et 21,38 % de plus qu'en 1975. *Au 1-1-1985 :* 80 302 grands séminaristes.

Ordinations presbytérales. *Statistiques mondiales : 1977 :* 3 866 ; *1982 :* 4 113 [solde négatif 1 225 (4 653 décès, 615 défections), inférieur au chiffre de 1977 (2 080, avec 1 429 défections)]. *Entre 1973 et 1977 :* 7 964 défections parmi le clergé diocésain.

Signes extérieurs. *Soutane :* en usage dep. le XIXe s., a cessé d'être obligatoire le 1-7-1962. Les pr. doivent porter un vêtement ecclésiastique correct choisi par les conférences épiscopales respectives (en Fr., il comporte en principe le col romain, mais la chemise blanche avec cravate noire était admise jusqu'en oct. 1984. Après la promulgation du nouveau code de droit canonique, les év. fr. ont été invités à fixer des règles plus contraignantes. Un retour à la soutane est envisagé.

Vêtements liturgiques. *Aube :* ancien vêtement de dessous des Romains (descendant jusqu'aux pieds). Pendant la nuit pascale, consacrée aux baptêmes, les 1ers chrétiens romains se présentaient en aube (tenue normale pour le bain baptisannal). A cause de sa couleur blanche, ce vêtement a été considéré comme un symbole de l'innocence et son usage s'est généralisé pour toutes les liturgies. *Surplis :* tunique blanche, de toile fine, descendant jusqu'aux genoux, sans capuchon, à larges manches, que les ecclésiastiques portent dans les cérémonies religieuses où ils n'officient pas. Ils le portaient obligatoirement sur leur soutane (qui n'était pas un vêtement liturgique). Depuis la suppression de la soutane, l'aube remplace le surplis. *Chasuble :* ancienne *penula* des Romains ; vêtement de dessus, en étoffe lourde. Utilisée par le prêtre pour dire la messe ; autrefois en soie, auj. souvent en laine ou lin, avec des broderies. Couleur variant (dep. le XVe s.) selon la messe célébrée : verte (dimanches ordinaires de l'année) ; blanche (fêtes des saints, du Christ et de la Vierge) ; rouge (fête des martyrs et du St-Esprit) ; violette (deuil et pénitence : le noir ayant remplacé le violet pour la liturgie des morts du XVIe au XXe s. ; actuellement, on revient au violet). Autrefois, elle n'était pas échancrée sous les bras et le poids de l'étoffe était pénible lors des prières dites avec les bras écartés et levés vers le Ciel. A partir du XVe s., on réduit de plus en plus la surface de l'étoffe couvrant les bras, jusqu'à réduire la chasuble à la forme d'un scapulaire, dépassant à peine les épaules. Depuis 1950 env., a retrouvé la forme romaine, couvrant les bras jusqu'aux poignets. *Étole et manipule :* de même couleur et même étoffe que la chasuble. L'étole était portée par le prêtre, autour des épaules. Le manipule (supprimé en 1965) était attaché à l'avant-bras gauche. L'étole est parfois utilisé sans la chasuble, ainsi pour la communion, la confession, l'onction des malades. *Dalmatique :* de même couleur et même étoffe que la chasuble : réservée aux diacres, elle possède des manches et est fendue sur les côtés. *Amict ou huméral :* fin voile muni de cordons, que le prêtre porte sur les épaules pour la messe (d'origine juive, correspond à l'*éfod* des Israélites).

Primat. Titre porté dans l'Église primitive par les archevêques des métropoles les plus importantes, qui avaient autorité sur arch. et évêques d'une région de l'Empire romain. En France, les titres primatiaux ont été supprimés au Concordat de 1801, sauf celui de Lyon (« primat des Gaules »), porté par l'oncle du 1er Consul, le card. Fesch. L'arch. de Lyon garde donc une autorité juridique sur les autres archevêques (l'officialité « primatiale » a une juridiction d'appel sur les off. métropolitaines). Les autres titres primatiaux repris par des arch. français sont purement honorifiques. **Primats français :** Arch. de *Lyon :* pr. des Gaules ; *Sens :* pr. des Gaules et de Germanie (mauvaise traduction pour « des Gaules-germaniques », c.-à-d. des 3 provinces gallo-romaines appelées « germanie ») ; *Reims :* pr. de la Gaule belgique (porté seulement par 2 arch. de 1822 à 1850) ; *Bordeaux* et *Bourges :* pr. d'Aquitaine [Bordeaux était la capitale de l'Aq. Première et Bourges de l'Aq. Seconde, le titre a été longtemps disputé entre les deux ; actuellement, employé généralement pour Bordeaux ; dans certains textes anciens, l'Église de Bourges est appelée *Égl. cardinale,* titre non officiel, permettant de laisser à Bordeaux le primatiat] (voir ci-dessus, patriarcat) ; *Rouen :* pr. de Normandie ; *Auch :* pr. de Novempopulanie (il a porté, avant la Révolution, un 2e titre : « pr. des 2 Navarres ») ; *Toulouse :* pr. de Narbonnaise ; *Nancy :* pr. de Lorraine. L'arch. (français) de *Carthage* a été créé, en 1884, pr. d'Afrique. **Etrangers :** *Malines :* pr. de Belgique (dep. 1560) ; *Baltimore :* pr. des États-Unis ; *Eztergom :* pr. de Hongrie ; *Tolède :* pr. d'Espagne ; *Dublin :* pr. d'Irlande (mais l'arch. d'*Armagh* a le titre de « primat de toute l'Irlande ») ; *Bahia :* pr. du Brésil, etc.

Protonotaires. Prélats de la cour (ancienne Chancellerie) papale, chargés des fonctions de notaire pour les Actes les plus solennels : rédaction des procès-verbaux d'intronisation des papes, transcription des délibérations et décisions des consistoires publics. Titre donné aussi honorifiquement à d'autres prélats *(pr. surnuméraires).*

Recteurs d'églises. Dans certaines régions (notamment Bretagne), on appelle *recteurs* les curés de paroisse. Selon le droit canon, un recteur d'égl. est un prêtre préposé à une égl. qui n'est ni paroissiale, ni capitulaire (c.-à-d. dépendant d'un chapitre de chanoines), ni annexée à une communauté religieuse. Ex. : à Paris, la basilique de Montmartre. Un recteur d'égl. n'a pas le droit de remplir les fonctions paroissiales (baptêmes, mariages, enterrements). Mais il peut célébrer la liturgie.

Religieux. V. p. 490 à 493.

Sacristain. Officier ecclésiastique chargé de l'entretien des lieux du culte (notamment : ornementation de l'autel, surveillance des vases sacrés, balayage de l'église). Jusqu'au VIe s., leur charge était confiée aux diacres, d'où le nom de *diakonikon,* donné par les Grecs à la sacristie. Au VIe s., on les appelait *mansionnaires,* et à partir du XIe s., *bedeaux,* car on ne les distinguait pas de ceux-ci. La charge était confiée le plus souvent à un jeune prêtre, vicaire du curé (dans les monastères, à un moine prêtre). En 1809, un règlement définit les fonctions de sacristain prêtre. A la fin du XIXe s., les prêtres confient le plus souvent la charge de sacristain au bedeau de la paroisse. Au XXe s., les 2 fonctions furent confondues, les bedeaux étant généralement appelés sacristains.

Sonneur. Officier ecclésiastique subalterne, chargé des sonneries de cloches, et généralement de l'entretien des cloches et des cordes. Actuellement en France, il y a 2 sortes de sonneurs : civils (communaux) et religieux (paroissiaux). Si les 2 charges sont exercées par le même homme, il touche 2 rétributions.

Suburbicaire. Diocèse situé dans les environs de Rome. Voir Cardinaux-évêques, p. 486.

Suisses. Nom donné, à partir du XVIIIe s., aux bedeaux, chargés de la surveillance des églises (au XVIIe s., les maisons de la noblesse et de la haute bourgeoisie avaient des portiers armés, généralement recrutés en Suisse ; peu à peu, l'usage s'établit de les habiller à la façon des gardes suisses de la Maison du Roi ; les riches paroisses parisiennes, puis toutes les églises paroissiales du royaume, ont suivi la coutume des bonnes maisons).

Suspense. Voir Prêtre, ci-contre.

Tonsure. Coutume ecclésiastique en vigueur depuis le Concile d'Agde (506) jusqu'en 1972 : dès qu'un clerc recevait le 1er degré des ordres (l'*acolytat*), on lui coupait les cheveux d'une façon spéciale pour le distinguer des autres membres du corps chrétien. Formes de t. : *romaine,* en cercle sur le sommet du crâne (plus la dignité était élevée, plus la surface tondue était large : l'évêque de Rome portait donc la « couronne de St Pierre » qui lui laissait juste une mince frange de cheveux) ; *irlandaise,* dégarnit une bande de quelques cm au-dessus du front ; *de St Paul,* rase le crâne par-devant jusqu'au sommet de la tête.

Vicaire. Auxiliaire du curé dans une paroisse. *V. général :* aide l'évêque pour administrer son diocèse. *V. aux armées :* év. chef de l'aumônerie milit. *V. apostolique :* év. chargé par le pape de gouverner un territoire (de mission) non diocésain.

Statistiques mondiales

Au 30-12-1984, il y avait, selon l'Annuario Pontificio : *Sièges résidentiels* 2 440, 13 patriarcats, 447 métropolitains, 66 archiépiscopaux, 1 914 épiscopaux ; *titulaires* 1 988 (évêchés fictifs : 92 métropolitains, 90 archiépiscopaux, 1 806 épiscopaux). *Prélatures* (anciennement *nullius*) 69. **Abbayes** *nullius* 19. **Administrations apostoliques 8. Exarchats** *et ordinariats apost.* 21. **Vicariats** *apost.* 75. **Préfectures** apost. 52. **Vicaires aux armées** 29. **Conférences épiscopales** 101. **Nonciatures** 97. **Délégations apost.** 27. **Missions sui juris** (ne relevant pas d'un évêque local) 4. **Synodes patriarcaux** (rite oriental) 13. **Réunions internationales** de conférences épiscopales 11. **Représentations auprès d'organismes internationaux** 10. **Ambassades auprès du Vatican** 104. *Presse catholique :* 4 669 périodiques, avec un tirage de 1 milliard 860 millions exemplaires.

Le Vatican

Généralités

Situation. État souverain inclus dans Rome *[superf. :* 0,44 km² (le plus petit État du monde) ; *frontières :* 4 070 m (les plus courtes du monde)]. **Nom officiel.** État de la Cité du Vatican. **Souverain.** Le pape, év. de Rome [pontife suprême de l'Église catholique (depuis 1929, le gouvernement de l'« État » vaticanais est distingué de celui de l'Église universelle ; avant, le pape ne gouvernait pas un État, mais gérait un patrimoine)]. **Propriétés.** Total 6 km², le St-Siège est propriétaire de tous les immeubles. En outre, 2,33 km² dans Rome jouissent du privilège d'extra-territorialité : basiliques St-Jean-du-Latran, Ste-Marie-Majeure (appelée aussi bas. libérienne, car construite par le pape Libère 352-61) et St-Paul-hors-les-murs (construite 326-90, détruite par un incendie 1823, rebâtie 1854), villas pontificales de Castel Gandolfo, résidence d'été des papes (à 25 km de Rome), palais de la Daterie, de la Chancellerie, de la Propagation de la Foi [dep. 1957, Congrégation pour l'Évangélisation des Peuples, place d'Espagne (palais du XVIIe s.)] ; de St-Calixte-du-Transtévère, de la Congr. pour l'Église orientale, de la Congr. pour la doctrine de la Foi, de l'ancien Vicariat de Rome, à la via della Pigna, et du collège de la Propagande, sur le Janicule. *Hors de Rome :* sanctuaires d'Assise (St François), Padoue (St Antoine), Lorette, Pompéi, terrain de Santa Maria di Galeria (3 km²) pour Radio-Vatican (2 000 kw) acquis en 1951. *En partie sur Rome, en partie hors :* Catacombes. D'autres immeubles, sans être extra-territorialisés, sont exempts d'expropriations et d'impôts : Université grégorienne, Institut biblique, Palais des 12 apôtres et palais annexes aux églises Sant'Andrea della Valle et San Carlo ai Catinari, Instituts archéologique et oriental, Collèges lombard et russe, palais de St-Apollinaire, et maison d'exercices pour le clergé Sts-Jean et Paul. La Secrétairerie d'État, la Bibliothèque vaticane, les Archives secrètes du Vatican, les services économiques et financiers, quelques commissions, la filmathèque sont les seuls services vaticanais demeurant au Vatican.

Tombeau de St Pierre. Une tradition remontant au début du christianisme disait que St Pierre était enterré au Vatican (ancien cimetière). Dès le IVe s., l'empereur Constantin y avait édifié une basilique, à demi effondrée au XVe s., et remplacée aux XVIe-XVIIe s. par la basilique actuelle, la plus grande église du monde (inaugurée le 18-11-1626 par Urbain VIII).

En 1953, après une vingtaine d'années de fouilles, on découvrit des tombeaux remontant au règne de Vespasien, et une inscription datant de 180 avec une invocation à St Pierre.

Population. 738 h. (507 hommes, 231 femmes ; non Italiens 60 %, Italiens 40 %) dont 383 sont citoyens [la citoyenneté, provisoire, correspond à l'exercice d'une fonction : cardinaux 29, diplomates 173, prélats ou ecclésiastiques 34, religieux 4, gardes suisses 100 [simples soldats, célib. ; gradés après 4 a. de service, autorisés à se marier, laïcs (seuls autorisés à avoir des enfants)]. A cause de la présence du St-Siège, il y a à Rome 86 évêques, 36 cardinaux et 5 000 prêtres en résidence permanente, mais le clergé paroissial est insuffisant (1 045 pour 310 paroisses et 604 autres lieux de culte) ; 5 paroisses comptent plus de 40 000 hab. (total de la pop. : 2 781 956 hab.).

Langue officielle. Italien (et non le latin, langue de l'Église).

Histoire

Autorité de la Papauté. La souveraineté de l'évêque de Rome sur l'Église universelle repose sur 2 faits : Rome a été la capitale de l'Empire romain, et st Pierre, chef des apôtres, 1er évêque de Rome.

Les 1res preuves de l'autorité de l'évêque de Rome sur les autres Églises remontent au pontificat de Clément (88-101). Le transfert de la capitale de l'Empire romain à Constantinople (330) accrut l'importance des papes, seule autorité stable de l'Occident (latinophone). Innocent Ier (401-17), puis Léon Ier (440-60) revendiquèrent la souveraineté sur toutes les Églises d'Occident ; Grégoire le Grand (590-604) la fit reconnaître définitivement.

Domaines de l'Église. *313* : les papes acquièrent le domaine des *Laterani* (le Latran) où ils auront leur résidence principale jusqu'en 1309. *751* : les p. possèdent de grands biens fonciers dans le Latium (patrimoine de St Pierre) et exercent les fonctions de duc de Rome. *756* : 22 cités de l'Exarchat byzantin de Ravenne reprises aux Lombards sont cédées par Pépin le Bref au p. Étienne II dont : Ferrare, Conacchio, la Romagne (Ravenne, Bologne, Rimini, Pesaro), Urbino, les marches d'Ancône (Ancône, Camerino). *774* : Charlemagne confirme cette possession. *781-87* : il y rajoute Viterbe, Piombino, la Sabine (Farfa).

Agrandissements : *1053* : Bénévent. *1213* : duché de Spolète (Grégoire IX). *1278* : fraction de la « succession mathildique ». [Orvieto (bien allodial), Pérouse, Castro et Ferrare (anciens fiefs ecclésiastiques tenus par Mathilde) : accord résolvant, après 160 ans de querelles entre papes et emp., les problèmes nés du legs (invalide en droit féodal) fait aux papes par la comtesse Mathilde de Canossa, marquise de Toscane (1046-1115)]. *1229* : comtat Venaissin [entrée en possession : 1274 ; agrandissements successifs (par achat) ; *1317* : Valréas, Vinsobres ; *1325* : St-Saturnin d'Apt ; *1342* : Monteux : *1344* : Visan ; *1354* : Avignon (non rattachée au comtat, demeurée ville libre) ; *1338* : Grillon]. *1511* : Modène (confisquée par Jules II à Alphonse Ier d'Este, restituée 1527) ; Parme et Plaisance (cédées par Milan à Jules II). *Féodalisation des terres pontificales* : une partie importante des terres aristocratiques italiennes ont été données en fief à des familles aristocratiques italiennes et sont devenues autonomes, à l'intérieur des États de l'Église, par ex. Bologne (récupérée 1512), Ferrare (réc. 1598), Urbino (réc. 1631), Castro et Ronciglione (réc. 1649). *Pertes* : *1545* Parme et Plaisance, acquises en 1511 par Jules II et érigées en duché souverain (non vassal du St-Siège) par Paul III pour son fils naturel Pierre-Louis Farnèse. *1791* comtat Venaissin et Avignon. *1797* Romagne. *1808* Marches. *1809* Rome et Ombrie. *1814* restauration de l'État pontifical sauf comtat et Avignon rattachés à Fr. *9-2-1849* proclamation de la Rép. ; le pape, réfugié à Gaète, est rétabli par une intervention franç. conduite par Oudinot contre Mazzini et Garibaldi. *1859* perte de la Romagne, *1860*, 8-9 des Marches et de l'Ombrie ; 18-9 défaite de Castelfidardo. *Zouaves pontificaux* : militaires originaires de France et de Belgique, enrôlés sans autorisation préalable de leur gouvernement (ce qui était interdit pour toute armée étrangère sans exception) ; *effectifs pontificaux* : 6 000 h., *Savoyards* : 18 000. Les troupes françaises de Rome, en garnison dep. 1848 pour soutenir l'armée pontificale [18 000 h. dont + de 7 000 étrangers (Allemands, Américains, Autrichiens, Belges, Français, Suisses, etc.), ne sont pas intervenues (renforcées après la bataille, 29-9)]. *20-9-1870* les Garibaldiens prennent Rome. *13-5-1871* l'Italie abroge le pouvoir temporel du pape. *11-2-1929 tr. du Latran* instituant l'État du Vatican et dédommageant le St-Siège qui reçoit de l'It. 750 millions de lires et des titres à 5 % d'une valeur nominale d'un milliard de lires pour la perte des anciens États pontificaux et des biens ecclésiastiques. Mussolini était disposé à donner au Vatican une superficie de 15 à 20 km² d'un seul tenant (comprenant notamment le Borgo, le Janicule et le palais St-Calixte-du-Transtévère) mais Pie XI refusa de posséder plus de 0,44 km² d'un seul tenant (il ne voulait pas administrer de population civile non ecclésiastique et patriote it., il répugnait à entamer l'Unité). *18-2-1984* nouveau concordat, remplaçant les accords du Latran, signé.

Gouvernement

Gouvernement des États de l'Église. Jusqu'en 1567 (décret de Pie V) les territoires pontificaux étaient fréquemment donnés, à titre de fiefs, à des familles nobiliaires it. Depuis, ils furent seulement divisés en 7 provinces, chacune administrée par un cardinal. Les ressources, surtout agricoles, servaient à faire vivre la cour romaine. Les fonctionnaires, presque tous ecclésiastiques, terminaient souvent leur carrière comme cardinal. Il y avait 2 ministres principaux : le secr. d'État (affaires étr. et armée), le camerlingue (justice et finances). La noblesse (jusqu'au XVIe s., hobereaux turbulents) vivait à la cour pontificale, s'y partageant des charges honorifiques largement rétribuées.

Constitution du 7-6-1929. Le pape gouverne en souverain absolu. Les services administratifs, judiciaires, économiques, sont placés sous l'autorité d'un gouverneur. Depuis le 10-4-1984, le card. secr. d'État a reçu un « mandat spécial pour représenter le pape » dans le gouvernement civil de l'État pontifical. Le V. a sa monnaie, sa police, sa station de radio, son système postal (1er téléphone automatique du monde, 1886), son héliport (pour les relations avec Castel Gandolfo). Le *motu proprio* du 28-3-1968 a institué une commission pour l'État de la Cité du V. (24 m. nommés pour 5 ans. *Pt* : card. Baggio ; *pro-pt* : Mgr Marcinkus).

Régime économique actuel. Socialisme intégral : tout appartient à l'État, biens, meubles compris. Il n'y a pas d'impôts (directs ou indirects). Le commerce est nationalisé. Il y a un supermarché (l'Annone) et, en principe, seuls les Vaticanais bénéficient de ses prix hors taxe. Néanmoins, des irrégularités avaient été signalées en 1969, donnant à penser que le Vatican revendait à Rome des produits importés hors taxe, notamment du beurre (importations actuelles : 30 t par an).

Aide financière de l'Église universelle. Jusqu'à 1870, les revenus des États de l'Église devaient suffire en principe à faire vivre l'administration pontificale de Rome. En fait, étant donné leur mauvaise gestion, ces territoires rapportaient peu, et les papes (avec leur curie et leur cour) vivaient surtout des impôts prélevés sur les biens ecclésiastiques situés dans les pays catholiques (annates). En 1870, le roi d'Italie, qui s'était emparé des territoires pontificaux proposa à Pie IX de lui verser chaque année 3 250 000 lires (or) pour compenser la perte des revenus patrimoniaux. Pie IX refusa et institua le **denier de St-Pierre**, impôt perçu sur tous les catholiques du monde. Après 1918, les fonds perçus ainsi devinrent très insuffisants, et Pie XI dut accepter les accords du Latran (1929) : le St-Siège obtint 750 millions de lires, 575 à une dotation en obligations de consolidé italien d'une valeur nominale de 1 milliard de lires. Ces revenus ont été investis en majorité dans des travaux exécutés au Vatican, pour diminuer la dépendance technique par rapport à l'administration italienne. Ils sont actuellement insuffisants, et le pape a été contraint de faire appel massivement à l'aide des catholiques du monde entier. La situation créée au IXe s. a donc changé. Primitivement, le « patrimoine de St Pierre » devait faire vivre l'Église ; actuellement, l'Église fait vivre l'État du Vatican, héritier de ce patrimoine.

Inscription dans le patrimoine artistique mondial de la Cité du Vatican. Décidée le 21-9-1984 à Buenos-Aires par un vote unanime du comité du patrimoine mondial (UNESCO : 83 États signataires). Cette inscription n'implique aucune subvention.

Patrimoine. *Immobilier* : Voir plus haut : Domaine. On attribue souvent par erreur au Vatican la propriété de biens immeubles appartenant à des instituts religieux (indépendants financièrement) comme à Rome 5 000 ha, en Italie 250 000. *Mobilier* : le V. possède des actions dans diverses sociétés it., fr., suisses, amér. et canadiennes. *Origine* : capital versé par l'It. en 1929 et placé. En 1978, d'après le banquier Massmo Spada, il atteignait 350 milliards de lires (18 milliards de F.)

Musées : collections comptant parmi les plus riches du monde : musée Grégorien profane, M. Pio cristiano, m. égyptien, m. étrusque, m. Pio Clementino, m. Chiaramonti, salle de la Bigue (char antique à timon), galerie des candélabres, m. sacré et profane, pinacothèque, m. ethnologique, m. historique, m. sacré contemporain, m. Paul VI (collections antérieurement au Latran).

Budget annuel. Voir p. 489 b.

Drapeau. Ancien drapeau des États de l'Église, créé le 17-9-1825 par le cardinal Gatoffi, camerlingue, 2 bandes verticales, 1 jaune près de la hampe, 1 blanche portant la tiare pontificale en or, avec les rubans rouges et les clefs de St Pierre (voir p. 484, encadré). Le blanc et le jaune étaient, dep. 1808, les couleurs de la cocarde de la gendarmerie pontificale (avant, elle était rouge et jaune, mais Napoléon l'ayant laissée aux anciens gendarmes pontificaux servant dans son armée, Pie VII avait créé une cocarde blanche et jaune pour les troupes qui lui étaient restées fidèles).

Garde suisse. *Fondée* par Sixte IV en 1480, constituée officiellement en 1506. *Effectifs* : 100 hommes, 3 officiers, 1 sergent-major, 3 sergents, 8 caporaux, 6 appointés, 51 hallebardiers (sous Jules II, 200 h. ; sous Pie XI, 131) recrutés en Suisse ; les gardes doivent mesurer, en principe, plus de 1,74 m. *Tenue de cérémonie* : dessinée par Michel-Ange, elle avait évolué ; redessinée en 1915 par le colonel Jules Repond (1853-1933).

Hymne pontifical. *De 1857 à 1949 : la Musica Festiva*, composée pour un voyage du pape Pie IX à Bologne (août 1857) par un compositeur autrichien peu connu, Hallmayr. *1949 oct.* : à l'occasion de *l'année sainte 1950*, Pie XII le remplace par *la Marche pontificale*, ayant un caractère plus religieux, composée en 1869 pour l'anniversaire de Pie XII, par Charles Gounod (Fr. 1818-93). Jusqu'à Pie VI, une 2e marche officielle, dite « des trompettes d'argent », composée en 1846 par un garde noble, le marquis Giovannilonghi, était exécutée pour l'entrée du pape à St-Pierre. L'usage des *trompettes d'argent* remonte au XIVe s. Sous Innocent VIII, le privilège de la sonnerie d'entrée a été accordé aux gardes nobles (dissous en 1970), mais leurs instruments n'étaient pas en argent [3 trompettes de cuivre, 2 cors, 2 trombones, 1 bombardon (fanfare et sonneries supprimées 1970)].

Service d'ordre civil. Il a remplacé l'ancienne *gendarmerie pontificale* supprimée par Paul VI le 15-9-1970 [créée en 1816 elle comprenait 113 gendarmes et 37 sous-off. commandés par un colonel, son état-major faisait partie de la famille pontificale, uniforme de grenadiers de l'Empire], env. 100 membres, chargé avec la Garde suisse, de surveiller les entrées dans la Cité du Vatican, les jardins et les palais. La police de la place St-Pierre est assurée par la *p. d'État ital.*

Garde noble. Fondée 1801 ; supprimée 1970. Comprenait environ 75 membres it. devant justifier de plus d'un siècle de noblesse.

Garde palatine. 500 volontaires en 2 bataillons (fondée en 1850) ; supprimée par Paul VI en 1970.

Papes

☞ Voir la liste officielle des papes, page 484.

• **Décès (circonstances).** Mort violente 44 (17 %), dont martyrs 21, présumés martyrs 9, assassinés 6 [Jean VIII (882), Théodore II (897), Jean X (928), Benoît VI (974), Jean XIV (984), Grégoire V (999)] ; mort naturelle 214 (83 %).

• **Démission** (le pape, n'ayant pas de supérieur hiérarchique, peut démissionner comme il l'entend). Benoît IX au XIe s., démissionnaire réélu en 1045 et 1047. Grégoire VI (successeur de Benoît IX, 1-5-1045), est obligé par l'emp. Henri III de démissionner le 20-12-1046, pour céder la place à Clément II (mort l'année suivante, et remplacé par Benoît IX, pape pour la 3e fois). Pierre de Morrone, élu le 5-7-1294, sous le nom de Célestin V. Bénédictin, vivant en ermite, il se révéla incapable de traiter les affaires ecclésiastiques, se laissant duper, notamment par le roi de Naples, Charles II. Sur les conseils de nombreux cardinaux (qui regrettaient leur choix), il démissionna le 12-12-1294. Retourné à son ermitage, il y vécut saintement et fut canonisé en 1313. Pourtant, le peuple chrétien lui a reproché sa lâcheté : dans la *Divine Comédie*, de Dante (v. 1310), il est placé en Enfer. En 1415, il y eut démission simultanée des 2 papes élus par les factions adverses du grand Schisme d'Occident. Le 1er : Grégoire XII (élu en 1406), démissionne le 4-7 à Constance ; le 2e Jean XXIII, élu en 1410, avait démissionné le 29-5. Rayé de la liste officielle des papes, Jean XXIII est pourtant considéré comme pape authentique par de nombreux historiens [s'il n'était pas vraiment pape, le concile de Constance qu'il avait convoqué ne pourrait être considéré comme œcuménique (or, il l'est)].

Déplacements des papes. *Paul VI* fut le 1er pape, depuis 1814, à sortir d'Italie. Les 2 derniers avaient été *Pie VI* (1775-99), qui avait fait le voyage de Vienne en 1782 et mourut à Valence, déporté par les troupes françaises, et *Pie VII* (1800-23). *Jean-Paul II* a visité : Mexique, Pologne, Irlande, U.S.A., Turquie (1979) ; Afrique, France, Brésil, Allemagne (1980) ; Philippines, Japon (1981) ; Afrique, Portugal, G.-B., Argentine, Genève, Espagne (1982) ; Amér. centrale, Pologne, Lourdes, Autriche (1983) ; Corée, Papouasie, Thaïlande, Suisse, Canada, Espagne et St-Domingue (1984) ; Venezuela, Équateur, Pérou, Trinité, P.-Bas, Luxembourg, Belgique, Afrique noire et Maroc (1985) ; Inde, Sardaigne, France (1986).

En 1978, Paul VI avait voulu démissionner, se sentant usé. Les cardinaux l'en dissuadèrent.

● **Déposition.** Un pape peut être déposé pour hérésie, par un concile général de l'Église, mais le cas ne s'est jamais produit : tous les p. qui ont dû quitter la tiare ont été considérés ensuite comme des « antipapes », c.-à-d. des p. non régulièrement intronisés.

● **Élection. Age.** *Élus les plus jeunes :* Benoît IX (1032) : 12 ans ; Jean XII (955) : 18 ; Grégoire V (996) : 23 ; Innocent III (1179) : 37. *Les plus âgés :* Agathon (678) : 103 ans (douteux). Honorius III (1216) : 90 ; Célestin III (1191) : 86 ; Grégoire IX (1227) : 82 ou 84 ; Calixte III (1455) : 77.

Âge d'élection dep. le milieu du xixe s. : Pie IX : 54 ; Léon XIII[1] : 68 ; Pie X : 68 ; Benoît XV : 59 ans 11 mois ; Pie XI : 65 ; Pie XII : 64 ; Jean XXIII : 76 ; Paul VI : 66 ; Jean-Paul 1er : 66 ; Jean-Paul II : 58.

Nota. — (1) Ayant régné 25 ans, il a été le pape le plus âgé : 93 ans et 140 j. (Agathon, pape de 678 à 681, aurait, selon certains, été centenaire), viennent ensuite : Clément XII (89), Clément X et Pie IX (86), Innocent XII (85), Pie VI (82).

Élus sans être prêtres : laïc : Jean XIX (1024) ; clerc : Grégoire V (996) ; diacres : Pie III (1503), Léon X (1513).

Élus, mais non devenus papes : 1° *ayant renoncé volontairement :* Hugues Roger, card. de Tulle (1362 ; remplacé par Urbain V) ; 2° *frappés d'une exclusive :* card. Paolucci (1721 ; par l'Autriche) ; Imperiali (1724, 1730 ; Autr. et Esp.). Cavalchini (1758 ; France) ; Severini (1823 ; non révélé) ; Giustiniani (1830 ; non révélé) ; Rampolla [1903 ; Autriche : remplacé par Pie X qui abolit le droit d'exclusive (on pense actuellement que l'exclusive était due à l'attitude du card. Rampolla lors de l'affaire de Mayerling)].

Mode d'élection. Évêque de Rome, le pape fut jusqu'au xie s. élu par les fidèles du diocèse, puis par les autres évêques de la province romaine. En principe, tout baptisé de sexe masculin, même marié, pouvait être élu. En fait, jusqu'en 1378, ce fut le plus souvent un prêtre du clergé de Rome, quelle que soit son origine, ou un évêque de la province de Rome. *Exceptions : 996* Grégoire V (clerc attaché à la cour de l'emp. Othon) ; *996* Sylvestre II (Gerbert, abbé de Bobbio) ; *1046* Clément II (év. de Bamberg) ; *1048* Damase II (év. de Brixen) ; *1049* St Léon IX (év. de Toul). *1055* Victor II (év. d'Eichstaedt) ; *1058* Nicolas II (év. de Florence), *1091* Alexandre II (év. de Lucques) ; *1119* Calixte II (arch. de Vienne), *1261* Urbain IV (patr. de Jérusalem) ; Bx. Grégoire X (archidiacre de Liège) ; *1294* Célestin V (religieux) ; *1305* Clément V, pape d'Avignon (arch. de Bordeaux) ; *1362* Urbain V (abbé de St-Victor de Marseille) ; *1378* Urbain VI [(év. de Bari) ; son élection déclenche le grand schisme d'Occident et occasionne la loi exigeant que, pour être élu, un pape doit être cardinal].

Depuis 1378, c'est un membre du Sacré Collège que les cardinaux réunis en *conclave* [du latin *conclave* (chambre fermée à clef)] élisent. Le *conclave* n'est pas tenu d'élire un de ses membres (même si cela ne s'est pas produit depuis le Moyen Age). L'élu n'est pas désigné comme représentant des divers pays catholiques ou des évêques, mais comme évêque de Rome, et à ce titre jouit de la primauté.

En 1274, pour éviter des élections interminables (la sienne avait duré plus de 2 ans 1/2), Grégoire X décida « la réclusion dans un local fermé ». Ainsi naquirent les *conclaves.*

Depuis, la durée des conclaves a varié entre quelques heures (Jules II, 1503) et 2 ans 9 mois (Grégoire X, 1268-71). Au cours des 2 derniers siècles : *1799-1800* à Venise : 3 mois 1/2 (Pie VII). *1823* à Rome : 26 j (Léon XII). *1829 :* 1 mois (Pie VIII). *1831 :* 54 j (Grégoire XVI). *1846 :* 2 j (Pie IX). *1878 :* 1 j 1/2 (Léon XIII). *1903 :* 4 j (Pie X). *1914 :* 3 j (Benoît XV). *1922 :* 4 j (Pie XI). *1939 :* 1 j (Pie XII). *1958 :* 3 jours (Jean XXIII). *1963 :* 3 j (Paul VI). *1978 :* 1 j (Jean-Paul Ier) ; 2 j (Jean-Paul II).

Théoriquement, les cardinaux peuvent élire le pape par : 1°) *acclamation* s'ils se sont mis d'accord à l'unanimité sur le choix de l'élu ; 2°) (procédé normal) : *scrutin* au 2/3 des suffrages exprimés plus 1 ; 3°) (en cas de blocage du conclave) : *compromis* lorsque l'ensemble des card. chargent du vote au moins 3 et au plus 7 d'entre eux (système adopté 2 fois au xive s. et 1 fois en 1410, pour élire l'antipape Jean XXIII).

Il y a en principe 4 scrutins par j : 2 le matin et 2 le soir. A l'issue de chaque séance de vote, les bulletins, anonymes, sont transpercés à l'endroit où se trouve le mot *eligo* et réunis par un cordon de soie ; le tout est jeté au feu. Originairement, on les brûlait dans la chapelle, mais on remarqua que les fumées détérioraient les fresques de Michel-Ange. Dep. le xixe s., dans un poêle, dont la cheminée extérieure est visible dep. la place St-Pierre. Un vote positif fait émettre une fumée blanche, négatif une fumée noire. Jusqu'à l'élection de Paul VI (1963), la fumée noire était produite par de la mousse humide mêlée aux papiers, la fumée blanche par les papiers seuls. Mais le procédé était rudimentaire, et souvent la fumée sortait grise dans les 2 cas. Dep. sept. 1978 (él. de Jean-Paul Ier), on ajoute aux bulletins un produit chimique fumigène, noir ou blanc.

En principe, la *brigue* est interdite, et une élection serait annulée si l'on prouvait qu'un cardinal avait été élu contre des promesses engageant son futur pontificat. Néanmoins, on cite des cas fréquents de marchandages. Ainsi en 1721, Innocent XIII fut élu, grâce à l'appui des card. et diplomates français, après avoir promis le cardinalat à l'abbé Dubois, ministre des Affaires étrangères. En 1769, Clément XIV dut s'engager, pour être élu, à supprimer l'ordre des Jésuites. En 1939, Pie XII fut élu grâce à sa promesse de prendre comme secrétaire d'État son principal compétiteur, le card. Maglione. En oct. 1975, Paul VI a interdit, sous peine d'excommunication, toute concertation pour l'élection d'un pape, du vivant de son prédécesseur.

A partir du 1-1-1971, les cardinaux âgés de 80 ans et plus ont été privés du droit d'élire le pape *(motu proprio : In gravescentem aetatem).*

Légende de la papesse Jeanne

Une femme déguisée en homme depuis son enfance, et entrée dans les ordres sous le nom de Johannes Anglicus (Jean Langlois) de Mayence, aurait été élue pape en 855, après Léon IV. Son sexe aurait été reconnu après 2 ans, 7 mois et 4 j, alors qu'elle accouchait en public, ou pendant qu'elle était sur une chaise percée. Condamnée à mort, traînée par un cheval, elle serait morte à 2 km de Rome, et enterrée sur place.

La légende est née à cause d'une inscription sur une statue de Junon allaitant Hercule : P.P.P.P.P.P. [pour : *Papirius Patri Patrum Propria Pecunia Posuit :* « Papirius l'a érigée de ses propres deniers pour le Père des Pères » (c.-à-d. pour le grand prêtre de Mithra)] ; Jean de Mailly, v. 1250, avait adopté une autre interprétation : *Papa, Pater Patrum, Partu Papissa Proditus :* « Le Pape, Père des Pères, révélé comme papesse par son accouchement. » La légende fut répandue par Boccace, v. 1350. Des personnalités célèbres y ont cru, notamment Jan Hus, Guillaume d'Occam, Gerson.

● **Mariages.** *Papes mariés :* les 37 premiers auraient pu se marier. On sait qu'Hormidas (514-23) fut le père de Silverius (536-37). *Dernier pape marié :* Adrien II (867-72). Plus tard, des veufs furent plusieurs fois élus. Alexandre VI (Rodrigue Borgia) élu 1492, avait eu 6 enfants (sans avoir été marié) avant son élection.

Parenté proche entre papes. Fils : St Silvère *536* f. de Hormidas ; St Grégoire Ier *590* a. pt f. de Félix III. **Frères :** St Paul Ier *757* fr. d'Étienne Ier ; Romain *897* fr. de Constantin (lui-même fr. de Martin II) ; Jean XIX *1024* fr. de Benoît VIII ; **Neveux :** Benoît IX *1033* n. des 2 précédents ; Alexandre IV *1254* « proche parent » (non défini) d'Innocent III et Grégoire IX ; Célestin IV *1241* n. d'Urbain III ; Adrien V *1276* n. d'Innocent IV ; Grégoire IX *1370* n. de Clément VI ; Eugène IV n. de Grégoire XII ; Paul II *1464* n. d'Eugène IV ; Alexandre VI *1492* n. de Caliste III ; Pie III *1503* n. de Pie II ; Jules II *1503* n. de Sixte IV ; Clément IX *1523* n. de Léon X.

● **Nationalité.** Sur 264 papes, 208 furent Italiens, dont 112 Romains (proportion due au mode d'élection des papes aux Iers siècles de l'Église : vote du peuple et du clergé de Rome). 56 furent des étrangers, dont : 15 Grecs, 15 Français (en comptant ceux d'Avignon), 6 Allemands [17 Français et 4 Allemands, si l'on tient compte des frontières actuelles : St Léon IX (1049-54) étant Alsacien, et Étienne IX (1057-58) Lorrain], 6 Syriens, 2 originaires de l'actuel État d'Israël (St Pierre, Galiléen ; Théodore Ier, Grec de Jérusalem), 2 Africains (St Victor Ier, St Gélase Ier). Le dernier pape non italien, avant le pape actuel (polonais), fut le Hollandais Adrien VI (1522-23). Le dernier pape français fut Grégoire XI (1370-78). Maumont (Corrèze) a vu naître 2 papes : Clément VI et son neveu Grégoire XI.

● **Noms.** Les p. ont commencé à changer de nom lors de leur élection à partir de Jean XII (955, baptisé Octavien). Pendant 10 siècles, ils avaient gardé leur nom de baptême, sauf Jean II (533-35) qui portait un prénom païen : Mercure. Entre 956 et 996 (7 papes), ont sait que 2 d'entre eux (Jean XIII et Jean XV) ont gardé leur nom de baptême, et on suppose que Benoît VI et Benoît VII ont fait de même (mais leur nom de baptême n'est pas connu de façon certaine). Après 996, le changement de nom devient normal : en 1009, Serge IV, qui s'appelait Pierre, déclare qu'il change de nom par respect pour le 1er chef de l'Église, ne voulant pas qu'il y eût un Pierre II. Mais l'usage de mettre un numéro après le nom du pape ne date que de 1221 (Urbain V). Adrien VI (1522) et Marcel II (1555) sont les seuls papes des temps modernes à avoir gardé leur nom de baptême. Jean-Paul Ier (1978) (suivi par Jean-Paul II) fut le 1er à choisir un nom double.

Noms les plus choisis : Jean (21). [Il n'y a pas eu de Jean XX, et Jean XVI (997-98) a été radié de la liste officielle. En revanche, de nombreux historiens estiment que Baltazar Cossa (1370-1419) a réellement été pape (Voir Démission, Jean XXIII, 482 c). Il y aurait ainsi 22 papes Jean dont 2 papes Jean XXIII.]. Grégoire (16), Benoît (15), Clément (14), Innocent et Léon (13), Pie (12).

● **Pontificats (durée du règne). Moyenne :** 7 ans 11 mois 16 j. La durée des pontificats s'est allongée : viie s. : 20 papes (49 mois en moyenne) ; xixe s. : 6 papes (17 ans).

Les plus longs *(+ de 20 ans) : St Pierre* (30-64) 34 ans ; *Pie IX* (1846-78) 31 a 7 m ; *Léon XIII* (1878-1903) 25 a 5 m ; *Pie VI* (1775-99) 24 a 6 m 2 sem ; *Adrien Ier* (772-95) 23 a 11 m ; *Pie VII* (1800-23) 23 a 5 m 1 sem ; *Alexandre III* (1159-91) 21 a 11m 1 sem ; *St Sylvestre* (314-35) 21 a 11 m ; *Urbain VIII* (1623-44) 21 a ; *St Léon III* (795-816) 20 a 5 m ½ ; *Clément XI* (1700-21) 20 a 4 m ; *St Léon le Grand* (440-61) 20 a 6 sem. **Les plus courts :** *Étienne II, Urbain VII* (1590) 13 j ; *Célestin IV* (1241) 14 j ; *Sisinnius* (708) 17 j ; *Léon XI* (1605) 18 j ; *Théodore II* (897) 20 j ; *Damase II* (1048) 23 j ; *Marcel II* (1555) 23 j ; *Pie III* (1503) 26 j ; *Jean-Paul Ier* (1978) 33 j. On cite également 2 règnes de 1 j : *1124* Célestin II [Tébalde Buccapeco, (écarté de la liste officielle des papes)] est élu le matin, mais abdique le soir et est remplacé par Honorius II ; *1276* (sources incertaines) le card. Vicedomini (franciscain) élu comme successeur d'Adrien V, meurt le jour même, et est remplacé par Jean XXI.

● **Années où il y a le plus de papes.** *De façon douteuse (chronologies embrouillées) :* 6 : *897* (Formose, Boniface VI, Étienne VII, Romain, Théodore II et Jean IX). *De façon certaine : 1276 ;* 3 : *827, 1555, 1605, 1978* (Paul VI, Jean-Paul Ier, Jean Paul II).

● **Nombre de papes par siècle.** *Ier s.* 4. *IIe* 10. *IIIe* 15. *IVe* 11. *Ve* 12. *VIe* 13. *VIIe* 20. *VIIIe* 13. *IXe* 21. *Xe* 26. *XIe* 19. *XIIe* 16. *XIIIe* 17. *XIVe* 10. *XVe* 13. *XVIe* 17. *XVIIe* 12. *XVIIIe* 8. *XIXe* 6. *XXe* 8.

● **Ancien rite funèbre.** De la mort de Paul IV (1559) à celle de Léon XIII (1903), on embauma les papes défunts après avoir prélevé leur cœur [que l'on déposait dans une urne scellée dans le chœur de l'église Saints-Vincent-et-Anastase].

Le prélèvement du cœur a été supprimé à partir de 1903, mais l'embaumement est toujours pratiqué, car la dépouille mortelle des papes (avec mitre, chasuble rouge et pallium) reste exposée plusieurs jours sur un catafalque.

● **Prophétie de St Malachie.** Série de définitions en latin, résumant chacune en quelques mots la personnalité d'un pape ou l'histoire de son règne, et publiée par le bénédictin Arnold de Wion dans *Lignum Vitae,* ouvrage consacré aux év. issus de l'Ordre bénédictin (Venise 1595). L'éditeur les attribue à St Malachie, évêque d'Arnagh en Irlande (1094-1148), célèbre par ses connaissances héraldiques et astrologiques. Mais certains estiment qu'il s'agissait d'un trucage réalisé en 1590 par un dominicain esp., Alonso Chacon (en

Titre

Le titre de pape (en grec *pappas*, « révérend père ») était donné à tous les évêques jusqu'au IXe s. Il est réservé à l'év. de Rome dep. Jean VIII (872-82).

Pouvoirs

Le pape est le chef de l'Église catholique, dite aussi romaine. Depuis 1870 (Concile de Vatican I), son infaillibilité en matière de dogme (mais non de décisions conciliaires ni d'encycliques, sauf si c'est précisé officiellement) est reconnue, à condition qu'il y engage expressément sa suprême autorité. Il est évêque de Rome, archevêque et métropolitain de la Province romaine, primat d'Italie, « patriarche d'Occident », vicaire de Jésus-Christ, successeur du Prince [1] des Apôtres (l'apôtre St Pierre), pontife suprême de l'Église universelle en tant qu'évêque de Rome, et non l'inverse, souverain de l'État de la Cité du Vatican.

Le Concile de Constantinople (381) reconnaît explicitement que le siège épiscopal de Rome est le premier de la chrétienté. Mais, comme il donne le second rang à Constantinople, Alexandrie a rejeté cette définition et, à partir de 451, s'est considérée comme la 1re Église de la chrétienté. Son patriarche (dissident) porte le titre de « Pape des Coptes ».

Nota. – (1) Prince signifie « premier » et ne constitue pas un titre.

Insignes de la papauté

Anneau du pêcheur : porté à la main droite, à l'origine était son sceau. À la mort de chaque pape, l'anneau du pêcheur est brisé publiquement, avec un marteau et une enclume en or, par le cardinal camerlingue.

Clefs de saint Pierre : 1 d'or et 1 d'argent. Figurent sur les armes propres de l'Égl. romaine, le blason et le sceau de l'État pontifical et le drapeau du Vatican ; symbolisent le pouvoir spirituel (or) et le p. temporel (argent) des papes [et non les 2 pouvoirs de « lier » et de « délier » (c.-à-d. de « tout faire ») accordés à St Pierre]. Sur les armes d'Avignon figure une 3e clef, symbolisant le pouvoir du cardinal-légat.

Flabellum : chasse-mouches à long manche, en plumes d'autruche, que l'on portait près du p. pendant les processions solennelles. Supprimé par Paul VI.

Sedia gestatoria : fauteuil monté sur un brancard à 4 bras, porté par 16 officiers (les palefreniers). Utilisé par les p. au cours des cérémonies solennelles dans la basilique St-Pierre. Remonte à la « chaise curule » des consuls de Rome (on conserve un fauteuil en bois recouvert de nacre qui servait, dit-on, à St Pierre).

En 1979, Jean-Paul Ier y renonça par humilité : il se rendit à la cérémonie du couronnement à pied, entouré du Sacré Collège (a cessé dès lors d'être utilisée). Sur la place St-Pierre, Jean-Paul II utilise une voiture découverte, qu'on appelle la « papamobile ».

Soutane blanche : devenue de règle à partir de saint Pie V (1566-1572), dominicain devenu pontife ; il avait gardé la soutane blanche de son ordre (auparavant les papes portaient la soutane rouge des cardinaux).

Tiare pontificale : coiffure traditionnelle des p., elle n'est pas un insigne liturgique (la seule coiffure liturgique des p. est la mitre). Dérive du bonnet phrygien (*frigium* ou *camelaucum*), porté par les rois de l'Orient antique. En 1130, on lui adjoignit une couronne, symbole de la souveraineté sur les États de l'Église. Boniface VIII (v. 1300) ajouta une 2e couronne, pour symboliser son autorité spirituelle sur les âmes, et Benoît XII (v. 1340) une 3e pour symboliser son autorité morale sur les rois. Devenue l'emblème du St-Siège, elle est remise au p. lors de son couronnement avec cette formule : « Sachez que vous êtes le père, le prince et le roi ».

Paul VI n'a porté qu'une fois la tiare (le j de son couronnement) ; il en possédait 4 (en métal précieux), et il en a vendu une (à un musée new-yorkais) pour faire un don en argent aux pauvres. Jean-Paul Ier et Jean-Paul II ont refusé de porter la tiare, même le jour de leur intronisation, par souci de ne pas se présenter comme des monarques absolus.

Une tiare à 3 couronnes a été portée au XVe s. par l'archevêque de Bénévent, et à partir de 1716, par le patriarche de Lisbonne (de nos jours, il n'en a plus, même dans ses armoiries). Des mitres épiscopales, surmontées de couronnes comtales, ressemblant à des tiares, ont parfois été portées par des évêques-comtes, notamment par les évêques de Mende, comtes de Gévaudan, du XIVe au XVIe s.

Périphrases désignant le pape ou sa fonction

Fonction. Chaire de St-Pierre ; la Première des Églises ; Siège apostolique (suprême) ; chaire apostolique, tête de toutes les Églises ; dignité apostolique : siège romain.

Personne. Évêque de la Sainte Égl. catholique ; Très saint patriarche ; Bienheureux patriarche ; Patriarche universel ; Tête de l'Égl. universelle ; Très Saint Père ; Saint Père ; Bienheureux Père ; Père des Pères (*pater patrum*) ; Pontife suprême ; Souverain prêtre (*Summus Saderdos*, titre porté par le gd prêtre du Temple de Jérusalem) ; Premier des prêtres ; Souverain Pontife (*Summus Pontifex*) ; Vicaire de Dieu, Vicaire du Christ ; Successeur de Pierre ; Pontife Suprême (*Pontifex maximus*, titre porté par le plus haut personnage de la religion romaine) ; Pape et Seigneur (*Dominus Pappa*) ; Vicaire apostolique ; évêque du siège apostolique ; pape de l'Église universelle ; évêque de l'Église catholique ; Pontife romain ; évêque de Rome (ou archev. de Rome ou patriarche de Rome).

Usages. Aucune de ces formules n'est officielle, bien que des actes officiels utilisent pour le pape *Pontifex maximus* (Souverain pontife) et pour la fonction *Sedes apostolica* (Siège apostolique). L'expression « Saint-Siège » n'est pas utilisée par la Curie. Dans ses bulles, le pape s'intitule « Serviteur des Serviteurs de Dieu », et « pape ». On s'adresse à lui en lui disant Très Saint Père. À la troisième personne on a utilisé jusqu'au XIIe s. l'expression « Votre Béatitude » (comme à tous les évêques, réservée actuellement aux patriarches). Depuis le XIIe s., on dit « Votre Sainteté ».

latin : Ciaconius, 1540-99), et destiné à favoriser, lors du conclave ayant suivi la mort d'Urbain VII, la candidature du card. Jérôme Simoncelli, évêque d'Orvieto [Orvieto se dit en latin *Urbs vetus* (« Ville Vieille »), et la devise attribuée au successeur d'Urbain VII était *De antiquitate Urbis* (« de l'Antiquité de la Ville »)]. Les 36 papes qui devaient suivre le successeur d'Urbain VII auraient reçu des devises fabriquées au hasard, pour faire plus vraisemblable. Certaines formules tombant assez juste, on eut du mal à croire à un simple hasard. L'Église ne s'est pas prononcée sur l'authenticité de ces prophéties, et ne les a pas condamnées. Officieusement, elles ont été utilisées à la louange d'un pape.

Exemples de formules bien adaptées : Pie VI (1775-99) : *Peregrinus apostolicus,* « le voyageur apostolique », étant allé à Vienne en 1782, pour négocier avec l'emp. Joseph II et étant mort à Valence, déporté par les Révolutionnaires français [mais sa décision d'aller à Vienne (combattue par les cardinaux, car contraire aux traditions) a été prise *à cause* de la prophétie, au sérieux]. Pie VII (1800-1823) : *Aquila rapax,* « l'Aigle ravisseur », dépouillé de ses États par l'Aigle impérial (de Napoléon) ; Grégoire XVI (1830-1846) : *De Balneis Etruriae,* « de Balnès en Étrurie », religieux camaldule dont la maison-mère était à Balnès ; Pie IX (1846-1878) : *Crux de Cruce,* « une croix venant de la Croix », chassé de ses États par la Maison de Savoie, dont les armes portent la « Croix de Savoie » ; Benoît XV (1914-21) : *Religio depopulata,* « la religion décimée », a régné pendant la 1re G. mondiale. Jean-Paul Ier (1978) : *De medietate lunae,* « De la moitié d'une lunaison », n'a passé qu'un demi-mois sur le trône, entre son couronnement et sa mort.

La devise appliquée au pape actuel, J-Paul II, *De labore solis,* « Des souffrances causées par le Soleil », fait penser à la sécheresse en Afrique (1972-85). Après lui, la prophétie ne désigne que 2 papes : *Gloria olivae,* « La gloire de l'olivier », et *Petrus Romanus,* « Pierre le Romain », sous le règne duquel Rome sera détruite et l'humanité paraîtra devant son juge. Une meilleure lecture du texte imprimé donne *in prosecutione* au lieu de *in persecutione :* l'auteur ne situe pas le règne de Pierre le Romain au sein de la « persécution », mais au début de la « suite du temps ».

Liste officielle

Adoptée en 1947. Source : Annuaro pontificio. En italique : *antipapes* (candidats élus irrégulièrement, non reconnus par l'Église ; 35 du IIIe au XVe s.).

1 33 St Pierre († 64 Galiléen).
2 67 St Lin (inconnu).
3 76 St Clet ou Anaclet (Romain).
4 88 St Clément Ier (Romain).
5 97 St Évariste (Grec).
6 105 Alexandre Ier (Romain).
7 115 St Sixte Ier (Romain).
8 125 St Télesphore (Grec).
9 136 St Hygin (Grec).
10 140 St Pie Ier (It., Aquilée).
11 155 St Anicet († 166 Syrien).
12 166 St Soter (Campanien).
13 175 St Éleuthère (Grec).
14 189 St Victor Ier (Africain).
15 199 St Zéphyrin (Romain).
16 217 St Calixte Ier (n. v. 155 Romain).
17 222 St Urbain Ier (Romain).
227-235 St Hippolyte (n. v. 170 Romain).
18 230 St Pontien (n. fin IIe s. Romain).
19 235 St Anthère (Grec).
20 236 St Fabien († 250 Romain).
21 251 St Corneille (Romain).
251 Novatien (Romain).
22 253 St Lucius Ier (Romain).
23 254 St Étienne Ier (Romain).
24 257 St Sixte II († 258 Grec).
25 259 St Denys (patrie inconnue).
26 269 St Félix Ier († 274 Romain).
27 275 St Eutychien ou Eutychianus (220 Toscan, Luni).
28 283 St Caïus (Dalmate).
29 296 St Marcellin († 304 Romain).
30 308 St Marcel Ier (Romain).
31 309 St Eusèbe († 310 or. grecque, n. en Sicile).
32 311 St Miltiade (Africain).
33 314 St Sylvestre Ier († 335 Romain).
34 336 St Marc (Romain).
35 337 St Jules Ier (n. v. 280 Romain).
36 352 Libère (Romain).
355-365 Félix II (Romain).
37 366 St Damase Ier (Espagnol).
366-367 Ursinus.
38 384 St Sirice (n. v. 320 Romain).
39 399 St Anastase Ier (Romain).
40 401 St Innocent Ier (Latium).
41 417 St Zosime (Grec).
42 418 St Boniface Ier (Romain).
418-419 Eulalius (v. 380-v. 450).
43 422 St Célestin Ier (Campanien).
44 432 St Sixte III (Romain).
45 440 St Léon Ier le Grand (Toscan).
46 461 St Hilaire (Sarde).
47 468 St Simplice (Tivoli).
48 483 St Félix III (Romain).
49 492 St Gélase Ier (Africain).
50 496 Anastase II (Romain).
51 498 St Symmaque (Sarde).
498-505 Laurent.
52 514 St Hormisdas (Latium).
53 523 St Jean Ier (n. v. 470 Toscan).
54 526 St Félix IV (It. Samnium), mais désigné par Théodoric.
55 530 Boniface II (orig. goth., Romain).
530 Dioscore (orig. d'Alexandrie).
56 533 Jean II, Mercure (v. 470, Romain).
57 535 St Agapit Ier (Romain).
58 536 St Silvère (fils du pape Hormisdas) (Campanien).
59 537 Vigile (n. fin Ve s. Romain).
60 556 Pélage Ier (n. v. 500 Romain).
61 561 Jean III Catelinus († 574 Romain).
62 575 Benoît Ier dit Bonose (Romain).

63 579 Pélage II (n. 520 Romain).
64 590 St Grégoire Ier le Grand (n. v. 540 Romain).
65 604 Sabinien (Toscan, Blera).
66 607 Boniface III (Romain).
67 608 St Boniface IV (Italien, Avezzano).
68 615 St Dieudonné Ier ou Adéodat Ier (Romain).
69 619 Boniface V (Naples).
70 625 Honorius Ier (Campanien).
71 640 Séverin (Romain).
72 640 Jean IV (n. 580 ? Dalmate).
73 642 Théodore Ier (Grec n. à Jérusalem).
74 649 St Martin Ier (n. v. 590 ; Italien, Todi).
75 654 St Eugène Ier (Romain).
76 657 St Vitalien (n. v . 600 ; Ital., Segni).
77 672 Adéodat II ou Dieudonné II (Romain).
78 676 Donus (Romain).
79 678 St Agathon (Sicilien).
80 682 St Léon II († 683 Sicilien).
81 684 St Benoît II (Romain).
82 685 Jean V (Syrien).
83 686 Conon (patrie inconnue).
84 687 St Serge Ier (Syrien).
687 Théodore, puis Pascal (687-692).
85 701 Jean VI (Grec).
86 705 Jean VII († 707 Grec).
87 708 Sisinnius (Syrien).
88 708 Constantin (Syrien).
89 715 St Grégoire II (n. 669 Romain).
90 731 St Grégoire III (Syrien).
91 741 St Zacharie (Grec).
752 Étienne, non consacré (Italien).
92 752 Étienne II (Romain).
93 757 St Paul Ier (Romain).
767-769 Constantin (Ital., Nepi) (eut les yeux arrachés).
768 Philippe (nat. inconnue).
94 768 St Étienne III (n. v. 720 Sicilien).
95 772 Adrien Ier (Romain).
96 795 St Léon III (n. 750 Romain).
97 816 Étienne IV (Romain).
98 817 St Pascal Ier (Romain).
99 824 Eugène II (Romain).
100 827 Valentin (Romain).
101 827 Grégoire IV (Romain).
102 844 Serge II (Romain).
844 Jean (nat. inconnue).
103 847 St Léon IV (Romain).
104 855 Benoît III (Romain).
855 Anastase (v. 815-880) – Italien et (sans doute apocryphe) la « papesse Jeanne ».
105 858 St Nicolas Ier le Grand (n. v. 800 Romain).
106 867 Adrien II (792 Romain).
107 872 Jean VIII (820 ? Romain).
108 882 Marin Ier (Martin II) (Latium, Gallese).
109 884 St Adrien III (Romain).
110 885 Étienne V (Romain).
111 891 Formose (Latium).
112 896 Boniface VI (Romain).
113 896 Étienne VI (Romain) (étranglé).
114 897 Romain (début IXe s. Latium, Gallese).
115 897 Théodore II (840 Romain).
116 898 Jean IX (n. 840 It., Tivoli).
117 900 Benoît IV (Romain).
118 903 Léon V (Italien).
903-904 Christophore (déposé) († 906 Romain).
119 904 Serge III des Ctes de Tusculum (Romain) (père de Jean XI).
120 911 Anastase III (Romain).
121 913 Landon (Samnium).
122 914 Jean X (860 Italien).
123 928 Léon VI (Romain).
124 928 Étienne VII (Romain).
125 931 Jean XI des Ctes de Tusculum (906-35 Romain).
126 936 Léon VII (Romain).
127 939 Étienne VIII (Romain).
128 942 Marin II (Martin III) (Romain).
129 946 Agapit II (Romain).
130 955 Jean XII des Ctes de Tusculum (937-64 Romain).
131 963 Léon VIII (Romain) (laïc, élu pape).
132 964 Benoît V dit le Grammairien (Romain ; rival de Léon VIII et parfois considéré comme antipape).
133 965 Jean XIII († 972 Romain).
134 973 Benoît VI (Romain) (étranglé).
135 974 Benoît VII des Ctes de Tusculum (Romain).
974 Boniface VII (Romain).
136 983 Jean XIV, Pierre Canepanova (It., Pavie).
984 Boniface VII pour la 2e fois.
137 985 Jean XV (Romain) (fils d'un prêtre).
138 996 Grégoire V, Brunon de Carinthie (n. 973 Saxon).
997 Jean XVI († v. 1013) (Jean Filagato) (It. Rossano).
139 999 Sylvestre II (l'érudit Gerbert, n. 938 Fr.).
140 1003 Jean XVII, Siccone (Romain).
141 1004 Jean XVIII Fasano (Romain).
142 1009 Serge IV (Romain).
143 1012 Benoît VIII des Ctes de Tusculum (It.).
1012 Grégoire.
144 1024 Jean XIX des Ctes de Tusculum, laïc (Romain).
145 1032 Benoît IX, Théophylacte des Ctes de Tusculum († 1055 It.).
146 1045 Sylvestre III Jean (v. 1000 Romain).
147 1045 Benoît IX pour la 2e fois (déposé).
148 1045 Grégoire VI, Jean Gratien (Romain), abdique en 1046 († 1048).
149 1046 Clément II, Suidger, Cte de Morsleben et Homburg (Saxon).
150 1047 Benoît IX, pour la 3e fois.
151 1048 Damase II († 1048), Cte Poppon (Bavarois).
152 1049 St Léon IX, Bruno, Cte d'Éguisheim-Dagsbourg (1002-54 Alsacien).
153 1055 Victor II, Gebhard, Cte de Dollenstein-Hirschberg (All.).
154 1057 Étienne IX, Frédéric de Lorraine (Lorr.).
1058 Benoît X, Jean, Cte de Tusculum (Jean Mincius) (Romain).
155 1059 Nicolas II, Gérard de Bourgogne (n. v. 980 Fr.).
156 1061 Alexandre II, Anselme de Baggio (Milan).
1061-1072 Honorius II (v. 1009) (souche germanique, Vérone).
157 1073 St Grégoire VII, Hildebrand de Soana (v. 1015/1020 Toscan).
1080-1100 Clément III, Guibert de Parme (1023 It.).
158 1086 Bx Victor III, Didier de Montecassino Pce de Bénévent (v. 1027-87 It.).
159 1088 Bx Urbain II, Odon de Lagery (v. 1042 Fr.).
160 1099 Pascal II, Rainier de Bieda (v. 1050 It.).
1100 Théodoric évêque de Ste Rufine.
1102 Albert, évêque de Sabine.
1105-1111 Sylvestre IV, Maginulfe (v. 1050 Romain).
161 1118 Gélase II, Jean de Gaëte (v. 1058 It.).
1118-1121 Grégoire VIII, Maurice Bourdin († 1126 Fr.).
162 1119 Calixte II, Guy de Bourgogne (v. 1060 Fr.).
1124 Célestin II, Tebalde Buccapeco (Romain).
163 1124 Honorius II, Lambert de Fagnano (It.).
164 1130 Innocent II, Grégoire Papareschi (It.).
1130-1138 Anaclet II, Pierre Pierleoni (Romain).
1138 Victor IV, Grégoire.
165 1143 Célestin II, Guy (It. Castello).
166 1144 Lucius II, Gérard Caccianemici (It.).
167 1145 Bx Eugène III, Bernard Paganelli de Montemagno (Pisan).
168 1153 Anastase IV, Conrad de Suburra (Romain).
169 1154 Adrien IV, Nicolas Breakspeare (v. 1100 Anglais).
170 1159 Alexandre III, Roland Bandinelli (Sienne).
1159-1164 Victor IV, Octavien de Monticello (It.).
1164-1168 Pascal III, Guy de Crema (v. 1100 It.).
1168-1178 Calixte III, Jean abbé de Struma (Arezzo).
1179-1180 Innocent III, Lando (Italie Sezze).
171 1181 Lucius III, Ubaldo Allucingoli (It.).
172 1185 Urbain III, Hubert Crivelli (v. 1120 Milanais).
173 1187 Grégoire VIII, Albert de Morra (It.).
174 1187 Clément III, Paulin Scolari (Rom.).
175 1191 Célestin III, Hyacinthe de Bobone (Romain).
176 1198 Innocent III, Lothaire, comte de Segni (1160 Romain).
177 1216 Honorius III, Cencio Savelli (Rom.)
178 1227 Grégoire IX, Ugolin, comte de Segni (v. 1145 It.).
179 1241 Célestin IV, Geoffroi Castiglioni (Milanais).
180 1243 Innocent IV, Sinibaldo Fieschi (Gênois).
181 1254 Alexandre IV, Renaud de Segni (Romain).
182 1261 Urbain IV, Jacques de Pantaléon (v. 1200-64 Fr.).
183 1265 Clément IV, Gui Foulques (fin XIIe-1268 Fr.).
184 1271 Bx Grégoire X, Théobald Visconti (1210 It.).
185 1276 Bx Innocent V, Pierre de Tarentaise (v. 1225 Savoie).
186 1276 Adrien V, Ottobon Fieschi (Gênois).
187 1276 Jean XXI, Pierre « fils de Julien » (v. 1220 Portugais).
188 1277 Nicolas III, Jean Gaétan Orsini (v. 1210/20 Romain).
189 1281 Martin IV, Simon de Brion (Fr.).
190 1285 Honorius IV, Jacques Savelli (1210 Romain).
191 1288 Nicolas IV, Girolame Masci (v. 1230 It., Ascoli).
192 1294 St Célestin V, Pierre Angeliner de Morron (v. 1215-96 It.), abdique.
193 1294 Boniface VIII, Benoît Caetani (1235 ? It., Anagni).
194 1303 Benoît XI, Nicolas Boccasini (1240-1304, Ital. Trévise).
195 1305 Clément V, Bertrand de Got († 1314 Fr.).
196 1316 Jean XXII, Jacques Duèse (1245, Fr., Cahors).
1328-1330 Nicolas V, Pierre Rainalducci (v. 1260-1333 It.).
197 1334 Benoît XII, Jacques Fournier (Fr.).
198 1342 Clément VI, Pierre Roger de Beaufort (1291 Fr.).
199 1352 Innocent VI, Étienne Aubert (Fr.).
200 1362 Bx Urbain V, Guillaume de Grimoard (v. 1310 Fr.).
201 1370 Grégoire XI, Pierre Roger de Beaufort II (n. 1331) *(dernier pape fr.).*
202 1378 Urbain VI, Barthélemy Prignano (v. 1318-89 Naples).
1378-1394 Clément VII, Robert, comte de Genève (1342-94).
203 1389 Boniface IX, Pierre Tomaselli (1389-1404 Naples).
1394-1423 Benoît XIII, Pierre Martin de Luna (v. 1324 Esp.).
204 1404 Innocent VII, Cosme Migliorati (1336-1406 Sulmona).
205 1406 Grégoire XII, Angelo Correr (v. 1325 Venise).
1409-1410 Alexandre V, Pierre Filargo (1340-1410 Crétois).
1410-1415 Jean XXIII, Balthazar Cossa (v. 1370-1419 Pise).
206 1417 Martin V, Oddone Colonna (Rom.).
1423-1429 Clément VIII (Gil Sanchez Munoz) (v. 1380-1447 Esp.).
1425-1430 Benoît XIV (Bernard Garnier, Fr., élu par un seul cardinal, idem pour Jean Garnier, également Benoît XIV).
207 1431 Eugène IV, Gabriel Gondulmer (1383,Venise).
1439-1449 Félix V, duc Amédée VIII de Savoie (1383-1451).
208 1447 Nicolas V, Thomas Parentucelli (v. 1398 Sarzana).
209 1455 Calixte III, Alphonse Borgia (1378-1458 Esp.).
210 1458 Pie II, Ente Sylvius de Piccolomini (1405-64 Sienne).
211 1464 Paul II, Pierre Barbo (1417 Venise).
212 1471 Sixte IV, François della Rovere (1414-84 Savone).
213 1484 Innocent VIII, Jean-Baptiste Cybo (1432-92 Gênes).
214 1492 Alexandre VI, Rodrigue Borgia (1431-1503 Esp.).
215 1503 Pie III, François Todeschini-Piccolomini (1439-1503 Sienne).
216 1503 Jules II, Julien della Rovere (1443-1513 Savone).
217 1513 Léon X, Jean de Médicis (1475-1521 Florence).
218 1522 Adrien VI, Adrien Florensz (1459 P.-Bas).
219 1523 Clément VII, Jules de Médicis (1478-1534 Florence).
220 1534 Paul III, Alexandre Farnèse (1468 Romain).
221 1550 Jules III, Jean-Marie Ciocchi del Monte (1487-1555 Romain).
222 1555 Marcel II, Marcel Cervini (1501-55, Montepulciano).
223 1555 Paul IV, Jean-Pierre Carafa (1476 Naples).
224 1559 Pie IV, Jean-Ange de Médicis (1499-1565 Milan).
225 1566 St Pie V Antoine-Michel Ghislieri (1504-72 It.).
226 1572 Grégoire XIII, Hugo Buoncompagni (1502 Bologne).
227 1585 Sixte-Quint, Félix Peretti (1520-90 It.).

228 1590 Urbain VII, Jean-Baptiste Castagna (v. 1521-90 Romain).
229 1590 Grégoire XIV, Nicolas Sfondrati (1535 It., Cremone).
230 1591 Innocent IX, Jean-Antoine Facchinetti (1519-91 Bologne).
231 1592 Clément VIII, Hippolyte Aldobrandini (1536-1605 Florence).
232 1605 Léon XI, Alexandre Ottaviano de Médicis (1535 Florence).
233 1605 Paul V, Camille Borghèse (1552 Romain).
234 1621 Grégoire XV, Alexandre Ludovisi (1554, Bologne).
235 1623 Urbain VIII, Maffeo Barberini (1568-1644 Florence).
236 1644 Innocent X, Jean-Baptiste Pamfili (1574 Romain).
237 1655 Alexandre VII, Fabio Chigi (1599 Sienne).
238 1667 Clément IX, Jules Rospigliosi (1600-69, Pistoie).
239 1670 Clément X, Émile Altieri (1590 Romain).
240 1676 Bx Innocent XI, Benoît Odescalchi (1611 Côme).
241 1689 Alexandre VIII, Pierre Ottoboni (1610 Venise).
242 1691 Innocent XII, Antoine Pignatelli (1615 It.).
243 1700 Clément XI, Jean-François Albani (1649 Urbino).
244 1721 Innocent XIII, Michel-Ange Conti (1655 Romain).
245 1724 Benoît XIII, Pierre-François Orsini (1649 Italien).
246 1730 Clément XII, Laurent Corsini (1652 Florence).
247 1740 Benoît XIV, Prosper Lambertini (1675 Bologne).
248 1758 Clément XIII, Charles Rezzonico (1693 Venise).
249 1769 Clément XIV, Laurent Jean Vincent Ganganelli (1705-74 Rimini).
250 1775 Pie VI, Jean Angelo Braschi (1717-99 Cesena).
251 1800 Pie VII, Barnabé Chiaramonti (1742 Cesena).
252 1823 Léon XII, Hannibal Sermattei Della Genga (1760 It.).
253 1829 Pie VIII, François-Xavier Castiglioni (1761-1830 Italien).
254 1831 Grégoire XVI, Bartolomé Alberto Cappeliari (1765 Dolomites).
255 1846 Pie IX, Jean-Marie Mastaï Ferretti (1792 It.).
256 1878 Léon XIII, Vincent Joachim Pecci (1810, Anagni).
257 1903 St Pie X, Joseph Sarto (1835, Trévise).
258 1914 Benoît XV, Jacques della Chiesa (1854 Gênes).
259 1922 Pie XI, Achille Ratti (1857 Milanais).
260 1939 Pie XII, Eugène Pacelli (1876 Romain).
261 1958 Jean XXIII, Ange-Joseph Roncalli (1881 Bergame).
262 1963 Paul VI, Jean-Baptiste Montini (1897 It., Brescia).
263 1978 Jean-Paul Ier, Albino Luciani (1912 It., Dolomites).
264 1978 Jean-Paul II, Karol Wojtyla (18-5-1920 Polonais).

Nota. – Étienne (752) étant mort avant la consécration qui marque le véritable début du pontificat, son nom n'est plus enregistré sur la liste officielle ; Jean-Paul II est ainsi officiellement le 264e pape et non le 265e. Les listes non officielles donnent généralement 260 papes, en comptant pour 1 seul les 3 pontificats de Benoît IX (145, 147, 150), et en écartant comme antipapes Léon VIII (131) et Benoît V (132). Des spécialistes rejettent Lin (2), prédécesseur de Clet (3), les 2 noms devant plus vraisemblablement être lus ensemble *Anaclet*. Il y a eu 2 antipapes Victor IV : en 1132 (2 mois) et en 1159.

Saints et Bienheureux. 85 papes (env. 1/3) dont 78 canonisés et 7 béatifiés. Tous les p. antérieurs à Boniface II (530-32) sont appelés saints, sauf Libère (352-66) et Anastase II (496-98). Dep. St Grégoire le Grand (590-604), époque dep. laquelle on dispose de documents certains, il y a eu 24 saints et 7 bienheureux. Dep. la fin du Moyen Âge (1453), il y a *2 canonisations :* Pie V (1566-72 ; canonisé 1712), Pie X (1903-14 ; can. 1954) ; *1 béatification :* Innocent XI (1676-79 ; béat. 1956). Entre 1713 et 1893 il y eut 6 confirmations de béatification (Grégoire X en 1713, Urbain V, Innocent V, Victor III, Urbain II, Eugène III), 1 canonisation confirmée (Adrien III).

● **Vacance maximale.** Entre Clément IV, mort le 20-11-1268, et Grégoire X, élu le 1-9-1271 (alors qu'il était en Syrie), et intronisé le 10-2-1272. A cette occasion le Conclave fut institué. *Temps modernes :* élection de Pie VIII (1829) : 50 j ; Grégoire XVI (1831) : 65 j ; Pie VII (1799-1800) : 206 j. **Minimale.** Entre Jean XXIII et Paul VI (1963) : 18 j (même durée entre Jean-Paul Ier et Jean-Paul II). *Nombre de vacances, selon leur durée : 1 semaine :* 46. *10 j :* 10. *1 mois :* 52. *+ d'1 mois :* 28. *+ de 2 mois :* 17. *de 3 à 6 mois :* 17. *de 6 mois à 1 an :* 22.

Cardinaux

● **Age.** *Le plus vieux cardinal :* Georges da Costa (1406-1508), Portugais, mort à 102 ans. *Le plus jeune :* Louis-Antoine de Bourbon, le 19-12-1735, 8 ans et 147 j. (Son fils fut c. à 23 a.) *Cardinalat le plus long :* Jacques d'York, dernier prétendant Stuart, du 3-7-1747 au 13-7-1807 (60 ans 10 j).

● **Appellation.** Autrefois Illustrissime et Révérendissime. Dep. le 20-1-1630 : Éminence.

● **Blason (ornement).** Timbre ecclésiastique remontant au XIVe s., mais fixé officiellement en 1833 : chapeau rouge, cordons terminés par 30 houppes, soit 15 de chaque côté de l'écu, en 5 rangs de 1, 2, 3, 4 et 5 houppes ; au-dessus, passée en pal derrière l'écu, une croix d'or tréflée, à longue hampe.

● **Cardinal-doyen.** Président du Sacré Collège (et devenant le 1er personnage de l'Église à la mort du pape), il n'est pas forcément le plus âgé des c., étant désigné à vie par le pape, ainsi que le vice-doyen. Dep. février 1965, tous deux sont élus par les cardinaux évêques suburbicaires et parmi eux, sans limite dans le temps.

● **Consistoire.** Réunion de cardinaux présents à Rome, sous la présidence du pape. Il peut être secret ou ordinaire (les c. sont alors seuls admis), semi-public (les évêques sont admis) ou public (solennel). Le « consistoire consultatif » des 5/8-11-1979, a réuni tous les cardinaux.

Depuis 1179, le Collège des cardinaux (que l'on appelle le *Sacré Collège*) exerce le droit exclusif d'élire le pape qui est forcément l'un de ses membres (Voir p. 482 c).

● **Droit canonique.** Les c. se divisaient déjà en 3 *Ordres* (toujours maintenus) :

1°) cardinaux-prêtres (les curés de 25 églises romaines en 499, 28 au XIIe s., 107 en 1980) ;

2°) c.-diacres, au IIe s. : administrateurs des diaconies, c.-à-d. des régions de Rome qui servaient d'unité territoriale pour les œuvres charitables (on disait un « diacre régionaire ») ; en 795, ils devinrent tous curés d'une paroisse située au centre de Rome et n'ayant pas de « titre », c.-à-d. n'étant pas dirigés par un prêtre cardinal (leur nombre, 16, n'a pas varié) ;

3°) c.-évêques : à partir du VIIIe s., les papes incardinent à la cour pontificale les évêques des 8 cités voisines de Rome (appelées *suburbicaires,* c.-à-d. « proches de la ville ») : Porto, Ste-Rufine, Ostie, Albano, Velletri, Palestrina, Sabine, Tusculum (ou Frascati). Ces 8 titres se sont conservés jusqu'à notre époque, mais il n'y a plus que 6 c.-évêques, car les titres de Ste-Rufine et de Porto ont fusionné, et le titre d'Ostie est toujours donné en supplément à celui des 6 c.-évêques qui est doyen du Sacré Collège ;

4°) c.-non prêtres : une bulle de Sixte-Quint, *Immensa aeternis Dei* (1588), exigeait seulement que pour être c., on soit dans les ordres mineurs depuis au moins un an. Cette situation avait changé le 19-5-1918, avec la promulgation du Code de Droit canonique (du pape Benoît XV) qui exigeait que tout c. soit au moins prêtre. Depuis le 15-4-62 il doit être au moins évêque ; il est consacré év. *in partibus* avant de recevoir le chapeau (v. nomination ci-dessous).

Cardinaux pris en dehors du clergé romain. Dès le Xe s., les c. issus du clergé romain furent absorbés par leur travail administratif auprès du pape et laissèrent à des vicaires leurs responsabilités paroissiales ou épiscopales pour vivre en permanence à la Curie. Cela facilita la « création » de c. non romains à partir du XIIe s., à qui le pape donna fictivement une paroisse romaine, laissée aux soins d'un prêtre local. Le c. n'y paraît qu'en de rares occasions et n'y tient qu'un rôle d'apparat.

Nota. – La *Trinité-des-Monts,* église française du couvent du Sacré-Cœur, sur le mont Pincio, est traditionnellement la « paroisse romaine » de l'archevêque de Lyon, primat des Gaules ; *St-Louis-des-Français* est devenu titre cardinalice avec le c. Veuillot. Le c. Marty conserve ce titre actuellement.

● **Étymologie.** Adjectif dérivé du latin *cardo,* « gond ». Ce sens est resté dans le verbe *incardiner,* signifiant « attacher définitivement » un curé à une paroisse ou un clerc à un diocèse : l'image est celle d'une porte fixée définitivement à son montant par un gond (opposée au panneau amovible). *Cardinal* signifie donc *inamovible.*

Étaient *cardinaux* certains curés de paroisses de la ville épiscopale servant de conseil à l'évêque. Avant 1567, il y avait des c. (prêtres ou diacres) dans d'autres églises que celles de Rome : Milan, Ravenne, Paris (au XIIe s. les curés de St-Paul, St-Martin-des-Champs, St-Jacques, St-Séverin, St-Benoît, Charonne, St-Étienne-des-Grès, St-Gervais, St-Julien-le-Pauvre, St-Merri, St-Laurent, St-Jean-en-Grève), Lyon, etc. Depuis, tout c. appartient, fictivement ou non, au clergé de Rome.

● **Fonctions.** L'ensemble des cardinaux, ou *Sacré Collège* [terme datant de Nicolas II (1059-61), qui érigea le groupe des cardinaux en un collège chargé d'élire le pape], est défini par le canon 349 comme le « Sénat du Pontife romain ». Il lui fournit ses conseillers et les chefs de son administration. Néanmoins, il faut distinguer entre les *c. de Curie,* qui résident à Rome et sont constamment à la disposition du pape, et les *c.-évêques résidentiels,* pour qui la dignité cardinalice était jadis surtout honorifique. Actuellement, la facilité des transports aidant, il est courant qu'un évêque résidentiel ait la présidence d'une « commission » pontificale à Rome, ou prenne part aux travaux d'un ou de plusieurs organismes de la curie.

● **Nombre.** Moins de 20 jusque v. 1200. Fixé à 20 maximum en 1352. Ce nombre ayant été, lors du Grand Schisme (1378-1417), largement dépassé, les conciles du XVe s. demandèrent qu'on le ramenât à 20. Mais, en 1517, Léon X nomma 31 cardinaux d'un coup. En 1555, nombre fixé à 40 ; en 1577 à 65 ; en 1586 à 70 (par analogie avec les 70 vieillards d'Israël). Jean XXIII a porté ce nombre à 75 en 1958, 86 en 1960 et 90 en 1962 (dont 3 *in petto*).

Le 21-11-1970, Paul VI a fixé le chiffre maximal des cardinaux électeurs (moins de 80 ans) à 120 (chiffre atteint par Jean-Paul II le 5-1-83).

Nationalité. *1910 :* 41 (Italie 31, Europe 9, reste du monde 1). *1939 :* 62 (It. 33, Europe 22, autres 7). *1958 :* 52 (It. 17, Europe 17, autres 18). *1963 :* 82 (It. 29, Europe 26, autres 27). *1973 :* 145 dont 117 électeurs (It. 29, Europe 29, autres 59). *1986-3-2 :* 149 (116 électeurs de 58 nationalités) : *Europe 79* (dont Italie 35, France 9, Allem. 6, Pol. 5, Esp. 5, Belg. 4, P.-Bas 3, Autr. 2, Tchéc. 2, G.-B. 2, U.R.S.S. 2, Irl. 1, Youg. 1, Hongrie 1, Port. 1). *Amér. du N. 14* (dont U.S.A. 9, Can. 5). *Amér. du S. 24* (dont Brésil 6, Arg. 3, Mex. 3, Chili 2, Colombie 2, Venez. 2, Bolivie 1, Équateur 1, Nicaragua 1, Pérou 1, Porto-Rico 1, Dominique 1). *Afrique 16* (dont Niger 2, Algérie 1, Burkina 1, Angola 1, Bénin 1, C.-d'Iv. 1, Égypte 1, Éthiopie 1, Kenya 1, Madag. 1, Sénégal 1, Afr. du S. 1, Tanzanie 1, Ouganda 1, Zaïre 1). *Asie 13* (dont Inde 3, Philip. 2, Corée 1, Japon 1, Liban 1, Pakistan 1, Sri-Lanka 1, Thaïlande 1, Viêt-nam 1, Indonésie 1). *Océanie 3* (dont Australie 1, N.-Zél. 1, Samoa 1). Le 1er c. étranger a été un bénédictin français, Humbert de Bourgogne, créé c.-évêque de Ste-Rufine en 1049. Ces c. étrangers ont, dep. 1946, la majorité au Sacré Collège (actuellement 72 %). En 1985, Jean-Paul II a créé 28 card. de 17 nationalités différentes.

● **Nomination** (on dit « création »). Réservée au pape qui fait son choix parmi les hommes (au moins prêtres) qu'il estime remarquables « par leur doctrine, piété, prudence en affaires ». Création et publication se font au cours d'un *consistoire* (voir ci-dessous). Un cardinal nommé *in petto* est nommé en secret par le pape ; son nom n'est pas divulgué. Le 1er fut nommé en 1493 (Louis d'Aragon). Depuis 1900, 10 ont été nommés (Benoît XV : 2 ; Pie XI : 1 ; Jean XXIII : 3 ; Paul VI : 4).

Jusqu'en 1917, il n'était pas nécessaire d'avoir reçu la prêtrise pour être nommé. Depuis le 15-4-1962 (*motu proprio « Cum Gravissima »,* de Jean XXIII), tous les c. doivent être ou devenir évêques (on leur donne un titre archiépiscopal). Pendant la Renaissance, les nominations de c. firent parfois scandale, le pape agissant souvent en Pce italien pour qui le cardinalat était une dignité nobiliaire, sans relation avec la *doctrine* ou la *piété.* Les créations les plus scandaleuses ont été celles de 2 débauchés : Bernardo Bibbiena et Innocenzo Cibo (1513) par Léon X, et d'un montreur de singes de 14 ans, Innocenzo del Monte (1551), par Jules III. Depuis Calixte III (1455-58), de la famille des Borgia, les papes nommaient couramment leurs neveux, et Léon X, en 1513, créa officiellement la fonction de *cardinal-neveu*, qui ne fut supprimée qu'en 1676 à la mort de Clément X (son neveu, le cardinal Altiéri, s'était rendu odieux). Le secrétaire d'État le remplaça dans ses fonctions.

Les papes ont nommé c. à titre honorifique des membres des familles régnantes jusqu'au XIXe s., ou leurs propres parents jusqu'en 1876. Ex. : Innocent VIII nomma son neveu âgé de 14 ans ; Clément VII, à la demande de François Ier, Odet de Châtillon à 11 ans ; Clément XII, Louis de Bourbon (fils de Philippe V, roi d'Esp.), card. archev. de Tolède à 8 ans (1735).

● **Privilèges diplomatiques.** Les c. sont *princes de l'Église* et réputés les égaux des rois et des chefs d'État.

● **Protocole et cérémonial.** Dans tous les diocèses, on leur doit les mêmes honneurs que s'ils étaient évêques diocésains.

● **Tenue officielle.** *Chapeau rouge* (en italien *galero*). Date de Noël 1244 (concession d'Innocent IV), orné de 30 houppes rouges ; emblème de leur promptitude à verser leur sang pour la foi catholique ; devenu le symbole du cardinalat, il n'est plus imposé solennellement dep. 1967. Selon une coutume datant du XVe s., à la mort d'un cardinal év. d'un diocèse, son chapeau était suspendu aux voûtes de sa cathédrale, jusqu'à ce qu'il tombe en poussière. *Soutane rouge.* Date de 1303. *Barrette rouge.* Date de 1464.

Le *manteau de cérémonie* n'est plus porté devant le pape, mais seulement dans des circonstances exceptionnelles. La *cappa magna* est prohibée à Rome.

Dep. 1969, le costume de c. ne diffère plus de celui des évêques que par la couleur. Sont exclus notamment les accessoires vestimentaires, tels manteau, chapeau et souliers rouges.

Cardinaux et évêques se distinguent par la *mozette* de couleur (violette ou écarlate) qu'ils portent à l'office sur le rochet de lin. En dehors, chaque intéressé juge s'il doit ou non la porter dans des « circonstances tout à fait extraordinaires ». Le port de l'hermine est prohibé ; le port de la *manteletta*, sorte de manteau sans manches, est supprimé.

● **Réunions plénières.** Organisées par le pape Jean-Paul II pour régler de grands problèmes se posant à l'Église.

Encycliques

● **Définition.** Lettres envoyées par le pape aux évêques et destinées à l'ensemble du peuple chrétien (depuis Jean XXIII, elles s'adressent même aux non-chrétiens). La 1re lettre est de Benoît XIV (1740) mais l'usage n'est devenu fréquent qu'à partir de Grégoire XVI. Pie XII (34) et Pie XI (29) en ont le plus écrit.

Principales questions traitées. *Doctrinales* (précisent la doctrine de l'Église, condamnant notamment certaines erreurs).

Exhortatives (les plus nombreuses : demandent des prières publiques ou recommandent certaines dévotions, comme le rosaire).

Commémoratives (par ex., *Fulgens Radiatur* de Pie XIII, 21-3-1947 sur St Benoît). On les désigne par leurs 2 ou 3 premiers mots.

Nombre. Env. 100.

● **Principales encycliques depuis 1800. Pie VII.** *Diu satis* Pour maintenir l'unité de l'Église menacée (1800).

Grégoire XVI. *Mirari vos* Contre l'indifférentisme (1832).

Pie IX. *Nostris et nobiscum* Contre le socialisme et le communisme (1849). *Jamdudum cernimus* Contre les doctrines politiques modernes (1861). *Quanto conficiamur* Sur le pouvoir temporel (1863). *Quanta cura* Contenant en annexe le syllabus (« recueil ») énumérant les théories modernes condamnées (8-12-1864). *Quod nunquam* Contre le Kulturkampf allemand [(1875), voir ce mot dans l'Index].

Léon XIII. *Aeterni Patris* Condamne la critique rationaliste des savants (1879). *Immortale Dei* Sur la démocratie et l'autorité de l'Église. *Libertas* Sur la légitimité de la liberté personnelle (1888). *Rerum novarum* Sur la condition des ouvriers (1891). *Providentissimus Deus* Sur l'enseignement de la Bible et le rapprochement des Églises (1893). *Satis cognitum* Sur le rapprochement des Églises (1896).

Pie X. *Gravissimo officii* Contre la séparation de l'Église et de l'État en France (1906). *Pascendi dominici gregis* Contre les modernistes (1907).

Benoît XV. *Ad beatissimi* Sur la Paix (1914). *Spiritus Paraclitus* Sur la Bible (1920).

Pie XI. *Maximum gravissimumque* Sur les associations diocésaines (1924). *Divini illius magistri* Sur l'éducation chrétienne (1929). *Casti connubii* Sur le mariage chrétien (1930). *Quadragesimo anno* Sur la doctrine sociale de l'Église (1931). *Mit brennender Sorge (« Dans ma poignante inquiétude »)* Sur le nazisme (1937). *Divini Redemptoris* Sur le communisme athée (1937). *Non abbiamo bisogno* Contre le fascisme (1937).

Pie XII. *Summi Pontificatus* Contre les principes totalitaires. *Mystici Corporis* Sur l'Église, « corps mystique » du Christ (1943). *Summi maeroris* Contre la guerre (1950). *Humani generis* Contre certaines thèses anthropologiques (1950). *Evangelii praecones* Sur les missions (1951). *Sempiternus Rex* Commémore le Conc. de Chalcédoine (1951). *Ingruentium malorum* Recommandant la récitation du rosaire (1951). *Fulgens corona* Annonce l'année mariale (1954).

Jean XXIII. *Ad Petri Cathedram* Inaugurant le pontificat (1959). *Sacerdotii nostri primordia* Sur le curé d'Ars (1959). *Grata Recordatio* Sur le rosaire (1959). *Princeps pastorum* Sur les missions (1959). *Inde a Primis* Sur le Précieux Sang (1960). *Aeterna Dei sapientia* Sur le pape St Léon le Grand (1961). *Mater et Magistra* Sur les problèmes sociaux [la plus longue, 25 000 mots (1961)]. *Paenitentiam facere* Préparation du Concile (1962). *Pacem in terris* Sur la Paix (1963).

Paul VI. *Ecclesiam suam* Sur l'Église (1964). *Mense Maio* Sur la Vierge (1965). *Mysterium fidei* Sur l'Eucharistie (1965). *Populorum progressio* Sur le développement des pays (1967). *Sacerdotalis celibatus* Sur le célibat des prêtres (1967). *Humanae vitae* Sur la régulation des naissances (1968).

Jean-Paul II. *Redemptor hominis* Sur la dignité de l'Homme (1979). *Dives in misericordia* Sur la miséricorde de Dieu (1980). *Laborem exercens* Sur les travailleurs et le syndicalisme (1981). *Slavorum Apostoli* Sur l'évangélisation des Slaves par St Cyrille et St Méthode (1985).

Le Sacré Collège

État au 13-12-84. Dates de naissance et de nomination.

Les cardinaux de 80 ans et + n'étant plus électeurs, sont précédés d'un astérisque :

Doyen : Card. Carlo Confalonieri.

* ALFRINK, Bernard-Jean (P.-Bas 5-7-1900) 60.
* ANTONELLI, Ferdinando Guiseppe, Franciscain (It. 14-7-1896) 73[2].
APONTE MARTINEZ, Luis (Porto-Rico 4-8-22) 73.
ARAMBURU, Carlos (Arg. 11-2-12) 76.
ARINZE, Francis (Nigeria 1-11-32) 85[2].
ARNS, Paulo Evaristo (Brés. 14-9-21) 73.
* BAFILE, Corrado (It. 4-7-03) 76[2].
BAGGIO, Sebastiano (It. 16-5-13) 69[1,7].
BALLESTRERO, Anastasio, Carme (Italie 3-10-13) 79.
BAUM, William Wakefield (U.S.A. 21-11-26) 76.
BERAS ROJAS, Octavio Antonio (Rép. Domin. 16-11-06) 76.
BERNARDIN, Joseph (U.S.A. 2-4-28) 83.
BERTOLI, Paolo (It. 1-2-08) 69[1].
BIFFI, Giacomo (It. 13-7-28) 85.
* BUENO Y MONREAL, J.-M. (Esp. 11-9-04) 58.
CAPRIO, Giuseppe (It. 15-11-14) 79[2].
* CARBERRY, John Joseph (U.S.A. 31-7-04) 69.
CARPINO, Francesco (It. 18-5-05) 67[1].
CARTER, Gerald Emmett (Can. 1-3-12) 79.
CASAROLI, Agostino (It. 24-11-14) 79[1]
CASORIA, Giuseppe (It. 1-10-08) 83[2].
CASTILLO LARA, Salésien, Rosalio (Venez. 4-9-22) 85[2].
CE, Marco (It. 8-7-25) 79.
CIAPPI, Luigi, Dominicain (It. 6-10-09) 77[2].
CIVARDI, Ernesto (It. 21-10-06) 79[2]
* COLOMBO, Giovanni (It. 6-12-02) 65.
* CONFALONIERI, Carlo (It. 25-7-1893) 58[1].
* COORAY, Thomas, Oblat de M.I. (Sri Lanka 28-12-01) 65.
CORDEIRO, Joseph (Pakist. 19-1-18) 73.
CORRIPIO, AHUMADA, Ernesto (Mexique 29-6-1919) 79.
DADAGLIO, Luigi (It. 28-9-14) 85.
DANNEELS, Godfried (Belg. 4-6-33) 83.
DARMOJUWONO, Justinus (Indonésie 2-11-14) 67.
DEARDEN, John Francis (U.S.A. 15-10-07) 69.
DESKUR, André (Pol. 20-3-24) 85[2].
DUCOURTRAY, Albert (Fr. 20-4-23) 85.
* DUVAL, Léon (Algérie 9-11-03) 65.
EKANDEM, Dominic (Nigeria 1917) 76.
ENRIQUE Y TARANCÓN, Vicente (Esp. 14-5-07) 69.
ETCHEGARAY, Roger (Fr. 25-9-22) 79.
FLAHIFF, George Bernard, Basilien (Can. 26-10-05) 69.
FREEMAN, J. Darcy (Austr. 19-11-07) 73.
FRESNO LARRAIN, Juan (Chili 26-7-14) 85.
* FURSTENBERG, Maxim. de (Belgique 23-10-04) 67.
GAGNON, Edouard, Sulpicien (Can. 15-1-18) 85.
GANTIN, Bernardin (Bénin 8-5-22) 77.
* GARRONE, Gabriel (Fr. 12-10-01) 67[2].
GLEMP, Joseph (Pol. 18-12-1929) 83.
GONZÁLEZ, Martin Marcelo (Esp. 16-1-18) 73.
GOUYON, Paul (Fr. Bordeaux 24-10-10) 69.
GRAY, Gordon J. (G.-B. 10-8-10) 69.
* GUERRI, Sergio (It. 25-12-05) 69[2].
GULBINOWICZ, Henri (Pol. 17-10-28) 85.
* GUYOT, Jean (Fr. 7-7-05) 73.
HAMER, Jean-Jérôme, Dominicain (Belg. 1-6-16) 85[2].
HOEFFNER, Joseph (All. 24-12-06) 69.
HUME, Basil, Bénédictin (G.-B. 2-3-23) 76.
INNOCENTI, Antonio (It. 23-8-15) 85[2]
JUBANY ARNAU, Narciso (Esp. 12-8-13) 73.
KHORAICHE, Antoine-Pierre (Lib. 20-9-07) 83[8].
KIM, Étienne Sou Hwan (Corée S. 8-5-22) 69.
KITBUNCHU, Michel Michai (Thaïlande 25-1-29) 83.
* KOENIG, Franz (Autr. 3-8-05) 58.
KROL, John-Joseph (U.S.A. 26-10-10) 67.
KUHARIC, Franjo (Youg. 15-4-19) 83.
LANDAZURI RICKETTS, Juan, Franciscain (Pérou 19-12-13) 62.
LAW, Bernard (U.S.A. 4-11-31) 85.
LEBRUN MORATINOS, José Ali (Vén. 19-3-19) 83.
* LÉGER, P.-É., Sulpicien (Can. 26-4-04) 53.
LEKAI, Laszlo (Hong. 12-3-10) 76.
LOPEZ TRUJILLO, Alfonso (Col. 8-11-35)[3] 83.
LORSCHEIDER, Aloysius, Franciscain (Brés. 8-10-24) 76.
LOURDUSAMY, Simon (Inde 5-2-24) 85[2].
* LUBAC (de), Henri, Jésuite (Fr. 20-2-1896) 83[2].
LUBACHIVSKY, Miroslav (U.R.S.S. 24-6-14) 85.
LUSTIGER, Jean-Marie (Fr. 16-9-26) 83.
MACHARSKI, Franciszek (Pol. 20-5-27) 79.
MALULA, Joseph (Zaïre 17-12-17) 69.
MANNING, Timothy (U.S.A. 15-11-09) 73.
MARTINI, Carlo-Maria, Jésuite (It. 15-2-27) 83.
* MARTY, François (Fr. 18-5-04) 69.
* MAURER, José, Rédempt. (Bol. 13-3-1900) 67.
MAYER, Augustin, Bénédictin (All. 23-5-11) 85[2].
MC CANN, Owen (Afr. Sud 29-6-07) 65.
MEISNER, Joachim (All. 25-12-33) 83.
* MIRANDA Y GOMEZ, Mig. (Mex. 19-12-1895) 69.
MUNOZ DUQUE, Anibal (Colombie, 3-10-08) 73.
* MUNOZ VEGA, Paolo, Jés. (Éq. 23-5-03) 69.
* NASALLI ROCCA DI CORNELIANO, Mario (It. 12-8-03) 69[2].
NASCIMENTO, Alexandre do (Angola 1-3-25) 83.
NSUBUGA, Emmanuel (Ouganda 5-11-14) 76.
OBANDO BRAVO, Miguel, Salésien (Nicar. 2-2-26) 85.

* O'Boyle, Patrick-Louis (U.S.A. 18-7-1896) 67.
O'Connor, John (U.S.A. 15-1-20) 85.
Oddi, Silvio (It. 14-11-10) 69[2].
O'Fiaich, Thomas (Irl. 3-11-1923) 79.
Otunga, Maurice (Kenya 1-23) 73.
Palazzini, Pietro (It. 19-5-12) 73[2].
Pappalardo, Salvatore (It. 23-9-18) 73.
Parecattil, Joseph (Inde 1-4-12) 69.
* Parente, Pietro (It. 16-2-1891) 67.
Paupini, Giuseppe (It. 25-2-07) 69.
* Pavan, Pietro (It. 30-8-1903) 85 [2].
* Pellegrino, Michele (It. 25-4-03) 67.
Picachy, Lawrence Trevor, Jésuite (Inde 7-8-16) 76.
Piovanelli, Silvano (Ital. 21-2-24) 85.
Pironio, Edouard (Arg. 3-12-20) 76 [2].
Poletti, Ugo (It. 19-4-14) 73[4].
Poupard, Paul (Fr. 30-8-30) 85 [2].
Primatesta, Raoul, Fr. (Argentine 14-4-19) 73.
Ratzinger, Joseph (All. 16-4-27) 77.
Razafimahatratra, Victor, Jésuite (Madagascar 8-9-21) 76.
Ribeiro, Antonio (Port. 21-5-28) 73.
Righi-Lambertini, Egano (It. 22-2-06) 79 [2].
Rossi, Agnelo (Brés. 4-5-13) 65 [1].
Rossi, Opilio (It. 14-5-10) 76 [1].
Rubin, Wladislaw (Pologne 20-9-17) 79 [2].
Rugambwa, Laurian (Tanz. 12-7-12) 60.
Sabattani, Aurelio (It. 18-10-12) 83[2].
Salazar Lopez, José (Mex. 12-1-10) 73.
Sales, Eugenio de Araujo (Brés. 8-11-20) 69.
* Satowaki, Joseph (Japon 1-2-04) 79.
* Scherer, Alfredo Vicente (Brésil 5-2-03) 69.
Sensi, Giuseppe Maria (It. 27-5-07) 76 [2].
* Sidarouss, Stephanos Ier, Lazariste (patr. copte d'Alex. 22-2-04) 65[8].
Silva Henriquez, Raul, Salésien (Chili 27-9-07) 62.
Simonis, Adrien (P.-B. 26-11-31) 85.
Sin, Jaime L. (Philippines 31-8-28) 76.
Siri, Giuseppe (It. 20-5-06) 53.
Stickler, Alfons, Salésien (Autr. 23-8-10) 85 [2].
* Suenens, Leo (Belg. 16-7-04) 62.
Suquia Goicoechea, Angel (Esp. 2-10-16) 85.
Taofiniu'u, Pio, Mariste (Samoa 9-12-23) 73.
Thiandoum, Hyacinthe (Sén. 2-2-21) 76.
* Tomašek, František (Tchéc. 3-6-1899) 77.
Tomko, Joseph (Tchéc. 11-3-24) 85 [2].
Trinh Van-Can, Joseph Marie (Viêt-nam 19-3-21) 79.
Tzadua, Paul (Ethiopie 25-8-21) 85.
Ursi, Corrado (It. 26-7-08) 67.
Vachon, Louis-Albert (Can. 4-2-12) 85.
* Vaivods, Julijans (U.R.S.S. 18-8-95) 83.
Vidal, Ricardo (Philipp. 6-2-31) 85.
Vilela, Avelar Brandão (Brés. 13-6-12) 73.
* Volk, Hermann (All. 27-12-03) 73.
Wetter, Friedrich (All. 20-2-28) 85.
Willebrands, Jan (P.-Bas 4-9-09) 69[2].
Williams, Thomas Stafford (N.-Zél. 20-3-30) 83.
Yago, Bernard (Côte-d'Iv. juillet 1916) 83.
Zoungrana, Paul, P. blanc (Burkina 3-9-17) 65.

Nota. – (1) C.-évêques. (2) C.-diacres (les autres sont card.-prêtres). (3) Mgr Alfredo Lopez-Trujillo (n. 8-11-35) est le plus jeune cardinal. (4) Cardinal-vicaire de Rome. (5) Nommé d'abord *in petto* en 1969. (6) Nommé d'abord *in petto.* (7) Camerlingue de l'Église depuis le 24-4-1985. (8) Patriarches de rites orientaux.

Conciles œcuméniques

Ils représentent l'Église universelle (grec : *oikouménikos* = universel). Tous les évêques y sont conviés par le pape. Les décisions du concile (du latin *concilium* : assemblée), lorsqu'elles ont été confirmées par le pape, obligent tous les fidèles. Les 1ers conciles ont souvent donné lieu à des abus, soit qu'ils fussent convoqués sans l'agrément du pape, soit que le pouvoir temporel des empereurs d'Orient s'y ingérât trop. Les orthodoxes dénient aux conciles leur qualité œcuménique à partir du 8e (Constantinople IV).

Liste des conciles œcuméniques

1. Nicée I *(325).* Condamne Arius, qui nie la divinité de J.-C. Rédige le Symbole de Nicée. **2. Constantinople I** *(381).* Condamne les Macédoniens, qui nient la divinité et la consubstantialité du St-Esprit. **3. Éphèse** *(431).* Condamne Nestorius, qui nie que Marie soit la mère de Dieu. **4. Chalcédoine** *(451).* Définit les deux natures (humaine et divine) du Christ, condamnant le monophysisme (que garderont en grande majorité Coptes, Arméniens, Éthiopiens et Syriens). **5. Constantinople II** *(553).* Confirme les 4 précédents et condamne l'origénisme. **6. Constantinople III** *(680-681).* Condamne le monothélisme. **7. Nicée II** *(787).* Condamne les iconoclastes qui détruisent les images. **8. Constantinople IV** *(869-877).* Dépose Photius qui avait usurpé le patriarcat de Constantinople. **9. Latran I** *(1123).* Approuve l'accord de Worms (1122) sur la question des investitures.

10. Latran II *(1139).* Condamne simonie, usure ; prêche la continence des clercs. **11. Latran III** *(1179).* Condamne Albigeois et Vaudois. **12. Latran IV** *(1215).* Définit la transsubstantiation. **13. Lyon I** *(1245).* Contre Frédéric II. **14. Lyon II** *(1274).* Essai de rapprochement avec les Grecs. **15. Vienne** *(1311-1312).* Condamne les Templiers. **16. Constance** *(1414-1418).* Met fin au schisme d'Occident. **17. Florence** *(1439-1443).* Essai de rapprochement avec les Grecs. **18. Latran V** *(1512-1517).* Réforme du clergé. **19. Trente** *(1545-1563).* Réforme de l'Égl., décrets dogmatiques sur le péché originel, la justification, les sacrements.

20. Vatican I *(1869-1870).* Définit la position de l'Égl. sur la foi et le rationalisme (Constitution Dei filius), proclame l'infaillibilité du pape (Const. Pastor æternus). Interrompu par la prise de Rome, ajourné *sine die,* sans être clos officiellement. Clôture officielle : 1962.

21. Vatican II *(1962-65).* 1er concile sans condamnation. *Sessions* : 11-10/8-12-62 ; 29-9/4-12-63 ; 14-9/21-11-64 ; 14-9/8-12-65. *Papes* : Jean XXIII († 1963), Paul VI. *Participants* : 2 000 pères conciliaires, experts religieux et laïcs, observateurs non cath. Affirme sacramentalité et collégialité de l'Épiscopat. Promulgue 4 Constitutions (mystère de l'Église, révélation, liturgie, dialogue avec le Monde), 9 décrets (moyens de communication sociale ; œcuménisme ; Églises cath. orientales ; apostolat des laïcs ; formation des laïcs ; form. des prêtres ; renouvellement de la vie des religieux ; activités missionnaires de l'Église ; vie et activités des prêtres), 3 déclarations (liberté religieuse, relations avec les non-chrétiens, éducation chrétienne). *Influence* : bilan dressé en nov. 1985 au synode extraordinaire des év. (24-11/8-12, voir p. 489) ; *aggiornamento* (changement dans le fonctionnement de l'Égl.) ; *collégialité* (notamment groupement d'év. à l'échelon subcontinental ou national) ; *dialogue* (rapports élargis avec les autres religions et avec les non-croyants) ; *définition de l'Égl.* (l'encycl. *Lumen Gentium* insiste sur le rôle du peuple de Dieu) ; *inculturation* (le christianisme inséré dans la mentalité des peuples) ; *liturgie* (bouleversements, dans l'ensemble mal acceptés) ; *liberté religieuse* (reconnue dans le contexte des « Droits de l'Homme ») ; *insertion dans l'époque vécue* (définie par la constitution *Gaudium et Spes*) ; *œcuménisme* [dialogue avec les autres Égl. chrétiennes (a buté sur la question de l'ordination des femmes)] ; *sources de la Révolution* (l'Écriture présentée comme aussi importante que les dogmes définis par l'autorité de l'Égl).

Curie romaine

Gouvernement de l'Église universelle ; son nom vient de la Curia, siège du Sénat de l'Empire romain.

Composée de congrégations, de tribunaux, d'offices et de secrétariats, de conseils, d'offices, elle se distingue du *vicariat de Rome* (administration du diocèse), de la préfecture de la maison du pape, et des *services de l'État* de la Cité du Vatican.

Le latin reste la langue officielle de la Curie, mais les langues modernes sont aussi utilisées.

I. Secrétariat du pape et conseil

Secrétariat du pape ou **Secrétairerie d'État.** Organisme suprême de la Curie à la disposition du pape. Assure les relations entre les organismes de la Curie, les relations du pape avec évêques, nonces, gouvernements, ambassadeurs, personnes privées. Le *cardinal secrétaire du pape* (ou *secrétaire d'État*) réunit périodiquement les préfets de congrégations, pour un « conseil de Cabinet ».

Secrétaire d'État : card. Casaroli. *Substitut* : Mgr Eduardo Martinez Somalo, adjoint Mgr G.B. Re. *Dépendent de lui* : les services chargés de la correspondance (ancienne chancellerie) existaient dès le IVe s. ; des rédacteurs étaient dirigés par les *protonotaires apostoliques,* qui contresignaient et faisaient exécuter les bulles pontificales. A partir du XIIe s., le 1er chancelier de la Ste Église romaine était le principal collaborateur du pape. En 1908, Pie X réduisit ses compétences. Le dernier chancelier, le card. Traglia, démissionna le 26-2-73 en raison de son âge. 1 service chargé de rassembler les informations et articles de presse, le Conseil pour les moyens de communication sociale, l'Office des statistiques, le gouvernement de la Cité du Vatican.

Conseil pour les Affaires publiques de l'Église (ex-Congrégation des Affaires extraordinaires). *Secrétaire* : Mgr Achille Silvestrini. *Adjoint* : Mgr Audrys Backis.

II. Congrégations romaines

Elles jouent le rôle des différents ministères d'un gouvernement moderne.

Juridiquement égales entre elles, ont pour membres des cardinaux et des évêques résidentiels nommés par le pape pour 5 ans. Les évêques résidentiels participent aux réunions plénières, chargées de traiter les affaires les plus importantes et de fixer les grandes orientations (leur présence à Rome n'est nécessaire qu'une fois par an). A la tête de chacune : cardinal-préfet, secrétaire et sous-secrétaire, nommés par le pape pour 5 ans. Les congrégations sont assistées de consulteurs, nommés par le pape pour 5 ans et choisis parmi évêques, prêtres, religieux et laïcs, suivant la nature des travaux de chaque congrégation.

Congrégation pour la doctrine de la foi (ex-St-Office). Veille à la pureté de la doctrine et des mœurs. *Préfet* : cardinal J. Ratzinger ; *secr.* : Mgr Bovone.

Congrégation pour les évêques (ex-Congrégation consistoriale). En font partie d'office le Pt ou préfet du Conseil pour les Affaires publiques de l'Église, les pr. des Congrégations pour la Doctrine de la Foi, pour le Clergé, pour l'Éduc. catholique. S'occupe de la création ou de la réorganisation de diocèses ou de provinces ecclésiastiques, d'établir des évêques pour des régions ou des groupes sociaux particuliers (par ex. les vicaires aux armées). *Préfet* : card. Gantin.

Congrégation pour les Églises orientales. Compétente pour les affaires touchant aux personnes, à la discipline et au rite des Églises d'Orient unies à Rome. *Préfet* : card. Simon Lourdusarny.

Congrégation pour les sacrements et le culte divin. Administration et réception des sacrements, organisation de la liturgie. *Préfet* : card. Augustin Meyer. *Secr.* : Mgr Lajos Kada.

Congrégation pour le clergé (ex.-C. du Concile). *Préfet* : card. A. Innocenti. Réforme prévue 1986 : s'appellera C. des prêtres et des diacres, et aura la charge des séminaires.

Congrégation pour les religieux et les instituts séculiers. *Préfet* : card. J. Hamer.

Congrégation pour l'évangélisation des peuples ou pour la propagation de la foi. *Préfet* : card. J. Tomko.

Congrégation pour les causes des saints. *Préfet* : card. Palazzini.

Congrégation pour l'éducation catholique (ex-Congrégation des séminaires et universités). Formation des clercs et enseignement supérieur catholique des clercs et laïcs. 3 sections : 1re : séminaires ; 2e : universités ; 3e : écoles secondaires et primaires. *Préfet* : card. Baum. Réforme prévue 1986 : deviendra la C. des institutions cath. et sera chargée de la catéchèse au lieu des séminaires.

Congrégation pour le culte divin. *Préfet* : card. Augustin Mayer. *Secr.* : Mgr Virgilio Noé.

Nota. – 2. c. supplémentaires seront créées par la réforme de 1986 : relation avec les gouvernements civils et apostolat des laïcs.

III. Secrétariats et conseils

Secrétariat pour l'unité des chrétiens *. Coordonne les initiatives nationales et intern., organise des rencontres d'études avec les autres chrétiens, et envoie des observateurs cath. aux réunions des autres Églises et communautés chrétiennes. Compétent aussi pour les relations avec les juifs sur le plan religieux. *Prés. :* card. Willebrands. *Secr. :* Pierre Duprey.

Secrétariat pour les non-chrétiens *. But : promouvoir une meilleure connaissance des religions non chrét. et créer une mutuelle estime par des gestes concrets. Section chargée des relations avec les musulmans. *Préfet. :* card. Francis Arinze.

Secrétariat pour les non-croyants *. Spécialement chargé d'étudier l'athéisme, d'en chercher les motivations et d'instituer un dialogue avec les non-croyants. *Prés. :* card. Poupard.

Conseil des laïcs (créé le 6-1-1967). Pour promouvoir l'apostolat des laïcs. *Prés. :* card. Ed. Pironio.

Commission justice et paix (créée le 6-1-1967). Pour le développement des pays pauvres. *Prés. :* card. Etchegaray.

Conseil « Cor unum » (créé le 15-6-1971). *Prés. :* card. Etchegaray.

Conseil pour la famille. *Prés. :* card. Édouard Gagnon. *Vice-prés. :* Mgr Jean-François Arrighi (Fr.).

Commission pour les Communications sociales. *Prés. :* Mgr John Foley.

Conseil pour la Culture. *Prés. :* card. Garrone.

Nota. – (*) Transformés en « conseil », selon la réforme de 1986.

IV. Tribunaux

Pénitencerie apostolique. Juge des affaires au *for interne* (questions de conscience, par ex. l'exécution d'un vœu privé ou les décisions d'un confesseur). Chargé également des *indulgences*. *Pro-Pénitencier :* Mgr Luigi Dadaglio. *Régent :* Mgr L. de Magistris.

Tribunal suprême de la signature apostolique. Cour d'appel et de cassation pour les tribunaux ecclésiastiques. Également administratif. *Préfet :* card. A. Sabattani.

Tribunal de la Rote. Ordinaire, surtout chargé des procès en nullité de mariage, composé de 10 juges siégeant par chambre. *Doyen :* Mgr Arturo de Jorio.

V. Offices

Chambre apostolique. Chargée de conserver les droits et biens du Saint-Siège entre la mort d'un pape et l'élection de son successeur. Son chef, le *camerlingue de la Sainte Église* (card. Baggio), à distinguer du camerl. du Sacré Collège, est nommé à vie. En cas de vacance du St-Siège, il est gardien et administrateur des biens de la papauté et de ses droits temporels et prend possession des palais apostoliques. Il est chargé de constater officiellement la mort du pape. Il reçoit la *ferula aurea*, sorte de bâton de commandement, insigne de sa charge.

Administration du patrimoine du Siège apostolique (A.P.S.A.). Chargée de gérer les domaines privés du St-Siège. 2 sections : s. ordinaire (créée 1870) et s. extraordinaire (1929), gérant les fonds versés par l'État italien. En 1929 (accords du Latran). *Prés. :* card. Agnelo Rossi.

Préfecture des affaires économiques du St-Siège. Sorte de Cour des comptes ayant à sa tête une commission de 3 cardinaux. *Prés. :* card. Caprio.

Conseil pour l'étude des problèmes d'organisation et des problèmes financiers du St-Siège. *Créé* par Jean-Paul II le 6-7-1981, composé de 15 cardinaux, archevêques résidents [plus 2 card. de Curie, un représentant du pape (Agostino Casaroli) et le prés. de la préfecture des Aff. écon. du St-Siège (Giuseppe Caprio)]. Surnommés les « grands argentiers de l'Église ». Se sont vus confier le projet de réforme de la Curie.

Office des statistiques. Centralise les données statistiques. *Prés. :* Mgr Silvi.

Préfecture de la maison du pape. Regroupe les services réglant les audiences du pape et le protocole de son palais (anciens offices du majordome et du maître de chambre, anc. Congrégation du cérémonial). *Préfet :* Mgr Martin.

L'Index

Origine. Créé 1557. Supprimé 1966. Indiquait les livres qu'on ne pouvait lire que pour des motifs professionnels soumis à l'appréciation de l'év. diocésain. Dernière édition 1948. La non-lecture de livres antireligieux, immoraux ou induisant en erreur reste une exigence morale, mais qui n'est plus explicitée par une loi ecclésiastique.

Avaient été mis à l'Index : XVIIe s. : 93 auteurs, dont Pascal, les Pensées ; XVIIIe s. : 52, dont Condillac (1852), Condorcet (1827), Diderot (1894), La Mettrie (1770), Locke (1734) ; XIXe s. : 19, dont le Grand Dictionnaire universel Larousse du XIXe s. ; XXe s. : 16, dont Sartre (1948), Gide (1952), Kazantzakis (la Dernière Tentation, 1954), S. de Beauvoir (le 2e Sexe, les Mandarins, 1956), abbé Steinman (la Vie de Jésus, 1961).

Budget

St-Siège et Cité emploient 3 465 personnes pour la plupart prêtres et religieuses et assurent des retraites à env. 1 600 personnes (un cardinal touchait en 1984 env. 10 000 F par mois plus des indemnités s'il n'était pas logé, un fonctionnaire touchait de 4 000 à 9 000 F). La radio ne bénéficiant d'aucune redevance et ne diffusant pas de publicité, est dépourvue de ressources (en 1985, elle coûtera 18 milliards de lires). L'Institut pour les œuvres de religion (I.O.R.), qui bénéficie d'un statut autonome dans l'administration vaticane, a versé en juillet 1984 241 millions de $ (dettes réclamées par les banques créancières de la Banco Ambrosiano, sans contribution du St-Siège et sans qu'aient été touchés les dépôts confiés à l'I.O.R.).

● **Bilan 1984** (St Siège et Cité). Établis le 23-11-1985 par le card. Caprio, Pt de la préfecture des Aff. éc. du St-Siège.

Dépenses du St-Siège (en milliards de lires) : 116,75 ; *rentrées :* 72,25. *Déficit.* 59 (dont déficit pour Radio-Vatican 14,5) couvert en partie par le denier de St-Pierre (26 millions de $), en partie par un recours aux réserves du patrimoine.

État de la Cité du Vatican. Bénéfice global de 496 millions de lires en 1983. En milliards de lires : dépenses 57,1, recettes 57,6 (entrées aux musées, vente de timbres et de monnaies).

La Congrégation pour l'évangélisation des peuples a un budget propre. Elle répartit les fonds recueillis dans le monde entier par les Œuvres pontificales missionnaires, auxquelles l'Allemagne contribue généreusement.

Institut pour les œuvres de religion : érigé en 1942 par Pie XII (dir. actuel : Mgr Paul Marcinkus) (voir ci-dessus), succédant à la Commission *ad pias causas* (1887), puis à la Commission pour les œuvres de religion appelée familièrement « Banque vaticane ». Détenait 15 % du capital de la Banca Unione (devenue Banca Privata Italiana) et a perdu 250 millions de F dans son krach (août 1974). La commission des Finances du Vatican a constaté le 9-3-1985 à Rome que Mgr Marcinkus avait entièrement remboursé les créanciers du Banco Ambrosiano (lié à l'I.O.R.), soit 241 millions de $. Mais les dons des fidèles ont baissé à la suite de cette affaire (26 millions de $ en 1984, alors que le déficit du Vatican a été de 29,5 millions).

Déficit prévu pour 1985 : 87,4 milliards de lires. Mesures envisagées : restructuration de la typographie ; réduction de 15 % des salaires vaticanais ; appel à la générosité des fidèles pour éviter de nouvelles aliénations du patrimoine.

Synode épiscopal mondial

Assemblée consultative, créée en 1967 et réunie 7 fois de 1967 à 1985.

Premiers synodes. 24-9 au 29-10-1967 (problèmes doctrinaux, mariages mixtes, liturgie) ; 11 au 28-10-1969 (le pape, Rome et les Églises locales) ; 11 au 28-10-1969 ; 30-9 au 6-11-1971 (sacerdoce, justice dans le monde) ; 27-9 au 27-10-1974 [évangélisation du monde ; marqué par l'invitation du pasteur antillais Philip Potter (n. 1921), secr. gén. du Conseil œcuménique des Églises dep. 1972] ; 30-9 au 29-10-1977 (Catéchèse) ; 26-9 au 26-10-1980 (fonctions de la famille chrétienne dans le monde d'aujourd'hui) ; 29-9 au 28-10-1983 (réconciliation et pénitence dans la mission de l'Église). 24-11 au 8-12-1985 : Synode extraordinaire : « Vingt ans après Vatican II. »

Synode exceptionnel. *Du 24-11 au 8-12-1985.* 3 card. Pts : Krol, Malula, Willebrands ; 1 card. rapporteur : Danneels (assistant : P. Walter Kasper, prof. de théologie à l'Univ. de Tübingen). 165 participants avec droit de vote [102 Pts de conf. épiscopales nationales (France : Jean Vilnet) ; 24 chefs de dicastères ou grands organismes de la Curie (français : Etchegaray, Poupard) ; 5 représentants des religieux ; 15 responsables des Égl. orientales ; le secr. gén. du Synode (Jan Schotte) ; 21 personnalités désignées par le pape (Français : card. Lustiger, Jean Cazelles, Sulpicien)]. Sans droit de vote : 10 observateurs protestants et orthodoxes ; 9 invités spéciaux du pape (dont card. Marty) ; 15 auditeurs laïcs. *Objectif fixé :* actualiser le concile de Vatican II. *Tendances :* les 2 tendances de Vatican II (conservateurs et progressistes) sont remplacées par « optimistes » et « pessimistes ». Parmi ces derniers, les év. du tiers monde, qui jugent positive l'action de Vatican II sur 5 points : liturgie en langue moderne avec ouverture aux rites locaux ; éveil des vocations, engagement social, action missionnaire, diffusion de la Bible. *Résultats :* décision d'« amplifier » Vatican II : projet de réforme du gouvernement de l'Égl. et d'un catéchisme universel ; réduction du rôle des conférences épiscopales (continentales, sud-continentales, nationales) ; relance de l'œcuménisme pour un sommet de toutes les religions, tenu à Assise le 4-10-1986 (annoncé par Jean-Paul II le 26-1-1986).

Ordres religieux

Congrégations et ordres masculins

Généralités

Définitions. Chanoines réguliers. Voir Chanoines p. 491 a.

Clercs réguliers. Ordres fondés principalement au XVIe s. et groupant des prêtres sous une règle de vie commune et d'action dans le monde.

Congrégation. Plusieurs sens : 1° *institut religieux* à vœux non solennels ; 2° *subdivision d'un ordre* (par ex. : congr. bénédictine) ; 3° *ministère de la Curie* romaine ; 4° *sous la Restauration,* il a désigné une association fondée le 2-2-1801 par un ancien jésuite, l'abbé Jean-Baptiste Delpuits (1734-1811), et dissoute par décret impérial en 1809. On la confondait souvent avec la Sté secrète des *Chevaliers de la Foi,* fondée vers juin 1810 par Ferd. de Bertier († 1864) et Mathieu de Montmorency (1767-1826).

Couvent. Maison où résident des religieux non moines, tels que franciscains ou dominicains (pour les jésuites, on dit : maison). Le nom désigne également les maisons où résident les religieuses non moniales. Il a aussi pris le sens de « maison d'éducation » (d'où le mot : *couventines*).

Instituts religieux. Nom d'ensemble de tous les groupements organisés dont les membres sont des religieux ou des religieuses : Ordres, Congrégations cléricales (de prêtres) et laïques (de frères non-prêtres), Sociétés de vie commune.

Instituts séculiers. Associations de prêtres et de laïcs pratiquant les 3 vertus de pauvreté, chasteté, obéissance (état de perfection), mais vivant dans le monde. Ex. : Institut du Prado. Les membres d'instituts séculiers, en France, sont surtout des femmes (25 instituts, dont *Caritas Christi,* avec 800 m.).

Moines. Religieux à vœux solennels vivant en groupe dans un *monastère,* sous la direction d'un des leurs : *les abbés,* élus d'ordinaire à vie, sont à la tête d'une abbaye (au moins 12 moines) ; *les prieurs,* élus ou nommés à temps, sont à la tête d'un prieuré.

Ordres les plus anciens. Antonins et basiliens, fondés au IVe s. (environ 1 000 m. aujourd'hui).

Ordres mendiants. Ordres fondés au début du XIIIe s. (principalement franciscains et dominicains), dont la communauté, pratiquant la pauvreté, ne peut posséder que certains biens prescrits par la règle.

Profès (du latin *professus :* qui a fait profession). Nom donné aux religieux qui ont prononcé des vœux. On les appelle après les vœux temporaires, profès temp. ; les v. simples : pr. simples ; les v. perpétuels : pr. per. ; les v. solennels : pr. sol.

1981 : 225 instituts religieux masculins de droit pontifical, 31 139 maisons, 238 798 membres (dont 152 218 prêtres), dont (en 1978) : U.S.A. 49 634, Italie 49 598, Espagne 32 998, *France 24 243,* Canada 15 713, Brésil 14 569, P.-Bas 11 902, Belgique 11 069.

Nombre de religieux dans le monde

Décembre 1981	Clercs	Frères
Afrique	11 246	5 305
Amér. du N.	28 673	13 404
Amér. Centr.		
(continent)	4 549	1 542
(îles)	1 628	550
Amér. du S.	19 272	6 744
Moyen-Orient	1 339	346
Asie (avec Moyen-Or.)	13 687	5 892
Europe	3 393	34 051
Océanie	2 722	3 133
Total	*86 509*	*70 967*

Principaux ordres	1939	1967	1984-85
Jésuites	25 954	35 573	25 724
Franciscains	24 482	26 940	20 150
Salésiens	11 070	22 626	16 921 [4]
Capucins	13 466	14 521	11 497 [4]
Frères des éc. ch.	14 415	15 978	9 047 [1]
Bénédictins	9 070	11 400	9 453 [1]
Dominicains	7 011	10 003	7 112
Frères mar. des éc.	3 673	9 752	6 315
Rédemptoristes	6 663	8 779	6 332 [4]
Oblats (O.M.I.)	5 196	7 595	5 545 [4]
Verbe Divin	3 632	5 744	5 075 [4]
Lazaristes	5 133	6 584	4 427 [1]
Franciscains conventuels	3 113	4 605	4 116 [4]
Spiritains	3 890	5 147	3 490 [4]
Pères Blancs	2 045	3 621	2 623
Passionistes	2 887	4 137	2 800
Aug. récollets	814	1 482	1 223 [2]
Augustins	2 200	3 721	3 408 [3]

Nota. – (1) (1985). (2) 1982. (3) 1983. (4) 1-1-1985.

« Union des Supérieurs généraux ». *Regroupe* 225 Supérieurs généraux d'Ordres ou Congrégations d'hommes, de droit pontifical. 95 résident à Rome, les autres dans différents pays (14 en France). *But :* rendre la vie religieuse toujours plus utile à l'Église et au monde. *Pt :* R.P. John Vaughn, Franciscain ; *Secr. :* R.P. Marcel Gendrot, Montfortain. Via dei Penitenzieri, 19, 00193 Roma.

Principaux instituts religieux masculins

☞ **Légende.** Ch. : Chanoines ; C.L. : Congrégation religieuse laïque (c.-à-d. non sacerdotale) ; C.R. : Clercs réguliers et chanoines réguliers ; C.S. : Congrégation sacerdotale ; I.S. : Institut séculier ; M. : Membres (nombre dans le monde) ; Miss. : Missionnaires ; Pr. : Prêtres ; Rel. : Religieux ; S.V.A. : Société de vie apostolique.
Date de fondation.

Assomptionnistes, C.S. (1850), groupe de prêtres professeurs du collège de l'Assomption à Nîmes érigé en congrégation par le P. Emmanuel d'Alzon (1810-80) sous la règle de St Augustin (nom officiel : Augustins de l'Ass.). Essaime à Paris en 1851. Approbation définitive par Rome en 1923. *Activités principales :* presse, édition (dont Le Pèlerin et La Croix) ; pèlerinages (N.-D. de Salut) ; collège de Mongré (Rhône) ; centres d'accueil à Lyon-Valpré (Rhône), St-Maur (M.-et-L.), Les Essarts (S.-M.) ; missions (Amér. du S., Madagascar, Zaïre, C.-d'Ivo.) ; paroisses et établ. d'ens. européens, en Amér. du N., en N. Zél. *Membres* (1985) : *1 089.*

Augustin (chanoines réguliers de Saint) (CRSA). *IVe s.* St Augustin organise la vie commune de son clergé. *XIe et XIIe s.* Les communautés créées sur ce type sont réorganisées et reçoivent le nom de chanoines réguliers de St Augustin. *Actuellement :* 9 congrégations indépendantes, dont 6 sont confédérées depuis 1959 sous la présidence d'un Abbé-Primat [Congrégations du Latran (350 membres), d'Autriche (XIe s., 206 m.), du Grand St-Bernard (XIe s., 79 m.), de St-Maurice d'Agaune (XIIe s., 100 m.), de Vindesheim-St-Victor (XIIe et XIVe s., 76 m.), de l'Immaculée-Conception (XIXe s., 82 m.)]. En dehors de la Confédération : Prémontrés (XIIe s., 1 321 m.), Congrégation de Ste-Croix de Coïmbre (XIIe s., 120 m.), Croisiers (XIIIe s., 553 m.). *Vie commune* selon la règle de St Augustin, en abbayes ou prieurés le plus souvent, office choral public et solennel, et ministère sacerdotal (paroisses, enseignement, missions, éducation et hospitalité). Membres (1985) : 3 406, 500 maisons dans 40 pays.

Augustins Déchaux, mendiants, autre branche réformée des A. esp. *Fondé* en 1592-99. Vén. Thomas de Jésus († 1582), Vén. André Diaz († 1596). *Membres* (1985) : *91.*

Augustins Récollets, mendiants (1588), branche des castillans, réformée par Jéromino Guevara (1554-89), Pedro de Rojas et Luis de Leon (1528-91) et érigée en congrégation distincte par Grégoire XV en 1621, et en ordre par Pie X en 1912. Répandus en Esp., Italie, Amér. du S., U.S.A., Angleterre, Mexique, Iles Philippines, Taïwan, Chine. Caractère principal : vie contemplative, communautaire et apostolique selon la règle de St Augustin. Apostolat : enseignement, paroisses et missions. Membres (1985) : 1 265.

Barnabites. C.R. de St Paul (1530), fondés en 1533 à Milan, dans l'égl. Ste-Catherine par St Antoine-Marie Zaccaria (1502-39) ; transférés à l'égl. St-Barnabé (1545). Ministère paroissial, enseignement, miss. *Membres : 503.*

Bénédictins confédérés, moines (v. 530, conf. 1893) ; Ordo Sancti Benedicti, abrégé en O.S.B. St Benoît de Nursie (480-547) fonde 2 monastères : Subiaco (v. 500), Mt-Cassin (529). Il écrit pour eux la règle des moines cénobites qui militent dans un monastère sous une règle et un abbé. Vers 580, les monastères sont détruits par les Lombards, leurs moines se réfugient à Rome (mon. Sts-Jean-et-Pancrace, près du Latran). 597, 1res missions bénédictines (St Augustin de Cantorbéry, moine romain, évangélise l'Angl.). VIIe et VIIIe s. Les règles irl., dites de St Coloman et de St Benoît, sont diffusées dans les îles Brit. et sur le continent, donnant naissance au monachisme bénédictin colombanien régi par la règle mixte ; union entre les textes celtiques de St Colomban et la règle de St Benoît. Le statut de fondation des monastères règle leur situation juridique, diverse. 817, 1re tentative de centralisation des monastères, au Synode d'Aix-la-Chapelle, sur l'initiative de St Benoît d'Aniane (750-821), abbé d'Inda près de Cologne et conseiller intime de Louis le Pieux. La règle de St B. devient l'unique règle reconnue et admise pour les monastères de l'Empire. Après la dislocation de l'Empire et la décadence du IXe s., et la fondation de Cluny (910, Bourg.), se développe le mouvement monastique des Xe et XIe s., avec l'ordre (= observance) de Cluny, fortement centralisé : rayonnement religieux, spirituel, liturgique et artistique. D'autres observances : Brogne (Belgique, 923), Gorze (Lorraine, 923), Fleury (pays de Loire, 960), St-Dunstan (Angl., 969), Cava et Fontavellane (It., 1025 et 1049), Hirsau (Forêt-Noire, 1049), La Chaise-Dieu (Auv., 1052). XIIe s., Cîteaux (Bourg.), pour plus de fidélité à la règle de St B. constitue un ordre à part, plus structuré (V. ci-dessous : Cisterciens). XIVe-XVe s., réforme regroupant beaucoup de mon. bénéd. en congr. qui n'ont pas de liens juridiques entre elles : Olivétains (1319) et Ste-Justine (1419), devenue Mt-Cassin (1504) en It. ; Valladolid (1390) en Esp ; Bursfeld (1440) en Allemagne ; Chezal-Benoît (1498) en Fr. XVIIe s. La réforme bén. suscite 2 congr. : St-Vanne-et-St-Hydulphe (1604, Lorraine) et St-Maur (1618, Fr.), restées célèbres par leurs travaux d'érudition. *Révolution fr.* ruine le monachisme en Fr. et en Europe. XIXe s., rétablissement d'anciennes congr. (Mt-Cassin, 1815 ; Bavière, 1858 ; Autriche, 1889), fondation de nouvelles [*C. de France ou de Solesmes* (1837), par Dom Prosper Guéranger (1805-75) héritière de St-Maur, St-Vanne et Cluny ; *C. de Subiaco* (1872), f. par D. Pierre Casaretto ; *C. de Beuron* (1873), f. par les frères Maur et Placide Wolter en All. et *C. de Sankt-Ottilien* (Bavière, 1884)]. En Am. du N. : *C. Americano-Cassinaise* (1855) et *Helvéto-Américaine* (1881). *1893,* Léon XIII constitue la *Confédération bén.* regroupant tout l'ordre.

Actuellement, 21 congr. sous l'autorité d'un Abbé Primat. Solesmes et Beuron sont renommées pour leurs travaux de liturgie et d'art sacré. *En France métropolitaine,* en 1985, on comptait 907 m. dans 20 monastères (C. de Solesmes, Province française de Subiaco, C. Olivétaine et autres). *Dans le monde* (1985) : *9 453 m.*

Bétharram, C.S. (Prêtres du Sacré-Cœur de Jésus). *Fondée* 1835, Bétharram par St Michel Garicoïts (1797-1863). Activités pastorales, enseignement et missions d'outre-mer. A essaimé en Italie, Esp. Angl. et Am. Lat., Afrique noire et Extrême-Orient. *Membres* (1985) : *385* dont France 120.

Camaldules, ermites et moines (1 027, St Romuald) ; *maison-mère :* l'ermitage de Camaldoli (Apennins toscans). En 1965, les moines se sont ralliés aux Bénédictins confédérés (voir ci-dessus) dont ils forment la congr. des « moines-ermites camaldules ». *110 m. ;* 7 maisons. La congr. des Ermites camaldules du Mt Corona, réforme de Camaldoli, fondée en 1524 par Paul Guistiniani (1476-1528) demeure érémitique et indépendante (1985) *85 m. ;* 9 maisons.

Camilliens, C.R. (Serviteurs des malades) (1586, Camille de Lellis). Prêtres et frères opérant dans les diverses professions de la santé. *Membres* (1985) *1 002* dont France 53.

Carmes de l'ancienne Observ. mend. (1247). Fondés en Terre sainte. v. *1209* règle reçue du patriarche latin de Jérusalem, St Albert Avogadro ; *1238* rapatriés en Occident. *1247* organisés en ordre mendiant par le pape Innocent IV. Connus pour leur dévotion à la Vierge Marie (Scapulaire). *Membres* (1985) *2 003.*

Carmes Déchaux, mendiants (réf. 1568). Sous l'influence de St Jean de la Croix et de Ste Thérèse d'Avila, marqués par la note contemplative (2 h d'oraison quot., vie en cellule, silence) ; mais ils n'abandonnent pas la prédication (notamment retraites spirituelles). Supprimés en Fr. à la Révolution, rétablis à Bordeaux en 1840 par un Carme Déchaux esp. le P. Dominique de St Joseph. *Membres* (1985) *3 399* (en 40 provinces) dans 57 pays et 382 maisons.

En France : 2 provinces (Paris 57 religieux, 5 maisons, Avignon-Aquitaine 50 rel. 3 maisons).

Carmes de Marie Immaculée, C.S. *Créée* 1831 par 3 prêtres indiens (Frères Thomas Palakal, Thomas Porukara et Cyriac Chavara). *1855 :* érigée officiellement sous le titre « Serviteurs de Marie Immaculée

Exemple de vie dans un monastère

La règle de St Benoît (v. 530) encore observée par les bénédictins (9 400 h., 20 000 f.) et cisterciens (5 000 h., 6 000 f.). A inspiré les usages de beaucoup d'ordres et congrégations. La louange divine (chant ou récitation de l'office composé de psaumes, hymnes et lectures) et la messe conventuelle réunissent, à des moments déterminés, la communauté à l'église. Chaque moine consacre de plus un temps à la prière personnelle et à la lecture méditée de l'Écriture sainte et des auteurs spirituels. Des réunions rassemblent aussi les moines « à la salle du chapitre » (décisions communautaires, conférences, lectures spirituelles). Les moines prennent leurs repas en commun et en silence, tandis qu'ils écoutent une lecture. Le silence de règle entre les frères est interrompu par des temps de récréation commune ou d'échanges par groupes. Un silence plus strict règne la nuit, depuis l'office du soir (Complies) jusqu'à l'office matinal du lendemain (Laudes).

Chacun enfin s'adonne aux tâches que l'abbé ou le supérieur lui a assignées : travaux manuels (entretien, cuisine, artisanat, agriculture, etc.) ou intellectuels (sciences sacrées et humaines, enseignement aux jeunes frères, publications, etc.).

Le travail artisanal est courant dans les petites communautés, surtout féminines (jouets, vêtements, pâtes de fruits, imagerie, dactylographie et polycopie, etc.).

Depuis 1973, les articles produits portent un label d'origine : *Aide au travail des cloîtres, Produits monastiques.* Les grandes abbayes ont des activités plus importantes : imprimerie d'art à La Pierre-qui-Vire, galvanoplastie à Acey, fromagerie à Belloc, céramique à En-Calcat et Tournay. Elles accueillent aussi des hôtes pour des récollections ou des retraites individuelles ou en groupes.

Postulat. Probation préalable à l'entrée au noviciat. Il peut durer de quelques semaines à quelques mois et n'est plus exigé par le droit universel.

Noviciat. Probation d'au moins 12 mois consacrée à la formation spirituelle. Il se passe dans une maison désignée à cet effet, avec peu de contact avec le monde extérieur mais ayant un lien avec la communauté et la vie de l'Institut. Dans les Instituts de vie active, on peut prévoir des stages apostoliques qui en prolongent la durée.

Vœux temporaires (profession temporaire) de pauvreté, de chasteté et d'obéissance, prononcés à la fin du noviciat, constituent un engagement temporaire et probatoire d'au moins 3 ans (max. 9 ans).

Vœux perpétuels (profession perpétuelle) : engagement définitif pour toute la vie dans l'Institut. Certains Instituts ont gardé la dénomination de « vœux solennels ». Les Stés de vie apostolique n'ont pas de vœux, mais une autre forme d'engagement.

du Mont-Carmel». Titre actuel dep. 1858. Exempte de droit pontifical, appartient au rite oriental. Allie l'apostolat (surtout l'éducation) avec l'esprit carmélite de prière. Implantée en Inde, Amér. latine et Afrique. *Membres* (1985) *1 474*.

Chanoines réguliers de St Augustin. Fondés IVe s. et réorganisés XIIe. Ordre de prêtres suivant la règle écrite par St Augustin, év. d'Hippone, pour les prêtres vivant autour de lui : office choral public ; ministère paroissial. 6 congrégations autonomes (Latran, Autriche, Gd St-Bernard, St-Maurice, Vindesheim-St-Victor, Imm. Conception) constituées entre le XIe et le XIXe s., réunies en 1959 en une confédération sous l'autorité d'un abbé-primat. *Membres* (1985) *662*.

Chartreux, moines *1084,* fondés par St Bruno (v. 1030-1101) dans la Grande Chartreuse (Isère). *1128* 7 maisons indép. : elles reçoivent la règle (Coutumes) du Prieur de Chartreuse, Guigues ; *1140* érigées en Ordre par st Anthelme ; *1520* extension maximale (195 chartreuses, en Europe, en 17 prov.) *1582* nouvelle collection des statuts ; *1789* 122 chartreuses, disparues, sauf 5 ; *1816* Grande Chartreuse restaurée. *XIXe s.* reconstitution de l'ordre. Après Vatican II : mise à jour des statuts. *Membres :* (1985) *397.* 18 maisons. 2 catégories de moines : pères (prêtres), à la vie solitaire plus accentuée ; frères, avec plus de travail manuel.

Activités : vie consacrée à la prière : offices de j et de nuit, chantés à l'église, récités dans la cellule ; prière personnelle, lecture spirituelle ; un peu de travail manuel ; repas en solitude ; une promenade, une récréation par semaine. Pas d'activités extérieures, en raison de la clôture requise par la forme de vie contemplative. Quelques activités artisanales pour assurer la subsistance. Chaque moine vit dans une cellule personnelle, petite maison avec un jardinet. Les cellules donnent sur un cloître commun qui les relie à l'église. La communauté, dirigée par un Prieur, et qui ne doit compter qu'un petit nombre de moines, constitue une chartreuse. Le prieur de la Grande Chartreuse est en même temps supérieur général de tout l'ordre. L'autorité suprême est le Chapitre général, assemblée de tous les prieurs qui se réunit tous les 2 ans à la Grande Chartreuse. Chaque maison est inspectée tous les 2 ans par 2 visiteurs délégués du Chapitre général.

Implantation en France : Grande Chartreuse (fondée 1084) ; Portes (Ain) 1115 ; Montrieux (Var) 1137 ; Sélignac (Ain) 1200.

Cisterciens, moines fondés à Cîteaux (Cistercium) (1098) par St Robert de Molesmes († 1110) ; ils ont été appelés aussi *Bénédictins blancs :* pratiquent la règle de St Benoît et ont adopté l'habit blanc, et *Bernardins.* [Leur maître spirituel St Bernard, 1er abbé de Clairvaux (1112), déclencha un tel mouvement en faveur de Cîteaux que même des communautés non affiliées à l'ordre adoptèrent ses observances et vécurent selon son esprit.] Origine des moniales dites bernardines. Ex. en France : les bernardines d'Esquermes.

L'O. de Cîteaux connut plusieurs réformes, dont l'une fut celle de Rancé (1626-1700), abbé de la Trappe à Soligny (Orne), d'où le nom de trappistes donné à ceux qui embrassèrent cette réforme. Un moine de la Trappe, Dom Augustin de Lestrange (1754-1827), regroupe à la Révolution quelques moines à la Valsainte (Suisse) ; assure ainsi la survie de l'ordre de la Trappe, reprenant possession du monastère en 1815.

En 1892, à la demande du pape Léon XIII, les Cist. se scindèrent en 2 ordres juridiquement distincts :

1° Ordre Cistercien (O. Cist.). *Membres : 1 450* dans 75 monastères, dont 1 seul en Fr. (île de Lérins, A.-M.).

2° O. Cistercien de la stricte observance dit Trappistes. En 1898, tous ces monastères ont retrouvé Cîteaux comme maison-mère. Il y a 89 monastères pour hommes (dont 16 en France). *Membres* (1985) : *2 878* en France.

Clercs de St-Viateur, C.S. (1831) *1 068 membres.*

Consolata di Torino, C.S. (1901) *1 008 membres.*

Dominicains (Frères prêcheurs), mendiants [1215, St Dominique de Guzman (Esp., 1170-1221)]. Gouvernement reposant sur l'élection : a) prieurs conventuels élus par les religieux profès perpétuels ; b) prieurs provinciaux sont élus par prieurs conventuels et délégués spéciaux des couvents ; c) maître de l'Ordre, élu (pour 9 ans) par les prieurs prov. et les délégués spéciaux (2 par province) : Père Damian Byrne (Irl. 8-1-29 élu 1983). Au 1-1-84, env. 656 couvents et maisons, dans 83 pays, administrés par un *prieur* et groupés en 42 prov. et 3 vicariats généraux dirigés par un provincial ou un vicaire gén., 7 055 m.

Robe de laine blanche et manteau noir. *Buts du fondateur :* 1° Évangélisation des païens et des hérétiques (notamment albigeois du Languedoc, où il avait prêché seul de 1206 à 1215) ; l'ordre a été fondé à Toulouse, les 1ers dominicains ont été missionnaires itinérants en Languedoc. 2° A partir de 1217 : étude et enseignement de la théologie [leur compétence théologique leur fera jouer un rang prééminent dans l'*Inquisition,* fondée en 1229 ; le plus grand théologien cath. a été un dominicain : St Thomas d'Aquin, (1227-74)] : les couvents des D. conçus, à l'origine, comme de simples lieux d'hébergement pour prédicateurs itinérants, deviennent alors des établissements organisés pour la recherche théologique (instituts de recherches bibliques, facultés de théologie, bibliothèques) et pour l'apostolat (centres de conférences, de célébration liturgique, de direction spirituelle). De nos jours, des maisons sont des centres d'action spécialisés dans l'apostolat intellectuel [par ex. éditions du Cerf et « Istina », Revue d'études œcuméniques, bibliothèque du « Saulchoir », à Paris, Foi et Développement ; ils ont contribué à fonder le groupe de presse Malesherbes (La Vie, Informations cath. intern., Télérama), actuellement indépendant ; ils animent, sous l'autorité de l'épiscopat, l'émission télévisée « Le jour du Seigneur », ou ouvrier (centre de mission ouvrière à Hellemmes, Nord). Au XXe s., l'ordre se spécialise également dans l'*œcuménisme :* recherche théologique permettant de dialoguer avec islam, judaïsme, protestantisme ; en Scandinavie, ils sont les principaux collaborateurs de l'épiscopat. L'école biblique de Jérusalem est un lieu de rencontre islamo-judéo-chrétien. Un *Tiers Ordre régulier,* fondé par le P. Lacordaire en 1852 et consacré à l'éducation, a été assimilé à l'ordre en 1921 ; les dominicains assurent encore une présence d'animation spirituelle dans 2 collèges en France : Oullins, Marseille.

Adresse des 3 provinces fr. : 1, imp. Lacordaire, 31078 Toulouse ; 222, rue du Fg-St-Honoré, 75008 Paris ; 104, rue Bugeaud, 69451 Lyon.

Eudistes (Congr. de Jésus et Marie), S.V.A. Fondés en 1643 par St Jean Eudes (1601-80), ex-oratorien, pour la prédication des missions et la direction des séminaires (une quinzaine dans l'O. de la Fr.) ; XVIIIe s. : combattent le jansénisme ; supprimés à la Révolution ; *1826* reconstitués. 4 provinces : Canada-U.S.A., Colombie-Équateur, Venezuela, France (18 communautés, éducation, paroisses) et une région africaine : Côte-d'Ivoire et Bénin) ; maison gén. à Rome. *Membres* (1985) *543* dont France 143.

Fils de la Charité, C.S. Paris (1918) *215 membres.*

Fils missionnaires du Cœur Immaculé de Marie, C.S., Clarétiens (1849) *2 878 membres.*

Franciscains ou Frères mineurs (fondés 1209 par St François d'Assise), appelés en France cordeliers jusqu'en 1792. Ordre de prédicateurs populaires orientés aussi vers les études sup. (sciences, étude des cultures, diplomatie, études bibliques, histoire, etc.).

Actuellement, les frères exercent des apostolats variés, surtout populaires. 7 universités ou centres d'études sup. enseignent la théologie de St Bonaventure et du Bx Jean Duns Scot, notamment le collège int. St-Bonaventure à Grottaferrata (Italie), l'institut Cisneros de Madrid et le Studium biblique de Jérusalem. L'ordre publie plusieurs revues spécialisées dont l'*Archivum franciscanum historicum.*

Religieux 19 973 (1986) pères et frères en 105 provinces ou custodies : Europe 12 511 (dont It. 4 025, Esp. 1 544, Youg. 1 388, Fr. 592) ; Amér. 6 257 (dont U.S.A. 2 720, Brésil 1 116) ; Afr., Asie et Océanie 1 205 (dont Terre sainte 178). *Novices :* Chili 26, Pologne 25, U.S.A. 18.

Adresse des 5 provinces fr. : 7, rue Marie-Rose, 75014 Paris ; 13, av. Esquirol, 69003 Lyon ; 17, rue Marchand, 57000 Metz ; 42, rue Surcouf, 35000 Rennes ; 27, rue Adolphe-Coll, 31000 Toulouse.

Franciscains capucins, mendiants, réforme des Fr. par Matthieu de Basci (1528). Leur nom vient du capuchon long et pointu inspiré de l'antique iconographie de St François. Ils donnèrent la priorité à la contemplation, la simplicité de vie et la prédication populaire nourrie par la recherche théologique. Les Constitutions révisées sur le nouveau droit canon sont promulguées en 1983. *En France* introduits par le card. Charles de Lorraine (1574), éteints pendant la Révolution, restaurés (1820) grâce à leur « Mission du Levant » à Constantinople, qui avait survécu (+ de 70 fraternités en 5 provinces : Lyon, Paris, Savoie, Strasbourg, Toulouse). *Adresse principale :* 32, rue Boissonade, 75014 Paris. Effectif max. 1961 : *15 849 membres,* 1985 : *11 497 membres* dont France 540.

Franciscains conventuels, ou Frères mineurs conventuels, mendiants, populairement appelés en France *cordeliers,* à cause de la corde qu'ils portent. Fondés par St François d'Assise en 1209, approuvés en 1223 par le pape Honorius III sous la dénomination de *Frères Mineurs.* A partir de l'an 1250, il leur est concédé d'officier dans des églises « conventuelles », à l'origine de leur nom. *Apostolat :* prédication pastorale paroissiale, enseignement, animation spirituelle de sanctuaires (par ex. : à Assise, garde du corps de St François ; à Padoue, du corps de St Antoine), pénitencerie à St-Pierre de Rome. *Missions à l'étranger :* Afrique, Indonésie, Japon, Chine, Amér. latine, Inde. *Recherche théologique* inspirée par la spiritualité fr., primitivement à Paris au *Studium generale* fondé en 1236 par Alexandre de Hales près de la future Sorbonne (Grand couvent des Cordeliers), illustré par St Bonaventure et Duns Scot ; puis au *Collège St-Bonaventure,* érigé à Rome par Sixte Quint (pape franciscain conventuel) en 1587 ; actuellement, Faculté pontificale de théologie « Seraphicum ». *Revue spécialisée :* Miscellanea francescana. *En France,* l'ordre fut supprimé à la Révolution, puis rétabli en 1949 : 4 couvents [Narbonne et Fontcouverte (Aude), Tarbes et Lourdes (Htes-Pyrénées)]. Spiritualité mariale de St Maximilien Kolbe (mission de l'Immaculée). *Adresse principale :* Rome, piazza SS. Apostoli, 51. En France : 2, bd Pierre-Renaudet, 65000 Tarbes. *Membres 4 116,* en 37 provinces, 15 custodies, 14 territoires de mission (1984).

Franciscains du Tiers Ordre rég., mendiants (1221). *Membres* (1985) *889.*

Frères de la Charité de Gand, C.R. de droit pontifical, fondée (1807) par Pierre-Joseph Triest (1760-1836). *But spécial :* soins de malades mentaux, éducation des handicapés et des enfants normaux (écoles primaires, secondaires, professionnelles). *Membres* (1985) *834 ;* 94 communautés dont : Belgique 35, Hollande 10, Afrique 11, Canada 10, Irlande 9, Indonésie 4, Pérou 4, Angleterre 3, Afr. du Sud 3, U.S.A. 1, Japon 1, N.-Guinée 1, Rome 1, Philippines 1.

Frères de l'Instruction chrétienne de Ploermel, C.L. Fondée en 1819 par les abbés de La Mennais (1780-1860) et Deshayes (1767-1841). Approuvés en 1822, dissoute, en Fr. en 1903. Dirige des établ. scolaires en France, Canada, Esp. Angleterre, It., U.S.A., Haïti, Argentine, Uruguay, Chili, Sénégal, C.-d'Ivoire, Togo, Zaïre, Ouganda, Rwanda, Tanzanie, Kenya, Seychelles, Japon et Tahiti. *Membres* (1986) *1 523* [(dont 590 en France et dans les missions en dépendant, 420 au Canada et dans ses missions, 205 en Esp. et ses missions)].

Frères de l'Instruction chrétienne de St Gabriel, C.L. (1853). Fondée par St Louis-Marie Grignion de Montfort (1673-1716) pour le service des missions paroissiales et les écoles charitables ; restaurés par Gabriel Deshayes (1767-1841) ; reconnaissance légale 1853. Enseignements tous degrés ; catéchèse, sourds, aveugles ; Boy's Towns (Asie) ; aide au dévelop. (Asie, Afrique). *Membres* (1985) *1 339* en 293 communautés dans 25 pays.

Frères maristes des Écoles (Petits Fr. de Marie), C.L. enseignante. Fondée en 1817 par le Bx Marcellin Champagnat (1789-1840) à La Valla-en-Gier (Loire), dans le cadre de la Soc. de Marie (Maristes), dont elle forme une branche autonome. 1851 : reconnue en France. 1863 : approuvée à Rome. *Membres* (1966) *9 752,* (1985) *6 230* dans 1 014 maisons (72 pays).

Frères de N.-D. de Lourdes, C.L. (1830) C.R. de droit pontifical. Fondés par E.-M. Glorieux (1802-72). *Administration gén. :* rue St-Joseph 1, 9040 Oostakker (Belgique). *Membres : 410* dans 51 maisons.

Frères du Sacré-Cœur, C.L. [1821 à Lyon par André Coindre (1787-1826)]. 1985 : *1 720 membres* (dont 105 en France) dans 31 pays. Reconnus dans toute la France en 1851, par Rome en 1894 ; jusqu'en 1903, dirigeaient des écoles, quelques orphelinats et instituts pour sourds-muets. Depuis 1927 : missions. *En France :* éducation dans 18 écoles, collèges et lycées d'ens. gén., profess. et agric. en collaboration avec des laïcs.

Frères de St Louis de Gonzague, C.L. [1840 à Oudenbosch, P.-B., par Guillaume Hellemons Cist. (1810-1844)]. 18 maisons dont 1 au Canada. Missions en Indonésie, Tanzanie et Liberia. *Membres* (1986) : *196.*

Frères des Écoles chrét., C.L. (1681). Fondée à Reims par St Jean-Baptiste de La Salle (1651-1719). Approuvés 1725. Incorporés à l'Univ. 1808. Supprimés en France 1904, fondent de nombreuses écoles à l'étranger. Actuellement, dirigent 260 établ. en France, 1 314 écoles dans 82 pays. Religieux non prêtres. Leurs 2 derniers chapitres généraux (1966 et 1976) ont réaffirmé ce caractère purement laïc. *En mission :* 120 frères français. *Adresse en France :* 78 A, rue de Sèvres, 75341 Paris Cedex 07. *Noviciat :* 14, montée des Carmes, 69995 Lyon. *Membres* (1985) : *9 047* dont France 1 644.

Hospitaliers de St Jean de Dieu (St Jean de Dieu, 1495-1550). O. religieux de caractère laïc, consacré au service des pauvres et des malades. Fondé à Grenade. Introduit en France en 1602 où il s'est occupé surtout des malades mentaux. En *1984*, possédait 190 hôpitaux dans le monde, avec *1 674* religieux (France : 10 hôp., 110 frères).

Jésuites (Compagnie de Jésus), C.R. Fondée en 1540 (St Ignace de Loyola, 1491-1556). Le recrutement a repris en Pologne, en Amér. centrale et du S. et en Inde. (Pour l'ensemble de la Compagnie, 950 novices env.) Actuellement, un jésuite en formation sur 4 dans le monde est indien.

Dirigée par un préposé général élu à vie par la Congrégation générale [3 profès délégués pour chaque province de l'ordre (actuellement 87), dont les provinciaux]. Le général Pedro Arrupe (n. 1907, élu 1965) a démissionné en 1980 ; mais le pape Jean-Paul II a différé son acceptation. Le 7-8-1981, le P. Arrupe, frappé de thrombose cérébrale, désigne son « vicaire » (chargé du gouvernement) : l'assistant américain, le P. Vincent O'Keefe. Mais le 6-10-1981, J.-P. II nomme à titre temporaire un jésuite italien de 80 ans, le P. Paolo Dezza, avec le titre de « délégué personnel » du pape (adjoint : le P. Giuseppe Pittau, 53 a., Italien, provincial du Japon). Il avait la tâche de préparer la Congrégation gén. qui est convoquée pour le 1-9-83 ; le 13-9-1983 élu général le P. Peter-Hans Kolvenbach (Hollandais n. 30-11-28). O. divisée en 12 Assistances groupant 83 provinces. 2 catégories de membres : coadjuteurs (spirituels ou temporels) et profès. *Provincial de France* (dep. 1985) : le P. Jacques Gellard (n. 1931).

Constitutions approuvées en 1558 (Ordre d'un genre particulier, à la fois O. des clercs réguliers et O. mendiant ; le seul O. dispensé de la récitation en commun de l'office). La Compagnie s'était mise à la disposition des papes et avait été chargée de mener la lutte contre la Réforme. Demeurée largement espagnole dans ses structures, elle utilise les cadres politiques de l'ancien empire de Charles Quint pour enlever à l'emprise protestante de nombreux territoires européens (Hongrie, Pologne, All. du S., P.-Bas) et pour évangéliser outre-mer. Après la défaite partielle du protestantisme, les J. luttent principalement pour la papauté *(ultramontanisme)* contre jansénisme et particularismes religieux de chaque pays (par ex. : le gallicanisme en France) ; ils provoquent ainsi la coalition des monarchies cath. absolues, des partis dévots jansénisants et des nouveaux alliés du protestantisme, les philosophes, partisans des Lumières, c.-à-d. de la liberté de penser et d'écrire. Les philosophes, puissants à Versailles, ont de nombreux moyens de pression sur les cours où règnent les Bourbons et leurs alliés. Les Bourbons d'Italie sont influents à la cour pontificale de Rome ; par ressentiment contre les actions antijansénistes de la Cie, les dévots laissent les philosophes agir contre elle. Elle est interdite au Portugal, 1759 ; en France, 1764 ; Espagne, 1767. En 1769, lors du conclave, les ambassadeurs des Bourbons (France, Espagne, Sicile, Parme) menacent d'exclusive tout *papabile* ne prenant pas l'engagement d'interdire l'ordre. Clément XIV, élu, retarde la décision jusqu'en 1773, puis est contraint de la promulguer pour tous les États cath.

L'ordre se maintient en Pologne, dépendant de la Russie orthodoxe et de la Prusse protestante. Il est toléré en Italie sous le nom des Pères de la Foi (1799) ; puis rétabli officiellement par Pie VII (1814). Il est de nouveau expulsé d'Italie en 1870 et de France en 1880. En février 1976, les 4 provinces de France sont réunies en une seule province qui, avec la prov. du Proche-Orient, constitue l'Assistance de Fr. [1 189 jésuites (statistiques 1984 pour la Fr. : 38 †, 8 entrées au noviciat)]. *Devise :* Ad majorem Dei gloriam.

Les constitutions réglant l'admission des nouveaux membres sont toujours celles que St Ignace de Loyola avait rédigées avec Jean de Polanco : 2 ans de noviciat préparant à la profession des 3 vœux simples de pauvreté, chasteté et obéissance. Au terme des années de formation (environ 10 ans), admission aux grands vœux, soit solennels avec vœu spécial d'obéissance au pape, soit simples, mais publics, conférant le statut de coadjuteur spirituel ou temporel (pour ceux qui ne sont pas prêtres et contribuent de bien des manières à l'œuvre apostolique de la Compagnie). Seuls les profès des vœux solennels ont droit à certaines charges, comme celle de supérieur majeur.

Maisons d'enseignement des jésuites en France : ENS. SUPÉRIEUR : École sup. d'agric. de Purpan, Toulouse (Hte-G.) ; Éc. d'ingénieurs I.C.A.M. (Institut cath. d'arts et métiers), Lille (Nord) ; Éc. Ste-Geneviève, Versailles. ENS. SECONDAIRE : Éc. St-Louis-de-Gonzague (rue Franklin), Paris 16e ; de Provence, St-Gjniez, Marseille (B.-du-Rh.) ; Éc. tech. du Marais, St-Étienne (Loire). Coll. St-Stanislas, Toulouse (Hte-G.) ; Le Caousou, Toulouse (Hte-G.) ; St-Joseph de Tivoli, Bordeaux-Cauderan (Gir.) ; St-Michel, St-Étienne (Loire) ; St-Joseph, Reims (Marne) ; St-François Xavier, Vannes (Morb.) ; N.-D. de Ste-Croix, Le Mans (Sarthe) ; la Providence, Amiens (Somme) ; St-Joseph, Avignon (Vaucl.). CENTRES SCOLAIRES : St-Paul, Lille (Nord) ; St-Marc, Lyon.

Principales publications en France : Les Études (mensuel fondé en 1956) ; *Cahiers de l'actualité religieuse et sociale* (mensuel) ; *Projet* (mensuel).

En 1985, *25 549* dans 111 pays dont Esp. 2 823, It. 1 199, France 1 043, Amér. du N. et du S. 8 905, Asie 4 551, Inde 3 355, Afr. 1 076, Océanie 341. 18 455 prêtres, 3 684 étudiants (Inde 971). 3 410 frères coadjuteurs.

Lazaristes, S.V.A. (Congr. de la Mission, 1625) établie par St Vincent de Paul (1581-1660) au coll. des Bons Enfants, puis au prieuré de St-Lazare. Approuvés en 1633 (constitutions définitives, 1670). Missions rurales et étrangères, aumôneries, enseignement dans les séminaires. Fait partie des 5 congrégations masculines autorisées. *Membres* (1985) *4 427*.

Marianistes. [Sté de Marie (S.M.), 1817], C. Fondée à Bordeaux, par le Vénérable Guillaume Chaminade (1761-1850). Enseignement, paroisses, missions. Prêtres et laïcs (à égalité de droits). 16 provinces : France, Italie, Autriche, Suisse, Canada, Japon (1), Esp. (2), Amérique du Sud (3), U.S.A. (5) et 2 régions : Corée, Colombie (en tout : 32 pays). Éducation, paroisses, missions, presse, prédication, universités. En France, 12 établissements scolaires, 10 paroisses. *Membres : 2 016* dans 32 pays.

Maristes (S.M. : Sté de Marie), Pères maristes. Fondée à Lyon et Belley par le Vén. Jean-Claude Colin (1790-1875) sous un engagement communautaire pris à Fourvière en 1816. Approuvée en 1836. Missions, enseignement, paroisse, animation de jeunesse.

Congr. féminines apparentées : Sœurs maristes (S.M.) ; Sœurs missionnaires de la Société de Marie (S.M.S.M.). *Membres* (1985) : *1 866* dans 29 pays. France 250, Québec 60.

Maryknoll, S.V.A. (Sté pour les missions étr.). Fondée par J.-A. Walsh et Th.-F. Price en 1911. *Membres* (1985) : *849*.

Mercédaires, mendiants. Fondée par St Pierre Nolasque, à Barcelone, Esp., en 1218 pour le rachat des chrétiens faits prisonniers par les musulmans, a racheté env. 500 000 captifs jusqu'en 1779, dépensant 2 milliards de pesetas-or. Depuis, se consacrent aux missions (surtout sud-amér.) et aux œuvres de bienfaisance. En 1235 (17 janv.), l'ordre de la Merci a été approuvé par le pape Grégoire IX. Ordre militaire jusqu'en 1317, devenu ordre dont les membres étaient prêtres. *Membres* (1985) : *760* en 19 pays.

Mill Hill, M.H.M. (Société miss. de St Joseph) (1866). *Membres* (1985) : *902*.

Missionnaires de N.-D. de la Salette, C.S. [fondée en 1852 par Mgr Philibert de Bruillard (1765-1860)], après l'apparition de la Vierge Marie à La Salette (19-9-1846). *Membres* (1986) : *888* (France 94 dont 74 prêtres, 21 frères profès, 2 frères oblats).

Missionnaires de Scheut, ou Congrégation du Cœur Immaculé de Marie (C.I.C.M.), C.S. (P. Théophile Verbist, 1862). Maison-mère à Scheut-Bruxelles (Belg.). Maison généralice à Rome. Mission en Afr., Asie, Amér., Europe. *Membres* (1985) : *1 451* soit : prêtres 1 198, frères 120, scolastiques 133, novices 54.

Missions africaines de Lyon (Sté des), S.M.A. (1856). Fondée à Fourvières (Lyon) par Mgr Melchior de Marion Brésillac (1813-59), vic. apost. de Sierra-Leone ; approuvée 1900. 7 provinces : Lyon, France-Est, Irlande, Hollande, U.S.A., G.-B., Italie : 2 districts, Canada, Espagne. Travaille dans 45 diocèses en Afrique. *Membres* (1985) : *1 287*.

Missions étrangères de Paris (S.V.A., 1663). Fondée à la suite de la décision prise par Rome, en 1658, de créer en Asie (Perse, Siam) des diocèses autochtones indépendants du patriarcat portugais et confiés à des Français. *1660 :* 1er envoi d'év. français (Canada, Tonkin, Cochinchine, Chine). *1663 :* création du séminaire de la rue du Bac (« S. des Missions Étr. »). *1683 :* création de la mission d'Ispahan [supprimée 1722, l'év. Varlet ayant passé au Vieux-Catholicisme (voir p. 509) : les missionnaires vont au Canada]. *1773 :* l'Association remplace en Asie les jésuites (supprimés). *1837 :* érigée en « Société ». Présents au : Japon, Corée, Taiwan, Hong Kong, Thaïlande, Malaisie, Singapour, Birmanie, Inde, Madagascar, Indonésie, Maurice, N.-Calédonie, La Réunion, Brésil. *Membres* (1985) : *521*.

Montfortains, C.S. (Cie de Marie), fondée 1705 par St Louis-Marie Grignion de Montfort (1673-1716). Se consacre aux missions. *Membres : 1 335* dans 38 pays.

Oblats de Marie Immaculée (O.M.I.), fondés en 1816, à Aix-en-Provence, par le Bx Eugène de Mazenod (1782-1861) pour l'apostolat missionnaire dans le monde ouvrier et les zones défavorisées du monde occidental et celles appelées aujourd'hui du tiers monde. *Membres (1985) : 5 445* (4 253 prêtres, 765 frères, 527 scolastiques). 1 493 maisons en 75 provinces et délégations. France 392 m. en 51 maisons.

Oblats de St-François de Sales, C.S. (1871), f. par le P. Brisson pour vivre en communauté la spiritualité de St François de Sales. Maisons d'accueil, enseignement, paroisses, missions. *Membres* (1985) : *883*.

Oratoire de France, S.V.A. (1611). Fondée, sur le modèle des Oratoires de St Philippe Néri (1515-95) où les prêtres menaient une vie communautaire, par le card. Pierre de Bérulle (1575-1629), initiateur de « l'École française de spiritualité », et promoteur de la rénovation sacerdotale au XVIIe s. Disparu sous la Révolution, restauré 1852 par les Pères Gratry et Pététot. Éducation, paroisses, aumôneries. *Membres* (1985) : *94*. Autres oratoriens (confédérés) : *371*.

Orione (Don) (Petite Œuvre de la Divine Providence), C.S. (1903). Fondée par le Bx Louis Orione (1872-1940) à Tortona (Italie). Service des pauvres, enseignement profess., paroisses, missions (Amér. du S. et Afr.). *Membres : 1 063*.

Pallottins, Sté de l'Apostolat catholique, S.A.C. (1835). Fondée à Rome, par Vincent Pallotti (1795-1850), canonisé (20-1-1963), prêtre romain, pour promouvoir l'apostolat universel. 10 provinces et 7 régions. Missions en Amér du S., Australie, Inde, Afr. Forte implantation en Pologne, Inde, Amér. S. *Membres* (1985) : *2 245* clercs et laïcs (dont 36 en France) dans 352 maisons.

Passionistes, Congrégation de la passion de J.-C., C.S. (1720). Fondée par St Paul de la Croix (1694-1775). Propagation de la dévotion à la Passion de J.-C., vie contemplative et active (notamment par la prédication). 20 provinces et 4 vice-provinces, dans 52 États. *Membres* (1985) : *2 800*.

Pères Blancs, Sté des Missionnaires d'Afrique, S.V.A. (1868). Fondée à Maison Carrée (Algérie) par le card. Charles Lavigerie, archev. d'Alger (1825-92) en 1868. Travaillent dans 90 diocèses, dans 23 pays africains, en collaboration avec le clergé afr. ; dispensaires, centres sociaux, cours du soir (langues, techniques, hygiène), participation au développement du pays par microréalisations, bibliothèques. En Europe et en Amérique, maisons d'études pour les futurs missionnaires, activité missionnaire dans les diocèses et réception des missionnaires âgés ou malades. *Membres* (1986) : *2 673* (2 390 pères, 283 frères) dont Fr. 698 (653 pères, 45 frères).

Philippins. (Confédération de l'Oratoire de St Philippe Néri) S.V.A. (1575). Divisée en congr. indépendantes (Europe, Amérique). Œuvres de jeunesse, paroisses, action charitable. *Membres* (1985) : *448*.

Prado (Institut du), I.S. (1860). Fondé à Lyon par le P. Antoine Chevrier (1826-79) sous le nom de Sté des Pauvres Prêtres. Ses membres s'associent pour mener une vie évangélique et se consacrer à l'évangélisation des pauvres. *Membres : 1 100* dont 750 Français, 100 It., 100 Esp.

Prémontrés, C.R. Fondée 1121 par St Norbert (1080-1134). Ses membres sont attachés à une abbaye et peuvent être appelés à exercer leur apostolat sur place (accueil des retraitants, des pèlerins) à l'extérieur (dans paroisses, établissements d'enseignement), ou en prêchant retraites et missions. Ceux qui ont une charge permanente à l'extérieur reviennent régulièrement à l'abbaye où la vie est orientée vers la célébration solennelle de l'Eucharistie et de l'Office Divin, 1er apostolat des Chanoines Réguliers. En France, 2 abbayes hommes : St-Michel-de-Frigolet à Tarascon (B.-du-Rh.), St-Martin-de-Mondaye près de Caen (Calvados). 1 monastère de chanoinesses norbertines : Ste-Anne-de-Bonlieu (Drôme). Fraternités séculières (Ancien Tiers Ordre) en liaison avec chaque abbaye, à Paris et en Provence. *Membres* (1985) : *1 327*.

Prêtres de St-Sulpice, S.V.A., fondée 1641 par Jean-Jacques Olier (1608-57). Direction des grands séminaires, formation permanente du clergé, en France, Amér. du N. et du S., Japon, Afrique. *Membres* (1985) : *475* dont France 245.

Rédemptoristes, C.S.S.R. (1732). Fondée par St Alphonse de Liguori (1696-1787). Év. et docteur de l'Église. Prédicateurs et missionnaires. *Membres* (1985) : *6 332.*

Rel. de St Vincent de Paul, C.S. (Jean-Léon Le Prévost, 1845) (Pères et frères). *Membres* (1985) : *275.*

Sacré-Cœur de Jésus (Miss. du), C.S. fondée à Issoudun 1854 par Jules Chevalier. 16 provinces et présence dans 37 pays. Enseignement, ministère paroissial, jeunes Églises. *Membres* (1986) : *2 404* + 73 novices.

Sacré-Cœur de Jésus de Saint-Quentin ou Déhoniens (Prêtres du), C.S. Fondée 1878 par le chan. Léon-Jean Dehon (1843-1925) à St-Quentin. Dévotion au Cœur de Jésus ; apostolat social ; formation du clergé et du laïcat ; missions (Cameroun, Zaïre, Mozambique, Amér. latine, etc.). *Membres* (1985) : *2 577* + 89 novices dans 28 pays.

Sacrés-Cœurs (Congr. des) **Picpus,** C.S. Fondée 1800 par Marie-Joseph Coudrin (1768-1837) et Henriette Aymer de la Chevalerie à Poitiers. 3e maison généralice à Paris (rue de Picpus) ; maintenant à Rome. Enseignement, missions, apostolats divers. *Membres* (1986) : *1 350* dans 40 pays. Sœurs (1982) 1 100.

St-Esprit (Congr. du), dits Spiritains, C.S.S.P. (1703). Fondée comme séminaire de prêtres pauvres destinés aux postes défavorisés en France et aux colonies par Claude-François Poullart des Places (1679-1709) ; regroupée 1848 avec la société du St-Cœur de Marie ; fondée en 1841 par Jacob (puis François) Libermann (1802-52) converti au catholicisme en 1826, et devenue alors congr. missionnaire. *Publications :* Pentecôte sur le Monde 20 000 ; Revue de St Joseph 100 000 ; Esprit-Saint 5 000. *Membres* (1985) : *3 490* dont Français 967, Irlandais 686, Holl. 394, Portugais 243, dans 53 pays.

St-Sacrement (Religieux du), C.S. Fondée 1856 par St Pierre-Julien Eymard (1811-68). Vie et apostolats centrés sur l'Eucharistie. *Membres* (1985) : *1 140* (134 maisons) dans 33 pays. En France 55 m. dans 7 maisons.

Ste-Croix, (Cong. de) C.S.C. Fondée en 1837 au Mans par Basile Moreau (1799-1873) par le regroupement des Frères de St-Joseph fondés 1820 par Jacques Dujarié, à Ruillé-sur-Loir, et des prêtres auxiliaires qu'il avait lui-même fondés auparavant. Ministère pastoral, éducation chrétienne, missions (France, Canada, U.S.A., Haïti, Chili, Pérou, Brésil, Bangladesh, Inde, Ghana, Liberia, Kenya et Ouganda). *Membres* (1986) : *1 922* (France 45), 344 maisons dans 12 provinces, 11 districts.

Sainte Famille (Fils de la), C.S. Fondée 1864 par le vénérable José Manyanet y Vivès (1833-1901) à Tremp (prov. de Lérida, Espagne). Approuvée 1901. Répandue en Espagne, Italie, U.S.A., Mexique, Colombie, Brésil, Argentine. Apostolat : formation chrétienne de la famille (surtout par l'éducation et les œuvres charitables). *Membres* (1985) : *171.*

Salésiens, S.D.B. (1864). Fondée par St Jean Bosco (1815-88) dans le quartier de Valdocco à Turin. Enseignement (surtout profess.), missions (notamment Amér. latine), apostolat populaire. *Membres* (1985) : *16 921.*

Salvatoriens, Sté du Divin Sauveur, C.S. (1881). Fondée par l'All. J.-B. Jordan (1848-1918). Activité : enseignement, paroisse, missions. Pas de membres en France. *Membres : 1 253.*

Scolopes (Clercs réguliers des Écoles Pies ou Piaristes), C.R. Fondés 1617 par St Joseph de Calasanz (1556-1648). Instruction et éducation. *Membres* (1985) : *1 604.*

Servites de Marie, mendiants (1233). 7 fondateurs (canonisés 1888). Prêtres et frères dans les 5 continents. Missions en Afr. du S. et Amér. latine. Implantations récentes : Inde, Mozambique, Philippines, Gabon. 21 congrégations féminines (moniales : 5 fédérations). Théologie mariale (faculté « Marianum » à Rome) *Membres* (1985) : *1 175.*

Sté de St Colomban, S.V. A. Fondée 1918. Sté mission. (Corée, Japon, Taiwan, Philip., Fiji, Vanuatu, Pakistan, Pérou, Chili, Brésil). *Publications :* « Far East » (Irlande, G.-B., 200 000 ; Austr., N.-Zél., 30 000) ; « Columban Mission » (U.S.A., 75 000). *Membres* (1986) : *885.*

Sté de St Paul, C.R. Fondée 1914 à Alba (It.) par un prêtre, Giacomo Alberione (1884-1971). Apostolat par presse, radio, cinéma, T.V., vidéocassette, etc. *Membres* (1985) : *1 178.*

Somasques, C.R.S. Fondée 1534 par St Jérôme Emiliani. Répandue en Esp., It., Suisse, Am. du N. et du Sud. Soins aux orphelins et à la jeunesse abandonnée. *Membres* (1986) : *460.*

Trappistes. V. Cisterciens réformés.

Verbe divin (Sté du), C.S. Fondée 1875 par le Bx Arnold Janssen (1837-1909, All.) à Steyl aux P.-Bas. Mission (Asie, Afr., Océanie), travaille aussi en Amérique lat. et Philip. *Membres* (1986) : *5 431* profès (dont 45 évêques, 3 276 prêtres, 2 diacres permanents, 731 scholastiques, 962 frères laïques) et 396 novices. 280 maisons.

Ordres et congrégations de femmes

Généralités

Définition. Moniale : religieuse qui se consacre à une vie de prière, dans un ordre monastique, en communauté fraternelle, dans un certain retrait par rapport à la vie de société, sans œuvre d'apostolat. Travaille pour gagner sa vie.

Religieuse : a prononcé des vœux simples, appartient à une congrégation de droit pontifical ou diocésain, peut posséder des biens (le mariage serait valide religieusement, mais illicite au regard du droit canonique).

Religieuses dispensées de leurs vœux. De 1970 à 75 : 25 000. *Raisons* (%) : manque de vocation 15, santé 30, impossibilité de vivre en communauté 25, de respecter les vœux 20, diverses 10.

Statistiques. *Instituts féminins* 1 175 (27 séculiers) dans le monde. *Religieuses* (au 1-1-1982) : 952 043, dont Europe 519 773, Amérique 293 211, Asie 87 099, Afrique 36 165, Océanie 15 795.

Principaux instituts religieux féminins de droit pontifical

Nota. — C. = congrégation. Les chiffres d'effectifs et d'établissements sont ceux de l'*Annuario Pontifico* (Cité du Vatican, 1981). Mais ils reflètent souvent une situation déjà ancienne.

Adoratrices du Saint-Sacrement. Fondées 1882 par Francesco Spinello (1853-1913). 14 c. diff. (451 maisons), notamment la congr. indienne des *Sœurs de l'Adoration du Sacré-Cœur* (*membres* 2 582), la C. espagnole des *Servantes du St-Sacrement et de la Charité* (*membres* 2 214) et la C. it. de *Rivolta d'Adda* [*membres* (1984) *820* dans 98 maisons (Italie 94, Zaïre 3, Sénégal 1)].

Apparition (Sœurs de St-Joseph-de-l'). F. (1832) à Gaillac (Tarn) par Ste Émilie de Vialar (1797-1856, canonisée 1951). C. missionnaire (écoles, hôpitaux, foyers ; activités sociales sur les 5 continents). *Maison généralice :* 90, avenue Foch, 94120 Fontenay-sous-Bois. *Membres : 1 291,* 182 maisons.

Assomption. 5 c. diff. *Religieuses de l'Ass.,* c. de droit pontifical fondées (1839) par Marie-Eugénie Milleret (1817-98). Contemplatives, éducatrices et missionnaires. *Membres* (1985) *1 487* de 42 nationalités dont Esp. 330, Fr. 200, dans 30 pays (196 communautés). *Les Petites Sœurs de l'Ass. ; les Oblates de l'Ass. ; les Orantes de l'Ass. ; les Filles de Marie de l'Ass.* (Canada). *Membres* (1985) : *6 324,* 702 maisons.

Augustines (Fédér. des Sœurs). 9 c. Règle de St Augustin avec accent sur la vie communautaire. 90 maisons (dont France 81, Rép. malgache 5, Belgique 3, Togo 2, Angleterre 1). *Membres : 1 000.*

Auxiliatrices (Sœurs). Fondée à Paris 1856 par Eugénie Smet (Bse Marie de la Providence). Activités sociales et ecclésiales. Spiritualité de St Ignace de Loyola. *Membres* (1985) : *1 018* (318 en France) en 145 communautés et 13 provinces réparties dans 25 pays.

Bénédictines. O. fondé au Ve s. par Ste Scholastique (dates inconnues), sœur de St Benoît. 21 c. diff. *Membres : 20 490,* 610 maisons. *Bén. du Sacré-Cœur de Montmartre :* f. 1898 par Adèle Garnier, lors de la construction de la basilique du S.-C. de Montmartre. 5 maisons. *50 membres.*

Les *moniales bén.* sont rattachées aux grandes c. masculines comme Solesmes ou Subiaco, ou vivent en abbayes indépendantes ; ex. : Faremoutiers (S.-et-M.). *Membres : 8 565.*

Bernardines. Rattachées à l'ordre de Cîteaux (règle de St Benoît). Plusieurs congrégations différentes dont les Bernardas Recoletas, en Espagne (300 m.). Pour les bernardines d'Esquermes, voir Cisterciennes.

Bon Secours de Paris (Sœurs du). Sœurs de N.-D. Auxiliatrice. Fondée 1824 par Mgr Hyacinthe de Quélen, arch. de Paris (1778-1839). Soin des malades, éducation, catéchèse, aumônerie (hôpitaux). Présentes en France, It., Irlande, Angleterre, Écosse, U.S.A., Pérou. *Membres : 485,* 38 maisons.

Calvaire (Filles du). C. esp. Œuvre du Calvaire fondé 1842 à Lyon par Mme Garnier ; regroupe des veuves se consacrant aux œuvres sans vœux de religion ; divisée en *dames, veuves agrégées et associées. Bénédictines de N.-D. du Calvaire* (voir ci-dessus, Bénédictines). [Une congrégation de droit diocésain, les religieuses de N.-D. du Calvaire, existe à Gramat (Lot) : enseignantes et éducatrices.] *Membres : 372,* 53 maisons.

Carmélites. 28 c. diff. *24 500 m.,* 2 126 maisons, notamment les *C. déchaussées* (11 075 membres, 766 maisons) et *C. de la Charité* (it., 2 938 m., 278 maisons). Rattachées à l'ordre masculin des Carmes (existant au Mt-Carmel au Ier s.). Fondées 1451 par St Jean de Soreth, réformées par Ste Thérèse d'Avila au XVIe s.). En France : 4 féd. : St-Joseph (Paris, 33 maisons) ; Ste-Thérèse de Lisieux (Lisieux, 27 ma.) ; St-Jean de la Croix (Avignon, 25 ma.) ; Ste-Marie de Jésus (Toulouse, 31 ma.) dans les communautés de 24 m. au plus, prière et pénitence sans sortir de la clôture et sans œuvre dans le monde.

Carmélites du Tiers Ordre Régulier de N.-D. du Mont-Carmel, Carmélites tertiaires, thérésiennes Luxembourg, affiliées aux O.C.D. (agrégation au Carmel, 29-1-1886). Fondées 1872 par l'abbé Nicolas Wies, les Mères Paula Bové et Jospha Niederprüm. Travaillent dans cliniques, hôpitaux, jardins d'enfants, foyers pour femmes et jeunes filles en détresse, émigrants, maisons de retraites, soins à domicile. Missions en Malawi. 16 maisons au Luxembourg, 3 en Afrique, 2 en Allemagne. *185 membres.*

Chanoinesses régulières. 9 c. diff., notamment *Congr. de N.-D.* (chanoinesses de St Augustin), fondée 1597 par St Pierre Fourier (1565-1640) et la Bienheureuse Alix Le Clerc (1576-1622). Éducatrices *1 000 membres,* 70 maisons. *Total,* 175 maisons, *4 120 membres.*

Ancien Ordre des Chanoinesses régulières de Remiremont. VIIe s. St Romaric fonde un mon. de femmes sur le Mt Habend, près de Remiremont (Vosges). On y pratique la règle de St Colomban, puis au IXe s. celle de St Benoît. Plus tard, les religieuses se transforment en chanoinesses régulières, sans vœux de religion. Leur abbaye était une des plus riches d'Europe (52 terres seigneuriales, 22 petites seigneuries). L'abbesse, princesse d'Empire, relevait directement de l'Empereur au temporel, et du pape au spirituel. Elle portait un sceptre. Pour être admise au chapitre, il fallait être noble des 4 côtés depuis au moins 200 ans (la fille de Gaston d'Orléans, nièce de L. XIII, petite-fille de Marie de Médicis, non noble, ne put être abbesse). La dernière abbesse fut Louise-Adélaïde de Bourbon-Condé.

Charité. FILLES DE LA CHARITÉ DE ST VINCENT DE PAUL. Fondé 1633 à Paris par St Vincent de Paul (1581-1660) et Ste Louise de Marillac (1591-1660). Œuvres sociales et charitables (76 pays, 74 provinces dont 6 en France : Paris, Lille, Lyon, Marseille, Rennes, Toulouse). *Membres 33 000 ;* 3 350 communautés locales.

SŒURS DE LA CHARITÉ. 73 c. diff. (*60 000 m.,* dans 7 000 maisons), notamment *S. de la Ch. de Ste Jeanne-Antide Thouret* (sous la protection de St V. de P.) : fondée 1799 à Besançon par Ste Jeanne-Antide Thouret (1765-1826), rel. de St Vincent de Paul, sécularisée à la Révolution, et ayant fondé sa congr. après un exil en Suisse sur l'ordre des vicaires généraux de Besançon, pour le service et l'évangélisation des pauvres. 662 maisons dont 97 en France. *Membres 5 147.*

SŒURS DE LA CHARITÉ DE STRASBOURG (sous la protection de St Vincent de Paul). Fondée par le card. de Rohan en 1734. Depuis 1970 fédération de 9 c. *Membres 10 000.* Fondation à l'étranger. En France, 52 maisons et 362 m.

Chartreuses. Moniales. Fondée 1145. Aujourd'hui 5 monastères, dont 2 en France : Reillanne (Alpes de Hte-Pr.) et Nonenque (Aveyron). *103 membres.*

Cisterciennes (dites Bernardines d'Esquermes). (Voir Cisterciens, p. 491 a.) Ordre de moniales cisterciennes. Les fondatrices issues de 3 abbayes de la Flandre française supprimée en 1789 se regroupèrent à Esquermes, près de Lille, pour y continuer leur vie monastique, *180 membres* dans 10 monastères en Fr., Belg., Angleterre, Japon, Zaïre.

Clarisses ou **Ordre des Sœurs Pauvres.** Fondées 1212 par Ste Claire qui s'inspira de la règle des Frères Mineurs (humilité et pauvreté). 9 c. diff., notamment les moniales clarisses, cl. colettines, cl. capucines, cl. urbanistes. Monastères autonomes, gouvernés par une abbesse (beaucoup se sont groupés en fédér. dep. 1954). Rattachées par affiliation spirituelle aux ordres des Franciscains, Capucins et Conventuels. 1 169 maisons, *22 000 membres.*

Cluny (Sœurs de St-Joseph-de). Fondé 1807 par Anne-Marie Javouhey (1779-1851, béatifiée 1950). Enseignantes, hospitalières et missionnaires. 30 provinces regroupent 378 communautés : Europe (119), Asie (70), Afrique et îles de l'océan Indien (93), Océanie (19), Amérique et Antilles (77). *Maison mère :* 21, rue Méchain, Paris 14e. *Membres* (1984) *3 309.*

Divine Providence de St Jean de Bassel (Sœurs de la). Fondé 1762 par Jean Martin Moye (1730-93). Enseignantes, soins des malades (lépreux), promotion humaine et féminine, catéchèse, animation liturgique. Missions : Grande Comore, Madagascar, Mayotte, Équateur, U.S.A., Allemagne, Belgique, France, Italie. *Membres* (1984) *1 018 ;* 200 maisons.

Dominicaines. 84 c. diff., notamment moniales domin., fondée 1206 à Prouilhe (Aude) par St Dominique. Partie de l'ordre des Frères prêcheurs. Contemplatives et cloîtrées, célèbrent les offices dans la liturgie dominicaine. 5 660 membres, 216 maisons (Fr., 447 mon. d. 16 monastères) ; c. du Tiers Ordre régulier (35). Du XIIe au XVe s., il s'agissait seulement de réunions de membres du Tiers Ordre de St Dom. A partir de 1509, les tertiaires sont autorisées à prononcer des vœux. Contrairement aux moniales, les rel. du Tiers Ordre exercent des activités sociales et charitables. *Petites sœurs d. :* fondée 1879 à Beaune par l'abbé Victor Chocarne (1824-87). Communautés en France 26, Belgique 4, Espagne 2, Rép. pop. du Congo 1. *222 membres.*

Franciscaines. 387 congrégations (appartenant au Troisième Ordre régulier de St François). *200 000 sœurs* prononcent des vœux de religion. XIIIe s. : 1res associations franciscaines religieuses ayant leur règle propre ; XIVe s. : congr., activités charitables, hospitalières, enseignantes, missionnaires selon les congr.

Immaculée Conception (Sœurs de l'). 17 c. diff., notamment celle de *N.-D. de Lourdes.* Fondée 1863 à Lannemezan (H.-P.) par le P. Louis Peydessus (1807-82) et Eugénie Ducombs (mère Marie de Jésus Crucifié, 1814-78) et transférée à Lourdes en 1870. Œuvres charitables (accueil des pèlerins, maisons de retraites, enseignements, pastorale, paroissiale), en Europe et Am. du S. 42 maisons (6 en France) dans 5 provinces. *Membres* (1985) *344.* Au total, 1 346 maisons, 11 400 membres.

Instruction chrétienne. 3 c. diff. *Sœurs de la Charité et de l'I. chr. de Nevers,* fondée 1680, 125 maisons, 850 membres. *Dames de l'I. chr.* (Flône, Belgique), fondée 1823 par Agathe Verhelle (1786-1838), C. de droit pontifical ; éducation. 38 maisons dont Brésil 26, Zaïre 4 et 3 Fraternités en Belgique. 432 m. *Sœurs de l'I. chr. de Gildas des Bois,* fondée 1820 par le P. Gabriel Deshayes et Michelle Guillaume ; éducation, promotion et service ; présente dans d'autres dép. et à l'étranger ; reste de droit diocésain ; 169 communautés.

Miséricorde (Sœurs de la). 60 c. diff., notamment la c. amér. de l'*Union des Sœurs de la M.* Œuvres sociales et charitables, aux U.S.A. surtout enseignantes. 672 maisons, *4 635 membres.* Au total, 2 352 maisons et env. 23 000 m.

Pauvres (Sœurs, Petites Sœurs ou Servantes des). 18 c. diff. Sous le patronat de St François 2 (V. Franciscaines), St Vincent de Paul 3, sous l'invocation de la Providence 1 (V. Providence). *Petites S. des Pauvres.* Fondée 1839 par Jeanne Jugan (1792-1879), béatifiée 1982. Accueil des personnes âgées pauvres [32 000 accueillies dans 30 pays ; 248 maisons dont 74 en Fr., 4 400 m. *Servantes des Pauvres de Jeanne Delanoue* (appelées aussi *Sœurs de Jeanne Delanoue*) *au Service des Pauvres* (jusqu'en 1965, *Sœurs de Ste-Anne,* les 1res vêtures ayant eu lieu le j. de la Ste-Anne, 26-7-1704)]. Fondée par Ste Jeanne Delanoue (1666-1736, canonisée 1982). 56 maisons en France, 11 à Madagascar, 1 à Sumatra. Accueil et présence aux frères pauvres. 432 m. (Françaises et Malgaches). Au total, 796 maisons, *7 462 membres.*

Petites Sœurs de Jésus du Frère Charles de Jésus (Père de Foucauld, 1858-1916). Fondée 1939 par Petite Sœur Magdeleine de Jésus à Touggourt (Sahara) ; contemplatives au milieu du monde ; veulent y être une présence d'amitié dans le partage solidaire de la condition sociale des travaux manuels pauvres, en imitation de Jésus de Nazareth, particulièrement auprès des musulmans et des minorités du quart monde. *Adresse :* rue de la Fraternité, 93170 Bagnolet. *Membres 1 350* [64 nationalités, 250 « fraternités » (50 régions dont 6 rattachées aux Égl. orientales)].

Présentation (Sœurs de la). 25 c. diff. (*8 200 m.,* 1 194 maisons), notamment la c. irlandaise de Kildare [fondée Cork (Irl.) 1775 par Nano Nagle (1718-84) : enseign. ; miss. ; hosp. *Membres 1 827,* 155 maisons en Irlande, Angleterre, Pakistan, Zimbabwe, Zambie, N.-Zélande, Inde, U.S.A. De la congr. primitive sont issues 18 congr. au total *2 680 m.* (U.S.A., Can., Aust.)] et la *c. fr. de Bourg-St-Andéol* (Ardèche) [fondée par Marie Rivier (1768-1838, béatifiée 1982), Maison gén. à Castelgandolfo (It.) 209 maisons. *2 332 m.*]. La 1re c. de ce nom fondée en 1760 à Castres par Mgr de Barral et sa sœur, Félicité ; s'est unie à la précédente en 1978 : éducation, œuvres charitables, missions.

Providence de St Jean de Bassel (Sœurs de la Divine). 30 c. diff., notamment *Sœurs de la Providence de Portieux,* 103, rue de Talant, 21000 Dijon. Enseignantes, hospitalières, missionnaires, professions sociales. Actuellement 3 prov. : France-Belgique, Cambodge, Viêt-nam ; 4 régions : Italie, Suisse, C.-d'Ivoire, Taiwan. *Membres* (1984) *1 062,* 186 maisons. En 1838, un rameau a formé les *Sœurs de la Providence de Gap,* qui assurent les missions du Brésil, Mexique, Bénin, Bihar (Inde) et Bolivie. 142 maisons, *993 membres.* Au total 458 maisons, 21 000 m.

Sacré-Cœur (Sœurs du). *Sté du Sacré-Cœur de Jésus,* fondée 1800 par Ste Madeleine-Sophie Barat (1779-1865 ; canonisée 1925). Éducation. 618 communautés, *4 958 membres.*

Sacrés-Cœurs de Jésus et de Marie (Sœurs des). 11 c. diff. ; on dit en italien : *Sacri cuori,* « les sacrés-cœurs » ; en Fr., on dit de préférence : les *Saints Cœurs ;* notamment la *c. des S. des S.C. de Jésus et Marie de Paramé* (I.-et-V.), fondée en 1853 par Amélie Fristel, tertiaire de St Jean Eudes (d'où sa spiritualité eudiste, avec dévotion au S.C. en C.-d'Iv.), 73 maisons, *477 membres.* Au total 649 maisons, 5 500 m.

Sagesse (Filles de la). Fondée à Poitiers (Vienne) 1703 par St Louis-Marie Grignion de Montfort (1673-1716) et Marie-Louise Trichet (1684-1759). Maison généralice à Rome. Maison mère à St-Laurent-sur-Sèvre. Spiritualité missionnaire apostolique (priorité aux « délaissés ») et mariale. 450 communautés, 16 provinces, réparties dans 27 pays. *Membres* (1900) *4 864 ;* (1985) *3 195* (France 1 321).

St-Esprit (Sœurs, Petites Sœurs ou Filles du). 9 c. diff., notamment Filles du St-Es. de St-Brieuc, f. 1706 par dom Jean Leduger. Catéchèse, soins aux malades et personnes âgées [Neufchâteau (Vosges), existe une *c. du St-Es.* (de droit diocésain), héritière du *Grand Ordre Hospitalier du St-Es.,* fondée 1175 par Gui de Montpellier, approuvée en 1198 par Innocent III], 407 maisons, *2 703 membres.* Au total 898 maisons, 9 000 m.

St Joseph (Sœurs de). 48 c. diff. (25 400 religieuses), notamment les 4 féd. (Fr., U.S.A., Can., It.) issues de la c. des *Sœurs de St Joseph,* fondée au Puy en 1650 par le P. J.-Pierre Médaille, jésuite (1610-69) pour tous les besoins de l'époque. En France, 13 c. (enseignantes, hospitalières, paroissiales, etc.). *Membres : 7 900.*

St Maur (Sœurs de). Dites aussi *Sœurs de l'Instruction charitable du St Enfant Jésus.* Fondée 1662, à Paris (actuellement rue de l'Abbé-Grégoire) par le P. Nicolas Barré (rel. minime, 1621-86). 160 communautés dans 15 dép. français, à Monaco et dans 12 pays étrangers, 1 200 membres.

St Paul (Filles ou sœurs de). 4 congrégations diff. *7 120 m.,* 757 maisons, notamment :

La Pieuse Sté des Filles de St Paul. Fondée 1915 par le P. Jacques Alberione (1884-1971). Apostolat : évangélisation par les médias. *Membres 2 545* (243 maisons dans 35 pays).

Sœurs de St Paul de Chartres. Hospitalières et enseignantes (appelées autrefois : de St Maurice de Ch.), fondée 1696 par l'abbé L. Chauvet. *Missionnaires* 1727 Guyane, 1848 Extrême-Orient, 1950 Afr., 1965 Amér. latine. *Membres 3 940* (45 maisons en France).

Les Sœurs aveugles de St Paul. C. de droit diocésain. 52, rue Denfert-Rochereau à Paris, fondée par la mère Anne Bergunion, comporte 1/3 de rel. aveugles et se consacre à l'enseignement des aveugles.

St Vincent de Paul (Sœurs de la Charité). 12 c. diff., notamment *les Sœurs de la Charité d'Halifax.* Fondée 1849 par Ste Elisabeth Ann Seton (1774-1821). Maison mère à Halifax, Nouvelle-Ecosse, Canada. Éducation. *Membres* (1986) *1 124* (161 maisons dans 8 provinces). Région missionnaire au Pérou et dans la République Dominicaine. Voir aussi Charité (filles et S. de la). 2 congr. de vicentines, sous le patronat de St V. de Paul (1 à Pittsburg, U.S.A. *316 m.,* d. 36 maisons ; et 1 à Turin, It., *92 m.,* d. 11 maisons). Au total, 753 maisons, *7 400 membres.*

Ste Famille (Sœurs, petites sœurs, filles ou servantes de la). 22 c. diff., notamment *Sœurs de la Ste Fam. de Villefranche-de-Rouergue* (Av.), fondée 1816 par Ste Émilie de Rodat (1787-1852, canonisée 1950). Enseignement, œuvres éd. et sociales. Implantées dans 16 dép. fr. (40 maisons dans l'Aveyron), et 9 pays étr. Missions en Bolivie, C.-d'Iv., Sénégal. *Membres* (1985) *985,* 157 maisons ; *Association Ste Fa. de Bordeaux,* fondée 1820 par l'abbé Pierre Bienvenu Noailles. Comprend 76 *religieuses contemplatives* (France, Esp., Belg., Canada, Lesotho, Sri Lanka) et 3 176 rel. *apostoliques* (France, Esp., Angl., Allemagne, Belgique, It., Irlande, Pologne, Afr. du S., Lesotho, Cameroun, Tchad, Zaïre, Canada, Argentine, Brésil, Paraguay, Pérou, Inde, Pakistan, Philippines, Sri Lanka) ; 84 *séculières consacrées* vivant dans le monde (séculières) ; 1 430 *laïcs* et *prêtres associés.* Au total, 415 maisons, *4 766 membres.*

Salésiennes de Don Bosco (Sœurs). *Fondées* 1872 à Mornese (prov. d'Alexandrie, It.) par St Jean Bosco (1815-88) et par Ste Marie-Dominique Mazzarello (1837-81), sous le nom d'hist. des filles de Marie Auxiliatrice. Enseignement général (surtout professionnel) ; catéchèse ; centres de loisirs et d'accueil ; promotion de la femme en pays de mission. 70 prov. (dont Europe 35). *18 230 membres.*

Trappistines ou **Cisterciennes de la Stricte Observance.** Forment un seul ordre avec la branche masc. Chaque maison fém. (abbaye ou prieuré) est autonome, mais associée à un mon. masc. qui assure la direction spirituelle. 56 maisons (15 en Fr.), *1 906 membres.*

Ursulines. Se rattachent à la fondation d'Angèle Mérici de 1535, notamment *Ursulines de l'Union romaine : 4 100 m.,* dans 29 pays, 260 maisons.

Autres unions : *Union canadienne, Un. irlandaise, Un. de Chatham, de Thildonck,* etc. En plus des différentes c., il existe des communautés autonomes, plusieurs font partie de la *Féd. all.* Enseignement, catéchèse, missions. Au total, *16 000 membres.*

Visitation Sainte Marie. Ordre contemplatif. Fondé à Annecy en 1610 par St François de Sales (1567-1622 ; canonisé 1665 ; docteur de l'Église 1877) et Ste Jeanne de Chantal (1572-1641 ; canonisée 1767). Dep. 1952, les mon. (tout en restant autonomes) sont groupés en 16 féd. (2 en Fr.). *Membres 4 200* (162 monastères).

Associations catholiques internationales

☞ Un centre d'information de la Conférence des organisations catholiques internationales (groupant 32 org. membres, 4 org. associées, 10 org. invitées) fonctionne à Genève : 24, chemin Colladon, 1029 Genève.

Action catholique des enfants (A.C.E.). Association des Cœurs vaillants et Ames vaillantes, 6, rue Duguay-Trouin, Paris 6e. Créée 1936 par les P. Courtois (1897-1970) et Pihan. Pt : Mathilde Isaac. 14 000 animateurs encadrent env. 100 000 enfants [dont (en %) : monde ouvrier 48, rural 39, classes moyennes ou bourgeoisie 13]. *Presse :* « Perlin » (– de 8 ans), « Fripounet » (8 à 11 a.), « Triolo » (11 à 15 a.). Bulletins de club : « Les Mifasols » (– de 8 a.), « Tric et Truc » (8 à 11 a.), « Vitamine 11-15 » (11 à 15 a.).

Aide à l'Église en détresse. *Fondée* 1947 par le P. Werenfried Van Straaten, reconnue par le St-Siège. Aide pastorale, spirituelle et matérielle à l'Église persécutée, réfugiée et menacée, dans plus de 100 pays du monde. Réunit + de 600 000 bienfaiteurs et donateurs. *Publications :* « Bulletin » ; bimestriel « Chrétiens de l'Est » trimestriel ; « Bulletin AED-Jeunes », bimestriel. *Adresse en France :* B.P. 1, 50, rue de Marly, 78750 Mareil-Marly.

Bureau international catholique de l'enfance (B.I.C.E.). *Fondé* 1948. *Objectifs :* Statut consultatif auprès de L'ECOSOC, l'UNESCO et l'UNICEF. *Publications :* « l'Enfance dans le monde », « Enfants de partout », « Contact ». *Effectifs :* 157 m. (18 actifs, 92 organisations associées, 47 individus associés) dans + de 30 pays env. *Secr. gén. :* François Ruegg.

Caritas Internationalis. *Créée* 1950, par 12 Caritas nationales. Regroupe en 1983 des organismes nationaux cath. œuvrant dans 115 pays (services sociaux, secours d'urgence, développement communautaire, animation de la com. chrétienne en vue de la charité et de la justice). *Pt. :* card. Alexandre do Nascimento. *Assemblée générale :* tous les 4 ans. *Secrétariat général :* Palazzo San Calisto 00120 Cité du Vatican. *Branche française :* Secours catholique.

Centre catholique international pour l'UNESCO (C.C.I.C.). *Fondé* 1947 par le chanoine Jean Rupp. *Buts :* aide 25 organismes cath. jouissant d'un statut consultatif auprès de l'UNESCO ; chrétiens collaborant à l'U. au St-Siège dans ses rapports avec l'U. 6 *revues* ou *bulletins. Membres :* 150 (de 80 pays diff.), groupés en un comité de soutien. *Adresse :* 9, rue Cler, 75007 Paris. *Secr. gén. :* Jean Larnaud.

Commission internationale catholique pour les migrations. *Fondée* 1951. *Adresse :* 37-39, rue de Vermont, 1202 Genève. *Secr. gén. :* Elisabeth Winkler.

Eau vive. *Nom officiel :* Travailleuses missionnaires de l'Immaculée. *Fondée* à Paris par l'abbé Roussel, déclarée en 1953 sous le régime de la loi de 1901. Implantée : Argentine, Hte-Volta, Pérou, Manille, Nouméa. Réunit des j. filles faisant le serment de virginité et s'engageant à pratiquer relig., obéissance et pauvreté dans l'esprit de Nazareth. Nombreuses postulantes du tiers monde. *Maisons de formation :* En France (St-Denis, Dieppe, Biarritz) ; Belgique (Banneux). *Affectées* à des entreprises commerciales, surtout des restaurants. *Effectifs : 1967 :* 120 ; *1978 :* 90. *Revue :* « Dans le sillon missionnaire » (dir. l'abbé Roussel).

Fraternité franciscaine séculière (ancienne dénomination : Tiers Ordre Franciscain). *Fondée* par St François d'Assise (1220) à la demande des personnes mariées qui aimaient sa spiritualité. *Personnalités marquantes :* Frédéric Ozanam (voir ci-dessous), Léon Harmel (1829-1915). *Effectifs* (en Fr.) : 10 000 m.

Mouvement international des étudiants catholiques (M.I.E.C.). *Fondé* 1921.

Mouvement international des intellectuels catholiques (M.I.I.C.). *Fondé* 1947.

Mouvement international de la jeunesse agricole et rurale catholique (M.I.J.A.R.C.). *Fondé* 1954 par H.A.C. Middelweerd (P.-Bas) et Flore Herrier (Belg.). Issu des mouv. nationaux de jeunesse agricole cath. *Statut* consultatif auprès de l'UNESCO. *Implanté* en Afrique, Amérique, Asie (Corée du Sud, Inde), Europe auprès d'env. 450 000 jeunes ruraux dans une quarantaine de mouvements nationaux. *Publications :* « M.I.J.A.R.C.-Nouvelles » (trim.). *Adresse :* Tiensevest 68, B. 3 000 Leuven, Belgique. *Pt :* Jean-Delphin Randriamarofara.

Organisation catholique internationale du cinéma et de l'audiovisuel (O.C.I.C.). *Fondée* 1928. *Publications :* O.C.I.C./Info, bull. trim. dans 156 pays, livres « Cinemedia ». *Adresse :* 8, rue de l'Orme, B-1040 Bruxelles (Belgique). *Pt :* Ambros Eichenberger.

Pax Christi. Mouvement cath. intern. au service de la Paix, *fondé* à Lourdes en 1945 et se présentant comme : *un service de recherche et d'information* sur les problèmes de la g. et de la paix : organise congrès, colloques, sessions, et anime en Fr. la semaine de la Paix et la journée mondiale de la Paix ; *un mouvement d'éducation au service de la paix* (intern., politique, sociale, spirituelle) ; *un groupement de chrétiens* cherchant en équipe à faire prévaloir paix et justice dans les comportements pol. et sociaux (campagnes d'opinion, accueil aux étrangers, centres de rencontres intern., routes intern.). *Membres : 2 000. Pt intern. :* Mgr Franz König (Autriche, 1905), cardinal archevêque de Vienne ; *en France :* Mgr Eugène Ernoult, archev. de Sens. *Secr. nat. :* 44, rue de la Santé, 75014 Paris. *Mensuel :* « le Journal de la Paix ».

Sté de Saint Vincent de Paul — Louise de Marillac. *Fondée* 1833 par Frédéric Ozanam (1813-53) et ses amis. *But :* combat sous-développement et souffrance à travers le contact de personne à personne et dans un esprit d'amitié (enfance, jeunesse, 3e âge, malades, handicapés, migrants, réfugiés, marginaux, prisonniers ; développement et lutte contre la faim). *En France :* 20 000 membres (hommes et femmes) regroupés dans 1 400 conférences. *Dans le monde :* 800 000 m. dans 40 000 conf. (1985) dont près des 2/3 dans les pays en développement. *Pt* international : Amin de Tarrazi. Pt national : Emmanuel Blanc. *Publications :* « Les Cahiers Ozanam » (trim.), « Vincenpaul » (mens. intern.). *Adresse :* 5, rue du Pré-aux-Clercs, 75007 Paris. En 1845, un membre de la Sté, Jean-Léon Le Prévost (1803-74) a fondé la *Congr. des Religieux de St Vincent de Paul,* 265 m. (Fr., Canada, Hte-Volta, Brésil). *Adresse :* 27, rue de Dantzig, 75015 Paris.

Union catholique internationale de la presse (U.C.I.P.), à Genève. *Fondée* 1927 à Bruxelles par René Delforge. *Pt :* Dr Hanns Sassmann (Autr.). *Publication :* « U.C.I.P. Informations » (trim.) 4 000 ex.

L'Église en France

Quelques dates

V. 150 Fondation de l'Église de Lyon, si l'on considère authentique une lettre de St Irénée, évêque de « Lyon », racontant, en 177, le martyre des chrétiens lyonnais (notamment de St Pothin, évêque, et de Ste Blandine, vierge) et transcrite par Eusèbe de Césarée au chap. V de l'*Histoire ecclésiastique* (début du IVe s.). Mais on pense actuellement qu'Eusèbe a situé en Gaule occidentale une persécution qui a eu lieu en Gaule orientale ou Galatie (Asie Mineure), sous le proconsulat d'Arrius Antoninus, pendant le règne de Marc Aurèle. La présence d'une forte communauté de chrétiens d'origine phrygienne émigrée à Lyon dès le IIe s. paraît improbable. La 1re inscription chrétienne trouvée à Lyon est de 240 ; le 1er évêque de Lyon (St Faustin) est mentionné en 258. **200-50** fondations d'Églises épiscopales à Arles (St Trophime), Marseille (St Victor), Narbonne (St Paul), Toulouse (St Sernin), Vienne (St Crescens), Trèves (St Euchaire), Reims (St Sixte), Paris (St Denis), Autun (St Réticius). **250** Persécution de Dèce, la seule sans doute qui ait frappé la Gaule, car les édits de Dioclétien (303-11) n'y furent pas appliqués. Martyre de St Saturnin ou Sernin, év. de Toulouse. **313** L'*Édit de Milan* favorise la christianisation des cités gallo-romaines, les cadres politico-religieux étant devenus chrétiens : 34 ou 36 diocèses sont dénombrés en Gaule en 314. **IVe-VIe s.** Les *basiliques* (édifices civils romains) utilisées pour le culte cath. sont remplacées peu à peu par des cathédrales, édifiées sur les *martyriums* ou tombeaux des martyrs. Les églises gauloises, ne possédant pas de reliques de martyrs, les font venir d'Italie. De cette époque subsistent ainsi : *N.-D.-de-Nazareth* à *Vaison-la-Romaine :* 3 absides du VIe s. ; *St-Sauveur à Aix :* baptistère des IVe-Ve s. ; *Notre-Dame à Fréjus :* baptistère du Ve s. **V. 400** 114 diocèses et 17 métropoles. **410-507** Les rois wisigoths, ariens militants, mènent une politique anticath. En Gaule (notamment en laissant les sièges épiscopaux vacants), les Burgondes sont moins hostiles (païens faiblement arianisés).

496 *Baptême de Clovis,* roi des Francs (païen) ; le sacre confère au roi un caractère sacré et un pouvoir religieux ; le roi est le protecteur des églises du roy., le défenseur de la foi cath. contre les Ariens antitrinitariens. **507** *Vouillé.* Clovis, appelé par les évêques « soldat de la Trinité », bat les Wisigoths, qui se maintiennent seulement en Septimanie (où la noblesse restera arienne, comme en Esp., sympathisant avec les musulmans aux VIIIe-Xe s., puis favorisant le catharisme antitrinitarien). **511** Concile national d'Orléans, réservant au roi franc la nomination des clercs, sauf pour les fils et petits-fils de prêtres, qui ont droit d'office au sacerdoce (le célibat est peu respecté jusqu'au XIe s.). **V. 590** Arrivée en Gaule de St Colomban (Irl.) et début du monachisme irl. en Fr. (abbaye principale : Luxeuil ; autres centres créés : St-Gall, Stavelot-Malmédy, Rebais, Jumièges, Corbie, Remiremont, Fontenelle) ; la règle de St Benoît, moins rigoureuse, y supplantera la règle irl. à partir du IXe s. **632-39** règne de Dagobert sur la Fr. unifiée ; christianisation des campagnes (St Éloi : Noyonnais ; St Ouen : Roumois ; St Didier : Quercy ; Bonitus : Auvergne ; Bodégisèle : Maine). **866** L'arch. Hincmar de Reims affirme les droits des églises métropolitaines contre l'autorité papale. **V. 875** Rédaction du martyrologe d'Usuard, qui crée le culte des saints, notamment celui des saints évêques locaux. La Gaule, ayant très peu de martyrs historiquement attestés, Usuard adapte les *acta martyrum* d'Afrique, d'Orient et d'Italie.

Conciles pléniers nationaux

Convoqués par les archevêques, ils réunissent tous les évêques d'un pays. L'autorisation papale est nécessaire (sauf pour les convoqués par patriarches syriens et coptes). Le pape est représenté par un légat. Il y a eu de nombreux conciles nat. gallicans. Arles (314, 524, 1059, 1234), Poitiers (1078), Aix-la-Chapelle (816), Worms (829), Quierzy (858), Troyes (429, 862, 1104, 1128), Reims (625, 991, 1049, 1119). Paris : nombreux dep. XIIIe s., derniers : 1521, 1615*, 1635*, 1642*, 1656*, 1661*, 1681-82*, 1745*, 1762*, 1811.

Nota. — (*) Non officiel : assemblée générale du clergé de France.

Catharisme

Mouvement religieux apparenté au christianisme, mais mêlé de *manichéisme* (philosophie admettant l'existence d'un Dieu du Mal à côté d'un Dieu du Bien). Les manichéens ont été pourchassés par l'Église catholique en Europe occidentale dep. le XIe s. Ils ne se sont implantés solidement que dans l'ancienne Septimanie (Narbonnaise), possession wisigothique (arienne) du Ve au VIIIe s., puis musulmane au VIIIe-IXe s. Les *Cathares,* comme Ariens et Musulmans, croient en un Dieu-Esprit, d'une pureté absolue, dont l'incarnation est impensable, la chair étant foncièrement mauvaise. Seuls quelques « bons hommes » (prêtres et ascètes) peuvent prétendre à la perfection morale. Les autres sont dispensés de rechercher la sainteté ; il leur suffit d'avoir de temps en temps la bénédiction d'un « Bon Homme » pour se retrouver en règle avec Dieu.

1082 1re mention, en Provence, des saintes Maries de la Mer et de St Lazare qui auraient fondé, dès le Ier s., les églises d'Aix et de Marseille (origine admise officiellement en 1102 par la papauté). **24-6-1209 :** début de la *Croisade contre les « Albigeois »* (hérétiques cathares) qui se terminera en 1244 par la réduction de la forteresse cathare de *Montségur* (dernier prolongement : résistance du château de Quéribus, 1255). **1396-98** Concile de Paris, début du *gallicanisme politique,* qui affirme l'indépendance temporelle du roi, la liberté de l'Église gallicane et supériorité des conciles généraux sur le pape. **1438** *Pragmatique Sanction de Bourges,* de Charles VII, accordant au roi de Fr. (théoriquement après une élection canonique) : nomination aux bénéfices ecclésiastiques, suppression des *annates* (paiement au pape d'un % sur les bénéfices ecclésiastiques). Elle ne sera appliquée que dans le domaine royal. Abolie en 1461, elle est rétablie en 1499. **1512 (21-4)** Louis XII fait déposer le pape Jules II par le conc. de Milan, au nom de la *Pragmatique Sanction ;* puis, les Fr. sont chassés d'It. par les Suisses ; 10-12, abolition définitive de la *Pr. Sanction,* par le Ve conc. de Latran.

1516 *Concordat de Bologne,* François Ier renonce à subordonner le pape au Concile, obtient de Léon X le droit de nommer aux évêchés et aux grands bénéfices ecclésiastiques (le pape se contentant de conférer l'institution canonique et renonçant en outre à certaines taxes). **1622 (20-10)** Paris érigé en archevêché, détaché de Sens. **1682** L'Assemblée du clergé rappelle dans la *Déclaration des 4 articles* les libertés de l'Église gallicane. Louis XIV en rend l'enseignement obligatoire par les prof. de théologie, mais y renonce en 1693 contre la reconnaissance du *droit de régale,* qui lui permet de percevoir les revenus des bénéfices vacants. **1731-32** Affaire des convulsionnaires de St-Médard. Le diacre *Pâris* (1690-1727), janséniste fervent, avait été enterré au cimetière de St-Médard à Paris. Les jans. se rendaient sur sa tombe, en pèlerinage ; il s'y produisait des guérisons soudaines et des convulsions. Le 15-7-1731, Mgr de Vintimille, archevêque de Paris, ferma le cimetière et obtint du pape un décret et un bref interdisant le culte du diacre Pâris. Le Parlement de Paris, favorable aux jansénistes, refusa d'enregistrer ces actes.

1789 Les biens du clergé sont sécularisés (confisqués). **1790 (Juillet)** Constitution civile du Clergé, visant à créer une Église nationale (un diocèse par département ; curés et évêques élus par le peuple). Le roi met son veto. Les prêtres qui jurent la Constitution (assermentés ou « jureurs ») forment l'Église constitutionnelle (schismatique) ; les prêtres *réfractaires* (« non jureurs ») sont mis hors la loi. **1792 Religion civique.** Prévoyait dans les communes un autel de la patrie ; symboles, cocarde (port obligatoire le 8-7-1792 pour les hommes, le 21-9-1793 pour les femmes), arbres de la liberté, tables de la Déclaration des droits de l'Homme et de la Constitution, offertes à la vénération publique ; culte avec cérémonies et lectures de la Constitution. **1793 (9-11)** Abjuration du clergé (constitutionnel) de Paris : conduit par Chaumette (procureur de la Commune) et par Jean-Baptiste Gobel (évêque const.), il dépose ses lettres de prêtrise à la tribune de la Convention. Imité par les conventionnels ecclésiastiques (exception : Henri Grégoire, év. const. de Loir-et-Ch.). Gobel sera guillotiné avec les hébertistes le 14-4-1794. **(20-11)** Culte de la Raison, organisé à N.-D. de Paris par les hébertistes. **1794 (8-6)** Solennité de *l'Être Suprême* où Robespierre officie comme prêtre (religion rousseauiste : le législateur est le « prêtre du bonheur du peuple »). **1795 (21-12)** *(3 ventôse an III)* Séparation des Égl. et de l'État (les prêtres de l'Égl. constitutionnelle ne sont plus payés ; les prêtres non jureurs sont tolérés en civil ; pas de lieux de culte reconnus). **1797 (1-6)** *(20 prairial an V)* rapport Camille Jordan [1771-1821 (surnommé ensuite Jordan-les-Cloches)], rendant les églises aux cath. ; **(5-9)** *(19 fructidor an V)* les mesures d'apaisement sont révoquées (« 2e Terreur ») ; 2 000 prêtres déportés en Guyane, Ré, Oléron (« fructidorisés »).

1801 (17-7) *(28 messidor an IX) :* concordat entre Bonaparte et Pie VII : le catholicisme est reconnu comme la religion de la majorité des Fr. ; les circonscriptions diocésaines restent calquées sur les départements ; le clergé reçoit une indemnité de l'État (traitement annuel), contre la renonciation de l'Église aux biens confisqués ; le 1er Consul nomme les évêques, mais ils sont institués par le pape ; les évêques nomment les curés. 93 évêques survivants de l'Ancien Régime sont invités à démissionner, 55 obéissent, 38 (émigrés) refusent. Les non-démissionnaires ne sont plus que 3 en 1817 (voir Petite Église, p. 509 a). **1802** Bonaparte introduit dans le texte du Concordat 77 *articles organiques*, rétablissant le gallicanisme politique ; non reconnus par le Saint-Siège, ils seront appliqués unilatéralement par le « ministère des Cultes » jusqu'en 1905. En 1813, puis 1817, 2 projets de modifier le Concordat de 1801 n'aboutissent pas. **1822** Rétablissement symbolique des évêchés et archevêchés d'avant la Révolution. Leurs titres sont cumulés par évêques et archevêques des nouvelles circonscriptions qui les englobent (par ex., l'archev. d'Avignon est en même temps év. d'Apt, Carpentras, Orange, Vaison, Cavaillon).

1822-1877 *(jusqu'à l'arrivée au pouvoir des anticléricaux) :* rechristianisation (en 1876 : 55 369 prêtres séculiers, 30 287 religieux, 127 753 religieuses). **1872** Dernier recensement demandant l'appartenance religieuse. **1879** Suppression de la loi de 1816, interdisant le travail du dimanche. **1880** *Décrets contre les congrégations* non autorisées (suppression de 261 établissements comptant 5 643 religieux, notamment les jésuites). **1881** Laïcisation des hôpitaux, pompes funèbres, cimetières ; retrait du crucifix dans les tribunaux. **Mars 1882-oct. 1886** *Lois sur l'enseignement primaire laïque.* **Juillet 1889** *Loi obligeant les ministres du culte* à faire leur service militaire.

1901 (1-7) *Loi sur les associations.* [L'art. 13 restreint le droit des congr. (autorisation légale obligatoire) ; l'art. 16 définit le « délit de congrégation ».] Sur 1 665 c. (154 d'hommes, 1 511 de f., 910 étaient autorisées 4 d'h. (Missions étr. de Paris, 1815 ; Spiritains, 1816 ; Sulpiciens, 1816 ; Lazaristes, 1816), 906 de f. Mais 276 c. féminines autorisées possédaient des établissements non encore déclarés, pour lesquels elles avaient négligé ou refusé de demander l'autorisation partielle. Sur 150 c. d'h. non autorisées, 64 déposent une demande d'autorisation (pour 2 001 établissements) ; 86 refusent. Sur 601 c. de f. non aut., 532 déposent une demande (pour 6 799 ét.), 69 refusent. Finalement, 448 demandes (1 958 ét. d'h. et 4 986 de f.) sont soumises au Parlement ; 148 demandes (pour 1 243 de f.) sont soumises au Conseil d'État. La Chambre rejette en bloc toutes les demandes, sauf celle des Trappistes (non autorisés mais non interdits : leur dossier reste en attente jusqu'à la g. de 1914 qui met fin aux expulsions). Les congr. non autorisées sont dissoutes ou s'exilent (13 904 écoles fermées sur 20 823). *Total des biens immeubles possédés par les congr. :* 48 757 ha ; 1 072 millions de francs-or (« le milliard des congr. »). *Total des établissements non autorisés et confisqués :* 25 000 ha, 440 millions de francs-or. **1904 (7-7)** Interdiction totale de l'enseignement congréganiste (fermeture des écoles mêmes autorisées). **(30-7)** Rupture des relations diplo. avec Rome à la suite d'un incident dipl. : le 24-4, le Pt de la Rép. se rend à Rome en visite officielle auprès du roi d'Italie, sans aller saluer le pape. Le St-Siège proteste sous forme d'une note diplomatique adressée aux chancelleries étrangères. Mais le Pce de Monaco, anticlérical, donne cette note à Jaurès, qui la publie en 1re page de « l'Humanité ». Combes saisit cette occasion pour rompre les relations diplomatiques. **1905 (9-12)** *Séparation de l'Église et de l'État,* décidée par le Gouvernement. Abroge le concordat de 1801, mais maintient les lois sur les congrégations.

1907 (8-10) Pie X institue le *denier du culte,* que les cath. sont tenus *en conscience* (sous peine de péché) de verser pour l'entretien de leur clergé. *% des revenus recommandé :* 1 j de salaire pour les salariés ; le revenu d'une journée moyenne de l'année pour les non-salariés. **1908 (7-3)** Excommunication de l'abbé *Alfred Loisy* (1857-1940), chef de la tendance moderniste, condamnée l'année précédente par l'encyclique *Pascendi* (il est nommé en 1909 prof. d'histoire des religions au Collège de Fr. ; prend sa retraite en 1931 ; écrit sa défense dans *Un mythe apologétique* en 1938). **(13-4)** Une loi permet d'attribuer à des œuvres de bienfaisance laïques dons et legs faits à l'Église catholique même si le donateur fait opposition. **1910 (25-8)** Condamnation du mouvement chrétien de gauche, *le Sillon,* dirigé par Marc Sangnier (1873-1950).

1919-39 La plupart des congr. supprimées se reforment en France sans être inquiétées. Après le retour de l'Alsace-Lorraine, en 1918, le concordat de 1801 continue à être appliqué dans le Bas-Rhin, Haut-Rhin et la Moselle. Les év. de Metz et de Strasbourg sont désignés par l'État qui rémunère les prêtres. **1921** Rétablissement des relations diplomatiques entre France et Vatican. **1924 (12-10)** Pour la possession des biens ecclésiastiques acquis depuis 1905, de nouveaux organismes, reconnus par la loi civile française, sont autorisés par Pie XI dans son encyclique *Maximam gravissimamque* sous la forme d'associations diocésaines respectant la hiérarchie de l'Église. **1941** Les chartreux demandent et obtiennent l'autorisation. **1942** Une loi de Vichy supprime le « délit de congrégation » : une congr. est un groupement semblable à toute association.

1958-76 11 « congr. » demandent et obtiennent l'autorisation. **1959 (14-9)** Le Vatican met fin à l'expérience des prêtres-ouvriers. **1959 (11-12)** *Loi Debré* accordant des subventions à l'école libre. **1970** Fondation à Écône (Suisse), par Mgr Marcel Lefebvre, ancien évêque de Tulle (n. 1905), d'un séminaire traditionaliste (voir p. 467 a). **1972** Carte des diocèses remaniée ; les 18 provinces ecclésiastiques sont remplacées par 9 régions apostoliques (mais les anciens archevêchés conservent leurs « officialités métropolitaines » recevant les appels des officialités diocésaines.

1980 (30-5 au 2-6) Voyage en Fr. (Paris, Lisieux) du pape Jean-Paul II. **1984 (24-6)** Manifestation des cath. pour l'école libre, avec l'approbation de Jean-Paul II (3 prélats français sont hostiles : Gaillot, Fihey, Honoré). **1985 (oct.)** « Querelle des 2 manifestes », révélant la division des catholiques français : 1°) « Appel de Montpellier » (avec 7 000 signatures de prêtres et laïcs, dont Mgr Gaillot, év. d'Évreux) : réclame une fidélité accrue à l'esprit de Vatican II [évêques favorables, mais non signataires : Mgr Orchampt (Angers), Boffet (Montpellier), Favreau (Nanterre), Bernard (Nancy), Rozier (Poitiers)] ; 2°) « Lettre de fidélité au St-Père », rédigée par des curés de campagnes poitevins et angevins, avec 30 000 signatures, dont 3 000 prêtres et religieux : rejettent une « religion sans dogme et sans magistère ». **(13-12)** Réforme du Comité catholique contre la faim et pour le développement (C.C.F.D.), qui subventionnait des actions révolutionnaires dans le tiers monde. **1986 (oct.)** Venue de Jean-Paul II dans la région lyonnaise, avec visite à Taizé.

Souverains français excommuniés. *Robert le Pieux* (998) pour avoir épousé Berthe de Bourgogne, cousine au 4e degré. *Philippe Ier* (1094) pour avoir répudié Berthe de Hollande et enlevé et épousé Bertrade de Montfort, épouse de Foulques d'Anjou (voir encadré p. 555). Absous en 1096, excommunié de nouveau en 1100. *Louis VII le Jeune* (1140) pour n'avoir pas reconnu l'élection à l'archevêché de Bourges du P. de la Châtre. *Philippe Auguste* (1200) pour avoir répudié Ingelburge, et épousé Agnès de Méranie. *Philippe IV le Bel* (1303) pour avoir refusé de se soumettre à Boniface VIII. *Louis XII* (1512) à cause de ses victoires en It. et pour avoir convoqué à Pise un concile dirigé contre le pape. *Henri III* (1588) pour avoir ordonné l'assassinat du cardinal de Guise. *Henri IV,* n'étant encore que Henri de Navarre, avait été excommunié en 1585 pour son abjuration (ayant adhéré au catholicisme en 1572, il s'était rétracté en 1576). *Louis XIV* (18-10-1687) à la suite de la formation de l'Église gallicane, et de l'entrée à Rome du marquis de Lavardin avec 800 h. armés (affaire du droit d'asile). Par une concession exceptionnelle, la lettre pontificale fut gardée secrète. *Napoléon Ier* (18-6-1809) à la suite de l'annexion des États du pape à l'Empire fr. (mais N. n'est pas désigné nommément ; la bulle condamne « ceux qui ont spolié les biens de l'Église »).

Circonscriptions diocésaines. *Ancien régime,* 141 évêchés ou archevêchés dont 4 en Corse (annexée 1768) et l'évêché de Bethléem (voir ci-dessous). En outre, 6 évêques étrangers avaient juridiction sur des paroisses faisant partie du royaume : Ypres, Tournay, Liège, Spire, Bâle (siégeant à Porrentruy), Genève (siégeant à Annecy). Inversement, 5 év. français avaient juridiction sur des territoires étrangers : Cambrai (P.-Bas), Strasbourg (Allem.), Carpentras, Cavaillon et Vaison (Comtat Venaissin Pontifical). Sur 141 diocèses, 129 étaient « réputés français », (ils devaient payer le « don gratuit » au roi) ; 19 étaient « réputés étrangers » et payaient au roi des redevances spéciales : les 4 de Corse, et 15 dans des territoires annexés après le XVIe s. : Cambrai, Besançon, Strasbourg, Metz, Toul, Verdun, Arras, St-Omer, Belley, Orange, Perpignan, Elne, St-Claude, Nancy, St-Dié.

Titres féodaux ou ecclésiastiques portés par les anciens évêques de France. (*Légende :* b. : Baron, c. : Comte, pr. : Prince). *Aix* (arch.) : Président-né des États de Provence. *Ajaccio :* c. de Frasso. *Albi : c. d'A. Arles* (arch.) : Primat, pr. de Salon. *Auch* (arch.) : Primat de Novempopulanie et du royaume de Navarre. *Autun :* port du pallium, Pt-né des États de Bourgogne, *Beauvais :* 1er des c. et pairs ecclésiastiques. *Belley :* pr. du St-Empire, c. de B. *Besançon :* pr. du St-Empire. *Bordeaux* (arch.) : Primat d'Aquitaine Seconde. *Bourges* (arch.) : Primat des Aquitaines et Patriarche. *Cahors :* b. et c. de C. *Cambrai* (arch.) : duc de C., pr. du St-Empire, c. du Cambraisis, Seigneur temporel de la ville, Pt-né des États de Cambraisis. *Carpentras :* Pt-né des États du Comtat. *Chalon-sur-Saône :* c. de Ch. *Châlons-sur-Marne :* c. et pair de France. *Die* (fusionné avec Valence) : c. de D. *Digne :* b. de Lauzières, seigneur de D. *Dol :* c. de D. *Embrun* (arch.) : pr. d'E. *Gap :* c. de G. *Grenoble :* pr. de Gr. *Langres :* Duc et Pair de Fr. *Laon :* Duc et Second Pair de Fr. *Lectoure :* Seigneur de la ville. *Lescar :* Pt-né des États de Béarn. *Léon :* c. de L., seigneur de Brest. *Lisieux :* c. de L. *Luçon :* b. de L. *Lyon* (arch.) : c. de L., Primat des Gaules. *Marseille :* B. d'Aubagne. *Mende :* Seigneur et Gouverneur de M., c. de Gévaudan. *Metz :* pr. du St-Empire. *Montpellier :* Marquis de Marquerose, c. de Mauguio et de Montferrand, b. de Sauve, de Durfort, de Salevoise, de Brissac. *Nancy :* Primat de Lorraine. *Narbonne :* Primat, Pt-né des États de Languedoc. *Noyon :* c. et pair de France. *Paris* (arch.) : duc de St-Cloud, 7e Pair ecclésiastique. *Le Puy :* c. du Velay et de Brioude, seigneur du P. Port du pallium. *Quimper :* Seigneur de la ville, c. de Cornouaille. *Reims* (arch.) : Primat de Gaule Belgique, duc de R., 1er Pair de France, Légat-né du St-Siège, consécrateur des rois. *Rodez :* c. de Rodez. *Rouen :* Primat de Normandie. *St-Brieuc :* Seigneur de St-Br. *St-Claude :* Seigneur de St-Cl. *St-Malo :* b. de Beignon, c. de St-M., co-seigneur de la ville. *St-Papoul :* Seigneur de la ville. *St-Paul-Trois-Châteaux :* Seigneur de la ville. *Sarlat :* b. de S. *Sens* (arch.) : Primat des Gaules germaniques. *Sisteron :* pr. de Lurs. *Strasbourg :* pr. de Str., Landgrave et régent souverain d'Alsace (résidence à Saverne) ; Altesse Sérénissime et éminentissime. *Tarbes :* Pt-né des États de Bigorre. *Toul :* c. de T., pr. du St Empire, doyen des év. de la prov. de Trèves. *Tulle :* Seigneur et vicomte de T. *Uzès :* Seigneur d'U. *Vabres :* c. de V. *Valence :* Seigneur et Comte de V. *Verdun :* c. de V., pr. du St-Empire. *Vienne* (arch.) : seigneur de la ville, « Primat des Primats ». *Viviers :* c. de V., pr. de Donzère et de Châteauneuf-du-Rhône.

Évêché de Bethléem. *1110* créé par les Croisés (l'év. avait le privilège de consacrer les rois de Jérusalem). *1161* Guillaume III, Cte d'Auxerre et de Nevers, († en Terre sainte), demande à être enseveli dans la cathédrale de B. En échange, il cède aux év. de B.-Ascalon, en toute suzeraineté l'hôpital construit par son père Guillaume II à Clamecy en 1147. *1331* l'év. Guillaume Ier, chassé par les Sarrazins, s'y installe. 44 év. s'y succéderont jusqu'à 1801, (résidence à Clamecy, la chapelle de l'hôpital est érigée en cathédrale). *1413* Charles VI reconnaît les év. de B. comme des prélats du royaume (nommés par le Cte de Nevers, agréés par le roi). Mais ils n'exercent pas de juridiction, sauf sur le personnel de l'hôpital. *1635* l'assemblée du clergé leur attribue une pension de 1 000 livres, pour qu'ils ne soient pas tentés d'usurper certaines juridictions, détenues par les év. d'Auxerre. *1801* l'évêché est supprimé. *1840* le titre d'év. de Bethléem, devenu un simple titre *in partibus,* est lié à la dignité abbatiale de St-Maurice-d'Agaume (Valais, Suisse). Les abbés reçoivent dès lors la dignité épiscopale et sont appelés « év. de Bethléem St-Maurice ».

Organisation actuelle

Circonscriptions

Nombre

La France est divisée en 95 *diocèses* répartis en 9 *régions apostoliques* et dirigés par 93 *évêques* ou *archevêques,* nommés par le pape. Le titre d'archevêque est porté par les chefs des 18 *archidiocèses :* Marseille et les 17 sièges métropolitains, chefs-lieux de provinces ecclésiastiques comportant plusieurs évêchés *suffragants.*

Certains départements comptent plus d'un diocèse : Savoie, 3 (administrés par le même prélat) ; B.-du-Rh., 2 (Aix, Marseille) ; Marne, 2 (Reims, Châlons) ; Nord, 2 (Cambrai, Lille) ; Seine-M., 2 (Le Havre, Rouen). *Certains diocèses comptent plus d'un département :* Bourges, 2 (Cher, Indre) ; Limoges, 2 (Hte-Vienne, Creuse) ; Poitiers, 2 (Vienne, Deux-Sèvres) ; Reims, 1 1/2 (nord de la Marne, Ardennes) ; Besançon, 1 1/2 (Hte-Saône, ouest du Doubs) ; Belfort-Montbéliard, 1 1/2 (Belfort, est du Doubs).

Liste

• **Métropole. Diocèses par régions** (en italique les 18 archevêchés) : **Sud-Ouest :** Agen, Aire et Dax, Angoulême, Bayonne, *Bordeaux,* La Rochelle, Limoges, Périgueux, Poitiers, Tulle. **Provence-Méditerranée :** *Aix et Arles,* Ajaccio, *Avignon,* Digne, Fréjus et Toulon, Gap, *Marseille,* Montpellier, Nice. **Midi-Pyrénées :** *Albi, Auch,* Cahors, Carcassonne, Mende, Montauban, Pamiers, Perpignan et Elne, Rodez, St-Flour, Tarbes et Lourdes, *Toulouse.* **Nord :** Amiens, Arras, Beauvais, *Cambrai,* Châlons-sur-M., Évreux, Langres, Le Havre, Lille, *Reims, Rouen.* **Ouest :** Angers, Bayeux et Lisieux, Coutances, Laval, Le Mans, Luçon, Nantes, Quimper, *Rennes,* St-Brieuc, Sées, Vannes. **Centre-Est :** Annecy, Autun, Belley, *Chambéry* (+ Maurienne + Tarentaise), Clermont-Ferrand, Grenoble, Le Puy, *Lyon,* St-Étienne, Valence, Viviers. **Centre :** Blois, *Bourges,* Chartres, Moulins, Nevers, Orléans, *Sens, Tours.* **Est :** Belfort-Montbéliard, *Besançon,* Dijon, Metz (concordataire), Nancy, St-Claude, Strasbourg (concordataire), Verdun. **Région parisienne :** Corbeil-Essonnes, Créteil, Meaux, Nanterre, *Paris,* Pontoise, St-Denis-en-France, Versailles.

Nota. — Il existe, en outre, indépendamment des circonscriptions diocésaines : *1 vicariat aux armées ; 1 prélature territoriale* (la Mission de France) ; *2 exarchats* pour les fidèles de rite oriental : Ukrainiens-catholiques, Arméniens-catholiques.

• **Outre-mer. Départements :** *Fort-de-France,* Basse-Terre et Pointe-à-Pitre, Cayenne, St-Denis de la Réunion.

Territoires : *Nouméa, Papeete,* Taiohae, Wallis et Futuna. St-Pierre-et-Miquelon constitue un vicariat apostolique.

Épiscopat

Archevêques et évêques (nombre). *1789 :* 18 a., 118 é. ; *1810 :* (avec les annexions) 23 a., 75 é. ; *1817 :* 7 a., 33 é. ; *1820 :* 9 a., 41 é. ; *1823 :* 13 a., 61 é. ; *1826 :* 14 a., 65 é. ; *1859 :* 16 a., 65 é. ; *1860 :* 17 a., 68 é. ; *1871 :* 17 a., 66 é. ; *1918 :* 17 a., 68 é. ; *1982 :* 18 a., 96 é. (créations : 1948 a. de Marseille ; 1966 é. de Corbeil, Créteil, Nanterre, Pontoise, St-Denis ; 1970 é. de St-Étienne ; 1976 é. du Havre ; 1979 é. de Belfort-Montbéliard).

Assemblée plénière annuelle de l'épiscopat français. Siège d'ordinaire à Lourdes et se réunit en principe une fois par an (3e semaine d'oct.). *Pt :* Mgr Jean Vilnet, év. de Lille. Un *conseil permanent de l'épiscopat* prépare et dirige les travaux. *Pt :* Mgr Vilnet ; *vice-Pt :* Mgr Decourtray ; *membres :* card. Lustiger (Paris) et 9 membres représentant les 9 régions apostoliques de France.

14 *commissions :* Liturgie (Mgr Feidt), Enseignement religieux (Mgr Plateau), Opinion publique, Monde scolaire (l'enseignement cath. est dirigé par un organisme spécial, le Comité national de l'ens. cath., dépendant de cette commission et confié dep. le 29-10-1985 à Mgr Bernard Panafieu, arch. d'Aix), Religieuses, Sociale (Mgr Marchand), Monde indépendant, Monde ouvrier (Mgr Deroubaix), Familles et communautés chrét., Monde rural, Migrations, Clergé-séminaires, Enfance-jeunesse (Mgr Cornet), Comité financier.

Conférence épiscopale française. Créée le 18-5-1964, au cours de l'Assemblée plénière de l'épiscopat fr. Succède à l'Assemblée des card. et arch. (créée 1919). Env. 120 membres (les cardinaux français retirés en restent membres, mais les cardinaux de la Curie et les év. des T.O.M. n'en sont pas membres).

Église et État

Avant 1905. Le régime du concordat (voir p. 495 c) était appliqué. **Depuis 1905** (loi de séparation de l'Église et de l'État, abrogeant le concordat de 1801) : suppression du ministère des cultes et de la rémunération du clergé. Le libre exercice des cultes est garanti dans la limite de l'ordre public. L'État n'intervient plus dans les nominations des ministres du culte et les modifications des circonscriptions ecclésiastiques. Les évêques sont nommés par le pape (de fait, l'acord du gouv. est toujours donné officieusement). Les congrégations restent soumises à la loi concordataire du 1-7-1901 qui limite leur création et leur fonctionnement. Les biens possédés par les établissements du culte, devant être dévolus à des *associations cultuelles,* sont soumis à des *inventaires* par la loi du 9-12-1905. Au printemps 1906, dans de nombreuses églises et maisons religieuses, notamment en Bret., ont lieu des échauffourées entre la police (ou la gendarmerie, ou la troupe) et les fidèles venus se masser devant les portes ; seuls ont été déférés devant les tribunaux ceux qui avaient ceinturé les commissaires de police voulant ouvrir les tabernacles. Une amnistie générale a été proclamée par la loi du 12-7-1906. Les « associations cultuelles », qui ne mentionnaient pas l'autorité épiscopale, ayant été désapprouvées par Pie X (encyclique *Gravissimo* du 10-8-1906), les biens des églises paroissiales ont été dévolus aux communes qui sont tenues de les laisser « à la disposition des fidèles et des ministres du culte pour la pratique de leur religion » (loi du 2-1-1907).

Depuis 1919. Le clergé alsacien-lorrain reçoit un traitement de l'État. Dans les autres régions de France, dep. 1905, l'entretien du clergé est entièrement à la charge des fidèles.

Service des cultes. Au ministère de l'Intérieur. Compétences : 1o) Application dans le Bas-Rhin, Haut-Rhin, Moselle, du régime concordataire toujours en vigueur (4 cultes reconnus : catholique, luthérien, réformé, israélite ; — la gestion du personnel cultuel est confiée à une antenne du Service des C. à Strasbourg). 2o) Application (Guyane et St-Pierre-et-Miquelon) d'un régime cultuel propre quasi concordataire. 3o) Gestion des lieux du culte (cathédrales appartenant à l'État ; égl. paroissiales appartenant aux communes), qui doivent légalement être affectés au culte. 4o) Toute question juridique concernant les rapports de l'Église et de l'État.

Relations diplomatiques entre France et papauté : rompues en 1904, renouées en 1920-21.

Le statut légal de la propriété ecclésiastique : réglé par un accord quasi concordataire, déclaré légal par 2 avis du Conseil d'État (13-12-1923) et canonique par le pape (18-1-1924).

Congrégations. En 1970, le Pt Pompidou a rouvert dans le *J.O.* la rubrique « Établissements congréganistes » (loi concordataire du 1-7-1901). En 1977, 5 400 religieux sur 19 000 et 75 000 religieuses sur 100 000 vivaient sous le régime des « Congrégations reconnues », qui implique certains avantages judiciaires et financiers, sous tutelle administrative.

Mesures diverses. L'art. 14 du décret du 19-7-1948 mentionne l'Assemblée des cardinaux et archevêques comme l'autorité corporative du clergé ; la loi du 17-1-1948 sur l'assurance vieillesse des non-salariés cite les « ministres du culte catholique » ; la loi sur « la généralisation de la Sécurité sociale » s'applique, à partir du 1-1-1978, aux prêtres, religieux, religieuses. Vis-à-vis de la commune, le curé est autorisé à recevoir une indemnité pour le gardiennage de l'église, sans être assimilé à un salarié communal.

Statut des édifices catholiques. Affectés au culte public, 115 sont devenus propriété des communes en 1905 (loi de séparation de l'Église et de l'État). Depuis 1905, d'autres édifices appartenant à diverses associations ou sociétés ont été construits. Il y a ainsi à Paris 89 édifices appartenant à la ville et 58 édifices privés.

Saints patrons de la France. Voir p. 477.

Chantiers du Cardinal. Créés en 1931 par le card. Verdier, arch. de Paris, pour donner plus d'élan à la construction des églises indispensables, étant donné

Canonicats d'honneur des présidents de la République

• **St-Jean-de-Latran** voir Chanoines, p. 478 b. Quand Raymond Poincaré fut élu Pt de la Rép. (1913), des journaux ont assuré qu'il était chanoine du Latran ; d'autres que les Pts français avaient perdu ce privilège, car Émile Loubet avait été radié en 1905 (le Vatican a gardé le silence à ce sujet).

• **France. St-Maurice d'Angers.** Le roi Charles VII a pris part à l'office canonial, revêtu du surplis et de la chappe. **Ste-Marie d'Auch.** Les rois de France, depuis Henri IV, ont hérité le c. d'h. des comtes d'Armagnac, postérieurement rois de Navarre. **St-Vincent de Chalon-sur-Saône.** C. d'h. accordé au duc de Bourgogne, Philippe le Bon (qui prenait part à l'office comme chanoine laïc), et passé à la couronne de France, sous Louis X. **St-Jean de Lyon.** C. d'h. accordé en *1230* aux Dauphins du Viennois, et passé dans la famille royale après l'acquisition du Dauphiné par l'héritier de la couronne (1356). **St-Julien du Mans.** C. immémorial des rois de France. *1909* l'artiste manceau A. Echivard exécute un vitrail représentant le Pt Armand Fallières à genoux, avec la chappe des chanoines, pour être placé dans le chœur de St-Julien (vitrail refusé par l'évêque) ; *1913* Echivard refait une maquette avec le Pt Poincaré [même costume au pied d'une statue de Jeanne d'Arc (vitrail non exécuté)]. **St-Hilaire de Poitiers, St-Gratien de Tours,** C. sans aucun document. **St-Jean-de-Maurienne.** C. des ducs de Savoie, revendiqués par François Ier (1537) et Henri II (1548) lors d'annexions temporaires. Non revendiqué par Napoléon III. **St-Georges de Nancy.** C. des ducs de Lorraine ; reconnu à Napoléon Ier et accepté par Napoléon III ; sa transmission automatique aux Pts de la République est discutée.

• **France, « fille aînée de l'Église ».** Formule lancée par le cardinal Benoît Langénieux (1824-1904), archevêque de Reims. Repose sur 4 données : 1o) les rois de Fr. s'appelaient habituellement « Fils aînés de l'Église » [traduction libre de leur titre officiel de *Christianissimus,* rendu dans les textes français par « très chrétien », mais signifiant « le premier des (rois) chrétiens » (Napoléon Ier prenant également ce titre dans sa correspondance avec le pape)] ; 2o l'université de Paris s'est définie jusqu'à la Révolution comme « la fille aînée des rois de Fr. » (allusion au titre précédent) ; 3o) depuis les Mérovingiens, les souverains ont eu une dévotion à Ste Pétronille, fille de St Pierre, tombée dans l'oubli v. 1600. Selon le card. Langénieux, en 496, Clovis reçut du pape Anastase II une lettre le présentant comme un fils enfanté par l'Église (cette lettre est en réalité un faux, datant du XVIIe s.) ; 4o) Étienne II (pape de 752 à 757) écrit le 23-2-756 à Pépin le Bref une lettre où il fait parler St Pierre. Celui-ci s'adresse à Pépin comme à son « fils adoptif ».

Dès lors, il devient courant, dans les lettres échangées entre papes et rois francs, de dire que Ste Pétronille est la « sœur spirituelle » de la monarchie franque. D'après certains textes, le tombeau de Ste Pétronille, dans une des chapelles de la basilique de Constantin, était appelée *Capella Regum Francorum,* « chapelle du roi de Fr. » (on suppose que les rois de Fr. l'entretenaient sur leur trésor). Au XVe s., la dévotion des rois de Fr. envers Ste Pétronille reprit vigueur : Louis XI attribua à Ste Pétronille la naissance de Charles VIII. Et celui-ci constitua en 1490 à Rome une chapellenie de Ste Pétronille, devant assurer des messes pour le repos de l'âme de Louis XI. Ce culte n'était plus attesté au XVIIe s. et on n'a plus parlé de Ste Pétronille jusqu'en 1874, date de la découverte de son tombeau sur la voie Ardéatine près de Rome. En 1889, le card. Langénieux obtient que Léon XIII remette officiellement à la Fr. une chapelle de Ste Pétronille, faisant partie de la basilique St-Pierre. L'huile de la lampe du St Sacrement est payée par l'Église de Fr. En 1896, à l'occasion du XIVe centenaire du baptême de Clovis, le card. Langénieux fait passer l'expression de « fille aînée de l'Église » qui est tirée d'une lettre du Cte de Chambord et qui sera, dès lors, employée couramment. La messe solennelle de Ste Pétronille, avec présence de l'ambassadeur de Fr., est célébrée officiellement chaque année (le 31-5), depuis 1949, mais on parle peu du patronage.

l'accroissement démographique de Paris et de sa banlieue [avant, constructions : *1886-1905* : 50 églises ; *1905-14* : 41 ; *1925-32* : 52 (en comptant les chapelles)].

Bilan : *1939* : 100 églises et 50 presbytères ; *1945-59* : 37 églises, 7 agrandies ; *1960-72* : 88 réalisations ; *1973-80* : 53 ; *1981* : 7 ; *1982* : 8 ; *1983* : 3 ; *1985* : 9 (budget 28 millions de F).

Statistiques (France)

Clergé

● **Aumôniers militaires.** 487.

● **Diacres permanents.** *1975* : 33 ; *80* : 100 ; *86* : 291, *90 (prév.)* : 1 000.

● **Évêques** EN ACTIVITÉ : 122. *Métropole* : 95 diocèses (88 év. résidentiels, 1 coadjuteur, 18 auxiliaires), vicariat aux armées (1 év.), Prélature Mission de France (1 év. auxiliaire), exarchats (1 év. pour les Ukrainiens et 1 év. pour les Arméniens). *Outre-Mer* : D.O.M. 4 dioc. (4 év.), 1 vicariat apostolique (év.) ; T.O.M. 4 dioc. (4 év.). *Monaco* : 1 év. RETIRÉS : 44 dont 36 archev. (3 card.) et év. (métropole), 8 év. (Outre-Mer).

Nota. — 2 cardinaux à la Curie, 4 à la tête d'un diocèse, 3 év. non-cardinaux à Rome.

AGE MOYEN EN 1978 : 61 ans et 3 mois (70 ont plus de 60 ans, 4 moins de 45 ans). 1 avait été consacré avant 40 ans, 15 entre 40 et 45 ans, 44 entre 45 et 50, 40 entre 50 et 55, 18 entre 55 et 60, 1 après 60 ans.

● **Mission de France.** *Évêque* : Mgr Albert Decourtray, archevêque de Lyon, Vice-Pt de la Conférence épiscopale fr. *Évêque auxiliaire* : Mgr Jean Rémond (n. 1922), Pt du Comité épiscopal de la Mission de Fr. (7 m.), seul évêque de Fr. à avoir exercé régulièrement une profession salariée (employé d'assurances). *Prêtres séculiers* : 289 dont 80 % exercent un métier ou l'ont exercé jusqu'à l'âge de la retraite professionnelle. Une trentaine vivent dans des pays du tiers monde. *Ordinations* : *1978-85* 34.

● **Missionnaires.** Au 1-1-1983, 332 prêtres diocésains fr. envoyés outre-mer au titre de « Fidei Donum ». Afrique 180, Amér. centrale et du Sud. 122, D.O.M.-T.O.M. 23, Asie 7. Au 1-1-1980, 4 136 membres d'instituts religieux (ordres, congrégations) et de Stés de vie apostolique hors de Fr. Afrique 2 189, Asie 565, Amér. latine 541, Europe (moins la Fr.) 483, Océanie 176, Amér. du Nord 151, sans précision de continent 31.

● **Paroisses.** 38 370 dont 15 561 avec curé résidant (séculiers 14 639, religieux 922). 21 968 sont desservies par un prêtre voisin. 12 paroisses sont confiées à 1 diacre permanent, 46 à des religieuses, 30 à des laïcs.

● **Prêtres.** Il y avait au 31-12-83, 37 550 pr. (29 421 diocésains, 8 129 religieux) séculiers (40 994 en 1965) et 13 150 p. réguliers (dont 8 123 sur le territoire français). *Activités (%)* : ministère paroissial 59,3 (31,9 en milieu rural ; 27,4 urbain) ; éducation et enseignement 9,5 ; services généraux des diocèses 5,1 ; divers 20,1.

Sondage de La Vie (sept. 1985). Sur 19 000 pr. interrogés, 2 000 ont répondu : 83 % accepteraient des pr. mariés, 29 % le mariage des pr. ordonnés, 36 % l'ordination des femmes, 53 % approuvent Jean-Paul II. Ces chiffres ont été contestés.

Abandons de ministère : *de 1950 à 1976* : 2 500 (env. 5 %) ; *77* : 129 ; *78* : 120. 1 250 ont demandé une dispense canonique à Rome et se sont mariés religieusement (env. 600 ont demandé à assurer un service dans l'Église). L'évêque peut les autoriser à rendre des services laïques, mais ils ne peuvent célébrer l'eucharistie ni les actes propres du ministère presbytéral. Selon d'autres statistiques, il y aurait en France de 5 000 à 7 000 prêtres mariés.

Ordinations. *1830* : 2 300, *1900*[1] : 1 679, *1904*[1] : *1 740*, *1914*[1] : 704, *1918*[1] : 152, *1924* : 907, *1927* : 1 043, *1931* : 838, *1938* : 1 355, *1951* : 1 028, *1959* : 567, *1968* : 501, *1969* : 370, *1970* : 284, *1975* : 161, *1976* : 136, *1977* : 99, *1978* : 118, *1979* : 125, *1980* : 111, *1981* : 111, *1982* : 106, *1983* : 95, *1984* : 111 ; *1985* : 116.

Nota. — (1) Sans Alsace-Lorraine.

Vieillissement prévu. Prêtres âgés de moins de 65 ans : *1965* : 34 065 ; *75* : 27 731 ; *85* : 18 000 (sur 28 000) ; *95* : 8 600-9 500 ; *99* : 9 530 (sur env. 20 000). Pour retrouver un nombre de prêtres égal à celui de 1939, il faudrait attendre, au plus tôt, 2 010 [à moins que l'augmentation du nombre de candidats (41 % entre 1977 et 1978 ; 282 au lieu de 200) ne se poursuive].

Finances de l'Église de France
V. Salaires à l'Index.

1789 : *Revenu total du clergé* : 248 millions de livres, dont 150 de revenus fonciers [valeur du capital foncier : 5 milliards (dont bâtiments 500 millions) ; en surface 6 % de la superficie du royaume, la plus grosse fortune de France]. *Revenus des 118 évêques et des 18 archevêques* : 5 141 000 livres, + les revenus de leurs abbayes commandataires [maximaux : Strasbourg 400 000 livres, Paris 200 000, Narbonne 160 000, Cambrai 150 000, Auch 126 000, Metz et Albi 120 000. Minimaux (dits *évêchés crottés*) : Apt 9 000, St-Pons, Carpentras, Vaison 10 000]. *Revenus des ordres religieux* : 8 000 000 livres (dont 2 500 000 pour les ordres féminins). *Principales abbayes commandataires* : St-Germain-des-Prés 130 000 livres, Cîteaux 120 000, Clairvaux 90 000, Corbie 85 000, Fécamp 80 000.

1840 : *Fortune foncière de l'Église* : 100 millions de F ; *revenus* : 40 millions, dont 30 de subventions de l'État et 10 de casuel [1]. *Traitement* archevêque de Paris : 40 000 F ; cardinal : 30 000 ; archevêque : 15 000 ; évêque : 10 000.

1880 : *Fortune foncière* : 712 millions de F (40 520 ha), dont congrégations non autorisées 210 millions de F (14 000 ha).

1905 : *Fortune foncière* : 1 071 millions de F appelés « le milliard des congrégations » (48 757 ha), dont congrégations non autorisées 440 millions de F (25 000 ha).

Nota. — Participation financière des fidèles aux frais des services religieux qu'ils demandent (mariages, funérailles).

● **Religieux. Nombre.** *Au 1-1-80* : 14 600 dont 850 étrangers (au 1-1-75 16 450 dont 950 étr.) + 4 500 rel. fr. en pays de mission. *1985* : 13 300 dont 12 000 âgés de + de 45 ans.

Entrées dans la vie religieuse. *1941-48* : 800 entrées par an ; *49-53* : 650 ; *54-57* : 550 ; *58-63* : 450-500 ; *70-71* : 150-170 ; *75-78* professions perpétuelles : 118 par an (dont 73 ordinations sacerdotales). Meilleurs chiffres : monastères traditionnels (Bénédictins de Fontgombault, par ex.) ; puis grands ordres pratiquant une vie communautaire relativement stricte (franciscains, capucins, dominicains) ; plus faibles pour jésuites et les congrégations vouées à l'apostolat (rédemptoristes, etc.) ; très mauvais pour congr. enseignantes, hospitalières, missionnaires, caritatives.

Les centres de formation ou scolasticats importants ont disparu sauf le *Centre de Sèvres des jésuites* et une réalisation temporaire des *Fils de la Charité*. Il y a eu de nouvelles fondations [Fraternité de Jérusalem, oblats de Lérins, frères de Bethléem (patronnés par l'év. de Grenoble, Mgr Motagrin), communauté St-Jean (fondée par le dominicain Marie-Dominique Philippe et patronnée par l'év. d'Autun, Mgr Le Bourgeois) communauté de l'Emmanuel à Paray-le-Monial].

Départ. 10 % des effectifs depuis 1968.

Au début du XVIIIe s., pour 22 millions d'hab. : 200 000 prêtres, 90 000 religieux et religieuses. *1836*, pour 33 millions : 43 000 pr. *1876-77*, pour 38 millions : 55 000 pr. 30 680 religieux, 127 000 religieuses. *1967-70*, pour 50 millions : 33 775 pr., 23 000 religieux, 111 500 religieuses.

15 congrégations masculines sont reconnues légalement. Lazaristes, Missions étrangères, Spiritains, Sulpiciens, Chartreux, Bénédictins de Hautecombe et de St-Benoît-sur-Loire, Cisterciens de Bellefontaine, Meilleraye, Bricquebec, Timadeuc, Pères Blancs, Frères de St Gabriel, Missions afric. de Lyon, Picpuciens, Camilliens (soit 6 000 religieux sur env. 20 000). *17 sont en instance de reconnaissance.*

Nombre *(1977)*. Frères des écoles chrétiennes 2 142. Jésuites 1 214. Spiritains 1 181. Dominicains 832. Bénédictins 818. Assomptionnistes 800. Franciscains 685. Rédemptoristes 568. Oblats 531. Lazaristes 275. Passionistes 23.

● **Séminaires. Nombre.** 30 centres de formation au ministère presbytéral (ou séminaires dont 18 complets, 1er et 2e cycles : 6 de 1er cycle (2 ans) et 6 de 2e cycle (4 ans) ; 3 universitaires (Paris, Toulouse et le séminaire français de Rome). Groupes de formation en milieu universitaire G.F.U. et en milieu ouvrier G.F.O. (1er cycle). Équipes de formation en monde ouvrier (Lille-Lyon, 2e cycle). Centre de formation de la Mission de France (Fontenay-sous-Bois, V.-de-M.). 2 séminaires d'aînés (Vienne-Estressin, Lisieux). De nombreux diocèses ont maintenant des séminaires communs (ex. : Lille, Arras, Cambrai ont fusionné). 17 diocèses s'étaient regroupés à Paris, mais en 1980, Mgr Lustiger, alors év. d'Orléans, a décidé de rouvrir celui d'Orléans [devenu arch. de Paris, il a mis au point une filière de formation des futurs prêtres, évitant le passage par les séminaires d'Issy-les-Moulineaux et l'Institut catholique (autres centres de formation ayant le même esprit : celui de Mgr Panafieu, à Aix-en-Provence, et celui de Paray-le-Monial)].

Origine. Institués le 15-7-1563 par le concile de Trente (XXIIIe session). Les 1ers ont été fondés à Milan entre 1565 et 1580 par St Charles Borromée. En France, institution réglementée par l'ordonnance de Melun (1579), les év. français ont fait plutôt appel à des congrégations de lazaristes, sulpiciens, nicolaïtes. Le Concordat de 1801 accordait à chaque séminariste une bourse de 800 F, supprimée en 1885.

« Petits séminaires ». 80 transformés en foyers ou collèges entre 1963 et 1968.

Séminaristes. Nombre. *1861* : 8 480 ; *77* : 7 867 ; *1901* : 9 277 ; *29* ; 7 175 ; *49* : 8 490 ; *84* : 1 172 ; *85* : 1 198. *Entrées* : 1re année : *1978* : 282 ; *79* : 264 ; *80* : 258 ; *84* : 229 ; *85* : 229. 2ème cycle (effectifs) : *1984* : 504 ; *85* : 531.

Anticléricalisme

Définition. *Clérical* : utilisé par l'Église dans le sens de « propre au clergé », a pris en 1848 le sens de « visant à subordonner le pouvoir civil au pouvoir religieux ». *Anticlérical* : forgé en 1852 (après le coup d'État bonapartiste) avec le sens de « opposé aux cléricaux ». A partir de 1870, si les catholiques désignent souvent leurs adversaires sous le nom d'*anticléricaux*, ils ne s'appellent jamais eux-mêmes les *cléricaux*.

Quelques dates. 1815 : naissance de l'opposition « libérale », sous la Restauration qui est théocratique (ne distinguant pas la société religieuse de la Sté civile) ; les libéraux sont des *individualistes* : les convictions religieuses sont une affaire personnelle, et ne doivent pas obliger à un comportement social. **1830** : triomphe de l'anticléricalisme « romantique » (prototype : Stendhal) : les prêtres doivent être écartés de la vie sociale, car ils sont laids, bêtes et méchants ; le jésuite est appelé « l'Homme Noir » (en 1848, cet anticléricalisme a disparu : les « quarante-huitards » sont dans l'ensemble respecteux de la religion). **1849** : Victor Hugo, sans attaquer l'Évangile ni la papauté, dénonce le danger des « gouvernements cléricaux » : le « jésuitisme » est l'ennemi de la liberté. **1850 (15-3)** : *loi Falloux* qui confie à l'Église l'enseignement primaire et fait naître l'anticléricalisme scolaire. **1852-70** : alliance de l'Église et du régime bonapartiste, qui fait basculer dans l'anticléricalisme l'opposition républicaine. **1871** : anticléricalisme révolutionnaire des Communards : exécutions de prêtres, la religion étant conçue comme un mal pour le peuple. **1875** : 1res mesures anticléricales du régime républicain : cherchent à utiliser les droits de l'État sur l'Église, pour déchristianiser un certain nombre d'institutions, notamment l'enseignement. **1905** : l'Église est séparée de l'État ; les congrégations (religieux et religieuses) restent soumises au régime concordataire qui permet de limiter leur liberté d'action. **1940-44** : le régime de Vichy cherche à utiliser l'influence du clergé et favorise le catholicisme. **Après 1945** : anticléricalisme composite irréligieux « Le Canard enchaîné », laïc (opposition aux écoles catholiques) ou matérialiste athée. **1981-84** : renaissance de l'action laïque à propos surtout du problème scolaire. Une législation défavorable à l'enseignement cath. est élaborée, puis ajournée par suite de violents incidents.

Grands séminaristes diocésains et en groupes de formation : 1964 : 4 953 ; *71 :* 3 350 ; *75 :* 1 297 ; *79 :* 1 150 (dont gr. form. 972) ; *81 :* 1 159 ; *82 :* 1 210 ; *83 :* 1 234 ; *84 :* 1 198.

Nombre d'entrées dans les grands séminaires : 1965 : 845 ; *66 :* 902 ; *67 :* 810 ; *68 :* 789 ; *69 : 470 ; 70 :* 402 ; *71 :* 265 ; *72 :* 243 ; *73 :* 151 ; *74 :* 194 ; *75 :* 155 ; *76 :* 164 ; *77 :* 152 (200 avec les groupes de formation) ; *78 :* 205 (282 avec groupes) ; *79 :* 210 ; *80 :* 258 ; *81 :* 268 ; *82 :* 255 ; *83 :* 266. *Rentrée 1984 :* 23 arrivants (*1973 :* 2) ; *84 :* 257.

Diocèse de Paris : 1974 : 28 ; *75 :* 39 ; *78 :* 57 ; *79 :* 63. Foyers de jeunes 10, sém. d'aînés ou propédeutiques des sém. 28, enseignement cath. 31, ens. d'État 32, centre de formation rel. 1, faculté ou I.U.T. 54, travail 54, service national ou coopération 18, divers 22.

Age moyen d'entrée : 1957 : 18 ans ; *68 :* 29 a., *75 :* 22 a.

Nombre pour 100 000 hab. (par diocèse) : Le Puy 10,4, Bayonne 9,4, Dax 8,8, Luçon 5,4, Dijon 4,8, Besançon 4,3, Vannes 4,2, Angers 4, Rennes 3,8.

● **Religieuses.** *Instituts de vie apostolique :* 372. *Religieuses :* 76 500 (dont *moniales* 6 500, *rel. sans vœux solennels* 71 000). *Sœurs non fr. en France :* 4 927. *Religieuses fr. à l'étranger* (1984) : 5 600. *Moyenne annuelle des professions* (1975-85) : 300. *Novices :* 1979 *200,* *1981 275,* 1982 *297,* 1983 *319.*

ACTIVITÉS : services intérieurs et d'entretien 25 %, tâches sanitaires 20 %, enseignement 15 %, administration et gestion 13 %, tâches pastorales en paroisse ou aumôneries 6 %, services sociaux 3 %, travail en usine ou dans des entreprises commerciales 1 %. 14 100 relig. sont enseignantes. 18 600 ont des prof. sanitaires, 2 600 des prof. sociales et médico-soc., 17 500 des fonctions d'accueil, d'encadrement, d'admin. ou de gestion (dont 5 100 dans des établissements relig.). 5 400 relig. se consacrent à des activités spécifiquement apostoliques (catéchèses, services paroissiaux, etc.). Le reste se répartit entre le « 3e âge », les étudiantes, les novices et les services généraux et domestiques.

Depuis 1973, 268 congrégations sur 369 ont dû fermer leurs noviciats. En revanche, 1 000 petites communautés constituées de 4 à 5 religieuses en moyenne sont apparues. Ces communautés ne sont pas toujours liées à une institution. Leurs membres n'appartiennent pas forcément à la même congrégation. Certaines de ces religieuses généralement en civil, qui restent intégrées à leur congrégation, sont ouvrières, cadres ou employées, travailleuses familiales, puéricultrices, ergothérapeutes, etc. Il ne faut pas les confondre avec les membres des instituts séculiers, féminins, qui prononcent les vœux de religion, tout en demeurant dans le monde.

Moniales (v. p. 467) : env. 7 800 dans 317 monastères. *Bénédictines* 1 813 (43 mon.) ; *Carmélites* 2 150 (119) ; *Cisterciennes* 680 (16) ; *Clarisses* 1 178 (54), *Dominicaines* 462 (18) ; *Visitandines* 1 127 (45) ; Diverses 408 (22)

AGE MOYEN MAXIMAL : Visitandines (70 % de plus de 65 ans) ; minimal cisterciennes (30 %). Moyenne : env. 45 %.

RESSOURCES FINANCIÈRES : *en 1984 :* env. 25 000 F par an et par personne (*1975 :* 7 570 ; *77 :* 444), dont travail et allocations, vieillesse : 80 % ; revenus mobiliers et immobiliers 10 % (sauf pour les clarisses, env. 30 %). Charges sociales : env. 11 300 F par an et par personne pour les religieuses jeunes (il y a une caisse d'entraide pour aider les plus pauvres à faire ces versements).

Situation juridique (loi de 1901) : AUTORISÉES. *Bon Pasteur (Filles du)* (fondée en 1688 à Paris par Mme de Combé, refuge pour prostituées). *Bon Secours. Espérance (Sœurs de l')* (rameau de la Ste-Famille ; f. à Bordeaux en 1824 par l'abbé Noailles, garde-malades pour les classes pauvres). *Notre-Dame. N.-D. de Sion* (f. 1843 par le P. Ratisbonne ; enseignement, missions en Orient. *Petites sœurs des pauvres. Présentation de Tours* [f. à Sainteville (E.-et-L.) en 1840, par Marie Pousse-Pin, garde-malades et enseignantes]. *Providence* [2 branches : *Portieux* (Vosges). *Ruillé-sur-Loir* (Sarthe), f. 1818 par l'abbé Jacques Dujarié ; enseignement]. *Sagesse (Filles de la). Ste-Famille* [branche f. à Séez (Orne) en 1820 par l'abbé Villeroy et la mère Marie-Thérèse Raguenel]. *St-Joseph de Cluny (Sœurs de). St Maur (Dames de). St Paul (Sœurs aveugles de). St Paul (Sœurs de)* (dite de St Maurice de Chartres). *St Vincent de Paul (Filles de la Charité). Ursulines. Visitation.*

NON AUTORISÉES. Jouissent d'une tolérance, toujours révocable.

Regroupements modernes : dep. 1958, les monastères de moniales ont pu se regrouper en fédérations, par ordre et par région (fédérations de Carmélites, de Clarisses, de Dominicaines, de Visitandines). Dep. 1966 s'est constituée une Union des moniales de France, d'abord appelée Commission des religieuses contemplatives cloîtrées, puis, en 1972, Service des moniales.

Instituts catholiques

☞ Voir Enseignement, à l'Index.

Croyants

Baptêmes. *Nombre* (1980) : 513 501 dont 6 624 pour des + de 7 ans.

Mariages religieux (1980) : 217 479 dont 9 898 mixtes (entre un cath. et un non-cath.).

Enquêtes sur convictions et pratique religieuse. *Sondage Sofrès-Pèlerin.* Auprès de 2 000 pers. de 15 ans et plus (juill. 81). En % : cath. pratiquants 26, cath. non pratiquants 53, autres religions 20. Sur ceux qui se déclarent cath. : baptisés 100, confirmés 92, 1re comm. 95, mariés à l'Église 74, confesses (au moins 1 fois) 91, messe tous les dimanches 13, messe 1 ou 2 fois par mois 9, aux grandes fêtes seulement 16, pour les cérémonies seulement 56, jamais 6. Déroutés par l'évolution de l'Église 31 ; trouvent l'Église en retard sur son temps 26.

82 % des Fr. sont baptisés. 16 à 17 % de l'ensemble pratiquent tous les dimanches (*1960 :* 35, *1967 :* 21).

Sondage Sofrès-La Croix (10/15-4-1985), publ. par *La Croix* (23-4-1985). Rôle de l'Église catholique dans la société française : très important 6 %, assez 31 %, pas très 42 %, pas du tout 15 %. Adaptation au monde moderne : très bien 6 %, assez bien 35 %, pas très bien 33 %, pas bien du tout 18 %.

Catéchistes (1985-86). 220 000 (84 % de femmes).

Associations et mouvements

Quelques dates

Essais de l'apostolat des laïcs : **1871 :** *Œuvre des Cercles* avec René de La Tour du Pin (1831-1924), Albert de Mun (1841-1914), Léon Harmel (1829-1915). **1886 :** A. de Mun crée l'A.C.J.F. (Association cath. de la jeunesse de Fr.). **1900 :** *le Sillon* de Marc Sangnier. **V. 1920 :** *Fédération nationale catholique* (F.N.C.) organisée par le général de Castelnau. **1925 :** Belgique, création de la J.O.C., abbé Cardijn. **1927 :** Organisation J.O.C. en Fr. Branche autonome de l'A.C.J.F. **1930 :** Pie XI charge le card. Verdier et Mgr Courbe de mettre en place l'A.C.F. (Action catholique française). **1931 :** ses statuts sont approuvés par l'épiscopat fr. **1932-50 :** mouvements spécialisés d'action catholique ; les mouv. de la jeunesse sont fédérés au sein de l'A.C.J.F. **1957 :** l'A.C.J.F. est dissoute, chaque mouv. reprenant son autonomie.

Situation actuelle : les mouv. libres de prendre des options restent reliés au Secrétariat pour l'apostolat des laïcs (106, rue du Bac, 75341 Paris Cedex 07) et aux commissions épiscopales.

Dans le cadre des statuts de 1931

Action catholique des enfants (A.C.E.). Association des *Cœurs vaillants* et *Ames vaillantes,* 6, rue Duguay-Trouin, Paris 6e. *Créée* 1936 par les P. Courtois (1897-1970) et Pihan. *Pte :* Fr. Gillier. *Activités :* réunions axées sur la vie (scolaire, familiale, loisirs, environnement), rassemblements, jeux, techniques d'expression, fêtes. 20 000 animateurs encadrent env. 200 000 enfants (dont, en % : monde ouvrier 47, milieu rural 35, classes moyennes ou bourgeoisie 18). *Presse* « Perlin » (– de 8 ans), « Fripounet » (8 à 11 a.), « Triolo » (11 à 15 a.). Bulletins de club : « Les Mifasols » (– de 8 a.), « Tric et Truc » (8 à 11 a.), « Vitamine 11-15 » (11 à 15 a.).

Action catholique générale féminine (A.C.G.F.). 98, rue de l'Université, Paris 7e. *Issue* en 1954 de la *Ligue féminine* d'action catholique. *Presse :* « le Gué » 30 000 ex., « En équipe au service de l'Évangile » 4 500 ex.

Action catholique des membres de l'enseignement chrétien (A.C.M.E.C.). 95, rue de Vaugirard, Paris 6e. *Fondée* 1947. *Membres : env. 1 000. Presse :* « Engagement ».

Action cath. des milieux indépendants (A.C.I.). 3 bis, rue François-Ponsard, Paris 16e. *Approuvée* en 1941 par cardinaux et archevêques de Fr. pour l'évangélisation des classes moyennes, des bourgeoisies et des aristocraties. *Membres :* env. 25 000 [1984 (242 délégués au conseil national du 28-1)]. *Pts :* Elisabeth Picaud, Michel Bernard. *Presse :* « le Courrier », « Prêtres en milieux indépendants », 13 185 ex.

Action catholique des milieux sanitaires et sociaux (A.C.M.S.S.). 36, rue Klock, 92110 Clichy. *Créée* 1956. *Membres :* 1 500 à 2 000 (personnel soignant, para-méd., travailleurs sociaux, éducateurs). *Presse :* « B.L. » (Bulletins de liaison), trimestriel : 1 000 ex.

Action catholique ouvrière (A.C.O.). 7, rue Paul-Lelong, Paris 2e. *Fondée* 1950. *Origine :* L.O.C. (Ligue ouvrière chrétienne) (1935), puis M.P.F. (Mouvement populaire des familles) (1941), se définit (1re rencontre nationale, octobre 1951) mouvement de militants ouvriers chrétiens, d'animation chrétienne et d'éducation ayant pour but l'évangélisation du milieu ouvrier. *Membres :* 18 500 (1984). *Presse :* « Témoignage » (mensuel) 15 000 ex., « Témoignage Spécial » (annuel) 70 000 ex., « Documents-A.C.O. » (trimestriel) 3 200 ex.

Chrétiens dans le monde rural (C.M.R.). 21, rue du Fg-St-Antoine, Paris 11e. *Origine : « Ligue agricole catholique »* (L.A.C.) créée 1938 par des anciens de la J.A.C. et devenue *Mouvement familial rural (M.F.R.)* après la guerre, puis le *C.M.R.* en 1966. *Membres :* env. 30 000 (1984). *Presse :* « Agriculteurs en recherche » 4 000 ex., « Chrétiens dans le commerce et l'artisanat » 2 000 ex., « Engagement » (ouvriers ruraux) 3 000 ex., « Techniciens Services Animation », « Ruralies » 100 000 ex., « Église Aujourd'hui en Monde Rural » 5 000 ex.

Jeunesse étudiante chrétienne (J.E.C.). 27, rue Linné, Paris 5e. *Fondée* 1929 par Louis Chaudron et Paul Vignaux. En 1965, à la suite d'un conflit avec la hiérarchie catholique, elle perd ses branches étudiantes et devient progressivement un mouvement de lycéens. *Publications :* « Aristide-Infos », « Lettre aux animateurs 4e-3e », « Cri 43 » (affiche murale pour les collégiens). En 1983, la branche étudiante est réintégrée. *Pte :* A. Ponce. *Effectifs (1982) :* env. 8 000 lycéens.

Jeunesse indépendante chrétienne (J.I.C.). 22, rue de l'Abbé-Derry, 92130 Issy-les-Moulineaux. *Fondée* 1931 au sein de l'A.C.J.F. par Noël Souriac pour regrouper les jeunes gens ne pouvant faire partie d'un mouvement « spécialisé » (ouvrier, étudiant, marin, paysan). Mixte dep. 1980. *Objectifs :* inviter les jeunes des milieux indépendants à orienter leur action pour qu'elle réponde aux besoins de tous, et construire un monde libéré pour qu'ils y reconnaissent le Royaume annoncé par J.-C. *Membres : 1946 :* 2 000, *62 :* 1 000, *68 :* 2 000, *76 :* 4 500, *82 :* 12 000. *Presse :* « Recherche » (18-28 ans), bimensuel 6 000 ex., « Recherche-Informations » 4 500 ex.

Jeunesse indépendante chrétienne féminine (J.I.C.F.). 7, bd Delessert, Paris 16e. *Fondée* en 1935 par Marie-Louise Monnet. Mouvement d'évangélisation des filles de 15 à 27 ans des milieux indépendants (classes moyennes, bourgeoisie et aristocratie). *Pte :* Véronique Toux. Filles en équipe : 2 000 env. *Presse :* 2 bitrimestriels, « Aujourd'hui » (15-18 a.) et « Jeunesse et Présence » (18-27 a.).

Jeunesse de la mer. 15, rue La Quintinie, Paris 15e. *Fondée* 1930 à St-Malo par l'abbé Havard (jeun. maritime), regroupe jeunes navig. (marine de pêche et de commerce) et ceux qui sont en formation dans les éc. d'apprentissage maritime.

Jeunesse ouvrière chrétienne (J.O.C.). 246, bd St-Denis, 92400 Courbevoie. Association loi 1901, *créée* en 1927. *Pt :* Daniel Faburel. *Adhérents (1983) :* env. 100 000. *Publications :* Carbure (pour 14-17 a.) 20 000 ex. et Jeunesse ouvrière (17-25 a.) 40 000 ex.

Jeunesse ouvrière chrétienne féminine (J.O.C.F.). 246, bd St-Denis, 92400 Courbevoie. *Fondée* 1928 à Clichy par l'abbé Guérin. Org. des filles de la classe ouvrière de 13 à 25 ans pour agir. *Membres :* env. 90 000. *Pte :* Annie Braire. *Presse :* « la Jeunesse ouvrière » (17-25 ans), « Vers l'Avenir » (13-16 a.), « Stop » (16-20 a.).

Mission étudiante. 7, rue Vauquelin, 75005 Paris. *Créée* 1966 (ex.-Féd. fr. des étudiants cath., fondée 1922 par Jean Lévêque). Aumôneries, communautés, centres catholiques au service des étudiants de l'enseignement supérieur. Pt : Jean-François Monnory. *Membres :* 13 000 env. *Publication :* « Campus-Actualités » (8 fois par an). 2 branches plus spécifiques : **Chrétiens en Grandes Écoles (C.G.E.),** 18, rue de Varenne, 75007 Paris. *Publication :* « Chrétiens en

Grande École » ; **Aleph-A.C.U.** (Action catholique universitaire), 7, rue Vauquelin, 75005 Paris. *Publication :* « Aleph », 4 N^os par an. Région parisienne : **Communautés chrétiennes univ.** (Le Cep) ; *créées* 1968, héritières du *Centre Richelieu,* fondé en 1945, place de la Sorbonne. Regroupe les étudiants des 13 univ. parisiennes, 5, rue de l'Abbaye, Paris 6e. *Publication :* « Paraboles » 2 300 ex.

Mouvement des cadres : techniciens, ingénieurs et dirigeants chrétiens (M.C.C.). 18, rue de Varenne, Paris 7e. *Né* de la fusion en 1966 de l'Union sociale d'ingénieurs cath., cadres et chefs d'entr. (U.S.I.C.) fondée 1906 et du Mouvement d'ing. et de chefs d'ind. d'action cath. (M.I.C.I.A.C.) fondé 1937. *Membres :* 6 000. *Pt :* D. Bourgouin. *Presse :* « Responsables » 6 000 ex. (mensuel).

Mouvement rural de jeunesse chrétienne (M.R.J.C.). 53, rue des Renaudes, Paris 17e. Né de la fusion, en 1965, de la Jeunesse agricole cath. (J.A.C.) et de la Jeunesse agric. cath. féminine (J.A.C.F.). 10 000 militants, 40 000 sympathisants. 3 branches : J.A.C. [exploitants (25 %)], J.T.S. [Jeunes travailleurs salariés (apprentis, salariés, chômeurs (25 %)], G.E. (groupe école) [scolaire (dep. la 4e), formation prof., universités (50 %)]. *Pt :* Ch. : Lavergne. *Publications :* « Folavoine », « Construire ».

Scoutisme catholique. V. Index.

Vivre ensemble l'Évangile aujourd'hui (V.E.A.). 12, rue Edmond-Valentin, Paris 7e. *Origine :* Féd. nat. catholique (F.N.C.) fondée en 1925 par le Gal de Castelnau (1851-1944). *1945* Féd. nat. d'action cath. (F.N.A.C.). *Pt :* J. le Cour Grandmaison. *1954 Pt :* Henri Rollet ; Action cath. gén. des hommes. *1976* devient Vivre ensemble l'Évangile aujourd'hui, mixte. *Options fondamentales :* présence et engagement, pluralisme, conversion, communion, évangélisation. *Pts :* René Tardy (1976-78) ; Michel Noroy (1978-82) ; Louis Deray (dep. mai 1982). *Membres :* (1981) 10 000. *Presse :* « Vivre ensemble ».

Autre origine

Credo. *Créée* 1975. Association traditionaliste caractérisée par son attachement au pape. *Objectifs :* résister à la transformation du catholicisme au nom de l'œcuménisme et de l'ouverture du monde ; rendre aux évêques diocésains l'autorité exercée par leurs bureaux, notamment en matière de surveillance doctrinale des prêtres et religieux ; empêcher les brimades contre les prêtres célébrant la messe de St Pie V [rite institué par un acte pontifical (« indult ») perpétuel, texte ne peut être aboli], et rétablir la pluralité des rites promise par Vatican II ; revenir au catéchisme du Concile de Trente ; contrôler la traduction des textes liturgiques ; garder au latin son caractère de langue officielle de l'Église ; encourager le port de la soutane. *Membres :* 10 000 (dont env. 1 000 prêtres) ; 100 000 sympathisants. *Pt :* Michel de Saint-Pierre (n. 1916). *Délégué gén. :* Jacques Plaçon. *Adresse :* 5, allée Corot, 78170 La Celle-St-Cloud. Secr. gén. : Jacques Chevry, 54000 Nancy.

Partage et Rencontre. 18, rue de Varenne, Paris 7e. *Fondée* 1974. *But :* un espace pour se parler, ouvert à tous, croyants ou non, pratiquants ou non, sans distinction d'âge, de situation ou de milieu, pour rechercher ensemble le sens de leur vie et témoigner de Jésus-Christ. *Membres :* 3 000 en équipes de 8 à 13 personnes. *Presse :* « Partage et rencontre » (trim.). Pts : M. et Pr. Mignot.

Secours catholique. *Créé* le 8-9-1946 lors du pèlerinage à Lourdes de 100 000 anciens prisonniers et déportés. *Statut :* association (loi 1901), reconnue d'utilité publique 1962. Confédéré au sein de « *Caritas Internationalis* » (Voir page 495 b), 106 délégations diocésaines (métropole et outre-mer), 52 000 volontaires bénévoles. *Conseil d'admin.* 21 membres. *Pt : 1946* François Charles-Roux. *1961* Jacques de Bourbon Busset. *1970* Mgr Jean Rodhain. *1977* Robert Prigent. *1983* André Aumonier. *Secr. gén. 1946* Mgr Jean Rodhain. *1973* Gilbert Cesbron. *1976* Louis Gaben. *1985* M. Fauqueux. *Siège :* 106, rue du Bac, Paris 7e. *Services :* Urgences (aide aux sinistrés). Aide aux pays en voie de développement (microréalisations). Valises-pharmacie pour missions et dispensaires de brousse. Migrations. Relations internationales. Enfants, femmes, jeunes, malades et handicapés, migrants, détenus isolés, personnes âgées. Ateliers protégés. Cités-secours. *Mensuel :* « Messages », 1 026 641 ex. (O.J.D. 1984).

Vie nouvelle. Mouvement de formation et d'action (association d'éducation populaire). *Fondé* 1947. S'inspire du personnalisme communautaire d'Emmanuel Mounier (1905-50). Se référant à la foi chrétienne située dans le courant du socialisme autogestionnaire. 90 groupes locaux, 1 conseil des régions, 1 collectif d'animation national de 4 personnes. *Périodiques :* « Vers la vie nouvelle », « Citoyens ». *Publications :* Documents pour une Vie nouvelle. Jacques Delors a été 20 ans responsable de l'équipe politique. *Adr. :* 67, rue de Dunkerque, 75009 Paris.

Presse catholique

Tirage ou, en italique, diffusion (1983). **Quotidien :** la Croix *113 940*. **Hebdomadaires :** le Pèlerin *465 637*, la Vie *324 878*, Témoignage chrétien 52 000, la France catholique-Ecclesia 25 000. **Bimensuel :** l'Homme nouveau *28 968*. **Mensuels :** Informations catholiques internationales 32 000 (1982), Prier 27 000 (1979).

Églises catholiques orientales

Rites orientaux

Rites d'Antioche-Jérusalem. Le rite antiochien pur a disparu au VIe s., pour être remplacé par la « liturgie de St Jacques » : variété locale, pratiquée par l'Église primitive de Jérusalem (dont Jacques le Mineur a été le 1er évêque). **Liturgie de St Jacques en grec :** supplantée par le rite byzantin-grec, sauf pour la messe de St Jacques le Mineur, 23 oct. **En syriaque** occidental (dialecte araméen de la région d'Edesse) : *Églises séparées monophysites syriennes* (voir p. 509 b) ; *Églises catholiques :* 1. proche patriarcat d'Antioche des Syriens [*fondé* 1830 ; résidence actuelle Beyrouth ; en dépendent 3 vicaires patriarcaux (Jérusalem, Liban, Turquie), 2 arch. irakiens (Bagdad, Mossoul), 2 métropolitains syriens (Damas, Homs), 2 arch. syriens (Alep, Hassassé-Nissibi), 1 év. égyptien (Le Caire)] ; *Centre de Paris :* Égl. syrienne St-Ephrem, 15, rue des Carmes 75005 II. Inde (d'abord dans le Kérala, mais essaimé dans tout le sous-continent) : Égl. syrienne orthodoxe (10 éparchies rattachées au patriarche jacobite d'Antioche) ; Égl. syrienne indépendante du Malabar (ne sont pas du rite chaldéen « malabar », voir ci-dessous) ; Égl. syrienne de Mar Thomas [dite *Mar Thomiti*) (5 éparchies, 250 000 fidèles)] ; Égl. du sud de l'Inde (créée 1947, proche des Anglicans) ; Égl. anglicane (100 000 fidèles formant le « diocèse de Travancore et Cochin ») ; Égl. évangélique de St-Thomas (protestants séparés de l'Égl. Mar Thomiti. *Catholiques :* Égl. métropolitaine de Trivandrum des Syro-Malankars (Inde, Kerala) (fondée en 1930 par Mar Ivanios). Archevêque : Mgr Grégorios Thangalatil. *Diocèse suffragéant :* Tiruvala. *Ordres religieux :* Imitation du Christ (f. 1919, rallié à Rome 1930) ; monastère de la Montagne de la Croix créé en 1958 par un bénédictin et un trappiste français : vie des *ashrams* hindous avec office du rite syrien. Pas de centre à Paris.

Rite maronite. Liturgie de l'Église syriaque mère. Subit l'influence latine à partir du XIIe s. Pratiqué par les maronites, disciples de St Maroun (Ve s.) restés catholiques après la crise monophysite ; église développée au Liban qui en est le centre (Patriarcat d'Antioche des maronites). *Patriarche :* dep. 1975, Antoine Pierre Khoraïche (card. 1983). *Administrateur apostolique :* dep. le 26-11-1985, Mgr Ibrahim Hélou, év. de Saïda (Sidon) [doublement exceptionnel de l'autorité religieuse, dû aux dangers menaçant les maronites du Liban]. *Résidence patriarcale :* Bkerké (Liban) ; 16 archevêchés ou évêchés (Liban 9, Syrie 2, Égypte 1, U.S.A. 2, Brésil 1, Australie 1). *Vicariat à Paris :* N.-D. du Liban, 15-17, rue d'Ulm, 75005 Paris.

Rite chaldéen. En syriaque oriental [dialecte araméen de la région de Nisibe (*chaldéen* a été longtemps, pour les linguistes, synonyme d'« araméen »)] : le plus ancien rite de la chrétienté (Ier s.) ; évangélisation de la Mésopotamie par l'apôtre Thomas et ses compagnons Addaï et Mari, qui ont créé la liturgie eucharistique) ; modifié en 410, puis en 650, après la coupure avec les Égl. d'Antioche et d'Alexandrie ; VIIIe-XIVe s. : répandu de l'Arabie à la Chine par les missionnaires nestoriens (chrétienté la plus importante après l'Occident) ; diminué par les persécutions musulmanes. Commun aux Églises séparées « nestoriennes » ou « assyriennes » (voir p. 509 c), et aux catholiques du patriarcat de Babylone. *Créé* en 1551 à Diarbékir (Turquie) [*siège actuel :* Bagdad (*patriarche :* Mar Paulos II Cheikho) ; 10 diocèses en Irak ; 4 en Iran ; Liban 1 ; Syrie 1 ; Turquie 1 (l'arch. de Diarbékir) ; 2 vicariats patriarcaux : Jérusalem et Paris ; 1 exarchat aux U.S.A. (Southfield, Michigan)].

En malayalam (depuis Vatican II) : liturgie des Indiens chrétiens « syro-malabars », commune à plusieurs Églises séparées (voir p. 482) et aux catholiques des archevêchés de Changanacherry et d'Ernakulam (avec certains rites romains adoptés dep. 1599). En févr. 1986, Jean-Paul II a béatifié 2 membres de cette Égl. : Kyriakos Elias Chavos et la Mère Alphonsa. *Centre à Paris :* N.-D. de Chaldée, 4, rue Greuze, 75116 [fondé 1950 par S.B. Joseph VII Ghanima, patriarche de Babylone, dans un hôtel particulier appartenant à la Sacrée Congr. pour les Égl. orientales (Vatican)]. *Fidèles. France :* 3 500, *Paris et sa banlieue :* 2 000 (500 nouveaux arrivés de Turquie orientale en 1983), *région marseillaise :* 130 familles.

Rite byzantin (10 langues différentes, dont 6 utilisées par des Églises unies à Rome). Variété de la liturgie de St Jacques. A supplanté le r. d'Antioche quand Constantinople est devenue capitale de l'Empire romain d'Orient, et s'est imposé chez les païens convertis par des missionnaires de Byzance. Le plus répandu après le latin. **En grec :** Églises séparées orthodoxes du patriarcat de Constantinople (v. p. 502 a), 2 exarchats cathol. d'Athènes et Istanbul. **Arabe :** (appelée melkite, c.-à-d. « royale », car elle était celle des Grecs de Syrie, qui au XIe s. ont refusé de rallier l'Égl. de Jacques Baradaï et sont restés fidèles au « roi », c.-à-d. à l'empereur de Constantinople) : arabisée dep. le XIIIe s. ; 4 Églises séparées orthodoxes arabophones (patriarcats d'Antioche, Jérusalem, Alexandrie ; archevêché du Sinaï) ; l'Église grecque melkite cathol. (Patriarcat d'Antioche des Melkites, siégeant à Damas ; 4 vicariats patriarcaux (Égypte et Soudan, Jérusalem, Irak, Koweït) ; diocèses : Syrie 6, Liban 7, Jordanie 1, Israël 1 (St-Jean d'Acre), Brésil 1 (São Paulo), U.S.A. 1 (Newton, Massachusets) ; *centre à Paris :* Égl. grecque melkite St-Julien-le-Pauvre, 1, rue St-Julien-le-Pauvre, 75005]. **En albanais :** l'Église albanaise orthodoxe autocéphale, 3 diocèses « italo-albanais » d'It. **En hongrois :** exarchat orthodoxe de Budapest (rattaché au patriarcat orthodoxe de Constantinople, 1930, de Moscou, 1946), exarchat cath. de Hajdudorog (Hongrie), fondé 1912. **En roumain :** Égl. séparée orthodoxe (patriarcat de Bucarest) ; Égl. métropolitaine catholique d'Alba Julia [avec 5 diocèses (supprimée par le gouv. roumain dep. 1946)]. *Centre à Paris :* Égl. roumaine St-Georges, 38, rue Ribera, 75016 Paris]. **En vieux slavon :** 9 Églises séparées de pays slavophones (liste p. 502-503). Catholiques : *Bulgarie :* exarchats de Sofia ; *Yougoslavie :* év. de Crisio (Krizevci), siégeant à Zagreb ; *Ruthénie :* siège de Munkacs vacant (4 diocèses aux U.S.A.) ; *Ukraine :* 3 diocèses (dont l'arch. de Lwow) vacants ; diocèses de la diaspora : Canada 5, U.S.A. 3, Australie 1, Brésil 1, Argentine 1 ; exarchats : France 1, G.-B. 1, Allemagne 1 (Munich) ; *Slovaquie :* év. de Presov (Prjasev).

Centres à Paris : 1°) Égl. cath. russe de la Ste-Trinité, 1932 fondée par Mgr Alexandre Evreinoff, env. 120 familles, 39, rue François-Gérard, 75016 ; 2°) Égl. cathédrale ukrainienne St-Vladimir-le-Grand, 51, rue des Saints-Pères 75006. *A Lyon :* Foyer oriental St-Basile, 25, rue Sala, 69002.

Nota. — L'Égl. gréco-cathol. d'Ukraine (4 000 000 de membres clandestins dans la rép. sov., + env. 700 000 dans le reste de l'U.R.S.S.) a env. 1 000 000 de fidèles émigrés, dont Europe 400 000 (France 17 000), U.S.A. 300 000, Amér. du S. 250 000 ; 65 % des uniates. Jean-Paul II, malgré la protestation du patriarcat moscovite, a réuni le 24-3-1980 un synode particulier d'év. ukr. à Rome.

Rite arménien. *Égl. armén. non chalcédoniennes* (voir p. 509 b). *Église arménienne cath.* [Patriarcat de Cilicie des Arm. (fondé 1742, actuellement Beyrouth, Liban) : dioc. patriarcal, Liban ; 3 arch. (Syrie, Irak, Turquie) ; 3 év. (Syrie, Égypte, Iran) ; 3 exarchats apostoliques (France, Amér. du N. et Amér. latine)]. *Centre à Paris :* Cath. Arm. Cath. Ste-Croix-St-Jean, 6 ter, rue Charlot, 75003 ; Évêché et chancellerie, 10 bis, rue Thouin, 75005.

Rite d'Alexandrie. Appelé « liturgie de St Marc ». Célébré en grec jusqu'au Xe s., puis en copte. Comprend des prières très particulières, les *diptyques.* **Liturgie copte** (actuellement bilingue arabe et copte) : Église non chalcédonienne copte (voir p. 509 b), Église copte cath. (patriarcat d'Alexandrie des coptes, fondé 1824) ; 4 év. en Égypte : Assiout, Louxor, Minya, Sohag). **Rite éthiopien** (en ghéez) : Église nationale éthi. (voir p. 509 b), Église métropolitaine cath. d'Addis-Abéba (fondée 1961) ; 2 év. en Éthiopie : Adigrat, Asmara.

Ordinariats communs à plusieurs rites orientaux : Buenos Aires (Argentine) ; Vienne (Autr.) ; Rio de Janeiro (Brésil) ; Paris (l'arch. de Paris est l'Ordinaire en titre ; mais il a un vicaire général délégué : Mgr Y. Marchassou, 24, rue de Babylone, Paris 7e).

Orientaux catholiques et séparés

Classification. On distingue les uniates (unis à Rome), relevant d'un des 6 patriarches en communion avec Rome (dont 2 card.) et reconnaissant l'autorité de l'Église romaine, et les orientaux « séparés » (avant Vatican II « schismatiques ») relevant d'Églises qui ne reconnaissent pas l'autorité de Rome, rattachées à l'orthodoxie ou indépendantes.

Effectifs approximatifs (% des uniates entre parenthèses) : Rite arménien : 6 000 000 (10 %). **Byzantin :** 200 000 000 (4,5 %) dont Grecs 9 000 000 (0,2 %) ; Arabes (Melkites) 620 000, dont 150 000 émigrés (40 %) ; **Albanais** 180 000 (42 %) ; Italo-Albanais et Italo-Grecs 150 000 (100 %) ; Ukrainiens-Ruthènes en U.R.S.S. 4 000 000 [100 % (?) ; il n'y a plus de hiérarchie organisée depuis 1946], émigrés 1 000 000 (80 %) ; Hongrois 200 000 (83 %) ; Roumains 18 000 000 [12 % (?) ; il n'y a plus de hiérarchie organisée]. **Chaldéen :** M.-Orient 1 000 000 (84 %) ; Inde 2 500 000 (99,8 %). **Copte :** Égypte 10 000 000 [(4 %), patriarche card. : Étienne Sidarouss], Éthiopie-Érythrée 14 000 000 (0,4 %). **Maronite :** 1 500 000, dont émigrés 750 000 (100 %). Patriarche card. : Antoine-Pierre Khoraiche. **Syriaque :** M.-Orient 190 000 (45 %) ; Inde 1 020 000, dont Anglicans 300 000 (7 %).

Orthodoxes

Quelques dates

IVe s. La primauté de Rome oppose Occident qui considère l'évêque de Rome comme chef de droit divin en tant que successeur de St Pierre (1er évêque de Rome), à Orient qui ne voit là qu'un phénomène historique dû à l'importance numérique de l'Église romaine et au caractère de Rome, ancienne capitale de l'Empire. **325** *Concile de Nicée* reconnaît l'autorité exceptionnelle (hiérarchique mais non dogmatique) des évêques de Rome, Alexandrie et Antioche. Le Fils de Dieu est reconnu consubstantiel au Père. **381** *Concile de Constantinople* reconnaît l'autorité de l'évêque de Constantinople. Affirme la divinité du St-Esprit, 3e personne de la Ste-Trinité. **451** *Concile de Chalcédoine*, crée la juridiction territoriale du patriarcat de Constantinople. Dissidence des *Coptes, Arméniens* et *Syriens* (considérés dès lors comme « monophysites »). Reconnaît en J.-C. 2 natures (divine et humaine), et une personne, celle du Fils de Dieu, 2e personne de la Sainte-Trinité.

787 *Concile de Nicée*. 7e et dernier concile, considéré comme œcuménique par les orth., reconnaît la légitimité du culte des images. **794** Charlemagne demande d'intégrer le Filioque à une phrase du Credo : « Credo in spiritum sanctum qui ex patre *filioque* procedit » (« Je crois au Saint Esprit qui procède du Père *et du Fils* ») ; l'Orient s'y refuse, pour 3 raisons : 1° Destruction de l'équilibre de la Trinité. 2° Violation du principe voté à Constantinople (381) et Éphèse (431), interdisant de modifier le symbole de Nicée. 3° Négation de l'enseignement évangélique (Jean, XV, 26) : « Je vous enverrai l'esprit de la Vérité qui procède du Père » (en fait, le *filioque* était une adaptation maladroite de « je vous enverrai »). Charlemagne aurait dû distinguer entre les 2 ablatifs : *Ex patre* (procedit) et *A filio* (mittitur). Mais il fit tout dépendre de *ex*.

810 Le pape Léon III refuse d'insérer le *filioque* dans la liturgie romaine et tâche de le faire biffer de la lit. impériale carolingienne, puis se contente, « par amour pour la vraie foi », de faire déposer près des tombeaux des apôtres Pierre et Paul le texte du Credo sans *filioque*, gravé en grec et en latin, sur des plaques d'argent. La formule sera finalement acceptée à Rome dans la 1re moitié du XIe s. **857** Emp. d'Orient exile Ignace, patriarche de Constantinople, qui avait blâmé son impiété, et nomme à sa place un laïque, *Photius*, qui est ordonné en quelques j. Ignace fait appel à Rome où un concile condamne Photius. Le pape Nicolas Ier demande à Ignace et Pho. de venir à Rome. Pho. refuse et dénonce la primauté juridictionnelle de Rome (n'admettant que la prim. d'honneur). Remplacé par Ignace, il est condamné et la prim. est de nouveau reconnue. **877** Photius succède à Ignace, le pape Jean VIII (877-882) le reconnaît.

X^e^ et XIe s. Rome et Constantinople s'ignorent. *1054 : Michel Cérulaire*, patriarche de Constantinople (adversaire du *filioque*), est excommunié par les légats du pape Léon IX. Il avait voulu imposer aux églises latines de son diocèse les usages byzantins (le pape ayant exigé des Grecs d'It. l'adoption des usages latins, notamment l'emploi de pain azyme). La rupture n'est pas définitive.

XIIIe-XIVe. 1204 les Croisés pillent Constantinople ; un Vénitien en devient patriarche latin. **1261** Michel VIII Paléologue reprend Constantinople aux Latins. **1274** au Concile de Lyon, il reconnaît Rome. **1369** Jean V (1341-91) se dit catholique, mais n'est pas suivi.

Du XVe s. au XXe s. 1438-39 Concile d'union à Ferrare, puis Florence ; l'opposition à Rome ne compte plus que St Marc d'Éphèse, mais les Grecs ralliés se rétractent après leur retour en Orient. **1453** *Constantinople pris* par les Turcs ; rupture consommée par le patriarche Gennade Scholarios. **1589** Moscou érigée en patriarcat. Les Russes parlent de « la *3e Rome* ». **1596** les évêques orth. « ruthènes » (ukrainiens) signent avec Rome le tr. d'Union de Brest-Litovsk : certaines églises ukr. reconnaissent Rome, en conservant liturgie et calendrier orientaux, et en étant dispensées du *filioque*. **1697** Mgr Téofil, év. roumain orthodoxe d'Alba Julia (en Transylvanie alors sous domination hongroise), signe avec Rome un acte d'union analogue pour les Roumains de Transylvanie (1853 : Égl. métropolite de Blaj). Les Églises de Grèce (1850), Moldo-Valachie (1885), Bulgarie (1870), Serbie (1920), Pologne (1924), Albanie (1925) seront reconnues autocéphales par Byzance. **1922** au tr. de Lausanne, l'arch. de Constantinople renonce au titre d'ethnarque (politique) pour celui de patriarche (spirituel). **1946** les Soviétiques suppriment l'Égl. de l'Union de Brest-Litovsk (prêtres et évêques fusillés, fidèles rattachés d'office à l'Égl. orthodoxe). **1948** les communistes roumains font de même pour les Unis de Blaj. **1963 (5-1)** Paul VI rencontre à Jérusalem Athénagoras Ier, patriarche de Constantinople : accolade et échange de cadeaux reconnaissant symboliquement la valeur de leur épiscopat [calice pour Ath., *engolpion* (médaillon avec icône du Christ) pour P. VI]. **1965 (déc.)** Clôture du Concile de Vatican II, P. VI et Ath. Ier lèvent conjointement et réciproquement les excommunications de 1054. La décision de P. VI engage toute l'Église romaine ; celle d'Ath. n'engage pas toute l'orthodoxie (il ne jouit que d'une primauté d'honneur).

1978 (5-9) Le métropolite Nikodim, de Leningrad, en visite officielle au Vatican, meurt d'une crise cardiaque dans les bras de Jean-Paul Ier. **1979 (30-11)** Jean-Paul II rencontre à Istanbul le patriarche œcuménique Dimitrios Ier et y chante le Pater en latin à la messe du patriarche.

Parallèle avec la religion catholique romaine

• **Calendrier.** L'Église orthodoxe russe conserve le calendrier (elle fête Noël le 7 janvier). D'autres orthodoxes, les patriarcats de Constantinople et d'Antioche, les Églises de Grèce et de Finlande, célèbrent Noël le 25 déc., mais gardent le cal. julien pour fixer la date de Pâques.

Célibat. Un homme marié peut être ordonné diacre, puis prêtre. Un prêtre ou un diacre une fois ordonné ne peut ni se marier ni se remarier (veuf ou divorcé). Les évêques sont célibataires (dep. le VIe s.). Ils sont élus [parmi moines et prêtres non mariés, en général par des synodes, plus rarement par le clergé et le peuple (les élections populaires devant être confirmées par un synode d'évêques)].

Culte de la Vierge. Refus du dogme de l'Immaculée Conception qui abaisse la Vierge en lui déniant participation, mérite personnel, libre arbitre ; en outre il a été combattu par des théologiens occidentaux, notamment St Bernard, et l'Écriture sainte n'en parle pas.

Doctrine (Divergences). Refus de la formule cath. qui fait procéder le St-Esprit du Père et du Fils ; refus de la primauté hiérarchique du pape et de son infaillibilité qui ne peut appartenir à un homme seul, fût-il patriarche (elle appartient à l'Église et s'exprime dans le concile œcuménique). Seul est « œcuménique » un concile témoignant de la foi orthodoxe ancrée dans la Tradition.

Icônes. En représentant le Christ dans une image, on affirme qu'il s'est rendu visible.

Liturgie. Le rite byzantin s'est imposé à toute l'Église orthodoxe. Il est célébré dans les langues nationales ou dans des langues liturgiques (slavon pour Russes, Serbes, Bulgares ; grec byzantin). La messe est chantée. Aucun instrument de musique n'est utilisé.

Monachisme. Pas d'ordres religieux, mais des monastères soumis à l'évêque du lieu ; la tendance contemplative domine.

Ordination. Lors de l'ordination d'un diacre, d'un prêtre ou d'un évêque, le peuple doit clamer : *Axios* (en grec : il est digne). Si un fidèle a une raison canoniquement valable d'empêcher l'ordination, il clamera : *Anaxios* (il n'est pas digne) et l'on arrêtera l'ordination.

Ordres mineurs. Lecteur, sous-diacre ; **majeurs :** diacre, prêtre, évêque. Les *évêques* peuvent être : *archevêque* (ayant sous sa juridiction un ou plusieurs évêques) ; *exarque* (représentant d'une Église locale pour l'émigration de celle-ci à l'étranger) ; *patriarche* (titre honorifique que porte un primat, conféré en concile à certaines Églises locales). Chez les Slaves, le métropolite peut être le primat d'une Égl. locale ; chez les Grecs, tous les év. diocésains portent le titre de métropolite.

Archidiacre, archiprêtre et archimandrite sont des titres honorifiques correspondant souvent à des charges administratives.

Sacrements. Différences de rites : baptême par triple immersion ; confirmation suivant toujours le baptême ; eucharistie ouverte aux enfants en bas âge ; fidèles communient sous les deux espèces ; divorce admis dans certains cas.

Nombre d'orthodoxes

Églises chalcédoniennes [1]. U.R.S.S. de 37 à 50 millions. Roumanie 15 000 000. Yougoslavie 8 160 000. Grèce 8 100 000. Bulgarie 6 000 000. U.S.A. 4 000 000. Chypre 470 000. Pologne 450 000. Tchéc. 400 000. Argentine 275 000. Albanie 250 000 (?). Canada 240 000. Liban 200 000. Syrie 200 000. Turquie, Égyp. 150 000. Australie 100 000. Brésil 100 000. Finlande 75 000. Jordanie 60 000. Hongrie 40 000. Japon 35 000. Ouganda 30 000.

Nota. — (1) *Orthodoxe : au sens strict* (en usage chez les orthodoxes) : seules les Églises fidèles au concile de Chalcédoine ; *au sens large* (en usage chez de nombreux catholiques) : toute Église orientale dissidente, même les non-chalcédoniennes (Voir p. 509 b).

Organisation actuelle

Complexe, par suite d'un double phénomène : *1°) les territoires historiques de l'orthodoxie* ont été occupés par des non-orthodoxes, (souvent des musulmans), mais les vieux sièges de l'orthodoxie historique ont conservé leur prestige et une partie de leurs privilèges et de leur autorité ; *2°) les populations orthodoxes* répandues dans le monde entier sont restées fidèles à leur foi, leurs traditions religieuses et leur langue liturgique. On a créé pour elles des cadres nouveaux. L'organisation des Égl. orthodoxes doit donc être étudiée d'après 2 points de vue : 1°) selon l'Église historique à laquelle chaque Église se rattache ; 2°) selon le pays moderne dans lequel elle est implantée.

Autorité des Églises historiques

Églises orthodoxes grecques

• **Patriarcat œcuménique de Constantinople.** 324 l'emp. Constantin fonde Constantinople. Les conciles de Constantinople (381) et de Chalcédoine (451) reconnaissent à C. des privilèges égaux à ceux de Rome et la 2e place d'honneur. Après 1453, C. exerce son autorité sur une grande partie des chrétiens vivant en pays islamiques ; les conq. turcs lui imposent cette juridiction.

L'autorité ou la juridiction qu'il exerce sur les Égl. orthodoxes sont de différents types (car les Égl. orthodoxes sont « épiscopaliennes », chaque évêque étant souverain dans son diocèse) : primauté d'honneur, autorité canonique lointaine sur une Égl. autonome, autorité canonique plus proche sur une Égl. semi-autonome, administration directe. De nombreuses Égl., canoniquement orthodoxes, se déclarent en « intercommunion » avec le trône de Constantinople, sans dépendre organiquement de lui. Certaines Égl. non grecques se sont placées, au contraire, sous sa juridiction.

Organisation : patriarche assisté par un synode de 12 métropolites qui l'élisent. Tous résident au palais du *Phanar,* à Constantinople. Ils doivent être de nationalité turque et sortir du collège théologique de Haiki (île proche de C.), actuellement fermé par le gouvernement turc. Ils sont recrutés parmi la colonie grecque de C. (les « Phanariotes »), dont le nombre diminue chaque année par suite de l'émigration. Ils sont donc peu représentatifs des orthodoxes d'Australie (300 000 fidèles) et d'Amérique (3 millions). Certains envisagent l'abandon du Phanar, l'établissement du patriarche dans une région plus peuplée de Grecs orthodoxes, la réforme des canons régissant la nomination du synode.

Titulaire : Sa Sainteté Dimitrios Ier (n. en 1914), élu en 1972 à la suite d'Athénagoras Ier (25-3-1886/7-7-1972) qui était titulaire depuis 1948.

Territoires sous juridiction directe. Diocèses patriarcaux en Turquie. Constantinople, Chalcédoine, Imbros et Tenedos, Iles des Princes, Derques. Il est interdit aux Grecs d'habiter des territoires turcs situés en dehors de ces 5 diocèses (nombre des Grecs de Turquie : *1922 :* 2 000 000 ; *1956 :* 300 000 : *1985 :* 5 000). **Diocèses du Dodécanèse.** 4 dioc., occupés par les Italiens de 1911 à 1945, redevenus politiquement grecs en 1947, mais demeurés sous la juridiction directe du patriarche, sans être rattachés à l'Église autocéphale d'Athènes.

Territoires semi-autonomes. Église de Crète. 8 diocèses, avec un archevêque (Heraklion) ; administrée par un synode ; 400 moines. **Mont Athos.** (Sainte Montagne) République monastique formée de 20 grands monastères, sous la juridiction du patr. de Const. Moines en majorité grecs, mais aussi 3 monastères slaves et un roumain. *Effectifs. 1903 :* 7 432 moines ; *13 :* 6 345 ; *52 :* 2 700 ; *59 :* 1 641 ; *83 :* 1 500 ; *84 :* 1 555.

Territoires autonomes, parfois non hellénophones. Église de Finlande. *1917* rompt avec Moscou. *1923* Égl. métropolitaine à Kuopio [l'archevêque, Mgr Paul (depuis 1955), a le titre de primat de Carélie et de Finlande]. 60 000 fidèles env. ; concordataire ; 1 métropolite à Helsinki ; 1 monastère d'hommes et 1 de femmes. Mission de Laponie. *Langue liturgique :* finnois (a adopté le calendrier occidental).

Exarchats et évêchés de la diaspora. Toutes les Égl. regroupant les Grecs émigrés dans le monde (4 millions) reconnaissent la juridiction du patriarche, tout en ayant une autonomie plus ou moins accentuée. L'ancienne Égl. missionnaire russe de Corée est rattachée à Constantinople, ainsi qu'une des Égl. russe de Paris. Voir ci-dessous, organisations nationales. **Centre administratif de Chambésy.** Situé en Suisse, il a en mains les activités œcuméniques du Patriarcat.

• **Patriarcat d'Alexandrie.** *Remonte* au Ier s., affaibli en 451 par la scission des coptes. *En dépendent :* 8 métropoles (Tripoli, Ismaïlia, Port-Saïd, Tantah, Addis-Abeba, Johannesburg, Khartoum, Tunis) ; 3 sièges créés après 1454 : Accra, Afr. centrale et orientale. *Organisation :* patriarche siégeant à Alexandrie choisi par le St-Synode sur une liste de 3 noms dressée par une assemblée de 36 ecclésiastiques et 72 laïcs. *Titulaire :* Sa Béatitude Nicolas VI, depuis 1968.

• **Patriarcat de Jérusalem.** *Fondé* 451. Gardien des Lieux saints. *En dépendent :* 6 archevêchés (Sébaste, Mont-Thabor, Diocésarée, Philadelphie, Eleuthéropolis et Tibériade). *Organisation :* la Confrérie du St-Sépulcre comprend environ 100 m. en majorité grecs, se partageant les titres épiscopaux et élisant le patriarche parmi les membres. Bas clergé arabe. *Titulaire :* Sa Béatitude Diodore Ier (Damianos Karivallis), dep. le 1-3-1981.

• **Église autocéphale de Chypre.** *431* Archevêché autonome. *Organisation :* un archevêque, Mgr Chrysostome de Paphos (1927), depuis le 12-11-1977 ; 3 métropolites.

• **Église autocéphale de Grèce.** *733* rattachée au patriarcat de Constantinople. *1833* Autocéphale (Constantinople la reconnaît en 1850). *Organisation :* 2 séries de diocèses, dont les liens avec Constantinople sont différents (37 dans les limites de 1881 ; 33 plus au N.). Missions intérieures dont la Confrérie de Zoé fondée 1911. Dirigée par le St-Synode (Pt : Sa Béatitude Séraphim, archevêque d'Athènes et de l'Hellade). Le gouvernement d'A. Papandréou a amorcé la séparation de l'Égl. et de l'État.

L'Église vieille calendariste refuse calendrier occidental et l'intrusion du modernisme.

• **Archevêché du Mt Sinaï.** Monastère de Ste-Catherine fondé au VIe s. Gouverné par un archevêque élu par les moines (environ 100). *Titulaire :* Sa Béatitude Damianos (Samartis), depuis le 23-12-73, résidant au Caire.

Patriarcats orthodoxes non grecs

Patriarcat d'Antioche. *Langue :* arabe. *Remonte* au Ier s., quand Antioche était la 3e ville de l'Empire romain [1] (aujourd'hui 40 000 h). *En dépendent :* 11 métropoles (Alep, Cheikh Tabba, Beyrouth, Homs, Hama, Lattaquié, Zahlé, Tripoli, Tyr, Sidon, Bagdad) ; 3 évêchés, en Amér. du N. et du S. *Organisation :* patriarche (le plus souvent arabophone) élu à plusieurs degrés, siégeant à Damas (Syrie). Les métropolites se réunissent une fois par an après Pâques. *Titulaire :* Sa Béatitude Ignace IV Hazim, depuis le 2-7-1979.

Nota. — (1) L'église de Qualat es Salihiye, en Syrie or. (construite en 232), est le plus ancien lieu de culte chrétien conservé.

Patriarcat de Bucarest. A l'origine, christianisme de tradition latine. Après le IXe s. passe dans l'orbite de Byzance et surtout sous l'influence slave-bulgare, d'où une liturgie en slavon jusque vers le milieu du XIXe s. Autocéphale en Valachie-Moldavie (1885), patriarcat en 1925. *En dépendent :* 15 métropoles et 52 diocèses (8 185 paroisses, avec 8 600 prêtres). *Organisation :* patriarche de Bucarest secondé par un St-Synode, 2 Instituts de théologie. *Titulaire :* Sa Béatitude Justin (n. 1910), depuis le 12-6-1977. L'Église est contrôlée par le *Département des Cultes ;* elle a plus ou moins l'administration de ses affaires intérieures et dirige ses séminaires. Dépenses et salaires sont réglés par l'État.

Bulgarie. XVIIIe s., patriarcat de Tirnovo à Constantinople. *1860 :* schisme des évêques bulgares. *1945 :* autocéphalie reconnue par Constantinople. *1947 :* séparation de l'Église et de l'État. *Organisation :* un exarque de Sofia, assisté d'un St-Synode. *Patriarcat rétabli pour le siège de Sofia en* 1953, *reconnu par Constantinople en 1961.* 11 diocèses. *Titulaire :* Sa Béatitude Maxime, dep. 1971.

Patriarcat de Moscou. *1438-39 :* Église de Moscou reconnue autocéphale et instituée en patriarcat en 1589. *1652-1658 :* schisme des vieux croyants (*raskol :* scission) après la réforme du patriarche Nicon. *1721 :* Pierre le Grand remplace le patriarcat par un St-Synode. *1917 :* le Concile panrusse le rétablit. *1922 :* persécution (évêques, prêtres et religieux mis à mort par milliers), confiscation des biens religieux, arrestation du patriarche Tikhon, création de « l'Église vivante » et de « l'Église réformée » soutenues par le gouvernement soviétique. *1925 :* Tikhon meurt (circonstances mal déterminées). Interdiction d'élire un nouveau patriarche. *1927 :* le gouvernement soviétique propose une législation de l'Église : obtient 1 évêque (qui crée l'Église officielle). Les autres év. sont emprisonnés ou entrent dans la clandestinité (260). *1943 :* une assemblée épiscopale (19 m.) est autorisée à élire le successeur de Tikhon. *Après 1945 :* par suite de l'attitude patriotique des évêques pendant la guerre, politique plus libérale : libération d'év. emprisonnés, élection d'un patriarche, ouverture d'écoles de théologie. *Dep. 1959 :* politique plus rigoureuse ; interdiction de vendre des Bibles et d'enseigner le catéchisme ; pas de prêtres en robe dans les rues ; nombre des séminaires réduit de 8 à 3 ; nombre des églises de 22 000 à 7 000. *1982 :* confiscation des livres religieux imprimés à l'étranger ou imprimés en « samizdat ». *En dépendent :* 73 diocèses, plusieurs exarques en mission à l'étranger. *Organisation :* Conseil aux affaires religieuses près le Conseil des ministres de l'U.R.S.S. : organisme politique coiffant le Conseil créé en 1945 ; patriarche, assisté d'un synode de 6 évêques, 3 séminaires, 2 académies de théologie (Zagorsk, Leningrad), 6 000 prêtres, 900 séminaristes. *Titulaire :* Sa Sainteté Pimène (Serge Mikhailovich Izvekov, n. 1910), dep. 1971.

Nota. — (1) Il existe depuis 1927 une « Église des Catacombes » (clandestinité). 15 évêques. Métropolite : Mgr Théodose.

Patriarcat de Belgrade. *1220 :* St Sabbas, 1er archevêque serbe. Devenue ensuite quasi indépendante (avec son patriarcat à Pecs), l'Église est rattachée à Constantinople en *1766.* Au XIXe s. naissent Égl. du Montenegro, métropole de Carlovitz, métropole de Cernauti (dont dépendent les paroisses orth. de la côte dalmate), Égl. de Serbie (autonome en 1832, autocéphale en 1879), É. de Bosnie-Herzégovine (1878) ; en 1913, diocèses macédoniens devenus serbes. Ces 6 entités se réunissent en 1920, prenant la dignité patriarcale. *En dépendent :* 31 diocèses en Youg. *Organisation :* patriarche assisté d'un synode, 2 séminaires. *Titulaire :* Sa Béatitude Germain (1899), depuis 1959.

Patriarcat de Macédoine. Non reconnu par les autres Égl. orthodoxes. Héritier de l'ancien archevêché d'Okhrida (XVIIe-XVIIIe s.). Érigé comme Égl. autonome de Macédoine (1959), comme patriarcat (1967). *Raison d'être :* aide à affirmer la personnalité macédonienne face aux revendications bulgares. 4 diocèses, 953 paroisses, 1 200 000 fidèles. Siège à Skoplié. *Difficulté majeure :* l'expansion de l'islam (Albanais du Kossovo).

Catholicosat de Tiflis (Géorgie). Ve s., dépend d'Antioche, puis de Constantinople ; VIIIe s. autonome. XIIIe s. autocéphale. *1811 à 1917* soumis au synode de Moscou (où il n'y avait plus de patriarche depuis Pierre le Grand). *1918* autocéphale sous l'autorité du catholicos de Tiflis. *1944* reconnu par le patriarcat de Moscou. *Organisation :* Catholicos (Sa Sainteté Élie II dep. 1977), 15 diocèses.

Églises non patriarcales

Albanie. *1937 :* autocéphale. *1946 :* séparation de l'Église et de l'État. *1963 :* interdiction des religions.

Église autocéphale d'Amérique. Ancienne mission russe en Alaska. *1796* évêché auxiliaire dépendant d'Irkoutsk. *1840* création de l'archevêché du Kamtchatka (avec les Kouriles et les Aléoutiennes). *1872* création de l'évêché indépendant d'Alaska et des Aléoutiennes (depuis 1867, le territoire est devenu américain). *1872* l'év. transfère son siège à San Francisco. *1900* création du diocèse des Aléoutiennes et d'Amérique du Nord, siège New York. Voir ci-dessous, organisations nationales modernes.

Hongrie. 40 000 orthodoxes, pas de hiérarchie hongroise : les Serbes dépendent de Belgrade ; les Roumains de Bucarest ; les Ruthènes du patriarcat de Moscou.

Pologne. *1924* autocéphale, confirmée après 1945. 1 métropolite : Mgr Basile, dep. 1970.

Républiques soviétiques d'Estonie, Lettonie, Lituanie. *1919 à 1945 :* constituent 3 Égl. autocéphales dépendant de Constantinople. Actuellement, diocèses du patriarcat de Moscou. Le métropolite de Riga, réfugié en Suède, a constitué une Église dépendant de Constantinople.

Église russe hors frontières. Organisation ecclésiale autonome regroupant les émigrés orth. russes et leurs descendants qui ne sont pas en communion avec le patriarcat de Moscou, ni avec les Égl. « de la Dispersion » relevant directement du patriarcat de Constantinople, ni avec aucune autre Église orthodoxe sauf l'Église serbe. Fonde son existence canonique sur l'oukase du 20-11-1920 du patriarche Tikhon. En vertu de cet oukase, elle dispose de l'autorité souveraine en matière de dogme et de discipline ecclésiastique, ce qui lui permet notamment de procéder à des canonisations (en nov. 1981, elle a déclaré saint et martyr le tsar Nicolas II de Russie, assassiné par les Bolcheviks en 1917). Représentée dans les pays non communistes : St-Synode à New York, 20 évêques, 220 paroisses, 110 chapelles, 13 monastères, séminaire de théologie. *Titulaire :* S.E. métropolite Vitaly [Oustinov (n. 1910)] dep. le 22-1-1986.

Ukraine. Égl. ukrainienne orthodoxe autocéphale, en relation œcuménique avec le patriarcat de Constantinople. *2 Égl. métropolitaines :* 1°) États-Unis : siège à South Bound Brook (New Jersey) ; métropolite : Mgr Mstyslaw Skrypnyk ; 3 évêques, 104 prêtres, 11 diacres, 92 paroisses ; 2°) Canada : siège à Winnipeg ; métropolite : Mgr Wasyly Fedak ; 2 év., 94 prêtres, env. 100 paroisses ou groupements. *3 diocèses :* 1°) Australie-N.-Zélande : siège à Blacktown, N.-Galles du S. ; 2°) G.-B. (l'évêque réside provisoirement à Munich, All. féd.) ; 3°) All. féd. : siège à Neu-Ulm (l'Égl. parisienne en dépend). *Autres Communautés organisées* (sous l'autorité du métropolite américain) en Argentine, Belgique, Brésil, Paraguay.

Tchécoslovaquie. Autocéphale dep. 1951, mais Constantinople ne la reconnaît pas. Un archevêque (Prague) : Mgr Dorothios, 4 diocèses.

Implantations contemporaines

• **Amérique du Nord.** 10 Égl. différentes avec un comité permanent des évêques (créé en 1960) : Standing Conference of Orthodox Bishops in America.

Église autocéphale d'Amérique. Voir ci-dessus.

Archidiocèse grec. A partir de 1864 (Nlle-Orléans), paroisses dépendant du patriarcat œcum. *1922* fondation de l'archidiocèse (avec à sa tête un exarque patriarcal). *1931* le métropolite Athénagoras (futur patriarche de Const.) devient archev. d'Amérique. Il organise 400 paroisses. *1979* création de 9 évêchés aux U.S.A. (+ 1 en Argentine, dépendant de l'archevêque). en 1986 : 488 paroisses, (dont Canada 37, Amér. du Sud 20).

Autres Églises. *Patriarcat d'Antioche :* métropolite à Englewood (New Jersey), 2 évêques (150 prêtres ou diacres, 123 paroisses). *Patr. de Bulgarie :* 10 paroisses relevant directement du patriarche ; 10 formant un diocèse américain de l'Église. *Patr. de Roumanie :* 30 paroisses relevant du P. ; 48 formant un diocèse. *Patr. de Serbie :* 2 évêchés aux U.S.A., 1 au Canada. *1 diocèse carpatho-russe ;* relevant directement du patr. de Const. *1 dioc. du patriarcat de Moscou. 1 dioc. d'Ukrainiens et Biélorussiens. Église russe hors frontières :* 1 métropolite (Mgr Vitaly) et 15 évêques (200 paroisses).

● **Amérique Latine. Argentine,** *Patr. d'Antioche :* 1 métropolite (Buenos Aires). *Église grecque :* 1 év. (Buenos Aires) relevant de l'archevêque des États-Unis (soutenu par la Fondation Onassis). *Patr. de Moscou :* év. à Buenos Aires (pour l'Am. du Sud et Centrale ukrainienne).

Brésil. *Patr. d'Antioche* (arabophone) : 1 métropolite (São Paulo), 1 év. (Rio de Janeiro).

Chili. *Patr. d'Antioche :* 1 év. (Santiago).

Mexique. *Patr. d'Antioche :* 1 év. (Mexico).

● **Europe occidentale.** Depuis 1982, un « liaison committee » sert de plate-forme de rencontre aux entités orthodoxes de : Allemagne, Belgique, France, Grande-Bretagne, Pays-Bas, Suisse.

Allemagne fédérale. 500 000 fidèles, 10 évêques, 130 prêtres et diacres. *Patr. œcum. :* (métropole grecque) 4. *Patr. de Moscou :* 2. *Patr. de Roumanie :* 1 v. *Ukrainiens :* 1. *Patr. d'Antioche :* 3 prêtres.

Belgique. 35 000 fidèles. *Métropole grecque :* 6 paroisses francoph. ; 2 par. néerlandoph. *Patr. de Moscou :* 6 paroisses ; *Roumaine :* 1 ; *Bulgare :* 1 ; *Ukrainiennes :* 3.

France. Voir ci-dessous.

Gde-Bretagne. 250 000 fidèles en grande majorité chypriotes. 12 évêques, 93 prêtres, 21 diacres. *Patr. œcuménique :* 9 év., dont un Anglais. *Patr. de Moscou :* 1 év. *Patr. de Serbie :* 1. *Égl. synodale* (anglaise) 1 év. Au total, 12 évêques, 93 prêtres et 21 diacres (25 Anglais sur 125 ecclésiastiques).

Pays-Bas. *Patr. de Moscou :* 1 év. résidant au monastère Jean-Baptiste à La Haye. 5 paroisses. *Patr. œcuménique :* 1 évêché (Rotterdam) dépendant du métropolite belge (3 paroisses). *Égl. russe de la rue Daru à Paris :* 3 paroisses. *Égl. russe hors frontières :* 3 paroisses. *Roumains :* 1 paroisse.

Suisse. 35 000 orth., dont de nombreux Suisses d'origine. *Chambésy* (voir ci-dessus) ; *1 diocèse* placé sous la juridiction du Trône de Constantinople et réunissant des paroisses russophones, francophones, germanophones. Év. le métropolite Damaskinos, résidant à Genève.

Autres pays du monde

Afrique du Sud. *Patr. d'Alexandrie :* 2 métropoles (Johannesburg) Pretoria et Bonne Espérance (Cape Town).

Australie. 1 archevêque, 2 évêques auxiliaires (un 3ᵉ évêque auxiliaire reste à désigner) et 84 paroisses grecques ; diocèses serbe et russe.

Corée. Voir ci-dessus.

Inde. 1 métropolite et 7 paroisses, 1 paroisse à Calcutta qui dessert Bombay.

Nouvelle-Zélande. La métropole est aussi le siège de l'exarchat des Indes, de Corée, du Japon (pour le Patr. œcuménique), des Philippines, de Singapour, de l'Indonésie et de Hong Kong.

Organisation en France

● **Église orthodoxe grecque.** *Métropolite :* Mgr Mélétios (Jean Carabinis, n. 1914), archevêque de l'Église orthodoxe grecque en France, exarque de S.S. le patriarche œcuménique pour Espagne et Portugal et Pt du comité interépiscopal orthodoxe en France. *Auxiliaire et remplaçant :* Mgr Jérémie (Paraschos Calligeorges), év. de Sasima. Cathédrale : St-Étienne (Stéphanos), 7, rue Georges-Bizet, 75116 Paris. *16 paroisses* en France.

District diocésain pour le centre de la France, créé 1978 à Lyon (10 000 fidèles, dont Grenoble 2 000, Lyon 1 500, St-Étienne 1 500 ; la plupart réfugiés de Turquie en 1922). *Siège :* égl. orth. grecque de l'Annonciation, 45, rue du P.-Chevrier, 69007 Lyon. Recteur de la paroisse : Rév. archiprêtre Athanase Iskos.

District pour le Midi (15 000 fidèles, réfugiés de Turquie en majorité). *Siège :* égl. orth. grecque de la Dormition de la Vierge, 23, rue de la Grande-Armée, 13001 Marseille. *Recteur :* Rév. Archim. Cyrille Argenti. Concerne l'émigration grecque en France. Liturgie célébrée dans le rite byzantin selon St Jean Chrysostome et St Basile, en grec (en français dans certains cas particuliers). *Fidèles :* env. 50 000.

● **Paroisse orthodoxe géorgienne de Ste Nino.** *Fondée* 1929 avec la bénédiction du patriarche œcuménique (de Constantinople), pour regrouper les Géorgiens exilés en France après 1921 (occupation de la Géorgie par les Soviétiques). Culte en géorgien (seul lieu de culte en géorgien en dehors de Géorgie). Dépend de Mgr Mételios, métropolite de l'Église orthodoxe grecque en France. *Recteur :* Élie Mélia (dep. 1949). *Fidèles :* env. 1 000. *Adresse :* 8, rue de la Rosière, 75015 Paris.

● **Église autocéphale orthodoxe ukrainienne.** *Évêque diocésain :* Mgr Anatolij Dublanskyj, arch. de l'Eur. occ., résidant en RFA, Finninger Strasse 10, 7910 Neu-Ulm. En relations œcuméniques avec Constantinople (voir p. 501 c). *Église :* 6, rue de Palestine, 75019 Paris. 10 paroisses en province, 120 m. à Paris, 800 en province. La Confrérie St-Simon s'occupe de l'activité culturelle orth. auprès de l'Égl. de Paris.

● **Église orthodoxe serbe.** *Église :* Paroisse St-Sava, 23, rue du Simplon, 75018 Paris. *Archiprêtre :* Vladimir Garie. Sous l'obédience du patriarcat serbe (Belgrade) et sous la juridiction de Mgr Lavrentie (év. pour l'Eur. occ.) à Londres.

● **Diaspora russe.** Une scission administrative, survenue 1928, a divisé l'émigration russe et ses descendants en 3 groupes : patriarcat de Moscou (les moins nombreux) ; groupe dit de « la rue Daru » (attaché Constantinople) ; Église russe hors frontières, ne reconnaissant pas l'autorité du patriarche de Moscou, jugé inféodé aux Soviétiques.

Église patriarcale orthodoxe russe. *Exarchat pour l'Europe occid. du patriarcat de Moscou :* 26, rue Péclet, Paris 15ᵉ. *Exarque :* Mgr Vladimir, métropolite de Rostov et de Novotcherkassk, 344019 Rostov-sur-le-Don, rue Première Komsomolskaïa 49, U.R.S.S., qui assume temporairement la charge d'évêque ordinaire pour le diocèse de Chersonèse. L'église patriarcale comprend : 1 communauté monastique, 7 paroisses, 5 chapelles.

Église orthodoxe russe hors frontières. *Évêque diocésain :* Mgr Antony, archevêque de Genève et de l'Europe occ. (résidant à Genève). *Siège à Genève :* 3, rue Taëpffer. *Paroisse de Paris :* 19, rue Claude-Lorrain, 75016 Paris. 16 églises, 23 chapelles. Le monastère de Lesna (Provémont, Eure) est le plus important m. orth. d'Europe occ. Doyenné français (30, bd de Sébastopol, 75004 Paris) regroupe des Français convertis à l'orthodoxie. Office en langue française.

Archevêché des Églises orthodoxes russes en Europe occidentale (fondée 1921 par le métropolite Eulogе. Dep. 1931, sous la juridiction de Constantinople). *Archevêque :* Mgr Georges (Wagner). *Église cathédrale :* St-Alexandre Nevsky, 12, rue Daru, Paris 8ᵉ. *Évêque auxiliaire :* Mgr Romain (Zolotoff). *Siège :* cath. St-Nicolas, bd Tsarévitch, Nice. En Fr. env. 50 000 fidèles, 14 paroisses à Paris et dans la région parisienne, 19 en province ; 2 monastères, 2 ermitages et plusieurs chapelles (maisons de retraite, etc.). D'autres paroisses en Belgique, All. féd., Scandinavie, Italie et Pays-Bas.

L'archevêché est reconnu par l'État fr. comme « Union directrice diocésaine des associations orth. russes en Eur. occid. ». Offices en slavon et dans les langues occidentales (paroisse de langue fr. à Paris, dans la crypte de la cathédrale).

Institut de théologie orthodoxe St-Serge (fondé en 1925), 93, rue de Crimée, Paris 19ᵉ. *Recteur :* protopresbytre Alexis Kniazef.

● **Églises roumaines. Diocèse orthodoxe roumain pour la France et l'Europe occidentale.** *Cathédrale :* Paroisse des Saints-Archanges, 9 bis, rue Jean-de-Beauvais, 75005 Paris, achetée en 1882 par le roy. de Roumanie. *Paroisses :* France 3, Allem., Angl., Esp. 4. Suisse 1. Diocèse autonome concernant la diaspora roum. Dep. le 2-4-1952, cathédrale gérée par une Association pour la pratique du culte orth. en Fr. rejetant l'autorité du patriarcat de Bucarest et reconnaissant l'autorité du métropolite Vitaly (de l'Égl. russe hors frontières) résidant aux U.S.A. et portant, depuis 1978, le titre d'év. d'Europe occidentale.

Diocèse français : dirigé par Mgr V. Boldeanu ; env. 1 500 fidèles.

Paroisse de la Descente du St-Esprit. Ouverte en 1980 pour les Roumains rejetant l'autorité Vitaly/Boldeanu et fidèles au patriarcat de Bucarest. Provisoirement hébergée au temple protestant, 44 boulevard des Batignolles, 75018 Paris. *Curé :* Aurel Grigoras.

Protestantisme

Caractéristiques générales

● **Culte.** Il ne peut s'adresser qu'à Dieu le Père, le Fils ou le St-Esprit. La Vierge peut être honorée, comme la mère du Seigneur. 2 sacrements reconnus : baptême et Sainte-Cène (sous les 2 espèces). La confirmation, couramment pratiquée, n'est pas un 3ᵉ sacrement mais un acte complémentaire du baptême.

● **Liturgie.** Comprend la lecture de la Bible, la prédication : invocation, lecture du Décalogue et du Sommaire de la loi, confession des péchés, promesses de grâce, confession de Foi, prières d'intercession, oraison dominicale, psaumes, chorale et bénédiction.

● **Structure.** Églises locales gouvernées par un collège d'anciens (du grec *presbyteros*) envoyent des délégués à des *assemblées synodales* (régime *presbytérien synodal*) ou autonomes, mais groupés pour des actions communes (régime *congrégationaliste*). Évêque, titre (comme dans l'Église réformée de Hongrie et certaines Églises luth.) attaché à une fonction et non à vie à une personne (sauf chez les luth. de Suède et Finlande). *Pasteurs* en principe nommés par les paroisses, sous le contrôle des commissions synodales. Ils sont instruits dans des facultés de théologie (études : en général 5 ans). Dans la plupart des Églises, les femmes peuvent être pasteurs (peu nombreuses). Quelques communautés se consacrent à des tâches précises (soin des malades, assistance, tâches paroissiales). L'engagement d'obéir à une règle est différent des vœux traditionnels, perpétuels et méritoires.

● **Parallèle avec le catholicisme romain.**

Baptême. Donné par les protestants, est généralement reconnu valide par les cath. et vice-versa (depuis déc. 1972, les cath. considèrent valide tout baptême qui n'est pas explicitement antitrinitarien).

Sainte-Cène. Cath. et prot. (la plupart) affirment la présence réelle du Christ dans le pain et le vin consacrés, mais les prot. n'admettent pas la *transsubstantiation* (changement de la substance du pain et du vin). Les prot. ont contesté l'aspect sacrificiel de la messe cath., affirmant que le Christ a accompli une fois pour toutes l'offrande de son corps sur la croix. La communion est communion avec le Ressuscité et non avec le Christ de l'histoire passée.

Organisation : On peut grouper les Églises protestantes en 4 grandes confessions : 1°) luthérienne, 2°) réformée, et congrégationaliste, 3°) baptiste, 4°) méthodiste. Chacune a organisé une Alliance ou une Fédération universelle rassemblant la plupart des Églises que des raisons historiques ou géographiques ont séparées.

Il existe aussi des Églises réunissant des Églises de différentes confessions, ex. : luthérienne réformée en Allemagne (1817), unie de l'Inde du Sud (1947) et Église du Cameroun (1957). Réformés et congrégationalistes, séparés jusqu'en 1971, se considèrent depuis comme faisant partie d'une même famille.

Principes communs : 1° *Principe matériel de la justification par la foi.* La mort du Christ sur la croix, pour tous les hommes, suffit à assurer au croyant le pardon de Dieu et le salut éternel (messes, indulgences ou pèlerinage ne peuvent rien y ajouter). Le croyant doit évidemment manifester sa reconnaissance par sa vie morale (très peu de différence avec le catholicisme sur le plan de la vie pratique). 2° *Principe formel.* Fidèles et Églises doivent se soumettre à l'autorité de la Bible en matière de foi, de morale ou d'organisation religieuse.

Terminologie

Huguenots. Fréquemment appliqué aux calvinistes à partir de 1550, dérive de *Eidgenossen* (confédérés) ; la déformation de la 1re syllabe serait due à un rapprochement avec le nom de la tour du roi Hugon, lieu de réunion des protestants de Tours.

Parpaillot. Apparu en 1621, viendrait du languedocien : papillon. Raisons de ce surnom mal établies : 1°) les prot. risquent d'être brûlés sur les bûchers ; 2°) ils volent de fleur en fleur, au lieu de s'en tenir à la religion romaine ; 3°) ils se sont laissés piéger à la St-Barthélemy. *Autres étymologies proposées :* 1°) déformation volontaire par les cath. de *Papau,* « papiste », surnom languedocien donné aux cath. par les prot. ; 2°) *parpaillot,* en languedocien, signifie aussi « gredin » ; 3°) de Jean-Perrin, seigneur de Parpaille, chef prot. décapité à Lyon en 1562.

Protestant : De l'allemand juridique *Protestant,* « auteur d'une déclaration publique » : en 1529, à la 2e Diète de Spire, 5 princes et 14 villes impériales déclarèrent en appeler au Concile contre Charles Quint qui voulait révoquer les concessions accordées par la Diète précédente, en restaurant intégralement hiérarchie et culte romain. Aujourd'hui, les prot. se réfèrent plutôt à l'étymologie latine *testari pro,* « témoigner pour ».

En France, les prot. furent appelés bibliens, puis luthériens, christaudins (écouteurs du Christ), calvinistes, réformés, religionnaires, évangéliques. Aujourd'hui le terme prot. s'applique aux Églises issues directement ou indirectement de la Réforme du XVIe s., luthériens, réformés (appelés presbytériens dans les pays anglo-saxons), congrégationalistes, baptistes, moraves, méthodistes), ou à des groupements qui ne revendiquent pas les caractères habituels des Égl. chrétiennes (comme l'Armée du Salut, certains pentecôtistes). Il est discutable de l'appliquer aux darbystes, à certaines communautés pentecôtistes, aux adventistes et aux quakers. Les mormons, « Christian Scientists » et autres groupements théosophes ou anthroposophes, ils sont en contradiction formelle avec plusieurs grands principes du protestantisme.

Le *groupe* (non officiel) des théologiens *des Dombes* (fondé 1937) a estimé que l'accès à la communion ne doit pas être refusé à un chrétien d'une autre confession et définit ainsi l'Eucharistie : « repas du Seigneur, action de grâces au Père, mémorial du Christ, don de l'Esprit, présence sacramentelle du Christ » (absence du sacrifice répétitif). Il subsiste des difficultés au sujet de la définition du ministère qualifié pour la célébrer.

Mariage. Pour les cath., c'est un sacrement indissoluble. Cependant l'Égl. déclare nuls des mariages apparents. Pour les prot., l'Église doit tenir compte de l'échec d'un mariage et peut autoriser la bénédiction d'un 2e mariage après examen de chaque cas particulier. Pour le groupe *des Dombes,* « l'engagement matrimonial est voulu par les chrétiens permanent et définitif. Cette indissolubilité, les époux chercheront à la vivre dans la foi. Mais cet effort peut être insuffisant. L'alliance conjugale peut se vider de tout amour. L'Église peut être amenée à prendre acte de la dislocation du foyer. Il reste à savoir si et quand le lien conjugal est pour autant détruit au point qu'un nouveau mariage puisse être envisagé » (il ne peut être automatique).

Ministères. Pour les cath., célébration et administration des sacrements sont réservées aux prêtres, ordonnés par les évêques, eux-mêmes successeurs des apôtres. Pour les prot., le sacerdoce a été confié par le Christ à l'Église tout entière. Il y a donc un sacerdoce des croyants (principe non contesté par les cath., qui confient néanmoins le « sacerdoce ministériel » aux seuls prêtres). Le *groupe des Dombes* a affirmé que si le ministère protestant « a surgi en dehors d'une succession épiscopale, il peut, dans un certain nombre de cas, s'appuyer du moins sur le signe d'une continuité presbytérale ».

☞ Voir également :
– les statistiques sur le nombre de catholiques et de protestants dans le monde, page 506 ;
– l'histoire du protestantisme en France, pages 505 et 506.

Principales Églises dans le monde

● **Église réformée (ou calviniste). Doctrine :** contenue dans différentes Confessions de foi : C. de La Rochelle 1559-71 (France) ; C. Helvétique 1535-66 ; C. Écossaise 1560 ; C. Belge 1561 ; C. Palatine 1563, etc. Les divergences doctrinales avec les luthériens, aujourd'hui estompées, portaient essentiellement sur la présence réelle de Dieu dans l'eucharistie (niée par Zwingli, mais reconnue, au sens spirituel, par Calvin), la prédestination appelée aussi « élection » (admise par Luther, niée par Melanchthon mais très fortement soulignée par Calvin). **Organisation :** variable selon pays.

● **Presbytériens d'Écosse. Origine :** le mot presbytérien a été créé par Calvin pour définir l'Église de Genève et sa république théocratique. Autorité religieuse collégiale aux mains de presbytres (pasteurs qui prêchent et « anciens » laïques qui administrent), élus par les fidèles. Pas d'épiscopat. *1554 à 59* le principal collaborateur de Calvin à Genève fut l'ancien prêtre écossais John Knox (1505-72) qui regagna ensuite son pays pour y fonder une Église calviniste qu'il appella presbytérienne. *1560* le Parlement écossais dénonce la juridiction du pape, abolit la messe et ratifie la Confession de foi préparée par Knox. **Organisation :** une assemblée générale (pasteurs et laïques représentant les presbytères) présidée par un modérateur choisi annuellement par l'ass. (env. 1 300 000 m. adultes).

Nombre de calvinistes, presbytériens et réformés (en milliers) : U.S.A. 6 000. Canada 5 000. Pays-Bas 4 000. Suisse 3 000. Afrique du S. 2 900. G.-B. 2 200. Indonésie 2 000. Hongrie 2 000. Australie 1 000. Corée 780. Roumanie 700. N.-Zél. 484. *France 410.* Rhodésie 400. Tanzanie 300. Philippines 300. Cameroun 280. Nigeria 250. Madagascar 250. Brésil 200. Formose 200. Japon 194. Ghana 150. Tchéc. 150. Lesotho 140. Zaïre 130. Jamaïque 62. Lituanie 60. Espagne 30. *Total 33 570.*

Ordination des femmes admise surtout aux U.S.A. (en Fr. quelques femmes).

● **Église luthérienne. Doctrine** contenue dans les 7 « Livres symboliques », dont la Confession de foi d'Augsbourg rédigée en 1530 par Philippe Melanchthon. *Organisation :* varie suivant les pays.

Congrès mondial : la Féd. luthér. mondiale (L.W.F.) regroupe les Églises de 98 pays et plus des 3/4 des luth. du monde, soit 54 millions. *Prés. :* Zoltan Kaldy (évêque, Hongrie).

Nombre de luth. fédérés et non fédérés *(en milliers 1982) :* All. féd. 22 506, U.S.A. 8 767, Suède 7 500, R.D.A. 6 522, Danemark 4 750, Finlande 4 634, Norvège 3 886, Indonésie 2 158, Inde 935, Brésil 916, Tanzanie 850, Afr. du S. 632, U.R.S.S. 620 (dont Lettonie 350, Estonie 250 + 118 réfugiés lettons et estoniens), Papouasie-N.-Guinée 612, Éthiopie 442, Tchécosl. 442, Hongrie 430, Namibie 422, Madagascar 420, Autriche 389, Canada 315, France 300 (1984), Islande 208, Roumanie 194, Australie 111, Argentine 105, Pologne 80, Yougoslavie 74, Nigeria 75, Cameroun 58, Centrafr. 20. *Total :* 67 728 (dont non fédérés 15 815). *Par continents :* Europe 52 256, Am. du N. 9 081, Afr. 3 273, Asie 3 246, Am. Lat. 1 144, Oc. 726.

En France. Histoire : tolérée en Alsace sous l'Ancien Régime [mais l'év. luthérien de Strasbourg a été interdit en 1681 (la cathédrale redevient cath.) ; l'autorité religieuse est détenue par un consistoire collectif]. A Paris, les luth. als. célèbrent leur culte à la chapelle de l'ambassade de Suède. 1re égl. à Paris : 1809. *1801 :* tr. de Lunéville (les luthériens montbéliardais officiellement français).

Luthériens français connus. *Alsaciens :* Gal Frédéric Walther, Cte d'Empire [(1761-1813), seul luth. enterré au Panthéon] ; Gal Jean Rapp (1771-1821), Cte d'Empire ; baron Georges-Eugène Haussmann, (1809-91), préfet de la Seine ; Dr Albert Schweitzer (1875-1965), prix Nobel de la Paix 1952. *Montbéliardais :* Fanny Durbach (1822-1901), préceptrice de Tchaïkowski ; Georges-Frédéric Parrot (1767-1852), 1er recteur élu de l'université de Dorpath (Tartu), précurseur de la biologie moderne ; Georges Bretegnier (1863-92), peintre. Jules Zingg (1882-1947), peintre. Henri-Frédéric Iselin (1825-1902), sculpteur. Famille des Duvernoy : Georges-Louis (1777-1855), anatomiste et zoologiste ; Frédéric-Nicolas (1765-1838), corniste et compositeur, Charles (1766-1845), clarinettiste et compositeur. *Parisiens d'adoption :* Bon Georges Cuvier (1769-1832), paléontologiste ; André Parrot (1901-80), pasteur, archéologue. *Princesses d'origine allemande :* Elisabeth-Charlotte (Psse Palatine), duchesse d'Orléans [(1652-1722), abjuration de façade] ; Hélène de Mecklembourg-Schwerin, Dcsse d'Orléans (1814-58).

● **Églises congrégationalistes.** Issues des Indépendants d'Angleterre, elles insistent sur l'autonomie des Églises locales. Env. 3 000 000 de m. dans le monde ont fusionné avec les réformés.

● **Églises baptistes et mennonites. Origine.** Issues de la Réforme, remontent aux anabaptistes et mennonites du XVIe s. (de Menno Simonis, 1495-1560) ou aux Indépendants du XVIIe s. Ne baptisent que les adultes convertis. **Organisation.** Églises de *professants* (c.-à-d. de fidèles pratiquant leur foi), ce qui les distingue des Églises de type *multitudiniste* (fidèles non militants). Seuls sont admis comme membres ceux qui, déclarant croire sincèrement en J.-C. et adhérant à la confession de foi des Églises, ont alors reçu le baptême par immersion totale.

Personnalités baptistes connues : Pts des USA Harry S. Truman (1884-1972) et James Carter (n. 1924) ; Martin Luther King (1929-68, assassiné) ; James Irvin (n. 1930), astronaute ; Billy Graham (n. 1918), évangéliste, prêche depuis 1957 (émission radio *l'Heure de la Décision :* 20 millions d'auditeurs).

Nombre de baptistes, en milliers (1982) : 36 650 dont 31 554 dans l'Alliance baptiste mondiale. U.S.A. 26 756 (Southern Baptist Convention 14 000 000, National B.C. 5 500 000). Inde 822. Brésil 579. U.R.S.S. 545. Nigeria 386. Birmanie 372. Zaïre 318. G.-B. 223. Roumanie 160. R.F.A. 69. R.D.A. 21. *France 4,6,* dans 130 lieux de culte. Actuellement présents dans 93 pays.

France : 1re église en 1835. En 1839 dans 53 dép. *Villes principales :* Bordeaux, Grenoble, Lille, Lyon, Marseille, Montpellier, Mulhouse, Nancy, Nice, Nîmes, Paris, Poitiers, Roubaix, Rouen, Strasbourg, Toulouse. *Fidèles* (fin 1982) : 5 500 représentants, 20 000 paroissiens. *Groupe le plus important :* Fédération des Égl. évangéliques baptistes de France (4 100 m. professants, 12 à 15 000 par.). *Pt :* Pasteur André Thobois (n. 1924) (dep. 1963).

Branche des Amish. Intégristes ménonnistes, fondée en Suisse au XVIIe par Jacob Amman ; réfugiés aux U.S.A. vers 1850, et implantés dans le comté de Lancaster, à 130 km de Philadelphie. Ont refusé les progrès techniques, y compris l'électricité et s'efforcent de vivre comme des ruraux du XVIIe s.

● **Église méthodiste. Origine.** Issue de la prédication (1739) de John (1703-91) et Charles Wesley (1707-88). Nom donné en quolibet par les étudiants d'Oxford qui se moquaient de la dévotion méthodique des premiers adeptes. Nie la prédestination et affirme la sainteté possible sur Terre.

Nombre de méthodistes en milliers (1982) : Amér. du N.[1] (Mexique inclu) 15 243, Asie 3 587, Afrique 2 658, Europe 749 (dont *France 0,545*), Australie et îles du Pacif. 942, Amér. du S. 283, Amér. centrale et Caraïbes 235. *Total :* membres 23 696, communauté 51 737.

Nota. — (1) Les méthodistes possèdent l'édifice religieux le plus haut du monde : à Chicago, rue Clark, érigé en 1924 (croix à 173,12 m).

France : *1791* introduite par John Angel, laïc des îles anglo-normandes. *1852* Égl. organisée par le Rév. Charles Cook († 1858). *1907* les méthodistes amér. (épiscopaliens) ouvrent une mission fr. *2 branches :* 1°) Alsace-Lorraine : *Union de l'Église évangélique m.* (7, rue Kageneck, 67000 Strasbourg), reliée à la Conférence suisse, faisant maintenant partie de *l'Église m. unie* et membre de la F.E.F. 2°) *l'Église évangélique m. de France* (La Borie Blanche, 30270 St-Jean-du-Gard) qui n'est pas entrée dans l'unité réformée en 1938.

● **Armée du Salut.** *1865* William Booth (1829-1912), pasteur méthodiste, fonde la Mission chrétienne. *1878* devenue l'Armée du Salut, elle adopte une organisation quasi militaire. Dirigée par un « général » élu par un Ht Conseil ; l'Armée est présente et groupe 2 500 000 m. dans 86 pays. **En France,** établie dep. 1881, dirigée par un commissaire général, 300 officiers, 1 400 militants laïques et plusieurs milliers de personnes dont l'Armée est le foyer spirituel. Abrite env. 4 000 personnes chaque jour. *Adresse à Paris :* 76, rue de Rome, 75008. Publication : « En avant » (hebdo.), 13 000 ex.

● **Pentecôtistes. Origine.** Mouvement religieux créé spontanément à Los Angeles (1906), par des baptistes, notamment le pasteur américain Charles Parham. Le Havre, 1re communauté en Fr. (créée en 1930 par un missionnaire anglais, D.-R. Scott). Caractérisé par un retour aux vérités fondamentales de l'Écriture Sainte, telles qu'elles se vivaient dans l'Église primitive. Tout en partageant les valeurs chrétiennes, ils s'en différencient notamment par l'exercice des manifestations spirituelles décrites dans le Nouveau Testament : parler en langues, prophéties, guérison des malades (sans refuser l'intervention de la médecine), ainsi que l'attente du retour du Christ. Pas de hiérarchie organisée : chaque Église locale prend le nom d'Assemblée de Dieu (« Viens et Vois ») et reste indépendante.

Grande Église pentecôtiste à Séoul (Corée du S.) ; Principal pasteur : Yonghi Cho ; 300 000 m. actifs.

Conventions. *Européennes :* tous les 3 ans. *Mondiales :* tous les 3 ans (1985 : Zurich). *Nationales :* tous les ans.

Nombre (en milliers) : Brésil 6 000. Europe 4 200. U.S.A. 4 000. U.R.S.S. 3 000. Indonésie 2 000. Chili 1 700. Kenya 1 200. Suède, Norv. Finl. 1 000. Afr. du S. 850. Nigeria 850. Canada 800. Congo 500. *Total :* 60 000 (selon d'autres sources env. 115 000).

En France *(membres actifs, 1982) :* 85 000 + env. 5 000 gitans, 450 lieux de culte dont 8 à Paris (*Égl.* Centrale : 10, rue du Sentier ; *centre social :* 27, rue Dauphine) et 16 en banlieue. 300 pasteurs en 1985. *Revue :* « Pentecôte », 60, rue de Cauville, Rouen. *Principales cérémonies relig. :* baptême des adultes par immersion ; Sainte Cène sous les 2 espèces (tous les dimanches à 10 h).

Conseil œcuménique des Églises

Origine. Conférence universelle des missions à Édimbourg : 1910. Conf. œcuméniques : Stockholm (1925), Lausanne (1927), Oxford (1937), Édimbourg (1937), Amsterdam (1948, création officielle).

Secrétariat permanent. 150, route de Ferney, 1211 Genève 20 (annexe à New York).

Fonctionnement. *Assemblée générale* [comprenant, en 1984, 300 Églises : protestantes, anglicanes, orthodoxes, catholiques non romaines] se réunit tous les 6 ou 7 ans : 1re ass., Amsterdam (1948, P.-B.) ; 2e Evanston (1954, U.S.A.) ; 3e New Delhi (1961, Indes) ; 4e Upsal (1968, Suède) ; 5e Nairobi (1975, Kenya) ; 6e Vancouver (1983, Canada). *Comité central* (150 m. élus par l'ass.) se réunit tous les 18 mois. *Conseil exécutif* (25 m.) se réunit 2 fois par an. 7 *co-présidents. Secr. général :* Pasteur Emilio Castro (Uruguay). *Églises membres :* 300 représentant 400 millions de fidèles dans env. 100 pays.

But. Appeler les Églises à tendre vers l'unité visible en une seule foi et en une seule communauté eucharistique ; faciliter le témoignage commun des Églises en chaque lieu et en tout lieu ; soutenir leurs efforts de témoignage et d'évangélisation communs ; favoriser le renouveau des Églises dans l'unité, le culte et la mission ; exprimer le souci des Églises de servir l'homme et de promouvoir la justice et la paix.

Protestantisme en France

Histoire

1177 *Pierre Valdo* (?-1197) fonde la Confrérie des Pauvres de Lyon, prédicateurs laïques qui répandent l'Évangile en langue vulgaire. Ses disciples, les *Vaudois,* se maintiennent dans les Alpes (ralliés au protest. en 1532).

1498 début de l'action (surtout sur le plan intellectuel) des *Bibliens* français : *Lefèvre d'Étaples* (v. 1450/55-1536), *Briçonnet* (1472-1534), le « groupe de Meaux ». **1512** *Lefèvre d'Étaples,* dans un commentaire sur les Épîtres de St Paul, enseigne dans une certaine mesure la justification par la foi. **1521** Martin Luther (n. 10-11-1483, Eisleben, Saxe-1546) est condamné par la Sorbonne. **1523** *Jean Vallière,* de Falaise, moine augustin, est brûlé vif à Paris comme luthérien. *Jean Calvin* (né Noyon 1509) arrive à Paris pour faire ses humanités. **1525** *Jean Leclerc,* marqué au fer rouge à Meaux comme luthérien, exécuté 1526. **1533** discours réformateur publié sous le nom de *Nicolas Cop* (v. 1450-1532), recteur de l'Université de Paris (mais en réalité de Calvin). **1534** après l'*affaire des Placards* (déclaration contre la messe, affichées même sur la porte de la chambre du roi), François Ier s'oppose à la Réforme. Nombreux exils vers les pays du 1er Refuge (surtout Suisse et Hollande). **1541** 1re édition de l'*Institution de la Religion chrétienne de Calvin,* imprimée probablement à Genève.

1555 fondation clandestine, à Paris, d'une Église réformée. *Rejette* sacerdoce sacramentel (prêtre, évêque, pape), messe, présence matérielle du Christ dans l'Eucharistie, intercession de la Vierge, et le culte des Saints. *Enseigne* libre choix divin des élus et des damnés, rôle essentiel de la pratique et de la lecture de la Bible. « Prêche » célébré plusieurs fois par semaine (lecture, homélie, méditation, chants). *Prière* adressée à Dieu. *Communion* donnée 4 fois par an. **1559** 1er synode national des Églises réformées de Fr. à Paris [les participants gardent l'anonymat, mais prennent la parole au nom des Égl. suivantes : Paris, Dieppe, St-Lô, Orléans, Angers, Tours, Châtellerault, Poitiers, St-Jean-d'Angély, Saintes, Marennes (pas d'Égl. méridionales)]. Élaboration d'une Confession de foi calvinienne (dite de La Rochelle, 1571) et d'une Discipline, de type calviniste, instituant le régime *presbytérien synodal.* **1561** *Colloque de Poissy* (échec d'une tentative de rapprochement entre cath. et réformés). **1562** l'*Édit de Janvier* accorde la sanction légale aux Assemblées publiques des Égl. réformées (2 150 selon de Coligny). *Massacre de Wassy* (12 à 60 †) : début des guerres de religion. **1572 (24 août)** *St-Barthélemy :* assassinat de l'amiral Coligny et massacre de protestants (voir p. 574). **1598 (13-4)** *Édit de Nantes,* Henri IV accordant la liberté religieuse avec des restrictions. Un recensement fait état de 274 000 familles (probablement 1 200 000 personnes) dont 2 468 nobles. Les 3/4 dans le Midi ; 1/10 en Normandie et Paris.

1598-1610 sous Henri IV, régime concordataire : 45 000 écus au budget pour le traitement des pasteurs ; 800 ministres et 400 proposants (futurs pasteurs) ; admission à tous les emplois et charges ; 951 églises reconnues (2 par bailliage et sénéchaussée, en plus des places protestantes). 2 députés généraux nommés en 1601 auprès du roi (élus par le synode national). *Temples principaux :* Dieppe, Charenton, La Rochelle ; jugement par tribunaux mixtes (Paris, Castres, Nérac ou Bordeaux, Grenoble) ; 51 *places de sûreté* avec gouverneurs et soldats protestants, payés par le roi, plus 80 places particulières, fiefs de nobles protestants.

EXEMPLES DE PLACES PROTESTANTES : Sedan (aux ducs de Bouillon). *Normandie :* Valognes, Carentan. *Champagne :* Rozay-en-Brie. *Ile-de-France :* Houdan, Dourdan, Mantes, Essonne. *Bretagne :* Josselin et Pontivy (aux Rohan), Vitré (aux La Trémoille). *Pays de la Loire :* 10 dont Montcenis, Vezins, Château-Renaud, Saumur (siège d'une université). *Poitou :* 7 dont Talmont, Thouars, Loudun, Châtellerault. *Aunis-Saintonge :* 5 dont La Rochelle (république calviniste quasi indépendante), St-Jean-d'Angély, Royan. *Béarn :* 8 dont Orthez, Mauléon, Sauveterre, Oloron. *Basse-Guyenne :* 17 dont Castillon, Bergerac, Caumont. *Hte-Guyenne-Toulousain :* 30 dont Montauban, Figeac, Capdenac, Castres. *Bas-Languedoc-Cévennes :* 20 dont Marvejols, Sommières, Lunel, Nîmes, Montpellier. *Provence-Dauphiné :* 12 dont Die, Gap, Tallard, Serres, Embrun, Orange.

Dates de fondation et de suppression des universités (appelées « académies ») : Nîmes 1561-1664, Orthez 1566-1620, Orange 1573-1690, Sedan 1579-1681, Montpellier 1596-1627, Saumur 1598-1685, Montauban 1600-85, Die 1604-84.

Les *Assemblées politiques,* interdites par l'Édit de Nantes (art. 83), sont tolérées de fait ; il y a des *synodes nationaux* (religieux) tous les ans de 1598 à 1626 (ensuite par intervalles : Charenton 1631, Alençon 1637, Charenton 1644, Loudun, XXIXe, 1659).

1610-20 réaction antiprotestante après la mort d'Henri IV (la régente est influencée par le nonce et l'amb. d'Esp.). **1620** proclamation à *La Rochelle* d'une fédération des provinces protestantes françaises (sur le modèle des provinces unies hollandaises). **1624** Ministère Richelieu ; alliance des protestants et des Angl. (débarquement angl. à Ré, 1627). **1628** *Prise de La Rochelle* (après 14 mois de siège) par Louis XIII, marquant le déclin politique du prot. **1629** *Édit de grâce d'Alès :* interdiction définitive des assemblées politiques et suppression des places de sûreté. Nomination d'un député général unique. **1637** Richelieu réduit à 626 les « lieux d'exercice » ; mais, conformément à l'Édit, les seigneurs hauts justiciers protestants en ouvrent de nouveaux sur leurs terres. **1648** annexion de l'Alsace, moins Strasbourg et Mulhouse (1681) ; les pr. luthériens y gardent la liberté de culte. **1659** dernier synode national des Églises réformées à Loudun. **1679** les Hollandais protestants vainqueurs, malgré leur alliance avec Espagnols et Impériaux cath., signent la paix de Nimègue, avantageuse pour la Fr. Les 2 puissances prot. (Hollande et Angl.) se trouvant affaiblies, Louis XIV estime qu'elles ne sont plus en état de soutenir les huguenots fr. Il décide de rétablir l'unité religieuse du royaume (catholicisme gallican ; persécution aggravée).

1681 au Poitou, début des *dragonnades* pour convertir les prot. par la force ; l'intendant René II de Marillac ayant obtenu 38 500 « conversions », les dragonnades sont étendues au Béarn (1682 : 22 000 conv.), puis généralisées (1685). **1682-85** plusieurs milliers de déclarations du roi, interprétant de façon restrictive les clauses de l'Édit de Nantes, notamment fermeture de temples [motifs invoqués ; 1°) sermons séditieux ; 2°) fréquentation par des « relaps » (prot. convertis fictivement au catholicisme). *Total des temples :* 70 (1/2 du chiffre de 1610)] ; interdiction de toute conversion de cath. au protestantisme, ce qui rend impossibles les mariages mixtes, les prot. demandant la conversion du conjoint cath. ; interdiction aux cath. de servir chez des maîtres pr. (en 1683, 700 000 cath. servaient ainsi).

1685 *révocation de l'Édit de Nantes* par Louis XIV (expulsion des pasteurs). Émigration d'env. 250 000 personnes non converties. Proportion des départs par régions françaises : Bassin parisien 50 % (35 000) ; Normandie, Dauphiné, Saintonge 40 % ; Vivarais, Cévennes 10 %. *Recensés à l'étranger* (pays du 2e Refuge) : États-Unis 10 000 (en majorité : Caroline du S.), Suisse 22 000, Allemagne 30 000, Angleterre env. 40 000, Hollande 70 000 (40 % des pasteurs), autres pays 2 000 (dont Afr. du S. 97 familles), soit au total env. 170 000. *Fréquence max. des départs :* 1679-1700. Ils se poursuivront jusqu'en 1763. Pour les protestants restés en France, la période de 1685 à 1775 est surnommée *Période du Désert.* Une régie des biens des fugitifs est instituée en 1690 (devenue en 1790 Régie des Biens nationaux). Après la victoire protestante en Angleterre (1688), l'espoir renaît. Les protestants cherchant à fuir (nombre inconnu mais élevé) profitent d'un relâchement de la garde aux frontières dû aux hostilités. *Conversions à Paris vers 1685 :* env. 300 notables (dont les banquiers Samuel Bernard, Crozat frères, Legendre frères) et 7 000 gens du peuple sur 30 000. Il y a 19 000 exilés en déc. 1685, et, en janv. 1686, il reste seulement 45 protestants déclarés, mais il y a de nombreuses fausses conversions et un culte clandestin.

1702-04 *g. des Camisards* dans les Cévennes (déclenchée par le meurtre d'un agent royal, l'abbé du Chayla) animée par des inspirés (prophétisme), terminée en principe par un accord entre le maréchal de Villars et le chef camisard Jean Cavalier (1681-1740) qui deviendra finalement major dans l'armée angl. Plusieurs rebelles armés resteront en dissidence jusqu'au tr. d'Utrecht (1713), notamment Laporte, dit Roland, tué au combat (sa maison est devenue le *Musée du Désert).* Ceux qui sont pris sont condamnés aux galères (env. 4 000 galériens, mais la plupart noncamisards). **1709** soulèvement du Vivarais (échec). **1715** 1er Synode à Monoblet (Gard) sous la direction d'Antoine Court (effort pour reconstituer l'Église). **1716** le Régent interdit les Assemblées (peine de mort pour les pasteurs, galères pour les participants, prison pour les participantes). De 1702 à 76, il y a eu 2 700 « galériens pour la foi », y compris les rebelles armés et les fugitifs arrêtés aux frontières. **1726** Synode national (clandestin) de Vivarais-Dauphiné-Cévennes-Languedoc. **1762** exécution du pasteur Rochette et des 3 frères Grenier à Toulouse ; Jean Viala *dernier protestant à être condamné aux galères. Affaire Calas :* V. Index. **1764** à la suite du tr. de Paris avec l'Angl. (10-2-1763), fin des persécutions antiprotestantes (en échange de la liberté de culte pour les cath. canadiens). **1768** libération des dernières prisonnières de la Tour de Constance. **1771** *dernier pasteur tué,* près de Meaux (Pasteur Charmuzy). **1775** libération des 2 derniers galériens pour la foi : Riaille et Achard (30 ans de galères). Protestants déclarés à la fin de la *Période du Désert :* 593 000 (dont env. 400 000 « ouvertement » pr.). **1787** *Édit de Tolérance* de L. XVI accordant l'état civil aux pr. **1789** *Déclaration des Droits de l'Homme.* **1790** loi rendant automatiquement la nationalité fr. aux descendants d'émigrés huguenots désireux de revenir en Fr. [restée en vigueur jusqu'en 1945 ; bénéficiaire souvent cité à tort : Benjamin Constant (1767-1830) : demande rejetée, sa famille ayant quitté la Picardie alors espagnole]. **1793** réunion de Montbéliard, ville et région à forte implantation luthérienne. **1798** annexion de la ville de Mulhouse.

1802 *Articles organiques* de la Loi de Germinal an X, organisant un régime légal pour les Églises luth. et réformées : pas de synode autorisé ; consistoires locaux (pour groupes de 3 000 à 6 000 âmes) et paroissiaux ; 1 consistoire général luth. **1817** 1re revue pr., *Archives du christianisme au XIXe s.* **1819** l'amiral Verhuell [(1764-1845) Holl. nat. fr. 1814] entre à la Chambre des Pairs : leader des Pr. fr. **V. 1820-1830** réveil religieux et fondation de nombreuses Stés bibliques [notamment *la Sté biblique prot.* (Paris, fin

Catholiques et protestants dans le monde

Il y a dans le monde env. 1 milliard 250 millions de chrétiens baptisés, soit 29,20 % de la pop. mondiale (env. un tiers) dont : cath. 18,10 %, autres chrétiens 11,10 %. Ces chiffres amènent les remarques suivantes :

1° Chez les catholiques, et chez les protestants anglicans, luthériens, calvinistes, le baptême est donné aux enfants comme aux adultes ; pour d'autres confessions protestantes, seuls les adultes entrent en ligne de compte.

2° Même pour les catholiques, le total exact est difficile à établir. Les catholiques traditionnels comme les Français ou les Italiens comptent tous les baptisés, même ceux qui ont rejeté leur christianisme. Les catholiques d'émergence protestante ou de certains pays fervents de mission n'énumèrent que les pratiquants. Ainsi les Américains ne totalisent que 50 millions de pratiquants, alors que les catholiques sont certainement plus de 60 millions.

Par protestants, on entend ici toutes les Églises chrétiennes (hormis orthodoxes et vieux-catholiques).

3° Pour la Chine continentale, aucun chiffre ne peut être établi. Avant la Révolution, il y avait 4 millions de chrétiens.

Source : Missi.

	Catholiques		Protestants
	Nombre milliers	%	Nombre milliers
Afrique			
Afr. du S.	1 993	6,9	13 000
Algérie	57	0,2	2
Angola	3 072	44,5	850
Bénin (Dahomey)	552	15,9	40
Botswana	30	3,5	100
Burkina Faso	481	7,1	15
Burundi	2 262	27,4	130
Cameroun	2 100	25,3	1 300
Centrafrique	357	16,6	300
Congo	660	44	260
Côte-d'Ivoire	705	8,9	90
Égypte [1]	156	0,3	200
Éthiopie [1]	222	0,7	200
Gabon	359	66	100
Ghana	1 341	11,8	1 000
Guinée équat.	308	85,5	3
Guinée	48	1	
Kenya	2 835	18,5	5 200
Lesotho	558	42,6	380
Liberia	34	1,9	150
Libye	45	1,6	2
Madagascar	1 900	22,3	1 700
Malawi	1 164	20	700
Maroc	74	0,4	1
Maurice	327	34,7	6
Mozambique	1 596	15,6	300
Nigeria	7 000	8,3	12 000
Ouganda [1]	5 130	38,8	2 900
Réunion (Fr.)	450	91,2	–
Rhodésie	656	9,2	800
Rwanda	1 930	41,5	300
Sénégal	220	3,9	–
Soudan [1]	882	4,9	80
Tanzanie	3 570	19,8	1 200
Tchad	243	5,5	70
Togo	520	21	180
Zaïre	12 440	44,5	2 200
Zambie	1 588	28,1	1 000
Amérique			
Antilles néerl. [1]	218	83,8	5
Argentine	25 133	94	600
Bolivie	5 641	92,3	56
Brésil [1]	107 004	91	6 000
Canada [1]	10 579	44,3	9 000
Chili	9 333	85,5	870
Colombie	25 174	95,5	100
Costa Rica	2 046	93,4	52
Cuba	4 058	41,2	285
Dominicaine	4 975	94,2	46
Équateur	7 277	90	25
États-Unis [1]	55 800	24,6	73 000
Guadeloupe	300	94,6	–
Guatemala	6 200	87,9	300
Guyane	115	13,3	285
Guyane fr.	50	71,4	–
Haïti	4 231	86	500
Honduras	3 421	96	20
Jamaïque	194	9	1 700
Martinique	290	90,6	6
Mexique	64 329	92,7	1 500
Nicaragua	2 406	97	50
Panama	1 673	89	44
Paraguay	2 698	90,8	50
Pérou	15 940	92,2	105
Puerto Rico	2 770	81,2	200
Salvador	4 154	89,1	80
Surinam	76	21,5	99
Trinidad	380	33,6	345
Uruguay	2 290	78,7	60
Venezuela	12 572	93	30
Iles Vierges	27	25,7	51
Asie			
Afghanistan	–	–	–
Arabie Saoud.	80	0,9	–
Arabie	–	–	–
Bangladesh	170	0,2	120
Birmanie	390	1,2	1 200
Cambodge	150	2,5	150
Chine Formose	282	1,6	420
Chine popul. [1]	2 600	0,2	800
Chypre [1]	478	77,1	–
Corée du Nord	30	0,2	200
Corée du Sud	1 200	3,2	4 700
Hong Kong	267	5,7	140
Inde	10 059	1,5	6 000
Indonésie	3 273	2,2	9 500
Iran [1]	132	0,3	10
Irak [1]	351	2,7	2
Israël [1]	120	3	5
Japon [1]	422	0,4	700
Jordanie [1]	108	3,4	2
Koweït	32	2,5	3
Laos	40	1,1	40
Liban [1]	1 387	43,3	15
Macao (Port.)	39	14,4	20
Malaysia	395	3	200
Pakistan	431	0,5	440
Philippines	39 102	82	2 100
Singapour	85	3,6	–
Sri Lanka	1 031	7	300
Syrie [1]	733	8,8	20
Thaïlande	190	0,4	100
Timor	214	28,9	–
Turquie [1]	22	0,2	2
Viêt-Nam	3 500	6,6	130
Europe			
Albanie [1]	350	13,1	–
All. dém.	1 277	7,6	13 500
All. féd.	28 498	46,5	29 500
Andorre	26	96,3	–
Autriche	6 606	88	500
Belgique	9 018	91,6	50
Bulgarie [1]	6 370	71,1	16
Danemark	27	0,5	4 650
Espagne	36 648	98,6	45
Finlinde [1]	78	1,6	4 200
France [1]	45 504	85,1	740
Grande-Bret.	5 011	9	35 000
Grèce [1]	9 247	97,3	18
Hongrie [1]	6 758	63	2 500
Irlande	3 235	94,3	155
Islande	2	0,9	210
Italie	55 285	97	140
Liechtenstein	23	88,5	2
Luxembourg	344	94,8	6
Malte	319	91,1	2
Monaco	26	96,2	1
Norvège	14	0,3	3 723
Pays-Bas	5 585	39,8	4 600
Pologne [1]	33 257	93,8	600
Portugal	9 217	93,1	120
Roumanie [1]	16 200	72,6	1 500
Saint-Marin	20	91	–
Suède [1]	127	1,5	7 800
Suisse	3 095	48,9	2 980
Tchécoslov. [1]	10 817	71	2 200
U.R.S.S. [1]	103 000	38,6	2 000
Yougoslavie [1]	15 163	68,5	220
Océanie			
Australie [1]	3 891	26,8	6 900
Hawaii	n.c.	n.c.	105
N.-Calédonie	92	65,7	36
N.-Guinée oc.	n.c.	n.c.	450
N.-Hébrides	18	17	50
N.-Zélande	487	15,4	1 621
Papouasie-N.-Guinée	893	29	1 800
Polynésie fr.	50	33,3	50
Wallis-Futuna	10	100	–

Nota. (1) Catholiques + orthodoxes.

En Afrique, les statistiques diffèrent selon qu'elles émanent des Missions ou des recensements officiels ; en général majorées pour les chrétiens et surtout pour les musulmans aux dépens des animistes.

Le Pré-aux-Clercs, centre des Huguenots parisiens au XVIe s.

1818), des sous-sociétés missionnaires, d'enseignement, de charité]. **1822** fondation par Verhuell (accord entre la Sté des missions évangéliques et les Afrikanders) de la mission du Basutoland. **1841** 1re Église baptiste de Fr. à Douai. **1842** fond. à La Force (Dordogne) des asiles John Bost (vieillards, déficients, aliénés, etc.). **1849** fondation de l'*Union des Églises évangéliques libres de France* (séparées de l'État). **1851** recensement 480 000 réformés et 267 000 luth. **1852** fondation de l'*Église méthodiste* de Fr. Officialisation des « conseils presbytéraux » locaux (changement de nom des consistoires locaux de 1802). **1872** XXXe Synode nat. de l'Égl. réformée (le 1er dep. celui de Loudun, 1659). Séparation de fait des tendances orthodoxes et libérales. **1881** 1re réunion en Fr. de l'Armée du Salut.

1904-06 fondation de la *Fédération protestante de France* (1re assemblée : 1909). **1905** séparation de l'Église et de l'État (mesure anti-cath., atteignant aussi, indirectement, le prot.). **1938** réunion dans l'*Église réformée de France* de l'Union des Églises réformées évangéliques, de celle des Églises réformées (plus libérales) et d'une partie des Églises libres et méthodistes. **1969** fondation de la Fédération Évangélique de France (F.E.F.). **1985** tricentenaire de la Révocation de l'Édit de Nantes. Nombreuses manifestations officielles.

Personnalités protestantes

• **Huguenots d'avant la Révocation (1610-85). Noblesse.** Pas de princes du sang après l'abjuration d'Henri de Condé (1599).

6 familles ducales : La Trémoille (abjuration 1628), Rohan (abj. 1684), Lesdiguières (abj. 1622), Sully, princes d'Henrichemont (éteint 1641), Bouillon, princes de Sedan (abj. 1637), La Force (abj. contestée à la Bastille 1685). *Autres grands seigneurs protestants au XVIIe s. :* les Chatillon-Coligny (abj. 1643), les marquis de Ruvigny (devenus Anglais). *Noblesse de robe :* les Harlay, les Mesmes.

Architectes. Appartiennent à plusieurs familles huguenotes, apparentées entre elles : Androuet du Cerceau, de Brosse, du Ry. En outre, Jacques Aleaume († 1627), Salomon de Caus († 1626).

Art décoratif. Boulle, ébénistes, et les Gobelin, tapissiers ; nombreux parmi les ouvriers tapissiers du faubourg St-Marcel employés chez les Gobelin.

Chefs militaires. Duc Henri de Rohan [(1579-1638) gendre de Sully], connétable François de Lesdiguières (1543-1626, abj. 1622), maréchaux de La Force (1558-1652), de Gassion (1609-47), de Schomberg (v. 1630-90, devenu Anglais), de Turenne (1611-75, abj. 1668), les frères Jacques-Henri de Durfort-Duras (1626-1704) et Guy de Duras-Lorge (1630-1702), neveux de Turenne (abj. de Lorge : 1668 ; un Duras devient Anglais, Lord Feversham), *chef d'escadre* Abraham Duquesne (1610-88, non converti ; ses fils deviennent Suisses).

Écrivains. Agrippa d'Aubigné (1552-1630), grand-père de Mme de Maintenon, épouse de Louis XIV ; Marie Bruneau, dame des Loges (1585-1641), qui tient un salon d'intellectuels prot. rue de Tournon, exilée à Rochechouart après 1629 ; *3 académiciens :* Valentin Conrart (1603-75) et Marc-Antoine de Saint-Amant (1594-1661) élus 1635, Paul Pellisson (1624-93 élu 1653, abj. 1670, convertisseur) [un 4e académicien d'origine huguenote, François de Boisrobert (1589-1662), avait abj. en 1621, 14 ans avant la création de l'Ac.] ; le poète Théophile de Viau (1590-1626) ; Pierre Jurieu (1637-1713, exilé à Rotterdam) ; le pasteur Claude (1619-87, exilé à La Haye) ; Pierre Bayle (1647-1706, exilé à Rotterdam), auteur du « Dictionnaire historique et critique » ; Claude Brousson (1647-98, exécuté).

Fédération protestante de France

Fondée 1904-06 pour représenter les Églises prot. devant les pouvoirs publics et coordonner leur action dans le domaine moral et social. Son rôle s'était élargi depuis à mesure que se développaient des activités communes aux Églises (cultes à la radio et à la télévision, service de presse B.I.P., aumônerie militaire et pénitentiaire, mouvements de jeunesse, œuvres diverses). *Prés.* : pasteur Jacques Maury. Formée de 9 Églises ou groupes d'Églises.

Église réformée de France : née en 1938 du regroupement des Églises évangéliques et libérales et marquée par une déclaration commune de Foi ; 400 000 fidèles, 500 pasteurs ; *conseil national* (20 m.) Pt pasteur Jean-Pierre Monsarrat (n. 1927), dep. 1980.

Égl. de la Confession d'Augsbourg d'Alsace et de Lorraine (1802, 1852) : luthérienne et concordataire, fortement rurale.

Égl. réformée d'Alsace et de Lorraine (1895) : concordataire, regroupe les prot. « réformés », c.-à-d. calvinistes. 50 000 fidèles dans 55 paroisses ; à sa tête une femme (1er pasteur femme, chef d'Égl. en Fr.) : Thérèse Klipffel (dep. 1982).

Égl. évangélique luthérienne de Fr. (1872) : seule Égl. strictement francophone à représenter la tradition théologique luthérienne (2 « inspections », correspondant aux « évêchés » luthériens : Paris et Montbéliard).

Égl. réformées évangéliques indépendantes (1948) : méridionales ; ont refusé en 1938 de faire partie de l'Égl. réformée.

Féd. des Égl. évangéliques baptistes de France (1914) : appartient au courant baptiste internat.

Mission populaire évangélique : créée par le pasteur britannique Mac All en 1871 dans les quartiers ouvriers de Belleville.

Égl. apostolique : attentive au « renouveau charismatique » et « solidaire de toutes les Églises ».

Mission tzigane de Fr. : fondée 1946 par le pasteur Clément Le Cossec. *Centre* au château de Ennordres (Cher). Env. 100 000 participants en Europe, Amér., Inde, dont 35 000 baptisés par immersion et 900 prédicateurs. Rattachée à la F.P.F. en 1974.

Organismes divers

Action missionnaire commune. En Afrique, en Europe et dans le Pacifique, la CEVAA (Communauté évangélique d'action apostolique) remplace dep. 1971 la Sté des missions évangéliques de Paris (SMEP), fondée en 1822. Composée actuellement de 26 Églises : 5 réformées et luthériennes de France, groupées dans le Département évangélique français d'action apostolique (DEFAP) ; 7 réformées cantonales de la Suisse romande, groupées dans le Département missionnaire romand (DMR) ; l'Égl. Vaudoise d'Italie, celle du Rio de la Plata (Uruguay, Argentine) et les Égl. évangéliques du Cameroun, du Gabon, du Lesotho, de N.-Calédonie, de Tahiti et du Togo ; l'Union des Églises baptistes du Cameroun, l'Égl. unie de Zambie, l'Égl. de J.-C. à Madagascar, les Égl. méthodistes du Bénin et de la C.-d'Iv. et l'Égl. presbyt. du Mozambique ; les Égl. de Suisse alémaniques par la KEM (Coopération des Égl. et missions en Suisse alémanique), l'Égl. protestante du Sénégal, l'Égl. du Christ-Roi à Bangui (Centrafrique) l'Égl. presbytérienne de l'île Maurice, l'Égl. méthodiste du Togo et l'Église réformée de la Réunion sont membres associés. *Adresse* secrétariat : 12, rue de Miromesnil, 75008 Paris.

Situation en 1975	*memb.*	min.
Égl. réformée de France	400 000	640[2]
Égl. de la Conf. d'Augsbourg d'Alsace-Lorraine	230 000	224
Égl. réf. d'Als. et de Lorr.	48 000	63
Égl. évang. luthérienne	45 000	47
Fédération des Égl. baptistes	12 500	40
Égl. réf. évang. ind.	10 000	33
Mission populaire évang.	4 000	25
Église apostolique	1 000	8
Mission tzigane	35 000	240
Total	*785 500*[1]	*1 320*

Nota. — (1) Vers *1670* : 882 000, *1815* : 472 000, *1862* 589 000, *1895* : 538 000, *1935* : 402 000, *1955* : 461 000. D'après un *sondage* de 1980 (auprès de 1 000 Français), 4,2 % se déclarent « proches du protestantisme » (env. 3 fois le chiffre connu des églises). (2) *1660* : 741, *1788* : 158, *1820* : 246, *1865* : 600, *1895* : 678, *1930* : 682, *1955* : 661.

Alliance évangélique française. *Fondée* en 1846 à Londres. 1er mouvement œcuménique mondial érigé sur une déclaration de foi précise. La branche française travaille au groupement de chrétiens évangéliques de toutes appartenances. Responsable en Fr. de l'organisation de la Semaine universelle de prière au début de janvier.

Centre protestant d'études et de documentation (C.P.E.D.). *Adresse* : 46, rue de Vaugirard, Paris.

Conseil permanent (24 membres). Rassemble depuis 1970 les 2 *Églises luthériennes* [Égl. évangélique luth. de France (EELF) et Église de la Confession d'Augsbourg d'Alsace et de Lorraine (ECAAL), réunies en une Alliance nationale des Égl. luthériennes de France (1950)] et les 2 *Églises réformées* [Égl. réformée de France (ERF) et Égl. réformée d'Alsace et de Lorraine (ERAL) concordataire]. Assemblée des représentants des 4 Églises tous les 3 ans.

Étudiants protestants (Association des étudiants). 46, rue de Vaugirard, 75006 Paris.

Faculté de Théologie protestante de l'université des Sciences humaines de Strasbourg. *Créée* en 1538. Prépare à 8 diplômes nationaux et à 3 dipl. universitaires.

Fédération évangélique de France. *Fondée* en 1969 à Paris pour représenter les chrétiens évangéliques devant les pouvoirs publics et faciliter leur développement et leur collaboration. Regroupe 130 unions d'églises, égl. indép., œuvres (petites mais avec public assidu), notamment : Alliance des Égl. chrétiennes missionnaires, All. des Égl. évangéliques indépendantes, Union de l'Égl. évangélique méthodiste (voir p. 504 c), Égl. évangéliques de la Guadeloupe, de La Réunion, France-Mission, Union des Égl. chrétiennes bibliques, Union des Égl. évangéliques Chrischona, Assemblées évangél., Communautés évangél., Égl. prot. évangél., France pour Christ, Ligue biblique fr., Mission évangélique des Alpes fr. *Publications* : Annuaire évangélique (bisannuel) ; Info-F.E.F. (trimestriel). *Lieux de culte* : 350. *Siège* : 163 *bis*, rue Belliard, 75018 Paris.

Institut protestant de théologie. *2 facultés* : [*Fac de théol. prot. de Paris* (1er cycle : licence ; 3e cycle : doctorat), 83, bd Arago, 75014 Paris ; *Fac. de théol. de Montpellier* (2e cycle : maîtrise ; 3e cycle : doctorat), 13, rue Louis-Perrier, 34000 Montpellier] ; *École préparatoire de théol. prot.*, 13, rue Louis-Perrier, 34000 Montpellier. Bibliothèques de 50 000 vol. à Paris, de 80 000 vol. à Montpellier. Dépend de l'Égl. luthérienne de Fr. et de l'Égl. réformée de Fr.

Société de l'histoire du protestantisme français (1852). Reconnue d'utilité publ. 1870. A créé la Fête de la Réformation. Musée de tableaux, estampes, médailles, souvenirs. Bibliothèque de plus de 120 000 volumes et 12 000 mss. *Publication* : Bulletin historique trimestriel. 54, rue des Saints-Pères, Paris.

Rassemblement annuel

Chaque année, le 1er dimanche de sept., la Sté de l'histoire du protestantisme français organise un rassemblement avec célébration du culte (prédication et Cène) au hameau du Mas Soubeyran, près de Mialet (Gard) où était la maison du chef des camisards Pierre Laporte, dit Roland, combattant de 1702 à 1704. Agrandie, elle est aménagée depuis 1910 en *Musée du Désert* ; on y honore aussi : Marie Durand, Jean Cavalier, Esprit Séguier. *Participation* : env. 15 000 personnes, en majorité fr., mais avec des délégations de protestants étrangers, descendants de huguenots du 2e Refuge : Allemagne, Suisse, P.-Bas, Angl., U.S.A., Afr. du Sud.

Graveur célèbre. Abraham Bosse (1602-76). Les artistes se font miniaturistes et émailleurs, notamment Jean Petitot (1607-91), Paul Le Prieur (1620-?, exilé au Danemark).

Peintres. Jacob Bunel (1558-1614), Claude Vignon (1593-1673), Sébastien Bourdon (1616-71) un des 7 prot. parmi les fondateurs de l'Académie de peinture en 1648 (réservée aux cath., 1681).

● **Quelques personnalités du XXe s.** Gaston Doumergue (1863-1937), seul Pt de la Rép. protestant. Marc Boegner (1881-1970), de l'Ac. fr. Jacques Ellul (n. 1912), prof. Paul Ricœur (n. 1913), philosophe. Jacques Monod (n. 1910), prix Nobel de Médecine 1967. Albert Schweitzer (1875-1965), prix Nobel de la Paix 1952. Maurice Couve de Murville (n. 1907), 1er min. 1968-69. Michel Rocard (n. 1930), min. 1981-85. Louis Mexandeau (n. 1931) min. 1983-86. Georgina Dufoix (n. 1943), min. 1984-86. Lionel Jospin (n. 1937), 1er secr. du Parti socialiste dep. 1981. Louis Mermaz (n. 1931), Pt de l'Ass. nationale (1981-86).

Élevés dans le protestantisme, puis détachés : André Gide (1847-1932), prix Nobel de Littérature 1947. Roland Barthes (1915-80), philosophe, créateur de la sémiologie.

Nés dans une famille protestante : Jean-Paul Sartre (1905-80), prix Nobel de Littérature 1964 (refusé). Jacques Soustelle (n. 1912), ministre 1958-60. Gaston Defferre (1910-86), maire de Marseille, ministre 1981-86.

Généralités

Enseignement. V. Index.

Culte. Pratiqué chaque dimanche dans les églises locales (souvent appelées *temples*). *Pratique* : 10 % (exceptionnellement plus). Les fidèles se rassemblent autour de la Parole de Dieu (la Bible), des sacrements (baptême, eucharistie) et de la prédication (Bible commentée). Le chant des cantiques tient une place importante.

Sondages sur les idées politiques (en %, 1980). *Ensemble* : votent PS : 41, PC : 11,5, Droite : 36,5. *Pratiquants* : Droite : 51, Gauche : 49.

Traditions des chrétientés huguenotes. Temples anciens : 4 plans : rectangulaire (Charenton), circulaire (Lyon), octogonal (La Rochelle), ovale (Dieppe). *Tenue des pasteurs* : semblable à celle des gens d'Église et de robe. *Titre officiel* « Fidèle ministre du St Évangile » (FMDSE).

Contraste avec les catholiques : fréquentation du Temple (les Parisiens vont à Charenton) ; refus de tout divertissement le dimanche, de participer aux fêtes religieuses cath. (notamment de décorer les maisons en cas de procession), de prêter serment sur la Croix et de posséder un crucifix ; interdiction de la danse, des jeux (cartes, dés, tarots), de la mascarade. Comparution des coupables d'adultère ou de rixes devant le consistoire.

Autres Églises chrétiennes

Église anglicane

● **Origine.** XVIe s. elle se sépare de Rome. *Raisons* : *1532-33* le pape Clément VII (de Médicis) refuse l'annulation du mariage contracté en 1503 par le roi Henri VIII âgé de 12 ans avec sa belle-sœur, Catherine d'Aragon (18 ans), veuve d'Arthur, prince de Galles. *1534* acte de suprématie : Henri VIII, désireux d'épouser Anne Boleyn, soustrait l'Église d'Angleterre à l'autorité du Pape (en en devenant lui-même le chef) et fait annuler son mariage par l'archevêque de Cantorbery, Thomas Cranmer (1489-1556 ; qui fut condamné au bûcher comme protestant par Marie Tudor).

Controverse sur l'annulation : 1°) Cranmer l'a prononcée en invoquant l'impossibilité canonique d'épouser une belle-sœur (mais Henri VIII avait obtenu de Rome les dispenses nécessaires). 2°) Le mariage pouvait être déclaré nul pour défaut de consentement, Henri VIII ayant été marié d'office (mais tous les mariages princiers de l'époque se faisaient de la même façon, le défaut du consentement n'étant jamais invoqué pour les annulations). 3°) Les annulations de mariages royaux étaient fréquentes, mais Clément VII craignait de se brouiller avec Charles Quint, neveu de Catherine. 4°) Henri VIII convoitait les biens de l'Église d'Angl., notamment : abbayes et couvents.

1570 Pie V excommunie Elisabeth Ire.

Nota. — Le catholicisme anglican a plusieurs martyrs, dont William Laud, archev. de Cantorbéry (n. 1573-décapité 10-1-1645), qui tenta d'imposer l'épiscopat aux Écossais et fut condamné à mort en 1644 pour avoir tenté d'*abattre* la religion protestante.

Le roi Charles Ier, décapité en 1649, sur l'ordre du « Parlement croupion » dominé par les Puritains, est souvent considéré aussi comme un martyr de l'anglicanisme. Mais leur ami commun Thomas Wentworth, Cte de Strafford, décapité en 1641, est plutôt considéré comme la victime d'un complot politique.

● **Clergé** (évêques, prêtres, diacres). Le clergé séculier n'est pas astreint au célibat. Les évêques, nommés par la Couronne sur proposition d'une commission ecclésiastique, prêtent hommage au souverain ; ils reçoivent de leur clergé le serment d'obéissance canonique. En dehors de l'Angl., les évêques sont élus par l'Église.

Le 8-11-1978, le Synode général de l'Égl. d'Angl. a refusé (par 262 voix contre 246 et 3 abstentions) d'ordonner des femmes, mais certaines Égl. anglicanes (N.-Zélande, Canada, U.S.A., Hong Kong, Ouganda, Kenya) ont pratiqué des ordinations féminines. Le *12-11-1981,* le Synode général a admis le principe qu'on pourra donner aux femmes l'ordre du diaconat (ainsi que le titre de « Révérend »). Le *16-11-1984,* le Synode général, par 307 voix contre 183, a autorisé l'ordination des femmes (à partir de 1990). Le Dr Léonard, év. de Londres [3e personnage de l'Égl. d'Angleterre, et membre de l'anglo-catholicisme (fraction ultraconservatrice de la *High Church,* voir ci-dessous)], opposé à l'ordin. des femmes, envisage de constituer une Égl. anglicane dissidente, fidèle à la doctrine de 1563. Mais les prêtres anglo-catholiques semblent pencher plutôt pour le passage à l'Église romaine : 30 passages effectifs, 100 intentions déclarées de nov. 1984 à nov. 1985.

● **Doctrine.** Il n'y a pas de doctrine spécifiquement anglicane. La foi professée est celle des Pères et des Conciles antérieurs à la séparation des Églises d'Orient et d'Occident. Sa formulation officielle se trouve dans le *Book of Common Prayer* (1549, plusieurs fois révisé), les *39 articles* (adoptés en 1562) et le *quadrilatère de Lambeth* (1888) qui insiste sur les points suivants : 1°) La Bible contient tout ce qui est nécessaire au salut. 2°) Les symboles des Apôtres et de Nicée exposent l'essentiel de la doctrine. 3°) Il y a 2 sacrements essentiels : baptême et eucharistie, institués par le Christ (le caractère sacramentel des 5 autres : confirmation, pénitence, ordre, mariage et onction des malades n'est pas nié). 4°) Les évêques anglicans sont les successeurs historiques des apôtres.

● **Liturgie et culte.** Comporte traditionnellement 2 « ailes » : la Haute Égl. *(High Church),* où le cérémonial ressemble souvent à celui de l'Égl. cath. romaine, et la Basse Égl. *(Low Church)* où l'influence est surtout protestante. Une certaine unification s'était produite au XIXe s. [bien que plusieurs provinces (sur 27) aient créé leurs propres rites], car il existait un livre de la prière commune. Ce livre n'est plus utilisé et de nouvelles liturgies nationales et locales ont été créées. Mais l'unité anglicane a été maintenue grâce aux respects des traditions propres aux deux « ailes ».

● **Ordres religieux.** Supprimés au XVIe s., rétablis au XIXe s. Il en existe actuellement un grand nombre (franciscains, bénédictins, etc.).

● **Organisation.** Églises nationales de 2 types :

1°) Église d'Angleterre [Church of England (2 provinces : Cantorbéry et York)], gouvernée par le Synode général, présidé conjointement par l'archevêque d'York et l'archevêque de Cantorbéry, Très Rév. Robert Runcie (n. 1922), élu le 7-9-1979. Connu sous le nom de « Convocations de Cantorbéry et d'York », il réunit clergé et laïcs des 2 provinces. Il y a 3 « chambres » séparées : évêques (43), prêtres (250), et, dep. 1970, laïcs (250). Elles peuvent et, dans certaines circonstances, doivent voter séparément (dans ce cas, il doit y avoir majorité dans chaque chambre). Chacune d'entre elles peut se réunir à son gré en dehors de la convocation générale. Les décisions synodales sont soumises au veto des évêques, puis au vote du Parlement.

2°) La communion anglicane consiste en 27 Églises nationales, admettant le principe de l'épiscopat et le gouvernement synodal représentatif. En Angl., il y a un lien spécial entre l'Égl. et l'État, puisque le souverain est chef temporel de l'Égl. et que le gouvernement participe à la nomination des archev., des év. et de certains autres dignitaires ecclésiastiques. Le rôle de parlement religieux est tenu par le Synode général (dont certaines décisions doivent obtenir l'aval du Parlement). Dep. 1974, le Parlement a toujours un droit de veto mais ne peut amender les mesures prises par le Synode général.

3°) Églises autonomes : à l'origine, l'Église d'Angl. s'implanta dans les territoires sous influence britannique. Actuellement, il y a 27 Églises et 400 diocèses. Certains d'expression esp., française, japonaise. L'ensemble est divisé en provinces ou Églises régionales (également 3 conseils régionaux : Asie de l'E., Pacifique S., Amér. du S.). *Pays* (outre l'Angl.) : Afr. centrale, Nigeria (1979), Afr. de l'O., Afr. du S., Asie du S.-E., Australie (4 prov. dirigées par un Pt élu), Birmanie, Brésil, Canada (4 prov. ; primat élu par les évêques), Sri Lanka, Chine, Écosse, U.S.A. (Église épiscopale, 9 prov.), Indes occid., Irlande (2 prov., gouvernement par les 2 archevêques assistés d'un Synode général et d'un Corps législatif représentant les diocèses), Japon, Jérusalem, Kenya, Mélanésie, N.-Zél., Océan Indien, Ouganda, Ruanda-Burundi-Zaïre (francophone), Pacifique Sud, Papouasie-N.-Guinée, Pays de Galles (6 diocèses, dirigés par un archevêque et une assemblée législative élue), Soudan, Tanzanie, Amér. du S.

Nota. — Inde, Pakistan et Bangladesh ont créé des Églises unies nationales qui ne sont plus anglicanes.

Conférences de Lambeth. Réunissent tous les 10 ans, dep. 1867, les évêques des Églises anglicanes ; présidées par l'archevêque de Cantorbéry. *Conseil consultatif anglican :* réunion tous les 3 ans dep. 1971. *Comité des Primats :* réunit tous les 2 ans dep. 1978 les év. présidents de chaque Égl.

En France : env. 5 000 fidèles ; église St-Georges, 7, rue Auguste-Vacquerie, Paris 16e ; recteur Père Martin Draper (40 autres paroisses et chapelles, dépendant du diocèse de l'Égl. d'Angl. en Europe). *Cathédrale de l'Église épiscopale américaine en Europe,* 23, av. George-V, Paris 8e ; recteur : Père James Leo.

● **Relations avec Rome.** *1896* Léon XIII (bulle *Apostolicae Curae)* déclare nulles et non avenues les ordinations anglicanes. *1921-25 conversations de Malines* menées par le cardinal Mercier et Lord Halifax (Charles Lindley Wood, 2e vicomte de H., 1839-1934). *1962-65* le concile de Vatican II reconnaît à *l'Ecclesia Anglicana* une « place particulière » parmi les Égl. et communautés séparées de Rome par la Réforme, mais gardant en partie les structures et les traditions cath. *1966 (24-3)* Paul VI reconnaît implicitement l'ordination du Dr Ramsey, archev. de Cantorbéry, en l'invitant à bénir la foule romaine. *1980 (26-3)* le card. Hume, archev. de Westminster, assiste à l'intronisation du primat anglican, le Dr Robert Runcie (n. 1921). *1982 (29-5)* visite de Jean-Paul II à Cantorbéry. *1984 (7-12)* Runcie assiste à la messe pour l'unité célébrée par l'arch. de Lyon. *Divergences :* certains aspects de la fonction d'autorité dans l'Égl. et du ministère d'un primat universel, dogmes mariaux, discipline des mariages mixtes, ordination des femmes, éthique sexuelle, divorce et divorcés remariés.

Commissions internationales romano-anglicanes (A.R.C.I.C.) : Une 1re commission (20 membres présidés par l'archev. anglican de Dublin et l'év. cath. d'East Anglia) a commencé ses travaux en 1970 et a présenté son rapport de clôture en 1982. Déclarations communes sur la doctrine eucharistique, le ministère et l'autorité dans l'Égl. (2 décl.), d'*élucidations* (réponse aux commentaires et aux critiques faits lors de la parution des déclarations en 1973 et 1975).

Le rapport a paru avec l'accord de l'archev. de Cantorbéry et du pape Jean-Paul II ; son acceptation définitive interviendra du côté anglican, après un débat au Synode général des 27 Égl. membres ; du côté catholique, après un accord des synodes épiscopaux nationaux, la question mise aux voix sera la suivante : « les déclarations communes sont-elles, d'une façon générale, conformes à la foi des anglicans et des catholiques romains ? ».

Lettre du card. Willebrands (Pt du secr. romain pour l'Unité des Chrétiens). Parue dans l'*Osservatore Romano* du 6-3-1986, elle envisage la levée de l'invalidation des ordinations angl. Suivie d'une conférence de presse tenue à Londres par les Pts de l'A.R.C.I.C. : l'évêque anglican de Kensington (Marc Santer) ; l'évêque catholique de Brighton (Murphy O'Connor).

● **Statistiques. Fidèles. Nombre d'anglicans et épiscopaliens** [1] (en milliers, 1978) : Angleterre 26 967. Asie orient. 9 359. Nigeria 7 371. U.S.A. 5 628. Australie 4 229. Ouganda 3 634. Canada 2 567. Afr. du S. 2 152. Pays de Galles 1 260. N.-Zélande 1 062. Kenya 1 022. Antilles et Indes occ. 977. Tanzanie 647. Afr. centrale 585. Irlande 480. Soudan 348. Europe 300. Pacifique S. 244. Japon 191. Écosse 156. Papouasie-N.-Gui. 150. Mélanésie 82. Océan Indien 80. Sri Lanka 48. Brésil 30. Jérusalem et Moyen-Orient 29. Hong Kong 28. Bermudes 25. Birmanie 24. Amér. du S. (sans Brésil) 20. Cuba 7. France 5. Total 63 859.

Proportion des Anglais ayant reçu le baptême anglican 57,9 %, *de couples ayant reçu le mariage anglican* 34,2 %. *Pratique dominicale* 2,7 %. **Prêtres** (1983) env. 10 789 (dans le monde : 64 000, dont 619 *femmes,* 600 *évêques,* 430 *diocèses*). En Angleterre : *Ordinations annuelles* 331.

Nota. — (1) L'Église angl. compte depuis 1983 une majorité de fidèles noirs.

Adventistes

● **Définition.** Inspiration millénariste (voir p. 468 c) : l'adventiste attend le retour personnel et glorieux de J.-C., selon les promesses du Nouveau Testament (courant développé surtout parmi les groupes protestants anabaptistes).

● **Origine :** *1831,* William Miller (1782-1849), baptiste américain, annonce le retour de J.-C. L'événement devait se produire en 1843-44. Un mouvement interconfessionnel se constitue. *Après 1844,* se divise en plusieurs groupes et tendances, dont l'Église adventiste du 7e jour.

● **Église adventiste du 7e jour.** *Origine :* organisée en 1863 aux U.S.A. Le 1er missionnaire en Europe fut un ex-prêtre polonais réfugié aux États-Unis, M.B. Czechowski. Il débarqua en Angl. le 6-6-1864 et organisa des communautés [Piémont, Italie, Suisse]. *1877,* Valence, fondation de la 1re Église adv. *Doctrine :* divinité de J.-C., Trinité, autorité normative de la Bible en matière de doctrine, salut par grâce et justification par la foi, baptême par immersion après confession de foi. *Particularités :* croyance à la résurrection et au jugement. La mort est un état de repos provisoire. Les justes ressusciteront et vivront dans l'éternité, les autres retourneront au néant. Les 10 commandements demeurent la règle morale. Les ad. refusent de porter les armes (« Tu ne tueras point ») et considèrent le 7e j de la semaine (samedi) comme j. de culte (sabbat, 4e commandement).

Organisation : communautés locales (responsables élus par l'assemblée) regroupées en fédérations (ex. Fr.-Sud, Fr.-Nord, Belgique et Luxemb.), rassemblées en unions (ex. Union franco-belge) qui forment la Conférence générale (siège à Washington ; pour l'Europe : à Berne et à Londres).

Œuvres : éducation, assistance aux déshérités, défense de la liberté religieuse, proclamation de l'Évangile, santé. Les ad. s'abstiennent d'alcool, de tabac et de drogue. Ils développent la médecine préventive dans leurs institutions médicales et leurs facultés. En 1979, 63 747 pers. ont cessé de fumer grâce au « Plan de 5 jours » organisé par la Ligue Vie et Santé.

Secours adventiste : services d'entraide tiers monde, réfugiés, victimes de cataclysme (40 millions de $ distribués annuellement en collaboration avec Croix-Rouge, organismes locaux et nationaux).

● **Statistiques. Dans le monde (1984).** *Membres* adultes baptisés : 5 000 000 ; *population :* 15 000 000 dans 186 pays. 104 000 pasteurs pour 24 000 paroisses. *Institutions :* 1 544, dont 166 hôpitaux et cliniques, 276 dispensaires, 100 maisons de retraite et orphelinats, 50 maisons d'édition, 26 fabriques alimentaires. *Institutions primaires et secondaires :* 5 258 (432 238 élèves) ; *écoles supérieures et facultés :* 92, *universités :* 3.

En France. *Membres :* 28 634 (dont 20 621 outremer et 8 031 en métropole) ; *population :* 80 000 ; *pasteurs :* 106 ; *églises :* 120. 1 *maison de retraite,* 1 *éc. secondaire,* 1 *faculté libre de théol.,* 4 *éc. primaires,* 1 *maison d'édition,* 1 *fabrique de prod. alim.,* des *radios locales,* 1 *studio d'enregistrement,* 1 *institution de cours par corresp.,* 1 *service de presse,* 4 *périodiques de large diffusion. Sièges :* Union franco-belge des Églises adv. du 7e J. : B.P. 7, 77350 Le Mée-sur-Seine. Féd. des Églises adv. du N. de la France : 130, bd de l'Hôpital, 75013 Paris. Féd. des Égl. adv. du sud de la France : rue du Romarin, Clapiers, 34170 Castelnau-le-Lez.

Petite Église

• **Origine.** Née en 1801 en Angleterre, au sein du clergé fr. émigré, après la signature du Concordat entre Bonaparte et Pie VII. Des 38 évêques émigrés qui refusèrent alors de démissionner, 3 s'obstinèrent : Mgr de Courcy (év. de La Rochelle ; il se soumit en 1817 et fut nommé arch. de Reims), Mgr de Castle-Hill (év. de Rodez) et Mgr de Thémines [év. de Blois : se proclame *seul évêque légitime de France*., est suivi par env. 10 000 fidèles et quelques dizaines de prêtres dont l'abbé de La Roche-Aymon, qui passent dans la clandestinité et appellent Napoléon « l'Usurpateur » (Napoléon oblige les évêques concordataires à prendre des sanctions contre eux). *Mgr de Thémines*, qui réside à Londres, puis à Bruxelles, ne consentira jamais à ordonner un clergé schismatique. Il mourra en 1829, converti sur son lit de mort]. Le dernier prêtre réfractaire, *l'abbé Ozouf*, mourra en 1847 aux Aubiers (Deux-Sèvres).

• **Évolution.** Dès lors, la Petite Église vivra sans prêtres, sans messes et sans sacrements. Les fidèles se réunissent pour prier le dimanche devant les tabernacles vides et baptisent eux-mêmes leurs enfants. On les appelle *Clémentins, Basniéristes* ou *Bétournés* en Normandie, *Louisets* en Bretagne, *Chambristes* ou *Enfarinés* dans le Rouergue, *Purs* à Montpellier, *Stévenistes* à Namur, *Filochois* en Touraine, *Dissidents* dans le Poitou, *Jansénites* dans le Lyonnais (héritiers des adversaires de la *bulle Unigénitus*), *Blanchardistes* en Angleterre, à cause de l'abbé Pierre-Louis Blanchard (1758-1829), principal pamphlétaire des 400 prêtres anticoncordatistes formant la « Petite Église » de Londres, et ayant refusé de se rallier à l'Égl. française de la Restauration. Leur nom de « Petite Église » a été donné par la suite à tous leurs partisans sur le continent. Les 400 prêtres français d'Angl. devinrent anglophones et desservants paroissiaux (le renouveau du catholicisme anglais au XIXe s. leur est dû en grande partie).

En 1905, le Concordat de 1801 est dénoncé par la IIIe République, mais les dissidents ne cèdent pas, continuant à pratiquer le catholicisme jansénisant d'avant la Révolution, notamment avec 2 j d'abstinence : vendredi et samedi ; ils forment alors 3 noyaux, existant encore aujourd'hui, Deux-Sèvres (Bressuire), Lyonnais et autour de Namur en Belgique ; pour éviter les mariages consanguins, ils organisent des mariages intergroupes. A la fin du XIXe s., les Vieux-Catholiques (v. ci-dessous) essayent de rallier la Petite Égl. (échec). En déc. 1955, Pie XII donne à la Petite Église de Bressuire un évêque originaire de la région, Mgr Derouineau, missionnaire expulsé de Chine. Le 2-8-1964, a lieu au sanctuaire de N.-D. de la Pitié, à 10 km de Bressuire, une cérémonie de ralliement : pour la 1re fois, dep. 1847, des membres de la Petite Église acceptent de recevoir les sacrements (confession et communion) des mains du clergé cath. Mais l'intervention des Lyonnais empêche un ralliement officiel et général, rendu encore plus difficile par les innovations de Vatican II.

État actuel. *Nombre de fidèles :* Poitou 3 500 (743 familles), Lyonnais 400 (83 f. à Lyon, 95 en S.-et-L.), Belgique une centaine de f.

Église vieille-catholique

• **Histoire.** *Origine. 1704* aux Pays-Bas ; regroupe des jansénistes : le pays, étant officiellement protestant, n'avait pas de hiérarchie cath. et le clergé cath., comprenant de nombreux réfractaires au formulaire anti-janséniste, dépendait d'un vicaire apostolique envoyé par Rome. *1713* de nombreux prêtres cath. hollandais rejettent la bulle *Unigenitus*. *1724* 14-10 un évêque fr. janséniste, réfugié en Hollande, Dominique Varlet, consacre évêque l'un d'eux, Cornélius Steenhoven, qui prend le titre d'év. d'Utrecht (on disait alors l'Église d'Utrecht ou « vieille-épiscopale »). *1724-40* accueil des jansénistes venus de France. 2 nouveaux diocèses en 1742 (Haarlem) et en 1757 (Deventer). Concile d'Utrecht (1763). *1871* congrès à Munich, autour d'Ignaz von Döllinger, des opposants à l'infaillibilité du pape, proclamée en 1870 par le concile Vatican I. *1873* l'abbé Reinkens, de Breslau, évêque des anti-infaillibilistes, se fait sacrer par l'év. de l'Église d'Utrecht. *1874* l'Église « vieille-catholique » (antiin.) se constitue en féd. d'Églises nat. autonomes : Allemagne, Suisse [« cath. chrétiens » (reconnus par le gouv. fédéral ; fac. de théologie intégrée à l'Univ. de Berne)], Autriche, Tchécoslov., Youg., Pologne, France. *1889* union officielle du clergé vieil-épiscopal et des Vieux-Cath. : l'év. d'Utrecht devient le Pt de la Conférence des év. de l'Union d'Utrecht (chaque Égl. étant autonome). *1907* fondation à Scranton (U.S.A.) de l'*Égl. cath. nationale polonaise* (actuellement 5 diocèses) dirigés par un Primat.

• **Personnalités marquantes :** Charles LOYSON (1827-1912), dit le Père Hyacinthe (ancien dominicain puis carme), il rompt avec l'Égl. romaine le 20-9-1869 et épouse en 1872 une Américaine, Émilie Meriman, née Butterfield. N'ayant pu rejoindre, à cause de son mariage, l'Église d'Utrecht, crée en 1879 une « Église catholique gallicane », qui sera prise en charge par des évêques anglicans jusqu'en 1890 ; puis s'efface en 1893 devant l'abbé Georges Volet pour permettre l'agrégation à l'Église de Hollande (mais une partie de ses fidèles se rallient à l'abbé Bouland et restent « gallicans »). A la fin de sa vie, il devient théiste ; un pasteur protestant sera présent à ses obsèques. Georges VOLET (1864-1915), ordonné prêtre en 1887 par Mgr Herzog (év. vieux-catholique de Berne) ; rattache en 1893 l'église gallicane de Paris aux Vieux-Catholiques hollandais. Il édite de 1891 à sa mort (1915) un mensuel, *le Catholique français* (284 numéros). Jean-Joseph VAN THIEL (1843-1912), Hollandais, vicaire épiscopal de l'Église gallicane en 1893, év. de Haarlem 1906. Paul FATOME (1881-1950), ordonné prêtre par Mgr Herzog en 1905, fonde la paroisse vieille-catholique de Nantes en 1910. Il la dirige jusqu'en 1936. En 1938, n'ayant pu obtenir d'Utrecht la consécration épiscopale, il l'obtient de l'év. mariavite polonais Kowalski, rompant ainsi avec Utrecht. Joseph-René VILATTE (1854-1929). Voir p. 510 c, Égl. vilattienne.

• **Points de désaccord avec la doctrine catholique romaine.** Prépondérance du concile sur le pape ; refus des dogmes de l'infaillibilité personnelle du pape et de son magistère universel, de l'Immaculée Conception et de l'Assomption, de la doctrine du « sacrifice » de la messe ; droit au mariage des prêtres (dep. 1922). Sur certains points de discipline ecclésiastique (par ex. les langues liturgiques), les doctrines se sont rapprochées. Un observateur vieux-cathol. a assisté à Vatican II.

• **Rapports avec les différentes Églises chrétiennes.** Communion avec les anglicans (participation d'évêques de chaque Église aux ordinations épiscopales de l'autre). En 1977, l'intercommunion a été suspendue avec Églises canadiennes et amér. admettant l'ordination des femmes. Intercommunion avec l'Égl. cath. nationale des Philippines, l'Égl. cath. réformée d'Espagne et l'Égl. Lusitania du Portugal ; commencement d'intercommunion avec l'Égl. romaine dep. 1970 (hospitalité eucharistique).

Nombre (1984). U.S.A. 280 000. Pologne 30 000. Autriche 28 000. All. féd. 28 000. Suisse 17 000 (37 paroisses). Hollande 8 000. Canada 7 000. Yougoslavie 4 000. Tchécoslovaquie 3 000. All. de l'E. 1 000.

• **Organisation. Diocèses.** 3 hollandais, 5 amér., 1 suisse (Berne), 1 allem. (Bonn), 1 autr. (Vienne), 1 tchéc. (Prague), 1 polonais (Varsovie). **Paroisses :** 616.

France. Placée, dep. le 1-5-1893, sous la juridiction directe de l'arch. d'Utrecht (il y a 6 prêtres mais aucun évêque).

Centres permanents : Paris (15, rue de Douai), Lyon, Sarcelles, Colmar, Agde.

Églises orientales non chalcédoniennes

Coptes. Déformation arabe du mot grec *aiguptios*, « égyptien ». Les coptes ont rompu avec le patriarcat de Byzance, à l'occasion du concile de Chalcédoine (451) ; mais il s'agissait de politique ecclésiastique plus que de doctrine. Langue liturgique dérivée de la langue parlée à l'époque pharaonique, mais écrite en caractères grecs. **Égypte.** Église patriarcale distincte des patriarcats coptes-catholiques et grecs-orthodoxes d'Alexandrie. *Patriarche* d'Alexandrie et de toute l'Afrique : Chenouda III. *Fidèles :* env. 13 000 000. **Éthiopie** (Égl. autocéphale depuis 1951 ; langue liturgique : ghéez) : 14 000 000 fidèles. Aba Melaku Woldie-Michael sous le nom d'Abouna Tikle Haimanot. [Il a rencontré à Rome le pape Jean-Paul II en 1981 (1re rencontre pape-Abouna dep. 15 siècles).] **Soudan :** 60 000. **Jérusalem, U.S.A. :** petites communautés. **France :** un év., Mgr Markos, résidant à Toulon ; un prêtre, le P. Girgis Luka Iskander (Égyptien) pour la communauté de Paris (1 500 fidèles).

Arméniens. Église apostolique, fondée selon une tradition vénérable par les apôtres St Thaddée (martyrisé en 50, tombeau vénéré à Ardaze) et St Barthélemy (mart. en 68, tombeau vén. à Caschkolé). Appelée aussi Égl. grégorienne : son 1er évêque attesté par les historiens fut St Grégoire l'Illuminateur, sous le règne de Tiridate (261-317). En 505, puis 554, les évêques arméniens, réunis en concile à Dvin, rejetèrent les définitions du concile de Chalcédoine sur les 2 natures du Christ ; l'Église arménienne fut alors considérée comme monophysite par les orthodoxes byzantins (et plus tard par les latins), alors qu'elle rejetait la doctrine d'Eutychès. *Rite :* variante du rite byzantin. *2 catholicosats arméniens indépendants :* 1°) *Etchmiadzin* (Arménie, U.R.S.S.) titulaire : (Catholicos et Chef Suprême de tous les Arméniens) Sa Sainteté Vazken Ier ; en dépendent un patriarcat à Istanbul et un à Jérusalem. L'archevêque arménien de Paris, Mgr Sérobé Manoukkian (cathédrale : 15, rue Jean-Goujon), est « délégué apostolique pour l'Europe occidentale ». 2°) *Antélias* (Liban) titulaire : (Catholicos de la Grande Maison de Cilicie) Sa Sainteté Karekine II.

Églises syriennes

• **Occidentale (syriaque).** Liturgie en araméen occidental (dialecte d'Édesse). Héritiers de l'Église jacobite de Syrie (fondée par Jacques Baradaï, VIe s.). *VIIIe s.* prennent parti pour les conquérants arabes contre les Byzantins. *Jusqu'au XIIe s.* situation privilégiée avec la protection musulmane : 20 métropoles, 103 évêques. *1783* affaiblis par la création des Syriens uniates.

Organisation. Patriarche : S.B. Eiwas Zakka (dep. 1980) Homs-Damas, résidant à Damas dep. 1959. Syrie : 50 000 fidèles (2 diocèses). Irak : 30 000 fid., plusieurs diocèses. U.S.A. : 60 000 fid. Inde : Égl. syro-malankare : 1 000 000 de fid. (12 diocèses).

• **Orientales (souriennes).** Liturgie en araméen oriental (dialecte de Nisibe). Appelées longtemps « nestoriennes », elles ont rejeté en 1976 cette appellation, jugée injurieuse ; certaines ont choisi le nom d'« assyriennes », qui était, depuis le XIXe s. celui des Églises protestantes issues de leur sein [les « Chaldéens » (du patriarcat de Babylone, rattaché à Rome) sont env. 4 fois plus nombreux que les ex-Nestoriens dont la dissidence remonte au concile d'Éphèse)]. Le cas de Nestorius avait déjà été abordé au concile de Chalcédoine, auquel il n'a pas participé, étant sans doute malade. Ses disciples ont fondé des égl. prospères dans toute l'Asie, jusqu'au Tibet et en Chine. Quelques-unes ont subsisté au Kurdistan, en Mésopotamie, Iran et Turquie. *Patriarcat :* jusqu'en 1976, héréditaire d'oncle à neveu dans la famille des Ishaï [le patriarche portait le titre de Mar Ishaï Shimoun (Simon) : le dernier (Mar Shimoun XXIII) a démissionné en 1973 et a été assassiné à San Francisco en 1977]. Le 17-10-1976 l'év. métropolite d'Iran, Khanania Denkha (n. 1935), a pris (en G.-B.) le titre de Patriarche de l'Église assyrienne d'Orient (siège à Chicago : Séleucie-Ctésiphon) et le nom de Mar Denkha IV. Mais de nombreux Mésopotamiens chrétiens demeurés en Irak se sont ralliés en 1968 à un patriarche dissident, Mar Thomas Darmo († 1969). *Patriarche actuel (Bagdad) :* Mar Addaï II.

Église irvingienne

Nom officiel : Église catholique apostolique. **Fondée** 1835 par des disciples du théologien (protestant) écossais Edward Irving (1792-1834). Pasteur de l'Église calédonienne, apôtre des classes laborieuses, devenu vers 1827 disciple du philosophe Samuel Coleridge, il prêchait un christianisme mystique, teinté d'ésotérisme. Dans plusieurs paroisses écossaises, des disciples d'Irving se présentèrent comme des prophètes inspirés par l'Esprit. Irving fut exclu de sa paroisse de Londres en 1832, et condamné comme hérétique en 1833. Mais en 1834, il fut réordonné comme « chef pasteur de l'Église assemblée Newman Street », et à sa mort, un groupe de ses paroissiens, prenant le titre d'apôtre, organisèrent une Égl. indépendante, dont ils fixèrent en 1842 les statuts et la liturgie (mélange de protestantisme, catholicisme romain et d'orthodoxie orientale). Dernier « apôtre » mort en 1901. **Organisation :** petites communautés en Angleterre, Allemagne, Suisse, U.S.A., France, (surtout dans le N.-E. *Apôtre de district :* Robert Higelin, 140 route de Lorry, Metz).

Église vivante (Église Rénovée)

Origine. *1917* formée par l'aile épiscopale progressiste du concile panrusse. *1922* le patriarche Tikhon lui remet ses pouvoirs. *1923* convoque à Moscou un nouveau concile panrusse, sur lequel s'appuient son statut canonique et ses réformes ecclésiastiques (retour aux évêques mariés), liturgiques, etc. *1924* le patriarcat de Constantinople la déclare « seule autorité religieuse légitime en U.R.S.S. ». *1943* politiquement progressiste, elle est jugée évangélisatrice et Staline lui préfère la traditionnelle Église patriarcale qui le déclare schismatique et le prive de ses églises et chapelles. *1945* survit en U.R.S.S. et s'étend après en Serbie, Bulgarie..., pays gréco-orthodoxes non socialistes, en Europe occ. et en Amérique.

Statut. N'est pas reconnue comme Église orthodoxe par les autres Églises. *Titre officiel en France, dep. 1977 :* Aumônerie des chrétiens orthodoxes relevant du concile général de Moscou de 1923 (plus de hiérarchie organisée). Dépend pour les autres pays d'un synode à Beyrouth (son Pt, Mgr Kyrill Markovitch, a été tué au cours de la guerre civile de 1976). *1977* supprimée en U.R.S.S.

Effectifs *1943 :* 17 000 000. *1982 :* Europe de l'E. 1 500 000, Europe de l'O. 50 000, Grèce et pays libres gréco-orthodoxes 10 000, Amérique 10 000, divers 3 000.

Église kimbanguiste

Fondée au Zaïre le 6-4-1921 par Simon Kimbangu (1887-1951 ; fils d'un pasteur baptiste), catéchiste baptiste devenu prédicateur clandestin. Son village natal de Nkamba devient la Nouvelle Jérusalem. Il y annonce le retour du Christ sur terre (nouvel âge d'or), recommande la monogamie, et entre en contact avec les milieux anticolonialistes américains. Condamné à mort par un conseil de guerre belge le 3-10-1921, gracié par le roi Albert, emprisonné 30 ans (mort en prison ; ses disciples le considèrent comme un martyr). 24-12-1959 : le mouvement, devenu l'Église kimbanguiste, obtient un statut légal. **Organisation :** Admise en 1969 au Conseil œcuménique des Églises. Père spirituel : Diangenda Ku Ntima (n. 22-3-1918, fils de Simon Kimbangu). Église marquée par le protestantisme (3 sacrements : baptême, cène, confession publique ; vie austère sans alcool, ni tabac, ni divertissements). La communion se fait avec un gâteau de maïs et de pommes de terre. Activités agricoles et enseignantes. **Fêtes liturgiques :** 25-12 : anniversaire de la reconnaissance par l'administration belge (1959) ; 6-4 : ann. de la fondation de l'Église (1921) ; 12-10 : ann. de la mort de Simon Kimbangu.

Nom officiel : Égl. de Jésus-Christ sur Terre selon Simon Kibangu [E.J.C.S.K. (certains disciples présentent K. comme le 2e messie)].

Effectifs : En 1986, 5 millions, dont 4 au Zaïre (Congo, Zambie, Ruanda, Burundi, Rép. centrafr., Gabon, Angola ; — France, Belgique, Portugal). Fait partie du Conseil mondial des Églises (16-8-1969) et de la Conférence des Égl. de toute l'Afr. (24-5-1974).

Frères dits Darbystes et Frères de Plymouth

Origine. A partir de 1825, à Dublin puis à Plymouth, plusieurs croyants s'aperçurent, en lisant la Bible, que les diverses églises s'étaient considérablement éloignées des enseignements du Nouveau Testament. Plusieurs [A.N. Groves, Lord Congleton, J.G. Bellet, E. Cronin (prêtre cath.)] se groupèrent en « assemblées » (sacerdoce universel, ministère plural, direction collégiale de l'égl. locale, pas de clergé). **Doctrines :** semblables à celles des églises évangéliques « fondamentalistes » : inspiration plénière des Saintes Écritures, divinité de J.-C., salut accompli par son sacrifice à la croix et reçu par la foi en lui, attente de son retour).

Frères exclusifs : le clergyman John M. Darby (1800-82) rattaché aux « frères » en 1828 et devenu un de leurs leaders, rompit avec eux en 1848 parce qu'il les considérait comme trop larges ; créa son propre groupe d'assemblées dites « exclusives » (voir « Darbystes »). *Périodique :* « Le Messager évangélique », Vevey (Suisse) ; 30, rue Châteauvert, 26000 Valence.

Frères larges : *connus en France sous le nom de « Communauté et Assemblées évangéliques de frères » :* 2 à 3 millions dans le monde (dont 100 000 en G.-B. et 150 000 en Roumanie ; 400 églises en Inde et 250 au Pakistan). *France :* env. 4 000 m. *Périodique :* « Servir en l'attendant », B.P. 232, 03208 Vichy Cedex. *Ouvrage de référence :* « l'Édifice de Dieu ».

Mouvement chrétien libre

Quakers (Société religieuse des Amis)

Origine. *V. 1650* mouvement *fondé* par George Fox en G.-B., également illustré par William Penn, fondateur de la Pennsylvanie aux U.S.A. [Quaker, « trembleur » : surnom ironique donné en 1650 à Fox et à ses premiers compagnons (qui parlaient de « trembler » devant Dieu) par le juge Gervase Bennett, adopté ensuite par les Amis]. **Organisation.** Les Amis constituent une association religieuse libre sans profession de foi, sacrements, ni clergé, fondée sur la recherche dans la méditation de l'esprit apporté par le Christ et éclairé par la « Lumière intérieure ». Ils ont mis l'accent sur : valeur du silence en particulier dans le culte, fraternité humaine, réconciliation et paix, et s'efforcent de mettre ces principes en pratique au travers d'actions de secours et d'aide aux victimes de guerre et d'autres fléaux.

Effectifs : 200 000 dans le monde dont G.-B. 20 000, U.S.A. 100 000 et nombreux petits groupes en Europe (France : Béziers, Nice, Marseille, Charbonnières), Asie, Afrique et Australie.

Adresses : *Société religieuse des Amis (Quakers),* Assemblée de France et Centre quaker international, 114, rue de Vaugirard, 75006. *Comité mondial consultatif des Amis,* Drayton House, 30 Gordon Street, Londres.

Personnage célèbre en France : Marius Grout (prix Goncourt 1942).

Autres communautés d'inspiration chrétienne ou biblique

☞ Voir aussi Communautés, enseignements et mouvements divers, p. 528 à 531.

Les sectes

● **Développement des sectes. En France.** Il y a env. 10 000 sectes dans le monde, dont 116 représentées en France [48 orientales (15 398 adeptes) ; 45 syncrétistes ou ésotériques (10 532) ; 23 racistes, fascistes ou divers (6 038)]. Certaines ne comptent que quelques dizaines d'adhérents. La législation leur laisse une entière liberté d'expression et de recrutement, dès qu'elles ont été déclarées comme *associations,* au titre de la loi de 1901 (80 % d'entre elles). Certaines ont néanmoins été citées en justice, notamment pour extorsion de fonds aux adhérents, détournement de mineurs, non-assistance à personne en danger de mort, enlèvement d'enfants. Dans un rapport sur les sectes rendu public le 9-4-1985, Alain Vivien (député socialiste) a proposé un plan en 9 points (appelé par ses adversaires « loi d'exception » et prévoyant notamment. 1° la création d'organismes médiateurs et la nomination de juges de tutelle même pour des majeurs, si leur famille l'exige. 2° un plan d'action contre les sectes sur le terrain fiscal, visant à les ruiner par des redressements et des amendes [1er ex. : la conscience de Krishna (redr. de 3,5 millions de F) ; 2e ex. : les Moonistes (AUCM) (redr. + pénalités : 35 millions de F)].

● **Associations antisectes. Association pour la défense des familles et de l'individu (A.D.F.I.).** 4, rue Fléchier, 75009 Paris. *Résultats obtenus en 1984 :* 56 personnes ayant quitté leur secte avec son aide.

Centre (de documentation, d'éducation et d'action) contre les manipulations mentales (C.C.M.M.) [5], *créé* le 8-10-1981. 19, rue de Turgot, 75009 Paris. Publie un *Bulletin de Liaison* trimestriel [Pt : Roger Ikor (a publié un opuscule « Sectes-Impasse » en déc. 84, 30 000 ex.)].

Association d'information

Association d'étude et d'information sur les mouvements religieux. Créée en février 1979 à Paris par Bernard Blandre et le pasteur Gérard Dagon (Pt de la Féd. évangélique de France). B.P. 733, 57207 Sarreguemines Cedex.

● **Alliance universelle.** Nom pris le 15-6-1983 par l'*Église chrétienne universelle* (fondée en 1953). Elle proclame que Georges Roux [dit le Christ de Montfavet (1903-81)] a été la forme humaine par laquelle Dieu intervint pour faire accomplir sa loi jusqu'au dernier iota et bâtir son royaume sur Terre, à partir de 1980. L'Église, se voulant universelle et ne recrutant pas, ne compte pas de « membres », mais aspire à ce que tous les hommes, accomplissant les actes du Christ, forment une nouvelle humanité. *Adresse :* « La Préfète », B.P. 27, 84140 Montfavet.

Publications : 3 livres : « Journal d'un Guérisseur », « Paroles du Guérisseur », « Mission Divine ». *Périodiques :* « Lumière », « Messidor », « Bulletin de l'Agence mondiale d'Information », 50, avenue des Champs-Élysées, 75008 Paris. *Animateurs :* René et Jacqueline Van Gerdinge. *Adeptes :* 5 000 env.

Aux U.S.A. Toute société se présentant comme « religieuse » est dispensée d'impôts (sur revenus, biens immeubles, dons et legs reçus). Cette disposition permet aux sectes de s'enrichir rapidement et incite des sociétés non religieuses à prendre le masque de la religion pour échapper au fisc. En 1977, l'État de New York a renforcé sa législation et a pu inculper Moon de fraude fiscale. Le 16-7-1982, il a été condamné à 18 mois de prison et à 25 000 $ d'amende pour faux témoignages et falsification de comptabilité. Ayant épuisé toutes les voies de recours, il a commencé à purger sa peine le 20-7-84. Suivant l'exemple américain, la justice française a inculpé le responsable mooniste pour la France le 16-5-1984. Voir ci-dessous p. 512 a.

● **Amis de l'Homme.** Fondé 1916, par Alexandre Freytag (Suisse, 1870-1947). *Doctrine* chrétienne préconisant le changement du caractère par la pratique de l'Évangile. *Stations* en Suisse, France [« La Nouvelle Terre » (Alpes de Hte-Pr.), « Château de la Prospérité » à Méthamis, station de Draveil], Allem., Belgique dep. 1925. *Siège mondial :* Le Château, route de Vallière 27, CH 1236 Cartigny (Genève), Suisse. *En France :* 22, rue David d'Angers, 75019 Paris. *Journaux :* « les Échos de la famille » (96 000 exemplaires, bimensuel), « Journal pour tous » (hebdomadaire).

● **Antoinistes.** *Fondés* 1910 à Jemeppe-sur-Meuse (Belgique) par Louis Antoine dit Le Père, ouvrier mineur (1846-1912). Culte fondé sur la foi, le désintéressement, le respect de toutes les croyances et l'amour du prochain, sur la prière qui consiste en l'élévation de la pensée. Croient à la réincarnation comme étant la loi de l'évolution des êtres. Culte développé particulièrement en Belgique (31 temples) et France (30 t.). Nombreuses salles de lecture en Belg., Fr., dans plusieurs pays d'Europe, Afr., Brésil, etc. ; 2 500 à 3 000 adeptes, revêtus du costume religieux antoiniste et chargés d'assurer le travail moral que comporte l'activité du culte. *Pratiquants :* 150 000 (100 000 en France).

● **Doukhobors** (en russe : combattants de l'esprit). *Fondés* en 1740 dans la région de Kharkov par un sous-officier prussien, de nom inconnu, converti au *quakerisme* au cours de ses campagnes. Repris en main après sa mort, en 1769, par Sylvan Kolesnikov († 1780) puis par d'autres prophètes jusqu'en 1884, date de la déportation de la secte en Géorgie (*prophète :* Pierre Vériguine). En 1898, ils obtiennent la permission d'émigrer au Canada. Vériguine fut assassiné en 1924. *Doctrine :* refus des actes sociaux : service militaire, possession de maisons, port des vêtements. Au Canada, les extrémistes ont souvent été poursuivis pour destructions d'immeubles et nudisme en public. Les survivants (12 000 au Canada, dont 3 000 en Colombie britannique) pratiquent avec modération et se sont intégrés à la société chrétienne.

● **Églises des « évêques hors collégialité ».** Voir le statut canonique, p. 479 b.

Égl. de la succ. Vilatte-Alvarez. Ire Égl. vilattienne. Fondée en 1907 par Joseph-René Vilatte (1854-1929), élevé dans la Petite Égl. et ordonné prêtre vieux-catholique le 7-6-1885 par Mgr Herzog (voir p. 509 a), et parti pour les U.S.A., où il a fondé des paroisses « anciennes catholiques ». En 1892, il se fait consacrer évêque à Colombo (Sri Lanka) par un ancien missionnaire catholique espagnol, Julio Alvarez, devenu en 1889 évêque jacobite de l'Église d'Antioche (syrienne, voir p. 509 c). En 1898, les vieux-catholiques de Suisse concluent à l'invalidité de sa consécration (pour « simonisme », c.-à-d. parce qu'elle avait été payée en argent). En 1901, Mgr Vilatte est pourtant choisi comme archevêque-primat par des Gallicans formant une communauté anti-infaillibiliste au Gazinet, près de Bordeaux, mais opposés au vieux-catholicisme hollandais et suisse (leur chef avait été le chanoine Pierre-François Junqua, † 1899). En févr. 1907, après la séparation de l'Égl. catholique et de l'État français, il occupe, 22, rue Legendre, l'ancienne chapelle des Barnabites, confisquée en 1903, et y fonde l'égl. des Saints Apôtres. Chassé par des émeutiers cath., il occupe, de 1907 à 1909, un hangar, 51, rue Boursault. En 1908, il s'entend avec Aristide Briand, ministre de l'Intérieur, et avec le journaliste Henri Durand-Morimbau, dit Henri Des Houx (1848-1911), pour créer des associations cultuelles, prévues par la loi de séparation de 1905, et ouvertes aux non-catholiques, notamment aux gallicans de l'abbé Bouland (anti-infaill.). Des Houx, avec l'aide du sénateur protestant de la Charente-Inférieure Eugène Réveillaud (1851-1935) et de l'égyptologue Pierre-Paul Guieysse (1841-1914), député radical du Morbihan, arrive à fédérer 184 ass. cultuelles, qui se rallient à l'*Égl. catholique, apostolique et française* de la rue Boursault. Puis il se brouille avec Vilatte et meurt en 1911, dans le sein de l'Église vieille-catholique de l'abbé Volet (ses cultuelles disparaissent par suite de procès avec l'Égl. cath.). Abandonné par Briand, Vilatte tombe dans la misère et se convertit au catholicisme en 1925 (il meurt en 1929 à l'abbaye cistercienne de Pont-Colbert, près de Versailles).

Multiplication des évêques « antiochiens ». Avant son abjuration, Mgr Vilatte avait consacré plusieurs év., dont un Italien, Mgr Miraglia (consécrateur, à son tour, de plusieurs év. non rattachés à une Égl. déterminée). Il y a actuellement plusieurs dizaines d'év. qui se réclament de cette succession apostolique. Ils sont désignés sous le nom latin de *episcopi vagantes* [mot à mot « év. errants » ou « marginaux », c.-à-d. n'appartenant pas au « collège universel » des év. Voir p. 479 b (terme emprunté au vocabulaire de l'Égl. anglicane, qui leur est hostile depuis 1908) (consécration par l'archev. vieux-catholique d'Utrecht, Mgr Gul, d'un clergyman anglican, le Rd Harris Mathew, comme « évêque vieux-catholique de Gde-Bretagne »)]. Eux-mêmes s'appellent « antiochiens », mais, depuis 1938, ne sont plus reconnus par le patriarche syrien d'Antioche.

Égl. mariavite [Pologne (dissidence de l'Égl. vieille-catholique)] ; son fondateur, Mgr Kowalski, a consacré, en 1938, Mgr Paul Fatome.

Égl. catholique libérale (créée par un Anglais, Mgr Wedgwood, vieux-cath. dissident).

Consécrations cath. romaines illicites : au moins 2 évêques romains ont pratiqué des consécrations épiscopales non canoniques : Mgr Renato Cornejo Radavero, ancien évêque auxiliaire de Lima (consécrateur en 1970 de Mgr Cantor, ancien moine bénédictin, chef de l'*Église cath. traditionnelle* de Mont-St-Aignan, près de Rouen) ; et Mgr Ngo Dinh Thuc (voir Hérésie palmariste, p. 466) ; excommunié en 1976, pour avoir pratiqué des consécrations et des ordinations illicites, Mgr Ngo Link Thuc fait amende honorable en 1978. En 1981, il est de nouveau excommunié après avoir consacré Mgr Laborie, desservant le sanctuaire d'Espis, près de Moissac, (T.-et-G.), également non reconnu par Rome). Avant de mourir, en 1984, il a de nouveau fait amende honorable, exhortant Mgr Laborie à se rallier à Rome.

Nota. — Une grande partie des év. hors collégialité ont été consacrés plusieurs fois, car certaines consécrations sont déclarées invalides dans les milieux des *episcopi vagantes* comme dans certaines Égl. canoniques [par ex. Mgr Cantor : par Mgr d'Eschevannes (1964), lui-même consacré 2 fois, puis (1970) par Mgr Cornejo, qui s'est fixé près de lui à Mont-St-Aignan]. A cause de leurs consécrations multiples, certains év. affirment appartenir à plusieurs successions apostoliques simultanément. Cette prétention est injustifiable.

● **Église du Christ, Scientiste (Christian Science).** *Fondée* en 1879 aux États-Unis par Mary Baker-Eddy (1821-1910 ; Eddy est le nom de son 3e mari) dont le livre « Science et Santé, avec la clef des Écritures » contient les articles de foi. *En France : fondée* en 1898. *Doctrine :* Dieu est le principe divin de tout ce qui existe réellement. Le péché, la maladie, la mort sont des manifestations du mal, or le mal ne vient pas de Dieu. Quand la loi les y autorise, les scientistes préfèrent s'appuyer uniquement sur les moyens spirituels pour le traitement des maladies. *Organisation :* Église Mère à Boston (administrée par le Conseil des Directeurs de la Sc. chrétienne de 5 m. élus à vie), env. 3 200 filiales dans 57 pays (dont U.S.A. 23 000, G.-B. 350) organisées en Églises ou Stés de la Science chrétienne. Église de laïcs (il n'y a pas de clergé, les services sont conduits par des lecteurs élus). Service le dimanche. Réunion le mercredi. *Journal quotidien,* « The Christian Science Monitor » (env. 200 000 ex.), 4 périodiques. *Membres :* 1 500 000 (France 1 000). *Adresse :* 66, rue de la Boétie, Paris.

Réarmement moral

Lancé en 1938 à Londres (et en France après 1945) par Frank Buchman (1878-1961), Américain d'origine suisse. *Doctrine :* ni parti, ni religion ; c'est un appel pour œuvrer au changement du monde, selon sa conscience et sa foi. D'origine chrétienne, il rassemble des hommes de toutes croyances. Propose à l'homme une qualité de vie et une philosophie d'action basées sur des critères moraux absolus d'honnêteté, pureté, désintéressement et amour. Leur application suscite des transformations et des réconciliations dans la famille, au travail, dans la vie nationale et internationale.

Conférences internationales plusieurs fois par an dans les centres de Caux (Suisse, dep. 1946) et de Panchgani (Inde, dep. 1968) ou ailleurs. *Direction :* 1961-65 Peter Howard (journaliste, † 1965). Depuis 1965, direction collégiale. *Adresse suisse :* 1824 Caux. *France :* 68, bd Flandrin, 75116 Paris. *Périodique* en français : « Changer » (mensuel).

● **Église de J.-C. des saints des derniers jours (Mormons). Origine.** *1830 fondée* par Joseph Smith (1805-44), après une vision reçue sur la colline de Cumorah, près de Palmyra (New York, U.S.A.), aujourd'hui lieu saint de l'Église. *1844* Smith présente sa candidature à la présidence des U.S.A., 1 émeute éclate, son frère et lui sont arrêtés et mis à mort dans leur prison (le 27-6). *1847* les Mormons s'établissent près du lac Salé au pied des monts Uinta sous le gouvernement de leur 2e prophète, BrighamYoung (1801-77), après avoir franchi le Missouri gelé. *1847-1869* État indépendant du Déseret (nom tiré du livre de Mormon voulant dire abeille). *1850* intégré à l'Union américaine (territoire de l'Utah) après la construction du chemin de fer du Pacifique. *1861-68* superficie très réduite. *1896* l'Utah est constitué en État, les M. dirigent économie et administration. *1985* attentats à la bombe (2 †) à Salt Lake City : liés à la publication d'un texte de 1830, *Lettre de la Salamandre blanche* de Martin Harris, mettant en doute la bonne foi de Joseph Smith (texte perdu et retrouvé en 1983, mais considéré par les autorités mormones comme un faux).

Doctrine. *Principe essentiel :* le libre arbitre base de tout acte et de toute décision. *Livres saints :* la Bible, Doctrine et Alliance, la Perle de grand prix, le Livre de Mormon (traduction des plaques d'or gravées de hiéroglyphes égyptiens dont un messager de Dieu, Moroni, avait révélé l'existence à Joseph Smith). Celui-ci les découvrit le 22-9-1827 sur une colline avec 2 pierres, l'*Urim* et le *Thummin*, qui sont mentionnées dans la Bible (Esdras 2-62) et qui lui permirent de les déchiffrer. Sa traduction donna le Livre de Mormon le 2-5-1838. Le messager de Dieu reprit les plaques que nul n'a revues depuis. Selon ce livre, un 1er groupe vint de Babylone en 2200 av. J.-C. pour s'établir en Amérique, un 2e vint de Palestine en 600 av. J.-C. et un 3e en 590 av. J.-C. Les Amériques auraient été peuplées par 4 grandes civilisations : les *Jarédites* (qui s'entretuèrent), les *Néphites* (anéantis env. 421 apr. J.-C. ; un des leurs, le prophète Mormon, écrivit les plaques d'or), les *Lamanites* (ancêtres des Indiens d'Amér.) et les *Mulékites*, émigrés en Amér. et qui seraient parmi les ancêtres des Indiens (découvertes archéologiques récentes). Jésus serait venu parmi eux après sa résurrection et aurait établi une branche de son église. Selon l'exemple des prophètes de l'Ancien Testament, David, Salomon, la polygamie, « mariage plural », était pratiquée avec l'accord de la 1re épouse. Elle a été abolie (le 6-10-1890). Elle avait été la cause principale des difficultés entre Mormons et Américains [émeutes de Nauvoo (Illinois), exil au lac Salé, impossibilité de former un État normal] ; elle n'a été pratiqué que par 2 % des Mormons (les plus riches) : le 2e prophète, Brigham Young (17 épouses, 56 enfants), l'avait prônée pour que leur nombre augmente rapidement.

L'Église mormone estime que le « nouveau féminisme » n'est pas le meilleur moyen de rendre les femmes heureuses. Elle enseigne les arts ménagers, pour permettre aux Mormones qui le désirent de rester au foyer. Mais le travail féminin est très répandu. En 1955, une branche dissidente (et excommuniée) des Mormons a rétabli la polygamie, au Mexique, puis aux U.S.A. (40 000 membres, dont 5 000 à Colorado City). Les différentes « tribus » polygamiques ont fondé des coopératives, dont plusieurs très prospères. *Recherches généalogiques :* selon un texte de l'apôtre Paul (1 Cor., 15-29), tout croyant peut obtenir par procuration le baptême rétroactif (c.-à-d. le salut) de ses ancêtres. Chacun prend donc à cœur de rechercher sa généalogie. Les Églises locales ont le devoir de collaborer à ces recherches. Des microfilms portant sur 14 milliards d'individus ont été stockées à Little Cottonwood Canyon (Utah) dans des tunnels percés dans la montagne et aménagés pour la conservation des microfilms.

Organisation. *Siège mondial :* Salt Lake City (U.S.A.). *Président (prophète, voyant et révélateur) :* Ezra Taft Benson (n. 4-8-1899), assisté de 2 conseillers et 12 apôtres. *Prêtrise :* 2 degrés : à 12 ans (pr. d'Aaron) ; à 18 ans (pr. de Melchisédech) ; dep. 1978, accordée à toutes races. Tout Mormon, entre 19 et 27 ans, peut accomplir une mission d'évangélisation à l'étranger (18 mois) à ses propres frais, ainsi que les femmes et les couples sans enfants à charge (célibataires, veuves, divorcées) entre 21 et 40 ans.

Statistiques. MEMBRES : 5 800 000 en 1985, dont *U.S.A.* 3 800 000. [Il y a eu 189 419 baptêmes de convertis et 69 000 d'enfants (8 ans minimum).] 26 500 missionnaires dans 177 missions, 9 329 paroisses (dirigées par un évêque ayant une activité professionnelle et une famille) et 1 458 pieux. *Europe :* 179 380 m. *Amér. latine :* 619 510 m.

Finances. Les fidèles donnent 10 % de leurs revenus annuels [selon l'antique loi de la dîme de la Bible (Abraham paya la dîme à Melchisedech). L'Église insiste sur l'autonomie personnelle en matière de finances] : 1 milliard de $. L'Église possède une grande partie des immeubles de Salt Lake City, 160 000 ha de terrains, 383 millions de $ dans les Cies d'assurances, 1 quotidien, 11 stations de radio, 2 chaînes de télévision, 1 Sté sucrière, des actions dans une chaîne de grands magasins.

Adresses. *Missions françaises : Paris :* 23, rue du 11-Novembre, 78110 Le Vésinet ; *Bureau des communications publiques* pour l'Europe de l'Ouest : Tour CIT, B.P. 34, 75749 Paris Cedex 15 ; en France, membres env. 15 000. *Publication mensuelle :* « l'Étoile ».

Nota. — Plus grand temple mormon : 14 770 m^2 au sol, est à Kesington (Maryland, U.S.A.), consacré en 1974. Il y a 47 temples dans le monde dont 4 en Europe et 1er en pays socialiste, l'Allemagne de l'Est.

● **Église réorganisée de J.-C. des saints des derniers jours.** *Fondée* en 1830 aux U.S.A. à la suite de révélations. Continuation légale du mouvement après l'assassinat de Joseph Smith en 1844 (Jugement du 23-2-1880, Lake County Ohio). Se considère comme un mouvement chrétien. Croit que la volonté divine pour l'homme se trouve dans les Écritures et dans la révélation prophétique contemporaine. Croit aux dons et aux manifestations du St-Esprit. Organise et dirige de nombreuses institutions sociales, médicales et éducatives dans plus de 30 pays. *Objet :* développement et salut des individus et des familles ; amélioration des rapports sociaux basés sur la vérité, la morale et l'action chrétienne, le but ultime étant l'établissement du Royaume de Dieu.

Dirigée actuellement par l'arrière-petit-fils du fondateur, le docteur W.B. Smith. D'après un document récemment découvert, son grand-père, Joseph Smith II, aurait bien désigné son père Joseph Smith III comme successeur légitime à la tête de l'Église mormone. Le « Collège des 12 Apôtres », qui dirige l'Église (non réorganisée) dep. la mort de Joseph Smith II, continue néanmoins à se considérer comme l'autorité légitime, estimant que le document découvert est une bénédiction, non une désignation.

Centre mondial : P.O. BOX 1059, Independance, Missouri 64051, U.S.A. *Universités :* Graceland College, Iowa Park College, Kansas City. *Centre d'enseignement :* B.P. 92, Sanito, Tahiti. 230 000 m. dans 30 pays. *Siège social à Paris :* 11, rue Sédillot, 75007.

● **Taizé.** Communauté œcuménique créée en 1940 à Taizé (S.-et-L.) par frère Roger (n. 1915), comprenant plus de 80 frères issus de diverses Églises chrétiennes (catholique ou protestante) et venant d'une vingtaine de pays. Engagés pour la vie par les vœux monastiques. Accueillent des jeunes du monde entier pour vivre avec eux la recherche d'unité et de réconciliation de paix. Animent des rencontres périodiques de jeunes sur tous les continents (notamment Madras 1985, Barcelone 1986). Une rencontre entre le fr. Roger et le pape Jean-Paul II est prévue pour oct. 1986.

● **Témoins de Jéhovah.** Connus jusqu'en 1931 sous le nom d'*Étudiants de la Bible. Origine :* 1881. Organisés aux U.S.A., avec Charles Russell (1852-1916), qui, en 1879, avait fondé le périodique « la Tour de Garde » pour favoriser étude et enseignement de la Bible. *Principes :* fondés sur la Bible, rejettent : la Trinité (seul le Créateur Jéhovah est éternel ; son Fils fut créé esprit et devint plus tard l'homme Jésus ; l'esprit saint est la force active invisible de Dieu). Ne croient pas à l'immortalité de l'âme (donc aux supplices éternels, au purgatoire, aux limbes). La bataille finale sera livrée à *Harmaguédon,* entre forces du Mal et armées de Dieu, conduites par Jésus. Russell donnait cette chronologie : *607 av. J.-C.* : prise de Jérusalem par Nabuchodonosor [début du « temps des Gentils », période dont parle Jésus : de 7 « temps », chacun devant durer 360 ans, se termina donc en 1914 apr. J.-C. (2 520 ans plus tard)]. Croient en la résurrection (céleste pour 144 000 rachetés de la Terre, cohéritiers du Christ dans son Royaume ou Gouvernement céleste ; terrestre pour l'immense majorité des humains, dans le paradis rétabli sur notre planète pendant le règne millénaire du Christ ; seuls périront ceux qui refuseront de rester attachés à la souveraineté divine). Suivent les principes bibliques en ce qui concerne la vie (ne pratiquent pas l'avortement), le sang (s'abstiennent de boudin, de gibier non saigné, refusent la transfusion) et la morale sexuelle ; ne font usage ni de tabac ni de drogue, boivent avec modération. Croient proche la fin du présent système des choses ; seuls survivront ceux qui se repentent, adoptent le mode de vie chrétien, deviennent des disciples du Christ, se vouent à Jéhovah et se font baptiser. D'où leur prédication de porte en porte. Les *pionniers* témoignent en moyenne 90 h par mois ; les *proclamateurs,* une dizaine d'heures. Leur œuvre est financée par des dons et des contributions volontaires. Pas de hiérarchie. Pas de quête.

Siège international à Brooklyn à New York. *Témoins* 3 024 531 actifs dans 205 pays dont (1984, nombre moyen), U.S.A. 723 220, Argentine 56 585, Belgique 21 695, Suisse 13 013 et 49 716 congrégations. *Implantation maximale :* Ste-Hélène 1 T. de J. pour 59 hab., *minimale :* Bangladesh 1 p. 4 750 000. En France : 81, rue du Point-du-Jour, Boulogne-Billancourt ; *89 239 témoins,* 1 250 congrégations. *Statut juridique :* en France, constitue 2 sociétés distinctes : *1°) les Témoins de J.,* association cultuelle sous le régime de la loi de 1905 ; *2°) l'Association chrétienne des T. de J. de France,* qui a en main les activités éditoriales, et qui est sous le régime de la loi de 1901. *Publications bimensuelles :* « la Tour de Garde », 11 630 000 ex. en 104 langues ; « Réveillez-vous ! », 10 480 000 ex. en 54 langues.

• **Église de l'Unification.** (*Nom officiel :* Association du St-Esprit pour l'unification du christianisme mondial, AUCM). *Fondée* 1954 par Sun Myung Moon (n. 1920, Corée). Interné par le régime nord-coréen en camp de concentration de 1948 à 50 pour « infractions à l'ordre social », libéré par la g. de Corée et militant évangéliste. Après avoir fondé la 1re Église en Corée à Séoul, a envoyé des missionnaires au Japon en 1958, aux U.S.A. en 1959, en Europe à partir de 1962, et dans tous les pays du monde à partir de 1975. S'est consacré principalement à l'action missionnaire aux U.S.A. à partir de 1972, se faisant notamment le défenseur de Nixon dans l'affaire du Watergate (1974). Condamné à 18 mois de prison en 1982 pour une fraude fiscale de 162 000 $, il est incarcéré en août 1984 et libéré le 20-8-1985. Son représentant en Fr. est inculpé de fraude fiscale portant sur 16 500 000 F et risque 5 ans de prison (déclaré comme association sans but lucratif, l'AUCM France gagne de grosses sommes dans la vente d'un périodique, *le Nouvel Espoir* [ces sommes seraient non imposables seulement si l'association était une « cultuelle » (loi de 1905)].

Doctrine : contenue dans l'ouvrage « les Principes divins », de Moon. Conception du monde basée sur Dieu, destinée à transformer tous les aspects de la vie individuelle ou sociale ; suivant ces principes, l'idéal de Dieu se réalisera par l'établissement du Royaume de Dieu sur Terre coïncidant avec le retour du Christ. Un prélude à l'établissement du Royaume sera l'unification de toutes les cultures et religions. Préconise un christianisme intégral, notamment la pratique de la prière et le don de soi total pour prévenir le matérialisme communiste et lutter contre le déclin rituel et moral du monde actuel.

La femme actuelle de Moon (née Kuk Ja Han) a mis au monde 13 enfants, dep. son mariage en 1960 : dans la théologie de l'Unification, le mariage est une institution centrale, équivalente aux sacrements de baptême et d'ordination de l'Église catholique. *Exemples de mariages célèbres collectivement :* Corée (1975) 1 800 couples ; New York (1982) 2 075 ; Corée (1982) 6 000.

Budget annuel : aux U.S.A. 10 millions de $; des membres de l'Église possèdent de nombreuses entreprises industrielles. *Fortune totale de ses membres :* 200 millions de $ (évaluation du *Monde*).

Terrains d'action : Domaine scientifique *(Conférence internationale pour l'unité des sciences)* ; médical *(Fondation mondiale de secours et d'amitié)* ; social *(Projet Volunteer),* en Amérique, organise collecte et distribution de vivres aux indigents, spécialement en Californie, etc. *Fédération internationale pour la victoire contre le communisme.*

Membres : plus de 2 millions dans 120 pays [Corée 600 000, Japon 300 000, U.S.A. 50 000, Europe occid. quelques milliers dont *France :* 1 200 m. (siège : 11, rue Gît-le-Cœur, 75006 Paris), 15 centres].

Nota. — De nombreux chrétiens dénient la qualité d'Église chrétienne à « l'Église de l'Unification » de Moon. La Cour Suprême de l'État de New York a toutefois jugé le 6-5-1982 qu'elle présentait le caractère de « religion de bonne foi ». La Commission de contrôle des institutions charitables d'Angleterre et du Pays de Galles (« Charity Commission »), dans son rapport pour l'année 1982, a écrit que les « Principes divins (la doctrine officielle de l'Église) pouvaient raisonnablement être considérés comme faisant partie du christianisme dans le sens le plus large de ce terme ». Le Conseil œcuménique américain (26 membres cath., orthodoxes, prot.) a refusé le qualificatif de « chrétien » à tout le mouvement.

• **La Famille d'Amour.** *Fondée* en 1968 aux U.S.A., sous le nom d'*Enfants de Dieu,* par un ancien pasteur méthodiste, David Brandt Berg (Moïse David, n. 1918). A changé de nom en 1978. *Vers 1979,* Berg rejoint le colonel Kadhafi à Tripoli, faisant passer son mouvement dans la clandestinité. *1981,* il demande aux adeptes de rejoindre l'Amérique du Sud.

Le Judaïsme

Sens du mot juif

Le mot hébraïque *Yehoudi* signifie judéen, c.-à-d. du pays de Juda (Judée) au sud de l'Érez Israël (pays d'Isr.). Il a désigné également, ensuite, les habitants de Samarie, au N. du pays, et tous ceux qui pratiquaient la religion j. après l'exil à Babylone (VIe s. av. J.-C.). Les Grecs ont adopté la forme *Ioudaios* dont les Latins ont tiré *Judaeus.* Le *f* qui termine le mot français est diversement expliqué : certains le considèrent comme l'aboutissement normal d'un *d* en fin de mot (soif, veuf, fief, bief, suif, etc.) ; d'autres comme une forme masculine refaite sur le féminin « juive ». De 1800 à 1950, la religion j. était dite *israélite,* mot qui tombe en désuétude, car il prête à confusion avec le terme moderne *israélien* désignant un citoyen d'Israël. Le mot *juif* a donc repris son sens religieux, bien que l'expression « confession israélite » soit encore officielle en France.

Quelques dates

Les origines

• **Chronologie traditionnelle. Entre 2000 et 1700 ans av. J.-C.,** Dieu se révèle à *Abraham,* puis à son fils *Isaac* et à son petit-fils *Jacob,* comme le Dieu unique et tout-puissant. Il leur promet la terre de Palestine en récompense de leur fidélité. Ces 3 premiers « patriarches » sont d'origine syrienne : Abraham est né à Ur, colonie syrienne en Mésopotamie [la forme Abra-mu a été retrouvée sur des tablettes découvertes en 1975 à Ebla (Syrie). Jacob, nommé également Israël, a 12 fils : Ruben, Siméon, Lévi, Juda, Zabulon, Issachar, Dan, Gad, Aser, Nephtali, Joseph, Benjamin. Son fils préféré, Joseph, vendu par ses frères à des Égyptiens et devenu ministre du Pharaon, appelle sa famille en Égypte à l'occasion d'une famine qui dure 7 ans. Leurs descendants formèrent le *peuple d'Israël* ou peuple hébreu [*ivri,* racine araméenne, signifiant « de l'autre côté » ; le 1er Hébreu, Abraham, étant venu de l'autre côté du désert arabo-syrien (voir les nomades Habiru (Asie occidentale, XXe s. av. J.-C.) serait de la même racine].

1200 av. J.-C. Moïse emmène les Hébreux hors d'Égypte pour regagner la vraie *Terre promise* (l'*Exode*). Mais il s'attarde dans le Sinaï, pour purifier le peuple des souillures morales et physiques dues à l'esclavage dans la vallée du Nil. Après 40 ans de traversée du désert, les Hébreux arrivent avec Josué à la *Terre de Canaan, Terre promise* par Dieu à Abraham et habitée par 8 peuples d'origines diverses : Amoréens, Moabites, Périzéens, Cananéens, Hittites, Girgachéens, Hivites, Jébuséens. Josué les vainc les uns après les autres. Dieu apparaît à Moïse et lui révèle son nom : YHVH (déjà attesté sur les tablettes d'Ebla), et donne les 10 commandements (*Décalogue,* qui sera inscrit sur des Tables déposées dans l'*Arche d'Alliance* à la garde de la tribu de Lévi). Moïse institue le Sabbat, les fêtes et une législation destinée à assurer la justice et la protection du pauvre, du serviteur, de la veuve et de l'étranger.

La plupart des exégètes bibliques non religieux considèrent actuellement la rédaction du Pentateuque [les « 5 rouleaux » de la Loi (voir p. 513 a)] comme postérieure à Moïse (4 traditions, du Xe au VIe s.) ; mais la substance des lois remonterait bien au XIIe s.

• **Thèses d'Emmanuel Amati (1983).** Il fait remonter la chronologie de presque 1 000 ans, ce qui donne *av. J.-C.* : migration d'Abraham : *2600,* implantation en Égypte : *2500,* fuite des Hébreux : *2250,* séjour au mont Sinaï (Mar Karkom) : *2250-v. 2000,* prise de Jéricho et installation en Terre promise : *2000,* période des Juges (très allongée) : *tout le 2e millénaire* (voir paragraphe suivant).

Les Juges (2e millénaire av. J.-C.)

A la mort de Josué, le peuple hébreu se fractionne en *13 tribus locales,* dont 11 portent le nom d'un des frères de Joseph (voir ci-dessus), et 2 celui d'un fils de Joseph : Éphraïm et Manassé. Le pays d'Israël (en hébreu : *Eretz Israël*) ne correspond pas à l'État moderne d'Israël [*en plus :* 3 territoires à l'E. du Jourdain (Ruben, Gad, Manassé-Est) ; — *en moins :* la frange côtière (Philistins, Cananéens, Phéniciens) et le S. du Négueb]. Il est divisé en 12 territoires tribaux, Ephraïmites et Manasséens ayant chacun le leur, mais les Lévites (descendants de Lévi) n'en ayant aucun, car ils sont affectés au service du Temple. Chaque tribu est commandée par un juge, chef militaire et religieux dont le 1er souci est d'empêcher l'assimilation par les tribus idolâtriques de Canaan. Vers 1050, les Philistins (Thraco-Illyriens venus d'Anatolie et faisant partie des « Peuples de la Mer », envahisseurs de l'Égypte), débarquent à Gaza, Ashdod et Ascalon. Les Hébreux retrouvent pour les combattre leur unité nationale.

Les prophètes (1050-586 av. J.-C.)

Saül, choisi par le prophète Samuel, devient roi en 1035, *David* lui succède en 1015, puis, en 975, *Salomon,* qui bâtit le Temple. A la mort de Salomon (930), *Jéroboam* entraîne en dissidence 10 tribus et fonde le *royaume d'Israël,* où se succèdent 19 rois (le dernier est *Osée,* sa capitale est Samarie) avant son occupation par Sargon, roi d'Assyrie (722). *Roboam,* le fils de Salomon, ne gouverne plus que les tribus de *Juda* et de *Benjamin,* qui s'unissent en *royaume de Juda,* où se succèdent 20 rois (le dernier est *Sédécias*) ; capitale Jérusalem.

Les prophètes [les principaux sont Isaïe (ou Esaïe), Jérémie et Ezéchiel] commencent à annoncer la venue des *temps messianiques,* c'est-à-dire le rétablissement d'Israël, la fin des guerres et des injustices et la reconnaissance universelle du Dieu Unique.

Le judaïsme (586-47 av. J.-C.)

586 av. J.-C. : *Nabuchodonosor,* roi de Babylone, bat *Sédécias,* roi de Juda, détruit le Temple et déporte la population. **539** *Cyrus,* roi des Perses, prend Babylone. **538** il autorise le retour des Juifs à Jérusalem. Une communauté se reforme sous l'autorité des grands prêtres. **525** *Esdras,* scribe, reconstruit le Temple. Le code religieux est fixé, des synagogues s'ouvrent. **334** domination grecque. **168** *Mattathias* et ses fils (dont *Judas,* dit *Maccabée*) organisent une révolte qui réussit. **142-67** indépendance, sous le gouvernement des princes hasmonéens, de la famille de Judas Maccabée. Principaux chefs militaires et religieux : *Siméon,* fr. de Judas († 134), qui fait reconnaître l'indépendance et obtient le titre héréditaire de grand prêtre ; Jean Hyrcan, ethnarque et grand prêtre (135-104), fils de Siméon ; *Aristobule* (104-103), le 1er roi de la dynastie ; *Alexandre Yannaï* (103-76), roi et grand prêtre qui conquiert tout l'Erez Israël ; *Hyrcan II* (103-30), roi vaincu par les Romains, mais conservant après l'annexion le titre de grand prêtre. **67 Conquête romaine. 57** 1re mention du *Sanhédrin* ou *Synode,* assemblée sacerdotale et aristocratique, qui a d'abord un rôle politique (représentant la communauté j. en face des Romains), puis un pouvoir religieux et judiciaire. Présidé par un patriarche, titre héréditaire dans la famille de Hillel, il ne sera supprimé qu'en 425 apr. J.-C.

Les Esséniens

Secte religieuse qui s'est développée dans les déserts de Judée depuis la fin de l'époque hasmonéenne (v. 100 av. J.-C.) jusqu'après la guerre juive contre les Romains (70 apr. J.-C.). Au max. 4 000. Ils vivaient dans des cœnobiums où ils pratiquaient une religion proche de celle des Pharisiens, se recrutaient après une période probatoire et une cérémonie rituelle d'initiation, ils se réunissaient à l'aube pour prier, travaillaient tout le jour, et la soirée étudiaient leurs livres sacrés. Jean le Baptiste faisait partie des Esséniens ou d'une secte voisine. Le baptême qu'il a administré à Jésus devait faire partie des rites d'initiation de sa secte.

Le territoire habité par les Esséniens appartenait sans doute à Hérode Antipas [(*latifundium*) dans la région de la mer Morte (Machéronte)].

La dynastie des Hérodes (47 av. J.-C. — 92 apr. J.-C.)

Av. J.-C. 47 Jules César, maître de la Syrie, nomme Antipater Ier, régent de Judée à la place du prince hasmonéen Mattathias Antigone, le chef iduméen. **43** *Hérode Ier* le Grand (73-4 av. J.-C.), fils d'Antipater, épouse la princesse hasmonéenne Marianne, petite-fille de Jean Hyrcan. **40** nommé roi de Judée par le Sénat de Rome, il met à mort 45 membres du Sanhédrin, partisans des Hasmonéens. **22-13** il reconstruit le Temple de Jérusalem. Le service y est assuré par la secte sacerdotale des *Sadducéens* (libéraux) rivaux des *Pharisiens* (traditionalistes).

Après J.-C. Embellissement du Temple poursuivi jusqu'au règne d'Hérode Agrippa II, arrière-petit-fils d'Hérode Ier, monté sur le trône en 61, déposé par les Romains en 92. Les 2 Hérodes de l'Évangile sont : 1°) Hérode Ier le Grand (pourtant mort en 4 av. J.-C.), présenté comme le massacreur des Innocents ; 2°) le tétrarque Hérode Antipas (26 av. J.-C.-41 apr. J.-C.), son fils, qui intervint dans le procès de Jésus. **29** Jésus est crucifié par les Romains ; les Juifs ne l'ont pas reconnu comme le Messie ; le christianisme naît. **50** les Pharisiens enlèvent aux Sadducéens l'administration du Temple. **64** révolte contre Rome. **67** arrivée d'une armée de répression romaine. **70** 31-3 Titus assiège Jérusalem avec 60 000 h. ; 20-6 s'empare de la Tour Antonine ; 23-7 assaut final des Romains : le Temple est incendié ; 1-8 fin de résistance ; 1 100 000 Juifs périssent [tués au combat (580 000), morts de faim, exécutés après la reddition], 300 000 sont vendus comme esclaves. **73** *Massada* ; près de la mer Morte, une garnison (750 rescapés) recourt au suicide collectif plutôt que de se rendre, après un siège de 3 ans. **132-135** les Romains transforment Jérusalem en Aelia Capitolina, l'empereur Adrien réprime la révolte de *Simon Bar-Kokhba* (135 †). Les Juifs émigrent vers la Babylonie, ou rejoignent les communautés de la *diaspora*, dans le bassin méditerranéen.

☞ V. Israël à l'Index.

Livres saints et traditions

La Bible

La Bible juive appelée, par les chrétiens Ancien Testament, comprend 24 livres divisés en 3 parties.

● **La loi (Torah ou Pentateuque).** 1. La *Genèse* (de la création du monde à la mort de Jacob). Contient les plus importants récits symboliques (voir p. 513-514). Tous les personnages importants énumérés dans la descendance d'Adam, puis, après le déluge, entre Noé et Jacob, sont honorés du titre de patriarche. Mais il n'y a que 3 patriarches hébreux : Abraham, Isaac, Jacob. 2. L'*Exode* (la sortie d'Égypte) et le *Décalogue*. 3. Le *Lévitique* (contenant des indications sur le rituel du Temple, les fêtes, les lois de pureté et de sainteté). 4. Les *Nombres* (marche dans le désert). 5. Le *Deutéronome* (derniers discours de Moïse : répétition des lois et du Décalogue). Le Talmud en tire 613 commandements : 248 positifs (ordonnant certains actes), 365 négatifs (prohibitions diverses). Les désobéissances à ces lois (connues sous le nom générique de péchés) sont désignées dans la Bible par 20 mots différents ; le plus employé *het'*, « manquement » (de la racine *ht'*), revient 459 fois.

● **Les Prophètes.** 6. *Josué* (conquête de la Terre promise, sa répartition entre les tribus). 7. Les *Juges* (guerres contre les voisins). 8. *Samuel* (hist. de Samuel, Saül et David, naissance de la Monarchie). 9. Les *Rois* (histoire de Salomon, schisme entre Israël et Juda). 10. *Isaïe* (les prophéties). 11. *Jérémie* (prophéties concernant la destruction du Temple et l'exil). 12. *Ézéchiel* (Dieu changera l'esprit et le cœur de l'homme. Prophéties de l'Apocalypse). 13. Les *12 prophètes* (Osée, Joël, Amos, Abdias, Jonas, Michée, Nahum, Habacuc, Sophonie, Aggée, Zacharie, Malachie).

● **Les Écrits (ou Hagiographes).** 14. Les *Psaumes* (c'est-à-dire louanges). 15. *Job* (Pourquoi les justes souffrent-ils ?). 16. Les *Proverbes* (recommandations de sagesse). 17. *Ruth* (histoire d'une jeune moabite, aïeule du roi David, qui abandonne l'idolâtrie). 18. Le *Cantique des Cantiques* (poèmes chantant l'amour réciproque de Dieu et d'Israël). 19. *L'Ecclésiaste* (thème : la vanité des choses humaines). 20. Les *Lamentations* (le repentir d'Israël après la ruine de Jérusalem). 21. *Esther* [épisode de l'histoire des juifs exilés en Perse, miraculeusement sauvés du massacre grâce à la reine Esther (épouse juive du roi perse Assuérus) et à son oncle Mardochée, commémoré par la fête de Pourim]. 22. *Daniel* (son histoire, ses prophéties et visions apocalyptiques). 23. *Esdras. Néhémie* (restauration juive en Terre Sainte après l'exil). 24. Les *Chroniques* (généalogies, histoire de David et de ses successeurs impies, ruine de Jérusalem).

Traduction des Septante

Version grecque de la Bible élaborée à Alexandrie sur l'ordre du roi Ptolémée II (283-246 av. J.-C.). D'après une légende rapportée par la lettre d'Aristée, chacun des 70 traducteurs aurait travaillé isolément dans une cellule ; tous auraient terminé leur travail au même moment, après 70 j, et leurs versions auraient toutes été absolument identiques. Les historiens placent cette traduction au Ier s. apr. J.-C. Le texte hébraïque utilisé par les traducteurs diffère sur certains points des textes *massorétiques*, notamment dans les livres de Samuel (passages résumés et passages allongés), dans le Ier livre des Rois (nombreuses additions), et dans le livre de Job (coupures).

La traduction admet certaines interprétations, *ex.* : l'expression *Yahvé Sabaoth* (mot à mot : « Dieu des armées »), employée 282 fois, est toujours traduite par « Seigneur Tout-Puissant » (les « armées » étant conçues comme les éléments de l'Univers, obéissant à Dieu).

Textes massorétiques

La *massore* (hébreu *massorah*) est la transmission orale des textes bibliques, non écrits, mais appris par cœur dans les écoles rabbiniques. Au VIIIe s. apr. J.-C., un groupe de docteurs des écoles de Tibériade (Galilée) entreprit de fixer par écrit les textes conservés jusque-là oralement. La langue utilisée était le dialecte galiléen (faisant partie des langues araméennes), avec des notes en néo-hébreu (hébreu biblique, enrichi de termes nouveaux). Mais dans certains cas (par ex., les mots abrégés), on ne peut dire avec certitude si un terme est hébraïque ou araméen, les 2 langues étant assez voisines. Les *massorètes* ont créé une orthographe originale, avec des consonnes dont 5 affectent 2 formes possibles selon leur place dans le mot, et avec des points servant de voyelles. Ils ont noté les variantes possibles de chaque passage, ce qui rend actuellement de grands services pour l'établissement définitif des textes originaux. Depuis la découverte à Qumrân de textes écrits plus anciens que ceux des Massorètes (Ier s. av. J.-C.), on sait que la tradition orale est restée très fidèle à la Bible primitive : les variantes sont rares et à peine sensibles.

Les interprétations de la Bible

La Michnah (compilée par Juda Hanassi 164-217), texte définitif des 6 codes de la loi orale ; date inconnue, postérieure à 400 av. J.-C., constitue la 1re partie du Talmud, et contient des prescriptions rituelles, notamment sur le service du Temple.

La Tosephtah (= addition) sur les traditions orales.

La Guemara (*discussions* sur la Michnah : le mot n'est employé que dans les éditions du Talmud).

Le Talmud réunissant Michnah et Guemara, comporte la *Halakha* (règle de vie, jurisprudence), et la *Aggada* (récit) : récits, fables, commentaires historiques, anecdotiques ou moraux. Cette littérature rabbinique est basée sur le *Midrach* (interprétation), exégèse méticuleuse du texte biblique. On connaît le Talmud de Jérusalem et celui de Babylone, comptes rendus des réflexions et des délibérations des rabbins (II-VIIIe s.), mise par écrit de la tradition orale du judaïsme.

Le Targum (traduction de la Bible en araméen) : 3 versions, la plus connue est l'Onkelos (IIe s.).

La Mischné Torah (ou Yad Hazaka = main forte), codification du Talmud par Maïmonide (1180).

Le Shulhan Aroukh (= table dressée), rédigé par Caro et paru en 1565, codifiant le Talmud et les décisionnaires postérieurs.

Nota. — La *Kabbale* est l'ensemble des enseignements mystiques et ésotériques commentant la Bible. Les ouvrages kabbalistiques les plus connus sont le *Zohar* et le *Sefer Yeçirah*.

Grands récits bibliques

● **Genèse.** Les grands récits de la création du Monde et de l'origine de l'Humanité, diffusés par la religion chrétienne, ont fourni à la science et à la philosophie occidentales, jusqu'au XVIIIe s., leurs principales idées sur l'Homme et sur l'Univers. Ils étaient tenus pour « historiques » ; la date de 4000 ans av. J.-C. pour la création de la Terre n'était remise en cause ni par les historiens ni par les savants. Au XIXe s., ils ont été souvent tenus pour mythiques, et rapprochés des légendes mésopotamiennes (mythe du déluge) ou égyptiennes (création par un dieu-potier).

Les autorités religieuses catholiques réagirent en 1909, affirmant le caractère historique des 3 premiers chapitres de la Genèse (voir p. 462 a). Les Juifs n'ont guère participé à la controverse, considérant la Genèse avant tout comme le Ier livre de la Torah, qui rappelle la promesse divine et les droits d'Israël sur la Terre promise. Actuellement, on sait que plusieurs grands récits ont des parallèles qui remontent au IIIe millénaire (tablettes d'Ebla), et sont nés chez les ancêtres des Hébreux. Pour ceux qui croient au caractère inspiré de la Bible, les grands récits de la Genèse apportent aux hommes des idées valables sur le monde et l'humanité. Certains cherchent à retrouver dans les récits bibliques des preuves historiques de l'action dans l'histoire humaine des « extraterrestres » (ex., Pierre-Jean Moatti). D'autre part, un biologiste, Jean de Grouchy, vient de donner une nouvelle vigueur à la théorie du couple unique (voir ci-dessous).

Création du monde. Elle est géocentrique et offre des ressemblances avec la tradition mésopotamienne [le récit retrouvé sur les tablettes d'Ebla (2500 av. J.-C.)] : le monde avant la création était un mélange de terre et d'eau, de lumière et de ténèbres. Dieu sépare la lumière de la nuit (et pose les astres dans le ciel) ; il sépare la terre ferme des eaux : le monde fut défini comme un ensemble ordonné (grec : *kosmos*).

Création des êtres vivants. Végétaux, poissons, oiseaux, reptiles, mammifères, hommes apparaissent à une exception près (oiseaux avant reptiles) dans l'ordre que les biologistes ont découvert aux XIXe-XXe s. Pour la plupart des exégètes, il s'agit là d'une simple coïncidence.

Création et perfection du couple humain. Adam (le Ier homme) a été tiré du limon de la terre ; Ève (la Ire femme) a été tirée d'une côte d'Adam (elle est « la chair de sa chair » et « les os de ses os »). Les nouvelles théories chromosomiques de Jean de Grouchy (Ève serait la fille d'Adam) donnent aux formules de la Genèse une résonance insoupçonnée : pourquoi « chair de ma chair » ne signifierait-il pas : « fille » ?

Chute du couple humain. Le Tentateur, présenté comme un serpent, incite les hommes à rejeter les ordres de Dieu, pour devenir eux-mêmes semblables à Dieu. Ce texte révèle l'existence d'une loi morale (précisée dans les textes législatifs de Moïse). Dieu punit Adam et Ève en les privant de l'immortalité et de la béatitude : ils sont chassés du « Paradis terrestre » et condamnés à « gagner leur pain à la sueur de leur front » ; Ève doit « enfanter dans la douleur » et rester soumise à l'homme.

Déluge et Arche de Noé. Dieu annonce à Noé qu'il va exterminer toutes les créatures, mais lui ordonne de construire une arche, dont il lui fournit le plan. Noé y entre avec sa famille et des couples de chaque espèces d'animaux (a. purs : 7 couples ; a. impurs : 1). Le déluge s'abat pendant 150 j (40 j selon une variante) ; tout périt. Au bout de 150 j (l'eau dépasse de 15 coudées les plus hautes montagnes), commence la décrue : l'arche se pose sur le mont Ararat [1] (Arménie, aujourd'hui : Turquie orientale), et Dieu conclut avec Noé et sa descendance une alliance dont l'arc-en-ciel est le signe. Ce récit est sans doute d'origine mésopotamienne (retrouvé sur les tablettes d'Ebla, 2500 av.

De nombreux auteurs au XIXe s. (dont L. Wolley), ont cru qu'il y a eu un vrai déluge (une très forte inondation) en Mésopotamie au IVe millénaire (il existe une couche de 2,50 m d'argile près d'Ur) ; au XXe s., J. de Morgan a pensé plutôt aux dernières glaciations du quaternaire (dites périodes pluviales dans le Moyen-Orient).

Explorations. 1re, un évêque chaldéen qui découvre une planche, mentionnée par l'historien arménien Fausete de Byzance (317-80). 1670, le Hollandais Jans Janszoon. 1896, un diacre malabar (nestorien). 1930, Hardwicke Knight (N.-Zél.). 1952, George Creen (G.-B.) prend des photos d'une « plate-forme ». *1952, 53, 55* : 3 expéditions, dirigées par Fernand Navarra. *1958* Navarra rapporte des morceaux de bois extraits de la glace, dont l'âge a été estimé à 4 000 ou 5 000 ans *(1974)*. D'après les photos prises par Skylab, les glaces du mont Ararat emprisonneraient un « objet » long de 135 m et de la forme d'un navire.

J.-C.) ; il est peut-être lié à de grandes inondations dans les vallées du Tigre et de l'Euphrate.

Nota. (1) — **Ararat** est la forme hébraïque de *Urartu*, qui désigne en Assyrien tout le haut bassin du Tigre (en hébreu, *Ararat* signifie « Arménie ») ; la Bible ne dit pas « le mont », au singulier, mais « les montagnes », au pluriel. En fait, le mont nommé actuellement *Ararat* (vrai nom : *Mt Massis*) est la montagne la plus visible de toute la région. Elle est considérée comme le lieu d'échouage de Noé depuis Flavius Josèphe (v. 100 apr. J.-C.) [autres lieux mentionnés : le Djebel Judi, en Kurdistan (version syriaque de la Bible) ; le Mt Lubar, non identifié (Livres des Jubilés) ; le Mt Nisir, c.-à-d. le Pir Omar Gudrun, dans l'Est assyrien (tradition babylonienne)].

Tour de Babel. Épisode situé après le déluge, et symbolisant les divisions de l'humanité en différents peuples : les descendants de Noé parlaient tous la même langue, et s'étaient mis d'accord pour bâtir une tour devant monter jusqu'aux cieux (même thème que pour Adam et Ève : devenir semblable à des dieux). Dieu les rend incapables de travailler en commun, en les faisant tous parler des langues différentes : la tour est abandonnée. Explication rationnelle du récit : le ziggourat de Babylone, en plein désert, excitait les imaginations : Bab-Il, « porte de Dieu », a été compris *Babel*, « confusion » ; l'idée d'un complot contre Dieu vient sans doute de l'utilisation des ziggourats : des observatoires astronomiques (c.-à-d. en fait astrologiques).

Alliance divine. Conclue entre Dieu et Abraham, elle est le fondement de la théologie juive : le monde doit être sauvé par la bienveillance de Dieu, mais c'est le peuple d'Israël, dépositaire de la promesse divine, qui doit établir, en entraînant toute l'humanité, le règne de Dieu sur Terre.

Destruction de Sodome et Gomorrhe. Villes près de la mer Morte, habitées par des populations impies incapables de pitié et débauchées. Elles furent condamnées à la destruction, mais les rares justes qui y vivaient (Lot, neveu d'Abraham, et ses filles) furent épargnés. Les tablettes d'Ebla (2500 av. J.-C.) mentionnent qu'elles furent détruites par un tremblement de terre.

Plat de lentilles d'Esaü. Esaü, l'ancêtre du peuple Iduméen, était le frère jumeau de Jacob (Israël), l'ancêtre des Israélites. Sorti du sein de sa mère (Rébecca) le premier, il avait le droit d'aînesse (héritage de la plus grande part des biens de son père Isaac ; et droit à recevoir la bénédiction paternelle, c.-à-d. de participer après Isaac à l'alliance divine). Mais il vendit ce droit à son frère contre un plat de lentilles (un jour qu'il était affamé en revenant de la chasse) et son frère, avec l'aide de Rébecca, se substitua à lui frauduleusement pour recevoir la bénédiction paternelle. Leçon morale : nécessité de croire en l'amour personnel de Dieu pour son peuple.

Joseph vendu par ses frères. Joseph devait être mis à mort par ses frères jaloux de lui, Ruben obtient qu'il ne soit pas exécuté, mais vendu comme esclave. Joseph pardonne à ses frères et leur fait bon accueil en Égypte.

Exode. Plaies d'Égypte. Épreuves envoyées par Dieu au pharaon d'Égypte pour le contraindre à laisser partir le peuple hébreu. D'après Emmanuel Amati (voir p. 512 c) ce serait un des 4 souverains de la XIe dynastie appelé Mentouhotep (2196-2122 av. J.-C.) : 1°) eau changée en sang ; 2°) grenouilles ; 3°) moustiques ; 4°) mouches ; 5°) peste ; 6°) ulcères ; 7°) grêle ; 8°) sauterelles ; 9°) ténèbres ; 10°) mort des premiers-nés.

Passage de la mer Rouge. Le peuple hébreu conduit par Moïse et poursuivi par les Égyptiens se heurte au littoral de la « **mer Rouge** » qui s'avançait alors plus vers **le nord** (jusqu'aux lacs amers actuels) : un vent d'est envoyé par Dieu dessèche le fond de la mer, et les Hébreux passent à pied sec. Quand les Égyptiens s'engagent derrière eux, les eaux reviennent et les engloutissent. Moïse peut ainsi mettre son peuple à l'abri dans la péninsule du Sinaï. Emmanuel Amati (voir p. 512) situant le Mt Sinaï au N. de la péninsule, cet épisode eut lieu en bordure de la Méditerranée, dans l'étang salé du Sabkhat el Badawill. D'autres chercheurs ont pensé au cordon alluvial qui sépare le Sabkhat de la mer.

La Manne dans le désert. 6 semaines après leur passage dans la mer Rouge, les Hébreux étaient à court de vivres. Dieu leur promit un « pain tombé du ciel », qu'il faudrait aller ramasser hors du camp, tous les jours (sauf le sabbat). Ce « pain » avait la forme d'une gelée blanche, et le goût d'un gâteau. Il fut donné sans interruption au peuple hébreu pendant les 40 ans de son séjour dans le Sinaï. Il était appelé la « manne », car le 1er jour, en voyant le sol du désert couvert de cette substance, les Hébreux s'écrièrent : *Mân hu ?*, « qu'est-ce que cela ? ». Des naturalistes ont plus tard assimilé la manne à des graines de tamaris.

Veau d'or. Idole réclamée par les Hébreux, découragés, pendant les 40 j où Moïse se trouvait seul sur le Sinaï, pour y recevoir la loi de Dieu. Aaron, frère de Moïse et chef religieux, n'ayant pas la force de résister, fit exécuter une statue en or, en déclarant : demain il y aura une fête en l'honneur de Dieu. Moïse, revenant de la montagne, broya le veau d'or et répandit la poudre dans de l'eau qu'il fit boire au peuple. Avec l'aide des enfants de Lévi, il massacra les idolâtres les plus coupables (3 000). Puis il remonta sur le Sinaï et obtint de Dieu le pardon pour l'ensemble du peuple, à condition de construire l'Arche d'Alliance.

Serpent d'airain. Autre épisode d'une révolte des Hébreux dans le Sinaï : Dieu punit les révoltés en leur envoyant des serpents qui les mordent. Pour les guérir, il ordonne à Moïse de construire un serpent d'airain, et de l'élever au bout d'une perche : les coupables qui se repentaient sincèrement se trouvaient guéris. Plus tard, Ézéchias (roi de 726 à 697) fit détruire le serpent d'airain, qui était devenu une idole.

● **Livre des Nombres. L'ânesse de Balaam.** Le prophète païen Balaam, qui possédait des dons surnaturels, avait été acheté par le roi de Moab, Balac, et chargé de maudire les Hébreux. Dieu le lui interdit, mais, aveuglé par la cupidité, Balaam se mit en route sur son ânesse et alla rejoindre Balac. En chemin, l'ânesse se mit à parler (prodige qui aurait dû indiquer à Balaam qu'il était sous le regard de Dieu). Il passa outre, mais Dieu lui dicta les formules de bénédictions au lieu de malédictions.

● **Livre de Josué. Les trompettes de Jéricho.** Jéricho (aujourd'hui Er Riha), à 12 km de Jérusalem, était une place forte des Cananéens, réputée imprenable [1]. Dieu ordonna à Josué de faire faire le tour de ses remparts avec des joueurs de trompettes et les porteurs de l'Arche d'Alliance : 1 fois par j pendant 6 j et 7 fois le 7e j. Après le dernier tour, les murailles s'effondrèrent et les Hébreux s'emparèrent de la ville, qui, plus tard, fut donnée à la tribu de Benjamin.

Nota. — (1) Le lieu de culte le plus ancien du monde (− 7800) a été retrouvé à Jéricho. Il appartient à la civilisation (néolithique) dite natoufienne (d'après le site de Ouadi en Natouf, Palestine) ; on y célébrait une déesse de la fécondité. Le site occupé jusqu'au Bronze ancien est resté désert au cours du millénaire suivant (voir p. 512 c).

Bataille de Béthoron. Double miracle : 1°) Dieu fait pleuvoir du ciel des pierres sur l'armée cananéenne, ennemie des Hébreux ; 2°) Josué arrête le Soleil pour avoir encore de la lumière et exterminer les ennemis en fuite. Ce 2e épisode est devenu célèbre, à cause de la condamnation de Galilée par l'Église cath. au XVIIe s. La Bible dit en effet que l'ordre de Josué a arrêté le Soleil, et non qu'il a arrêté la Terre.

● **Livre des Juges. La fille de Jephté.** Jephté, juge d'Israël et chef de la tribu des Galaadites, avait fait le vœu, avant une bataille contre les Ammonites, de sacrifier en cas de victoire le 1er être humain qu'il rencontrerait après le combat. Il rencontra sa fille, et il la mit à mort, pour accomplir son vœu. Il lui laissa un mois pour se préparer à la mort.

● **Livre de Samuel. L'appel de Dieu à Samuel enfant.** Le futur prophète avait été consacré à Dieu dès 3 ans et vivait au Temple près du grand prêtre Héli (mal vu de Dieu, parce que ses fils étaient impies et qu'il était trop faible envers eux). Pour avertir Héli du châtiment qu'il avait mérité, Dieu décida d'utiliser Samuel. Il le réveilla en pleine nuit et lui dit d'aller avertir Héli : les Philistins allaient s'emparer du Temple et de l'Arche et massacrer les fils du grand prêtre. Héli, sous le coup de l'émotion, tomba à la renverse et se tua.

● **Ier livre des Rois. L'amitié de David et de Jonathan.** Jonathan était le fils du roi Saül, et David, consacré dès son enfance par le prophète Samuel, était désigné comme le futur successeur du roi, devant le supplanter un jour. Or une profonde amitié unissait les 2 jeunes gens, ce qui rendait Saül fou furieux : il accusait son fils de le trahir. Jonathan sauva plusieurs fois la vie de David menacé par le roi, et proclama sa volonté de devenir le second de son ami, quand celui-ci serait monté sur le trône. Mais il fut tué à la bataille de Gelboé contre les Philistins. David l'ensevelit et composa sur lui un chant funèbre.

● **IIe livre des Rois. L'adultère de David.** David convoitait *Bethsabée*, la femme d'un officier mercenaire hittite, Uri. Pour se débarrasser du mari il l'envoya se faire tuer, au cours d'un combat avec les Philistins (abandonné par ses troupes en pleine mêlée). Il épousa la veuve, qui devint la mère du futur roi Salomon. Mais le prophète Nathan vint lui reprocher son crime, et l'obligea à des pénitences publiques. Comme punition, David connut de grands malheurs dans sa famille : la mort du 1er fils de Bethsabée, un inceste (Amnon, fils de David et d'Achinoam, viole sa demi-sœur Thamar, fille de David et de Maacah) et un fratricide (Absalom, frère de Thamar, venge celle-ci en tuant Amnon). Absalom se révolte ensuite contre son père et meurt assassiné (épisode célèbre : ses meurtriers l'ont frappé alors qu'il pendait à un arbre, sa longue chevelure s'étant prise dans une branche).

Le jugement de Salomon. 2 prostituées avaient mis au monde un fils le même jour, et l'une d'elles étouffa accidentellement le sien pendant son sommeil. Au réveil, elle alla chercher le bébé vivant de sa voisine et mit le mort à sa place. La mère reconnut la substitution et traîna l'autre femme devant le roi Salomon. Celui-ci donna l'ordre de couper le bébé vivant en deux et d'en remettre une moitié à chacune. La fausse mère accepta la sentence. La vraie mère la refusa avec horreur, disant : « Non, donnez plutôt l'enfant vivant à cette femme. » Salomon lui donna alors le bébé, ayant reconnu la vraie mère à ce cri du cœur. L'amour maternel est souvent utilisé comme symbole de l'amour de Dieu pour son peuple.

Principaux personnages bibliques

Aaron. Frère de Moïse et ancêtre de la caste sacerdotale. Pour la date où il a vécu, voir p. 512 c. **Abel.** Fils d'Adam et Ève, il est mis à mort par son frère Caïn. **Abraham.** Patriarche *(Genèse)*. Fondateur du Peuple des Hébreux (et père d'Ismaël), ayant émigré d'Ur vers laTerre de Canaan. Institue la circoncision, marque de l'Alliance avec Dieu. Son nom signifie Père d'une multitude de nations. **Adam et Ève.** Forment le 1er couple humain. Destinés au bonheur éternel dans le jardin de l'Éden (traduit par *paradeison*, « jardin » ou « paradis », dans la Bible grecque des Septante), ils en sont exclus à cause de leur désobéissance à la loi divine.

Caïn. Fils d'Adam et Ève ; meurtrier de son frère Abel. Incarne la haine meurtrière (peut-être celle qu'éprouvaient les populations de cultivateurs sédentaires contre les pasteurs nomades).

David. Personnage historique ayant vécu au XIe s. av. J.-C. (mort en 970). Roi et prophète. Selon la tradition, auteur des *Psaumes*.

Élie. Prophète, dont la vie est attestée entre 876 et 854 av. J.-C. Il n'a pas connu la mort, ayant été enlevé au Ciel dans un char de feu. **Énoch.** Personnage mystérieux, mentionné par la *Genèse* parmi les patriarches (fils de Caïn) mais rendu célèbre par un apocryphe, le livre d'Énoch, d'inspiration apocalyptique, écrit au Ier s. av. J.-C. **Esdras.** Prêtre et scribe des Ve ou IVe s. av. J.-C., ayant ramené à Jérusalem un groupe de Juifs de Babylone. **Esther.** Juive d'une grande beauté, de la tribu de Benjamin, déportée en Assyrie et épouse de l'emp. perse Xerxès (Assuérus). Vers 475 av. J.-C., sauve les J. d'une persécution. **Ézéchiel.** Prophète ayant fait partie des Juifs exilés à Babylone en 597 av. J.-C.

Isaac. Fils d'Abraham, le 2e des 3 grands patriarches. Son père avait accepté de le sacrifier à Dieu mais le sacrifice fut interrompu par un ordre divin. **Isaïe.** Prophète à Jérusalem de 740 à 700. Il avait prévu l'arrivée des Assyriens. **Ismaël.** Fils d'Abraham et de sa servante Agar ; ancêtre de la nation arabe. **Israël.** Nom sacré de Jacob, qui suit ; signifie : « a affronté Dieu », car Jacob, au cours d'une théophanie, a lutté contre l'Ange de Dieu.

Jacob. Fils d'Isaac, petit-fils d'Abraham. Célèbre par sa vision d'une échelle qui relie le Ciel à la Terre. Père des *12 chefs des tribus* appelées plus tard « israélites », à cause du nom sacré de Jacob, *Israël.* **Noms des 12 fils de Jacob :** 1 Ruben ; 2 Siméon ; 3 Lévi (tribu sacerdotale) ; 4 Juda ; 5 Zabulon ; 6 Issachar ; 7 Dan ; 8 Gad ; 9 Aser ; 10 Nephtali ; 11 Joseph (dont les 2 fils seront chacun chef d'une tribu : Éphraïm et Manassé) ; 12 Benjamin. **Jérémie.** Prophète du VIe s., ayant assisté à la ruine de Jérusalem par Nabuchodonosor, qu'il avait prédite. **Job.** Émir du pays d'Uz, c.-à-d. d'Édom, symbole du juste souffrant (accablé de malheurs, malgré sa vertu), dans le *Livre de Job,* conte moral du Ve s. av. J.-C. **Joseph.** Fils préféré du patriarche Jacob, qui a fait venir les J. en Égypte. Divinateur de songes, homme politique (1er ministre du pharaon), et chaste (il a repoussé les avances de la femme de l'Égyptien Putiphar). **Josué.** Successeur de Moïse comme chef des Hébreux. Franchit le Jourdain, venant de l'est, et conquiert la Terre promise. **Judith.** Héroïne d'un conte (apocryphe) écrit en 63 av. J.-C. Veuve, d'une grande beauté, elle se fait inviter par Holopherne, général assyrien (mythique), et lui coupe la tête, sauvant Israël de l'invasion.

Lot. Neveu du patriarche Abraham, qui assista à la destruction des villes pécheresses de Sodome et de Gomorrhe et qui, au cours d'une ivresse, commit un double inceste avec ses filles, devenant ainsi l'ancêtre des Moabites et des Ammonites.

Moïse. Législateur des Hébreux ; il les a conduits (au nombre de 600 000 hommes adultes) d'Égypte vers la Terre promise, mais n'a pu y pénétrer lui-même, étant mort sur la rive gauche du Jourdain.

Noé. L'un des premiers patriarches ; au temps du Déluge empêcha la destruction de la vie sur Terre, en embarquant sur son arche ses 3 fils et leurs épouses, ainsi qu'un couple de toutes les espèces animales, voir p. 513 c.

Osée. Prophète du VIIIe av. J.-C. Prévoit la destruction du royaume de Samarie par Sargon (621).

Ruth. Héroïne d'un conte écrit (sans doute avant l'Exil à Babylone). Épouse du riche propriétaire Booz, Ruth est l'arrière-grand-mère du roi David.

Salomon. Roi des Hébreux de 975 à 920 av. J.-C. Fils de David, il construit le 1er Temple et se rend célèbre par sa justice, sa sagesse et sa grande fortune. Auteur présumé du *Cantique des Cantiques,* des *Proverbes* et, selon une tradition, de l'*Ecclésiaste.* **Samson.** Juge d'Israël, doué d'une force prodigieuse, résidant dans ses cheveux. Il épousa une étrangère, Dalila, qui, par trahison, lui coupa les cheveux et le livra aux Philistins. Samson, devenu aveugle, attendit que ses cheveux repoussent. Ayant récupéré sa force, il mourut en faisant s'écrouler le temple des Philistins. **Samuel.** Prophète qui a sacré rois Saül puis David. **Sarah.** Épouse du patriarche Abraham ; mère d'Isaac. **Saül.** Roi d'Israël, prédécesseur de David. Il se suicida sur le champ de bataille. **Suzanne.** Héroïne d'un conte (apocryphe) écrit au Ier s. av. J.-C. et servant d'appendice au livre de Daniel. Calomniée par 2 vieillards qu'elle avait repoussés, elle est sauvée de la mort par Daniel qui confond ses accusateurs (livre non canonique).

Tobie. Héros d'un conte moral (apocryphe) écrit vers 180 av. J.-C. Il épouse une juive d'Ecbatane en Médie, Sarah, qu'il arrive à délivrer d'un maléfice (il chasse le démon assyrien Asmodée) (livre non canonique).

Doctrine

Croyance en : *un seul Dieu* personnel, créateur, à la fois transcendant le monde et agissant dans le monde [la tradition juive considère le nom de Dieu comme ineffable : il ne peut donc être ni prononcé ni écrit. Selon la tradition chrétienne, le Dieu de l'Ancien Testament est souvent appelé *Iahweh,* (écrit fautivement *Jehovah* en ajoutant les voyelles d'un autre mot : *adonaï,* « mon Seigneur »)] : *la Torah* inspirée, l'*immortalité* de l'âme, le *libre arbitre,* la *responsabilité* individuelle (l'homme ayant été créé l'image de Dieu, libre et souverain), la *solidarité* et l'*avènement* de la justice. Cette loi s'exprime par le respect de la morale du Décalogue (Commandements de Dieu) : *1. Je suis l'Éternel ton Dieu, qui t'ai tiré du pays d'Égypte, de la maison des esclaves. 2. Tu n'auras pas d'autre dieu que moi ; tu ne feras et n'adoreras aucune image. 3. Tu ne prononceras pas le nom de Dieu à l'appui du mensonge, car Dieu ne laisse pas impuni celui qui prononce son nom pour le mensonge. 4. Souviens-toi du jour du Sabbat pour le sanctifier. Tu travailleras pendant six jours, mais le septième jour est consacré à l'Éternel, ton Dieu. Tu ne feras aucun ouvrage, ni toi, ni ton fils, ni ta fille, ni ton serviteur, ni ta servante, ni ton bétail, ni l'étranger qui est dans tes murs, car l'Éternel a créé en six jours le ciel, la terre, la mer et tout ce qu'ils renferment et il a béni le septième jour et l'a sanctifié. 5. Honore ton père et ta mère, afin que tes jours soient prolongés sur la terre que l'Éternel ton Dieu te donne. 6. Tu ne tueras pas. 7. Tu ne commettras pas d'adultère. 8. Tu ne voleras pas. 9. Tu ne commettras pas de faux témoignages. 10. Tu ne convoiteras pas la maison de ton prochain, ni sa femme, ni son serviteur, ni sa servante, ni son bœuf, ni son âne, ni rien de ce qui appartient à ton prochain.*

Principales différences avec le Christianisme

1° Le salut du Monde. *Christ :* chaque homme et toute l'humanité doivent être sauvés. *Jud. :* le salut de la Maison d'Israël prise dans son ensemble peut sauver le monde. Un non-Juif observant les 7 lois Naah'ides (morale universelle) aura part au monde futur ; s'il pratique la justice il peut se sauver individuellement.

2° Le Messie. *Christ. :* il est venu, c'est Jésus. *Jud. :* il doit venir sauver Israël et toute l'humanité.

3° Divinité de Jésus. *Christ. :* Jésus est Dieu, fils de Dieu. *Jud. :* Il est un juif parmi les autres (Dieu est unique, transcendant et incorporel).

Relations avec les confessions chrétiennes

Protestantisme. Traditionnellement étroite à cause de l'intérêt porté par les Pr. à l'Ancien Testament (depuis le XVIe s., ils se sont mis à l'école des Rabbins pour l'étude de la Bible).

Catholicisme. Devenues bonnes après la publication du texte conciliaire *Nostra Aetate* (28-10-1965), qui condamne l'antisémitisme. *Ex. : 1969* en France, création d'un Comité pour les relations avec le judaïsme (Pt : Mgr Matagrin, év. de Grenoble). *1973* il publie des « orientations » (Attitude des chrétiens envers le judaïsme). *1983* le card. Etchegaray reçoit le prix œcuménique d'Israël. *1985* (25-6) 20e anniversaire de *Nostra Aetate,* le St-Siège publie une note pour une correcte présentation des J. et du judaïsme.

Le Messie (du latin *messias,* transcription de l'hébreu *hamashiah,* « celui qui a reçu l'onction ») est un descendant de David appelé à établir la Justice et la Paix, à restaurer le royaume d'Israël et à y ramener les J. en exil. Pour les chrétiens, le Messie est Jésus, qui a restauré une Jérusalem spirituelle.

Faux messies. Ils furent nombreux aussi : *Shabbetaï Zevi* (ou Tsvi), né à Smyrne (1626) qui s'est proclamé Messie en 1660, puis converti à l'islam ; *Jacob Frank* (1726-91), fondateur des frankistes en Pologne et Bohême.

Les 13 articles de foi rédigés par Maïmonide (1135-1204) résument les croyances essentielles du judaïsme :

1. *Dieu a créé et gouverne tout ce qui existe.* 2. *Dieu est Un et Unique.* 3. *Dieu est Esprit et ne peut être représenté par aucune forme corporelle.* 4. *Dieu n'a pas de commencement et n'aura pas de fin.* 5. *A lui seul nous devons adresser nos prières.* 6. *Toutes les paroles des prophètes (de la Bible, c'est-à-dire de l'Ancien Testament) sont vérité.* 7. *Moïse a été le plus grand de tous les prophètes.* 8. *La loi, telle que nous la possédons, a été donnée par Dieu à Moïse.* 9. *Cette Loi, nul homme n'a le droit de la remplacer ni de la modifier.* 10. *Dieu connaît toutes les actions et toutes les pensées des hommes.* 11. *Dieu récompense ceux qui accomplissent ses commandements et punit ceux qui les transgressent.* 12. *Dieu nous enverra le Messie annoncé par les Prophètes.* 13. *Notre âme est immortelle et, à l'heure que Dieu choisira, il rappellera les morts à la vie.*

Karaïsme. Secte apparue au VIIIe s., reprenant sans doute la tradition des Sadducéens (voir p. 463 b) ; leur nom vient du verbe *Kara,* « lire ». Préconisent une lecture attentive de la Bible et rejettent la loi orale des rabbins. Militent pour le retour en Eretz Israël (s'y implantent dès 850, sous la direction de Daniel al Qumiqi).

Hassidisme. Mouvement piétiste, né en Podolie dans la 2e moitié du XVIIe s. Certains historiens considèrent que les mouvements messianiques des XVIIe-XVIIIe s. sont à l'origine du *hassidisme.* Les hassidims (pieux) sont des J. traditionalistes, très religieux, observateurs rigoureux de tous les préceptes moraux et disciplinaires, pratiquant avec ferveur prières, chant et danse (spiritualité de la joie, liée à l'espérance messianique).

Groupés en communautés fermées depuis le XVIIIe s., ils se distinguent extérieurement par leur tenue (chapeau noir, barbe, cheveux tressés). Leur idéal religieux comporte un attachement enthousiaste à la Torah vécue dans la joie et une application scrupuleuse des prescriptions traditionnelles.

Prêtres

Origine. Appelés *kohen* (pl. *kohanim*) dans la Bible, descendent d'Aaron (frère de Moïse), chargés héréditairement du culte divin. Ils constituaient une caste fermée. *Fonctions essentielles :* sacrifices dans le Temple, bénédiction sacerdotale prononcée sur le peuple, transport de l'Arche d'Alliance, purification des malades et des sujets atteints d'impureté légale. En outre, le *grand prêtre* rendait des oracles après avoir pénétré dans le Saint des Saints. Après la destruction du Temple, les cérémonies sacrificielles furent suspendues et seule subsiste dans le rituel la bénédiction sacerdotale des fidèles.

Prêtres modernes. En principe, tous les descendants d'Aaron ont conservé leurs droits au sacerdoce héréditaire et cette descendance est difficile à prouver depuis l'exil. Les J. réformés rejettent la notion de sacerdoce héréditaire et, dans leurs synagogues, les rabbins (v. ci-dessous) récitent la bénédiction sacerdotale sans se préoccuper de laisser la priorité à un kohen. Les J. orthodoxes, au contraire, reconnaissent aux descendants d'Aaron les droits des anciens prêtres du Temple, y compris celui de dire la prière sacerdotale dans les synagogues. Ils exigent de même que les prêtres modernes soient soumis aux mêmes obligations que les anciens prêtres du Temple : notamment fuir tout contact avec les cadavres. Ainsi, la route Jérusalem-Jéricho, tracée par les Jordaniens à travers un cimetière, comporte une déviation spéciale pour les kohanim, contournant ce lieu interdit.

Le Rabbinat

Rabbins. Docteurs de la Loi, habilités à commenter les textes de la Bible et du Talmud. Ils ont la charge de l'enseignement religieux des enfants et adultes, président les cérémonies de la vie religieuse, doivent posséder un diplôme de séminaire ou un équivalent, accordé par des grands rabbins ; sont encouragés à se marier et à avoir une nombreuse famille.

Grands Rabbins. Représentants des communautés juives en face des autorités civiles d'un pays ou des autres groupes religieux. Dans l'Espagne médiévale, le « rabbin mayor » était chargé de récolter les taxes spéciales acquittées par les J. En France le poste de Grand Rabbin a été créé par Napoléon Ier en 1808 pour les chefs de chaque consistoire régional ; le Grand Rabbin de France est élu par une assemblée spéciale, composée de laïcs et de rabbins. Plusieurs pays ont suivi l'exemple fr., notamment G.-B. (1845) et Turquie (v. 1850). En Israël, il y a actuellement 2 Grands Rabbins : un pour le rite ashkénaze, l'autre pour le rite sépharade.

Ministres-officiants. Membres de la communauté israélite n'ayant pas le diplôme de rabbin, mais habilités à diriger en l'absence d'un rabbin, une réunion cultuelle ou des cours d'instruction religieuse. Ils chantent les offices.

Liturgie

Fêtes

• **Fêtes entièrement chômées : Chabbat** (sabbat ou samedi). Commence le vendredi soir à la tombée de la nuit et se termine le samedi à la nuit close. Le repos est obligatoire. Le Talmud a établi une liste de 39 travaux interdits : pendant le sabbat il est interdit de créer, transformer ou transporter matière ou énergie.

En Israël, la législation facilite le respect du Sabbat : transports publics arrêtés ; bureaux, écoles, magasins fermés, etc. Ailleurs, les J. rencontrent des difficultés. En France, le Grand Rabbinat aide les étudiants à faire les démarches nécessaires pour obtenir des régimes spéciaux permettant de concilier observance religieuse et poursuite des études.

• **5 grandes fêtes annuelles** (débutant la veille au soir comme les Sabbats).

Rosh Haschana [(« début de l'année ») 2 j]. Jour de l'An israélite, le 1er Tischri (entre 10 sept. et début oct.) ; début de 10 j de pénitence, dont le dernier, le *Yom Kippour*, est également férié.

Yom Kippour (jour de la Purification). Appelé le Sabbat des Sabbats. Jour de jeûne absolu, terminant le 10 Tischri (entre le 20 sept. et le 12 oct.) la période de 10 j pénitentiels (appelés « les j. redoutables » car on considère que le monde entier passe en jugement devant le trône de Dieu et rend compte des péchés commis pendant l'année écoulée) qui commence à Rosh Haschana. Le jeûne débute la veille au déclin du soleil et dure un peu plus de 24 h jusqu'à la nuit suivante, les Juifs affluent dans les synagogues. L'office religieux (très long) commence par le *Kol Nidrei* (« tous les vœux »), formule qui annule les serments faits et non encore tenus. La moralité de cette pratique a été discutée (elle pourrait pousser les Juifs à se parjurer, confiants dans le pardon qui leur sera accordé au Yom Kippour). Certains disent qu'elle fut instituée en Espagne du temps des marranes (Juifs faussement convertis au christianisme) : les serments qu'on déclarait nuls étaient ceux de leur pseudo-conversion ; on reconnaissait ainsi la légitimité de leur statut équivoque. L'office du Kippour se termine par la *Neilah* (fermeture).

Solennité des Tabernacles ou **Soukkot** (le 15 Tischri, en oct.) dure 7 j (2 premiers j chômés). Célèbre la protection de Dieu durant le séjour dans le désert. Les J. quittent leur maison pendant 7 j et résident dans des cabanes, pour rappeler qu'ils ne sont fixés nulle part dans le monde. Actuellement, ils se contentent de dresser sur leurs balcons une petite cabane symbolique dans laquelle ils prennent leur repas. Une cabane est installée dans la cour des synagogues pour accueillir ceux qui n'en ont pas chez eux. Les J. libéraux la montent dans la synagogue même, ce qui n'est pas réglementaire, la cabane devant en principe être en plein air. *Fête de la récolte*, suivie de la *fête de clôture et réjouissance de la loi* (2 j chômés, 1 en Terre sainte).

Pâque [*Pessah*, « passage » (toujours au singulier)] c.-à-d. commémoration du passage de l'Ange qui a tué tous les premiers-nés d'Égypte en épargnant ceux des Hébreux ; célèbre le 15 du mois de Nissan (souvent en avril) en souvenir de la sortie d'Égypte. Dure 8 j (7 j en Terre sainte) (les premiers et les 2 derniers j chômés).

Pentecôte (*Shavouoth*, « semaines » c.-à-d. 7 semaines ou 50 j après Pâque) : dure 2 j (2 j chômés, 1 j en Terre sainte) ; rappelle le don de la Torah sur le mont Sinaï et aussi *Fête des prémices*.

• **Demi-fêtes** (chômage non obligatoire). **Hanouka.** *Fête des Lumières* (25 kislev, fin déc.), commémore la dédicace du Temple par Judas Macchabée. **Pourim** (1 mois avant Pessah). Célèbre la délivrance des Juifs de Perse, grâce à l'intervention d'Esther. **5 Iyar.** Anniversaire de l'indépendance de l'État d'Israël (15 mai 1948). **5 jours de jeûne.** *10* Tebeth ; *13* Adar, jeûne d'Esther ; *17* Tammouz ; *9* Ab ou Ticha Béav (anniversaire de la destruction du Temple) ; *3* Tischri.

• **Fêtes israélites en 1987.** *Jeûne d'Esther* : 12-3, *Pourim* (Échec du complot d'Hamar contre Esther) : 15-3, *Pâque* (Pessah : passage de la mer Rouge) : 15-4 au 21-4, *Lag Ba Omer* (33e j de l'Omer, période pénitentielle) : 17-5, *Pentecôte* (Shavouoth : « fête des Semaines », célébrant la récolte de l'orge) : 2/3-6, *Jeûne de Tammouz* 14-7, *Jeûne d'Ab* 4-8, *Nouvel an* Rosh Haschana 24-9, *Jeûne de Guedaliah* : 27-9, *Expiation* (Kippour) : 3-10, *Tabernacles* (Soukkot) : 8-10, *Allégresse* (Simhat Tora) : 16-10, *Dédicace* (Hanouka : consécration du Temple asmonéen) : 16-12.

Divers

Bain rituel. Obligatoire pour les femmes mariées pour mettre fin à leur état de *Niddah* (pendant et après leurs règles menstruelles) qui se vit dans l'abstention de l'intimité conjugale. Obligatoire aussi pour les jeunes filles avant leur mariage religieux. Intervient également dans les modalités de la conversion.

Châle de prière (talith). Porté par les hommes pendant la récitation des prières du matin (en application du texte biblique, no XV, 37-41). Il est blanc, avec des bandes noires ou bleues, et porte des franges (tsizith) pour rappeler au fidèle qu'il doit consacrer sa vie au service de Dieu.

Chandelier à 7 branches *(Menorah)*. Objet liturgique en bronze, déjà utilisé à l'époque biblique dans le Tabernacle et le Temple ; son usage a peut-être été emprunté aux populations primitives de Canaan et il est attesté depuis l'âge de bronze moyen. Une menorah en or était placée dans le Temple, et elle est devenue le symbole du judaïsme (actuellement emblème de l'État d'Israël). Lors du pillage du Temple en 70, la menorah a été transportée à Rome (elle est représentée sur le bas-relief de l'arc de triomphe de Titus, au Forum romain) ; elle aurait été ensuite emportée à Carthage par les Vandales en 45, ce qui laisse supposer qu'elle a abouti à Byzance, ayant été récupérée par Bélisaire en 533. Dans les synagogues modernes, les chandeliers à 7 ou à 9 branches sont largement utilisés pour la décoration.

Chémoné-Esré [« les Dix-huit » (bénédictions) : prière prononcées à l'office des jours ordinaires.

Choffar. Corne de bélier, utilisée pour le jour de l'An.

Circoncision (ablation du prépuce). Le 8e j. après la naissance. L'opération est presque toujours faite par un médecin. Malgré une opposition née dans les milieux libéraux, la circoncision est encore pratiquée par la majorité des J. : elle scelle et confirme l'Alliance dont Dieu a dit : elle sera à perpétuité dans votre chair. Pour les premiers-nés, il y a la cérémonie du rachat, *Pidyon-ha-Ben*, le 31e j après la naissance.

Deuil rituel. Une dizaine de prescriptions traditionnelles ; notamment 7 j de plein deuil pour les proches parents du mort. Des carrés réservés aux J. existent dans certains cimetières parisiens.

Initiation (Bar-mitzva). Profession de foi à 13 ans (garçons), 12 ans (filles).

Langues liturgiques. Hébreu et, accessoirement, araméen (yiddish, judéo-espagnol ou judéo-arabe étant des langues populaires).

Mezouza (chambranle). Rouleau de parchemin fixé sur le chambranle des portes dans les maisons j. Portent le mot *Tout-Puissant* (qui constitue également les initiales des mots hébraïques signifiant « Gardien des Portes d'Israël »), et le texte du *chemâ* (« Écoute, Israël »), profession de foi j.

Natalisme. Quiconque n'accomplit pas le devoir de procréation doit être comparé à un meurtrier (Rabbi Eliezer). Le célibat est déconsidéré : l'homme célibataire ne s'appelle pas vraiment homme (Talmud). C'est la procréation qui confère au mariage son caractère sacré. La monogamie n'est pas imposée par la Bible et la bigamie (moins rare que la polygamie) a été pratiquée par les J. en milieu musulman. Mais elle a été déconseillée par les rabbins ashkénazes dep. le xe s. et elle est interdite par le Code civil israélien.

Nourriture Cacher (c'est-à-dire permise). *2 raisons :* distinguer le peuple juif des autres et ne pas faire souffrir les animaux lors de leur exécution. Il est interdit de mélanger viande et lait et de consommer sang et suif sous quelque forme que ce soit ; les seules viandes autorisées sont celles des ruminants aux pieds fendus, c.-à-d. bovins, chèvres, moutons [ni lièvres, ni chameaux (ruminants mais sans pieds fendus), ni porcs (pieds fendus mais non ruminants)], des animaux de basse-cour et des pigeons et colombes ; les seuls poissons autorisés sont ceux pourvus d'écailles et de nageoires : carpes, truites, saumons, harengs ; mais non requins, raies, poissons-chats, anguilles, etc.

Plusieurs centaines de règles fixent la façon d'abattre les animaux : bêtes non anesthésiées ; opération avec un couteau parfaitement aiguisé, dont la lame est contrôlée ; section nette de la trachée artère et de l'œsophage en un endroit précis (le moindre écart de la lame entraînant la nullité de l'opération). À Paris, 30 exécuteurs assermentés sont contrôlés par une commission rabbinique intercommunautaire (il y a, en 1986, 130 boucheries cacher). Pendant la *Pâque*, tout pain et toute pâte levés sont rigoureusement interdits, le *pain azyme* (sans sel, non levé) est prescrit ; tout aliment fermenté est interdit, sauf les alcools à base de fruits.

Phylactères (tefillin). Objets de piété composés de 2 petites boîtes de cuir noir contenant des passages de l'Écriture Sainte. On les fixe autour du bras gauche et autour de la tête au moyen de lanières de cuir noir ; les hommes les portent aux services religieux du matin sauf les sabbats et les jours de fête chômés (en application du texte biblique, Deutéronome VI, 4-9 XI, 13-21).

Prières. 3 prières essentielles (communautaires ou individuelles). Chacune doit son origine à un des 3 : Abraham, Isaac, Jacob. *Matin* (Chahrith) et *soir* (Maariv ou Arbith) : lecture du Chema (verset 4, chap. VI, Deutéronome) et Tefilla (v. 18, bénédictions). *Après-midi* (Min'ha) : Tefilla.

Le j. du *Chabbat* (samedi) et les j. de fête s'y ajoutent hymnes et lectures de passages de la Torah.

Rites. *Ashkenasi* (allemand), pratiqué par la majorité des Juifs d'Europe et d'Amérique. *Sefardi* (espagnol), pratiqué surtout dans les pays méditerranéens. *Orientaux* (Proche-Orient). Les différences apparaissent surtout dans la prononciation de l'hébreu et dans l'ordonnancement des prières.

Sept Espèces. Produits agricoles considérés comme un don particulier fait par Dieu à la Terre sainte : orge, figue, miel, grenade, olive, blé, vigne.

Synagogues (hébreu : *Beth Knesset*, maison de réunion). Bâtiments servant aux assemblées religieuses, existant depuis le VIe s. av. J.-C., date de la destruction du 1er Temple. Elles ont servi primitivement aux réunions sociales et politiques, puis comme maisons d'enseignement. Actuellement, elles servent surtout à la prière et aux cérémonies cultuelles. On peut d'ailleurs réciter en commun les prières liturgiques dans tout autre lieu dès qu'on forme un *Miniane* (groupe d'au moins 10 hommes âgés de 13 ans révolus). On distingue les synagogues (lieux de cultes importants), appelées *schuhl* (écoles) par les Ashkénazes, et les oratoires locaux (plus petits), appelés *stiebel* (chambrettes) par les Ashkénazes. On n'emploie peu le mot « temple », réservé au Temple de Jérusalem.

La plus grande synagogue du monde est celle de la Ve avenue à New York (Emmanu-El). Contenance : 8 000 personnes. Surface au sol : 3 760 m².

Téphila. Examen de conscience, prières, louanges, supplications. Prescrit 3 fois par jour.

Tendances actuelles

Orthodoxes ou *religieux*, très attachés à l'observance rigoureuse des pratiques religieuses. Ils s'appellent eux-mêmes les *traditionalistes* et se distinguent, notamment en Israël, par leur tenue : lévite noire, chapeau noir, barbe ; ils se marient exclusivement entre Juifs. Ils sont conscients du danger de déjudaïsation que représente l'assimilation aux sociétés non j. (depuis 2 000 ans, malgré une démographie relativement forte, le chiffre total des J. est resté infime à cause des nombreuses déjudaïsations). **Libéraux** ou *culturalistes* (surtout aux U.S.A. et en Europe occid.), partisans d'une « réforme » tenant compte du fait que la majeure partie des J. ne comprennent plus les prescriptions méticuleuses du Talmud.

Prévisions. *U.S.A. :* actuellement 6 000 000 J. (dont orthodoxes : 2 000 000) ; en 2000 : 4 000 000, tous orthodoxes ; *Israël* : actuellement 3 000 000 (dont 1 200 000 orth.) ; en 2000 : 4 500 000 (dont 4 000 000 orth.). Les orthodoxes ou traditionalistes seront devenus alors majoritaires, à une majorité écrasante par suite de leur fécondité supérieure (interdiction de la sexualité hors mariage, mariage jeune, rejet de la contraception, condamnation de l'avortement sauf pour sauver la vie de la mère).

Antisémitisme

Des origines à 1945

• **Définition.** Mot créé en 1862 par le pamphlétaire allemand Wilhelm Marr. L'ouvrage du Français *Ernest Renan*, (1823-92) « Système comparé des langues sémitiques » (1858), venait de donner une grande notoriété au mot *sémite*. Marr l'a utilisé intentionnellement pour préciser qu'il n'attaquait pas le judaïsme en tant que religion mais en tant que force politique et groupe racial. Néanmoins, les J. ont employé le mot antisémitisme pour désigner globalement toute attaque menée contre leur peuple, y compris les attaques religieuses.

• **Quelques dates. Av. J.-C., v. 1200** (relaté par le Livre de l'Exode) les Égyptiens traitent en esclaves les membres de leurs colonies hébraïques (voulant empêcher les J. de partir). **V. 330** (relaté par le Livre d'Esther) les colonies juives de Perse sont menacées d'extermination par Haman (personnage non identifié, mais peut-être un partisan d'Alexandre le Grand contre les Perses). **IIIe-IIe s.** dans l'Égypte des Ptolémées, nombreuses et fréquentes émeutes contre les Juifs alexandrins. **161** à Rome, Marcus Pompeïus, prêteur, interdit l'accès de la ville aux J. **Apr. J.-C. 22** 4 000 J. romains sont transportés en Sardaigne. **70** les Romains détruisent le Temple et transforment Jérusalem en Aelia Capitolina. **135** extermination des J. après la révolte de Barkochba ; actions sanglantes contre les J. révoltés d'Égypte et de Cyrénaïque.

• **Antijudaïsme chrétien : Apr. J.-C. 49** concile de Jérusalem : les chrétiens qui jusque-là pratiquaient la religion juive et se considéraient comme une secte judaïque rompent avec la Synagogue, sous l'influence de St Paul, renonçant à la circoncision et acceptant le recrutement des païens. Certains pensent que St Paul cherchait simplement à tenir éloignée la communauté chrétienne de l'État théocratique j. menacé d'anéantissement par les Romains. Les J. ont considéré cette prudence comme une trahison. **I-IIIe s.** polémique religieuse notamment avec le traité de Justin le Philosophe (IIe s.). Dialogue avec Tryphon. Élaboration de la doctrine que l'Église enseignera jusqu'au XXe s. : les J. sont à l'origine le peuple élu de Dieu mais, comme ils ont rejeté Jésus, ils sont devenus des réprouvés (peuple dit déicide). **IVe-VIe s.** après le décret de Constantin (313) faisant du christianisme la religion d'État, le prosélytisme est interdit aux J. **VIIIe-XIe s.** les J. sont assimilés aux musulmans par les chrétiens (à cause de la réussite sociale et économique des J. de l'Islam). **XIe s.** ils sont victimes des Croisades antiislamiques.

A partir de 1243 28 cas d'accusation de profanation d'hostie : Portugal 2, Espagne 4, France 1, Belgique 1, Allemagne 8, Autriche 6, Tchécoslovaquie 3, Pologne 3. Il s'agissait d'hosties consacrées que l'on retrouvait tachées de rouge. On disait que les J. les perçaient avec des clous pour renouveler sur elles la crucifixion de Jésus, ce qui les faisait saigner miraculeusement ; des émeutes antijuives, souvent sanglantes, s'en suivaient. En 1948, des chercheurs de l'Institut de Rehovoth (Israël) ont démontré que la farine des hosties pouvait être attaquée par un champignon de couleur rouge sang, le *Bacterium prodigiosum*.

XIIe-XVe s. fréquentes accusations de *« meurtres rituels »* [mise à mort d'enfants chrétiens pour renouveler sur eux le supplice du Christ, ou pour utiliser leur sang comme remède : **1235** Fulda (Allemagne) ; **1462** Rinn (Autriche) : André de Rinn, béatifié en 1752 ; **1472** Trente (Italie) : St Simon de Trente (2 ans ½), martyr, canonisé en 1476, retiré du calendrier en 1966]. **XIIIe-XVIe s.** beaucoup de conversions forcées, ex. en Espagne ; suicides collectifs de J., pour éviter les conversions. **XIXe s.** Les pamphlétaires antisémites reparlent de meurtres rituels, notamment en Russie où une commission officielle d'enquête est instituée en 1837 [1863 à Saratov, 2 J. et un apostat sont condamnés à mort pour le meurtre de 2 enfants chrétiens ; 1911-13 à Kiev, Menahem Beilis est jugé pour le meurtre d'un chrétien de 12 ans, Andrei Yushchinsky (acquitté, il émigre en Israël)] et à Damas, où en 1840 les J. sont accusés d'un meurtre rituel après la disparition d'un supérieur d'un couvent de religieuses. Le ministre j. (français) Crémieux obtient du sultan une loi condamnant à l'avenir tous ceux qui accuseraient les J. d'un crime rituel. **1858**, affaire Mortara : dans les États de l'Église, à Bologne, un enfant de 11 mois, en danger de mort, avait été baptisé par une servante chrétienne (en 1852) ; à 7 ans (1858), il est emmené par la police pontificale et placé d'office dans un hospice de catéchumènes ; il n'a jamais été rendu à ses parents ; pour obtenir sa libération, se fonde à Paris l'Alliance israélite universelle (voir p. 519 c).

XXe s. 1952, *affaire Finaly :* 2 orphelins j., Robert et Gérald Finaly, dont les parents sont morts en déportation, sont baptisés par Mlle Brun, catholique qui les avait recueillis. Ils sont réclamés par leurs tantes (émigrées en N.-Zélande et Israël) qui obtiennent gain de cause en justice ; Mlle Brun les kidnappe et va les cacher en Espagne. Le Vatican cède et les 2 enfants sont envoyés en Israël où ils se reconvertissent au judaïsme. **1960** la suppression de la prière pour les J. « perfides » (en réalité le latin *perfidus*, signifiait « incrédule »). *L'historien j. (français) Jules Isaac* (1877-1963) avait entrepris de mettre fin à l'antisémitisme de l'Église catholique. Il avait contacté le cardinal Béa et le pape Jean XXIII pour leur faire reconnaître que les J. n'était pas un peuple déicide. **1965** le concile du Vatican affirma officiellement qu'il n'y avait pas d'hostilité entre christianisme et judaïsme.

• **Antijudaïsme social et religieux.** Lié à la pratique du prêt bancaire par les J. **XIe s.**, l'Église interdisant aux chrétiens de prêter à intérêt, les non-chrétiens organisent le secteur bancaire. La plupart des confiscations et des expulsions de J. (Angleterre 1290, France 1394) s'expliquèrent par le désir de récupérer les capitaux détenus par la banque j. ou de restreindre le crédit (l'expulsion d'un usurier correspond empiriquement à une mesure anti-inflationniste). Les 1res *« juiveries »* ont été des quartiers spécialisés dans un métier, des « rues au change », comme il y avait des rues aux bouchers et des rues poissonnières. **XIIIe s.**, la résidence des J. dans les quartiers spécifiques devient obligatoire (Perpignan 1251, Carpentras 1269, Londres 1276, Paris 1292, Marseille 1320, Aix-en-Pr. 1341).

V. 1320 complot « des lépreux » : les J. sont accusés d'utiliser des lépreux pour contaminer les populations européennes (en accord avec le sultan de Grenade en Espagne), notamment en polluant l'eau des puits et les hosties du culte eucharistique [exécutions de J. notamment à Chinon (160 J. brûlés, dont le rabbin Eliezer Ben Joseph) et Vitry-en-Pertois]. **1348** peste noire : les J. sont accusés (surtout en Allemagne) d'empoisonner les puits ; env. 300 communautés j. sont supprimées (exode des J. allemands vers la Pologne). **1349** (14-2) 2 000 J. mis à mort à Strasbourg. **1516** institution des *ghettos* (du nom du quartier j. de Venise, la Fonderie ou geto) : les juiveries sont désormais entourées d'un mur avec une seule porte ; les J. qui la franchissent doivent porter un insigne spécial (rouelle ou chapeau jaunes). A l'intérieur, les J. peuvent exercer sur les maisons un droit de jouissance et de vente semblable au droit de propriété (interdit ailleurs). Ils y ont leurs institutions propres. La ségrégation permit aux communautés j. de se structurer pendant 3 siècles (en 1791, dans le Comtat Venaissin annexé, de nombreux J. refusent d'adopter la législation française et de quitter leur ghetto).

XIXe s. antisémitisme social des fouriéristes. Alphonse Toussenel (1803-85), publie en 1845 *les Juifs rois de l'époque, histoire de la féodalité financière*, soulignant la continuité entre les activités bancaires j. du Moyen Age et les grandes entreprises j. modernes. Il fournira de nombreux arguments aux antisémites maurrassiens (V. ci-dessous).

• **Antisémitisme racial.** La division de l'humanité en 3 grandes races : Japhétites, Sémites, Hamites ou Chamites, enseignée par la Bible (Livre de la Genèse, épisode du Déluge), a été admise par chrétiens, musulmans et juifs jusqu'au XVIIIe s. (avec de nombreuses divergences pour la répartition des différents peuples entre ces 3 groupes) : la découverte de l'Amérique et l'exploration des côtes africaines et asiatiques (XVIe-XVIIe s.) ont bouleversé ces données, mais, pendant longtemps, les anthropologues ont tenu à conserver ce chiffre de 3 : Linné et Buffon ne distinguaient que Noirs, Jaunes et Blancs ; la notion de race sémite ou de race j. est née au XIXe s., après les travaux de linguistique qui avaient démontré l'existence d'un groupe hébréo-arabe. Les J. eux-mêmes ont cru longtemps à la pureté de leur race (descendant des Béné-Israël de l'époque des patriarches). Ils admettent aujourd'hui que le prosélytisme religieux israélite a fait entrer dans le judaïsme des milliers de non-sémites.

En Allemagne, la notion de *race nordique* ou de *race aryenne* a été adoptée en 1894 d'après les ouvrages du Français Joseph de *Gobineau* (1816-82), qui utilisait également des découvertes philologiques (groupe des langues indo-européennes) et croyait à la dégénérescence des races latines et méditerranéennes (fondation de la Gobineau Vereinigung). Le racisme hitlérien, qui a tenté d'exterminer les races « inférieures » (telles que les Juifs, Arméniens, Tziganes) entre 1940 et 45, avait pris comme point de départ ses théories. Beaucoup d'Allemands étaient convaincus : 1° de la supériorité raciale des Nordiques ; 2° de la réalité, sur le plan politique et national, du péril j., mais n'ont pas (sauf de nombreuses exceptions) voulu le génocide lui-même (appelé par les J. « l'holocauste » : extermination de plusieurs millions de J. européens, par exécutions massives ou mort lente dans des camps de concentration). Ils « ignoraient », ont-ils dit, les crimes raciaux commis par les nazis. La thèse des J. est que cet aveuglement a été volontaire. (Voir Israël, à l'Index).

Depuis 1975, un certain antisémitisme semble renaître. Certains y voient un essai de déstabilisation de l'Occident provoqué par les pays de l'Est, ou la Libye, d'autres y voient l'action de néo-nazis convaincus.

• **Antisémitisme politique et national. En France.** *Charles Maurras* (1869-1952), fondateur de *l'Action française*, définit lors de l'affaire Dreyfus (1898-1904) une nouvelle thèse : les J. alliés aux 3 grandes internationales (protestante, révolutionnaire, maçonnique) représentent un péril pour la nation française, dont ils cherchent à contrôler la destinée en s'emparant de la puissance économique et politique [Dreyfus est présumé coupable car il appartient « à une race portée à la trahison » (voir Affaire Deutz, p. 518 c)], mais Maurras condamne cependant « l'antisémitisme de peau » et se situe sur le plan politique et national : les J. doivent être combattus par les nations, car ils forment une nation ennemie décidée à les asservir. *Édouard Drumont* [(1844-1917), auteur de *la France juive* (1886), directeur d'un quotidien antisémite, *la Libre Parole*, élu député d'Alger (1898)] : reproche moins aux J. d'être des agents internationaux que des agents allemands (opinion liée à la forte immigration ashkénaze après 1871). *Louis-Ferdinand Céline* [(1894-1961), auteur de *Bagatelles pour un massacre* (1936)], antisémite non nationaliste et antimilitariste : reproche surtout aux J. d'être bellicistes. Il admet la notion hitlérienne de races et veut enfermer tous les J. du monde dans un vaste ghetto palestinien.

En Russie, *Constantin Pobiedonostsev* (1827-1907), conseiller du tsar Alexandre III, assimile les J. aux révolutionnaires qui ont assassiné Alexandre II le 13-3-1881. Il édicte une législation sévère contre les J. et organise avec le baron Hirsch leur émigration de Russie. L'antisémitisme du gouvernement tsariste encourage les pogroms (attaques) populaires, 800 jusqu'en 1917, dont le plus sanglant : celui d'Odessa (1905 : 300 tués). Les **Protocoles des Sages de Sion,** publié en 1905 à Moscou par Serge Nilus, adaptation russe d'un pamphlet français de Maurice Joly (1829-78), *le Dialogue aux Enfers entre Montesquieu et Machiavel* (Bruxelles, 1864). Retraduit en français en 1920, le livre fut dénoncé comme un faux par le journaliste anglais Philip Graves en 1921, néanmoins il inspirera Hitler (Mein Kampf) et deviendra un manuel officiel de l'antisémitisme en Allemagne nazie après 1929. V. également *antisémitisme arabe*, ci-dessous. Le faussaire, dont le nom a été révélé en 1975 par Clifford Longley, journaliste anglais, était un aristocrate russe ruiné, Michel Raslovleff, travaillant pour la police secrète russe. De 1917 à 21, les Russes blancs tsaristes ont exécuté massivement les J. (ceux-ci étant nombreux parmi les bolcheviks, notamment Trotski, Sverdlov, Kamenev, Zinoviev).

En 1927, à Paris, un réfugié j. de Russie, Chalom Schwartzbard (1886-1938) tue un G^{al} russe blanc, l'Atman Petlioura, coupable d'avoir massacré, en 1919, 50 000 Juifs ukrainiens. Il sera acquitté.

Époque actuelle

• **Antisémitisme soviétique** (stalinien). Sensible dès l'arrivée de Staline au pouvoir, il s'intensifie en 1948 (assassinat à Minsk de l'acteur J. Solomon Mikhoels), et se poursuit par l'interdiction de la littérature et du théâtre en langue yiddish, même dans la région autonome juive de Birobidjan (voir Index), où elle est théoriquement l. officielle, à égalité avec le russe. Des J. sont déportés en Sibérie, mais non au Birobidjan, où leur nombre est restreint (15 000). Le 12-8-1952, 26 membres j. du Comité antifasciste sont fusillés. Le 13-1-1953, 6 médecins j. accusés d'espionnage sionistes sont arrêtés. Libérés en avril, après la mort de Staline. Entre 1956 et 1963, le nombre des synagogues décroît de 450 à 96.

En 1960, la confection des pains mazzot est interdite ; l'impression des livres j. est suspendue, sauf celle du livre des prières Siddur ha-Shalom (imprimé à 3 000 ex. en 1957, réimprimé en 1960, mais non mis en circulation) ; les écoles en yiddish, supprimées sous Staline, ne sont pas rouvertes, et une seule publication en yiddish est autorisée (en 1961) : le mensuel officiel *Sovetish Heymland ;* les J. sont écartés des postes dirigeants dans le parti. De 1965 à 1967, quelques centaines de familles sont autorisées à émigrer vers Israël. Après la g. des Six Jours (1967), cette émigration est limitée, jusqu'en 1974. Depuis, elle est tolérée et prend parfois l'allure d'une expulsion.

Pologne : dep. 1956 et surtout après 1968 (ère Moczar) : départ en exil de nombreux J. rescapés de la g. mondiale.

• **Antisémitisme arabe.** Avant le sionisme, dans les empires arabes ou turcs, les J. occupent une position inférieure par rapport aux musulmans mais ils sont privilégiés par rapport aux païens. Avec les chrétiens (autre peuple du Livre, c.-à-d. de la Bible), ils ont, dans les villes, leur autonomie à l'intérieur de leurs quartiers. Ils paient une taxe spéciale pour obtenir la liberté de leur culte. Les musulmans les traitent en général avec une condescendance sans hostilité ; il y a eu pourtant des persécutions, surtout chez les chiites (Iran, Yémen) et des expulsions en pays sunnites (notamment Espagne musulmane, XIIIe s.). Après le sionisme (1898), les Arabes s'opposent à l'établissement d'un foyer j. en Palestine (à plus forte raison à la création d'un État). A partir de 1927 (accroissement de l'immigration j.), ils passent à l'action armée contre les colons sionistes.

La Ligue arabe, créée en 1945, utilise pour la propagande de nombreux arguments antisémites de type hitlérien ou maurrassien. Elle a fait notamment rééditer à des millions d'exemplaires les *Protocoles des Sages de Sion* (voir ci-dessus, Russie). Les Révolutionnaires musulmans iraniens ont fait de même en 1978. A partir de 1948, env. 1 million de J. ont dû quitter, de gré ou de force, les pays musulmans. .

● **« Antisionisme » gauchiste pro-arabe.** Les mouvements modernes d'extrême-gauche, ayant pris parti pour les Arabes dans la question palestinienne, ont adopté une attitude « antisioniste », hostile en principe à l'État israélien et non à l'ethnie ou à la religion juive. Mais le mouvement arabe gauchiste Convergence 84 a refusé l'alliance avec les mouvements antiracistes proches du judaïsme (ex. « Touche pas à mon pote »). Pour eux, les antiracistes arabes sont manipulés par les sionistes. Les J. refusent en majorité de faire la distinction entre antisionisme et antisémitisme. Cependant le petit Mouvement sémitique de Uri Avneri (n. 1924) a préconisé l'abandon du messianisme j. et la fondation d'un État sémitique israélo-arabe. En 1980, un sioniste j., Jean-Gabriel Cohn-Bendit, frère de l'agitateur Daniel Cohn-Bendit, a soutenu les thèses de Robert Faurisson sur le génocide hitlérien (voir ci-dessous). Depuis 1983, (intervention d'Israël au Liban) des antisionistes de droite ont accusé Israël d'avoir agressé les Libanais chrétiens.

● **Antisémitisme américain.** Reproche aux J. leur puissance financière qui leur permet de contrôler les U.S.A. où ils formeraient un État dans l'État. Néanmoins, le judaïsme amér. est l'un des moins portés du monde vers l'alyah (émigration vers Israël) : 25 000 Israéliens d'origine amér. sur 1 360 000 immigrants entre 1948 et 68, soit 2 % (alors que les J. amér. représentent plus de 40 % de la Diaspora). Apparut entre les 2 guerres mondiales (principal leader : Henry Ford, qui diffusa *les Protocoles des Sages de Sion).*

Terrorisme antijuif contemporain

Anvers (Belg.). *1980 27-7 :* colonie de vacances j. (1 †, 17 bl.). *1981 20-10 :* ateliers de diamantaires, synagogue (3 †, 95 bl.). **Bruxelles** (Belg.). *1982 18-9 :* synagogue (4 bl.). **Paris.** *1979 27-3 :* restaurant rue Médicis (30 bl.). *1980 3-10 :* synagogue rue Copernic (4 †, 10 bl.). *1982 9-8 :* restaurant Goldenberg, rue des Rosiers (6 †, 22 bl.) ; *10-8 :* banque Meyer et une Sté d'importation israélienne rue de la Baume (plastic, 1 bl.) ; *14-8 :* rue Auguste-Laurent, incendie ; *17-9 :* voiture piégée, rue Cardinet (5 bl.). *1985 29-3 :* cinéma (18 bl.). **Vienne** (Autriche). *1981 29-8 :* synagogue (2 †, 19 bl.).

Les auteurs (arrêtés) du 1er attentat d'Anvers étaient « antisionistes » arabes, et l'attentat de la rue des Rosiers a été attribué à un terroriste arabe, Abou Nidal, par le ministre fr. de l'Intérieur, Gaston Defferre. L'extrême-gauche antisioniste « Action directe » a revendiqué l'attentat de la rue de la Baume ainsi que 7 autres explosions antérieures.

En févr. 1983, plusieurs néo-nazis, dont Walter Kexel, arrêtés à Londres, ont été soupçonnés d'avoir pris part à l'attentat de la rue des Rosiers. Néanmoins, les néofascistes européens de la Trama Negra, arrêtés à Barcelone, n'ont pu être inculpés dans l'attentat de la rue Copernic (commis avec un explosif en provenance des pays de l'Est).

Ligue internationale contre le racisme et l'antisémitisme (L.I.C.R.A.). Fondée en 1927 par Bernard Lecache (1895-1968). *Pt :* Jean-Pierre Bloch. Revue mensuelle, *Le Droit de vivre* (30 000 ex.). *S.O.S. Racisme* peut aider les victimes sur le plan juridique. Entre juin 1981 et févr. 1983, a plaidé 4 fois [en 1re instance, puis en appel (pénal et civil)] contre Robert Faurisson (prof. de littérature à l'Univ. de Lyon) qui soutenait que « le mythe des chambres à gaz » est une « escroquerie » sioniste. F. a été condamné pour diffamation (en appel).

La religion juive en France

Histoire

● **Origine.** **Ier s.** Immigration probable de familles juives avec les armées romaines. Inscriptions j. à Orgon (B.-du-Rh.), Salignac de Pons (Char.), Bordeaux et Avignon. **IVe s.** inscr. à Auch, Lyon, Arles ; traces à Metz, Poitiers. **Ve s.** Implantation à Valence, Agde, Vienne, Clermont-Fd, Marseille, Narbonne, Uzès, Bourges, Mâcon, Tours, Orléans, Lutèce. **576 :** 500 J. vivent à Clermont-Ferrand où l'évêque saint Avit leur propose le baptême ; 35 villes sont citées comme ayant également une communauté. Dagobert (631-39) a, semble-t-il, rendu un décret d'expulsion contre eux. **IX-Xe s.** les J. d'Espagne immigrent, attirés par Charlemagne et Louis le Pieux qui créent le poste de *magister Judaeorum.* Leurs communautés austrasiennes et neustriennes fondent des foyers culturels ashkénazes, notamment à Paris, Troyes [où vivra le rabbin Salomon ben Isaac (1050-1105)], et surtout à Rouen, où, protégés par les ducs de Normandie, ils créent une yeshira ; la Narbonnaise reste le centre principal des études j.

● **Changements dus aux croisades** (1096-1501). Les Croisés (surtout ceux qui ont combattu en Espagne) considèrent les J. comme les alliés des musulmans. Conversions forcées des J. à Rouen et Metz (mais non dans le Languedoc). **1171** *à Blois,* 1re attestation d'une condamnation à mort pour accusation de meurtre rituel ; le 26-5, 31 hommes, femmes et enfants brûlés vifs sur le bûcher, sur l'ordre du Cte Thibault ; (autres cas attestés : Pontoise, Joinville, Épernay). **1182-98** Philippe Auguste décrète, puis annule l'expulsion des J. du domaine royal (ils se réfugient surtout à Rouen). **1240** procès contre le Talmud : sa lecture est interdite aux chrétiens ; nombreux manuscrits j. brûlés. **1269** St Louis impose aux J. une tenue spéciale : bonnet pointu et « rouelle » (badge rond de couleur jaune). **1276** Philippe III le Hardi oblige les J. à vivre en milieu non rural (à l'époque, les biens ruraux étaient reçus « en tenure » des seigneurs terriens ; le tenant devait prêter serment sur l'Évangile, ce qui écartait les J.). Ils s'installent en ville, dans des *juiveries* ou rues aux J., successions d'échoppes (changeurs, prêteurs, bijoutiers, orfèvres, etc.). De nombreuses synagogues datent de cette époque ; la lecture du Talmud y est autorisée alors qu'elle est toujours interdite aux chrétiens. **1290** expulsion des J. du S.-O. qui dépendent du roi d'Angleterre, duc de Guyenne.

1306 décret d'expulsion (Philippe le Bel) ; confiscation des biens j. **1315-94** les J. sont autorisés à vivre dans le royaume et à pratiquer le crédit moyennant paiement de taxes [exception : **1322-23** expulsion momentanée (fausse accusation de complicité avec des lépreux pollueurs de puits)]. **1394** Charles VI annule l'autorisation de résidence. Les J. du Nord se replient en territoire impérial (surtout Lorraine et Alsace) ; les J. du Sud vers Comtat Venaissin, Dauphiné (qu'ils évacueront progressivement au cours du XVe s.), la Provence. L'âge d'or des J. provençaux se situe sous le régime du roi René (1431-80), mais la Provence est rattachée au royaume en 1481, et en 1498 les J. se replient en Avignon. **1501** il n'y a pour ainsi dire plus de J. dans le royaume (sauf peut-être à Paris, ou les fripiers auraient été des descendants de J., convertis seulement en apparence).

1501-1723 période de tolérance pour les « Portugais » (immigrants j. en Gascogne). Les J. sépharades expulsés d'Espagne en 1492, puis du Portugal en 1497, s'introduisent dans la France du S.-O. et forment des communautés à St-Esprit (faubourg de Bayonne), Bordeaux, Peyrehorade, Bidache, Labastide-Clairence. Ils y ont le même statut que les étrangers chrétiens [il s'agit de *conversos* ou *marranes* (J. convertis officiellement au christianisme, mais continuant à pratiquer le judaïsme en secret), ils obtiennent de Henri II, **1550,** des lettres patentes qui ne mentionnent pas leur religion. **1625** leurs biens sont confisqués (comme sujets du roi d'Espagne, les biens des Français résidant en Espagne ayant été confisqués par Philippe IV). Ils ne seront pas désignés comme « Juifs » avant 1723 (renouvellement des lettres patentes de Henri II, moyennant un versement de 100 000 livres) ; ces nouvelles lettres ne leur accordent pas officiellement le droit de pratiquer la religion j.]. **1565** 1er texte reconnaissant à des J. le droit de résider dans le royaume : ils portent sur les ashkénazes de Metz, l'un des 3 évêchés impériaux rattachés à la France. Soumis au régime du ghetto allemand (Judengasse), ils conservent ce régime sous l'occupation française. **1569** les J. d'Avignon et du Comtat sont soumis au régime des ghettos [appelés par les chrétiens *carrières* ou *juiveries,* par les J. « les 4 cités saintes » : Avignon (en hébreu : *Ir ha-gefanim,* « ville des raisins »), l'Isle-sur-Sorgue, Cavaillon, Carpentras]. Les « Portugais » du S.-O. sont plus mêlés aux populations chrétiennes du fait de leur statut mal défini. **1691** les J. de Paris originaires du S.-O. ou de la « Jurue » messine, acquièrent leur 1er cimetière depuis l'expulsion de 1394, dans le jardin d'un aubergiste, le sieur Camot, patron de *l'Étoile* (actuellement 44, rue de Flandres, 75019 Paris). Ils peuvent y enterrer leurs morts, de nuit. **1697** annexion de l'Alsace ; les ashkénazes y reçoivent les mêmes droits que dans les Trois-Évêchés (mais comptent de nombreuses communautés rurales). Dès cette époque, les J. d'Avignon et du Comtat Venaissin pénètrent sans entrave en Languedoc et en Provence pour y commercer.

Au XVIIIe s. des J. s'installent à Paris mais ils n'y ont pas le droit de propriété : à leur mort, leurs biens reviennent à la Couronne. **1775** à la requête des J. de Lorraine, française en 1766, et de l'Alsacien Herz Cerfberr (1726-94), Louis XVI accorde à tous les J. de France les mêmes droits patrimoniaux qu'aux autres Français. Néanmoins, d'après la brochure publiée à Metz à cette occasion par l'abbé Grégoire, futur évêque du Loir-et-Cher, *Essai sur la régénération physique, morale et politique des J.,* on voit que l'intention de Louis XVI était l'assimilation et la conversion des J. du royaume. **1784** Cerfberr obtient l'abolition de l'impôt personnel *(Leibzoll)* frappant les J. d'Alsace. **1789** *(janv.) :* 3 500 J. portugais du S.-O. sont admis au vote désignant les députés aux États généraux ; ceux d'Alsace sont exclus.

● **Après la Révolution. 1790** *(janv.)* la citoyenneté fr. est reconnue aux J. portugais du S.-O. **1791** *(27-9)* le décret Duport accorde aux autres J. de France (25 000 en Alsace, 7 500 dans le Messin, 700 à Paris, 3 000 en Provence) les mêmes droits qu'aux Portugais du S.-O. et aux autres citoyens français. 84 % sont des ashkénazes, 16 % sont des sépharades. **1792** *juin* les J. avignonnais reçoivent les droits civiques français ; *sept.* Avignon est annexé à la France. **1793** les J. portugais offrent au comte de Provence (en exil) de lui acheter pour 25 millions la baie d'Arcachon et toutes les Landes entre Bordeaux et Bayonne pour y installer une principauté sépharade dépendant de la couronne (proposition connue par Bonaparte en 1807).

1806 *9 et 10-12* assemblée de notables j. (Grand Sanhédrin, nom repris des institutions de l'époque du Second Temple) pour harmoniser les règles du Talmud avec les exigences du Code Napoléon (régimes matrimoniaux, devoirs envers l'Empereur, égalité des J. et non-J.). Avaient été convoqués des J. de toute l'Europe napoléonienne (il vint 71 délégués : 45 rabbins, 26 laïcs). *Pt :* David Sintzheim (1745-1812), rabbin de Bischheim (Bas-Rhin). **1808** création des consistoires (V. ci-dessous), donnant à la religion j. un statut analogue à celui des protestants.

XIXe s. accroissement de l'immigration ashkénaze (40 000 J. à Paris, 152 synagogues en France). Migration générale des J. des bourgades vers les grandes villes. Les Portugais (comme les banquiers Pereire et Fould) constituent à Paris une aristocratie, riche, cultivée, mêlée aux non-J. La famille non portugaise la plus notable est l'ashkénaze Rothschild (branche française), célèbre pour sa richesse et sa longévité : James (1792-1868), ses fils Alphonse (1827-1905), Gustave (1829-1911) et Edmond (1845-1934) ; ses petits-fils Édouard (1869-1949, fils d'Alphonse) et Robert (1880-1946, fils de Gustave) ; ses arrière-petits-fils Guy (n. 1909, fils d'Édouard) et Alain (1910-82, fils de Robert) ; installée en France en 1811 ; titre de baron impérial en 1822 (transmissible à tous les héritiers légitimes).

1832-35 affaire Deutz, qui brouille le judaïsme avec la Droite française. Simon Deutz (1802-52), converti au catholicisme, mais fils du Grand Rabbin de France, Emmanuel Deutz (1763-1842), était devenu l'homme de confiance de la duchesse de Berry. Le 6-11-1832, à Nantes, il la livre à la police de Louis-Philippe. Dans un *mémorandum* publié en 1835, il assure avoir agi par patriotisme (pour éviter que les Russes, alliés de la duchesse, n'envahissent la France). Mais il insiste maladroitement sur ses besoins d'argent (Thiers lui avait versé une prime de 500 000 F). Malgré les efforts d'Adolphe Crémieux (1796-1880), le Grand Rabbin refuse de désavouer son fils qui abjure le catholicisme et redevient israélite, se rendant ainsi coupable, aux yeux de la Droite conservatrice, d'une « double trahison » (celle-ci sera fréquemment rappelée au moment de l'affaire Dreyfus, 1896-1904). **1870** *24-10* le décret Crémieux accorde la citoyenneté française aux 33 000 J. d'Algérie. **1875** il y a 80 000 J. en France, dont beaucoup déjudaïsés.

Après 1880 naissance de l'antisémitisme nationaliste français, dont le porte-parole est Drumont, auteur de *la France juive* (haïssant les Allemands, il reproche aux J. d'être venus d'Allemagne). **1896-1904** affaire Dreyfus (V. Index). Réaction philosémite des chrétiens dreyfusards, avec Charles Péguy.

● **De 1919 à 1950** accroissement de la population ashkénaze, immigrations de J. d'All., d'Europe centrale et orientale (40 000 Russes, 40 000 Polonais) ; installation des 1ers J. de rite oriental, venus de Grèce et Turquie (20 000) ; au début de la g. (1-9-1939) : 290 000 J. en Fr., dont 90 000 Français et 200 000 étrangers ou apatrides. **1940-45** persécutions hitlériennes, avec le consentement du gouv. de Vichy. *Estimations des pertes* (chiffres officiels) : env. 120 000 déportés (dont 8 000 enfants) avec 3 000 rescapés. Chiffres de G. Wellers : 86 000 dép. ; de S. Klarsfeld : 75 721 dép., dont 24 000 Français (27 % des J. français), 51 721 étrangers ou apatrides (26 %). **1942** *(22-7)* rafle du Vél. d'Hiv. à Paris : 12 884 arrestations dans la région parisienne.

Principales personnalités j. de la Résistance. David Knout (n. 1900) ; Robert Gamzon, chef national des Éclaireurs israélites (qu'il transforme en O.J.C., Organisation j. de combat) ; Jean-Pierre Lévy, fondateur de « Franc-tireur » ; Joseph Epstein (« Colonel Gilles »), commandant des F.T.P. de Paris (fusillé) ; Zéev Gustman (« Capitaine Philippe »), commandant des F.T.P. de Toulouse ; Marc Bloch (1886-1944, fusillé), prof. d'histoire médiévale à la Sorbonne ; Georges Politzer (1903-42, fusillé), philosophe marxiste ; Marianne Cohn (fusillée) ; Olga Bancic (décapitée à Stuttgart) ; Commandant Marcel Langer (guill.) ; Maurice Lœbenberg-Cochoud (m. sous la torture) ; Mila Racine (m. en déportation) ; David Rapaport (m. à Auschwitz) ; rabbin Samuel Klein (fusillé) ; 24 grands rabbins ou rabbins, m. en déportation, dont René Hirschler (1905-44), Strasbourgeois ; Elie-Léopold Bloch ; Nahum Hozanski, Bernard Schrenberg. **Principaux maquis j. :** appartenant à l'Organisation juive de combat (O.J.C.) : escadron Joseph Tranpeldor [Montagne Noire. Chefs : Lt Lévy-Seckel († 20-7-1944), puis Pierre Loeb)] ; appartenant aux Éclaireurs israélites de France (E.I.F.) : compagnie Marc Haguenau (Vabre, Tarn). Chef : Robert Gamzon, voir ci-dessus.

Législation antisémite du gouv. de Vichy. 11 textes entre 22-7-1940 et 11-12-1942, notamment statut des J. [3-10-40 (art. 1er. — Est regardé comme j. pour l'application de la présente loi, toute personne issue de 3 grands-parents de race juive, ou de 2 grands-parents de la même race, si son conjoint lui-même est juif)], décret sur les j. étrangers [4-10-1940 (art. 1er. — Les ressortissants étrangers de race j. pourront être internés dans des camps spéciaux, par décision du préfet)], abrogation du décret Crémieux (7-10-40), création de l'Union générale des Israélites de France (U.G.I.F.), sous la direction d'un Commissariat général aux affaires juives (29-11-41). 52 025 entreprises j. sont confiées à 7 423 administrateurs provisoires, obligatoirement non j.

● **Après 1950. 1956** 20 000 J. égyptiens (rite oriental) s'installent en France. **1957-64** immigration massive de J. sépharades venus d'Algérie, Tunisie, Maroc. Les Alg. de nationalité fr. s'intègrent sans difficultés ; les Marocains, occidentalisés, acquièrent dans l'ensemble la nationalité fr. Les Tunisiens (17 % de nationalité fr.) forment parfois des groupes fermés et plus traditionalistes. Sépharades de nouveau plus nombreux que les ashkénazes (env. 400 000 contre 250 000). Une synthèse des 2 cultures se fait dans de nombreuses synagogues. **1967** g. des Six Jours : déclenche en Fr. un vif mouvement de solidarité envers Israël, provoque un certain nombre d'émigrations (alyah). **1972** *1-7-* loi contre l'incitation à la haine raciale, les injures et la discrimination raciales (dite « loi Pléven »). **1980** *juin* pour la 1re fois, un rabbin sépharade (René Samuel Sirat) est élu Gd Rabbin de France. **1985** à propos du mariage d'un J. ashkénaze, le baron Éric de Rothschild, avec une non-j. (l'Italienne Maria-Béatrice Corraciolo), une crise éclate entre libéraux et conservateurs : le tribunal rabbinique de Paris (conservateur, dominé par les sépharades) interdit le mariage. Mais celui-ci s'est fait avec l'autorisation du tribunal rabbinique de Rabat (célébrant : l'ancien Gd rabbin ashkénaze Jacob Kaplan ; témoin : le Pt du Consistoire central, Jean-Paul Elkann). *10-12* les ashkénazes remportent tous les sièges aux élections du Consistoire de Paris.

Consistoires

Origine. Organisation officielle créée par Napoléon Ier le 17-3-1808 par un décret instituant exécutoire le règlement organique délibéré par l'assemblée des notables juifs de 1806 et organisant le culte israélite dans l'Empire (les protestants possédaient dep. le XVIe s. leurs consistoires nationaux et locaux). Le *Consistoire central* de France, à Paris, est constitué alors par 3 grands rabbins et 2 laïques nommés par cooptation ; les *c. régionaux* par 1 grand rabbin et 3 laïques désignés par 25 notables, eux-mêmes élus par les membres des communautés et confirmés par les préfets. Le C. central veille à l'exécution du règlement organique, confirme la nomination des rabbins. Le 25-5-1844, une ordonnance royale fait du C. central l'intermédiaire entre les ministres des cultes et les c. départementaux, et le charge de la haute surveillance des intérêts du culte israélite (délivrance des diplômes rabbiniques, nomination des rabbins).

Situation actuelle. En droit, cette institution a cessé d'exister depuis la loi de séparation des Églises et de l'État du 9-12-1905. Une *Union des associations cultuelles israélites de Fr. et d'Algérie,* dont le conseil d'administration a relevé la dénomination de « Consistoire central », lui a succédé. Aujourd'hui, le C. central « pourvoit aux intérêts généraux du culte israélite, veille à la sauvegarde des libertés nécessaires à son exercice, défend les droits des communautés et assure la fondation, le maintien et le développement des institutions et services communs aux organismes adhérents ». Il assure la permanence de la fonction du Grand Rabbin de France.

Consistoire central : *Pt :* Jean-Paul Elkann (n. 1921), dep. 1982. *Membres de droit :* le Grand Rabbin de France, René Samuel Sirat ; le Gd Rabbin du Consistoire central, Jacob Kaplan. SIÈGE : *1822 :* rue du Vert-Bois, Paris 3e ; *1879 :* 44, rue de la Victoire, Paris 9e ; *1940 à 44 :* rue Beissac à Lyon ; *1944 :* 44, rue de la Victoire, Paris 9e ; *1946 :* 17, rue St-Georges, Paris 9e.

Consistoires locaux. Créés en 1808 : Paris [Pt Émile Touati (n. 1927), dep. 1982, réélu 1985 (pour la 1re fois, l'élection au Consistoire de Paris s'est faite avec une liste d'opposition, qui n'a obtenu aucun des 26 sièges). Membre de droit : le Gd Rabbin de Paris, Alain Goldmann (n. 1931)], Strasbourg, Wintzenheim (Ht-Rhin), Metz, Nancy, Bordeaux, Marseille, plus 6 dans les territoires annexés d'Allemagne ou d'Italie. *Créés depuis :* Bayonne (1846), Lyon (1857), Alger, Oran et Constantine (1858), Lille et Vesoul (1872). Depuis 1905 (séparation des Églises et de l'État), les consistoires de France ne sont plus concordataires, sauf ceux de Strasbourg, Metz et Colmar, qui ont gardé la législation napoléonienne après 1919. Depuis 1962, les consistoires algériens n'existent plus que nominalement.

Statistiques

Population juive en France. *1306 :* 100 000. *1400 :* 25 000. *1500 :* 5 000. *1789 :* 40 000. *1875 :* 80 000. *1939 :* 290 000. *1945 :* 170 000. *1964 :* 600 000. *1977 :* 700 000 [région Paris 380 000, Marseille 75 000 (total B.-du-Rh. 120 000), Lyon 25 000, Toulouse 20 000, Nice 18 000, Strasbourg 12 000]. *1983 :* 750 000 (ou 430 000 pour certains).

Rabbins. 80 en France + 40 ministres du culte et une centaine de ministres adjoints. A *Strasbourg,* il y a 14 rabbins pour 12 000 J. Dans la région parisienne : plus de 30 et une quinzaine de min. du culte pour 380 000.

Synagogues et oratoires : 60 consistoriaux, + 40 non consistoriaux). Les anciennes juiveries paysannes d'Alsace ont disparu en 1940 ; celles du Comtat Venaissin après 1791. Des communautés comprenant surtout des j. d'Afrique du Nord fonctionnent de nouveau en Avignon, à Carpentras, à Cavaillon.

Enseignement

Écoles privées. Environ 50, en France, dont yéchivoth (pluriel de **yéchiva,** « école talmudique ») : 8, dirigées à titre privé par des rabbins ; l'enseignement y est plus traditionaliste (7 % des enfants j. fréquentent une école privée).

Cours d'instruction religieuse. Donnés le mercredi ou le dimanche dans le cadre des communautés (fréquentés également par 7 % des enfants j. d'âge scolaire). 86 % des enfants j. échappent à tout enseignement religieux.

Liens avec Israël

Définis le 25-1-1977 par le Conseil représentatif des Institutions j. de France. Les J. de France affirment l'existence d'un lien historique, spirituel et vital, vieux de 4 000 ans, entre l'âme juive et Erez Israël. Ils ressentent toute menace envers l'État d'Israël comme une atteinte à la communauté j. D'autre part, ils rappellent les exigences de justice et d'émancipation des peuples qui constituent l'essence prophétique du judaïsme. C'est donc pour des raisons morales qu'ils réclament une politique d'équilibre et d'amitié envers Israël.

Population juive (1984)[1]

En 1984. **Afrique**[2]. Afr. du Sud 118 000, Algérie 1 000, Égypte 400, Éthiopie 25 000, Kenya 400, Libye 20, Maroc 18 000, Rhodésie 3 800, Tunisie 4 500.

Amérique du Nord. Canada 305 000, États-Unis 5 781 000 (40,5 % de la population j. mondiale), Mexique 37 500.

Amériques centrale et du Sud. Argentine 300 000, Bolivie 2 000, Brésil 150 000, Chili 27 000, Colombie 12 000, Costa Rica 1 500, Cuba 900, Curaçao 700, Équateur 1 000, Guatemala 1 900, Panama 2 000, Paraguay 1 200, Pérou 5 300, Uruguay 50 000, Venezuela 15 000.

Asie[2]. Afghanistan 200, Inde 1 000, Irak 300, Iran 28 000, Israël 3 200 000, Japon 400, Liban 400[3], Syrie 4 500, Yémen 1 200.

Australie et Nouvelle-Zélande. Australie et N.-Zélande 7 000.

Europe. All. 34 000, Autriche 13 000, Belgique 41 000, Bulgarie 7 000, Danemark 7 500, Espagne 10 000, Finlande 1 320, *France 650 000,* G.-B. 410 000, Grèce 6 000, Hongrie 80 000, Irlande 4 000, Italie 39 000, Luxembourg 1 000, Pays-Bas 30 000, Pologne 6 000, Roumanie 60 000, Suède 16 000, Suisse 21 000, Tchéc. 13 000, Turquie 18 000, U.R.S.S. 2 678 000[4], Yougosl. 6 000.

Total mondial. 17 320 140.

Nota. — (1) Estimations (dans la plupart des pays, les J. ne font pas l'objet de recensements). (2) Selon l'Organisation mondiale de Juifs originaires des pays arabes (W.O.J.A.C.), 2 000 000 de Juifs ont quitté les pays arabes en 25 ans. (3) Forte réduction depuis les combats de 1975. (4) Selon certains 3 000 000.

En 1911, il y avait 11 817 783 J. dont : Europe 9 942 266, Amérique 1 894 209, Asie 522 635, Afrique 341 867, Océanie 17 106. *Par pays :* Russie 5 110 548, Autriche 1 224 899, Hongrie 851 378, Allemagne 607 862, Turquie d'Europe 282 277, Roumanie 266 652, Angleterre 238 175, Hollande 105 988, France 100 000, Italie 52 115, Bulgarie 33 663, Belgique 15 000, Suisse 12 264. *Villes* (entre parenthèses, pop. j. actuelle) : New York 1 062 000 (1 836 000), Varsovie 204 712 (5 000), Budapest 186 047 (60 000), Vienne 146 926 (2 000), Londres 144 300 (85 000), Odessa 138 935 (180 000), Brooklyn 100 000 (760 000), Berlin 98 893 (O. : 550, E. : 2 200).

Organismes divers

A.D.I.A.M. (Association d'aide aux Israélites âgés et malades). Service d'aides-ménagères à domicile. 6, rue Rembrandt, Paris 8e.

A.J.D.C. (American Joint Distribution Committee). Organisation d'assistance sociale et d'aide aux réfugiés.

Alliance israélite universelle (A.I.U.). *Fondée* à Paris en 1860 avec l'appui d'Adolphe Crémieux, par de jeunes intellectuels J. français, pour développer l'enseignement dans les communautés j. des pays méditerranéens et orientaux. Crée à partir de 1862 un réseau d'écoles privilégiant l'enseignement du français tout en réservant une place prépondérante à la langue du pays et à la culture j. *Écoles et éc. affiliées* (1985-86) : 37 établissements (primaires, secondaires, techniques et supérieurs) en Belgique, Pays-Bas, Canada, Espagne, France, Iran, Israël, Maroc, Syrie. *Pt :* Pr Steg (n. 1925), avant Jules Braunschvig et René Cassin (1887-1976). *Siège :* 45, rue La Bruyère, 75009 Paris. *Publications :* « Les Nouveaux Cahiers » (trimestrielle) ; « Les Cahiers de l'A.V.I. » (réservée aux adhérents).

École normale israélite orientale (6 *bis,* rue Michel-Ange, 75016 Paris) fondée en 1865 pour former des enseignants pour les écoles de l'A.I.U. hors de France. Second cycle du secondaire, sous contrat d'association. Internat, 1/2 pension, externat.

American Jewish Committee. *Fondé* le 11-11-1906 à la suite du pogrom de Kichinev. Défend les droits civils et religieux des J. dans le monde ; milite pour le progrès des relations entre les peuples. *Publication :* « American Jewish Year Book ». *Siège :* 165 E 56 Street, New York NY 10022.

Appel unifié juif de France. Organisme central de collecte, né en 1968 de la fusion de l'Appel unifié pour Israël et du département collecte du F.S.J.U., recueille les dons pour Israël (Agence juive) et la France (Fonds social juif unifié). Total des fonds recueillis

(1984) : 76 600 000 F (25 500 donateurs, dont 15 000 à Paris). *Pts :* Michel Topiol et David de Rothschild (n. 15-12-42). 19, rue de Téhéran, 75008 Paris.

B'nai B'rith (hébreu : Fils de l'Alliance). *Fondé* 1843 aux U.S.A. pour aider les nouveaux émigrants j. 1 700 loges (dont 25 % en Amér. du N.) dans 45 pays (env. 500 000 membres). Introduit en France en 1932. *Pt (France) :* Marc Rosenblum. 16, av. de Wagram, Paris 8e.

C.A.S.I.P. (Comité d'action sociale israélite de Paris). *Fondé* 1809. 60, rue Rodier, Paris 9e.

Centre de documentation juive contemporaine. Créé 1943. Archives, bibliothèques, ouvrages sur la 2e Guerre mondiale. *Publication :* « Le Monde Juif » (créée 1945, trim.). 17, rue Geoffroy-l'Asnier, 75004 Paris. *Pt :* Claude Kelman. *Mémorial du Martyr Juif Inconnu :* monument élevé, en 1956, à la mémoire des victimes sans sépulture de la déportation (crypte, exposition sur la résistance des Juifs à l'hitlérisme).

Centre Rachi-C.U.E.J. (Centre universitaire d'études j.). *Fondé* 1973. Tire son nom de Salomon ben Isaac Rachi (1040-1105), exégète originaire de Troyes. Centre culturel, restaurant cacher, diplôme universitaire sur le judaïsme, 30, bd de Port-Royal, 75005 Paris.

Jewish Chronicle. Hebdomadaire créé à Londres le 12-11-1841 par Isaac Vallentine : 50 000 abonnés ; 25 Furnival Street, Londres.

C.I.D.E. (Caisse israélite de démarrage économique). Prêts sans intérêts aux petits commerçants, artisans, professions libérales, etc. 6, rue Rembrandt, Paris 8e.

C.O.J.A.S.O.R. (Comité juif d'action sociale et de reconstruction). *Fondé* 1945. Œuvrant notamment pour 3e âge et réfugiés. Gère des maisons de retraite et un foyer-logements. 6, rue Rembrandt, Paris 8e.

Congrès juif mondial. *Fondé* 1936, représente 66 communautés dans le monde et 2 sections nationales (notamment française et amér.). Défend le droit des J. et des communautés israélites. Représenté à l'O.N.U., à l'UNESCO, à l'Org. des États américains, au Conseil de l'Europe, etc. 6 publications dont « News and Views ». *Bureau européenne :* 78, av. des Champs-Élysées, Paris 8e. *Dir. :* Serge Cwajgenbaum.

C.R.I.F. (Conseil représentatif des institutions juives de France). *Fondé* 1943, réunit les représentants de 55 org. j. de Fr. *Pt :* Me Théo Klein ; *Directrice :* Jacqueline Keller. 19, rue de Téhéran, Paris 8e.

C.R.J.T.F. (Conseil représentatif du judaïsme traditionaliste de France). *Créé* 1952. 23 bis, rue Dufrénoy, Paris 16e.

Éclaireurs et éclaireuses israélites de France. Voir Index.

Écoles religieuses non rabbiniques. *Séminaire de professeurs d'enseignement religieux Beth-rivkah,* 49, av. Raymond-Poincaré, Yerres (Essonne), *fondé* 1958. Forme des professeurs pour les écoles privées j. (env. 70 étudiantes). Dans le même bâtiment : jardin d'enfants, école primaire et collège secondaire privés pour jeunes.

École maïmonide, fondée 1935. 11, rue des Abondances, Boulogne (Hts-de-Seine) : maternelle, primaire et secondaire. *École normale israélite orientale* (V. Alliance Isr. Univ.). *École Ozar Hatoran de Créteil :* primaire, classe 6e. 65, rue St-Simon, 94000 Créteil. D'autres écoles à Paris et en Ile-de-France.

Fédération des Stés juives de France. *Fondée* 1923. Regroupe des Stés de secours mutuels. *Pt :* Jules Jefroykin. 68, rue de la Folie-Méricourt, Paris 11e.

F.S.J.U. (Fonds social juif unifié). *Fondé* févr. 1950. Centralisation de l'action sociale, éducative et culturelle, à partir de la collecte de fonds affectée à la communauté j. de France. 25 000 membres, qui élisent un conseil national de 120 membres (le *9-12-1984,* 6 000 votants, 19 000 abst.). *Pt :* David de Rothschild. 19, rue de Téhéran, Paris 8e.

K.K.L. (Keren Kayemeth Leisraël, « Fonds national juif »). *Fondé* par Théodore Herzl en 1901, recueille des fonds pour l'aménagement agricole d'Érez Israël. 110, rue de Rivoli, Paris Ier.

Mouvement Loubavitch. Nom venant de Loubavitch (Biélorussie), célèbre par une communauté. Créée en 1813 par Dov Baer (1773-1827), fils de Shneur Zalman (1745-1813), fondateur du mouvement hassidique Habad. Œuvres sociales, scolaires, éducatrices. 3 000 membres. 8, rue Meslay, Paris 3e.

O.P.E.J. (Œuvre de protection des enfants juifs) R.U.P. *Fondée* dans la Résistance en 1942. 10, rue Théodule-Ribot, Paris 17e.

Organismes sionistes. Organes de liaison entre les J. installés en Israël et les J. répartis dans le monde. *1er Congrès sionistes :* réunion tous les 4 ans à Jérusalem ; le *Comité d'action sioniste* détient tous les pouvoirs d'un congrès à l'autre. Le 1er congrès (Bâle 29/31-8-1897) convoqué par Théodore Herzl a défini la charte du sionisme. Organe exécutif permanent *(Agence juive)* à Jérusalem.

2e Organisation sioniste américaine (Z.O.A.) : fondée 1898 par Richard Gottherl (1862-1936). Depuis la création d'Israël (1948), son rôle pratique a diminué ; les tâches matérielles qu'elle assurait ayant été prises en main par l'administration israélienne. Mais son rôle financier demeure important.

3e Fédération des organisations sionistes de France (F.O.S.F.). *Membres :* 20 000. *Pt :* Jacques Orfus ; *dir. :* Maurice Chiche. 38, rue de Turbigo, Paris 3e.

O.R.T. (Organisation Reconstruction Travail). *Créé* 1880 en Russie ; *1921 en France. But :* formation professionnelle et technique des jeunes juifs. Reconnue d'utilité publique. Ouverte à tous. En 1984 : 9 000 élèves et stagiaires dans plus de 70 métiers. 8 écoles en France (Paris, Montreuil, Choisy-le-Roi, Villiers-le-Bel, Strasbourg, Lyon, Toulouse et Marseille). *Pt* du conseil d'admin. en France : Pierre Dreyfus, ancien Pt de la Régie Renault, ancien min. de l'Industrie. *15 000 m.* 10, villa d'Eylau, Paris 16e.

O.S.E. (Œuvre de secours aux enfants). *Créée* en France 1933. Service d'action éducative en milieu ouvert, placement familial, maisons d'enfants, colonies de vacances, service médico-social à Paris. 9, passage de la Boule-Blanche, Paris 12e.

Séminaire israélite de France. *Fondé* 1829 à Metz, transféré à Paris en 1859. 2 cycles d'études : 1° (3 ans) : hébreu, histoire j., Bible, livres de la Tradition (Talmud, etc.). 2° (2 ans) : ministère rabbinique (psychologie, culte, pédagogie). Environ 20 élèves. En moy. 4 diplômes de rabbin et 2 de ministre officiant chaque année (chiffre inférieur aux besoins actuels : il n'y a que 80 rabbins en France pour 650 000 J.). Bibliothèque (plus de 25 000 ouvrages). 9, rue Vauquelin, Paris 5e.

Sté des études juives. *Fondée* 1980. *Secrétaire :* Gérard Nahon. 19, rue de Téhéran, 75008 Paris. Sté savante publie la *Revue des études juives ;* subventionnée par le C.N.R.S. et le F.S.J.U. Réunions mensuelles de travail à la Sorbonne (Paris).

Trait d'union. Œuvre d'adoption. *Créée* en 1962.

Tribunal rabbinique de Paris (Beth Din). 17, rue St-Georges, Paris 9e. Statue en matière de droit religieux, de divorce et de conversion pour tout le territoire ; confirme dans leurs fonctions le personnel du culte chargé de l'abattage rituel ; responsable de la diététique cachère.

U.I.S.F. (Union des Israélites sépharades de France). *Fondée* 3-4-1919. Centre d'études Don Isaac Abravanel (créé 1980). A regroupé d'abord les J. originaires de Salonique. 12, rue Puvis-de-Chavannes, Paris 17e.

Union libérale israélite de France. *Fondée* 1907. Association religieuse de tendance libérale. A réorganisé (1981) l'Institut des études hébraïques, fondé par elle, devenu : Institut libéral d'études juives : 20, rue Servandoni, Paris 6e, pour former professeurs et rabbins.

Synagogue principale : 24, rue Copernic 75116 Paris. Communautés sœurs : Vigneux et Bondy, Région parisienne, Marseille, Nice.

W.I.Z.O. (Women's International Zionist Org.). Organisme de promotion et de formation de la Femme et en Israël d'assistance à des réalisations socio-éducatives en faveur des populations défavorisées juives ou non juives.

Fondée 1920 par Rebecca Sieff (G.-B.,1890-1966). Quartier général : Londres puis 1940 Tel-Aviv. A créé en Israël crèches, jardins d'enfants, écoles et foyers féminins.

Sections dans 50 pays (250 000 m.). Congrès tous les 4 ans en Israël. *Pte pour la France :* Odette Kurz. 24, rue du Mont-Thabor, Paris 1er.

☞ Voir également :
– l'histoire de la religion juive en France, pages 518 et 519 ;
– l'histoire de l'antisémitisme, pages 516 à 518.

Islam

Origine

Mahomet [en arabe : *Mouhammad,* « le loué » (569-632)], fils d'Abdallah et d'Amina, appartenant à la tribu de Quraych (arabe et païenne), naquit à La Mecque, carrefour de caravanes et centre de pèlerinage. Il eut 11 épouses : en 595 *Khadidja,* pendant 25 a. († 619 veuve, de 15 ans son aînée, dont il eut 3 garçons et 4 filles ; seules les filles survécurent) ; *Sauda ; Aïcha,* fille d'Abu Bekr, qui avait 9 ans (épouse favorite, mais stérile) ; *Hafsa ; Zainab,* fille de Khuzaima (épouse de Zayd ou Saïd Ibn Haritha, fils adoptif de Mahomet, qui divorça pour laisser Zainab épouser le prophète ; elle mourut après 3 mois de mariage) ; *Umm Salama ; Zainab,* fille de Djahch ; *Djuwairiya ; Umm Habiba,* veuve d'un chrétien ; *Safiya,* d'origine juive ; et *Maimouna,* veuve âgée de 51 ans, belle-sœur de Al Abbas. Il eut aussi 2 femmes affranchies : *Marie la Copte* (mère d'Ibrahim, mort à 2 ans) et *Raihana* (une juive, dont le mari avait péri dans le massacre de Ban Quraiza).

Tout en poursuivant son activité commerçante, il se retirait fréquemment dans le désert pour méditer. L'ange *Gabriel* lui apparut, le 22-12-609 pour la 1re fois, puis fréquemment les années suivantes. Il lui annonça que Dieu *(Allâh)* l'avait choisi comme son Envoyé *(rasûl)* auprès des hommes et lui dicta les premières paroles du Coran dont la révélation allait s'échelonner sur 23 ans. Mahomet se mit alors à prêcher la nouvelle religion, l'*Islâm* (soumission, ou abandon, à Dieu). Khadidja fut la 1re à croire en sa mission et autour de lui se forma un petit groupe de musulmans (de *mouslim,* « qui se confie à Dieu »). Mais sa prédication souleva l'hostilité des dirigeants mecquois et, pour échapper à leur persécution, il décida d'émigrer avec ses compagnons dans l'oasis de Yathrib (qui prit le nom de **Médine,** la « ville » et fut appelée par les musulmans *Madinat an-Nabi,* « la ville du prophète »).

L'ère musulmane, dite de l'**Hégire,** commence le 16-7-622, mais Mahomet ne partit pour Médine que quelques mois plus tard, et y parvint le 30-9-622. Dès lors, s'organisa la nouvelle communauté des croyants conformément à l'ordre de Dieu, révélé dans le Coran, et aux instructions de son Envoyé. Le nouvel État musulman ne tarda pas à entrer en conflit avec les Quraychites restés païens et il y eut plusieurs affrontements armés.

Après 8 ans de guerre défensive, Mahomet rentra à La Mecque qui fit sa soumission, en 630, et y proclama immédiatement l'amnistie ; le lendemain, toute la population se convertit à l'islam. Le 4-6-632 (ou selon d'autres sources, le 25-5), il mourut à Médine, des suites d'un empoisonnement, selon certaines sources, d'une pleurésie, selon d'autres. Son tombeau est considéré comme le 2e lieu saint de l'Islam après la Kaaba de La Mecque. La vie du prophète *(Sira)* est connue par des traditions.

Nota. — Les termes *islam* et *musulman* ne sont employés couramment en français que depuis le XXe s. ; on disait avant : *mahométisme* (anciennement *mahométanisme*) et *mahométan.*

Expansion militaire. 644 (Omar) : Abyssinie et Transoxiane. **647** (Othman) : bords de la Caspienne, Turkestan, Afghanistan, Bassin de l'Indus. **660-710** (Ommeyades) : Afrique du N. **710-720** (id.) : Espagne et Septimanie (le S.-O. de la France, occupé temporairement 730-732). **1071** (Turcs Seldjoukides) : Asie Mineure. **1353** (Turcs Ottomans) : Balkans. **1453** (id.) : Constantinople. **XVe-XVIe s.** (id.) : Europe du S.-E. et Hongrie. — Les autres territoires actuellement islamisés (Asie du S.-E., Afrique) sont devenus musulmans sous l'influence de missionnaires, de marins et de négociants (XVIe-XIXe s.) et surtout sous celle des notables favorisés par les colonisateurs occidentaux (XXe s.).

Livres saints et traditions

Le Coran (de l'arabe : *Qur'an,* « lecture »). Recueil des révélations de Dieu à Mahomet, il se compose de 114 chapitres, *sourates* (« sections »), divisées en versets (3 pour la plus courte, 286 pour la plus longue). La 1re, ou *Fâtiha* (celle qui ouvre), comprend versets d'adoration et d'implorations constituant l'élément principal de la prière rituelle des musulmans.

Les révélations de Dieu à Mahomet se sont faites en 2 périodes (à La Mecque entre 609 et 622, puis à

> La louange est à Dieu Maître des Mondes. Le Tout-Miséricordieux. Le Tout-Compatissant. Souverain du Jour de la Rétribution. C'est Toi que nous adorons et c'est de Toi que nous implorons le secours. Dirige-nous sur la voie droite. La voie de ceux sur qui Tu répands Tes bienfaits. Non la voie de ceux sur qui est Ta colère, ni la voie des égarés.

Médine). Après sa mort (632), le calife Abou Beker, sur les conseils de Omar ben al Khattâb et avec l'aide de Zayd, fils adoptif de Mahomet, fit mettre par écrit le texte de tous les passages dictés par le Prophète, mais il y eut, en fait, plusieurs versions, ce qui créa des dissensions. Le 3e Calife, Othman (644-56), fit rédiger un texte unique et officiel (avec la collaboration de Zayd ibn Thabit) et en envoya des copies dans les différentes provinces (2 de ces copies ont été conservées, celle de Tachkent et celle d'Istanbul : elles sont identiques au texte en usage aujourd'hui. Cette nouvelle rédaction a été rejetée par les Kharidjites (voir p. 523 c), qui considèrent notamment comme apocryphe le chapitre 12, narrant les amours de Joseph et de l'Égyptienne.

La Sunna [« tradition » (sens primitif : « sentier »)] : relate les enseignements du Prophète, ses faits et gestes et les débuts de la 1re communauté musulmane de Médine. Sert d'exemple et de modèle aux croyants de l'Islam. Consignée dans les *Hadîths*, relations de sa vie et de ses dires, qui constituent la 2e source de la religion musulmane après le Coran.

La Charî'a. Loi religieuse comprenant l'ensemble des obligations procédant du Coran et de la Sunna. Embrassant tous les aspects de la vie individuelle et collective des musulmans, elle est, chez les Sunnites, codifiée dans le cadre de 4 écoles juridico-théologiques « orthodoxes » se distinguant par certaines différences d'accentuation :

1°) *Hanafite* (de Abu Hanifa, mort 767) dominant en Turquie et dans la plupart des pays asiatiques ;

2°) *Malékite* (de Malik ibn Anas, mort 795) : Afrique du Nord et Afrique noire ;

3°) *Chaféite* (de Muhammad ibn Idris ach-Chafii, m. 826) : Proche-Orient, Asie du Sud, Indonésie ;

4°) *Hanbalite* (de Ahmad ibn Hanbal, mort 833) : Arabie Saoudite.

Le fiqh (« dogme ») : droit jurisprudentiel de l'Islam, se rapporte à l'interprétation et à l'application de la Charî'a.

Doctrine

Tradition de l'Ancien Testament

Mahomet n'a pas prétendu apporter une religion nouvelle, mais restaurer celle de toujours que Dieu avait précédemment révélée aux prophètes et que les hommes avaient oubliée ou altérée : *Adam, Noé, Abraham (Ibrâhîm)*, désigné comme *hanîf*, c'est-à-dire un fidèle de la religion pure et primordiale que l'Islam entend restaurer, Moïse *(Moussa)*, et plusieurs prophètes d'Israël notamment *David, Salomon, Élie, Elisée, Job, Jonas*. Prophètes étrangers à la tradition judéo-chrétienne : *Sâlih, Hûd, Chu'aïb*.

Tradition du Nouveau Testament

Jésus, fils de Marie (Issa ibn Maryam) occupe une place éminente parmi ces prophètes. L'islam le qualifie de « verbe et esprit de Dieu », mais ne lui reconnaît pas de divinité, le désignant comme « serviteur » *('abd)* au même titre que les autres prophètes et messagers de Dieu. *Marie* a été fécondée par un souffle de l'Ange. L'islam est la seule religion non chrétienne à admettre que Jésus est né miraculeusement sans père, d'une vierge immaculée. Marie a accouché près d'un palmier et Jésus a parlé dès sa naissance pour attester l'innocence de sa mère. Le mariage de Marie avec **Joseph**, la naissance de « frères » ou de « sœurs » de Jésus, sont inconnus de l'islam. Jésus n'a pas été tué par les hommes qui, en fait, ont seulement crucifié l'apparence de son corps. Il a été élevé au Ciel d'où il doit revenir sur Terre lorsque les temps seront accomplis. L'attente de son retour est souvent associée à celle du Mahdi qui, à la fin, doit surgir pour lutter contre les forces du mal aux ordres du **Dajjâl** (Antéchrist). Selon certaines traditions, Jésus lui-même sera le **Mahdi.** Un verset de l'Évangile (Jean 16,7) : « Je vous enverrai le Paraclet » (à rapprocher des versets 14,6 et 16, 13-14) fait l'objet de discussions dans les dialogues islamo-chrétiens. *Thèse de certains exégètes chrétiens :* confondant les 2 adjectifs grecs *paraklètos*, « consolateur », et *périklutos*, « brillant », le Coran annonce, comme prédit par Jésus, la venue de Mahomet sous le nom de *Ahmad* qui est un doublet de Mahdi, « le glorieux ». *Thèse musulmane : Ahmad* (Coran, 61/6) est un synonyme de *Muhammad* et signifie « glorieux » ou « très loué » (mot différent de *Mahdi*, qui signifie : « bien guidé »). On ignore quel était le mot araméen que l'Évangile a traduit en grec par *paraklètos ;* il avait peut-être le sens de « directeur », qui est aussi voisin de « prestigieux » que de « consolateur ». *Marie*, élue par Dieu « au-dessus de toutes les femmes de l'univers », est l'objet d'une grande vénération. Elle est mentionnée dans le Coran plus souvent que dans les Évangiles. Quelques récits coraniques se rapportent également à *Jean le Baptiste (Yahya)*. Juifs et chrétiens, auxquels sont parfois ajoutés les Sabéens, sont considérés comme « peuple du Livre » *(ahl al-kitâb)*. Ils ont, comme tels, accès au salut et bénéficient d'un statut spécial dans la société musulmane, mais il leur est aussi reproché d'être infidèles à leur propre tradition et d'avoir falsifié leurs Écritures.

Articles de foi. Tout l'islam est fondé sur la profession de foi *(chahâda) :* Il n'est de divinité que Dieu ; Mahomet est l'envoyé de Dieu. De cette formule découlent, sur le plan de la foi, un strict monothéisme et, sur celui de la pratique, la conformité aux enseignements et à la tradition *(sunna)* du Prophète. Le dogme musulman exige la croyance à l'unicité absolue *(tawhîd)* de Dieu, à ses attributs, aux anges, aux prophètes, aux Livres révélés, au décret divin [*(qadar)* prédéterminant le destin de chacun] et au Jugement dernier. Parmi les anges, la tradition islamique mentionne particulièrement *Djibraïl* (Gabriel), porteur des ordres divins, *Azraïl*, ange de la mort, et *Israïl* qui sonnera la trompette annonçant le Jugement dernier. Les Livres révélés explicitement reconnus par l'orthodoxie musulmane sont la Torah (Pentateuque), les Psaumes et l'Évangile, bien qu'elle considère que ces Écritures des juifs et des chrétiens ont subi au cours des âges de graves altérations qui en ont déformé le sens.

Jugement dernier. L'islam a toujours insisté sur ce dénouement précédé d'événements effrayants et funestes. Rangés derrière leur Prophète, les musulmans trouveront en lui un intercesseur efficace. Les justes entreront au Paradis [appelé notamment *Janna* (jardin) et Adn (Éden)] et les injustes subiront le feu de l'Enfer [appelé notamment *Jahannam* (géhenne)] jusqu'à ce que Dieu leur accorde sa grâce (les péchés finiront par être pardonnés, sauf le refus obstiné de reconnaître l'Unité divine).

On peut lire dans le Coran : « Dieu égare qui Il veut, et guide qui Il veut sur le droit chemin. » Cette formule ne doit pas être interprétée dans un sens « fataliste », mais sert à souligner le fait qu'il n'y a qu'un seul Dieu. « Bien et Mal » ne le sont que par rapport aux individus humains, le Bien de l'un peut être le Mal de l'autre : en eux-mêmes, le Bien et le Mal, tous sont de la création du Dieu unique. Le Coran fit ressortir que Dieu avait déjà agréé le repentir d'Adam et d'Eve, quand Il leur donna l'ordre d'aller vivre sur Terre. Certains théologiens musulmans en ont conclu qu'il ne s'agissait donc pas d'un châtiment, mais d'une faveur : ils étaient investis de la lieutenance de Dieu sur la Terre. La croyance aux *Djinns*, êtres créés de feu, invisibles aux humains, n'est pas obligatoire, mais, comme le Coran les mentionne, les musulmans croient à leur existence. Théologiens et philosophes ont à leur sujet des opinions divergentes.

Pratique de la religion

5 obligations majeures, ou « piliers » *(arkân)* de l'Islam :

1° L'attestation de la foi (chahâda). Consiste à prononcer la formule : « Il n'est de divinité que Dieu ; Mahomet est l'envoyé de Dieu. » Exprimant le fondement métaphysique de toute religion, elle établit la distinction entre l'Absolu et le relatif, et offre à l'homme la possibilité de retourner à Dieu. Le fait de la prononcer avec sincérité détermine la qualité de musulman.

2° La prière rituelle (çalât). La seule véritable liturgie du culte musulman. Précédée d'un rite d'ablution avec de l'eau ou, à défaut, avec du sable ou une pierre, elle est dite 5 fois par jour : aube, midi, milieu d'après-midi, coucher du soleil et nuit. Comportant 4 postures principales (station debout, inclination, prosternation, station assise sur les talons), elle est accomplie par les fidèles tournés vers La Mecque.

Chaque prière est annoncée par les **muezzins** du haut des minarets [1] des mosquées (actuellement, souvent pourvus de haut-parleurs diffusant l'appel traditionnel enregistré sur bande). « Allah est le plus grand. J'atteste qu'il n'y a pas de divinité en dehors de Dieu. J'atteste que Mahomet est l'envoyé de Dieu. Venez à la prière. Venez au salut. Allah est le plus grand. Il n'y a pas de divinité en dehors de Dieu. »

Nota. — (1) Les plus hauts minarets du monde sont : mosquée du sultan Hassan au Caire (Égypte, 1356) : 86 m ; et le Qutub Minâr de la vieille Delhi (Inde, 1194) : 72,54 m. (ne faisant pas partie d'une mosquée).

3° Le jeûne du Ramadan (9e mois du calendrier musulman). Consiste à s'abstenir totalement, dès avant l'aube et pendant toute la journée jusqu'au coucher du soleil, de manger, de boire, de fumer, de respirer des parfums et de s'adonner à des plaisirs charnels. Il est recommandé pendant cette période de dire des oraisons spéciales et de lire le Coran en entier.

L'objectif spirituel du jeûne est le détachement du croyant par rapport au monde de la matière et la concentration sur la réalité divine. Il a aussi une portée sociale en soumettant riches et pauvres aux mêmes privations et en imposant le paiement d'une aumône spéciale *(zakât al-fitr)* à la fin du Ramadan.

La rupture du jeûne donne lieu à une fête (*'Id al-fitr* ou *'Id as-seghîr*, « Petite fête » par opposition à la « Grande fête », *'Id al-kabîr*, célébrée le lendemain du Sacrifice et le surlendemain du Arafat, le point culminant du pèlerinage à La Mecque). Ce jeûne a été critiqué : activité et production baissant sensiblement pendant le Ramadan. Dans plusieurs pays d'islam comme l'Algérie, il demeure punissable de manger, boire ou fumer en public aux heures où la population s'en abstient. Des horaires allégés sont alors en vigueur dans les administrations. Des dispenses canoniques existent au bénéfice des malades, voyageurs et femmes enceintes, indisposées et en couches. Les nuits du Ramadan, au cours desquelles toutes les abstinences sont levées, se déroulent souvent dans une atmosphère de fête.

4° L'aumône légale (zakât). Est une expression de l'idéal de solidarité sur lequel l'islam a insisté dès le début. Obligatoirement payée par les seuls citoyens musulmans, elle est consacrée en principe à l'entraide sociale et s'applique aux biens et revenus suivants : or, argent, marchandises et bénéfices commerciaux au taux de 2,5 %, produits de la terre et bestiaux à 10 %. Dans la plupart des États musulmans modernes, la zakât est perçue par l'administration fiscale en même temps que les autres impôts.

5° Le pèlerinage à La Mecque (Hajj). Perpétue une tradition antérieure à l'Islam. Il est dit que la 1re *Kaaba* avait été édifiée par Adam et détruite lors du Déluge avant d'être reconstruite par Abraham et son fils Ismaël, puis rendue par Mahomet au culte du pur monothéisme oublié depuis des générations.

Située au centre de la grande mosquée de La Mecque (al Masjid al Harâm, qui a 7 minarets, chacun de 90 m de haut), la **Kaaba** (15 m de haut, 12 m de large ; généralement recouverte de la *kiswa*, brocart noir brodé d'inscriptions coraniques dorées) est désignée comme la « Maison sacrée d'Allâh ».

La pierre noire donnée à Abraham par l'archange Gabriel est toujours enchâssée dans le mur sud-est de l'édifice, à 1,50 m du sol. A l'intérieur de l'enceinte de la mosquée se trouvent également la « station d'Abraham » *(Maqâm Ibrâhîm* : bloc de pierre sur lequel Abraham montait pour construire les murs de la *Kaaba* au-dessus de sa propre taille), et le *puits de Zamzam* dont, selon la tradition, l'eau avait jailli miraculeusement pour sauver de la soif Agar, femme d'Abraham, et son fils Ismaël.

En principe obligatoire pour tout musulman qui en a les moyens matériels, le *Hajj* symbolise le retour au centre de toutes choses. Le croyant doit s'y rendre dans un esprit de repentir pour que ses péchés soient pardonnés et pour que le pèlerinage soit un renouvellement intérieur et exprime la réalité spirituelle d'un mouvement de l'âme vers la *Kaaba* du cœur.

En pratique le pèlerin accomplit, avant de pénétrer dans le territoire sacré de La Mecque, un rite de sacralisation *(ihrâm)* et se vêt de 2 pièces de tissu blanc sans coutures (les femmes sont également vêtues de blanc). En approchant des lieux saints, il répète la *talbiya :* « Me voici, ô mon Dieu, me voici ! Tu n'as pas d'associé, me voici ! A toi la louange et la grâce et le royaume ! Tu n'as pas d'associé ! » Dès lors il ne doit ni se raser, ni se parfumer, ni commettre de violence, ni accomplir d'acte sexuel.

Les rites proprement dits comprennent d'abord le *tawâf*, circumambulation de 7 tours autour de la *Kaaba* [en principe, il faudrait baiser ou toucher la pierre

Le voyage du pape Jean-Paul II en Turquie, le 28-11-1979, a été présenté comme une tentative de rapprochement entre le christianisme et l'islam. Le pape a déclaré éprouver de l'estime pour les valeurs religieuses musulmanes mais, en fait, il était venu en Turquie musulmane pour y rencontrer un prélat chrétien, le patriarche de Constantinople. Dans l'ensemble, les musulmans turcs sont restés indifférents. L'un d'eux, Mehmet Ali Agça, a tiré sur le pape à Rome, le 13-5-1981, prétendant d'abord avoir voulu le punir pour ce voyage, qui avait défié l'islam. Les autorités islamiques ont condamné l'attentat [qui n'avait rien à voir avec la religion, comme Agça l'a reconnu ensuite (mais le personnage clé du complot, le Turc Béchir Celenk, étant mort le 14-10-1985, la vérité ne sera jamais confirmée)]. En 1985, le pape est allé saluer le roi du Maroc, commandeur des croyants, mettant fin aux campagnes hostiles à l'Islam.

noire à chaque passage mais la foule (quelquefois + de 100 000 personnes) rend le geste très difficile], puis la marche accélérée *(sa'y)* entre Safâ et Marwa, petites collines situées à l'intérieur du *Harâm*, ou enceinte sacrée de la mosquée, commémoration de la course désespérée d'Agar à la recherche d'eau pour son fils.

Les autres rites du *Hajj* ont lieu dans les environs immédiats de la Ville sainte. A Mina, à 5 km, les pèlerins lapident, avec des petits cailloux, 3 colonnes de pierres figurant Satan qu'Abraham avait repoussé lorsqu'il lui était apparu à cet endroit [Satan l'avait invité à rejeter l'ordre donné par Dieu de sacrifier son fils (le Coran ne précise pas s'il s'agissait d'Isaac ou d'Ismaël)]. Dans la plaine d'Arafat, sur les lieux mêmes où, selon la tradition, Adam et Ève trouvèrent grâce devant Dieu et se retrouvèrent après avoir été chassés du Paradis et s'être égarés sur terre, sont accomplis les rites marquant le point culminant du pèlerinage. Le lendemain a lieu le grand Sacrifice *(al-adha)* dans la plaine de Mina, en souvenir d'Abraham qui, par obéissance à Dieu, s'apprêtait à immoler son fils auquel fut miraculeusement substitué un bélier. C'est l'occasion d'égorger de nombreux moutons, mais aussi des chameaux, des bœufs et des chèvres. Avant de quitter les lieux saints, le pèlerin retourne au *Harâm* où il accomplit de nouvelles circumambulations autour de la *Kaaba* et boit de l'eau de Zamzam (dont il fera souvent provision pour rapporter chez lui), puis se rend à Mina pour une dernière lapidation de Satan.

Après le *Hajj*, il est recommandé de visiter le tombeau du Prophète, à Médine, car, selon ses propres paroles, « pour qui me visite après ma mort, c'est comme s'il m'avait visité de mon vivant ». Quand la situation le permettait, bon nombre de pèlerins se rendaient encore à Jérusalem, 3e Ville sainte de l'islam, et à Hébron où est enterré Abraham, « Ami de Dieu » *(Khalil)* et père des monothéistes.

Le *Hajj* a lieu du 8 au 12 de *Dhu'l'Hijja*, 12e mois du calendrier lunaire musulman (700 000 à 950 000 participants). La *'Umra*, petit pèlerinage, peut être accomplie à tout autre moment de l'année.

Traditions sociales

• **Arts.** Architecture et arts graphiques non figuratifs caractérisés par une sévérité géométrique, alliée souvent à de la préciosité et parfois à de l'exubérance.

• **Communauté musulmane (Oumma).** Principe régissant l'ensemble de la vie sociale : tous les croyants sans exception sont frères, c.-à-d. égaux entre eux. Il n'y a pas d'inégalité en droit. Seules les différences dans le degré de piété les distinguent aux yeux de Dieu. Les inégalités sociales, dues à la fortune, ne sont pas interdites par le Coran : chacun a le droit d'acquérir, par son effort, les biens matériels et terrestres.

• **Langue arabe.** *L'arabe littéraire* reste proche de la langue classique (VIIIe-XIIe s.) qui a été celle du Coran, du Hadith et des grands livres religieux philosophiques ou poétiques. Grâce à son emploi, redevenu courant, à la radio, dans les journaux et dans les livres, il se maintient dans les milieux cultivés, et regagne du terrain dans les milieux populaires dialectophones, du Maroc à l'Irak.

L'arabe dialectal ou *populaire* (dialecte libanais, égyptien, algérien, etc.) est la langue d'env. 40 % des musulmans, les grandes nations musulmanes (Bangladesh, Indonésie, etc.) n'étant pas arabophones. Néanmoins, les élites sociales et culturelles des nations musulmanes non arabophones connaissent l'arabe littéraire, qu'elles ont étudié comme langue sacrée, utilisée par le Coran et le Hadith (le marché du livre arabe s'étend sur tous les pays musulmans).

• **Propriétés collectives.** Biens de mainmorte donnés à Dieu, et dont l'usufruit alimente des fondations religieuses ou de charité (biens habous).

• **Vie intellectuelle.** La pensée islamique a perdu au XVe s. (hégémonie de l'empire militaire turc) l'originalité qui avait émerveillé l'Occident médiéval (astronomie, mathématiques, médecine, géographie, sciences agricoles, etc.). On a admis, au XIXe s., que la science médiévale arabe était une synthèse d'éléments pris à des civilisations antérieures, notamment à l'hellénisme alexandrin, à la Perse, à l'Inde, à la Chine. On reconnaît aujourd'hui qu'il y a eu de nombreux apports originaux. Les intellectuels musulmans contemporains sont à l'école des démocraties industrielles ou des sociétés marxistes. Néanmoins, les spécialistes de l'histoire de la pensée islamique ont entrepris l'édition de plusieurs centaines de milliers de manuscrits de l'époque classique.

• **Vie privée.** Profondément marquée par les prescriptions coraniques, notamment : puissance des liens familiaux (autorité du père, solidarité familiale, cousinage et parentage maintenus pendant plusieurs générations) ; statut de la femme souvent considéré (à tort) comme de l'antiféminisme [la femme est, en réalité, très honorée en Islam. Pour les protéger de la méchanceté des hommes de bas caractère, le Coran leur a imposé le voile. Les femmes ne paient pas l'impôt-zakât sur leurs bijoux et parures quelle que soit leur valeur ; elles sont exemptes de prières quotidiennes lors de leurs règles mensuelles. La polygamie est possible seulement si la femme elle-même l'accepte, car le mariage est un contrat où elle seule, même pas son père, donne le consentement. Elle peut obtenir le droit de divorcer d'avec son mari si elle le stipule dans le contrat de mariage. Sa quote-part dans l'héritage est moindre parce qu'elle n'est pas tenue, comme l'homme, d'entretenir ses père, mère, frères, sœurs, mari, enfants et autres proches parents].

• **Vie urbaine.** Concentrée en 3 lieux principaux : *mosquée*, souvent entourée d'écoles ou d'œuvres d'assistance ; *bazar* ou *souk*, foyer de commerce et de l'artisanat ; *bain public* (héritier des thermes romains) pour le délassement et les ablutions rituelles.

Nota. — L'implantation de communautés européennes en pays musulmans a sensiblement modifié les comportements sociaux dans de nombreux États islamiques modernes. Ainsi, certaines élites sociales sont devenues anglophones ou francophones, l'usage de l'alcool s'est répandu, etc.

Autres prescriptions

• **Effort suprême (Djihâd).** Couramment rendu par « guerre sainte », ce terme désigne plutôt l'« effort collectif » des musulmans qui ont le devoir de lutter, au besoin jusqu'au sacrifice de leur vie, pour la défense et les progrès de l'Islam. Dans un sens spirituel, il se rapporte à la lutte du croyant contre les passions et les mauvais penchants de l'âme. Sur le plan historique, le *djihâd* a été mené d'abord contre les idolâtres arabes et les tribus juives puis contre les empires chrétiens et païens. Le Coran (2/190) n'autorise que la guerre défensive : « Et combattez dans la voie de Dieu ceux qui vous combattent et ne transgressez pas, Dieu n'aime pas les transgresseurs. » Il précise (2/256) : « Pas de contrainte en religion. »

Le *Djihâd* armé a reparu au cours des guerres dites de décolonisation (1950-70). Un Fonds du Djihâd a été créé le 7-8-71 en Libye par le colonel Kadhafi ; il subventionne les guérilleros musulmans, notamment en Mauritanie, Philippines, Liban.

• **Interdits.** Boissons alcooliques, stupéfiants, viande de porc et d'autres animaux sacrifiés à d'autres divinités qu'au Dieu unique ou tués de façon non rituelle ; prêt à intérêt assimilé à l'usure, jeux de hasard. La circoncision des enfants mâles est généralement observée mais, n'étant pas d'institution coranique, n'est pas obligatoire pour ceux qui se convertissent à l'islam.

• **Mariage.** Le mariage fécond est recommandé. Un homme est autorisé à avoir jusqu'à 4 épouses simultanées, mais il lui est conseillé de se limiter à une seule s'il craint d'user d'injustice envers plusieurs. En principe le nombre des esclaves-concubines n'est pas limité : celles-ci peuvent cohabiter avec leur maître seul, à l'exclusion de tout autre ; si leur maître les marie, il perd le droit d'avoir des relations avec elles *(raison juridique :* le maître conserve la propriété du corps de son esclave ; mais le mari en a légalement l'usufruit). Les pénalités pour adultère et fornication sont aussi sévères pour l'homme que pour la femme consentante (la femme non consentante n'est jamais poursuivie). Dans la pratique, la polygamie tombe en désuétude (en Égypte, moins de 4 % des foyers musulmans) et la majorité des musulmans n'ont qu'une épouse. Cependant, il leur est facile d'obtenir le divorce par simple répudiation. Les femmes peuvent aussi demander le divorce, lequel, toutefois, a été désigné par le Prophète « de toutes les choses permises celle que Dieu déteste le plus ».

• **Peines légales. 1°) Définies par le Coran ou les Hades (Hadd). Lapidation.** Châtiment réservé primitivement aux sacrilèges, et d'origine prébiblique. La Bible (Deutéronome) l'a appliqué à d'autres crimes (par ex. : violation du sabbat, adultère de l'épouse, infidélité d'une fiancée, rébellion d'un enfant contre ses parents). Le Coran n'en parle pas expressément, réservant la peine capitale aux incroyants et aux idolâtres. Mais la sourate 6/90 l'entérine implicitement, en déclarant que les lois des anciens prophètes non abrogées par le Coran restent en vigueur. En fait, la lapidation par preuve a été très rare en Islam, à cause de la nécessité (s'il n'y a pas aveu) de fournir 4 « témoins oculaires » (sourate 24/4). Le 4-7-1980, en Iran, 2 femmes et 2 hommes, accusés de crimes sexuels, ont été exécutés par lapidation (durée de l'exécution : 1/4 d'h.). **Cent coups de fouet.** Pour la fornication *(Zina).* **80 coups de fouet.** Pour la dénonciation calomnieuse d'adultère ; — pour la consommation de vin *(shurb).* **Mise à mort.** Pour l'apostasie. **Ablation de la main droite.** Pour le vol. **Ablation des mains et des pieds.** Pour le brigandage armé (sans meurtre). **Mise à mort par décapitation ou crucifixion.** Pour le brigandage armé avec meurtre.

2°) Représailles. Exercées par la victime (en cas de coups et blessures) ou par ses héritiers (en cas de meurtre). Consiste à faire subir au coupable le même dommage qu'il a causé (loi du talion, *Qisas*).

3°) Châtiment fixé par le juge. *Tazir : Minimum* 3 coups de fouet. *Maximum* 39.

• **Port du voile.** Les passages du Coran relatifs au port du voile *(hidjâb)* ont été diversement interprétés selon les écoles juridiques, les époques et les régions. En usage surtout en ville, les femmes prirent souvent l'habitude de se voiler strictement, mais cet usage est souvent ignoré dans les villages et chez les nomades. Le voile est souvent remplacé, de nos jours, par une coiffe cachant cou et cheveux.

Le burga (voile) cache la figure à l'exception des yeux et descend presque aux pieds ; les plus beaux étant ceux du Cachemire ; il peut être un ample vêtement de dessus de n'importe quelle couleur ou une simple bande de fine étoffe blanche cousue à un ruban qui fait le tour de la tête.

• **Prohibition des images animales et humaines.** Elle n'est pas exprimée dans le Coran, mais a été respectée même dans les pays musulmans non arabes. Les sculptures à représentation humaine, cultuelles ou profanes, restent interdites dans tous les lieux du culte.

Terminologie

• **Ayatollah.** De l'arabe *âyatullâh*, « signe de Dieu », ce titre (acquis dans une université religieuse) désigne en général chez les chiites les *mujtahids* (ceux qui sont dignes de pratiquer l'interprétation de la volonté de l'Imam caché et ont reçu de leur maître l'autorisation d'enseigner la théologie). Le rôle influent des dignitaires religieux dans le chiisme vient du fait que tout fidèle, durant l'occultation de l'Imam, doit s'en référer pour tout ce qui concerne sa conduite, au savant en matière religieuse qu'il considère comme le plus capable et le plus juste, car seuls les *mujtahids* sont en contact intérieur avec l'Imam caché. Leur prestige est renforcé par leur origine ; la plupart d'entre eux descendent du Prophète et donc des Imams.

• **Cadi.** Magistrat ou juge chargé d'appliquer la Loi de l'islam.

• **Calife.** Successeur de Mahomet, il était le chef spirituel et temporel des Croyants. Le titre signifie « vicaire » ou « lieutenant » du Prophète ; le Coran le donne à Adam (vicaire de Dieu sur Terre) et à David (lieutenant de Dieu). Dignité élective ; condition d'éligibilité (remplie de 632 à 1517) : appartenir à la tribu de Quraych, dont est originaire Mahomet. Après 1517, le califat a passé aux Turcs ottomans ; la succession se faisant à l'intérieur de la famille califale ; l'élection était souvent la sanction symbolique d'une prise de pouvoir forcée.

Premiers califes. Abou Bekr (apr. 550-634 ; calife en 632), beau-père de Mahomet, qui se fait appeler

Khalifa Raçoul Allah (le successeur de l'envoyé de Dieu). Son choix avait mis aux prises les Quraychites émigrés à Médine (dont il était le chef avec Omar) et les Médinois qui avaient accueilli et soutenu le Prophète. Surnommé *As-Siddik,* « le Véridique ».

Omar (634), autre beau-père de Mahomet, qui conquiert la Perse, la Syrie et l'Égypte, puis prend le titre d'émir des Croyants (voir ci-dessous). Mort assassiné en 644.

Othmân (644), conquiert l'Abyssinie (647) et la Transoxiane ; assassiné en 656.

Ali (656), gendre de Mahomet, époux de Fatima. Contesté par le gouverneur de la Syrie, Mu'âwiya (cousin d'Othmân), qui lui reprochait de ne pas avoir puni les assassins de celui-ci, il est sur le point de le vaincre à Siffîn (657), quand il accepte un « arbitrage » qui le dépossède du trône (cet arbitrage, rendu par 2 personnes qui n'étaient pas d'accord, ne trancha rien et laissa la guerre se continuer). Assassiné en 659, par Abdur-Rahman ben Muljam, qui, dans l'intérêt de la communauté, voulait supprimer à la fois Mu'âwiya et Ali. Seul Ali fut tué.

Hassan (660). Dégoûté de l'indiscipline de son armée, démissionne en faveur de Mu'âwiya. Meurt empoisonné.

Mu'âwiya Ier (661-80). Gouverneur de Syrie, conteste l'élection d'Ali. Sur le point d'être battu à Siffîn, propose de faire rendre un arbitrage par un représentant de chacun des 2 camps. Cet arbitrage n'aboutit pas et la guerre continue. Elle se termine finalement par un partage, chaque adversaire gardant les territoires qu'il contrôlait. Après l'abdication d'Hassan, fils et successeur d'Ali, Mu'âwiya devient calife de tout l'empire islamique, installe sa capitale à Damas et, pour éviter les guerres de succession, suit l'exemple d'Ali et nomme son propre fils (Yazid) comme prince héritier [dynastie des *Omeyyades* qui comptera 14 membres jusqu'en 749 ; + 57 m. en Espagne de 755 à 1492 (califats de Cordoue et de Grenade)].

Autres califes. En 750, les *Abbassides* (descendants de Al Abbas, oncle de Mahomet) supplantent les Omeyyades et s'installent à Bagdad (37 califes jusqu'en 1258). En 1258, chassés par les Mongols, ils se réfugient en Égypte. En 1517, les Turcs conquièrent l'Égypte et leur sultan prend le titre de calife (29 califes turcs à Constantinople de 1517 à 1924).

En 909, des Chiites ismaéliens (voir p. 523 b), descendants du calife Ali, assassiné en 659, fondent la dynastie Fâtimide à Mahdia (Tunisie actuelle). En 969, ils conquièrent l'Égypte et fondent Le Caire (14 califes au Caire jusqu'à la destruction de leur califat par Saladin en 1171 ; Saladin et ses successeurs ont reconnu le califat des Abbassides).

Le président turc Mustapha Kemal abolit le califat en 1924. En 1939, le roi d'Égypte Farouk essaya, sans succès, de le rétablir.

• **Émir.** Amir al Mouminin (déformé au Moyen Age en *Miramolin*), titre signifiant Commandeur des Croyants, pris par Omar, puis porté par les califes abbassides et les sultans jusqu'en 1924. Le titre d'émir fut aussi décerné à des chefs locaux ou à des officiers. Actuellement, il est porté par le roi du Maroc.

• **Imam.** *Chez les chiites,* titre désignant le chef spirituel et temporel de la communauté. Il est porté par les descendants de Ali, 1er imam, et de Fatima, la fille du Prophète, jusqu'au 12e imam, l'imam caché pour les Duodécimains. Les imams sont considérés comme les dépositaires du sens secret de la Révélation coranique et comme les successeurs légitimes du Prophète.

Chez les sunnites, il désigne celui qui est chargé de conduire la prière et il est parfois attribué à une autorité religieuse éminente (les fondateurs des quatre rites sunnites, etc.). Les imams guidant la prière sont généralement des laïcs choisis pour leur intégrité et leur dévotion, et souvent anciens élèves d'une école ou d'une université islamique. L'imam khâtib préside la prière du vendredi.

• **Marabouts.** Descendants de saints (soufis), qui, dans certains pays, héritent de l'influence spirituelle de leurs ancêtres (baraka), influence dont ils ont parfois abusé à des fins non spirituelles, ce qui a déclenché contre eux la réaction des réformistes.

• **Mirzas.** Descendants du Prophète par leur mère (voir ci-dessous, sayyeds). Env. 500 000.

• **Mufti.** Jurisconsulte et, dans certains pays, fonctionnaire religieux (ex. : Algérie, Jordanie). Le Grand Mufti est le conseiller spirituel d'une région (ex. : celui d'Alger ou de Paris).

• **Oulémas** *(Ulamâ).* « Savants » en sciences religieuses, docteurs aptes à interpréter la Loi divine ou *Chari'a.*

• **Sayyeds.** Dans le monde indo-iranien et particulièrement chez les chiites, désigne l'aristocratie par le sang des descendants en ligne masculine de la famille du Prophète. Il est l'équivalent de l'arabe *Sayyid,* « seigneur » et de l'algérien *sidi,* « monsieur », qui a donné le nom du Cid. La graphie adoptée par Voltaire (séide) a pris en français le sens de « partisan fanatique ». Chez les sunnites, ce terme est l'équivalent de *chérif* (pluriel *chorfa*) ou « noble ».

L'Islam contemporain

Tendances historiques

• **Chiisme.** Constituant le « parti *(chi'at)* d'Ali », groupe près de 10 % des musulmans du monde. Constituèrent un groupe séparé pour des raisons plus politiques que religieuses, estimant que la succession de Mahomet aurait dû revenir, non aux 3 premiers califes Abu Bakr, Omar et Othmân reconnus par les sunnites mais à Ali (époux de Fatima), son cousin et son gendre. Pour Ali, ils ont combattu à Siffîn (657), contre Mu'âwiya. Après « l'arbitrage qui a, par subterfuge, dépossédé Ali [et qui n'a rien tranché, n'étant pas unanime (Ali a gouverné jusqu'à sa mort les territoires qu'il contrôlait)], ils continuèrent à soutenir celui-ci contre les Omeyyades, en lui donnant le titre d'« imam », équivalent de calife pour les chiites.

Après la mort d'Ali, ses partisans se rallièrent à ses fils Hasan (2e *imam*) et Husayn (3e *imam*). Ce dernier tué par les Omeyyades à Kerbela (Irak, 680) est vénéré comme un martyr par les chiites qui commémorent annuellement ce jour de deuil. Le souvenir de cet événement, ajouté à l'idée que le pouvoir légitime ne saurait émaner que d'un *imam* descendant du Prophète par sa fille épouse d'Ali, a entretenu dans le chiisme un élément de douleur et de tristesse et une certaine méfiance envers tout gouvernement séculier.

Les chiites ont leur propre école juridique (djafarite) ; ils vénèrent les *imams* issus d'Ali et croient généralement que le dernier de la lignée a été temporairement caché ; ils attendent la réapparition de l'« imam caché » à la fin des temps. Cependant ils se répartissent en différents groupes qui divergent quant au nombre des *imams.*

Duodécimains ou **imamites.** Secte dominante en Iran, fortement représentée en Irak, formant d'importantes minorités au Liban, en Afghanistan, au Pakistan et en Inde ; croit à 12 *imams.* Le 11e, Hassan al-Askari, descendant direct d'Ali II (4e imam, fils du 3e), épouse une princesse chrétienne convertie, Nargis Khatum, fille de l'empereur de Byzance. Son fils, le 12e, Muhamad al Mahdi, ou Imam al Mahdi, décide de « s'occulter » en 873, dès la mort de son père. D'après la prophétie, il devait être le *mahdi,* c.-à-d. le calife bien guidé, dont le retour (ayant lieu en même temps que celui du prophète Jésus) inaugurera une ère de justice et de bonheur. La plupart des chiites croient qu'il n'est pas mort et qu'il reviendra lui-même quand les Temps seront accomplis, d'où le nom de *chiites duodécimains* (Mahdi ou 12e Imam), qu'ont pris ses partisans [*imâmiya* (« ceux qui croient en 12 imams »)].

Ismaéliens ou **septimaniens** (Inde, Pakistan, Turquie, Afrique orientale) reconnaissent 7 *imams* (le 7e était Ismaïl, fils du 6e imam). Ils comprennent plusieurs branches divergeant sur des points de doctrine, notamment celles des *nizaris* (v. ci-dessous), et des **nusaïris** ou **alaouites** de Syrie.

Zaïdites (partisans de Zaïd fils cadet du 4e imam, Ali Zayn al-Abidin), chiites modérés plus proches des sunnites, majoritaires dans le haut Yémen, croient à 5 *imams.*

Ismaéliens nizârites (15 000 000 au Pakistan, Inde, Syrie et Soudan). Leurs chefs descendent du 46e imam, l'Agha Khan Ier (1800-81), lui-même descendant d'Ali et des anciens rois de Perse, qui établit son autorité sur les ismaéliens de l'Inde. Il a été enterré en Égypte. Son petit-fils Agha Khan III (Muhammad Châh, 1877-1957), conseiller privé des rois d'Angl. et fondateur de la ligue panmusulmane de l'Inde, fut l'homme le plus riche du monde (400 milliards de F) : pour son 60e anniversaire, il a reçu de ses fidèles son poids en platine et en diamants ; il possédait une écurie de course renommée. Il obtint en 1919 que Constantinople ne soit pas rendue aux Grecs, mais laissée aux Turcs musulmans. En 1944, il épousa la Française Yvette Labrousse (miss France 1930), connue comme la *Bégum* (la femme de l'agha), mais dont le titre officiel était *Mata Salamat* (que vive la Mère). Il nomma comme successeur (49e imam) son petit-fils Karim (n. 1936 ; actuellement Agha Khan IV), en déshéritant le père de celui-ci, Ali Khan (1911-60), époux divorcé de l'actrice Rita Hayworth (épousée en 1949). Agha Khan IV a épousé une Anglaise, Sarah Chrichton Stuart (Begum Salima). En 1967, il a créé à Genève une fondation humanitaire (hopitaux, écoles en Inde, Pakistan, Kenya), dont le budget (30 milliards de $ en 1981) est alimenté par la « didar », contribution en espèces versée par chaque fidèle. Il a racheté pour 41 millions de F l'écurie de course Boussac. Mais, pour son jubilé en 1982, il n'a pas reçu l'équivalent de son poids en platine (tradition perdue).

• **Kharedjisme** (de *kharadja,* « sortir »). Secte des « sortants » qui, dès 657, se séparèrent de la communauté musulmane après être entrés en dissidence avec Ali, 4e calife, à qui ils reprochaient sa compromission avec Mu'âwiya, fondateur de la dynastie omeyyade, lors de l'« arbitrage » de Siffîn. Leur communauté, connue pour son rigorisme, s'est perpétuée dans le cadre de la secte ibadite (remontant à Abdallâh ibn Ibâd, VIIe s.). Ceux-ci fondèrent en 761 à Tahert, la « Purifiée » (à 9 km de Tiaret, Algérie), une communauté prospère, la seigneurie *rostémide* (détruite en 909), dont les continuateurs sont les actuels *Mzabites.* Survivances à Mascate, Zanzibar, Djerba (Tunisie), Mzab (Algérie). Env. 1 000 000 de m.

• **Soufisme. Le taçawwuf,** généralement traduit par « soufisme », désigne le mysticisme de l'islam avec ses aspects spirituels et ésotériques. Il se fonde essentiellement sur le Coran et la *sunna* (tradition) du Prophète et de ses compagnons, représentant un approfondissement et une intériorisation de l'islam, contrairement à une opinion souvent exprimée selon laquelle il aurait résulté d'influences étrangères. Ses manifestations distinctes de la piété ordinaire datent du Ier s. de l'Hégire et il n'a cessé depuis lors de constituer un ferment spirituel et une source de ferveur dans toutes les régions du monde musulman, où pratiquement tous les saints dont on vénère la mémoire et dont on visite les tombeaux furent des soufis. Le soufisme entra néanmoins en conflit avec les autorités religieuses, notamment à Bagdad sous les Abbassides où un grand mystique comme Hallâdj (Xe s.) fut jugé hétérodoxe et mis à mort. Puis, surtout depuis Ghazâlî (XIe s.), le soufisme se réconcilia avec l'orthodoxie officielle et connut un développement dans la plupart des terres d'Islam.

Les soufis sont généralement groupés en confréries [parmi les plus importantes : la *Qâdiriya* issue d'Adbal-Qadîr al-Djîlânî (XIIe s.), saint patron de Bagdad, répandue dans le monde musulman tout entier ; la *Châdhiliya* fondée par Abou'l-Hasan ach-Châdhilî (XIIIe s.) qui a de nombreux adhérents en Afrique du N. et au Proche-Orient ; et la *Mawlawiya* remontant à Djalâl ad-Dîn Rûmî (XIIIe s.) célèbre par la danse cosmique des « derviches tourneurs »]. La pratique la plus caractéristique des confréries est le *dhikr,* ou « souvenir » de Dieu, sous forme d'invocations, de litanies ou de danses sacrées. Parfois dégénéré pour n'être plus que maraboutisme ou fakirisme, le soufisme a aussi été mêlé, en quelques occasions, à des mouvements politiques.

• **Sunnites ou orthodoxes.** Mettent l'accent sur la fidélité à la tradition *(sunna)* et se considèrent comme orthodoxes par rapport au chiisme. Ils reconnaissent les 4 premiers califes comme légitimes (Abou Bekr, Omar, Othman, Ali) et désignent le successeur du Prophète (calife) par investiture *(Bai'a).* Partisans de l'élection. Divisés en 4 écoles juridico-théologiques (Voir Fiqh p. 521 a).

Tendances récentes

• **Ahmadiya** (secte de l'*Ahmad* ou *Mahdi*). Mouvement dissident ; fondé le 23-3-1889 parmi les sunnites hanafites de Qadiyân (Inde) par le Hazrat Mirza Ghulam Ahmad [(1835-1908) qui se présentait comme un *mujaddid* (rénovateur et réformateur) ; puis affirma être le Mahdi promis ou même Jésus, sauvé de la Croix] ; veut attirer vers l'islam les fidèles du christianisme et de l'hindouisme (continue à suivre le rite musulman hanafite).

Missions actives en Europe et en Afrique noire. Quelques milliers de m., dont 1 000 en G.-B. (chef : Imam Rafik). *Adresse en Europe :* 76, avenue du Panthéon, Boîte 5 1080 Bruxelles.

• **Frères musulmans** *(Al-Ikhwân al-muslimûn).* Association créée en Égypte en 1928 par l'instituteur Hassan al-Bannâ. Quoique inspirée par la *Salafiya;* elle n'est pas seulement théorique, mais veut mettre en pratique ses idées et s'adresse à toutes les catégories sociales, gagnant à sa cause une bonne partie de la jeunesse. Visé à lutter contre toute emprise étrangère dans les pays musulmans et à retourner aux sources de la religion du Prophète. Rejette toute imitation du modèle occidental, origine de la corruption et de la déchéance du monde musulman. Veut édifier une société islamique idéale, grâce à un « socialisme » : « pas de Constitution si ce n'est le Coran » : la *choura* (conseil) dont les membres représentent la communauté et élisent le chef de l'État, contrôle ses actes et légifère avec lui. Abolition de la prostitution, interdiction des écoles mixtes, etc. Organisation de la *zakât* (aumône publique) et de la propriété privée, interdiction de l'usure. Lutte contre les fausses confréries, limitation de la polygamie, liberté vis-à-vis des écoles juridico-théologiques.

Dès 1932, l'organisation se politise et, grâce à ses multiples cellules implantées notamment en Égypte, devient une force importante menaçant le régime qui décrète sa dissolution en 1948. Les Frères répliquent par l'assassinat du Premier ministre. En 1949 (12-2), Al-Bannâ est tué à son tour, mais la confrérie continue une vie clandestine. 1951, elle reprend ses activités au grand jour. 1952, les « Officiers libres » de Néguib et Nasser, en contact avec les Frères, prennent le pouvoir et cherchent leur collaboration. Mais, déçus dans leurs espoirs de voir instauré un régime islamique, les Frères attaquent le gouvernement, l'attentat contre Nasser marquant l'ouverture de la lutte (oct. 1954). Le pouvoir dissout la confrérie, arrête des membres frères et ordonne des exécutions spectaculaires (en 1954, 66, 74, 78, 80 et 81). Cependant l'Association continue de se manifester, souvent avec violence (1981, affrontements au Caire avec les Coptes : 14 morts, 54 blessés ; assassinat du président Sadate imputé aux Frères).

Le succès de ces doctrines fondamentalistes vient du fait que le modernisme et les idéologies nationaliste, libérale, socialiste importées ont échoué. Pour les jeunes et les intellectuels, l'islam et les mouvements s'en réclamant, paraissent alors la seule solution à leurs problèmes.

Pour la plupart des peuples du tiers monde qui estiment perdre leur âme par une modernisation excessive, l'islam apparaît comme faisant cause commune avec celle du tiers monde.

• **Salafiya.** Courant réformiste né au XIXe s., se réclamant des pieux « ancêtres » *(salaf)* et d'un certain modernisme, pour revivifier un Islam en « stagnation » face à un Occident dynamique et puissant. Après l'Iranien Djamal al-Dîn al-Afghânî, partisan du panislamisme, l'Égyptien Muhammad Abduh (1848-1905), son disciple, élabora un réformisme théologique et culturel. Il épura l'islam, combattant superstitions et culte des saints en prêchant le retour à la foi originelle. Il chercha à développer l'enseignement des sciences occidentales et de l'histoire.

Son œuvre fut poursuivie dans un sens plus nationaliste arabe par Rachid Ridâ (m. 1935) qui, au moyen de la revue *Al-Manâr* (« Le Phare »), propagea les idées de la *Salafiya* dans les pays arabes (Maghreb, mouvement réformiste des oulémas algériens) et au-delà (Inde, « Ahl-il-Hadith » combattant les superstitions ; Indonésie, « Mohammadiya », 1912, œuvrant à approfondir l'islamisation du pays). Il en résulta la création d'universités modernes.

• **Sanûsiya.** Fondée en 1837 à Mazouka (Alg.) par Muhammad Ibn-Ali as-Sanûsi (1787-1859) qui a émigré ensuite en Libye, c'est la moins mystique des confréries soufies. Marquée par le wahhabisme, elle a lutté pour le retour aux sources de la foi et a combattu contre la pénétration italienne en Libye où se trouvait le centre de l'ordre des Sénoussis dont le chef était à la tête d'un empire s'étendant jusqu'en Afrique centrale. Le chérif Idris, petit-fils du fondateur, fut défait par les Italiens en 1931, avant de devenir roi de Libye quand celle-ci fut indépendante (1951). Il fut renversé en 1969 par la révolution du colonel Khadafi.

• **Wahhabisme.** Mouvement religieux réformiste fondé en Arabie par Muhammad ibn Abd al-Wahhâb (1703-91). Influencé par l'école hanbalite, il s'éleva contre des pratiques répandues mais jugées incompatibles avec la pureté de la religion et considérées comme des innovations *(bid'a)* blâmables, telles que le culte des saints et la visite de leurs tombeaux. Il s'attaqua aussi aux philosophes, aux soufis et aux chiites, accusés également d'avoir introduit des innovations dans l'Islam, et prêcha une foi rigoriste et une interprétation littérale de la *Charî'a.* Au XIXe s. l'émir Muhammad ibn Saoud, gagné à la cause wahhabite et désireux de la répandre dans le monde musulman, entraîna ses guerriers à la conquête de l'Arabie, alors sous domination ottomane. Il réussit à la soumettre presque entièrement, puis il parvint à Bagdad et à Damas, mais fut vaincu par le calife. Le wahhabisme restait toutefois vivace et c'est en son nom qu'Ibn Saoud fonda le royaume d'Arabie saoudite en 1932 et depuis, c'est la doctrine officielle de l'État, dont le Coran est la constitution et la *Charî'a* la loi. Mais, étant donné les contacts sans cesse croissants du royaume avec le monde extérieur, la rigueur du wahhabisme tend à se tempérer.

Déclaration islamique universelle des Droits de l'homme. Proclamée officiellement le 19-9-1981, à Paris (Unesco) par Salem Azzam, secrétaire général du Conseil islamique. Composée de 23 articles, elle ne doit, en principe, être transgressée par aucun gouvernement islamique. Outre le droit de tout être humain à la vie, sont reconnus les droits à la liberté ; à l'égalité et à la prohibition de toute discrimination ; à la justice ; à un procès équitable ; à la protection contre l'abus de pouvoir et contre la torture ; à l'honneur et à la réputation ; à la liberté de déplacement et de résidence, ainsi que les 13 droits politiques et sociaux suivants : droit d'asile, droit des minorités, droit et obligation de participer à la conduite et à la gestion des affaires publiques, droit à la liberté de croyance, de pensée et de parole, droit à la liberté religieuse, droit de libre association, droits découlant de l'ordre économique, droit à la protection de la propriété, statut et dignité des travailleurs, droit à la sécurité sociale, droit de fonder une famille, droit de la femme mariée, droit à l'éducation et droit à la vie privée.

Lieux saints principaux

Communs. La Mecque (plus de 2 000 000 pèlerins en 1981), Médine, Jérusalem. **Chiites.** Meshed (Iran), Nadjaf, Karbala, Kazimeyn (Irak).

Universités islamiques principales

Afghanistan : Fac. de théologie de Kaboul (fondée 1856). **Algérie :** Univ. Abdelkader à Constantine (f. 1983). **Égypte :** Univ. Azhar du Caire (f. 973, réformée 1936 ; Fac. de théologie 1945, de droit musulman 1946). **Inde :** Univ. Dârul-aboum Deoband (f. 1870). **Iran :** Meshed (bibl. XVe s. ; univ. 1939). **Maroc :** Univ. Qaraouyine à Fès (f. IXe s., réf. 1936). **Pakistan :** Univ. islamique d'Islamabad (f. 1980). **Syrie :** Univ. de Damas (f. 1920). **Tunisie :** Univ. Zaytouna de Tunis, école coranique (f. Xe s.), et la Kaldounia (f. 1896) à Tunis. **Turquie :** Fac. de théologie d'Ankara (f. 1949).

Statistiques

Les musulmans dans le monde 1978-83

Population musulmane en millions, % par rapport à la pop. totale du pays. Tendance : c : chiite, s : sunnite, z : zaidite. Monde arabe. Afrique. Algérie 20 (95 %) s. Bénin 0,3 (10). Botswana 0,001. Burundi 0,05 (1,5). Cameroun 1 (14). Cap Vert néant. Centrafricaine (Rép.) 0,2 (6,5). Comores 0,3 (99). Congo 0,005. Côte-d'Ivoire 1,7 (23). Djibouti 0,2 (92). Égypte 41 (90) s. Émirats arabes Unis 0,75 (68) s. Éthiopie 11,5 (40). Gabon quelques milliers. Gambie 0,4 (85). Ghana 1,2 (12). Guinée 4,4 (75). Guinée-Bissau 0,2 (33). Guinée équatoriale quelques milliers. Haute-Volta 1,8 (30). Kenya 0,8 (6). Lesotho quelques centaines. Liberia 0,4 (26). Libye 3 (99) s. Madagascar 0,4 (5) Malawi 0,6 (12). Mali 4,4 (70). Maroc 9,3 (99) s. Mauritanie 1,5. Mozambique 1,3 (15). Namibie néant. Niger 4 (85). Nigéria 28 (36). Ouganda 0,6 (5). Réunion quelques milliers. Rhodésie-Zimbabwe quelques milliers. Rwanda quelques milliers. Sao Tomé et Principe néant. Sénégal 4,3 (84). Sierra Leone 1,5 (50). Somalie 3,2. Soudan 13,2 (75) s. Sud-Africaine (Rép.). 0,4 (1,5). Swaziland (Ngwane) néant. Tanzanie 5,2 (33). Tchad 2,2 (53). Togo 0,2 (10). Tunisie 5,9 (92) s. Zaïre 0,3 (1,25). Zambie quelques milliers. **Asie arabe.** Arabie Saoudite 9,3 (99) s. Bahrein 0,34 (95) c. 55, s. 40. Irak 12,9 (96) c. 70. Jordanie 3,1 (94) s. Koweït 1,2 (95) s. Liban 1,6 (1) c. 60. Oman 0,81 (99) s. Qatar 0,22 (88) s. Syrie 8 (87) s. Yémen du N. 5,5 (99) z. Yémen du S. 1,7 (99) s. **Asie non arabe.** Afghanistan 15,8 (99) s. majorité, c. 20. Bangladesh 80 (85) s. Birmanie 0,3 (8) s. Chine 20 (2) s. Chypre 0,1 (18) s. Inde 80 (12) s. Indonésie 135 (90) s. Iran 32,8 (98) c. 97. Israël 0,3 (8) s. [intérieur : Palestiniens ; Cisjordanie et Gaza : 0,7 (80)]. Malaisie 7,2 (50) s. Pakistan 82 (97) s. 75. Philippines 2,4 (5) s. Sri Lanka 1,2 (8) s. Thaïlande 2 (4) s. Turquie 44,8 (98) s. **Europe orientale.** U.R.S.S. 45 (16) s.

Europe (en millions). Albanie 1,5, Bulgarie 1, *France 2,* Grèce 0,27, Turquie 40, Yougoslavie 3,5. **Total Islam** (1982). *Évaluation Encyclopaedia Britannica :* 588. *Missi :* 745.

Chiites (1980, en millions). Iran 33, Inde 17, Pakistan 15, Afghanistan 7,2, Irak 4,8, Liban 1,1 ; total 78,1. *Non islamiques :* U.R.S.S. 2, autres 5,4.

Nota. — L'islam progresse en Afrique noire, au détriment du christianisme, depuis la décolonisation. Les conversions de Noirs chrétiens à l'Islam sont fréquentes. Les conversions d'animistes se font plus vers l'islam que vers le christianisme.

Agents de l'islamisation : marabouts locaux ; confréries sociales et professionnelles ; centres éducatifs (notamment mosquées des villes). *Transformations sociales :* adoption de prénoms musulmans ; écoute des émissions arabes ; alliance entre groupes sociaux musulmans et rejet des païens (Kâfirs) ; restructuration des familles.

Les musulmans en France

Historique. *VIIIe s. :* installation de Musulmans dans le Sud de la Fr. : mosquées (Narbonne), villes et forteresses (Carcassonne), influences sur l'art et la culture. *VIIIe-XXe s. :* éclipse. *XXe s. :* début de l'immigration massive. *1984 :* Maghrébins recensés 1 416 000 (dont Algériens 796 000, Marocains 431 000, Tunisiens 189 000) ; Turcs 124 000 ; Africains (en majorité Sénégalais et Maliens) 138 000 ; Yougoslaves 64 000 ; env. 400 000 naturalisés fr. de confession islamique, env. 40 000 convertis à l'Islam. Culte subventionné par l'Arabie Saoudite (15 millions de F annuels).

Mosquées et Imams de France (il n'y a pas de hiérarchie religieuse en Islam). 431 lieux de cultes (60 départements) : salles de prières ou mosquées (région parisienne, Lyon, Nord-Est, Midi). **Paris :** 23 mosquées ou salles de prières dont les plus importantes : *Grande Mosquée de Paris,* 2, place du Puits-de-l'Ermite, 75005 ; Gd Mufti : Sheikh Abdel Hamid Amer ; l'Institut musulman de Paris qui en dépend était à l'origine un mémorial des musulmans d'Outre-Mer tués à la guerre de 1914-18, son administration avait été confiée à la Sté des Habous et des Lieux saints de l'Islam, créée en 1917 à Alger par le gouvern. français ; actuellement, doté d'un statut international ; recteur de l'Institut (dep. 1982) : Cheikh Abbas Bencheikh-el-Hocine (n. 1911). *Mosquée Da'wa,* 39, rue de Tanger, 75019. *Mosquée Al Fath,* 53, rue Polonceau, 75018. *Mosquée Omar Ibn al Khattab,* 79, rue J.-P. Timbaud, 75011. *Union islamique en France* (Turcs), 64, rue du Fg-St-Denis, 75010. **Banlieue :** env. 100 mosquées ou salles de prières dont les plus importantes : *Mantes-la-Jolie* (78), imam : Idaoudi Omar ; *Asnières* (92), imam : Ahmed Khattab ; *Clichy* (92), *Nanterre* (92) ; *St-Denis* (93) ; *Les Mureaux* (78). **Province :** env. 300 dont les principales : *Marseille* (9, av. Camille-Pelletan, 13001), *Reims, Lille, Roubaix, Clermont-Ferrand, Strasbourg, Mulhouse, Lyon* et banlieue (env. 30) (119, rue Baraban, 69200), *Dijon, Bordeaux, Nantes, Laval.*

Centres de conférences : 5. *Association des étudiants islamiques en France :* 23, rue Boyer-Barret, 75014 Paris. *Amicale des Musulmans de France :* 59, rue Claude-Bernard, 75005 Paris. *Bureau de Paris de la Ligue islamique mondiale :* 22, rue François-Bonvin, 75015 Paris. *Centre culturel et religieux chiite en Europe :* 16, av. du Pt-Kennedy, 75016. Paris (Imam : Mehdi Rouhani). En projet : St-Étienne.

Foi Baha'ie

Origine. 2 fondateurs (iraniens chiites) : *Mirza Ali Muhammad* (1819-50, fusillé) dit le *Bab* (la Porte), fondateur d'un mouvement réformiste, le babisme, qui annonçait la venue d'un grand prophète ; exécuté par ordre du Chah avec 20 000 de ses disciples ; enseveli au sommet du Mt Carmel, près de Haïfa (Israël), devenu le Lieu saint de la foi Baha'ie. *Mirza Husayn-Ali* (1817-92), dit *Baha'u'llah* (la Gloire de Dieu), qui déclara en 1863 être la grande manifestation de Dieu annoncée par le Bab. Exilé à St-Jean d'Acre jusqu'à sa mort et enseveli au manoir de Bahji à la sortie de St-Jean d'Acre.

Caractéristiques. Religion mondiale indépendante. Baha'u'llah, soutient que son message est directement une révélation de Dieu.

La vérité religieuse n'est pas absolue, mais relative, la révélation divine est un processus continu et progressif, toutes les grandes religions sont divines dans

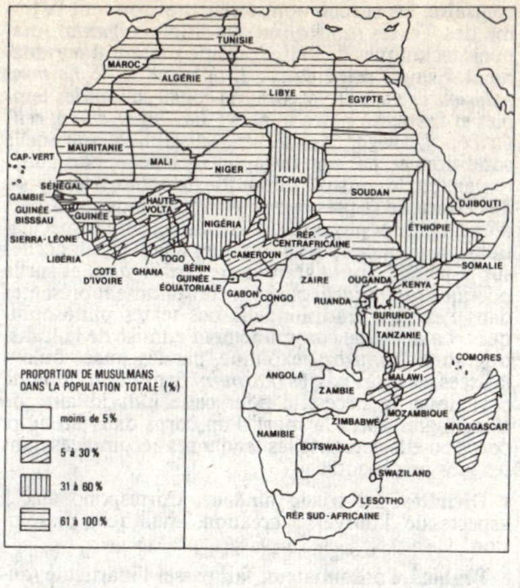

leur origine, leurs principes sont en complète harmonie, leurs buts et objets sont les mêmes.

La Foi soutient l'éducation obligatoire, abolit prêtrise et pratiques d'ascétisme, de mendicité et de monasticité, prescrit une stricte obéissance au gouvernement de chaque pays, la monogamie, la chasteté et la décence ; décourage le divorce et encourage la vie de famille, élève au niveau d'adoration le travail accompli dans un esprit de service.

Statistiques. Assemblées spirituelles nationales (1985) : 148. Nombre de localités où résident des Baha'is : 15 901. Nombre de pays indépendants représentés : 173. Territoires et îles importantes : 190.

Centre à Paris : 45, rue Pergolèse, 75016.

Nota. — Persécutions en Iran. L'islam chiite iranien n'a jamais accepté la proclamation, en 1844, de l'indépendance religieuse des Babis, puis des Baha'is, et les traite en hérétiques à exterminer. L'islam sunnite, en 1925 et 1939, a banni de l'islam la communauté baha'ie pour « apostasie » et décrété qu'elle constitue une communauté non musulmane indépendante, ayant ses croyances, son statut et ses règles hors de l'islam ; elle a fini par tolérer le « fait baha'i », mais ne peut l'admettre en tant que nouvelle religion indépendante puisqu'il est tenu de croire qu'aucune religion ne doit succéder à celle de Mohamed, le Sceau des Prophètes.

Avant 1978. Législation d'exception antibaha'ie (confiscation d'immeubles, impôts spéciaux, interdiction de réunions etc.), provoque des exactions populaires violentes (viols, rapts, assassinats, incendies, pillages) impunies. Les Baha'is ont demandé 2 fois la protection de l'O.N.U. (1955 et 56).

Après la Révolution (1978) les immeubles sont détruits (notamment la maison du Bab, en nov. 1979) ; les B. de la 1re génération sont torturés, condamnés à mort et exécutés. *Dep. juin 83 :* total des exécutions : 198.

Grandes religions d'Asie

Religions bouddhiques

Bouddhisme indien

• **Sens du mot « Bouddha ».** Sanskrit : « éveillé ». Titre donné à l'ascète indien Gautama qui s'était « éveillé » à la Vérité, découvrant alors la réalité cachée aux yeux des hommes par le voile épais de l'ignorance. L'Éveil *(bodhi)* est le but visé par tout *bodhisattva* [« être (recherchant) l'Éveil », c'est-à-dire futur *bouddha*].

• **Origine.** Gautama, surnommé Çâkyamouni, « Sage (de la tribu) des Çâkya », vécut de 560 à 480 env. av. J.-C. dans le bassin moyen du Gange, prêchant la doctrine de salut qu'il avait découverte, accompagné des ascètes « mendiants » *(bhikshou)* ses disciples, organisés en Communauté *(samgha).*

Grâce à la conversion et au zèle de l'empereur Açoka (milieu du IIIe s. av. J.-C.), le bouddhisme se répandit dans le sous-continent indien et à Ceylan. Plus tard, il atteignit Sud-Est asiatique et Insulinde par la mer, Asie centrale, Chine (IIe s. apr. J.-C.), Corée, Japon (VIe s.), Tibet (VIIe s.) et Mongolie (XIIIe s.) par voie de terre. Partout, il sut s'adapter aux cultures et mentalités. En Inde, il fleurit jusqu'au VIIIe s., puis déclina et disparut après le XIIIe s.

• **Doctrine fondamentale** *(dharma).* Repose sur 2 croyances indiennes prébouddhiques : 1° Tous les êtres vivants renaissent après la mort et chacun d'eux traverse ainsi une série indéfinie d'existences parmi les hommes, les dieux, les animaux et les damnés. 2° Chacune de ces renaissances, sa part de bonheur ou de malheur, est déterminée par la valeur morale des actes accomplis dans les vies précédentes, selon une justice immanente, automatique et inéluctable.

La doctrine proprement bouddhique a pour bases les 4 Vérités saintes découvertes par Gautama lors de l'Éveil : 1° Toute existence est par nature pénible et décevante, même celle des dieux. 2° L'origine de ce malheur est la soif d'exister, qui conduit à renaître. 3° La cessation de cette soif entraîne celle de la renaissance et par là celle du malheur inhérent à l'existence. 4° Cette cessation, donc la Délivrance du cycle des renaissances et des souffrances, est obtenue en suivant la sainte Voie *(mârga)* aux 8 membres, c.-à-d. par la correction parfaite des idées, des intentions, des paroles, des actes, des moyens d'existence, des efforts, de l'attention et de la concentration mentale.

Le terme de cette Voie est appelé « Extinction » *(nirvâna)* des passions, des erreurs et des autres facteurs de renaissance. C'est un état de sérénité imperturbable qui dure jusqu'à la mort du saint, après laquelle celui-ci ne renaît plus jamais nulle part.

La Doctrine enseigne en outre que tout, êtres et choses, est transitoire, changeant, composé d'éléments eux-mêmes en perpétuelle transformation, soumis à un rigoureux enchaînement de causes et d'effets. Tout a un commencement, une durée variable et une fin, il n'y a que des séries de phénomènes évoluant plus ou moins rapidement, et par conséquent il n'existe ni âme immortelle ni Dieu éternel, omnipotent et créateur.

La Voie de la Délivrance ne peut guère être suivie jusqu'au bout que par les ascètes mendiants *(bhikshou)* soumis à une discipline fort austère. Ces ascètes ou « moines » bouddhistes doivent pratiquer avec constance des exercices variés, appelés en général « méditations » *(dhyâna)* et apparentés au *yoga,* qui sont destinés à affaiblir et à supprimer les erreurs et les passions, à obtenir la vision parfaitement claire de la réalité et enfin la sérénité parfaite du *nirvâna.*

Les ascètes subsistent grâce aux aumônes de nourriture et de vêtements des fidèles laïcs, lesquels s'engagent en outre à s'abstenir comme les moines du meurtre de tout être vivant, de vol, de luxure, de mensonge et de l'usage des boissons enivrantes.

• **Culte bouddhique.** La vénération des premiers adeptes envers le Bouddha et ses plus saints disciples s'est transformée en un véritable culte, à cause des habitudes religieuses des laïcs et parce que ses manifestations étaient regardées comme des bonnes actions permettant de renaître dans des conditions agréables, parmi les dieux ou les hommes riches et puissants.

Ce culte s'adressait d'abord au Bouddha Gautama, à sa Doctrine et à sa Communauté monastique, puis il s'étendit aussi aux divers *bouddha* qui avaient précédé Çâkyamouni et aux *bodhisattva* qui devaient lui succéder. Quant aux innombrables divinités indiennes, elles étaient considérées comme des protectrices zélées du bouddhisme et par conséquent dignes de recevoir hommages et offrandes des fidèles laïcs.

Il emprunta ses expressions au culte indien prébouddhique, en en retranchant ce qui était incompatible avec la Doctrine bouddhique et notamment avec sa morale. Rejetant les sacrifices sanglants, il consiste en divers gestes et attitudes de vénération, en offrandes de fleurs, parfums, lampes allumées, musique et chants de louanges, en audition et récitation de textes sacrés attribués au Bouddha, et en méditations. A cela s'ajoutèrent très tôt 2 éléments importants : le culte des reliques et les pèlerinages aux Lieux saints.

Dans la plupart des formes prises par le bouddhisme au cours des siècles, le culte s'est développé et compliqué, parfois jusqu'à l'exubérance, par l'adjonction de pratiques plus ou moins symboliques empruntées à l'hindouisme et relevant souvent plus de la magie que de la religion.

• **Évolution du bouddhisme indien.** Il se divise en 3 groupes principaux, dont les 2 premiers du moins sont appelés « véhicules » *(yâna)* ou moyens de progression sur la Voie de la Délivrance.

« Petit Véhicule » *(hînayâna).* Ainsi nommé par les adeptes des 2 autres, il est le plus ancien, le plus fidèle aux enseignements du Bouddha. Il a compté une vingtaine de sectes, nées la plupart avant notre ère et dont seul subsiste aujourd'hui le Theravâda, ou « Enseignement des Anciens » ; florissante à Ceylan, en Thaïlande et Birmanie comme elle l'était naguère encore au Cambodge et Laos : Littérature rédigée en pâli, langue sœur du sanskrit : concerne surtout les moines *(bhikshou),* auxquels elle enseigne la méthode à suivre pour devenir des *arhat,* hommes « méritants », c.-à-d. des saints ayant atteint le *nirvâna.*

« Grand Véhicule » *(mahâyâna).* Apparu à la fin du Ier s. av. J.-C., a produit de nombreux textes sanskrits. Exhorte ses adeptes à devenir, non pas des *arhat,* mais des *bodhisattva* en portant à leur perfection *(pâramitâ)* l'exercice des vertus, notamment en aidant et secourant les autres êtres, sans épargner leur peine ni leur vie et en retardant leur propre entrée dans le *nirvâna* jusqu'à ce que tous les autres l'aient atteint euxmêmes. La plupart de ses fidèles ont une vénération particulière pour le *bodhisattva Avalokiteçvara,* dont la compassion sans limite et toujours active leur sert de sauvegarde et modèle. D'autres vouent un culte exclusif au *bouddha* mythique *Amitâbha,* « Lumière infinie », qui accueille, dans son paradis nommé *Sukhâvatî,* tous ceux qui ont eu même une seule pensée de respect à son égard. Le Mahâyâna a enregistré des écoles de philosophie, celle des *Mâdhyamika,* fondée par Nâgârjuna (IIIe s.), démontre et enseigne que tout est « vide » *(çûnya)* de nature propre derrière le monde illusoire auquel croient et s'attachent les êtres ; celle des *Vijñânavâdin,* fondée par Asanga (fin du IVe s.), réduit tout, êtres et choses, à la pure conscience *(vijnâna)* virtuelle, vide elle-même de nature propre comme de tout contenu autre qu'illusoire. En réfutant toute forme de substantialisme, les penseurs du Mahâyâna voulaient aider leurs disciples à se détacher des objets, des passions et des erreurs en prouvant l'irréalité de ceux-ci. En soutenant la thèse de la vacuité de nature propre, intermédiaire entre l'être et le néant, ils rejetaient l'accusation de nihilisme que leur lançaient les autres philosophes indiens.

Tantrisme bouddhique appelé ainsi parce que sa littérature, en sanskrit, est constituée d'ouvrages nommés *tantra,* « fil de chaîne ». Ensemble de sectes nées du Mahâyâna à partir du VIIe s., différentes les unes des autres par leurs doctrines et leurs pratiques religieuses, où l'on note une forte influence de l'hindouisme, qui subit à la même époque une évolution parallèle. Elles se distinguent en gros du bouddhisme plus ancien par un panthéon riche et complexe et par des activités rituelles, où la symbolique et la magie exercent des fonctions déterminantes, en vertu d'un principe d'identité universelle fondé sur la doctrine de la vacuité.

Bouddhisme tibétain ou lamaïsme

• **Origines.** Forme du monachisme tibétain et mongol depuis l'introduction du Tantrisme bouddhique au Tibet par *Padmasambhava* (VIIIe s.) qui triompha de la religion autochtone, le *Bôn.* **Bonnets rouges.** Ce sont les 3 sectes les plus anciennes [Nygma-pa, fondée par Padma-Sambhava ; Sakya-pa (monastère principal), fondée par Atisha ; Kagyü-pa, fondée par le plus grand des ascètes tibétains, Milarépa] ; les 3 pratiquent le bouddhisme du grand Véhicule sous la forme du *Vajrayâna tantrique.* Groupées en monastères ou lamaseries *(gompa),* elles s'articulent en une hiérarchie sacerdotale dont le moine *(gelong)* est le centre : il est célibataire, alors que le *lama* ou *bla-ma* (érudit) peut être marié et vivre avec sa famille. Chaque gompa est dirigé par un ou plusieurs *rinpochés,* lamas réincarnés ou *tulkou,* reconnus comme tels grâce à une procédure traditionnelle.

Axée sur la réforme entreprise par Tsong-ka-pa (1356-1418). **Bonnets jaunes** ou **Gelug-pa** (« secte vertueuse »), secte la plus nombreuse (3 monastères principaux groupés à Lhassa : Debung, Sera, Galdan). Le réformateur a imposé le célibat à cette école et y a réduit l'aspect tantrique de la doctrine. Le chef spirituel des Gelug est le *dalaï-lama* (signifiant : « lama pareil à l'océan »), considéré comme une réincarnation du Bodhisattva Avalokiteçvara (« le Seigneur qui regarde en bas »). Il s'empara du pouvoir politique au Tibet (1624), cumulant ainsi pouvoirs spirituels et temporels. Il fut reconnu et anobli par l'Empereur de Chine (dynastie Tsing). Depuis, les dalaï-lamas sont considérés comme l'un des 2 pontifes du bouddhisme tibétain en Mongolie et au Tibet, le 2e étant le *tashilama* (« lama qui est un joyau »), incarnation du bouddha Amitâbha (« Lumière infinie »). *L'actuel dalaï-lama tibétain ;* Sa Sainteté Tenzin Gyatso (n. 1935, choisi par les sages 5 j après naissance, et reconnu en 1937 comme 14e dalaï-lama) s'est réfugié en 1959 à Dharamsala (Inde) avec 100 000 fidèles, après l'échec d'un soulèvement antichinois, préparé dep.

1950 ; La Chine communiste annonça la dissolution du gouvernement tibétain qu'il dirigeait. En 1964, il fut proclamé « traître ». En 1977, son adjoint, le *panchen-lama,* rallié à la Chine, l'invita officiellement à revenir au Tibet. Il a réservé sa réponse, se contentant de mener une action diplomatique en faveur du Tibet, par des voyages à l'étranger : Mongolie, Japon, U.R.S.S., États-Unis, Suisse, Italie, Espagne et (1982) France. Il a été reçu le 6-10-1982 à l'Hôtel de Ville de Paris. La Chine a protesté. Le 3-2-1986, il a rencontré en Inde le pape Jean-Paul II.

En Mongolie, le bouddhisme a pris un aspect magique par emprunt au chamanisme (voir ci-dessous), il a recours aux pratiques magiques mises au service du bouddhisme populaire (éloigné du bouddhisme originel).

Le *dernier bouddha vivant de Mongolie intérieure.* Changchia Hutukhtu Lozang Paldan Tanpei Dronme, réfugié à T'ai-wan au moment de la prise du pouvoir par les communistes en 1949, est mort à T'ai-pei le 4-3-1957.

● **Statistiques. Nombre de lamas.** Avant 1959, il y avait environ 100 000 lamas, regroupés dans 2 000 lamaseries dans les provinces du Tibet, du Sikang et de Tsinghai.

En France : 60 bouddhistes tibétains, 9 centres [dont la lamaserie de Chaban (55 hectares), à Landrevie, près de Peyzac-le-Moustier (24 620 Les Eyzies-Tayac), créé en 1974, par un Américain, Bernard Benson ; le château de Plaige, 71320 Toulon-sur-Arroux].

Zen

Origine. École de méditation bouddhiste qui, fondée au IVe s. par Bodhidarma (venu de l'Inde en Chine) sous le nom de Ch'an (japonais : Zen, du sanskrit : Dhyâna, « concentration »), est, à partir du Ve s., une des principales écoles du grand Véhicule (Mahâyâna). Pratique le *mushotoku* [c.-à-d. la méditation sans objet (mot à mot : sans recherche de profit)], en insistant sur la posture *(zazen shikantaza),* la respiration (concentration sur le *hara,* expiration profonde) et l'attitude de la conscience [penser sans penser, l'au-delà de la pensée *(hishiryo)* : intuition et sagesse du corps influencent le corps et l'esprit dans la vie quotidienne].

● **Écoles principales.** 3 au Japon (depuis le XIIe s.) : *Zen Rinzaï* (maîtres en Chine : Rinzaï, Japon : Eïsaï) : recherche l'Éveil *(Satori)* par la méthode des paradoxes *(Koans),* mettant en échec la raison raisonnante. *Zen Obaku* (maître : Ingen, Chinois nat. Japonais, même famille religieuse que Rinzaï Zen). *Zen Soto* (maîtres en Chine : Tozan et Sozan ; Japon : Dogen) : pratique du *zazen* sans les *koans.* Le *Zen Rinzaï* a été introduit en Occident avant 1939 (U.S.A., G.-B.). Le *Zen Soto,* a été introduit en Occident (Europe, Amériques) en 1967 par Maître Taisen Deshimaru, 110 centres regroupés dans l'*Association Zen Internationale* fondée en 1970 [siège : 17, rue des Cinq-Diamants, 75013 Paris. Principaux centres : Centre Zen International (même adresse) et Château de la Gendronnière, 41120 Les Montils, Valaire]. Plusieurs milliers d'adhérents.

● **Statistiques.** Soto 14 219 temples, Rinzaï 5 758, Obaku 474.

Nichiren Shoshu

● **Origine.** Forme religieuse moderne du bouddhisme créée v. 1930 par Tsunesaburo Makiguchic, qui fonde également le *Soka Gakkai* (mouvement civique mettant en pratique les principes religieux du Zen). Son nom est celui d'un moine japonais du XIIIe s., Nichiren Daishonin, qui était déjà l'auteur d'une modernisation du Zen, destinée à le rendre accessible à tous. **Pt mondial :** Daisaku Ikeda (dep. 1960). **Centre Européen :** Trets (B.-du-R.). **Français :** Sceaux (H.-de-S.) ; Toulouse, Aix-en-Pr., Nantes, Rouen, Lyon, Marseille. [La Nichiren Shoshu française a été fondée en 1961 par un chirurgien japonais, chercheur au Collège de France, Eiichi Yamazaki. Association déclarée (loi de 1901) dep. le 20-4-1966. Env. 4 000 m.]

● **Principes.** Philosophie de la vie résumée en 4 mots et vécue concrètement : *nam* « engagement », *myoho* « loi mystique », *renge* [(mot à mot : « fleur de lotus »), expression tirée du titre d'un célèbre ouvrage du Mahâyâna, le *Saddharmapundarika-sûtra,* « sermon du Lotus de la vraie doctrine »], « enchaînement logique des actes de la vie », *kyo* « élan vital ». Cette philosophie permet aux individus d'accéder à la bodhéité (plein épanouissement de l'être), ce qui entraîne la prospérité des nations et la paix.

● **Membres.** Amér. du N. 238 000, Amér. latine 145 000, S.-E. asiatique et Australie 30 000, Europe, 9 400 (dont 4 000 en Fr.) Afrique et Proche-Orient 2 900, Japon 7 900 000. Monde : 10 millions, dans 100 pays.

Autres formes extrême-orientales

Outre le Zen (chinois *tch'an*), le bouddhisme s'est implanté en Chine, Japon, Corée, Viêt-nam, sous 2 formes durables : 1° Le culte exclusif et simple du *bouddha* mystique Amitâbha. 2° Certaines formes de pratiques religieuses issues du Mahâyâna et du Tantrisme, riches en rites et en magie.

Brahmanisme (Hindouisme)

● **Origines.** Religion traditionnelle, considérée comme révélée, des Indo-Européens entrés en Inde vers le XVIe s. av. J.-C.

● **Textes. La Çruti** ou **Révélation.** Comprenant : **Les 4 Véda.** Révélés aux rishi (sages des 1ers âges) : *a) le Rigveda,* V. des stances, composé sous sa forme actuelle entre 1500 et 1000 av. J.-C. (1 023 hymnes) ; *b) le Yajurveda,* V. des formules accompagnant les rites préliminaires du sacrifice védique ; *c) le Sâmaveda,* Veda des mélodies liturgiques ; *d) l'Atharvaveda* de composition hétéroclite (hymnes philosophiques, recettes magiques, incantations). **Les Brâhmana** (XIe au VIIIe s. av. J.-C.). Commentaires sur les rites et les formules des V. **Les Aranyaka.** « Textes de la forêt » de nature ésotérique. **Les Upanishad ou « Corrélations ».** Appellation qui rappelle leur procédé de composition, celui-ci établissant : des correspondances entre 3 domaines : macrocosme, microcosme et rituel.

Ces textes comportent des spéculations philosophiques centrées sur les notions du Soi *(âtman)* et de l'Énergie universelle *(brahman).*

La Smriti ou Tradition. Comprend des textes annexes au rituel, des textes épiques, des recueils de Loi *(dharma).* **Les Kalpasûtra** (sortes de fils conducteurs). Aphorismes concernant l'exécution des rites. **Les Textes épiques.** Exposant légendes, mythes et récits cosmogoniques, représentés par : a) les 2 grandes épopées, composées entre le IIIe s. av. J.-C. et le IIIe s. apr. J.-C. : le *Mahâbhârata* [racontant la rivalité entre 2 clans, apparentés, descendant de Bhârata (la *Bhagavadgîtâ* : Chant du Seigneur, célèbre poème philosophico-religieux, en fait partie)] ; le *Râmâyana* (relatant les aventures de Râma, 7e *avatâra* de Vishnu) ; b) Les *Purâna* : Antiquités, composés du IVe au XIe s. après J.-C. **Les Textes de Dharma.** Recueils juridiques dont le plus connu est la *Manusmriti,* les « Lois de Manu ».

● **Description. Doctrines.** Le *Brahman* neutre est l'Être suprême en tant qu'Énergie universelle, à distinguer de *Brahmâ* (divinité personnifiée) et du *brâhmane* (représentant de la classe sacerdotale gardienne des textes sacrés). Le brahman neutre est considéré comme identique au Soi *(âtman)* dont tout être semble offrir un aspect particulier. Le monde sensible et l'Ego sont donnés, avec des nuances qui varient selon les interprètes, comme les résultats de l'Illusion cosmique *(mâyâ),* jeu de l'Être suprême.

3 autres notions tiennent une place primordiale dans les spéculations philosophiques : le cycle des renaissances *(samsâra),* conditionné par les actes *(Karman)* ; enfin le *Dharma* qui régit l'univers entier ; toutes ses manifestations, animées ou inanimées, ont leur loi propre *(dharma).* La durée de l'univers correspond à un jour de Brahmâ (le démiurge) et sa dissolution, nuit de Brahmâ, est d'une durée égale. Au début de chaque période de création *(kalpa),* le monde se réorganise suivant des règles immuables ; à la fin du kalpa, il se dissout dans l'ordre inverse.

Disciplines philosophiques. Parmi les nombreuses doctrines [en fait « points de vue » (sur la Réalité)], 6 principales sont considérées comme classiques : *1) La Pûrvamîmâmsâ* : exégèse première, celle des injonctions védiques. *2) L'Uttaramîmâmsâ* : plus souvent dite *Vedânta,* littéralement « achèvement du Veda », dans la ligne des *Upanishad. 3) Le Sâmkhya* : dénombrement des constituants cosmiques et psychiques de tout ce qui existe. *4) Le Yoga* : discipline tendant à joindre et à équilibrer les constituants psychiques et, plus tardivement, à assurer leur jonction avec un principe supérieur (v. Index). *5) Le Nyâya,* la logique. *6) Le Vaiçeshika* : étude spécifique des divers aspects du manifesté. Ces différents enseignements concourent à l'obtention de la connaissance de l'Unique Réalité, substrat de toute manifestation particulière. De telles notions relèvent de la culture générale ; au contraire, les spéculations religieuses forment la trame des Textes *(tantra)* ou Traditions *(âgama),* manuels techniques de l'Hindouisme traitant théoriquement 4 sujets principaux : *1) doctrine ; 2) conditions extérieures du culte,* y compris construction des temples et fabrication des images ; *3) comportement religieux ; 4) yoga,* c.-à-d. une discipline spirituelle conditionnée par une discipline gestuelle, particulièrement par le contrôle du souffle (le *hatha-yoga* : yoga de l'effort, ne se présente souvent que sous son aspect d'une culture physique particulière). Aux spéculations proprement philosophiques il faut ajouter celles sur la langue, sur la grammaire *(vyâkarana)* et sur la poétique *(alamkara)* qui sont constamment présentes dans l'exégèse traditionnelle des textes philosophiques. La doctrine communément admise de la transmigration *(samsâra)* explique, par les traces qu'ont laissées les actes passés *(karman)* dans l'individualité psychique, la nécessité pour cette individualité de transmigrer après la mort d'un corps dans un autre corps où elle actualise les tendances accumulées dans les vies précédentes.

● **Divinités. La triade hindoue.** Correspond aux 3 aspects de l'univers : création, maintien, dissolution.

Brahmâ, l'ordonnateur, fait passer l'inarticulé *(ânrita)* à l'état articulé *(rita).* La dévotion populaire ne s'adresse pas à lui mais se partage entre les 2 autres figures de la triade.

Vishnu assure la conservation de l'univers non seulement pendant le temps de manifestation de celui-ci mais c'est lui qui, endormi sur le serpent d'infinitude, *Çesha,* pendant la période de dissolution, conserve en sa pensée le schéma prêt à reparaître lors d'une nouvelle création. Pour protéger l'ordre cosmique et moral *(dharma)* lorsque celui-ci est en péril, il descend sur terre sous une forme appropriée à ses desseins. Les plus célèbres de ses descentes *(avatâra)* sont celle de Râma et celle de Krishna.

Çiva (ou **Rudra**) apparaît sous 2 aspects : *1°) destructeur* de l'univers à la fin d'un kalpa, on l'identifie à la mort et au temps *(kâla)* ; *2°)* on peut le rendre *favorable* par des actes propitiatoires, d'où son appellation-épithète de Çiva (« bienveillant »).

Vishnu ou Çiva sont souvent tenus comme la divinité suprême, dont toutes les autres ne sont que des formes secondaires. Le terme de *trimûrti* (triple forme) se rencontre en contexte çivaïte pour désigner la triade divine. Lorsque Çiva est considéré comme l'Absolu personnifié (au-dessus de cette trimûrti), il est créateur aussi bien que destructeur [par l'intermédiaire de son énergie, personnifiée sous une forme féminine, la çakti, que l'on assimile à *Mahâdevî,* la Grande Déesse (parèdre de Çiva, appelée aussi *Pârvatî,* « la Montagnarde » ; *Umâ,* « la Bienveillante » ; *Kâlî,* « la Destructrice » ; ou *Durgâ,* « l'Inaccessible », selon que l'on considère l'un ou l'autre de ses aspects)].

Autres dieux. 33 dieux, dont la triade précédente représente actuellement les membres les plus importants, ayant rejeté à une place secondaire les divinités de l'époque brahmanique ancienne : *Indra,* dieu de l'orage ; *Varuna,* dieu des eaux, primitivement gardien de l'Ordre cosmique et moral ; *Agni,* le feu (sacrificiel et domestique) ; *Kâma,* dieu de l'amour ; *Sarasvatî,* parèdre (divinité inférieure, dont le culte est associé à celui d'une divinité plus puissante) de Brahmâ, présidant aux sciences et aux arts ; *Ganesha,* dieu à tête d'éléphant, fils de Çiva et de Pârvatî, protecteur des entreprises particulièrement intellectuelles ; *Hanuman,* dieu-singe, allié de Vishnu sous son *avatâra* de Râma ; *Lakshmî,* parèdre de Vishnu ; *Râdhâ,* l'amante de Krishna ; *Sîtâ,* modèle des épouses, femme de Râma ; *Sûrya,* le Soleil ; *Yama,* 1er des hommes, donc 1er des morts (par suite, dieu des morts).

Il existe d'autres divinités, forces naturelles ou abstractions personnifiées, tel *Dharma,* l'Ordre, la Loi universelle.

● **Culte. Fêtes principales.** Mobiles (dépendent des lunaisons). *1) Durgâpûjâ* : fête de Durgâ, manifestation de la Grande Déesse Mahâdevî (oct.-nov.). *2) Çivarâtrî* : grande fête de Çiva (févr.). *3) Dîpavâli* :

Gourou. Maître spirituel. Étymologiquement « lourd, personnage de poids ». Mot utilisé par les hindous et auquel correspond *lama* en tibétain. Il aide ses disciples à éliminer les voiles ou écrans émotionnels et mentaux qui les séparent de la Réalité et leur permet d'entrer en contact ou mieux de réaliser leur identité avec la Réalité ultime.

fête des lumières (nov.-déc.). *4) Holî :* festival de la joie, le carnaval indien (févr.-mars). *5) Dassain :* grand festival d'oct., repris en mars. *6) Indrayatra :* fête d'Indra, le chef des dieux de l'ancien panthéon (sept.).

Lieux saints. Bénarès, Hardvâr, Ujjain, Mathurâ, Ayodhyâ, Dvârkâ, Kancipuram et Allahabad (fête tous les 12 ans). Rassemblements exceptionnels pour célébrer certaines positions planétaires ; ainsi à Kumb Mela le 10-1-1977 [12 700 000 participants (dont 200 000 seulement ont pu se baigner dans le Gange)].

Pûjâ. Quotidienne (offrande de fruits, fleurs, lumières) : forme revêtue par le culte individuel ou collectif ; les rites plus compliqués, de règle dans l'Antiquité, ont tendu de plus en plus à être remplacés par la pûjâ et quelques autres formes d'hommage (hymnes, processions, etc.).

Samskâra. Rites rythmant la vie depuis avant la naissance jusqu'aux funérailles ; on en compte 12 habituellement ; la plupart de ces rites se placent pendant l'enfance et la jeunesse, dont les rites d'initiation religieuse sont parmi les plus importants ; pour la femme, les rites du mariage tiennent lieu de rites d'initiation.

● **Sectes et mouvements. Grandes sectes.** Aucune n'est exclusive : à côté d'une certaine divinité (Dieu suprême), on honore les autres en tant que formes partielles de celle-ci.

Vishnouites. Dans le Sud. Sectes les plus réputées : *râmânujîya* [disciples de Râmânuja († en 1137) ; cap. religieuse, Çrîrangam] ; *mâdhva* [disciples de Madhva (1199-1276)] ; disciples de *Nimbarka*, originaire du Sud [capitale religieuse Mathurâ dans le N. (fidèles de l'avatâra Krishna et de sa favorite Râdhâ)].

Çivaïtes. Voués à Çiva, plusieurs sectes dont les *vîraçaiva* ou *lingâyat* qui portent sur eux en permanence un *linga*, symbole de Çiva qui représente l'énergie créatrice et l'infinitude.

Çakta. Adorateurs de la *çakti*, énergie personnifiée du dieu ; la plupart suivent la traditon çivaïte.

● **Mouvements modernes. Brahmosamâj.** Essai de synthèse des spiritualités hindoue, islamique, bouddhique et chrétienne ; fondé en 1832 par Ram Mohan Ray (1772-1833) [scindé en 1864, en *Adibrahmosamâj* avec Debendranâth Tagore (1838-1905) et *Brahmasamâj* avec Krishna Chandra Sen (1838-84)].

Aryasamâj. Fondé en 1875 par Dayânanda Sarasvatî (1824-83) ; coloration nationaliste et populaire.

Râmakrishna Mission. Fondée en 1897 par Vivekânanda (1862-1902), disciple de Râmakrishna (1834-1886), centrée sur une action sociale et éducative et répandue à travers le monde (voir p. 529 c).

Ashram de Sri Aurobindo (1872-1950). Ermitage fondé 1914 à Pondichéry ; développé en mouvement spiritualiste.

Association intern. pour la conscience de Krishna (Voir p. 529). [Le caractère international dont il se réclame et son zèle missionnaire (en contradiction avec la tradition brahmanique) ne permettent pas de classer ce mouvement dans l'orthodoxie hindoue.]

Organisation Sri Nisargadatta Adhyatma Kendra. Fondée par le gourou Sri Nisargadatta Maharaj *(1897-1981)*, surnommé le Maruti. Disciple du gourou Sri Siddharameshwar et philosophe du monisme de l'advaita-vedânta. *Œuvre :* publ. en français sous le titre « Je suis ». *Siège international :* Ganpati Bhawan Deorukhkar road, Naigaon, Dadar, Bombay 400 014 (Inde). *En France :* Les Deux Océans, 19, rue du Val-de-Grâce, 75005 Paris.

● **Statistiques.** *Inde :* 458 000 000 ; *Pakistan :* 9 784 000 ; *Népal :* 4 500 000 ; *Ceylan :* 1 615 000 ; *Bali :* 1 112 000 ; *Malaisie, Singapour :* 436 000 ; *Afrique du Sud :* 181 000.

Chamanisme

● **Définition.** Ensemble des pratiques magiques auxquelles se livrent, sous extase, les *chamanes* (« sorciers guérisseurs ») des tribus de Sibérie et d'Asie centrale. Appelés *Ojun* en yakoute, *bögä* en mongol, *kam* en turco tatar. Les Yakoutes ont aussi des femmes-chamanes qu'ils appellent *udoyan.*

● **Pratiques.** Se distinguent des pratiques habituelles des sorciers et guérisseurs (relation avec les esprits, permettant de chasser ou d'infliger les maladies, de mener les âmes au repos éternel ou de les rendre errantes, etc.) par les techniques d'acquisition de l'état extatique. Un chamane n'est agréé dans ses fonctions qu'après avoir passé par la maladie initiatique, période comatique de 3 à 9 j, accompagnée de sueurs de sang, difficilement explicables du point de vue médical. Les jeunes manifestant leur vocation ont souvent des crises épileptiques, mais la maladie initiatique n'affecte que des sujets guéris de tout trouble cérébral. A la fin de leur période de maladie, les futurs chamanes décrivent les tourments que leur ont infligé les Démons (ils se considèrent comme ayant été morts, puis ayant ressuscité). Les chamanes titularisés ont dans leur cabane un tronc de bouleau vertical qui sort par la cheminée : il symbolise leur montée au Ciel. C'est de cette hauteur qu'ils s'adressent à la foule. Après leur maladie initiatique, les chamanes atteignent l'état extatique de façon aisée et fréquente.

Confucianisme

● **Origine.** *Initiateur :* Confucius (en chinois K'ong fou tseu ou K'ong le Maître, 551-479 av. J.-C.). *Continuateurs principaux :* Mencius (Meng Tseu, 372-288 av. J.-C.) ; Siun Tseu (298 ?-238 av. J.-C.). Se développe d'abord dans le Chan-Toung. Après quelques vicissitudes, il renaît vers le XIIe s. Confucius n'a jamais été considéré comme une divinité, mais plutôt comme un maître immortel de sagesse et de sainteté. Néanmoins, en 1914, par décret du Pt de la Rép., la commémoration de sa naissance (28-9) a été organisée officiellement avec toutes les marques de respect que les religions étrangères donnent à leurs saints. Le confucianisme n'a jamais été considéré en Chine comme une religion mais jusqu'en 1905, les fonctionnaires chinois devaient étudier la doctrine confucianiste.

● **Livres canoniques.** *Yi King* (Livre des Mutations). *Che King* (Livre des Odes). *Chou King* (Livre des Documents historiques). *Tchouen Tsiou* (Annales du Printemps et de l'Automne). *Li Ki* (Livre des Rites). Les *Louen Yu* ou *Analectes* (Entretiens de Confucius recueillis par ses disciples). *Ta-Hsoueh* (la Grande Étude) sur des questions morales. *Tchong Yong* (Doctrine du Milieu), par Tsu Szu, petit-fils de Confucius. Le *Livre de Mencius.*

● **Doctrine.** Confucius croit en un Ciel régulateur de l'ordre moral et social, mais refuse de parler des divinités, des démons et des esprits des morts. Il adhère pourtant au culte des ancêtres. Il met l'accent sur la pratique du *Jen* (humanité, bonté, charité), qui va de l'individu à la famille, à l'État et à l'humanité en élargissement progressif. Plutôt une morale qu'une religion. L'École confucéenne enseigne en outre les *8 vertus* suivantes : *Hsiao* (piété filiale), *Ti* (affection entre frères), *Tchong* (loyauté), *Sin* (fidélité), *Li* (rite), *Yi* (équité), *Lien* (intégrité), et *Tchi* (sens de l'honneur).

Fétichisme du Cargo

Pratiqué par de nombreuses ethnies de N.-Guinée (Indonésie) : le cargo, symbole de la richesse occidentale, a été entouré, depuis la venue des premiers navires, d'un véritable culte. Ce culte du Cargo s'est traduit ensuite par la construction de faux aéroports et de fausses banques. Le christianisme fut interprété comme le rituel grâce auquel les Européens obtenaient leur abondance, puis le culte a pris une forme hostile aux Blancs.

Jinisme ou Jaïnisme

● **Origine.** Mouvement de protestation antibrahmanique, à peu près contemporain du bouddhisme. Organisé aux VIe-Ve s. av. J.-C. dans la plaine indo-gangétique sous l'impulsion de Mahâvîra : « Grand Héros », le 24e Jina : « Victorieux », et dernier des *Tirthamkara*, ou Prophètes : « Faiseurs de gué », vénérés par les fidèles.

● **Communauté jaina.** Env. 2 600 000 jaina en Inde (recensement de 1971), répartis en 2 Églises séparées dep. 80 apr. J.-C., les *svetâmbara* (religieux « de blanc vêtus ») et les *digambara*, moins nombreux (« de ciel vêtus », c.-à-d. « nus ») qui n'admettent pas les mêmes Écritures. Reconnaissables à leur équipement (bol à aumône, plumeau et, le cas échéant, pièce d'étoffe masquant la bouche), leurs ascètes, errants (sauf pendant la mousson), vivent de mendicité, dispensant leur enseignement à la communauté laïque qui vit en étroite solidarité avec eux (charité, donations, mécénat, etc.) ; surtout influente dans l'O. (Gujarat, Rajasthan) et le S. (Karnatak), elle joue un rôle économique, social et intellectuel considérable (hommes d'affaires, commerçants...).

Les jaina se signalent par leur activité culturelle : création littéraire ; préservation du patrimoine (manuscrits, bibliothèques) ; la profusion de l'art et la richesse de certains lieux de pèlerinage (Mt Abu, Palitana, Shravanas-Belgola).

● **Principaux mouvements.** *Non idolâtriques : Sthânakvâsî* (dep. le XVIIe s.), *Terâpantha* (dep. le XVIIIe s.) aujourd'hui rassemblés autour de l'Acârya Tulsi. *Idolâtriques : Mûrtipûjak :* « adorateurs d'images », participant au culte des temples ; certaines cérémonies évoquent le rituel hindou.

● **Philosophie et morale.** Principes analogues dans les 2 Églises, notamment dans le *corpus canonique svetâmbara*, rédigé en langue « naturelle » (prakrit) et codifié au Ve s. ap. J.-C. La philosophie jaina repose sur le dualisme de l'âme ou « vie » : *jîva*, et de la « non-vie » : *ajîva*, qui inclut matière, espace, mouvement et temps. Ce dernier, conçu comme cyclique, est divisé en 6 ères ascendantes *(utsarpinî)* et descendantes *(avasarpinî)* : la 4e était celle des Prophètes jaina ; la nôtre est la 5e. Le monde *(loka)* est figuré en 3 étages superposés : supérieur (céleste), inférieur (infernal), médian, au centre duquel est situé celui des humains où règne la loi de la rétribution des actes *(karman)* et de la réincarnation, fondement de la doctrine.

Le but suprême est la Délivrance de l'âme qu'assure l'observance des principes éthiques : les 5 vœux des moines (et leurs contreparties « mineures », destinées aux laïques) :

1) ne pas nuire aux 5 catégories d'êtres vivants (principe fondamental de *l'ahimsâ ;* innocuité, dont le végétalisme est l'un des corollaires) ; *2) ne pas mentir ; 3) ne pas s'approprier ce qui n'a pas été donné ; 4) ne pas manquer à la chasteté ; 5) ne pas s'attacher aux possessions matérielles.* Cette morale se trouve condensée dans le « triple joyau » connaissance-conduite-foi (et ascèse).

Parsisme (zoroastrisme ou mazdéisme)

● **Fondateur.** Zarathoustra (ou Zoroastre) (650-583 ? av. J.-C), en Iran. On ne le considère plus actuellement comme un personnage légendaire ; on admet parfois qu'il était mage (astronome) à la Cour d'un roi de Bactriane. Le nom de *Mazdéisme* vient de *Mazdâh*, le *Grand Créateur* (V. ci-dessous). Le nom de *Parsis* (Perses) est celui des habitants du Farsistan actuel, noyau de la Perse antique où vit de nos jours la majorité des *Guèbres* (Zoroastriens demeurés en Iran malgré les persécutions). Religion officielle des empires perses arsacides et sassanides. Depuis 716, les Parsis, chassés par les Musulmans, se sont fixés en Inde en quasi-totalité. Ils y ont apporté leur feu sacré et ont Bombay pour centre religieux depuis 1640.

● **Livre sacré.** Appelé à tort *Zend-Avesta* ; son vrai nom est *Avesta* (la loi). *Zend* veut dire « interprétation », c.-à-d. traduction en pahlavi (moyen perse) du texte original rédigé en avestique (vieux perse). 5 parties : 1° le *Yasna*, 72 chapitres sur les rites dont font partie les 17 Gâthâs, écrits par Zoroastre lui-même. 2° le *Vispered* (tous les chefs), énumération des 24 dieux compagnons d'Ormuzd, 3° le Vendidad (« donné contre les démons »). 4° les *Yashis*, invocations aux anges. 5° le *Khordah Avesta* (petit Avesta), dévotionnaire privé. Au XIXe s., les théologiens parsis ont accompli un retour systématique aux *Gâthâs* iraniennes, source essentielle de la doctrine.

● **Dieux.** Les zoroastriens sont dualistes. Deux hypostases divines créées par le temps éternel (Zurvan Akarana) : le dieu du Bien (*Ahura Mazdah* ou *Ormuzd*) et le dieu du Mal (*Ahriman* ou *Angra Mainyu*). Primitivement Ormuzd, insaisissable par l'esprit humain, prenait 6 aspects différents (3 féminins et 3 masculins) : les *Amesha-Spentas* ou Saintetés immortelles. Ces aspects devinrent 6 dieux différents vers le IVe s. av. J.-C. ; puis leur nombre s'accrut, ex. : *Mithra* (dieu du Soleil), devenu l'objet des cultes mithraïques (jusqu'au Ve s. apr. J.-C.).

● **Doctrine.** L'accent est mis sur la bonté en pensée, parole et action. Les bons iront au Ciel, les mauvais en Enfer. L'influence hindouiste s'est fait sentir : prêtrise héréditaire, mariage des enfants, pratiques superstitieuses telles que les ablutions à l'urine de vache (supprimées aujourd'hui). Mais la réincarnation est rejetée.

● **Rites.** Vénération du Feu, symbole de la pureté. Par souci de pureté, les Parsis fuient la pollution de l'eau, de l'air, de la terre. Les cadavres sont exposés sur les tours du Silence pour être dévorés par les vautours. Les fêtes célèbrent les 6 périodes de la Création, l'agriculture, la floraison. La fête la plus importante est celle de *Yazdegerd* (Voir ci-dessous).

• **Prêtres.** Héréditaires ; ordre hiérarchique : Destours, Mobeds Herbads.

Sectes. *Shahanshakis* et *Kadmis* ; leur seule opposition réside dans la date de leurs fêtes : le point de départ du calendrier parsi est la chute du dernier empereur sassanide Yazdegerd (640 apr. J.-C.). Les Kadmis la datent avec 1 mois de retard sur les Shahanshakis.

• **Situation actuelle.** Persécutés après la conquête musulmane, les zoroastriens se réfugièrent dans les montagnes de Perse, où leurs descendants, les *Guèbres*, sont encore plus de 10 000, et dans la région de Bombay (Inde) où ils sont près de 200 000. Leur influence sociale est hors de proportion avec leur nombre : ils fournissent la majorité des cadres supérieurs à Bombay.

Shintoïsme

• **Doctrine.** Religion autochtone du Japon, toujours pratiquée par la famille impériale à l'exclusion de toute autre religion. Il n'est plus religion d'État depuis 1945, par ordre des autorités militaires américaines.

La majeure partie des Japonais est à la fois bouddhiste et shintoïste [shintoïste pour les grands événements de la vie (naissance, mariage, relations sociales) ; bouddhiste pour la mort et les fins dernières].

Selon la tradition consignée dans le *Kojiki* (712) et le *Nihon-shoki* ou *Nihongi* (720), recueils des choses anciennes et chroniques du Japon, Izanagi et Izanami, créateurs mythiques du Japon, ont donné naissance à Amaterasu, déesse du Soleil (encore déesse principale) ; sa lignée aboutit à celle des empereurs terrestres dont le premier est Simmu Tennô. Culte polythéiste [800 millions de dieux, les *Kami* (chiffre symbolique)]. L'officiant principal est l'empereur lui-même. Le shintoïsme vénère les forces qui animent la nature ; les ancêtres impériaux ; quelques grands hommes ; les morts de la guerre ; les 3 « Trésors sacrés » : miroir, sabre, joyaux (donnés par Amaterasu à son petit-fils, l'empereur Ninigi-no-mikoto).

• **Culte. Rituel.** Comporte des purifications (chassant fautes, souillures, malheurs), des invocations aux kami, récitées par les prêtres *(Kannushi)*. *Fêtes* : le 1er jour de l'année, nombreuses autres fêtes moins importantes [notamment celles de la fécondité, d'origine agraire (matsuri), avec offrandes propitiatoires et danses symboliques].

Les prêtres *(guji)* ne sont pas tenus au célibat. Il y a des jeunes filles prêtresses. Le culte est célébré dans les *jinja* (oratoires ou temples officiels) et les *kyokaï* (églises populaires).

• **Statistiques.** *Shintoïsme national* (anciennement d'État) ou *Jinja Shinto* (célébré dans les 110 500 *jinja* officiels dont chacun a ses dieux et ses héros) : env. 36 000 000 de m. et 15 800 prêtres ; sanctuaire principal : Isé, dans la préfecture de Mié (culte de la déesse solaire Amaterasu O-mikami). *Shintoïsme sectarien* ou *Shûha Shinto* (divisé en 13 sectes et 100 sous-sectes et célébré dans les 16 000 *kyokaï*) : env. 12 000 000 de m. et 121 000 prêtres ou enseignants.

Sikhisme

• **Origine.** Fondée au XVe s. par le gourou (ou Baba) Nânek (1469-1539) en Inde, pour purifier l'hindouisme et le rapprocher, sous certaines formes, de l'islamisme.

Nânek était un Hindou du Pendjab, appartenant à la classe des *Kshatriyas* (son père était comptable) ; élevé par un musulman, il a une illumination à 30 ans et prêche une nouvelle religion hindo-islamique qui rassemble de nombreux disciples ou *sikhs* dont il est le 1er gourou. Il fait 4 grands voyages en Asie, donnant son nom à la ville de Nankin.

• **Doctrine.** Monothéisme intransigeant, d'inspiration islamique. Mais Allah est remplacé par le « Nom », Dieu sage et compatissant, destructeur de la peine. La morale coranique avait été enseignée contre les pratiques antihumaines de l'Inde : infanticide, sacrifice des veuves, mariage des enfants, claustration des femmes (castes supprimées ; femmes proclamées égales des hommes). Mais elle comporte en outre de nombreux idéals humanistes : vie active et dynamique, générosité, liberté-égalité-fraternité, dignité et respect des hommes de toutes races, dévouement, travail. L'action militaire est utilisée en dernier ressort pour défendre le droit. Les sikhs ne doivent ni fumer, ni boire d'alcool, mais ils peuvent manger la viande des animaux abattus de façon rituelle.

• **Rapports avec l'Islam.** Les musulmans ont vénéré Nânek malgré ses déviations doctrinales car il avait fait le pèlerinage de La Mecque. Les rapports sont bons jusqu'au règne du 5e gourou, Arjun Dev (1581-1606). Ils se gâtent alors pour des raisons surtout politiques, Arjun Dev ayant pris parti contre l'empereur musulman, le Grand Mogol. Sous le règne du Xe et dernier gourou, Govind Singh (1675-1708), à l'époque du Grand Mogol Aureng Zeb, la guerre se déclenche entre musulmans et sikhs qui sont tous condamnés à mort comme hérétiques. Mais au lieu de se soumettre, ils se constituent en principauté militaire et dès lors s'érigent en sectes de guerres ; farouchement antimusulmans ils sont surnommés les lions *(singhs)*.

Les combattants de la foi reçoivent le *baptême de l'épée (kandé-ka-dipâhul)* et jurent de rester fidèles aux 5 K : *Kesh* (cheveux longs et barbe), *kangha* (peigne de bois) et *kachcha* (pantalon court), signes distinctifs auxquels les musulmans devaient les reconnaître pour les exécuter et qu'ils portent ostensiblement par bravade ; *kirpan* (épée) ; *Kara* (bracelet d'acier). Ils forment jusqu'à 1716 une principauté indépendante (cap. : Sarhind) qui domine le Pendjab et guerroie sans cesse contre les musulmans d'Afghanistan. En 1716, leur État est détruit et leur gourou Gobid Singh est exécuté à Delhi avec 700 fidèles. Lors du partage de l'Inde du N.-O. entre Inde et Pakistan, ils optent pour l'Inde mais tendent à y former une communauté autonome. Ils sont en guerre ouverte avec le gouvernement actuel de New-Delhi, depuis l'action militaire contre leur sanctuaire du Gurunawara (1984 ; voir ci-dessous). Indira Gandhi a été assassinée par 2 soldats Sikhs (1984).

• **Livre sacré.** *L'adi-Granth* ou Livre saint. Écrit v. 1600 par Arjun Dev., rédigé en panjabi avec un alphabet spécial, inventé v. 1540 par le 2e gourou Angad. A la mort du Xe et dernier gourou Govind Singh (1760), l'*adi-Granth* a été proclamé gourou éternel ; on lui rendit alors les honneurs dus aux souverains et le titre de gourou ne fut plus porté par les chefs sikhs. Le temple sikh, où est conservé l'*adi* est appelé *Gurudwara*.

• **Statistiques.** 17 000 000 en Inde (1984). 5 000 000 aux U.S.A. et dans le Commonwealth. *Adr.* : 10, Featherstone Road, Southall Middlesex UB2 5AA.

Taoïsme

• **Étymologie.** La transcription phonétique française en 3 lettres *(Tao)* crée une confusion avec 22 autres mots chinois transcrits *tao* et 35 mots transcrits *t'ao*. Les traductions du mot rendent mal son étymologie qui est « principe régulateur de l'Univers » (ni *règle*, ni *voie*, ni *principe* ne sont suffisants).

• **Origine.** Fondé par le philosophe chinois Lao-tseu ou Lao Tan (VIe s. av. J.-C), archiviste à la cour des Tcheou et contemporain de Confucius (qu'il aurait rencontré en 517). Son nom de famille était Li et il serait originaire du Ho-Nan *(Lao Tseu* signifie « vieux maître »). Organisé comme une société religieuse par Tchang Tao-ling (IIe s. apr. J.-C), qui prend le titre de *Précepteur Céleste* et fonde de nombreux monastères où est réglé le culte des dieux chinois (polythéisme fantastique). En 404, le taoïsme devient la religion d'État et les descendants de Tchang Tao-ling obtiennent un fief dans le Kouang-Si, sorte d'État pontifical. Ils portent le titre de *maître du Ciel* et sont de véritables *papes chinois*. En 666, Lao-tseu est proclamé officiellement comme supérieur à Confucius et Bouddha. Les maîtres du Ciel ont régné ainsi jusqu'en 1927 (date de leur suppression par le gouvernement chinois).

• **Livres. Le Tao-tö King** (le Livre du Principe et de sa vertu, dicté par Lao-tseu et appelé *Lao-tseu* jusqu'à l'époque des Han) ; le *Tchouang-tseu*, qui aurait été écrit par Tchouang Tchéou (IVe s. avant J.-C.) ; le **Lie-tseu** (IIIe siècle avant J.-C.), recueil de légendes et d'écrits philosophiques, attribué au personnage de ce nom.

• **Doctrine.** Le *Tao* est un principe qui règne à l'origine de la vie, c'est le Cours des choses. Le mot est rendu généralement par *voie*, mais il signifie aussi *puissance résidant dans et derrière la Nature* et qui anime le jeu cosmique. Le Tao est principe d'ordre et de réalisation. Celui qui vit uni à lui a soin de ne jamais prendre parti, de « ne pas intervenir » (wou wei).

San T'sing (les Trois Purs) ont pour personnage central *Yuan-che T'ien-tsouen* (le Vénérable Céleste du Commencement originel). Ce grand dieu aurait délégué ses pouvoirs à l'empereur de Jade qui avait été jusqu'alors le 2e personnage de cette Trinité. Sur le nom du 3e personnage, les textes diffèrent. Auparavant, la Trinité taoïste avait eu pour chef le Grand Un *(T'ai Yi)*.

Lao-tseu a été l'objet d'un culte comme créateur du monde dès 165 de notre ère. Cependant l'empereur de Jade fut honoré plus tardivement comme divinité suprême.

Nota. — Certains historiens refusent d'attribuer le *Tao-tö King* à un seul philosophe nommé Lao-tseu. Pour eux, ce recueil rassemblerait des maximes remontant à une période bien plus ancienne. Elles auraient inspiré également la doctrine de Confucius. Il n'y aurait donc pas d'opposition entre Taoïsme et Confucianisme, tous deux héritiers des mêmes traditions ancestrales.

• **Vie religieuse.** Par opposition aux confucianistes et aux bouddhistes, les taoïstes pratiquent la divination, l'alchimie et la magie. Il y a un clergé régulier vivant dans les monastères et un clergé séculier : prêtres de villages, mariés, ne mettant leurs habits religieux que pour officier au Temple. Ils pratiquent les sciences occultes et les paysans font appel à eux pour des affaires de charmes et d'amulettes.

• **Philosophie.** Il y a 2 principes (appelés des *âmes* ou des *respirations*) qui, tantôt par leur conflit, tantôt par leur union féconde, sont à l'origine de l'Univers et de l'Humanité : le *yang* (solaire) et le *yin* (lunaire). Le *yang* est formé d'une multitude de bons esprits *(shen)*, le *yin* d'une multitude de particules plus ou moins mauvaises, les spectres ou *kweï*. Les dieux sont composés uniquement de *shen*, les hommes d'un mélange de *shen* et de *kwei*. A leur mort, leur partie *shen* va au ciel et leur partie *kweï* demeure sur terre.

Sectes. Ts'iuan-tchen (« Réalisation parfaite »), école dite du Nord, fondée par Wang Tche (v. 1140). Le monastère des Nuages Blancs à Pékin en dépendait. **Tcheng Yi** (« Unité réalisée »), secte des « Maîtres célestes », qui prétend avoir pour fondateur Tchang Tao-ling (né v. 147-167 apr. J.-C.), souvent considéré comme le fondateur de la « religion taoïste » (Tao kiao).

On distingue l'école philosophique du Tao *(Taokia)*, dont Lao-tseu apparaît comme le patron, et le taoïsme magico-religieux qui se développa à partir du IIe s. de notre ère. Le Maître Tchang En-p'uo (1894-1969) se trouvait à Formose, où il a créé 2 associations. Actuel Maître Céleste : Tchang Yuan-hsien, neveu du 63e.

Yikouan tao (« Unité qui embrasse toutes choses »), secte la plus connue de Chine continentale, aux origines obscures, paraissant entretenir certains liens avec ce qui subsista des Boxers après leur écrasement. Il existe aussi à Pékin une *Association taoïste chinoise* fondée en 1957 pour « unir les taoïstes chinois dans le patriotisme et l'aide à la construction socialiste ».

• **Statistiques.** *Asie* : 370 millions [dont Taiwan 3 320 000 (prêtres 3 150, temples 2 748)] ; *Amérique* : 4 100 000 ; *Europe* : 175 000.

• **Siège en France.** *Académie Wan Yun Lou, Pagode de Rambouillet* (Yvelines), 3, rue Pasteur. La Directrice, Tchen Gi-Vane (pour l'état-civil : Mme Bertrand), a posé, le 25-2-1981, sa candidature à la présidence de la République, mais n'a pu recueillir les 500 parrainages nécessaires.

Communautés, enseignements et mouvements divers

• **Centre spirituel international Omkara.** *Fondé* par le Swâmi Jnanananda Omkarananda. *Siège* : 41, Anton Graffstrasse, CH 8400 Winterthour, Suisse. *Inde* : Durga Mandir Shivananda Nagar 249 192 Himalayas. *France* : 9, cité Trévise, 75009 Paris.

• **Conscience de Krishna.** *Association internationale pour la conscience de Krishna* : Branche moderne de l'hindouisme monothéiste. Fondée en 1966 par A.C. Bhaktivedanta Swami Prabhupada (1896-1977), qui confia la tâche de lui succéder dans la direction spirituelle de ce mouvement international à 11 de ses plus proches disciples, parmi lesquels Shrila Bhagavan Gosvami Maharaja, responsable de l'Europe méridionale. *Doctrine* : au lieu d'être un simple avatar (incarnation) de Vishnu, comme dans l'hindouisme traditionnel, Krishna est ici considéré comme dieu unique, créateur universel : « personne suprême, ultime demeure, vérité absolue, personne divine et éternelle ». Le bhakti-yoga (yoga de la dévotion) est une technique dévotionnelle, très rigoureuse (jeûne, lever à 3 heures, travail manuel), exigée de tous les adeptes. *Périodique* : « Retour à Krishna ». *Effectifs dans le monde (Inde exclue)* : env. 6 millions dont 10 000 prêtres et membres actifs. *En France* : env. 500 membres actifs, quelques dizaines de milliers de fidèles ; domaine agricole (88 ha) ; siège : La Nouvelle Mayapoura, château d'Oublaisse, Luçay-le-Mâle 36600 Valençay (Indre). *Région parisienne* : château d'Ermenonville, 60440 Nanteuil-le-Haudouin.

• **Druidisme. Fraternité des Druides, Bardes et Ovates de Bretagne.** Fondé à Guingamp le 1-9-1900 à l'imitation de l'assemblée des Bardes existant en Pays de Galles dep. le XVIe s. sous le nom de « gorsedd » (Hautes Assises), par Jean Le Fustec (1er Grand druide), François Vallée, François Jaffrenou, à la suite de l'intronisation d'une délégation bretonne par l'Archi-Druide de Galles à Cardiff en 1899. Chaque année : Gorsedd Digor en Bretagne en présence des Gallois et Cornouaillais. Constituée en fraternité (breuriez), la Gorsedd comprend des druides (robe blanche), bardes (bleue), ovates (verte). On passe aisément d'une catégorie à l'autre si l'on acquiert la qualification nécessaire. La Gorsedd contemporaine (Sté philosophique) compte env. 150 membres. Rôle surtout culturel dans le domaine celtique et breton, approfondissement du rituel druidique pour les 4 grandes fêtes celtiques et les grands événements de la vie. *Pt* : Gwenc'hlan Le Scouezec. *Secrétariat général* : B. Borne, Ker Henri Saint-Thurien, 29114 Bannalec.

Collège des Druides, Bardes et Ovates des Gaules (Collège Druidique des Gaules). Fait suite au Collège Bardique des Gaules (1932-39) de Philéas Lebesgue (1869-1958). *Pt* : 1943 Paul Bouchet, 1976 Jacques Gestalder. Collège « donnant un enseignement continu sur les sciences, la philosophie, les mégalithes, la théologie, la mythologie ». *Publication* : Ar Gael. *Siège* : 6, rue P.-Bourdan, 75012 Paris.

La Wicca française. Se rattache aux religions néolithiques (préhistoriques, préceltiques). Le mot *wicca* est pourtant celtique (« sagesse »). *En France* : 6, rue Danton, 94270 Kremlin-Bicêtre.

Collège druidique de Bibracte. Fondé en 1981 par Henri-Robert Petit († 1985). En liaison avec la Golden Section Order. Organise des séances près des anciens dolmens (notamment celui de Chevresse, près de St-Brisson, S.-et-L.). Possède un clergé : druides et druidesses, bardes et aspirants. *Pt* : Lucien Jallois. *Adr.* : B.P. 264, 58008 Nevers Cedex.

Association européenne de l'Ethnie française. *F. 18-6-1955.* Contacte les Francophones non fr. d'Europe (Belgique, Suisse, Val d'Aoste). 103, rue de Lille, 75007 Paris. *Pt* : Stéphane Brabant. *Publ.* : l'Ethnie française.

Europe 2 000 francophone. *Pt* : Fabien Régnier. *Adr.* : B.P. 113, 75563 Paris Cedex 12.

FLG-Triscèle. *Créé* juin 1979 à Suèvres, Loir-et-Cher. Section française de la Ligue panceltique européenne. *Pt* : Pierre de la Crau. *Adr.* : Porte 1501, 5, rue Henri-Barbusse, 93300 Aubervilliers. *Publ.* : Le Triscèle (trim.).

Église druidique des Gaules. Fondée 2-11-1985 à Balesmes (dont le nom rappelle la déesse Bélisama). Filiale belge du coll. de Toland. *Primat* : Ronan ab Lug (René Lixon). *Adr.* : B.P. 75, Liège 4000, Belgique. *Publ.* : Le Druidisme aujourd'hui.

• **Église de Scientologie.** Organisation fondée par l'écrivain et philosophe L. Ron Hubbard ayant pour objet de diffuser l'enseignement « scientologique » (traitant des moyens de la connaissance) et « dianétique » (étude du fonctionnement de l'esprit humain, se donnant un caractère thérapeutique). Les termes « scientologie » et « dianétique » ont été forgés par Ron Hubbard. L'organisation, qui offre ses services à des sujets désirant acquérir des facultés ou aptitudes, a pris en 1954 le nom d'*Église*. Ron Hubbard a abandonné son premier quartier général de Saint Hill Manor, dans le Sussex, pour s'établir finalement à Tampa en Floride (P.O. Box 23751, Tampa, Florida 630-3751 USA). Il y est mort en 1986. En 1982, la secte s'est fait enregistrer sous le nom de RTC (Religious Technology Center) et elle est dirigée par David Miscavige, qui perçoit les revenus des publications ayant le label *scientologie et dianétique* (marques déposées). Selon l'ancien dirigeant européen Bill Franks, ces *copyrights* auraient rapporté 150 millions de $ en 1952. Ils ont été introduits dans la région lyonnaise en 1976 par Roger Gonnet, qui après 8 ans d'activités, a abandonné le mouvement, estimant que l'accusation d'escroquerie était valable [à cause du prix des leçons (3 500 F de l'heure, 1 000 $ aux USA)]. Conformément au plan d'action antisectes d'Alain Vivien, la section française de l'Église est l'objet actuellement de plusieurs assignations en diffamation.

Églises : 138, dont U.S.A. 51, Europe 45, Australie/N.-Zélande/Océanie 12, Afrique 11, Canada 10, Amérique latine 9, G.-B. 9. Nombreuses missions. *Adresse* : Égl. de Scientologie, 65, rue de Dunkerque, 75009 Paris. *Adeptes* : 150 000 (7 millions de personnes ont reçu un exemplaire du journal).

• **Krishnamurti.** Jiddu Krishnamurti est né le 11-5-1895 à Madanapalle (Inde du S.) de parents brahmanes. Adopté par Annie Besant (théosophe, 1847-1933), leader des nationalistes indiens, il fut promu chef d'un nouveau mouvement messianique d'inspiration théosophique. Reprenant sa liberté (1929), il créa un enseignement spirituel original excluant tout dogmatisme, tout rituel, toute organisation ecclésiastique et ne relevant d'aucune autorité spirituelle, la sienne comprise.

Il affirme que l'homme ne peut parvenir à sa plus haute réalisation spirituelle qu'en se libérant de tous ses conditionnements imposés ou acquis, en reprenant sa vie à son propre compte. Et il ne peut s'affranchir de ses conditionnements que par une prise de conscience aiguë et immédiate, impartiale, incessante et sans analyse, de toutes ses pensées, sentiments, désirs et peurs, de tous les actes de sa vie quotidienne pris sur le vif.

Cet enseignement a été à l'origine de recherches pédagogiques nouvelles et de la création de plusieurs écoles en Inde, U.S.A., G.-B. *Renseignements pour l'Europe* : Krishnamurti Foundation Trust Ltd, 24 Southend, Road, Beckenham, Kent BR3 1SD, G.-B. *Siège en France* : 73, rue Fondary, 75015 Paris.

• **Méditation transcendantale.** *Association de méditation transcendantale.* Fondée en 1958 en Inde, par Maharishi Mahesh Yogi, 1960 aux U.S.A. et en Europe. Technique de relaxation mentale qui se pratique sans effort 20 minutes, 2 fois par jour, chez soi, assis, les yeux fermés, le corps atteint alors un niveau de repos plus profond que celui du sommeil. La technique utilise un son sans signification ou mantra : le sujet fait ainsi l'expérience d'états de plus en plus subtils de la pensée, jusqu'à atteindre et transcender le niveau le plus abstrait de l'activité mentale. Il expérimente alors un niveau de silence intérieur parfait qui est celui de l'Être ou Conscience Pure.

Effets annoncés : développement plus rapide de l'intelligence, diminution de l'anxiété, développement de la créativité, épanouissement de la personnalité, disparition des maladies psychosomatiques, réflexes plus rapides, arrêt progressif de l'usage du tabac, de l'alcool, des drogues, meilleurs résultats scolaires et universitaires, ralentissement du processus de vieillissement. *Statistiques. Méditants* : + de 3 000 000 (dont U.S.A. 1 000 000). *Centres* : 1 600. *Professeurs* : 16 000. *France* : méditants 32 000, instructeurs 260, centres 30. Siège : 13, rue Étienne-Marcel, 75001 Paris.

• **Métapsychisme. Origine.** *1889,* Max Dessoir propose le terme de *parapsychologie* pour « caractériser toute une région frontière encore inconnue qui sépare les états psychologiques habituels des états pathologiques » ; et celui de *paraphysique* pour désigner ses manifestations objectives. (1865-1935, prix Nobel de Médecine 1913.) *1922,* Charles Richet unifie ces 2 concepts en définissant la *métapsychique* comme « une science qui a pour objet des phénomènes mécaniques ou psychologiques dus à des forces qui semblent intelligentes ou à des puissances inconnues latentes dans l'intelligence humaine ». *1954,* Fernand Clerc propose le terme de *psychotronique* pour désigner « les phénomènes dans lesquels l'énergie est dégagée par le processus de la pensée ou par la pulsion de la volonté humaine ».

But. Étude rationnelle des phénomènes paranormaux (c.-à-d. assez improbables pour paraître faire exception aux lois actuellement reconnues par la science classique). La *métapsychique* objective étudie les actions et les interactions paranormales (psychocinèse, prodiges) qui intéressent la paraphysique et le versant physique de la psychotronique. La *m. subjective* étudie les informations et les communications paranormales (clairvoyance, télépathie) qui intéressent la parapsychologie et le versant psychologique de la psychotronique.

France : Institut métapsychique international, 1, place Wagram, 75017 Paris. Reconnu d'utilité publique. *Pt* : Dr Jean Barry. *Directeur* : Dr Hubert Larcher. *Publication* : la Revue métapsychique (fondée en 1919, trimestrielle).

Nota. — Le métapsychisme ne doit pas être confondu avec le *spiritisme* qui est l'étude des phénomènes médiumniques (voir ci-dessus).

• **Râmakrishna mission.** Vivekânanda (1862-1902), disciple de Râmakrishna (voir p. 527 a), fonda en 1897 la Râmakrishna Mission. Action éducative et sociale.

Siège en France : Centre védantique Râmakrishna, 64, bd Victor-Hugo, Gretz-Armainvilliers, 77220 Tournan-en-Brie, fondé en 1947 par le Swâmi Siddheswarananda († 1957), dirigé actuellement par le Swâmi Ritajananda. Présentation de la vie et des enseignements de Râmakrishna. Conférences. *Membres en France* : 216. *Publications* : « Védanta » (700 ex.).

• **Satanisme.** Antireligion non structurée, bien qu'une « Église de Satan » ait été fondée à San Francisco en 1966 par un ancien dompteur, Szandor La Vey. La Vey (qui porte le titre de Mage) a écrit une « Bible satanique » et regroupé 10 000 sectateurs en Californie, répartis en 4 catégories : sorciers, enchanteurs, magiciens, apprentis. Certains se livrent en privé à des séances de satanisme (messes noires, débauches, zoophilie, sacrifices rituels d'animaux, vandalisme). Charles Manson (1935), coupable d'avoir organisé en août 1969 l'assassinat de 5 personnes, dont l'actrice Sharon Tate à Bel-Air (Californie), était un lecteur de la « Bible satanique » de La Vey.

Principal précurseur : l'Anglais Aleister Crowley (1875-1947), auteur du Livre de la Loi (1904), fondateur de sectes adonnées à la magie sexuelle, notamment l'Ordre de l'Étoile d'Argent (1904) et l'Ordre Germanique du Temple Oriental (1920). Il avait appartenu en 1898, sous le nom de Frère Perdurabo, à l'Ordre Hermétique de l'Aurore, qu'il quitta pour enseigner le culte de « l'Énergie solaire phallique », que lui aurait révélé un démon nommé Aiwass. Promoteur de la « contre-culture occidentale », il a pratiqué alcoolisme et hallucinogènes (dès 1930).

• **Société théosophique.** *Fondée* en 1875 à New York par Helena Petrovna Blavatsky et le colonel Henry Steel Olcott. Émigra à Adyar, près de Madras. Sous l'impulsion de sa fondatrice et de ses continuateurs, dont Annie Besant (1847-1933), la Sté a répandu une sorte de synthèse des enseignements traditionnels de la spiritualité indienne (hindouisme, bouddhisme, etc.), a contribué dans l'Inde, alors colonisée, à la renaissance de ces enseignements et elle a été dans le monde un important agent de leur diffusion. Sur le plan politique, elle a joué un rôle important dans le mouvement qui aboutit à l'indépendance de l'Inde. Annie Besant avait adopté Krishnamurti en 1910. Mais celui-ci créa un mouvement religieux autonome. A. Besant suscita encore en France, en 1893, la création d'une franc-maçonnerie féminine, *Le Droit Humain.* En 1913, Rudolf Steiner (1861-1925) entraîna dans la dissidence la section allemande de la théosophie et créa l'anthroposophie. *Principales activités* : cours, conférences, séminaires ; bibliothèque spécialisée. *Nombre de membres* : 1 500. *Secrétaire gén. en France* : Françoise Caracostea. *Publication* : « le Lotus bleu » (2 000 ex.). *Siège en France* : 4, square Rapp, 75007 Paris.

• **Société anthroposophique.** Fondée en *1913* par l'Autrichien Rudolf Steiner (1861-1925). *De 1882 à 1900* élabore les fondements d'un ésotérisme occidental (*Philosophie de la Liberté,* 1894). *1902* Secr. gén. de la Section all. de la Sté théosophique. *1913* souligne le rôle fondamental du Christ dans l'évolution, ce qui lui vaut d'être démis de ses fonctions par A. Besant. *1913-22* construction à Dornach (Suisse) du Goethéanum ; développement de l'activité artistique (eurythmie, art de la scène) avec la collaboration de Marie von Sivers (1867-1948) qu'il épouse en 1914. *1919* début du développement des activités scientifiques, culturelles et sociales (pédagogie, médecine, etc.). *1923* donne à la Sté anthroposophique ses statuts définitifs. *Siège* : Goetheanum, CH 4143 Dornach. *Siège en France* : 68, rue Caumartin, 75009 Paris.

• **Spiritisme.** École philosophique, fondée le 1-4-1858 à Paris par Allan Kardec [Hippolyte-Léon Rivail (1804-69) ; sa tombe au Père-Lachaise (secteur III, 44e div.) est le haut lieu du spiritisme contemporain]. Facultés et pouvoirs paranormaux, observés chez certains sujets, sont la preuve de l'existence dans l'être humain d'un élément dynamique et spirituel débordant les limitations corporelles et impliquant une indépendance de cet élément par rapport au temps et à l'espace. Allan Kardec affirma que cet élément survit à la mort corporelle et que certains phénomènes, dits médiumniques (de *medium,* « intermédiaire ») sont des manifestations posthumes démontrant la survivance après la mort, de la conscience ou principe pensant (âme ou esprit).

Certains phénomènes de réminiscence et de régression de la mémoire amènent à considérer la vie actuelle comme une étape dans une série de vies successives antérieures et futures, constituant une évolution de l'élément dynamo-spirituel (théorie de l'*évolution palingénésique* ou de la *réincarnation*) parallèle à l'évolution biologique et historique, essentiellement progressive, réalisant un développement spirituel multidimensionnel. Cette conception est opposée à la *métempsychose*, qui admet un retour à une forme animale.

Position par rapport aux religions. Les progrès de la connaissance sur l'âme et sa destinée obligeront les religions à rectifier leurs dogmes dans un sens spiritualiste et à s'universaliser en donnant moins d'importance à leurs origines géographiques et historiques et davantage à leur base originelle et universelle : les rapports des vivants avec le monde invisible.

Position par rapport à la science. D'après Allan Kardec : « le spiritisme ne doit pas se laisser dépasser par la science, il doit s'assimiler toutes les nouvelles découvertes, et approfondir toutes les branches de la science » ; les théoriciens du spiritisme (surtout France, Italie, Allemagne) confrontent leurs thèses avec celles de la physique intra-atomique, de la biologie et de la psychologie analytique, pour édifier une synthèse philosophico-scientifique harmonisant les données de la « science de la matière » et celles de la « science de l'âme ».

Adeptes. Quelques millions (surtout G.-B., Argentine, Brésil). *France :* quelques dizaines de milliers, dont quelques milliers inscrits officiellement.

France : Union scientifique francophone pour l'investigation psychique et l'étude de la survivance (USFIPES), 15, rue J.-J.-Rousseau, 75001 Paris (remplace l'Union spirite française fondée en 1919 par Jean Meyer et Gabriel Delanne). *Publication :* « Renaître 2000 » [suite de la « Revue spirite », fondée par Allan Kardec en 1858 ; directeur : André Dumas, avenue des Sablons, 77230 Dammartin-en-Goële (5 N^{os} par an)].

• **Union des Athées.** *Fondée* le 14-3-1970 par Albert Beaughon (1915). *Pt d'honneur :* Francis Perrin (1901) de l'Ac. des Sciences. *Doctrine et buts :* opposer à la croyance en Dieu (aussi bien déisme que christianisme) des certitudes fondées sur des études scientifiques sérieuses ; dénoncer particulièrement l'intoxication par les sectes ; rejeter les conceptions fondées sur la notion de « perfection et d'absolu » ; organiser en ce but des campagnes de « désintoxication psychique ». En relation avec la Libre Pensée, l'Union Rationaliste, l'American Atheist, Atheist Centre (Inde), Atheist Society of Australia. **Prix littéraire annuel** *(créé en 1977) :* **1977** Fatima, enquête sur une imposture (Gérard de Sède). **1978** La Bible de Pigault-Lebrun (réédition) (René Baudouin). **1979** Lourdes et l'Illusion (Dr Thérèse et Guy Valot). **1980** De la foi à la raison (Prosper Alfaric). **1981** les Coulisses du ciel (Pierre Boulle). **1983** Le Complexe de Dieu (Albert Joël). **1984** La parapsychologie en question (Michel Rouzé). **1986** La Fable de Jésus-Christ (Guy Fau). *Publication :* « Tribune des Athées » (2 000 ex.). *Siège :* 03330 Bellenaves. Adhérents 1985 : 2 247.

• **Vimala Thakar.** Petite-fille d'un rajah. Collaboratrice de Vinoba dans le mouvement Bhoodan pour la distribution des terres. Puis, s'attache à répandre en Inde et dans le monde son propre enseignement ; né de sa propre expérience intérieure – même si, à maints égards, il s'apparente à celui de Krishnamurti. *Renseignements :* Bookfund Vimala Thakar, Huiserweg 46, 1261 AZ Blaricum (Pays-Bas).

Mythologie gréco-romaine

Comprend de nombreux dieux, déesses, demi-dieux, héros ou autres divinités inférieures dont l'origine remonte au vieux fonds indo-européen. Chaque puissance naturelle, mais aussi chaque réalité locale, est symbolisée par une divinité (salutaire ou nuisible). *Total :* 30 000 dieux env. Certains étaient communs à toute la Grèce, d'autres n'étaient adorés que localement. Les Romains adoptèrent les dieux grecs et leurs légendes ; ils y retrouvaient, sous une forme littéraire, les légendes traditionnelles importées en Italie par les « Italiotes » (XIe s. av. J.-C.) et les Étrusques (IXe s. av. J.-C.).

Origine. Du *Chaos*, naissent la *Terre (Gaïa)* et le *Désir (Éros)*. Suivent les *Ténèbres (Érebos)*, la *Nuit (Nyx)*, la *Lumière des astres (Aither)*, la *Lumière terrestre (Hemera)*, le *Ciel étoilé (Ouranos)* et la *Mer (Pontos)*.

Ouranos et *Gaia* ont une nombreuse descendance : *Okéanos* (fleuves) ; *Hypérion*, père d'*Hélios* (le Soleil) ; *Phoïbé* (la Lune) ; les *Cyclopes ; Thémis* (la Loi) ; *Mnémosyne* (la mémoire) ; les *Titans ; Kronos* (Saturne) qui tue *Ouranos* et engendre avec *Rhéa* de nombreux enfants, dont *Zeus* qui le détrônera et deviendra le Dieu suprême siégeant dans l'*Olympe*. Il y a 11 autres divinités olympiennes : *Hestia* (Vesta déesse du foyer domestique) et les 10 autres dieux ou déesses ci-dessous, désignés par un astérisque.

Le Ciel

Zeus (Jupiter ; attributs : aigle, sceptre, foudre) **et ses descendants :**

De *Héra (Junon ; attributs : paon, grenade) (mariage) → *Hébé* (jeunesse) ; **Arès (Mars ;* attributs : casque, armes) (guerre) ; *Enzo (Bellone)* (bataille) ; **Héphaïstos (Vulcain ;* attributs : enclume, marteau) (forgeron, boiteux) qui épouse *Aphrodite.*

De *Déméter (Cérès ; attributs : gerbe, faucille) (agriculture) → *Coré (Perséphone)* épouse de *Hadès (Pluton).*

D'*Aphrodite (Vénus ; attributs : colombe) (beauté) → *Éros* (amour).

De Maïa (croissance) → **Hermès (Mercure ;* attributs : ailes, caducée) (commerce, dieu des voleurs, voyageurs, messager des dieux) qui a d'*Aphrodite : Hermaphrodite,* et de *Timbris : Pan* (bergeries).

De Thémis (loi ; attributs : glaive, balance) → les 3 *Moïraï* (les *Parques*) : *Clotho* (naissance), *Lachésis* (jours de la vie), *Atropos* (mort).

De Dioné (nymphe de l'océan) → *Aphrodite (Vénus)* (beauté).

De Léto (Latone) → **Phoïbos (Apollon ;* attributs : arc, lyre) (soleil, beaux-arts), père de *Phaéton* et d'*Asclépios (Esculape)* (médecine), père d'*Hygieïa* (santé) ; *Artémis (Phoïbé* ou **Diane ;* attributs : croissant, arc, biche) (lune, chasse).

De Mnémosyne (la mémoire) → les *Muses : Clio* (histoire), *Melpomène* (tragédie), *Thalie* (comédie), *Euterpe* (musique), *Terpsichore* (danse), *Erato* (poésie pastorale, élégie), *Calliope* (éloquence), *Uranie* (astronomie), *Polymnie* (poésie lyrique).

De Léda (†) → *Pollux ; Hélène.*

D'Alcmène (†) → *Héraklès (Hercule).*

De Danaé (†) → *Persée.*

D'Europe (†) → *Minos ; Rhadamante ; Sarpédon.*

D'Eurynomé → *les 3 Grâces : Euphrosyne ; Thalie ; Aglaé.*

De Sémélé (†) → *Dionysos (Bacchus ;* attributs : pampres, panthères) (vin) qui a d'*Aphrodite : Hyménée* (mariage), *Priape* (virilité).

Zeus engendra seul **Athéna (Pallas ;* ou *Minerve ;* attributs : chouette, égide, olivier) (sagesse), qui jaillit tout armée de sa tête.

Entre ciel et terre, voyage *Iris* (messagère des dieux ; son écharpe est l'arc-en-ciel).

Atlas. Titan (géant immortel), frère de Prométhée, tous deux fils de Japet. Il porte sur les épaules la voûte du ciel. Père des 7 Pléiades : Alcyone, Stérope, Céléno, Électre, Maia, Taygète, Mérope.

Nota. – (†) Simple mortelle.

Les Eaux

Okéanos. Dieu des Eaux.

Téthys. Sa sœur (la Mer, mère des fleuves), mer calme.

Nérée, Doris. Parents des Néréides.

Protée. Mer en mouvement.

***Poséidon (Neptune ;** attributs : trident, cheval). Dieu des océans et des mers et des terres (à l'origine), époux d'*Amphitrite,* reine de la mer, dont il a *Triton* (dieu du bruit de la mer).

Glaucos. Dieu de la vie de la mer.

Sirènes. Divinités locales (malfaisantes : naufrageuses : Parthénopé, Texielpie, Pisinoé).

Typhon. Dieu de l'Ouragan, père de la Chimère et des Harpies (vents terrestres, voir ci-dessous).

Ino. Secours des marins, mère de Palémon.

Océanides. Nymphes des océans (dont Calypso).

Éole. Roi des vents de la mer (Boréas, Notos, Euros, Zéphyros).

Les Enfers

***Hadès (Pluton ;** attributs : sceptre, chien *Cerbère* à ses pieds). Dieu des ténèbres.

Perséphone (Proserpine). Déesse des enfers et de la végétation, sa femme.

Hécate. Artémis infernale.

Cerbère (chien à 3 têtes). Garde l'entrée des Enfers.

Les Érinyes (Furies). Dites *Euménides* (bienveillantes) : Mégère, Tisiphone, Alecto.

Les Kères (Destinées). Filles de la nuit.

Thanatos (la mort).

Les Juges (Minos, Éaque, Rhadamante).

Hypnos (le sommeil).

Aux Champs élyséens séjournent les justes ; au **Tartare,** les criminels.

La Terre

Gaïa (à l'origine).

Rhéa (Cybèle ; attributs : corne d'abondance). Épouse de *Kronos,* le temps, mère de *Zeus.*

Déméter. Déesse des moissons. Mère de Perséphone.

Flore. Déesse des fleurs.

Pomone. Déesse des fruits.

Sylvain. Dieu des forêts et de la fécondité (attribut : maillet).

Faune. Dieu des bergers.

Ploutos. Dieu des richesses accumulées [le dieu des richesses acquises (par l'agriculture et le commerce) étant **Vertumne** emprunté aux Etrusques (voir ci-dessous)].

Dionysos (Bacchus ; attributs : pampres, panthères). Dieu de la vigne.

Naïades. Nymphes des cours d'eaux.

Hamadryades. Nymphes des arbres.

Oréades. Nymphes des forêts.

Napées. Nymphes des bocages.

Les 3 Harpies. Vents terrestres (confondues plus tard avec les Furies) : Aëllo, Ocypète, Céléno.

Les 3 Gorgones. Divinités préindo-européennes, monstres ailés à chevelure de serpents : Méduse ou Gorgos (tuée par Persée) Euryale, Sthéno. Elles avaient 3 sœurs, qui avaient été vieilles dès leur naissance, *les Grées* (« Vieilles femmes ») : Péphréso, Enyo, Dino.

Les héros ou demi-dieux

Fils d'un dieu et d'une mortelle ou d'une déesse et d'un mortel. Ainsi : *Héraklès (Hercule), Atlas, Argos, Thésée,* adorés dans toute la Grèce.

Travaux d'Hercule. 1° Étouffe le lion de Némée. 2° Tue l'Hydre de Lerne. 3° Prend vivant le sanglier d'Érymanthe. 4° Rejoint à la course la biche aux pieds d'airain. 5° Tue à l'arc les oiseaux du lac Stymphale. 6° Dompte le taureau envoyé par Poséidon contre Minos. 7° Tue Diomède, roi de Thrace, qui nourrissait ses chevaux de chair humaine. 8° Vainc les Amazones. 9° Nettoie les écuries d'Augias en y détournant le fleuve Alphée. 10° Tue Géryon, dont il prend les troupeaux. 11° Prend les pommes d'or du jardin des Hespérides. 12° Délivre Thésée des Enfers.

Animaux légendaires

Pégase. Cheval ailé, né du sang de Méduse décapitée. Fait jaillir d'un coup de sabot la source de l'Hippocrène, sur l'Hélicon. Dompté par Minerve, sert de monture à Persée et Bellérophon. Demeure ensuite sur le Parnasse, près d'Apollon, dieu des poètes.

La religion des Étrusques

Religion révélée (par la nymphe Bégoé et le génie Tagès) et transcrite dans une « discipline », ouvrage composé de 4 livres : I. les Haruspices ; II. les Foudres ; III. les Rites ; IV. l'Au-delà.

Les Étrusques sont restés fidèles à cette foi rigide longtemps après leur assimilation par les Romains, et les auteurs chrétiens fulminent encore au Ve s. contre les nombreuses superstitions pratiquées en Toscane.

Dieux et démons

Triade suprême. Composée de **Tinia** (assimilé à Jupiter Capitolin), **Uni** (Junon) et **Mnerva** (Minerve). **Autres dieux.** (Plusieurs sont communs aux mythologies étrusques et latines.) **Vertumne** ou **Voltumna**, dieu créateur de la végétation, peut-être un substitut local de Tinia à Volsinies (Toscane). **Fufluns**, protecteur de Populonia, ville des Pampres, dieu de la vigne, assimilé à Bacchus. **Sethlans**, protecteur de Pérouse, d. des forges souterraines. **Turms**, protecteur d'Arezzo, génie multiforme assimilé à Hermès. **Maris**, guerrier et agricole (Mars). **Aplu** (Apollon). **Hercle** (Héraklès ou Hercule), auteur d'exploits surnaturels. **Velchans**, d. du feu et de la végétation. **Déesses. Tiv**, la lune (haute Antiquité). **Artumes** (Artémis), venue d'Asie Mineure, sœur d'Aplu. **Nortia**, protectrice de Volsinies, dieu de la fortune. **Turan** (« la tyrannique »), déesse-mère commandant à la vie et à la mort, à la fois Héra, Artémis, Perséphone et Aphrodite. **Génies et divinités mineures.** Les **Faveurs**, compagnes de la Fortune. **Pales, Cilens**, génies voilés et mystérieux. Les **Lases**, annonciatrices de la destinée. Les **Lares** et les **Pénates**, semi-divinités attachées aux familles (adoptées par les Romains). Les **génies**, semi-divinités attachées aux individus (chaque homme a son *genius*).

Monde de l'au-delà

Les morts vont dans un domaine souterrain que l'on peut atteindre par le *mundus*, fosse voûtée, ouverte rituellement les jours de fêtes *(religiosi)* pour permettre aux morts de rejoindre les vivants. **Dieu des enfers :** Jusqu'en IVe s. **Turan**, la déesse-mère ; ensuite **Eita** (Hadès), **Persipmai** (Perséphone), **Athrpa** (une des Parques), **Culsu** (porteuse de flambeaux), **Leinth**, à la face voilée, **Vanth**, tenant le livre du destin, **Charun**, démon au nez crochu qui achève les mourants. Les tombes étrusques représentent des scènes d'horreur qui ont inspiré les peintres chrétiens de l'enfer.

Art divinatoire

Éclairs. Le ciel est divisé en 16 régions, toutes consacrées à un dieu (Tinia ou Jupiter en a 3). Les éclairs jaillis en Toscane sont observés et notés dans les archives. On compare leur heure et leur date selon chaque région pour juger des dispositions d'un dieu.

Examen des entrailles. Hépatoscopie. Chez tout animal tué au cours d'un sacrifice rituel, on examine d'abord le foie : s'il possède certaines rides (causées par la pression des organes), il est habité par le dieu : on peut tirer un présage de la forme de ses lobes, de ses protubérances, de ses creux. Face externe révèle : les ennemis ; face interne : les amis. On a trouvé à Plaisance un foie de bronze divisé en 16 régions, comme le ciel (chacune consacrée à un dieu). **Extispicium.** Après le foie, on examine les 5 *exta* (entrailles) : rate, cœur, rognons, estomac, poumons.

Haruspices. Interprétations divinatoires de phénomènes considérés comme sacrés (*haru :* grec *hieros*, « sacré »).

Présages. Tout événement fortuit est une indication d'une volonté divine : passage d'une belette, toile d'araignée, éternuement ou pet, et surtout vol des oiseaux (auspices).

Prodiges. On observe tous les événements naturels (grondements souterrains, mugissements, tremblements de terre, pluies de sang) toutes les bizarreries du monde animal et végétal (essaims d'abeilles, arbustes fleuris, chant des grenouilles) et également toutes les malformations (veaux à 2 têtes ou à 5 pattes, enfants androgynes). Les devins professionnels les considèrent comme des signes de courroux de telle ou telle divinité.

Autres mythologies

• **Assur — Babylone. Ishtar ou Ashtart :** déesse de la fécondité, de la végétation et de l'amour. **Shamash :** dieu du Soleil justicier. **Sin :** dieu de la Lune, père de Shamash et d'Ishtar. **Tiamat :** déesse du mal, vaincue par Mardouk qui fait de son corps les deux moitiés du monde : Ciel et Terre. **Mardouk :** dieu créateur babylonien.

• **Aztèques.** Voir Mexique, à l'Index.

• **Carthage. Baal :** Soleil. **Moloch :** Feu purificateur. **Tanit :** Lune.

• **Celtes.** Ont adoré les dieux indo-européens que les Romains ont identifiés et auxquels ils ont donné les noms latins : **Belenos**, guérisseur, dieu de la lumière *(gallo-romain* Apollon) ; **Donn** (le « Sombre »), dieu de la Terre *(gallo-rom.* Pluton) ; **Gofannon**, le forgeron *(gallo-rom.* Vulcain) ; **Lug**, dieu du commerce et des techniques *(gallo-rom.* Mercure) ; **Mullo**, dieu de la guerre *(gallo rom.* Mars) ; **Smertios** ou **Ogmios**, dieu protecteur des troupeaux *(gallo-rom.* Hercule) ; **Sucellos**, dieu au maillet, protecteur de la fécondité *(gallo-rom.* Sylvain) ; **Taranis**, roi du Ciel *(gallo-rom.* Jupiter). Mais ils ont leurs dieux propres, animaux ou semi-animaux : **Borvo**, serpent à tête de bélier ; **Cernunnos**, dieu solaire maître des bêtes fauves (porteur de corne de cerf) ; **Esus**, dieu forestier (un taureau accompagné de 3 grues), et de nombreux dieux locaux : les **Teutates**, protecteurs totémiques de chaque tribu ; les **Matrae**, déesses mères, vénérées auprès des sources. Chaque espèce animale ou végétale avait sa divinité protectrice : **Arto** pour les ours, **Epona** pour les chevaux ; les chênes étaient protégés directement par **Taranis**, et tout ce qui venait d'eux était sacré, notamment le gui, objet d'un culte rituel.

• **Égypte.** Voir Égypte, à l'Index.

• **Germanie et pays scandinaves. Ases :** principaux dieux (12 ou 14 ?) dont *Odin, Thor, Balder, Frigg.* **Balder :** Dieu de la lumière et de la beauté. **Elfes :** génies inférieurs. **Freyja :** déesse de la fécondité et de l'amour. **Freyr :** père de Freyja, fils de Njord, époux de Gerd ; dieu de la fertilité et de la végétation. **Frigg ou Frigga :** épouse d'Odin, mère de Balder, déesse de l'amour et du mariage. **Heimdal :** fils d'Odin, dieu de la lumière et gardien des dieux. **Jord :** la Terre, épouse d'Odin, mère de Thor. **Loke :** dieu malin et rusé. **Mani :** Lune. **Nerthus :** Terre nourricière. **Nibelungen :** nains descendants de Nibelung, enfants de la brume ; Siegfried prit leur trésor. **Njord :** roi des vents et de l'océan **Odin (Wotan) :** le Soleil créateur de toutes choses. **Thor :** dieu du tonnerre. **Walhalla :** paradis germanique. **Walkyries :** vierges guerrières.

• **Mayas.** Voir Mexique, à l'Index.

Attentats politiques

☞ Voir également au chapitre États (page 787), l'histoire de chaque pays.

Nota. — (1) L'attentat échoue. *En italique :* auteurs des attentats.

Afghanistan. 1919-*20-2* Habibullah Khan Émir. **1933**-*8-11* Nadir Shah. Roi. **1978**-*27-4* Mohammed Daoud. **1979**-*14-9* Nur Mohammed Taraki. Pt. **1979**-*27-12* Hafizullah Amin. Pt.

Afrique du Sud. 1966-*6-9* H. F. Verwoerd, PM.

Algérie. 1967-*6-1* Mohammed Khider, chef de l'opposition en exil, à Madrid. **1968**-*5-6* Houari Boumediene, Pt attaqué à la mitrailleuse sur l'esplanade d'Afrique, à Alger [1]. **1970**-*18-10* Krim Belkacen, V.-Pt du G.P.R.A.

Allemagne. 1844-*26-7* Frédéric-Guillaume IV, r. de Prusse *(Tschesch)* [1]. **1850**-*27-5 (Sofelage)*. **1861**-*14-7* Guillaume Ier *(Oscar Becker)* [1]. **1866**-*7-3* Bismarck *(Blind)* [1]. **1874**-*13-7* Prince Otto von Bismarck *(Kullman)* [1], à Bad Kissengen. **1878**-*11-5* Guillaume Ier *(Heinrich Max Hödel)* [1]. *2-6 (Dr Karl Edouard Nobiling)* [1]. **1900**-*20-6* Baron Klemens von Ketteler, min. résident à Pékin. *16-11* Guillaume II *(Frau Schnapke* [1], déséquilibrée). **1919**-*15-1* Karl Liebknecht et Rosa Luxemburg, chefs révolutionnaires allemands *(escorte)*. **1919**-*21-2* Kurt Eisner, PM de Bavière *(Cte Arco-Valley)*. *12-4* Otto Newvig, dirigeant politique de Saxe *(opposants)*. *-8-10* Hugo Haase, député social-démocrate. **1921**-*26-8* Mattias Erzberger *(négociateur du traité de Rethondes)*. **1922**-*24-6* Walter Rathenau, min. des Aff. étrangères. **1934**-*30-6* Röhm, gén. von Schleicher, Klausener *(nuit des « longs couteaux »)*. **1938**-*7-11* Ernst von Rath diplomate *(Grynszpan)*. **1939**-*8-2* Hitler (1889-1945) *(Georg Elser)* [1]. **1943**-*13-3* (bombe) [1]. **1944**-*20-7* (bombe placée par le *colonel von Stauffenberg)* [1]. **1958**-*10-4* Konrad Adenauer (bombe) [1].

Angleterre, Irlande. 946-*26-3* Edmond l'Ancien. **979**-*18-3* Edmond le Martyr. **1170**-*19-12* Thomas Becket, archev. de Canterbury. **1327**-*23-9* Edouard II. **1437**-*21-2* Jacques Ier d'Écosse. **1483**-*juill.* Edouard V. **1485** Richard III *(Henri Tudor)*. **1488**-*11-6* Jacques III d'Écosse. **1567**-*9-2* Darnley (Henri Stuart Lord), époux de Marie Stuart *(Bothwell)*. **1628**-*23-8* duc de Buckingham (favori) *(John Felton)*. **1812**-*11-5* Spencer Perceval, 1er ministre *(Bellingham*, fou). **1840**-*10-6* reine Victoria *(le maître d'hôtel Oxford)* [1]. **1849**-*19-5 (William Hamilton)* [1]. **1872**-*29-2 (O'Connor)* [1]. **1882**-*2-3* reine Victoria *(Roderick Maclean)* [1]. **1882**-*6-5* Lord F. Cavendish, secr. d'État pour l'Irlande. **1922**-*22-6* Maréchal de l'Air Henry M. Wilson. M. Collins, dirigeant révolutionnaire irlandais **1927**-*10-7* Kevin O'Higgins, vice-Pt de l'État libre d'Irlande. **1979**-*27-8* Lord Louis Mountbatten of Burma, dernier vice-roi des Indes, cousin de la reine, oncle du P^ce^ Philippe ; son petit-fils Nicolas Brabourne (14 ans) ; 1 jeune garçon (15 ans) ; Lady Brabourne blessée († 28-8). par l'I.R.A. Mme Thatcher [1].

Arabie saoudite. 1975-*25-3* roi Fayçal (1903) *(P^ce^ Fayçal Ibn Abdel Aziz)*.

Argentine. 1970-*début juin* Pedro Aramburu, ex-Pt (séquestré par les *Montoneros*).

Autriche. 1853-*18-2* Francis Joseph, empereur *(Libenyi)* [1]. **1882**-*6-5 (Overdank)* [1]. **1898**-*10-9* Elisabeth (n. 1837), impératrice, à Genève *(Luccheni)*. **1908**-*12-4* Alfred Potocki, gouverneur de Galicie *(Miroslas Siczynski)*. **1914**-*28-6* archiduc François-Ferdinand et sa femme, à Sarajevo *(Prinzip)*. **1916**-*21-10* Karl Sturgkh, chancelier PM *(Friedrich Adler)*. **1927**-*6-11* Karl Seitz, maire socialiste de Vienne *(nationalistes)*. **1934**-*25-6* Engelbert Dollfuss, chancelier *(Otto Planetta)*.

Bangladesh. 1975-*15-8* Cheikh Mujibur Rahman Pt, Mansoor Ali, PM. **1981**-*30-5* Zia-Ur Rhaman, Pt.

Belgique. 1901-*26-1* Orban de Xivry, gouverneur *(Schneider)*. **1950**-*18-8* Julien Lahaut, Pt du Parti communiste.

Birmanie. 1947-*19-7* U Aung San, PM. **1983**-*9-10* (21 † dont 5 membres du gouv. de Corée du S.).

Bolivie. 1946-*21-7* Gualberto Villarroel, Pt.

Brésil. 1897-*5-11* Prudente Moraes, Pt *(Bispo de Melle)* [1]. Carlos Vbittencourt, min. de la Guerre, †.

Bulgarie. 1891-*27-3* Belchev, min. des Finances (3 balles, destinées au PM Stamboulov). **1895**-*15-7* Stephan Stamboulov, PM *(3 hommes dont Halju, exécuté 1902)*. **1902**-*6-2* Kasanchev, min. *(Kerandyoukov)*. **1907**-*11-3* Nicolas Petkov, PM. **1923**-*9-6* Alex. Stamboulyski, PM. **1925**-*14-15/4* Boris III (bombe, *2 communistes)* [1]. **1943**-*28-8 (Gestapo ?)*.

Burundi. 1965-*15-1* Pierre Ngendadumwe, PM.

Canada. 1970-*oct.* Pierre Laporte, ministre du Travail du Québec.

Chine. 1928-*4-6* général Tchang Tso-lin, chef militaire et politique (bombe).

Congo. 1977-*18-3* Harien Ngouabi, Pt.

Corée du Sud. 1979-*26-10* Park Chung Hee. V. Birmanie.

Égypte. 1944-*6-11* Lord Moyne, H^t^ commiss. au Moyen-Orient, au Caire *(terroristes israéliens)*. **1945**-*24-2* Ahmed Maher Pacha, PM. **1948**-*28-12* Nokrachy Pacha, PM *(Abdul Meyed Hassan)*, membre des Frères musulmans. **1967**-*18-9* maréchal Abdel Hakim Amer, second de Nasser *(hommes de Nasser)*. **1981**-*6-10* Anouar El Sadate, Pt *(militaires)*.

Équateur. 1875-*6-8* Gabriel Garcia Moreno, Pt *(Manuel Cornejo, Roberto Andrade, Faustio Rago)*.

Espagne. 1852-*2-2* Isabelle II (*Martin Merino*, prêtre) [1]. **1856**-*28-5* (*Raymond Fuentes*, moine) [1]. **1870**-*28-12* Gal Juan Prim, dictateur (*José Paúl y Angulo*). **1872**-*19-7* Amédée Ier, roi [1]. **1878**-*25-10* Alphonse XII (*Juan Oliva Mencasi*, anarchiste) [1]. **1879**-*30-12* *(Francisco Gonzalez)* [1]. **1892**-*24-9* Gal Martinez Campos *(Paulino Pallás)* [1]. **1897**-*8-1* Canovas del Castillo, 1er min. **1905**-*1-6* Alphonse XIII *(anarchistes)* [1]. A Paris, avec Loubet. **1906**-*31-5* *(Mateo Morral, anarchiste)* [1]. La reine Victoria-Eugénie également visée. **1912**-*12-11* José Canalejas y Mendez, PM (*Pardina*, anarchiste). **1921**-*8-3* Eduardo Dato y Irader, 1er min. *(opposants)*. **1926**-*1-8* Miguel Primo de Rivera [1]. **1936**-*13-8* Calvo Sotelo, monarchiste *(amis du Pt Castillo*, tué à son tour par des fascistes). **1973**-*20-11* Carrero Blanco, PM.

Éthiopie. 1937-*19-2* maréchal Rodolfo Graziani, vice-roi *(un Éthiopien)*.

France. 575 Sigebert Ier *(2 partisans de Frédégonde)*. **584** Childéric, en rentrant de la chasse. **675** Childéric II, à la chasse. **679** Dagobert II, à la chasse. **1407**-*23-11* Louis d'Orléans, frère de Charles VI. **1563**-*18-2* François de Lorraine, duc de Guise *(Poltrot de Méré)*. **1572**-*24-8* Nuit de la Saint-Barthélemy : amiral de Coligny et des centaines de protestants. **1588**-*23-12* Henri Ier, duc de Guise, à Blois *(sur l'ordre d'Henri III)*. -*24-12* card. de Lorraine, fr. du duc de Guise *(sur l'ordre d'Henri III)*. **1589**-*1-8* Henri III *(le moine Jacques Clément)*. **1593** Henri IV *(Pierre Barrière)* [1]. **1594**-*27-11* *(Jean Chastel)* [1]. **1610**-*14-5* *(Ravaillac)*. **1617**-*24-4* Concini, mar. d'Ancre *(Ph. de Vitry)*. **1757**-*5-1* Louis XV *(Damiens)* [1]. **1793**-*13-7* Marat *(Charlotte Corday)*. **1800**-*14-6* Gal Kléber *(Suleyman)*, au Caire. -*24-12* Bonaparte, 1er consul (machine infernale de la rue St-Nicaise, par *Saint-Régeant, Carbon, Limoëlan*) [1]. **1809** devenu emp. Napoléon Ier, à Vienne *(Frédéric Staaps)* [1]. **1815**-*2-8* Mal Brune, à Avignon *(la foule)*. -*17-8* Gal Ramel, à Toulouse. **1820**-*13-2* duc de Berry *(Louvel)*. **1835**-*28-7* Louis-Philippe *(Fieschi)* [1]. **1836**-*25-6* *(Alibaud)* [1]. -*27-12* *(Meunier)* [1]. **1840**-*15-10* *(Darmès)* [1]. **1841**-*13-9* Duc d'Aumale *(Quénisset)* [1]. **1846**-*16-4* Louis-Philippe *(Lecomte)* [1]. -*29-7* *(Henri)* [1]. **1855**-*28-4* Napoléon III *(Pianori)* [1]. *8-9* *(Bellemare)* [1]. **1858**-*14-1* *(Orsini)* [1]. **1867**-*6-6* et le Tsar *(Berezowski)* [1]. **1887**-*10-12* Jules Ferry *(Aubertin)* [1]. **1894**-*24-6* Sadi Carnot. Pt *(Caserio)*. **1905**-*1-6* Émile Loubet, Pt *(anarchistes)* [1]. Avec Alphonse XIII d'Espagne. **1914**-*31-7* Jean Jaurès, Pt du Parti socialiste *(Villain)*. **1919**-*19-2* Clemenceau *(Cottin)* [1]. **1922**-*14-7* Alexandre Millerand, Pt [1]. **1932**-*6-5* Paul Doumer, Pt *(Gorguloff)*. **1934**-*9-10* Louis Barthou, min. des Aff. étr., et Alexandre de Youg., à Marseille. **1941**-*27-8* Pierre Laval (ancien vice-Pt du Conseil) et Marcel Déat (directeur de l'Œuvre) *(Colette)* [1]. **1942**-*28-4* Jacques Doriot, à Rennes [1]. **1942**-*24-12* Amiral Darlan (chef du gouv. d'Alger) *(Bonnier de la Chapelle)*. **1944**-*20-6* Jean Zay, ancien min. de l'Éd. nat. *(Henri Millou)*. *28-6* Philippe Henriot, secr. d'État à l'Int. *(Charles Gonard, dit Morlot)*. -*1-7* Georges Mandel *(milicien Mansuy)*. **1955**-*12-6* Jacques Lemaigre Dubreuil, industriel, *(la « Main Rouge »)* *à Casablanca*. **1957**-*16-1* Gal Raoul Salan [1], Cdt en chef en Algérie (attentat au bazooka : le colonel Rodier est tué). **1961**-*8-9* Gal de Gaulle *(Martial de Villemandy)* [1]. **1962**-*22-8* Gal de Gaulle *(colonel Bastien-Thiry)* [1] au Petit-Clamart.

Ghana. 1962-*1-8* Nkrumah, Pt [1]. **1964**-*2-1* Nkrumah, Pt [1].

Grèce. 1831 Capo d'Istria, Pt *(Mavromikáhlis)*. **1861**-*18-9* Amélie, reine *(Dioçios)* [1]. **1898**-*26-2* Georges Ier *(Karditzis)*. **1905**-*13-6* Delvanni, PM. **1913**-*18-3* Georges Ier *(Schinas)*. **1927**-*30-10* Pavlos Konundouriotes, 1er Pt provisoire [1]. **1968**-*13-8* Georges Papadopoulos, PM *(A. Panagoulis)* [1].

Guatemala. 1898-*3-7* José Maria Reine Barrios. Pt (assassiné à l'instigation de son neveu Prospero Moralès, qui lui succéda). **1957**-*26-7* Carlos Armas, Pt.

Hollande. 1584-*10-7* Guillaume d'Orange *(Balthasar Gérard)*. **1672**-*20-8* Jean de Witt, grand pensionnaire.

Hongrie. 1912-*7-6* Comte Istvan Tisza, Pt de la Ch. des députés *(Kovacs, dép. de l'opposition ; essaie de se suicider, reconnu fou)* [1]. **1918**-*31-10* Cte Istvan Tisza, PM *(soldats déserteurs)*. **1962**-*4-6* Bela Lapuanyik, espion hongrois déserteur (balle au cyanure).

Inde. 1872-*8-2* Richard Southwell Bourke, 6e comte de Mayo, vice-roi des Indes *(détenu musulman)*. **1879**-*12-12* Lord Lytton, vice-roi des Indes *(un Eurasien*, ivre) [1]. **1948**-*30-1* Gandhi *(Nathuram Vinayak Godse)*. **1980**-*14-4* Indira Gandhi, PM *(Lalwani)* [1]. **1984**-*31-10* Indira Gandhi, PM *(Sikhs)*.

Indonésie. 1962-*14-5* Pt Ahmed Sukarno[1]. **1965**-*30-9* Pt Ahmed Sukarno.

Irak. 1958-*14-7* roi Fayçal et Nouri Saïd, 1er min. **1963**-*8-2* Gal Kassem, Pt Rép.

Iran. 1896-*1-5* Nasser Eddin, shah *(le mollah Reza)*. **1908**-*28-2* Mohammed Ali-Shah[1]. **1965**-*26-1* Hassan Ali Mansour, PM. **1965**-*10-4* Reza Shah (d'Iran)[1]. **1981**-*30-8* Ali Radjai (Pt) et Djavad Bahonar (PM).

Israël. 1948-*17-9* Comte Folke Bernadotte, médiateur de l'O.N.U.

Italie. 1537-*5-6* Alexandre de Médicis, duc de Florence *(Lorenzaccio)*. **1856**-*8-12* Ferdinand II des Deux-Siciles *(Agésilas Melans)* [1]. **1854**-*27-3* Charles III, duc de Parme *(Antonio Carra)*. **1878**-*17-11* Humbert *(Giovanni Pasananti)* [1]. **1894**-*16-6* François Crispi, PM [1]. **1897**-*22-4* Humbert I *(Acciarito)* [1]. **1900**-*29-7* Humbert Ier *(Bresci)*. **1912**-*14-3* Victor Emmanuel *(Antonio Oalba)* [1]. **1924**-*10-6* Matteotti, chef du PS. **1926**-*mars-avril-juin* Benito Mussolini : 3 attentats : a) *Zanzinobi*, socialiste, arrêté ; b) *une Anglaise*, déséquilibrée ; c) *Lucetti* [1]. **1928**-*12-4* Victor Emmanuel III (17 tués, 40 blessés) [1].

Japon. 1901-*21-6* Hoshi Toru, dirigeant libéral *(tué au conseil municipal de Tokyo)*. **1909**-*26-10* Ito. **1932**-*8-1* empereur Hirohito *(un Coréen)* [1]. **1932**-*15-5* Inukai, PM. **1933**-*21-11* Wakatauki, ancien PM *(officiers extrémistes)* [1]. **1960**-*12-10* Inejiro Asanuma, chef du Parti socialiste *(poignardé par un réactionnaire)*.

Jordanie. 1951-*20-7* Roi Abdallah *(Mohammed Chaker)*. **1960**-*28-8* Hazza Majah, PM (bombe). **1971**-*28-11* Wasfi Tall, PM.

Liberia. 1981-*12-4* William Tolbert, Pt.

Liban. 1982-*15-9* Bechir Gemayel, Pt.

Madagascar. 1975-*11-2* Gal Ratsimandrava.

Maroc. 1971-*10-7* Hassan, roi [1]. **1972**-*16-8* Hassan, roi [1].

Mexique. 1913-*23-2* Francisco Indalecio Madero, Pt. **1919**-*10-4* Emiliano Zapata, chef révolutionnaire. **1920**-*21-5* Venustiano Carranza, Pt. **1923**-*20-7* Pancho Villa, chef révolutionnaire. **1928**-*17-7* Alvaro Obregón, Pt *(Léon Toral)*.

Nicaragua. 1956-*21-9* Anastasio Somoza Garcia, Pt.

Nigeria. 1966-*15-1* Samuel Akintola et Ahmadu Bello, Iers min. régionaux *(rebelles militaires)*. **1966**-*29-7* général Ironsi *(coup d'État)*. **1976**-*13-2* Gal Murtala Mohammed.

Ouganda. 1961-*13-10* prince Louis Rwagasore *(un jeune Blanc)*.

Pakistan. 1951-*16-10* Liaquat Ali Khan, Pt *(Said Akbar)*.

Panama. 1955-*2-1* José Antonio Rémon, Pt.

Paraguay. 1877-*12-4* Jean-Baptiste Gill, Pt.

Pérou. 1872-*25-7* José Balte, Pt *(Marceliano Gutièrrez)*.

Pologne. 1922-*16-12* Gabriel Narutowicz, Pt.

Portugal. 1908-*1-2* Charles Ier et Philippe, Pce héritier *(Buica et de Costa)*. **1915**-*15-5* Dr Joao Chagas, PM. *(Sénateur Joao de Freitas*, qui fut tué) [1]. **1918**-*31-12* Sidonio Paes, Pt.

Rép. dominicaine. 1899-*26-7* Ulysse Heureaux, Pt *(Caceres)*. **1961**-*30-5* Raphael Trujillo, Pt.

Rome. 44 av. J.-C. César *(Brutus)*. **37 apr. J.-C.** Tibère *(Macron)*. **41** Caligula *(Chaerea)*. **54** Claude *(Agrippine)*. **59** Agrippine *(Néron)*. **96** Domitien *(Stephanus)*. **192** Commode *(Marcia)*. **193** Pertinax *(prétoriens)*. **235** Alexandre Sévère *(ses soldats)*. **465** Sévère *(Ricimer)*.

Roumanie. 1880-*14-12* Bratiano (PM) [1]. **1933**-*29-12* Duca, Pt du Conseil. **1939**-*21-9* Calinesco, Pt du Conseil. **1940**-*26-11* Jorga, ancien Pt du Conseil.

Russie. 1762-*17-7* Pierre III *(Orlov et ses gardes)*. **1804**-*24-3* Paul Ier *(Cte Pahlen)*. **1864**-*3-7* Gd-duc Constantin [1]. **1866**-*16-4* Alexandre II *(Karakozow)* [1]. **1867**-*6-6* au Bois de Boulogne *(Berezowski)* [1]. **1878**-*5-2* Gal Dimitri Fedorovitch Trepov, chef de la police *(Vera Sassoulitch)* [1]. -*16-8* Gal Mesentzov, chef de la police (poignardé). **1879**-*21-2* Pce Krapotkine, gouverneur de Kharkov *(meurt 8 j après)*. -*25-4* Gal Drentalen, chef de la police *(Léon Mirsky)* [1]. -*14-4* Alexandre II *(Soloviev)*. **1880**-*3-3* Gal Loris Melikov, dictateur *(Madetski)*. **1880**-*13-3* Alexandre II *(des nihilistes dynamitent le palais d'hiver à St-Pétersbourg :* 10 gardes finlandais tués, 53 blessés) [1]. **1881**-*1-3* Alexandre II *(Russakov)*. **1882**-*30-3* Gal Strelnikov, procureur militaire *(nihilistes)*. **1883**-*28-12* Colonel Soudaikine, chef de la police secrète *(Degayev)*. **1887**-*13-3* Alexandre III *(6 jeunes nihilistes arrêtés)* [1]. **1891**-*23-5* Nicolas II *(Tsouda Sanzo, jap.)* [1]. **1902**-*15-4* Dimitri Sipiaguine, min. de l'Int. *(Malyschew)*. **1904**-*16-4* Gal Nikolai Ivanovitch Bobrikov, gouverneur général de Finlande *(Eugène Schaumann)*. **1904**-*28-7* Venceslas Plehve, min. *(Sasenov)*. **1905**-*17-2* Grand-duc Serge *(Kolianov)*. **1906**-*25-8* Pierre Stolypine, PM (bombe) [1]. Ses 2 enfants tués. **1911**-*14-9* *(Bogrov)*. **1916**-*2-12* Raspoutine (*Pce Youssoupof*, † 1967). **1917**-*21-12* Ivan Longinovitch Goremykine, 1er min. *(massacré par des Bolcheviks)*. **1918**-*5-7* Gd-duc Michel, fr. de Nic. II. -*6-7* Cte Wilhelm von Mirbach, amb. d'Allemagne à Moscou *(Bolcheviks)*. -*16-7* Nicolas II et sa famille. -*30-7* Gal Hermann von Eichhorn *(Bolcheviks)*, en Ukraine. -*30-8* Lénine *(Fanny Roid-Kaplan)* [1]. **1926**-*5-5* Simon Petlioura, dirigeant ukrainien *(agents communistes)*, à Paris. **1927**-*7-6* Wolykov, ambassadeur soviétique *(anticommunistes polonais)*. **1934** S. Miranovitch Kirov, secr. du PC *(trotskistes)*. **1937**-*19-9* Gal Evgeni Miller, dirigeant russe blanc, enlevé à Paris *(par le G.P.U.)*. **1938**-*16-2* Léon Sedov Trotski, fils de Léon Trotski *(emprisonné dans un hôpital parisien par des agents du N.K.V.D.)*. **1940**-*21-8* Trotski *(Jacques Mornard)*, au Mexique. **1969**-*22-1* Léonid Brejnev *(Anatoly Ilyin)* [1].

Salvador. 1890-*7-7* Francisco Menendez, Pt *(partisans du général Exeta*, qui lui succéda).

Serbie. 1868-*10-6* Michel Obrenovitch, roi *(Radanovitch)*. **1882**-*23-10* Milan IV *(Payitch)* [1]. **1903**-*11-6* Alexandre Ier et la reine Draga *(colonel Maschin)*.

Sri Lanka. 1959-*25-9* Bandaranaïke, PM.

Suède. 1792-*20-3* Gustave III *(Anckarström)*. **1986**-*28-2* Olof Palme, PM.

Tchad. 1975-*13-4* François Tombalbaye (1918) *(Gén. Noël Odingar)*.

Tchécoslovaquie. 1923-*5-1* Alois Rasin, min. des Finances *(un communiste)*.

Thaïlande. 1946-*9-7* Ananda Mahidol, roi *(camouflé en suicide)*.

Togo. 1962-*21-1* Sylvanus Olympio [1]. **1963**-*13-1* Sylvanus Olympio, Pt.

Tunisie. 1952-*5-12* Dr Farhat Hached, secrétaire général de l'Union des Travailleurs tunisiens *(la « Main rouge »)*. **1961**-*12-8* Salah ben Youssef, ancien min. de la Justice, à Francfort.

Turquie. 1808-*28-6* Selim, sultan *(son neveu Mustapha)*. **1876**-*4-6* Abdülaziz, sultan. **1905**-*21-7* Abdülamid II [1] (24 †, 57 bl.). **1906**-*23-3* Redvan Rasha (préfet de Constantinople). **1921**-*15-3* Talaat bey, min. de l'Intérieur *(étudiant arménien)*.

Uruguay. 1868-*19-2* Venancio Flores, Pt. **1897**-*25-8* Juan Idiarte Borda, Pt.

U.S.A. 1835-*30-1* Andrew Jackson, Pt *(Richard Lawrence)* [1]. **1865**-*14-4* Abraham Lincoln, Pt († 15-4) *(J. W. Booth)*. **1881**-*2-7* James Garfield, Pt († 19-9) *(Ch. J. Guiteau)*. **1901**-*6-9* W. Mac Kinley, Pt († 14-9) *(Léon Czolgosz)*. **1912**-*14-10* Théodore Roosevelt, ex-Pt *(Johann Schranck)* [1]. **1933**-*15-2* Anton Cermak, maire de Chicago († 6-3) (*Zangara*, qui avait visé F. D. Roosevelt, Président). **1935**-*8-9* Huey P. Loug († 10-9), sén. Louisiane *(A. Weiss)*. **1950**-*1-11* Harry Truman, Pt *(Collazo et Torresola)* [1]. **1963**-*22-11* J.F. Kennedy, Pt *(L. Oswald ?)*. **1967**-*26-8* George Lincoln Rockwell, chef du parti nazi américain (*John Patler*, son « min. de la Propagande »). **1968**-*4-4* Martin Luther King, pasteur noir défendant la non-violence *(James Earl Ray)*. -*4-6* Bob Kennedy (n. 1925), frère du Pt J.F. Kennedy et candidat à la prés. *(Sirhan Sirhan)*. **1972**-*15-5* George Wallace, gouverneur de l'Alabama *(Arthur Bremer)* [1]. **1975**-*6-4* Gerald Ford, Pt *(Franklin Lim)* [1]. -*18-8* *(Thomas Elbert)* [1]. -*5-9* *(Lynette Alice Fromme)* [1]. -*22-9* *(Sarah Jean Moore)* [1]. **1981**-*30-3* Ronald Reagan, Pt *(John Hinckley)* [1].

Vatican. 1848-*15-11* le Cte Rossi, PM des États de l'Église *(Carbonari)*. **1970**-*27-11* Paul VI, à Manille *(Benjamin Mendoza)* [1]. **1981**-*13-5* Jean-Paul II, à Rome *(Mehmet Ali Agça)* [1].

Viêt-nam Sud. 1963-*1-11* Ngo Dinh Diem, Président.

Yémen du Nord. 1977-*11-10* Ibrahim al Hamdi, Pt. **1978**-*24-6* Lt-Cel Ahmed al Ghachemi, Pt.

Yougoslavie. 1860-*1-8* Danilo Ier, Prince de Monténégro *(Kaditch)*. **1934**-*9-10* Alexandre Ier, à Marseille.

Zaïre. 1961-*12-2* Patrice Lumumba, ex-PM.

Géographie

Situation, limites

La France continentale est située entre les 42,5° et 51° de latitude N. ; en longitude, elle s'étend du 5° de longitude O. au 8° de longitude E.

• **Points extrêmes du territoire continental. Nord :** plage de Bray-Dunes près de Dunkerque (51°5'27").

Sud : montagne de la Bague de Bordeillat, près de Prats de Mollo (42°20').

Ouest : pointe de Corsen, à l'ouest de Brest (4°47'47" de longitude O.).

Est : embouchure de la Lauter, au nord de l'Alsace (8°1'47" de longitude E.).

Distances maximales : Nord-Sud (Dunkerque-Prats de Mollo) 973 km ; Est-Ouest (Lauterbourg-Pointe de Corsen) 945,5 km ; Nord-Ouest-Sud-Est (Pointe de Corsen-Menton) 1 082 km.

• **Centre géométrique du territoire continental.** Il est calculé comme étant le point de rencontre entre le méridien et le parallèle équidistants des 2 méridiens et des 2 parallèles cités ci-dessus (46°43'17" de latitude N. et 2°30'37" de longitude E. de Greenwich) : colline du Belvédère, à St-Amand-Montrond (Cher). Mais du fait de la forme allongée de la Bretagne où se situe la pointe de Corsen, il est excentré vers l'ouest (plus proche de l'Atlantique que de la Suisse). Sa qualité de « centre géométrique » est donc souvent contestée. Ont été cités notamment à sa place : *Vesdun* (Cher), qui est le centre de gravité d'une plaque d'épaisseur égale ayant la forme de la France ; *Chazemais* (Allier) : même procédé, mais en ajoutant la Corse ; *Bruères-Allichamps* (Cher).

• **Superficie.** 551 602 km², en comptant les îles et notamment la Corse (8 747 km²) ; 550 986 en 1946 (avant l'annexion des territoires de Tende et de la Brigue) ; 528 400 de 1871 à 1918 (avant la récupération de l'Alsace-Lorraine) [selon les mesures géodésiques de l'Institut géographique national (ne descendant pas au-dessous de l'arrondissement)]. — 543 998,03 km² [selon le Service du cadastre (données disponibles pour l'ensemble de la France et pour chaque commune)]. Ce sont ces dernières données qui ont été retenues dans Quid avec la définition suivante : sont comprises toutes les surfaces du domaine public et privé cadastrées ou non cadastrées, à l'exception des lacs, étangs et glaciers de plus d'1 km² ainsi que des estuaires des fleuves.

Par rapport à l'Europe. Environ 1/18ᵉ. Au 1ᵉʳ rang après la partie européenne de l'U.R.S.S. (4 500 000 km²). En 1900 (528 400 km²), au 5ᵉ après : l'empire russe, l'Union suédo-norvégienne (760 166), l'Autriche-Hongrie (622 269) et l'empire allemand (540 496). **Aux terres émergées.** 0,4 %.

• **Altitude.** *Moyenne.* 342 m (Corse exclue 297 m). *Commune habitée la plus haute :* St-Véran (Htes-A.) 2 200 m. *Lieu habité le plus haut :* observatoire du pic du Midi 2 859 m.

Répartition suivant l'altitude

Altitude en m	Surface en km²	% de la France
0 à 100	135 524	25,4
100 à 250	192 301	36,4
250 à 500	110 453	20,4
500 à 1 000	64 730	11,0
1 000 à 2 000	28 830	5,3
+ de 2 000	8 425	1,5

• **Frontières** (longueur en km). 5 670. **Terrestres :** 2 970 [dont 1 750 montagneuses (Pyrénées 740, Alpes 660, Jura 350), 195 sur un fleuve (Rhin)]. 8 États limitrophes : Espagne 650, Belgique 620 (dont Nord 357, Ardennes 238, Meuse 24), Suisse 572 (dont Ht-Rh. 77), Italie 515 (dont Htes-A. 98), Allemagne 450 (dont Ht-Rhin 66), Luxembourg 73, Andorre 57, Monaco 4,5 [4 États limitrophes des DOM-TOM : Brésil, Surinam (Guyane), Pays-Bas (St-Martin), Australie (Antarctique)]. **Maritimes :** 2 700 sans compter les découpures (Atlantique et Manche 2 075, Méditerranée 625). On peut inscrire la carte de France dans un *hexagone* (presque) régulier (3 côtés terrestres et 3 maritimes : Manche et mer du Nord ; Méditerranée ; Atlantique).

Formation du sol français

Jusqu'à la fin du primaire, seuls émergent quelques îlots dans les mers silurienne et dévonienne. A la fin du carbonifère surgit la *chaîne hercynienne* qui dessine un V depuis le Massif central vers la Bretagne et la Cornouailles britannique d'une part, vers les Vosges et la Forêt-Noire d'autre part. Les montagnes des Maures et de l'Esterel appartiennent au système *tyrrhénien,* rattaché actuellement au bloc continental de l'Afrique. Les chaînes hercyniennes ont atteint probablement 3 000 à 4 000 m d'altitude. Des accidents tectoniques les ont fragmentées avant le début du secondaire et n'en ont laissé que des plaques isolées. Une végétation exubérante se développe pour des raisons climatiques et s'accumule dans les dépressions lacustres et fluviales.

Secondaire. Des mers profondes recouvrent la moitié sud du pays, où des couches épaisses de matériaux sont formées. Dans la moitié nord, les mers sont peu profondes : les régions sont successivement inondées et découvertes selon les abaissements et les soulèvements du socle (principale avancée de la mer : au liasique ; principal retrait : au crétacé).

Tertiaire. Le plissement alpin qui se manifeste dans tous les continents affecte les terrains malléables du Sud (les Pyrénées se soulèvent à l'éocène ; les Alpes et le Jura, au pliocène) et le vieux socle primitif [Ardennes, Vosges, Morvan se soulèvent une 2ᵉ fois ; le volcanisme se développe dans le Massif central ; des fractures apparaissent, notamment en Alsace, séparant les Vosges de la Forêt-Noire (un volcan y naît également, le Kaiserstuhl, sur la rive droite du Rhin, en Allemagne)].

Profondeur des cratères de quelques volcans éteints (en m). Ardèche : Jaujeac 250 ?, la Coupe d'Ayzac 200 ?, les Balmes de Montbrul (Montbrun) 150, Freycinet 120. *Hte-Loire :* Bar 40. *Puy-de-Dôme :* la Vache 153, Louchadière 148, Montchié 104, Pariou 93, Petit-Puy-de-D. 89, la Nugère 82, Puy-de-D. 76.

Quaternaire. Période glaciaire laissant des traces profondes dans le relief actuel : érosion, dépôts de moraines. Les alluvions fluviales comblent les anciens golfes marins (Bassin parisien, Aquitaine, Sillon rhodanien, Alsace). A la fin du quaternaire, la *fonte des glaces* relève de 50 m le niveau des mers : les rias bretonnes sont noyées.

Terrains géologiques actuels

Terrains précambriens. Massif armoricain, Massif central et Vosges. Autrefois on leur donnait une vaste extension (tout l'ancien socle soulevé à l'époque hercynienne), actuellement on les réduit à quelques zones où le paysage ressemble à celui du Pays de Galles (période algonquienne) — ex. granites de Bretagne et du Cotentin.

Terrains cambriens. Principalement dans les Ardennes (paysage aussi voisin de celui du Pays de Galles) : roches métamorphiques ayant subi une recristallisation très poussée. Il y a peu de fossiles. Autres sites : Massif armoricain (poudingues pourpres, ardoises rouges sans fossiles, arènes feldspathiques de la Sarthe) ; Montagne Noire (cambriens à fossiles de l'époque acadienne, ardoises jaune et violette).

Terrains siluriens. Principalement en Bretagne, dépôts d'arènes ordoviciens (vallée de la Laize), peu fossilifères ; et dans la Montagne Noire (trilobites fossiles de type scandinave et gallois, arènes sans fossiles et ardoises à fossiles de l'étage gotlandien, puis calcaires gris très fossilifères).

Dévonien. Séries de bandes étroites, mêlées à du carbonifère ; Massif armoricain (orientées d'est en ouest dans le Cotentin, dans l'axe Brest-Laval, à Angers, à Ancenis) ; Massif central (Allier et Morvan, et surtout dans la vallée de la Loire où les calcaires sont zoogènes) ; Vosges ; Montagne Noire et surtout Pyrénées (ardoises fossilifères, calcaires à nodules rouges et verts appelés marbres griottes ou marbres de Campan).

Carbonifère. Massif armoricain ; occupe les mêmes synclinaux que le dévonien, mais des accidents tectoniques l'ont fragmenté. Se prolonge jusqu'aux bassins de Laval et de Châteaulin. Vallée de la Sarre et Vosges (principaux fossiles : fleurs variées, insectes, arachnides). Bassins de Commentry, de St-Étienne. — Autres sites importants : Montagne Noire (ardoises avec bancs calcaires, dépôts de sables et calcaires à fossiles contenant notamment de nombreux mollusques). Corbières et Pyrénées (notamment le massif de la Maladetta, période westphalienne).

Permien. Bassin de Littry (Calvados) : sables, arènes, poudingues, argiles de couleurs vives et calcaires dolomitiques ; vallée de la Bruche : ardoises rouges, riolite du Nideck ; bassin d'Autun et Hérault : ardoise bitumeuse ; Maures, Esterel et Alpes-Mar. : terrains permiens atteignant 900 m d'épaisseur (ardoises rouges et vertes ; porphyre bleu).

Triasique. Recouvrent les terrains anciens du Cotentin, des Ardennes et des Vosges où les grès bigarrés (grès vosgiens), contenant des grains de silice cimentés, atteignent 400 m d'épaisseur. Les fossiles sont souvent des crustacés (d'eau douce). Autres sites : Morvan, Massif central et Basse-Provence (vastes dépôts de calcaires coquilliers), Pyrénées (arènes rougeâtres et dépôts salins du triasique supérieur).

Jurassique. Normandie et seuil du Poitou sont recouverts par les dépôts de la mer liasique ; Jura et Haute-Saône ont des aspects analogues à la Souabe (liasique supérieur). Autres régions : rebords du Massif central, Languedoc, vallée du Rhône. A la période oolithique, d'importantes couches se sont déposées des deux côtés de la Manche actuelle ; les terrains normands et boulonnais ressemblent à ceux de G.-B. : calcaires marneux, contenant des céphalopodes fossiles. Nombreux autres dépôts : Bassin parisien, Meurthe, Vosges, Causses, vallée du Rhône, Pyrénées, etc. Tous ces sédiments sont d'origine marine.

Crétacé. Vaste sillon du Dauphiné au Boulonnais, se prolongeant en G.-B. Le crétacé moyen notamment (cénomannien) forme la majeure partie du Bassin parisien, caractérisé par des calcaires marneux. Autres dépôts : Massif central, Pyrénées, Bretagne occidentale.

Éocène et Oligocène (calcaire à nummulites). Vastes terrains en Picardie et Normandie (sables siliceux et marnes de Meudon). Sparnacien : littoral de la Manche, Soissonnais, Champagne. Lutécien : environs de Paris (la couche de gypse atteint 50 m à Montmartre). Autres sites : Cotentin, Aquitaine, rebords du Massif central, Provence (bassins d'Aix et d'Apt), nombreux mammifères fossiles. Oligocène : domine en Beauce, à Fontainebleau, dans l'Étampois. La Limagne est un ancien lac oligocénique à la faune lacustre et continentale. A Manosque, les fleurs fossilisées sont de type subtropical ; en Quercy, les gisements de phosphates de calcium contiennent de nombreux types de vertébrés.

Néocène (Miocène et Pliocène). Bien moins abondant que le crétacé. Dépôts principaux : Orléanais, Touraine, Maine et Anjou. En Armagnac, le calcaire est d'origine lacustre et contient des mammifères fossiles. Autres sites ; vallée du Rhône (notamment colline de la Croix-Rousse à Lyon ; gisement de fossiles de vertébrés). La mer pliocène a laissé des dépôts en Vendée et en Aquitaine et dans la région basse du Languedoc, des Pyrénées au Rhône.

Époque moderne. *Principal dépôt morainique* (plateau sableux et caillouteux, tapissé d'argile) : les Dombes, golfe comblé par l'ancien glacier du Rhône.

Principal dépôt d'alluvions fluviales : la Limagne, série de fossés tectoniques comblés par des débris végétaux (terre noire), coupés à l'est par des « varennes » sableuses, longtemps marécageuses, aujourd'hui changées en prairies. Alluvions déposées par des vents : dunes de la région landaise ; collines de lœss en Alsace.

Climat

Dans l'ensemble, le climat français appartient au domaine tempéré (effet de la latitude, à mi-chemin entre le pôle et l'équateur).

Sous-types de climats

1° Atlantique (ou maritime tempéré), du Cotentin aux Pyrénées, subdivisé en *armorique* (humide, brumeux et froid) et *aquitain* (plus chaud et plus ensoleillé) ;

2° Continental atténué, du Cotentin à la vallée du Rhône, subdivisé en *parisien* (assez proche du climat atlantique, mais moins pluvieux), *auvergnat* (rude et froid à cause de l'altitude), *lorrain* (aux hivers froids et humides), *alsacien* (le plus typiquement continental : plus sec avec orages estivaux) ;

3° Méditerranéen, côtes sud et Corse ;

4° Alpestre, Alpes et Pyrénées.

Pressions et vents

1° Vents dominants ou océaniques (vents d'ouest). Ils viennent plutôt du S.-O. en hiver (les basses pressions se trouvant principalement sur la Manche et au sud de l'Irlande) : ils sont donc relativement tempérés ; du N.-O. en été (les basses pressions se situant vers le S.-E. du territoire) : ils sont donc relativement frais. Les températures extrêmes sont ainsi atténuées à chaque saison.

2° Vents continentaux ou bise du Nord. Affectent la partie la plus orientale du pays (à l'est d'une ligne Sedan-Toulon) et soufflent surtout en hiver et au printemps, quand les plaines nord-orientales de l'Europe sont nettement plus froides que l'Atlantique. Leur direction est initialement N.E./S.O. Ils sont ensuite fréquemment happés par le couloir Saône-Rhône et se ruent vers la Méditerranée, selon une direction N.-S. : le *mistral* qui atteint 200 km/h (mais jamais plus de 3 000 m d'altitude). La bise du Nord est donc relativement rare dans l'ouest du pays.

3° Vents locaux méditerranéens. Outre le *mistral* qui vient de régions éloignées, le Midi méditerranéen connaît une alternance de vents locaux ; chauds et humides venus de la mer, puis vents froids et secs soufflant de la terre, qui rappelle, sur une petite échelle, le mécanisme des moussons (mer située au sud d'un continent) :

— MINI-MOUSSON D'ÉTÉ : l'*autan blanc* (altanus, en latin, signifie « originaire du large ») : attiré par les basses pressions du Massif central surchauffé, il vient par le S.-E. et déverse son eau sur les rebords des Cévennes (le mont *Aigoual* veut dire le mont de l'eau). Il continue ensuite vers les vallées ouest du Massif central, toujours chaud, mais devenu sec et violent (effet de fœhn).

— MINI-MOUSSON D'HIVER : la *tramontane* (froide et sèche) : descend du Massif central, attirée vers le S. par les basses pressions hivernales de la Méditerranée. Elle est souvent confondue avec le mistral, bien qu'elle soit moins violente.

4° Vent de la Méditerranée vers l'Atlantique : l'*autan noir*. Il n'est pas forcément estival (comme l'*autan blanc*) et souffle d'E. en O., chaque fois qu'une basse pression atlantique se produit dans le golfe de Gascogne : il amène la pluie entre Massif central et Pyrénées.

Records français

☞ voir également Météorologie p. 91.

Étés les plus chauds

1604. 05. 12. 15. 19. 22. 23. 36. 37. 45. 52. 53. 54. 62. 66. 69. 76. 81. 84. 85. 91. 98.

1704. 05. 06. 07. 12. 17. 18. 19. 23. 26. 29. 31. 36. 41. 42. 43. 51. 57. 59. 60. 61. 62. 64. 65. 66. 72. 73. 78. 83. 84. 85. 88. 90. 93. 95. 98. 99.

1803. 05. 11. 18. 22. 25. 26. 35. 42. 46. 52. 57. 58. 59. 64. 70. 74. 76. 81. 84. 92. 93. 95. 99.

1900. 04. 06. 11 [seule année en France où le maximum a dépassé 35° pendant 3 mois : juil. (35°7), août (36,5°), sept. (35,8°) ; 32 journées à Paris et 53 à Marseille au-dessus de 30°]. **13. 21** (sécheresse record dans la moitié N. de la France ; 5 mm de pluie à Paris pour juin et juil ; 41,6° à Chaumont et à Vesoul). **23. 28. 33. 45. 47. 49** (record de chaleur pour le mois d'avril : 30,2° à Paris). **50. 52. 55. 59. 61. 62. 64. 76.**

Sécheresses. Les plus longues. 97 j à Marseille (6-7/10-10-1906). 55 j à Paris (21-1/16-3-1897). 34 j à Paris (20-2/26-3-1953)

Hivers les plus durs

1607-08. 15-16. 20-21. 40-41. 55-56. 57-58. 59-60. 62-63. 69-70. 76-77. 83-84 (la mer gèle sur plusieurs milles). **94-95.**

1708-09 (Garonne, Rhône, Meuse gelés). **15-16. 28-29. 39-40. 41-42. 75-76. 83-84. 88-89** (Seine gelée à Paris du 26-11 au 20-1 ; 56 j de gelées consécutives ; mer gelée à Ostende). **94-95.**

1819-20. 22-23. 29-30 (record de longueur : 15 nov.-28 févr., 2 m de neige en Normandie). **37-38. 40-41. 44-45. 70-71. 79-80** (record absolu du froid : − 33° à Langres ; 30 cm de glace sur la Seine à Paris). **90-91. 92-93. 94-95.**

1916-17. 28-29 (record du froid dans l'Est : 70 cm de glace sur le Rhin). **38-39. 39-40. 41-42. 44-45. 46-47. 55-56** (mois de févr. except. glacial, après un janv. tiède ; 30 j de gels consécutifs à − 20° ; 30 à 60 cm de neige à St-Raphaël et Antibes). **62-63.**

☞ Voir également les records parisiens et le temps à Paris depuis 1900, page 535.

Météorologie nationale

Siège : 73-77 rue de Sèvres, 92100 Boulogne.

Services dans la région parisienne : Service météorologique métropolitain (2, avenue Rapp) ; Centre technique et du matériel (Trappes, Yvelines). *École nat. de la Météorologie* (Toulouse-Mirail).

Créée en 1945, elle a succédé à l'Office national de météorologie (O.N.M.) créé en 1920, anciennement Bureau central météorologique, créé en 1878, en remplacement de la division météorologique de l'observatoire de Paris, organisée par Lamarck en 1796. La *Direction de la Météorologie* est une des Directions du ministère des Transports.

Budget : 1986 (en millions de F) env. 280.

Personnels civils : 3 496 (techniques 2 904, administratifs 330, ouvriers d'État 262).

Appareils : métropole et Outre-Mer : 3 816 *pluviomètres* dont 95 télémesures ; 1 722 *thermohygro* sous abri (86 avec télémesure) : 285 *ensembles anémomètre-girouette* ; 241 *héliographes* (instrument de mesure et d'enregistrement de la durée d'insolation) ; 136 *théodolites* (appareil de mesure des angles de visées optiques, utilisé pour l'estimation manuelle des vents en altitude) ; 101 *projecteurs néphoscopiques* ; 92 *télémètres de nuages* (mesure de la hauteur de la base des nuages au-dessus du sol) ; 34 *stations automatiques* de surface ; 27 *calculateurs pour radiosondage* ; 24 *récepteurs de radiosondage* ; 18 *radiothéodolites* ; 31 *radars pour la mesure du vent* ; 19 *radars panoramiques* (neige et pluie) ; 14 *récepteurs de satellites* ; 40 *pyranographes* [mesure et enregistrement du rayonnement ; 27 (rayonnement global), 13 (diffus)] ; 6 *pyrhéliomètres* (de mesure du rayonnement solaire venant directement du disque solaire) ; 20 *transmissomètres* (mesure de la transparence de l'atmosphère) ; 9 *calculateurs de visibilité aéronautique* ; 5 *rétrodiffusomètres* (mesure du pouvoir absorbant optique de l'atmosphère en vue d'apprécier la visibilité).

Publications : *Annuaire météorologique de Lamarck* (11 vol., 1800-10) a été interrompu par ordre de Napoléon, qui trouvait choquant qu'un membre de l'Institut s'amuse à faire des prédictions ; *Annales du Bureau central météorologique* depuis 1879 : observations météorologiques en France.

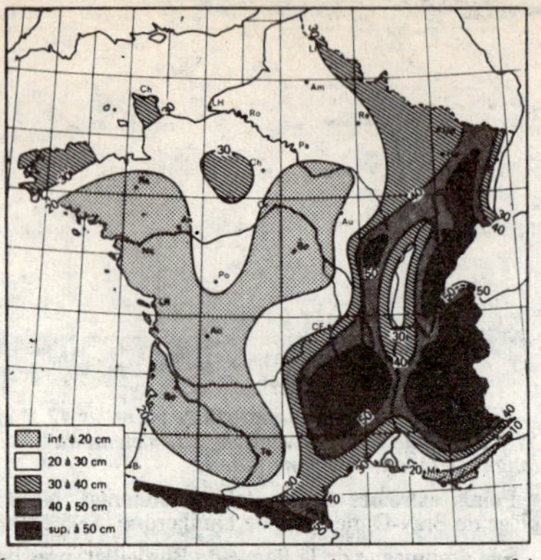

Épaisseur maximale de neige observée en moyenne une fois tous les 50 ans.

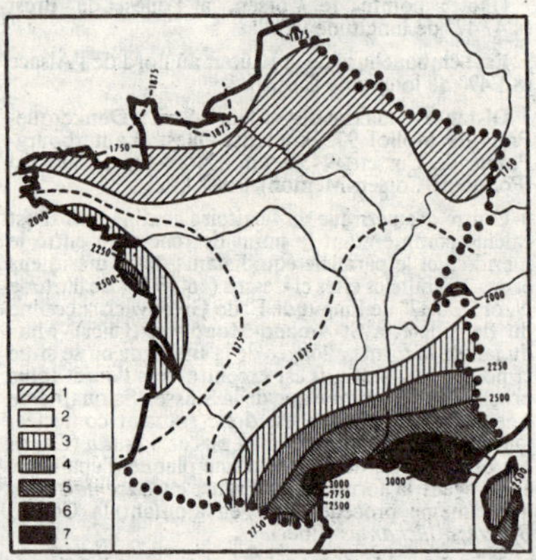

Durée moyenne d'insolation (année).
(1) < 1 750 h. (2) 1 750 à 2 000 h. (3) 2 000 à 2 250 h. (4) 2 250 à 2 500 h. (5) 2 500 à 2 750 h. (6) 2 750 à 3 000 h. (7) > 3 000 h.

Température la plus élevée

44° Toulouse, Hte-Garonne (8-8-1923)
42°8 Montpellier, Hérault (19-7-1904)
42° Bergerac, Dordogne (27-7-47) (12-7-49)
41°6 Nîmes, Gard (9-8-1923)
41°6 Chaumont-sur-Loire, Loir-et-Cher et Vesoul, Hte-Saône (28-7-1921)
41°4 Angoulême, Charente (8-8-1923)
41°4 Tours, Indre-et-Loire (28-7-1947)
41°2 Grasse, Alpes-Mar. (17-7-1932)
41° Agen, Lot-et-Gar. (1-8-1947)
40°4 Paris, Montsouris (28-7-1947)
40°2 Châteauroux, Indre (28-7-47)
40° Cazaux, Landes (30-6-1968)
39°8 Paris, St-Maur (28-7-1947)

Température la plus basse

− 35° Mouthe, Doubs (3-1-1971)
− 33° Langres, Hte-Marne (9-12-1879)
− 31° Granges-Ste-Marie, Doubs (2-1-1971)
− 30° Nancy, M.-et-M. (8-12-1879)
− 30° Morbier, Jura (13-1-1968)
− 27° Commercy, Meuse (8-12-1879)
− 26°6 Épinal, Vosges (8-12-1879)
− 26° Gien, Loiret (9-12-1879)
− 25°8 Limoges, Hte-Vienne (18-1-1893)
− 25°6 Paris, St-Maur (10-12-1879)
− 25°2 Luxeuil, Hte-Saône (13-1-1968)
− 25°2 Romilly, Aube (6-1-1971)
En 1928, il y eut 70 cm de glace sur le Rhin.

● **Pluie. En 1 jour** 840 mm à la Lau (Pyr.-Or.). **En 1 an** 4 017 mm au Mont Aigoual (Lozère) en 1913.

● **Insolation annuelle. La plus forte :** 3 144 h à Toulon (1961). **La plus faible :** 1 243 h à Rostrenen (1958).

La sécheresse de 1976. Elle a été exceptionnelle, non par ses records absolus (températures inférieures à celles de 1911 ; sécheresse moins prolongée qu'en 1921), mais par ses causes météorologiques.

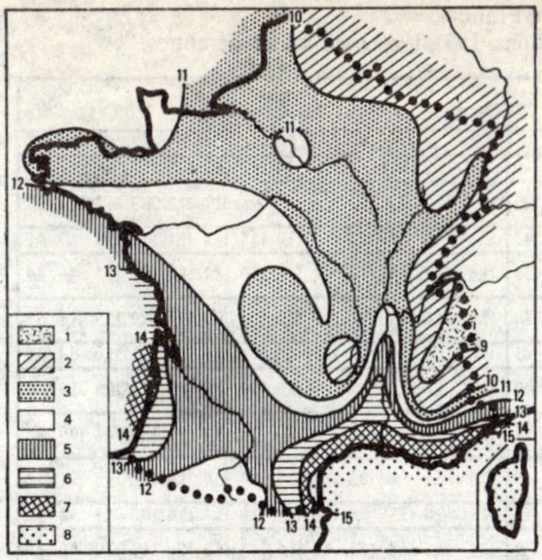

Température moyenne (année).
Légende : (1) < 10°. (2) 10 à 11°. (3) 11 à 12°. (4) 12 à 13°. (5) 13 à 14°. (6) 14 à 15°. (7) 15 à 16°. (8) > 16°.

1) En déc. 1975, un anticyclone s'est installé entre l'Écosse et l'Allemagne, effectuant un mouvement de va-et-vient. Lorsqu'il stationnait sur l'Écosse, il dirigeait sur nous des vents du nord ; lorsqu'il stationnait sur l'Allemagne, il provoquait la remontée de l'air chaud venant du sud, d'où une succession de vagues de chaleur et de coups de froid (le dernier à la mi-mai). Cette circulation méridienne coupa le passage aux perturbations pluvieuses dérivées vers le nord ou les pays méditerranéens.

2) La frange polaire s'étant anormalement rétrécie et décalée vers le nord, l'anticyclone chaud constitué d'air tropical sec qui couvre d'habitude en cette saison le Sahara et les pays méditerranéens transgressa jusqu'à l'Angleterre. Plus la chaleur gagnait les hautes couches de l'atmosphère, plus la masse chaude devenait stable et plus la situation s'aggravait.

Effets : Ex. à Paris, la hauteur accumulée des précipitations a été de 121 mm du 1-2-75 au 30-6-76 (moyenne : 304 mm ; probabilité d'un chiffre si bas : tous les 95 ans) ; à Rennes : 136 mm entre le 1-12 et le 30-6 (probabilité d'un chiffre si bas : tous les 110 ans).

● **Pression** *(réduite au niveau de la mer).* **Maximale :** 1 050,2 mb à Paris (Observatoire astronomique) le 6-2-1821 ; 1 049,5 mb à Paris-St-Maur le 29-1-1905 ; **Minimale :** 947,1 mb à Boulogne-s-Mer le 25-12-1821. **Vents.** 320 km/h au Mt Ventoux en 1967.

Records parisiens

(Relevés du Parc Montsouris)

Réchauffement continu de Paris. Il existe un microclimat parisien, dû à la chaleur dégagée par les moyens de chauffage et par une lentille de pollution qui arrête les vents et diminue la pluie. Entre 1880 et 1940, alors que le réchauffement de l'hémisphère Nord était de 0,6°, celui de Paris a été de 1,2° à Montsouris et de 1,5° au centre de la ville.

Hauteur des pluies en mm

depuis 1873	Maximum	Minimum
Juin	138 (1873)	1 (21-76)
Juillet	168 (1972)	6 (1949)
Août	161 (1931)	3 (1940)
Septembre	149 (1896)	0 (1895)
Dans l'année	880 (1965)	270 (1921)

Nombre de jours dans l'année. De pluie (j. de neige inclus) : *maximal* 199 (1970) ; *minimal* 114 (1921) ; *moy.* 164. **De neige :** *max.* 36 (1970) ; *min.* 2 (1957, 1961) ; *moy.* 15. **Avec orages :** *moy.* 19.

Nota. — 8 cm de neige, à Paris le 1-5-1945. 3 cm le 18-5-1935.

Pluie (en mm) 1900-1979 : moitié des observations normalement entre 628 (moyenne) − 88 (écart moyen) = 540 mm et 628 + 88 = 716 mm.

Sécheresse de 1921 (270 mm de pluie en 114 j) : + de 4 fois l'écart moyen.

Records de juillet 1980. *Soleil* 158,8 h (moyenne 247 h). *Pluie* 110,1 mm d'eau (au lieu de 57,4 mm) pendant 83,1 h réparties sur 18 j. *Température moyenne* 17,3 °C (au lieu de 19,1 °C). **En 1981 :** insolation normale (1 486 h). **En 1982 :** *insolation* 76 h en oct. (au lieu de 132 h). *Pluie* 104 mm en mai (au lieu de 57 mm).

Records de 1985 : *1°) Janvier :* 21 j. avec pluie (normale : 16 j.). Température min. absolue − 13,9 le 17. *2°) Mai :* insolation 146 h. au lieu de 225. *3°) Septembre :* précipitation 11 mm (5 j. de pluie) au lieu de 50 mm.

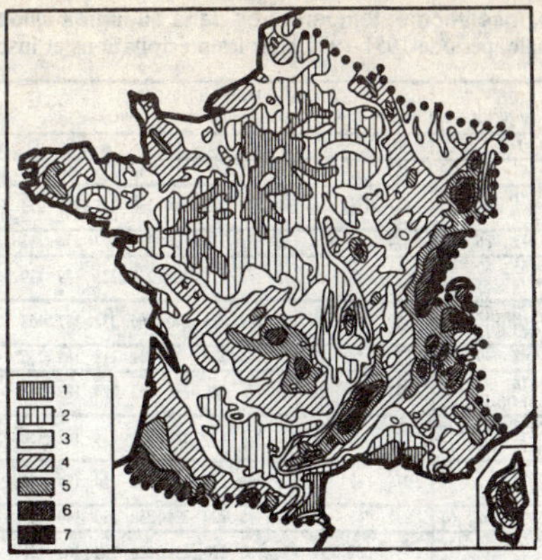

Hauteur moyenne des précipitations (année).
Légende : (1) < 600 mm. (2) 600 à 700 mm. (3) 700 à 800 mm. (4) 800 à 1 000 mm. (5) 1 000 à 1 200 mm. (6) 1 200 à 1 500 mm. (7) > 1 500 mm.

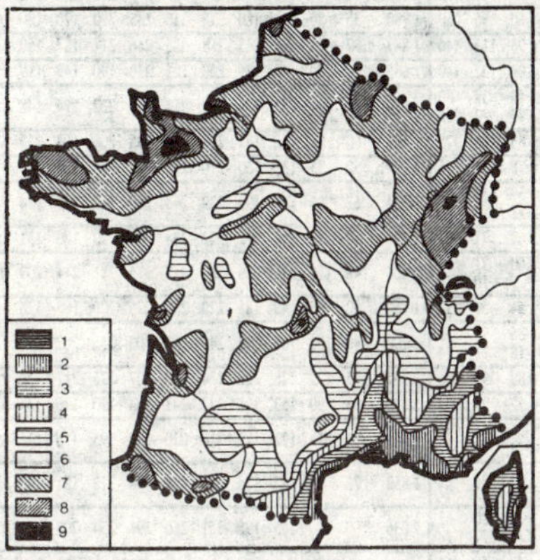

Nombre moyen de jours de précipitations (année).
Légende : (1) < 60 jours. (2) 60 à 80 j. (3) 80 à 100 j. (4) 100 à 120 j. (5) 120 à 140 j. (6) 140 à 160 j. (7) 160 à 180 j. (8) 180 à 200 j. (9) > 200 j.

Températures à Paris depuis 1872

	Maximales	Minimales
Jan.	15°6 (1-1-1883)	− 14°6 (23-1-1940)
Févr.	21°4 (28-2-1960)	− 14°7 (2-2-1956)
Mars	25°7 (25-3-1955)	− 9°1 (3-3-1890)
Avr.	30°2 (18-4-1949)	− 3°5 (13-4-1879)
Mai	34°8 (24-5-1922) (29/30-5-1944)	− 0°1 (7-5-1874)
Juin	37°6 (26-6-1947)	+ 3°1 (10-6-1881)
Juil.	40°4 (28-7-1947)	+ 6° (3-7-1907)
Août	37°7 (9-8-1911)	+ 6°3 (29-8-1881)[1]
Sept.	36°2 (7-9-1895)	+ 1°8 (26-9-1889)
Oct.	28°4 (6-10-1921)	− 3°1 (27-10-1887) (29-10-1890)
Nov.	21° (2-11-1899)	− 14° (28-11-1890)
Déc.	16°7 (11-12-1961)	− 23°9 (10-12-1879)

Nota. — (1) Plus faibles températures maximales : 13,4° (25-8-1979), la couche de nuages était ce jour-là de 10 000 m ; 16,5° (25-8-1924, 25-8-1966).

☞ Voir également le tableau « Températures et pluies dans quelques villes du monde » p. 536.

Le temps à Paris depuis 1900 (relevés du Parc Montsouris)

Année	Températures moyennes	Températures max. absolues	Températures min. absolues	Nbre de jours avec pluie	Nbre de jours avec neige	Nbre de jours avec orages	Hauteur pluies (mm)
1900	11,5	38,6	− 6,6	161	20	30	497
1901	10,5	33,9	− 10,3	149	32	22	547
1902	10,3	33,9	− 9,4	172	16	18	571
1903	10,7	33,5	− 8,9	179	17	23	614
1904	10,9	37,1	− 6,2	153	10	16	593
1905	10,5	33,8	− 9,4	176	11	26	721
1906	11,1	34,9	− 7,7	176	34	15	684
1907	10,7	34,4	− 10,4	159	19	14	534
1908	10,5	32,5	− 11,6	158	19	18	560
1909	10,2	32,5	− 8,1	167	29	27	661
1910	10,9	29,7	− 7,0	197	13	32	792
1911	11,8	37,7	− 5,4	146	18	15	496
1912	11,0	34,4	− 8,7	175	7	22	627
1913	11,3	31,2	− 7,0	176	8	21	638
1914	11,1	33,7	− 10,0	177	11	27	608
1915	10,9	33,0	− 7,3	164	13	22	693
1916	11,0	31,8	− 5,3	195	14	19	684
1917	9,9	34,4	− 13,4	165	29	22	614
1918	11,1	36,4	− 13,8	158	13	12	603
1919	10,4	35,2	− 10,7	181	32	10	705
1920	11,1	31,8	− 8,9	152	7	17	532
1921	12,0	37,1	− 8,9	114	7	13	270
1922	10,4	34,8	− 8,5	179	1	19	742
1923	11,1	36,1	− 3,4	182	6	19	697
1924	10,7	32,9	− 6,0	180	12	23	633
1925	10,6	31,6	− 9,4	180	26	18	731
1926	11,4	32,0	− 7,6	162	12	21	613
1927	10,9	30,2	− 10,3	191	12	26	757
1928	11,8	36,3	− 4,1	175	6	26	709
1929	11,0	34,8	− 14,1	133	23	17	471
1930	11,6	34,2	− 4,1	197	9	20	745
1931	10,8	32,0	− 5,4	184	20	32	797
1932	11,2	35,7	− 8,9	159	6	21	491
1933	11,2	36,2	− 9,7	133	14	21	469
1934	12,0	33,6	− 5,6	152	8	19	572
1935	11,4	33,1	− 7,1	165	14	17	631
1936	11,3	32,4	− 5,1	176	14	26	709
1937	11,9	34,4	− 4,3	171	11	5	760
1938	11,7	33,5	− 12,9	146	10	5	503
1939	11,4	32,9	− 4,7	182	15	11	754
1940	10,7	32,1	− 14,6	160	20	5	615
1941	10,8	35,3	− 9,0	166	18	7	730
1942	10,8	32,5	− 13,3	166	31	20	828
1943	12,0	36,6	− 4,3	141	5	18	537
1944	11,2	34,8	− 6,7	157	14	15	684
1945	12,2	36,8	− 10,2	153	20	18	456
1946	11,1	36,9	− 12,6	171	17	15	616
1947	12,3	40,4	− 12,2	163	18	19	610
1948	11,7	33,7	− 9,3	168	7	18	632
1949	12,3	33,6	− 4,2	127	5	16	402
1950	11,6	33,6	− 7,2	177	16	24	687
1951	11,3	30,4	− 7,1	188	5	25	783
1952	11,3	38,0	− 4,4	184	22	20	715
1953	11,7	34,6	− 5,2	133	17	9	425
1954	11,0	34,3	− 12,9	184	9	11	483
1955	11,3	33,0	− 4,3	148	16	18	678
1956	10,4	31,1	− 14,7	154	12	14	545
1957	11,7	36,0	− 7,0	161	2	11	536
1958	11,4	31,1	− 4,4	193	20	22	783
1959	12,8	36,4	− 4,5	131	7	14	453
1960	11,7	30,5	− 11,3	198	7	20	739
1961	12,4	34,4	− 3,4	152	2	16	541
1962	10,5	32,1	− 8,5	159	22	18	528
1963	10,1	31,0	− 12,3	159	29	14	559
1964	11,7	35,2	− 8,5	146	18	16	521
1965	11,1	30,5	− 10,4	196	21	23	880
1966	11,9	32,7	− 13,6	192	14	20	834
1967	11,9	33,0	− 6,4	161	11	23	592
1968	11,2	34,0	− 7,7	176	22	16	634
1969	11,7	32,8	− 8,1	173	31	28	618
1970	11,6	31,2	− 6,5	199	36	17	631
1971	11,8	31,6	− 8,6	141	18	18	508
1972	11,1	30,1	− 7,2	170	13	26	740
1973	11,6	32,7	− 4,2	156	12	18	576
1974	12,0	34,0	− 0,4	198	5	27	668
1975	11,7	35,7	− 4,5	164	12	21	658
1976	12,4	35,4	− 6,2	135	12	12	417
1977	11,7	29,0	− 3,7	179	8	17	717
1978	10,9	30,1	− 10,3	171	23	16	743
1979	11,0	32,1	− 12,7	172	24	17	729
1980	11,2	31,3	− 5,1	170	10	17	690
1981	11,8	31,9	− 3,1	197	13	n.c.	746
1982	12,4	32,8	− 6,6	173	13	25	700
1983	12,3	33,4	− 4,2	177	9	38	623
1984	11,7	34,8	− 3,3	177	12	22	745
1985	11,1	32,0	− 13,9	163	22	19	503

Précipitations, insolation et températures dans quelques villes de France

Source : Mémorial de la Météorologie nationale, période 1951-1970 pour les précipitations et insolations. 1931-1960 pour les températures.

Précipitations (1951-1970) — Hauteur moyenne (en mm) et nombre de jours *(en italique)*.

VILLE	Année	J	F	M	A	M	J	J	A	S	O	N	D
Aix-en-Provence	630	45	50	47	45	45	43	25	35	60	85	80	70
Ajacio	653	78	69	51	39	43	23	10	15	43	81	105	96
	95	*12*	*10*	*9*	*9*	*8*	*4*	*1*	*2*	*6*	*10*	*11*	*13*
Alençon	730	72	62	54	48	46	48	48	55	62	72	86	77
Angers	690	65	50	60	45	50	55	35	60	55	65	80	70
	154	*16*	*13*	*12*	*12*	*13*	*10*	*11*	*11*	*12*	*13*	*15*	*16*
Angoulême : total ≠ add ! *cf. sources*	826	79	68	64	62	70	58	53	66	69	70	79	88
	159	*16*	*14*	*13*	*12*	*14*	*11*	*12*	*12*	*12*	*13*	*15*	*16*
Auxerre	626	53	51	42	42	63	68	44	56	56	48	49	54
Besançon	1 088	94	87	75	74	86	107	80	116	106	78	92	93
	169	*17*	*14*	*12*	*14*	*14*	*14*	*14*	*13*	*13*	*14*	*15*	*15*
Biarritz	1 474	128	105	98	102	100	91	69	123	155	152	175	176
	177	*16*	*14*	*13*	*15*	*77*	*14*	*13*	*13*	*14*	*15*	*16*	*17*
Bordeaux	947	100	84	66	57	64	71	52	65	88	84	99	117
	162	*16*	*13*	*13*	*13*	*14*	*11*	*11*	*12*	*13*	*14*	*15*	*17*
Bourges	722	62	56	54	47	65	64	49	73	70	56	63	63
Brest	1 157	130	98	89	77	74	60	51	80	95	108	136	159
	201	*22*	*16*	*15*	*15*	*14*	*13*	*14*	*15*	*16*	*19*	*20*	*22*
Briançon	757	65	74	59	51	50	60	31	60	60	73	96	78
Caen-Carpiquet	713	65	61	45	44	53	52	45	57	66	75	79	71
	169	*17*	*14*	*12*	*13*	*14*	*12*	*13*	*13*	*13*	*15*	*16*	*17*
Carnac	732	72	68	55	42	47	41	33	55	70	74	87	88
Chartres	551	46	38	38	35	44	46	42	53	54	50	55	50
Château-Chinon	1 276	122	106	97	78	102	106	83	115	114	98	111	144
Cherbourg	1 032	116	86	67	60	61	51	55	70	90	104	132	140
Clermont-Ferrand	571	28	27	30	41	78	79	48	70	58	43	39	30
	132	*12*	*11*	*9*	*12*	*12*	*12*	*9*	*10*	*10*	*11*	*12*	*12*
Deauville	795	70	60	50	50	60	63	55	67	80	85	80	75
Dieppe	778	68	60	46	48	53	54	59	77	73	78	87	75
Dijon	734	62	48	51	48	68	79	44	79	74	53	67	61
	147	*16*	*13*	*10*	*11*	*12*	*12*	*11*	*11*	*11*	*12*	*14*	*14*
Dinard	698	66	55	47	48	55	49	44	54	59	67	77	77
Embrun	698	61	55	55	48	47	63	41	65	60	60	81	62
	107	*9*	*9*	*8*	*9*	*11*	*10*	*7*	*8*	*8*	*9*	*10*	*10*
Évreux	584	52	45	41	40	47	53	35	50	57	54	56	52
Grenoble	1 005	80	79	69	69	83	94	74	96	88	85	90	98
	144	*14*	*11*	*11*	*12*	*14*	*11*	*10*	*11*	*11*	*12*	*13*	*14*
La Rochelle	785	75	63	55	49	51	53	42	58	69	80	99	91
Le Mans	684	64	57	52	45	49	57	42	58	57	57	76	70
Lille	612	45	43	38	37	45	57	62	64	53	56	56	56
	171	*18*	*14*	*13*	*14*	*13*	*12*	*13*	*13*	*14*	*14*	*16*	*17*
Limoges	910	87	75	68	69	72	71	56	73	87	72	82	98
	165	*17*	*14*	*13*	*13*	*14*	*12*	*12*	*12*	*12*	*14*	*15*	*17*
Lyon	828	53	50	60	54	67	84	55	104	86	73	80	62
	145	*15*	*12*	*11*	*11*	*13*	*11*	*10*	*11*	*11*	*12*	*14*	*14*
Marignane Marseille	533	36	49	40	35	38	33	13	27	65	67	69	61
	76	*8*	*6*	*7*	*6*	*7*	*4*	*2*	*4*	*6*	*8*	*8*	*10*
Metz	736	62	58	53	47	65	66	58	81	63	52	63	68
Montélimar	972	61	74	78	60	80	69	35	91	134	102	116	72
Montpellier	736	56	59	69	46	47	41	20	52	78	125	70	73
	88	*8*	*6*	*8*	*8*	*9*	*5*	*3*	*6*	*7*	*9*	*9*	*10*
Nancy	731	66	58	43	45	62	70	58	76	65	52	59	67
	161	*16*	*13*	*12*	*13*	*13*	*13*	*12*	*13*	*12*	*13*	*15*	*16*
Nantes	819	83	65	53	48	54	52	42	66	80	77	95	94
	168	*18*	*14*	*14*	*11*	*13*	*11*	*12*	*12*	*14*	*15*	*16*	*18*
Nice	868	67	83	71	70	39	37	21	38	83	109	158	92
	86	*9*	*7*	*8*	*9*	*8*	*5*	*2*	*4*	*7*	*9*	*9*	*9*
Nîmes	680	52	53	57	45	50	40	25	40	75	100	83	60
	92	*8*	*6*	*9*	*8*	*9*	*6*	*4*	*6*	*7*	*9*	*10*	*10*
Orléans	621	57	48	43	46	52	54	47	54	51	54	61	54
	156	*16*	*13*	*12*	*12*	*13*	*11*	*11*	*12*	*12*	*13*	*15*	*16*
Paris Montsouris	624	53	48	40	45	53	57	54	61	54	50	58	51
	162	*17*	*14*	*12*	*13*	*12*	*12*	*12*	*13*	*13*	*13*	*15*	*16*
Pau	108[1]	111	85	84	95	92	88	52	76	87	83	96	134
Perpignan	628	27	52	59	47	49	33	27	28	69	97	70	71
	85	*7*	*6*	*8*	*7*	*9*	*7*	*5*	*6*	*7*	*8*	*6*	*9*
Poitiers Briard	702	65	58	56	49	55	55	46	59	52	61	78	68
	155	*16*	*13*	*13*	*12*	*14*	*11*	*10*	*11*	*12*	*12*	*15*	*16*
Reims	575	43	44	42	37	52	53	47	58	54	43	52	50
	164	*17*	*15*	*12*	*13*	*13*	*13*	*12*	*13*	*12*	*13*	*16*	*16*
Rennes	634	57	50	45	43	46	48	36	57	53	60	73	66
	168	*18*	*14*	*14*	*12*	*13*	*11*	*12*	*12*	*13*	*15*	*16*	*18*
Rouen	716	65	58	50	44	50	57	49	67	70	72	68	66
	167	*17*	*15*	*12*	*12*	*13*	*12*	*12*	*13*	*13*	*15*	*16*	*18*
St-Étienne	728	40	36	43	51	79	94	63	86	76	60	63	37
St-Quentin	684	52	50	46	44	52	63	61	69	67	52	63	65
	164	*17*	*14*	*12*	*12*	*12*	*12*	*13*	*14*	*13*	*14*	*15*	*16*
Strasbourg	719	51	44	42	58	71	88	73	90	61	43	51	47
	158	*15*	*13*	*12*	*13*	*13*	*14*	*14*	*13*	*12*	*12*	*13*	*14*
Toulon	837	76	86	82	60	49	35	12	31	77	105	117	107
	81	*9*	*6*	*8*	*7*	*7*	*4*	*2*	*4*	*5*	*9*	*9*	*11*
Toulouse	656	53	50	52	55	65	65	44	43	57	49	58	65
	137	*14*	*12*	*11*	*12*	*13*	*10*	*9*	*9*	*10*	*11*	*12*	*14*
Tours	687	63	55	52	51	53	58	47	60	60	55	68	65
	157	*16*	*13*	*12*	*12*	*13*	*11*	*11*	*12*	*13*	*13*	*15*	*16*
Vichy	761	50	45	51	52	84	84	63	86	75	58	58	55
	161	*17*	*14*	*12*	*13*	*14*	*12*	*11*	*22*	*12*	*13*	*15*	*16*

Insolation (1951-1970) — Durée moyenne (en heures).

VILLE	Année	J	F	M	A	M	J	J	A	S	O	N	D
Aix-en-Provence	2 835	145	150	210	255	300	325	380	335	250	200	145	140
Ajacio	2 811	136	136	199	241	302	334	380	338	271	213	141	120
Alençon	1 674	53	77	136	181	215	221	227	197	154	113	58	42
Angers	1 899	73	95	152	196	229	231	248	223	179	139	75	59
Angoulême : total ≠ add ! *cf. sources*	1 989	80	104	155	189	227	240	266	231	187	158	86	66
Auxerre	1 842	58	86	149	186	226	23	251	218	184	136	62	42
Besançon	1 897	66	92	149	178	226	234	262	224	189	148	69	60
Biarritz	1 921	90	107	161	178	220	221	231	214	182	152	94	71
Bordeaux	2 076	82	109	168	201	235	252	272	244	194	165	88	66
Bourges	1 837	63	88	150	185	220	225	250	220	180	137	66	53
Brest	1 757	67	91	139	180	220	221	220	200	163	126	71	59
Briançon	2 480	50	55	205	220	245	255	295	260	230	190	135	140
Caen-Carpiquet	1 776	70	92	150	180	220	225	230	195	165	130	65	55
Carnac	2 055	75	110	165	215	240	255	270	245	195	150	75	60
Chartres	1 730	55	80	140	180	215	230	235	200	170	120	60	45
Château-Chinon	1 847	67	88	144	173	218	225	246	212	187	150	75	62
Cherbourg	1 665	55	80	140	175	220	225	230	190	145	110	55	40
Clermont-Ferrand	1 899	78	100	151	174	212	217	255	222	194	148	80	68
Deauville	1 778	60	85	152	183	222	225	235	200	168	135	63	50
Dieppe	1 624	52	75	135	160	210	215	220	195	150	115	52	45
Dijon	1 934	62	96	166	196	239	243	260	227	195	134	63	53
Dinard	1 920	70	99	162	202	242	238	247	220	170	131	80	59
Embrun	2 604	148	159	215	229	260	272	315	281	244	204	138	139
Évreux	1 760	60	85	145	185	220	230	235	200	165	125	60	50
Grenoble	2 100	80	103	166	192	240	262	300	255	207	150	80	65
La Rochelle	2 331	95	122	178	228	276	290	307	276	211	174	94	80
Le Mans	1 873	65	90	153	192	233	243	254	220	170	135	68	50
Lille	1 641	58	72	122	170	210	220	220	195	155	116	58	45
Limoges	1 853	73	95	143	175	213	225	246	213	181	149	77	63
Lyon	2 036	60	96	165	198	251	260	293	254	207	139	66	47
Marignane Marseille	2 866	147	160	215	256	305	330	377	331	260	205	145	135
Metz	1 613	42	75	135	162	205	210	225	200	165	110	47	37
Montélimar	2 571	115	134	191	239	292	306	351	305	244	185	113	96
Montpellier	2 709	143	158	206	246	290	313	360	306	237	185	137	128
Nancy	1 633	46	76	136	164	208	211	228	199	165	113	49	38
Nantes	1 901	74	101	149	193	229	233	246	223	174	142	78	59
Nice	2 779	152	157	205	245	284	306	362	320	253	208	146	141
Nîmes	2 628	140	149	193	240	284	304	352	301	229	182	132	122
Orléans	1 799	62	86	143	185	227	230	238	211	177	128	63	49
Paris Montsouris	1 814	62	86	146	187	222	233	239	213	181	131	64	50
Pau	1 936	98	118	165	172	207	207	222	214	186	161	106	80
Perpignan	2 603	155	164	214	237	271	277	315	276	224	183	148	139
Poitiers Briard	2 024	75	100	160	201	238	252	272	242	194	153	74	63
Reims	1 702	54	80	140	178	219	221	222	194	172	119	58	45
Rennes	1 835	69	93	151	191	226	232	238	210	168	129	71	57
Rouen	1 694	55	78	140	175	210	220	230	195	163	125	58	45
St-Étienne	1 920	80	95	145	175	220	225	265	230	200	145	75	65
St-Quentin	1 661	52	78	130	170	215	218	220	192	170	116	57	43
Strasbourg	1 696	45	85	150	165	215	225	240	205	170	115	45	36
Toulon	2 917	151	161	216	262	309	334	383	337	265	206	152	141
Toulouse	2 081	78	116	179	195	235	242	268	244	205	164	92	63
Tours	1 859	64	87	157	190	215	245	259	220	173	128	70	51
Vichy	1 873	66	90	149	180	219	229	259	229	190	139	67	56

Températures (1931-1960) — Sous abri, normale.

VILLE	Année	J	F	M	A	M	J	J	A	S	O	N	D
Aix-en-Provence	12,9[1]	5,3	6,1	8,8	11,6	15,4	18,7	21,2	20,6	18,3	14,4	9,2	5,5
Ajacio	14,7	7,7	8,7	10,5	12,6	15,9	19.8	22	22,2	20,3	16,3	11.8	8,7
Alençon	10,2[1]	3,0	3,9	7,0	9,4	12,6	15,6	17,4	17,1	14,8	10,7	6,3	4,0
Angers	11,3	4,2	4,9	7,9	10,4	13,6	17,0	18,7	18,4	16,1	11,7	7,6	4,9
Angoulême : total ≠ add ! *cf. sources*	12,0	4,6	5,4	8,9	11,3	14,5	17,8	19,5	19,4	16,9	12,5	8,1	5,3
Auxerre	10,8[1]	2,6	3,3	7,5	10,5	14,0	17,0	19,0	18,7	16,2	11,0	6,4	3,5
Besançon	10,0	1,1	2,2	6,4	9,7	13,6	16,9	18,7	18,3	15,5	10,4	5,7	2,0
Biarritz	13,6	7,6	8,0	10,8	12,0	14,7	17,8	19,7	19,9	18,5	14,8	10,9	8,2
Bordeaux	13,3	5,6	6,6	10,3	12,8	15,8	19,3	20,9	21,0	18,6	13,8	9,1	6,2
Bourges	11,1	3,0	3,9	7,6	10,6	14,2	17,6	19,4	19,0	16,2	11,3	6,8	3,8
Brest	10,8	6,1	5,8	7,8	9,2	11,6	14,4	15,6	16,0	14,7	12,0	9,0	7,0
Briançon	–	–	–	–	–	–	–	–	–	–	–	–	–
Caen-Carpiquet	10,5	4,3	4,6	6,9	9,2	12,3	15,0	16,9	17,0	15,2	11,5	7,4	5,1
Carnac	–	–	–	–	–	–	–	–	–	–	–	–	–
Chartres	10,4[1]	2,7	3,6	6,9	9,7	13,1	16,2	18,2	18,1	15,5	11,0	6,5	3,6
Château-Chinon	9,3[1]	1,1	1,6	6,1	8,6	12,2	15,3	17,3	17,0	14,6	10,1	5,6	2,0
Cherbourg	11,4[1]	6,4	6,2	7,7	9,6	12,2	14,9	16,6	16,8	15,9	12,9	9,7	7,4
Clermont-Ferrand	10,9	2,6	3,7	7,5	10,3	13,8	17,3	19,4	19,1	16,2	11,2	6,6	3,6
Deauville	10,1[1]	3,9	4,1	6,6	9,0	12,1	14,7	16,4	16,5	14,9	11,1	7,1	4,9
Dieppe	10,1[1]	4,1	4,3	6,6	8,3	11,5	13,9	16,0	16,3	15,0	11,7	7,8	5,3
Dijon	10,5	1,3	2,6	6,9	10,4	14,3	17,7	19,6	19,0	15,9	10,5	5,7	2,1
Dinard	11,0[1]	5,5	5,6	7,7	9,6	12,5	14,9	16,7	16,8	15,5	12,3	8,5	6,3
Embrun	9,4	0,5	1,6	5,7	9,0	13,0	16,4	18,9	18,3	15,3	10,1	4,6	0,5
Évreux	10,1[1]	3,4	4,2	6,3	9,2	13,0	15,7	17,6	17,2	14,5	10,4	6,0	4,2
Grenoble	11,0	1,5	3,2	7,7	10,6	14,5	17,8	20,1	19,5	16,7	11,4	6,5	2,3
La Rochelle	12,7[1]	5,8	6,4	9,3	11,7	14,7	17,8	19,5	19,8	17,8	13,8	9,6	6,8
Le Mans	11,1[1]	3,8	4,5	7,6	10,2	13,7	17,0	18,8	18,4	15,9	11,5	7,4	4,5
Lille	9,7	2,4	2,9	6,0	8,9	12,4	15,3	17,1	17,1	14,7	10,4	6,1	3,5
Limoges	10,6	3,1	3,9	7,4	9,9	13,3	16,8	18,4	17,8	15,3	10,7	6,7	3,8
Lyon	11,4	2,1	3,3	7,7	10,9	14,9	18,5	20,7	20,1	16,9	11,4	6,7	3,1
Marignane Marseille	14,2	5,5	6,6	10,0	13,0	16,8	20,8	23,3	22,8	19,9	15,0	10,2	6,9
Metz	9,9	1,2	2,0	6,0	9,6	13,6	16,7	18,6	18,3	15,3	10,1	5,6	2,0
Montélimar	13,0[1]	4,0	5,4	9,2	12,1	15,7	19,6	22,3	21,8	18,6	13,4	8,5	4,9
Montpellier	13,9	5,6	6,7	9,9	12,8	16,2	20,1	22,7	22,3	19,3	14,6	10,0	6,5
Nancy	9,5	0,8	1,6	5,5	9,2	13,3	16,5	18,3	17,7	14,7	9,4	5,2	1,8
Nantes	11,7	5,0	5,3	8,4	10,8	13,9	17,2	18,8	18,6	16,4	12,2	8,2	5,5
Nice	14,8	7,5	8,5	10,8	13,3	16,7	20,1	22,7	22,5	20,3	16,0	11,5	8,2
Nîmes	14,2	5,7	6,8	10,1	13,0	16,6	20,8	23,6	22,9	19,7	14,6	9,8	6,5
Orléans	10,5	2,7	3,6	6,9	9,8	13,4	16,6	18,4	18,2	15,6	10,9	6,6	3,6
Paris Montsouris	11,2	3,4	4,1	7,6	10,7	14,3	17,5	19,1	18,7	16,0	11,4	7,1	4,3
Pau	12,4[1]	5,5	6,2	9,5	11,4	14,2	17,7	19,5	19,5	17,6	13,1	8,9	6,0
Perpignan	15,2	7,5	8,4	11,3	13,9	17,1	21,1	23,8	23,3	20,5	15,9	11,5	8,6
Poitiers Briard	11,3	3,8	4,6	8,0	10,4	13,7	17,1	18,9	18,8	16,3	11,7	7,4	4,6
Reims	10,1	1,9	2,8	6,2	9,4	13,3	16,4	18,3	17,9	15,1	10,3	6,1	3,0
Rennes	11,1	4,8	5,3	7,9	10,1	13,1	16,2	17,9	17,8	15,7	11,6	7,8	5,4
Rouen	10,3	3,4	3,9	6,8	9,5	12,9	15,7	17,6	17,2	15,0	11,0	6,8	4,3
St-Étienne	10,3[1]	1,9	2,8	6,7	9,3	13,2	16,7	18,9	18,5	15,7	10,5	6,2	3,0
St-Quentin	9,9	2,0	2,9	6,3	9,2	12,7	15,6	17,4	17,4	15,0	10,5	6,1	3,1
Strasbourg	9,7	0,4	1,5	5,6	9,8	14,0	17,2	19,0	18,3	15,1	9,5	4,9	1,3
Toulon	15,3	8,6	9,1	11,2	13,4	16,6	20,2	22,6	22,4	20,5	16,5	12,6	9,7
Toulouse	12,7	4,7	5,6	9,2	11,6	14,9	18,7	20,9	20,9	18,3	13,3	8,6	5,5
Tours	11,2	3,5	4,4	7,7	10,6	13,9	17,3	19,1	18,7	16,2	11,7	7,2	4,3
Vichy	10,7	2,4	3,4	7,1	9,9	13,6	17,1	19,3	18,8	16,0	11,0	6,6	3,4

Nota. – (1) (1959-1960).

Végétation

La flore comprend 6 000 espèces, appartenant pour la plupart aux espèces communes du domaine tempéré nord (atlantique, continentale, méditerranéenne, alpine). Seules 200 espèces sont « endémiques » en France (n'existant pas ailleurs).

1° **Flore des plaines.** 3 régions :

a) Régions atlantiques. *1° Région aquitaine* (des Pyrénées aux Sables-d'Olonne) : espèces atlantiques, plus 162 méditerranéennes. — *2° Armoricaine* (des Sables-d'Olonne au Cotentin) : terrains siliceux, climat plus froid. Possède 120 espèces méditerranéennes et 254 espèces atlantiques de moins que la région aquitaine. Arbres dominants : pin (sylvestre au N., maritime au S.), genévrier, chêne (rouvre ou sessile sur terrains secs, pédonculé sur terrains humides, souvent mélangé de chêne pubescent méditerranéen), houx, hêtre, bouleau, charme, frêne. De nombreuses plantes atlantiques remontent les vallées de la Loire et de ses affluents, jusqu'au Berry, notamment : fougère grand-aigle, canche flexueuse, fétuque capillaire, luzule champêtre, digitale pourpre, millepertuis élégant, germandrée scorodoine.

Principales plantes de la lande atlantique : Arbustes : ajoncs, genêt, bruyère, hélianthèmes ; *Buissons :* en terrains secs, canche argentée, nard, lichen, mousse ; en terrains humides, graminées, juncées, cypéracées, gentianes, sphaignes (dans le Béarn, la lande à ajoncs, bruyère et fougères aigles est nommée « touya »).

b) Régions continentales nord-européennes (basses altitudes de l'embouchure de la Loire aux Vosges). Plantes des plaines nord-eur., avec peu d'éléments non homogènes : 78 espèces montagnardes, 7 atlantiques. La vigne y est à peu près bannie. Selon les terrains, on peut avoir les *savarts* champenois (aspect steppique ; une graminée steppique, *Stipa pennata*, s'y est maintenue), les *landes* gâtinaises (bruyère rose et ajonc), le *pâturage* (Normandie et Flandre), la *forêt à lichen* (Ouest), les céréales du Bassin parisien. *Arbre dominant :* hêtre ; autres feuillus : charme, érable, chêne, frêne, aulne ; principaux conifères : sapin, épicéa, pin sylvestre.

c) Région rhodanienne. Climat voisin de celui des plaines continentales (étés chauds, hivers froids), mais les pluies y sont moins abondantes, même en automne, et le manteau végétal est moins fourni. Les espèces atlantiques sont rares, mais la flore méditerranéenne remonte vers le N. et se mêle aux espèces rhod. jusqu'à Tournus. Les régions granitiques sont généralement couvertes de landes arbustives ou buissonneuses ; seul le châtaignier constitue encore de vastes forêts naturelles.

2° **Flore des basses montagnes, au N. des Alpes.** Plus de la moitié de la France continentale : Massif central, plateau de Langres et Vosges, Ardennes. *Types : a) Ardennais :* pauvre en calcaires (landes marécageuses ou fagnes sont peuplées surtout de saules). Sur les hauteurs, forêts de chênes pédonculés, hêtres, charmes, frênes, aulnes, bouleaux, sorbiers). *b) Lorrain :* terrains le plus souvent calcaires, les plantes calcifuges y disparaissent. *c) Vosgien :* terrains en majorité siliceux et froids, espèces nord-eur. calcifuges (plantes ne supportant pas le calcaire) ; sapin, épicéa, hêtre, charme, bouleau ; bouquets de châtaigniers (dans les collines sous-vosgiennes) ; myrtilles, fougères ; spirées, aconits. Les plus hauts sommets offrent des paysages alpestres : chaumes (terrains dénudés), avec quelques hêtres buissonneux.

3° **Flore montagnarde** (massif jurasso-alpin, Pyrénées). Comprend 1 157 espèces dont 600 seulement se retrouvent dans les Pyrénées. *a) Zone alpine.* Au-dessus de 1 900 m (en moyenne ; varie selon la latitude), disparition des arbres et des arbustes, remplacés par des pâturages en zone continentale, par des pelouses tourbeuses (vert tendre) en Corse. Les plantes ont des souches ou des racines fixées dans les fissures de rochers. Entre 1 600 et 1 900 m : zone des aulnes nains (dans le lit des torrents). *b) Zone subalpine.* Dans le Midi et en Corse. *Zones :* des pins (1 000-1 600 m : pin aster à partir de 500 m, laricio à partir de 800-900 m) ; du châtaignier (400-1 000 m) ; du maquis (plantes xérophiles, arbres à feuilles persistantes, au-dessous de 400 m).

4° **Flore méditerranéenne.** Essentiellement xérophile (avec 2 végétations, au printemps et à l'automne) ; feuilles persistantes, avec repos estival. Sur 750 espèces méd., la France n'en abrite que 500, dont 129 ligneuses : chêne-liège et chêne-vert (ou yeuse ; les « yeusaies » persistent jusqu'à 1 200 m au Mt Ventoux), pin d'Alep, pin parasol, cèdre de l'Atlas (importé) ; laurier, amandier, mûrier, figuier ; olivier d'Europe et lentisque, jadis abondants, ont disparu, mais des espèces importées sont devenues spontanées : châtaignier, olivier d'Asie, platane, oranger, citronnier, mimosa, eucalyptus, palmier ; + agaves et cactées. Arbustes, arbrisseaux et sous-arbrisseaux prédominent : sur les sols siliceux, ils forment le *maquis* (arbousiers, bruyère arborescente, lentisque, buis, garou, ajoncs, enchevêtrés de salsepareille) ; sur les sols calcaires, les *garrigues* [plantes plus petites, cistacées, sous-arbrisseaux : buis, chêne kermès, genévrier et labiées odorantes (romarin, lavande aux feuilles larges, thym)]. Parmi les fleurs printanières : ombellifères, astragales ; et les plantes à bulbe (tulipes, jacinthes, crocus).

Montagnes

☞ Légende. m. : massif, voir : vallée.
Voir aussi p. 70.

Alpes françaises

Origine du nom : du ligure *alp*, « pâturage ». **Longueur :** env. 350 km. **Largeur :** de 50 à 60 km. **Superficie** de la zone de montagne pour chaque département alpin (en km²) : Isère 9 350, Alpes-de-Hte-Provence 6 195, Htes-Alpes 5 520, Savoie 5 317, Alpes-Maritimes 3 443, Hte-Savoie 3 337, Drôme 3 022, Var 1 206, Vaucluse 903. *Total France :* 32 296, dont Alpes du S. 20 291, du N. 12 005.

● **Divisions d'est en ouest :** *a) chaîne centrale*, haute et massive, courant N.-S., de la Suisse à la mer, et servant de frontière entre France et Italie ; elle s'incurve vers l'O. en son milieu ; *b) une vingtaine* de massifs secondaires s'articulant à l'E. sur la chaîne centrale, séparés entre eux par des vallées profondes et limités à l'O. par le Sillon alpin ; *c) le Sillon alpin ;* dépression tombant par endroits à 200 m d'alt., large de 10 à 20 km et courant du N.-E. (Cluses) au centre O. (Luz la Croix-Haute), puis du centre-O. au S.-E. (vallée de l'Argens) ; *d) une dizaine de « contreforts alpins »* à l'O. de ce sillon.

● **Principaux massifs.**

a) Chaîne frontalière : *m. du Mt-Blanc* (Hte-S.) : hautes v. du Giffre, de l'Arve et de l'Arly ; *m. du Grand-Paradis ou de l'Iseran* (Savoie — appelée anciennement Alpes Grées) : hautes v. de l'Isère et de l'Arc (le Grand-Paradis est en Italie) ; *m. du Tabor ou du Briançonnais* (Htes-A. — anciennement Alpes Cottiennes) : haute v. de la Durance ; *m. du Queyras ou du Viso :* haute v. de l'Ubaye (le Mt Viso est en Italie) ; *m. de l'Argentière ou de Larche* (A.-de-Hte-Provence) : hautes v. de l'Ubaye et de la Tinée ; *m. du Mercantour* (A.-M.) : hautes v. de la Vésubie et de la Roya.

b) Entre chaîne frontalière et Sillon alpin : *m. du Chablais* (Hte-S.) : frontière fr.-suisse ; entre les v. du Rhône et du Giffre ; *m. du Beaufortain* (Savoie, entre v. de l'Arly et Tarentaise ou v. de la Hte Isère) ; *m. de la Vanoise* (Savoie) entre Tarentaise et Maurienne, ou v. de l'Arc ; *m. des Grandes-Rousses* (Savoie et Htes-A.), prolongé par la chaîne de Belledonne (Savoie et Isère) : entre Maurienne, Grésivaudan ou v. de la moyenne Isère et v. de la Romanche ; *m. du Pelvoux* (Htes-A.) : entre Romanche, Durance et Val Godemar ou v. de la Séveraise ; *m. du Champsaur* (Htes-A.) : entre Val Godemar et v. du Drac et de la Durance ; *m. du Parpaillon* (A.-de-Hte-P.) : entre Durance et Ubaye ; *m. de la Blanche ou du Mt Pelat* (A.-de-Hte-P. et Ht Var) : au S. de l'Ubaye : haute v. de la Bléone, du Verdon (nombreuses ramifications) ; *m. de l'Argentera* (A.-M. ; à ne pas confondre avec l'Argentière ou Larche) : entre le Var et la Roya.

c) A l'ouest du Sillon alpin : *m. du Faucigny* (Hte-S.) : entre Arve, Arly et Fier (lac d'Annecy), prolongé au S. par la chaîne du Reposoir ; *m. des Bauges* (Hte-S. et Savoie) : entre lac d'Annecy et « combe de Savoie » prolongée par la dépression du lac du Bourget ; *m. de la Grande Chartreuse* (Isère), prolongé par les monts du Chat (Savoie) parfois classés parmi les jurassiens : haute v. du Guiers ; *m. du Vercors* (Isère) : entre Drac et Drôme ; *m. de Laupouffre* (Drôme) ; entre Drôme et Aygue ; *m. de Lure* (A.-de-Hte-P.), prolongé par le Ventoux (Vaucluse) : au S. de la v. de l'Aygue ; *m. du Lubéron* (Vaucluse) : entre basse v. de la Durance et v. du Coulon ; *m. des Alpilles* (B.-du-R.) : entre basse Durance et delta du Rhône ; *m. Ste-Victoire, de l'Étoile et de la Ste-Baume* (B.-du-R.) : entre basse Durance et Méditerranée.

● **Sillon alpin.** *Hte-Savoie :* rejoint les dépressions de l'Arve et la v. de l'Arly par le « col de St-Gervais » (800 m d'alt.). *En Savoie :* creuse la combe de Savoie, empruntée par l'Isère à la sortie de la Tarentaise. *Isère :* constitue le Grésivaudan, à 200 m d'alt., qui sert de vallée à l'Isère moyenne puis remonte vers le S. par la v. du Drac et culmine au col Bayard (Htes-A.) à 1 248 m ; canalise ensuite vers le S. les v. du Buech et de la Durance (A.-de-Hte-P.) ; au S. du Verdon, se dirige vers l'E., entre la montagne Ste-Victoire et le plateau de Valensole. *Var :* constitue presque tout le bassin de l'Argens, jusqu'à la mer, entre Maures et Esterel (massifs non alpins).

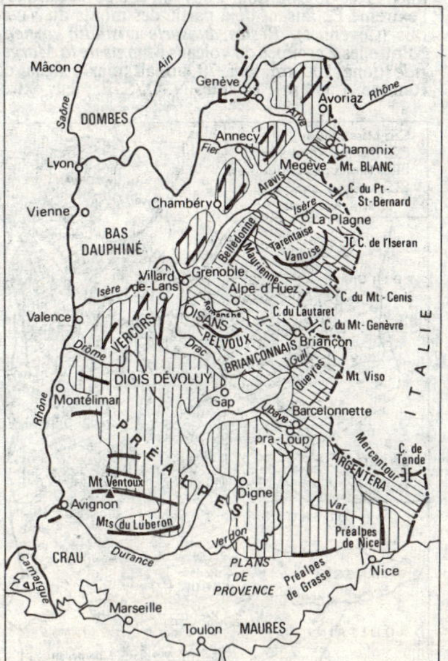

Jura

● **Origine du nom.** Du latin *jura,* fabriqué par Jules César sur le celtique *juris,* « hauteur boisée ». Repris par les érudits de la Renaissance. **Superficie :** 5 840 km². **Longueur :** 300 km du S.-O. au N.-E. **Largeur :** 80 km au max. Fait de lignes courbes, plus large au centre qu'aux extrémités, il a la forme d'une tranche de mandarine. **S'étend** sur 6 départ. français : Isère, Savoie, Ain, Jura, Doubs, Ht-Rhin, et en Suisse.

Nota. — Les deux « Juras » allemands (J. souabe, J. franconien) sont formés des mêmes roches calcaires que le Jura franco-suisse. Mais ce sont des plateaux non plissés, ne faisant pas partie de la même chaîne montagneuse.

● **Nombre de plis :** Isère 1, Savoie 3, Bugey 7, à hauteur de Besançon 14, sud de Montbéliard 9, à Zurich (Suisse) 1. Ces plis, en gros parallèles, forment des chaînons plus ou moins élevés et plus ou moins distants.

● **Profil d'est en ouest.**

a) Au S. d'une ligne Bourg-Genève (Juras savoyard et bugésien), les plis forment des chaînons élevés et rapprochés entre eux (alt. max. : 1 500 m), dominant des vallées encaissées (alt. moy. : 450 m) ; distance moyenne d'un synclinal à l'autre : 5 km.

b) Au N. de la ligne Bourg-Genève :

1) Les chaînons bugésiens se prolongent vers le N.-E. (nombre : 5 ou 6 ; alt. max. : 1 700 m ; écartement moyen : 6 km ; alt. des vallées intermédiaires : 700 m). Cet ensemble constitue, à l'E. du massif jurassien, les Hautes Chaînes que longe la frontière franco-suisse.

2) Plus à l'O. des Hautes Chaînes courent 5 à 6 chaînons parallèles, au plissement moins prononcé, constituant un « plateau » à peine vallonné (largeur : 45 km ; alt. moy. chaînons : 900 m, creux intermédiaires : 800 m ; écartement d'un synclinal à l'autre : 9 km). Le plateau jurassien ne se prolonge pas en Suisse et disparaît à la hauteur du Mt Terri.

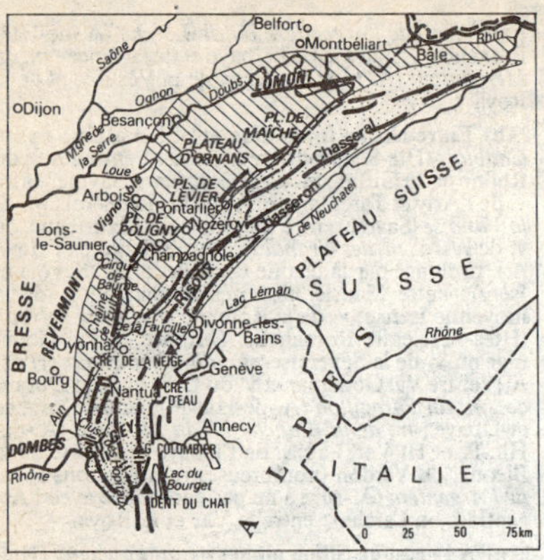

3) *Sur le rebord O.* du plateau, dominant la plaine de la Bresse et la dépression du seuil de Bourgogne, 1 ou 2 plis fortement accentués (ayant buté sur les vieilles roches cristallines du socle vosgien) constituent un rebord escarpé (falaises, protubérances, collines viticoles à forte pente).

Une crête du socle cristallin a été incorporée au plissement entre Dole et Besançon : le massif de la Serre (alt. max. : 361 m).

• **Morcellement du système plissé.** Les plis (anticlinaux) et les creux (synclinaux) ne se prolongent pas de façon continue tout le long de la chaîne du Jura.

a) Dans les Hautes Chaînes : les lignes de hauteurs (monts) ont été brisées par des cassures transversales qui ont fait communiquer entre elles 2 ou plusieurs vallées : les **cluses.** Empruntant les couloirs des cluses, les rivières changent de vallées ; leurs cours dessinent des coudes brusques. Principaux éléments de chaînons isolés par des cluses : le *Clos du Doubs* (mi-français, mi-suisse, altitude : 919 m), le *Larmont* (alt. : 1 324 m) entaillé par la cluse de Pontarlier, le *Noirmont de Mouthe* (alt. : 1 240 m), la *Joux derrière* et la *Joux devant* (alt. : 1 138 m), le *chaînon du Reculet* (avec le Crêt de la Neige, alt. : 1 783 m), le *mont de la Chaux* (alt. : 969 m) ; ex. dans le Bugey : cluses de l'*Albarine* qui coupent 4 chaînons, cluse de la *Sérine* (2 chaînons).

b) Sur le plateau central : les masses compactes de calcaires ont été entaillées par des gorges qui les découpent en compartiments. Ex. plateaux d'*Orchamps* (avec le Mt Chaumont, alt. : 1 122 m), de *Nozeroy*, d'*Ornans* (entaillé par la Loue), *Lédonien* (c.-à-d. de Lons-le-Saunier), de *Champagnole* (entaillé par l'Ain).

c) Sur le rebord occidental : le *Lomont*, découpé par le Doubs, près de Baume-les-Dames ; le *Revermont*, entre l'Ain et la Valouze.

Massif central

• **Situation.** Séparé des Alpes par le couloir Rhône-Saône ; des hauteurs vosgiennes par le *détroit de Dijon ;* des reliefs armoricains par le *seuil du Poitou ;* du massif pyrénéen par le *col ou seuil de Naurouze.* **Superficie :** 86 000 km². **Altitude :** moy. 700 m, max. 1 886 m. **S'étend** sur 22 dép. : Indre, Cher, Nièvre, Creuse, Allier, Saône-et-Loire, Charente, Hte-Vienne, Corrèze, Puy-de-Dôme, Loire, Rhône, Lot, Cantal, Hte-Loire, Ardèche, Aveyron, Tarn, Lozère, Gard, Hérault, Aude. **Longueur** max. (N.-S.) : 500 km. **Largeur** max. (E.-O.) : 350 km.

• **Divisions d'ouest en est. a) Plateaux cristallins de l'O. :** Longueur (N.-S.), env. 350 km ; largeur (E.-O.), moitié S. (jusqu'à la Dordogne) : 60 km ; moitié N. : 200 km. Croupes granitiques, végétation verdoyante (herbe). Arbres dominants : châtaignier, reboisements récents en résineux. **b) Chaos montagneux du centre :** région hétéroclite. Longueur (N.-S.) : env. 200 km (de Brioude à Moulins, un effondrement de plus de 150 km remplace la montagne : plaines du *Bourbonnais* et de *Limagne*). Largeur : tiers sud 100 km ; central : 150, dont 60 de plateaux cristallins ; nord : 60. Paysages différents selon les terrains : calcaires dénudés et déchiquetés dans le S., aiguilles et cônes de basaltes dans le centre et le N., interrompus par des croupes granitiques. **c) Rebord surélevé de l'E.** *(Cévennes) :* longueur (S.-O./N.-E. puis S./N.), 550 km ; largeur, env. 70 km. Ligne de séparation des eaux entre Atlantique et Méditerranée.

Subdivisions (S.-N.) de plateaux cristallins occidentaux. Extrémité sud : *Ségalas de Vabre et de Sidobre* entre Cévennes et v. de l'Agout ; entre Agout et Tarn, *Ségala de Lacaune* (alt. : 1 266 m, point culminant du plateau occidental) ; *Ségala du Rouergue* entre Tarn et Lot (alt. moy. : 750 m ; max. : 1 157) ; entre Lot et Dordogne, croupes granitiques de Hte Auvergne (alt. moy. : 500 m) ; entre Dordogne et Vienne, à l'ouest : *monts du Limousin* (800 à 1 000 m) ; à l'E. : *plateau de « Millevaches »* c'est-à-dire de 1 000 vasques (1 000 sources) (alt. max. : Mt Bessou, 984 m) ; au N. de la Vienne, *monts de la Marche* (alt. max. : Puy d'Hyverneresse, 854 m) ; au N.-E. (haute v. du Cher) : *collines de Combrailles* (alt. moy. 500 m).

• **Massifs centraux. a) Au S. entre Cévennes et vallée du Lot :** sur 100 km de long N.-S. et sur 50, puis 100 km de largeur E.-O. (5 000 km²) : les *7 m. des « Causses »,* c'est-à-dire des « Calcaires », roches sédimentaires différentes des roches endogènes forment le reste du M. central (env. le 12e de la surface totale) : dépôts marins du secondaire (comme ceux du Jura), non plissés, mais surélevés en même temps que les Cévennes, puis fracturés et fissurés. Épaisseur des masses calcaires au-dessus des vallées : 400 à 600 m (alt. moy. : 800 m ; max. : Causse *Méjan*, 1 278 m) — *1)* entre les Cévennes et la v. de la Dourbie : *C. du Larzac* (659 km², alt. max. : 904 m) ; *2)* entre Dourbie et Trévez (vers l'E.) : *C. Bégon* (alt. moy. : 900 m) ; *3)* entre la Dourbie et Tarn (vers l'O.) : *C. Noir* (déboisé, autrefois couvert de résineux, 130 km², alt. : moy. 850 m, max. 1 178 m) ; *4)* entre Janse et Tarn (vers le N.-E.) : *C. Méjan* (322 km², 120 km de tour ; alt. : moy. 1 000 m, max. 1 278 m) ; *5)* entre Tarn et Lot (vers l'E.) : *C. de Sauveterre* (648 km², alt. max. : 1 181 m) ; *6)* entre Aveyron et Serre : *C. de Séverac ; 7)* entre Aveyron et Dourdou (vers l'O.) : *C. Comtal ou de Rodez* (360 km², alt. : 600 m).

b) Au N. de la vallée du Lot, sur 150 km de long. (N.-S.), enchevêtrement de m. volcaniques et de restes du vieux plateau cristallin (relevés en même temps que les Cévennes).

Volcans : * *Groupe de l'O.* (orienté S.-N.) : longueur : 150 km (du Lot à la Sioule) ; largeur : 20 à 60 km. *Aubrac* (alt. max. : 1 471 m), *Cantal* (alt. max. : Plomb du Cantal, 1 858 m), *Mont-Dore* (alt. max. : Puy de Sancy, 1 886 m), *Puys d'Auvergne* (alt. max. : 1 465 m au Puy de Dôme). La « chaîne des Puys » [improprement appelée « chaîne » (non plissée)] est un alignement S.-N. de volcans coniques (éteints) dont certains ont gardé leur cratère (Puy de Pariou). * *Groupe de l'E.* (orienté transversalement N.-O./S.-E.) : long. 120 km, de l'Allier au Rhône ; larg. 40 km : *Velay* (alt. max. : Devès 1 423 m), *Mézenc* et *du Mégal* (alt. max. : Mt Mézenc, 1 776 m), *Coiron* (alt. max. : Roc de Gourdon, 1 061 m), coulée basaltique à l'extrême E., faisant déjà partie des monts du Vivarais (Cévennes). *Restes du socle cristallin ancien :* * Entre les 2 groupes de volcans : *monts de la Margeride* [(long. 100 km, larg. 70 km, alt. max. : signal de Randon, 1 554 m) ; orientés N.-O./S.-E. ; leur extrémité S.-E. est appelée le *« Toit de la France »,* car les ruisseaux qui y prennent leur source (à environ 8 km de Châteauneuf-de-Randon) se dirigent vers le Rhône (par le Chassezac, affluent de l'Ardèche), la Garonne (par le Lot), la Loire (par l'Allier)]. Au N. du groupe E. des volcans : Mts du Livradois (vers l'O., entre Allier et Dore ; alt. max. : N.-D. de Mons, 1 210 m) ; *monts du Forez* (vers l'E., entre Dore et Loire ; alt. max. : Pierre-sur-Haute, 1 640 m), prolongés vers le N. par *monts Noirs* et *monts de la Madeleine*, entre Allier et Loire (alt. max. : Le Montoncel, 1 292 m).

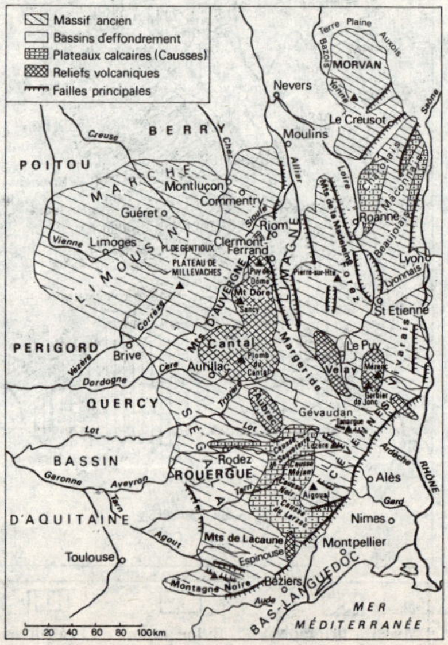

• **Descriptions (S.-O./N.-E.) du rebord cévenol.** Le nom de *Cévennes* s'applique aux escarpements dominant les plaines du Languedoc, du Rhône et de la Saône, depuis le col ou seuil de Naurouze (Aude) jusqu'aux sources de la Cure (Nièvre), mais on tend, actuellement, à le restreindre aux régions du Gard et de l'Ardèche du S., où vivent les protestants cévenols (80 km de long sur un ensemble de 550 km). **a) Du col de Naurouze à la vallée du Chamoux** (Aude) : *Montagne Noire* (1 210 m). **b) Du Chamoux à l'Orb :** *monts du Minervois* (806 m), vers le S. et *chaîne du Saumail* au N. de l'Orb (alt. max. : 1 126 m, *m. de l'Espinouze ;* 1 093 m, *m. du Caroux). **c) Entre Orb et Ergue :*** *m. de l'Escandorgue,* coulée volcanique isolée (alt. : 866 m). **d) Entre Ergue et Hérault :** la *garrigue de Lodève* (848 m, 943 m dans la Séranne, vers le N.-E.) : coulée calcaire rattachée au Causse du Larzac. **e) Entre Hérault et Ardèche :** *m. de l'Aigoual* (alt. max. : pic. de l'A., 1 567 m), *de la Lozère* (alt. max. : Signal de Finiels, 1 702 m), et *m. du Tanargue* (alt. max. : Croix de Bauzon, 1 549 m) ; région culminante des Cévennes, la plus arrosée de France (2,28 m au pic de l'Aigoual dont le nom signifie aqueux) ; après le Tanargue, la direction du bourrelet des Cévennes devient S./N. sur 300 km. **f) Entre Ardèche et Gier :** *monts du Vivarais :* chaîne des Boutières (1 383 m), puis *m. du mont Pilat* (1 434 m). **g) Entre Gier et Furens :** *monts du Lyonnais* (Mont Boussièvre, 1 004 m) ; **entre Furens et Crosne :** *monts du Beaujolais* (alt. max. : Mont St-Rigaud, 1 012 m, la dernière hauteur cévenole dépassant 1 000 m vers le nord). **h) De la Crosne à la Dheune :** *monts du Mâconnais* (vers l'est) et du *Charolais* (vers l'ouest). **i) Au N. de la Dheune** (hautes v. de l'Yonne et de la Cure) : *m. du Morvan* (alt. max. : Le Haut Folin, 902 m).

Pyrénées

Origine du nom. Contestée : 1°) celtique *biren* ou *piren,* « pâturage élevé » ; 2°) nom mythologique grec *Pyréné,* nymphe aimée d'Hercule ; 3°) dérivé du grec *pyrinos,* « riche en froment » (qui désignerait toute la Narbonnaise) ; 4°) dérivé du grec *pyr,* « feu », désignant le phare du port de Narbonne, puis Narbonne et la Narbonnaise.

Origine géologique. Chaîne édifiée au tertiaire entre — 65 et — 40 millions d'années (m.a.). On l'explique actuellement comme un bourrelet, né de la collision du socle européen avec la péninsule Ibérique. Celle-ci s'était détachée à partir de — 230 m.a. de l'hexagone français, par suite de l'ouverture du golfe de Gascogne (jusqu'alors, la Galice jouxtait la Bretagne). Pendant 165 m.a. elle a dérivé vers l'est, parcourant un arc de cercle dont le centre se situait dans l'actuelle région parisienne. En abordant vers — 65 m.a. les côtes S. de l'Aquitaine (région de Port-Bou), elle a refermé un canal qui réunissait l'Atlantique à Thétys (l'actuelle Méditerranée).

Cette région côtière se serait alors surélevée par suite du choc entre les 2 masses.

Situation. Longueur : 450 km. **Largeur :** 90 à 150 km (en France : 50 à 80). **Superficie :** env. 55 000 km² dont 17 000 en France. **Couvrent** 6 départements : Pyrénées-Atlantiques, Htes-Pyrénées, Hte-Garonne, Ariège, Aude, Pyrénées-Orientales.

Divisions du sud au nord. a) Chaîne frontalière : bourrelet continu de roches anciennes, alt. 2 000 m au centre (entre les cols du Somport — 1 631 m — et de Puymorens — 1 915 m, sur 200 km de long), max. 3 404 m. Du col de Puymorens à la Méditerranée (partie E.), le bourrelet est moins élevé et moins massif (col du Perthus, 290 m) ; du col du Somport à l'Atlantique (partie O.), il disparaît sous les terrains prépyrénéens (par ex. au pic d'Orhy, alt. : 2 017 m, synclinal perché de calcaire éocène) ou se réduit à quelques îlots sur 50 km de long ; il reparaît au Pays Basque, avec des hauteurs modestes (la Rhune, 900 m). **b) Pré-Pyrénées :** région calcaire de 60 km de large sur 450 km de long, plissée (à la façon du Jura) entre la chaîne frontalière et les plaines aquitaines. Les plis rasés par l'érosion transformés en plateaux (alt. moy. : 400 m), sauf au N.-E. où subsistent 2 massifs montagneux : les *Petites Pyrénées* (900 m dans

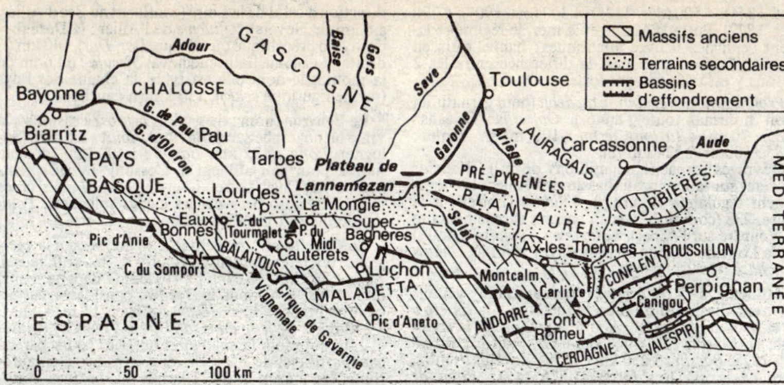

l'Ariège) et les *Corbières* (450 m, dans l'Aude), longs de 200 km et larges de 20 à 40 km.

Subdivisions de la chaîne frontalière. Les vallées [qui sont glaciaires entre Aspe et Val du Carol (Pyr.-or.)] qui descendent du bourrelet axial O.-E., selon une direction S.-N., découpent la chaîne frontalière en une douzaine de chaînons qui sont de l'O. à l'E. : *m. du Labourd* (900 m) et *des Aldudes* (1 459 m), entre Océan et Nive ; *m. des Arbailles* (2 759 m), entre Nive et Soude ; *m. de l'Anie* (2 504 m), entre Soule et gave d'Aspe ; *m. du Balaïtous* (3 146 m), entre d'Ossau et g. de Pau ; *m. de Néouvielle* (3 092 m) *et du Marboré* (3 260 m comprenant cirque de Gavarnie, Mt Perdu, hautes v. du g. de Pau et de l'Adour), entre g. de Pau et v. de la Neste (Val d'Aure) ; *m. de la Maladetta* (3 404 m, en partie en Esp.), entre val d'Aure et Hte-Garonne (val d'Aran, en Esp.) ; *m. d'Aspet* (2 968 m), entre Garonne et Salat ; *m. d'Arize* (1 622 m) et *des Trois Seigneurs* (2 199 m), entre Garonne et Ariège ; *m. du Canigou* (2 786 m), entre Têt et Tech ; *m. des Albères* (1 275 m) entre Tech et Méditerranée. En outre, une partie du m. ancien se trouve isolé au milieu du plissement des Corbières, à 40 km au nord du bourrelet axial : le Monthoumet (alt. : 880 m).

Subdivisions du plateau sub-pyrénéen. 4 régions de la zone des plateaux constituent des zones à caractère particulier : plateaux de *Lannemezan* (389 à 679 m) au N. du Val d'Aure ; de *Plantaurel* au N. de Foix ; de Sault (1 000 m) entre Ariège et Aude, prolongé au N. par le *Mirepoix* (621 m) ; le *Fenouillèdes* ou *Fenouilledès* (926 m), entre Canigou et Corbières.

Montagnes tyrrhéniennes

Appartiennent au massif hercynien de la « Tyrrhénide » qui avait soulevé la plate-forme continentale euro-africaine, considérées comme des débris du socle africain.

Maures (c.-à-d. Montagnes Noires, à cause des résineux). Dans le Var (long. 60 km, en direction S.-O./N.-E., de Hyères à Fréjus ; larg. 30 km) ; limites (S. et E. : Méditerranée ; N. : dépression de l'Argens ; O. : v. du Gapeau).

Divisions, du N. au S. : 3 crêtes parallèles soulevées en même temps que Pyrénées et Alpes : *1)* entre v. de l'Aille (affluent de l'Argens) et Giscle : crête principale (long. 50 km, larg. 15 km, alt. max. La Sauvette, 779 m) ; *2)* entre v. de la Giscle et de la Môle : chaîne de la Verne, parallèle à la 1re (long. 35 km, larg. 10 km, alt. max. 629 m) ; *3)* entre la Môle et la mer : chaînon littoral (long. 40 km dont 10 forment la presqu'île de St-Tropez, larg. 8 km ; alt. max. Les Pradels, 524 m). Une 4e crête est aux 3/4 submergée : presqu'île de Giens, îles d'Hyères.

Esterel (du latin *sterilis*, « terre improductive »). Dans le Var, à l'E. des Maures dont il est séparé par la dépression de l'Argens ; entre Méditerranée et v. de l'Endre, affluent de l'Argens. Long. (N.-S.) 20 km ; larg. (E.-O.) 15 km ; env. 300 km². Alt. max. : Mt Vinaigre (616 m). Enchevêtrement de roches volcaniques, notamment de porphyres surgis à l'époque du plissement hercynien.

Corse. Voir Index.

Vosges

Origine du nom : peuplade gauloise : les Vosèges ou Voséguns (celtique *Vo*, « sous » ; ligurique *Sek* ou *Seg*, « hauteur »).

Situation. Système montagneux ancien (plissement hercynien, soulevé au tertiaire par la poussée alpine), orienté du S.-O. au N.-E. entre la trouée de Belfort et la v. de la Lauter (long. : 170 km) ; limité à l'E. par la plaine d'Alsace (cassure brusque), à l'O. par le plateau lorrain (larg. : 30 km) ; couvre 7 départements : Territoire de Belfort, Ht-Rhin, Bas-Rhin, Hte-Saône, Vosges, Meurthe-et-Moselle, Moselle.

Description de l'O. à l'E. 2 chaînes parallèles : **a) Vosges cristallines** (long. : 90 km, de la haute v. de l'Ognon à la v. de la Bruche ; alt. moy. : 1 000 m). 1) *Crête principale* : parcourt toute la chaîne, du ballon de Giromagny (1 149 m) au Struthof (959 m). Principaux sommets : ballon d'Alsace (1 250 m), Hohneck (1 366 m), Champ du Feu (1 004 m). 2) *Secondaires* : entre Doller et Thur, c. du Rossberg (1 196 m) ; entre Thur et Lauch, c. du ballon de Guebwiller (1 426 m, alt. max. des Vosges) ; entre Lauch et la Fecht, c. du Petit Ballon (1 274 m) ; entre Andlau et l'Elm, c. du Hohwald et du Mt Ste-Odile (823 m). **b) Vosges gréseuses** (long. 80 km), de la v. de la Bruche à celle de la Lauter (alt. moy. : 600 m). 1) *Crête principale* : se relie à la chaîne des Vosges cristallines par le chaînon du col de Saales (700 m) ; parcourt la moitié environ de la chaîne, de St-Dié à Saverne. Sommets principaux : Ormont, Donon (1 009 m) et Haut Barr (720 m). 2) *Secondaires* : Grand Brocart (802 m), Mt Dabo (750 m). Au N. de Saverne, les V. gréseuses se réduisent à une série de collines (Basses Vosges).

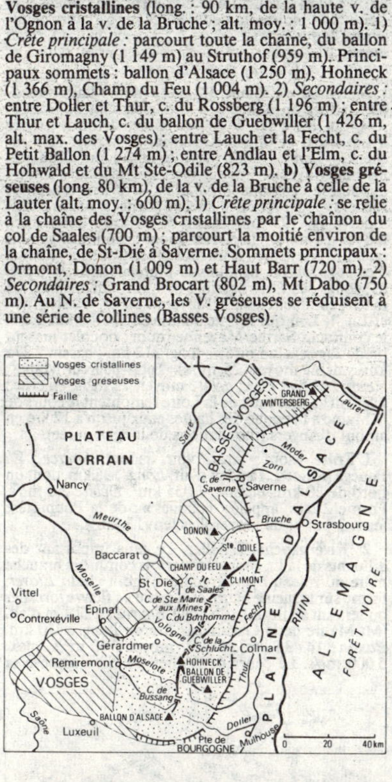

Fleuves

La Garonne

Origine du nom. Du ligure *gar*, « rocher », et *onna*, « source », à rapprocher du latin *unda*, « onde ».

• **Statistique.** *Source* double : toutes 2 en Espagne, au Val d'Aran : Garonne occidentale 1 430 m ; G. orientale 1 872 m (sur le versant sud du Mt Aneto) ; au lieu de devenir un affluent de l'Èbre, le torrent se perd dans un canyon souterrain de 4 km, et resurgit au N. des Pyrénées, au Trou du Toro (comme l'a démontré en 1951 Norbert Casteret, à l'aide de colorants). A son entrée en France : 581 m d'alt. *Long.* : 647 km, dont 596 en France (en comptant la Gironde ; sinon 575 et 524). *Bassin* : 84 811 km², dont 84 756 en France et 240 pour la seule Gironde (17 dép. : Ariège, Hte-Gar., Htes-Pyr., Gers, Tarn-et-G., Tarn, Aude, Gironde, Lot-et-G., Lot, Aveyron, Lozère, Charente-Mar., Charente, Dordogne, Corrèze, Cantal). *Débit* : moyen 200 m³/s, max. 8 000 m³/s.

• **Régime.** Mixte : pluies méditerranéennes d'hiver avec orages d'été dans les bassins des affluents est ; régime montagnard (fonte des neiges de mars à juin ; s'il pleut sur les plaines, les crues sont catastrophiques, ex. juin 1875, mars 1930) : maigres en août et septembre. Dep. 1955, Toulouse est protégée par des digues contre les inondations de mars-juin ; les villes d'aval restent menacées.

• **Description du cours.** S.-E./N.-O. jusqu'à Montréjeau (Hte-G. ; 100 km) en descendant rapidement des Pyrénées ; puis elle bute sur une colline faite de ses propres alluvions, qui lui barre le chemin de l'Atlantique (distant de 250 km) ; elle coule alors S.-O./N.-E. jusqu'à Toulouse dans une vallée subpyrénéenne qui garde la direction de celle de la Neste. A partir de Toulouse (140 m d'alt.), lent écoulement jusqu'à l'estuaire, en direction S.-E./N.-O., à travers les plaines du Bassin aquitain dont 100 000 ha inondables. L'influence de la marée se fait sentir à Bordeaux. Un estuaire de 72 km de long, appelé *Gironde* (déformation bordelaise du mot Garonne), s'élargit progressivement : 5 km en face de Blaye, 11 km en face de Talmont, 25 km entre la pointe de la Négade et la pointe de la Coubre, avec un brusque rétrécissement entre Royan et la pointe de la Grave (5 km). La Gironde est parfois considérée comme un bras de mer distinct de la Garonne et servant d'estuaire commun à 2 fleuves indépendants : Garonne et Dordogne (le bassin de la Garonne n'aurait en ce cas que 57 000 km²).

• **Affluents. 1° Rive gauche. La Neste** (nom générique des torrents pyrénéens, plus ancien que *gave*). *Sources multiples* : la Grande Neste ou Neste d'Aure (*source* : lac de Cap de Long, 2 250 m d'alt.) et la Petite Neste ou Neste de Louron (*source* au pied du pic du Midi de Génost, qui a 2 479 m d'alt.) se réunissent à 700 m d'alt. à Arreau. *Long.* : 65 km. *Débit* moyen : 13 m³/s [supérieur à celui de la Garonne au point de confluence (Montréjean, Hte-Garonne), mais diminue de 7 m³ en alimentant le canal de Lannemezan]. *Bassin* : 906 km².

Le Gers (du latin *Egirtius*, où se retrouve l'ibéro-basque *aguirre*, lande). *Source* : à 2,5 km de Lannemezan (Hte-P.), à 660 m d'alt. *Long.* : 178 km (presque rectiligne au sud-nord). *Bassin* : 1 230 km². *Débit* : très faible, parfois à sec ; max. 9 m³/s.

La Baïse (de l'ibéro-basque *ibaia*, « fleuve »). *Source* : Plateau de Lannemezan, alt. 640 m. *Long.* : 185 km. *Bassin* : 2 910 km² (Landes, Htes-Pyr., Gers, Lot-et-Garonne). *Débit* : moyen 7 m³/s, max. 1 000 m³/s. *Sous-affluent* : **la Gelise** (« eau glacée ») ; *source* : à Lupiac, Gers, alt. 230 m (long. 92 km, rive gauche, rivière atlantique, abondante en été ; bassin 1 485 km²).

2° Rive droite. L'Ariège (déformation de *la Riège*, même racine que le latin *reg-are*, « irriguer », se retrouvant dans le basque *erreka*). *Source* : le lac Noir, massif du Carlitte (P.-O. ; alt. 2 150 m), à la limite France-Andorre. *Long.* : 170 km. *Bassin* : 3 860 km². *Débit* : moyen 48 m³/s, min. 14 m³/s, max. 1 100 m³/s. *Sous-affluent* : **l'Hers** (de l'ibérique *ertz*, « rochers », dont la racine est sans doute ligure et se retrouve dans *Hercynia*, « Forêt noire ») ; *source* : plateau du Chioula (Ariège), 1 500 m (long. 133 km ; bassin 1 420 km² ; débit moyen 14 m³/s, max. 665 m³/s).

Le Tarn (du latin *Tanarus*, Piémont : le Tanaro ; 2 racines ligures *tan*, « la falaise », *ar*, « le fleuve »). *Source* : Mt Lozère, alt. 1 600 m. *Long.* : 375 km. *Bassin* : 3 465 km². *Débit* : moyen 27 m³/s, max. 2 000 m³/s. *Canyon du Tarn* : long. 53 km, hauteur max. 600 m ; écartement des falaises au sommet : de 1 500 à 2 400 m. *Sous-affluents* : **l'Agout** (bas latin *ad-guttum*, « déversoir » ; peut-être fausse étymologie populaire d'un mot contenant la racine ligure *akw*, qu'on retrouve dans *Aquitaine*) (rive gauche) ; *source* : Mt de l'Espinouse, Hérault, alt. 1 100 m [long. 180 km (est-ouest) ; bassin 3 465 km² ; débit moyen 25 m³/s, max. 1 800 m³/s (le 1/3 des eaux du Tarn)] ; **l'Aveyron** (latin *aquarius*, vour Guiers ; le *on* final est sans doute un augmentatif) (rive droite) ; *source* : Causse de Sauveterre, près de Séverac-le-Château, alt. 900 m (longueur 250 km ; bassin 5 357 km² ; débit moyen 25 m³/s, max. 1 500 m³/s). *Affluent du sous-affluent* : **le Viaur** [déformation de Varaïr (le petit Viaur s'appelant *le Varaïroun*), où l'on retrouve la

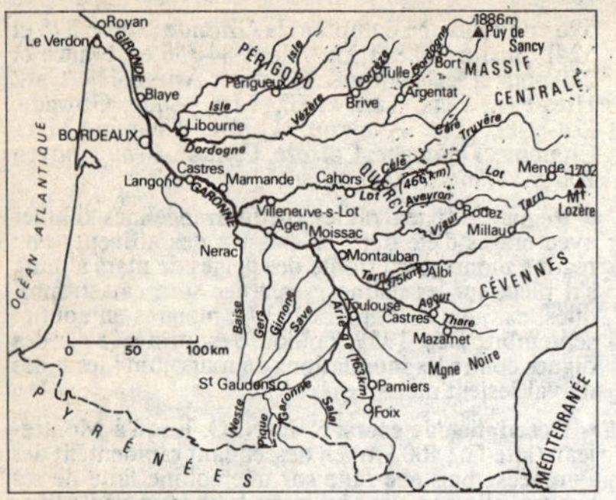

même racine préceltique que dans *Var*] ; *source :* plateau de la Tousque, au pied du Pal (1 157 m), dans l'Aveyron [long. 153 km ; bassin 1 550 km² ; débit moyen 6 m³/s, supérieur à celui de l'Aveyron au point de confluence (Lagueypie, Tarn) : 4,8 m³/s].

Le Lot (du latin *Oltis,* le fleuve s'appelle encore l'Olt dans son cours supérieur). *Source :* Montagne du Goulet, Lozère, alt. 1 499 m. *Long. :* 481 km. *Bassin :* 11 254 km². *Débit :* moyen 60 m³/s, max. 4 000 m³/s (crues subites atteignant 15 m de haut). *Sous-affluent :* **la Truyère** [bas latin *traucaria,* « celle qui sort du trou » ; construit sur le ligure *trauk,* « trou » ; ou bas latin *trebucaria,* « celle qui passe à Trebuc » (hameau dont le nom signifie « chute » en occitan)] (rive droite) ; *source :* Mts de la Margeride, Lozère, alt. 1 494 m (long. : 160 km ; bassin : 3 250 km² ; débit : moyen 25 m³/s, max. 2 800 m³/s) ; *confluent :* Entraygues-sur-Truyère (Aveyron).

La Dordogne (du celtique *Dorunia,* féminin dérivé du celtique ancien *dubro,* « eau »). *Source :* Puy de Sancy (Puy-de-Dôme), dans les Mts d'Auvergne, alt. 1 720 m. *Long. :* 480 km. *Bassin :* 23 870 km² (6 départements : Puy-de-Dôme, Corrèze, Cantal, Lot, Dordogne, Gironde). *Débit :* moyen 320 m³/s, max. 12 500 m³/s. Rejoint l'estuaire de la Gironde, non le fleuve de la Garonne. *Sous-affluents :* **la Vézère** (rive droite) (nom : probablement Isara, comme l'Oise et l'Isère) ; *source :* Plateau de Millevaches, Corrèze, alt. 970 m (long. 192 km ; bassin 3 708 km² ; débit moyen 50 m³/s).

La Loire

Origine du nom. De la même racine que le celtique *liga,* « lie », dans le sens d'« eau trouble ».

• **Statistique.** *Longueur :* 1 012 km. *Source :* à 1 408 m (Mt Gerbier-de-Jonc, Ardèche). *Bassin :* 115 120 km². *Départements traversés ou bordés* par la Loire : 12 (Ardèche, Hte-Loire, Loire, Saône-et-L., Allier, Nièvre, Cher, Loiret, Loir-et-Cher, Indre-et-Loire, Maine-et-L., Loire-Atl.). Seul des 6 grands fleuves français dont le bassin soit entièrement en France. *Débit* moyen : 800 m³/s (max. 9 000, min. 18).

• **Description du cours.** Naissant à 150 km de la Méditerranée, la Loire s'éloigne d'elle en coulant pendant 250 km environ en direction du N., à travers le Massif central ; elle y creuse 2 séries de gorges : l'une entre la Voulte (Hte-L.) et St-Rambert (L.), en entrant dans l'ancien lac du Forez ; l'autre à Neulise (Loire), en sortant du Forez. Entre Digoin (S.-et-L.) et Briare (Loiret), elle coule en direction du N./N.-O. pendant 150 km, dans des plaines rattachées au Bassin parisien. *Jusqu'au quaternaire,* elle continuait alors vers le N., par la dépression actuelle du canal de Briare et par la vallée du Loing, pour se jeter dans la Seine. *Captée au quaternaire* par un affluent de la Cens, elle s'infléchit vers le N.-O. et l'O. jusqu'à Orléans pendant env. 100 km. Elle coule alors vers le S.-O. Après Angers, la Loire quitte le Bassin parisien pour s'encaisser dans le Massif armoricain. L'influence de la marée se fait sentir depuis Nantes, à 53 km de l'embouchure.

• **Régime.** Très irrégulier, lié à la pluviosité, en raison de l'imperméabilité des terrains traversés et de l'absence de réserves en neiges et de nappes régulatrices. Les crues succèdent aux maigres, indépendamment des périodes de basses et hautes eaux, jusqu'au confluent avec la Maine. Instantanées, elles provoquent des catastrophes quand il y a conjonction entre climats méditerranéen et atlantique (6 000 m³/s, en moy. 4 fois par siècle).

Plus grands débits instantanés observés depuis 1846 à Gien (Loiret) : 7 200 (juin 1856 sept. 1866), 7 000 (oct. 1846), 4 500 (déc. 1825), 4 300 (oct. 1907), 4 200 (oct. 1872). Entre la Maine et la mer, le régime redevient celui des fleuves atlantiques : hautes eaux en hiver, basses en été ; mais la différence entre les 2 saisons y est relativement forte.

Programme de régulation du débit (pour garantir un débit minimal toute l'année). *Objectifs :* Orléans : *1985 :* 70 m³/s (*à long terme :* 100 m³/s). Nantes : *1985 :* 180 m³/s (240 m³/s).

Ouvrages (capacité en millions de m³) : *Naussac* (Lozère) sur la Donozau (bassin de l'Allier) 190 (également régulateur de crues). *Villerest* (Loire) sur la Loire, 238 (combiné avec un barrage supplémentaire au Veurdre sur l'Allier). *Lafarre ou Cublaise* (Hte-L.) sur la Loire ou Vignon ou du Velay, 150 à 160. *Chambonchard* (Creuse) sur le Cher, 100.

• **Affluents. 1° Rive droite. L'Arroux** (nom : gaulois *aturavos,* diminutif du préceltique *atur,* « la rivière » — cf. Adour, Aar, etc., signifie à peu près « la rivièrette »). *Long. :* 120 km (Côte-d'Or, S.-et-L.), direction N./S. *Bassin :* 3 250 km². *Débit* moyen : 10 m³/s, avec des crues très fortes (1 575 m³/s). *Point de confluence :* Digoin (S.-et-L.).

La Nièvre (nom : gaulois *Nivara,* formé sur une racine plus ancienne *niv* signifiant « cours d'eau » — cf. la Nive). *Long. :* 53 km ; composée de 3 rivières différentes : les *Nièvres de Champlemy, de Bourras* et *de Prémery. Bassin :* total 460 km². *Débit :* moyen 0,7 m³/s, max. 230 m³/s. *Point de confluence :* Nevers (Nièvre).

La Cisse (nom : latin *cista,* « l'osier »). *Long. :* 27 km + 37 km jusqu'à un 2ᵉ confluent qui ramène à la Loire la 2ᵉ moitié du débit, après un parcours parallèle au fleuve (L.-et-C., I.-et-L.). Direction E.-O. *Débit* moyen : 1,3 m³/s, jusqu'à 60 m³/s en crue. *Points de confluence :* Chouzy puis Vouvray.

La Maine ou Maine d'Angers (nom : latin *mediana,* « située au milieu », c.-à-d. « servant de frontière », qui est celui de la Mayenne, déformé ; autre hypothèse : celtique, *Ma-ainn,* « rivière des rochers »). *Long. :* 10 km ; formée de 3 cours d'eau réunis : **la Mayenne** (même nom que la Maine ; autre hypothèse : celtique *Maduaïnn,* « rivière noire des rochers ») ; *source :* à la Lacelle (Orne) à 300 m d'altitude (long. 195 km, bassin 5 890 km², débit max. moyen 25 m³/s) ; **la Sarthe** (nom : diminutif gaulois ou latin, construit sur un mot préceltique *sar,* « cours d'eau ») ; *source :* Moulins-la-Marche (Orne), alt. 250 m ; long. 280 km ; bassin 5 890 km² ; débit max. 25 m³/s) ; confluent avec la Mayenne à Port-Mesley (M.-et-L.) ; **le Loir** qui se jette dans la Sarthe 4,5 km avant le confluent Sarthe/Mayenne (nom : doublet masculin de *Liger,* « la Loire » ; long. 312 km ; bassin 7 275 km² ; débit moyen 25 m³/s). **Total pour la Maine :** *bassin :* 21 898 km² ; *débit :* moyen 75 m³/s, en crue : 1 500 m³/s. Les eaux de la Loire remontent le cours de la Maine à l'époque des hautes eaux jusqu'à 12 km en amont d'Angers (inondations de longue durée).

L'Erdre (nom : Arar, voir Saône). *Source :* La Pouëge (M.-et-L.) à 85 m d'alt. *Long. :* 95 km, dont un fjord de 28 km. *Bassin :* 1 035 km². *Débit :* 2,5 m³/s. Forme 2 lacs, appelés « plaines » : de la Poupinière (env. 2 km²) ; de Mazerolles (env. 3 km²).

2° Rive gauche. L'Allier. Le plus important des affluents de la L., considéré parfois comme la branche mère du réseau hydrographique (nom : latin *Elaver,* formé sur la racine ligure *el,* « arbre » : fleuve forestier ou servant au flottage du bois). *Source* à 1 501 m d'alt. (Mt Maure de la Garidille, Lozère). *Long. :* 410 km. *Bassin :* 14 435 km². *Débit :* moyen 140 m³/s, max. 6 000 m³/s. Le cours de l'Allier (N.-S.) a imposé sa direction à celui de la Loire (confluent au Bec d'Allier, à 6 km de Nevers). *Affluents* de l'Allier : **la Dore** (hydronyme préceltique ou celtique *Dor, Dur*), 140 km (r. droite), **la Sioule** [latin médiéval *Siccula ;* du nom de la montagne dont elle est issue, la chaîne des Puys (racine ligurique *sekk*)], 150 km (r. gauche).

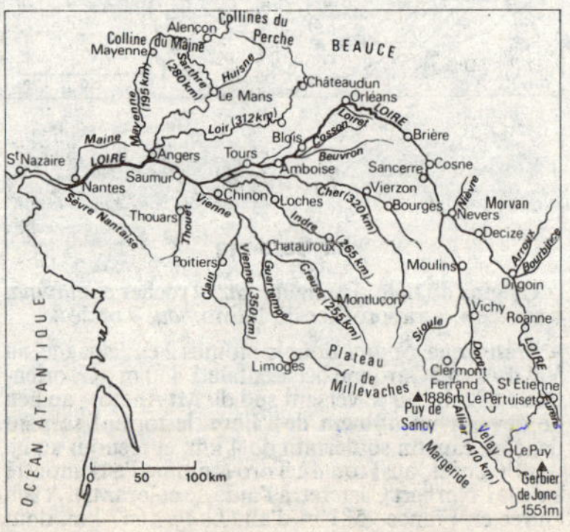

Le Beuvron (nom : du gaulois *bebros,* « castor » ; la vraie orthographe serait Bevron). *Source* à 176 m (Sologne). *Long. :* 125 km. *Bassin :* 1 400 km² (dont la moitié pour son affluent le Cosson). *Départements parcourus :* Cher, Loiret, L.-et-C. *Débit :* 7 m³/s, crues modérées, absorbées par les étangs solognots. *Point de confluence :* Candé-sur-Beuvron (L.-et-C.).

Le Cher [nom : préceltique (ligure) *kar,* « la pierre » : rivière caillouteuse]. *Source* à 762 m (Creuse). *Long. :* 367 km. *Bassin :* 13 410 km² (7 départements) dont 1 000 km² pour la **Tardes,** considérée parfois comme branche mère. *Débit :* moyen 17 m³/s, max. 1 350 m³/s. *Se jette dans la Loire* à Villandry (Indre-et-L.) ; autrefois la rejoignait aussi à Tours par un canal artificiel de 2 km de long transformé en autoroute. Un ancien lit de 11 km, le Vieux-Cher, continue jusqu'à l'Indre, mais est considéré actuellement comme un bras de la Loire. *Sous-affluents :* **la Tardes** (nom d'une localité traversée : Tardes, *Tarodunum,* « le bourg de Taros ») (long. 100 km ; bassin 1 000 km², débit moyen 5 m³/s) ; **l'Aumance** (du ligure *el,* « arbre », et de l'indo-européen *man,* « sourdre ») (long. 74 km, bassin 1 000 km², débit moyen 10 m³/s, crues 600 m³) ; *confluent* à Meaulne (Allier).

L'Indre (nom : latin *Ennara,* venu du ligure *Enn* — Enn ou Inn, fleuves d'Allemagne — et *ar* — cf. Aar, Samara, Isara, etc.). *Source* à 504 m (Mts de St-Marien, Creuse). *Long. :* 266 km. *Bassin :* 3 642 km². *Débit :* moyen 16 m³/s, max. 320 m³/s. *Sous-affluent :* **l'Igneray** (de Ligneray ou Ligneret, cf. le Lignon, même racine que le latin *limpidus,* « limpide ») (long. 32 km ; bassin 170 km², débit 2,5 m³/s). *Confl. :* Avoine (I.-et-L.).

La Vienne (nom : du latin *Vinganna,* en patois local Vignague, avec des transcriptions variables, telles que Vingenna et Vigenna ; du gaulois *venda,* « brillante » et du ligure *onna : Venda-onna,* « la rivière brillante »). *Source* à 850 m (plateau de Millevaches, Corrèze). *Long. :* 372 km. *Bassin :* 21 467 km². *Débit :* moyen 70 m³/s, max. 2 100 m³/s. *Confluent :* à Candes St-Martin (I.-et-L.). *Sous-affluent :* **la Creuse** (branche mère du bassin ; nom : celtique *croza* « la marmite » ou « le creuset ») (long. 255 km ; bassin 9 550 km² ; débit moyen 32 m³/s, max. 970 m³/s) grossie de **la Gartempe** [porte le nom du village où elle prend sa source, dans la Creuse : Gartempe (anciennement Gard-Temple), réserve de chasse d'une commanderie de Templiers] (long. 190 km ; bassin 3 975 km², débit moyen 10 m³/s, max. 400 m³/s).

La Sèvre nantaise (nom : latin *Sapara,* du ligure *sap,* « buisson, fourré » ; et *ar,* « rivière ») — l'épithète *nantaise* la distingue de la Sèvre *niortaise,* fleuve côtier. *Source* à 259 m (Gatine poitevine). *Long. :* 136 km. *Bassin :* 2 385 km². *Débit :* moyen 8 m³/s, max. 375 m³/s.

La Meuse

Origine du nom. Du latin *Mosa,* du celto-germanique *mod,* « la boue » ; cf. la Moder.

• **Statistique.** *Source :* 403 m d'alt. (Pouilly-en-Bassigny, Hte-Marne). *Long. :* 950 km dont 500 en France (192 en Belgique, 258 aux Pays-Bas). *Bassin :* 33 000 km² dont 7 750 en France (4 dép. : Hte-Marne, Vosges, Meuse, Ardennes). *Débit* à la sortie de France : moyen 100 m³/s ; max. 7 000 m³/s.

• **Description du cours.** Dans l'ensemble S.-N., avec un crochet S.-E./N.-O., entre Verdun et Mézières. Jusqu'à Mézières, rectiligne dans les alluvions du Bassin parisien, entre 2 lignes de côtes (Plateaux du Barrois, Côtes de Meuse) ; après Mézières, sinueux et encaissé dans le massif ancien de l'Ardenne. Bassin très étroit pour sa longueur : 2 affluents ont été capturés au quaternaire (rive dr. : *la Moselle,* capturée par un affluent de la Meurthe et devenue tributaire du Rhin ; rive g. : *l'Aire,* capturée par un affluent de l'Aisne et devenue tributaire de l'Oise). *Embouchures :* un des bras de la Meuse rejoint, en Hollande, un des bras du Rhin (ce qui l'a fait classer parfois comme une rivière tributaire du Rhin), mais le bras principal (Haring Vliet) se jette dans la mer du Nord 15 km plus au sud.

• **Affluents. 1° Rive droite. La Semois** ou Semoy (nom : celui de sa source : *Som Oize,* c'est-à-dire source de l'Oize). *Source :* 360 m d'alt. (Luxembourg belge). *Long. :* 198 km (E.-O.) dont 26 en France. *Bassin :*

1 550 km² dont 1 000 en France. *Débit :* 20 m³/s, max. 170 m³/s (débâcle des glaces au printemps).

2° Rive gauche. La Sambre (nom : *Samara,* « rivière tranquille », même nom que la Somme). *Source :* 230 m d'alt. (massif du Nouvion, Aisne). *Long.* (O.-E.) : 190 km dont 85 en Fr. *Bassin :* 2 662 km² dont 1 000 en France. *Débit :* moyen 18 m³/s ; max. 58 m³/s. Rejoint la Meuse à Namur (Belg.).

Le Rhin

Origine du nom. Gaulois *renos,* « fleuve » ; l'orthographe *rh* est imitée du grec *rheein,* « couler ».

• **Statistique.** *Source :* lac Toma, C. des Grisons, Suisse, alt. 2 344 m. *Long. :* 1 298 km, dont 190 à la frontière franco-allem. [Suisse 456 (dont frontière avec Liechtenstein 41, Allem. 130), Allem. 476, P.-B. 176]. *Bassin :* 116 000 km² [28 000 en France (Belfort, Ht-Rhin, Bas-Rhin, Moselle, Meurthe-et-M., Vosges)]. *Débit :* moyen 2 210 m³/s ; max. 10 000 m³/s.

• **Régime.** En Alsace, est encore un fleuve alpestre (deviendra un fleuve mixte après le confluent avec le Main, rivière continentale) : hautes eaux en mai-juin, à la fonte des neiges ; basses en septembre ; parfois gelé en hiver (climat alsacien, quasi continental).

• **Description du cours.** Entre Bâle et Lauterbourg, quasi rectiligne S.-O./N.-E., au bas de la plaine d'Alsace, pente assez forte mais nombreux faux bras, actuellement drainés par le canal latéral.

• **Affluents** (en France). **Rive gauche. L'Ill** (nom : racine ligurique *el,* « rivière », fréquente en Europe). *Source* au Glasberg, contrefort du Jura (Ht-Rhin) ; alt. 500 m. *Long. :* 208 km. *Bassin :* 9 800 km². *Débit :* moyen 25 m³/s, max. 150 m³/s. Coule à 10 ou 20 km du Rhin, dans la plaine alsacienne.

La Moselle (diminutif de *Mosa,* « la Meuse »). *Source* au col de Bussang, Vosges ; alt. 725 m. *Long. :* 550 km, dont 259 en France. *Bassin :* 28 360 km², dont 15 147 en France. *Débit :* moyen 150 m³/s, max. 1 500 m³/s. *Cours :* S.-E./N.-E. jusqu'à Toul où elle est capturée par un affluent de la Meurthe et fait un coude brusque vers l'est. Après Frouard, S.-N. jusqu'à la frontière allemande. *Sous-affluents* (rive droite) : **la Meurthe** (racine ligure *mor,* « débris de roches », qu'on retrouve dans *moraine*) (long. 170 km ; bassin 2 910 km² ; débit moyen 20 m³/s, max. 600 m³/s) ; **la Sarre** (racine celtique, v. la Sarre dans le Morbihan). 240 km, dont 80 en France ; *sources :* au pied du Donon (S. Blanche et S. Rouge) ; alt. 465 m ; [bassin (en France) 3 800 km² ; débit max. 500 m³/s].

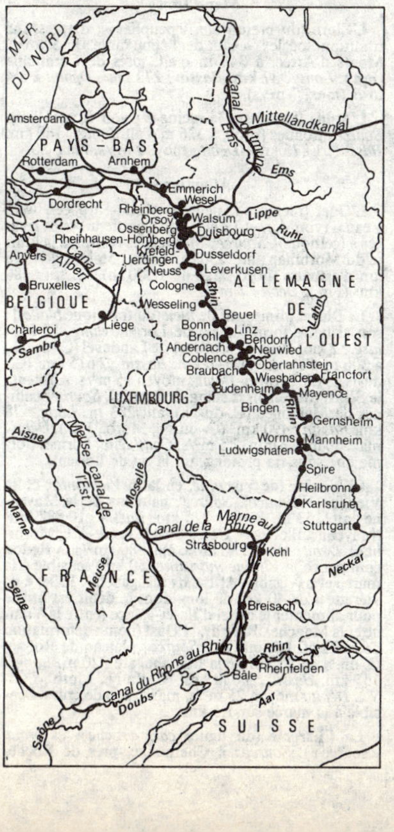

Le Rhône

Origine du nom. Grec *Rhodanos,* utilisé par les Phocéens de Marseille ; racine indo-eur. sans doute rhétique (*rho/rhe* que l'on retrouve dans Rhe-nus, « le Rhin »), comprise par les Grecs – en grec rhe-ein = « couler ».

• **Statistique.** *Source :* Massif du St-Gothard (Suisse). Un torrent, appelé *Rotten* (« Rhône »), sort à 2 200 m au pied d'un massif de 3 600 m. Il se jette dans un cours d'eau plus important qui a sa source à 1 753 m, au pied du Pizzo Rotondo (3 192 m). Ce cours d'eau est parfois considéré comme le vrai Rhône supérieur, parfois appelé Gerenwasser. *Long. :* 812 km, dont 290 en Suisse ; mais l'ensemble Grand Rhône-Saône a 860 km ; l'ensemble Grand Rhône-basse-Saône et Doubs : 1 025 km. *Bassin :* 97 800 km², dont 90 630 en France. Couvre 20 dép. : Bouches-du-R., Vaucluse, Alpes-de-Hte-Pr., Drôme, Htes-Alpes, Isère, Savoie, Ain, Hte-Savoie, Jura, Doubs, Hte-Saône, Terr. de Belfort (plus quelques ha dans le Haut-Rhin), Gard, Ardèche, Loire, Rhône, Saône-et-Loire, Côte-d'Or, Hte-Marne.

• **Régime.** Mixte : r. alpestre par le Rhône et ses affluents de la rive gauche (Isère, Durance) qui ont leurs sources dans les glaciers ; r. tempéré atlantique ou semi-continental par la Saône et le Doubs ; r. méditerranéen par l'Ardèche et le Gard. Au total, r. abondant toute l'année : fonte des neiges alpestres avec maximum en mai-juin ; pluies d'automne avec 2ᵉ maximum en oct. ; pluies d'hiver sur le bas Rhône, avec de violentes crues d'été en cas d'orage sur le Vivarais (les « coups » de l'Ardèche).

• **Description du cours.** En Suisse, il emprunte une vallée glaciaire surcreusée (auge), de 165 km de long, orientée E.-O. et aboutissant au lac Léman, également d'origine glaciaire (prof. max. : 309 m). Au sortir du Léman et à son entrée en France, il coule plein S., se frayant un passage à travers les plis du Jura méridional (Bugey) : gorges profondes et même, entre Bellegarde (Ain) et Lucey (Savoie), disparition dans une crevasse (anciennes *« Pertes du Rhône »,* noyées depuis 1948 dans la retenue de *Génissiat*). Au sortir du Jura, coude brusque en direction du N./N.-O. qui est celle de la vallée du Guiers (phénomène de « capture », le Rhône se jetant primitivement dans l'Isère). Le cours du Guiers se poursuivait, au quaternaire, en direction du lac ou de la mer de Bresse, entre Villefranche et Bourg, mais les alluvions glaciaires de la fin du quaternaire l'ont dévié E./O. Il se fraye difficilement un chemin vers l'O. jusqu'à Lyon où il tourne à 90° vers le S., empruntant la *ria* maritime située entre Alpes et Cévennes que ses alluvions ont comblée. Après le confluent avec le Gard, commence le delta du Rhône divisé alors en 2 bras : *Petit Rhône,* à l'ouest, 14 % du débit ; 58 km : appelé anciennement Rhône majeur, car il avait alors le débit le plus important, subdivisé à 16 km de la mer [sous-bras : Rhône Mort (21 km), appelé successivement canal de Peccais, puis *Rhône Vif*] ; *Grand Rhône* (long. : 51 km). Le delta du Rhône avance vers le S. (moy. 67 m par an ; volume des alluvions : 21 millions de m³).

• **Affluents. 1° Rive gauche. L'Arve** (*Aturava,* forme féminine de *Aturavos,* « l'Arroux »). *Long. :* 102 km, dont 93,5 en France (Hte-Savoie) et 8,5 en Suisse. *Source :* alt. 204 m, au col de Balme. *Bassin :* 2 060 km². *Débit :* moyen 35 m³/s, max. 1 200 m³/s. *Confluent* à Genève, Suisse. *Sous-affluent :* **le Giffre** (forme régionale de *gypière,* « carrière ») (long. 50 km ; bassin 440 km² ; débit moyen 77 m³/s).

Le Guiers (latin *aquarius,* « débouché des eaux ») (formé du Guiers mort, Isère et du Guiers vif, Savoie). *Long. :* 48 km. *Bassin :* 555 km². *Débit :* moyen 10 m³/s, max. 150 m³/s. *Confluent :* St-Genix d'Aoste (Savoie).

L'Isère (nom : hydronyme double, courant en Europe : Isar, Yser ; voir Oise). *Source* 2 400 m (Mt Iseran, Savoie). *Long. :* 290 km. *Bassin :* 12 140 km². *Débit :* moyen 425 m³/s, max. 2 900 m³/s. *Point de confluence :* Valence. *Sous-affluents :* **l'Arc** (adjectif celtique formé sur le radical ligurique *ar,* voir Saône ou Arar) (long. 150 km ; débit moy. 100 m³/s, max. 1 200). *Confluent :* St-Pierre d'Albigny (Savoie) ; **le Drac** (déformation du celtique *Drau,* doublet de *Drave,* fleuve hongrois ; étymologiquement : *dorawa,* « eau du torrent »), grossi de la **Romanche** (long. 78

km ; débit moy. 150 m³/s, max. 1 800 m³/s). *Confluent :* Grenoble (Isère).

La Drôme (*Drauma,* adjectif formé sur *Drau,* v. Drac, ci-dessus). *Long. :* 102 km. *Source :* Le Laup (Drôme), 1 646 m. *Bassin :* 1 735 km². *Débit :* moyen 15 m³/s, max. 3 500 m³/s. *Confluent :* Livron.

La Durance (du celtique ancien *dubro,* « eau »). *Source :* alt. 1 800 m (massif du Montgenève, Htes-Alpes). *Long. :* 350 km (380 km en comptant la Clairée comme branche mère). *Bassin :* 15 000 km² (5 dép. : Htes-Alpes, Alpes-de-Hte-P., Drôme, Var, B.-du-Rh.). *Débit :* moyen 125 à 350 m³/s, selon les années ; max. 10 000 m³/s. Indépendante jusqu'au quaternaire (embouchure golfe de Fos), la Durance a été déviée ensuite vers le N.-O., d'Aix à Avignon, par suite de sa capture par un affluent du Coulon. *Sous-affluent :* **le Verdon** (probablement, nom de la vallée : verdoyante) (long. 175 km ; bassin : 2 270 km² ; débit moy. 25 m³/s, max. 1 430 m³/s).

2° Rive droite. L'Ain [anciennement *Ouain,* cas régime (féminin) de l'Oue, ou la Loue (cf. le Loing), du latin *Odoanna ;* voir Odet]. *Source :* alt. 750 m (Nozeroy, Jura). *Long. :* 190 km, 205 en comptant la Serpentine comme branche mère. *Confluent* avec le Rhône : St-Maurice de Gourdans (Ain). *Bassin :* 4 183 km² (Jura, Ain). *Débit :* moyen 50 m³/s, max. 2 500 m³/s. L'Ain dessert la région la plus arrosée de France : 125 cm de pluies annuelles.

La Saône [appelée jusqu'au Iᵉʳ s. apr. J.-C. Arar (de *ar,* « eau ») ; puis Sauconna, « source Sainte », du nom d'une de ses sources divinisées : *sawk* ou *sakw* est de la même racine que *sanctus* et *sacratus* en latin, *hagios* en grec]. *Source :* Mts Faucilles (à Vioménil, forêt de Darney à 402 m, au pied du Méamont, Vosges, 472 m) alt. 396 m. *Long. :* 482 km (647 en comptant le cours du Doubs). *Bassin :* 29 580 km² (9 dép. français : Vosges, Hte-Saône, Côte-d'Or, S.-et-L., Ain, Rhône, Jura, Doubs, Terr. de Belfort et 2 cantons suisses). *Débit :* moyen 432 m³/s, max. 4 000 m³/s. *Cours :* N.-E./S.-O. jusqu'à Chalon, en contrebas du plateau de Langres ; à Chalon, cours N./S. de 200 km, dans le « couloir Saône-Rhône », ancienne ria maritime comblée au quaternaire. *Sous-affluents :* **l'Ognon** (déformation de Lignon, hydronyme courant) ; *source :* ballon de Servance, Vosges, alt. 695 m (long. 185 km ; *bassin :* 2 250 km² ; débit moyen 10 m³/s, max. 800 m³/s) ; *coule* du N.-E. au S.-O., parallèlement au Doubs dont il est distant de 8 à 15 km seulement ; **le Doubs** (du celtique *dub,* « noir ») ; *source* au Mt Risoux, Jura, alt. 937 m (long. 450 km ;

bassin 7 826 km²; débit moyen 62 m³/s, max. 1 000 m³/s) ; cours très irrégulier, dû à la traversée du Mt Jura : S.-O./N.-E. au début, N.-E./S.-O. à la fin : 2 anticlinaux parallèles mais en pente inverse ; entre eux, traversée de 2 cluses ; le « Saut du Doubs », à la frontière franco-suisse, a 29 m de haut.

L'Ardèche (d'*Arctica,* « la rivière aux ours »). *Plusieurs sources,* notamment à la Croix de Bauzon, Ardèche, alt. 1 537 m et dans la forêt de Mazan, près du col de la Chavade, alt. 1 271 m. *Long. :* 112 km. *Bassin :* 2 387 km². *Débit :* moyen 10 m³/s, max. 7 900 m³/s (pente rapide, terrains imperméables, lit encaissé ; le niveau peut monter de 21 m en quelques heures). *Sous-affluent :* **le Chassezac** (d'une localité arrosée : *Casatiacum,* déformé en Catiasacum, domaine de Casatus) (long. 75 km ; bassin 560 km² ; débit moyen 6 m³/s ; crues terribles).

Gard (ligure *gar,* « le rocher »). *Sources* nombreuses : 5 ou 6 torrents de la Lozère, nommés les *Gardons* (de 1 100 à 1 200 m d'alt.). *Long. :* 113 km, pour la branche du Gardon St-Jean, 62 km pour le Gard réuni. *Bassin :* 2 200 km². *Débit :* moyen 6 à 40 m³/s, avec des crues subites de 7 000 m³/s.

La Seine

Origine du nom. Primitivement, il semble que seul le cours supérieur était appelé *Seine* [du latin *Sequana,* transcription faite par César du mot *(I)sicauna* où l'on retrouve le nom de l'Yonne : Icauna ou Icaonna (les 2 rivières étaient sans doute considérées comme jumelles) ; à cause du nom de Rouen (*Rotomagus,* mais vraisemblablement *Rhodomagus*), on peut conclure que le cours inférieur était appelé Rhodos (comme le Rhône)].

● **Statistique.** *Long. :* 776 km. *Source* à 471 m (à St-Seine-l'Abbaye, Côte-d'Or). *Bassin :* 77 767 km², dont 40 km² en Belgique (source de l'Oise) ; le 1/7ᵉ du territoire français. *Départements drainés :* 14 (Côte-d'Or, Aube, Marne, Seine-et-M., Paris, Yvelines, Essonne, Val-d'Oise, Hts-de-Seine, Val-de-M., Seine-St-Denis, Eure, Seine-Mar., Calvados). *Débit :* moyen 375 m³/s, max. 2 500 m³/s.

● **Description du cours.** Jusqu'à Fontainebleau (220 km), il fait 2 coudes importants : à Marcilly (confluent avec l'Aube), il passe brusquement de la direction N.-O. à la dir. S.-E. (l'Aube étant la branche mère et coulant vers le S.-E.) ; à Moret, il se redresse vers le N. en empruntant l'ancien lit de la Loire, occupé par le Loing (cours d'eau résiduel). Après Fontainebleau, direction générale : S.-E./N.-O. jusqu'à la Manche, avec de nombreux méandres dont 8 très accusés, entre Paris et Caudebec-en-Caux (le plus sinueux des fleuves français). Influence de la marée jusqu'à Poses, au confluent de l'Andelle, à 22 km en amont de Rouen. Estuaire primitif commençant à Caudebec, mais comblé en grande partie par des vases et stabilisé par des digues. Une ligne de falaises mortes signale l'extension en largeur du lit.

● **Affluents. 1° Rive droite. L'Aube** [du latin *alba,* « blanche », confondu avec le préceltique (ligurique) *albis,* « fleuve » — nom ancien de l'Elbe en Allemagne]. *Source* à 516 m (plateau de Langres, Hte-M.). *Long. :* 248 km. *Bassin :* 4 500 km² (Hte-Marne, Côte-d'Or, Aube, Marne). *Débit :* moyen 25 m³/s, max. 348 m³/s. *Point de confluence :* Marcilly (Marne) où elle apparaît comme la branche mère du réseau (longueur et volume supérieurs à la Seine, vallée orientée est-ouest).

La Marne (du latin *Matrona,* transcription approximative de *Matter-onna,* du ligure matta, « pâturage buissonneux » et *onna,* « source, rivière »). *Source* à 381 m (à 5 km de Langres, Hte-Marne). *Long. :* 525 km. *Bassin :* 12 679 km² (7 dép. : Hte-Marne,

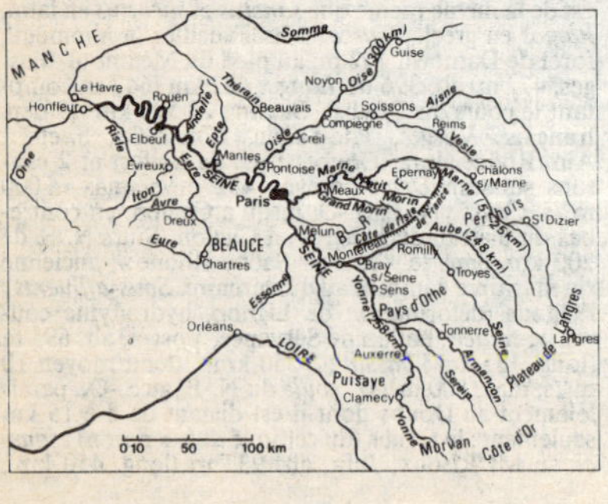

Meuse, Marne, Aisne, S.-et-M., Seine-St-D., Val-de-M.). *Débit :* moyen 36 m³/s, max. 700 m³/s. *Point de confluence :* Charenton (Val-de-Marne). *Sous-affluent :* **l'Ourcq** (gaulois *Aturicos :* du préceltique *atur,* voir Adour) [longueur 80 km ; bassin 1 087 km² (Aisne, Oise, S.-et-M.) ; débit, réduit de moitié par le canal de l'Ourcq, 1 m³/s].

L'Oise (nom : doublet de Isère, Isar, Yser, etc., latin *Isara,* du ligure *si* ou *viz* « rivière » et *ar* « cours d'eau »). *Source :* en Belg., près de Chimay (Hainaut). *Long. :* 300 km pour la rivière portant le nom ; 420 km en comptant le cours de l'Aisne et de l'Aire, affluent et sous-affluent de l'Oise. *Bassin :* 16 667 km², dont 40 km² en Belgique (5 dép. fr. : Nord, Aisne, Oise, Val-d'O., Yvelines). *Débit :* moyen 55 m³/s, max. 650 m³/s. *Point* d'O.). *Sous-affluents :* **l'Ailette** (du ligure *el,* voir Allier). *Source* à 200 m d'alt. à 2 km de Craonne. *Long. :* 63 km. *Bassin :* 800 km². *Débit :* 1 m³/s. *Confluent* à Manicamp (Aisne) ; **l'Aisne** (du latin *Axonna,* racine celtique *Akw,* « eau », suivie du ligure *onna,* « source, rivière »). *Source* à 240 m d'alt. *Long. :* 280 km (300 avec l'Aire). *Bassin :* 7 752 km² (Meuse, Marne, Ardennes). *Débit :* moyen 45 m³/s. L'Aisne a capturé un des affluents de la Meuse, **l'Aire** (féminin du ligure *Ar,* voir Saône) (long. 131 km ; bassin 1 000 km² ; débit moyen 3 m³/s, max. 100 m³/s.).

L'Epte (du latin *Icta,* hydronyme préceltique *ik,* avec diminutif (?) ; doublet de *iton* ou *icton,* petit cours d'eau de l'Eure). *Source :* la fontaine d'Epte, à 5 km de Forges-les-Eaux. Alt. 190 m. *Long. :* 117 km. *Bassin :* 872 km² (4 dép. : Seine-Mar., Oise, Eure, Val-d'Oise). *Débit :* moyen 9 m³/s, max. 35 m³/s.

2° Rive gauche. L'Yonne (du latin *Icauna* ou *Imgauna,* transcription des préceltiques *Inka-onna*). *Source :* Mt Préneley (Nièvre, à 855 m). *Long. :* 293 km. *Bassin :* 10 887 km². *Débit :* moyen 75 m³/s, max. 1 200 m³/s. Quand elle rejoint la Seine (à Montereau), elle lui est supérieure pour le débit, pour la longueur et pour la surface du bassin ; l'Y. est donc souvent considérée comme la branche mère du réseau ; le nom de la Seine (Sa-Icauna) semble un diminutif du sien. *Sous-affluents :* **la Cure** (de l'indo-eur. *kwr,* dont dérive aussi le latin *currere,* « courir ») (longueur 109 km ; bassin 1 267 km² ; débit 1,6 m³/s) et **l'Armançon** (même étymologie que *Aumance,* p. 540 c) (long. 174 km ; bassin 2 900 km² ; débit 24 m³/s).

Le Loing [nom : déformation de Louhain, cas régime de Loue (féminin) ; *Odoanna,* voir Ain et Odet ; en latin retraduit : *lupa,* « la louve », fausse étymologie populaire]. *Source :* à Ste-Colombe-sur-L. (Yonne). *Long. :* 160 km. *Bassin :* 4 150 km² (Yonne, Loiret, S.-et-M.). *Débit* très faible (0,8 m³/s). Le Loing est le résidu de l'ancienne Loire coulant N.-S. et captée au quaternaire.

L'Essonne (même nom que l'Aisne, *Axonna*). *Source :* double [l'Œuf : étang du Grand-Veau, près de la Neuville, Loiret (alt. 130 m) et la *Rimarde :* petit étang près d'Aulnay-la-Rivière, Loiret (alt. 182 m)]. *Long. :* 90 km. *Bassin :* 1 850 km². *Débit :* moyen 8 m³/s ; crue 30 m³/s.

L'Eure (du latin *Atura ;* racine ligure *atur,* « source » — cf. Adour). *Source :* 250 m d'alt. (étang Rumieu, dans le Perche). *Long. :* 225 km. *Bassin :* 5 500 km². *Débit :* moyen 19 m³/s, max. 230³/s. *Sous-affluent :* **l'Avre** (gallo-latin *Avara :* de l'indo-eur. *aw,* « eau », et de *ar,* comme *Arar,* « la Saône » ; nom voisin d'Avaricum, « Bourges », située sur l'Avron) utilisée pour fournir de l'eau à Paris (long. 72 km : bassin 980 km² ; débit moyen 4 m³/s, max. 5 000). *Source :* forêt du Perche (Orne). Alt. 290 m.

La Risle (du latin *Lirizina,* du préceltique *Liri* — cf. fleuve d'Italie). *Long. :* 140 km. *Bassin :* 2 310 km². *Débit :* moyen 10 m³/s, max. 330 m³/s. Se jette dans l'estuaire de la Seine à Berville-sur-Mer (considéré parfois comme fleuve côtier).

Fleuves côtiers

Mer du Nord

L'Escaut (du germanique *Schelde* — racine *schalt,* « communiquer »). *Source :* Colline du Catelet, Aisne ; alt. 100 m. *Long. :* 430 km (dont France 107, Belgique 233, Pays-Bas 90). *Bassin :* 32 000 km² (dont France 7 000, Belgique 20 500, P.-B. 4 500). *Débit :* moyen 25 m³/s, max. 230 m³/s. **Affluent : La Lys** (celtique *liga,* voir Loire ; la forme franç. vient du flam. Leye). *Source :* Plateau de Hesdin, P.-de-C. ; alt. 180 m. *Long. :* 214 km (dont France 126, frontière franco-belge 27, Belgique 88). *Bassin :* 3 910 km², dont France 2 750. Ancien fleuve indépendant, elle recevait l'Yser sur sa rive gauche et se jetait dans la mer du Nord à Terneuzen (P.-B.). Actuellement capturée par l'Escaut à Gand (Belgique).

Manche

La Canche (bas-latin *quantia,* « caillouteuse » ; du ligure *kant,* « rocher » ; voir Cantal, Cancale, Cancaval, etc.). *Source :* St-Pol de Ternoise (P.-de-C.), alt. 150 m. *Long. :* 97 km. *Bassin :* 1 384 km² (P.-de-C.). *Débit :* 1,5 m³/s.

L'Authie (latin *altus,* « haut » : cours d'eau venant d'une hauteur). *Source :* Coigneux (Somme). *Long. :* 100 km. *Bassin :* 1 040 km² (+ 200 km² pour les marais du Marquenterre). Limite entre la Somme et le P.-de-C. *Débit :* 7 m³/s.

La Somme (du celtique *Samara,* la « rivière tranquille », cf. Sambre). *Source :* Font-Somme, Aisne ; alt. 80 m. *Long. :* 245 km. *Bassin :* 5 530 km². *Débit :* moyen 35 m³/s, max. 88 m³/s (Aisne, Somme). *Cours :* après Péronne, nombreux faux bras et ramifications dans une vallée spongieuse et tourbeuse. **Affluent : l'Avre picarde** (même nom que l'Avre, affluent de l'Eure). *Long. :* 65 km. *Bassin :* 1 150 km². *Débit :* moyen 4,3 m³/s.

L'Orne (du ligure *Otorna,* riv. de Champagne ; *Atur,* « source »). *Source :* Aunou près de Sées, plaine d'Alençon ; alt. 200 m. *Long. :* 152 km. *Bassin :* 2 570 km² (Orne, Calvados). *Débit :* moyen 13 m³/s, max. 300 m³/s. **Affluents : le Noireau** (d'après la couleur de son lit). *Long. :* 38 km. *Bassin :* 465 km². *Débit :* moyen 5 m³/s, max. 32 m³/s. **L'Odon** (racine *Olt,* voir Lot). *Long. :* 50 km. *Bassin :* 180 km². *Débit :* moyen 1 m³/s, max. 30 m³/s.

La Vire (déformation de l'Avire, latin *aquaria ;* voir Aveyron et Guiers). *Source :* St-Sauveur-de-Chaulieu (Orne). *Long. :* 118 km. *Bassin :* 1 170 km² (3 080, en comptant les bassins tributaires de son estuaire). *Débit :* moyen 6 m³/s, max. 100.

La Rance (*Rancia,* adj. formé sur la racine celtique ou préceltique *ranc,* « rocher »). *Source :* Méné (C.-du-N.). *Long. :* 100 km dont estuaire 10. *Bassin :* 1 195 km². *Débit :* moyen 12 m³/s.

Le Trieux. D'une localité traversée (Pontrieux), du latin *pons,* et du celtique *Treb,* « bourg ». *Source :* Kerscoëdec (C.-du-N.). *Long. :* 71 km. *Bassin :* 850 km². *Débit :* 4 à 10 m³/s.

Mer d'Iroise

L'Élorn (du breton *elo,* « peuplier » ; d'après une tradition locale : « eau de l'épouvante »). *Source :* Monts d'Arrée, à 344 m d'alt., près de Commana (Fin.). *Long. :* 37 km. *Bassin :* 272 km². *Débit :* 2 à 4 m³/s (max. 7 m³/s).

L'Aulne (formé sur la racine *el ;* voir Ill et Allier). *Source :* Lohuec (Fin.), à 326 m d'alt. *Long. :* 140 km. *Bassin :* 1 875 km². *Débit :* moy. 9 m³/s, max. 80.

Atlantique

L'Odet [racine *od,* peut-être indo-européen *wod,* « eau » (voir Ain et Loing) ; ou signifierait « les rivages » (celtique)]. *Source :* Montagnes Noires, à la limite du Morbihan ; alt. 250 m. *Long. :* 56 km, dont 18 km d'estuaire (fjord large de 1 500 m). *Bassin :* 180 km² (Fin.). *Débit :* 7 m³/s.

Le Blavet [diminutif de *bleu* (du francique *blabo*)] ; son estuaire forme la ria de Lorient (*long.* 15 km ; *larg. :* 2 km). *Source :* Collines de Landevel (C.-du-N.) à 306 m d'alt. *Long.* 140 km. *Bassin :* 2 615 km² (C.-du-N., Fin., Morb.). *Débit :* moyen 15 m³/s. **Affluent : le Scorff** (déversoir d'étang, en breton). *Source :* collines de Mellionec (C.-du-N.), alt. 283 m. *Long. :* 78 km. *Bassin :* 490 km² (C.-du-N., Morb., Fin.). *Débit :* max. 50 m³/s ; min. 2,5 m³/s. *Confluent :* Lorient (forme une sous-ria prolongeant la ria de Lorient).

La Vilaine (de *Visnaine,* en latin *Vicinonia ;* cf. la Vienne : *Viciniaca*). *Source :* hauteurs de la Mayenne ; alt. 153 m. *Long. :* 225 km. *Bassin :* 10 882 km² (Mayenne, Ille-et-V., Côtes-du-N., Loire-Atl., Morbihan). *Débit :* moyen 80 m³/s, max. 800 m³/s. À Redon commence la *Vilaine maritime* (50 km) sensible à la marée et navigable. **Affluents :** R. gauche : **l'Ille,** « rivièrette » de 40 km de long dont le débit est utilisé pour alimenter le canal d'Ile-et-Rance (entre la Vilaine et la Manche). Rive dr. : **l'Oust** (nom : déformation de *oult ;* cf. Lot ou Olt). *Source :* plateau de Rohan, C.-du.N., à 25 km de la Manche, alt. 320 m. *Long. :* 155 km. *Bassin :* 3 630 km² (C.-du-N., Morb., I.-et-V.). *Débit :* moyen 25 m³/s, max. : peu de crues. Sensible à la marée sur 1,5 km.

La Charente (du ligure *car,* « roche » et *onna,* « source »). *Source :* à Chéronnac, près de Rochechouart, Hte-Vienne, alt. 300 m. *Long.* : 361 km. *Bassin* : 10 000 km² (Hte-V., Vienne, Charente, Charente-M., Dordogne, D.-Sèvres). *Débit* : moyen 95 m³/s, max. 300 m³/s.

La Seudre [devrait être masculin : St-Laurent-du-Seudre ; nom d'une localité traversée, Seudre (Ch.-M.) : gaulois *Solodurum*, même nom que Soleure (Suisse)]. *Source* : St-Genis (Ch.-M.), à 60 m d'alt. *Long.* : 60 km. *Bassin* : 855 km². *Débit* : faible, mais aboutit à un estuaire profond, la baie de Seudre.

L'Adour (du ligure passé par l'ibéro-basque, *Aturra*, « la source »). *Source* : col du Tourmalet, Htes-Pyr. ; alt. 1 931 m. *Long.* : 335 km. *Bassin* : 17 020 km² (Htes-Pyr., Pyr.-Atl., Gers, Landes). *Débit* : moyen 150 m³/s, max. 1 500 m³/s. **Affluents : les Gaves** (en basque : *Gabarra*, du celtique *gab*, « ravin », ligurique *ara*, « cours d'eau ») de Pau (180 km) et d'Oloron [formé des gaves d'Ossau (48,5 km) et d'Aspe (48 km)].

Méditerranée

Le Tech (gallo-romain *Tichis*, d'après une racine hydronymique très ancienne). *Source* : Roque-Couloum, Pyr.-Or. (2 500 m). *Long.* : 79 km. *Bassin* : 937 km² (P.-O.). *Débit* : moy. 5 m³/s, max. 4 500 m³/s.

Le ou la Têt (latin *Tetum*, cité par Pline ; origine inconnue). *Source* : Puig de Prigue, Pyr.-Or. (2 810 m). *Long.* : 120 km. *Bassin* : 1 550 km² (P.-O.). *Débit* : moy. 7,5 m³/s, max. 3 600 m³/s.

L'Agly (adj. latin *aquilinus*, « peuplé d'aigles »). *Source* : Pech de Bugarach, Aude (1 231 m). *Long.* : 80 km (103 en comptant la Boulzanne comme branche-mère). *Bassin* : 1 105 km² (Aude, P.-O.). *Débit* : moy. 0,6 m³/s, max. 1 800 m³/s.

L'Aude (*Elita*, adj. formé sur la racine ligurienne *el*, « arbre »). *Source* : lac d'Aude, Pyr.-Or. (2 377 m). *Long.* : 223 km. *Bassin* : 5 340 km² (P.-O., Ariège). *Débit* : moy. 62 m³/s, max. 3 000 m³/s.

L'Orb (préceltique *Orobis*, cf. *Orobia*, « Orge », dans l'Essonne). *Source* : le Bouviala, Aveyron (884 m). *Long.* : 145 km. *Bassin* : 1 400 km² (Aveyron, Hérault). *Débit* : moy. 25 m³/s, max. 2 500 m³/s.

L'Hérault (*Araris*, même nom que la Saône). *Source* : Aigoual, Gard (1 567 m). *Long.* : 160 km. *Bassin* : 2 900 km² (Gard, Hérault). *Débit* : moy. 50 m³/s, max. 4 000 m³/s (crues soudaines).

La Vidourle (dérivé du radical *vendo*, voir Vienne). *Source* : Lasalle, Hérault (525 m). *Long.* : 85 km. *Bassin* : 1 335 km² (Hérault, Gard). *Débit* : moy. 3,5 m³/s, max. 1 500 m³/s.

L'Argens (rad. préceltique *ar* + celt. *gwenn*, « blanc »). *Source* : Seillans, Var (270 m). *Long.* : 116 km. *Bassin* : 2 678 km² (Var). *Débit* : moy. 10 m³/s, max. 600 m³/s.

Le Var (racine ligurienne conservée en basque *Ibar*, « vallée »). *Source* : Entraunes, Alpes-M. (1 800 m). *Long.* : 120 km. *Bassin* : 2 742 km² (Alpes-M.). *Débit* : moy. 50 m³/s, max. 5 000 m³/s. **Affluents : l'Esteron, la Vésubie** (48 km), **la Tinée** (72 km), **le Cians** (25 km).

La Roya (latin *rubea*, « rouge »). *Source* : Col de Tende, Alpes-M. (1 875 m). *Long.* : 60 km, dont 45 en France. *Bassin* : 560 km² dont 410 en France (Alpes-M., se jette dans la mer à Vintimille, Italie). *Débit* : moy. 8,5 m³/s, max. 1 130 m³/s.

Plans d'eau douce

Plans d'eau naturels. 1 618 de 10 ha au min., soit *151 lacs* (50 000 ha), dont (en ha) : partie franc. (23 900) du lac Léman (58 396), Le Bourget 4 462, Annecy 2 700, Aiguebelette 545, Raviège 403, St-Point 400, Paladru 390, Viam 189, Nantua 143, Gérardmer 117, Laffrey 110, Pierre Chatel 101, Marceney et Larrey 100 ; et *1 227 étangs* (130 000 ha), dont (en ha) étangs de Cazeaux et Saguinet 5 800, Der 4 800, Biscarosse et Parentis 3 450, Carcans 2 611 (avec Hourtin 3 620), Lacanau 2 000, Soustons 650, Gondrexange 650, Léon 450, Aureilhan 344, Duc (Ploermel) 240, Torcy-Neuf 198, Blanc 194, Vaux 177, Puits 150, la Gabrière 110, Landes 102, la Blissière 100 [sans compter étangs salés comme Berre 11 500, Thau 7 500...].

Lacs de retenue électrique d'E.D.F. 240, dont réservoir de Serre-Ponçon 3 000, barrage de Ste-Croix 2 300, r. de Pareloup 1 200, b. de Vassivière 1 100, b. de St-Étienne-Cantales 562, b. Grangent 500, b. St-Cassien 400, b. de Guerledan 400.

Les plus grands lacs français. V. Index.

Départements ayant la plus grande superficie de plans d'eau (en km²). Bouches-du-Rhône 387, Ain 268, Gironde 251, Hérault 236, Htes-Alpes 210, Loire-Atlantique 177, Indre 125, Charente-Mar. 122.

Côtes

Définitions

• **Littoral.** Bande large de plusieurs km qui comprend l'ensemble des cantons côtiers et en mer la largeur des eaux territoriales (12 milles marins).

• **Rivage.** « Sera réputé bord et rivage de la mer tout ce qu'elle couvre et découvre pendant les nouvelles et pleines lunes, et jusques où le grand flot de mars se peut étendre sur les grèves » (ordonnance d'août 1681). Cette limite correspond « au point jusqu'où les plus hautes mers peuvent s'étendre à l'absence de perturbations météorologiques exceptionnelles ». **Estran.** Zone comprise entre les plus hautes mers et les plus basses mers. **Trait de côte.** Représente la ligne des plus hautes mers et délimite la ligne supérieure de l'estran. **Laisse de basse mer.** Ligne définie par la limite des plus basses mers. **Lais.** Terres nouvelles : les lais sont formés par dépôts d'alluvions le rivage. **Lignes de base.** Tracées pour définir la limite des eaux territoriales. Constituées par une ligne brisée comprenant, selon la géomorphologie du rivage, les laisses de basse mer, les lignes droites et les lignes de fermeture de baie qui sont tracées par décret du ministre chargé des transports. **Eaux territoriales.** S'étendent sur 12 milles à partir des lignes de base vers la mer. L'espace aérien, le sol et le sous-sol des eaux territoriales sont sous la souveraineté de l'État français. **Zone économique des 200 milles.** S'étend sur 188 milles au-delà des limites de la mer territoriale : les États riverains y exercent des droits privilégiés, voire exclusifs, dans certains domaines : l'exploration et l'exploitation des ressources naturelles, biologiques ou non du fond de la mer, du sous-sol et des eaux adjacentes.

• **Accès au rivage.** Le libre accès est un droit inaliénable. La loi du 31-12-1976 a institué une servitude de passage afin de favoriser la circulation des piétons le long du littoral et l'accès aux plages. 1 600 km env. de cheminements piétons sont ouverts au public.

Sentier du douanier. *Origine.* Ordonnance sur la Marine de Colbert de 1681. *Article 1* : sera réputé bord et rivage de la mer tout ce qu'elle couvre et découvre pendant les nouvelles et pleines lunes et jusqu'où le grand flot de mars se peut étendre. *Art. 2* : faisons défense à toutes personnes de bâtir sur les rivages de la mer, d'y planter aucune pierre, ni laisser aucun ouvrage qui puisse porter préjudice à la navigation à peine de démolition des ouvrages, de confiscation des matériaux et d'amende arbitraire. Colbert voulait favoriser la navigation et non permettre la libre circulation le long des rivages, mais les chemins ainsi créés permettent le passage du public.

1976-*31-12*, loi instituant le droit de passage des promeneurs le long du bord de mer. **1977**-*7-7* décret, et **1978**-*20-10* circulaire, la complètent. « Les propriétés privées sont grevées sur une bande de 3 m de largeur d'une servitude destinée à assurer exclusivement le passage des piétons. » 3 m à partir de la limite du domaine public maritime [depuis l'arrêt Kreitman du 12-10-1973 du Conseil d'État, la limite du Domaine public maritime (D.P.M.) est fixée « au point jusqu'où les plus hautes mers peuvent s'étendre en l'absence de perturbations météorologiques exceptionnelles » (définition valable pour départements et territoires d'Outre-Mer)]. La loi exclut 15 m de terrain entourant les habitations construites avant le 1-1-1976, et les terrains attenant à des maisons, entièrement clos par des murs. Le promeneur peut donc, en application de la loi, franchir grillages et clôtures légers qui sont dans la zone des 3 m, mais pas les murs seuils.

1979-*26-6* décret : sont désormais interdits toute construction nouvelle, camping ou caravaning, à moins de 100 m d'un rivage. Toute construction de logement sur le domaine public maritime, les clôtures entourant les plages en concession, les routes de lido ou de front de mer, le stationnement des voitures sur plages et dunes. Lors des renouvellements des concessions de plages, les surfaces concédées seront réduites. Les plages de − de 100 m en Méditerranée et de − de 300 m ailleurs devront être librement accessibles. Les concessions n'y seront pas renouvelées.

Quelques chiffres

• **Longueur.** *Totale : 1 600 km en ligne droite* (long. totale des 3 côtés maritimes de l'Hexagone) ; *3 120 km en tenant compte des sinuosités* [mer du Nord et Manche 605 (1 120), Atlantique 390 (615), Méditerranée 605 (1 385) ; il n'y a que 2 péninsules fortement découpées : Cotentin et Bretagne] ; *4 458 km en tenant compte des estuaires* (756 km) ; 5 533 km ; des îles et îlots (582 km). *Offre* (compte non tenu de l'urbanisation) 1 948 km de plages (35 %), 1 316 km de marais et vasières (24 %), 1 548 km de côtes rocheuses découpées (28 %), 721 km de falaises (13 %).

• **Recul des côtes.** 850 km du littoral français reculent de plus de 1 m par an. *Raisons* : 1) l'élévation lente du niveau de la mer (fonte de la calotte glaciaire antarctique) due au réchauffement de la basse atmosphère, expliqué par l'augmentation de sa teneur en gaz carbonique consécutive à l'utilisation croissante de combustibles fossiles (pétrole, gaz...). 2) exploitation des matériaux meubles des dunes et des plages destinés à la voirie et à la construction. Disparition en Méditerranée des prairies à posidonies qui jouent un rôle de brise-lames mais sont sensibles au rejet en mer des matériaux solides et des polluants chimiques, notamment dans le Var.

Exemples : à l'est de Dunkerque recul de + de 30 m entre 1947 et 1977 (le nouveau port de Dunkerque a accentué cette tendance entraînant des érosions de plus de 1 m par an). *Pays de Caux* destruction des falaises calcaires 800 000 à 900 000 m³ par an entre Antifer et la baie de Somme. *Bretagne* rive sud de la baie d'Audierne 150 m entre 1952 et 1969. *St-Hilaire-de-Riez* (Vendée), un ensemble Merlin, construit il y a 10 ans, est menacé par l'érosion maritime. *Côte d'Arvent* à l'entrée de la Gironde, reculs moyens de 18 m, parfois 35 (le phare de la Coubre a dû être reconstruit plusieurs fois). *Côte des Landes* de 1 à 3 m par an. *Plage de Fréjus* a reculé à l'ouest de 100 m au XIXᵉ siècle.

• **Occupation du littoral. Espaces urbanisés** 51 % dont 960 km de façon dense et 1 844 km de zones de mitage (Alpes-Mar. 92 %, Loire-Atl. 86 %, Nord 80 %, Bretagne 70 %). **Non urbanisés** 37 % des plages, 24 des marais et vases, 17 des côtes découpées, 22 des falaises, 30 des côtes rocheuses. Sur une longueur continue de 2 000 m au moins et sur une profondeur de 500 au moins : 1 272 km soit 23 %, dont ouest 21 %, Méditerranée 26 % (13 % sans la Corse). *Espaces naturels continus sur 2 km de longueur et 2 km de profondeur* : 5,6 % pour l'ensemble du littoral dont océan 230 km (dont 152 km dans les dunes d'Aquitaine), Méditerranée (hors Corse) 17,5 km, Bretagne et Normandie 0 km. *Composition : zones sableuses* (dunes essentiellement) 80 %, *falaises* 10 %.

Peuplement permanent. 5 270 000 (1975, communes littorales) soit 10 % de la population sur 3 % du territoire, 35 % dans 5 grandes villes (Marseille, Nice, Le Havre, Toulon et Brest), 25 % dans 35 villes de 20 000 à 100 000 h. − de 8 % dans les communes de moins de 2 000 h. **Non permanent** : l'été la population double ou quadruple (Loire-Atl., Vendée, Ch.-Mar., Gironde, Languedoc-Roussillon), ou même décuple dans des petites communes, et celles situées dans les zones les plus naturelles (Vendée, Gard, Somme).

Description

• **1° Mer du Nord.** *De la frontière belge à Sangatte* (60 km E.-O.) : côte basse, sablonneuse, rectiligne, avec des dunes. *De Sangatte au cap Gris-Nez* (15 km N.-E./S.-O.) : falaises calcaires du Boulonnais (134 m de haut).

• **2° Manche. Du cap Gris-Nez à Audresselles** (7 km N.-S.) : falaises calcaires du Boulonnais. *D'Audresselles à Boulogne* (10 km N.-S.) : cordon littoral submergé. **De Boulogne à Ault** (80 km N.-S. puis N.-E./S.-O.) : basse et sablonneuse (dunes du Marquenterre, 49 m). Estuaires : Authie, Canche, Somme. **D'Ault au Havre** (120 km N.-E./S.-O., puis N.-S.) : falaises de craie du Pays de Caux (alt. max. Mt-Joli 140 m ; dénivellation max. cap. d'Antifer, 110 m), dite **côte d'Albâtre** du Tréport au Havre. **Du Havre à Honfleur** (creux de 20 km de profondeur et de 14 km de large) : estuaire de la Seine : plat, envasé et endigué, laissant 2 lignes de falaises mortes au N. et au S. **De Honfleur à St-Vaast-La Hougue** (110 km E.-O., puis 35 km N.-S.), « baie de la Seine » : alternance de plages sablonneuses et de falaises basses et friables (terrains sédimentaires de Normandie) ; échancrures : estuaires de l'Orne, de la Vire (envasé). **De St-Vaast-La Hougue au cap de La Hague** (50 km en ligne droite S.-E./N.-O.) : nombreuses sinuosités : pointes de Saire, de Barfleur ; cap Lévi, rade de Cherbourg ; falaises cristallines (granitiques) de la presqu'île du Cotentin.

De La Hague à Avranches (110 km N.-S.) : côte de la Déroute : profondeur max. des eaux territoriales fr.

(Raz Blanchard, entre La Hague et Aurigny, 172 m). Falaises granitiques à l'ouest du Cotentin : Nez de Jobourg, pointe du Roc à Granville ; échancrures : baies de Barneville, d'Avranches. **D'Avranches à Cancale** (40 km E.-O.) : baie du Mt-St-Michel : basse, rectiligne, envasée ; Mt-St-Michel : avancée granitique, devenue insulaire. **De Cancale au cap Fréhel** (45 km E.-O. en ligne droite) : très fortes découpures et échancrures : rias de la Rance, de l'Arguenon ; baie de la Frénaye, pointe du Grouin, de St-Cast ; nombreux îlots et récifs ; côte granitique appelée **côte d'Emeraude** ou « baie des caps ». **Du cap Fréhel à Paimpol** (60 km S.-E./N.-O. en ligne droite ; 40 km N.-E./S.-O. jusqu'au fond de la baie de St-Brieuc, puis 50 km à angle droit S.-E./N.-O. jusqu'au sillon de Talbert) ; baie de St-Brieuc : falaises moins hautes et moins découpées entrecoupées de plages. **De Paimpol à Trébeurden** (55 km E.-O. en ligne droite) : fortes découpures et échancrures : rias du Trieux et de Tréguier, pointe de l'Arcouest, sillon de Talbert, pointe du Château ; nombreux îlots et récifs, île de Bréhat ; **côte des Roches** : chaînons granitiques attaqués par l'érosion. **De Trébeurden à Roscoff** (35 km E.-O. en ligne droite) : baies de Lannion et de Morlaix : falaises rondes, galets et sables ; échancrures : rias de Morlaix, du Penz, île de Batz. **De Roscoff à la pointe St-Mathieu** (100 km N.-E./S.-O., en ligne droite ; d'abord 60 km E.-O. jusqu'à Argenton, puis 40 km N.-S.) : côte du Léon : falaises granitiques déchiquetées ; échancrures : Aber Wrac'h, Aber Benoît, Aber Ildut ; nombreux îlots, île d'Ouessant.

• **3° Atlantique. De St-Mathieu à la pointe de Penmarch** (70 km en ligne droite, 300 km avec les sinuosités) : **côte des Promontoires** (Finistère) ; bras de mer : l'Iroise ; rade de Brest (sup. : 15 000 ha ; long. max. : 23 km ; larg. max. : 18 km ; pourtour : 70 km), baie de Douarnenez (larg. à l'entrée : 8 km ; max. : 16 km ; profondeur : 20 km), séparées par la presqu'île de Crozon (pointes du Diable, du Toulinguet, de Penlui ; cap de la Chèvre) ; baie d'Audierne, au S. de la pointe du Raz (île de Sein) ; échancrures : rias de l'Elorn (Brest) et de l'Aulne, falaises hautes et massives. **De Penmarch à l'estuaire de la Vilaine** (160 km N.-O./S.-E.) : côte sud de la péninsule armoricaine : basse et souvent sablonneuse ; échancrures profondes : estuaire de l'Odet (Quimper), du Blavet (Lorient), rivière d'Etel, golfe du Morbihan ; presqu'île de Quiberon. **De la Vilaine à l'île de Noirmoutier** (80 km en ligne droite ; 250 km en comptant les creux de la Loire et de la baie de Bourgneuf) : côtes de roches anciennes envasées par les alluvions de la Loire : « Grand estuaire de la Loire » : baie de la Baule, pointe de St-Gildas, goulet de Fromentine au fond de la baie de Bourgneuf, entre le continent et la pointe de la Fosse, île de Noirmoutier (« Marais breton », très envasé).

De Noirmoutier à Royan (220 km N.-O./S.-E.) : côtes de Vendée, basses, souvent sablonneuses avec dunes ; îles d'Yeu, de Ré, d'Oléron ; îlots d'Aix ; échancrure : Marais poitevin, ancien golfe comblé par les alluvions de la Sèvre Niortaise ; embouchures de la Charente et de la Seudre ; pointes de Chassiron (île d'Oléron) et de la Coubre. **De la pointe de la Coubre à la pointe de la Négade** (35 km N.-N.-O./S.-S.-E.) : estuaire de la Gironde : long. : 80 km, largeur : diminue jusqu'à 5 km en face de Blaye. Pointe de Grave en face de Royan (long. 10 km ; réduit la Gironde à un goulet de 5 km) : baie du Verdon, au S. de Grave. **De la Négade à Biarritz** (225 km N.-S.) : **côte des Landes** : rectiligne, sablonneuse avec dunes et étangs littoraux (alt. max. des dunes 89 m) ; étang de Cazaux ; échancrures : bassin d'Arcachon (à l'E. du cap Ferret) ; estuaire de l'Adour (Bayonne) ; l'ancien lit de l'Adour, à Capbreton, a creusé un « gouf », canyon sous-marin de 1 500 m de profondeur à 50 km du rivage (*5 km* : 375 m ; *16 km* : 574 m ; *37 km* : 1 000 m). **De Biarritz à la frontière esp.** (35 km N.-E./S.-O.) : côte rocheuse, falaises schisteuses et rectilignes : **côte basque** : échancrures : baie de St-Jean-de-Luz, estuaire de la Bidassoa (du basque *bide oxoa*, « chemin aux ours »).

• **4° Méditerranée. De la frontière esp. à Collioure** (20 km S.-E./N.-O.-O.) : **côte des Albères** : falaises et rochers des contreforts pyrénéens ; corniche découpée : cap l'Abeille, cap Béard ; échancrures de Port-Vendres et Collioure. **De Collioure à Port-de-Bouc** (230 km S.-N. jusqu'à Port-la-Nouvelle ; S.-O./N.-E. jusqu'à Port-de-Bouc) : basse, alluviale, avec cordons littoraux et étangs ; échancrures : étang de Leucate, étang de Vaccarès (Camargue), golfe de Fos (Camargue) ; promontoire : cap d'Agde, ancienne île volcanique englobée dans le littoral. Le delta du Rhône avance de 50 m par an. **De Port-de-Bouc au Bec de l'Aigle** (60 km N.-O./S.-E., en ligne droite ; 100 km avec les sinuosités) : côte marseillaise : falaises calcaires découpées (Calanques) ; échancrures : étang de Berre (communiquant avec la mer par un étroit chenal, dans l'étang de Caronte) ; rade de Marseille, avec les îles d'If, de Pomègues, de Ratonneau ; baie de Cassis ; promontoires ; cap Couronne, cap Croisette avec l'archipel des îles du cap Croisette, Bec de l'Aigle.

Du Bec de l'Aigle à la frontière italienne (180 km S.-O./N.-E., en ligne droite ; nombreux changements de direction) : **côte d'Azur**, divisée en 4 parties : **a) Du Bec de l'Aigle à Giens** (45 km O.-E. en ligne droite) : côte toulonnaise, de part et d'autre de la péninsule du cap Sicié (long. : 12 km) ; à l'ouest, baies de La Ciotat et de Bandol ; à l'est, rade de Toulon ; promontoire : cap Céret se détachant de la péninsule de Sicié (longueur : 6 km) : contreforts des Alpes tombant à pic dans la mer (Mts de Toulon, 800 m). **b) De Giens à Fréjus** (70 km S.-O./N.-E., coupés par la presqu'île de St-Tropez E.-O., S.-N., O.-E.) : **côte des Maures** : massif cristallin ancien attaqué par l'érosion ; promontoires : presqu'île de Giens, cap Bénat ; les 6 caps de la péninsule de St-Tropez (notamment Camarat et St-Pierre), cap Magnat ; échancrures : baies de Cavalaire et de Pampelonne, golfe de St-Tropez, baie de Fréjus ; archipel d'Hyères. A l'est de la presqu'île de Giens, côte basse (16 km N.-S.) le long de la plaine d'Hyères. **c) De Fréjus au Var** (50 km S.-O./N.-E.) : **côte de l'Esterel** : roches volcaniques (porphyre) tombant à pic sur la mer : falaises massives ; échancrures : golfe de La Napoule (Cannes) et golfe Juan, séparés par le cap de la Croisette et les îles de Lérins ; promontoires : pointe de l'Esquillon, péninsule du cap d'Antibes (longueur 6 km). **d) Du Var à la frontière ital.** (30 km S.-O./N.-E.) : **Riviera** niçoise : Alpes maritimes tombant sur la mer ; escarpements élevés (corniches) ; échancrures : baie des Anges (Nice), rade de Villefranche ; promontoires : péninsule du cap Ferrat avec la presqu'île de l'Hospice (long. 4 km) ; cap Martin. Les alluvions du Var ont comblé en partie la baie des Anges (plaine côtière).

Conservatoire du littoral et des rivages lacustres

Fondé le 10-7-1975. Établissement public à caractère administratif. Compétence limitée aux cantons côtiers et aux communes riveraines des lacs et plans d'eau d'une superficie au moins égale à 1 000 hectares (Der, Chantecoq, Forêt d'Orient, Vouglans, Le Léman, Annecy, Le Bourget, Serre-Ponçon, Sainte-Croix du Verdon, Sarrans, Bort-les-Orgues, Pareloup et Vassivière), concerne 20 régions, 40 départements, 388 cantons et plus de 1 000 communes, sur un littoral de 7 700 km, départements d'Outre-Mer compris. *Mission* : mener une politique foncière de sauvegarde des espaces naturels côtiers. Par voie de conventions, il confie la gestion des terrains acquis à des collectivités locales, des établissements publics (l'Office national des forêts), ou des associations agréées à cet effet. Secondé par des *conseils de rivage* (conseillers généraux et régionaux). Un terrain acquis ne peut être aliéné qu'après un décret du Conseil d'État. 1re acquisition : le 1-12-1975.

Budget (en millions de F) : **76** 10, **77** 19, **78** 40, **79** 54, **80** 95, **81** 96, **82** 84, **83** 73 (dont 56 réservés aux acquisitions). Budget alimenté en partie par E.D.F. pour les emprises des centrales nucléaires, reçoit aussi des dons et des legs.

Réalisations. De 1975 à 1985, achat de 27 000 ha dans 200 sites sur 343 km de côtes (7 % du rivage français), coût 234 millions de F dont 216,5 venant de l'État et 17,5 des collectivités locales. La protection de 637 300 ha est souhaitée. But en 1990 : 50 000 ha sur 500 km de côtes.

Terrains acquis les plus étendus. *Les Agriates* : Haute-Corse 4 500 ha. *Étang de Vic* : Hérault 1 338. *La Palissade* : Bouches-du-Rhône 702. *Senetosa* : Corse-du-S. 603. *Pte de Ceppo-Étang du Loto* : Haute-Corse 506. *Ligagneau* : Bouches-du-Rhône 449. *Les Garennes de Lornel* : Pas-de-Calais 439. *L'Oustalet* : Aude 382. *Dunes d'Hatainville* : Manche 363. *Bois Blanc* : La Réunion 361. *Eccica* : Corse-du-S. 331. *Santa Giulia* : Corse-du-S. 310. *Bois de Pleumeur* : Côtes-du-Nord 274. *La Fontasse* : Bouches-du-Rhône 243. *Capo di Miro* : Corse-du-S. 202.

Géographie humaine (population)

Population française

Caractéristiques

• **Moyennes nationales. Taille.** *Taille moy. des conscrits : 1939* : 1,66 m., *1980* : 1,74 m. Parmi les causes qui ont pu contribuer à cet accroissement figure l'introduction de la bicyclette : elle a permis aux jeunes gens d'aller chercher plus loin leurs conjoints et de réduire ainsi les mariages consanguins. En 1974, les étudiants étaient plus grands (1,78 m) que les manuels (1,73 m). Les enfants des VIIIe et XVIe arr. de Paris (quartiers bourgeois) avaient en moy. 2 à 4 cm de plus que ceux des XIIIe et XIXe. Raisons : régime alimentaire plus équilibré, hygiène améliorée, travail moins dur, union des parents plus diversifiée (les génotypes sont plus dissemblables).

Françaises : 1939 : 1,59 m., *1975* : 1,65 m. Tour de taille (en 1939 et 1975) : resserré à la ceinture de 88 à 86 cm, hanches 93 à 96 cm.

Nains de — de 1,40 m : 5 000/6 000.

Poids moyen (1970, en kg). *Hommes* 72,2 (*20 à 29 a* : 69,8, *50 à 59 a* : 74,4). *Femmes* 60,6 (*20 à 29 a* : 55,7, *50 à 59 a* : 64,2).

Couleur des yeux (bleus ou gris-bleu ; gris ; foncés ; en %). Nord-E. 41 - 13 - 46. Paris et rég. par. 34 - 9 - 57. Nord-O. 29 - 20 - 51. Sud-E. 25 - 11 - 64. Sud-O. 23 - 14 - 63. *Moyenne* 31 - 14 - 55.

Cheveux. Blonds diminuent. Roux : *1965* 0,6 %, *1972* 0,3 % (Moselle 5,4 %, Corse 3,1 %).

• **Par régions. Nord** : stature haute, cheveux clairs, yeux très clairs, méso-brachycéphale. **Est** : stature très haute, cheveux foncés, yeux foncés, méso-brachycéphale. **Sud** : stature faible, cheveux foncés, yeux foncés, brachycéphale. **Noyau breton** : stature faible, cheveux plus ou moins clairs, yeux clairs, assez brachycéphale (V. p. 111). **Noyau basque** : stature haute, cheveux très foncés, yeux clairs, assez brachycéphale. **Bande pyrénéo-méditerranéenne** : stature moyenne, cheveux très foncés, yeux très foncés, méso-dolichocéphale.

☞ Voir également les statistiques sur la démographie dans le monde p. 102 et suivantes.

Évolution

Population totale

Le premier document officiel valable est de 1794.

15000 av. J.-C.	50 000	1850	35 630 000
5000 av. J.-C.	500 000	1900	38 990 000[1]
2500 av. J.-C.	5 000 000	1920	39 000 000
Sous César	6 700 000	1939	41 900 000
Clovis	12 200 000	1950	41 740 000
Charlemagne	8 800 000	1960	45 465 000
1226	16 000 000	1968	49 795 010[2]
1345	20 200 000	1970	50 770 000
1357-1453	16 600 000	1975	52 658 253[3]
1457	19 700 000	1980	54 028 000[4]
1594	18 500 000	1981	54 335 000[4]
1700	21 000 000	1982	54 626 000[4]
1715	19 200 000	1983	54 832 000[4]
1740	24 600 000	1984	55 064 000[4]
1789	27 600 000	1985	55 282 000[4]
1810	30 000 000	1986	55 173 400[6]

Nota. — (1) Sans l'Alsace-Lorraine. (2) Recensement d'avril. (3) Recensement février-mars (l'INSEE avait prévu 52 733 000). (4) Au 31-12. (5) Recensement. (6) Au 1-1-1986.

Perspectives

Année	Hypothèse a	Hypothèse b
1990	56 085 000	55 046 000
1995	57 262 000	56 662 000
2000	58 240 000	56 005 000

Nota. — *Hypothèse a :* descendance finale 2,1 enfants par femme, pour les générations 1970 et suivantes (remplacement des générations assuré).

Hypothèse b : descendance finale 1,8 enfant par femme.

Population par âge

Proportion par âge pour 100 hab.

Année	— 20 a.	20/64 a.	65 a. ou +	— 15 a.	60 a. ou +
1740	42,1	—	—	—	8,3
1830	40,6	—	—	—	9,8
1861	35,8	57,5	6,7	27,1	10,9
1901 [1]	34,2	57,3	8,5	25,7	12,7
1931	30,1	60,4	9,6	22,6	14,2
1936	29,9	60,0	10,0	24,4	14,9
1946	29,5	59,4	11,1	21,4	16,0
1954	30,7	57,8	11,5	23,9	16,2
1962	33,1	55,1	11,8	26,4	17,1
1968	33,8	53,7	12,6	25,2	17,9
1975	32,1	54,5	13,4	24,1	18,4
1986 [3]	28,8	58,1	13,1	21,1	18,3
2001 [2]	26,0	60,2	13,8	n.c.	n.c.
2026 [2]	23,3	58,9	17,8	n.c.	n.c.
2051 [2]	23,1	57,9	19,0	n.c.	n.c.

Nota. — (1) 87 départements. (2) Dans l'hypothèse où le taux de fécondité resterait au niveau de 1976 (d'après Alfred Sauvy). (3) Évaluation provisoire.

Nombre en milliers
(selon Alfred Sauvy)

Age	1976	2001	2026 [1]	2051 [1]
0- 4	4 112	3 490	3 025	2 627
5- 9	4 201	3 609	3 095	2 683
10-19	8 429	7 252	6 311	5 547
20-29	8 757	7 528	6 683	5 846
30-39	6 153	8 267	7 075	6 078
40-49	6 535	8 025	7 779	6 139
50-59	5 150	6 884	7 363	6 288
60-64	2 405	2 547	3 465	2 954
65-69	2 372	2 461	3 030	2 630
70-79	3 432	3 795	4 772	4 094
80-89	1 186	1 170	1 443	1 955
90 et +	138	213	220	271
	52 870	55 241	53 260	47 112

Nota. — (1) Dans l'hypothèse où le taux de fécondité resterait au niveau de 1976 (d'après A. Sauvy).

Répartition de la population totale au 1-1-85 suivant le sexe et l'âge
Effectifs des classes d'âges (en milliers)

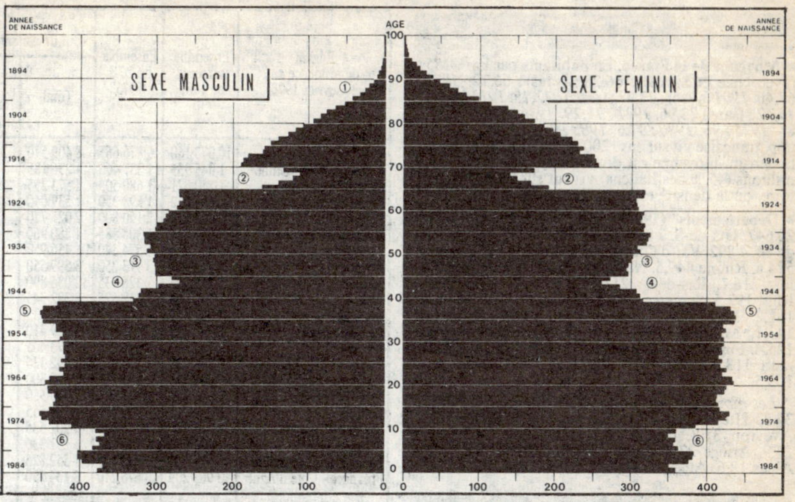

Effectifs des classes d'âges (en milliers) : 1. Pertes militaires de la guerre 1914-1918. 2. Déficit des naissances dû à la guerre 1914-1918 (classes creuses). 3. Passage des classes creuses à l'âge de fécondité. 4. Déficit des naissances dû à la guerre 1939-1945. 5. « Baby boom ». 6. Non remplacement des générations.

Évolution générale de la situation démographique

Années	Nombres					Taux pour 1 000				
	Population [1]	Mariages [2]	Nés vivants [2]	Décédés [2]	Excédent naiss. sur décès [2]	Nuptialité [3]	Natalité [4]	Mortalité [5]	Accroiss. naturel [6]	Mortal. inf. [7] (taux rectifié)
1861-1865	37 700 000	301 800	1 005 000	861 700	+ 143 300	8,0	26,7	22,9	+ 3,8	330 [8]
1901-1905	40 900 000	312 000	883 500	801 000	+ 82 500	7,6	21,6	19,6	+ 2,0	142
1926-1930	41 100 000	339 400	748 100	690 000	+ 58 100	8,2	18,2	16,8	+ 1,4	94,1
1935-1937	41 900 000	279 800	629 800	643 400	— 13 600	6,7	15,2	15,5	— 0,3	71,4
1946-1950	41 100 000	397 400	860 100	537 200	+ 322 900	9,7	20,9	13,1	+ 7,8	63,4
1951-1955	42 800 000	313 800	814 100	538 600	+ 275 500	7,3	19,0	12,6	+ 6,4	43,3
1956-1960	44 800 000	311 400	816 900	521 700	+ 295 200	7,0	18,2	11,6	+ 6,5	31,7
1961-1965	47 600 000	333 000	856 700	532 600	+ 324 100	7,0	18,0	11,2	+ 6,8	24,5
1966-1970	49 900 000	363 300	846 500	548 200	+ 298 300	7,3	17,0	11,0	+ 5,9	20,1
1971-1975	52 100 000	401 100	832 500	555 200	+ 277 300	7,7	16,0	10,7	+ 5,3	15,4
1976-1980	53 288 000	354 300	752 000	545 800	+ 206 200	6,6	14,1	10,2	+ 3,8	11,0
1975	52 699 200	386 900	745 100	560 400	+ 184 700	7,3	14,1	10,6	+ 3,5	13,6
1976	52 908 600	374 000	720 400	557 100	+ 163 300	7,1	13,6	10,5	+ 3,0	12,6
1977	53 145 300	368 200	744 700	536 200	+ 208 500	6,9	14,0	10,1	+ 3,9	11,5
1978	53 376 300	.354 600	737 100	546 900	+ 190 200	6,6	13,8	10,2	+ 3,5	10,6
1979	53 606 200	340 400	757 400	541 800	+ 215 600	6,4	14,1	10,1	+ 4,0	10,1
1980	53 880 000	334 400	800 400	547 100	+ 253 300	6,2	14,9	10,2	+ 4,7	10,1
1981	54 181 800	315 100	805 500	554 800	+ 250 700	5,8	14,9	10,2	+ 4,6	9,7
1982	54 480 400	312 400	797 200	543 100	+ 254 100	5,7	14,6	10,0	+ 4,6	9,5
1983	54 728 800	299 800	748 800	558 700	+ 190 100	5,5	13,7	10,2	+ 3,4	8,9
1984	54 946 500	281 000	760 000	541 000	+ 219 000	5,2	13,8	9,9	+ 3,9	8,0
1985	55 173 400	273 000	768 000	550 000	+ 218 000	4,9	13,9	10	+ 3,9	8,3

Nota. — (1) Au milieu de la période ou de l'année. (2) Moyenne annuelle de la période, puis, à partir de 1976, moyenne annuelle. (3) Mariages pour 1 000 h. (4) Nés vivants pour 1 000 h. (5) Décédés pour 1 000 h. (6) Accroissement naturel (excédent de naissances pour 1 000 h.). (7) Décédés de moins d'un an pour 1 000 nés vivants ; le taux non rectifié est calculé en rapportant le nombre de décédés de moins d'un an au nombre d'enfants nés vivants à l'état civil ; le taux rectifié est calculé de la même façon, mais en ajoutant aux deux nombres précédents le nombre d'enfants nés vivants et décédés avant la déclaration à l'état civil (ces enfants sont légalement enregistrés avec les mort-nés). (8) 1801.

Population française en % par rapport à l'Europe (avec U.R.S.S.) et, entre parenthèses, par rapport au monde. *1650 :* 20 (4). *1750 :* 18 (3,5). *1800 :* 16,7 (3,4). *1850 :* 15,3 (3,3). *1900 :* 14,2 (2,3). *1938 :* 7,9. *1970 :* 7,3 (1,4). *1972 :* 7,2 (1,37). *1973 :* 7,2 (1,35). *1975 :* 7,2 (1,31). *1976 :* 7,2 (1,30). *1981 :* 7,1 (1,19). *1985 :* 7,1 (1,14).

Accroissement

• **Taux d'accroissement** (p. 1 000). **Les plus forts depuis 1930 :** + 7,9 (moy. 1946-50) et + 7,3 (1961). **Les plus faibles :** *1935-37 :* — 0,4 ; *1963-67 :* + 1 ; *1930-32 :* + 1,8. **Les derniers connus :** 1970 : + 9,6 (dont 3,5 par excédent migratoire). *1971 :* + 9,2 (2,9). *1972 :* + 8,4 (2,1). *1973 :* + 7,8 (2,1). *1974 :* + 5,3 (0,6). *1975 :* + 4 (0,5). *1976 :* + 3,1 (0,5). *1977 :* + 3,9 (0). *1978 :* + 3,6 (0). *1979 :* + 4 (0). *1980 :* + 4,7 (0). *1981 :* + 4,6 (0). *1982 :* + 4,7 (0). *1983 :* + 3,5 (n.c.). Les taux d'accroissement récents malgré les très faibles taux de fécondité s'expliquent par le grand nombre de femmes en âge de procréer et par 100 000 naissances de parents étrangers sans contrepartie de décès.

• **Solde migratoire** *1968 :* + 103 000. *1969 :* + 151 000. *1970 :* + 180 000. *1971 :* + 143 000. *1972 :* + 102 000. *1973 :* + 107 000. *1974 :* + 31 000. *1975 :* + 25 000. *1979 :* + 35 000. *1980 :* + 44 000. *1981 :* + 56 000. *1982 :* + 37 000. *1983 :* + 16 000. *1984 :* + 14 000. *1985 :* + 0.

• **Taux brut de reproduction.** Nombre de filles que mettrait au monde, en l'absence de mortalité, une génération (fictive) de 100 femmes (à chaque âge, entre 15 et 50 ans), si leur fécondité était identique à celle observée dans l'année. *1806-10 :* 199. *1901-05 :* 137. *1936-38 :* 102. *1946-50 :* 146. *1956-60 :* 132. *1966-70 :* 127. *1971-75 :* 109,6. *1976-80 :* 90,9. (*1978 :*

88,6. *79 :* 90,3. *80 :* 94,7). *1981 :* 94,7. *1982 :* 93,1. *1983 :* 87. *1984 :* 88. *1985 :* 89 (net 87).

Densité

• **Moyenne de la France.** En habitants par km². *1851* (avec Nice et Savoie) : 66,28 ; (sans) : 66,72. *1872 :* 68,46. *1901* (avec) : 73,97 ; (sans) : 72,75. *1911* (avec) : 75,42 ; (sans) 73,96. *1921 :* 71,29. *1936 :* 76,20. *1968 :* 86. *1975 :* 96. *1980 :* 97,6. *1983 :* 98,5. *1984 :* 100. La pop. française vit sur env. 200 000 km² habitables, où la densité moyenne est donc de 272 [en Italie, 25,5 millions (45 % des Italiens) vivent sur 25 % du territoire, où la densité est donc de 1 558].

• **Départements (1982).** *Les plus denses :* Paris 20 647. Hts-de-S. 7 908. Seine-St-Denis 5 611,4. Val-de-M. 4 892. Val-d'Oise 737. Essonne 547,7. Yvelines 524,6. Rhône 449,5. Nord 439. B.-du-Rh. 328,5. Belfort 216,1. Pas-de-C. 211,7. Alpes-M. 205,1. Bas-Rhin 192,5. Seine-M. 189,5. Ht-Rhin 184,5. Moselle 161,2. Loire 154,9. Seine-et-M. 149,6. Loire-Atl. 143,1. M.-et-M. 136,9. Hte-Garonne 129,5. Isère 125,4. Finistère 123. Vaucluse 119,4. Var 118,2. Hérault 113,5. Oise 112,9. Ille-et-V. 110,9. Calvados 103,5.

Les moins denses : Yonne 41,8. Indre 35,8. Nièvre 34,8. Hte-Marne 33,7. Meuse 32,2. Landes 32,2. Aveyron 31,8. Cantal 28,3. Hte-Corse 28,2. Gers 27,9. Ariège 27,8. Corse Sud 26. Creuse 25. Htes-Alpes 18,6. Alpes de H.-P. 17,2. Lozère 14,3.

Divorce

• **Divorces. Nombre total prononcé.** *1950-59 :* (moy. annuelle) 31 673. *60-69* (moy. annuelle) 33 742. *72 :* 44 739. *75 :* 55 612. *80 :* 81 143. *83 :* 98 664. *84 :* 108 010 (dont 1 580 conversions de séparation de corps). **Nombre pour 100 000 couples :** *1960-69* 303. *75 :* 499. *80 :* 721.

Nombre pour 100 mariages. *1792-1803 :* 6 (Marseille 10, Rouen 13, Paris 24). *1900 : –* de 6. *V. 1940 : 9. 70 :* 12. *75 :* 15,6. *80 :* 22,2. *83 :* 27,5. *84 :* 29,1.

• **Séparations de corps prononcées.** *1973 :* 4 136. *1980 :* 4 088. *1984 :* 4 005.

• **Motifs.** Excès, sévices, injures 64,5 % ; adultère de la femme 17,5 %, du mari 17,2.

• **Tentatives de conciliation.** 1 % aboutissent.

• **Situation des couples au moment du divorce. Age** (% par rapport à la tranche d'âge et, entre parenthèses, au nombre des divorces). *– de 20 ans* 0,1 (1,5). *20 à 24 a.* 9,7 (18,4). *25 à 29 a.* 23 (24). *30 à 34 a :* 18 (16). *35 à 39 a* 15 (13,7). *40 à 44 a. :* 13 (11). *45 à 49 a.* 9,3 (7,4). *50 à 59 a :* 8,4 (6). *60 a. et + :* 3,5 (2). **Age moyen.** H. : 38,27 a., F. : 35,45 a.

Catégories professionnelles (en % H., et entre par., F.). *Ouvriers* 39,8 (12,3), *employés* 14,9 (28,8), *cadres moyens* 14,3 (8,3), *prof. libér. et cadres sup.* 8,8 (2,2), *patrons industr. com.* 7,6 (3,3), *non-actifs* 5,6 (33,5), *personnel de service* 2,8 (10,5), *agriculteurs exploitants* 1,6 (0,5), *salariés agric.* 0,9 (0,2), *autres catégories* 3,7 (0,4).

Durée du mariage (en %). *Après 0 à 2 ans :* 6. *2 à 5 ans :* 20,3. *5 à 10 ans* 28. *10 à 15 ans :* 17,1. *15 à 20 ans :* 11,9. *20 ans et plus :* 16,7. La durée moyenne de mariagc rompu est de 12 ans (1975).

Femmes. 68 % des femmes qui divorcent ont une activité professionnelle. La femme demande le d. plus souvent que l'homme. Dans 83 % des cas la garde des enfants est confiée à la mère et dans 64 % la résidence du ménage est attribuée à la femme.

Présence d'enfants. 58 % des couples en instance de divorce n'ont pas d'enfant ou un seul. 32 % ont attendu un enfant avant de se marier.

Mariage

Ages moyens au 1er mariage. *1700 hommes* 27 ans *(femmes 25). 1931 :* 26,5 (23,5). *46 :* 27,8 (24,5). *58 :* 26,05 (23,25). *68 :* 24,95 (22,77). *73 :* 24,57 (22,51). *81 :* 25,34 (23,20). *85 :* 26 (23,9).

État matrimonial antérieur des époux (1983). Hommes (femmes) célibataires 258 558 (261 352), veufs 5 425 (4 986), divorcés 36 530 (34 175).

Nombre des mariages. *1985 : 273 000.* **Remariages :** en baisse en raison de la cohabitation sans mariage chez les jeunes ; env. 38 000 par an pour les femmes, un peu plus pour les hommes. Au-delà de 26 ans, les taux de nuptialité sont à peu près stables.

Population totale par sexe, nationalité, région de résidence
(*Source :* DG 3/C)

Région de résidence au 20 février 1975	Ensemble au recens. de 1982	Ensemble au 20-2 1975	Français de naissance		Français par acquisition		Étrangers		
			Total	Sexe masculin	Total	Sexe masculin	Total	% par rapport à la population totale	Sexe masculin
Région Parisienne	10 073 160	9 876 665	8 409 570	3 983 485	311 000	133 660	1 156 095	11,7	696 060
Champagne - Ardenne	1 345 935	1 337 460	1 236 185	608 095	30 193	13 190	71 080	5,3	43 530
Picardie	1 740 321	1 680 505	1 573 255	773 605	33 270	14 450	73 980	4,4	46 070
Haute Normandie	1 655 362	1 598 350	1 539 040	749 125	15 335	6 955	43 975	2,8	29 230
Centre	2 264 164	2 150 800	2 027 770	992 210	25 530	11 480	97 500	4,5	56 850
Basse Normandie	1 350 979	1 305 885	1 280 960	619 455	8 285	3 845	16 640	1,3	10 505
Bourgogne	1 596 054	1 574 540	1 456 950	709 965	27 650	12 680	89 940	5,7	52 600
Nord	3 932 939	3 913 250	3 599 550	1 751 715	108 890	43 665	204 810	5,2	120 725
Lorraine	2 319 905	2 325 435	2 036 890	998 550	97 330	42 925	191 215	8,2	116 430
Alsace	1 566 048	1 519 525	1 382 345	667 665	30 895	11 410	106 285	7,0	65 000
Franche-Comté	1 084 049	1 060 850	965 035	471 655	21 835	9 955	73 980	7,0	45 110
Pays de la Loire	2 930 398	2 768 185	2 729 410	1 320 805	9 695	4 245	29 080	1,1	18 135
Bretagne	2 707 886	2 594 925	2 573 405	1 245 500	6 365	2 895	15 155	0,6	9 350
Poitou - Charentes	1 568 230	1 526 595	1 492 335	730 210	11 295	5 115	22 965	1,5	13 640
Aquitaine	2 656 518	2 547 645	2 370 300	1 141 200	63 265	27 605	114 080	4,5	63 820
Midi - Pyrénées	2 326 037	2 264 725	2 049 580	994 010	91 395	42 810	123 750	5,5	69 465
Limousin	737 153	741 285	715 555	345 565	6 200	2 920	19 530	2,6	11 630
Rhône - Alpes	5 015 947	4 795 820	4 202 535	2 030 775	148 645	66 700	444 640	9,3	264 390
Auvergne	1 332 678	1 333 285	1 251 330	607 430	18 590	8 930	63 366	4,8	36 405
Languedoc - Roussillon	1 926 514	1 788 425	1 552 825	743 125	91 560	41 170	144 040	8,1	80 330
Provence - Côte d'Azur	3 965 209	3 676 210	3 134 290	1 501 825	228 660	98 525	313 260	8,5	189 295
France Corse non comprise	54 095 486	52 599 430	47 765 005	23 075 590	1 392 010	608 045	3 442 415	6,5	2 060 840

Espérance de vie en France

Nombre de survivants à des âges donnés pour 100 000 personnes de la même génération.
Espérance de vie (nombre moyen d'années qui restent à vivre selon l'âge que l'on a).
Hommes (H) et Femmes (F). Comparaison avec l'étranger (Voir p. 102).
Source : INSEE (table de mortalité 1979-81).

ÂGE	SURVIVANTS		ESPÉRANCE DE VIE		ÂGE	SURVIVANTS		ESPÉRANCE DE VIE		ÂGE	SURVIVANTS		ESPÉRANCE DE VIE	
	H	F	H	F		H	F	H	F		H	F	H	F
0	100 000	100 000	70,24	78,38	34	95 403	97 584	38,83	45,99	68	65 199	83 598	12,05	15,76
1	98 864	99 158	70,04	78,04	35	95 227	97 493	37,90	45,04	69	63 010	82 416	11,45	14,98
2	98 767	99 074	69,11	77,10	36	95 038	97 395	36,97	44,08	70	60 688	81 095	10,87	14,22
3	98 709	99 028	68,15	76,14	37	94 836	97 283	36,05	43,13	71	58 225	79 623	10,31	13,47
4	98 657	98 989	67,18	75,17	38	94 618	97 165	35,13	42,18	72	55 630	78 001	9,76	12,74
5	98 610	98 956	66,21	74,20	39	94 386	97 049	34,22	41,23	73	52 913	76 207	9,24	12,03
6	98 569	98 927	65,24	73,22	40	94 131	96 924	33,31	40,28	74	50 077	74 205	8,74	11,34
7	98 532	98 899	64,27	72,24	41	93 848	96 782	32,41	39,34	75	47 136	71 987	8,25	10,68
8	98 495	98 873	63,29	71,26	42	93 533	96 624	31,52	38,41	76	44 109	69 562	7,78	10,03
9	98 461	98 848	62,31	70,27	43	93 181	96 456	30,63	37,47	77	41 006	66 913	7,33	9,41
10	98 428	98 826	61,33	69,29	44	92 787	96 275	29,76	36,54	78	37 851	64 039	6,90	8,81
11	98 396	98 805	60,35	68,30	45	92 351	96 079	28,90	35,62	79	34 667	60 932	6,49	8,23
12	98 363	98 784	59,37	67,32	46	91 877	95 867	28,05	34,49	80	31 461	57 577	6,10	7,68
13	98 329	98 763	58,39	66,33	47	91 347	95 636	27,21	33,78	81	28 248	53 954	5,74	7,17
14	98 293	98 740	57,41	65,35	48	90 761	95 386	26,38	32,86	82	25 100	50 097	5,40	6,68
15	98 247	98 711	56,44	64,37	49	90 115	95 112	25,56	31,96	83	22 054	46 042	5,08	6,22
16	98 186	98 672	55,47	63,39	50	89 407	94 818	24,76	31,05	84	19 162	41 826	4,77	5,80
17	98 100	98 625	54,52	62,42	51	88 642	94 497	23,97	30,16	85	16 455	37 528	4,47	5,41
18	97 971	98 573	53,59	61,45	52	87 816	94 149	23,19	29,27	86	13 922	33 277	4,20	5,04
19	97 802	98 513	52,69	60,49	53	86 927	93 775	22,43	28,38	87	11 594	29 090	3,94	4,69
20	97 618	98 450	51,78	59,53	54	85 974	93 373	21,67	27,50	88	9 489	25 012	3,70	4,38
21	97 434	98 391	50,88	58,57	55	84 977	92 946	20,92	26,63	89	7 622	21 143	3,49	4,09
22	97 251	98 335	49,98	57,60	56	83 931	92 497	20,17	25,75	90	6 009	17 553	3,29	3,82
23	97 079	98 279	49,06	56,63	57	82 830	92 017	19,43	24,88	91	4 643	14 349	3,11	3,56
24	96 916	98 224	48,14	55,66	58	81 667	91 504	18,70	24,02	92	3 531	11 545	2,94	3,31
25	96 758	98 169	47,22	54,69	59	80 430	90 950	17,98	23,16	93	2 646	9 076	2,75	3,07
26	97 605	98 111	46,30	53,73	60	79 116	90 349	17,27	22,32	94	1 923	6 943	2,60	2,87
27	96 459	98 053	45,37	52,76	61	77 708	89 706	16,58	21,47	95	1 347	5 189	2,50	2,67
28	96 313	97 997	44,43	51,79	62	76 196	89 015	15,90	20,63	96	932	3 806	2,40	2,46
29	96 167	97 940	43,50	50,82	63	74 579	88 264	15,23	19,81	97	652	2 749	2,21	2,21
30	96 020	97 876	52,57	49,85	64	72 870	87 465	14,58	18,98	98	462	1 961	1,92	1,90
31	95 873	97 809	41,63	48,88	65	71 097	86 603	13,93	18,17	99	358	1 505	1,34	1,32
32	95 725	97 740	40,69	47,92	66	69 233	85 672	13,29	17,36					
33	95 568	97 666	39,76	46,95	67	67 270	84 677	12,66	16,56					

Évolution de l'espérance de vie à la naissance. En années. Homme et Femme. **1740-49** 23,8 (25,7). **1750-59** 27,1 (28,7). **1760-69** 26,4 (29). **1770-79** 28,2 (29,6). **1780-89** 27,5 (28,1). **1790-99** (32,1). **1800-09** (34,9). **1810-19** (37,5). **1820-29** 38,3 (39,3). **1830-32** 37 (39). **1835-37** 39,2 (40,7). **1840-59** 39,3 (41). **1861-65** 39,1 (40,6). **1877-81** 40,8 (43,4). **1898-1903** 45,4 (48,7). **1933-38** 55,9 (61,6). **1952-56** 65,0 (71,2). **1960-64** 67,5 (74,4). **1970** 68,4 (75,8). **1975** 69 (76,9). **1979** 69,9 (78) [à *60 ans* 16,7 (21,5), *65* 13,4 (17,4), *70* 10,4 (13,6), *75* 7,9 (10,2)] **1983** 70,7 (78,8) [*à 1 an* 70,4 (78,4), *20* 52,1 (59,9), *40* 33,7 (40,6), *60* 17,6 (22,6)]. **1984** 71,3 (79,4).**1985** 71,3 (79,4).

État matrimonial et ménages

• **Population par état matrimonial (1982).** *Total sexe masculin :* 26 492 800 dont (15 à 99 ans) mariés 13 037 580, célib. 12 241 600, veufs 646 960, divorcés 566 660. *Total sexe féminin :* 27 780 400 dont (15 à 99 ans) mariés 12 833 600, célib. 10 893 520, veuves 3 194 500, divorcées 858 780.

• **Nombre de ménages** (en milliers). **Ordinaires.** *1982 :* 19 590 (dont couple, homme actif, femme inactive, avec ou sans enfants 4 057, h. et f. actifs, avec ou sans enf. 5 989, h. inactif, f. active, avec ou sans enf. 426, h. et f. inactifs avec ou sans enf. 2 647, h. seul 1 666, f. seule 3 151, h. seul avec enf. 123, f. seule avec enf. 724, autres cas 807). *1983 :* 19 806.

Autres ménages. *1982 :* 54 273 (dont étudiants logés en cité univ. ou foyer 128, travailleurs logés en foyer 204, pers. âgées en maison de retraite ou hospice 330, membres de communautés religieuses 86, pop. d'hab. mobiles, y compris batellerie 124, autres cas 420).

Source : INSEE, recensement 1982.

Mariages entre Français et étrangers en 1979. *Français ayant épousé une étrangère :* 7 938 dont : de nationalité portugaise 1 381, espagnole 1 218, italienne 940, algérienne 831, allemande 550, belge 348, polonaise 280, yougoslave 100.

Françaises ayant épousé un étranger : 12 332 dont : de nationalité italienne 1 982, portugaise 1 705, algérienne 1 634, espagnole 1 343, belge 427, allemande 413, yougoslave 195, polonaise 162.

Mortalité

Nombre annuel de décédés
pour 1 000 personnes de chaque groupe d'âge

	Hommes		Femmes	
	1982	1935/37	1982	1935/37
Tous âges ...	10,6	17	9,30	14,3
– d'1 an [1]..	10,7	74,5	8,1	58
1-4	0,570	6,24	0,460	5,56
5-9	0,330	1,83	0,250	1,65
10-14	0,320	1,38	0,210	1,4
15-19	1,07	2,59	0,450	2,54
20-24	1,76	4,55	0,560	3,95
25-29	1,57	4,83	0,600	4,06
30-34	1,63	6,05	0,740	4,15
35-39	2,23	7,57	1,08	4,71
40-44	3,51	9,8	1,58	5,83
45-49	5,91	12,6	2,41	7,59
50-54	9,46	17,1	3,64	10,4
55-59	13,8	23,3	5,20	13,9
60-64	19,3	33,2	7,50	20,9
65-69	29,5	48,2	12,4	32,1
70-79	56,3	88,4	29,2	66,5
80 et + ...	144	208	112	172

Nota. — (1) Taux calculé sur 1 000 naissances vivantes correspondantes.

Catégorie socio-professionnelle	Espérance de vie à 35 ans	Espérance de vie à 60 ans	Survivants à 75 ans p. 1 000 à 35 ans
Instituteurs	40,9	18,6	574
Cadres supérieurs, Prof. libérales	40,5	18,3	551
Clergé catholique	39,5	17,7	524
Cadres moyens (public)	39,3	17,6	518
Techniciens	39,0	17,6	507
Cadres moyens (privé)	38,5	17,3	489
Agriculteurs exploitants	38,0	16,9	473
Contremaîtres	37,8	16,8	472
Ouvriers qualifiés (public)	37,3	16,4	446
Employés (public)	37,2	16,3	448
Artisans et commerçants	37,6	16,9	460
Employés (privé)	37,4	16,9	448
Ouvriers spécialisés (public)	36,0	15,7	406
Ouvriers qualifiés (privé)	35,6	15,3	380
Salariés agricoles	34,8	14,7	356
Ouvriers spécialisés (privé)	34,7	14,9	362
Manœuvres	32,9	14,4	310
France entière	36,1	16,0	412

Population totale (en milliers) par sexe et âge au 1-1-1986

(évaluation provisoire fondée sur les résultats du recensement de 1982. *Source :* INSEE)

ÂGE EN ANNÉES RÉVOLUES	H [1]	F [2]	ÂGE EN ANNÉES RÉVOLUES	H [1]	F [2]
0	381	364	50	300	301
1	374	357	51	309	311
2	371	354	52	303	307
3	398	379	53	312	320
4	403	384	54	312	321
0-4	1 929	1 840	50-54	1 538	1 562
5	403	385	55	313	325
6	384	365	56	298	313
7	374	356	57	296	316
8	379	360	58	288	311
9	367	349	59	285	313
5-9	1 909	1 818	55-59	1 483	1 579
10	380	361	60	282	314
11	409	387	61	269	306
12	439	415	62	266	306
13	450	426	63	261	305
14	452	430	64	265	314
10-14	2 131	2 021	60-64	1 346	1 547
15	438	417	65	265	314
16	434	414	66	158	190
17	430	411	67	135	167
18	431	412	68	116	147
19	439	423	69	106	137
15-19	2 175	2 080	65-69	781	958
20	439	425	70	128	171
21	442	435	71	181	252
22	435	433	72	178	248
23	420	419	73	170	245
24	426	425	74	152	227
20-24	2 164	2 138	70-74	812	1 144
25	418	417	75	149	229
26	424	422	76	139	222
27	418	416	77	129	214
28	422	421	78	116	198
29	421	421	79	106	188
25-29	2 104	2 099	75-79	640	1 053
30	421	423	80	965	175
31	425	423	81	845	162
32	422	419	82	748	148
33	431	425	83	658	137
34	431	422	84	556	124
30-34	2 132	2 115	80-84	377	748
35	447	436	85	43	103
36	449	437	86	35	89
37	451	435	87	27	74
38	447	430	88	21	62
39	426	411	89	16	52
35-39	2 222	2 151	85-89	143	382
40	327	315	90	11	40
41	322	311	91	8	32
42	319	307	92	6	24
43	297	284	93	4	17
44	270	259	94	2	12
40-44	1 537	1 479	90-94	32	127
45	280	271	95 ou +	5	24
46	300	294			
47	299	293	TOTAL	26 953	28 328
48	300	295			
49	302	299	- de 20	8 146	7 760
45-49	1 483	1 453	20 à 60	16 013	16 127
			65 ou +	2 793	4 440

Nota. — (1) Hommes. (2) Femmes.

• **Mortalité d'origine accidentelle** (pour 100 000, 1984). *France 71.* Suisse 82,3. Espagne 77,2. All. féd. 44. G.-B. 25.

En France, il y a 250 000 accidents corporels de la route par an. *Tués 1976 :* 13 577 †, *1978 :* 11 957, *1980 :* 12 384, *1981 :* 12 080 ; *blessés :* 350 000. Env. 250 000 enfants sont victimes d'accidents domestiques (env. 4 000 †).

Décès. *1980 :* 547 100 (*de – 1 an :* 8 010, *1 à 59 a.* 100 900, *60 a. et + :* 438 200). *1981 :* 554 823 (*de – 1 an :* 7 823 ; *sont morts à 99 a. :* 136 h., 537 f. ; *à 100 a. et + :* 178 h., 890 f). *1982 :* 543 160 (*de – 1 an :* 7 542). *1983 :* 559 000 (de – 1 an : 6 740). *1984 :* 540 600. *1985 :* 550 000.

Natalité

Source : I.N.E.D.

• **Naissances. Nombre total** *1980 :* 807 318 dont 6 942 mort-nés (n'ayant pas respiré) et 800 376 vivants dont 1 233 moururent après avoir respiré et ne seront pas déclarés vivants, ce qui donnera 799 143 enf. déclarés vivants, *1981 :* 805 483. *1982 :* 797 223 dont 113 398 naturels (*1976 :* 61 000), 683 825 légitimes (658 926) [*du 1er rang :* 293 135, *2e :* 236 800, *3e :* 100 764, *4e et + :* 53 126 (*1960 :* 170 000, *1979 :* 44 841)]. *1983 :* 749 000. *1984 :* 760 000 [dont naturels 135 265 (17 % de l'ensemble, *1980 :* 11,3 %), légitimes 264 674 (*du 1er rang :* 269 224, *2e :* 219 292, *3e :* 87 032, *4e et + :* 48 426)]. **Naissances de parents étrangers** (1984). *De 2 parents* 69 822, *d'1 parent* 20 274.

Naissances vivantes par sexe en 1983. Nés vivants 383 659 garçons (51,25 %), 364 866 filles ; mort-nés 2 974 g, 2 749 f. Pour 100 filles vivantes, il y a 105,1 garçons. *Il naît plus de garçons viables que de filles :* 101 à 113 %.

Selon nationalité des parents, en 1984 (en %), parents français 85,6. 1 p. étranger 3,2. 2 p. étr. 11,2.

Selon le rang de l'enfant, naiss. légitimes en 1984 et, entre parenthèses, en 1966 (en %). *1er enfant :* 43,2 (37,6). *2e :* 35,1 (27,2). *3e :* 13,9 (15,2). *4e et + :* 7,7 (20).

• **Avortements enregistrés.** *1976 :* 134 173. *1980 :* 171 218. *1981 :* 180 695. *1982 :* 181 106. *1983 :*

Recensement

• **1ers recensements modernes.** *1665* rec. nominatif du Québec, *1749* Finlande, *1750* Suède, *1769* Norvège et Danemark, *1790* États-Unis, *1801* Grande-Bretagne.

• **En France.** Avant la Révolution, il existait des évaluations tirées de l'état des « feux » ou des paroisses (sous St Louis, Charles VI, Charles VIII), de l'état des provinces (Colbert) ou des mémoires des intendants (XVIIIe s.) La loi du 22-7-1791 prévit un rec. Préparé par Lucien Bonaparte et Chaptal, il eut lieu en 1801 (plus de 33 millions d'h. dans les 98 départements de l'époque, dont 27 349 000 sur le territoire attribué à la France par le tr. de 1815). Puis on effectua un rec. tous les 5 ans (années terminées par 1 et 6). A cause des guerres, le rec. de 1871 fut reculé d'un an et il n'y eut pas de rec. en 1916 et 1941. Après 1945, le recours aux enquêtes par sondage devait, pensait-on, permettre d'effectuer un rec. seulement tous les 10 ans. Mais un rythme plus rapide se révéla nécessaire dès 1946. On a ainsi réalisé 5 recensements à des intervalles de 8, 8, 6 et 7 ans. [*L'All. féd.* a réalisé ses rec. d'après-g. en 1950, 1961, 1970 ; *Italie :* 1951, 1961, 1971 ; *Belgique :* 1947, 1961, 1971 ; *Roy.-Uni :* 1951, 1961, 1971 ; *U.S.A. :* 1950, 1960, 1970.]

Recensement de 1982. Préparé par l'INSEE (Inst. nat. de la statist. et des études écon.). Réalisé du 4-3 au 2-4-82 en métropole (du 9-3 au 9-4-82 dans les DOM). L'INSEE a utilisé 100 000 agents recenseurs, chacun recensant env. 500 pers.

Prescriptions. *Toute personne est obligée de répondre, avec exactitude, aux questions posées.* Les renseignements donnés sont utilisés pour établir des tableaux statistiques anonymes et ne peuvent servir en aucun cas à des fins fiscales ou pour un contrôle administratif quelconque. Tout participant aux opérations du recensement étant astreint au secret professionnel, l'INSEE ne pourra communiquer aucun résultat individuel des questionnaires avant 100 ans. Les résultats, obtenus par comptabilisation des bulletins individuels, sont authentifiés par un décret et prennent, de ce fait, le nom de *population légale.* De nombreux textes législatifs s'y réfèrent notamment dans les domaines suivants : crédits aux départements et aux communes ; subventions de l'État aux collectivités locales ; élections municipales ; détermination du nombre des emplois communaux ; traitement et indemnités des fonctionnaires des collectivités locales ; règles d'adjudication des marchés ; plans et travaux d'urbanisme, etc. ; impôts et taxes ; législation des loyers ; hygiène, nombre d'officines de pharmacie.

Un *recensement complémentaire* peut être effectué dans les communes en forte expansion.

Coût du recensement (1975) 211 240 000 F (moins de 4 F par habitant).

182 675 (24,4 pour 100 naissances vivantes). *1984 :* 177 000.

● **Conceptions prénuptiales** (en %) : *1957 :* 16. *1965-67 :* 22,5. *1972 :* 26,3. *1980 :* 17,7. (*Max.* pour les mariages célébrés entre *1924* et *1973.* P.-de-C. 24,4. Indre 24. *Min.* Alpes de H.-P. 8,8. Aveyron 9,6.).

● **Naissances hors mariage (en %).** *1946-50 :* 5,4. *1969 :* 6,5, *1970 :* 6,8, *1975 :* 8,5, *1980 :* 11,4, *1981 :* 12,7 (100 000 naissances) (Italie 4,1 %, All. Féd. 7,6, États-Unis 17, Danemark 31,7). *1982 :* 14,2. *1983 :* 15,8. *1984 :* 17,7.

● **Descendance finale des générations** (nombre effectif de naissances, par couple en âge de procréer au cours d'une génération). *1670-89 :* 6,5 ; *1690-1719 :* 6,2 ; *1720-39 :* 6 ; *1740-69 :* 5,8 ; *1770-89 :* 5,5 ; *1790-1819 :* 4,6 ; *1851-55 :* 3,4 ; *1870 :* 2,7 ; *1900 :* 2 ; *1930 :* 2,6 ; *1940 :* 2,5 ; *1946 :* 2,16. *1975 :* 1,93. *1980 :* 1,94. *1982 :* 1,91. *1983 :* 1,79. *1984 :* 1,81. *1985 :* 1,82. Au-dessous de 2,10, une population n'assure plus son renouvellement.

● **Nombre moyen d'enfants par famille.** *1975 :* 2,32 dont **Paysans** 2,86 (salariés agricoles 3, exploitants 2,83). **Ouvriers** 2,34 (contremaîtres 1,94, ouvriers qualifiés 2,10, spécialisés 2,42, manœuvres 2,77, mineurs 2,78). **Professions libérales** 2,06. **Cadres supérieurs** 2. **Patrons de l'industrie et du commerce** 1,94. **Employés** 1,93. **Cadres moyens** 1,70 (dont techniciens 1,67, instituteurs 1,69, administratifs moyens 1,71). *En 1974 :* 93 947 familles avaient + de 5 enfants, dont 402 en avaient 12 ou +. *1982 :* 137 000 familles avaient 5 enfants et + [2,6 % des familles (4,7 en 1975)].

Répartition des familles selon le nombre d'enfants (en %). *Familles sans enfants :* 16,5 : *ayant 1 enfant :* 25 ; *2 :* 24 ; *3 :* 14,5 ; *4 :* 8,2 ; *5 :* 4,7 ; *6 :* 7,4.

● **Familles nombreuses.** Il y eut une génération où les Gramont furent 12, les Rohan 13, les Croy 14, les Catinat et les Montgolfier 16, les La Rochefoucauld et les Carnot 18, les Arnauld 19 (H. de Gallier) ; le père de Marie Agnesi (mathématicienne) eut 23 enfants (3 mariages). Les couples étrangers représentent 38,1 % des naissances des familles nombreuses.

● **Fécondité. Indice synthétique** (enfants pour 1 femme). *1974 :* 2,1. *77 :* 1,87. *78 :* 1,84. *79 :* 1,87. *81 :* 1,97. *82 :* 1,95. *83 :* 1,80. *84 :* 1,75.

Facteurs de la fécondité (nombre d'enfants par femme). *Age du mariage :* f. mariées avant 20 a. 3,23 ; celles qui se marient entre 30 et 34 a. 1,56. *Milieu social :* salariés agricoles 3,35, cadres moyens 2,16. *Le niveau d'éducation :* f. sans diplôme 2,79, titulaire du B.E.P.C. 2,13. *Région :* Basse-Normandie 3,10, Ile-de-France 2,10. *Religion :* 0,5 enfant de + chez les catholiques que chez les agnostiques. *Taille des familles des époux :* filles uniques 2,15, femmes ayant au moins 8 frères et sœurs 3,19 (fils uniques : 2,11 et 3,22) ; 2 époux enfants uniques 1,88 (2,10 si chaque parent est issu d'une famille de 2 enf. ; 3,95 si chacun est issu d'une famille de + de 9 enf.). *Rang de naissance :* souvent les aînés ont plus d'enfants que les cadets(tes).

● **Prématurés.** 1 enfant sur 10 en France. 65 000 env. chaque année (20 000 garderont des séquelles + ou − graves). *Prématurés célèbres :* Napoléon Bonaparte, Isaac Newton, Charles Darwin, Victor Hugo et Voltaire.

● **Mortalité infantile** (1re année de la vie). Plus forte pour enfants illégitimes (garçons) ; la mortalité fœtale paraît être supérieure de 20 % pour l'embryon mâle. Dans les familles nombreuses (y compris pour les premier-nés), chez les immigrés (18,4 ‰), personnes non scolarisées (32,8 ‰). Augmente avec l'âge de la mère (6,8 ‰ avant 30 ans ; 13,3 ‰ entre 30 et 39 ; 42 ‰ après 40). Parfois en cas de consanguinité des parents. Répartition des causes en 1984 : voir p. 148 (médecine).

La maladie hémolytique du nouveau-né, provoquée par l'incompatibilité Rhésus (différence de facteur Rhésus entre le père et la mère) est l'une des plus graves et plus fréquentes causes de mortalité (risques chez 5 à 10 % des couples incompatibles).

Décès de moins d'un an (pour 1 000 nés vivants). *Vrais mort-nés* (décès *in utero* de fœtus de + de 6 mois, avant ou pendant l'accouchement) : *1930-32 :* 29,50, *1951-55 :* 18,30. *1961 :* 16,50. *1973 :* 12,1. *1978 :* 9,4. *1979 :* 9,2. *1980 :* 10,1. *1981 :* 9,7. *1982 :* 9,3. *1983 :* 9,1. *1984 :* 8,2. *1985 :* 8,31.

Faux mort-nés [enfants ayant respiré à la naissance, mais décédés avant la déclaration à l'état civil (dans les 3 j au plus)] 70 à 80 % décèdent la 1re journée. Pour 100 mort-nés 14,9 % d'enf. naturels.

Décès de la 1re semaine (y compris faux mort-nés) : *1951-55 :* 17,15. *1961 :* 13,80. *1973 :* 8,2. *1981 :* 4,2. *1982 :* 4. *1983 :* 3,8.

Du 7e au 365e j : *1951-55 :* 26,30. *1961 :* 11,80. *1973 :* 7. *1981 :* 5,5. *1983 :* 5,3.

Population urbaine

Répartition de la population

Année	Urbaine [2]	rurale [2]
1806	5 454 821	23 652 604
1866	11 595 348	26 471 716
1911	17 444 948	22 096 052
1936	21 566 642	19 935 358
1954	23 946 000	18 829 445
1968 [1]	33 633 168	17 207 309
1975	36 003 922	16 654 331
1982	39 975 300	14 459 600

Nota. — (1) Avec doubles comptes, c'est-à-dire que la population *comptée à part* (militaires, élèves internes) est comptée 2 fois : dans la commune où se trouve la caserne ou l'établissement, et dans celle de leur résidence personnelle. (2) Pop. des communes ayant − de 2 000 h. agglomérées au chef lieu.

Vers 1990, 80 % des Français vivront en ville. Au recensement de 1982, on a constaté que la croissance des communes rurales était plus rapide. *Origine :* retournement massif des courants migratoires malgré le vieillissement de la population des communes rurales.

Communes rurales et urbaines en 1982

	Nombre de communes	Nombre d'unités urbaines	Population milliers	Superficie milliers km²
Communes rurales de				
Moins de 50 habitants	1 057		36,4	7,4
50 à 99 habitants	3 039		228,5	24.8
100 à 199 «	7 017		1 036,4	71,7
200 à 499 «	10 967		3 514,2	151,9
500 à 999 «	5 932		4 086.0	110.0
1 000 à 1 999 «	2 916		4 006.6	71,9
2 000 habitants ou plus	617		1 551,6	22.6
Ensemble	*31 545*		*14 459,6*	*460,3*
Unités urbaines de				
Moins de 5 000 habitants	1 289	934	3 161.6	25,2
5 000 à 9 999 habitants	773	426	2 917,7	17,7
10 000 à 19 999 «	554	194	2 668.1	9.9
20 000 à 49 999 «	489	116	3 596.0	8,6
50 000 à 99 999 «	370	55	3 682,5	6.3
100 000 à 199 999 «	322	29	4 078,6	4.4
200 000 ou plus	756	27	11 063,8	9,2
Agglomération de Paris	335	1	8 707,0	2.3
Ensemble	*4 888*	*1 782*	*39 975,3*	*83,7*
France métropolitaine	36 433	1 782	54 334,9	544.0

Nota. — Sur 1 782 unités urbaines, 830 sont des agglomérations urbaines et 952 sont des communes qui sont des villes isolées.

☞ Voir au chapitre Régions : la population des départements français.

Unités urbaines en 1982

	Agg.	dont ville		Agg.	dont ville
Paris	8 706 963	2 176 243	Reims	199 388	177 234
Lyon	1 220 844	413 095	Angers	195 859	136 038
Marseille	1 110 511	874 436	Dunkerque	195 705	73 120
Lille	936 295	168 424	Le Mans	191 080	147 697
Bordeaux	640 012	208 159	Metz	186 437	114 232
Toulouse	541 271	347 995	Caen	183 526	114 068
Nantes	464 857	240 539	Avignon	174 264	89 132
Nice	449 496	337 085	Limoges	171 689	140 400
Toulon	410 393	179 423	Mantes-la-Jolie	170 265	43 564
Grenoble	392 021	156 637	Amiens	154 498	131 332
Rouen	379 879	101 945	Thionville	138 034	40 573
Strasbourg	373 470	248 712	Perpignan	137 915	111 669
Valenciennes	349 505	40 275	Nîmes	132 343	124 220
Lens	327 383	38 244	Pau	131 265	83 790
Saint-Étienne	317 228	204 955	St-Nazaire	130 271	68 348
Nancy	306 982	96 317	Montbéliard	128 194	31 836
Grasse-Cannes-Antibes	295 525	172 791	Bayonne	127 477	41 381
Tours	262 786	132 209	Aix	126 552	121 327
Béthune	258 383	25 508	Troyes	125 240	63 581
Clermont-Ferrand	256 189	147 361	Besançon	120 772	113 283
Le Havre	254 595	199 388	Hagondange	119 669	9 091
Rennes	234 418	194 656	Annecy	112 632	49 965
Montpellier	221 307	197 231	Valence	106 041	66 356
Mulhouse	220 613	112 157	Lorient	104 025	62 554
Orléans	220 478	102 710	Angoulême	103 552	46 197
Dijon	215 865	140 942	La Rochelle	102 143	75 840
Douai	202 366	42 576	Calais	100 823	76 527
Brest	201 145	156 060			

Nota. — Évolution, voir chaque ville à l'Index.

Les Français à l'étranger

Ressortissants français immatriculés ou non dans les ambassades et consulats au 1-1-1986. *Source :* ministère des Affaires étrangères. Afghanistan 26, Afr. du Sud 6 813, Albanie 30, Algérie 51 034, All. dém. 999, All. féd. 194 101 (dont 52 496 militaires), Angola 1 277, Arabie S. 10 193, Argentine 12 167, Australie 10 219, Autriche 3 721, Bahrein 362, Bangladesh 150, Belgique 130 110, Bénin 2 691, Birmanie 54, Bolivie 512, Brésil 19 702, Brunei 65, Bulgarie 168, Burkina Faso 3 119, Burundi 885, Cameroun 15 576, Canada 99 033, Cap-Vert 90, Centrafrique 3 620 Chili 5 045, Chine 778, Chypre 453, Colombie 3 197, Comores 1 276, Congo 9 128, Corée 956, Costa Rica 478, C.-d'Ivoire 30 527, Cuba 228, Danemark 2 493, Djibouti 9 009, Rép. Dominicaine 769, Égypte 5 164, El Salvador 268, Émirats Arabes Unis 3 178, Équateur 833, Espagne 59 806, États-Unis 197 785, Éthiopie 466, Fidji 79, Finlande 698, Gabon 21 809, Ghâna 188, G.-B. 80 013, Grèce 6 599, Guatemala 374, Guinée 2 245, Guinée Bissau 129, Guinée Équat. 129, Haïti 1 433, Honduras 204, Hong Kong 1 781, Hongrie 389, Inde 16 233, Indonésie 3 852, Irak 1 648, Iran 369, Irlande 1 691, Islande 127, Israël 48 634, Italie 42 834, Jamaïque 210 (dont 119 aux Bahamas), Japon 2 751, Jérusalem 6 404, Jordanie 672, Kenya 594, Koweït 1 086, Laos 156, Liban 8 116, Liberia 171, Libye 866, Luxembourg 12 037, Madagascar 16 069, Malaisie 754, Malawi 113, Mali 2 925, Malte 70, Maroc 30 974, Maurice (Ile) 2 804, Mauritanie 2 425, Mexique 12 167, Monaco 15 329, Mozambique 262 (dont 31 au Lesotho et 18 au Swaziland), Népal 162, Nicaragua 349, Niger 3 608, Nigeria 2 903, Norvège 3 096, N.-Zélande 685, Oman 392, Ouganda 97, Pakistan 406, Panamá 494, Papouasie 122, Paraguay 1 114, P.-Bas 12 609, Pérou 1 988, Philippines 500, Pologne 2 471, Portugal 4 924, Qatar 491, Roumanie 230, Rwanda 637, St-Siège 28, Sainte-Lucie 219, Sénégal 16 966 (dont 101 en Gambie), Seychelles 212, Sierra Leone 139, Singapour 1 764, Somalie 148, Soudan 253, Sri Lanka 257, Suède 5 070, Suisse 78 927, Surinam 102, Syrie 1 107,

Tanzanie 201, Tchad 1 251, Tchéc. 574, Thaïlande 1 159, Togo 4 023, Trinité et Tobago 458, Tunisie 13 630, Turquie 1 622, U.R.S.S. 1 539, Uruguay 1 413, Vanuatu 2 007, Venezuela 8 223, Viêt-nam 429, Yémen N. 407, Yougoslavie 1 028, Zaïre 4 747, Zambie 275 (dont 72 au Botswana), Zimbabwe 373. *Total général 1 432 796* [en *1980* : 1 022 857 dont 524 874 hommes et 497 983 femmes. Profession : secteur public 147 222 (dont 54 498 militaires, 32 854 enseignants), privés (actifs) 280 155 (dont professions commerciales 120 427, industriels 109 234), hors classement 595 480 (dont étudiants-écoliers 254 771, mères au foyer 126 876, enfants de — de 6 ans 92 268)].

Population rapatriée *(au 31-12-1983)* : 1 477 728 [dont d'Algérie 968 451 (dont 651 000 en 1962) Maroc 261 710, Tunisie 179 860, Indochine 43 934, Afrique noire et Madagascar 14 509, Égypte 7 307, Vanuatu 1 497, Comores 311, Guinée 145, Djibouti 4]. *En 1983* 1 320 dont Maroc 537, Madagascar 225, Algérie 215, Vanuatu 159, Tunisie 91, Indochine 63, Comores 27, Afrique noire 3.

Étrangers en France

Statistiques

Principales sources. Évaluations de l'I.N.S.E.E. (à partir des recensements) parfois sous-estimées et évaluations du min. de l'Intérieur (comptabilisant les titres de séjour en cours de validité et les enfants de — de 16 ans des titulaires) parfois surestimées [total d'étrangers Rec. du 7-3-1982 : 3 680 100. Évaluation du min. de l'Intérieur au 31-12-81 : 4 223 928].

Raisons d'omissions. Absence des personnes seules lors du passage des agents recruteurs ; mais, l'immigration familiale s'intensifiant, le % baisse (10 % d'omissions pour le rec. de 1975). Surestimation des personnes, erreurs dans leurs déclarations. Ex. : enfants de couples d'Algériens déclarés alg. par leurs parents, alors qu'ils sont français par la loi fr. (voir ci-contre : Naturalisation). Décès et naturalisation non systématiquement transmis au min., départs ou retours vers pays d'origine pas toujours connus (les entrées sont enregistrées par l'Office nat. de l'immigration, mais pas pour toutes les nat. ; il n'y a pas d'enregistrement des retours), l'étranger n'étant pas tenu de rendre son titre de séjour ; les titulaires de la carte de « 10 ans » (plus d'1 million de personnes) peuvent quitter la France sans perdre le bénéfice de ce titre. V. aussi à l'Index : statut, définition et conditions de naturalisation.

Données globales

Nombre total

Évolution récente

Source : recensements. Pop. fr. totale en milliers, *pop. étrangère* en milliers et % par rapport à la pop. totale : *1946* : 39 848, *1 744* (4,38) ; *1954* : 42 781, *1 765* (4,12) ; *1962* : 46 459, *2 170* (4,67) ; *1968* : 49 655, *2 621* (5,28) ; *1975* : 52 599, *3 442* (6,54) ; *1982* : 54 273, *3 680* (6,78).

Source : min. de l'Intérieur. Étrangers en milliers : *1974* : 4 053,3 ; *1975* : 4 196,1 ; *1976* : 4 205,3 ; *1977* : 4 237,0 ; *1978* : 4 170,4 ; *1979* : 4 124,3 ; *1980* : 4 168,0 ; *1981* : 4 223,9 ; *1982* : 4 459,1 ; *1983* : 4 470,5 ; *1984* : 4 485,7 [selon l'I.N.S.E.E. 3 680 000 (6,8 % de la pop. totale)].

☞ 18 millions de Français (soit plus du tiers de la population), nés entre 1880 et 1980, descendent d'immigrants à la 1re, 2e ou 3e génération.

Population étrangère totale en milliers (84). All. féd. 4 360 (Turcs 1/3, Youg. et It.). **G.-B.** 3 500 (1 225 Indiens et Pakistanais, 600 Antillais, 200 or. de Chypre, Malte et Gibraltar, 100 Chinois). **Belgique** 960 (420 hors C.E.E.). **Suisse** 930 (410 It., 100 Esp., 80 All. féd., 50 Fr., Turcs et Youg.).

Répartition (1982)

• **Sexe.** Hommes 57,2 %, femmes 42,8 (40,1 en 75, 38,2 en 62).

• **Age.** Répartition en %, en 1982 des étrangers et, entre parenthèses, des Français (de naissance par acquisition) : *0 à 14 a.* 25,8 (20,3), *15 à 24 a.* 14,8 (15,9), *25 à 64 a.* 51,8 (49,5), *65 a. ou +* 7,6 (14,3). 33 % des étrangers ont — de 20 a. (28 % pour les Fr.) [% des — de 20 a. par nationalité : It. 15, Esp. 22, Port. 38, Tun. 40, Alg. 41, Mar. 43, Turcs 51]. 50 % ont — de 30 a. (44 % pour les Fr.).

63 % des — de 20 a. sont nés en France (3,3 % pour les 20 a. ou +, 23 % pour l'ensemble). 1/3 possèdent la nationalité française.

• **Ménages.** 4 058 000 personnes (fr. ou étr.) vivaient dans un ménage dont la personne de référence était étrangère. Ces ménages (1 215 000) comptaient en moyenne 3,3 personnes dont 1,3 actif contre respectivement 2,7 et 1,1 pour les ménages dont la personne de référence était fr. *Nombre moyen d'enfants de 16 a. ou — :* 1,15 (ménages fr. : 0,60).

• **Durée du séjour.** 70 % des étrangers résidant en France y sont depuis + de 10 ans. 1 sur 5 ne parle pas le français. *% des étr. vivant en Fr. en 1982 qui y résidaient en 1975* : Esp. 95, It. 93,5, Port. 90, Alg. 87, Tun. 78, Mar. 72, Turcs 59, Afr. noire 55, Asiatiques 19.

• **Implantation géographique.** En 1982, 57,5 % de la population étrangère était concentrée dans 3 régions : Ile-de-France (36 %), Rhône-Alpes (12,5 %), Provence-Côte d'Azur (9 %).

Dans les villes de province, les principales implantations étaient (au 1-1-75) : Lyon (agglomération) 116 548 (12,4 % de la population totale) ; Marseille 112 061 [12,5 % (80 % dans les quartiers Nord et les H.L.M.)] ; Lille (communauté urbaine) 88 748 (9,4 %) ; Grenoble (agg.) 59 323 (12,8 %) ; Nice 34 693 (10,7 %) ; Toulouse 33 840 (8,6 %) ; St-Étienne 31 311 (13,9 %) ; Strasbourg 31 200 (8,4 %).

Nota. — 65 % des étrangers vivent dans une agglomération de 100 000 h. ou +.

% des étrangers dans la pop. totale des régions (1982). Max. : I.-de-Fr. 13,3 (17 en Seine-St-Denis et à Paris), Corse 11,3, Rhône-Alpes 9,1, Prov.-Alpes-C-d'Azur 8,2, Alsace 8,1. **Min.** : Bret. 0,7, P. de la Loire 1,4, B.-Norm. et Poitou-Char. 1,7, Limousin 2,7.

Départements (en dehors de l'Ile-de-Fr.) comptant env. 10 % d'étr. : Rhône, Moselle, Ht-Rhin, Isère, Doubs, Alpes-Mar.

Nota. — Le % d'étr. a décru par rapport à 1975 en Languedoc-Roussillon. (— 19 %) et Midi-Pyrénées (— 11,5 %) du fait de nombreux retours d'Espagnols en Espagne (en 1975, il y avait 57 Espagnols sur 100 étr. en Languedoc-Roussillon et 34 en Midi-Pyrénées, en 1982, 40 et 23).

Répartition des nationalités selon les régions. 78,5 % des Tunisiens et 66,5 % des Algériens vivent en Ile-de-France, Rhône-Alpes et Provence-Alpes-C.-d'Azur, 43,5 % des Portugais en I.-de-F., 26,5 % des Espagnols en I.-de-F. (et la majorité des autres dans le Sud), 19,5 % des Turcs Rhône-Alpes (I.-de-F. 15, Alsace 13,5, Lorraine 10).

Naissance et fécondité

Nombre moyen d'enfants par femme. Femmes franç. et f. étr. *en italique*. *1968* : 2,50, *4,01* (Alg. 8,92, Port. 4,90, It. et Mar. 3,32, Esp. 3,20). *1975* : 1,84, *3,33* (Alg. 5,28, Tun. 5,27, Mar. 4,68, Port. 3,30, Esp. 2,60, It. 2,12). *1982* : 1,84, *3,20* (Mar. 5,23, Tun. 5,20, Turques 5,05, Alg. 4,29, Port. 2,17, Esp. 1,77, It. 1,74).

Nota. — Les étrangères représentaient en 1982 5,7 % des f. résidant en France. Les Maghrébines représentaient 23,6 % des étrangères de 15 à 49 ans en 1975 et 34,1 % en 1982.

Naissances vivantes. *Source :* I.N.S.E.E. Total dont étrangères *en italique*. *1975* : 745 065, *75 761* (dont Port. 21 755, Alg. 16 810, Mar. 8 235). *1980* : 800 376, *81 291* (dont Alg. 19 274, Port. 15 532, Mar. 15 115). *1983* : 748 525, *85 236* (dont Alg. 20 191, Mar. 16 928, Port. 12 624, Tun. 7 211, Turques 4 410, Esp. 2 420, It. 1 616).

En 1982, 52 % des naissances étr. étaient maghrébines (34 % en 1975).

Nota. — De 1978 à 1982, la part des naissances de mère étrangère de rang 5 (5e enfant) est passée de 46,4 % à 57,2 % ; elle concerne 13 % env. du total des naissances.

Enfants étrangers scolarisés (1984-85)

1 062 000 (source : min. de l'Éd. nat.). (1983-84), 1er cycle des étrangers par rapport aux effectifs totaux 11,10 (29,05 % S.-St-Denis, 30,81 % à Paris), 2e cycle 6 %.

Répartition dans le 1er degré public par nationalité à Paris (% du total des élèves étrangers) : Europe 34 (dont Port. 20,2, Esp. 6,9, Youg. 4,8, It. 0,8, autres pays de la C.E.E. 1,3, Maghreb 37,2 (dont Alg. 17,1, Tun. 11, Mar. 9,1). Reste du monde 28,8 (dont Sud-Est asiat. 8,5, Afr. francophone 7,6, Turcs 2,6, Afr. non francophone 2,2, autres 7,9).

Naturalisés et étrangers

Évolution depuis 1851[1]
Nombre et %
(Source : recensements)

	Naturalisés		Étrangers	
1851	13 525	*0,04*	379 289	*1,06*
1866	16 286	*0,04*	655 036	*1,72*
1876	34 510	*0,10*	801 754	*2,17*
1901	221 784	*0,59*	1 033 871	*2,69*
1911	252 790	*0,64*	1 159 835	*2,96*
1921	254 343	*0,66*	1 532 024	*3,95*
1931	361 231	*0,88*	2 714 697	*6,58*
1936	853 100	*1,25*	2 198 236	*5,34*
1946	1 068 121	*2,14*	1 743 600	*4,38*
1954	1 283 690	*2,50*	1 765 298	*4,13*
1962	1 316 320	*2,76*	2 169 665	*4,67*
1968	1 428 442	*2,66*	2 664 060	*5,28*
1972	1 392 000	*2,76*	2 787 114	*5,39*
1975	1 395 444	*2,65*	3 442 415	*6,54*
1982	1 425 920 [2]	*2,63*	3 680 100	*6,8*

Nota. — (1) De 1851 à 1876, et depuis 1954 : pop. résidant en France. De 1881 à 1946 : pop. présente. Les Algériens musulmans, bien qu'alors juridiquement de nationalité fr., sont comptés en 1954 et 1962 avec les étrangers, comme dans les autres rec. Les ressortissants des territoires de l'Union fr. sont comptés en 1954 avec les Fr. de naissance, à la différence des autres rec. où ils sont comptés avec les étrangers. (2) Dont Eur. 1 141 300 (80 % dont Esp. + de 400 000, It. près de 270 000, Port. 160 000), Afr. 173 020 (12,1 % dont Alg. + de 70 000), Asie 77 880 (5,5 %), autres nat. 33 720 (2,4 %).

☞ Sur 110 000 personnes devenant françaises chaque année, 35 000 ont demandé une naturalisation ou une réintégration par décret, 20 000 ont déclaré acquérir la nationalité fr., notamment par mariage, 20 000 ont atteint 18 ans, après avoir séjourné en Fr. de 13 à 18 ans et y être nés de parents étrangers (art. 44 C.N.F.), 5 000 sont des enfants mineurs nés en Fr. de parents étr. qui réclament la nationalité fr. par déclaration (art. 52 C.N.F.), 30 000 sont nés en Fr. de parents étr., eux-mêmes nés en Fr. (en Algérie fr. notamment ; art. 23 C.N.F.).

Origine par pays (1970 à 1980). Naturalisés : 325 908, dont : Italiens, Espagnols, Portugais : 193 036, Maghrébins : 41 696, autres 91 177. *Acquisitions par déclaration :* 134 807, dont : Italiens, Espagnols, Portugais : 70 283, Maghrébins : 13 110, autres : 51 414.

Immigrations et mouvements

Évolution de 1975 à 1982

20 % des étrangers recensés en 1982 (soit 760 000, dont 1/3 de Maghrébins) résidaient hors de France métropolitaine le 1-1-1975 ; parmi eux, 155 000 (20 %) étaient nés de 1975 à 1982 (dont 60 % en France), leur mère résidant hors de Fr. le 1-1-1975. % des ressortissants entrés en France depuis le 1-1-1975 : Sud-Est asiatique 80, Africains non maghrébins 48, Turcs 40, Maroc. 28, Tun. 22, Alg. 13, Eur. 11,5.

45,5 % de ces nouveaux arrivés sont Afr. (dont Alg. 14 %, Mar. 16, Tun. 5,5), Eur. 26,5 % (dont C.E.E. 11,3 — dont 1/4 d'It. et Port. 10), Asie 23,5 % (dont Turcs 6,5, Cambodgiens 4, Laotiens 3,5, Vietnamiens 3,6).

Solde net de l'immigration

	Non Alg.	Alg. [1]		Non Alg.	Alg.
1964	100 000	43 802	1975	n.c. [2]	− 3 528
1965	100 000	9 281	1976	n.c.	− 37 046
1966	90 000	35 568	1977	n.c.	+ 1 477
1967	82 000	11 286	1978	n.c.	+ 1 633
1968	70 000	32 755	1979	n.c.	+ 56 871
1969	125 000	27 328	1980	n.c.	+ 86 401
1970	135 000	61 112	1981	45 223	99 124
1971	110 000	36 840	1982	3 969	4 937
1972	84 000	29 774	1983	19 641	1 038
1973	95 000	41 202	1984		
1974	60 000	8 123	1985		

Nota. − (1) *Solde max. entre 1955 et 1963 : 1963* 50 543 (dont 43 064 de + de 17 ans). (2) Le solde net de l'immigration pour les non-Algériens n'est plus comptabilisé que pour les ressortissants de l'Afrique noire francophone.

• **Immigration permanente** (nombre total). *1970 :* 293 737 (dont 212 785 travailleurs permanents). *71 :* 258 873 (177 377). *72 :* 194 604 (119 649). *73 :* 226 066 (153 419). *74 :* 132 500 (64 462 [1]). *75 :* 77 413 (25 591). *76 :* 84 320 (26 949). *77 :* 75 071 (22 756). *78 :* 58 476 (18 356). *79 :* 56 693 (17 395). *80 :* 59 388 (17 370). *81 :* (33 433 [2]). *82 :* 144 358 (96 962). *83 :* 64 250 (18 483). *84 :* 51 425 (11 804).

Nota. − (1) Suspension de l'immigration des travailleurs permanents à partir de juillet. (2) Y compris 1 043 légalisations exceptionnelles et 21 084 régularisations exceptionnelles.

Régularisations en 1981-82 [1]. Demandes déposées, entre parenthèses décisions favorables, en italique refus notifiés. Algériens (bilan définitif au 30-6-1983) 17 381 (14 567) *2 814.* Autres nationalités 122 529 (109 012). Saisonniers 6 858 (6 581) *268.* Commerçants 2 458 (est. 1 200) *1 265.* 2 clandestins sur 3 viennent d'Afr., notamment du Maghreb.

Source : O.N.I.

Taux de régularisation des trav. permanents de 1956 à 1965 (en %). *1956 :* 28, *1957 et 1962 :* env. 50, *1963 :* 61, *1964 :* 69, *1965 :* 79. **Clandestins** (au 1-1-84) il y avait, selon le min. de l'Intérieur, 300 000 immigrés clandestins (500 000 selon d'autres est.). **Nomades :** (au 1-1-83) 200 000.

Originaires des D.O.M.

Citoyens français à part entière, peuvent venir librement en métropole. Leur migration est organisée en grande partie par le *B.U.M.I.D.O.M. (Bureau des migrations pour les D.O.M.).* Env. 72 000 Martiniquais, 60 000 Guadeloupéens, 40 000 Réunionnais et 3 000 Guyanais vivent en France.

Nationalité des étrangers

Évolution comparée

Total en milliers et % des nat. *(Source : recensement).* **1861 :** 506 (dont Belg. 40,6, It. 15,2, Esp. 6,9, Suisse 6,9). **1872** (terr. de 1871) : 676 [1] (Belg. 51,5, It. 16,7, Esp. 7,8, Suisse 6,4). **1901** (terr. de 1871) : 1 034 (It. 31,9, Belg. 31,2, All. 8,7, Esp. 7,7, Suisse 7). **1921 :** 1 532 (nat. d'Eur. 83 dont It. 29,4, Belg. 22,8, Esp. 16,6, Suisse 5,9, All. 5, Pol. 3 ; nat. d'Afr. 2,5). **1931 :** 2 715 (nat. d'Eur. 79 dont It. 29,7, Pol. 18,7, Esp. 13, Belg. 9,4, Suisse 3,6 ; nat. d'Afr. 3,9). **1936 :** 2 198 (nat. d'Eur. 80 dont It. 32,8, Pol. 19,2, Esp. 11,6, Belg. 8,9, Suisse 3,6 ; nat. d'Afr. 3,9). **1946 :** 1 744 nat. d'Eur. [2] 88,7 dont It. 25,9, Pol. 24,3, Esp. 17,3, Belg. 8,8 ; nat. d'Asie 4 ; nat. d'Afr. 3,1 dont Alg. 1,3, Mar. 0,9, Tun. 0,1 ; nat. d'Am. 0,5 ; Sov. 2,9). **1954 :** 1 765 (nat. d'Eur. [2] 79,1 dont It. 28,7, Esp. 16,4, Pol. 15,2, Belg. 6,1 ; nat. d'Afr. 13 dont Alg. 12, Mar. 0,6, Tun. 0,3 ; nat. d'Am. 2,8 ; nat. d'Asie 2,3 ; Sov. 2). **1962 :** 2 170 (nat. d'Eur. [2] 72,2 dont It. 29, Esp. 20,4, Pol. 8,2, Belg. 3,6 ; nat. d'Afr. 19,7 dont Alg. 16,2, Mar. 1,5, Tun. 1,2 ; nat. d'Am. 4,1 ; nat. d'Asie 1,7 ; Sov. 1,2). **1968 :** 2 621 (nat. d'Eur. [2] 71,6 dont Esp. 23,2, It. 21,8, Port. 11,3, Pol. 5 ; nat. d'Afr. 24,8 dont Alg. 18,1, Mar. 3,2, Tun. 2,3 ; nat. d'Asie 1,7 ; nat. d'Am. 1,1 ; Sov. 0,7). **1975 :** 2 090 (nat. d'Eur. [2] 60,7 dont Port. 22, Esp. 14,5, It. 13,4 ; nat. d'Afr. 34,6 dont Alg. 20,6, Mar. 7,6, Tun. 4,1 ; nat. d'Asie 3 ; nat. d'Am. 1,2 ; Sov. 0,4). **1982 :** 1 753 (nat. d'Eur. [2] 47,6 dont Port. 20,8, It. 9,1, Esp. 8,7 ; nat. d'Afr. 42,8 dont Alg. 21,6, Mar. 11,7, Tun. 5,2 ; nat. d'Asie 8 dont Turcs 3,4 ; nat. d'Am. 1,4 ; Sov. 0,2).

Nota. − (1) 65 000 Als.-Lorrains n'ayant pas encore opté pour la Fr. après le tr. de Francfort (1871) sont comptés avec les Fr. de naissance. (2) Sauf U.R.S.S.

☞ **Répartition en 1984.** Selon le min. de l'Intérieur, les nationalités les plus représentées étaient : Portugais 860 000, Algériens 780 000, Marocains 520 000, Italiens 425 000, Espagnols 380 000. Il y avait 630 000 ressortissants de la C.E.E. et 135 000 des anciennes colonies fr. d'Afr. noire.

Évolution en % de 1975 à 1982. Total + 6,9 (dont femmes + 14), dont Esp. − 35,4 (− 35,3), It. − 27,9 (− 29,1), Youg. − 8,3 (+ 2,1), Port. + 0,8 (+ 2,6), Alg. + 12 (+ 33,9), Tun. + 35,5 (+ 67,3), Mar. + 65,8 (+ 141,7), Turcs + 142,9 (+ 293,9) ; autres C.E.E. + 4,8 (+ 13), Afr. noire + 96,4 (+ 177,8), autres nat. + 32,9 (+ 34,4).

Étrangers par nationalité

(entre parenthèses réfugiés)

Algériens. *1940 :* 22 114 ; *1954 :* 211 675 ; *1962 :* 350 484 ; *1968 :* 473 812 ; *1972 :* 798 690 ; *1975 :* 710 690 (+ 118 500 Fr. musulmans) ; *1976 :* 884 320 ; *1-1-83 :* 805 355. Selon l'accord fr.-alg. du 27-12-68, les porteurs d'une carte délivrée par l'*Office national alg. de la main-d'œuvre (ONAMO)* pouvaient venir librement travailler en Fr. (dans la limite de 35 000 par an en 1969, 1970, 1971 et 25 000 par an pour 1972 et 1973). Le 20-9-73 le gouvernement algérien a décidé d'interrompre l'émigration de travailleurs vers la France. La *population alg.* en France devait être stabilisée en 3 ou 4 ans (au rythme précédent, il y aurait eu 2 500 000 Nord-Africains en l'an 2000). **Allemands.** *1901 :* 90 000 ; *1911 :* 102 271 ; *1921 :* 76 000 ; *1931 :* 72 000 ; *1936 :* 58 138 ; *1946 :* 103 970 ; *1954 :* 58 022 ; *1960 :* 48 336 ; *1962 :* 46 606 ; *1968 :* 43 724 ; *1975 :* 42 955 ; *1980 :* 47 797 ; *1982 :* 51 004. **Américains** (U.S.A.). *1946 :* 10 769 ; *1975 :* 20 915 ; *1979 :* 23 188 ; *1980 :* 21 665 ; *1982 :* 23 076. **Argentins.** *1975 :* 2 090 ; *1980 :* 3 045 (346). **Arméniens.** *1975 :* 6 905 ; *1980 :* 5 805. *1982 :* 4 780. **Australiens.** *1975 :* 910 ; *1980 :* 1 155. **Autrichiens.** *1975 :* 3 315 ; *1980 :* 2 858.

Belges. *1861 :* 205 000 ; *1872 :* 348 000 ; *1886 :* 482 261 ; *1901 :* 323 000 ; *1921 :* 348 946 ; *1931 :* 72 000 ; *1936 :* 195 447 ; *1946 :* 145 947 ; *1954 :* 106 828 ; *1960 :* 89 757 ; *1962 :* 79 069 ; *1968 :* 65 224 ; *1975 :* 55 945 ; *1980 :* 59 968 ; *1982 :* 64 172. **Brésiliens.** *1975 :* 2 940 ; *1980 :* 3 568 (68). **Britanniques.** *1946 :* 19 736 ; *1968 :* 18 760 ; *1975 :* 24 850 ; *1979 :* 37 537 ; *1983 :* 43 119. **Bulgares.** *1975 :* 1 410 ; *1980 :* 1 112 (507).

Cambodgiens. *1975 :* 4 520 ; *1980 :* 30 664 (24 395) ; *1982 :* 36 880. **Camerounais.** *1975 :* 8 275 ; *1980 :* 12 172 ; *1982 :* 14 118. **Canadiens.** *1975 :* 5 180 ; *1980 :* 4 816. **Centrafricains.** *1975 :* 1 315 ; *1980 :* 2 592. **Chiliens.** *1975 :* 2 360 ; *1980 :* 6 443 (3 627). **Chinois.** *1946 :* 2 356 ; *1968 :* 5 000 ; *1975 :* 3 115 ; *1980 :* 5 514 (663). **Congolais.** *1975 :* 3 435 ; *1980 :* 6 816 (54).

Dahoméens. *1975 :* 3 460 ; *1980 :* 4 259. **Danois.** *1975 :* 1 695 ; *1980 :* 2 045.

Égyptiens. *1975 :* 2 615 ; *1980 :* 3 239 (325). **Espagnols.** *1861 :* 35 000 ; *1872 :* 53 000 ; *1901 :* 80 000 ; *1921 :* 255 000 ; *1931 :* 351 864 ; *1936 :* 253 599 ; *1946 :* 302 201 ; *1962 :* 441 658 ; *1966 :* 638 834 ; *1968 :* 706 184 ; *1972 :* 577 277 ; *1975 :* 497 480 ; *1980 :* 429 987 ; *1982 :* 321 440 ; *1983 :* 395 364. *Entrées : 1964 :* 66 269, *65 :* 49 865, *70 :* 15 738, *75 :* 3 892, *80 :* 604. **Éthiopiens.** *1975 :* 425 ; *1980 :* 554 (153).

Finlandais. *1975 :* 725 ; *1980 :* 837.

Gabonais. *1975 :* 2 070 ; *1980 :* 2 301. **Grecs.** *1946 :* 16 184 ; *1968 :* 9 000 ; *1975 :* 9 580 ; *1980 :* 9 516. **Guinéens.** *1975 :* 935 ; *1980 :* 1 592 (232).

Haïtiens. *1975 :* 1 175 ; *1980 :* 2 479 (724). **Hongrois.** *1975 :* 5 705 ; *1980 :* 4 879 (2 996).

Indiens. *1975 :* 1 680 ; *1980 :* 2 294. **Irakiens.** *1982 :* 2 400. **Iraniens.** *1975 :* 3 300 ; *1980 :* 13 193 ; *1982 :* 10 420. **Irlandais.** *1975 :* 1 250 ; *1980 :* 1 909. **Israéliens.** *1975 :* 3 985 ; *1980 :* 3 787 ; *1982 :* 4 040. **Italiens.** *1861 :* 77 000 ; *1872 :* 113 000 ; *1901 :* 330 000 ; *1921 :* 451 000 ; *1931 :* 808 038 ; *1936 :* 720 926 ; *1946 :* 450 764 ; *1954 :* 589 524 ; *1960 :* 688 474 ; *1962 :* 628 956 ; *1966 :* 678 037 ; *1968 :* 571 694 ; *1972 :* 573 817 ; *1975 :* 462 940 ; *1982 :* 333 740 ; *1983 :* 492 649. *Entrées : 1955 :* 14 246, *56 :* 52 782, *57 :* 80 385, *58 :* 51 146, *59 :* 21 262, *60 :* 19 515, *72 :* 5 093. **Ivoiriens.** *1975 :* 6 645 ; *1980 :* 10 653 ; *1982 :* 12 213.

Japonais. *1975 :* 4 935 ; *1975 :* 155 ; *1980 :* 54. **Laotiens :** *1975 :* 1 605 ; *1980 :* 31 846 (20 833) ; *1982 :* 33 480. **Libanais.** *1975 :* 3 870 ; *1980 :* 13 752 ; *1982 :* 11 200 ; **Libériens.** *1975 :* 155 ; *1980 :* 54. **Luxembourgeois.** *1926 :* 28 270 ; *1946 :* 9 002 ; *1954 :* 7 381 ; *1960 :* 4 876 ; *1968 :* 3 940 ; *1975 :* 3 380 ; *1980 :* 2 945.

Malgaches. *1975 :* 4 060 ; *1980 :* 5 770. **Maliens.** *1975 :* 12 580 ; *1980 ;* 17 924. **Marocains.** *1946 :* 16 458 ; *1954 :* 10 734 ; *1962 :* 33 320 ; *1966 :* 102 193 ; *1968 :* 84 236 ; *1972 :* 218 146 ; *1975 :* 260 025 ; *1980 :* 421 369 ; *1982 :* 431 120 ; *1983 :* 441 042. *Entrées : 1974 :* 27 870, *75 :* 13 706, *80 :* 13 602. **Mauriciens.** *1980 :* 10 624 ; *1982 :* 13 090. **Mauritaniens.** *1975 :* 5 415 ; *1980 :* 4 383. **Mexicains.** *1975 :* 1 155 ; *1980 :* 1 747. **Monégasques.** *1975 :* 1 100 ; *1980 :* 6.

Néerlandais. *1946 :* 10 580 ; *1968 :* 10 600 ; *1975 :* 10 935 ; *1980 :* 10 600. **Nigériens.** *1975 :* 620 ; *1980 :* 1 033. **Norvégiens.** *1975 :* 1 385 ; *1980 :* 1 277.

Péruviens. *1975 :* 740 ; *1980 :* 803. **Polonais.** *1921 :* 45 766 ; *1931 :* 507 811 ; *1936 :* 422 694 ; *1946 :* 423 470 ; *1954 :* 281 384 ; *1960 :* 176 749 ; *1962 :* 177 181 ; *1968 :* 131 668 ; *1975 :* 93 655 ; *1980 :* 73 302 ; *1982 :* 64 820 ; *1983 :* 63 769. **Portugais.** *1921 :* 10 788 ; *1931 :* 48 963 ; *1936 :* 28 290 ; *1946 :* 22 261 ; *1962 :* 50 010 ; *1966 :* 270 972 ; *1968 :* 296 448 ; *1972 :* 742 646 ; *1975 :* 758 925 ; *1979 :* 873 944 ; *1982 :* 764 860 ; *1983 :* 866 595. *Entrées : 1961 :* 6 716, *65 :* 47 330, *66 :* 44 916, *67 :* 34 764, *68 :* 30 868, *69 :* 80 829, *70 :* 88 634, *71 :* 64 328, *72 :* 30 473, *73 :* 32 082, *74 :* 37 772, *75 :* 23 436, *76 :* 17 919, *77 :* 13 265, *78 :* 7 406 (dont 368 travailleurs permanents et 7 038 membres de familles).

Roumains. *1975 :* 3 730 ; *1980 :* 3 815 (1 458). **Russes.** *1975 :* 12 450 ; *1980 :* 7 580 (5 073).

Sénégalais. *1975 :* 14 920 ; *1960 :* 40 604 ; *1966 :* 37 248 ; *1972 :* 29 202 ; *1975 :* 28 085 ; *1980 :* 23 747 ; *1982 :* 22 833. **Suédois.** *1975 :* 3 015 ; *1980 :* 3 369 ; **Suisses :** *1861 :* 35 000 ; *1872 :* 43 000 ; *1901 :* 72 000 ; *1921 :* 90 000 ; *1926 :* 123 119 ; *1931 :* 98 000 ; *1936 :* 79 000 ; *1946 :* 53 526 ; *1954 :* 47 779 ; *1960 :* 40 604 ; *1966 :* 37 248 ; *1972 :* 29 202 ; *1975 :* 28 085 ; *1980 :* 23 747 ; *1982 :* 22 833. **Syriens.** *1975 :* 3 010 ; *1980 :* 3 891 (70) ; *1982 :* 3 640.

Tamouls (Sri-Lankais). *1985 :* 10 000. **Tchadiens.** *1975 :* 880 ; *1980 :* 1 057. **Tchèques.** *1975 :* 4 530 ; *1980 :* 3 398 (1 066). **Togolais.** *1975 :* 4 035 ; *1980 :* 5 001. **Tunisiens.** *1946 :* 1 916 ; *1954 :* 4 800 ; *1962 :* 26 569 ; *1968 :* 61 028 ; *1975 :* 139 735 ; *1980 :* 181 618 ; *1982 :* 189 400 ; *1983 :* 212 909. *Entrées : 1975 :* 4 691, *80 :* 3 380. **Turcs.** *1948 :* 7 878 ; *1954 :* 7 628 ; *1960 :* 3 336 ; *1968 :* 7 628 ; *1972 :* 24 501 ; *1975 :* 50 860 ; *1980 :* 104 818 ; *1982 :* 123 540 ; *1983 :* 135 049. *Entrées : 1973 :* 18 628, *75 :* 7 192, *80 :* 7 084.

Vénézuéliens. *1975 :* 930 ; *1980 :* 1 731. **Vietnamiens.** *1975 :* 11 380 ; *1980 :* 34 483 (22 315). **Voltaïques.** *1975 :* 1 725 ; *1980 :* 2 112.

Yougoslaves. *1948 :* 18 966 ; *1954 :* 15 379 ; *1960 :* 13 510 ; *1962 :* 21 314 ; *1966 :* 34 355 ; *1968 :* 47 544 ; *1972 :* 68 748 ; *1975 :* 70 280 ; *1976 :* 77 810 ; *1980 :* 72 164 ; *1982 :* 64 420 ; *1983 :* 68 316. *Entrées : 1970 :* 10 639, *73 :* 18 628, *74 :* 4 500, *75 :* 1 183, *80 :* 362.

Zélandais. *1975 :* 235 ; *1980 :* 274.

Nota. − Originaires d'Afrique noire ex-française et de Madagascar. *1975 :* 70 320, *82 :* 138 080.

Tsiganes en France. 150 000 à 250 000. 97 % env. d'entre eux sont Français. 70 % sont analphabètes.

Pays de naissance

Argentine : Barenboïm, Daniel (chef d'orchestre). *Bulgarie :* Vartan, Sylvie (chanteuse). *Égypte :* Dalida (chanteuse). *Espagne :* Casarès, Maria (actrice). *Grèce :* Ahrweiler, Hélène (recteur de l'Académie de Paris). *Hongrie :* Arnothy, Christine (écrivain) ; Image, Jean (réalisateur de cinéma) ; Vasarely, Victor (peintre). *Italie :* Montand, Yves (chanteur) ; Ventura, Lino (comédien). *Roumanie :* Cioran, Émile-Michel (philosophe) ; Eliade, Mircea (historien) ; Popesco, Elvire (actrice). *Russie :* Chagall, Marc (peintre) ; Lifar, Serge (danseur), Oldenbourg, Zoé (écrivain) ; Sarraute, Nathalie (écrivain) ; Troyat, Henri (écrivain, membre de l'Académie française) ; Zitrone, Léon (journaliste).

2/3 sont sédentarisés (dans des conditions souvent mauvaises). 1/3 voyagent. 15 000 adultes sont baptisés par la Mission évangélique des Tsiganes. 5 000 fréquentent cette Église.

Réfugiés politiques

En France

• **Total. Années 1950** 300 000. **Au 31-12-83** 163 571 [1,2] dont *Europe 59 266* [dont Polonais 15 651, Arméniens 9 830, Russes 7 877, Yougoslaves 6 435, Hongrois 4 755, Roumains 4 799, Ukrainiens 2 564, Tchécoslovaques 1 915, Baltes 851, Bulgares 881, Turcs 2 016, Albanais 476, Géorgiens 257, divers 685 (il n'y a plus d'Espagnols considérés comme réfugiés), *Asie 86 737* [dont Indochine (Viêt-nam, Cambodge, Laos) 82 088, autres 2 551, Moyen-Orient 2 098], *Amérique 10 065* [dont Amér. du S. 7 226, autres (y compris Caraïbes) 2 766, Amér. centrale 73], *Afrique 7 503* (dont Afr. noire 5 346, Afr. du N., Égypte, Libye, Éthiopie, Somalie, Soudan 2 157).

• **Réfugiés du Sud-Est asiatique régulièrement arrivés en France.** *1980 :* 12 001. *81 :* 12 290 (dont Cambogiens 5 684, Laotiens 3 888, Vietnamiens 3 192, autres 26). *82 :* 9 207 (dont C. 4 273, V. 3 276, L. 1 653, autres 5). *83 :* 8 690 (dont C. 5 032, V. 2 995, L. 632, autres 31).

• **Proportion.** Il y a en France 1 réfugié politique pour 360 habitants (en Suisse 1 pour 150, Autriche 246, G.-B. 390, Suède 416, Italie 423, Belgique 476, All. féd. 610, Somalie 7, Soudan 32, Pakistan 34, au 1-1-1983) contre 300 000 dans les années 1950.

• **Demandes satisfaites et refus. Du 1-1-1980 au 31-12-1983 :** 61 690 demandes satisfaites par l'O.F.P.R.A. (dont réfugiés du S.-E. asiatique 46 160, réf. de 90 autres nat. 21 530) et 18 020 refus. 15 750 pourvois à la Commission des recours (86,5 % de rejets des pourvois). **1984 :** 48 % des demandes satisfaites par l'O.F.P.R.A. (90 % il y a 10 ans). **1985** (10 premiers mois) : 35 % et 90 % de rejets des pourvois par la Commission des recours. [*« Privilégiés »* (pas de longue procédure, marché du travail aussitôt ouvert) : ceux de l'ex-Indochine, d'Iran et d'Afghanistan. *« Défavorisés » :* Tamouls sri-lankais (90 % de refus), Zaïrois (75 %, 3 000 inscrits au 1-1-85), Ghanéens (95 %)].

Dans le Monde

Total. Env. 15 millions en févr. 1985.

Répartition en 1981-82. Afrique : + de 3 millions dont Algérie 152 000 (150 000 Sahraouis), Burundi 234 600, Nigeria 105 000, Ouganda 113 000 (80 000 Rwandais), Somalie 700 000 (1 pour 7 hab.), Soudan 550 000 (419 000 Éthiopiens, 110 000 Ougandais), Tanzanie 164 000 (154 000 Burundais), Zaïre 365 000 (215 000 Angolais, 110 000 Ougandais). **Amérique du N. :** Canada 338 000 (1 pour 69 hab.), U.S.A. 849 000. **Am. centrale** (avec Mexique) : 260 000 à 310 000 (dont 220 à 270 000 Salvadoriens). **Am. du S. :** 74 500 (dont 58 000 r. europ. et 130 000 latino-amér.), dont 26 500 en Argentine. **Asie :** Chine 265 000 Vietnamiens, Hong Kong 13 542 Vietnamiens, Iran 50 000 Afghans env., Pakistan 2 350 000 Afghans (1 pour 34 hab.), Viêt-nam 30 000 Cambodgiens, pays arabes d'Asie (Ar. Saoud., Émirats arabes unis, Irak, Jordanie, Koweït, Syrie, Yémen) 70 000 env. + 1 925 726 r. palestiniens (au 30-6-82) [1]. **Europe :** 589 200 (1 pour 710 hab.) dont 148 000 Indochinois arrivés dep. 1975 [2]. **Océanie :** Australie 304 000 (1 pour 47 hab.), Nlle-Zélande 10 000.

Nota. — (1) Jordanie 748 552 (1 pour 5 hab.), bande de Gaza 377 292, rive occ. du Jourdain 340 643, Liban 238 667 (1 pour 11 hab.), Syrie 220 572. (2) En Suisse, 22 000, dont 14 000 arrivés dep. 1982-83.

☞ **Refus d'accorder le statut** (en %, en 1982) : All. féd. 81,1, Dan. 48,7, Belg. 45, Fr. 44,7, G.-B. 33,9, Suisse 25.

Étrangers actifs

Données globales

• **Nombre total** (y compris les chômeurs) et % de la pop. active totale (source : recensements). *1946 :* 1 046 000 (5,1). *1954 :* 949 000 (5). *1962 :* 1 093 000 (5,7). *1968 :* 1 268 000 (6,2). *1975 :* 1 584 000 (7,3). *1982 :* 1 556 000 (6,6), dont ouvriers non qualifiés 593 740, ouvriers qualifiés 394 740, personn. serv. directs aux particuliers 108 760, employés administratifs d'entreprise 98 020, ouvriers agricoles 54 040, chômeurs n'ayant jamais travaillé 43 300, employés de la fonction publique 32 980, artisans 31 160, commerçants et assimilés 27 540, employés de commerce 26 780, cadres d'entreprise 26 200, prof. interm. admin. et commerc. des entr. 23 320, prof. interm. enseign., santé, fonct. publ. 22 140, contremaîtres, agents de maîtrise 21 880, cadres fonct. publ., prof. intell. et artist. 21 160, techniciens 13 560, agriculteurs exploitants 9 720, chefs d'entreprise de 10 salariés ou + 3 880, professions libérales 3 340. *1983* [1] : 1 574 000. *1984* [1] : 1 658 000, dont hommes 1 187 (8,5 % de la pop. active masc.) et femmes 369 140 (3,9 %). % de femmes dans la pop. active étr. *1962 :* 15,2. *1975 :* 18,8. *1982 :* 23,7.

Nota. — (1) Enquête emploi I.N.S.E.E. en mars.

Main-d'œuvre étrangère en Europe

En 1981 (en milliers et en % de la pop. active). Source : SOPEMI. All. féd. 2 082 (9,5). *France : 1 436 (7,5).* G.-B. (76) 866. Suisse 738 (17,3 en 78, 19,7 en 82). Belgique 306 (8). Suède 233 (5,4). [221 600 (5,1 en 1983]. P.-Bas 208 (4). Autriche 181 (6,4). Luxembourg (78) 50 (33,4). Danemark (78) 43 (1,5).

Répartition selon la nationalité. Port. 388 820 (dont femmes 138 160), Alg. 318 880 (40 480), Mar. 187 620 (18 240), It. 146 920 (31 300), Esp. 137 340 (44 660), Tun. 76 020 (7 720), Turcs 40 780 (3 920), Youg. 35 800 (13 420) ; autres C.E.E. 65 360 (21 380), Afr. noire 56 080 (10 160), autres nat. 122 860 (39 720).

Actifs ayant un emploi

• **Total.** (1982) 1 338 120 (dont 1 257 860 salariés), dont bâtiment, génie civil et agr. 299 380, services marchands 234 560, industrie des biens d'équipement 146 540, services non marchands 121 520, ind. des biens de consommation 112 120, commerce 111 760, agr., pêche 59 300, transports et télécommunications 48 400, ind. agric. et alim. 30 320, produc. et distribution d'énergie 16 240, organismes financiers 6 200, location et crédit-bail immobiliers 4 140, assurance 2 620. V. aussi au chapitre Travail.

• **Répartition par secteur.** (%) Industrie 56 (65,5 en 75), dont bâtiment, génie civil et agricole 22, biens intermédiaires 11 (fonderie et travail des métaux 4), biens d'équipement 11 (automobile 5), biens de consommation 8,5 (textiles et habillement 4), autres 3,5 ; tertiaire 39,5 (28,5 en 75), dont services marchands 17,5, services non marchands 9, commerce 8,5, agriculture 4,5 (6 en 75).

• **Travailleurs saisonniers.** *1970 :* 135 058. *71 :* 137 197. *72 :* 144 492. *73 :* 142 458. *74 :* 131 783. *75 :* 124 126. *76 :* 121 474. *77 :* 112 116. *78 :* 122 658. *79 :* 124 715. *80 :* 120 436. *81 :* 117 542. *82 :* 107 017. *83 :* 101 857. *84 :* 93 220. *Source :* O.N.I.

• **Répartition géographique** (en % 1981). Les 3/4 dans 8 départements (par ordre décroissant) : Hérault, Aude, Gard, Vaucluse, Gironde, Lot-et-G., Bouches-du-Rh., Pyrénées-Or.

Nationalités (1982). Espagnols 89 539. Portugais 10 477. Marocains 5 536. Tunisiens 900. Yougoslaves 173. Autres 290.

Répartition selon le secteur d'activité (1982). *Total* 106 915, dont pêche, agriculture, forestage 103 834. Prod. transf. des mét., ind. mécaniques et élec. 4. B.T.P. 243. Ind. agricoles et alimentaires 969. Ind. du bois et ameublement 34. Autres ind. 269. Commerces 1 470. Hygiène, services divers domestiques 62. Autres activités 30.

Travailleurs permanents (admis en 1984). Total : 11 804 (dont C.E.E. admis au séjour 5 583). *Par mode d'immigration* (sans C.E.E.) : *introductions* 1 234 dont Américains (U.S.A.) 406, Japonais 206, Polonais 99, Espagnols 52, Suédois 52. *Régularisations* 4 987 dont Polonais 870, Libanais 738, Marocains 596, Cambodgiens 566, Américains (U.S.A.) 266, Tunisiens 222, Togolais 115, Japonais 113, Vietnamiens 103, Portugais 78, Espagnols 64.

De 1946 à 1984 : total 2 685 974 dont It. 632 993, Port. 606 352, Esp. 528 692, Mar. 256 958, Tun. 123 566, Youg. 93 022, Turcs 71 562, divers 372 828.

Catégorie socio-professionnelle. En %. *1982 :* 63,5 % d'ouvriers contre 34,2 % pour l'ensemble des actifs (64 % en 1962, 73 % en 1975), 71,5 % chez les hommes et 38 % chez les femmes. *Qualification professionnelle dans l'industrie (oct. 82) :* manœuvres 14, O.S. 33,1, ouvriers qualifiés 37,3, total ouvriers 84,4 ; employés 9,8, agents de maîtrise et cadres 3, cadres 2,3. Les ouvriers non qualifiés représentants 45 % de l'ensemble des actifs chez les Port., Alg., Mar. et Tun., 60 % chez les Turcs.

• **% des étrangers selon les branches d'activité** (1983). Commerce 4,9, bâtiment, génie civil et agr. 20,3 (dont Portugais 30 %), agriculture 10, industrie 8,5 [ind. des biens intermédiaires 10,3 dont Portugais 25 %, Algériens 25 %), des biens de consommation 8,9, des biens d'équipement 8,4, agr. et alim. 6,1, énergie 3,4). Services marchands 7,3. Activité indéterminée 6. Services non marchands 3,5. Transports et télécommunications 3. Institutions financ. 2,6.

Nota. — Il y a 14,5 % d'étrangers dans l'automobile et les matériels de transports terrestres (dont Marocains 25 %, Algériens 20 %, Portugais 17 %).

Période	Sexe masculin	Sexe féminin	Différence
1780-1789	27,5	28,1	0,6
1820-1829	38,3	39,3	1,0
1908-1913	48,5	52,4	3,9
1933-1938	55,6	61,4	5,8
1946-1949	61,6	67,2	5,6
1960-1964	67,2	74,2	7,0
1980-1984*	70,6	78,8	8,2

◀ **Espérance de vie à la naissance en France** (en années en dixièmes d'année)

Nota. — * Moyenne des 5 tables annuelles.

Groupes d'âges	1er janvier 1966	1er janvier 1983	1er janvier 1984	1er janvier 1985
0-19 ans	34,1	29,6	29,5	29,1
20-59 ans	48,4	52,6	52,6	52,8
60 ans ou plus	17,5	17,8	17,9	18,1
Ensemble	100,0	100,0	100,0	100,0

◀ **Répartition par âge de la population française.**

Voir également le tableau « Espérance de vie en France », page 546.

Histoire de France

Souverains et Chefs d'État

☞ Pour en savoir plus, demandez le *Quid des Présidents de la République* (et des candidats).
550 pages de faits, de dates, de chiffres et d'anecdotes sur la vie des présidents et des candidats à la présidence. Chez tous les libraires (éditions Robert Laffont, 1981).

Empereurs gaulois et empereurs des Gaules

(D'après Maurice Bouvier-Ajam.)

Les empereurs gaulois (e. g.) sont des Gaulois proclamés empereurs par leurs compatriotes ou une grande partie d'entre eux et de ce fait empereurs des Gaules. Les empereurs des Gaules (e. d g.) sont des Romains ou autres sujets non gaulois de Rome qui ont pris ou reçu ce titre. **70** (janvier-mars) : **Sabinus César** des G. : 1er Empire gaulois. **70** (août) : préside une assemblée d'une république aristocratique des G. **121 (?) : Caius, Julius, Aupex**, conservateur des G. **124 (?) : Adrien**, restaurateur des G. **138 : Antonin**, Gallo-Romain. **192 : Caracalla** (4 ans), symbolique protecteur de la G.

257-267 : 2e Empire gaulois. **267** (juillet)-**268** (août) : **Lélien, Marius, Victorien** (e. g.). **268-273 : Treticus** et son fils. **275 : Probus**, Pannonien proclamé en Gaule avant d'être investi par le Sénat romain. **276-279 : Proculus**, Bonosus se révoltent contre Probus. **282 : Carus**, Narbonnais, proclamé e. romain. **283 : Lélien**, e. bagaude. **287 : Carausius**, e. g. **293 : Constance Chlore**, Pannonien, César des G.

340 : Constant. 350 : Magnence, Lète, e. g. **353 : Decentius**, s. frère, e. d g. **354 : Silvanus**, Lète franc, e. g. **355** (octobre) : **Julien**, César des G., nommé par l'empereur romain Constance II, dit libérateur des G. **361** (mai) : **Julien**, e. d g., e. romain. **364 : Salluste**, gaulois, refuse l'empire. **375 : Gratien**, e. romain d g. ; Gaule continentale, Britannia, Espagne. **383 : Maxime**, e. d g.

407 : Constantin, e. d g. **412 : Maxime le Tyran**, dernier e. d g. **435-436 : Tibaton**, dernier e. bagaude. **452-464 : Egidius**, comte romain, patrice des g. **455** (juillet)-**456** (avril) : **Avitus**, Gaulois, e. romain d'Occident. **464 à 476** (chute de l'Empire romain) : **Syagrius**, patrice des g. **476 à 486** (juillet) : **Syagrius**, patrice d'un e. d'Occident qui n'existe plus, mais se réclamant de l'e. d'Orient. **486** : fin de la Gaule romaine.

Les Mérovingiens

Nota. — La France a été plusieurs fois divisée en royaumes : Austrasie, Neustrie, Orléans, Paris, Aquitaine et Bourgogne. Cette coutume a été expliquée de 2 façons différentes : 1°) elle serait d'origine germanique ; 2°) elle prétendait imiter les empereurs romains postérieurs à Dioclétien (voir p. 916).

v. 428 Clodion le Chevelu fils de Pharamond, dont l'existence est contestée. **v. 448 Mérovée** parent de Clodion.

458 Childéric Ier (v. 436-482) f. du p. *Ép.* Basine.

481 Clovis Ier (465-511) f. du p. *Ép.* 493 Clotilde (v. 470-545) (fille de Chilpéric, roi des Burgondes) qui sera canonisée.

1er partage (511-558)

• **4 royaumes (511-524).** REIMS et AUVERGNE. **Théodoric (Thierry Ier)** (486-534) f. de Clovis.
ORLÉANS. **Clodomir** (495-524) f. de Clovis.
PARIS. **Childebert Ier** (v. 497-558) f. de Clovis.
SOISSONS (NEUSTRIE). **Clotaire Ier le Vieux** (v. 497-561) f. de Clovis. *Ép.* 1° Ingonde ; 2° Haregonde ; 3° Chusène ; 4° 538 Radegonde (519-87) ; 5° Gondiuque ; 6° v. 555 Waldrade.

• **3 royaumes (524-555).** REIMS et AUVERGNE. **Théodoric (Thierry Ier)**, devenu roi de Thuringe 531. **534 Théodebert (Thibert Ier)**, s. f. (v. 504-548), titré roi d'Austrasie. **548 Théodebald (Thibaut)** (v. 535-555) s. f.
ORLÉANS et PARIS. **Childebert Ier**, roi d'Orléans jusqu'à 532 ; co-roi de Bourgogne à partir de 534.
NEUSTRIE. **Clotaire Ier le Vieux**, roi d'Orléans à partir de 532 ; co-roi de Bourgogne 534.

• **2 royaumes (555-58).** PARIS et co-royauté de BOURGOGNE. **Childebert Ier († 558).**
NEUSTRIE, ORLÉANS, co-royauté de BOURGOGNE, AUSTRASIE. **Clotaire Ier le Vieux.**

1re réunification (558-61)

Clotaire Ier le Vieux († 561), roi de Paris, r. unique de Bourgogne, souverain de tous les royaumes francs à la mort de Childebert Ier.

2e partage (561-613)

• **4 royaumes (561-568).** PARIS. **Caribert Ier** (521-568) f. de Clotaire Ier.
ORLÉANS et BOURGOGNE. **Gontran (St)** (525-592) f. de Clotaire Ier. *Ép.* 1° Marcatrude ; 2° Austrechilde.
AUSTRASIE. **Sigebert Ier** (535-assassiné en 575 sur ordre de Frédégonde) f. de Clotaire Ier. *Ép.* Brunehaut (534-613/4).
SOISSONS. **Chilpéric Ier** (539-assassiné 584) f. de Clotaire Ier et d'Haregonde. *Ép.* 1° Audovère († 580/1) ; 2° Galswinthe (?-568) ; 3° Frédégonde (543-97).

• **3 royaumes (568-592).** ORLÉANS et BOURGOGNE. **Gontran (St)** († 592) roi de Paris (à la place de Chilpéric Ier à partir de 584).
AUSTRASIE. **Sigebert Ier** († 575). **575 Childebert II** (570-95) f. de Sigebert et de Brunehaut.
SOISSONS et PARIS. **Chilpéric Ier**. A sa mort (584), le royaume de Paris va à Gontran. **584 Clotaire II le jeune** (584-629) s. f.

• **2 royaumes (592-595).** AUSTRASIE, ORLÉANS, PARIS, BOURGOGNE. **Childebert II** recueille l'héritage de son oncle Gontran jusqu'à sa mort (595).
SOISSONS. **Clotaire II le jeune.**

• **3 royaumes (595-612).** AUSTRASIE. **Théodebert II** (585-612, assassiné) f. de Childebert II.
BOURGOGNE, PARIS, ORLÉANS. **Thierry II** (587-613) f. de Childebert II.
SOISSONS. **Clotaire II le jeune.**

• **2 royaumes (612-613).** BOURGOGNE, PARIS, ORLÉANS, AUSTRASIE. **Thierry II** recueille l'héritage de son fr.
SOISSONS. **Clotaire II le jeune.**

2e réunification (613-634)

613 Clotaire II le jeune. Recueille l'héritage de ses 2 cousins germains, fils de son oncle Childebert II, **629 Dagobert Ier** (v. 600-39) f. du p. et de Bérétrude. *Ép.* 1° 626 Gomatrude ; 2° 629 Nantilde († v. 642) ; 3° 630 Ragnetrude.

3e partage (634-656)

• **2 royaumes.** NEUSTRIE et BOURGOGNE. **634 Dagobert Ier** († 639). **639 Clovis II le Fainéant** (v. 630-57) f. de Dagobert Ier de Nantilde. *Ép.* 651 Ste Bathilde († 678).
AUSTRASIE. **634 St Sigebert III** (631-56) f. de Dagobert Ier. *Épouse* Himnechilde. Il règne sous la tutelle de Pépin l'Ancien et de Grimoald, son père l'ayant nommé fictivement roi, à l'âge de 3 ans.

3e réunification (656-660)

NEUSTRIE, BOURGOGNE, AUSTRASIE. **Clovis II le Fainéant** recueille l'héritage de son frère St Sigebert († 656), en écartant le futur St Dagobert II, âgé de 4 ans. **657 Clotaire III** (v. 652-673) f. de Clovis II. Reçoit fictivement la couronne austrasienne de son oncle St Sigebert dès 656. Hérite l'année suivante des autres royaumes francs.

4e partage (663-675)

• **2 royaumes.** NEUSTRIE et BOURGOGNE. **Clotaire III** († 673) donne la couronne d'Austrasie à son fr. Childéric II en 663. **673 Thierry III** (v. 657-690 ou 91) 3e f. de Clovis II et de Ste Bathilde. *Ép.* Clotilde (Doda) († 694/9), succède à son fr. aîné.
AUSTRASIE. **Childéric II** (v. 653/7-assass. 675) f. de Clovis II et de Ste Bathilde. *Ép.* v. 668 Blichilde († 675).

4e réunification (675-676)

NEUSTRIE, BOURGOGNE, AUSTRASIE. **Thierry III** recueille un an l'héritage austrasien de son fr. Childéric II.

5e partage (676-79)

• **2 royaumes.** NEUSTRIE ET BOURGOGNE. **Thierry III.** Donne en 676 l'Austrasie à son cousin germain Dagobert, f. de son oncle St Sigebert († 656).
AUSTRASIE. **676 St Dagobert II** (v. 652-assassiné 679) f. de Sigebert III. *Ép.* 1° Mathilde († 670) ; 2° Gisèle.

5e réunification (579-717)

NEUSTRIE, BOURGOGNE, AUSTRASIE. **579 Thierry III.** Reprend la couronne austrasienne après l'assassinat de son cousin. **691 Clovis III** (682-95) f. du p. et de Clotilde. Pépin d'Héristal dirige le royaume. **695 Childebert III** (683-711) f. de Thierry III et de Clotilde. *Ép.* N. Sous la tutelle de Pépin d'Héristal. **711 Dagobert III** (v. 699-715) f. du p. *Ép.* N. **715 Chilpéric II** (v. 670-721) f. de Childéric II et de Blichilde. *Ép.* N.

6e partage (717-719)

• **2 royaumes.** NEUSTRIE et BOURGOGNE. **Chilpéric II**, contraint de céder en 717 la couronne austrasienne à son cousin germain, Clotaire IV, protégé de Charles Martel.
AUSTRASIE. **717 Clotaire IV** (684-719) f. de Thierry III, désigné par Ch. Martel. Opposé à Chilpéric II.

6e réunification (719-751)

NEUSTRIE, BOURGOGNE, AUSTRASIE. **719 Chilpéric II** reprend sa couronne austrasienne à la mort de son rival. **721 Thierry IV** (v. 713-737) f. de Dagobert III. *Seul roi.* **737-43 Interrègne :** Charles Martel (carolingien) au pouvoir. **743-51 Chilpéric III** (v. 714-755) f. de Chilpéric II. *Ép.* Gisèle, dont il eut Théodoric ou Thierry, mort sans post., et dernier des Mérovingiens. Déposé par Pépin le Bref en 751.

Les Carolingiens

751 Pépin le Bref (714-68) f. de Charles Martel [v. 676-741 ; maire du Palais et f. de Pépin d'Héristal (v. 635-714), lui-même petit-fils de Pépin le Vieux ou de Landen (v. 580-640), maire du palais d'Austrasie sous Clotaire II, Dagobert I et Sigebert II]. *Ép.* v. 740 Bertrade de Laon, dite Berthe au Grand Pied (726-783).

768 Charles le Grand, dit Charlemagne (742-814) f. du p. et de Bertrade de Laon. *Ép.* 1° Himiltrude ; 2° 770 Désidérade (?) ; 3° 771 Hildegarde (758-83) ; 4° 783 Fastrade († 794) ; 5° av. 796 Liutgarde († 800) ; 6° Madelgarde ; concubines ; 7° Gerswinde ; 8° Regina ; 9° Adelinde ; 10° N... *Roi de Neustrie, Austrasie* et *Aquitaine occidentale* (768), *Bourgogne, Provence, Septimanie* et *Aquitaine orientale* après la mort de son frère Carloman Ier (751-71) ; *roi de Lombardie* et *patrice de Rome* (774) ; couronné *empereur des Romains* le 25-12-800 par le pape Léon III. Il a été longtemps considéré comme le roi des Francs Charles Ier (Charles le Chauve étant appelé Charles II, et Charles le Gros, avant Charles III le Simple, n'ayant aucun numéro). Actuellement, on considère *Charlemagne* comme un nom différent de *Charles*, et on appelle Charles le Chauve : Charles Ier.

814 Louis Ier le Débonnaire ou le Pieux (778-840) f. du p. et de Hildegarde. *Ép.* 1° v. 794 Ermengarde († 818) ; 2° v. 819 Judith (v. 805-43) ; déposé par ses fils en 833, rétabli en 834, *empereur* (814-40). [Si l'on comptait les 3 Clovis mérovingiens (dont le nom est une autre forme de Louis = Hlodovicus), il serait appelé Louis IV, et Louis XIV serait Louis XVII. Mais la tradition a été longtemps de faire commencer la liste des rois à Charlemagne (actuellement, à Louis le Débonnaire, ce qui fait de Charles le Chauve un Charles Ier)].

840 Charles Ier le Chauve (823-77) f. du p. et de Judith. *Ép.* 1° 842 Irmtrude († 869) ; 2° 870 Richeut († 877). *Roi de Neustrie* (837), *d'Aquitaine* (838), *de Lorraine* (869) et *de Bourgogne* (870), *d'Italie* (875-76), *empereur* (875).

877 Louis II le Bègue (846-79) f. du p. et d'Irmtrude. *Ép.* 1° 862 Ansgarde († ap. 875) ; 2° 870 Adélaïde de Paris († ap. 901). *Roi d'Aquitaine* en 867.

879 Louis III (864-82) f. du p. et d'Ansgarde. Sans postérité.

879 Carloman II (866-84) f. de Louis II et d'Ansgarde. Sans post. *Roi avec Louis III* (879-82), *seul roi ensuite.*

884 Charles II le Gros (839-88) f. de Louis II le Germanique (v. 806-76, 3e f. de Louis Ier le Débonnaire, roi de Germanie et d'Ermengarde) et d'Emma. *Ép.* 862 Richarde, dont il eut Carloman († 876). *Roi de Souabe* (876-87), *d'Italie* (879), *empereur* (880-87), *roi de France au détriment de Charles le Simple* (884) ; déposé en 887.

888 Eudes (864/5-98) non carolingien, voir ci-dessous, Capétiens.

898 Charles III le Simple (879-929) f. de Louis II le Bègue et d'Adélaïde. *Ép.* 1° 907 Frédérune († 916/17) ; 2° 919 Edvige d'Angleterre (896-951). *Roi avec Eudes* (893-98), *puis seul* [reprend en 911 (extinction des Carolingiens de l'Est) le titre : rex Francorum, abandonné depuis 814].

922 Robert Ier (866-923) non carolingien, voir ci-dessous, Capétiens.

923 Raoul duc de Bourgogne († 936) non carolingien, voir ci-dessous, Capétiens.

936 Louis IV d'Outremer (921-54) f. de Charles III et d'Edvige. *Ép.* 939/40 Gerberge de Saxe (913/14-984).

954 Lothaire (941-86) f. du p. et de Gerberge. *Ép.* 966 Emma d'Italie († 988).

986 Louis V le Fainéant [1] (v. 967-87) f. du p. et d'Emma. *Ép.* 982 Adélaïde d'Anjou, veuve d'Étienne Ier, Cte de Gévaudan († v. 1010). Sans postérité.

Nota. – (1) Surnom donné sous le règne de ses successeurs capétiens, mais ne correspondant à rien.

Les Capétiens

Jusqu'en 1958, on ne faisait pas remonter la généalogie des Capétiens plus haut que Robert le Fort (v. 800-66), Cte d'Angers et de Tours, abbé laïc de Marmoutier ; père d'Eudes, roi de France de 888 à 898. On connaît aujourd'hui les ancêtres de Robert le Fort ou « Robertiens » : ce sont les Ctes de Wormsgau et Oberrheingau, qui étaient certainement alliés aux Carolingiens par les femmes, et qui étaient très probablement les Mérovingiens d'une branche cadette. Leur liste a paru après l'analyse du cartulaire de l'abbaye St-Nazaire de Lorsch (près de Worms), fondée vers 764 par Williswinte, veuve d'un prince robertien. **Lambert,** référendaire de Dagobert Ier r. de Neustrie, vivant le 8-4-630. **Robert,** s. f., maire du palais de Clovis II, chancelier de Clotaire III entre 639 et 675. **Lambert,** s. f. (dates inconnues). **Robert Ier,** s. f., duc en Hesbaye (Liège) mort v. 764. **Turimbert,** s. f. (dates inconnues). **Robert II,** s. f. (dates inconnues). **Robert III,** s. f., administrateur royal à Hornbach (mort v. 834).

Nota. – Les 3 branches des Capétiens qui ont régné en France ont fini de la même façon : règne successif de 3 frères : *de 1314 à 1328,* les 3 derniers Capétiens directs (Louis X, Philippe V, Charles IV) ; *de 1559 à 1589,* les 3 derniers Valois (François II, Charles IX, Henri III) ; *de 1774 à 1830,* les 3 derniers Bourbons (Louis XVI, Louis XVIII, Charles X).

Rois robertiens antérieurs à Hugues

888 Eudes (v. 860-98) f. de Robert le Fort. *Épouse* v. 882 Théoderade (de la famille des Ctes de Troyes), dont 1 fils Guy (cité 903) ; Cte de Paris 882 ; reconnu r. des Francs par l'emp. Arnulf 889.

922 Robert Ier (866-923) frère d'Eudes et 2e f. de Robert le Fort. *Ép.* 1° N... 2° apr. 893 Béatrice de Vermandois. Tué à la bat. de Soissons.

923 Raoul duc de Bourgogne († 936) f. de Richard comte d'Autun puis duc de Bourgogne. *Ép.* Emma († 934), f. de Robert Ier et de Béatrice de Vermandois. *Roi avec Charles le Simple jusqu'en 929, puis gouverne seul.*

Capétiens directs

987 Hugues Capet (v. 941-96) f. d'Hugues le Grand [(† 956), f. de Robert Ier et beau-fr. de Raoul, il laisse 2 fois la couronne à des Carolingiens (surnommé le *faiseur de rois*) ; comte de Paris et duc de Fr. (922), suzerain d'Aquitaine et de Bourgogne (956) ; vrai fondateur de la dynastie]. *Ép.* 963-68 Adélaïde d'Aquitaine (v. 945-1006).

996 Robert II le Pieux (v. 970-1031) f. du p. et d'Adélaïde. *Ép.* 1° 988 Suzanne ou Rosala de Provence répudiée en 992 (950/60-1003) ; 2° 996 Berthe de Bourgogne, rép. 998 ; 3° v. 1002 Constance d'Arles († 1032).

1031 Henri Ier (1008-60) f. du p. et de Constance d'Arles. *Ép.* 1044 Anne de Kiev (v. 1024-apr. 1075 ; *régente* de 1052 à 1065).

1060 Philippe Ier (1052-1108) f. du p. *Ép.* 1° 1071 Berthe de Hollande (v. 1055-93), rép. 1091 ; 2° 1092 Bertrade de Montfort († 1117). Nommé Philippe en souvenir de Philippe de Macédoine dont sa mère prétendait descendre. (Baudoin Cte de Flandres, *régent* 7 ans).

1108 Louis VI le Gros (v. 1081-1137) f. du p. et de Berthe de Hollande. *Ép.* 1° 1104 Lucienne de Rochefort, rép. 1107 ; 2° 1115 Alix de Savoie († 1154).

1137 Louis VII le Jeune (v. 1120-80) f. du p. et d'Alix de Savoie *Ép.* 1° 1137 Éléonore d'Aquitaine (v. 1123-1204), rép. en 1152, elle épousa Henri Plantagenêt, Cte d'Anjou et duc de Normandie, puis roi d'Angl. sous le nom de Henri II ; 2° 1154 Constance de Castille († 1160) ; 3° 1160 Adèle de Champagne (v. 1140-1206). (1147-50 *Suger, régent* pendant la croisade.)

1180 Philippe II Auguste (1165-1223) f. du p. et d'Adèle de Champagne. *Ép.* 1° 1180 Isabelle de Hainaut (1170-90) ; 2° 1193 Ingeburge ou Isambour de Danemark (1176-1236) répudiée en 1193, reprise officiellement (mais emprisonnée) en 1200, reprise effectivement en 1213 ; 3° 1196 Agnès de Méranie († 1201), répudiée officiellement en 1200, mais gardée jusqu'à sa mort.

1223 Louis VIII le Lion (1187-1226) f. du p. et d'Isabelle de Hainaut. *Ép.* 1200 *Blanche de Castille* (1188-1252), *régente* 1226-36 et 1248-52 (7e crois.).

1226 Louis IX (St Louis) (1214-70) f. des p. *Ép.* 1234 Marguerite de Provence (1221-95), canonisé en 1297.

1270 Philippe III le Hardi (1245-85) f. des p. *Ép.* 1° 1262 Isabelle d'Aragon (1243-71) ; 2° 1274 Marie de Brabant (v. 1260-1322).

1285 Philippe IV le Bel (1268-1314) f. du p. et d'Isabelle d'Aragon. *Ép.* 1284 Jeanne Ire de Champagne, reine de Navarre, Ctesse de Champagne et de Brie (1271-1305). 1er roi de France à porter également le titre de *roi de Navarre* (en raison de ce mariage).

1314 Louis X le Hutin (1289-1316) 1er f. des p. *Ép.* 1° 1305 Marguerite de Bourgogne (1290-1315) ; 2° 1315 Clémence d'Anjou et de Hongrie (1293-1328). *Roi de France et de Navarre.*

1316 Jean Ier (1316-16) f. du p. né posthume 5 mois après la mort de son père, il vécut et régna du 15 au 23-11-1316 sous la régence de Philippe Cte de Poitiers, futur Philippe V. Sans post. *Roi de Fr. et de N.*

1316 Philippe V le Long (1294-1322) 2e f. de Philippe IV le Bel (1268-1314) et de Jeanne de Champagne. *Ép.* 1307 Jeanne de Bourgogne (1294-1325/6), dont il eut 4 filles. *Roi de France et de Navarre.* Il fut le 1er pour qui fut invoqué le principe de masculinité, appelé en 1358 *loi salique.* En fait, Jeanne, demi-sœur de Jean Ier (fille de Louis X et de Marguerite de Bourgogne), avait été exclue parce qu'elle passait pour adultérine.

1322 Charles IV le Bel (1294-1328) 3e f. de Philippe IV le Bel et de Jeanne de Champagne. *Ép.* 1° 1308 Blanche de Bourgogne (1296-1326), rép. en 1322 ; 2° 1322 Marie de Luxembourg (1304-24) ; 3° 1325 Jeanne d'Évreux (1310-71), dont il n'eut qu'une fille. *Roi de France et de Navarre.* La *Navarre* n'étant pas régie par la loi salique, la couronne de *N.* revint en 1328, à sa mort, à Jeanne (1312-42), fille du roi Louis X et de Marguerite de Bourgogne, qui ép. en 1329 Philippe (1301-43) Cte d'Évreux qui devient roi de *N.* (Phil. V et Charles X s'étaient dits rois de *N.* comme tuteurs de leur nièce Jeanne).

Valois

1328 Philippe VI de Valois (1293-1350) f. de Charles de France (1270-1325) [3e f. de Philippe III le Hardi et d'Isabelle d'Aragon, il était *Cte de Valois, d'Anjou, d'Alençon, de Chartres et du Perche, roi titulaire d'Aragon et de Valence, Cte de Barcelone* (1284-95) par investiture du pape, *empereur titulaire de Constantinople* par son mariage (1301) avec Cath. de Courtenay, seule fille, héritière de Philippe de Courtenay, emp. de Const.] et de Marguerite d'Anjou et de Sicile († 1299). *Ép.* 1° 1313 Jeanne de Bourgogne (1293-1348) ; 2° 1349 Blanche de Navarre (1330-98) qui avait 35 ans de moins que Phil. VI. *Régent à la mort de Charles IV,* la reine Jeanne étant enceinte, il devient roi à la naissance de l'enfant (une fille, Blanche, qui épousa un f. de Phil. VI).

1350 Jean II le Bon (1319-64) f. du p. et de Jeanne de Bourgogne. D'abord duc de Normandie. *Ép.* 1° 1332 Bonne de Luxembourg (1315-49) ; morte avant l'avènement de son mari, elle n'eut jamais le titre de reine ; 2° 1350 Jeanne d'Auvergne (1326-60), veuve (1345) de Phil. de Bourgogne Cte de Nevers.

1364 Charles V le Sage (1338-80) f. du p. et de Bonne de Luxembourg. *Ép.* 1350 Jeanne de Bourbon (1338-77). D'abord duc de Normandie. 1er fils aîné du roi à porter le titre de *dauphin du Viennois.* Ce titre appartenait à Humbert II de La Tour du Pin, qui le vendit au roi Philippe VI avec ses États, en spécifiant que tous les fils aînés de France seraient, en naissant, dauphins du Viennois et posséderaient le Dauphiné. Le roi donna ce titre (1349) à Charles son petit-fils.

1380 Charles VI le Bien-Aimé ou le Fol (1368-1422) f. des p. *Ép.* 1385 Isabeau de Bavière (1371-1435). 1380-89, *régence* de ses oncles.

1422 Charles VII le Victorieux (1403-61) (d'abord comte de Ponthieu, puis duc de Berry, dauphin et régent) f. des p. (Henri V d'Angl. le disait f. de Louis duc d'Orléans). *Ép.* 1422 Marie d'Anjou (1404-63).

1461 Louis XI (1423-83) f. des p. *Ép.* 1° 1436 Marguerite d'Écosse (1418-45) ; 2° 1451 Charlotte de Savoie (1445-83).

1483 Charles VIII l'Affable (1470-98) f. du p. et de Charlotte de Savoie (fut roi de Sicile et de Jérusalem : conquête de Naples 1495). Sous la tutelle de sa sœur Anne de Beaujeu (1461-1522), jusqu'à son 2e mariage (6-12-1491). *Ép.* 1° 1483 Marguerite d'Autriche (1480-1530), mariage annulé ; 2° 1491 Anne, duchesse de Bretagne (1476-1514). Louis II avait alors 47 ans (marié dep. 34 ans il avait perdu 2 f. en bas âge). On a dit qu'il y avait eu substitution d'enfant : à une fille mourante, on aurait substitué la f. d'une maîtresse de L. XI ou d'un boulanger. Ch. VIII fut d'abord fiancé à la fille de l'empereur Maximilien, Marguerite d'Autriche (nommée Madame la Dauphine) élevée à la cour de France.

Valois-Orléans

Les enfants de Charles VIII étant morts en bas âge, la couronne revient aux Valois-Orléans en raison de cette filiation : *Louis de France* (1371-1407), duc de Touraine (1386) puis d'Orléans (1392), 3e fils de Charles V et de Jeanne de Bourbon, époux (1389) de Valentine Visconti (1370-1408), fille de Jean Galéas Visconti, duc de Milan, et d'Isabelle de France, fille de Jean II le Bon → *Charles Ier d'Orléans,* le poète (1391-1464), duc d'Orléans, duc de Milan, qui *ép.* 1° 1406 Isabelle de France (1389-1409), fille du roi Charles VI et d'Isabeau de Bavière ; 2° 1410 Bonne d'Armagnac (1399-1419) ; 3° 1440 Marie de Clèves (1426-87), dont → :

1498 Louis XII, le père du peuple (1462-1515) (roi de Naples et de Jérusalem, duc de Milan). *Ép.* 1° 1476 Jeanne de France (1464-1505), mariage annulé 1498 (béatifiée en 1742, canonisée en 1950) ; 2° 1499 Anne (1476-1514), duchesse de Bretagne et veuve de Charles VIII ; 3° 1514 Marie d'Angleterre (1496-1533).

Valois-Angoulême

Louis XII n'ayant pas d'héritiers mâles, la couronne revient aux Valois-Angoulême en raison de cette filiation : *Jean II d'Orléans* (1404-67), Cte d'Angoulême et de Périgord, 3e fils de Louis de France (1371-1407) et de Valentine Visconti qui *ép.* (1449) Marguerite de Rohan († 1496), dont → *Charles d'Orléans* (1459-96), Cte d'Angoulême qui *ép.* (1487) Louise de Savoie (1476-1531), *régente* (1515 et 1525 ; 1525-26 captivité de François Ier), duchesse d'Angoulême (1515), de Bourbon (1527), dont → :

1515 François Ier (1494-1547) [Cte d'Angoulême (1496), puis duc de Valois, d'Orléans et de Romorantin (1498), duc de Milan (1515)]. *Ép.* 1° 1514 Claude de France (1499-1524), duchesse de Bretagne et de Milan, fille de Louis XII et d'Anne de Bretagne (exfiancée à Charles Quint) ; 2° 1530 Éléonore d'Autriche (1498-1558), sœur de Charles Quint, veuve d'Emmanuel le Grand, roi du Portugal († 1521).

1547 Henri II (1519-59) f. de François Ier et de Claude de France, d'abord dauphin, puis (1532), dernier duc couronné de Bretagne. *Ép.* Catherine de Médicis (1519-89), *régente* 1552, 1559, 1574.

1559 François II (1544-60) f. d'Henri II et Catherine de Médicis, duc de Bretagne, puis dauphin, puis officiellement *roi d'Écosse*, puis, à la mort de Marie Tudor, *roi d'Angleterre et d'Irlande. Ép.* 1558 Marie Ire Stuart (1542-exécutée 1587) [reine d'Écosse (héritière de Jacques V roi d'Écosse) ; veuve, elle épousera 1° 1565 Henri Stuart, Lord Darnley, duc d'Albany puis roi d'Écosse, assassiné 1567 par le suivant ; 2° 1567 James Hepburn, Lord Bothwell, duc d'Orkney († 1578)]. Sans postérité.

1560 Charles IX Maximilien (1550-74) f. d'Henri II et de Catherine de Médicis ; titré duc d'Angoulême à sa naissance (27-6-1550) puis duc d'Orléans à la mort de son fr. Louis (24-10-1550). *Ép.* 1570 Elisabeth d'Autriche (1554-92), dont Marie-Elisabeth (1572-78).

1574 Henri III (1551-89) f. d'Henri II et de Cath. de Médicis. *Ép.* 1575 Louise de Lorraine-Vaudémont (1553-1601). Baptisé Alexandre Édouard, prend le nom d'Henri en 1566, duc d'Orléans, puis d'Anjou, *roi de Pologne* et *grand-duc de Lituanie* (1573). Remplacé en 1576 dans ces 2 pays, il en garde les armes jusqu'à sa mort, titré roi de Fr. et de Pologne. Sans postérité.

☞ En décembre 1588, la Ligue proclame la déchéance d'Henri III (coupable d'avoir fait assassiner le duc de Guise), et proclame roi, sous le nom de **Charles X**, le cardinal Charles de Bourbon (1523-90), oncle d'Henri IV, reconnu comme héritier d'Henri III en 1584 par l'Espagne et le Saint-Siège. Le Parlement a ratifié cette décision par un arrêt du 3-3-1590, après la mort d'Henri III (1-8-1589).

Quelques chiffres

Règnes les plus longs : Louis XIV : 72 ans ; Louis XV : 59 ans ; Charlemagne : 46 ans ; Louis VII : 43 ans ; Charles VI : 42 ans. **Les plus courts :** Louis XIX : 20 minutes [mais il ne s'est pas considéré comme roi pendant ces instants et a été roi en droit 8 ans (1836-44)] ; Napoléon II : 48 h [en droit : 11 ans (1821-32)] ; Jean Ier le Posthume : 5 j.

Régences les plus longues : Blanche de Castille : 10 ans ; Anne d'Autriche : 8 ans.

Succession de frère en frère (3 fois) : 1314-22 : Louis X, Philippe V, Charles IV ; 1559-74 : François II, Charles IX, Henri III ; 1795-1824 : Louis XVI, Louis XVIII, Charles X.

Roi mort le plus vieux : Charles X mort à 79 ans 11 mois en exil.

Bourbons (rois de France et de Navarre)

La couronne revient aux Bourbons en raison de cette filiation : *Robert de France*, Cte de Clermont, 6e fils de St Louis, qui épousa Béatrice de Bourgogne (v. 1258-1310) dame de Bourbon → *Louis* (1270-1342), Cte de Clermont (1317), Cte de la Marche et duc de Bourbon (1327), ép. Marie de Hainaut → *Jacques Ier* (v. 1315-61) Cte de la Marche (1342) ép. Jeanne de Châtillon St-Paul → *Jean* († 1393) Cte de la Marche (1361) ép. Catherine de Vendôme → *Louis* (v. 1376-1446) Cte de Vendôme ép. Jeanne de Montfort-Laval → *Jean II* († 1477) Cte de Vendôme (1466) ép. Isabelle de Beauvau → *François* († 1495) Cte de Vendôme (1477) ép. Marie de Luxembourg St-Paul → *Charles* (1489-1537) Cte, puis (1515) duc de Vendôme, chef de la branche de Bourbon (1527), ép. Françoise d'Alençon → *Antoine* (1518-62) duc de Vendôme (1537), roi de Navarre par son mariage (1548) avec Jeanne III d'Albret (1528-72), fille d'Henri II d'Albret roi de Navarre, et de Marguerite d'Angoulême, sœur de François Ier, dont : 1° le duc de Beaumont. 2° le Cte de Merle (tous 2 morts en bas âge). 3° Henri.

1589 Henri IV le Grand (1553-1610). *Ép.* 1° 1572 Marguerite de Valois (1553-1615) fille d'Henri II et de Cath. de Médicis, mariage annulé 1599 ; 2° 1600 Marie de Médicis (1575-1642), *régente* 1610-14. *Pce* de Viane, de Beaumont et de Navarre, puis 1572 *roi de N.*, sous le nom d'Henri III ; *il réunit la Navarre à la couronne de France* en 1607 (*réunion confirmée par Louis XIII*, en 1620).

1610 Louis XIII le Juste (1601-43) f. d'Henri IV le Grand et de Marie de Médicis. Cte de Barcelone (1640). *Ép.* 1615 Anne d'Autriche (1601-66), *régente* 1643-51.

1643 Louis XIV le Grand, le Roi-Soleil (1638-1715) f. des p., Cte de Barcelone (1643-52). *Ép.* 1° 1660 Marie-Thérèse d'Autriche (1638-83) ; 2° 1684 Françoise d'Aubigné, marquise de Maintenon (1635-1719), veuve du poète Scarron (1610-60) épousé en 1652.

1715 Louis XV le Bien-Aimé (1710-74). 2-9-1715/16-2-1723 *Régence de Philippe II duc d'Orléans* (1674-1723) cousin germain de son grand-père. *Filiation : Louis XIV* et Marie-Thérèse → *Louis*, dit Monseigneur ou le Grand Dauphin (1661-1711), ép. 1680 Marie de Bavière (1600-90) → *Louis de France* (1682-1712) duc de Bourgogne puis dauphin du Viennois. *Ép.* 1697 Marie Adélaïde de Savoie (1685-1712) → *Louis XV* (3e fils après Louis 1704-05, Louis 1707-12). *Ép.* 1725 Marie Leszczyńska (1703-68), fille de Stanislas, roi de Pologne.

1774 Louis XVI (1754-93). *Filiation : Louis XV* et Marie Leszczyńska → *Louis dauphin du Viennois* (1729-65), ép. 1° 1744 Marie-Thérèse d'Espagne (1726-46) ; 2° 1747 Marie-Josèphe de Saxe (1731-67), dont → *Louis-Joseph-Xavier duc de Bourgogne* (1751-61), *Xavier-Marie-Joseph duc d'Aquitaine* (1753-54), *Louis Auguste duc de Berry*, dauphin, puis roi Louis XVI (roi des Français 1789). *Épousa* en 1770 Marie-Antoinette, princesse de Hongrie et de Bohême, archiduchesse d'Autriche [(1755, qui fut guillotinée le 16-10-1793)]. Déposé 10-8-1792, guillotiné 21-1-1793.

1793 Louis XVII (1785, présumé mort au Temple le 8-6-1795) 2e f. de Louis XVI (après Louis, dauphin 1781-89). Duc de Normandie, dauphin de France (4-6-1789), prince royal (1791), roi de France (21-1-1793, pour les royalistes, la République ayant été proclamée le 21-9-1792). Sans postérité. [Voir p. 559, le tableau de la succession de la royauté française selon l'ordre de primogéniture mâle (théorie des légitimistes)].

Ire République

Convention

Nota. — La France vivait sous le régime du gouvernement d'Assemblée. Les présidents de l'Assemblée, renouvelés tous les 15 jours, avaient un pouvoir disciplinaire sur les débats, mais ni rôle représentatif, ni pouvoir exécutif.

Pouvoir exécutif exercé collectivement (« Comité de salut public » de 9 Conventionnels). *6-4-1793 :* Bertrand Barère (1755-1841), Jean-François Delmas (1751-98, éliminé 10-7), Jean-Jacques Bréard (1751-1840, démissionnaire 5-6), Pierre-Joseph Cambon (1756-1820, éliminé 10-7), [Jean Debry (1760-1834), immédiatement remplacé par Robert Lindet (1743-1823)], Georges Danton (1759-94, guill. ; éliminé 10-7), Louis Guyton-Morveau (1737-1816, dém. 10-7), Jean-François Lacroix (1753-94, guill. ; éliminé 10-7), Jean-Baptiste Treilhard (1742-1810, démiss. 12-6). *10-7-1793 :* 2 maintenus : Barère et Lindet. 7 nouveaux : Jean Bon-Saint-André (1749-1813) [1], Thomas Gasparin (1754-93), remplacé le 27-7 par Maximilien Robespierre (1763-94, guill.)], Georges Couthon (1755-94, guill.), Marie-Jean Hérault-Séchelles (1759-94, guill. : démiss. 29-12), Pierre-Louis Prieur de la Marne (1756-1827) [1], Antoine de Saint-Just (1767-94, guill.), Jacques Thuriot (1753-1829 ; démiss. 20-9-1793). *14-8-1793 :* adjonction de Claude Prieur de la Côte-d'Or (1763-1839) et de Lazare Carnot (1753-1823). *6-9-1793 :* adjonction de Jacques Billaud-Varenne (1756-1819) et de Jean-Marie Collot d'Herbois (1749-96, déporté).

Nota. — (1) Membres itinérants en surplus [10e et 11e membres du « Grand Comité » ayant fonctionné du 29-12-1793 au 9 thermidor (27-7-1794)].

Favorites royales et leurs enfants

Charles VI. Odette de Champdivers (v. 1384-v. 1424) : *Marguerite de Valois* dite « la petite reine », demoiselle de Belleville (v. 1407-58), 1427 légitimée, 1428 ép. Jean III de Harpédienne, seigneur de Montagu, postérité assurée jusqu'en 1587.

Charles VII. Agnès Sorel (v. 1422-49), dame de Beauté (à cause de son château de Beauté-sur-Marne) : *Charlotte de Valois*, bâtarde de France (1434-77), 1462 ép. Jacques de Brézé, Cte de Maulevrier, Mal et grand-sénéchal de Normandie, qui assassina sa femme surprise en flagrant délit d'adultère ; *Marguerite de Valois*, bât. de Fr. (1436-av. 73), 1458 ép. Olivier de Coëtivy, sénéchal de Guyenne, dont postérité ; *Jeanne de Valois*, bât. de Fr. (1439-apr. 67), ép. Antoine de Bueil, Cte de Sancerre, amiral, dont postérité. Antoinette de Maignelai, dame de Villequier (v. 1430-apr. 61).

Louis XI. Marguerite de Sassenage, dame de Beaumont (v. 1449-71) : *Jeanne*, bât. de Fr., dame de Mirebeau (v. 1446-56/1519), 1466 lég., 1466 ép. Louis, bât. de Bourbon, Cte de Roussillon, amiral, dont post. ; *Marie*, bât. de Fr. (v. 1449-51/69), 1467 lég., 1467 ép. Aymar de Poitiers, dont post. ; *Isabeau*, bât. de Fr., ép. Louis de Saint-Priest, dont postérité. Guyette (n. 1446), (fille de Phélix Regnard), 1460 ép. Charles de Sillons.

François Ier. D'une grande dame inconnue : *Nicolas d'Estouteville*, sire de Villeconnin (v. 1545-1570). Françoise de Foix, Ctesse de Châteaubriand (1495-1537). Anne de Pisseleu, Desse d'Étampes (1508-80). La « Belle Féronnière » (femme de l'avocat Jean Féron).

Henri II. Mary Fleming (v. 1520-apr. 53) : *Henri*, bât. d'Angoulême (1551-86), grand prieur de Fr., gouverneur de Provence, amiral. Filippa Duco (v. 1520-?) ; *Diane de Fr.* (1538-1619), 1548 lég., 1563 Desse de Châtellerault, 1576 d'Étampes, puis 1582 d'Angoulême, sans post., 1552 ép. Horace Farnèse, duc de Castro († 1554), duc de Montmorency, Mal de Fr. Nicole de Savigny (1535-90) : *Henri de Saint-Rémy*, baron de Fontette (1557-1621), dont post. Diane de Poitiers, Desse de Valentinois (1499-1566).

Charles IX. Marie Touchet (1549-1638) (anagramme : je charme tout), dame de Belleville épousa le 20-10-1578 François de Balzac d'Entragues, dont elle eut 2 filles : Catherine-Henriette (maîtresse de Henri IV devint Desse de Verneuil) ; Marie (vécut 10 ans avec Bassompierre). *Charles*, bât. de Valois (1573-1650), 1619 duc d'Angoulême, 1591 ép. Charlotte de Montmorency, Ctesse de Fleix († 1636), dont post., puis 1644 Françoise de Nargonne (1621-1713), sans post.

Henri IV. Diane d'Andouins (1554-1620), la « Belle Corisande », 1580 Ctesse de la Guiche. Françoise de Montmorency, Bonne de Fosseux, dite de la « Fosseuse » (n. 1564), fille du Bon de Fosseux, ép. François de Broc, Bon de Cinq-Mars, 1 enf. Gabrielle d'Estrées, Mise de Monceau (1573-99), 1595 Desse de Beaufort, 1595 de Verneuil ; 1591 ép. Nicolas d'Amerval, seigneur de Liancourt (séparés 1594) ; *Catherine-Henriette*, bât. de Bourbon, Mlle de Vendôme (1596-1663), 1597 lég., 1619 ép. Charles II de Lorraine, duc d'Elbeuf (1596-1657) ; *César*, bât. de Bourbon, duc de Vendôme (1594-1665), 1595 lég., parmi ses enfants : François de Vendôme, duc de Beaufort, dit le « Roi des Halles » († 1669) ; Alexandre de Bourbon, chevalier de Vendôme, grand-prieur de Fr. (1598-1629), 1599 lég. Catherine-Henriette de Balzac d'Entragues (1579-1633), 1599 Mise de Verneuil, fille de Marie Touchet (maîtresse de Charles IX) ; *Henri de Bourbon*, duc de Verneuil (1601-82), 1603 lég., évêque de Metz, gouverneur du Languedoc, sans post. ; *Gabrielle-Angélique*, bât. de Bourbon, Mlle de Verneuil (1603-27), lég., 1622 ép. Bernard de La Valette, duc d'Épernon, d'où post. Jacqueline de Bueil (v. 1580-1651), 1604 Ctesse de Moret, 1604 ép. Philippe de Harlay, Cte de Césy (rompu 1607), 1617 René du Bec, Mis de Vardès : *Antoine de Bourbon*, Cte de Moret (1607-1703), 1608 lég., abbé, sans post. Charlotte des Essarts (v. 1588-1651), Ctesse de Romorantin, « Mlle de La Haye », 1630 ép. François de l'Hospital, Mal de Fr. : *Jeanne-Baptiste de Bourbon* (av. 1608-1670), 1608 lég., abbesse de Fontevrautl ; *Marie-Henriette de Bourbon* (v. 1608-29), abbesse de Chelles.

Louis XIII. Louise de Lafayette (v. 1616-65).

Louis XIV. Louise-Françoise de la Baume le Blanc (1644-1710), 1667 Desse de La Vallière et de Vaujours : *Charles de Bourbon* (1663—† jeune) ; *Philippe de Bourbon* (1665—† jeune) ; *Louis de Bourbon* (1665-66) ; *N...* († jeune) ; *Marie-Anne de Bourbon*, bât. de Fr., Mlle de Blois (1666-1739), 1667 lég., Desse de La Vallière, 1680 ép. Louis-Armand de B., Pce de Conti (1661-85), sans post. ; *Louis de Bourbon*, bât. de Fr., Cte de Vermandois (1667-83), amiral, 1669 lég. Françoise-Athénaïs de Rochechouart de Mortemart, Mise de Montespan (1641-1707), 1663 ép. Henri-Louis de Pardaillan de Gondrin, Mis de Montespan (sép. 1674) ; *un garçon* (1669-† jeune) ; *une fille* (1669-72) ; *Louis-Auguste de Bourbon*, bât. de Fr. (1670-1736), 1673 duc du Maine et lég., 1692 ép. Louise-Bénédictine de B., Mlle de Charolais (1676-1753), fille de Henri-Jules de B., Pce de Condé ; *Louis-César de Bourbon*, bât. de Fr. (1672-83), 1673 Cte de Vexin et lég., abbé de St-Denis et St-Germain-des-Prés ; *Louise-Françoise de Bourbon*, bât. de Fr., Mlle de Nantes (1673-1743), 1673 lég., 1685 ép. Louis III, duc de Bourbon, Pce de Condé (1668-1710), dont post. ; *Louise-Marie-Anne de Bourbon*, bât. de Fr., Mlle de Tours (1674-81), 1676 lég. ; *Françoise-Marie de Bourbon*, bât. de Fr., Mlle de Blois (1677-1749), 1681 lég., 1692 ép. Philippe II d'Orléans, duc de Chartres, puis d'Orléans, régent de Fr., dont post. ; *Louis-Alexandre de Bourbon*, bât. de Fr., Cte de Toulouse (1678-1737), 1681 lég., amiral, Grand Gouv. de Fr., gouv. de Guyenne et Bretagne, 1723 ép. Marie-Victoire-Sophie de Noailles (1688-1766). Claude de Vim des Œillets (v. 1637-87) : *Louise de Maisonblanche* (1676-1718), 1696 ép. Bernard-des-Près, seigneur et baron de La Queue. Marie-Angélique de Scorailles de Roussille (1661-81), Desse de Fontanges : *un fils* (1681-81). Françoise d'Aubigné, Mise de Maintenon, veuve Scarron (1635-1719) (qu'il épousera en 2es noces).

Philippe II d'Orléans, le Régent. Léonore : *une fille* (v. 1688), ép. Mr de Charencey. Mlle de Florence (actrice) : *Charles de Saint-Albin*, bât. d'Orléans, dit l'abbé de Saint-Albin (1698-1764), 1706 lég., év. de Rouen puis archevêque de Cambrai. Marie-Louise-Madeleine-Victorine le Bel de la Boissière de Séry, Mlle de Séry, Ctesse d'Argenton (v. 1680-1748). 1713 ép. le chev. de Forbin d'Oppède : *Jean-Philippe*, chevalier d'Orléans (1702-48), 1706 lég., grand-prieur de Fr. Christine-Antoinette-Charlotte Desmares (tragédienne, 1683-1753) : *Philippe-Angélique de Froissy* (v. 1702-85), 1718 ép. Henri-François, Cte de Ségur. Mlle d'Arancour, Desse de Phalaris.

Louis XV. Louise de Nesle, Ctesse de Mailly (1710-51). Pauline-Félicité de Mailly, Mlle de Nesle, Ctesse de Vintimille (1712-41), 1739 ép. J.-B., Cte de Vintimille : *Charles-Emmanuel-Marie-Magdelon de Vintimille du Luc*, dit le Demi-Louis (car il ressemblait beaucoup à Louis XV) (1741-1814), Mis du Luc, post Diane-Adélaïde de Nesle, Desse de Lauraguais (1713-60). Marie-Anne de Nesle, Mis de La Tournelle, Desse de Châteauroux (1717-44) (toutes les 4 étant sœurs). Antoinette Poisson, Mise de Pompadour (1721-64), Anne Bécu dite Jeanne de Vaubernier, Ctesse du Barry (1743-93). Marie-Louise O'Murphy, Mlle de Morphise (1737-1815) ; *Agathe-Louise de Saint-Antoine de Saint-André*, Mise de La Tour-du-Pin (1754-74), 1773 ép. René-Jean-Mars de La Tour-du-Pin, Mis de la Charce. Françoise de Châlus, Desse de Narbonne-Lara (1734-1821), ép. J.-F., duc de Narbonne († 1806) : *Louis-Marie-Jacques-Almaric*, Cte de Narbonne-Lara, tige de la maison de Narbonne-Lara (1755-1813), post. Marguerite-Catherine Haynault (1736-1823). 1766 ép. Blaise Mis de Montmélas : *2 filles : Agnès-Louise de Montreuil* (bapt. 1760-1837), 1778 ép. Gaspar, Cte de Montmélas, dont post. ; *Anne-Louise de La Réale* (1762-1831), 1780 ép. Cte de Geslin. Lucie-Madeleine d'Estaing (1726-1807), 1768 ép. François, Cte de Boysseuln : *Agnès-Lucie-Auguste* (1761-1822), 1777 ép. Vte Charles II de Boysseulh, dont post. Anne Couppier de Romans (1737-1808), 1772 ép. Gabriel-Guillaume de Siran, Mis de Cavanac : *Louis-Aimé de Bourbon*, dit l'abbé de Bourbon (1762-87), seul enfant illégitime reconnu par le roi. Jeanne-Louise Tiercelin (1746-79), Mme de Bonneval. Catherine Éléonore Bérard (1740-69), 1768 ép. Joseph Starot de Saint-Germain († 1794). Marie-Thérèse-Françoise Boisselet (1731-99), 1771 ép. Louis-Claude Cadet de Gassicourt.

Napoléon Ier. Marguerite Weimer, Mlle George (1787-1876). Giuseppina Grassini (1773-1850). Émilie Levert (1788-1843). Carlotta Gazzani (1789-1827). Éléonore Denuelle de la Plaigne (1778-1868), 1805 ép. Jean-Fr.-Honoré Réval (1773-1835), 1808 div. puis ép. Pierre-Philippe Augier († 1812), puis 1814 Cte de Luxbourg († 1849) : *Charles Léon*, dit le Cte Léon (1806-81). Marie Walewska (1789-1817), 1814 ép. Cte Waleski († 1814), puis 1816 Philippe-Antoine d'Ornano (1784-1863) : *Alexandre*, Cte Walewski (1810-68). Charlotte, Ctesse de Kielmansegge. Adèle, Ctesse Duchatel. Charlotte Rigaud de Vaudreuil, Ctesse de Walsh Serrane, etc. (Jean Savant en a dénombré 51, dont 12 dames de la Cour et 14 actrices).

Louis XVIII. Zoé Talon, Desse du Cayla (1785-1852), etc.

Napoléon III. Désirée-Éléonore-Alexandrine Vergeot (1820-86). 1858 ép. Pierre-Jean-François Bure (1807-82) : *Alexandre-Louis-Eugène Bure*, Cte d'Orx (1843- † ?) ; *Alexandre-Louis Ernest Bure*, Cte de Labenne (1845-82). Elizabeth-Ann Haryett, dite Lady Howard (1823-65), Ctesse de Beauregard, 1854 ép. Sir Clarence Trelawny : *Martin Constantin Haryett* (1842-1907) [créé Cte de Béchevêt, il passe pour le fils de Napoléon III, mais était né en réalité d'une précédente liaison entre Miss Howard et le major Francis Martyn (1809-74)]. Mme Schmidt (?), lingère aux Tuileries : le Dr Hugenschmidts, médecin de la Cour en exil à Farnborough. Marguerite Bellanger (Julie Lebœuf, 1840-86) : Charles Lebœuf (n. 24-2-1863). Virginie Oldoini, Ctesse de Castiglione (1837-99). Valentine Haussmann (1850-1908) : Jules Hadot (1865-1937).

Répudiations de souveraines

• **1° N'ayant pas abouti : Bertrade,** ép. de Pépin le Bref. 752 répudiée mais reprise même année sur menace d'excommunication du pape Zacharie.

Teutberge, ép. de Lothaire Ier. 862 mariage déclaré nul par des évêques. Opposition de Hincmar, archev. de Reims. 867 Lothaire, excommunié, fait le pèlerinage de Rome et doit reprendre sa femme, en éloignant sa concubine Waldrade.

Ingeburge de Danemark. 1193 ép. Philippe Auguste. Répudiée quelques jours après et mariage cassé le 5-11 par une assemblée de prélats à Compiègne (pour non-consommation). Plainte du roi Knut VI de Danemark, fr. de la reine. 1196 (13-3) cassation annulée. Philippe épouse Agnès de Méranie. 1199 (6-12) concile de Dijon ; interdit sur le royaume (Ingeburge incarcérée à Étampes). Mai 1201 † d'Agnès. 1212 Ingeburge tirée de prison.

• **2° Ayant abouti en fait : Rosala de Provence,** ép. de Robert le Pieux. 989, répudiée par Robert qui épouse Berthe de Bourgogne (mariage béni par l'archev. de Tours Archambaud). 998 Berthe et Robert excommunié par le conc. de Rome. 1003 Robert renvoie Berthe, mais ne reprend pas Rosala, devenue nonne (il se marie en 1007 avec Constance d'Arles).

Berthe de Hollande, ép. de Philippe Ier. 1091 répudiation. 1092 (15-5) remariage du roi avec Bertrade de Montfort. 1095, 1097, 1100 excommunication du couple. 1104 Philippe feint une amende honorable, mais garde Bertrade (sacrée reine en 1097). Les évêques ferment les yeux.

• **3° Ayant abouti en droit : « Désidérade »,** ép. de Charlemagne. Il s'agit en réalité d'une reine au prénom inconnu, fille de Didier, roi des Lombards. Épousée irrégulièrement en 770 par Charlemagne qui était déjà marié avec Himiltrude 771 répudiée. Le pape Étienne III autorise un 3e mariage de Charles avec Hildegarde, fille du duc d'Alémanie (peut-être parce que Himiltrude était une concubine).

Éléonore d'Aquitaine, ép. de Louis VII. 1137 mariage. 1147 brouille (pour adultère de la reine au cours de la croisade d'Antioche, en 1148, elle fut la maîtresse de son jeune oncle Raymond II d'Antioche), mariage déclaré nul pour consanguinité par le concile de Beaugency (21-3-1252). Louis VII et Éléonore étaient cousins au 12e degré (6e d. canonique) ayant un ancêtre commun (Robert le Pieux). 1154 Éléonore se remarie avec Henri II d'Angleterre.

Sainte Jeanne de France. 1476 épouse Louis XII. 1498 (17-12) annulation par le tribunal ecclésiastique de Tours. Motif officiel : non-consommation (Jeanne, fille de Louis XI, était contrefaite) ; réel : manque de consentement (Louis XII s'était marié sous la menace). Raisons politiques : désir du roi d'épouser Anne de Bretagne, veuve de son prédécesseur.

Marguerite de Valois. 1572 (10-8) ép. Henri IV. 1586 emprisonnée par Henri à Usson (Auvergne). 1599 annulation. Motifs : 1° défaut de consentement de Marguerite (menacée par son fr. Charles IX) ; 2° dispense pour consanguinité, non indiquée à la reine (elle aurait exigé un consentement spécial). 1600 (16-12) Henri IV ép. Marie de Médicis. 1616 Marguerite sort de prison.

Joséphine de Beauharnais, ép. de Napoléon Ier. Veuve du Vte de Beauharnais (guillotiné 1794) ; 1796 (9-3) mariage avec Napoléon Bonaparte. 1804 (2-12) mariage religieux la veille du sacre. Répudiée (pour stérilité) le 30-11-1809.

Directoire

Fonctions de Chef d'État exercées collectivement

1795 (1er nov.) Jean-François Rewbell (ou Reubell) (1747-1807) ; Paul (Vte) de Barras (1755-1829) ; Louis-Marie de La Révellière-Lépeaux (1753-1824) ; Louis-François Letourneur (1751-1817) ; Lazare Carnot (1753-1823) (remplace l'abbé Joseph Sieyès qui, élu, refusa).

1796 (juin) François (Mis) de Barthélemy (1747-1830) remplace Louis-François Letourneur, éliminé par le sort.

1797 (4 sept.) (18 fructidor an V) Philippe-Antoine Merlin de Douai (1754-1838) et Nicolas-Louis François de Neufchâteau (1750-1828) remplacent Barthélemy et Carnot (proscrits).

1798 (15 mai) (20 floréal an VI) J.-Baptiste Treilhard (1742-1810) remplace François de Neufchâteau, éliminé par le sort.

1799 (16 mai) (21 floréal, an VII) l'abbé Emmanuel-Joseph Sieyès (1748-1836) remplace Rewbell, éliminé par le sort.

1799 (18 juin) (30 prairial, an VII) Louis Gohier (1746-1830) remplace Treilhard dont l'élection vient, après 13 mois, d'être annulée.

1799 (18 juin) (30 prairial, an VII) Roger Ducos (1747-1816), le général Jean-François Moulin (1752-1810) remplacent La Révellière-Lépeaux et Merlin de Douai, contraints de démissionner.

Composition au 18 brumaire : Barras, Sieyès, Gohier, Roger Ducos, Moulin.

Consulat

• **Commission consulaire provisoire. 1799 (19 nov.)** (18 brumaire, an VIII) Bonaparte, Sieyès, Roger Ducos.

• **Consulat décennal. 1799 (13 déc.)** (22 frimaire, an VIII). Trois Consuls : Bonaparte, 1er consul, Jean-Jacques de Cambacérès (1753-1824) (sous l'Empire, duc de Parme), Charles-François Lebrun (1739-1824) (sous l'Empire, duc de Plaisance).

• **Consulat bidécennal. 1802 (8 mai)** (18 floréal, an X) Napoléon Bonaparte, consul pour 20 ans ; les 2 autres consuls : idem.

• **Consulat à vie. 1802 (2 août)** (14 thermidor, an X) Bonaparte consul à vie.

1804 (18 mai) (28 floréal, an XII) Bonaparte revêtu de la « dignité impériale héréditaire ».

Premier empire

1804 Napoléon Ier (15-8-1769/5-5-1821). Sacré *empereur des Français* 2-12-1804 et couronné *roi d'Italie* 26-5-1805 ; *protecteur de la Confédération du Rhin* 12-7-1806 ; f. de Charles Bonaparte (1746-85) et de Marie Letizia Ramolino (1750-1836). *Ép.* 1° 9-3-1796 Joséphine Tascher de La Pagerie (23-6-1763/29-5-1814), veuve du général Vte Alexandre de Beauharnais (1760, guillotiné 1794), mariage dissous civilement 16-12-1809, annulé 14-1-1810 ; 2° 1-4-1810 *Marie-Louise*, archiduchesse d'Autriche (12-12-1791/17-12-1847), régente 30-3-1813 (campagne de Russie) et 25-1-1814 sous Napoléon Ier. Déclaré déchu par le Sénat et le Corps législatif le 3-4-1814. Abdique le 4-4-1814 en faveur de son fils et le 6-4-1814 sans condition. *Souverain de l'île d'Elbe* en 1814 (garde son titre d'empereur).

Régime transitoire

1814 (31-3), **gouvernement provisoire.** Composé de 5 membres nommés par le Sénat pour assurer la transition entre l'Empire et la Monarchie : Pierre Riel, général, marquis de Beurnonville (1752-1821) ; Emmeric, duc de Dalberg (1773-1833) ; François Arnail, Cte de Jaucourt (1757-1852) ; l'abbé François-Xavier de Montesquiou, duc de Fézensac (1756-1832) ; Charles Maurice de Talleyrand-Périgord, Pce de Bénévent (1754-1838). Cessent leurs fonctions le 14-4-1814.

Première Restauration

1814 Louis XVIII le Désiré (17-11-1755/16-9-1824), frère de Louis XVI. *Cte de Provence, Monsieur* (1774), *duc d'Anjou, d'Alençon, Cte du Maine et du Perche. Ép.* 1771 Marie-Louise de Savoie (1753-1810).

Sans postérité. *Roi de France et de Navarre* selon la tradition, à la mort de Louis XVII le 8-6-1795, mais, en réalité, le 6-4-1814. [Forcé par moment de porter incognito le titre de Cte de L'Isle (de L'Isle-Jourdain, en Armagnac, comté qui lui appartenait en propre) déformé souvent en Cte de Lille.] Se réfugie à Gand le 23-3-1815.

Cent-Jours

1815 Napoléon Ier débarque au golfe Juan (1-3), est à Lyon (12-3) à Paris (20-3). 2° abdication en faveur de Napoléon II (22-6).

1815 Napoléon II (20-3-1811/22-7-1832) f. de Napoléon Ier et de Marie-Louise. *Prince impérial* et *roi de Rome* (1811-14). Reconnu empereur des Français par la Chambre le 22-6-1815. Devenu en exil *prince de Parme* (1815-18), puis *duc de Reichstadt* (18-7-1818).

Sans postérité. Inhumé dans le caveau des Habsbourg (crypte des Capucins, à Vienne) ; ses cendres ont été transférées à Paris, par ordre d'Hitler, le 15-12-1940 ; elles sont déposées près du tombeau de Napoléon, aux Invalides [son cœur est resté à Vienne (égl. des Augustins)]. Son surnom de « l'Aiglon » a été créé en 1852 par Victor Hugo, dans le poème *Napoléon II.*

Commission de gouvernement

1815 (23-6/7-7). Napoléon abdique le 22-6. Pour exercer provisoirement les fonctions du gouvernement, une « Commission de Gouvernement » de 5 membres est élue. 3 par la Chambre des Représentants (au 1er tour : Carnot par 324 suffrages et Fouché, duc d'Otrante, par 293 sur 511 ; au 2e tour : le Gal Grenier). 2 par la Chambre des Pairs (Caulaincourt, duc de Vicence, et le baron Quinette). Le 23-6, la « Commission » se réunit aux Tuileries et Fouché est désigné comme Pt sur la proposition du Gal Grenier, approuvé par le duc de Vicence et Quinette.

Seconde Restauration

1815 (7-7) Louis XVIII († 16-9-1824).

1824 Charles X (9-10-1757/6-11-1836), son frère et fr. de Louis XVI. *Cte d'Artois, duc d'Angoulême, de Berry, d'Auvergne, de Châteauroux,* puis *Monsieur* (1795). *Ép.* 1773 Marie-Thérèse de Savoie (1756-1805). Abdique le 2-8-1830 en faveur de son f. le duc d'Angoulême *(Louis XIX),* qui abdique aussitôt en faveur de son neveu le duc de Bordeaux *(Henri V).* Ch. X. vécut en exil avec le titre de *Cte de Ponthieu* et mourut à Göritz [Autr. actuellement Italie ; tombeau au couvent de Kostanjevica (Youg.)].

Nota. — Charles X eut 2 fils : 1° Louis-Antoine d'Artois (1775-1844) *duc d'Angoulême,* puis dauphin 1824 (à la mort de Louis XVIII), époux de Marie-Thérèse de France (1778-1851), fille de Louis XVI et de Marie-Antoinette, dite Madame Royale. Sans postérité, il renonça à la couronne le 2-8-1830 et prit le titre de *Cte de Marnes* (la Coquette). 2° *Charles Ferdinand d'Artois, duc de Berry* (1778 assassiné par Louvel le 14-2-1820), ép. 1816 Marie-Caroline des Deux-Siciles (1798-1870), dont il eut *(a) Louise d'Artois* (1819-64), qui ép. Charles III de Bourbon (1823-54) duc de Parme ; *(b) Henri d'Artois duc de Bordeaux* (posthume 29-9-1820/24-8-1883), qui, proclamé roi par Charles X le 2-8-1830 sous le nom de *Henri V,* prit ensuite le titre de *Cte de Chambord,* en exil, et de *Cte de Mercœur* pendant son voyage en France (1871). Malgré les actes du 2-8-1830, ne se considéra pas comme roi avant la mort de Louis XIX, « comte de Marnes » (1844). Il ép. en 1846 Marie-Thérèse d'Este-Modène (1817-86) et n'eut pas de postérité. Refusant d'adopter le drapeau tricolore, il fit échouer en 1873 les projets de restauration sur le point d'aboutir. Mort à Frohsdorf (Autriche).

Monarchie de Juillet

1830 (9-8) Louis-Philippe Ier (6-10-1773/26-8-1850) duc de Valois 1773, de Chartres 1785 et d'Orléans 1793, lieutenant-général du royaume 31-7-1830, *roi des Français* 9-8-1830. A son abdication 24-2-1848, prit le titre de *Cte de Neuilly* jusqu'à sa mort à Claremont (G.-B.). *Ép.* 1809 Marie-Amélie de Bourbon (1782-1866), f. de Ferdinand Ier r. des Deux-Siciles.

Descendants de Louis-Philippe : 1° *Ferdinand* (1810-42), duc de Chartres 1810, *duc d'Orléans* 1830, prince royal 1830 ; ép. 1837 Hélène de Mecklembourg-Schwerin (1814-58), dont 2 fils, le Cte de Paris (1838-94) et le duc de Chartres (1840-1910), lui-même père du duc de Guise (1874-1940). 2° *Louis* (1814-96), *duc de Nemours,* élu roi des Belges 1831 (refus), épouse 1840 Victoire de Saxe-Cobourg Gotha (1822-57), dont 2 fils : le Cte d'Eu (1842-1922), tige des Orléans et Bragance, et le duc d'Alençon (1844-1910), tige des ducs de Nemours. 3° *François* (1818-1900), *prince de Joinville,* ép. 1843 Françoise de Bragance, princesse du Brésil (1824-98), dont 1 fils le duc de Penthièvre (1845-1919), sans postérité. 4° *Henri* (1822-97), *duc d'Aumale,* ép. 1844 Marie-Caroline de Bourbon, princesse des Deux-Siciles, sans postérité. 5° *Antoine* (1824-90), *duc de Montpensier,* infant d'Espagne 1859, ép. 1846 Ferdinande de Bourbon, sœur de la reine d'Espagne Isabelle II, dont Antoine (1866-1930), infant d'Espagne, duc de Galliéra 1895, tige de la branche des ducs de Galliéra.

Filiation : Philippe de France (1640-1701), fils cadet de Louis XIII et d'Anne d'Autriche, duc d'Anjou 1640, Monsieur 1643, duc de Chartres 1661, d'Orléans (Philippe Ier) 1660, de Nemours, de Valois 1661, de Montpensier 1690, prince de Joinville 1690, Cte de Beaujolais 1690 ; ép. 1° 1661 Henriette d'Angleterre (1644-70) ; 2° Elisabeth Charlotte de Bavière (1652-1722) dite La Palatine, dont → *Philippe II* (1674-1723) *duc d'Orléans, régent* (1715-23) ép. Mlle de Blois (1677-1749) (Françoise Marie de Bourbon, fille légitimée de Louis XIV et de la marquise de Montespan), dont → *Louis II duc d'Orléans* (1703-52) ép. Auguste Marie Jeanne de Bade (1704-26), dont → *Louis-Philippe Ier* (1725-85) *duc d'Orléans,* ép. 1 Mlle de Conti (Louise Henriette de Bourbon, 1726-59) fille du Pce de Conti dont → *Louis-Philippe Joseph* (1747/6-11-93 guillotiné), *duc d'Orléans, dit Philippe Égalité* sous la Révolution, qui vota la mort de Louis XVI, ép. Louise Marie Adélaïde de Bourbon (Mlle de Penthièvre 1753-1821), père de Louis-Philippe.

Nota. — (1) Épousa secrètement (23-4-1775) en 2e noces Mme de Montesson (1737-1806).

IIe République

1848 (24-2) Gouvernement provisoire avec Jacques-Charles Dupont de l'Eure (1767-1855), Alphonse de Lamartine (1790-1869), Adolphe Crémieux (1796-1880), François Arago (1796-1853), Alexandre Ledru-Rollin (1807-74), Louis-Antoine Garnier-Pagès (1803-78), Pierre-Thomas Marie (1795-1870), Armand Marrast (1801-52), Louis Blanc (1811-82), Ferdinand Flocon (1800-66), Alexandre Martin, dit l'Ouvrier Albert (1815-95).

1848 (10-12) Louis-Napoléon Bonaparte (20-4-1808/9-1-1873), élu Pt le 16-12, s'installe à l'Élysée. Il est le 3e f. de Louis-Bonaparte (2-9-1778/25-7-1846), roi de Hollande (1806-10), Cte de St-Leu après 1810, marié le 3-1-1802 à Hortense de Beauharnais (1783-1837), f. d'Alexandre de B. et de Joséphine de Tascher de La Pagerie (plus tard impératrice). [Ses deux fr. aînés 1° Napoléon-Charles (1802-07) Pce royal de Holl. 2° Napoléon-Louis (1804-31) Pce royal de Holl. 1807-10, gd-duc de Berg et de Clèves 1809-13, ép. Charlotte Bonaparte (1802-39) f. de Joseph Bonaparte et de Julie Clary, étaient sans postérité. Vice-Pt : le Cte Georges-Henri Boulay de la Meurthe (1797-1858), fils du conventionnel régicide Antoine-Claude-Joseph Boulay de la Meurthe (1761-1840), ministre d'État pendant les Cent-Jours.

1851 (2-12) *Coup d'État du 2 décembre.*

1851 (21/22-12) *Élection de Louis-Napoléon chef de l'État pour 10 ans (la vice-présidence est supprimée).*

Empire

Nota. — Le 7-11-1852, un *senatus-consulte* (ratifié les 20 et 21-11 par un plébiscite) proclame Louis-Napoléon empereur des Français sous le nom de Napoléon III. Le Sénat proclame les résultats le 2-12 (date officielle du début du règne).

1852 (2-12) Napoléon III (20-4-1808/9-1-1873). *Ép.* 29-1-1853 Eugénie de Guzman Portocarrero etc. (5-5-1826/11-7-1920) f. du Cte de Montijo et connue sous le nom de Mlle de Montijo. Renversé le 4-9-1870. Il mourut en exil à Chislehurst (G.-B.). L'impératrice Eugénie fut *régente* du 3-8 au 4-9-1870. (Voir ce nom à l'Index.)

1870 (4-9) Gouvernement de la Défense nationale. Pt Gal Louis Trochu (1815-96). Dure jusqu'au 12-1-1871 (nomination d'un gouv. Thiers par l'Ass. de Bordeaux). Du 7-10-1870 au 12-1-1871, le min. de l'Intérieur du gouv. Trochu, Léon Gambetta (1838-82), dirige à Tours une *« délégation gouvernementale ».*

IIIe République

Présidents de la République (en gras), vice-présidents du Conseil (jusqu'au 10-3-1876), puis Pts du Conseil (la liste ne tient pas compte des remaniements intérieurs des ministères).

1871-73 Adolphe Thiers (1797-1877) *Chef du pouvoir exécutif* (17-2-1871). *Pt de la République* (31-10-1871/24-5-1873). *19-2-71/24-5-73* Armand Dufaure (1798-1881).

1873-79 Maréchal Patrice de Mac-Mahon, duc de Magenta (1808-93). *25-5-73/16-5-74* Albert duc de Broglie (1821-1901). *22-5-74/10-3-75* Gal Ernest Courtot de Cissey (1810-82). *10-3-75/23-2-76* Louis-Joseph Buffet (1818-98). *5-3/2-12-76* Armand Dufaure. *12-12-76/17-5-77* Jules Simon (1814-96). *17-5/15-11-77* Albert duc de Broglie (1821-1901). *23-11/30-11-77* Gal Gaétan de Grimaudet de Rochebouët (1813-99). *13-12-77/30-11-79* Armand Dufaure (1798-1881).

1879-87 Jules Grévy (1807-91). *4-12/26-12-79* William Henri Waddington (1826-94). *28-12-79/19-9-1880* Charles de Freycinet (1828-1923). *23-9-80/10-11-1881* Jules Ferry (1832-93). *14-11-81/27-1-1882* Léon Gambetta (1838-82). *27-1/29-7-82* Charles de Freycinet (1828-1923). *7-8-82/22-1-1883* Charles Duclerc (1812-88). *29-1/18-2-83* Armand Fallières (1841-1931). *21-2-83/30-3-1885* Jules Ferry (1832-93). *6-4/29-12-85* Henri Brisson (1835-1912). *7-1/3-12-86* Charles de Freycinet (1828-1923). *12-12-86/18-5-87* René Goblet (1828-1905). *30-5/4-12-87* Maurice Rouvier (1842-1911).

1887-94 Sadi Carnot (1837-assassiné 94). *12-12-87/30-3-88* Pierre Tirard (1827-93). *3-4-88/14-2-89* Charles Floquet (1828-96). *22-2-89/1-3-90* Pierre Tirard (1827-93). *17-3-90/19-2-92* Charles de Freycinet (1828-1923). *27-2/28-11-92* Émile Loubet (1838-1929). *6-12-92/30-3-93* Alexandre Ribot (1842-1923). *4-4/25-11-93* Charles Dupuy (1851-1923). *3-12-93/22-5-94* Jean Casimir-Perier (1847-1907). *30-5-94* Charles Dupuy (1851-1923) →.

1894-95 Jean Casimir-Perier (1847-1907). *94 → (15-1-95)* Charles Dupuy.

1895-99 Félix Faure (1841-99). *26-1/28-10-95* Alexandre Ribot (1842-1923). *1-11-95/23-4-96* Léon Bourgeois (1851-1925). *29-4-96/15-6-98* Jules Méline (1838-1925). *28-6/25-10-98* Henri Brisson (1835-1912). *1-11-98* Charles Dupuy (1851-1923) →.

1899-1906 Émile Loubet (1838-1929). *12-6-99 →* Charles Dupuy. *22-6-99/7-6-1902* Pierre Waldeck-Rousseau (1846-1904). *7-6-02/18-1-05* Émile Combes (1835-1921). *24-1-05* Maurice Rouvier (1842-1911) →.

1906-13 Armand Fallières (1841-1931). *7-3-06 →* Maurice Rouvier. *14-3/19-10-06* Ferdinand Sarrien (1840-1915). *25-10-06/20-7-09* Georges Clemenceau (1841-1929). *24-7-09/27-2-11* Aristide Briand (1862-1932). *2-3/23-6-11* Ernest Monis (1846-1929). *27-6-11/14-1-12* Joseph Caillaux (1863-1944). *14-1-12/21-1-13* Raymond Poincaré (1860-1934). *21-1-13* Aristide Briand (1862-1932) →.

1913-20 Raymond Poincaré (1860-1934). *22-3-13 →* Aristide Briand (1862-1932). *22-3/9-12-13* Louis Barthou (1862-1934). *9-12-13/9-6-14* Gaston Doumergue (1863-1937). *9-6/13-6-14* Alexandre Ribot (1842-1923). *13-6-14/29-10-15* René Viviani (1863-1925). *29-10-15/20-3-17* Aristide Briand (1862-1932). *20-3/12-9-17* Alexandre Ribot (1842-1923). *12-9/16-11-17* Paul Painlevé (1863-1933). *16-11-17/20-1-20* Georges Clemenceau (1841-1929). *20-1-20* Alexandre Millerand (1859-1943) →.

1920 (28-2/22-9) Paul Deschanel (1855-1922). *24-9-20* → Alexandre Millerand.

1920-24 Alexandre Millerand (1859-1943). *24-9-20/16-1-21* Georges Leygues (1857-1933). *16-1-21/15-1-22* Aristide Briand (1862-1932). *15-1-22/8-6-24* Raymond Poincaré (1860-1934). *8-6/13-6-24* Frédéric François-Marsal (1874-1958).

1924-31 Gaston Doumergue (1863-1937). *14-6-24/10-4-25* Édouard Herriot (1872-1957). *17-4/22-11-25* Paul Painlevé (1863-1933). *28-11-25/17-7-26* Aristide Briand (1862-1932). *19-7/21-7-26* Édouard Herriot (1872-1957). *23-7-26/27-7-29* Raymond Poincaré (1860-1934). *29-7/22-10-29* Aristide Briand (1862-1932). *2-11-29/17-2-30* André Tardieu (1876-1945). *21-2/25-2-30* Camille Chautemps (1885-1963). *2-3/4-12-30* André Tardieu (1876-1945). *13-12-30/22-1-31* Théodore Steeg (1868-1950). *26-1-31* Pierre Laval (1883-1945) →.

1931-32 Paul Doumer (1857-assassiné 1932). *16-2-32* → Pierre Laval (1883-1945). *20-2/10-5-32* André Tardieu (1876-1945).

1932-40 Albert Lebrun (1871-1950). *3-6/14-12-32* Édouard Herriot (1872-1957). *18-12-32/1-33* Joseph Paul-Boncour (1873-1972). *31-1/18-10-33* Édouard Daladier (1884-1970). *26-10/23-11-33* Albert Sarraut (1872-1962). *26-11-33/27-1-34* Camille Chautemps (1885-1963). *30-1/7-2-34* Édouard Daladier (1884-1970). *9-2/8-11-34* Gaston Doumergue (1863-1937). *8-11-34/1-6-35* Pierre-Étienne Flandin (1889-1958). *1-6/4-6-35* Fernand Bouisson (1874-1959). *6-6-35/22-1-36* Pierre Laval (1883-1945). *24-1/30-5-36* Albert Sarraut (1872-1962). *6-6-36/21-6-37* Léon Blum (1872-1950). *29-6-37/13-3-38* Camille Chautemps (1885-1963). *14-3/26-3-38* Léon Blum (1872-1950). *10-4-38/21-3-40* Édouard Daladier (1884-1970). *21-3/16-6-40* Paul Reynaud (1878-1966). *17-6/12-7-40* M^al Philippe Pétain (1856-1951).

État français à Vichy

1940-44 Maréchal Philippe Pétain (24-4-1856/23-7-1951). Chef de l'État condamné à mort, à Paris, le 14-8-1945. Peine commuée en détention perpétuelle à l'île d'Yeu. *13-7/13-12-40* Pierre Laval (1883-1945) Vice-Président du Conseil. *13-12-1940/9-2-1941* Pierre-Étienne Flandin (1889-1958). *10-2-41/18-4-42* Amiral de la Flotte François Darlan (1881-assassiné 24-12-1942) Vice-Président du Conseil. *18-4-42/20-8-44* Pierre Laval (1883-exécuté 15-10-1945) chef du Gouvernement.

France Libre

Français libres 1940 (26-6). Gal Charles de Gaulle (23-11-1890/9-11-1970), reconnu comme chef des Français libres (Londres).

Comité français de Libération nationale. Composé du Gal Charles de Gaulle et du Gal Henri Giraud (1879-1949). Pts alternatifs *3-6/9-11-43 puis* Gal de Gaulle seul.

Gouvernement provisoire

1944 (10-9/27-1-46) Gal Charles de Gaulle (1890-1970).

1946 (27-1/24-6) Félix Gouin (8-10-1884).

1946 (24-6/27-10) Georges Bidault (1899-1983).

IVe République

1946 (27-10/28-11) Georges Bidault (maintenu comme chef du gouv. provisoire, après la promulgation de la Constitution).

1946 (28-11/18-12) Vincent Auriol, Pt de l'Assemblée nationale élue le 10-11-1946, assure par intérim les fonctions de chef de l'État.

1946 (18-12/22-1-47) Léon Blum (1872-1950), chef du gouv. provisoire.

1947-54 Vincent Auriol (1884-1966). *22-1/21-11-47* Paul Ramadier (1888-1961). *24-11-47/24-7-48* Robert Schuman (1886-1963). *26-7/31-8-48* André Marie (1897-1979). *31-8/12-9-48* Robert Schuman (1886-1963). *12-9-48/27-10-49* Henri Queuille (1884-1970). *28-10-49/24-6-50* Georges Bidault (1899-1983)). *2-7/4-7-50* Henri Queuille (1884-1970). *12-7-50/28-2-51* René Pleven (15-4-1901). *10-3/10-7-51* Henri Queuille (1884-1970). *11-8-51/7-1-52* René Pleven (15-4-1901). *20-1-52/29-2-52* Edgar Faure (18-8-1908). *8-3/22-12-52* Antoine Pinay (30-12-1891). *6-1/21-5-53* René Mayer (1895-1972). *26-6-53* Joseph Laniel (1889-1975).

1954-58 René Coty (1882/22-11-1962). → *12-6-54* Joseph Laniel (1889-1975). *17-6-54/5-2-55* Pierre Mendès France (1907-82). *23-2-55/24-1-56* Edgar Faure (18-8-1908). *30-1-56/21-5-57* Guy Mollet (1905-75). *12-6/30-9-57* Maurice Bourgès-Maunoury (19-8-1914). *6-11-57/15-4-58* Félix Gaillard (1919-70). *13-5/31-5-58* Pierre Pflimlin (5-2-1907). *1-6-58/8-1-59* Gal Charles de Gaulle (1890-1970).

Ve République

Présidents et Premiers ministres

1958 (21-12) Gal Charles de Gaulle (22-11-1890/9-11-1970) Pt de la Rép. et de la Communauté. *8-1-59/14-4-62* Michel Debré (15-1-1912). *14-4-62/21-7-68* Georges Pompidou (5-7-1911-74). *21-7-68/16-6-69* Maurice Couve de Murville (24-1-1907).

1969 (28-4/19-6) Alain Poher (17-4-1909) (Pt du Sénat) par intérim.

1969 (16-6) Georges Pompidou (5-7-1911/2-4-1974). *20-6-69* Jacques Chaban-Delmas (7-3-1915). *7-7-72* Pierre Messmer (20-3-1916).

1974 (2-4) Alain Poher (17-4-1909) (Pt du Sénat) par intérim.

1974 (19-5) Valéry Giscard d'Estaing (2-2-1926). *28-5-74* Jacques Chirac (29-11-1932). *27-8-76* Raymond Barre (12-4-1924).

1981 (21-5) François Mitterrand (26-10-1916). *21-5-81* Pierre Mauroy (5-7-1928). *19-7-84* Laurent Fabius (20-8-46). *20-6-86* Jacques Chirac (29-11-32).

Quelques chiffres

Présidents de la République

Age. Les plus jeunes : Louis-Napoléon Bonaparte 40 ans. Jean Casimir-Perier 46. Valéry Giscard d'Estaing 48. Sadi Carnot 50. **Les plus vieux :** Paul Doumer 74 ans. Thiers 74. Grévy 72 (réélu à 79). René Coty 71. De Gaulle 69 (réélu à 76).

Les démissionnaires. Thiers, Mac-Mahon, Grévy, Casimir-Perier, Deschanel, Millerand, Coty, De Gaulle.

Mandat complet. Loubet, Fallières, Poincaré, Doumergue, Auriol, Giscard d'Estaing.

Déposé. Lebrun.

Devenu empereur. Louis-Napoléon Bonaparte (Napoléon III).

Morts en exercice. *Assassinés :* Carnot, Paul Doumer. *De maladie :* Faure, Pompidou.

Records de pouvoir. Le plus longtemps : De Gaulle 10 ans 3 mois, Grévy 8 ans 10 mois, Lebrun 8 ans 2 mois. **Le moins longtemps :** Casimir-Perier 6 mois 20 j., Deschanel 9 mois 4 j., Doumer 11 mois 25 j.

Nombre des ministères

IIIe République. 1873 *(25 mai).* 9 ministères (Affaires étrangères, Justice, Intérieur, Finances, Marine et Colonies, Instruction publique, Cultes et Beaux-arts, Travaux publics, Agriculture et Commerce). Le duc de Broglie est *vice-président du Conseil* (la fonction et le titre de *président du Conseil* n'apparaîtront qu'en mars 1876) et min. des Aff. étrangères. 1 sous-secrétaire d'État (à l'Intérieur). **1936.** Ministère Léon Blum, nombre record de la IIIe Rép. 21 ministres, 14 sous-secrétaires d'État.

IVe République. 1946 : le titre de secrétaire d'État apparaît. *Le nombre des membres du Gouvernement* évolue de 22 min. (de Gaulle 1945) à 46 (Bourgès-Maunoury 1957), *celui des ministres* de 14 (Guy Mollet 1956 et Bourgès-Maunoury 1957) à 26 (Edgar Faure 1952), *des secrétaires d'État* de zéro (de Gaulle 1945) ou 1 (Bidault et Blum en 1946) à 25 (Bourgès-Maunoury) ou 32 si l'on comprend les *sous-secrétaires d'État.*

Ve République. *Membres du Gouvernement* de 25 (Debré, 14-4-1962) à 43 (Chirac, 28-5-1974).

Nota. – Les *présidents du Conseil* ont jusqu'en 1933 [à 1 exception près : Raymond Poincaré (11-11-1928/27-7-1929)] exercé en même temps une fonction ministérielle (ex. : Aff. étr., Intérieur, Finances, Instruction publique). Ensuite cela a varié : ils furent souvent sans portefeuille, notamment de 1936 à 1938 et de 1947 à 1952.

De Gaulle, dernier président du Conseil de la IVe, fut en même temps min. de la Déf. nat. Sous la Ve Rép., les Premiers min. n'ont eu aucune fonction ministérielle sauf Raymond Barre, min. de l'Économie et des Finances (1976-78).

Présidence des ministères

Durée de quelques présidences (en ne tenant pas compte des remaniements intérieurs des ministères). Années, mois, jours.

● **Les plus longs. IIIe République.** *3 ans 19 j. :* Poincaré (23-7-1926/27-7-1929). *2 a. 11 m. 17 j. :* Waldeck-Rousseau (22-6-1899/7-6-1902). *2 a. 9 m. :* Clemenceau (25-10-1906/24-7-1909). *2 a. 7 m. 18 j. :* Combes (7-6-1902/24-2-1905). **IVe République.** *1 a. 4 m. 15 j. :* Mollet (1-2-1956/13-6-1957). *1 a. 1 m. 16 j. :* Queuille (12-9-48/27-10-49). **Ve République.** *6 a. 3 m. 25 j. :* Pompidou (14-4-62/21-7-68).

● **Les plus courts. IIIe République.** *3 j. :* Herriot (19/21-7-1926). *4 j. :* Bouisson (1/4-6-1935). *4 j. :* Ribot (9/13-6-1914). *6 j. :* François-Marsal (9/14-6-1924). *8 j. :* Dufaure (18/25-5-1873). *9 j. :* Reynaud (5/13-6-1940). **IVe République.** *2 j. :* Queuille (2/4-7-1950). *13 j. :* Schuman (31-8/12-9-1948). **Ve République.** *11 m., 10 j. :* Maurice Couve de Murville (10-7-1968/20-6-1969).

Crises de la IVe République

Les plus longues. 38 j. (21-5/28-6-53 Mayer-Laniel). 32 j. (10-7/11-8-51 Pleven-Queuille). 28 j. (16-4/14-5-58 Gaillard-Pflimlin). 21 j. (16-10/6-11-57 Bourgès-Maunoury-Gaillard). **Les plus courtes.** 1 j. (31-5/1-6-58 Pflimlin-De Gaulle). 3 j. (8-9/11-9-48 Schuman-Queuille) ; (10-6/13-6-57 Mollet-Bourgès-Maunoury).

Longévité ministérielle

Robert Boulin (au Gouv. dep. le 24-8-61, jusqu'à sa mort le 8-11-79 ; soit 14 ans, 11 mois, avec interruption du 28-3-73 au 27-8-76 ; secr. d'État aux Rapatriés, au Budget, aux Finances ; min. de la Fonction publ., de l'Agric., de la Santé, des relations avec le Parlement, du Travail). *Robert Galley* [au Gouv. dep. le 31-5-68, soit env. 12 ans ; record de longévité ministérielle sans interruption (précédent record : Robert Boulin 11 ans et 7 mois de 1961 à 73) ; min. de l'Équipement, Recherche, P.T.T., Transports, Armées, Coopération]. *Pierre Messmer* (au Gouv. du 5-2-60 au 27-5-74 soit 14 ans 9 mois avec interruption du 22-6-69 au 24-2-71, min. des Armées, min. des DOM et TOM).

Jeunes ministres. IIIe Rép. Georges Mandel (30), Louis Barthou (32), Raymond Poincaré (33), Guy La Chambre (34), Waldeck-Rousseau (35). **IVe Rép.** François Mitterrand (30), Félix Gaillard (sous-secr. d'État 27, secr. d'État 31, min. 37, Pt du Conseil 38). **Ve Rép.** Valéry Giscard d'Estaing (secr. d'État 32, min. 35), Jacques Chirac (secr. d'État 34, min. 38, Premier min. 41), Laurent Fabius (min. 34, Premier min. 38).

Descendants des anciens souverains français

☞ Seul, le Cte de Paris s'est défini lui-même comme prétendant, dans un message à Rabat (1-7-1941).

Descendance des Mérovingiens et des Carolingiens

6 familles descendraient de Clovis par les mâles (La Rochefoucauld, d'Aure puis Gramont, de Comminges de Peguilhan, de Galard, de Luppé, de Montesquiou Fezensac). Ces familles, qui n'ont jamais prétendu à la couronne de France, ne peuvent pas prouver scientifiquement leur filiation. De même les familles de Sohier de Vermandois et de Chaumont Quitry (issues de Charlemagne par les femmes). Les

Capétiens ont des liens nombreux avec les Carolingiens et Mérovingiens, ils ont d'ailleurs toujours prétendu descendre de Clovis.

La maison capétienne, qui remonte en tout cas à Robert le Fort, comte d'Anjou, dont le nom apparaît en France en 852, est la plus ancienne race du monde [si l'on ne compte pas les Bagration (Géorgie) à la filiation incertaine et la dynastie japonaise dont la filiation est légendaire durant les premiers siècles de l'ère chrétienne]. Leurs ancêtres encore plus lointains, connus depuis 1961 (voir p. 553), étaient liés à la famille carolingienne, et avaient été des proches des rois mérovingiens (soit leurs parents, soit leurs serviteurs). D'ailleurs, les Carolingiens passent aujourd'hui pour les descendants en ligne féminine des rois francs de Cologne. En ligne masculine, ils seraient gallo-romains (?).

Descendance des Capétiens

Le duc d'Anjou et de Cadix

Chef de la maison de Bourbon

Mgr Alphonse de Bourbon, duc d'Anjou et de Cadix (Rome 20-4-1936), porta le titre de duc de Bourbon et de Bourgogne du 25-11-50 au 3-8-75, chef de la maison de Bourbon, fut ambassadeur d'Esp. à Stockholm (1969-72), Pt de l'Institut de culture hispanique (1973-77), Pt d'honneur de l'Institut de la maison de Bourbon (Pt, duc de Bauffremont. *Secrétariat :* 57, rue de Bourgogne, 75007 Paris). Son secrétariat français est 4 bis, bd de Glatigny, 78-Versailles. Marié au Pardo, près de Madrid, le 8-3-1972, à Marie Carmen Martinez Bordiu y Franco (Madrid 26-2-1951), fille du marquis de Villaverde et petite-fille du généralissime Franco [séparation de corps prononcée par le tribunal diocésain de Madrid le 16-11-1979, avec demande d'annulation à Madrid (sept. 1977)], dont François, duc de Bourbon (Madrid 1972-84) et Louis-Alphonse, duc de Touraine (Madrid 25-4-74) devenu duc de Bourbon. Le 22-11-1972, Franco l'autorise à porter le titre héréditaire de duc de Cadix (dans la primogéniture des mâles), qui sera toujours lié à la qualification d'altesse royale.

Filiation : Louis XIV, Louis Gd Dauphin, Philippe V d'Esp., 5 gén., Alphonse XIII (roi d'Esp. † 28-2-41), son fils aîné. Mgr Jacques (Jaime) Henri de Bourbon-Anjou, duc de Ségovie (La Granja, Esp. 23-6-1908/St-Gall 20-3-75). Ce dernier a fait acte de roi de France en prenant le titre de duc d'Anjou et les pleines armes de France (lettre au duc de Bauffremont, Rome 28-3-1946). De Mlle Emanuela de Dampierre, des ducs de San Lorenzo [mariage célébré à Rome 4-3-1933, annulé à Bucarest 6-5-1947 (divorce prononcé à Turin 3-6-1949, il se remariera civilement en 1949 avec Carlotta Tiedemann, mannequin, protestante et divorcée)], il eut LL.AA.RR. 1° *Alphonse* (v. ci-dessous), 2° *Charles-Gonzalve* (Rome 5-6-1937), qui a reçu de son père (21-9-1972) le titre héréditaire de duc d'Aquitaine (marié). Pour la proche famille, v. Espagne.

Pour ses partisans : 1° La couronne se transmet par ordre d'aînesse, de mâle en mâle appartenant à une même branche ; c'est seulement en cas d'extinction de la branche aînée qu'elle passe à l'aîné de la branche qui vient tout de suite après. Ainsi le roi Louis-Philippe n'est qu'un usurpateur. 2° Aux disciples de P. Pierre Poisson (?-1744), cordelier, défenseur des droits du Régent (auteur v. 1720 d'un opuscule *La loy fondamentale de la succession à la couronne de Fr.*, publié par Mgr Baudrillart en 1890), qui disent que les descendants de la branche aînée, étant espagnols, ne sauraient avoir de droits sur la couronne, ils répondent : « Les exigences de l'ordre successoral, qui est une des " lois fondamentales " du Royaume, l'emportent sur des réalités contingentes, telles que la nationalité du prince capétien héritier » (elles l'ont emporté même sur l'appartenance *religieuse* d'Henri IV), et invoquent des précédents : Louis XII était roi de Naples et duc de Milan, François II roi d'Écosse et Henri III roi de Pologne ; de même, Philippe le Bel, Louis X le Hutin et Henri IV avaient été rois de Navarre (et même Napoléon III était fils de Louis, roi de Hollande !). 3° La couronne n'est pas un droit mais une charge (principe de « l'indisponibilité de la c. ») ; elle ne peut en aucun cas appartenir à celui qui la porte, mais elle lui est seulement confiée par Dieu ; celui auquel elle échoit se trouve dans l'incapacité de la refuser.

Les traités d'Utrecht signés par Louis XIV et Philippe V, par lesquels Louis XIV renonçait pour lui et son petit-fils à la réunion des couronnes de France et d'Espagne et Philippe V abandonnait pour lui et ses descendants toute prétention à la couronne de France, ne peuvent avoir d'effets sur la succession capétienne : 1° Louis XIV, même agissant en tant que roi, n'a pu modifier l'ordre successoral en faveur des légitimés ; 2° Philippe d'Anjou, n'étant pas roi de France, n'avait aucun titre pour disposer de la couronne française ; 3° (argument procédurier) : les décisions en matière de succession relèvent des États généraux : le Parlement de Paris n'est pas compétent pour les enregistrer ; 4° les juristes français (notamment le négociateur d'Utrecht, le marquis de Torcy) ont fait l'impossible pour accorder aux Angl. la séparation des couronnes de Fr. et d'Espagne, tout en réservant les droits des Bourbons-Anjou à la succession capétienne ; 5° quand la question des droits de Philippe V d'Anjou-Espagne s'est posée sérieusement (mauvaise santé du jeune Louis XV, unique héritier des Bourbons de France) entre 1715 et 1723, le peuple français était unanime à suivre les lois fondamentales et à faire appel à Philippe V contre le Régent (le Régent aurait eu en compensation la couronne d'Espagne, comme petit-fils d'Anne d'Autriche) ; 6° Louis XVI a reconnu les Bourbons d'Esp. comme aînés après lui de la famille capétienne : le 12-10-1789, il a remis entre les mains de Charles IV « chef de la seconde branche » sa protestation, contre les concessions arrachées par les révolutionnaires ; 7° la constitution de 1791 ne rejette nullement les droits successoraux des Bourbons d'Anjou-Espagne, et ne fixe aucune règle relative à la nationalité des rois héréditaires (la charte de 1814 refuse d'expliciter ce point, les « lois fondamentales » restent en vigueur telles qu'elles étaient jusqu'à 1789). Louis-Philippe redoutait tellement la compétition avec la branche carliste d'Esp. qu'il fit pression sur Ferdinand VII pour que celui-ci maintînt la loi salique en Esp. : avec les carlistes sur le trône de Madrid, il pouvait leur opposer le tr. d'Utrecht. Avec les carlistes privés du trône d'Esp., il avait une dynastie française mieux placée que la sienne ; 8° à la mort du comte de Chambord (1883), le ralliement des monarchistes français à Don Juan, Cte de Montizon (Jean III de France), aurait sans doute été unanime, si ce prince n'avait pas fait preuve de graves défauts de caractère : il avait déjà abdiqué ses droits espagnols en faveur de son fils don Carlos VII (Charles XI de France). D'ailleurs, les partisans du Cte de Paris n'ont pas reconnu le fait que Philippe Égalité ait par 3 fois, pour lui et pour ses descendants, renoncé à la couronne. Il aurait même pris le patronyme d'Égalité pour montrer qu'il rejetait les droits des Bourbons (les orléanistes disent que ce patronyme lui a été imposé par les révolutionnaires, comme celui de Capet à Louis XVI).

Suite des « rois de France » depuis la mort de Charles X, pour les légitimistes. 1836 Louis XIX Cte de Marnes (la Coquette) (ex-duc d'Angoulême, ex-dauphin, fils de Charles X). **1844** Henri V Cte de Chambord (1820-83), fils du duc de Berry († 1820), frère cadet de Louis XIX, donc petit-fils de Charles X. **1883** Jean III (1822-87), petit-fils d'un frère cadet de Ferdinand VII roi d'Espagne (celui-ci n'avait qu'une seule fille, la reine Isabelle II d'Espagne, qui, étant femme, ne pouvait transmettre les droits héréditaires français, mais avait épousé son cousin François d'Assise, fils d'un autre cadet, Fr. de Paule). **1887** Charles XI duc de Madrid (1848-1909), son fils. **1909** Jacques Ier duc d'Anjou et de Madrid (1870-1931), son fils. **1931** Charles XII, Alphonse duc d'Anjou et de San Jaime (12-9-1840/30-9-1936), son oncle (frère de Charles XI et dernier roi d'Espagne de la branche carliste). **1936** Alphonse Ier (roi d'Esp. sous le nom d'Alphonse XIII, 1886-1941), son cousin. **1941** Henri VI, Jacques duc d'Anjou et de Ségovie (1908-75), Voir plus haut. **1975** Alphonse II, duc d'Anjou et de Cadix n. 1936.

Nota. — Cet ordre successoral est rejeté par les partisans de la maison d'Orléans, qui estiment que des princes espagnols ne peuvent être dynastes en France [mais les Orléans sont moins nets sur la successibilité des leurs qui sont Brésiliens et Espagnols]. Cette contradiction affaiblit la thèse orléaniste face aux légitimistes qui estiment, en vertu d'une déclaration de Louis XV (1717) que, en cas d'extinction de la maison royale, ce serait à la nation de décider.

Le comte de Paris

Mgr Henri d'Orléans, Cte de Paris (9-7-08, chât. de Nouvion-en-Thiérache, Aisne). Enfance au Maroc à Larache. Élève à la Fac. cath. de Louvain. Exilé (par le fait de la loi de 1886) en 1926 avec son père, le duc de Guise, quand celui-ci devient, à la mort du duc d'Orléans Philippe VIII, l'aîné des descendants de Louis-Philippe Ier, roi des Français. S'installe au manoir d'Anjou, près de Bruxelles. Réside (1940-50) près de Rabat, puis à Pampelune (Esp.) et Cintra (Port). Rentré en France le 5-7-1950 après l'abrogation de la loi d'exil, s'installe au manoir du Cœur-Volant (Louveciennes, près de Paris), puis réside à Paris et au château de Nouvion-en-Thiérache et enfin à Chantilly dans son hospice de la fondation Condé ; président de la Fondation St-Louis, membre d'honneur et titulaire de la société des Cincinnati de France (représente duc de Chartres futur Philippe Égalité). *Ép.* 8-4-31 Isabelle d'Orléans et Bragance descendante du duc de Nemours (13-8-11). Séparés de biens 1986.

Enfants (11 Pces et Pcesses) : **Isabelle** (8-4-1932) ép. à Dreux 10-9-64 Cte Frédéric-Charles de Schönborn-Buchheim, dont Damian (1965), Vincenz (1966), Lorraine-Marie (1968), Claire (1969). **Henri-Pierre Cte de Mortain** (14-6-33), autorisé en 1948 à venir en France, malgré la loi d'exil, pour poursuivre ses études, fut officier dans l'armée blindée cavalerie ; travaille actuellement à la Sté civile des créations du prince Henri-Pierre d'Orléans ; ép. 1res noces 5-7-57 duchesse Marie-Thérèse de Wurtemberg (1934), f. de Philippe duc de Wurtemberg et de la Dsse, née Rose d'Autriche, dont Marie (1959), François [(1961), handicapé cérébral, a perdu ses droits héréditaires en faveur de son fr. cadet Jean, par décision du Cte de Paris (1982)], Blanche (1962), Jean [(1965) ; en 1982, désapprouvant le divorce et le remariage d'Henri, le Cte de Paris a décidé de substituer le titre de Cte de Mortain à celui de Cte de Clermont et à faire de Jean, son petit-fils, son héritier direct], Eudes (1968) ; remarié 31-10-84 après divorce avec Micaela Quinones de Leon (n. 30-4-38), divorcée (1966) de Jean Boeuf (ép. en 1961). **Hélène-Astrid** (17-9-1934) ép. 17-1-57 **Cte Évrard de Limburg-Stirum** (1927), f. du Cte Thierry de L.-S. et de la Ctesse née Pcesse Marie-Immaculée de Croy, dont Catherine (1957), Thierry (1959), Louis (1962), Bruno (1966). **François duc d'Orléans** (1935, † en Algérie le 11-10-60, tué au combat). **Anne** (4-12-1938) ép. 12-5-65 Pce Charles de Bourbon (1938), **duc de Calabre**, membre de la famille royale d'Esp., chef de la famille royale des Deux-Siciles, f. de l'infant d'Esp. Alphonse de Bourbon (1901-64), duc de Calabre et de l'infante n. Pcesse Alice de Bourbon-Parme, dont Cristina (1966), Maria Paloma (1967), Pedro (1968), titré duc de Noto, Inès (1971), Victoria (1976), Pcesses et Pce des Deux-Siciles. **Diane** (24-3-1940) ép. 21-7-60 Charles duc de Wurtemberg (1936), frère de Marie-Thérèse (voir plus haut), chef de la maison de Wurtemberg, dont Friedrich (1961), Mathilde (1962), Eberhard (1963), Philippe (1964), Michel (1965), Éléonore (1977). **Michel** (25-6-1941) **Cte d'Évreux** (dep. 1976) ép. 18-11-67, sans l'autorisation du Cte de Paris, Béatrice Pasquier de Franclieu (1941), dont Clotilde (1968), Adélaïde (1971), Charles-Philippe (1973), François (1982). **Jacques** (25-6-1941), son jumeau, **duc d'Orléans**, ép. 3-8-1969 Gersende de Sabran-Pontevès (1942), f. de Foulques de Sabran-Pontevès, duc de Sabran, dont Diane (1970), Charles-Louis (1972), Foulques (1974). **Claude** (11-12-1943), ép. 22-7-64 Pce Amédée de Savoie, **duc d'Aoste** (1943), f. du Pce Aimon de Savoie, duc d'Aoste (1900-48), et de la duchesse n. Pcesse Irène de Grèce dont Bianca (1966), Aimone (1967), Mafalda (1969). **Chantal** (9-1-1946) ép. 1972 Bon François-Xavier de Sambucy de Sorgue (1943) dont Axel (1976), Alexandre (1978), Kildine (1979). **Thibaut** (1948-83) **Cte de La Marche** (dep. 1976) ép. 1972 Marion Gordon-Orr (1941) (union non agréée par le Cte de Paris), dont Robert (1976), Louis-Philippe (1979-80).

Sœurs du Cte de Paris : Isabelle (1900-83) ép. 1° le Cte Bruno d'Harcourt (1899-1930) ; 2° Pce Pierre Murat (1900-48). **Françoise** (1902-53) ép. 11-2-29 le Pce Christophe de Grèce (1889-1940) d'où Michel de Grèce (n. ?), écrivain. **Anne** (1906) ép. 5-11-1927 Pce Amédée de Savoie, duc d'Aoste (1898-1942).

Suite des rois de France depuis la mort du Cte de Chambord (Henri V, 1820-83) pour les orléanistes. 1883 Philippe VII, Cte de Paris (1838-94), petit-f. de Louis-Philippe Ier. **1894** Philippe VIII, duc d'Orléans (1869-1926), s. f. **1926** Jean III, duc de Guise (1874-1940), son cousin germain. **1940** Henri VI, Cte de Paris (n. 1908), s. f.

Deux branches cadettes sont issues des fils de Louis-Philippe. Composées toutes deux de princes ayant une nationalité étrangère (brésilienne, espagnole), elles ne sont, en principe, pas reconnues comme dynastes par les orléanistes (argument opposé aux princes de la Maison d'Anjou). Le pacte de famille conclu en 1909 a stipulé, qu'en vertu des Édits du Roi du 2-7-1717 et du 23-4-1723, enregistrés au Parlement, que les Orléans Bragance, devenus étrangers en tant que Maison impériale de Brésil, n'auront aucun droit à la couronne de France. **1)** Du Pce Louis d'Orléans, duc de Nemours (1814-96), 2e f. du roi Louis-Philippe : par le Pce Gaston d'Orléans (1842-1922), f. aîné de Louis (branche d'Orléans et de Bragance, héritière des droits impériaux du Brésil), et par le Pce Fer-

Succession de la royauté française selon l'ordre de primogéniture mâle (théorie des légitimistes)

* Entre parenthèses les numéros d'ordre des rois carlistes.

HENRI IV (1553-1610)

LOUIS XIII (1601-1643)

LOUIS XIV (1638-1715)

Louis le grand dauphin (1661-1711)

Louis duc de Bourgogne puis dauphin (1682-1712)

LOUIS XV (1710-1774)

Louis dauphin (1729-1765)

LOUIS XVI (1754-1793) — **LOUIS XVIII** (1755-1824) — **CHARLES X** (1757-1836)

LOUIS XVII (1754-1795) — **LOUIS XIX** comte de Marne (1775-1844) — **Charles-Ferdinand** duc de Berry (1778-1820)

HENRI V comte de Chambord (1820-1863)

CHARLES XI (VII) duc de Madrid (1848-1909)

JACQUES Ier (III) duc d'Anjou et de Madrid (1870-1931)

JACQUES-HENRI VI duc d'Anjou et de Ségovie (1908-1975) = Emanuela de Dampierre

ALPHONSE II duc d'Anjou et de Cadix (1936) = Marie-Carmen Martinez-Bordiu y Franco — Charles-Gonzalve duc d'Aquitaine 1937

François duc de Bourbon 1972 — Louis-Alphonse duc de Touraine 1974

Philippe duc d'Anjou puis Philippe V roi d'Esp.

Louis Ier roi d'Esp. — Ferdinand VI roi d'Esp. — Charles III roi d'Esp. — Philippe duc de Parme

Charles IV roi d'Esp. — Ferdinand roi des Deux-Siciles

Ferdinand VII roi d'Esp. — **CHARLES (V)** * — François de Paule infant d'Esp.

Charles (VI) — **JEAN III (III)** comte de Montizon (1822-1887) — François d'Assise roi consort = Isabelle reine d'Esp. f. de Ferdi. VII — Henri duc de Séville

CHARLES XII Alphonse-Charles (I) duc d'Anjou et de San Jaime (1849-1936)

Alphonse XII roi d'Espagne

ALPHONSE Ier Alphonse XIII (XII) roi d'Esp. (1886-1941)

Jean comte de Barcelone 1913 = Marie de Bourbon pcesse des Deux-Siciles

Jean-Charles roi d'Espagne (1938-1975) = Sophie princesse de Grèce

Philippe pce des Asturies 1968

PHILIPPE Monsieur, duc d'Orléans

Ducs de Séville et de Santa-Elena — Branche royale des Deux-Siciles — Branches : ducale de Parme et grand-ducale de Luxembourg — Branches : ducale d'Orléans, impériale du Brésil (Orléans et Bragance) et esp. d'Orléans

Maison d'Orléans (filiation du comte de Paris)

Louis XIII (1601-43)

Louis XIV (1638-1715) (de Mme de Montespan) branche illégitime — **Philippe Ier de France, duc d'Orléans (1640-1701)** ép. Elisabeth-Charlotte de Bavière, Pcesse Palatine

Louis-Alex., Cte de Toulouse (1678-1737) ép. Sophie de Noailles — Françoise-Marie de Blois (1678-1749) épouse **Philippe II, duc d'Orléans le Régent (1674-1723)**

Charlotte-Aglaé d'Orléans (1700-61) ép. François-Marie d'Este, duc de Modène — **Louis, duc d'Orléans (1703-52)** (Louis le Pieux) ép. Auguste-Marie de Bade

Louis-Jean-Marie, duc de Penthièvre (1725-93) épouse M.-Th. d'Este-Modène (1726-54) — Fortunée d'Este-Modène ép. le Cte de la Marche, puis Pce de Conti (1734-1814) — **L.-Ph. Ier, duc d'Orléans (1725-85)** ép. Louise-Henriette de Conti

Louis-Alexandre, Pce de Lamballe (1747-68) ép. Marie de Savoie-Carignan (1749-92) — **Louise-Marie-Adélaïde de Bourbon (1753-1821)** — **L.-Ph. Joseph, duc d'Orléans (1747-93)** (Philippe Égalité) — **Louise-Bathilde d'Orléans (1750-1822)** ép. Louis-Henri-Joseph, duc de Bourbon (1756-1830), dit : le dernier des Condé

Louis-Philippe Ier (1773-1850) (roi des Français 1830-1848) ép. Marie-Amélie, fille de Ferdinand Ier, roi des Deux-Siciles — **Louis - Antoine - Henri de Bourbon, duc d'Enghien (1772-1804)**

Ferd.-Philippe (1810-42), duc de Chartres (1810-30), duc d'Orléans et Pce royal (1830-42) ép. 1837 Hélène de Mecklembourg-Schwerin (1814-58) — Marie — Louis, duc de Nemours

Louis-Philippe, Cte de Paris (1838-94), prince royal (1842-48) ép. 1864 Marie-Isabelle d'Orléans-Montpensier (1848-1919) — **Robert (1840-1910), duc de Chartres, dit : Robert le Fort (1871)** ép. 1863 Françoise d'Orléans-Joinville

Philippe (1869-1926), duc d'Orléans ép. 1896 Marie Dorothée d'Autr. — Isabelle — **Jean, duc de Guise (1874-25/8/1940)** ép. 1899 Isabelle d'Orléans (7/5/1878-21/4-1961)

Sans postérité

Henri (1908), comte de Paris ép. Isabelle d'O. Bragance

Henri (1933) comte de Clermont, puis Comte de Mortain ép. M. Thérèse de Wurtemberg, divorcés dinand d'Orléans, 2e f. de Louis (branche de Nemours, éteints en 1970). 2) Du Pce Antoine d'Orléans, duc de Montpensier (1824-90), ép. (1846) Louise d'Espagne (1832-97) : branche des ducs de Galliera, infants d'Espagne. *Chef actuel :* Alphonse d'Orléans, 6e duc de Galliera (1910).

Autres descendants

François de Paule de Bourbon et Escasany. 5e duc de Séville, banquier (n. 16-11-1943) ; *ép.* en 1973 Béatrice, Ctesse de Hardenberg, dont postérité. *Filiation :* Louis XIV, Louis Gd Dauphin, Philippe V, Charles III, Charles IV, infant François de Paule (fr. de François d'Assise, roi consort d'Esp.), Henri Ier duc de Séville (qui fit un mariage illégal et dont la postérité n'est pas dynaste en Esp.) [1], François son fils cadet (1853-1942) titré duc d'Anjou, qui prétendit un moment à la France devant les attitudes par trop esp. de la branche aînée des rois « carlistes » [2], François de Paule duc de Séville [(1882-1952) a porté le titre de duc de Séville en épousant sa cousine germaine Henriette (4e « duchesse ») héritière de Henri (2e duc 1848-94), morte en 1967. François de Paule (n. 1912), colonel en retraite de l'armée esp., a laissé son titre à son fils, le 5e duc, chef actuel de la famille].

Les Séville viennent juste après la descendance d'Alphonse XIII sur le plan français. Plusieurs de ces princes ont acquis la nationalité fr.

Nota. — (1) Il eut un autre fils, Albert, tige des ducs de Santa Elena. (2) Il eut 3 autres fils qui ont tous eu une descendance (titrée marquis de Balboa et marquis de Squilache).

Jacques, comte de Bourbon-Busset (n. 1912), de l'Académie fr., ministre plénipotentiaire, 3 fils : Charles (1945), Robert (1947 †), Jean (1948). *Filiation :* saint Louis, Robert Cte de Clermont, Louis Ier duc de Bourbon, Pierre Ier duc de Bourbon (dont le frère cadet Jacques Ier, Cte de la Marche, est l'ancêtre d'Henri IV, et ainsi de tous les Bourbons et Orléans actuels) ; 3 gén., Louis de Bourbon prince-évêque de Liège († 1482), qui d'une inconnue eut 3 fils bâtards, qui se dirent tels, portant les armoiries de bâtards, etc. L'aîné, Pierre († 1529), chambellan de Louis XII, épousa la dame de Busset ; 2 gén., César de Bourbon, titré (1578) comte de Busset († 1631) ; 9 gén. de Ctes de Busset, puis de Bourbon-Busset, reconnus « cousins » par le roi (ce qui était d'usage pour les bâtards capétiens). On a prétendu que l'évêque de Liège se maria avec une Egmont-Gueldres avant de recevoir les ordres. Mais cette Pcesse est connue comme ne s'étant jamais mariée, et on n'a jamais pu prouver le mariage de Louis de Bourbon. Ce mariage aurait d'ailleurs convenu aux Ligueurs, qui recherchaient un roi catholique pour succéder à Henri III (1589) : ils auraient alors reconnu César, cité ci-dessus.

Personnes ne pouvant prouver leur rattachement à la maison capétienne

Faux dauphins

Le mystère du Temple. Selon la thèse officielle, Louis XVII (n. 1785) est mort au Temple le 8-6-1795 et a été enterré au cimetière Sainte-Marguerite le 10-6, mais de nombreux historiens ont soutenu que Louis XVII s'était évadé du Temple. Ils s'appuient notamment sur le fait que le rapport d'autopsie et l'examen du squelette exhumé 2 fois (1846 et 1894) font état d'un cadavre mesurant 1,47 m et 1,65 m (alors que Louis XVII n'avait que 1,15 ou 1,20 m) et ayant entre 15 et 20 ans (alors que Louis XVII né en 1785 avait 10 ans). Il est certain que le squelette (mélange d'os de diverses personnes) n'était pas celui de l'enfant mort au Temple. Celui-ci a été inhumé dans une fosse commune (on est allé rechercher des ossements près de l'église Ste-Marguerite, à des dizaines de mètres du trottoir de la rue St-Bernard, sous lequel il se trouve actuellement). Il semble que de nombreux comploteurs ont essayé entre le 3-7-1793 et le 8-6-1795 de s'emparer de la personne du Dauphin (devenu Louis XVII à la mort de son père le 21-1-1793). Il s'agissait soit de royalistes (comme le Cte de Puisaye ou Mrs Atkins), désireux de rétablir la monarchie, soit de républicains (comme le conventionnel Chaumette et peut-être Barras), désireux d'avoir un gage en cas d'échec de la Révolution. On a retrouvé des indices d'au moins 4 substitutions d'enfants. Selon certains, on aurait perdu la trace de Louis XVII après son départ du Temple [lieu de refuge : Livradois ou Velay (P.-de-D., Hte-Loire)]. Selon d'autres, Louis XVII se serait manifesté mais n'aurait pas été reconnu par le roi Louis XVIII [motifs supposés : 1° Louis XVIII était désireux de garder la couronne pour lui-même (?) ; 2° il n'était pas convaincu de l'authenticité du prétendant ; 3° (le plus vraisemblable) il ne croyait pas à la légitimité du Dauphin, à cause des adultères supposés de Marie-Antoinette (il appelait déjà le précédent Dauphin : « le fils de Coigny »). Il avait tenté, en 1789, de faire écarter du trône le futur Louis XVII, persuadé qu'il était le fils de Fersen]. De nombreux faux dauphins ont ainsi surgi. Certains ont pensé qu'ils auraient été des enfants formés systématiquement au rôle de « faux dauphins » par des comploteurs décidés à leur faire prendre la place de Louis XVII au Temple.

> **La comtesse des Ténèbres.**
>
> Surnom donné à une dame de la noblesse française, ayant vécu isolée à Hildburghausen (Saxe) de 1807 à sa mort (25-11-1837). On a dit qu'il s'agissait de Madame Royale. La duchesse d'Angoulême aurait été une personne substituée (peut-être une princesse de Condé de la main gauche). Madame Royale était fréquemment appelée par les pamphlétaires antimonarchistes « la fille de Coigny ».

Principaux faux dauphins. Jean-Marie Hervagault (1781-1812), manifesté en 1796. **Mathurin Bruneau** [1786-1820 (ou 1850 ?)], manifesté en 1815. **Claude Perrin**, dit le **comte de Richemont** (1786-1853), manifesté en 1814.

Un arrêt conclut que les circonstances de la détention et de la mort de L. XVII étaient troublantes, mais que les preuves n'étaient pas suffisantes pour annuler l'acte de décès du 8-6-1795.

• **Charles Guillaume Naundorff** (1787?-1845). *1809 :* commis-voyageur en horlogerie, il apparaît à Berlin ; personne ne sait d'où il vient. *1812 :* il s'établit à Spandau, sous la protection de Herr Le Coq, chef de la police, à qui il a confié « son secret ». *1818 :* épouse Jeanne Einert, quitte Spandau pour Brandebourg. *1824 :* comparaissant en justice pour usage de fausse monnaie, se présente comme un prince français de sang royal : condamné à 15 coups de fouet pour insolence et 3 ans de prison pour bizarrerie. L'enquête ordonnée sur lui ne peut remonter au-delà de 1809. *1829 :* libéré de prison, horloger à Crossen ; convainc le commissaire Pezold chargé de sa surveillance qu'il est Louis XVII. *1831 :* se fait connaître en France par un article du *Constitutionnel ;* convainc un partisan de la survivance, le juge d'Albouys, de Cahors, qui le fait venir à Paris. *1833-36 :* vit à Paris aux frais d'Albouys : rencontre une vingtaine d'anciens courtisans de Versailles, qu'il étonne par la précision de ses « souvenirs ». *1836 :* janv. victime d'une tentative d'assassinat ; 13-6 : intente un procès à la famille royale ; 15-6 expulsé en Angleterre. *1838 :* 2e attentat (balle dans le bras gauche), peut-être truqué. *1841 :* en prison pour dettes en Angl. *1845 :* pris en charge par le roi de Hollande, qui l'installe à Delft. Il y meurt le 10-8-1845, peut-être empoisonné. Son acte de décès hollandais lui attribue le nom de Charles-Louis de Bourbon, duc de Normandie : Louis XVII. Ce nom est gravé sur sa tombe à Delft. Le 7-7-1954, la 1re Chambre de la cour d'appel de Paris a mis fin au procès commencé en 1850 par la femme et les enfants de Naundorff, pour le faire reconnaître comme étant Louis XVII, évadé du Temple. Elle a confirmé le jugement rendu par le t. de 1re instance de la Seine le 5-6-1851 qui avait déclaré cette demande mal fondée.

On a avancé qu'une Mlle Naundorff était, vers 1785, domestique de Louis-Joseph de Bourbon, 8e prince de Condé (1736-1818). Celui-ci, veuf depuis 1760 de Godefride de Rohan, aurait été le père de Naundorff. Selon certaines sources, il aurait même demandé à Louis XVI l'autorisation d'épouser sa jeune maîtresse (refus de Louis XVI, les Condé étant princes du sang). Naundorff serait donc authentiquement un Bourbon (ce qui expliquerait à la fois sa connaissance des milieux versaillais et sa ressemblance physique avec les membres de la Maison de France).

Descendance : ses descendants portent légalement le nom de Bourbon. Ils sont issus de l'union de N. avec une protestante, fille d'un négociant prussien (union qui pourrait ne pas être valide selon le droit canon et le droit dynastique). Il y a 2 branches représentées par :

Charles-Louis-Edmond de Bourbon (n. 1929). *Filiation :* Naundorff, Charles-Edmond (1833-83) « duc d'Anjou » [dont le mariage religieux avec Christine Schonlau n'est pas prouvé], Charles-Louis-Mathieu (1875-1944) « duc de Berry ».

1°) Descendants d'Adelberth (1840-87), avant-dernier fils de Naundorff qui avait eu 4 fils : *Louis-Charles-Jean Philippe* [(1865-1940) dont Madeleine (1900-?)] ; *Henri-Charles-Edouard* [(1867-1937) duc de Normandie] dont Elisabeth (1907), Louis-Jean-Henri-Charles (1908-75), Cte de Boulogne, duc de Normandie, ép. Marie Gudrune, dont Charles-Louis, duc de Guyenne (1933) [dont un fils Philippe (1953)], Henri-Emmanuel [(1935), duc d'Anjou, Cte de Boulogne], Amélie-Antoinette-Marie (1936) ; *Emmanuel* (1869-1938), Cte de Poitiers, SP ; *Ferdinand* (1873), SP ; Charles-Louis vit au Canada et a 2 fils.

2°) Descendants de Charles-Edmond (1833-83), 6e enfant de Naundorff qui avait eu 3 garçons : *Auguste-Jean* (1872-1914), père d'Henri, duc de Bourgogne (1899), SP ; *Charles-Louis-Matthieu* (1875-1944) dont Charles-Edmond (1929) considéré comme dynaste, dont 1 enfant naturel reconnu ; *René-Louis Charles* (1878-1940) dont un fils naturel reconnu, René-Louis Charles (1898-1979), né René Tschéoberlé.

☞ En 1952, **Albert Mézière** (n. 1879) se prétendait issu de Louis XVII, enlevé du Temple par le cordonnier Simon. L. XVII se serait réfugié aux Açores où il aurait eu en 1804 une fille illégitime, Maria, sans postérité.

Autres cas

Henry Freeman, dit Henry de Bourbon (n. 27-8-1929), marié plusieurs fois, sans postérité. *Filiation prétendue :* Charles X, Charles-Ferdinand d'Artois, duc de Berry (1778-1820), époux d'Amy Brown (1783-1876), John Freeman (1801 ?-66), marié à Sophie de Blonay, William Freeman (1855-1907), marié à Marie-Janvière de Bourbon-Siciles, John William (1902-68), marié à Béatrice de Galard de Brassac de Béarn (fille du Pce de Béarn et Chalais). Mais le mariage du duc de Berry avec Amy Brown n'a jamais été prouvé et John Freeman n'aurait même pas été fils bâtard du duc de Berry (on ne sait qui est son père).

En 1945 et 1946 John Freeman, usant d'artifices de procédure, obtint du tribunal de Thonon le droit de porter le nom de Bourbon, mais la cour d'appel de Chambéry (1-7-1952) puis la Cour de cassation (5-1-1956) infirmèrent ces décisions, et lui défendirent d'employer cette identité sous laquelle il avait eu, entre-temps, des ennuis judiciaires pour d'autres faits. Son fils Henri V, condamné par le tribunal de la Seine (7-4-1964), pour usurpation du nom de Bourbon, tenta à son tour d'obtenir le droit de le porter, mais fut débouté par le tribunal de grande instance de Paris (1973).

Salvador de Bourbon vivait au Bhopal (Inde) en 1960. Il descendrait d'un Jean-Philippe de Bourbon (n. 1525, fixé en 1560 en Inde où il aurait fait souche), fils supposé du connétable de Bourbon (1489-1527). S'il était prouvé que ces Bourbons indiens descendent légitimement de celui-ci, ils seraient les aînés de la Maison de Bourbon et de tous les Capétiens, passant dans l'ordre de primogéniture avant la postérité d'Henri IV. Ces preuves manquent.

« Charles-Louis de Bourbon, duc de Vendée » (n. à Alexandrie le 9-8-1897), en réalité le peintre Georges Comnène qui eut des ennuis judiciaires pour ses « copies » de tableaux de maîtres. Il s'est voulu tour à tour roi d'Espagne, comme duc de Santiago-de-Compostelle, puis roi de France sous le nom de « Charles XII ». Se prétend « fils secret » de don Carlos, duc de Madrid (1848-1909) (Charles XI de France), V. supra, et de Polyxène Asklepiadis (célibataire qui aurait ultérieurement épousé un sieur Comnène : nom répandu chez des descendants probables d'esclaves des empereurs Comnène ayant régné sur Byzance au XIIIe s., la coutume voulant que les esclaves prennent le nom de leur maître). La seule preuve de cette « union » est une « confirmation » par « rescrit impérial de S.A.I. le prince Lascaris Comnène, chef de la Maison impériale de Byzance » [imposteur espagnol, d'origine grecque, Eugenio Lascorz, né à Saragosse (Esp.) le 26-3-1886. Mort dans la misère, à Madrid le 1-6-1962].

Maison impériale

Nota. — Le nom officiel de la famille Bonaparte est devenu Napoléon en 1804 (mais le prince Napoléon actuel a enregistré ses enfants à l'état civil avec le patronyme Napoléon Bonaparte).

S.A.I. le prince Napoléon Bonaparte (Louis) (Bruxelles, 23-1-14). *1926* chef de la maison impériale. *1932* étudiant en lettres à Louvain. *1934* ét. en sciences sociales à Lausanne. *1939-40* combattant

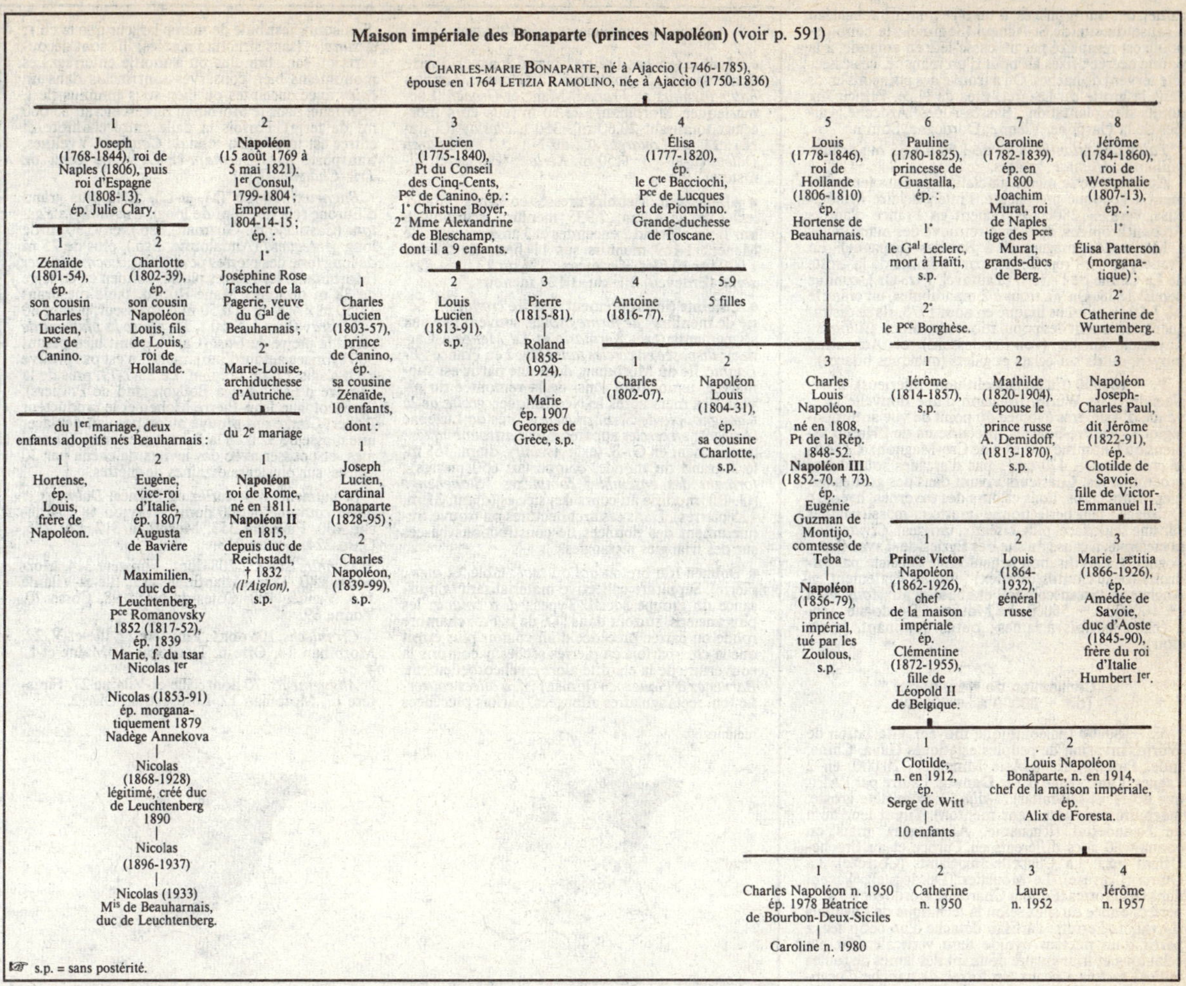

dans la Légion étrangère sous le nom de Louis Blanchard. *1943* capturé par les All. (en tentant de passer en Espagne), rejoint le maquis sous le nom de Louis Monnier. *1944* lieutenant à l'armée De Lattre (sous le nom de Louis de Montfort) ; capitaine de réserve, chevalier (1946), puis officier de la L. d'honneur (1979), croix de g. 1939-45. *1950* après l'abolition de la loi d'exil de 1886, vit officiellement à Paris. Ép. 16-8-49 Alix de Foresta (4-4-26) ; *4 enfants :* Pce Charles (19-10-50) ép. civilement 18-12-78 Béatrice de Bourbon, Pcesse des Deux-Siciles (n. 16-6-50) [une fille, Caroline (n. 24-10-80)], sous-préfet ; sa jumelle, Pcesse Catherine N. ; Pcesse Laure N. (8-10-52) ; Pce Jérôme N. (14-1-57) ép. 1974 Nicolo San Martino d'Aglié, des marquis di Fontanetto e Rivardo, n. 1948.

Filiation : Jérôme Bonaparte (1784-1860), roi de Westphalie (1807-13), dernier frère de Nap. Ier, ép. 1° 1803 Elizabeth Patterson [1] (1785-1879), mariage annulé en 1805 ; 2° 1807 Catherine de Wurtemberg (1783-1835) dont → le Pce Nap. Jérôme (1822-91) ép. 1859 Clotilde de Savoie (1843-91), *chef de la famille imp.* en 1879 [après la mort de Nap., Pce Impérial (1856-tué par les Zoulous en 1879), seul fils de Nap. III, sans alliance] dont → Pce Nap. Victor (1862-1926) ép. 1910 Clémentine de Belgique (1872-1955) fille du roi Léopold II dont → Pce Louis, ci-dessus.

Nota. — (1) 2 fils (légitimes) dont Jérôme B. (1805-70). Son fils Jérôme-Napoléon (1832-93) fut lieut.-col. de l'armée fr. sous le nom de B. Patterson mais ne put se faire reconnaître en 1865, comme prince B. Famille redevenue amér. (é. 1945).

Sœur du Pce, Pcesse Marie-Clotilde (1912) ép. 17-10 38 Cte Serge de Witt (-1891) de famille russe dont postérité.

Principaux événements

Légende. — *Cte : comte, déf. : défaite, emp. : empereur, Emp. : Empire, f. : fils ou fille, Fr. : France ou Français, g. : guerre, Mis : marquis, roy. : royaume, tr. : traité, vict. : victoire.*

Pour l'histoire des régions françaises, des élections, des chefs d'État et des pays étrangers ou l'histoire des arts, des sports, etc., V. l'index.

Préhistoire

Avant les Néandertaliens (de — 950000 à — 80000)

Vers — 950000 (prépaléolithique). Glaciation de Günz. Faibles groupes humains (10-15 personnes), hominiens du type *Homo erectus* (« homme debout »), originaires du Tanganyika (Afrique) ; *taille :* 1,20 m ; *capacité cérébrale :* env. 680 cm^3. Site typique : grotte du Vallonnet près de Roquebrune (Alpes-Mar.). Savent tailler des galets (d'un seul côté), travailler les os, édifier des murettes. Chasseurs (gibier : éléphant méridional, baleines échouées, etc.). Viennent d'Afrique par le détroit de Gibraltar, qui est une terre ferme à l'époque.

V. — 650000 (début du paléolithique inférieur). Période interglaciaire Günz-Mindel. Les mêmes hominiens (appelés aussi **Archanthropiens,** « anthropiens anciens ») occupent de nombreux points dans les Préalpes de Provence, en Roussillon, dans le Tarn, en Charente et surtout dans la vallée de la Somme, où se trouve le site qui a donné son nom à leur civilisation (**abbevillienne,** à cause d'Abbeville, Somme) ; ils chassent l'hippopotame et le machairode ou « tigre à dents de sabre » ; ils fabriquent des coups-de-poing ou « bifaces » avec des rognons de silex. *Habitat :* huttes.

V. — 400000 (paléolithique inférieur). Glaciation de Mindel, puis interglaciaire Mindel-Riss. D'autres populations hominiennes, venues d'Asie (Pithécanthropes de Java, Sinanthropes de Chine) remplacent les Africains. Site typique : *Terra Amata* (Nice, Alpes-Mar.), connu en 1958, a livré sur une plage marine fossile les plus anciens « fonds de cabane » connus au monde [datés de 400000 ans env. par la thermoluminescence des silex brûlés et par la racémisation des acides aminés (c.-à-d. leur transformation en des substances inactives sur la lumière polarisée, appelées les « racémiques »)]. Ils correspondent à des huttes ovales de 8 à 15 m x 4 à 6 m au centre desquelles était allumé, dans une petite fosse creusée dans le sable, un foyer protégé par une murette de pierre. Sur 120 m^2, 210 m^3 dégagés au grattoir ou au pinceau révélèrent 21 niveaux successifs d'habitats. Près de 35 000 objets furent répertoriés. Ces foyers sont, avec ceux de Choukoutien, en Chine (environ — 500000), et de Vertesszöllos, en Hongrie, les plus vieux connus.

V. — 280000 (paléolithique inférieur, suite). Interglaciaire Mindel-Riss et glaciation de Riss : les « Atlanthropes d'Afri. du N. » s'installent en Espagne et en Fr. et passent en Angleterre (la Manche n'existait pas) ; ils apportent une nouvelle technique (africaine), des outils bifaces, d'un type nommé **acheuléen** à cause du site de St-Acheul (Somme) : le coup-de-poing est remplacé par un casse-tête en amande, à la pointe acérée ; fixés au bout d'un manche, ces casse-tête servent de haches. On a trouvé des poinçons en os dans la grotte du Lazaret, près de Nice. Principaux points d'implantation : Basses-Alpes, Ardèche, vallées de la Garonne, Vienne, Dordogne, Somme.

Taille des Atlanthropes : de 1,50 à 1,65 m ; orbites saillantes. *Habitat :* grottes.

Au cours de la même glaciation de Riss (et également à l'époque précédente, l'interglaciaire Mindel-Riss, vers − 280000) vivaient en France d'autres Archanthropiens, dont on a retrouvé des mandibules à Mauer (Allemagne) et à Banolas (Espagne). En France, ils sont représentés par l'homme de la grotte de La Caune de l'Arago (Tautavel, Pyr.-Or.), connue depuis 1838. On y a trouvé 2 mandibules, un crâne le 22-7-1971, et un os iliaque en août 1978. Ils se distinguent nettement des populations africaines. *Cultures :* Tayacien ancien (voir ci-dessous) et Acheuléen moyen, outils sur éclats et galets (quelques bifaces).

V. − 100000 (fin du paléolithique inférieur). Interglaciaire Riss-Würm. Invasion d'une nouvelle race, venue d'Asie, très évoluée du point de vue anthropologique : les **Pré-Sapiens** (précurseurs de l'Homo sapiens ou « homme savant » de Cro-Magnon). *Capacité crânienne :* 1 470 cm³ ; pas d'arcades sourcilières proéminentes. Chasseurs vivant dans des grottes (gibier : rhinocéros, lions et ours des cavernes, hyènes). Outillage : peu perfectionné (grattoirs massifs taillés sur une seule face, pics, ciseaux, tarières). *Civilisation* **tayacienne,** à cause du site des Eyzies-de-Tayac (Dordogne). La civilisation acheuléenne subsiste par endroits (beaux outils de silex) [attestée également en Angleterre (Swanscombe)] et aboutira au *Moustérien* (− 100000 à − 36000 ; Le Moustier, Dordogne ; ind. à éclats, parfois à lames ; outils dominant, le racloir).

Civilisation de Neandertal (de − 80000 à − 30000)

V. − 80000 (paléolithique moyen). Glaciation de Würm. Invasion de peuples asiatiques (Java, Chine, Inde, Proche-Orient, Asie Mineure) : 20 000, en 2 vagues (l'une venue par le Danube, l'autre par l'Afrique du N. et Gibraltar). *Taille :* 1,55 m (tête grosse, mâchoire puissante, sans menton). Tirent leur nom de Neandertal (Rhénanie, Allemagne), mais on connaît 30 sites différents en Europe et au Proche-Orient [ex. : La Chapelle-aux-Saints (Corrèze), La Quina (Corrèze), Le Moustier (Dordogne)]. Vivent dans des grottes (Poitou, Charente, Dordogne). Taille perfectionnée du silex selon la technique de **Levallois** (Levallois-Perret) : l'artisan détache d'un coup sec, à partir d'un nucléus ovoïde tenu verticalement, un éclat long et triangulaire donnant des lames de toutes tailles : racloir à peaux (en forme de tranche d'orange) ; pointe triangulaire, scies, burins, taraudes, éclats à encoches, hachettes emmanchables. Chassent le bison, l'aurochs, le cheval (pottok), le loup (technique : boules de pierres réunies par une longue courroie de peau), et surtout les rennes, très nombreux pendant la glaciation de Würm ; le mammouth et le rhinocéros velu sont piégés dans des fosses. **Culte des morts :** ceux-ci sont ensevelis dans des fosses de 1,40 m × 1 m × 0,30 m ; on pose à côté des corps des rations de viande, des objets en silex et un crâne de bison ; les funérailles s'accompagnent d'un repas pris en commun. La race néandertalienne, qui avait anéanti les « Pré-Sapiens » vers − 80000, a disparu vers − 35000 (sans doute anéantie par des phénomènes climatiques : gros réchauffement vers − 40000, suivi d'un retour brutal de la glaciation). Elle ne s'est pas perpétuée dans les races européennes actuelles.

Ère de l'Homo sapiens (de − 33000 à − 10000)

V. − 33000 (paléolithique supérieur). Fin de la glaciation de Würm. Arrivée en France de l'**Homme de Cro-Magnon,** qui repeuple les régions redevenues vacantes ; de petits groupes néandertaliens subsistent, par ex. à La Ferrassie (Dord.). Les Aurignaciens (Cro-Magniens de la 1re vague) viennent peut-être du Moyen-Orient (chaque tribu compte plusieurs milliers de membres) : ils colonisent aussi Asie orientale et Amérique (passage par le détroit de Béring gelé). *Caractéristiques* de l'H. de Cro-M. : crâne volumineux (dolichocéphale), front bombé, face large et basse, avec saillies du menton et du nez ; hauteur de 1,71 m (Cro-Magnon, Dordogne) à 1,77 m (Grimaldi) ; avant-bras long, jambes longues. Ce type se retrouve (légèrement métissé) à la fin de la période, chez les

Types de monuments mégalithiques

● **Menhir** (en bas-breton : pierre longue). Pierre fichée dans le sol, poids de 2 à 200 tonnes. *Les plus hauts menhirs en France :* Mané er *Groach* (Locmariaquer, Morbihan) : 23,50 m (auj. en 4 morceaux totalisant 20,60 m), 350 t. *Plesidy* (C.-du-N.) : 11 m. *Louargat* (C.-du-N.) : 10 m. *Champ Dolent* (I.-et-V.) : 9,50 m. *Kerloaz* (Plouarzel, Finistère) : 9 m.

● **Alignement.** Menhirs dressés en lignes parallèles. *Carnac* 4 km, 2 935 menhirs (autrefois 8 km ?) ; comprend 2 enceintes et 3 alignements : Le Menec : 1 169 menhirs sur 11 files, Kermario : 1 029 sur 10 files, Kerlescan : 594 sur 13 files. *Kerzerho* (Erdeven) 2,1 km, 1 129 menhirs.

● **Enceinte** (improprement appelée *cromlech*). Série de menhirs : *de forme ovoïde,* souvent liée aux alignements (ex. : *Kermario* et *Le Menec* à Carnac) ; *disposée en cercles tangents ;* 2 en France : *Er Lannic,* île du Morbihan, dont une partie est submergée, témoignant ainsi de la remontée du niveau des mers après le Néolithique ; *grotte de la Caougno, pic de St-Barthélemy,* près de Luzenac (Ariège) ; *en cercles* apparemment *astronomiques :* uniquement en G.-B. (ex. : *Avebury,* diam. 365 m, le + grand du monde, comportait 650 pierres) ; *formant des ensembles complexes : Stonehenge* (G.-B.), modifié au cours des siècles (diam. 31 m, 125 pierres). Dans ces architectures on trouve fréquemment des données de constructions basées sur des triangles rectangles.

● **Dolmen** (du breton *dol* ou *taol :* table, et *men :* pierre). Sépulture collective matérialisant la puissance du groupe social. Types : *d. à couloir,* les plus anciens, surtout dans l'O. de la Fr. : chambre ronde ou carrée précédée d'un couloir plus étroit que la ch. ; parfois en pierres sèches, y compris la couverture de la ch. dite alors en encorbellement. *Barnenez à Plouezoch* (Finist.) ; *d. à allées couvertes* (ch. rectangulaires allongées, parfois précédées d'un court vestibule de même largeur que la ch.) ; *d. simples* (sans structure d'accès). Ils sont découverts ou sans tumulus ou à moitié enterrés. Les monuments bien conservés sont inclus dans un *cairn* avec enceintes ou bien sous tumulus (le t. St-Michel dans le Morbihan représenterait 35 000 m³ de terre). Parfois la dalle entre chambre et entrée est trouée (ex. celui de *Conflans,* Yvelines, transporté à *St-Germain-en-Laye,* ou celui de *Trie-Château,* Oise).

Bagneux-Saumur (M.-et-L.), d. le plus grand d'Europe (ch. de 20 m de long). *Cueva de la Pastora* (Castillejo de Guzmán, Esp.), env. 30 m de long. *Antequera* (Andalousie, Esp.), plus de 25 m de long (une des pierres pèse 100 t). *Locmariaquer* (Morbihan) : les Pierres plates, dolmen en équerre de 28 m de long ; Mané-Rutual, table mesurant 11,50 m × 4,20 m et 0,50 m d'épaisseur, pesant 60 t. *Mettray* (I.-et-L.). 60 t. *La pierre la plus lourde* serait la pierre de *Gast* (Calv.), granit bleu pesant 300 t (brisée aujourd'hui), mais il n'est pas prouvé qu'il s'agisse d'un dolmen. Le 28-7-79, près de la carrière d'Escoudun à Bougon (sud de Poitiers), l'archéologue Jean-Pierre Mohen et le producteur Robert Clarke ont prouvé qu'on pouvait déplacer une masse de 32 t, en la faisant tirer par 170 hommes, et pousser avec des leviers de chêne par 30 autres, sur plusieurs dizaines de mètres.

Monuments répertoriés en France. *Dolmens et allées couvertes,* 4 500 dont : Aveyron 487, Ardèche 400, Finistère 353, Morbihan 312, Lot 285, Gard 224, Lozère 213.

Menhirs isolés, 2 208 dont : Finistère 314, Morbihan 240, Loire-Atlantique 155, Ille-et-Vilaine 114, Vendée 100, Côtes-du-Nord 98, Corse 70, Yonne 69.

Cromlechs, 106 dont : Finistère 22, Ille-et-V. 22, Morbihan 14, Oise 6, Dordogne 4, Maine-et-L. 4.

Alignements, 70 dont : Ille-et-Vilaine 27, Finistère 17, Morbihan 12, Loire-Atl. 2, Oise 2.

menhirs

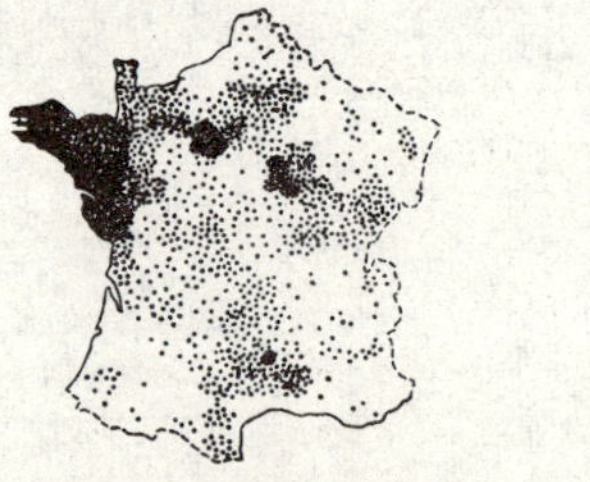

dolmens

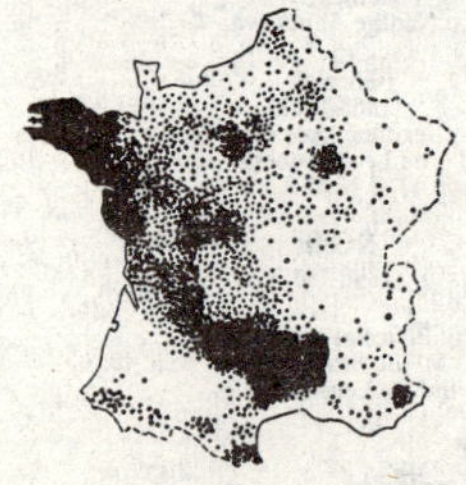

Magdaléniens ; encore décelable actuellement. *Exceptions :* H. de *La Combe Capelle* [Dordogne (Neandertal)]. *Chanceladiens* [Chancelade, Dordogne : petits (1,60 m.), parfois comparés aux Esquimaux].

− *Taille de la pierre :* au marteau de bois (principalement buis) ; ces éclats sont ensuite travaillés avec des pointes d'os. *Os de renne :* après avoir enlevé les tissus spongieux avec des grattoirs en pierre, on obtient des pointes de sagaies (15 cm de long), spatules, poinçons, lissoirs, flacons. Les objets sont fignolés et décorés. *Arc :* inventé vers − 15000.

Subdivisions du Paléolithique supérieur : Périgordien inf. (− 33000 ; Châtelperron, Allier). *Aurignacien* (− 30000 ; Aurignac, Hte-Gar.). *Périgordien sup.* (− 20000 ; La Ferrassie, Dord.). *Solutréen* (− 18000 ; Solutré, S.-et-L.). : chasseurs de chevaux ; artisanat en os de cheval. *Magdalénien* (− 15000 ; La Madeleine, Dord.) : chasseurs de rennes et pêcheurs (harpon à pointe mobile) ; connaissent les couleurs rouge et bleu ainsi que la musique (pipeaux).

Ère postglaciaire (10000 à 4000 av. J.-C.)

Les « épipaléolithiques » régionaux (vers − 10000). Réchauffement post-würmien. Disparition du renne et du phoque. Une civilisation *magdalénienne finale* se répand du Sud-O. français vers le N.-E. demeuré plus froid.

Romanelliens (10000 − 8500 av. J.-C.) Appelés aussi *Microgravettiens* (grattoirs très courts, lames de canifs) : populations non cro-magniennes en Provence orientale ; **Aziliens** (9000 à 8500 av. J.-C., Le Mas-d'Azil, Ariège) : héritiers des Magdaléniens, sous l'influence culturelle des Microgravettiens : chassent le petit gibier et fabriquent de petites armes (microlithes). Ramasseurs d'escargots.

Civilisations mésolithiques régionales (8000 − 4000 av. J.-C.). Héritières des dernières civilisations du magdalénien. Variétés locales : *Montadien* (8000 − 7000 av. J.-C., Montade, B.-du-Rh.). *Castelnovien* (7500 − 6000 av. J.-C., Châteauneuf-lès-Martigues, B.-du-Rh.) : domestication du mouton sauvage. A partir de 6000 av. J.-C., élevage du petit bœuf. *Sauveterrien* (7500 − 3000 av. J.-C., Sauveterre-la-Lémance, L.-et-G.) : emploi de l'arc, connu déjà en Afrique (chasse au lapin). *Tardenoisien* (7000 à 3000 av. J.-C., Fère-en-Tardenois, Aisne), 8 variétés locales : Belgique, Bassin parisien, Bretagne (notamment l'île d'Hoëdic, alors reliée au continent), Loire, Rhodanien, Aquitaine, Languedoc, Bas-Rhône (outils en trapèze et têtes de flèches tranchantes).

Les potiers du Cardial (5600 − 4000 av. J.-C.). Classés parfois parmi les Néolithiques, mais leurs outils de pierre sont mésolithiques (en pierre taillée, minuscules). Héritiers des mésoli. castelnoviens, qui possédaient des récipients de vannerie et de cuir : les 1ers pots auraient été des paniers enduits d'argile, d'où leur décoration et leurs formes spéciales.

Civilisations néolithiques (4000 à 2500 av. J.-C.)

Le polissage des pierres leur a donné leur nom *néolithe,* « pierre nouvelle » (polie), opposée à « pierre ancienne » ou *paléolithe* (taillée).

Énigmes

Glozel. Le 1-3-1924, un jeune paysan, Émile Fradin (18 ans), présenta à la Société d'Émulation du Bourbonnais des briques cuites découvertes dans le champ de son grand-père au hameau de Glozel (commune de Ferrières-sur-Sichon, Allier). Elles étaient couvertes d'inscriptions utilisant un alphabet inconnu. Des archéologues en vue comme Salomon Reinach, Ferdinand Lot et Émile Espérandieu conclurent à leur authenticité [certains les datant du néolithique (8000 av. J.-C.), d'autres comme Albert Grenier les considérant comme des amulettes de sorciers gaulois]. A la suite d'un procès en escroquerie (1928), suivi d'un procès en diffamation (1932), Fradin fut déclaré faussaire et ses tablettes déclarées inauthentiques. En 1972, des techniciens du commissariat à l'Énergie atomique analysèrent quelques tablettes par la méthode de la « thermoluminescence ». 20 tablettes sur 25 dateraient de 700 av. J.-C. à 100 apr. J.-C. Certains objets en os remonteraient au paléolithique supérieur (17000 av. J.-C.).

En 1978, 3 journalistes belges (Nicole Torchet, Patrick Ferryn et Jacques Gossard) ont voulu réhabiliter Émile Fradin. Il aurait réellement découvert une proto-écriture, antérieure à celle des Phéniciens, et comparable à celle qu'on a relevé sur des objets gravés du paléolithique (par ex. : à Alvaô, au Portugal). Personne n'explique pourtant comment des objets datant de 2 époques distantes de 15 000 ans se sont retrouvés ensemble dans un lot archéologique.

Les mammouths des grottes de Rouffignac (Dordogne). En 1956, des préhistoriens découvraient, dans la grotte de Rouffignac, une splendide fresque pariétale représentant des mammouths. Or, des spéléologues avaient déjà pénétré dans cette grotte, et l'authenticité des peintures fut contestée. L'examen de celles-ci montra qu'à côté de simples graffiti, la grotte recelait d'indubitables peintures préhistoriques. La représentation de détails anatomiques très peu connus du mammouth (par exemple les organes génitaux) indiquait que seuls des témoins visuels de cet animal avaient pu peindre ces fresques.

« **Révolution néolithique** ». La fin de la civilisation de cueillette et de chasse.

Caractéristiques : culture des céréales, domestication des animaux, poterie, tissage, polissage de certains instruments ; premiers villages, premiers tombeaux mégalithiques (tumulus, cairns, dolmens).

V. 4000 av. J.-C. (proto-néolithique). Civilisation du *Rubané* (motif décoratif le plus fréquent sur les poteries). Originaire des régions danubiennes, se retrouve en Alsace, Lorraine, Somme, Bassin parisien. Les côtes restent sous l'influence d'autres civilisations (Pologne et Allemagne du N.).

3200 – 2400 av. J.-C. (néolithique moyen). *Chasséen* (Chassey, Côte-d'Or) : sites en éperon, barrés par un fossé, habitations rectangulaires, étables rondes et enclos à bétail ; empierrage avec des galets fréquent. Site typique : St-Michel-de-Touch (Hte-G.) ; poteries à décor incisé, couteaux à tranchant convexe ; travail du bois de cerf. Dans l'Ouest, décor géométrique pointillé (style de Luxé).

Néolithique final (v. 2500 av. J.-C.). Voir Protohistoire.

Protohistoire (préceltique)

Nota. – S'oppose à la *préhistoire* [pour laquelle on dispose exclusivement de documents archéologiques (objets recueillis dans des fouilles)], et à l'*histoire* (qui dispose de sources écrites ou de témoignages oraux). Période pour laquelle on dispose de documents autres qu'archéologiques : ainsi, les Ligures sont un peuple protohistorique, car on a gardé d'eux des noms géographiques (toponymes) ; les S.O.M. (Seine-Oise-Marne) peuvent être considérés comme protohistoriques également, car ils ont laissé leur empreinte dans le paysage rural français : ils ont découpé les terrains dont les limites forment encore de nos jours les propriétés rurales du centre de la France. Les *Campaniformes* qui leur sont contemporains, mais que l'on ne connaît que par l'archéologie, sont cependant classés dans la protohistoire (2500 av. J.-C.) pour des raisons de commodité.

Actuellement, tout l'**âge des métaux**, classé primitivement dans la préhistoire, est considéré comme protohistorique.

Civilisation agricole en France (2500 av. J.-C.)

2500-2000 av. J.-C. Colonisation du Nord par des défricheurs, abattant les arbres avec de grosses haches de pierre polie. Dans les clairières défrichées, naissance de la vie agricole (céréales, légumes, fruits). Découpage des terrains en champs individuels qui se retrouvent dans le cadastre contemporain. Nombreux villages (mêmes emplacements qu'aujourd'hui). Ce peuple agriculteur serait venu du Proche-Orient par l'Espagne, il n'a pas laissé de nom : les historiens l'appellent **S.O.M.** (Seine-Oise-Marne), lieu de leur foyer territorial. Pour certains, ce sont des Armoricains (ils ont introduit les chambres funéraires armoricaines dans le Bassin parisien). *Habitations :* légères, en bois (ont laissé peu de traces). *Industrie :* de type *campignien* (Campigny, Somme). *Armement :* flèches tranchantes, casse-tête, poignards (importés du Grand-Pressigny, Indre). *Poteries :* gobelets à fond plat, décorés à coups d'ongle. *Sépultures :* collectives ; les morts ne sont pas brûlés, mais déposés dans des allées couvertes de type armoricain.

2350 av. J.-C. (Chalcolithique). Les 1ers **« Campaniformes »** [« peuple utilisateur de gobelets campaniformes » (en forme de cloche, du latin *campana*)], venus d'Espagne, arrivent chez les S.O.M. Ils voyagent avec des chevaux de bât ; ne se mêlent pas aux populations locales, mais forment de petites colonies de métallurgistes et de potiers. *Armement :* en cuivre : poignards à languette, têtes de flèches, haches. *Céramique :* rouge vif ou noire, décorée au peigne fin ou à la cordelette ; jarres, tasses, bols, vases, écuelles, coupes. *Bracelets d'archer :* en pierre polie, passés sur le bras gauche pour caler l'arc, tandis que la main droite tirait la corde. Chaque archer est enterré avec son bracelet, d'où le 2e nom des Campaniformes : peuple aux bracelets d'archer.

2150 av. J.-C. (Chalcolithique récent). Les paysans S.O.M. civilisent Alsace, Franche-Comté, Val de Loire. Leurs ustensiles sont également utilisés en Armorique (peut-être leur terre d'origine). Toute la France du Nord est soumise à leur civilisation.

2100 av. J.-C. (Age du Cuivre). Naissance de la métallurgie dans les Cévennes. Les 1ers fondeurs ont peut-être été formés par des navigateurs méditerranéens qui recherchaient de nouveaux gisements de cuivre (l'ère a commencé en Syrie 3600 av. J.-C.). Ils n'avaient pas de rapports avec les S.O.M., dont la civilisation n'a pas pénétré au sud de la France, demeuré pastoral. *Civilisation type :* le *Fontbuxien* (Fontbouisse, près de Sommières, Gard). Découverte vers 1940 et appelée *civilisation des pasteurs des plateaux :* maisons en pierres sèches, rectangle arrondi, murs de 1,50 m de haut, toits en bois à 2 pentes. Vases carénés ou sphéroïdes, décorés de cannelures. Colliers en perles de cuivre. Statues-menhirs aux flancs côtelés, figurant des faces stylisées (soit hommes, soit chouettes).

Empire des Ligures (1800 à 1200 av. J.-C.)

1800 av. J.-C. *Origines :* habitants primitifs de l'Europe occid. (peut-être parents des Campaniformes ; comme eux ils avaient des tombes individuelles et des maisons en bois) ; ou Indo-Européens (v. ci-dessous) détachés du groupe primitif de la Russie du S. plusieurs siècles avant l'éclatement du groupe. *Pays colonisés :* on les retrouve là où le nom des fleuves contient la syllabe *ar,* et où le nom des localités se termine par *sk* (Allemagne, Suisse, France, Angl. du S. et Irlande, Italie du N. et du Centre, Corse ; Italie du S. et Espagne seront conquises par les Ligures au cours du millénaire suivant). *Apport culturel :* la charpente. *Sépultures :* dans le sol de la maison.

Légende des villages lacustres : les Ligures construisaient des maisons de bois reposant sur plusieurs pieux, souvent sur le bord des lacs alpestres. Le niveau de ces lacs ayant considérablement monté depuis, ces pieux ont été submergés sous 3 ou 4 m d'eau, ce qui les a protégés jusqu'à nos jours, en les carbonisant (début de fossilisation). Au XIXe s., on a cru qu'il s'agissait de villages préhistoriques lacustres construits sur pilotis. Mais cette légende s'est effondrée quand, avec les progrès de la plongée sous-marine, on a trouvé dans le sol de ces maisons, entre les prétendus pilotis, des foyers, avec des cendres.

Fin de l'Empire des Ligures (1200 – 1000 av. J.-C.). *V. 1200* ils sont chassés d'Italie par les *Italiotes* (Indo-Européens) ; *v. 1100* de Corse par les *Korsi,* rameau de l'ethnie étrusque (Thraco-Illyriens faisant partie des « Peuples de la Mer ») ; *v. 1000* d'Allemagne par les *Celtes.* Voir ci-dessous.

Préhistoire et Protohistoire celtiques

V. 2500 av. J.-C. Les *Indo-Européens* quittent le Kazakhstan (entre la Volga et l'Ienisseï), devenu trop sec, et fondent en Russie méridionale la civilisation de *Kurgan* (en russe : « tertre ») : ils construisent des positions fortifiées pour leurs aristocraties militaires (guerriers à cheval). **2300** les cavaliers du Kurgan ravagent le Proche-Orient ; ils détruisent Lerne (Grèce) et Troie III en Asie Mineure, puis reviennent au nord de la mer Noire avec leur butin. **2000** dislocation du groupe indo-européen : les futurs *Celtes* font partie du groupe des Occidentaux, qui se dirigent vers la Baltique ; puis d'un sous-groupe, Italo-Celtes et Germains, avançant encore plus vers l'ouest.

1600 av. J.-C. Les *Celtes* de Bohême créent la civilisation d'*Unetice* et l'industrie européenne du bronze. Ils se sont déjà différenciés des autres Indo-Européens occidentaux : futurs Italiotes, restés longtemps leurs compagnons (groupe italo-celtique) et Germains. *Leur nom* viendrait de l'indo-eur. *keletos,* « rapide », ou de *kel-kol,* « habitant, colon ». *Armement :* poignard de bronze triangulaire d'Unetice. *Sépultures :* guerrier enterré avec ses armes et objets en bronze sous un tumulus atteignant parfois 6 m (d'où le nom de *civilisation des tumulus*). **1250** naissance de la *civilisation des champs d'urnes :* en Eur. centrale, les Celtes vivent dans des clairières défrichées, où il y a peu de place pour les grandes sépultures. Ils brûlent les cadavres et mettent leurs cendres dans des urnes regroupées dans des cimetières collectifs hors des villages (plus tard, ils reprendront l'usage des tumulus pour les chefs). **1200** 1ers champs d'urnes celtiques en Allemagne du S. puis en Fr. **1000** les Celtes de l'All. du S. créent la *civilisation du fer* dite de *Halstatt* [bourgade proche de Salzbourg (Autriche), dans le massif alpin du Salzkammergut ; gisement (1000 à 500 av. J.-C.) découvert en 1846 par un ingénieur des salines, Georges Ramsauer] : ils utilisent le minerai de Bohême, Bavière, Autriche. *Armement :* grande épée de fer, de Halstatt I (1000-700) ; après 700, épée courte, de Halstatt II ; mors de cheval en fer. *950* les Celtes chassent les Ligures d'All. de l'O., mais montagnes et rivières conservent leurs noms ligures. **800** pénètrent dans la Fr. de l'E. où ils remplaceront les Ligures. Leurs tombeaux à tumulus apparaissent au milieu des « champs d'urnes » des non-Celtes. **700** une partie des Celtes de la Fr. de l'E. traverse l'Ouest français, de civilisation ligure, et va fonder l'Espagne celtique (civilisation hispano-halstattienne de Galice). **600** les *Ibères* en Aquitaine ; les *Grecs* à Marseille. **500-400** les Celtes occupent la Gaule au N. d'une ligne Carcassonne-Genève : ils fondent la *civilisation de La Tène* [village s. entre lacs de Bienne et de Neuchâtel (Suisse) ; site découvert en 1856 par le colonel Friedrich Schwab, et fouillé en 1881 par Emil Vouga ; on y a trouvé les premières tombes contenant des chars à 2 roues]. *Écriture :* connue, mais très peu utilisée (quelques inscriptions funéraires, avec le nom du défunt). Leur culture et leurs traditions ont été transmises oralement ; les 1res transcriptions datent des XIe-XVe s. (faites en Irlande par des moines, qui avaient sans doute sous les yeux des textes plus anciens, sauvées des destructions vikings des VIIIe-IXe s.). *Armement :* char de combat et casque. *Art gaulois ancien :* reproduction d'animaux. **387** Ambicat (« roi suprême »), chef des Bituriges, conquiert l'Italie du N. (qui devient Gaule cisalpine), puis prend et pille Rome à l'exception du Capitole, sauvé de l'escalade par les cris des oies sacrées. **278** ils conquièrent bassin du Danube et Balkans : fondation de Singidunum (Belgrade), suivie du pillage de la Grèce [notamment Delphes par 150 000 Gaulois sous le commandement de « Brennos » (nom commun signifiant chef)] ; ils fondent ensuite un empire durable en Thrace et Asie Mineure [Galatie (c.-à-d. « Pays des Galates », nom grec des Gaulois), près de la Phrygie]. **218** 25 000 Gaulois servent comme mercenaires dans l'armée carthaginoise d'Hannibal. **192** offensive rom. en Gaule cisalpine ; les G. de la plaine du Pô sont soumis. **154** les Romains débarquent à Marseille qui les a appelés à l'aide contre les Celto-Ligures de la Basse-Durance. **125-121** ils conquièrent [sur *Bituit* (roi des *Arvernes*), les tribus celto-ligures (Salyens) et plusieurs tribus gauloises (*Allobroges, Volques*)] un sixième environ du territoire gaulois, entre Espagne et Italie : la Province romaine. **113** attaque germanique contre les territoires celtiques de la rive droite du Rhin : les Helvètes (bassin du Main) se replient au sud du Rhin (Suisse actuelle). **60** *Arioviste* (chef suève) bat les *Éduens* [localisation actuelle : entre Aumur et Pleure, au S. de Dole (Jura)]. **58** les *Helvètes,* inquiets de la proximité des Germains, décident de s'installer en Saintonge (Charente-Marit.) ; cette migration déclenche la guerre contre Rome.

Période gallo-romaine (50 av. J.-C.-481 apr. J.-C.)

Guerre des Gaules 58-50

Causes. 1° Impérialisme des Romains, notamment de Jules César, désireux de conquérir la Gaule riche en or (il est criblé de dettes) ; 2° Crainte des Gaulois devant les Germains : le chef suève Arioviste a franchi le Rhin en 61 av. J.-C. et a soumis la tribu gauloise des Éduens : le protectorat romain semble nécessaire à de nombreuses tribus ; 3° Crainte des Romains devant les Germains : l'émigration des Helvètes vers la côte atlantique leur permettrait d'atteindre les Alpes. Une Gaule romanisée servirait de rempart.

Effectifs. *Gaulois* (env. 10 millions d'hab.) ; d'après Diodore de Sicile, ils ont mobilisé 3 millions d'hommes [en moyenne 50 000 (62)] : pertes 1 000 000 †, 1 000 000 d'esclaves. *Romains :* la Xe Légion, 2 légions cisalpines, 3 légions illyriennes (36 000 h.) + 4 000 cavaliers auxiliaires gaulois. *Après 57* 8 légions (48 000 h).

Déroulement. 59. César. Nommé proconsul des 2 Gaules : Cisalpine (plaine du Pô) et Transalpine (Provincia). **58** juill. il écrase les Helvètes à 27 km du Mont-Beuvray *(Bibracte)* [localisation actuelle : Montmort (S.-et-L.)] ; il les rejette sur leur base de départ (226 000 † sur 336 000 d'après César : chiffre forcé) ; août César occupe Besançon, cap. des Séquanes menacés par Arioviste. 10-9 bataille de Cernay : Arioviste battu et blessé repasse le Rhin. **Hiver 58-57** coalition des Belges contre César ; chef : *Diviciacos*, roi des Suessions (Soissons). Armée principale : les Bellovaques (Beauvais), 60 000 h. **57** printemps, les *Éduens* pillent le territoire des *Bellovaques* qui se retirent de la coalition. Les *Suessions* sont battus à *Noviodunum* (Pommiers, Aisne) ; fin juillet bat. de la Sambre ; César bat *Nerves* et *Atrébates ;* sept. César fait capituler les *Aduatuques* à Namur (?). Crassus (avec 1 légion) reçoit la soumission du N.-O. (entre Loire et Seine). **56** les peuples du N.-O., sous la direction des *Vénètes* (Morbihan), rompent le tr. passé avec Crassus ; juin César bat la flotte des Vénètes au N. de l'île du Pouliguen (actuellement marais salants) ; *Sabinus* bat *Virodorix*, chef des tribus de l'actuelle Basse-Normandie et soumet leur pays. Crassus bat les Aquitains à Sos (Lot-et-G.). 10-9 César rejoint Crassus en Aquitaine (occupation temporaire du pays) ; oct. raid punitif de César vers le Pas-de-Calais (*Morins* et *Ménapes* avaient aidé les Vénètes). **55** offensive germanique sur le Rhin (tribus des Usipètes et des Tenctères). Début juin bat. de Fort St-André (Hollande) : ils sont écrasés ; César fait un raid sur la rive dr. du Rhin ; août-sept. échec d'un raid de César en G.-B. (flotte détruite par la tempête). **54** juin-août 2e raid en G.-B. (5 légions, 5 000 cavaliers éduens). Soumission des Londini (vallée de la Tamise). Oct. rév. des *Éburons ;* leur chef, *Ambiorix*, soulève plusieurs tribus belges : les lieutenants de César, *Sabinus* et *Cotta*, sont vaincus et tués à Aduatuca (Tongres, Belgique). Quintus Cicéron est assiégé à Charleroi par Éburons, Aduatuques, Nerves. Nov. César, parti

La France à l'arrivée de César

d'Amiens, délivre Cicéron. Déb. déc. *Labienus* bat et tue *Indutiomaros* (chef des *Trévires*) qui est venu attaquer son camp près de Reims. **53** août raid punitif contre Ambiorix et les Aduatuques (avec 10 légions, 60 000 h.) : la Belgique du N.-E. est ravagée, mais Ambiorix s'échappe.

52 janv. Vercingétorix. Chef des Arvernes, prépare un raid contre la Provincia [son nom n'est pas un patronyme, mais un titre : « chef suprême des combattants » ; il n'apparaît dans les histoires de Fr. qu'à partir de 1828 (Augustin Thierry) ; auparavant les historiens négligent les Gaulois, faisant remonter l'origine des Français aux Francs. Magnifié comme le premier héros national français à la fin du XIXe s., il est de nouveau contesté aujourd'hui : César, source unique de son histoire, aurait imaginé un grand chef gaulois à sa taille, pour se vanter de l'avoir vaincu] ; févr. César lance un raid sur Brioude, désorganisant l'offensive arverne ; mars il rejoint ses alliés Éduens (Bourgogne) ; début avr. il prend Orléans (Genabum) ; avr. Vercingétorix pratique la tactique de la terre brûlée au S. de la Loire, mais il épargne Avaricum (Bourges) ; mai, siège et prise d'Avaricum par César ; Vercingétorix soulève toute la Gaule. Raid de César contre l'Auvergne : siège de Gergovie [longtemps localisée à Merdogne (au S. de Clermont) renommée Gergovie par Napoléon III ; localisation actuelle : côtes au N. de Clermont (camp gaulois) ; Montferrand (grand camp de César), Puy de Chanturgue (petit camp)] : déb. juin vict. de Vercingétorix sur César à **Gergovie** (700 Romains, dont 46 centurions †). César lève le siège, les Éduens se rallient à Vercingétorix ; mi-juin vict. de *Labienus* (parti de Reims) à Lutèce, dans la plaine de Grenelle, contre les Parisii ; fin juin César rejoint Labienus à Joigny ; août ils enferment Vercingétorix dans **Alésia** [localisée sous Napoléon III à Alise-Sainte-Reine, Bernard Fèvre l'a localisé, en oct. 1983, à Guillon (Yonne) : le site comporte un oppidum dominant la plaine de 120 m, avec une triple enceinte en pierres sèches, de 12 km de long, de 2 à 8 m de haut et de large (il s'agirait d'une ville fortifiée importante du XIIIe s. av. J.-C. ; centre métallurgique et capitale religieuse). D'autres localisations ont eu lieu, presque toujours en Franche-Comté (notamment à Syam-Chaux des Crotenay, à env. 10 km de Champagnole) ; mais le relief y est beaucoup trop montagneux pour convenir au texte de César qui parle de « collines » (alors qu'il appelle la citadelle de Besançon une « montagne énorme », *mons ingens*)]. Sept. une armée de secours (246 000 h., dont 8 000 cavaliers), sous la direction de *Commios*, roi des Morins, est battue par Labienus non loin d'Alésia (d'après B. Fèvre, à Cisery) ; fin sept. capitulation d'Alésia : d'après Dion Cassius, Vercingétorix se serait livré seul à César, pour tenter d'obtenir la grâce de la garnison (César n'a rien dit de cela) ; V. est emmené à Rome (il y sera exécuté après 6 ans de cachot, ayant figuré au « triomphe » de son vainqueur). Soumission des Éduens. 29-12 soumission des Bituriges.

51 janv. soumission des *Carnutes.* **51-50** guérilla en Gaule. Le pays est entièrement pacifié à la fin de 50 : destruction d'Uxellodunum [localisations actuelles, de préférence au Puy d'Issolu (Lot) ; Capdenac (Lot) ou Uzerche (Corrèze)]. **49** fin de l'indépendance de Marseille (qui a pris parti pour Pompée et est prise par César). **13** la Gaule, récemment conquise, est divisée en 3 provinces : Aquitaine, Lyonnaise, Belgique. Lyon devient capitale des « 3 Gaules ». **10** *Auguste* soumet les peuplades alpines. **9** *Varus* essaie de conquérir la rive droite du Rhin, mais est écrasé par *Arminius* (la frontière de la Gaule se fixe alors sur le Rhin).

Après J.-C. 21 révoltes de l'Éduen *Sacrovir* et du Trévire *Florus ;* ils sont écrasés à Autun par l'armée de Germanie (Silius). **68** soulèvement de *Vindex*, gouverneur d'Aquitaine, qui se rallie à Galba contre Néron ; battu à Besançon par *Virginius Rufus*, gouverneur de Germanie (20 000 Gaulois †), il se suicide. **70** avènement de la *Paix romaine*, qui durera jusqu'en 253, et permettra la création de la civilisation gallo-romaine (routes, villes, arts plastiques, littérature). **208-211** campagnes de Bretagne.

250 les Francs franchissent le Rhin. **253** l'emp. *Gallien* (« Restaurateur des Gaules ») fait des provinces gauloises le centre politique et militaire de l'Empire romain (début de la période dite de l'Emp. gaulois). **258-68** *Postumus*, emp. des Gaules, repousse les Francs. **276** raid des *Alamans* jusqu'aux Pyrénées. Vict. de l'empereur *Probus.* **285** Révolte des *Bagaudes* (du gaulois *badad* ou *bagad*, assemblée tumultueuse) : paysans gaulois, transformés en esclaves par la civilisation romaine [dans la Gaule celtique, les *dunans* (artisans) et les *magans* (agriculteurs) travaillaient pour les guerriers nobles, mais sans leur appartenir] ; la guerre des Bagaudes préfigure les jacqueries médiévales. **V. 300** Dioclétien réunit l'ancienne *Provincia Romana* aux « 3 Gaules ». L'ensemble est divisé en 17 provinces.

313 Édit de Constantin. La Gaule est christianisée par fonctionnaires et magistrats romains. **356** l'emp. *Julien l'Apostat* fait de Lutèce la cap. militaire de l'Emp. et la résidence impériale. Vict. sur les Alamans en Alsace : Brumath (356), Oberhausbergen (357). **375-83** *Gratien* transfère la cap. à Trèves. **V. 390** *Théodose* la transfère à Arles. **406-20** *grandes invasions germaniques :* Vandales, Alains, Burgondes, Quades, Wisigoths.

Les grandes invasions

Causes. *1°)* Décadence administrative et militaire de l'Emp. romain (après Théodose le Grand, 379-95, il n'y a plus de hiérarchie civile organisée). *2°)* Poussée vers l'ouest des peuplades germaniques elles-mêmes poussées par les Slaves et Asiatiques des plaines orientales de l'Europe, en pleine expansion démographique. *3°)* L'élément germanique était déjà puissant dans l'Emp. romain (depuis le IIe s., nombreuses installations de colons et de mercenaires ; depuis 382, colonisation massive de la Thrace par les Goths, avec la permission de Théodose le Grand).

Déroulement en France. Les *Francs* (Germains occidentaux dont le nom signifie « frais », c.-à-d. « vifs et dynamiques ») n'ont pas pris part à la « ruée » de 406 ; ils forment 2 groupes principaux : dans l'île des Bataves ou Bétuwe (embouchures du Rhin et de la Meuse) et en Toxandrie (Limbourg).

Les Francs Saliens sont installés depuis 358 (par l'emp. Julien) comme auxiliaires des armées romaines ; ils occuperont Tournai et Cambrai en 430, et obtiendront d'Aetius le statut de « fédérés » ; sur la rive droite du Rhin, jusqu'à Mayence, les **Francs Ripuaires,** qui ne franchiront le fleuve qu'en 410 (puis 423, 430, 440), et n'occuperont définitivement la vallée de la Moselle qu'en 454, après la mort d'Aetius. Les **Burgondes** (Germains occidentaux, orientalisés après un long séjour dans la Hongrie actuelle) prennent part, avec Vandales, Quades et Alains, à la « grande ruée » de 406. Ils franchissent le Rhin dans la région de Worms et s'y fixent jusqu'en 435. En 436, vaincus par Aetius, ils obtiennent le droit de coloniser la Suisse romande actuelle (N. du lac Léman). Les **Vandales** (Germains orientaux) franchissent le Rhin en janv. 406 en face de Mayence, avec leurs alliés **Quades** et **Alains.** Ils traversent la Gaule en la pillant, puis franchissent les Pyrénées en 408 et se dirigent vers l'Espagne du S. Les **Alains** (non germaniques, proches des Daces) sont les « clients » des Vandales qu'ils suivront jusqu'en Afrique. Les **Quades** (longtemps appelés « **Suèves** », par confusion avec les Souabes, confédération de Germains occid.) sont des Germains orientaux, proches des Vandales. Ils suivent ceux-ci jusqu'aux Pyrénées, puis conquièrent le León actuel. Les **Wisigoths** (Germains orientaux) vivaient en Thrace depuis 383 ; ils ont pénétré en Gaule par les Alpes en 410 et ont colonisé l'Aquitaine, après avoir pillé l'Auvergne.

Conséquences. *1° Ethniquement :* très faibles ; les Germains étaient peu nombreux et leur passage rapide ; *2° Politiquement :* le royaume wisigothique du S.-O. et de Narbonnaise a brisé l'unité de « l'Empire gaulois », réduit aux territoires d'Aetius, entre Seine et Rhin ; les royaumes ultérieurs des Francs et des Burgondes achèveront la dislocation de cet empire ; *3° Religieusement :* les Germains orientaux ont importé l'arianisme qui a laissé des traces profondes en Narbonnaise.

Après les invasions. 416 *Wallia*, roi des Wisigoths, accepte le statut de « fédéré » en échange de terres, au S. de la Loire. **423** *Aetius*, le Silistrien, gouverneur de la Gaule. **448** *Mérovée*, roi franc, fait la paix avec Aetius. **451** 7-4 ultimatum d'**Attila**, roi des Huns, à Aetius : il veut récupérer ses sujets wisigoths, qui se sont échappés d'Ukraine sans sa permission, pour s'installer en Aquitaine et Espagne ; la Gaule est envahie par les **Huns** [cavaliers, nomadisant depuis les steppes sibériennes ; ils ont une réputation de cruauté (d'après St Grégoire de Tours : Attila est le « fléau de Dieu » « l'herbe ne pousse plus où les Huns ont passé », car ils brûlent les récoltes sur pied) ; ils n'ont pas de tentes mais des chariots bâchés où vivent leurs familles ; ils ne sont pas barbares et sont d'habiles orfèvres, mais ils ignorent l'extraction du sel : pour saler leur viande, ils la mettent sous la selle de leurs chevaux, utilisant ainsi la sueur du cheval] ; juin les Huns devant Paris : Ste Geneviève exhorte les habitants à défendre leur ville ; *Attila*, repoussé, pille Reims et Troyes, puis échoue devant Orléans ; début juil. il est vaincu par Aetius et par le roi wisigoth Théodoric à Campus Mauriacus [Moirey, commune de Dierrey-St-Julien (Aube)]. Les historiens gallo-romains ont parlé plus vaguement de la « région de Châlons » (Campi Catalaunici, traduit traditionnellement par *Champs catalauniques*). **454** Aetius mis à mort par l'emp. Valentinien III. **457** Gaule gouvernée par *Aegidius* († 467). **476** Afranius *Syagrius*, fils d'Aegidius, gouverne la Gaule entre Loire et Somme (capitale Soissons) après la chute du dernier emp. de Rome (Romulus Augustule). L'emp. de Byzance lui reconnaît le titre de *« roi des Romains »* (dernier souverain de l'Emp. d'Occident).

Période mérovingienne (481-752)

Clovis Ier, roi des Francs [son nom (germano-latin Hludovicus) est un doublet de « Louis ». Son arrière-grand-père (mythique) *Pharamond* a été considéré jusqu'au XIXe s. comme le 1er des « rois de Fr. », car les historiens admettaient que la civilisation et la langue fr. avaient été introduites en Gaule par les Francs] ; il commande env. 5 000 guerriers, avec lesquels il bat successivement : Syagrius (*Soissons* 486 ; exécuté en 487) ; Alamans, rejetés sur la rive dr. du Rhin (*Tolbiac* 496) ; Burgondes qui deviennent tributaires (*L'Ouche* 500) ; Wisigoths, rejetés au S. des Pyrénées (*Vouillé* 507). **493** Clovis épouse *Clotilde* (catholique), nièce du roi burgonde Gondebaud. **496** (?) 25-12 il reçoit le baptême catholique. **510** à Tours, il reçoit, de

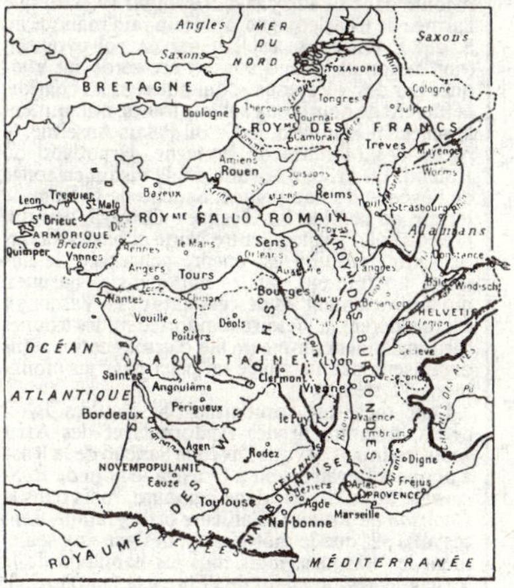

La Gaule en 481

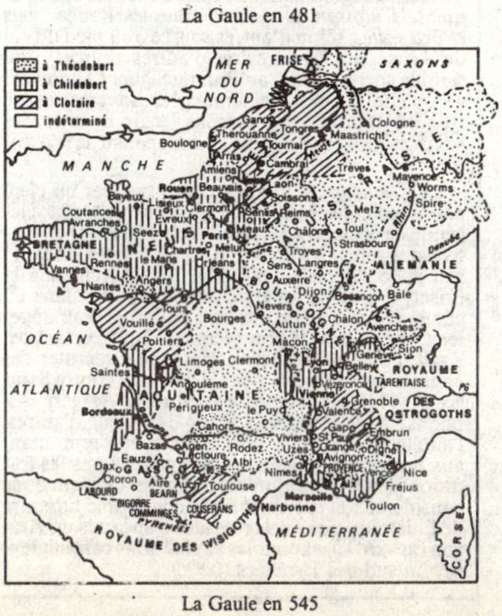

La Gaule en 545

l'empereur byzantin Anastase, les insignes de Consul de Rome.

511 à sa mort, **partage du royaume** (Austrasie, Orléans, Paris, Neustrie) entre ses 4 fils [il ne s'agissait pas d'une tradition « germanique », mais d'une imitation de l'ancien empire romain. Considéré par les évêques comme le successeur des empereurs, Clovis, comme Dioclétien (292), répartit ses territoires entre 2 *Césars* et 2 *Augustes*, chargés de gouverner ensemble, créant ainsi une tradition qui sera mal comprise par ses successeurs]. **523** lutte franco-burgonde. *Sigismond*, roi des Burgondes, exécuté ; *Clodomir* tué au combat de Véséronce [524 ; ses domaines sont annexés par ses frères, au détriment de ses fils qui sont égorgés, sauf Clodoald (le moine St Cloud)]. Les 3 frères conquièrent : Provence (530-37), royaume burgonde (532-37).

558-61 Clotaire roi unique. **561** partage, par tirage au sort, du royaume entre *Sigebert* († 575 ; laissera à sa veuve *Brunehaut* la régence d'Austrasie), *Gontran* († 593), *Caribert* († 567), *Chilpéric* († 584 ; épouse *Frédégonde* qui le fait assassiner et gouverne à sa place jusqu'en 597). Rivalité entre Frédégonde et Brunehaut [vaincue à Laffaux (Aisne) ; mourut à 80 ans (613) attachée à la queue d'un cheval sauvage sur l'ordre du fils de Frédégonde]. La g. entre Austrasiens (à l'E.) et Neustriens (à l'O.), commencée en 568 par l'assassinat de *Galswinthe*, sœur de Brunehaut et 1re épouse de Chilpéric (étranglée sur l'ordre de Frédégonde), se poursuivra jusqu'en 719.

613 Clotaire II. Roi unique pour Neustrie, Bourgogne et Austrasie. **628** il lègue sa triple couronne à **Dagobert** (son domaine va de la Garonne à la Weser ; principaux ministres : St Éloi, évêque de Noyon ; St Ouen, év. de Rouen ; Pépin de Landen, maire du palais d'Austrasie, tige de la dynastie carolingienne). **639** partage à la mort de Dagobert (les 2 premiers *rois fainéants* : Sigebert III et Clovis II) ; reprise de la guerre neustro-austrasienne. **679** *Ebroïn, maire du palais* de Neustrie, fait exécuter St Léger, év. d'Autun, maire du palais de Bourgogne, et unifie les 2 mairies (roi en titre : Thierry III). **679** fin de la royauté mérovingienne en Austrasie (dictature du maire du palais *Pépin d'Héristal*, petit-fils de Pépin de Landen). **680** Ébroïn (avec Thierry III) bat Pépin à Leucofao [Bois-du-Fay (Ardennes)] ; il est assassiné peu après. **687** *Testry* : Pépin bat Berthaire, successeur d'Ébroïn, et unit les mairies du palais des 3 royaumes. Dès lors, les rois (fainéants) ne sont plus que rois de Neustrie, et les maires du palais (Austrasiens) gouvernent les 3 royaumes.

Charles Martel (v. 676-741). Maire du p. d'Austrasie (fils naturel de Pépin d'Héristal), est écarté de la mairie par la veuve de Pépin, Plectrude, mais prend le pouvoir de force (716), bat Neustriens révoltés (Soissons 719), Frisons (724), Bavarois (725), Saxons (724-38), Arabes (Poitiers 732).

Les Mérovingiens d'Augustin Thierry

L'historien romantique Augustin Thierry (1795-1856), s'inspirant de *l'Histoire des Francs* de Grégoire de Tours (15 livres écrits entre 575 et 592 ; continués jusqu'en 641 par Frédégaire, puis, jusqu'en 720, par un anonyme), a fait paraître de 1833 à 1837, dans *La Revue des Deux-Mondes*, sous le titre *Nouvelles Lettres sur l'Histoire de France*, des adaptations modernisées des chroniques mérovingiennes (publiées en 1840 sous leur titre définitif : *Récits des Temps mérovingiens).* Ces récits sont centrés sur les luttes pour le pouvoir que se sont livrées les 4 fils de Clotaire Ier : Chilpéric, Sigebert, Gontran, Caribert et leurs femmes : Brunehaut, Frédégonde, Galswinthe. Souvent repris par les historiens du XIXe s., notamment Henri Martin (1810-1883), ils ont fait naître la croyance en une « époque barbare », où les égorgements étaient une pratique quotidienne.

Les historiens du XXe s. considèrent plutôt les temps mérovingiens comme une période de décadence administrative, héritée du bas-empire romain, avec prépondérance de l'économie rurale et importance accrue du clergé dans la vie sociale. L'intégration des nouveaux venus germaniques ne s'est pas faite sans difficultés, mais l'époque ne se signale pas par une immoralité particulière.

L'invasion sarrasine de 720-39

L'Espagne wisigothique, officiellement catholique mais avec de fortes minorités juives et ariennes, avait accueilli en 711 les musulmans venus d'Afrique du N. (appelés généralement « arabes » mais en majorité berbères). *720* les musulmans occupent la Septimanie (capitale Narbonne), ancienne province wisigothique (Gothie). *721* ils attaquent Toulouse (le duc d'Aquitaine, Eudes, repousse Al Samah, gouverneur musulman d'Esp. : 3 750 musulmans †). *724-25* ils pillent la vallée du Rhône jusqu'à Autun. *V. 730* Eudes s'allie à un émir aragonais, Othman ben Abi Nassa, contre le sultan musulman Abd el Rahman ; Othman est vaincu et Abd el Rahman attaque l'Aquitaine. *732* juin, il conquiert Bordeaux, assiège Poitiers et marche sur Tours ; 17-10 il est vaincu et tué par Charles Martel à Moussais-La-Bataille (Vienne), à 20 km de Poitiers (la cavalerie lourde des Francs écrase la cav. légère musul.). *732-39* offensives des musulmans de Narbonnaise contre Provence et vallée du Rhône. *739* Pépin, fils de Charles, et Liutprand, roi des Lombards, les écrasent devant Marseille et les rejettent sur la Narbonnaise.

Période carolingienne (752-987)

752 Pépin le Bref (714-68) [Maire du palais depuis 741, avait soumis les Germains de la rive dr. du Rhin (Saxons, Alamans, Bavarois) et leur avait fait prêter hommage à *Childéric III* (roi en titre dep. 742)]. Fait déposer Childéric III, qui est tondu rituellement (les guerriers francs portaient leurs cheveux tressés en nattes ; les moines avaient le crâne rasé) ; le roi déposé est enfermé dans l'abbaye de St-Omer ; Pépin est proclamé roi à sa place, à Soissons, et sacré à Mayence. Le soutien du pape Zacharie lui a été acquis en échange de la promesse d'intervenir militairement contre les Lombards. Ceux-ci occupaient l'Italie et l'emp. byzantin Constantin V, suzerain en titre du pays, était incapable de les chasser. Sacré à Reims une 2e fois par le pape Étienne II ; passe ensuite en Italie et chasse les Lombards de l'exarchat de Ravenne, qu'il donne au pape. **755-59** Conquête de la Septimanie sur les musulmans. **769** Waïfre, roi des Gascons, exécuté (l'Aquitaine n'est pourtant pas soumise).

768 Charlemagne (742-814). Roi du N.-O. (des Pyrénées à la Bohême) ; **771**, de tous les domaines francs (mort de son frère Carloman, roi du S.-E.). **774** Charl. bat les *Lombards*, annexe leur royaume ; *Saxons* (785-99 ; les frontières franques sont sur l'Elbe et la Baltique) ; *Arabes* d'Esp. (778-811 ; création de la marche d'Esp. en bordure des Pyrénées) (*Roland* † à *Roncevaux* 778) ; *Bavarois* (788) ; *Avars* (796). **V. 796** Met sa capitale à Aix-la-Chapelle. **800** Proclamé empereur d'Occident. **805** Révolte des Saxons : 10 500 familles déportées en France méridionale. **806** Charlemagne divise son empire en 3 roy. : *Aquitaine* [**Louis le Débonnaire** (son nom signifie « de noble naissance », car il était fils légitime, né d'une princesse, et le distinguait d'un 2e Louis, fils naturel de Charlemagne et d'une servante, surnommé Louis *de pute aire*, c.-à-d. d'obscure naissance)], *Francie* (Charles), *Italie* (Pépin, puis Bernard fils de Pépin). Charles meurt avant son père et Louis reçoit 2 parts. **817** Louis partage ses 2 roy. en 3 sous.roy. (Pépin II : Aquitaine, Louis : Bavière, Lothaire : centre, avec la couronne impériale). Ce partage déclenche de nombreuses g. qui dureront jusqu'en 843.

842 Serments de Strasbourg. Entre Charles le Chauve et Louis le Germanique, contre leur frère Lothaire (prêtés en français par les soldats de Charles : 1er document écrit en langue fr.). **843 Tr. de Verdun.** Partageant l'Empire carolingien entre les 3 fils de Louis le Pieux : Lothaire Ier emp. reçoit la « Lotharingie », allant de la mer du N. aux États de l'Église ; Louis le Germanique, la Francie orientale (Allemagne) ; Charles II le Chauve, la Francie occidentale (France).

847 Constitution du duché de France, donné à *Robert le Fort*, ancêtre des Capétiens. **870 Tr. de Meersen.** Charles le Chauve et Louis le Germ. se partagent la Lotharingie. **876** Charles le Chauve essaie de s'emparer de toute la Lotharingie, il est battu par Louis le J. (fils de Louis le Germa.), à Andernach. **877** 14/16-6 promulgation du *capitulaire de Kiersy* [Quierzy-sur-Oise (Aisne), résidence impériale], rendant les charges comtales héréditaires. **879-88** La Lotharingie est divisée en Lorraine, Bourgognes (Cisjurane et Transjurane), Provence. **888-98** Crise dynastique : *Eudes*, ancêtre des Capétiens, est élu roi de Fr. mais redonne à sa mort la couronne à un Carolingien [**Charles le Simple** (c.-à-d. « le loyal », ne jouant pas double jeu)]. **912** 21-1 Charles se fait proclamer roi de Lotharingie, après la mort de Louis l'Enfant. **922** 30-6 mécontents de la préférence accordée par Charles aux Lotharingiens, les seigneurs fr. couronnent à Reims Robert, frère d'Eudes. **923** 15-6 Charles attaque Robert à Soissons et le tue ; 13-7 les seigneurs fr. couronnent à Soissons un autre Capétien, le gendre de Robert, *Raoul de Bourgogne :* celui-ci a un rival, son beau-fr. Herbert de Vermandois. **924-29** Herbert garde en otage Charles ; il l'utilise pour lutter contre Raoul. **925** Charles est dépouillé de la Lotharingie par le roi de Germanie Henri Ier l'Oiseleur. **926** Invasion hongroise. **933** Le roi de Bourgogne, Rodolphe II, annexe la Provence et fonde le « royaume d'Arles » de Bâle à la Méditerranée. **936-54** Nouvelle g. entre Carolingiens et Capétiens [Louis IV d'Outremer (élevé dep. 926 à la cour du roi d'Angl. Athelston, fr. de sa mère, la reine Ogive) contre Hugues de Vermandois, duc de Fr.] : le pape prend parti pour Louis et excommunie Hugues. **978** Le roi de Fr. *Lothaire* prend Aix-la-Chapelle. **979** Il est battu par l'emp. Otton II qui brûle Compiègne et prend Montmartre, puis est repoussé par le duc de France, *Hugues Capet*. **984-85** Lothaire prend Verdun et meurt. **987** Mort (chute de cheval) du dernier Carolingien, *Louis V*. Les nobles réunis à Senlis, écartent son oncle Charles, duc de Basse-Lorraine, sur intervention d'Adalbéron, archevêque de Reims et chancelier du roy. (ennemi personnel des Carolingiens ; menacé par Louis V d'un procès en haute trahison).

La renaissance carolingienne

Elle a duré de l'installation du Palais à Aix-la-Chapelle (792-98 ; constr. de la chapelle 798-800) à 930 (reprise des guerres civiles entre rois francs). *Caractéristiques :* essor économique fondé sur l'administration centralisée : les ordres écrits, les rapports, les comptes remplacent les ordres oraux. Pour former des administrateurs lettrés, on multiplie les centres d'instruction (« école du palais », monastères) en faisant appel aux Anglo-Saxons, bons latinistes ; aux juifs (de culture arabe, venus d'Espagne) ; aux Byzantins, spécialistes du beau manuscrit.

Un essor culturel remarquable s'ensuit : littérature, philologie, sciences, arts décoratifs, architecture, industrie textile. Son financement est assuré surtout par la vente des esclaves (prisonniers de g.) : chaque été, les raids en territoires germaniques ou slaves rapportent de nombreux sujets. Malgré les bonnes relations avec le monde arabe (Haroun el Rachid), un rescrit de 779 interdit la vente d'esclaves aux musulmans. Des tentatives de recréer une monnaie d'or (disparue sous les Mérovingiens) ont été faites par Charlemagne, puis Louis le Pieux ; mais elles ont échoué et le grand commerce a utilisé les pièces d'or arabes ou byzantines.

Empire d'Occident et la mort de Charlemagne (814)

Invasions normandes (810-911)

Causes. 1° Pression démographique en pays scandinaves (Norvégiens, Suédois, Danois forment alors un seul peuple). 2° Attaque de Charlemagne contre la péninsule danoise en 808 : il est arrêté par une ligne de fortifications et les « Vikings » contre-attaquent sur les côtes franques et anglo-saxonnes.

Effectifs. Raids de 300 à 400 h. montés sur 30 ou 40 *snekkja* (navires légers) ; ils installent des bases fortifiées (par ex. l'île de Jeufosse, près de Mantes, en 856) où ils créent des armées terrestres avec cavalerie et matériel de siège.

Opérations. 1° On compte par milliers les levées de tribut sur les villes et les États (Danegeld, payé presque annuellement à partir de 845), les enlèvements de personnes (vendues comme esclaves ou qui payent rançon), les pillages de monastères.

2° Armées normandes équipées sur place : *856*, 8-4 prise d'Orléans, 27-12 de Paris. *858* Charles le Chauve échoue dans une attaque de l'île de Jeufosse. *861* prise de Paris. *867* bat. de *Brissarthe :* Hasting b. et tue Robert, Cte de la Marche et Renoul, duc d'Aquitaine. *873* Charles le Chauve et Salomon de Bretagne reprennent Angers. *881* vict. de *Saucourt-en-Vimeu* (Louis II et Carloman : 8 000 Normands †). *883* bat. de *Reims* (Carloman) indécise. *885-86* Siegfried assiège Paris, défendu par le Cte Eudes (Charles le Gros paye 7 000 livres de rançon). *889* Eudes paye rançon pour Paris. *890* il est battu à Noyon et *891* à Valenciennes. *896* les Normands créent une base à l'embouchure de la Seine. *903* ils prennent Tours. *910 Rollon* (Hrolf) attaque Paris, mais est repoussé. *911* il assiège Chartres (repoussé par l'évêque Gouteaume ; 7 000 †) ; il accepte le baptême et devient duc de Normandie, vassal du roi de Fr. [Rollon refuse par orgueil le cérémonial de l'hommage, consistant notamment à baiser le pied du suzerain ; il délègue à sa place un seigneur lui recommandant de ne pas s'incliner trop : celui-ci s'incline si peu qu'il fait tomber le roi à la renverse, en lui soulevant le pied très haut.]

Invasions sarrasines (v. 830-990)

Causes. A partir de 800, les musulmans fixés en Espagne et en Afr. du N. effectuent des raids maritimes. Les États carolingiens, trop étendus, ne peuvent résister à la fois aux raids normands et aux raids sarrasins.

Opérations. *838* et *842* raids sur Marseille. *842* et *850* sur Arles. *869* installation d'une base en Camargue. *870-90* les Vikings supplantent les Sarrasins. *890* fondation de la base sarrasine à La Garde-Freinet (Var). *972* capture de St Mayeul, abbé de Cluny, sur la route du Mont-Genèvre. *983* prise de La Garde-Freinet par Guillaume, Cte de Provence. *990* fin de la domination en Provence. Néanmoins les raids se poursuivent jusqu'au XIIIe s. (Lérins 1047, 1107, 1197 ; Toulon 1178, 1197).

La légende de Charlemagne

1° *Barbu,* aucune miniature carolingienne ne le représente avec une barbe, mais le poète de la *Chanson de Roland* (publiée au XIXe s.) l'a imaginé comme un patriarche de la Bible (la barbe était un insigne de dignité chez les Hébreux), et Ch. est traditionnellement appelé « l'empereur à la barbe fleurie » (c.-à-d. « blanche »).

2° *Culte religieux :* en 1165, l'emp. Frédéric Barberousse fait rechercher le corps de Charlemagne et l'élève sur le maître-autel d'Aix-la-Chapelle, dans une châsse ornée de pierreries. Le pape Pascal III donne son assentiment (mais il est chassé comme antipape). Ni le pape légitime de l'époque (Alexandre III), ni aucun de ses successeurs n'ont formulé d'objection, et la canonisation peut être considérée comme valide (la Saint-Charlemagne est célébrée le 28-1). Le culte a été interdit en France par Louis XI (1475), pour ne pas concurrencer la fête de Saint Louis, roi de France. Il n'a jamais cessé d'être célébré en Belgique et en Allemagne. Mais l'expression « Bienheureux Ch. » est plus adéquate, car il ne s'agit pas d'un saint de l'Égl. universelle, inscrit au martyrologe romain.

La légende de Roland

L'historien carolingien Éginhard (v. 770-840) raconte dans sa *Vie de Charlemagne* (v. 820) que l'armée de Charlemagne, après un raid manqué au S. des Pyrénées, se repliait par un col pyrénéen (non nommé), quand son arrière-garde fut attaquée par des « Vascons », qui pillèrent les chariots et tuèrent de nombreux soldats francs, notamment le sénéchal Éginhard, le Cte du Palais Anselme, le préfet des Marches de Bretagne, Hruotland ou Roland. En 1130, à la suite d'une vision en songe de l'évêque de Pampelune, Sancho de la Rosa, le terrain du combat fut localisé à Orréaga, lieu-dit, près du col d'Ibañeta, entre haute et basse Navarre. Cette tradition est encore conservée de nos jours, notamment par les nationalistes basques, qui se proclament les descendants des « Vascons » et considèrent la victoire remportée sur les troupes carolingiennes comme un fait d'armes national (ils organisent chaque année un pèlerinage au monument d'Orréaga).

Leur thèse est combattue par d'autres Pyrénéens, notamment des Andorrans et des Ariégeois, estimant : 1° que l'évêque Sancho de la Rosa a donné arbitrairement à Orréaga le nom de *Roncevaux,* qui n'est pas dans Éginhard, mais dans la *Chanson de Roland* (d'ailleurs orthographié Rencesvals) ; 2° que le mot *Vascon* désigne non seulement les Basques, mais tous les habitants de la Vasconie, région allant de l'Èbre à la Garonne ; 3° que la *Chanson de Roland* situe les Rences vals (*Roza valles,* selon d'autres sources) au pied du col de « Ciser » (*Sisera,* selon d'autres sources), qui semble correspondre au Port de Siguer (Andorre) ; 4° qu'elle ne désigne jamais les adversaires de Roland comme des Vascons, mais comme des « Sarrasins », qui au VIIIe s. occupaient la Vasconie.

La *Chanson de Roland,* composée par un clerc anonyme entre 1100 et 1125, a fait naître la « légende de Roland » (Roland a un ami aussi chevaleresque que lui, Olivier ; il est trahi par Ganelon ; son épée s'appelle Durandal ; en cherchant à la briser, il entaille les Pyrénées ; il souffle dans un cor en ivoire d'éléphant, ou « olifant », pour appeler Charlemagne à son secours). Pour certains, il s'agit d'une œuvre fictive, destinée à recruter des combattants français pour la croisade contre Saragosse (1110-18) menée par le roi d'Aragon, Alphonse Ier le Batailleur (1104-34). Pour d'autres, l'auteur a utilisé de nombreux récits remontant aux temps carolingiens et maintenus dans les traditions orales d'Andorre et d'Ariège. On peut donc considérer son œuvre comme une source littéraire de l'histoire, pour les croisades françaises en Aragon (XIe-XIIe s.), et pour les expéditions carolingiennes au sud des Pyrénées (IXe s.).

Dynastie capétienne directe (987-1328)

• **987** 3-7 **Hugues Capet** (v. 941-96). Couronné roi de France par Adalbéron, archev. de Reims ; juill. rend Verdun à l'empereur, en échange de sa reconnaissance ; 25-12 associe au trône son fils Robert. **989** Concile de Charroux, instituant la *« paix de Dieu »* (interdiction de faire la g. aux non-combattants). **991** 29-3 capture à Laon du dernier Pce carolingien, Charles de Basse-Lorraine († au cachot à Orléans v. 995).

• **996 Robert le Pieux** (v. 970-1031). **1000** Terreurs de l'An Mille [mentionnées pour la 1re fois en 1590, la légende s'établie aux XVIIIe s. (William Robertson, Anglais, 1721-93) et XIXe s. (Jules Michelet, Fr., 1798-1874) : les chrétiens auraient cru à une fin du monde inéluctable 1 000 ans après la venue du Christ. La légende est née d'une citation pieuse, souvent faite dans les formules des chartes de donation, et rappelant la vanité des biens de ce monde (St Paul, II Cor., I, 22). **1002-14** Robert le Pieux conquiert le duché de Bourgogne. **1017** Hugues, fils de Robert, est associé au trône. **1019** Il s'allie avec Baudoin de Flandres, qui épouse sa fille Adèle. **1023** Réunion des comtés de Blois et de Champagne qui encercleront pendant 200 ans le domaine capétien. **1026** Hugues meurt ; son frère cadet, Henri, est associé au trône. **1027** L'empereur d'Allemagne hérite de la Bourgogne transjurane.

• **1031 Henri Ier** (1008-60). **1031-39** G. civile : les grands féodaux (avec le Cte Eudes II de Blois) sont battus par Henri Ier, aidé du duc de Normandie, Robert le Magnifique. **1047** Henri Ier aide Guillaume le Bâtard, duc de Norm., à battre ses vassaux révoltés (bat. de *Val-ès-Dunes*). **1053** Rupture de l'alliance franco-normande.

• **1060 Philippe Ier** (1052-1108). **1059** Associé au trône à 7 ans. **1060** Roi. **1060-66** Sa mère Anne de Kiev est la *1re régente* de France. **1066** Guillaume, duc de Norm., conquiert l'Angl. **1077** Il fait la paix avec le roi de Fr. et renonce à conquérir la Bretagne. **1081** Philippe Ier battu à Yèvres-le-Châtel par un vassal révolté, Hugues du Puiset. **1094-1104** Il est excommunié pour bigamie (mariage invalide avec Bertrade de Montfort). **1095** Début des Croisades.

Les Croisades (1096-1291)

1096-99 (1re). Causes : 1°) désir de la papauté de sauver l'Empire chrétien d'Orient, menacé de destruction par les Turcs dep. 1077 (désastre de Manzikert) ; 2°) désir des puissances italiennes (dont la papauté) de briser si possible la domination arabo-musulmane en Méditerranée ; 3°) existence d'un potentiel militaire inemployé chez les chrétiens occidentaux, dep. la création de la « chevalerie » (conception religieuse du métier des armes). **Prêchée** par le pape Urbain II au concile de Clermont. **Opérations :** 2 expéditions : Pierre l'Ermite et Gauthier sans Avoir, battus à Nicée *(1096)* avec des bandes de pèlerins sans valeur militaire ; *1096*, 15-8 départ des Croisés armés (**effectifs :** 4 500 chevaliers, 30 000 fantassins, de 60 000 à 100 000 auxiliaires civils et pèlerins non combattants). 1°) Français du Nord et Lorrains (Godefroi de Bouillon, Robert, Cte de Flandres) à pied par la vallée du Danube. 2°) Occitans (Raymond de St-Gilles, Cte de Toulouse) à pied par la Dalmatie. 3°) Normands de Sicile (Bohémond, Pce de Tarente) par mer, de Bari à Durazzo, puis à pied par la Macédoine. 4°) Neustriens (Étienne de Blois, Hugues de Vermandois, Robert Courteheuse, duc de Norm.) rejoignent Bohémond à Bari (à pied par les Alpes). Point de jonction : Constantinople. *1097*, 26-6 prise de Nicée (rendue aux Byzantins) ; 1-7 vict. de *Dorylée* (Bohémond et Godefroi de Bouillon battent Gilidj Arslan ; 50 000 Turcs †) ; 21-10 début du siège d'Antioche. *1098*, 2-6 prise d'*Ant.* ; 3-6 siège des chrétiens dans Ant. par l'émir de Mossoul ; 28-6 vict. de Kerbogah (30 000 Syriens †) : délivrance d'Ant. *1099*, 13-1 les Croisés partent d'Ant., devenue capitale de la « principauté » de Bohémond ; 15-7 ils prennent *Jérusalem* (40 000 musulmans et juifs †). *1101*, sept. des renforts nivernais et aquitains sont anéantis à Héraclée. *1104* prise d'Acre, renommée St-Jean-d'Acre.

1147-49 (2e). Causes : 1°) émotion causée en Occident par la chute d'Édesse (reprise par l'atabeg de Mossoul Zenghi, le 23-12-1144) ; 2°) obligation pour Louis VII de faire un acte pénitentiel en expiation du massacre de Vitry (1142). **Prêchée** par St Bernard (1091-1153) à Vézelay le 31-3-1146. **Effectifs :** 70 000 Fr. (Louis VII), 65 000 Allem. (Conrad III). Itinéraire terrestre par la vallée du Danube jusqu'à Constantinople. **Opérations :** *1147*, nov. l'armée allem. de Conrad est battue à Dorylée. *1148*, 6-1 les Fr. battus à Pisidie, mars embarquement des Fr. à *Adalia* sur des vaisseaux grecs. *Été 1148* échec fr.-allem. devant Damas (l'offensive sur Édesse est annulée). *1149* retour des Croisés ; résultats nuls.

1189-92 (3e). Cause : émotion suscitée en Occident par la chute de Jérusalem [prise par Saladin après sa victoire d'*Hattin* (1187)] ; la croisade est ordonnée par le pape Grégoire VIII. **Effectifs :** 100 000 All. (Frédéric Barberousse), voie terrestre par Constantinople et l'Asie Mineure ; 30 000 Fr. (Phil. Auguste) ; 20 000 Angl. (Richard Cœur de Lion), embarqués à Aigues-Mortes (en cours de route Richard conquiert Chypre sur un despote grec). **Opérations :** *1190*, 17-5 Frédéric Barberousse écrase les Turcs à Konya. 10-6 Fréd. noyé, son armée se disperse. *1191*, 10-6 Richard Cœur de Lion et Philippe Auguste reprennent St-Jean-d'Acre ; 7-9 *Arzuf* : Richard bat Saladin. *1192* Jaffa, Ascalon reprises ; 3-9 *tr. de Jaffa* entre Richard et Saladin : Jérusalem est laissée aux musulmans ; admission des pèlerins sans armes.

1202-04 (4e). Causes : 1°) désir de reprendre les Lieux saints ; volonté d'Henri VI, fils de Frédéric Barberousse, de poursuivre la croisade de son père ; 2°) le détournement vers Constantinople est dû : a) à l'exaspération des chrétiens romains de Terre sainte qui voient dans les Byzantins des alliés des musulmans ; b) au désir des Vénitiens de dominer économiquement la mer Noire. **Effectifs :** 20 000 h. allem. débarqués à Acre dès 1197, se rembarquent en 1298 ; 30 000 Fr., 5 000 Flamands, 5 000 Italiens concentrés à Venise (doivent s'embarquer sur les vaisseaux vénitiens ; objectif initial : l'Égypte). **Opérations :** *1202*, nov. délivrance de Zara (Dalmatie), port vénitien assiégé par les Hongrois (service rendu comme équivalent des 85 000 marcs d'or dus pour le transport). *1203*, printemps, le prétendant byzantin Isaac l'Ange se rend à Zara et propose 35 000 marcs pour la prise de Constantinople ; 17-7 Isaac rétabli sur le trône byzantin. *1204*, févr. Isaac meurt ; 12-4 *prise de Const.* par les Croisés et les Vénitiens ; 9-5 Baudoin de Flandres couronné emp.

1212 (Cr. des Enfants). Cause : indignation du peuple chrétien contre le détournement de la 4e cr. **Déroulement :** 1°) *Cr. française* (quelques centaines d'enfants). Étienne, un jeune berger de Cloyes (près de Vendôme) conduit des groupes d'enfants en prières sur les routes de Norm., Picardie, Ile-de-Fr. On a dit qu'ils avaient été vendus comme esclaves à Bougie et Alexandrie (en fait, leur troupe, affamée, a dû se disperser en Ile-de-Fr.). 2°) *Cr. allemande* (plusieurs milliers). Prêchée par Nicolas de Cologne, gagne Gênes par les Alpes, mais ne trouve pas de navires. Certains croisés s'y fixent, d'autres vont s'embarquer à Pise ou Brindisi. Nicolas, avec un groupe important, va à Rome se faire relever du vœu de croisade. La plupart meurent de faim sur le chemin du retour.

1212-21 (5e). Cause : renouveau de ferveur chrétienne dû aux papes Innocent III, puis Honorius III et au concile du Latran. **Effectifs :** au moins 200 000 h. (max. des Cr.) : Autr. et Hongrois (André II de Hongrie), Danois et Frisons, Fr. et Anglais. **Opérations :** transport par mer jusqu'à Acre. *1217-18* (cr. hongroise) : échec des Hongrois au mont Tabor, réoccupation et fortification de Césarée et du mont Carmel. *1218-21* campagne de Damiette (Égypte). *1218*, 24-8 débarquement et début du siège. *1219*, 5-11 *Damiette* prise d'assaut. *1220* négociations : le légat Pelage refuse d'échanger Damiette contre Jérusalem. *1221*, 12-7 Croisés vaincus à *Mansourah ;* sept. évacuation de Damiette sans conditions.

1228-29 (6e). Menée par l'emp. Frédéric II (excommunié) et ayant consisté en négociations ; non homologuée par les historiens de l'Égl. (Jérusalem récupérée puis reperdue).

1248-54 (7e). Prêchée par le concile de Lyon, juin 1245. **Effectifs :** 25 000 Fr. (St Louis) embarqués à Aigues-Mortes pour Chypre sur des navires génois. **Opérations :** *1249*, 4-6 St Louis prend *Damiette ;* 20-11 offensive sur Le Caire. *1250*, 2e défaite de Mansourah. *1251-54* St Louis, prisonnier à *Mansourah*, puis racheté ; relève les villes fortes de Terre sainte, notamment Césarée.

1251 (Cr. des Pastoureaux). Cause : émotion causée par la défaite de St Louis à Mansourah ; elle soulève surtout des ruraux (pastourou = paysan). **Opérations :** pogroms contre les communautés juives de France (Joseph, dit le Maître de Hongrie) ; 11-6 écrasés à Villeneuve-sur-Cher (Joseph †) ; quelques rescapés rejoindront Acre.

1270 (8e). Cause : St Louis et son fr. Charles d'Anjou, roi de Sicile, après l'offensive victorieuse de Baïbars en Terre sainte (prise de Césarée 5-3-1265, du mont Carmel 16-3-1265, d'Antioche 20-5-1268), décident d'attaquer la Tunisie, base future de départ contre Égypte ou Constantinople, en demandant un armistice à Baïbars. **Opérations :** *1270*, 18-7 débarquement à Tunis ; 25-8 épidémie de « peste », mort de St Louis. *1271* les survivants débarquent à Acre, mais ne peuvent empêcher la chute du Krak des Chevaliers (23-3). *1271-91* Baïbars, puis Spinola, enlèvent les dernières places fortes de Terre sainte : Beyrouth, Tripoli, Sidon, Tyr.

> **Fiefs chrétiens de Terre sainte. Royaume de Jérusalem** (1099-1291) 3 grands fiefs vassaux : le *comté d'Édesse* (1098-1144), *« princée » d'Antioche* (1098-1268), *comté de Tripoli* (1102-1289) ; 2 autres roy. non vassaux se sont créés à la fin du XIIe s. : *Chypre* (1192-1489) et *Petite-Arménie* ou *Cilicie* (1198-1375). **Empire latin de Constantinople** (1204-61) 3 grands fiefs vassaux : le *roy. de Thessalonique* (1204-24), *« princée » de Morée* (c.-à-d. du Péloponnèse : 1205-1428), *duché d'Athènes* (1205-1436). **Crète** possession vénitienne de 1206 à 1669 ; **Rhodes** terre souveraine des Chevaliers de St-Jean de l'Hôpital de 1309 à 1522.

• **1108 Louis VI le Gros** (v. 1081-1137). Accède au trône capétien, sans y avoir été associé du vivant de son père. **1109-35** « *G. de Gisors* » : Henri Ier, duc de Norm. et roi d'Angl., a occupé indûment la forteresse de Gisors, clef du Vexin, et refusé l'hommage féodal. Il prend part à toutes les luttes féodales contre Louis VI. **1111** Louis VI conquiert le château du *Puiset* (à un baron révolté). **1112-15** Émeutes de *Laon*, constitution d'une commune avec « charte municipale » (V. Institutions). **1114** Début de la g. contre Thomas de Marle (durera jusqu'en 1130). **1119** 20-8 Louis VI battu par Henri Ier à Noyon-sur-l'Andelle. **1124** 1re g. nat. fr.-all. : l'emp. Henri V attaque Reims, mais doit battre en retraite. **1127** Mariage de Mathilde de Normandie-Angl. avec Geoffroi d'Anjou, point de départ de « l'Empire angevin » (V. carte). **1131** Sacre du prince Louis, futur Louis VII.

• **1137** Août **Louis VII le Jeune** (v. 1120-80). Couronné roi de Fr. puis duc d'Aquitaine, à Poitiers, comme époux d'Éléonore (ou Aliénor). **1142-43** G. fr.-champenoise : L. VII attaque le Cte Thibaut et incendie Vitry (1 300 †). **1152** 21-3 **Éléonore** répudiée [vrai motif : son inconduite (au cours de la croisade, à Antioche, en mars 1148, elle a été la maîtresse de son jeune oncle, Raymond II d'Antioche). Le mariage a été annulé le 21-3-1152, par le concile de Beaugency, pour avoir été célébré sans dispense de consanguinité : Louis VII et Él. ayant un ancêtre commun, Robert le Pieux, étaient cousins au 12e degré (6e degré canonique)]. Elle épousera le 18-5 Henri II Plantagenêt qui, en 1173, ne la répudia pas (pour ne pas perdre l'héritage poitevin) et la garda enfermée à Winchester pendant 16 ans. A la mort d'H. (6-7-1189), Éléonore reprit le gouvernement de ses fiefs et soutint son fils préféré Richard Cœur de Lion. Elle assuma la régence de l'empire Plantagenêt quand Richard fut en Terre sainte, et réunit en 1193 sa rançon. En févr. 1194, elle fit se réconcilier les 2 fr. Richard et Jean sans Terre.

Guerre franco-angevine « 1re guerre de Cent Ans » (1159-1299)

• **Causes.** 1°) *féodales :* rivalité des 2 maisons d'Anjou (Plantagenêts) et de Fr. (Capétiens) ; de nombreuses autres maisons féodales se mêlent à la lutte : Toulouse, Bretagne, Champagne, Flandres ; 2°) *politiques :* les Capétiens sont rois de Fr. et cherchent à unifier le roy. ; les Angevins sont rois d'Angl. et cherchent à briser la puissance royale fr. Mais les rois de Fr. sont les suzerains des Anglais, avantage politique considérable : toute attaque angl. contre la Fr. est une « félonie ».

• **Effectifs.** Variables selon les époques, et selon les coalitions ; maxi. à Bouvines 1214 (15 000 Fr. contre 20 000 coalisés).

• **Opérations. 1°) Entre Louis VII et Henri II : 1159,** juill. offensive d'H. II contre le Cte de Toulouse, vassal du roi de Fr. Louis VII s'enferme à Toulouse et fait reculer H. ; oct. offensive d'H. en Beauvaisis, prise et démantèlement de Gerberoy. **1173,** 23-6 les fils d'Henri II révoltés contre leur père sont soutenus par L. VII qui met le siège devant Verneuil ; 23-7 il est forcé de lever le siège ; oct. H. II reconquiert le Poitou sur Éléonore (qui a pris parti pour ses fils). **1174,** mars offensive de L. VII en Norm. (siège de Rouen) ; sept. H. bat L. à Rouen et le force à lever le siège ; 30-9 paix de Montlouis (statu quo).

2°) Entre Philippe Auguste et Henri II : 1188, juin offensive de Philippe sur le Berry, Châteauroux pris ; conquête de Vendôme ; H. II prend Dreux, échoue devant Mantes ; automne Phil. fomente une révolte générale des vassaux d'H. au N. de la Loire. **1189,** 4/11-6 conquête du Maine ; 12-6 prise du Mans ; 2-7 de Tours ; 4-7 paix d'*Azay-le-Rideau* (Henri renonce au Berry et à l'Auvergne).

3°) Entre Philippe Auguste et Richard Cœur de Lion : 1189, 18-7 Phil. rend toutes les conquêtes faites sur H. à Richard, son héritier (ils partiront ensemble pour la Terre sainte). **1194,** 12-5 rentrant de captivité, R. attaque Norm. et Touraine, occupées par Phil., avec la complicité de Jean sans Terre, fr. de R. ; juin il reprend Verneuil et Loches ; 3-7 R. victorieux à *Fréteval* (Phil. mis en fuite). **1196,** Richard construit Château-Gaillard. **1197,** avr. offensive de Phil. en Norm., Aumale prise. Offensive de R. en Beauvaisis ; sept. Baudouin de Flandres s'allie à R. et attaque l'Artois ; Phil. capitule à Ypres ; 8-10 Baudouin prend St-Omer et Aire. **1198,** 28-9 b. à *Courcelles* près de Gisors, R. écrase Phil. ; oct., b. *Vernon,* Mercadier bat Phil. (cavalerie fr. détruite). **1199,** 13-1 *trêve de Vernon* (Phil. garde Gisors).

4°) Entre Philippe Auguste et Jean sans Terre : 1199, 15-8 offensive fr. en Norm., Conches prise et Maine (siège du Mans, échec). **1200,** *tr. du Goulet :* Phil. reçoit Évreux, Issoudun. **1202,** 25-3 condamné pour « félonie » (il a enlevé la fiancée de Hugues de Lusignan, son vassal) doit céder à son neveu, Arthur de Bret., Anjou, Maine, Touraine, Norm. ; offensive de Phil. en Norm., d'Arthur en Touraine ; juill. à Mirebeau Arthur (près de Loudun), fait prisonn. par J. (égorgé 3-4-1203). **1204,** 6-3 Phil. enlève *Château-Gaillard ;* avril-mai conquête de la Norm. ; août ralliement du Poitou. **1205,** juin conquête de l'Ouest et de la Bret. **1206,** 6-10 *trêve :* J. cède Norm., Maine, Touraine, Anjou. **1214** coalition : Angl., Flandres et Allemagne contre Fr. ; févr. offensive de J. au Poitou (débarqué à La Rochelle avec 15 000 h.) ; 2-7 il est écrasé à *La Roche-aux-Moines ;* 15-7 se rembarque ; 27-7 à *Bouvines* Phil. b. les alliés de J. : Flamands, Impériaux, Boulonnais plus contingents anglais (l'emp. Othon perd l'aigle impérial que Phil. envoie à son rival Fréd. de Hohenstaufen ; Fernand de Fl. et Renaud de Dammartin-Boulogne prisonniers) ; *épisodes célèbres :* les contingents des communes lâchent pied devant l'infanterie teutonique : le roi est jeté à bas de son cheval, mais délivré par des chevaliers fr. (le porte-oriflamme Galon de Montigny leur a fait des signaux de détresse) ; les fantassins brabançons refusent de fuir ou de se rendre : ils sont exterminés par les chevaliers de Thomas de St-Valéry. 18-9 *tr. de Chinon :* Jean paie 60 000 livres, renonce à Anjou, Maine, Touraine, Poitou, garde Aquitaine ; Bret. vassale de Fr. **1216,** avril le fils de Phil., Louis de Fr. (futur L. VIII), nommé roi d'Angl. par les barons révoltés, débarque et prend Londres (juill.) ; mort de J. ; proclamation de Henri III, son fils ; Louis se rembarque (janv. 1217).

5°) Entre Philippe Auguste et Henri III : 1217, avril Louis de Fr. redébarque en Angl. ; mais il est battu à Lincoln ; août sa flotte (Eustache le Moine) est détruite devant Douvres ; 11-9 *tr. de Lambeth :* Louis renonce au trône anglais contre 10 000 marcs. **1221** renouvellement du tr. de Chinon.

6°) Entre Louis VIII et Henri III : 1224 les barons poitevins (Hugues de Lusignan) se rallient à H. ; 5-7/3-8 L. assiège La Rochelle ; 3-8 La R. capitule ; Poitiers repris ; sept. l'Aquitaine conquise, échec devant Bordeaux. **1225** contre-offensive angl. (Richard de Cornouailles, frère d'H.), La Réole et les places aquitaines reprises.

7°) Entre St Louis et Henri III : 1227, janv. offensive de Richard de Corn. contre Chinon ; trêve négociée par Blanche de Castille et Thibaut de Champagne. **1229,** janv. Pierre Mauclerc, duc de Bret., se rallie à Henri III ; mai débarquement angl. à Tréguier. **1230** H. prend Nantes. **1231,** juin vict. de Mauclerc à *Fougères ;* 4-7 trêve. **1241** les barons poitevins se rallient à H. **1242** offensive de St Louis en Poitou ; 21-7 vict. de *Taillebourg* sur les Anglo-Poitevins (Cte de la Marche). St L. à la tête de quelques chevaliers force le pont sur la Charente. H. demande une suspension d'armes, et va chercher refuge à *Saintes* (à peine quelques tués sur le pont) ; 22-7 St L. attaque Saintes, les Angl. s'enfuient en désordre (H. perd son trésor et se rembarque à Blaye). St L. les poursuit jusqu'à Cartalègue, mais malade, s'arrête. *Conséquence :* prestige de St L., qui rallie la noblesse saintongeaise et poitevine. **1259** *tr. de Paris,* constitution du duché de

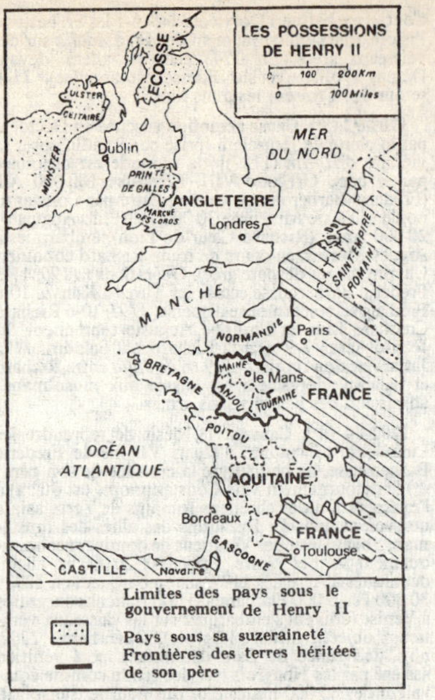

Guyenne (au S. de la Charente) vassal du roi de Fr. [raisons : hostilité des Bordelais à l'annexion par le roi de Fr. (ils vendaient leurs vins par mer en Angl. depuis l'époque d'Henri II) ; les Parisiens, au contraire, faisaient venir leurs vins de Bourgogne par l'Yonne et de Bourbonnais ou de Touraine par la Loire et le Loing].

8°) Entre Philippe le Bel et Édouard Ier : 1286, 5-6 É. prête hommage pour la Guyenne. **1292** incidents navals entre Anglo-Gascons et Fr. au large de La Rochelle. **1293,** 5-1 É. accusé de « félonie », 6 villes gasconnes occupées. **1294** le Cte de Richemont concentre des troupes angl. à Bordeaux. **1295,** janv. il conquiert Blaye, La Réole, Bayonne, St-Sever ; mars-sept. reconquête par Charles de Valois, frère de Phil. **1296** trêve. **1297,** 27-1 le Cte de Flandres, Guy de Dampierre, se rallie à É. ; 13-8 vict. de Robert d'Artois à Furnes : Guy et É. enfermés dans Gand. **1298,** juin *tr. de Montreuil-sur-Mer :* Isabelle de France devra épouser le futur Édouard II.

Conséquences. *1°)* Fr. et Anglais sont devenus « ennemis héréditaires » (hostilité surtout entre marins). *2°)* les Plantagenêts héritent par les femmes des droits sur la couronne de Fr. (d'où la « 2e g. de Cent Ans »).

● **1180 Philippe II Auguste** (1165-1223). **1181** 8-5 ligue féodale contre Philippe Auguste ; il isole son meneur, Philippe d'Alsace, Cte de Flandres, et lui impose la paix. **1190** Signature du *testament* de Philippe Auguste, s'embarquant pour la Terre sainte ; création des *baillis* (Vermandois, Senlis, Orléans, Bourges, Sens), qui contrôlent les prévôts du domaine royal. **1198** Oct. Phil. Auguste excommunié (mariage irrégulier avec Agnès de Méranie) ; le roy. est frappé d'interdit, Phil. cède et renvoie Agnès le 7-9-1200. **1209-29** *Croisade contre Albigeois* (Voir religions, p. 466) battus par Simon de Montfort. **1212** 12-9 Pierre II, roi d'Aragon, allié des Alb., vaincu et tué à Muret. [Raisons de son intervention : comme Cte de Barcelone, il était en principe vassal du roi de Fr. ; tant que celui-ci régnait à Paris, le comté de B. était en fait une prov. du roy. d'Aragon. Avec un sénéchal capétien à Carcassonne, il risquait de retomber dans la « mouvance » française.] **1214** *Bouvines* (V. ci-contre col. a).

● **1223 Louis VIII le Lion** (1187-1226).

● **1226 Louis IX** (St Louis) (1214-70) (*canonisé en 1297*). 26-1 Les domaines toulousains d'Henri de Montfort sont remis au roi Louis VIII ; 9-9 L. VIII prend Avignon, puis conquiert le Midi languedocien. **1227** Déc. tentative d'enlèvement du jeune roi Louis IX à Montlhéry (échec grâce aux milices parisiennes). **1229** Alliance de la Régente et de Thibaut IV de Champagne (1201-53), contre les ligues féodales ; 26-2 *tr. de Paris,* annexion du Languedoc ; constitution

du comté de Toulouse pour Alphonse de Poitiers (réuni à la couronne en 1271). **1244** Prise du château de *Montségur,* fin de la résistance *alb.* **1246** 21-1 mariage de Béatrice de Provence et de Charles d'Anjou, fr. de L. IX ; début de la maison d'Anjou-Prov. (qui régnera à Naples). **1251** Troubles en France, quand L. IX est en Terre sainte : révolte des *Pastoureaux* exterminés par la régente Blanche de Castille. **1261** Fondation du roy. capétien de Naples (Charles d'Anjou).

● **1270 Philippe III le Hardi** (1245-85). **1276** 7-8 rivalité à la Cour de Fr. entre la coterie du favori Pierre de la Brosse et celle de la reine Marie de Brabant (Pierre pendu sans jugement en juin 1278). **1282** *Vêpres siciliennes :* troupes de Charles d'Anjou massacrées en Sicile ; 8-5 le roi d'Aragon, responsable du massacre, est excommunié ; Philippe III nommé roi d'Aragon par le pape Martin IV. **1285** 15-6 avec une armée de croisés (20 000 cavaliers, 80 000 fantassins), franchit les Pyrénées au col de Mangana ; 5-10 meurt de la malaria, son armée décimée par la malaria se retire.

● **1285 Philippe IV le Bel** (1268-1314). 1er roi de Fr. à porter également le titre de *roi de Navarre.* **1301** 12-7 l'évêque de Pamiers, Bernard Saisset, accuse publiquement le roi Philippe le Bel d'être un « faux-monnayeur » (de 1295 à 1306, il a fait frapper des monnaies contenant une valeur-or inférieure à la valeur nominale, parfois de 50 %) ; 24-10 Bernard en prison ; 5-12 bulle *Ausculta fili :* le pape Boniface VIII somme Phil. le B. de libérer l'évêque (les clercs relevant uniquement des tribunaux ecclésiastiques). **1302** 11-2 Phil. fait jeter la bulle au feu et la remplace par un résumé tendancieux, portant uniquement sur la collation des bénéfices eccl. ; 10-4 *États généraux* convoqués à N.-D. de Paris ; affirment l'indépendance du roi en face du pape ; 11-7 *bat. de Courtrai,* 20 000 Flamands battent 50 000 Fr. : début des g. flam. qui se termineront par la sécession de la Flandre (XVe s.). **1303** Janv. Boniface VIII convoque à Rome une assemblée du clergé fr. ; 14-6 nouveaux *États généraux :* ils chargent *Guillaume de Nogaret* (?-1313), juriste et conseiller du roi, né dans une famille cathare, d'organiser un concile général pour juger le pape ; août Guill. passe en Italie et s'entend avec les Colonna, ennemis de Boniface VIII ; 7-9 attentat d'*Anagni :* Guill. fait prisonnier le pape [qui meurt d'émotion le 11-10 (il avait été giflé par Guill. l'ayant traité de *patarin,* c.-à-d. cathare)]. **1304** 10-8 bat. de *Mons-en-Pévèle :* 80 000 Flamands battus (6 000 † dont Guillaume de Juliers, leur chef). **1308** 24-3 *États généraux* de Tours ; nov. Charles de Valois, candidat, battu à l'élection impériale.

1309 Les papes à Avignon (motif du changement : *Avignon* appartenait à la famille d'Anjou-Prov. protectrice des papes contre les emp. gibelins ; elle était

Rois de Jérusalem

1099 Godefroi de Bouillon (v. 1060-1100), chef des croisés lorrains, élu roi par l'assemblée des Seigneurs le 23-7-1099.

1100 Baudouin Ier, s. fr. (v. 1070-1118), Cte d'Édesse (1093-1100). Conquiert St-Jean-d'Acre (1104), Beyrouth (1109), Sidon (1110).

1118 Baudouin II, s. cousin (v. 1070-1131), Cte de Rethel, Cte d'Édesse (1100-18). Conquiert Tyr (1124).

1131 Foulques Ier, s. gendre (1092-1143), Cte d'Anjou, abdique sa couronne comtale en épousant (1129) Mélisende, fille de Baudouin II.

1144 Baudouin III, s. f. (1131-62). Perd Édesse le jour de son couronnement (Noël 1144) ; échoue contre Damas (1148) ; prend Ascalon (1153), Césarée (1159).

1162 Amauri Ier, s. fr. (1135-73). Tente en vain de conquérir l'Égypte (1166-67). Battu par Saladin en 1170, essaie d'obtenir l'alliance byzantine en épousant la nièce de l'emp. Isaac Comnène (1167).

1173 Baudouin IV, le Lépreux, s. f. (1160-73). Mineur à son avènement, laisse la régence à Milon de Planès. Bat Saladin à Ramleh (25-11-1177), mais est battu à Sidon (1178), perd la forteresse du Gué de Jacob (1179), bat Saladin à Tibériade (1182), mais contracte la lèpre et marie sa sœur Sybille, veuve de Guillaume de Montferrat, à Gui de Lusignan.

1185 Baudouin V, s. neveu (1176-86), fils de Sybille et de Guill. couronné à 7 ans (1188) ; régence de son grand-oncle, le Cte de Tripoli, qui conclut avec Saladin une trêve de 4 mois, pour ravitailler le pays, ruiné par la famine. Meurt pendant la famine, peut-être empoisonné.

1186 Gui Ier de Lusignan, s. beau-père (v. 1129-1194). Prend la couronne malgré l'opposition des barons. Incapable ; battu et capturé par Saladin à Hattin (1187). Perd Jérusalem. Libéré en 1188 contre rançon. Laisse en 1192 la couronne de J. contre celle de Chypre, achetée 100 000 besants.

1192 Isabelle Ire, s. sœur (1169-1205) et **Conrad de Montferrat** (?-1192), roi consort. Fille d'Amauri d'Anjou, épouse dès son couronnement, en faisant casser son mariage avec Onfroi de Toron, le meilleur guerrier de Terre sainte, le marquis de Montferrat, ancien beau-frère de l'empereur byzantin, et seigneur de Tyr depuis 1188. Mais celui-ci est assassiné par un musulman quelques mois plus tard.

1192 Isabelle Ire et **Henri de Champagne** (?-1197). Celui-ci refusa le titre de roi de J., étant replié à Acre. Avec l'aide des Croisés de la IVe Cr., il rompt la trêve avec Saladin ; il perd Jaffa et meurt (tombant par la fenêtre du château d'Acre).

1197 Isabelle Ire et **Amauri II de Lusignan** (v. 1130-1205). Fr. de Gui de Lusignan, il est roi de Chypre (Amauri Ier) depuis 1194. Reconquiert Beyrouth et Giblet (1197-98) avec l'aide des Croisés all. Mais il ne peut empêcher le détournement de la IVe Cr. vers Constantinople.

1205 Jean de Brienne (1148-1237). A la mort d'Amauri, épouse Marie de Montferrat, fille d'Isabelle Ire et de Conrad, héritière du royaume. Couronné roi de J. à Acre. 1212, mort de Marie, il devient régent de leur fille Yolande. Celle-ci épouse en 1225 l'emp. Frédéric II qui prend le titre de roi de J. Jean rejoint alors Constantinople dont il est régent (1227), puis emp. (1231).

1225 Frédéric II, s. gendre (1194-1250), roi de Sicile (1197), emp. germanique (1220). Vient se faire couronner à J. en 1229, en vertu d'un tr. passé avec Mélédin. Puis laisse le gouvernement du pays à Richard Fehlinger, qui laisse J. retomber aux mains des musulmans et l'anarchie s'installer dans le pays.

Survivance du titre. Le titre de roi de Jér. a été disputé entre : 1°) les Lusignan, qui, en 1239, se firent confier la « garde » de la couronne par la noblesse chypriote (sans préjudice des droits des Hohenstaufen), la reine Alix, veuve de Hugues Ier de Chypre (1205-21), étant petite-fille du roi Amauri II. Joint au titre de Chypre, celui de J. a passé aux Savoie (voir index) ; 2°) les Hohenstaufen, descendants de Fréd. II, qui ont lié le titre à celui d'emp. germanique. Pour cette raison les Habsbourg se titraient rois de Bohême, de Hongrie et de J. Le pape, suzerain, en ayant investi le roi des Deux-Siciles Charles de Bourbon, futur Charles III d'Espagne, le duc de Calabre est actuellement le seul roi de J. possible.

entourée du Comtat Venaissin, appartenant aux papes dep. 1274. Clément V, qui était allé au concile de Vienne en 1307, juge plus prudent de ne pas rentrer en Italie ; son successeur Clément VI achètera en 1348 la ville d'Avignon à la comtesse Jeanne d'Anjou-Prov.).

Controverse sur Philippe le Bel

De nombreux historiens [notamment Ernest Renan, *Études sur la politique de Philippe le Bel* (1858)] lui ont reproché sa malhonnêteté en finances, sa mauvaise foi, sa rapacité, sa cruauté (envers les Templiers et envers ses brus), son machiavélisme dans ses relations avec le pape, sa brutalité envers Flamands et Juifs. Néanmoins, ils lui reconnaissent des qualités : sang-froid, lucidité, obstination, capacité de dissimuler. Actuellement, on tire souvent un bilan favorable de son règne [consolidation de l'appareil monarchique, enrichissement, agrandissement du domaine royal, indépendance de la couronne en face des grands féodaux et de la papauté, création d'institutions quasi démocratiques (États généraux)].

1310-14 Procès des *Templiers :* tous les membres français de l'Ordre du Temple sont arrêtés le 13-10-1307. Du 19-10 au 24-11, 138 Templiers comparaissent sous l'accusation de mœurs obscènes, de sodomie, d'hérésie, d'idolâtrie, de pratiques de messes noires. Après une instruction qui dure 7 ans, 56 sont envoyés au bûcher. Peine de prison perpétuelle pour Jacques de Molay, Hugues de Pairaud, Geoffroi de Gonneville, Geoffroi de Charney. Jacques de Molay et Geoffroi de Charney, après avoir rétracté leurs aveux, sont brûlés sur un bûcher le 18-3-1314. [*Trésor des Templiers :* serait réparti dans plusieurs caches souterraines en France (on cite souvent la forteresse de Gisors, Eure). Les trésors découverts v. 1891 à Rennes-le-Château (Aude) par le curé Saunières, et comportant notamment des pièces d'or de St Louis et un calice du XIIIe s., n'auraient appartenu aux Templiers qu'en partie. Les objets les plus précieux, trouvés dans un sarcophage datant de l'époque carolingienne, remonteraient aux Albigeois, et auraient été mis à l'abri vers 1212, à l'arrivée des Croisés de Simon de Montfort.]

1311 Expulsion des banquiers lombards ; 13-1 Philippe de Poitiers (futur Phil. V), candidat, battu à l'élection impériale. **1314** Scandale des brus de Phil. le Bel : *Marguerite de Bourgogne*, femme de Louis (futur Louis le Hutin) et *Blanche*, femme de Charles (futur Charles IV) sont convaincues d'adultère ; leurs amants, les fr. Philippe et Gauthier d'Aulnay sont émasculés, tirés aux chevaux, décapités ; les princesses sont tondues et enfermées au cachot des Andelys (Marg. y meurt, sans doute de mort violente ; Blanche accepte l'annulation de son mariage et se retire à l'abbaye de Maubuisson). La 3e bru (*Jeanne de Bourg.*, femme de Phil., futur Phil. V) est acquittée par défaut de preuves : elle vivra retirée à la Tour de Nesle, sur la rive g. de la Seine, en face du Louvre et mourra en 1329 (selon une légende, datant de 1471, c'est dans la t. de Nesle que les 3 brus royales avaient reçu des amants jusqu'en 1314 ; elles les faisaient noyer dans la Seine, cousus dans un sac, après 3 j de débauche ; seul un maître de philosophie, nommé *Buridan*, repêché par ses étudiants, en aurait réchappé. Mais c'est peu vraisemblable : né en 1300, B. ne pouvait, à 14 ans (1314, date du procès), être prof. de philo. La condamnation pour adultère de Marg. de Bourg. fit écarter sans difficulté de la couronne de Fr. la princesse Jeanne, fille de Louis X le Hutin (affirmation de la loi *salique*), sa légitimité étant douteuse.

• **1314 Louis X le Hutin** (1289-1316). **1315** 3-4 exécution d'*Enguerrand de Marigny* (n. 1260), ancien favori de Phil. le Bel (haï par la haute noblesse et notamment par Charles de Valois, fr. de Phil. le Bel, parce qu'il s'était enrichi comme garde du Trésor : L. X l'a laissé accuser de sorcellerie et de trahison, Enguerrand ayant été le plus sévère accusateur de la princesse Jeanne, certainement innocente) ; 11-7 L. X affranchit les serfs du domaine royal.

• **1316 Jean Ier** (1316-16). A la mort de L. X, sa femme, la reine Clémence, se trouve enceinte : son beau-frère (Phil. le Long) se déclare régent jusqu'à la naissance, et on admet qu'il sera roi si la reine met au monde une fille [un garçon (Jean Ier) mais il vécut et régna du 15 au 23-11-1316].

• **1316 Philippe V le Long** (1294-1322). **1317** Phil. le Long crée les milices non nobles (recensement des manants aptes au service militaire par les baillis). **1318** Suppression de la commune de Sens, par vote des habitants ; de nombreuses autres villes l'imiteront (réaction contre les dynasties bourgeoises qui avaient accaparé l'administration).

• **1322 Charles IV le Bel** (1294-1328). **1323** Incidents franco-anglais en Guyenne (par suite de la non-prestation d'hommage par le roi d'Angl. Édouard II, comme seigneur de Guyenne et de Ponthieu). **1324** 1-7 Charles de Valois envahit la Guyenne angl. ; 22-9 il s'empare de la Réole puis conquiert le Bazadais. **1327** 31-3 Isabelle de France, devenue régente d'Angl., cède à la Fr. les conquêtes de Charles de Valois (son fils Édouard III consent à prêter hommage).

Dynastie capétienne des Valois (1328-1583)

Valois directs (1328-1498)

• **1328** 29-5 **Philippe VI de Valois** (1293-1350). Couronné à Reims, par application de la loi appelée plus tard « salique » ; 20-8 expédition de Flandres, pour soutenir le Cte Louis de Nevers contre ses sujets révoltés ; 23-8 vict. de Cassel (12 000 Flamands † sur 15 000). **1329** Robert d'Artois, beau-frère du roi, héritier de l'apanage d'Artois, mais dépossédé par un jugement de 1315 [favorable à sa tante paternelle Mahaut (?-1329)], réclame son héritage avec des documents falsifiés et fait mourir par le poison Mahaut puis sa fille Jeanne. Menacé d'arrestation, il s'enfuit en Angleterre (il conseillera à Édouard III d'attaquer la France).

1341 7-9 le conseil des Pairs de France attribue le duché de Bretagne à Charles de Blois, parent du roi. **1344** 11-4 Humbert II, *Dauphin du Viennois*, choisit pour héritier le fils aîné du roi de Fr. **1346** Févr. *États généraux* (le 2 à Paris pour la langue d'oïl, le 15 à Toulouse pour la langue d'oc). Des « aides » (impôts exceptionnels) sont votées. **1347-48** Épidémie de *« peste noire »* (bubonique), 25 millions de † en Europe, environ 10 millions en France (50 % de la population).

• **1350 Jean II le Bon** (1319-64). Déprécie 85 fois la monnaie (perte de 70 % de la valeur). **1354** 8-1 assassinat du connétable Charles d'Espagne (Charles de la Cerda, favori du roi) par Charles le Mauvais ; celui-ci est mis en prison ; ses amis décapités (en nov., il se ralliera au roi d'Angl.). **1354** *Étienne Marcel* (1315-58, assassiné) devient prévôt des marchands de Paris. **1355** 2-12 *États généraux* à Paris, ils votent la *Grande Ordonnance* (28-12) limitant les pouvoirs royaux, sur le modèle de la Grande Charte anglaise (votée également à Toulouse le 24-3-1356 par les États de langue d'oc et publiée en 1357). **1356** 17-10 le dauphin Charles (devenu le « lieutenant du roi », à cause de la captivité de son père) convoque les *États généraux :* Étienne Marcel y dirige l'opposition ; clôture brusquée 3-11. **1358** Janv. Étienne Marcel (appuyé sur Ch. le Mauvais) se rend maître des rues de Paris ; 14-3 le Dauphin prend le titre de régent ; 25-3 il réunit une assemblée de nobles à Paris et obtient des « aides » sans États généraux ; juin révolte paysanne *(jacquerie)* écrasée par Ch. le Mauvais et Étienne Marcel ; 31-7 exécution d'Étienne Marcel par des Parisiens partisans du Dauphin. **1360-64** Retour en Fr. de Jean le Bon, qui, en vertu du tr. de Brétigny, laisse en otages à Londres, puis à Calais, ses 2 fils, les ducs d'Anjou et de Berry (il séjourne à Avignon, préparant une croisade en Terre sainte). **1364** 4-10 son fils, Louis d'Anjou, s'étant évadé de Calais, il retourne en Angl., où il meurt au bout de 2 mois (autre raison possible : il voulait retrouver sa maîtresse anglaise, la comtesse de Salisbury).

• **1364 Charles V le Sage** (1338-80). 1er fils aîné à porter, en naissant, le titre de *dauphin du Viennois.*

1365 *Tr. de Guérande,* mettant fin à la « g. des 2 Jeanne » (Bretagne). **1366** Janv.-mars intervention fr. en Espagne (Du Guesclin fait triompher la dynastie des Transtamare, qui deviendra l'alliée de la Fr.). **1369** 12-4 mariage de Marguerite de Flandre et de Philippe de Fr., duc de Bourgogne (fondement de l'Empire bourg. du XVe s.). **1380** 29-6 Louis d'Anjou, le plus jeune fr. du roi, adopté par la reine Jeanne de Naples, devient héritier du royaume nap. : il ne perd pas ses droits de prince fr., notamment le droit à la régence ; 16-9 sur son lit de mort, Charles V abolit l'impôt des « fouages » (levé sur chaque foyer paysan).

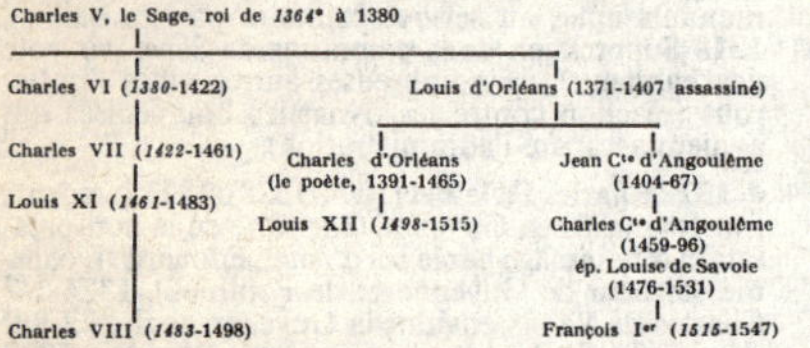

* Pour les rois, date de *l'avènement* en italique.

● **1380 Charles VI le Bien-Aimé ou le Fol** (1368-1422). *Oct.* Ch. VI a 6 ans : *régence* confiée à Louis d'Anjou ; la tutelle aux ducs de Bourgogne et de Bourbon : d'où des tiraillements ; 14-11 les *États généraux* suppriment les « aides », mais des subsides spéciaux sont votés au début déc. et les fouages sont rétablis en mars 1381. **1382** Révolte contre les impôts [notamment à Rouen, où la répression est sévère ; à Paris où les émeutiers s'arment des maillets en plomb destinés à la défense des remparts (d'où le surnom de *Maillotins*) ; au Languedoc (révolte des *Tuchins* ou « maquisards » : ils vivent dans les Touches ou Touques, « bosquets »)]. **1383** 3-1 répression de la révolte des Maillotins. Loi martiale à Paris, suppression de la prévôté des marchands, les impôts sont fixés sans vote des États ; 29-2 le dernier prévôt des marchands, Jean des Marès, est exécuté (cette répression causera le ralliement des Parisiens au roi d'Angl. en 1420). **1387** 8-4 Louis de Touraine (bientôt d'Orléans), fr. du roi, ép. Valentine Visconti, héritière du Milanais, cause des futures g. d'Italie. **1389** Janv. retour au pouvoir des *Marmousets* (« petites gens »), anciens conseillers de Charles V : appuyés par le connétable de Clisson, ils promulguent une série d'ordonnances, réformant l'administration royale (ils forment un « grand conseil » se recrutant par cooptation) ; 27-1 ils rétablissent la prévôté des marchands ; 5-2 la cooptation est étendue aux charges de magistrats (parlementaires, juges, baillis, etc.). **1390** Août Louis d'Anjou, roi de Naples. **1392** 4-8 Charles VI est atteint de folie (à Parigné-le-Polin, près du Mans, il tue 4 cavaliers de sa suite) (le roi aura pendant 35 ans de nombreuses périodes de lucidité). **1393** 28-1 régence du duc d'Orléans (avec duc de Berry, lieutenant général, et duc de Bourg., chargé des affaires polit.), début de la rivalité entre Orléans et Bourg. **1396** 24-3 Charles VI nommé souverain de Gênes par le doge Antonio Adorno. **1399** Été, Louis II d'Anjou expulsé de Naples.

1400 Boucicaut, gouverneur de Gênes, conquiert île d'Elbe, Savoie et Monaco. **1407** 23-11 à Paris, rue Vieille-du-Temple, *assassinat de Louis d'Orléans* par les hommes de Jean sans Peur, duc de Bourg. Création du *Parti Armagnac* [dont le chef est le Cte d'Armagnac, beau-père du nouveau duc d'Orléans, Charles (1391-1465, le poète)]. **1409** Boucicaut chassé de Gênes par une émeute populaire. **1411** *G. civile entre* **Armagnacs et Bourguignons** (se prolongera jusqu'en 1435, tr. d'Arras). **1413** 27-4 l'écorcheur *Jean Caboche* prend Paris (partisan des Bourg., il sera mis à mort en août par les Arm.) ; mai « ordonnance cabochienne », instituant une monarchie constitutionnelle (annulée en sept. par les Arm.). **1417** 5-4 exécution de Louis de Boidsredon, un des amants de la reine Isabeau. **1418** Les Bourguignons massacrent les Armagnacs à Paris [522 † la 1re nuit (29-5) ; 80 000 † de juin à sept., en comptant les victimes du choléra]. Le dauphin quitte Paris (ne reviendra qu'en 1437). **1419** 10-9 *Jean sans Peur* assassiné au pont de Montereau (en présence du dauphin) ; les Bourg. passent dans le camp anglais.

● **1422 Charles VII le Victorieux** (1403-61). Régent et dauphin en 1416. Il était le 5e fils de Charles VI et d'Isabeau et n'est devenu héritier du trône qu'après la mort de ses frères. Proclamé roi à Poitiers, il a douté pendant 7 ans de sa naissance légitime et se défendait faiblement contre le duc de Bedford, régent anglais.

1422-35 Avec l'aide du personnel royal (acquis aux Bourg.), le duc de Bedford, régent, gouverne le roy. au N. de la Loire ; les lois et coutumes d'après le tr. de Troyes restant celles du roy de Fr. (seuls les chefs militaires sont Angl.).

1429 8-3 Convaincu par J. d'Arc d'être bien le fils de Charles VI, il accepte de se faire sacrer à Reims et de reconquérir son royaume. **1431** 16-1 Henri VI (9 ans) couronné à Paris roi de Fr. **A partir de 1435** Réconcilié avec les Bourguignons, il chasse les Anglais de toutes leurs positions. **1436-41** *Claude des Armoises* (dates inconnues) se fait passer pour Jeanne d'Arc ; reconnue par la famille d'Arc, elle commet de nombreuses escroqueries, qui l'enrichissent ; elle est sauvée de la prison par la protection du roi René de Lorraine-Provence.

1438 7-7 *Pragmatique Sanction de Bourges* (voir Index). **1439** 2-11 *Grande ordonnance royale* sur l'armée, supprimant les armées seigneuriales : les troupes (sauf les garnisons fixes des châteaux) relèvent désormais du roi, le budget militaire royal est alimenté par une *taille permanente.*

1440 Janv.-mars la haute noblesse se révolte contre la suppression des armées seigneuriales (*Praguerie*, nom signifiant *révolte armée*, à cause de la g. des Hussites à Prague, terminée en 1436). Elle est matée par le connétable de Richemont ; 24-10 exécution du *Mal Gilles de Rais* (n. v. 1400), ancien compagnon de J. d'Arc (coupable de sorcellerie et de meurtres rituels : plusieurs dizaines d'enfants torturés et égorgés). **1444** Juill.-août expédition en Suisse du dauphin (futur Louis XI). Il aide l'emp. Frédéric à vaincre les révoltés bâlois (vict. de Farnsbourg, 26-8). **1445** 9-2 prise de Metz à la demande du roi René de Provence-Lorraine. **1447** 1-1 le dauphin Louis exilé en Dauphiné (pour avoir comploté contre son père avec Antoine de Chabannes). Oct. Charles d'Orléans, en possession du vicomté d'Asti, essaye en vain de conquérir le Milanais. **1450** 6-4 François II duc de Bretagne fait exécuter son fr. et rival Gilles (étouffé entre 2 matelas).

1453 Date admise comme fin du « Moyen Age » : correspond à la fois à la fin de la g. de Cent Ans et à la destruction de l'empire de Constantinople (prise de Byzance par les Turcs 29-5-1453). **1455** 23-5 Jacques Cœur est condamné. A Vendôme, procès du duc d'Alençon, qui a essayé d'empoisonner Charles VII (condamné à mort ; peine commuée en détention perpétuelle au château de Loches ; libéré à l'avènement de Louis XI) ; 30-8 le dauphin Louis, compromis dans le complot, s'enfuit à Louvain. **1456** 7-7 procès en réhabilitation de J. d'Arc (elle sera béatifiée en 1909 et canonisée en 1920). **1457** Dauphiné réuni à la Couronne. **1458** 11-5 le duc de Calabre (Jean d'Anjou) reconquiert Gênes.

« 2e guerre de Cent Ans » (1337-1453)

● **Causes.** *1°) Séquelles de la « 1re g. de Cent Ans »* (franco-angevine) : le roi d'Angl. doit au roi de Fr. l'hommage-lige pour le duché de Guyenne (Édouard

Controverse sur le Moyen Age

Origine. L'expression fr. *moyen âge* (1640) vient de l'italien *medio evo,* « époque intermédiaire », créée au moment de la « Renaissance ». Elle suppose qu'entre l'Antiquité et les Temps modernes, il y a eu des siècles de décadence et de désordres, et on ne cherchait même pas à les distinguer ; ex. : l'architecture ogivale (XIIIe-XVIe s.) est appelée *gothique* (alors que les invasions gothiques sont du Ve s.). L'historienne Régine Pernoud (n. 1909) a démontré dans *Pour en finir avec le Moyen Age* combien l'expression Moyen Age était absurde.

Reproches faits au XIXe s. On apprécie le pittoresque « moyenâgeux » et la supériorité des Temps modernes. Ainsi les historiens du XIXe s. reprochent au Moyen Age ses *idées :* dogmatisme religieux étroit, s'appuyant sur une philosophie purement formelle ; *structures sociales :* oppression des classes pauvres (serfs) par les seigneurs, guerriers, et par l'Église, propriétaire et éducatrice ; *sécurité des biens et des personnes :* inexistante, à peine compensée par une justice seigneuriale expéditive ; *guerres :* incessantes à tous les échelons (g. privées des seigneurs châtelains ; g. féodales des grands barons) ; *institutions :* inconsistantes, sauf l'Église qui règne despotiquement ; *État :* volatilisé en des centaines de terres suzeraines, n'ayant pas les moyens de se structurer ; *moyens de transport :* à peu près nuls, ce qui réduit les échanges à une juxtaposition de petits trafics locaux ; *finances :* multiplication des monnaies locales, pratique généralisée de l'usure et du troc ; *arts :* ignorance des règles académiques dans les arts plastiques, négligence du confort et de l'habitabilité en architecture, barbarie et naïveté de la musique ; *lettres :* pédantisme et futilité des ouvrages faits par les lettrés, grossièreté des œuvres populaires, rudesse et incorrection de la langue.

Défense du « Moyen Age ». *Idées :* essentiellement chrétiennes et bibliques, elles gardent, grâce à l'Église romaine, de nombreux traits grécolatins. Mais elles restent imprégnées de traditions préchrétiennes (celtiques et préceltiques) et accueillent de nombreux éléments arabes et orientaux ; *structures sociales :* se ramènent au patronat romain et à la *Treue* (fidélité personnelle) germanique, mais sont profondément marquées par l'égalitarisme évangélique (tout baptisé est le frère d'un baptisé) ; *État :* la tradition impériale de Rome, toujours vivante à Byzance, reste l'idéal des chefs politiques : le machiavélisme (prince subordonnant tout à l'intérêt de l'État), qui passe pour une invention des Temps modernes, a été le fait de milliers de souverains médiévaux ; *sécurité des biens et des personnes :* difficile, mais systématiquement recherchée dans le patronat (lien féodal) : le fort protège le faible ; *guerres :* inévitables en l'absence d'un arbitre incontesté (empereur, roi, seigneur régalien), elles sont régentées par des règles morales (paix de Dieu, trêve de Dieu, droit d'asile, quarantaine-le-roi, etc.) qui les rendent moins désastreuses ; *institutions :* se ramènent à des *coutumes,* ayant conservé tout ce qui avait structuré les sociétés celtiques, germaniques et romaines ; *moyens de transport :* on sait actuellement que la navigation n'a jamais cessé d'être active et prospère (voies maritimes et fluviales) ; *finances :* l'économie est essentiellement domestique, la production est surtout agricole, mais l'artisanat crée la richesse : le commerce et la spéculation n'ont jamais disparu ; *arts :* architecture, orfèvrerie, miniature, sculpture atteignent à certains siècles un degré de perfection inégalé ; la tapisserie et les arts ménagers sont florissants à toutes les époques ; *lettres :* le latin n'est pas celui du classicisme romain, mais il est une langue vivante et pittoresque où les chefs-d'œuvre littéraires abondent ; les lettres françaises à partir du XIe s. (langue d'oc et langue d'oïl) ne paraissent « barbares » que si l'on ignore les dialectes employés. La poésie notamment est remarquable.

Jeanne d'Arc

Origine. Certains historiens ont fait de J. d'Arc une princesse royale « par la main gauche » (fille d'Isabeau de Bavière et de son beau-frère Louis d'Orléans) : elle aurait été à la fois la demi-sœur de Charles VII (par Isabeau) et celle de Dunois (par Louis), d'où ses rapports tendres et confiants avec ces deux princes, d'où aussi, la haine du duc de Bourgogne.

Procès (1431). J. a été condamnée à mort par un tribunal ecclésiastique à la suite de 2 procès : 1° *en sorcellerie :* elle est condamnée au cachot, ayant accepté de faire pénitence (la peine capitale n'était prévue que pour les récidivistes ou « relaps ») ; 2° *en récidive :* J., ayant promis de ne plus mettre d'habits masculins, fut privée, dans son cachot, de ses vêtements féminins. Pour ne pas rester nue, elle s'habilla de nouveau en homme, ce qui la fit condamner au bûcher comme « relapse ».

Pt du tribunal : Pierre Cauchon (1371-1442), év. de Beauvais (diocèse où J. avait été capturée), conseiller du duc de Bedford. *Raison de son attitude :* rallié à la couronne d'Angl., il considérait que la rébellion contre le pouvoir établi était un crime de droit commun, punissable en droit commun.

Fausses Jeanne d'Arc. On connaît au moins 4 aventurières qui se sont fait passer pour Jeanne d'Arc, à partir de 1439 (à Poitiers, au Mans, à Cologne, etc.). La plus célèbre a été *Claude des Armoises,* qui se fit reconnaître par le frère et la mère de J. Elle mourut riche et anoblie en 1458.

y répugne) ; le roi de Fr. peut faire saisir les terres de son vassal pour des questions de dettes (par ex. Puymirol en 1336) ; les seigneurs de Guyenne poussent leur suzerain à s'affranchir de la tutelle royale fr. *2°) Question de Flandres :* le nouveau Cte de Flandres, Louis de Nevers, est l'allié du roi de Fr., mais les Flamands, utilisateurs de la laine angl., sont de cœur avec les Angl. et contre la Fr. *3°) Question dynastique :* Édouard III (17 ans), fils d'Isabelle de Fr. fille de Philippe le Bel, serait, selon le droit anglais, héritier de la couronne de Fr. ; il ne rejette pas la « loi salique », inventée sous les règnes de ses 3 oncles Louis X, Philippe V et Charles IV, et dont profite son cousin germain, Philippe de Valois (35 ans), qui s'est proclamé régent ; il admet qu'une femme ne puisse régner en Fr., mais prétend qu'une fille de roi peut transmettre à ses fils les droits à la couronne (elle en est « le pont et la planche »). *4°) Rôle des grands barons :* ils prennent parti pour Philippe de Valois, cousin germain du roi défunt Charles IV, pour 2 raisons : a) ils ne veulent pas d'un roi étranger ; b) ils préfèrent un roi moins puissant que le riche duc de Guyenne, possesseur du royaume angl. *5°) Intervention de Robert d'Artois :* pour récupérer son apanage, confisqué par les Valois, il a poussé Édouard à revendiquer la couronne de France.

Effectifs. Ils ont souvent varié ; les archers anglais (6 000) était beaucoup moins nombreux que la cavalerie fr. (env. 40 000 h.) ; l'utilisation de l'artillerie, à la fin du XIVe s., a changé les rapports de force (forte supériorité fr. après 1435).

● **Déroulement. 1°) Entre Philippe VI et Édouard III : 1337,** oct. É. cesse de reconnaître Phil. comme roi de Fr. ; 1-11 É. déclare la g. à Phil. (« lettre de défi »). **1338** les Flamands (Jacques Artevelde) passent dans le camp angl. **1340,** 23-1 poussé par Artevelde, É. prend le titre de roi de Fr. ; 24-6 à *l'Écluse* (avant-port de Bruges), É. III détruit la flotte fr. (amiral Nicolas Béhuchet ou Buchet, pris et pendu), pertes fr. 30 000 tués ; 23-9 trêve d'Esplechin (la 1re de la g. jusqu'en 1342). **1341** début de la « **g. des 2 Jeanne** » en Bretagne, entre la famille de Montfort (pro-angl.) et la famille de Blois (pro-fr.) (V. Bretagne dans l'Index). **1342,** juin Robert d'Artois tué en Bret. à la tête d'un corps d'armée angl. **1343,** 19-1 2e trêve (jusqu'au 24-6-1345). **1345,** 17-6 Artevelde tué dans une émeute de Flamands pro-français ; juill.-août récolte catastrophique en Fr. (famine en 1346) ; sept.-oct. offensive angl. en Gascogne (Cte de Derby). **1346,** 7-6 offensive d'Édouard III en Normandie (débarquem. à St-Vaast-La Hougue avec 15 000 h.) ; 21-7 prend Caen (le gouverneur, le connétable Raoul de Brienne, Cte d'Eu, sera exécuté pour trahison le 20-11-1350) ; 16-8 franchit la Seine à Poissy ; 23-8 la Somme au gué de Blanchetagne ; 26-8 bat. de *Crécy* (Ponthieu) : archers anglais et coutiliers gallois battent arbalétriers génois et cavalerie fr. [*pertes :* 1 542 chevaliers fr. tués, dont 11 de haute noblesse (roi de Bohême, Cte d'Alençon, duc de Lorraine, Cte de Flandres, de Savoie, etc.) ; 2 300 archers génois (pertes des milices fr. inconnues) ; Angl. : pertes insignifiantes]. *Épisodes célèbres :* 1° les archers angl. avaient gardé les cordes de leurs arcs au sec pendant un orage, tandis que les arbalètes des Génois avaient des cordes mouillées (les arcs ont une portée très supérieure) ; 2° Édouard III a fait tirer des canons (effet psychologique ; les Génois se sont débandés) ; 3° les coutiliers (à pied) se sont attaqués à la cavalerie : ils tuaient le cheval, puis poignardaient le chevalier tombé à terre. *Conséquences :* siège de Calais [**1347,** 4-8 capitulation (les Fr. ne sont pas expulsés mais affaiblis par les souffrances dues au siège, ils périront tous en 1348 de la « peste noire » ; la ville, repeuplée d'Anglais, restera angl. 211 ans, jusqu'en 1558). *Épisodes célèbres du siège :* 1° 27-7 Phil. VI arrive à Sangatte (2 km de Calais) avec une armée de chevaliers : incapable de percer les lignes angl., il offre à É. III un combat singulier : É. refuse, l'armée de secours se retire. 2° 3-8 É. a décidé de passer la population au fil de l'épée ; puis il accepte de décapiter seulement 6 otages (les « bourgeois de Calais » : Eustache de Saint-Pierre, Jean d'Aire, Pierre et Jacques de Wissant, Jean de Fiennes, Andrieux d'Ardes) ; 4-8 les otages arrivent sur le lieu de l'exécution, en chemise et la corde au cou. Mais la reine d'Angl., Philippine de Hainaut, obtient leur grâce]. **1347,** 28-9 trêve générale (jusqu'en sept. 1355).

2°) Entre Jean le Bon et Édouard III : 1351, mars *combat de Ploërmel,* dit *combat des Trente* (combat sur défi), Jean IV de Beaumanoir, seigneur de Josselin, avec 29 chevaliers br. bat Richard Bemborough avec 19 Angl., 6 All., 4 Bretons [15 † (camp fr. 3, camp angl. 12), dont Bemborough, le reste prisonnier)]. **1354,** nov. *Charles le Mauvais* [Charles d'Évreux (1332-87), prince du sang (petit-fils de Louis d'Évreux, frère de Philippe le Bel et 1er Cte apanagé d'Évreux], roi de Navarre par son père (gendre de Jean le Bon), se rallie à É. III, Son surnom de « Mauvais » ne vient pas de sa trahison, mais lui avait déjà été donné par ses sujets navarrais. **1355,** sept.-oct. offensive du *Pce Noir* [Édouard, prince de Galles, gouverneur à vie d'Aquitaine (1330-76), fils aîné d'É.] en Languedoc (avec 8 000 Gallois et Irlandais débarqués à Bordeaux, prise de Carcassonne, échec devant Narbonne). **1356,** 5-4 capture de Charles le Mauvais à Rouen (ses terres sont confisquées) ; juin-juill. double offensive angl., duc de Lancastre en Normandie, Pce Noir en Berri ; 19-9 *bat. de Poitiers,* le Pce Noir (avec 7 000 h., dont 2 500 Angl. et 4 500 Gascons, commandés par le captal de Buch) bat 15 000 cavaliers fr., commandés par J. le Bon qui est fait prisonnier.

3°) Entre Charles V [d'abord dauphin et régent pendant les captivités de son père (1356-60 et 1363-64), puis roi] **et Édouard III : 1357,** 4-1 offensive de Philippe de Navarre, fr. de Ch. le Mauvais, contre la Beauce (Chartres pris) ; 23-3 trêve de Bordeaux (de 2 ans) ; 7-11 Étienne Marcel libère Charles le Mauvais, qui occupe Rouen. **1358** Ch. le Mauvais, allié à É. Marcel, écrase la *Jacquerie* d'Ile-de-Fr. (15 000 Jacques † à Clermont-en-Beauvaisis, 10-6), puis fait occuper Paris par des Anglo-Navarrais (8-7) ; 2-8 le régent reprend Paris, Ch. le Mauvais devant Amiens repoussé par le connétable de St-Pol. **1359,** 24-3 *tr. de Londres* (signé par J. le Bon), Éd. III récupère l'emp. des Plantagenêts (+ Ponthieu, Montreuil, Calais, Boulogne) en toute souveraineté (sans être vassal du roi de Fr.), conditions rejetées par le régent ; 18-6 *Du Guesclin* reprend Melun à Ch. le Mauvais ; oct. off. d'É. cherche à prendre Reims (ville du sacre) ; les Fr. se replient en pratiquant la terre brûlée ; déc. É. échoue devant Reims (défendue par Gaucher de Châtillon). **1360,** hiver, les Angl. pillent la Bourg. ; 7-4 É. menace Paris (prise de Châtillon, Issy, Vanves, Vaugirard) ; 12-4 « Lundi noir » : les chevaux de l'armée angl. sont tués par des grêlons ; 1-5 *paix de Brétigny :* l'Angl. reçoit en toute souveraineté Guyenne, Gascogne, Poitou, Aunis, Limousin, Agenais, Rouergue ; É. renonce à la couronne de Fr. **1362,** 6-4 *bat. de Brignais,* les *Grandes Compagnies* anglo-navarraises (15 000 h.) écrasent l'armée royale. **1362** *2e peste noire* en Angleterre. **1363,** 6-9 Ch. le Mauvais reprend la g. **1364,** 7-4 Du Guesclin prend Mantes puis le 16-5 gagne la *bataille de Cocherel* contre le captal de Buch (paix signée mai 1365). **1365-66** Du Guesclin emmène les Grandes Compagnies en Espagne et fait couronner Henri de Transtamare roi de Castille. **1367,** 3-4 il est battu et f. pris. à Najera par le Pce Noir et Pierre le Cruel, rival de Henri ; déc. prisonnier à Bordeaux, il fixe le prix de sa rançon : 100 000, puis 60 000 florins (somme énorme) ; les rois de Fr. et de Castille la paient (libéré 1368). **1368,** 18-11 Charles V rompt le tr. de Brétigny, en agissant comme suzerain des seigneurs devenus vassaux du roi d'Angl., qui ont fait appel en dernier ressort devant son Parlement [raison juridique : le détachement total de la souveraineté fr. devait avoir lieu seulement quand les « actes de renonciation », fief par fief, seraient rédigés et scellés officiellement ; or les notaires avaient pris (volontairement) du retard]. **1369** *3e peste noire* en Angl. (catastrophe économique) ; janv. soulèvement du Quercy et du Rouergue contre le Pce Noir ; 15-1 *Montalzat :* Fr. b. Angl. ; 14-3 *Montiel :* Castillans et Du Guesclin b. Pierre le Cruel, allié des Angl. ; avril soulèvement du Poitou et du Ponthieu ; juin soulèvement de Montauban, Tarbes, Périgord ; sept.-oct. offensive du duc de Lancastre en Artois ; 30-11 confiscation de la Guyenne ; déc. offensive du sénéchal poitevin *Jean Chandos* (?-1369) contre le Limousin [il est tué à Chauvigny (31-12)]. **1370,** 11-8 Ch. V reprend Limoges. Août-sept. *Robert Knolles* (1325-1407) (avec 1 600 chevaliers et 2 500 archers) débarque à Calais et menace Paris (prise de Villejuif, 25-9), faute de vivres se replie vers la Bret. ; 14-9 Pce Noir prend Limoges d'assaut (3 000 civils massacrés) ; 4-12 *Du Guesclin* (connétable dep. 2-10), *Olivier de Clisson* (1336-1407) et *Jean de Vienne* (1341-96) écrasent à Pontvallain (près du Mans) Knolles et Granson. **1371,** janv. le Pce Noir se réfugie en Angl. ; sept. alliance de Jean de Montfort (chef d'un des camps bretons) et d'É., débarquement angl. à Brest. **1372** Du Guesclin et Clisson conquièrent la Bret. ; juin *bat. navale de La Rochelle :* 20 galères castillanes détruisent l'escadre angl. de Pembroke ; 7-8 Du Guesclin prend Poitiers ; 23-8 *prise de La Rochelle.* **1373,** 21-3 vict. de Du Guesclin à *Chizé ;* 25-7 duc de Lancastre débarque à Calais. Offensive sur la Bourg. ; oct. il est battu à Sens par Clisson ; déc. se replie sur Bordeaux après avoir pillé l'Auvergne. **1374** offensive en Guyenne de Du Guesclin, en Basse-Normandie de Jean de Vienne. **1375** É. signe une trêve de 2 ans, ne conservant que Calais, Brest, Bordeaux, Bayonne. **1375-76** création de l'artillerie royale.

4°) Entre Charles V et Richard II : 1377, juin raid fr.-castillan sur le port angl. de Rye (pris et détruit) ; juill. prise de Yarmouth ; août Douvres prise par Jean de Vienne ; oct. Louis d'Anjou et Du Guesclin enlèvent 134 forteresses et villes de Guyenne (Bordeaux est isolée). **1378,** 4-1 alliance de Ch. V et de l'emp. d'Allemagne Ch. IV ; 25-4 capture de Ch. le Mauvais à Bernay (par Du Guesclin) ; avr.-juin conquête des fiefs normands de Ch. le Mauvais (Évreux, Carentan, Mortain, Avranches, Pont-Audemer, etc.) et de Montpellier (pris par Jean de Bueil) ; fin août vict. navale de *Cherbourg,* Jean de Vienne bat Lancastre. **1380,** 13-7 mort de Du Guesclin (maladie, pendant le siège de Châteauneuf-de-Randon) ; 19-7 offensive angl. (Buckingham débarque à Calais, ravage Ile-de-Fr. et Chartrain) ; 30-8 Jean de Vienne prend *Gravesend,* port anglais ; 16-9 mort de Ch. V, les Angl. n'ont plus que 5 villes fr. : Calais, Cherbourg, Brest, Bordeaux, Bayonne.

5°) Entre Charles VI et Richard II : 1382, oct. les Flamands (Philippe Artevelde) se rallient aux Angl. ; 27-11 *Roosebecke :* Olivier de Clisson (avec 30 000 archers et 10 000 cavaliers) bat Artevelde (40 000 h., dont 9 000 Gantois) ; 25 000 Flamands tués. **1383,** mars les Angl. débarquent à Calais et occupent la Flandre (Dunkerque, Bergues, Cassel) ; août-sept. Ch. VI reconquiert Flandre (trêve de Leulinghem : statu quo jusqu'en mai 1385). **1384** les Gantois font allégeance à R. ; 28-8 Gand est prise et pillée par Ch. VI et Philippe le Hardi. **1386,** mai-juin une flotte francobourg. est concentrée à *l'Écluse* pour débarquer en Angl. ; sept. attaque de corsaires angl. (partis de Calais) sur Cassel et Bourbourg ; la flotte de Clisson est détruite par la tempête à l'embouchure de la Tamise. **1388** le duc de Gueldre déclare la g. à Ch. VI ; 18-8 trêve (renouvelée pour 3 ans le 18-6-1390). **1389** celui-ci attaque la Gueldre, son armée fond sur le chemin du retour. **1396,** mars trêve fr.-angl. prévue pour 28 ans (R. est fiancé à Isabelle de Fr., fille de Ch. VI, le parti belliciste angl. le détrônera en 1399 et donnera le trône à Henri IV de Lancastre).

6°) Entre Charles VI et Henri V : 1414, août H. revendique officiellement la couronne de Fr. (il n'y a aucun droit héréditaire, étant de la famille de Lancastre). **1415,** il dénonce la trêve de 1396 (après 19 ans) ; 13-8 il débarque à la pointe de La Hève (13 000 h.) ; 19-8 prise de Honfleur ; 25-10 *Azincourt,* H. V (13 000 h.) b. Clisson (avec 45 000 h.). Pertes 8 000 Fr. † (dont 1 700 prisonniers égorgés), 113 Angl. **1416,** août *bat. nav. d'Harfleur* (Fr.-Génois battus par Angl.). **1417,** 1-8 H. débarque à Trouville ; 4-9 Caen pris (population évacuée ; quartier général anglais) ; oct. Argentan pris et Alençon. **1418,** 22-8 Cherbourg pris. **1419,** 20-1 Rouen capitule (assiégé dep. le 29-7 par 45 000 Angl. ; Alain Blanchard, chef des défenseurs, exécuté) ; 25-12 Philippe le Bon (fils de Jean sans Peur, assassiné 10-9) signe avec H. *le tr. d'Arras :* H. doit recevoir Guyenne, Gascogne, Normandie sans hommage. **1420,** 21-5 *tr. de Troyes,* Ch. VI (fou) et Isabeau de Bavière reconnaissent H. pour leur fils et héritier, les deux couronnes de Fr. et d'Angl. sont réunies à perpétuité (art. 24) ; 1-12 H. et Ch. VI entrent à Paris. **1421,** 3-1 le dauphin Charles (futur Ch. VII) est déclaré « banni du royaume » ; 22-3 *Jean Stuart* (Écossais anti-anglais, au service du dauphin) bat le duc de Clarence au Vieil Baugé et reconquiert l'Anjou ; juin avec 30 000 h. prend Dreux, Épernon, Beaugency, Meaux. **1422,** avr. prise de Meaux par les Angl. (trêve de fait jusqu'à juill. 1423) ; 31-8 H. meurt à 35 ans, à Vincennes, régence du duc de Bedford ; 21-10 Ch. VI meurt.

7°) Entre Charles VII et Henri VI : principaux chefs militaires ralliés à Ch. VII : *La Hire* (Étienne de Vignolles, 1390-1443) ; *Jean Poton,* sire de Xaintrailles (v. 1400-61, maréchal 1454) ; le connétable de *Richemont* Arthur III (1395-1458) duc de Bretagne 1457, successeur d'Arthur Ier (1187-1203) et d'Arthur II (1262-1312). **1423,** 31-7 *Cravant-sur-Yonne* [Angl.-Bourg. écrasent les Écossais de Ch. VII (3 000 †)] ; 30-11 Lathie prend Compiègne par surprise. **1424,** 17-8 *Verneuil,* Bedford (10 000 h.) bat et capture le duc d'Alençon (14 000 h.), 7 000 Fr. † ; 28-9 début du siège du Mont-St-Michel par les Angl. (résistera victorieusement 30 ans, ravitaillé par mer). **1425** *Jeanne d'Arc* a 13 ans (n. en 1412 à Domremy, dans le fief de Neufchâteau, ancienne terre lorraine devenue champenoise en 1220) ; éveil de sa vocation (délivrer la Fr. au nom de l'archange St Michel). **1426,** 6-3 échec de Richemont à St-James-du-Beuvron ; 5-9 Dunois délivre Montargis. **1428,** 7-10 Salisbury assiège Orléans, défendue par Dunois. **1429,** 12-2 *bat. « des Harengs »* au Rouvray, près d'Angerville, le Cte de Clermont attaque Falstaff qui commande un convoi de vivres angl. (avec les harengs du carême), il est repoussé ; 4-3 à Ste-Maure, près de Tours, intervention de J. d'Arc, venue en 11 j. avec 6 h. donnés par le sire de Baudricourt, capitaine de Vaucouleurs (seigneurie lorr. appartenant aux Valois) ; 8-3 reçue par Ch. VII à Chinon, se déclare envoyée de Dieu pour lui révéler qu'il est fils de Ch. VI et héritier de Fr., l'engage à se faire couronner à Reims ; 15-4 J. d'Arc nommée chef de l'armée de Ch. VII ; 8-5 délivrance d'Orléans ; 12-6 reprise de Jargeau, capture de Suffolk ; 17-6 reprise de Beaugency ; 18-6 *Patay :* Jeanne bat Falstaff (4 000 Angl. † ou pris) ; 10-7 prise de Troyes ; 17-7 *sacre de Ch. VII* à Reims ; juill.-août ralliement à Ch. VII de nombreuses places, notamment Beauvais et Laon ; 8-9 Jeanne échoue devant Paris (garnison bourg.) ; 21-9 à Gien, démobilisation de l'armée royale : Jeanne continue la g. avec des forces réduites. **1430,** 23-5 elle est blessée et capturée par les Bourg. à Compiègne (trêve de fait entre Angl. et Fr. jusqu'à sept. 1435) ; 24-12 Jeanne est vendue aux Anglais (10 000 livres). **1431,** 30-5 elle est brûlée à Rouen (V. Index). **1432,** 5-3 le duc de Bret. se rallie à Ch. VII. **1435,** 28-10 *tr. d'Arras,* Philippe, duc de Bourg., se rallie à Ch. VII : il quitte l'alliance angl. ; il est dégagé à titre personnel de toute vassalité à l'égard de Ch. VII (mais ses descendants redeviendront vassaux de la couronne de Fr.) ; il reçoit les *villes de la Somme* (rachetables). **1435-44** ravages des *Écorcheurs* (mercenaires déserteurs). **1436,** 13-4 libération de Paris (la garnison angl. obtient des émeutiers le droit de se replier sur Rouen). **1437,** 12-11 Ch. VII entre à Paris. **1441** prise de Pontoise. **1442** offensive dans le S.-O. **1443,** avr. raid angl. contre Angers (échec). **1444,** 28-5 *trêve* anglo-fr. signée à Tours. **1448,** juin rupture de la trêve (les Angl. n'ayant pas évacué Le Mans) : Dunois et Brézé prennent Le Mans ; juill. offensive en Norm. (prise de Rouen, 29-10). **1449,** 17-7 une assemblée autorise Ch. VII à mener la g. à outrance. **1450,** 18-4 *bat. de Formigny,* Clermont et Richemont b. Thomas Kyrielle (sur 6 000 Angl., 3 774 †, 1 200 prisonniers, pertes fr. 12 †) ; juill.-oct. conquête totale de la Norm. **1451** offensive en Guyenne (Dunois : 6 000 h. ; amiral Jean le Boursier : escadre hispano-rochelaise) ; 23-6 prise de Bordeaux, suivie de 2 ans d'interruption des combats. **1453,** 17-7 *Castillon,* Jean de Bueil bat 8 000 Angl. (artillerie fr. des frères Bureau) ; pertes angl. 4 000 ; août-sept. reconquête du Bordelais et fin de la g. de Cent Ans sans aucun traité. Le 1er tr. conclu entre Fr. et Anglais sera celui de *Picquigny* en 1475. Pour certains historiens (notamment Jean Favier), la « g. de Cent Ans » aurait donc duré jusqu'au 29-8-1475, c'est-à-dire 137 ans, 10 mois et 22 j. (dont 26 ans et 3 mois seulement d'hostilités, compte tenu des trêves).

● **1461 Louis XI** (1423-83). Constamment révolté contre son père Charles VII, et chef du parti des grands seigneurs, L. XI entreprend dès son couronnement de ruiner la féodalité. Ses principaux adversaires sont son propre frère le prince Charles de France, le duc de Bourgogne, Charles le Téméraire, le duc de Bretagne, le Cte d'Alençon. Par la force et par la ruse, il les vaincra l'un après l'autre. Au cours de son règne, il a augmenté le roy. de 4 provinces « terres d'empire » (Franche-Comté, Roussillon et Cerdagne, Provence) et il a fait rentrer dans le domaine royal 4 apanages qui s'en étaient détachés (Picardie, Artois, Bourgogne, Anjou). L. XI n'aimait pas Paris. Il habitait le plus volontiers dans le Val de Loire (notamment à Plessis-lez-Tours). Il menait une vie dévote, devenant en vieillissant de plus en plus superstitieux. Il eut pour historien et apologiste Philippe de Commynes (1447-1511), ancien conseiller du duc de Bourgogne, gagné à la cause royale par de grandes largesses (1468). Caricaturé par le romancier angl. Sir Walter Scott (1771-1832) dans *Quentin Durward* (1823) et après lui par les historiens antimonarchistes fr. au XIXe s., L. XI a été réhabilité en 1927 par l'historien fr. Pierre Champion, puis, en 1971, par l'Américain Paul Murray Kendall. Parmi les résultats positifs de son règne : création des parlements de Bordeaux et Dijon ; développement du commerce international ; amélioration des routes et création de la poste royale ; fondation des 1res imprimeries et des manufactures de soie. Les « cages » dans lesquelles L. XI enfermait les prisonniers politiques ayant fait une tentative d'évasion mesuraient en fait : 2,60 m × 2,60 m et 2,25 m de haut.

1461 Juill. perte de Gênes ; 14-8 Louis XI rentre en Fr. et est sacré à Reims. Sept.-oct. Dunois, Brézé, Chabannes, Bueil, etc. sont révoqués et exilés. L. XI occupe le Roussillon [comme gage d'un emprunt fait par Jean II d'Aragon, prise de Perpignan (7-1)]. **1463** 12-9 L. XI rachète les 5 « villes de la Somme » cédées à titre précaire en 1435 : St-Quentin, Péronne, Corbie, Amiens, Abbeville. **1465** 1-3 g. civile du *Bien public* (révolte nobiliaire) ; 4-3 « Monsieur Charles », duc de Berry, fr. du roi, rejoint les révoltés (ducs de Bretagne, Bourbon, Bourgogne) ; 16-7 *Montlhéry,* L. XI et Galéas Sforza battent le Cte de St-Pol et Charles le Téméraire et les empêchent de prendre Paris ; oct. tr. de Conflans et de St-Maur, « Monsieur Charles » devient duc de Norm. **1466** Janv. L. XI la lui reprend (les armes à la main) et lui donne en échange le Roussillon. **1466-67** L. XI soutient Jean de Calabre qui tente de conquérir la Catalogne. **1467** Nouvelle coalition nobiliaire contre L. XI (Bretagne, Charles le Téméraire, Jean d'Alençon, M. Charles). **1468** 20-9 L. XI pousse les Liégeois à se révolter contre le duc de Bourg. ; 9-10 *tr. de Péronne :* L. XI prisonnier dans Péronne doit donner en apanage à son frère Champagne et Brie et participer à la g. contre ses alliés les Liégeois. **1470** Juill.-sept. L. XI intervient dans la g. civile angl., soutenant Warwick contre Edouard IV (Warwick sera battu et tué à Barket 14-4-1471). **1472** Févr. nouvelle coalition (Bourg., Angl., grands féodaux français : M. Charles, Jean V d'Armagnac, Jean II d'Aragon, François II de Bret, Jean d'Alençon) ; 24-5 mort de M. Charles ; la joie de L. XI cause un scandale ; 27-6/22-7 *Jeanne Hachette* (Jeanne Lainé, v. 1454-?) défend Beauvais. **1475** 6-7 Edouard IV débarque à Calais pour soutenir Charles le Téméraire ; 29-8 il signe une trêve avec L. XI à *Picquigny* (1er document officiel mettant fin à la g. de Cent Ans). Charles, battu par les Suisses (1476) à *Grandson* et *Morat,* et à Nancy (avec 10 000 h.) par René II d'Anjou duc de Lorraine (avec 20 000 h.), meurt après la bat. (1477). La Fr. récupère Bourg, mais non Flandres-Artois qui demeurent hors du roy. [L. XI avait fiancé son fils âgé de 8 ans (le futur Charles VIII) à Marie, fille du Téméraire (dot de la fiancée : Flandres, Artois, Hainaut, comté de Bourg.), mais le 29-8-1477, Marie épouse Maximilien d'Autr. et reprend sa dot (le duché de Bourg. suit un sort différent, étant un apanage fr.).] **1479** 7-8 L. XI essaie de prendre Flandres et Hainaut, mais est battu à *Guinegatte.* **1480** 10-7 le dauphin Charles (futur Ch. VIII) hérite de la Provence.

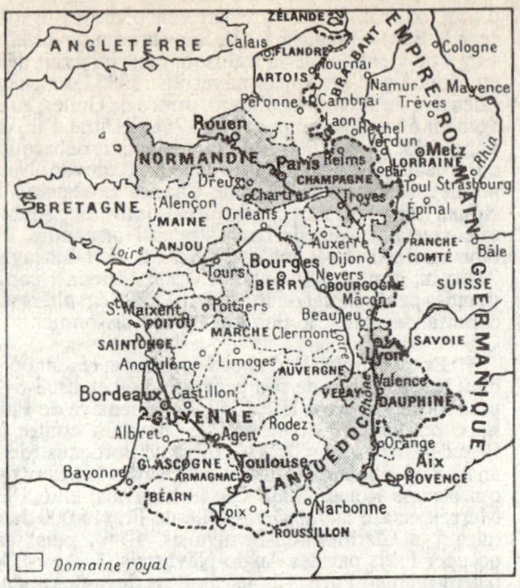

La France en 1461

● **1483 Charles VIII l'Affable** (1470-98). **1485-88 Guerre folle** contre la régente *Anne de Beaujeu. Cause :* coalition entre grands féodaux fr. (chef : duc d'Orléans, futur Louis XII ; but : régime aristocr.), Maximilien d'Autr. (fiancé à Anne de Bret., héritière du duché), François II de Bret., Henri VII d'Angl. *Déroulement :* **1485** 1er soulèvement, échec. **1486** Invasion autr. repoussée en Picardie. **1487** Févr. soulèvement de la Guyenne (reconquise mars) ; avr. échec de Charles VIII et La Trémoille devant Nantes. **1488** Avr. offensive de La Trémoille en Bret. ; 26-7 vict. de St-Aubin du Cormier (duc d'Orléans prisonnier). *Conclusion : tr. de Verger* (20-8) : pas de mariage d'Anne sans le consentement du roi ; 9-9 François II meurt. **1490** Déc. Anne épouse Maximilien par procuration. **1491** Août-nov. assiégée dans Rennes par La Trémoille, elle capitule ; 6-12 épouse Charles VIII (s'engage, en cas de veuvage sans postérité, à épouser son héritier). **1494** rétablissement officiel du prêt à intérêt ; institution des foires de Lyon et de Nantes (où les Espagnols ouvrent une bourse). **1496** la chancellerie de Bretagne remplacée par un conseil de 6 membres (6 mois à Nantes ; 6 m. à Vannes).

Guerres d'Italie (1494-1559)

Causes. 1° directes les Valois (Charles VIII) ont hérité des droits de la maison de Provence-Anjou-Naples par testament du roi René Ier (10-7-1480). **2° indirectes :** ils ont hérité des droits sur le Milanais des Visconti [par Valentine (1366-1408) épouse de Louis Ier d'Orléans]. Les revendications des Orléans-Visconti ont déjà provoqué plusieurs g. sous Charles VII et Louis XI, sans que les rois interviennent directement.

Effectifs. Charles VIII réunit 36 000 h. (16 000 cav., 20 000 fant., dont 10 000 mercenaires suisses et all. et 4 000 Bretons) et une forte artillerie. Ses adversaires de la Ligue de Venise (1495) ont 49 000 h., dont 15 000 cav. Louis XII n'a que 1 000 cav. et 6 000 fant., mais ses alliés vénitiens ont 15 000 h., dont 10 000 Suisses. François Ier (en 1515) a 30 000 h. dont 6 000 cavaliers et une forte artillerie. En 1525, 1 500 cav. et 30 000 fant., dont 14 000 Suisses et 6 000 All. Les Esp. lui opposent 22 500 h., dont 13 000 All. (1 800 cav.). Henri II a env. 50 000 h. (40 000 fant., 12 000 cav. en 1554).

Opérations

I. Sous Charles VIII : 1re guerre : *1492,* 3-11 les Anglais, qui assiègent Boulogne, acceptent de se retirer pour 745 000 écus d'or. *1493,* 19-1 *tr. de Barcelone* avec l'Esp. : neutr. esp. en échange de Roussillon et Cerdagne ; 12-6 *tr. de Senlis* avec Autriche : neutralité impériale en échange d'Artois, Franche-Comté, Charolais. *1494,* 25-1 mort de Ferdinand, roi de Naples ; Charles VIII prend officiellement le titre de roi de Naples et de Jérusalem ; sept.-déc. traversée de l'Italie sans combats ; 31-12 entrée à Rome (le pape n'accorde pas l'investiture de Naples). *1495* prise de Naples, sans combat ; 1-3 *« Ligue de Venise »* contre Ch. VIII : pape, empereur, Milan, Esp., Venise ; 20-5 Charles VIII repart pour la Fr. avec 9 000 h. Il laisse à Naples un vice-roi : Gilbert de Montpensier (3 000 fant., 500 cav.) ; 6-7 *Fornoue.* Ch. VIII s'ouvre le passage avec 9 000 h. contre 30 000 h. du marquis de Mantoue (pertes : Fr. 1 000, alliés 2 000) ; 9-10 prise de *Verceil* (Louis d'Orléans, futur Louis XII, renonce au Milanais et évacue Novare). La syphilis (mal de Naples) décime l'armée. *1496,* 17-12 offensive esp. contre Naples (*Gonzalve de Cordoue,* dit le Grand Capitaine, 1453-1515). *1497,* 15-2 reddition des Fr. de Naples.

Quelques personnages

Anne de Beaujeu (1461-1522). Fille de Louis XI. *1470* Vicomtesse de Thouars. *1474* ép. Pierre de Beaujeu, fr. du duc de Bourbon (prince de sang). *1482* Louis XI lui confie la garde et le gouvernement de Charles VIII (mais non la régence institutionnelle). *1483-91* gouv. avec son mari (règle notamment la révolte nobiliaire de 1485 et le mariage breton). *1488* son mari devient duc de Bourbon. *1491* laisse le pouvoir à Charles VIII, qu'elle a marié à Anne de Bretagne. *1503* veuve, gouverne le Bourbonnais au nom de sa fille Suzanne.

Bayard (1476-1524). Pierre du Terrail, seigneur de Bayard, en Dauphiné, surnommé le Chevalier sans peur et sans reproche. L'un des meilleurs combattants des armées de Louis XII et de Fr. Ier, choisi à Marignan (1515) pour armer chevalier Fr. Ier. Sa vie écrite par son écuyer, qui signait le *Loyal Serviteur.* — ÉPISODES CÉLÈBRES : Du pont du Garigliano (oct. 1503), B., seul, interdit le passage du fleuve à une escouade de cavalerie ; B., mourant de ses blessures, reproche au connétable de Bourbon sa trahison.

Bourbon (Charles de) (1490-1527). Connétable de France 1515. Fils d'un seigneur de la famille de Bourbon, Gilbert de Montpensier ; *1505* ép. Suzanne de Bourbon-Beaujeu, fille de Pierre de Bourbon-Beaujeu et d'Anne de Fr., régente, et devient le seigneur le plus riche d'Europe (duc de Bourbon, Auvergne, Châtellerault, etc.) ; *1515* connétable ; *1521* mort de sa femme, qui avait testé en sa faveur, mais Louise de Savoie, mère de Fr. Ier, conteste cet héritage ; *1522* Anne de Beaujeu meurt et lègue ses biens à son gendre. François Ier, conseillé par Duprat, considérant qu'il s'agissait d'un « apanage » donné par Louis XI à sa fille, saisit tout le legs pour sa mère, cousine germaine de Suzanne et fille de Marguerite de Bourbon, sœur de Pierre. *1523* le Parlement casse le testament de Suzanne et attribue l'héritage à Louise. Le connétable perd donc tous ses biens, *sauf* le fief de Montpensier. Furieux contre les Valois, il se rallie à Charles Quint, espérant devenir son beau-frère et recevoir la couronne de Naples. Il bat François Ier à Pavie, mais il est abandonné par le roi d'Esp. Il décide alors de prendre Rome d'assaut, pour obliger le pape à le nommer roi de Naples, mais il est tué pendant l'attaque. Ses mercenaires (all. luthériens) pillent la ville pour le venger.

Cœur (Jacques) (1395-1456). Fils d'un riche pelletier de St-Pourçain (Allier), établi à Bourges. *1418* fondeur de monnaie à Bourges (condamné, pour fabrication de monnaie trop légère, puis gracié 1429). *1432* fonde une société pour le Levant (séjour en Syrie 1435). *1436* directeur des monnaies à Paris. *1438* « commis au fait de l'argenterie » au Louvre, c.-à-d. directeur des services financiers. *1440* « grand argentier du roi », c.-à-d. min. des Finances. Anobli, prend le titre d'écuyer. Fonde des comptoirs commerciaux en Turquie, Asie, Afrique. *V. 1447* envoie son neveu, J. du Village, négocier un tr. commercial avec le Soudan d'Égypte. *1448-49* ambassadeur auprès des 2 papes rivaux, Félix V et Nicolas V. *1450* mort d'Agnès Sorel : désigné comme exécuteur testamentaire, est accusé de l'avoir empoisonnée. *1451* arrêté : son procès est instruit par son ennemi Jacques de Chabannes. *1453*, 13-1 torturé, n'avoue rien ; 23-5 condamné à une restitution de 100 000 écus et à une amende de 300 000 écus, à la confiscation de tous ses biens et à l'amende honorable ; 5-6 ses biens sont vendus à l'encan. *1454* s'enfuit à Rome. *1455* amiral des galères du pape (meurt à Chio, au cours d'une croisade contre les Turcs).

Coligny (les). Fils du Cte de Châtillon et de Louise de Montmorency, ils étaient les neveux du connétable Anne de Montmorency, chef des cath. Avr. *1561*, **Odet de Coligny** (1517-71), év. de Beauvais, card., abjure solennellement le cath. pour épouser Isabelle d'Hauteville, dame de Loré, avec qui il vivait maritalement. *1564-69* habite avec sa femme son palais épiscopal, portant le titre de Cte de Beauvais. *1569* exilé à Londres, il y mourut empoisonné. **Gaspard de Coligny** (1519-72), amiral de France, héros des batailles de Cérisoles (1544) et St-Quentin (1557), chef de la tendance modérée des huguenots depuis 1559, avait comme objectif le départ massif des prot. français vers le Nouveau Monde (Brésil 1555, Floride 1562 et 65). *1562* avec son oncle Montmorency, reprend Le Havre sur les Anglais. *1569* après la mort de Condé à Jarnac, il commande les armées prot. qu'il sauva du désastre. *1570* obtient la paix (avantageuse) de St-Germain. *1570 à 72* pousse le roi Charles IX vers un compromis, ce qui déclencha la St-Barthélemy, où il fut égorgé (Voir p. 574). **François de Coligny-Andelot** (1531-69) ; *1560* chef de la tendance extrémiste des huguenots ; *1562* conquiert Orléans et recrute en Allemagne des mercenaires luthériens ; *1563* sauve la Normandie ; *1567-68* dirige le soulèvement ; meurt pendant la campagne, sans doute empoisonné.

Dunois (Jean, bâtard d'Orléans, comte de) (1402 ?-68). Fils de Louis, duc d'Orléans, fr. de Charles VI et de Mariette d'Enghien (épouse d'Aubert Le Flamenc, chambellan du duc). Élevé avec ses demi-fr. par la D^chesse^ Valentine Visconti († 1408). *1418* prisonnier des Bourguignons (relâché 1420). *1421* combat pour le dauphin Charles à Beaugé ; reçoit seigneurie de Valbonnais, en Dauphiné. *1422* ép. Marie Louvet, fille du favori du Dauphin (disgraciée 1425). *1427* reprend sa place aux armées. *1429-31* compagnon de Jeanne d'Arc. *1432* enlève Chartres aux Angl. *1439* créé Cte de Dunois ; ép. en 2e noces Marie d'Harcourt. *1443* enlève Dieppe, créé duc de Longueville. *1444* négocie avec Angl. la trêve de Tours. *1446-48* avec les Bourguignons. *1449* conquiert Normandie. *1451* Guyenne. *1453* négocie la fin de la g. de Cent Ans. *1465* prend part à la g. de « la Ligue du Bien public ».

Guesclin (Bertrand du) (1320-80). Comte de Longueville 1364, connétable de Castille et duc de Molina 1369, connétable de Fr. 1370. De petite noblesse bretonne, il combat dans le parti français (Charles de Blois) dès 1341. Armé chevalier en 1364, il est chargé de saisir les fiefs normands de Charles le Mauvais *(victoire de Cocherel* 16-5-1364), puis de soutenir en Castille Henri de Transtamare *(vict. de Montiel* 14-3-1369). Nommé connétable de Fr., il remporte de nombreux succès jusqu'en 1378. Mais il reste Breton de cœur, désapprouve en 1378 le rattachement de la Bret. au domaine royal et tombe en disgrâce pour avoir combattu mollement le duc Jean IV, allié des Angl. En sept. 1379, Charles V l'affecte aux champs de bataille auvergnats. Il meurt près du Puy-en-Velay, où l'on enterre ses entrailles dans l'église des Cordeliers. Il a un autre tombeau (vide) au Mans, où les bourgeois voulaient garder le corps. Mais, par ordre de Ch. V, il est enseveli à St-Denis, dans la crypte des rois de Fr. Charles VI, en 1389, lui a fait de nouvelles funérailles solennelles. Avait été fait prisonnier 3 fois : 1359, 64, 67 [sa 3e rançon fut de 100 000 F (somme énorme pour l'époque)].

Guise (les). Ils se rattachent par les femmes à la maison capétienne d'Anjou-Provence (René II de Lorraine, grand-père de François de Guise, était le fils de Yolande d'Anjou, fille du roi René), mais ils ne peuvent donc rivaliser avec les Bourbons pour la succession au trône de Fr. **François Ier** (1519-63), fils de Claude I de Guise (1496-1550) 1er duc de Guise, 2e duc, *Conservateur de la patrie*, défenseur de Metz 1552, conquérant de Calais 1558, de Rouen 1562, de Dreux, abattu au cours du siège d'Orléans 18-2-1563 par un huguenot, Poltrot de Méré ; **Charles**, cardinal de Lorraine (1524-74), frère de Fr. I de G. min. sous François II et Charles IX, représentant de la Fr. au concile de Trente. **Henri** (1550-88 assassiné), 3e duc, surnommé *le Balafré* (blessure à la joue à la bataille de Dormans) ; lieutenant général du roy., chef de la Ligue ; cherche à détrôner Henri III, en se posant comme l'héritier direct, par les Lorraine, de la dynastie carolingienne ; tué par ordre d'H. III le 13-12 au château de Blois au pied du lit du roi. **Louis II** (1556-88), cardinal de Guise, son fr., tué 2 j. après lui par ordre d'H. III (corps détruits à la chaux vive) ; **Charles** (1554-1611), *duc de Mayenne*, leur fr., chef de la Ligue en 1588. Se soumet à Henri IV, 1595.

Le titre de duc de Guise, éteint en 1675 (au 7e duc), a été repris en 1688 par les Condé. D'après Camille Bartoli (1977), le « masque de fer » aurait été le 5e duc de Guise.

Hospital (Michel de l') (1507-73). Fils de médecin, docteur en droit, il épouse en *1537* la fille du lieutenant criminel Morin et obtient une charge de conseiller au Parlement de Paris. *1547* chancelier du Berry. *1560* chancelier de Fr. *1561* tente d'éviter les g. civiles par une réforme de l'Église et de la justice, mais le colloque qu'il organise à Poissy ne donne pas de résultats. S'efforce de ramener la paix religieuse jusqu'en 1568, mais il est écarté de la Cour en mai, et contraint de donner sa démission le 1-2-1573.

Orléans (Louis d') (1372-1407). Fr. du roi Charles VI, entre au conseil de régence en 1392 et y devient le rival du duc de Bourgogne, son oncle. Ambitieux, il épouse Valentine Visconti, riche héritière du duc de Milan. Son fr. l'aimait tendrement et le couvrit de faveurs ; il était pourtant l'amant de la reine Isabeau. Il fut également celui de sa cousine, Jacqueline de Bavière, femme de Jean sans Peur. Ce dernier, qui le haïssait (sans doute pour cette raison), le fit assassiner en 1407 dans un guet-apens rue Vieille-du-Temple. Louis avait pour enfant naturel le comte de Dunois, compagnon de Jeanne d'Arc. La tendre amitié de Jeanne pour Dunois, sa forte influence sur Charles VII ont fait conclure à certains historiens que Jeanne était la fille adultérine de Louis et d'Isabeau, c.-à-d. à la fois la demi-sœur (consanguine) de Dunois et la demi-sœur (utérine) de Charles. Aucun document n'appuie cette hypothèse.

Rais (Gilles, baron de) (1404-40). Petit-neveu de Duguesclin. Condamné pour apostasie, hérésie, évocation des démons, crimes contre nature, sacrilège et violation des immunités ecclésiastiques. Pendu et brûlé 26-10-1440. La légende a fait de lui Barbe-Bleue.

Sully (1559-1641) (Maximilien de Béthune, baron de Rosny, duc de Sully). Principal ministre d'Henri IV, il a été présenté longtemps par les historiens comme aussi populaire que le roi. On sait actuellement que, très imbu de sa noblesse, il méprisait la bourgeoisie et dédaignait la misère du peuple. Retiré pendant 31 ans, après sa disgrâce, au château de Sully (Loiret), il y a joué au souverain, exigeant de ses familiers une étiquette rigoureuse. Il est le véritable auteur du mot historique : « Paris vaut bien une messe. » Tout en étant huguenot, il a poussé Henri IV à se convertir. Mais il a toujours refusé d'abjurer, acquérant ainsi chez les protestants une renommée d'héroïsme.

Les Valois indirects (1498-1589)

● **1498 10-9 Louis XII, le père du peuple** (1462-1515) (ancien L. II d'Orléans, chef de la Guerre Folle). Devenu roi, demande l'annulation de son mariage avec Jeanne de Fr., fille de L. XI, pour pouvoir épouser Anne de Bret., veuve de Charles VIII. **1498-1510** le cardinal Georges d'Amboise (1460-1510) administre le royaume. **1499** Janv. le mariage est célébré (la Bret. garde une administration distincte). **1512** Tentative de faire déposer le pape Jules II par un concile profrançais réuni à Pise. Échec (excommunication des membres du concile). **1513** 16-8 *Guinegatte*, Henri VIII d'Angl. bat les Fr. (journée dite *des Éperons* : la cavalerie fr. s'est enfuie au galop), occupe Thérouanne, puis Tournai ; 20-8 au *cap St-Matthieu* : Hervé de Portzmoguer, dit *Primauguet*, coule avec *la Belle Cordelière*, faisant couler avec elle le navire angl. *la Régente*. **1514** 18-3 mariage de François d'Angoulême, fils de Charles d'Angl., cousin germain du roi (héritier de la couronne), avec Claude de Fr. (fille de Louis XII et héritière de Bretagne).

2e guerre d'Italie : *1499*, 9-2 alliance de L. XII et de Venise pour reconquérir le Milanais contre *Ludovic Sforza*, rival des Visconti ; août-oct., Milanais conquis, Ludo. s'enfuit. *1500*, févr. Ludo. reprend Milan et Novare sur le gouverneur *Jean-Jacques Trivulce* (1448-1518) ; avr. contre-offensive de La Trémoille : Ludo. capturé dans Novare (après la reddition de ses mercenaires suisses).

3e g. : *1500*, 1-11 *tr.* (secret) *de Grenade :* L. XII reçoit Naples, laisse à l'Esp. Pouilles et Calabre. *1501*, juin occupe Naples. *1503*, avr. offensive esp. (Gonzalve) ; 28-4 il bat à *Cerignola* Gaston de Foix (âgé de 14 ans) [1489-1512) duc de Nemours, neveu de Louis XII, sera commandant en chef de l'armée d'Italie en 1512 (à 23 ans). Surnommé le *Foudre d'Italie* pour sa campagne éclair]. Louis d'Ars se retranche dans Venise ; oct. Bat. du *Garigliano :* une armée de secours fr. (Trivulce avec 1 000 cav., 6 000 fant.) est arrêtée par Gonzalve. *1504*, 1-1 reddition de Gaëte, les Fr. sont rapatriés par mer.

4e g. : *1508*, 10-11 *paix de Cambrai :* L. XII et Maximilien s'allient contre Venise (adhésion du pape, mars 1509). *1509*, 10-5 *Agnadel*, L. XII (avec Bayard) bat 40 000 Vénitiens (Alviano). *1510*, 24-2 le pape Jules II se rallie à Venise et recrute 6 000 Suisses. *1511*, 20-1 il prend d'assaut *Mirandole ;* contre-offensive fr. : Jules II se replie sur Rome ; 4-10 il constitue la *Ste Ligue* contre la Fr. (L. XII excommunié) et recrute 10 000 Suisses. *1512* offensive de la ligue contre Brescia, délivrée le 19-2 par Gaston de Foix ; 11-4 *Ravenne :* Gaston victorieux, mais est tué en poursuivant l'ennemi ; juin La Pallice évacue l'Italie. *1513*, mai contre-offensive fr., prise d'Alexandrie ; 6-6 *Novare :* 24 000 Suisses battent La Trémoille et Trivulce (8 000 Fr. †) ; sept. offensive suisse en Bourg. ; 13-9 *tr. de Dijon :* La Trémoille cède Milan et Asti (L. XII refuse la ratification).

● **1515. François Ier** (1494-1547). 18-8 concordat de Bologne abolissant la Pragmatique Sanction : le pape récupère les annates et peut refuser l'investiture des évêques et archevêques. **1517** Fondation du port du Havre ; 21-3 réforme de la monnaie (interdiction des pièces de « mauvais aloi »). **1518** 22-3 le Parlement enregistre le *concordat* par lit de justice (ordre exprès du roi) après 3 ans de résistance. **1519** 28-6 échec de Fr. Ier à l'élection impériale (Charles Quint est élu). **1520** 7-6 *camp du Drap d'Or*, entre Guines et Ardres, entrevue de Fr. Ier avec Henri VIII d'Angl. (luxe inouï, pas de résultats). **1521** 28-4 Suzanne de Beaujeu, femme du connétable de Bourbon, meurt : Fr. Ier décide de faire reconnaître les droits de sa mère, Louise de Savoie, cousine germaine de Suzanne, sur les biens des Beaujeu. **1523** Le Parlement de Paris confisque l'héritage de Suzanne ; 9-10 le connétable se rallie à l'Espagne et gagne Besançon (sera condamné pour trahison). **1526** Juill. négociations fr.-turques (1re alliance d'un royaume chrétien avec un État musulman). **1527** 11-8 *Semblançay*, ancien min. des Finances, condamné pour malversations et pendu. **1532** Août les États de Bret. réclament le rattachement direct à la France.

1534 20-4 Jacques Cartier part explorer le nord de l'Amérique ; 24-7 création d'une armée nationale [6 000 h. recrutés dans les 7 provinces principales (légions provinciales)], 18-10 affaire des Placards (déclarations contre la messe jusque sur la porte de la chambre de Fr. Ier). Fr. Ier prend position contre la Réforme. **1535** Mai 2e départ de J. Cartier (prise de possession du Canada, 6-5). **1539** déc. **1540** janv. Charles Quint séjourne à Chambord, puis à Paris. **1541** *Philippe de Chabot*, amiral, condamné pour malversations à la prison perpétuelle ; absous par Fr. Ier et réintégré. **1543** Chabot meurt et l'amiral d'Annebaut au pouvoir (la réalité du pouvoir appartient à la favorite, *duchesse d'Étampes*).

5e guerre d'Italie : *1515*, 25-3 Fr. Ier promet aux Vénit. de reprendre l'offensive contre Suisses et Milanais ; fin juill. il franchit le col de Larche ; 13-9 *Marignan :* Fr. et Alviano (Vénitien) écrasent les Suisses (14 000 S. †, 2 500 Fr.-Vén.) ; 15-9 reprise de Milan ; 3-10 *tr. de Viterbe*, Fr. reçoit Milanais, Parme, Plaisance. *1516* 29-11 *paix de Fribourg ou « Paix perpétuelle » :* les Suisses n'attaqueront plus jamais ni Fr., ni Milan.

6e g. : *1521,* mars offensive fr. (Lautrec) ; 29-4 *La Bicoque* (Lautrec battu par Colonna, 2 000 †, perte de Milan). *1523,* 18-7 le connétable de Bourbon passe au roi d'Esp. ; sept. offensive fr. (Bonnivet) : siège de Milan. *1524,* 3-4 contre-attaque de Lannoy : Bonnivet blessé, Bayard tué. Siège de Milan levé ; 30-6 Bourbon attaque la Provence, bombarde Marseille, prend Aix ; oct. Fr. Ier (avec Bonnivet et 32 000 h.) passe le Mont-Genèvre. *1525,* 3-2 bat. de *Pavie :* Bourbon et Lannoy anéantissent les Fr. (Bonnivet tué, Fr. Ier prisonnier). *1526,* 13-1 *tr. de Madrid,* Esp. reçoit Bourgogne, Tournai ; la Fr., abandonne ses droits sur Milanais (donné à Bourbon) ; suppression de la suzeraineté fr. sur Flandre et Artois, les 2 fils du roi en otages.

7e g. : *1526,* 22-5 *ligue de Cognac* (Angleterre, Fr., pape, Vénitiens, princes allemands contre l'Esp.). *1528,* févr. Lautrec (25 000 h.) reconquiert Milanais et Gênes ; avr.-mai il attaque Naples avec le marin génois Andréa Doria ; juill. Doria se rallie au roi d'Esp. ; 15-8 l'armée fr. est atteinte de la peste (Lautrec †). Capitulation des survivants. *1529,* 1-6 défaite et capitulation de l'armée fr. du Milanais à Landriano ; 3-8 *tr. de Cambrai (paix des Dames) :* Fr. récupère Bourg., Boulogne, villes de la Somme, Ponthieu ; cède Flandres et Artois sans suzeraineté ; renonce à ses droits sur Milan, Asti, Naples ; les princes sont libérés contre rançon de 2 millions d'écus d'or.

8e g. : *1536,* 2-6 (4e) Charles Quint attaque la Provence ; 14-9 Montmorency délivre Alpes et envahit Piémont (au duc de Savoie). *1537* conquiert tout le pays ; 18-6 *paix de Nice :* Fr. Ier garde 2/3 du Piémont ; Ch. Q. 1/3 et le Milanais. *1540,* oct. Ch. Q. donne Milanais à son fils Philippe.

9e g. : *1543,* 29-6 Fr. Ier s'allie à Soliman, pacha de Turquie ; juill. une escadre fr.-tur. (Barberousse) prend Nice, mais la citadelle résiste. *1544,* 14-4 *Cérisoles,* duc d'Enghien bat Mis del Vasto ; 8-7 les Fr. évacuent Piémont pour défendre Champagne (prise de Château-Thierry et d'Épernay, fin juin) ; 18-9 *paix de Crépy :* Fr. Ier renonce à Savoie et Piémont, mais promet Milanais à Charles d'Orléans, fiancé à une infante. *1545,* 8-9 mort de Ch. d'O., le tr. de Crépy devient caduc.

● **1547. Henri II** (1519-59). 2-4 disgracie les conseillers de son père ; *Anne de Montmorency* (1493-1517), connétable, surintendant des affaires, influence de la favorite *Diane de Poitiers ;* 13-9 lettres patentes créant la marine fr. (vaisseaux ronds dans l'Atlantique, galères en Méditerranée) ; déc. création de la censure sur les textes imprimés. **1552** 15-1 la Fr. s'allie aux princes protestants d'All., en échange de *Metz, Toul* et *Verdun* qui sont occupés en avr.-mai ; 3-5 échec d'un raid contre Strasbourg ; nov.-déc. François de Guise résiste à Metz contre Charles Quint. **1554** Janv. échec d'une offensive fr. contre Belgique. **1555** 2-5 Antoine de Bourbon (père du futur Henri IV) devient roi de Navarre. **1557** 7-6 Marie Tudor, reine d'Angl., épouse de Philippe II, déclare la g. à Henri II. **1558** 6-1 François de Guise prend *Calais* (cédé au *tr. du Cateau-Cambrésis* par l'Angl. contre 500 000 écus).

10e guerre d'Italie : *1547,* oct. H. II s'allie avec le pape Paul III. *1550* Charles de Brissac (1505-1563), gouverneur du Piémont, prend l'offensive en Milanais. *1552,* 26-2 H. II exige Milan, Asti, Naples et Sicile ; 26-7 Sienne ralliée à la Fr. est occupée par Monluc [Blaise de Lasseran Massencone, seigneur de M. (1502-77), combattant à Pavie 1525, Cérisoles 1544, défenseur de Sienne 1554-55, lieutenant Gal de Guyenne 1565 (répression du protestantisme), Mal de France 1574 ; blessé et réformé 1570, auteur de *Mémoires* (parues 1592)]. *1553* une escadre fr.-turque occupe Corse. *1554-55* siège de Sienne par le Mis de Marignan (Monluc capitule le 17-4-1555). *1556 trêve de Vaucelles* (Fr. garde Piémont).

11e : *1556,* août offensive esp. contre le pape Paul IV (duc d'Albe prend Ostie et Agnani). H. II intervient, Rome n'étant pas comprise dans la trêve de Vaucelles ; 25-11 François de Guise chargé de conquérir Naples. *1557,* 31-1 déclaration de g. ; 5-4 offensive de Guise depuis Rome contre Naples ; 15-5 échec à Civitella, rappel de Guise en Fr. *1559,* 3-4 *tr. du Cateau-Cambrésis :* H. II rend Milanais, Montferrat, Piémont, Corse.

Controverse sur Catherine de Médicis (ép. d'H. II). *1519* née dans une famille de petite noblesse, devenue souveraine par parenté avec les papes. 1533 ép. le Pce Henri, cadet des fils de Fr. Ier (n'était donc pas destinée à être r. de Fr.). Stérile jusqu'en 1544, elle fut menacée de répudiation. *1559-89* régente, reine mère, gouverne la Fr. Rendue responsable du massacre de la St-Barthélemy (qu'elle aurait combiné avec le duc d'Albe, au cours de l'entrevue de Bayonne 1565), elle eut, en fait, une seule politique : maintenir ses fils sur le trône. Elle a éliminé Coligny à la St-Barthélemy, car il était devenu dangereux pour la monarchie, comme elle a fait éliminer les Guise (catholiques). Tant qu'elle ne pouvait abattre un adversaire, elle se mettait de son côté, d'où sa réputation de perfidie. Henri IV lui a rendu hommage pour sa ténacité.

● **1559 François II** (1544-60). 10-7 charge sa mère *Catherine de Médicis* du gouv. Celle-ci renvoie Montmorency, exile Diane de Poitiers et confie le gouv. aux Guise : François de Guise (aff. militaires), cardinal de Lorraine (aff. civiles).

● **1560 Charles IX Maximilien** (1550-74). 20-5 Michel de l'Hospital, chancelier de Fr. ; 21-12 mort de François II, Catherine est régente ; Antoine de Bourbon lieutenant-général du royaume. **1561** Janv. *États généraux* (grande ordonnance d'Orléans). Colloque de Poissy (tentative de rapprochement entre catholiques et réformés : échec). **1562** 1-3 massacre de Wassy (les gens de François de Guise tuent env. 60 huguenots priant dans une grange), début des g. de Religion (voir ci-dessous). **1566** *Assemblée de Moulins* (grande ordonnance de Michel de l'Hospital, réorganisant l'administration : les *« Grands Jours »* provinciaux sont institués. **1567-68** 2e g. de Religion (voir ci-dessous). **1568-70** 3e g. **1571** 7-10 enthousiasme en Fr. pour la victoire des Esp. sur les Turcs à Lépante. **1572** 19-4 alliance défensive fr.-angl. contre l'Esp. ; 21-8 massacre de la St-Barthélemy. **1573-74** 4e g. de Rel. (voir ci-dessous).

Guerres de Religion (1560-98)

1560 conjuration d'Amboise : les calvinistes veulent soustraire François II à l'influence des Guise et porter au pouvoir le prince de Condé. 17-3 Godefroy de Barry, seigneur de la Renaudie (?-1560), masse 500 cavaliers dans les bois de Château-Renault pour attaquer Amboise. Trahis par un complice, ils sont cernés et anéantis, env. 100 se réfugient au château Moisay et se rendent contre la vie sauve. Mais le lendemain, ils sont tous pendus et décapités. La Renaudie tué au combat ; son cadavre est pendu au pont d'Amboise, puis décapité. La répression anticalviniste dure ensuite plusieurs semaines (total des exécutions : 1 200).

1re guerre (1562-63). *Prot. :* Gaspard II, amiral de Coligny (1519-72), Louis Ier Pce de Condé (1530-69), Antoine de Bourbon († 1562) ; *Cath. :* Anne, connétable de Fr., duc de Montmorency (1493-1567), François, 2e duc de Guise (1519-63), Jacques d'Albon, Mal de Saint-André (1505-62) ; *évén. :* massacre de Wassy, paix d'Amboise.

2e (1567-68). *Prot. :* Condé, électeur palatin (Frédéric III, 1515-76) ; *Cath. :* Montmorency ; *évén. :* bataille de Saint-Denis, paix de Longjumeau.

3e (1568-70). *Prot. :* Condé (1530-69), Coligny, Guillaume de Nassau (1487-1559) ; *Cath. :* duc d'Anjou (futur H. III), Henri, 3e duc de Guise (1550-88), Gaspard de Saulx, Mal de Tavannes (1509-73) ; *défaites prot. :* Jarnac 1569, Moncontour ; 15-8, paix de St-Germain-en-Laye obtenue par Gaspard de Coligny (chef des huguenots modérés), et reconnaissant légalement le protestantisme, avec 4 places de sûreté. **1572** (24-8) massacre de la St-Barthélemy ; Condé [Henri Ier (1552-88)] et Navarre (le futur Henri IV) abjurent.

4e (1573-74). *Prot. :* François de la Noue (1531-91), Gabriel de Lorges, Cte de Montgomery (1530-74) ; *Cath. :* duc d'Anjou, fr. d'Henri III, dit « Monsieur » (1554-84), Charles de Gontaut, 1er duc de Biron (1524-92) ; *évén. :* paix de La Rochelle.

La Saint-Barthélemy

Causes. Coligny, devenu le principal conseiller du roi, le poussait à attaquer l'Esp. en Flandres et à y fonder une république calviniste. Le parti pro-esp. (la reine mère, Catherine de Médicis, le duc d'Anjou, futur Henri III, et les Guise, qui avaient quitté ostensiblement la Cour) était décidé à tuer Col. avant les hostilités. Le 22-8 à 11 h du matin, un capitaine gascon, Nicolas de Louviers, sire de Maurevert, chargé par les Guise d'exécuter Col., se met en embuscade rue Béthisy et le blesse de 2 coups d'arquebuse. Le lendemain, une délégation huguenote (Henri de Navarre, Condé) se présente au Louvre pour exiger la punition de l'assassin et de ses complices. Charles IX se rend au chevet de Col., qui lui conseille de se « défier de sa mère ». Rentré au Louvre, le roi répète les propos de Col. à sa mère, celle-ci décide avec les Guise le massacre des huguenots : Col. ne pourra échapper. L'opération est confiée aux gardes du corps des Guise et du roi, renforcés des milices du prévôt des marchands (signe de ralliement : croix blanche au chapeau, écharpe blanche au bras). A 5 h du matin, un groupe commandé par le duc de Guise, le duc d'Aumale et le duc d'Angoulême (fr. naturel du roi) va égorger Col. dans son lit et jette le cadavre dans la cour. Les milices bourgeoises sont alors convoquées par le son des cloches (tocsin) : le déchaînement de la violence provoque de nombreuses exécutions non prévues.

Nombre de victimes. Incertain. Selon le livre de comptes de l'Hôtel de Ville de Paris, 1 100 sépultures. Selon le *Martyrologe des calvinistes,* imprimé en 1582 : 15 168 † désignés et 786 † nommés (en comptant la province). A Paris 10 000 † désignés en gros, 468 désignés en détail (total des † par lieux de massacre), 152 nommés. Selon l'historien De Thou 30 000 †.

● **1574 Henri III** (1551-89). **1573** Roi de Pologne et grand-duc de Lituanie. **1576** 5e g. de Religion (v. ci-dessous) ; 6-12 la taille est levée [sur chaque « feu » (maison familiale), impôt unique, proportionnel aux ressources]. **1577** 6e g. de Rel. **1580** 7e g. de Rel. 22-8 François d'Alençon, élu souverain des Pays-B., s'installe à Cambrai. **1584** 10-6 il meurt, léguant son fief à Henri III (Jean de Montluc, gouverneur). **1585** 9-10 les Esp. (Cte de Fuentes) reprennent Cambrai. **1588** Déc. cardinal de Bourbon proclamé roi (Charles X) par la Ligue, v. ci-dessous. **1589** 8e g. de Rel. ; 1-8 Henri III assassiné à St-Cloud par le moine J. Clément.

La Ligue

Dirigée par des nobles depuis 1576 (maréchal d'Humières, gouverneur de Picardie), elle avait été fondée par des bourgeois (Toulouse 1563, Angers 1565, Dijon 1567, Bourges et Troyes 1568), dont les préoccupations étaient surtout religieuses. Les bourgeois parisiens, les 1ers à s'organiser en mouvements politiques (1587), sous la direction des « Seize », se rallieront au duc de Guise, au cardinal de Bourbon ou à l'infante d'Espagne, bien résolus à ne pas avoir un roi huguenot.

5e guerre de Religion (1576). *Prot. :* Condé, Cte palatin Jean-Casimir (1543-92, fils de l'électeur Frédéric III), Henri de La Tour d'Auvergne, duc de Bouillon et Vte de Turenne (1555-1623) ; *Cath. :* duc d'Anjou, [1er duc de Mayenne, fr. du 3e duc de Guise (1554-1611)] ; *évén. : paix de Beaulieu* ou de Monsieur.

6e g. (1577). *Prot. :* Condé, François de Coligny [(1557-91), fils de l'amiral] ; *Cath. :* duc d'Anjou, Damville [(1534-1614), duc de Montmorency 1579, prot. rallié au roi] ; 1-5 Monsieur prend La Charité ; 1-6 enlève Issoire ; 17-9 paix de Bergerac promulguée par l'édit de Poitiers.

7e g. (1580). *Prot. :* Condé ; *Cath. :* Jacques de Goyon, Mal de Matignon (1525-97) ; *évén. : paix de Fleix.*

8e g. (1585-98). *Prot. :* Henri de Navarre ; *Cath. :* Anne, duc de Joyeuse (1561-87), Henri de Guise († 1588) ; *évén. : 1587,* 20-10 bataille de *Coutras* (Joyeuse vaincu et tué par Henri de N. ; Condé mortellement blessé) ; 24-11 H. de Guise bat à Auneau les mercenaires all. *1588,* 12-5 Paris s'insurge contre H. III ; *Journée des Barricades.* 23-12 H. de Guise assassiné sur ordre du roi par le capitaine Du Guast et 45 gardes. *1589,* janv. H. III s'allie à H. de Navarre : ils assiègent Paris ensemble ; 1-8 H. III assassiné par le moine Jacques Clément, ses soldats catholiques abandonnent H. de Navarre (devenu le roi H. IV) qui doit lever le siège de Paris. *La Ligue,* avec Mayenne, proclame roi (3-3-1590) le card. de Bourbon sous le nom de Charles X (n. 1520, emprisonné 1588, † en prison 9-5-1590, oncle paternel d'H. de Navarre) ; de son côté, Philippe II d'Esp. cherche à faire couronner sa fille Isabelle, petite-fille de H. II.

Dynastie capétienne des Bourbons (1589-1792)

☞ Filiation et origine, voir p. 553.

Henri IV le Grand (1553-1610)

1589 *Roi de Navarre (1562) et de France.*

1593 28-6 *loi salique :* le Parlement exclut les femmes de la succession royale (mesure visant l'infante Isabelle, petite-fille de Henri II). **1596** Sully administre les Finances. *Vict. d'H. IV :* b. duc de Mayenne *Arques* 21-9-1589, *Ivry* 14-3-1590. *1591* il bloque Paris et y déclenche la famine ; obtient l'appui militaire de l'électeur de Brandebourg, mais il est battu par Alexandre Farnèse, duc de Parme (Espagnol) qui libère Rouen et met une garnison dans Paris. *1592* intervention du duc de Savoie, qui est battu par Lesdiguière en Dauphiné. *1593,* 25-7 Henri IV abjure à St-Denis. *1594,* 27-2 il est sacré à Chartres ; 22-3 il entre à Paris. *1595* reçoit l'absolution du pape, ce qui rallie la majorité des Ligueurs ; b. 6-6 *Fontaine-Française* H. IV et Biron (900 cav.), Mayenne et Esp. (May. et Velasco : 2 000 cav., 10 000 fant.) : May. se soumet. *1597* soumission des derniers Ligueurs fr. (duc de Mercœur en Bretagne). 11-3 les Esp. prennent Amiens par surprise ; 25-9 H. IV la reprend. *1598,* 2-5 *paix de Vervins* avec l'Esp. : retour au *statu quo* du tr. du Cateau-Cambrésis (1559). **1598** Sully surintendant des Fin., grand-maître de l'artillerie, superintendant des Bâtiments. **1598** 15-4 *Édit de Nantes :* confère la liberté de conscience et de culte aux villes à majorité protestante ; les prot. retrouvent leurs droits civiques ; 2-5 *paix de Vervins* avec l'Espagne : retour au *statu quo* du tr. du Cateau-Cambrésis (1559). **1599** Remise de 20 millions d'arriérés sur les tailles. Création de la maîtrise des Digues, confiée au Hollandais Humphrey Bradley. **1600** Henri IV ép. Marie de Médicis ; Olivier de Serres crée l'industrie de la soie (élevage du ver à soie). **1604** Création de la *Paulette :* en payant chaque année une cotisation égale au 1/60 de la valeur vénale de la charge, les détenteurs la rendent héréditaire. **1605-42** Construction du canal de Briare.

Le « bon roi Henri » a-t-il été populaire ?

Le culte du roi Henri IV date de la fin du XVIIIe s. et du début du XIXe s. (sous la Restauration, on adopte pour hymne officiel le *Vive Henri IV*). En fait, n'a été populaire qu'au Béarn et auprès des Béarnais émigrés à Paris qu'il a couverts de faveurs. Le peuple a reconnu sa bravoure, mais lui a reproché d'avoir acquis la paix au prix des énormes concessions faites aux huguenots par l'Édit de Nantes. Sa politique économique a passé pour brouillonne et inconséquente et la répartition capricieuse des bénéfices ecclésiastiques lui a valu de nombreux ennemis.

Mais surtout, ses allures rustiques, son goût effréné pour les femmes et son humeur joviale ont choqué ses contemporains, habitués dep. Henri II à une étiquette de cour très stricte. C'est après le rousseauisme et la mode du « bon sauvage » que son excessive simplicité a été présentée comme une vertu.

Guerre franco-savoyarde (1600-01)

Causes. Le duc de Savoie, Charles-Emmanuel Ier, contraint par la paix de Vervins à céder à la France le marquisat de Saluces et la Bresse, cherche à gagner du temps et conspire contre Henri IV avec le maréchal de Biron.

Forces en présence. 7 000 Français commandés par Sully et Henri IV ; des garnisons sav. dans toutes les grandes places.

Déroulement. Résistance de Bourg-en-Bresse, mais prise de Montmélian par Sully le 16-11-1600, du fort Ste-Catherine (au S. de Genève) le 16-12. Occupation de tout le duché en janv. 1601.

Traité de Lyon (16-1-1601). Fr. abandonne le marq. de Saluces et reçoit en échange Bresse, Bugey, Valromey et Pays de Gex.

A partir de **1605** augmentation de la flotte. **1606** Prise de possession du Canada. **1607** Béarn réuni à la Fr. **1609** Préparatifs pour une conquête des Pays-Bas et de la Rhénanie. **1610** 14-5 Jean-François Ravaillac (n. 1578) assassine H. IV [déclaré coupable de l'assassinat d'Henri IV le 27-5-1610. Condamné à la peine de mort (écartelé). Sa main qui a tenu le couteau est brûlée au soufre]. Tueur déséquilibré, il agit pour le parti esp. qui craint l'attaque des Pays-Bas. Sont compromis dans le complot : le duc d'Épernon, ancien favori d'Henri III (sa maîtresse, Charlotte du Tillet, connaissait Ravaillac et lui donnait de quoi vivre ; le duc espérait prendre le pouvoir sous la régence de Marie de Médicis, mais se brouilla avec elle), la marquise de Verneuil (maîtresse délaissée de H. IV) et surtout la reine Marie de Médicis, très antiprotestante, manœuvrée par les cours esp. et italienne (elle avait été couronnée reine la veille, ce qui lui assurait la régence).

Louis XIII le Juste (1601-43)

Marie de Médicis au pouvoir (1611-17)

1610 15-5 Louis XIII devient roi ; 16-5 sa mère, proclamée régente, écarte les conseillers d'H. IV et mène une politique antiprotestante, entourée de l'ambassadeur d'Esp., du nonce et du P. Cotton, jésuite. **1611** 26-1 disgrâce de Sully. Licenciement de l'armée réunie par H. IV et Sully. Influence de *Concino Concini* (?-1617), M^al d'Ancre, et d'*Éléonore Galigaï* (1576-1617), sa femme, sœur de lait de la reine. Concini accumule les richesses (armée privée de 7 000 h. ; achat envisagé du comté de Montbéliard). **1614** Majorité de L. XIII (il n'a aucun pouvoir, Concini les détenant tous). *États généraux* à Paris (aucune mesure pratique). **1615** 28-11 L. XIII épouse à Bordeaux Anne d'Autriche (13 a.), fille du roi d'Esp. et garante de la politique antiprotestante. **1616** Révolte nobiliaire (notamment le duc de Vendôme, bâtard d'H. IV) contre Concini ; 21-2 *paix de Loudun* (apaisement à prix d'argent). **1617** 24-4 avec son favori, le duc de Luynes, L. XIII fait exécuter Concini par le baron de Vitry (capitaine des gardes du corps) : C. est abattu à coups de pistolet dans la cour du Louvre ; son corps, enterré à St-Germain-l'Auxerrois, est exhumé par la foule, dépecé, brûlé sur le Pont-Neuf ; sa femme est jugée et décapitée le 8-7. Marie de M. est exilée et emprisonnée à Blois.

Louis XIII sans Richelieu (1617-24)

1617-20 La noblesse, fidèle à Marie de Médicis, se révolte. Chef : le duc de Bouillon, P^ce de Sedan. **1620** Les protestants proclament à La Rochelle l'Union des provinces réformées de Fr. ; L. XIII et Luynes assiègent Montauban (échec). **1621** 15-12 Luynes meurt. Gouvernement du P^ce de Condé [Henri II (1588-1646)] : il enlève Montpellier aux prot. **1622** 5-9 Marie de M. fait nommer cardinal Armand de Richelieu, directeur de sa maison ; 18-10 *paix de Montpellier,* les prot. ne gardent que 2 grandes villes fortifiées : La Rochelle et Montauban. **1624** 29-4 Marie de M. fait entrer Richelieu au Conseil du roi (présidé par La Vieuville).

Louis XIII et Richelieu (1624-42)

1624 13-8 R. fait arrêter La Vieuville et devient chef du Conseil ; programme : éliminer le protestantisme fr., mettre au pas la haute noblesse, lutter contre les Habsbourg d'Esp. et d'Autr. **1625** Expédition de *La Valteline* (Annibal d'Estrées, Mis de Cœuvres : 500 cavaliers, 3 000 fantassins), payée par les Holl., ennemis de l'Esp., 1 200 000 livres : conquiert et donne aux Suisses la route Milan-Tyrol *(tr. de Monzon,* 5-3-1626). **1626** Édit contre les duels (2 duellistes, les comtes de Montmorency-Boutteville et des Chapelles exécutés en 1627). Le maréchal d'Ornano et le Cte de Chalais qui ont conspiré contre R. sont exécutés. Comptoirs coloniaux fondés au Sénégal et en Guyane. **1629** Édit de grâce d'Alès (v. Index) ; 15-9 L. XIII et Marie de M. se réconcilient ; 21-11 R. nommé « principal ministre ». **1630** 3-1 L. XIII et son frère, Gaston d'Orléans, se réconcilient ; 11-10 *journée des Dupes* (Marie de M. obtient de L. XIII, malade, le renvoi de R., mais L. XIII change d'avis et exile Marie à Compiègne ; Marillac incarcéré). **1631** 30-1 Gaston quitte le royaume ; 19-7 Marie de Médicis également († Cologne 1642). **1632** 10-5 Marillac exécuté ; 11-6 Gaston rentre en Fr. ; obtient l'aide d'Henri, 2e duc de Montmorency ; avec 3 000 cavaliers all., ils veulent s'emparer du Languedoc ; 1-9 battus à Castelnaudary ; 27-10 Montmorency exécuté ; 30-10 Gaston s'enfuit à Bruxelles. **1633** 25-9 prise de Nancy (le duc Charles III de Lorraine, beau-fr. de Gaston accepte une garnison fr. jusqu'au tr. de paix avec l'All.). **1634** 18-8 Urbain Grandier, curé de Loudun, est exécuté pour sorcellerie. **1635** 19-5 la Fr. déclare la guerre à l'Esp. Voir guerre de Trente ans. **1637** Corneille donne *le Cid* à Paris. **1642** Complot contre R. : *Cinq-Mars* [Henri Coiffier de Ruzé, Mis de (1620-42)], Gaston d'Orléans, qui fait amende honorable, et le duc Frédéric-Maurice de Bouillon (1605-52), dépouillé de la seigneurie de Sedan ; Cinq-Mars est exécuté ; Mazarin est nommé cardinal (ce qui le désigne comme successeur de R.) ; 4-9 R. meurt ; 5-12 Mazarin entre au Conseil du roi. **1643** 14-5 L. XIII meurt (jour anniversaire de son avènement).

Psychologie de Louis XIII

Il y a chez lui un déséquilibre psychologique attribué parfois à l'épilepsie : impulsivité, timidité et bégaiement, mysticisme, scrupules. Son conflit avec sa mère s'explique probablement par le traumatisme subi lors de l'assassinat de son père (il avait 9 ans ; Marie de Médicis, sa mère, fut soupçonnée de complicité). Il éprouva de la répulsion pour sa femme l'infante Anne d'Autr. : leur nuit de noces (il avait à peine 15 ans), en présence de témoins, a sans doute été un échec, d'où une longue inhibition. Ses 4 favoris successifs : Luynes, Baradès, Saint-Simon, Cinq-Mars, ont souvent été appelés ses « mignons », mais son homosexualité n'est pas prouvée. On a parlé de son impuissance, ce qui pose le problème de la légitimité de Louis XIV. On estime actuellement qu'il était capable de procréer, mais que, tuberculeux, il se sentait trop épuisé pour avoir une vie sexuelle normale.

Richelieu

Armand, Jean du Plessis, cardinal de (1585-1642). *1607,* évêque de Luçon. *1622,* cardinal. Fonda la monarchie absolue qu'il imposa aux nobles (ruine du pouvoir féodal), parlements (suppression du droit de remontrance politique 1641), protestants (suppression de leur organisation militaire 1629). *1626,* prend le titre de grand maître et surintendant de la Navigation, et crée une flotte de guerre fr. Il lutta contre l'Esp. et son alliée l'Autr. des Habsbourg. Mais il ne déclara la g. qu'en 1635 et n'a pas fait de grandes conquêtes militaires. Ses grands succès sont surtout politiques : sécession du Portugal (1640), annexion temporaire de la Catalogne (1641).

Guerre contre les huguenots (1627-29)

Causes. 1° Prise d'armes du duc de Rohan en Languedoc (5 500 h.). 2° Alliance du maire de La Rochelle, Jean Guiton, avec les Anglais (Lord Buckingham). **Déroulement.** *1° La Rochelle. 1627,* 22-7 débarquement angl. à Ré (Buckingham, 100 cav., 5 000 fantassins) ; 11-7 rembarquement ; 13-11 arrivée de Louis XIII et Richelieu (25 000 h.) ; fin nov. digue construite entre Ré et la côte. Capitulation (famine, 15 000 †) 28-10-1628. *2° Raid en Italie* (V. g. de la Succession de Mantoue). *1629,* mars-avril l'armée de La Rochelle passe les Alpes ; début mai revient en Languedoc. *3° Campagne en Languedoc. 1629,* prise de Privas 17-5 ; d'Alès 9-6. Reddition de Rohan 28-6 *(paix d'Alès)* : démantèlement des places protestantes, suppression des assemblées politiques, liberté de culte. Juillet, soumission de Montauban.

Guerre de la Succession de Mantoue (1629-32)

Causes. Mort de Vincent II de Gonzague 26-12-1627 ; il désigne comme héritier un Français, Charles de Gonzague-Nevers, son neveu, mais Charles-Emmanuel, duc de Savoie, revendique le Montferrat, fief féminin, avec l'appui de l'Esp.

Opérations. *1628* Charles-Emmanuel de Savoie conquiert Montferrat et bloque Ch. de N. dans Casal. *1629,* 6-3 L. XIII et Richelieu, avec l'armée de La Rochelle, forcent le pas de Suse ; 18-3 délivrent Casal ; avr. trêve de Suse ; oct. attaque (esp.) contre Montferrat et Mantoue. *1630,* 23-3 Richelieu prend d'assaut Pignerol (savoyard) ; 17-5 L. XIII prend Chambéry, puis conquiert Savoie ; 6-7 traité secret de Turin ; négociateur : Mazarin. La Savoie a donné Pignerol à la Fr. contre Albe (mantouane) que L. XIII devait payer 494 000 écus à Ch. de Gonzague-Nevers ; 10-7 Montmorency et Effiat battent Ch.-Em. à Veillane ; 18-7 les Esp. prennent Mantoue ; 28-7 La Force prend Saluces. *1631* 16-4 *Tr. de Cherasco :* l'emp. donne l'investiture de Mantoue et Montferrat à Ch. de Gonzague-Nevers. *1632* tr. de St-Germain : reconnaît l'annexion de Pignerol.

Louis XIV le Grand, le Roi-Soleil (1638-1715)

Gouvernement de Mazarin (1643-61)

Dans son testament, L. XIII avait nommé M. Pt du Conseil de régence (L. XIV n'ayant que 5 ans). Le Parlement casse ce testament comme « contraire aux lois fondamentales du royaume », car la monarchie est successive et non héréditaire : dès qu'un roi (ou une régente) est au pouvoir, il l'exerce à sa volonté, sans avoir à tenir compte des volontés du roi précédent. Mais la régente, Anne d'Autriche, nomme Mazarin 1er ministre.

1643-48 Opposition systématique du Parlement aux édits financiers (ils sont chaque année amendés ou rejetés). *1643* Michel Particelli d'Emery (1595-1650) surintendant des Fin. ; réforme des impôts (taxe des aisés, taxe du toisé 1644). *Cabale des Importants :* des membres de la haute noblesse [chef : le duc de Beaufort (1616-69), petit-fils d'Henri IV, surnommé « le roi des Halles » à cause de ses allures démagogiques] essaient de remplacer Maz. par Châteauneuf, ancien garde des Sceaux. Beaufort est embastillé en sept., les autres exilés en province. **1650** « Disette monétaire » affectera l'Europe jusqu'en 1730 (chute de 80 % des envois d'or péruvien en Esp.). **1651-52** Peste (1 000 000 †, Maz. a été accusé de l'avoir introduite : Rouen 17 000) ; 7-9 majorité de L. XIV (13 ans). **1652** Colbert intendant de Maz. **1653** 10-7 enregistrement de la bulle pontificale *Augustinus,* condamnant le jansénisme. **1654** 17-6 sacre de L. XIV ; déc. Nicolas Fouquet (1615-80 ?) surintendant des Fin. **1660** 2-2 « Monsieur » (Gaston d'Orléans, oncle du roi) meurt, le « petit Monsieur » (Philippe, fr. du roi) devient duc d'Orl. ; 26-8 entrée solennelle de L. XIV et Marie-Thérèse à Paris. **1661** Févr. dispersion des Solitaires de Port-Royal (jansénistes) ; 8-3 Mazarin meurt (il lègue tous ses biens à L. XIV et signe sur son lit de mort une ordonnance mettant hors la loi le card. de Retz, chef de la Fronde).

Louis XIV et Colbert (1662-83)

1661-62 Maintien des ministres de Maz. : Séguier (garde des Sceaux), Le Tellier (Guerre), Lionne (Marine et Affaires ext.), Fouquet (Finances). **1661** 16-3 Colbert intendant des Fin. ; 5-9 il fait arrêter Fouquet (voir p. 578 a). **1662** C. « Contrôleur général » des Fin. (titre nouveau). **1664** Fondation de la Cie des Indes occidentales. **1665** Philippe IV, roi d'Esp., meurt. Outre son fils de 4 ans, Charles II (1661-1700), 2 prétendants à sa succession : Louis XIV et l'emp. d'Allemagne. **1665-67** *G. anglo-holl.* Voir p. 577. Colbert fait construire une flotte de g., en prévision de la g. contre l'Esp. **1666** François-Michel de Louvois (1639-91), fils de Michel Le Tellier, succède à son père comme ministre. **1667-68** *G. de Dévolution.* Voir p. 577. **1669** Janvier occupation de la Lorraine ; juin expédition de Candie (Crète) contre les Turcs (échec ; le duc de Beaufort tué). **1670** 29-6 mort Henriette d'Angl., duchesse d'Orléans (sœur du roi Charles II), meurt subitement sans doute d'une péritonite foudroyante, mais des contemporains ont cru à un empoisonnement (coupables présumés : l'entourage du chevalier de Lorraine, mignon de « Monsieur », mari d'Henriette). L. XIV n'a pas admis le thèse du poison.

1673-79 *Affaire des Poisons* [*1673* Jean Amelin, dit La Chaussée, roué vif pour avoir empoisonné les 2 frères de la Mise de Brinvilliers. *1676* 10-7 Marie-Madeleine Dreux d'Aubray, ép. marquis Gobelin de Brinvilliers, née 1630, accusée d'avoir empoisonné son père, ses frères et attenté à la vie de sa sœur, condamnée, reconnaît ses crimes, fait amende honorable puis est décapitée et brûlée. *1679* Une *Chambre Ardente* à l'Arsenal recherche les clients éventuels de la Mise ; la Ctesse de Soissons, mère du prince Eugène, est exilée ; la duchesse de Montespan, maîtresse du roi, est disgraciée : elle avait acheté des aphrodisiaques destinés au roi ; L. XIV met fin à l'enquête et fait brûler les dossiers pour éviter que le scandale n'éclabousse la Cour. Principale accusée : la Voisin (Catherine Deshays, ép. Monvoisin) ; née en 1640, exécutée le 22-2-1680 après avoir subi la question, sa fille, mettant en cause Mme de Montespan, est enfermée à Belle-Isle]. **1678** Constitution des *Chambres de réunion* (commissions d'experts en droits féodaux, chargés de délimiter les territoires acquis en 1648, 68, 78). **1680** 21-10 fondation de la Comédie-Française. Début des *dragonnades* antiprotestantes (V. Religions). **1681** 28-6 Angélique de Fontanges (20 ans), maîtresse de L. XIV, meurt [empoisonnement (vengeance de Mme de Montespan disgraciée ?)] ; 8-7 *tr. secret* entre Louis XIV et Charles III de Gonzague-Mantoue contre une pension de 60 000 livres, le duché devient protectorat fr. (avec droit de garnison à Casal, occupée le 30-9). *Négociateur :* le Cte Mathioli (peut-être le « Masque de Fer » ?) ; 30-9 *Strasbourg,* annexé par décision de la chambre de réunion d'Alsace (à Brisach) ; 5-10 Alger bombardé par Petit-Renaud (représailles contre la piraterie barbaresque sur les côtes provençales). **1682** 3-2 tr. de commerce avec sultan du Maroc Moulay Ismaïl (liberté commerciale pour la France) ; 19-3 déclaration des *Quatre Articles,* soustrayant le clergé fr. à l'autorité du pape (rétractation : 1693).

Louis XIV sous l'influence de Mme de Maintenon (1684-1715)

1683 6-9 Colbert meurt ; 30-7 la reine Marie-Thér. meurt ; L. XIV se remarie secrètement, en 1684, avec Mme de Maintenon, sa principale conseillère politique. **1684** Duquesne ; Gênes qui avait construit 17 galères pour la flotte esp. présenta ses excuses à Versailles. **1685** 18-10 *révocation de l'Édit de Nantes* [(V. Index) jugée sévèrement après le XVIIIe s., elle fut alors très populaire en Fr.]. De 1685 à 1688, le départ en exil des protestants est contrarié aux frontières ; il sera massif ensuite (*conséquences :* essor démographique et écon. du Brandebourg ; renforcement de l'armée de Guillaume d'Orange par 700 officiers huguenots). **1686** 26-11 L. XIV est opéré d'une fistule anale. **1700** Philippe d'Anjou, petit-fils de Louis XIV, roi d'Esp. **1702** *g. des Camisards* (Voir p. 579). **1711** 14-4 le dauphin meurt. **1715** 1-9 L. XIV meurt.

Guerre de Trente Ans (période française 1635-48)

Antécédents. *1° période palatine* (contre les princes protestants allemands) (1618-24) ; *2° danoise* (1624-29) ; *3° suédoise* (dep. 1630) ; *4° française* (1635-48). Richelieu veut affaiblir les Habsbourg.

Occasion : 1634, les Esp. des P.-B. occupent l'évêché de Trèves qui s'était placé sous protectorat fr. 1-11 alliance franco-suéd. *1635,* les Pces all. signent la paix de Prague ; seuls restent en lutte contre Habsbourg d'Autriche : Suédois (Oxenstierna) ; contre Habsbourg d'Esp. : Hollandais ; 19-5 la Fr. déclare la g. à l'Esp. *1636,* l'empereur déclare la g. à la Fr.

Armée française : 20 880 cavaliers, 135 000 fantassins + armée (germano-suédoise) de Bernard de Saxe-Weimar : 6 000 cavaliers, 12 000 fantassins.

Opérations 1635 (mai) échec d'une attaque sur les P.-B. [victoire stérile d'Avein (20-5) ; rapatriement par mer]. **1636 (avr.)** Henri II de Condé échoue en Fr.-Comté ; **(4-8)** Esp. prend Corbie ; **1637,** le duc de Rohan évacue La Valteline et les Grisons ; **1638** Bernard de Saxe-Weimar conquiert l'Alsace (il meurt en 1639 et son armée est prise en main par le Mal de Guébriant). **1639** défection des alliés italiens (Mantoue, Parme, Savoie) et perte de l'It. du N. **1640** Turin prise et tr. de protectorat imposé à Christine de Savoie ; Arras prise et Châtillon conquiert l'Artois. **1641** échec d'une occupation de la Catalogne révoltée contre Madrid ; l'amiral de Sourdis battu à Tarragone. **1642 (17-1)** à Kempen, Guébriant b. l'Esp. Lamboy ; avr. Roussillon conquis ; 9-9 capitulation de Perpignan ; juin victoire sur les beaux-frères de Christine de Savoie (Thomas et Maurice) ; nov. Silésie, Saxe conquises, le Suédois Torstenson envahit la Bohême. **1643 (19-5)** Rocroi, Condé anéantit l'infanterie esp. **1643-46** conquête de Thionville, Gravelines, Courtrai, Mardryck, Furnes, Dunkerque. **1644 (mai)** Turenne évacue Fribourg ; 10-8 Condé victorieux à Fribourg. **1645 (mai)** Turenne vaincu à Marienthal ; 3-8 Condé et Turenne vict. à Nordlingen ; Trèves prise. **1648 (17-5)** Turenne et le Suédois Carl-Gustav Wrangel vict. à Zusmarshausen, Wurtemberg et Bavière conquises, menaces sur Vienne ; 20-8 à Lens Condé b. les Esp.

Conclusion. *Tr. de Westphalie* à Münster et Osnabrück (2 tr. diplomatiques, 1 constitution germanique). Fr. garde Alsace (moins Strasbourg), Brisach, Pignerol ; son annexion des Trois Évêchés est confirmée ; Suisse et Provinces-Unies sortent de l'Emp. germanique.

La Fronde (1648-53)

Nom. Donné par dérision [arme d'enfants (les révoltés n'ont pas pu faire sérieusement du mal à la monarchie)].

1°) Fronde parlementaire (1648-49)

Causes. 1648, avr. *Édit du rachat :* les parlementaires des cours souveraines sont privés pendant 4 ans de leur traitement ; ils ne pourront le récupérer qu'en rachetant leur charge au prix qu'elle valait lors de l'institution de la Paulette (voir p. 575). 15-6 *Déclaration de 27 articles :* suppression des intendants, interdiction des impôts non approuvés par le Parlement, garantie de la liberté individuelle. Déroulement : 26-8 arrestation du conseiller Broussel, meneur du Parlement ; 29-8 émeutes populaires en sa faveur, la régente libère Broussel et s'enfuit à Rueil. **1649,** 5-1 la cour se replie à St-Germain et fait assiéger Paris par Condé ; mars *paix de Rueil,* Parlement et bourgeois se soumettent.

2°) Fronde des princes (1651-53)

Causes. Les grands seigneurs tiraient la majeure partie de leurs revenus de leurs « gouvernements » (délégation de l'autorité royale dans une province). La création des intendants par Richelieu avait dévalué leur charge et ils voulaient profiter du changement de ministres pour supprimer les intendances.

Chefs. Gaston d'Orléans, oncle du roi, et sa fille, la Gde Mademoiselle ; card. de Retz ; princes du sang : Condé, Conti (son frère), Longueville (descendant des Dunois : il a épousé la sœur de Condé et de Conti, Anne, qui est la maîtresse de La Rochefoucauld), duc de Beaufort ; duchesse de Chevreuse et sa fille, maîtresse de Condé ; maréchal de Turenne, amoureux de Mme de Longueville et fr. du duc de Bouillon.

Déroulement. 1650, janv. Mazarin fait arrêter Condé, Conti, Longueville ; mars l'armée royale (la reine, le jeune roi, Mazarin) assiège Bordeaux (soulevé à cause de la mévente des vins ; la Pcesse de Condé est à la tête) ; juin Turenne, avec une armée esp., attaque Guise ; oct. Bordeaux capitule ; 15-12 Mazarin bat Turenne à Rethel. **1651,** 7-2 le duc de Beaufort soulève les Halles, bloque la reine au Palais-Royal. Mazarin s'enfuit en All. ; août rupture entre Beaufort et Condé ; sept. L. XIV est déclaré majeur. Condé, gouverneur de la Guyenne, prend les armes ; L. XIV le bat à Poitiers ; déc. Mazarin rejoint L. XIV à Poitiers. Le Parlement met sa tête à prix (50 000 écus). **1652,** janv. Turenne, chef de l'armée roy. ; Condé recrute une armée esp. ; avr. *Bléneau,* Condé bat Turenne puis est battu à *Gien ;* 2-7 *faubourg St-Antoine,* Turenne bat Condé, mais la Grande Mademoiselle fait tirer le canon de la Bastille sur les troupes roy. et sauve l'armée de Condé ; 4-7 anarchie à Paris : incendie de l'Hôtel de V. et du Palais Mazarin ; août Maz. s'enfuit à Brühl, près de Cologne ; août-oct. Turenne assiégé à Villeneuve-St-Georges par Condé avec des mercenaires wurtembergeois ; 21-10 Paris ouvre ses portes à L. XIV. **1653,** févr. Maz. rentre ; card. de Retz arrêté. Gaston d'Orléans et la Gde Mad. exilés à Blois. **1654,** 27-3 Condé condamné à mort par le Parlement rallié au roi [devenu général esp., il combattra contre la France jusqu'au tr. des Pyrénées (V. ci-dessous) ; pardonné en 1660].

Guerre franco-anglo-espagnole (1655-59)

Causes. [Les princes frondeurs (dont Condé) utilisaient des troupes esp.] ; Angl.-Esp. : rivalité coloniale. **1655,** avr. l'Angl. conquiert la Jamaïque ; déc. l'Esp. lui déclare la g. **1657,** 23-3 Mazarin et Cromwell signent un tr. d'alliance.

Opérations. 1657, mai-oct. les Fr.-Anglais assiègent et prennent Mardyck (remis à Cromwell). **1658,** 14-6 *Les Dunes,* Turenne bat les Esp. (Don Juan d'Autriche, Condé) et prend *Dunkerque* (remis à Cromwell) ; juill.-oct. Turenne conquiert la Flandre, Ypres prise.

Conclusion. 1659 *7-11 tr. des Pyrénées* (négociateurs : Mazarin, Luis de Haro) [ou tr. de l'île des Faisans, car signé dans une île de la Bidassoa, territoire neutre, appelée en esp. Isla de la Facienda (esp. moderne « hacienda », c.-à-d. domaine du fisc : on y pêchait les saumons réservés à l'administration royale) ; dep. le XXe s., on appelle cette île « île de la Conférence » et on y élève des faisans] : Esp. cède à Fr. Philippeville, Marienbourg, Avesnes, Roussillon et Cerdagne, Artois (moins Aire et St-Omer), Gravelines, Bourbourg, St-Venant, Landrecies, Le Quesnoy, Thionville, Montmédy. Louis XIV ép. l'infante Marie-Thérèse (consommé en juin 1660). Maz. l'avait choisie car elle pouvait acquérir des droits sur la couronne esp., mais, pour piquer au vif Philippe IV d'Esp., père de Marie-Thér., il avait feint de rechercher pour L. XIV Marguerite de Savoie (fille de Christine de Fr., régente de S.).

Nota. – **Cousines de L. XIV pouvant l'épouser :** Marguerite, fille de Christine de Fr., régente de Savoie ; Henriette, fille d'Henriette-Marie de Fr., reine douairière d'Angl., veuve du roi Charles Ier, décapité ; et Marie-Thérèse d'Autr., fille de feu Élisabeth de Fr., 1re épouse de Philippe IV d'Esp.

Guerre de Dévolution (1667-68)

Causes. L. XIV souhaite recueillir l'héritage de son beau-père, le roi d'Esp. (au tr. des Pyrénées, la reine Marie-Thérèse a renoncé à ses droits moyennant le paiement d'une dot de 500 000 écus, jamais payée). M.-Th. est fille d'un 1er lit, et, selon le droit coutumier des Pays-Bas, il y a (en droit privé) *dévolution* totale des biens paternels aux héritiers du 1er lit. L. XIV réclame la *dévolution* des P.-B. (thèse contestable en droit public) et de la Franche-Comté (thèse insoutenable).

Effectifs. *Flandres :* Français (Turenne) 50 000 h. ; Aumont 8 000 h. ; Esp. (Marcin) 20 000 h. *Franche-Comté :* Fr. (Condé) 15 000 h. ; Esp. 2 000 cav., 6 000 miliciens.

Opérations. 1667, 10/19-2 Franche-Comté conquise ; mai-sept. Flandres conquises jusqu'à Alost (prise de Charleroi, Tournai, Douai, Courtrai, Lille) ; 31-8 Créqui bat Marsin (père) à Gand.

Conclusion. *Paix d'Aix-la-Chapelle* mai **1668,** sur médiation (menaçante) des Provinces-Unies. La Fr. restitue Franche-Comté, reçoit 11 villes des P.-Bas : Charleroi, Binche, Ath, Douai, Tournai, Audenarde, Lille, Armentières, Courtrai, Bergues, Furnes et le fort de la Scarpe.

Guerre de Hollande (1672-78)

Causes. 1° ressentiment de L. XIV pour la médiation menaçante des Holl. lors de la g. de Dévolution. 2° ressentiment des Holl. pour la non-participation de L. XIV à la g. contre l'Angl. 1666-67.

Effectifs. *Hollande :* 32 000 en 1669, 80 000 en 1672 (levées réclamées de De Witt). *Brandebourg* (allié des Holl.) : 20 000 h. *Français :* 2 armées de 60 000 h. *Bavière* (alliée) : 18 000 h.

Opérations. Condé (40 000 h.), Turenne (80 000 h.) se rejoignent devant Maëstricht. **1672,** 12-6 *passage du Rhin* à Tolhuis ; 14-6 raid de cavalerie jusqu'à Muyden (10 km d'Amsterdam) ; 19-6 ouverture des écluses de Muyden et inondation de la Hollande ; 20-6 *Jean de Witt* assassiné, remplacé par Guillaume d'Orange 20-8. **1673,** févr. Turenne bat les Brandebourgeois en Westphalie ; 7/14-6 les flottes anglo-fr. sont repoussées par Ruyter au banc de Schoonveldt ; 18-6 ouverture de négociations à Cologne ; 1-7 L. XIV prend Maëstricht ; 30-8 les Holl. obtiennent l'alliance de l'emp. (30 000 h.), Esp. et Lorraine (16 000 h.) : rupture des pourparlers ; 7-9 Louvois prend Trèves ; G. d'Orl. reprend Naarden. **1674,** mai-juin L. XIV et Vauban conquièrent la Fr.-Comté ; 11-8 à *Seneffe* Condé vict. [pertes : Fr. 8 000 †, Alliés (P[ce] d'Orange, Holl. ; Monterey, Esp. ; De Souche, Lorrain) 12 000 †] ; oct. Orange reprend Grave, dernière ville de Holl. occupée par les Fr. ; 4-10 bataille indécise d'Entzheim (Turenne 30 000 h., contre Électeur de Brandebourg 57 000 h.). **1675,** janv. victoire de Turenne en Alsace (campagne d'hiver : par surprise, il prend tous les camps d'hiver des Impériaux ; bataille principale : Turkheim, 14-1) ; févr. L. XIV obtient l'alliance de Suède et Pologne (Jean Sobieski) contre le Brand. ; 27-7 Turenne tué à Salzbach. Montecucculi conquiert l'Alsace ; sept. Condé reconquiert l'Als. (manœuvres, aucune bataille). **1676,** 8-1 bat. de Stromboli (Ruyter, Holl. : 36 v., 19 galères ; Duquesne, Fr. : 30 v., 10 brûlots, 24 g.) : bat. indécise ; 22-4 Agosta, Duquesne vict. (Ruyter tué) ; 2-6 victoire de Palerme. **1677,** 28-2 Louis XIV prend Valenciennes ; 11-4 Cassel vict. [Philippe d'Orléans fr. de L. XIV (30 000 h.) bat le P[ce] d'Orange (30 000 h.) : 3 000 †, 4 000 prisonniers]. **1678,** janv. repli de la flotte de Duquesne ; févr. offensive de L. XIV en Flandres (120 000 h.) ; 12-3 Gand prise. **1678-79** *tr. de Nimègue :* Fr. rend Maëstricht, mais acquiert Franche-Comté ; Valenciennes, Bouchain, Condé, Cambrai, Aire, St-Omer, Bailleul, Cassel, Bavay, Maubeuge (Pays-Bas) (+ Ypres, Warwick, Warneton, Poperingue, actuellement belges) ; Fribourg (Allemagne) ; Longwy (Lorraine). **1679** campagnes contre Brandebourg et Danemark, restés en dehors des tr. : 30-6 passage de la Weser (Créqui) ; oct. conquête de l'Oldenbourg (Créqui) ; nov. *tr. de Fontainebleau,* fin de la guerre.

Le refus de l'impôt

Gabelle. Créée par Philippe VI en 1340 (impôt sur le sel), la plus grosse ressource du fisc royal, n'est pas uniforme à l'intérieur du roy. : des pays *rédimés* ont fait un versement forfaitaire (Poitou, Saintonge, Aunis, Angoumois, Gascogne, Périgord, Marche, Limousin, Guyenne, Cté de Foix, Bigorre, Comminges) ; des *provinces franches* ont été dispensées de la gabelle ; 1° par acte gracieux, lors de leur annexion à la Fr. (Cambrésis, Flandre, Hainaut, Bretagne, Béarn) ; 2° à cause de leur façade maritime, rendant le contrôle impossible (Boulonnais, Calaisis, côtes de l'Aunis et de la Saintonge, côte du Poitou). Dans les pays de *grande gabelle* [l'achat de 9 livres de sel par foyer, dit « sel du devoir », est obligatoire (Ile-de-France, Picardie, Champagne, Orléanais, Perche, Normandie non côtière, Maine, Anjou, Touraine, Berry, Bourbonnais, Bourgogne)]. Dans les pays de *petite gabelle* (Languedoc, Provence, Roussillon, Rouergue, Gévaudan, partie de l'Auvergne, Bresse, Bugey, Dombes, Lyonnais) il n'y a pas de « sel du devoir ». Dans les pays de *quart-bouillon* (Normandie côtière) on a le droit de faire bouillir de l'eau de mer. Dans les pays de *saline* (producteurs de sel), on peut acheter directement le sel aux salines d'État (Franche-Comté, Alsace, Trois-Évêchés, Rethélois, Clermontois).

Les FAUX SAUNIERS font le commerce clandestin du sel dep. les pays où il est le moins cher vers les pays où il est le plus cher. En 1675, le faux saunage est défini comme un crime. Dans les pays de grande gabelle, le « sel du devoir » est porté au minimum à 11 livres 3/4 de sel par personne et par an. Des émeutes s'ensuivent notamment en Bretagne (greniers à sel pillés à Fougères et à Rennes ; 7 000 émeutiers ; 6 000 h. de troupe engagés dans la répression).

Révolte du Papier timbré. 1675. A Bordeaux (27 au 30-3) ; Rennes (18-4) ; représailles en sept. : les maisons des meneurs sont rasées. Près de Morlaix (50 paroisses) en juin (meneur : le notaire Le Balp) : le duc de Chaulnes écrase la révolte en août.

Bilan du règne de Louis XIV

1° Il a recueilli l'héritage esp. (jusqu'en 1715, il gouverne Esp. et Am. du S. ; les galions du Pérou débarquent à St-Nazaire).

2° Il a échoué dans la défense du catholicisme anglais : la défaite des Stuart en 1688 marque le point de départ de la « *3e g. de Cent Ans* » franco-angl. (1688-1815), que la Fr. perdra.

3° Il s'est vengé de la Fronde. Les nobles sont presque constamment mobilisés (une des raisons des g. incessantes a été le désir d'envoyer les nobles au feu), sinon, ils sont gardés à la Cour, dotés de riches pensions, mais contraints à des dépenses encore supérieures, réduits ainsi à la merci du roi ; ce ne sont plus que des courtisans. Les parlementaires perdent le pouvoir administratif et politique au profit des « officiers » royaux.

4° Les frontières du N.-E. ont avancé sur certains points de 200 km : Franche-Comté-Alsace, ligne Meuse-mer du N. Les forteresses de Vauban ont été efficaces et peu coûteuses.

5° Il a créé un type de monarchie (absolue) qui deviendra au XVIIIe s. le « despotisme ». Mais, obsédé par les questions de décorum et d'étiquette, il n'a pas orienté l'absolutisme vers l'efficacité politique.

6° Il a répandu en Europe le prestige de la culture classique fr. : Versailles va être pendant un siècle un modèle partout reproduit.

7° Le peuple (rural à 90 %) est resté pauvre (forte mortalité, famines fréquentes). Mais un certain progrès s'est accompli (infrastructures, annexion de territoires plus riches, début des manufactures et du commerce maritime).

Quelques personnages du règne de Louis XIV

Bart, Jean (1650-1702). Fils d'un armateur dunkerquois, sert dans la marine holl. contre l'Angl. (1666-87). Passe au service de la Fr. comme corsaire en 1672 (g. contre la Holl., 81 prises de g.). Capturé par les Anglais en 1689, s'évade en traversant la Manche à la rame. Se distingue en 1690 à Beachy Head. Chef d'escadre en 1691. Se spécialise dans les actions ponctuelles, avec quelques navires (force ainsi le blocus de Dunkerque, 1694). Anobli, créé chevalier de St-Louis. Meurt de pleurésie au début de la g. de Succession d'Esp., alors qu'il préparait l'attaque de la Holl.

Beaufort, François de Vendôme, duc de (1616-69). Petit-fils d'Henri IV et de Gabrielle d'Estrées. D'abord favori d'Anne d'Autriche, puis évincé par Mazarin, prend part à la Fronde (notamment à la *Cabale des Importants*), où il reçoit le nom de « Roi des Halles », à cause de son succès auprès des masses populaires. Réconcilié avec la Cour en 1653, il est employé dans la lutte contre les Barbaresques en Méditerranée. Chef de l'expédition de Crète (Candie) en 1669, il meurt à l'ennemi (certains historiens le considèrent cependant comme « l'homme au masque de fer »).

Catinat, Nicolas (1637-1712). Avocat devenu officier de Turenne, maréchal de camp 1680, Lt-gén. 1688. Cdt en chef de l'armée de Piémont (1690-93), force le duc de Savoie à la paix (vict. de Staffarde 18-8-1690, et de La Marsaille 4-10-93). Maréchal de Fr. 1693. Commande l'armée d'Italie au début de la g. de Succession d'Autr. 1701, battu par le P[ce] Eugène à Carpi, et disgracié. Finit sa vie dans son château de St-Gratien (Val-d'Oise).

Colbert, Jean-Baptiste (1619-83). Fils de Nicolas Colbert de Terron, bourgeois de Reims et fils d'un contrôleur des gabelles anobli en 1595. Commis dans les services de Michel Le Tellier 1549. Présenté à Mazarin 1651. Gère sa fortune privée dep. 1652. Chargé de veiller à la gestion des Finances de l'État 1659 (fait un rapport sur les malversations de Fouquet). Intendant des Fin. à la mort de Maz. 1661, qui le recommande à L. XIV avant de mourir. Fait arrêter Fouquet. Surintendant des Fin. 2-12-1666. Secrétaire d'État à la Maison du roi 18-2-1669 et à la Marine 7-3-1669. Construit une flotte de g. de 276 bâtiments et crée le *colbertisme* (doctrine nationaliste selon laquelle la puissance politique, militaire et écon. d'un pays dépend de la masse monétaire dont il dispose : l'essentiel est donc de gagner de l'argent par tous les moyens ; autre nom : mercantilisme national). Surintendant des bâtiments du roi (dep. 1664), il a en main toute l'architecture et les beaux-arts (Acad. fr. 1667). Contrôle les dépenses du min. de la Guerre, il mécontente Louvois, qui le dessert auprès de L. XIV. Il risquait d'être disgracié quand il mourut.

Condé (le Grand). Louis II de Bourbon, P[ce] de (1621-86). Fils du P[ce] Henri II de Bourbon-Condé (1588-1646), il porte jusqu'à la mort de son père le titre de duc d'Enghien. Appelé à la Cour « Monsieur le Duc ». *1641,* ép. Claire-Clémence de Maillé-Brézé (nièce de Richelieu) ; il essaiera, en vain, de faire casser ce mariage pour épouser sa maîtresse Marthe de Vigean. *1642,* mis à la tête d'une armée à 21 ans. *1643,* 18-5 vict. à Rocroi ; 10-8 prend Thionville. *1644,* chef de l'armée du Rhin, enlève Fribourg, Philipsbourg, Mayence. *1645,* ayant rejoint Turenne, remporte avec lui la bat. de Nordlingen (3-8). *1646,* conquiert Dunkerque. *1647,* échoue devant Lérida (Catalogne). *1648,* après la paix de Westphalie, désœuvré, il se jette dans la Fronde. *1649,* 2-7 il prend Paris après le combat du Faubourg St-Antoine, mais, chassé par le peuple parisien, il rejoint le 5-9 l'armée esp. qu'il commandera contre les troupes roy. (chef : Turenne) jusqu'au tr. des Pyrénées (1659). *1660,* amnistié, il cherche à se faire nommer roi de Pologne (échec : Michel Wisniowiecki est élu à sa place en 1669). Reprend du service comme chef des armées de L. XIV. *1672,* 12-6 blessé au passage du Rhin, remporte encore plusieurs victoires, notamment Seneffe (11-8-1674) sur le P[ce] d'Orange. *1675,* se retire dans son château de Chantilly.

Conti, Armand de Bourbon, P[ce] de (1629-66). Fr. du Grand Condé, entraîné dans la Fronde par leur sœur, la duchesse de Longueville. *1650-51,* enfermé au Havre. *1654,* ép. Anne-Marie Martinozzi, nièce de Mazarin, ce qui le réconcilie avec la Cour. *1655-57,* prend part aux campagnes, puis se convertit au jansénisme et finit sa vie dans la dévotion.

Conti, François-Louis de Bourbon, P^{ce} de (1664-1709). Fils du précédent. *1688-97,* brillant combattant de la g. de la ligue d'Augsbourg. *1697,* élu roi de Pologne, il est évincé du trône par Auguste II. *1709,* Cdt en chef dans les Flandres.

Duguay-Trouin, René (1673-1736). Fils d'un riche armateur malouin. *1688,* combat comme corsaire contre les Angl.-Holl. *1697,* dans la marine royale. *1707,* prend une flotte de 64 nav. *1711,* conquiert Rio de Janeiro. *1715,* chef d'escadre, combat encore sous L. XV, notamment contre les Barbaresques.

Duquesne, Abraham (1610-88). *1617,* mousse à l'âge de 7 ans sur le bateau de son père (corsaire). *1644,* est nommé vice-amiral. *1647,* chef d'escadre. *1650,* ép. Gabrielle de Bernières et vit dans le domaine des Moros (Finistère). *1661,* Colbert le rappelle au service. *1663,* campagne contre les corsaires algériens. *1669,* lieutenant g^{al} des armées navales. *1672,* relevé de son commandement après la défaite de Solebay. *1674,* commande l'escadre de la Méditerranée. *1675,* vainqueur des Esp. à Stromboli. *1676,* de Ruyter à Alicudi, à Agosta (29-4 ; Ruyter †) ; anéantit les escadres hollandaises-esp. à Palerme (22-6). N'est pas nommé amiral (car, protestant, il refuse d'abjurer). *1679,* campagne contre les Turcs ; bombarde Chio. *1682,* bombarde Alger. *1684* bombarde Gênes, obligeant le Doge à s'humilier. *1688,* meurt d'apoplexie. *1701,* son fils Henri, resté protestant, s'établit à Genève.

Fouquet, Nicolas (1615-80 ?). Fils d'un conseiller au Parlement, vicomte de Vaux, enrichi par le commerce avec le Canada, il achète la charge de procureur général au Parlement de Paris et devient l'ami de Maz. Surintendant gén. des Fin., il s'enrichit et peut acheter le marquisat de Belle-Isle. *Après 1661,* Colbert prouve de nombreuses malversations. *1664* 30-12, condamné pour abus, malversations et lèse-majesté, au bannissement et à la confiscation de ses biens. Louis XIV tranforme le bannissement en prison perpétuelle. Fouquet est interné à la forteresse de Pignerol ; il y est mort à une date inconnue ; il a été considéré comme l'un des « masques de fer » possibles.

Lionne, Hugues de (1611-71), Mis de Bercy. Diplomate, collaborateur de Mazarin 1641 ; min. d'État 1659 (dirige les Aff. étr.) ; min. des Aff. étr. 1663 (ayant acheté la charge au Cte de Brienne). A le mérite des plus grands succès dipl. de Louis XIV : mariage espagnol (1647), ligue du Rhin (1657), paix des Pyrénées (1659), achat de Dunkerque (1662), tr. de Breda (1667), d'Aix-la-Chapelle (1668) ; alliance avec Charles II d'Angl. (1671). Sa femme fut célèbre par ses galanteries.

Louvois, François-Michel Le Tellier, marquis de (1641-91). Fils du min. Michel Le Tellier, seigneur de Chaville (1603-85). *1656,* à 15 ans secrétaire d'État à la G., en remplacement de son père, qui devient conseiller de la Régente. *1662,* associé à son père au secrétariat d'État. *1666,* partage avec son père la responsabilité de min. de la G. (Le Tellier fixé à Paris ; Louvois itinérant et souvent aux armées). *1668,* surintendant des Postes. *1672,* ministre d'État ; exerce l'intérim des Affaires étrangères *1679,* commande de fait toute la diplomatie (il est l'organisateur des annexions appelées « réunions »). Responsable des provinces-frontières : Flandres, Alsace, Franche-Comté. *1683,* achète la charge de surintendant des bâtiments, que possédait Colbert († 1683). *1689,* disgracié après la chute de Mayence (sur intervention de Mme de Maintenon).

Luxembourg, François de Montmorency-Bouteville, duc de (1628-95). Fils du duelliste décapité sous L. XIII (1627). Partisan de Condé, combat dans l'armée esp. contre L. XIV jusqu'en 1659. *1611,* amnistié après le tr. des Pyrénées, ép. l'héritière de la maison de Lux. dont il prend le nom (reconnu duc et pair par le roi). *1668,* conquiert la Franche-Comté. *1672,* commande en chef l'armée de Holl. *1675,* maréchal. *1677,* prend part à la bat. de Cassel (gagnée par le duc d'Orléans). *1685,* disgracié pendant l'Affaire des poisons, retrouve un commandement pendant la g. de Succ. d'Esp. Victoires : Fleurus 1690, Steinkerque 1692, Neerwinden 1693. Surnommé « le Tapissier de Notre-Dame » (on y exposait des drapeaux qu'il avait pris à l'ennemi).

Mademoiselle (la Grande). Voir **Montpensier.**

Maintenon, Françoise d'Aubigné, marquise de (1635-1719). Fille d'un huguenot emprisonné pour intelligence avec l'Angl. (née à la prison de Niort). Enfance à la Martinique. *1647,* revient en Fr., orpheline et ruinée ; mise chez les Ursulines. *1649,* abjure. *1652,* sans un sou épouse un paralytique, l'auteur comique Paul Scarron (1610-60). Tient un salon littéraire brillant. *1660,* veuve, pensionnée par Anne d'Autriche. *1669,* gouvernante des bâtards royaux, nés de la Montespan. *1673,* à l'occasion de leur légitimation, créée M^{ise} de Maintenon. *1680,* dame d'atour de la Dauphine (elle devient sans doute à ce moment la maîtresse de L. XIV, qu'elle épouse secrètement après la mort de la reine, entre 1683 et 1686). *1685,* rend austère la vie de la Cour. Combat les protestants, s'acharne contre Louvois, soutient Colbert. *1686,* fonde la maison d'éducation de St-Cyr. *1715,* s'y retire après la mort de L. XIV.

« Masque de Fer » (19-11-1703). Prisonnier non identifié, surveillé par le même officier (M. de Saint-Mars) dans 3 lieux de détention successifs : Pignerol (1679-87), île Ste-Marguerite de Lérins (1687-98), Bastille (1698-1703). Enterré au cimetière St-Paul, sous le nom de « Marchiali », ce qui a fait penser qu'il s'agissait du Cte Mathioli, 1er négociateur du tr. de protectorat entre la France et Mantoue (conclu en 1681, après 3 ans de discussions), coupable d'avoir révélé le début des pourparlers aux Esp. Les romanciers en ont fait un jumeau de Louis XIV, son bâtard, le Cte de Vermandois, le P. Jacques de la Cloche (bâtard de Charles II d'Angl.), etc.

Mazarin, Jules (1602-61). Diplomate italien, au service du pape (clerc tonsuré, non prêtre), remarqué par Richelieu pendant sa nonciature à Paris (1634-36). *1640,* nommé cardinal « de la couronne de Fr ». *1643-51,* choisi comme successeur par Richelieu mourant, il gouverne la Fr. pendant la régence d'Anne d'Autr. Puis il reste Premier ministre avec un pouvoir presque absolu jusqu'à sa mort [on a souvent affirmé l'existence d'un mariage secret entre Anne d'Autr. et Maz. (qui était parrain de L. XIV) ; la reine a toujours nié, disant que Maz. « n'aimait pas les femmes ». Peut-être ont-ils été amants à partir de 1652. Mais Mazarin cherchait à se faire élire pape : signant toute sa vie *Mazarini,* pour préserver ses chances ; à plus forte raison, il refusait le statut d'homme marié]. S'intéressait surtout aux affaires étrangères, y a remporté des succès diplomatiques (tr. de Westphalie 1648, tr. des Pyrénées 1659). Enrichi par 18 ans de gouvernement, il bâtit à ses frais le palais où siège actuellement l'Académie et où il a son tombeau. *Nièces* (les « Mazarinettes ») : 2 filles de sa sœur Margarita Martinozzi : Anne-Marie (1637-72) et Laura (1640-87) ; 5 de sa sœur Girolama Mancini :

Mazarin

Laura (1636-57), Olympe (1638-1708), Marie [(1639-1706) aimée de L. XIV qui, en 1659, demanda sa main, mais Mazarin refusa (Marie épouse en 1661 le prince Onuphre Colonna)], Hortense (1646-99), Anne-Marie (1649-1714). *Neveux* Mancini : Paolo (1636-52, tué pendant la Fronde) ; Filipo (1639-1707, créé duc de Nevers 1670) ; Lorenzo (1642-58, mort accidentellement).

Montpensier, Anne-Marie d'Orléans, duchesse de (1627-93). Fille de Gaston d'Orléans, cousine germaine de L. XIV, dite « la Grande Mademoiselle » (son père étant appelé « le Grand Monsieur »). Prend part à la Fronde avec son père (dont elle est la conseillère) et sauve l'armée de Condé au combat du Faubourg St-Antoine (2-7-1652) en lui ouvrant les portes de Paris. Cette intervention brise son projet d'épouser L. XIV (elle avait 11 ans de plus que lui, mais possédait l'immense fortune des Bourbon-Montpensier). Exilée à St-Fargeau jusqu'en 1657. *1669* (42 ans), s'éprend du Cte de Lauzun (Antoine Nompère de Caumont, 1633-1723), que le roi fait enfermer à Pignerol. *1680,* voulant doter richement ses fils légitimés, L. XIV autorise la Gde Mademoiselle à épouser Lauzun (créé duc), à condition de léguer au duc du Maine, fiancé à la princesse d'Orléans, les fiefs des Dombes et d'Eu. *1685,* maltraitée par son mari, s'en sépare et finit sa vie dans la dévotion.

Négresse de Moret. Religieuse noire qui, à la fin du XVIIe s., vivait au couvent de Moret (S.-et-M.) et y recevait la visite des plus hauts personnages de la Cour. Appelée sœur Louise Marie-Thérèse, elle était, disait-on, la fille de la reine Marie-Thérèse d'Autriche, femme de Louis XIV et d'un Noir, qui lui servait de page.

Orléans, Gaston, duc d' (1606-80). Fr. de L. XIII (souvent en révolte contre lui), Lt-Gén. du roy. pendant la minorité de L. XIV. Titre officiel à la Cour : *Monsieur* (on l'appelle « le Grand Monsieur », pour le distinguer de son neveu, fr. du roi). Prend part aux campagnes de 1644, 45, 46 (sièges de Gravelines, Courtrai, Bergues). *1648-52,* chef de la Fronde. *1652,* se soumet, livrant à Maz. tous ses partisans (sauf Condé, qui rejoint l'armée espagnole). Exilé jusqu'à sa mort dans son château de Blois.

Orléans, Philippe, duc d' (1640-1701). Fr. de L. XIV. *1660,* reçoit le duché d'Orléans à la mort de son oncle Gaston. Mazarin, chargé de son éducation, s'efforça d'affaiblir sa personnalité pour éviter à L. XIV les ennuis que L. XIII avait connus avec Gaston. Vers *1656,* il le fit initier à l'homosexualité par son neveu Filipo Mancini. Philippe restera homosexuel (favori : le chevalier de Lorraine), mais eut plusieurs enfants de ses 2 mariages [1) Henriette d'Angleterre (1644-70) ; 2) Charlotte-Élisabeth de Bavière, P^{cesse} *Palatine* (1652-1722), mère du futur régent]. *1677,* à Cassel, se révèle un des meilleurs chefs militaires de son temps, écrasant le P^{ce} d'Orange. Mais L. XIV, jaloux, lui retire tout commandement.

Tourville, Hilarion de Cotentin, Cte de (1642-1701). Chevalier de Malte. *1667,* passe dans la marine. *1689,* vice-amiral, comm. la flotte d'invasion d'Irlande. *1690,* 10-7 bat l'amiral anglais Herbert à Beachy Head ; mai écrasé à La Hougue (pour avoir obéi aux ordres de L. XIV). *1692,* nommé maréchal de Fr. après sa défaite. *1693,* victorieux au cap St-Vincent.

Turenne, Henri de La Tour d'Auvergne, vicomte de (1611-75, tué au combat). Appartient à la famille protest. des Bouillon (fr. du duc de Bouillon, chef de la Fronde). *1643,* maréchal de Fr. *1648 à 51,* chef militaire de la Fronde. *1651-58,* combat contre les Frondeurs et sauve la mon. Il espérait recevoir le titre de connétable, mais à cause de son protestantisme il n'eut que celui de « maréchal général » (1660). *1668,* sa femme Charlotte de Caumont (huguenote convaincue) meurt ; T. se convertit au cath. *1672,* pratique au Palatinat la politique de la « terre brûlée ». Provoqué en duel par l'électeur palatin, il refusa le combat singulier, par ordre du roi.

Vauban, Sébastien Le Prestre, maréchal de (1633-1707). Petite noblesse bourguignonne, sans fortune. *1650,* officier de Condé (contre la Cour). *1653,* prisonnier, passe au service de Maz. *1655,* ingénieur du roi. Dirige presque tous les sièges. *1674,* brigadier général. *1678,* commissaire gén. des fortifications. Entoure le roy. d'une ceinture de villes fortifiées et d'ouvrages isolés, avec des lignes rasantes, moins vulnérables à l'artillerie. Crée également des ports (milit. et comm.) et travaille au canal des Deux-Mers. Se brouille progressivement avec le roi [1689, critique la révocation de l'Édit de Nantes ; 1698, écrit le *Projet d'une disme royale*, envisageant la suppression de l'exemption fiscale des nobles (publié 1707 ; saisi par la police)]. *1702,* chute de Landau, fortifiée par lui (reprise 1703, reperdue 1704), il envisage de remplacer les villes fortifiées par des camps retranchés, regroupant plusieurs forteresses. *1703,* Mal de Fr. mais disgracié.

Vendôme, Louis-Joseph de Bourbon, duc de (1654-1712). Arrière-petit-fils par son père d'Henri IV et, par sa mère, petit neveu de Maz. *1612-69,* duc de Penthièvre jusqu'à la mort de son père Louis de V. *1695-97,* commandant en chef en Catalogne, prend Barcelone. *1702,* remporte des victoires en Italie (Luzzara) et 1705 (Cassane). *1708,* accusé de la défaite d'Audenarde en Flandre (le responsable était, en fait, le duc de Bourg., petit-fils du roi). Disgracié en France, appelé en Esp. par Phil. V, dont il sauve le trône par des vict. décisives (notamment Villaviciosa, 10-12-1710). Devenu prince esp., enterré à l'Escurial.

Villars, Claude-Louis-Hector, duc de (1653-1734). Fils de diplomate. *1671,* entre dans l'armée. *1674,* colonel de cav. *1683,* amb. à Vienne. *1690,* maréchal de camp. *1693,* Lt-gén. *1697-99,* de nouveau amb. à Vienne. Le meilleur général de la g. de Succession d'Esp. *1702,* victoire de Friedlingen (nommé maréchal par ses soldats ; titre confirmé par L. XIV). *1703,* Hochstaedt. *1704,* pacif. des Cévennes. *1705,* duc. *1709,* blessé à Malplaquet (semi-victoire : l'ennemi est stoppé). *1712,* vict. à Denain, sauve la monarchie. Pt du Conseil de régence. *1715,* joue encore un rôle important aux armées de L. XV (Cdt en chef en Italie à 80 ans).

Villeroi, François de Neufville, duc de (1644-1730). Fils du gouverneur du roi ; élevé avec L. XIV et demeure son ami. *1693,* Mal de Fr. ; remplace Luxembourg à la tête des armées. Sans cesse vaincu [Chiari 1701 ; Crémone 1702 (prisonnier) ; Ramilies 1706]. L. XIV lui retire son commandement, puis le nomme par testament gouverneur de L. XV.

Guerre de la Ligue d'Augsbourg (1688-97)

Causes. *1° Luxembourg :* décrété fr. par la Chambre de réunion de Lorraine ; **1683**, 31-8 ultimatum à l'Esp. ; 26-10 décl. de g. *2° Palatinat :* **1685**, 26-5 mort de l'électeur Charles. L. XIV réclame pour sa belle-sœur, la princesse Palatine, Oppenheim, Simmern, Kaiserslautern, Sponheim (l'agressivité de L. XIV s'explique par la g. austro-turque : l'emp., assiégé dans Vienne, ne peut agir sur la rive gauche du Rhin). **1686,** 9-7 l'emp., délivré des Turcs, signe à Augsbourg un tr. d'alliance avec l'Esp. S'y joignent : Suède, Bavière, Franconie, Saxe, Palatinat. *3° Cologne :* **1688**, 3-6 mort de l'archevêque électeur. Louis XIV veut faire élire le card. de Furstenberg, év. de Strasbourg ; 6-9 le pape nomme Joseph-Clément de Bavière, fr. de l'Électeur. *4° Angleterre :* le roi cathol., Jacques II Stuart, a un fils (J. III) ; **1688,** 20-6 son gendre, Guillaume d'Orange, protestant, stathouder de Holl., prend la décision de le renverser.

Effectifs. *Français :* 100 000 h. + 25 000 miliciens, 12 compagnies de canonniers ; flotte : 219 vaisseaux de ligne, 45 galères. *Principaux généraux :* Lorges, Boufflers, Catinat, Luxembourg (surnommé le « Tapissier de Notre-Dame ») ; amiraux : Tourville, Château-Renault, Forbin, Jean Bart, Duguay-Trouin ; ministre de la Marine, depuis le 3-11-1690 : Louis Phélypeaux de Pontchartrain. *Alliés : principaux généraux :* le margrave Louis de Bade, Guillaume III, le duc de Lorraine.

Opérations. 1688, 30-9 occupation de l'électorat de Cologne (et également d'Avignon, représailles contre le pape) ; oct.-nov. conquête de la rive g. du Rhin sauf Coblence ; 18-10 l'emp. déclare la g. ; 15-11 débarquement holl. en Angl. (son armée compte 700 off. huguenots). Jacques II fuit. **1689,** 23-2 Guillaume et Marie proclamés roi et reine ; mars-juin destruction du Palatinat par le maréchal de Tessé, sur ordre de Louvois : Mannheim et Heidelberg rasés ; Trèves devait être brûlée, mais L. XIV furieux fait donner le contrordre (épisode célèbre : il frappe Louvois à coups de pincette) ; but : empêcher les armées impériales de « vivre sur le pays » pendant que l'armée fr. attaquait l'Angl. (aucune attaque impériale n'eut lieu dans ce secteur entre 1689 et 1697) ; 22-3 débarquement en Irlande (Château-Renault avec Jacques II). **1690,** 23-9 bat. de *Béveziers* [Tourville (70 vaisseaux)], anglo-holl. (60 v., dont 9 détruits et 12 incendiés plus loin) ; même jour : *Drogheda* Jacques II battu et fuit en Fr. ; 1-7 *Fleurus* (Belg.) Luxembourg av. 40 000 h. bat Waldeck avec 48 000 h. ; 18-8 *Staffarde* (Italie) Catinat bat Victor-Amédée. **1691,** 8-4 L. XIV prend Mons. **1692,** 29-5 *La Hougue* fin des offensives fr. contre les Iles Brit. ; 5-6 Namur prise ; 3-8 *Steenkerke* Luxembourg bat Guillaume d'Orange (1 300 pris.). **1693,** 28-6 *Lagos* ou cap St-Vincent (Esp.) Tourville (72 vaisseaux) bat Rook et Vandergoes (22 vais., 200 nav. marchands) : 82 nav. coulés ; 29-7 *Neerwinden* Luxembourg (66 000 h.) bat Guillaume d'Or. et Max.-Emmanuel de Bavière (50 000 h.) : 15 000 pris. ; 14-10 *La Marsaille* (Italie) Catinat bat Victor-Amédée (6 000 †, 2 000 pris.). **1696** la Savoie quitte la coalition. **1697** *Paix de Ryswick :* la Fr. restitue Lorraine, sauf Sarrelouis et Longwy ; toutes ses conquêtes sur la rive dr. du Rhin (garde Strasbourg) ; rend Luxembourg à l'Esp., Pignerol à la Savoie ; reconnaît le changement dynastique en Angl.

Guerre de Succession d'Espagne (1701-13)

Causes. *1°* l'emp. Léopold, 2e héritier de la couronne d'Esp. après les Bourbons, ne se résigne pas à perdre ses droits. *2°* Angl. et Holl. (alliées) redoutent la fusion des monarchies esp. et fr. *3°* la dynastie protestante d'Angl. redoute l'appui donné par L. XIV aux Stuart (influence de Mme de Maintenon, circonvenue par la femme de Jacques II). *4°* **1701,** 6-2 L. XIV fait occuper P.-Bas esp. : les Holl. craignent pour leur sécurité. **1702,** 15-5 Angl., Hollande et Emp. déclarent la g. à Fr. et Esp. (en vertu du tr. de La Haye, dit la Grande Alliance, 7-9-1701) ; tous les princes all. y participent, sauf les électeurs de Cologne et de Bavière. Autres alliés de Louis XIV : Savoie (jusqu'en nov. 1703), Portugal (jusqu'en déc. 1703).

Chefs principaux. *France :* L. XIV dirige les armées et les flottes esp. et fr. ; les généraux n'osent pas prendre de décisions et envoient des messagers à Versailles ; les ordres arrivent souvent trop tard. *Alliés :* « Triumvirat » Heinsius (Hollande), prince Eugène de Savoie (Empire), John Churchill duc de Marlborough (Angleterre).

Effectifs (1706). 8 armées : Villeroi, Marsin (fils), La Feuillade, Noailles, Tessé, Vendôme, Berwick, Villars ; ministre de la G. : Chamillard ; maréchal des logis de l'armée : Chamlay.

Déroulement. *Vict. du Mal de Villars :* Hochstaedt 20-9-1703, Friedlingen 14-10-1709, Denain 24-7-1712 ; *du duc de Vendôme :* Luzzara 15-8-1702, Cassano 16-8-1706, Villaviciosa 10-12-1710 ; *de Berwick :* Almansa 25-4-1707. *Défaites :* Hochstaedt *(Tallard)* 13-15-1704, Ramillies *(Villeroi)* 23-5-1706, Turin *(La Feuillade)* 8-9-1706, Audenarde *(duc de Bourgogne)* 11-7-1708, Lille *(duc de Bourgogne)* 30-8-1708, Malplaquet *(Villars,* puis *Bouffers :* bat. indécise) 11-9-1709. *1711* l'Angl. abandonne ses alliés (préliminaires de Londres). *1713-15, tr. d'Utrecht ; 1714,* de *Rastadt* et de *Bade.* Fr. cède Terre-Neuve, Acadie, baie d'Hudson à l'Angl., 4 villes de Flandres aux P.-Bas. Phil. V renonce à la couronne de Fr. mais conserve celle d'Espagne, cède Gibraltar, Minorque à l'Angl. Autriche reçoit P.-Bas, Milanais, Naples, Sardaigne. Duc de Savoie reçoit Sicile.

Guerre des Camisards (25-7-1702 – 12-5-04).

1661-1740, les huguenots des Cévennes, commandés par Jean Cavalier, prennent parti pour les Angl. et Holl., protestants. **Effectifs :** de 1 500 à 1 800 protestants. **Armée royale et supplétifs** 60 000 h. (généraux : maréchal La Baume Montrevel jusqu'en avril 1704, puis maréchal de Villars). **Victoires prot. :** *1702,* 24-12 Mas Rouge, contre le gouv. d'Alès. *1703,* 17-1 Sauve. *1704,* 13-3 Devoir de Martignargues. *1705,* 12-4 Plan-de-Fontmort. **Défaites prot. :** Vagnas (décisive) 10-2-1703 ; La Tour-du-Billot 30-4-1703 ; Nages 16-4-1704 (1/3 des Camisards tués ; Cavalier réduit à négocier). *1704,* 12-5 armistice du pont d'Avène ; 16-5 Villars offre à Cavalier un brevet de colonel et un régiment dans l'armée royale. C. ne recrute que 97 anciens camisards et déserte le 26-8 (rejoint l'Angl., devient en 1735 gén. de l'armée angl.). 470 villages cévenols ont été détruits par l'armée (« grand brûlement des Cévennes »).

La Régence (1715-23)

Le Régent. (Généalogie, voir page 559). Philippe d'Orléans (1667-1723), neveu de L. XIV, duc de Chartres (1674), duc d'Orléans et 1er prince du sang (1701) ; commandait les armées fr. en 1693 (Neerwinden), 1706 (Turin), 1707-08 (Lérida) : très brave.

1715 2-9 le testament de L. XIV organisant la régence pour son arrière-petit-fils, L. XV (5 ans), est lu en public : le duc d'Orléans s'impose en face de son rival, le duc du Maine (fils légitimé de L. XIV) ; 12-9 le Parlement casse le test. et confie la régence à Philippe d'Orléans ; en échange, il retrouve le droit de remontrance. **1715-18** le Régent gouverne au moyen de « conseils délibératifs » *(polysynodie) :* chaque ministre est remplacé par une assemblée de magistrats et de grands seigneurs, compétente pour les affaires du ministère (inefficacité, perte de temps) : système abrogé le 16-9-1718, sauf pour le Conseil de Rég., composé des conseillers privés du Régent, notamment l'abbé Guillaume Dubois (1656-1723 ; card. 1721). **1716** 2-5 création de la Banque générale et de la Cie d'Occident. **1717** séjour à Paris du tsar Pierre le Grand. **1718** 22-8 les princes légitimés perdent la qualité de pr. du sang. *1718* fondation de La Nouvelle-Orléans (cap. de la Louisiane 1721).

1720 *Peste de Marseille* (85 000 † en Provence) ; 4-12 la bulle *Unigenitus* (antijanséniste) est enregistrée malgré l'opposition des Parlements ; le cardinal Dubois devient officiellement 1er ministre. **1721** 28-11 Pierre-Dominique *Cartouche* (n. 1693), célèbre chef de brigands, opérant dans la région parisienne exécuté (roué vif). Avant de mourir, il dénonce des complices (dont certains personnages de la Cour). **1723** 10-8 mort du cardinal Dubois ; le Régent devient 1er ministre (le roi étant majeur à 13 ans) ; il meurt le 2-12.

Controverse sur la Régence

Portrait du Régent. *Traditionnel :* débauché, libertin, immoral, indolent, organisateur de « soupers » orgiaques avec ses roués ; livré à un favori méprisable, l'abbé Dubois : son ancien répétiteur devenu son compagnon d'armes ; désireux de s'emparer de la couronne roy. ou, à défaut, de celle d'Esp. ; *critique :* acharné au travail, ami de la liberté et admirateur des libertés angl., porté à l'ivrognerie et à la paillardise, mais veillant à éviter les scandales ; très peu porté à la dévotion (par réaction contre L. XIV), mais bien disposé envers les jansénistes (qu'il a tirés de prison) ; ami des arts (style « rocaille »).

Bilan de la Régence. A amorcé le redressement économique de la France : la paysannerie s'est enrichie, une nouvelle classe de chefs d'entreprises est née ; gros travaux d'infrastructure (canal de Montargis, port de Lorient, routes) ; mise en valeur de la Louisiane. Mais la politique antiesp. (ayant permis l'anéantissement de la marine de g. esp.) aura des conséquences funestes au cours de la « 3e guerre de Cent Ans » contre l'Angleterre : le désastre de 1763 (perte du Canada de la Louisiane et de l'Inde) s'explique par l'affaiblissement des Bourbons d'Espagne.

Philippe d'Orléans

Système de Law

John Law, Écossais (1671-1729), venu en France en 1695 à la suite d'un duel ; publie en 1705 les *Considérations sur le numéraire et le commerce* ; apprécié par le futur Régent ; après sa faillite, il vivra encore 9 ans dans la misère à Venise.

Principe. Remplacer les pièces d'or et d'argent par du papier-monnaie, qui circule plus vite (une somme qui a circulé 2 fois plus vite égale une somme double). Création d'une banque d'État (capital 6 millions ; 1 200 actions), ouvrant des crédits illimités, garantis par des entreprises (coloniales, commerciales, agric., fin., fiscales).

Déroulement. *1716-19 :* création de multiples entreprises (par actions), dites sociétés filles et petites-filles de la Banque générale drainant les capitaux nécessaires à la banque d'émission (d'énormes dividendes sont promis). *Déc. 1719* plus-value de 40 % sur les dividendes. *Févr. 1720* effondrement des actions (2 causes : 1° spéculation à la baisse des frères Pâris qui provoquent une panique boursière ; 2° découragement des détenteurs d'actions qui avaient acheté très cher et touchaient des dividendes dérisoires par rapport au prix payé) ; *mars* Law s'enfuit ; les billets de sa banque perdent toute valeur.

Bilan. A ruiné de nombreuses personnes, mais a relancé les entreprises par milliers (boom économique durable) et a permis aux paysans de se libérer de leurs dettes.

Louis XV le Bien-Aimé (1710-74)

Louis XV avant Choiseul (1723-57)

1723 3-12 le duc de Bourbon (Louis-Henri de Condé, 1692-1740) 1er ministre à la mort du Régent ; sa maîtresse, Mme de Prie, gouverne en son nom : elle confie les finances à Joseph Pâris-Duverney (1684-1770), banquier partisan des dévaluations monétaires. **1725** L. XV ép. la fille de l'ex-roi de Pologne, Marie Leszczińska (qui a 7 ans de plus). *Motif :* l'infante d'Esp. est trop jeune ; L. XV ne pourrait l'épouser avant d'avoir 23 ans (et s'il mourait sans enfants, le trône irait au duc d'Orléans, fils du Régent, ennemi des Condé). **1726** 11-6 disgrâce de Bourbon (exil de Pâris-Duverney et de Mme de Prie) ; 15-6 l'abbé Fleury (73 ans) entre au Conseil (nommé cardinal le 20-8, il le préside d'office) ; il stabilise le cours des monnaies.

1727 acquisition du comptoir de Mahé (Indes) ; Mgr Soanen, év. de Sénez, adversaire de la bulle *Unigenitus*, est déposé et exilé. **1729** Naissance du dauphin : fin de la rivalité dynastique fr.-esp. : installation des Bourbons d'Esp. (branche cadette) à Parme et en Toscane. **1737** 20-2 disgrâce de Chauvelin ; le maréchal de Belle-Isle devient le chef du parti antiautr. **1745** début de la liaison de L. XV avec la Mise de Pompadour (Jeanne Poisson, 1721-64) ; elle est roturière, fille et épouse de financier ; les nobles lui sont hostiles : elle régentera : finances, guerre, aff. étr. (avec les conseils du banquier Pâris-Duverney). Elle fait disgracier Orry (1745) (remplacé par Machault d'Arnouville), Maurepas (1749) ; mai création de l'impôt du vingtième, frappant tous les biens, même nobles. Opposition du Parlement (Machault tombera en 1754). **1750** le clergé refuse de payer la contribution réclamée par Machault (1 500 000 livres) : le roi cède le 23-12-1751. **1752** Mme de Pompadour fait entrer au Conseil l'abbé de Bernis (1715-94), partisan de l'alliance autr. [la g. contre l'Angl. (à cause du Canada et de l'Inde) paraît inévitable ; il faut trouver un allié continental]. **1754** Godeheu abandonne aux Anglais les territoires indiens conquis par Dupleix. **1755** 26-5 exécution (strangulation) à Valence de *Louis Mandrin* (n. 1724), chef des faux sauniers et des contrebandiers opérant en Dauphiné et Savoie ; il s'était rendu populaire en attaquant fermes générales et greniers à sel, mais en respectant (dans l'ensemble) les propriétés privées. 31-8 Bernis, négociateur à Vienne ; sept. directeur des Affaires étrangères (secr. d'État 1757).

1756 16-1 Frédéric II s'allie à l'Angl. *(tr. de Whitehall) ;* 1-5- la Fr. s'allie avec l'Autr. *(tr. de Jouy-en-Josas) :* pour la 1re fois depuis 1498, un roi de Fr. est allié avec un Habsbourg *(renversement des alliances)*. **1757** 5-1 L. XV blessé par Damiens d'un coup de couteau à la poitrine ; Damiens écartelé. *Conséquences :* L. XV, craignant d'avoir perdu l'affection de ses sujets, renvoie ses 2 ministres réformateurs : Machault d'Arnouville et d'Argenson.

Quelques personnages

Cardinal Dubois, Guillaume (1656-1723). Fils d'un pauvre apothicaire de Brive-la-Gaillarde (Corrèze). Études à Paris (payées en étant domestique) ; secrétaire du curé de St-Eustache, qui, en 1683, le recommande à M. de St-Laurent, gouverneur du duc de Chartres (futur régent). *Juin 1683* prend le « petit collet » (homme d'Église sans prêtrise) et devient répétiteur du duc (chargé de chercher les mots dans le dictionnaire latin). *1687* gouverneur intérimaire à la mort de St-Laurent (2-8), puis en titre (3-9). *1689* chanoine honoraire d'Orléans. *1690* abbé commendataire d'Airvault. *1691* prend part avec son élève au siège de Mons. *1692* pousse son élève à épouser une « légitimée », Mlle de Blois. *1692-93* secrétaire du duc de Chartres ; l'accompagne dans la campagne de Flandre (combat vaillamment à Steinkerque 3-8-92). *1693* abbé commendataire de St-Just. *1694-96* combattant en Flandre, près du duc. *1698* négociateur à Londres avec le Mal de Tallard. *1702* secrétaire des commandements du duc (devenu duc d'Orléans à la mort de son père). *1706-07* combattant en Italie (bat. de Turin 7-9-1706). *1716* nommé conseiller d'État d'Église, par le duc devenu Régent. *1717* négociateur à Londres, conclut le tr. d'alliance contre l'Esp. *1718* min. des Aff. étr. *1720* (14-4) archevêque de Cambrai (ordonné prêtre la veille) ; (4-12) fait enregistrer la bulle *Unigenitus*, ce qui lui vaudra le chapeau de cardinal 16-7-1721. *1722*, janv. membre du Conseil de Régence ; 22-8 principal min. Il meurt relativement pauvre (800 000 livres, 300 fois moins que Mazarin).

Maupeou, René-Nicolas de (1714-92). Vieille noblesse de robe. *1743-57 :* 1er Pt du Parlement de Paris. *1763-68 :* vice-chancelier et garde des Sceaux *1768* (16-9) : chancelier (ami des jésuites exilés). *1769 :* appelle l'abbé Terray aux Finances. *1770 :* fait renvoyer Choiseul, et forme le célèbre « Triumvirat » avec Terray et d'Aiguillon. *1771* (23-2) : réussit le « coup d'État royal » contre le Parlement. *1774 :* chassé par Louis XVI, se retire dans ses terres en Normandie.

Richelieu, Louis-Armand du Plessis, duc et Mal de (1696-1788). Petit-neveu du cardinal, jeune, porte le titre de duc de Fronsac. *1711* embastillé à 15 ans pour débauche. *1713* officier de l'armée de Villars. *1715* duc de Richelieu à la mort de son père. *1719* compromis dans l'affaire Cellamare et embastillé. Prend part à toutes les guerres du règne de Louis XV (faisant fortune en 1757 par le pillage du Hanovre). *1780* remarié pour la 3e fois (84 ans). Très populaire.

Terray, l'abbé Joseph-Marie (1715-78). Ecclésiastique (sans vocation et libertin : il a pour fille naturelle Lucile Desmoulin, épouse du journaliste révolutionnaire). *1736 :* conseiller ecclésiastique au Parlement de Paris (spécialiste des finances de l'Église). *1769 :* il est appelé au ministère des Finances par Maupeou et régit pendant 5 ans les finances de façon dictatoriale (réductions des taux de rentes, augmentation des impôts directs et indirects : il est surnommé « Videgousset »). Chassé des affaires par Louis XVI en 1774, il est remplacé par Turgot.

Louis XV et Choiseul (1757-70)

1757 mars *Choiseul* est envoyé à Vienne, pour poursuivre la politique de Bernis ; juin il est créé duc. **1758** oct. Bernis est nommé cardinal, puis disgracié (il voulait traiter avec Frédéric II et abandonner l'alliance autrichienne) ; 3-10 Choiseul remplace Bernis aux Aff. étr. [il sera 1er min. de fait, avec 3 autres portefeuilles : Postes (28-6-1760), Guerre (27-1-1761), Marine (13-10-1761 ; il crée une flotte de g.)]. **1759** création de la manufacture nat. de Sèvres (porcelaines tendres 1759, dures 1765). **1761** *Pacte de famille* entre les Bourbons (Fr. Esp., Naples, Parme) : réalise les vues de L. XIV sur la succession d'Esp. (chaque État devient solidaire des 3 autres). Thomas Arthur Lally, baron de Tollendal (né 1702), cdt en chef de tous les établissements français aux Indes, assiégé dans Pondichéry, capitule [accusé de trahison, condamné à mort le 6-5-1766 par le Parlement de Paris ; action en révision commencée en 1778 ; stoppée en 1779 ; son fils Gérard, Mis de Tollendal, avait été élu député de la noblesse aux états généraux]. **1762** 8-3 Jean Calas (né 1698), commerçant protestant de Toulouse, déclaré coupable de la mort de son fils aîné qui se disposait à abjurer, condamné à la torture et au supplice de la roue, exécuté le 9-3 (Mme Calas est acquittée), réhabilité le 9-3-1765 à la suite d'une campagne passionnée de Voltaire ; le fils s'était suicidé. 1-4 Le Parlement de Paris ferme les collèges des jésuites ; août supprime la Cie de Jésus [motifs : « perverse, pernicieuse, séditieuse, attentatoire », etc. ; raisons réelles : alliance entre jansénistes (dévots, mais gallicans) et philosophes (irréligieux) contre les jésuites antigallicans, antijansénistes (« ultramontains »)].

1764 5-6 le Parlement de Rennes (procureur gén. : La Chalotais) dresse un réquisitoire contre le duc d'Aiguillon, gouverneur de Bret. ; 16-7 rupture entre Aiguillon et Parlement (début de la « g. parlementaire », qui amènera la fin de l'Ancien Régime). **1766** 23-2 mort (accidentelle) de Stanilas Leszczinski (tombé dans sa cheminée) et annexion de la Lorraine ; 1-7 exécution du chevalier Lefebvre de la Barre (né 1745), accusé de blasphèmes, de chansons infâmes, de profanation, de ne pas s'être découvert lors d'une procession de la Fête-Dieu, condamné le 28-2-1766 à avoir la langue coupée, la tête tranchée et le corps réduit en cendres. Voltaire prendra sa défense. **1768** mars-avr. début de liaison L. XV et Jeanne Bécu (future Ctesse du Barry). **1769** Académie de Besançon ouvre un concours pour un nouvel aliment végétal [lauréat : Parmentier (pomme de terre)]. **1770** 13-5 dauphin Louis ép. l'archiduchesse Marie-Antoinette d'Autr. (aboutissement de la politique de Bernis) ; 6-6 le duc d'Aiguillon obtient l'appui de la Ctesse du Barry contre les parlementaires bretons ; juillet-août L. XV sévit contre parlementaires provinciaux ; 2-11 supprime le pouvoir pol. des parlements (édit rédigé par le chancelier Maupeou le 23-10). 23-11 disgrâce de Choiseul (qui veut déclarer la g. à l'Angl. à propos de l'incident anglo-esp. des îles Malouines).

« Révolution royale » (1770-74)

Nota. — L'élimination des Parlements par L. XV (« révolution royale » ou « coup d'État royal ») aurait sans doute sauvé l'Ancien Régime, si L. XVI avait poursuivi la politique de L. XV (Voir encadré p. 581 a).

1771 3-1 min. Maupeou *(triumvirat)*, avec abbé Terray contrôleur général des Fin., et duc d'Aiguillon, min. des Aff. étr. ; 20-1 dispersion du Parlement de Paris ; 23-2 nomination d'un nouveau Parl., dont les membres ne sont plus propriétaires de leur charge. **1772** L. XV laisse s'accomplir le 1er partage de la Pol. qui profite surtout à son alliée, l'Autr. (il se contente d'éviter un partage de la Suède, projeté par Fr. II et Catherine de Russie). **1773** projet de mariage entre L. XV et Mme du Barry, échoue à cause de la longueur de l'annulation du mariage avec Guillaume du Barry ; la Ctesse joue officieusement le rôle de reine de France. **1774** 10-5 L. XV meurt de la petite vérole, dans l'indifférence générale.

Guerre de la Quadruple Alliance

Causes. *1°* Hostilité dynastique entre les Bourbon-Anjou (Philippe V d'Esp.) et les Bourbon-Orléans (le Régent). *2°* Ambition du ministre esp., le card. Jules Alberoni (1664-1752), voulant récupérer les domaines esp. d'Italie, perdus au tr. d'Utrecht. *3°* Volonté anglaise d'affaiblir les Bourbons en profitant de leurs dissensions. **Préparation diplomatique : 1717**, 4-1 triple alliance signée à La Haye contre l'Esp. (Angl., P.-Bas, France) ; **1718**, 2-8 adhésion de l'emp. attaqué par Alberoni en Italie.

Opérations. 1717, juillet les Esp. conquièrent Sardaigne et Sicile. **1718**, juillet-août tentative esp. de fomenter une g. civile en Bretagne [l'ambassadeur d'Esp. Antonio del Giudice, duc de Giovenazzo, Pce de Cellamare (1657-1733), obtient l'appui du duc et de la duchesse du Maine, du duc de Richelieu, du Pce de Conti, du cardinal de Polignac, qui sont arrêtés et exilés ; 4 conjurés bretons sont pris en 1719 et exécutés en avr. 1720 ; Mis de Pontcallec, Talhouët, Montlouis, du Couëdic (les principaux coupables : Le Gouvello, Kérantré, Lambilly)] ; oct. les Anglais détruisent la flotte esp. à Syracuse. **1719** Berwick attaque l'Esp. par le Guipuzcoa (avril), la Navarre (juin), Urgel (oct.) ; nov. Philippe V renvoie Alberoni. **1720** il adhère à la Quadruple Alliance. **1721** L. XV (11 ans) est fiancé à la fille de Philippe V, Marie-Anne-Victoire (3 ans).

Bilan. Retour à la politique du bloc franco-esp. de L. XIV, mais l'Esp. a perdu son escadre de Méditerranée.

La controverse sur Louis XV

Thèse traditionnelle. Néfaste : adonné aux plaisirs, paresseux, inconstant (incapable de mener une g. à terme), dépensier, mena la Fr. à sa ruine ; mort haï du peuple, enterré sous les huées.

Thèse de l'école Gaxotte. Intelligent et consciencieux ; sensuel, mais veillant à ce que ses liaisons ne nuisent pas à son gouvernement (il gardait discrètement dans le « parc aux Cerfs » à Versailles des filles jeunes, aux parents consentants : elles ignoraient la personnalité de leur amant et on les mariait à des courtisans en cas de grossesse). L'influence des maîtresses officielles (Pompadour, puis Du Barry) était en fait superficielle (portait sur pensions et charges). Le roi menait sa politique en secret et ressemblait aux « despotes éclairés » de son temps, en étant plus libéral et plus généreux. Moderniste et réformateur, il lutta contre les parlementaires rétrogrades, conservateurs des privilèges féodaux (Voltaire a approuvé Maupeou). L. XV s'est aliéné le monde des *Lumières* car il jugeait sévèrement l'anglomanie et la prussomanie des « philosophes » : snobisme et affairisme. Seule plaie de son règne : l'incapacité des généraux fr. (son meilleur gén. fut un All., le M[al] de Saxe). La haute noblesse « militaire » s'était muée en noblesse courtisane : la faute en incombe à L. XIV créateur de Versailles. L. XV a toujours fourni à ses généraux des armées suffisantes (guerres de Sept Ans : 160 000 h., de quoi conquérir l'All.). Perte des colonies : un repli provisoire en attendant la nouvelle flotte de Choiseul.

Thèse de l'école Paul del Pérugia. L. XV a été victime de sa bonté (il attendit jusqu'à 1771 pour frapper les parlementaires ennemis de la monarchie) et de sa piété (les dévots abusaient de sa crainte de l'Enfer ; ils obtenaient de lui des faveurs, en expiation de ses péchés contre la chasteté ; mais insatiables, ils se sont alliés aux antimonarchistes pour salir sa réputation). Au XIXe s., il a été calomnié à la fois par cath. et libéraux.

Le cabinet noir (appelé aussi « Secret du Roi »). Organisme clandestin, employant 32 personnes, dirigé successivement par Louis-François de Bourbon (P[ce] de Conti, 1717-76), Jean-Pierre Tercier (1704-67) et Charles-François, Cte de Broglie (1719-81). Comprenait un service de renseignements (rapports oraux du lieutenant de police, interception des lettres privées) et un service de correspondance avec l'étranger permettant une diplomatie parallèle. Son existence n'a été découverte que la semaine précédant la mort du roi. A fonctionné en secret pendant plus de 20 ans.

Guerre de Succession de Pologne (1733-38)

Causes. *1°* Désir de la reine Marie Leszczińska de remettre son père, Stanislas Leszczińskí (1677-1766), sur le trône de Pol. à la mort du roi Auguste II (1-2-1733). *2°* Volonté d'abattre l'Autr. [chef du parti antiautr. : Germain de Chauvelin (1685-1762), secr. d'État aux Aff. extér.] ; Fleury est pacifiste, mais a la main forcée.

Opérations. 1733, 24-9 20 000 soldats russes (alliés de l'Autr.) chassent Stanislas réélu roi 12 j avant ; 26-9 tr. d'alliance avec Esp. et Sardaigne ; oct. déclaration de g. à l'Autr. **1734**, mai le corps de débarquement fr. à Dantzig est anéanti : Stanislas s'enfuit ; juin-sept. les Fr.-Esp. conquièrent le roy. de Naples.

Conclusion. *Tr. de Vienne* (1738) : Stanislas renonce à la Pol., mais reçoit la Lorraine qui doit devenir fr. à sa mort ; François de Lorraine, époux de Marie-Thérèse d'Autr., reçoit la Toscane ; Don Carlos de Bourbon devient roi des Deux-Siciles.

Guerre de Succession d'Autriche (1740-48)

Causes. *1°* Mort sans héritier mâle du dernier emp. Habsbourg, Charles VI (oct. 1740). Il laisse ses biens héréditaires à sa fille Marie-Thérèse, par la *Pragmatique Sanction.* Mais elle a des rivaux : Auguste de Saxe, Charles-Albert de Bavière (succession entière) ; roi de Sard. (Milanais) ; roi d'Esp. (Autriche, Hongrie, Bohême) ; Frédéric II roi de Prusse (Silésie). Le parti antiautr. voit une occasion de ruiner l'emp. des Habsbourgs. *2°* L'Angl. est décidée à conquérir les colonies fr. et si possible esp. ; une g. entre Habsbourgs et Bourbons est de son intérêt.

Coalitions : Autr.-Hongrie alliée à Angl., Hollande, Russie contre Prusse, alliée à Fr. et Esp., Sard., Bavière [l'électeur Charles-Albert est élu emp. 24-1-1742 (Charles VII)], Saxe.

Effectifs. *Français :* 40 000 h. (Belle-Isle) en Bavière, 30 000 h. (Maillebois) contre le Hanovre anglais.

Opérations. *En Europe :* **1740**, déc. Fréd. II occupe la Silésie. **1741** Belle-Isle occupe Bohême, mais doit l'évacuer (résistance dans Prague du colonel Chevert, 1742). **1742** défection de Fréd. II (*tr. de Breslau* 11-6). **1743** débarquement angl. au Hanovre : George III bat Noailles à Dettingen (27-6) ; juillet défection de Charles VII de Bav. ; nov. défection de Savoie et Saxe. **1744** Charles de Lorr. franchit Rhin et envahit Alsace (L. XV part à sa rencontre mais tombe malade à Metz) ; nov. d'Argenson (antiautr.), min. des Aff. étr. **1745** Charles VII meurt ; son fils renonce à l'Empire ; 10-5 *Fontenoy :* Maurice de Saxe (50 000 h.) bat le duc de Cumberland (50 000 h.) : 9 000 Anglais † ; oct. le prétendant Stuart conquiert l'Écosse (battu à Culloden le 16-5-1746) ; 2-12 Fréd. II promet sa voix à Charles de Lorr. en échange de la Silésie (*tr. de Dresde). 1746*, 21-2 Maurice de Saxe prend Bruxelles ; 10-6 défaite de Maillebois à *Plaisance :* perte de l'Italie, invasion de la Provence ; 11-10 *Raucoux :* M. de Saxe bat Charles de Lorr. **1747**, 2-2 *Antibes :* Belle-Isle bat les Austro-Sardes et les rejette en Italie ; 2-7 *Lawfeld :* M. de Saxe bat Cumberland ; 19-7 défaite de *l'Assiette* (Piémont) : Belle-Isle ne peut envahir l'It. (il est tué ; 4 000 Fr. †) ; 16-9 *Berg-op-Zoom :* les Fr. envahissent la Holl.

Opérations coloniales et navales. *Effectifs :* Fr. : 50 vaisseaux de ligne, 19 frégates. **1744**, 22-2 bat. de *Toulon* (indécise). La Bruyère de Court contre Matthews et Hawke. **1745**, 6-7 bat. de *Mahé* (Indes) : La Bourdonnais contre Peyton (indécise). **1746**, 12-9 La Bourdonnais prend Madras ; 13-10 sa flotte est détruite par ouragan ; 19-10 il propose de rendre Madras aux Angl. pour 11 millions (accusé de trahison par Dupleix, directeur de la C. des Indes ; embastillé 1749, acquitté 1751). **1748** Dupleix attaqué dans Pondichéry par Boscawen (30 nav., 8 000 h.) résiste jusqu'à la signature de la paix.

Conclusion. 1747, 10-1 d'Argenson (belliciste) disgracié. **1748**, janv. congrès d'Aix-la-Chap. La Fr. rend P.-Bas et Madras, reçoit Cap Breton et Louisbourg au Canada ; s'engage à éloigner le prétendant. Fréd. II garde la Silésie.

Guerre de Sept Ans (1756-63)

Causes. *1°* l'Angl. veut conquérir Inde et Amér. du N. *2°* l'Autr. veut reprendre Silésie à Fréd. II. *3°* le *parti prussien,* puissant à Versailles à cause des subventions payées par Fréd. II aux « philosophes », s'effondre lorsque Mme de Pompadour passe dans le camp autr. (1752). *4°* la Russie est décidée à attaquer Fréd. II.

• **I. Europe. Effectifs fr.** 160 000 h. + 24 000 à la disposition de l'Autr. (en Bohême).

Opérations. 1755 Fréd. II attaque Saxe (28-8) (qui capitule) et incorpore les Saxons à l'armée pruss. (15-10). **1757**, 6-5 Fr. II bat François de Lorr. devant Prague ; 18-6 est battu par Daun à Kollin ; 26-7 *Hastenberck :* d'Estrées bat Cumberland : conquête du Hanovre par le M[al] de Richelieu ; 8-9 Cumberland capitule à *Closterseven* (Richelieu ne désarme pas l'armée anglo-hanovrienne qui reprendra la lutte en 1758 sous les ordres du duc de Brunswick) ; 5-11 *Rossbach :* Fr. II (20 000 h.) bat Soubise et Hildburghausen (général des contingents impériaux, 60 000 h.) ; 5-12 *Leuthen :* bat Charles de Lorr. (22 000 prison.) et reconquiert Silésie ; 25-8 *Zorndorff :* Fr. II contre Russes (bat. indécise) ; oct. repousse les Autr. en Saxe. **1758**, 13-7 *Sundershausen :* Soubise bat Brunswick ; 23-8 *Crefeld :* Brunswick (40 000 h.) écrase Clermont (70 000 h.) ; 10-10 *Lutzelberg :* Soubise bat Brunswick. **1759**, 13-4 *Bergen :* Broglie (34 000 h.) bat Brunswick (40 000 h.) ; 1-8 *Minden :* Brunswick bat Broglie et Contades ; 12-8 Fréd. II écrasé à Kunersdorf (20 000 † sur 50 000 h.) par Autr. et Russes réunis qui n'exploitent pas la victoire. **1760**, 10-6 *Korbach :* Broglie et Saint-Germain battent Brunswick ; 16-7 *Cassel :* Brunswick bat Broglie ; oct. Russes et Autrichiens prennent et pillent Berlin ; 16-10 *Clostercamp :* Castries bat Brunswick (mort du chevalier d'Assas) ; 3-11 *Torgau :* Fr. II bat Daun. **1761**, 16-7 *Villongshausen :* Soubise (100 000 h.) et Broglie (50 000 h.) battus par Brunswick. **1762**, 5-5 défection de l'armée russe (rappelée par Pierre III, tsar depuis le 5-1). *Johannisberg :* Soubise et d'Estrées battent Brunswick.

• **II. Guerre navale et coloniale. 1754**, 28-5 un parlementaire fr., Jumonville, tué par les Angl. à Fort Duquesne (Ohio) ; les Fr. détruisent *Fort Necessity.* **1755**, 10-6 attentat de Boscawen (amiral anglais) près de Terre-Neuve (3 nav. de g. fr. attaqués, 2 capturés) ; juin-juillet l'amiral angl. Hawk capture 300 bateaux de com. **Effectifs.** *Anglais* (1756) 345 vaisseaux de ligne ; (1760) 422. *Français* 63.

Opérations. 1756, 17-8 La Galissonnière (marine) et Richelieu (armée) prennent Minorque. L'amiral angl. Byng, repoussé à Mahon, sera fusillé le 4-3-1757. **1757, Plassey :** 4-2 Clive bat Souradja (Indien allié des Fr.) ; juin conquiert le Bengale ; juin-août les Angl. font de nombreux débarquements sur les côtes de Fr. (île d'Aix, St-Malo) ; 27-7 ils enlèvent *Louisbourg* au Can. **1759**, 17-2 Lally-Tollendal échoue dans une attaque sur Madras ; sept. la flotte fr. (amiral d'Aché) évacue l'Inde ; 21-6 Wolfe (10 000 h.) débarque à Québec. Montcalm (16 000 miliciens) le repousse le 31-7. *Québec* pris par escalade le 13-9. Capitulation fr. 17-9. **1760** Lally bloqué dans Pondichéry (capitule janv. 1763 ; exécuté pour trahison 6-5-1766). **1762**, août les Angl. prennent La Havane.

Conclusion. Tr. de Paris 10-2-**1763 :** entre Fr., Esp., Angl. Pertes fr. : Inde (sauf 5 comptoirs), Canada, Ohio, rive g. du Mississippi, Sénégal, Antilles (sauf St-Domingue, Martinique, Guadeloupe). L'Esp. cède Floride à l'Angl. et reçoit la Louisiane fr. **Tr. d'Hubertsbourg** (15-2-**1765**) entre Fr., Prusse, Autr. et pr. allemands : Fr. II garde Silésie.

Louis XVI (1774-92)

De 1774 à 1789

Caractère. L. XVI est considéré par une partie de sa Cour, notamment par le duc de Choiseul, comme *imbécile* (handicapé cérébral). D'après ses frères et cousins, cette imbécillité aurait justifié un conseil de régence (comme jadis la folie de Charles VI). Il semble que le parti de Marie-Antoinette (soutenue par sa mère, l'impératrice d'Autriche) ait fait écarter cette solution. En réalité, L. XVI [plutôt grand pour l'époque (1,76 m), ce qui le faisait passer pour « grand dadais »] était un timide maladif (il ricanait et se dandinait) et un myope (il ne reconnaissait pas les gens).

1774 12-5 exil de Mme du Barry ; 31-8 disgrâce de Maupeou ; remplacé par Jean Phélypeaux de Maurepas (1701-92), de la famille des Pontchartrain [L. XVI avait choisi J.-Baptiste Machault d'Arnouville (1701-74), mais sa tante, Mme Adélaïde, l'a obligé à changer] ; Robert *Turgot* (1727-81), intendant de Limoges, remplace l'abbé Terray ; Charles de Vergennes (1717-87), amb. en Suède, rempl. d'Aiguillon ; 12-11 annulation de la réforme judiciaire de Maupeou (1771) et rappel du Parlement de Paris (une des causes principales de la chute de la monarchie) ; 9-12 le Parl. adresse des remontrances à L. XVI qui les accepte. **1775** mai *g. des farines :* émeutes à Paris (augmentation du prix du pain) ; 21-7 Malesherbes entre au gouv. (min. de la Maison du Roi) ; 21-8 le Cte de Saint-Germain min. de la guerre. **1776** janv. Turgot remplace *corvée* par *taxe add. ;* 12-5 sur intervention

Guerre de l'indépendance américaine (1775-83)

Causes. 1° révolution des colons anglais d'Am. du N., qui ont la sympathie des « philosophes », leur idéologie s'inspirant de Montesquieu et de Rousseau ; 2° désir des Bourbons de Fr. et d'Esp. de prendre leur revanche du tr. de Paris (1763), en utilisant la flotte créée par Choiseul.

Opérations. I. En Amér. du N., voir États-Unis, à l'Index. II. *Sur mer :* principaux marins français : Suffren, La Touche Tréville, La Motte-Piquet, Guichen, De Grasse. **1778**, 27-7 bat. d'Ouessant : Orvilliers (Fr.) avec 27 vaisseaux, contre Keppel (G.-B.), indécise. **1779-81** les Fr.-Esp. assiègent en vain Gibraltar. **1767**, 2-5 La Motte-Piquet conquiert St-Eustache (Antilles). **1782**, fin août Suffren conquiert Trinquemalé aux Indes.

Conclusion. *Tr. de Versailles* (3-9-1783) ; la Fr. ne récupère ni Louisiane, ni Canada (opposition de Washington) mais ses comptoirs d'Inde et Sénégal. Elle obtient St-Pierre et Miquelon, le droit de pêche à Terre-Neuve. L'Esp. récupère Minorque et Floride, mais non Gibraltar. *Conséquences pour la France :* alourdissement de la dette.

du Parl., Turgot disgracié (la nouvelle taxe frappant les privilégiés). Malesherbes démissionne ; 11-8 *Clugny* rétablit la corvée ; 22-10 *Necker* remplace Clugny. **1777** 29-6 Necker contrôleur gén. des Fin. lance un emprunt (600 millions).

1780 27-2 constitution d'une *Ligue des Neutres* qui reconnaît la liberté de navig. (avec l'appui de Vergennes et malgré l'hostilité des Angl.) ; déc. la dette atteint 1 milliard. **1781** 19-5 Necker renvoyé. **1783** Charles-Alexandre de *Calonne* (1734-1802) aux Fin., emprunt (305 millions) ; 21-10 1re ascension (Pilatre de Roziers et Mis d'Arlande) à bord d'une montgolfière. **1783-84** hiver exceptionnel, qui détruit les semis de blé. **1785-86** affaire du *Collier :* la Ctesse Jeanne de La Motte (1756-91) persuade le card. de Rohan (1734-1803) (qui voulait s'attirer les faveurs de Marie-Antoinette) d'acheter à crédit un collier de 1 600 000 livres que M.-A. lui rembourserait secrètement ; il remet le collier à un pseudo-officier de M.-A. qui revend les diamants au détail ; les bijoutiers lui réclament la somme ; comme il est insolvable, ils adressent la facture à la reine ; procès devant le Parl. de Paris : J. de La Motte condamnée à être fustigée de verges, marquée au fer et détenue à perpétuité à la Salpêtrière (s'évade 1787 ; meurt à Londres 1791). Le card. de Rohan acquitté est exilé par le roi. Cagliostro (1743-95) est acquitté. M.-A. est déconsidérée : sa réputation de dépensière ayant été étalée au grand jour.

1786 mars introduction des moutons mérinos ; juillet plan de réforme financier et admin. de Calonne : une assemblée de notables sera substituée aux Parl. (qui refuseraient certainement d'enregistrer l'édit). **1787** 22-2/25-5 réunion **de l'Assemblée des notables,** réclament l'enregistrement des réformes de Calonne par le Parl. ; 8-4 Calonne disgracié : remplacé par *Loménie de Brienne* (1727-94) ; juin le Parl. rejette la « Subvention territoriale », qui impose terres nobles et privilégiées ; 6-8 le roi enregistre la subvention par lit de justice ; 14-8 le Parl., qui a mis Calonne en accusation, est exilé à Troyes : émeutes à Paris ; 19-9 il est rappelé à Paris : rentrée triomphale ; 19-11 L. XVI lui impose, au cours d'une séance royale, d'enregistrer un nouvel emprunt de 420 millions. Le duc d'Orléans prend publiquement parti contre L. XVI. **1788** 29-5 le Parl. réclame le partage des pouvoirs politiques entre roi, Parl. et états généraux ; L. XVI tente de revenir à la politique de Maupeou (suppression des Parl.), mais déclenche des émeutes, notamment à *Grenoble* (les magistrats protestent le 20-5 contre l'enregistrement forcé ; condamnés à l'exil, ils sont soutenus le 7-6 par la population qui jette des tuiles sur les forces armées : *journée des Tuiles*) ; 5-7 L. XVI annonce la convocation des états gén., sans précision de date ; 21-7 réunion à *Vizille* des états particuliers du Dauphiné qui réclament la double représentation du tiers état et le vote par tête (formule qui sera reprise par les états gén. de Versailles) ; renonçant à un privilège dauphinois, ils décident que l'impôt sera voté, à l'échelon du roy., par les états généraux (ce qui équivaut à une grève des impôts) : dépression nerveuse de L. XVI (crises de larmes) ; 8-8 il fixe une date pour la convocation des états généraux : le 1-5-1789 ; 16-8 l'État suspend les paiements (banqueroute) ; 26-8 *Necker* remplace Brienne ; 27/31-8 émeutes réprimées par le Mal de Biron ; 23-9 L. XVI rétablit les parlementaires dans tous leurs droits (rentrées triomphales dans leur siège en oct.).

1789 janv. élections des représentants aux états gén. (participation variable, très faible à Paris : 1 706 votants sur 50 000 inscrits ; forte en Bretagne) ; 18-4 émeutes à Paris, rue de Montreuil (le duc d'Orléans est soupçonné de les avoir fomentées) ; 5-5 ouverture des **états généraux** [1 139 députés, dont clergé 291 (curés 206), noblesse 270, tiers état 578] ; 17-6 le tiers état se proclame **Assemblée nationale ;** 20-6 serment du *Jeu de Paume* (le tiers état jure de ne pas se séparer avant d'avoir pu donner une constitution au royaume).

La France en 1789

Monarchie non absolue (9-7-1789/1-10-1791)

1789 9-7 l'Ass. nat. devient **Constituante ;** 12-7 Necker renvoyé : manifestations à Paris : les électeurs parisiens s'emparent de l'Hôtel de Ville, et y installent le comité permanent de la **Commune** (120 m.), qui décide de prendre les gardes fr. comme force armée ; 13-7 celles-ci s'emparent de 28 000 fusils et de 20 canons aux Invalides ; 14-7 **prise de la Bastille** [garnison : 32 Suisses et 82 invalides (gouverneur : Mis Bernard de Launay, n. 1740, † massacré après la prise de la forteresse). Les émeutiers voulaient s'emparer de poudre et de munitions. Assaillants : env. 800 à 3 000 gardes fr., sans officiers, commandés par un ancien sergent blanchisseur à La Briche, Pierre Hulin (1758-1841, Cte d'Empire 1806). Les assaillants franchirent le pont-levis de l'Avance, puis la cour du gouvernement et mirent leurs canons en batterie ; après 4 h de tir, la garnison capitula malgré Launay. *Pertes :* assaillants : env. 100 tués et 115 blessés ; garnison : 5 massacrés après la reddition (de Launay ; son adjoint, de Losme ; 2 officiers : Person et de Miray ; le prévôt des marchands Jacques de Flesselles, n. 1721) ; prisonniers délivrés : 7 (4 escrocs ayant falsifié une lettre de change : Jean Bechade, Bernard Laroche, Jean La Corrège, Jean-Antoine Pujade ; 2 malades mentaux : Tavernier et le Cte de Whyte de Malleville ; 1 jeune gentilhomme prodigue : le Cte de Solages enfermé pour inceste)]. 16-7 création de la 1re commune de Paris [maire : Jean-Sylvain Bailly (1736-93, guill.) ; 60 commissions électorales de districts ; une assemblée permanente de leurs délégués], fin de la police royale [les pouvoirs du *lieutenant de police* sont dévolus à l'assemblée permanente ; ceux des *commissaires de police* aux comités de districts (dévolution confirmée par une loi du 4-8)]. 20-7 à 6-8 **Grande Peur** dans les campagnes (émeutes paysannes, peut-être provoquées par les patriotes, réclamant l'abolition des droits seigneuriaux sur les récoltes : plusieurs centaines de châteaux pillés, notamment en Maine et Picardie) ; 29-7 la Constituante crée sa propre police, le *Comité de recherches ;* 30-7 création, à la commune de Paris, d'un conseil de 120 représentants (2 par districts), remplaçant l'assemblée permanente des délégués ; **Nuit du 4 août** abolition des privilèges [décret d'application pris le 15-3-1790 : sont abolies servitudes personnelles : mainmorte, corvée, droit de justice, péage, chasse, pêche ; doivent être rachetées : redevances foncières *réelles* reposant sur d'anciens contrats : cens, rentes, casuels, droits de mutation (abolis à leur tour 17-7-1793)] ; 26-8 *Déclaration des Droits de l'Homme ;* 6-10 L. XVI ramené par la foule à Paris (*chef :* Hulin, devenu commandant des gardes nationales, ex-françaises) ; 21-10 la municipalité crée son propre *Comité de recherches* (qui reçoit les dénonciations) ; 2-11 nationalisation des biens du clergé [principal opposant : l'abbé Maury (1746-1817), card. 1794, arch. de Paris 1805] ; 14-12 création des *assignats* [sorte de bons du Trésor, émis sur un capital de 400 millions, la *Caisse de l'extraordinaire,* alimentée par la vente des biens du clergé ; valeur de l'émission : 1 000 livres par bon, intérêt de 5%. Cours forcé d'avril 1790 : intérêt réduit à 3 % ; coupures de 300 et 200 l. ; c. forcé de sept. 1790 : 200 millions supplémentaires, coupures de 50 l. ; décrets du 8-10 et du 18-11-1790 : intérêt supprimé (l'ass. devient un simple papier-monnaie) ; cours forcé de mai 1791 : coupures de 5 l. Juillet 1794 : circulation fiduciaire : 6 milliards ; déc. : 11 ; oct. 1795 : 18 ; janv. 1796 : 39 (l'ass. de 100 l. vaut 1 sou)].

1790 15-1 division de la Fr. en 83 départements ; 13-2 suppression des ordres religieux ; 15-3 des droits seigneuriaux personnels ; 21-5 création de la **2e commune** de Paris [48 *Sections* remplaçant les 60 districts (chacune a 1 Pt, des secrétaires et 1 commissaire de police élu, avec 16 commissaires adjoints chargés de contrôler son action) ; un maire (Bailly) ; un bureau de 16 administrateurs ; un conseil municipal de 32 membres, 1 procureur, 2 substituts] ; 12-6 Avignon annexé ; 19-6 titres de noblesse supprimés ; 3-7 Mirabeau se rallie à la monarchie ; 12-7 **Constitution civile du clergé ;** 14-7 *Fête de la Fédération* (anniv. de la prise de la Bastille) : messe célébrée au Champ de Mars par Talleyrand, év. d'Autun ; 4-9 Necker démissionne, s'estime incapable de maintenir l'ordre dans la rue (les gardes nat., membres des Sections en

Quelques personnages du règne de Louis XVI

Calonne Alexandre de (1734-1802). Noblesse de robe, protégé de Vergennes. **1783,** 10-1 contrôleur général. **1784-86** émet 3 emprunts (env. 300 millions). **1785** se contente d'un « don gratuit » de 18 millions (sur les finances de l'Égl.) ; accusé de complicité avec elle ; **1786,** juill. propose un vaste plan de réformes (exigeant la réunion des notables). **1787,** 13-2 mort de son protecteur Vergennes. 2-3 mis en échec devant les notables ; 18-4 congédié (exil en Angleterre ; rappelé par Bonaparte en 1802).

Loménie de Brienne, Étienne-Charles (1727-1794, assass. ou suicidé). Cadet de famille entré dans les ordres sans vocation. *1752 :* prêtre. *1760 :* év. de Condom. *1763 :* archev. de Toulouse. *1787 :* ministre des Finances ; échoue dans la réforme des services financiers. *1788 :* renvoyé du ministère, nommé arch. de Sens, puis cardinal. *1789 :* fait partie des év. libéraux. *1791 :* prête le serment de la constitution civile du clergé (prend le titre d'év. de l'Yonne) renonce au cardinalat. *1793 :* démissionne de son évêché. Vit à Sens comme simple particulier, souvent maltraité par les sans-culottes. *1794* (18-1) : brutalisé toute une nuit, est retrouvé mort le lendemain matin (circonstances mal établies).

Necker, Jacques (Suisse, 1732-1804). Banquier à Genève, ministre de la Rép. de Genève. Père de M. de Staël, v. Index. **1772** prête de l'argent à l'abbé Terray et s'introduit dans les milieux financiers de Paris (ambitionne de lui succéder). **1774** évincé par Turgot ; polémique avec lui sur la liberté du commerce des grains (Turgot pour ; Necker contre). **1777,** 29-6 contrôleur général des Finances ; adopte le système des emprunts (490 millions en 4 ans). **1780** économies dans la maison du roi ; en butte aux attaques des antiphilosophes. **1781,** févr. se justifie dans une brochure *Compte rendu au Roi* (immense succès) ; 19-5 congédié. **1787** polémique avec Calonne sur sa brochure (il aurait truqué les chiffres de 80 millions) ; exilé en Suisse. **1788,** 25-8 rappelé aux Finances. **1789,** 11-7 congédié (exilé à Bâle) ; 20-7 rappelé après les émeutes de la Bastille. **1790,** 18-9 démissionne et retourne en Suisse.

Turgot, Jacques, baron de l'Aulne (1727-81). Cadet d'un magistrat, destiné à l'Égl., mais nommé magistrat à la mort de son père (1752). **1761** intendant à Limoges, lié avec les physiocrates (écrit de nombreux ouvrages d'économie). **1774,** 24-8 succède à l'abbé Terray (évince Necker, grâce à l'appui de l'abbé de Véry, confesseur de Madame de Maurepas). Programme : création de richesses et économies, mais ni banqueroute, ni impôts nouveaux, ni emprunts ; 13-9 décrète la liberté du commerce des grains (polémique avec Necker). **1776** mars-avril : émeutes à cause de l'enchérissement des grains ; 12-5 congédié, remplacé par Necker.

Vergennes, Charles Gravier, comte de (1717-87). Noblesse de robe, neveu de l'ambassadeur Chavigny. **1740** diplomate. **1754** ministre à Constantinople. **1771** ambassadeur en Suède. **1774** remplace le duc d'Aiguillon aux Affaires étrangères. **1776** contribue à faire tomber Turgot. **1777** prépare la coalition contre l'Angleterre. **1779** médiateur au traité de Teschen, qui amène le 2e partage de la Pologne. **1781** contribue à faire tomber Necker. **1783,** 3-9 au tr. de Paris, renonce à récupérer le Canada. **1786** tr. de commerce avec l'Angleterre (libre-échangiste, mal accueilli par les industriels français). Meurt en charge pendant les négociations sur le 2e partage de la Pologne.

armes, y font la loi) ; 26-11 l'Assemblée vote la « loi du serment », obligeant les prêtres à jurer la Constitution (L. XVI met son veto), 26-12 L. XVI accepte la loi du serment (voir Religions, p. 495).

1791 26-1 mise en application de la loi du serment [la majorité des prêtres la refusent, notamment en Vendée (75 %) ; les « réfractaires » sont, en principe, révoqués et remplacés par des « jureurs » (mais ceux-ci sont en nombre insuffisant)] ; 2-4 Mirabeau meurt (les révolutionnaires, ignorant son ralliement à la monarchie, lui font des funérailles nationales, au Panthéon) ; le pape Pie VI condamne la *constitution civile* du clergé (les jureurs sont tenus de se rétracter) : 31-5 torture abolie, guillotine adoptée ; 20/25-6 **fuite de Varennes :** la reine, son amant [le Cte suédois Axel de Fersen (1755-1810, rentré en Suède, feld-maréchal ; accusé sans preuve d'avoir empoisonné le prince royal, le duc d'Augustenborg, massacré au cours des funérailles]. L. XVI et ses enf. s'enfuient vers la Lorraine, pour rejoindre la garnison royaliste de Nancy (Mis de Bouillé) ; partie des Tuileries vers minuit, le 20-6, la famille roy. arrive à Somme-Vesle ; à 20 h, elle est à Ste-Menehould : des hussards de Bouillé sont là, mais la population les désarme ; le maître de poste, Drouet, mandaté par la municipalité de Ste-Menehould, part à la poursuite d'une berline, la dépasse avant Varennes et y organise un piège ; 22-6 à 5 h du matin, Bayon, aide de camp de La Fayette, arrive à Varennes et fait ramener la berline à Paris sous escorte ; juin-sept. gouvernement du « *triumvirat* » Barnave, Lameth, Duport. Pas de sanction contre L. XVI mais ses pouvoirs sont suspendus jusqu'à la proclamation de la Const. ; 1-7 **massacre du Champ de Mars :** La Fayette et Bailly, maire de Paris, font tirer sur des pétitionnaires, demandant le « remplacement » de L. XVI (pétition rédigée par Danton, et peut-être inspirée par le duc d'Orléans) ; env. 400 blessés, entre 12 et 40 † ; 9-7 décret enjoignant aux émigrés de rentrer en Fr. ; juillet-août : plébiscite à Avignon et dans le Comtat Venaissin [150 000 votants, 102 000 pour la Fr., 17 000 contre, 31 000 abst. (résultats confirmés le 18-8 par l'ass. électorale de Bédarrides)] ; 14-9 Avignon annexé (Carpentras reste fidèle au pape et la g. éclate entre les 2 villes) : 14-9 L. XVI jure la Const. ; il est reconnu roi héréditaire ; 30-9 séparation de l'Assemblée constituante que remplace l'Ass. législative ; aucun de ses membres ne peut être un ancien constituant (les principaux orateurs de la Constituante deviennent orateurs des Clubs : Jacobins, Feuillants, Cordeliers).

Monarchie constitutionnelle (1-10-1791/10-8-1792)

1791 1-10 réunion des 745 députés de l'**Ass. législative :** droite 160, centre 449, gauche 136 ; 17-11 Pétion, maire de Paris (procureur : Manuel ; substitut : Danton) ; 25-11 création du Comité de surveillance (futur Comité de sûreté générale) ; 29-11 les réfractaires doivent prêter serment dans les 8 jours. **1792** 1-1 décret d'accusation contre les princes émigrés ; 9-2 les biens des émigrés sont déclarés biens nationaux ; 20-4 déclaration de g. au « roi de Bohême et de Hongrie » (c.-à-d. François II, neveu de Marie-Ant. et fils de l'emp. Léopold, mort le 1-3) ; 26-5 décret de déportation en Guyane contre les prêtres non jureurs ; 8-6 décret du min. de la Guerre, Servan,

Causes de la Révolution

I. Révolution « parlementaire » (1788-89) : 1°) *Politiquement*, les membres des cours souveraines sont contre le roi, mais non contre l'absolutisme : ils ne sont pas pour un régime parlementaire représentatif ; ils veulent une oligarchie parlementaire absolue et de droit divin, où les cours sont réellement « souveraines », c.-à-d. composées de membres privilégiés et exemptés d'impôts. 2°) Ils profitent des difficultés *financières* de L. XVI pour tenter de lui imposer ce régime (en refusant tout impôt et tout emprunt).

II. « Insurrection des curés » (1788-89). Le bas clergé a joué un rôle décisif dans la Révolution en s'alliant au tiers état lors du coup d'État du Jeu de Paume. 1° *Pauvreté :* les 60 000 curés, recteurs, desservants, vicaires, prêtres habilités, etc., se répartissent un revenu très inférieur à celui qui va aux évêques, abbés, chanoines nobles ; ils réclament une forte augmentation de la « portion congrue » et une réduction importante des hauts revenus ecclésiastiques ; ils veulent profiter des élections aux États généraux pour faire aboutir cette réforme (211 curés élus contre 48 évêques) ; 2° *Jansénisme :* de nombreux curés admettent la théorie du presbytérat (hérité des 72 disciples) égal collectivement à l'épiscopat (hérité des 12 apôtres) ; 3° *Gallicanisme :* le roi passe pour ultramontain (curés et évêques veulent en majorité l'obliger à s'émanciper de Rome) ; 4° *Rousseauisme (religion civique) :* les cahiers du clergé recommandent souvent aux élus de se considérer comme « des représentants de la nation plutôt que comme les ministres d'une religion ».

III. Révolution nobiliaire (1789-91) : 1°) Les nobles sont solidaires des parlementaires pour revendiquer un partage des pouvoirs absolus du roi. 2°) Endettés, ils réclament de nouvelles sources de revenus : charges, pensions et surtout profits de g. ; L. XVI n'étant pas assez dynamique, de nombreux nobles envisagent un changement dynastique (un frère du roi, le duc d'Orléans ou le P^ce de Condé) : l'émigration sera la suite de la rév. nobiliaire (appel aux monarchies étr., surtout autr., russe, angl.).

IV. Révolution bourgeoise (1789-92) : 1°) Désir du « tiers état » (intelligentsia bourgeoise, surtout provinciale) de participer aux privilèges des parlementaires et de la noblesse, par la création d'assemblées *électives*. 2°) Désir d'acquérir des domaines fonciers, en se partageant les terres d'Église. 3°) Idéologie « patriote » (mot forgé vers 1750), ouverte aux idées de *libertés*, notamment la lib. de la presse et la lib. professionnelle (destruction des corporations).

V. Révolution populaire (1792-94) : 1°) Mépris pour L. XVI et haine pour Marie-Antoinette (l'Autrichienne). On dit le roi impuissant : les grossesses de la reine sont attribuées à des adultères (même le Cte de Provence est de cette opinion). De fait, L. XVI était atteint d'un phimosis. On a prétendu en nov. 1776 qu'il avait été opéré. En réalité, l'opération n'a jamais eu lieu et l'illégitimité des naissances royales est souvent admise. 2°) Hostilité contre noblesse, clergé et bourgeoisie (formant à elle seule le tiers état) qui ont commencé une révolution orientée vers le maintien des privilèges. 3°) Idéologie républicaine de certains « patriotes », disciples de Rousseau. 4°) Misère [plusieurs récoltes déficitaires créant une crise des subsistances ; stagnation de l'économie due à l'arrêt des investissements (par manque d'argent liquide) ; augmentation du coût de la vie, « g. des farines »]. 5°) Chez les paysans (88 % de la population) : mentalité opposée aux dîmes, droits féodaux, privilèges ecclésiastiques, ayant provoqué historiquement les « jacqueries » (la *Grande Peur* de juill.-août 1789 est une « jacquerie » antiseigneuriale et antiecclésiastique). Mais le sentiment religieux des paroisses neutralise en de nombreux points les tendances sociales.

VI. Déchristianisation. Pour des historiens comme Jean Dumont (*les Prodiges du Sacrilège*, 1984), les motivations des révolutionnaires étaient avant tout d'ordre religieux : ils n'étaient opposés ni au pouvoir absolu, ni à la richesse, ni à la noblesse, mais à la religion catholique (application des idées de Voltaire ou Diderot).

Controverse sur le rôle de la franc-maçonnerie

De nombreux historiens ont présenté la Révolution comme l'œuvre de la f.-m., anticatholique et antimonarchiste. *Principaux arguments :* 1°) Le duc d'Orléans, grand responsable des révolutions « parlementaires » et « nobiliaires » qui ont abouti à la révolution rép. de 1792, était f.-m. (Grand-Maître) ainsi que La Fayette, son principal lieutenant. Autres f.-m. célèbres de l'époque révolutionnaire : Marat, Grouchy, Talleyrand, Isaac Le Chapelier (qui a supprimé les corporations), Condorcet, Choderlos de Laclos, Sieyès, Bailly, Pétion, Guillotin (créateur de la guillotine), Brissot, Camille Desmoulins, Danton, Hébert. 2°) Les loges ont été l'ossature des clubs révolutionnaires, qui ont forcé la main aux Ass. élues et ont mené la Fr. à la Rép., puis à la Terreur. 3°) Le Directoire, puis le Consulat, qui ont créé l'Empire, sauveur de l'acquis révolutionnaire, étaient aux mains de f.-m. notoires (dont plusieurs Bonaparte).

Les f.-m. se sont élevés contre cette thèse. *Principaux arguments :* 1°) Philippe Égalité était Grand-Maître de la f.m., mais son ambition était personnelle : il voulait monter sur le trône. 2°) Les f.-m. ont bénéficié de la liberté de la presse et de l'expression qui a caractérisé la société fr. de 1789 à 92 ; ils ont été ensuite les victimes de la Terreur au même titre que les non-maçons. 3°) Bonaparte n'était pas f.-m., même si ses frères et son beau-frère Murat l'ont été. Le Code civil napoléonien contient très peu de références à la *Déclaration des Droits de l'Homme* qui, elle, était d'inspiration maçonnique.

L'émigration

Origine. Départ vers l'étranger (à partir du 16-7-1789, date de l'émigration du Cte d'Artois) des membres de la noblesse, suivis des prêtres « réfractaires », des soldats des armées royales restés fidèles à leurs officiers, de bourgeois désireux de rejoindre à l'étranger l'élite de la noblesse, et de nombreux gens du peuple. Considérée longtemps comme un mouvement contre-révolutionnaire, l'émigration a été rapprochée des grandes révoltes nobiliaires, telles que la « Ligue du Bien Public » ou la « Fronde ». En 1789-90, en effet, de nombreux nobles se sont regroupés à l'étranger par opposition à L. XVI, et dans l'espoir d'obtenir, grâce à une victoire militaire, un régime aristocratique, où la noblesse héréditaire jouerait un rôle politique essentiel.

Effectifs. Mal déterminés. En 1825 on a liquidé 25 000 dossiers représentant 67 250 chefs de famille, ce qui correspond à 250 000 ou 300 000 personnes, dont 1/3 du tiers état (soit 1 Français sur 100) ; 60 % d'h. adultes (dont 1/3 d'ecclésiastiques) ; 40 % de femmes et d'enfants.

Répartition géographique. Les régions frontières (Bas-Rhin, Var) sont les plus touchées pour l'émigration populaire (plus de 20 000 paysans cath. du Bas-Rhin passent en All.). En Vendée, très peu de nobles ont émigré : ils ont encadré les insurgés.

Division politique. Il y a clivage entre les 1ers émigrés (ceux de 1789-90) et ceux de 1792, qui ont fui la Rép. mais sont restés fidèles à la monarchie constitutionnelle (appelés « constitutionnels » et regroupés entre eux, ils sont tenus pour suspects par les autres). Les 1ers émigrés sont eux-mêmes divisés en « purs » (ultraroyalistes groupés autour du Cte d'Artois), en partisans de L. XVIII, plus souples, qui ont tenté (vainement) de négocier une Restauration avec Bonaparte.

Armées. 25 000 combattants, « armée des Princes » (les frères du Roi) 10 000 ; a. du duc de Bourbon 9 000 ; a. du P^ce de Condé 6 000. Les 2 premières se sont dispersées après Valmy. La 3e s'est maintenue jusqu'à 1801, à la solde de l'Angl. (armée à cocarde noire, exterminée en 1795 à Quiberon), puis à celle du tsar.

Sièges de la Cour en exil. Principaux centres de ralliement des émigrés (1789-90) : Piémont (Turin), puis la Rhénanie (Coblence). Après la déposition de L. XVI (10-8-1792), ses 2 frères reçoivent du roi de Prusse une maison à Hamm-sur-la-Lippe en Westphalie ; de là, le Cte de Provence, devenu lieutenant-général du Roy. à la mort de L. XVI, se rend par mer à Vérone (Rép. de Venise) ; il y est proclamé roi de Fr. à la mort de L. XVII (21-6-1795), mais en est chassé le 14-4-1796 ; il retourne en All. à Blankenburg (au duc de Brunswick) jusqu'en févr. 1798 ; puis à Mittau, dans le palais du duc de Courlande (hôte du tsar, jusqu'en 1807). Menacé par l'avance de Napoléon après Eylau et Friedland (1807), il s'embarque pour l'Angl. le 3-9-1807 ; il y reste au château de Hartwell, jusqu'à la Restauration de 1814.

Retours. Jusqu'en 1794, les émigrés rentrés clandestinement en France ou faits prisonniers au cours des conquêtes révolutionnaires en Belg., Holl., All., Suisse, It. étaient exécutés. A partir de Thermidor (juillet 1794), il leur est interdit de revenir ; ceux qui rentrent sont reconduits à la frontière. Le 9-1-1795, la loi Laurenceaux autorise le retour de 40 000 paysans du Bas-Rhin et du Haut-Rhin. Les nobles demeurés en France organisent dès lors pour leurs parents émigrés un trafic de faux « certificats de résidence », attestant que les intéressés n'avaient jamais quitté la France, et permettant leur radiation de la liste des émigrés. A partir de 1801, Bonaparte prend 20 mesures successives, aboutissant à une amnistie quasi générale : en 1802, 40 % des émigrés étaient rentrés. Des réfractaires (env. 25 000 nobles) en Angl., U.S.A., Russie, refusent de rentrer avant la Restauration de 1814.

ordonnant la formation d'un camp de 20 000 h. près de Paris ; 9/11-6 pétition dite des *Huitmille* [tentative d'utiliser contre la gauche l'intervention des *pétitionnaires* (8 000 gardes nationaux parisiens, modérés, viennent protester contre le camp de 20 000 « brigands ») : s'appuyant sur eux, L. XVI, qui a mis son veto, renvoie Servan] ; 10-6 *Monsieur* et *Madame* sont remplacés par *Citoyen* et *Citoyenne ;* 20-6 **Tuileries envahies** par les Sections, qui protestent contre le veto royal ; famille roy. molestée : le futur conventionnel Louis Legendre (1752-97) coiffe L. XVI d'un bonnet rouge ; 11-7 décret proclamant la *patrie en danger.*

Captivité de Louis XVI. 10-8 *Danton,* substitut du procureur de la commune légale de Paris, et agissant comme chef d'une commune insurrectionnelle de Paris (le maire, Pétion, demeurant caché), fait prendre d'assaut les Tuileries par la Section du Faubourg St-Antoine (env. 12 000 h. et 5 000 provinciaux, en majorité marseillais). Le Palais des Tuileries est défendu par 1 100 Suisses, 2 000 gardes nationaux (en partie gagnés aux Républicains), 900 gendarmes avec artillerie (peu sûrs) et 150 gentilshommes volontaires (sur 2 000 convoqués). Soit 1 800 défenseurs sûrs, contre 17 000 assaillants. Pour désorganiser la défense, Danton convoque le commandant (marquis de Mandat) à l'Hôtel de Ville et le fait exécuter. L'assaut commence à 9 heures L. XVI donne immédiatement l'ordre aux Suisses de cesser le feu et de regagner leurs casernes (Courbevoie). En chemin, ils sont massacrés par les Républicains (786 †, dont 26 officiers). Autres défenseurs tués : env. 20. Assaillants : 98 †, 270 blessés. L. XVI est suspendu (par 250 voix et 550 abstentions sur 800 votants), puis enfermé au Temple avec sa famille.

La monarchie pouvait-elle se réformer ?

Il y avait 2 solutions possibles :

1° LE « DESPOTISME ÉCLAIRÉ », tel qu'il existait en Autriche (Marie-Thérèse, Joseph II), Prusse (Frédéric II), Russie (Catherine II), Espagne (Charles III) : solution choisie par Louis XV et Maupeou en 1771. *Obstacle :* l'ancienneté et la puissance de la noblesse française (la noblesse espagnole trop pauvre ; les noblesses d'Europe orientale, presque exclusivement rurales, ont cédé devant leurs monarchies ; Napoléon pourra, en 1804, créer un despotisme monarchique français, grâce à la disparition du corps nobiliaire, due à l'émigration). L. XV en imposait suffisamment à ses gentilshommes pour devenir, au-dessus d'eux, un « despote éclairé » (mais il est mort moins de 3 ans après sa « révolution » de 1771). Avec L. XVI, l'échec était certain.

2° LA MONARCHIE CONSTITUTIONNELLE de type anglais (un Parlement élu, mais tenant ses pouvoirs d'une charte royale, contrôle finances et pouvoir exécutif). C'est la solution cherchée en 1787-89, la plus à la mode, après les analyses de Montesquieu. Elle supposait un monarque incontesté conférant aux corps intermédiaires un pouvoir légitime. Ce sera le cas en 1814 : L. XVIII pourra « octroyer » une charte constitutionnelle, étant alors la seule autorité valable dans le pays (la seule reconnue par les puissances occupantes). En 1789-92, au contraire, les Ass. ont dû aller chercher leur légitimité dans la « volonté du peuple » (théorie rousseauiste et antimonarchique).

Terreur

Total. *Les Statistiques des victimes* sont incertaines [beaucoup d'archives de la Révolution ayant été détruites dans les incendies allumés par les Communards en 1871 (pour Paris, on a conservé seulement 2 795 copies d'actes de décès)].

Le chiffre de 260 000 † chez les Vendéens et les Chouans est souvent admis (voir p. 588). Comme il s'agit de 3 départements (Vendée, M.-et-L., L.-Atl.) particulièrement éprouvés, on ne peut extrapoler pour l'ensemble du territoire mais tabler sur env. 520 000 à 650 000 † (?).

Exemples de bilans dressés par des particuliers

● **Par le bourreau Charles Sanson** (dans ses *Mémoires*), pour la période du 14-7-1789 au 27-10-1795. Mis à la lanterne, tués dans les châteaux 400. Suite des guerres civiles 32 000. Massacres de Septembre 3 400. Morts par guillotine 13 800. Extermination en Vendée et Chouannerie 180 000. Républicains tués par les Chouans 87 000. Famine et peur 7 000. Émigrés morts à l'étranger ou guillotinés 14 000. Fusillés, mitraillés, noyés en province 18 500. Massacres des Blancs et hommes de couleur aux colonies 50 000. Jacobins mis à mort dans le Midi 14 600. Le roi, la reine, la sœur du roi, le prince du sang 4. Le dauphin 1. Morts aux armées 290 000.

● **Par Louis-Marie Prudhomme** (1752-1830), dans *Histoire générale et impartiale de la Révolution* (1797). *Total des guillotinés 18 613,* dont : ci-devant nobles 1 278. Femmes 750. Femmes de laboureurs et d'artisans 1 467. Religieuses 350. Prêtres 1 135. Hommes non nobles de divers états 13 663. Femmes mortes de frayeur ou par suite de couches prématurées 3 748.

Morts de la Vendée 337 000, dont : femmes 15 000. Enfants 22 000. Morts dans la Vendée 300 000. Victimes à Lyon 31 000. Victimes de Carrier à Nantes 32 000 (dont enfants fusillés 500, noyés 1 500, femmes fusillées 264, noyées 500, prêtres fusillés ou noyés 760, nobles noyés 1 400, artisans noyés 5 300).

Nombre d'appareils de justice (« guillotines ») (fixé par le décret du 13-6-1793) : 1 par département.

A Paris du 21-1-1793 au 9-9-1795 : 2 794 guillotinés, dont 1 376 entre le 10-6 et le 28-7-1794 (de la loi de Prairial au 9 thermidor). *Maximum quotidien :* 7-7-1794 : *68 ;* 29-7-1794 (11 thermidor) : *70. Age des guillotinés :* de 16 à 81 ans (Louis XVI : 39).

En province, dans 6 départements : il n'y eut aucune exécution, dans 31 autres : — de 10, dans l'ensemble. 42 000 guillotinés dont : *17 000* à la suite d'un procès, par ex. : Orange 332 [on exécutait aussi par fusillade, le rendement de la guillotine étant insuffisant (notamment le 28-5-1793 : 16 guillotinés pour 45 fusillés)] ; Bayonne (1794) 62 ; Bordeaux 298 ; Arras 391 ; Rennes 267 ; *25 000* par simple décision administrative (hors-la-loi : rebelles, émigrés ou déportés rentrés clandestinement). **Conventionnels.** Sur 749, 56 guill., 27 † de mort violente, 15 † fous.

Exécutions hors guillotine : à Paris, pendant la dictature de la commune (tribunal criminel du 17-8-1792) et dans les départements insurgés.

Armes blanches et massues : Paris (août-sept. 1792) : 1 395 †, dont 420 ne purent être identifiés (cadavres mutilés ou brûlés). Bois de Beaurepaire en Vendée (déc. 1793) : 300 femmes, etc. (le 17-1-1794 Turreau prescrit les exécutions à la baïonnette pour épargner les munitions).

Canonnade : Lyon (plaine des Brotteaux, du 4-12 au 27-12-1793) : 1 876 exécutions. Les canons sont chargés à mitraille.

Fusillade : Toulon (du 20-12 au 25-12-1793) : 800 exécutions. Noirmoutier (mai 1794) : 1 200 prisonniers exécutés avec d'Elbée. Auray (1795) : 781, etc.

Noyade : Nantes (du 3-10 au 31-12-1793) : 4 800, dont 2 000 la semaine de Noël (chiffre maximal le 23-12 : 800). Voir le bilan de Prudhomme, ci-dessus.

Dictature de la Commune 10-8/21-9-1792

10-8 les 180 sectionnaires au pouvoir à l'Hôtel de Ville depuis la veille introduisent 108 membres supplémentaires (soit un total de 6 par sections) dont Robespierre, Hébert, Fouquier-Tinville ; 11-8 la Législative remet les pouvoirs à un *Conseil exécutif provisoire* de 7 membres : Danton, à la fois substitut de la commune et min. de la Justice, y exerce tous les pouvoirs ; 16-8 la commune, érigée en Assemblée souveraine, crée 6 comités exécutifs dont le comité de surveillance (où Marat entrera le 2-9) qui a des pouvoirs dictatoriaux. Il envoie des commissaires en province pour contacter les comités locaux ; 17-8 création du *Tribunal criminel* (Pt : Robespierre, qui démissionne aussitôt), pour juger les crimes commis le 10-8 ; *guillotine* dressée Place du Carrousel (6 exécutions à partir du 21-8) ; 20-8 La Fayette quitte la Fr. avec son état-major ; 24-8 échauffourées à Bressuire (Deux-Sèvres) ; 26-8 bannissement des réfractaires ; 29-8 le Tribunal criminel décrète perquisitions nocturnes à domicile et arrestations des suspects (env. 12 000 emprisonnements) ; 30-8 la Législative décrète la suppression de la commune, mais menacée d'une insurrection par le procureur Manuel, retire son décret ; 31-8 la commune organise sur le Champ de Mars des levées de volontaires pour défendre Verdun (assiégé dep. le 29-8) : 1 800 hommes partent chaque jour, équipés par ses soins ; 2/5-9 **massacres de Septembre** [*causes :* 1° émotion causée dans les Sections par la capitulation de Verdun (le 2-9, les Prussiens sont accueillis avec des fleurs par la population royaliste) ; 2° discours de Danton à l'Ass. législative, dénonçant les traîtres ; 3° agissements de Marat (entré au Comité de surveillance), qui pousse à l'action des « tribunaux improvisés] ; l'écrivain Jacques Cazotte (1719-92, guill.), commissaire de la marine, est sauvé par sa fille (qui trinque avec les bourreaux, dans un verre taché de sang ; on dira ensuite qu'elle a accepté de boire du sang) ; les prisonniers (de droit commun et politiques) sont égorgés dans les prisons de Paris (1 395 †, dont 223 prêtres) ; une circulaire de la commune de Paris, envoyée aux municipalités de province, déclenche les mêmes massacres dans les prisons de Versailles, Meaux, Reims, Orléans, Lyon (env. 300 †) ; 20-9 création de la *carte civique* (obligatoire ; délivrée par le Pt de la section, signée par les secrétaires ; appelée « certificat de civisme » et devant être présentée à toute réquisition ; accompagnée dans certains cas d'un certificat de non-suspicion et d'un c. de non-émigration).

Ire République 22-9-1792/25-10-1795

Convention girondine (21-9-1792/31-5-1793)

1792 21-9 fin de la Législative, *entrée en fonction de la Convention :* 200 Girondins (droite), 140 Montagnards [gauche ; il y a une extrême gauche, formée du « triumvirat » : Claude Basire (1764-94, guill.), François Chabot (1759-94, guill.) et Antoine Merlin de Thionville (1762-1833)], 160 centristes qui se rallieront aux Montagnards. Sur 749 conventionnels, on compte 15 cultivateurs et 1 ouvrier. Dès la 1re séance, la proposition « la royauté est abolie en France » est votée à l'unanimité ; 22-9 j. choisi comme le 1er j. de la Rép. et le point de départ du calendrier rép. ; 20-11 découverte de *l'armoire de fer* [où L. XVI gardait des papiers compromettants (correspondance avec Mirabeau, La Fayette, Talon, Dumouriez, etc.)] ; 27-11 Savoie annexée (départ. du Mt-Blanc) ; 2-12 dissolution de la « commune des Sections » [Pétion remplacé par le girondin Chambon, à la tête d'une « commune provisoire », formée de 12 commissaires (4e commune)] ; 11-12 L. XVI prend comme avocats : François Tronchet (1726-1806), Guillaume de Malesherbes (1721-94, guillotiné) et Romain de Sèze (1748-1828). **1793** 17-1 L. XVI condamné à mort : 3 questions : culpabilité (707 oui, 0 non) ; ratification par le peuple (424 oui, 287 non) ; peine [pour la mort 366, détention et bannissement 319, fers 2, mort avec clause restrictive 34 (possibilité de commutation 1, discussion sur l'époque de l'exécution 23, sursis jusqu'à l'expulsion des Bourbons 8, jusqu'à la paix 2) ; la majorité absolue était de 361 (721 votants). La mort a donc été votée à une majorité de 5 voix (en réalité 13 votes pour la mort étaient nuls : Saint-Just, âgé de moins de 25 ans ; Robert, député de Paris, non-Français ; 4 dép. non inscrits ; 4 suppléants n'ayant pas le droit de vote ; 3 dép. ayant voté après s'être récusés)] ; 21-1 L. XVI exécuté place de la Révolution (actuellement pl. de la Concorde) : il veut parler au peuple mais les tambours de la Garde nat. (commandés par Santerre) couvrent sa voix ; enterré cimetière de la Madeleine (actuellement bd Haussmann) ; 28-1 le dauphin est proclamé roi (L. XVII) par les émigrés (Cte de Provence, régent ; Cte d'Artois, lieutenant-général du roy.) ; 4-2 comté de Nice annexé (dép. des Alpes-M.) ; 14-2 les Montagnards reprennent la commune de Paris [maire : Pache ; procureur : Chaumette ; substitut : Hébert ; sous le nom de « triumvirat », il fait de la municipalité un foyer d'insurrection (5e commune, dominé par un « comité central des 33 sections » siégeant à l'Archevêché, et intervenant constamment dans la salle de la Convention)] ; 7-3 canton de Porrentruy annexé (partie cathol. de l'anc. évêché de Bâle ; dép. du Mont-Terrible) ; 10-3 institution du tribunal révol. (malgré l'opposition des Girondins) ; 19-3 les biens des condamnés à mort sont déclarés nationaux ; 6-4 établissement du *Comité de Salut Public ;* 11-4 cours forcé de l'assignat ; 4-5 *loi du maximum* sur le prix du grain.

Suite p. 587.

Quelques personnages de la Révolution et de l'Empire

Bailly, Jean-Sylvain (1736-93). Fils du conservateur des tableaux du Louvre, fait de la littérature et de l'astronomie, et appartient en 1785 aux 3 Académies (Française, Beaux-Arts, Sciences). Orateur larmoyant, surnommé « le Pleureur ». Pt des états généraux, est l'auteur principal du coup d'État du 23-6-89 (Jeu de Paume). Populaire (élu maire de Paris 14-7-89). Se rallie à L. XVI (surtout à la reine) : passe pour avoir favorisé leur départ pour Varennes. Fait proclamer la loi martiale le 25-6, pour le retour du roi, ce qui permet à La Fayette de faire tirer sur les pétitionnaires dantonistes réclamant, au Champ de Mars, le « remplacement » du roi (17-7-91). Haï, il démissionne de la mairie (12-11-91). Arrêté à Melun le 5-9-93, il témoigne le 15-10 en faveur de Marie-Antoinette, ce qui lui vaut d'être condamné à mort le 10-11 ; il est exécuté le 12-11 sur le Champ de Mars (« lieu de son crime »).

Barras, Paul, Vte de (1755-1829). Ancien cap. de l'armée roy., conventionnel régicide, célèbre par la cruauté avec laquelle il épure Toulon en déc. 1793. Ennemi personnel de Robespierre, il assure le succès du 9 Thermidor en prenant le commandement des sections modérées. Grâce à plusieurs tirages au sort favorables, il est le seul Directeur à être resté en charge sans interruption de 1794 à 99. C'est lui qui protège Bonaparte et lui fait réussir son coup d'État du 18 Brumaire. Il comptait sur lui pour rétablir les Bourbons, avec qui il était en contact dep. 1797. Mais il est joué par Bon. qui le laisse sans fonctions ni dignités sous l'Empire. En 1816, il est le seul régicide à ne pas être inquiété par les Bourbons.

Bernadotte, Jean-Baptiste (1763-1844). Fils d'un avocat béarnais, s'engage dans l'armée en 1780, sergent-major en 1789, colonel 1792, g^{al} de brigade 1793, de division 1794 (un des vainqueurs de Fleurus), de corps d'armée avec Jourdan 1796 ; rejoint Bonaparte en Italie avec 20 000 h. 1797 (chargé de porter au Directoire les drapeaux pris à l'ennemi) ; ambassadeur à Vienne 1798 ; épouse Désirée Clary, belle-sœur de Joseph Bonaparte (et, ex-fiancée de Napoléon), 1798. Min. de la G. 1799 (reproche à Bon., revenu d'Égypte, d'avoir « déserté »). Réconcilié en 1804 avec lui, nommé maréchal et P^{ce} de Ponte Corvo. Prend part à plusieurs campagnes 1805-09, mais s'entend mal avec l'emp. Élu P^{ce} royal de Suède 1810 (par reconnaissance, pour avoir fait relâcher 1 600 mercenaires suédois prisonniers en 1806). Rompt avec Nap. qui a occupé la Poméranie suédoise 1811 ; s'allie à la Russie 1812 ; l'un des vainqueurs de la bataille de Leipzig 1813 ; tente à Paris de recueillir la succession de Nap. 1814, mais est conspué par la foule. Devient roi de Suède 1828, sous le nom de Charles XIV ; accueille les descendants de Fouché, dont il fait des ducs suédois.

Carnot, Lazare (1753-1823). Officier du génie, maintenu au grade de lieutenant, comme roturier. Fréquente Robespierre à Arras. Membre du club jacobin d'Aire-sur-Lys en 1790 ; député à la Législative, puis à la Convention (vote la mort du roi). En mission à l'armée des Pyrénées (sept. 1792), puis à l'armée du Nord (juin 1793). Entre au Comité de Salut public en juillet 1793, responsable des armées ; décrète la levée en masse le 23-9-1793. Surnommé l'« *Organisateur de la Victoire* », quitte le Comité le 5-3-1795. Élu au Conseil des Cinq-Cents en 1795, il se rallie aux royalistes en 1797, et doit s'exiler après le coup d'État de Fructidor (1798). Rentré en France après le 18 Brumaire, siège au Tribunat de 1802 à 1807, tenu à l'écart par Nap. qui le sait trop populaire. En 1814, défend Anvers contre Bülow ; rallié à Louis XVIII ; puis de nouveau à Nap. (min. de l'Intérieur pendant les Cent-Jours). Après Waterloo, essaye de devenir Pt d'une nouvelle rép. ; exilé comme régicide, meurt à Magdebourg.

Cloots, Jean-Baptiste, dit Anacharsis (1755-94). Sujet prussien (né à Clèves), fils du baron de Gnadenthal, ayant francisé son nom en Val-de-Grâce, neveu du philosophe hollandais Cornelius de Pauw. Élevé à la française, étudiant en philo. à Paris, devient militant athée. Hérite de 100 000 livres de rente 1776. Entre au Club des Jacobins août 1789 ; parcourt la Bret. 1789-90, répandant les idées jacobines ; le 19-6-1790 (anniversaire du Jeu de Paume) organise à la Législative une manifestation internationale (ambassadeurs des peuples souverains opprimés) ; surnommé l'« Orateur du genre humain » ; élu à la Convention, vote la mort du roi et l'élimination des Girondins. Organise le culte de la Raison, se brouillant avec Robespierre, théiste. Arrêté comme étranger, il est incarcéré 2 mois ½ à St-Lazare, puis jugé et guillotiné avec les hébertistes.

Danton, Georges (1759-94). Avocat parisien, il fréquente noblesse et grande bourgeoisie libérale ; il tente de faire proclamer la déchéance du roi, dès l'arrestation de Varennes. Poursuivi par La Fayette, il s'enfuit en Angl. pour 6 semaines. Il joue un rôle capital dans l'émeute du 10-8-1792, qui renverse L. XVI. Min. de la Justice du gouv. provisoire, il démissionne en sept. pour rester simplement député à la Convention, qu'il domine par son éloquence. C'est lui qui fait tomber les Girondins en juin 1793 et qui remplace le gouv. d'Assemblée par celui du Comité exécutif, dont il est exclu, le 10-7, par les Robespierristes. Il entre alors en lutte avec ce comité, en recherchant, comme les Hébertistes, l'appui de la Commune. Le 19-3-1794, il prend le parti de Pache, maire de Paris, qui vient d'abandonner Hébert ; il est soupçonné de préparer à son tour une insurrection (chef militaire : Westermann). Devancé par ses ennemis du comité (Saint-Just et Billaut-Varennes), il est condamné à la guillotine après un procès illégal. On sait actuellement qu'il était payé par le duc d'Orléans. Après la mort de celui-ci (6-11-1793), il était soupçonné d'aspirer à la « régence » (?).

David, Louis (1748-1825). Célèbre peintre, rallié à la Révolution, auteur du *Serment du Jeu de Paume*. Élu à la Convention, il vote la mort du roi et se rallie à Robespierre. Arrêté le 2-8-94 (15 Thermidor), il est relâché pour pouvoir travailler à ses toiles dans son atelier, mais est arrêté de nouveau après l'émeute « crêtoise » de Prairial (22-5-95). Amnistié le 4 Brumaire (26-10-95), il se rallie à Bonaparte et devient le peintre officiel de l'Empire. Exilé comme régicide, meurt à Bruxelles.

Desmoulins, Camille (1760-94). Bourgeoisie de robe ; condisciple de Robespierre à Louis-le-Grand. Avocat à Paris, élu aux états généraux (tiers état) en 1789. D'abord partisan de Mirabeau, fonde en nov. 1789 le journal *les Révolutions de France et de Brabant*. En 1792, se rallie à Danton qui le nomme après le 10 août secr. gén. du min. de la Justice. Élu à la Convention, il siège à la Montagne, où il polémique avec les Girondins. Mais leur mise à mort le bouleverse, et il lance le 30-10-1793 le journal *le Vieux Cordelier*, où il défend la politique (de Danton) contre le Comité de Salut public. Il lui reproche notamment l'épuration sanglante des « nouveaux Cordeliers », les *Enragés* ou Hébertistes. Guillotiné avec les dantonistes le 5-4-1794. Sa femme Lucile, n. 1771, ép. 29-12-1790, guillotinée le 13-4-1794, était la fille naturelle de l'abbé Terray (1715-78), min. de Louis XV.

Dumouriez, Charles François Du Périer, dit (1739-1823). Ancien agent secret de Louis XV ; mis à la Bastille pour avoir travaillé contre l'Autriche en faveur du roi de Prusse. Il se rallie ensuite aux Orléans, et tente d'amener sur le trône Philippe Égalité. Il négocie avec l'armée prussienne en 1792 pour la séparer des Autrichiens, favorables à L. XVI, et arrive à la faire se replier à Valmy. Il conquiert les P.-Bas sur les Autr. après sa vict. de Jemmapes où combat le fils du duc d'Orléans. Mais il perd la bataille de Neerwinden (févr. 1793). Menacé d'arrestation, il livre les commissaires à l'ennemi et s'enfuit lui-même en Allemagne. A la Restauration, L. XVIII refusera de lui pardonner ses manœuvres orléanistes et le laissera finir sa vie en exil.

Fouché, Joseph (1754-1820, duc d'Otrante 1809). Religieux oratorien, professeur au Collège de Juilly, élu député à la Convention. Vote la mort du roi. Célèbre par la cruauté avec laquelle il épure la ville de Lyon en nov. 1793. Menacé par Robespierre, il est avec Barras l'un des organisateurs du 9 Thermidor. Nommé ministre de la police en 1798, il aide Bonaparte à devenir consul, et reste l'un des plus sûrs soutiens de son régime jusqu'en 1810. Il amasse une fortune considérable et, en 1814, il espère pouvoir se rallier aux Bourbons. Exilé en 1816, comme régicide, il se réfugie en Autriche ; ses descendants, protégés par Bernadotte, sont devenus ducs suédois.

Fouquier-Tinville, Antoine (1746-95). Fils de paysans picards, procureur au Châtelet de 1773 à 1783. Révoqué pour inconduite, devient commis dans les bureaux de la police. Organise, sous la direction de Danton, l'émeute du 10 août qui renverse la monarchie ; nommé aussitôt directeur du jury d'accusation puis substitut, et enfin (10-3-1793) accusateur public du tribunal criminel. Chargé, pendant 17 mois, de toutes les causes importantes, notamment Marie-Antoinette, Philippe Égalité, les 22 députés girondins, Hébert, Danton, Camille Desmoulins, qu'il envoie tous à l'échafaud. Le 10 Thermidor, il « constate l'identité » de Robespierre (contre lequel il n'a pas à requérir, puisqu'il s'agit d'un hors-la-loi) et l'envoie à son tour à l'échafaud. Exécuté le 6-5-1795, après 41 jours de procès.

Hébert, Jacques (1757-94). Fils d'un orfèvre parisien, débute à 16 ans dans la presse clandestine ; emprisonné, condamné au bannissement, puis acquitté en appel, vit à Paris en 1786 comme commis au théâtre des Variétés. Profite de la liberté de la presse (1789) pour publier de nombreux pamphlets, usant volontairement d'un style populacier, entrecoupé de jurons (surnommé le « Homère de l'ordure ») : fonde *le Père Duchesne* en juill. 1790. Arrêté par les Girondins le 24-5-1793, libéré par une émeute populaire. Après la mort de Marat (14-7), il est l'idole des sectionnaires parisiens ; en octobre, lance une campagne contre Marie-Antoinette (l'accusant notamment de relations incestueuses avec son fils). Le 4-3-1794, il tente de remplacer la Convention par la Commune, et le comité de Salut public par un Tribunal Suprême, avec Pache, maire de Paris, comme « grand-juge ». Mais celui-ci se dérobe. Hébert est guillotiné le 24-3-1794. Sa veuve, la « Mère Duchesne », est exécutée le 13-4.

Hoche, Lazare (1768-97). Ennemi du G^{al} royaliste Pichegru, qui arrive à le faire mettre en prison en 1794. Considéré comme le bourreau des émigrés, après la bataille de Quiberon, il ne peut obtenir l'appui de la marine, demeurée royaliste et il échoue dans ses tentatives de débarquement en Irlande. Sollicité par Barras pour faire le coup d'État rép. (1797), réussi plus tard par Bonaparte, il est nommé ministre de la G., et amène des troupes à La Ferté-Alais ; dénoncé par Pichegru, il doit renoncer. Il meurt tuberculeux quelques semaines plus tard à Wetzlar (All.). Son corps n'est pas au Panthéon, car ses descendants, devenus royalistes, s'y sont opposés en 1871. Mais son nom est souvent cité à côté de celui de Marceau, comme symbole des vertus militaires de la Ire Rép.

Controverse sur Hoche. Hoche a été accusé d'avoir trahi sa parole en accordant une capitulation aux émigrés débarqués à Quiberon (en majorité des off. de la marine royale), puis en les livrant, après leur reddition, aux tribunaux révolut. d'Auray qui les ont mis à mort. Il s'est toujours défendu d'avoir accordé une capitulation écrite (son adjoint, Rouget de Lisle, ancien officier du roi, avait persuadé Sombreuil de rendre son épée à Tallien). Lui-même n'aurait promis la vie sauve à personne. Ses paroles exactes, selon Rouget de Lisle, auraient été celles-ci : « Allez leur signifier de mettre bas les armes ou qu'ils sont jetés à la mer (sic) ».

Kellermann, François (1735-1820). Hussard alsacien, volontaire pendant la g. de Sept Ans, un des rares généraux roturiers de l'Ancien Régime [maréchal de camp en 1788 (53 ans), commandant mil. en Alsace]. Se rallie à la Révolution en 1789. Cdt de l'armée d'Alsace 1791 ; prend l'offensive en Sarre 1792, puis bat en retraite jusqu'à Valmy (voir Index), où l'ennemi recule sans bataille livrée. Considéré comme le « vainqueur », affecté à l'armée de la Moselle, échoue devant Mayence et passe en jugement (acquitté). Contribue à la reprise de Lyon révolté. Emprisonné 13 mois, pour mollesse lors du siège de Lyon 1793-94. Acquitté le 8-11-94 (après Thermidor). Commandant de l'armée des Alpes en 1795, il rend service à Bonaparte qui le nommera sous l'Empire maréchal (1804) et duc de Valmy (1808).

Kléber, Jean-Baptiste (1753-1800). Alsacien. Sert d'abord comme officier dans l'armée bavaroise ; s'enrôle en 1789 dans la garde nationale et se rend célèbre par sa bravoure au siège de Mayence. Commande ensuite l'avant-garde des « Mayençais » contre les Vendéens, refusant d'être G^{al} en chef, mais l'est devenu malgré lui et par surprise en Égypte : Bonaparte s'était enfui secrètement en lui laissant le commandement. Gouverneur de l'Ég. (1799-1800), il essaie de négocier une évacuation honorable, meurt assassiné par un mameluk.

La Fayette, Gilbert Motier, Mis de (1757-1834). Vieille noblesse auvergnate. Libéral et franc-maçon, dévoué au duc d'Orléans, prend part à la guerre d'Indépendance américaine, et devient populaire. Député de la Noblesse aux États Généraux, nommé le 15-7-1789 commandant de la Garde nationale ; influent à la Cour, préconise une monarchie constitutionnelle garantissant les libertés. Après la fuite du roi à Varennes (juin 1791), sauve la monarchie, accréditant la thèse de l'enlèvement du roi. Le 17-7-1791, fait tirer au Champ-de-Mars sur des « pétitionnaires » demandant, par ordre de Danton, le « remplacement » de Louis XVI ; devient impopulaire. Le 20-4-1792, prend la tête de l'armée du Nord, et négocie avec les Autr. : en échange d'un armistice, il emmènera son armée à Paris pour rétablir la monarchie constitutionnelle. Décrété d'accusation le 19-7, passe chez les Autr. ; prisonnier jusqu'en 1797. Ne joue aucun rôle sous Consulat et Empire. Député pendant les Cent-Jours, fait proclamer la déchéance de Nap. Chef de l'opposition libérale pendant la Restauration, prend une part importante à la Révolution de 1830 (fidèle aux Orléans, il fait triompher Louis-Philippe, refusant la présidence d'une nouvelle république).

Lannes, Jean (1769-1809). Fils d'un garçon d'écurie ; apprenti teinturier, s'engage en 1792 dans l'armée des Pyr.-Or. Chef de brigade 1795 ; combat en Égypte 1799 : G[al] de division. Vainqueur des Autrichiens à Montebello 16-4-1800. M[al] d'Empire 1804 (le seul qui ait tutoyé l'empereur). Duc de Montebello 1808. S'empare de Saragosse 1809. Tué à Essling 1809 ; enseveli au Panthéon 1812.

Marat, Jean-Paul (1743-93). Médecin en Angl. se fixe à Paris en 1777 ; le Cte d'Artois le nomme médecin de ses gardes du corps. Un de ses livres, *Plan de législation criminelle,* est mis au pilon sur ordre du procureur Brissot. Le 12-9-1789, fonde le journal *l'Ami du Peuple,* subventionné par le duc d'Orléans : s'oppose aux cadres bourgeois de la Révolution, notamment aux Brissotins (Girondins). Mais depuis le 10-8-1792, il a un 2e journal, *le Journal de la Rép. fr.,* où il défend les institutions rép. contre les démagogues. Assassiné dans sa baignoire, le 14-7-93, par une jeune fille de la noblesse normande, Charlotte de Corday d'Armont (1768-93, guill.), arrière-petite nièce de Corneille. Chateaubriand a surnommé Marat le « Caligula des carrefours » (on ignorait au XIXe s. la collusion de Marat et du duc d'Orléans).

Marceau, François (1769-96). Simple soldat de l'armée royale, devient G[al] de l'armée rép., après plusieurs victoires sur les Vendéens (nov. 93) ; G[al] en chef de l'armée de l'Ouest, il remporte les victoires décisives du Mans et de Savenay. Affecté ensuite aux armées de « Sambre et Meuse », il acquiert une grande réputation. Abattu par un tireur d'élite autrichien le lendemain de la bataille d'Altenkirchen (19-9-1796). Considéré comme un héros (déposé au Panthéon en 1889).

Masséna, André (1758-1817). Niçois, né Sarde. S'engage en 1775 dans la marine fr. Ne peut être officier (roturier) et quitte le service en 1786 ; tient une épicerie à Antibes. Volontaire dans le bataillon du Var 1792. G[al] de brigade 1793 (participe à la bat. de Loano, 23-11). Remporte les victoires de Diégo, Lodi, Rivoli 1796-98 (sous le com. de Bonaparte). Surnommé l'« Enfant chéri de la Victoire ». S'enrichit par des rapines en Italie. G[al] en chef en Suisse 1799 ; écrase les Russes à Zurich. Défend Gênes contre les Autr., permettant la vict. de Marengo 18-6-1800. Nap. le jalousait ; il le crée M[al] en 1804, duc de Rivoli 1808, duc d'Essling 1811, mais lui reproche ses défaites en Esp. (1812-13) et le disgracie (retraite au château de Rueil).

Mirabeau, Honoré Riquéti, comte de (1749-91). Ancienne noblesse provençale, d'origine it. Neveu de l'économiste Victor de Mirabeau (1715-89). Débauché, il passe de nombreuses années en prison (condamnation à mort par contumace en 1771). Franc-maçon, publie de nombreux ouvrages politiques, dont un éloge du Grand Frédéric : *la Monarchie prussienne,* écrit sous sa direction par des rédacteurs appointés. Avocat, bon orateur, est élu en 1788 aux États Généraux par le tiers-état de Provence (la Noblesse l'a refusé, à cause de ses condamnations). Auteur du coup d'État du 23-6-1789, dit « du Jeu de Paume », qui transforme les États Généraux en Constituante. Ne peut être ministre, la Constituante ayant décidé que ses membres ne pourraient l'être (mesure le visant personnellement). Se rallie alors secrètement à Louis XVI (dont il reçoit de fortes sommes). Avant de mourir (avril 1791), il conseille au roi de s'enfuir en province et de reconquérir Paris par les armes. Son ralliement à L. XVI fut découvert le 20-11-1792 (grâce à « l'armoire de fer »).

Moreau, Jean (1763-1813). Avocat, devenu officier de la Garde nationale. G[al] en janv. 1794 (30 ans), victorieux des Autr. en Belg. Se brouille avec la Rép. en juill. 1794 (père guillotiné à Brest) et se rallie secrètement à Pichegru (royaliste) tout en continuant de combattre les Autr. Sa plus belle victoire est celle de Hohenlinden (3-12-1800) qui éclipse Marengo. Bonaparte le traite alors en suspect. M. est compromis dans le complot royaliste de Pichegru et de Cadoudal en 1803-04 ; condamné à l'exil, il va rester 8 ans aux États-Unis. Conseiller mil. des Alliés en 1813, il est tué aux côtés du tsar à la bataille de Leipzig. L. XVIII l'a nommé maréchal de Fr. à titre posthume.

Ney, Michel (1769-1815). Fils d'un tonnelier sarrois, sert dans l'armée de Hoche, désapprouve le coup d'État du 18 Brumaire. Mais, en 1802, épouse une amie intime de Joséphine, Aglaë Auguié, et reçoit le bâton de M[al] en 1804. Surnommé « le Brave des braves », nommé duc d'Elchingen 1808, et P[ce] de la Moskowa 1812, sauve les débris de la grande armée en Russie. 1814, à la tête des G[aux] mécontents, force Nap. à abdiquer et se rallie à Louis XVIII. Nap. (rentrant de l'île d'Elbe) lui assure agir avec le consentement du Congrès de Vienne. Ney se rallie à lui, mais combat mollement en Belg., n'exploitant pas la victoire de Ligny et commettant de grosses erreurs à Waterloo. Condamné à mort et fusillé le 7-12-1815 au terre-plein de l'Observatoire ; le bruit a couru que son exécution était une mise en scène et qu'il avait fini ses jours aux États-Unis (voir Ney à l'Index).

Philippe Égalité, Louis, Philippe, Joseph, duc d'Orléans, dit — (1747-93). Prince du sang, l'homme le plus riche d'Europe après son mariage (1769) avec Adélaïde de Penthièvre, héritière des biens des légitimés. Grand-Maître du Grand-Orient de France. Ambitieux, décidé à monter sur le trône, il était considéré par Marie-Antoinette et les frères du roi comme le personnage clé de la Rév. Les historiens modernes reviennent à cette opinion (abandonnée au XIXe s.), tout en admettant qu'il n'était pas à la hauteur du rôle qu'il voulait jouer. Grâce à son immense fortune, il a pu avoir à sa solde plusieurs grands chefs révolutionnaires : des modérés comme Lafayette, Talleyrand et Dumouriez, mais aussi des démagogues, comme Marat, Hébert, Danton, Desmoulins. Il n'a pourtant pu acheter ni les Girondins (républicains de tendance rationaliste), ni les Robespierristes, républicains de tendance rousseauiste, notamment Billaud-Varenne, son adversaire acharné (le surnom d'*Incorruptible* donné à Robespierre vient de là). *1789 :* rejoint le tiers état ; réunit les opposants au Palais-Royal, et organise les journées des 5/6 octobre. *1790 :* émigre en Angleterre, mais revient en juill. *1791 :* tente de se faire nommer roi après Varennes : la fusillade du Champs-de-Mars naît d'une rivalité entre Danton (qui a réclamé le « remplacement » de Louis XVI) et La Fayette (entraîné par Bailly, rallié à la reine). *1792, sept.* élu à la Convention, prend le nom de Phil. Ég. *1793,* janv. vote la mort de Louis XVI. Févr. compromis par la fuite de son fils et de Dumouriez. *6-4* arrêté par la Commune, il perd ses moyens d'action, ses biens étant mis sous séquestre. Danton, membre du Comité de Salut public, le fait envoyer à Marseille, comme membre de la famille Capet (il est acquitté par le tribunal local). *Sept.* Billaud-Varenne, entré au Comité, le fait inscrire sur la liste des Girondins (avec qui il n'a aucun rapport). *6-11* ramené à Paris, il est jugé et guillotiné dans la journée. Après sa mort, il semble que Danton ait contacté son fils (se faisant soupçonner d'aspirer à la « régence »).

Pichegru, Jean-Charles (1761-1804). Fils d'un paysan ; volontaire dans l'artillerie pendant la g. d'Amérique (1780-83) ; adjudant à Besançon, Pt d'un club le 9-10-1792, élu lieutenant-colonel. 1793, 22-8 G[al] de brigade ; 23-8 de division ; 27-10 G[al] en chef de l'armée du Rhin ; 24-12 vainqueur à Wissembourg. 1794, 8-2 G[al] en chef de l'armée du Nord ; conquiert Belg. et Holl. (prend la flotte holl. bloquée par les glaces à Texel 20-1-1795). 1795-96, commandant en chef contre les Autr., il se rallie aux royalistes et se fait battre volontairement. 1796, janv. contraint de quitter l'armée ; élu Pt des Cinq-Cents (conservateur). 1797, 12-4 déporté à la Guyane, après le coup d'État rép. de Fructidor, 4-10-1797. 1798, juin s'évade et se réfugie à Londres, où il fait équipe avec Cadoudal. 1803, secrètement à Paris ; dénoncé, emprisonné au Temple, où il est retrouvé étranglé (sans doute par ordre de Bonaparte), le 5-4-1804.

Robespierre, Maximilien (1758-94). Avocat d'Arras, député du Tiers aux États Généraux ; défend des thèses démocratiques d'origine rousseauiste et, en mai 1791, fait passer dans la Constitution l'article affirmant le *droit de pétition,* qui paralysera les assemblées. Orateur du Club des Jacobins sous la Législative, il préconise l'élection d'une convention au suffrage universel. Membre de la Commune insurrectionnelle après le 10-8-1792, il devient, avec Danton, l'un des chefs de la Montagne à la Convention. Il utilise les « Sections » révolutionnaires parisiennes contre la Conv. modérée, en multipliant les interventions de *pétitionnaires,* favorables à ses thèses. Mais la Commune ayant passé au camp hébertiste, il remplace le 20-5-1794 le maire Pache par Fleuriot-Lescot, qui lui est tout dévoué et qui renonce à faire de la Commune un contre-pouvoir opposé à la Convention. Institue en juin 1794 le culte rousseauiste de l'Être Suprême et s'en nomme le chef, cumulant ainsi pouvoir religieux et p. politique. Sa dictature est sanglante et la mise à mort de ses ennemis prend souvent l'aspect d'un sacrifice religieux (on « immole » les ennemis du peuple). Renversé par des conventionnels qui craignaient pour leur vie. Les sections parisiennes qui tentaient, pour le sauver, de recourir de nouveau à l'action insurrectionnelle (chef : Hanriot), sont dispersées par les partisans de l'Assemblée.

Saint-André (Jean Bon), André Jeanbon, dit (1749-1813). Pasteur protestant de Montauban, il y fonde en 1789 la Sté Populaire, pour répandre les idées nouvelles. Élu à la Convention, il vote la mort du roi et entre au Comité de Salut public en juill. 1793. Chargé des affaires de la Marine, envoyé à Brest pour la réorganiser (sept. 93). Prend part à la bataille du 1-6-94 (13 Prairial An II) où sombra le *Vengeur.* En mission à Toulon lors du 9 Thermidor ; consul à Alger 1795-97, puis à Smyrne 1798-1801. Préfet du Mont-Tonnerre (Mayence) de 1803 à sa mort.

Saint-Just, Louis (1767-94). Fils d'un paysan, ancien soldat. Étudiant en droit à Reims, se trouve à Paris en 1789 ; lieutenant-colonel de la Garde nat. en juillet 1789, il escorte la voiture du roi lors du retour de Varennes (juin 1791). Élu à la Législative en sept. 1791 (invalidé car trop jeune), à la Convention en sept. 1792. Siégeant à la Montagne, joue un grand rôle dans la condamnation à mort du roi et dans la rédaction de la Constitution de 1793. Entré au Comité de Salut public en avr. 1793, il en est le porte-parole auprès de la Convention. Théoricien de la Terreur. Missions aux armées 16-10-93/4-1-94 : armée du Rhin, prend Bitche et délivre Landau ; 28-4-94 : armée du N., fait gagner par des offensives à outrance les batailles de Courtrai et Fleurus. Mais reste silencieux du 8 au 10 Thermidor (peut-être épuisé nerveusement ?), ce qui provoque la chute des robespierristes. Guillotiné.

Sieyès (prononcer si-yès), Joseph (1748-1836). Ecclésiastique (grand vicaire de l'év. de Chartres en 1787). Élu en 1789 député du tiers état, joue un rôle important aux journées du « Jeu de Paume » et au début de la Constituante. Puis se contente d'un rôle effacé, travaillant surtout à la rédaction des constitutions. Élu à la Convention, vote la mort du roi et se « déprêtrise » selon le rite officiel. Membre du Directoire en 1795, puis 1799, prend part au coup d'État du 18 Brumaire ; Bonaparte le nomme Consul provisoire le 19 Brumaire, puis l'écarte au profit de Cambacérès. Pt du Sénat sous l'Empire. Exilé comme régicide jusqu'en 1830.

Talleyrand, Charles-Maurice de (1754-1838, P[ce] de Bénévent 1806). Évêque d'Autun en 1788, il accepte de passer dans l'Église constitutionnelle et de consacrer les évêques const. de l'Aisne et du Finistère (1791). Il séjourne en Angl. et aux États-

Unis de 1792 à 1796, évitant de voter la mort du roi, mais travaillant pour les Orléans. Ministre des Aff. étr. en 1797, il choisit le camp de Bonaparte, l'aidant à réussir son coup d'État et amassant sous son règne une très grosse fortune. 1803, il épouse sa maîtresse, Mme Grand. 1814, se rallie aux Bourbons, qui lui reconnaissent son titre de prince de Bénévent, et le chargent de négocier le tr. de Vienne. Il vit maritalement avec sa nièce (épouse de son neveu Edmond de Périgord), la duchesse de Dino (1793-1862 ; née Dorothée de Courlande, Pcesse de Sagan). Sous Louis-Philippe, T. est récompensé de sa fidélité aux Orléans par de hautes fonctions, notamment l'ambassade de Londres. Meurt le 17-5-1838 après avoir reçu les derniers sacrements de Mgr Dupanloup (qui est son fils naturel).

Tallien, Jean Lambert, dit (1767-1820). Clerc de notaire. Rallié à la Révolution 1790, fonde la Société fraternelle du faubourg St-Antoine. 1791, directeur du journal *l'Ami du Citoyen.* Député à la Convention (sept. 1792), siège à la Montagne, vote la mort du roi. Membre du Comité de Sûreté générale, en mission à Bordeaux le 23-8-1793, fait tomber de nombreuses têtes, s'enrichit en vendant des grâces. Devient l'amant d'une Esp., Teresa Cabarrus, fille d'un banquier bordelais. Dénoncé, rappelé à Paris, suspect aux yeux des robespierristes (Teresa est emprisonnée), il organise le coup d'État du 9 Thermidor, qui abat Robespierre et sauve Teresa (surnommée « Notre-Dame de Thermidor »). Il accompagne Hoche à Quiberon, puis tombe dans l'oubli. Napoléon le nomme consul à Alicante ; ayant contracté la lèpre, il quitte ce poste et meurt, en 1820, dans la misère.

Convention montagnarde (31-5-1793/2-4-1794)

31-5 mise en accusation des *Brissotins* (Girondins) ; 30 dép. (dont Brissot, Vergniaud, Pétion, Barbaroux, Lanjuinais) et 2 ministres (Lebrun et Clavières) : 21 seront guillotinés le 31-10 ; 9 évadés dont Buzot, Barbaroux, Pétion, tentent de soulever la province et sont tués ou se suicident. Mme Roland sera guillotinée le 8-11, son mari (non-député) se suicidera le 10-11 ; 14-7 Marat assassiné dans son bain par Charlotte Corday [n. 1768 (guillotinée 17-7)] ; 1-8 la Convention décide de détruire les sépultures roy. à St-Denis ; le 10-8, les corps sont jetés à la voirie, les trésors pillés ; 17-9 *Loi des Suspects* (permettant d'arrêter « tous ceux qui doivent être considérés comme défavorables au régime nouveau ») ; 27-9 *Loi du maximum* (fixant un prix-plafond pour des produits courants autres que le grain : les hausses illicites sont punies de mort) ; 14-10 *procès de Marie-Antoinette* [avocats : Guillaume Tronson du Coudray (1750-98, déporté en Guyane) et Claude Chauveau-Lagarde (1756-1841) ; chefs d'accusation ; 1° manœuvres en faveur « des ennemis extérieurs de la Rép. » ; 2° complot pour allumer la g. civile ; exécution le 16-10 à 12 h 15 (ensevelie à côté de L. XVI)] ; 6-11 *exécution de Philippe Égalité* (duc d'Orléans) ; 10-11 établissement du *Culte de la Raison* (non officiel : Robespierre n'y participe pas) ; 19-11 les biens des accusés sont déclarés nationaux, même avant le procès (pour empêcher les donations entre vifs faites par les accusés sûrs d'être mis à mort) ; 8-12 mort en Vendée de Joseph Bara [(palefrenier, abattu par des voleurs de chevaux) : Robespierre organisera son culte, comme celui d'une victime de la barbarie royaliste].

1794 4-2 *esclavage aboli* dans les colonies ; 15-2 adoption comme *drapeau national* du pavillon de marine : bleu-blanc-rouge ; 14-3 arrestation de 21 *ultra-révolutionnaires* ou *Hébertistes,* du club des (nouveaux) Cordeliers (partisans de la Commune contre la Convention) : 19 exécutions le 24-3, dont Hébert et Cloots.

Dictature de Robespierre (2-4-1794/27-7-1794)

2-4 *arrestation des « Dantonistes »* ou « vieux Cordeliers » : Danton, Camille Desmoulins, Hérault de Séchelle, etc. (exécutés 4-4) ; 8-5 *Fête de l'Être Suprême,* célébrée par Robespierre (croyance décrétée le 7-5) ; 10-5 Mme Élisabeth, sœur de L. XVI, exécutée ; nomination d'un nouveau maire de Paris (Fleuriot-Lescot) et d'une nouvelle municipalité entièrement robespierriste (la commune perd son influence politique) ; 10-6 (22 prairial) *Loi de Prairial* permettant d'exécuter tout accusé sans audition de témoin ou interrogatoire, sur simple preuve *morale* (1 376 exécutions en vertu de ce texte) ; 15-6 1re manœuvre pour ridiculiser Robespierre : Marc Vadier (1736-1828), membre du Comité de sûreté générale, lit un rapport prouvant que la fête de l'Être Suprême a été organisée en liaison avec un groupe d'illuminés se réunissant rue de la Contrescarpe [le chartreux Dom Gerle (1736-1801), les prophétesses Suzanne Labrousse (1747-1821) et Catherine Théot (1716-94)] qui saluait Robespierre comme le Messie. Gerle et Catherine sont arrêtés (lui sera libéré après Thermidor, elle mourra en prison) ; 16-6 2e manœuvre pour ridiculiser Robespierre : on exécute, revêtus de chemises rouges (tenue des condamnés pour parricide), une simple d'esprit, Cécile Renault (20 ans), accusée d'avoir voulu poignarder Robespierre et 52 autres condamnés, considérés comme ses « complices » ; l'opinion publique est choquée de la mégalomanie du « tyran » (qui n'a rien fait pour interdire la mascarade).

27-7 **(9 thermidor)** coup d'État anti-rob. *Causes :* 1° les abus de la *loi de Prairial* (les Conventionnels eux-mêmes ne sont pas à l'abri) ; 2° le 8 thermidor (26-7) R. a annoncé une nouvelle purge, menaçant

Principaux leaders de la Convention

Période girondine : 21-9-1792 au 31-5-1793. *Leaders gir. :* Jean-Pierre Brissot (1754-93, guill.), Étienne Clavière (1735-93, suicidé), Armand Gensonné (1758-93, guill.), Élie Guadet (1758-93, guill.), Maximin Isnard (1751-1835), Pierre Tondu, dit Lebrun-Tondu (1754-93, guill.), les époux Roland [Jean-Marie (1734-93, suicidé) et Manon, née Philippon (1754-93, guill.)], Charles de Valazé (1751-93, suicidé), Pierre Vergniaud (1753-93, guill.).

Période montagnarde : 31-5-1793 au 27-7-1794 (9-10 thermidor an II). *Leaders :* ce sont surtout les membres du comité de Salut public, voir p. 554 c. Également : Camille Desmoulins, voir p. 585 b, Pierre-Joseph Cambon (1756-1820), membre du comité des Finances et l'évêque Henri Grégoire (1750-1831), membre du comité de l'Instr. publ.

Période thermidorienne : 27/28-7-1794 au 23-9-1795 (4 brumaire an IV). Le Centre (Marais) domine avec Régis de Cambacérès (1753-1824, duc de Parme 1804), François Boissy d'Anglas (1756-1826), Jean-Lambert Tallien (1767-1820), Paul Vte de Barras (1755-1829).

notamment Tallien et sa maîtresse, Teresa Cabarrus (1773-1835), Carnot, Fouché, Barras (mais il ne les nomme pas en public) : ceux-ci s'entendent pour le renverser. *Déroulement :* le *9 thermidor,* à 11 h du matin, R. monte à la tribune pour désigner les épurés, les modérés avec Tallien l'empêchent de parler. Après 11 interruptions, 2 modérés, Louchet et Lozeau, demandent la mise en accusation de R., son frère, Couthon, Saint-Just, Lebas ; 17 h 30 : les Sections populaires (constituant la Commune révolut.) se soulèvent en faveur de R. et ses amis ; elles les libèrent et les transfèrent à l'Hôtel de V. (chef des émeutiers : Henriot ; chef des sections modérées fidèles à la Convention : Barnave). 18 h : la Convention met R. « hors-la-loi » (peut être exécuté sans jugement). 23 h : les troupes de Henriot se dispersent à cause de la pluie, Barnave occupe l'Hôtel de V. (R. a la mâchoire cassée d'un coup de pistolet, sont tentative de suicide, soit tiré par le gendarme Merda).

Réaction thermidorienne (28-7-1794/23-9-1795)

1794 28/31-7 R. et 103 robespierristes exécutés ; 21-8 explosion de la *poudrière de Grenelle,* attribuée aux rob. (env. 400 †) ; 31-8 suppression de la Commune de Paris, remplacée par des commissions, dont le Pt est élu chaque mois ; 11-11 Club des Jacobins fermé ; néanmoins, les conventionnels jac. ne sont pas exclus : ils forment le groupe des « *Crêtois* » [siègent à la crête de la Montagne (extrême gauche)].

1795 1-4 *Journée de Germinal :* émeute jac. fomentée par les Crêtois ; la foule envahit la Convention ; seuls les Crêtois restent en séance. Mais la salle est évacuée par la troupe aidée des muscadins (sectionnaires royalistes). 20 Crêtois arrêtés ; Barrère, Vadier, Billaud-Varenne, Collot d'Herbois sont condamnés à la déportation en Guyane ; 20/22-5 2e émeute jacobine, *Journée de Prairial :* la foule s'empare de l'Ass. le 20, met à mort le conventionnel Féraud, nomme Pt le Crêtois Soubrany, et une commission crêtoise qui amnistie les déportés de germinal (trop tard : ils sont déjà embarqués à Oléron), le retour à la taxation, etc. Les soldats de Menou et Murat, appelés par Tallien, rétablissent l'ordre : 12 dép. crêtois sont arrêtés ; 31-5 suppression du Tribunal révolut. (Fouquier-Tinville et 15 juges ont été guillotinés 7-5) ; 8-6 mort officielle de L. XVII au Temple (Voir Prétendants, p. 559 a) ; 23-9 proclamation de la nouvelle Constitution (Directoire).

Directoire (23-9-1795/9-11-1799)

1795 1-10 incorporation au territoire national de la rive gauche du Rhin ; 5-10 *(13 vendémiaire)* les Sections royalistes et modérées de Paris se soulèvent ; dispersées au canon, devant l'église St-Roch, par Bonaparte, adjoint de Barras, commandant des forces de l'intérieur ; 9-10 exécution à Amiens du conventionnel Joseph Lebon, robespierriste, ancien oratorien (1765-95), bourreau d'Arras en 1794 ; 26-10 *fin de la Convention ;* 4-11 le « *Directoire exécutif* » (formé 1-11) s'installe au Luxembourg ; 21-12 échange de Madame Royale, fille de L. XVI, contre le ministre Beurnonville et 4 commissaires livrés à l'Autr. par Dumouriez [notamment Bancal des Issarts (1750-1826) et Armand Camus (1740-1804)]. **1796** 26-1 reprise de la g. de Vendée (voir p. 589 a) ; 19-2 la planche aux assignats est solennellement brûlée place Vendôme ; 8/10-5 découverte du complot des *Babouvistes,* qui sont arrêtés ; 19-8 *tr. de St-Ildefonse,* alliance de l'Esp. ; 9/10-9 machination policière contre les derniers partisans des Babouvistes, qui sont attirés dans la plaine de Grenelle et chargés par les dragons (20 †, 132 prisonniers, dont 31 sont fusillés le 2-11) ; 21-10 les Angl. évacuent la Corse.

1797 19-2 *tr. de Tolentino* avec le pape [cession d'Avignon, de 30 millions de livres-or et des œuvres d'art cédées par l'armistice de Bologne (23-6-96) : 100 statues ou tableaux, 500 manuscrits, entreposés dep. 1815 à la Pinacothèque de Bologne] ; 17-4 *Pâques Véronaises :* à Vérone (Rép. vénitienne, It.), les blessés fr. de l'hôpital sont massacrés ; Bonaparte déclare la g. à Venise ; 4-9 *(18 fructidor)* coup d'État du directeur Barras, aidé du gén. Augereau, contre la majorité royaliste et modérée des Assemblées (Cinq-Cents et Anciens) ; seuls les rép. gardent leur mandat ; 27-11 le gén. français Léonard Duphot est assassiné à Rome dans une émeute : rupture avec le pape. **1798 28-1** annexion de Mulhouse ; 26-3 de Genève ; 9-9 la célébration du décadi (jour férié révol. 1 j sur 10) est rendue obligatoire (le peuple ne s'y habitue pas : suppression le 7 thermidor An VIII, 26-7-1800) ; oct.-déc. fin de la domination fr. à Haïti.

1799 28-4 assassinat à Rastadt de 2 plénipotentiaires français : Claude Roberjot (n. 1753) et Antoine Bonnier d'Alco (n. 1750) ; le 3e, Jean Debry (1760-1834) survit à 14 coups de sabre. 12-7 décret de levée en masse (V. guerres, ci-dessous). 9-10 Bonaparte débarque à Fréjus ; 17/20-10 il complote avec 2 directeurs sur 5, Sieyès et Ducos ; 9-11 *(18 brumaire* de l'An VIII), il paye un 3e directeur (Barras) pour qu'il quitte Paris (il ne reste plus que 2 dir., Gohier et Moulin, et ils n'ont plus d'autorité constitutionnelle) ; 10-11 son frère Lucien, Pt des Cinq-Cents (en majorité rép.), l'aide à réaliser son coup d'État [il convoque l'Assemblée à St-Cloud où elle est plus vulnérable ; lorsque les députés veulent mettre Bonaparte hors-la-loi, il prend prétexte d'une bagarre pour appeler dans la salle les grenadiers de Murat, partisans de Bon. (il en a le droit d'après le règlement) ; les grenadiers font évacuer la salle sur son ordre ; le Conseil des Anciens, constatant la « retraite » des Cinq-Cents et la dissolution du Directoire, nomme une commission exécutive provisoire ; Lucien réunit en pleine nuit quelques membres des Cinq-Cents retrouvés dans St-Cloud et Boulogne et leur fait approuver le texte voté par les Anciens ; les 5 directeurs sont remplacés par 3 « membres du Conseil exécutif » ; Bonaparte, Sieyès, Ducos] ; la véritable date du coup d'État est le 19 brumaire.

Guerres extérieures de la Révolution (1792-97) (appelées aussi « de la 1re coalition »)

Causes. *1°* le roi et la reine attendent la victoire de leur neveu qui les délivrera ; *2°* les « Brissotins » (futurs Girondins) veulent démontrer que les Bourbons ont fait une erreur en choisissant l'alliance autr. dep.

1756 : ils veulent conquérir les P.-Bas sur l'Autr. au lieu de les attendre d'un échange amiable avec les Habsbourg ; *3°* après l'institution de la Rép. (sept 1792), l'armée révol. mènera une g. idéologique, tendant à l'abolition des monarchies hors de Fr.

Effectifs. Armée de terre. En 1792 : env. 80 000 h., avec un nombre insuffisant d'officiers (troupes sujettes aux paniques ; par dérision, on les surnommait « vaincre ou courir »). En juill. 1793 (après la levée de 300 000 h.) 471 290 h. ; après la levée en masse du 16-8-1793 (tous les célibataires et veufs sans enfants) 645 195 h. (chiffre sans précédent dans l'hist. de Fr.) ; fin 1793 1 million. **Flotte.** En 1792, néant. Nov. 1793 (action de Jean Bon-Saint-André) : 12 vaisseaux, 5 frégates, 3 corvettes.

Opérations. I. Jusqu'à l'alliance espagnole (1792-96). 1792, févr.-mars le Mal Lückner (1722-94) pénètre aux P.-Bas, prend Menin et Courtrai ; 29-4 *déf. de Baisieux* ; bat en retraite précipitamment (destitué, puis guillotiné) ; 2-9 les Prussiens prennent *Verdun* ; 11-9 avance des Pr. (avec 6 000 émigrés) en Argonne ; 20-9 recul des Pr. à **Valmy** (52 000 Fr., 34 000 Pr., 30 000 Autr., 6 000 émigrés). *Pertes :* Fr. 150 †, 260 blessés ; coalisés : 160 h. hors de combat. 21-9 début de la retraite des coalisés [la retraite prussienne devant l'armée fr., plus faible, passe pour une énigme (Brunswick s'était-il laissé acheter ? : on trouvera dans sa succession, en 1806, plusieurs beaux diamants de la Couronne de France)] rendue catastrophique par la dysenterie (30 000 Pr. atteints, dont 3 000 †) ; 22-9 conquête de la Savoie par les Fr., ; 28-9 prise de Nice ; sept.-oct. offensive de Custine en Rhénanie (prise de *Mayence* 21-10, de *Mannheim* 22-10) ; 6-11 **Jemmapes** Dumouriez bat Clerfayt [plus de 50 000 † fr. (la plus sanglante bat. de l'époque) 18 000 † autr.] ; nov.-déc. conquête de Belg. et Sarre. **1793,** 1-2 déclaration de g. à la Holl. ; 7-3 à l'Esp. Sont ainsi *coalisés* contre la Fr. : Autr., Prusse, Empire, Angl., Holl., Espagne, Deux-Siciles, Portugal, États de l'Église, Sardaigne ; 3-4 Dumouriez passe aux Autr. et leur livre la Belg. (son chef d'É.-M., le futur Mal Macdonald, empêche les troupes de le suivre ; 29-4 le gén. Dillon est massacré à Quiévrain par ses soldats) ; 27-8 *Toulon* livré aux Anglais ; 8/20-9 campagne de Houchard dans le N. (bat le duc d'York à *Hondschoote* 8-9 ; mais est chassé de Menin ; destitué, puis guillotiné) ; 13-10 Wurmser (Autr.) force les lignes fr. à *Wissembourg* ; 16-10 *Wattignies* : Jourdan successeur de Houchard et Carnot battent Clerfayt (dép. du Nord reconquis) ; 19-12 Dugommier [remplaçant de Jean-François Carteaux (1751-1813), artiste peintre nommé gén. après la prise des Tuileries] reprend *Toulon* aux Anglais (capitaine Bonaparte, chef de l'artillerie). **1794,** févr. l'amiral angl. Jervis occupe la Corse (Georges III proclamé roi de C., 19-6) ; 30-4 les Alliés prennent Landrecies ; 18-5 vict. de Moreau et Souhans à *Tourcoing* : dép. du N. reconquis pour la 2ème fois ; 15-6/31-7 reconquête de la Belg. ; août offensive en Guipuzcoa ; sept. en Belg. et Rhénanie ; sept./déc. en Holl. (armée Pichegru). **1795,** 23-1 au *Helder*, capture de la flotte holl., bloquée dans les glaces par les cavaliers de Pichegru ; févr. offensive en Catalogne ; 14-2 Pichegru prend *Groningue* et occupe totalement la Holl. (la Holl. deviendra l'alliée de la Fr. le 16-5-1795) ; 5-4 la Prusse se retire de la coalition (*tr. de Bâle*) ; 17-6 prise de *Bilbao* et de *Vitoria* ; 22-7 l'Esp. se retire de la coalition (elle s'alliera à la Fr., voir ci-dessous) ; oct. offensive autr. en Rhénanie (Wurmser reprend Mannheim 21-12 ; 23-11 *Loano* (It.) : Masséna et Schérer battent les Autr. et conquièrent la Riviera jusqu'à Savone ; déc. Carnot organise 3 armées : Rhin-et-Moselle (Pichegru, puis Moreau), Sambre-et-Meuse (Jourdan, puis Hoche), Italie (Bonaparte). **1796,** 10-4 Bonaparte prend l'offensive en Italie, partant de Savone : vict. de *Montenotte* 12-4 et de *Dego* 15-4 sur les Autr. : de *Millesimo* 14-4 et de *Mondovi* 21-4 sur les Sardes. 28-4 *armistice de Cherasco* : la Sardaigne se retire de la coalition [*tr. de Paris* (cédant Nice et la Savoie) 15-5]. 10-5 vict. du *Pont de Lodi* sur les Autr. **II. Après l'alliance espagnole (1796-97).** Maîtrise de la Méditerranée, rendant possible la campagne d'Italie.

Nota. — Le Directoire espérait un avantage analogue, pour la mer du Nord, de l'alliance hollandaise. Mais la flotte holl. est détruite à Camerdown 11-10-1797.

1796, l'Esp. s'allie à la Fr. par le tr. de San Ildefonso 18-6 (déclaration de g. à l'Angl. 8-10) ; prise de Milan 29-6 ; vict. de *Castiglione* 5-8 ; de *Bassano* 3/8-9 ; *Arcole* 5/7-11 ; août-déc. offensive autr. en Allem. ; 24-8 *Bamberg* l'archiduc Charles bat Jourdan ; 3-9 *Altenkirchen* Marceau vaincu et tué ; 25-10 Moreau vaincu en Forêt-Noire ; 10-10 les Deux-Siciles se retirent de la coal. ; 22-10 Jervis évacue la Corse et se replie sur Gibraltar. **1797,** 9-1 arch. Charles prend Kehl ; 14-/17-1 **Rivoli** Bon. bat Alvinczi, 2-2 prise de Mantoue ; mars-avr. offensive de Bon. vers l'Autr. (vict. du Tarvis 24-3 ; prise de Trieste 24-3, Klagenfurt 29-3, Ljubliana 1-4) ; 15-4 l'Autr. signe les préliminaires de *Léoben ;* avr. offensive des armées du Rhin et de Sambre-et-Meuse en Rhénanie ; mai-juin destruction de la Rép. de Venise (prise de Venise 16-5, de Corfou 28-6) ; 17-10 **tr. de Campoformio** : l'Autr. cède rive gauche du Rhin et reçoit moitié de la Vénétie.

Guerres civiles de la Révolution

I. 1re guerre de Vendée (1793-94)

● **Causes.** *1°* le peuple du Bas-Poitou (appelé plus tard « vendéen ») a été formé à une piété catholique fervente par la prédication de St Louis Grignion de Montfort (1673-1716), puis des missionnaires « mulotins » (prédicateurs ruraux) ; il est révolté par la constitution civile du clergé (1res émeutes religieuses en mai 1791 à St-Christophe de Ligneron) ; *2°* les nobles vendéens n'ont pas émigré (par suite de l'absence de jacqueries) ; d'abord constitutionnalistes, ils se rallient à l'absolutisme traditionnel après l'exécution de L. XVI (21-1-1793) et encadrent militairement leurs métayers et les forment à la « g. de chicanes » (guérilla) ; *3°* intervention financière et mil. des Angl. d'abord favorables à la Révolution, qui affaiblissait la Fr. de L. XVI, puis, qui s'appuient sur les émigrés pour combattre la Révolution conquérante.

● **Effectifs.** *Armées vendéennes* [malgré le nom que leur ont donné leurs chefs le 12-6-1793 (grande armée catholique et royale), elles n'ont jamais été permanentes : les paysans rejoignaient leurs seigneurs pour des opérations ponctuelles, puis retournaient à leurs champs ; seuls demeuraient auprès des chefs quelques centaines de mercenaires (cavaliers, déserteurs de l'armée rép.). Les effectifs varient ainsi : 25 000 h. s'emparent de Bressuire le 3-5-1793 ; 6 000, le 16-5, attaquent Fontenay-le-Comte (échec). Le 25, 30 000, enlèvent Fontenay ; mais ils quittent l'armée en masse et La Rochejaquelein doit évacuer la ville] : total des combattants : *80 000 à 100 000 h.*, en *4 armées* : pays de Retz et Bas-Bocage (commandement : Charette) ; Centre et Haut-Bocage (les 2 Sapinaud et Royrand) ; Mauges (Cathelineau, d'Elbée, Bonchamps, Stofflet) ; Poitou (La Rochejaquelein, Marigny, Lescure). *Armées bleues* 20 000 à 60 000 h. [organisées (mai 1793) en 2 armées : côtes de Brest (Gal Canclaux) et côtes de La Rochelle (Gal Biron)].

● **Opérations. Grande guerre. 1793,** 10-3 Vendée, plusieurs révoltes armées lors du recensement pour la levée en masse des 300 000 h., notamment à St-Florent-le-Vieil (Deux-Sèvres), le 12-3 : le chevalier Sapinaud de Bois-Huguet (1736-93, tué au combat) prend la tête des insurgés ; 11-3 prise de Machecoul ; 13-3 prise de Chemillé par Cathelineau (rejoint le lendemain par Stofflet) ; 14-3 prise de Cholet et de La Roche-sur-Yon par les Vendéens, ralliement de Charette ; 15-3 prise de La Roche-Bernard et de Clisson ; 17-3 ralliement de Gigot d'Elbée ; 19-3 conquête de Noirmoutier ; 21-3 ralliement de Bonchamps, occupation totale des Mauges par les insurgés ; 22-3 prise de Chalonnes ; avr. conquête du littoral, sauf Les Sables-d'Olonne ; 18-4 Bois-Grolleau, Cathelineau et Stofflet battent Berruyer ; 25-5 prise de Fontenay ; 9-6 de Saumur ; juin conquête de la rive dr. de la Loire ; 23-6 prise d'Angers ; 29-6 Châtillon-sur-Sèvre, Charette bat Westermann ; 29-6 échec devant Nantes : retraite sur Angers (Cathelineau blessé ; † 17-7) ; juillet les Rép. prennent Angers, Ancenis, Saumur (gén. bleu : Rossignol ; chef chouan : d'Elbée ; adjoint : Stofflet) ; 1-8 15 000 h. de l'armée du Rhin capitulent à Mayence : ne devant plus combattre la coalition, ils sont affectés en Vendée ; 2-8 Bertrand Barère de Vieuzac donne à Kléber la consigne d'exterminer la population ; 5-9 d'Elbée vainqueur à Chantonnay ; 18-9 Santerre battu à Coron ; Duhoux, à Pont-Barré ; 19-9 Charette et Bonchamps, réunis près de Torfou, écrasent l'avant-garde de Marceau (5 000 h., commandés par Kléber ; 21-9 Beysser écrasé à Montaigu, pris d'assaut par Charette ; 22-9 fausse manœuvre de St-Fulgent [après les succès de Torfou et de Montaigu, les Blancs devaient exterminer les Mayençais à Clisson ; mais Lescure fit remettre cette bataille (décisive) pour aller enlever un convoi à St-Fulgent ; les Mayençais peuvent se refaire à Nantes] ; 9-10 début des offensives de 5 *colonnes rép.* en direction de Châtillon-sur-Sèvre [François-Joseph Westermann (1751-94, guillotiné), ancien grand bailli de la noblesse d'Alsace, exécuté comme dantoniste], Bressuire (Chalbos), Clisson (Kléber), Le Luc (Cordelier : 564 †, dont 109 enfants de moins de 7 ans, le 28-2-1794), étang de Drillais (Huché : 4 000 † le 27-2-1794) ; gén. en chef et organisateur de la répression rép. : Louis-Marie Turreau [(1756-1816) futur ambassadeur de l'Empire aux États-Unis (1803-11) ; baron de Linières (1812) ; prête serment à L. XVIII (1814)] ; 15/17-10 Bonchamps écrasé et tué à Cholet (d'Elbée blessé est transporté à Noirmoutier) ; La Rochejaquelein devient Gal en chef.

Virée de Galerne. 1793, 18-10, 100 000 Vendéens, dont de nombreux civils, se réfugient au N. de la Loire, malgré l'opposition de La Rochejaquelein [avant la bataille de Cholet, le Pce de Talmont à la tête de 4 000 Chouans (voir ci-dessous) avait été chargé d'enlever Varades, sur la rive droite, pour permettre aux Vendéens de fuir, en cas de défaite] ; 21-10 La Rochejaquelein prend Laval ; 26-10 il bat Westermann à Entrammes (10 000 †) ; 3-11 mort de Lescure, blessé à Cholet ; 4-11 prise de Fougères [ville choisie comme objectif, car elle permettait d'attaquer Rennes ou Granville ; un conseil de g. décide de marcher sur Granville, pour y recevoir l'aide des Angl. (Francis Rawdon Hastings, Cte de Moira, 1754-1826, chargé de soutenir les roy. de l'Ouest, ayant sa base à Jersey)] ; 14-11 échec devant Granville : retraite vers la Loire ; 20-11 les Vendéens en retraite battent Rossignol à Antrain ; 4/5-12 échouent devant Angers, se retirent en désordre vers Le Mans ; 13-12 défaits près du Mans, se retirent vers Laval ; 23-12 vaincus à *Savenay* (15 000 † sur 18 000 h. ; prisonniers hommes ou femmes sont fusillés). **1794,** exécutions : 6-1 D'Elbée (fusillé à Noirmoutier, voir p. 589 b) ; 27-1 : Pce de Talmont, guill. à Laval ; 5-2 abbé Jean-Louis Guillot de Folleville (pseudo-évêque d'Agra), guill. à Angers ; janv.-févr. 15 000 Chouans exéc. à Angers, Laval, Saumur [Parmi les victimes d'Angers (env. 3 000), 99 ont été béatifiées par Jean-Paul II en févr. 1984. Elles avaient été exécutées pour des raisons uniquement religieuses (assistance quotidienne à la messe ; port des bannières aux processions, etc.), mentionnées explicitement dans les sentences écrites].

Guerre sauvage. 1794, janv.-juill. les colonnes rép. passent de 5 à 12 ; surnommées *colonnes infernales*, elles font la « terre brûlée » et exécutent env. 160 000 civils ; 28-1 La Rochejaquelein tué entre Cholet et Nuaillé ; 29-9 Turreau arrêté par ordre du Directoire à cause des excès de sa répression (acquitté 1795) ; 2-12 amnistie accordée par la Convention thermidorienne ; 16-12 Charrier guillotiné. **1795,** 17-2 *paix de La Jaunaie*, signée par Charette et Canclaux [libre exercice du culte ; remboursement des bons signés par l'armée vend. (en fait, ces « bons royaux » ne seront jamais remboursés, même la Restauration les ignorera)] ; 2-5 *paix de St-Florent* (Stofflet).

II. Guerre fédéraliste (juin 1793-janv. 1794)

Causes. L'anéantissement par les Jacobins de la minorité des Girondins (appelés alors Brissotins) qui voulaient organiser la Fr. comme une fédération de départements. Plusieurs villes et régions de province, hostiles à la centralisation jacobine, prennent les armes pour eux.

Opérations. 1793, 15/20-6 les Girondins prennent Marseille, Toulon, Bordeaux. A Caen, les Montagnards sont arrêtés et la Normandie se soulève (12-7), l'armée gir. est formée (généraux : Wimpffen et Puisaye ; chefs civils : Brissot, Lanjuinais, Buzot, Valadé, Pétion) ; 13-7 Puisaye battu à Pacy-sur-Eure par le colonel Guillaume Brune (1763-1815), futur Mal d'Empire ; 16-7 gouvernement fédéral local à Lyon, Joseph Chalier (jacobin) exécuté ; 31-7 dispersion des féd. bordelais. Entrée de Carteaux à Marseille ; 9-8 début du siège de Lyon ; 22-8 la ville est bombardée ; 27-8 les féd. livrent Toulon aux Angl. ; 9-10 capitulation de Lyon qui reçoit le nom de *Commune affranchie* (répression, sous les ordres de Couthon, Fouché, Collot d'Herbois : env. 15 000 †) ; 15-12 reprise de Toulon (plus de 1 000 exécutions ; déportations des hab.). **1794,** janv. le conventionnel Fréron achève l'épuration de Marseille dénommée *Sans Nom* (400 exécutions).

III. 1re guerre des Chouans (déc. 1793-avr. 1796)

Nom. Forme dialectale de *Chat-huant* : surnom d'un des chefs angevins Jean Cottereau, dit Jean Chouan, parce qu'il avait comme signal de ralliement le cri de la chouette, du temps où il était faux saunier ; se distinguent des Vendéens par leurs motivations (leur devise est *Dieu et mon pays* au lieu de *Dieu et mon roi*) et leur localisation (nord de la Loire) ; ils ont pourtant combattu à leurs côtés pendant la « virée de Galerne » (v. ci-dessus) et la IIe g. vendéenne (v. ci-dessous).

Effectifs. 40 000 h. en Anjou-Touraine, peut-être plus en Bretagne (Cadoudal), mais leurs bandes sont rarement rassemblées. **Républicains** (« armée des côtes de Brest ») : 30 000 h., employés également contre les Vendéens (au S. de la Loire).

Opérations. 1792, 15-8 à St-Ouen (Mayenne) constitution du 1er groupe de réfractaires armés, sous le commandement de J. Chouan. **1793**, mars les Chouans du Maine sont organisés militairement (principaux combats : la Baconnière, Port-Brillet, Andouillé, Le Pertre) ; le marquis de Scépeaux combat sur la rive g. avec son beau-fr. Bonchamps ; oct.-déc. de nombreux Chouans prennent part aux côtés des Vendéens à la *« Virée de Galerne »*, notamment les fr. Chouans et les Morbihannais de Georges Cadoudal ; déc. après le désastre des Vendéens à *Savenay*, les Chouans restent sur la rive droite (Cadoudal dans le Morbihan ; Scépeaux en M.-et-L.). **1794**, captivité de Cadoudal à Brest ; le Cte de Silz, chef des Chouans bretons. **1795**, 20-4 paix de *La Mabilais* entre Hoche et Scépeaux (Cadoudal, évadé de Brest, la rejette ; le marquis de Cormatin, chef d'état-major du Cte de Puisaye, l'accepte) ; 25-5 Hoche fait arrêter Cormatin ; 12-6 reprise de la guérilla, Scépeaux prend Segré ; 27-6 *débarquement à Quiberon* de 3 700 émigrés (chefs : Puisaye, Sombreuil, d'Herbilly), transportés par les Angl. ; 28-6 Cadoudal prend Auray mais (29-6) Hoche la reprend et (16-7) son lieutenant, Jean Humbert, perce les lignes de Quiberon (1 200 émigrés † ; 1 800 regagnent la flotte) ; 22-7 reddition des survivants qui, en août, seront fusillés à Auray par ordre de Hoche (751 †) ; l'exécution a duré 2 mois (12 fusillés par j. « Champ des Martyrs ») ; 18-11 le Cte d'Artois évacue l'île d'Yeu et renonce à débarquer. **1796**, 12-4 suspension d'armes entre Scépeaux et Hoche (rive droite de la Loire, de Nantes à Blois) ; mai entre Cadoudal et Hoche (Bret.).

IV. 2e guerre de Vendée (1795-96)

Causes. Charette n'avait jamais vraiment déposé les armes ; après la paix de La Jaunaie (févr. 1795), il va à son quartier gén. de Belleville, et dirige de nouvelles guérillas. Stofflet, brouillé avec lui, observe la paix qu'il a signée avec Hoche en mai. Mais les agents du comte d'Artois le contactent à l'occasion du débarquement de Quiberon, et il se réconcilie avec Charette (sept. 1795).

Opérations. 1796, 26-1 Stofflet reprend les armes ; 24-2 pris à Chemillé, il est exécuté ; 29-3 Charette exécuté ; avril : dernières opérations de guérilla.

V. 2e guerre des Chouans (1799-1800)

1799, août Cadoudal réunit les Ch. bretons au camp de Beauchêne ; le marquis de Bourmont est envoyé de Londres pour prendre le commandement du Maine, Perche, Chartrain, Vendômois ; sept. Cad. attaque Vannes et s'empare de Sarzeau ; oct. Bourmont s'empare de Saumur et du Mans ; nov. coup d'État du 18 brumaire : Bonaparte au pouvoir ; déc. Cad., avec 800 Ch., occupe l'estuaire de la Vilaine pour recevoir des armes et des munitions angl. **1800** il a 15 000 h. ; 25/26-1 il est battu par Gal Brune à Grand-Champ et à Elven ; 4-2 Bourmont signe la paix avec Bonaparte (pays de la Loire) ; 9-2 Cadoudal signe la paix avec Brune à Theix ; mars, menacé d'arrestation, il passe en Angl. ; déc. il échoue dans une attaque surprise de Brest. **1802** Bonaparte, à la paix d'Amiens, demande aux Angl. de lui livrer Cadoudal (refus).

Bilan des guerres de Vendée et de la Chouannerie. Il y a eu plus de 600 000 †, dont : soldats républicains 18 000, soldats chouans 80 000, civils exécutés 210 000, † de froid et de faim env. 300 000, dont plus de 100 000 enfants. Pertes subies par les Vendéens, en majorité civiles : femmes et enfants massacrés sur place, exécutés en captivité (noyades de Carrier à Nantes : 4 800 † en automne 1793, liés 2 par 2 dans des galiotes coulées dans la Loire) ou morts de misère en déportation ; la Convention avait exclu la région vendéenne des lois de la g. : prisonniers et blessés étaient fusillés ; les cadavres n'étaient pas respectés, mais envoyés à des tanneries de peau humaine, à Meudon et au Pont-de-Cé. C'est en vertu de cette exclusion que la capitulation accordant la vie sauve aux combattants de Quiberon aurait été déclarée nulle après leur reddition. D'après les *Mémoires* du Gal Turreau (1824), Stofflet obligeait les femmes qui suivaient son armée (et prenaient part aux combats) à s'habiller en hommes. Turreau affirme que les Vendéennes tuées au cours de la guerre étaient des combattantes capturées et exécutées. Reynald Secher a démontré, au contraire, que Turreau a appliqué des consignes organisant un authentique génocide [1/3 de la population détruite (Turreau acquitté par un tribunal militaire)].

État de la France au 18 Brumaire (9-11-1799)

Société. Frénésie de plaisirs (par réaction contre les années d'austérité et de terreur) dans les milieux riches : goinfrerie, excès des *muscadins* (mot forgé en 1792 par le conventionnel Chabot, pour désigner les jeunes royalistes lyonnais, utilisant de riches parfums au musc) et des *merveilleuses* (épithète ironique pour désigner les élégantes : employée aussi au masculin, ainsi que *incroyables*, pour désigner les « muscadins »).

Les Dix Grands chefs vendéens

Bonchamps (Charles, Mis de) (1760-93, tué à la bataille de Cholet) officier. Admiré pour sa foi religieuse (ordonne avant de mourir d'épargner 5 000 prisonniers bleus). **Cathelineau** (Jacques) (1759-93, tué au combat), le « Saint de l'Anjou », colporteur, élu généralissime le 12-6-93, mort 14-7-1793 ; sa famille est anoblie en 1817 ; son fils Jacques, rallié à la duchesse de Berry, est tué par les gendarmes de Louis-Philippe, 27-5-1832. **Charette de La Contrie** (François-Athanase de) (1763-96, fusillé à Nantes) ancien officier de marine ayant participé à la guerre de l'Indépendance américaine. **Cormatin** (Pierre Dezoteux, baron de) (1753-1812) ancien combattant aux États-Unis ; faisait la liaison avec les Chouans de Puisaye. **Elbee** (Maurice Gigost d') (1752-94, fusillé) officier émigré, élu généralissime le 19-7-1793 après la mort (14-7) de Cathelineau ; blessé le 17-10. La Rochejaquelein lui succède. **La Rochejaquelein** (Henri du Vergier, Cte de) (1772-94) officier (gouverneur de Saumur le 12-6-1793 ; généralissime le 18-10-1793 ; tué au combat le 28-1-1794). **Lescure** (Louis-Marie de Salgues, Mis de) (1766-93, tué au combat) châtelain de Clisson et chef des combattants poitevins. **Marigny** (Bernard de) (1754-94, fusillé par les Vendéens). Officier de marine, commandant en chef de l'artillerie vendéenne (mai 1793) ; chef d'une armée de partisans en Vendée (avril 1794) ; vainqueur à Clisson ; accepte de collaborer avec Charette et Stofflet (mai 1794) ; sommé de renoncer à son commandement en chef et de reprendre sa place à la tête de l'artillerie, il refuse et fait sécession (juin 1794) ; capturé par Stofflet et exécuté (graves dissensions entre Vendéens après sa mort). **Sapinaud de la Verie** (v. 1760-1829), ancien officier au régiment de Foix, chef de l'armée du centre. Il reprend les armes en 1815. Pair de France. **Stofflet** (Jean-Nicolas) (v. 1751-1796, fusillé) garde-chasse des marquis de Colbert, Lorrain.

Principaux chefs chouans

Bourmont, (Louis-Auguste, Cte de) (1773-1846) ; émigré dans l'armée des Princes 1791 ; débarqué en Bret. 1795 et chef d'ét.-ma. de Scépeaux ; nommé maréchal de camp à Londres 1797 ; cdt en chef des Chouans 1799 ; compromis en 1801 lors de la séquestration du sénateur Clément de Ris et incarcéré au Temple ; évadé 1804 ; rallié à Napoléon 1807 ; Gal de division 1814 ; le 15-6 passe à l'ennemi avant Waterloo ; cdt en chef de l'expédition d'Alger 1830 ; maréchal de Fr. (14-7) ; compromis dans la révolte vendéenne (Desse de Berry) 1832 ; condamné à mort par contumace, devient Portugais et cdt en chef de l'armée port. ; amnistié 1834. **Cadoudal**, (Georges) (1769-1804, guillotiné) ; royaliste, mais hostile à l'aristocratie, il constitue une chouannerie plébéienne, et essaye même de faire fusiller le Cte de Puisaye qu'il soupçonne de trahison ; Bonaparte l'admirait et lui offrit les galons de colonel (refus) ; il fut soupçonné sans doute à tort d'avoir monté la conspiration de la machine infernale (1804), mais il complota réellement avec Pichegru une attaque contre le palais consulaire, suivie de l'exécution du 1er consul. **Cottereau** (les « Frères Chouans ») : Jean (1757-94, † au combat) ; François, † à ses côtés ; Pierre, l'aîné, fait prisonnier et guillotiné à Laval en 1794 ; René, le cadet, surnommé *Faraud*, mort en 1846. **Puisaye** (Joseph-Geneviève, Cte de) (1755-1827), ancien chef des insurgés fédéralistes (v. ci-dessus), organise la chouannerie d'Ille-et-Vil. Soupçonné de complicité avec les Rép., rejoint la flotte angl. après Quiberon et se fait naturaliser angl. **Scépeaux**, (Marie-Paul, marquis de) (1769-1821), respecte la trêve qu'il signe avec Hoche ; se fait radier de la liste des émigrés et devient inspecteur gén. des armées imp. ; maréchal de camp sous la Restauration.

Sécurité. Brigandage généralisé (à l'origine, il s'agissait de bandes monarchistes).

Économie. Ruine du commerce et de l'industrie : fermeture des ateliers (à Paris, production réduite de 62 %, à Lyon de 85 %) ; fermeture des ports de Marseille et Bordeaux ; forêts domaniales pillées.

Infrastructures. Destruction du réseau routier ; le service des diligences n'est plus assuré.

Finances. Dévaluation de 99,966 % ; les caisses de l'État sont vides, fonctionnaires et soldats sont payés avec 10 ou 12 mois de retard ; les rentes ne sont pas versées. Il n'y a pas de budget établi (chaque administration dépense au jour le jour, sans recette fixe).

Libertés. Suspendues après le coup d'État du 18 Fructidor (4-11-1796) : la presse modérée est supprimée ; 1 700 prêtres réfractaires emprisonnés à Rochefort.

Consulat (13-12-1799/18-5-1804)

1799 13-12 Constitution de l'An VIII : 3 « consuls » : Bonaparte, Cambacérès, Lebrun, désignés par Sieyès (12-12) ; 25-12 décret de mise en vigueur de la Constitution ; 26-12 création du Conseil d'État. **1800** 17-1 suppression de 60 des 73 journaux politiques parisiens ; 13-2 création de la Banque de Fr. ; 14-2 soumission de Cadoudal ; 17-2 réorganisation administrative ; 19-2 Bon. s'installe aux Tuileries ; 20-2 lettre de L. XVIII à Bon., lui offrant le titre de connétable s'il rétablit la monarchie ; 3-3 *clôture de la liste des émigrés* ; 2-7 Bon. revient aux Tuileries après ses victoires en It. ; 12-8 début des travaux du Code civil ; 7-9 réponse de Bon. à L. XVIII (refus) ; 1-10 *2e tr. de St-Ildefonse* : l'Esp. rend la Louisiane à la Fr., en échange de Parme ; amnistie pour de nombreux émigrés ; 9-11 complot de Joseph Ceracchi [sculpteur it. (n. 1751), avec 4 complices, dont le peintre Topino-Lebrun (n. 1769), élève de David, et l'officier corse Arena (n. 1771), projet de poignarder Bon. à l'Opéra. Arrêté dans le couloir de la loge, il est condamné à mort et exécuté avec ses complices le 28-1-1802]. 24-12 *explosion de la « machine infernale »* rue St-Nicaise : un tonneau de poudre rempli de clou saute au passage de la voiture de Bon., elle devait être arrêtée par un embarras de voitures mais le cocher ivre fonce sur l'obstacle sans ralentir ; Bon. est sauf mais il y a : 10 †, 20 blessés, 46 maisons détruites ; 130 jacobins déportés aux îles Seychelles, par sénatus-consulte du 5-1-1801. L'idée de l'attentat venait des Jacobins, mais elle avait été utilisée par les Chouans : Jean-François Carbon (n. 1756) (dit le Petit François) et Pierre St-Réjant (n. 1768), arrêtés 15 j après. Condamnés le 6-4-1801, exécutés le 20-4 ; le chevalier de Limoëlan, chef du complot, en réchappe.

1801 17-7 Concordat avec le pape (signature) (Voir p. 496) ; 22-11 réunion du corps législatif ; départ pour St-Domingue de l'expédition du Gal Charles Leclerc [(1772-1802), beau-frère de Bonaparte]. **1802** 18-1 élimination des membres du Tribunat hostiles à Bon. ; 25-1 Bon. Pt de la Rép. ital. ; 8-4 promulgation du *concordat* et de ses *articles organiques* (Voir p. 496) ; 26-4 *amnistie* pour les émigrés ; 1-5 loi sur l'instruction publique, créant notamment les lycées ; 19-5 création de la *Légion d'honneur* ; 24-5 protestation du pape contre les art. org. (rejetée par Bon., ainsi que les suivantes, remises par le card. Caprara) ; 7-6 Toussaint Louverture pris à St-Domingue ; 2-8 Bon., 1er Consul à vie ; 4-8 nouvelle constitution, avec une loi électorale favorisant Bonaparte ; 11-9 Piémont réuni à la France ; 13-9 suppression du ministère de la Police (éviction de Fouché) ; 2-11 Leclerc meurt de la fièvre jaune, son armée est décimée.

1803 25-2 Recez (ou recès) de l'Empire all. (V. Allemagne à l'index) ; 27-3 création du franc germinal ; 13-5 Louisiane vendue aux U.S.A. ; août débarquement clandestin de *Georges Cadoudal* (n. 1771) en Normandie ; nov. évacuation de St-Domingue.

1804 févr. complot de *Cadoudal* (exécuté le 25-6 avec ses complices), Pichegru, Moreau (n. 1763) (condamné le 10-6-1804 à 2 ans de prison pour non-dénonciation de malfaiteurs lors de l'attentat) ; 15-3 duc d'Enghien (Louis de Condé, n. 1772), enlevé à Ettenheim en territoire all. [par le Gal Armand de Caulaincourt, Mis de l'Ancien Régime, futur duc de Vicence (1773-1827)] et 21-3 exécuté [après jugement d'un tribunal milit. présidé par le Gal Pierre Hulin (1758-1841 ; Cte d'Empire 1808) et contrôlé par le Gal Anne Savary (1774-1833 ; duc de Rovigo 1808), chargé de l'exécution immédiate du condamné dans les fossés de Vincennes] [*raisons* : 1° Cadoudal, au cours de son interrogatoire, avait révélé qu'« un prince » devait prendre la tête des conjurés chouans dès la mort du 1er Consul (il s'agissait du Cte d'Artois qui avait promis de venir, sans en avoir l'intention). 2° Bon. a su qu'Enghien n'était pas le Pce en question, mais il a appliqué la règle corse de la vendetta, permettant de tuer les parents d'un adversaire. 3° Fouché (régicide) et Talleyrand ont poussé Bon. à tuer un Bourbon, pour lui faire rejoindre le camp des régicides. 4° Enghien avait en Alsace un réseau d'agents antirépublicains, ce qui suffisait à le faire condamner pour complot] ; 21-3 *Code civil* adopté ; 6-4 suicide (suspect) de Pichegru à la prison du Temple ; 30-4 le tribun Jean-François Curée (1755-1835), ancien conventionnel, propose la création d'un empire héréditaire (3-5 proposition adoptée par le Tribunat).

Guerres de la 2e Coalition (1798-1801)

☞ 1re Coalition. Voir p. 587 c.

Causes. *1°* L'Angl. n'a pas pris part aux tr. de paix (Bâle et Campoformio) qui ont mis fin à la 1re Coal. Restée en g., elle cherche des alliés : Turquie (19-9-1798), Naples et Sardaigne (6-12), Russie (18-12), Autr. (12-3-1799), Port., États d'Afr. du N. (mars 1799). *2°* Bonaparte veut combattre les Angl. en Méditerranée (Égypte, sur la route de l'Inde). Cela implique l'entrée en g. des puissances méditerranéennes. *3°* La Russie se méfie de l'annexion des îles Ioniennes, base de départ vers Constantinople.

Effectifs. France 230 000 h. (Égypte 60 000, Italie 45 000, Rhénanie 40 000, Suisse 40 000, Danube 45 000) ; Autriche 215 000 (Bavière 75 000, Vénétie 60 000, Tyrol 20 000) ; Russie 75 000.

Opérations. 1798, 19-5 la flotte fr. quitte Toulon ; 10/13-6 prise de Malte ; 1/3-7 d'Alexandrie ; 21-7 vict. des *Pyramides* et occupation du Caire ; 1-8 Nelson anéantit la flotte de Brueys à Aboukir (13 vaisseaux angl. contre 13 fr. : 9 fr., 2 angl. détruits, Brueys tué) ; sept-oct. Desaix conquiert la Hte-Égypte dont il devient gouverneur (surnommé le « sultan juste ») ; déc. Joubert occupe le Piémont, Championnet conquiert l'Italie (Rome 15-12, Naples 31-12). **1799,** janv.-mai offensive de Bon. en Palestine (prise de Gaza 24-2, de Jaffa 6-3, siège à St-Jean-d'Acre mars-avr. ; vict. sur les Turcs au *Mont Thabor* 17-4 ; levée du siège de *St-Jean-d'Acre* 20-5 ; retour au Caire 14-6) ; 27-4 offensive russe (Souvarov) en It. du N. (défaite de *Novi*, mort de Joubert 15-8) ; 21-7 Bon. bat les Anglo-Turcs qui ont débarqué à Aboukir ; 27-8 débarquement anglo-russe en Holl. (battus par Brune au *Helder*, capitulent à Alkmaar 6-10) ; 27-9 Masséna bat Souvarov, puis Korsakov à Zurich ; 9-10 Bon. débarque en Fr. (Kléber commandant en chef de l'armée d'Égypte) ; 30-12 le grand vizir turc s'empare d'El Arich. **1800,** 24-1 Kléber signe la convention d'*El Arich,* prévoyant le rapatriement de son armée par la flotte angl. (refus angl.) ; 1-3 l'am. russe Ouchakoff s'empare des îles Ioniennes ; 20-3 Kléber bat le grand vizir à *Héliopolis ;* 5-5 Moreau bat les Autr. à *Stockach ;* mai Masséna résiste dans Gênes ; 20-5 Bon. franchit le *Gd-St-Bernard ;* 4-6 Masséna capitule à Gênes (retraite sur Nice autorisée). 14-6 *Marengo* (Bonaparte bat Mélas, Desaix tué) ; Kléber assassiné au Caire par le janissaire Souleïman el Alepi ; 19-6 *Hochstaedt* Moreau bat Kray ; 28-6 l'Autr. signe un cessez-le-feu pour l'It. ; 25-9 les Angl. conquièrent Malte ; 3-12 *Hohenlinden* Moreau bat l'archiduc Jean (12 000 †, 25 000 pris.) ; 16-12 Bon. propose Malte au tsar Paul Ier, qui se retire de la coalition (mais qui est assassiné le 23-3-1801) ; 18-12 l'Autr. signe l'armistice à *Steyer* (tr. définitif *Lunéville* 9-2-1801 : l'It. sauf Venise, est laissée sous l'influence fr. ; cession définitive de la rive gauche du Rhin, avec compensation pour les princes sur la rive droite). **1801,** 22-2 l'Esp. s'allie à la Fr. contre l'Angl. ; mars-juin Lord Abercromby bat Menou et conquiert l'Égypte ; 2-9 Menou capitule (rapatriement de son armée par la flotte angl.) ; 8-10 **tr. de Paris** (paix entre Fr. et Russie) : les îles Ioniennes sous protectorat russe (Rép. des *Sept-Îles* unies) ; 9-10 ouverture de négociations franco-angl. à *Amiens* (tr. définitif 25-3-1802 : Méditerranée à la Fr. ; océan Indien à l'Angl. ; o. Atlantique indivis ; frontières du Rhin reconnues).

La principauté de Waterloo. Érigée le 3-6-1817, en faveur de Wellington, par Guillaume Ier, roi des P.-Bas. Non souveraine. 1 000 ha près de Waterloo (Nivelles, Vieux-Genappe, etc.). Transmissible par les mâles, elle appartient au 8e duc de Wellesley, titré prince de Waterloo, qui touche les revenus des fermages ; les fermiers jouissent d'un droit de quasi-propriété (fermage héréditaire), mais ne peuvent vendre leur fonds.

Ier Empire (18-5-1804/6-4-1814)

1804 juin : St-Napoléon devient fête off. fixée au 15-08, anniversaire de l'emp. ; 2-12 *sacre* de N. [Pie VII accepte de venir à Paris pour *sacrer* Nap. (c.-à-d. lui donner l'onction avec le saint-chrême), mais N. se couronne lui-même et couronne sa femme, Joséphine (celle-ci n'a été épousée religieusement que la veille à 4 h de l'après-midi, sans témoins, dans le salon des Tuileries) ; jure sur l'Évangile l'irrévocabilité de la vente des biens nationaux (c'est-à-dire des anciens biens fonciers de l'Église). L'Angleterre est la seule nation européenne à n'avoir jamais reconnu le titre impérial de N. ; à Ste-Hélène, il sera appelé le « Gal Bonaparte »].

1805 19-5 création de la dignité de maréchal (14 tit.) ; 26-5 N. couronné roi d'It. à Milan ; 26-12 titre de Grand ; 31-12 fin du calendrier rép.

1806 30-3 Joseph Bon. roi de Naples ; 5-7 Louis Bon. roi de Hollande ; 12-7 création de la *Confédération du Rhin ;* 21-11 institution du *Blocus* continental : ports eur. fermés aux navires angl. ; 11-12 l'Électeur de Saxe devient roi et entre dans la Conféd.

1807 17-10 expédition de Junot au Portugal (qui refuse d'appliquer le Blocus) ; 27-10 *tr. de Fontainebleau :* Port. partagé entre Fr. et Esp. ; 23-11 *décret de Milan :* fin de la navigation neutre (tout navire visité par les Anglais est considéré comme anglais) ; 8-12 Jérôme Bon. roi de Westphalie.

1809 17-5 annexion des États pontificaux ; 10-6 Nap. *excommunié ;* 6-7 pape arrêté (interné à Savone 20-8 ; à Fontainebleau juin 1812) ; oct. Metternich devient chancelier d'Autriche (politique : s'allier à N., pour l'abattre au bon moment) ; 16-12 *annulation* du mariage civil de Nap. prononcée par sénatus-consulte, l'un des témoins (l'aide-de-camp Le Marois, 19 ans) n'étant pas majeur.

1810 12-1 *mariage religieux avec Joséphine* déclaré nul par l'officialité de Paris (voir ci-dessus) ; 5-2 censure pour les imprimeries ; 17-2 Rome réunie à la Fr. ; création du titre de *roi de Rome* (porté par N.) ; 2-4 Nap. épouse Marie-Louise ; 9-7 suppression du roy. de Holl. (transformé en départements fr.) ; 21-8 Bernadotte roi de Suède.

1811 11-1 annexion du duché d'Oldenbourg (appartenant à un cousin du tsar) ; 20-3 *naissance du roi de Rome* (fils de Nap.) ; 17-6 ouverture d'un concile à Paris pour trouver un arrangement avec le pape emprisonné (échec).

1812 15-1 création de l'industrie sucrière (betterave) ; 9/21-5 *congrès de Dresde,* réunissant tous les rois soumis à Napoléon ; 23-10 *conjuration du Gal Malet* [Claude François de Malet (1754-1812), noble périgourdin devenu républicain, membre de la société secrète des Philadelphes, Gal en 1799, destitué 1807, essaye de rétablir la rép. en s'emparant de la préfecture de la Seine et du gouvernement militaire de Paris, au moyen de faux documents (dont un sénatus-consulte annonçant la mort de N. en Russie) ; reconnu par le gouverneur, le Gal Hullin, il l'abat d'un coup de pistolet, mais se fait arrêter par la garde ; exécuté le 29-10 avec 13 complices (dont le Gal Victor de Lahorie, amant de la mère de Victor Hugo)] ; 5-12 Nap. quitte son armée ; 18-12 il arrive à Paris.

1813 25-1 *pseudo-concordat de Fontainebleau* entre N. et Pie VII (récusé par le pape).

1814 13-1 Pie VII libéré ; 28-1 Joseph lieutenant-général de l'Empire (Marie-Louise régente) ; 2-4 le Sénat proclame la *déchéance* de N. ; 3-4 le Corps législatif la vote ; 4-4 affaire de la « Ragusade » [controverse sur le Mal Auguste Marmont, duc de Raguse (1774-1832). *Thèse de Napoléon :* Marmont, chef du dernier corps d'armée encore opérationnel (le 6e, trahit et va rejoindre Talleyrand et le Mal autrichien Schwartzenberg à Paris ; ses troupes passent dans les lignes russes. *Thèse de Marmont :* il avait négocié la veille avec Schwartzenberg la reddition de son corps ; mais, allant négocier à Paris l'abdication conditionnelle de N., il a donné un contre-ordre, dont son remplaçant, le Gal Souhan, n'a pas tenu compte]. 5-4 N. signe son acte d'abdication (pour lui et ses enfants), à Fontainebleau ; 11-4 *Convention de Paris :* N. garde le titre impérial, reçoit l'île d'Elbe et 2 millions par an (jamais versés) ; Marie-Louise reçoit Plaisance, Parme et Guastalla (N. II devient « prince de Parme ») ; 12-4 entrée du Cte d'Artois à Paris (N. à Fontainebleau, essaie de s'empoisonner, mais le poison n'agit pas, étant trop vieux) ; 14-4 gouv. provisoire du Cte d'Artois (futur Charles X), « lieutenant-général du Roy. ».

Mal Marmont, duc de Raguse

Empire à son apogée 1811

Départements (130) dont *incorporés :* en 1802 Piémont (5), Valais (1), 1805 Gênes (3), 1808 Parme (1), Toscane (3), 1810 États de l'Égl. (2), Hollande (8), nord de la Westphalie (4), 1811 Oldenbourg (1). Voir liste ci-dessous. Sont rattachés sans être départementalisés (8-2-1810) : Catalogne, Aragon, Navarre, Biscaye détachés du royaume d'Esp. *Provinces illyriennes* (1809) : *1° anciennes possessions vénitiennes* à l'E. de l'Adriatique ; autr. depuis le *tr. de Campoformio* (1797) ; cédées à Nap. en 1805 : Frioul, Istrie, Dalmatie, Raguse, Bouches de Cattaro ; cap. : Zara. *2° territoires enlevés à l'Autr. par le tr. de Schoenbrünn* (1-8-09) : Croatie, Carinthie, Carniole. 6 prov. civiles, sur le modèle des dép. fr., mais non départementalisées : Carniole, Carinthie, Istrie, Croatie civile, Dalmatie, Raguse ; 1 prov. militaire : Croatie mil. ; cap. : Laybach (Ljubljana).

États satellites de l'Empire : *Suisse* (dont N. est *médiateur,* 1803) ; *roy. d'Italie* (dont Nap. est roi, avec Eugène de Beauharnais comme *vice-roi,* 1805) ; *Confédération du Rhin* [dont N. est *protecteur,* 1806 et qui réunit 16 États en 1806 puis 29 après 1807, dont le roy. de Westphalie (Jérôme Bonaparte) et le duché de Varsovie (roi de Saxe)] ; *roy. de Naples* (à Joseph Bonaparte, 31-3-1806 ; puis à Joachim Murat, 15-7-1806) ; *rép. des îles Ioniennes* (1807).

Nota. — Le maréchal français Bernadotte, devenu prince héritier de Suède en 1810, n'a pas été l'allié de Napoléon. En revanche, Autriche et Prusse lui ont fourni des contingents (34 000 et 20 000 h.) en 1812 contre la Russie.

Départements nouveaux sous la Révolution et l'Empire

1793 : Vaucluse, Mont-Blanc (Savoie et Hte-Savoie actuels), Mont-Terrible (chef-lieu Porrentruy ; réparti en 1800 entre le Doubs et le Ht-Rhin). **1795 :** Lys (Bruges), Escaut (Gand), Jemmapes (Mons), Deux-Nèthes (Anvers), Dyle (Bruxelles), Meuse-Inférieure (Maestricht), Ourthe (Liège), Sambre-et-Meuse (Namur), Forêts (Luxembourg). **1798 :** Sarre (Trèves), Rhin-et-Moselle (Coblence), Mont-Tonnerre (Mayence), Roër (Aix-la-Chapelle), Léman (Genève). **1802 :** Doire (Ivrée), Sésia (Verceil), Pô (Turin), Stura (Coni), Marengo (Alexandrie). **1805 :** Montenotte (Savone), Gênes (id.), Apennins (Chiavari). **1808 :** Arno (Florence), Méditerranée (Livourne), Ombrone (Sienne), Taro (Parme). **1810 :** Simplon (Sion), Tibre (Rome), Trasimène (Spolète). **1811 :** Bouches-de-l'Escaut (Middelbourg), Bouches-du-Rhin (Bois-le-Duc), Bouches-de-la-Meuse (La Haye), Yssel-Supérieur (Arnhem), Zuyderzee (Amsterdam), Bouches-de-l'Yssel (Zwolle), Frise (Leuwarden), Ems-Occidental (Groningue), Lippe (Munster), Ems-Supérieur (Osnabrück), Ems-Oriental (Aurich), Bouches-du-Weser (Brême), Bouches-de-l'Elbe (Hambourg).

La famille Bonaparte

☞ Voir p. 561.

Napoléon Ier

• **L'empereur. Nom.** Sur son acte de baptême figurent le nom Bonaparte (et non Buonaparte) et le prénom Napoleone [forme pseudo-latine de « Nabulione » ; (sa mère l'appelle *Nabulione*)], venant sans doute d'*Anabulione*, c.-à-d. le saint revêtu d'un *anabolium* [sorte de grand manteau (il s'agirait de St Nicolas de Bari)]. **Santé.** « Infatigable » (journées entières à cheval, nuits entières sans dormir, compensées par de brèves siestes en cours de journée) ; mais il souffrait sans doute d'une hépatite chronique (teint jaune depuis sa jeunesse).

Grands traits psychologiques. Aristocrate, orgueilleux de ses ascendances et ambitionnant avant tout la gloire de sa maison (opinion de Chateaubriand). Volonté implacable (ébranlée fréquemment par ses ennuis de santé ; ascendant sur autrui (autorité naturelle, sens du commandement) ; imagination ; sûreté du coup d'œil (il évalue à 1 000 h. près la troupe qu'il a en face de lui) ; intelligence synthétique et analytique, servie par une mémoire exceptionnelle ; don de la simulation et sens du théâtral. *Failles :* non-respect de la personne et de la vie humaines (« qu'est-ce qu'un homme après tout ? ») ; croyance excessive en la bassesse des hommes (peur, servilité, cupidité) ; avec l'âge, mégalomanie (objectifs irréalistes) et confusion mentale (poursuites d'objectifs inconciliables). Superstition (parfois optimiste, parfois pessimiste) ; préjugés d'aristocrate gênois (aversion pour Venise, mépris pour les Espagnols et les Orientaux, hostilité envers l'Allemagne et le protestantisme ; ignorance des valeurs plébéiennes) ; complexe du gentilhomme de petite noblesse (fascination devant les grandes familles).

Carrière. 1774-78 élève des Jésuites à Ajaccio. **1778** avec l'aide de Marbeuf, boursier au collège d'Autun. **1779-84** à l'école militaire de Brienne. **1784** reçu au concours de l'école militaire de Paris (1 an d'études). **1785** (sept.) sous-lieut. d'art. à La Fère. **1785-91** lieut. d'art. à Valence, Lyon, Douai, Auxonne, et de nouveau Valence. **1792-93** tente fortune en Corse (indépendantiste) ; évincé par les Paolistes, se réfugie en Fr. avec sa famille (grande pauvreté). **1793** *juin* capitaine d'art. à Nice ; rencontre Augustin Robespierre ; devient jacobin ; *sept.* command. artillerie au siège de Toulon ; *22-12* gal de brigade (à cause de son rôle brillant dans la prise de T.). **1794** *juil.* emprisonné par les Thermidoriens, libéré ; sans emploi pendant un an (refuse un commandement en Vendée). **1795** se lie avec Barras et prépare un plan de conquête de l'Italie du Nord ; *5-10* (journée de Vendémiaire) fait échouer une émeute royaliste ; nommé par Barras, gal de div. **1796** liaison avec Joséphine de Beauharnais, ex-maîtresse de Barras (épousée 9-3) ; *5-3* nommé par Barras gal en chef de l'armée d'Italie, obtient de gds succès ; *29-6* crée la République Cisalpine (qu'il gouverne sans titre, depuis Mombello) ; *4-9* (18 fructidor) par l'intermédiaire d'Augereau (qu'il a envoyé à Paris) rétablit une république jacobine ; *17-10* tr. de Campoformio ; *26/30-11* négociateur à Rastatt (récupère Mayence) ; *15-12* revient à Paris. **1798** *5-3* gal en chef de l'armée d'Égypte ; *19-5* s'embarque à Toulon. **1799** *22-8* quitte son armée (confiée à Kléber), s'embarque pour la Fr. ; *9-10* débarque à Fréjus ; *17-10* arrive à Paris, contacte Barras en vue d'un coup d'État ; *10-11* réalise le coup d'État « du 18 Brumaire ».

Consulat (1799-1804). 1799 *13-12* nommé 1er Consul (avec pratiquement tous les pouvoirs) en vertu de la « constitution de l'an VIII ». **1800** *14-6* victoire de Marengo (reconquête de l'Italie) ; *sept.* refuse de rétablir les Bourbons (réponse négative à une lettre de Louis XVIII) ; *24-12* échappe à l'attentat de la rue St-Nicaise (monarchistes). **1801** *3-2* paix de Lunéville avec l'Autriche ; *15-7* signature du Concordat (l'appui de l'Église est acquis). **1802** *25-1* élu Pt de la Rép. italienne ; *27-3* obtient la paix avec l'Angleterre (tr. d'Amiens) se concentre sur l'aménagement du territoire ; *26-4* amnistie les Émigrés ; *8-5* nommé 1er Consul pour 10 années supplémentaires ; *29-7* plébiscité 1er Consul à vie ; *20-9* s'installe à St-Cloud, avec une « Cour Consulaire » ; *23-11* nommé médiateur de Confédération suisse. **1803** *28-3* création d'une monnaie à son effigie ; *11-5* décl. de g. à l'Angleterre (la paix ne sera plus jamais rétablie avant 1815). **1804** *21-3* mise à mort du duc d'Enghien (accusé de complot) ; *9-5* le Tribunat propose l'Empire héréditaire.

L'Empire (1805) *18-5* le Sénat le proclame par sénatus-consulte (unanimité moins 5 voix) ; *19-5* création des maréchaux ; *20-5* décret lu dans les rues de Paris ; *fin mai* plébiscite sur l'hérédité (pas sur la dignité impériale, déjà décrétée) ; *2-12* Nap. et Jos. sacrés (à N.-Dame) par le pape Pie VII. Couronnement impérial ; *26-5* couronné roi d'Italie ; *7-6* Eugène de Beauharnais installé comme vice-roi à Milan ; *28-8* abandon du plan de conquête de l'Angl. ; *21-10* déf. navale de Trafalgar (décisive) ; *2-12* vict. d'Austerlitz (non exploitée contre les Russes) ; *26-12* tr. de Presbourg (Venise est annexée au roy. d'Italie). **1806** *26-2* décision de construire l'Arc de Triomphe de l'Étoile ; *30-3* protecteur de la Conféd. du Rhin (à la demande du prince-archevêque de Ratisbonne Charles de Dalberg) ; *4-8* publication du catéchisme impérial (« Dieu a établi Nap. notre souverain, l'a rendu son image sur la terre ») ; *19-12* entrée à Varsovie (souveraineté indirecte sur la Pologne). **1807** *1-6* création du 1er duc d'Empire (Mal Lefèvre, duc de Dantzig) ; *7-7* tr. de Tilsit, alliance avec Russie [annexion des îles Ioniennes (projet d'empire oriental)] ; *27-10* tr. de Fontainebleau : partage du Portugal entre Nap. et le roi d'Espagne ; *13-11* code Nap. appliqué aux territoires annexés ou administrés. **1808** *2-2* occupation de Rome ; *18-3* entrée des Fr. (Murat) en Espagne ; *22-7* 1re défaite terrestre de l'armée fr. (capitulation de Dupont à Baïlen) ; *27-9* fêtes d'Erfurt (Nap. et Alexandre Ier devant un « parterre de rois »). **1809** *17-5* annexion de Rome et excommunication de Nap. (le pape déporté à Savone) ; *14-10* paix de Vienne (annexion des provinces illyriennes, à l'E. de l'Adriatique) ; *30-11* divorce avec Joséphine annoncé officiellement. **1810** *6-2* le tsar répond évasivement à une demande en mariage de sa sœur Anne (15 ans) ; *7-2* demande en mariage Marie-Louise d'Autriche ; *2-4* l'épouse (la noblesse de l'Ancien Régime se rallie) ; *9-7* annexion de la Hollande (jusque-là royaume de Louis Bonaparte) ; *12-11* des villes hanséatiques ; *10-12* d'une partie du royaume de Westphalie. **1811** *11-1* de l'Oldenburg (l'Empire compte 130 dép., 134 avec la Catalogne : extension maximale) ; *20-3* naissance du « roi de Rome », enthousiasme à Paris (la dynastie semble définitivement installée). **1812** *17-4* tentative de paix vers l'Angleterre (échec) ; *17-5* assemblée de Dresde, considérée comme l'apogée de l'Empire (Nap. festoyé par 17 rois ou princes souverains) ; *21-5* le pape transféré à Fontainebleau (en vue d'une réconciliation éventuelle) ; *22-6* début de la campagne de Russie (régence de Marie-Louise) ; *22-10* (Nap. étant à Moscou) coup d'État manqué de Malet ; *25-11* défaite de la Bérézina ; *5-12* Nap. quitte son armée ; *18-12* arrive par surprise à Paris. **1813** tente de faire la paix avec Pie VII (qui reconnaît Marie-Louise comme impératrice, mais refuse tout concordat) ; *mars* dissolution de la Confédération du Rhin ; *21-4* défaite de Vitoria et perte de l'Espagne ; *18/21-10* défaite de Leipzig et perte de l'All. ; *12-11* tr. de Valencay : Nap. rétablit les Bourbons d'Espagne ; *29-12* fin de la « médiation » de Nap. en Suisse. **1814** 11-1 défection de Murat ; *21-3* déf. d'Arcis-sur-Aube (décisive) ; *30-3* prise de Paris par les alliés ; *2-4* le Sénat déclare Nap. déchu ; *5-4* Nap. abdique à Fontainebleau. **Souverain de l'île d'Elbe (1814-15).** *11-4* Nap. obtient le titre d'empereur, la souveraineté de l'île d'Elbe et une pension (jamais versée) de 2 millions de F. (Marie-Louise reçoit les duchés de Parme, Plaisance et Guastalla) ; *4-5* débarque à Porto-Ferrajo ; *28-5* Joséphine meurt à la Malmaison ; *déc.* décide de rentrer en France. **1815** *févr.* Fleury de Chabulon, sous-préfet de Reims, combine à Paris (avec Maret, duc de Bassano) le retour de Nap. ; *26-2* Nap. quitte Elbe avec 7 navires ; *1-3* aborde au golfe Juan ; *10-3* atteint Lyon ; *20-3* entre à Paris.

Les Cent-Jours (21-3/21-6-1815). *30-5* Murat attaque l'Italie du N. (autrichienne) ; *22-4* promulgation de la Constitution rédigée par Benjamin Constant (la Benjamine) ; *2/3-5* défaite de Murat, battu à Tolentino ; *1-6* assemblée du Champ de Mai (dignitaires, garde, garde nationale), déclaration de fidélité des collèges électoraux ; *2-6* plébiscite proclamé (1 500 000 oui ; 4 802 non) ; *15-6* Nap. attaque en Belgique ; *18-6* défaite de Waterloo ; *23-6* abdique pour la 2e fois.

Dernières années (1815-21). 1815 *15-7* Nap. s'embarque sur le navire angl. Bellérophon ; *24-7* en rade de Plymouth ; *7-8* passe sur le *Northumberland* ; *16-10* arrive à Ste-Hélène ; *10-12* s'installe à Longwood. **1816** *17-4* arrivée de Hudson Lowe, chargé de sa surveillance. **1821** *17-3* fait son testament ; *5-5* meurt ; *9-5* enterré avec les honneurs militaires dans la vallée « du géranium ». **1840** *12-5* la chambre vote le retour des cendres (budget de 1 million) ; *15-10* exhumé à Ste-Hélène son corps est ramené sur la *Belle-Poule* par le Pce de Joinville (fils du roi Louis-Philippe) ; *15-12* enseveli aux Invalides.

• **Parents de l'Empereur. Père :** Charles-Marie de Bonaparte (1746-85), ancienne et modeste noblesse florentine, ayant obtenu le patriciat d'Ajaccio pour la noblesse de France. **Mère :** Letizia Ramolino (1750-1836), porte le titre de *Madame Mère* (1805).

• **Oncle.** Le cardinal Joseph Fesch (1763-1839), demi-fr. de sa mère [la mère de celle-ci, Angela-Maria Pietra-Santa (épouse de Jean-Jérôme Ramolino), s'était remariée après son veuvage avec un officier suisse, Franz Fesch].

• **Frères. Joseph** (1768-1844), baptisé *Nabulione* il ne reçut le prénom de *Joseph* qu'après le baptême de son fr. Napoléon, le futur empereur. Roi de Naples 1806, roi d'Esp. 1808-13 ; ép. 1794 Julie Clary (1771-1845). Après 1815, porte le titre de comte de Survilliers. *Descendance :* 2 filles.

Lucien (1775-1840), non reconnu comme « prince français » par Nap. avant 1815, à cause de son mariage non autorisé en 1803. Pce de Canino (pontifical) en 1814. Ép. 1794 Christine Boyer (1773-1800) ; 1803 Alexandrine de Bleschamp (1778-1855), veuve Jouberthon. Descendance : 7 filles et 5 fils, dont la ligne des Pces de Canino (éteinte en 1895) et la ligne de Pierre Bonaparte (1815-1881) éteinte avec Roland, géographe (1858-1924), père de Marie Bonaparte (Pcesse Georges de Grèce), psychanalyste.

Louis (1778-1846), Pce fr. 1804, roi de Hollande 1806-10 ; après abdication, Cte de Saint-Leu. Ép. 1802 Hortense de Beauharnais (1783-1837), belle-fille de Nap. Descendance : *1° Charles* (1803-07) passa pour être le fils de Napoléon Ier (pour cette raison, Louis refusa que Napoléon Ier l'adopte en 1804). *2° Napoléon-Louis* (n. 1804), mort le 17-3-1831 de la rougeole (on a dit qu'il avait été abattu par les carbonari pour avoir fui devant les Autrichiens). *3° Napoléon III* (Louis-Nap. 1808-73) qui aura pour fils Louis Pce impérial (il signe Louis Napoléon et est appelé Louis jusqu'à la mort de son père, après signe Napoléon) (1856-1879, tué au Zoulouland) sans postérité.

Jérôme (1784-1860), Pce fr. 1806, roi de Westphalie (1807-13), Pce de Montfort 1816, Mal de France 1850, réintégré comme Pce fr. 1852. Ép. 1° 1803 Élisabeth Patterson (1785-1879), mariage annulé 1805 ; 2° 1807 Catherine de Wurtemberg (1783-1835). Descendance : du 1er mar. : branche des Bonaparte-Patterson (éteinte en 1945, non princière) ; du 2e : Jérôme-Napoléon-Charles (1814-47), colonel de la garde lux., sans postérité, Pcesse Mathilde (1820-1904) ; Prince Napoléon (Jérôme) (1822-91), chef de la maison imp. en 1879, dont est issu le prince Napoléon actuel (n. 1914). Voir p. 561.

• **Sœurs. Élisa** (1777-1820), Pcesse 1804, de Lucques et de Piombino 1805, Gde-duchesse de Toscane 1809-14 ; apr. 1815 Ctesse de Compignano. Ép. 1797 Félix Baciocchi. Descendance : Napoléone (1806-69), Pcesse Baciocchi 1856, dont le fils unique, conseiller d'État, s'est suicidé le 4-3-1856 (le Cte Félix-Marnès Baciocchi, 1er Chambellan de Napoléon III, était le neveu du Pce Félix).

Pauline (1780-1825), Pcesse, duchesse de Guastalla 1806. Ép. 1798 le Gal Charles Leclerc (1772-1802) qu'elle accompagne à St-Domingue où il meurt de la fièvre jaune. Ép. 1805 le Pce Camille Borghèse (1775-1832). Sans postérité.

Caroline (1782-1839), Pcesse 1804. Ép. 1800 Joachim Murat (1771-1815), fils d'aubergiste, Gal de div. en Égypte 1799, maréchal et Pce 1804, Gd-duc de Berg 1806, roi de Naples 1808-15. Après 1815 Ctesse de Lipona (anagramme de *Napoli*). Descendance : les princes Murat (le 8e, Pce Joachim, est né en 1944).

• **Épouses. Joséphine Tascher de la Pagerie** (1763-1814), née à Trois-Ilets (Martinique), veuve du Vte de Beauharnais, Gal en chef de l'armée du

Rhin (1760-guillotiné 94) qu'elle avait épousé en 1778. Obtient pour Bonaparte, de Barras (son amant), le poste de G[al] en chef en Italie. Mariage civil 9-3-1796, religieux 2-12-1804 (la veille du sacre) : annulés 1810. Reine d'Italie 1805. Impératrice des Français 1804 ; répudiée pour stérilité le 30-11-1809 [ensuite le 16-12-1809 annulation du mariage civil par sénatus-consulte, et le 10-1-1810 déclaration de nullité du mariage religieux par l'officialité métropolitaine de Paris. Motif officiel (d'ordre « externe », selon les exigences de Napoléon) : le curé de la paroisse n'était pas présent à la bénédiction nuptiale ; motif réel : manque de consentement de l'empereur (normalement irrecevable, car il y avait eu « simulation »)], garde le titre impérial 1810-14. Sans descendance de Nap. ; 2 enfants de son 1er mariage (Eugène et Hortense) (voir p. 561).

Marie-Louise d'Autriche (1791-1847), mariage 2-4-1810. Impératrice des Fr., reine d'Italie 1810, régente 1812, puis 1814 (ne participe pas aux affaires). Après 1815, duchesse de Parme, Plaisance et Guastalla ; se remarie sept. 1821 au général Cte Adam von Neipperg (1775-1829), Autrichien, dont elle est la maîtresse depuis le 29-9-1814 ; puis le 17-2-1834 ép. Cte Charles de Bombelles (1785-1856), émigré. Descendance de sa liaison avec Neipperg (n'ont pas été légitimés par le mariage subséquent, étant adultérins) : Albertine de Montenuovo (1817-67, ép. 1835 le Cte Louis San Vitale) ; Guillaume de Montenuovo (n. 8-8-1819 ; G[al] et P[ce] autrichien 1854, mort le 6-4-1895) ; une 2e fille, Mathilde (n. 1818, morte en bas âge).

● **Fils.** *De Marie-Louise :* Napoléon François, **Napoléon II** (1811-32), roi de Rome 1811, empereur mars 1814 et avril 1815, duc de Reichstadt 1818 (nom d'un château royal en Bohême ; on avait songé d'abord à duc de Mödling, mais Mödling n'était plus aux Habsbourg). Meurt en Autriche de la tuberculose.

● **Beaux-enfants. Eugène de Beauharnais** (1781-1824), aide de camp de son beau-père en Égypte (1798-99 ; blessé à St-Jean-d'Acre ; ramené en Fr. avec lui oct. 1799) ; chef d'escadron 1800, colonel 1802, G[al] de brigade 1804. P[ce] et archi-chancelier de l'Empire 1805. Vice-roi d'Italie 1805-14. Adopté par Nap. 1806, prince de Venise 1807. Grand-duc de Francfort 1810 (compensation pour le divorce de sa mère), duc de Leuchtenberg et prince d'Eichstadt 1817. Ép. 1807 Augusta de Bavière (1788-1851). Descendance : les princes de Leuchtenberg, devenus russes. Voir tableau p. 561.

Hortense de Beauharnais (1783-1837), reine de Hollande 1806-10, puis Ctesse de Saint-Leu ; créée duchesse de St-Leu par Louis XVIII 1814. Ép. Louis Bonaparte (Voir ci-dessus). Descendance : *de son mari : Nap. III* (Voir ci-dessus) ; *de sa liaison avec le Cte Auguste de Flahaut (1784-1870) :* Charles duc de Morny (1811-63) (branche éteinte 1940).

Guerres de la 3e Coalition (1803-05)

Causes. *1°* l'Angl. n'a pas évacué Malte comme l'exigeait le tr. d'Amiens (raison officielle : annexion du Piémont par Bon. contrairement au tr. d'Amiens). *2°* Prusse et Russie craignent comme elle une hégémonie fr. en Europe. *3°* l'Angl. ne peut admettre que les Fr. occupent la Hollande (en plus de la Belg. annexée). *4°* l'Autr. cherche à récupérer l'It. du N. : elle signe une convention avec l'Angl. (6-11-1804), lui promettant 235 000 h. *5°* Nap. a une alliée : l'Esp. [qui a déclaré la g. à l'Angl. en déc. 1804 (motif : les Angl. ont capturé 4 galions)].

Effectifs français. Dep. 1805, le contingent annuel est fixé par l'empereur. Le 28-8-1805, l'Armée d'Allemagne comptait 592 000 h. (infanterie 440 000, cavalerie 77 000, artillerie 23 000, génie, train, pontonniers, etc. 28 000, gendarmerie 16 000, Garde 8 000).

Opérations. 1804 concentration à Boulogne de l'armée d'invasion d'Angl. [10 000 h. ; 2 400 navires (appelée *Grande Armée*, par opposition aux corps d'Italie et d'Esp.)] ; 70 nav. angl. croisent au large et harcèlent la côte. **1805**, mars-août échec du plan de Nap. prévoyant la concentration dans la Manche des escadres fr. de la Méditerranée (Villeneuve), de l'Atlantique (Ganteaume), et de la flotte esp. (Gravina) : Villeneuve et Gravina, qui ont lâché Nelson aux Antilles, se heurtent 22-7 au cap Finistère à l'amiral angl. Robert Calder (repliés à Cadix, ils y sont bloqués par Nelson) ; 28-8 l'armée d'invasion d'Angl. est détournée vers l'Autr. ; 20-10 Nap. fait capituler Mack à *Ulm* (27 000 prisonniers dont 18 généraux) ; 21-10 Villeneuve et Gravina écrasés par Nelson à *Trafalgar* (18 vaisseaux fr.-esp. sur 33 pris ou coulés, Nelson tué) ; 31-10 offensive fr.-it. sur l'Adige ; 13-11 entrée de Nap. à Vienne ; 19-11 offensive en Bohême ; 2-12 *bat. d'Austerlitz* (actuellement Slavkov-n-Brno, Tchécosl.) ou des *Trois Empereurs* (Nap. avec 65 000 h. bat les empereurs d'All. et Russie avec 90 000 h. : 15 000 †, 20 000 prisonniers ; *pertes fr. :* 800 †, 7 000 blessés) ; 26-12 *tr. de Presbourg* (actuellement Bratislava) : Autr. cède à Bavière, Tyrol et Trentin ; à Wurtemberg, Brisgau et Souabe ; à France, Vénétie, Istrie, Dalmatie, Cattaro. Le tsar ne traite pas.

Guerres de la 4e Coalition (1806-07)

Causes. *1°* Lors de la création de la Conf. du Rhin (12-7), Nap. propose de rendre au roi d'Angl. le Hanovre, occupé par la Prusse. La reine de Prusse, Louise, pousse son mari à rejoindre la Russie et l'Angl. (qui n'ont pas fait la paix). L'Autr. ruinée par sa contribution de 50 millions (tr. de Presbourg) reste neutre. *2°* La Turquie, inquiète de la présence russe en Adriatique, s'allie à Nap. et déclare la g. à la Russie le 24-12-1806.

Opérations. 1806, 5-3 l'am. russe Séniavine occupe Cattaro ; 14-10 *Iéna* Nap. avec 80 000 h. bat Hohenlohe avec 50 000 h. ; *Auerstaedt* Davout avec 26 000 h. bat le roi de Prusse avec 70 000 h. ; oct.-nov. anéantissement de l'armée pr. ; occupation des États pr. (sauf Pr. orientale) et de la Pologne. **1807**, 8-2 bataille d'*Eylau* (indécise : 20 000 † fr. sur 60 000 h. ; 26 000 † pr.-russes sur 88 000 h.) ; 14-5 prise de *Dantzig*, dernière place prussienne ; 14-6 *Friedland* Nap. avec 26 000 h. (1 800 †) bat Bennigsen avec 70 000 h. (30 000 † et pris.) ; 1-7 bat. navale du Mt Athos (Séniavine détruit 8 nav. turcs) ; janv.-févr. Sébastiani, amb. de Fr. à Constantinople, repousse une escadre angl. qui a forcé les Dardanelles.

Conclusion. 7-7 *tr. de Tilsit* (accepté par la Prusse le 9-7) : la Pr. perd ses territoires à l'ouest de l'Elbe, et rend les terr. polonais acquis en 1792-95 (Gd-Duché de Varsovie). La Russie s'allie à Nap. Pr. et Russie adhèrent au *Blocus*. Projet secret de partage de la Turquie : la Fr. retrouve Cattaro et reçoit les îles Ioniennes.

Guerre d'Espagne (1808-14)

Causes. Nap. voulait annexer l'Esp. à son système en mariant son fr. Lucien à une fille du roi Bourbon (Charles IV). À cause du refus de Lucien, il choisit la solution du « roi intrus » (1er projet : Murat, puis : Joseph). Mais le 2-2-1808, Rome est occupée : le clergé esp., fidèle au pape, soulèvera le peuple en faisant connaître l'excommunication de Nap. (les Fr. sont appelés les Infidèles).

Opérations. 1808, 18-3 Murat (chef des troupes qui doivent en principe opérer au Portugal) fait pression sur Charles IV pour qu'il s'enfuie en Amérique : Ch. IV abdique à Aranjuez en faveur de son fils Ferdinand VII ; 23-3 Murat occupe Madrid ; 30-4 F. VII et Ch. IV comparaissent devant Nap. à Bayonne ; 2-5 (*Dos de Mayo*) insurrection des Madrilènes contre Murat (1 200 † français, 2 500 † espagnols) ; 5-5 F. VII et Ch. IV remettent leur couronne à Nap. qui la donne à Joseph Bon., roi de Naples (Murat devient roi de Naples) ; juin-juillet développement de la guérilla ; 22-7 capitulation de Dupont à *Baylen* (ses troupes seront exterminées sur l'îlot de Cabrera, îles Baléares) ; 31-7 Wellington débarque au Port. ; 1-8 Joseph évacue Madrid ; 30-8 capitulation de *Cintra :* Junot battu à Vimeiro (Port.) est ramené avec ses troupes à Quiberon par la flotte angl. ; 3-11 offensive de la Grande Armée, commandée par Nap. ; 10-11 prise de Burgos ; 30-11 vict. de *Somo-Sierra ;* 3-12 capitulation de Madrid : Joseph remis sur le trône. **1809**, 17-1 Nap. rentre à Paris, laissant le commandement à Soult, Moncey, Lannes ; 24-2 Lannes prend *Saragosse* (50 000 Espagnols †) ; 29-3 vict. de Soult à Oporto ; les Angl. fortifient les lignes de Torrès-Védras ; 26-9 Soult commandant en chef : 19-11 vainqueur à Ocaña (30 000 Esp. †). **1810**, 1-2 Victor prend Séville ; 6-3 Masséna lève le siège de *Torrès-Védras* et évacue le Port. **1811**, 11-3 Soult prend Badajoz ; 3-5 dernière vict. fr. à Fuentes de Onoro (Masséna bat Wellington). **1812**, 9-1 Suchet prend Valence ; 21-7 Wellington bat Marmont aux *Arapiles*, puis prend Madrid. **1813**, 11-5 offensive de Wellington (80 000 h.) ; 21-5 il bat Joseph Bon. à Vitoria ; 8-9 il s'empare de St-Sébastien ; 12-12 *tr. de Valençay :* les Bourbons rétablis sur leur trône.

Guerre de la 5e Coalition (1809)

Causes. L'Autr. veut profiter de la g. d'Esp. pour prendre sa revanche sur Fr. et Bavière.

Effectifs. Fr. 280 000 h. (sans l'Esp.) ; Autr. 300 000 hommes.

Opérations. 1809, 12-3 offensive autr. en Bavière ; 12-4 occupation de Munich ; 19/23-4 contre-offensive de Nap. (vict. de Tengen, Abensberg, Landshut, Eckmühl, Ratisbonne sur l'archiduc Jean ; pertes autr. 60 000 h.) ; 13-5 prise de Vienne ; 21-5 bataille d'*Essling* (indécise, 16 000 † français, dont Lannes ; 27 000 † autr.) ; 5-7 bataille d'Enzersdorf (15 000 Fr. franchissent le Danube) ; 6-7 vict. de *Wagram* (Nap. avec 150 000 h. et 600 canons bat les archiducs Charles et Jean avec 180 000 h. : 18 000 † fr., 32 000 † autr.) ; 12-7 armistice de *Znaïm* avec l'Autr. ; 30-7 débarquement angl. à Walcheren (échec) ; 14-10 *Paix de Vienne :* Autr. perd 300 000 km² et 3 500 000 hab. (Galicie à Varsovie, Illyrie à la Fr.).

Guerres de la 6e Coalition (1812-14)

Causes. *1°* En 1812, le tsar Alexandre est ulcéré par l'annexion de l'Oldenbourg, fief appartenant à son cousin. *2°* La Russie souffre du Blocus continental. *3°* Alex. a fait la paix avec la Turquie (tr. de Bucarest). *4°* Napoléon est tenté par la conquête de la Russie. *5°* En 1813, les États germaniques ont compris que l'Empire français est touché à mort.

Effectifs. *Russie* 350 000 h. *E. napoléon. :* 700 000 h. dont Français 300 000, Autrichiens 38 000, Prussiens 20 000. Engagés en Russie : 400 000, mais le typhus et les désertions ont fait perdre 150 000 h. le 29-7 (arrivée à Vitebsk).

Opérations. 1° Campagne de Russie (1812-13) : 1812, 17-8 prise de Smolensk ; 7-9 bat. de la *Moskova*, appelée *Borodino* par les Russes [Napoléon avec 130 000 h. bat Koutouzov (Michel Golenistchev, 1745-1813 ; P[ce] de Smolensk en 1812) et Bagration (le P[ce] Pierre, Géorgien, 1765-1812 tué à la Moskova) avec 100 000 h. : 58 000 † russes, 20 000 † alliés ; blessés : 25 000 russes, 10 000 alliés (13 000 blessés russes † faute de soins ; la plus sanglante bataille napoléonienne)] ; 14-9 prise de Moscou ; 18-9 *incendie de Moscou* [la ville était évacuée par la population sur ordre du gouverneur le Gal Rostopchine ; seuls demeuraient les prisonniers de droit commun à qui il avait promis la réhabilitation s'ils mettaient le feu : 2/3 de la ville sont brûlés ; le reste est pillé par les Fr. (Rostopchine avait agi seul : le tsar Alexandre a toujours considéré les Fr. comme les auteurs de l'incendie) ; 23-10 Nap. ordonne au M[al] Mortier (duc de Trévise, 1768-1835) de faire sauter le Kremlin, mais l'ordre n'est exécuté qu'en partie] ; 10-10 début de la retraite ; 17/25-11 passage de la *Bérésina* par 65 000 h. sur le pont construit par les sapeurs du Gal Eblé ; Napoléon ordonne la destruction du pont alors que 12 000 traînards sont sur la rive dr. Eblé désobéit et en sauve encore 4 000 ; 5-12 Murat quitte l'armée (commandant : prince Eugène) ; 16-12 Eugène ramène env. 100 000 h. à l'ouest du Niemen (pertes globales 532 000 h, 1 200 canons) ; 30-12 les Prussiens pactisent avec les Russes (déclaration de g. à la France, 17-3-1813).

2° Campagne d'Allemagne (1813). Effectifs. Sur le Rhin, regroupement de 240 000 h., dont 150 000 Fr. (dont beaucoup de « Marie-Louise », c.-à-d. jeunes conscrits des classes 1814 et 1815, sans formation militaire), 600 canons, cavalerie insignifiante (60 000 chevaux perdus en Russie). Eugène : 100 000 h. dont 60 000 occupent les places fortes prussiennes. **Opérations.** Avril offensive vers Dresde ; 2-5 vict. de *Lutzen* (Nap. bat les Prussiens) ; 20-5 *Bautzen* Nap. bat les Russes ; 29-5 prise de Hambourg ; les Prusso-Russes repassent l'Oder ; 4-6 *armistice de Pleiwitz* (cessez-le-feu) ; 12-7 *congrès de Prague* (Metternich décide l'emp. d'Autriche à se déclarer contre N.) ; 11-8 l'Autr. déclare la g. (effectifs alliés 1 million d'h., dont Suédois 40 000) ; 27-8 vict. de *Dresde* (Nap. bat Autr., Prussiens, Russes ; 27 000 alliés †, 12 000 pris.) ; 21-9 décret appelant 300 000 jeunes gens sous les drapeaux (les « Marie-Louise ») ; 12-10 la Bavière abandonne l'alliance fr. ; 16/18-10 désastre de *Leipzig* ou *bat. des Nations* [185 000 Franç. contre 300 000 alliés (dont Bernadotte) avec 1 500 canons : 20 000 † fr., 38 000 pris. ; leur anéantissement est évité grâce au Gal Antoine Drouot (1774-1847), chef de l'artillerie, surnommé le « Sage de la Gde Armée »] ; 23-10 évacuation de l'Allemagne ; 30-10 combat de *Hanau* contre les Bavarois : 45 000 Fr. repassent le Rhin ; 15-11 la Holl. rappelle Guillaume d'Orange.

3ᵉ Campagne de France (1814). Effectifs. Chiffres traditionnels : alliés 350 000 h. (dont Blücher 70 000, Schwarzenberg 130 000), Napoléon 50 000 h. Chiffres critiques (Jean Savant) : alliés 140 000 h., Napoléon 160 000. BATAILLES : *St-Dizier* 27-1, *Brienne* 29-1, *La Rothière* 1-2, *Champaubert* 10-2, *Montmirail* 11-2, *Mormant* 17-2, *Troyes* 24-2, *Craonne* 7-3, *Laon* 9-3, *Arcis-sur-Aube* 19-3 (défaite décisive) ; 30-3 *capitulation de Paris* : Nap. se replie sur Fontainebleau ; 1-4 le chirurgien Gᵃˡ Percy sauve 12 000 blessés russes et prussiens (réquisitionne les abattoirs de Paris ; les transforme en hôpitaux) ; 5-4 Nap. abdique ; 23-4 armistice entre comte d'Artois et alliés : reddition des 54 places qui résistent encore ; abandon des conquêtes de la Rép. et de l'Emp. ; livraison à l'Angl. des navires se trouvant dans les ports étrangers, des colonies et de Malte.

4ᵉ Autres campagnes (1814). Espagne (voir ci-dessus). Janv. Wellington passe la Bidassoa ; 2-2 le duc d'Angoulême le rejoint à St-Jean-de-Luz (il entrera à Bordeaux le 12-3) ; 27/28-2 *Orthez* Wellington bat Soult ; 10-4 Wellington entre à Toulouse. **Italie.** 11-1 Murat s'allie aux Autr. contre le Pᶜᵉ Eugène ; 2-3 vict. de *Parme* (Eug. bat Murat et Bellegarde) ; avr. offensive austro-napolitaine ; 16-4 convention de Mantoue. **Suisse. 1813**, 30-12 les Autr. occupent Genève. **1814**, janv. pillent la Bresse ; 26-2 battus devant Lyon par Augereau ; mars occupent Lyon.

1ʳᵉ Restauration (avril 1814-mars 1815)

1814 13-4 rétablissement du drapeau blanc et de la cocarde blanche ; 20-4 *adieux de Napoléon* à sa Garde (Fontainebleau) ; il part pour l'île d'Elbe avec 1 000 h. ; 24-4 Louis XVIII débarque à Calais ; 2-5 L. XVIII octroie la Charte constitutionnelle *(acte de St-Ouen)* ; 3-5 entrée à Paris ; 12-5 licenciement de 300 000 soldats et mise en *demi-solde* de 12 000 officiers (20 000 en 1815, ils constitueront jusqu'en 1848 la masse des militants bonap. ; les plus jeunes seront en général réintégrés en 1830 par Louis-Philippe et prendront part à la conquête de l'Algérie) ; 30-5 *tr. de Paris* : la Fr. revient à ses frontières de 1792, mais garde une partie de Savoie, Sarre et Hainaut ; 4-6 réunion du Corps législatif et du Sénat : la Charte est promulguée solennellement ; nov. (jusqu'au 9-6-1815) *Congrès de Vienne* (v. encadré).

1815 3-1 Talleyrand conclut un tr. secret avec Autr. et Angl. contre Prusse et Russie ; 17-2 dissolution de l'Université de Fr., remplacée par 17 un. particulières ; 26-2 *Napoléon s'embarque* à l'île d'Elbe sur le brick « l'Inconstant », avec 1 200 h. ; 1-3 il débarque au golfe Juan (Talleyrand, d'accord avec les congressistes de Vienne, l'aurait manœuvré pour qu'il tente ce coup de tête, afin de l'abattre définitivement) ; 7-3 Napoléon atteint Grenoble ; 10-3 Lyon ; 14-3 à Lons-le-Saunier, ralliement de Ney.

Les Cent-Jours (1815)

1815 19-3 Louis XVIII quitte Paris pour Gand ; 20-3 Napoléon entre à Paris ; 21-3 obtient l'alliance de Murat ; 31-3 gouv. provisoire nommé par le Sénat [Emmerich, duc de Dalberg (Mayençais, donc Fr. à l'époque, 1773-1833), François, Mⁱˢ de Beurnonville (1752-1821), abbé François de Montesquiou-Fézensac (1757-1832), Pᶜᵉ Charles de Talleyrand (1754-1838)] ; 22-4 *actes additionnels* à la Constitution de l'Empire ; 31-5 *tr. de Vienne*, mettant Nap. *hors-la-loi* ; 1-6 *Champ de Mai* à Paris (présentation des dignitaires de l'Empire) ; à Bamberg (Bavière), suicide du Mᵃˡ Berthier, ancien chef d'É.-M. de Nap. ; 3-6 réunion de la Chambre des députés ; 18-6 Waterloo ; 21-6 Nap. tente de s'empoisonner (il est sauvé par des lavages d'estomac, pratiqués par le pharmacien Charles-Louis de Gassicourt, fils naturel de L. XV) ; 23-6 *2ᵉ abdication* à Paris ; 8-7 L. XVIII rentre à Paris [Nap. s'embarque à l'île d'Aix 15-7 sur le *Bellérophon* (capitaine : Maitland) ; conduit en Angleterre ; arrive à Ste-Hélène 16-10 sur le *Northumberland*].

Guerre de la 7ᵉ Coalition (1815)

Cause. Volonté des puissances eur. d'en finir avec Napoléon.

Effectifs. *Fr.* 420 000 h. dont 120 000 utilisables immédiatement : *alliés* 500 000 h. dont en Belgique 120 000 Prussiens, 88 000 Anglais, 20 000 Holl. En Italie : Murat 40 000 h. ; Autrichiens 70 000 h.

Bilan de l'Empire

● **Pertes militaires :** voir Défense nationale.

● **Démographie.** Population de la France. *1789* : 32 500 000, *1815* : 35 000 000. Mais la proportion des hommes a baissé. La natalité a faibli.

● **Institutions :** Nap. a créé (surtout pendant le consulat) les organismes nécessaires à un État centralisé : administrations, préfectures, municipalités ; Conseil d'État, Cour des comptes, Corps législatif et Sénat, Code civil avec tribunaux hiérarchisés, Banque de France, Institut de France. Pendant un siècle et demi, on a considéré comme positive son œuvre de législateur-centralisateur. Mais, sous des chefs d'État plus faibles, la centralisation napoléonienne tombe dans le « caciquisme » administratif, chaque administration ignorant ou combattant les autres. Plusieurs entités napoléoniennes ont disparu au XXᵉ s. *1905* : Église concordataire ; *1919* : franc germinal ; *1968* : université. Depuis, on en est revenu en France, à l'idée de « décentralisation » (anti-napoléonienne).

● **Territoire.** Légèrement agrandi en 1814, par rapport à 1789, la métropole se retrouve en 1815 légèrement rapetissée (Avignon et Mulhouse compensant à peu près certaines rectifications de frontières défavorables). Mais Napoléon perd la Louisiane, qui aurait pu faire de la France au XIXᵉ s., la 1ʳᵉ puissance mondiale.

● **Influence à l'étranger.** Napoléon est entré dans le folklore de la plupart des pays européens (ennemis ou amis) : notamment Angl., Espagne, Allemagne, Italie, Pologne. Hors d'Europe : Pays musulmans, Amérique du N., Am. latine. La France qui, au XVIIIᵉ s., n'avait plus en Europe qu'un seul ennemi (l'Angl.), se retrouve en 1815, avec presque toute l'Europe contre elle : Portugal, Espagne, Suisse, Hollande, Allemagne, Autriche, Russie, Suède. Seules, Italie et Belgique restent politiquement fidèles à N. Italie, Espagne, Allemagne, Russie vont rejeter la culture française, même si le Code civil napoléonien se maintient parfois (Allemagne, Italie, Espagne, Belgique et Hollande). Dans les États de l'Église (ex-départements de Trasimène et de Rome), la structure administrative reste en place. La laïcisation ne disparaît nulle part. La carte de l'Allemagne est profondément modifiée. Les coutumes féodales ont disparu presque partout.

● **Dynastie.** Les Napoléonides ont encore régné de 1852 à 1870 (IIᵉ Empire). Actuellement les Bonaparte se trouvent sur un pied d'égalité avec les anciennes maisons souveraines (plusieurs alliances).

● **Domaine culturel et artistique.** Les guerres ont entravé la recherche et la création des techniques. Néanmoins, une invention date du Iᵉʳ Empire : le sucre de betterave. *Architecture.* A PARIS : chapelle des Tuileries (détruite 1871), cour carrée du Louvre, colonne commémorative (place Vendôme), obélisques, arc de triomphe de l'Étoile (réalisé et modifié sous la Restauration), arc du Carrousel ; péristyle du corps législatif (Assemblée nationale actuelle) ; Bourse de Brongniard (modifiée 1855), Cour des comptes (brûlée 1871), fontaines [place du Châtelet, place St-Sulpice, hôpital Laënnec, boulevard St-Martin (transportée au parc de la Villette)] ; marché St-Germain ; rues de Castiglione et de Rivoli, pont d'Austerlitz, pont d'Iéna. PROVINCE : Orangerie de Strasbourg, Serre du Jardin botanique de Marseille ; théâtre de Dijon, le château de *Rambouillet*. ITALIE : Les jardins du Pincio à Rome ; décoration du Quirinal (utilisé par les papes).

Grands travaux publics. Routes alpines : Simplon, Mt-Cenis, Montgenèvre. *Ports :* Cherbourg, mais surtout Anvers, qui a mobilisé presque tout le budget de la marine. *Routes* (rayonnant en étoile autour de Paris) : améliorées et prolongées (notamment corniche Nice-Gênes-La Spezia).

Style empire. Voir p. 385.

Littérature. Période stérile. Napoléon préférait les œuvres de style néo-classique, de préférence sans originalité, pour éviter les créations subversives. Les 3 grands écrivains de l'époque : Mme de Staël, Chateaubriand, Benjamin Constant étaient de l'opposition. Malgré de sévères lois restreignant sa liberté, le théâtre reste vivant (notamment le mélodrame : Caigniez, Pixerécourt).

Opérations. 1815. Belgique. 15-6 offensive de Nap. sur Charleroi ; *Ligny* bat. indécise : Blücher se replie en bon ordre ; 18-6 *Waterloo* [Wellington (77 000 h.) rejoint par Blücher (88 000 h.) battent Napoléon (74 000 h.) privé du corps de Grouchy (33 000 h.) ; *pertes alliées* : 15 000 h. ; *françaises* : 30 000 h., dont 7 000 pris.]. Pour la 1ʳᵉ fois au cours des g. napoléoniennes, l'armée fr., après un 7ᵉ assaut tenté en vain contre les lignes de Wellington, vers 18 h, s'est débandée aux cris de « nous sommes trahis ». Cette panique s'explique par la désertion à l'ennemi (prussien) du Gᵃˡ français Louis de Bourmont (1773-1846 ; maréchal 1830), le 14-6-1815. Ancien chef chouan, il s'était rallié à Nap. en mai 1815 et avait obtenu le commandement de la 6ᵉ division. Il n'est pas sûr qu'il ait communiqué à Blücher le plan fr., bien que Nap. l'en eût accusé dans le Mémorial de Ste-Hélène. Mais les soldats, impressionnés, ont répandu le bruit de la trahison de plusieurs généraux, notamment Soult, Vandamme, Dhérin. Celle de Grouchy (admise sous la Restauration) n'a pas été évoquée le j. de la bataille. Les 1ᵉʳˢ *sauve-qui-peut* avaient été poussés à 16 h à l'aile droite de l'armée fr. au village de La Haye, attaqué inopinément par Blücher et défendu par la 4ᵉ div. fr. (son chef, le Gᵃˡ Durutte, avait été agressé en 1813 à la bat. de Leipzig par les alliés saxons, il est peut-être à l'origine de la panique générale, bien qu'il s'en soit défendu). Seule la Garde (Gᵃˡ Cambronne) a tenu ses lignes. 23-6 Nap. abdique ; 3-7 armistice (militaire) : l'armée fr. doit se retirer derrière la Loire dans les 8 j. **Italie.** 20-3 offensive Murat dans les États de l'Église ; 6-4 enlève Florence aux Autrichiens ; 2/3-5 Murat écrasé à Tolentino (30 000 † ou pris sur 40 000 h.). **Vendée.** 15-3 soulèvement général ; 1-6 débarquement angl. dans le Marais vendéen ; 4-6 *Les Marthes* : Estève bat les royalistes, La Rochejaquelein (fils) tué ; 26-6 armistice *(Convention de Cholet)*.

2ᵉ Restauration (22-6-1815/7-8-1830)

Louis XVIII (22-6-1815/16-9-1824)

1815 *Terreur blanche*, contre les Jacobins et bonapartistes ; env. 100 000 arrestations, 45 mamelouks massacrés à Marseille ; le Mᵃˡ Brune (ancien « septembriseur », responsable de la mort de Mme de Lamballe), tué à Avignon ; 2-8 colonel Charles de La Bédoyère condamné à mort (fusillé 19-8), Antoine de La Valette, directeur des Postes (qui s'évadera) ; 15-8 Gᵃˡ Ramel tué à Toulouse par les « Verdets » (terroristes royalistes existant depuis la Révolution) ; 2-9 les « jumeaux de La Réole » (les généraux César et Constantin Faucher, nés 1759) sont fusillés à Bordeaux. Août élections : *Chambre « introuvable »* [surnom ironique donné par le roi, majorité *ultra-royaliste* (terme forgé par Jean-Marie Duvergier de Hauranne, 1798-1881, député libéral de Rouen), partisan d'une sévère répression anti-rép. et anti-bon., son chef est le Cᵗᵉ d'Artois, futur Charles X] ; dissoute le 5-9-1816 ; 6-9 *min. du duc de Richelieu* (1766-1822) ; 26-9 *tr. de la Ste-Alliance* entre Prusse, Autriche, Russie (transformée en Quadruple Alliance avec l'Angl. 20-11 ; et en Pentarchie, avec la Fr., en oct. 1818) : organisation antirévolutionnaire des monarchies eur. ; 20-11 *2ᵉ tr. de Paris* ; 7-12 le Mᵃˡ Ney (n. 1769) condamné à mort pour s'être rallié à Nap. ; exécuté le 18-12. **1816** 6-6 naufrage de la *Méduse* (voir Index) ; oct. nouvelles élections favorables aux « Constitutionnels » (160 élus sur 262 sièges). **1817** lois électorales (5-2) ; sur lib. individuelles (12-2) ; sur presse (28-2). **1818** 30-9 ouverture des négociations d'Aix-la-Chapelle entre Richelieu et Alliés ; 30-11 évacuation des troupes étrang. ; 26-12 *min. du Gᵃˡ Dessolles* (1767-1828) *et du duc Decazes* (1780-1860). **1820** 20-2 *min. du duc de Richelieu* ; 13-2 duc de Berry assassiné par Louis Louvel (n. 1783), ouvrier sellier rép. (condamné à mort le 6-6, guillotiné le lendemain) : le 1ᵉʳ min. Élie Decazes, chef des libéraux et favori de L. XVIII, est rendu responsable du crime, accusé de complicité en pleine Chambre, il doit se retirer, mais L. XVIII le nomme ambassadeur à Londres et duc français (il était déjà, par mariage, duc danois) ; 29-9 naissance du duc de Bordeaux, futur Henri V. **1821** 5-5 mort de Nap. à Ste-Hélène ; 14-12 min. du Cᵗᵉ de Villèle (1773-1854). **1822** 1-1 *conspiration de Saumur* (Sirejean, exécuté 2-5 ; Gᵃˡ Berton, exécuté 5-10) ; 17-3 complot des *4 sergents de La Rochelle* : Bories, Goubin, Pommier et Raoulx (exécutés 21-9) ; 20-10 congrès de Vérone ; 28-12 Chateaubriand, min. des Aff. étr. **1823** expédition d'Esp.

(abattre le libéralisme esp.) ; 31-8 prise du *Trocadéro* par le duc d'Angoulême. **1824** 24-2 élection de la *Chambre retrouvée* (415 conservateurs, dont 264 fonctionnaires sur 430 élus) ; 15-8 rétablissement de la censure ; 16-9 mort de L. XVIII (hydropique, il avait les 2 jambes gangrenées).

Charles X (16-9-1824/2-8-1830)

1825 17-3 indépendance de St-Domingue (150 millions pour les colons rapatriés) ; 20-4 loi sur le *sacrilège ;* 28-4 « *milliard des émigrés* » remboursé sous forme de rentes à 3 % aux familles nobles qui n'ont pas récupéré leurs biens fonciers vendus sous la Révolution comme « biens patrimoniaux » ; principaux bénéficiaires : le duc d'Orléans (510 000 F annuels), La Fayette. En contrepartie, les biens patrimoniaux étaient garantis à leurs propriétaires, ce qui fit monter leur valeur de 25 % ; 29-5 *sacre de Charles X* à Reims. **1827** 12-3 loi sur la presse (antilibérale, dite *loi de Justice et d'Amour*) ; 17-4 la Chambre des Pairs la modifie tellement que Villèle la retire : Paris illumine ; 24-6 rétablissement de la censure ; 4-10 intervention en Grèce ; 20-10 *bat. de Navarin :* flotte turco-égypt. (Ibrahim Pacha) détruite par une escadre anglo-franco-russe (amiral fr. : Henri de Rigny, 1782-1835), protégeant les insurgés grecs ; 5-11 Chambre dissoute ; 17-11 les libéraux gagnent les élections. **1828** 4-1 min. du Vte de Martignac (1778-1832) (min. de l'Intérieur). **1829** 8-8 min. du P^ce^ de Polignac (1780-1847). **1830** 16-3 221 députés libéraux votent une *Adresse* (contre 181 voix ultras), demandant l'observation de la règle du jeu parlementaire ; 16-5 Chambre dissoute ; 3-7 élections : la majorité lib. s'accroît de 53 voix ; 4-7 prise d'*Alger* (V. Algérie à l'Index) ; 26-7 *ordonnances* (1 : censure rétablie ; 2 : Chambre dissoute ; 3 : loi électorale modifiée ; 4 : élections fixées en septembre) ; 27/28/29-7 *les Trois Glorieuses,* insurrection ; 29-7 min. du duc de Mortemart (1787-1875) ; 7-8 la Chambre appelle le duc d'Orléans.

La guerre civile de 1830

Causes. Tentative de Charles X de gouverner par ordonnances (c.-à-d. sans le Parlement : la charte de 1814 l'y autorise).

En fait, Charles X aurait pu gagner la partie contre le libéralisme maçonnique en instituant le suffrage universel. Les citadins, libéraux et républicains étaient env. 10 fois moins nombreux que les paysans (conservateurs et bien encadrés par le clergé paroissial).

Effectifs. Troupes royales à Paris (Marmont) : 10 000 h. *Insurgés :* anciens gardes nationaux (dissous le 24-7-1827, mais ayant conservé leurs armes) : 20 000 h. ; insurgés rép. (ayant pillé les armureries) : env. 5 000 h.

Opérations. 27-7 patrouilles des troupes royales dans les rues de Paris. Jets de projectiles. 2 compagnies passent aux émeutiers (5e de ligne) ; 28-7 constructions de barricades ; Marmont forme 4 colonnes pour les déblayer ; à 17 heures, il reçoit l'ordre de tenir Louvre et Tuileries. Pendant la nuit, il s'y fait bloquer par des barricades ; 29-7, 13 h prise du Louvre par les insurgés ; débâcle des troupes de Marmont ; 13 h 30 duc d'Angoulême commandant en chef : il évacue Paris (le roi est à St-Cloud) ; 15 h duc de Mortemart 1er ministre ; 30-7, 6 h retrait des Ordonnances ; 8 h Thiers et Mignet font placarder un manifeste orléaniste ; 10 h la Garde nationale est rétablie (commandant : La Fayette) ; elle occupe l'H. de V. et y fait hisser le drapeau tricolore ; 31-7 le duc d'Orléans prend le titre de lieutenant-général du royaume, 11 h se rend à l'H. de V. ; 1-8 Charles X, replié à Rambouillet, nomme officiellement le duc d'Orléans lieut.-général du roy. (refus du duc) ; 2-8 Ch. X nomme le duc régent (chargé de proclamer roi le duc de Bordeaux) ; il abdique, ainsi que son fils (le duc d'Angoulême, devenu Louis XIX), impressionné par le maréchal Maison (1771-1840), orléaniste, qui lui signale une offensive lancée par 100 000 Parisiens en armes. Partis 30 000, ils arrivent moins de 1 000 : l'armée royale (12 832 h.) se replie, Ch. X se replie vers Cherbourg ; il mourra en exil à Gorizia (actuellement Italie), le 6-11-1836.

Pouvait-elle être gagnée ? *a) Militairement :* le rapport des forces était favorable au roi ainsi que la position (les insurgés ayant quitté les rues de Paris pour le plateau des Yvelines ; la cavalerie aurait pu les balayer). Mais, le Gal Maison, commandant l'armée royale, haut dignitaire maçonnique (grand-officier du Grand-Orient, grand trésorier du Suprême Conseil) a agi en faveur de Louis-Philippe d'Orléans.

b) Psychologiquement : le duc d'Angoulême, devenu le roi Louis XIX, avait le droit de tenir pour nulles les décisions de son père, Charles X, et de garder la couronne au lieu de la transmettre à son neveu, Henri V. Ayant lui-même servi comme général (notamment lors de l'expédition d'Espagne en 1823), il aurait pu disperser les insurgés et reprendre Paris, mais il a abdiqué (soit par confiance envers le duc d'Orléans, soit par simple faiblesse).

Pertes. Le 29-7 à midi (évacuation de Paris), Insurgés : 1 800 † ; troupe env. 200 †.

Le congrès de Vienne

Souverains présents. *Empereurs : Russie* (Alexandre Ier, 1777-1825) ; *Autriche* (François II, 1768-1835) ; *rois : Prusse* (Frédéric-Guillaume III, 1770-1840) ; *Bavière* (Maximilien-Joseph Ier, 1756-1825) ; *Wurtemberg* (Frédéric Ier, 1754-1816) ; *Danemark* (Frédéric VI, 1768-1839).

Diplomates. *France :* Charles-Maurice de Talleyrand Périgord (1754-1838). *Angleterre :* Henry-Robert Stewart, Vte Castlereagh (1769-1822) et le Gal Arthur Wellesley, duc de Wellington (1769-1859). *Autriche :* Clément, P^ce^ de Metternich (1773-1859). *Prusse :* Charles-Auguste, P^ce^ de Hardenberg (1750-1822), Guillaume, Bon de Humboldt (1767-1835). *Russie :* Antoine Capo d'Istria (1776-1831), Robert, Cte de Nesselrode (1780-1862) et André Cyrilovitch Razoumovski (1752-1836). *St-Siège :* cardinal Hercule Consalvi (1757-1824), secr. d'État. *Espagne :* Pedro Gomez Havelo, Mis de Labrador (1775-1852). *Secr. g^al^ du Congrès :* Friedrich von Gentz (Autrichien, 1764-1832).

Sujet des négociations. *Principalement :* refaire la carte de l'Europe, après les bouleversements de la Révolution et de l'Empire (en fixant, notamment, les frontières des anciens États, et en réglant le sort des États nouvellement créés en Italie et en Pologne). *Problèmes secondaires :* navigation sur Danube et Rhin ; traite des Noirs ; sort des Juifs ; préséance entre agents diplomatiques.

Constitution d'un comité directeur. Les 4 grandes puissances, signataires du tr. d'alliance de Chaumont (14-3-1814) : Angleterre, Autriche, Prusse, Russie, prétendent au début constituer à elles seules un comité directeur. Mais Talleyrand, aidé par Labrador, forme contre elles une ligue des petites puissances qui bloque les négociations. Les 4 grandes consentent alors à admettre la Fr. comme 5e membre du comité, à égalité avec ses anciens ennemis (décision due surtout à Lord Castlereagh, qui redoute les ambitions de Prusse et Russie).

Politique de Talleyrand. T. est P^ce^ de Bénévent, ancienne terre pontificale enclavée dans le royaume de Naples, aux mains de Murat, qui s'appuie sur l'Autr. Ferdinand IV (1751-1825), roi de Naples dépossédé (mais qui a gardé la Sicile), offre à T. d'échanger Bénévent contre le duché de Dino. T. adopte cette stratégie : 1° éliminer Murat [en 1815, des agents provocateurs poussent Napoléon et Murat à se lancer dans l'aventure sans issue du « retour de l'île d'Elbe » (les Cent-Jours : mars-juin). Murat est fusillé le 13-10-1815]. 2° faire admettre le principe de la *légitimité* [les territoires ayant changé de statut depuis 1791 doivent revenir à leurs souverains légitimes et Ferdinand récupérera les territoires dans lesquels Bénévent est enclavé (conséquence favorable pour la France : elle récupère ses colonies ; cons. défavorable : le projet russo-prussien d'installer en Rhénanie le roi de Saxe, dépouillé de son royaume au profit de la Prusse, échoue ; la Prusse s'installe sur le Rhin)]. 3° faire admettre le principe de la « suppression des enclaves » (le pape donne Bénévent à Ferdinand IV, ce qui rend possible l'échange Bénévent/Dino). Conséquence d'abord favorable pour la Fr. de ce 2e principe (1814) : il permet des rectifications de frontières en Belgique, dans la vallée de la Sarre, à Landau-Germersheim (Palatinat bavarois) et dans la vallée du Rhône (annexion d'Avignon, enclave pontificale jusqu'à 1791) ; après Waterloo, il se retourne contre la Fr., privée de ses enclaves d'avant 1792 (sauf Avignon, que le cardinal Consalvi a réclamé en vain).

Traité secret franco-anglais. Talleyrand (orléaniste et de formation libérale) s'entend avec Castlereagh pour briser la coalition de Chaumont, et défendre l'Europe, au besoin par les armes, contre les ambitions éventuelles de Prusse, Russie, Autriche. Cet accord sera dénoncé après l'assassinat du duc de Berry et la conclusion de la Sainte-Alliance (1823) : la Fr. rejoint les 3 puissances conservatrices. Mais il reprendra vie en 1830 (Fr. et Angl. formant le groupe des « puissances libérales »), grâce à Talleyrand, ambassadeur de Louis-Philippe à Londres qui, à propos de l'indépendance belge, met fin au principe de « légitimité ».

Monarchie de Juillet

Louis-Philippe (9-8-1830/24-2-1848)

1830 9-8 vote de la *Charte rénovée* (liberté de la presse, abolition de la censure ; initiative des lois reconnue également à la Chambre ; le catholicisme n'est plus religion d'État ; suppression des justices exceptionnelles). Le duc d'Orléans prête serment et est nommé « roi des Français » ; 27-8 mort inexpliquée (« suicide » invraisemblable) du P^ce^ Louis de Condé [n. 1756, père du duc d'Enghien (fusillé 1804)] ; beau-frère de Louis-Philippe ; fils de l'ancien chef de l'armée des émigrés ; sa fortune revenant au duc d'Aumale, son neveu et filleul, la famille d'Orléans fut soupçonnée d'un crime ; on a dit également que le duc était mort accidentellement, au cours d'une partie de plaisir avec sa maîtresse, la B^onne^ de Feuchères). 25-12, 5 ministres de Ch. X condamnés à la prison perpétuelle. **1831** janv. L.-Phil. refuse pour son fils, le duc de Nemours, la couronne de Belg. (indépendante dep. 4-10-1830) ; motif : crainte de mécontenter l'Angl. ; 3-2 émeute anticléricale (des légitimistes ayant fait célébrer à *St-Germain-l'Auxerrois* une messe à la mémoire du duc de Berry) : l'*archevêché de Paris* est saccagé ; 11-7 une escadre fr.-angl. installe à Lisbonne don Pedro de Bragance (libéral) qui chasse Miguel II (conservateur) ; 21/22-11 insurrection des *canuts* (ouvriers de la soie) à Lyon : 40 000 ouvriers en armes, 20 000 soldats (M^al^ Soult). Origine : refus par les patrons soyeux d'établir un salaire minimal (civils 171 † recensés ; armée 170 † ; 600 arrestations).

1832 23-2 occupation d'Ancône (États de l'Église) par représailles contre Metternich qui a occupé Bologne ; 3-3 échec d'un complot légitimiste dit de la *rue des Prouvaires ;* mars-avr. épidémie de *choléra* à Paris (18 500 †) ; 30-4 la *duchesse de Berry,* mère d'Henri V, débarque à Marseille ; déb. mai ne parvenant pas à soulever le Languedoc, gagne la Vendée ; mai-juin suscite des troubles en Vendée (prise d'armes du comte de Charette, neveu du chef vendéen, à La Chaisen-Vieille-Vigne, 3/4-6) ; 6-11 arrêtée à Nantes ; internée à Blaye sous la surveillance du futur M^al^ Bugeaud, elle doit révéler une grossesse : elle avait conclu un mariage secret avec un Italien, le Cte Lucchesi-Palli (déconsidérée par cette union « inégale », elle est libérée par L.-Ph., mais écartée de la cour de Ch. X exilé à Gorizia) ; 30-11 *intervention en Belg.* en faveur des insurgés (M^al^ Gérard) ; 23-12 prise d'Anvers. **1834** 13/14-4 massacre de la *rue Transnonain* à la suite d'une émeute fomentée par la Sté des droits de l'homme (19 tués ou blessés). **1835** 28-7 attentat de *Fieschi* (18 tués dont le M^al^ Mortier, duc de Trévise, ancien Pt du Conseil) : fin de la politique libérale [3 exécutions : Guiseppe Fieschi (n. 1790), Morey, Pépin ; exécutés le 19-2-1836]. **1836** 26-6 Louis Alibaud (n. 1810), républicain, tire un coup de fusil sur L.-Ph. (exécuté 11-7) ; 29-10 *Strasbourg,* 1er complot de Louis-Nap. Bonaparte (soulève le 4e régiment d'artillerie, avec la complicité du colonel Vaudrey ; mais Varoy, général gouverneur, refuse son concours ; L.-Nap. est arrêté par le 46e de ligne ; L.-Ph. le fait embarquer pour les U.S.A.) ; 6-11 Ch. X meurt à Gorizia ; 27-12 Meunier tire un coup de pistolet sur L.-Ph. (gracié).

1838 17-5 Talleyrand meurt ; 11-10 intervention en Argentine contre le dictateur Rosas (antifédéraliste) qui institue le monopole commercial de Buenos Aires brimant les négociants fr. ; la flotte fr. bloquera le Rio de la Plata jusqu'en 1849 ; 25-10 les Fr. évacuent *Ancône ;* nov. les Fr. débarquent à Vera Cruz (Mexique) pour obliger le gouv. à payer ses dettes aux négociants fr. (dont un pâtissier, « g. des gâteaux »). **1839** 12-5 émeutes déclenchées par Barbès et Blanqui (prise de la Préfecture, de l'Hôtel-de-Ville, du Marché St-Jean) ; les gardes nationaux contre-attaquent et capturent Blanqui, blessé (condamné à mort, il sera gracié, sur intervention de la duchesse d'Orléans, qui vient de mettre au monde le Cte de Paris).

1840 20-2 la Chambre rejette une dotation demandée par le roi pour le mariage du duc de Nemours ; 6-8 *Boulogne*, complot de Louis-Nap. : il débarque avec 56 h. (dont plusieurs agents secrets orléanistes) et 475 000 F ; les officiers orléanistes de la garnison empêchent le ralliement des troupes ; les conjurés essayent de se rembarquer, mais ils ont 1 tué, 1 noyé, plusieurs blessés ; Louis-Nap. est capturé (il sera enfermé au fort de Ham dont il s'échappera le 25-5-1846) ; 15-12 transfert des cendres de Napoléon aux Invalides (ramenées de Ste-Hélène par le Pce de Joinville, sur la *Belle-Poule*) ; 20-12 condamnation de Lamennais (auteur de *Paroles d'un croyant*). **1841** 25-4 protectorat sur Mayotte (océan Indien) ; 5-5 prise de possession des îles de Nossibé et Nossi-Komba (océan Indien) ; 13-7 sign. à Londres de la *Convention des Détroits* (fermés à tout navire de g.) ; 13-9 Quenisset tire sur le duc d'Aumale (gracié). **1842** 11-6 création du réseau des chemins de fer ; 13-7 *mort accidentelle du duc d'Orléans*, fils de L.-Ph. (il se brise les reins, près de la place des Ternes, en sautant d'un cabriolet dont le cheval s'était emballé) ; 9-9 prise de possession de Tahiti.

1843 16-5 le duc d'Aumale prend la *Smala d'Abd-el-Kader* (23 000 h. dont 5 000 combattants, enlevés par 500 cav.) ; 2-9 visite de Victoria, reine d'Angl., à Paris ; sept.-déc. occupation de comptoirs africains : Assinie, Grand-Bassam, côte du Gabon. **1844** févr. à Tahiti, *Pritchard* (missionnaire anglican) pousse la reine Pomaré à rejeter le protectorat fr. ; mars l'amiral Dupetit-Thouars l'expulse ; juill. la presse angl. réclame la g. contre la Fr. ; Guizot promet une indemnité ; fin août apaisement (l'indemnité ne sera jamais payée) ; juillet-sept. campagne contre le Maroc qui soutient Abd-el-Kader ; 14-8 l'*Isly*, Bugeaud bat les Marocains ; 10-9 convention de Tanger (Abd-el-Kader expulsé du Maroc). **1845** 22-9 *Sidi-Brahim* en Alg. : Fr. battus (450 †). **1846** 25-5 Louis-Nap. s'évade du fort Ham. **1847** 23-11 soumission d'Abd-el-Kader (1808-83) [interné à Toulon, Pau puis Amboise et libéré par Nap. III en 1852 ; 1855, il s'installe à Damas avec une pension de 100 000 F ; 1871, exhortera les rebelles algériens à faire la paix]. **1848** février chute de la mon. de Juillet.

La guerre civile de février 1848. Causes. 1° immobilisme du gouvernement (L.-Ph. démoralisé depuis la mort de son fils aîné ; Guizot est sans imagination) ; 2° l'opposition rép. exploite les scandales [corruption du Pt de la Cour de cassation Teste, et du Gal Cubières ; assassinat de la duchesse de Praslin par son mari (19-8-1847)] ; 3° les réunions étant interdites, les rép. organisent une campagne de *banquets* (autorisés) : 70 en 1847 (17 000 participants). *Chefs républicains* : Ledru-Rollin, Barbès, Louis Blanc, Schoelcher, Proudhon, Arago.

Pouvait-elle être évitée ? *a) L'épreuve de force avec les Républicains* était sans doute inévitable [la prise de pouvoir par Louis-Ph. en 1830 (après une victoire des Républicains parisiens) leur semblait inique ; l'affaiblissement de la dynastie (mort du duc d'Orléans, perspective d'une Régence) les poussait à l'action].

b) Le recours au suffrage universel (qui aurait sauvé les Bourbons en 1830) ne pouvait aider les Orléans (beaucoup de paysans étaient légitimistes, le bonapartisme était implanté dans le peuple).

Déroulement. *1848*, 31-1 interdiction du banquet de la 12e légion de la Garde nationale (prévu le 22-2) ; 21-2 défilé de protestation décidé par Louis Blanc et Ledru-Rollin. 22-2, 10 h attroupement à la Madeleine, puis à la Concorde ; 16 h 1res barricades ; 24 h occupation des pavillons de l'octroi ; 23-2 les troupes quadrillent Paris ; nombreuses barricades ; 8 h assaut contre celle de la rue Quincampoix : 16 soldats † ; 12 h la Garde nat. est convoquée ; 14 h elle prend parti pour l'émeute ; renvoi de Guizot ; 22 h fusillade boulevard des Capucines (52 civils †, 95 bl.). Bugeaud commandant en chef, Thiers 1er ministre ; 24-2, 3 h Bugeaud décide d'envoyer 4 colonnes depuis le Carrousel. Mais les émeutiers évacuent les barricades sans combat, et les reforment derrière la troupe (exception : Barrière de Montmartre ; forte barricade que l'armée n'attaque pas). Seul point de combat : pl. de la Bastille [brigade du général Duhot (1788-1858) ; encerclée, met rapidement la crosse en l'air : Duhot se replie sur Vincennes]. 8 h Thiers exige le cessez-le-feu ; 10 h la troupe pactise avec l'émeute ; Thiers propose la retraite sur St-Cloud, Louis-Ph. refuse ; 12 h il abdique en faveur de son petit-fils (le comte de Paris, 10 ans (la duchesse d'Orléans est régente). Il aurait sauvé la dynastie s'il avait laissé la couronne à l'un de ses cadets, le duc d'Aumale ou le Pce de Joinville. Mais il pensait que le droit d'aînesse était sacré pour sa famille : le fils aîné de son fils aîné devait lui succéder (échec inévitable). 13 h les Tuileries prises et pillées ; 15 h les émeutiers envahissent la Chambre, molestent la régente, nomment un *gouvernement provisoire :* Dupont de l'Eure, Ledru-Rollin, Arago, Marie, Lamartine ; 17 h 30 un *2e gouv.* (radical et socialiste) se forme à l'H. de V. (Louis Blanc, Marrast, l'éditeur Laurent Pagnerre, Flocon, l'ouvrier Albert) ; 20 h les 2 gouv. fusionnent et *Lamartine proclame la rép.* ; 25-2 soumission des fils du roi (Aumale et Joinville) qui commandent l'armée et la flotte en Algérie ; 26-2 L.-Ph. (réf. à Dreux) part pour l'Angl. où il mourra le 26-8-1850.

Pertes. Insignifiantes sur les barricades, vu la noncombativité des troupes [peut-être une dizaine de † à la brigade Duhot (?)].

Le roi pouvait-il gagner ? *Le plan de Thiers* (appliqué en 1871 contre les Communards) consistait à évacuer et à encercler Paris ; puis de le reconquérir comme une place forte ennemie avec de la troupe de métier. Mais les Orléans (libéraux) rejetèrent cette solution. Louis-Philippe, démoralisé depuis la mort de son fils en 1842, n'avait pas l'esprit de résistance. La duchesse d'Orléans était faible et impopulaire.

Ministères sous la monarchie de Juillet : 11-8-1830 Jacques Laffitte (1767-1844) ; 13-3-1831 Casimir Perier (1777-1832) ; 23-4-1832 Mal Soult (1769-1851) ; 19-7-1834 Mal Gérard (1773-1855) ; 16-3-1835 duc de Broglie (1785-1870) ; 22-2-1836 Adolphe Thiers (1797-1877) ; 6-9-1836 comte Molé (1781-1855) ; 31-3-1839 Mal Soult ; 12-3-1840 Adolphe Thiers ; 29-10-1840 Mal Soult [vrai chef du gouv. : François Guizot (1787-1874)] ; 26-9-1847/23-2-1848 François Guizot (remplacé par Molé, puis Thiers).

IIe République (25-2-1848/7-11-1852)

1848 26-2 création des *ateliers nationaux* [chantiers non spécialisés (terrassements ouverts aux chômeurs (salaire 2 F par j)] ; bientôt 40 000 volontaires dont de nombreux provinciaux ; on ne sait à quoi les employer ; 29-2 abolition des titres de noblesse ; 2-3 fixation à 10 h de la j. de travail (pour l'imposer effectivement aux employeurs, nombreux mouvements de grève) ; 27-4 esclavage aboli aux colonies ; 4-5 *Ass. constituante* élue au suffrage universel ; 6-5 le Gouv. provisoire remplacé par une commission exécutive de 5 membres (Arago, Garnier-Pagès, Lamartine, Ledru-Rollin, Marie) ; 13-6 Louis-Nap. élu à des partielles par 4 départements ; 23-6 *suppression des ateliers nationaux* (trop coûteux) ; 23/26-6 émeutes ; *Cavaignac* reçoit les pleins pouvoirs (mort de Mgr Affre ; armée 800 †, garde nationale 800 †, insurgés 4 000 † ; 11 000 prisonniers, 4 300 déportés) ; 12-11 nouvelle Constitution ; 10-12 Louis-Nap. élu Pt par 5 434 226 voix contre Cavaignac 1 448 007, Ledru-Rollin 370 719, Raspail 36 329, Lamartine 17 910, Changarnier 4 790. **1849** 7-3/2-4 procès des chefs émeutiers de juin (Barbès, Blanqui, Raspail, Marie-Joseph Sobrier condamnés) ; avr.-mai constitution d'un corps expéditionnaire destiné à soutenir le Piémont contre les Autr. (mais le Piémont capitule avant sa mise en route) ; 26-5 installation de l'Ass. législative ; 1-6 envoi d'un corps expéditionnaire dans les États de l'Église, pour soutenir le pape contre les rép. romains ; 11-6 Ledru-Rollin met le gouv. en accusation pour viol de la Constitution (elle interdit de faire la g. aux peuples). L'accusation est rejetée (12-6), mais il y a des émeutes à Paris (13-6) et Lyon (15-6) ; 3-7 les Français occupent Rome, rétablissant Pie IX. **1850** 15-3 *Loi Falloux* (enseignement, v. Index) ; 31-5 loi restreignant le suffrage universel, il faut 3 ans de résidence au lieu de 6 mois pour voter : les ouvriers journaliers, main-d'œuvre mobile, sont éliminés (40 % des électeurs) ; août-sept. négociations entre orléanistes et légitimistes pour former un parti monarchiste unique. **1851** 2-12 coup d'État présidentiel [exécutants : Morny (1811-65), Maupas (1818-88), Persigny (1808-72), Gal Saint-Arnaud (1801-54)] ; 4-12 résistance armée (300 tués, 6 642 arrestations, 9 530 déportés en Algérie, 2 804 internés, 1 545 expulsés, 5 000 coupables placés sous surveillance) ; 21/22-12 Louis-Nap. élu pour 10 ans (7 439 216 oui, 646 737 non après un plébiscite au suffrage universel). **1852** 14-1 nouvelle Constitution ; 22-1 confiscation des biens de la famille d'Orléans ; 24-1 rétablissement des titres de noblesse ; 7-11 sénatus-consulte proposant un plébiscite sur le rétablissement de la dignité impériale ; 21-11 plébiscite (7 800 000 oui ; 280 000 non) ; 1-12 le Pt du Sénat apporte à St-Cloud les résultats du référendum et salue le nouvel empereur.

Quelques personnages de la IIe République

Barbès, Armand (1809-70). Fils de riches propriétaires terriens de la Guadeloupe, élevé en France, affilié en 1827 au Parti républicain (clandestin). Le 12-5-1839 prend part au soulèvement manqué ; blessé, arrêté, condamné à mort, puis gracié par Louis-Philippe sur intervention de Victor Hugo. En févr. 1848, élu député de l'Aude, organise le soulèvement socialiste du 15-5 qui s'empare de l'Hôtel de Ville. Arrêté, condamné à la prison perpétuelle (à Bourges) en 1849. Gracié par Napoléon III en 1854. En exil en Espagne (1854-56), puis en Hollande où il meurt des suites de ses captivités.

Blanc, Louis (1811-86). Haute bourgeoisie (père inspecteur des finances ; mère née Pozzo di Borgo) ruinée par la Rév. de Juillet. Renonce à la diplomatie ; clerc de notaire et précepteur. Fonde en 1839 la *Revue du Progrès* (rép.) et devient théoricien socialiste (*De l'organisation du travail* 1840, *le Droit au travail* 1848). Se joint au gouv. provisoire et fait proclamer la Rép. Devenu ministre, il organise la commission du Luxembourg (réunissant patrons et ouvriers) et crée les ateliers nationaux, conséquence de la proclamation du « droit au travail ». Éliminé du gouv. le 4-5-1848, il ne prend pas part au soulèvement manqué du 15-5 mais, accusé par Marrast de complicité, il doit s'enfuir à l'étranger en juin. Il vit à Londres jusqu'en 1871, correspondant du *Temps* sous le nom de Weller. Élu député de la Seine le 8-2-1871, il rejoint Bordeaux et siège à l'extrême gauche, mais refuse de s'allier aux communards. En 1876, fonde le journal *l'Homme libre*.

Blanqui, Auguste (1805-81). Fils d'un conventionnel de Puget-Théniers, Girondin rallié à Napoléon. Carbonaro v. 1825 ; blessé lors du soulèvement rép. du 29-4-1827, et de nouveau au cours de la Rév. de juillet 1830. Arrêté lors de l'insurrection de « la rue Transnonain » (avr. 1834) ; condamné à la prison perp. après le soulèvement manqué du 12-5-1839. Libéré en févr. 1848, crée avec Barbès la *Sté rép. centrale* qui tente de s'emparer du pouvoir le 15-5 (attaque de l'Hôtel de Ville). Incarcéré, libéré par l'amnistie de 1859, mais condamné pour complot contre l'Empire à 4 ans de prison (1861-64). Exilé de 1864 à 70, puis membre de la Commune. Arrêté en mai 1871, condamné à mort et gracié. Élu député socialiste le 30-4-1879 (de nouveau prisonnier à Clairvaux). Siège à l'extrême gauche jusqu'à sa mort. Il a passé 37 ans de sa vie en prison.

Raspail, François (1794-1878). Séminariste à Avignon en 1815, chassé pour s'être rallié à Napoléon. Fait sa pharmacie à Paris, s'affilie au Parti rép. clandestin, blessé à la Rév. de 1830 (ne se rallie pas à Louis-Philippe ; emprisonné en 1832 comme membre de la Sté des Amis du Peuple). En 1840, après le procès de Marie Lafarge, démontre qu'un cadavre peut contenir de l'arsenic sans qu'il y ait eu empoisonnement. Publie à partir de 1841 des traités de vulgarisation médicale. Le 25-2-48 fonde le journal *l'Ami du Peuple*. Prend part à l'occupation du Palais-Bourbon (15-5-48). Arrêté, condamné à 6 ans de prison le 24-4-49. Exilé en Belgique 1855-59 ; amnistié 1859. Condamné à 1 an de prison en 1874 pour certains passages de son *Almanach et Calendrier météorologique*. Élu dép. de Marseille en 1876. Réélu 1877.

Second Empire (2-12-1852/4-9-1870)

Napoléon III (20-4-1808/9-1-1873)

1852 3-12 Angleterre, Prusse, Russie, Autriche reconnaissent l'Empire par un protocole secret (prenant acte des déclarations pacifiques de Napoléon III). **1853** 29-1 mariage de Nap. III et d'Eugénie de Montijo ; 1-7 baron Haussmann préfet de la Seine. **1855** 28-4 attentat de Giovanni Pianori [1827-1855 (guillotiné) : cordonnier italien (carbonaro), il tire 2 coups de pistolet sur Nap. III aux Champs-Élysées] ; 15-5 ouverture de l'Exposition universelle ; 23-11 visite à Paris de Victor-Emmanuel du Piémont. **1856** 16-3 naissance du prince impérial (nom envisagé : roi d'Alger, à cause des projets d'un roy. arabe en Alg.). **1857** 3-1 assassinat à St-Étienne-du-Mont de Mgr Sibour, archev. de Paris, par l'abbé Verger, prêtre opposé au dogme de l'Immaculée Conception ; 21-6 élections (seulement 5 opposants rép. : Jules Favre,

Napoléon III

Né le 20-4-1808. Son père Louis, roi de Hollande, déclara qu'il n'était pas de lui et rompit avec sa femme (Hortense de Beauharnais). Pères putatifs le plus souvent cités : l'amiral hollandais Charles-Henri Verhuell (1764-1845) ; Adam de Bylandt-Hastelcamps (écuyer d'Hortense) ; le marquis de La Woestine (1786-1870) (thèse adoptée par Jean Savant) ; le comte de Villeneuve, premier chambellan d'Hortense. Cependant Hortense n'a pas admis la naissance adultérine de Louis, alors qu'elle a avoué celle du futur duc de Morny, fils du comte de Flahaut. Selon d'autres sources, N. III ressemblait beaucoup au roi Louis ainsi qu'au comte de Castelvecchio, fils naturel du roi Louis.

1817 se réfugie en Suisse à Arenenberg avec sa mère. 1829 élève de l'école d'artillerie de Thoune. 1832-14-4 naturalisé Suisse. 1835 capitaine d'artillerie du canton de Berne. 1835, citoyen d'honneur de Turgovie. 1836-31-10 suscite un complot à Strasbourg, 21-11 expulsé vers l'Amérique. 1837-4-8 rentré à Arenenberg. 1838-26-9 part volontairement pour l'Angleterre quand Louis-Philippe exige son expulsion en massant 25 000 hommes à la frontière. 1840-6-8 débarque à Boulogne, arrêté, enfermé au fort de Ham. 1846-25-2 s'en évade, rejoint l'Angleterre. 1848-26-2 rentre en France quand la Rép. est proclamée, 10-12 élu président de la Rép. 1851-2-12 coup d'État, 1-12 devient empereur. 1853-29-1 épouse Eugénie de Montijo. 1870-30-8 fait prisonnier à Sedan par les Allemands. 4-9 renversé. 1871-19-3 libéré, s'établit à Chislehurst (Angleterre). 1873 un complot est prévu pour le faire rentrer, avant il veut se faire opérer (broyage d'un calcul de vessie). Il meurt le 9-1 des suites de l'opération.

Eugénie (impératrice)

Marie Eugénie de Montijo, comtesse de Teba, 5-5-1826/11-7-1920, Espagnole par son père (3 fois Grand d'Espagne), Irlandaise par sa mère (Marie Emmanuelle Kirkpatrick de Closeburn). N. III l'épousa au moment où l'on négociait son mariage avec la nièce de la reine Victoria (il comptait en faire sa maîtresse, mais elle avait exigé le mariage ou rien). Après la naissance du P^ce^ impérial, elle fit chambre à part et laissa à son mari toute liberté dans ses liaisons féminines, mais se passionna de plus en plus pour la politique (expédition du Mexique, intervention à Rome de 1867, g. franco-allemande à propos de la succession d'Espagne 1870). Régente en 1859, en 1865, puis en 1870, elle lutta pour assurer la couronne au P^ce^ imp. A la mort de celui-ci (1-6-1879), elle renonça à toute activité politique.

Autres personnages

Bazaine, François-Achille (M^al^) (1811-88), officier sorti du rang. 1832 volontaire dans l'armée libérale espagnole, capitaine à titre espagnol. 1838 réintégré dans l'armée fr. (Algérie). 1850 colonel. 1854 combattant en Crimée, général. 1855 gouvern. de Sébastopol. 1859 commande une division à Solférino. 1862 g. du Mexique, prend Pueblo. 7-6 entre à Mexico, juill. général en chef (suicide de sa femme, compromise dans une affaire d'adultère). 1864 maréchal de France. 1865 ép. une Mexicaine et essaye d'être chef d'État au Mexique. 1867 rappelé en France ; privé d'honneurs militaires pendant 6 mois. 1869 commandant de la garde impériale. 1870-6-8 laisse volontairement écraser Frossard à Forbach (par jalousie) ; 12-8 nommé à la tête de l'armée (Nap. III, malade, laisse faire). 1870 capitule à Metz. 1873-10-12 condamné à mort pour avoir capitulé à Metz (voir p. 597 b). Peine commuée en 20 ans de détention. 1874 s'évade. Finit sa vie en Espagne.

Haussmann, Eugène (1809-91). Protestant alsacien, sous-préfet sous Louis-Philippe, rallié à Louis-Napoléon en 1848, préfet de la Gironde (1851), fait triompher le coup d'État à Bordeaux. Préfet de la Seine (23-6-1853). Baron et sénateur (1857). Démolit une grande partie du vieux Paris, construisant à la place des immeubles de style « haussmannien » et créant des parcs. Destitué par Émile Ollivier en janv. 1870 ; exilé de 1870 à 1877, puis député bonapartiste de la Corse.

Sa fille Valentine fut la maîtresse de Nap. III, dont elle eut un fils, Jules Hadot (1865-1937).

Howard (Miss). Elisabeth Harryet, dite Miss Howard (1823-65), actrice anglaise, devient la maîtresse de Louis-Nap. en 1846, à Londres. Elle possède une grosse fortune (dotation d'un ancien amant, dont elle a eu un fils) qu'elle met à la disposition du prince pour l'aider à remonter sur le trône. En 1849, elle s'installe à côté de l'Élysée, rue du Cirque, et paraît aux soirées privées du prince-président, sans jouer de rôle officiel. En 1853, lors du mariage de N. III et d'Eugénie de Montijo, elle signe un contrat de rupture amiable : N. lui rembourse 4 millions de F et lui donne le domaine de Beauregard et un titre comtal [qui passera à son fils en 1866 : la famille de Beauregard (noblesse de l'Ancien Régime) ayant fait opposition à la création du titre de comtesse de Beauregard, Miss Howard fut comtesse non titrée, et son fils, comte de Béchevert].

Mathilde (Princesse). Mathilde-Laetitia Bonaparte, princesse Demidoff (1820-1904). Fille du roi Jérôme ; cousine germaine de Nap. III (à qui elle aurait été fiancée vers 1835). Épouse en 1841 un richissime parvenu russe, le P^ce^ Anatole Demidoff (séparée 1845, avec une pension de 200 000 roubles). En 1848 devient la maîtresse de maison de son cousin, à l'Élysée, mais n'envisage plus de l'épouser (elle vit maritalement avec le sculpteur Nieuwerkerke). Perd sa prééminence à la cour après le mariage de Nap. III et d'Eugénie (elle sera hostile toute sa vie). Tient 2 salons littéraires, artistiques et politiques dans sa villa de St-Gratien (Val-d'Oise) et dans son hôtel de la rue de Courcelles. Reste très influente sous la IIIe Rép.

Morny (Auguste Demorny, 21-8-1811/10-3-1865, duc de Morny 1862). Demi-frère de Nap. III (fils de la reine Hortense et du Cte de Flahaut, lui-même fils de Talleyrand, officier de l'armée d'Afrique devenu riche homme d'affaires, il réalisa le coup d'État du 2 décembre (comme ministre de l'Intérieur) ; Pt du corps législatif en 1854, il orienta l'Empire vers un certain libéralisme, et neutralisa l'opposition républicaine par le ralliement d'Émile Ollivier. Arbitre des élégances, il créa en 1860 la station balnéaire de Deauville.

Napoléon (Prince) (1822-91). Fils du roi Jérôme, cousin germain de l'Empereur. Petit-fils du roi de Wurtemberg, gendre du roi d'Italie, il se considère comme le personnage du plus haut rang des Bonaparte. Héritier présomptif de 1852 à 1856, il perd ce titre à la naissance du Prince impérial, ce qui le rend hostile à l'Impératrice. De convictions républicaines et anticléricales, il se conduit en opposant de gauche. Ministre de l'Algérie (1858-59). Exclu de la succession impériale, en faveur de son fils Victor, par le testament du Prince impérial (mort en 1879), il refuse d'accepter cette clause et se pose en prétendant jusqu'à sa mort.

Ollivier, Émile (1825-1913). Avocat marseillais, préfet des B.-du-Rh. sous la IIe Rép. Élu 1857 député (rép) de la Seine. Chef de l'opposition rép., se rallie à l'Empire le 2-1-1870, devenant chef du gouvernement (ministre d'État). Déclare la g. à la Prusse (17-7). Renversé après les désastres de Lorraine (9-8). Exilé en Italie jusqu'en 1873.

Élu à l'Académie en 1870, É. Ollivier exigera à son retour d'exil, en 1873, de lire son discours de réception (pro-bonapartiste) tel qu'il avait été rédigé. L'Académie refusa. Il y siégera jusqu'à sa mort sans avoir été reçu.

Persigny (Gilbert Fialin, 11-1-1808/14-1-1872, duc de P. 1863). Aide de camp de Louis-Nap., il prit part aux tentatives de Strasbourg et de Boulogne, et fut condamné à 20 ans de détention, commués en résidence forcée à Versailles ; au 2 décembre, s'empara de l'Assemblée nationale.

Rouher, Eugène (1814-84). Avocat à Riom (P.-de-D.), député du P.-de-D. sous la IIe Rép., min. de la Justice oct. 1849 ; se rallie au P^ce^-Président et approuve le coup d'État du 2-12-1851. Conseiller d'État 1852-55. Min. du Commerce 1855 ; min. d'État 1863. En 1867-69 (Empire libéral), chef des bonap. conservateurs, garde un grand ascendant sur Napoléon III, et reçoit le surnom de « vice-empereur ». Démissionne 1869, après la victoire électorale des libéraux, et devient Pt du Sénat. De 1872 à 76, dép. bonap. de Corse. 1876 dép. de Riom ; se retire de la vie politique à la mort du P^ce^ impérial (1879).

Saint-Arnaud (Jacques Leroy, maréchal de –, 1798-1854). Officier de carrière, attaché en 1831 au maréchal Bugeaud, gardien de la duchesse de Berry à Blaye. Protégé par la duchesse, fait une carrière rapide (colonel 1844, général 1847, commandant en chef en Kabylie 1851). Appelé à Paris le 26-7-1851, ministre de la Guerre le 26-10, avec mission de préparer le coup d'État. Y participe efficacement. Maréchal de France 2-12-1852. Nommé commandant en chef de l'expédition de Crimée, remporte la victoire de l'Alma le 20-9-1854. Meurt du choléra peu après.

Walewski (Alexandre Colonna, comte –, 1810-68). Fils naturel de Nap. Ier et de Marie Walewska, cousin germain de Nap. III. 1830 prend part à l'insurrection polonaise. 1832 naturalisé Français, officier en Algérie. 1837 démission, liaison avec l'actrice Rachel. 1849 amb. à Florence. 1851-55 à Londres (obtient la reconnaissance de Nap. III par la reine Victoria). 1855-60 min. des Aff. étr. 1856 Pt du congrès de Paris. 1860-63 min. des Beaux-Arts. 1865-67 Pt du corps législatif.

Ernest Picard, Émile Ollivier, Louis Hémon et Alfred Darimon). **1858** 14-1 attentat d'*Orsini* (8 †, 142 blessés ; 1er attentat par un explosif chimique ; Felice Orsini (n. 1819) et son complice Joseph-André Pieri exécutés 13-3) ; 20-5 *1er tr. de Tien-Tsin* [ouverture aux missionnaires et aux négociants européens de 6 ports chinois supplémentaires : T'ai-wan et Tamsoui (Formose), Kioung-Tchéou (Haïnan), Nankin, Tchao-Tchéou (Kouang-Toung) et Tang-Tchéou (Chan-Toung)] ; 21-7 Nap. III rencontre le Premier ministre piémontais Cavour (1810-61) à *Plombières*.

1860 23-1 *tr. de libre-échange* avec l'Angl. (droits de douane fixés en fonction de la valeur des produits) ; 24-3 *tr. de Turin*, Fr. reçoit Savoie et comté de Nice (plébiscites 15-4 et 23-4) ; 30-8 débarquement fr. au Liban (protection des chrétiens maronites contre les Druses) ; 21-9 *Palikao* : Cousin-Montauban, avec un corps fr.-angl., bat la calaverie chinoise ; 6-10 prise de Pékin ; 28-10 *2e tr. de Tien-Tsin* (ouverture confirmée des ports chinois au commerce ; protection des missions cath.). **1861** 31-10 *Convention de Londres*, prévoyant d'envoyer un corps franco-anglo-espagnol (9 000 h.) au Mexique. (Voir Mexique, à l'Index). **1862** 5-6 *tr. de Hué* : basse Cochinchine annexée (Saigon, Mytho, Bien-Hoa) ; 18-11 percement de l'isthme de Suez. **1863** échec de la médiation de Nap. III dans la g. de Sécession américaine ; 31-5 élections : net progrès de l'opposition rép. (élection de Thiers à Paris). **1864** 12-1 rétablissement du droit de grève (non violente) ; févr.-mars organisation de l'opposition parlementaire (rép. et anticléricale) sur le modèle anglais (leaders : Ferry, Gambetta, Carnot, Garnier-Pagès) ; 17-1 Nap. III fait échouer un projet angl. d'intervention en faveur du Danemark, attaqué par Prusse et Autriche (*g. des Duchés* : le D. capitule 1-8) ; 12-8 création de la Croix-Rouge intern. (convention de Genève) ; automne Nap. III atteint de lithiase (coliques néphrétiques violentes et fréquentes). **1865** 10-3 † du duc de Morny, demi-fr. de l'emp. et Pt du Corps législatif (l'influence de l'impératrice devient prépondérante) ; mai Eugénie régente pendant un voyage de N. III en Algérie ; 4/11-10 entrevue de Biarritz avec Bismarck (Nap. III soutiendra la politique anti-autr. de la Prusse). **1866** 7-6 début de la g. austro-prussienne (Nap. laisse battre l'Autr. à Sadowa 3-7) ; 26-7 *tr. de Nikolsbourg*, la Prusse a le droit de réorganiser l'All. (défaite diplomatique fr., la politique de Nap. III étant celle des « 3 Allemagnes », indépendantes les unes des autres : Prusse, Autriche, États princiers ou royaux) ; 19-12 rejet du projet Niel réorganisant l'armée. **1867** 20-1 les députés reçoivent le droit d'interpellation ; avril-oct. Exposition universelle ; 11-5 conférence de Londres : Nap. III se fait refuser le Luxembourg (compensation demandée pour Sadowa) qui devient indép. et neutre ; 6-6 attentat de Berezowski, au Bois de Boulogne, contre le tsar venu pour l'Exposition : brouille avec la Russie ; 29-10 les Fr. débarquent à *Civitavecchia*, pour empêcher Garibaldi de prendre Rome ; 3-11 Mentana, les troupes fr. pontificales b. les garibaldiens. **1869** 9-3 loi sur la presse (abolition de l'autorisation préalable et des avertissements) ; 24-5 *élections* : progrès rép. (v. Index) ; 6-7 abolition de l'autorisation pour les réunions non politiques ; 27-10 Émile Ollivier, chef du Tiers Parti (rép. ralliés) ; 17-11 inauguration du canal de Suez. **1870** 12-1 manifestations anti-bonap. pour l'enterrement de Victor Noir, journaliste abattu le 10-1 par le prince Pierre Bonaparte (il était venu au domicile du prince pour y arranger les conditions d'un duel ; il y aurait eu une attitude menaçante) ; 8-5 plébiscite favorable à l'Empire (7 358 000 oui, 1 572 000 non), sur la libéralisation de la Constitution (le Sénat 2e chambre législative) ; 19-7 Émile Ollivier *déclare la g.* à la Prusse (Voir p. 000) ; 27-7 Eugénie nommée régente ; 4-9 Jules Favre, Gambetta, Jules Ferry (avec le Gal Trochu, gouverneur de Paris) renversent la régente et proclament la République.

Ministères sous Napoléon III (pas de 1er ministre, mais un *ministre d'État* représentant, devant les Chambres, l'empereur, chef du gouvernement) : *22-1-1852* Xavier de Casabianca (1797-1881) ; *30-7-1852* Achille Fould (1800-67) ; *23-11-1860* Cte Alexandre Walewski (1810-68) ; *23-6-1863* Auguste Billault (1805-63) ; *18-10-1863* Eugène Rouher (1814-84), « vice-empereur » ; *17-7-1869* Jean de Forcade (1820-74) ; *21-1-1870* Émile Ollivier (1825-1913).

Sous la régence d'Eugénie : *22-8-1870* Gal Charles Cousin de Montauban, Cte de Palikao (1796-1878), *Pt du cons.*, min. de la G. Mais un comité de déf. de Paris (Gal Jules Trochu) fonctionne avec 3 députés et 2 sén. (il fera le coup d'État du 4-9).

Essor industriel du IIe Empire

Lié *au développement des chemins de fer* [(1848) 1 322 km de voies ; (1855) 3 248 ; (1859) 9 000 ; (1870) 18 000], aux créations de banques [Comptoir d'Escompte (1848), Crédit foncier (1852), Société générale (1858), Crédit Lyonnais (1863) ; total des escomptes de la Banque de France (1852) 1,8 milliard ; (1854) 3 ; (1869) 6,3] et *à la mécanisation de l'ind.* [machines à vapeur : (1850) 5 322, (1860) 14 936, (1870) 27 958]. *Production du charbon :* (1848) 7 600 000 t, (1869) 12 200 000 t. *Principales ind. :* métallurgie (procédé Bessemer 1855), textiles (machines à tisser Schlumberger 1855), chimie (prod. ind. de l'acide sulfurique et du carbonate de soude), confection (machine à coudre Thimonnier 1851-57).

Guerre de Crimée (1854-55)

Causes. *1o* désir de l'Angl. de contrer les ambitions russes au Caucase et au Moyen-Orient. *2o* désir de Nap. III de remporter des victoires contre les coalisés de 1815 (en s'alliant avec les uns contre les autres). *3o* désir de l'Église cath. de ne pas perdre le protectorat des chrétiens de Turquie, que le tsar orthodoxe cherche à acquérir.

Effectifs. *Alliés* 75 000 h. (Fr. 30 000, Angl. 25 000, Piémontais 15 000, Turcs 5 000) ; *Russes* 40 000 h. puis 100 000 à partir de sept. 1854.

Opérations. 1854, 20-9 *l'Alma* (Saint-Arnaud et Lord Raglan battent Menchikov ; 5-11 *Inkerman* Bosquet bat Menchikov. 1855, 10-9 prise de *Sébastopol* après 350 j de siège. 1856, 30-3 *tr. de Paris :* la Russie renonce à s'agrandir aux dépens de la Turquie (mer Noire neutralisée, Danube internationalisé).

Guerre austro-franco-sarde (1859)

Causes. *1o* ambition de la maison de Savoie de s'agrandir en Italie. *2o* volonté des *carbonari* it. de détruire les États de l'Église. *3o* sympathie de Nap. III pour les « nationalités europ. » et désir d'obtenir Nice et Savoie en laissant à la maison de Savoie la possibilité de prendre la Lombardie occupée par l'Autr. *4o* action personnelle de la Ctesse de Castiglione [Virginia Oldoini (1837-99), surnommée la *divina contessa*, envoyée par Cavour à Paris pour être la maîtresse de Nap. III (elle se brouilla avec lui après l'armistice de Villafranca, que Cavour désapprouvait, et vécut à Paris comme une demi-mondaine, obtenant de ses amants jusqu'à 1 million par nuit)].

Effectifs. Fr. 120 000 h. (débarqués à Gênes), Sardes 40 000, Autr. 180 000, puis 270 000. **Opérations.** *1859*, 30-5 *Palestro* Victor-Emmanuel II et Cel de Chabron (3e zouave) battent Gyulay ; 4-6 *Magenta* Nap. III bat Gyulay ; 24-6 *Solferino* Nap. III bat François-Joseph ; 17-7 *armistice de Villafranca ;* 10-11 *tr. de Zurich.* La Fr. reçoit la Lombardie, mais la remet au Piémont. L'Autriche garde la Vénétie.

Guerre franco-allemande de 1870-71

Causes. *1o volonté de Bismarck de mener une g. victorieuse contre la Fr., pour cimenter l'unité all. avec un emp. prussien et protestant* [le chef d'état-major all., Moltke, connaît l'impréparation de l'armée fr., due : *a)* à l'expédition du Mexique qui a désorganisé l'administration mil., *b)* au rejet de la loi Niel, par la Chambre, *c)* à la faiblesse de l'artillerie fr. (canons se chargeant par la bouche), *d)* aux traditions tactiques de l'armée d'Afrique, impropres à une g. européenne (fantassins lourdement chargés, bivouacs en plein air, dispositifs resserrés), *e)* au vieillissement et au manque de valeur des généraux (aucun chef compétent) ; Moltke convainc Bismarck de déclencher la g. sans plus tarder].

2o volonté de l'imp. Eugénie de mener une g. victorieuse pour assurer l'accession au trône du prince impérial [14 ans ; Nap. III, malade, est proche de sa fin (les Fr., sauf Thiers, sont convaincus de la supériorité de leurs armées : depuis la Crimée, 1854-55, elles ont toujours été victorieuses ; même le Mexique a passé pour une victoire)].

3o affaire de la succession d'Esp. (particulièrement sensible à Eugénie, Espagnole) : 21-6 Léopold de Hohenzollern-Sigmaringen (cousin cath. du roi de Prusse) est candidat au trône d'Esp. vacant depuis 1868 ; 6-7 Gramont, min. des Aff. étr., annonce au Corps législatif que la Fr. fait opposition ; 12-7 retrait du prince Léopold, notifié par son père, le prince Antoine ; 13-7 Gramont réclame que ce retrait soit garanti par son suzerain, le roi de Prusse (à cause du précédent roumain de 1866 : Charles de Hohenzollern était devenu roi de Roumanie malgré une renonciation antérieure). Refus du roi de Pr. que Bismarck notifie par un communiqué officiel (dit *dépêche d'Ems*) rendu volontairement plus sec que la réponse du roi : les Fr., bellicistes, crient à la provocation ; 19-7 É. Ollivier, porté par l'opinion publique, déclare la g. (Nap. III, pacifiste mais malade, laisse faire).

Effectifs. 1re PARTIE (jusqu'à la capitulation de Metz) : *France* 350 000, *Prusse* 450 000. 2e PARTIE (après Metz) : *à Paris : Fr.* 400 000 (dont soldats 131 000 ; mobiles 70 000), *Allemagne* 250 000 ; *province :* Fr. 600 000, *All.* 350 000.

Opérations. 1re partie (1-8/28-10-1870) : Armée Mac-Mahon (170 000 h.) : 4-8 défaites de *Wissembourg*, 6-8 de *Reichshoffen* et *Froeschwiller ;* 16-8 repli sur Châlons ; 25-8 offensive (prévue par Montmédy ; 140 000 h.) pour rejoindre Bazaine sous Metz ; 30-8 déf. de *Beaumont*, retraite sur Sedan ; 1/3-9 déf. et capitulation de *Sedan* [Fr. 15 000 † ou blessés, 91 000 prisonniers, 3 000 internés en Belgique, 10 000 repliés à Paris ; All. 10 000 † ou blessés sur 250 000 h. (N. III, qui accompagne Mac-Mahon, est fait prisonnier : interné à Wilhelmshoehe près de Cassel jusqu'au 6-3-**1871**, il rejoint ensuite sa femme et son fils à Chislehurst, près de Londres, où il meurt le 9-1-1873, des suites de l'opération de la pierre)]. **Armée Bazaine** (150 000 h.) : 6-8 déf. de *Forbach ;* 12-8 retraite sur Metz ; 14-8 combats de *Borny* (indécis), 16-8 de *Gravelotte* (indécis) ; 18-8 déf. de *St-Privat :* Baz. enfermé dans Metz ; 28-10 reddition sans conditions [173 000 prisonniers, 1 570 canons. Griefs contre Baz. lors de son procès : il a tenté de conserver son armée intacte, sans combats, pour servir d'arbitre entre les Républicains et la famille impériale ; il ambitionnait la régence. Bismarck lui a permis d'envoyer des émissaires à Londres pour contacter Eugénie (durée des tractations : 1 mois, pendant lequel l'armée de Metz a usé ses subsistances) ; puis il a exigé la reddition pure et simple].

2e partie : siège de Paris : 19-9 déf. de *Châtillon ;* 21-10 vict. de *Bougival*, 28-10 du *Bourget ;* 28-11/3-12 déf. de *Champigny* [(Ducrot) pertes : 8 000 Fr., 5 000 All.]. **1871** 5-1 début du bombardement (durée 1 mois) : 10 000 projectiles, en moy. 60 † ou bl. chaque jour ; 20-1 déf. de *Montretout* et *Buzenval* [(Vinoy) pertes : 4 000 Fr.]. **Province :** 2-11 levée en masse ; **armée de la Loire** (100 000 h.) ; 18-10 prise et incendie de *Châteaudun ;* 9-11 vict. de Coulmiers (Aurelle de Paladines) ; 28-10 *Beaune-la-Rollande* le Pce Charles de Prusse bat Aurelle de Paladines (3 000 Fr., 800 Pr. †) ; 2/4-12 déf. de *Patay-Orléans ;* 11-12 déf. de *Villarceau* (Chanzy) ; 11-1 déf. du *Mans.* **Armée du Nord** (Faidherbe, 45 000 h.) : 23-11 combat de *Pont-Noyelles* (indécis) ; 3-1-71 *Bapaume* Faidherbe bat Goeben ; 19-1 déf. de *St-Quentin.* **Armée de l'Est :** 14-11 siège de *Belfort* (résistance victorieuse de Denfert-Rochereau jusqu'au 29-1) ; 18-12 bat. de *Nuits* (indécise) ; 9-1 *Villersexel* Bourbaki, avec 120 000 h., bat Schmeling ; 18-1 déf. d'*Héricourt ;* 24-1 de *Baume-les-Dames* (exclue de l'armistice par Jules Favre à cause des convictions bonapartistes de Bourbaki, l'armée passe en Suisse 1-2).

Conclusion. Armistice de Versailles 28-1-71 (Jules Favre et Bismarck) : l'armée de Paris (131 000 h. de ligne) est déclarée prisonnière de g. mais reste à Paris désarmée (la Garde nationale conserve ses armes).

Causes de la défaite française. 1o Militaires. *a)* l'effort de g. prussien a été considérable dep. 1864. L'armée prussienne victorieuse du Danemark (1864) et de l'Autriche (1866) possède une excellente artillerie et de gros effectifs (450 000 h. contre 350 000 Fr.) ; *b)* l'armée française aurait dû être modernisée par le projet du maréchal Adolphe Niel (1802-62, min. de la Guerre en 1867, qui fit adopter le chassepot et la « garde mobile »), mais la Chambre le rejeta le 19-12-1866. Pour ses principales faiblesses, voir causes de la guerre.

2o Politiques. *a) Avant Sedan :* l'opposition rép. souhaite une défaite des armées impériales, sachant que l'Empire n'y résisterait pas. La capitulation de Sedan a été accueillie par des applaudissements de la gauche à la Chambre. *b) Après Sedan, Paris :* les « modérés », qui ont pris le pouvoir, préfèrent une victoire all., même avec une amputation du territoire, à une victoire du peuple de Paris (qui, à la fois patriote et révolutionnaire, déclenchera en mars la Commune) ; la résistance de Trochu et de Ducros à Paris a semblé être un trompe-l'œil (baroud d'honneur en attendant une capitulation due à la famine ; refus de percer). *c) En province :* les Fr. sont divisés entre royalistes, rép., bonapartistes. Bismarck en profite, il accule Bazaine à la capitulation, lui laissant croire pendant 2 mois que la Pr. est prête à s'entendre avec l'impératrice Eugénie (réfugiée à Londres). Le 4-11-1870, il menace Thiers de négocier avec le Cte de Chambord ; il fait droit, le 28-1-1871, à la demande de Jules Favre, faisant exclure de l'armistice l'armée Bourbaki (bonapartiste), afin d'anéantir celle-ci.

3o Diplomatiques. La Fr., par suite des incohérences de la diplomatie de Nap. III, n'a eu aucun allié : ni l'Autriche (qui avait pardonné Solférino et Magenta, mais accusait la Fr. de ne pas l'avoir aidé contre la Prusse à l'époque de Sadowa), ni la Russie (à cause de la g. de Crimée), ni l'Angleterre (à cause du lâchage du Danemark en 1864), ni le Piémont (à cause du lâchage de Villafranca en 1859).

4o Questions de personnalités. *a) Avant Sedan :* Nap. III souffrait de douleurs atroces dans la vessie : il n'avait plus la force de donner des ordres (par ex., il ne voulait pas de Bazaine comme chef de la 1e armée, mais ne s'est pas opposé à sa nomination). *b) Après Sedan :* Gambetta et Freycinet, qui ont pris en main, à partir du 7 oct., la direction des opérations, étaient militairement incapables. Les défaites décisives subies autour d'Orléans (du 9-11 au 3-12-1870) sont dues à leur impéritie. *c) Thiers*, qui s'était opposé en 1870 à la déclaration de g., comprend que son heure est venue : il sait que la défaite va renforcer son prestige et assurer sa prise de pouvoir. Il est prêt à beaucoup de concessions pour obtenir la consécration par le suffrage universel.

La guerre pouvait-elle être gagnée ? 1o En août/septembre 1870. *a) L'armée de Metz* pouvait remporter une victoire éclatante le 16-8 (j. de Gravelotte). Une armée all. isolée sur la rive gauche de la Moselle était opposée à 2 armées fr., disposant des réserves d'artillerie de la place-forte ; une attaque le long du fleuve aurait amené sa capitulation, mais Bazaine ordonne le repli sur Metz. *b) La marche de Mac-Mahon sur Metz* par les Ardennes aurait pu amener l'écrasement des 2 armées assiégeant Metz. Mais Mac-Mahon était lent et hésitant, et la presse parisienne dévoila son plan (la censure n'existait pas).

2o Après Sedan. *a) A Paris :* la « percée » des 2 armées de Paris, à travers les lignes très peu fournies (il s'agissait d'un blocus plus que d'un siège) était possible. Les Parisiens avaient pour eux le nombre, et leurs ateliers avaient en quelques semaines créé une bonne artillerie (1 362 pièces de remparts, 602 pièces de campagne). Si Ducrot avait attaqué vers l'ouest, avec résolution, il aurait pu prendre à revers les All., opérant en Normandie. *b) En province :* Gambetta a rejeté les offres de service du capitaine (promu colonel) Rossel, évadé de Metz et futur ministre de la G. de la Commune. Bon stratège, il aurait pu gagner la bataille de Coulmiers-Orléans-Artenay (9-11/3-12-1870), avant que les forces libérées par la capitulation de Metz aient pu être engagées dans la bataille : la délivrance de Paris aurait eu des conséquences (stratégiques et psychologiques). Mais Gambetta, se méfiant de la jeunesse de Rossel, a préféré Freycinet, qui a conduit les armées au désastre.

3o Autres erreurs. Capitulation sans combat de Bazaine à Metz (due surtout à des causes politiques) ; mollesse de *Faidherbe* devant Péronne : ayant battu les All. à Bapaume le 3-1-1871, il n'ose pas attaquer les assiégeants de Péronne, qu'il pouvait mettre en déroute. Il s'arrête à 16 km de la place, qui capitule le 9-1, et le 19 se fait écraser à St-Quentin.

4o Armistice prématuré. Jules Favre était résolu, le 23-1-1871, à mettre fin coûte que coûte aux hostilités, pour éviter à Paris une prise de pouvoir révolutionnaire. Or, le plus dur de la guerre était passé (l'hiver avait coûté des milliers de morts par pneumonie). Les All., écœurés par la résistance de la nation, étaient prêts à une paix blanche pour éviter une 2e année de guerre.

Traité de Francfort (10-5-1871). Fr. perd Alsace-Lorraine (1 447 466 ha, 1 694 communes, 1 600 000 hab.) et doit verser 5 milliards de francs ; 50 000 à 100 000 Als.-Lorr. optent pour la France et quittent l'Als.-Lorr. ; 27-6 1er emprunt souscrit (4 900 millions) ; 2-7 succès rép. aux partielles (99 sur 114) ; 16-9 libération du territoire (la dette de 5 milliards est payée par des emprunts à 6 %, 4 900 millions souscrits dès le 1er emprunt du 27-6-1871) ; les sommes dégagées sont converties en or et en devises étrangères avec l'aide de banques européennes favorables à Thiers (le coût total de la g. 1870-71 a été évalué à 15 592 468 626 F).

IIIe République (4-9-1870/13-7-1940)

Avant la 1re Guerre mondiale

De 1870 à 1875

1870 9-9 création de la délégation gouvernementale de Tours (Crémieux) ; 19/20-9 tentative de paix à Ferrières (Jules Favre-Bismarck) : échec ; 7-10 *Gambetta* quitte Paris en ballon, atterrit à Montdidier (Somme), gagne Tours en train ; il devient min. de l'Intérieur et de la Guerre (adjoint pour la G. : Freycinet) ; 3-11 les Parisiens plébiscitent le gouv. « de la Défense nationale » par 321 373 oui contre 53 584 non ; 2/4-11 tentative de paix à Versailles (Thiers-Bismarck) : échec ; 3-11 le gouv. Gambetta se replie sur Bordeaux. **1871** 19-1 le Gal Jules *Trochu* (1815-96), gouverneur de Paris et chef du gouv., qui avait promis que « jamais le gouverneur de Paris ne capitulerait », démissionne de son poste de gouverneur (il capitulera comme chef du gouv.) ; 22-1 émeutes à Paris (50 †) ; 8-2 élections générales (majorité monarchiste et bonapartiste) ; 12-2 réunion à *Bordeaux* de l'Ass. nationale : *Thiers* élu « chef du pouvoir exécutif » ; 26-2 il signe avec Bismarck les préliminaires de la paix ; 1-3 occupation symbolique des quartiers ouest de Paris par les Prussiens ; 3-3 la Garde nationale de Paris s'organise en *fédérations ;* les gardes nat. s'appellent désormais les *Fédérés ;* 8-3 Thiers supprime la paye des gardes nat. ; 10-3 « *pacte de Bordeaux* » : l'Assemblée se transfère à Versailles ; le régime politique ne sera pas défini avant la réorganisation du pays.

Guerre civile de la Commune (mars-mai 1871)

Causes. 1°) le peuple de Paris est sous-alimenté depuis 5 mois (consommation d'absinthe quintuplée) ; 2°) indignation de la Garde nationale devant : a) la capitulation de Jules Favre (29-1) qui pourtant lui laissait ses armes ; b) les préliminaires de Thiers (26-2) qui l'obligeait à livrer ses canons ; c) la suppression de la solde des gardes nationaux (unique ressource des ouvriers mobilisés) ; d) l'annulation du moratoire des effets de commerce et des loyers (obligeant les ouvriers sans ressources à payer brusquement leurs dettes) ; 3°) développement de la propagande révolutionnaire, grâce à l'entière liberté de la presse et des réunions (clubs) ; 4°) Thiers est décidé à gagner en 1871 la bataille contre le peuple de Paris qu'il a perdue en févr. 1848 ; 5°) Bismarck (antirévolutionnaire) pousse à écraser un mouvement armé populaire à prétentions socialistes.

Fédérés : *effectifs* 234 bataillons (garde active 80 000 h., garde sédentaire 113 000 h.). **Délégués à la guerre :** 3-4/1-5 *Gustave Cluseret* (1823-1900), Gal de l'armée nordiste américaine ; 1/9-5 *colonel Louis Rossel* (1844-71, fusillé) ; 11/25-5 *Charles Delescluze* (1809-71, tué au combat). **Chefs militaires :** *Jaroslaw Dombrowski* (1836-71, tué au combat), quartier-maître de l'armée russe ; *Gustave Flourens* (1838-71, assassiné) ; *Charles Lullier,* lieutenant de vaisseau (1838-91, destitué le 25-3).

Autres personnages. *Louise Michel* (1830-1905), conférencière, puis combattante ; déportée à Nouméa, libérée 1880. *Jules Vallès* (1832-85), condamné à mort par contumace, V. Littérature. *Félix Pyat* (1810-89), membre de la commission des Finances. *Raoul Rigault* (1846-71, fusillé), préfet de police. *Prosper-Olivier Lissagaray* (1838-1901), journaliste. *Eugène Varlin* (1839-71, fusillé), commissaire aux subsistances.

Versaillais (prisonniers libérés par Bismarck ; Cdt en chef : Mac-Mahon ; Cdt de l'inf. : Vinoy ; de la cav. : Gallifet) : 130 000 h. jusqu'au 16-4 puis 170 000.

Déroulement. 18-3 soulèvement à Paris ; les rebelles exécutent les généraux Lecomte et Thomas ; Thiers gagne Versailles ; le comité central siège à l'Hôtel de Ville ; 26-3 élection d'un conseil municipal (90 m., dont 71 révolutionnaires) qui prend le nom de *Commune ;* 3-4 les Féd. attaquent vers Versailles mais sont arrêtés par le canon du Mt-Valérien ; le Gal Émile Duval (n. 1840) pris et fusillé avec son chef d'état-major ; 5-4 prise de 74 otages par les communards (dont l'archev. de Paris Mgr Darboy) ; 4-4 les Vers. attaquent Neuilly, prennent Courbevoie et Châtillon ; 1-5 institution d'un comité de salut public ; 21-5 70 000 Vers. entrent à Paris par la porte du Point du Jour, dégarni ; 22/28-5 « *semaine sanglante » :* Paris est conquis rue par rue ; incendie de l'Hôtel de Ville, quai d'Orsay, Tuileries, Légion d'Honneur, Cour des Comptes, Palais de Justice, Bibl. du Louvre 23-5 ; 424 fédérés prisonniers fusillés au parc Monceau et à Montmartre 24/25 et 26-5 ; prise du Père-Lachaise 27-5 ; chute de la dernière barricade, rue Ramponeau 28-5. *Massacrés par les Fédérés :* 484 dont 66 otages. *Pertes militaires des Versaillais :* 880 †. *Répression :* 400 000 dénonciations écrites. *Pertes des Insurgés :* de 20 000 à 35 000 (selon Rochefort) [selon d'autres 100 000 (dont 3 500 fusillés sans jugement dans Paris, 1 900 le furent cour de la Roquette, plusieurs centaines au « Mur des Fédérés » du Père-Lachaise)]. *Fédérés prisonniers* plus de 40 000 (faute de places dans les prisons, ils sont internés sur des pontons et dans les forts côtiers), *condamnés* 10 137 [peines de mort 93, dont 23 exécutées ; travaux forcés 251 ; déportations dans une enceinte fortifiée 1 169 ; dép. simples (en Algérie ou N.-Calédonie) 3 417 ; réclusion 1 247 ; emprisonnement de plus d'un an 1 305 ; de moins d'un an 2 054 ; mineurs en maison de correction 55] ; acquittés 2 445 ; non-lieux 22 727.

Conséquences. Paris doté d'un régime municipal spécial (pas de maire avant 1977) ; les Parisiens sont considérés (jusqu'en 1914) par les provinciaux comme de dangereux anarchistes (l'état de siège y sera maintenu jusqu'en 1876, avec autorisation préalable pour les journaux, censure des théâtres, couvre-feu pour cafés et restaurants) ; l'artisanat parisien est décimé (50 % des peintres, plombiers, couvreurs, cordonniers) ; la propagande officielle a interdit toute apologie de la Commune jusqu'à la 1re G. mondiale. Depuis 1917, les révolutionnaires étrangers ont exalté son souvenir (notamment la « commune hongroise » de 1927).

● **1871 (31-8) Adolphe Thiers** *Pt de la Rép.* (loi *Rivet*) [(Marseille, 15-4-1797 / St-Germain-en-Laye, 3-9-1877). Fils d'un aventurier, condamné pour escroquerie. Journaliste et écrivain à Paris depuis 1821 (Hist. de la Révolution fr. 1823-27 ; Acad. fr. 1833). Fondateur du *National* 1830. Ministre de Louis-Philippe 1830-40. Chassé du pouvoir (parce que belliciste) et redevenu historien 1840-48 (Hist. du Consulat et de l'Empire). Tente en vain de sauver la monarchie 1848. Rallié à Louis-Napoléon 1848-49. Devenu républicain (févr. 1850). S'oppose à la g. franco-allemande, sept.-oct. 1870. En 1871, chef du pouvoir exécutif 17-2, négocie avec Bismarck 21-2, installe l'Assemblée à Versailles 10-3, évacue Paris 25-3, reprend Paris aux insurgés (répression sanglante). Après sa présidence : député de la Seine 1876. Prend parti contre Mac-Mahon (manifeste des 363), 24-5-1877. Meurt pendant la campagne électorale].

1872 *14-5* arrestation du Mal Bazaine (condamné à mort 10-12, puis gracié). **1873** *24-5* Thiers battu par 360 voix contre 344 sur l'« ordre du jour Ernoul » [Edmond Ernoul, député monarchiste de la Vienne (1829-99)], réclamant une « politique résolument conservatrice », cède la place à Mac-Mahon (monarchiste).

● **1873 (24-5) Maréchal de Mac-Mahon** élu *Pt de la Rép.* [Edme-Patrice, Cte de Mac-Mahon, duc de Magenta (Sully, S. et L. 13-6-1808 / Montcresson, Loiret, 17-10-1893). Vieille noblesse légitimiste, d'origine irlandaise. Officier de carrière (Saint-Cyrien 1828, Gal 1848, se distingue à Malakoff 1855, Mal, duc 1856). Vaincu et prisonnier à Sedan 1870. Chef nominal de l'armée des Versaillais 1871. S'entend avec le duc de Broglie pour occuper la présidence de la République et restaurer la monarchie].

1873 *30-10/12-11 échec de la restauration monarchique du Cte de Chambord* [légitimistes et orléanistes s'étaient réconciliés à Frohsdorf (Autr.), le 5-8-1873. Ils avaient dès lors la majorité absolue à l'Ass. nat. Le Cte de Chambord voulait s'y présenter, appuyé sur le bras de Mac-Mahon, le 12-10-1873, et s'y faire acclamer comme roi, mais Mac-Mahon refusa : le Cte avait, par une lettre publiée dans l'*Union* du 30-10, confirmé qu'il maintiendrait le drapeau blanc (ce que les orléanistes n'admettaient pas)] ; 20-11 loi du *septennat* présidentiel. **1874** 15-3 *tr. de Hué :* Tonkin protectorat fr. 4-10 élections cantonales : succès des républicains. **1875** *Constitution* [30-1 : article additionnel proposé par Henri Wallon (1812-1904, surnommé plus tard le « Père de la République »), voté par 353 voix contre 352 (plusieurs orléanistes, qui avaient refusé jusque là que le mot *République* figure dans les textes, votent oui par crainte d'un retour du bonapartisme] : le Pt de la Rép. est élu pour 7 a. à la majorité absolue des suffr. par le Sénat et la Ch. des députés réunis en Ass. nat., il est rééligible ; 24-5 loi constitutionnelle sur le Sénat ; 25-5 sur l'organisation des pouvoirs publics ; 16-7 sur les rapports entre les pouvoirs publics. **1876** 20-2 et 5-3 élections favorables aux rép. (360 rép.). **1877** 16-5 Mac-Mahon renvoie Jules Simon (prétexte : désaccord à propos de la loi sur les délits de presse ; *raison profonde :* les catholiques réclament une intervention contre le gouvernement it., qui s'oppose au pape ; les rép. la refusent) ; 22-6 *dissolution de la Chambre ;* 14-10 élections, les rép. obtiennent encore 327 sièges. **1878** 1-5 : 3e Exposition universelle de Paris. **1879** 5-1 les rép. ont la majorité au Sénat ; 30-1 Mac-Mahon démissionne, pour protester contre le départ du Gal Jean-Louis Borel (1819-84), ministre de la Guerre exclu du gouvernement par Dufaure, le 13-1.

● **1879 (30-1) Jules Grévy** [François-Judith, dit Jules (Mont-sous-Vaudrey, 15-8-1807/9-9-1891). Fils d'un paysan franc-comtois. *1837* avocat (républicain) au barreau de Paris. *1848* dép. du Jura. *1851* arrêté le 2-12, libéré et redevenu avocat. *1869* député (rép.) de Paris. *1871* dép. du Jura, 16-2 Pt de l'assemblée à Bordeaux, confie le pouvoir exécutif à Thiers. *1875* vote l'amendement Wallon. *1876* Pt de la Chambre. *1879* 30-1 élu Pt de la Rép.].

1879 31-1 : 1er vote des Chambres revenues de Versailles à Paris : le *14 Juillet* fête nationale et *la Marseillaise* hymne national ; 1-6 mort du prince impérial, tué au Zoulouland ; 21-2 la Chambre prend parti pour la démolition des Tuileries (qu'on aurait pu restaurer). **1880** Opérations de police contre de nombreuses maisons religieuses (jésuites, dominicains), Voir Église de France, p. 496 ; 29-5 Lesseps entreprend le percement du canal de Panama, vieux projet saint-simonien (mais il a compté sans la fièvre jaune, qui fait mourir 85 % de son personnel et multiplie les frais par 10). **1881** 12-5 Tunisie protectorat (17-4 raid de 500 Kroumirs en Algérie, 5 Fr. tués ; avril 30 000 Fr. passent la frontière algéro-tunisienne et 8 000 débarquent à Bizerte) ; 16-6 vote des lois scolaires (gratuité et caractère obligatoire de l'ens. primaire, création des écoles normales d'instituteurs) ; 29-7 liberté de réunion et de la presse. **1882** 28-3 laïcité de l'enseignement ; 18-5 fondation de la *Ligue des Patriotes* (Paul Déroulède) ; 20-5 formation de la *Triple-Alliance* (All., Autr., It.) contre la Fr ; 20-12 Eugène Bontoux (1820-1905), accusé dans l'affaire du *krach de l'Union générale,* condamné à 5 ans de prison et à 3 000 F d'amende [15-3-1883, peine réduite à 2 ans (l'Union générale, créée en 1877, était une Sté financière prospère mais attaquée par la spéculation, elle a des difficultés de trésorerie (non insurmontables) en 1881. Au moment où Bontoux arrive à se renflouer, le garde des Sceaux, Gustave Humbert (1822-84), le déclare en faillite et le fait arrêter (motif supposé : Bontoux, député conservateur des H.-A., était un ami de Mac-Mahon, il avait été invalidé de façon suspecte, le 14-10-1877). Bontoux a remboursé son passif sur sa fortune personnelle et a écrit en 1888 un livre dénonçant l'injustice d'Humbert]. **1883** 24-8 mort du Cte de Chambord ; 25-8 protectorat fr. en Annam. **1883-85** expédition de Madagascar. **1884** 22-3 liberté syndicale ; 27-7 rétablissement du divorce ; sept.-oct. grève des mineurs d'Anzin (40 000 grévistes, 46 j de grève) ; 18-12 déclaration de g. à la Chine [qui a attaqué Tuyên-Quang (15 000 Chinois assiègent 400 légionnaires et 165 tirailleurs annamites, commandés par le commandant Dominé ; ils résistent plus de 100 j, étant délivrés le 3-3-1885 par la brigade Giovanielli ; 6 000 Chinois †, parmi les morts fr., le sergent Bobillot)]. **1885** 3-2 défaite de *Lang Son* (200 Fr. tués ou blessés) ; 29-3 la nouvelle arrive à Paris, causant la chute de Jules Ferry ; 28-12 Grévy réélu Pt. **1886** 7-1 le Gal Boulanger, min. de la G. ; 23-6 expulsion des princes de Bourbon et de Bonaparte. **1887** 20-4 *affaire Schnaebelé* (commissaire de police du poste frontière de Pagny-sur-Moselle ; attiré en territoire all. par son homologue et incarcéré comme espion ; relâché le 30-4 sur ordre de Bismarck) ; sept. découverte d'un *trafic de décorations* [Daniel Wilson (1840-1919), gendre de

Grévy, député d'Indre-et-Loire dep. 1876, a ouvert à l'Élysée, où il loge, une officine, où l'on peut obtenir la légion d'honneur en payant. Après une violente campagne de presse, le 17-11 la Chambre autorise l'ouverture d'une action judiciaire contre Wilson ; 19-11 discours de Clemenceau, faisant tomber le ministère ; 2-12 Sénat et Chambre votent une double résolution demandant la démission de Grévy, qui se soumet (Wilson, condamné à 2 ans de prison le 23-2-1888, est acquitté en appel et réélu député en 1893 et 1898)].

• **1887 (3-12) Sadi Carnot** [(Limoges 11-8-1837/Lyon, 24-6-1894, assass.). Fils d'Hippolyte C., ministre ; petit-fils de Lazare C., Cte d'Empire. *1857* polytechnicien. *1863* ingénieur des Ponts et Chaussées. *1876* dép. de Beaune. *1880* min. des Trav. publ. dans le cabinet Jules Ferry. *1881* vice-Pt de la Chambre. *1886* min. des Trav. publ. du cabinet Freyssinet ; doit démissionner pour avoir demandé des économies budgétaires. *1887* 3-12 élu Pt de la Rép.].

1889 6-5 inauguration de la tour Eiffel (Exposition universelle). **1890** 12-11 début du *ralliement* des cath. aux rép. (sur l'ordre de Léon XIII, le card. Lavigerie, archev. d'Alger, porte un toast à la Rép. et fait jouer la Marseillaise au cours d'un banquet d'officiers de marine). **1891** 1-5 *fusillade de Fourmies* : la troupe tire sur les grévistes qui défilent pour le 1er Mai (9 †, dont 1 enfant de 11 ans, 30 bl.), 2 des organisateurs du défilé sont emprisonnés : Culine et Paul Lafargue (1842-1911), élu député du Nord le 25-10 ; 23-7 visite à Cronstadt (Russie) d'une escadre fr. (le tsar écoute, tête nue, la Marseillaise) ; 27-8 accord diplomatique fr.-russe (consultations en cas de menaces extérieures). **1892** 11-1 *lois Méline* (retour au protectionnisme agricole) ; 11-3 début des attentats anarchistes à Paris ; 17-8 signature de la convention mil. franco-russe ; sept. début du *scandale de Panama* [pots-de-vin distribués à des parlementaires — dont Clemenceau — par le baron de Reinach, pour obtenir le vote de subventions à la compagnie de Lesseps ; 26 parlementaires, dont les noms sont divulgués, sont appelés les *chéquards* (104 auraient reçu des subventions) ; Ferdinand de Lesseps (1805-94) et *son fils Charles*, administrateurs de la Cie, condamnés à 5 ans et 3 000 F d'amende pour « escroquerie » le 9-2-1893 (puis à 1 an de prison pour corruption) ; *Charles Baïhaut* (ancien ministre) à 5 ans de prison, 750 000 F d'amende et la dégradation civique. Les autres chéquards ont tous un non-lieu : *Marius Fontane et Henri Cottu* condamnés à 2 ans de prison et à 3 000 F d'amende ; *Gustave Eiffel* (1832-1923) qui s'est engagé à mener à bonne fin la construction du canal, à 2 ans et 20 000 F d'amende ; *Léopold-Henri Aaron*, dit *Émile Arton*, est acquitté le 25-2-1897. **1893** oct. esc. russe visite Toulon. **1894** 10-1 prise de Tombouctou (Afr.) par le Lt-colonel Bonnier ; 24-6 *Carnot est assassiné* à Lyon par un anarchiste italien de 21 ans, Santo Caserio (n. 8-10-1873, exécuté 16-8-1894).

Boulangisme (1886-89)

Causes. 1°) discrédit de la Rép. parlementaire, du fait notamment du trafic des décorations à l'Élysée ; 2°) désir de revanche, fomenté dans l'opinion publique par la bourgeoisie conservatrice, accusée d'avoir signé le tr. de Francfort (1871) par crainte de la commune parisienne ; 3°) engouement des foules, surtout à Paris, pour un jeune général bon cavalier. **Le personnage.** *Georges Boulanger* (1837-91), brillant combattant d'Algérie, Italie, Cochinchine ; général à 43 ans (1880), chef du corps expéditionnaire en Tunisie (1884-85) ; condisciple de Clemenceau au lycée de Nantes, il se rallie à lui en 1886, abandonnant le duc d'Aumale qui a fait sa carrière militaire. Se pose en « Gal républicain ». Ambitieux, il vise la présidence à vie d'une rép. nationaliste. Les monarchistes, notamment la *duchesse d'Uzès* (1847-1933), qui alimente son budget, le soutiennent, pour qu'il renverse le régime, la restauration ayant ses chances après lui ; Boul. garde néanmoins des partisans chez les hommes de gauche, notamment *Henri Rochefort* (1831-1913), *Alfred Naquet* (1834-1916). Principal propagandiste : *Paul Déroulède* (1846-1914), qui a inventé le surnom de « Gal Revanche ». Les rép., connaissant son manque d'intelligence et de caractère, l'ont vu avec satisfaction à la tête de la droite (monarchistes, bonapartistes, conservateurs) ; ils le tiennent en main par l'intermédiaire d'une maîtresse passionnément aimée, *Marguerite de Bonnemain*, dont on sait actuellement qu'elle travaillait pour la police.

Déroulement. *1886*, janvier-mai Boul., min. de la G., se rend populaire dans l'armée par des réformes (fusil Lebel, guérites tricolores, incorporation des séminaristes, etc.) ; 14-7 revue à Longchamp (il est acclamé) ; oct. parution du journal *la Revanche* (frontispice : portrait de Boul.), faisant campagne pour la reconquête de l'Alsace-Lorr. *1887*, 20/21-4 affaire Schnaebelé : Boul. veut mobiliser ; 31-5 il est remplacé au min. de la G. ; 22-5 : 39 000 électeurs votent pour lui lors d'une partielle (non éligible, bulletins nuls) ; 28-6 affecté à Clermont-Ferrand ; nov. création du *Parti boulangiste* (baron de Mackau, 1832-1918). *1888*, 14-3 Boul. mis en non-activité ; 4-6 élu député du Nord ; 13-7 duel à l'épée avec Charles Floquet (1828-96), Pt du Conseil. (Boul. est blessé par le civil). *1889*, 27-1 triomphe électoral à une partielle de Paris [245 000 v. contre 162 000 au radical Édouard Jacques (1828-1900 ; élu dép. de la Seine 1889)] : la foule marche sur l'Élysée où le Pt Carnot fait ses malles, mais Marguerite de Bonnemain empêche Boul. de prendre le pouvoir ; 2-4 elle s'enfuit avec lui à Bruxelles, lui faisant croire qu'il va être arrêté ; sept.-oct. élections : reflux du boulangisme (38 sièges sur 571). *1889*, 14-8 Boul. condamné par contumace à la détention perpétuelle (complot contre la sûreté de l'État) dans une enceinte fortifiée ; s'enfuit. *1891*, 16-7 mort de Marguerite de Bonnemain ; 14-8 suicide de Boul. sur sa tombe à Ixelles.

Conséquence. Le nationalisme revanchard continue, dans les milieux de droite, sans leader qualifié. Il ne pourra jamais renverser la Rép. radicale, même à l'occasion de l'affaire Dreyfus (Voir ci-dessous).

• **1894 (27-6) Jean-Paul, Pierre Casimir-Perier** [(Paris 8-11-1847/11-3-1907). Fils d'un min. de l'Intérieur ; petit-fils du PM de Louis-Philippe. *1870* équipe un bataillon de mobiles dans l'Aube, et sert comme capitaine. *1876* dép. (centre gauche) de Nogent-sur-S. *1885* dép. de l'Aube, vice-Pt de la Chambre. *1893* Pt du Conseil, crée le min. des Colonies].

27-6 élu Pt de la Rép. par 451 voix sur 851 (accepte après beaucoup d'hésitations). Violemment attaqué par la gauche, à cause de sa grosse fortune. *1895* 15-1 démissionne brusquement, se plaignant de ne pas être informé de la situation politique par ses ministres. Devenu Pt de la Cie des mines d'Anzin, se retire de la vie politique jusqu'à sa mort.

Attentats anarchistes (1892-94)

Causes. 1°) souvenirs de la Commune de Paris [la militante révolutionnaire Louise Michel (1830-1905), rentrée de N.-Calédonie en 1880, est la théoricienne des an. fr.] ; 2°) hostilité envers les partis organisés de gauche (marxistes) qui veulent créer un État socialiste ; 3°) haine et mépris pour la bourgeoisie affairiste, au pouvoir dep. 1877.

Déroulement. 1892, 25-4 François Koenigstein, dit Ravachol (1859-92), passe en jugement pour avoir

L'affaire Dreyfus (1894-1906)

Déroulement. *1894*, fin sept. une femme de ménage fr. de l'ambassade allemande, travaillant pour le S.R. français, découvre un bordereau prouvant la trahison d'un officier de l'état-major français ; 14-10 le Gal Mercier, min. de la Guerre, met en cause un capitaine juif, Alfred Dreyfus (1859-1935) ; il lui fait faire une dictée et conclut à sa culpabilité (similitude des écritures) ; 15-10 Dreyfus incarcéré ; 22-12 condamné à la déportation à vie dans une enceinte fortifiée, envoyé en Guyane, à l'île du Diable (ni lui ni son avocat n'ont eu en main le dossier secret sur lequel il a été condamné). *1895*, 5-1 dégradé à l'École militaire ; 1-7 colonel Georges Picquart (1854-1914) nommé à la tête du Service des renseignements : il découvrira en 1896 que 2 pièces d'un « dossier secret » communiqué au jury militaire qui a condamné Dr. sont sans valeur, notamment un billet de l'attaché militaire italien portant mention : « ce canaille de D... » (on sait actuellement qu'il s'agissait d'un cartographe nommé Dubois) ; 5-8 il en avertit le Gal de Boisdeffre, chef de l'état-major général ; 26-10, il est envoyé en Tunisie ; 6-11 Bernard Lazare publie une brochure : « Une erreur judiciaire : la vérité sur l'affaire Dreyfus. » *1897*, 15-11 Mathieu Dreyfus (1858-1931), frère d'Alfred, accuse le commandant Charles Walsin Esterhazy (1847-1923) d'être l'auteur du bordereau. *1898*, 11-1 Esterhazy, qui a demandé à être jugé, est acquitté (il se révèle néanmoins qu'il fait de « l'espionnage) ; 13-1 Émile Zola publie dans *l'Aurore* un article « J'accuse » (titre de Clemenceau) ; 4-6 création de la Ligue des droits de l'homme pour défendre Dr. (idée lancée le 20-2 par le sénateur Ludovic Trarieux) ; 31-8 suicide en prison du colonel Henry, auteur d'un faux daté de 1896, et rajouté au dossier de Dr., pour couper court à toute révision. Les antidreyfusards concluent à un crime politique et la « Libre Parole » ouvre une souscription pour sa veuve. *1899*, 3-6 cassation du jugement (motif : non-remise à la défense du « dossier secret ») ; 9-9 Dr. rejugé à Rennes, condamné à 10 ans de réclusion (reconnu coupable avec circonstances atténuantes) ; 19-9 gracié ; (12-8/20-9 Paul Déroulède et Jules Guérin déclenchent un mouvement armé de protestation à « Fort-Chabrol » où ils résistent à la police). *1906*, 12-7 la Cour de cassation annule sans renvoi le jugement de Rennes : « prononcé par erreur » ; 13-7 Dr. réintégré (nommé commandant et chev. de la Lég. d'hon. en 1906, lieut.-col. 1918) ; Picquart réintégré et nommé gén. ; de 1906 à 1909, ministre de la G. de Clemenceau.

Conséquences. 1° psychologiques. La France se divisera de longues années entre « dreyfusards » et « antidreyfusards », qui s'opposent dans une atmosphère de g. de religion, chaque camp accusant l'autre des plus graves forfaits (déni de justice, haine raciale, violation des Droits de l'homme, d'une part ; trahison, antipatriotisme, complot contre l'armée, d'autre part). Sous l'influence de Charles Maurras et de *l'Action française* (créée en 1899), l'antidreyfusisme se transforme chez beaucoup de gens de droite en « antisémitisme d'État » (voir Religions). **2° politiques.** Contribue au changement de majorité, dû au ralliement à la gauche des opportunistes (radicaux modérés) révisionnistes, c.-à-d. dreyfusards. *a)* Présidence de la Rép. : 18-2-1899, Jules Méline, modéré, est battu par Émile Loubet, radical (279 voix contre 483). *b)* Gouvernement : 22-6-1899, Charles Dupuy, modéré, est remplacé par Waldeck-Rousseau, radical. Les radicaux, puis le « Bloc des gauches », s'installent au pouvoir pour 20 ans. **3° militaires.** L'armée sort affaiblie de la crise. *a)* Désunion du corps des officiers, divisé en dreyfusards et « antis » (nombreux duels dans les garnisons). *b)* Épuration massive du commandement : le Gal André écarte des postes importants les officiers dreyfusards. *c)* Suppression du S.R., dont les fonctions sont confiées à la police civile (elle sera suscitée par le S.R. allemand).

État actuel. Dr. est considéré par tous les historiens comme innocent. Cependant certains auteurs ont émis des hypothèses, qu'aucun élément n'est venu confirmer : Dr. aurait-il occasionnellement collaboré avec le Service français de renseignements ? Le commandant Henry ne peut-il être soupçonné ? L'auteur du bordereau ne serait-il pas l'attaché militaire all. de Paris, Schwartzkoppen, qui l'aurait établi pour « intoxiquer » le Service français de renseignements ? (d'un autre côté une analyse scientifique du bordereau aurait prouvé que celui-ci était de la main d'Esterhazy.) Enfin certains se refusent de croire à l'innocence de Dr., et reprennent tous les arguments écartés et mis à néant par la Cour de cassation.

Émile Zola

fait sauter des appartements de magistrats et une caserne ; la veille (24-4), ses complices ont fait sauter le restaurant Véry (2 †) ; Ravachol sera exécuté le 11-7-1892) ; 8-11 destruction par Émile Henry du commissariat de police des Bons-Enfants (5 †). **1893**, 9-12 Auguste Vaillant (1861-94) lance une bombe dans la Chambre des députés [on a dit en 1935 (dans *le Crapouillot*) que Vaillant était téléguidé par le policier Puyrabaud, chargé de faire adopter les *lois scélérates*, utiles à la répression. Sa bombe aurait été fabriquée à la préf. de police : chargée de clous, elle n'avait fait que des blessés légers, dont l'abbé Lemire, catholique libéral. Le procès fut bâclé en 1 mois, et Vaillant exécuté le 5-2-1894]. **1894**, 12-2 Émile Henry fait sauter le café Terminus : 1 †, 20 bl. (exécuté 21-5-1894) ; 24-6 Jeronimo Caserio (1873-94), pour venger Vaillant, tue à Lyon le Pt *Sadi Carnot* (exécuté 16-8) ; 17/27-7 lois sur la répression de l'anarchie (dites *lois scélérates*) votées par 269 voix contre 163. Dernières manifestations de l'anarchie : exécution de Liabeuf 1910 ; extermination de la bande à Bonnot [20 accusés. Joseph Bonnot (1876-1912) abattu par la police. 4 condamnations à mort le 27-2-1912 : Eugène Dieudonné, Raymond Callemin, André Soudy et Monier].

● **1895 (17-1) Félix Faure** [(Paris 30-1-1841/16-1-1899). Fils d'ouvrier ; apprenti tanneur en Touraine, puis ouvrier aux tanneries du Havre ; y crée une maison de commerce. *1870* commandant d'un bataillon de mobiles. *1881* dép. du Havre (union rép.). *1881* sous-secr. d'État au Commerce et aux Colonies. *1888* leader de l'anti-boulangisme. *1894* min. de la Marine et des Colonies].

17-1 élu Pt de la Rép. contre Henri Brisson, radical ; surnommé le « Pt Soleil » à cause de son ostentation, il est militariste, pro-russe et anti-dreyfusard.

1895 1-10 protectorat fr. à *Madagascar ;* oct. émeutes de mineurs grévistes à *Carmaux.* **1896** 6-8 annexion de Mad. ; 5/9 oct. Nicolas II en Fr. **1897** août, Félix Faure en Russie, alliance fr.-russe. **1898** 4-11 à la suite d'un ultimatum anglais, le cap. Jean-Baptiste *Marchand* (1863-1934) reçoit l'ordre d'évacuer Fachoda [conséquences : l'Angl. réalise son projet de colonisation N.-S. de l'Afrique ; la Fr. renonce à son Empire E.-O. (Dakar-Djibouti). Mais l'*Entente cordiale* devient possible, et l'Angl. laissera à la Fr. le Maroc contre l'Égypte (l'opinion publique ne comprend pas et reste violemment anglophobe)]. **1899** janv. les écrivains François Coppée (1842-1908) et Jules Lemaître (1853-1914) fondent la Ligue de la Patrie française (extrême droite) ; 16-2 F. Faure meurt à l'Élysée au cours d'une aventure galante (avec Marguerite Steinheil, née Japy, future héroïne du « drame de l'impasse Ronsin », en 1908).

● **1899 (18-2) Émile Loubet** [(Marsanne, Drôme 1832/Labégude, Ardèche 1929). Fils de paysans ; avocat (républicain) sous l'Empire. *1870* maire de Montélimar. Franc-maçon, proche de la petite bourgeoisie. *1876* dép. *1885* sénateur. *1892* Pt du Conseil. *1896* Pt du Sénat. *1899* 18-1 élu par les radicaux et les « révisionnistes » (dreyfusards) contre le modéré Paul Deschanel. 4-6 frappé à coups de canne au champ de course d'Auteuil, par le baron Cristiani (à cause de son appui aux dreyfusards). *1906* après sa présidence, se retire de la vie politique, mais reste membre du « Comité Mascuraud » (Comité républicain du Commerce et de l'Industrie), dont le rôle électoral est important].

1899 23-2 échec d'un putsch de Paul Déroulède : après les obsèques de Félix Faure, il veut entraîner vers l'Élysée les troupes qui ont défilé (leur chef, le Gal Roget, refuse) ; acquitté en Cour d'assises ; 29-5 conférence intern. de La Haye (interdiction des gaz asphyxiants).

1900 janv. *Exposition universelle* ; juill.-sept. expédition intern. en Chine *(g. des Boxers)* ; la Fr. y participe ; déc. Delcassé obtient le retrait italien de la Triple-Alliance. **1901** le tsar Nicolas II en Fr. **1902** 20-5 Loubet en Russie ; 1-6 arrivée au pouvoir du « Bloc » anticlérical (Émile Combes) (Voir Religions). **1903** 1-5 Edouard VII d'Angl. vient à Paris ; 22-8 Thérèse Humbert (n. 1850) condamnée avec son mari à 5 ans de réclusion pour faux et escroquerie basés sur un héritage imaginaire. **1904** écoles congréganistes interdites ; 8-4 convention fr.-angl., concrétisant l'*Entente cordiale* [Delcassé croit l'E.C. dirigée contre l'Allemagne, alors que les Angl. cherchent à paralyser l'alliance franco-russe (le Japon, allié de l'Angl., s'apprête à attaquer la Russie, mais serait battu si l'Indochine fr. prenait part à la lutte. Delcassé laissera écraser les Russes)]. **1905** 6-6 démission de Delcassé imposée par l'All. (conséquence de l'affaire de *Tanger ;* Guillaume II avait soutenu contre la Fr. l'indépendance du maroc.) ; 9-12 *séparation* de l'Église et de l'État.

● **1906 (18-1) Armand Fallières** [(Mézin, L.-et-G., 6-11-1841/Loupillon, L.-et-G., 22-6-1931). Fils d'un greffier ; études à Angoulême ; avocat à Nérac. *1876* dép. de Nérac (anticlérical). *1882* min. de l'Intérieur. *1883* proposition de la loi expulsant de France les princes des anciennes familles régnantes. *1887* min. de l'Intérieur de Rouvier, lutte contre le boulangisme. *1890* min. des Cultes de Freycinet ; fait condamner l'arch. d'Aix à 3 000 F d'amende pour outrages envers le gouvernement ; devient membre du Sénat. *1899* Pt du Sénat ; préside la Hte Cour jugeant Déroulède. *1906* 18-1 élu Pt de la Rép. contre le modéré Paul Doumer (449 voix contre 371). *1913* après sa présidence, se retire dans sa terre du Loupillon, cultivant ses vignes jusqu'à sa mort].

1906 janv. début de la *conf. d'Algésiras* [par 10 voix contre 3 (All., Autr., Maroc), la Fr. obtient un droit « spécial » au Maroc] ; févr.-mars affaire des *Inventaires* dans les églises. Voir p. 496 ; mai-juin agitation chez les viticulteurs du Languedoc. **1908** grèves fréquentes et violentes, notamment à Draveil (juillet) : 4 †. **1909** 9-2 arbitrage de la cour de La Haye après le vote d'Algésiras (accord fr.-all. sur le Maroc) ; mars, grève des postiers (600 révoqués) ; avril-mai, échecs de grève générale. **1910** 25-8 condamnation par le pape du *Sillon* de Marc Sangnier (socialisme chrétien) ; oct. grève des cheminots (révocations, mobilisation). **1911** 1-7 affaire d'*Agadir* (où fut envoyée une canonnière all.) ; 4-11 accord fr.-all. sur Maroc et Congo (la Fr. a les mains libres au Maroc ; l'All. reçoit, en échange du « bec de canard », un territoire de 250 000 km² entre le Cameroun et le fleuve Congo, coupant en 2 l'Afr. équatoriale fr.). **1912** 30-3 Maroc protectorat fr. ; 23-7 tr. d'assistance navale avec

☞ Suite p. 602.

Principaux personnages de la IIIe République

☞ Pour en savoir plus, demandez le *Quid des présidents de la République* (et des candidats). 550 pages de faits, de dates, de chiffres et d'anecdotes sur la vie des présidents et des candidats à la présidence. Chez tous les libraires (éd. Robert Laffont, 1981).

Légende. AE : Affaires étrangères. AN : Assemblée nationale. D : député. EM : état-major. M : ministre. Pt C : Président du Conseil. Pt Ch : Président de la Chambre. S : sénateur. SS : sous-secrétaire d'État.

Blum, Léon (Paris 8-4-1872/30-3-1950). Père mercier et négociant en textiles. Lic. droit, philo. Auditeur puis maître des requêtes au Conseil d'État 1910. Journaliste : coll. à *l'Humanité* 1904. P.S. : 1902. D Seine 1919-28. D Aude 1929-40. M des TP 1914 et 1916. Pt C 4-6-36/21-6-37. Vice-Pt C 1937 (3e cab. Chautemps). Pt C 13-3/8-4-38. Emprisonné par le gouv. de Vichy (1940-42) puis déporté en All. (1942-45), est sous la IVe Rép. le défenseur de l'alliance avec les U.S.A. (politique « atlantique »). Pt C 12-12-46/21-1-47. La Chambre lui refuse l'investiture le 22-11-47 pour 9 voix (300 au lieu de 309). Chef de la délégation fr. à l'Unesco 1947. Vice-Pt dans le gouv. Marie (31-8/12-9-48). Son livre, *A l'échelle humaine*, écrit pendant sa captivité au Portalet (1941-42), est devenu l'ouvrage de base de l'humanisme socialiste. Néanmoins, d'après le témoignage de Boris Souvarine, Blum aurait cessé, en 1945, d'être un humaniste socialiste, pour devenir un admirateur du stalinisme (dès 1937, il avait pris parti contre le Mal Toukhatchevski, victime de Staline, ce qu'Édouard Depreux avait révélé aux Fr. après la 2e G. mondiale). En 1939, Blum fut pris au dépourvu par le pacte germano-soviétique entre Hitler et Staline. Inconscient à la fois de l'agressivité hitlérienne et de la faiblesse française, il ne sut pas prévoir le désastre de juin 1940.

Bouisson, Fernand (Constantine, 16-6-1874/28-12-1959). Père industriel (tanneur). Industrie [tannerie familiale à Aubagne (B.-du-Rh.)]. S.F.I.O. 1909-34. Cons. mun. et maire (Aubagne). Cons. gén. B.-du-Rh. 1907-20. D B.-du-Rh. 1909-40. Maire (La Ciotat) 1938-41. 2 fois M Comm. Transports mar. et Marine marchande (1918 et 1919). Pt. C 1-6/4-6-35. Pt Ch 7-6-35. Vote la délégation des pouvoirs constituants au Mal Pétain (10-7-40) et se retire de la politique.

Briand, Aristide (Nantes, 28-3-1862/7-3-1932). Père hôtelier (à moins qu'il ne fût le fils naturel d'un baron). En 1890, il passe en correctionnelle pour une affaire de mœurs [acquitté en appel (mais ses adversaires lui reprocheront ce fait toute sa vie)]. Lic. droit, avocat P.O.F. puis Parti socialiste (secr. gén. du Comité général). D Loire 1902-19. D Loire-Inf. 1919-32. 2 fois M (Instruction publique et Cult. 1906 ; Justice et Cult. 1908). 4 fois Pt C et M Int. 1909, 1910, 1913, 1914, 7 fois Pt C et M des AE 1915, 1916, 1921, 1925, 1926, 1929 (2 fois). 2 fois M Justice 1912 et 1914. 4 fois M des AE 1925 (2 fois), 1926, 1928. 6 fois M des AE 1929-1932. Surnommé l'« Arrangeur », a cherché, pour tous les problèmes, des solutions de compromis : en 1906, avec l'Église sur la question des biens ecclésiastiques (refus du pape Pie X) ; en 1925-32, avec l'All. sur le problème des réparations et du désarmement (a perdu la partie devant Stresemann). Son idéal pacifiste, sa foi en la Sté des Nations (« l'esprit de Genève », qui a abouti au pacte Briand-Kellog d'août 1928, mettant la g. hors la loi), l'a fait surnommer le « Pèlerin de la Paix ». Battu le 13-6-31 aux élections présid. par Paul Doumer.

Caillaux, Joseph (Le Mans 30-3-1863/21-11-1944). Père, S Sarthe M TP 1874-76, M Finances 1877, ingénieur Chemins de fer. Lic. droit, reçu à l'Inspection des Finances 1888. Professeur. Parti radical (Pt en 1913). D Sarthe 1898-1919. S Sarthe 1925-40. 3 fois M Finances 1898, 1906, 1911. Pt C et M Int. 27-6-11/11-1-12. Puis 4 fois M Finances 1913, 1925, 1926, 1935. Passe pour la plus brillante intelligence de sa génération. De gauche, mais également financier, il est en 1911 pour une entente avec l'All. Sa carrière est brisée le 16-3-14 par l'assassinat de Gaston Calmette, dir. du *Figaro*, commis par sa femme [Calmette s'était procuré des lettres de Caillaux (sujets financiers, diplomatiques, politiques et privés, notamment une lettre écrite en 1901 à sa maîtresse, devenue sa 1re épouse, Mme Gueydan). Le 14-3-14, *le Figaro* publie cette lettre, donnant à entendre qu'il publiera aussi les lettres de Caillaux à une autre maîtresse, devenue sa 2e épouse]. Mme C. sera acquittée le 28-7-14, mais son mari restera impopulaire. Ennemi personnel de Clemenceau et de Poincaré, emprisonné en 1917 (pour avoir négocié une paix séparée avec Autr. et Bavière). Condamné le 23-4-1920 à 3 ans de prison, 10 ans de privation de droits civiques et 5 ans d'interdiction de séjour pour correspondance avec l'ennemi. Revient aux affaires avec l'appui de Briand (1925-26), mais ne peut vaincre l'hostilité de la droite. Il estimait que le chantage de Gaston Calmette était un coup monté par les bellicistes pour écarter du gouvernement une personnalité « germanophile ».

Chautemps, Camille (Paris, 1-2-1885/1-7-1963). Père D Seine 1889-1897, Hte-Savoie 1897-1905 ; S Hte-Savoie 1905-18 ; Vice-Pt du Sénat ; M. Colonies 1895, Marine 1914. Docteur droit, avocat Grande Loge de Fr. Parti radical. D L.-et-C. 1929-34. S L.-et-C. 1834-40. M Justice 1925, 3 fois M Int. 1924, 1925, 1926. Pt C et M Int. 21-2/25-2-30. M Instruction publ. 1930, 4 fois M Int. (1932, 1933). Pt C et M Int. 26-11-33/30-1-34. M TP et M d'État 1936. Pt C (sans portefeuille) 22-6-37/14-1-38 et 18-1-/10-3-38, 3 fois Vice-Pt C (1938, 1940, cabinet Pétain). Le 10-7-40, vote la délégation des pouvoirs constituants au Mal Pétain. Celui-ci l'envoie (nov. 1940) en mission officieuse aux U.S.A. où il demeurera jusqu'à sa mort. En 1947, condamné pour « actes contraires à la Défense nat. » à 5 ans de prison, à l'indignité nat. à vie et à la confiscation de ses biens (par contumace). Amnistié en 1954, réside normalement à Washington.

Clemenceau, Georges (Mouilleron-en-Pareds, 23-9-1841/24-11-1929). Père médecin. Épouse : Mary Plummer (Américaine). Doctorat de médecine. Médecin 1869-70. Journalisme : *le Temps, la Justice* (fondateur en 1880), *l'Aurore, la Dépêche, le Bloc, l'Homme libre*... Académie fr. 1918, de Médecine. Parti radical 1901-10. Maire XVIIIe Paris 5-9-1870/27-3-71. Cons. mun. 1875. Rép. de l'AN 8-2-1871/27-3-71. D Seine 1876-85. D Var 1885-93. S Var 1902-23. M. Int. 1906. Pt C et M Int. 20-10-1906/20-7-09. Pt C et M Guerre 19-11-1917/18-1-20. Compromis dans l'affaire de Panama (1892), il est battu aux élections de 1893 et écarté de la vie politique (on l'accuse notamment de toucher de l'argent anglais) ; refait surface lors de l'affaire Dreyfus. De 1906 à 1909, brise plusieurs grèves, mais crée le min. du Travail. Ennemi personnel de Poincaré, il est dans l'opposition au début de la guerre ; puis, à partir de nov. 1917, exerce des pouvoirs très étendus que Poincaré ne cherche plus à limiter, se contentant de lui écrire des lettres de reproches [par ex. : « Vous voulez couper les jarrets à nos soldats » (nov. 1918)]. Adversaire de toute paix de compromis, il mène la France à la victoire, mais aussi à l'épuisement (surnommé le « Père la Victoire »). Piètre négociateur, il laisse, au traité de Versailles, Lloyd George et Wilson l'emporter sur presque tous les points. Surnommé alors « Perd la Victoire », il est battu par Deschanel aux élections présidentielles de 1920 (son anticléricalisme est une des causes de son échec). A la fin de sa vie, il rédige un ouvrage polémique, défendant, contre Poincaré et le M[al] Foch, son action politique de 1917-19. Dès 1929, il prédit le désastre militaire de 1940, mais il refuse de reconnaître ses responsabilités dans la décadence militaire et politique de la France.

Daladier, Édouard (Carpentras, 18-5-1884/10-10-1970). Père boulanger. 1er à l'agrég. d'histoire. Professeur. Franc-maçon. Parti radical (Pt 1927-30 et 1936-38). Maire (Carpentras) 1912. D Vaucluse 1919-40. 7 fois M [Colonies 1924, Guerre 1925 et 1932, Instruction publ. 1925, TP (3 fois 1930-32)]. Pt C et M Guerre 31-1/24-10-33. 2 fois M Guerre 1933. Pt C et M des AE 30-1/7-2-34. 3 fois M Guerre 1937, 1938. Pt C et M Défense nat. et Guerre 10-4-38/20-3-40. M Guerre et M des AE, cabinet Reynaud. Emprisonné par Vichy de 1940 à 43, déporté en Allemagne (1943-45). Réélu dép. du Vaucluse 1946, maire d'Avignon (1953-58), Pt du Parti radical (1957-58). Se retire au début de la Ve Rép., mais anime jusqu'à la fin de sa vie des manifestations anticléricales.

Deschanel, Paul, voir p. 606.

Ferry, Jules (St-Dié, 5-4-1832/17-3-1893). Père avocat. Droit. Avocat. Journalisme : articles polit. dans *la Presse, le Courrier de Paris, le Temps, la Tribune, la Revue politique, l'Éleveur.* Franc-maçon. Pt de la Gauche rép. 1873-77. D Paris 1869. Repr. AN Vosges 1871-1876. D Vosges 1876-1889. S Vosges 1891-1893. Secr. du gouv. de la Défense nat. 4-9/15-11-70. Préfet de la Seine 19-3-1871/11-5-72. 2 fois M Instruction publ. 1879. Pt C et M Instruction publ. 23-9-1880/13-11-1881 et 22-2-1883/30-3-1885. Échec à la prés. de la Rép. 1887. Pt Sénat 1893. Considéré comme le chef des « opportunistes », en réalité rép. de gauche, décidé à enlever l'Éducation à l'Église cath. De 1880 à 83, crée l'enseignement laïc. A partir de nov. 1883 (laissant l'Instr. publ. à Armand Fallières), prend en main les Aff. étr. : tente de détourner vers les conquêtes coloniales l'ardeur militaire des Fr., jusque-là surtout anti-allemande. Il y est encouragé par Bismarck. La défaite de Lang-Son (Tonkin, 2-3-1885) brise sa carrière.

Flandin, Pierre-Étienne (Paris, 12-4-1899/13-6-1958). Père D Yonne 1893-98 et 1902-09. S Inde française 1909-20. Droit. Avocat. Parti rép. démocratique et social. D Yonne 1914-40. 2 fois SS Aéronautique 1920. Vice-Pt Ch 1928 et 1929. 2 fois M Industrie 1929-30. 4 fois M Finances 1931, 1932. M TP 1934. Pt C (sans portefeuille) 8-11-34/31-5-35. M d'État 1935, AE 1936. Rallié au M[al] Pétain en 1940, M d'État après la chute de Laval (13-12-40), il rejoint l'Afr. du N. en 1942. Emprisonné le 20-12-43, désigné pour être fusillé en 1944, est sauvé par une intervention de Churchill. Condamné à l'indignité nat. en 1946, est relevé de cette peine, mais demeure inéligible. Réanime *l'Alliance démocratique* qui soutient le gouv. Pinay en 1952.

Gambetta, Léon (Cahors, 2-4-1838/31-12-1882). Père immigrant italien, épicier à Cahors. Opte pour la nationalité fr. en 1859. Petit séminaire. Lic. droit. Avocat. Journalisme, fonde *la Revue politique* en 1868 (avec Brisson et Challemel-Lac.), *la République fr.* en 1871. Franc-maçon. D Marseille 1869-70. M Guerre (gouv. de Défense nat.) 4-9-70/6-2-71. Repr. AN Bas-Rhin 8-2/1-3-71. Repr. AN Seine 2-7-71/76. D Seine 1876-82. Pt Ch 1879, 1880, 1881. Pt C et M des AE 14-11-81/29-1-82. L'un des leaders de l'opposition rép. sous l'Empire, seul homme de gauche, après Sedan, à vouloir vraiment une victoire militaire sur l'Allemagne. Généreux, mais brouillon : le G[al] all. von der Goltz verra en lui l'un des responsables dans la défaite des armées de la Déf. nat. Domine par son éloquence les 1res années de la IIIe Rép., mais, au pouvoir, se révèle peu capable. Il était prêt à enterrer l'esprit de revanche, mais il en fut détourné par Juliette Adam (nationaliste). Blessé à la main, en réparant son pistolet (on a dit que la balle avait été tirée par sa maîtresse Léonie Léon), sa blessure était presque cicatrisée le 8-12-82, mais (après être resté longtemps alité), il fut saisi de violentes douleurs abdominales ; n'ayant pas été opéré, il mourut le 31-12 de 2 perforations internes.

Grévy, Jules, voir p. 598.

Herriot, Édouard (Troyes, 5-7-1872/30-3-1957). Père sous-lieutenant. Normale sup. 1er à l'agrég. de lettres. Docteur ès lettres. Professeur. Académie fr. 1946. Radical (Pt du parti 1919-25, 1931-35, 1945-57). Maire de Lyon (1905-57). S Rhône 1912-19. D Rhône 1919-40. M des TP 1916. Pt C et M des AE 15-6-24/10-4-25. Pt Ch (avr. 1925-juill. 1926). Pt C 19/21-7-26. M Instr. publ. 1926. Pt C et M des AE 4-6/13-12-32. 3 fois M d'État (1934-35). Pt Ch 1936-40. Pt AN 1947-53. Créateur de l'expression, se présente « comme un Français moyen », ce qui le rendit populaire. Considérant toujours Pierre Laval comme « un membre de la famille rép. », il perdra de sa popularité après 1945, malgré ses mérites (interné en France, nov. 1942-août 1944 ; déporté en Allemagne, sept. 1944-avr. 1945). Ses adversaires de droite ont prétendu en 1934 qu'il avait été nommé colonel d'honneur de l'armée soviétique. Il n'arriva jamais à dissiper complètement cette légende.

Jaurès, Jean (Castres, 1859 Paris, 31-7-1914), assassiné. Normalien, agrégé de philo., prof. au lycée de Toulouse. 1885 élu (26 ans) député du Tarn, sans étiquette, rejoint ensuite le socialisme. 1889 battu. 1902 réélu. 1904 fonde *l'Humanité,* qui rallie les socialistes au dreyfusisme. 1906 succès électoral (74 sièges socialistes). Pacifiste, antimilitariste (auteur de l'Armée nouvelle, qui a fait scandale), il est accusé de germanophilie, notamment par Charles Péguy. Abattu par un nationaliste, Raoul Villain, (voir p. 602) au *Café du Croissant,* 16, rue Montmartre, 4 j avant la déclaration de g. (voir p. 602). Son frère était amiral.

Mac-Mahon, voir p. 598.

Millerand, Alexandre, voir p. 606.

Paul-Boncour, Joseph (St-Aignan, 4-8-1873/28-3-1972). Père médecin. Docteur en droit. Avocat. Académie Sc. morales et politiques. S.F.I.O. D Loir-et-Cher 1909-14, Seine 1919-24, Tarn 1924-31. S Loir-et-Cher 1931-40. M Travail et Prévoyance sociale 1911, M Guerre 1932. Pt C et M des AE 18-12-1932/28-1-1933. 4 fois M des AE 1932 et 38. M. Déf. nat. 1934, d'État 1936. Vote contre la délégation des pouvoirs au M[al] Pétain (10-7-1940). Membre du Conseil de la République 1946-48.

Poincaré, Raymond, voir p. 602.

Reynaud, Paul (Barcelonnette, 15-10-1878/21-9-1966). Père négociant au Mexique, rentré en France. H.E.C., docteur en droit. Avocat. Parti rép. démocratique et social. D Basses-Alpes 1919-24, Paris 1928-40, Nord 1946-62. M Finances 1930 et 38. M Colonies 1931. M Justice 1932 et 38. Pt C et M des AE (et Guerre à partir du 18-5-40) 21-3/16-6-40. Nommé ambassadeur à Washington par le M[al] Pétain 17-6-40, décide de rester en France et de regrouper à Port-Vendres les adversaires de l'armistice, pour créer éventuellement un gouv. prov. à Alger. Blessé dans un accident de voiture (où est tuée sa maîtresse et inspiratrice, la Ctesse de Portes), il ne joue aucun rôle lors du changement de régime (Vichy, 10-7-40). Emprisonné par Vichy (1940-42), déporté en All. (1942-45). D de Dunkerque à l'Ass. const. (1946) puis à l'Ass. nat. (1946-62). M des Finances 1948, délégué au Conseil de l'Europe 1949-55. Rallié au Gal de Gaulle, Pt du comité consultatif constit. (août 1958). Rompt avec lui lors du référendum de 1962 et perd son siège de D. Supporter de Lecanuet aux él. de 1965.

Ribot, Alexandre (St-Omer, 7-2-1842/Paris 13-1-1923). Bourgeoisie protestante. Juriste. Académie des Sc. morales et pol. 1903. Ac. fr. 1906. D Pas-de-Calais 1878-1909. S Pas-de-Calais 1909-23. 5 fois Pt C 1892-93, 26-1/28-10-93, 9/13-6 1914, 20-3/12-9-1917 ; 3 fois M Affaires étr. 1890-92, 1892-93, 1917 ; 2 fois M Finances 1895, 1914-17 ; M Int. 1893 ; M Justice 1914. Considéré par certains comme un des acteurs les plus importants de la g. 1914-18 (au pouvoir pendant les grands événements de 1917) ; il semble, en réalité, être un homme de Clemenceau, ayant accepté d'assurer la transition entre Briand et Cl., mais obéissant à celui-ci, notamment pour le rejet des offres de paix autrichiennes. Le 23-10-1917, il est chassé des Aff. étr. dans des conditions considérées alors comme mystérieuses (soupçonné de s'être vendu aux Italiens, ne se défend pas, pour couvrir Cl.).

Sarraut, Albert (Bordeaux, 28-7-1872/26-11-1962). Père maire de Carcassonne et dir. du *Radical du Midi ;* frère dir. de *la Dépêche* (Maurice, Pt du Parti radical-s., 1869-1943, assass.). Avocat et propriétaire viticulteur. Académie des Sc. morales et politiques. Gouverneur gén. de l'Indochine 1911-14 et 1916-19. Ambassadeur à Ankara, mars 1925-juillet 1926. Parti radical. D Aude 1902-24. S Aude 1926-40. 3 fois SS (Int. 1906-09, Guerre 1909). 13 fois M (2 fois Instr. publ. 1914, 8 fois Colonies 1920-24 et 1932-33 ; Int. 1926, Marine 1930 et 6-9-33). Pt C et M Marine 26-10/24-11-1933. M Marine 27-11-1933, Int. 1934, Pt C et M Int. 24-1/4-6-1936, 2 fois M d'État 1937 et 38 ; 2 fois M Int. 1938. M Éducation nat. 1940. Vote la délégation des pouvoirs au M[al] Pétain. Déporté en Allemagne (1944-45). Membre, puis Pt de l'Ass. de l'Union française.

Sembat, Marcel (Bonnières-sur-Seine, 19-10-1862/5-10-1922). Père postier. Droit. Journaliste. Directeur de *la Petite République* (socialiste) 1890-97. Parti soc. révolutionnaire. M. du comité rév. central dep. 1881. D. Paris (socialiste indép.) 1893-1922. Parti S.F.I.O. 1904. Leader de *l'Humanité* 1904. Dignitaire du Gd-Orient. M. Trav. publics 1914-16. Très hostile à la guerre, opposé à toutes les expéditions coloniales et aux missions catholiques. Auteur en 1913 du pamphlet « Faites la paix, sinon faites un roi ». Rallié aux minoritaires au Congr. de Tours 1920.

Tardieu, André (Paris, 22-9-1876/15-9-1945). Père avocat. Lettres et droit. Secr. AE (reçu 1er en 1898). Inspecteur de l'administration. Journaliste. Professeur. Parti rép. démocratique et social. D S.-et-O. 1914-24. D Belfort 1926-36. M Régions libérées 1919, TP 1924, 2 fois M Int. 1928 et 1929. Pt C et M Int. 3-11-1929/17-2-1930 et 2-3/4-12-1930. 2 fois M Agriculture 1931. M Guerre 1932. Pt C et M des AE 20-2/3-6-1932. M d'État et Vice-Pt C 9-2/8-11-1934. Plénipotentiaire à la Conf. de la Paix 1918. Rép. de droite, lié à la finance, domine la législature 1928-32, inventant la politique des investissements créateurs d'emplois et de richesses. Battu par la gauche aux él. de 1932, il ne peut réaliser son programme de lutte contre la cri-

Jules Ferry

se écon. Impopulaire (allure désinvolte, autoritarisme). Frappé d'hémiplégie en 1934, se retire à Menton jusqu'à sa mort.

Thiers, Adolphe, voir p. 598.

Waldeck-Rousseau, Pierre (Nantes, 2-12-1846/10-8-1904). Père avocat. Droit. Avocat. Franc-maçon (?). D Ille-et-Vilaine 1879-89. S Hte-Loire 1894-1904. Pt du groupe de l'Union rép. 1882. Candidat à l'élection présid. de 1895. 2 fois M Int. Anticlérical et libéral, détient le record de longévité ministérielle de la IIIe Rép. Crée la législation sociale fr. (inspirée par Millerand, alors socialiste). Auteur de la loi de 1901 (qui, dans son idée, devait permettre aux religieux de s'intégrer à la société rép.), il fut débordé par les combistes, anticléricaux extrémistes.

Zay, Jean (Orléans, 6-8-1904/20-6-1944, assassiné). Père israélite, alsacien, réfugié en Fr. 1871, rédacteur en chef du *Progrès du Loiret.* Mère protestante ; élevé dans le protestantisme. Journaliste au *Progrès du Loiret.* Droit. Avocat 1928. Parti rad. soc. M. du Grand-Orient 1926. D Orléans 1932 et 1936. SS d'État à la Prés. du Conseil. 1936. M. Éduc. nat. 1936-39. Haï par la droite pour avoir écrit en 1924 une *Ode au Drapeau* très antimilitariste. Auteur en 1937 d'une loi créant l'E.N.A. (votée après la guerre). Mobilisé en sept. 1939. S'embarque sur le *Massilia* en juin 1940, emprisonné comme déserteur à Riom. Publication illégale (1942) de ses carnets secrets : haine accrue. Extrait de sa cellule et abattu par 3 miliciens.

Suite de la p. 600.

l'Angl. : 29-4 Bonnot tué. 26-7 Henri Rochette (n. 1878) condamné à 3 ans de prison pour escroquerie (sera recondamné le 24-3-34 à 3 ans de prison).

● **1913 (17-1) Raymond Poincaré** [(Bar-le-Duc, 20-8-1860/15-10-1934). Père ingénieur des ponts et chaussées. Lic. droit et ès lettres. Avocat. Académie fr. 1909. Jeunesse rép. D Meuse 1887-1903. S Meuse 1903-13 et 1920-34. 2 fois M Instr. publique 1893 et 95. 2 fois M Finances 1894 et 1906. Pt C et M des AE 14-1-12/18-1-13. Pt de la Rép. 18-2-13/18-2-20. Pt C et M des AE 15-1-22/26-3-24. Pt C et M Finances 26-3-/1-6-24 ; 23-7-26/6-11-28 ; 11-11-28/27-7-29. Apprécié pour son honnêteté ; sa carrière ministérielle débute (après l'affaire du canal de Panama 1893) à 33 ans. Partisan de la revanche, il acquiert une réputation d'homme énergique, sauf auprès de Clemenceau, qui dénonce sa pusillanimité. La façon dont il a poussé le gouv. russe, en juillet 1914, à faire preuve de fermeté lui a valu le surnom de « Poincaré-la-Guerre ». Pendant la g., s'efforce de respecter la constitution (maintien du pouvoir exécutif sous le contrôle du Parlement). Redevenu sénateur, puis min. et Pt du Conseil après son septennat.

1913 10-8 service militaire de 3 ans ; nov. incidents de Saverne entre Alsaciens francophiles et soldats all. ; 31-3 *la Joconde,* qui avait été volée, revient à Paris. **1914** 28-6 assassinat à *Sarajevo* (Bosnie) de l'archiduc François-Ferdinand, héritier d'Autr. (v. Index) ; 20/24-7 visite en Russie du Pt de la Rép. Poincaré et du Pt du Conseil, Viviani ; 31-7 Jean Jaurès assassiné par Raoul Villain [(1885-1936), qui sera acquitté le 23-3-1919 mais assassiné aux Baléares, pendant la g. civile esp.].

L'Europe en 1914

Première Guerre mondiale (1914-18)

Les débuts

Causes. 1°) *Rivalités européennes* (Russie contre Autr. au sujet des Balkans ; France contre All. au sujet de l'Alsace-Lorr. ; All. contre Fr. et Angl. au sujet des colonies ; Angl. contre All. au sujet du réarmement naval ; Italie contre Autr. au sujet des provinces « irrédentes » ; Autr. contre Serbie au sujet des Slaves du Sud, etc.).

2°) *Crainte des conséquences financières de la « course aux armements »* : dep. 1901, chacune des grandes puissances europ. dépense de 1 à 2 milliards de F annuels pour s'armer ; la tentation est venue d'utiliser ces armes pour réduire (après une victoire) les budgets des armées et des marines.

3°) *Croyance générale en une g. courte* : la Fr. surestime la puissance russe (« le rouleau compresseur ») ; Poincaré pense reconquérir l'Alsace-Lorraine en quelques semaines ; les All. pensent écraser l'armée fr. en 1 mois grâce au « plan Schlieffen » ; les Autr. pensent liquider la Serbie en 8 j ; le chef d'état-major russe Ianushkevitch croit prendre les All. de vitesse s'il peut mobiliser avant eux et charge Sazonov d'arracher au tsar l'ordre de mobilisation générale le 30-7 à 16 h.

4°) *L'été 1914, il y a simultanément au pouvoir, en Europe, plusieurs bellicistes :* le comte de Berchtold en Autr.-Hongrie, Iswolsky et Sazonov en Russie, Poincaré en France, Nicolas Pachitch en Serbie. Le chancelier allemand Bethmann-Holweg longtemps considéré comme un médiocre s'étant laissé entraîner dans la g. sans l'avoir voulue, aurait été, selon l'historien all. Fritz Fischer, un expansionniste et un belliciste convaincu.

5°) *L'Angl. (Sir Edward Grey) préfère la neutralité* (ce qui pousse l'Allemagne à la g.) ; mais elle considérera que la violation de la neutralité belge est un *casus belli.*

La guerre était-elle évitable ? Caillaux assurait que sans le scandale causé par sa femme (meurtre de Calmette, dir. du *Figaro,* voir p. 600), il aurait été Pt du Conseil à la place de Viviani, homme sans caractère, ayant laissé agir Poincaré. Caillaux pensait faire entrer Jean Jaurès dans son gouv. et empêcher Poincaré de se rendre en Russie [il estimait qu'Iswolsky avait soutenu à fond la Serbie contre l'Autr. (ce qui a déclenché la g. par réaction), Poincaré lui ayant promis son soutien].

Controverse sur le rôle des banques. D'après les marxistes, les milieux financiers internat. ont poussé à la guerre, pour affaiblir et dominer le prolétariat des belligérants. D'après Caillaux, les banques étaient, au contraire, pacifistes, redoutant un conflit mondial (ruine des monnaies, crise des échanges, suprématie financière des U.S.A.).

Plans de campagne. — France : « *Plan XVII* », élaboré par Joffre en 1914, mais reprenant les idées d'offensive « à outrance » du colonel, puis général Louis de Grandmaison (1861-1915, tué au combat), prof. à l'éc. de g. : la victoire dépend de la supériorité des forces morales [des soldats résolus, armés de baïonnettes, l'emportant sur des adversaires retranchés et mieux armés, mais moins vaillants ; ces théories étaient battues en brèche, dep. avr. 1913, par le capitaine Bellanger, observateur militaire de la g. des Balkans, qui avait compris l'efficacité de l'ensemble défensif : tranchées, barbelés, mitrailleuses. Bellanger était soutenu par le Gal Estienne (futur créateur des chars d'assaut) et le colonel Pétain (futur maréchal). Mais la tendance Grandmaison prévalait chez les officiers d'état-major (surnommés les « Jeunes Turcs »)]. Offensives prévues : par le plateau lorrain vers Sarrebourg, puis le Palatinat ; par la trouée de Belfort vers le Rhin.

— Allemagne : « *Plan Schlieffen* » (modifié par Moltke) ; tactique : supériorité du feu (mitrailleuse, artillerie lourde, gros effectifs) ; stratégie : enveloppement par l'aile : 27 corps d'armée doivent violer la neutralité belge et déborder l'aile g. des Fr. Après la bat. de la Marne, les All. adopteront à leur tour la tactique des masses profondes attaquant à la baïonnette (bat. de l'Yser) et sacrifieront 4 corps de volontaires à Dixmude.

Effectifs. Voir p. 605.

Grands événements stratégiques

Guerre de mouvement sur 2 fronts (1914). Les All. veulent éliminer d'abord les Fr. pour se retourner ensuite contre les Russes (ils redoutent la g. sur 2 fronts) ; ils espèrent que les Autr. pourront contenir les Russes pendant que l'armée all. triomphera à l'Ouest. Cette stratégie échoue : 1°) Les Fr. résistent à l'O. [ils sont renforcés par Belges et Angl. ; ils gagnent la bataille de la Marne (sept.) puis celle des Flandres (Dixmude, Ypres, nov.)]. 2°) Les Autr. sont écrasés par les Russes, qui ont envahi leur territoire et menacé la Silésie all. 3°) Les Russes, fidèles à la parole donnée aux Fr., ont attaqué la Prusse orientale all. sans avoir achevé leur concentration. Ils ont été battus à Tannenberg et aux Lacs Mazurie, mais Guillaume II, affolé, a exigé qu'on prélève 2 corps d'armée à l'O., pour sauver Koenigsberg (ce qui a soulagé les Fr. pendant la bataille de la Marne).

Enlisement d'une 3e guerre de mouvement. *Théâtre secondaire :* la Serbie. Les Autr., qui avaient monté une « expédition punitive », sont battus par les Serbes, et doivent, eux aussi, creuser des tranchées (bataille du Roudnik, 13-12-1914).

Changement de doctrine des Allemands (hiver 1914-1915). Falkenhayn décide de rester sur la défensive à l'O., de porter tous ses efforts contre les Russes, qui manquent de munitions. En mars-avril, Fr. et Angl. attaquent les *Dardanelles* (Turquie), pour pouvoir ravitailler la Russie par la mer Noire. Échec [cause vraisemblable : la mauvaise volonté des Angl. (v. ci-dessous : *occasions perdues*)]. Le 2-5, les Russes sont battus à Gorlice par les All. et perdent de vastes territoires (Pologne, Lituanie, Courlande).

Les inutiles massacres de 1915. Joffre, incapable d'aider les Russes directement, décide de les aider indirectement en lançant des offensives locales contre les tranchées all. de l'Ouest (il espère immobiliser ainsi de gros effectifs all.). Il subit de lourdes défaites (Artois, Champagne, Vosges), perdant 600 000 h. sans entamer l'ennemi.

Ouvertures de nouveaux fronts (1915). Voulues par les Alliés pour éviter l'obligation de percer les lignes all. en Fr. 1°) *23-5*, entrée en g. de l'Italie (mais le front austro-ital. se stabilise immédiatement comme celui de l'O.). 2°) *nov.-déc.*, Aristide Briand (Pt du Conseil dep. oct.) décide d'ouvrir un *front dans les Balkans* (Salonique). Raisons : a) la Serbie vient d'être écrasée, mais une partie de son armée s'est réfugiée à Corfou ; b) les troupes franco-angl. des Dardanelles peuvent être utilisées en Grèce, au lieu d'être gaspillées en Turquie ; c) les Bulgares sont entrés en g. aux côtés de l'All. le 25-9 : s'ils sont battus dans une g. de mouvement, la Turquie est isolée, l'Autr. prise à revers. L'idée de Briand est critiquée par l'état-major fr. (et par Clemenceau) ; le front de Salonique sera immobilisé, comme ceux de l'Ouest et d'Italie.

Nouveau changement allemand : Verdun 1916. Falkenhayn, ayant fait reculer les Russes loin des frontières all., espère vaincre à l'Ouest : il attaque à Verdun en févr. Mais la résistance fr. est d'une vigueur inattendue ; les All. subissent de lourdes pertes.

Nouvelles théories sur la g. industrielle. A partir de la bataille de Verdun, les états-majors sont convaincus que la victoire s'obtiendra par la supériorité des armements (bombardements massifs, chars d'assaut, aviation). Les All. croient en la g. sous-marine (le blocus sous-marin devant paralyser l'industrie de g. angl.) ; les états-majors alliés croient au blocus (la pénurie en matières premières devant ruiner l'ind. de g. all.). Voir guerre navale ci-contre (col. b).

Diversions de 1916. 1°) *Entrée en g. de la Roumanie.* Provoquée par A. Briand, qui cherche toujours à ranimer le front du S.-E. (déception : les Roumains sont immobilisés rapidement par Austro-All. et Turcs). 2°) *Offensive Broussilov en Bukovine.* Déclenchée en juill., elle doit soulager la pression all. sur Verdun. Succès limité, qui épuise définitivement l'armée russe. 3°) *Offensive anglo-fr. sur la Somme (sept.-oct.).* Conçue par les Angl., devait démontrer que la « rupture » était possible grâce à la supériorité du matériel. Échec coûteux en vies humaines. Mais rupture momentanée obtenue sans être exploitée ; les états-majors persistent à croire en une percée décisive, obtenue grâce à la supériorité en matériel lourd (g. industrielle).

1917 : priorité de la politique sur la stratégie. 1°) *Les Alliés obtiennent l'intervention des U.S.A.* : le potentiel écon. naval des Amér. doit permettre d'écraser l'All. 2°) *Les All. jouent la carte révolutionnaire russe* contre la Russie tsariste et obtiennent l'effondrement du front oriental (Russie et Roumanie éliminées). 3°) *Nombreuses tentatives de paix négociée* (voir ci-contre).

1917 : 2 manifestations attardées des anciennes stratégies. 1°) *Défaite de Nivelle au Chemin des Dames (avr. 1917).* Nouvelle tentative de percée. Échec sanglant qui démoralise l'armée fr. (se borne désormais à attendre les Amér.). 2°) *Offensive des Angl. en Palestine*, « g. de mouvement » à partir de l'Égypte (et également en Mésopotamie). Vise à obtenir (à longue échéance) un effondrement de la Turquie, compensant l'effondrement russe.

Guerre totale de 1918. Appelée aussi « g. à outrance » et menée par des chefs aux pouvoirs dictatoriaux (Clemenceau en Fr. avec Foch, généralissime des armées alliées ; Hindenburg, Lüdendorf en All., ayant de fait le commandement de toutes les armées des « Empires centraux »). Vise l'écrasement de l'adversaire grâce à la supériorité en armement et en effectifs.

— Les Allemands, n'ayant plus que le front de l'Ouest à supporter après l'élimination des Russes et des Roumains, espèrent vaincre, début 1918, avant que l'armée amér. soit opérationnelle. 3 percées réussies (St-Quentin, Mt Kemmel, Chemin des Dames) : aucune décisive. Raisons : 1°) les effectifs all. ont fondu, et la victoire à l'Est n'a pas permis de récupérer plus de 30 divisions, à cause de la nécessité d'occuper d'immenses territoires (la cavalerie est restée en Russie, ce qui a empêché l'exploitation des percées) ; 2°) les soldats sont affaiblis par la famine due au blocus ; 3°) les Alliés gardent la supériorité en avions, chars, artillerie ; 4°) les Amér. ont été jetés dans la bataille plus tôt que prévu et s'y sont bien comportés (juill. 1918).

— Les Alliés. *Sur le front Ouest* : Foch n'essaye pas de faire des manœuvres stratégiques : il *martèle* d'obus le front all., successivement dans tous les secteurs. La seule manœuvre prévue pour la capture, sur le champ de bataille, de l'armée all. prise à revers (attaque au S.-E. de Metz en direction du Luxembourg), a été retardée jusqu'au 14-11-1918. L'armistice est intervenu avant. *Salonique* : Franchet d'Espérey réussit la percée et conquiert les Balkans, réalisant le plan de Briand. Mais il doit s'arrêter sur ordre de Clemenceau (ennemi politique de Briand) alors qu'il prend l'Autr.-Hongrie à revers. *Au Moyen-Orient* : les Angl. de Mésopotamie et de Palestine réussissent une percée et contrôlent les territoires arabophones de Turquie.

Guerre navale (1914-18). — navires de surface : 1°) *Succès alliés* : la g. navale s'est déroulée dans tous les océans ; en 1914-15 les corsaires all. (chargés de détruire le trafic entre Angl., Bel., Fr. et leurs colonies) sont éliminés (principale bataille : les Falkland, déc. 1914) ; *en 1916*, dans la mer du N. ; les navires de g. all. tentent de briser le blocus pour rejoindre les mers libres. Ils sont refoulés (bataille du Jutland), après un combat où les Angl. ont eu des pertes plus lourdes que les leurs. 2°) *Succès all.* : en juill.-août 1914, 2 cuirassés all. (Goeben, Breslau) traversent la Méditerranée et rejoignent Constantinople. Ils sont supérieurs aux navires russes de la mer Noire. Jusqu'en 1918, ils suffiront à interdire tout trafic en mer Noire, empêchant la victoire russe sur la Turquie, et provoquant la défaite roumaine.

— G. sous-marine : le plus grave danger qu'ait couru l'Angl. jusqu'en 1918 (en 1917, les *U. Boote* all. ont coulé 3 fois ½ plus de navires que les Angl. n'en construisaient) : 3 750 000 t contre 1 110 000. A partir de 1918, intervention amér. décisive : 1°) les Amér. appuient les Angl. contre les sous-marins ; 2°) la construction navale amér. compense les pertes (3 millions de t contre 2).

— Ravitaillement de la Russie : l'échec des Dardanelles (1915) a coupé la meilleure voie, et a été la cause première de l'effondrement russe. Voies maritimes de remplacement : Mourmansk [raccordé par voie ferrée au réseau russe seulement en févr. 1917 (à partir de janv. 1916, il y a une liaison ferroviaire Arkhangelsk-Petrograd)], l'Iran et la Caspienne (au S.) jusqu'en 1917. A partir de 1917, les Amér. ravitaillent la Russie à travers le Pacifique (Vladivostok, puis le Transsibérien). Mais cette aide vient trop tard.

Déroulement

Déclarations de guerre : 1914 28-7 Autriche à Serbie ; 1-8 All. à Russie ; 3-8 All. à France, Serbie ; 4-8 Angl. entre en g. ; 5-8 Autr. à Russie ; 6-8 Serbie à All. ; 12-8 France et Angl. à Autr. ; 20-8 les All. entrent à Bruxelles ; 22-8 Autr. à Belg. ; 1-11 Russie à Turquie ; 2-11 Serbie à Turquie ; 5-11 G.-B. et Fr. à Turquie. **1915** 23-5 It. à Autr. ; 21-8 It. à Turquie ; 14-10 Bulg. à Serbie ; 15-10 G.-B. à Turquie. **1916** 9-3 All. à Port. ; 15-3 Autr. à Port. ; 17-8 Roumanie à Autr. ; It. à All. ; 28-10 All. à Roumanie ; 30-8 Turquie à Roumanie ; 1-9 Bulg. à Roumanie. **1917** 6-4 USA à All. ; 2-7 Grèce à Turquie, Autr., Bulg. ; 7-12 USA à Autr.

1914. 21/23-8 *bataille de Charleroi* [le Gal Lanrezac (Mis de Cazernal, 1852-1925) sauve son armée de l'anéantissement en se repliant malgré l'ordre de Joffre ; il sera révoqué le 3-9] ; 25-8 Joffre renonce au plan XVII ; il renforce son aile gauche ; plus de 100 généraux ont été « limogés » (c.-à-d. nommés à des postes dans des villes de l'arrière, comme Limoges) ; 26-8 Gallieni nommé gouverneur de Paris ; 29-8 *Guise* : Lanrezac b. Bülow (5 800 All. †, l'armée de Von Klück se dirige vers l'est de Paris au lieu de Rouen, pour soutenir Bülow) ; 3-9 gouv. fr. à Bordeaux ; 6/13-9 *vict. de la Marne* [les All. sont arrêtés devant Meaux (44 km de Paris) et au sud de Senlis (35 km). *Principaux vaincus* : Von Klück, avancé trop loin au S.-E. de Paris (jusqu'à Coulommiers), attaqué de flanc par Gallieni ; Von Bülow, qui bat précipitamment en retraite quand Von Klück remonte vers Paris ; *principaux vainqueurs* : Joffre qui a décidé les Angl. (French) à contre-attaquer ; Gallieni, qui a eu l'idée de la manœuvre ; Franchet d'Espérey (successeur de Lanrezac) qui a foncé entre Klück et Bülow ; Foch qui a arrêté les Saxons en Champagne (marais de St-Gond) ; *épisode fameux* : les taxis de la Marne (1 100 chauffeurs réquisitionnés ont conduit au front, dans le secteur de Nanteuil-le-Haudouin, 5 000 h. de la 7e D.I. ; le Trésor public a versé 70 102 F à la compagnie des taxis G7, appartenant au Cte André Walewski, petit-fils de Nap. Ier, qui eut l'idée de l'opération)] ; 14-9 rétablissement de l'aile droite all. sur l'Aisne, Joffre ayant stoppé à Sissonne (Aisne) la contre-offensive fr. [*controverse* : 1°) le Gal René Chambe accuse Joffre d'avoir manqué une occasion unique et le Gal Conneau (chef de la cav.) d'avoir été inactif ; 2°) Conneau et Joffre estiment que la cav. était incapable d'agir, les chevaux étant fourbus ; 3°) Liddell Hart estime que l'épuisement des chevaux (réel) était dû à une faute de Joffre : il avait envoyé le corps de Conneau jusqu'à Liège entre le 4 et le 10-8] ; sept.-oct. « *course à la mer* » ; début g. des tranchées ; 26/29-8 *Tannenberg* (vict. all. sur Russes) ; 3/11-9 *Lemberg* (vict. russe sur Autr.) ; 16-10/1-11 *bat. de l'Yser* (Dixmude).

1915. Févr. bat. des Éparges (S.-E. de Verdun) ; févr.-sept. des *Dardanelles* [tentative de prendre Constantinople pour assurer la liaison entre Occidentaux et Russes ; longues tractations entre Alliés : les Angl., craignant de livrer les Détroits aux Russes, les All. profitent du délai pour fortifier les D. (pertes fr. 50 000 †, 95 000 bl., 100 000 malades : les rescapés débarquent à Salonique et forment l'armée d'Orient)] ; avril, *offensive all. en Flandres* ; 22-4 à Steenstrate, sur l'Yser, *1er emploi des gaz asphyxiants* sur le front occidental (voir Index) ; 7-5 torpillage du *Lusitania* (Angl., 1 198 †, dont 128 Amér. ; on sait actuellement que le navire était « croiseur auxiliaire armé », avec 12 canons de 6 pouces et plus de 3 000 caisses de munitions) ; 23-5 *Italie déclare g. à Autr.* ; mai-sept. offensive française Champagne, Artois ; 5-10 débarquement allié à *Salonique*.

1916. 4-1 offensive all. en Champagne ; 21-2 au 15-12 *bat. de Verdun* [offensive all. confiée au Kronprinz, pour le prestige de la monarchie ; *objectif* : Verdun, « cœur de la Fr. » (les All. pensent que l'armée fr. se laissera saigner à blanc pour défendre la ville) ; *chefs fr.* : Pétain, puis Nivelle ; *pertes* (chaque unité perd de 50 à 65 % de ses effectifs) : Fr. 221 000 †, 216 000 bl. ; All. 500 000 †, bl. ou disp. *Voie Sacrée* : route nationale de Bar-le-Duc à Verdun, par Souilly (75 km) : 11 500 camions, avec 8 500 h. et 3 000 off. assurent les convois (transports hebdomadaires : 50 000 t de munitions, 90 000 h.), 1 camion toutes les 14 secondes ; *principaux forts* : Douaumont enlevé par surprise par les All. 25-2, repris et reperdu 22/25-5, repris définitivement 24-10 ; Vaux assiégé 9-3/7-6 (le Ct Raynal capitule), évacué par All. 2-11 ; Souville résistance vict. 22/30-6] ; 9-3 l'All. déclare la g. au Portugal (qui a saisi les navires all. dans ses ports en févr.) : une division port. sera intégrée aux forces brit. de Flandres en 1917-18 ; 31-5 au 1-6 bat. nav. du *Jutland* (voir ci-contre) ; 13/11-7 *off. de la Somme* [les Anglo-Fr. ne peuvent percer les lignes fortifiées all. entre Péronne et Bapaume ; *pertes* : Fr. 200 000, Angl. 400 000, All. 300 000 ; *principal vaincu* : Foch (limogé : on lui reproche de ne pas avoir attaqué à Verdun, où les All. occupaient des positions non fortifiées)] ; 27-8 Italie déclare g. à All. ; 15-10 les Angl. utilisent les *1ers chars d'assaut* ; août-déc. invasion de la Roumanie ; 21-11 Charles Ier emp. d'Autriche ; 2-12 Nivelle remplace Joffre ; 15-12 : 1re tentative de paix négociée.

1917. 23-1 : 2e tentative de paix négociée (voir ci-dessus). 26-2 Nicolas II abdique ; 2-4 *entrée en g. des U.S.A.* Voir à l'Index ; 28-6 débarquement à St-Nazaire de la 1re div. amér. (14 500 h.) ; mars-avril, offensive britannique au Sinaï, stoppée à Gaza ; 9/10-4 victoire canadienne à *Vimy* ; avril *1re défaite du Chemin des Dames* [147 000 † en 2 semaines (les plus sanglantes de la g.), démoralisation ; vaincu : Gal Nivelle (off. mal conçue)] ; à partir du 2-5 : *mutineries* dans l'armée fr. (répression en mai-oct. : 3 427 condamnations, dont 554 à mort, avec 55 exécutions ; la légende de la « décimation » du 66e d'infanterie par ordre du Gal Duchêne, commandant du IXe corps, a été reconnue fausse après 1925) ; on a noté 250 cas de sédition, dans 68 divisions ; env. 30 000 mutins ou manifestants (dont à la 41e D.I. 2 000 h. ; durée max. : Missy-aux-Bois, 4 j) ; 15-5 *Pétain remplace Nivelle* ; 19-5 il met fin aux offensives inutiles ; 29-6 la Grèce (P.M. Vénizélos) déclare la g. à l'All. ; juill.-nov. *bat des Flandres* ; 25-7 Marguerite Gertrude de Zelle (n. 1876), connue sous le nom de *Mata-Hari*, condamnée à mort pour espionnage pour l'Allemagne (fusillée le 15-10) ; 17/26-10 succès local au Chemin des Dames (*vict. de La Malmaison)*; 24/25-10 déf. italienne à *Caporetto*; 31-10 offensive victorieuse des Angl. en Palestine (le Gal Edmund Allenby perce les lignes turques à Bersheeba); 2-11 «*déclaration Balfour*» sur le Foyer national juif; 7-11 *Lénine et Trotski au pouvoir en Russie* (12-3 mutinerie militaire de Vyborg; 14-3 création du 1er soviet, à Moscou; 15-3 abdication du tsar; 16-4 retour de Lénine); 9-11 prise de *Jérusalem* par Allenby.

Commandants en chef. Français: 28-7-1911: Joseph Joffre (1852-1931); 12-12-1916: Georges Nivelle (1856-1924); 15-5-1917: Philippe Pétain (1856-1951). **Anglais**: 5-8-1914: John French (1852-1925); 31-12-1915: Douglas Haig (1861-1928). **Américain**: 13-6-1918: John Pershing (1860-1948). **Armées alliées**: 26-3-1918: Ferdinand Foch (1851-1929). **Allemands**: 3-8-1914: Helmuth von Moltke (1848-1916); 14-9-1914: Erich von Falkenhayn (1861-1922); 28-8-1916: Paul von Hindenburg (1847-1934) avec Erich Lüdendorff (1865-1937).

1918. 14-2 Paul Bolo condamné à mort pour avoir reçu des fonds de l'Allemagne en vue de l'achat du quotidien «Le Journal» destiné à la propagande ennemie (fusillé le 17-4); 3-3 *tr. de Brest-Litovsk* (Russie-Allemagne) (conséquences: l'All. annexe Pologne et pays baltes, occupe Ukraine et en exploite les ressources écon.; elle récupère peu de troupes pour le front occidental, étant donné les vastes territoires à occuper); 21-3/4-4 déf. angl. en Picardie (St-Quentin), qui aurait pu être décisive; 23-3/9-8 bombardement de Paris par un canon géant all. dit la *Grosse Bertha* (évacué par les All. le 10-8, il a été démoli à Essen et jamais retrouvé): 256 Parisiens †, 600 bl.; 15-4 *Foch généralissime* unique; 27-5/6-6 *2e déf. du Chemin des Dames* (60 000 Fr. prisonniers); 6-8 Jean-Louis Malvy (1875-1969), condamné à 5 ans de bannissement pour avoir méconnu les devoirs de sa charge; 15/17-7 vict. défensive en *Champagne*; 18-7/6-8 *2e vict. de la Marne* [l'armée all. est privée de ses réserves: 8 millions hors de combat sur 14 millions de mobilisés; à l'O.: 187 divisions «squelettiques» (17 en réserve) comptant 3 800 000 h., dont 500 000 fantassins en face de 205 divisions (103 en réserve), plus de 6 000 000 h. (102 fr., 60 brit., 12 belg., 29 amér., 2 portug., 2 it.); chez les Alliés, seuls les Fr. ont incorporé la classe 19, tandis que 50 000 All. de la classe 19 sont au front, 200 000 de la classe 20 sont mobilisés; plus de chevaux pour l'artillerie de campagne]; 1-9 Lüdendorf se replie sur la ligne Hindenburg (allant de la région lilloise à l'Argonne, enfoncée en sept.-oct. par les Alliés); 18-9 Allenby conquiert toute la Palestine (prise de Nazareth); 29-9 armistice avec Bulgarie; 30-10 avec Turquie; 24/29-10 vict. it. à *Vittorio Veneto*; oct. épidémie de *grippe espagnole* en Fr. (env. 400 000 †); 4-11 Autr.-Hongrie capitule (fronts it. et oriental); 5-11 recul all., prise de Guise. 11-11 *armistice de Rethondes* signé à 5 h du matin, cessez-le-feu à 11 h [signé dans un wagon sur une ligne reliée à cette gare, mais sur la commune de Compiègne; clauses principales: évacuation de Fr., Belg., Lux. pour le 26-11 (entrée des Fr. à Metz 19-11, Strasbourg 22-11), de la rive g. du Rhin au 10-12; constitution d'une Pologne indépendante avec accès à la mer; renonciation à l'annexion de l'Autr. germanophone, résidu de l'ancien Empire austro-hongrois. Les Angl. exigent l'abandon des colonies et la livraison de la flotte de g. (celle-ci sera sabordée par son chef l'Am. von Reuter, à *Scapa Flow* en Écosse le 21-6-1919: il semble que les Angl. aient laissé faire volontairement le sabordage, qui les débarrassait définitivement de 10 cuirassés d'escadre, 6 croiseurs de bataille, 84 croiseurs légers, 50 destroyers)]; 14-11 date fixée pour l'offensive fr.-amér. de Lorraine (Gal de Castelnau), qui devait prendre Metz, descendre la Moselle jusqu'au Rhin et obliger les All. de Belgique à se rendre sans conditions. Foch a annulé cette offensive en imposant l'armistice signé le 11: l'armée all. a pu repasser le Rhin «invaincue»; — motifs: 1°) Foch se méfiait de Pétain, auteur du plan d'off. [celui-ci exigeait une avance rapide (30 à 40 km par j.); or Pétain était lent et n'avait pas mené l'aile marchante beaucoup plus vite que le centre]; 2°) il se considérait comme généralissime d'une coalition internat. devant obéissance à l'Angl. et aux U.S.A. autant qu'à la Fr.; 3°) mal renseigné sur l'All., il ignorait l'effondrement imminent de l'armée ennemie, mais savait l'armée fr. incapable de faire la g. en 1919 [crise d'effectifs (115 000 † depuis le 18-7)].

● **La grande guerre pouvait-elle être plus courte? Occasions de victoires décisives perdues: Par les Alliés.** 1°) *Août 1914: défense de Liège.* Le plan all. Schlieffen reposait sur une occupation rapide de Liège, nœud ferroviaire et routier. Si Joffre avait envoyé, dès le 3 août, l'armée Lanrezac à Liège par chemin de fer, l'armée all., embouteillée autour d'Aix-la-Chapelle, était battue.

2°) *Sept. 1914*: non-exploitation de la victoire de la Marne. L'encerclement et la destruction de l'armée Von Klück (qui aurait entraîné la capture de l'armée Von Bülow, et la défaite de toutes les armées all.) ont été manqués pour 11 km. Maunoury venant de l'Ouest était à 5 km de La Ferté-Milon; Franchet d'Espérey, venant du S.-E., à 6 km. Mais, faute de cavalerie, les 2 avant-gardes ne se sont pas vues, et ont laissé l'armée Von Klück s'écouler par cet étroit couloir.

3°) *Févr. 1915: Bataille navale des Dardanelles.* Les cuirassés franco-angl. ont pénétré de plus de 20 km dans le détroit, canonnant les forts turcs. Ils ont subi de lourdes pertes, mais les derniers forts turcs n'ont plus de munitions. Rien ne peut empêcher les escadres alliées d'atteindre Constantinople. Mais l'amiral angl. De Robeck (Cdt en chef) ordonne la retraite (à la stupéfaction des Turcs). Les Angl. ont souvent été accusés de mauvaise foi (les Russes ont dit que les Angl. préféraient une défaite à une victoire, qui aurait donné Constantinople à la Russie).

4°) *3-5-1915: Percée stérile de Vimy.* Au cours de l'offensive d'Artois (Foch), le 33e corps (Pétain), attaquant dans le secteur de Souchez, perce les lignes all. et conquiert la crête stratégique de Vimy, 12 km plus loin. Quand Pétain avertit Foch, celui-ci refuse de le croire, et n'envoie pas de troupes pour exploiter ce succès. Une contre-attaque all. a lieu le lendemain (Foch et Pétain dès lors brouillés).

5°) *8-7-1916: Percée stérile de Biaches.* Au cours de l'offensive de la Somme (Foch), le 1er Corps d'Armée colonial (Berdoulat) crève le front all. sur 8 km et atteint la Somme à Biaches (près de Péronne). Foch demande à Joffre d'exploiter cette brèche, de prendre Péronne et d'encercler les All. de la rive g. Joffre refuse, car Péronne, d'après son plan, doit être enlevée par les Angl. Berdoulat reçoit l'ordre de s'arrêter. Les Angl. ne perceront jamais.

6°) *Oct. 1918: Invasion manquée de la Hongrie.* Franchet d'Espérey, ayant obligé la Bulgarie à capituler le 29-9, décide de foncer sur Belgrade, d'où il peut attaquer la Hongrie. Mais Clemenceau lui donne l'ordre d'obliquer vers le N.-E. et d'occuper la Roumanie. L'Autr. capitulera seulement le 3-11 (devant l'Italie).

Par les Allemands. 1°) *Août 1914: encerclement manqué de Charleroi.* Le plan de marche all. prévoyait l'encerclement et la destruction de l'aile gauche (Ve armée, Lanrezac, 350 000 h.), que Joffre avait alignée sur la rive S. de la Sambre, face au N., de Charleroi à Namur. Pendant que la IIe armée all. (Von Bülow) l'attaquait de front sur la Sambre, en marchant N.-S., la IIIe armée all. (Von Hausen), marchant E.-O., devait franchir la Meuse à Dinant (à 30 km au S. de Namur) et attaquer Lanrezac de dos. Le 23-8, Hausen passe le fleuve. Lanrezac a reçu de Joffre l'ordre de ne pas bouger, et la manœuvre all. est sur le point de réussir. Mais Lanrezac, désobéissant à Joffre, bat en retraite par le S.-O. de Charleroi. Quand Hausen rejoint Bülow, les Français se sont repliés sur la haute Oise.

Non-exploitation du repli de Lanrezac. Ce repli (23-8) avait découvert les Anglais (Gal French) qui tenaient, 40 km plus à l'Ouest, la position de Mons (où ils avaient arrêté Von Klück). En lançant toutes ses forces vers l'O., dans le flanc angl., Bülow aurait écrasé French entre lui et Von Klück, mais il met son aile gauche à la poursuite de Lanrezac.

2°) *Mars-avril 1918: non-exploitation de la victoire du Gal Oskar Von Hutier en Picardie.* Après la défaite des Brit. à Saint-Quentin, les All. avaient conquis 1 000 km² de terrain en 3 j, fait 90 000 pris. et avaient ouvert la route de Paris entre les armées angl. (à l'O.) et fr. (à l'E.): Lüdendorf estimera qu'il aurait pu gagner définitivement la g. alors que les Amér. n'étaient pas encore en ligne; il aurait fallu que le Gal vainqueur Oskar Von Hutier, au lieu de s'attarder devant Montdidier, fonce immédiatement sur Compiègne et Paris. Le 24-3, Von H., pour des raisons inconnues (beuveries de ses soldats, bombardements aériens fr. ?), ne s'engouffre pas dans cette brèche de 20 km de large. Elle sera bouchée le 28 par Debeney. Normalement, Paris devait être pris en 5 j.

● **Négociations de paix avortées.** 1°) *1914 (déc.)*: offre autr. de cessation des hostilités. Sévèrement battu par les Russes en Galicie et par les Serbes au S. du Danube, François-Joseph propose à Guillaume II de mettre fin à la g. désormais impossible à gagner. G. II contacte Nicolas II, mais l'é.-m. all. refuse tout pourparler. 2°) *1916-17 (hiver)*: au printemps 1916, le roi de Belg. Albert Ier avait envoyé au Vatican un de ses parents chargé de faire connaître aux cours all. et autr. qu'il était partisan d'une paix négociée.

Pourparlers avec l'Autriche. *1916* 21-11 Charles Ier devient emp. d'Autriche. Sa femme, l'impératrice, est la sœur des princes Sixte et Xavier de Bourbon-Parme, officiers dans l'armée belge; 30-11 il les charge de faire connaître aux Alliés ses désirs de paix; Sixte invite à déjeuner l'ambassadeur Jules Cambon, directeur des Aff. étr.; 4-12 les 2 princes contactent le Gal Gouraud, en Champagne; 15-12 leur mère, la duchesse de Parme, écrit au roi des B., lui demandant de pouvoir les rencontrer en Suisse; 25-12 Albert Ier consent. *1917*, 23-1 Cambon donne aux 2 princes des passeports diplomatiques; 28-1 leur mère leur transmet le désir de paix de Charles Ier; 13-2 le comte Erdödy les contacte à Neuchâtel et leur transmet ce qu'accepterait Charles: Alsace-Lorr. rendue à la Fr. avec les frontières de 1814, Constantinople laissée aux Russes; 5-3 les princes contactent Poincaré qui, le 8-3, donne son accord à Sixte qui repart pour la Suisse avec son frère; 19-3 les princes revoient Erdödy à Neuchâtel; 22-3 ils sont à Vienne; 24-3 Charles Ier met ses propositions par écrit (condition essentielle: doivent rester secrètes); 30-3 Sixte apporte la lettre à Poincaré, mais entre-temps Briand a été renversé: Ribot est aux Affaires étr.; 31-3 il rencontre Clemenceau (jusqu'au-boutiste), se laisse convaincre de rompre les pourparlers; 19-4 il rencontre Sonnino, min. des Aff. étr. italien qui veut annexer un territoire autr. important (quelques mois auparavant, il avait contacté l'Autr. pour une paix séparée, se contentant du Tyrol italophone); 20-6 Ribot prévient Sixte que les pourparlers sont inutiles; 22-7 violant ses engagements, il montre à Sonnino les lettres de Charles Ier; 12-10 il en parle à la Chambre, ce qui amène la rupture avec Sixte.

Pourparlers avec l'Allemagne. *1917*: début janv. le représentant à Bruxelles du ministère all. des Aff. étrang., le baron Von der Lancken, contacte chez la Pcesse de Mérode (avec l'approbation du card. Mercier qui a la confiance du roi Albert Ier) les barons belges Coppée père et fils; il leur laisse entendre que l'All. est prête à céder sur l'Alsace-Lorr. en échange de compensations en Lituanie et Courlande (russes). 23-1 Coppée père contacte au Havre le Cte de Broqueville (min. de la G. belge puis le 4-8 min. des Aff. étr.); 17-8 Coppée fils rejoint son père au Havre et contacte Briand, lui proposant d'aller en Suisse rencontrer Lancken; 3-9 Broqueville reçoit Briand à dîner et donne sa garantie à la mission des Coppée; 13-9 Briand contacte Painlevé, Pt du Conseil dep. le 12-9; 21-9 Lancken arrive en Suisse; 22-9 Poincaré demande à Albert Ier confirmation des pourparlers, il l'obtient; 23-9 Ribot, min. des Aff. étr., notifie à Briand l'interdiction de se rendre en Suisse; 24-9 Coppée fils prévient Lancken de l'échec (celui-ci quitte la Suisse le 25-9); 12-10 Ribot est interpellé à la Chambre par Georges Leygues et contraint à la démission. Pour se justifier, il présente comme liées les 2 négociations autr. et all. alors qu'elles étaient séparées.

● **Raison de l'échec des pourparlers.** On a souvent mis en cause l'Italie, mais on sait actuellement qu'elle était prête à de larges concessions. *Explication retenue actuellement*: influence de Clemenceau sur Ribot. Une paix négociée aurait empêché Clemenceau d'accéder au pouvoir (il devient Pt du Conseil en nov. 1917), et d'appliquer sa politique jusqu'au-boutiste. *Autres propositions de paix faites vers la même époque.* Le Pt amér. Wilson, le pape Benoît XV, le congrès socialiste de Stockholm. Joseph Caillaux, après la g., a affirmé avoir eu des propositions de paix séparées faites par la Bavière (passées probablement par la reine des Belges, princesse bavaroise). Matthias Erzberger (1875-1921, assassiné), futur négociateur all. de l'armistice de Rethondes, a signalé qu'au printemps 1916 un «parent» du roi Albert tentait d'amorcer des négociations de paix au Vatican (c'était peut-être un membre de sa belle-famille).

Traités

1919. 28-6 **tr. de Versailles** (All.) [sur la base des «*14 points*» de Wilson, qui affirment notamment le principe des nationalités: la Sarre germanophone ne sera pas donnée à la Fr. qui a pourtant besoin du charbon sarrois, et Dantzig germanophone ne sera pas donné à la Pologne qui a besoin d'un débouché maritime, Memel germanophone ne sera pas donné à la Lituanie (qui l'annexera unilatéralement en 1923); ils deviendront des territoires autonomes, sous l'autorité de la Sté des nations. Wilson refuse de détacher la Rhénanie de l'All.: simple zone d'occupation, elle devra être évacuée par les Fr. quand l'All. aura payé les réparations. Raison principale de la modération de Wilson envers l'All. : il craint qu'un traitement trop sévère ne la fasse basculer dans le camp du bolchevisme] ; 10-9 **tr. de St-Germain** (Autr.) ; 27-9 **tr. de Neuilly** (Bulgarie) ; 4-6-1920 **tr. de Trianon** (Hongrie) ; 10-8-20 **tr. de Sèvres** (Turquie).

Conséquences géographiques du traité de Versailles

1°) *3 empires sont démembrés : a)* Russie (occidentale) divisée en 5 nations nouvelles [Finlande, Estonie, Lettonie, Lituanie, Pologne (qui comprend également des terr. all. et autr.)], la Bessarabie est annexée à la Roumanie ; *b) Autriche-Hongrie*, divisée en 5 nations nouvelles : Pologne, Tchécoslovaquie, Autriche, Hongrie, Yougoslavie (Serbie agrandie) ; la Transylvanie est annexée à la Roumanie ; le Tyrol et le Trentin à l'Italie ; *c) Turquie* arabophone divisée en 5 nations nouvelles : Irak, Syrie, Liban, Palestine, Transjordanie [l'Asie Mineure également devait être démembrée, mais Kemal Ataturk a fait échouer ce projet (1920-22)].

2°) *Une nation indépendante est supprimée en faveur d'un ensemble plus vaste :* le Monténégro, annexé à la Serbie à l'intérieur de la Yougoslavie.

3°) *5 nations belligérantes obtiennent des agrandissements territoriaux :* France (Alsace-Lorraine ; droits spéciaux en Sarre) ; Belgique (Eupen et Malmédy) ; Italie (Trentin, Tyrol, Trieste, îles et ports dalmates) ; Roumanie (Bessarabie, Transylvanie, Bukovine) ; Grèce (Thrace bulgare ; les gains sur la Turquie seront reperdus en 1922). *Une nation non belligérante* (Danemark) reçoit un territoire (all.), le Slesvig, en vertu du principe des nationalités.

4°) *Les colonies all. sont réparties entre les vainqueurs* (exigence anglaise). Mais il n'y a que 2 annexions : la partie du Cameroun donnée aux All. en 1911 redevient colonie fr. ; l'Afr. orientale all. devient colonie brit. Le reste forme des « mandats » confiés par la S.D.N. aux vainqueurs : France (partie du Togo et du Cameroun), Belgique (Rwanda-Burundi), Afr. du S. (S.-O. africain, Namibie), G.-B. (partie du Togo et du Cameroun), Australie (Nlle Guinée), Japon (îles du Pacifique).

5°) *Des entorses sont faites au principe des nationalités :* a) les Autrichiens se voient refuser le droit de devenir allem. ; b) dans les territoires changeant de souveraineté, il y a de nombreuses minorités nationales : Tchécosl. (All., Hongrois) ; Pologne (All., Ukrainiens), Youg. (All., Hongrois, Alb.), Belgique (All.), Roumanie (Hongrois, All., Bulgares, Ukrainiens), Italie (All., Youg.), Autriche (Hongrois). En principe, ces minorités reçoivent des garanties pour leurs droits culturels, politiques, religieux. En fait, la IIe G. mondiale va naître du « problème des minorités ».

Quelques chiffres

• **Pays belligérants.** 35, dont **Europe** 14 [*Alliés* 10 : France, Angl., Belg., Russie, Serbie, Monténégro (1914), Italie (1915), Portugal, Roumanie (1916), Grèce (1917) ; *empires centraux* 4 : Allem., Autr., Turquie (1914), Bulgarie (1915)]. **Amérique** 11 [*Alliés* 11 : Canada, Terre-Neuve (dominions, 1914), U.S.A., Panama, Cuba, Bolivie, Uruguay, Brésil, Équateur (1917), Guatemala, Nicaragua, Costa-Rica, Honduras (1918)]. **Asie** 5 [*Alliés* 4 : Japon (1914 : s'est emparé des positions all. d'Extrême-Orient), Hedjaz (1916), Chine (1917 : en g. nominalement), Siam (1917) ; *empires centraux* 1 : Turquie (1914)]. **Océanie** *Alliés* 2 [Australie, N.-Zél. (dominions, 1914)]. **Afrique** *Alliés* 1 [Liberia (1917) + dépendances des alliés européens].

• **Effectifs. 15 août 1914. France :** 93 div. (57 act., 25 rés., 11 territ., dont aviation : 321 pilotes, 4 021 autres). **Allemagne :** 94 div. (ouest, 77 ; est, 17). **Autriche-Hongrie :** 94 div. **Belgique :** 7 div. **Gde-Bretagne :** 5 div. **Russie :** 99 D.I. + 42 div. cav. **Serbie :** 11 div. (1 div. d'inf. = 12 bataillons).

1918. Front français *mars :* 172 div. all. + 2 div. autr., 99 div. fr. (dont aviation : 6 417 pilotes, 68 588 autres) + 58 brit. (+ 1 200 avions) + 12 belg. + 2 port. + 3 amér. *11 nov. :* 181 div. all., 211 div. alliées (104 fr. + 60 brit. + 30 amér. + 12 belg. + 2 port. + 2 ital. + 1 pol.). **Macédoine :** 17 div. austro-germano-bulgares, 28 div. alliées (8 fr. + 4 brit. + 6 serbes + 9 gr. + 1 ital.). **Front italien** (sept.) : 61 div. autrich., 58 div. alliées (51 ital. + 2 fr. + 3 brit. + 1 amér. + 1 tchèque). **Mésopotamie :** 240 000 Brit. **Palestine :** 210 000 Brit. + 7 000 Fr., 30 000 Turcs.

• **Matériel. 15 août 1914.** *Avions :* 174 all., 150 fr., 66 brit., 24 belg. *Artillerie lourde :* 308 pièces fr., 548 pièces all. *Mitrailleuses :* 2 000 fr., 2 450 all. (dont 2 250 à l'ouest). *Sous-marins all. :* en 1914, 30 (construits pendant la guerre 343 ; voir pertes navales, p. 606).

1918. Avions en ligne (oct.-nov.) : 3 600 fr., 1 760 brit., 800 ital., 740 amér.

• **Matériel français. Artillerie :** *1914* canons de 75 à tir rapide (modèle 1897) : 15-18 coups/mn ; portée 3 000-4 000 m (max. 6 000 m) ; emploi : destruction du personnel et neutralisation de l'artillerie adverse. Pièces de 80 à 90 (modèle 1877), canons de montage de 65, canons longs et courts de 150 et 120, matériel Rimailho à tir rapide de 155, mortiers de 220 et 270. *1915* création de l'artillerie de tranchée : mortiers de 58, 150, 240 (transportés sur chariots), 340 (bombes en acier de 195 kg). *1916* art. lourde pour la destruction des tranchées ennemies : canons de 95, de 100 (modèle 1913), de 14 cm, de 155 Schneider, 155 Filloux ; canons courts : 155 (modèle 1890, 1892 et Schneider) ; art. à pied : canons longs : 95, 120, 155, 90 sur affût ; canons courts : 120, 155, 220 sur plate-forme ; art. lourde à grande puissance (sur voie ferrée) : obusiers de 370 et 400, canons de 200, 293 et 370 Filloux. *1917* obus de 75 à explosif.

Infanterie : *1914* fusil Lebel modèle 1886, à magasin et à répétition (chaque homme porte 210 cartouches) ; mitrailleuses St-Étienne (voir Index). *1915* pistolet automatique, fusil à chargeur de 3 cartouches, canons de 37 sur trépied et voiturette (obus pleins, portée 2 km), mortiers Stokes, mitrailleuses Hotchkiss [(modèle 1914, 450 coups min., voir Index) ; *1-1-18 :* 25 000 mitr. Hotchkiss, 18 000 mitr. St-Étienne], fusils-mitrailleurs (construction : 400 par j) : balles de fusil de 86, chargeurs circulaires de 20 cartouches ; fusils VB (lance-grenades) : 88 cart. par grenadier, voiture de munitions : 200 cart., section de munitions : 2 000.

Cavalerie : *1914* sabres, lances, mousquetons. *1915* mousquetons avec baïonnette, fusils-mitrailleurs, grenades (pour les régiments à pied : mêmes armes que l'infanterie).

Aviation : Avions : *1915 :* 3 460, *1918 :* 34 219. **Dirigeables :** *1914 :* 5 en service, 7 en commande (annulée en 1916, l'armée renonce à utiliser les dir. et cède les 7 à la Marine). **Ballons captifs :** *1914* aucun, *1915 :* 75, *1916 :* 1 500.

• **Dépenses de guerre** (en millions de F 1914). *Prix total de la g. :* au moins 2 500 milliards de F-or. « Dépenses globales faites par les divers belligérants du 1-8-14 au 31-12-18 : 933 806 » dont G.-B. 201 714, France 156 457, U.S.A. 129 277, Russie 92 040, Italie 60 688, All. 179 750 ; Autr.-Hongrie, Turquie et Bulgarie 85 280. D'autres éléments n'apparaissent pas dans le budget : en Allemagne, par ex., les allocations aux familles des mobilisés ont été en majeure partie à la charge des budgets locaux, non du budget impérial.

• **Pertes maritimes. Marine marchande** (en milliers de tonnes). *Total :* alliés et neutres 12 700 dont G.-B. 7 760, Norvège 1 174, France 878, Italie 830, U.S.A. 395, Grèce 343, Danemark 241, Norvège 207, Hollande 198, Russie 180, Espagne 165, Japon 113, Portugal 100, Belgique 83. *Mode de destruction :* par sous-marins 11 000, par mines 1 000, par corsaires 564. **Marine de guerre** (en milliers de tonnes). G.-B. 7 760, Italie 846, France 109, U.S.A. 31.

Pertes militaires. (*Source :* U.S. War Department.)

Nationalités	Mobilisés	Morts et tués	Blessés	Prisonniers
Alliés				
Belgique	267 000	13 716	44 686	34 659
France	*8 410 000*	*1 357 800*	*3 595 000*	*510 000*
G.-B.	8 904 467	908 371	2 090 212	191 652
Grèce	230 000	5 000	21 000	1 000
Italie	5 615 000	650 000	947 000	600 000
Japon	800 000	300	907	3
Monténégro	50 000	3 000	10 000	7 000
Portugal	100 000	7 222	13 751	12 318
Roumanie	750 000	335 706	120 000	80 000
U.R.S.S.	12 000 000	1 700 000	4 950 000	2 500 000
Serbie	707 343	45 000	133 148	152 958
U.S.A.	4 734 991	116 516	204 002	4 500
Total	*42 568 801*	*5 188 631*	*12 129 706*	*4 121 090*
empires centraux				
Allemagne	11 000 000	1 773 700	4 216 058	1 152 800
Autr.-Hong.	7 800 000	1 200 000	3 620 000	2 200 000
Bulgarie	1 200 000	87 500	152 390	27 029
Turquie	2 850 000	325 000	400 000	250 000
Total	*22 850 000*	*3 386 200*	*8 388 448*	*3 629 829*
Total général	65 418 801	8 574 831	20 518 154	7 750 919

• **Pertes civiles.** Env. 13 millions de morts dont massacres d'Arménie 1 500 000, surmortalité due aux famines et aux déportations 6 000 000, civils tués au combat ou par bombardement 800 000, victimes de la grippe espagnole de 1917-18 : 4 700 000.

• **Raids aériens (grands).** *Sur Londres* (13-6-1918) : 14 avions all., 162 †. *Sur l'Allemagne* (juill.-nov. 1918) : 550 tonnes de bombes († indéterminés).

La guerre et la France

• **As de l'aviation. France :** *René Fonck* (1894-1953) 75 victoires (plus 52 victoires non homologuées) ; *Georges Guynemer* (1894-1917) 53 victoires [bien que classé second pour le nombre des avions abattus, est le plus célèbre des as fr. de 1914-18. Abattu en combat aérien le 11-9-1917 par le lieutenant all. Kört Wissemann, il a été cité à l'ordre de la Nation, et son nom figure sur une plaque de marbre au Panthéon. Son corps fut repéré par une patrouille all. (atteint d'une balle dans la tête) dans le no man's land de Poelkapelle (Belg.). Un sous-off. prit sa carte d'id. et l'envoya en 1923 à la mère de Guynemer. Le corps fut détruit en sept.-oct. 1917 par les tirs d'art. En 1923, une stèle de 11 m fut dressée sur les lieux] ; *Charles Nungesser* (1892-1927) 45 ; *Georges Madon* (1892-1923) 41 (dont l'as allemand Richthoffen). **Allemagne :** *Manfred von Richthoffen* (1892-1918) 80 ; *Ernst Udet* (1896-1941, suicidé) 62.

• **Blessés.** 3 595 000 (dont la moitié furent blessés 2 fois et plus de 100 000, 3 ou 4 fois). *Invalides permanents d'au moins* 10 %, env. 1 100 000. *Amputés* 56 000. *Mutilés fonctionnels* 65 000.

Nota. — Un nombre indéterminé de blessés et de malades, morts ailleurs que dans les hôpitaux militaires, ne sont pas comptabilisés comme tués.

Bombardements Paris. *Par avions. 30-8-1914 au 22-5-1915 :* 46 projectiles (+ banlieue 12). *Du 30/31-1 au 14/15-1913 :* 295 projectiles. *Par Zepplin le 21-3 et le 29/30-1916 :* 24 projectiles (+ banlieue 369). *Canon longue portée du 23-3 au 9-8-1918 :* 183 projectiles (+ banlieue 120). **Bilan total** (Paris et banlieue). Projectiles 1 049 (avions et Zepplins 746, canons 303). Tués 522 (AZ266 C 256). Blessés 1 223 (AZ603 C 620).

• **Coût de la guerre** (estimé en milliards de francs-or). *Dommages subis* 34, *usure du patrimoine* 10, *créances sur l'étranger* 8, *réduction du stock d'or* 3 (soit 15 mois du revenu national de 1913, soit 11 ans d'investissements perdus).

• **Destructions.** 812 000 immeubles détruits en tout ou partie, 54 000 km de routes à refaire, des milliers de ponts et des km de voies ferrées.

• **Mobilisés.** Sur 8 410 000 h., 8 030 000 de la métropole (20,2 % de la population, 75 % des h. de 20 à 35 ans). *Effectifs : 15-8-14 :* 92 838 off., 3 781 000 soldats ; *1-1-17 :* 115 074 off., 5 026 000 sold. (inf. 2 106 575 ; art. 899 845 ; cav. 166 422 ; génie 185 110 ; aéron. 59 275). *Démobilisation : 30-9-1919 :* 900 000 h. ; *1-1-1920 :* 794 000 (dont métropolitains 510 000, Nord-Afr. 164 000, coloniaux 120 000).

Nota. — En août 1914, l'état-major escomptait 13 % de réfractaires ; il n'y en eut que 1,5 %.

• **Morts. Civils.** Env. 210 000 morts (dont un nombre indéterminé d'anciens militaires, non comptabilisés) + les victimes de l'épidémie de 1918 évalués à 400 000 environ.

Militaires. 1 357 800 (dont 252 900 disparus et 18 222 † en captivité). Selon certains, le nombre des morts français a été volontairement sous-évalué. Ainsi, les chiffres officiels des morts par années sont : *1914 :* 301 000 ; *1915 :* 349 000 ; *1916 :* 252 000 ; *1917 :* 164 000 ; *1918 :* 235 000. Mais les chiffres officiels par batailles sont : *Frontière et Marne :* 250 000 ; *Artois-Champagne :* 232 000 ; *Verdun :* 221 000 ; *Somme :* 104 000 ; *Chemin des Dames :* 78 000 ; *Offensives all. de 18 :* 107 000 ; *Offensives Foch :* 131 000. En additionnant Verdun et Somme (1916), on obtient 325 000 (contre 252 000 officiels pour l'année 1916) ; en additionnant les 2 batailles de 1918 : 238 000 contre 235 000. Pour Guy Pedroncini, la bat. du Chemin des Dames (1917) a fait 147 000 † (dont 7 800 off.). Le Gal Baratier estimait le 19-2-1937 qu'entre déc. 1914 et janv. 1916, il y eut 477 000 † en métropole, plus env. 50 000 aux Dardanelles, soit 527 000. Les pertes de 1915 représentant env. 1/5 des pertes subies en 5 années, le total serait de 2 500 000. Chiffre du *Souvenir napoléonien :* 5 000 000 de †.

% des morts ou disparus par rapport aux mobilisés. *Officiers* 22 (infanterie 29 ; aviation 21,6 ; cavalerie 10,3 ; génie 9,3 ; artillerie 9,2). *Hommes de troupe et sous-off.* 15,8 (inf. 29,9, cav. 7,6, génie 6,4, art. 6, train

3,6, av. 3,5). *Aviation* 1 945 pilotes et observateurs tués, 1 461 disparus, 2 922 bl. Le % des tués fut très fort dans les élites. Grandes écoles, env. 20 % (promotion de 1913 de Polytechnique : 46 tués sur 230 ; École normale sup. Lettres : 28 % de tués) ; les élèves servirent comme lieutenants d'inf.

La France fut le pays le plus touché : pour 100 h. actifs, il y eut 10,5 morts ou disparus (Allemagne 9,8 ; Autr. 9,5 ; Italie 6,2 ; G.-B. 5,1 ; Russie 5 ; Belgique 1,9 ; U.S.A. 0,2).

Si les autres pays avaient eu proportionnellement autant de morts, les U.S.A. en auraient eu 3 200 000 (au lieu de 114 000 dont 61 000 de suites de maladies), la G.-B. 1 500 000 (au lieu de 764 000), l'Allemagne 2 700 000 (au lieu de 1 900 000).

● **Pertes navales. Marine de guerre** : 4 cuirassés, 5 croiseurs, 15 contre-torpilleurs, 8 torpilleurs, 14 sous-marins, 5 canonnières ou chasseurs, 6 croiseurs auxiliaires, 70 chalutiers, dont près de la moitié coulés au cours de dragages de mines. **Commerce** (50 % de la flotte marchande) : 52 paquebots (total 284 000 t), 189 cargos (460 000 t), 74 grands voiliers (160 000 t), 373 petits voiliers (46 000 t). Les sous-marins all. détruisirent dans l'Atlantique 4 837 navires, alliés 11 135 000 t (220 sous-marins all. furent coulés).

● **Prisonniers.** 557 000 (18 222 moururent en captivité soit 3,93 %).

● **Production de guerre française :** 700 avions et 600 chars par mois (le 1-1-18, 215 chars Schneider, 208 chars St-Chamond, 1 631 chars Renault ; 34 219 avions dont 12 017 fabriqués en 1918), 9 millions d'obus par mois (326 coups par jour et par pièce pendant les 4 mois d'offensives de Foch).

● **Restrictions.** *1917 janv.* : sur charbon, sucre, pommes de terre ; menus de restaurants à 2 plats ; pâtisseries fermées 2 j par semaine, théâtres et cinémas 4 j sur 7 ; suppression de pain frais, trains rapides, bains publics. *Avril* : plus de viande aux menus du soir ; boucheries fermées à 13 h. *1918 janv.* : cartes de pain (300 g par j), suppression du pétrole, de la circulation autom. privée. *Mai* : boucheries fermées 3 j sur 7 ; eau chaude dans les hôtels 2 j sur 7. Augmentation moy. des prix alimentaires entre 1914 et 1917 : + 150 %.

● **Veuves avec orphelins** 600 000 (dont remariées en 1923 : 140 000 ; en 1927 : 262 500 ; en 1934 : 280 000). **Enfants de veuves** (en 1920) 760 000. **Invalides** (1922) 1 117 874 ; (1938) 1 005 000. **Enfants d'inv.** (1924) 692 315 ; (1925) 838 058 ; (1926) 1 025 663.

Les réparations

● **Bilan.** L'indemnité de 1870 (5 milliards) représentait 5 mois du revenu national. Sur la même base, l'indemnité demandée à l'All. après la g. de 1914-18 aurait été de 12 à 13 milliards de marks-or, mais on demanda plus. *Montant* fixé à Versailles : 269 milliards de marks-or (52 % à la France), soit 400 milliards de F-or, ce qui dépasse de beaucoup la totalité de la fortune all. Les Anglais estiment qu'on ne peut pas demander à l'All. + de 75 milliards. La France a reçu environ 5 milliards, soit 2 % de sa créance. Le coût total de la guerre aurait été de 350 milliards de F-or pour la France.

● **Chronologie : de 1920 à 1921.** Accord difficile entre Alliés : Clemenceau trouve trop faible le chiffre brit. On se répartit donc un % de sommes non encore fixées (Fr. 52 %). Janv. 1921 on admet le principe de 42 annuités (montant non précisé). Été 1921 Clemenceau accepte la somme de 85,8 milliards (1/10 de la créance fr.).

1923 à 1929. Rupture de l'entente entre Alliés : les All. payant mal, les Fr. occupent la Ruhr, malgré les Angl. Les Amér., en échange de l'évacuation de la Ruhr, proposent le plan *Dawes* (1924) : les All. paieront des annuités variables selon leur prospérité écon. Total perçu par la Fr. en 6 ans : 4,65 milliards de F-or.

1929-30. *Effet de la crise mondiale* : le Pt américain, Hoover, veut garantir le paiement des dettes interalliées (la Fr. doit 32 milliards). Il remplace le plan Dawes par le plan *Young* : 59 annuités au lieu de 42, dont 37 pour les réparations et 22 pour les dettes interalliées.

1930-32. *Moratoire amér.* : Hoover, voulant sauver le pouvoir d'achat all. (afin que l'All. achète en Amérique), impose le moratoire, c.-à-d. la remise *sine die* des paiements all.

1932. *Conférence de Lausanne* : elle annule les dettes all. (mais les Amér. ne cessent de réclamer le paiement des dettes interalliées).

L'Entre-deux-guerres (1919-39)

● **Poincaré** (cf. p. 602).

1919 25-1 loi sur les conventions collectives ; 2-4 la journée de travail est fixée à 8 h ; 16-1 vict. du *Bloc national* aux élections.

État de la France en 1919

1°) Prestige international : très haut ; fait figure de vainqueur et de protectrice des petits États européens : Pologne, Tchécoslovaquie, Roumanie, Yougoslavie.

2°) Démographie : situation grave, mal connue : malgré le retour de l'Alsace-Lorraine (1 700 000 h.), la population a diminué (39 millions au lieu de 39 millions ½ en 1914) ; début de l'immigration massive (Polonais, Russes, Italiens, Belges) ; le peuplement des colonies est interrompu.

3°) Économie : le volume de la fortune nat. tombe de 302 à 227 milliards de F du fait de la perte des créances sur Russie, Autriche-Hongrie, États balkaniques, Turquie ; destructions en « zone sinistrée » très importantes, mais le potentiel écon. créé pendant la g. doit permettre une reconstruction rapide ; de nombreuses industries en sortiront modernisées (ex. : houillères du N.).

4°) Monnaie : situation catastrophique : le franc germinal, qui n'avait pas bougé depuis 1801, cesse en 1917 d'avoir une couverture-or. Entre oct. 1917 et avr. 1919, grâce à la « solidarité monétaire » entre alliés (avances, ouvertures de crédit), il maintient à peu près sa parité, malgré les dépenses de guerre. En avr. 1919, l'Angl. ferme le compte d'avances qui maintenait la stabilité des changes. Le franc commence à plonger. Il ne retrouvera jamais sa stabilité.

5°) Situation politique : la droite antirépublicaine a perdu la partie [a) les nationalistes sont reconnaissants à la République d'avoir « gagné la g. » sans voir qu'elle a épuisé la nation ; b) l'électorat traditionnel de la droite, le paysannat catholique, a été décimé].

6°) Mœurs politiques : la rancœur est le sentiment dominant dans l'électorat : anciens combattants, victimes de g. sont frustrés : ils sont mal indemnisés et haïssent les « embusqués », profiteurs de g. Les députés ne sont plus considérés comme des législateurs, mais comme agents chargés des recommandations (décorations, pensions, postes, avancements, indemnisations, mutations) ; leur réélection dépend de leur efficacité. La vie politique se réduit à résoudre des problèmes locaux ou des problèmes personnels (conséquence : inertie).

7°) Mutations dans la société : a) *femmes* : elles ont occupé pendant la g. de nombreux emplois réservés jadis aux hommes ; elles sont devenues majoritaires (1 million de veuves de g., plusieurs millions de non-mariées) ; b) *« les années folles »* : l'euphorie, qui a suivi la fin des hostilités, se traduit par une démoralisation de la bourgeoisie, une plus grande exigence du prolétariat, un renoncement de l'intelligentsia.

● **1920 (16-1) Paul Deschanel** [(Shaerbeck, Belg., 13-2-1855/Paris, 28-4-1922). Fils d'un enseignant, exilé sous l'Empire pour ses idées rép., et devenu député de la Seine en 1876. Sous-préfet de Dreux à 21 ans (1877), Brest (1879), Meaux (1881). D Eure-et-L. 1885, de Nogent-le-Rotrou 1889 (constamment réélu). Vice-Pt (1896) puis Pt Ch 1898 (battu en 1902 ; réélu 1912). Élu à l'Académie fr. 1899]. Élu Pt de la Rép. 16-1-20, contre Clemenceau. Sujet à des dépressions nerveuses (le 24-5-20, tombe en pyjama du train présidentiel, près de Montargis). Prend plusieurs semaines de repos, mais, son état s'aggravant, quitte l'Élysée en sept. 1920. Après une cure dans une clinique à Rueil (sept.-déc. 1920), réélu sénateur le 9-1-1921. Meurt à Paris des suites d'une pleurésie.

1920 9-2 une liste de 330 criminels de g. est remise au gouv. all. (en tête : Guillaume II, Hindenburg, Lüdendorff). Refus du gouv. all. Un tribunal internat. se réunit à Leipzig (Pt : le procureur gén. fr. Matter). Faute d'accusés, il se disperse ; 19-3 le Sénat américain rejette le tr. de Versailles [conséquences : la garantie anglo-amér. contre toute attaque all. est refusée : Clemenceau l'avait acceptée en échange d'une renonciation à la rive g. du Rhin. Après le refus amér., les Fr. tenteront de réveiller l'autonomisme des Rhénans (catholiques, antiprussiens, ayant gardé le Code Napoléon jusqu'en 1906) ; ils y renonceront après le massacre de *Pirmasens* du 12-2-1924 (voir ci-dessous)]. L'opinion fr. a été insensible au retrait des garanties : pour elle, l'All. n'était plus un danger. 23-4 Joseph Caillaux (1863-1944) condamné à 3 ans de prison (voir p. 600) pour communication avec l'ennemi (il avait essayé en 1917 de détacher la Bavière de la Prusse ; incarcéré par Clemenceau le 14-1-1918) ; 1-5 grève des cheminots (20 000 révocations).

● **1920 (23-9) Alexandre Millerand** [(Paris, 10-2-1859/6-4-1943). Père drapier. Droit. Avocat. Académie des Sc. morales et pol. Franc-maçon. D Seine 1885-1920. S Seine 1925-27 et Orne 1927-40. M Commerce, Ind. et PTT 1899, TP et PTT 1909, 2 fois M Guerre 1912 et 1914. Pt C et M des AE 20-1/24-9-20. Socialiste, il accepte en 1899 d'être min. d'un gouv. « bourgeois » (Waldeck-Rousseau), ce qui provoque une scission entre socialistes réformistes (Jaurès) et inconditionnels de l'opposition (Jules Guesde, Blanqui). Quitte le parti soc. en 1905, et évolue vers la droite (répression des grèves 1910). Par nationalisme, devenu homme de droite, malgré sa formation maçonnique.

1920 6-11 début du procès Landru (arrêté 12-4-1919) ; 25/31-12 *congrès de Tours*, scission entre communistes et socialistes. **1921** 16-5 rétablissement des relations dipl. avec le Vatican ; 20-7 scission de la C.G.T. **1922** 26-2 Landru exécuté. **1923** Janv.-sept. *occupation de la Ruhr* par Fr. et Belges [cause : la dévaluation all. qui rend les paiements en marks dérisoires (les Fr. pensent que la dévaluation est volontaire). Malgré l'opposition angl., les techniciens fr., belges et ital. exploitent les richesses industrielles et minières de la Ruhr, dont le produit alimente les réparations (le Gal Degoutte, C[t] militaire fr., expulse 145 000 agitateurs all.) Mais, en avr. 1924, Poincaré reculera pour des raisons monétaires (il veut obtenir l'appui des banques angl. pour le franc), laissant le soin de faire payer les réparations à un comité international d'experts, présidé par l'Américain Charles Dawes (1865-1961)] ; 22-1 assassinat du militant royaliste Marius Plateau ; oct. Millerand tente de créer un régime présidentiel (en participant à la lutte électorale). **1924** 12-2 massacre de Pirmasens : 40 autonomistes rhénans (pro-français) sont exterminés par des nationalistes all. venus de la rive droite du Rhin : les troupes fr. laissent faire ; 11-5 élections, succès du *Cartel des Gauches*. 11-6 Millerand démissionne, conscient d'être en butte à l'hostilité maçonnique.

● **1924 (13-6) Gaston Doumergue** [(Aigues-Vives, Gard, 1-8-1863/18-6-1937). Fils de viticulteurs protestants. *1885* avocat à Nîmes. *1890* magistrat en Indochine. *1983* juge de paix en Algérie ; élu dép. de Nîmes (rad. soc.). *1902* min. des Colonies. *1910* sénateur du Gard. *1913* Pt du Conseil. *1915-17* de nouveau min. des Colonies (organise la conquête du Togo et du Cameroun allemands). *1923* Pt du Sénat]. *1924* 13-6 Pt de la Rép. (515 voix contre 309 à Painlevé, du Cartel des Gauches). *1931* se retire à Tournefeuille (Hte-Gar.). *1934* Pt du Conseil après les émeutes du 6-2 ; renversé le 7-11.

Le Cartel des gauches (1924-27)

Programme. *1°) Laïcité renforcée* : fin du concordat en Alsace-Lorraine ; rupture avec le Vatican. *2°) Amnistie* aux grévistes et aux mutins de la mer Noire. *3°) Progrès social* : journée de 8 h, assurances sociales, enseignement secondaire gratuit. *4°) Équilibre financier* : réduction des dépenses (notamment de la pol. étrangère : frais d'occupation, aide mil. aux petits alliés, mandats) ; projet d'impôt sur le capital. *5°) Retour à l'irresponsabilité présidentielle* : Millerand est chassé, remplacé par Doumergue (« président-soliveau »).

Difficultés et échec. *1°) Action des catholiques* contre la politique religieuse (agitation en Alsace). *2°) Fuite des capitaux* menacés par la taxation des grosses fortunes (« faire payer les riches »). *3°) Les petits épargnants cessent de souscrire aux bons du Trésor* [conséquence : le gouvernement fait appel aux avances de la Banque de France : Herriot « crève le plafond » (c'est-à-dire dépasse le chiffre des avances consenties) et il est renversé]. *4°) Panique financière* : la livre monte à 250 F. Doumergue appelle Poincaré ; jusqu'aux élections de 1928, la Chambre (de gauche) soutient un ministère « d'union nationale », orienté vers la droite.

1924 1-9 plan *Dawes* sur les réparations ; 10-9 soulèvement d'*Abd el-Krim* au Maroc ; 29-10 reconnaissance de l'U.R.S.S. **1925** 25-7/1-8 *évacuation de la Ruhr ;* 16-10 pacte de *Locarno* (Fr., Angl., Italie, All.) : l'All., reconnue, entre à la S.D.N. **1926** 26-5 reddition d'*Abd el-Krim ;* 20/23-7 effondrement du franc ; Herriot cède la place à Poincaré, qui forme un gouv. d'union comprenant 5 anciens Pts du Conseil (Barthou, Briand, Herriot, Leygues, Painlevé).

1927 8-1 l'*Action française* mise à l'index par le pape ; mai, agitation autonomiste en Alsace. **1928** 24-6 création du *franc Poincaré* (dévalué des 4/5) ; 13-7 *loi Loucheur* (sur les constructions d'immeubles sociaux) ; 27-8 *pacte Briand-Kellog* (Aristide Briand 1862-1932, voir notice, p. 600 ; Frank Billings Kellog 1856-1937, secrétaire d'État amér., prix Nobel de la Paix 1929) met la g. hors la loi ; 8-12 scandale de la *Gazette du Franc* (Mme Hanau). *Remontée du franc à la chute du Cartel :* entre le 23-7 et le 8-8, remonte de 18 %. La spéculation se fait à la hausse et la livre tombe rapidement de 250 F à 125 F. *Dévaluation volontaire de Poincaré :* pour favoriser les exportations et réduire les dettes de l'État ; P. rétablit la convertibilité officielle à 20 % du franc germinal (4 sous au lieu de 20) ; c'est la ruine pour des millions de petits épargnants. *Retour des capitaux :* attirés par la stabilité du « franc P. », les capitaux affluent en France, créant une reprise économique (investissements, travail à la chaîne, assurances sociales) ; les records de production sont battus en 1929, mais la modernisation reste insuffisante (majorité de petites entreprises). *Retraite de P. :* ses partisans gagnent les élections de 1928 ; les radicaux rompent l'union nationale, retournant à l'opposition ; sa pol. sera poursuivie par Tardieu et Laval.

1929 7-6 *plan Young* [remplace le plan Dawes pour les réparations : les All. paient directement les dettes interalliées en remettant aux U.S.A. des obligations représentant 37 annuités capitalisées (mis au point par l'expert amér. Owen Young, 1874-1962)] ; 12-7 scandale financier Louis-Lucien Klotz [(1868-1930) (ancien min. des Finances de Clemenceau, condamné pour chèques sans provisions à 2 ans de prison (libéré au bout de 2 mois)] ; 26-7 Poincaré démissionne pour être opéré de la prostate. 24-10 « *jeudi noir* » aux U.S.A., début de la crise économique.

La crise de 1929

Causes (quelques). Développement incontrôlé du crédit (ex. : U.S.A. et Allemagne) et de la spéculation boursière (aux U.S.A.).

Surproduction et surinvestissement industriels (l'accroissement de la consommation est nettement plus faible que celui de la production), surproduction agricole (les pays « neufs » augmentent fortement leur production alors que l'Europe a rétabli la sienne).

Parités monétaires mal évaluées (ex. : livre surévaluée) en raison du souci de rétablir le système de l'étalon-or tel qu'il existait jusqu'en 1914, et des politiques commerciales protectionnistes.

« Exportation » de la crise favorisée par le poids considérablement accru de l'économie américaine dans l'économie mondiale depuis la fin de la 1re Guerre mondiale.

Chronologie. DÉBUT DE LA CRISE AUX U.S.A. : *lundi 21-10 :* 6 millions de titres vendus à la Bourse de New York. *Jeudi 24-10 :* effondrement des cours et panique des petits porteurs. *Mardi 29-10 :* plus de 350 banques font faillite. Chute des prix.

EXTENSION DE LA CRISE. *Fin 1929 :* le Canada limite ses règlements en or ; l'Argentine et l'Uruguay les suspendent. *1930 :* dévaluation des monnaies des p. américains, de l'Australie et de la N.-Zélande (entre 9 et 50 %). *1931, mai :* faillite de l'Osterreichische Kreditanstalt de Vienne (la plus grande banque autrichienne) ; contrôle des changes en Espagne. Puis série de faillites en Europe centrale, Allemagne, France (+ 59 % en un an) et G.-B. *Juillet :* fermeture de la Bourse et contrôle des changes en Allemagne. *21 septembre :* dévaluation de la livre sterling et abandon de l'étalon-or en G.-B. Série de dévaluations *jusqu'en décembre :* monnaies suédoise, norvégienne, finlandaise, portugaise, autrichienne, japonaise. Extension du contrôle des changes (Europe centrale...). *Fin 1931-début 1932 :* hausse des tarifs douaniers en G.-B. De nombreux pays contingentent les importations ; accords régionaux préférentiels (octobre 1932 : « préférence impériale » entre p. du Commonwealth). *1933 :* Conf. écon. mondiale à Londres : échec. *Mars :* embargo sur l'or aux U.S.A. *Avril :* dollar détaché de l'or et dévalué. *1935, mars :* dévaluation du F. belge. *Mai :* plus de 4 milliards de sorties d'or de Fr. en 3 semaines. Déflation du gouv. Laval (10 % de réduction des dépenses publiques, hausse des impôts, baisse autoritaire de certains prix, des intérêts, de la rente). *Oct. et nov. :* plus de 4 700 millions de sorties d'or de Fr.

Principales politiques suivies. *Mesures monétaires :* instauration du contrôle des changes, abandon de l'étalon-or, dévaluation [destinée à concurrencer l'étranger sur les marchés extérieurs (la livre flotte à partir de 1931 ; le dollar est dévalué en 1934)], création de zones monétaires (bloc dollar, bloc sterling). *Mesures commerciales :* élévation des droits de douane, contingentement des importations, puis politique de « dumping ». *Mesures en matière de production :* dans un 1er temps, limitation de la production et destruction des stocks ; dans un 2e temps, grands travaux (d'abord en Allemagne, puis aux U.S.A. avec le « New Deal » de Roosevelt) et armement pour réduire le chômage. *Mesures en matière de prix :* fixation de prix plafond, baisses autoritaires (en G.-B. et en France).

Déflation : notamment en G.-B. et en France (réduction de certains salaires et revenus, augmentation des impôts, diminution des dépenses budgétaires).

Reflation : généralisée à partir de 1936, notamment en Fr., où le gouv. du Front populaire cherche à relancer la consommation par des hausses salariales (accords de Matignon) et par des soutiens aux prix agricoles (Office national interprofessionnel du Blé, du Vin, du Bétail). La relance est fragile et incomplète (dans les pays dictatoriaux, elle est forte, car elle s'appuie sur un développement de l'industrie des armements : mais elle conduira à la guerre).

Autres mesures anticrise prises en Fr. par le gouv. du Front populaire : nationalisation des chemins de fer (tendant à maintenir l'activité économique, même avec des transports déficitaires : l'arrêt du trafic provoqué par la faillite des réseaux privés aurait définitivement ruiné l'économie) ; réforme de la Banque de Fr. (oct. 1936) dans la même perspective : elle est chargée de gérer le Fonds de stabilisation des changes, pour régulariser les rapports entre le franc et les monnaies étrangères ; par des avances au Fonds, elle permet des opérations déficitaires à court terme, mais soutenant, à long terme, l'ensemble de l'économie.

Quelques chiffres. *Baisse des prix.* Indice *gros* par rapport à 1929 indice 100. *1932 :* Allemagne 70, U.S.A. et France 68, G.-B. 67. *1935 :* France 79, G.-B. 52, U.S.A. 48, Japon 29.

Entre 1930 et 1935, en France, baisse des prix de détail S.G.F. (34 articles) : 29,3 %.

Chute des investissements. Investissements bruts privés aux U.S.A. : *1929 :* 15,8 milliards de $ (15,4 % du P.N.B.). *1932 :* 0,9 milliard (1,5 % du P.N.B.).

Chute des valeurs boursières aux U.S.A. Évolution de l'indice de Wall Street (Bourse de New York) : *7-9-1929 :* 379, *19-10 :* 348, *2-11 :* 275, *9-11 :* 254, *16-11 :* 221. En 10 semaines, les actions perdent environ 41 % de leur valeur. *En août 1931 :* indice 60 (au lieu de 160 en août 1929). En G.-B. : indice 100 en *août 29,* 60 en *août 31.* En France : base 100 en 1913 ; valeurs étrangères : 675 en 1929, 223 en septembre *1931 ;* valeurs françaises (20 groupes) : 507 en 1929, 269 en septembre 1931. *1929-35 :* le cours des actions tombe de 507 à 186.

Chute de la production industrielle. Évolution des indices entre *1929* (100) et *1932 :* G.-B. 84, France 72, Italie 67, Allemagne et U.S.A. 53. En *1939,* ni la France ni les U.S.A. n'ont retrouvé le niveau de 1929 (la G.-B. l'a dépassé de 2,5 %, l'Allemagne de 33 %).

Hausse du chômage. U.S.A. : 4 600 000 chômeurs en *octobre 1930,* 7 800 000 en *octobre 1931,* 11 600 000 en *octobre 1932,* plus de 13 millions en *1933* (27 % de la population active).

Baisse du commerce international. Commerce mondial (1929 : 100) en 1932 et 1937 : produits alimentaires 89, 93,5 ; matières premières 81,5, 108 ; produits manufacturés 59,5, 87.

Variations en volume du commerce extérieur (en %), importations et exportations : France − 25, − 46 ; Allemagne − 30, − 40 ; autres pays − 16, − 14 ; monde entier − 18, − 18.

1930 26-1 disparition à Paris du Gal russe exilé Koutiepoff ; 10-3 centenaire de l'Algérie française ; 29-3 plan Young ratifié par la France ; 30-6 fin de l'évacuation de la Rhénanie ; nov. scandale de la banque *Oustric* (il provoque la chute de Tardieu, 9-12) [Albert Oustric (n. 1887), banquier, condamné le 19-1-1933 à 1 an de prison et 5 000 F d'amende ; traduit devant la cour d'assises avec André Benoît pour corruption de fonctionnaire ; sont acquittés le 26-5-1933]. **1931** 6-5 exposition coloniale.

• **1931 (13-6) Paul Doumer** [(Aurillac, 22-3-1857/Paris 6-5-1932). Fils d'un cheminot ; orphelin dès l'enfance. Apprenti graveur à Paris, passe son bac en travaillant seul. *1877* prof. de maths à Mende. *1880* journaliste à Laon. *1887* maire. *1888* dép. (radical) de Laon. *1893* dép. de l'Yonne. *1895* min. des Finances. *1896-1902* gouv. de l'Indochine. *1902* dép. de Laon. *1905* Pt de la Chambre. *1912* sénateur. *1914-18* 4 de ses fils morts pour la France. *1927* Pt du Sénat].

13-6 élu Pt de la Rép. au 1er tour obtient 442 voix contre 401 à Briand, qui se retire, ulcéré (il y aurait eu un conflit entre 2 tendances maçonniques). *1932* 6-5 assassiné par un émigré russe, sans doute fou, Paul Gorguloff (n. 1895).

• **1932 (10-5) Albert Lebrun** [(Mercy-le-Haut, M.-et-M., 29-8-1871/Paris 6-3-1950). Polytechnicien et ingénieur. *1900* dép. (modéré) et M.-et-M. *1911-14* min. des Colonies. *1917-20* min. du Blocus. *1920* sénateur. *1931* Pt du Sénat. *1939* réélu. *1940* 10-7 laisse le pouvoir au Mal Pétain sans démissionner. *1944-45* déporté en Allemagne (au « bloc d'honneur »). *1945* témoin du procès de Pétain].

1932 14-9 Gorguloff (n. 1895) qui a blessé mortellement le Pt de la Rép. exécuté ; 9-7 *Accords de Lausanne* (fin des réparations). **1933** 12-2 arrivée à Pékin du convoi automobile de la *Croisière jaune,* parti de Beyrouth 4-4-1931 (Georges-Marie Haardt, mort d'une pneumonie pendant l'expédition, et Louis Audouin-Dubreuil) ; déc. début affaire Stavisky (Voir Index).

1934 6-2 manifestation de droite à Paris, 17 † dont 1 policier, 1 329 blessés dont 664 policiers et soldats : protestation d'anciens combattants contre les « voleurs » (les députés complices de Stavisky) et contre la révocation du préfet de police favorable à la droite Jean Chiappe (1878-1940) ; l'Action française tente de les entraîner vers le Palais Bourbon pour mettre en fuite les députés et provoquer une crise de régime, mais les Croix de Feu (Cel de La Rocque) refusent de les appuyer, laissant la victoire à la police ; 7-2 Daladier démissionne ; 9/12-2 contre-manifestations communistes 11 †, 300 blessés ; 20-2 *Albert Prince,* conseiller à la cour de Paris, trouvé écrasé par le ch. de fer près de Dijon (thèse officielle : suicide) ; 13-7 *Marthe Hanau* (n. 1886), créatrice de la *Gazette du Franc,* accusée d'avoir détourné plus de 100 millions de F, est condamnée à 3 ans de prison ; trouvée morte le 19-7-1935 dans sa cellule (somnifères) ; 9-10 le roi Alexandre de Youg. assassiné à Marseille par un Oustachi (3 Oustachis seront, le 13-2-36, condamnés aux travaux forcés à perpétuité ; l'ancien député croate Ante Pavelitch et Lyon Kvaternik sont condamnés à mort par contumace) ; Louis Barthou min. des Aff. étr., atteint par des balles de la police, mal soigné, décédera ; déc. la présidence du Conseil est créée avec ses services administratifs ; elle s'installe à l'hôtel Matignon. **1935** 13-1 la Sarre vote son rattachement à l'Allemagne ; 11-3 formation (par le Gal Goering) de l'aviation militaire all. ; 16-3 rétablissement du service militaire all. (protestation sans suite de France, Angl., It.) ; 11/14-4 accords de *Stresa* (France, Angl., Italie) garantissant l'indépendance de l'Autr. ; 15-5 pacte fr.-soviét. sans clauses militaires (Laval a supprimé l'assistance mutuelle en cas d'agression) ; 31-5 les comm. soutiennent un gouv. Laval, remplaçant Flandin ; 18-6 pacte naval anglo-all. : l'All. peut construire une flotte égale à 35 % de la flotte angl. ; 14-7 500 000 manif. de gauche à la Bastille, voir p. 608 ; 18-10, la Fr. vote les sanctions contre l'Italie à la S.D.N. (à cause de la g. d'Éthiopie) ; 14-12 Laval (d'accord avec Samuel Hoare) propose une médiation entre l'Italie et le Négus.

1936 17-1 *Affaire Stavisky :* jugement dans les affaires d'escroquerie provoquées par Alexandre Stavisky (1886/9-1-1934, suicidé), 11 acquittements et 16 condamnations ; 24-1 l'opposition de la gauche est tellement violente qu'il doit se retirer ; 7-3 entrée des troupes all. en Rhénanie (le Gal Gamelin renonce à toute riposte) ; 26-4/3-5 vict. du *Front populaire* (coalition communistes, socialistes, radicaux) aux élections ; 7-6 accords *Matignon* (Voir p. 608) ; 20-6 dissolution des ligues de droite (Voir encadré) ; oct. début de l'aide franco-sov. à l'Espagne rép. [(V. Espagne, à l'Index) cette politique est menée secrètement pour ne pas pousser à la révolte les cadres de l'armée fr. (ils savent que sur 14 000 officiers espagnols, 5 000 ont été fusillés, et 260 seulement ont rallié l'Esp. rouge)] ; 11-9 attentats contre les sièges du Patronat français et des industries métall. attribués à la gauche (en fait dus à la Cagoule) ; 1-11 axe italo-germanique ; 17-11 Roger Salengro se suicide (v. ci-dessous). **1937** 24-4 la Belgique abandonne l'alliance fr., sous l'influence du roi Léopold III ; 24-5 exposition intern. de Paris ; 9-6 Carlo Rosselli (n. 1889, Italien libéral) et son frère Nello assassinés par la Cagoule ; 30-6 le

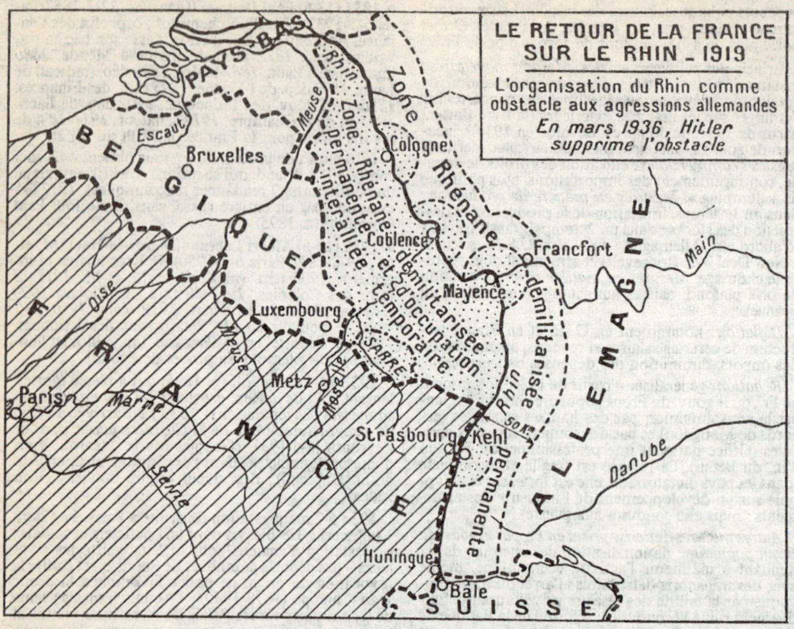

franc devient monnaie flottante ; 21-9 disparition du G[al] russe exilé Miller (le Gal Skobline impliqué, disparaît ; la Plevitskaïa, chanteuse, sa femme, est condamnée à 20 ans de travaux forcés ; meurt en prison en 1940).

Le Front populaire (1936-38)

Formation : 1934 8-2 création d'un « front commun » antifasciste après les émeutes du 6-2 ; regroupe les militants com. et soc., qui se recrutent en nombre parmi les chômeurs (412 000 chômeurs totaux en nov. 1934, 465 000 en mars 1936 ; 600 000 chômeurs partiels) ; 12-2 grève générale ; 27-7 pacte d'unité d'action entre P.C. et S.F.I.O. **1935** 12-5 les radicaux rejoignent le front commun pour les élections municipales (nombreux gains de mairies, notamment en banlieue parisienne) ; 14-7 serment du Rassemblement populaire à la Bastille (500 000 participants) avec soc. (Blum), com. (Thorez), rad. (Daladier) ; 12-10 création par Marcel Cachin de l'expression *front populaire* (les soc. continueront à employer l'expression *rassemblement populaire* jusqu'au 5-6-36). **1936** 26-4/3-5 accord électoral entre les 3 partis (Front populaire) qui remportent 358 sièges contre 222.

Programme : dissolution des ligues d'extrême droite, défense de l'école laïque et des droits syndicaux ; publication des bilans de la presse quotidienne ; réforme de la Banque de Fr. (nationalisation des actions des « *200 familles* »).

Pas de déflation ni de dévaluation : grands travaux, fonds de chômage, semaine de 40 heures, congés payés.

Événements : 1936 12-5 début des grèves « sur le tas » [avec occupation d'usines ; le 1er cas a été fortuit (au Havre) : les ouvriers ont attendu jusqu'au matin le résultat de négociations entre délégués syndicaux et patrons ; le lendemain, les grévistes de Latécoère à Toulouse les imitèrent. *Raison :* crainte du lock-out, permettant de recruter des « jaunes », pris parmi les sans-travail] ; 1-6 les gr. s'étendent (usines, hôtels, magasins, imprimeries, transports) : spontanées, sans consignes syndicales. *But :* obtenir sans délais les avantages sociaux promis. *Statistiques :* 1-6 : 12 142 grèves touchant 1 830 000 ouvriers ; 4-6 ministère Blum (6 vice-présidents du Conseil, présidant chacun un groupe de travail, 3 femmes sous-secr. d'État, installation du P[t] du Conseil à Matignon, 10 ministres, 6 sous-secr. socialistes). Exhortation à reprendre le travail : échec ; 7/8-6 réunion à l'hôtel Matignon de Léon Blum, des chefs syndicaux et du patronat (les discussions ont lieu pour chaque branche de l'ind. dans une salle de Matignon entre délégués syndicalistes et patronaux, sous l'arbitrage d'un min., d'un sous-secr. d'État ou d'un haut fonctionnaire) : *Accords* sur semaine de 40 h, congés payés, conventions collectives, droit syndical. Hausse des salaires de 7 à 15 % ; juin les grèves se terminent peu à peu ; 18-6 vote des *accords Matignon ;* déb. juillet il reste 100 000 grévistes, occupant 1 000 entreprises ; 14-7 manif. triomphale ; 15-7 50 000 grév. dans 350 entr. ; déb. août fin des grèves ; 11-8 nationalisation des entreprises travaillant pour la défense nat. (la production chute par endroits de 75 %) ; 16-8 création de l'Office des céréales ; 25-8 service militaire porté de 1 à 2 ans ; 1-10 dévaluation ; 20-8 début de l'**Affaire Salengro** : l'hebdomadaire nationaliste *Gringoire* reprend une révélation (faite en 1923 par le P.C. et le 14-7-1936 par l'*Action française*) : le ministre de l'Intérieur de Léon Blum, Roger Salengro (n. 1890), a été condamné pour désertion à l'ennemi en 1915. Une commission militaire, présidée par le Gal Gamelin, réexamine les dossiers des conseils de g. de l'époque : Sal. avait demandé l'autorisation de sortir des tranchées pour ramener le corps d'un camarade, et n'était pas revenu ; accusé de désertion, il fut jugé par contumace pendant qu'il était prisonnier de g. en All. et acquitté le 7-10-1915 par 3 voix contre 2 [mais une inscription erronée (« condamné au lieu de jugé ») avait entraîné des témoignages discordants]. Sal. se suicide au gaz le 16-11] ; 19-11 signature de l'accord syndicats-patronat-gouvernement sur conciliation et arbitrage obligatoires avant la grève [de janv. à juin 1937, sur 3 496 conflits, 2 929 réglés par conciliation, 567 soumis à arbitrage (275 positifs, 292 grèves)] ; 18-12 nouvelle loi sur la liberté de la presse, aggravant les peines frappant la diffamation (suite de l'affaire Salengro).

1937 17-3 bagarres de *Clichy :* 1 000 communistes et socialistes prennent d'assaut un cinéma où sont réunis 400 Croix de Feu (5 †, 200 bl.) ; mars-mai les grèves empêchent l'achèvement de l'Exposition internat. (inaugurée sans être terminée) ; 22-6 chute du ministère Blum (refus des pleins pouvoirs pour l'augmentation des impôts, la diminution des dépenses, le contrôle des changes) ; 21-7 dévaluation du franc. **1938** 19-1 ministère Chautemps (radicaux, soc. et soc. indépendants) ; 9-3 chute de Chautemps ; 13-3/10-4 2e min. Blum. Nouvelle vague de grèves. Blum réclame l'impôt sur le capital et le contrôle des changes ; il est renversé par le Sénat. La fin du Front pop. ne sera officielle que le 30-10-1938 (Daladier rompt avec les communistes).

Bilan économique (d'après Alfred Sauvy) : entre 1936 et 1938. *Production :* revenue au niveau très bas de crise, consommation maintenue, recul notable des investissements. Hausse considérable des prix et baisse de 57 % du franc. *Pouvoir d'achat :* à peu près maintenu pour les ouvriers au travail, en recul pour les fonctionnaires ; maintien pour la masse des salaires, traitements et retraites. *Gain essentiel :* loisir (congés et semaine de travail réduite) ; contrepartie : — *en production,* réduction des investissements et dégradation du patrimoine national, — *financièrement,* amputation importante des revenus fixes, mobiliers et fonciers, et perte de 1 380 t d'or. Pendant que la production industrielle nationale fr. baisse de 4 à 5 %, celle de l'Allemagne augmente de 17 %, — *emploi,* en 1936, la France comptait 20 800 000 actifs et 400 000 demandeurs d'emploi. En réduisant de + de 10 % la durée du travail, le gouvernement du Front populaire escomptait théoriquement la création de 2 000 000 d'emplois. En fait, la population active est tombée à 19 400 000, le nombre de chômeurs atteignant 864 000.

Quelques chiffres. *Horaires de travail, début juin 1936 (établissements d'au moins 100 personnes) (en %) : 48 h et + :* 67,32 ; *40 à 48 h :* 20,16 ; *40 h :* 5,6 ; — *de 40 h et + de 32 h :* 4,46 ; *32 h et — :* 2,46. *Durée moyenne du travail : 1935 :* 44 h 9/10 ; *1936 :* 46 h (45 h 8/10 en juin) ; *1937 :* 40 h 5/10 (39 h 7/10 en juin) ; *1938 :* 38 h 8/10. *Effets sur le chômage :* demandes d'emploi non satisfaites *juin 1936 :* 459 368 ; *juin 1937 :* 346 916. *Indice d'activité* (effectifs multipliés par la durée du travail) *juin 1936 :* 69,6 ; *juin 1937 :* 64,9.

1938 12-3 Hitler envahit l'Autr. *(Anschluss)* ; 29/30-9 accords de *Munich* (All., France, G.-B., Italie) : la Tchéc. doit céder le terr. des *Sudètes* à l'All. ; 3-10 la Chambre fr. ratifie l'accord de Munich par 535 voix contre 75 [ont voté *non :* les 73 communistes et 2 non-com. : Georges Bouhey, socialiste (n. 1898) ; Henri de Kérilis, rép. national (1889-1958)] ; 7-11 Herschel Grynspan (1921-? exécuté), juif polonais réfugié d'All., assassine à Paris un diplomate all., Ernst von Rath (qu'il prend pour l'ambassadeur) [crime utilisé par Hitler pour déclencher la « nuit de cristal » (antisémite)] ; 30-10 rupture du Front populaire ; 13-11 rétablissement de la semaine de 48 h (dont 8 payées au tarif « heures supplémentaires »).

Les ligues

Ligue de l'Action française (monarchiste), fondée le 14-1-1905 par Charles Maurras et Henri Vaugeois. **Jeunesses patriotes** (d'abord section des jeunes de la **Ligue des Patriotes,** formée en ligue indép. par Pierre Taittinger (1887-1965) en 1924, nommée *Antilibéraux* en 1936). **Croix de Feu** (après 1936 : *Parti social français*) : anciens combattants nationalistes, regroupés en 1927 par Maurice d'Hartoy. En 1930, le colonel François de La Rocque (1885-1946) en devint le vice-P[t] et en fit progressivement un mouvement de masse (*adhérents : 1930 :* 9 000, *1936 :* 400 000) mais refusant systématiquement la prise de pouvoir armée ; elle fit échouer le putsch du 6-2-1934, mais eut un certain succès électoral en 1936 : 20 élus, 49 apparentés. **Francistes,** mouvement fasciste fondé en 1933 par Marcel Bucard (1895-1946, fusillé) ; subventionné par Mussolini. **Solidarité française,** lancée en 1933 par François Coty (né Spoturno 1874), parfumeur, propriétaire de *l'Ami du Peuple* (700 000 ex.) ; à sa mort (1934), ses adhérents se rallient en majorité aux Francistes. **Front paysan,** regroupant 3 mouvements professionnels d'agriculteurs (bloc professionnel, bloc agraire, bloc de défense paysanne), créé en 1934 par Henri Dorgères (H. d'Halluin, dit, 1897-1985). 60 fédérations de **Comités de défense paysanne. Parti populaire français,** fondé en 1936, (après la dissolution des Ligues) par Jacques Doriot (1898-1945), avec des militants ex-communistes regroupés autour du journal *l'Émancipation nationale ;* de Doriot à St-Denis, se disant néo-socialistes (communistes nationalistes), les Doriotistes se rallieront aux All. hitlériens en juin 1941.

1939 Févr. 900 000 rép. espagnols se réfugient en Fr. ; 15-3 Hitler occupe la *Tchéc.,* Mussolini l'*Albanie ;* 19-3 le gouv. (Daladier) reçoit le droit de gouverner par décrets-lois ; 22-3 Hitler annexe *Memel* (la ville de Memel-Klaïpeda, germanophone, avec un territoire de 150 km × 20, lituanophone) ; 22-5 *axe Berlin-Rome (Pacte d'Acier) :* les 2 États se prêtent mutuellement assistance pour acquérir « l'espace vital » nécessaire à leurs peuples (Europe orientale et centrale pour l'All., régions méditerr. et Afrique orient. pour l'Italie) ; 23-8 accord germano-soviétique : présenté comme *« pacte de non-intervention »,* il contient des clauses secrètes stipulant un partage de la Pologne ; 3-9 la Fr. déclare la g. à l'All., voir p. 609.

Politique extérieure française de 1924 à 1939

De la victoire à la chute de Millerand (1919-24), la Fr. a encore une politique extérieure énergique (occupation de la Ruhr, 1923). Après l'élection de Doumergue : suite de *concessions unilatérales.*

Vis-à-vis de la G.-B. *1924* retrait inconditionnel des troupes d'occupation de la Ruhr. *1929* acceptation inconditionnelle du plan américain (qui a l'appui britannique), plan Young, privant la Fr. des réparations allemandes sans la délivrer des dettes interalliées. *1935* acceptation de l'accord naval anglo-all., qui permet à Hitler de reconstituer une flotte de g. ; répudiation des accords de Stresa (qui assuraient un front commun anglo-franco-italien) contre les violations all. du tr. de Versailles. *1936* acceptation du refus anglais d'intervenir contre la remilitarisation de la Rhénanie par Hitler. *1938* appui inconditionnel donné à la politique du PM anglais Chamberlain en face de Hitler (concessions unilatérales en Tchéc., entraînant son annexion par l'All.). *1939* docilité en face du retournement anglais vis-à-vis de l'All. (déclaration de g. du 3-9-1939), malgré la capitulation de Munich d'oct. 1938).

Vis-à-vis de l'All. *1924* abandon des Rhénans francophiles, exterminés par les hitlériens. *1929-32* renonciation aux réparations. *1935* non-participation à la campagne plébiscitaire en Sarre (triomphe nazi). *1936* passivité (imposée par l'Angl.) devant la réoccupation de la Rhénanie par l'All. *1938* passivité devant l'annexion de l'Autriche (mars) et de la Tchéc. (oct.). *1939* devant la liquidation en Esp. du *Frente popular,* due en grande partie à l'aide germano-ital. (la Fr. craint d'être encerclée par 3 États totalitaires).

Vis-à-vis des U.S.A. Acceptation du refus de la garantie am. contre les agressions all. sans contrepartie (elle devait pourtant compenser la renonciation de la Fr. à un État-tampon sur le Rhin) (1921) ; de la fin des paiements all. (la Fr. ne dénonce pas ses dettes envers l'Am., 1929-32).

Vis-à-vis de la « petite entente » européenne. Tchéc., Roumanie, Youg., Pol. comptent sur la protection de la Fr. qui signe des pactes d'assistance bilatéraux. Elle leur reconnaît néanmoins le droit de rechercher les alliances qu'elles veulent avec d'autres grandes puissances (Roum. et Youg. rejoindront le camp de l'Axe). La Pol., qui s'était rapprochée de l'All. nazie en 1936-38, réclamera et obtiendra en 1939 (grâce à l'Angl.) l'entrée en g. de la Fr. à ses côtés. Quant au tr. fr.-tchéc., il avait été signé. En 1925, dans le cadre des accords de Locarno, Chamberlain (Angl.) se refuse à s'engager pour les frontières des pays de l'Est de l'Europe. Il ne donna la garantie brit. qu'à la Fr. pour des frontières que l'All. Streseman venait de reconnaître solennellement. Pour calmer Pol. et Tchéc., Briand leur donna la garantie fr., croyant qu'elle ne jouerait que dans le cadre d'une intervention collective des membres de la S.D.N.

Vis-à-vis de l'Italie fasciste. *1935* abandon à Mussolini de 104 000 km² au Sahara contre la promesse (non tenue) de s'opposer à l'Anschluss autr. *1937* passivité dans la g. italo-éthiop. (non-application des sanctions ; reconnaissance de « l'Empire italien »). *1939* passivité lors de l'annexion de l'Albanie.

Raisons de l'effondrement diplomatique français. *1°) L'horreur de la guerre.* Les hécatombes de 1914-18 ont marqué l'opinion (la Fr. a eu le + fort % de morts par rapport à sa pop.). Les anciens combattants fr. pensent que, comme eux, les anciens comb. all. ne veulent plus de g. Les Fr. croient, quand Hitler parle de guerre, qu'il bluffe ; sinon, que le peuple all. le chassera.

2°) Obsession monétariste. Les dirigeants fr. sont avant tout préoccupés par l'effondrement du franc (cours forcé du franc-papier 1917), qui n'avait pas bougé dep. 116 ans, même après des désastres comme Waterloo et Sedan (Poincaré a ainsi renoncé à la politique de force en Ruhr-Rhénanie, dans l'espoir d'avoir l'appui des banques anglo-am., pour soutenir le franc) ; ils croyaient que l'All. était dans une situation monétaire encore plus catastrophique, après l'effondrement du mark de 1923, et l'abandon de la référence-or pour définir le mark hitlérien. Pour des raisons monétaires, ils croyaient le Reich incapable de faire la g. ; ils admettaient que le plus sûr moyen de maintenir la paix était de travailler à la prospérité du camp anglo-am., possédant la plus grande partie des réserves d'or mondiales, même au prix de concessions politiques.

3°) Servitude pétrolière. L'état-major fr. sait qu'une g. moderne exigera entre 12 et 30 millions de t de pétrole par an (au lieu de 6 en temps de paix). Or l'Angl. est maîtresse de la production (90 % du pétrole importé en Fr. est brit.) et du transport (la Fr. possède en 1936-38 seulement 40 pétroliers, jaugeant au total 242 000 t). Aucune g. ne peut donc être envisagée sans la permission de l'Angl.

4°) Le communisme international. Pour la droite, l'ennemi n° 1 est l'U.R.S.S. [*raisons politiques :* le bolchevisme fait peur aux possédants ; *financières :* un effondrement du régime soviétique amènerait à une renégociation sur les « emprunts russes » (confisqués par les Soviets)]. L'espoir de voir Hitler attaquer l'U.R.S.S. a empêché les Fr. de contrer sérieusement le militarisme all. Hitler a d'ailleurs habilement joué cette carte : à Munich, notamment, il a présenté la Tchéc. comme un « porte-avion sov. » au cœur de l'Europe (Daladier a hésité à jouer la carte mil. sov. contre Hitler).

5°) Influence de Briand. Même après sa mort (7-3-1932), sa doctrine (pacifisme, arbitrage, désarmement) a continué à être appliquée, notamment par Alexis Léger, dir. des Aff. étr. ; il ne voulait rien d'irréparable entre Fr. et All., espérant, après une réconciliation, voir naître une union féd. européenne.

6-9 arrestation à Arras du dép. comm. Quinet pour distribution de tracts contre la g. (déclarée 3 j plus tôt) ; 21-9 arrestation de 2 dép. comm. ; 26-9 dissolution du Parti comm. ; 1-10 les dép. comm. écrivent à Édouard Herriot (Pt de la Chambre) pour réclamer des négociations de paix (35 arrestations, Maurice Thorez s'enfuit en Russie) ; 20-10 dissolution du Parti national breton. **1940** 30-1 André Marty déchu de la nationalité fr. ; 29-2 déchéance du sénateur comm. Marcel Cachin ; 22-3 formation du dernier cabinet de la IIIe Rép. (Paul Reynaud) ; 27-3 Reynaud signe avec l'Angl. un tr. interdisant de conclure une paix séparée ; 18-5 le Mal Pétain entre dans le gouv. Reynaud ; 12-6 repli du gouv. sur *Tours* (Paris, ville ouverte, évacuée) ; 16/17-6 Churchill propose la fusion totale des Emp. français et brit. (refus fr.) ; 14-6 repli du gouv. à Bordeaux ; 17-6 le Pt Lebrun nomme Pétain Pt du Conseil ; 2-7 transfert du gouv. Pétain à Vichy (Voir clauses de l'armistice, p. 610) ; 9-7 : une résolution tendant à la révision de la Constitution est votée par 592 dép. contre 3 (Roche, Biondi, Margaine) et 229 sén. contre 1 (Mis de Chambrun) ; 10-7 à l'Ass. nationale, l'opposition obtient 80 voix (27 abst.) ; 10-7 la Constitution de 1875 (IIIe Rép.) est abolie par une Assemblée nat. (députés et sénateurs réunis au casino de Vichy). (Voir Constitutions p. 634).

Affaire du Massilia. *Déroulement :* 20-6 embarquement au Verdon sur le *Massilia* de 26 députés hostiles à Laval [départ organisé par Édouard Barthe, questeur de la Chambre (1882-1949)]. *Raisons :* accompagner à Casablanca Camille Chautemps, nommé délégué en Afrique du N. Une note de Darlan précisait que ce voyage n'était pas une mission officielle. Devinant un piège, de nombreux députés (dont Éd. Herriot et Louis Marin) refusent de partir. Parlementaires embarqués : 1 sénateur (Tony Révillon), 23 députés civils (dont Daladier, Delbos, Mandel, Le Troquer) et 3 dép. mobilisés : Jean Zay, Mendès France, Pierre Viénot. L'équipage refuse pendant 24 h d'appareiller, par hostilité envers le Parlement. 24-6 le M. arrive à Casablanca ; les parl. civils sont gardés à vue ; les militaires sont arrêtés et inculpés d'abandon de poste devant l'ennemi. *Analyse des faits par les Républicains :* Barthe était le complice de Laval, son ami personnel, qui voulait éloigner les leaders de l'opposition pour son coup d'État du 10-7 (1944 : Barthe est exclu de la S.F.I.O. ; Chautemps cité en justice).

Seconde Guerre mondiale (1939-45)

Appelée *Drôle de guerre* pour la période sept. 1939/mai 1940 par Roland Dorgelès ; par les Anglais « Guerre bidon ».

☞ Voir histoire intérieure, p. 606 et 614.

Causes

Situation générale : *1° Volonté de l'Allemagne hitlérienne* de prendre sa revanche sur le tr. de Versailles (1919). *2° Idéologies conquérantes des nazis allemands,* des fascistes italiens (et des impérialistes japonais). *3° Faiblesse des démocraties occidentales,* notamment de la Fr. affaiblie par la g. de 1914-18 ; elle encourage les puissances totalitaires à attaquer. *4° Méfiance de l'U.R.S.S.* (Staline) à l'égard des démocraties occ. ; il craint leur hostilité et préfère les voir éliminées par Hitler.

Affaire tchécoslovaque : Hitler désire annexer le « quadrilatère de Bohême » qui commande l'Eur. centrale et permet, notamment, la conquête de la Pologne (2 armées all. attaqueront la Pol. par le sud en sept. 1939, venant de Slovaquie). Mais il cache son plan : il assure réclamer uniquement la protection des 3 500 000 All. de Tchéc. ayant pour leader un prof. de gymn. nazi, Conrad Henlein, et appelés Sudètes (ils sont nombreux dans les monts Sudètes, au sud de la Silésie). Les accords de Munich (30-9-38) donnent satisfaction à Hitler sur cette question. *Raisons :* 1° les démocraties reconnaissent un droit des « minorités » à disposer d'elles-mêmes ; 2° le P.M. angl., Neville Chamberlain, croit à la sincérité de Hitler ; il n'imagine pas qu'après avoir défendu les Sudètes, il puisse opprimer une minorité tchèque ; 3° Daladier, transfuge du Front populaire, a besoin des voix de droite pour gouverner. Or, pour la droite fr., la Tchéc. est une création de la maçonnerie anti-habsbourgeoise et de Clemenceau, l'ennemi de la droite ; 4° le Gal Gamelin ne croit pas à une possibilité de résistance des Tchèques, depuis que les armées hitl. occupent l'Autr., tenant 3 côtés du quadrilatère bohémien.

Affaire polonaise : En partageant la Pol. avec Staline, par le tr. secret du 23-8-40, Hitler poursuit son plan de conquêtes (il se réserve d'attaquer l'Ukraine, le moment venu). Cela va déchaîner la g. car, 1° Chamberlain sait, désormais, que Hitler est décidé à conquérir l'Europe ; 2° en Fr., la collusion Hitler-Staline permet à Daladier de se poser comme anti-comm. en luttant contre l'All. : il rallie ainsi la droite à sa politique d'alliance angl. (exceptions, dont Marcel Déat et Pierre Laval).

Défenses

Ligne Maginot. Projetée en 1925 par Paul Painlevé (1863-1933). Commencée en 1929 (approuvée 17-1 ; crédits de 2 900 millions F votés 14-1-30 ; construction ralentie par manque de crédits 1934) sous l'impulsion d'André Maginot [(1877-1932) mutilé de la jambe droite (amputée), min. de la G. 1922-24 et 1929-32], achevée en 1936. *Coût :* env. 4 milliards de F actuels. S'étendait de Montmédy à Huningue (frontière suisse) : 140 km en 2 tronçons de 70 km sur un front total de 760 km de la Suisse à la mer du Nord.

En 1932, le Conseil sup. de la guerre avait refusé de continuer la ligne jusqu'à la mer. Il considérait, après des aménagements spéciaux, les Ardennes comme infranchissables. En 1939, la « ligne » avait vieilli : superstructures des forts non protégées contre des parachutistes, tourelles armées de canons de 75 et non d'armes antichars, ou antiaériennes, modernes.

Pièces maîtresses : région nord de Metz, entre Rhin et Moselle, et contreforts des Vosges (en tout : 49 ouvrages d'art., 44 d'inf.). De sept. 1939 à mai 1940, le Gal Gamelin massa le gros de ses forces derrière la ligne Mag., pensant que Hitler chercherait à la percer.

Actuellement, l'armée n'utilise que les casemates d'Hochwald, où l'armée de l'Air a installé le système de surveillance « Strida ». Les autres ouvrages sont vendus aux particuliers dep. 1971.

Ligne Siegfried. Construite en quelques mois par l'organisation Todt en 1939 (inachevée en sept.) d'Aix-la-Chapelle à la frontière suisse, 15 à 20 ouvrages au km² ; ensemble de 23 000 casemates en profondeur sur 30 km. But : freiner l'avance française le temps de permettre à la *Wehrmacht* de battre la Pologne.

Mobilisation

Concerne 5 millions d'hommes ; évacuation de plusieurs centaines de milliers de Strasbourgeois et de Lorrains de la région de Longwy.

Sur le plan technique. A partir du 21-8, les hommes furent appelés dans un ordre donné en raison de leur âge, de leur profession et de leur qualification militaire ; le 1-9, la mobilisation générale est proclamée. La S.N.C.F. achemine 5 200 trains vers le N.-E. Au 10-9, tout est en place ; chaque division d'active engendre 3 nouvelles divisions : 1 « d'active » avec ⅓ des officiers de carrière, et 55 % de soldats accomplissant leur service ; une de « série A », 23 % d'off. d'act. ; 1 de « série B » avec 3 off. par régiment, des réservistes âgés, mal entraînés, qui n'avaient fait qu'un an de service.

Sur le plan moral. Quelques condamnations de la « g. juive » par des extrémistes de droite ou de « la g. du capitalisme » par des extrémistes de gauche ; déserteurs [un millier par les Pyrénées ; les mobilisés, communistes compris (bien que des sanctions aient été prises contre le parti, rejoignent sans enthousiasme leur unité)].

Sur le plan économique. Presque tous les hommes valides étant mobilisés, usines et ateliers sont privés de main-d'œuvre alors qu'il n'y a pas assez de fusils pour chaque mobilisé ; les effectifs de la métallurgie tombèrent de 1 000 000 à 550 000, ceux des usines Renault de 30 000 à 8 000 ; la plupart des cadres partent comme officiers de réserve. Les généraux craignent de dégarnir leurs secteurs (tout en se plaignant d'une insuffisante dotation en armes et en munitions), on aura du mal à rappeler des armées 500 000 puis 2 000 000 de « spécialistes » mis en affectation spéciale.

Opérations 1939-40

1939 1-9 Hitler envahit la *Pologne ;* 3-9 *Fr. et G.-B. déclarent la g.* à All. (G.-B. : 11 h ; Fr. : 17 h) ; 10-9 *Canada* déclare la g. à All. ; 17-9 entrée des Russes en Pol. ; 27-9 Pol. capitule ; 16-10 les troupes fr. qui avaient pénétré en All. (théoriquement pour aider les Pol.) sont ramenées sur la ligne Maginot ; 8-11 attentat manqué contre Hitler à Munich (coupables non identifiés, peut-être une provocation policière) ; 30-11 l'U.R.S.S. attaque la Finlande (Fr. et G.-B. se considèrent comme alliés des Finl.).

Quelques questions

Pourquoi n'a-t-on pas bombardé la Ruhr au début de la guerre ? Les Anglais voulaient bombarder la Ruhr, ils possédaient une aviation stratégique dont les Allemands n'avaient pas l'équivalent, et ils ne redoutaient pas les représailles ennemies. Mais les Français craignaient ces représailles sur le Nord, la Lorraine et Paris, les 3 régions industrielles principales, alors qu'ils ne pouvaient pas riposter efficacement. Les Anglais proposèrent alors, au moins, de poser des mines dans le Rhin, le Pt Lebrun s'y opposa.

La France aurait-elle pu répliquer à l'invasion allemande en Pologne ? On ne pouvait entrer en Belgique sans poser un problème politique grave ; il aurait donc fallu attaquer, disait Gamelin, entre Rhin et Moselle contre la « ligne Siegfried » avec une puissante artillerie (nécessaire contre le béton), mais on tarde à la mettre en place comme si on n'avait pas l'intention de s'en servir. Il semble que les autorités fr., militaires et civiles, n'aient pas voulu prendre le risque d'une attaque, au début d'une guerre censée être longue et coûteuse, qui, en cas d'échec ou même de succès limité, aurait affecté le moral des Fr. Les All. ont lancé contre la Pologne 58 divisions en 4 j, sans avoir achevé leur mobilisation ; il a fallu aux Fr. une semaine pour faire progresser 10 divisions sur quelques km.

La défaite de la France

● **Raisons de la victoire all.** *On ne peut invoquer une supériorité* en effectifs (2 000 000 d'h. contre 2 000 000), en chars (2 800 contre 3 000), sur mer (les Alliés ont 514 unités contre 104 pour l'All. ; Angl. : 13 navires de bataille, 50 croiseurs, 6 porte-avions ; Fr. : 7 navires de ligne, 18 croiseurs, 51 destroyers, 77 sous-marins), mais *on peut invoquer :*

1°) *une supériorité en avions* de bombardement (1 562 contre 292) et en avions de chasse (1 016 contre 777, les chasseurs angl. modernes étant restés en Angl.) ;

2°) *un esprit offensif* (50 % de – de 25 ans contre 35 % dans l'armée fr. : 51 divisions actives contre 33) ;

3°) *une meilleure coordination :* aviation, artillerie, blindés se sont entraînés à opérer ensemble (les Fr. ne conçoivent pas la liaison blindés-avions) ;

4°) *les grandes unités blindées* (10 divisions panzer + 4 div. motorisées contre 3 div. cuirassées fr. et 1 div. légère mécanique sur 50 bataillons de chars fr., 20 sont groupés, 30 éparpillés), concentrés entre Longuyon et la mer (2 200 chars contre 1 520) ;

5°) *une artillerie bien équipée* en canons antichars (11 200 contre 4 350) et pièces de D.C.A. (9 000 contre 1 227) ; faiblesse du dispositif défensif français ; Gamelin a adopté le système du cordon linéaire, sans masse de manœuvre de réserve, sans points fortifiés en profondeur ;

6°) *l'erreur de l'état-major fr.* qui a cru que Hitler reprenait le Plan Schlieffen de 1914 et qu'il fallait avant tout bloquer son aile droite ; en janv. 1940, l'état-major belge lui avait pourtant livré le plan de bataille all. saisi sur un aviateur prisonnier (attaque centrale par les Ardennes), mais Gamelin avait cru à une feinte ;

7°) *un commandement uni* face à un manque de concertation (ni état-major commun fr.-angl., ni état-major interarmes français) ; ainsi le plan de contre-attaque de Gamelin et Weygand ne sera pas appliqué en mai, faute d'accord entre Anglais, Belges et Français. Gamelin n'a pas réagi après la percée de Sedan (les blindés aventurés vers Amiens pouvaient être coupés par une contre-attaque N.-S. ou S.-N.) ;

8°) *la paralysie des voies de communication* par 11 millions ½ de civils réfugiés (le commandement all. a provoqué exprès cet exode).

Armistice

● **Circonstances.** *1° Illusions de Pétain et de Weygand sur la bonne foi allemande.* Weygand espérait qu'un armistice sauverait de la captivité une bonne partie des effectifs. Pétain a cru que la Fr., en obtenant l'armistice, faisait une aussi bonne affaire que l'All. obtenant l'armistice du 11-11-1918. Or Hitler n'envisageait pas d'observer les clauses de l'armistice ; il n'avait pas de parole et voulait détruire la Fr. qu'il haïssait et méprisait. Il a occupé la zone libre, agressé la flotte fr. à Toulon, envahi la Tunisie, annexé l'Alsace-Lorraine, gardé indûment les prisonniers, etc. *Réponse des pétainistes :* la Fr. aurait moins souffert de l'occupation all. que les autres pays européens qui n'avaient pas signé d'armistice (nombre relatif des déportés, des exécutés, des calories de rations alimentaires, des t de produits réquisitionnés, etc.). Il semble en fait que le sort de la Belgique (sans armistice) a été plus supportable que celui de la Fr., mais Léopold III intervenait efficacement.

2° Pétain a cru en la défaite anglaise, jusqu'au début de la g. germano-russe (1941). Il voulait donc s'accommoder le moins mal possible d'une victoire all. sur l'Angleterre. *Réponse des pétainistes :* en 1940, presque tout le monde croyait à la défaite angl. (ex. : Roosevelt, Staline, Mussolini, le pape Pie XII, des Anglais comme Richard Austin Butler, futur chef des conservateurs). Les seules exceptions notables ont été de Gaulle et Franco. Mais l'erreur de Pétain a été finalement bénéfique pour l'Angl., car en juin 1940, sans l'armistice, Hitler aurait conquis l'Afr. du N. (avec comme conséquence probable, l'entrée de Franco dans la g. à ses côtés). Si Pétain avait cru à la victoire angl., l'Angl. aurait été battue ! *(Pour d'autres,* les escadres franco-brit. de juin 1940 auraient été de taille à protéger l'Afr. du N.)

3° Esprit de capitulation. La « débâcle » de mai-juin 1940 (détresse, panique, désir de paix à tout prix) : 1°) les civils réfugiés (au moins 10 000 000, plus 1 500 000 Belges), sans logement ni nourriture, veulent la fin des combats pour revenir chez eux ; 2°) les militaires qui ont eu 130 000 tués en 1 mois (plus qu'en aucun mois de la g. de 1914-18) sont scandalisés d'être envoyés au massacre pour rien ; ils pensent, comme Weygand, que l'armistice leur évitera la captivité ; 3°) la résistance de Gambetta en 1870-71, qui a coûté des morts et des ruines et s'est terminée par une paix encore plus désavantageuse (5 milliards de F d'indemnité au lieu de 2 ; l'Alsace-Lorraine perdue au lieu de l'Alsace seule), est rappelée par la Presse.

● **Clauses militaires :** l'armée fr. dite *armée d'armistice* est réduite à 95 000 soldats professionnels (garde mobile : 180 officiers, 6 000 h. ; autres unités : 3 584 officiers, 84 516 h. Au total : officiers 4 % ; sous-officiers 16 % ; h. de troupe 80 %). Pas de motorisation, sauf 8 automitrailleuses par régiment de cavalerie, pas d'artillerie sauf des batteries de 75 attelées, puis, ultérieurement, des batteries de D.C.A. contre les raids angl. Pas d'aviation jusqu'à juillet 1941 (ensuite droit de fabriquer 600 avions en zone sud, à condition de fabriquer 3 000 avions pour les All. en zone N.).

● **Organisation du territoire. Zone libre** (246 618 km² soit 45 % du territoire) : 34 départements inoccupés, 13 occupés partiellement par les All., 4 occ. partiellement par les Italiens (Alpes-Mar., Basses-Alpes, Hautes-Alpes, Savoie) ; 14 millions d'hab. (33 % de la pop. active, vignes 77 %, fruits 64, ovins 60, pommes de terre 42, bovins 35, terres labourables 33, avoine 19, betteraves 4, pêche 3, blé 2,6).

Zone occupée (304 368 km², soit 55 % du territoire) : 39 dép. totalement occupés (42 avec Alsace-Lorraine) et 13 occ. partiellement ; 26 millions d'h. (67 % de la population active) ; abrite la majeure partie du potentiel écon. du pays.

Zone dite zone interdite au N. et au N.-O. où le retour des réfugiés est interdit : une organisation all., l'*Ostland,* y organisera jusqu'au 17-2-1943 l'installation de colons venus des pays baltes dans les terres restées sans propriétaires : l'intention de Hitler était de recréer un État « thiois », c'est-à-dire germanique, dans les provinces ayant appartenu à l'ancienne *Lotharingie* créée en 843 : Nord, Pas-de-Calais, Ardennes, Meuse, Meurthe-et-M., Vosges, Hte-Saône, Doubs, Jura. *Implantation maximale :* Ardennes (380 communes sur 503) : 2 500 propriétaires expulsés, 110 000 ha confisqués.

Zone à régime spécial : *Alsace-Lorraine :* annexée en fait, malgré les protestations de Vichy (l'allemand devient obligatoire le 29-7-1941) : 130 000 Alsaciens-Lorrains, considérés comme citoyens all., serviront dans l'armée all. à partir de 1942.

● **Organisations policières allemandes :** La *Gestapo (Geheimstaatpolizei,* « police d'État en civil ») s'occupe des ressortissants allemands et n'est pas directement engagée contre la Résistance française. *Polices allemandes antirésistance :* prévôté militaire *(Feldgendarmerie),* prévôté militaire en civil *(Geheimfeldpolizei),* service de sécurité *(Sicherheitsdienst* ou *S.D.)* qui dépendait de Heinrich Himmler, ministre de la Police.

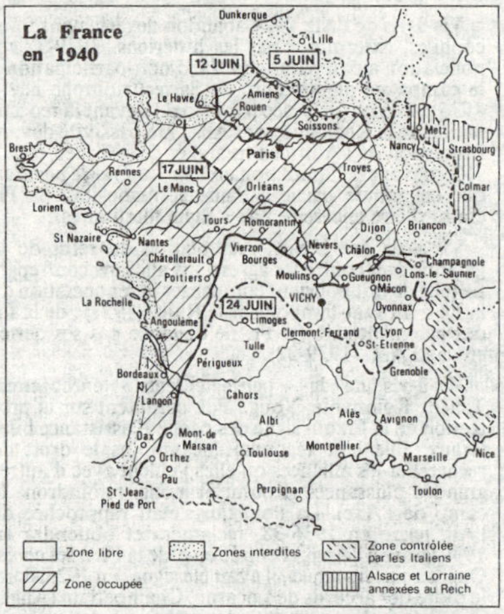

5 juin. Début de la bataille de France, les Allemands passant à l'offensive sur la Somme. *12 juin.* L'ordre de retraite générale est donné aux armées fr. *17 juin.* Demande d'armistice. *24 juin (à 24 h).* Arrêt des hostilités.

1940 16-2 l'*Altmark,* croiseur auxiliaire all., naviguant dans les eaux norvégiennes, avec des prisonniers angl. à bord, est pris à l'abordage par le croiseur angl. *Cossack* qui délivre les prisonniers ; 12-3 les Alliés décident d'envoyer 13 000 h. à Narvik (Norv.) pour soutenir les Finl. ; 13-3 capitulation finl. (tr. de Moscou, signé 12-3, ratifié par la Finl. 16-3) ; 5-4 date fixée pour le débarquement allié en Norv. [visant à couper « la route du fer » (minerai suédois transitant vers l'All. par Narvik)], puis éventuellement Suède et côtes baltiques ; 9-4 invasion all. : *Danemark, Norvège* (occupation d'Oslo, Bergen, Egersund, Kristiansand, Stavanger, Trondjem, Narvik) ; 15-4 débarquement anglo-fr., en Norv. [bat. navale du golfe de *Narvik* (9-4) détruit la flottille all., et le G^al^ all. Dietl est isolé, mais le G^al^ angl. Mackezy refuse toute opération terrestre ; 1-5 le G^al^ fr. Antoine Béthouard (1889-1982) (½ brigade de chasseurs alpins, 1 ½ brig. de légionnaires, 1 brig. polonaise) et le G^al^ norvégien Fleisher attaquent à Foldvik ; 13-5 Auchinleck remplace Mackezy, fait front vers le S., pour stopper les All. venus de *Namsos ;* 28-5 ordre d'évacuation, à cause de la défaite en Fr. ; 29-5 au 2-6 la Légion chasse les All. de Narvik et de Ankenes ; 7-6 rembarquement sans réaction all.] ; 10-5 *Pays-Bas, Belg., Luxemb.* envahis ; 14-5 *percée allem.* entre Namur et Sedan ; 15-5 l'armée hollandaise *capitule ;* 16-5 archives du Quai d'Orsay brûlées ; 19-5 Weygand remplace Gamelin ; 28-5 *reddition de la Belg. ;* [225 000 prisonniers : 145 000 Flamands (libérés aussitôt), 80 000 Wallons (internés : 66 000 captifs fin 1943)] 29-5/4-6 rembarquement de **Dunkerque** [évacués (26-5/3-6) 338 226, dont Brit. 139 732, Fr. 139 097 ; évacués par bateaux fr. : 48 474 ; blessés : Brit. 58 584 ; Alliés 814 ; pertes angl. : disparus, tués, captures 68 111 ; avions 180, canons 2 472, véhicules 75 000, navires

500 000 t ; All. 156 avions] ; 6-6 front de la Somme rompu ; 10-6 *Italie déclare g. à Fr.*

5-6 Gal de Gaulle nommé sous-secr. d'État à la Déf. nationale ; 6-6 raid isolé d'un avion de l'aérovanale fr. sur Berlin ; 9-6 se rend en Angl. pour demander le renvoi en Fr. de troupes brit. et d'une partie de la RAF ; 11-6 participe à un Conseil suprême présidé par P. Reynaud et Churchill à Briare ; 13-6 *prise de Paris*, déclarée ville ouverte par le Gal Weygand [le Gal Héring, gouverneur milit., avait reçu l'ordre de résister ; 11-6 le Gal Dentz le remplace, chargé d'évacuer la ville et de la faire contourner par les troupes en retraite (la défense de la région par. était militairement possible par des unités d'infanterie et des batteries antichars retranchées dans les pavillons de banlieue, mais la destruction de Paris était alors inévitable)] ; De Gaulle quitte Brest pour Plymouth ; 16-6 à Londres pour demander les moyens de transport pour continuer la lutte en A.F.N. ; au téléphone fait accepter par Reynaud le projet d'union franco-brit. présenté par Jean Monnet et accepté par Churchill, rentre à Bordeaux à 21 h 30, Reynaud a démissionné. Min. *Pétain* demande l'armistice ; 17-6 de Gaulle prend l'avion pour Londres, avec le Lnt Geoffroy de Courcel et Gal anglais Spears ; sa famille s'embarque à Brest sur un cargo ; 18-6 **appel du Gal** ***de Gaulle*** sur la BBC à 20 h, les All. franchissent la Loire (Bordeaux menacé) ; 22-6 **armistice** avec All. à Rethondes [signé par le Gal fr. Charles Huntziger (1880-1941) et le Mal Keitel (All.)] ; 24-6 avec Italie (185 000 Fr. avaient repoussé 500 000 It. pendant 15 j).

De l'armistice à 1945

☞ Voir histoire intérieure, p. 614.

1940 24-6 : 113 habitants de l'île de Sein partent pour la G.-B. (l'île sera occupée par les All. le 2-7) ; ils constituent le 1/4 des effectifs de De Gaulle ; 3-7 **Mers el-Kébir** (Alg.) : l'amiral angl. Sommerville somme l'amiral fr. Gensoul de faire route vers la Martinique ; croyant à de la mauvaise foi, Gensoul refuse. Sommerville détruit 3 croiseurs de bataille sur 4 *(Provence, Bretagne, Dunkerque)* ; le *Strasbourg* peut s'échapper ; 1 300 marins fr. tués ; 15-7 début de l'opération *Otarie* (plan d'offensive all. en G.-B.) : 1 722 chalands, 1 161 navires à moteurs, 475 remorqueurs, 155 gds transports [abandonnée en oct. 1940, sur les instructions de l'amiral all. Canaris, favorable aux Alliés], elle aurait pu réussir, les Angl. n'ayant plus de troupes terrestres valables ; 7-8 accords Churchill-de Gaulle ; 26-8 Tchad rallie F.F.L. ; 7-9 Weygand délégué général en A.F.N. ; 23/25-9 tentative anglo-fr. libre de débarquement à *Dakar*, échec (défenseurs tués : milit. 100, civils 84) ; 25/26-9 raids de représailles sur Gibraltar, par l'aviation vichyssoise basée en Alg. ; 28-10 It. attaque Grèce ; août-oct. **bataille aérienne d'Angl.** (Bilan : 375 pilotes brit. †, 356 blessés, 14 621 civils †, 20 292 bl., 2 375 avions all. détruits (dont 2 265 abattus en Angl.) ; 945 av. angl. perdus (1 905 avions neufs construits). Nombre total de sorties aériennes : All. 27 560 ; Angl. 65 218.

1941 7-2 les Anglais prennent *Benghazi* ; 2-3 Allem. occupe Bulgarie ; 6/8-4 Allem. envahit Yougosl. et Grèce ; 11-5 Rudolf Hess (contrôleur gén. du parti nazi) fuit en G.-B. (il essaie d'entamer des négociations de paix avec un ami personnel, Lord Hamilton ; déclaré fou par Hitler) ; 28-5 *protocole de Paris* signé entre les Gaux Huntziger (France) et Warlimont (All.) : prévoit la collaboration milit. en Afr. du N., en échange de 83 000 prisonniers (resté lettre morte) ; 22-6 *All. attaque U.R.S.S.*

Juin-juill. **affaire de Syrie** [offensive anglo-gaulliste ; raisons : 1°) faire passer à la Fr. libre un nouveau territoire pétainiste ; 2°) tâcher de recruter pour les forces gaullistes l'armée du Gal vichyssois Fernand Dentz (30 000 h.) ; 3°) empêcher les pétainistes de livrer les ports libanais et syriens aux All. ; 4°) (pour l'Intelligence Service) liquider la présence fr. au Proche-Orient (37 563 cadres fr. sont expulsés de Syrie-Liban en août 1941)] ; résistance de Dentz ; 17-6 Pétain et Darlan refusent l'aide des Stukas (pertes vichyssoises 1 036 †, dont officiers 76, sous-off. 256, h. 704 ; pertes gaullistes : env. 800) ; 14-7 armistice de St-Jean-d'Acre : honneurs de la guerre à Dentz (2 000 h. sur 25 000 rejoignent les gaullistes) ; 14-8 **charte de l'Atlantique** (rencontre Roosevelt-Churchill) : ils définissent les 8 principes « sur lesquels ils fondaient leurs espoirs en un avenir meilleur pour le monde et qui sont communs à la politique nationale de leurs pays respectifs ». En Fr. création de cours spéciales de justice ; 9-9 début du siège de *Leningrad* ; 12-11 Huntziger meurt (acc. d'avion) ; 18-11 Weygand renvoyé ; 7/8-12 **Pearl Harbor**, Japon attaque flotte amér. (pertes U.S. : 6 cuirassés, 3 croiseurs, 3 destroyers, 1 porte-avions, 273 avions ; Jap. : 48 avions, 5 petits sous-marins) ; 11-12 Allem. et It. déclarent la *guerre aux U.S.A.* ; 18-12 retraite allem. devant Moscou ; 20-12 1er engagement contre l'aviation japonaise des « Tigres volants » [aviateurs américains volontaires en Chine (Gal Claire Lee Chennault, 1890-1958)].

Mur de l'Atlantique

Origine. *1942*-13-8, Hitler charge l'Organisation Todt (génie militaire) de créer une ligne fortifiée de la Norvège à l'Espagne pour le 1-5-1943. 15 000 blockhaus prévus. 4 zones construites : 2 en Norvège, Pas-de-Calais, îles anglo-normandes. Les militaires refusent les blockhaus standards conçus par Todt. Todt doit équiper également les rampes des V1, le « mur de l'Est », etc. Bombardements alliés. *1943*-3-11, Rommel fait fortifier les plages. 40 000 ouvriers réquisitionnés.

Réalisation au 6-6-1944. Au large, mouillage de mines, plages minées, obstacles immergés à marée haute avec charge explosive ; « hérissons tchèques » (rails entrecroisés, « grilles belges », tétraèdres en béton de 2 m de haut), murailles de béton antichars, villas transformées en blockhaus, barbelés, blockhaus sur le front de mer. À l'intérieur des terres, champs de mines, inondations, « asperges de Rommel », poteaux de 3 à 4 m de haut, avec explosifs contre les planeurs.

Efficacité. Batteries mal équipées. 2 ont été utilisées le 6-6-1944 : celle de Longues (calibre 152), une de celles de Ste-Adresse (170 mm). Pour ne pas dépendre de ports fortifiés (très difficiles à prendre), les Alliés avaient créé des ports artificiels. Les Allemands ont pu résister dans les « poches » de l'Atlantique à Royan jusqu'au 15-4-1945 (attaque anglo-amér.), Lorient, St-Nazaire, La Rochelle, Rochefort, jusqu'à l'armistice (sans être réellement attaqués).

Côtes méditerranéennes. Südwall (mur du Sud), sur le littoral, 550 canons entre Marseille et Agay. Seront pulvérisés par l'aviation, les roquettes (30 000) et l'artillerie de marine (16 000 obus) le 15-8-1944 entre 3 h 50 et 8 h.

1942 17-4 Gal Giraud s'évade d'All. ; 4-5 attaque anglaise contre *Diego-Suarez* (Madagascar) [7-5 repli fr. ; oct. offensive contre Majunga ; 5-11 capitulation fr. (env. 500 Fr. †, dont l'aviateur Assolant)]. *Raisons* : éviter que les Jap. de Birmanie utilisent l'île comme base ; 7/9-5 déf. navale jap. *(mer de Corail)* ; 11-5 rencontre Goering-Laval à Moulins ; 22-6 *accord sur la relève* : pour 3 départs de spécialistes volontaires vers l'All., 1 prisonnier de g. doit être libéré (échec : 12 000 vol. en juin, 23 000 en juill. alors que Sauckel en réclamait 150 000) ; Laval déclare « souhaiter la victoire de l'All. » ; janv. les Japon. prennent les Philippines ; févr. Birmanie ; 27/28-3 *St-Nazaire*, coup de main allié ; 27-5/11-6 **Bir-Hakeim** (Afr.), Angl. et Fr. (Gal Kœnig) battent Afrika Korps all. (Gal Rommel) (V. Index) ; 16-7 *rafle du Vél. d'Hiv.* : 13 000 Juifs arrêtés dont 4 051 enfants (30 revinrent) ; 28-7-42/31-1-43 *siège de* **Stalingrad** (V. encadré, g. germano-russe) ; 19-8 **Dieppe** coup de main allié [opération *Jubilee* : sur 6 086 soldats alliés, 4 384 tués ou blessés (2e div. canad. : 836 †, commandos angl. 132 †, Royal Navy 550 †, 1 500 prisonniers), 34 navires coulés, les 28 blindés mis à terre atteints ; 106 avions détruits (contre 170 all.). Hitler récompense Dieppe pour sa sagesse en libérant des prisonniers de la région] ; 25-8 *mobilisation des Alsaciens-Lorrains* dans la Wehrmacht ; 4-9 recensement de la main-d'œuvre fr. disponible (pour un éventuel envoi en All.) : tous les h. de 18 à 65 ans et les f. cél. de 21 à 35 ans ; 20/22-9 116 otages exécutés à Romainville ; 23-10/3-11 **El-Alamein** : Montgomery bat Rommel [23-10 offensive angl. après préparation d'artillerie (échec) ; 24-10 contre-offensive des chars de Rommel (lourdes pertes) ; 28-10 2e offensive angl. sur un autre axe (réserves all. fixées) ; 2-11 percée angl. sur un 3e axe : repli de Rommel, qui continuera jusqu'en Tunisie (250 000 prisonniers en mars 1943)] ; 4-11 l'escadre fr. mouille dans la rade des Salins d'Hyères ; 7-11 revient à Toulon. 8-11 **débarquement anglo-américain en Afr. du Nord** ; escadre d'Alger : 25 000 h. ; e. d'Oran : 39 000 h. ; e. de Casablanca : 35 000 h. (pertes fr. 500 †, 2 000 bl., 1 croiseur, 4 contre-torpilleurs, 12 sous-marins détruits) ; 11-11 *France libre occupée* ; l'amiral de Laborde, invité 2 fois par Darlan à rejoindre l'Afrique avec l'escadre de Toulon, refuse ; 19 h Laborde fait mettre bas les feux ; 12-11 la Luftwaffe occupe les aéroports voisins de Toulon ; 12-11 les troupes all. arrivent en Tunisie (l'amiral fr. Esteva les laisse s'installer par ordre de Pétain) ; 18-11 les troupes terrestres qui défendent le camp retranché de Toulon sont retirées par ordre des All. ; 27-11, 4 h 30 attaque des blindés all. vers le port ; 8 h 30 sabordage de la flotte [225 000 t, 61 unités dont les croiseurs modernes *Strasbourg* et *Algérie*, et le contre-torpilleur *Volta* (record du monde de vitesse avec 45 nœuds), 3 s.-m. s'échappent : il reste alors à la Fr. 240 000 t de navires de g. dont l'escadre d'Alexandrie] ; 8-12 en Tunisie les All. internent la garnison de Bizerte et s'emparent de l'escadre Derrien (3 torp., 9 sous-marins, 3 avisos).

1943 14/27-1 **conférence de Casablanca** (Roosevelt, Churchill, Giraud, de Gaulle) ; 8-2 Amér. reprennent Guadalcanal ; 31-1 *chute de* **Stalingrad** ; 19-4 soulèvement du *ghetto de Varsovie*. *En* **Tunisie**, 1-2 les All. arrêtent les Alliés et occupent la ligne Mareth à la frontière libyo-tun. ; 26-3 ils évacuent la ligne Mareth ; 12-4 Montgomery prend Sousse ; 8-5 prend Tunis et Bizerte ; 13-5 les All. capitulent en Tunisie (250 000 prisonniers, 100 canons, 250 chars). *Effectifs* de l'armée fr. victorieuse (mai 1943) : 50 000 h., dont 16 000 opérationnels (indigènes 66 %, légionnaires étrangers 16 %, Fr. de souche 18 %). 1-7 1er bombardement massif de la Ruhr ; 10-7 débarquement allié en Sicile ; 25-7 *Mussolini destitué* : 31-7/10-8 les All. relèvent les troupes ital. d'occupation dans le Midi ; 12-9 **débarquement en Corse** ; 13-10 **Italie décl. g. à All.** 6-11 les Russes reprennent Kiev ; 11-11 le maquis défile à Oyonnax ; 28-11/1-12 **conférence de Téhéran** (Churchill, Roosevelt, Staline) ; **Guadalcanal** : Américains résistent aux Japonais.

1944 30-1 **conférence de Brazzaville** ; 18-2 « opération *Jéricho* » [attaque aérienne brit. contre la prison d'Amiens (bilan : All. : 20 †, 70 bl. ; prisonniers fr. : 95 †, 87 bl. ; 2 av. brit. détruits ; quelques Fr. condamnés à mort évadés ; 60 agents de la Gestapo désarmés)] ; 25-3 combat des *Glières* (Hte-Savoie), voir p. 613 ; 31-3 début de la maladie cardiaque de Roosevelt (il est hors d'état de diriger les U.S.A.) ; 2-4 à *Ascq* (Nord) les All. massacrent 86 pers. ; 11-5 vict. du Gal Juin sur le *Garigliano* (lignes allemandes percées) ; 4-6 *prise de Rome* par les Fr.

6-6 débarquement allié en Normandie : *forces alliées* 90 000 (Américains, Brit., Canadiens et 177 Fr.) dans les forces d'assaut (5 divisions débarquées par mer, 4 aéroportées) ; 200 000 (39 divisions) dans les jours suivants ; 9 000 navires dont 138 gros navires de guerre, 221 petits, 1 000 dragueurs, 4 000 péniches ; 3 200 avions (174 escadres). Nom de code : *Overlord* [auparavant (opération *Fortitude*) les Alliés avaient persuadé les All. que le débarquement principal aurait lieu dans le Pas-de-Calais]. 5-6 à 23 h parachutage dans la région de Ste-Mère-l'Église ; 6-6 à 6 h 30 la 1re unité amér. débarque à Ste-Marie-du-Pont (plage de la Madeleine, rebaptisée Utah Beach). *Allemands* 50 000 (dont 50 % de volontaires étrangers) entre Seine et Mt-St-Michel ; 300 000 dans les jours suivants. *Pertes* amér. 3 400 † et disparus, 3 180 blessés ; angl. env. 3 000, canadiennes 946 (dont 335 †), all. entre 4 000 et 9 000. *Pertes totales* alliées 30-40 000, all. 150 000 (70 000 prisonniers).

9-6 à Tulle 99 otages pendus ; 10/19-6 combats du *Mt Mouchet*, puis de *la Truyère* (Hte-Loire), voir p. 613 ; 12-6 1er VI sur Londres ; 20-6 la milice exécute Jean Zay ; 28-6 des résistants exécutent Ph. Henriot, secr. d'État à la propagande ; juillet combat du *Vercors* (20 000 All. contre 3 500 F.F.I. ; pertes fr. : env. 2 000 † ; les bl. sont achevés) ; 7-7 la milice exécute Georges Mandel ; 20-7 attentat du Cel de Stauffenberg contre Hitler échoue ; répression féroce ; 31-7 *percée d'Avranches* ; 1-8 *insurrection de Varsovie* ; 15-8 **débarquement allié en Provence** [1 261 navires (1 850 000 t), dont 6 % de fr. (notamment l'*Émile-Bertin* à Anthéor) ; 2 100 avions contre 230 avions all. ; 4 h 22, 10 000 parachutistes au Muy ; 8 h, débarquement à Cavalaire, Ste-Maxime ; 8 h 30 et 15 h 34, à St-Raphaël où les vagues d'assaut fr. se replient et sont détournées sur Agay (controverse : de Lattre et Eisenhower : forte résistance all. ; Jules Moch : faute stratégique, les All. étaient écrasés] ; 16-8 débarquement de la 1re armée française. 18-8 au 25-8 **Libération de Paris** [18-8 fusillage du Pont des Arts *(début de l'insurrection)* ; 19-8 police parisienne en grève ; 21/22-8 trêve signée entre insurgés et le gouvernement all., le Gal Dietrich von Choltitz ; 22/25 reprise des combats de rue à Paris, après la rupture de la trêve par le colonel F.T.P. Rol-Tanguy ; 24-8 von Choltitz élude l'ordre de Hitler de détruire Paris ; 25-8 il capitule devant le Gal Leclerc] ; 20-8 *St-Genis-Laval* (Rh.) 120 personnes brûlées vives par les All. ; 25-8 Maillé (I.-et-L.) 126 p. massacrées par les All. ; *de Gaulle* à *Paris* ; 31-8 *Gouv. prov. de la R.F.* à Paris ; les Amér. entrent en All. près de Trèves ; 2-9 les Alliés atteignent la frontière belge ; 3-9 la 1re Armée atteint

Guerre germano-russe (1941-45)

● **Causes.** 1°) Hitler voit dans les plaines à blé de l'Est *l'espace vital* idéal pour la race all. ; 2°) il veut détruire le « judéo-bolchevisme » [il prétend lui-même être socialiste et totalitaire (modification apparente du plan : 23-8-1939 pacte de « non-agression » avec l'U.R.S.S. ; Hitler voulant liquider d'abord les Occidentaux)] ; 3°) la résistance angl. d'oct.-déc. 1940 lui fait reprendre ses projets d'attaque : a) le potentiel écon. de l'U.R.S.S. lui permettrait de frapper encore plus fort les îles Brit. ; b) par le Caucase, il prendrait à revers les Angl. au Proche-Orient ; 4°) il décide d'attaquer sans attendre (car Staline se croit tranquille tant que les combats durent à l'O., il sait que l'All. redoute une g. sur 2 fronts). Mais la campagne des Balkans fait reculer le jour J. de 2 mois.

● **Déroulement. 1°) Victoires initiales des Allemands** (juin-déc. 1941). Les blindés all. encerclent des millions de combattants mais aucun plan d'ensemble n'a été suivi, aucun objectif stratégique n'a été atteint. Le contre-espionnage soviét. trompe les All. sur les pertes sov. : Hitler croit avoir mis hors de combat 200 divisions sov. au lieu d'une soixantaine, toutes les autres ayant été reformées et renforcées.

2°) **Défaites de l'automne 1941.** Les blindés all. reçoivent seulement le 30-9 l'ordre d'atteindre Moscou. Mais l'hiver arrive en oct.-nov., le matériel de combat souffre du gel. Le 5-12, les Sov. contre-attaquent près de Moscou, les All. reculent de 250 km.

3°) **Offensive all. par le S.** (juillet-déc. 1942). Hitler renonce à attaquer sur l'ensemble du front et décide de percer au S. pour remonter en 1943 par la vallée de la Volga et prendre Moscou à revers. Ses armées s'élancent le 12-7 sur la moitié S. du front, de Koursk à la mer d'Azov : leur aile gauche est stoppée à Voronej ; leur aile droite bat les Sov. dans la boucle du Don et atteint la Volga au S. de Stalingrad le 4-9. Hitler décide alors de joindre en Irak Rommel (qui s'est avancé le 30-6 jusqu'à 60 km d'Alexandrie) ; il lance vers le Caucase la moitié des effectifs de l'aile droite, qui atteignent Ordjonikidzé en oct. L'autre moitié (Gal Paulus) est stoppée à Stalingrad.

4°) **Défaite de Stalingrad.** Le 18-11, les Sov. lancent leur contre-offensive d'hiver sur les arrières des All. de Stalingrad (600 000 h. encerclés). Hitler ordonne à Paulus (nommé Mal) de résister dans Stalingrad jusqu'à la mort. Le 5-2-1943, Paulus capitule ; ses 600 000 h. sont hors de combat. Les Sov. reconquièrent le S.-E. jusqu'à l'Ukraine.

5°) **Dernières offensives all.** (16 mars-17 juill. 1943). Von Manstein profite d'une avance trop rapide des Russes pour contre-attaquer en Ukraine : il reprend Kharkov le 15-3, Bielgorod le 21-3 et rejette les Russes à l'E. du Donetz le 31-3. Le 12-7, il décide de prendre le saillant de Koursk en tenaille avec toutes ses réserves blindées (opération « Citadelle »). Ses 2 colonnes sont stoppées par les blindés sov. Le 17-7, d'autres blindés sov. percent le front au N. de Koursk et prennent Orel (victoire décisive : les All. n'auront plus jamais l'initiative).

6°) **Offensives russes vers l'O.** Les All. perdent en 1943 Kharkov (23-8), Smolensk (25-9), Kiev (6-11) ; en 1944, Odessa (10-4), Sébastopol (9-5). Fin avril les Sov. attaquent la frontière roumaine et polonaise.

7°) **Conquête de l'Eur. orientale.** Le débarquement en Normandie du 6-6-1944 immobilise de gros effectifs all. Les Sov. prennent Roumanie, États baltes, Pologne (Varsovie atteinte le 1-8), Bulgarie (18-9), Youg. (Belgrade prise le 19-9), Hongrie (attaque sur Budapest le 6-12). L'All. est atteinte le 12-1-1945 (Tcherniakowski conquiert la Prusse orientale). La Vistule est franchie le 22-2 (Dantzig capitule le 29-3), l'Oder le 12-3. Berlin est investi en avril, Tchéc. et Autriche occupées au début de mai.

● **Effectifs. Sur le front de l'Est au 22-6-1941.** *All.* : 180 divisions dont 25 blindées (400 chars chacune), 3 200 avions + 40 div. alliées (Finlande 14, Roumanie 22, Hongrie 1, Italie 1) ; *Sov.* : 150 div., 50 brigades blindées de 200 chars, 20 div. de cavalerie, 6 000 avions. **Mai 1942** (offensive vers la basse Volga), *All.* 240 div. (All. 179, Hongrie 13, Roum. 22, It. 10, Slovaquie 1, Esp. 1, Finl. 14) ; *Sov.* ont (sans doute) reconstitué leurs effectifs de 1941, mais perdent 600 000 h., 4 500 chars, 6 000 canons entre le *28-6* et le *15-8-1942.* **En basse Volga en automne 1942** : 150 div. (avec 5 000 chars). **Bataille de Koursk (12/17-7-1943),** *All.* : 900 000 h. (38 div. dont 17 blindées), 10 000 canons, 2 700 chars, 2 000 avions ; *Sov.* : 1 300 000 h., 20 000 canons, 3 600 chars, 2 400 avions. **Nov. 1943,** *Sov.* : 380 div. dont 51 blindées [2 à 3 fois supérieures à celles de la Wehrmacht (max. réuni par Manstein à Rostov le 15-11-1943 : 15 000 h., 1 500 chars)]. **En 1944,** *All.* : 400 « div. » réduites à quelques centaines d'hommes ; *Sov.* en juillet : 430 div., 70 brig. motorisées, 110 div. blindées, 20 div. de caval. (total : 8 millions de combattants). **Le 12-1-1945,** *All.* : 170 « div. », + 20 en Youg. et 35 div. blindées réduites à 100 chars.

Traités d'alliance conclus contre l'Allemagne

● **Clauses.** Durée 20 ans ; alliance contre l'All. et ses alliés, jusqu'au tr. final, sans paix séparée, alliance éventuelle après la g. en cas de nouvelle agression all. ; coopération amicale et assistance technique après la guerre.

● **Dates. 1942** *26-5* U.R.S.S./G.-B. **1943** *12-12* U.R.S.S./Tchéc. **1944** *10-12* U.R.S.S./France. **1945** *11-4* U.R.S.S./Youg. ; *21-4* U.R.S.S./Pol.

Lyon ; 12-9 armistice russo-roumain ; 17/25-9 **Arnhem** [Montgomery tente de passer 3 fleuves à la fois : Meuse à Eindhoven, Rhin supérieur à Nimègue, Rhin inf. à Arnhem en jetant sur chaque pont une division parachutée pour ouvrir la voie aux blindés ; seuls les 2 1ers ponts sont enlevés ; la 1re division aéroportée brit. (Gal Urquhart) est encerclée autour du pont d'Arnhem (2 000 survivants sur 10 000 paras)] ; 19-9 armistice russo-finlandais ; 19-10 les All. débarquent aux *Philippines ;* 20-10 *capitulation de Varsovie,* les All. b. les insurgés ; 22/27-10 *Leyte,* déf. navale jap. (V. Index) ; 28-10 armistice entre Alliés et Bulgarie (russo-bulg. le 11-9) ; 14-11 offensive de la 1re Armée sur la trouée de Belfort. 16/26-12 *contre-attaque allemande en Ardennes* (avance de 70 km) : 250 All. contre 75 000 Amér. qui résistent à Bastogne et St-Vith.

1945 16-1 le saillant all. des Ardennes est réduit (bilan : *All.* : 24 000 †, 63 000 blessés, 16 000 prisonniers ; *Alliés* : 8 000 †, 48 000 bl., 21 000 pr.) ; 17-1 les *Russes prennent Varsovie ;* 27-1 libèrent *Auschwitz ; 20-1 armistice* avec Hongrie ; 4/11-2 **conférence de Yalta** [Churchill, Roosevelt (malade), Staline] 1° All. sera divisée en 4 zones administrées par les Alliés : démontage d'usines, réparations (Staline refuse 6 fois d'admettre la Fr. dans la Commission de contrôle ; à la 7e demande formulée par Eden, il cède) ; 2° les positions acquises par l'U.R.S.S. seront reconnues, les frontières occ. de la Pologne seront fixées par le traité de paix, la ligne *Curzon* devient sa frontière à l'est ; la Russie interviendra contre le Japon ; 3° projet de Conférence à San Francisco pour créer une Organisation des Nations unies (Churchill et Eden arrivent à faire reconnaître à la France un droit de veto et une place parmi les 5 grands) ; 4° les Soviétiques réfugiés dans les territoires occupés par les Anglo-Amér. seront renvoyés en U.R.S.S. [2 800 000 seront livrés ; 800 000 exécutés sur-le-champ ; env. 1 500 000 déportés en Sibérie (exception : 60 000 Arméniens réfugiés en Californie)] ; 1-2 *Budapest prise ;* 6-2 les Fr. atteignent le Rhin de Bâle à Strasbourg ; 13-2 Dresde bombardée [par 800 bombardiers lourds anglais larguant des mines de 4 t, des centaines de bombes de 2 t, 650 000 bombes incendiaires, puis bombardées par 450 forteresses volantes ; 135 000 †, apparemment inutiles (réfugiés) ; centre historique détruit (motifs invoqués : 1°) saper le moral des civils all. ; 2°) désorganiser une possible résistance à l'occup. sov.)]. Iwo *Shima* (19-2/16-3) et *Okinawa* (1-4/10-6) les Am. b. les Jap. ; 19-2 les All. perdent la « bat. de l'eau lourde » (140 t coulées dans le lac Tinnsjö, en Norvège) ; 5-4 intervention de Pie XII, pour obtenir un cessez-le-feu séparé entre Occidentaux et All. ; 9-4 *Vienne prise ;* 13-4 Roosevelt meurt ; 25-4/26-6 *Conférence de San Francisco ;* 26-4 jonction américano-russe à Torgau (All.) ; 28-4 Mussolini exécuté ; 1-5 *Hitler se suicide* [ni cliniquement fou, ni dépendant des drogues, mais atteint de dépression, d'inflammation du côlon, de troubles cardiaques et de la maladie de Parkinson et « bourré » de médicaments] ; 2-5 **Berlin capitule ;** 8-5 **All. capitule** (armistice à Reims le 7-5) ; 26-6 signature du statut de l'O.N.U. ; 6-8 **Hiroshima** (1re bombe atomique) ; 14-8 **capitulation japonaise ;** 17-7/2-8 **Conférence de Potsdam** (Churchill puis Attlee, Staline, Truman) organise l'occup. de l'All. ; 2-9 **reddition japonaise.**

Traités terminant la guerre 1939-45

1) Capitulations. *Avec l'U.R.S.S. : 1944* Roumanie 12-9 ; Finlande 19-9 ; Bulgarie 28-10 ; *1945* Hongrie 20-1. *Avec l'U.R.S.S. et les Alliés occidentaux : 1945* Allemagne (Reims) 7-5, ratifié (Berlin 8-5). *Avec les Alliés occidentaux : 1945* Japon (à bord du Missouri, ancré dans la baie de Tokyo, 2-9).

2) Actes diplomatiques. *1947 traité de Paris* 10-2 : Italie, Roumanie, Bulgarie, Hongrie et Finlande. *1951 Tr. de San Francisco* 8-9 : entre Japon et 48 pays alliés. *1954 accords de Paris* (23-8) : Constitution de la Rép. fédérale d'Allemagne ; avec rétablissement des responsabilités diplomatiques (entrée en vigueur 1-1-1955). *1955 tr. de Moscou* 20-9 : l'U.R.S.S. confère la souveraineté à la Rép. démocratique d'Allemagne. *Tr. de Vienne* 15-5 ou « Tr. d'État » avec l'Autriche : U.R.S.S., U.S.A., G.-B. et France mettent fin à l'occupation ; confère la souveraineté à l'État autrichien.

Villes françaises libérées. 7-6 Bayeux, 27-6 Cherbourg, 5-8 Rennes, 10-8 Alençon, 16-8 Orléans, 18-8 Draguignan, 23-8 Marseille, Grenoble, 25-8 Paris, 26-8 Avignon, 27-8 Toulon, Montélimar, 29-8 Nîmes, 31-8 Montpellier, Béziers, Narbonne, Valence, 1-9 Rouen, Amiens, Reims, 2-9 Nice, Bordeaux, Chambéry, 4-9 Lyon, Maubeuge, 5-9 Lille, St-Étienne, 6-9 Les Sables d'Olonne, 7-9 Calais, Lons-le-Saunier, 8-9 Chalon-sur-Saône, 10-9 Besançon, 12-9 Le Havre, 15-9 Nancy, 21-9 Boulogne-sur-Mer, Menton, 20-11 Metz, Belfort, Mulhouse, 23-11 Strasbourg.

Quelques précisions

Commandants en chef 1939-45

Allemagne : *1939-41* Fedor von Bock (1880-1945) ; *1941-43* et *1944* Günther von Kluge (1882-1944) ; *1938-1941* Walter von Brauchitsch (1882-1948) ; *1942-45* Gerd von Rundstedt (1875-1953) ; *1941-42* (Afrique) et *1943-44* Erwin Rommel (1891-1944) ; *1939-45* (état-major) Wilhelm Keitel (1882-1946).

France : *1939* Maurice Gamelin (1872-1958) ; *18-5-1940* Maxime Weygand (1867-1965) ; *1943-44* (front d'Italie) Alphonse Juin (1888-1967) ; *1944-45* (Normandie) Philippe de Hauteclocque, dit Leclerc (1902-47) ; Jean de Lattre de Tassigny (1889-1952) (Rhin et Danube).

Grande-Bretagne : *1939-40* Lord John Gort (1886-1946) ; *1940-42* (bat. aérienne d'Angl.) Hugh Dowding (1882-1970) ; *1943-45* forces navales : Bruce Fraser (1888) ; terrestres : Bernard Law Montgomery (1887-1975).

Japon : *1940-45* (état-major) Hideki Tojo (1884-1948) ; *1941-43* (forces navales) Isoroku Yamamoto (1884-1943).

U.R.S.S. : *1941-45* Simon Timochenko (1895-1974) ; *1942-45* Grégor Joukov (1896-1974) ; *1943-45* Ivan Koniev (1897-1973).

U.S.A. : *1941-45* Pacifique : Douglas Mac Arthur (1880-1964) ; forces navales : Chester Nimitz (1885-1966) ; état-major : George Marshall (1880-1959) ; *1942-45* Dwight Eisenhower (1890-1969).

Conquêtes allemandes maximales

Pologne (1939), Danemark et Norvège (1940), Hollande, Belgique, Luxembourg, France zone occupée, îles Anglo-normandes (1940), Yougoslavie, Grèce (1941), Crète (1941), Égypte (N.-O. 1942), France (zone sud 1942), U.R.S.S. (à l'ouest d'une ligne Leningrad-Voronej-Stalingrad-Caucase, 1941-43), Tunisie (1943). *Ont échappé à l'invasion* 5 pays neutres : Suède, Suisse, Esp., Port., Turquie.

Résistance française

Le 18-6-1940, la quasi-totalité des Français étaient pétainistes.

● **Action psychologique.** *Presse clandestine* d'abord rudimentaire (tracts recopiés à la main, puis ronéotypés). En 1943, la police de Vichy signale 5 000 perquisitions, 1 600 arrestations, 500 000 exemplaires passés au pilon (ce qui suppose des tirages dépassant 100 000 exemplaires). PRINCIPAUX TITRES : *zone sud :* Combat, Franc-Tireur, Libération ; *zone nord :* Défense de la France, le Populaire (socialiste), l'Humanité et France d'abord (communistes), Témoignage chrétien (progress.), l'Université libre (enseignants).

● **Actions directes.** *De 1940 à fin 1941 :* surtout le fait d'équipes débarquées sur les côtes, depuis l'Angleterre (BCRA-Bureau central de renseignement et d'action). *1941 (fin) :* quelques actions individuelles en zone nord (sabotages, attentats en régions urbanisées). En zone sud, les officiers de l'armée d'armistice mettent au point un plan d'action éventuel contre l'armée all. (ORA-Organisation de résistance de l'armée et OCM-Organisation civile et militaire). *1942-43 :* coordination de ces mouvements souvent assurée par les équipes de rédaction des journaux. Zone nord : Pierre Brossolette (1903-arrêté, se suicide en 1944 pour ne pas parler sous la torture) ; zone sud : Jean Moulin (Voir p. 616). A partir de nov. 1942, ces noyaux sont en contact avec Alger. *1943 (printemps) :* constitution du CNR [Conseil national de la résistance (Jean Moulin)], regroupant mouvements, partis politiques, syndicats clandestins. *(Été) :* l'instauration du STO accroît les effectifs (requis ayant refusé de partir pour l'All.). Néanmoins, le total des résistants n'atteint jamais 1 % de la pop.

● **Actions militaires.** *Maquis.* Constitués au début de 1944, surtout avec des réfractaires STO. 2 groupes principaux FTP (Francs-tireurs partisans, communiste), FFI (Forces françaises de l'intérieur). Dépendant du COMAC [Comité d'action militaire du Conseil (national de la Résistance)]. Chaque département a en principe à sa tête un délégué militaire. *Effectifs maximaux :* 20 000 h. notamment dans les Alpes (les mieux équipés car ils ont recueilli le matériel de l'armée italienne qui avait capitulé à l'automne 1943), Massif central, Jura et Bretagne (maquis encadrés).

Principales opérations. Alpes : *Les Glières* (1 500 m d'altitude, près d'Annecy) : 500 hommes, venus principalement du 27e bataillon de chasseurs alpins, attaqués par une division all. de montagne et des miliciens (12 000 h), les 23-3/25-3-44, ils sont anéantis (160 † dont leur chef le capitaine Anjot), 300 All. tués ; le 1-5, le maquis réoccupera le plateau. *Le Vercors* près de Grenoble : 1 000 m d'alt. 350 h. en avril 1943, parachutages d'armes à partir de déc. 1943, premiers accrochages avec la Milice févr. 1944, 500 h. en mai 1944, 4 000 h. après le débarquement (5 compagnies réparties sur un plateau). Attaqués le 13-6-44 par 1 500 All., le 15-6 par 4 000 All. avec artillerie (attaque repoussée). Nombreux parachutages entre le 25 et le 28-6-44 (2 160 containers). Attaqués par 10 000 All. le 19-7, par 40 planeurs (au centre de leur dispositif) le 21-7 [les maquisards, croyant à une arrivée de renforts alliés, laissent l'ennemi atterrir et sont anéantis (600 †, dont leur chef : Jean Prévost)]. **Massif central :** *Mont Mouchet* (massif de la Margeride (confins du Cantal, P.-de-D., Hte-Loire, Lozère) : 10 000 h. [2 500 rassemblés le 15-5-44, avec 2 points d'appui proches (Truyère 15 000 h., St-Genès 2 000 h.), parachutages fournissant bazookas, mitrailleuses, fusils mitrailleurs ; attaque all. 2-6-44 (15 000 h.), décrochage vers la Truyère. 2e attaque 20-6-44 (20 000 h.), le maquis se disperse (350 maquisards †, pertes all. + de 3 000 h.)]. **Jura** (Ain) : des groupes clandestins se forment en 1943 dans les montagnes entourant Chevillard. Ne se manifestent pas avant le 11-11-43 (raid sur Oyonnax : défilé militaire avec drapeau, célébration de la fête du 11-11. De nov. 1943 à févr. 1944 : repérage et harcèlement des corps francs par la milice (miliciens infiltrés) ; févr. 1944 : offensive des troupes de montagne all., camps dispersés (les maquisards de l'Ain ont évité de se concentrer), juin 1944 (piste d'Izernore) : début des parachutages massifs. **Bretagne :** les All. (25e corps d'occupation) signalent des activités de résistance dès janvier 1941 (*principaux réseaux :* Défense de la France, Libération-Nord, ORA et OCM, Front national et FTP). I.-et-V., C.-du-N., Fin., Morb. forment la subdivision M 13 de la région de Résistance M (ouest de la France). Délégué militaire régional : V. Abeille. Chef de l'armée secrète : Gal Audibat, tous 2 pris par les All. Le 5-6-44, les maquis br. reçoivent de Londres l'ordre de commencer les sabotages sur une grande échelle, des cadres arrivent de Londres (Cdt Bourgoin du 2e régiment de parachutistes). 2 bases sont constituées : « Shamwest » (C.-du-N.) et « Dingson » (Morb.). Elles sont détruites par les All., et les maquisards sont repris en main par des « Jedburghs » parachutés (missions : saboter les communications). 1-8-44, après la percée d'Avranches, le Gal Patton fixe aux maquisards bretons 2 objectifs : Lorient et Quiberon. Aucun des 2 ne fut atteint, mais leur importance stratégique avait disparu, la bataille ayant changé de terrain (poche de Falaise). Les maquisards br. s'engagent dans les FFI, qui fournissent la majeure partie des effectifs bloquant les « poches de l'Atlantique » en Bretagne. Le 13-9-44, les FFI brestois servent de guides aux colonnes blindées amér.

Quelques chiffres

● **Guerre aérienne. Avions en ligne. Allemagne** 2 700 (1939), 3 200 à 4 500 (1940), 6 600 (1945) ; **France** 1 648 [en 1re ligne en réserve immédiate sur 2 923 app. (mai 1940)] ; **G.-B.** 8 400 (1945) ; **Pologne** 400 (1939) ; **U.S.A.** 35 000 (1945).

Production annuelle. Allemagne *1940* 10 800, *1941* 11 800, *1942* 15 600, *1943* 25 500, *1944* 39 800, *1945* 8 000. **G.-B.** *1939* 7 000, *1940* 15 000, *1941* 20 100, *1942* 23 671, *1943* 26 263, *1944* 29 220. **Italie** *1940* 3 257, *1941* 3 503, *1942* 2 813, *1943* 1 930. **Japon** *1941-45* 65 000. **U.R.S.S.** *1942* 8 000, *1943* 18 000, *1944* 30 000. **U.S.A.** *1940* 6 028, *1941* 19 445, *1942* 47 675, *1943* 85 433, *1944* 95 272. *Total 1940-45 : All.* 92 600 ; *G.-B.* 96 500 ; *Japon* 59 000 ; *U.S.A.* 296 000.

Bombardements alliés sur l'Europe 2,7 millions de t, dont sur All. 50 %, Fr. 22, Italie 14, Balkans 7.

As de l'aviation. Allemagne : Éric Hartman 352 (y compris avions de transport), Hans Joachim Marseille (1912-42) 158, Hans-Ulrich Rudel (1917-83) 3 nav. de g., 70 péniches de déb., 519 chars. **France :** régiment de chasse *Normandie-Niémen* (total collectif) : 273 victoires [dont Marcel Albert, héros de l'Union Sov. 23 ; Jean-Louis Tulasne (1912-43) 15 ; formé en 1942 d'aviateurs français de la base de Rayak (Syrie), venus en U.R.S.S. par l'Iran, comporte 4 escadrilles en 1945 ; 42 pilotes sont morts au combat] ; *Français de la R.A.F. :* 33 ; forces aér. libres : 675 dont Pierre Clostermann (n. 1921) 33 ; campagnes de 1939-40 et 1944-45 : Edmond Marin La Meslée (1912-44) 16. **G.-B. :** John Johnson (n. 1916) 38, John Braham 29. **Japon :** Saburo Sakai 64. **Pologne :** S. Skaliski 22. **U.R.S.S. :** Alexandre Pokrychkine (n. 1913) 59. **U.S.A. :** Francis Gabreski (n. 1919) 31.

Pertes aériennes. Allemagne : total des avions all. déclarés détruits par les Alliés 113 569 (dont par G.-B. 7 911 ; U.S.A. 50 658 ; U.R.S.S. 55 000). Or la Luftwaffe n'a jamais eu plus de 60 000 appareils. *Pertes all. pendant la bataille de France :* 1 123 (dont 200 pendant la bataille de la Somme) ; *Fr.* 610 (dont 200 détruits au sol par bombardement). **G.-B. :** 35 500 av. (dont 16 385 au combat, le reste par accident), 79 281 †. **Japon :** env. 50 000. **U.S.A. :** 53 000 (dont 10 000 bomb. et 8 400 chasseurs sur l'Europe).

● **Chars. Allemagne** 2 600 (dont 1 500 ch. français) (1940), 3 500 (1945). **Alliés :** *France* 2 300 (1940), *anglo-amér.* 6 000 (1944), *U.R.S.S.* 12 000 (1944).

Production annuelle moyenne : *Allemagne* 5 056, *G.-B.* 8 611, *Italie* 1 500, *Japon* 500, *U.R.S.S.* 24 500 (maxi. 1944, 30 000), *U.S.A.* 20 000 (maxi. 1943, 29 500).

● **Guerre navale (pertes). Allemagne** (1939-févr. 1945) : env. 1 100 nav. (dont 781 sous-marins), dont 246 par des navires de surface, 247 par des avions basés à terre. **Alliés :** 23,4 millions de t (dont 14,6 par sous-marins soit 2 775 navires, 2,8 par aviation, 1,4 par mines), dont de 1939 à 1942 : 17,86 (10,71 construites) ; de 1943 à 1945 : 5,49 (31,75 construites). **France** (sept. 1939 à mai 1945) : 4 cuirassés (*Bretagne* 3-7-40 ; *Provence* 27-11-42 ; *Dunkerque* 27-11-42 ; *Strasbourg* 27-11-42) ; 1 transporteur d'avions ; 4 croiseurs lourds ; 6 légers ; 26 contre-torpilleurs ; 25 torpilleurs ; 7 légers ; 1 croiseur sous-marin (*Surcouf*[1] 18-2-42) ; 31 sous-marins de 1re cl. ; 20 de 2e cl. ; 6 poseurs de mines ; 1 frégate ; 3 corvettes ; 12 avisos de 1re cl. ; 16 de 2e cl. ; 52 autres petits bâtiments de surface ; 7 croiseurs auxiliaires (navires marchands armés) ; 67 petits nav. auxiliaires (caboteurs et chalutiers armés). **Japon :** marine marchande : 8,14 millions de t (1941-42 : 1 ; 1943 : 1,8 ; 1944 : 3,84 ; 1945 : 1,5), mil. : 550 navires (1,74 million de t sur 1,94).

Nota. — (1) Des F.N.F.L. *Total des pertes des F.N.F.L. :* mar. de g. 11, mar. de comm. 26.

● **Aide à l'U.R.S.S.** *Total* (1942-45) (U.S.A., G.-B., Canada) : 22 000 avions, 12 000 chars, 345 000 t d'explosifs, 385 000 camions (par mer, 2 600 navires et 17,5 millions de t). Aide amér. : 11 milliards de $.

Pertes humaines civiles et militaires

Env. 38 millions de morts (dont 5,7 de déportés raciaux et 4 à 5 de dép. pol. en All.).

Pertes civiles : France 330 000 (dont 182 000 déportés), **All.** 3 810 000 (dont par bombardements anglais et amér. 635 000). *Civils allemands disparus dans les terr. orientaux :* env. 1 200 000 (depuis, décès enregistrés : 124 000 ; rapatriés des pays de l'Est 520 000 ; rapatriés en instance 240 000 ; civils non encore retrouvés env. 175 000). **Belgique** 80 000, **Bulgarie** 10 000, **Finlande** 8 000, **G.-B.** (et colonies) 150 000 (dont bombardement en Angl. 51 509 dont : 6 184 par V1 et 2 754 par V2). **Hongrie** 300 000, **Italie** 380 000, **Japon** 600 000, **P.-Bas** 205 000, **Pologne** 5 500 000, **Roumanie** 160 000, **Tchéc.** 405 000, **U.R.S.S.** 10 000 000, **Youg.** 1 400 000.

Effectifs militaires à leur maximum ; morts au champ de bataille (1939-45)

	Eff. Max.	Morts
Alliés		
Afrique du Sud	140 000	6 840
Australie	680 000	23 365
Belgique	650 000	7 760
Canada	780 000	37 476
Chine	5 000 000	2 200 000
Danemark	25 000	3 006
France	*4 300 000*[1]	*210 671*
Grèce	414 000	73 700
Inde	2 150 000	24 338
Norvège	45 000	1 000
Nouvelle-Zélande	157 000	10 033
Pays-Bas	410 000	6 238
Pologne	1 000 000	320 000
R.-Uni	5 120 000	244 723
U.R.S.S.	12 500 000	7 500 000
U.S.A.	12 300 000	291 557
Yougoslavie	500 000	410 000
Axe		
Allem.-Autr.	10 200 000	3 850 000[2]
Bulgarie	450 000	10 000
Finlande	250 000	82 000
France (volontaires)	n.c.	*14 500*
Hongrie	350 000	140 000
Italie	3 750 000	77 494[3]
Japon	6 095 000	1 219 000
Roumanie	600 000	300 000

Nota. — (1) Dont ralliés aux Fr. Libres de Londres 80 400 (Terre 62 100 ; marine de guerre 8 800 ; marine de comm. 6 000 ; air 3 500). (2) En 1945, sur le front de l'Est, 2 250 000 militaires de la Wehrmacht étaient portés manquants (prisonniers libérés depuis 520 000 ; décédés dans des camps 550 000 ; disparus 1 180 000). (3) Dont 17 490 du côté des Alliés.

La guerre et la France

☞ Les statistiques données par les différents auteurs sont souvent imprécises et contradictoires.

● **Alsaciens-Lorrains. Réfugiés en France.** 520 000 (à partir de 1939). Env. 250 000 sont rentrés en Als.-Lorr. occupée en 1940, dont 40 000 (surtout Lorrains) ont été réexpulsés en 1941.

Incorporés de force. Sur 200 000 Alsaciens-Lorrains mobilisables, 40 000 ont « déserté », 130 000 sont partis (Russie, Pays baltes, Hongrie, Bohême, Berlin). Une partie ont été faits prisonniers (camps soviétiques, par ex. celui de Tambov), 93 000 sont rentrés (le dernier en avril 1945, d'U.R.S.S.), 40 000 tués ou disparus dont 17 000 † en captivité en U.R.S.S. dont certains après le 8-5-1945. Près de 35 000 ont été blessés ou sont restés invalides.

En 1981, il restait 60 000 survivants. L'Allemagne a accepté en 1981 le principe d'une indemnisation (250 millions de marks).

Nota. — 12 000 Luxembourgeois et 8 700 Belges furent aussi incorporés de force.

● **Déportés raciaux.** 75 721 [2 500 sont revenus ; tous les enfants déportés (6 029) ont péri]. Il y avait en 1939 env. 300 000 Juifs en France dont 225 000 Français (selon d'autres estimations 330 000 dont 50 % au moins étrangers, 25 % naturalisés depuis peu et 25 % intégrés depuis au moins une génération). **Évadés en Espagne.** De juill. 1940 à juill. 1944, env. 30 000, dont *1943* 16 000 (y compris aviateurs alliés, juifs, réfugiés d'Europe centrale). Proportion par rapport aux tentatives : 30 % (70 000 échecs, dont abattus dans les Pyrénées 1 500). Camp d'internement : Miranda. **Internés résistants.** 110 000 (45 000 sont revenus).

● **Maquisards.** Évalués en oct. 43 à 20 000 (la plupart réfractaires du S.T.O.), 30 à 40 000 en mars 1944, env. 200 000 en juill. 1944. Autres estimations pour l'automne 1943 : Guillain de Bénouville 10 000 ; services allemands 130 000 ; Marie Granet et Henri Michel 75 000 (en comptant les affiliés aux réseaux clandestins).

● **Morts et disparus. Militaires** *1939-40* 123 079 (dont 37 sur les Alpes, il y eut 631 tués Italiens). *Prisonniers* 45 000. *Armée de Libération et FFL* 54 929

Camps de concentration

Nombre total : 203. **Camps principaux : Allemagne** Dachau (près de Munich, 1936), Oranienbourg-Sachsenhausen (près de Berlin, 1936), Buchenwald (près de Weimar, Thuringe, 1937), Flossenburg (près de Bayreuth, 1939), Neuengamme (près de Hambourg, 1939), Ravensbrück (pour les femmes, Mecklembourg, 1939), Dora-Niederhagen (près de Magdebourg, 1940), Bergen-Belsen (près de Hanovre, 1943). **Territoires allemands actuellement polonais** Stutthof (près de Dantzig, 1940), Gross Rosen (Silésie, 1940), Auschwitz (Silésie, 1940). **Pologne** Maidanek (banlieue de Lublin, 1940), Treblinka (à 100 km de Varsovie, 1941 ; insurrection armée des prisonniers 1943), Sobibor (près de Lublin, 1942). **Tchécoslovaquie** Theresienstadt (près de Prague, 1940). **Autriche** Mauthausen (près de Vienne, 1938). **France** Natzwiller-Schirmeck-le-Struthof (Bas-Rhin, 1941). **Pays-Bas** Bois-le-Duc (1942). **Pays Baltes (actuellement U.R.S.S.)** Kaunas, Riga (1942).

Morts. Selon certaines sources, il y eut 9 millions [1] de morts de 23 nations (victimes civiles et déportés morts dans les camps de concentration).

Sur 8 295 000 Juifs qui se trouvaient en 1939 dans les pays occupés par les Nazis, 6 millions [1] furent tués pour raison raciale entre 1940 et 1945.

Nota. — (1) Certains historiens ont ramené ces chiffres à 6 millions pour l'ensemble des morts et à 3 millions env. pour les pertes juives. En nov. 1978, l'ancien commissaire aux aff. juives du gouv. de Vichy, Louis Darquier de Pellepoix (1897-1980), réfugié en Espagne, ayant qualifié le chiffre de 6 millions de morts juifs « d'invention pure et simple », a été l'objet de plusieurs plaintes en incitation à la haine raciale et d'une demande d'extradition. Le décompte des victimes juives de « l'holocauste » est donné à l'article Israël. Voir Index.

Poursuites contre les criminels de guerre

Zone d'occupation américaine en Allemagne : plusieurs milliers d'accusés (liste du Gal Taylor, 570 cas retenus, 177 affaires jugées, 14-4-1949). 24 condamnés à mort, 20 détentions perpétuelles, 98 trav. forcés à temps, 35 acquittements.

Anglaise : 700 000 cas examinés, 973 affaires jugées, 230 cond. à mort, 24 pris. perp., 423 pris. à temps, 260 acquittés.

Française : 2 027 affaires jugées (+ certaines affaires d'Allemands jugés en France). 104 cond. à mort, 44 pris. perp., 1 475 pris. à temps, 404 acquittements.

Soviétique (évaluation de J.A. Marting) : 185 000 exécutions.

☞ *Procès de Nuremberg :* Voir Index.

[dont : Forces Fr. Libres env. 11 700 (terre 8 600 ; mar. de g. 1 000 ; mar. de comm. 1 500 ; air 600) ; — Armée d'It. 7 251 (off. 389 ; sous-off. 974 ; h. de tr. 5 888)]. *FFI et FFL morts au combat* 19 701. *Alsaciens et Mosellans* incorporés de force dans l'armée allemande 30 882 (dont 13 970 disparus).

Civils. 412 000 [dont *victimes de bombardements* alliés 67 078, *d'opérations terrestres* 58 000, otages fusillés par les All. 29 660 (chiffre du procureur fr. Dubost, le 24-1-1946 ; du P.C.F. : 200 000, dont 75 000 du parti ; de l'ambassadeur all. Abetz en juill. 1949 : 498 avant le 1-6-42, 254 entre le 1-6-42 et le 25-8-44 ; de Rousseau et Céré dans *Chronologie du conflit mondial :* 1 845 ; du Bureau du P.P.F. à Nancy, le 29-8-44 : 1 811) ; de Henri Frénay (n. 1905, min. des Prisonniers et déportés 1944-45) : 23 000 massacrés. **Déportés** 222 000 [(83 000 raciaux, 65 000 politiques) chiffres du *J.O.* du 24-2-62 : *dép.* résistants 16 702 vivants, 9 783 décédés ; pol. 13 415 v., 9 325 d. ; *internés* rés. 9 911 v., 5 759 d. ; pol. 10 117 v., 2 130 d.]. **Requis** (travail) 40 000. **Prisonniers** 40 000.

Condamnés pour collaboration et exécutés par la Résistance 40 000 (105 000 selon St-Paulien, citant le min. de l'Int. Adrien Tixier, févr. 1945 ; 97 000 selon François Mitterrand le 28-5-1948).

● **Pertes économiques dues à l'occupation.** 1 500 milliards de F (valeur 1938) dont par spoliation 452, destructions et autres dommages 670, dommages en Alsace-Lorraine et autres zones particulières 127. Coût du travail en Allemagne 200 (selon A. Piatier, « la France sous l'occupation »).

Indice de la production industrielle : 1939 : 100 ; *1941 :* 68 ; *1942 :* 62 ; *1943 :* 56 ; *1944 :* 43. L'Allemagne prélèvera env. 34 % de cette production déjà réduite en 1941-42 et 38 % en 1943-44.

Destructions. *Ponts* 10 000 [dont routiers 6 500, ferroviaires 2 800 (reconstruction 1 000 par an, soit 3 ponts de + de 40 m par j)]. *Camions et remorques* 160 000 sur 430 000 en 1939 (reconstruction 1947 : 450 000). *S.N.C.F.* 20 % des actifs de la S.N.C.F. : 4 870 km de lignes, 14 000 appareils de voies, 11 620 km de block, 4 000 000 m² de bâtiments, 2 600 ponts et viaducs, 70 tunnels, 980 km de caténaires, 20 sous-stations de traction électrique, 960 gares, 24 grands triages, 7 000 locomotives (+ 7 000 endommagées), 11 locomotives électriques (+ 140 endomm.), 16 000 voitures à voyageurs (+ 3 000 endomm.), 315 000 wagons de marchandises (+ 60 000 endomm.) [reconstruction dès nov. 1946 (achats en Amér.) : 10 350 locomotives, 275 000 wagons, 13 800 voitures ; 30 000 km de lignes sur 37 200 étaient rouverts au public. En 1947 : toutes les voies, 2 422 viaducs, 3 500 000 m² de bâtiments]. *Navigation :* 8 200 km de canaux (sur 9 000), 220 remorqueurs (sur 500), 7 600 chalands (sur 13 800). *Ports maritimes :* destruction quasi totale, 1 096 grosses épaves dans les chenaux (Marseille : capacité réduite aux 2/3).

Frais d'occupation. Fixés le 8-8-1940 à 20 millions de marks soit 400 millions de francs par jour (ramenés à 300 en mai 1941 puis 500 après nov. 1942). Au total 620 866 millions de F furent versés. [Ces frais représentaient l'entretien (22 F par j et par h) de 18 millions d'h., alors que 300 000 h. suffisaient à occuper la Fr. En outre le mark était évalué arbitrairement à 20 F français, les All. achetaient les produits fr. au 1/5 de leur valeur réelle.]

● **Prisonniers de guerre français.** Capturés (au 25-6-1940) 1 845 000 (en 1939-40 : pris au combat : 2 650 000 ; internés : 1 830 000 ; 1941/43 : 15 000). Les pris. fr. ont pu jusqu'en 1944 envoyer de l'argent en Fr. et, à partir de juin 1942, devenir travailleurs libres (voir ci-dessous). A la suite des décès ou disparitions (51 000), et des libérations et évasions, ils n'étaient plus que 1 490 000 (fin 1940), 1 216 000 (41), 1 109 000 (42), 983 000 (43), 944 000 (44). Env. 80 000 prisonniers s'évadèrent entre juin 1940 et nov. 1942, la plupart se réfugièrent en zone libre. Après l'occupation de la zone libre (nov. 1942), ils furent soumis au même régime que les hommes de leur classe d'âge. **Internés en Suisse** 30 000.

Prisonniers all. en Fr. En 1945, il y en avait 661 000, dont 440 000 livrés par les Amér. (le 1-10-1945, 200 000 inaptes furent récupérés par les U.S.A.). Leur mortalité en Fr. n'est pas connue (sans doute forte).

● **Rations alimentaires.** Correspondaient à 1 700 calories par j env. Adulte de 22 à 70 ans non travailleur de force, ni cultivateur (catégorie A) : *oct. 1940 par j :* pain 250 g, matières grasses 15 g, *par semaine :* viande 180 g, fromage 40 g, *par mois :* sucre 500 g ; *avril 1941 par j :* pain 240 g, *par sem. :* viande 250 g, fromage 75 g, *par mois :* vin 3 l, matières grasses 550 g, sucre 500 g, riz 200 g, pâtes 250 g. Autres catégories E (— de 3 ans), J1 (3 à 6 a), J2 (6 à 13 a), J3 (13 à 21 a), T (21 à 70 a, trav. de force), C (21 à 70 a, cultivateurs), V (+ de 70 a) ; leurs rations étaient calculées différemment (du lait pour E, J, et V, du vin pour T, etc.). La sous-alimentation a fait progresser tuberculose, rachitisme et carie dentaire. L'espérance de vie a baissé de 8 ans.

● **Travailleurs. En Allemagne. Volontaires.** *1°) « désignés » :* partis entre l'automne 1940 et juin 1942 : 153 000. *2°) autres :* 34 652. Il y eut de nombreux retours plus ou moins licites. Bloqués à partir de juin 1942, il en resta env. 43 000 en Allemagne. **Ouvriers du S.T.O.** *(Service du travail obligatoire)* (partis avec la « relève » à partir de juin 1942) : total 70 000 (été 42), 240 000 (déc. 42), 490 000 (mars 43), 670 000 (août 43), 723 000 (juillet 44). *Départs par périodes : 1-6 au 31-12-42 :* 240 386 ; *1-1 au 31-12-43 :* 456 000 ; *1-1 au 30-5-44 :* 34 244.

Conditions stipulées entre Pierre Laval et les Nazis en juin 1942 : 3 travailleurs volontaires contre le retour de 1 prisonnier de g. (chiffres effectifs : 723 162 travailleurs entrés en All. : 111 000 prisonniers et malades rapatriés ; 197 000 pris. transformés en trav. libres). Les anciens trav. en All. se sont vu refuser le 13-2-78, par la cour d'appel de Paris, le droit de s'appeler *« déportés du travail ».* Leur dénomination officielle est « personnes contraintes au travail en pays ennemi » (ou occupé par l'ennemi). Le 19-11-1980, un projet de loi a été déposé par le groupe communiste pour faire adopter la formule « victimes de la déportation du travail ». Ses auteurs rappelèrent que les travailleurs forcés en All. ont eu 60 000 morts (dont 15 000 exécutés pour actes de résistance) ; 50 000 sont revenus tuberculeux. Entre 1945 et 1980, 25 % sont morts, par suite de handicaps divers.

Employés en France par les All. *1940-41 ;* 2 000 ; *6-6-44,* 558 000 [dont organisation Todt (créée en 1933 par l'ingénieur Fritz Todt, 1891-1942) 251 000 (Wehrmacht 65 000, Luftwaffe 137 000)]. En outre, les accords conclus entre le min. fr. Bichelonne et le min. all. Speer (17-9-1943) avaient prévu que certaines entreprises (les usines « S ») et les mines devaient être assimilées à des entreprises all., ce qui permettait à 1 917 294 trav. fr. d'être maintenus sur leur lieu de travail.

Entre IIIe et IVe République
(13-7-1940/27-10-1946)

☞ Voir histoire de la guerre, p. 609.

Régime de Vichy

● **Chef de l'État. Maréchal Philippe Pétain** (Cauchy-à-la-Tour, 24-4-1856/23-7-1951). Père agriculteur. Coll. jésuites et dominicains. St-Cyr. Officier : 1878 s.-lieut., 1914 G[al] de brigade, de division, de corps d'armée. 1915, d'armée. 1917, en chef des armées fr. Considéré comme le prestigieux vainqueur de Verdun, et comme le restaurateur du moral des troupes. 1918 M[al] de Fr. 1931 Académie fr. 1934 Sc. morales et pol. M. Guerre 1934, d'État 1935, d'État et vice-Pt C 18-5-40. Ambassadeur en Esp. 24-3-39/17-5-40. Pt C 16-6/10-7-40 (conclut l'armistice). Chef de l'État français 10-7-40. Met en place une politique antijuive ; manœuvré par Laval, accepte la collaboration avec l'All. (espérant protéger la Fr. occupée) ; refuse en 42 (lors de l'occ. de la zone libre par les All.) de rejoindre l'Afr. du N., laisse sous son nom la milice combattre la résistance. Agé de 88 ans, n'ayant plus toute sa lucidité, il est emmené de force à Belfort le 20-8, puis à Sigmaringen (All.) le 7-9 et demande à rentrer en Fr. (regagne la Fr. par la Suisse 26-4-45). Condamné à mort 15-8-45 (peine commuée en détention à vie). Déporté à l'île d'Yeu nov. 1945. Meurt en captivité.

● **Quelques dates. 1940** 2-8 *de Gaulle condamné à mort* par contumace ; 3-8 le trafic ferrov. reprend entre les 2 zones ; 7-8 Arthur Groussier (1863-1957), P[t] du Grand Conseil de l'ordre du Grand-Orient, annonce au M[al] Pétain que l'ordre se dissout volontairement ; 14-8 loi supprimant la *franc-maçonnerie* [celle-ci prendra une part active à la Résistance (60 000 membres fichés, 6 000 poursuivis, 989 déportés, 549 fusillés)] ; 29-8 création de la *Légion française des Combattants,* pour soutenir l'action du M[al] Pétain : divisée en légions départementales autonomes, elle n'aura aucune unité de doctrine (réactionnaire, pétainiste ou maçonnique selon les régions). La légion des Alpes-Mar. dirigée par Joseph Darnand fournira les cadres du *S.O.L.* (Service d'ordre de la Légion), fait de militants sélectionnés de la *Révolution nationale* et transformé en *Milice française* à partir de janv. 1943 ; sept. rétablissement des relations postales entre les 2 zones sous forme de *cartes familiales* avec formules imprimées (remplacées le 1-8-1941 par des cartes de 7 lignes en blanc ; lettres autorisées en mars 1943) ; 18-10 1er statut des Juifs (Voir Religions, p. 519) ; 22-10 rencontre Hitler-Laval ; 24-10 *Montoire* entrevue Pétain-Hitler : Pétain demandant une baisse des frais d'occupation, un assouplissement de la ligne de démarcation. Les All. diffusent la photo de la poignée de main entre Hitler et Pétain et exigent des concessions unilatérales au nom de la « collaboration » ; 25-10 Pétain confie à Laval les Aff. étrangères ; oct.-déc. : Laval relance la négociation (avec le Gal All. Warlimont) : en échange des concessions refusées à Pétain, offre une offensive fr. contre le Tchad (occupé par les gaullistes) : refus des All. ; 16-11 expulsion de 70 000 Lorrains ; 25-12 rencontre Hitler-Darlan ; 30-10 1er *discours de Pétain en faveur de la collaboration ;* 11-11 manif. d'étudiants parisiens à l'Arc de Triomphe [3 blessés, env. 100 arrestations (libération rapide, sur intervention de Vichy)] ; 13-12 *arrestation de Pierre Laval,* vice-Pt du Conseil, remplacé par Pierre-Étienne Flandin, décision inspirée par l'ambassadeur amér. Robert Murphy (1894-1978).

1941 10-2 l'amiral *Darlan* remplace Flandin ; 19-4 création de 15 préfectures régionales ; 1-5 exposé de la future **Charte du travail** (sorte de participation ouvrière aux entreprises) ; 28-5 *protocole de Paris* signé entre les G[aux] Huntziger (France) et Warlimont (All.) : prévoit la collaboration militaire en Afrique du N., en

Quelques personnages (1939-45)

Nota. – Voir aussi p. 601 : Daladier, Flandin, Reynaud.

Abetz, Otto (All., 1903-58). Enseignant, marié à une Française (Suzanne de Bruyker), protégé de Baldur von Schirach. 1934 membre de la Hitlerjugend, chargé des questions françaises. 1940 13-6 représentant officiel de la Wilhelmstrasse (Aff. étr.) à Paris. 3-8 ambassadeur auprès des autorités militaires d'occupation. S'efforce pendant 4 ans d'obtenir de Pétain l'entrée en g. aux côtés de l'All. (échec). 1944 25-8 quitte Paris. 1949 condamné à 20 ans de travaux forcés. 1954 libéré. Tué dans un accident de voiture.

Bonnard, Abel (1883-1968). Écrivain. 1932 Acad. fr., 1936 se lie avec Abetz et adhère au nazisme. 1940 écrit dans plusieurs feuilles collaborationnistes : *la Gerbe, Je suis partout, la N.R.F.* 1942 min. de l'Instruction publ. du gouv. de Vichy, réside à Paris, crée à la Sorbonne une chaire « d'Hist. du judaïsme » et une chaire d'« Études raciales » (antisémites). 1944 replié en All. (Sigmaringen). 1945 part en Espagne dans l'avion de Laval. 1958 revient en Fr., 1960 condamné à 10 ans de prison, mais aussitôt gracié (retourne en Esp. jusqu'à sa mort).

Brinon, Fernand de (1885-1947). Journaliste financier. 1935 fonde le comité France-All. et devient l'ami d'Abetz. 1940 représentant personnel de Laval auprès d'Abetz à Paris. 1942 nov., secr. général de Laval à Vichy, chargé des relations avec l'occupant. Amasse une grosse fortune, en favorisant les contrats entre industriels français et hommes d'affaires all. 1944 replié en All., fait partie du gouv. de Sigmaringen. 1945 arrêté en Bavière. 1947 15-4 fusillé au fort de Montrouge.

Catroux, Georges (1877-1969). Fils de colonel, élève du prytanée de La Flèche, officier de l'armée col. (Maroc, Levant, Algérie). 1939 gouv. gén. de l'Indochine. 1940 (juin) tente de la rallier à de Gaulle, révoqué par le M^{al} Pétain. 1941-45 C^{dt} des forces fr. libres de Syrie et du Liban. 1945 gouv. gén. de l'Algérie, ambassadeur à Moscou. 1954 Gd-chancelier de la Lég. d'h. 1956 (févr.) nommé par Guy Mollet min. résident en Alg., renonce en raison de l'hostilité des Pieds-Noirs. 1962 juge à la Cour de justice mil.

Darlan, François (1881-1942). Fils d'un député du L.-et-G., min. Justice 1897-98 (radical et franc-maçon). École navale 1901. Combat en 1914-18 comme artilleur. Attaché de cabinet du min. de la Marine Georges Leygues, D L.-et-G. Contre-amiral 1929 ; vice-amiral 1932. Chef d'é.-m. de la Marine 1-1-37, on crée pour lui le poste d'amiral de la Flotte (6-6-39). M. Marine du gouv. Pétain (16-6-40). Devenu antianglais après l'attaque contre Mers-el-Kébir (3-7-40), reste lié avec les « synarchistes » pro-amér. Vice-Pt et min. Aff. étr. (févr. 1941). Négocie avec Abetz (3-5-41) et Hitler (11-12-41). M. du gouv., remplacé par Laval 18-4-42 (reste Cdt en chef des forces armées). Étant à Alger lors du débarquement allié (nov. 1942), se fait reconnaître Chef de l'Empire fr. d'Afrique. Assassiné le 24-12-1942 (Voir p. 616).

Darnand, Joseph (1897-1945, fusillé). Apprenti ébéniste, engagé volontaire en 1915 (18 ans), 7 fois cité, adjudant en 1918 ; 13-7-18 capture des prisonniers, les renseignements qu'ils donnent sont précieux pour la 2e vict. de la Marne. Quitte l'armée en 1921 (sous-lieut.). Crée une entreprise de transport à Nice ; Pt des A.C. de Nice. Adhère au P.P.F. de Doriot 1936. Incarcéré comme cagoulard 1938 (non-lieu). Chef de corps francs (lieut.) 1939-40 (off. de la Lég. d'h.). Prisonnier évadé. Chargé par le M^{al} Pétain de constituer la Légion fr. des Anciens Combattants, juill. 1940. Crée 1941 le *S.O.L.* (Service d'ordre de la Légion) regroupant les légionnaires militants, d'abord à Nice, puis dans la zone non occupée ; transformée en *Milice fr.* le 31-1-43 (chef nominal : Pierre Laval), qu'il commande avec le titre de secr. gén. au maintien de l'ordre 31-12-43 ; prend part à des opérations contre les maquisards. Min. de l'Intérieur mars 1944. Se réfugie en All. août 1944, avec les miliciens et leur famille. Fait partie du comité de Sigmaringen (« Défense des intérêts fr. »). Prend part à des opérations contre les maquisards en It. du N. août 1945. Arrêté à Milan 3-10-45, condamné à mort par la Hte-Cour 10-10, exécuté au fort de Châtillon.

Déat, Marcel (1894-1955). Normalien en 1914, mobilisé comme simple soldat, finit la g. comme capitaine (5 citations, Légion d'hon.). Agrégé de philo. 1920, militant S.F.I.O. 1926, député soc. de la Marne, battu 1928, élu à Paris 1932, provoque une scission du parti soc. 1933 (fonde avec Adrien Marquet et Paul-Boncour l'Union soc. et rép.). Chef de cabinet d'Albert Sarraut 1935, min. de l'Air 1936. Battu par un comm. en 1936, élu à Angoulême 1939, déclenche en août 1939 une campagne contre la g. (« Mourir pour Dantzig ? »). Vote les pleins pouvoirs au M^{al} Pétain 10-7-40, mais va résider à Paris en sept. 40, Pétain ayant refusé de créer un « parti unique » dont il aurait été le chef. Dirige le journal collaborationniste *l'Œuvre* 1940-44. Min. du Travail du gouv. Laval à Vichy 17-3-1944. Réfugié en All. 17-8. Reçu par Hitler 29-8. Crée la Commission gouvernementale fr. de Sigmaringen, transformée (janv. 45) en un Comité fr. de libération. Réfugié en Italie en mai 1945, vit dans un couvent jusqu'à sa mort (tuberculose), sous le nom de Leroux.

Doriot, Jacques (1898-1945 ?). Fils d'un forgeron du Morvan, d'origine ital. Ouvrier à La Courneuve 1915 ; militant des Jeunesses socialistes 1916. Mobilisé 1917 (combattant en Champagne, puis dans l'armée d'Orient ; démobilisé 1920). Revenu aux Jeunesses soc., choisit le Parti comm. après la scission de Tours (1920) ; secr. gén. des Jeunesses comm. (sous le nom de Guyot, 1923). Dép. (1924) et maire de St-Denis (1931). Entre en rivalité avec Maurice Thorez (à cause de sa popularité dans la région de St-Denis). Exclu du Parti août 1934. Fonde *l'Émancipation,* qui le soutient contre le candidat du P.C. en 1936. Dép. le 3-5-36. Fonde le Parti populaire fr. 28-6-36. Membre du Conseil national 1941, réside à Paris, dirigeant *le Cri du Peuple,* lancé le 19-10-40. S'engage en août 1942 dans la L.V.F. Fait partie du comité de Sigmaringen. Le 23-2-45, sa voiture est mitraillée par un avion inconnu sur une route d'All. Pour certains, il a été exécuté par les All. pour avoir pris contact avec de Lattre de Tassigny. Pour d'autres, il s'agissait d'un pseudo-attentat : Doriot aurait disparu sans laisser de traces.

Gabolde, Maurice (1891-1972). Mutilé de 1re G. mondiale (jambe amputée). Magistrat (procureur général à Chambéry, 1939). 1940 Pt de la Cour de Justice de Riom. 1941 (janv.) suppression de ce tribunal : procureur de la Rép. à Paris. 1943 (mars) min. de la Justice du 2e gouv. Laval, crée le bureau des menées antinationales. 1944-45 à Sigmaringen (ne fait pas partie du gouv.). 1945 en Espagne, dans l'avion de Laval. 1946 13-3 condamné à mort par contumace, vit à Barcelone comme prof. de français.

Gamelin, Maurice (1872-1958). St-Cyrien 1891. Officier à l'é.-m. de Joffre 1902-11, chef de cabinet 1914, chef du 3e bureau au G.Q.G. 1916. Après la disgrâce de Joffre (1916), commande une brigade puis une division. Prend part à la campagne du Djebel Druze (1925-27). Membre du Conseil sup. de la g. en 1930. Contracte la syphilis, ce qui explique, selon certains historiens, les désastres ultérieurs. Chef d'é.-m. de la Défense nat. 1938, généralissime des armées anglo-fr. 1939-40, laisse ses troupes dans l'inaction et l'impréparation (« la drôle de guerre »). Paul Reynaud, début mai 1940, décide de le remplacer, mais l'offensive all. du 10-5 se déclenche avant. Remplacé par Weygand le 18-5, emprisonné en sept 40, déporté en All. 1943-45. Cité comme témoin à charge au procès de Pétain (1945).

De Gaulle, Charles. Voir p. 617.

Giraud, Henri (1879-49). Cdt de la 7e armée en mai 1940, prisonnier le 18-5, s'évade en 1942 de la forteresse de Königstein (Saxe). Rejoint l'Afr. du N. dans un sous-marin anglais nov. 1942. Se rallie à Darlan ; nommé Cdt en chef des troupes d'Afr. 13-11-42. Darlan assassiné, il lui succède comme Ht-Commissaire en Afr. 24-12-42. Accepte de rencontrer de Gaulle à Casablanca janv. 1943 ; l'accueille à Alger 31-5 ; le prend comme co-Pt du C.F.L.N. 3-6-1943. Évincé par lui du comité avril 1944, échappe à un attentat juillet, et rentre dans la vie privée.

Juin, Alphonse (1888-1967). Fils d'un gendarme en poste à Mostaganem (Alg.). St-Cyrien 1910. Combattant dans l'infanterie col., blessé 1915 (perd l'usage du bras droit). Capitaine 1918, aide de camp de Lyautey, G^{al} de brigade 1938, commande mai 1940 la 15e div. d'inf. motorisée. Prisonnier, libéré 1941 à la demande de Vichy, pour remplacer en Afr. du N. le Gal Weygand. Se rallie aux Américains le 8-11-42 ; commande les troupes fr. de Tunisie 1942-43, et le corps expéditionnaire fr. d'Italie 1943-44. Crève le front all. sur le Garigliano en mars 1944 et s'empare de Rome. Son plan consistait à attaquer Vienne depuis l'It., mais le corps fr. est affecté en juillet-août 1945 au débarquement de Provence. Chef d'é.-m. 1945-47, Cdt en chef en Afr. du N. 1946-51 (en même temps résident général au Maroc 1947-51). Cdt en chef des forces de l'OTAN (secteur Centre-Europe) 1951. Maréchal 14-7-52. Élu à l'Académie fr. 1953. Hostile à la politique gaulliste de « l'Alg. algérienne », mais refuse de soutenir le putsch d'avril 1961.

Koenig, Pierre (Caen 10-10-1898/Neuilly-sur-Seine 2-9-1970). Engagé volontaire à 17 ans. Officier de la Lég. étrangère. 1940 (juin) rejoint de Gaulle. 1942 3-6 Bir Hakeim, compagnon de la Libération. 1944 délégué du gouv. d'Alger auprès du Gal Eisenhower (C^{dt} suprême interalliés), C^{dt} supérieur des forces fr. en G.-B. et C^{dt} des F.F.I. 1944 (oct.) gouv. militaire de Paris. 1945 (juillet) C^{dt} en chef fr. en All., puis inspecteur général des forces fr. en Afrique. 1951 député R.P.F. (Bas-Rhin). 1954 (août) démissionne de son poste de min. de la Déf. nat. (gouv. Mendès France) (en désaccord avec le projet de la C.E.D.). 1955 min. (gouv. d'E. Faure) puis démissionne (hostile à la déposition du sultan Ben Arafa et au retour de Mohammed V au Maroc). 1956 réélu député du Bas-Rhin. 1958 ne se représente pas. 1970 2-9 meurt. 1982 6-6 maréchal de Fr. à titre posthume.

Larminat, René de (1895-1962). Chef d'é.-m. au Levant en 1940, se rallie à de Gaulle et devient Commissaire gén. de l'Afrique fr. libre (1940-41). Participe aux campagnes de Libye (41-42), d'Italie (1944), de Provence (août 1944). Comm. les forces fr. engagées contre la poche all. de Royan (1944-45). Chargé en 1951 des négociations pour la constitution d'une armée europ. Nommé 1962 Pt de la Cour mil. de justice, se suicide.

Lattre de Tassigny (Jean de, 1889-1952). St-Cyrien, en 1914 cavalier, puis fantassin (termine la g. commandant, à 29 ans). 1933-34 état-major du Gal Weygand (soupçonné d'avoir participé à l'émeute du 6-2-1934). 1939 général (le plus jeune g^{al} fr. à l'époque). 1940 met en place le conseil de g. qui condamne de Gaulle à mort. 1942 nov. commandant mil. de Montpellier, refuse de se rendre aux Allemands, arrêté, emprisonné. 1943 9-1 condamné à 10 ans de prison ; 3-9 s'évade, rejoint l'Algérie. 1944-45 chef de la 1re armée fr. (Rhin et Danube). 1945 chef d'é.-m. g^{al} de l'armée. 1950 chef des troupes fr. d'Indochine ; son fils Bernard est tué en 1951. Très affecté, il meurt peu après d'un cancer des reins. M^{al} à titre posth.

Laval, Pierre (Châteldon, 28-6-1883/15-10-1945), Père boucher-cafetier. Lic. hist. nat., droit. Avocat. Député Seine 1914-19, 1924-27. Sénateur Seine 1927-40. Min. Trav. publics 1925. S.-secr. d'État à la Prés. du Conseil 1925. Min. Justice 1926. Min. Travail 1930. Pt du Conseil et min. Intérieur 27-1-31/14-1-32. Pt du Conseil et min. Affaires étr. 14-1-/20-2-32. Min. Travail 1932, Colonies 1936, Affaires étr. 1934. Pt du Conseil et min des Affaires étr. 7-6-35/24-1-36. Entre dans le gouv. Pétain à Bordeaux (22-6-40) et prend en main la manœuvre aboutissant à la fin de la IIIe Rép. Vice-Pt du Conseil du 12-7 au 13-12-40. Exilé à Paris du 13-12-40 au 18-4-42 (blessé dans un attentat à Versailles 27-8-41). Chef du gouv. du 18-4-42 à août 1944. Partisan de la collaboration. Croyant à la victoire all., veut entraîner la Fr. dans la g. contre Angl. et Russie. Emmené en All. sept. 1944-mai 1945. Réfugié en Esp. et livré par Franco aux Américains 30-7-45. Condamné à mort (9-10-45), il tente de s'empoisonner le matin de son exécution (15-10). Ranimé par les médecins, il est fusillé le jour même.

Leclerc, Maréchal (1902-47), né Philippe de Hauteclocque (noblesse picarde, de tradition mil.). St-Cyrien 1922. Combattant au Maroc. Capitaine 1940. Prisonnier à Lille (mai), s'évade et rejoint de Gaulle à Londres (prend le pseudonyme de Leclerc). Nommé commandant, rallie le Cameroun à la Fr. Libre fin août 1940, conquiert Gabon nov. 1940. Cdt mil. de l'A.E.F., prend l'offensive en 1941 contre Libye [prise de Mourzouk 11-1 ; Koufra 1-2 (où ses soldats jurent de reprendre Strasbourg aux All.)]. Rejoint l'armée brit. à Tripoli 24-1-1943. Prend part à la campagne de Tunisie févr.-avril 1943. Chargé d'entraîner au Maroc la 2e div. blindée (2e D.B.), envoyé en G.-B. avr. 1944. Débarqué en Normandie 1-8-44. Déborde l'aile gauche all., prend Argentan 22-8, Paris 25-8 (reçoit la capitulation du Gal allemand von Choltitz). Affecté à la VIIe armée amér., prend Strasbourg 23-11, franchit le Rhin 26-3-45, prend Berchtesgaden 4-5. Cdt en chef des forces d'Extrême-Orient, signe l'acte de capitulation du Japon 2-9, puis débarque en Indochine, où il ne peut empêcher Ho-Chi-Minh de déclencher la g. Rappelé en métropole 1946, inspecteur des troupes d'Afr. du N., meurt au Sahara (accident d'avion). Maréchal à titre posthume.

Moulin, Jean (Béziers, 1899-1943). Sous-préfet en 1926 (jeunesse exceptionnelle) ; chargé en 1936 d'acheminer vers l'Espagne républicaine le matériel de g. soviétique. Préfet d'E.-et-L. en juin 1940, refuse de signer une déclaration accusant de crimes de g. les troupes col. engagées dans le secteur de Chartres (tente de se suicider, avec un rasoir). Révoqué par Vichy comme franc-maçon, juillet 1940 ; rejoint de Gaulle à Londres automne 1940. Nommé délégué gén. du C.N.R. et parachuté dans les Alpilles 31-12-41. Unifie les 3 réseaux de résistants de la zone sud : Combat, Libération, Franc-tireur (M.U.R. : Mouvement uni de la résistance). Crée le Directoire de la Résistance (janv. 1943), obtenant le ralliement des communistes (il envoie Fernand Grenier à Londres, comme délégué permanent de leur parti). Crée le C.N.R. à Paris le 27-5-43. Livré aux All. le 21-6-43 à Caluire (Rhône), emprisonné au fort de Montluc (Lyon), meurt en déportation (sous la torture d'un interrogatoire dirigé par K. Barbie, selon la Résistance ; dans un train pour Berlin, selon certains Allemands). Corps renvoyé le 8-7-1943 à Paris ; la Gestapo le fait incinérer au Père-Lachaise. Enterré au Panthéon.

Pétain, Philippe. Voir p. 614.

Thierry d'Argenlieu, Georges (1889-1964). Off. de marine, entre 1920 dans l'ordre des Carmes (1939, supérieur de la Province des Carmes de Paris). Mobilisé à Cherbourg 1939, prisonnier juin 1940 ; s'évade et rejoint de Gaulle à Londres. Blessé sept. 1940 lors de l'attaque anglo-gaull. contre Dakar. Ht-commissaire pour le Pacifique 1941-43. Contre-amiral, Cdt en chef des forces nav. fr. libres 1943. Amiral 1945, Ht-commissaire et Cdt en chef en Indochine 1945-47. Rendu responsable des défaites de 1947, rappelé à Paris. Gd-chancelier de l'ordre de la Libération jusqu'en 1958. Se retire au couvent des Carmes du Relecq-Kerhuon de 1958 à sa mort.

Weygand, Maxime (1867-1965). Né à Bruxelles [traité en cousin, selon certains témoignages (contestés), par les familles royales de Belg. et d'Angl., a passé longtemps pour le fils naturel du roi des Belges, Léopold II. Parmi les mères possibles, on citait une Ctesse hongroise, femme d'un diplomate. D'autres, notamment de Gaulle, ont cru qu'il était le fils de la Pcesse Charlotte (sœur de Léopold II), impératrice du Mexique, et d'un Mexicain inconnu. D'après le roi Léopold III, il était le fils de Charlotte, mais son père était un officier belge, en poste à la cour de Mexico, le Gal Van der Smissen. D'après Albert Duchesne (1984), il était le fils d'un négociant israélite marseillais résidant à Bruxelles, David de Léon Cohen, et de Thérèse Denimal, fille d'un jardinier belge]. Entré à St-Cyr à titre étranger en 1885, naturalisé et nommé officier de l'armée fr. Chef d'é.-m. de Foch en 1914, reste à ses côtés pendant la g. (Gal 1916). 1920, bat les armées soviétiques qui avaient envahi la Pologne. 1935 mis à la retraite, entre au conseil d'admin. de la Cie du canal de Suez et, avec Pétain, reste, pour les ligues d'extrême droite, un des deux chefs militaires les mieux placés pour renverser la Rép. Rappelé au service 1939, Cdt en chef de l'armée de Syrie. 19-5-40, Paul Reynaud le nomme généralissime, après la défaite de Gamelin à Sedan. Il ne peut rétablir la situation, mais refuse d'obéir à Paul Reynaud qui voulait une capitulation militaire sans armistice. Ne s'entend pas avec Pétain, étant l'héritier spirituel de Foch, adversaire de Pétain. Il se rapproche cependant de lui, et devient son ministre de la Guerre (16-6-40), car il espère (à tort) sauver de la captivité, grâce à un armistice, les unités dont la retraite vers le sud a été coupée par les All. (mais les All. leur feront déposer les armes en vertu de l'armistice, et les garderont prisonnières). Nommé délégué général en Afrique du N., il entreprend de renforcer le potentiel militaire outre-mer ; révoqué le 20-11-1941, sur intervention des All., puis déporté en Allemagne en 1942-45. Il est hospitalisé au Val-de-Grâce en 1945 (au lieu d'être mis en prison préventive), accusé de complot contre la sûreté de l'État, il comparaît 18 fois, obtient un non-lieu le 6-5-1948. A longuement polémiqué avec Paul Reynaud sur les responsabilités de la défaite et sur l'opportunité de l'armistice de juin 1940. Élu membre de l'Académie française en 1931.

échange de 83 000 prisonniers (resté lettre morte) ; 14-6 nouveau **statut des Juifs ;** 22-6 l'attaque all. contre l'U.R.S.S. déchaîne l'enthousiasme des collabo. (Hitler est le défenseur de l'« Europe » contre le stalinisme) ; juillet, *g. de Syrie :* les Fr. combattent les Angl. sans soutien all. ; 26-7 Marx Dormoy, ancien min. de l'Intérieur de Léon Blum, assassiné par 4 collaborationnistes ; 12-8 les responsables de la IIIe Rép. (Blum, Daladier, Reynaud, Gamelin, Mendès France) déférés en cour de justice (Riom) [incarcérés le 15-10 (prison préventive, par décision d'un « Conseil de justice pol. », nommé par Pétain) ; jugés du 19-2 au 11-4-1942. Hitler s'oppose le 15-3-42 à la continuation du procès (qui devait être pour lui celui des responsables de la déclaration de g., non de la défaite française) ; les accusés sont réincarcérés au fort du Portalet ; ils seront déportés en All. en 1944] ; 21-8, 1er attentat communiste à Paris [Pierre Georges dit colonel *Fabien* († 1944) tue l'enseigne de vaisseau Alfons Moser], représailles : 20 détenus fusillés ; 22-8 au 15-9 6 All. tués par l'O.S. (communiste) ; 27-8 Paul Colette (n. 1890) tire et blesse Laval et Déat, le jour de l'inauguration de la L.V.F. ; 2-10 attentats à l'explosif contre 7 synagogues parisiennes, représailles d'Eugène Deloncle, chef de la Cagoule ; 20-10 attentat de *Nantes* (lieut.-Cel Holz tué par résistant inconnu) ; 21-10, 16 otages exécutés à Nantes ; 22-10 autres exécutions : *Châteaubriant* [27 dont Guy Môquet (17 ans, fils du député communiste Prosper M.) ; Charles Michels (dép. de Paris) ; J.-P. Timbaud (dirigeant cégétiste) ; le parti comm. considère la totalité des 27 fusillés comme des martyrs comm.] ; *Paris* (5), *Bordeaux* (50) ; 23-8 (antidaté au 14-8) création des *Sections spéciales* de la magistrature, chargées de juger en flagrant délit les crimes politiques (les services de police compétents sont les *bureaux des menées antinationales) ;* 20-11 Hitler obtient le rappel de Weygand (qui commande en Afr.) ; 1-12 rencontre Goering-Pétain à St-Florentin ; 18-12 suppression de fait de la « zone interdite » (les All. retirent leurs troupes de la ligne de démarcation, faute d'effectifs).

1942 22-1 Hitler refuse le plan de Darlan : 1°) l'All. signe la paix et libère les prisonniers ; 2°) la Fr. l'aide contre l'U.R.S.S., mais reste hors de la g. germano-américaine ; 18-4 retour de Laval au pouvoir, malgré les démarches amér. (il avait fait croire à Pétain que les All. exigeaient son retour, ce qui était faux ; il forme un ministère de collabor. [(dont 2 venus de Paris (Bonnard, Benoist-Méchin) et 4 de Vichy (Bridoux, Bichelonne, Marion, Platon)] ; 11-5 rencontre Goering-Laval à Moulins ; 7-6 les Juifs astreints à porter l'étoile jaune ; 17-6 Pétain reconnaît l'échec de sa « révolution nationale » ; 22-6 *accord sur la relève* entre Laval et le Gauleiter Fritz Sauckel (1894-1946, pendu), directeur de la main-d'œuvre du Reich ; Laval déclare « qu'il souhaite la victoire de l'All. » ;

• **La Révolution nationale.** Nom donné à l'action politique et administrative de Vichy tendant à créer un nouvel ordre moral : rejet des mensonges, de l'égoïsme individuel, de l'esprit de jouissance, du goût des loisirs, exaltation des vertus traditionnelles et des notions de Travail, Famille, Patrie. Interdiction des grèves (selon une *Charte du travail*) ; création des chantiers de Jeunesse ; promulgation du *statut des Juifs* (Voir p. 519) [qui sont exclus de la fonction publique et de l'armée, à quelques exceptions près (dont le Gal Huntziger, min. de la G. et Gal en chef de l'armée)] ; mise en jugement des hommes politiques responsables de la défaite de 1940 [procès de Riom : ouvert le 19-2-1941. La Cour Suprême de Justice, instituée par l'acte constitutionnel no 5 du 30-7-1940, juge le Gal Gamelin (1872-1958), les 2 anciens Pts du Conseil Édouard Daladier (1884-1970) et Léon Blum (1872-1950), l'ancien min. de l'Air Guy La Chambre, le contrôleur général Jacomet. Une loi du 11-4-1941 relative à l'organisation de la Cour Suprême suspend les débats qui ne reprendront pas].

• **La Milice.** Créée le 30-1-1943 ; secr. gén. : Joseph Darnand (1897-1945, fusillé) ; organisation : avant-garde jusqu'à 18 ans ; franc-garde après 18 ans, corps d'élite, groupant les combattants armés ; *effectifs :* 20 000 h. en automne 1943 (zone libre), 5 000 h. en zone occupée (janv.-mai 1944) ; passe en All. en août 1944. *Activités :* combats contre les maquisards, cours martiales, police politique (nombreuses exactions, notamment exécutions de Georges Mandel et Jean Zay).

• **La L.V.F. (Légion des volontaires français).** Fondée le 4-7-1941, de juillet 1941 à mai 1943, engagea 6 429 volontaires sur 19 788 candidats. Les partis politiques collaborationnistes (Rassemblement national populaire, Parti populaire français, Francisme) avaient offert 80 000 h. à Otto Abetz : ils n'eurent que 3 000 volontaires ; le reste était formé de soldats de métier ou d'aventuriers. En mai 43, elle comptait 2 317 h. (soldats + off.). Elle fut dissoute en août 44.

• **La Division SS Charlemagne.** A regroupé, après sept. 1944, Français et francophones : L.V.F., SS Wallonie, miliciens et doriotistes réfugiés, Kriegsmarine et N.S.K.K. ; comprend env. 7 000 Français au début de 1945. Elle fut pratiquement anéantie en mars et avril 1945 en Poméranie. Seule, une compagnie parvint à s'échapper et participa à la défense de Berlin, du 1er au 8-5-1945.

12/13-7 **rafle du Vél' d'hiv.** à Paris (12 844 Juifs sont arrêtés par les All. ; ils seront internés à Drancy puis déportés en All.) ; 16-7 projet de **Légion tricolore** devant remplacer la L.V.F. (uniforme all.) par des combattants en uniforme fr. (échec : dissoute en févr. 1943) ; 19-8 après le raid anglo-canadien sur Dieppe, Pétain propose de charger l'armée fr. de la défense des côtes ; 25-8 mobilisation des Alsaciens-Lorrains dans la Wehrmacht ; 4-9 recensement de la main-d'œuvre fr: disponible (pour un éventuel envoi en All.) : tous les h. de 18 à 65 ans et les f. cél. de 21 à 35 ans ; 20/22-9, 116 otages exécutés à Romainville ; 8-11 *débarquement anglo-amér. en Afr. du N. ;* l'empire colonial se rallie aux Anglo-Amér. ; Darlan qui se trouve par hasard à Alger traite avec les Amér. (Pétain le désavoue) ; 11-11 les Germano-Italiens occupent toute la métropole (zone italienne : Alpes-Mar., Var, Htes-Alpes, Isère, Drôme, Savoie, Hte-Savoie ; les Juifs s'y réfugient et sont protégés par Mussolini jusqu'au 4-9-1943). L'armée d'armistice est dissoute ; la garde personnelle de Pétain est réduite à 3 000 h. ; 18-11 *Laval reçoit les pleins pouvoirs ;* 20-11 *Weygand déporté* en Autriche ; 4-12 le régime de Vichy se maintient dans les colonies grâce à Darlan, qui crée à Alger le Conseil impérial ; 24-12 **assassinat de Darlan** par Fernand Bonnier de La Chapelle (1922-43, fusillé), étudiant monarchiste [de Gaulle, désireux de se débarrasser de Darlan, aurait laissé croire au Cte de Paris (exilé au Maroc esp., mais entré clandestinement en Algérie) qu'il rétablirait la monarchie ; le Cte aurait laissé à un groupe de 5 fidèles le soin d'éliminer Darlan. Bonnier de La Chapelle aurait reçu l'assurance qu'il aurait la vie sauve ; il fut néanmoins fusillé après sentence d'une cour martiale] ; 26-12 Giraud haut-commissaire en A.F.N. ; Marcel Peyrouton (1887-1983), ancien ministre de l'Intérieur de Vichy, gouv. gén. de l'Algérie.

1943 13-1 Hitler reconnaît la défaite de Stalingrad et proclame la g. totale. Sauckel demande un contingent de 250 000 trav. fr. (150 000 spécialistes, 100 000 manœuvres) ; le gouv. décide alors (17-2) de mobiliser les classes 40, 41, 42 S.T.O. (Service du Travail obligatoire) (170 000 effectivement partis) ; 17-2 suppression de la ligne de démarcation entre les 2 anciennes « zones » ; 31-11 création de la **Milice** (Voir encadré) ; 31-12 Laval fait entrer au gouv. plusieurs ultra-collaborateurs : Brinon, Henriot, Darnand, Gabolde.

1944 janv. exécution par la Gestapo d'Eugène Deloncle (n. 1890), chef de la « **Cagoule** » [antirépublicain, il avait fondé en 1937 le Comité secret d'action révolutionnaire (C.S.A.R. ou **Cagoule**), mis en prison par Daladier de 1938 à 40. Rallié à Darlan, il collabore avec l'amiral all. Canaris, favorable aux Alliés] ; 15-2 la côte méditerr. devient zone interdite (évacuation de Marseille, 15-3) ; 30-3 à cause d'un attentat contre un train (pas de blessés), les SS tuent 86 pers. à Ascq (Nord) ; 26-4 *Pétain à Paris* (il est accueilli avec enthousiasme) ; 6-6 *débarquement allié en Normandie* (Voir p. 611) ; 8-6 Tulle, 99 otages pendus (le 5-7-44, le Cdt Heinrich Wulff et l'adjudant Hoff, accusés d'y avoir participé, sont condamnés à 10 ans de travaux forcés pour le premier, et aux travaux forcés à perpétuité pour le second ; peine réduite le 27-5-52 à 5 ans et 10 ans d'interdiction de séjour ; libérés en 1955) ; 10-6 **Oradour-sur-Glane** (Hte-Vienne), massacre de 648 hab. [dont 246 femmes et 207 enfants (dont 6 bébés de moins de 6 mois)] par la 3e compagnie du 4e régiment de la 2e division S.S. *Das Reich* [21 membres de cette unité (dont 14 Alsaciens) seront jugés et amnistiés en 1953 ; le Gal commandant la division, Lamerding, condamné à mort par contumace, meurt dans son lit en 1971 ; le lieutenant commandant la compagnie, Heinz Barth, est arrêté en déc. 1981, mais non extradé] ; 20-6 la milice *exécute Jean Zay* (ancien min. de l'Éducation nationale du Front populaire) ; 13-6 Darnand, min. de l'Intérieur ; 28-6 des résistants *exécutent Ph. Henriot*, secr. d'État à la propagande ; 2-7, 2 551 déportés partent en train de Compiègne vers l'All., 1 537 arrivent vivants à Dachau le 5-7 (moins de 200 en reviennent) ; 7-7 la milice exécute *Georges Mandel*, ancien min. de l'Intérieur de Paul Reynaud ; 12/18-8 tentative de constitution d'un régime démocratique (Laval contacte Herriot, qui refuse) ; 20-8 fin du régime de Vichy (Pétain et Laval emmenés à Belfort puis à Sigmaringen le 20-9) ; 1-9 Marion, Déat, Brinon, Darnand, Doriot reçus par Hitler. Brinon chef du gouv. fr. en exil (désavoué par Pétain et Laval) ; 8-9 s'installe à Sigmaringen (le véritable chef des coll. en exil est alors Doriot jusqu'au 23-2. Voir p. 615). La plupart des Fr. membres d'organisations pro-all. rejoignent la Waffen-SS (lourdes pertes mil. en Prusse janv.-avril 1945). Darnand et une partie des miliciens combattent en Italie du N. contre les maquisards ital.

La France Libre

● **Autorité suprême (titres variés). Général Charles de Gaulle** [(Lille 22-11-1890/Colombey-les-2-Égl. 9-11-1970). Ép. 6-4-1920 Yvonne Vendroux (1900-1979). 3 enf. : Philippe (n. 1921, amiral) ; Élisabeth (n. 1923), ép. 1946 Alain de Boissieu (n. 1914, Gal 1962) ; Anne (mongolienne, 1928-48)]. 1-10-1911 S.-lt. 25-12-1939 colonel. 25-5-1940 Gal de brig. (à titre temporaire). 6-6-1940 S.-secr. d'État à la Guerre ; 17-6 rejoint Londres, fonde la Fr. libre. 2-8 condamné à mort par un tribunal de Vichy. 3-6-1944 chef du G.P.R.F. 13-11-1945 élu Pt du gouv. prov. 20-1-1946 démission. 7-4-1947 fonde le R.P.F. 1-6-1958 Pt du Cons., 21-12 Pt de la Rép. 28-4-1969 démission.

● **Origine. 1940** *18-6*, le Gal de Gaulle, sous-secrétaire d'État à la Guerre dans le ministère P. Reynaud, en mission à Londres, ne reconnaît pas le ministère Pétain formé le 16-6 pour demander l'armistice. *27-6*, il prend le titre de « Chef des Français libres » et affirme que le ministère Pétain, bien qu'établi dans les formes constitutionnelles, n'est pas un gouvernement régulier, mais une simple autorité de fait, parce que sous la dépendance de l'ennemi. *28-6* Reconnu par un communiqué du gouv. brit. « comme *Chef de tous les Français libres*, où qu'ils se trouvent et qui se rallient à lui pour la défense de la cause alliée ». *7-8* accord avec le gouv. britannique, il constitue une force de volontaires et crée un organisme civil avec les services administratifs nécessaires. *27-10*, l'ordonnance no 1 de Brazzaville, « au nom du peuple et de l'Empire fr. », organise l'exercice des pouvoirs publics dans les terr. libérés du contrôle de l'ennemi. Un *Conseil de défense de l'Empire* (consultatif) est créé. Les pouvoirs administratifs appartenant normalement aux ministres seront exercés par des directeurs de services nommés par le Chef des Fr. libres (art. 6). Des *hauts-commissariats* sont créés pour l'Afr. libre (O. du 12-11-1940) et le Pacifique (O. du 2-8-1941).

Le *14-1-1941* adoption du V comme signe de ralliement des Résistants antinazis.

Effectifs *en juillet* : env. 3 000 h. dont 2 000 à Londres, 600 en Égypte, 300 en Côte-d'Or. Au *10-8-1940, 1re brigade libre* : 2 331 h. dont 407 fusiliers marins et env. 1 300 anciens légionnaires de Narvik ; *forces navales libres : 3-7-1940* : 400 h., dont 10 off. ; nov. 3 000 h., *1941* : 3 500 h. dont 270 off. (Afrique 960) ; *navires* : cuirassé *Courbet*, 2 contre-torpilleurs, 1 torpilleur, 4 sous-marins, 28 petits bâtiments de surface. Fr. ayant exigé d'être rapatriés (du 17-6 au 31-12) : marins militaires 21 000, marins de comm. 2 000, hommes de troupe env. 8 000, civils 200.

Ralliements de territoires. 1940 : Domaines fr. de Ste-Hélène (23-6), à la même époque, personnel et installations du canal de Suez, puis N.-Hébrides (24-7), Tchad (26-8), Cameroun (27-8), Congo (28-8), Tahiti et dépendances (31-8), Établ. fr. de l'Inde (9-9), Oubangui (sept.), N.-Calédonie (29-9), Gabon (12-11). **1941** : Syrie et Liban (10-7), St-Pierre-et-Miquelon (24-12). **1942** : Wallis et Futuna (19-5), Réunion (28-11), Côte Fr. des Somalis (28-12). **1943** : Madagascar et dép. (20-1), et Guyane (16-3). Soit au total 14 millions de citoyens, sujets ou protégés fr., dans un ensemble de territoires 7 fois grands comme la Fr. métropolitaine.

● **Comité national** (24-9-1941 au 5-6-1943). Créé le *24-9-1941* par ordonnance. Composé de commissaires nationaux nommés (par décret) par le Gal de Gaulle et responsables devant lui. Les commissaires forment un Conseil des min. et, individuellement, gèrent un département administratif. Le mouvement de la Fr. libre prend le titre de *France combattante* pour prendre acte de l'adhésion des groupements de la Résistance intérieure et symboliser ainsi l'union des efforts de la Fr. libre et de la Fr. captive. G.-B. et U.R.S.S. reconnaissent le Comité National Fr. et la Fr. Combattante (les 13-7 et 28-9-1942).

● **Conseil national de la Résistance** (C.N.R.) créé le 15-5-1943 par Jean Moulin, groupant 8 mouvements de résistants dans les 2 zones ; ses 2 chefs successifs sont nommés par le Gal de Gaulle : 1° 15-5/21-6-1943, Jean Moulin (1899-1943) ; 2° fin juin 1943/25-8-1944 Georges Bidault (1899-1983).

● **Comité français de la Libération nationale** (C.F.L.N.) (3-6-1943 au 3-6-1944). **1943.** Créé le 3-6 par ordonnance à la suite d'un accord entre de Gaulle et Giraud (qui commandait une partie des troupes françaises d'Afr. du N. combattant avec les Alliés). « Pouvoir central fr. unique » devant exercer ses fonctions jusqu'à la Libération. Présidé alternativement par Giraud et de Gaulle. Fr. Libre a les attributs d'une souveraineté reconnue plus ou moins largement par les autres États : gouvernement, administration, territoires, représentation diplomatique (« Représentants de la Fr. Libre »), forces armées, flotte de commerce, monnaie et institut d'émission, timbres-postes, etc. Elle délivre les passeports. Elle a ses ressources propres (en particulier l'or du Gabon). *4-8* Giraud, nommé Gal des forces mil. (dep. 22-6-1943, était Cdt en chef pour l'Afr. du N. et l'Afr. Occ. Fr., de Gaulle commandait les autres terr. de l'Empire), son rôle sera progressivement réduit. *26-8* le C.F.L.N. est reconnu par l'U.R.S.S. comme le représentant de la Rép. fr. *27-8* reconnu par G.-B. et U.S.A. comme administrant les terr. fr. d'outre-mer qui reconnaissent son autorité. *2-10* décret maintenant encore les 2 Pts ; mais, en exerçant effectivement le commandement mil., Giraud cesse d'exercer ses fonctions de Pt. *9-11* de Gaulle seul Pt. *16-12* le C.F.L.N. (donc de Gaulle) assure la direction générale de la g. et assume l'autorité sur l'ensemble des forces terrestres, navales et aériennes. **1944.** Janv. conférence de Brazzaville (Voir Décolonisation) ; 20-3 exécution de *Pierre Pucheu* (n. 1899), ancien ministre de l'Intérieur de Vichy, rallié au Gal Giraud (motif officiel : il aurait désigné aux All. les otages de Châteaubriant ; autre raison : déconsidérer le Gal Giraud, qui l'avait fait venir en Afrique). *-4-4* Chef des armées, de Gaulle décide en dernier ressort de la composition, de l'organisation et de l'emploi des forces armées. *8-4* Giraud nommé inspecteur général des armées fr., et à ce titre conseiller mil. du Gouv. (Giraud refuse, est mis à la retraite). *1-6* Gal Koenig (1898-1970) nommé commandant en chef des F.F.I.

Assemblée consultative provisoire. *Créée* le *17-9-1943*, composée de membres désignés par les différents groupements de la résistance métropolitaine et extra-métrop. et par les m. du Sénat et de la Chambre des députés se trouvant hors du terr. occupé (majorité de communistes, du fait de la déportation en Algérie des parlementaires communistes).

● **1er Gouvernement provisoire de la Rép. fr.** : Gouv. de fait [à Alger (ancien C.F.L.N.)] dont l'autorité s'étend sur l'ensemble du terr. fr. (du 3-6-1944 au 21-11-1945). **1944** *14-6* de Gaulle en Normandie ; *26-8* de Gaulle à Paris (y installe le G.P.R.F.) ; les U.S.A. avaient prévu d'administrer tous les pays d'Europe par l'A.M.G.O.T. (Allied Military Government of Occupied Territories) dont relèveraient droit de battre monnaie, pouvoir judiciaire, désignation et révocation des fonctionnaires, transports ; de Gaulle s'y refusa ; *5-10* droit de vote des femmes ; *9-10* remise en service du port du Havre ; *11-10* ordonnance élargissant la composition de l'Assemblée consultative provisoire : 296 m. (représentants Résistance métrop. 148, Corse et Résistance extra-métrop. 28, anciennes ass. parlementaires 60, terr. d'outremer 12) ; *6-11* emprunt de la Libération ; *27-11* M. Thorez rentre d'U.R.S.S. ; *10-12* tr. d'alliance franco-sov. (à Moscou) ; *-13-12* nation. des houillères du N. ; *18-12* de la Marine marchande ; *30-12* ordonnance sur le financement des assur. soc. (maladie, maternité, vieillesse).

L'épuration

Légende. c. : contumace. c.b. : confiscation des biens. com. : commissaire. d.n. (v.) : dégradation nationale (à vie). i.n. (v.) : indignité nationale (à vie). M : condamné à mort. min. : ministre. p. : prison. p. com. : peine commuée. s.E. : secrétaire d'État. t.f. : travaux forcés.

● **Bilan global.** *Affaires instruites par cours de justice et chambres civiques* : 158 000, dont 110 500 viennent en jugement. Condamnés à mort du 1-11-44 au 31-12-45 : 7 040 dont 4 397 par contumace (3 784 exécutions) ; 2 777 condamnés aux travaux forcés à perpétuité, 10 434 travaux forcés à temps, 26 529 à l'emprisonnement, 57 852 à la dégradation nationale. *Comités d'épuration professionnels* : 300 000 affaires ; *administratifs* : 120 000 peines prononcées.

● **Condamnés à mort par la Haute Cour et exécutés.** *Joseph Darnand* (exéc. 10-10-45). *Pierre Laval* (15-10-45). *Fernand de Brinon* (15-4-47).

Non exécutés. *Raphaël Alibert* (1887-1963, min., s.E. à la justice) 7-3-43 M, d.n.v., c.b. (c.). *Jacques Benoist-Méchin* (1901-84, min. s.E. près le gouv.) 6-6-47 M, d.n.v., c.b., p. com. en. t.f. puis à 20 ans, libération conditionnelle en 1954). *Abel Bonnard* (1883-1968, min. de l'éduc. nat.) 4-7-45 M, d.n.v., c.b., p. comm. en 10 ans de détention déjà accomplis en 1960. *René Bonnefoy* (secr. gén. à l'intérieur) 18-7-48 M, d.n.v., c.b. (c.), 15-3-1955, 5 ans i.n. *Louis Darquier de Pellepoix* (1897-1981, com. gén. aux questions juives) 10-12-47 M, d.n.v., c.b. (c.), non rentré d'exil. *Marcel Déat* (1894-1955, min. du travail) 19-6-45 M, d.n., c.b. (c.), non rentré d'exil. *Gal Henri-Fernand Dentz*, M. 20-4-45 pour avoir combattu contre les forces britanniques et gaullistes au Levant ; † à Fresnes le 13-12-45 alors qu'il venait d'être gracié. *Maurice Gabolde* (1891-1977, min., s.E. à la justice) 13-3-46 M, d.n.v., c.b. (c.), non rentré d'exil. *Jacques Guérard* (secr. gén. de la prés. du Conseil) 25-3-47 M., d.n.v., c.b. (c.), p. com. *Jean de Laborde* (1878-1977, amiral, commandant en chef des forces de haute-mer) 28-3-47 M pour avoir laissé saborder la flotte de Toulon qu'il commandait, d.n.v., c.b., gracié 9-6-47. *André Masson* (com. gén. aux prisonniers) 2-7-48 M (c.), non rentré d'exil. *Philippe Pétain* (Maréchal de France, chef de l'État français) 15-8-45 M, d.n., c.b., non exécuté en raison de son âge. *Charles Rochat* (secr. gén. aux aff. étr.) 18-7-46 M, d.n.v., 16/17-3-55, 5 ans de d.n., relevé en raison des faits résultant des débats et du dossier.

A d'autres peines. *Jean Abrial* (amiral, s.E. à la Marine) 14-8-45 10 ans de t.f., d.n.v., 2-12-47 liberté conditionnelle. *Armand Annet* (gouverneur gén. de Madagascar) 21-3-47 d.n.v. *Gabriel Auphan* (amiral, s.E. de la marine) 14-8-46 t.f., d.n.v., c.b. (c.), 19/20-7-55, 5 ans de p. avec sursis et 5 de d.n., relevé immédiatement. *Paul Baudouin* (min., s.E. aux aff. étr.) 3-3-47, 5 ans t.f., d.n.v., c.b. *Jean Berthelot* (s.E. aux communications) 10-7-46, 2 ans de p., 10 000 F d'amende, 10 ans d'i.n. *Henri Bléhaut* (amiral, s.E. à la marine et aux colonies) 1-6-48, 10 ans de p., d.n.v. (c.), 18-3-55 relaxé des fins de la poursuite. *Pierre Boisson* (gouverneur gén. de l'Afr. occid. fr.) 16-12-48 action publique éteinte (décès). *René Bousquet* (secr. gén. à la Police) 23-6-59, 5 ans de d.n., relevé pour faits de résistance. *Yves Bouthillier* (s.E. aux finances) 8-7-48, 3 ans de p., d.n. *Jules Brevie* (s.E. aux colonies) 21-3-47, 10 ans de réclusion, d.n. v., c.b. *Eugène Bridoux* (1888-1955, Gal, s.E. à la guerre) 18-12-48 d.n.v. (c.) non rentré d'exil. *Gaston Brunetton* (com. gén. à la main-d'œuvre en All.) 22-7-48, 4 ans et 6 mois de p., 10 ans de d.n. *Pierre Caziot* (min., s.E. à l'agr. et au ravitaillement) 19-3-47 d.n.v., c. moitié des biens. *Charles Charbin* (s.E. au ravitaillement) 11-7-46, 10 ans de d.n. *François Chasseigne* (s.E. au ravitaillement) 16-7-48, 10 ans de t.f., d.n.v. *Camille Chautemps* (min. d'É. auprès du gouv.) 25-3-47, 5 ans de p., c.b. (c.), d.n.v. *Jacques Chevalier* (s.E. à l'éduc. nat. et à la famille) 12-3-46, 20 ans de t.f., i.n.v. *Paul Creyssel* (secr. gén. à la propagande, min. de l'information) 24-6-48, 4 ans de p., 10 ans de d.n. *Georges Dayras* (secr. gén. à la justice) 15-3-46 d.n.v. *Georges Delmotte* (Gal, secr. gén. à la défense terrestre) 3-6-48, 2 ans de p., d.n.v. *Jean-Pierre Esteva* (1880-1951. Amiral) t.f., décédera après avoir été remis en liberté. *Pierre-E. Flandin* (1889-1958, min. des aff. étr.) 26-7-46, 5 ans d'i.n. mais relevé pour actes de résistance. *Robert Gibrat* (s.E. aux communications) 12-3-46, 10 ans d'i.n. *Georges Hilaire* (secr. gén. à l'intérieur puis aux beaux-arts) 7-3-47, 5 ans de p., d.n.v., c,b, (c.) 25-1-55 relaxé des fins de poursuite. *Jean Jardel* (secr. gén. du chef de l'État) 14-3-47 d.n.v. *Hubert Lagardelle* (s.E. au travail) 17-7-46 t.f. à perpétuité, i.n.v., c.b. *Émile Laure* (G[al], secr. gén. du chef de l'État) 1-7-48 renvoi des fins de la poursuite. *Joseph Lemery* (min. des colonies) 22-3-47, 5 ans d'i.n. mais relevé immédiatement pour faits de résistance. *Antoine Lemoine* (s.E. à l'intérieur) 29-6-48, 5 ans de d.n. puis relevé pour faits de résistance. *Paul Marion* (1899-1954, s.E. à l'information) 14-12-48, 10 ans de p., d.n.v., gracié 1953. *Adrien Marquet* (min., s.E. à l'intérieur) 28-1-48, 10 ans d'i.n. *André Marquis* (Amiral, préfet maritime de Toulon) 10-8-45, 5 ans de p., d.n.v. *Pierre Mathé* (com. gén. à l'agr. et ravitaillement) 27-5-49, 5 ans d'i.n. *Charles Noguès* (1876-1971, G[al], résident gén. au Maroc) 28-11-47, 20 ans de t.f., d.n., c.b. (c.) 22/26-10-56 i.n. et relevé immédiatement. *Félix Olivier-Martin* (secr. gén. à la jeunesse) 28-6-49 renvoi des fins de la poursuite. *André Parmentier* (dir. gén. de la police, secr. gén. à l'intérieur) 1-7-49 sans d.n. et relevé pour faits de résistance. *Joseph Pascot* (com. gén. aux sports) 25-5-48, 5 ans d'i.n. mais relevé pour faits de résistance. *Marcel Peyrouton* (gouverneur gén. de l'Algérie, min. de l'intérieur) 22-12-48 acquitté. *François Piétri* (min., s.E. aux communications, ambassadeur à Madrid) 4-6-48, 5 ans d'i.n. (c.). *Georges Robert* (1875-1965, Amiral, haut-commissaire aux Antilles) 14-3-47, 10 ans de t.f., d.n.v., relevé 1957. *Xavier Viallat* (1891-1972, com. gén. aux questions juives) 10-12-47, 10 ans de p., d.n.v. *Jean Yberegaray* (min., s.E. à la famille et à la jeunesse) 18-3-46 i.n. mais relevé pour faits de résistance.

Non-lieu. Charges insuffisantes. *Jacques Barnaud* (délégué gén. aux relations économiques franco-all.) 27-1-49. **Incompétence.** *Georges Cayrel* (s.E. aux réfugiés) 28-11-45. **Faits non établis.** *Félix Michelier* (Amiral, commandant la Marine au Maroc) 2-5-47. **Faits de résistance.** *Louis Achard* (s.E. au ravitaillement) 13-6-46. *René Belin* (min. de la production industrielle et du travail) 27-6-49. *Jean Bergeret* (G[al], s.E. à l'aviation) 25-11-48. *Max Bonnafous* (s.E. à l'agr. et au ravitaillement) 20-12-48. *Émile Boyez* (secr. gén. à la main-d'œuvre et au travail) 29-1-48. *Jérôme Carcopino* (s.E. à l'éduc. nat.) 11-7-47. *Louis Colson* (G[al], min. de la guerre) 28-3-46. *Victor Debeney* (G[al], secr. gén. du chef de l'État) 19-9-45. *Jean Decoux* (Amiral, gouverneur gén. de l'Indochine) 17-2-49. *Vincent Di Pace* (secr. gén. aux P.T.T.) 22-5-47. *Fatou* (secr. gén. aux colonies) 4-7-47. *André Février* (min. du travail et des communications) 5-9-45. *Charles Frémicourt* (min. de la justice) 18-2-47. *Maurice Gait* (com. gén. à la jeunesse) 18-11-47. *Paul Gastin* (G[al], secr. gén. à la Défense aérienne) 17-2-49. *Jean Jannekein* (G[al], s.E. à l'aviation) 27-2-49. *Georges Lamirand* (secr. gén. à la jeunesse) 25-7-47. *Paul de La Porte du Theil* (G[al], com. gén. aux chantiers de jeunesse) 18-11-47. *François Lehideux* (s.E. à la production industrielle) 17-2-49. *Amaury de l'Épine* (dir. du Comité d'Organisation de l'automobile) 4-7-47. *Jacques Le Roy Ladurie* (s.E. à l'agr. et au ravitaillement) 12-12-45. *Émile Mireaux* (s.E. à l'éduc. nat.) 23-1-47. *Paul Moniot* (G[al], s.E. à l'aviation) 17-2-49. *Robert Moreau* (com. gén. aux prisonniers) 30-1-47. *François Musnier de Pleignes* (secr. gén. aux anciens combattants) 8-5-47. *Charles du Paty de Clam* (com. gén. aux questions juives) 19-6-47. *Maurice Pinot* (com. gén. aux prisonniers) 5-9-45. *Charles Pomaret* (min. de l'intérieur puis du travail) 13-6-46. *Georges Portmann* (secr. gén. à l'information) 19-6-47. *Jean Prouvost* (secr. gén. à l'information) 11-7-47 *Bertrand Pujo* (G[al], min. de l'air) 25-11-48. *Louis Rifert* (s.E. à l'éduc. nat.) 21-5-47. *Albert Rivaud* (s.E. à l'éduc. nat.) 23-1-47. *Albert Rivière* (min. des colonies) 5-9-45. *Frédéric Roujou* (secr. gén. au travail) 29-1-48. *Robert Schuman* (sous-secr. d'E à la prés. du Conseil) 5-12-45. *Robert Weinmann* (com. gén. à la main-d'œuvre) 29-1-48. *Maxime Weygand* (G[al], min., s.E. à la défense nat.) 6-5-48.

Condamnés par des cours de justice locale. Plus de 120 000 dont 4 783 c. à mort, dont 3 000 exécutés [notamment *Georges Suarez* (15-12-44), *Paul Chack* (n. 1876 ancien off. de marine, écrivain, c. à mort 18-12-1944 pour avoir souhaité publiquement la victoire all. et publié des tracts ; fusillé le 9-1-45), *Robert Brasillach* (n. 1904, écrivain, c. à mort 19-1-45 pour intelligence avec les Allemands, exécuté le 6-2-45), *Marcel Bucard* (chef des francistes, n. 1895, fusillé 19-3-1946), *Jean Luchaire* (journaliste, c. à mort 23-1-46 pour ses articles contre gaullisme et résistance ; fusillé 23-2), *Jean Hérold-Paquis* (ex. 11-10-45), *Paul Ferdonnet* (le Traître de Stuttgart), com. de Messine, *Max Knipping, Georges Radici, Jean Bassompierre* (dernier milicien fusillé en 1948) (graciés : *Lucien Rebatet, Jeantet, Algarron, P.-A. Cousteau*, etc.), *Henri Béraud* (1885-1958, écrivain, c. à mort 29-12-1944 pour ses articles au cours de l'Occupation ; peine commuée en travaux forcés à perpétuité ; libération conditionnelle 1950), *Charles Maurras* (1868-1952, philosophe inspirateur de l'Action française, c. 26-1-1945 à réclusion perpétuelle pour avoir mené une campagne contre la France), *Georges Claude* (1870-1960, physicien, condamné à réclusion perpétuelle 26-6-45 pour propagande en faveur de l'All. ; peine commuée en détention perpétuelle ; libéré fin 49). *Maurice Pujo* (1872-1955).

Autres condamnations. 50 000 aux tr. forcés ou à la prison, 70 000 déchéances civiques ; 120 000 c. administratives (42 000 officiers, 28 750 fonctionnaires, 7 039 cheminots, 5 000 agents de l'E.D.F., 170 commissaires de police, 18 membres du Conseil d'État, 334 magistrats, etc.).

● **Emprisonnés** *célèbres : Mary Marquet* (de la Comédie-Fr.), *Alfred Fabre-Luce* (1899-1983), *Sacha Guitry* (1885-1957), *Jérôme Carcopino* (1881-1970), secr. d'État à l'éduc. nat., non-lieu en 1947, *Pierre Taittinger* (1887-1965), *Jean de Castellane, Arletty* (n. 1898), le doyen *Georges Ripert* (1880-1958), *Louis Renault* [1877-1944 (mort des sévices subis en prison)], *Ginette Leclerc, Charlotte Lysès* (de la Comédie-Fr.), *Hervé Pleven* (fr. du ministre ; mort en prison), *Abel Hermant* (1862-1950).

● **Journalistes condamnés.** Des centaines passèrent en Cour de justice, dont : **fusillés :** *Georges Suarez*, dir. d'Aujourd'hui, *Robert Brassillach* (Je suis partout), *Jean Hérold-Paquis* (Radio-Paris), *Jean Luchaire*, dir. des Nouveaux Temps. **Peines commuées :** *Henri Béraud* (Gringoire), *P.A. Cousteau* (Paris-Soir et Je suis Partout), *Robert de Beauplan* (L'Illustration), *Martin de Briey* (l'Écho de Nancy), *Pierre Brumel* (le Petit Ardennais, contumace), *Delion de Launois* (la Gerbe). **Condamnés à perpétuité :** *Louis Auphan* (Action française), *Maurice Pujo* (Action française), *Buneau-Varilla* (le Matin), *Alain Laubreaux* (Je suis partout), *Claude Maubourguet* (Je suis partout et Combats).

● **Écrivains mis à l'index.** En sept. et oct. 1945 par le Comité National des Écrivains (C.N.E.), des dizaines dont : *De l'Académie française :* Pierre Benoît, Abel Bonnard, Henry Bordeaux, Maurice Donnay, Abel Hermant (condamné à la réclusion à perpétuité, libéré 1948), Edmond Jaloux, Charles Maurras, Jean-Louis Vaudoyer, Gal Maxime Weygand. *De l'Académie Goncourt :* Jean Ajalbert, René Benjamin, Sacha Guitry, Jean de La Varende. *Divers :* Colonel Alerme, Paul Allard, Marcel Aymé, Georges Blod, Robert Brasillach (fusillé), René Barjavel, Jacques Benoist-Méchin, Henri Béraud (condamné à mort puis gracié, libéré 1950), Alexis Carrel, L.-F. Céline, A. de Chateaubriant (condamné à mort par contumace), Jacques Chardonne, Paul Chack (fusillé), Pierre Drieu La Rochelle (se suicide 1945), Pierre Dominique, André Demaison, André Fraigneau, Paul Fort, Jean de Fabrègues, Bernard Fay, Albert Fabre-Luce, Jean Giono, Marcel Jouhandeau, Bernard Grasset, Jean de La Hire, La Varende, Henry de Montherlant, Paul Morand, Henri Massis, Anatole de Monzie, Lucien Rebatet, Raymond Recouly, Jules Rivet, André Thérive, R. Vallery-Radot, etc.

Le crime de la plupart d'entre eux avait été de continuer à écrire sous l'occupation et de ne pas avoir été antipétainistes.

● **Artistes mis à l'index.** Le 4-9-1945 par le Front National des Arts : Derain, Dunoyer de Segonzac, Othon Friez, Aristide Maillol, Oudot, Despiau, Vlaminck, etc.

Compagnons de De Gaulle à Londres

1940-18-6 : René Cassin (prof. à la faculté de droit de Paris, futur Prix Nobel 1887-1976) ; René Pleven (futur commissaire aux Finances, n. 1901) ; Jean Monnet (économiste, 1888-1980) ; Jean Marin (journaliste) ; Jean Oberlé (journaliste, 1900-61). **Ralliés 19-6 :** Christian Fouchet, aviateur (futur min., 1911-75) ; **20-6 :** Pierre-Olivier Lapie (député, n. 1901) ; **23-6 :** amiral Pierre Muselier (1882-1965) ; **28-6 :** Gilbert Renault, dit le colonel Rémy (1904-84) ; **29-6 :** 3 off. revenus de Narvik : cap. Pierre Koenig (futur G[al], 1898-1970, maréchal à titre posthume le 6-6-1984), colonel Magrin-Vernery (futur « Gal Monclar »), cap. André Devawrin (futur colonel Passy, chef des Services secrets, n. 1911) ; **30-6 :** Maurice Schumann (journaliste, futur min., 1911) ; **début juillet :** G[aux] Paul Legentilhomme, commandant les troupes de Djibouti (1884-1975), et René de Larminat, comm. celles de Syrie (1895-suicidé 1962) ; **25-7 :** cap. Philippe de Hauteclocque (futur M[al] Leclerc, 1902-47) ; **sept. :** Gal Georges Catroux (ancien gouv. de l'Indochine, 1877-1969) ; **fin 1940 :** Jacques Soustelle (ethnologue, futur min. et acad., n. 1912).

Membres de la Résistance. 1941-21-10 : Jean Moulin (préfet, 1899-1943) ; **1942 mars :** Emmanuel d'Astier (journaliste, 1909-69) ; Pierre Brossolette (journaliste, 1903-44) ; André Philip (député, futur min., 1902-70) ; **1942 sept. :** Christian Pineau (futur ministre, n. 1904) ; **1943 janv. :** Fernand Grenier (député, futur ministre, 1901-70).

Ralliement de l'Afrique équatoriale française

Cameroun. *15-8* les gaullistes de Douala se replient à Victoria (Cameroun anglais) ; *23-8* le colonel Leclerc (de Hauteclocque) et le Cdt de Boislambert se rendent à Victoria ; *26-8* avec 25 réfugés gaull., ils occupent les bâtiments publics de Douala ; *22-8* ils proclament le ralliement à de Gaulle.

Tchad. *13-8* René Pleven à Lagos (Nigeria), propose au gouverneur du Tchad, Félix Eboué (Guyane, 1884-1944), de ravitailler la colonie en échange du ralliement à de Gaulle ; *26-8* Eboué et Pleven proclament le ralliement.

Congo français. *16-8* le col. de Larminat arrive à Léopoldville (Congo belge). Il contacte les gaull. de Brazzaville (capitaine Delange, médecin-Gal Sicé) ; *27-8* ultimatum de Larminat au Gouv. gén. Husson ; *28-8* Delange et Sicé avec un bataillon de tirailleurs du Tchad font prisonnier Husson et remettent Brazzaville à Larminat ; *31-8* les gaull. contrôlent Pointe-Noire.

Oubangui-Chari. *Sept.* la garnison refuse mais le *30-9* se rallie sans combat.

Gabon. *29-8* ralliement à Larminat ; *30-8* arrivée à Libreville du sous-marin pétainiste *Sidi Ferruch* qui rétablit le régime de Vichy ; *sept.* offensive de Leclerc dep. le Congo ; oct. les pétainistes résistent à Lambaréné ; *8-10* le sous-marin pétainiste *Poncelet* est coulé ; *9-10* le *Savorgnan de Brazza* (gaull.) coule le *Bougainville* (pétainiste) ; *7-11* débarquement de Leclerc à Mondah ; *10-11* les gaull. prennent d'assaut Libreville : suicide du gouverneur (Gal Masson) ; *14-11* prise de Port-Gentil : la majorité des fonctionnaires refusent le ralliement et sont internés.

Échec gaulliste en Afr. occidentale

Sénégal. Tentative de débarquement à Dakar avec l'aide d'une escadre angl. [objectif : s'emparer de l'or des banques de Fr., Belgique, Pologne, stocké à Bamako ; déroulement : *14-8* le cuirassé *Richelieu*, les croiseurs *Georges-Leygues* et *Montcalm* (pétainistes) arrivent à Dakar. *23-9* une escadre angl. (avec 2 cuirassés et 1 porte-avions) débarque les commandos gaull. de Thierry d'Argenlieu, repoussés. *24-9* 2e débarquement gaull. repoussé à Rufisque. *24/25-9* bombardement de Dakar par l'escadre angl. : 84 civils †, 197 blessés ; 2 sous-marins fr. coulés. Un cuirassé angl. torpillé ; retraite angl].

Conséquences : de Gaulle rendu responsable de l'échec par Churchill, l'envoi du *Richelieu* ayant été provoqué par des indiscrétions de gaullistes ; Churchill propose à Catroux de remplacer de Gaulle. Catroux refuse. De Gaulle décide d'attaquer le Gabon (Voir ci-dessus) ; octobre création du Conseil de défense de l'Empire (Pt : de Gaulle).

Autres territoires

Voir p. 617 b.

☞ Paul Touvier (1915-84) : chef de la milice à Lyon, c. à mort par contumace le 10-9-45 et le 4-3-47, évadé, gracié 23-11-71.
L'écrivain Pierre Drieu La Rochelle (n. 1893), sur le point d'être arrêté, se suicide (15-3-1945).

Bilan de l'épuration judiciaire

• **Haute Cour de justice.** Créée par ordonnance du 18-11-45 (dernier procès : 1960, Abel Bonnard). 108 affaires. 41 non-lieux prononcés par la commission d'instruction (dont 34 après 1945). 8 actions publiques éteintes par décès de l'accusé (Platon, Boisson, L.O. Frossard, Chatel, Bichelonne, Barthélemy, Moysset, Cathala). 1 renvoi pour incompétence. 18 condamnations à mort. 25 à des peines de travaux forcés ou de prison (dont 3 par contumace). 14 à la dégradation nationale uniquement (plusieurs aussitôt relevées pour « faits de résistance »). 1 acquittement (Marcel Peyrouton).

Cours de Justice. Créées ordonnance du 26-6-44. *Nombre :* 90, puis 30 (janv. 1946), 25 (janv. 1947), la dernière (Paris), fermée en août 1949. Environ 140 000 affaires. 41 000 non-lieux prononcés en cours d'instruction et 41 000 dossiers renvoyés devant les chambres civiques. 57 000 affaires jugées. 6 763 condamnations à mort dont 4 397 par contumace et 779 exécutées. 2 777 peines de travaux forcés à perpétuité. 10 434 à temps. 26 529 peines de prison à temps. 3 678 condamnations à la dégradation nationale uniquement (la plupart des autres condamnations en étaient assorties). 6 724 acquittements.

Chambres civiques. Créées ordonnances des 26-8 et 26-12-1944. 115 000 affaires jugées (dont 41 000 renvoyées par les Cours de justice). 95 000 condamnations à l'indignité nationale.

• **Bilan général.** Env. 146 000 condamnés par les instances légales + détenus puis libérés sans qu'on n'ait rien pu leur reprocher (40 000 bénéficiaires d'un non-lieu, 700 000 à 800 000 incarcérés quelques jours ou quelques semaines), 30 000 à 40 000 exécutions sommaires, victimes de sanctions professionnelles ouvertes (limogeages) ou déguisées (retraites anticipées, retards dans l'avancement).

Selon Jean Paulhan, 1 500 000 à 2 000 000 Français ont été touchés d'une façon ou d'une autre par des mesures d'épuration.

• **Exécutions** (chiffres très variables selon les sources). 105 000 de juin 1944 à février 1945, selon Adrien Tixier (socialiste, min. de l'Intérieur). 68 000 d'après Jean Pleyber (Écrits de Paris). 50 000 (dans le Midi, de Nice à Toulouse) d'après la sécurité militaire amér. 30 000 à 40 000 d'après Robert Aron dans l'Histoire de la Libération de la France. 11 590 avec ou sans jugement au titre de la collaboration avant ou après la libération, d'après François Mitterrand (alors min. de la Justice). 10 842 (dont 5 675 avant la Libération) d'après les Mémoires du Gal de Gaulle. 9 673 (dont 5 234 avant la Libération) d'après une enquête partielle auprès des préfets.

Recours en grâce présentés au Gal de Gaulle : 2 071 (1 303 furent acceptés).

• **Emprisonnés.** *Mai 1944* 250 000. *1945 (vers juin)* 60 000. *1947 (1-1)* 20 000. *1948 (1-1)* 15 585. *1950 (1-1)* 4 791. *1951* quelques centaines.

1945 *16-1* nationalisation des usines Renault ; *22-2* création des comités d'entreprise ; *5-4* démission de Pierre Mendès France, en désaccord avec R. Pleven sur la politique éc. à suivre ; *26-4* P. Pétain se constitue prisonnier à son retour en Fr. ; *29/4-13/5* vict. de la gauche aux élect. mun. ; *8/10-5* émeutes en Algérie (Sétif, Guelma), répression ; *29-5* nationalisation de Gnome et Rhône (devient le S.N.E.C.M.A) ; *30-5* incidents de Damas (émeutes anti-fr.) ; *23-7/15-8* procès Pétain ; *4/6-10* procès Laval (exécuté 15-10) ; *4/19-10* ordonnance instituant la Séc. soc. ; loi sur le fermage ; *20-11* début du procès de Nuremberg (Voir Index États, Allem.) ; la délégation fr. comprend 1 juge : H. Donnedieu de Vabres (1880-1952) et 4 membres du ministère public : F. de Menthon, G. Champetier de Ribes (1882-1947), Ch. Dubost, E. Faure.

Régime parlementaire provisoire

1945 Assemblée Constituante (élue le 21-10 avec référendum rejetant la Const. de 1875 et maintenant un gouv. provisoire) ; *21-11* min. de Gaulle [investi à l'unanimité des 555 dép., comprend 5 min. communistes : *m. d'État,* Thorez ; *armement,* Tillon ; *écon. nat.,* Billoux ; *pr. ind.,* Marcel Paul ; *travail,* Croizat] ; *2-12* nationalisation des 5 plus grandes banques (Banque de France, Crédit Lyonnais, Société Générale, B.N.C.I., Comptoir national d'escompte) ; *5-12* le gouv. fr. refuse la création (préconisée par les USA) d'un gouv. central allemand ; *27-12* réorganisation de la Haute Cour de justice : Louis Noguères remplace le Pt Mongibeaux.

IVe République (1946-1958)

1946 1-1 les Soc. demandent une réduction de 20 % du budget militaire : de Gaulle décide de quitter le pouvoir ; 6-1 il prend 6 j de vacances à l'Eden-Roc, près d'Antibes ; 19-1 il démissionne.

• **1946 (23-1) Félix Gouin** [(4-10-1884/25-10-1977). *1907-53* avocat. *1924-40* dép. soc. ; 10-7-1940 refuse de voter les pleins pouvoirs à Pétain. *1943* Pt de l'Ass. Const. d'Alger *1944* Pt de l'Ass. Const. de Paris]. *1946* 23-1 élu Pt du gouv. provisoire ; 29-1 présente un gouv. tripartite, gouv. de coalition communistes-socialistes-M.R.P.

8-3 Leclerc à Haiphong ; nouvelle constituante ; 28-3 nationalisation du gaz et de l'électricité ; 24-4 création des délégués du personnel ; 25-4 nat. des assurances ; 26-4 nat. des bassins houillers (Charbonnages de Fr.), extension de la Séc. soc. à tous les salariés ; 16-6 discours de de Gaulle à Bayeux.

• **1946 (24-6) Georges Bidault** (Voir p. 669) élu Pt du gouv. provisoire par 384 dép. (les communistes se sont abstenus).

1946 13-10 vote par référendum d'un nouveau projet de constitution ; 28-11 Bidault démissionne ; 5-12 chargé de constituer un nouv. gouv., il n'obtient pas la majorité (240 v. seulement).

• **1946 (18-12) Léon Blum** (9-4-1872/30-3-1950). Voir biographie, p. 600. Pt du C.

1946 19-12 début de la *g. d'Indochine.* Voir Viêtnam à l'Index.

1947 2-1 baisse autoritaire des prix de 5 % ; 3-1 création du Commissariat au plan.

• **1947 (16-1) Vincent Auriol** [(Revel, Hte-Gar. 27-8-1884/Paris 1-1-1966). Fils d'un boulanger. *1905* étudiant en droit, socialiste. *1914* dép. de Muret. *1920* au Congrès de Tours, choisit le camp de Léon Blum. *1936* min. des Finances de Léon Blum ; auteur de l'opération dite « du franc flottant » (dévaluation). *1940* vote contre les pleins pouvoirs au M[al] Pétain. *1943* oct., rejoint Londres en avion. *1944* siège à l'Assemblée d'Alger (Pt de la commission des Finances). *1946* Pt des 2 ass. de la Rép. *1958* membre du Conseil Constit. *1960* cesse de siéger pour marquer son opposition au régime]. Pt de la Rép.

1947 10-2 *tr. de Paris* (Italie, Hongrie, Roumanie, Bulgarie, Finlande) ; 30-3 insurrection malgache ; 7-4 création du *Rassemblement du peuple français* (gaullistes) ; 7-1 adoption du 1er plan d'équipement ; 5-5 éviction des ministres communistes et fin du tripartisme (les communistes ont, sur le gel des salaires, voté contre le gouv. Ramadier, dont ils faisaient partie) ; 5-6 discours de Harvard : le Gal Marshall annonce son plan.

1948 25-1 échange obligatoire des billets de 5 000 F ; 31-3 blocus de Berlin ; 7-4 création des 8 igames ou super-préfets (Paris, Lille, Rennes, Bordeaux, Toulouse, Marseille, Dijon, Metz) ; 16-4 création à Paris de l'O.E.C.E. ; juin grève à Clermont-Ferrand ; 19-6 les communistes s'abstiennent dans le vote d'investiture de Georges Bidault (688 voix pour) ; 1-7 début d'application du Plan Marshall ; 4-10/18-11 vague de grèves (mines, métallurgie, chemins de fer) : échec (rappel de 30 000 h. de la classe 47, intervention de l'armée pour dégager les puits) ; 20/27-3 les gaull. ont 31 % des voix aux él. cantonales.

1949 4-4 signature de l'O.T.A.N. *(pacte atlantique)* ; 12-5 fin du blocus de Berlin ; 11-8 ouverture à Strasbourg du Conseil de l'Europe.

1950 janv. *affaire des généraux :* un rapport a été communiqué au 1er min., le Gal Revers est limogé ; 2/8-3 loi sur le sabotage (bagarre à la Chambre) ; 25-6-1950/27-7-1953 *g. de Corée ;* 3/8-10 défaite de Cao Bang (Indoch.) ; 10-10 serv. mil. porté à 18 mois. **1951** 18-4 C.E.C.A. instituée ; 9-7 fin officielle (sans traité) de la g. entre Allemagne et 39 États alliés, dont la Fr. ; 17-6 les gaull. obtiennent 118 sièges sur 625 aux él. législatives ; 23-7 Pétain meurt à l'île d'Yeu ; 8-9 *tr. de San Francisco :* paix entre Japon et 48 États alliés, dont la Fr. ; 21-9 *loi Barangé* (allocations scolaires à l'ens. privé) ; 12-12 ratification du plan Schuman ; 13-12 découverte du gaz de Lacq.

1952 18-1 déportation de Bourguiba, chef du Néo-Destour, à l'île de Ré ; 6-3 min. Pinay ; 26-4/3-5 recul des gaull. aux municipales ; 6-5 de Gaulle interdit aux députés gaull. de participer aux activités de l'Assemblée ; 27-5 tr. créant la *Communauté européenne de défense (C.E.D.)* ; 28-5 manifestation contre Ridgway (1 †, 718 arrestations, dont J. Duclos).

1953 5-3 mort de Staline ; 21-5/27-6 record de durée d'une crise ministérielle : 40 j (avant l'investiture de Joseph Laniel) ; 14-7 manifestation, défilé de Nord-Afr. (7 †) ; 27-7 fin de la g. de Corée ; 4/26-8 grève générale des services publics ; 15-8 sultan du Maroc Mohammed V (1909-61) exilé à Madagascar, la Fr. installe Ben Arafa (non reconnu par les musulmans).

• **1953** 23-12 **René Coty** [(Le Havre, 20-3-1882/22-11-1962). Fils d'instituteurs. *1902* avocat d'affaires au Havre. *1907* conseiller municipal. *1914-18* combattant comme homme de troupe. *1923* dép. *1936* sénateur. *1940* vote les pleins pouvoirs au M[al] Pétain. *1944* arrêté par les FFI, puis relâché. *1945* relevé d'inéligibilité. *1946* dép. *1947* min. de la Reconstruction. *1948* sénateur. *1958* se retire. *1962* membre du Conseil Const., critique l'élection du Pt au suffrage univ.]. Pt de la Rép.

1953 23-12 R. Coty élu Pt de la Rép. après 13 tours de scrutins. **1954** 13-3/7-5 déf. *Dien Bien Phu ;* 18-6 Gouv. Mendès France investi par 419 voix contre 17 ; 21-7 *accords de Genève* sur l'Indochine ; 31-7/3-8 Mendès France à Tunis ; 30-8 C.E.D. rejetée au Parlement ; 1-11 début de la *g. d'Algérie* (V. Algérie, à l'Index) ; 20-11 accords franco-tunisiens (accordent à la T. l'autonomie interne).

1955 févr. début du *poujadisme* (Voir Index) ; 14-5 *pacte de Varsovie* (Voir Index) ; 15-5 tr. de paix avec l'*Autriche ;* 3-6 autonomie interne de la *Tunisie ;* juill.-août émeutes au *Maroc ;* 23-10 la *Sarre* vote son retour à l'Allemagne (423 000 voix contre 201 000). **1956** 29-1 le Gal Catroux (partisan de la décolonisation) min. de l'Algérie dans le gouv. Mollet ; 31-1 Jules Moch préconise une Alg. avec 2 entités nationales (départements fr. et rép. Alg.) sur le même territoire (projet repoussé par Guy Mollet) ; 6-2 Guy Mollet insulté à Alger ; Catroux démissionne ; janv.-mars invalidation de 11 députés poujadistes remplacés (anticonstitutionnellement) par 5 socialistes, 3 radicaux, 1 M.R.P., 2 modérés ; 3-3 *Maroc indépendant ;* 20-3 *Tunisie indépendante ;* 20-5 affaire des fuites : François Mons, accusé d'avoir permis de prendre connaissance des secrets militaires et André Baranès, accusé d'être un agent communiste, sont acquittés ; René Turpin accusé d'avoir transmis des secrets concernant la défense nat. est condamné à 6 ans de prison ; Roger Labrusse inculpé d'avoir répercuté des renseignements sur Baranès est condamné à 4 ans. 5/6-11 *Expédition de Suez* 26-7 Nasser nationalise le canal (prétexte : les Amér. cessent de financer le barrage d'Assouan) ; 16-8 à Londres, conf. des usagers ; 19-9 elle décide de saisir l'O.N.U. ; 15-10 l'O.N.U. est saisie ; 21/24-10 conf. fr.-israél. (protocole de Sèvres) ; 23-10 interception de l'avion de Ben Bella ; 29-10 offensive israél. contre l'Égypte ; 5-11 débarquement fr.-angl. à Port-Saïd ; Nasser sabote le canal ; 25-11 les Casques bleus prennent position en Égypte] ; nov. intervention russe en Hongrie ; manif. anticomm. en France (siège du P.C. incendié).

1957 16-1 attentat au bazooka à Alger contre Salan [son chef d'état-major, le C[t] Rodier, est tué. *Assassins :* Philippe Castille et Michel Frechoz ; *instigateur :* René Kovacs, médecin algérois (activistes Algérie fr., ayant l'intention de faire remplacer Salan par le Gal Cogny, considéré comme plus énergique). Kovacs met en cause, sans apporter de preuves, des personnalités dont Michel Debré, Pascal Arrighi, Jacques Soustelle. L'enquête n'aboutit pas] ; 25-3 *tr. de Rome* (Marché commun et Euratom). **1958** 15-4 les Anglo-Saxons proposent leurs bons offices en Tunisie : le gouv. Gaillard est renversé ; 13-5 émeutes en Algérie (V. Index) ; 26-5 rencontre de Gaulle-Pflimlin à St-Cloud ; 1-6 ministère de Gaulle ; 2-6 l'Assemblée vote les pleins pouvoirs pour 6 mois ; 3-6 rédaction d'une nouvelle constitution confiée au gouv. 17-6 emprunt Pinay indexé sur l'or (il rapporte 324 milliards) ; 28-9 référendum approuvant Constitution.

Ve République (dep. le 28-9-1958)

• **1958 René Coty** (suite). 28-9-58/1-59 mise en place de la Communauté ; 1-10 fondation de l'U.N.R. 23/30-11 élect. législ., succès gaulliste.

• **1958 Charles de Gaulle** (Voir p. 617). 21-12 *de Gaulle élu Pt de la Rép.* ; 27-12 création de l'Accord monétaire européen ; 28-12 création du franc lourd. **1959** 1-1 1re réduction (10 %) des droits de douanes du Marché commun ; 31-1 lancement du 1er satellite américain (Explorer) ; 16-9 de Gaulle se dit favorable à l'*autodétermination de l'Alg.* [violente opposition des députés nord-africains ; conduits par Georges Bidault (1899-1983), ils quittent la majorité (9 démissionnent de l'U.N.R.) et forment un groupe dissident : Rassemblement pour l'Algérie fr. ; mais ils sont battus à l'Assemblée nationale qui approuve la déclaration de De Gaulle par 441 voix contre 23 et 28 abstentions (17-10)] ; 2-12 rupture du barrage de Fréjus (427 †) ; 24-12 *loi Debré* sur l'enseignement privé.

1960 1-1 mise en circulation du franc lourd ; 4-1 *tr. de Stockholm* créant l'A.E.L.E. ; 19-1 Massu limogé en Alg. ; 24/31-1 *journées des barricades* à Alger [24-1 manifestation en faveur de Massu dispersée par les gendarmes (22 †), les émeutiers dressent des barricades ; 29-1 de Gaulle obtient du Parlement des pouvoirs spéciaux : le Gal Challe et le gouverneur Delouvrier quittent Alger pour Reghaia (base de départ de la répression) ; 2-2 reddition de Pierre Lagaillarde (n. 15-5-1931), chef des insurgés] ; 13-2 1re *bombe atomique* fr. à Reggane (Sahara) ; 25-4 Soustelle (favorable aux émeutiers d'Alger) exclu de l'U.N.R. ; Vincent Auriol annonce qu'il ne siégera plus au Conseil constitutionnel, car le régime s'oriente « vers un système de pouvoir personnel et arbitraire » ; 25/29-6 : entretiens de Melun avec les rebelles alg.

1961 3-1 référendum pour l'autodétermination en Alg. ; 21/26-4 *putsch en Alg.* [généraux Raoul Salan (1899-1984), Maurice Challe (1905-78), André Zeller (1899-1979), Edmond Jouhaud (n. 1905)] ; 20-5 début de la *Conférence d'Évian* : 28/31-5 procès, Challe condamné à 15 ans de détention criminelle et Zeller cond. à perpétuité ; 13-6 rupture des pourparlers d'Évian (à cause du Sahara) ; 19/22-7 bat. de Bizerte (Voir Index) ; 12-8 construction du mur de Berlin ; 8-9 attentat contre de Gaulle à Pont-sur-Seine ; 17-10 violente manif. algérienne à Paris.

1962 janvier-juin *attentats O.A.S.* ; 8-2 manifestations anti-O.A.S. organisées par P.C. et 6 syndicats : C.E.T., C.F.T.C., F.E.N., U.N.E.F., S.G.E.N., S.N.I. (9 manif. † dont 7 membres du P.C., étouffés à l'entrée du métro *Charonne*) ; 7-3 reprise des pourparlers d'Évian (de Gaulle ayant cédé sur le Sahara) ; 18-3 *accords d'Évian* ; 19-3 cessez-le-feu en Algérie ; 25-3 Jouhaud arrêté à Oran ; 8-4 référendum sur la ratification des acc. d'Évian ; 11/13-4 procès *Jouhaud* [condamné à mort puis gracié (sur intervention de Georges Pompidou)] ; 20-4 Salan arrêté ; 17/21-6 accords F.L.N./O.A.S. en Alg. ; 3-7 la Fr. reconnaît l'indép. de l'Alg. ; 22-8 attentat contre de Gaulle au Petit-Clamart ; 22-10 *blocus de Cuba* par U.S.A. ; 28-10 référendum pour l'élection du Pt de la Rép. au suffr. universel.

O.A.S.

Attentats. *Métropole, janv.-juin 1962* : 18 charges de plastic à Paris 17-1 ; attentat Quai d'Orsay (1 †, 2 blessés) 22-1 ; 13 charges de plastic à Paris 24-1 ; attentat manqué contre André Malraux (Delphine Renard blessée 7-2) ; total du 25-4-1961 au 15-6-1962 : 751 (6 †, 37 bl.). *Algérie* (Voir Index) : total des victimes de l'O.A.S. en Alg. : 2 500 civils fr. ; 18 500 musulmans (dont 3 000 immigrés en métropole).

Bilan de la répression anti-O.A.S. en 1962 : 635 arrestations (sur 1 200 identifiés), 223 jugements (acquittements 117, prison avec sursis 53, prison ferme 38), 4 condamnations à mort suivies d'exécutions (*3 O.A.S.* : Degueldre, Piegts, Dovecar ; *1 non-O.A.S.* : Bastien-Thiry).

Affaires liées aux événements d'Algérie

• **Procès des barricades.** 2-3-1961. 11 accusés et 1 par contumace acquittés. **Pierre Lagaillarde** condamné à 10 ans de prison. **Marcel Ronda** à 3 ans et **Jean-Jacques Susini** à 2 ans avec sursis.

• **Coup de force militaire du 22-4-1961.** *31-5* les généraux **Challe** et **Zeller** condamnés à 15 ans de détention ; libérés en 1966. *5-6* **Cdt de Saint-Marc** condamné à 10 ans. *6-6* **Gal Pierre Pigot** à 15. *19-6* **Gal Jean Nicot** à 12. *20-6* **Gal Gouraud** à 7. *13-4-62* **Gal Edmond Jouhaud**, condamné à mort, peine commuée en détention à vie, libéré le 23-12-67. *23-5-62* **Gal Raoul Salan** condamné à la détention à vie, libéré le 15-6-68.

1963 14-1 de Gaulle rejette la candidature angl. au Marché commun. **1964** 27-1 la Fr. reconnaît la Chine communiste ; 1-3 grève des charbonnages ; 4-3 les mineurs sont réquisitionnés ; 16/19-3 de Gaulle au Mexique ; 12-7 Thorez meurt à Odessa. **1965** 1-7 la Fr. quitte le Conseil des ministres de la C.E.E. ; 29-10 enlèvement à Paris de *Mehdi Ben Barka* (n. 1920).

5/19-12 de Gaulle réélu Pt de la Rép. après ballottage. **1966** 9-3 dénonciation de l'OTAN (Voir Index) : les U.S.A. replieront leurs bases fr. sur Belgique, Espagne et Italie ; 30-8 à Pnom Penh, de Gaulle demande aux U.S.A. d'évacuer le Viêt-nam. **1967** 30-6 signature à Genève du Kennedy Round ; 23/31-7 de Gaulle au Canada (préconise le Québec libre) ; 11-12 création du *Concorde.*

1968 15-3 après 2 paniques sur l'or (déc. puis mars), le Pool de l'or de Londres suspend ses opérations. Mai 1968 (Voir encadré) ; -10-7 démission de Pompidou, 1er ministre ; 12-7 gouv. Couve de Murville, E. Faure min. de l'Éd. nat. ; 21-8 intervention russe en Tchéc. ; 7-11 loi d'orientation de l'enseignement supérieur ; 23-11 de Gaulle refuse de dévaluer le franc ; 25-11 rétablissement du contrôle des changes (avait été supprimé le 4-9).

1969 3-1 embargo sur les livraisons d'armes à Israël ; 17-1 Pompidou à Rome, se porte candidat à la présidence ; 4/6-3 *négociations rue de Tilsitt* avec les syndicats (échec) ; avril-mai agitation des commerçants (Nicoud) ; 28-4 *référendum sur la régionalisation,* victoire des *non* (Voir Index) : de Gaulle se retire, Alain Poher, Pt du Sénat, assure l'intérim.

Attentats contre le Gal de Gaulle

8-9-1961 (Pont-sur-Seine, Yonne) : explosion d'une bouteille de gaz remplie de plastic, au passage de la voiture présidentielle. Bastien-Thiry chef du commando. Condamnation (8-9-62) d'Henri Manoury à 20 ans de réclusion, Martial de Villemandy à 15 ans, Bernard Barbance à 15 ans, Jean-Marc Rouvière et Armand Belvisi à 10 ans. **23-5-1962** « opération chamois ». De Gaulle devait être abattu sur le perron de l'Élysée par un tireur d'élite, armé d'un fusil à lunette et placé dans un appartement au 1er étage du 86, rue du Fg-St-Honoré. **25-5-1962** aux Pouzets, près d'Argenton-sur-Creuse (explosif non encore déposé sur la voie ferrée, fil électrique découvert après le passage du train présidentiel). **22-8-1962** *au Petit-Clamart* : condamnation à mort (4-3-63) de Jean-Marie Bastien-Thiry (exécuté le 11-3), Alain Bougrenet de La Tocnaye et Jacques Prévost bénéficient d'une commutation de peine ; à la réclusion perpétuelle : Gérard Buisine ; à 15 ans : Pascal Bertin et Henri Magade ; 10 ans : Laslo Varga ; 7 ans : Constantin ; 3 ans : Ducasse. Tous seront libérés en 1968 et amnistiés par la loi du 31-7-1968. **14-8-1964** *Mont-Faron,* près de Toulon. Une bombe est placée dans une potiche, mais le déclencheur est trop faible, et la charge ne saute pas [charge découverte le 28-8, quand les terroristes tentent de la détruire (attentat d'abord projeté près de la tombe de Clemenceau, à Mouchamps, Vendée)].

Affaire Ben Barka

Leader de l'opposition marocaine, son cadavre n'a jamais été retrouvé. Les débats de la Cour d'assises de Paris, clos le 5-6-1967, n'ont pas permis d'établir clairement les responsabilités. Les rôles tenus par le colonel Leroy-Finville, chef d'études du SDECE, et le général Oufkir, alors ministre de l'Intérieur du Maroc, demeurent obscurs. Oufkir est condamné par contumace à la détention perpétuelle. Antoine Lopez (inspecteur principal à Air France, indicateur de la brigade mondaine pour les stupéfiants, travaillait aussi pour le SDECE). Condamné à 8 ans, sera libéré en 71. Souchon, officier de police, chef du groupe des stupéfiants, est condamné à 6 ans (libéré en 69). Il est possible qu'au cours de son enlèvement, Ben Barka ait succombé à une rupture de vertèbres due au déplacement de l'appareil orthopédique qu'il portait.

• **1969 (15-6) Georges Pompidou** [Monboudif, Cantal, 5-7-1911/Paris 2-4-1974). Fils d'instituteurs. Normalien, *1935* professeur. *1945* membre du cabinet de De Gaulle. *1946* maître des requêtes au Conseil d'État. *1946-49* dir. du Commissariat au Tourisme. *1947-54* collabore avec De Gaulle. *1954-58* au groupe Rothschild. *1958* 1-6/*1959* 8-1 dir. du cabinet de De Gaulle (Pt du Conseil). *1959-62* au groupe Rothschild. *1962* 16-4 P.M. *1968* mai-juin, joue un rôle important lors des émeutes estudiantines] élu Pt de la Rép, avec 58,22 % des voix (2e tour).

11/13-7 la S.F.I.O. prend le nom de Parti socialiste ; 21-7 cosmonautes américains sur la Lune ; 8-8 dévaluation ; 24-12-5 vedettes quittent clandestinement Cherbourg pour Israël (en 1965, Israël avait commandé 2 séries de 6 vedettes rapides aux chantiers Amiot, 5 étaient parties courant 1968, 1 les 30/31-12-1968, 1 les 4/5-1-1969).

1970 nombreuses manif. de commerçants ; mai-juin procès de Le Dantec et Le Bris (la Cause du Peuple), attentats ; 4-6 loi *anticasseurs* ; 20/22-10 Geis-

Mai 1968

• **Leaders du mouvement :** *Daniel Cohn-Bendit* (n. 4-4-1945), de nationalité all., interdit de séjour en Fr. de 1968 à 1978 ; *Alain Geismar* (n. 1945), secrétaire gal du S.N.E.-Sup. ; *Jacques Sauvageot* (n. 1949), Pt de l'U.N.E.F. dep. le 21-4-1968.

• **Chronologie.** Janv. agitation dans les lycées, manif. à Nanterre et à Caen ; 22-3 à l'univ. de Nanterre, occupation de la tour adm. par des étudiants révolutionnaires : Nanterre fermée jusqu'au 1-4 ; *Avril :* plusieurs manif. ; *Mai :* -2 Pompidou part pour l'Iran ; incidents à Nanterre, cours suspendus ; -3 la police fait évacuer la Sorbonne ; barricades au quartier Latin ; - 4 cours suspendus à la Sorbonne ; -5, 4 manif. condamnés à 2 mois de prison ferme ; -6 manif. contre les condamnations (20 000 étudiants), bagarres (600 blessés) ; -7 bagarres toute la nuit ; -10/11 *nuit des barricades* (400 blessés, 188 véhicules endommagés ou incendiés, notamment rue Gay-Lussac) ; -11 Pompidou rentre d'Iran, fait libérer les manif. arrêtés ; -13 la police évacue la Sorbonne, les ét. l'occupent ; défilé de la place de la Rép. à Denfert-Rochereau (200 000 selon la police) ; -14 de Gaulle part pour la Roumanie ; -15 occupation des usines Renault à Cléon et de l'Odéon ; -18 de Gaulle rentre de Roumanie ; -19 de Gaulle : « La réforme oui, la chienlit non » ; -20 la grève s'étend ; -22 bagarres ; *Cohn-Bendit* expulsé ; -23 bagarres ; -24 de Gaulle annonce un référendum ; bagarres (500 blessés) ; -25 ouverture des *négociations de Grenelle* avec les syndicats (conclues par un accord 27-5), commissaire de police tué à Lyon ; -27 meeting au stade *Charlety,* protocole de Grenelle rejeté par les ouvriers de Renault et de Citroën ; -28 retour clandestin de Cohn-Bendit, F. Mitterrand propose un gouv. de transition présidé par P. Mendès France ; démission d'A. Peyrefitte acceptée ; -29 de Gaulle part secrètement par hélicoptère à *Baden-Baden* (il rencontre Massu) ; défilé de la gauche ; -30 de Gaulle parle à 16 h 30 à la radio et dissout la Chambre ; une *manif. gaulliste* suit (800 000 personnes) ; -31 la police rouvre les bureaux de poste. *Juin :* -1er l'essence revient ; -5/7 reprise du travail ; -6 les C.R.S. occupent l'usine Renault de Flins ; -10 un lycéen se noie lors des ratissages de la police près de Flins ; -11 un ouvrier tué à Sochaux ; -11/12 manifestations et barricades ; -12 dissolution de mouv. d'extrême gauche ; -14 la police fait évacuer l'Odéon, puis la Sorbonne le 16 ; -17 vote pour la reprise du travail chez Renault ; -20 reprise chez Citroën, Peugeot, Berliet ; -23/29 *élections :* succès gaulliste.

• **Conséquences. 1°) Politiques :** *a) chute de Pompidou,* rendu responsable par de Gaulle du développement de la révolte (de G. voulait employer la manière forte dès le 11-3) ; *b) chute de De Gaulle,* qui a renvoyé Pompidou, sans deviner que la compréhension du 1er ministre envers les émeutiers l'avait rendu plus populaire que le Pt de la Rép. ; *c) affaiblissement international de la France :* la Ve Rép. passait dep. 1962 (victoire sur l'O.A.S.) pour un modèle de stabilité ; le bouleversement de mai 68 lui fait perdre sa crédibilité.

2°) Financières : les concessions faites par Pompidou aux syndicats, pour détacher les ouvriers des étudiants, ont provoqué une baisse du franc : la dévaluation, repoussée par de Gaulle en nov. 68, deviendra inévitable en août 69.

3°) Sociologiques *(les plus importantes) : a) transformation de l'enseignement :* il cesse d'être « sélectif » ; les jeunes accèdent en quasi-totalité à l'enseignement secondaire ; en forte proportion à l'enseignement supérieur. Cessant d'être « élitiste », il crée des millions de travailleurs mal qualifiés, d'où chômage massif chez les jeunes, à partir de 1976 ; *b) accélération du processus de déchristianisation :* la hiérarchie catholique, décontenancée par les événements, a souvent pris le parti des révoltés ; *c) la contestation se développe* dans tous les domaines (administration, entreprises, éducation, information).

mar condamné à 18 mois de prison ; 9-11 (à 19 h) *mort du Général de Gaulle.* **1971** juin, saccages au quartier Latin, passivité de la police ; congrès d'Épinay : renouveau du P.S. ; juillet, scandale de la Garantie foncière. **1972** 22-1 admission dans la C.E.E. de G.-B., Irlande, Danemark ; 25-2 Pierre Overney, militant maoïste, tué à la porte de Renault à Billancourt ; 23-4 référendum sur l'entrée de la G.-B. dans la C.E.E. ; 22-6 accord entre C.E.E. et ancienne A.E.L.E. (création d'une Europe des XVI) ; sept. Gabriel Aranda dénonce des compromissions. **1973** 17-1 *tr. de Paris* (fin de la g. entre U.S.A. et Viêt-nam) ; mars manifestations lycéennes contre la loi Debré (supprimant les sursis longs) ; 19-10 vote de la *loi Royer* sur le commerce. **1974** 2-4 décès du Pt Pompidou.

• **1974 (19-5) Valéry Giscard d'Estaing** [(2-2-1926, Coblence, R.F.A.). *Père* inspecteur des finances, membre de l'Institut né Edmond Giscard, en 1894 ; autorisé, ainsi que son fr. René, par décret du 17-6-1922, à relever le nom de d'Estaing et s'appeler légalement Giscard d'Estaing ; (motifs retenus : 1° possession du château de Murol, P.-de-D., propriété de la famille d'Estaing ; 2° liens de parenté avec Lucie-Madeleine d'Estaing, dernière du nom). *Marié* (17-12-1952) à Anne-Aymone de Brantes, 4 enf. : Valérie-Anne (ép. Gérard Montassier, divorcée), Henri, Louis-Joachim, Jacinte (ép. Philippe Guibout). *Polytechnicien.* E.N.A. (1949/51). Inspecteur des Finances 1954. Dir. adj. au cab. d'Edgar Faure (Pt du Conseil juin/déc. 54). *Député* du P.-de-D. 1956, réélu en 58-62, 67-69. *Conseiller gén.* de Rochefort-Montagne 1958/74. *Secr. d'État* aux Finances 8-1-1959 (gouv. Debré). *Min.* des Finances 19-1/nov. 1962 (gouv. Pompidou), des Fin. et des Aff. économiques déc. 62-janv. 66 (gouv. Pompidou). *Pt de la Fédération nat. des R.I.* 1966. *Pt de la Commission des Finances* (Ass. nat.) avril 67/mai 68. *Pt du Conseil de l'O.C.D.E.* 1970. *Min.* de l'Économie et des Finances 1969-74 (gouv. Chaban-Delmas, puis Messmer). *Maire* 1967-74 puis conseiller municipal de Chamalières 1973. Battu en 1981, membre du Conseil constitutionnel. *Député* 23-9-84. *Distraction :* accordéon. *Sport :* chasse. *Œuvre :* Démocratie française (1976, tirage : 1 185 000 ex.) ; Deux Français sur trois (1984)] élu Pt (50,80 % des voix).

1975 mars manif. contre la réforme Haby ; 30-5 prise de Saigon par les communistes (50 000 réfugiés vietnamiens en Fr.) ; 22-8 à Aléria (Corse), 2 gendarmes tués : E. Siméoni arrêté ; 28-8 émeutes à Bastia ; 20-11 mort de Franco. **1976** 14-3 le F sort du serpent monétaire eur. ; 23-6 loi sur les plus-values ; 25-8 démission du gouv. Chirac ; 9-9 mort de Mao Tsé-toung ; 22-9 plan d'austérité de Raymond Barre ; 24-12 le Pce Jean de Broglie (1921-76) est assassiné ; dettes de 7 460 000 F lors de son décès (M. Poniatowski, min. de l'Intérieur et de la police mis en cause pour négligence) ; procès (4-11/24-12-81) : 10 ans de prison pour Varga (libéré 17-5-84), Simoné (libéré en mai 83) et Frèche (tueur), 5 pour Tessèdre. **1977** 13 et 20-3 *él. municipales :* majorité de gauche ; 14-9 : *éclatement de l'Union de la gauche.* **1978** 12 et 19-3 *él. législatives,* gauche battue ; 19-4 libéralisation des prix ; mai intervention au Zaïre (reprise de la ville de *Kolwezi ;* libération des prisonniers eur.) **1979** févr. les troupes fr. évacuent du Tchad 3 700 civils ; mars entrée du F dans le système monétaire eur. ; juin élections à l'Ass. eur. ; 29/30-10-1979 *Robert Boulin* (1929-79), min. du Travail, se suicide après une campagne de presse sur l'achat d'un terrain à Ramatuelle (Var) à Henri Tournet (condamné par contumace le 15-11-1980 pour faux en écritures publiques, à 15 ans de prison) ; en nov. 1983, une 2e autopsie a été réalisée.

1980 10-1 affrontements à Ajaccio, 3 † ; 31-1 heurts violents à Plogoff ; 1-2 Joseph Fontanet assassiné ; 6-3 Marguerite Yourcenar élue à l'Académie fr. ; mai Jean-Paul II à Paris (1re visite d'un pape dep. 1805).

1981 24-1 Mitterrand annonce sa candidature à la Prés. ; 3-2 Chirac annonce la sienne ; 11-2, 3 autonomistes corses condamnés à 4 ans de prison ; 12-2, 46 attentats en Corse ; 2-3 Giscard annonce sa candidature.

• **1981 (10-5) François Mitterrand** (26-10-16, Jarnac, Charente), mesurant 1,72 m et pesant 80 kg le 20-5-81. Fils d'un agent de la Cie des chemins de fer de Paris à Orléans, puis industriel et Pt de la Féd. des syndicats de fabricants de vinaigre. Il a 3 frères : Robert (n. 1915), polytechnicien, ingénieur ; Jacques, général d'aviation (n. 1918) ; Philippe, exploitant agricole, maire de St-Séverin (Charente) et 4 sœurs. *Marié* en 1944 à Danielle Gouze, 2 enf. Off. de la Légion d'honneur. *Croix de guerre* 39-45, Rosette de la résistance. Licencié en droit. D.E.S. droit public. Diplômé des Sciences po. Licencié ès lettres. Directeur politique du *Courrier de la Nièvre. Avocat* à Paris dep. 1954. Fondateur du Mouvement nat. des prisonniers. *Secr. gén.* aux prisonniers de guerre (gouv. Charles de Gaulle 27-8-44/août-sept. 44). *Député* de la Nièvre 1946-48. *Min. des Anciens Combattants* (cab. Ramadier et Schuman) 1947-48. *Min. de l'information* 1948, *de la France d'outre-mer* 1950-5, *Min. d'État* 1953. *Secr. d'État* à la prés. du Conseil (cab. André Marie, Schuman, Queuille). *Min. de l'Intérieur* (cab. Mendès France) 1954-55. *Min. d'État garde des Sceaux* (cab. Mollet) 1956-57. *Conseiller gén.* (dep. 1949) de Montsauche. *Pt du Conseil gén.* (dep. 1964) de la Nièvre. *Maire* de Château-Chinon dep. 1959. *Sénateur* de la Nièvre 1959-62. *Député* de la Nièvre dep. 1962. *Pt de la F.G.D.S.* 1965-68. *1er secr.* du Parti socialiste dep. 1971. *Vice-Pt* de l'Internationale socialiste dep. 1972. Cosignataire du Programme commun de la gauche 1972. *Candidat à la prés. de la Rép.* 1965, 1974. *Œuvres :* Aux frontières de l'Union française, la Chine au défi (1961), le Coup d'État permanent (1964), Tech. économique française (1968), Ma part de vérité (1969), Un socialisme du possible (1971), la Rose au poing (1973), la Paille et le Grain (1975), Politique (1977), l'Abeille et l'Architecte (1978). *Sports :* tennis, tennis de table, golf. *Distraction :* marche à pied. Élu au 2e t. Pt de la République.

Patrimoine du Pt. Selon le communiqué officiel de mai 1981, « Résidence principale » 22, rue de Bièvre, à Paris 5e ; immeuble en copropriété dont M. et Mme Mitterrand possèdent pour leur usage 166 m² ; secondaire dans les Landes, 10 ha dont 7 plantés de pins, un étang de 1,3 ha à Planchez-en-Morvan (Nièvre). Compte en Banque au Crédit Lyonnais à Paris pour les dépenses courantes, livret A de Caisse d'Épargne, 75 actions acquises récemment de S.I.C.A.V. (Crédit Lyonnais) d'un montant global de 9 000 F.

Mme Mitterrand possède en indivision avec ses frères et sœurs une maison héritée de ses parents en 1971, à Cluny (S.-et-L.). M. Mitterrand a contracté un emprunt pour le financement de sa résidence principale dont le solde actuel venant en diminution de son patrimoine se monte à 280 000 F. Les revenus de M. Mitterrand venaient essentiellement de son indemnité parlementaire et de ses droits d'auteur.

1981 13-5 Raymond Barre démissionne ; 21-5 Mauroy 1er min. ; 22-5 Ass. nat. dissoute ; 3-6 S.M.I.C. : + 10 % à compter du 1-6, minimum vieillesse : + 20 %, handicapés : + 20 % le 1-7, allocations familiales : + 25 % le 1-7, allocations logement : + 25 % le 1-7, et 25 % le 1-12 ; 14/21-6 *élections lég. :* victoire de la gauche ; 23-6 2e gouv. : min. Mauroy avec 4 min. communistes ; 20/21-7 sommet des pays industrialisés à Ottawa ; 18-9 l'Ass. nat. vote l'abolition de la peine de mort ; 4-10 dévaluation du F de 3 % (avec réévaluation du mark et du florin de 5,5) % ; 8-10 blocage des prix pendant 6 mois ; 22/23-10 sommet de Cancún ; 1/13-12 Mitterrand à Alger ; 23-12 emprunt d'État : 10 milliards de F à 16,20 %.

1982 14-1 ordonnances sur les 39 h et les contrats de solidarité ; 18-1 accord franco-soviétique sur le gaz ; 3-2 accord franco-algérien sur le gaz ; 13-2 loi sur les nationalisations promulguée ; 24-2 1er bébé éprouvette français ; 4-3 René Lucet ancien dir. de la Caisse mal. des B.-du-Rh., se tue (2 balles tirées) ; 3/5-3 Mitterrand en Israël ; 14/21-3 *él. cantonales :* victoire de l'opposition (64 Pts de conseils généraux contre 36 pour la majorité de gauche) ; 14/18-4 Mitterrand au Japon ; 15-4 les préfets transmettent leur pouvoir exécutif aux Pts des conseils régionaux ; 28/30-4 Mitterrand au Danemark ; 14/26-5 Mitterrand en Afrique ; 4/6-6 sommet des pays industrialisés à Versailles ; 12-6 2e dévaluation du franc ; 13-6 au 1-11 blocage des prix et salaires ; 22/24-6 Mitterrand en Espagne ; 29-6 remaniement ministériel ; 7/9-7 en Hongrie ; 28-7 dissolution du S.A.C. (Service d'action civique) ; 17-8 Mitterrand annonce l'envoi à Beyrouth d'une force multinationale ; 23-8 arrivée à Beyrouth du contingent français ; 1/2-9 Mitterrand en Grèce ; 14-9 emprunt d'État de 10 milliards de F ; départ du contingent français ; 15-9 emprunt de 4 milliards de F auprès des banques internationales ; 20-9 envoi d'une 2e force multinationale à Beyrouth ; 11-10 Mitterrand en Afrique ; 24/30-11 Mitterrand en Égypte puis Inde ; 30-11 emprunt d'État de 10 milliards de F ; 8-12 remaniement ministériel.

1983 6/13-3 *él. municipales :* remontée de la droite ; 21-3 3e *dévaluation du F* (dep. 1981) de 2,5 %. Août, intervention au Tchad renforcée. 5-4 expulsion de 47 diplomates et ressortissants soviétiques accusés d'espionnage ; 28/31-5 sommet de Williamsburg ; déclaration sur la sécurité et sur un nouveau « Bretton Woods » ; 9/10-6 conseil atlantique à Paris (pour la 1re fois dep. 1966) ; 8-8 opération *Manta* (au Tchad) ; 14/15-8 Jean-Paul II à Lourdes ; 4-10 sommet franco-africain à Vittel ; 23-10, 58 soldats français, 200 américains tués au Liban (attentat). 7/10-11 Chadli Bendjedid 1er Pt de l'Algérie en voyage officiel en France. 17-11 raid de l'aviation française sur Balbek (Liban). 21-12 affaire des avions renifleurs financée par Elf-Érap pour détecter des gisements pétroliers (plus de 1 milliard de F seraient sortis de France en frais d'études, or il s'agissait d'une escroquerie).

1984 19/20-3 les producteurs de porcs dévastent la sous-préfecture de Brest ; 21/29-3 Mitterrand aux États-Unis ; 31-3 le contingent français quitte Beyrouth ; 17-6 *élections européennes ;* 20/23-6 Mitterrand en U.R.S.S. ; 24-6 manif. pour l'enseignement libre à Paris, env. 1 400 000 personnes (Voir Enseignement). 19-7 gouv. Fabius ; 31-8/1-9 voyage privé de Mitterrand au Maroc ; 17-9 accord franco-lybien sur « l'évacuation totale et concomitante du Tchad » ; 15-11 en Crète Mitterrand rencontre Kadhafi ; 7-12 Roland Dumas succède à C. Cheysson aux Aff. étr.

1985 mars *élections cantonales ;* 13-3 Mitterrand aux obsèques de Tchernenko ; 2/4-5 sommet des pays industrialisés à Bonn : Mitterrand refuse de participer au projet I.D.S.

1986 16-3 élections législatives et régionales, succès de la droite (voir p. 685 et 686) ; 20-3 J. Chirac P.M. ; 27-4/6-5 sommet de Tokyo ; 7-5 décès de Gaston Defferre.

Attentats politiques récents en France

1976-*24-12* le Pce Jean de Broglie, député, ancien négociateur d'Évian. **1977**-*23-3* Jean-Antoine Tramoni, meurtrier d'un militant gauchiste, René-Pierre Overney, le 25-2-72. *-5-6* Pierre Maître, participant à un piquet de grève C.G.T. (Reims, assassin présumé : Claude Lecomte). *-2-10* Laïd Sebal, gardien de l'Amicale des Alg. en Europe (Paris), attentat revendiqué par le « commando Delta ». **1978**-*18-3* François Duprat, écrivain, membre du Front national, voiture piégée. *-4-5* Henri Curiel, d'origine égyptienne, gauchiste (soupçonné d'être un agent soviétique du K.G.B.) : même assassin que Laïd Sebal. **1979**-*20-9* Pierre Goldman, militant gauchiste, juif, ancien condamné de droit commun. **1980**-*3-10* une bombe éclate devant la synagogue de la rue Copernic à Paris (XVIe) : 4 †, dont 3 non-juifs. Les coupables ne sont pas démasqués (on soupçonne des terroristes palestiniens). **1981.** *A Paris : 24-9* coup de force arménien au consulat de Turquie : 1 †, 3 bl., 40 employés pris en otages. *-26-10* 2 bombes (toilettes du Fouquet's et drugstore Publicis). *-29-10* bombe au cinéma Berlitz, 3 bl. *-5-11* bombe dans consignes gare de Lyon. *-12-11* Christian Chapman, chargé d'affaires américain, échappe à un tueur ; la Libye est accusée. *-16-11* bombe dans consigne gare de l'Est : 3 bl. revendiqué par le groupe terroriste arménien Orly. *-20-11* bombe dans restaurant Mc Donald, bd St-Michel, 1 bl. *-20-12* bombe au siège Botrans, Sté de transports, revendiquée par groupe « Charles Martel ». *-23-12* 4 explosions revendiquées par « Action directe » dont l'une contre le concessionnaire Rolls Royce. **1982**-*18-1* Charles R. Ray, lt-col. attaché mil. à l'ambassade des U.S.A., assassiné par les Palestiniens. *-19-3,* 2 C.R.S. tués à St-Étienne de Baïgorry (Pays Basque). *-29-3* bombe dans le T.E.E. le Capitole, près de Limoges, 5 † dont la sœur de l'ancien ministre des Finances, Jean-Pierre Fourcade, 27 bl., non revendiqué. *-1-4* bureaux dépendant de l'amb. israélienne à Paris mitraillés ; Joëlle Aubron et Mohand Hamami d'« Action directe » seront arrêtés quelques j plus tard. *-3-4* Yacov Barsimantov, 2e secrétaire de l'amb. d'Israël à Paris, tué par une jeune femme. *-22-4* voiture piégée, 33, rue Marbeuf à Paris, devant les locaux du journal libanais pro-irakien, « Al Watan al Arabi », 1 femme †, 63 bl. (2 dipl. syriens expulsés). *-28-5* coups de feu revendiqués contre la Bank of America à Paris par « Action directe ». *-4-6* att. revendiqué par « Action directe » contre l'école U.S. de St-Cloud. *-5-6* att. contre bureaux du FMI à Paris, revendiqué par « Action directe ». *-21-6* Salaheddin Bitar, ancien 1er min. syrien, ass. à Paris. *-21-7* bombe placée à St-Michel à Paris, revendiqué par groupe arménien Orly, 15 bl. *-23-7* Fadl Dani, no 2 de l'OLP à Paris, tué dans l'explosion de sa voiture. *-24-7* bombe à Paris (pub St-Germain) 2 bl. (groupe Orly). *5-8* attentat arménien contre consulat de Turquie à Lyon : 4 bl. *-7 et 8-8,* 2 attentats signés « Action directe » visant des objectifs juifs : dégâts matériels. *-9-8* fusillade dans un restaurant juif rue des Rosiers, Paris ; 6 †, 22 bl. *-11-8* att. signé « Action directe » rue de la Baume à Paris, contre des établissements israélites : 1 blessée grave. *-12-8* 1 voiture explose devant l'ambassade d'Irak à Paris : dégâts matériels. *-21-8,* 2 policiers tués par une bombe qu'ils désarmaient avenue de La Bourdonnais (Paris). *-17-9,* 1 voiture explose rue Cardinet (Paris) devant le lycée Carnot : 51 bl. graves, 40 légers. **1983** tentative d'attentat antisémite à Marseille, les 2 terroristes tués par leur bombe. *-22-1* bombe désamorcée à Orly près des bureaux bagages de la Turkish Airlines. *-26-2* bombe désamorcée dans un local avant une fête israélite. *-13-3* Marseille 1 enfant de 11 ans †. *-22-3* Paris, agence de voyages spécialisée dans les voyages en Turquie 1 †, 4 bl. (par l'Asala). *-22-4* Paris : 15 jeunes propalestiniens occupent le musée de la Légion d'honneur. *-31-5* Paris : bombes mairies du Xe et XXe arr. (par Antillais). *-15-7* Orly 8 †, 60 bl. (par l'Asala). *-27-8* Berlin : Maison de France 1 †, 23 bl. (Asala). *-30-9* Marseille : Palais des Congrès (foire) 1 †, 26 bl. *-19-11* Paris : Orée du Bois (restaurant) 33 bl. *-23-12* Paris : Grand Véfour (restaurant) 12 bl. *-31-12* Marseille : gare St-Charles 2 †, 34 bl. TGV Marseille-Paris 2 †, 20 bl. près de Tain-l'Hermitage (revendiqué par organisation de la lutte arabe). **1984**-*25-1* SNIAS à Châtillon : dégâts matériels. *-8-2* Paris : Khalifa Ahmed Mubarak, ambassadeur des Émirats Arabes, blessé. *-19-3* Marseille, 2 blessés (att. antiarménien). *-3-5* Alforville, 13 bl. (att. antiarménien). **1985**-*25-1* René Audran ingénieur général, dir. au min. de la Défense nat. tué (Action directe). *-28-1* Marks and Spencer, bd Haussmann (déjà plastiqué en 1976 et 1981) 1 vigile tué. *-29-3* Rivoli Beaubourg (5e festival intern. du cin. juif), 18 bl. *-13-4* banque Leumi (Israël.) ; Office nat. d'immigration (Action directe). *-11-11* archevêché b. *-7-12* Printemps et Galeries Lafayette 35 bl. (groupe Abou Nidal). *-20-12* Fauchon incendié. Pte de la Sté et sa fille brûlées vives (déjà victime en 1970 d'une razzia gauchiste ; le 19-12-77 b.). 1986-*3-2* Claridge galerie commerciale b. 8 bl. (arabes). Tour Eiffel b. (n'explose pas). *-4-2* Gilbert jeune b. incendie 3 bl. (arabes). *-5-2* FNAC forum des Halles (groupe Abou Nidal) 9 bl. (arabes). *-27-2* libr. d'extrême dr., rue de l'Abbé-Grégoire b. (9e att. dans cette libr. dep. 1978). *-17-3* TGV Paris-Lyon peu après le départ de Paris 10 bl. (arabes). *-20-3* Galerie Point-Show (Champs-Élysées) b. (arabes) 2 † (dont 1 auteur de l'att.) 28 bl.

☞ Voir Corse (chapitre régions françaises).

La France outre-mer

Histoire de la colonisation

• **Les débuts.** *XVIe s.* : sous François Ier expédition en Amérique du N. de l'Italien Verrazano (1524), puis du Français Jacques Cartier (1534) qui prend possession du Canada. Expéditions au Brésil dans la baie de Guanabara [(1555-67, dirigées par Nicolas de Villegaignon (1510-71)], puis de Maranhão (1594-1615). Jean Ribault (1520-65) et René de Laudonnière (?-1572) f. Fort-Caroline, en Caroline du S. (du nom de Charles IX) (1562-65).

• **Du XVIIe au début du XIXe s. 1604** : Pierre de Monts et Samuel Champlain f. une colonie en Acadie (Nlle-Écosse actuelle). **1608** : Champlain s'installe au Québec (Montréal fondé en 1642). **1635** : Cie des îles d'Amérique occupe Guadeloupe et Martinique. **1642** : Cie fr. des Indes orientales fonde Fort-Dauphin à Madagascar. **1659** : St-Louis du Sénégal fondé. **1664** : Colbert crée la Cie des Indes occidentales et la Cie des Indes orientales (compagnies par actions) pour étendre les colonies et développer leur activité. **1668** : comptoir en Inde, à Súrat (près de Bombay). **1682** : Cavelier de la Salle s'empare de la Louisiane. **1674** : abandon de Madagascar, installation dans l'île Bourbon (Réunion actuelle) et l'île de France (île Maurice actuelle). **1701** : Pondichéry principal établissement fr. de Yanaon, Masulipatnam (1750-59 ; on disait alors Masulipatam, Chandernagor). **1714** : Fr. cède Terre-Neuve, Acadie et baie d'Hudson à l'Angl. **1719** : la Nouvelle-Orléans occupée. **1741-59** : Dupleix conquiert Deccan (Inde), finalement cédé à l'Angl. **1763** : Fr. perd Canada (70 000 Français), Louisiane, Dominique, St-Vincent, Tobago, Grenade et Sénégal ; elle garde 5 comptoirs en Inde, St-Domingue, la Martinique, la Guadeloupe, les Mascareignes (îles Bourbon et de France). **1764** : échec d'une tentative de peuplement en Guyane. **1783** : comptoirs du Sénégal et Tobago rendus à Fr. **1794** : la Convention abolit l'esclavage (rétabli par Bonaparte). **1798-1801** : occ. de l'Égypte. **1802** : Espagne rend la Louisiane à la Fr. **1803** : Louisiane vendue aux U.S.A. **1808** : Fr. chassée de St-Domingue. **1814** : Fr. cède Tobago, Ste-Lucie et l'île de France à l'Angl.

• **De 1830 à 1940.** *1830 (5-7)* : prise d'Alger. **1832-47** : soulèvement d'Abd-el-Kader en Algérie. **Sous Louis-Philippe** : établissements en Côte-d'Ivoire (Assinie et Grand-Bassam, 1842), au Gabon (1839-43), à Mayotte (1843) et Nossi-Bé (Madagascar, 1840-41), à Tahiti (1842-43). **1848**, 3-4 2e abolition de l'esclavage ; 9-12 l'Algérie forme 3 dép. fr. **2e Empire. 1853** : Nlle-Calédonie annexée. **1857** : Grande Kabylie occupée en Algérie. **1854-98** : Sénégal conquis, c. commencée par Faidherbe (f. de Dakar en 1857). **1862-67** : Cochinchine conquise. **1863** : protectorat sur Cambodge. **IIIe République. 1873** : Francis Garnier (1839-73) conquiert delta tonkinois. **1880** : protectorat sur Congo (f. de Bangui en 1889). **1881** : prot. sur Tunisie. **1883-84** : Savorgnan de Brazza colonise Gabon. **1885** : Chine abandonne Tonkin et Annam à Fr. **1880-95** : Joseph Gallieni (1849-1916 ; Mal de Fr. à titre posthume 1921) conquiert le Soudan (Mali actuel). **1888** : f. de Djibouti, puis de la Côte fr. des Somalis. **1891** : Niger occupé. **1893** : Guinée détachée du Sénégal ; Côte-d'Ivoire et Dahomey créés ; protectorat sur Laos reconnu par le Siam. **1896** : Madagascar occupé. **1899** : Hte-Volta conquise ; la mission Marchand s'installe à Fachoda, sur le Nil, puis cède la place aux Anglais. **1904** : fondation de l'Afrique occidentale fr. (capitale : Dakar). **1897-1912** : Tchad conquis. **1906** : condominium Fr.-G.-B. sur Nouvelles-Hébrides. **1907** : Siam restitue au Cambodge ses 3 provinces occidentales. **1910** : f. de l'Afrique équatoriale fr. (capitale : Brazzaville). **1912** : protectorat sur Maroc. **1919** : mandat sur Cameroun, Togo, Grand-Liban et Syrie. **1934** : fin de la dernière insurrection du Maroc.

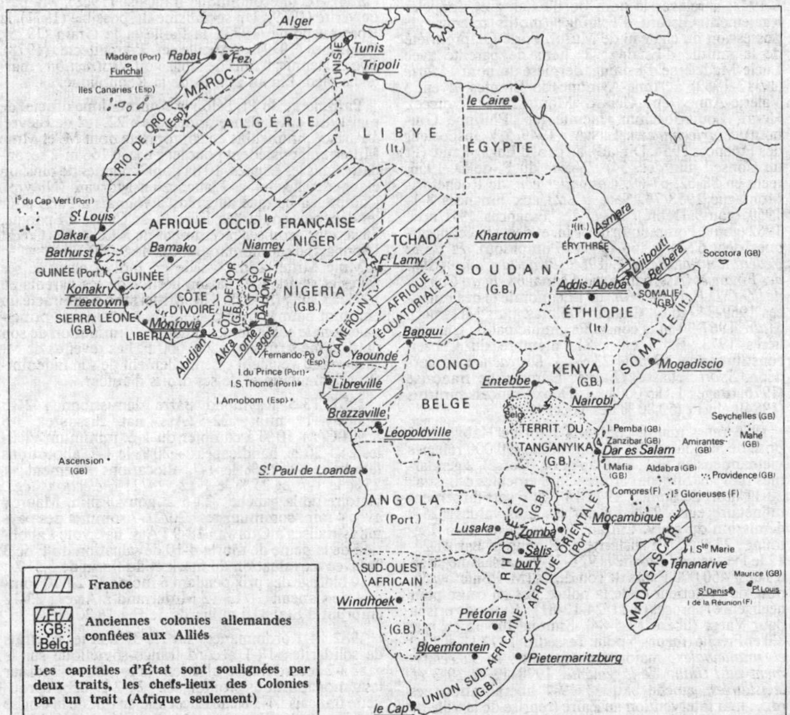

Les capitales d'État sont soulignées par deux traits, les chefs-lieux des Colonies par un trait (Afrique seulement)

Histoire de la décolonisation

• **1941-46** : Syrie et Liban indépendants. **1944** : 30-1/5-2 *conférence de Brazzaville* prévoit notamment la représentation des peuples d'outre-mer au Parlement et la création d'assemblées locales ; 7-3 élargissement de l'octroi aux musulmans alg. de la citoyenneté fr. **1945** : 8-5 soulèvement de Sétif (Algérie) ; 2-9 Hô Chi Minh proclame la Rép. dém. du Viêt-nam (début de la g. d'Indochine en 1946) ; 22-12 décret supprimant le « statut de l'indigénat » ; 25-12 création du franc C.F.A. **1946** : 13-10 vote de la nouvelle Constitution : l'Empire colonial devient l'Union française ; 18/20-10 fondation à Bamako du Rassemblement démocratique africain (R.D.A.) ; 10-11 élection de 5 membres du M.L.T.D. (Messali Hadj) au collège des non-citoyens de l'Ass. nat. **1947** : 30-3 insurrection réprimée à Madagascar (v. Index) ; 4-8 création du Gd Conseil de l'A.O.F. (8 membres) et du Gd Conseil de l'A.E.F. (6 membres) ; 27-8 statut de l'Alg. (groupe de 13 départements avec Ass. alg.) ; 11-10/3-11 élections à l'Ass. de l'Union fr. **1949** : Fr. reconnaît l'indépendance du Viêt-nam. **1949-50** : Cambodge et Laos deviennent des États indépendants associés (*indépendance totale* en 1953).

• **1950** : 28-1/3-2 agitation en Côte-d'Ivoire pour la libération des leaders du R.D.A. emprisonnés. **1952** : 30-3 élections des Ass. territoriales d'A.O.F., A.E.F., Cameroun, Togo, Madagascar ; 22-11 Code du Travail outre-mer. **1953** : déc. les évêques missionnaires de Madagascar se prononcent pour l'indépendance. **1954** : 21-7 fin de la g. d'Indochine ; 1-11 début de la g. d'Algérie ; *id.* cession à l'Inde des comptoirs fr. **1955** : 22/26-5 émeutes anti-fr. au Cameroun ; 29-5 autonomie interne de la Tunisie ; 18-11 collège électoral unique (pour Fr. et Afr.) dans 41 villes d'Afr. et de Madagascar. **1956** : 2-3 indép. du Maroc ; 20-3 de la Tunisie ; 28-4 le S.-Viêt-nam quitte l'Union fr. ; 20-6 autonomie interne des États et territoires de l'Union française ; institution du suffrage universel et direct ; 30-8 ind. du Togo. **1957** : 20-1 rupture entre syndicats afr. et centrales fr. ; 31-3 élections au suffrage univ. des collèges uniques ; 25/30-9 revendications de l'autonomie interne pour A.O.F. et A.E.F. (projet abandonné mai 1958). **1958** : l'Union fr. est remplacée par la Communauté. Indépendance de la Guinée ; les autres membres africains de la Communauté deviennent des États autonomes. **1960** : indép. des États afr. et de Madagascar. **1962** : indép. de l'Algérie. **1974** : indép. des Comores (mais Mayotte la refuse). **1977** : 27-6 territoire des Afars et des Issas indépendant. **1985** : troubles en Nouvelle-Calédonie.

Organisation

L'empire colonial entre les 2 guerres

La plupart des pays et territoires sont des colonies ou des protectorats. Les pays d'Afrique noire sont regroupés en 2 fédérations, celles de l'Afrique occidentale française (A.O.F.) et de l'Afrique équatoriale française (A.E.F.) ; les pays de la péninsule indochinoise sous souveraineté française sont regroupés sous l'autorité du Gouvernement général de l'Indochine.

Ces pays et territoires dépendent du ministère des Colonies sauf Algérie (m. de l'Intérieur), Tunisie, Maroc, Liban et Syrie (m. des Affaires étrangères) ; ils sont administrés par décrets. A la tête de chaque colonie est nommé un gouverneur qui a sous son autorité des administrateurs.

L'Union française

Créée par la Constitution de 1946. *Comprend :* 1°) *la République française :* a) France métro. ; b) départements et territoires d'outre-mer [les habitants sont citoyens français, élisent des représentants aux assemblées françaises (droit de vote limité à une partie de la pop., double collège dans certains territoires)] ; 2°) *les territoires* (pays sous tutelle) et *États associés* (ont leur nationalité et leur système politique propres ; ils peuvent envoyer des délégués au Haut-Conseil de l'Union ; Viêt-nam, Cambodge et Laos ont eu ce statut).

L'Union comprend 3 *organes : Pt de la République, Assemblée* (comprend un nombre égal de conseillers représentant la métropole, et de c. représentant DOM et TOM, pays membres de l'Union et États associés ; elle a l'initiative des lois et un pouvoir consultatif ; rôle effectif réduit), *Haut Conseil* (assemblée de diplomates).

La Communauté

Créée par la Constitution de 1958 (titre XII), elle remplace l'Union française. Le titre XII est soumis à référendum dans chaque État et territoire d'outre-mer (Madagascar et pays d'Afrique noire, sauf la Somalie française) ; seule la Guinée vote non et devient indépendante.

La Communauté est une association entre les États indépendants totalement souverains, la Rép. française (France métropolitaine, départements algériens et sahariens, 4 DOM et 6 TOM) et 12 États dotés de l'autonomie interne (ils s'administrent et gèrent librement leurs affaires intérieures).

Organes : *Pt* (Pt de la République française), *Conseil exécutif* (Premier ministre fr., chefs des gouv. des autres États, ministres divers), *Sénat* essentiellement consultatif (représentants des Parlements de chaque État), *Cour arbitrale.* Les institutions communes ont un domaine de compétence générale (politique étrangère, défense, monnaie, pol. écon. et fin. commune, et matières 1res stratégiques) et des domaines de compétence particulière.

Évolution. A partir de 1960, tous les États ont progressivement acquis leur pleine souveraineté, des accords bilatéraux et multilatéraux de coopération ont été signés entre la France et les autres États.

Départements et Territoires d'outre-mer

Départements d'outre-mer. Martinique, Guyane, Guadeloupe et Réunion dep. 1946, St-Pierre-et-Miquelon dep. 1976. *Statut :* collectivités territoriales de la République ; le régime législatif et l'organisation de ces dép. peuvent être adaptés aux particularités locales.

Depuis la **loi du 31-12-1982**, les DOM (sauf St-Pierre-et-Miquelon) sont transformés en régions mono-départementales. *Nouvelles institutions. Conseil régional* (à côté du conseil général, maintenu), élu au suffrage universel et à la représentation proportionnelle (répartition des restes à la plus forte moyenne). Compétences : générales (promouvoir le dév. écon., soc., culturel et à l'aménagement du territoire de la région) et spécifiques (peuvent créer des agences) ; peuvent aussi proposer des modifications de lois au règlement sur les compétences et l'organisation de la région, donner leurs avis sur les problèmes de coopération. *2 comités consultatifs :* c. écon. et soc., c. de la culture, de l'éducation et de l'environnement.

Territoires d'outre-mer. Nouvelle-Calédonie, Wallis et Futuna, Polynésie française, Terres australes et antarctiques françaises, Mayotte. *Statut :* partie intégrante de la Rép. française, leurs ressortissants sont citoyens français. *Organes :* Conseil de gouvernement et Assemblée territoriale élus, Gouverneur représentant la Rép. ; élisent des représentants au Parlement et au Conseil écon. et social. DOM et TOM dépendent d'un ministre délégué auprès du 1er ministre.

Territoires de l'Empire français (1939)

En 1939, le domaine colonial français formait un ensemble de 12 300 000 km^2 peuplé par 110 millions d'h., non compris les pays de protectorat ou sous mandat.

● **Afrique**

Afrique du Nord. *1 territoire partie intégrante de la France :* Algérie (territoires civils 207 480 km^2, 6 000 000 h. ; territoires du Sud env. 2 000 000 km^2, 542 000 h.). *2 protectorats :* Maroc (415 000 km^2, 5 420 000 h.), Tunisie (130 000 km^2, 2 400 000 h.).

Afrique occident. française. 3 738 000 km^2, 14 576 000 h. *8 colonies :* Sénégal (192 000 km^2, 1 634 000 h.), Mauritanie (400 000 km^2, 324 000 h.), Guinée française (231 000 km^2, 2 240 000 h.), Côte-d'Ivoire (315 000 km^2, 4 000 000 h.), Soudan (923 000 km^2, 4 000 000 h.), Niger (1 200 000 km^2, 2 000 000 h.), Dahomey (122 000 km^2, 1 110 000 h.), Haute-Volta (370 000 km^2, 3 500 000 h.). La race blanche constituait le cinquième de la population : Maures (400 000), Touaregs (250 000), Nomades, Peulhs (2 000 000). Les Noirs comprenaient les Ouolofs (450 000, Sénégal), Toucouleurs (250 000), Mandingues (2 800 000, haute et moyenne vallée du Niger), Qonahais (150 000, bouche du Niger), Mossis (2 200 000, Niger, Côte-d'Iv.), Haoussas (500 000, Est du Niger). A côté des 14 000 000 d'indigènes, il y avait 23 000 Européens dont 14 500 Français : fonctionnaires, militaires, chefs d'entreprise, commerçants, planteurs, etc.

Territoire sous mandat : Togo français (56 500 km^2, 750 000 h., 650 Européens).

Afrique équatoriale française et Cameroun. 3 000 000 km^2, 3 000 000 d'h. : Gabon [274 870 km^2, 400 000 h. (Pahoins et Pongués)] ; Moyen-Congo [240 000 km^2, 700 000 h. (Batékés, Bacongos)] ; Oubangui-Chari [493 000 km^2, 1 200 000 h. (Mandjas, Bayas, Barguirmens)] ; Tchad [1 248 000 km^2, 1 200 000 h. (Kotokos, Salamas, Ouaddaiens)] ; Européens : 5 000.

Territoire sous mandat : Cameroun (439 800 km^2, 2 000 000 h.), depuis 1918 : 3 000 Européens.

Côte française des Somalis. 22 000 km^2, 86 000 h. (1 500 Européens dont 350 Français).

Madagascar. 592 356 km^2 et dépendances, 3 800 000 h. (Hovas et Betsiléos), 40 000 Européens dont 25 000 Français. *Dépendance :* Comores (2 185 km^2, 118 700 h.).

Réunion (île française depuis 1642). 2 400 km^2, 187 000 h.

Iles au sud de l'océan Indien (françaises depuis 1842). Au total, 3 510 km^2. Principales : St-Paul, Amsterdam, Kerguelen, Crozet, Marion.

● **Amérique.** 1° *Antilles françaises :* Martinique (1 100 km^2, 240 000 h.) ; Guadeloupe (1 800 km^2, 270 000 h.) ; dépendances (Marie-Galante : 520 km^2, La Désirade : 28 km^2, Les Saintes : 48 km^2, St-Barthélemy : 27 km^2, St-Martin : 80 km^2 avec ses satellites La Frégate et Tintamarre). 2° *Guyane* [90 000 km^2, 30 000 h. (Indiens, Noirs importés, Créoles, Blancs)]. 3° *St-Pierre-et-Miquelon* (26 et 185 km^2, 4 000 h.) ; quelques îlots : l'île aux Chiens (280 h.), le Grand-Colombier, l'île aux Vainqueurs, etc. Au total 240 km^2 pour toute la colonie. 4° (dans le Pacifique, à 1 300 km des côtes du Mexique) : *îlot de Clipperton* (5 km^2, inhabité).

● **Asie**

Proche-Orient. *2 pays sous mandat :* Liban (10 500 km^2, 628 000 h.), Syrie (171 600 km^2, 3 000 000 h.).

Indochine. 740 000 km^2, long. 1 700 km, larg. 700 km, 23 000 000 d'h. [Annamites (15 000 000), Cambodgiens (2 500 000), Tchams, Thaïs, Moïs, Chinois (300 000), Européens (42 000)]. Forme : *1 colonie,* la Cochinchine (66 000 km^2, 7 800 000 h. dont 6 790 Fr.) ; *4 protectorats :* Tonkin (105 000 km^2, 7 400 000 h.), Annam (150 000 km^2, 5 000 000 h.), Cambodge (175 000 km^2, 2 400 000 h., dont 1 270 Fr.), Laos (214 000 km^2, 818 000 h.). *1 dépendance de l'empire d'Annam,* les îles Paracels (11).

Concessions *françaises et territoires à bail.* Chine : concess. de Shanghai, Canton, T'ien-Tsin, Han-K'eou, Kouang-Tcheou-Wan.

Établissements français de l'Inde. *5 villes :* Pondichéry, Karikal, Yanaon, Mahé, Chandernagor. *9 enclaves :* Calicut, Masulipatam, Balassar, Goréty, Jouqdia, Dacca, Cassimbazar, Surate et Patna. Au total, 520 km^2, 300 000 h. (dont 1 600 Français).

● **Océanie.** 23 000 km^2, 100 000 h., 4 500 Européens. 1° *Nouvelle-Calédonie* et dépendances (18 650 km^2, 57 000 h.). 2° *Établissements français de l'Océanie* (4 000 km^2, 32 000 h.), protectorat des îles Wallis et Futuna ; îles de la Société (Tahiti, Moorea, îles Sous-le-Vent) ; archipels des Marquises, Gambier, Tuamotou et îles Toubouai. 3° *Condominium franco-britannique des Nouvelles-Hébrides* (12 000 km^2, 60 000 h.).

● **Antarctide.** *Terre Adélie* 900 000 km^2.

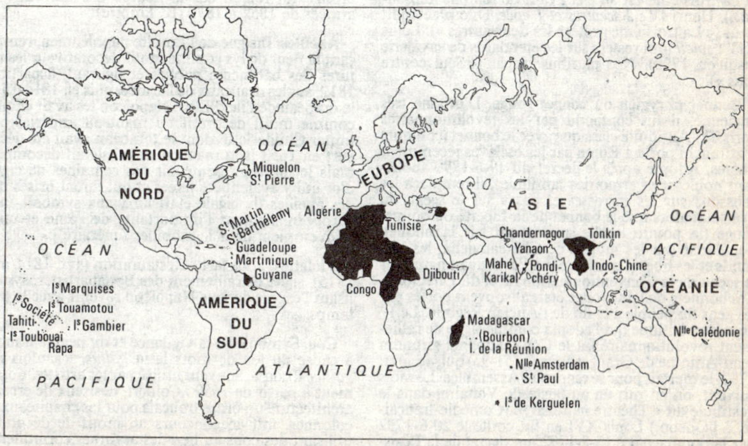

Empire colonial français en 1919-39.

Institutions françaises

Symboles

Emblèmes

Fleurs de lys. *1°) Sens du mot « fleur ».* On a donné de nombreuses explications à la fleur de lys. En fait, il s'agit d'une fleur de lys de jardin. La décoration florale, souvent symbolique, est utilisée depuis la plus haute Antiquité : Étrusques, Salomon (IXe s. av. J.-C.). Les Carolingiens, soucieux d'appuyer leur royauté sur l'enseignement biblique, ont adopté et largement diffusé les fleurs du roi Salomon.

2°) Sens du mot « lys ». Thèse traditionnelle : il s'agit bien du lys, symbole de sainteté et de pureté, qui est, d'après la Bible, la fleur du roi Salomon, et d'après la tradition populaire chrétienne, celle de la Vierge Marie (au Xe s., les villes ayant Marie pour patronne avaient un lys dans leurs armes). A cause de la forme du dessin, de nombreux auteurs refusent à tort de voir un lys dans la plante représentée. La 1re allusion à la fleur de lys comme symbole de la dignité royale capétienne est de 1147 (sous Louis VII), le vêtement du sacre de Philippe Auguste est semé de fleurs de lys dorées sur fond bleu (pour imiter les étoiles dans l'azur du ciel : le manteau est dit « cosmique »). En 1285, Philippe III réduit leur nombre à 3 sur le sceau royal, et au XIVe s., on dira que c'est en l'honneur des 3 personnes de la Trinité (mais dès 1228, de nombreux sceaux avaient déjà adopté cette disposition, pour des raisons pratiques). En 1377, une ordonnance de Charles V évoque le chiffre de 3 sur l'écu royal (cet écu sera appelé « France moderne » par opposition au semé ou « France ancien »). L'écu des rois de Fr. demeurera ainsi jusqu'en 1830, Des fleurs de lys de couleurs différentes ont souvent été utilisées par des monarchies étrangères ou par des seigneuries fr. Par ex., elles servent d'armes parlantes à Florence (à cause de « fleur ») et à Lille (à cause de *lil*, « lis »). Un arrêt de 1697 interdit aux sujets du roi de France la fleur de lys d'or sur champ d'azur.

Emblèmes personnels des rois. Pas d'emblèmes personnels avant Charles VI, qui adopte volontiers comme motifs de décoration le *lion* et la *cosse de genêt* ; — son fils le dauphin (précédant le futur Charles VII) a employé le *cygne*. Charles VII et Charles VIII : *cerfs ailés*. Louis XII : *porc-épic*, avec Cominus et eminus. François Ier : *salamandre* (emblème des Orléans-Angoulême dep. 1461). Nutrisco et extinguo (« Je me nourris du feu et je l'éteins »). Henri II : *croissant de lune*. François II : *soleil*. Charles IX : *colonnes* imitées de celles de Charles Quint, avec Pietate et Iustitia (« Autant par la bonté que par la justice »). Henri III : *3 couronnes* (2 royales, 1 de palme). Manet ultima coelo donec totum compleat orbem (« La troisième est au ciel avant de remplir le monde »). Henri IV : *2 sceptres et 1 épée*. Duo praetendit unus (« La troisième protège les deux autres »). Louis XIV : *soleil* (qui restera sur les étendards de cavalerie jusqu'en 1790). Nec pluribus impar (« Seul contre tous »).

Bonnet phrygien ou bonnet rouge. D'origine très ancienne, il fut confondu par les révolutionnaires épris de l'Antiquité classique avec le bonnet (conique) d'affranchi porté à Rome par les esclaves récemment libérés. Adopté après le décret du 19-6-1790 abolissant noblesse et armoiries familiales, il remplaça les écussons sur les carrosses et passa sur le sceau du Consulat alors que le bonnet de la Liberté ou bonnet rouge (la pointe, molle, retombant sur la nuque), popularisé par les mutins de Châteauvieux, les brigands et les libérés qui vinrent à Paris, avait figuré sur le sceau de la Convention nationale et du Directoire. Les bonnets de laine rouge étaient souvent portés par les gens du peuple à la fin de l'Ancien Régime. Le 1er homme politique qui l'adopta comme signe de ralliement révolutionnaire fut le Conventionnel girondin Jean-Antoine de Grangeneuve (1751-93) qui, en févr. 1792, le mettait pour se rendre à l'Assemblée. Le mois suivant, on en mit un au buste de Voltaire, dans le vestibule du « Théâtre national ». (Comédie-Française, à l'Odéon.) Louis XVI en fut coiffé le 20-6-1792 par la populace. Le 15-8-1792, un décret de la Législative l'imposa officiellement comme sceau de l'État (figure de la Liberté, tenant à la main une pique surmontée d'un bonnet de la Liberté). Sur proposition de Billaud-Varenne, le sceau fut étendu à tous les corps administratifs par décret du 26-9-1792. Le 6-11-1793, la Commune en fit la coiffure officielle de ses membres. Il disparut comme coiffure après le 9 thermidor (9-7-1794), mais continua à figurer sur le sceau de l'État, prenant, à partir de 1800, la forme « phrygienne » [La partie supérieure est orientée vers l'avant, mais en restant rigide, pour ressembler au cimier d'un casque (modèle copié sur une mosaïque de S. Apollinare Nuovo de Ravenne)]. Sous la IIe République, les insurgés de juin 1848 mirent un bonnet rouge sur le blanc du drapeau tricolore. Sous la IIIe République, le bonnet servait essentiellement comme coiffure de « Marianne » (voir ci-dessous).

Cocarde tricolore. Origine du mot : touffe de plumes de coq que les soldats croates de Louis XIV portaient à leur coiffure. Après l'adoption du tricorne (1701), les régiments adoptèrent la cocarde circulaire en ruban ; signe officiel d'appartenance à l'armée, elle était interdite aux civils. Le 12-7-1789, Camille Desmoulins, pour indiquer que le peuple était en armes (mobilisé en permanence), mit une feuille de tilleul ronde à son chapeau. Le lendemain, le 13-7, la milice bourgeoise (48 000 h., qui se crée spontanément à Paris) prit une cocarde bleu et rouge (couleurs du blason de la ville de Paris). Le 16, La Fayette fut mis à la tête de cette milice parisienne. Les gardes-françaises, nombreux dans la milice parisienne, avaient un uniforme bleu, blanc, rouge (livrée du roi) ; ces 3 couleurs étaient d'ailleurs celles du drapeau américain sous lequel avait combattu La Fayette. Le 27 juillet, la cocarde fut créée et, le 22-5-1790, Louis XVI supprima les cocardes régimentaires et imposa à tous les soldats celle des milices (devenues entre-temps garde nationale). Cette cocarde, appelée dès lors « nationale » ou « de la liberté », fut portée par les civils voulant prouver leur patriotisme, mais n'était obligatoire pour eux que lorsqu'ils allaient à l'étranger (décret du 3-7-1792). Le 17-9-1792, un décret interdit sous peine de mort le port de toute cocarde autre que la tricolore. Les armées la portèrent jusqu'en 1814. Supprimée à la Restauration, elle fut rétablie dans l'armée en 1830. Elle figure sur le bonnet phrygien de la République depuis 1871.

Aigle. Emblème impérial, utilisé par les armées de l'Empire romain et figurant sur le blason des empereurs romains germaniques. Napoléon l'adopta comme emblème de l'Empire français en lui gardant le style romain antique, avec un « foudre » orné d'éclairs en zigzag sous les pieds. Par décret du 21-8-1804, un aigle en bronze ciselé fut placé sur la hampe des drapeaux de régiments (remplaçant la pique des armées républicaines, qui elle-même avait remplacé la fleur de lys royale). En 1815, la fleur de lys fut rétablie. Le pavillon personnel de Napoléon Ier, quand il naviguait, portait les armoiries impériales peintes sur la bande blanche centrale. L'aigle de bronze fut rétabli sur la hampe des drapeaux des armées de 1852 à 1870 (IIe Empire).

Abeilles. Insigne de l'Empire napoléonien, remplaçant la fleur de lys comme motif décoratif sur les tentures des bâtiments publics et figurant, à partir de 1812, sur les drapeaux de l'armée, puis en 1814-15 sur le drapeau de l'île d'Elbe. Napoléon les avait choisies comme motif décoratif du manteau impérial pour imiter Childéric Ier dont le tombeau avait été découvert en 1653 [son manteau royal s'était décomposé, mais le tombeau contenait des centaines de cigales d'or qui y avaient été fixées et qui furent prises pour des abeilles (la cigale était un vieux symbole indo-européen, figurant l'immortalité de l'âme et utilisé fréquemment dans le mobilier funéraire)].

Violettes. Sous la 1re Restauration (avr. 1814/mars 1815), signe de ralliement des Bonapartistes, symbolisant l'espoir de voir Napoléon revenir avec le printemps.

Coq. Symbole de la vigilance et du peuple français, à cause du jeu de mots latin *gallus*, « gaulois », et *gallus*, « coq ». Souvent utilisé par les artistes, notamment à partir de 1659 : Colbert, désireux de créer en architecture un ordre français pour les chapiteaux des colonnes, mit en concours un motif de décoration utilisant des coqs au lieu des acanthes corinthiennes (le vainqueur en fut Le Brun : son chapiteau en bronze doré est encore dans la galerie des glaces à Versailles). En 1665, une médaille officielle fut frappée pour la délivrance du Quesnoy : le coq français met en fuite le lion espagnol. Dès lors, les adversaires des Français, et notamment les Hollandais, emploient constamment le coq pour symboliser la France, dans leur caricature et dans leurs allégories. Le coq fait partie de la symbolique révolutionnaire (il figure notamment sur le sceau du Directoire), mais il ne deviendra un emblème officiel que sous la monarchie de Juillet et la IIe République (1830-52) où il figure sur la hampe des drapeaux de régiments. L'idée de remplacer la fleur de lys par un coq avait été lancée en 1820 par le poète Pierre-Jean Béranger (1780-1857) dans la chanson *le Vieux Drapeau*. Sur *le Départ des armées de la République* (connu sous le nom de *la Marseillaise*) de Rude, décorant l'Arc de triomphe de l'Étoile et datant de 1836, les drapeaux sont surmontés d'un coq que l'époque révolutionnaire ne connaissait pas. Depuis 1848, le coq figure sur le sceau de la République (la Liberté assise tient un gouvernail orné d'un coq) ; il a été utilisé à partir de 1899 comme motif des pièces d'or de 20 F. Il est l'emblème officiel des sportifs français sélectionnés dans des épreuves internationales.

Bonnet phrygien de Ravenne.

Nota. — Le coq des clochers de France ne symbolise pas le peuple gaulois mais probablement l'attente du soleil levant, toujours salué par le chant des coqs. La dévotion au soleil levant, préchrétienne, mais transformée par St Patrick en dévotion au « Soleil de Justice » (c.-à-d. au Christ), était restée vive chez les moines irlandais qui ont rechristianisé la Gaule aux VIe-IXe s. ; ils ont vers cette époque introduit les coqs de clocher sur le continent.

Faisceau de licteurs. Symbole remontant à la République romaine (les magistrats faisaient porter devant eux des verges attachées en faisceaux et servant à donner les bastonnades en public). Utilisé sous la Ire République par les artistes, pour symboliser l'union des 83 départements (généralement surmonté de la pique, arme des « Sections » parisiennes, qui est coiffée du bonnet de la Liberté), sur certains timbres officiels (par ex., sur le papier à lettres de Carnot, ministre de la Guerre). En 1848, et de nouveau après 1870, figure sur le sceau et le contre-sceau de la République tenu par une Liberté assise, œuvre de Jacques-Jean Barre (1793-1855), graveur général de la Monnaie.

Niveau triangulaire. Avec un fil à plomb en son centre. Symbolise l'égalité (2e des idéaux républicains). La fraternité (symbolisée par des mains enlacées) est moins souvent représentée.

Initiales R.F. Adoptées le 15-2-1794 pour figurer sur les drapeaux de l'armée révolutionnaire. Remises à l'honneur en 1877 pour décorer les piques ornant les hampes des drapeaux et les écus de la France considérée comme État souverain (notamment vis-à-vis de l'étranger). Plusieurs projets de 1872 à 77 avaient proposé de remplacer les anciens symboles (fleurs de lys, coq, aigle) par des étoiles. Les lettres R.F. sont peintes en doré sur un fond tricolore ou parfois dorées, mais en relief ou en trompe-l'œil, sur un fond doré.

Buste de Marianne. Commence à apparaître dans les mairies après 1877. Remplace les bustes de Napoléon III. Figure allégorique de la République (femme coiffée d'un bonnet phrygien) dont le modèle sera, après 1881, la statue monumentale du Triomphe de la République, place de la Nation à Paris, par Jules Dalou (1838-1902). Depuis le 14-10-1985 les nouveaux bustes sont faits à l'image de Catherine Deneuve (avant : Brigitte Bardot).

Origine : En 1797, ayant réprimé le coup d'État du 18 fructidor de l'an V, le Directoire voulut trouver un nom plaisant pour la République. Lors d'une réception chez Mme Reubell (née Marie-Anne Monhat, 2-1-1759, Colmar), Barras s'enquit de son prénom. « Parfait, dit-il, il est simple, il est bref et sied à la République, autant qu'il sied à vous-même. » Dans sa correspondance secrète avec les généraux hostiles à son ennemi Carnot, il désigna toujours son groupe sous le nom conventionnel de Marie-Anne. En 1811, Napoléon, accorde à Mme Reubell, une pension à vie de 6 000 livres, mais elle mourut le 8-02-1813 à Sigolsheim (Alsace). Ce surnom fut repris par une société secrète républicaine fondée sous la Restauration et réformée sous le IIe Empire.

Croix de Lorraine[1]. Dans son Ordre général no 2 du 3-7-1940, le vice-amiral Émile Muselier (1882-1965), nommé l'avant-veille au commandement des forces navales et aériennes françaises libres, créa, pour les forces fr. ralliées à de Gaulle, un pavillon de beaupré (carré bleu avec, au centre, la Croix de Lorraine en rouge par opposition à la Cr. gammée) et pour les avions une cocarde à Croix de L. L'amiral Muselier était d'origine lorraine et les armes du 507e Régiment de chars que commandait le colonel de Gaulle au moment de la g. comportaient une Croix de L. Le pavillon fut modifié après 2 ou 3 mois : il était trop sombre. Dans le modèle définitif, il était bleu, blanc, rouge ; le blanc étant en forme de losange et chargé d'une Croix de L. rouge (non tréflée). (Ce pavillon restera pour les futurs navires de la Marine nat. auxquels sera donné le nom d'un ancien bâtiment des F.N.F.L.) Le symbole a été adopté ensuite par tous les Français libres et figure sur de nombreux insignes (insigne émaillé porté par de Gaulle), monuments, timbres créés sous les gouvernements du Gal de Gaulle (1940-46, puis 1958-69), notamment l'Ordre de la Libération, créé à Brazzaville le 16-11-1940, la médaille de la Résistance, créée à Londres le 9-2-1942, et la méd. commémorative des Services volontaires dans la France libre, créée par décret le 4-4-1946. En 1972, la Croix de L. a été choisie comme motif du mémorial Charles-de-Gaulle à Colombey-les-Deux-Églises (Hte-M.). Elle ne figure pas sur les cachets officiels de la Ve Rép. (qui ont conservé le motif de la Liberté assise avec faisceau de licteurs).

Nota. – (1) Elle est souvent appelée « croix d'Anjou » ou « croix d'Anjou-Lorraine », car elle figurait dans la symbolique des ducs d'Anjou, devenus ducs de Lorraine à partir de 1473 [René II (1451-1508), fils de Yolande d'Anjou]. Elle représente un reliquaire (contenant une parcelle de la vraie croix) vénéré par les ducs (apanagés) d'Anjou, depuis Louis Ier (1339-84) qui le fit broder sur sa bannière. Ce reliquaire avait un double croisillon. Le roi René, petit-fils de Louis Ier et duc de Lorraine par mariage, utilisa aussi la croix d'Anjou qui passa au cou des aigles supports des armes ; d'où la croix de Lorraine dans les armoiries (mais pas dans le blason) des ducs de Lorraine et son apparition en France lors de la Ligue (symbole des Guise).

Emblèmes de Vichy. La *francisque* (faite d'un fer de hache double découpé dans une cocarde tricolore et d'un manche figurant un bâton de maréchal) était l'emblème du Mal chef de l'État et figurait sur son fanion de voiture et sur le pavillon à la mer. Devenu un insigne politique officiel porté par les partisans du Mal Pétain et créé par un arrêté de Pierre Pucheu (15-11-1941) ; il pouvait être porté par tout le monde mais sur un écu blanc. Il existait, en outre, une *décoration de la Francisque*, créée par l'arrêté du 26-5-1941 et destinée à récompenser des services rendus à l'État français ; elle était accordée par un Conseil de la Francisque de 12 membres, présidé par le grand chancelier de la Légion d'honneur. L'écu (officieux) de l'État français était tricolore comme celui de la République, avec au lieu de RF les initiales dorées PP (le 1er P tourné vers la gauche) pour Philippe Pétain. Il y eut des projets d'armoiries officielles de l'État français.

Drapeaux

Ancien Régime

Oriflamme de St-Denis. Bannière allongée, en soie légère, rouge uni, terminée par des queues [5, 3 ou 2 selon les exemplaires (car elle a été refaite souvent)]. Son nom est attesté pour la 1re fois dans la *Chanson de Roland* (1080) sous la forme *orie flambe* [du latin *aurea flammula*, « petite flamme » (c.-à-d. bannière) « dorée »]. Il désigne la bannière de Charlemagne. Il semble que l'épithète « dorée » s'applique à la lance sur laquelle était fixée la « flamme » rouge. Mais la soie elle-même n'a jamais eu de motifs décoratifs dorés : elle était frangée de houppes vertes. La bannière rouge de Charlemagne était celle de la ville de Rome, remise au futur empereur par le pape Léon III en 796 (sa couleur est celle de la pourpre impériale romaine). Les rois carolingiens, puis capétiens, l'ont utilisée comme insigne de la dignité souveraine.

A partir de 1124, cette bannière impériale et royale a été remplacée (fortuitement, semble-t-il) par celle de l'abbaye de St-Denis, qui était également rouge (à cause du sang des martyrs) : le roi Louis VI, qui avait perdu son étendard à la bataille de Brémule en 1119, alla prendre sur l'autel de l'abbaye le vexillum rouge des avoués de St-Denis (les rois de France portaient ces titres, étant devenus comtes du Vexin sous le règne de Philippe Ier). Dès lors, la tradition s'établit (chaque fois que le roi convoquait sa noblesse pour une expédition militaire) d'aller chercher l'étoffe sur le reliquaire de St-Denis et de la brandir rituellement. On a dénombré 21 « levées d'oriflamme » entre 1124 et 1386 ; et encore plusieurs après la g. de Cent Ans. A Azincourt (1415) l'oriflamme fut perdue et ne reparut jamais sur un champ de bataille bien qu'elle fût levée une dernière fois sous Louis XI.

Bannière des croisades. Les rois de France utilisaient comme *gonfanon* (étendard de combat, fixé à une pique) l'oriflamme de St-Denis, et comme *fanions de commandement* (indiquant leur présence aux troupes) des pièces d'étoffe portées par des officiers et ayant varié au cours des âges : d'abord bannière de France héraldique, puis *pennon* lui aussi héraldique, puis *cornette blanche*. Mais depuis 1188, ils levaient également la bannière que les Croisés français avaient choisie comme signe de ralliement dans les combats contre l'Islam : une croix rouge sur un fond blanc. A la fin du XIIIe s., les Anglais prirent la croix rouge dite de St-Georges, que les Français abandonnèrent pour la blanche au milieu du XIVe s. ; le parti anti-anglais (Armagnacs) qui soutenait Charles VII adopta la croix blanche qui figura sur les enseignes des régiments d'infanterie jusqu'à la fin de l'Ancien Régime.

Écharpes blanches. Jusqu'à la Révolution, chaque régiment, bataillon ou escadron avait son drapeau, de couleurs, de dessin, de forme et de dimensions différents. La croix blanche de Charles VII et les fleurs de lys figuraient sur la majorité. Depuis la bataille de Fleurus (1690), où les artilleurs français avaient tiré sur des régiments d'infanterie française dont ils n'avaient pas identifié les couleurs, tous les drapeaux reçurent, comme signe distinctif commun, une écharpe blanche nouée au sommet de la hampe : le blanc a été de 1638 à 1790 la couleur du drapeau royal et du pavillon de marine. De 1814 à 1830, il a été aussi la couleur des drapeaux de l'armée royale.

Après la Révolution

Drapeaux tricolores. Le 26 ou 27-7-1789 fut inventée la cocarde tricolore pour la Garde nat. de Paris, par le 4e bureau du Comité militaire provisoire de la ville de Paris. Ce fut La Fayette qui fit mettre du blanc à la cocarde bleu et rouge de cette garde, elle fut adoptée par l'Assemblée des représentants de la commune (1re cocarde le 2-8-1789).

Les 3 couleurs feront leur apparition sur les drapeaux militaires et sur les pavillons de la marine de guerre au cours des années qui suivent. Mais leur disposition ne sera pas réglementée. De nombreux régiments avaient également une croix blanche centrale, plus ou moins large.

Les 3 bandes verticales avaient été choisies comme pavillon des navires (proue, pavillon rouge, blanc, bleu ; poupe : le même mais cantonné dans un pavillon blanc), par décret de l'Assemblée nat. du 21-10-1790 et par lettres du 31-10, les bandes devinrent de largeur égale. Mais, le 27 pluviôse de l'an II (16-2-1794), la **Convention** fixe des largeurs réglementaires inégales d'après un dessin de David [pour 1 m : rouge 33 cm, blanc 30, bleu 37 (ces mesures ont été chiffrées

Quels sont les personnages inhumés au Panthéon ?

Sous la Révolution, Mirabeau (le 1er ; 1791, retiré en 1793), Voltaire (1791), commandant Jean-François de Beaurepaire (suicidé plutôt que de rendre Verdun, 1792), Le Pelletier de Saint-Fargeau (assassiné en 1793 pour avoir voté la mort du roi, son corps fut ensuite transféré au château de St-Fargeau dans l'Yonne), le publiciste révolutionnaire Jean-Paul Marat (1793, ses restes furent enlevés en 1794 et transportés au cimetière de Saint-Étienne-du-Mont), Jean-Jacques Rousseau (1794).

Sous l'Empire, le décret du 20-2-1806 indique que le Panthéon sera réservé à ceux qui, « dans la carrière des armes ou dans celle de l'administration et des lettres, ont rendu d'éminents services à la Patrie ». Entrèrent ainsi au Panthéon : le maréchal Jean Lannes, duc de Montebello, le Gal Louis Le Blond de Saint-Hilaire (tué à ses côtés à Essling), Jean-Étienne Portalis (ministre des cultes), Jean-Georges Cabanis (médecin et philosophe de l'école sensualiste), Joseph-Marie Vien (peintre), Joseph-Louis Lagrange (mathématicien), l'amiral Louis-Antoine de Bougainville (navigateur), François-Denis Tronchet (principal auteur du Code civil), le général Michel Ordener, Antoine-César de Choiseul-Praslin (sénateur), Jean-Pierre Pantaléon Resnier (sén.), Gabriel-Louis de Caulaincourt (sén.), Claude Pétiet (min. de la Guerre), Jean-Baptiste Papin de Saint-Christian (sén.), François-Barthélemy Béguinot (sén.), Jean-Baptiste Denere (notaire, maire et sén.), Jean-Frédéric Perregaux (sén.), Jean-Guillaume De Winter (vice-amiral hollandais), Jean-Louis-Ebenezer Reynier (gén.), comte Henry-Frédéric Waltier (lieutenant-gén.), Hippolyte-Antoine Mareri (cardinal), Emmanuel Cretet de Champel (min. de l'Intérieur), Pierre Garnier de Laboissière (gén. de division et sén.), Charles Erskine (cardinal), Jean-Baptiste Caprara (card. archevêque de Milan), Charles-Pierre Claret de Fleurieu (sén. et conseiller d'État), Nicolas-Marie Songis (inspecteur gén. de l'artillerie), Jean-Baptiste comte Treilhard (min. d'État), Ignace Jacqueminot de Ham (sén.), Claude-Juste-Alexandre Legrand (comte et pair de Fr.), Jean-Nicolas Demnier (sén.), Jean Rousseau (sén.), François Le Polgne d'Orsenne (gén. de division, chambellan de l'Empereur), François de Viry (sén. et chambellan), Claude-Ambroise Régnier duc de Massa, Hyacinthe-Timoléon de Cossé comte de Brissac, Antoine-Jean-Marie Thévenard (vice-amiral et pair de Fr.). *Les cœurs* de Jean-Pierre-Firmin Malher (gén. de division), Jérôme-Louis-Joseph comte Durazzo (sén.), Justin-Bonaventure Morard de Galles (sén.), Alexandre-Antoine Hureau de Sénarmont (gén. de division) furent déposés dans des urnes.

Sous la Restauration. Selon une légende, des ouvriers, conduits par un gentilhomme de la Chambre, auraient violé, de nuit, les tombes de Jean-Jacques Rousseau et de Voltaire, mis leurs restes dans un sac et, à la campagne, vidé ce sac dans une fosse ; une enquête officielle faite en 1897 a contredit ces faits. En 1829, Soufflot, architecte du Panthéon, fut transféré dans la crypte.

Sous la IIIe République, on transféra le poète Victor Hugo, les généraux révolutionnaires François Marceau et Lazare Carnot, le capitaine Théophile de La Tour d'Auvergne-Corret (« premier grenadier de France », tué à Neubourg en 1800 ; son cœur est aux Invalides), Alphonse Baudin (représentant du peuple tué sur les barricades le 3-12-1851), le Pt Sadi Carnot (assassiné), le chimiste Marcelin Berthelot (ancien min. des Affaires étrangères) et son épouse, morte le même jour, Jean Jaurès (directeur de *l'Humanité*, assassiné), le romancier Émile Zola, le mathématicien Paul Painlevé (ancien Pt du Conseil).

Sous la IVe République, les physiciens Paul Langevin et Jean Perrin, Victor Schœlcher (théoricien de l'antiesclavagisme), Félix Éboué (collaborateur du Gal de Gaulle en Afrique équatoriale), Louis Braille (inventeur de l'alphabet des aveugles), le cœur de Léon Gambetta (ancien Pt du Conseil ; sa dépouille est à Nice).

Sous la Ve République, Jean Moulin (créateur du Conseil national de la Résistance).

Nota. – Le capitaine Georges Guynemer (né en 1894, tué en combat aérien le 11-9-1917, porté disparu) a son nom sur une plaque de marbre scellée sur le mur intérieur du Panthéon.

différemment, le mètre n'existant pas encore)]. **Napoléon Ier** distribua au Champ de Mars, le 5-12-1804, des drapeaux où la croix blanche est remplacée par un losange blanc (2 cantons bleus en 1 et 4 ; 2 cantons rouges en 2 et 3). Il donna aux troupes, en 1812, un drapeau ou étendard identique à celui qui flottait sur les Tuileries pour indiquer sa présence, c'était un pavillon de marine. La **Restauration** adopta le drapeau blanc découlant du pavillon repris par la marine. La **monarchie de Juillet** (1830-48) reprit le drapeau tricolore de 1812. La **IIe République**, le 20-4-1848, a maintenu ce choix, devenu définitif. La marine porta au XIXe s. et porte encore de nos jours les proportions de David (à terre, les bandes furent toujours égales). Le drapeau blanc resta le signe de ralliement des royalistes jusqu'à 1904. Puis, sous l'influence de l'Action française, ralliée aux Orléans, les monarchistes fr. ont généralement adopté le drapeau tricolore mais les légitimistes, fidèles aux aînés des Bourbons (d'Espagne), ont gardé le drapeau blanc.

La **France libre** (1940-43) conserva le drapeau nat., mais un signe distinctif supplémentaire fut adopté pour distinguer la France libre de l'État français. Après la création le 3-7-1940 d'un pavillon de beaupré pour la Marine et d'une cocarde pour l'Aviation, tous deux à Croix de Lorraine, le colonel de Larminat, chef du gouv. de l'Afr. française libre, créa, par décret du 7-9-1940, une flamme tricolore en forme de rectangle (longueur = 4 fois la largeur), dont le blanc était chargé d'une Croix de Lorraine rouge. Cette flamme devait figurer aux côtés du drapeau nat. sur les bâtiments publics. On vit aussi dans les territoires fr. libres le drapeau nat. courant chargé de la Croix de L. rouge dans sa partie blanche sans cette flamme jointe (emblème que le Gal de Gaulle conservera pour sa marque personnelle de chef de l'État en ajoutant ses initiales C. G. au-dessus de la Croix).

Règlement actuel

La Constitution du 27-10-1946 (art. 2) déclarait : l'emblème national est le drapeau tricolore bleu, blanc et rouge à 3 bandes verticales d'égales dimensions. Pour les navires français, l'emblème est resté le pavillon de poupe tricolore bleu, blanc, rouge à 3 bandes verticales, la taille variant selon navires et circonstances. La Constitution de 1958 indique simplement (art. 2) que l'emblème nat. est le drapeau tricolore bleu, blanc, rouge.

• **Armée de terre. Emblèmes : drapeau** (0,90 cm de côté), emblème des régiments d'Infanterie, du Génie, des Transmissions et des Écoles. Étendard (0,64 cm), donné aux corps de l'arme blindée et cavalerie, de l'artillerie, du train et de l'aviation légère de l'armée de terre, matériel. L'emblème – réglementaire dep. 1880 – est constitué d'un tablier à 3 bandes verticales : bleue, blanche et rouge. Il est fixé à une hampe en bois de 2 m terminée par une pique à 2 cartouches dont l'un porte RF et l'autre l'appellation du régiment. Une cravate tricolore à 2 pans est fixée à cette pique. *Inscriptions : A l'avers du tablier* « République Française » et le nom du régiment (encadrés par 4 couronnes de feuilles de chêne et de laurier). *Au revers* « Honneur et Patrie » et, en dessous, la devise de l'École ou des inscriptions de bataille.

Le drapeau des Invalides porte l'inscription « Tous les champs de bataille ». Ce modèle est en vigueur dep. août 1880 ; avant, drapeaux et étendards ne portaient que 4 inscriptions de bataille rappelant les combats où ils s'étaient illustrés dep. la Révolution. En 1914-18, on porta ce nombre à 8, en 1939-45 à 12 avec quelques exceptions (maximum : 15 sur le 2e Régiment d'Infanterie coloniale). Sous le Second Empire apparut en 1859 le port de la Légion d'honneur sur les drapeaux des corps qui se sont emparés d'un drapeau ennemi (le 2e régiment de zouaves fut le premier à en être décoré pour la prise d'un drapeau autrichien, le 4-6-1859, à Magenta). Pendant la g. de 1914-18, on décida d'épingler des croix de g. sur la cravate de l'emblème des corps qui s'étaient distingués, et des fourragères aux couleurs correspondant au ruban de la Légion d'honneur, de la Médaille militaire ou de la croix de g. [la couleur de la fourragère variant selon le nombre de citations à l'ordre de l'Armée (6-4 ou 2) au cours d'une même campagne].

Actuellement, les 2 drapeaux les plus décorés sont ceux du Régiment d'Infanterie-Chars de Marine (17 citations) et du 3e Régiment étranger d'Inf. (16).

I – Exemples d'emblèmes d'écoles en 1986. Drapeaux (armes issues des troupes à pied) : Éc. Polytechnique, Spéciale Militaire, Militaire Interarmes, Nationale des Sous-Officiers d'Active, d'Application : Infanterie, Génie, Transmissions. *Étendards* (armes issues des troupes montées) : Éc. d'Application : Arme Blindée, Cavalerie, Artillerie, Train, A.L.A.T., Matériel.

II – Revers des emblèmes. Inscription « Honneur et Patrie » sauf pour Polytechnique (« Pour la Patrie, les sciences et les arts »), St-Cyr (« Ils s'instruisent pour vaincre »), Légion Étrangère (« Honneur et fidélité »), Sapeurs-pompiers de Paris (« Dévouement et discipline »).

III – Fourragères. Couleurs du ruban de la croix de guerre accordée pour 2 ou 3 citations à l'ordre de l'armée ; médaille militaire pour 4 ou 5 c. ; légion d'honneur pour 6 à 8 c. Légion d'honneur et croix de guerre (ex. du R.I.C.M.) pour 9 à 11 c. ; l. d'honneur et m. militaire pour 12 à 14 ; double l. d'honneur pour 15 et plus (ces fourragères n'ont jamais été attribuées). Il n'existe pas de fourr. aux couleurs du ruban de la croix de g. 1939-45. Seule, celle aux couleurs du ruban de la croix de g. 1914-18 avec une olive aux couleurs de la croix de g. 1939-45, placée au-dessus du ferret est réglementaire. Les fourr. aux couleurs du ruban de la l. d'honneur et de la m. militaire accordées pour la g. de 1939-45 portent une olive semblable. Les unités ayant reçu des fourr. au titre des 2 g. mondiales portent au-dessus du ferret un système d'olives qui permet de différencier l'origine des citations. La fourr. aux couleurs du ruban de la croix de g. des T.O.E. est toujours portée distinctement. Lorsque les citations permettent l'obtention d'une fourr. d'un niveau supérieur (m. mil. ou l. d'hon.), une olive aux couleurs du ruban de la croix de g. des T.O.E. est placée au-dessus du ferret.

IV – Décorations françaises. Les cravates des emblèmes peuvent recevoir : L. d'honneur, croix de g., ordre de la Libération, m. militaire (cas du R.I.C.M.), et m. des Évadés (2e Dragons : cas unique).

V – Ordres étrangers. Peuvent être portés sur la cravate d'un emblème, après autorisation du Ministre.

• **Marine nationale. Drapeau.** Symbole de la patrie et de la personnalité morale de la formation à laquelle il est attribué. Carré à 3 bandes égales en largeur. La Marine possède 11 drapeaux dont 8 effectivement en service, attribués à des unités combattantes ou formations spécialisées à terre d'un niveau équivalent à celui du régiment.

Pavillon. Symbole de la patrie et marque de nationalité à bord des bâtiments. A la mer, arboré dans le mât en tout temps. Au mouillage, p. de poupe (p. principal) et p. de beaupré sont arborés entre les couleurs du matin et celles du soir. *Modèles :* 16 suivant navires et circonstances. *Longueur* (battant) 0,75 à 13,50 m. *Hauteur* (guindant) égale aux 2/3 du battant. *Proportions des couleurs :* bleu 30/100 du battant, blanc 33/100 et rouge 37/100.

Flamme. Arborée en tête de mât en toutes circonstances. *Modèles :* 10 de 1 à 20 m de long, le battant valant 20 fois le guindant pour les plus petites, 133 fois pour les plus grandes. *Proportions des couleurs :* bleu 20/100 du battant, blanc 20/100 et rouge 60/100.

Fanion. On distingue : f. d'unité (symbole de la personnalité morale de l'unité à laquelle il est attribué, celle-ci ne pouvant prétendre à un drapeau) et f. d'autorité (marque de commandement arborée sur une voiture ou un aéronef au sol).

Marque de commandement. *Officiers généraux de Marine* (amiraux) : pavillons carrés avec étoiles. Proportion des couleurs : bleu 30/100 du battant, blanc 33/100 et rouge 37/100. *Officiers supérieurs :* guidons (2 pointes) et triangle (1 pointe), le battant égal à 2 fois le guindant. Proportions des couleurs : bleu 23,5/100 du battant, blanc 26,5/100 et rouge 50/100.

Marques honorifiques. Pavillons carrés avec différents motifs marquant la présence à bord d'une personnalité de la Défense nationale ou d'un officier général extérieur à la Marine (armées de Terre et de l'Air).

Cérémonial des couleurs (au mouillage uniquement). On « envoie » (hisse) les couleurs à 8 h chaque matin ; on les rentre le soir au coucher du soleil, ou à 20 h quand le soleil se couche plus tard ; on ne les amène qu'en cas de reddition. Au moment de l'envoi des couleurs (matin et soir), la garde présente les armes, le factionnaire tire un coup de fusil à blanc. Les honneurs sont rendus au clairon (sonnerie « Au drapeau ») ou au sifflet de manœuvre (à roulette).

Salut aux navires. Les navires de commerce saluent les bâtiments de guerre en rentrant et rehissant leur pavillon de poupe 3 fois de suite. Le navire de guerre rend le salut en « marquant » son pavillon (en le baissant et en le rehissant du 1/4 de sa hauteur).

Deuil. Mise en « berne » du pavillon.

Code international des signaux flottants. Pavillons et guidons alphabétiques, flammes numériques, « substituts » triangulaires et autres signaux flottants sont hissés, marqués et amenés selon un code précis.

Hymnes nationaux

• **Ancien Régime.** Tous les airs officiels étaient des hymnes religieuses, choisies selon les circonstances. Ainsi, pour le départ de la flotte des Croisés à Aigues-Mortes en 1248, l'hymne chantée a été le *Veni Creator*. Il était coutumier au cours d'une cérémonie publique (qui était toujours religieuse) de chanter le motet *Domine salvum fac Regem* à l'arrivée du roi. En 1686, lorsque Louis XIV vient inaugurer la maison d'éducation de Saint-Cyr, Mme de Maintenon fait chanter à ses élèves une adaptation française de ce répons, *Dieu protège le Roi* (musique de Lully). D'après une tradition, cet hymne serait devenu, en sept. 1745, le *God save the King* britannique [introduit par Mme de Maintenon à la cour des Stuart à St-Germain-en-Laye, il aurait été chanté par les partisans de Jacques III Stuart, débarqué en G.-B. en août 1745, et adopté par leur adversaires hanovriens. 2 arguments en faveur de cette thèse (contestée) : 1°) le 19-7-1819, 3 dames de Saint-Cyr (Mmes Thibault de La Noraye, de Moutiers et de Palagny) ont attesté devant le maire de Saint-Cyr (qui a légalisé les signatures) que le motet était dans la tradition de Saint-Cyr (document publié en 1900) ; 2°) au musée de Versailles, on trouve une horloge de la 1re moitié du XVIIIe s., donnant en carillon l'air du *God save the King*].

• **Ire République. La Marseillaise.** Paroles de Claude-Joseph Rouget de Lisle (1760-1836). Capitaine du génie en garnison à Strasbourg, il chanta cet air patriotique chez le maire Philippe-Frédéric de Dietrich (1748-93, guill.) dans la nuit du 24 au 25-4-1792 (selon d'autres sources, il accompagnait au clavecin Dietrich, bon ténor, qui chantait lui-même). Le 30-7-1792, les fédérés marseillais entraient à Paris aux accents du *Chant de Guerre pour l'armée du Rhin*, rebaptisé par les Parisiens *la Marseillaise*. Décrétée hymne national le 14-7-1795 et le 14-7-1879 ; désignée comme hymne national par la Constitution du 4-10-1958 (article 2). Le 7e couplet est sans doute de Louis-François Dubois (1773-1855). V. ci-dessous. Musique composée en même temps que les paroles par R. de L. et le musicien autrichien Ignace Pleyel (1757-1831), à l'époque maître de chapelle de la cathédrale de Strasbourg.

En 1795, Étienne Méhul (1763-1817), chargé d'arranger pour plusieurs voix la musique, y introduit des changements qui ont subsisté.

En 1887, elle fut transformée en marche militaire par une commission musicale nommée par le général Boulanger et présidée par Ambroise Thomas (1811-96). Le 11-11-1974, par ordre du Pt Giscard d'Estaing, elle a été restaurée d'après les partitions anciennes et réharmonisée avec un rythme différent. En particulier, la 2e note *(sol dièse)* de la version Ambr. Thomas a été changée en *mi*. En 1981, on est revenu au rythme précédent.

• **Ier Empire.** Napoléon n'avait pas d'hymne national. Il faisait chanter par son clergé le répons *Domine salvum fac Imperatorem*. L'hymne *Veillons au Salut de l'Empire* [utilisant sur une musique de Nicolas Dalayrac (1753-1809), la romance *Vous qui d'amoureuse aventure*, tirée de l'opéra-comique *Renaud d'Ast* (1787)], était souvent joué par ses musiques militaires. Mais il n'était jamais chanté, les paroles étant « libertaires » (le mot *empire*, figurant dans le titre, signifiait « État » et était couramment utilisé pour désigner le royaume de France dep. Louis XVI). L'auteur de ces paroles était le journaliste girondin Joseph-Marie Girey-Dupré (1769-93, guillotiné), qui les composa en prison et les chanta en montant à l'échafaud. Il avait eu comme collaborateur l'adjudant-général Bois-Guyon, guillotiné quelques jours après lui [souvent confondu avec le médecin jacobin Adrien-Simon Boy (1764-95), organisateur de la Terreur à Strasbourg en 1793-94].

• **Restauration.** 2 airs quasi officiels :

1° Hors de la présence royale, *Vive Henri IV* : air populaire du XVIe s., repris en 1774 par Charles Collé (1709-83) dans la comédie *la Partie de chasse d'Henri IV* ; harmonisé en 1826 (op.-comique, même titre) par Henri Castil Blaze (1784-1857). On évitait de jouer cet air devant les personnes royales, à cause de son refrain d'un ton trop libre : *J'aimons les filles et j'aimons le bon vin*.

2° Pour accueillir le roi ou des membres de la famille royale, quand ils faisaient leur entrée dans une céré-

La Marseillaise

1er couplet

Allons enfants de la patrie,
Le jour de gloire est arrivé !
Contre nous de la tyrannie
L'étendard sanglant est levé ! (bis)
Entendez-vous dans les campagnes,
Mugir ces féroces soldats?
Ils viennent jusque dans nos bras
Égorger nos fils, nos compagnes !

Refrain

Aux armes, citoyens !
Formez vos bataillons !
Marchons ! Marchons !
Qu'un sang impur
Abreuve nos sillons !

6e couplet

Amour sacré de la patrie,
Conduis, soutiens nos bras vengeurs !
Liberté, Liberté chérie,
Combats avec tes défenseurs ! (bis)
Sous nos drapeaux, que la victoire
Accoure à tes mâles accents !
Que tes ennemis expirants
Voient ton triomphe et notre gloire !

7e couplet

Nous entrerons dans la carrière
Quand nos aînés n'y seront plus ;
Nous y trouverons leur poussière
Et la trace de leurs vertus. (bis)
Bien moins jaloux de leur survivre
Que de partager leur cercueil,
Nous aurons le sublime orgueil
De les venger ou de les suivre !

Couplets inusités aujourd'hui

2e couplet

Que veut cette horde d'esclaves,
De traîtres, de rois conjurés?
Pour qui ces ignobles entraves,
Ces fers dès longtemps préparés? (bis)
Français ! pour nous, ah ! quel outrage !
Quels transports il doit exciter !
C'est nous qu'on ose méditer
De rendre à l'antique esclavage !

3e couplet

Quoi ! ces cohortes étrangères
Feraient la loi dans nos foyers !
Quoi ! ces phalanges mercenaires
Terrasseraient nos fiers guerriers ! (bis)
Grand Dieu ! par des mains enchaînées
Nos fronts sous le joug se ploiraient !
De vils despotes deviendraient
Les maîtres de nos destinées !

4e couplet

Tremblez, tyrans ! et vous, perfides,
L'opprobre de tous les partis,
Tremblez ! vos projets parricides
Vont enfin recevoir leur prix ! (bis)
Tout est soldat pour vous combattre.
S'ils tombent, nos jeunes héros,
La France en produit de nouveaux,
Contre vous tout prêts à se battre !

5e couplet

Français, en guerriers magnanimes,
Portez ou retenez vos coups !
Épargnez ces tristes victimes,
A regret s'armant contre nous. (bis)
Mais ces despotes sanguinaires,
Mais ces complices de Bouillé,
Tous ces tigres qui, sans pitié,
Déchirent le sein de leur mère !...

monie publique, *Où peut-on être mieux qu'au sein de sa famille?* [paroles de Jean-François Marmontel (1723-99), musique d'André Grétry (1741-1813)], tiré de la comédie musicale *Lucile* (1769). L'air fut exécuté pour la dernière fois au cours d'une cérémonie officielle le 15-4-1915 à La Panne (Belgique) lors de l'incorporation dans l'armée belge du prince Léopold, futur Léopold III (Grétry était belge, né à Liège). C'est le seul exemple attesté de l'exécution d'un hymne royaliste devant des autorités républicaines françaises.

• **Louis-Philippe.** *La Parisienne* (1830), paroles de Casimir Delavigne, musique d'Auber (« chant national »).

• **IIe République.** *Le Chant des Girondins* (1847), extrait du drame *le Chevalier de Maison-Rouge,* d'Alexandre Dumas et Auguste Maquet, musique d'Alphonse Varney.

• **IIe Empire.** *Partant pour la Syrie* (chant officiel). Composé en 1809 par la reine Hortense, mère de Napoléon III, paroles du Cte A. de Laborde (signe de ralliement des bonapartistes dep. 1815).

• **IIIe République.** *La Marseillaise.*

• **État français.** Hymne national : *La Marseillaise,* presque toujours suivie d'un hymne officieux, *Maréchal, nous voilà* [paroles d'André Montagard (1888-1963), musique de Montagard et Courtioux], création officielle en 1940, mais les auteurs avaient réutilisé une chanson intitulée *Voilà le Tour qui passe* dont les 2 premiers vers du refrain étaient : "Attention, les voilà ! les coureurs, les géants de la route. "

• **Gouvernement de la France libre.** Hymne national : *La Marseillaise.* Officieux : *Le Chant des Partisans* [idée d'Emmanuel d'Astier de La Vigerie, auteur d'une *Complainte du Partisan ;* paroles écrites en 1943 à Londres par Joseph Kessel et son neveu Maurice Druon, musique d'Anna Betoulinsky, dite Anna Marly (reprise d'un chant yougoslave composé en 1914 par Gratchinovitch)].

• **IVe et Ve Républiques.** *La Marseillaise.*

Fête nationale

Le 6-7-1880, sur proposition de Benjamin Raspail, la date du 14 juillet fut adoptée comme fête annuelle nationale pour commémorer la prise de la Bastille (14-7-1789) et la fête de la Fédération (14-7-1790), qui avait été le 1er anniversaire et avait été une manifestation de la réconciliation nationale.

Le 14 juillet avant la IIIe Rép. : 1790 discours du maire de Paris devant la Convention. *1796-99* remplacé par l'anniversaire du 9 thermidor (27-7). *1800* festivités et feu d'artifice sur le pont de la Révolution (Concorde). *1801* grandes festivités (coïncident avec la conclusion du Concordat, signé le 15). *1831* Eugène Planiol, Pt de la Soc. des Amis de l'Égalité, organise des fêtes nationales (avec plantations d'arbres de la Liberté) ; remplacées par l'anniversaire du 27 juill. (rév. de 1830). *1848* choisi comme Fête des Travailleurs (banquets à 50 centimes par tête dans tout Paris) ; annulé à cause des émeutes de juin.

Histoire des Institutions avant 1958

☞ Pour en savoir plus, demandez le Quid des Présidents de la République (et des candidats). Chez tous les libraires (éd. Robert Laffont).

Période Gauloise

Formation tribale. Héritée des Indo-Européens (env. 2000 av. J.-C.). Une aristocratie militaire (utilisant le cheval de combat) habite un tertre fortifié ; elle fait cultiver les plaines avoisinantes par des serfs [étrangers dont on a conquis le pays, mais que l'on n'a pas exterminés (*servus* = épargné)].

Installation en Gaule. A partir de l'an 1000, *2 types de hauteurs fortifiées : 1) Celles qu'avaient occupées les Ligures,* habitants antérieurs de l'Hexagone : *briga,* peut-être enlevées de force et repeuplées, peut-être alliées et assimilées. Nom des habitants devenu prénom : *Brixius,* « Brix » ou « Brice ». *2) Celles qu'ont construites les Celtes : durum* (c'est-à-dire « porte » ; germanique *thür*). Nom des habitants devenu patronyme : Duran ou Durand.

2 types de villages serviles : 1) Commerçants : dunum (angl. *town*). Nom des habitants devenu patronyme : Dunan. *2) Agricoles : magos.* Nom des habitants devenu patronyme : Magan ou Mayen.

Structure politique des tribus

• **Roi (rix).** Élu dans certaines familles aristocratiques ; c'est un chef militaire, en cas de conflit il commande alors les cavaliers d'une tribu, qui porte un nom totémique : *Eburovici,* les gens de l'if ; *Epomandui,* les guerriers du cheval, etc. Chaque sous-tribu peut avoir son « petit roi », *regulus.* Une tribu a généralement 4 sous-tribus. En temps de guerre, les soustribus se regroupent autour de la tribu principale. Ainsi, en 52 av. J.-C., les Arvernes (roi : Vercingétorix) regroupent les Cadurques (Cahors), les Gabales (Gévaudan), les Vellaves (Velay).

• **Aristocratie.** Les lignées nobles non royales et les branches cadettes des lignées royales habitent les collines fortifiées. Entourées de « clients » (c.-à-d. de protégés, débiteurs ou anciens serfs), qui leur sont unis par des liens de vassalité personnelle (origine de la féodalité). Les nobles font travailler leurs serfs dans des unités territoriales équivalant au canton actuel. En cas de surpeuplement, on défriche une zone forestière. Village de défricheurs : *ialos* (nom des habitants devenu prénom : Yolande). Les nobles n'obéissent pas au roi en temps de paix et l'institution royale tend à disparaître : au temps de César, il y avait seulement un roi tribal chez les Sénons (Sens) et un seul regulus sous-tribal chez les Nitiobriges (Agen).

• **Druides.** Aristocrates détachés des *durum* et vivant dans les *dunum, magos* et *ialos,* ils sont à la fois prêtres (culte des dieux naturels ; liturgie du gui toujours vert et symbole de l'immortalité de l'âme) ; éducateurs (mainteneurs des poèmes héroïques récités de mémoire) et juges (ils prononcent la peine capitale : les exécutions sont rituelles et varient selon la nature du crime ; par ex., certains criminels voués au dieu Esus sont pendus à un arbre et saignés à mort).

• **Vie familiale.** La famille comprend tous ceux qui vivent dans la maison du père. Le père a droit de vie et de mort sur ses enfants et sa femme. La femme est respectée, ne serait-ce qu'en raison de la dot (argent, troupeau, meubles) qu'elle apporte.

• **Conseils tribaux.** Les druides de chaque tribu se rencontraient régulièrement, sans doute aux fêtes religieuses.

Grandes assemblées nationales. Les Celtes ont gardé le souvenir de « l'empire celtique » depuis le IVe s. av. J.-C. (ils occupaient presque toute l'Europe et une grande partie du monde méditerranéen). Chaque année, en dépit de leur morcellement politique, ils se réunissent au « nombril » (en grec *omphalos*) de chacune de leurs grandes unités nationales : Gaule, Espagne, Bretagne, Panonnie, Asie, etc. Pour la Gaule, le nombril était chez les Carnutes [vraisemblablement à Sodobriga (Suèvres, L.-et-Ch.)]. Les réunions étaient plus cultuelles que politiques, les participants étant en majorité des druides. Néanmoins, leur président jouait un rôle politique : il était considéré comme un empereur des Celtes (sans doute un noble de lignée royale, constamment réélu) ; c'était lui qui accréditait les ambassadeurs gaulois envoyés à Rome, en Grèce et dans les royaumes d'Orient. Tite-Live désigne comme « empereur des Celtes » un Biturige nommé Ambicatus.

Ralliement des Gaulois à Rome. De 56 à 51 av. J.-C., César soumit la Gaule avec des troupes en majorité gauloises (depuis 70 ans, le S.-E. de la Gaule romanisé fournissait des légionnaires romains). Vercingétorix, son adversaire de 52 à 51, échoua dans sa tentative de royaume gaulois centralisé, qui allait trop contre les habitudes ancestrales. César, au contraire, resta dans la tradition gauloise : ses légionnaires permanents, qui avaient la promesse d'un établissement en terre (avec des esclaves), groupés dans une cité à eux, retrouvaient les privilèges de la caste militaire tribale. De plus, l'organisation impériale romaine faisait espérer le regroupement des nations celtiques sous un empereur commun (ce sont les Gaulois continentaux qui ont conduit César en G.-B.).

Période Gallo-Romaine

• **La Civitas.** La Gaule devenue romaine a gardé ses structures sociales et politiques : les tribus sont devenues des cités *(civitates),* beaucoup n'ont pas changé de nom : Ambiani : Amiens ; Petrocorii : Périgueux ; Sagii : Sées, etc.

Colonies. Cités créées pour les immigrants, elles diffèrent peu des cités gauloises. Beaucoup de vétérans sont Gaulois ; les autres sont des Indo-Européens ayant les mêmes traditions ancestrales : Germains, Daces, Sarmates, Illyriens, etc. Il s'agit parfois d'une bourgade gauloise urbanisée ; parfois d'une ville neuve, entourée de *ialos* nouvellement défrichés, dans la tradition des nombreux *noviodunum.* Il y eut env. 100 000 émigrants en Gaule au cours des 4 siècles d'occupation romaine.

Organisation municipale. Calquée sur celle de Rome et très proche de celle des cités gauloises (tradition étrusco-italiote, également indo-européenne). Une aristocratie terrienne, propriétaire des exploitations agricoles du territoire, possède des résidences en ville et y compose le *Sénat* (d'où le titre de *senior,* « sénateur », qui donnera *seigneur,* « propriétaire terrien »).

Vie politique. Comme à Rome, l'assemblée générale du Sénat devient une cérémonie cultuelle et culturelle : célébration des dieux locaux et des dieux impériaux (Rome, empereurs divinisés, Jupiter Capitolin). Les réunions de travail sont réservées aux *décurions* (du mot *decem,* « dix » ; c'est-à-dire 1 sénateur sur 10, en principe) qui désignent des magistrats municipaux, ayant chacun leur spécialité (spectacles, ravitaillement, fisc, constructions, etc.). Les questions politiques sont en majorité d'intérêt local : vie culturelle du centre urbain, commercialisation des produits agricoles. A partir du IVe s., les grandes familles redoutent les coûteuses charges municipales, mais les fonctionnaires romains les leur imposent sous peine de sanctions.

Urbanisation. Les villes d'un type uniforme (théâtres, temples, forums, etc.) ne sont plus dans la tradition celtique et indo-européenne. Bâties en pierre, elles remontent à la civilisation crétoise-minoenne, adoptée par les Grecs, puis copiée par les Romains. En 210 apr. J.-C., on ne distingue plus entre colonies et cités.

Relations entre villes. Les villes sont réunies par des routes ; les cités sont groupées en provinces dont la capitale porte le nom de *métropole. A partir de 13 av. J.-C.* (Auguste), 4 provinces : Narbonnaise (Narbonne ; gouverneur : un proconsul) ; Lugdunaise (Lyon) ; Aquitaine (Saintes, puis Bordeaux) ; Belgique (Reims). Gouverneurs : des légats. *A partir de 300 env. apr. J.-C.* (Dioclétien), 17 provinces avec des gouverneurs militaires (les *duces*) et civils (les *praesides*) : Narbonnaise 1re (Narbonne), N. Seconde (Aix), Viennoise (Vienne), Alpes Maritimes (Nice), Alpes Grées (Moutiers), Novempopulanie (Eauze), Aquitaine 1re (Bourges), A. Seconde (Bordeaux), Lugdunaise 1re (Lyon), L. Seconde (Sens), L. 3e (Tours), L. 4e (Rouen), Belgique 1re (Trèves), B. Seconde (Reims), Germanie 1re (Mayence), G. Seconde (Cologne), Séquanaise (Besançon). Dans chaque métropole, la *basilique* est réservée aux cérémonies officielles ; les services administratifs sont à la *Curie*.

● **Christianisme romain.** Après Théodose le Grand (379-95), la hiérarchie administrative disparaît. Les métropoles deviennent politiquement des villes comme les autres : il n'y a plus ni *dux*, ni *praesides*. La Gaule retourne au régime des cités celtiques, quasi indépendantes les unes des autres. Dans ces villes christianisées, les conseils locaux deviennent des conseils de *prêtres* (*presbyteros*, « prêtre », traduction grecque de *senior*) entourant le magistrat principal, l'*évêque* (qui prend souvent le titre de *Defensor civitatis*). L'évêque (*episcopos*, c'est-à-dire inspecteur) est à la fois chef spirituel du centre urbain et responsable civil du territoire : il nomme dans les villes secondaires des *vicaires forains*. Seule la vie religieuse conserve l'organisation en provinces, avec un gouvernement central ; le pape de Rome nomme dans chaque métropole un *archevêque* qui a autorité sur les évêques des cités et qui les réunit en *conciles provinciaux*.

Période Germanique

Francs

Rois francs. Chez les Francs (peuplade germanique « occidentale », c'est-à-dire habitant une zone forestière), le roi est élu par un groupe de *leudes* (guerriers nobles) ; il est généralement le fils aîné du roi défunt. L'expression « hisser sur le pavois », pour décrire la cérémonie d'intronisation d'un roi franc (porté sur un bouclier par 4 leudes), est fautive puisque le *pavois*, bouclier des mercenaires originaires de *Pavie*, date du XVe s.

Noblesse franque. Elle ne monte pas à cheval et ne possède pas de serfs. Elle constitue une armée professionnelle, aux ordres directs du roi. Peu formée à l'agriculture, elle a le goût de la chasse. Les récompenses que le roi lui accorde pour services de guerre consistent surtout en terrains de chasse.

Religion des Francs. A leur arrivée en Gaule romaine (migration pacifique au cours du IVe s., comme auxiliaires des Romains), ils sont païens. Après le baptême de Clovis (486 ou 496 ou 504), ils deviennent catholiques et introduisent dans leur « Loi salique » des articles protégeant l'Église. Les leudes catholiques fournissent aux chefs religieux des auxiliaires militaires et civils, les comtes et vicomtes.

Nota. — Le *comte* (du latin *comitem*, « compagnon ») était primitivement le chef d'escorte d'un évêque (*comita*, « l'escorte ») dans une capitale de cité ; les *vicomtes*, des chefs d'escorte de « vicaires forains » dans des chefs-lieux de *pagus*.

Immunités franques. *Entre 450 et 500 :* les rois francs Chilpéric Ier et Clovis Ier s'attribuent à titre personnel les domaines appartenant directement à l'ancien Empire romain et appelés « domaines du fisc ». Ces propriétés royales ont le privilège de l'immunité (comtes et vicomtes qui administrent les territoires des cités et des *pagus* ne peuvent y pénétrer). *Après 500 :* les rois francs accordent l'immunité à des seigneurs particuliers qui échappent à leur tour au contrôle des comtes et vicomtes. Sont notamment immunisés : les évêques dans les domaines ecclésiastiques, les abbés dans les domaines monastiques, les plus puissants des leudes francs qui ont acquis des biens privés par mariage avec l'héritière de *villas* gallo-romaines, par usurpation d'un bien foncier gallo-romain, ou par défriche d'une terre nouvelle. A côté des comtes qui administrent les territoires au nom du roi, se développe une classe d'immunistes qui deviendront les grands « feudataires » ou « seigneurs féodaux » (de l'allemand *feod,* « champ » = domaine ; français *fief*).

Cour des rois. Elle est formée de plusieurs centaines de personnes, chargées des services domestiques du roi ou des services publics. Les *palatins* (« seigneurs résidant au palais ») ou *optimates* [« aristocrates » (ancien titre romain, donné aux généraux et ambassadeurs)] portent une ceinture d'or. Autres officiers : *majordome* [« gérant de la maison (royale) » : sera plus tard « maire du palais » (jouant un rôle politique)], *échanson* [« celui qui verse » (francique *skankjo ;* allem. *schenken*) : primitivement serviteur qui sert à boire, puis officier chargé de l'approvisionnement en vin], *sénéchal* [« doyen des officiers » (du gothique *sinista,* « aîné »)], *maréchal* [« responsable des chevaux » (du francique *marah,* « chevaux »)], *référendaire* [le futur « chancelier », chargé de ce qui doit être rapporté (latin *referre,* « rapporter »)], *camérier* [chargé d'installer le trésor dans les appartements privés (du latin *camera,* « chambre »)]. Le *Comte du Palais* rendait la justice.

La cour vivait dans une villa royale (demeure campagnarde construite en bois ; par ex. : Berry-Rivière, à l'ouest de Soissons), de préférence près d'un terrain de chasse. Elle se déplaçait sur des chars à bœufs, quand les provisions étaient épuisées. Mais il y avait toujours une ville capitale, titre peut-être honorifique : Paris (VIIe s.), Soissons, Orléans, Chalon-sur-Saône, Reims, Metz.

Autres peuplades germaniques

Monarchie burgonde. Caractérisée par son désir d'imiter l'Empire romain. Fondée aux Ve-VIe s., en Suisse romande, puis dans le bassin du Rhône, elle deviendra un royaume franc descendant jusqu'à la Durance, que les empereurs germaniques revendiqueront du XIIe au XVIIIe s., mais dont les comtes de Provence exerceront les droits régaliens.

Monarchies wisigothique et ostrogothique. Germains orientaux, venus des plaines du S.-E. européen ; cavaliers, divisés en seigneurs et serfs, ayant gardé la structure sociale des Indo-Européens (proches des anciens Celtes). Les rois sont ariens, puis catholiques. La noblesse, puissante et solidement implantée en Espagne et en Septimanie (futur marquisat de Gothie), demeure arienne et se rallie aux Musulmans après 720.

Nota. — Francs (Saliques et Ripuaires), Burgondes (sujets du roi Gondebaut, auteur de la loi « Gombette ») et Wisigoths ont eu du VIe au IXe s. un système juridique spécial : ils étaient jugés devant les tribunaux gallo-romains, selon les lois coutumières de leur peuplade.

Période Carolingienne

La Renaissance impériale. Charlemagne et son fils, Louis le Pieux, qui reçoivent des mains du pape la couronne impériale, tentent de reconstituer l'Empire romain d'Occident, sur le modèle de l'empire de Byzance, c'est-à-dire avec une cour, une administration et une alliance étroite avec l'Église.

Les comtes carolingiens. Dans chaque cité, l'évêque et le comte (mérovingien) collaborent et se surveillent. Ils sont contrôlés dans les territoires frontières *(marches)* par un marquis qui a l'autorité sur tous les comtes de la province et sur les autres territoires par des envoyés, les *missi dominici* (de la *cour* d'Aix-la-Chapelle).

Prévôts du domaine. Les propriétés personnelles de l'empereur sont administrées par des prévôts *(praepositi).* Tous les immunistes ont également leurs prévôts, chargés de faire rentrer les revenus (presque entièrement agricoles).

Naissance des grandes dynasties féodales. Les comtes des plus grandes cités et les marquis de certaines provinces commencent, sous les Carolingiens, à créer des dynasties locales, en principe sujettes de l'empereur (jusqu'à 843) puis du roi (après 843), mais en fait trop puissantes pour leur obéir. Tels sont : les comtes d'Autun (qui dominent la Bourgogne, futur duché), de Flandre, de Vermandois, de Roumois, d'Anjou, de Poitou, de Toulouse, le marquis de Bretagne. *Au traité de Verdun (843),* la France occidentale est séparée du reste de l'empire carolingien. Soumise en principe à la suzeraineté des empereurs, elle s'affirmera indépendante dès la fin du IXe s. : « Le Roi de France est empereur en son royaume. »

Royauté sacramentelle

Sacre et serment. Jusqu'en 1165, on disait le sacrement d'un roi ; l'onction sacramentelle lui était conférée après qu'il avait fait un ou plusieurs serments (en latin *sacramentum*) ; elle faisait du roi une personne consacrée, appartenant à l'Église et jouant un rôle religieux dans les nations catholiques. C'est de cette façon qu'on explique aujourd'hui la « loi salique », c.-à-d. l'exclusion des femmes du trône de France : elles ne pouvaient être rois parce qu'elles ne pouvaient être prêtres.

Onction biblique. Les 1ers sacres royaux ont été ceux des rois hébraïques : Saül, David et Salomon, tels qu'ils sont narrés dans la Bible (1er livre de Samuel). Le roi, devenant l'oint du Seigneur, est inviolable et saint. En contrepartie, il est le serviteur de l'Éternel, son Dieu. L'institution du sacre des rois francs du VIIIe s. (Pépin le Bref 751, puis 754) est une copie de l'onction sainte des rois bibliques (théologie alors essentiellement une étude de l'Écriture sainte).

Rois de France sacrés. 12 Carolingiens (de 751 à 979 avec, en 922, un non-Carolingien, Robert, comte de Paris, ancêtre des Capétiens) ; puis 33 rois capétiens (avec en 1804 un non-Capétien, Napoléon Ier Bonaparte) ont reçu l'onction sacramentelle de l'Église catholique. [Le sacre a été aussi donné par l'Église catholique aux empereurs d'Allemagne, aux rois d'Angleterre, d'Espagne, du Portugal, de Pologne, du Danemark ; les emp. de Russie ont réclamé l'onction (du patriarche de Moscou) à partir du XVIIIe s.]

Caractère ecclésiastique de la royauté française. L'onction reçue par les rois (et les empereurs) le jour de leur sacre leur donnait dans la hiérarchie ecclésiastique un rang spécial qui était assimilé tantôt à celui d'un diacre, tantôt à celui d'un sous-diacre, tantôt à celui d'un chanoine. L'empereur d'Allemagne était, dès son sacre, chanoine de la basilique de Latran et de la collégiale d'Aix. Le roi de France était 1er chanoine de Lyon, chanoine d'Embrun, Le Mans, Montpellier, St-Pol-de-Léon, Lodève, etc. Dans toutes ces cathédrales, il participait au chœur en surplis et en camail. Lors des *couronnements impériaux* à Rome, l'empereur devait lire l'évangile (fonction de diacre) ; l'épître (fonction de sous-diacre) devait être lue par le roi de Sicile ou, à défaut, par le roi de France.

Symboles religieux du sacre. Ornements royaux. Grande couronne impériale : utilisée pour la 1re fois par le pape Léon III pour sacrer Charlemagne (or, rubis, saphir, émeraude). **Épée du sacre** (remise à Louis le Débonnaire par le pape Serge II en 844, mais appelée couramment épée de Charlemagne, et officiellement épée de St-Pierre ou *Joyeuse,* c.-à-d. de fête) : bénie dans son fourreau puis placée nue sur l'autel, le roi la brandit, puis la remet au connétable chargé de la porter ; symbolise la puissance militaire du défenseur de l'Église (le pape se réservant le glaive spirituel). **Sceptre** (bâton d'or de 6 pieds de haut, terminé par une fleur de lys) : emblème de commandement. **Main de justice :** bâton d'or plein d'une coudée de haut, avec une main d'ivoire aux doigts levés ; symbolise la bénédiction, c.-à-d. l'absolution des fautes (correspond au serment de justice miséricordieuse). *Éperons d'or* (dits de Charlemagne) : symbolisent l'autorité sur tout le royaume (le roi se déplace rapidement d'un fief à l'autre) ; c'est un des grands vassaux (le duc de Bourgogne) qui est chargé de les attacher. **Agrafe :** ornée d'une fleur de lys, maintient le manteau royal. **Anneau :** passé à la main gauche, symbolise le mariage du roi et de son royaume (comme pour un évêque et son diocèse).

Vêtements. Chemise spéciale (avec des fentes bordées d'or pour permettre de recevoir les onctions). **Tunique, dalmatique** et **manteau :** symboles des 3 ordres (sous-diacre, diacre, sacerdoce). **Gants de soie :** on les mettait aux mains du roi après l'onction ; ils étaient imprégnés d'huile sainte et brûlés après la cérémonie. Les vêtements étaient blancs (couleur du baptême et des ordinations), mais le violet (couleur des deuils à la cour) s'est imposé, la plupart des sacres se faisant pendant le deuil du roi précédent.

Gestes. Baiser : signe d'alliance contractée. **Onction** (geste imité de Samuel versant de l'huile sur la tête de Saül) : faite avec le baume de la **Sainte Ampoule** qui, selon la légende, aurait été apportée du Ciel par une colombe lors du baptême de Clovis (1re attestation : sacre de Charles le Chauve par Hincmar). Solidifié, le baume était extrait de l'ampoule avec une épingle d'or et mélangé au chrême des consécrations épiscopales. C'est cette huile miraculeuse qui servit au sacre des rois de France de 496 à 1825 (exception : Henri IV, sacré à Chartres 27-2-1594 avec l'huile de « l'ampoule de Marmoutiers », qui servait à oindre les ducs d'Aquitaine). Le 16 vendémiaire de l'An II (7-10-1793), le conventionnel Ruhl (suicidé le 20-5-1795) déclara avoir détruit l'ampoule à coups de marteau sur les degrés de la statue de Louis XV à Reims. Il prétendit ensuite qu'il en avait détruit seulement une copie. On ignore ce que serait alors devenu l'original. Le curé de St-Rémy de Reims, l'abbé Seraine, avait recueilli quelques parcelles du baume de l'ampoule détruite par Ruhl. Les quelques parcelles, remélangées à du chrême, ont servi au sacre de Charles X le 29-5-1825 ; elles ont été conservées ensuite dans une nouvelle ampoule ornée de pierreries et conservée à Reims. **Lâcher d'oiseaux** : à l'issue de la cérémonie (une fois que le roi s'est assis sur son trône), des oiseaux sont lâchés du haut du jubé à l'intérieur de la cathédrale ; ils symbolisent la délivrance des prisonniers (amnistie traditionnelle pour les peines dites non irrémissibles).

Lieu du sacre. A Reims. La tradition veut que le lieu fût choisi à cause du baptême de Clovis (v. 496). En réalité, il s'agit d'une tradition carolingienne. L'archevêque Hincmar de Reims a joué un rôle prépondérant dans le remplacement des rois mérovingiens par Pépin le Bref (752). La bulle pontificale désignant Reims comme lieu des sacres est de 1509. Sur 64 rois de France, seuls 16 ont été sacrés hors de Reims, notamment à Soissons, Compiègne, Metz (Carolingiens), et à Chartres (Henri IV).

Signification du sacre. Jusqu'en 1430 (sacre de Charles VII à Reims, sous la protection de Jeanne d'Arc), le sacre signifiait que le roi élu (même avec élection symbolique) était agréé par l'Église. Après 1430, la conception a changé : le roi sacré doit être accepté comme roi, en vertu de son sacre même.

Toucher des écrouelles. Il a été admis pendant 8 siècles, du règne de Philippe Ier (1060-1108) à celui de Charles X (1824-30), que le roi, en vertu de l'onction sacramentelle, possédait le pouvoir miraculeux de guérir les « écrouelles », c.-à-d. les tumeurs scrofuleuses (tuberculose des ganglions). Le lendemain de leur sacre, les rois de Fr. se faisaient donc présenter des scrofuleux, et les touchaient du doigt sous la mâchoire en prononçant la prière : « Le roi te touche, Dieu te guérisse ! » Le lendemain de son sacre, Louis XVI a touché 2 400 scrofuleux, Charles X 120 ou 130.

Les rois d'Angleterre ont adopté cet usage depuis Henri Ier « Beauclerc » (1100-1135) jusqu'à la reine Anne (1702-14). Certains historiens estiment même qu'Henri Ier a été le premier roi thaumaturge (il avait de réels dons de guérisseur) et que Philippe Ier, puis Louis VI de France, ont touché les écrouelles par imitation de leur rival anglo-normand. St Louis remplaçait le toucher par une bénédiction en signe de croix, pour montrer que le miracle ne venait pas d'un charisme propre au roi de Fr., mais de la puissance du Christ. L'Église, qui se méfiait de l'exaltation du pouvoir religieux des rois, n'a jamais reconnu officiellement leur don de miracle. Au contraire, les apologistes de la Couronne de France, notamment ceux qui soutenaient Philippe le Bel contre Boniface VIII, en ont souvent tiré parti.

Sacre des reines. Les reines ne reçoivent que 2 onctions (sur le chef et sur la poitrine) au lieu de 9. Elles participent à la royauté de leur mari, sans y accéder en personne. Il semble, néanmoins, que le 1er sacre d'une reine de France (Bertrade, épouse de Pépin le Bref, 754) s'expliquait par la personnalité de la reine : descendante des Mérovingiens, elle reçoit et transmet à son époux, 1er roi carolingien, les droits de sa dynastie. Le sacre de la reine ne se faisait pas en même temps que celui du roi. L'archevêque de Reims lui remettait un anneau, un sceptre et une main de justice plus petite, au cours d'une cérémonie à laquelle le roi assistait d'une tribune.

Féodalité

Définition. Système de gouvernement et de répartition de la propriété, fondé sur un lien de fidélité personnelle : entre les différents chefs hiérarchiques et entre les différents possesseurs du sol sont créées des obligations (juridiques et morales) qui stabilisent la société. Durée en Europe occidentale : env. 9 siècles (VIIe-XVIe).

Origine. Comme système de *répartition de la propriété,* remonte à l'époque romaine (IVe-Ve s.) : beaucoup de possesseurs des grands domaines gallo-romains *(latifundia)* ont conservé leurs biens familiaux après les invasions. Les guerriers germaniques sont devenus leurs voisins ou leurs gendres ; les dépossessions ont été exceptionnelles. Comme *système de gouvernement,* remonte à l'*immunité* mérovingienne : chaque propriétaire exerce sur sa terre des droits gouvernementaux (justice, impôts, sécurité), quitte à payer certains droits à l'autorité centrale ou à fournir certaines prestations ; comme *système de relation sociale,* remonte au *patronat* romain et à la *treu* germanique, issus de vieilles coutumes indo-européennes ; une caste de nobles (cavaliers, possesseurs des chevaux) dispose héréditairement des services d'une caste de travailleurs, non combattants.

Bénéfice. Au Bas-Empire et sous les premiers royaumes germaniques en Gaule, les patrons (appelés *seniores,* car membres des sénats locaux) cessent de payer en argent les services de leurs protégés (la monnaie s'étant raréfiée). Ils leur donnent à la place une terre (champs et maison), non en propriété, mais en *tenure* (VIe s. : 15 ans = tenure « précaire » ; VIIe s. : viagère de fait ; VIIIe s. : viagère de droit et héréditaire de fait ; Xe s. : héréditaire par obligation = les cultivateurs deviennent des *manants,* c.-à-d. des permanents de père en fils : ils sont « attachés à la glèbe »). Un tenant roturier n'a pas normalement à rendre le service militaire ; il doit la taille (redevance) et la corvée (travail non rétribué en dehors de la tenure).

Diversité des régimes. La base des obligations de chaque sujet envers la société féodale est le contrat individuel. La diversité des institutions locales est extrême ; par ex., les obligations de la corvée varient d'une paroisse à l'autre : en principe, il s'agit d'entretenir pour rien les chemins et les ouvrages d'utilité publique. Mais le nombre d'heures, de journées, d'hommes requis par famille, de distances à parcourir, de fourniture de chevaux, etc., dépend d'un contrat initial débattu d'homme à homme, puis sanctionné par une coutume.

Vassalité. Équivalent du système du bénéfice, mais toujours réservée aux nobles (on l'appelait *recommandation* jusqu'au XIe s.). Le *vassal* doit à son suzerain l'assistance (c.-à-d. surtout ses conseils en affaires), l'aide financière (dans quelques cas), le service militaire (fonction essentielle de la noblesse, « noble » se traduit en latin par *miles,* « soldat »). 3 modalités : *ost* (40 j de campagne par an) ; *chevauchée* (participation à des raids ponctuels exécutés en une journée) ; *garde* (au château seigneurial). Un seigneur important est un chevalier *banneret,* car il a une bannière, autour de laquelle manœuvrent les vassaux de son ost. Un vassal peut avoir des arrière-vassaux, nobles également, les *vavasseurs (vassi vassorum).* La mobilisation des roturiers vivant au service d'un noble s'appelle l'*arrière-ban* ; elle est exceptionnelle.

> **Droit de « cuissage »**
>
> Jeu de mots sur *droit de « quitage »,* c.-à-d. *d'affranchissement.* Un serf, qui mariait sa fille en dehors du domaine seigneurial, devait payer 3 sous au seigneur. *Cérémonial :* le serf remet sa fille au seigneur, qui la tient par la main ; il paye alors les 3 sous, et le seigneur lui rend sa fille, qui est remise au marié. Le terme de *quitage* s'étant perdu, le reste n'a plus été compris. On trouve certains textes révélant peut-être des abus. Mais les allusions à un « droit de cuissage », en vertu duquel un seigneur pouvait déflorer toutes les mariées de son fief, ne remontent qu'au XVIIIe s. (Voltaire et, d'après lui, Beaumarchais). La légende a dû se former en Espagne, le droit de déflorer les vierges d'une tribu étant reconnu à certains caciques sud-américains.

Hiérarchie des fiefs nobles. Un fief implique à la fois *bénéfice* et *hommage :* un noble reçoit en « mouvance », des mains d'un seigneur suzerain, une portion de ses terres, avec la seigneurie sur les manants qui la cultivent ; il peut à son tour donner en « arrière-fief » la totalité ou une partie de ce bien. Symboliquement, le suzerain remet au vassal une motte de terre prise dans un des champs. *Fiefs non fonciers :* peuvent consister en redevances, ex. : péage sur un pont, droits banaux sur un four, un moulin, un champ de foire. *Bénéfices ecclésiastiques :* dîmes sur les récoltes des paroissiens (on les appelle de « mainmorte », car ils reviennent toujours au supérieur ecclésiastique à la mort du bénéficiaire).

Fiefs ecclésiastiques. L'Église possédait de nombreuses terres : biens fonciers des évêques et des curés de paroisse ; domaines agricoles des monastères. La plupart étaient laissées en *emphytéose* à leurs tenants (bail pratiquement perpétuel, avec de faibles redevances, mais avec de nombreuses corvées). Les domaines ecclésiastiques pouvaient être « nobles », s'ils avaient appartenu primitivement à des maisons seigneuriales. Les dignitaires ecclésiastiques avaient les mêmes obligations que les seigneurs (comme vassaux et comme suzerains). Ils ne commandaient pourtant pas leurs contingents armés, laissant cette fonction à des *vidames* héréditaires. Exceptions : certains évêques étaient comtes, c'est-à-dire chefs militaires ; par ex. à Rodez, Cahors, Laon.

Chevalerie. Forme chrétienne de la féodalité. L'Église s'efforça dep. le Xe s. de moraliser la féodalité, en donnant aux vassaux le sens de la loyauté envers leur seigneur ; aux suzerains, celui de la générosité et de la justice envers leurs vassaux. La *félonie,* rupture du lien personnel, fut considérée comme le pire péché pour un noble. La guerre féodale fut réglementée par des lois ecclésiastiques : *Trêve de Dieu* (1027), interdisant de se battre en Carême et en Avent ; *Paix de Dieu* (Bourgogne 989, généralisée 1027), interdisant de porter les armes contre les roturiers. La cérémonie de l'*armement du chevalier* comportait un serment (acte religieux) de loyauté envers le seigneur et de générosité envers les non-combattants.

Monarchie féodale

Domaine royal. Les rois capétiens sont suzerains de tous les seigneurs du royaume et ils sont par ailleurs eux-mêmes seigneurs du « domaine royal », c'est-à-dire principalement des anciennes terres domaniales romaines acquises personnellement par les rois francs. La suzeraineté sur le royaume les aide à agrandir leur domaine seigneurial ; leur fortune domaniale leur permet de s'imposer comme suzerains aux autres familles nobles de France.

Inaliénabilité du domaine. Une fois acquise par un roi, une terre reste perpétuellement du domaine : quand elle est donnée en gage, pour dettes, les rois gardent un droit imprescriptible de rachat ; quand elle est donnée en *apanage* à un prince capétien, elle revient obligatoirement à la couronne après l'extinction de la famille apanagée. — *Exception :* une terre du domaine peut être *échangée* définitivement contre une autre terre.

Administrateurs du domaine. Les *prévôts,* qui existent depuis l'époque carolingienne. Les *baillis* (pas toujours nobles), officiers itinérants jusqu'en 1190, fixés ensuite dans leur « bailliage » ; ils sont chargés de contrôler les prévôts et de centraliser les revenus domaniaux (ils sont en outre juges d'appel et chefs militaires). Les *sénéchaux* (toujours nobles) sont l'équivalent des baillis dans les fiefs qui ont été seigneuriaux avant d'entrer dans le domaine royal : devenant officiers du domaine capétien, ils ont gardé leur titre primitif de « sénéchal ».

Droits seigneuriaux du roi. Dans le domaine royal, le roi est un seigneur ; il a des vassaux qui lui rendent hommage en tant que « duc de France » et non en tant que roi ; par ex. : les Montmorency ou les Montfort (M. l'Amaury). A Paris, il est comte et nomme un vicomte pour gouverner le comté ; à Vincennes, il est seigneur (St Louis y rendait la justice, sous un chêne, aux tenants de ses terres, quand il y allait chasser). En vertu de ses droits seigneuriaux, St Louis a interdit, en 1246, toutes les guerres féodales privées sur les terres du domaine royal.

Apanages *(adpanagium,* formé sur *adpanare,* « fournir du pain »). Fiefs donnés aux puînés, d'abord dans toute famille seigneuriale, puis, à partir de 1031, exclusivement aux cadets royaux (les Capétiens ne partageaient pas le royaume en parts égales, mais le réservaient à l'aîné). A partir de 1367 (Charles V), il est stipulé que tout apanage revient à la couronne en cas d'absence d'héritier mâle chez l'apanagé. Les princes apanagés ne jouissent pas des droits régaliens (v. ci-dessous) que les grands feudataires ont généralement dans leurs domaines. Le roi se réserve l'autorité sur l'Église, la frappe des monnaies, les anoblissements, etc.

Droits féodaux du roi. Comme suzerain de son royaume, dignité qui lui est conférée par le sacre à Reims, le roi doit pouvoir compter sur l'allégeance personnelle des grands feudataires, même possesseurs de domaines plus riches que les siens. *Domaines féodaux plus importants que ceux de la Couronne :* Flandre, Blois-Champagne, Normandie, Anjou-Maine-Touraine, Poitou-Aquitaine, Toulouse et même Barcelone. Les grands fiefs (sauf Flandre et Barcelone) finiront par être absorbés dans les biens de famille capétiens. Les droits féodaux du roi entrent en jeu, notamment quand le roi refuse de consentir à certains mariages, confisque des biens pour félonie, rend des sentences arbitrales en cas de contestation entre héritiers. Le roi use également de son droit féodal pour l'*ost :* ainsi ses vassaux, notamment les villes seigneuriales, ont fourni des contingents à Philippe Auguste à Bouvines (1214). Comme chef suprême des armées féodales, Philippe Auguste avait interdit (v. 1200) d'attaquer les parents d'un seigneur avec qui l'on était en guerre privée, avant un délai de 40 j *(Quarantaine le Roi)*.

Droits régaliens. Attachés à la fonction souveraine, c'est-à-dire en fait hérités de l'ancien Empire romain, le roi étant « empereur en son royaume » : droit de haute-justice, de battre monnaie, de lever l'impôt, d'agir diplomatiquement. Le roi de Fr. a dû partager ces droits avec les grands feudataires, avec les villes et avec certains seigneurs ecclésiastiques (comme en Allemagne où 340 seigneuries étaient souveraines à côté de l'empereur). Les Capétiens se sont employés à récupérer un à un tous ces droits ; *le dernier seigneur qui ait battu monnaie* a été le prince des Dombes, à Trévoux (jusqu'en 1729) ; son fief était en principe « terre d'Empire ».

Pairie. Ensemble des grands vassaux de la couronne, relevant directement du roi de France à qui ils prêtent hommage, mais exerçant sur leur fief des droits régaliens égaux au sien (*pair* veut dire « égal »). 1re mention : 1023. D'après la tradition, les pairs (12) remontaient aux 12 compagnons d'armes de Charlemagne. XIe-XIIIe s. : 6 pairs ecclésiastiques (1 archevêque-duc : Reims ; 2 évêques-ducs : Laon, Langres ; 3 évêques-comtes : Beauvais, Châlons, Noyon), 6 pairs laïques : Bourgogne, Champagne, Flandre, Guyenne, Normandie, Toulouse. En 1227, ont été créées 3 pairies : Anjou, Artois, Bretagne. De 1314 à 1400 : 31. Le titre devient alors honorifique (il y aura 306 créations de pairies jusqu'à la Révolution). Les pairs conservent néanmoins le droit d'être jugés uniquement par la Cour des pairs (à partir du XIXe s., la grande Chambre du Parlement), d'assister à toutes les séances des Parlements avec voix délibératives, et de n'être soumis en tant que juges seigneuriaux qu'à l'appel devant le Parlement. Plusieurs jugements de la Cour des pairs ont eu une grande importance historique : 28-4-1202 confiscation des fiefs de Jean sans Terre ; 5-5-1293 confiscation de la Guyenne, fief d'Édouard Ier ; 1297 de la Flandre.

Centralisation monarchique

● **Rédaction des coutumes.** Jusqu'au XIIIe s., chaque province, et souvent chaque pays, a sa propre justice, avec lois, procédure et juridictions particulières, dont l'*origine* remonte aux « lois personnelles » des envahisseurs germaniques. Ces coutumes seront codifiées entre 1254 (Vermandois) et 1586 (Normandie). Les *États provinciaux* réunis spécialement en présence de délégués royaux les ratifient, les *Parlements* les enregistrent.

● **Parlements. Paris** (érigé en assemblée permanente, 1318). Origine : la *Curie royale (Curia regis)* regroupant conseillers et secrétaires du roi, prétendant remonter aux Champs de Mars (assemblées annuelles des leudes mérovingiens et carolingiens), en réalité date des Capétiens. Du IXe au XIIIe s., ils ont traité toutes les affaires du royaume et du domaine royal. A partir de St Louis, conseillers politiques et financiers s'organisent en corps distincts [Conseil et Cour des Comptes ayant chacun sa chancellerie (son secrétariat)]. Les conseillers juridiques forment le Parlement qui tient des sessions à dates fixes (séparation de fait entre pouvoirs législatif et judiciaire).

Parlements provinciaux : Toulouse 1443, Grenoble 1456, Bordeaux 1462, Perpignan 1463 (supprimé 1493), Dijon 1490, Aix 1501, Rouen 1515, Lyon 1532-1696 (transféré à Trévoux 1697), Rennes 1551, Metz 1633, Artois 1641, Alsace 1657, Flandre 1668, Besançon 1676, Bastia 1768, Nancy 1775. Ils sont copiés sur le Parlement de Paris : rendent la justice en appel et enregistrent les ordonnances royales.

● **Ordonnances royales.** Réglementations établies par le roi pour l'administration générale du royaume et portant sur des questions politiques, économiques, commerciales et juridiques (droit public jusqu'au XVIIIe s. ; également droit privé à partir de 1731). Elles émanent du *pouvoir absolu* que détient le roi, mais elles ne prennent leur force légale que lorsque le Parlement compétent les a enregistrées ; or celui-ci oppose parfois une certaine résistance (« *droit de remontrance* » du P. de Paris limité à certains édits de 1673 et de 1715).

● **Lois fondamentales du royaume.** Constitution coutumière réglant la transmission héréditaire de la couronne et des droits seigneuriaux de la famille capétienne sur son domaine. La succession au trône exige traditionnellement 3 conditions : *primogéniture* (le fils aîné, à l'exclusion des cadets) ; *masculinité* (un fils à l'exclusion des filles ; si le roi n'a que des filles, le 1er des princes du sang, c'est-à-dire le chef de la branche cadette la plus proche de la branche éteinte) ; *légitimité* (un fils légitime, à l'exclusion des bâtards, même légitimés). Elles sont à distinguer des 22 maximes fondamentales du royaume, mises au point en 1665 par le juriste Pierre de L'Hommeau : elles définissent les droits de la couronne à l'encontre des sujets et des Institutions françaises comme à l'encontre des nations étrangères.

● **Chartes municipales.** Entre le XIe et le XIVe s., presque toutes les grandes villes et de nombreuses bourgades obtinrent des « chartes de franchise » qui les dispensèrent des liens de vassalité envers les seigneurs locaux (souvent un évêque, parfois aussi un feudataire). Comme il s'agissait d'un arrangement entre tenants de fiefs nobles, les chartes devaient obtenir la sanction royale. Il y eut *2 types de chartes : 1° dans le domaine royal* [86 villes ayant reçu une charte copiée sur celle de Lorris (original perdu ; 1re rédaction conservée : 1155)] : le roi reste le seigneur, représenté par son prévôt, et chaque bourgeois devient individuellement son vassal ; la ville n'est pas personne morale, mais obtient des avantages fiscaux et juridiques (les bourgeois sont jugés par leur corporation) ; *2° dans les grands fiefs et les seigneuries ecclésiastiques :* la ville prend rang de seigneur ; elle est un vassal du roi de France (personne morale) et elle a ses armoiries ; les bourgeois, vassaux de leurs villes, sont arrière-vassaux du roi de France (mais ils sont aussi administrateurs du fief urbain, lui fournissant maires, échevins, jurés).

● **Conseil du roi.** Organe du pouvoir exécutif ; point de départ des ministères modernes. Origine : l'ancienne *Curia regis*, réduite à ses responsables politiques et administratifs. Divisé en : *Conseil d'En Haut* (3 à 7 membres, ayant à vie le titre de ministres d'État ; le secrétaire d'État aux affaires extérieures en est membre de droit) : chargé des affaires étrangères ; *C. des Dépêches* (les mêmes membres + les 3 autres secrétaires d'État) : chargé des affaires intérieures ; *C. des Finances* (le surintendant des Finances en est membre de droit) ; *C. des Parties* (le chancelier en est membre de droit) : affaires judiciaires. Les secrétaires d'État (armée, marine, maison du roi et affaires extérieures), le chancelier (garde des sceaux) et le surintendant des Finances ne font donc pas équipe ensemble, comme dans les ministères actuels ; mais on les appelle couramment des « ministres » (étymologiquement, des « serviteurs » du roi).

● **États généraux.** Institution d'origine féodale utilisée par la monarchie centralisée (devient rouage administratif à partir de 1560). Rassemblement de tous les vassaux du roi (tenus au devoir d'assistance, c'est-à-dire de conseil) quand une grande décision doit être prise, notamment une levée d'impôt. *Dates et lieux de convocation :* 1302 Paris (Philippe le Bel désire être soutenu dans sa lutte contre Boniface VIII) ; 1308 Tours ; 1314 Paris ; 1317 et 1320 Pontoise, transférés à Poitiers ; 1321 Orléans ; 1329, 1333 et 1343 Paris ; 1346 Paris (langue d'oïl) et Toulouse (langue d'oc) ; 1347 Paris ; 1356-57 Paris (langue d'oïl) et Toulouse (langue d'oc) ; 1413 Paris ; 1484 Tours ; 1560 Orléans ; 1561 Pontoise ; 1576-77 et 1588-89 Blois ; 1593, 1614 et 1789 Paris. *Sont membres des états :* les nobles [seigneurs laïcs ou ecclésiastiques (évêques et abbés) et les représentants des villes seigneuriales (appelés tiers état)]. En 1789, on avait oublié que le tiers état agissait comme vassal noble et on l'a considéré comme l'émanation « du peuple ».

● **États provinciaux :** Assemblées régionales, maintenues dans certains grands fiefs anciens et dans les territoires annexés au domaine royal entre le XIVe s. et le XVIIe s. ; elles ont gardé jusqu'à la Révolution, au moins en théorie, certains droits administratifs et fiscaux : impôts consentis et répartis à l'échelon de la province par les représentants des 3 Ordres ; droit de remontrance ; droit de nommer des fonctionnaires provinciaux aux côtés des agents du roi.

Pays d'états (en 1789) : Bretagne, Artois, Hainaut, Bourgogne, Provence, Languedoc, Navarre, Bigorre, Béarn, Nébougan et les Quatre Vallées (en Comminges). Ils s'opposaient à la fois aux *pays d'élections* (voir ci-dessus, fonctionnaires royaux), et aux *pays d'impositions* (Roussillon, Franche-Comté, Alsace, Lorraine, Corse), d'acquisition récente, où il n'y avait jamais eu d'élus, et où l'impôt était levé par les subdélégués de l'intendant royal.

● **Fonctionnaires royaux. Élus :** officiers permanents chargés de lever les impôts, ils étaient à l'origine (en 1355) réellement élus pour prendre part aux états généraux, décider des contributions extraordinaires (aides), puis les récolter. En 1360, ils deviennent des fonctionnaires nommés (tout en gardant leur nom) et sont chargés de collecter les impôts dans une circonscription appelée élection (96 élections en 1517 ; 109 en 1575 ; 146 en 1597 ; 178 en 1662, avec 4 000 agents, élus ou lieutenants des élus). Depuis 1577, les élections sont regroupées en bureaux des finances qui deviendront les *intendances* ou *généralités*. **Pays d'élections** : les territoires qui ont gardé ce nom jusqu'à la Révolution faisaient partie du domaine royal en 1360 et gardaient depuis les « élections » comme unités administratives et fiscales. Chaque élection était également le ressort d'un « tribunal d'élection ». *21 généralités formaient un pays d'élections :* Paris (22 circonscriptions et tribunaux), Amiens (6), Soissons (7), Orléans (12), Bourges (7), Moulins (7), Lyon (5), Riom (6), Grenoble (6), Poitiers (9), La Rochelle (5), Limoges (5), Bordeaux (5), Tours (16), Pau et Auch (6), Montauban (6), Champagne (12), Rouen (14), Caen (9), Alençon (9), Bourgogne et Bresse (4).

Intendants : au XVe s., commissaires envoyés en inspection et choisis parmi les membres du conseil royal, ils faisaient des « chevauchées » dans un secteur que le roi leur confiait, vérifiant les comptes des *élus*, contrôlant l'administration des *baillis* et des *municipalités*. Vers 1600, ils prennent le nom d'intendants ; en 1666, se fixent dans les généralités où ils coiffent *trésoriers* ou *élus généraux*. En 1697, ils deviennent *intendants de police, de justice et des finances*, avec un droit d'inspection sur les parlements. Chaque généralité était divisée en *subdélégations* ; le subdélégué de l'intendant, rétribué par l'intendant sur ses propres appointements, avait un territoire administratif distinct des bailliages et des élections, mais résidait toujours dans l'un de leurs chefs-lieux.

Gouverneurs : fonctionnaires militaires, héritiers des *lieutenants généraux du roi*, créés au XIIIe s. pour représenter l'autorité du roi dans certaines provinces troublées, et devenus au XVe s. les *gouverneurs et lieutenants pour le roi*. Au XVIe s., leur autorité n'est pas seulement militaire, mais aussi politique et administrative (ils convoquent et tiennent en main les Parlements provinciaux, servent d'intermédiaire entre roi et noblesse). Ce sont toujours de grands seigneurs. Sous Louis XIII, ils font preuve d'insubordination (notamment Montmorency et Épernon) et Richelieu réduit leur rôle à un commandement militaire. A partir de Louis XIV, les gouvernements (militaires) ne sont plus que des sinécures, données à des généraux à titre de récompense, et le plus souvent transmissibles de père en fils.

Circonscriptions : ne coïncident pas avec celles des généralités ; elles varient jusqu'au XVIIe s., puis se sont fixées : 33 grands gouvernements (aux revenus élevés), 7 petits (ici en italique). **Nord :** Flandre et Hainaut (capitale Lille), *Dunkerque*, Artois (Arras), Picardie (Amiens), *Boulonnais* (Boulogne), Normandie (Rouen), *Le Havre*, Ile-de-France (Soissons), *Paris*. **Nord-Est :** Champagne (Troyes), *Metz et Verdun* (Metz), *Toul*, Lorraine (Nancy), Alsace (Strasbourg). **Est :** Franche-Comté (Besançon), Bourgogne (Dijon). **Sud-Est :** Lyonnais (Lyon), Dauphiné (Grenoble), Provence (Aix), Corse (Bastia). **Sud :** Languedoc (Toulouse), Roussillon (Perpignan), comté de Foix (Foix). **Sud-Ouest :** Guyenne et la Gascogne (Bordeaux), Béarn (Pau). **Ouest :** Bretagne (Rennes), Maine (Le Mans), Anjou (Angers), *Saumur*, Poitou (Poitiers), Aunis (La Rochelle), Saintonge et Angoumois (Angoulême). **Centre :** Touraine (Tours), Orléanais (Orléans), Nivernais (Nevers), Berry (Bourges), Bourbonnais (Moulins), Auvergne (Clermont-Ferrand), Limousin (Limoges), Marche (Guéret).

Dynastie capétienne

● **Victoire des Capétiens sur les feudataires.** Entre le XIe et le XVIe s., les rois de France accumulent successivement tous les titres seigneuriaux du royaume (quelques exceptions, notamment comtés de Nevers et de Rethel). Ils acquièrent également des titres impériaux : dauphins du Viennois, comtes et marquis de Provence, etc. Théoriquement, ils devraient se comporter dans chaque province comme un seigneur féodal à la tête d'un territoire autonome. En fait, la fusion est presque toujours proclamée avec le domaine capétien. Même la Navarre, royaume étranger, est réunie par Henri IV. Néanmoins, le roi continue à se proclamer le « 1er gentilhomme du royaume » ; il affecte d'être au milieu des nobles le « primus inter pares ». François Ier s'intitule dans sa correspondance avec la cour d'Espagne « Roi de France, seigneur de Vanves et de Gonesse ».

● **Applications de la loi salique.** Les Capétiens ont régné près de 4 siècles (987-1316) sans que leur filiation masculine soit interrompue. Le 1er roi mort sans fils légitime a été Louis X le Hutin, qui laissait une fille, Jeanne, âgée de 4 ans. La coutume n'interdisait pas qu'un fief passe à une fille, mais on avait gardé le souvenir de la royauté franque qui ne passait jamais aux femmes (par ex., en 587, Gontran, roi de Bourgogne, donne son trône à son neveu, non à sa fille). De fait, en 1314, Jeanne aurait été sans doute proclamée reine, si la reine veuve, Clémence de Hongrie, n'avait pas été enceinte de 5 mois. Il fallait attendre pour savoir s'il allait naître un fils ou une fille. Pendant les 4 mois d'attente, le régent Philippe de Poitiers, frère de Louis X, a fait triompher le principe de l'exclusion des femmes (2 raisons : 1° l'ambition personnelle du régent ; 2° le fait que la reine Margot, mère de Jeanne, avait été condamnée pour adultère). Le 3-11-1316, naquit Jean II le Posthume, mais il mourut quelques j plus tard et Philippe prit le titre de roi et se fit couronner en hâte à Reims (9-12-1316). A sa mort (1322), il ne laissait que des filles et son frère Charles devint roi automatiquement : le principe était déjà admis. A la mort de Charles (1328), la couronne passa à Philippe de Valois, cousin germain du roi.

L'expression de *loi salique* n'était pas encore en usage. Elle a été créée pendant la g. de Cent Ans (on ne sait ni par qui, ni à quelle date exacte). Elle fut officialisée sous ce nom en 1593 [du nom d'un recueil des coutumes des Francs Saliens écrit sous Clovis et comportant un titre qui exclut les femmes de la succession à la terre ancestrale *(terra salica)*].

Le principe de masculinité fut invoqué de nouveau, notamment en 1326, contre Édouard III d'Angleterre, fils d'Isabelle (1298-1358), sœur de Louis X et fille de Philippe le Bel, qui avait épousé en 1308 Édouard II (1284-1327), roi d'Angl. Ed. III fit acte de prétendant en 1340 et se proclama roi de France, titre dont firent état les souverains d'Angl. jusqu'en 1801 (avec des interruptions).

● **Régences.** Système existant en droit féodal (le régent, nommé le plus souvent garde ou bailliste, avait l'administration et la jouissance d'un fief pendant la minorité de l'héritier). Le royaume de France a été confié à des régents ou régentes non seulement en cas de minorité, mais en cas d'absence du roi : croisade de St Louis (1248-52 et 1269-70), captivités de Jean Ier (1356-60) et de François Ier (1525-26).

La mère du roi recevait généralement la régence, même quand le roi était majeur (ex. : Louise de Savoie, mère de François Ier, en 1525-26).

Les cas de régence exercée par d'autres que la mère du roi sont néanmoins fréquents. Baudouin V de Flandre à la place d'Anne de Kiev, mère de Philippe Ier, en 1060 ; les oncles de Charles VI, réunis en un conseil de régence (1380-85 ; et de nouveau pendant les crises de folie du roi) ; la sœur de Charles VIII, Anne de Beaujeu (1483-85) ; et enfin le *Régent*, premier prince du sang, pendant la minorité de Louis XV (1715-22). Les souverains du XIXe s., Napoléon Ier, Louis-Philippe, Napoléon III, se sont tous ralliés à la tradition de confier la régence à la mère de l'héritier mineur (1814, 1848, 1870). La tutelle du prince mineur et l'administration du royaume sont traditionnellement confondues. Seul Louis XIV a essayé de les dissocier par testament en 1715. Le Parlement a cassé sa décision.

● **Princes capétiens. Enfants de France.** Enfants et petits-enfants des rois de Fr., frères et sœurs du roi régnant, et les enfants des frères jouissaient aussi de ce titre. Leurs petits-enfants avaient seulement droit au titre de *princes de sang*. Le 1er fils du roi portait le titre de *dauphin* depuis 1349 ; les princes nés après lui, outre le titre d'enfants de France, prenaient chacun celui de la principale terre de leur apanage (v. ci-dessus). Le 1er *frère du roi* a été appelé *Monsieur* depuis le XVIe s., mais le titre n'a été officialisé qu'à partir de Gaston d'Orléans, frère de Louis XIII. Dè sa naissance à la mort de son oncle Gaston (1640-60), Philippe, fr. de Louis XIV, a été appelé le *Petit Monsieur*. Les filles de France étaient appelées *dames*, même lorsqu'elles n'étaient pas mariées. Les filles, les sœurs du roi, la fille aînée du dauphin avaient le titre de *Madame*. La fille aînée du roi, ou à défaut du prince le plus rapproché du trône, n'ajoutait pas son nom de baptême après Madame (la femme du 1er frère du roi en faisant autant). Les filles du 1er frère du roi étaient dites *Mademoiselle*. La fille du 1er lit de Gaston d'Orléans, fr. de Louis XIII, prit le titre de *Grande Mademoiselle*, car elle était fille du *Grand Monsieur* et nièce de Louis XIII, pour se distinguer des 3 *Mesdemoiselles*, filles de l'ancien *Petit Monsieur*, Philippe d'Orléans, et nièces de Louis XIV. **Princes du sang.** Le titre commence à être porté sous Louis XI. Louis XIV fixa en 1711 leurs prérogatives dès 15 ans, notamment ils avaient voix délibérative au Parlement et aux Conseils.

Trésoriers généraux : d'abord « élus généraux », chargés d'inspecter le travail d'un groupe d'élus (1389), ils dépendent d'un bureau des finances qu'ils visitent depuis Paris. En 1390, 4 généralités (Paris, Rouen, Tours, Montpellier) remplacent les bureaux des finances, et « l'élu général » s'y installe en permanence. En 1552, ils deviennent *trésoriers du roi* et en 1586 *trésoriers de France*, charge vénale et héréditaire. En 1666, les intendants (v. ci-dessous) sont chargés à leur place d'inspecter les services financiers, comme les services administratifs et économiques, à l'intérieur de leurs généralités (qui gardent leur nom). Pour ne pas rembourser leurs charges aux trésoriers de France, le roi les maintient en les réduisant à un rôle d'apparat.

Baillis : anciens inspecteurs des « prévôts » du domaine royal (v. ci-dessus), ils sont devenus propriétaires de leurs charges et réduits à un rôle d'apparat. Les « bailliages » continuent à exister après la création des « élections » (parfois même chef-lieu, mais circonscriptions différentes et se chevauchant) et sont soumis à l'inspection des intendants. 2 « lieutenants » du bailli y font le travail administratif : **lieutenant de robe longue,** chargé du contentieux et des affaires judiciaires de petite instance ; **lieutenant de robe courte,** chargé de la police (sa robe courte lui permet de monter à cheval).

Fin de l'Ancien Régime

● **Pouvoir royal.** Il est *en principe* absolu : le roi nomme et révoque les ministres (pouvoir exécutif) ; il fait la loi en la promulguant par *lits de justice* quand le Parlement ne veut pas l'enregistrer (« C'est légal parce que je le veux », dira L. XVI) ; il peut interner les sujets sans jugement (pouvoir judiciaire). En fait, il est limité par l'influence de la cour et par la survivance des privilèges féodaux. Les courtisans font et défont les ministères, malgré les désirs du roi : L. XV doit renvoyer Choiseul ; L. XVI doit renvoyer successivement Turgot, Necker, Calonne, Brienne. Ils usent d'intrigues de couloirs, bons mots, pamphlets anonymes, chansons. Un ministre critiqué par la cour se retire quasi automatiquement.

Principaux groupes de pression à la cour : 1° parti orléaniste (duc d'Orléans, chef de la franc-maçonnerie) ; 2° parti de la reine (Marie-Antoinette soutient une politique pro-autrichienne) ; 3° parti du comte de Provence (futur Louis XVIII) ; 4° parti du comte d'Artois (futur Charles X).

● **Privilèges des gens de robe.** Parlementaires (parisiens et provinciaux) : membres des états provinciaux, magistrats des bailliages, élections, prévôtés, sénéchaussées ; juges seigneuriaux et ecclésiastiques. *Inamovibilité :* ils sont propriétaires de leur charge et le roi ne peut les en priver. De fait, les charges sont rarement revendues mais laissées en héritage aux fils des magistrats. D'où l'abaissement des limites d'âge : on pouvait succéder à son père dans une charge dès la mort de celui-ci, même avec des études incomplètes. Une décision administrative prise par les services royaux de Versailles ou par un intendant de province, si elle est portée devant un de ces magistrats, est pratiquement annulée (lenteur des procédures, chevauchement des juridictions). Les ordonnances royales sont pour la plupart enregistrées à prix d'argent : des agents royaux, appartenant à un parlement, proposent à leurs confrères des bénéfices en échange d'un vote favorable. Les charges sont ainsi très lucratives, et leur cote ne cesse de croître (une présidence vaut de 500 000 à 800 000 livres).

● **Fermiers généraux.** Existent depuis 1681 : adjudicataires des rentrées d'impôts indirects sur les boissons (ou *aides*), le tabac, le sel (ou *gabelle*), les douanes [ou *traites* (réparties en 5 grandes fermes et 18 petites, couvrant tout le royaume, sauf les duchés de Lorraine et de Bar, qui formaient une ferme spéciale, et 5 provinces d'acquisition récentes, *« réputées étrangères »* du point de vue de la fiscalité indirecte : Artois, Roussillon, Franche-Comté, Alsace, Corse)]. Groupés en une compagnie de 40 (60 à partir de 1775), les fermiers gén. s'engagent chaque année à verser au Trésor une certaine somme ; ils se remboursent ensuite sur les recettes des taxes (ils ne versent pas effectivement la somme mais l'inscrivent à un compte courant en doit et avoir, effectuant ensuite tous les paiements du Trésor).

Montant des adjudications (en millions de livres) : *1681* : 56 ; *1738* : 91 ; *1761* : 121 ; *1774* : 162 ; *1786* : 242. Le bénéfice moyen de chacun des 40 fermiers est de 300 000 livres par an.

● **Privilèges de la noblesse.** Les nobles détiennent la puissance financière : possession d'une grande partie du sol (exemptée d'impôts), exclusivité pour les charges pensionnées : militaires (tous les grades élevés sont donnés aux nobles) ou civiles (charges fictives à la cour ou en province, notamment les « gouvernements », richement dotées).

● **Privilèges seigneuriaux de l'Église.** L'Église possède environ 1/3 du sol national, exempté d'impôt. Ses revenus considérables sont versés à des bénéficiaires (évêques ou abbés) inamovibles. Les évêques sont tous nobles ; les abbés sont souvent des intellectuels ayant reçu le « petit collet », leur seule obligation est de demeurer célibataires. Le roi peut demander à l'Église de France de lui faire des « dons », mais ceux-ci doivent être votés par les Assemblées du clergé.

● **État des finances.** *Ressources directes* des pays d'élections (voir p. 630) : elles sont absorbées par le paiement des pensions et le coût des charges inamovibles ; les domaines nobles et ecclésiastiques sont dispensés de l'impôt ; les impôts exceptionnels sont soumis à l'acquiescement des assemblées de notables locales (qui refusent automatiquement).

Ressources directes des pays d'états (voir p. 630) : les impôts doivent être *consentis* par les états provinciaux : ils sont maintenus à des chiffres traditionnels, ne correspondant plus aux besoins.

Spéculation boursière : largement pratiquée par les ministres de Versailles : dévaluations, banqueroutes partielles, agiotage. Permettra au régime de survivre jusqu'en 1789.

Recettes indirectes de la Ferme générale : dépensées, à partir de 1786, avec 3 années d'avance. La Ferme n'assure plus les débits du Trésor.

● **États généraux de 1789.** Convoqués en 1788 pour modifier le système fiscal, en instituant la « subvention territoriale » : toutes les terres, même nobles, ecclésiastiques ou privilégiées, paieraient un impôt direct au roi. La tradition exigeait un consentement spécial de tous les « vassaux du roi » pour un tel changement.

Des *courtisans* envisagent de refuser la subvention territoriale et songent à instituer une « lieutenance générale du royaume » confiée à un prince du sang (le comte de Provence, le comte d'Artois, le duc d'Orléans), ou une « régence » (la reine et le dauphin). Les députés des anciennes villes seigneuriales ne se considèrent plus comme des membres de la noblesse (la notion de « villes nobles », vassales du roi, s'étant perdue) et se posent en représentants des non-privilégiés. Ils obtiennent le 1-1-1789 d'avoir autant de députés que les autres ordres réunis. Sur 1 139 dép. : Tiers 578, Noblesse 270 (dont 90 libéraux), Clergé 291 m. (dont 205 curés). Après la réunion des 3 ordres (27-6-1789), la droite conservatrice aura 290 m. ; le centre monarchiste modéré 300 m. ; la gauche 550 m.

● **Fin de l'armée royale.** La tendance maçonnique l'emporta dans le corps des officiers après la guerre d'Amérique (1778-83), sous l'influence de La Fayette, franc-maçon et partisan du duc d'Orléans. Revendication principale : accès aux grades supérieurs des officiers de petite noblesse ; accès aux charges d'officiers pour les roturiers (les Gardes-françaises, à qui incombait la protection du roi, se rallièrent au tiers état en juin 1789 ; ils prennent la Bastille, devenant la Garde nationale soldée).

● **Abolition de la féodalité.** La nuit du 4 août 1789, la noblesse effrayée par la « jacquerie » du 14 au 31 juillet 1789, appelée la « *Grande Peur* », accepte la suppression des droits féodaux [1] pour sauver ses droits de propriété. Mais le maintien de l'ordre devenant impossible par suite de la défection de l'armée, ce sacrifice ne sera pas suffisant. Les biens de l'Église deviendront des biens « nationaux » ; les propriétés seigneuriales passeront en grande partie en d'autres mains. Beaucoup de nobles émigreront (1789-92), espérant pouvoir reconquérir plus tard leurs privilèges avec l'aide étrangère.

Nota. — (1) Ont été abolis sans indemnités les droits dits de féodalité dominante, c.-à-d. exercés par tout seigneur sur ses terres, en vertu de coutumes féodales : *servage* (impôts levés sur les serfs uniquement : chevage ou taxe par tête, et formariage, quand on épouse), *mainmorte* (ecclésiastique : les terres d'un fief eccl. devant obligatoirement retourner à la seigneurie en cas de décès du tenant, les héritiers doivent payer pour conserver la tenure), *droits de chasse* (seul le seigneur peut chasser sur les terres du fief), *de colombier* (seul le seigneur a le droit d'élever des pigeons), *de déshérence* (tout bien possédé sur le fief revient au seigneur en cas de décès sans héritiers du possesseur), *de bâtardise et d'aubaine* (dans certaines provinces, les aubaines, c.-à-d. les gens venus d'ailleurs, et les bâtards étaient assimilés à des serfs ; ils payaient donc le chevage et le formariage), *d'épave* (toute épave localisée sur le fief appartient au seigneur), *la corvée* (obligation de fournir un certain nombre d'heures de travail sur le domaine, c.-à-d. le château et les terres en dépendant immédiatement) et *la taille* (pratiquement disparue à l'échelon seigneurial : la taille royale, c.-à-d. l'impôt sur les personnes, s'était imposée dans tout le royaume), *les banalités* (obligation d'utiliser, exclusivement et moyennant redevance, certains moyens de production appartenant au seigneur : four à chaux, pressoirs, forges, carrières, animaux reproducteurs, abattoirs, lavoirs, etc.), *les péages* (sur les ponts et sur certains tronçons de route) ; ont été abolis avec indemnités : les droits de « féodalité contractante », c.-à-d. résultant d'accords particuliers passés entre les seigneurs et leurs tenants [cens et rentes, lods et ventes, mutations et certaines banalités (fours à pain, moulins)].

● **Vote d'une Constitution.** Les députés du tiers état se sont proclamés unilatéralement « Assemblée nationale » le 17-06-1789. Ils sont rejoints par la majorité du clergé le 24-06, par 47 nobles (dont le duc d'Orléans) le 25-06, par tous les nobles (ordre du Roi) le 27-06. Ils prennent, le 9-07, le nom d'Assemblée nationale constituante, et entreprennent de rédiger une Constitution limitant le pouvoir du roi. Mais, dès le 10-08, l'Assemblée prend des décrets « au nom du Roi », ayant déjà la même force juridique que les textes promulgués par la future constitution. Celle-ci sera achevée le 14-09-1791 (le Roi arrêté le 22-06-1791 à Varennes, et suspendu par l'Assemblée le 23-06, était encore, constitutionnellement, « absolu »).

Monarchie constitutionnelle

● **Constitution du 3 sept. 1791. Le roi** (titré roi des Français), héréditaire, inviolable, irresponsable devant l'Ass., ne règne que par la loi ; il doit prêter serment de fidélité à la nation et à la loi. Jusqu'à 18 ans, il est mineur. Chargé de l'exécutif, il nomme et révoque les min. (responsables devant le Corps législatif), est le chef suprême des armées, nomme les ecclésiastiques. Il a un veto suspensif (il peut refuser de sanctionner des décrets, en déclarant qu'il les examinera, mais si les 2 législatures suivantes reprennent ces décrets dans les mêmes termes, la sanction royale est réputée donnée). Il peut annuler les actes des administrations des départements et des districts (qui sont élus). Il dispose d'une liste civile de 25 millions de livres. **Le pouvoir judiciaire** est aux mains de juges élus.

Une Assemblée nationale législative indissoluble, élue pour 2 ans au suffr. indirect et restreint. Sont *électeurs* les citoyens actifs (25 ans au min., inscrits au rôle des gardes nationales, ayant prêté le serment civique, n'étant pas en état de domesticité, payant une contribution égale au prix de 3 j de travail). Constituaient les *assemblées primaires* qui élisaient des *électeurs du 2e degré* [propriétaires et usufruitiers d'un bien évalué à un revenu de 100 j de travail (villes de – 6 000 h.), ou 150 j (campagne), ou 200 j (villes de + de 6 000 h.), ou locataires d'une habitation au revenu évalué à 50 j (villes de – de 6 000 h.), ou 100 j de travail (villes de + de 6 000 h.), ou fermiers et métayers de biens évalués à 400 j de travail], chargés d'élire eux-mêmes les députés, juges et administrateurs de district et de département.

Pour être député : il faut payer une contribution au moins égale à 10 j de travail [247 dép. étaient attachés au territoire à raison de 3 par département, sauf Paris, 249 att. à la population active (chaque départ. nommant autant de députés que de parts de 17 262 citoyens actifs), 249 att. à la contribution directe]. L'Ass. a seule le droit de proposer et de décréter les lois, de fixer les dépenses publiques, de statuer sur l'organisation de l'armée, de déclarer la guerre (sur la proposition du roi et sous réserve de sa sanction).

Fonctionnement. L'Ass. lég. siégea du 1-10-1791 au 27-9-1792. Son fonctionnement a toujours été gêné par l'exercice du *droit de pétition*, introduit dans le projet de Const. en mai 1791 par Robespierre, qui l'a utilisé à son profit (n'étant pas député) : « liberté d'adresser aux autorités constituées des pétitions signées individuellement ».

Très vite, le roi entra en conflit avec l'Assemblée (par ex., elle s'assied le 14-9-1791, quand le roi prononce le serment constitutionnel ; irrité, le roi s'assied à son tour). Le 10-8-1792, le roi fut suspendu et les min. furent élus par l'Ass. lég. pour exercer provisoirement l'exécutif.

Une nouvelle assemblée, la **Convention nationale,** devait réorganiser les pouvoirs. Elle fut élue au suffrage universel en août-sept. 1792 ; le 11-8, un décret avait supprimé les conditions de cens. Les électeurs du 1er degré devaient avoir 21 ans, ceux du 2e degré 25 ans. Ils ne devaient pas être en état de domesticité. Les colonies eurent leurs députés (St-Domingue 18, Guadeloupe 4, Martinique 3, Ile-de-France 2, Inde française 2, Ste-Lucie, Tobago, Guyane, Ile Bourbon, chacune 1).

Ire République

La *Convention* siégea du 20-9-1792 au 26-10-1795 (4 brumaire an IV). Elle abolit la royauté par décret le 21-9-1792, organisa le gouvernement révolutionnaire (loi du 14 frimaire an II) et prépara la Constitution du 24 juin 1793, puis la Const. du 22-8-1795.

● **Constitution du 24 juin 1793** (ratifiée par plébiscite le 9-8-1793, elle ne fut jamais appliquée). Tout Français de 21 ans est citoyen. Les citoyens domiciliés dep. 6 mois dans le canton se réunissent en *ass. primaires* (200 à 600 m.), votent les lois et élisent les députés du Corps législatif à la majorité absolue (tous les ans le 1er mai). Ils élisent aussi des électeurs qui, réunis en *ass. électorales*, nomment des administrateurs, des arbitres publics et des juges.

Conseil exécutif : 24 m. choisis par le corps législatif sur une liste présentée par les ass. électorales de département (1 candidat par dép.) ; renouvelé par moitié tous les ans.

Corps législatif : composé de 1 député pour 40 000 individus. Propose les lois et rend les décrets. Les lois proposées sont réputées ratifiées par le peuple si, dans la moitié plus un des dép., le 1/10 des assemblées primaires de chacun d'eux ne réclame pas avant l'expiration d'un délai de 40 j. S'il y a réclamation, les ass. primaires sont convoquées pour être consultées.

Droit de pétition. L'art. 32 précise : « Le droit de présenter des pétitions aux dépositaires de l'autorité publique ne peut en aucun cas être interdit, suspendu, ni limité. »

● **Constitution du 22 août 1795 (5 fructidor an III). Un Directoire** (5 m. d'au moins 40 ans, désignés pour 5 ans), nommé par les Anciens d'après 1 liste de 50 noms préparée par les « 500 ». Chaque directeur préside 3 mois et assure les signatures et la garde des sceaux ; il faut 3 membres présents pour une délibération valable. Les **ministres** (6 à 8, min. 30 ans) ne forment pas un conseil et sont respectivement responsables de l'inexécution des lois et des arrêtés du Directoire.

Deux Conseils, élus pour 3 ans (et renouvelés par tiers) par les citoyens contribuables au suffr. indirect : le **Cons. des 500** (min. 25 ans) ayant l'initiative des lois ; le **Cons. des Anciens** (250 m., min. 40 ans, mariés ou veufs) votent les lois.

Est *citoyen* tout Français ou naturalisé de 25 a., inscrit sur le registre civique de son canton (il faut savoir lire et écrire, et exercer une profession), domicilié dep. 1 an et payant une contribution directe, foncière ou personnelle ; pas de conditions pour les Français ayant fait campagne pour la République.

Les *assemblées primaires* se réunissent le 1er germinal de chaque année pour nommer les membres de l'ass. électorale (1 pour 200 inscrits), le juge de paix et ses assesseurs, le Pt de l'ass. municipale du canton et les officiers municipaux des communes de + de 5 000 h.

L'assemblée électorale comprend l'ensemble des électeurs (élus par les ass. primaires) de chaque département ; elle se réunit le 20 germinal de chaque année ; nomme les m. du Corps législatif (d'abord ceux du Conseil des Anciens et ensuite ceux des 500) ; choisit les m. du Tribunal de cassation, les hauts jurés, les administrateurs du département, le président, l'accusateur public et le greffier du tribunal criminel, les juges des tribunaux civils.

Nota. — Traitement annuel des m. du Directoire : équivalent de 500 000 kg de froment (env. 125 000 francs-or) ; des *m. du Corps législatif :* équivalent de 30 000 kg de froment.

Cette Constitution fonctionna 4 ans jusqu'au 9-11-1799 (coup d'État du 18 brumaire an VIII), mais les coups d'État en avaient faussé l'application.

L'acte du 19 brumaire nomma une *Commission consulaire* et chargea les membres du Conseil des Anciens et du Conseil des 500 de préparer une nouvelle constitution.

● **Constitution du 15 déc. 1799 (22 frimaire an VIII).** Ratifiée par le plébiscite du 18 pluviôse an VIII : **Ire République (Consulat)** (dure 2 ans et demi). Le *Gouvernement* est composé de 3 consuls élus pour 10 ans (et rééligibles). Le *1er consul* propose seul les lois, les promulgue, fait des règlements, il nomme et révoque les membres du Conseil d'État, ministres, ambassadeurs et agents diplomatiques, officiers de l'armée de terre et de mer, membres des administrations locales et du ministère public ; nomme, sans pouvoir les révoquer, les juges de paix et j. de cassation. *Le 2e et le 3e consul* n'ont qu'une voix consultative.

4 assemblées : 1° *Cons. d'État,* nommé par le 1er consul, prépare les lois. 2° *Tribunat* (100 m., 25 a. au moins), nommé par le Sénat, renouvelé par 1/5 tous les ans, discute les lois. 3° *Corps législatif* (300 m., 30 a. au moins), nommé par le Sénat, renouvelé par 1/5 tous les ans, vote les lois sans les discuter. 4° *Sénat* (80 m. inamovibles, 40 a. au moins) se recrutant par cooptation, gardien de la Constitution.

Élections. Le suffr. univ. est rétabli, mais les électeurs ne peuvent que dresser des listes de confiance communales (1 désigné pour 10 électeurs). Les désignés par ces listes établissent des listes de confiance départementales (1 pour 10), qui à leur tour élisent une liste nationale (1 pour 10) dans laquelle sont choisis les membres des assemblées.

● **Constitution du 8 mai 1802 (18 floréal an X). Consulat bidécennal.** Par un sénatus-consulte, le Sénat « réélit le citoyen Napoléon Bonaparte consul de la République française pour les dix années qui suivront immédiatement les dix ans pour lesquels il a été nommé ». Le sénateur Augustin Lespinasse (1736-1816) avait proposé le consulat à vie.

● **Constitution des 2 et 4 août 1802 (14 et 16 thermidor an X). Consulat à vie** (dure 2 ans) (Bonaparte ayant été proclamé consul à vie par le plébiscite du 14 thermidor, le sénatus-consulte du 16 thermidor modifia la Constitution du 22 frimaire an VIII). Les pouvoirs du 1er consul sont renforcés (il a notamment le droit de grâce). Le 1er consul intervient pour rallonger les listes, le min. des Finances dresse des listes en fonction des revenus des contribuables. Les collèges électoraux sont nommés à vie. Les *2e et 3e consuls* sont nommés à vie par le Sénat sur la présentation du 1er consul ; celui-ci peut présenter un citoyen qui lui succéderait après sa mort et qui, après ratification du choix par le Sénat, prête serment ; si le 1er et le 2e candidat présentés ne sont pas acceptés, le 3e l'est nécessairement. Le *Tribunat* est réduit (50 m.), et les pouvoirs du *Sénat* sont renforcés.

Le *Conseil d'État* est composé au maximum de 50 m. ; les min. y ont voix délibérative (seulement s'ils sont sénateurs), sinon consultative.

Le *Conseil privé* (composé de 2 cons. d'État, de 2 grands officiers de la Légion d'honneur désignés pour chaque séance et des consuls) discute les projets de sénatus-consulte admis par le Sénat et donne son avis avant la ratification d'un traité ou d'une alliance.

Ier Empire

● **Constitution du 18 mai 1804 (28 floréal an XII).** Le Gouv. de la République est confié à un empereur qui prend le titre d'Emp. des Français. La justice se rend, au nom de l'emp., par les officiers qu'il institue. Napoléon Bonaparte, 1er Consul actuel de la Rép., est Emp. des Français.

La **dignité impériale** est héréditaire dans sa famille, de mâle en mâle, par ordre de primogéniture, et à l'exclusion des femmes et de leur descendance. A défaut d'héritiers ou d'enfants adoptifs, sa succession doit être recueillie par son frère Joseph et sa descendance, et à son défaut, par son frère Louis et sa descendance, et à leur défaut, l'empereur doit être nommé par un sénatus-consulte. Les **membres de la famille impériale,** dans l'ordre d'hérédité, portent le titre de princes français, et le fils aîné de l'empereur celui de prince impérial. Ils entrent au Sénat à 18 ans et ne peuvent se marier sans l'autorisation de l'empereur, sous peine de perdre leurs droits. En cas de minorité de son successeur (majeur à 18 ans), l'empereur désigne un *régent* d'au moins 25 ans ; si aucune désignation n'est faite, le régent est le prince le plus proche en degré par ordre d'hérédité ; si aucun des princes français n'est âgé de 25 ans, le Sénat choisit le régent parmi les titulaires des grandes dignités de l'Empire qui forment le conseil de régence.

● **Grands dignitaires de l'Empire.** Nommés à vie par l'empereur, ils ont les mêmes privilèges que les princes français et ont rang après eux. Ils forment le *Grand Conseil de l'Empereur,* sont membres du Conseil privé, et composent le Grand Conseil de la Légion d'honneur. **Grand électeur** fait fonction de chancelier pour les convocations du Corps législatif et des collèges électoraux et pour la promulgation des sénatus-consultes de dissolution. **Archichancelier de l'empire :** fait fonction de chancelier pour la promulgation des sénatus-consultes organiques et des lois, et de chancelier du palais impérial. Il préside la haute cour impériale, et, dans certains cas, les sections réunies du Conseil d'État et du Tribunat. **Archichancelier d'État** : a les mêmes fonctions vis-à-vis des membres de la diplomatie française, mais il n'a ni sceau, ni signature, ni charge de présider. **Architrésorier** : assiste au compte rendu annuel des ministres des Finances et du Trésor public, et vise les comptes des recettes et dépenses annuelles présentés à l'empereur. **Connétable** : assiste au compte rendu annuel des ministres de la Guerre et du directeur de l'administration militaire. **Grand amiral.**

Le **Sénat** a la prééminence. Le **Tribunat** ne peut plus se réunir que par sections et sera supprimé le 18-8-1807. Le **Corps législatif** (300 m.) peut discuter les lois, mais il sera très rarement convoqué.

☞ Napoléon fut déclaré déchu le 3-4-1814 par le Sénat et le Corps législatif et abdiqua par 2 déclarations (4 et 11-4-1814).

Restauration

• **Constitution des 6 et 7 avril 1814** (jamais appliquée). Il y a 2 assemblées : **Sénat** (150 à 200 m.), nommé à titre héréditaire par le roi ; **Corps législatif** (300 m.) ; le roi a également l'initiative des lois.

• **Charte du 4 juin 1814. Restauration** avec une charte octroyée (dura 6 ans moins *les Cent-Jours*), appliquée du 4-6-1814 au 20-3-1815 (rentrée de Napoléon à Paris) et du 8-7-1815 (réinstallation de Louis XVIII aux Tuileries) au 2-8-1830 (abdication de Charles X). Rédigée par l'abbé Xavier de Montesquiou-Fézensac (1756-1832), assisté de Jacques Beugnot (1761-1835), directeur de la Police, de Charles Dambray (1760-1819), chancelier de France, et du Cte Antoine Ferrand (1751-1825), écrivain (Académie fr. 1816).

Le roi propose, sanctionne, promulgue la loi, nomme les ministres et peut dissoudre la Ch. des députés.

Chambre des pairs (certains nommés à vie par le roi, d'autres hérédit. ; leur nombre n'est pas restreint). 150 m. furent nommés à vie (traitement annuel 36 000 F), choisis en grande partie parmi les m. du Sénat de l'Empire (53 exclus). En principe le nombre de p. était illimité, le roi pouvait les rendre héréditaires. Ils avaient accès à la Ch. à 25 ans et aux délibérations à 30 ans. Les m. de la famille royale et les princes du sang étaient pairs de droit. Elle siégea du 4-6-1814 au 20-3-1815. *Après les Cent-Jours*, Louis XVIII garda la Ch. des pairs de 1814, mais le 24-7-1814 élimina 29 m. qui avaient siégé pendant les Cent-Jours. Le nombre des pairs passa de 214 (sept. 1815) à 263 (1819) et 341 (1828). Le 19-8-1815, le roi décida que la pairie serait héréditaire. Sauf les pairs ecclésiastiques, les pairs devaient constituer des majorats devant produire un revenu minimal de 30 000 F p. les ducs, 20 000 F marquis et comtes, 10 000 F vicomtes et barons.

Chambre des députés (300 m.), élue pour 7 a. par des contribuables (30 a. au moins) payant 300 F-or d'impôts directs. Les députés ont au moins 40 ans et paient une contribution directe de 1 000 F au moins ; s'il n'y a pas 50 éligibles réunissant ces 2 conditions dans le dép., ce nombre doit être complété par les plus imposés payant au-dessous de 1 000 F. Une moitié de députés peut être choisie parmi les éligibles n'ayant pas leur domicile politique dans le département. L'ordonnance royale du 13-7-1815 réorganisa les collèges électoraux [il faut, pour faire partie des collèges d'arr. ou de dép., avoir 25 ans, mais les membres des c. de dép. doivent être choisis sur la liste des plus imposés. Les c. d'arr. se réunissent d'abord et nomment un nombre de candidats égal à celui des députés à nommer dans le dép. ; les c. de dép. choisissent sur cette liste la moitié des députés (la moitié plus un si le nombre des sièges est impair). Les députés ont au moins 25 ans].

La loi du 5-4-1817 sur les élections modifia cette ord. : un seul collège électoral, le collège de dép., dont font partie les citoyens de 30 ans, domiciliés dans le dép. et payant une contribution directe de 300 F. La loi du 9-6-1824 modifia ce système : les députés sont élus pour 7 ans et la chambre est renouvelable intégralement. Des dégrèvements d'impôts permirent de réduire les électeurs de 99 000 en 1824 à 81 200. Les ordonnances de 1830 les auraient réduits à 25 000 propr. fonciers.

La Ch. des dép. qui siégea du 4-6-1814 au 20-3-1815 fut composée des membres du Corps législatif de l'Empire (237 m. ; il ne fut pas pourvu aux vacances). La Ch. devait être renouvelée chaque année par 1/5. Tout député devait être âgé de 40 ans et payer une contribution de 1 000 F. Fonctions gratuites. *Après les Cent-Jours*, on procéda à des élections. *La 1re Ch.* (comprend 395 dép. et dite *Ch. introuvable*, car composée d'une majorité royaliste importante) siégea du 7-10-1815 à sa dissolution le 5-9-1816. Elle fut alors renouvelée entièrement puis par 1/5 à la fin de chaque année jusqu'en 1823. Après la dissolution du 5-9-1816, on fixa le nombre des dép. à 262 et l'âge de l'éligibilité de 25 à 40 ans. La loi du 5-2-1817 supprima le suffr. à 2 degrés. La loi du 29-6 rétablit les collèges de dép. (qui nomment 172 dép.) et d'arrond. (qui nomment 258 dép.). La Ch. fut dissoute le 24-12-1823 et une nouvelle Ch. fut élue pour 7 ans le 23-3-1824, mais elle fut dissoute le 5-11-1827, la Ch. élue le 17-11-1827 fut dissoute le 16-5-1830.

☞ Une nouvelle Ch. élue le 23-6 et le 3-7 appela au trône le duc d'Orléans et vota le 7-7-1830 la déchéance des Bourbons par 219 voix contre 32.

Cent-Jours

• **Acte additionnel aux Constitutions de l'Empire du 23 avr. 1815.** *L'empereur* est rétabli. *2 Chambres : Ch. des pairs*, ch. héréditaire nommée par l'empereur, en nombre illimité. Ils prennent séance à 21 ans mais n'ont voix délibérative qu'à 25 ans. Les m. de la famille impériale sont pairs de droit. Elle siégea du 3-6 au 7-7-1815. *Ch. des représentants*, 629 m. de 25 ans au min. [606 nommés par les collèges électoraux (d'arrondissement 238, de dép. 368), 23 nommés par le coll. de dép. sur une liste d'éligibles dressée par la Ch. de commerce et la Ch. consultative]. Elle siégea du 3-6 au 7-7-1815. *Après Waterloo*, la Ch. des repr. contraignit Napoléon Ier à abdiquer en faveur de son fils (22-6-1815) qu'elle reconnut sous le nom de Napoléon II (23-6). Elle constitua une *commission exécutive* de 5 députés, présidée par Fouché, manifesta son hostilité aux Bourbons le 30-6, mais dut se retirer, ses membres ayant trouvé porte close le 8-7.

☞ L'acte additionnel disparut en fait le 22-6 (abdication de l'empereur) et en droit le 8-7, quand Louis XVIII fut réinstallé aux Tuileries. L'ordonnance royale du 12-7, qui dissolvait la Chambre des repr., rétablit d'une façon effective la charte suspendue par les Cent-Jours.

Monarchie de Juillet

• **Charte du 7 août 1830. Le roi** partage avec les Chambres l'initiative des lois ; nomme les ministres. La religion catholique cesse d'être la religion de l'État, mais est celle de la majorité des Français.

Chambre des pairs. La charte amendée le 14-8-1830 et la loi du 29-12-1831 modifient le recrutement : le roi ne peut plus choisir les pairs que parmi des notabilités aux fonctions précisées, l'hérédité est supprimée (29-12-1831), les majorats sont abolis en 1835, aucun traitement, pension ou dotation n'est plus attaché à cette dignité. Le nombre de pairs est illimité [*1830* 192 (94 nominations faites par Charles X), *1840* 301, *1844* 285, *1847* 322, *1848* 312].

Chambre des députés (300 m., élus pour 5 ans par les contr. de 25 a. au moins, payant 200 F-or d'impôts directs) ; en 1832 : 172 000 él. ; en 1845 : 248 000. La Ch. élue avant la révolution de Juillet fut dissoute le 31-5-1831 et une nouvelle Ch. fut élue le 5-7-1831. Il y aura plusieurs dissolutions : 25-5-1834, 3-10-1837, 2-2-1839, 12-6-1842, 6-7-1846, 24-2-1848. La loi du 19-4-1831 abaissa le cens, abolit le double vote et porta le nombre de dép. à 459.

☞ Le 24-2-1848, Louis-Philippe abdiqua en faveur de son petit-fils le comte de Paris, mais la Rép. fut proclamée par le décret du gouv. provisoire du 26-2 et confirmée par l'acte du 4-5 rendu par l'Assemblée nationale élue au suffrage universel.

Seconde République

L'Assemblée constituante élue les 23/24-4-1848 confia l'exercice du gouvernement le 9-5-1848 à une commission exécutive de 5 membres, chargée de nommer les ministres. Le 28-6-1848, le pouvoir exécutif fut délégué au général Cavaignac qui prit le titre de Pt du Conseil des ministres et fut chargé de nommer le ministère.

• **Constitution du 4 nov. 1848. Pt de la République** : (min. 30 ans) doit avoir toujours été Français. *Élection* : tous les 4 ans au suffrage universel (hommes), à la majorité absolue et non immédiatement rééligible. L'Assemblée vérifie l'élection ; si le candidat élu n'est pas éligible, ou si personne n'a obtenu la majorité absolue des suffrages exprimés et plus de 2 millions de voix, elle élit le Pt au scrutin secret et à la majorité absolue parmi les 5 candidats éligibles qui ont réuni le plus grand nombre de suffrages. *Pouvoirs* : le Pt peut faire présenter par ses ministres des projets à l'Assemblée ; il promulgue les lois et veille à leur exécution. Il dispose de la force armée, mais ne la commande jamais en personne. Il ne peut ni céder un territoire, ni proroger, ni dissoudre l'Ass. nat., ni suspendre l'exécution des lois ou de la Constitution. Il nomme et révoque les ministres. Logé aux frais de l'État, il reçoit un traitement de 600 000 F. **Vice-Pt de la République** : nommé par l'Assemblée dans le mois suivant l'élection présidentielle, est choisi sur une liste de 3 membres que le Pt présente. **Assemblée nationale législative** : 750 m. (min. 25 ans, élus pour 3 ans au suffr. univ., 9 000 000 él.). La loi du 31-5-1850 modifia celle du 15-3-1849 (les listes électorales, dressées dans chaque commune par le maire assisté de 2 délégués nommés par le juge de paix, comprennent les citoyens ayant depuis 3 ans leur domicile dans la commune ou dans le canton ; les fonctionnaires publics, les représentants du peuple dans la ville où siège l'Ass., et les ministres des cultes ne sont soumis à aucune condition de domicile ; pour être élu au 1er tour, il faut obtenir ¼ des voix des électeurs du dép.). L'Ass. siégea du 28-5-1849 jusqu'à sa dissolution le 2-12-1851.

Le 20-12-1851, un *plébiscite* délégua les pouvoirs constituants à Louis-Napoléon Bonaparte.

• **Constitution du 14 janv. 1852.** *Seconde République*, puis *Second Empire* (19 ans). **Prince-président** : élu pour 10 ans, a l'initiative des lois et promulgue tous les textes. Chef de l'État, il est responsable devant le peuple, auquel il peut toujours faire appel ; il commande les forces militaires, déclare la guerre, fait les traités, nomme aux emplois, a le droit de grâce. Il fait les règlements, décrets d'exécution des lois, dont il a seul l'initiative et qu'il sanctionne et promulgue. Il peut proclamer l'état de siège. Il a le droit de présenter un citoyen pour lui succéder. Les ministres sont responsables devant lui seul.

3 Assemblées : Conseil d'État (40 à 50 m. nommés par le Pt, prépare les lois et les soutient devant les Ch.). **Corps législatif** [261 m. élus (1 dép. pour 35 600 électeurs), sanctionne les lois]. **Sénat** (nommé à vie par le Pt sans limitation de nombre, gardien de la Constit.) Les fonctions des sénateurs sont gratuites, mais ils peuvent recevoir des dotations d'au plus 30 000 F par an.

Second Empire

Légende : S.-c. = Sénatus-consultes.

La Constitution du 14-1-1852 fut plusieurs fois modifiée par des sénatus-consultes. **S.-c. du 7-11-1852** (confirmé par le plébiscite du 21-11-1852) rétablit l'Empire. Le Pt de la Rép. devient l'empereur Napoléon III. Il peut adopter les enfants et descendants légitimes des frères de Napoléon Ier dans la ligne masculine, et ces enfants adoptifs ne peuvent prétendre au trône que s'il n'a pas d'enfants mâles ; ses successeurs n'ont pas ce droit d'adoption. Il a le droit de régler sa succession par un décret s'il n'a pas d'enfants (ni d'adoptés). À défaut de ceux-ci et de successeurs en ligne collatérale, l'empereur est nommé par un sénatus-consulte, proposé par les ministres et les Pts du Sénat, du Corps législatif et du Conseil d'État, et ratifié par un plébiscite. Les *membres de la famille impériale* ne peuvent se marier sans l'autorisation de l'empereur (sinon, ils perdent leurs droits au trône, mais ils peuvent les recouvrer si leur femme meurt sans enfants). **Décret organique du 18-12-1852** règle les droits des collatéraux à la succession au trône en choisissant la famille de Jérôme Bonaparte. **S.-c. du 25-12-1852** complète l'organisation du nouveau régime. Le *Sénat* ne peut avoir plus de 50 membres (nommés par l'empereur, ils ont une dotation annuelle de 30 000 F). Les *députés* reçoivent pour chaque mois de session une indemnité de 2 500 F. *2-2-1861* : publication des débats de l'Ass. *31-12-1861* : vote du budget par sections. **S.-c. du 18-7-1866** rappelle que la révision de la Constitution ne peut être discutée qu'au Sénat. La session du Corps législatif n'est plus limitée à 3 mois, et les députés reçoivent pour les sessions ordinaires une indemnité de 12 500 F. **Décret du 19-1-1867** donne au Sénat et au Corps législatif le droit d'interpellation. **S.-c. du 14-3-1867** donne au Sénat le droit de demander au Corps législatif, par une résolution motivée, de délibérer de nouveau sur une loi. **S.-c. du 8-9-1869** accroît les pouvoirs du Corps législ. qui reçoit l'initiative des lois. **S.-c. du 20-4-1870** instaure l'*Empire libéral*. L'emp. garde le droit de renvoyer les min. responsables. Il ne préside plus le Sénat ni le Conseil d'État. Il n'y a aucune condition pour la nomination par l'emp. des membres du Sénat, mais l'emp. ne peut faire plus de 20 nominations en un an et le nombre des sénateurs ne peut excéder les ⅔ de celui des membres du Corps législatif. Le *Sénat* n'a qu'une attribution, celle de discuter et de voter les projets de loi, concurremment avec le Corps législatif. Le *Corps législatif* est nommé pour au moins 6 ans ; le droit de pétition s'exerce auprès de lui comme auprès du Sénat ; le droit d'amendement n'est plus soumis au contrôle du Conseil d'État.

IIIe République

De 1870 à 1940

● **De 1870 à 1875.** La *République* est proclamée le *4-9-1870.* Le **gouv. provisoire** composé de 12 membres, députés de Paris, fonctionne sans l'assistance du pouvoir législatif et rend des décrets ayant force de lois (d'abord revêtus de 7 signatures, puis de 6) ; puis l'**Ass. nationale,** élue au scrutin de liste le 8-2-1871, gouvernera jusqu'en 1875 (siégeant à Bordeaux, puis à Versailles). Se déclarant dépositaire de l'autorité souveraine, elle nomme, le 17-2-1871, Thiers *chef du pouvoir exécutif de la Rép. française ;* il exerce ses fonctions sous l'autorité de l'Ass., avec des ministres qu'il choisit et qu'il préside. Le 1-3, l'Ass. prononce la déchéance de Napoléon III et de sa dynastie. La **loi du 31-8-1871** maintient au chef du pouvoir exécutif les attributions fixées le 17-2, et lui donne le titre de *Pt de la République.* Celui-ci, responsable devant l'Ass. et résidant dans la même ville qu'elle, promulgue les lois, assure et surveille leur exécution ; il peut être entendu par l'Ass. après en avoir informé le président ; il nomme et révoque les ministres ; ses actes doivent être contresignés par un ministre. Le *Conseil des ministres* est responsable devant l'Ass.

Un **décret du 2-9-1871** crée un *Vice-Pt* chargé de convoquer et de présider le Conseil des ministres en cas d'absence ou d'empêchement du Président de la République.

La **loi du 15-2-1872** [dite **loi Tréveneuc** ; proposée par le Cte Henri de Tréveneuc (1834-93)] vise à empêcher un coup de force du pouvoir exécutif contre le pouvoir législatif. Si l'Assemblée est dissoute illégalement ou si on l'empêche de se réunir, les conseils généraux sont convoqués de plein droit ; chacun d'eux se réunit pour nommer 2 délégués. Les délégués doivent se réunir là où sont le gouvernement légal et les députés ayant échappé à la violence ; les délégués réunis de la moitié plus un des départements forment une Assemblée nationale provisoire à laquelle s'adjoignent les députés restés libres. Cette ass. provisoire doit pourvoir à l'administration du pays jusqu'à ce que l'Ass. soit reconstituée par la réunion de la majorité de ses membres sur un point quelconque du territoire ; si cette reconstitution est impossible, les électeurs doivent être convoqués dans le mois qui suit les événements. Les fonctionnaires doivent, sous peine de forfaiture, obéir à l'Ass. provisoire ; en attendant que l'ordre soit rétabli, les conseils généraux exercent, chacun dans son département, les fonctions administratives et politiques.

La **loi du 24-5-1872** réorganise le Conseil d'État, dont les membres sont élus par l'Ass., et rétablit le Tribunal des conflits.

La **loi du 13-3-1873** crée des règles plus précises. Le Pt de la Rép. doit communiquer avec l'Ass. par des messages. S'il désire prendre la parole dans la discussion d'une loi, il doit en informer l'Ass. par un message ; la séance est alors suspendue, et, à moins d'un vote spécial, il ne doit être entendu que le lendemain. Le Pt de la Rép. doit promulguer les lois déclarées urgentes dans les 3 j, à moins que dans ce délai il demande à l'Ass., par un message motivé, une autre délibération.

La **loi du 20-11-1873** fixe les pouvoirs du maréchal de Mac-Mahon désigné comme successeur de Thiers (renversé le 24-5-1873).

● **Constitution de 1875. Lois du 24-2-1875** sur l'organisation du Sénat ; du **25-2-1875** sur l'organisation des pouvoirs publics ; du **16-7-1875** sur les rapports des pouv. publics [lois modifiées par la loi votée le **19-6-1879** datée du 21-6, abrogeant l'art. 9 de la loi du 25-2 qui fixait à Versailles le siège du pouvoir exécutif et des 2 chambres (ceux-ci seront ramenés à Paris par la loi du 22-7-1879) et celle du **13/14-8-1884,** supprimant l'inamovibilité des sénateurs et spécifiant que la forme républicaine du Gouv. ne peut faire l'objet d'une proposition de révision et empêchant les membres des familles ayant régné sur la Fr. d'accéder à la présidence de la Rép.]. Une révision constitutionnelle portant création de la Caisse d'amortissement et de gestion des bons de la défense nat. fut adoptée par voie parlementaire le **10-8-1926.**

Pt de la Rép. élu pour 7 a. par les Ch. réunies en Congrès, a l'initiative des lois, concurremment avec la Ch. des députés, et les promulgue. Il nomme les min. (le Conseil des ministres n'est mentionné qu'incidemment) et peut dissoudre la Ch. des dép. après avis conforme du Sénat. Il est irresponsable ; mais pour tout acte de sa fonction (présider une cérémonie, prononcer un discours, recevoir un ambassadeur), il y a un ou plusieurs ministres qui en portent la responsabilité. En cas de vacance, et jusqu'à l'élection du Pt, le Conseil des ministres exerce le pouvoir exécutif. Le Sénat se réunit de plein droit.

Chambres des députés : 25 ans au min., élus pour 4 a. au suffr. univ. direct. *Membres : 1876 :* 533, *81 :* 554, *85 :* 584, *1910 :* 597, *28 :* 612, *32 :* 615, *36 :* 617. **Sénat :** 300 m. (314 à partir de 1919, 75 étaient inamovibles avant la réforme de 1884 ; le dernier inamovible, Émile-Louis-Gustave des Hayes de Marcère, né en 1828, min. de l'Intérieur en 1876, inamovible en 1883, mourut le 26-4-1918) ; 40 ans au min., élus pour 9 a. au suffr. univ. indirect (au scrutin de liste départemental, par un collège d'env. 75 000 m. comprenant députés, conseillers généraux, conseillers d'arrondissements et délégués sénatoriaux élus par les conseils municipaux). Ne peut être dissous. Peut être constitué en *Haute Cour de Justice, soit* sur accusation de la Ch. des députés pour juger le Pt de la Rép. ou les ministres pour crimes commis dans l'exercice de leurs fonctions, *soit* sur convocation du gouv. pour juger les attentats contre la sûreté de l'État.

Jusqu'en 1875, le bicaméralisme (2 Chambres) était contraire à la tradition républicaine française : seule la Constitution de l'an III l'avait admis. A l'Ass. nationale, le parti républicain était unanime contre l'institution d'une seconde Chambre ; mais Gambetta fit accepter le Sénat, en le qualifiant de « Grand Conseil des communes françaises ».

Pt du Conseil : les textes constitutionnels ne le mentionnent pas. Jusqu'au 9-3-1876, les premiers ministres Dufaure, Broglie, Cissey, Buffet portèrent officiellement le titre de *Vice-Pt du Conseil.* Le 10-3-1876, Dufaure prit le titre de Pt du Conseil, qui fut dès lors adopté (la Pce du Conseil fut légalisée et installée à *Matignon* par P.-E. Flandin en déc. 1934 et déc. 1935).

Révision de la Constitution (procédure utilisée pour la 1re fois le 21-6-1879) : par les deux Chambres réunies en Ass. nationale (le bureau du Sénat tiendra le rôle de bureau de l'Ass. nat.).

Défauts de la Constitution : le pouvoir exécutif est donné non au Pt de la Rép. (échec de la tentative de Millerand, 1920-24, pour accroître son rôle) mais au Conseil des ministres. Le Conseil des min. est à la merci de la Ch. des députés (et des groupes officialisés, à partir de 1910, qui la composent), car la Ch. est pratiquement indissoluble (sa dissolution devant être décidée à la fois par le Pt de la Rép. et le Sénat). Tout vote impliquant un défaut de confiance (même implicite) fait tomber le Gouv., quels que soient l'occasion, le moment, la majorité et même le nombre de présents (beaucoup de ministères furent renversés par surprise).

Par crainte d'être renversé, le Pt du Conseil se soumet aux volontés de la Chambre et l'on a ainsi un gouvernement d'assemblée. Il n'y a pas d'arbitre en cas de conflit entre les 2 Chambres, qui sont égales (mais toute loi de finances est d'abord discutée et votée à la Ch. des dép., et le Sénat a souvent peu de temps pour en discuter) : la *« navette »* entre dép. et sén. peut retarder indéfiniment l'adoption des lois.

> La *salle du Congrès* fut construite dans l'aile sud du château de Versailles, après la proclamation de la Rép. en 1875, pour abriter l'Assemblée nat. : les députés y siégèrent de 1876 à 1879. La loi du 22-7-1879 ayant refait de Paris la capitale politique de la France, la salle devint le lieu de réunion des 2 chambres du Parlement pour les élections du Pt de la Rép. et les révisions constitutionnelles.

État français

Lois constitutionnelles de 1940-1942. Chambre des députés et Sénat, réunis en Assemblée nationale à Vichy le 10-7-1940, votèrent la loi constitutionnelle donnant pleins pouvoirs au maréchal Pétain (seul celui-ci pouvait les exercer). Effectif légal de l'Ass. nat. 850. Présents 667. Résultat du scrutin : pour 569, contre 80, abstentions 18. Cette délégation à autrui du pouvoir constituant, que la Constitution lui avait conféré, a été jugée par la suite comme abusive et irrégulière. Toutes les décisions ultérieures prises en fonction de cette délégation de pouvoirs abusive furent donc entachées d'irrégularité. La plupart des documents officiels substituèrent l'expression *« État français »* à « République française », mais la France restait en principe une république. Il y eut 13 actes const. (en fait 17, car l'Acte n° 4 eut 5 rédactions) promulgués par le Mal Pétain entre le 11-7-1940 et le 26-11-1942 au nom de la loi du 10-7-1940 qui lui accordait tous pouvoirs. Le 18-4-1942, l'Acte const. n° II créa la fonction de chef de gouv. nommé par le chef de l'État et responsable devant lui. Des assemblées étaient prévues.

Fin de la Constitution de 1875. La Constitution de 1875 n'avait pas été abrogée par la loi de révision du 10-7-1940, ni par les actes constitutionnels : ceux-ci avaient procédé à des abrogations partielles et le gouv. de Vichy considérait que, pour le reste, la Constitution continuait d'exister.

Gouvernement provisoire

L'*ordonnance* de De Gaulle du 9-8-1944, en constatant la nullité de l'acte dit « loi constitutionnelle » du 10-7-1940 et de tous les actes dits « actes constitutionnels », affirme que rien, juridiquement, n'a pu mettre fin à la Constitution de 1875. Mais, pour la remettre en application ; il aurait fallu reconstituer le Sénat et que le Pt Lebrun reprenne ses fonctions (écarté en 1940, il n'avait pas démissionné, et son mandat était toujours en cours). Le référendum du 21-10-1945 résolut la question : en décidant que l'Assemblée qu'il élisait serait constituante, le peuple, exerçant son pouvoir constituant, abrogea la Const. de 1875, et, en acceptant le projet (devenu la loi constitutionnelle du 2-11-1945 sur l'organisation des pouvoirs publics), il y substitua une Constitution provisoire. La Constitution de 1875 a donc pris fin le 2-11-1945.

IVe République

Loi constitutionnelle du 2 novembre 1945

Le *Gouvernement,* dont le chef est nommé par l'Ass., promulgue seul les lois. *1 chambre : l'Ass. nationale constituante.* La 1re, élue le 21-10-1945 (586 m. : 159 comm., 150 MRP, 139 soc., 29 rad.-soc.), siégea du 6-11-1945 au 26-4-1946. Le projet de Constitution ayant été repoussé par le référendum du 5-5-1946, une *2e Ass. fut élue ;* elle siégea du 11-6 au 5-10-1946. Son projet de Const. [voté à l'Ass. le 29-9 par 440 v. (comm., soc., MRP) contre 106 (UDSR, rad.-soc., paysans ind., PRL)] fut accepté par référendum le 13-10-1946.

Constitution du 27 octobre 1946

Préambule. Il réaffirme les libertés de la Déclaration des Droits de 1789 et proclame des principes sociaux et économiques (égalité de la femme, garantie d'une aide par la Nation à tous ceux qui ne peuvent vivre décemment, devoir de travailler, droit au travail, à l'action syndicale, droit de grève, nationalisation d'entreprises ayant le caractère d'un service public).

Exécutif. Pt de la Rép. élu pour 7 a. (rééligible une seule fois) par les 2 Chambres réunies en Congrès à Versailles (bureau de l'Ass. nat.), il est irresponsable politiquement : ne peut être renversé ni destitué par l'Ass. nat. (mais responsabilité en cas de haute trahison ; mis en accusation par l'Ass. nat.). Tous ses actes doivent être cosignés par le Pt du Conseil et par un ministre (sauf pour sa démission et la désignation du Pt du Conseil). Pouvoirs : signe et ratifie les traités, dispose de la force armée, préside le Conseil des ministres, promulgue les lois, adresse des messages à l'Ass. nat. En raison de l'instabilité gouvernementale et de la multiplicité des tendances à l'Ass. nat., les deux Pts, Vincent Auriol et René Coty, jouèrent un certain rôle, notamment au moment des crises ministérielles lorsqu'ils devaient choisir un nouveau Pt du Conseil ; ils donnèrent également leur avis sur de nombreuses questions importantes.

Gouvernement : le *Pt du Conseil,* chef du Gouv., est investi par un vote de confiance de l'Ass. nat., il pose la question de confiance (responsabilité collective des ministres devant l'Ass. nat.) après délibération du Cons. des ministres. Le Cons. des ministres peut décider de la dissolution de l'Ass. nat. (décret du Pt de la Rép.) si 2 crises ministérielles surviennent (après les 18 premiers mois de la législature) en 18 mois (par refus de la confiance ou motion de censure). Il y eut une seule dissolution (1-12-1955, par Edgar Faure).

• **Législatif. Parlement.** Composé de 2 ass. **Assemblée nationale :** élue au suffr. univ. direct p. 5 a. (âge min. 23 a.) ; 619 m. (544 dép. métropolitains). *Pouvoirs :* vote seule la loi, a l'initiative des dépenses, élit le Pt du Cons. et peut renverser le Gouv. à la majorité absolue (vote de défiance quand le Pt du Conseil pose la question de confiance, motion de censure), peut élire jusqu'au 1/6 des m. du Cons. de la Rép. Le rôle accru des commissions (contrôle, débat sur les projets de loi amendés par elles...) affaiblira le Gouv.

Conseil de la République. Élu au suffr. univ. indirect à 2 degrés (collectivités territoriales métropolitaine et d'Algérie, Conseils et assemblées d'outre-mer, Ass. nat.) p. 6 a., renouvelable par moitié tous les 3 a. (âge min. 35 a.) ; 250 à 320 m. Loi du 23-9-1948 : rétablissement de l'ancien régime électoral du Sénat (sur-représentation des communes rurales). Les conseillers reprennent le nom de sénateurs. *Pouvoirs limités :* participe à l'élection du Pt de la Rép., élit 3 m. du Conseil constitutionnel, n'intervient pas dans la formation du Gouv. qui n'est pas responsable devant lui : simple droit d'information et d'enquête ; peut inviter le Gouv. à prendre certaines décisions ; ne participe pas au pouvoir législatif. Son droit d'initiative se limite en fait à présenter des amendements aux textes transmis par l'Ass. nat. (celle-ci n'est pas tenue de donner suite aux propositions qu'il lui transmet), simple pouvoir de consultation pour le vote de la loi (donne son avis sur les textes votés par l'Ass. nat., dans un délai max. de 2 mois, et l'Ass. nat. statue définitivement en 2e lecture).

• **Assemblées consultatives. Conseil nat. économique.** 169 m. (184 à l'origine) désignés p. 3 a. par les organisations profess., synd. et corporatives (+ quelques m. nommés par le Gouv.). **Ass. de l'Union française** (260 m., v. Index). **Conseil constitutionnel :** 13 m, peut être saisi par le Cons. de la Rép. sur demande du Pt de la Rép. et du Pt du Cons. pour contrôler la constitutionnalité *d'une loi.*

• **Révision.** Décision à l'initiative de l'Ass. nat. (majorité absolue), soumise au Cons. de la Rép. (2e lecture à l'Ass. nat. dans les 3 mois) ; puis projet de loi de l'Ass. nat. voté comme une loi par le Parlement, et soumis à référendum (sauf s'il est voté en 2e lecture de l'Ass. nat. à la majorité des 2/3, ou adopté par les 2 ass. à la majorité des 3/5).

Il y eut une seule révision le 7-12-1954 (par voie parlementaire) : limitation des sessions parlementaires, suppression de la majorité absolue pour l'investiture du Pt du Conseil, rétablissement de la navette entre les 2 ass. [Cette *navette* augmente les pouvoirs du Cons. de la Rép. : les textes sont discutés tant qu'il n'y a pas d'accord entre les 2 ass., mais dans une limite de 100 j (1 mois p. budget, 15 j si urgence) après l'adoption en 2e lecture à l'Ass. nat.] En outre, le Cons. de la Rép. peut discuter en 1re lecture ses propres propositions de loi et les projets que le Gouv. peut lui soumettre directement. *Projet de révision de 1958 :* modifications du vote de défiance (quand le Pt du Conseil pose la question de confiance sur un texte, celui-ci est adopté sans vote s'il n'y a pas de motion de défiance), la dissolution (automatique, après les 18 premiers mois de la législature, si le Gouv. est renversé après une motion de censure ou de défiance, dans les 2 a. qui suivent l'investiture du Pt du Conseil, mais le Pt de la Rép. peut s'y opposer dans des cas graves ; la dernière année, le Pt de la Rép. peut dissoudre l'Ass. nat. sur la demande du Pt du Cons. et du Cons. des min.).

• **Reproches faits à la Constitution.** Le Pt du Conseil, dont le rôle est reconnu officiellement, est désigné par le Pt de la Rép., mais dépend exclusivement de l'Assemblée nationale, qui pratique sans entraves le « gouvernement d'assemblée ». La dissolution a pour effet de transformer en crises électorales les crises ministérielles. Le Pt de la Rép., théoriquement sans pouvoir exécutif direct, devient grâce à sa stabilité le chef moral de l'exécutif, ce qui facilitera le passage du régime parlementaire au présidentiel.

• **Statistiques. Ministères,** *nombre : 25 en 12 ans. Record de durée des crises :* 38 j, mai-juin 1953. **Formations à l'Ass. nat. :** 14 en 1947 (Indépendants : 5), 18 listes électorales nat. en 1956 (candidats dans 30 départements) ; il y a souvent des groupements de circonstance, et généralement plus de groupes que de partis, bien que certains groupes réunissent des m. de plusieurs partis. **Présidences :** 2, dont 1 interrompue : René Coty abandonne ses fonctions au Gal de Gaulle le 8-1-1959, après la mise en place de la Ve Rép.

☞ Pour en savoir plus, demandez le Quid des Présidents de la Rép. (et des candidats). Chez tous les libraires (éd. Robert Laffont).

Constitution de 1958

• **Origine.** A la suite des événements de mai 1958 en Algérie, le Gal de Gaulle forme un gouvernement qui reçoit la confiance de l'Assemblée nationale le 1er juin. En vertu de la loi du 3-6-1958 qui modifie la procédure de révision constitutionnelle, le gouv. du Gal de Gaulle élabore un projet de constitution qui, après avoir été soumis au Comité consultatif constit. et au Conseil d'État, est soumis au peuple français, qui l'approuve par le référendum du 28-9-1958 à une très forte majorité (v. p. 688). Promulguée le 4-10, la Constitution est entrée en vigueur immédiatement.

• **Révisions. 4-6-1960,** loi constitutionnelle modifiant les articles 85 et 86 : désormais la révision des dispositions relatives à la Communauté peut intervenir par accord entre tous les États membres. **28-10-1962,** le peuple français approuva par référendum (62,25 % des suffrages exprimés, 46,65 % des inscrits) le projet de loi présenté par le Pt de la Rép., prévoyant son élection au suffrage univ. Il était antérieurement élu par un collège électoral restreint d'environ 80 000 « grands électeurs » (parlementaires, conseillers généraux, maires et représentants des conseils généraux). **30-12-1963,** le Parlement (Sénat et Assemblée nationale), réuni en Congrès à Versailles, modifia la date des sessions parlementaires (2-10 et 2-4).

Controverse sur le référendum de 1962

D'après la plupart des juristes et le Conseil d'État (avis sur le projet de loi), il y eut plusieurs violations de la constit. : la décision de référendum du Pt de la Rép. a précédé la proposition du 1er min. ; le Pt de la Rép. a maintenu en fonctions le Gouv. alors que l'Ass. nat. l'avait censuré (le Gal de Gaulle refuse le 6-10 la démission du gouv. Pompidou et l'Ass. nat. est dissoute le même jour) ; l'art. 11 (référendum) n'aurait pas dû être utilisé pour une modification de la Constitution à la place de l'art. 89 qui impose une intervention du Parlement.

Juridiquement, malgré l'adoption du référendum (et ensuite l'élection du Pt de la Rép.) par le peuple, toute révision doit respecter les dispositions constitutionnelles de l'art. 89, car la violation d'une règle ne saurait la supprimer. Le débat a été moins vif lorsque le problème a été à nouveau posé par le référendum (repoussé) du 27-4-1969 sur le Sénat et la région.

29-10-1974, le Congrès (votants 764 ; suffr. exprimés 761 ; pour 488, contre 273, abstentions volontaires 3, non-votants 4, v. Quid 1977 p. 468) remplace le 2e alinéa de l'art. 61 de la Constit. par les dispositions suivantes : « Aux mêmes fins, les lois peuvent être déférées au Conseil constit., avant leur promulgation, par le Pt de la Rép., le 1er ministre, le Pt de l'Ass. nat., le Pt du Sénat ou 60 députés ou 60 sénateurs. »

27-4-1969, référendum rejette le projet de révision visant à créer des régions et à modifier le statut du Sénat.

18-6-1976, le Congrès (par 490 voix contre 258 et 1 abstention) révise l'art. 7 de la Constitution précisant la procédure d'élection du Pt de la République en cas de décès ou d'empêchement d'un candidat.

☞ 2 projets de révision, votés par les Assemblées, n'ont pas été soumis au Congrès, car ils ne pouvaient recueillir les 3/5 des suffr. exigés : 1°) quinquennat (au lieu du septennat) ; 2°) modification du statut des parlementaires suppléants d'un ministre.

Interprétation de la Constitution. D'après François Luchaire, prof. à la Fac. de Droit (n. 1919), 2 présidents ont eu une façon personnelle d'interpréter la constitution. *1) De Gaulle :* prééminence du dialogue entre le chef de l'État et le peuple sur celui du Gouvernement et du Parlement (utilisations de l'art. 16 en cas de crise ; responsabilités séparées du Gouv. et du Parlement ; institution de l'élection directe du Pt non prévue initialement ; démission du Pt en cas de référendum négatif ; Pt conçu comme arbitre et comme 1er responsable national ; non-concordance possible entre majorités présidentielle et législative, recours fréquents au référendum) ; *2) V. Giscard d'Estaing :* priorité à la sauvegarde des équilibres institutionnels ; pratiques prudentes des révisions (notamment : abandon du projet du quinquennat) ; prise en considération de la majorité législative dans la politique présidentielle (ce qui implique l'abandon du présidentialisme [1]) ; le Pt conçu comme protecteur des libertés.

Nota. — (1) D'après Gabriel Kaspereit (député R.P.R.), le Pt Giscard d'Estaing n'a pas réellement tenu compte du scrutin de mars 1978 : les électeurs ont, en effet, donné la préférence au R.P.R. (148 sièges) sur les giscardiens (141 s.). La politique présidentielle aurait dû faire du R.P.R. l'élément le plus important de la majorité (réponse : les gaullistes ne peuvent se plaindre d'une attitude qui est précisément « gaullienne »).

Le président de la République

☞ Voir Élections, page 676. Liste des présidents, page 556. Pour en savoir plus, demandez le Quid des Présidents de la République (et des candidats). Chez tous les libraires (éd. Robert Laffont, 1981).

Généralités

• **Élection.** Il est élu pour 7 ans au suffrage universel, à la majorité absolue (depuis le référendum du 28-10-1962) : si celle-ci n'est pas atteinte au 1er tour, il est procédé à un 2e tour 15 j après. Seuls peuvent s'y présenter les 2 candidats qui (le cas échéant, après retrait des candidats plus favorisés) se trouvent avoir recueilli le plus grand nombre de suffrages au 1er tour. L'élection du nouveau président a lieu 20 j au moins et 35 j au plus avant l'expiration des pouvoirs du Pt en exercice.

Chaque candidature doit être présentée par 500 élus, membres du Parlement, des conseils généraux, du Conseil de Paris, des assemblées territoriales des territoires d'outre-mer, ou maires (dont des élus d'au moins trente départements ou territoires d'outre-mer, sans que plus d'un dixième d'entre eux puissent être les élus d'un même département ou territoire d'outre-mer).

Pour pouvoir être candidat, il faut : être Français ; avoir au moins 23 ans ; avoir satisfait aux obligations du service national : il suffit d'avoir répondu à l'appel sous les drapeaux (il n'est pas nécessaire d'avoir définitivement satisfait aux obligations du service actif – cf. décision du Conseil constitutionnel du 17-5-1969 vis-à-vis d'Alain Krivine, à l'époque sous les drapeaux) ; n'être sous le coup d'aucune incapacité ou inéligibilité prévue par la loi : certaines condamnations (toutes les c. pour crimes, certaines c. pour délit : par ex. fraude électorale...), contumaces, faillis non réhabilités, majeurs en tutelle, citoyens pourvus d'un conseil judiciaire, débiteurs admis au règlement judiciaire. *Chaque candidat doit verser* entre les mains du trésorier-payeur général du lieu de son domicile, agissant en qualité de préposé de la Caisse des dépôts et consignations, un cautionnement de 10 000 F, avant l'expiration du 17e j précédant le 1er tour.

Campagne. Est ouverte le jour de la publication au *Journal officiel* (au moins 15 j avant le 1er tour) de la liste des candidats et prend fin le vendredi précédant le scrutin à minuit. Elle dure 15 j pour le 1er tour, 8 pour le 2e. Son déroulement est surveillé par une Commission nationale de contrôle de 5 m. (vice-pt du Conseil d'État, 1er pt de la Cour de cassation et de la Cour des Comptes, 2 m. cooptés).

Chaque candidat dispose à la télév., au 1er tour, de 2 h d'émission télévisée et de 2 h d'émission radiodiffusée. Compte tenu du nombre de candidats, la durée de ces émissions peut être réduite par la Commission nationale de contrôle qui tire au sort l'ordre d'attribution des temps de parole. Chacun des 2 candidats au 2e tour dispose dans les mêmes conditions de 2 h d'émission radiodiffusée et de 2 h d'émission télévisée. Ni le Gouvernement ni aucune organisation publique ou privée ne peut utiliser indirectement la radio ou la télévision en faveur d'un des candidats. Chaque candidat peut faire apposer, sur des emplacements spéciaux, qu'une affiche énonçant ses déclarations et une autre annonçant ses réunions électorales et, s'il le désire, l'heure des émissions sur les antennes de télév. Chacun ne peut faire envoyer aux électeurs, avant chaque tour, qu'un texte de ses déclarations.

Septennat

Origine. Loi du 20-11-1873 par laquelle Mac-Mahon fut porté pour 7 ans à la présidence de la République. Pour les républicains, les royalistes et les bonapartistes, il ne s'agissait alors que d'un compromis, les uns et les autres espérant faire évoluer le régime dans le sens qu'ils souhaitaient. C'était le laps de temps raisonnable pour que le comte de Chambord cédât la place à un prétendant plus souple (en fait, il ne mourut pas avant 1883) ; le temps qu'il fallait pour que le prince impérial (fils de Napoléon III) atteignît sa majorité (mais il fut tué au Zoulouland en 1879 à 23 ans).

Sous la Ve République. Pour *le Gal de Gaulle*, le septennat devait permettre au Pt de mener à bien les grands desseins de la Nation, d'assurer la continuité des pouvoirs publics et de le placer à l'écart des luttes des partis. Le *Programme commun de la gauche (1972)* a prévu de ramener à 5 ans la durée du mandat présidentiel ; le Pt Pompidou avait également proposé cette modification dans un message adressé au Parlement le 3-4-1973. Mais le Parlement français a repoussé en oct. 1973 le projet gouvernemental de réduire le mandat présidentiel à 5 ans. Ass. nat. : 270 dép. pour, 211 contre. Sénat : 162 sén. pour, 112 contre.

La principale critique faite au septennat est qu'il crée un risque de confrontation entre un Pt de la Rép. et un Parlement (tous deux élus par la nation) de tendances politiques opposées.

Durée de mandat présidentiel

A vie. Haïti (Pt Duvallier), renversé en 1986.

7 ans. *Élection par le Parlement ou un collège électoral :* Afrique du Sud, Italie, Portugal, Tchad, Turquie. *Au suffrage universel :* France, Gabon, Guinée, Irlande, Madagascar, Zaïre, Allemagne de Weimar.

6 ans. *Él. par l'Assemblée :* Liban. *Au suffrage universel :* Autriche, Égypte, Finlande (indirect), Mexique (non rééligible).

5 ans. *Él. par l'Assemblée :* Cameroun, Congo (élection par le Congrès du parti unique), Israël, Tchécoslovaquie. *Au suffrage universel :* Chypre, Côte-d'Ivoire, Mauritanie, Niger, Sénégal, Tunisie, Venezuela.

4 ans. *Él. au suffrage universel :* Argentine, Colombie, Costa Rica, Islande, Rwanda, États-Unis (indirect). Le suffrage universel indirect n'a pas toujours la même signification. Le mandat des « grands électeurs » américains est pratiquement impératif, alors qu'en Finlande il ne l'est pas.

1 an. En Suisse : le Parlement désigne le président par rotation tous les ans.

Dans la plupart des pays communistes, la présidence de la Rép. est assumée collectivement par le bureau (présidium) de l'Assemblée (U.R.S.S., le président du Présidium du Soviet suprême).

Sont pris directement en charge par l'État : le coût du papier, l'impression et la mise en place des bulletins de vote et des textes des déclarations ; le coût du papier, l'impression et les frais d'apposition des affiches ; les dépenses venant des opérations effectuées par les commissions et celles qui résultent de leur fonctionnement.

Outre ces facilités, l'État contribue aux frais de campagne des candidats en remboursant une somme forfaitaire de 100 000 F à chaque candidat ayant obtenu au moins 5 % des suffrages exprimés.

Nota. — **Candidats ayant obtenu 5 % des suffrages exprimés au 1er tour** (et ayant été remboursés) : *1965* 4 sur 6 (Ch. de Gaulle, F. Mitterrand, J. Lecanuet, J.-L. Tixier-Vignancour), *1969* 4 sur 7 (G. Pompidou, A. Poher, J. Duclos, G. Defferre), *1974* 3 sur 12 (F. Mitterrand, V. Giscard d'Estaing, J. Chaban-Delmas), *1981* 4 sur 9 (F. Mitterrand, V. Giscard d'Estaing, J. Chirac, G. Marchais).

● **Installations. Date.** Jusqu'en 1981, le j de l'expiration du mandat du prédécesseur. Sous la IIIe Rép. les assassinats de Carnot (1894) et de Doumer (1932) entraînèrent une vacance (2 et 4 j). Sous la IVe Coty succéda, le 16-1-54, à Auriol qui avait été installé, jour de son élection (16-1-47) ; de Gaulle, installé pour la 1re fois le 8-1-59, se succéda à lui-même le 8-1-66. A sa démission Pompidou, proclamé élu le 19-6-69 par le Conseil constitutionnel, fut installé le 20. A sa mort en 1974, Giscard d'Estaing, proclamé élu le 24-5, fut installé le 27-5. En 1981, le Conseil constitutionnel annonça les résultats de l'élection le 15-5, estima que Mitterrand serait Pt à compter de la cessation des fonctions de Giscard d'Estaing (qui, en vertu de l'article 6 de la Constitution, devait avoir lieu, au plus tard le 24-5-81 à 0 h), faisant ainsi prévaloir, pour point de départ du septennat, la date de la proclamation de Giscard d'Estaing, le 24-5-74 sur celle de son installation (le 27-5). En fait, le septennat de Mitterrand commença le 21-5-81, date fixée par accord avec Giscard d'Estaing. **Cérémonie.** Le Pt, à son arrivée à l'Élysée, reçoit (dans un petit salon) du grand chancelier de la Légion d'honneur les insignes de Grand-Croix, puis dans une autre pièce, le grand chancelier lui présente le collier de la Légion d'h. « M. le Pt de la Rép., nous vous reconnaissons comme Grand Maître de l'ordre national de la Légion d'honneur », 21 coups de canon annoncent l'événement. En 1981, le grand chancelier, le Gal de Boissieu (gendre de De Gaulle), ayant préféré démissionner plutôt que de participer à cette cérémonie, fut remplacé par le doyen des grands-croix, membre du Conseil national de l'ordre : le Gal Biard. En 1959, Coty resta aux côtés du Gal de Gaulle, jusqu'à la cérémonie de la flamme à l'Arc de Triomphe. En 1969, Poher quitta l'Élysée et Pompidou avant celle-ci. En 1974, il accompagna Giscard d'Estaing à l'Arc de T. et revint à l'Élysée pour déjeuner avec lui. En 1981, Giscard quitta l'Élysée aussitôt après y avoir accueilli Mitterrand et avoir eu avec lui l'entretien en tête-à-tête (transmission des pouvoirs confidentiels, notamment en matière d'utilisation de la force de dissuasion). Sous la Ve Rép., l'installation officielle commence par la lecture des résultats (en 1959, par le Pt de la Commission constitutionnelle provisoire, depuis, par le Pt du Conseil constitutionnel). En 1966 et 1981, il s'agit d'une 1re proclamation (même si l'annonce des résultats a déjà eu lieu, mais avec effet différé) ; le 20-5-69, Palewski précisa que les pouvoirs de Pompidou avaient pris naissance la veille (date de la proclamation) et, le 27-7-74, Frey précisa qu'il ne s'agissait que d'un rappel, la proclamation ayant eu lieu — en même temps que l'annonce — le 24-5 précédent.

Des hommages sont rendus par le nouveau Pt au drapeau des troupes présentes à l'Élysée, aux morts pour la patrie, à l'Arc de Triomphe (en 1981, Mitterrand est également allé au Panthéon, rendre hommage à Victor Schoelcher, Jean Jaurès et Jean Moulin, en 1947, Auriol est allé au mont Valérien pour un hommage particulier aux morts de la Résistance), au prédécesseur, au peuple de Paris (visite à l'Hôtel de Ville).

● **« Dons de joyeux avènement ». Amnistie.** Sous la Ve Rép. le Gouvernement prend l'initiative de proposer au Parlement le vote d'une loi (après l'élection : env. 6 mois après, au temps du Gal de Gaulle, plus rapidement ensuite). Depuis la loi du 18-6-1966, elle efface les sanctions applicables à certaines infractions commises (en général) avant le début du septennat (1966, 1969, 1974). En 1981, les infractions commises le jour de l'installation du nouveau Président ont été couvertes aussi la loi s'applique aux infractions antérieures au 22 mai.

Après l'élection du Gal de Gaulle. Le 19-12-65, la loi d'amnistie avait été promulguée seulement le 18-6-66, pour les infractions commises avant le 8-2-66, soit jusqu'à 50 j après l'élection elle-même.

Après l'él. de Georges Pompidou. Le 15-6-69 : le 30-6-69 pour les infractions commises avant le 20 juin, soit jusqu'à 5 j après le 2e tour de l'élection. Cela intéressait au moins 10 millions de Français, en raison des contraventions routières et des infractions aux règles du stationnement.

Si les amendes signifiées n'avaient pas encore été réglées, leur montant cessait d'être dû. En 1966, la perception des frais de justice avait continué. En 1969, la loi précisait pour les contraventions : « Les effets de l'amnistie s'étendent aux frais de poursuites et d'instance non encore recouvrés. »

Après l'él. de V. Giscard d'Estaing. Le 19-5-1974, la loi du 10-7-74 est promulguée pour : les contraventions infligées avant le 27-5-74 ; les délits pour lesquels seule une peine d'amende a été encourue ; les délits commis à l'occasion de conflits sociaux ou inférieurs à certains seuils suivant la nature ; à titre individuel dans certaines conditions.

Après l'élection de F. Mitterrand. *Loi d'amnistie du 4-8-81. — 1°) Amnistie de plein droit en raison de la nature de l'infraction :* contraventions de police ; délits pour lesquels seule une peine d'amende est prévue ; d. rattachés à des incidents sociaux (conflits scolaires, professionnels, agricoles, commerciaux, syndicaux) ou à des manif. politiques ; d. de communication [d. de presse (sauf d. racistes), atteintes au monopole de la radio-télé et des télécom., actes de réception et d'émission de radio d'appareils non autorisés (Citizen-Band)] ; d. en matière de police des étrangers ; d. d'interruption volontaire de grossesse commis par la femme elle-même ou par toute personne n'appartenant pas aux prof. médicales ou paraméd., par les personnels méd. sous réserve que l'intervention pratiquée n'ait pas donné lieu à perception d'honoraires supérieurs à ceux prévus par la réglementation en vigueur ; nombreux d. relevant du Code de justice mil. (insoumission, désertion, refus d'obéissance...) ; atteintes à la sûreté int. de l'État qui n'ont pas entraîné la mort ou des blessures graves et qui ne sont pas constituées par des coups et blessures volontaires ou des tentatives d'homicide vol. par arme à feu sur des agents de la force publique.

— *2°) A. automatique en raison de la nature de la peine :* peines d'emprisonnement fermes, inf. ou égales à 6 mois ; d'empr. inf. ou égales à 6 mois avec application du sursis avec mise à l'épreuve ; d'empr. à 15 mois avec application du sursis simple, p. de substitution (interdiction d'activité prof. ou sociale, confiscation, retrait du permis de chasse...) ; infractions qui ont donné lieu à une dispense de peine. En cas de condamnation à une amende sup. à 5 000 F, l'amnistie au quantum n'est acquise qu'après paiement de l'amende.

— *3°) A. individuelle par décret du Pt de la Rép. :* personnes qui se sont distinguées dans les domaines humanitaire, culturel ou scientifique, personnes de — 21 ans lors de l'infraction, titulaires d'une pension de g. ou blessés au cours des g. de 1914-18, 1939-45.

— *4°) A. des fautes disciplinaires ou prof. et de certaines mesures adm. :* fautes commises dans le cadre de rapports de droit public ; faits retenus comme motifs de sanction disciplinaire prononcée par l'employeur sous réserve notamment qu'ils ne constituent pas des manquements à la probité, aux bonnes mœurs ou à l'honneur. Pour la 1re fois, la loi autorise la réintégration, sous certaines conditions, des salariés licenciés pour des faits en relation avec leurs fonctions de délégués syndicaux ou de représentants du personnel.

— *5°) Exclusions de l'amnistie :* infractions en matière douanière et fiscale, de change, de législation et de réglementation du travail sauf les infr. les moins graves ayant donné lieu à une condamnation de — de 5 ans ; infr. les plus graves en matière de proxénétisme, de mauvais traitement à enfants, de circulation routière (homicide ou blessures commis en état d'ivresse ou de délit de fuite) ; infr. à la législation sur les armes ; abandon de famille ; délits de banqueroute frauduleuse ; certaines infr. en matière de pollution ; plusieurs délits en matière raciale, d. de violation de sépulture...

— *6°) Effets de l'amnistie :* la condamnation pénale et ses conséquences secondaires disparaissent (incapacité, déchéance), mais l'indemnisation des victimes reste due.

Statistiques. 6 233 libérations dont grâces : 4 775 le 14-7-81 ; amnisties : 1 437 le 4-8 ; grâces : 21 le 15-8. Du 1-7 au 1-9-1981, le nombre de détenus est passé de 39 852 à 30 850 (— 22,6 %).

Journée de congé. Pour les enfants des écoles le j de l'installation (décision du min. de l'Éducation nat.), abandonnée par de Gaulle et Pompidou, mesure traditionnelle sous la IIIe et la IVe Rép. reprise en 1974 et 1981.

● **Vacance ou empêchement.** Peut intervenir pendant l'exercice du mandat présidentiel ou lors des élections présidentielles. 2 vacances depuis 1958 : 1969, après le départ du Gal de Gaulle ; 1974, après la mort de G. Pompidou.

Pendant les élections. Si, dans les 7 j précédant la date limite du dépôt des présentations de candidatures, une des personnes ayant, moins de 30 j avant cette date, annoncé publiquement sa décision d'être candidate, décède ou se trouve empêchée, le Conseil constitutionnel peut décider de reporter l'élection ; si, avant le 1er tour, 1 des candidats décède ou se trouve empêché, le Conseil constitutionnel prononce le report de l'élection ; en cas de décès ou d'empêchement de l'un des 2 candidats les plus favorisés au 1er tour avant les retraits éventuels, le Conseil constitutionnel déclare qu'il doit être procédé de nouveau à l'ensemble des opérations électorales ; il en est de même en cas de décès ou d'empêchement de l'un des 2 candidats restés en présence en vue du 2e tour.

Le Président de la République, le Premier ministre, le Pt d'une des 2 assemblées, 60 députés ou sénateurs, ou 500 personnes qualifiées pour présenter un candidat, peuvent saisir le Conseil constitutionnel.

Si, par suite du report de l'élection, le mandat de 7 ans du président de la République est expiré, celui-ci continue à exercer ses fonctions jusqu'à la proclamation de l'élection de son successeur. Dans ce cas, ce n'est pas le président du Sénat qui devient (pour un temps assez court) président par intérim.

Effets. Après constatation par le Conseil constitutionnel saisi par le Gouvernement, le Pt du Sénat exerce provisoirement les pouvoirs du Pt de la Rép., à l'exception des droits d'user du référendum et de prononcer la dissolution de l'Assemblée nationale. La Constitution ne peut être révisée, le Gouvernement ne peut être renversé, ni être tenu de démissionner.

Si le Pt du Sénat est à son tour empêché, les fonctions de Pt sont exercées par le Gouv. La Constitution ne précise pas si la candidature du Pt du Sénat à la présidence de la Rép. est un empêchement. En 1969, Alain Poher a exercé l'intérim (53 j) tout en étant candidat ; il n'a pu de ce fait prendre d'initiatives politiques et s'est trouvé face à un gouvernement qui soutenait son rival, Georges Pompidou. En 1974, il a exercé l'intérim 56 j ; n'étant pas candidat, il a pu exercer pleinement ses prérogatives constitutionnelles et a pris ainsi des initiatives diplomatiques.

• **Suppléance** (et non intérim) si le Pt de la Rép. est malade ou absent (à l'étranger). *Cas de suppléances :* Georges Pompidou préside le Conseil des ministres le 22-4-1964 (Gal de Gaulle opéré) et le 30-9-1964 (Gal de Gaulle en Amérique latine) ; Pierre Messmer le préside le 14-2-1973 (sous la présidence de Georges Pompidou).

• **Responsabilité.** Le Pt n'est pas responsable des actes accomplis dans l'exercice de ses fonctions, sauf cas de haute trahison (il est alors jugé par la Haute Cour). Aucun texte ne définit la haute trahison, procédure qui n'a jamais été engagée (ni sous la IIIe, ni sous la IVe Rép.). Elle correspond à des manquements graves aux obligations de la charge présidentielle. Si le Gal de Gaulle avait été accusé de haute trahison lors de la révision de la Constitution d'oct. 1962 pour violation de la Constitution (voir page 635), la saisine de la Haute Cour aurait été techniquement impossible avant le référendum et après l'adoption de celui-ci au suffrage universel. Elle serait apparue comme une atteinte inadmissible à la souveraineté du peuple.

En fait, le Pt peut engager sa responsabilité devant le peuple, soit en se démettant et en sollicitant aussitôt un nouveau mandat, soit en liant son maintien en fonction au succès d'un référendum (démission du Gal de Gaulle après l'échec du référendum du 27-4-1969). Ses actes doivent être soumis au contreseing du Premier ministre et des ministres responsables (A. 19) à l'exception de certains actes (dissolution de l'Assemblée nationale, nomination du Premier ministre, décision de soumettre un texte au référendum, recours à l'article 16).

Convoqué, l'été 1984, par la commission d'enquête de l'Assemblée nationale sur l'affaire des « avions renifleurs », V. Giscard d'Estaing a interrogé le Pt Mitterrand (arbitre du fonctionnement régulier des pouvoirs publics) qui a répondu que la responsabilité du Pt ne peut être mise en cause devant le Parlement au-delà du terme de son mandat pour les faits qui se sont produits pendant qu'il l'exerçait. La convocation fut annulée.

Pouvoirs

☞ **A = Article**

a) Il nomme certaines personnalités : le *Premier ministre* (et met fin à ses fonctions sur présentation par celui-ci de la démission du Gouvernement) (A 8) ; les *autres membres du Gouvernement* (et met fin à leurs fonctions sur proposition du Premier ministre) ; *aux emplois civils et militaires de l'État* (A 13) ; 3 *membres du Conseil constitutionnel et son président* (A 56) ; les 9 *membres du Conseil supérieur de la magistrature.*

b) Il préside certains organismes : le Conseil des ministres (A 9) ; les Conseils et Comités supérieurs de la défense nationale, étant chef des armées (A 15) ; le Conseil supérieur de la magistrature.

c) Il dirige la diplomatie : négocie et ratifie les traités et est tenu informé des négociations internationales tendant à la conclusion d'un accord non soumis à ratification (A 52) ; accrédite les ambassadeurs ; les amb. étrangers sont accrédités auprès de lui.

d) Il signe certains textes : promulgue les lois dans les 15 jours suivant leur adoption (A 10) ; signe les ordonnances et les décrets délibérés en Conseil des ministres (A 13).

e) Il est un organe d'arbitrage entre les pouvoirs publics : peut demander au Parlement une nouvelle délibération d'une loi ou de certains articles [(A 10) ; cette faculté a été exploitée pour la 1re fois par F. Mitterrand (2 fois de 1981 à avril 86)] ; peut soumettre au Conseil constitutionnel une loi ou un traité estimé inconstitutionnel (A 54 et 61) ; peut, sur propositions du Gouvernement ou des Assemblées, soumettre au *référendum* tout projet de loi portant sur l'organisation des pouvoirs publics ou comportant l'approbation d'un accord de Communauté ou tendant à autoriser la ratification d'un traité (A 11) (en fait, le Pt a souvent décidé un référendum sans proposition du Premier ministre, celle-ci intervenant comme simple régularisation postérieure ; aucun référendum n'a été demandé par le Parlement) ; peut prononcer la dissolution de l'Assemblée nationale après consultation des présidents des Assemblées et du Premier ministre (A 12) ; peut adresser aux Assemblées des messages qu'il fait lire et qui ne donnent lieu à aucun débat, hors session le Parlement est réuni spécialement à cet effet (A 18).

Tous les Pts ont adressé un m. lors de leur prise de fonction, ou pour saluer les m. de l'Ass. nat. nouvellement élue (sauf en 67, 68, 78), dans de grandes occasions (23-4-61 util. de l'art. 16, 20-3-62 accords d'Évian, 2-10-62 référendum du 28-10, 5-4-72 référendum sur élargissement à la C.E.E.) ; nombre total : De Gaulle 5, Pompidou 3, Giscard 1, Mitterrand 2.

f) Pouvoirs judiciaires : il a le droit de grâce (A 17) ; il est garant de l'indépendance judiciaire (A 64). Appel des décisions du Conseil des prises (qui exerce son activité à l'occasion d'opérations de guerre) : le Conseil d'État qui se prononce en assemblée générale administrative et prépare un projet motivé de décret soumis à la signature du chef de l'État.

Pouvoirs en matière de *mariage :* il peut dispenser des empêchements dus à la parenté et à l'alliance, autoriser des mariages posthumes ; jusqu'à la loi du 23-12-1970 il accorda des centaines de dispenses d'âge en vertu de l'article 145 du Code civil, mais cette prérogative fut alors transférée au procureur de la Rép. du lieu de célébration du mariage.

g) Pouvoirs constituants (voir : révision constitutionnelle, page 635).

h) Pouvoirs spéciaux dans les circonstances exceptionnelles (A 16) : lorsque les institutions de la Rép., l'indépendance de la nation, l'intégrité de son territoire ou l'exécution de ses engagements internationaux sont menacées d'une manière grave et immédiate et que le fonctionnement régulier des pouvoirs publics constitutionnels est interrompu, le Pt de la Rép. prend les mesures exigées par ces circonstances après consultation officielle du Premier ministre, des présidents des Assemblées ainsi que du Conseil constitutionnel. Il en informe la nation par un message.

Ces mesures doivent être inspirées par la volonté d'assurer aux pouvoirs publics constitutionnels, dans les moindres délais, les moyens d'accomplir leur mission. Le Parlement se réunit de plein droit. L'Ass. nat. ne peut être dissoute pendant l'exercice des pouvoirs exceptionnels.

Les pouvoirs de l'A 16 ont été utilisés une fois (23-4/30-9-1961) ; le Pt de la Rép. dénia au Parlement le droit de débattre de problèmes étrangers à l'application des pouvoirs exceptionnels, et le Pt de l'Ass. nat. décida qu'une motion de censure était irrecevable en cas de crise.

Palais nationaux et résidences présidentielles

Palais de l'Élysée. Histoire. *1718* Louis XV donne le terrain à Henri de la Tour d'Auvergne, Cte d'Évreux, qui charge Claude Millet de bâtir un hôtel. *1753* à la mort du Cte d'Évreux, la Mise de Pompadour achète l'hôtel, l'aménage avec P. Lassurance *1764 (15-4).* A sa mort le lègue à Louis XV qui s'en sert comme garde-meubles. *1773.* L. XV le vend au financier Beaujon. *1776* Beaujon le vend à L. XVI qui donne l'hôtel à Louise-Marie-Thérèse d'Orléans (1750-1822), Desse de Bourbon (arrière-petite-fille de l'ancien régent et mère du duc d'Enghien). La Convention met l'hôtel sous séquestre, puis à la disposition de l'Imprimerie nationale. Il sert ensuite de salle de ventes. *1797* rendu à la Desse qui le loue à Nicolas Hovyn qui en fait un établissement de plaisirs (danse et jeux, ouvert le 21-6-1797). *1798 (19-3)* Hovyn l'achète au Directoire (qui avait déclaré l'Élysée bien national), puis le cède à Ribié Montreux de Marimeto qui le cède au glacier Velloni. *1801* Ribié utilise le rez-de-chaussée et loue le 1er en appartements (l'un fut loué au père d'Alfred de Vigny). *1805* vendu à Murat, qui, devenu roi de Naples, le cède à Napoléon (1808). Joséphine s'y installe. Nap. y séjourne (le palais s'appelle l'Élysée-Napoléon). *1809* après son divorce, le donne à Joséphine qui le garde 2 ans. *1812* Nap. y séjourne souvent. *1814* l'empereur de Russie s'y installe. Louis XVIII le retire à la Desse de Bourbon puis le lui échange contre l'hôtel de Valentinois, *Cent-Jours* Nap. s'y installe (y signe le 22-6-1815 sa 2e abdication), L. XVIII le donne au duc de Berry. *1820* (14-2) le duc est assassiné, la Desse abandonne l'El. *1820 à 1848* inhabité. Après la Révolution de 1848, appelé Élysée National, redevient un lieu de plaisirs, puis Louis-Napoléon élu Pt s'y installe jusqu'au 1-1-1852 (il ira aux Tuileries). IIe Empire : gros travaux, résidence officielle des souverains en visite à Paris. *1870 (22-12)* redevient Élysée National. *1872* Thiers y séjourne quelques mois. *1873* (sept.) Mac-Mahon s'y fixe, *1876* affecté au Pt de la Rép. Y ont habité tous les Pts de la IIIe et IVe.

Sous la Ve, de Gaulle se rendait quelques week-ends à « La Boisserie ». Pompidou, Giscard et Mitterrand ont gardé leur appartement où ils ont résidé la plupart du temps ainsi que leur maison de campagne (Pompidou : Cajarc et Orvilliers, Giscard : Chanonat et Authon, Mitterrand : Latché).

Locaux administratifs. *Hôtel de Persigny* (14, rue de l'Élysée) secrétariat de l'état-major particulier du Gal de Gaulle après 1958 ; *hôtel de Noirmoutier* (138, rue de Grenelle) secrétariat général pour la Communauté, supprimé en juin 1974 (à la fin de la présidence du Gal de Gaulle, nouvelle annexe, 2, rue de l'Élysée). *14, rue de l'Élysée* occupé en 1977 par l'état-major particulier et une partie du service du courrier ; *2 et 4, rue de l'Élysée* restaurant et divers collaborateurs. *11, quai Branly,* au palais de *l'Alma* (anciennes écuries de Napoléon III ; cet édifice abritait les équipages présidentiels dep. la IIIe Rép., le Conseil sup. de la magistrature depuis la IVe Rép., service du Courrier).

Hôtel Marigny (23, av. de Marigny). Ancien hôtel Rothschild construit en 1885, acquis par la Présidence pour accueillir les personnalités étrangères plus commodément qu'au Grand Trianon (qui n'est pas une résidence présidentielle, bien que l'aile de Trianon-sous-Bois soit affectée à l'usage personnel du Pt et que certains appartements soient réservés aux hôtes étrangers), sert aussi aux conférences de presse du porte-parole du gouv.

Pavillon de Marly-le-Roi. Sert surtout pour les chasses présidentielles.

Château de Rambouillet. Abrite souvent des rencontres internationales, parfois des réunions gouvernementales.

Fort de Brégançon (Var). Résidence de vacances ou de repos.

Nota. — Le château de Vizille (Isère), acheté par le min. des Beaux-Arts en 1924 et transformé en résidence prés., a été cédé au département en 1960.

Services de la Présidence

• **Effectifs de la Présidence** (au 1-9-85). 711 (dont 308 militaires) dont maison du Président : 173 (dont 31 mil.), services : 538 (dont 277 mil.).

• **Collaborateurs personnels du président. IIIe et IVe Rép.,** le Secr. gén. et peu de collaborateurs : 5 en 1958 (directeur du Cabinet, dir. du Secr. gén., chef du Service financier, adjoint au dir. de Cabinet, chef du service de l'Information). D'abord un militaire, dédoublé à partir d'*É. Loubet (1899-1906),* avec la création d'un poste militaire et d'un poste civil. **Ve Rép.** en 1958, le titre de Secr. gén. militaire disparaît, un secr. gén. adjoint est créé sous la présidence de G. Pompidou (1969-74), le Pt est entouré de 10 à 20 conseillers techniques et chargés de mission.

Secrétaires généraux de l'Élysée. *1954* Charles Merveilleux du Vignaux (22-8-08). *Sous la Ve République. 1959 (8-1)* Geoffroy de Courcel (11-9-12) ; *1962 (14-2)* Étienne Burin des Roziers (11-8-13) ; *1967 (30-6)* Bernard Tricot (17-6-20) ; *1969 (2-5)* Bernard Beck (intérim de Poher) ; *1969 (20-6)* Michel Jobert (11-9-21) ; *1973 (5-4)* Édouard Balladur (2-5-29) ; *1974 (27-5)* Claude Pierre-Brossolette (5-3-28) ; *1976 (27-7)* Jean François-Poncet (8-12-28) ; *1978 (29-11)* Jacques Wahl (18-1-32) ; *1981 (21-5)* Pierre Bérégovoy (23-12-25) ; *1982 (1-7)* Jean-Louis Bianco (12-1-43).

• **État de la présidence (au 15-11-1986).** *Secr. gén.* Jean-Louis Bianco. *Chef de l'état-major particulier* Gal d'armée Gilbert Forray. *Conseiller spécial auprès du Pt de la Rép.* Jacques Attali. *Dir. du Cabinet*

Rôle au sein de la Communauté franco-africaine. Il est président de la Communauté et est représenté dans chaque État de la Communauté.

Survivances historiques et honorifiques. *Ordres :* le Pt nomme par décret les membres des 2 ordres nationaux (Légion d'honneur et Mérite), signe les promotions aux divers grades et peut autoriser le port de décorations étrangères. En fait, il suit les propositions des divers ministères à l'intérieur des « contingents » attribués. Il n'exerce de choix véritable qu'à l'intérieur du contingent qu'il s'est réservé lors de la répartition qu'il effectue tous les 3 ans. *Académie française.* Le Pt est « protecteur ». Il se prononce sur l'élection de nouveaux membres (approbation résultant implicitement de l'audience qu'il accorde au nouvel élu).

Titres de chanoines laïcs (ad honores) portés par les chefs de l'État français. Chanoines de St-Jean-de-Latran en vertu d'une fondation de Louis XI (1482), renouvelée par Henri IV, qui donne à St-Jean-de-Latran l'abbaye de Clarac (dioc. d'Agen), le 22-9-1604 (confisquée en 1791) ; restaurée sous forme de bourse par Napoléon III qui rétribue (1863) un remplaçant au chœur (supprimé en 1871).

En outre, ayant fondé ou doté des Églises en France, ils s'inscrivent sur la liste des chapitres, par ex. : Tours, Poitiers, Le Mans (St-Julien, titre remis en honneur pour Armand Fallières), Auch, Lyon, Angers, Châlons, St-Quentin. Comme successeurs des ducs de Lorraine, chanoines de Nancy (titre remis en honneur pour Napoléon III). Comme successeurs des ducs de Savoie, chanoines de St-Jean-de-Maurienne (idem).

Nota. — Le Pt est aussi coprince d'Andorre (voir Index).

Le Pt de la République peut-il exercer d'autres fonctions politiques ?

La Constitution de 1958 (comme celles de 1848 et 1875) ne le précise pas (la C. de 1946 disposait qu'il y avait incompatibilité), mais dans la pratique l'incompatibilité est la règle depuis 1848 (exception : Thiers qui avait gardé son mandat de député) ; sous la Ve Rép., G. Pompidou et F. Mitterrand ont renoncé à leur mandat de député, V. Giscard d'Estaing et F. Mitterrand à leur mandat de maire, F. Mitterrand à son mandat de conseiller gén. et de Pt du Conseil gén., mais V. Giscard d'Estaing est resté conseiller municipal jusqu'en 1977 et F. Mitterrand jusqu'en 1983.

Protocole en cours de mandat

Coups de canon protocolaires. Lors de l'investiture du Pt, quand le grand chancelier de la Légion d'honneur lui passe au cou le grand collier de la Légion d'honneur, on tire 21 coups de canon. Lors de la réception officielle du Pt dans une ville de garnison (cérémonie militaire), on tire 101 coups de canon.

Déplacement en France : le Pt de la Rép. reçoit les *honneurs civils* (accueil par le préfet à la limite du département, par le sous-préfet à la limite de l'arrondissement, par le maire au « lieu d'arrivée » dans la ville ; sonnerie de cloches à la volée) et *militaires* (dans la ville de garnison : haies de troupes, batteries de tambour et sonneries de clairon, hymne national, 101 coups de canon).

Honneurs funèbres : civils et militaires ; participation des personnes et des corps figurant sur la liste des préséances, drapeaux en berne, honneurs militaires rendus par toute la garnison. L'usage en a fixé le déroulement qui peut varier dans les détails. Une décision gouvernementale prise en Conseil des ministres détermine la nature des funérailles dont les frais sont à la charge de l'État. Les *funérailles nationales* sont réglées dans le détail par des décisions du Gouvernement.

Offense au Président. *Délit de presse* (art. 26 de la loi du 29-7-1881), concerne la personne et non les fonctions du chef de l'État. *Outrage :* définition plus large que l'offense : il peut être non public ou perpétré autrement que par écrit ou parole (gestes ou envoi d'objets).

☞ Pour en savoir plus, demandez le Quid des Présidents de la République (Éd. Robert Laffont).

Jean-Claude Colliard. *Chargé de mission auprès du Pt de la Rép.* Pierre Dreyfus. *Conseillers auprès du Pt de la Rép.* Michel Charasse, Guy Penne. *Secrétariat général de la Présidence de la Rép. : secr. gén. adjoint* Michèle Gendreau-Massaloux. *Porte-parole* Michel Vauzelle. *Chargée des relations auprès de la presse* Nathalie Duhamel. *8 conseillers techniques ; 9 chargés de mission. Cabinet : dir. adjoint* Gilles Ménage. *Chef de cabinet* Jean Glavany. *2 conseillers techniques ; 2 chargés de mission ; secrétariat particulier du Pt de la Rép.* 2 secr. *État-major particulier* 6 membres. *Commandant militaire du Palais.*

● **Courrier du Président.** En moyenne 200 000 à 300 000 lettres par an, dont 100 000 lettres proprement dites (non compris cartes de vœux, pétitions imprimées, demandes de secours). En période exceptionnelle, le courrier augmente : le Gal de Gaulle reçut 210 000 lettres la semaine des « barricades » (janv. 1960) et le Pt V. Giscard d'Estaing 250 000 la semaine qui suivit son élection (mai 1974).

Nota. — En 1975, V. Giscard d'Estaing a reçu 8 640 invitations à dîner : 2 067 de la région parisienne, 6 413 de la province et 160 de l'étranger.

Budget de la Présidence. V. Index Présidence.

Le Gouvernement

Premier ministre

Nomination

Nommé par le Pt de la Rép. (A 8, alinéa 1). Il propose ensuite des ministres au Pt qui les nomme (A 8, alinéa 2). Le 18-3-86, J. Chirac a été appelé pour procéder à un tour d'horizon au sujet de la formation du gouvernement, formule permettant au Pt de subordonner la nomination effective de J. Chirac au caractère acceptable du Gouvernement qu'il proposerait.

Pouvoirs

Il dirige l'action du Gouvernement ; il est responsable de la défense nationale ; il assure l'exécution des lois ; il exerce le pouvoir réglementaire et nomme aux emplois civils et militaires (sous réserve des pouvoirs attribués au Pt de la Rép.) (A 21). Il peut proposer au Pt de la Rép. une révision de la Constitution (A 89).

Il est consulté par le Pt de la République en cas de dissolution de l'Assemblée (A 12) ou d'utilisation de l'article 16 de la Constit. Il est, avec le Gouvernement, responsable devant le Parlement (A 20).

Il peut demander au Parlement les pleins pouvoirs (le Pt de la Rép. ne peut l'en empêcher mais peut s'opposer à toutes les ordonnances prises). En mars 1986, Michel Debré estimait que si le Pt refusait de signer les ordonnances, le gouvernement devrait poser la question de confiance à l'Assemblée ; si celle-ci la vote, le Pt doit se soumettre ou se démettre car la volonté d'une ass. élue récemment prime sur celle d'un président élu cinq ans plus tôt.

Résidences du Premier ministre

Hôtel Matignon. Œuvre de Jean Courtonne (1671-1739) ; commencé pour le Mal de Montmorency, achevé pour le Cte Jacques de Matignon (1689-1751), devenu prince de Monaco. Habité par Talleyrand en 1810, puis par les princes de Bourbon-Espagne, ducs de Galliéra. Ambassade d'Autriche de 1888 à 1914, confisqué pendant la guerre et transformé en 1920 en tribunal d'arbitrage pour le traité de Versailles. En janvier 1935, remanié sous la direction de Paul Bigot (1870-1942) et mis à la disposition du Pt du Conseil (1er occupant : Léon Blum, 4-6-1936). Décoration style rocaille. Le jardin est le plus grand espace vert de Paris.

Château de Champs-sur-Marne (S.-et-M.) Construit de 1703 à 1707 par Jean-Baptiste Bullet (1662-1737) pour le financier Charles Renouard, dit La Touane († 1704), puis pour le financier Paul Poisson de Bourvalais (v. 1660-1719), embastillé 1716 ; passe aux duc de La Vallière, qui, à partir de 1757, le loue à Mme de Pompadour. Acheté en 1905 par le banquier Cahen d'Anvers, dont le fils lègue le château à l'État pour servir de résidence d'été aux Pts du Conseil. Depuis 1945, utilisé de préférence pour loger les hôtes étrangers du Gouvernement.

Collaborateurs

Secrétariat général du Gouvernement. *Créé* en 1935. Assiste le Premier ministre dans l'organisation du travail gouvernemental. *1943 :* Louis Joxe (16-9-01) secr. gén. du Comité de libération nationale. *1946 (15-9) :* André Ségalat (10-8-10). *1958 (23-1) :* Roger Belin (21-3-16). *1964 (14-3) :* Jean Donnedieu de Vabres (9-3-18). *1974-75 :* intérim Jacques Larché, Marceau Long (22-4-26). *1982 (10-7) :* Jacques Fournier (5-5-29). *1986 (26-3) :* Renaud Denoix de Saint-Marc (24-9-38).

Services généraux du Premier ministre. *1980 :* 1 389 (dont 737 titulaires et 652 contractuels). *1985 :* 1 880 (1 190 t., 690 c.).

Le Gouvernement

☞ Voir nombre, durée des ministères et liste chronologique des ministres à l'Index.

Nomination

Ses membres (qui ont tous droit à l'appellation de « ministre » même s'ils sont secrétaires d'État) sont nommés par le Pt de la République sur proposition du Premier ministre (A 8).

Différentes formations

Conseil des ministres. *Composition :* membres du gouvernement (Premier ministre, min. d'État, ministres) réunis sous la présidence du Pt de la Rép. Les secrétaires d'État n'y participent pas de plein droit. Ils en sont habituellement exclus depuis 1969.

Exceptionnellement, le Premier ministre peut le présider (il faut une délégation expresse et un ordre du jour déterminé) ; il ne l'a fait que 3 fois : pour l'hospitalisation du Gal de Gaulle le 22-4-1964 et son voyage en Amér. latine le 30-9-1964 (le 1er min. ne fut autorisé à tenir qu'un seul Conseil et les textes furent signés par le Pt de la Rép.) et le 14-2-1973 ; aucune des délégations accordées au Premier ministre lors des voyages présidentiels à l'étranger pour réunir éventuellement le Conseil des min. n'a été utilisée.

Séances : généralement le mercredi matin à l'Élysée (il a siégé à Lyon le 11-9-1974, Évry le 26-2-1975, Marly-le-Roi le 17-12-1975, le 14-12-1977, le 13-12-1978, et à Lille le 1-12-1976).

Rôle : conseille le Pt qui peut s'opposer à ses avis et peut inscrire à l'ordre du jour les décrets qu'il réserve à sa signature ; il coordonne l'action du Gouvernement. En général le *Conseil* entérine sans discussion les textes ou décisions des *Conseils restreints* ou *interministériels* (durée moy. : 3 h). Un communiqué officiel est publié.

Conseil de cabinet. Présidé par le Premier ministre, il n'est réuni qu'exceptionnellement : ainsi, après la mort du Pt Pompidou (3-4-1974).

Comités interministériels. Réunions restreintes présidées par le Premier ministre, comprenant les ministres et les secrétaires d'État intéressés par une question.

Comités restreints (sans existence légale). Réunis à la demande du Pt de la Rép. ou avec son autorisation pour préparer certaines affaires qui viendront devant un Conseil restreint ou en Conseil des ministres ; fréquents au début de la Ve Rép., ils sont moins nombreux depuis 1971.

Pouvoirs. Il détermine et conduit la politique de la nation. Il dispose de l'Administration et de la Force armée (A 20). Il peut proposer au Pt de la Rép. de soumettre un texte au référendum (A 11).

Responsabilité. 1° *politique* (A 49 et 50). Il est responsable devant l'Ass. nationale. Il peut lui demander l'approbation de son programme ou d'une déclaration de politique générale. Il peut engager sa responsabilité sur un texte ; auquel cas le texte est considéré comme adopté si une *motion de censure* n'est pas votée. L'Ass. peut voter une motion de censure, signée par 1/10 au moins de ses membres. Si cette motion obtient la majorité absolue des voix, le Gouvernement est renversé. Voir p. 645.

2° *pénale.* Les ministres sont pénalement responsables des crimes et délits commis dans l'exercice de leurs fonctions ; ils sont jugés par la Haute Cour (A 68).

Nota. — Chaque membre du Gouvernement peut démissionner (il reçoit alors sa rémunération pendant 6 mois). Il peut être « démissionné » par le Pt de la

État de siège. Décrété en Conseil des ministres ; au-delà de 12 j, ne peut être prorogé qu'avec l'accord du Parlement (Article 36). Implique l'attribution de pouvoirs de police exceptionnels aux autorités militaires en cas d'un péril national grave (politique ou militaire) ; peut être déclaré sur tout ou partie du territoire national.

État d'urgence. Déclaré par décret pris en Conseil des ministres, il doit préciser l'aire géographique concernée ; seule une loi peut autoriser sa prorogation au-delà de 12 j. Créé par une loi du 3-4-1955 (modifiée par une ordonnance du 15-4-1960), il est plus rigoureux que l'état de siège ; des pouvoirs de police exceptionnels sont accordés aux autorités civiles. Sous la Ve Rép., appliqué en 1960 (en Algérie), du 23-4-1961 au 15-7-1962 (territoire national — Article 16 également).

Rép. sur proposition du Premier ministre : ainsi J.-J. Servan-Schreiber, nommé min. de la Réforme le 28-5-1974 et écarté le 9-6-1974.

Les ministres

Ministres d'État

Ministres. Un même ministère peut être confié à un min. d'État, ou à un min. délégué, ou à un min., ou à un secr. d'État (exemples : Défense, Construction, Information, Intérieur, Justice, Transports...).

Sous les IIIe et IVe Rép., on nommait min. d'État de grands esprits pour participer au Gouvernement, sans avoir la charge d'un ministère. La fonction acquit ainsi du prestige, et Guy Mollet (en févr. 1956) donna le titre de « ministre d'État » à 2 ministres détenant un portefeuille : René Billières (Éduc. nat.) et François Mitterrand (Justice), créant un degré supplémentaire dans la hiérarchie ministérielle. En 1957, le député ivoirien Houphouët-Boigny fut nommé ministre d'État dans le gouv. Bourgès-Maunoury. Nommé simple ministre dans les gouv. suivants, il refusa de prendre ses fonctions, jugées inférieures, bien que la primauté hiérarchique des ministres d'État ne figurât dans aucun texte. Les ministres d'État sans portefeuille constituèrent alors une sorte de caution des partis coalisés au sein du Gouvernement ; ainsi en 1958, dans le dernier gouv. de la IVe République, celui du Gal de Gaulle, les 4 min. d'État représentaient la S.F.I.O. (Guy Mollet), le M.R.P. (P. Pflimlin), les Indépendants (L. Jacquinot) et l'U.D.S.R. (F. Houphouët-Boigny). Sous la Ve République, le titre de ministre d'État est surtout devenu honorifique (préséance protocolaire, avec une rémunération légèrement supérieure à celle des autres ministres) ; toutefois, dans le gouv. Barre du 27-8-1976, il y avait 3 min. d'État représentant les 3 tendances de la majorité présidentielle : O. Guichard (U.D.R.), M. Poniatowski (R.I.) et J. Lecanuet (C.D.S.). Dans le 2e gouv. Mauroy du 23-6-1981, il y a 5 min. d'État dont 3 représentent le P.S. (G. Defferre, M. Rocard, J.-P. Chevènement), 1 le P.C. (Ch. Fiterman), 1 le Mouvement des démocrates (M. Jobert). Voir p. 662.

Ministres délégués. Titre créé en 1956 par Guy Mollet (Houphouët-Boigny, « min. délégué à la Présidence du Conseil »). Il permet de donner la qualité de min. à une personnalité, sans la nommer « min. d'État », ce qui la mettrait au-dessus des autres min. (étant donné le changement de nature des « min. d'État »). Correspond actuellement à un échelon intermédiaire entre ministre et secrétaire d'État.

Cabinet ministériel. Comprend 1 directeur de cabinet (fonctions administratives), 1 chef de cabinet (fonctions politiques), 2 chefs adjoints de cabinet, 3 attachés de cabinet, 1 chef du secrétariat particulier, 2 ou 3 chargés de mission ou conseillers techniques et beaucoup de collaborateurs « officieux ».

Composition du Gouvernement

Mai 1981 à mars 1986

• **1er gouv. Mauroy :** *22-5-1981 :* 43 membres dont 6 femmes : 5 ministres d'État, 25 min. et min. délégués et 12 secrétaires d'État. Comprend 39 membres du P.S., 3 représentants du Mouvement des radicaux de gauche et 1 du Mouvement des démocrates. 3 ministères créés : Solidarité nationale, Temps libre, Mer.

• **2e gouv. Mauroy :** *23-6-1981* (P. Mauroy ayant démissionné après les élections lég. de juin) : 44 membres : 5 ministres d'État, 29 min. et min. délégués, 9 secr. d'État, 32 socialistes, 4 communistes, 2 radicaux de gauche et 1 représentant du Mouvement des démocrates. *Remanié 3 fois : 1982-29-6 :* 2 grands ministères sont créés : Affaires sociales (M. Bérégovoy), Recherche et Industrie (J.-P. Chevènement). Mme N. Questiaux (Solidarité nationale) et M. Dreyfus (Industrie) quittent le gouvernement. *17-8 :* Joseph Franceschi, secrétaire d'État chargé des personnes âgées, est nommé secrétaire d'État à la Sécurité publique. *8-12 :* M. Jean-Pierre Cot, ministre délégué à la Coopération et au Développement, quitte le gouv. ; il est remplacé par Christian Nucci. D. Benoist est nommé secrétaire d'État aux personnes âgées. *1983-29-6 :* démissions : Michel Jobert, ministre d'État, ministre du Commerce extérieur, Jean-Pierre Chevènement, ministre d'État, min. de la Recherche et de l'Industrie.

• **3e gouv. Mauroy :** *22-3-1983* (P. Mauroy ayant démissionné est reconduit le soir même dans ses fonctions et annonce un « ministère de combat ») : 43 membres dont le PM, 14 ministres, 8 min. délégués, 20 secr. d'État avec 2 promotions pour Jacques Delors (no 2) et Pierre Bérégovoy (no 3). *24-3-83* complété par la nomination de ministres délégués et de 19 secrétaires d'État. *Sont supprimés :* les ministères d'État, le secr. d'État au Travail. *Sont transformés 4 min. de plein exercice* en 3 min. délégués (Culture ; P.T.T. ; Temps libre, Jeunesse, Sports) ; 6 en secrétariats d'État (Santé, Environnement, Mer, Communication, Anciens combattants, Consommation) ; 3 min. délégués en secrétariats d'État (Fonction publique, Budget, Énergie). *Sont créés :* 3 secrétariats d'État : Forêt, Éducation nationale, porte-parole du gouv. *Une femme de plus entre au gouv. :* H. Bouchardeau (6 femmes au lieu de 5). *Partis :* P.S. : 36, P.C. : 4, R.G. : 2, P.S.U. : 1. — *Remanié 2 fois : 30-9-83,* Paul Quilès et Jean Gatel remplacent Roger Quilliot et François Autain élus sénateurs ; *18-12-83,* Roland Dumas remplace André Chandernagor nommé 1er Pt de la Cour des Comptes.

• **Gouvernement Fabius nommé le 19 et 23-7-1984 :** à l'Économie, Bérégovoy remplace J. Delors qui, le 7-1-85, devient Pt de la Commission des Com. eur., P. Joxe remplace G. Deferre nommé min. d'État chargé du Plan et de l'aménagement du territoire. A l'Éducation nationale, Chevènement remplace A. Savary. *7-12-84 :* Roland Dumas remplace aux Relations extér. Claude Cheysson qui redeviendra Commissaire eur. en janv. 85. *4-4-85 :* Henri Nallet remplace à l'Agriculture Michel Rocard qui, opposé à l'adoption de l'élection à la représentation proportionnelle, a démissionné. *20-9-85 :* Paul Quilès (min. Urbanisme et logement) remplace à la Défense Charles Hernu démissionnaire à la suite de l'affaire Greenpeace. *16-2-86 :* Michel Crépeau (min. du Commerce) remplace à la Justice Robert Badinter (nommé Pt du Conseil constit.).

Gouvernement Chirac

Nommé le 20-3-1986, complété le 26-3-86.

• **P.M. :** Jacques Chirac R.P.R. (29-11-32, Paris).

• **Ministre d'État. Économie, finances et privatisation :** Édouard Balladur R.P.R. (2-5-29, Smyrne, Turquie).

• **Ministres. Garde des sceaux, min. de la Justice :** Albin Chalandon R.P.R. (11-6-20, Reyrieux, Ain). **Défense :** André Giraud (3-4-25, Bordeaux, Gir.). **Culture et Communication :** François Léotard U.D.F.-P.R. (26-3-42, Cannes, A.-M.). **Affaires étrangères :** Jean-Bernard Raimond (6-2-26, Paris). **Intérieur :** Charles Pasqua R.P.R. (18-4-27, Grasse, A.-M.). **Équipement, logement, aménagement du territoire, transports :** Pierre Méhaignerie U.D.F.-C.D.S. (4-5-39, Balazé, I.-et-V.). **Départements et territoires d'outre-mer :** Bernard Pons R.P.R. (18-7-26, Béziers, Hér.). **Éducation nationale :** René Monory U.D.F.-C.D.S. (6-6-23, Loudun, Vienne). **Affaires sociales et emploi :** Philippe Séguin R.P.R. (21-4-43, Tunis). **Industrie, P.T.T. et tourisme :** Alain Madelin U.D.F.-P.R. (26-3-46, Paris). **Agriculture :** François Guillaume (19-10-32, Ville-en-Vermois, M.-et-M.). **Coopération :** Michel Aurillac R.P.R. (11-7-28, Marseille, B.-du-R.). **Relations avec le Parlement :** André Rossinot U.D.F.-Rad. (29-5-39, Briey, M.-et-M.).

• **Ministres délégués auprès du P.M. :** *chargé de la fonction publique et du plan :* Hervé de Charette U.D.F.-P.R. (30-7-38, Paris). **Auprès d'un ministre : Économie, finances et privatisation :** *chargé du budget :* Alain Juppé R.P.R. (15-8-45, Mt-de-Marsan, Landes). *Du commerce extérieur :* Michel Noir R.P.R. (19-5-44, Lyon, Rh.). *De la privatisation :* Camille Cabana R.P.R. (11-12-30, Elne, P.O.) *Du commerce et de l'artisanat :* Georges Chavanes U.D.F.-C.D.S. (6-1-25, Alger). **Intérieur :** *chargé de la sécurité :* Robert Pandraud R.P.R. (16-10-28, Le Puy, H.-L.). **Équipement, logement, aménagement : transports** *chargé des transports :* Jacques Douffiagues U.D.F.-P.R. (28-1-41, Paris). *De l'environnement :* Alain Carignon R.P.R. (23-2-49, Vizille, Isère). **Éducation nationale :** *chargé de la recherche et de l'enseignement supérieur :* Alain Devaquet R.P.R. (4-10-42, Raon-l'Étape, Vosges). **Affaires sociales et de l'emploi :** *chargée de la santé et de la famille :* Michèle Barzach R.P.R.

• **Secrétaires d'État auprès du P.M. :** *chargé de la francophonie :* Lucette Michaux-Chevry, a. R.P.R. (5-3-29). *Des droits de l'homme :* Claude Malhuret (8-3-50, Strasbourg, Bas-Rh.). *De la jeunesse et des sports :* Christian Bergelin R.P.R. (15-4-45, Gray, Hte-Saône).

• **Secrétaires d'État auprès d'un ministre : Culture et communication :** Philippe de Villiers U.D.F.-P.R. **Affaires étrangères :** Didier Bariani U.D.F.-Rad. (16-10-43, Bellerive, Allier). **Intérieur :** *chargé des collectivités locales :* Bernard Bosson U.D.F.-C.D.S. (25-2-48, Annecy, Hte-S.). **DOM/TOM :** *chargé des problèmes du Pacifique sud :* Gaston Flosse R.P.R. (21-6-31, Kikitéa, Polyn. fr.). **Éducation nationale :** *chargé de l'enseignement :* Michèle Alliot-Marie R.P.R. (10-9-46, Villeneuve-le-Roi, V.-de-M.). *De la formation professionnelle :* Nicole Catala R.P.R. (2-2-36, Millau, Aveyr.). **Affaires sociales et emploi :** *chargés de la sécurité soc. :* Adrien Zeller U.D.F.-C.D.S. (2-4-40, Saverne, Bas-Rh.), Jean Arthuis U.D.F.-C.D.S. (7-10-44, St-Martin-du-Bois, M.-et-L.). **Industrie, P.T.T. et tourisme :** *chargé des P.T.T. :* Gérard Longuet U.D.F.-P.R. (24-2-46, Neuilly-sur-Seine, Hts-de-S.). *Du tourisme :* Jean-Jacques Descamps U.D.F.-P.R. (20-3-35, Lille, N.).

• **Secrétaires d'État. Aux anciens combattants :** Georges Fontès R.P.R. (5-9-24). **Aux rapatriés :** André Santini U.D.F.-P.S.D. (20-10-40, Paris). **A la mer :** Ambroise Guellec U.D.F.-C.D.S. (26-3-41, Peumerit, Fin.).

☞ **Membres**, dont 25 participent régulièrement au Conseil des min. : le P.M., 14 min. (dont 1 d'État), 10 min. dél. et 16 secrétaires d'État (le 26-3).

Age. *5 de 60 à 70 ans, 11 de 50 à 40, 22 de — de 50 ;* avant, *2 de + de 70 ans, 5 de 60 à 70, 14 de 50 à 60, 22 de — de 50.*

Postes pourvus le 26-3. Min. dél. au Commerce et à l'artisanat, Santé, secr. État au Tourisme. **Postes non pourvus.** *Travail* (il y a un min. des Affaires sociales et de l'Emploi). *Droits de la femme* (ou Condition féminine sous Giscard d'Estaing). *Consommation. Porte-parole. Postes ministériels créés par la gauche :* forêt, affaires européennes, personnes âgées, économie sociale, énergie, prévention des risques naturels et technologiques majeurs, enseignement technique et technologique.

Innovations. Min. délégué ou secr. d'État pour : privatisation, sécurité (elle avait eu un titulaire d'août 1982 à juil. 84), francophonie, droits de l'homme, collectivités locales (poste existant dans le 3e gouv. Barre), Pacifique sud, sécurité sociale (1 existant en juil. 1979 au 23-6-81). Le Garde des Sceaux retrouve sa 1re place hiérarchique. Les Relations extérieures redeviennent « Affaires étrangères ». L'aménagement du territoire regroupé avec équipement, transport et logement, exerce la tutelle sur l'environnement. Les DOM-TOM redeviennent autonomes (étaient rattachés au min. de l'Intérieur dep. août 1976). Le tourisme est rattaché à l'Industrie. La Coopération, rattachée aux Relations extérieures dep. mai 1981, redevient un min. plein, ainsi que les Relations avec le Parlement (qui dépendaient directement du P.M.). Le Plan est associé à la fonction publique. Le commerce extérieur est sous la tutelle du titulaire des Finances, comme la privatisation. La Recherche est rattachée à l'Enseignement supérieur. Le secr. d'État aux anciens combattants retrouve une autonomie perdue dep. juin 1981. Le Secr. d'État aux rapatriés devient autonome, le Secr. d'État à la mer le devient aussi (création de la gauche, il était rattaché aux transports dep. mars 1983).

Partis. R.P.R. 20, U.D.F. 18 (8 P.R., 7 C.D.S., 2 Rad., 1 P.S.D.), 3 sans parti.

Statistiques

Démission de gouvernements. De 1958 à 1981 : *1 a démissionné sur motion de censure* de l'Ass. nat. (gouv. Pompidou, le 6-10-62), 12 à la demande du chef de l'État (le Gal de Gaulle exigeait de ses Premiers ministres, dès leur nomination, leur démission en blanc) ou du Premier ministre ou pour d'autres raisons (après des élections législatives ou présidentielles) : en 1972, J. Chaban-Delmas, malgré le vote de confiance de l'Ass. nat. du 23-5-1972 (368 v. contre 96), dut démissionner le 5-7 ; J. Chirac prit, le 26-7-1976, l'initiative de sa démission qui ne fut rendue publique que le 25-8. **De 1981 à mars 1986 :** Mauroy a démissionné 2 fois (dont 1 après les élec. lég. de juin 81), Fabius 1 fois (après les élec. lég. du 16-3-86).

Nombre de membres. Gouvernement le plus nombreux de la IIIe Rép. : gouv. soc. de Léon Blum en 1936 (21 ministres, 13 sous-secr. d'État). Pour la 1re fois le min. comprenait des femmes : 3 sous-secrétaires d'État (éducation, recherche scientifique, protection de l'enfance). 3 ministres d'État représentaient les 3 familles politiques du Front populaire. Il y avait un sous-secr. d'État à l'organisation des loisirs (et aux sports) confié à Léo Lagrange. **De la Ve Rép. :** *Debré :* 26 (20 ministres et 6 secrétaires d'État). *Chaban-Delmas :* 39 (19 min. et 20 secr. d'État). *Mauroy, I* (22-5-81) : 31 min., 12 secr. d'État. *II* (23-6-81) : 34 min. et 9 secr. *III* (1-6-82) : 34 min., 9 secr.

Membres du Gouv. non parlementaires : 1° *gouv. Chirac :* 14 (5 min. et 9 secr. d'État, après le 12-1-1976) sur 43. *Barre, I* (du 25-8-76 au 28-3-77) : 11 sur 36 (6 min., 5 secr. d'État). *II* (du 29-3-77 au 31-3-78) : 9 sur 40 (5 min., 4 secr. d'État). *III :* 11 sur 38 (5 min., 6 secr. d'État). 15 min. sur 20 et 6 secr. d'État sur 18 sont fonctionnaires d'origine (dont 3 universitaires, 4 ingénieurs, 6 anciens E.N.A.).

☞ Voir Quid 1982, tableaux p. 704.

Frais de Cabinet d'un ministre et (entre parenthèses) d'un secrétaire d'État *(en milliers de F, 1982).* Dépenses de personnel 1 600 (1 465) ; Indemnités de cabinet 97 (38) ; Frais de déplacement 100 (50) ; matériel 200 (150) ; parc automobile 50 (30) ; remboursements à diverses administrations 70 (40) ; total 2 117 (1 773). [En 1980 : 1 448 (1 273).]

Combien de temps furent-ils président du Conseil pendant leur carrière politique ?

IIIe Rép. : Poincaré 5 a. 6 m. 6 j en 5 fois. Briand 5 a. 3 m. 6 j en 11 fois. Clemenceau 4 a. 11 m. 5 j en 2 fois. **IVe Rép. :** Queuille 1 a. 7 m. 18 j en 3 fois. **Ve Rép. :** Pompidou (1er min.) 6 a. 2 m. 25 j.

Ministres depuis 1944

☞ Voir Présidents du Conseil puis Premiers ministres, p. 556.
Biographie : voir à l'Index.

Affaires étrangères

1944 (10-9) Georges Bidault (1899-1983).
1946 (16-12) Léon Blum (1872-1950).
1947 (22-1) Georges Bidault (1899-1983).
1948 (26-7) Robert Schuman (1886-1963).
1953 (8-1) Georges Bidault (1899-1983).
1954 (19-6) Pierre Mendès France (1907-1982).
1955 (20-1) Edgar Faure (18-8-1908).
1955 (23-2) Antoine Pinay (30-12-1891).
1956 (1-2) Christian Pineau (14-10-1904).
1958 (14-5) René Pleven (15-4-1901).
1958 (1-6) Maurice Couve de Murville (24-1-1907).
1968 (31-5) Michel Debré (15-1-1912).
1969 (22-6) Maurice Schumann (10-4-1911).
1973 (4-4) Michel Jobert (11-9-1921).
1974 (28-5) Jean Sauvagnargues (2-4-1915).
1976 (27-8) Louis de Guiringaud (1910-1982).
1978 (29-11) Jean François-Poncet (8-12-1928).

Relations extérieures

1981 (22-5) Claude Cheysson (13-4-1920).
1984 (17-12) Roland Dumas (23-8-1922).

Affaires étrangères

1986 (20-3) Jean-Bernard Raimond (6-2-1926).

Agriculture

1944 (10-9) Fr. Tanguy-Prigent (1909-70).
1947 (22-10) Marcel Roclore (25-8-1897).
1947 (24-11) Pierre Pflimlin (5-2-1907).
1949 (2-12) Gabriel Valay (17-9-1905).
1950 (3-7) Pierre Pflimlin (5-2-1907).
1951 (11-8) Paul Antier (20-5-1905).
1951 (21-11) Camille Laurens (12-8-1906).
1953 (28-6) Roger Houdet (14-6-1899).
1955 (23-2) Jean Sourbet (1900-62).
1956 (1-2) André Dulin (Secr.) (1896-1973).
1957 (17-6) Pierre de Félice (Secr.) (13-12-1896).
1957 (6-11) Rol. Boscary-Monsservin (12-5-1904).
1958 (9-6) Roger Houdet (14-6-1899).
1959 (27-5) Henri Rochereau (25-3-1908).
1961 (24-8) Edgard Pisani (9-10-1918).
1966 (6-1) Edgar Faure (18-8-1908).
1968 (10-7) Robert Boulin (1920-79).
1969 (16-6) Jacques Duhamel (1924-77).
1971 (8-1) Michel Cointat (13-4-1921).
1972 (7-7) Jacques Chirac (29-11-1932).
1974 (2-3) Raymond Marcellin (19-8-1914).
1974 (28-5) Christian Bonnet (14-6-1921).
1977 (30-3) Pierre Mehaignerie (4-5-1939).
1981 (22-5) Édith Cresson (27-1-1934).
1983 (22-3) Michel Rocard (23-3-1930).
1985 (4-4) Henri Nallet (6-1-1939).
1986 (20-3) François Guillaume (19-10-1932).

Défense nationale

1944 (10-9) André Diéthelm [1] (1896-1954).
1945 (21-11) Edmond Michelet [2] (1899-1970).
1946 (24-6) Félix Gouin [3] (1884-1977). Edmond Michelet [4] (1899-1970).
1946 (16-12) André Le Troquer [3] (1884-1963).
1947 (22-1) Paul Coste-Floret (Guerre) (9-4-1911). Louis Jacquinot (Marine) (16-9-1898). André Maroselli (Air) (1893-1970).
1947 (22-10) Pierre-Henri Teitgen [3] (29-5-1908).
1948 (26-7) René Mayer [3] (1895-1972).
1948 (11-9) Paul Ramadier [3] (1888-1961).
1949 (28/29-10) René Pleven [3] (15-4-1901).
1950 (12-7) Jules Moch [3] (1893-1985).
1951 (11-8) Georges Bidault [3] (1899-1983). Maurice Bourgès-Maunoury (adjoint) (19-8-1914).
1952 (20-1) Georges Bidault [3] (1899-1983).
1952 (8-3) René Pleven [3,7] (15-4-1901).
1954 (19-6) Pierre Koenig [6] (1898-1970). Pierre Billotte (8-3-1906) adjoint le 23-2-55.
1956 (1-2) Maurice Bourgès-Maunoury (19-8-1914).
1957 (13-6) André Morice [6] (1-10-1900).
1957 (6-11) Jacques Chaban-Delmas [6] (7-3-1915).
1958 (14-5) Pierre de Chevigné [5] (16-6-1909).
1958 (1-6) Pierre de Guillaumat [8] (5-9-1909).
1960 (5-2) Pierre Messmer [8] (20-3-1916).
1969 (22-6) Michel Debré [3] (15-1-1912).
1973 (4-4) Robert Galley (11-1-1921).
1974 (28-5) Jacques Soufflet (4-10-1912).
1975 (1-2) Yvon Bourges (29-6-1921).
1980 (2-10) Joël Le Theule (1930-80). Robert Galley (11-1-1921).
1981 (22-5) Charles Hernu (3-7-1923).
1985 (20-9) Paul Quilès (27-1-1942).
1986 (20-3) André Giraud (3-4-1925).

Nota. — (1) Guerre. (2) Des Armées (Terre, Air, Mer). (3) Déf. nat. (4) Armée. (5) Forces armées. (6) Déf. nat. et Forces armées. (7) A partir du 8-1-53, Déf. nat. et Forces armées. (8) Des Armées.

Éducation nationale

1944 (6-9) René Capitant (1901-70).
1945 (21-11) Paul Giacobbi (1896-1951).
1946 (26-1) Marcel Naegelen (17-1-1892).
1948 (12-2) Édouard Depreux (1898-1981).
1948 (26-7) Yvon Delbos (1885-1956).
1948 (5-9) Tony Revillon (Michel Marie) (1891-1957).
1948 (11-9) Yvon Delbos (1885-1956).
1950 (2-7) André Morice (31-7-1900).
1950 (12-7) Pierre-Olivier Lapie (2-4-1901).
1952 (11-8) André Marie (3-12-1897).
1954 (9-16) Jean-Marie Berthoin (1895-1979).
1956 (1-2) René Billères (29-8-1910).
1958 (14-5) Jacques Bordeneuve (28-8-1908).
1958 (1-6) Jean-Marie Berthoin (1895-1979).
1959 (8-1) André Boulloche (1915).
1959 (23-12) Michel Debré (p. intér.) (15-1-1912).
1960 (15-1) Louis Joxe (16-9-1901).
1960 (23-11) Pierre Guillaumat (5-9-1909).
1961 (20-2) Lucien Paye (1907-72).
1962 (15-4) Pierre Sudreau (13-5-1919).
1962 (15-10) Louis Joxe (16-9-1901).
1962 (7-12) Christian Fouchet (1911-74).
1967 (8-4) Alain Peyrefitte (26-8-1925).
1968 (31-5) François-Xavier Ortoli (16-2-1925).
1968 (13-7) Edgar Faure (18-8-1908).
1969 (23-6) Olivier Guichard (27-7-1920).
1972 (7-7) Joseph Fontanet (1921-80).
1974 (28-5) René Haby (9-10-1919).
1978 (5-4) Christian Beullac (29-11-1923).
1981 (22-5) Alain Savary (25-4-1918).
1984 (19-7) Jean-Pierre Chevènement (9-3-1939).
1986 (20-3) René Monory (6-6-1923).

Finances

1944 (10-9) Aimé Lepercq (1889-1944).
1944 (14-11) René Pleven (15-4-1901).
1946 (26-1) André Philip (1902-70).
1946 (24-6) Robert Schuman (1886-1963).
1946 (18-12) André Philip (1902-70).
1947 (22-1) Robert Schuman (1886-1963).
1947 (24-11) René Mayer (1895-1972).
1948 (26-7) Paul Reynaud (1878-1966).
1948 (5-9) Christian Pineau (14-10-1904).
1948 (11-9) Henri Queuille (1884-1970).
1949 (12-1) Maurice Petsche (1893-1951).
1951 (11-8) René Mayer (1895-1972).
1952 (20-1) Edgar Faure (18-8-1908).
1952 (8-3) Antoine Pinay (30-12-1891).
1953 (8-1) Maur. Bourgès-Maunoury (19-8-1914).
1953 (28-6) Edgar Faure (18-8-1908).
1955 (20-1) Robert Buron (1910-1973).
1955 (23-2) Pierre Pflimlin (5-2-1907).
1956 (1-2) *Affaires économiques :* Robert Lacoste (5-7-1898).
1956 (14-2) Paul Ramadier (1888-1961).
1957 (13-6) Félix Gaillard (1919-70).
1957 (6-11) Pierre Pflimlin (5-2-1907).
1958 (14-5) Edgar Faure (18-8-1908).
1958 (1-6) Antoine Pinay (30-12-1891).
1960 (13-1) Wilfrid Baumgartner (21-5-1902).
1962 (19-1) Valéry Giscard d'Estaing (2-2-1926).
1966 (8-1) Michel Debré (15-1-1912).
1968 (31-5) M. Couve de Murville (24-1-1907).
1968 (13-7) François-Xavier Ortoli (16-2-1925).
1969 (16-6) Valéry Giscard d'Estaing (2-2-1926).
1974 (28-5) Jean-Pierre Fourcade (18-8-1929).
1976 (27-8) Raymond Barre (12-4-1924) ; min. délégué Michel Durafour (11-4-1920), remplacé le 30-3-77 par Robert Boulin (1920-79).
1978 (5-4) *Économie :* René Monory (6-6-1923) ; *Budget :* Maurice Papon (3-9-1910).
1981 (22-5) *Économie :* Jacques Delors (20-7-1925) ; *Budget :* Laurent Fabius (20-8-1946).
1983 (22-3) *Économie, Finances, Budget :* Jacques Delors (20-7-1925).
1984 (19-7) *Id. :* Pierre Bérégovoy (23-12-1925).
1986 (20-3) *Économie, Finances, Privatisation :* Édouard Balladur (2-5-1929).

Intérieur

1944 (10-9) Adrien Tixier (1893-1946).
1946 (26-1) André Le Troquer (1884-1963).
1946 (24-6) Édouard Depreux (1898-1981).
1947 (24-11) Jules Moch (1893-1985).
1950 (7-2) Henri Queuille (1884-1970).
1951 (11-8) Charles Brune (31-7-1891).
1953 (28-6) Léon Martinaud-Deplat (1899-1969).
1954 (19-6) François Mitterrand (26-10-1916).
1955 (23-2) M. Bourgès-Maunoury (19-8-14).
1956 (1-2) Jean Gilbert-Jules (1-9-1903).
1957 (6-11) M. Bourgès-Maunoury (19-8-14).
1958 (14-5) Maurice Faure (2-1-1922).
1958 (17-5) Jules Moch (1893-1985).
1958 (1-6) Émile Pelletier (11-2-1898).
1959 (8-1) Jean-Marie Berthoin (12-1-1895).
1959 (30-5) Pierre Chatenet (6-3-1917).
1961 (6-5) Roger Frey (11-6-1913).
1967 (4-4) Christian Fouchet (1911-74).
1968 (31-5) Raymond Marcellin (19-8-1914).
1974 (2-3) Jacques Chirac (29-11-1932).
1974 (28-5) Pce Michel Poniatowski (16-5-1922).
1977 (30-3) Christian Bonnet (14-6-1921).
1981 (22-5) Gaston Defferre (1910-86).
1984 (19-7) Pierre Joxe (28-11-1934).
1986 (20-3) Charles Pasqua (18-4-1927).

Justice

1944 (5-9) François de Menthon (1900-84).
1946 (26-1) Pierre-Henri Teitgen (29-5-1908).
1946 (18-12) Paul Ramadier (1888-1961).
1947 (22-1) André Marie (1897-1977).
1948 (26-7) Robert Lecourt (19-9-1908).
1948 (11-9) André Marie (1897-1977).
1949 (13-2) Robert Lecourt (19-9-1908).
1949 (28-10) René Mayer (1895-1972).
1951 (11-8) Edgar Faure (18-8-1908).
1952 (20-1) Léon Martinaud-Deplat (1899-1969).
1953 (28-6) Paul Ribeyre (11-12-1906).
1954 (19-6) Émile Hugues (1901-66).
1954 (3-9) Jean-Michel Guérin de Beaumont (1896-1955).
1955 (20-1) Emmanuel Temple (21-9-1895).
1955 (23-2) Robert Schuman (1886-1963).
1956 (1-2) François Mitterrand (26-10-1916).
1957 (13-6) Édouard Corniglion-Molinier (1899-1960).
1957 (6-11) Robert Lecourt (19-9-1908).
1958 (1-6) Michel Debré (15-1-1912).
1959 (8-1) Edmond Michelet (1899-1970).
1961 (24-8) Bernard Chenot (20-5-1909).
1962 (15-4) Jean Foyer (27-4-1921).
1967 (7-4) Louis Joxe (16-9-1901).
1968 (31-5) René Capitant (1901-70).
1969 (29-4) Jean-Michel Jeanneney (13-11-1910) (intérim).

1969 (22-6) René Pleven (15-4-1901).
1973 (16-3) Pierre Messmer (20-3-1916) (intérim).
1973 (6-4) Jean Taittinger (25-1-1923).
1974 (28-5) Jean Lecanuet (4-3-1920).
1976 (27-8) Olivier Guichard (27-7-1920).
1977 (30-3) Alain Peyrefitte (26-8-1925).
1981 (22-5) Maurice Faure (2-1-1922).
1981 (23-6) Robert Badinter (30-3-1928).
1986 (19-2) Michel Crépeau (30-10-1930).
1986 (20-3) Albin Chalandon (11-6-1920).

Ministres communistes depuis 1945

France

Arthaud, René (20-9-1915). Santé publique (juin à déc. 46). **Billoux,** François (mai 1903-janv. 78). Santé publique (sept. 44-oct. 45) ; Économie nat. (nov. 45-janv. 46) ; Reconstruction et Urbanisme (janv.-déc. 46) ; Défense nat. (janv.-mai 47). **Casanova,** Laurent (oct. 1906-mars 72). Anciens combattants et victimes de guerre (janv.-déc. 46). **Croizat,** Ambroise (janv. 1901-janv. 51). Travail et Séc. soc. (nov. 45-mai 47). **Fiterman,** Charles (28-12-1933). Transports (1981-84). **Gosnat,** Georges (20-12-1914). Sous-secr. d'État à l'Armement (août-déc. 46). **Grenier,** Fernand (9-7-1901). Chargé de l'Air dans le Gouv. prov. d'Alger. **Lecœur,** Auguste (4-9-1911). Sous-secr. d'État à la Prod. ind. (janv.-déc. 46). **Le Pors,** Anicet (28-4-1931). Fonction publique et Réformes admin. (1981-84). **Marrane,** Georges (janv. 1888-août 1976). Santé publique (janv.-mai 47). **Patinaud,** Marius (11-12-1910). Sous-secr. d'État au Travail et Séc. soc. (janv.-nov. 46). **Paul,** Marcel (12-7-1900-82). Prod. ind. (nov. 45-déc. 46). **Ralite,** Jack (14-5-1928). Santé (81-83). Emploi (mars 83). **Rigout,** Marcel (10-5-1928). Formation professionnelle (1981-84). **Thorez,** Maurice (avril 1900-juill. 64). Min. d'État chargé de la Réforme admin. (nov. 45-janv. 46), vice-Pt du Conseil (janv.-déc. 46). Min. d'État (janv.-mai 47). **Tillon,** Charles (3-4-1897). Air (sept. 44-oct. 45), Armement (nov. 45-déc. 46), Reconstruction et Urbanisme (janv.-mai 47).

Autres pays européens

Allemagne féd. : les C. participent aux org. adm. jusqu'en 1948. **Autriche :** 1945 : 1 (Intérieur). 1945-47 : 1 (Énergie). **Belgique :** 1945-46 : 2. 1946-47 : 4 (Ravitaillement, Santé publique, Reconstr., Travaux publics). **Danemark :** 1945 : 1. **Islande :** participent aux gouv. 1971 à 1974 et dep. 1978. **Italie :** participent à création répub. (1945-47) ; Justice (1945). Participent activ. aux gouv. de régions dep. 1970. **Luxembourg :** 1945 à 47 : 1. **Norvège :** mai à sept. 1945 : 1. **Pays-Bas :** ont participé à 7 gouv. En 1981 : 2 (Éducation et Emploi). **Portugal :** ont participé aux gouv. prov. entre mai 1974 et juill. 76. **St-Marin :** soutiennent l'exécutif dep. 1978.

Le Parlement

☞ Voir aussi Élections, p. 680.

Composition

Assemblée nationale

● **Nombre de députés.** Ch. des députés : *1934* : 618 ; *IVe* : 625 ; *V^e^* : 255 puis 491 ; *1986* : 577.

● **Élection.** Élue pour 5 ans (durée appelée *législature*) au suffrage univ. direct selon un scrutin majoritaire uninominal de circonscription à deux tours en métropole. Le mandat d'une législature peut être écourté en cas de dissolution prononcée par le Pt de la Rép. dans les conditions prévues à l'art. 12 de la Constitution. Les élections ont alors lieu 20 j au moins et 40 j au plus après la dissolution. L'Ass. nat. se réunit de plein droit le 2e jeudi suivant l'élection. Il ne peut y avoir de nouvelle dissolution dans l'année qui suit.

● **Composition** en 1986 et entre parenthèses avant 1986. 577 (491) députés (dont *métropole* 474 ; *départements d'O.-M.* 11 : Guadeloupe 3, Guyane 1, Martinique 3, Réunion 3, St-Pierre-et-Miquelon 1 ; *T.O.M.* 6 : Wallis et Futuna 1, N.-Calédonie, 2, Polynésie 2, Mayotte 1). Tout département métropolitain a droit à 2 dép. au minimum. 40 % des députés sont des fonctionnaires d'origine.

☞ Liste des députés. Voir p. 645.

Groupes politiques. Pt et effectifs (au (2-4-86) dont apparentés entre parenthèses. **P.S. :** Pierre Joxe 196 (16, dont 7 M.R.G.), **R.P.R. :** Pierre Messmer 147 (8), **U.D.F. :** Jean-Claude Gaudin 114 (17), **Front national :** Jean-Marie Le Pen 35, **P.C. :** André Lajoinie 32 (3), non-inscrits 9 (dont 4 P.S. : Robert Borrel (Hte-Savoie), Hubert Gouze (T.-et-G.), Michel Lambert (Orne), André Pinçon (Mayenne), et 5 « divers droite » : André Audinot (Somme), Daniel Bernardet (dissident du P.R. dans l'Indre), Jean Diebold (Hte-G.), Jean Royer (I.-et-L.), André Thien Ah Koon (Réunion).

Nouvelle majorité : 286 élus : 155 R.P.R. et app., 131 U.D.F. et app., soit 3 de — que la majorité absolue. Il lui faut le renfort de 5 « divers droite » pour gouverner.

● **Présidents.** *Le Pt de l'Assemblée nationale,* élu pour une législature, dirige les débats en séance publique et certains organes importants (Bureau de l'Assemblée, Conférence des Présidents...), veille à la sûreté de l'Ass. et, à cet effet, peut requérir la force armée. Il est chargé, par la Constitution, de nommer 3 des 9 membres du Conseil constitutionnel et de le saisir dans certains cas. Il doit être consulté par le Pt de la Rép. préalablement à la dissolution de l'Assemblée ou à la mise en vigueur des pouvoirs exceptionnels.

Le fauteuil présidentiel est celui que Lucien Bonaparte occupait aux Cinq-Cents (1799) ; il est placé sur une tribune surélevée, dominant la tribune des orateurs, qui domine elle-même le bureau des sténographes. L'ensemble d'env. 4 m. de haut est appelé dep. la IIIe Rép. *perchoir.*

● **Dissolution des Chambres dep. 1789** (faisant objet d'un décret ou d'une ordonnance). *Chambre des représentants :* 8-7-1815. *Ch. des députés :* 5-9-1816, 5-11-1827, 16-5-1830, 25-7-1830. *Assemblée constituante :* 26-6-1848. *Assemblée législative :* 2-12-1851. *Ch. des députés :* 16-5-1877. *Assemblée nationale :* IVe Rép. : 30-11-1955 ; Ve Rép. : 10-10-1962 (après le vote de la motion de censure du 5-10 contre le gouv. Pompidou, à propos de l'organisation d'un référendum pour réviser le mode d'élection du Président de la Rép.), 30-5-1968 (pour dénouer la crise de mai). 22-5-1981 [après l'élection d'un Président socialiste (F. Mitterrand)].

● **Nombre de Chambres.** En 1970-71, sur 126 États dotés de Chambres parlementaires, il y en avait 53 bicaméristes (2 Chambres), 73 monocaméristes (1 Chambre).

1 Chambre. *Danemark* (2e Chambre supprimée en 1953), *Finlande* (dep. 1906), *Israël, Luxembourg, N.-Zélande* (2e Ch. supprimée en 1950).

2 chambres. Bicaméralisme. Bicamérisme. *Types. Technique* (ex. France) : la 2e Chambre (ou Chambre haute), le Sénat a un rôle de réflexion. La désignation de la 2e Chambre est souvent moins démocratique que celle de la 1re. *Fédéral* (U.S.A., U.R.S.S., Allemagne) : la 2e Chambre (Sénat, Soviet des Nationalités, Bundesrat) représente les intérêts politiques fondamentaux des États membres de la Fédération et dispose des mêmes pouvoirs que la chambre qui représente les citoyens. *Ancien :* la 2e Chambre représente les intérêts politiques et économiques d'une aristocratie ou d'une classe sociale en voie de disparition (chambre des Lords en G.-B.). *Économique et social :* la 2e Chambre représente certains intérêts professionnels, économiques, sociaux ou corporatifs (Chambre des faisceaux, Italie fasciste ; projet français du 27-4-1969). **L'Assemblée élue se divise en 2** (pour former la 2e, les élus désignent une partie d'entre eux : ⅓ en *Islande,* ¼ en *Norvège*).

La 2e Ass. est pratiquement sans pouvoir : *Canada* (nommée à vie), *Grande-Bretagne* (nommée à vie ; héréditaire) ; **a des pouvoirs inférieurs :** *Allemagne* [1] (ass. fédérale), *Autriche* [1] (ass. féd.), *France* [1], *Irlande* (nommée et désignée), *Pays-Bas* [1], *Suède* [1] ; **a des pouvoirs égaux :** *Australie* [2] (ass. féd.), *Belgique* [2], *États-Unis* [2] (ass. féd.), *Italie* [2], *Suisse* [2] (ass. féd.).

Nota. — (1) Élection indirecte. (2) Élection directe.

● **Durée des législatures** (période d'exercice des pouvoirs de l'assemblée). En général 4 à 5 ans (*Australie* et *N.-Zélande* 3, *U.S.A.* 2). En *France,* la législature s'achève à l'ouverture de la session ordinaire d'avril de la 5e année suivant l'élection précédente (écart de 5 ans 3 mois à 4 ans 3 mois).

Présidents IVe Rép. *6-11-1945* (2e Ass. constituante ; Ass. nationale) : Vincent Auriol (1884-1966) ; *16-1-1947* Édouard Herriot (puis « Pt d'honneur », 1872-1957) ; *6-1-1954* André Le Troquer (1884-1963) ; *11-1-1955* Pierre Schneiter (1905-79) ; *24-1-1956* André Le Troquer. **Ve Rép.** *9-12-1958* Jacques Chaban-Delmas (7-3-1915) ; *25-6-1969* Achille Peretti (1911-1983) ; *2-4-1973* Edgar Faure (18-8-1908) ; *3-4-1978* Jacques Chaban-Delmas ; *2-7-1981* Louis Mermaz (20-8-1931) ; *2-4-1986* Jacques Chaban-Delmas élu *1er tour* 561 votants sur 577 députés [blancs ou nuls : 14 ; Chaban-Delmas : 271 ; André Labarrère (P.S.) : 207 ; Yanne Piat (F.N.) : 36 ; Guy Ducoloné (P.C.) : 33. Manquent 3 voix pour atteindre la majorité. *2e tour :* 282 voix sur 554 suffrages exprimés, dépassant ainsi de 5 voix la majorité absolue.

Bureau : Pt élu pour une législature, 6 vice-Pts, 3 questeurs, 12 secrétaires, élus pour un an.

● **Siège de l'Assemblée.** Paris, Palais-Bourbon. Construit au début du XVIIIe s. par Louise-Françoise duchesse de Bourbon, fille légitimée de Louis XIV et de Mme de Montespan. Les travaux, confiés à l'Italien Giardini et approuvés par Hardouin-Mansart, commencèrent en 1722. Après la mort de Giardini en 1724, ils furent achevés sous la conduite de Jacques Gabriel en 1728. En *1765* agrandi et transformé par le duc de Condé, petit-fils de la duchesse de Bourbon (Soufflot modifia dans le sens de l'austérité les conceptions d'origine de Mansart et de Gabriel). Le marquis de Lassay, à qui la duchesse avait fait appel pour la construction du Palais-Bourbon, fit construire sur son ordre un hôtel à proximité du palais. Le palais, d'abord peu utilisé, fut affecté en 1795 au futur conseil des Cinq-Cents qui fit construire une salle des séances, la première conçue en France pour servir durablement à une assemblée de législateurs. Cette salle fut occupée sous le Consulat et l'Empire par le Corps législatif. A cette époque, Fontanes, président du Corps législatif, fit édifier l'actuelle façade nord du palais dans le style de l'église de la Madeleine. Lors de la Restauration, la Chambre des députés loua au prince de Condé, de retour d'émigration, une grande partie du palais. Elle acheta le Palais-Bourbon à son fils en 1827 pour 5 250 000 F. Devint le lieu de réunion des élus du peuple. En 1843, **l'hôtel de Lassay** fut racheté par le duc d'Aumale et devint la résidence du Pt de la Chambre. Palais-Bourbon et Hôtel de Lassay, séparés à l'origine, furent reliés par une 1re galerie en 1848, une 2e en 1860 et une 3e en 1898.

Superficies. *Palais Bourbon :* 45 000 m² ; *Dépendances :* 101, rue de l'Université 23 000 m² (2 restaurants, 200 bureaux), 233 bd St-Germain 12 000 m², (archives, services administratifs).

● **Statistiques. Séances. Jours :** *1985 :* 118. **Nombre :** *1985 :* 239. **Heures :** *1968 :* 526 h 25, *69 :* 381 h 05, *71 :* 643. *74 :* 543 h 45. *75 :* 758 h 45. *77 :* 609 h 30. *80 :* 708 h 50. *81 :* 791 h 05. *82 :* 1 177 h 15. *83 :* 936 h 55. *84 :* 1 012 h 05. *85 :* 792 h 55 (dont débats législatifs 504 h 50, budgétaires 163 h 50, politiques 39 h 30, questions 84 h 45).

Total législature (1981-86). Textes déposés projets du gouvern. 538, propositions du parl. 937. **Lois promulguées** 524 (dont 25 propositions du parl.). **Textes adoptés** après C.M.P. 203. **Amendements** enregistrés 38 997, adoptés 15 711 (toutes lectures comprises). **Questions orales (réponses aux) :** q. au gouvernement 1 522, q.o. sans débat 961 (rép. 803), avec débat 5 (0 rép.). **Questions écrites :** 80 898 (70 430 rép.).

En 1985, les débats publiés au J.O. ont représentés 5 694 pages et les fascicules de questions 5 836.

Fonctionnaires de l'Assemblée (1985). 1 130.

Sénat

● **Composition.** *1977 :* 295 m. ; *1980 :* 304 m. : *1983 :* 317 m., dont métropole 296, D.O.M. 8, T.O.M. 3 (non compris le siège de l'ancien territoire devenu indépendant des Afars et des Issas, non pourvu depuis la démission de M. Amadou Bakat Gourat, Mayotte 1, St-Pierre-et-Miquelon 1. Français établis hors de France 8. *Liste.* Voir p. 645.

Groupes politiques au 24-10-85. Effectifs (318 sièges, 317 élus). *Communiste* [Pt Hélène Luc (V.-de-M.)] 24 dont 1 apparenté ; *Gauche démocratique* [Pt Jacques Pelletier (Aisne)] 38 ; *Union centriste des Démocrates de Progrès* [Pt Adolphe Chauvin (V.-d'O.)] 71 (dont 9 ratt.) ; *Union des Républicains et des Indépendants* [Pt Marcel Lucotte (S.-et-L.)] 50 (dont 1 app., 4 ratt.) ; *R.P.R.* [Pt Roger Romani (Paris)] 59 (dont 6 app. et 3 ratt.) ; *Socialiste* [Pt André Méric (H.-G.)] 69 (dont 2 app.). *Sénateurs ne figurant sur la liste d'aucun groupe* [délégué Jacques Habert (Français établis hors de France)] 6. *Siège non pourvu* 1 (ancien territoire des Afars et des Issas).

Répartition en % des sénateurs

Catégories représentées	IIIe R. (1930)	IVe R. (1949)	Ve R. (1966)	Ve R. (1985)
Prof. libérales	36	33,8	26,8	27
Agriculture	13,5	13,7	23,5	16
Professions ind. et commerciales	12,3	12,9	16,1	13
Cadres supérieurs (dont hauts fonction.)	15,7	13,7	13,1	20
Enseignement	6,45	11,4	9,3	12
Employés, cadres moy.	–	5,9	7,8	7
Ouvriers	–	3,5	3,4	3

Répartition (au 19-4-85). Total général : 317, dont *professions agricoles* 51 ; *commerciales et industrielles* 41 (dont chefs d'entreprise 28, négociants 7, commerçants 3, artisans 2, retraité 1) ; *salariés* 58 (dont cadres divers 24, ingénieurs 12, employés 9, ouvriers 7, retraités 8) ; *médicales* 42 (dont médecins 18, pharmaciens 11, vétérinaires 8, dentistes 3, chirurgiens 2) ; *judiciaires et libérales* 49 (dont avocats 22, autres prof. libérales 12, journalistes 8, officiers ministériels 3, publicistes 2, retraité 2) ; *enseignants* 37 (dont secondaire 23, supérieur 9, primaire 4, retraités 1) ; *fonctionnaires et agents du service public* 35 (dont hauts fonctionnaires 23, retraités 9, cadres moyens 3). Sans prof. déclarée 4.

● **Élection.** Élu pour 9 ans au suffrage univ. indirect, dans le cadre de chaque département, par un collège électoral composé des députés, conseillers généraux (dep. leur élection au suffr. universel le 16-3-1986), conseillers généraux et délégués des conseils municipaux ou leurs suppléants, désignés en nombre variable selon l'importance de la population [les plus nombreux dans les collèges électoraux : *communes de – de 9 000 h.* : 1 délégué pour les conseils municipaux de 9 à 11 membres (communes de – de 501 h.), 3 p. 13 m. (c. de 501 à 1 500 h.), 5 p. 17 m. (c. de 1 501 à 2 500 h.), 7 p. 21 m. (c. de 2 501 à 3 500 h.), 15 p. 23 m. (c. de 3 501 à 9 000 h.) ; *c. de 9 000 h. et +* : tous les conseillers sont dél. de droit ; *c. de + de 30 000 h.* : les cons. mun. élisent en outre des dél. supplémentaires à raison d'1 pour 1 000 h. au-dessus de 30 000 h.].

Renouvellement tous les 3 ans : les sénateurs sont répartis en 3 séries non égales A, B, C, déterminées par la liste alphabétique des départements. Une seule série est renouvelée tous les 3 ans.

En métropole, l'élection a lieu au scrutin uninominal ou plurinominal majoritaire à 2 tours dans les dép. qui ont droit à 4 sièges de sén. ou moins (pour être élu au 1er tour, il faut avoir la majorité absolue des suffrages exprimés et un nombre de voix égal au ¼ des électeurs inscrits ; maj. relative au 2e t. ; si égalité des voix, le candidat le plus âgé est élu) ; à la représentation proportionnelle avec répartition des sièges selon le système de la plus forte moyenne (sans panachage ni vote préférentiel) dans ceux qui ont droit à 5 sièges de sén. ou plus (Art. L 294 et L 295 du Code électoral) ainsi que dans le Val-d'Oise (Loi du 12-7-1966). Les sénateurs des départements d'O.-M. sont soumis au même régime que les sénateurs métropolitains. Des dispositions spéciales concernent les autres sénateurs. Leur élection au suffrage universel direct permettra aux cons. rég. de participer de plein droit à l'élection des sénateurs. Pour le renouvellement partiel de 1983, les 45 cons. rég., élus au suffrage universel, de la région de la Réunion ont été intégrés dans le collège électoral sénatorial.

Répartition des sièges de sénateurs entre les séries : série A 100 (Ain à Indre 95, Guyane 1, Polynésie française 1, Wallis-et-Futuna 1, Français établis hors de France 2). *Série B* 102 (Indre-et-L. à P.-Orientales 94, Réunion 3, N.-Calédonie 1, Français hors de France 4). *Série C* 115 (B.-Rhin à Yonne 62 ; Essonne à Yvelines 45 ; Guadeloupe, Martinique et St-Pierre-et-Miquelon 5, collectivité territoriale de Mayotte 1 ; Français hors de France 2).

☞ **Élections du 25-9-1983.** 44 666 grands électeurs, 102 sénateurs élus dont 94 pour 30 dép. de métropole, d'Indre-et-Loire aux Pyr.-Or., 3 pour la Réunion, 1 pour la Nlle-Calédonie, 4 pour les Français établis hors de France (voir résultats p. 685).

● **Représentativité.** La France rurale pèse au Sénat plus lourd que dans la vie réelle.

En 1958, les communes de moins de 1 500 h. (33 % de la population) désignaient 53 % des délégués des conseils municipaux (qui constituent la quasi-totalité du collège électoral du Sénat). Une commune de 510 h. dispose de 3 « grands électeurs », tandis qu'une ville de 510 000 h. (mille fois plus peuplée) envoie 517 délégués (et non 3 000 : elle est donc près de 6 fois moins représentée). La loi du 16-7-1976 a voulu tenir compte de l'augmentation de la pop. urbaine, le nombre de sénateurs passant de 283 à 315.

Raison juridique : l'Ass. nat. représente directement les électeurs ; le Sénat, au contraire, représente les collectivités territoriales (art. 24). Les pays à système fédéral, où la 2e Chambre représente les États, offrent une surreprésentation analogue des collectivités de petite taille (All. féd., U.S.A., Suisse).

Raison politique : rôle modérateur de la 2e Chambre (comme en 1875 et 1946).

La surreprésentation rurale est d'ailleurs moins critique depuis que le souci écologiste et le besoin de sécurité donnent plus d'attrait aux petites et moyennes communes.

☞ **Le Sénat que souhaitait le Gal de Gaulle.** (Voir Quid 82 p. 705).

● **Président.** Réélu tous les 3 ans (après chaque renouvellement), nomme aussi 3 membres du Conseil constitutionnel. En cas de vacance ou d'empêchement, il assure provisoirement les pouvoirs du Pt de la Rép. (Voir p. 636).

Présidents depuis 1946. *Déc. 46* Auguste Champetier de Ribes (1882-1947) ; *Mars 47* Gaston Monnerville (Cayenne, Guyane, 2-1-1897) ; *3-10-68* Alain Poher (Ablon, V.-de-M., 17-4-09).

● **Bureau.** Élus pour 3 ans ; assiste le Pt dans l'organisation du travail parlementaire, la présidence des débats et l'administration de l'Assemblée. *Bureau* (au 15-3-85) : Pt Alain Poher. *Vice-Pt* : Pierre-Christian Taittinger, Étienne Dailly, Pierre Carous, Félix Ciccolini. *Questeurs* : Pierre Schiélé, Edmond Valcin, Jacques Bialski.

● **Statistiques. Sénat en 1985.** 186 séances publiques : discussions législatives 427 h 25, débats budgétaires 54 h 15, questions orales avec ou sans débat et questions au Gouvernement 62 h 35, travaux d'ordre interne 16. 124 textes de loi ont été discutés et adoptés par le Parlement : 122 venant de projets gouvernementaux (dont 20 déposés en 1er lieu sur le bureau du Sénat), 2 venant de propositions de loi. 4 180 amendements ont été déposés sur le bureau du Sénat, 2 551 ont été adoptés.

● **Conseil supérieur des Français de l'étranger.** *Siège.* 21 bis, rue de La Pérouse, 75116 Paris. *Institué* en 1948. Assemblée consultative, présidée par le min. des Relations extérieures. Composé, dep. mai 1982, de 137 membres élus pour 3 ans au suffr. direct et universel, de 20 personnalités désignées par le min. et choisies pour leur compétence sur les questions concernant les intérêts généraux de la Fr. à l'étranger et de 8 sénateurs représentant les Fr. établis hors de France (10 en 1986, 12 en 1989). Les membres élus du C.S.F.E. forment le collège électoral pour cette élection directe (le Sénat n'ayant plus à en approuver le résultat). En 1983, Charles de Cuttoli (15-8-15), Jacques Habert (26-9-19), Pierre Croze (14-5-21), Paul d'Ornano (1-8-22), Jean-Pierre Cantegrit (2-7-33), Frédéric Wirth (11-4-15), Jean-Pierre Bayle (27-9-47), Olivier Roux (10-7-09).

4 commissions permanentes : aff. sociales ; aff. économiques, fiscales et fin. ; enseignement, culture et information ; représentation des droits des Français de l'étranger. *1 temporaire* : anciens combattants.

● **Siège du Sénat.** Palais du Luxembourg construit par Salomon de Brosse puis Lemercier en 1626 pour Marie de Médicis, près de l'hôtel de Luxembourg (aujourd'hui Petit-L. qu'elle avait occupé en 1612). A Gaston d'Orléans (sa fille y habitera), puis au Cte de Provence (1779). A la Révolution, prison. 1795 siège du Directoire. 18 Brumaire attribué aux consuls, puis au Sénat [l'escalier d'honneur (de Chalgrin) remplace la Grande Galerie]. Sous Louis XVIII, agrandi, Chambre des Pairs. 1879 Sénat.

Statut des membres du Parlement

Éligibilité. Satisfaire aux conditions générales d'éligibilité, avoir 23 ans minimum pour l'Assemblée nationale et 35 ans pour le Sénat. Le candidat doit : 1°) faire une demande de candidature au préfet du département (en cas de difficulté, le préfet peut saisir, dans les 24 h, le tribunal administratif qui statue dans les 3 j) ; 2°) la déposer à la préfecture en double exemplaire, au plus tard 21 j avant l'ouverture du scrutin ; 3°) verser une caution de 1 000 F (remboursée s'il obtient 5 % au moins des suffrages exprimés) [*au Sénat* : 5 % des suffrages exprimés (en cas de représentation proportionnelle), 10 % en cas de scrutin majoritaire]. Il ne peut se présenter que dans une seule circonscription (il ne lui est pas nécessaire d'avoir son domicile ou sa profession ou un lien quelconque avec la circonscription choisie).

Nul ne peut être candidat au 2e tour s'il ne s'est pas présenté au 1er tour et s'il a obtenu moins de 12,5 % des voix des électeurs inscrits ; si ce taux n'a été atteint par personne, celui qui a le plus grand nombre de voix peut se présenter. Les cand. du 1er tour peuvent se désister en faveur des cand. qui restent au 2e tour, ou se retirer simplement.

Suppléants. Élus en même temps que députés et sénateurs (élus au scrutin majoritaire ; colistier venant après le dernier candidat élu si représentation proportionnelle). Ils les remplacent en cas de décès, d'acceptation de fonctions gouvernementales ou de m. de Conseil const. ou d'une mission de + de 6 mois confiée par le Gouv. Ils ne peuvent figurer que sur une seule liste de candidature ; s'ils ont remplacé un parlementaire nommé m. du Gouv., ils ne peuvent l'élection suivante faire acte de candidature contre lui.

Au cours de la VIe législature, 38 remplaçants sont devenus députés (30 après nomination à des fonctions ministérielles et 8 après décès du titulaire). Il y a eu 13 élections partielles (5 après annulations d'élections, 2 après démission volontaire et 6 après élection du député au Sénat).

Inéligibilité (principaux cas). Personnes ne souscrivant pas aux conditions générales pour être élus (Voir p. 675), personnes dépendant d'un conseil judiciaire, le médiateur, inspecteurs généraux en mission extraordinaire, préfets dans toute circonscription où ils exercent leurs fonctions ou ont exercé depuis moins de 3 ans (sous-préfets et secrétaires généraux de préfecture depuis moins d'un an) ; ne peuvent être élus dans toute circonscription où ils exercent leurs fonctions (ou ont exercé depuis moins de 6 mois) : ingénieurs des ponts et chaussées, des eaux et forêts, du génie rural et de l'agriculture, contrôleurs généraux des services vétérinaires, magistrats des cours d'appel et des tribunaux, membres des tribunaux administratifs, officiers des armées de terre, de mer, de l'air, exerçant un commandement territorial, fonctionnaires ayant une responsabilité au niveau départemental ou régional (ex. : dir. dép. de la police, comm. de police, dir. rég. de la S.S., dir. des impôts...).

Candidatures multiples. Système utilisé sous la IIe Rép., le IIe Empire et la IIIe Rép. (jusqu'à la loi du 17-7-1889). *Furent ainsi élus dans plusieurs circonscriptions* : 1848 Lamartine (10 dép.), L.-N. Bonaparte (5) ; 1871 Thiers (26), Trochu (10), Gambetta (8) ; 1888 Boulanger (3).

Incompatibilités. N'empêchent pas le candidat de se présenter, mais l'obligent, une fois élu, à faire un choix. Certaines entraînent le remplacement par le suppléant élu en même temps et dans les mêmes conditions pour les députés et les sénateurs élus au scrutin majoritaire, ou par appel au suivant de liste dans les départements où l'élection sénatoriale a lieu à la représentation proportionnelle. Pour tous les parlementaires élus au scrutin majoritaire, le remplacement se fait dans les seuls cas où l'élu est nommé ministre, membre du Conseil constitutionnel ou reçoit une mission temporaire prolongée au-delà de 6 mois. Le 27-1-1983, un parlementaire soc., M. Guidoni (député de l'Aude), a été nommé « parlementaire en mission » et ambassadeur ; 1er cas, sous la Ve Rép. d'un parlementaire nommé ambassadeur et ne renonçant pas à son mandat (s'il y avait renoncé, une élection partielle aurait eu lieu). Au bout de 6 mois, sa mission étant prolongée, l'incompatibilité a joué, et son suppléant l'a remplacé le 28-7-83.

Principaux cas d'incompatibilité : membres du Conseil écon. et social, du Conseil constit., de la commission départementale, du Cons. du gouvernement d'un T.O.M., personnes exerçant des fonctions conférées par un État étranger ou une organisation internationale, présidents, membres de conseil d'administration, directeur général (ou adjoint) dans les entreprises nationales et établissements publics nationaux.

La loi organique du 24-1-1972 a étendu le régime des incompatibilités entre l'exercice d'un mandat parlementaire et certaines activités professionnelles à caractère économique : P.-D.G. ou directeurs généraux de Stés ou entreprises jouissant d'avantages financiers assurés par la puissance publique, Stés ayant un objet financier ou faisant appel à l'épargne, Stés travaillant pour le compte de l'État, Stés à but lucratif dont l'objet est l'achat ou la vente de terrains à bâtir, Stés de promotion immobilière.

Le cumul des mandats de député et de sénateur est interdit (de même une personne remplaçante d'un sénateur ou d'un député perd immédiatement ce titre dès qu'elle est élue). Il est interdit aux parlementaires de faire ou de laisser figurer leur nom suivi de leur qualité de parlementaire sur une publicité (commerciale, industrielle ou financière).

Contentieux des élections. Jugé par le Conseil constitutionnel. De 1958 à 1975, il y a eu 767 contestations des résultats des élections législatives et sénatoriales. Jusqu'en 1958, le contrôle de l'élection était assuré par l'assemblée concernée ; cette pratique permit d'éliminer des parlementaires régulièrement élus mais politiquement contestés (en 1956, 11 députés poujadistes furent ainsi invalidés).

Nature du mandat. Les parlementaires sont investis d'un mandat national : bien que chacun d'entre eux soit l'élu d'une seule circonscription, il représente l'ensemble du pays ; ainsi les élus alsaciens-lorrains restèrent juridiquement des élus de la Nation française malgré l'annexion de ces provinces par l'Allemagne ; par contre, l'ordonnance du 3-7-1962 mit fin au mandat des élus de l'Algérie, pour respecter la souveraineté du nouvel État algérien. Les élus peuvent exercer leur mandat comme ils l'entendent sans se plier aux ordres de qui que ce soit (art. 27 de la Const. : « tout mandat impératif est nul »). Le mandat est irrévocable (démission en blanc interdite).

Cessation : la *déchéance* du mandat peut être prononcée, notamment lorsque le député vient à être frappé d'une inéligibilité en cours de mandat. S'il refuse d'abandonner certaines fonctions ou activités incompatibles avec son mandat, il peut être déclaré démissionnaire d'office par le Conseil constitutionnel. Dans ces deux cas, il est procédé à une nouvelle élection (él. partielle).

En cas de décès ou lorsque le député devient ministre ou secrétaire d'État, il est remplacé au Palais-Bourbon par son suppléant, élu en même temps que lui (un secr. d'État, J.-M. Bailly, qui avait successivement renoncé à ses mandats de député, puis de sénateur, fut représenté par un suppléant dans chaque Chambre le 2-11-1971).

S'il quitte le Gouvernement, il ne recouvre pas son siège, sauf si son départ a lieu dans le mois qui suit sa nomination (cas des ministres M.R.P. en 1962).

Immunités. Le parlementaire est protégé pendant son mandat par 2 immunités : *l'irresponsabilité* lui permet d'échapper à toute poursuite ou action en responsabilité pour les opinions ou votes qu'il a pu exprimer dans l'exercice de son mandat (notamment au cours de ses interventions devant l'Assemblée) ; *l'inviolabilité* lui permet de n'être poursuivi ou arrêté en matière criminelle ou correctionnelle, pendant les sessions, qu'avec l'autorisation de l'Assemblée dont il est membre (sauf flagrant délit). Hors session, il ne peut l'être qu'avec l'autorisation du bureau de l'Assemblée dont il est membre (sauf flagrant délit).

Indemnité. Montant fixé par l'ordonnance n° 58-1210 du 13-12-1958. Voir Index. Destinée à permettre au député ou au sénateur de couvrir les charges et les frais entraînés par l'exercice de son mandat.

L'indemnité est exclusive de toute rémunération publique (*cf.* incompatibilités). Exception pour les professeurs précédemment titulaires de chaires ou chargés de dir. de recherches, et les min. des cultes du Ht-Rhin, du Bas-Rhin et de la Moselle (dép. concordataires). Peuvent aussi être cumulées avec l'indemnité : pensions civiles et militaires, de la Légion d'honneur, de la médaille militaire, indemnités de fonction des maires, adjoints et des membres du Conseil de Paris (pour celles-ci, ½ du montant).

Parlementaires et Service national

En temps de paix, les parlementaires ne peuvent accomplir le service militaire pendant les sessions, sauf s'ils le demandent ; s'il fait son service militaire, le parlementaire ne peut participer aux sessions de son assemblée, mais il peut voter par délégation. En cas de mobilisation, de guerre ou de tension extérieure, les parlementaires appartenant à la disponibilité ou à la 1re réserve sont soumis aux obligations de droit commun, ceux qui demeurent en fonction peuvent demander à être mobilisés sans démissionner.

Organisation intérieure du Parlement

Groupes politiques. Partis et groupes politiques sont reconnus par la Const. (art. 4), mais le règlement de l'Ass. nat. précise qu'ils doivent comprendre au moins 30 m. pour profiter des facilités administratives (ils disposent d'un certain nombre de bureaux dans l'enceinte de l'Ass. nat.) et politiques consenties aux groupes (au Sénat, 15 m.). Ils élisent leur Pt, interviennent dans la présentation des candidatures aux organes collectifs de l'Assemblée, ainsi que dans la désignation des orateurs pour les débats organisés ou les questions au Gouvernement, prennent position sur les textes soumis ou à soumettre à l'Ass., suivent la politique gouvernementale et décident de l'attitude politique qu'ils adoptent dans les commissions ou en séance publique.

Conférences des Présidents. Dans chacune des 2 Assemblées, comprennent : Pt de l'Ass., vice-Pts, Pts des commissions et des groupes et un représentant du Gouv. *Rôle important :* elles décident l'ordre du jour des travaux des Assemblées.

Commissions parlementaires. Permanentes : 6 dans chaque assemblée. *Assemblée nationale :* Aff. culturelles, familiales et sociales (120 m.) ; Aff. étrang. (60 m.) ; Défense nationale et forces armées (60 m.) ; Finances, économie générale et plan (60 m.) ; Lois constitutionnelles, législation et admin. générale de la Rép. (60 m.) ; Production et échanges (120 m.). *Sénat :* Aff. culturelles (52 m.) ; Aff. économiques et plan (78 m.) ; Aff. étrangères, Défense et forces armées (51 m.) ; Aff. sociales (51 m.) ; Finances, contrôle budgétaire et comptes écon. de la nation (40 m.) ; Lois constitutionnelles, législation, suffrage universel, règlement et admin. générale (40 m.).

Nommées normalement à la représentation proportionnelle des groupes politiques, les commissions désignent elles-mêmes leur Bureau composé d'un Pt, de vice-Pts et de secr. Chaque député ou sénateur ne peut appartenir qu'à une seule d'entre elles. Pt et questeurs du Sénat ne font partie d'aucune commission.

Spéciales : peuvent être constituées à l'initiative du Gouv. ou des ass. parlementaires pour examiner un texte législatif (31 membres maximum à l'Assemblée nat., 24 au Sénat).

Séances. *Publiques :* tribunes réservées au public (places en nombre limité). Les débats sont publiés au *Journal officiel.*

Sessions. *Ordinaires :* le Parlement se réunit de plein droit en 2 sessions par an ; l'une de 80 j s'ouvre le 2 octobre, l'autre de 90 j maximum s'ouvre le 2 avril (A 28). Précédemment, la durée de session du Parlement était bien plus longue : au moins 5 mois sous la IIIe Rép., 8 mois à partir de 1946 et 7 mois à partir de 1954 sous la IVe Rép. (au-delà de ces délais, le Gouv. pouvait clore la session, mais il pouvait être renversé si la majorité des parlementaires était hostile à cette clôture) ; cette pratique de session quasi permanente fut considérée comme une des causes de l'instabilité gouvernementale.

Extraordinaires : possibles à la demande du Premier min., ou de la majorité des membres de l'Ass. nat. sur un ordre du jour déterminé. En cas de session extr. sur la demande de l'Ass., la session ne peut dépasser 12 j.

Pouvoirs législatifs du Parlement

A. Domaine de l'activité législative

Loi ordinaire. Matières devant être réglées par la loi (art. 34). Notamment : droits civiques et libertés publiques ; sujétions imposées par la défense nationale ; droit privé (capacité, régimes matrimoniaux, etc.) ; détermination des crimes et délits et des peines applicables ; amnistie ; procédure pénale ; statut de la magistrature ; fiscalité ; régime électoral ; création de catégories d'établissements publics ; garanties fondament. des fonctionnaires ; nationalisations ; lois de finances (budget).

Matières dont la loi fixe les principes essentiels. Organis. de la défense nat. ; compétences et ressources des collectivités locales ; enseignement ; régime de la propriété et des obligations civiles et commerciales ; droit du travail, droit syndical et Sécurité sociale ; objectifs de l'action économique et sociale de l'État (lois programmes) (art. 37).

Ce qui ne relève pas de la loi relève du *domaine réglementaire.* Les textes législatifs déjà intervenus en cette matière peuvent être modifiés par décret.

Ordonnances. *Origine :* c'est ainsi qu'on appelait les décrets sous la Restauration et la Monarchie de Juillet ; le terme fut repris par le Gouv. de la France libre et, en 1958, lorsque le Gal de Gaulle devint Pt du Conseil. *Constitution de 1958 :* d'après l'art. 38, le Parlement peut autoriser le Gouv. à prendre par ordonnances des mesures relevant normalement du domaine de la loi. La loi de délégation fixe leur délai d'application et la date limite de dépôt du projet de loi de ratification. Les ordonnances entrent en vigueur dès leur publication, mais deviennent caduques si le projet de loi de ratification n'est pas déposé devant le Parlement dans les délais fixés. L'effet des ordonnances est celui des lois, mais elles sont assimilées à des règlements (donc soumises au contrôle du juge administratif) tant qu'elles n'ont pas été ratifiées par le Parlement (en fait, le plus souvent, le Gouv. dépose le texte mais celui-ci n'est pas ratifié). Le régime des ordonnances est comparable à celui des *décrets-lois* des IIIe et IVe Républiques.

Statistiques : jusqu'en mai 1981, 15 recours à l'art. 38, notamment loi soumise à référendum du 8-4-1962 (fin de la g. d'Algérie), loi du 31-10-67 (mesures écon. et soc., dont réforme de la S.S.). *Depuis mai 1981.* P.S. et P.C. avaient condamné le principe des ordonnances lorsqu'ils étaient dans l'opposition, mais le gouv. Mauroy a utilisé 2 fois l'art. 38 : le 23-12-1981 (orientation soc.) et le 6-4-1982 (plan d'austérité).

Ratification des traités internationaux. Le Parlement intervient dans le domaine de la politique extérieure, en discutant et en votant les projets de loi de ratification des traités internationaux (de paix, de commerce, qui concernent l'organisation internationale, les finances de l'État). Ces traités ne prennent effet qu'après ratification du Parlement.

Révision de la Constitution. L'initiative appartient concurremment au Pt de la Rép., sur proposition du 1er ministre, et aux membres du Parlement. Le projet ou la proposition de révision doit être voté par les 2 Ass. en termes identiques. La révision est définitive après avoir été approuvée par référendum.

Toutefois, le projet de révision n'est pas présenté à référendum lorsque le Pt de la Rép. décide de le soumettre au Parlement convoqué en Congrès ; pour être approuvé, le projet doit alors réunir la majorité des 3/5 des suffr. exprimés.

B. Procédure législative

Initiative de la loi. Elle appartient aussi bien au 1er min. qu'aux parlementaires (art. 39). Le Parlement vote la loi, le Pt de la Rép. la promulgue.

Les *initiatives* du Gouvernement s'appellent : *projets de lois :* celles du Parlement : *propositions.*

Projets de lois. De 2 ordres : concernent soit la mise en œuvre de la politique du Gouvernement (projets de lois de finances, grandes orientations du Gouvernement), soit l'adaptation de la législation existante sur des points particuliers (du fait des nécessités du moment, de l'évolution sociale ou des progrès de la science et de la technique). Les 1ers projets sont mis au point lors de réunions interministérielles. Les autres projets sont laissés en principe à l'initiative des administrations ; en cas de désaccord, l'arbitrage du 1er min. sur les points litigieux est sollicité. Pour tous les projets, le 1er min. est seul habilité à mettre en œuvre la procédure, ce qui implique son accord sur leur contenu. Tous les projets doivent être soumis à l'avis du Conseil d'État (voir p. 648). En outre, le Conseil économique et social doit être consulté pour le Plan ou les projets de lois de programme à caractère économique ou social (art. 70). Après ces consultations, le Conseil des min. peut délibérer sur le projet et en arrêter le texte définitif ; celui-ci est déposé sur le bureau de l'une ou l'autre des assemblées, au choix du Gouv. (sauf pour les lois de fin., qui doivent être soumises en premier lieu à l'Ass. nat.).

Propositions de lois. Ne sont soumises à aucune règle de forme particulière. Sont irrecevables : celles qui ont pour conséquence d'augmenter les dépenses ou de diminuer les ressources des finances publiques, et celles qui ne relèvent pas du domaine de la loi, défini par l'art. 34 (art. 40 et 41). Si le bureau de l'Assemblée saisie juge la proposition irrecevable, il refuse son dépôt. Sinon le Gouvernement, ou tout député ou sénateur, peut soulever par la suite l'irrecevabilité au cours de la procédure (le Conseil constitutionnel a déclaré, le 20-7-1977, que l'irrecevabilité ne pouvait être invoquée directement pour la 1re fois devant lui).

Examen et adoption des textes. Délais. *Lois organiques :* le projet sur la proposition de loi *ne peut être soumis à la délibération* et au vote *qu'à l'expiration* d'un délai de *15 j* après son dépôt. *Lois de finances :* l'Ass. nat. *doit se prononcer* dans les *40 j* après le dépôt du projet. Le Sénat doit ensuite statuer dans les

En 1985. 157 projets de loi ont été déposés et 122 adoptés. Sur 867 propositions de loi déposées, 3 ont été examinées définitivement et sont à l'origine de 2 textes de lois.

Temps moyen entre dépôt et adoption définitive : pour les projets 114 jours ; propositions de loi 229 jours.

Sur 481 lois votées entre juillet 1981 et août 85, 154 ratifiaient des conventions internationales et ne nécessitaient aucun texte d'application, les autres appelaient, pour leur mise en œuvre, 1 022 décrets. 915 (soit 90 %) étaient publiés au 15-2-1986.

Sur 275 votées sous la 4e législature (juil. 1968-janv. 72), 74 sont restées sans règlement d'application. La loi d'orientation de l'enseignement supérieur notamment (loi Edgar Faure) votée à l'unanimité en novembre 1968, n'avait pas encore reçu ses textes d'application 36 mois après sa promulgation.

Dep. 1981, 98 % des textes prévus ont été pris dans un délai de 2 ans, contre 75 % sous la législature précédente.

20 j. Les *10 derniers j* sont consacrés aux procédures de commission mixte paritaire et de navette. C'est donc dans les *70 j* après le dépôt du projet que le Parlement doit statuer.

Examen en commission. Les textes sont examinés par la commission permanente compétente de l'Assemblée saisie ou par une commission spéciale. La commission saisie désigne un rapporteur qui soumet ses conclusions à ses collègues. Le rapport conclut soit à l'adoption soit au rejet du texte [le plus souvent à l'adoption avec modifications (amendements)]. Les commissions reflétant l'importance des différents groupes parlementaires, le Gouvernement ou les parlementaires renoncent parfois à leur texte (si la commission a fait des réserves sérieuses, il y a de fortes chances pour que celles-ci soient reprises en séance plénière et que le projet soit repoussé).

Inscription à l'ordre du jour. Elle dépend essentiellement du Gouvernement, qui peut faire inscrire les textes de son choix par priorité et dans l'ordre qu'il fixe (voir ci-contre). La conférence des présidents de chaque assemblée, à qui il incombe d'établir chaque semaine l'ordre du jour de ses travaux, est informée des affaires inscrites par le Gouvernement ; elle ne peut faire des propositions qu'en complément de l'ordre du jour prioritaire, sous la forme d'un ordre du jour complémentaire et de questions orales avec ou sans débat. Mais, même dans ce cas, elle peut difficilement faire inscrire un texte contre la volonté du Gouvernement.

Examen en séance publique. La discussion s'engage, pour les projets, sur le texte proposé par le Gouvernement ; pour les propositions, sur le texte proposé par la commission.

La discussion générale d'un projet de loi s'ouvre par l'intervention d'un représentant du Gouv. (au Sénat) ou par celle d'un rapporteur de la commission (principe de l'Ass. nat.). Se succèdent ensuite le rapporteur de la commission (s'il n'a pas ouvert le débat) et les orateurs inscrits.

La discussion par articles, qui suit, traite d'abord des amendements de suppression, puis des amendements de modification. Le Gouv. peut demander cependant un vote global de tout ou d'une partie du projet. En cas d'opposition de l'assemblée à un projet de loi, le Gouvernement peut faire prévaloir son point de vue de 2 façons : par la procédure du vote bloqué (voir p. 645) (ex. : le vote par le Sénat du 2e projet de loi de finances pour 1980 a ainsi été obtenu dans des délais très courts) ; en engageant sa responsabilité, mais seulement devant l'Assemblée nationale (voir p. 645). Après son adoption en 1re lecture par l'assemblée saisie en premier, le texte est examiné par l'autre assemblée. En général, on procède ensuite à des navettes entre les 2 assemblées jusqu'à l'adoption par celles-ci d'un texte identique. Mais le Gouvernement peut, pour mettre un terme aux navettes, en cas de désaccord entre les 2 assemblées, recourir à la procédure de conciliation (art. 45) : le 1er min. peut décider, après 2 lectures par chaque ass., ou quand l'urgence a été déclarée, après une seule lecture, la réunion d'une commission mixte paritaire. Il notifie sa décision aux Pts des 2 ass., qui constituent alors la commission mixte.

Si la commission parvient à élaborer un texte, celui-ci peut être soumis par le 1er min. à l'approbation des 2 ass. ; si le texte est voté dans les mêmes termes par celles-ci, la loi est définitivement adoptée. Bien que le Gouvernement ne soit pas tenu de soumettre le texte élaboré par la commission mixte paritaire à l'approbation des assemblées, il l'a toujours fait depuis 1958, quitte à assortir le texte d'amendements. De 1974 à 1979, 143 lois ont fait l'objet d'une commission mixte paritaire ; dans 137 cas, le texte élaboré par la commission mixte paritaire a été adopté par les 2 ass.

Depuis 1981, seules 61 commissions mixtes paritaires sur 202 ont abouti à un texte adopté par les 2 assemblées.

Si la commission mixte paritaire ne parvient pas à élaborer un texte, ou si le texte qu'elle élabore n'est pas adopté dans les mêmes termes par les 2 ass., le 1er min. peut demander à l'Ass. nat. une nouvelle lecture du texte.

Quand le texte est adopté par l'Ass. nat., le Gouv. le transmet au Sénat. Si celui-ci l'adopte, la procédure est terminée. Sinon, le 1er min. peut demander à l'Ass. nat. une dernière lecture afin de statuer définitivement.

En 1985 sur 60 textes soumis à une commission mixte paritaire, 45 ont été adoptés en lecture définitive à l'Assemblée nationale.

Nota. — Dans ce cas, le Sénat peut saisir le Conseil constitutionnel ; ex. : le 16-7-1971, le C. const. a annulé une loi votée par l'Ass. nat. modifiant la loi de 1901 sur les associations et que le S. avait jugée contraire au principe de la liberté d'associations. En 1974, le S. a saisi le C. const. d'un art. de la loi de finances, jugé incompatible avec le principe de l'égalité des citoyens devant la loi pour l'accès à la justice (recours au juge de l'impôt réservé à certains contribuables taxés d'office).

En 1982, le Sénat a saisi le Conseil constitutionnel notamment sur la loi portant adaptation de la loi du 2-3-1982 relative aux droits et libertés des communes, des départements et des régions à la Guadeloupe, la Martinique et La Réunion, estimant qu'elle contrevenait aux art. 72 et 73 de la Constitution. Le Conseil lui a donné raison en annulant cette loi le 2-12.

Les sénateurs ont également soumis au Conseil constitutionnel la loi visant à limiter la concentration et à assurer la transparence financière des entreprises de presse. Celui-ci a retenu leurs arguments essentiels en censurant la remise en cause des situations existantes et les pouvoirs de sanction administrative de la commission pour la transparence et le pluralisme (10 et 11-10-1984).

Vote. Il est personnel. A l'Assemblée nationale, les votes s'effectuent normalement à *main levée* et, en cas de doute, par *assis et levé*. A la demande des présidents de groupes, de la commission du Gouvernement, ou sur décision du président, on recourt au *scrutin public ordinaire* ; le vote a lieu par procédé électronique, chaque député a devant lui un clavier de 3 touches : P (pour), C (contre), A (abstention). Le résultat apparaît en quelques instants sur des tableaux lumineux.

Pour les motions de censure ou en cas d'engagement de la responsabilité du Gouvernement, il est procédé par *scrutin public à la tribune* par appel nominal.

Les nominations personnelles (élection du Bureau, etc.) donnent lieu à des *scrutins secrets.*

Le détail de chaque scrutin public est annexé au compte rendu du débat de la séance publié au *Journal officiel* (éd. des Débats de l'Ass. nat.).

Promulgation et publication des lois

Promulgation. Donne valeur obligatoire à un texte législatif. En outre, une fois adoptée, la loi est transmise au Gouvernement. Le Pt de la Rép. promulgue les lois dans les 15 j qui suivent cette transmission. Toutefois, avant l'expiration de ce délai, il peut demander au Parlement une nouvelle délibération ; la loi peut être soumise au Conseil constitutionnel par le Pt de la Rép., le 1er ministre ou les Pts des 2 assemblées ou 60 députés ou 60 sénateurs ; le Conseil doit statuer dans un délai d'un mois (de 8 j si urgence, à la demande du Gouv.).

La promulgation ne garantit pas l'application de la loi si, par exemple, le Gouv. ne prend pas les règlements qui la rendent pratiquement exécutoire (ex. : loi Neuwirth sur la contraception promulguée en 1967 : certains des décrets d'application n'ont été publiés qu'en 1972 et 1973).

Publication au Journal officiel. Indispensable pour rendre un texte opposable (lui donner une valeur juridique obligatoire) ; cette opposabilité n'intervient qu'un jour franc après réception du *J.O.* (ou du document où l'acte est inséré) au chef-lieu d'arrondissement.

Rapports entre Gouvernement et Parlement

Moyens d'action du Parlement sur le Gouvernement

• **Questions. Orales.** La réponse peut en être demandée avec ou sans débat (réponse du ministre compétent) ; leur inscription à l'ordre du jour est décidée par la Conférence des présidents ; le Pt de l'Ass. organise le débat qui ne peut donner lieu à aucun vote.

Avec débat exposées en 10-20 mn à l'Ass. nat., 30 au Sénat ; les orateurs inscrits ont 20 mn au Sénat, un temps fixé par le Pt à l'Ass. nat. ; l'auteur de la qu. réplique en priorité au Gouv. (aucune question orale avec débat n'a été inscrite à l'ordre du jour depuis 1975 à l'Ass. nat.). L'*interpellation* (question orale avec débat suivie d'un vote mettant en jeu la responsabilité du Gouv.) est interdite dans sa forme rationnelle : le député désirant interpeller le Gouv. doit en informer le Pt de l'Ass. en séance publique et joindre à sa demande une motion de censure.

Sans débat exposées en 2 mn à l'Ass. nat., 5 au Sénat ; l'auteur peut reparler après le ministre et celui-ci peut répliquer.

• **Écrites** aux ministres sur les points importants de la politique du Gouvernement. Les réponses sont publiées au *J.O.*

• **Questions d'actualité** (appelées questions au Gouvernement dep. 1974).

Au *Sénat*, ces séances ont lieu chaque mois pendant les sessions ordinaires. Les groupes centriste et républicain indépendant totalisent 46 mn, le R.P.R. 22 mn, la Gauche démocratique 15 mn, le groupe socialiste 26 mn, le groupe communiste 9 mn. Ce temps comprend aussi bien les interventions des auteurs de questions que celui du Gouvernement. A tour de rôle, chaque groupe est appelé en début de séance, une alternance étant instituée entre la majorité et l'opposition (en moyenne 15 questions par séance).

• **Commissions.** Peuvent contrôler l'action du Gouvernement soit en procédant à l'*audition des ministres,* soit en constituant des *missions d'information* qui peuvent se rendre en France ou à l'étranger pour recueillir l'information nécessaire. L'Ass. nat. et le Sénat peuvent constituer des *commissions de contrôle* formées pour examiner la gestion administrative, financière ou technique des services publics ou des entreprises nationales, et des *commissions d'enquête* pour recueillir des éléments d'information sur des faits déterminés, à condition que ces faits ne donnent lieu à aucune poursuite judiciaire.

Quelques commissions et enquêtes du Sénat. O.R.T.F. (1968), scandale des abattoirs de la Villette (déc. 70-avril 71), écoutes téléphoniques (été 73), naufrage de l'Amoco-Cadiz (été 78), gestion financière des sociétés de télévision (1er semestre 79), industrie textile (1er semestre 81), sécurité publique (mai-oct. 82), dette extérieure (1er semestre 84), fonctionnement du service des postes (1er semestre 85). **Mission d'information** (en principe réservée aux enquêtes à l'étranger) ; a été utilisée pour l'incendie du C.E.S. Édouard-Pailleron (1977), une instruction judiciaire ayant interdit la formation d'une c. d'enquête ; le Sénat a dû respecter la règle du secret (comme pour les commissions) ; est utilisée par le Sénat dep. 1983 pour faire le bilan de la décentralisation. **Procédure du groupe d'études :** réunit les m. de plusieurs commissions permanentes pour l'examen d'une question d'intérêt national ; ex. : commerce extérieur (nov. 78), crise de la presse (déc. 78). Sont temporaires et soumises à la règle du secret. Dep. la loi du 19-7-1977 sur les commissions d'enquêtes, ont été étendus : les pouvoirs d'investigation des rapporteurs, le droit pour le Pt de citer à comparaître toute personne dont le témoignage paraît utile (600 à 8 000 F d'amende si non-comparution) [Lors de l'enquête sur les écoutes téléphoniques, le 1er min. P. Messmer avait invoqué le secret de la défense nat. et aucun min. ni haut fonctionnaire n'avait témoigné].

Discussion et vote du budget. La discussion budgétaire est préparée par la com. des finances et par les autres com. saisies pour avis. Les rapporteurs (général et spéciaux) disposent de pouvoirs permanents d'investigation et de communication des documents portant sur l'exécution des budgets votés et la gestion des entreprises nationales. Le débat est l'occasion unique donnée aux parlementaires d'interroger publiquement tous les ministres sur la politique générale gouvernementale.

Déclaration de politique générale. Lorsque le 1er ministre engage devant l'Ass. nat. la responsabilité du

Gouvernement sur son programme ou sur une déclaration de politique générale (après délibération du Conseil des ministres), un débat est organisé, sanctionné par un vote portant sur l'approbation du programme ou de la déclaration. Le Gouvernement doit démissionner en cas de désapprobation. Dans la pratique, le Gouvernement engage peu souvent sa responsabilité aussitôt après sa nomination, car c'est par le Pt de la Rép. qu'il est investi.

Le 1er min. peut demander au Sénat l'approbation d'une déclaration de politique générale (art. 49) ; 3 votes (positifs) dep. 1958 : 11-6-75 (Gouv. Chirac), 5-5-1977 et 11-5-1978 (Gouv. Barre). Si le vote du Sénat est négatif, le Gouv. n'est pas obligé de démissionner.

Motion de censure. L'Ass. nat. met en cause la responsabilité du Gouv. par le vote d'une *motion de censure*, qui doit être signée par un dixième des députés au moins. Seuls les votes favorables à la motion de censure sont recensés. Si elle est adoptée par la maj. des membres composant l'Ass., le 1er min. doit remettre au Pt de la Rép. la démission du Gouvernement. Si elle est rejetée, les signataires de la motion ne peuvent en proposer une nouvelle au cours de la même session, sauf en cas d'engagement de la responsabilité du Gouv.

34 motions de censure ont été déposées sous la Ve Rép. (de 1958 au 1-4-85) en application de l'art. 49, al. 2 et 3, de la Constitution, (*1981* : 3, *82* : 6, *83* : 2, *84* : 3, *85* : 1). Seule la motion du 4-10-62, motivée par le projet concernant l'élection du Pt de la Rép. au suffrage universel, avait permis à l'opposition de renverser le Gouv. (Pompidou) par 280 voix contre 241. La motion de censure déposée par l'U.D.F. (le R.P.R. s'y étant associé) a recueilli, le 12-10-81, 151 voix (majorité requise 246 voix).

Voix obtenues pour les motions de la législature, 1981-86 : 105 (10-9-84) à 160 (23-4-85) pour une majorité requise de 246 voix.

Pouvoir électif. Le Parlement désigne ses représentants aux ass. parlementaires européennes.

Pouvoir juridictionnel. Les 2 ass., statuant par un vote identique à la majorité absolue des membres les composant, peuvent, en cas de haute trahison, mettre en accusation le Pt de la Rép. devant la Haute Cour. Elles peuvent aussi mettre en accusation les membres du Gouv. (art. 68) en cas de crimes ou de délits commis dans l'exercice de leurs fonctions ou de complot contre l'État.

Moyens d'action du Gouvernement sur le Parlement

Moyens indirects. Les membres du Gouv. ont accès aux ass. et sont entendus quand ils le demandent (art. 31). Le Gouv. inscrit d'office à l'ordre du jour des ass., dans l'ordre et aux dates qu'il a fixés, les affaires dont il demande la discussion (art.48).

Le Gouvernement peut demander un *vote bloqué*, c'est-à-dire demander que l'Assemblée se prononce par un seul et unique vote sur l'ensemble du projet ou de la proposition de loi ou sur un groupe d'articles en ne retenant que les amendements proposés ou acceptés par le Gouv. (sous la IVe Rép., les textes étaient souvent déformés en séance, notamment à l'initiative des commissions parlementaires) ; pour le Pt de la Rép. V. Giscard d'Estaing, le vote bloqué devait être utilisé modérément, surtout pour les textes essentiels engageant l'avenir. Selon le Programme commun de la gauche de 1972, le vote bloqué ne pourrait être utilisé en 1re lecture pour certains textes : projets de lois de finances, plan, projets de lois de programme, accords internationaux, projets de lois concernant les libertés publiques.

Le Gouvernement peut convoquer le Parlement en session extraordinaire (art. 29).

Le Gouv. peut faire adopter un texte en engageant sa responsabilité sur le vote de ce texte *(question de confiance)* ; celui-ci est considéré comme adopté si une motion de censure n'est pas déposée dans les 24 h qui suivent l'engagement de responsabilité du Gouv. (art. 49, 3e alinéa) et votée à la majorité des membres composant l'Assemblée. Cette procédure a été utilisée *plusieurs fois* au cours de la discussion de la loi budgétaire de 1980 à l'Assemblée nationale (hiver 1979-80) ; d'après certains, cette utilisation *répétée* est contraire à l'esprit de la Constitution : elle aboutirait à faire adopter des dispositions budgétaires sans discussions ni vote, et à attribuer indirectement au Gouvernement des pouvoirs législatifs. Le principal bénéficiaire d'une telle manœuvre serait le Sénat (n'ayant pas le droit de renverser le Gouvernement, il est tenu de discuter et de voter chaque article de la loi budgétaire, ce qui lui confère une autorité morale supérieure à celle de l'Assemblée). L'art. 49-3e avait déjà été utilisé en 1977 à propos de l'élection des députés à l'Ass. européenne, mais il s'agissait d'un recours unique et exceptionnel à cette disposition constitut.

Depuis 1958, aucun Gouv. n'a remis sa démission à la suite du dépôt d'une « question de confiance » (sous la IVe Rép., l'abus des « questions de confiance » avait favorisé l'instabilité gouvernementale et conduit à un contrôle, jugé excessif, du Gouv. par l'Assemblée nationale).

Moyens directs. Soumission de certains projets de lois à référendum (art. 11) ; dissolution de l'Assemblée nationale (art. 12) ; application de l'article 16 (pouvoirs spéciaux) ; le Parlement se réunit alors de plein droit.

Sonorisation des débats. Microphones pour le Pt, les orateurs, les membres du Gouv. et les rapporteurs des commissions. D'autres se trouvent dans les travées, à portée des députés. Ils sont reliés à des haut-parleurs dans l'hémicycle et à des diffuseurs dans le Palais-Bourbon.

Liste des députés (D), sénateurs (S)

Légende : **Députés (D). Groupes à l'Assemblée nationale.** *Socialiste* (1) socialiste. (2) soc. apparenté, M.R.G. (3) soc. apparenté, divers gauche. *R.P.R.* (4) R.P.R. (5) apparenté R.P.R. *U.D.F.* (6) U.D.F. (7) U.D.F.-A.D. (8) U.D.F.-R.A.D. (9) U.D.F.-C.D.S. (10) U.D.F.-P.R. (11) U.D.F., apparenté divers droite (11 bis) U.D.F.-P.S.D. Front national (12) F.N. *Communiste* (13) Communiste. (14) Apparenté communiste *Non inscrit* (15) Non inscrit.

Sénateurs (S). Groupes du Sénat : (a) R.P.R. (b) Socialiste. (c) Communiste. (d) Union des républicains et des indépendants. (e) Union centriste des démocrates de progrès. (f) Gauche démocratique. (g) Non inscrit gr.

* démission en mai-juin 1981.

Aube. D Michel Cartelet [1] (25-5-35) ; Robert Galley [4] (11-1-21) ; Pierre Micaux [10] (26-10-30). **S** Bernard Laurent [e] (19-1-21) ; Henri Portier [a] (5-6-21).

Aude. D Régis Barailla [1] (28-8-33) ; Jacques Cambolive [1] (6-5-40) ; Jean-Pierre Cassabel [4] (31-8-38). **S** Pierre Bastie [b] (17-9-25) ; Roland Courteau [b] (22-2-43).

Aveyron. D Jean Briane [9] (20-10-30) ; Jacques Godfrain [4] (4-6-43) ; Jean Rigal [2] (28-6-31). **S** Louis Lazuech [d] (21-4-12) ; Jean Puech [d] (22-2-42).

Bas-Rhin. D Jean-Marie Caro [6] (14-8-29) ; André Durr [4] (7-11-26) ; Germain Gengenwin [6] (8-5-36) ; F. Grussenmeyer [4] (11-5-18) ; Émile Koehl [6] (8-3-21) ; Jean-André Oehler [1] (30-3-37) ; Marc Reymann [9] (7-6-37) ; Robert Spieler [12] (18-12-51) ; Catherine Trautmann [1] (15-1-51). **S** Daniel Hoeffel [e] (23-1-29) ; Louis Jung [e] (18-2-17) ; Paul Kauss [a] (23-10-23) ; Marcel Rudloff [e] (15-3-23).

Bouches-du-Rhône. D Pascal Arrighi [12] (16-6-21) ; Roland Blum [10] (12-7-45) ; Gabriel Domenech [12] (4-9-20) ; Jean-Claude Gaudin [6] (8-10-39) ; Guy Hermier [13] (22-2-40) ; Ronald Perdomo [12] (31-5-41) ; J.-P. de Peretti Della Rocca [7] (26-6-30) ; Michel Pezet [1] (9-4-42) ; Vincent Porelli [13] (8-2-35) ; Jean Roatta [10] (13-12-41) ; Jean Roussel [12] (4-4-23) ; Philippe Sanmarco [1] (16-2-47) ; Jacques Siffre [1] (4-4-37) ; Maurice Toga [4] (22-3-27) ; Michel Vauzelle [1] (15-8-44). **S** Bastian Leccia [1] (3-11-19) ; Félix Ciccolini [b] (2-10-16) ; André Minetti [c] (1-9-25) ; Jean Francou [e] (27-5-20) ; Irma Rapuzzi [b] (12-4-10) ; Charles Bonifay [b] (19-7-19) ; Pierre Matraja [b] (14-2-23).

Calvados. D André Fanton [4] (31-3-28) ; André Ledran [1] (16-1-33) ; Louis Mexandeau [1] (6-7-31) ; Michel d'Ornano [6] (12-7-24) ; Yvette Roudy [1] (10-4-29) ; Francis Saint-Ellier [10] (11-3-51). **S** Philippe de Bourgoing [d] (25-7-21) ; Jacques Descours Desacres [d] (21-1-14) ; Jean-Marie Girault [d] (9-2-26).

Cantal. D Pierre Raynal [4] (9-1-20) ; René Souchon [1] (12-3-43). **S** Paul Malassagne [a] (24-3-18) ; Paul Robert [f] (3-3-12).

Charente. D J.-M. Boucheron [1] (15-12-46) ; Georges Chavanes [9] (60 ans) ; Francis Hardy [4] (14-12-23) ; Jérôme Lambert [1] (7-6-57). **S** Michel Alloncle [a] (7-10-28) ; Pierre Lacour [e] (20-2-23).

Charente-Maritime. D Jean-Guy Branger [11] (15-4-35) ; Dominique Bussereau [10] (13-7-52) ; Michel Crépeau [2] (30-10-30) ; Jean de Lipkowski [4] (25-12-20) ; Philippe Marchand [1] (1-9-39). **S** Stéphane Bonduel [f] (30-11-19) ; Josy Moinet [f] (23-10-29) ; Michel Rigou [f] (27-6-27).

Cher. D Alain Calmat [1] (31-8-40) ; Jean-François Deniau [10] (31-10-28) ; Jacques Rimbault [13] (7-8-29). **S** Pierre Sicard [e] (21-10-18) ; Jacques Genton [e] (22-9-18).

Côtes-du-Nord. D René Benoit [10] (19-3-37) ; Didier Chouat [1] (24-4-45) ; Sébastien Couepel [9] (6-6-38) ; Bertrand Cousin [4] (12-1-41) ; Charles Josselin [1] (31-3-38). **S** Yves Le Cozannet [e] (13-4-27) ; Bernard Lemarié [e] (30-7-13) ; René Régnault [b] (23-8-36).

Côte-d'Or. D Roland Carraz [1] (18-5-43) ; Lucien Jacob [5] (3-7-30) ; Gilbert Mathieu [10] (12-5-20) ; François Patriat [1] (21-3-43) ; Robert Poujade [4] (6-5-28). **S** Bernard Barbier [d] (30-6-24) ; Michel Sordel [d] (11-11-20) ; Maurice Lombard [a] (4-2-22).

Creuse. D Jacques Charton [4] (19-6-22) ; André Lejeune [1] (4-7-35). **S** Michel Moreigne [b] (6-5-34) ; William Chervy [b] (3-6-37).

Corrèze. D 2 Jean-Claude Cassaing [1] (13-10-42) ; Jean Charbonnel [4] (22-4-27) ; Jacques Chirac [4] (29-11-32). **S** Henri Belcour [a] (11-9-26) ; Georges Mouly [f] (21-2-31).

Corse-du-Sud. D Nicolas Alfonsi [2] (13-4-36) ; J.-P. de Rocca Serra [4] (11-10-11). **S** Charles Ornano [g] (5-5-19).

Deux-Sèvres. D Albert Brochard [6] (19-6-23) ; André Clert [1] (22-6-26) ; Jean de Gaulle [4] (13-6-53) ; Michel Hervé [1] (22-9-45). **S** Jacques Ménard [d] (31-12-14) ; Georges Treille [e] (2-9-21).

Dordogne. D Alain Bonnet [2] (23-8-34), Roland Dumas [1] (23-8-22) ; Yves Guena [4] (6-7-22) ; Élie Marty [10] (18-7-30). **S** Lucien Delmas [b] (19-6-31) ; Michel Manet [b] (24-3-24).

Doubs. D Guy Bêche [1] (10-8-45) ; Huguette Bouchardeau [3] (1-6-35) ; Michel Jacquemin [9] (14-5-39) ; Gérard Kuster [4] (20-12-48) ; Roland Vuillaume [4] (12-4-35). **S** Edgar Faure [g] (18-8-08) ; Robert Schwint [b] (11-1-28) ; Louis Souvet [a] (19-10-31).

Drôme. D Henri Michel [1] (18-11-22), Jean Mouton [9] (15-9-29) ; Régis Parent [4] (1-4-23) ; Rodolphe Pesce [1] (10-10-35). **S** Maurice Pic [b] (15-2-13) ; Gérard Gaud [b] (2-6-25).

Essonne. D Michel Berson [1] (21-4-45) ; Roger Combrisson [13] (22-2-22) ; Xavier Dugoin [4] (27-3-47) ; Claude Germon [1] (2-5-34) ; Jacques Guyard [1] (19-11-37) ; Michel Pelchat [6] (8-7-35) ; Jean de Preaumont [4] (8-6-22) ; Michel de Rostolan [12] (8-3-45) ; Yves Tavernier [1] (20-10-37) ; Pierre-André Wiltzer [6] (31-10-40). **S** Pierre Ceccaldi-Pavard [e] (6-2-21) ; Jean Colin [e] (21-3-23) ; Pierre Gamboa [c] (12-2-33) ; Pierre Noé [b] (22-6-26) ; Jean Ooghe [c] (17-4-28).

Eure. D Jean-Louis Debré [4] (30-9-44) ; F. Deschaux-Beaume [1] (4-3-42) ; François Loncle [1] (21-10-41) ; Ladislas Poniatowski [10] (10-11-46). **S** Henri Collard [f] (11-4-28) ; Modeste Legouez [d] (24-9-08) ; Alain Pluchet [a] (1-5-30).

Eure-et-Loir. D Maurice Dousset [10] (26-2-30) ; Françoise Gaspard [1] (7-6-45) ; Georges Lemoine [1] (10-6-34) ; Martial Taugourdeau [4] (14-12-26). **S** Jean Cauchon [e] (21-11-13) ; Raymond Poirier [e] (2-7-17).

Finistère. D Marc Becam [4] (9-10-31) ; Jean-Yves Cozan [9] (16-5-39) ; Jean-Louis Goasduff [4] (2-5-27) ; Joseph Gourmelon [1] (27-4-38) ; Marie Jacq [1] (28-7-19) ; Louis Le Pensec [1] (8-1-37) ; Charles Miossec [4] (25-12-38) ; Jean Peuziat [1] (1-4-24). **S** Alphonse Arzel [e] (20-9-27) ; Édouard Le Jeune [e] (20-2-21) ; Georges Lombard [e] (14-3-25) ; 1 siège vacant (celui de Marc Bécam, élu député en mars 86).

Gard. D Jean Bousquet [11] (30-3-32) ; Charles de Chambrun [12] (16-6-30) ; Bernard Deschamps [14] (17-2-32) ; Georgina Dufoix [1] (5-2-43) ; Alain Journet [1] (25-6-41). **S** Gilbert Baumet [b] (5-2-43) ; André Rouvière [b] (29-4-36) ; Edgar Tailhades [b] (12-1-04).

Gers. D 1 Jean Laborde [1] (8-3-22) ; Aymeri de Montesquiou [8] (7-7-42). **S** Abel Sempé [f] (24-1-12) ; Marc Castex [d] (13-9-14).

Gironde. D Robert Cazalet [10] (19-10-24) ; Gérard Cesar [4] (19-12-34) ; Jean-Claude Dalbos (24-9-28) ; J. Chaban-Delmas [4] (7-3-15) ; Pierre Garmendia [1] (9-6-24) ; Catherine Lalumière [1] (31-8-35) ; Gilbert Mitterrand [1] (4-2-49) ; Michel Peyret [13] (20-6-38) ; Michel

Sainte-Marie [1] (18-8-38) ; Pierre Sirgue [12] (18-11-54) ; Jean Valleix [4] (23-4-28). S Marc Bœuf [b] (8-1-34) ; Raymond Brun [a] (18-3-15) ; Philippe Madrelle [b] (21-4-37) ; Jacques Valade [a] (4-5-30) ; Jean-François Pintat [d] (29-7-23).

Hautes-Alpes. D P. Bernard-Reymond [9] (16-1-44) ; Daniel Chevallier [1] (12-9-43). S Émile Didier [f] (30-12-09).

Haute-Corse. D Pierre Pasquini [4] (16-2-21) ; Émile Zucarelli [2] (4-8-40) ; S François Giacobbi [f] (19-7-19).

Haute-Garonne. D Gérard Bapt [1] (4-2-46) ; Pierre Baudis [11] (11-5-46) ; Jean Diebold [15] (22-4-39) ; Pierre Montastruc [8] (17-1-32) ; Pierre Ortet [1] (8-12-33) ; Alex Raymond [1] (12-10-16) ; J. Roger-Machart [1] (10-5-40) ; Jean-Paul Seguela [4] (21-2-38). S Jean Peyrafitte [b] (15-6-22) ; Léon Eeckhoutte [b] (4-9-11) ; André Méric [b] (14-8-13) ; Gérard Roujas [b] (8-9-43).

Haute-Loire. D Jacques Barrot [6] (3-2-37) ; Jean Proriol [6] (25-11-34). S Jean-Paul Chambriard [d] (12-7-79) ; Adrien Gouteyron [a] (13-5-33).

Haute-Marne. D Guy Chanfrault [1] (3-9-24) ; Charles Fèvre [6] (2-2-33). S Georges Berchet [f] (13-6-26) ; Jacques Delong [a] (14-8-21).

Hautes-Pyrénées. D Pierre Bleuler [9] (26-4-29) ; Pierre Forgues [1] (17-6-38) ; Gérard Trémège [10] (4-9-44). S François Abadie [f] (19-6-30) ; Hubert Peyou [f] (11-7-23).

Haut-Rhin. D Jean-Marie Bockel [1] (22-6-50) ; Gérard Freulet [12] (24-7-49) ; Jean-Paul Fuchs [6] (6-12-25) ; Jean Grimont [1] (13-6-30) ; Joseph Klifa [11b] (26-7-31) ; Jean Ueberschlag [4] (29-5-35) ; Pierre Weisenhorn [4] (21-6-24). S Henri Gœtschy [c] (4-9-26) ; Pierre Schiélé [c] (5-7-25) ; Charles Zwickert [c] (26-3-20).

Haute-Saône. D Pierre Chantelat [10] (20-6-23) ; Philippe Legras [4] (6-6-48) ; Jean-Pierre Michel [1] (5-8-38). S Pierre Louvot [d] (29-6-22) ; Michel Miroudot [d] (30-1-15).

Haute-Savoie. D Claude Birraux [9] (19-1-46) ; Robert Borrel [3] (25-1-34) ; Jean Brocard [6] (4-10-20) ; Pierre Mazeaud [4] (24-8-29) ; Dominique Strauss-Kahn [1] (25-4-49). S Charles Bosson [c] (2-8-08) ; Raymond Bouvier [c] (30-3-28) ; Bernard Pellarin [d] (18-9-28).

Hauts-de-Seine. D Philippe Bassinet [1] (18-7-42) ; Jacques Baumel [4] (6-3-18) ; Charles Deprez [6] (14-2-18) ; Patrick Devedjian [4] (26-8-44) ; Guy Ducoloné [13] (14-3-20) ; Georges Gorse [4] (15-2-15) ; Florence d'Harcourt [11] (10-3-29) ; Claude Labbé [4] (27-1-20) ; Georges Le Baill [1] (18-8-39) ; Michel Margnes [1] (8-12-44) ; Michel Sapin [1] (9-4-52) ; Jean-Pierre Stirbois [12] (30-1-45) ; Georges Tranchant [4] (23-6-29). S André Fosset [c] (13-11-18) ; Jean-Pierre Fourcade [d] (18-10-29) ; Monique Midy [c] (27-6-30) ; Michel Maurice-Bokanowski [a] (6-11-12) ; Charles Pasqua [a] (18-4-27) ; Robert Pontillon [b] (4-12-21) ; Guy Schmaus [c] (7-7-32).

Haute-Vienne. D Michel Bernard [4] (3-11-32) ; Henri Bouvet [8] (7-6-39) ; Marcel Rigout [13] (10-5-28) ; Alain Rodet [1] (4-6-44). S Robert Laucournet [b] (22-7-21) ; Louis Longequeue [b] (30-11-14).

Hérault. D Alain Barrau [1] (17-2-47) ; Willy Dimeglio [10] (3-5-34) ; Georges Frêche [1] (9-7-38) ; Jean Lacombe [1] (16-4-43) ; Jean-Claude Martinez [12] (30-7-45) ; Jacques Roux [13] (6-1-23). S Gérard Delfau [b] (21-10-37) ; Jules Faigt [b] (30-12-16) ; Marcel Vidal [b] (7-3-40).

Ille-et-Vilaine. D Jean-Michel Boucheron [1] (6-3-48) ; Michel Cointat [4] (13-4-21) ; Yves Fréville [9] (1-12-34) ; Edmond Hervé [1] (3-12-42) ; Alain Madelin [6] (26-3-46) ; Pierre Méhaignerie [6] (4-5-39) ; Clément Théaudin [1] (1-11-43). S Yvon Bourges [a] (29-6-21) ; Louis de La Forest [d] (12-8-14) ; Marcel Daunay [c] (20-3-30) ; Jean Madelain [c] (9-1-24).

Indre. D Daniel Bernardet [11] (7-6-27) ; André Laignel [1] (4-12-42). S Jean Bénard-Mousseaux [d] (2-8-13) ; Guy Besse [f] (14-4-26).

Indre-et-Loire. D Bernard Debré [4] (30-9-44) ; Raymond Lory [9] (17-8-26) ; Christiane Mora [1] (14-11-38) ; Jean Proveux [1] (17-7-38) ; Jean Royer [15] (30-10-20). S Marcel Fortier [a] (7-11-20) ; Jean Delaneau [d] (29-8-33) ; André Georges Voisin [a] (28-3-18).

Isère. D Georges Colombier [10] (8-3-40) ; Jean Giard [13] (30-9-26) ; Michel Hannoun [4] (7-3-49) ; Bruno Megret [12] (4-4-49) ; Louis Mermaz [1] (20-8-31) ; Alain Moyne-Bressand [10] (30-7-45) ; Christian Nucci [1] (31-10-39) ; Odile Sicard [1] (25-8-30). S Jean Boyer [b] (1-8-23) ; Guy Cabanel [d] (7-4-27) ; Charles Descours [a] (31-12-37) ; Jean Faure [c] (14-1-37).

Jura. D Gilbert Barbier [8] (3-3-40) ; Alain Brune [1] (2-11-44) ; Jean Charroppin [4] (30-5-38). S Pierre Brantus [c] (27-10-21) ; Pierre Jeambrun [f] (4-6-21).

Landes. D Henri Emmanuelli (31-5-45) ; Louis Lauga (16-2-40) ; Jean-Pierre Penicaut (1-8-37). S Yves Goussebaire-Dupin [d] (19-7-30) ; Philippe Labeyrie [b] (24-4-38).

Loire. D Jean Auroux [1] (19-9-42) ; Jacques Badet [1] (29-10-43) ; Henri Bayard [6] (13-9-27) ; Christian Cabal [4] (27-9-43) ; Paul Chomat [13] (9-1-38) ; Pascal Clément [6] (12-5-45) ; Guy Le Jaouen [12] (30-8-33). S Michel Durafour [f] (11-4-20) ; Louis Mercier [c] (10-5-20) ; Claude Mont [c] (30-6-13) ; Lucien Neuwirth [a] (18-5-24).

Loire-Atlantique. D Jean-Marc Ayrault [1] (25-1-50) ; Alain Chénard [1] (20-2-37) ; Claude Evin [1] (29-6-49) ; Olivier Guichard [4] (27-7-20) ; Elisabeth Hubert [4] (26-5-56) ; Xavier Hunault [15] (29-7-23) ; J.-H. Maujouan du Gasset [6] (24-1-25) ; Jean Natiez [1] (17-4-38) ; Monique Papon [9] (5-10-34) ; Lucien Richard [4] (29-7-19). S Michel Chauty [a] (11-2-24) ; François Autain [b] (16-6-35) ; Bernard Legrand [f] (15-5-24) ; Ch.-H. de Cossé-Brissac [d] (16-3-36) ; Luc Dejoie [a] (6-2-31).

Loiret. D Jean-Paul Charié [4] (25-4-52) ; Xavier Deniau [5] (24-9-23) ; Jacques Douffiagues [10] (28-1-41) ; Jean-Claude Portheault [1] (11-6-35) ; Jean-Pierre Sueur [1] (28-2-47). S Louis Boyer [d] (13-11-21) ; Kléber Malecot [c] (12-2-15) ; Paul Masson [a] (21-7-20).

Loir-et-Cher. D Roger Corrèze [4] (1-7-20) ; Jean Desanlis [6] (5-9-25) ; Jack Lang [1] (2-9-39). S Charles Beaupetit [f] (27-4-21) ; Jacques Thyraud [d] (2-6-25).

Lot. D Alain Chastagnol [4] (15-2-45) ; Martin Malvy [1] (24-2-36). S Marcel Costes [b] (5-10-35) ; Maurice Faure [b] (2-1-22).

Lot-et-Garonne. D Paul Chollet [9] (10-4-28) ; Michel Gonelle [4] (21-7-48) ; C. Laurissergues [1] (7-8-39). S Raymond Soucaret [f] (27-7-23) ; Jean-François Poncet [f] (8-12-28).

Lozère. D Jacques Blanc [6] (21-10-39) ; Adrien Durand [6] (20-4-27). S Joseph Caupert [d] (4-7-23).

Maine-et-Loire. D Edmond Alphandery [6] (2-9-43) ; Jean Bégault [6] (22-3-21) ; Jean-Claude Chupin [1] (3-7-43) ; Jean Foyer [4] (27-4-21) ; Ginette Leroux [1] (24-7-00) ; Maurice Ligot [6] (29-12-27) ; Jean Narquin [4] (1-4-22). S Auguste Chupin [c] (29-9-19) ; Jean Huchon [c] (4-9-28) ; Charles Jolibois [d] (4-10-28).

Manche. D René André [4] (3-7-42) ; Jean-Marie Daillet [6] (24-11-29) ; Louis Darinot [1] (16-3-25) ; Pierre Godefroy [4] (4-7-15) ; Olivier Stirn [3] (14-2-36). S Jean-Pierre Tizon [d] (26-10-20) ; René Travert [d] (14-10-19) ; Jean-François le Grand [a] (8-6-42).

Marne. D Bruno Bourg-Broc [4] (25-2-45) ; Georges Colin [1] (27-2-31) ; Jean Falala [4] (2-3-29) ; Jean Reyssier [13] (31-5-22) ; Bernard Stasi [6] (4-7-30) ; Ghislaine Toutain [1] (24-4-46). S Jean Amelin [a] (28-5-27) ; Jacques Machet [c] (16-12-23) ; Albert Vecten [c] (16-2-26).

Mayenne. D François d'Aubert [6] (31-10-43) ; Henri de Gastines [4] (6-7-29) ; André Pincon [3] (27-4-31). S René Ballayer [c] (2-3-15) ; Jean Arthuis [c] (7-10-44).

Meurthe-et-Moselle. D Marcel Bigeard [6] (14-2-16) ; Jean-Paul Durieux [1] (7-11-29) ; Job Durupt [1] (15-2-31) ; Colette Goeuriot [13] (8-8-39) ; Jean-Yves Le Deaut [1] (1-2-45) ; Gérard Léonard [4] (1-1-45) ; André Rossinot [6] (22-5-39). S Roger Boileau [*c] (6-12-16) ; Hubert Martin [d] (23-2-12) ; Richard Pouille [d] (15-8-21) ; Claude Huriet [2] (25-5-30).

Meuse. D Jean-Louis Dumont [1] (6-4-44) ; Claude Lorenzini [4] (7-12-36). S Rémi Herment [c] (23-6-32) ; Michel Rufin [a] (12-8-20).

Morbihan. D Loïc Bouvard [6] (20-1-29) ; Jean-Charles Cavaillé [4] (17-12-30) ; Jean Giovannelli [1] (4-3-39) ; Aimé Kergueris [5] (3-6-40) ; Jean-Yves Le Drian [1] (30-6-47) ; Raymond Marcellin [6] (19-8-14). S Christian Bonnet [d] (14-6-21) ; Henri Le Breton [c] (10-9-28) ; Ch. L. Josselin de Rohan [a] (5-6-38).

Moselle. D Jean-Marie Demange [4] (23-7-43) ; René Drouin [1] (26-5-43) ; Guy Herlory [12] (14-12-20) ; Denis Jacquat [10] (29-5-44) ; Jean Kiffer [5] (30-6-36) ; Jean Laurain [1] (1-1-21) ; Jean-Louis Masson [4] (25-3-47) ; Pierre Messmer [4] (20-3-16) ; Charles Metzinger [1] (13-8-22) ; Jean Seitlinger [6] (16-11-24). S Roger Husson [a] (12-6-24) ; Jean-Pierre Masseret [b] (23-8-44) ; Jean-Marie Rausch [c] (24-9-29) ; Paul Souffrin [c] (16-5-32) ; André Bohl [c] (26-1-36).

Nièvre. D Bernard Bardin [1] (2-8-34) ; Pierre Bérégovoy [1] (23-12-25) ; Bernard-Claude Savy [4] (1-9-22). S Noël Berrier [b] (24-12-14) ; Robert Guillaume [b] (25-4-22).

Nord. D Gustave Ansart [13] (5-3-23) ; Christian Baeckeroot [12] (26-8-39) ; Alain Bocquet [13] (6-5-46) ; Pierre Ceyrac [12] (18-9-46) ; Serge Charles [4] (17-11-27) ; Bruno Chauvierre [15] (22-12-42) ; Marcel Dehoux [1] (4-9-46) ; Michel Delebarre [1] (27-4-46) ; Georges Delfosse [6] (25-10-21) ; Stéphane Dermaux [10] (13-7-29) ; Bernard Derosier [1] (10-11-39) ; Claude Dhinnin [4] (11-9-43) ; Bruno Durieux [9] (23-10-44) ; Alain Faugaret [1] (24-3-38) ; Michel Ghysel [4] (26-9-25) ; Georges Hagé [13] (11-9-21) ; Jean Jarosz [13] (23-1-35) ; Jean Le Garrec [1] (9-8-29) ; Jacques Legendre [4] (2-12-41) ; Olivier Marlière [4] (24-1-50) ; Pierre Mauroy [1] (5-7-28) ; Arthur Notebart [1] (12-7-14) ; Jacqueline Osselin [1] (27-5-32) ; Charles Paccou [4] (1-5-24). S Guy Allouche [b] (27-10-39) ; Jean-Paul Bataille [d] (18-8-29) ; André Diligent [c] (10-5-19) ; Pierre Carous [a] (17-9-13) ; Jacques Bialski [b] (3-10-29) ; Jean Desmarets [a] (3-6-10) ; Yvan Renard [c] (26-4-37) ; Roland Grimaldi [b] (16-11-33) ; Arthur Moulin [a] (4-7-24) ; Claude Prouvoyeur [a] (5-1-27) ; Maurice Schumann [a] (10-4-11) ; Jean Varlet [b] (14-9-16) ; Hector Viron [c] (19-1-22).

Oise. D Jean Anciant [1] (29-3-34) ; Arthur Dehaine [4] (20-6-32) ; Pierre Descaves [12] (1-10-24) ; Roland Florian [1] (9-1-24) ; Robert Hersant [11] (31-1-20) ; Jean-François Mancel [4] (1-3-48) ; Guy Vadepied [1] (19-6-38). S Amédée Bouquerel [a] (1-7-08) ; Michel Souplet [c] (3-4-29) ; Jean Natali [a] (21-6-05).

Orne. D Francis Geng [6] (23-9-31) ; Daniel Goulet [4] (28-10-28) ; Michel Lambert [1] (9-10-42). S Hubert d'Andigné [a] (24-4-17) ; Henri Olivier [d] (17-1-17).

Paris. D Edwige Avice [1] (13-4-45) ; René Béguet [11] (23-8-39) ; Pierre de Benouville [5] (8-8-14) ; Michel Charzat [1] (25-12-42) ; Jacques Dominati [6] (11-3-27) ; E. Frédéric-Dupont [5] (10-7-02) ; Jacques Feron (11-1-12) ; Gérard Fuchs [1] (18-5-40) ; Gilbert Gantier [6] (28-11-24) ; Lionel Jospin [1] (12-7-37) ; Gabriel Kaspereit [4] (21-6-19) ; Jean-Marie Le Pen [12] (20-6-28) ; Françoise de Panafieu [4] (12-12-48) ; Claude-Gérard Marcus [4] (24-8-33) ; Georges Mesmin [6] (15-11-26) ; Louis Moulinet [1] (17-4-25) ; Paul Quilès [1] (27-1-42) ; Georges Sarre [1] (26-11-35) ; Gisèle Stievenard [1] (11-12-50) ; Jean Tibéri [4] (30-1-35) ; Jacques Toubon [4] (29-6-41). S Serge Boucheny [c] (22-3-29) ; Raymond Bourgine [g] (9-3-25) ; Michel Caldaguès [a] (28-9-26) ; Jean Chérioux [a] (16-2-28) ; Cécile Golbet [a] (15-3-14) ; Christian de La Malène [a] (9-12-20) ; Dominique Pado [c] (24-5-22) ; Bernard Parmentier [b] (5-2-24) ; Rolande Perlican [c] (19-9-31) ; Roger Romani [a] (25-8-34) ; Pierre-Christian Taittinger [d] (5-2-26) ; François O. Collet [a] (9-2-38).

Pas-de-Calais. D Rémy Auchède [14] (6-4-43) ; Jean-Jacques Barthe [14] (27-6-36) ; Yvan Blot [4] (29-6-48) ; André Delehedde [1] (2-8-36) ; Jean-Paul Delevoye [4] (22-1-47) ; Léonce Deprez [11] (10-7-27) ; Jacques Hersant [5] (12-8-00) ; Roland Huguet [1] (17-10-33) ; J.-P. Kucheida [1] (24-2-43) ; Guy Lengagne [1] (11-7-33) ; Jacques Mellick [1] (22-7-41) ; François Porteu de la Morandière [12] (20-4-28) ; Philippe Vasseur [10] (31-8-43) ; Marcel Wacheux [1] (28-5-30). S André Delelis [a] (23-5-24) ; Michel Darras [b] (5-3-24) ; Henri Elby [d] (22-11-18) ; Daniel Percheron [b] (31-8-42) ; Henri Colette [a] (30-5-22) ; Jean-Luc Becart [c] (28-8-47) ; Roger Poudonson [c] (14-12-22).

Puy-de-Dôme. D Maurice Adevah-Poeuf [1] (27-3-43) ; Georges Chometon [9] (9-11-28) ; Valéry Giscard d'Estaing [6] (2-2-26) ; Jacques Lavedrine [1] (1-2-25) ; Pierre Pascallon [4] (12-11-51) ; Roger Quilliot [1] (19-6-25). S Marcel Bony [b] (1926) ; Roger Quillot [b] (19-6-25) élu dép. 16-3-86. siège vacant ; Michel Charasse [b] (8-7-41).

Pyrénées-Atlantiques. D François Bayrou [9] (25-4-51) ; Jean-Pierre Destrade [1] (29-8-41) ; Jean Gougy [4] (11-12-39) ; André Labarrère [1] (12-1-28) ; Alain Lamassoure [10] (10-2-44) ; Henri Prat [1] (3-9-23). S Jacques Moutet [f] (31-3-24) ; Auguste Cazalet [a] (7-9-38) ; Franz Duboscq [a] (6-5-24).

Pyrénées-Orientales. D Claude Barate [4] (13-12-43) ; Jacques Farran [10] (19-3-28) ; Pierre Sergent [12] (30-6-26) ; Renée Soum [1] (14-2-40). S Paul Alduy [c] (4-10-14) ; Guy Malé [c] (1-7-30).

Rhône. D Raymond Barre [6] (12-4-24) ; Jean Besson [4] (15-8-38) ; Gérard Collomb [1] (20-6-47) ; Jean-Michel Dubernard [4] (17-5-41) ; Charles Fiterman [13] (28-12-33) ; Bruno Gollnisch [12] (28-1-50) ; Charles Hernu [1] (3-7-23) ; Alain Mayoud [6] (7-12-42) ; Jean Poperen [1] (9-1-25) ; J.-J. Queyranne [1] (2-11-45) ; Jean-Pierre Reveau [12] (27-7-32) ; Jean Rigaud [6] (15-1-25) ; M.-J. Sublet [1] (10-2-36) ; Michel Terrot [4] (18-12-48). S Francisque Collomb [g] (19-12-10) ; Alfred Gerin [c] (22-10-24) ; Serge Mathieu [d] (10-2-36) ; Jean

Mercier[f] (31-3-14) ; Frank Serusclat[b] (7-7-21) ; Camille Vallin[c] (22-11-18) ; Pierre Vallon[e] (10-11-27).

Saône-et-Loire. D René Beaumont[10] (29-2-40) ; André Billardon[1] (22-10-40) ; André Jarrot[4] (13-12-09) ; Pierre Joxe[1] (28-11-34) ; Dominique Perben[4] (11-8-45) ; Jean-Pierre Worms[1] (16-7-34). S France Léchenault[f] (19-8-10) ; Marcel Lucotte[d] (16-1-22) ; Bernard Desbrière[b] (10-5-35).

Sarthe. D Georges Bollengier-Stragier[6] (16-2-25) ; Gérard Chasseguet[4] (11-3-30) ; Guy Chauveau[1] (25-9-44) ; Raymond Douyère[1] (25-5-39) ; François Fillon[4] (4-3-54). S Michel d'Aillières[d] (17-12-23) ; Jacques Chaumont[a] (17-11-34) ; Roland du Luart[g] (12-3-40).

Savoie. D Michel Barnier[4] (9-1-51) ; Louis Besson[1] (6-5-37) ; Gratien Ferrari[10] (27-3-35). S Jean-Pierre Blanc[e] (11-9-20) ; Roger Rinchet[b] (16-6-33).

Seine-et-Marne. D Gérard Bordu[13] (21-4-28) ; Guy Drut[4] (6-12-50) ; Jean-Pierre Fourré[1] (8-12-44) ; Jean-Jacques Hyest[9] ; Jean-François Jalkh[12] (23-5-57) ; Didier Julia[4] (18-2-34) ; Robert le Foll[1] (25-2-34) ; Alain Peyrefitte[4] (26-8-25) ; Alain Vivien[1] (20-8-38). S Étienne Dailly[f] (4-1-18) ; Philippe François[a] (16-8-27) ; Jacques Larché[d] (4-2-20) ; Paul Séramy[e] (4-2-20).

Seine-Maritime. D Jean Allard[6] (18-1-26) ; Jean Beaufils[1] (1-9-36) ; Pierre Bourguignon[1] (6-2-42) ; Dominique Chaboche[12] (12-5-37) ; Georges Delatre[4] (11-9-17) ; Paul Dhaille[1] (12-1-51) ; Laurent Fabius[1] (20-8-46) ; Jean Lecanuet[9] (4-3-20) ; Roland Leroy[13] (4-5-26) ; Joseph Menga[1] (7-8-32) ; Charles Revet[10] (9-11-37) ; Antoine Rufenacht[4] (11-5-39). S André Bettencourt[d] (21-4-19) ; Paul Caron[e] (13-7-21) ; Jacques Eberhard[c] (25-5-19) ; Charles Ferrant[e] (23-2-08) ; Tony Larue[b] (18-8-04) ; Geoffroy de Montalembert[a] (10-10-1898).

Seine-Saint-Denis. D François Asensi[13] (1-6-45) ; Francis Bachelot[12] (19-4-40) ; Claude Bartolone[1] (29-7-51) ; Gilbert Bonnemaison[1] (21-6-30) ; Christian Demuynck[4] (24-7-47) ; Jean-Claude Gayssot[13] (6-9-44) ; Roger Holeindre[12] (21-3-29) ; Muguette Jacquaint[13] (12-5-42) ; Jacques Mahéas[1] (10-7-39) ; Véronique Neiertz[1] (6-11-42) ; Jacques Oudot[4] (15-6-34) ; Éric Raoult[4] (19-6-55) ; Jean-Jack Salles[9] (17-2-35). S Marcel Debarge[b] (16-9-29) ; Claude Fuzier[b] (2-6-24) ; Jean Garcia[c] (5-6-25) ; Fernand Lefort[c] (9-10-11) ; James Marson[c] (1-11-26) ; Danielle Bidard[c] (8-12-39).

Somme. D Pierre Claisse[15] (30-11-23) ; Jean-Claude Dessein[1] (31-12-25) ; Jacques Fleury[1] (24-9-41) ; Maxime Gremetz[13] (3-9-40) ; Joël Hart[4] (13-7-45) ; Gilles de Robien[10] (10-4-41). S Max Lejeune[e] (19-2-09) ; Charles-Edmond Lenglet[f] (20-12-17) ; Jacques Mossion[e] (25-12-27).

Tarn. D Pierre Bernard[1] (6-5-34) ; Jacques Limouzy[4] (29-8-26) ; Albert Mamy[10] (14-8-39) ; Charles Pistre[1] (18-1-41). S Louis Brives[f] (24-7-12) ; Jacques Durand[b] (18-2-39).

Tarn-et-Garonne. D Jean Bonhomme[4] (8-6-24) ; Hubert Gouze[1] (19-5-38). S André Jouany[f] (24-11-25) ; Jean Roger[f].

Territoire de Belfort. D Jacques Bichet[10] (28-3-31) ; Jean-Pierre Chevènement[1] (9-3-39). S Michel Dreyfus-Schmidt[b] (17-6-32).

Val-de-Marne. D Laurent Cathala[1] (29-9-45) ; Joseph Franceschi[1] (15-1-24) ; Alain Griotteray[10] (15-10-22) ; Jean-Jacques Jegou[9] (24-3-45) ; Georges Marchais[13] (7-6-20) ; Paul Mercieca[13] (17-11-32) ; Paulette Nevoux[1] (21-8-46) ; Roland Nungesser[4] (9-10-25) ; Jean-Pierre Schenardi[12] (27-4-37) ; Christiane Papon[4] (3-9-24) ; Roger-Gérard Schwartzenberg[2] (17-4-43) ; Robert-André Vivien[4] (24-2-23). S Jacques Carat[b] (21-9-19) ; Michel Giraud[a] (14-7-29) ; Charles Lederman[c] (27-1-13) ; Hélène Luc[c] (13-3-32) ; Alain Poher[e] (17-4-09) ; Marcel Rosette[c] (3-12-25).

Val-d'Oise. D Yvon Briant[12] (5-5-54) ; Michel Coffineau[1] (4-11-34) ; Jean-Pierre Delalande[4] (21-7-45) ; Francis Delattre[10] (11-9-46) ; Jean-Philippe Lachenaud[7] (22-11-39) ; Marie-France Lecuir[1] (2-5-41) ; Hélène Missoffe[4] (15-6-27) ; Robert Montdargent[13] (7-6-34) ; Alain Richard[1] (29-8-45). S Marie-Claude Beaudeau[c] (30-10-37) ; Adolphe Chauvin[e] (7-6-11) ; Louis Perrein[b] (18-1-17) ; Pierre Salvi[e] (2-4-26).

Var. D Maurice Arreckx[10] (13-12-17) ; Daniel Colin[10] (30-9-33) ; Jean-Michel Couve[4] (3-1-40) ; Christian Goux[1] (19-12-29) ; Maurice Janetti[1] (1-3-33) ; Arthur Paecht[10] (18-5-30) ; Yanne Piat[12] (12-6-49). S Maurice Janetti[b] (1-3-33) élu dép. mars 86, siège vacant prévu en sept. 86 ; Geneviève Le Bellegou-Béguin[b] (15-4-26) ; Édouard Soldani[b] (19-9-11).

Vaucluse. D Jacques Bompard[12] (24-2-43) ; André Borel[1] (5-7-35) ; Maurice Charretier[10] (17-9-26) ; Jean-Pierre Roux[4] (5-8-38). S Henri Duffaut[b] (7-6-07) ; Jean Geoffroy[b] (7-1-05).

Vendée. D Vincent Ansquer[4] (11-1-25) ; Pierre Mauger[4] (15-5-23) ; Philippe Mestre[6] (23-8-27) ; Pierre Métais[1] (23-6-30) ; Philippe Puaud[1] (26-8-36). S Michel Crucis[d] (4-1-22) ; Yves Durand[g] (15-4-01) ; Louis Caiveau[e] (30-10-24).

Vienne. D Jean-Pierre Abelin[9] (3-9-50) ; Édith Cresson[1] (27-1-34) ; Arnaud Lepercq[4] (9-3-37) ; Jacques Santrot[1] (8-7-38). S Jean-Marie Bouloux[e] (6-6-16) ; René Monory[e] (6-6-23).

Métropole

Ain. D Jacques Boyon[4] (30-9-34) ; Charles Millon[6] (12-11-45) ; Noël Ravassard[1] (25-7-35) ; D.-B. Saint-Pierre[2] (10-11-40). S Guy de La Verpillière[d] (9-8-22) ; Roland Ruet[d] (29-10-21).

Aisne. D Jean-Pierre Balligand[1] (30-5-50) ; Jean-Claude Lamant[4] (25-12-42) ; Bernard Lefranc[1] (21-6-36) ; Daniel Le Meur[13] (25-7-39) ; André Rossi[8] (16-5-21). S Jacques Braconnier[a] (13-7-24) ; Jacques Pelletier[f] (1-8-29) ; Paul Girod[f] (27-6-31).

Allier. D J.-M. Belorgey[1] (2-11-44) ; Jacques Lacarin[10] (20-8-12) ; André Lajoinie[13] (26-12-29) ; Hector Rolland[4] (25-12-11). S Jean Cluzel[e] (18-11-23) ; André Rabineau[e] (16-1-11).

Alpes-de-Haute-Provence. D André Bellon[1] (31-8-43) ; Pierre Delmar[4] (13-12-38). S Fernand Tardy[b] (14-6-19).

Alpes-Maritimes. D Emmanuel Aubert[4] (23-4-16) ; Pierre Bachelet[4] (19-5-26) ; Jean-Hugues Colonna[1] (31-5-34) ; Charlez Ehrmann[10] (7-10-11) ; Henri Fiszbin[3] (26-6-30) ; Jacques Médecin[4] (5-5-28) ; Louise Moreau[6] (29-1-21) ; Jacques Peyrat[12] (11-10-31) ; Albert Peyron[12] (8-8-43). S Pierre Laffitte[e] (1-1-25) ; Joseph Raybaud[f] (27-6-04) ; José Balallero[f] (25-12-26) ; Pierre Merli[f] (6-2-20).

Ardèche. D Robert Chapuis[1] (7-5-33) ; J.-F. Michel[9] (30-7-50) ; Régis Perbet[4] (25-3-19). S Bernard Hugo[a] (4-5-25) ; Henri Torre[d] (12-4-33).

Ariège. D Augustin Bonrepaux[1] (11-8-36) ; Henri Cuq[4] (12-3-42). S Germain Authié[b] (4-7-27).

Ardennes. D Roger Mas[1] (16-4-31) ; Jacques Sourdille[4] (19-6-22) ; Michel Vuibert[6] (12-6-34). S Maurice Blin[e] (28-8-22) ; Christian Masson[2] (12-12-07).

Vosges. D Alain Jacquot[4] (19-6-32) ; Maurice Jeandon[4] (13-5-31) ; Christian Pierret[1] (12-3-46) ; Gérard Welzer[1] (13-12-54. S Christian Poncelet[a] (27-3-28) ; Albert Voilquin[d] (17-2-15).

Yonne. D Philippe Auberger[4] (15-12-41) ; Henri Nallet[1] (6-1-39) ; Jean-Pierre Soisson[6] (9-11-34). S Jean Chamant[d] (23-11-13) ; Paul Guillaumot[d] (8-7-13).

Yvelines. D Franck Borotra[4] (30-8-37) ; Christine Boutin[11] (6-2-44) ; Martine Frachon[1] (12-2-37) ; Jackie Hoffmann[13] (26-12-23) ; Guy Malandain[1] (16-4-37) ; Michel Péricard[4] (15-9-29) ; Étienne Pinte[4] (19-3-39) ; Michel Rocard[1] (23-8-30) ; Bernard Schreiner[1] (19-10-40) ; Paul-Louis Tenaillon[9] (14-2-21) ; Georges-Paul Wagner[12] (26-2-21) ; Robert Wagner[4] (6-3-11). S Jean Béranger[f] (21-8-25) ; Édouard Bonnefous[f] (24-8-07) ; Louis de Catuelan (30-3-24) ; Bernard Hugo[b] (4-10-30) ; René Martin[3] (20-11-1918).

Outre-mer

Guadeloupe. D Henri Beaujean[11] (19-7-25) ; Édouard Chammougon[11] (10-1-37) ; Frédéric Jalton[1] (21-2-24) ; Ernest Moutoussamy[13] (7-11-41). S Georges Dagonia[b] (9-12-30) ; Marcel Gargar[c] (19-7-11).

Guyane. D Paulin Bruné[4] (24-7-46) ; Elie Castor[1] (28-4-43). S Raymond Tarcy[b] (18-11-36).

Martinique. D Aimé Césaire[1] (25-6-13) ; Maurice Louis-Joseph-Dogué[1] (15-1-27) ; Jean Maran[6] (8-5-20) ; Michel Renard[4] (24-9-24). S Roger Lise[e] (26-7-27) ; Edmond Valcin[a] (10-3-13).

Mayotte. D Scrutin majoritaire. Henry Jean-Baptiste[6] (3-1-33). S Marcel Henry[e] (30-10-26).

Nouvelle-Calédonie. D 1 Jacques Lafleur[4] (20-11-32) ; Maurice Nenou-Pwataho[5] (25-2-39). S Dick Ukeiwé[a] (13-12-28).

Polynésie Française. D 1 Édouard Fritch[4] (4-11-52) ; Alexandre Léontieff[4] (20-10-48). S Daniel Millaud[e] (26-8-28).

La Réunion. D 1 Michel Debré[4] (15-1-12) ; Élie Hoarau (8-7-38) ; André Thien-Ah-Koon[11] (16-1-40) ; Paul Vergès (5-3-25) ; Jean Virapouille[6] (15-3-44). S Paul Bénard[a] (9-12-24) ; Albert Ramassamy[b] (13-11-23) ; Louis Virapoullé[e] (9-8-34).

Territoire

Saint-Pierre-et-Miquelon. D Albert Pen[3] (1-3-31). S Marc Plantegenest[b] (11-6-43).

Iles Wallis et Futuna. D Benjamin Brial[4] (9-6-23). S Sosefo Makape Papilio[a] (26-2-28).

France à l'étranger

• **Sénateurs représentant les Français établis hors de France.** Jean-Pierre Cantegrit[f] (2-7-33) ; Pierre Croze[d] (14-5-21) ; Charles de Cuttoli[f] (15-8-15) ; Jacques Habert[g] (29-6-19) ; Paul d'Ornano[d] (1-8-22) ; Frédéric Wirth[d] (15-4-15) ; J.-P. Bayle[b] (27-9-47) ; Olivier Roux[g] (10-7-09).

Autres organismes

Conseil constitutionnel

Siège. Palais-Royal, Paris 1er.

Composition. *Membres* 9, nommés pour 9 ans [par le Pt de la Rép. 3 (dont le Pt désigné pour la durée de son mandat), le Pt du Sénat 3, le Pt de l'Ass. nat. 3], dont le mandat n'est pas renouvelable ; des membres de droit à vie (les anciens Pts de la Rép.) *Ne peuvent être membres* : les membres du Gouv., du Parlement ou du Conseil écon. et social.

Membres de droit (anciens Pt de la Rép.). René Coty a siégé régulièrement au Conseil jusqu'à sa mort (22-11-1962). V. Auriol s'est abstenu à partir du 25-5-1960 pour protester contre l'interprétation restrictive des compétences du Conseil, mais revint, en 1962, pour statuer sur le recours formé par Gaston Monnerville (alors Pt du Sénat) contre la loi référendaire modifiant le mode d'élection du Pt de la Rép. De Gaulle n'y vint jamais.

V. Giscard d'Estaing s'est aussi abstenu (il a été élu député à l'Assemblée nationale le 23-9-84).

État (au 1-5-86). **Nommés par le Pt de la Rép.** *Par F. Mitterrand :* Robert Badinter (30-3-28) Pt dép. 19-2-86 (prise de fonction 9-3), remplace comme membre André Ségalat ; Daniel Mayer (29-4-09) 2-83 (nommé Pt en fin 83, il a démissionné comme Pt le 9-2-86). *Par Giscard d'Estaing :* Georges Vedel (5-7-10) 2-80. **Par le Pt de l'Ass. nationale.** *Par Edgar Faure :* Louis Joxe (16-9-61) oct. 77 ; *Louis Mermaz :* Pierre Marcilhacy (14-2-10) 21-2-83, Robert Fabre (21-12-15) 19-2-86 (remplace Paul Legatte). **Par le Pt du Sénat** *A. Poher :* Léon Jozeau-Marigné (21-7-09) 2-80, Robert Lecourt (14-9-08) 21-2-83, Maurice-René Simonnet (4-10-19) oct. 84 (après la mort de Louis Gros) reconduit en févr. 86.

Statut des membres. *M. nommés :* doivent avertir le Pt du Conseil des changements dans leurs activités extérieures au Conseil. Pendant la durée de leurs fonctions : ils ne peuvent être nommés à aucun emploi public ni, s'ils sont fonctionnaires publics, recevoir une promotion au choix ; ils ne peuvent pas occuper, au sein d'un parti ou d'un groupement politique, un poste de responsabilité ou de direction et, de façon générale, y exercer une activité inconciliable avec l'indépendance et la dignité de leurs fonctions. Devant le Pt de la Rép. ils prêtent serment de bien et fidèlement remplir leurs fonctions, de les exercer en toute impartialité dans le respect de la Constitution, de garder le secret des délibérations et des votes, et de ne prendre aucune position publique, ne de donner aucune consultation sur les questions relevant de la compétence du Conseil. S'ils ne respectent pas ces obligations, la majorité des membres du Conseil peut leur infliger un avertissement ou les déclarer démissionnaires d'office. La fin du mandat ne dépend d'aucune autorité extérieure. *M. de droit :* sont dispensés de serment.

Rôle. Il veille à la régularité des élections présidentielles et des référendums et en proclame les résultats. Il statue en cas de contestation sur la régularité de l'élection des membres du Parlement et prononce la déchéance ou la démission d'office des parlementaires (cas d'inéligibilité ou d'incompatibilité).

Il se prononce sur la conformité à la Constitution des lois organiques et des règlements des ass. parlementaires ainsi que des lois et des engagements internationaux qui lui sont soumis. La réforme du 29-10-1974 (voir p. 635) qui donne à 60 députés ou sénateurs *le droit de saisine* permet, par ce moyen, à l'opposition, d'alerter le Conseil constitutionnel sur la conformité d'une loi avant sa promulgation. Il statue sur la nature juridique des textes de forme législative intervenus postérieurement à la Constitution et qui lui sont déférés ainsi que des propositions de lois ou amendements auxquels le Gouv. oppose une fin de non-recevoir en application de l'art. 41 de la Const.

Il donne son avis sur les conditions d'exercice des pouvoirs exceptionnels prévus à l'art. 16 de la Constitution et sur les mesures prises en vertu de ces pouvoirs. Il constate l'empêchement du Pt de la République d'exercer ses fonctions.

Les lois peuvent lui être déférées avant leur promulgation en application de l'art. 61 de la Const.

Conseil d'État

Siège. Palais-Royal, Paris 1er. **Origine.** Créé par la constitution de l'an VIII. **Composition.** 10 auditeurs de 2e classe et 24 de 1re classe ; 81 maîtres des requêtes (dont le secr. général) ; 71 conseillers d'État en service ordinaire ; 6 présidents de section ; 1 vice-président, qui assure en réalité la présidence et la direction effectives, 12 en service extr. Choisis parmi « les personnalités qualifiées dans les différents domaines de l'activité nationale » (ils sont nommés pour 4 ans et ne peuvent exercer leurs fonctions que dans les sections administratives). L'Ass. générale peut être présidée par le Premier ministre dont relève le Conseil d'État et, en son absence, par le garde des Sceaux.

Organisation. *6 sections. 5 administratives :* Finances, Intérieur, Travaux publics, Sociale et *1* du Rapport et des Études ; *1 section du contentieux.*

Recrutement. *Auditeurs :* exclusivement par le concours de l'École nationale d'adm. *Maîtres des requêtes :* 3/4 parmi les auditeurs, 1/4 parmi les fonctionnaires ayant au moins 10 ans de service public. *Conseillers :* 2/3 parmi les maîtres des requêtes, 1/3 à la discrétion du Gouvernement. Le statut des membres, les usages du corps, l'autonomie de gestion qui lui est reconnue sous l'autorité du vice-président assurent au Cons. d'État son indépendance.

Statistiques (1983-84). Recours enregistrés : 7 775 ; décisions rendues : 6 051 ; aff. en instance à la fin de l'année judiciaire : 19 075.

Fonctions

Conseiller. Il est consulté *obligatoirement* par le Gouv. sur ses projets de lois (art. 39 de la Constit.), d'ordonnances (prévues à l'art. 38 de la Constit., prises sur autorisation du Parlement, pour exécution du programme du Gouv.) ; les projets de décrets dits « en Conseil d'État » (réglementaires ou individuels, et portant sur les matières qui ne sont pas du domaine de la loi) ; les projets de décrets (art. 37 de la Constit.) tendant à modifier une loi votée avant 1958 dans une matière relevant actuellement du domaine réglementaire ; les projets de décrets individuels relatifs à l'état des personnes ; les projets de décrets reconnaissant d'utilité publique les fondations et associations, certaines expropriations et alignements, etc.

Il peut être consulté sur tous les autres projets de décrets du Gouv. et sur des demandes d'avis.

Juge administratif (Contentieux). Il est :

1°) Juge en 1er et dernier ressort pour : *a) les recours en annulation* contre les décrets, les actes réglementaires des ministres et les actes administratifs des min. pris obligatoirement après avis du Conseil d'État ; *b) les litiges relatifs à la situation individuelle des fonctionnaires* nommés par décret du Pt de la Rép. (art. 13 de la Constit. et ordonnance du 28-11-1958) ; *c) les recours dirigés contre les actes adm.* dont le champ d'application s'étend au-delà du ressort d'un seul trib. administr. ; *d) les litiges d'ordre administratif* nés dans les territoires non soumis à la juridiction des trib. adm. et des conseils du contentieux adm. ; *e) les recours pour excès de pouvoir* dirigés contre les décisions adm. prises par les organismes collégiaux à compétence nationale ; *f) les recours en interprétation et en appréciation de légalité des actes* dont le contentieux relève du C. d'État directement.

2°) Juge d'appel, notamment à l'égard des jugements des tribunaux adm., juges de droit commun, en 1er ressort.

3°) Juge de cassation de toutes les décisions des juridictions adm. statuant en dernier ressort.

Autres attributions. Exerce un contrôle sur le fonctionnement des trib. adm. par « la mission permanente d'inspection des juridictions administratives ». S'adresser au Pt de la Comm. du rapport et des Ét. en cas de difficulté rencontrée par un justiciable dans l'exécution d'une décision de la juridiction administrative rendue en sa faveur.

Les décisions rendues par le Cons. d'État ne sont pas susceptibles de recours, sauf dans des cas exceptionnels : recours en rectification d'erreur matérielle, recours en opposition, recours en tierce opposition, recours en révision.

Conseil économique et social

Siège. 1, avenue d'Iéna, 75775 Paris Cedex 16.

Origine. *1925 :* Conseil national économique, modifié en 1936. *Const. de 1946 :* Conseil économique. *Const. de 1958 :* Conseil économique et social.

Composition. *230 membres :* 69 représentants des salariés désignés comme suit : 17 C.F.D.T., 6 C.F.T.C., 17 C.G.T., 17 C.G.T.F.O., 7 confédérations fr. de l'encadrement C.G.C., 4 F.E.N. et 1 salarié de l'agriculture et des organismes agr. et agro-alimentaires ; 27 repr. des entreprises privées non agr. désignés par accord entre C.N.P.F., C.G.P.M.E. et A.P.C.C.I. dont 1 sur proposition des jeunes dirigeants d'entreprise ; 10 repr. des artisans ; 10 des entreprises publiques désignés par décret ; 25 des exploitants agr. ; 3 des prof. libérales désignés par l'U.N.A.P.L. ; 10 de la mutualité, de la coopération et du crédit agr. ; 5 des coopératives non agr. dont 2 des coop. ouvrières de production, 2 des coop. de consommateurs et 1 des Stés coop. d'H.L.M. ; 4 de la mutualité non agr. désignés par la F.N.M.F. ; 17 des activités sociales telles qu'associations familiales, logement, épargne et 5 désignés sur proposition du conseil national de la vie associative ; 8 des activités écon. et sociales des D.-T.O.M. ; 2 des Français établis hors de Fr. et 40 des personnalités qualifiées dans le domaine écon., social, scientifique ou culturel désignés par décret. 68 membres sont nommés par le Gouvernement.

Bureau de 17 membres (dont 1 Pt et 4 vice-Pts). *9 sections :* Affaires sociales, travail, Économies régionales et aménagement du territoire, Cadre de vie, Finances, Relations ext., Activités productives, Recherche et technologie, Agriculture et alimentation, Problèmes écon. généraux et conjoncture, auxquelles s'ajoute la commission spéciale du Plan.

Les membres de section (72) sont des personnalités nommées par décret et appelées en raison de leur compétence à participer aux travaux des sections.

Rôle. Assemblée constitutionnelle, le Conseil favorise, par la représentation des principales activités écon. et sociales, la collaboration des différentes catégories professionnelles entre elles et leur participation à la politique écon. et soc. du Gouv. Donne son avis sur projets ou propositions de lois, projets d'ordonnances ou décrets qui lui sont soumis par le Gouv. et sur tout problème de caractère écon. et soc. dont il se saisit lui-même ou sur lequel le Gouv. décide de le consulter. Est obligatoirement saisi par le Gouv. des projets de lois de programme ou de plans à caractère écon. et soc. à l'exception des lois des finances. Les avis et études sont publiés au *J.O.*

Conseil supérieur de la magistrature

Siège. 15, quai Branly, Paris 7e.

Composition. *9 membres* désignés pour 4 ans par le Pt de la Rép. : 6 magistrats qu'il choisit sur une liste de 18 noms établie par le bureau de la Cour de cassation, 1 conseiller d'État qu'il choisit sur une liste de 3 noms établie par l'assemblée générale du Conseil d'État, 2 personnalités directement choisies par ses soins « en raison de leur compétence ». Le Pt de la Rép. préside le Conseil, mais le min. de la Justice, vice-Pt de droit, peut le suppléer.

Rôle. Soumet au Pt de la Rép. les propositions de nomination de certains hauts magistrats du siège et donne son avis sur les propositions de nomination faites pas le ministre de la Justice pour les autres magistrats du siège. Statue comme conseil de discipline des magistrats du siège (sous la présidence du Premier Pt de la Cour de cassation).

Haute Cour de justice

Composition. *24 juges titulaires et 12 j. suppléants élus* au scrutin secret et à la majorité absolue, en leur sein et en nombre égal par l'Assemblée nationale et par le Sénat, après chaque renouvellement général ou partiel de ces assemblées. Après chaque renouvellement de la moitié de ses membres, la Haute Cour élit son Pt et 2 vice-Pts, en scrutin secret et à la majorité absolue. Le ministère public est exercé par le procureur général près la Cour de cassation, assisté du 1er avocat général et de 2 av. gén. désignés par lui. L'instruction est confiée à une commission de 5 magistrats titulaires (et 2 m. suppléants) désignés chaque année parmi les magistrats du siège de la Cour de cassation par son Bureau. Le greffier en chef de la Cour de cassation est, de droit, greffier de la Haute Cour de justice.

Rôle. Elle juge le Pt de la Rép. en cas de haute trahison, les ministres pour crimes ou délits commis dans l'exercice de leurs fonctions ainsi que leur complices dans les cas de complots contre la sûreté de l'État. La Hte Cour n'est saisie qu'après mise en accusation votée à la majorité absolue des membres par chaque assemblée.

Nota. — La Haute Cour de justice instituée par l'ordonnance du 18-11-1944 n'est compétente que pour crimes et délits commis par les membres des gouv. de l'État fr. entre le 17-6-1940 et août 1944.

Médiateur

Origine. Institution *créée* par la loi du 3-1-1973 et *modifiée* par la loi du 24-12-76. **Médiateur.** *1973* (1-2) Antoine Pinay (30-11-1891). *1974* (21-6) Aimé Paquet (10-5-13). *1980* (20-9) Robert Fabre (21-12-15). *1986* (26-2) Paul Legatte (26-8-16).

Rôle. Intervient lorsqu'il y a litige entre une personne physique et une administration de l'État, une collectivité territoriale, un établissement public ou tout autre organisme investi d'une mission de service public. S'efforce de régler les situations individuelles nées du fonctionnement défectueux d'un service public. L'organisme mis en cause doit être français. Le médiateur ne peut remettre en cause le bien-fondé d'une décision juridictionnelle mais il peut, parallèlement à la saisie de la Justice, trouver une solution amiable au litige. Mais il est incompétent si l'affaire a fait l'objet d'un jugement, si le litige intéresse les relations des administrations avec leurs agents, si des démarches préalables n'ont pas été entreprises par le réclamant auprès de l'administration ou du service public mis en cause. Lorsqu'une juridiction est saisie ou s'est prononcée, le médiateur peut néanmoins faire des *recommandations* à l'organisme en cause. En cas d'inexécution de justice, il peut adresser une *injonction.* Depuis la loi du 24-12-1976, il est compétent même s'il est saisi par une personne morale, à condition que la pers. physique qui le saisit ait elle-même un intérêt direct dans l'affaire soumise. Agit par *recommandation* lorsqu'il s'agit de satisfaire un cas particulier et par *proposition de réforme* lorsqu'il s'agit d'améliorer le fonctionnement d'un organisme. Peut interroger les agents des services en cause et se faire communiquer tout document ou dossier relatif à l'enquête, engager une procédure disciplinaire ou saisir la juridiction répressive contre le responsable.

On peut rattacher la fonction de médiateur à celle des *« Ombudsman »* (d'origine suédoise) à l'étranger. Leur désignation (de l'élection par le Parlement à la nomination par le Chef d'État) ainsi que leurs pouvoirs et leur nombre varient selon les pays (il existe dans certains pays des médiateurs spécialisés).

Saisine. Une réclamation doit obligatoirement être transmise au médiateur par l'intermédiaire d'un parlementaire (député ou sénateur). Elle doit formellement demander l'intervention du médiateur et être signée de son auteur. Le recours au médiateur est gratuit.

Personnel. *En 1986 :* rédacteurs et assistants 21, conseillers techniques 13, personnel d'exécution 19. Depuis 1978, des *correspondants* du médiateur ont été installés dans des départements avec pour mission : information, conseil, orientation.

Budget en F. *1978 :* 3 500 000. *79 :* 4 000 000. *80 :* 4 651 141. *81 :* 5 251 141. *82 :* 6 118 720. *83 :* 6 490 000. *84 :* 6 982 000. *85 :* 7 574 000. **Dossiers reçus**, dont, entre parenthèses, dossiers recevables.

1974: 1 659, *75*: 3 150, *76*: 3 197, *77*: 3 539, *79*: 4 316, *80*: 6 400, *81*: 4 275 (3 034), *83*: 6 886 (5 042), *84*: 5 355 (3 338). *85*: 6 455 (4 332). **Nombre de propositions de réforme présentées.** *1985* 314 dont 164 satisfaites ou en voie de l'être.

Grands Corps de l'État

Cour des Comptes

Siège. 13, rue Cambon, 75 100 Paris R.P. **Origine.** Loi du 16-9-1807 modifiée par la loi nº 67-483 du 22-6-1967 et décret nº 85-199 du 11-2-1985. **Composition.** 1 premier Pt, 1 procureur général, 7 Pts de chambre, 94 conseillers-maîtres (dont 1 avocat gén., 15 Pts des chambres rég. des comptes), 98 conseillers référendaires de 1re et 2e cl. (dont 1 secr. gén., 2 secr. gén. adj., 2 av. gén., 9 Pts des chambres rég. des comptes), 33 auditeurs de 1re et 2e cl., 10 conseillers-maîtres en service extraordinaire. **Recrutement.** *Auditeurs*: parmi les anciens élèves de l'E.N.A. ; *conseillers référendaires*: pour 4 nommés, 3 choisis parmi les auditeurs et 1 nommé au « tour extérieur » (choix du Gouv.) ; *conseillers-maîtres*: pour 3 nommés, 2 choisis parmi les conseillers réf., et 1 au « tour extérieur » ; *Pt de chambre*: parmi les conseillers-maîtres.

Rôle. Investie d'une mission de contrôle général des finances publiques (juridictionnel et de gestion), la Cour est la juridiction financière de droit commun. Cependant l'apurement des comptes dont le montant ne dépasse pas une certaine limite est confié aux *trésoriers-payeurs généraux* sous le contrôle de la Cour qui peut, en outre, évoquer parmi ces comptabilités celles qu'elle désire examiner elle-même. Le contrôle des communes, départements, régions et établ. publics relevant de ces collectivités est exercé depuis 1983 par les Chambres régionales des comptes créées par la loi du 2-3-1982 et dont les jugements seront susceptibles d'appel devant la Cour des Comptes.

La Cour contrôle la gestion financière des administrations et dénonce les errements préjudiciables aux finances publiques. Elle s'assure notamment du bon emploi des crédits, fonds et valeurs gérés par les services de l'État et par les autres personnes morales de droit public. Elle contrôle également les institutions de la S.S., les comptes et la gestion des entreprises publiques et de leurs filiales ; et, sous certaines conditions, des organisations de droit privé bénéficiant de concours financiers publics.

Chaque année, le premier Pt remet au Pt de la Rép. et au Parlement un rapport public. Ce document, auquel sont jointes les réponses des ministres intéressés, est publié au *J.O.* Il informe les autorités administratives en leur laissant la responsabilité des sanctions à prendre ou des réformes à accomplir. La publicité qui lui est donnée par la presse incite les administrations à corriger les erreurs qui leur sont reprochées. Une commission interministérielle est chargée d'examiner les suites à donner. Les administrateurs ayant commis des irrégularités budgétaires peuvent, sous certaines conditions, être déférés devant la Cour de discipline budgétaire.

La Cour assiste le Parlement dans sa mission de contrôle de l'exécution des lois de finances en établissant, chaque année, un rapport en vue du règlement du budget de l'État pour l'exercice écoulé. Elle répond également aux demandes d'enquêtes qui lui sont présentées par les Commissions des finances de l'Assemblée nationale et du Sénat.

Organismes siégeant à la Cour des Comptes (et présidés par le premier Pt de la Cour). *Cour de discipline budgétaire et financière*: peut infliger une amende à tout auteur de fautes de gestion commises à l'égard de l'État et des collectivités publiques dans les conditions définies par la loi du 25-9-1948 modifiée. *Comité central d'enquête sur le coût et le rendement des services publics*: créé le 9-8-1946. *Conseil des impôts*: créé le 22-2-1971.

Inspection générale des Finances

Siège. Min. de l'Économie et des Finances. **Origine.** Inspection générale du Trésor créée 6-9-1801 ; nom actuel dep. 1816 (fusion avec l'Insp. gén. des Contributions directes et du Cadastre). **Composition** (décret nº 73-276 du 14 mars 1973 modifié par le décret nº 85-219 du 15-2-1985). 2 grades : inspecteur général (au nombre de 28), inspecteur [4 classes : 1re cl. (21), 2e (22), 3e (37) et adjoints (35)]. **Recrutement.** Insp. adjoint : parmi les anciens élèves de l'E.N.A. En outre, pour 3 insp. des Fin. de 2e cl. recrutés parmi les insp. de 3e cl. au cours d'une année civile, 1 nomination dans l'emploi d'insp. des Fin. de 2e cl. est réservée au « tour extérieur ». Enfin, 1 emploi vacant sur 3 dans le grade d'inspecteur général est pourvu au tour extérieur.

Rôle. Placée sous l'autorité directe du min. de l'Économie et des Finances, elle exécute les missions confiées : *Missions de vérifications*: vérifications sur place de la gestion des services extérieurs du ministère de l'Économie et des Finances, de tous les comptables publics et de la comptabilité administrative des ordonnateurs secondaires. Contrôle des établissements publics, des organismes semi-publics et de manière plus générale, de toutes les entreprises qui sont soumises au contrôle financier de l'État. *Missions d'enquêtes variées*: portant sur un grand nombre de problèmes économiques et financiers d'actualité pour l'étude desquels les ministres jugent utile de faire appel à l'Inspection des Finances.

Nota. — Les inspecteurs des Fin. sont très souvent détachés dans les administrations publiques, les entreprises financières, industrielles ou commerciales placées sous l'autorité de l'État ou les organismes internationaux.

Inspection générale de l'Administration

Siège. 15, rue Cambacérès, Paris 8e. **Origine** : remonte à 1781 (création de Necker). **Composition.** 18 inspecteurs généraux, 17 inspecteurs, 5 inspecteurs adjoints. **Recrutement.** Insp. adjoint : parmi les anciens élèves de l'E.N.A.

Rôle. Contrôle supérieur sur tous personnels, collectivités publiques, services, établissements ou institutions relevant du min. de l'Intérieur ou sur lesquels les préfets (commissaires de la République) exercent leur contrôle, même s'ils sont soumis aux vérifications d'un autre corps d'inspection ou de contrôle spécialisé. Ses membres peuvent recevoir des lettres de missions signées du Premier ministre, du ou des ministres intéressés et du ministre de l'Intérieur, étendant leurs attributions à des personnels, collectivités publiques, services, établissements ou institutions relevant d'autres départements que celui de l'Intérieur. Effectue en outre des missions permanentes de contrôle (préfectures, tribunaux administratifs, Stés d'économie mixte) et apporte une assistance technique, à leur demande, aux collectivités locales et organismes en relevant.

Diplomatie

Généralités

Origine du mot : du latin « diplomaticus ». Il désigne la science permettant de retrouver les droits des vieilles chartes sur lesquelles les souverains pouvaient appuyer leurs revendications ; le mot diplomate apparaît vers le milieu du XVIIIe s. (en France, à partir du ministère de Vergennes, 1774).

Diplomates et personnel. Corps diplomatique. Il comprend l'ensemble des chefs de mission accrédités auprès du même gouvernement. À sa tête se trouve le doyen (intermédiaire entre le Corps diplomatique, dont il défend les intérêts, et le gouvernement du pays). En principe, le doyen est le chef de mission de la catégorie la plus élevée qui a remis ses lettres de créance à la date la plus ancienne ; mais, dans certains pays catholiques (dont la France), c'est traditionnellement le nonce.

Missions diplomatiques. Comprennent, outre le chef de mission, les conseillers, secrétaires, attachés d'ambassade, chanceliers et interprètes, courriers, attachés militaires ou de l'air, attachés commerciaux, financiers, culturels, de presse, agricoles, du travail, etc. On distingue : *les membres du personnel de la mission* (personnels diplomatique administratif et technique, de service) ; *les m. du personnel diplomatique* (ils ont la qualité de diplomate) ; *les agents diplomatiques* (chef de la mission et m. du personnel diplomatique) ; *les m. de la famille d'un diplomate.*

Consul. Leur usage ne s'est généralisé qu'aux XVIe et XVIIe s. (surtout sous Louis XIV). En France, les consulats dépendent du min. des Aff. étr. dep. la Révolution (auparavant, dépendaient du min. de la Marine) ; lorsque, en 1799, les chefs de la Rép. fr. prirent le titre de consuls, les consuls commerciaux devinrent des « agents pour les relations commerciales ». Agent officiel d'un État, le consul exerce dans un territoire étranger déterminé l'autorité que l'État conserve sur ses ressortissants qui y sont établis. Il les assiste, assure leur protection générale et veille au respect des divers traités. C'est un administrateur et un observateur qui, notamment, délivre passeports et visas, exerce les fonctions d'officier d'état civil et de notaire, intervient en matière de succession et pour la protection des incapables, fait représenter les ressortissants nationaux devant les tribunaux et transmet les actes judiciaires, contrôle et assiste les bâtiments de commerce nationaux et exerce la police à bord. En outre, il s'informe sur l'évolution de la vie économique, favorise le développement des relations entre les 2 pays. Ses pouvoirs sont limités par l'État qui l'envoie et par l'État de résidence.

4 classes : *consulats généraux, consulats, vice-consulats* (terme technique français : « chancellerie détachée »), *agences consulaires* (bureaux ouverts généralement dans des ports confiés à des nationaux, ou à des étrangers nommés par le consul, qui s'occupent principalement des questions de commerce et de navigation).

Attaché d'ambassade. L'usage de détacher dans les missions des officiers chargés d'étudier les questions militaires, d'assister aux manœuvres de l'armée, apparaît sous l'Empire ; l'institution se régularisa et s'étendit surtout à partir de 1860 (exemple : attaché naval en 1885, attaché de l'Air en 1932).

Nombre de postes. 1816 : *9 ambassades* : St-Siège, Espagne, Deux-Siciles, Angleterre, Autriche, Portugal, Russie, Sardaigne et Turquie. 14 autres ministres plénipotentiaires (Bade, Bavière, Danemark, États-Unis, Hambourg, Hanovre, Hesse-Darmstadt, Provinces-Unies, Prusse, Suède et Norvège, Suisse, Toscane, Wurtemberg, Confédération germanique).

1914 : *10 amb.* ; *49 min. plén.* dont 28 dirigent des légations ; *36 consulats généraux* ; *77 consulats.* **1918 à 1940** : 5 légations transformées en amb. (Bruxelles 1919, Rio de Janeiro 1919, Varsovie 1924, Buenos Aires 1927, Bucarest 1939). **1959,** *15 amb.* ; *38 légations* ; *27 consulats gén.* ; *128 cons.* **1961** : *94 amb.* et hautes représentations ; *5 légations* ; *70 consulats gén.* (Communauté) (58 + 12) ; *110 consulats* (Communauté) (82 + 28). **1985 sept.** : 150 missions diplomatiques dont 139 *amb.* et 11 représentations permanentes : Bruxelles : C.E.E., O.T.A.N. ; Genève : O.N.U., Comité de désarmement ; Montréal : O.A.C.I. ; New York : O.N.U. ; Paris : O.C.D.E., U.N.E.S.C.O. ; Rome : O.A.A. ; Strasbourg : Conseil de l'Europe ; Vienne : A.I.E.A. ; *237 services consulaires à l'étranger* (dont 128 postes, 6 chancelleries détachées, 103 sections cons.).

Effectifs des services du min. des Relations extér. (1984). *Services dipl. et consulaires* : catégories A et B : 2 021 (dont 1 092 en poste) ; C, D : 4 537 (2 790) ; services de la coopération et du développement A, B, C, D et contractuels 1 153 dont 367 à l'étranger. Enseignants et coopérants gérés par la Dir. gén. des relations culturelles, scientifiques et techniques : 16 046 ; coopérants gérés par les services de coopération et développement : 11 000. Emplois budgétaires : *1985* : 12 429 dont assistants et coopérants techniques et militaires 1 266. *1986* : 12 337 dont catégorie A 4 527, B 2 440, C et D 5 370.

☞ En 1984, 96 chefs d'État, PM et min. des Af. étr. ont été reçus en France en visite d'État. Le Pt a participé à 12 voyages officiels, 12 sommets et rencontres diverses et 11 voyages de consultation au niveau européen. Le PM a fait 9 voyages.

Contributions internationales (en millions de F) 2 435,5 ; *obligatoires* 2 335,5 dont O.N.U. et institutions spécialisées 1 201,4, organisations à vocation scientifique 740, organisations européennes 175,6, institut du monde arabe 30, autres 188,5 ; *bénévoles* 100.

Assistance aux réfugiés (1985). *Au plan international* (en millions de F) : 22,25 dont contributions bénévoles au H.C.R. 13, programmes spéciaux 9,25 ; *national* : 28,7. Le ministère gère ou participe à l'Office français de protection des réfugiés et apatrides (O.F.P.R.A.) qui gère 175 000 réfugiés ; le service social d'aide aux émigrants créé 1981, qui assure la gestion de 3 fonds [F. général d'assistance aux réfugiés, F. pour l'installation locale des réfugiés (F.I.L.O.R.), créé 1967, F. pour l'installation locale pour les exilés d'Indochine (F.I.L.A.I.D., créé 1975)] ; le comité d'aide exceptionnelle aux intellectuels réfugiés, créé 1951, la ligue pour l'adaptation des diminués physiques au travail.

☞ **Personnel diplomatique des ambassades les plus nombreuses** (1984). *Ambassades de Fr. à l'étranger* : U.S.A. 54 ; All. féd. 43 ; G.-B. 36 ; U.R.S.S. 33 ; Japon 28. *Ambassades étrangères en France* : U.S.A. 122 ; Chine 71 ; U.R.S.S. 63 ; All. féd. 51 ; G.-B. 42 ; Japon 42 ; Canada 38.

Évolution en France

Recrutement. Jusqu'en 1945, les agents consulaires étaient distincts des agents diplomatiques. La majorité était recrutée par le *grand concours* [pour les attachés d'ambassade (8-10 par an) et, selon le rang, dans la proportion d'1/5 env., les consuls suppléants] ou le *petit concours* [pour les attachés de consulat (12-15 par an, carrière consulaire), avec accession individuelle possible à la carrière dipl.]. Depuis 1945 les 2 concours ont été supprimés. L'accession à la carrière a lieu notamment par l'intermédiaire de l'École nationale d'administration (E.N.A.) et par les concours de secrétaires d'Orient et de secrétaires adjoints des Aff. étrangères.

Organisation. Dans le passé, les rapports personnels entre les souverains avaient une grande influence sur les relations internationales (en 1900, il n'y avait que 3 républiques en Europe : France, Suisse et St-Marin). À côté de la politique officielle de leur gouvernement, ils entretenaient intrigues et manœuvres. Les responsables des relations extérieures étaient peu nombreux et le secret était de règle. Les missions diplomatiques menaient les négociations. Les ambassadeurs recevaient des instructions générales leur permettant de manœuvrer au mieux des circonstances. Les Premiers ministres ou les ministres des Affaires étr. se déplaçaient rarement pour une négociation et, s'ils le faisaient, leurs voyages, préparés longtemps à l'avance, consacraient seulement des résultats acquis avant leur départ.

En 1939, seules les personnalités nommées à la tête d'une ambassade avaient la qualité d'*ambassadeur de France*, les titulaires de légation portant le titre d'*envoyé extraordinaire* et *ministre plénipotentiaire*.

Après la g. de 1939-45, la France éleva par réciprocité ses légations au rang d'ambassades, et créa, dans les pays ayant accédé à l'indépendance, de nouvelles ambassades. Les missions diplomatiques françaises sont maintenant dirigées par des *ambassadeurs extraordinaires et plénipotentiaires* qui n'ont droit à ce titre que pendant la durée de leur mission. La dignité d'ambassadeur continue toutefois d'être conférée dans quelques cas. Seuls peuvent continuer à porter le titr d'amb., lorsqu'ils n'assument plus de fonctions diplomatiques, ceux qui ont reçu cette dignité. Le nombre des amb. de France exerçant des fonctions dipl. est fixé chaque année par la loi de Finances.

Attaques contre des diplomates français

1974, 16-9 l'ambassadeur à La Haye séquestré 5 j par un commando japonais. *1975*, 23-3 l'amb. à Mogadiscio (Somalie) séq. 5 j par des indépendantistes djiboutiens. *1976*, 4-5 l'amb. à San Salvador (El Salvador) séq. 28 j par des Salvadoriens révolut. *1980*, 4-2 l'ambassade de Tripoli et le consulat de Fr. de Benghazi (Libye) mis à sac par des militants islamiques (le personnel n'est pas molesté). *1981*, 4-9 Louis Delamare, ambass. au Liban, assassiné.

• **Privilèges et pièces diplomatiques. Lettres de créance.** Lettres officielles dont est muni le nouveau chef de mission par son gouvernement ; elles sont placées sous une enveloppe scellée à la cire, en principe ouverte par le chef de l'État lors de sa présentation (y est jointe une copie pour le min. des Affaires étrangères). Les chargés d'affaires avec lettres reçoivent des *lettres de cabinet* adressées par le min. des Affaires étrangères à son collègue. Le consul est muni d'une *lettre de provision* (appelée aussi *patente* ou *commission consulaire*). L'État de résidence lui confère, par l'*exequatur*, le libre exercice des pouvoirs prévus et la jouissance des privilèges et immunités attachés à sa qualité.

L'État accréditaire peut, à tout moment et sans avoir à motiver sa décision, déclarer le chef ou tout autre membre du personnel diplomatique de la mission *persona non grata*, ou également décider que tout autre membre du personnel de la mission n'est pas acceptable.

Immunités diplomatiques. Ont existé de tous temps. La convention de Vienne du 18-4-1961 les a codifiées et complétées. Souvent désignées sous le terme d'*exterritorialité*, elles impliquent :

1°) *L'inviolabilité personnelle*, qui interdit toute mesure d'arrestation ou de détention et qui couvre tout le personnel officiel ou non officiel de la mission (y compris leur famille et leurs domestiques).

2°) *L'inviolabilité de la correspondance diplomatique*, les *valises* diplomatiques, qui ne peuvent contenir que des documents diplomatiques et des objets à usage officiel, ne doivent être ni ouvertes ni retenues. Elles sont accompagnées par un « courrier de cabinet ».

3°) *L'inviolabilité de l'hôtel* (demeure du chef de mission diplomatique).

4°) *L'inviolabilité des archives diplomatiques*, en cas de rupture diplomatique, les archives antérieures à la rupture sont inviolables (incertitude pour les archives postérieures).

5°) *Droit d'asile*, l'inviolabilité de l'hôtel a parfois permis de pratiquer le droit d'asile qui a donné lieu à des contestations (la convention de Vienne ne le mentionne pas). De nombreux pays européens (Albanie, Allemagne féd., Biélorussie, France, Hongrie, Italie, Ukraine, U.R.S.S., Yougoslavie) et certains pays d'Amérique latine (tels Cuba, Guatemala, Haïti) garantissent l'asile à toute personne persécutée pour des raisons d'ordre politique.

Les missions diplomatiques françaises ont fréquemment hébergé des réfugiés politiques (récemment au Chili, à partir de septembre 1973).

Passeports diplomatiques. Les fonctionnaires des carrières diplomatiques et consulaires ont en général un passeport d'un type distinct qui leur permet d'être traités avec une considération particulière. Des *passeports de service* peuvent être attribués à des Français qui voyagent à l'étranger et n'ont pas droit au passeport diplomatique.

Préséance officielle. En France, dans une réunion officielle, le Corps dipl. est placé immédiatement après le chef de l'État, le P.M. et les présidents des Assemblées élues. S'il s'agit des ambassadeurs pris individuellement dans une réunion officielle ou privée, ils doivent précéder toutes les autorités nationales, sauf le chef de l'État, le P.M. et le min. des Relations extérieures.

Administration locale

Régions

☞ Voir notices par région à l'Index.

Histoire de l'idée régionale

Sous la Révolution. Les *Girondins*, hostiles à la prédominance de Paris sur la province, s'opposent aux *Montagnards* qui s'appuient sur une partie de la population parisienne. *1793*, une partie de la province se révolte (de la Normandie à Lyon, en passant par la Bretagne, Bordeaux, Marseille). Le 13-6, sur l'initiative de Buzot, Guadet et Barbaroux, une assemblée des départements réunis est convoquée à Rouen ; mais elle échoue en raison des dissensions entre républicains fédéralistes et royalistes. Les *Montagnards* triomphent et lèguent à leurs successeurs un régime très centralisé.

Aux XIXe **et XX**^e^ **s.** Les *libéraux* réagissent les premiers contre le centralisme napoléonien, notamment : Benjamin Constant (1767-1830), Alexis de Tocqueville (1805-59) (« l'Ancien Régime et la Révolution ») et Félicité Robert de Lamennais (1782-1854) qui écrit dans *l'Avenir*. Pour eux, la décentralisation doit être obtenue en assumant le respect des libertés locales, dans le cadre communal puis dans celui de la province ou région. Les institutions décentralisées permettront aux citoyens de prendre conscience de leurs intérêts communs, de former des administrateurs locaux capables ensuite de se vouer aux tâches d'intérêt national. Elles tempéreront l'individualisme de l'homme exacerbé par l'égalité qui nivelle et freineront les tendances totalitaires du pouvoir central. Pierre-Joseph Proudhon (1809-65), dans « le Principe fédératif », défend le fédéralisme : un contrat lierait les circonscriptions territoriales au pouvoir central auquel elles abandonneraient certaines fonctions mineures. La nation serait répartie en provinces autonomes (12 ou 20). Le pouvoir central aurait un rôle moteur politique, les provinces, un rôle administratif. Auguste Comte (1798-1857), avec le « Système de politique positiviste », prône une déconcentration plus qu'une décentralisation ; il y aurait 17 intendances (de 5 dép. chacune), érigées en républiques positivistes, dont les chefs seraient nommés et révoqués par le pouvoir central.

Pour la Droite, représentée par Charles Maurras (1868-1952), seule la décentralisation peut desserrer le « corset » napoléonien et contribuer au renouvellement des cultures locales, et seule la monarchie peut la réaliser parce que l'absence de tout principe électif lui permet de régionaliser sans être menacée ; au contraire, dans un régime républicain, la décentralisation serait mortelle car la centralisation est la condition de la réélection de l'équipe au pouvoir (elle lui donne une emprise sur la vie locale). Selon Barrès, l'enracinement régional est indispensable à l'épanouissement de l'individu ; la nation est fondée sur la région et le nationalisme est fondé sur le régionalisme et sur la tradition.

Le *catholicisme social*, avec Henri Lacordaire (1802-61), Charles de Montalembert (1810-70) et René La Tour du Pin (1834-1924), soutient que les institutions locales (de même que la famille et les organisations professionnelles) forment des corps intermédiaires protégeant l'individu face à l'État.

Les *socialistes*, avec Louis Blanc (1811-82), Jules Guesde (1845-1922) et Jean Allemane (1843-1935), soulignent l'importance des libertés locales et la nécessité de la décentralisation, prônant un mutualisme régional et un syndicalisme régional (courants syndicalistes). Dans les années 60, Pierre Mendès France (1907-82), Gaston Defferre (1911-86) et le club Jean-Moulin sont favorables à la région.

De quand date le mot « régionalisme » ?

Selon Eugène Nolent, il fut inventé en 1899 par Maurice Barrès, et selon Charles Brun en 1874, par M. de Berluc-Parussis, poète provençal, animateur du félibrige. En fait, il apparaît vers 1892, année de la déclaration des félibres fédéralistes. Jusqu'à la création de la Fédération régionaliste française (1900-01), il restera un mot technique, érudit.

Organisations régionalistes. *Programme de Nancy* de 1865 (adopté par les diverses tendances de l'opposition) ; « Fortifier la commune, vivifier le canton, supprimer l'arrondissement, élargir le département. »

Fédération régionale française : créée en mars 1900 par Charles Brun (1870-1946), publie un manifeste en 1901 et lance le 1er numéro de *l'Action régionaliste* en février 1902 (dernier numéro en déc. 1961 ; servit de tribune libre sous la IIIe Rép.) ; s'oppose au jacobinisme de droite et de gauche et est favorable à la Rép. face au maurrassisme monarchiste : la monarchie n'a pas de contrôle, la diversité de la Rép. favorise le régionalisme qui fournit à la base un soutien réel au pouvoir tant que celui-ci n'empiète pas sur les pouvoirs des collectivités locales ; prévoit 20 régions, chacune ayant une capitale et une assemblée (élue en partie au suffrage universel et par les organes professionnels), un préfet représentant de l'État (tutelle de l'adm. régionale et contrôle des services publics nationaux), un Conseil consultatif et juridictionnel ; les départements seraient supprimés ; les arrondissements (rectifiés) et les communes auraient seuls des organes représentatifs (libertés plus grandes, exécutif collégial).

Réalisations au XXe **s. 1919** (5-4) création de *17 groupements économiques régionaux* fondés sur les chambres de commerce, pour développer le commerce et l'industrie (« régions *Clémentel* »), administrés par un comité rég. (2 délégués par chambre de commerce) ; préfets et sous-préfets siègent au comité avec voix consultative ; rôle très restreint : pas de personnalité civile, base juridique insuffisante, peu de moyens financiers. **1922** création de 19 régions écon. douées de la personnalité morale et pourvues de larges attributions dans le domaine industriel et commercial. **1926** caractère interdépartemental donné aux conseils de préfecture. Des syndicats de départements sont créés ; échec 4 ans plus tard : hostilité des régionalistes (qui trouvent la mesure insuffisante) et des parlementaires (qui craignent la renaissance des anciennes provinces et sont favorables au cadre départemental pour des raisons électorales). **1930** (loi du 9-1) les départements peuvent constituer des groupements dotés de la personnalité civile, comportant un objet précis (dirigés par un conseil d'administration). **1938** (décret-loi du 14-6) regroupement des chambres de commerce dans le cadre des régions écon. **1940-44** la loi du 19-4-1941 crée *18 préfets rég.* (12 en zone occupée et 6 en zone non occupée) qui restent à la tête d'un dép. ; pouvoirs écon., de police et vis-à-vis de la fonction publique ; ils sont assistés par 2 intendants (police et affaires écon.) ; « préfets délégués » à la tête des autres dép. *Libération :* les ordonnances des 10-1 et 3-6-1944 créent des commissaires rég. de la Rép. avec des pouvoirs importants, pour permettre à la vie administrative, économique et sociale des régions de se poursuivre malgré l'isolement éventuel du siège des pouvoirs publics. **1948** loi du 21-3 des *I.G.A.M.E. (Inspecteurs généraux de l'Administration en mission extraordinaire)* pour maintenir l'ordre à la suite des grèves de déc. 1947 (dep. 1962, préfets de zone de défense).

Origine de l'organisation actuelle. 1955 *30-6 :* un décret regroupe les départements dans les régions de programme qui serviront de cadre aux plans rég. de développement écon. et social et d'aménagement du territoire. **1960** *2-6* (décret n° 60-516 mod.) : 21 circonscriptions d'action régionale, non compris la Région parisienne. **1964** *4-3* (décret n° 64-251) : création d'une administration rég. ; le préfet de région est secondé par une mission écon. et assisté par la Conférence administrative rég. et la Commission de développement écon. rég. (C.O.D.E.R.). **1969** *27-4* : référendum sur la régionalisation repoussé par 53,17 % de non. **1970** *9-1* : la Corse est séparée de la région Provence-Côte d'Azur. **1972** *5-7* (loi) : la région devient un établissement public ; création des cons. rég., assistés d'un comité écon. et soc. **1982** *20-1* : statut particulier pour la Corse. *28-1* : statut de collectivité locale. **1982** *2-3* et **1983** *7-1* : lois sur la régionalisation et la décentralisation (voir p. 654). **1982** *31-12* : D.O.M. transformés en régions (loi, voir p. 623).

☞ Le découpage est contesté par Basse- et Haute-Normandie, Provence-Côte d'Azur, Rhône-Alpes, Bretagne, Pays de la Loire, Centre, Picardie, Champagne-Ardenne. En 1981, des parlementaires ont proposé l'étude d'un nouveau découpage.

Statistiques

Population (1982). *Moyenne* 2 470 000 h. *Max.* 10 073 100 (rég. d'Ile-de-France). *Min.* 240 000 (Corse). **Densité** (1982). *Moyenne* 100 h. au km². *Max.* 839 (Ile-de-France). *Min.* 28 (Corse).

Superficie. *Moy.* 24 725,7 km². *Max.* 45 347,9 (Midi-Pyrénées). *Min.* 8 280,2 (Alsace).

Administration
Statut de la région

Collectivités territoriales de plein exercice (depuis l'élection des conseillers régionaux au suffrage universel direct le 16-3-1986) ; avant (régime transitoire) elles demeuraient des établissements publics. Voir loi du 2-3-1982, page 654.

Compétence. Pour promouvoir le développement économique, social, sanitaire, culturel et scientifique de la région, et l'aménagement de son territoire. Elles peuvent engager des actions complémentaires de celles de l'État, des autres collectivités territoriales et des établissements publics situés dans la région.

La loi du 6-1-1986 complète et modifie les lois des 5-7-1972, 6-5-1976 et 2-3-1982 pour l'essentiel.

Principes mis en œuvre. 1°) reconnaître à la région une compétence d'attribution définie par 3 séries de lois : *loi de 1972*, complétée par la loi de 1982, notamment études sur le développement régional, participation au financement d'équipements collectifs, interventions dans le domaine économique, coordination des investissements... ; *lois des 7-1-1983 et 22-7-1983* fixant la nouvelle répartition de compétences entre État et collectivités locales : formation profess. continue et apprentissage, enseignement public (lycées), aides à la pêche côtière et aux entreprises de culture marine et ports fluviaux ; *lois spécifiques*, notamment *loi du 15-7-1982* d'orientation et de programmation pour recherche et développement technologique de la France et *loi du 2-7-1982* portant réforme de la planification, ainsi que de toute autre loi reconnaissant une compétence aux régions.

2°) L'alignement des règles de fonctionnement (s'applique déjà aux départements). Le com. de la Rép. de région est l'exécutif des décisions du Conseil. Le conseil rég. (qui délibère), le Pt du conseil rég. (qui instruit les affaires et exécute les délibérations), le comité écon. et social (ass. consultative) concourent à l'administration de la région.

Ressources des régions. Ress. antérieures des établissements publics rég. (taxe additionnelle sur permis de conduire et droits de mutation, taxe régionale sur impôts directs locaux), ress. de compensation des transferts de compétences (carte grise, dotations spécifiques de compensation en matière de formation profess. et d'enseignement public, dotation générale de décentralisation). A partir du 1-1-1987, les ress. fiscales que peuvent percevoir les régions cesseront d'être limitées par un plafond fixé par la loi.

Commissaire de la République de région

Nommé par décret en Cons. des min. Placé sous l'autorité du Premier ministre, il met en œuvre la politique du Gouvernement concernant le développement économique et l'aménagement du territoire. Lui seul s'exprime au nom de l'État devant le cons. rég. Il a la charge des intérêts nationaux, du respect des lois, du contrôle administratif. Sauf dispositions contraires, il exerce les compétences précédentes du préfet de rég. en tant que délégué du Gouv. dans la rég. Il est entendu par le cons. rég. par accord avec le Pt du cons. rég. et sur demande du 1er min. Il dirige, sous l'autorité des ministres compétents, les services extérieurs des administrations civiles de l'État dans la région. Il est unique ordonnateur secondaire des services extérieurs des administrations civiles de l'État dans la région. Il préside de droit toutes les commissions administratives qui intéressent les services extérieurs de l'État dans la région, à l'exception de celles dont la présidence est confiée statutairement à un magistrat de l'ordre judiciaire ou à un membre d'une juridiction administrative. Il est assisté d'une *conférence administrative régionale* réunissant, sous sa présidence : les commissaires de la Rép. des départements de la région, le secr. gén. placé auprès du commissaire de la Rép. du dép. où est situé le chef-lieu de région, le trésorier-payeur général, l'inspecteur gén. ou l'inspecteur de l'économie nat. en fonction dans la région. La conférence peut faire appel aux représentants régionaux des ministères intéressés pour les affaires de leur compétence. Il est assisté par un secr. gén. pour les affaires rég. et par des chargés de mission placés auprès de lui, choisis parmi des fonctionnaires administratifs ou techniques de catégorie A.

Pour la défense, il est plus particulièrement chargé des problèmes de défense économique. Il assure la préparation des différentes mesures relatives à la réunion et à la mise en œuvre des ressources et à l'utilisation de l'infrastructure. A cet effet, il dirige l'action des com. de la Rép. de sa région.

En matière de défense civile, il peut bénéficier de délégations ou subdélégations des pouvoirs du préfet de zone de défense.

Les com. de la Rép. de région siégeant au département chef-lieu des 7 régions militaires, ou zones de défense, reçoivent le titre et les attributions (sauf pour la zone de déf. de Paris) de *com. de la Rép. de zone de défense*.

> **Trésorier-payeur général de la région**
>
> A la tête de chaque groupement interdépartemental des trésoreries générales, il a succédé au trésorier-payeur coordonnateur institué en 1961. Consulté obligatoirement par le préfet dans 3 domaines : plan national de développement écon. et social, investissements publics, aide à la décentralisation économique.

Assemblées régionales

Origine. Instituées par la loi du 5-7-1972 [avant, dep. 1964, une Commission de développement économique régional (C.O.D.E.R.), composée d'élus et de membres désignés (40 à 50) pour 5 ans, avait un rôle consultatif sur toutes les questions concernant le developpement économique et social de la région].

Conseil régional

● **Conseillers régionaux. Élection.** Loi n° 85-692 du 10-7-1985 et décret n° 85-1236 du 22-11-1985. Élus en mars (pour 6 ans au suffrage universel direct ; rééligibles). *Circonscription* : le département. *Nombre de conseillers par région* : le double de celui des parlementaires de la région (sauf Ile-de-France, Corse et Outre-Mer, Limousin). Chaque département bénéficie d'une attribution d'office d'1 siège, les autres s. étant répartis proportionnellement à la population et au plus fort reste. *Mode de scrutin* : scrutin de liste à la représentation proportionnelle à la plus forte moyenne, sans panachage ni vote préférentiel. Sièges attribués aux candidats d'après l'ordre de présentation sur chaque liste. Les listes qui n'ont pas obtenu 5 % des suffrages exprimés ne sont pas admises à la répartition des sièges. *Conditions d'éligibilité* : être âgé de 21 ans révolus ; en règle avec les obligations imposées par le Code du service national ; domicilié dans la région ou, à défaut, y être inscrit au rôle de l'une des contributions directes au 1er-1 de l'année de l'élec. ou devoir y être inscrit à cette date. *Inéligibilités* : mêmes que pour les élections cantonales. Sont en outre inéligibles les fonctionnaires placés auprès du représentant de l'État dans la région et affectés au secrétariat général pour les affaires rég. en qualité de secr. général ou de chargé de mission. Nul ne peut être candidat dans plus d'une circonscription électorale ni sur plus d'une liste. *Mandat incompatible* : avec les fonctions de préfet, sous-préfet, secrétaire général et secr. en chef de sous-préfecture et de membre des corps actifs de police (les titulaires de ces fonctions sont, en outre, inéligibles lorsque ces dernières s'exercent dans tout ou partie du territoire de la région), fonctions d'agent salarié de la région, d'entrepreneurs des services régionaux et des agents salariés des établissements publics et agences créées par la région, membre du comité économique et social.

Cumul (loi organique n° 85-1405 du 30-12-85 et loi n° 85-1406 du 30-12-85 tendent à limiter le cumul). Possible avec un des mandats ou fonctions électives suivants : député, sénateur, député européen, conseiller général, conseiller de Paris, maire d'une commune de 20 000 h. ou + autre que Paris, adjoint au maire d'une commune de 100 000 h. ou + autre que Paris. Dispositions transitoires prévues pour les élus détenant au 31-12-85 plus de 2 mandats électoraux ou fonctions électives incompatibles.

Effectifs des conseils régionaux. *Alsace* 47 (Bas-Rhin 27, Ht-Rhin 20). *Aquitaine* 83 (Dordogne 12, Gironde 34, Landes 10, Lot-et-G. 10, Pyrénées-Atl. 17). *Auvergne* 47 (Allier 13, Cantal 6, Haute-Loire 8, Puy-de-D. 20). *Bourgogne* 55 (C.-d'Or 16, Nièvre 9, Saône-et-L. 19, Yonne 11). *Bretagne* 81 (Côtes-du-N. 16, Finistère 25, Ille-et-V. 22, Morbihan 18). *Centre* 75 (Cher 11, Eure-et-L. 12, Indre 8, Indre-et-L. 17, Loir-et-Cher 10, Loiret 17). *Champagne-Ardenne* 47 (Ardennes 11, Aube 10, Marne 18, Hte-Marne 8). *Corse* 61 (Corse-du-S. 28, Hte-Corse 33). *Franche-Comté* 43 (Belfort 6, Doubs 18, Jura 10, Hte-Saône 9). *Guadeloupe* 41. *Guyane* 31. *Ile-de-France* 197 (Essonne 20, Hts-de-Seine 27, Paris 42, Seine-et-M. 18, Seine-St-Denis 26, Val-de-M. 23, Val-d'Oise 18, Yvelines 23). *Languedoc-Roussillon* 65 (Aude 10, Gard 18, Hérault 23, Lozère 3, Pyr.-O. 11). *Limousin* 41 (Corrèze 14, Creuse 8, Hte-Vienne 19). *Lorraine* 73 (Meurthe-et-M. 22, Meuse 7, Moselle 31, Vosges 13). *Martinique* 41. *Midi-Pyrénées* 87 (Ariège 6, Aveyron 10, Hte-G. 29, Gers 7, Lot 6, Htes-Pyr. 9, Tarn 13, Tarn-et-G. 7). *Basse-Normandie* 45 (Calvados 19, Manche 16, Orne 10). *Haute-Normandie* 53 (Eure 15, Seine-M. 38). *Nord-Pas-de-Calais* 113 (Nord 72, Pas-de-C. 41). *Pays de la Loire* 93 (Loire-Atl. 31, Maine-et-L. 21, Mayenne 9, Sarthe 16, Vendée 16). *Picardie* 55 (Aisne 17, Oise 21, Somme 17). *Poitou-Charentes* 53 (Charente 12, Charente-M. 17, Deux-Sèvres 12, Vienne 12). *Provence-Alpes-Côte d'Azur* 117 (Alpes-de-Hte-Prov. 4, Htes-Alpes 4, Alpes-M. 26, B.-du-R. 49, Var 21, Vaucluse 13). *Réunion* 45. *Rhône-Alpes* 151 (Ain 13, Ardèche 9, Drôme 12, Isère 28, Loire 22, Rhône 42, Savoie 10, Hte-Savoie 15).

Candidatures. Déclaration obligatoire. Dans les départements ayant 5 sièges au moins à pourvoir la liste doit comprendre 2 cand. supplémentaires pour pourvoir aux éventuelles vacances sans recourir à des élect. partielles. Au dépôt de liste, versement d'un cautionnement de 500 F par siège à pourvoir. Le représentant de l'État dans le département exerce un contrôle *a priori* de l'éligibilité des candidats. Le candidat tête de liste ou son mandataire dispose de 48 h pour contester le refus d'enregistrement devant le tribunal administratif.

Campagne, vote et résultats. La propagande électorale est organisée comme pour les autres élect. politiques. Les listes ayant obtenu + de 5 % sont remboursées du cautionnement et de leurs dépenses officielles de propagande.

Remplacement des conseillers. Les suivants de liste non élus sont appelés à remplacer les conseillers régionaux élus sur la même liste dont le siège devient vacant pour quelque cause que ce soit. Si ces dispositions ne peuvent être appliquées, le siège demeure vacant jusqu'aux prochaines élect. Si le tiers des sièges de conseillers rég. élus dans un département vient à être vacant par suite du décès de leurs titulaires, on refait des élect. générales dans ce département dans les 3 mois suivant la dernière vacance pour cause de décès.

L'assemblée de Corse a été élue au suffrage universel le 8-8-1982, puis dissoute par décret le 29-6-1984, renouvelée le 12-8-1984, après le vote d'une loi du 25-6-1984 instituant un seuil de 5 % des suffrages exprimés pour l'accès à la répartition des sièges. Les conseils rég. d'Outre-Mer ont été élus pour la 1re fois au suffrage universel le 16-2-1983. Assemblée de Corse et conseils rég. d'Outre-Mer ont été renouvelés le 16-3-1986, ainsi que les conseils rég. de droit commun, afin d'éviter les chevauchements de mandats et d'affirmer l'unité de la République.

● **Organisation.** Le *cons. rég.* élit un Pt, des vice-Pts et éventuellement les autres m. de son bureau après chaque renouvellement général ou partiel des assemblées dont sont issus les conseillers rég. Il établit son règlement intérieur, se réunit, à l'initiative de son Pt, au moins 1 fois par trimestre, ainsi qu'à la demande

Le territoire français

• **La République française** comprend : la *France métropolitaine* (France continentale et Corse) et *5 départements d'outre-mer* (Guyane, Martinique, Réunion, Guadeloupe, St-Pierre-et-Miquelon) constituant également chacun une région depuis la loi du 31-12-1982. *Les territoires d'outre-mer* (Mayotte, îles Wallis et Futuna, Nouvelle-Calédonie et dépendances, Polynésie française) ont un statut particulier.

• **Situation et limites de la Métropole.** Voir p. 533.

• **Frontières.** Dates de fixation des frontières actuelles. **Nord et Nord-Est** : 2e traité de Paris (20-11-1815), qui a maintenu ou modifié des frontières déjà tracées : du Nord, tr. d'Utrecht (11-4-1713) ; avec le Luxembourg, tr. de Rastadt (6-3-1714) ; annexion de la Lorraine, tr. de Vienne (2-5-1738, mais daté du 18-11-1738). Le 13-3-1769, Choiseul et l'ambassadeur d'Autriche signent à Versailles un traité régularisant le tracé et échangeant les enclaves [29 e. autr. en Fr. contre 14 e. fr. aux P.-Bas (accord définitif 1779)]. En 1772, traité similaire avec l'év. de Liège [Par le 1er tr. de Paris (30-5-1814), la Fr. revenait à des limites plus favorables que celles de 1792, c.-à-d. pour le Nord, env. 1 000 km² de plus qu'au tr. d'Utrecht (11-4-1713) ; mais après Waterloo (18-6-1815), le 2e tr. de Paris enlevait à la Fr. Bouillon, Philippeville et Marienbourg et tout le terrain nouvellement acquis. Lorsque les Belges se révoltèrent contre le roi de Holl. (25-8-1830), la Fr. ne put récupérer Bouillon, Philippeville et Marienbourg malgré les efforts de Talleyrand à la conférence internationale de Londres (1830-31). Mais elle obtint le démantèlement de quelques places fortes belges, telles que Mons et Philippeville].

Est : avec Rhénanie et Palatinat : le 1er tr. de Paris (30-5-1814) laissait à la Fr. des limites plus favorables que celles de 1792, c.-à-d. celles du tr. de Rastadt (6-3-1714), plus environ 800 km² dans la vallée de la Sarre et autour de Landau. Le 2e tr. de Paris enlève à la Fr. ces territoires nouvellement acquis, et, en plus, Sarrelouis, Sarrebruck et Landau. Le long du Rhin, le 2e tr. de Paris laisse à la Fr. les frontières du tr. de Rastadt, plus le territoire de Mulhouse, acquis au tr. de Lunéville le 9-2-1801 (20 pluviôse de l'an IX).

Centre-Est : avec la Suisse : le 1er tr. de Paris laisse à la France le comté de Montbéliard et le demi-canton de Porrentruy, acquis au tr. de Lunéville le 9-2-1801 (20 pluviôse de l'an IX), le 2e tr. de Paris lui conserve Montbéliard, mais lui enlève Porrentruy. La frontière de Franche-Comté date du 2e tr. de Nimègue (17-9-1678), celle du pays de Gex et du Val-Romeu du tr. de Lyon avec la Savoie (27-1-1601). Celle du Genevois, du Congrès de Vienne (9-6-1815).

Sud-Est : *Savoie* : tr. de Turin (24-3-1860) et plébiscite (22-4-1860) ; modifications au tr. de Paris du 10-2-1947 : la Fr. annexe le Petit St-Bernard et le mont Cenis. *Dauphiné* : tr. de Romans (30-3-1349), avec des échanges de territoires ultérieurs, ramenant les frontières sur la crête (tr. d'Utrecht, 11-4-1713 : vallée de Barcelonnette à la Fr. ; vallées d'Oulx et de Pignerol au Piémont) ; tr. de Paris du 10-2-1947 : annexion du plateau du mont Tabor et du massif du Chaberton. *Comté de Nice* : tr. de Turin (24-3-1860) et plébiscite (15-4-1860) ; modifications au tr. de Paris du 10-2-1947 : annexion des vallées de la haute Roya (avec Tende et La Brigue), de la Tinée et de la Vésubie (env. 1 000 km²). *Avec Monaco* (février 1861).

Midi : *Pyrénées* : paix des Pyrénées [(7-11-1659) Llivia est rétrocédée à l'Espagne en 1660]. *Andorre* : en 1607, les droits du comte de Foix, cosuzerain d'Andorre, passent à la couronne de France (Henri IV). Les traités définitifs, avec mise en place des bornes-frontières datent du 14-4-1862 pour Andorre, de 1856, 1862, 1863, 1866 et 1868 pour l'Espagne (avec un rectificatif du 14-6-1906 pour les bornes 579 et 580).

Corse : tr. de Versailles (1768), la République de Gênes cède ses droits sur la Corse à Louis XV.

Particularités

• **Enclaves étrangères. Principauté de Monaco** (1,5 km², 23 500 h.) dans les Alpes-M. V. Index. **Llivia** (avec les hameaux de Saréja et Gorguja), enclave espagnole dans les Pyrénées-Orientales, à 4 km de la province de Gerona (12 km², 1 200 hab.), dep. le tr. des Pyrénées (1659) et la convention du 12-11-1660 qui cédait à la Fr. 33 villages catalans, sauf Llivia, ancienne capitale de la Cerdagne jusqu'au XIe s. et qui avait le titre de ville (« Llivia » vient de Julia Livia, femme de l'empereur romain Auguste ou, selon d'autres sources, de Julia Libyca, colonie de vétérans originaires de Cyrénaïque). Elle est reliée à l'Esp. par une route neutre, isolée des chemins qui la traversent par des barrières gardées par la douane française ; elle ne peut être fortifiée par l'Espagne.

• **Abbaye de Hautecombe** (Savoie). Abbaye cistercienne fondée au XIIe s., rebâtie au XVIIIe, restaurée au XIXe, occupée par les bénédictins dep. 1922.

A la suite de la cession, par le roi de Sardaigne, de Nice et de la Savoie à la Fr. des dispositions internationales stipulèrent que la Fr. s'engageait à respecter à perpétuité la destination religieuse de l'abbaye (protocole franco-sarde du 18-8-1860, arrangement du 4-8-1862, déclaration du 19-2-1863). Les lois sur les congrégations religieuses prononçant, en Fr. leur expulsion, ne furent pas applicables aux religieux de Hautecombe, patronnés par la Maison de Savoie et dont le chef (l'ancien roi Humbert II d'Italie) possédait le droit de nomination de l'abbé, droit qu'il a abandonné par testament. L'abbaye est terre française mais son affectation religieuse, étant garantie à perpétuité par suite des dispositions de droit international, la place néanmoins en dehors du champ d'application de certaines lois fr. Les dépenses d'établissement sont à la charge de l'abbaye et des Monuments historiques. C'est un des lieux de sépulture des princes de la Maison de Savoie, qui régnèrent en Italie jusqu'en 1946. Le roi Humbert II y fut inhumé le 24-3-1983.

• **Ile de la Conférence (ou île des Faisans).** Moins de 3 000 m² de superficie. Les représentants des communes riveraines s'y réunissaient pour conclure des accords de « faceries » (d'où viendrait le mot « faisans ») sur la pêche au saumon (communauté de pêche) dans la Bidassoa, et régler les questions d'intérêt local. Le 7-11-1659, les ministres de Louis XIV et de Philippe IV y signèrent le traité des Pyrénées (mariage du roi de France et de l'infante Marie-Thérèse d'Espagne). L'île était considérée comme propriété commune des royaumes d'Esp. et de Fr. Dep. le tr. de Bayonne du 2-12-1856 (complété par la convention du 27-3-1901 qui établit les droits de police et de justice), c'est un condominium de droit international. Le droit de police de ce territoire indivis (indivision perpétuelle, exceptionnelle en droit international) incombe à tour de rôle, tous les 6 mois, à la Fr. (du 12-8 au 11-2) et à l'Esp. (la Fr. est représentée par le capitaine de frégate commandant la station navale de la Bidassoa).

Nota. — En réalité, il y a 2 îles des Faisans : *l'île des Faisans* proprement dite, située contre la rive fr. et *l'île de la Conférence*, plus petite, située au sud de la 1re et au milieu de la rivière ; malgré une confusion de l'art. 9 du traité de 1856, seule l'île du condominium est concernée par celui-ci.

• **Ondarrolle.** Hameau français et paroisse esp. de la vallée des Aldudes, à 6 km du village fr. d'Arnéguy, en face du village esp. de Valcarlos (dont il n'est séparé que par la Nive d'Arnéguy) ; sur le plan religieux, il dépend du diocèse esp. de Pampelune : mariage et enterrements sont célébrés à Valcarlos et l'inhumation a lieu en Esp. Dep. le Moyen Age les habitants d'Ondarrolle allaient à l'église de Valcarlos ; on ne put ensuite faire coïncider (la coutume étant plus forte) frontières politiques et religieuses malgré les différentes tentatives (bulle papale de 1566, accords fr.-esp. au XVIIIe s., concordat de 1801, concile de Vatican II...). En juin 1940, Ondarrolle resta en zone libre alors qu'Arnéguy fut en zone occupée.

• **Pays Quint.** Depuis le traité fr.-esp de Bayonne du 2-12-1856 (complété par la convention du 28-12-1858), c'est un territoire esp. (bordant l'extrémité sud de la haute vallée du Baïgorry sur 2 à 6 km de profondeur) à statut particulier. Il est divisé en 2 régions ayant chacune leur statut :

1°) le Pays Quint du Sud : territoire de faceries (communautés de pâturages) où les habitants de Baïgorry (territoire français) possèdent le fermage des herbes et des eaux ainsi que des privilèges douaniers.

2°) le Pays Quint du Nord où, malgré la souveraineté espagnole, l'exploitation (des pâturages) appartient à la France (habitants de la vallée du Baïgorry) grâce à un droit de bail perpétuel (anomalie exceptionnelle en droit international) ; l'Esp. n'a pas la compétence de disposition (elle ne peut modifier l'état des sols). Actuellement, la frontière du Pays Quint est clôturée sur 37 km, mais les Baïgorriens ont libre accès au territoire ; pour la douane française, les frontières politique et économique ne coïncident pas ; les P.T.T. françaises distribuent le courrier dans le territoire et les gardes civils espagnols assurent la police.

• **Faceries de la frontière espagnole.** Facerie : association ou communauté de pâturages entre villages voisins pour leurs troupeaux. Origine : conventions passées entre « vallées » (ou paroisses) pyrénéennes voisines au Moyen Age : elles organisent la possession et la jouissance indivises de hauts pâturages situés sur leurs limites respectives ; ces faceries devinrent des traités politiques de neutralité et de non-belligérance par lesquels les Vallées (souvent des « Républiques ») se désolidarisaient des g. franco-esp. (exemple le « Plan d'Arrem » de 1315, entre plusieurs Vallées). Cette organisation, respectée ensuite par la France et l'Espagne, perdit son caractère politique au début du XVIIIe s. et reprit son caractère primitif de convention pastorale conservé jusqu'aujourd'hui. Depuis le tr. de Bayonne de 1856, qui a en général respecté la démarcation fixée auparavant par conventions, on distingue, outre le cas spécial du Pays Quint (v. plus haut), les faceries locales (durée limitée à 5 ans, mais renouvellement tacite), et 2 faceries perpétuelles : entre Cize et Aezcoa, entre Roncal et Baretous (depuis la Sentence d'Anso de 1375, chaque 13 juillet, les habitants béarnais de Baretous offrent à leurs voisins navarrais de Roncal 3 génisses de 2 ans, saines et sans tache).

du bureau, ou de 1/3 de ses m., sur un ordre du j déterminé. En cas de circonstances exceptionnelles, il peut être réuni par décret. Le *cons. rég.* peut déléguer une partie de ses attributions à son bureau.

Élection des bureaux. 1°) les conseillers cherchent à se mettre d'accord pour la désignation des membres du bureau « en s'efforçant de représenter les différentes tendances du conseil » ; 2°) en cas d'échec, les membres du bureau, autres que le Pt, sont élus au scrutin de liste, à la représ. proportionnelle à la plus forte moyenne, sans panachage ni vote préférentiel.

• **Président du conseil régional.** Organe exécutif de la rég. il peut déléguer (par arrêté) l'exercice d'une partie de ses fonctions aux vice-Pts ou, en cas d'empêchement, à d'autres m. du cons. rég. Il prépare et exécute les délibérations du cons. rég. Il est l'ordonnateur des dépenses de la rég. et prescrit l'exécution des recettes rég. Il gère le patrimoine de la rég., est le chef des services que la rég. crée pour l'exercice de ses compétences. Il a autorité sur les services de la mission rég. nécessaires à la préparation et à l'exécution des délibérations du cons. rég. et à l'exercice des pouvoirs et responsabilités de l'exécutif de la région.

Provisoirement, il peut disposer de services extérieurs de l'État. Agents d'État et départ. affectés à l'exécution de tâches rég. sont mis à sa disposition et placés sous son autorité, pour l'exercice de leurs fonctions. La coordination entre services rég. et s. de l'État dans la région est assurée par le Pt du cons. rég. et le repr. de l'État. *Compétence* : peut procéder à des études sur le développement régional, faire des propositions sur la coordination des investissements publics, participer financièrement à des opérations d'équipement collectif d'intérêt régional, entreprendre l'exécution d'équipements collectifs pour le compte d'autres collectivités locales. Les collectivités locales ou l'État pourront lui transférer certaines de leurs attributions intéressant le développement régional.

3 ou plusieurs régions peuvent, pour l'exercice de leurs compétences, conclure des conventions ou créer des institutions d'utilité commune. Le conseil rég. concourt, par ses avis, à l'élaboration du plan national. Il élabore et approuve le plan rég., en respectant orientations du plan nat. et prescriptions de la loi.

• **État des Conseils régionaux en 1986.** Composition au 16-3-86 (D : droite, G : gauche). Majorité de droite (U.D.F.-R.P.R divers droite) absolue [1], relative [2]. Majorité de gauche, absolue [3], relative [4]. *Alt.* Alternative. *C.N.I.P.* Centre nat. des indépendants et des paysans. *E* Écologistes. *M.C.A.* Mouv. corse pour l'autodétermination. *U.O.* (R.P.R./U.D.F.) Union de l'opposition. *U.P.C.* Union du peuple corse.

• **Alsace** *47 membres* [1], D. 27 (U.D.F. 15, R.P.R. 10, div. 2), F.N. 2, G. 11 (P.S. 10, div. 1), E. 2. *Bas-Rhin* U.D.F. 10, R.P.R. 5, F.N. 4, R.P.R.-diss. 2, E. 1, div. gauche 1. *Haut-Rhin* P.S. 6, U.D.F. 5, R.P.R. 5, F.N. 3, E. 1.

• **Aquitaine** *83* [4], D. 39 (U.D.F. 17, R.P.R. 17, div. 5), F.N. 4, G. 40 (P.C. 8, P.S. 30, M.R.G. 2). *Dordogne* U.O. 16, P.S.-M.R.G. 13, P.C. 3, F.N. 2. *Landes* P.S. 5, U.O. 4, P.C. 1. *Lot-et-Garonne* U.O. 5, P.S. 3, P.C. 1, F.N. 1. *Pyrénées-Atlantiques* U.O. 8, P.S. 7, F.N. 1, P.C. 1.

• **Auvergne** *47* [1] D. 26 (U.D.F. 15, R.P.R. 10, div. 1), F.N. 2, G. 19 (P.C. 4, P.S. 15). *Allier* U.O. 6, P.S. 3, P.C. 3, F.N. 1. *Cantal* U.O. 4, P.S. 2. *Haute-Loire* U.O. 10, P.S. 8, P.C. 1, F.N. 1. *Puy-de-Dôme* U.O. 10, P.S. 8, P.C. 1, F.N. 1.

• **Bourgogne** *55* [1] D. 28 (U.D.F. 11, R.P.R. 12, div. 5), F.N. 3, G. 24 (P.C. 5, P.S. 17, M.R.G. 2). *Côte-d'Or* U.O. 8, P.S. 5, F.N. 1, P.C. 1. *Nièvre* U.O. 4, P.S. 4, P.C. 1. *Saône-et-Loire* P.S.-M.R.G. 6, R.P.R. 5, U.D.F. 5, P.C. 2, F.N. 1. *Yonne* U.O. 6, P.S. 3, F.N. 1, P.C. 1.

• **Bretagne** *81* [1], D. 45 (U.D.F. 24, R.P.R. 13, div. 8), F.N. 2, G. 34 (P.C. 4, P.S. 30). *Côtes-du-Nord* P.S. 6, U.D.F. 5, R.P.R. 3, P.C. 2. *Finistère* P.S.-M-G-R- 10, U.O. 9, opp. diss. 4, P.C. 1, F.N. 1. *Ille-et-Vilaine* U.D.F. 10, P.S. 8, R.P.R. 4. *Morbihan* U.O. 10, P.S. 6, F.N. 1, P.C. 1.

• **Centre** *75* [1], D. 38 (U.D.F. 15, R.P.R. 13, div. 10), F.N. 3, G. 33 (P.C. 8, P.S. 23, M.R.G. 3). *Cher* U.O. 5, P.C. 3, P.S.-M.R.G. 3. *Eure-et-Loir* Opp. 5, P.S.-M.R.G. 4, F.N. 1, opp. 1, P.C. 1. *Indre* P.S. 3, R.P.R. 3, P.C. 1, U.D.F. 1. *Indre-et-Loire* P.S.-M.R.G. 6, div. opp. 5, U.O. 4, F.N. 1, P.C. 1. *Loir-et-Cher* U.O. 5, P.S. 4, P.C. 1. *Loiret* U.O. 9, P.S.-M.R.G. 6, F.N. 1, P.C. 1.

• **Champagne-Ardenne** *47* [2], D. 23 (U.D.F. 9, R.P.R. 11, div.3), F.N. 5, G. 19 (P.C. 4, P.S. 15). *Ardennes* U.O. 5, P.S. 4, P.C. 1, F.N. 1. *Aube* U.O. 4, P.S. 3, P.C. 1, div. opp. 1. *Marne* P.S. 5, R.P.R. 5, U.D.F. 3, P.C. 2, F.N. 2, div. opp. 1. *Haute-Marne* U.O. 4, P.S. 3, F.N. 1.

• **Corse** *61* [2], D. 28 (U.D.F. 6, R.P.R. 12, div. 10), F.N. 2, G. 25 (P.C. 5, P.S. 6, M.R.G. 10, div. 4), Auton. 6. *Corse-du-Sud* U.O. 11, P.S.-M.R.G. 5, U.P.C.-M.C.A. 3, P.C. 3, F.N. 2, div. g. 2, div. opp. 2. *Haute-Corse* R.P.R. 8, M.R.G. 8, U.D.F. 4, C.N.I.P. 3, P.S. 3, U.P.C.-M.C.A. 3, P.C. 2.

• **Franche-Comté** *43* [4], D. 19 (U.D.F. 10, R.P.R. 9), F.N. 4, G. 20 (P.C. 2, P.S. 16, M.R.G.-div. 2). *Territoire de Belfort* P.S. 3, U.O. 3. *Doubs* U.O. 8, P.S. 7, F.N. 2, P.C. 1. *Jura* U.O. 4, P.S. 4, F.N. 1, P.C. 1. *Haute-Saône* U.O. 4, P.S.-M.R.G. 4, F.N. 1.

• **Ile-de-France** *197* [2], D. 89 (U.D.F. 25, R.P.R. 55, div. 9), F.N. 23, G. 85 (P.C. 20, P.S. 59, M.R.G.-div. 6). *Paris* R.P.R. 17, P.S.-M.R.G. 15, U.D.F. 5, F.N. 5. *Yvelines* P.S. 8, R.P.R. 7, U.D.F. 3, F.N. 2, U.D.F.-diss. 2, P.C. 1. *Essonne* P.S.-M.R.G. 7, R.P.R. 5, U.D.F. 3, P.C. 2, F.N. 2, div. opp. 1. *Hauts-de-Seine* R.P.R. 8, P.S.-M.R.G. 8, U.D.F. 5, F.N. 3, P.C. 3. *Seine-Saint-Denis* P.S. 7, R.P.R. 6, P.C. 6, F.N. 4, U.D.F. 3. *Val-de-Marne* P.S. 7, R.P.R. 5, P.C. 4, U.D.F. 4, F.N. 3. *Val-d'Oise* P.S.-M.R.G. 7, R.P.R. 4, U.D.F. 3, F.N. 2, P.C. 2. *Seine-et-Marne* P.S.-M.R.G. 6, R.P.R. 5, U.D.F. 3, F.N. 2, P.C. 2.

• **Languedoc-Roussillon** *65* [4], D. 26 (U.D.F. 10, R.P.R. 10, div. 6), F.N. 8, G. 31 (P.C. 9, P.S. 21, M.R.G. 1). *Aude* P.S. 5, U.O. 3, div. opp. 1, P.C. 1. *Gard* P.S. 5, U.D.F. 4, P.C. 3, F.N. 3, R.P.R. 3. *Hérault* P.S.-M.R.G. 8, R.P.R. 5, U.D.F. 4, F.N. 3, P.C. 3. *Lozère* U.D.F. 2, P.S. 1. *Pyrénées-Orientales* U.O. 4, P.S. 3, F.N. 2, P.C. 2.

• **Limousin** *41* [3], D. 18 (U.D.F. 5, R.P.R. 12, div. 1), G. 23 (P.C. 8, P.S. 15). *Corrèze* U.O. 7, P.S. 4, P.C. 3. *Creuse* U.O. 4, P.S.-M.R.G. 3, P.C. 1. *Haute-Vienne* P.S. 8, U.O. 7, P.C. 4.

• **Lorraine** *73* [1], D. 38 (U.D.F. 17, R.P.R. 18, div. 3), F.N. 7, G. 28 (P.C. 4, P.S. 24). *Meurthe-et-Moselle* P.S. 8, U.D.F. 7, R.P.R. 3, P.C. 2, F.N. 2. *Meuse* U.O. 4, P.S. 3. *Moselle* P.S. 8, U.D.F. 7, R.P.R. 7, F.N. 4, C.N.I.P. 3, P.C. 2. *Vosges* R.P.R. 6, P.S. 5, U.D.F. 1, F.N. 1.

• **Midi-Pyrénées** *87* [2], D. 42 (U.D.F. 11, R.P.R. 16, div. 15), F.N. 3, G. 41 (P.C. 5, P.S. 26, M.R.G.-div. 10). *Ariège* P.S. 2, U.O. 2, div. dr. 1, P.C. 1. *Aveyron* U.O. 6, P.S.-M.R.G. 4. *Haute-Garonne* Opp. 13, P.S.-M.R.G. 11, P.C. 2, F.N. 2, R.P.R.-C.N.I.P. 1. *Gers* P.S. 3, Opp. 4. *Lot* U.O. 3, P.S.-M.R.G. 2, M.R.G. 1. *Hautes-Pyrénées* U.O. 3, P.S. 3, M.R.G. 2, P.C. 1. *Tarn* P.S.-M.R.G. 5, R.P.R. 4, U.D.F. 2, F.N. 1, P.C. 1, E. 1. *Tarn-et-Garonne* U.O. 4, P.S.-diss. 2, P.S. 1.

• **Nord-Pas-de-Calais** *113* [3], D. 43 (U.D.F. 16, R.P.R. 22, div. 5), F.N. 12, G. 58 (P.C. 19, P.S. 36, M.R.G. 3). *Nord* P.S.-M.R.G. 24, R.P.R. 17, P.C. 11, U.D.F. 11, F.N. 9. *Pas-de-Calais* P.S.-M.R.G. 15, P.C. 8, R.P.R. 6, U.D.F. 4, Opp. diss. 4, F.N. 4.

• **Basse-Normandie** *45* [1], D. 26 (U.D.F. 10, R.P.R. 10, div. 6), F.N. 2, G. 16 (P.C. 1, P.S. 10, M.R.G.-div. 5), E. 1. *Calvados* U.O. 10, P.S. 7, P.C. 1, F.N. 1. *Manche* U.O. 7, P.S. 5, Opp. diss. 2, F.N. 1, E. 1. *Orne* U.O. 6, P.S.-diss. 2, P.S.-M.R.G. 1, Opp. diss. 1.

• **Haute-Normandie** *53* [4], D. 24 (U.D.F. 10, R.P.R. 10, div. 4), F.N. 3, G. 26 (P.C. 6, P.S. 10, M.R.G. 1). *Eure* P.S.-M.R.G. 6, U.D.F. 4, R.P.R. 3, P.C. 1, F.N. 1. *Seine-Maritime* U.O. 17, P.S.-M.R.G. 14, P.C. 5, F.N. 2.

• **Pays de la Loire** *93* [1], D. 51 (U.D.F. 21, R.P.R. 18, div. 12), F.N. 3, G. 39 (P.C. 5, P.S. 26, M.R.G.-div. 8). *Loire-Atlantique* U.O. 16, P.S. 12, F.N. 2, P.C. 1. *Maine-et-Loire* U.O. 10, P.S. 8, Alt. 1, P.C. 1, F.N. 1. *Mayenne* U.O. 6, P.S.-Diss. 2, P.S. 1. *Sarthe* U.O. 8, P.S. 5, P.C. 3. *Vendée* U.O. 9, P.S. 5, Div. opp. 2.

• **Picardie** *55* [4], D. 25 (U.D.F. 12, R.P.R. 9, div. 4), F.N. 4, G. 26 (P.C. 8, P.S. 18). *Aisne* U.O. 7, P.S. 6, P.C. 3, F.N. 1. *Oise* U.O. 10, P.S. 7, F.N. 2, P.C. 2. *Somme* U.O. 7, P.S.-M.R.G. 5, P.C. 3, F.N. 1, R.P.R.-diss. 1.

• **Poitou-Charentes** *53* [1], D. 28 (U.D.F. 13, R.P.R. 9, div. 6), F.N. 1, G. 24 (P.C. 3, P.S. 19, M.R.G. 2). *Charente* U.O. 6, P.S. 5, P.C. 1. *Charente-Maritime* P.S.-M.R.G. 7, Opp.-R.P.R. 6, U.D.F. 2, P.C. 1. *Deux-Sèvres* U.O. 6, P.S. 5,. Div. opp. 1. *Vienne* U.O. 7, P.S. 4, P.C. 1.

• **Provence-Alpes-Côte d'Azur** *117* [2], D. 47 (U.D.F. 23, R.P.R. 17, div. 7), F.N. 25, G. 45 (P.C. 14, P.S. 31). *Alpes de Haute-Provence* P.S. 2, P.C. 1. *Hautes-Alpes* U.O. 3, P.S. 1. *Alpes-Maritimes* U.O. 12, P.S. 6, F.N. 6, P.C. 2. *Bouches-du-Rhône* P.S.-M.R.G. 13, F.N. 12, U.D.F. 12, P.C. 8, R.P.R. 4. *Var* U.D.F. 8, P.S. 5, F.N. 4, R.P.R. 2, P.C. 2. *Vaucluse* U.O. 5, P.S. 4, F.N. 3, P.C. 1.

• **Rhône-Alpes** *151* [1], D. 76 (U.D.F. 32, R.P.R. 24, div. 20), F.N. 14, G. 61 (P.C. 13, P.S. 44, div. 4). *Ain* U.D.F. 5, P.S.-M.R.G. 4, R.P.R. 2, F.N. 1, P.C. 1. *Ardèche* P.S. 3, R.P.R. 3, U.D.F. 2, P.C. 1. *Drôme* P.S. 4, U.O. 4, Opp. diss. 2, F.N. 1. *Isère* U.O. 12, P.S. 10, F.N. 3, P.C. 3. *Loire* U.O. 9, P.S. 6, P.C. 3, F.N. 2, Opp. 2. *Rhône* P.S.-M.R.G. 13, U.D.F. 11, R.P.R. 10, F.N. 5, P.C. 3. *Savoie* U.O. 5, P.S.-M.R.G. 3, F.N. 1, P.C. 1. *Haute-Savoie* U.D.F. 6, P.S. 3, R.P.R.-C.N.I.P. 2, P.S.-diss. 2, F.N. 1, R.P.R.-diss. 1.

Présidents du Conseil régional élus le 21-3-86. Alsace : Marcel Rudloff [2] (15-3-23). **Aquitaine** : Jacques Chaban-Delmas [7] (7-3-15). **Auvergne** : Valéry Giscard d'Estaing [3] (2-2-26). **Bourgogne** : Marcel Lucotte [3] (16-1-22). **Bretagne** : Yvon Bourges [7] (29-6-21). **Centre** : Maurice Dousset [3] (26-2-30). **Champagne-Ardenne** : Bernard Stasi [2] (4-7-30). **Corse** : Jean-Paul de Rocca-Serra [7] (11-10-11). **Franche-Comté** : Edgar Faure [4] (18-8-08). **Ile-de-France** : Michel Giraud [7] (14-7-29). **Languedoc-Roussillon** : Jacques Blanc [3] (21-10-39). **Limousin** : Robert Savy [6] (28-10-31). **Lorraine** : Jean-Marie Rausch [2] (24-9-29). **Midi-Pyrénées** : Dominique Baudis [1] (14-4-47). **Nord-Pas-de-Calais** : Noël Josèphe [6] (25-5-20). **Basse-Normandie** : René Garrec [3] (n.c.). **Haute-Normandie** : Roger Fossé [7] (23-9-20). **Pays de la Loire** : Olivier Guichard [7] (27-7-20). **Picardie** : Charles Baur [5] (n.c.). **Poitou-Charentes** : Louis Fruchard [2] (n.c.). **Provence-Alpes-Côte d'Azur** : Jean-Claude Gaudin [3] (8-10-39). **Rhône-Alpes** : Charles Béraudier [1] (18-2-20).

Nota. — (1) U.D.F. (2) U.D.F.-C.D.S. (3) U.D.F.-P.R. (4) U.D.F.-Rad. (5) U.D.F.-P.S.D. (6) P.S. (7) R.P.R.

☞ Total (métropole) 22 présidents dont U.D.F. 14 (avant 11), R.P.R. 6 (5), P.S. 2 (6). 14 présidents sortants ont été réélus.

Conseil économique, social et régional (C.E.S.R.)

Composition : des représentants des activités économiques, sociales, familiales, culturelles et scientifiques. **Rôle** : consultatif et éclaire de ses avis le conseil régional.

Ressources : taxe sur les permis de conduire, emprunts, subventions, plus la possibilité d'instituer des taxes additionnelles à des impôts d'État (sur les cartes grises, les mutations immobilières), ou à certains impôts locaux.

Départements

☞ Voir liste p. 658, notices sur chaque département, voir nom à l'Index.

Histoire du département

• **Origine. 1765**, d'Argenson demande la division du royaume en départements [le mot signifiait *répartition fiscale* et aussi *division du gouvernement* (chaque min. avait son « département ») ; il avait le sens de *circonscription territoriale* dans l'administration des Ponts et Chaussées (chaque sous-ingénieur avait son « département »)]. **1787** les ass. régionales de la généralité d'Ile-de-France (très vaste) sont convoquées dans plusieurs « départements » différents. **1788**, les cahiers des États généraux souhaitent la formation de circonscriptions uniformes et commodes avec un chef-lieu facilement accessible. **1789** *août*, avant d'élaborer la Constitution, la Constituante entreprend la réforme de l'administration locale : les troubles de juillet-août 1789 (la Grande Peur) ont, en effet, désorganisé le système généralité-subdélégation-seigneuries. Projets en présence : remplacer la généralité par une circonscription commune à tous les services et dont la taille permette, de n'importe quel point, d'aller au chef-lieu et d'en revenir dans les 48 h à cheval, soit un rayon de 30 à 40 km ; remplacer la subdélégation par une circonscription de 15 km de rayon permettant un aller-retour dans la journée. Duport prévoit 70 dép. d'étendue égale ; Lally-Tollendal propose un partage égalitaire d'après la population. Chaque dép. doit être divisé en 9 circonscriptions dénommées « communes », de 6 lieues de côté. Ces « communes » doivent être dotées d'un « corps de municipalité », héritant des anciens pouvoirs seigneuriaux. *Fin sept.*, un 2e comité de constitution élabore une carte en partant d'un quadrillage (la France divisée en 9 grands carrés, eux-mêmes subdivisés en 9) dont l'initiateur paraît avoir été le géographe Robert de Hesseln, en 1780. Mirabeau s'élève contre ce découpage géométrique et propose la constitution de 120 dép. *11 nov.*, après une intervention de Target, l'Assemblée adopte l'ensemble du projet du 2e comité de constitution ou projet *Thouret-Sieyès*, mais, en rejetant la conception des grandes communes, on reviendra à l'échelon local traditionnel (municipalité de ville ou de village). On pose ainsi le principe d'un découpage en départements dont le nombre devra se situer entre 75 et 85 et qui devront former autant que possible des carrés de 18 lieues de côté. Le département sera lui-même subdivisé en circonscriptions dont la définition géographique est voisine de celle de la grande commune qu'envisageait le comité. Ces circonscriptions, de 6 à 9 par département, porteront le nom de districts. Le district est divisé en cantons. Enfin, au niveau inférieur, on retrouve — et c'est la condamnation du système Thouret et le ralliement partiel au système Mirabeau — la ville et le village. Le *12-11* il est déclaré que : « Il y aura une municipalité dans chaque ville ou paroisse », et une procédure officielle de découpage est instituée. Les découpages seront faits « autant que possible » en carrés égaux (de 300 lieues carrées). On partira des diverses « régions » (en fait les anciennes provinces, parfois regroupées) du royaume. Des « conférences » regroupant les députés de chaque région délimitent ces dép. En cas de difficultés, on en référera au comité de constitution devenu « comité de division ». Un appel peut être porté devant l'Assemblée. **1790** *15-1*, on est fixé sur le chiffre de 83 départements. Le *26-2*, l'Assemblée, synthétisant les décrets particuliers qu'elle avait antérieurement rendus sur la formation des divers départements et de leurs divisions internes, peut voter le texte « relatif à la division de la Fr. » (qui sera sanctionné et promulgué le 4 mars). Les 83 dép. reçoivent du comité leurs noms empruntés à la géographie (on hésite entre plusieurs possibilités : nom du chef-lieu, référence au nom de l'ancienne province, numérotage, etc.). Des compétitions acharnées opposent souvent plusieurs villes prétendantes pour la fixation du chef-lieu, par ex. entre Avranches et Coutances (on choisit St-Lô), entre Aire et Dax (on choisit Mont-de-Marsan). Les trafics d'influence vont leur cours.

En déc. 1789, on avait estimé que certains chefs-lieux de département pourraient ne pas se voir affecter l'ensemble des administrations, tel ou tel établissement (un siège de justice notamment) pouvant être abandonné à une autre localité. Quand les prétentions de 2 villes sont comparables et leurs pressions aussi vigoureuses, un système d'alternat est prévu : le chef-lieu du dép. (ou du district) est établi pour un temps (6 mois ou 1 an) dans une ville, puis pour le même temps dans la ville concurrente ; ce système difficile sera supprimé en sept. 1791.

Droits et libertés et répartition des compétences des communes, des départements et des régions (lois du 2-3-1982 et du 7-1-1983)

La loi du 2-3-1982, modifiée et complétée par la loi n° 82-623 du 22-7-1982, a transféré l'exécutif départemental et régional du préfet du département ou de la région aux présidents des assemblées élues, et élargi les possibilités d'intervention des collectivités locales en matière écon., prévoyant la suppression des tutelles, administrative et financière, et de tout contrôle *a priori* sur les actes des autorités communales, départementales et régionales.

Droits et libertés des communes

Suppression de la tutelle administrative. Les actes pris par les autorités communales sont exécutoires de plein droit dès qu'ils ont été publiés ou notifiés aux intéressés, transmis au représentant de l'État dans le département ou à son délégué dans l'arrondissement. Actes qui doivent être transmis : délibérations du conseil municipal ou des décisions prises par le maire par délégation du conseil mun. en application de l'art. L 122.20 du Code des communes ; décisions réglementaires et individuelles prises par le maire dans l'exercice de son pouvoir de police ; actes à caractère réglementaire pris par les autorités communales dans les autres domaines relevant de leur compétence en application de la loi, certaines conventions (marchés, emprunts, concession ou affermage de services publics locaux à caractère ind. ou commercial), certaines décisions individuelles en matière de personnel communal (nomination, avancement de grade, sanctions soumises à l'avis du conseil de discipline, licenciement).

Quand un de ces actes adm. peut compromettre l'exercice d'une liberté publique ou individuelle, le Pt du trib. administratif prononce le sursis dans les 48 h (appel possible devant le Conseil d'État dans les 15 j). Le Gouv. soumet chaque année (avant le 1-6) au Parlement un rapport sur le contrôle *a posteriori* des délibérations, arrêtés, actes et conventions des com. par les repr. de l'État dans les dép.

La commune peut intervenir en matière écon. et soc. et maintenir des services en milieu rural pour favoriser le développement écon. (ex. : aides directes et indirectes aux entreprises), protéger les intérêts écon. et sociaux de la com. Sauf autorisation prévue par décret en Conseil d'État, elle ne peut prendre de participations dans le capital d'une Sté commerciale ou d'un organisme à but lucratif n'ayant pas pour objet d'exploiter les services communaux ou des activités d'intérêt général. Elle ne peut accorder à une personne de droit privé sa garantie ou son cautionnement à un emprunt que sous certaines conditions.

Suppression de la tutelle financière. Si le budget de la commune n'est pas adopté avant le 1-1 de l'exercice, le maire peut, jusqu'à son adoption, mettre en recouvrement les recettes et engager les dépenses de fonctionnement dans la limite de celles inscrites au budget précédent. Si le budget n'est pas adopté avant le 31-3, le repr. de l'État dans le département saisit la chambre régionale des comptes qui, dans le mois, formule des propositions pour le règlement du budget. Le repr. de l'État règle le budget et le rend exécutoire (s'il s'écarte des propositions de la ch. rég. des comptes, il motive sa décision). Si une nouvelle commune est créée, le conseil mun. adopte le budget dans les 3 mois. A défaut, il est réglé et rendu exécutoire par le repr. de l'État, sur avis public de la ch. rég. des comptes.

Si le budget n'est pas voté en équilibre réel, la ch. rég. des comptes, saisie (dans les 30 j) par le repr. de l'État, le constate et propose à la commune (dans les 30 j à compter de sa saisine) les mesures adéquates. La délibération du cons. mun., rectifiant le budget initial, doit intervenir dans le mois. Si le cons. mun. n'a pas délibéré dans ce délai ou s'il n'a pas effectué un redressement jugé suffisant par la ch. rég. des comptes (qui se prononce dans les 15 j), le budget est réglé et rendu exécutoire par le repr. de l'État dans le dép. (s'il s'écarte des propositions de la ch., il motive sa décision). Si la commune fait défaut pour une dépense obligatoire (v. ci-dessous), le repr. de l'État y procède d'office. Le comptable de la commune est un comptable direct du Trésor nommé par le min. du Budget.

Arrêté des comptes. Constitué par le vote du conseil mun. sur le compte administratif présenté par le maire. Si le déficit dépasse un certain % des recettes de fonctionnement, la ch. rég. des comptes est également saisie par le représentant de l'État et propose à la commune des mesures nécessaires au rétablissement de l'équilibre budgétaire. Le budget primitif de l'exercice suivant est transmis par le repr. de l'État à la ch. rég. des communes. Si celle-ci constate que la commune n'a pas pris de mesures suffisantes pour résorber ce déficit, elle propose des mesures de redressement au repr. de l'État qui est chargé de le régler et de le rendre exécutoire. S'il s'écarte des propositions de la chambre régionale des communes, il doit motiver sa décision.

Dépense obligatoire. Les communes ne sont tenues qu'aux dépenses nécessaires, au paiement des dettes exigibles et aux dépenses prévues par la loi. S'il y a eu défaut d'inscription au budget d'une dépense obligatoire ou si la somme est insuffisante, saisine de la ch. rég. des communes par le repr. de l'État, le comptable public concerné, ou par toute personne y ayant intérêt. La ch. adresse une mise en demeure à la commune si, passé 1 mois, elle n'a pas pris les mesures nécessaires ; la *ch. demande* au repr. de l'État d'inscrire la dépense au budget de la commune et propose, s'il y a lieu, la création de ressources ou la diminution de dépenses facultatives pour couvrir la dépense obligatoire. Le budget rectifié est réglé et rendu exécutoire par le repr. de l'État.

Si le *mandatement* d'une dépense obligatoire n'a pas été effectué, le *repr. de l'État*, après une mise en demeure, y *procède d'office*.

Le comptable de la commune est un comptable direct du Trésor, nommé par le ministre du Budget.

Droits et libertés du département

Il a la charge des intérêts nationaux, du respect des lois, de l'ordre public et du contrôle admin. Sauf disposition contraire de la loi, il exerce les compétences précédentes du préfet en tant que délégué du Gouv. dans le dép.

Contrôle de légalité des actes et contrôle budgétaire. Similaires à ceux exercés sur les actes des autorités communales, obligation de transmission, publication ou notification, liste des actes transmis, interventions économiques, rôle des ch. rég. des comptes.

Nota. — Ces dispositions sont applicables aux établissements publics dép. et interdép. et aux établ. publics communs aux communes et aux dép. mais non aux établ. et services publics sanitaires et sociaux.

Droits et libertés de la région

Suppression des tutelles administratives. Voir ci-dessus département et commune. La région représente chacun des min. et dirige les services rég. de l'État (sauf exceptions énumérées par un décret en Cons. d'État).

Suppression de la tutelle financière. Les règles applicables au contrôle budgétaire des départements s'appliquent aux régions ; intervention du repr. de l'État et de la ch. rég. des comptes dans les seuls cas prévus par la loi.

Chambre régionale des comptes

Composée de magistrats inamovibles, intervient dans le cadre de la procédure du contrôle budgétaire lors de l'élaboration et de l'exécution du budget. Elle est à ce titre chargée de conseiller le représentant de l'État et d'organiser une procédure de conciliation préalable.

Mission juridictionnelle visant les comptables de droit ou de fait. Depuis 1984 elle juge en 1er ressort tous les comptes des collectivités locales et de leurs établissements publics, tels qu'ils lui seront soumis par leurs comptables respectifs. Appel possible devant la Cour des comptes.

L'Assemblée, reconnaissant son impuissance, renvoie parfois aux électeurs de la circonscription le soin de prendre la décision pour la fixation du chef-lieu.

● **Découpage.** Le découpage respecta à peu près les données naturelles et historiques. Bretagne et Normandie sont divisées en 5 circonscriptions, Provence et Franche-Comté en 3 ; le Périgord se retrouve en grande partie dans la Dordogne, le Quercy dans le Lot, le Velay dans la Haute-Loire, la Touraine dans l'Indre-et-Loire, le Gévaudan dans la Lozère, le comté de Foix dans l'Ariège, le Bourbonnais dans l'Allier... Par contre, certains dép. sont composites : ex. : Aisne, Oise (enchevêtrant Ile-de-France et Picardie), Charente-Maritime (Aunis et Saintonge), Haute-Vienne (Limousin, Marche, Guyenne et Poitou), Basses-Pyrénées (Béarn et Gascogne), Yonne (Orléanais, Bourgogne et Champagne).

Départements nouveaux sous la Révolution et l'Empire. Voir p. 590.

● **Changements de limites. 14-9-1791** : le Comtat Venaissin et Avignon sont annexés et répartis entre la Drôme et les B.-du-Rh. **1793** : formation du Vaucluse, Corse divisée en 2 dép. (Golo et Liamone), Montbéliard annexé et réuni au Doubs, Rhône-et-Loire scindé en Rhône et Loire. **1798** : Mulhouse annexé, réuni au Haut-Rhin. **4-11-1808** : Tarn-et-Garonne créé au détriment des circonscr. limitrophes. **19-4-1811** : 2 dép. coupant la Corse (le Golo, préfecture : Bastia ; et le Liamone, préf. : Ajaccio) sont réunis en un seul (Ajaccio chef-lieu). **1815** : les rectifications de frontières modifient 6 dép. : Nord, Ardennes, Moselle, Bas-Rhin, Ht-Rhin, Ain. **21-07-1824** : réunion à la Mayenne de l'enclave de Madré, et à l'Orne de l'enclave de St-Denis-de-Villenette. **30-03-1831** : loi complétée par ordonnance royale du 5-10-1832, règle définitivement le problème. **15-6-1860** : une fraction du Var est annexée aux Alpes-Mar. **1871** : les territoires non annexés de la Meurthe et de la Moselle forment la Meurthe-et-Moselle ; le territoire non annexé du Haut-Rhin forme le Territoire de Belfort, le Bas-Rhin est entièrement annexé. **1919** : après le retour de l'Alsace-Lorraine, les anciens dép. ne sont pas reconstitués ; Bas-Rhin, Haut-Rhin et « Moselle » étant restés des territoires concordataires (le nom de Moselle est donné à un dép. différent de celui de 1870). **1947** : Tende et La Brigue, détachés de l'Italie, sont rattachés aux Alpes-marit. **1964** : Seine et Seine-et-Oise sont découpés en 7 nouveaux dép. : Paris, Hts-de-Seine, Val-de-Marne, Seine-St-Denis, Val-d'Oise, Yvelines, Essonne. **1967** : 23 communes de l'Isère et 6 communes de l'Ain sont rattachées au Rhône. **1975** : la Corse est redécoupée en 2 : Haute-Corse et Corse-du-Sud.

● **Changements de préfecture.** *Marseille* substituée à Aix en 1800 (B.-du-Rhône). *Albi* à Castres en 1800 (Tarn). *Mézières* à Charleville en 1808 (Ardennes). *La Rochelle* à Saintes le 19-5-1810 (Ch.-Inf.). *St-Étienne* à Montbrison en 1855 (Loire). *St-Lô* à Coutances en 1801 (Manche). *Lille* à Douai le 22-7-1802 (Nord). *La Roche-sur-Yon* à Fontenay (Vendée) le 26-5-1804. *Toulon* à Draguignan en 1974 (Var).

● **Nom.** 13 départements eurent des noms de montagnes, 4 de situations géographiques, 60 de rivières.

Changements. *Mayenne-et-Loire :* Maine-et-Loire (1790). *Charente-Inférieure :* Ch.-Maritime (1941). *Seine-Inférieure :* S.-Maritime (1955). *Loire-Inférieure :* L.-Atlantique (1957). *Basses-Pyrénées :* P.-Atlantiques (1969). *Basses-Alpes :* A.-de-Haute-Provence (1970).

Statistiques

Nombre. France métropolitaine : *(1790)* 83, *(1793)* 85, *(1801)* 100, *(1810)* 130, *(1814)* 87, *(1815)* 86 (suppression du Mt-Blanc), *(1860)* 89 (création de 3 dép. : Savoie, Hte-Savoie, Alpes-Mar.), *(1871)* 87 [perte du B.-Rhin, du Ht-Rhin (moins Belfort), d'une partie de la Meuse et de la Moselle ; création du dép. de Meurthe-et-Moselle et du Terr. de Belfort)]. *(1919)* 90 [(récupération de l'Alsace-Lorraine : B.-Rhin, Ht-Rhin, Moselle)], *(1968)* 95 (loi du 10-7-1964 entrée en vigueur le 1-1-1968, 5 dép. nouveaux dans la région parisienne : Essonne, Hauts-de-Seine, Seine-St-Denis, Val-de-Marne, Val-d'Oise), *(1975)* 96 [(loi du 15-5-1975 : Corse divisée en Hte-Corse et Corse-du-Sud)]. **Départements d'outre-mer :** Martinique, Guadeloupe, Guyane, Réunion (dep. 19-3-1946), St-Pierre-et-Miquelon (19-7-1976).

Nota. – L'Algérie avait été divisée en 3, puis 4, puis 15 dép. (13 + 2 dép. du Sahara) avant 1962.

• **Population** (au 15-1-82). *Moyenne* (96 dép.) 560 870 h. *12 départements dépassent 1 000 000* (dont 2 de + de 2 000 000 : Nord, Paris). *1 a – de 100 000 h.* (Lozère). **Les plus peuplés.** Nord 2 520 526. Paris 2 176 243. B.-du-Rh. 1 724 199. Rhône 1 445 208. P.-de-Calais 1 412 413. Hts-de-Seine 1 387 039. Seine-St-Denis 1 324 301. Yvelines 1 196 111. V.-de-M. 1 193 659. S.-Marit. 1 193 039. Gironde 1 127 546. Moselle 1 007 189. **Les moins peuplés.** Lozère 74 294. Htes-Alpes 105 070. Corse-du-Sud 108 604.

Densité (1982). *Moyenne :* 100 h. au km². *Plus fortes :* Paris 20 647 h., Hts-de-Seine 7 898, Seine-St-Denis 5 607, V.-de-M. 4 872, V.-d'O. 739 (7 autres départements ont de 210 à 512 h. ; 29 dép. ont moins de 50 h.). *Plus faibles :* Lozère 14, Alpes-de-Hte-Provence 17. Voir aussi p. 656 c.

• **Superficie.** *Moyenne* 5 666,3 km² (96 dép.). *7 départements dépassent 8 000 km² :* Gironde 10 000, Landes 9 243. Dordogne 9 060, Côte-d'Or 8 763, Aveyron 8 735, Saône-et-Loire 8 575, Marne 8 162. *12 ont moins de 4 000 km²* dont 7 de l'Ile-de-France, *5 ont moins de 1 000 km² :* Paris 105, Hauts-de-Seine 176, Seine-Saint-Denis 236, Val-de-Marne 245, Terr. de Belfort 609.

Commissaire de la République de département

☞ Voir loi du 2-3-1982, page 654.

• **Histoire. 1800** *17-2* Préfets créés par la loi du 28 pluviôse An VIII. *11-3* Charte de l'administration préfectorale (circulaire de Beugnot). **1808** *A partir du 1-3,* Napoléon crée comtes ou barons les préfets et sous-préfets qu'il veut honorer spécialement. **A partir de 1813** il anoblit tous les préfets et sous-préfets. **1848** *25-2* préfets et sous-préfets deviennent commissaires de la Rép. **1939** *4-4* Le gouvernement de Vichy renforce les pouvoirs préfectoraux dans tous les domaines. **Mouvements préfectoraux. 1814** Nombreuses mutations, mais 32 préfets restent à la tête du même département (219 sous-préfets sur 340 sont conservés). **1830** *août* Guizot change 83 % des préfets et sous-préfets. **1848** mouvement analogue. **1873** (à partir du 24-5), mise en place de préfets et sous-préfets bien-pensants (orléanistes et cléricaux). **1877** *mai,* 62 préfets et presque tous les sous-préfets sont remplacés. **1944** (Libération) des commissaires de la Rép. sont nommés dans certains dép. avec des pouvoirs exceptionnels. **Sous la Ve Rép.** changements importants : *1967 :* 42 ; *74 :* 21 ; *81 :* 79 ; *82 :* 74 ; *83 :* 49 ; *84 :* 34 ; *85 :* 93. 1982. Préfets et sous-préfets sont redevenus commissaires de la Rép. à l'occasion des lois sur la régionalisation.

Nota. – Des *préfets de police* furent nommés le 8-3-1800 à Paris, Lyon, Marseille et Bordeaux ; seule la préfecture de Paris fut ensuite maintenue (commissaire général de police ailleurs).

• **Statut et carrière.** Le com. de la Rép. est nommé par décret du Pt de la République, pris en Conseil des ministres, sur proposition du Premier ministre et du ministre de l'Intérieur. Les 4/5 des postes territoriaux sont réservés à des com. adjoints de la Rép. ou administrateurs civils. Seuls peuvent être choisis ceux qui ont atteint la position hors classe de leur grade.

Avancement régi par le décret du 29-7-1964 ; classe unique avec 7 échelons de traitement, plus une hors-classe (sous-préfet : 3 classes et plusieurs échelons) ; choix et ancienneté combinés pour l'avancement d'échelon ; hors-classe : liée en général à la nomination dans des préf. importantes figurant sur une liste dressée par décret. Age de retraite 65 ans.

Préfets les plus jeunes. *IIe République :* Émile Ollivier, commissaire de la République à 22 ans à Marseille, préfet des Bouches-du-Rhône à 22 ans et 11 mois. *IIIe, IVe* et *Ve Rép. :* il n'y eut, de 1870 à 1944, que 3 préfets de moins de 30 ans, dont Paul Deschanel (1855-1922), qui avait été sous-préfet de Dreux en 1877, à 22 ans.

Records de longévité (dans un même poste). *38 ans :* Claude-Laurent Bourgeois, vicomte de Jessaint (n. 1764-1853), préfet de la Marne (1800-38). *22 ans :* Lefebvre du Grosriez, en Savoie (1883-1905) ; Leroy de Boisaumarie, Seine-Inférieure (1848-70). *21 ans :* Tiburce Foy, Ardennes (1849-70). *20 ans :* d'Arros, Meuse (1828-48).

Préfectures moins peuplées qu'une de leurs sous-préfectures. *Aisne :* Laon 26 682 h. (Saint-Quentin 63 567 h., Soissons 30 213 h.). *Allier :* Moulins 25 159 (Montluçon 49 912, Vichy 30 527). *Ariège :* Foix 9 282 (Pamiers 13 345). *Corrèze :* Tulle 18 880 (Brive-la-Gaillarde 51 511). *Finistère :* Quimper 56 907 (Brest 156 060). *Hts-de-S. :* Nanterre 88 578 (Boulogne-Billancourt 102 582). *Jura :* Lons-le-Saunier 20 105 (Dole 26 889). *Manche :* Saint-Lô 23 212 (Cherbourg 34 637). *Marne :* Châlons-sur-Marne 51 137 (Reims 177 234). *Marne (Hte-) :* Chaumont 27 554 (Saint-Dizier 35 189). *Meuse :* Bar-le-Duc 18 471 (Verdun 21 516). *Morbihan :* Vannes 42 178 (Lorient 62 554). *Pas-de-Calais :* Arras 41 736 (Calais 76 527). *Rhin (Ht-) :* Colmar 64 416 (Mulhouse 126 410). *S.-et-L. :* Mâcon 38 404 (Chalon-sur-Saône 56 194). *Seine-Mar. :* Rouen 101 945 (Le Havre 199 388). *S.-et-M. :* Melun 35 005 (Meaux 45 005). *Val-d'Oise :* Pontoise 28 434 (Argenteuil 95 397).

Préfectures moins peuplées qu'une autre commune du même département. *Alpes-de-Hte-Prov. :* Digne 15 149 (Manosque 18 760). *Ardèche :* Privas 10 345 (Annonay 19 484, Aubenas 11 543). *S.-St-Denis :* Bobigny 42 723 (Aubervilliers 67 719, Aulnay-sous-Bois 75 996, Le Blanc-Mesnil 47 037, Bondy 44 301, Drancy 60 183, Épinay-sur-Seine 50 314, Montreuil 93 368, Saint-Denis 90 829, Saint-Ouen 43 606). *Val-de-M. :* Créteil 71 693 (Champigny-sur-Marne 76 176, Saint-Maur-des-Fossés 80 811, Vitry-sur-Seine 85 263).

Préfectures de moins de 50 000 h. Blois, *L.-et-C.* 47 243. Évreux, *Eure* 46 045. Albi, *Tarn* 45 947. La Roche-sur-Yon, *Vendée* 45 098. Bastia, *Hte-C.* 44 020. Nevers, *Nièvre* 43 013. Bobigny, *Seine-St-D.* 42 723. Vannes, *Morbihan* 42 178. Arras, *P.-de-Calais* 41 736. Carcassonne, *Aude* 41 153. Bourg-en-Bresse, *Ain* 41 098. Auxerre, *Yonne* 38 741. Mâcon, *S.-et-L.* 38 404. Épinal, *Vosges* 37 818. Chartres, *E.-et-L.* 37 119. Melun, *S.-et-M.* 35 005. Périgueux, *Dordogne* 32 916. Alençon, *Orne* 31 608. Agen, *L.-et-G.* 31 593. Aurillac, *Cantal* 30 963. Gap, *Htes-Alp.* 30 676. Évry, *Essonne* 29 471. Pontoise, *Val-d'O.* 28 434. Chaumont, *Hte-M.* 27 554. Mt-de-Marsan, *Landes* 27 326. Laon, *Aisne* 26 682. Moulins, *Allier* 25 159. Rodez, *Aveyron* 24 368. Auch, *Gers* 23 258. Saint-Lô, *Manche* 23 212. Lons-le-Saunier, *Jura* 20 105. Cahors, *Lot* 19 707. Tulle, *Corrèze* 18 880. Bar-le-Duc, *Meuse* 18 471. Vésoul, *Hte-S.* 18 412. Guéret, *Creuse* 15 720. Digne, *A.-de-Hte-Pr.* 15 149. Mende, *Lozère* 10 929. Privas, *Ardèche* 10 345. Foix, *Ariège* 9 282.

Sous-préfectures de + de 50 000 h. Le Havre, *S.-Mar.* 199 388. Reims, *Marne* 177 234. Brest, *Finistère* 156 060. Mulhouse, *Rhin (Haut-)* 126 410. Aix-en-Provence, *B.-du-Rh.* 121 327. Boulogne-Billancourt, *Hts-de-S.* 102 582. Argenteuil, *Val-d'O.* 95 397. Béziers, *Hérault* 76 647. Calais, *P.-de-C.* 76 527. Dunkerque, *Nord* 73 120. Saint-Nazaire, *L.-Atl.* 68 348. Saint-Quentin, *Aisne* 63 567. Lorient, *Morbihan* 62 554. Chalon-sur-Saône, *S.-et-L.* 56 194. Cholet, *M.-et-L.* 55 524. Antony, *Hts-de-S.* 54 610. Brive-la-Gaillarde, *Corrèze* 51 511. Arles, *B.-du-Rh.* 50 500.

Source : recensement de 1982.

1re femme préfet : Yvette Chassagne (28-3-22), pr. du Loir-et-Cher, en juillet 1981.

• **Attributions.** Depuis 1982, elles ont été modifiées. **Le commissaire de la Rép. représentant du gouvernement** est le seul représentant de l'État, du gouvernement et de chacun des ministres. Il a plus fréquemment des contacts avec le ministre de l'Intérieur, qui est le tuteur et le conseiller des collectivités locales et assure la gestion du personnel du corps préfectoral.

Il surveille l'exécution des lois et des ordres du gouv., en appliquant à ses administrés, par l'intermédiaire des services compétents, les textes, instructions et circulaires provenant des administrations centrales ; inversement, il saisit celles-ci des requêtes ou difficultés soulevées par des particuliers ou des services. Il dirige les services de l'État dans le dép. (sauf exceptions énumérées en Conseil d'État). Il assure la direction générale de l'activité des fonctionnaires de l'État à l'échelon départemental, mais, traditionnellement, l'autorité militaire et les membres des corps judiciaires échappent à sa compétence.

Il informe le gouv. de l'état d'esprit de la population, de la conjoncture politique, économique ou sociale de son dép.

Il assure le maintien de l'ordre public. Il est seul compétent pour prendre les mesures liées au bon ordre, à la sûreté, à la sécurité et à la salubrité publics, s'ils débordent le territoire d'une com. A cette fin, il prend des arrêtés et dispose, pour leur application, de la police. Il détient des pouvoirs judiciaires lui permettant, en cas d'urgence, de faire, en en avisant le procureur de la Rép., tous actes nécessaires pour constater crimes et délits contre la sûreté intérieure ou extérieure de l'État, et de déférer leurs auteurs devant les tribunaux.

Dans le domaine administratif, ses attributions sont variées ; dans les domaines économique et de l'aménagement du territoire, son rôle s'accroît de jour en jour.

Il est responsable de la défense « non militaire ». Il prépare et met en œuvre les plans et mesures de défense civile : maintien de l'ordre (plans généraux de protection, plans de circulation routière), protection civile (plan de desserrement, plan Orsec...), et s'occupe de la défense économique (ressources alimentaires, industrielles, infrastructure).

Le Com. de la Rép. est chargé du respect des lois et organise le contrôle de légalité des actes des collectivités locales, en liaison avec les tribunaux administratifs et les chambres régionales des comptes.

Conseil général

• **Histoire. 1790** création dans chaque dép. d'une assemblée élue par tous les citoyens versant une contribution au moins égale à 10 j de travail ; mandat de 2 ans pour les élus (renouvellement par moitié). **1800** (17-2) devient le Conseil général du « département » avec la loi du 28 pluviôse An VIII, par opposition au « Conseil de préfecture » (V. Justice) ; entre 16 et 24 conseillers par dép., nommés par le Gouv. pour 3 ans ; le Conseil ne siège que 15 j par an, peut saisir le min. de l'Intérieur des besoins du dép. et a essentiellement des pouvoirs fiscaux (répartit l'impôt entre arrondissements, fixe le montant des centimes additionnels à l'intérieur des limites légales). **1833** chaque canton élit son conseiller. **1838** (loi du 10-5) pouvoirs un peu étendus. **1866** (loi du 18-7) extension des pouvoirs. **1870** (loi du 23-7) élection du bureau. **1871** (10-8) large autonomie et création d'une commission départementale (élue par le Conseil en son sein, elle se réunit chaque mois) ; conseillers élus pour 6 ans. **1926** la délibération exécutoire est la règle et l'approbation expresse de l'autorité de tutelle l'exception. **1942** (loi du 7-8) Conseil général remplacé par le Conseil départemental (membres et bureau nommés par le min. de l'Intérieur). **1944** (ordonnance du 21-4) Conseil général rétabli ; élections cantonales le 23-9-1945. **1946** la Constitution (art. 87) confie l'exécution des décisions du Conseil général à son président ; mais cet article ne sera pas appliqué et ne sera pas repris par la Constitution de 1958. **1959** (ordonnance du 5-1) la plupart des décisions du Conseil sont dispensées de l'approbation de l'autorité de tutelle. **1970** (décret du 13-1) le Conseil participe à titre consultatif à l'élaboration des programmes d'équipement rég.

1982 : loi du 2-3 érige les départements en collectivités locales à part entière, avec un exécutif élu, le Pt du cons. général et remplace la *Commission départementale* (Voir Quid 1983 p. 770) par le bureau du cons. général. **1983 :** lois du 7-1 et du 22-7 transfèrent des compétences d'État aux départements, en matière d'agriculture (aide à l'équipement rural), de ports maritimes de commerce et de pêche, de transports scolaires, d'action sociale et de santé, d'environnement et d'action culturelle.

• **Élection.** Élu par tous les électeurs du canton pour 6 ans au scrutin uninominal majoritaire à 2 tours (1 conseiller par canton) et renouvelable par moitié tous les 3 ans. Leur nombre varie de 13 à 70 (de 25 à 50 m. en général). Voir p. 675 c.

• **Organisation.** Le conseil général élit son Pt et les autres membres de son bureau (le Pt, 4 à 10 vice-Pts et 1 ou plusieurs autres membres). Il siège à l'hôtel du dép., se réunit à l'initiative de son Pt, au moins 1 fois par trimestre. Le repr. de l'État dans le dép. est entendu par accord avec le Pt du conseil général et sur demande du 1er min. Le cons. gén. se réunit aussi à la demande du bureau ou du 1/3 des m. du cons. gén. sur un ordre du j déterminé. En cas de circonstances exceptionnelles, il peut être réuni par décret.

Le cons. gén. établit son règlement intérieur. Les séances sont publiques sauf s'il en décide autrement. Il ne peut délibérer en l'absence de la majorité absolue de ses m. en exercice. Ses délibérations sont prises à la majorité des suffrages exprimés. Quand le fonctionnement d'un cons. gén. est impossible, le Gouv. peut le dissoudre par décret motivé en conseil des min. ; il en informe aussitôt le Parlement. En cas de dissolution du cons. gén., de démissions de tous ses m. en exercice ou d'annulation de leur élect., le Pt se charge des affaires courantes. Ses décisions ne sont exécutoires qu'avec l'accord du repr. de l'État. La réélection du cons. gén. a lieu dans les 2 mois.

Compétence. Délibère et statue sur toutes les affaires d'intérêt départemental. *Fonctions administratives :* administre le personnel et les biens du département (domaine immobilier notamment), entretient la voirie départementale, gère des services départementaux comme les offices d'H.L.M., les transports ou la répartition des crédits d'allocation scolaire, etc. *Économiques et sociales :* apporte son soutien financier aux communes pour leur équipement, établit le programme de création d'infrastructures au sein de la « commission départementale de l'équipement » : principalement routes, électricité, logements, transports, activités sportives ou culturelles ; est associé à la préparation des programmes d'équipements collectifs prévus par le Plan. Ne peut émettre de « vœux politiques ».

Nota. — Un seul Conseil général a été dissous sous la Vᵉ Rép. : celui des B.-du-Rh. en 1974.

Répartition des conseillers généraux (mars 1985). Sur les 3 810 conseillers généraux il y a 397 enseignants, 395 pensionnés et retraités civils et 41 membres des professions rattachées à l'enseignement, 386 agriculteurs, 358 médecins, 27 chirurgiens, 26 dentistes, 115 vétérinaires, 77 pharmaciens, 2 sages-femmes, 1 ministre du culte et 1 ménagère.

Pt de conseil général. Il est l'organe exécutif du dép. Il prépare et exécute les délibérations du cons., est l'ordonnateur des dépenses du dép. et prescrit l'exécution des recettes dép. (sous réserve des dispositions du Code gén. des impôts). Il est le chef des services du dép. Il gère le domaine du dép. et, à ce titre, il exerce les pouvoirs de police afférents (ex. police de la circulation). Il a autorité sur les services de la préfecture nécessaires à la préparation et à l'exécution des délibérations du cons. gén. et à l'exercice des pouvoirs et responsabilités de l'exécutif du dép. Il est seul chargé de l'administration, mais peut déléguer une partie de ses fonctions aux vice-Pts ou à d'autres membres du cons. gén. En cas de vacance, ses fonctions sont exercées par un vice-Pt, à défaut, par un conseiller gén. désigné par le conseil. Le bureau est renouvelé dans le mois (après d'éventuelles élect. pour compléter le cons. gén.).

Arrondissements

Généralités

● **Histoire.** Circonscription administrative créée par la loi du 28 pluviôse de l'an VIII (17-2-1800) pour remplacer les districts (créés le 22-12-1789 et supprimés par la Constitution de l'an III). Il n'y a plus depuis 1940 d'assemblée locale (le *Conseil d'arrondissement* créé le 22-6-1833).

Changements de sous-préfectures. 1803 *22-7* de Dunkerque à Bergues (Nord) ; **1804** *24-12* Bressuire à Thouars (Deux-Sèvres) ; **1806** *10-2* Sélestat à Barr (B.-Rhin) ; **1815** Grasse à Monaco (A.-M.) ; **1817** Arles à Tarascon (B.-du-Rh.), Cholet à Beaupréau (M.-et-L.) ; **1857** Cassel à Hazebrouck (Nord), Mulhouse à Altkirch (Ht-Rhin) ; **1868** St-Nazaire à Savenay (Loire-Inf.).

Sont devenues sous-préfectures : 1803 Valenciennes (Nord) ; **1811** Cherbourg (Manche), Rambouillet (S.-et-O.) ; **1815** Gex (Ain) ; **1926** Langon (Gironde), Montbard (C.-d'Or) et Cavaillon (Vaucluse).

Sous-préfectures supprimées : 1810 Montaigu (Vendée) ; **1880** St-Denis et Sceaux, suppression partielle (les arr. sont administrés directement par le préfet de la Seine, il n'y a pas de sous-préfets). **1926** *Par décret-loi du 10-9* (106, pour des raisons d'économie) : Ambert, Ancenis, Arcis-sur-Aube, Argelès-Gazost, Barbezieux, Bar-sur-Seine, Baugé, Baume-les-Dames, Bazas, Bourganeuf, Boussac, Bressuire, Brignolles, Calvi, Castellane, Castelnaudary, Château-Gontier, Château-Thierry, Châtillon-sur-Seine, Civray, Clermont, Cosne, Coulommiers, Domfront, Doullens, Embrun, Espalion, Étampes, Falaise, Fontainebleau, Gaillac, Gannat, Gex, Gien, Gray, Hazebrouck, Issoudun, Joigny, Lavaur, Lectoure, Lesparre, Loches, Lodève, Lombez, Loudéac, Loudun, Louhans, Louviers, Mantes, Marennes, Marvejols, Mauléon, Melle, Mirecourt, Moissac, Montélimar, Montfort, Montmédy, Mortagne, Mortain, Moutiers, Murat, Muret, Nérac, Neufchâtel, Nogent-le-Rotrou, Orange, Orthez, Paimbœuf, Pamiers, Pithiviers, Ploermel, Poligny, Pont-Audemer, Pont-l'Évêque, Puget-Théniers, Quimperlé, Remiremont, Ribérac, Rocroi, Romorantin, Ruffec, Saint-Affrique, Saint-Calais, Sainte-Menehould, Saint-Jean-d'Angély, Saint-Julien, Saint-Marcellin, Saint-Pol, Saint-Pons, Saint-Sever, Saint-Yrieix, Sancerre, Sedan, Sisteron, Tonnerre, Toul, Trévoux, Ussel, Uzès, Valognes, Villefranche-de-Lauragais, Vitré, Wassy, Yssingeaux, Yvetot. **1934** Metz-ville et Colmar-ville. **1962** St-Denis, Sceaux, Corbeil-Essonne. **1974** Erstein.

Sous-préfectures supprimées en 1926 et réinstaurées : 1940 *(sept.) :* Ste-Menehould (Marne) ; *14-11* Wassy (Hte-Marne, le chef-lieu s'établit à St-Dizier). **1967** Étampes. **1974** Ambert, Ancenis, Argelès-Gazost, Bressuire, Brignoles, Calvi, Castellane, Château-Gontier, Château-Thierry, Clermont, Gex, Issoudun, Lesparre, Loches, Lodève, Louhans, Mantes-la-Jolie, Muret, Nérac, Nogent-le-Rotrou, Pamiers, Pithiviers, Romorantin, Saint-Jean-d'Angély, Sedan, Toul, Ussel, Yssingeaux.

Créations. 1941 *24-8* Vichy (Allier), siège de la sous-préfecture de La Palisse. **1962** Calais, Lens ; **1967** Antony, Argenteuil, Bobigny (préfecture), Créteil (préfecture), Évry (préfecture), Le Raincy, Montmorency, Nanterre (préfecture), Nogent-sur-Marne, Palaiseau, St-Germain-en-Laye. **1972** Boulogne-Billancourt, L'Haÿ-les-Roses. **1982** Istres. **1984** Vierzon.

● **Statut.** Il n'est pas une personne morale comme le dép. et la commune, et ne peut donc ni acquérir ni posséder. Le sous-préfet est chargé de l'administration de l'arrondissement. Les « arrondissements » qui divisent les grandes villes (Paris, Lyon, Marseille) ne constituent pas des arr. au sens de cette définition. Les arr. de Paris sont des cantons.

● **Statistiques. Nombre** *(au 1-5-82).* **Total :** 325. **Par département :** 2 ou le plus souvent 3 ou 4. *Nombre maximal :* Moselle 9, Bas-Rhin et Pas-de-Calais 7, Nord et Haut-Rhin 6 ; *minimal :* Paris et Belfort 1.

Nombre de communes par arrondissement. *Max. :* Arras 397, Vesoul 351, Dieppe 350, Lons-le-Saunier 343, Amiens 314. *Min. :* Paris, Metz-ville, Strasbourg-ville 1 ; Argenteuil 7 ; Boulogne-Billancourt 9. *Moyenne :* 112.

Population *(1982). Moyenne :* 167 184 h. *Répartition en 1975 des 324 arr. :* — de 10 000 h. : 2. De 10 000 à 19 999 h. : 3. De 20 000 à 49 999 h. : 49. De 50 000 à 99 999 h. : 106. De 100 000 à 149 999 h. : 60. De 150 000 à 199 999 h. : 29. De 200 000 à 299 999 h. : 35. De 300 000 à 499 999 h. : 28. 500 000 h. et plus : 12.

Les plus peuplés : Paris 2 176 243, Lyon 1 290 342, Lille 1 126 088, Marseille 1 020 305, Bobigny 875 523. *Les moins peuplés :* Castellane 7 127 et Barcelonnette 7 373 (A.-de-Hte-Pr.).

Commissaires adjoints de la République (sous-préfets)

Nommés par décret et choisis parmi les administrateurs civils affectés au ministère de l'Intérieur, ainsi que parmi les fonctionnaires des autres corps de l'État recrutés par l'École nationale d'administr., ils peuvent également être recrutés au « tour extérieur » dans le cadre national des préfectures.

Rôle. Relaient l'action du com. de la République dans leur arrondissement et, outre leurs pouvoirs propres, exercent ceux que le com. de la République leur délègue ; ils exercent surtout une fonction de conseil et d'assistance auprès des élus locaux.

Cantons

● **Statut.** Il est essentiellement une circonscription électorale dans le cadre de laquelle est élu un conseiller général (voir plus haut) et souvent le siège de certains services de l'État : gendarmerie, ponts et chaussées, services fiscaux...

Canton enclavé. *Valréas* (Vaucluse) dans la Drôme. Lors de la création du département du Vaucluse, le canton n'était pas enclavé ; le canton voisin de St-Paul-Trois-Châteaux était vauclusien. Mais ce dernier voulut rester drômois, alors que Valréas tenait à être vauclusien. Avant le rattachement du Comtat Venaissin à la France (14-9-1791), Valréas et ses 3 communes formaient déjà une enclave papale en Dauphiné.

● **Statistiques. Nombre** (au 1-2-83). **Total :** 3 714. **Par département :** 4 dép. de 13 à 23 cantons [Belfort 14, Ariège, Corse-du-Sud 22, Paris 20 (ce sont les 20 arrondissements)] ; 33 de 24 à 34 c. ; 39 de 35 à 46 c. ; 12 de 47 à 58 c. ; 1 à 70 c. : le Nord.

Nombre de communes par canton (en *1975*). *Moyenne* 10. 2 cantons ont + de 40 communes (Braine, Aisne 41 c. ; St-Pol-sur-Ternoise, P.-de-C. 42). 8 en ont de 35 à 39 ; 36 de 30 à 34 ; 347 de 20 à 29 ; 1 385 de 10 à 19 ; 1 350 de 2 à 9 ; 73 ont une seule c. (entière) ; 306 n'ont qu'une fraction de commune (ex. les 20 c. de Paris, les 6 de Rouen, les 20 de Marseille, les 13 de Lyon, 7 des 15 c. de Toulouse).

Les communes importantes s'étendent généralement sur plusieurs cantons ; 164 cantons ne comprennent qu'une portion de la commune ainsi découpée (exemple les 20 cantons de Paris, les 6 de Rouen, 11 des 20 cantons de Marseille). Dans d'autres cas, chaque canton comprend, outre la portion de la commune découpée, 1 ou plusieurs autres communes entières de la périphérie.

Population *(rec. 1982). Moyenne* 14 630 h. (en comptant Paris). *Max.* 231 000 (Paris 15ᵉ) ; sans compter Paris : *Lannoy* (Nord) 93 737. *Min.* 202 (Senez, Alpes-de-Hte-Provence, 3 communes : Senez 134 h., Bileux 54 h., Majastres 14 h.) [*Senez, anc. siège d'un évêché, possède encore une cathédrale ; le canton est coupé par une montagne : Senez au Poil (commune associée)*].

Répartition des cantons par nombre d'habitants avec Paris et (entre parenthèses) sans compter Paris *(en 1975). Total général* 3 509 (3 489) dont : 27 cantons avaient — de 1 000 h. ; 248 c. de 1 000 à 2 999 h. ; 488 c. de 3 000 à 4 999 h. ; 1 025 c. de 5 000 à 9 999 h. ; 884 c. de 10 000 à 19 999 h. ; 409 c. de 20 000 à 29 999 h. (407) ; 201 c. de 30 000 à 39 999 h. (201) ; 114 c. de 40 000 à 49 999 h. (112) ; 77 c. de 50 000 à 69 999 h. (74) ; 36 c. de 70 000 h. et plus (23).

Communes

Généralités

● **Statut.** Elles sont toutes (sauf Paris) soumises au Code des communes. Toutefois, certaines dispositions de ce Code ne sont pas applicables en Bas-Rhin, Haut-Rhin et Moselle, qui restent assujettis à la législation locale et notamment à certaines dispositions de la loi du 6-6-1895. Lyon et Marseille sont divisées en arrondissements, à la tête desquels sont placés des adjoints. Voir loi du 2-3-1982, page 654.

● **Statistiques. Nombre total :** 36 433 au *1-3-1982*, soit (proportionnellement à la pop.) 3 fois + que dans les autres pays de la CEE. (37 962 en 1962. 37 963 en 1921.) **Par dép :** de 1 seule (Paris) à 898 (Pas-de-Calais). *Moyenne* 383 communes.

Selon leur population et % de la pop. vivant dans celles-ci
(recensement de 1982)

	Nombre	% pop.
100 000 h. et +	37	16,2
50 000 à 99 999	66	8,1
20 000 à 49 999	285	15,8
10 000 à 19 999	412	10,3
5 000 à 9 999	817	10,1
2 000 à 4 999	2 402	13,1
1 000 à 1 999	3 771	9,4
500 à 999	6 452	8,1
200 à 499	11 127	6,5
100 à 199	6 989	1,9
50 à 99	3 025	0,4
moins de 50 [1]	1 053	0,1
Total	*36 436*	

Nota. (1) Dont 25 de moins de 10 h (au total 128 h) et 4 inhabitées (Beaumont-en-Verdunois, Bezonveaux, Haumont-près-Samogneux, Louvemont-Côte-du-Poivre ; toutes dans la Meuse).

● **Population (légale). Moyenne** 1 491. **Maximale** Paris 2 188 918, Marseille 878 689, Lyon 418 476. **Minimale** 0.

Densité. Moyenne 100 h au km². **Région parisienne** (pour les com. de + de 50 000 h.). *Max.* Levallois-Perret 22 199 ; Paris 20 647 ; Neuilly-s.-S. 17 204 ; Boulogne 16 626 ; Asnières 14 746 ; Courbevoie 14 348 ; Aubervilliers 11 757 ; Épinay-s.-S. 11 010 ; Montreuil 10 467 ; Colombes 10 087. *Min.* Versailles 3 495. **Province.** *Villes de + de 100 000 h. :* Grenoble 8 640 ; Lyon 8 630 ; Villeurbanne 7 986 ; Lille 6 636 ; Mulhouse 5 057 ; Rouen 4 753 ; Nice 4 687 ; Caen 4 438 ; Le Havre 4 262 ; Bordeaux 4 217 ; Toulon 4 188 ; Rennes 3 863 ; Tours 3 848 ; Reims 3 779 ; Orléans 3 738 ; Nantes 3 690 ; Marseille 3 634 ; Dijon 3 488 ; Montpellier 3 467 ; Clermont-Fd. 3 454 ; Angers 3 186 ; Strasbourg 3 178 ; Brest 3 152 ; Toulouse 2 942 ; Le Mans 2 797 ; Metz 2 724 ; Amiens 2 655 ; St-Étienne 2 564 ; Limoges 1 813 ; Besançon 1 741 ; Perpignan 1 641 ; Nîmes 768 ; Aix-en-Pr. 652. *Villes de 50 000 à 100 000 h. max. :* Tourcoing 6 380 ; Troyes 4 817 ; Venissieux 4 227 ; Châlons-s.-S. 3 692 ; Cannes 3 683 ; Annecy 3 660. *Min. :* Arles 67 ; Montauban 375 ; Cholet 635 ; Ajaccio 659.

Superficie. Moyenne 14,93 km². **Max.** 770 (Arles, Bouches-du-Rhône). **Min.** 0,0376 [3,76 ha, soit moins que la place Charles-de-Gaulle-Étoile à Paris (4,54 ha)] : Castelmoron-d'Albret, Gironde, 200 m × 180 m, 79 hab. ; son territoire s'étendait jadis sur 650 ha, mais, à la Révolution, lorsqu'on érigea toutes les paroisses en communes, Castelmoron se retrouva simplement avec les 3,76 ha que délimitaient ses remparts. On enterre les morts dans le village voisin.

• **Noms. Le plus court :** 1 seule lettre (Y, dans la Somme). **Le plus long :** 45 caractères (Saint-Rémy-en-Bouzemont-Saint-Genest-et-Isson, dans la Marne). **Com. homonymes** dans un même dép. (chacune appartenant à un canton différent). Charente : 2 Bors ; 2 St-Médard. Pyrénées-Atl. : 2 Castillon.

Noms commençant par Saint ou Sainte : 4 376 (12 % du nombre total de com., soit 1 sur 8). La Dordogne détient le record avec 152 com. % par rapport au nombre total de leurs communes, max. : Ardèche et Loire (29) ; Creuse et Haute-Vienne (28) ; min. : Bas-Rhin (1) ; Ht-Rhin, Belfort, Doubs (2).

Saints les plus fréquents : 242 Martin ; 180 Jean ; 163 Pierre ; 130 Germain ; 103 Laurent ; 99 Julien ; 85 Hilaire ; 84 Georges ; 74 Étienne ; 71 André ; 69 Michel ; 65 Maurice ; 61 Paul ; 49 Marie.

• **Agglomérations urbaines.** *Multicommunales :* 830 comprenant 3 936 communes classées comme urbaines au sens de l'I.N.S.E.E. *Villes isolées* 952. *Total, unités urbaines* 1 782 comprenant 4 888 communes urbaines.

• **Villes coupées. En 2 départements.** *Seyssel* [Hte-Savoie et Ain, 2 communes ; en tout 2 500 h. ; avant le rattachement de la Savoie (1860), la frontière passait dans le Rhône qui les sépare]. *Le Pont-de-Beauvoisin* et *St-Pierre-d'Entremont* [Savoie et Isère ; la frontière de Savoie passait dans le Guiers qui les sépare]. *Avricourt* (Moselle et Meurthe-et-Moselle). *Pontgivard*, 51 h., coupé en 3 communes [Auménancourt (Marne), Orainville (Ardennes) et Pignicourt (Aisne)] a été rattaché à la Marne en 1986.

En 2 pays. Plusieurs communes du Bas-Rhin : ex. : *Mothern, Scheibenhard* (séparée par la Lauter, une partie française 390 ha, une rhéno-palatine 750 ha) qui, avant le congrès de Vienne (1815), ne faisaient qu'une seule commune. *Rhinau*, propriétaire de 996 ha en All. féd. et 739 ha en France. *St-Gingolph* (Suisse et France) : 2 communes, mais 1 seule paroisse.

Communes enclavées. Il en existe dans : Pyrénées-Atlantiques, Pas-de-Calais, Nord, Meuse, Saône-et-Loire et entre Nièvre et Saône-et-Loire.

Villes jumelées

Principe. Décret du 24-1-1956, modifié par le décret du 23-6-1956. En principe elles doivent être de population équivalente, de vocation similaire ou complémentaire (style ou niveau de vie, affinités), et ne pas être trop éloignées.

Organismes. Conseils municipaux, le maire pouvant signer une charte de jumelage directement, ou par l'intermédiaire d'une association. [La plus importante est le *Conseil des communes d'Europe* (C.C.E.) créé en 1951, 3 000 adhérents en France] et la *Fédération mondiale des villes jumelées* (F.M.V.J.) créée en 1957, organise des jumelages avec des villes de pays lointains, d'Europe de l'Est ou d'Afrique noire, etc. Parmi ses adhérents : 300 villes en France.

Autres unités

Unité urbaine (u.u.). Ensemble d'habitations présentant entre elles une continuité et comportant au moins 2 000 hab., peut se situer sur une ou plusieurs communes. Une com. est dite « urbaine » lorsqu'elle appartient à une u.u. Les com. rurales ne font pas partie d'une u.u.

Zones de peuplement industriel ou urbain (Z.P.I.U.). Couvrent toutes les u.u. et englobent certaines com. rurales répondant à diverses conditions, constituant ainsi des zones intermédiaires entre les u.u. et les zones purement rurales. *Nombre :* au total 18 956 com. (4 888 urbaines et 14 068 rurales) (pop. 48 626 595 h., soit 90 % de la pop. totale).

Communes urbaines. Communes dont la population atteint, selon les cas, 2 000 ou 5 000 h., 4 communes, Ergué-Gaberic (Finistère), Haucourt-Moulaine (M.-et-M.), Savigny-le-Temple (S.-et-M.) et Beynes (Yvelines) dont la pop. agglomérée au chef-lieu est inférieure à 2 000 h., sont pourtant considérées comme urbaines.

Conseil municipal

☞ Voir loi du 19-11-1982, page 654.

• **Élections.** Élu pour 6 ans par tous les électeurs de la commune. *Âge minimal :* conseiller municipal : 18 ans ; maire : 21 ans.

Modes de scrutin. *1°) Communes de moins de 3 500 habitants.* Scrutin majoritaire. Panachage possible (on peut rayer, ajouter des noms ou modifier l'ordre des candidats). Plurinominal à 2 tours, les voix de chaque candidat sont décomptées individuellement : sur chaque liste sont élus ceux qui ont obtenu la majorité des suffrages exprimés (absolue au 1er tour, relative au 2e). Pour être élu au 1er tour, il faut obtenir un nombre de suffrages égal au 1/4 des électeurs inscrits.

2°) Com. de 3 500 h. et +. Scrutin de liste à 2 tours, avec dépôt de listes comportant autant de candidats que de sièges à pourvoir. Pas de panachage possible (sans adjonction ni suppression de noms ni modification de l'ordre de présentation). Scrutin majoritaire dans les communes associées de − de 2 000 h. et dans les sections électorales de − de 1 000 électeurs.

Au 1er tour, la liste qui a la majorité absolue des suffrages exprimés obtient la moitié des sièges à pourvoir, les autres sont répartis à la représentation proportionnelle suivant la règle de la plus forte moyenne entre les listes qui ont obtenu au moins 5 % des suffrages exprimés.

Si aucune liste n'a obtenu la majorité absolue, il y a un 2e tour. La liste qui a recueilli le plus de voix obtient la moitié des sièges à pourvoir. En cas d'égalité de suffrages entre les listes arrivées en tête, la moitié des sièges est attribuée à celle dont les candidats ont la moyenne d'âge la plus élevée. Les autres sièges sont répartis à la représentation proportionnelle suivant la règle de la plus forte moyenne entre les listes ayant au moins 5 % des suffrages exprimés.

Régime électoral. *1°) Com. de moins de 2 500 h.* Aucune déclaration de candidature n'est requise. Candidatures isolées permises. Frais d'impression et d'affichage non remboursés aux candidats.

2°) Com. de 2 500 à 3 499 h. Déclaration de candidature facultative, mais nécessaire si les listes veulent bénéficier du concours de la commission de propagande, candidatures isolées interdites, les bulletins des listes doivent comporter autant de noms que de sièges à pourvoir.

3°) Com. de 3 500 h. et +. Déclaration de candidature obligatoire pour chaque tour de scrutin.

Cas de Paris, Lyon, Marseille. Les conseillers municipaux élisent les maires de chacune de ces communes. Des conseils d'arrondissement sont créés à Paris, Lyon, Marseille. Les cons. d'arr. sont élus en même temps que les cons. mun. et sur les mêmes listes. Le nombre des cons. d'arr. dans chaque secteur est le double des cons. mun. sans pouvoir être inférieur à 10 ni supérieur à 40. Les cons. d'arr. sont élus dans les mêmes conditions que les membres du conseil de Paris et des cons. mun. de Lyon et Marseille. Pour être complète, une liste doit comprendre autant de candidats qu'il y a à pourvoir de sièges de cons. de Paris ou de cons. mun. dans les 2 autres villes. Une fois effectuée l'attribution des sièges de membres du cons. de Paris ou du cons. mun. de Lyon et Marseille, les sièges des cons. d'arr. sont répartis dans les mêmes conditions entre les listes (ordre de présentation à partir du 1er des candidats non élu membre du cons. de Paris ou du cons. mun. de Lyon et Marseille).

Le remplacement d'un cons. de Paris ou d'un cons. mun. de Lyon ou Marseille dont le siège devient vacant est assuré par le cons. d'arr. venant immédiatement après le dernier candidat de la même liste élu. Ce cons. d'arr. est remplacé par le candidat de la même liste venant après le dernier élu cons. d'arr.

• **Compétence.** Générale, sauf pour ce qui fait l'objet des pouvoirs propres du maire. **Sessions.** Au moins 1 par trimestre.

• **Délibérations.** Exécutoires sans approbation du représentant de l'État dans le département dès qu'elles *ont été transmises* et *publiées* ou notifiées. Ces délibérations et les *actes* du maire sont soumis à un contrôle de *légalité* par le juge administratif, déclenché par le Commissaire de la Rép., qui peut demander *le sursis à exécution.*

• **Conseil municipal.** *Adjoints au maire.* Au max. 30 % de l'effectif du conseil peuvent recevoir *délégation* du maire.

• **Statistiques. Nombre de conseillers municipaux selon l'importance de la pop.** *Communes de − de 100 hab. :* 9. *100 à 499 :* 11. *500 à 1 499 :* 15. *1 500 à 2 499 :* 19. *2 500 à 3 499 :* 23. *3 500 à 4 999 :* 27. *5 000 à 9 999 :* 29. *10 000 à 19 999 :* 33. *20 000 à 29 999 :* 35. *30 000 à 39 999 :* 39. *40 000 à 49 999 :* 43. *50 000 à 59 999 :* 45. *60 000 à 79 999 :* 49. *80 000 à 99 999 :* 53. *100 000 à 149 999 :* 55. *150 000 à 199 999 :* 59. *200 000 à 249 999 :* 61. *250 000 à 299 999 :* 65. *300 000 et + :* 69. **Paris.** Nombre selon les 20 secteurs (les arrondissements constituent des secteurs). *1er :* 3. *2e :* 3. *3e :* 3. *4e :* 3. *5e :* 4. *6e :* 3. *7e :* 5. *8e :* 3. *9e :* 4. *10e :* 6. *11e :* 11. *12e :* 10. *13e :* 13. *14e :* 10. *15e :* 17. *16e :* 13. *17e :* 13. *18e :* 14. *19e :* 12. *20e :* 13. *Total :* 163. **Lyon** 9 secteurs. *1er :* 4. *2e :* 5. *3e :* 12. *4e :* 5. *5e :* 8. *6e :* 9. *7e :* 9. *8e :* 12. *9e :* 9. *Total :* 73. **Marseille** 16 secteurs : *1er, 4e, 13e, 14e* 29 ; *2e, 3e, 7e* 13 ; *5e, 10e, 11e, 12e* 25 ; *6e, 8e* 14 ; *9e* 8 ; *15e, 16e* 12. *Total :* 101.

Nombre total de conseillers municipaux (1983) 496 691 (dont 86 % dans des communes de − de 3 500 h.).

Maire

Généralités

☞ Voir loi du 2-3-1982, page 654.

• **Écharpe.** Tricolore à frange d'or (maires) et d'argent (adjoints). Port réglementé notamment par un arrêté du 18-9-1830 et 2 circulaires du 26-2-1849 et du 20-3-1852, lorsque furent définies les modalités du costume officiel des maires dont l'usage est aujourd'hui tombé en désuétude. Avant 1830, elle se portait à la ceinture ; depuis, le port de l'épaule droite au côté gauche a été autorisé. L'ordre des couleurs ne fait pas l'objet de textes spécifiques, mais la définition du drapeau : « bleu, blanc, rouge, à partir de la hampe », fait qu'il est logique de porter l'écharpe avec le bleu dirigé vers le haut.

• **Élection.** Le maire est élu par le conseil municipal lors de sa première réunion.

• **Responsabilité des maires.** En règle générale, c'est la commune qui sera déclarée financièrement responsable des actes dommageables commis par le maire dans l'exercice de ses fonctions. Le maire peut néanmoins être reconnu pécuniairement responsable s'il a

Maires des communes de plus de 95 000 h. (au 1-6-1985). *Aix-en-Provence :* Jean-Pierre de Peretti della Rocca [5] (n. 26-6-30). *Amiens :* René Lamps (5-11-1915) [2]. *Angers :* Jean Monnier [1] (3-5-30). *Argenteuil :* Robert Montdargent (7-6-34) [2]. *Besançon :* Robert Schwint (11-1-28) [1]. *Bordeaux :* Jacques Chaban-Delmas (7-3-15) [3]. *Boulogne-Billancourt :* Georges Gorse (15-2-15) [3]. *Brest :* Jacques Berthelot (46) [3]. *Caen :* Jean-Marie Girault (9-2-26) [4]. *Clermont-Ferrand :* Roger Quilliot (19-6-25) [1]. *Dijon :* Robert Poujade (6-5-28) [3]. *Grenoble :* Alain Carignon (49) [3]. *Le Havre :* André Duroméa (5-9-17) [2]. *Le Mans :* Robert Jarry (29-12-24) [2]. *Lille :* Pierre Mauroy (5-7-28) [1]. *Limoges :* Louis Longequeue (30-11-14) [1]. *Lyon :* Francisque Collomb (19-12-10) [7]. *Marseille :* Gaston Defferre (14-9-10) [1]. *Metz :* Jean-Marie Rausch (24-9-29) [5]. *Montpellier :* Georges Frèche (9-7-38) [1]. *Mulhouse :* Joseph Klifa (26-7-31) [5]. *Nancy :* Claude Coulais (23-1-24) [5]. *Nantes :* Michel Chauty (11-2-24) [3]. *Nice :* Jacques Médecin (5-5-28) [5]. *Nîmes :* Jean Bousquet (30-3-32) [7]. *Orléans :* Jacques Douffiagues (28-1-41) [5]. *Paris :* Jacques Chirac (29-11-32). *Perpignan :* Paul Alduy (4-10-14) [5]. *Reims :* Jean Falala (2-3-29) [3]. *Rennes :* Edmond Hervé (3-12-42) [1]. *Roubaix :* André Diligent (10-5-19) [5]. *Rouen :* Jean Lecanuet (4-3-20) [6]. *Saint-Étienne :* François Dubanchet (5-5-23) [6]. *Strasbourg :* Marcel Rudloff [5,6] (15-3-23). *Toulon :* Maurice Arreckx (13-12-17) [6]. *Toulouse :* Dominique Baudis (1947) [7]. *Tourcoing :* Stéphane Dermaux (13-8-29) [5]. *Tours :* Jean Royer (31-10-20) [7]. *Villeurbanne :* Charles Hernu (3-7-23) [1].

Nota. − (1) P.S. (2) P.C. (3) R.P.R. (4) Rép. ind. (5) U.D.F. (6) C.D.S. (7) non affilié.

Divisions administratives françaises

☞ Voir la carte (page de garde) au début de l'ouvrage.

Départements	Académies	Régions militaires (Zones de défense) et divisions mil.	Zones d'ét. et d'amén. du terr. (Z.E.A.T.)	Régions de programme	Régions Sécurité sociale
01 Ain	Lyon	V 51 Lyon	Centre-Est	Rhône-Alpes	Lyon
02 Aisne ..	Amiens	II 22 Lille	Bas. paris.	Picardie	Lille
03 Allier ..	Clermont-F.	V 52 Lyon	Centre-Est	Auvergne	Clermont-F.
04 Alp.-H.-P.	Aix-en-Pr.	V 53 Lyon	Midi	Prov.-C.-d'A.	Marseille
05 Alpes(H.-)	Aix-en-Pr.	V 53 Lyon	Midi	Prov.-C.-d'A.	Marseille
06 Alpes-Mar.	Nice	V 53 Lyon	Midi	Prov.-C.-d'A.	Marseille
07 Ardèche.	Grenoble	V Lyon	Centre-Est	Rhône-Alpes	Lyon
08 Ardennes	Reims	VI 63 Metz	Bas. paris.	Champagne	Nancy
09 Ariège ..	Toulouse	IV 44 Bordeaux	Sud-Ouest	Midi-Pyr.	Toulouse
10 Aube ...	Reims	VI 63 Metz	Bas. paris.	Champagne	Nancy
11 Aude ...	Montpellier	V 54 Lyon	Midi	Languedoc	Montpellier
12 Aveyron.	Toulouse	IV 44 Bordeaux	Sud-Ouest	Midi-Pyr.	Toulouse
13 B.-du-Rhône ..	Aix-en-Provence	V 53 Lyon	Midi	Prov.-Côte-d'Azur	Marseille
14 Calvados.	Caen	III 32 Rennes	Bas. paris.	Basse-Norm.	Rouen
15 Cantal .	Clermont-F.	V 52 Lyon	Centre-Est	Auvergne	Clermont-F.
16 Charente.	Poitiers	IV 42 Bordeaux	Ouest	Poitou-Char.	Limoges
17 Ch.-Mar..	Poitiers	IV 42 Bordeaux	Ouest	Poitou-Char.	Limoges
18 Cher ...	Orléans	X 13 Paris	Bas. paris.	Centre	Orléans
19 Corrèze .	Limoges	IV 43 Bordeaux	Sud-Ouest	Limousin	Limoges
20A Corse-du-Sud.	Corte	V 55 Lyon	Midi	Corse	Marseille
20B H.-Corse	Corte	V 55 Lyon	Midi	Corse	Marseille
21 C.-d'Or .	Dijon	VI 64 Metz	Bas. paris.	Bourgogne	Dijon
22 C.-du-N..	Rennes	III 31 Rennes	Ouest	Bretagne	Rennes
23 Creuse ..	Limoges	IV 43 Bordeaux	Sud-Ouest	Limousin	Limoges
24 Dordogne	Bordeaux	IV 41 Bordeaux	Sud-Ouest	Aquitaine	Bordeaux
25 Doubs ..	Besançon	VI 65 Metz	Est	Franche-C.	Dijon
26 Drôme ..	Grenoble	V 51 Lyon	Centre-Est	Rhône-Alpes	Lyon
27 Eure ...	Rouen	II 23 Lille	Bas. paris.	Hte-Norm.	Rouen
28 E.-et-Loir	Orléans	I Paris	Bas. paris.	Centre	Orléans
29 Finistère.	Rennes	III 31 Rennes	Ouest	Bretagne	Rennes
30 Gard	Montpellier	V 54 Lyon	Midi	Languedoc	Montpellier
31 Gar. (H.-)	Toulouse	IV 44 Bordeaux	Sud-Ouest	Midi-Pyr.	Toulouse
32 Gers ...	Toulouse	IV 44 Bordeaux	Sud-Ouest	Midi-Pyr.	Toulouse
33 Gironde .	Bordeaux	IV 41 Bordeaux	Sud-Ouest	Aquitaine	Bordeaux
34 Hérault .	Montpellier	V 54 Lyon	Midi	Languedoc	Montpellier
35 I.-et-Vil.	Rennes	III 31 Rennes	Ouest	Bretagne	Rennes
36 Indre ...	Orléans	I 13 Paris	Bas. paris.	Centre	Orléans
37 I.-et-Loire	Orléans	I 13 Paris	Bas. paris.	Centre	Orléans
38 Isère ...	Grenoble	V 51 Lyon	Centre-Est	Rhône-Alpes	Lyon
39 Jura ...	Besançon	VI 65 Metz	Est	Franche-C.	Dijon
40 Landes ..	Bordeaux	IV 41 Bordeaux	Sud-Ouest	Aquitaine	Bordeaux
41 L.-et-Cher	Orléans	I 13 Paris	Bas. paris.	Centre	Orléans
42 Loire...	Lyon	V 51 Lyon	Centre-Est	Rhône-Alpes	Lyon
43 Loire (H.-)	Clermont-F.	V 52 Lyon	Centre-Est	Auvergne	Clermont-F.
44 L.-Atlant.	Nantes	III 33 Rennes	Ouest	P. Loire	Nantes
45 Loiret...	Orléans	I 13 Paris	Bas. paris.	Centre	Orléans
46 Lot	Toulouse	IV 44 Bordeaux	Sud-Ouest	Midi-Pyr.	Toulouse
47 Lot-et-Gar	Bordeaux	IV 41 Bordeaux	Sud-Ouest	Aquitaine	Bordeaux
48 Lozère ..	Montpellier	V 54 Lyon	Midi	Languedoc	Montpellier
49 Maine-et-Loire...	Nantes	III 33 Rennes	Ouest	P. Loire	Nantes

Départements	Académies	Régions militaires (Zones de défense) et divisions mil.	Zones d'ét. et d'amén. du terr. (Z.E.A.T.)	Régions de programme	Régions Sécurité sociale
50 Manche .	Caen	III 32 Rennes	Bas. paris.	Basse-Norm.	Rouen
51 Marne ..	Reims	VI 63 Metz	Bas. paris.	Champagne	Nancy
52 Marne(H.-)	Reims	VI 63 Metz	Bas. paris.	Champagne	Nancy
53 Mayenne	Nantes	III 33 Rennes	Ouest	P. Loire	Nantes
54 M.-et-Mos.	Nancy	VI 61 Metz	Est	Lorraine	Nancy
55 Meuse ..	Nancy	VI 61 Metz	Est	Lorraine	Nancy
56 Morbihan	Rennes	III 31 Rennes	Ouest	Bretagne	Rennes
57 Moselle .	Nancy	VI 61 Metz	Est	Lorraine	Strasbourg
58 Nièvre ..	Dijon	VI 64 Metz	Bas. paris.	Bourgogne	Dijon
59 Nord ...	Lille	II 21 Lille	Nord	Nord	Lille
60 Oise ...	Amiens	II 22 Lille	Bas. paris.	Picardie	Lille
61 Orne ...	Caen	III 32 Rennes	Bas. paris.	Basse-Norm.	Rouen
62 Pas-de-C.	Lille	II 21 Lille	Nord	Nord	Lille
63 Puy-de-D.	Clermont-F.	V 52 Lyon	Centre	Auvergne	Clermont-F.
64 Pyr.-Atl.	Bordeaux	IV 41 Bordeaux	Sud-Ouest	Aquitaine	Bordeaux
65 Pyr. (H.-)	Toulouse	IV 44 Bordeaux	Sud-Ouest	Midi-Pyr.	Toulouse
66 Pyr.-Or..	Montpellier	V 54 Lyon	Midi	Languedoc	Montpellier
67 Rhin (B.-)	Strasbourg	VI 62 Metz	Est	Alsace	Strasbourg
68 Rhin (H.-)	Strasbourg	VI 62 Metz	Est	Alsace	Strasbourg
69 Rhône ..	Lyon	V 51 Lyon	Centre-Est	Rhône-Alpes	Lyon
70 Saône(H.-)	Besançon	VI 65 Metz	Est	Franche-C.	Dijon
71 S.-et-Loire	Dijon	VI 64 Metz	Bas. paris.	Bourgogne	Dijon
72 Sarthe ..	Nantes	III 33 Rennes	Ouest	P. Loire	Nantes
73 Savoie ..	Grenoble	V 51 Lyon	Centre-Est	Rhône-Alpes	Lyon
74 Savoie(H.-)	Grenoble	V 51 Lyon	Centre-Est	Rhône-Alpes	Lyon
75 Paris ...	Paris	I Paris	Rég. paris.	Ile-de-Fr.	Paris
76 S.-Marit..	Rouen	II 23 Lille	Bas. paris.	Haute-Norm.	Rouen
77 S.-et-Mar.	Créteil	I 12 Paris	Rég. paris.	Ile-de-Fr.	Paris
78 Yvelines.	Versailles	I Paris	Rég. paris.	Ile-de-Fr.	Paris
79 Sèvres (Deux-)..	Poitiers	IV 42 Bordeaux	Ouest	Poitou-Charente	Limoges
80 Somme..	Amiens	II 22 Lille	Bas. paris.	Picardie	Lille
81 Tarn ...	Toulouse	IV 44 Bordeaux	Sud-Ouest	Midi-Pyr.	Toulouse
82 T.-et-Gar.	Toulouse	IV 44 Bordeaux	Sud-Ouest	Midi-Pyr.	Toulouse
83 Var	Nice	V 53 Lyon	Midi	Prov.-C.-d'A.	Marseille
84 Vaucluse	Aix-en-Pr.	V 53 Lyon	Midi	Prov.-C.-d'A.	Marseille
85 Vendée..	Nantes	III 33 Rennes	Ouest	P. Loire	Nantes
86 Vienne ..	Poitiers	IV 42 Bordeaux	Ouest	Poitou-Char.	Limoges
87 Vienne(H.-)	Limoges	IV 43 Bordeaux	Sud-Ouest	Limousin	Limoges
88 Vosges ..	Nancy	VI 61 Metz	Est	Lorraine	Nancy
89 Yonne ..	Dijon	VI 64 Metz	Bas. paris.	Bourgogne	Dijon
90 T. Belfort	Besançon	VI 65 Metz	Est	Franche-C.	Dijon
91 Essonne.	Versailles	I 13 Paris	Rég. paris.	Ile-de-Fr.	Paris
92 H.-de-S..	Versailles	I Paris	Rég. paris.	Ile-de-Fr.	Paris
93 Seine-St-D.	Créteil	I Paris	Rég. paris.	Ile-de-Fr.	Paris
94 Val-de-M.	Créteil	I Paris	Rég. paris.	Ile-de-Fr.	Paris
95 Val-d'Oise	Versailles	I Paris	Rég. paris.	Ile-de-Fr.	Paris
Guadeloupe.	Ant.-Guy.				Fort-de-Fr.
Guyane ...	Ant.-Guy.				Fort-de-Fr.
Martinique	Ant.-Guy.				Fort-de-Fr.
Réunion ...	Réunion				Réunion

Académies. — Aix-en-Provence, Amiens, Besançon, Bordeaux, Caen, Clermont-Ferrand, Créteil, Dijon, Grenoble, Lille, Limoges, Lyon, Montpellier, Nancy-Metz, Nantes, Nice, Orléans-Tours, Paris, Poitiers, Reims, Rennes, Rouen, Strasbourg, Toulouse, Versailles.

Chambres régionales de commerce et d'industrie *(appelées, avant le décret du 4-12-1964, Régions économiques) (sièges).* — Amiens, Besançon, Bordeaux, Bourges, Caen, Clermont-Ferrand, Dijon, Grenoble, Lille, Limoges, Lyon, Marseille, Montpellier, Nancy, Nantes, Paris, Rennes, Rouen, Strasbourg, Toulouse, Versailles.

Circonscriptions d'action régionale (régions de programme) *(sièges).* — *Alsace* (Strasbourg). *Aquitaine* (Bordeaux). *Auvergne* (Clermont-Ferrand). *Basse-Normandie* (Caen). *Haute-Normandie* (Rouen). *Bourgogne* (Dijon). *Bretagne* (Rennes). *Centre* (Orléans). *Champagne-Ardenne* (Châlons-sur-Marne). *Corse* (Ajaccio). *Franche-Comté* (Besançon). *Ile-de-France* (Paris). *Languedoc-Roussillon* (Montpellier). *Limousin* (Limoges). *Lorraine* (Metz). *Midi-Pyrénées* (Toulouse). *Nord* (Lille). *Pays de la Loire* (Nantes). *Picardie* (Amiens). *Poitou-Charentes* (Poitiers). *Provence-Côte d'Azur* (Marseille). *Rhône-Alpes* (Lyon).

Cours d'appel. — *Agen :* Gers, Lot, Lot-et-G. *Aix :* A.-de-Hte-P., Alpes-M., Bouches-du-Rh., Var. *Amiens :* Aisne, Oise, Somme. *Angers :* Maine-et-Loire, Mayenne, Sarthe. *Bastia :* Corse-du-Sud, Hte-Corse. *Besançon :* Doubs, Jura, Hte-Saône, Terr. de Belfort. *Bordeaux :* Charente, Dordogne, Gironde. *Bourges :* Cher, Indre, Nièvre. *Caen :* Calvados, Manche, Orne. *Chambéry :* Savoie, Hte-Savoie. *Colmar :* Ht-Rhin, Bas-Rhin. *Dijon :* Côte-d'Or, Hte-Marne, Saône-et-Loire. *Douai :* Nord, Pas-de-Calais. *Grenoble :* Htes-Alpes, Drôme, Isère. *Limoges :* Corrèze, Creuse, Hte-Vienne. *Lyon :* Ain, Loire, Rhône. *Metz :* Moselle. *Montpellier :* Aude, Aveyron, Hérault, Pyrénées-Or. *Nancy :* Meurthe-et-Moselle, Meuse, Vosges. *Nîmes :* Ardèche, Gard, Lozère, Vaucluse. *Orléans :* Indre-et-Loire, Loir-et-Cher, Loiret. *Paris :* Paris, Seine-St-Denis, Val-de-Marne, Seine-et-Marne, Essonne, Yonne. *Pau :* Landes, Pyrénées-Atlantiques, Htes-Pyrénées. *Poitiers :* Charente-Maritime, Deux-Sèvres, Vendée, Vienne. *Reims :* Ardennes, Aube, Marne. *Rennes :* Côtes-du-Nord, Finistère, Ille-et-Vilaine, Loire-Atlantique, Morbihan. *Riom :* Allier, Cantal, Hte-Loire, Puy-de-Dôme. *Rouen :* Eure, Seine-Maritime. *Toulouse :* Ariège, Hte-Garonne, Tarn, Tarn-et-Garonne. *Versailles :* Eure-et-Loir, Hts-de-Seine, Val-d'Oise, Yvelines. *Basse-Terre :* Guadeloupe. *Fort-de-France :* Martinique, Guyane. *St-Denis :* Réunion.

Régions militaires et zones de défense (sièges). — Bordeaux, Lille, Lyon, Metz, Paris, Rennes.

Régions de Sécurité sociale. — Bordeaux, Clermont-Ferrand, Dijon, Lille, Limoges, Lyon, Marseille, Montpellier, Nancy, Nantes, Orléans, Paris, Rennes, Rouen, Strasbourg, Toulouse.

agi avec malveillance ou commis une faute extrêmement grave, sa responsabilité pénale peut également être reconnue [en cas d'homicide par imprudence, négligence ou inobservation des règlements, art. 319 du Code pénal ; en cas d'ingérence (prise d'intérêt dans des affaires relevant de son administration ou de sa surveillance), art. 175 du Code pénal].

Association des maires de France. Se réunit chaque année en congrès à l'Hôtel de Ville de Paris. Pt Michel Giraud (n. 1929) dep. 1983, qui a succédé à Alain Poher, ancien maire d'Ablon (V.-de-M.) (1974). Regroupe 29 000 maires. Organes dirigeants élus pour 3 ans.

Attributions

● **1°) Représentant de la commune.** Il prépare les séances du cons. mun. et exécute les décisions prises au cours des délibérations. Il gère le domaine public et privé de la com. Il effectue les actes d'administration et de dispositions décidés par le cons. mun. : signatures de contrats, ventes, partages, échanges, achats, souscriptions de marchés de fourniture, adjudications de travaux publics municipaux. Il assure la représentation de la com. devant les tribunaux.

a) Personnel communal. Il en est le chef hiérarchique. Dans le cadre prévu par le conseil mununicipal, il est seul compétent pour nommer aux emplois existants quand la loi ou le règlement n'a pas prévu un mode particulier de nomination. Il est seul investi du pouvoir disciplinaire (avancement, sanctions, révocations), sous réserve de respecter les garanties accordées par le statut des fonctionnaires communaux.

b) Établissements publics. Il est le plus souvent président de droit de la commission administrative ou du conseil d'administration des établissements communaux (hôpitaux et hospices communaux, bureaux d'aide sociale, caisses des écoles, régies dotées de la personnalité civile).

c) Police municipale et rurale. Il est chargé d'assurer bon ordre, sécurité, tranquillité et salubrité publics et de prendre pour cela des arrêtés. La police municipale comprend notamment tout ce qui a trait à la circulation sur les voies publiques.

Dans les communes de plus de 10 000 h. et celles faisant partie d'agglomérations urbaines, la police est, en principe, étatisée. Le commissaire de la Rép. y exerce les pouvoirs nécessaires au maintien de la tranquillité et du bon ordre publics, le maire restant toutefois compétent pour le maintien du bon ordre dans les marchés, foires, spectacles, etc.

Les agents de police et gardes champêtres nommés par le maire doivent être agréés par le procureur de la Rép. Ils peuvent être suspendus et révoqués par le maire.

d) Mesures conservatoires. Le maire peut également effectuer des actes conservatoires nécessaires à la sauvegarde du patrimoine ou d'un droit de la commune.

e) Délégation. Le conseil municipal peut déléguer certains de ses pouvoirs de décision au maire (affectation des propriétés communales, tarifs de droits prévus au profit de la commune, emprunts, etc.).

● **2°) Agent de l'État. a) Officier de l'état civil.** Il célèbre les mariages, reçoit les déclarations de naissance, de décès, de reconnaissance d'enfants naturels, tient les registres de l'état civil, dont un ex. est conservé à la mairie et l'autre au tribunal de grande instance. Il délivre des extraits des actes de naissance, de mariage et de décès.

Statistiques

Nombre de maires (au 30-5-1982) : 36 473.

Répartition par âge : *– de 30 a.* : 142 ; *30 à 40 a.* : 3 254 ; *40 à 50 a.* : 7 277 ; *50 à 60 a.* : 12 059 ; *+ de 60 a.* 13 741.

Femmes. En avril 1977, 1 018 maires (*1947* : 250 ; *50* : 300 ; *59* : 381 ; *65* : 421 ; *71* : 677 ; *75* : 717), *mars 83* : 1 451.

Professions les mieux représentées (1983) : agr. 12 852, artisans 1 364, commerçants 1 104, employés (sect. privé) 960, agents techn.-techniciens 779, ouvriers (sect. privé) 695, médecins 597.

Les moins représentées (1983) : étudiants 4, ministres du culte 4, hommes de lettres et artistes 5, agents subalternes S.N.C.F. 16, magistrats 20, ménagères 26.

Le 18 août 1889 un banquet réunit au Palais de l'Industrie plus de 18 000 maires (sur 36 000). Le 2 sept. 1900 un banquet réunit dans les jardins des Tuileries 22 295 convives (dont plus de 21 000 maires ou conseillers).

Il peut déléguer à un ou plusieurs agents communaux, titularisés dans un emploi permanent, les fonctions qu'il exerce en tant qu'officier d'état civil pour la réception des déclarations citées ci-dessus, pour la transcription, la mention en marge de tous actes et jugements sur les registres de l'état civil, de même que pour dresser tous actes relatifs auxdites déclarations. L'état-civil sera chaque année archivé au chef-lieu du dép. (dans les TOM/DOM les registres sont en 3 ex. dont l'un est envoyé en métropole).

b) Officier de police judiciaire. Il est (comme ses adjoints) officier de police judiciaire, ayant à constater les infractions à la loi pénale, à en rassembler les preuves et à rechercher les auteurs tant que la justice n'est pas saisie.

Il reçoit plaintes et dénonciations et procède à des enquêtes préliminaires sous la surveillance du procureur de la Rép. auquel il est tenu d'en référer. Il enquête en cas de crime et de flagrant délit.

c) Ministère public près le tribunal de police. A titre exceptionnel, et en cas de nécessité absolue pour la tenue de l'audience, le juge du tribunal d'instance peut appeler, pour exercer les fonctions du ministère public, le maire du lieu où siège le tribunal de police ou un de ses adjoints. Le maire exerce alors l'action publique et requiert l'application de la loi contre les contrevenants.

d) Divers. Le maire peut être appelé à concourir aux saisies exécutoires

e) Autorité administrative subordonnée. Il est chargé de la publication et de l'exécution des lois et règlements. Il joue un rôle actif dans l'organisation électorale (listes établies et révisées sous son autorité). Il préside les bureaux de vote ; veille à la bonne application des lois scolaires ; peut participer aux réunions des conseils des écoles primaires ou établissements secondaires. Il dresse les tableaux de recensement en vue de l'accomplissement du service national.

Il participe à l'instruction des demandes d'aide sociale, qui sont déposées auprès du bureau d'aide sociale de la com. par les intéressés et qui sont ensuite soumises aux commissions d'admission intercantonales par l'intermédiaire de la préfecture.

Parfois, il peut être chargé des réquisitions civiles ou mil. et de leur répartition.

Autres attributions. Il délivre des certificats : attestations de résidence, d'indigence... Il légalise les signatures, accorde ou refuse les permis de construire, exécute les arrêtés ministériels de classement d'immeubles comme monuments historiques.

Il provoque l'internement des aliénés. Il transmet des informations au pouvoir central et lui adresse périodiquement des statistiques.

Budget des communes

● **Recettes. Dotation globale de fonctionnement** (D.G.F.). Créée par la loi du 3-1-1979, elle remplaçait le V.R.T.S. (versement représentatif de la taxe sur les salaires), les vers. repré. de l'impôt sur les spectacles et la participation de l'État aux dépenses d'intérêt général des collectivités locales. Ses ressources viennent d'un prélèvement sur le produit net de la T.V.A.

Produit de la taxe foncière *sur propriétés bâties et non bâties, de la t. d'habitation et de la t. professionnelle.* Dep. le 1-1-1974, le système des *« centimes additionnels »* a été remplacé par le vote d'un *« produit fiscal global »* réparti entre les 4 taxes. Dep. la loi du 10-1-1980, les communes ont pu, à compter de 1981, fixer directement les taux des 4 taxes directes et répartir elles-mêmes la charge fiscale globale entre les catégories de contribuables ; la taxe professionnelle a été aménagée et une cotisation minimale instituée ; le régime de la taxe d'habitation a été modifié dans le sens d'une plus grande justice.

Autres impôts directs : redevance des mines ; taxe d'enlèvement des ordures ménagères ; de balayage.

Indirects : impôt sur les spectacles ; droits de licence des débits de boissons ; surtaxes sur les eaux minérales ; t. sur les jeux de boule et de quilles.

Droits d'enregistrement, *publicité foncière et timbre : 1°) Droits de timbre* sur affiches, sur portatifs spéciaux. *2°) Taxe locale d'équipement (T.L.E.).* Conçue pour faire participer les constructeurs immobiliers aux charges des équipements collectifs rendus nécessaires par les implantations de logements. S'applique de plein droit dans les communes de + de 10 000 h. et dans certaines communes de la région parisienne. Dans les autres, le conseil municipal peut décider de l'instituer. Taux 1 % à 5 % de la valeur de l'ensemble immobilier. *3°) Versement lié au dépassement du plafond légal de densité,* créé (par la loi du 31-12-1975) notamment pour inciter les constructeurs à limiter la hauteur des nouveaux immeubles. *4°) Taxe additionnelle aux droits d'enregistrement* perçus par l'État (mutations à titre onéreux d'immeubles, de fonds de commerce...).

Taxes diverses : t. sur la publicité, t. de séjour, t. sur l'énergie électrique, droits de portes, de voirie, t. de trottoirs, funéraires...

Subventions de l'État, notamment subventions d'équipement destinées à encourager les communes à réaliser les équipements d'utilité publique de leur compétence.

Revenus du domaine : vente de biens, dons, legs.

Regroupements de communes

Depuis 1890 les communes ont utilisé la faculté de se regrouper. 5 méthodes :

● **1° – Fusion.** Dep. la loi du 16-7-1971, 821 f. intéressant 1 894 communes ont été accomplies au 1-11-80, dont 644 f.-associations regroupant 1 505 communes et 177 f. simples regroupant 379 communes. La fusion permet de maintenir le nombre d'hab. nécessaire à l'administration d'une vie collective et de réaliser des équipements que les communes n'auraient pu entreprendre isolément.

La loi du 16-7-1971 a prévu des incitations financières au bénéfice des communes fusionnées : majoration de 50 % des subventions d'équipement accordées par l'État, aide financière de l'État dans le cas d'intégration fiscale progressive.

a) Fusion simple. Seule usitée jusqu'au 16-7-1971.

b) Fusion comportant création d'une ou plusieurs communes associées. N'institue qu'une collectivité territoriale nouvelle, mais permet aux anciennes communes, sauf à la com. chef-lieu de la nouvelle entité, de devenir com. associées sur simple demande de leur conseil municipal, exprimée au moment de la fusion. La com. associée n'a pas la personnalité morale et, de ce fait, n'a ni budget, ni patrimoine, ni personnels propres, mais elle possède des institutions particulières : de droit, un maire délégué, une mairie annexe, une section de bureau d'aide sociale lorsqu'il en existait un dans l'ancienne commune, et, si la convention passée au moment de la fusion l'a prévue, une commission consultative ; enfin, elle constitue de droit une section électorale si la nouvelle commune a, au plus, 30 000 habitants.

Statut. Établissement public à vocation multiple, administré par un *conseil de communauté* (50 à 90 membres selon le nombre des communes et l'importance de la population), composé des délégués des communes désignés par les conseils municipaux dans ou hors de leur sein.

Compétences transférées à la communauté. *Obligatoirement :* compétences concernant plan de modernisation et d'équipement, plan d'urbanisme, création et équipement de diverses zones (industrielles, habitations, etc.), construction de locaux scolaires (lycées et collèges notamment), H.L.M., lutte contre l'incendie, transports urbains, assainissement, cimetières, abattoirs, voirie et signalisation, parcs de stationnement. *Sur décision du conseil de communauté :* équipements culturel, sportif et socio-éducatif, sanitaire et services sanitaires et sociaux, espaces verts, éclairage public. Les attributions de la communauté urbaine peuvent aussi être étendues (par délibération du conseil de communauté, avec l'accord des conseils municipaux des communes intéressées de la communauté) à la gestion des services communaux et à l'exécution de tous les travaux non prévus ci-dessus. Enfin, des conventions peuvent être passées entre communauté et communes membres.

Principales recettes. Vote, comme les communes, d'un produit fiscal global ; attribution de la Dotation globale de fonctionnement (D.G.F.) ; produit de taxes pour services rendus ; redevances et taxes diverses ; revenus du domaine ; subventions de l'État et majoration de ces subventions (33 % pour les opérations d'équipement).

● **2° – Communauté urbaine.** *Nombre :* 9 regroupaient (au 1-11-80) 251 communes et 3 979 513 hab. : *Bordeaux* (loi du 31-12-66) (27 communes : 595 056 h.), *Brest* (décret du 24-5-73) (8 c. : 213 753 h.), *Cherbourg* (déc. du 2-10-70) (6 c. : 85 726 h.), *Le Creusot-Montceau-les-Mines* (déc. du 13-1-70) (16 c. : 108 887 h.), *Dunkerque* (déc. du 21-10-68) (18 c. : 196 807 h.), *Lille* (déc. du 31-12-66) (86 c. : 1 056 202 h.), *Lyon* (déc. du 31-12-66) (55 c. : 1 134 071 h.), *Le Mans* (déc. du 19-11-71) (8 c. : 190 302 h.), *Strasbourg* (déc. du 31-12-66) (27 c. : 398 709 h.).

● **3° – District.** Institué par une ordonnance du 5-1-1959 sous le nom de *d. urbain* (la loi du 31-12-1970 a supprimé le qualificatif urbain : des d. peuvent être créés en milieu rural). Le d. peut voter un produit fiscal global. Il exerce de plein droit, à la place des communes de l'agglomération, la gestion des services du logement, des centres de secours contre l'incendie et des services assurés antérieurement par les syndicats de communes associant, à l'exclusion de tout autre, les mêmes communes que le d. Il peut recevoir d'autres compétences de par la décision institutive. **Nombre.** 1 336 communes étaient regroupées en 152 d. au 1-1-1979 (pop. regroupée : 5 596 214 h.).

● **4° – Syndicat de communes.** Spécialisé (ex. : syndicat intercommunal d'adduction d'eau ou d'électrification) ou à vocation multiple (SIVOM ; dep. l'ordonnance du 5-1-1959), permet aux communes de mettre en commun certains crédits pour réaliser des équipements collectifs comme : voirie, adduction d'eau, enlèvement des ordures ménagères, etc. Il n'a pas de compétence obligatoire, il ne peut lever une fiscalité propre. Forme la moins contraignante de regroupement communal, il constitue souvent un premier pas vers une plus grande solidarité entre les communes membres. Au 1-1-80, il y avait 1 980 syndicats SIVOM regroupant 19 157 communes (population : 20 324 162 h.) ; et 11 664 s. intercommunaux spécialisés SIVU, dont : 3 421 (eau), 2 137 (questions scolaires), 1 574 (électricité), 1 286 (objets divers), 995 (questions agricoles), 481 (ordures), 454 (voirie), 359 (assainissement), 267 (constructions diverses) ; 67 syndicats de syndicats.

● **5° – Syndicat mixte.** Comprend des ententes ou des institutions interdépartementales, des régions, des départements, des communautés urbaines, des districts, des syndicats de communes, des communes, des chambres de commerce, d'agriculture, de métiers et autres établissements publics pour réaliser des œuvres ou services présentant une utilité pour chacune des personnes morales en cause. Au 1-1-1981, 542 syndicats avaient été créés (dont 171 au titre de l'art. L 166-5 du Code).

Principaux partis, clubs politiques et mouvements

Comparaisons internationales. *P.C.* : Italie 1 700 000 (France 700 000) ; *P.S.* : Allemagne (SPD) 1 000 000 (France 200 000) ; *Conservateurs* : G.-B. 2 800 000 ; Italie (Dém.-Chrétien) 1 700 000 ; Allemagne (Dém.-Chrétien) 800 000 ; *R.P.R.* : 700 000 ; *U.D.F.* : 300 000.

Partis, clubs et mouvements actuels

Source : partis pol., Annuaire Châteaudun.

• **Agir au centre.** 51, rue Greneta, 75002 Paris. *Créé* en juin 1982. *Pt* : André Périssol.

• **Alliance des républicains pour l'avenir.** 137, bd de Sébastopol, 75002 Paris. Force d'union de l'opposition (d'avant mars 1986) sans distinction de parti d'origine. *Pt* : Jacques Dominati (n. 11-3-27). *Secr. gén.* : Xavier de La Fournière (9-1-27).

• **Alliance sociale-démocrate.** *Fondée* 31-5-1975 sous le nom de *Fédération des socialistes réformistes* (devenue, en sept. 1975, *Féd. des soc. dém.* puis *Parti socialiste démocrate*) par Éric Hintermann (12-12-36). *Siège* : 95, rue des Morillons, Paris 15ᵉ. *Secr. gén.* : Éric Hintermann dep. 1975. *Membres* : 3 000 (1983). *Cotisation* : 200 F. *Presse* : la Lettre sociale-démocrate.

• **Amis de la Terre.** 72, rue du Château-d'Eau, Paris 10ᵉ. *Fondés* le 10-7-1970 par Alain Hervé puis animés par Brice Lalonde. *But* : œuvrer pour la protection, la restauration et l'utilisation rationnelle de l'écosphère ; critique de l'énergie nucléaire et du productivisme, lutte contre la technocratie et le chômage, actions contre les pluies acides et le plomb dans l'essence, contre la déforestation et la pollution des eaux, promotion des techniques propres et, en particulier, des voitures propres. *Organisation* : réunion d'adhérents directs et de groupes locaux (env. 80), assemblée générale annuelle, secrétariat national et conseil. *Principaux dirigeants actuels* : Pierre Samuel, Dominique Martin, Alain Zolty, Claude Bazin, E. Gabarain, Th. Laurora, A. Quévreux, J.-F. Gérak, D. Halloo, P.-E. Martin, D. Bidou, G. Jonot, M.-C. Dupouy. *Publication* : La Baleine (trim.).

• **Association démocratique des Français à l'étranger.** 1, rue Paul-Baudry, 75008 Paris. *But* : regrouper les Français expatriés dans un esprit de solidarité, de responsabilité et d'ouverture sur le pays d'accueil, améliorer leur information, les aider à se sentir des Français à part entière. *Pt d'honneur* : Étienne Manac'h (3-2-10). *Pt* : Louis Perillier (1-4-1900). *Publication* : Français du monde (bimestriel).

• **Association nationale pour la fidélité au général de Gaulle.** 89, rue de Lille, 75007 Paris. *But* : perpétuer la mémoire du Gᵃˡ de Gaulle, faire connaître et défendre tous les aspects de son œuvre, ses grandes options : participation, institutions, indépendance nationale. *Pt* : Pierre Lefranc (23-1-1922).

• **Association nationale des élus de la Gauche radicale et républicaine.** *Siège* : 195, bd St-Germain, Paris 7ᵉ. *Fondée* janv. 1974. Regroupe 84 associations départementales, 26 parlementaires, 200 conseillers généraux, 1 041 maires, plus de 10 000 élus municipaux. *Pt* : François Gayet. *Publication* : Mairies et Régions de France (trim.).

• **Autonomes.** Mouvements sans structure ni hiérarchie, *issus* de l'O.C.L. et de différents groupes. S'opposent à l'extrême gauche. Utilisent la violence.

• **Carrefour social-démocrate (C.S.D.).** *Siège* : 18, rue Cardinet, Paris 17ᵉ. *Fondé* 7-7-1977. *Pt* : *1977* René Lenoir, ancien secr. d'État à l'Action soc. ; *oct. 79* Jean-Claude Colli ; *oct. 81* René Lenoir. *Secr. gén.* : François Thual. *Personnalités* : Charles Baur, Jacques Pelletier, Olivier Stirn, Lionel Stoléru, Bertrand Schneider, Bernard Stasi. *Sympathisants* : 9 200 (1980). Non inscrits à un parti : 56 %. Y sont inscrits : 23 % Parti radical, 23 % C.D.S., 19 % P.R., 14 % U.D.F., 10 % P.S., 7 % M.R.G., 3 % M.D.S., 1 % R.P.R. 30 % des membres adhèrent à un syndicat dont : 27 % C.G.C., 24 % F.O., 22 % C.F.D.T., 7 % C.F.T.C., 7 % S.N.E.S., 7 % C.N.P.F., 4 % C.G.T., 2 % F.N.S.E.A. *Adhérents* : 3 000. *Publications* : Bulletin, lettre mensuelle, cahiers.

• **Centre catholique des intellectuels français.** 61, rue Madame, 75006 Paris. *Animateur* : René Rémond (30-9-1918).

• **Centre des démocrates sociaux (C.D.S.).** *Siège* : 205, bd St-Germain, 75430 Paris Cedex 07. *Fondé* 23-5-1976 par la fusion du *Centre démocrate* [créé 1966, par Jean Lecanuet et Pierre Abelin (1909-77), suite du M.R.P.] et du *Centre Démocratie et Progrès* (C.D.P.) [créé 1969 par Jacques Duhamel (1924-77) et Joseph Fontanet (9-2-21, assassiné 2-2-80)]. *Leaders. Pt* : Pierre Méhaignerie (4-5-39). *Secr. gén.* : Jacques Barrot (3-2-37). *1ᵉʳˢ vice-Pts* : René Monory (6-6-23), Bernard Stasi (4-7-30). *Vice-Pts* : Jean-Pierre Abelin (3-9-50) ; Pierre Bernard-Reymond (16-1-44) ; Nicole Bertrou (21-11-30) ; Jean-Marie Daillet (24-11-29) ; Yves Marchand (22-2-46) ; Roger Partrat (2-4-35). *Secr. gén. adjoints* : Jean Arthuis (7-10-44) ; Loïc Bouvard (20-1-29) ; Pierre Fauchon (13-7-29) ; Jean-Paul Fuchs (6-12-25). *Trésorier* : Robert Parenty (13-8-21). *Organisation* : bureau politique (60 m.), conseil politique (600 m.), congrès tous les 2 ans. *Adhérents* : 49 150 (1985). *Cotisation annuelle* : 100 à 280 F. *Représentation* : 41 dép. à l'Assemblée nat. au sein de l'U.D.F. (en 81 : 23), 74 sénateurs, 9 députés à l'Ass. eur., 511 conseillers généraux. 21 Pts de conseils généraux, 4 Pts de conseils régionaux. *Objectifs* : projet de démocratie sociale, construction d'une Europe politique, promotion d'une Sté de responsabilité et de solidarité. *Programme* : Manifeste du Congrès de Toulouse (1984). *Clubs associés* : France-Forum. *Mouvements rattachés* : Jeunes Démocrates sociaux (J.D.S., 17 280 adh.), Femmes démocrates, Équipes rurales, Équipes syndicales. *Publications* : Démocratie moderne (hebd., 55 000 ex.), France-Forum.

• **Centre d'études et de recherches constitutionnelles (C.E.R.C.L.E.).** 8, place du Palais-Bourbon, 75007 Paris. *Pts* : Charles Millon (12-11-45), Ph. Seguin (21-4-43). *Secr. gén.* : Fr. Froment-Meurice (8-5-49).

• **Centre d'études, de recherche et d'éducation socialiste (C.E.R.E.S.).** *Siège* : 52, rue de Bourgogne, Paris 7ᵉ. *Fondé* en 1965. A l'origine, club de pensée animé par d'anciens élèves de l'E.N.A. Anime l'aile gauche du Parti socialiste dont il représente 18 % env. Rassemble plusieurs milliers de responsables politiques (militants et élus du P.S.) et syndicaux (C.F.D.T., C.G.T., F.E.N., F.O.). Contrôle 4 fédérations du P.S. *Dirigeants* : Jean-Pierre Chevènement (9-3-39), Georges Sarre (26-11-35), Didier Motchane (6-9-31), Michel Charzat (25-12-42), Pierre Guidoni (3-10-41). *Presse* : Volonté socialiste (bim., 10 000 ex.).

Du congrès d'Épinay (juin 71) au c. de Pau (janv.75), participe à la direction du P.S. De janvier 75 au c. de Metz (avril 79), représente la minorité (24,21 % des mandats du c. de Nantes, en juin 77), pour reparticiper à la direction du P.S. avec le courant de François Mitterrand. Après la victoire de la gauche (juin 81), sa participation à la direction du P.S. est confirmée au congrès de Valence (oct. 81) puis à celui de Bourg-en-Bresse (oct. 83). Propose un socialisme autogestionnaire. Avr. 1986 prend le nom de Socialisme et République.

• **Centre d'études et de recherches « Égalités et Libertés » (C.E.R.E.L.).** *Siège* : 78, av. Félix-Faure, Paris 15ᵉ. *Fondé* le 18-6-1974 par le Dr Claude Peyret (1925-76). *But* : œuvrer pour l'instauration de la « Nouvelle Société » voulue par Jacques Chaban-Delmas. *Principes* : tolérance, solidarité, générosité. *Secr. gén.* : Jean Guion (4-9-50). Députés sympathisants : env. 30 (opposition et majorité). *Adhérents* au 1-8-83 : 6 500. *Publication* : la Lettre du C.E.R.E.L. (10 000 ex.).

• **Centre indépendant et républicain.** *Siège* : 27, rue du Javelot, 75645 Paris Cedex 13. Issu des comités d'*Union pour la majorité présidentielle* qui, aux législatives de 1973, ont présenté 75 candidats. *Objet* : défense et propagation d'une politique de 3ᵉ voie parmi les classes moyennes, trav. indépendants et prof. libérales : dans le domaine institutionnel (soutien à la Vᵉ Rép. à mi-chemin du régime présidentiel et parlementaire), économique (défense du capitalisme populaire par la participation, l'actionnariat et la coresp. condamnant le capitalisme des trusts des grands pays occidentaux et le capitalisme d'État des sociétés marxistes), et diplomatique (édification d'une Europe pol. confédérale pour briser le monopole mondial des 2 super-hégémonies). *Bureau exécutif* : *Pt* : N. Fétiveau (20-1-10) ; *secr. gén.* : G. de Sansac (21-12-22). *Cotisations* : militants 150 F, bienfaiteurs 1 000 F. *Adhérents* : 6 500. *Élus locaux* : 1 500 surtout Nord, région par. et S.-O. *Publication* : la Lettre du Centre indépendant et républicain (bimestriel, 30 000 ex.).

• **Centre national des indépendants et paysans (C.N.I.P.).** *Siège* : 106, rue de l'Université, Paris 7ᵉ. *Fondé* 1949. *Rassemble* plusieurs milliers d'élus municipaux, environ 300 cons. gén., 5 députés, 13 sénateurs. S'affirme le mouvement de la droite parlementaire, moderne et responsable « défenseur des libertés face à l'étatisme et au dirigisme ». *Pt d'honneur* : Antoine Pinay (20-12-91) ; *Pt* : Philippe Malaud (2-10-25), dep. 10-1-80 [avant : Bertrand Motte (1914-80)] ; *vice-Pts* : Raymond Bourgine (9-3-25). ; Raymond Brun (18-3-15) ; Henri Ginoux (9-8-09) ; Michel Junot (29-9-16) ; Maître Jean Goudareau (11-10-14). *Secr. gén.* : François-Xavier Parent (22-9-24). *Adhésion* : 200 F. *Publication* : le Journal des Indépendants (hebdo., 35 000 ex.).

• **Centre républicain.** 13, bd Raspail, 75007 Paris, et 4, av. Franklin-Roosevelt, 75008 Paris. *Pt* : André Morice (11-10-1900). *Secr. gén.* : J.-J. Carpentier.

• **Centre des républicains libres (C.R.L.).** (Voir Quid 1983, p. 778 c.)

• **Cercle d'études Montaigne.** c/o M. Huchet, 14, rue des Fossés-St-Jacques, 75005 Paris. *Rôle* : se veut un « laboratoire d'information militante », tendance socialiste et radicale. *Pt* : Étienne Huchet. *Secr. gén.* : Hugues de Chanterac.

• **Cercle d'études et de rencontres « Liberté et Humanisme ».** *Siège* : 21, bd Saint-Germain, Paris 7ᵉ. *Issu* dep. 1977 du Centre d'études et de recherches « Égalités et Libertés » *fondé* 18-6-74 par le Dr Peyret. *Pt* : Roland Nungesser (9-10-25), député-maire et ancien ministre.

• **Cercle Périclès.** 36, rue de Bellechasse, 75007 Paris. Réflexion de l'opposition gaulliste. *Animateur* : Yves Guéna (6-7-1922), ancien ministre.

• **Cercle Renaissance.** 15, rue Curnonsky, 75017 Paris. *Pt d'honneur* : Mgr Virgil Gheorghiu. *Pt* : Michel de Rostolan (8-3-46). **Vice-Pt** : J.-J. Boucher. *Fondé* 1970. *Objectif* : promouvoir une renaissance des valeurs culturelles, civiques, morales et spirituelles. **Activités** : conf., dîners-débats, actions humanitaires, 3 Prix annuels : Lettres, Arts, Économie. *Publications* : Renaissance des Hommes et des Idées (mensuel). *Cotisation* : 300 F.

• **Cercle Républicain.** 5, av. de l'Opéra, 75001 Paris. *Fondé* 1907. *Pt* : Marcel Martin (19-11-16) ; *secr. gén.* : Jacques Siou.

• **C.I.D.U.Na.T.I.** (Comité interprofessionnel d'information et de défense de l'Union nationale des travailleurs indépendants). En déc. 1968, des commerçants et des artisans se regroupèrent dans de nombreux départements sous des sigles différents. Dans l'Isère, le *Mouvement de La Tour-du-Pin*, fondé par Gérard Nicoud (né 5-3-47) à La Batie-Montgascon, fédéra ceux-ci dans le C.I.D. (Comité d'information et de défense) devenu C.I.D.U.Na.T.I. En juin 1973, se transforme en Conféd. intersyndicale, et plus tard en association loi de 1901. *Secr. gén.* : André Vonner.

• **Club Aries** (Association de recherches internationales écon. et sociales). *Siège* : 16, av. Pierre-Iᵉʳ-de-Serbie, 75016 Paris. *Fondé* sept. 1981. *Membres* : cadres, industriels, chefs d'entreprise. *Objectif* : réflexion sur le libéralisme social. *Pt* : Lionel Stoléru (22-11-37).

• **Club Condorcet.** 18, rue Dauphine, 75006 Paris. *Fondé* 11-5-1981 par Alexandre Basdereff (23-11-59) et Anne de Bagneux (15-10-57). *But* : contribuer au débat des idées, dans un esprit d'union et de tolérance, afin de participer au redressement du pays après 1986. *Adhérents* : 35 membres-associés, 15 000 sympathisants (grandes écoles). *Pt* : Alexandre Basdereff. *Secr. gén.* : Paul Jaeger (25-9-62).

• **Clubs Démocratie nouvelle (Féd. nat. des).** *Siège* : 29, av. Pierre-Iᵉʳ-de-Serbie, Paris 16ᵉ. *Créés* en 1974 par Bertrand Schneider (11-4-29), Bernard Stasi (4-7-30). *Adhérents* : 2 000. *Publications* : la Lettre des Clubs Démocratie nouvelle, Vie associative et Démocratie nouvelle.

• **Club Droit et Démocratie.** *Siège* : 1, rue de Cérisoles, Paris 8ᵉ. *Fondé* 1966 par le bâtonnier René William Thorp. Rassemble environ 400 personnalités du monde judiciaire et universitaire. *Objet* : études et colloques sur les libertés publiques et la défense des droits des citoyens, dans l'esprit républicain. *Pt* : Jacques Ribs (1-8-25). *Leaders* : Gaston Maurice, Simone Penaud Angelelli, Louis Perillier (1900-86), Louis Pettiti (14-1-16), Roger Chipot (24-6-22), Robert Badinter (30-3-28), Yves Jouffa (28-1-20), Pr J. Robert (29-9-28), Maurice Rolland (3-9-04), J.-Claude Cain (27-8-25).

● **Club Échange et Projets.** *Siège :* 10, rue des Pyramides, Paris 1er. *Fondé* 1973 par Jacques Delors (20-7-25). *Pt :* José Bidegain (16-5-25) ; *vice-Pt :* Jacques Moreau (25-8-33). *Membres :* 300. *Ouvrages :* la Démocratie à portée de la main ; la Révolution du temps choisi ; le Temps des initiatives ; *Publication :* « Échange et Projets » (revue trim).

● **Club Femmes 2000.** 162, bd du Montparnasse, Paris 6e. *Déléguée gén. :* Yvette Roudy (10-4-1929).

● **Club de Grenelle.** *Siège :* 7, rue Bonaparte, Paris 6e. *Fondé* 1977. *Pt :* Pierre Pougnaud ; *vice-Pts :* Franck Lessay, Armand Ghislain de Maigret ; *secr. gén. :* Christine Lelièvre. *Membres :* env. 50.

● **Club de l'Horloge.** 4, rue de Stockholm, Paris 8e. *Fondé* 1974. *But :* renouvellement de la pensée politique de l'opposition, notamment retour aux sources et aux valeurs républicaines, rejet global des principes socialistes. *Membres :* fonctionnaires issus des grandes écoles, universitaires, responsables du monde économique ou prof. libérales. *Dirigeants : Pt :* Henry de Lesquen ; *secr. gén. :* Michel Leroy ; *vice-Pts :* J.-Antoine Gransily, Didier Maupas. *Ouvrages :* les Racines du Futur, Vive la propriété ; la Préférence nationale : Réponse à l'Immigration, l'Identité de la France : Socialisme et religion. *Presse :* Lettre (trim.).

● **Club des Jacobins.** *Siège :* 5, av. de l'Opéra, Paris 2e. *Fondé* 12-12-1951. *Membres :* 1 000. *But :* militer pour l'unification de la gauche et une démocratie économique et sociale équilibrée de la gauche. *Pts :* Charles Hernu (3-7-23), Marc Paillet (15-10-18), Roger Charny, Gaston Maurice, Guy Penne (9-6-25), Alain Gourdon (16-10-28). « En sommeil » dep. plusieurs années.

● **Club Marianne.** 11, rue Delambre, 75014 Paris. *But :* former de nouveaux responsables pour de nouvelles orientations politiques. *Pt :* Bernard Fraize.

● **Club Nouvelle Citoyenneté.** Nouvelle Action royaliste.

● **Club Nouvelle Frontière.** *Siège :* 5, rue de Stanislas, Paris 7e. *Fondé* 1-3-1968. Rassemble plusieurs centaines de hauts fonctionnaires, universitaires, membres de professions libérales, industriels. *Objet :* études politiques, recherches théoriques et concrètes dans le cadre des institutions de la Ve République. *Ouvrage :* Radioscopie des oppositions (févr. 73). *Leaders :* Jean Charbonnel (22-4-27), Bernard Chenot (20-05-09), Paul-Marie de La Gorce (10-11-28), Rose de Laval, Gilles Le Beguec (1-5-43), Jean-Louis Bourlanges (13-7-46), Paul Benjamin (8-4-33).

● **Club PAGEL** (Pacte d'action gouvernemental et libéral). *Siège :* 4, rue des Érables, 78150 Rocquencourt. *Fondé* 1981 par Jean-Louis Berthet (3-7-41). *Membres :* quelques dizaines.

● **Club Perspectives et Réalités.** *Siège :* 17, bd Raspail, Paris 7e. *Fondé* mai 1965. *Membres :* 25 000 (40 % de femmes ; moy. d'âge 30 à 35 ans). 200 clubs. *Objet :* information, réflexion et propositions sur les options libérales dans le domaine économique, social et pol. ; préparation à l'exercice de responsabilités dans la vie publique. *Fondateurs :* Charles-Noël Hardy (21-11-34), Xavier de La Fournière (9-1-27), Philippe Covillard. *Leader :* V. G. d'Estaing (2-2-26). *Pt :* Jean-François Deniau (31-10-28) ; *secr. gén. :* Georges de Brémond d'Ars (20-4-44) dep. 1977. *Dél. gén. :* Alain Lamassoure (10-2-44). *Cotisations :* à partir de 120 F. *Publications :* Perspectives et Réalités (mensuel, 25 000 ex.) ; Informations et Documents.

● **Club République et Démocratie.** *Siège :* 21, rue du Rocher, Paris 8e. *Fondé* 1978 par Jean-Pierre Prouteau, ancien Gd Maître du Grand Orient de Fr. *Objet :* les acteurs économiques ayant leur mot à dire dans la vie politique, veut tracer des lignes de réflexion et d'action qui puissent constituer la base d'un projet politique par-delà les querelles partisanes. *Pt :* Paul Estienne (2-5-41). *Membres :* 3 000. *Clubs :* 80. *Publication :* Lettre républicaine.

● **Club 89.** *Siège :* 45, avenue Montaigne, Paris 8e. *Fondé* oct. 1981 par Michel Aurillac (11-7-28), et Alain Juppé (15-8-45). *Membres :* 5 900. *Clubs :* 140 (France et étranger). *Pt :* Michel Aurillac ; *vice-Pts :* Nicole Catala, Maurice Robert, Alain Juppé. *Secr. gén. :* Pierre Viaud. *Cotisations :* à partir de 480 F. *Publications :* les Cahiers de 89 (mensuel, 3 000 ex.). *Objet :* dans l'opposition, aspirait à proposer une alternative républicaine en élaborant un projet de société ouvert et généreux.

● **Collège pour une société de participation (C.S.P.).** *Siège :* 12, rue de Tournon, Paris 6e. *Fondé* février 1975 par Daniel Richard, membre du Carrefour du gaullisme qui réunit mouvements et clubs se réclamant du gaullisme. *But :* promouvoir la participation dans la vie politique économique, sociale et culturelle en refusant d'être l'émanation d'un parti ou le reflet d'une personnalité politique. *Pt :* Daniel Richard (8-5-48). *Animateurs :* François Parion, Joël Boillot, Michel Armand-Prévost. *Adhérents :* 5 000. *Cotisation :* 100 F. *Publication :* la Lettre du C.S.P. (mensuel).

● **Comités d'action républicaine (C.A.R.).** *Siège :* 103, rue Réaumur, Paris 2e. *Fondés* janvier 1982. *Pt :* Bruno Mégret. *Animateurs :* Jean Bousignac, J.-Cl. Apremont, Jean Hohbarr. *Adhérents :* 15 000. *Comités :* 160. *But :* dénoncer la nature pernicieuse du socialisme en le démystifiant, créer des contre-pouvoirs pour limiter les actions néfastes des socialistes. *Publications :* le Courrier des C.A.R., Alternative Républicaine.

● **Comités communistes pour l'autogestion (C.C.A.).** *Adresse :* B.P. 162, 75463 Paris Cedex 10. *Fondés* 1977. *Publications :* Commune (mensuel), Mise à jour (revue).

● **Comité d'études pour un Nouveau Contrat social.** *Siège :* 17, bd Raspail, Paris 7e. *Fondé* 1969 par Edgar Faure (18-8-08).

● **Comité français contre le neutralisme et pour la paix.** *Siège :* 106, rue de l'Université, Paris 7e. *Fondé* oct. 1981. *Pt :* Philippe Malaud (2-10-25). *Membres fondateurs :* Gal M. Bigeard (14-2-16) ; Pierre Chaunu (17-8-23) ; Achille Dauphin-Meunier (28-7-06) ; Alfred Fabre-Luce (1899-1983) ; Jean Grandmougin (25-12-13) ; Pierre Jonquères d'Oriola (1-2-20) ; Michel Jazy (13-6-36) ; Raymond Marcellin (19-8-14) ; Thierry Maulnier (1-10-09) ; Louis Pauwels (2-8-20) ; Jean Pouget ; Jean-Marc Varaut (18-2-33) ; Louise Weiss (1893-1983).

● **Comité des intellectuels pour l'Europe des libertés.** 30, rue St-Dominique, 75007 Paris. *Pt :* Eugène Ionesco (26-11-12). *Secr. gén. :* Alain Ravennes. *Publication :* la Lettre du ciel (trim.).

● **Comité républicain du commerce, de l'industrie, de l'agriculture.** *Siège :* 5, avenue de l'Opéra, 75001 Paris. *Fondé* 1899 par Waldeck-Rousseau. La plus ancienne association économique française. *Pt :* Paul Estienne. *Membres :* 1 000.

● **Confrontations.** 61, rue Madame, 75016 Paris. *Animateur :* Jean-Louis Monneron. *Publications :* Recherches et débats, Bull. de Confrontations.

● **Démocratie chrétienne française.** *Siège :* 50, rue de Berri, Paris 8e. *Fondée* 1978. *Pt :* Alfred Coste-Floret (9-4-11) ; *secr. gén. :* Jeanne Ambrosini. *Publication :* l'Avenir français (15 000 ex.).

● **Fédération (La).** Mouvement fédéraliste fr., 244, rue de Rivoli, 75001 Paris. *Pt. :* Jacques Bassot. *Vice-Pt :* André Voisin. *Dél. gén. :* Joël Broquet. *Publications :* le XXe s. fédéraliste, les Cahiers de la Fédération.

● **Fédération anarchiste.** *Siège :* 145, rue Amelot, 75011 Paris. *Évolution : 1881* (22-5) 1er congrès an. *1885,* fond. du « Libertaire ». *XXe s.,* 3 mouvements essentiels : Féd. communiste libertaire, Union an. et Féd. an. (née 1936 d'une scission de l'Union an.). *1939-45,* ces mouvements sont éprouvés par la guerre. *1945,* la Féd. an. reformée, crée le *Mouvement libertaire,* ses militants sont aussi à l'origine de la Confédération nationale du Travail. *1953,* la Féd. an. subsiste seule en tant qu'organisation représentative. *1964,* participe à la rencontre intern. en Allemagne et aux congrès an. intern. : Turin (1964) ; Carrare (1968), où le combat antimarxiste est défini comme principe fondamental. *1973,* création de l'*Organisation révolutionnaire an.* (O.R.A.). *1981,* le congrès, à Neuilly-sur-M., réaffirme que la gauche au pouvoir ne résoudra rien dans le cadre du système inégalitaire actuel et dénonce le maintien de la répression de l'État socialiste notamment envers les antimilitaristes. *Doctrine :* représente le courant socialiste antiautoritaire. Fondé sur l'éthique libertaire (entraide, solidarité). Prône l'action directe et la grève gestionnaire expropriatrice pour parvenir à une Sté fédérative, antiétatique. *Composée* de groupes autonomes et fédérés. Au niveau national, coordination des activités par des secrétariats. *Revues :* la Rue, la Mémoire sociale, Volonté anarchiste, la Revue de la presse anarchiste internationale. *Éditions :* du Monde libertaire, de l'Entraide, le Monde nouveau, la Collection anarchiste. *Journal national :* le Monde libertaire (15 000 ex.) ; *locaux :* la Feuille, la Commune libertaire, l'Anarchie, l'Agitateur, l'Éveil social... *Radio libertaire :* création 1-9-1981, saisie 28-8-83, autorisée 5-11-83 : regroupée avec Radio Pays 30-9-84 ; définitivement légalisée sur 89,4 MHz le 11-1-85 ; auditeurs : 120 000.

● **Fédération des gaullistes de progrès.** *Secr. gén.* Jacques Blache (7-11-44). *Adhérents :* 1 000.

● **Fédération nationale des élus socialistes et républicains.** 12, cité Malesherbes, 75009 Paris. *Pt :* Franck Serusclat (7-7-21). *Secr. gén. :* Charles Depoorter.

● **Fédération des socialistes démocrates.** *Née* de la scission du Parti socialiste démocrate d'Éric Hintermann (12-12-36). *Pt :* André Routier-Preuvost.

● **France demain (ex Club Horizon 86).** *Siège :* 85, rue de Sèvres, Paris 6e. *Fondé* 1981 par Me Frédéric Chartier (3-5-27). *Membres :* env. 100 (1983).

● **Front national.** *Siège :* 11, rue Bernouilli, 75008 Paris. *Fondé 1972* par Jean-Marie Le Pen, François Brigneau (éditorialiste à *Minute*), Roger Holeindre (ancien de l'O.A.S., ancien directeur d'une maison de jeunes, écrivain), Alain Robert (dirigeant d'Ordre nouveau qui a pris la suite du mouvement Occident, dissous en 1979), François Duprat (qui collabora à la *Défense de l'Occident* et anima les *Cahiers européens* avec Alain Renault, et fut assassiné en 1978). Des divergences naîtront avec Ordre nouveau dès le début, car le F.N. préfère les manifestations non violentes. **1973** dissolution d'Ordre nouveau ; *mars* élections législatives (Le Pen 5,21 % des suffrages dans le XIVe arr.) Éclatement du mouvement. **1974**-*mai* 1er tour des présidentielles, Le Pen 0,74 % des suffrages. *-11-11* Ordre nouveau, François Brigneau et Roland Gaucher fondent le Parti des Forces nouvelles (PFN). **1977**-*mars* él. municipales, le PFN participe aux listes RPR. Le Pen fait surtout campagne en région parisienne ; dans le XIVe, il est dernier avec 1,87 %. **1978**-*mars* législatives, le FN se présente dans 16 circonscriptions, 0,33 % des suffrages (Le Pen, 3,91 % dans la 5e circ. de Paris ; le PFN obtient 1,06 %). **1979** él. européennes. *-28-4* PFN et FN annoncent une liste commune dirigée par Michel de Saint-Pierre. *-25-4* ils renoncent pour problèmes financiers. *-27-5* le PFN dépose une nouvelle liste conduite par Jean-Louis Tixier-Vignancour. Le FN, exclu, demande l'abstention. Le PFN obtient 1,31 %. **1981**-*mai* él. présidentielles, FN et PFN n'ont pas obtenu les 500 signatures nécessaires pour présenter un candidat. *Juin* él. législatives. Le Pen 4,38 % ; Pascal Gauchon (porte-parole du PFN) 3,26 %. De nombreux responsables abandonnent ou se rallient au Centre national des indépendants et paysans. Nombreux incidents pendant la campagne du PFN (à Toulouse, 2 bombes détruisent la salle). **1986** élect. lég. 9,65 % des v., 35 députés (Provence 8, Ile-de-France 8, Rhône-Alpes 4).

Organisation : Pt : Jean-Marie Le Pen (20-6-28, conseiller du XXe arr. de Paris), député de Paris, européen. *Secr. gén. :* Jean-Pierre Stirbois (30-1-45) (maire-adjoint de Dreux, député des Hauts-de-Seine, européen). *Buts :* combattre le socialo-communisme autrement que par le laxisme de l'opposition chiracogiscardienne, rétablissement de la peine de mort, justice plus sévère, arrêt effectif de l'immigration et retour progressif des immigrés chez eux, remise en cause de la dictature fiscale de l'administration pléthorique. *Adhérents :* 25 000 env. *Publication :* National Hebdo (dir. : Roland Gaucher).

Résultats : élect. municipales (1983) de Dreux 16,7 %, Aulnay 9 %, Paris (XXe arr.) 11 % ; élect. législative partielle du Morbihan 13 %.

Élect. europ. (1984) : 10,95 % des ins., 10 députés. *Élec. cantonales (1985) :* 8,84 % des suffr. *Élect. lég. (mars 1986) :* 9,65 % (métropole 9,80), le F.N. espérait 15 % et 50 à 100 députés. *Région parisienne :* Seine-St-Denis 15,04 ; Val-d'Oise 12,24 ; S.-et-M. 12,01 ; H.-de-S. 11,14 ; Paris 10,94 ; Yvelines 10,4. *Province :* B.-du-Rh. 22,53 (Marseille 24,37) ; Alp.-Mar. 20,88 ; Pyr.-Or. 19,08 (Perpignan 25,09) ; Vaucluse 19,49 ; Var 17,77 ; Hérault 15,55 ; Rhône 13,24 (Lyon 13,41) ; Pas-de-Calais 11,35 ; Paris 10,94 ; Yonne 10,36 ; Doubs 10,35 ; Ain 10,13 ; Nord 7,83 ; Creuse 3,95 ; Hte-Vienne 4,23 ; Cantal 3,7.

● **GRECE (Groupement de recherche et d'études pour la civilisation européenne).** *Fondé* 1969. Mouvement culturel dans la mouvance de la nouvelle droite. *Publications apparentées* (13, rue Charles-Lecocq, 75015 Paris) : Nouvelle École [trim., responsable : Alain de Benoist (11-12-43)] ; *Éléments* pour la Civilisation européenne (bimestr.), Études et recherches (trim.), Éditions du Labyrinthe.

● **Groupes d'action municipale (G.A.M.).** *Secrétariat national :* 16, rue Anatole-France, 92800 Puteaux. *Apparaissent* entre 1967 et 68. 1re rencontre nationale en 1968. Charte nat. actualisée en 1975 (devenue manifeste nat.). Mouv. indépendant de militants désirant prendre en charge les problèmes de leur vie quotidienne (travail, habitat, environnement, éducation, transports, consommation, loisirs, etc.), action fondée sur socialisme et autogestion. *Secr. nat. :* Claudie Boaziz. Dep. juin 1977, rencontres nationales, régionales tous les 6 mois. *Collectif national* (9 groupes élus aux renc. nat.) se réunit tous les 2 mois. *Presse :* bulletin « G.A.M. Info ».

• **Groupe Initiatives et Responsabilités.** *Fondé* 1-3-1977 par Michel Debatisse (1-4-29), alors Pt de la F.N.S.E.A. ; Léon Gingembre (15-3-04), alors Pt de la Confédération des P.M.E. ; Francis Combe (15-5-26/15-4-82) ; Yvan Charpentier, Pt de la C.G.C. ; Jacques Monier. *Objectif :* regrouper les cl. moyennes et les canaliser derrière la majorité R.P.R./U.D.F.

• **Institut Charles de Gaulle.** 5, rue de Solférino, 75007 Paris. Centre d'études et de recherches sur l'œuvre du gén. de Gaulle. *Pt :* Geoffroy de Courcel (11-9-12). *Vice-Pt :* Pierre Lefranc (23-1-22).

• **Institut international de géopolitique.** 31, quai Anatole-France, 75007 Paris. *Pt :* Marie-France Garaud (6-3-34).

• **Institut de recherches marxistes.** 64, bd Auguste-Blanqui, 75013 Paris. *Dir. :* Francette Lazard. *Publications :* la Pensée, les Cahiers d'histoire de l'I.R.M., Société française, Recherches internationales, Issue.

• **Institut socialiste d'études et de recherches (I.S.E.R.).** 80, rue de l'Université, 75007 Paris. *Fondé* 1973, dirigé par Jean Pronteau jusqu'à sa mort (1984). *Pt :* Gérard Delfau. *Dir. :* Colette Audry.

• **Jeune République.** *Siège :* 9, bd Jean-Mermoz, 92200 Neuilly-sur-S. *Fondée* 1912 par Marc Sangnier (1873-1950) (issue du « Sillon »). *Buts :* socialisme personnaliste (socialisation et gestion démocratique des grands moyens de production et d'échange ; défense et développement des droits de la personne, y compris dans ses dimensions affectives et culturelles ; promotion d'un nouvel ordre économique international respectueux de l'indépendance de toutes les nations). *Pt :* Louis Perrin (29-5-20). *Publication :* la Jeune République (édito. : Claude-Roland Souchet).

• **Jeunes Démocrates Sociaux.** 205, bd St-Germain, 75007 Paris. *Pt :* Jean-Pierre Abelin (3-9-50). *Secr. gén. :* Y.-Pascal Renouard. *Publication :* Jeunesse et Démocratie.

• **Jeunesse européenne fédéraliste.** 17, rue du Fg-Montmartre, 75009 Paris. *Pt :* Philippe Laurette.

• **Jeunesse nationaliste française.** 43, av. Jean-Médecin, 06000 Nice, B.P. 624, Cedex 06012. *Fondée* juin 1981. *But :* rassembler des lycéens pour s'opposer au marxisme dans les milieux de la jeunesse (sports, loisirs, études...). *Cotisation :* 15 F par an. *Bulletin :* l'Assaut nationaliste.

• **Justice et Liberté.** *Siège :* 78, av. Félix-Faure, Paris 15ᵉ. *Constitué* à Bordeaux, en sept. 1981 (Pt : Jacques Chaban-Delmas). *But :* changer la société et non changer de société en rassemblant tous ceux qui condamnent également le socialisme bureaucratique et le capitalisme « rigide ». *Pt :* Jean Guion (4-9-50). *Secr. gén. :* Joël Girault. *Adhérents* (au 1-12-1981) : env. 12 000. *Publications :* le Courrier de Justice et Liberté, les Cahiers des Nouveaux Démocrates, Synergie 88.

• **Ligue communiste révolutionnaire (L.C.R.)** (section française de la IVᵉ Internationale). *Siège :* 2, rue Richard-Lenoir, 93108 Montreuil-sous-Bois. Féd. de Paris : 9, rue de Tunis, 75011 Paris. *Fondée* 1938 en tant que section française de la IVᵉ Internationale, par Léon Trotski. Souvent frappée par la répression, elle s'est appelée P.C.I., puis L.C. après 1968, F.C.R. et L.C.R. depuis 1974. *Direction collective :* comité central, élu par le congrès après débat démocratique, et bureau politique élu par le comité central. *Principal porte-parole :* Alain Krivine (n. 10-4-41). *Membres :* env. 2 500 (en % : salariés d'entreprise 60, enseignants 20, jeunes 15) + 2 000 sympathisants organisés dans les groupes d'entreprise, les comités rouges et dans les Jeunesses communistes révolutionnaires (J.C.R.). 85 % des militants sont syndiqués dont C.G.T. 30 %, C.F.D.T. 22 %, F.E.N. (tendance « École émancipée ») 22 %. *Doctrine :* « Est pour la dictature du prolétariat, expression de la plus large démocratie pour les travailleurs, et pour la révolution socialiste mondiale. Dénonce les illusions réformistes (voie pacifique au socialisme, socialisme dans un seul pays) et les caricatures odieuses du socialisme que sont les régimes bureaucratiques de l'Est. Se réclame du « Programme de transition » décrit par Trotski. Engagée dans la construction de la IVᵉ Internationale dirigée par Ernest Mandel, dont elle est une des plus fortes sections, en solidarité active avec les révolutions en marche (Nicaragua, Pologne), pour en faire l'Internationale révolutionnaire de masse que Marx, Engels, puis Lénine et Trotski se sont acharnés à construire. » Se bat pour l'unité des travailleurs et de leurs organisations face à la bourgeoisie, contre tout accord avec des partis bourgeois (radicaux ou gaullistes, même « de gauche »). N'a pas soutenu le gouvernement socialiste et ne s'est pas prononcé contre la « cohabitation ». *Présente des candidats aux élections,* seule ou en commun avec d'autres organisations révolutionnaires (la liste commune aux él. europ. avec *Lutte ouvrière* a obtenu 3 % des voix). A obtenu 0,50 % à 6 % des voix aux él. législatives et municipales dep. 1969 (a des élus dans plusieurs conseils municipaux). A présenté Alain Krivine à l'élection présidentielle en 1969 et 1974. *Publications :* Rouge [hebdo., créé sept. 1968 (quotidien de mars 1976 à janv. 79), 15 000 ex.], Critique communiste (mensuel, créé 1975), les Cahiers du féminisme (trim.), la Caserne (pour les soldats), Barricades des JCR (mens.) et 400 bulletins d'entreprise. Diffuse aussi les publications en français de la IVᵉ Internationale : Inprecor (bimensuel) et Quatrième Internationale (trim.). *Librairie :* « La Brèche », 9, rue de Tunis, 75011 Paris.

• **Ligue trotskiste de France (L.T.F.).** Section de la tendance spartakiste internationale (T.S.I. : fondée 1966). *Siège,* journal mensuel : le « Bolchevik » B.P. 135-10 ; 75463 Paris Cedex 10. *Adhérents :* 1 000.

• **Lutte ouvrière.** *Siège :* B.P. 233, 75865 Paris Cedex 18. *Créée* 1968, succédait à Voix ouvrière (Union communiste internationaliste), créée 1956 et dissoute juin 1968 par le gouv. ; se réclame du trotskisme, « c.-à-d. du communisme révolutionnaire et internationaliste, un communisme qui ne pourra être que démocratique, et qui, en conséquence, n'a rien à voir avec les régimes existant actuellement en U.R.S.S., en Chine ou dans les pays de l'Est, qui n'en sont qu'une sinistre caricature ». « Milite pour le pouvoir des travailleurs, l'expropriation des trusts capitalistes, la socialisation des moyens de production et d'échange sous le contrôle de la pop. laborieuse. » Estime que l'on ne peut atteindre cet objectif qu'en organisant les travailleurs conscients de cette nécessité au sein d'un parti ouvrier révol. Milite en même temps pour la reconstruction de la IVᵉ Internationale. Consacre l'essentiel de son activité à l'intervention dans les grandes entreprises. *Leaders :* François Duburg, Arlette Laguiller (n. 1940), Jacques Morand. *Militants :* salariés 87 %, lycéens, étudiants 13 % ; il y a 40 % de femmes. *Élections :* a soutenu Alain Krivine en 1969 (3,7 % des votants) et a présenté Arlette Laguiller aux él. présidentielles de 1974 (2,33 %) et de 1981 (2,26 %). Aux él. législatives de 1973, 171 candidats (194 889 voix et 2,3 % des suffrages dans les circonscriptions en question) ; 1978, 470 cand. (1 dans chaque circonscription) (474 378 voix et 1,70 % des votants) ; 1981, 159 cand. (99 185 voix et 1,11 %). Él. europ. juin 1979, liste commune avec la L.C.R. (A. Laguiller tête de liste, Alain Krivine 2ᵉ), (3,09 %) ; juin 1984, A. Laguiller, tête de liste « Lutte Ouvrière » (414 218 voix, 2,07 %). *Publications :* Lutte ouvrière (hebdo.), Lutte de classe (mensuel), édite près de 300 journaux d'entreprise touchant chaque quinzaine un demi-million de travailleurs.

• **Mouvement pour l'indépendance de l'Europe (M.I.E.).** 30, rue St-Dominique, 75007 Paris. *Pt :* Olivier Guichard (8-11-1921). *Publication :* la Revue de l'Europe (trim.).

• **Mouvement pour une alternative non violente (M.A.N.).** *Siège :* 20, rue du Dévidet, 45200 Montargis. *Fondé* nov. 1974. Fédère 50 groupes voulant promouvoir la non-violence comme moyen d'action politique. *Adhérents :* 700. *Presse :* Non-violence Actualité (mensuel).

• **Mouvement d'action et de réseaux pour le socialisme (M.A.R.S.).** 18, r. de Varenne, Paris 7ᵉ. *Créé* 1973. Entendait constituer une tendance de gauche au sein du Parti radical valoisien, rompt avec lui à l'occasion des él. présidentielles de 1974, soutient F. Mitterrand. Crée le Comité de coordination du centre gauche. Après les présidentielles, majorité des membres s'inscrit au M.R.G., la minorité au P.S., quelques-uns demeurent non inscrits. 1981 : soutient la gauche aux présidentielles et appelle les écologistes à voter Mitterrand au 2ᵉ tour. 1982 : relate ses positions et réalisations dans sa revue SIC (Solidarité, Initiative, Convivialité). A partir de 1986, il prépare un « nouveau contrat avec la gauche » pour les présidentielles (1988) et crée des groupements d'intérêt civique avec d'autres clubs de gauche ou progressistes. *Pt :* Th. Jeantet.

• **Mouvement démocratique français (M.D.F.).** *Siège :* 6, rue Pierre-Degeyter, 45400 Fleury-les-Aubrais. *Fondé* juillet 1978. *But :* démystifier la politique, rassembler autour d'un projet pour une nouvelle société les Français de bonne volonté désireux de prendre en charge leur destin. *Secr. gén. :* Henry Fouquereau.

• **Mouvement des démocrates.** *Siège :* 71, rue Ampère, Paris 17ᵉ. *Créé* 11-6-74 par Michel Jobert (11-9-21). *But :* préparer le citoyen, en dehors de toute idéologie, à participer directement à une démocratie vivante fondée sur le respect et la responsabilité de l'autre. Refuse l'affrontement de 2 blocs (droite et gauche) et le cadre rigide de partis s'appropriant la représentation de la vie collective. Défense des institutions de la Vᵉ Rép., indépendance de la Fr. et liberté de l'Europe, resserrement des liens avec le tiers monde. Établissement d'un ordre monétaire intern. équitable. Pratique du non-alignement. Sortie à terme de l'Alliance atlantique et négociation d'un nouveau traité européen. Encouragement de la spécificité et de la diversité culturelles, de la famille, de l'évolution pragmatique de l'entreprise. Refonte d'un système éducatif à adapter aux besoins collectifs. Maîtrise de notre écon. par une refonte totale de la fiscalité (suppression de l'impôt sur le revenu), indexation de l'épargne, liberté des prix, restauration du Plan, incitation à l'esprit d'entreprise. Recherche de plus de justice dans les rapports sociaux par l'intervention budgétaire et dans l'utilisation monétaire et financière de l'argent collectif. *Pt :* Michel Jobert. *Conseil national* de 25 m. *Bureau exécutif. Centre d'études et de réflexions.* 150 *comités locaux. Publications :* les Idées simples de la vie ; Petit Livre bleu du Mouvement des démocrates (52 000 ex.) ; Parler aux Français (1977) ; les Cahiers (bimestriel).

• **Mouvement européen.** 24, rue Feydeau, 75002 Paris. *Comité d'honneur :* Georges Berthoin, Édouard Bonnefous, Jacques Chaban-Delmas, Edgar Faure, Maurice Faure, Louis Jung, André Morice, Alain Poher, Pierre Sudreau, Gabriel Ventejol. *Pt :* Louis Leprince-Ringuet (27-3-1901). *Publication :* Courrier européen.

• **Mouvement fédéraliste européen.** 17, rue du Fg-Montmartre, 75009 Paris. *Pte :* Anita Garibaldi Jallet (25-5-42). *Secr. gén. :* Didier le Garrec. *Publication :* Défi pour l'Europe (trim.).

• **Mouvement gaulliste populaire.** 11, passage Landrieu, 75007 Paris. *Fondé* 13-6-1982 de la fusion de la Féd. des républicains de progrès et de l'Union démocratique du Travail (U.D.T.), favorable à la majorité de gauche. *But :* rassembler tous les Français qui, conformément à la pensée et à l'action du Gᵃˡ de Gaulle, sont résolus à défendre les institutions de la Vᵉ Rép., à maintenir l'indépendance nationale et à s'engager dans la 3ᵉ voie par la participation pour une démocratie économique et sociale. *Pt d'honneur :* Pierre Dabezies (9-2-25). *Pt :* Jacques Debu-Bridel (22-8-02). *Secr. gén. :* Jean-Louis Delecourt (27-7-49). *Adhérents :* 2 700. *Élus locaux :* 350. *Publication :* Le Républicain (mens.).

• **Mouvement de la Jeunesse communiste de France (M.J.C.F.).** *Siège :* 19, rue Victor-Hugo, 93170 Bagnolet. *Fondé* 31-10-1920. Jacques Doriot fut un de ses dirigeants les plus célèbres. *1939* 27-8, le gouv. Daladier interdit son journal « Avant-Garde », 26-9, il dissout la fédération. *1941* la J.C. crée les Bataillons de la Jeunesse. 21-8, Fabien, dirigeant de la J.C., abat au métro Barbès un officier all. *1944* devient Jeunesse Rép. de Fr. ; luttera contre le colonialisme en Indochine puis en Algérie, participera au mouvement de mai-juin 68, et organisera des campagnes de solidarité avec le Viêt-nam. Membre de la Féd. mondiale de la jeunesse démocratique. *Doctrine :* fondée sur la ligne politique du P.C.F. mais se veut organisation indépendante. *Organisations :* l'Union de la Jeunesse C. et l'Union des Étudiants C. *Congrès national :* tous les 2 ans. *Conseil national :* 140 m. *Secr. gén. :* Jacques Perreux (17-7-52). *Adhérents :* 63 000. *Publications :* Avant-Garde, Clarté, organe des étudiants c. (mensuels).

• **Mouvement des jeunes giscardiens.** *Siège :* 20, bd du Montparnasse, 75015 Paris. *Créé* 29-10-1977. *But :* soutenir l'action de V. Giscard d'Estaing pour promouvoir les idées libérales ; réunir et former les jeunes qui refusent le socialisme ; préparer des candidats aux élections locales et réfléchir à l'après-socialisme. *Pt :* Patrick Gérard. *Adhérents et sympathisants :* 72 000. *Comités :* 254 dans 95 départements. *Publication :* Point de mire (mensuel).

• **Mouvement des jeunes rad. de gauche.** *Siège :* 3, rue La Boétie, 75008 Paris. *Pt :* Daniel Guérin. *Adhérents :* 2 500. *Publications :* Critique radicale (trim.), le Courrier des jeunes.

• **Mouvement des radicaux de gauche (M.R.G.).** *Siège :* 3, rue La Boétie, 75008 Paris. *Fondé* 4-10-1972 (scission du Parti radical) à partir du Groupe d'études et d'action radical-socialistes, (appelé d'abord Mouvement de la gauche rad.-soc., nom actuel dep. 2-12-73.) A signé le Programme commun de la gauche en juillet 1972 et soutenu la candidature de F. Mitterrand aux él. présidentielles. *Bureau national :* élu tous les 2 ans. *Pts d'honneur :* Michel Crépeau (30-10-30),

René Billères (29-8-10), Maurice Faure (2-1-22), Roger-Gérard Schwartzenberg (17-4-43), Jean-Michel Baylet (17-11-46). *Pt :* François Luchaire (1-1-19). *Vice-Pt d'honneur :* François Doubin (23-4-33). *Vice-Pts :* Jean Béranger (21-8-25), Bernard-Charles (16-4-48), Henri de Lassus (4-4-38), Émile Zuccarelli (4-8-40). *Adhésions :* 22 000. *Députés : 1981 :* 13, *86 :* 7. *Sénateurs :* 12. *Élus locaux :* 10 000. *Publication :* Mouvement des radicaux de gauche (mensuel).

• **Mouvement royaliste français.** *Siège :* 128, rue Marcadet, Paris 18e. *Fondé* 21-10-1979 [fusion : Féd. des unions royalistes de France (F.U.R.F.) et des Féd. roy. rattachées au Comité provisoire pour la coordination des opérations roy. (COPCOR)]. *But :* réinstauration de la monarchie en Fr. (liberté d'opinion sur les questions politiques et sociales secondaires, soutien à l'action pol. du Cte de Paris). *Leader :* Fabrice O'Driscoll (20-2-49). *Membres* (cotisants réguliers) : 2 100. *Publications :* la Revue royaliste (bim., 4 500 ex.), Je suis Français (mens., 8 000 ex.).

• **Mouvement pour la solidarité par la participation (M.S.P.).** *Siège :* 11, rue de Solférino, Paris 7e. *Fondé* 14-11-1971, après la fusion de 3 mouvements de la gauche gaulliste (U.G., Démocratie et Travail, Front travailliste). *Pt. :* Philippe Dechartre (14-2-19). *Secr. gén. :* Bernard Bertry (21-12-29). A fait campagne pour J. Chirac au 1er tour des élect. prés. de 1981, pour F. Mitterrand au 2e. *Adhérents :* 26 400. [hauts fonctionnaires, cadres, fonctionnaires 25 %, employés (surtout f. publique) 22 %, ouvriers 18 %, prof. libérales 15 %, commerçants 10 %, chefs d'entreprises 3 %]. *Publication :* Nouveau Siècle (mensuel), Lettre du M.S.P. (bimens.).

• **Mouvement des sociaux libéraux.** 17, bd Raspail, 75007 Paris. *Secr. gén. :* Olivier Stirn (24-2-36).

• **Nouvelle Action royaliste (N.A.R.).** *Siège :* 17, rue des Petits-Champs, Paris 1er. *Issue* dep. oct. 1978 de la Nouv. Action Française. *fondée* avril 1971. *But :* favoriser la restauration d'un régime monarchique pop. incarné par le Cte de Paris. *Militants :* 1 500 (env. 15 élus municipaux). *1981 :* se prononce pour Mitterrand aux élect. présidentielles, *1982 :* fonde les Clubs *Nouvelle Citoyenneté* ouverts à des personnalités d'origine politique diverses. *1986 (16-3) :* présente 1 seule liste (M.-et-L.) qui obtient 2 230 voix (0,67 %). *Leaders :* Bertrand Renouvin (15-6-43), candidat à la Présidence de la Rép. en 1974, Gérard Leclerc (14-6-42), Yves Lemaignen (19-8-1915), Yvan Aumont (19-5-1938). *Publications :* Royaliste (bimensuel), Cité (trimestriel), le Lys Rouge (trimestriel).

• **Nouvelle droite française (N.D.F.).** *Créée* 1973 (Féd. nat. des anarchistes de droite). *Siège :* 23, rue Jean-Giraudoux, Paris 16e. *Leader :* Michel-Georges Micberth (12-8-45). *Manifeste :* Révolution droitiste de M.-G. Micberth et F. Richard (1979).

• **Œuvre française.** *Siège :* 4 bis, rue Caillaux, Paris 13e. *Fondée* 1968. Nationaliste et antisémite. *Animateur :* Pierre Sidos (6-1-27), avait fondé avec son frère le mouv. Jeune Nation. *Bulletin :* le Soleil (bimens.).

• **Organisation combat communiste (O.C.C.).** *Créée* déc. 74 par des militants exclus de Lutte ouvrière. Léniniste, estime qu'il n'y a aucun pays réellement socialiste. *Publication :* Combat communiste.

• **Organisation communiste de France** (marxiste-léniniste) [(O.C.F.) (m.-l.)]. *Militants :* 500. *Public. :* Drapeau rouge.

• **Organisation communiste libertaire (O.C.L.).** *Adresse :* Egregore, B.P. 1213, 51058 Reims Cedex. *Fondée* avril 1976 par la majorité de l'Organisation révolutionnaire anarchiste (O.R.A.). *But :* participer à tout mouvement social en rupture avec le système capitaliste, oppresseur à l'Est et à l'Ouest. *L'Organisation communiste libertaire des Alpes du Sud* (O.C.L.A.S., scission de l'O.C.L.) a créé en 1980 le *Centre pour une Association de libertaires, démocratique et prolétaire.*

• **Organisation française de la gauche européenne.** 7 bis, place du Palais-Bourbon, 75007 Paris. *Issue* du Mouvement socialiste pour les États-Unis d'Europe *créée* par André Philip. Gauche non communiste.

• **Parti communiste français (P.C.F.).** *Siège :* 2, place du Colonel-Fabien, Paris 19e.

Quelques dates. 1920, 29-12, au congrès du P. socialiste, à Tours, scission : les minoritaires (1 802 mandats) du parti créent la S.F.I.O. (Section fr. de l'Internationale ouvrière), les majoritaires (3 208 mandats) créent la S.F.I.C. [Section fr. de l'Internationale communiste, devenue P.C.F. après la dissolution du Komintern (1943)]. Les adhérents à cette IIIe Internationale doivent admettre 21 « conditions », qui sont la Charte du communisme. **1921,** 21-1, *l'Humanité* se rallie aux communistes. **1922,** exclusion du journaliste Henri Fabre (1876-1969), qui critique la terreur policière en U.R.S.S. [le parti fr. est alors influencé par 2 communistes d'origine russe, naturalisés fr. : Boris Souvarine (1894-1984 ; exclu 1924), et Charles Rappoport (1865-1941, démissionnaire 1938)]. **1923,** 1-1, les francs-maçons sont tenus de choisir entre la F.-M. ou le parti : le secr. gén. Ludovic-Oscar Frossard (1889-1946) quitte le parti, André Marty (1886-1956) et Marcel Cachin (1869-1958) rompent avec les Loges (exception : Zéphirin Camelinat, détenteur des actions de *l'Humanité,* resté communiste et maçon jusqu'à sa mort). Simon Sabiani [(1888-1956) futur dirigeant doriotiste] exclu. **1924,** Louis Sellier (1885-1978), qui sera exclu en 1929, secr. gén. ; est remplacé par Albert Treint (1889-1971), de tendance trotskiste (qui sera exclu en 1926). **1925,** Jacques Doriot (1898-1945), député de St-Denis, secr. gén. des Jeunesses communistes, joue un rôle important dans le sabotage de la guerre du Rif. **1926,** Pierre Sémard (1887-1942, fusillé par les all.) remplace Treint comme secr. gén. Accusé de passivité, il est remplacé par un groupe de 4 membres : Henri Barbé (1902-66) et Pierre Celor (1902-57) [exclus 1929 (futurs dirigeants doriotistes)], Benoît Frachon (1893-1975), Maurice Thorez (1900-64), le principal rival de Doriot. **1929,** Paul Marion (1899-1954), secr. de la section propagande (futur dirigeant doriotiste), exclu.

1930, Thorez nommé (à Moscou) dirigeant unique du parti. **1934,** février, Doriot partisan de l'action directe contre l'agitation fasciste ; juin, exclu, il entraîne à sa suite de nombreux membres, notamment Marcel Marshall (n. 1901) et Pierre Dutilleul (1901-74). Il fonde avec eux le P.P.F. (P. populaire fr., qui se ralliera au nazisme). **1936,** Thorez crée, avec la S.F.I.O. et les Radicaux, le Front populaire, qui remporte les élect. de mai 1936, mais ne permettra pas aux communistes d'entrer dans le gouvernement ; juin, grèves avec occupation d'usines. 13-8, envoi de volontaires en Espagne du côté des Républicains ; André Marty (commissaire gén.), André Malraux (parti de son propre gré), Charles Tillon (3-7-1897 ; exclu 1970), Pierre-Félix Georges [futur combattant de la Résistance, sous les pseudonymes de Frédo, puis de colonel Fabien (1919-44 ; tué accidentellement, en manipulant des grenades, pendant la campagne d'Alsace)]. **1938,** Rappoport rompt avec le parti ; octobre, les communistes s'opposent à l'accord de Munich.

1939, 23-8, à l'occasion du pacte germano-soviétique, nombreuses démissions, notamment Marcel Capron (n. 1896), Jean-Marie Clamamus (1879-1973) et l'écrivain Paul Nizan (1905-40, tué à l'ennemi) ; 26-9, le parti est dissous : 35 députés sur 72 (leader : Arthur Ramette, n. 1897) fondent le « Groupe ouvrier et paysan » et sont déférés pour reconstitution de ligue dissoute devant la justice militaire. Les 37 autres quittent le parti ; 4-10, Maurice Thorez [mobilisé depuis le 3-9, comme sapeur du 3e génie à Chauny (Aisne)] quitte son régiment ; 5-10, il est conduit en Belgique en voiture par Arthur Ramette avec sa femme (Jeannette Vermeersch) et une militante, Marthe Desrumeaux ; 7-10, il est déclaré déserteur ; 28-11, condamné à 6 ans de prison par contumace pour « désertion à l'intérieur » en temps de guerre [le tribunal n'ayant pas retenu le passage en Belgique (qui aurait entraîné la peine de mort)]. Décembre, Marthe Desrumeaux est arrêtée par la police belge (incarcérée en Fr.) ; Thorez, J. Vermeersch et Ramette se réfugient à l'ambassade soviét. à Paris, puis en Suisse. Mars 1940, ils demandent au consulat allemand de Zurich un passeport pour l'U.R.S.S. [2 versions : 1°) il fut accordé et ils ont traversé l'Allemagne pour rejoindre Moscou ; 2°) pris en main par l'appareil clandestin soviét., ils ont gagné la Russie par Bruxelles (mai 1940) et Stockholm ; ces 2 versions sont démenties également par le P.C.].

1940, 4-4, procès « des 44 ». 35 députés et 9 sénateurs du « Groupe ouvrier et paysan » sont condamnés de 2 à 5 ans de prison [9 contumaces : Thorez (dont la peine s'ajoute aux 6 ans du 28-11-1939), Duclos, Péri, Ramette, Tillon, Monmousseau, Catelas, Rigal, Dutilleul] ; les 38 autres, transférés dans le Sud algérien, seront en 1943 le noyau du groupe C. de l'Assemblée consultative provisoire (voir ci-dessous). 20-6, Denise Ginolin et Maurice Tréand obtiennent des autorités allemandes d'occupation le droit de faire reparaître à Paris *l'Humanité,* interdite dep. le 26-9-39 ; ils sont arrêtés le soir même par la police fr., sur un ordre venu de Bordeaux (libérés quelques jours après) ; *l'Humanité* devient clandestine et reparaît le 1-7-40, prenant parti contre Pétain et contre de Gaulle. 10-7, appel (diffusé en août) de M. Thorez (d'U.R.S.S.) et J. Duclos (en France) pour « la constitution du Front de la Liberté, de l'Indépendance et de la Renaissance » ; automne : création des premiers groupes O.S. [(organisation spéciale) ; principaux responsables : Marcel Paul (1900-82) (Bretagne, puis Paris) ; Auguste Lecœur (Nord) ; Jean-Joseph Catelas (m. de la direction clandestine, arrêté le 16-5-41, guillotiné le 24-9-41)]. **1941,** avril, Georges Maranne contacte Léon Hamon (chef de *Ceux de la Résistance)* pour constituer un Front national ; 21-8, 1er attentat contre l'armée allemande : Frédo, futur colonel Fabien, abat un off. de marine (l'aspirant Moser), à la station de métro Barbès-Rochechouart. **1941-44,** les F.T.P. communistes (chef : Charles Tillon) participent à la Résistance. Ils auront des milliers de tués, notamment Jean Catelas (guillotiné), Danielle Casanova (morte en déportation), Guy Môquet et Gabriel Péri (1902-41) (fusillés) [en 1944, le P.C. revendiquera « 75 000 fusillés » (le chiffre total des fusillés fr. étant alors évalué à 200 000) ; actuellement, le chiffre admis pour le total des fusillés est d'env. 9 000 (H. Amouroux) ; en conservant cette proportion de 3/8, on arrive à env. 3 500 fusillés communistes, auxquels il faut ajouter les victimes des massacres, les tués dans la Résistance, les morts en déportation, en nombre indéterminé]. **1943,** janv., Fernand Grenier (n. 1901 ; évadé du camp de Châteaubriant en juin 1941) rejoint à Londres le comité de Gaulle, comme délégué du P.C. 3-6, ordonnance du comité fr. d'Alger amnistiant les parlementaires communistes condamnés le 4-4-1940 (ils pourront faire partie de l'Ass. consultative).

1944, 4-4, Grenier (venu de Londres) et François Billoux (1903-78) (incarcéré en Algérie) entrent au G.P.R.F. (gouv. provisoire de la Rép. fr.) à Alger. 31-8, le comité central du P.C.F., sorti de la clandestinité le 25-8, et réuni à Paris, se divise en 2 tendances : 1°) Lecœur-Tillon (prise de pouvoir armée immédiate) ; 2°) Duclos-Frachon, ayant l'approbation de Thorez à Moscou (acceptation de l'autorité du Gal de Gaulle). La tendance Duclos l'emporte. Sept.-oct., les communistes de métropole participent activement à l'épuration, éliminant de nombreux adversaires politiques. 4-9, Grenier et Billoux font partie du 2e gouv. provisoire du Gal de Gaulle, à Paris. 10-9, *1er ministère de Gaulle :* 2 min. com. sur 23 : Tillon (Air), Billoux (Santé publique) ; 28-10, ordonnance de De Gaulle étendant l'amnistie du 3-6-1943 (Alger) à d'autres condamnations militaires (applicable à Thorez). 6-11, décret amnistiant 5 anciens déserteurs, dont Thorez qui rentre d'U.R.S.S. en déc. 1944, et est nommé membre de l'Ass. consultative provisoire. **1945,** 21-11, *2e ministère de Gaulle ;* 5 min. com. sur 22 : Thorez (min. d'État), Ambroise Croizat [1901-51 (Travail)], Billoux (Économie nat.), Marcel Paul [1901-82 (Prod. ind.)], Tillon (Armement).

1946, janv., les com., bien que participant au gouv., s'opposent violemment à sa politique indochinoise (opérations militaires contre Ho-Chi-Minh, secr. gén. du P.C. indochinois, qui a proclamé l'indépendance du Viêt-nam en sept. 1945). Leur attitude provoque, entre autres, le départ de De Gaulle le 20-1-46. Thorez choisit alors le « tripartisme » (alliance avec la S.F.I.O. et le M.R.P.). Opposition de Tillon (partisan depuis le 31-8-1944 d'une prise de pouvoir insurrectionnelle). Participation com. aux gouv. tripartistes : 26-1, *Ministère Gouin :* 6 min. com. sur 22 : Thorez (vice-Pt du Conseil), Tillon (Armement), Croizat (Travail), Marcel Paul (Production ind.), Billoux (Reconstruction) Laurent Casanova [n. 1906, frère de Danielle (Anciens Combattants)] ; 2 sous-secr. d'État sur 5 : Marius Patinaud (Travail) ; Auguste Lecœur [n. 1911 (Prod. ind.)]. 24-6, *Ministère Bidault :* 7 min. com. sur 24 : Thorez (vice-Pt du Conseil), Tillon (Armement), Marcel Paul (Prod. ind.), Croizat (Travail), Billoux (Reconstruction), René Arthaud (Santé publique), Casanova (Anciens Comb.) ; 3 sous-secr. d'État sur 9 : Lecœur (Charbon), Patinaud (Travail), Georges Gosnat (Armement).

1947, 22-1, *Ministère Ramadier :* 5 min. com. sur 27 : Thorez (vice-Pt du Conseil), Billoux (Défense nat.), Tillon (Reconstruction), Croizat (Travail), Georges Maranne [1888-1976 (Santé Publique)]. Du 11 au 18-3, l'Ass. nat. discute sur la g. d'Indochine, les com. votent contre le gouv., malgré la participation de min. com. En avril, le parti se prononce contre le plan Marshall, adopté par Ramadier. Le 4-5, celui-ci exclut de son gouv. les 5 min. com. Le P.C. redevient un parti d'opposition. 20-10 : il déclenche une grève nationale (qui, le 10-11, entraîne l'arrêt de la circulation ferroviaire, bloquant le ravitaillement de Paris). 19-12, scission de la C.G.T. : les com. (majoritaires) suivent Benoît Frachon, abandonnant Léon Jouhaux, qui fonde le syndicat Force ouvrière (F.O.). **1948,** 6-10, une grève insurrectionnelle, visant, a-t-on cru, à la prise de pouvoir armée (tendance Tillon), brisée par

Le Programme commun de la Gauche (1972-80)

Signé par le Parti socialiste, le Parti communiste et le Mouvement des radicaux de gauche (26 juin 1972), fondant ainsi l'Union de la Gauche. Contrat pour gouverner ensemble, il prévoyait :

1°) *Amélioration immédiate des conditions de vie et de travail :* sem. de 40 h avec maintien intégral du salaire ; aucune retraite inférieure à 80 % du S.M.I.C. ; améliorations des cadences et des horaires ; pouvoirs accrus des comités d'entreprise et délégués du personnel.

2°) *Sécurité de l'emploi :* lutte contre le *chômage* par une nouvelle politique des prix et des marchés ; progression du *revenu* des agriculteurs, artisans, commerçants ; abrogation des ordonnances de 1967 et généralisation de la *Séc. soc.*

3°) *Promotion des travailleurs : 9 nationalisations* de secteurs clés (Dassault, Roussel-Uclaf, Rhône-Poulenc, I.T.T., Honeywell-Bull, Thomson-Brandt, Péchiney-Ugine-Kuhlmann, Saint-Gobain-Pont-à-Mousson, Compagnie générale d'électricité). Prises de *participation majoritaire* dans 5 sociétés (Usinor-Vallourec, Wendel-Sidelor, Schneider, Compagnie française des pétroles, C.F.R.-Total). Intervention dans le secteur bancaire. Droits syndicaux et droit de grève seront développés et garantis. Création d'*offices ruraux* représentant les agriculteurs.

Indemnisation des actionnaires : le P.S. penchait pour l'attribution aux anciens actionnaires de titres nouveaux non amortissables, participatifs, à revenu indexé, librement échangés à la bourse qui en fixera le cours. Le P.C. optait pour des obligations remboursables sur 20 ans par annuités constantes sur la base du cours des 3 dernières années et produisant un intérêt égal à celui des emprunts obligataires.

4°) *Libération du citoyen* par une décentralisation réelle : suppression de la tutelle préfectorale ; élection au suffrage universel direct d'assemblées chargées d'administrer les *collectivités locales et régionales ;* attribution de moyens nécessaires aux *communes* en matière d'urbanisme, de contrôle des sols, de fiscalité locale.

5°) *Épanouissement de l'individu :* organisation rationnelle et démocratique de la *santé ;* refonte de l'*Éducation nationale* (réduction des inégalités et du cloisonnement social) : regroupement de toutes les activités d'éducation dans un service public unique, décentralisé, laïque ; démocratisation en matière de *logement, transports, loisirs ;* promotion de la *femme* et égalité avec l'homme.

6°) *Respect des libertés acquises et reconquête des libertés perdues :* totale *liberté d'expression ;* protection de la vie privée contre certains développements de l'informatique ; abrogation de la loi « anticasseurs » ; suppression de la Cour de sûreté de l'État et des tribunaux militaires en temps de paix ; institution de l'« habeas corpus » (liberté individuelle garantie) ; disparition de la garde à vue, de la procédure de flagrant délit ; refonte du Conseil supérieur de la magistrature et création d'une Cour suprême chargée d'assurer l'application des règles constitutionnelles.

7°) *Instauration d'un « contrat de législature »* liant le Gouv. et la majorité parlementaire pour l'application de la politique du Programme commun.

8°) *Politique de paix :* dissolution du traité de l'Atlantique Nord (O.T.A.N.) et du pacte de Varsovie ; signature d'un traité européen organisant la sécurité collective sur des bases nouvelles ; abandon de la *force de frappe nucléaire* stratégique et signature de traités internationaux d'interdiction des explosions et de non-dissémination des armements nucléaires ; limitation du *service militaire* à 6 mois.

9°) *Politique culturelle :* attribution de tous les moyens nécessaires.

le min. de l'Intérieur socialiste Jules Moch, à l'aide de troupes rappelées d'Allemagne. La situation redevient normale le 14-11.

1952, 28-5, Jacques Duclos (1896-1975), Pt du groupe parlementaire com. et 2e personnage du parti, est arrêté pour « complot contre la sûreté de l'État » (il avait organisé de violentes manifestations contre le Gal américain Ridgway, commandant les forces de l'O.T.A.N. et ancien vainqueur des com. coréens : 1 mort, 518 arrestations). Il est relâché quelques semaines après, ayant pu prouver que des pigeons qu'il transportait dans le coffre de sa voiture n'étaient pas des pigeons voyageurs ; novembre, Léon Mauvais (1902-80), secr. à l'organisation du parti, présente un rapport contre Tillon (le vaincu de nov. 1948) et son principal allié André Marty, leur reprochant « des activités fractionnelles et policières ». **1953,** janv., Marty est exclu ; Tillon déchu de ses responsabilités (réhabilité en févr. 1957, puis définitivement exclu le 3-7-1970, ainsi que sa femme Raymonde, ancienne déportée). **1954,** 30-11, Lecœur exclu (rallié en 1958 au Parti socialiste, il demeure un des principaux polémistes anticom. contemporains). **1956,** oct.-nov., intervention militaire soviét. en Hongrie : de nombreux intellectuels quittent le parti, notamment Claude Roy, Roger Vaillant, Claude Morgan (n. 1898) ; le philosophe Jean-Paul Sartre (1905-80), sympathisant, prend position contre le P.C.

1961, 24-2, sanctions contre Laurent Casanova et Marcel Servin [n. 1922 (remplaçant de Lecœur comme secr. de l'organisation du parti)] ; ils restent néanmoins membres du parti jusqu'à leur mort. **1962,** le parti se prononce pour un *programme commun* de la gauche. **1964,** 11-7, mort de Thorez [remplacé à la tête du parti par Waldeck Rochet (1905-83), secr. gén. dep. mai 64 (Thorez, ayant été nommé « président »)]. **1968,** mai-juin, le parti évite de se mêler au mouvement insurrectionnel avant le 21 mai, date d'une conférence de presse de Georges Séguy (parlant au nom de la C.G.T., et prenant une attitude conciliante : elle fera en sorte que les payes soient assurées malgré les grèves) ; 22-5, les com. votent la motion de censure contre le gouv. (repoussée par 244 voix contre 233) ; 23-5, le P.C. appelle la gauche à l'élaboration d'un programme commun ; 27-5, la C.G.T., ayant obtenu à Grenelle de grosses concessions sociales du gouv., décide la reprise du travail ; la base ne suit pas (6 000 travailleurs de Renault-Billancourt rejettent le protocole de Grenelle). Les étudiants de l'U.N.E.F. ayant organisé à 17 h 30 une manifestation au stade Charléty (avec Mendès France et Rocard), P.C. et C.G.T. refusent d'y participer. La C.G.T. organise 12 contre-manifestations, notamment place Charles-Michels ; 28-5, Mitterrand s'étant déclaré à 11 h prêt à prendre le pouvoir, Waldeck Rochet se range à ses côtés à 16 h (déclaration à l'agence France-Presse) ; 30-5, le P.C. accepte la décision de De Gaulle de recourir à des élections anticipées (dissolution de la Chambre) ; 1-6, il conclut avec la F.G.D.S. (Fédération de la gauche démocratique et socialiste) un accord électoral en vue des élections du 23 juin. 23-6, échec électoral du P.C. et de ses alliés de la gauche ; déc., Manifeste de Champigny pour une dém. avancée, une Fr. soc. (actualise les conditions du passage au soc. en Fr. par la voie pacifique et dém.).

Composition sociale des adhérents du PCF (sur 607 393 cartes analysées) présentée à la presse le 27-4-1979 par Paul Laurent. *Catégories socio-professionnelles :* ouvriers 270 000, femmes 250 000, employés 145 000, retraités 90 000, intellectuels 70 000, sans activité prof. 62 000, techniciens 23 000, artisans et commerçants 20 000, exploitants agric. 17 000, étudiants et lycéens 12 000. *Par tranches d'âge :* moins de 25 ans, 83 000 (11,3 %), 25 à 30 a. 106 000 (15 %), 30 à 35 a. 97 000 (13,8 %), 35 à 45 a. 132 000 (18,8 %), 45 à 60 a. 170 000 (24,1 %), + de 60 a. 115 000 (16 %). *Permanence des adhérents :* 5,4 % (soit 38 000) sont adh. depuis + de 40 ans, 13,6 (soit env. 100 000) depuis + de 30 ans.

1970, exclusion de Roger Garaudy (n. 1913), philosophe et directeur du Centre d'études marxistes. **1972,** retraite de Waldeck Rochet, nommé *Pt d'honneur.* Georges Marchais, secr. gén. [secr. gén. adjoint dep. 1970 (W. R. étant malade)]. **1976,** janv. XXIIe Congrès, le parti renonce à la « dictature du prolétariat ». **1978,** échec électoral, dû à la rupture de « l'Union de la gauche » (alliance avec les partis socialiste et radical, conclue en juin 1972) ; le philosophe André Spire, pour protester contre la tactique électorale de Marchais, démissionne.

1980, nouvelles démissions d'intellectuels : Jean Rony (journaliste à *France nouvelle*), Michel Cardoze (j. à *l'Humanité*), François Hincker (j. à *Révolution*), pour protester contre l'alignement des intellectuels du parti. D'autres intellectuels frondent le parti sans démissionner, notamment Jean Elleinstein (n. 1931) et Louis Althusser (n. 1918). **1981,** juin, perte de 42 s. à l'Ass. nat. ; entrée de 4 membres dans le Gouv. Mauroy. Octobre, H. Fiszbin et 29 autres fondateurs de *Rencontres communistes-Hebdo* mis « hors du parti ». **1982,** févr., XXIVe Congrès.

Statistiques. Adhérents. *A l'origine :* 110 000 sur 150 000 à la S.F.I.O. avant la scission. *1922 :* 80 000. *23 :* 65 000. *24 :* 57 000. *25* (après le succès du Cartel) : 76 000. *26 :* 55 000. *28 :* 25 000. *30 :* 38 000. *33 :* – de 30 000. *36 :* 280 000. *38 :* 320 000. *45 :* 550 000. *47 (déc.) :* 907 785[1]. *61 :* 300 000. *69 :* 380 000. *73 :* 410 000. *76 :* 500 000 env. (+ 66 % de 1961 à 1976). *77 (déc.) :* 632 814 (dont 165 104 nouveaux, et 225 000 femmes contre 90 000 en 1965). *Fin 78 :* 702 864. 75 % des nouveaux adhérents ont moins de 25 ans (41,8 % des délégués des 98 féd. ont moins de 30 ans). *79 :* 705 000 ; *80 :* 730 000 ; *82 :* 710 000 (200 000 cotisants selon Ph. Robrieux) ; *84/85 :* 610 000 (104 000 cot.).

Organisation : Comité central (126 m.) ; Cons. nat. : Bureau politique (21 m.) ; Secrétariat (7 m). *Fin 1978 :* 28 000 cellules (entreprises + de 10 000, locales env. 12 000, rurales + de 6 000). Les délégués des féd. se réunissent en Congrès tous les 3 ans pour fixer les orientations du Parti et renouveler les m. du Comité central. Le Bureau pol. est élu par le Comité central. Nombre officiel de permanents : 550.

Nota. – (1) Cartes délivrées.

Objectifs : « ... Le Parti communiste français est le parti de la classe ouvrière de France. Il rassemble les ouvriers, les paysans, les intellectuels, tous ceux qui entendent agir pour le triomphe de la cause du socialisme, du communisme ». Il œuvre pour « ... la transformation de la société capitaliste en une société fraternelle, sans exploiteurs ni exploités... » Cette transformation « exige la conquête du pouvoir politique par la classe ouvrière en alliance étroite avec la paysannerie laborieuse et l'ensemble des masses populaires. » (Cf. Statuts.)

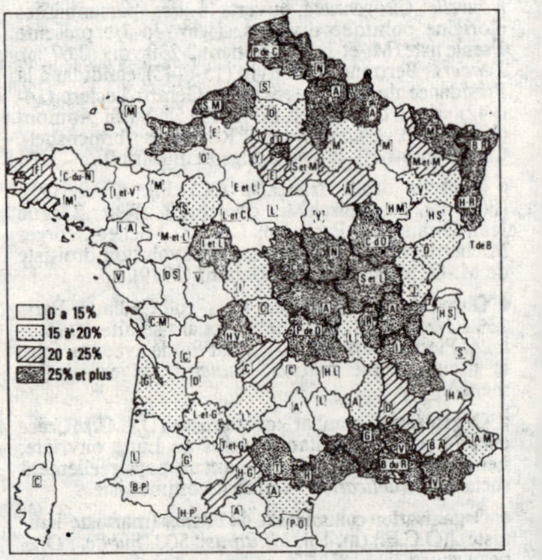

Élections législatives de nov. 1919 : % d'électeurs socialistes (par rapport aux suffrages exprimés) au 1er tour de scrutin.

Nota. – Le XXIIe Congrès du P.C.F. (févr. 76) a décidé l'abandon de la notion de dictature du prolétariat, décision confirmée par le XXIIIe Congrès (mai 79). Chaque parti communiste définit sa politique en toute indépendance, a également déclaré G. Marchais qui ne s'est pas rendu au XXVe Congrès du Parti communiste soviétique. *Sept. 77 :* rupture de l'Union de la gauche ; le P.C.F. propose au P.S. de reprendre la négociation, puis les divergences s'accentuent. Le XXIIIe Congrès du P.C.F. a insisté sur l'union à la base.

En 1977, le P.C.F. s'est prononcé pour une force de dissuasion française indépendante, tous azimuts, et pour une Europe démocratique respectant la souveraineté et l'indépendance nationales.

Ouvrages doctrinaux : le Manifeste du Parti communiste, le Capital (K. Marx), Histoire du P.C.F. (manuel), le Manifeste de Champigny du P.C.F. (1968), Changer de cap (1971), le Défi démocratique (1973), et les œuvres complètes de Marx, Engels, Lénine, Maurice Thorez, le Socialisme pour la France

Budget du Parti communiste

Recettes. 195 millions de F en 1976, dont : cotisations env. 45 millions ; souscriptions 40 millions (dont 50 % obtenus par le placement des vignettes des fêtes ; plus de 1 million est régulièrement recueilli en quelques heures avec le muguet du 1er mai) ; ristournes des élus 20 millions (venant des parlementaires et des élus locaux).

Dépenses. 105 millions : 35 millions pour les 860 permanents du Comité central et des fédérations ; 35 millions de dépenses administratives (téléphone, courrier, voitures, locaux, électricité) ; 35 millions pour la propagande (affichages, etc.). Chaque cellule, chaque section a son trésorier. Total 24 000 tr. de cellules et 2 400 de sections.

Fédérations. 2 d'entre elles n'ont aucun permanent ; 40 n'en ont que 1 ou 2 ; 24 en ont 3 ; 23 en ont entre 4 et 8 ; 8 fédérations seulement ont plus de 10 permanents.

Nota. — Depuis 1975, les cotisations sont proportionnelles à partir de 500 F de revenus et par tranche de 500 F à 1 % du salaire. Pour les revenus inférieurs à 500 F la cotisation est de 1 F. 43,34 % des adh. gagnaient moins de 1 000 F par mois en 1976 et 87,39 % moins de 2 000 F.

Sur une indemnité parlementaire de 25 000 F env. par mois, le député ne touchait en juin 1976 que 6 078 F et versait la différence à la trésorerie du Parti. En échange, celui-ci prend à sa charge les frais professionnels du parlementaire.

Situation financière du Comité central en F.
En 1981 et, en italique, en 1980.

Recettes. Parlementaires 65 494 155, *64 558 350.* Cotisations 18 457 587, *17 412 016.* Souscription nationale 9 523 935, *7 067 970.* Matériel de propagande 1 172 948, *999 889.* Recettes diverses 2 293 977, *1 370 850.* Souscription pour le siège 760 535, *1 320 837.* Total 97 703 137, *92 759 912.*

Dépenses. Parlementaires 26 573 086, *25 977 330.* Permanents du Comité central 18 250 155, *16 402 287.* Propagande 18 269 181, *10 517 128.* Presse 6 081 835 *8 855 068.* Revues 2 340 573, *2 492 469.* Secteur entreprises 1 113 466, *2 769 698.* Aide aux fédérations 6 323 373, *6 099 801.* Éducation 670 052, *701 089.* Aide à la jeunesse 2 561 280, *2 754 805.* Frais généraux 4 865 125, *4 546 496.* Congrès et conférences 752 811, *388 465.* Subventions 1 730 488, *2 453 998.* Financement du siège 6 764 799, *5 411 333.* Total 96 296 224, *89 369 967.*

Les femmes dans le P.C.

Comité central. *20e congrès* 16 sur 118 membres, *22e c.* 23 sur 121, *23e c.* 31 sur 145. **Bureau politique.** *20e c.* 2 sur 20. *22e c.* 2 sur 21. *23e c.* 4 sur 21. **Secrétariat du Comité central.** *23e c.* 1 sur 7. **Comités fédéraux (directions départementales).** *1979* 1 224 (23,47 %). **Bureaux fédéraux.** *1979* 286 (18 %). **Secrétariats fédéraux.** *1979* 62 (13 %).

Évolution des voix du P.S. et du P.C. (en %)

En métropole au 1er tours
(si les élect. ont eu lieu à 2 tours

	P.S.	P.C.		P.S.	P.C.
24 [2]	20,1	9,5	71 [4]	9	4,3
28 [2]	18	11,3	73 [2]	20,65 [11]	21,34
32 [2]	20,5	8,4	73 [3]	21,6	22,6
36 [2,5]	20,8	15,4	74 [1]	43,24 [8]	–
45 [2]	23,4	26,2	76 [3]	26,5	22,8
46 [2,6]	21,1	25,7	77 [4]	9,9	5,2
46 [2,7]	17,9	28,6	78 [2]	22,58	20,7
51 [2]	14,6	26,9	79 [16]	26,96	20,5
56 [2]	15,2	25,9	81 [1]	25,85 [12]	15,34 [13]
58 [2,7]	15,5	19,2	81 [2]	37,51 [14]	16,17
62 [2]	12,5	21,8	82 [3]	29,89	15,87
65 [1]	31,72 [8]	–	83 [4]	L. c. [15]	L. c. [15]
65 [4]	8,6	3,5	84 [16]	20,75	11,28
67 [2]	18,79	22,46	85 [3]	25,01	12,67
68 [2]	16,5	20	86 [2]	31,61	9,69
69 [1]	5,01 [1]	21,5 [10]			

Nota. — (1) Présidentielles. (2) Législatives. (3) Cantonales. (4) Municipales (1er et 2e tours, en % des cons. municipaux). (5) Oct. (6) Juin. (7) Nov. (8) F. Mitterrand, pas de candidat du P.C. (9) G. Defferre. (10) J. Duclos. (11) U.G.S.D. (12) F. Mitterrand. (13) G. Marchais. (14) P.S. = M.R.G. (15) Listes en parties communes. (16) Européennes.

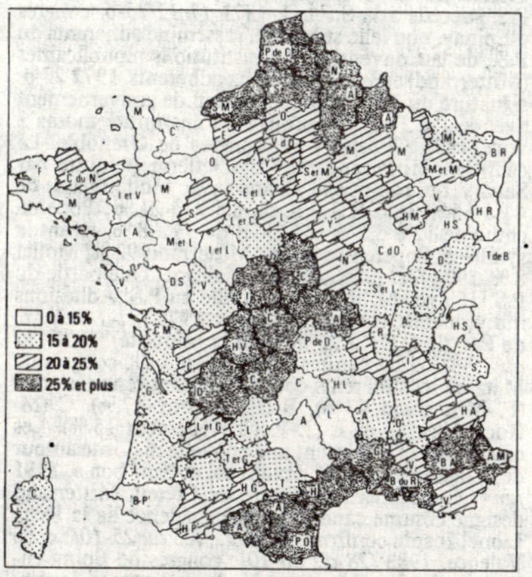

Élections législatives de mars 1978 : % d'électeurs communistes (par rapport aux suffrages exprimés) au 1er tour de scrutin.

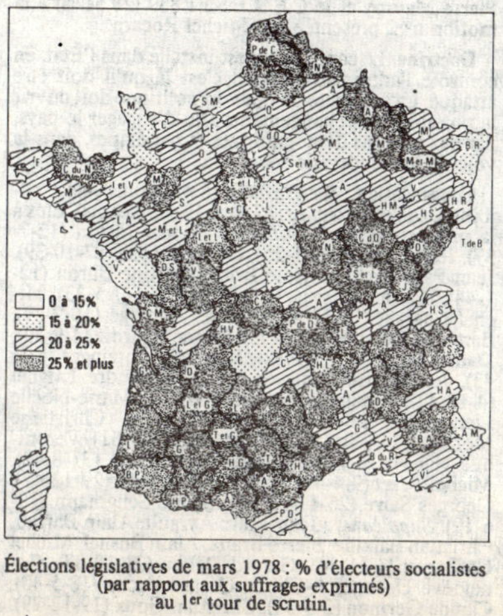

Élections législatives de mars 1978 : % d'électeurs socialistes (par rapport aux suffrages exprimés) au 1er tour de scrutin.

(1976), Vivre libre (charte des libertés) (1975), Parlons franchement (G. Marchais) (1977), les Communistes et l'État (J. Fabre, F. Hincker, L. Sève), Programme commun : l'actualisation à dossiers ouverts (P. Juquin) (1977), Pour une avancée décisive de la démocratie (brochure : La liberté guide nos pas) (1977), Programme commun de gouvernement actualisé (introduction G. Marchais) (1978), le P.C.F. comme il est (P. Laurent) (1978), l'U.R.S.S. et nous (Adler, Cohen, Decaillot, Frioux) (1978), le Parti communiste dans la société française (Jean Burles) (1979), Europe : la France en jeu (Debatisse, Dreyfus, Laprat, Streiff, Thomas) (1979), la Nation (R. Martinelli) (1979).

Presse : *Agence :* Union française d'information. *Quotidiens :* l'Humanité (organe central, fondé en 1904 par Jean Jaurès), la Marseillaise, Liberté, l'Écho du Centre. *Hebdomadaires :* l'Humanité-Dimanche, la Terre, Révolution. *Mensuels :* les Cahiers du communisme, Économie et Politique, l'École et la Nation, Action, l'Avant-Garde, Clarté.

Éditions : C.D.L.P. (Centre de diffusion du livre et de la presse), les Éditions sociales, les Éditeurs français réunis, et le Livre-Club Diderot. *Imprimeries :* une dizaine dont la plus importante est Paris-Province-Impression.

Leaders. *Secrétaire général :* Georges Marchais (7-6-20), depuis le XXe Congrès (déc. 1972). *Bureau politique :* Gustave Ansart (3-3-23), Mireille Bertrand (15-11-41), Claude Billard, Jean Colpin (26-4-28), Charles Fiterman (28-12-33), Jean-Claude Gayssot (6-9-44), Maxime Gremetz (3-9-40), Guy Hermier (22-2-40), Philippe Herzog (12-4-1913), Pierre Juquin (22-2-30), Henri Krasucki (2-9-24), André Lajoinie (26-12-29), Paul Laurent (1-5-25), Francette Lazard (1937), René Le Guen (1921), Roland Leroy (4-5-26), Georges Marchais (7-6-20), Gisèle Moreau (30-6-41), René Piquet (23-10-32), Gaston Plissonnier (11-7-13), Claude Poperen (22-1-31), Louis Viannet (4-3-33), Madeleine Vincent (4-5-20).

Ont quitté le bureau en mai 1979 : Guy Besse (25-11-18), Jacques Chambaz (12-12-23), Étienne Fajon (11-9-06), André Vieuguet (11-3-17) ; *en février 1982 :* Georges Séguy (16-3-27).

Élus : *Nov. 1946 :* 166 députés. *Mars 1978 :* 86 dép., 23 sénateurs. 1 481 maires. *Juin 1981 :* 44 dép. *Juin 1984 :* 9 dép. au Parlement européen. *Mars 1986 :* 35 dép. Par rapport aux europ. de 1984, recul dans 82 dép., amélior. dans 13. — de 10 % des voix dans 58 dép., 10 à 15 % dans 27, 15 à 20 dans 8, 20 à 25 dans 3 (22 en 78), + de 25 % dans aucun (78 : 23).

Meilleur % : Cher 24,75 (81 : 25,53, 84 : 17,87) ; Allier 22,22 ; Hte-Vienne 20,87. *% en région paris. :* Seine-St-Denis 18,66, V.-de-M. 15,95, Val-d'O. 11,81, H.-de-S. 10,75, Essonne 10,60, Seine-et-M. 8,77, Yvelines 6,38, Paris 4,56.

● **Parti communiste internationaliste (P.C.I.).** *Siège :* 87, rue du Fg-St-Denis, Paris 10e. Section française de la IVe Internationale, créée févr.-mars 1944 par des militants et des groupes trotskistes dispersés pendant la g. Combat pour la reconstruction de la IVe Internationale créée en 1938 par L. Trotski. *Principal dirigeant :* Pierre Lambert. Aux présidentielles de mai 1981, a prôné une candidature unique P.S.-P.C.F. dès le 1er tour, puis a appelé à voter pour F. Mitterrand dès le 1er tour. Aux municipales de mars 1983, a présenté 200 « listes ouvrières d'unité ». *Adhérents :* env. 8 000. *Publication :* Informations ouvrières (heb. 30 000 ex.).

● **Parti pour une alternative communiste (P.A.C.).** BP 90 - 75962 Paris Cedex 20. Issu du P.C.M.L.F. (fondé 31-12-1967 par des militants exclus du P.C.F. dont Jacques Jurquet, rejoint dans les années 70 par de nombreux groupes, actifs en mai 68). *Ligne d'action :* anticapitaliste, anti-impérialiste, contre l'hégémonie des 2 superpuissances ; milite pour une France socialiste, indépendante, solidaire du tiers monde et pour le renouveau du communisme. Mène campagne contre le chômage et l'austérité pour les travailleurs, pour une autre politique (une autre façon de la faire, pour une alternative) pour le désarmement général, simultané et contrôlé des U.S.A. et de l'U.R.S.S., de nouveaux rapports avec le tiers monde). Parmi les secrétaires du Comité central du P.A.C., Pierre Bauby (candidat aux élect. présidentielles de 1981), Camille Granot (directrice des publications). *Publications :* Travailleurs (mensuel), Flash-Alternative (hebd.).

● **Parti communiste révolutionnaire marxiste-léniniste (P.C.R.).** *Fondé* 1974. Maoïste longtemps hostile au P.C.M.L.F. clandestin dont il était partiellement issu. *Secr. gén. :* Max Cluzot. *Organisation de Jeunesse :* Union communiste de la jeunesse révol. *Militants :* env. 2 500. *Publications :* Quotidien du Peuple (env. 10 000 ex.), Front Rouge (env. 5 000 ex., n'existe plus).

● **Parti démocrate français (P.D.F.).** *Siège :* 5, rue des Colonnes-du-Trône, Paris 12e. *Fondé* juin 1982 par Guy Gennesseaux, ancien secr. nat. des Radicaux de Gauche, et par des femmes et des hommes de gauche venus du M.R.G. et de formations social-démocrates ; a constitué le 17-6-85 le Rassemblement libéral et démocrate avec le Parti libéral présidé par Serge Dassault. *Pt :* Guy Gennesseaux. *Vice-Pt :* Michel Grossmann. *Secr. gén. :* Jean-Henri Ricard. *Adhérents :* 5 000 dont 700 élus municipaux. *Publication :* le Journal des démocrates (mensuel, 8 000 ex.).

● **Parti des forces nouvelles.** *Siège :* 94, bd de Sébastopol, Paris 3e. *Fondé* 11-11-74. Après l'échec d'**Ordre nouveau** (dissous 27-6-73 par le gouvernement) et du Front national de Le Pen aux présidentielles de 1974 (0,74 % des voix). Parmi les fondateurs, Pascal Gauchon, (professeur normalien) et Alain Robert (ancien secr. gén. d'Ordre nouveau et du Front national). *Programme :* élections à la proportionnelle, protection des cultures régionales dans une Europe politique, cogestion, contrôle et arrêt de l'immigration. En avril 1978 avec le M.S.I. (Italie : 35 dép. en 1976, 31 dép. et 3 sén. en juin 1979) et Fuerza Nueva (Esp.), fonde l'**Eurodroite**, pour regrouper les formations nationalistes, en vue notamment des élections eur. de 1979. Le Rassemblement national grec (5 dép. en 1977) et les Forces nouvelles belges y adhèrent en nov. 1978. *Pt :* Me Jean-Louis Tixier-Vignancour (12-10-07), cand. à la présidence de la Rép. en 1965. *Bureau politique :* Pascal Gauchon (24-3-50), Alain Robert (9-10-45), Joël Dupuy (8-1-51). *Adhérents* (P.F.N., G.U.D., Front de la Jeunesse, Eurodroite-France). *1974-76 :* 3 000 ; *76-77 :* 5 000 ; *77-78 :* 11 000 ; *78-79 :* 23 000 ; *79 :* 25 000. *Cotisation :* 150 F. *Publication :* la Lettre de la Droite (bimens., 50 000 ex.).

● **Parti libéral.** *Siège :* 46, av. Kléber, 75116 Paris. *Fondé* janv. 1981. *Objectifs :* réduire le rôle de l'État, améliorer la qualité de la vie par un urbanisme humain, faciliter la vie des entreprises pour favoriser la croissance écon., développer la participation, diminuer la pression fiscale. *Pt :* Serge Dassault (4-4-25).

● **Parti libéral européen.** 9, rue de Clichy, 75009 Paris. *Pt :* Jean-Paul David (14-12-1912). *Vice-Pt :* Raymond Courtot. *Publ. :* Le Réveil libéral (mens.).

● **Parti républicain. Siège :** 1, rue de Villersexel, Paris 7e. **Fondé** 19-5-1977 lors de la fusion de la Féd. nat. des Rép. indépendants (F.N.R.I.), de Génération sociale et libérale, et des Comités de soutien à Valéry Giscard d'Estaing. **Objectifs :** parvenir à une société démocratique moderne, libérale par la structure pluraliste de tous ses pouvoirs, avancée par un haut degré de performance économique, d'unification sociale et de développement culturel. Accuse la majorité socialo-communiste d'engager le pays dans la voie d'une société bureaucratique, d'assistance et de contrainte refusée par les Fr. **Leaders :** *secr. gén. :* François Léotard (26-3-42). *Conseillers politiques :* Jacques Blanc, Roger Chinaud, Michel d'Ornano. *Bureau politique, membres de droit :* Jean-Claude Gaudin (8-10-39), Marcel Lucotte (16-1-22), Jacques Blanc (21-10-39), Roger Chinaud (6-9-34), Jacques Dominati (11-3-27), Michel d'Ornano (12-7-24), Jean-Pierre Soisson (22-11-34), Patrick Gérard (30-12-57). *Membres élus :* François d'Aubert (31-10-43), Christian Bonnet (14-6-21), Jean Brocard (4-10-20), Christine Boutin (6-2-44), Philippe de Bourgoing (25-7-21), Hervé de Charette (30-7-38), Pascal Clément (12-5-45), Stéphane Dermaux (13-7-29), Hugues Dewavrin (30-4-54), Serge Didier (24-10-51), Willy Dimeglio (3-5-34), Jacques Douffiagues (28-1-41), Maurice Dousset (26-2-30), René Haby (9-10-19), Daniel Laurent (11-11-42), Bernard Lehideux (24-9-44), Gérard Longuet (24-2-46), Alain Madelin (26-3-48), Simone Martin (14-3-43), Charles Millon (12-11-45), Arthur Paecht (18-5-30), Michel Poniatowski (16-6-22), Jean Puech (22-2-42), Jean-Pierre Raffarin (3-8-48), Jean Roatta (13-12-41), Alice Saunier-Séité (26-4-25), Hugues Sirven-Viénot (21-3-42), Lionel Stoleru (22-11-37), Pierre-Christian Taittinger (5-2-26), Yves Verwaerde (16-5-47). *Députés 1981 :* 30, *1986 :* 60. **Presse :** *responsable :* Capucine Fandre. *Adhérents :* 190 000. **Cotisation :** 140 F. *Publications :* le Journal des Républicains, le Cadre républicain, le Point républicain. **Clubs Perspectives et Réalités :** Voir p. 661 a.

● **Parti républicain radical et radical-socialiste,** dit **Parti radical-socialiste. Siège.** 1, place de Valois, Paris 1er. *Fondé* 21/23-6-1901 (le plus ancien parti de France). **Avant 1940** parti de notables, joue un rôle prépondérant (avec Combes, Clemenceau, Joseph Caillaux, Édouard Herriot, Édouard Daladier, Camille Pelletan, Camille Chautemps, les frères Sarraut, Georges Bonnet, Yvon Delbos, Jules Jeanneney). *Pendant la guerre,* beaucoup de ses dirigeants participent à la Résistance et sont déportés ou assassinés, tels Jean Zay et Jean Moulin. **Après 1944,** bien qu'affaibli, il est associé aux différents gouv. et fournit de nombreux P[ts] du Conseil (André Marie, Henri Queuille, Edgar Faure, René Mayer, Maurice Bourgès-Maunoury, Pierre Mendès France, Félix Gaillard). *Ve République,* les radicaux restent longtemps écartés des responsabilités minister. **1970** *février,* au congrès de Wagram, J.-J. Servan-Schreiber, appelé 3 mois plus tôt au poste de secr. gén., insuffle un sang nouveau et suscite l'intérêt avec la publication du « Manifeste radical ». *Déc.,* il approfondit son programme avec les propositions de réformes régionales contenues dans le « Pouvoir régional » (Manifeste municipal). **1971** *oct.,* au congrès de Suresnes, il est élu Pt du Parti radical avec 69 % des voix. *3-11, Accords de St-Germain-en-Laye* avec Centre démocrate, Centre républicain et Parti social-démocrate ; participe au Mouvement réformateur. **1972,** *26-6,* une minorité de radicaux, avec Robert Fabre, signe un accord électoral avec le P. socialiste ; elle reçoit du P[t] du Parti radical une « suspension de parti », forme un « Groupe d'études et d'action radical-socialiste » qui devient le « Mouvement de la gauche rad.-soc. » (janv. 1973 « Mouv. des Rad. de gauche »). *Déc.,* J.-J. S.-S. propose avec les réformateurs un programme de gouv. inspiré du Manifeste radical, détaillant les moyens financiers nécessaires. **1973,** *mars* élect. législat., le P. radical investit ou soutient un candidat réformateur dans toutes les circonscriptions. *Nov.,* congrès de Wagram, J.-J. S.-S. réélu Pt du parti. **1974,** él. présidentielles, le Parti radical soutient V. Giscard d'Estaing et obtient 2 postes de ministres dans le nouveau gouv. (Gabriel Péronnet, secr. d'État à l'Environnement puis à la Fonction publique et J.-J. S.-S., min. des Réformes qui sera démis de ses fonctions le 9-6-74 pour avoir manqué à la solidarité gouvernementale à propos du problème nucléaire). **1975** *janv.,* au congrès de Bagnolet : Françoise Giroud, secr. d'État à la Condition féminine, adhère au Parti rad. *Juin,* les rad. prennent part à la formation d'une *Féd. des réformateurs. Juill.,* J.-J. S.-S. abandonne la présidence du parti (intérim de Gabriel Péronnet). Michel Durafour, min. du Travail et André Rossi, porte-parole du gouv., adhèrent au parti. *Nov.,* congrès de Lyon, Gabriel Péronnet élu Pt. *Août,* entrée de certains membres au Gouv. **1977** *juin,* le Centre rép. (créé en 1955) et en *juillet* le Mouv. des sociaux-libéraux (créé par Olivier Stirn) rejoignent le parti rad. **1978,** *1-2,* s'associe au parti rép. et au C.D.S. au sein de l'U.D.F. *Nov.,* congrès de Versailles. **1979** *oct.,* congrès de Paris [Didier Bariani (n. 16-10-43) devient Pt du parti]. **1980** *oct.,* les rad.-soc. élaborent *« 7 priorités pour un septennat différent ».* **1981** *juin,* élect. législ., recul du parti. *Nov.,* Didier Bariani réélu Pt du parti. **1983** *mars,* élect. municip., participation aux listes d'Union de l'opposition. *Nov.,* André Rossinot élu Pt. 3 élus. **1985** *oct.,* André Rossinot réélu Pt.

Organisation. *Bureau national (1983-1985). Pt :* André Rossinot (29-5-39). *Secr. gén. :* Yves Galland (8-3-41). *Vice-Pts :* Étienne Dailly (4-1-18) vice-Pt du Sénat), Michel Durafour (11-4-20), Jean-Thomas Nordmann (16-2-46), André Rossi (16-5-21), Jean-Pierre Cantegrit (2-7-33), Paul Granet (20-3-31), Robert Bataill*y. Vice-Pt trésorier :* Alain Bloch. *Presse :* B.I.R.S. (Bulletin d'information rad.-soc.) ; l'A.I.R.S. (Agence d'information rad.-soc.). *Effectifs :* env. 60 000. *Élus :* 17 sénateurs. 5 députés européens (1984). *Députés 1981 :* 2, *1986 :* 6.

● **Parti social-démocrate (P.S.D.).** *Siège :* 400, rue St-Honoré, Paris Ier. Continuité du Mouvement démocrate socialiste créé 9-12-73 par Max Lejeune. Fédère Mouv. dém. soc., Soc. et Liberté, Soc. et Démocratie. Refus du programme commun. *Pt :* Max Lejeune (19-2-09). *Pt délégué :* Georges Donnez (20-6-22). *Vice-Pts :* Émile Muller (20-4-15), Paul Alduy (4-10-14), André Martin (1-2-26), Georges Mouly (21-2-31), Abel Sempe (24-1-12). *Secr. gén. :* Charles Baur (20-12-29). *Doctrine :* Partisan de la décentralisation et déconcentration admin., de l'union pol. écon. de l'Europe. *Adhérents :* 110 000. *Publication :* Message social-démocrate (bi-mensuel 15 000 ex.).

● **Parti socialiste. Siège.** 10, rue de Solférino, 75333 Paris Cedex 07.

Quelques dates. 1893, il y a en France 4 grandes formations socialistes, plus les indépendants. **1901** *Mai,* 2 partis : *Parti soc. français,* regroupe indépendants, broussistes ou possibilistes [fondé en 1882 par Paul Brousse (1844-1912), anti-marxiste] et allemanistes (partisans d'Allemane, favorable à la primauté de l'action syndicale révolutionnaire) ; *Parti soc. de France* (partisans de Guesde et de Vaillant, marxistes et hostiles à toute participation à un gouvernement bourgeois de gauche). **1905,** *23/25-4,* union des 2 partis dans *la Section française de l'Internationale ouvrière (S.F.I.O.).* **1914,** *31-7,* Jean Jaurès (n. 1850) assassiné. **1914-18,** 3 courants : *majoritaires :* partisans de l'Union sacrée (avec Guesde) ; *minoritaires* (avec Longuet) votent les crédits de guerre avec les majoritaires, mais veulent renouer avec la minorité pacifiste de la soc.-dém. all. et plaident l'étude de toutes les possibilités de paix sans annexions ; *zimmerwaldiens* (avec Blanc, Brozon et Raffin-Dugens) votent contre les crédits de g. à partir d'avril 1916 (confér. de Kienthal), condamnant la « g. impérialiste » et la « collaboration de classe », mais sans prôner le défaitisme révolutionnaire (comme les Bolcheviks). **A partir de 1917,** rassemblement centriste autour du longuettisme : répudiation de l'Union sacrée (la S.F.I.O. ne participe plus au gouv. dep. sept. 1917, mais les députés votent toujours les crédits de g.) et défense d'une politique de rechange fondée sur la constitution d'une force internationale de paix et d'arbitrage dont l'ossature serait soc. (accueil enthousiaste des « 14 points » de Wilson). **1920** *déc., (congrès de Tours),* la majorité du parti (env. 3/4 des membres) fonde le Parti communiste. **1924,** la S.F.I.O., reconstruite par Paul Faure et Léon Blum, s'allie aux radicaux sur le plan électoral et redevient un grand parti parlementaire. **1933,** *5-11,* scission au congrès national : départ d'Adrien Marquet et de Renaudel, création du Parti soc. de France. **1936,** alliée aux communistes et aux radicaux, la S.F.I.O. devient le 2e plus grand parti de Fr. (250 000 m). **1940-44,** participe à la Résistance. **1943,** représentée dans le Conseil national de la Rés. **1956-57,** Guy Mollet, secr. gén. de la S.F.I.O., devient Pt du Conseil en pleine guerre d'Algérie, après les succès élect. du Front républicain aux él. législ. de janv. 1956. Il rappelle le contingent et déclenche l'opération de Suez. **1965** *Juin,* Congrès de Clichy, Guy Mollet et Gaston Defferre s'opposent, le projet de création d'une Féd. démocrate soc. ouverte notamment vers les radicaux et le M.R.P., échoue. **1967,** Création de la *F.G.D.S.* qui regroupe la S.F.I.O., le parti radical et les clubs, mais éclatera en 1968. **1969,** Defferre battu aux présid. (5 %) en dépit d'une campagne menée en tandem avec P. Mendès France. *11/13-7,* congrès d'Issy-les-Moulineaux, le P.S. succède à la S.F.I.O. **1971** *11/12/13-6,* congrès d'Épinay, nouvelle structure, rassemble adhérents du P.S., de la Convention des institutions républicaines (Mitterrand) et 3 813 nouveaux adhérents. **1972** *27-6,* signature du Programme commun de gouvernement avec le P.C.F. *9-7* approuve à l'unanimité moins 2 voix. **1973** *(22 au 24-6) :* congrès de Grenoble. La coalition Mitterrand-Mauroy-Defferre (rejointe par Savary, qui rompt son alliance avec Mollet) passe de 44 à 65 %, le C.E.R.E.S. de 8,5 % à 21 % ; Poperen chute de 12 à 5,5 % et Mollet de 33 à 8 %. Avant la synthèse, Poperen se rallie : Mitterrand 92 %, Mollet 8 %. **1974** *(oct.)* Assises du socialisme. Une partie du P.S.U., avec M. Rocard, se rallie au P.S. Adhésions individuelles, comme J. Delors. **1975** *(31-1/2-2) :* c. de Pau (le C.E.R.E.S. devient la minorité). **1977** *(17 au 19-6) :* c. de Nantes. **1979** *(6 au 8-4) :* congrès de Metz où les différents courants se sont reportés en A (F. Mitterrand 47 %), B (P. Mauroy 17 %), C (M. Rocard 21 %), et E (J.-P. Chevènement 15 %). Les courants A et E forment une nouvelle majorité autour de la ligne « Regarder devant soi et tenir bon ». **1981** *janv.,* congrès extraordinaire de Créteil, Mitterrand désigné comme candidat à la Présidence de la Rép., Lionel Jospin confirmé 1er secr. ; *(23 au 25-10) :* c. de Valence. **1983** *(28 au 30-10) :* congrès de Bourg-en-Bresse et synthèse entre 3 courants : Jospin, C.E.R.E.S., et Lieneman et Richard. **1985** *sept.,* « Banquet des mille » à Issy-les-Moulineaux. Réconciliation de L. Jospin avec L. Fabius pour la campagne élect. *(10 au 12-10) :* congrès de Toulon. Tendances : sur 6 451 mandats exprimés : 4 612 (71,49 %) sont allés à la motion n° 1 déposée par Lionel Jospin, Pierre Mauroy et le C.E.R.E.S., 1 839 (28,51 %) à la motion n° 2 présentée par Michel Rocard.

Doctrine. Le capitalisme est installé dans l'État, en contrôle l'administration, et c'est là qu'il doit être attaqué. La conquête du pouvoir politique doit ouvrir la possibilité de changements afin d'engager le pays, par des moyens démocratiques et par étapes, dans la voie de la démocratie socialiste.

Organisation. *Secrétariat* (16 titulaires + 12 adjoints). *Bureau exécutif* (27 tit. + 19 suppléants). Élus à la proportionnelle. *Titulaires :* Lionel Jospin (12-7-37), Jean Poperen (9-1-25), Guy Allouche (27-10-39), Jean-Paul Bachy, Nicole Bricq, Martine Buron (12-1-44), Pierre Carassus, Robert Chapuis (7-5-33), Michel Charzat (25-12-42), Marcel Debarge (16-9-29), Bertrand Delanoë (30-5-50), Roger Fajardie (4-9-30), Daniel Frachon (23-1-32), Jacques Huntzinger (8-1-43), Jean-Pierre Destrade (29-8-41), André Laignel (4-12-42), Louis Le Pensec (8-1-37), Marie-Noëlle Lienemann, Louis Mermaz (20-8-31), Christiane Mora (14-11-38), Didier Motchane (6-9-31), Véronique Neiertz (6-11-42), Daniel Percheron (31-8-42), Michel Pezet (9-4-42), Jean-Louis Joseph (29-12-47), Georges Sarre (26-11-35), Françoise Seligmann (19-6-19). *Suppléants :* Jean-Marc Ayrault, Alain Barrau, Christian Bataille, Pierre Brana, Alain Busnel, Michel Coffineau (4-11-34), Gérard Delfau (21-10-37), Geneviève Domenach-Chich, Gérard Fuchs (18-5-40), Claude Germon (2-5-34), Christian Goux (19-12-29),

Jean Natiez (17-4-38), Christian Pierret (12-3-46), Jean-Jack Queyranne (2-11-45), Bernard Roman, Luc Soubre, Dominique Strauss-Kahn, Bernard Thareau (2-9-36), Anne Tregouet (26-9-45).

Sections (6 000 m. env.) : commune, canton, université ou entreprise (*1974* : 250 sections et groupes d'entreprises ; *76* : 643 ; *79* : 1 300 ; *83* : 2 000).

Age minimum d'adhésion : 15 ans. **Cotisation :** calculée sur les ressources de chacun et variable selon féd. et sections. **Budget** (1982) : 30 millions de F, basé sur cotisations adhérents (part nationale moy. de chaque adh. : 97 F) et c. versées par parlementaires soc.

Publications. *L'Unité* (hebdomadaire), *le Poing et la Rose* (mensuel intérieur), *la Nouvelle Revue socialiste* (revue théorique), *Terre et Travail*, *Communes de France* (mensuel), *Socialisme et Économie* (bimestriel), *École et Socialisme* (mensuel), *l'Enjeu* (C.E.R.E.S.). Revues du courant socialiste : *Cahiers de l'E.R.I.S.*, *Cahiers de l'O.U.R.S.*

Organisations intégrées au P.S. : *Mouvement de la jeunesse socialiste*, rassemble les moins de 25 ans ; *Étudiants socialistes, 1er secr.* : Alain Barrau (adhérents mouv. jeunesse + étud. : 20 000) ; *Association des vétérans du Parti socialiste.* **Clubs associés :** *C.E.R.E.S.* (voir plus haut) ; *Club Jean-Jaurès ; Club Louise Michel ; O.U.R.S.* (Office universitaire de recherches socialistes), tendance S.F.I.O. ; *E.R.I.S.* (Études, recherches et informations socialistes), animé par Jean Poperen. **Organisations proches du P.S. :** Club Démocratie et Université, Club Louise-Michel, Association de la gauche européenne, Fédération nationale des élus socialistes et républicains, Institut socialiste d'études et de recherches, Convention des officiers de réserve pour l'armée nouvelle, Conv. des sous-off. de réserve pour l'armée nouv., Féd. nationale des clubs Léo-Lagrange, Socialisme et Entreprise, École et Socialisme. Solidarités internationales.

Adhérents. *1914* : 72 000. *1937* : 280 000. *1945* : 450 000. *1946* : 350 000. *1958-59* : 90 000. *1971* : 90 000 [au congrès d'Épinay 11/13-6-1971 : 74 598 (dont 60 869 socialistes, 9 916 conventionnels, 3 813 nouveaux adhérents)]. *1980* : 180 000. *1981* : 230 000. *1982* : 230 000. *1983* : 215 000. *1984* : 210 000. (V. Quid 1983, p. 787.) **Parlementaires (1981) :** 269 dép. + 3 apparentés, 206 dép. + 9 apparentés en 86. *Sénateurs* : 67, *conseillers généraux (1981)* : 1 050. *Assemblée européenne (1984)* : 20.

● **Parti socialiste unifié (P.S.U.). Siège.** 9, rue Borromée, Paris 15e. **Histoire. 1960** (regroupe le *Parti socialiste autonome* séparé de la S.F.I.O. en 1958 avec Depreux, D. Mayer, Verdier, Rocard. *L'Union de la gauche socialiste* de Bourdet et Martinet, f. 1957 à partir principalement de la *Jeune République*, de la *Nouvelle Gauche* et du *Mouvement de libération du peuple* représentant le courant progressiste chrétien, et une 3e composante, la tendance *Tribune du communisme* regroupant un groupuscule minoritaire du P.C. recruté pour l'essentiel à la cellule « Sorbonne Lettres ». **1961-68** Mendès France adhère. **1974** Conseil national d'Orléans, la majorité se prononce contre l'intégration au P.S. ; M. Rocard et Robert Chapuis démissionnent et rejoignent le P.S. **1981.** Huguette Bouchardeau candidate à l'él. présidentielle. Dep. le 13e Congrès (Nantes), le P.S.U. adopte une attitude de « soutien critique » vis-à-vis du gouvernement de gauche. **1983** *Mars* H. Bouchardeau, nommée secr. d'État chargée de l'Environnement, (puis min. en juil. 84). **1984** Congrès de Bourges le P.S.U. revient à une attitude plus critique. H. Bouchardeau et Serge Depaquit démissionnent. **1985** se prononce pour une convergence des autogestionnaires, alternatifs et écologistes. **Objectifs.** Considère que face à la crise, les propositions traditionnelles de la gauche ne sont pas adaptées, et cherche à constituer un 3e courant de la gauche distinct du P.S. et du P.C., basé sur l'autogestion (responsabilité des travailleurs et de la population à tous les niveaux). Considère comme indispensable l'établissement de rapports plus égalitaires avec les pays du tiers monde. **Organisation.** *Secr. nationaux. 1960* : Édouard Depreux (1908-1981) ; *1967* : Michel Rocard (23-8-30) ; *1973 (26-11)* : Robert Chapuis (7-5-33) ; *1974 (14-12)* : André Barjonet (19-1-21), Pascal Gollet, Victor Leduc, Michel Mousel (11-3-40) et Charles Piaget. *1979* : Huguette Bouchardeau (1-6-35). *1983* : Serge Depaquit, Jacques Salvator ; *1984 (16-12)* : Jean-Claude Le Scornet (12-2-43). *Bureau politique* (15 m.). *Direction politique* (70 m.).

Adhérents. *1981* : 8 000 ; *84* : 2 500. En 1981 : *Catégories socio-prof.* (%) : patrons et prof. libérales 2, cadres sup. 4, commerçants et artisans 2, cadres moyens 12, enseignants 22, employés 24, ouvriers 15, agriculteurs 3, étudiants lycéens 10, sans profession et retraités 6. *83 % des salariés sont syndiqués* : C.F.D.T. 75 dont S.G.E.N. 18 ; C.G.T. 11 ; F.E.N. 8 ; divers 6. *Age moyen* : 35 ans. Hommes 65 %, femmes 35 %. **Élus locaux (85) :** 250.

Presse. *Autogestion, l'Alternative* (hebdo : 10 000 ex.). *Critique socialiste* (revue bimestrielle), *P.S.U. Documentation, Tribune internationale,* (trim.), *Germinal* (Commission agricole).

● **Présence indépendante et libérale.** Bureau 73-08, 101, rue de l'Université, 75007 Paris. *Créée* par d'anciens dirigeants ayant quitté le Centre nat. des indépendants et paysans. Club de réflexion et d'action. *Directoire* : Maurice Ligot (9-12-27), Jacques Fouchier, Léon Jozeau-Marigne, Jacques Ducrocq. *Publication* : le Cahier indépendant (trim.).

● **Rassemblement pour la République (R.P.R.). Siège.** 123, rue de Lille, Paris 7e.

Quelques dates. 1947, 8-4, De Gaulle crée le **Rassemblement du peuple français (R.P.F.).** *Secr. gén.* : Jacques Soustelle (jusqu'en 1951) ; puis Louis Terrenoire (jusqu'en 1954). S'adressait à tous les Français, communistes exceptés. *Principaux thèmes* : l'anticommunisme (les communistes sont qualifiés de séparatistes) ; association capital-travail ; allocation-éducation attribuée à chaque famille. *Adhérents* (oct. 1947) : 1 500 000. **1951** Obtient aux lég. 4 000 000 de voix (16,5 % des électeurs inscrits) et 121 députés, qui, ne pouvant dominer l'Assemblée et ne voulant pas s'intégrer au système, font de l'opposition systématique. **1953**-*6-5*, De Gaulle leur rend leur liberté et leur demande de ne plus utiliser l'étiquette R.P.F. dans leur campagne électorale. Le groupe parlementaire devient l'*Union des républicains d'action sociale (U.R.A.S.)*, présidée par Jacques Chaban-Delmas. **1955**-*14-9*, de Gaulle met le R.P.F. en sommeil sans le dissoudre. **1958**-*1-10*, création de l'**Union pour la Nouvelle République (U.N.R.)** qui regroupe le *Centre national des républicains sociaux*, l'*Union pour le renouveau français* et la *Convention républicaine. Secr. gén.* : 4-10-58 : Roger Frey (11-6-13) ; 5-11-59 : Albin Chalandon (11-6-20) ; 15-11-59 : Jacques Richard (23-3-18) ; 3-4-61 : Roger Dusseaulx (18-7-13) ; 9-5-62 : Louis Terrenoire (10-11-08). **1960**-*25-4*, exclusion de Jacques Soustelle. **1962**-*déc.*, fusionne avec l'**U.D.T.** [**Union démocratique du Travail,** créée en avril 1959 ; secr. gén. : Louis Vallon (31-8-28)] et forme l'**U.N.R.-U.D.T.** *Secr. gén.* : 4-12-62 : Jacques Baumel (6-3-18). Puis *direction collégiale* [Jean Charbonnel (22-4-27), André Fanton (31-3-28), Robert Poujade (6-5-28), Jean Taittinger (25-1-23), René Tomasini (14-4-19)]. **1967**-*27-11*, devient l'**Union des démocrates pour la Ve Rép.** (U.D.-Ve Rép.) à la suite du ralliement d'éléments venus d'autres horizons politiques, notamment du M.R.P. : Maurice Schumann (10-4-11), Marie-Madeleine Dienesch (3-4-14), Charles de Chambrun (16-6-30). **1968**-*4-6*, devient l'**Union pour la défense de la République (U.D.R.)** après les événements de mai et avant les élections législatives du 23-6. *Secr. gén.* 19-1-68 : Robert Poujade (6-5-28). **1971** Devient l'**Union des démocrates pour la Rép.** *Secr. gén.* : 14-1-71 : René Tomasini (14-4-19) ; 5-9-72 : Alain Peyrefitte (26-8-25) ; 6-10-73 : Alexandre Sanguinetti (1913-80) ; 14-2-74 : Jacques Chirac (29-11-32) ; 14-12-74 : André Bord (31-12-14) ; 28-6-75 : Yves Guéna (6-7-22). **1976**-*5-12*, devient le R.P.R. à l'issue des assises extraordinaires réunies au Parc des expositions à la Porte de Versailles. Adoption d'un manifeste et de statuts par 96 % des délégués U.D.R. **1981**-*juin*, devenu, en 81, l'une des principales forces de l'opposition, il rejette principes et méthodes du pouvoir socialiste jugés dangereux pour les libertés et l'unité nationale, et totalement inadaptés, sur le plan économique, à la profonde mutation du monde. **1983**-*23-1*, a adopté, à son Congrès extraordinaire, un projet politique et un plan de redressement économique et social fondés sur l'extension des libertés et des responsabilités du citoyen. **1985** Pour les él. lég. de 86 a adopté une plate-forme commune avec l'U.D.F. ; après la victoire, J. Chirac devient P.M. **1986** Obtient avec l'U.D.F. 42,03 % des voix et a 148 députés élus (l'U.D.F. 129).

Organisation. *Pt* : Jacques Chirac (29-11-32). *Secr. gén.* : Jacques Toubon (29-7-41). *Pt du groupe de l'Ass. nat.* Claude Labbé (27-1-20) ; *Secr. nat.* : Alain Juppé (15-8-45), Élie Crespi, Jacques Chartron (19-6-22), Michèle Alliot, Christian Bergelin, Michel Bernier, Alain Carigan, François Fillon, Jacques Godfrain, Jean-Claude Groshens, Jacques Koscuisko-Morizet, Alain Marleix, Michel Noir, Dominique Perben, Jean-Claude Pasty, Christian Poncelet, Roger Romani, Josselin de Rohan, Lydie Gerbaud. *Dir. de la Lettre de la Nation* : Michel Dumont (31-8-50).

Adhérents. *1981* : 670 000. *86* : 885 000 (35 % de femmes). Composition du mouv. en % : 16 à 29 ans 28 %, 30 à 39 ans 25, 40 à 49 ans 23, + de 50 ans 24. **Élus.** 88 députés, 59 sénateurs, 5 624 maires, 25 Pts Conseil gén., Pts Conseil rég. et 979 conseillers gén. **Ministres gaullistes.** De 1968 à 1978, leur nombre est tombé de 15 (sur 23 du gouv. Pompidou du 31-5-68) à 6 (sur 19 du gouv. Barre du 5-4-78) et pour les secrét. d'État de 4 (sur 6) à 4 (sur 18). En mars 1981, **% des voix gaullistes aux élections législatives (L) et présidentielles (P).** *L 1958* : 20,3 ; *L 62* : 35,5 ; *P 65* : 44,64 ; *L 67* : 37,73 ; *L 68* : 43,65 ; *P 69* : 44,46 ; *L 73* : 23,86 ; *P 74* : 15,10 ; *L 78* : 22,62. *L 81* : 20,8. L 86 : 42,03 (avec l'U.D.F.).

Rassemblement pour le civisme, le dialogue et le renouveau. *Siège* : 23, rue Ballu, Paris 9e. Mouvement national *créé* mi-mai 1968, par Pierre Lefranc (23-1-22), pour la défense des institutions de la Ve Rép. Instigateur de la manifestation qui rassembla près d'un million de Parisiens le 30-5-68 pour protester contre le désordre. *Devise* : « Civisme, Dialogue, Renouveau ». *Secr. gén.* : Yves Lancien (18-1-24). *Secr. gén. adj.* : Jean-Jacques Damiguet (14-6-24), Jean Defert (29-5-25). *Adhérents* : 13 500. *Publications* : le Citoyen (mensuel, 50 000 ex.) ; Droits et Devoirs dans la société moderne, de Jean-Marie Vissouze.

● **Rencontres communistes.** 19, rue Béranger, 75003 Paris. *Fondé* mai 1981. *Pt* : Henri Fizbin (26-6-30). *Publication* : R.C.H (hebdo).

● **Renouveau nationaliste.** *Fondé* en août 1981 après l'autodissolution du G.U.D. (Groupe Union Défense) en juin 81. Vise à regrouper les jeunes militants d'autres mouvements d'extrême droite.

● **République et démocratie.** 21, rue du Rocher, 75008 Paris. *Créé* oct. 1978 par J.-P. Prouteau, se situe au centre-gauche. En 1983-86 soutient R. Barre. *Pt* : Paul Estienne (2-5-1941). *Secr. gén.* : J.-C. Aymard. Adhérents 2 500.

● **Restauration nationale.** *Siège* : 10, rue Croix-des-Petits-Champs, Paris 1er. **Histoire. 1898** Comité d'Action française, créé par Maurice Pujo (1872-1955) et Henri Vaugeois (1864-1916), groupant des anti-dreyfusards et nationalistes, la plupart républicains, qui se rallient au monarchisme sous l'influence de Charles Maurras (1868-1952). **1907** Léon Daudet (1867-1942) les rejoint et devient le principal animateur. **1905**, la Ligue et l'Institut d'Action française sont créés. **1908**, la revue de l'Action fr. devient quotidien. Les *Camelots du roi* se constituent (diffusion du journal et agitation). La doctrine maurrassienne est un nationalisme autoritaire et contre-révolutionnaire, d'où découlent le royalisme (le « nationalisme intégral »), la défense du catholicisme (quoique Maurras soit lui-même agnostique à l'époque), l'antisémitisme d'État, la critique de la démocratie, l'acceptation de l'action illégale. **1926**, apogée. La Congrégation du St-Office à Rome décrète, sans préciser les motifs, la mise à l'index (interdiction de lecture) du quotidien et de certains ouvrages de Maurras. **1939** (10-7), Pie XII lève des sanctions prises contre l'A.F. La Ligue est dissoute et l'A.F. n'est plus représentée que par son journal. **1940**, l'A.F. soutient le régime de Vichy. **1944**, est interdite à la Libération. Maurras condamné à la détention à vie et à la dégradation nationale. **1952** mars, Maurras gracié ; nov. il meurt.

But. Restauration de la monarchie, partisan d'un organe central fort (armée, police, aff. étrang., coordination de l'économie) et d'une certaine décentralisation des problèmes régionaux, communaux, universitaires et professionnels. Ne présente pas de candidats aux élections. *Leaders* : Pierre Pujo (n. 1929), fils de Maurice, Guy Steinbach (n. 1918), Pierre Juhel (1910-80). *Publications* : Aspects de la France (hebdo.) et Cahiers d'Action française (bimestriel).

● **Révolution prolétarienne.** Revue *fondée* 1925 par Pierre Monatte (1881-1960). Estime que le syndicalisme devrait être le cadre unitaire pour les revendications ouvrières, y compris politiques.

● **Service d'action civique (S.A.C.).** *Siège* : 29, rue de Leningrad, Paris 8e. *Fondé* 1959. Service d'ordre gaulliste. *Secr. gén.* : Pierre Debizet (20-12-22). *Membres* 10 000 env. Dissous en 1982.

● **Union des chefs et responsables d'entreprises (U.N.I.C.E.R.).** *Siège* : 2, av. Marceau, 75008 Paris. *Créée* 1975 par Léon Gingembre (15-3-04), pour la défense de la libre entreprise. *Pt* : Pierre Dubois. *Adhérents* : 10 000.

● **Socialisme et République.** Voir C.E.R.E.S.

• **Union de défense des commerçants et artisans (mouvement Poujade).** *Siège :* la Vallée Heureuse, 12200 Labastide l'Évêque. *Fondée* 1953 à St-Céré (Lot) par des commerçants et artisans sous le titre d'U.D.C.A. *1955,* lance des Unions parallèles pour toutes les couches sociales et réclame les états généraux. Sous le titre U.F.F. (Union et fraternité française), rallie 2 600 000 suffrages aux lég. et fait élire 53 députés dont Jean-Marie Le Pen (Vᵉ ar. de Paris). **1964** détient 5 000 postes d'élus consulaires et sociaux. *1975,* P. Poujade fonde une centrale d'achat à Herblay (« Confiance ») destinée aux travailleurs indép. *1978,* lance l'Union de défense des libertés (U.D.L.) dont il est le secr. gén. *1979,* prend la tête de la liste d'Union des socio-profess. et de l'Action civique pour les élections au Parlement européen, et fonde l'Association nat. pour l'utilisation des ressources énergétiques françaises (A.N.U.R.E.F.) dont il est Pt. *1980,* lance « Énergie française » (bimens.), 100 000 ex. (directeur), fonde le synd. des producteurs de topinambours de l'Aveyron (Pt) ; élu Pt de la Féd. nat. des synd. de prod. de topinambours, réclame un carburant national « essence-alcool ». *Presse :* Fraternité-Europe (bimens.), 50 000 ex. *Adhérents :* 160 000 chefs d'entreprise (1972). *Leader :* Pierre Poujade (1-12-20).

• **Union pour la démocratie française (U.D.F.). Siège.** 42 bis, bd de la Tour-Maubourg, Paris 7ᵉ. **Créée le 1-2-1978.** Fédère *Parti républicain, Centre des démocrates sociaux, Parti radical-socialiste, Clubs Perspectives et Réalités,* et *Parti social-démocrate* afin de promouvoir une plate-forme politique et d'aboutir à des candidatures communes aux élections. *Adhérents.* 300 000 (1983). Les membres des partis sont m. de droit. On peut adhérer individuellement. *Cotisation :* 70 F et 20 F (personnes âgées et étudiants).

Sympathisants. [Sondage (S.S.U.) (sorti des urnes), de l'Ifop pour R.T.L. lors du 1ᵉʳ tour des municipales de mars 1983. Les agriculteurs n'y figurent pas (enquête réalisée en milieu urbain).] *Ensemble U.D.F., entre par. ensemble population (en %) :* Patrons ind. et commerce 9 (7). Prof. libérales 3 (2). Cadres sup. 7 (5). C. moyens 16 (17). Employés 14 (16). Ouvriers 14 (25). Inactifs 36 (27). Sans réponse 1 (1).

Parlementaires : députés : *1978 :* 119, *81 :* 62, *86 :* 129 ; sénateurs : 120 ; députés européens : 21. Pts de conseils régionaux : 10. Pts de conseils généraux : 46. Conseillers généraux : 1 128. Maires de villes : + de 100 000 hab. 17, + de 30 000 hab. 55, + de 9 000 hab. 189.

Organisation. *Pt :* Jean Lecanuet (4-3-20). *Vice-Pts :* François Léotard (26-3-42), Pierre Méhaignerie (4-5-39) (Pt du C.D.S.), André Rossinot (20-5-39) (Pt du Parti Radical, Georges Donnez (20-6-32) (Pt délégué du P.S.D.

Autres membres du bureau politique : Didier Bariani (16-10-43) (maire du xxᵉ), Jacques Barrot (3-2-37) (secr. gén. du C.D.S.), Charles Baur (secr. gén., du P.S.D.), Jacques Blanc (21-10-39), Adolphe Chauvin (7-6-11) (Pt Intergroupe U.D.F. au Sénat), Jean-Pierre Fourcade (18-10-29) (sénateur), Jean-Claude Gaudin (8-10-39) (Pt groupe U.D.F. Ass. nat.), Paul Girod (27-6-31), Valéry Giscard d'Estaing (2-2-26), Alain Lamassoure (10-2-44) (délégué gén. des clubs P. et P.), Philippe Mestre (23-8-27), Simone Veil (13-7-27).

Membres du conseil national (+ les membres du bureau). *P.R. :* Hervé de Charette (30-7-38), Marcel Lucotte (16-1-22), Alain Madelin (26-3-46), Michel Poniatowski (16-6-22). *C.D.S. :* André Diligent (10-5-19), Roger Partrat (2-4-35), Bernard Stasi (4-7-30), Jean-Marie Vanlerenberghe. *Parti radical :* Michel Durafour (11-4-20), Paul Granet (20-3-31), Jean-Thomas Nordmann (16-2-46), André Rossi (16-5-21). *P.S.D. :* François Farre, Joseph Klifa, Max Lejeune (19-2-09), Henri Wolf. *Clubs Perspectives et Réalités :* Jean-Pierre Filtzer (27-12-34), Monique Pelletier (25-7-26), Philippe Pontet (30-12-42).

Représentants du Sénat : Philippe de Bourgoing (25-5-21), Jean-Pierre Cantegrit (2-7-33), Jacques Larché (4-2-20), René Monory (6-6-27), Jacques Moutet (31-3-24), Dominique Pado (24-5-22). *De l'Assemblée nationale :* François d'Aubert (31-10-43), Henri Baudouin (18-6-28), Marcel Bigeard (14-2-16), Loïc Bouvard (20-1-29), Jean-Pierre Fuchs (6-12-25), Michel d'Ornano (12-7-24). *Du Parlement européen :* Yves Galland (8-3-41), Christiane Scrivener (1-9-25). *Des adhérents directs :* Marcel Bancilhon, Jean Bégault (22-3-21), Michel Debatisse (1-4-29), André Fourcans.

Publications. *U.D.F.-Scope* (bimensuel, 100 000 ex.), U.D.F. 1 (lettre quot., 5 000 ex.), *Démocratie et Liberté* (mensuel, 50 000 ex.).

• **Union des jeunes pour le progrès (U.J.P.).** *Siège :* 91, rue du Fg-St-Denis, 75010 Paris. *Fondée* 18 juin 1965 par Jacques Legendre et Michel Cazenave. Réunion des « jeunes de l'U.N.R.-U.D.T. » et de l'« Action étudiante gaulliste ». Indépendante de toute organisation ou personnalité. *Pt nat. :* Bernard Fournier. *Admission :* 15 à 35 ans. *Cotisation :* 100 F. *Adhérents :* 29 000 (1986), *(en %) :* garçons 65, filles 35 ; lycéens 10,3 ; étudiants 27,3 ; ouvriers ou employés 33,2 ; cadres 9 ; enseignants 9 ; prof. libérales 9 ; agriculteurs 1,5 ; commerçants ou artisans 1 ; service militaire 0,6. *Publication :* Tribune gaulliste (mens.). Lettre des Jeunes Gaullistes.

• **Union des libéraux indépendants (U.L.I.).** *Créée* 1981 par Serge Dassault (4-4-25).

• **Union pour l'initiative et la responsabilité (U.N.I.R.).** *Fondée* 1982 par Jean-Maxime Lévêque, ancien P.-D.G. du C.C.F. En janv. 86, se rallie au R.P.R. et retire les listes qu'il devait présenter dans une vingtaine de dép. en mars 86 aux él. lég.

• **Union travailliste.** *Fondée* oct. 1971 par la fusion du *Front du progrès* (Jacques Dauer, 20-1-26), de l'*Union populaire progressiste* (J. Debu-Bridel, 2-8-02) fondée le 18-6-69, de l'*Union gaulliste populaire* (Philippe Luc-Verbon) et du *Front des jeunes progressistes* fondé en 1959 (Dominique Gallet : exclu en mars 1972). *Animateur :* Gilbert Grandval (1904-81) (Jacques Dauer démissionne le 15-5-73). *Adhérents :* 4 000 (1976).

• **Union de la Gauche.** *Créée* juin 1972 par P.C., P.S. et radicaux de gauche, auteurs de la signature du *Programme commun de gouvernement.*

• **Union des travailleurs communistes libertaires (U.T.C.L.).** *Créée* mars 78. Issue d'une scission de l'O.R.A. Aux législatives de mars 78, campagne unitaire anti-électoraliste avec l'O.C.A. et l'O.C.C.

Verts (les) (Confédération Écologiste-Parti Écologiste). 90, rue Vergniaud, Paris 13ᵉ. *Fondés* janv. 1984 : fusion Écol. (créé nov. 82) et Conf. Écol. (créée 83). *But :* élaborer un projet de société écologiste et œuvrer pour sa réalisation. *Porte-parole :* Didier Anger, Jean Brière, Yves Cochet, Guy Marimot. *Membres :* 1 800 adhérant nationalement, 2 à 3 000 adhérant régionalement.

Quelques dates : 1970 des scientifiques, des soixante-huitards revenus des espoirs de la révolution permanente, des femmes et des hommes révoltés par l'appauvrissement du tiers monde, l'explosion démographique, les agressions contre l'environnement et la qualité de la vie causées par la société de consommation et de croissance, se rassemblent autour du constat : « Nous n'avons qu'une seule Terre », et forment pour l'opinion le mouvement écologique. *1974* 1ʳᵉ candidature écologiste (René Dumont, aux élections présidentielles : 200 000 voix). Structuration du Mouvement écologiste. *1977* des centaines d'écologistes se présentent en ordre dispersé aux él. municipales et recueillent parfois + de 10 % des suffrages (Paris, Alsace, Manche, Alpes). *1978* une majorité des 200 candidats écologistes aux législatives se réunissent sous la bannière « Écologie 78 ». Après la rupture de l'Union de la Gauche, certains penchent vers une nouvelle gauche. D'autres se démarquent de l'engagement politique. *1979* une liste « Europe Écologie » est constituée pour les élections européennes. Malgré des conditions de campagne difficiles (absence de professions de foi, boycott des Amis de la Terre) elle obtient + de 900 000 voix (4,4 % des suffrages), mais n'ayant pas les 5 % ne peut être représentée et le Mouvement écologique disparaît. A Dijon, le 21-11, la plupart de ses animateurs et des candidats d'Europe Écologie décident, à l'issue d'un congrès mouvementé, de créer le Mouvement d'écologie politique. *1980,* 16 et 17-2, une centaine de délégués représentant environ 500 personnes élaborent des bases statutaires. Mars, 1ᵉʳ numéro du Bulletin d'Information écologiste du MEP, édité par la région parisienne. 2-5 à Lyon, lors d'un congrès commun aux membres du MEP, des Amis de la Terre et des Diversitaires (« 3ᵉ Collège »), le MEP affirme sa volonté de développer la cohérence du Mouvement lui-même, avant de chercher des accords avec les courants convergents. Brice Lalonde tente de s'imposer candidat aux présidentielles. 1-6 à Paris, une candidature d'équipe est proposée par la 1ʳᵉ A.G. du MEP. Lalonde est finalement élu, lors d'Assises régionales le 15-6. *1981* él. présidentielles, Lalonde recueille 3,85 % (+ d'1 million de voix). Él. législatives : 180 candidats écol. (40 membres du MEP). *1982* 120 candidats écologistes aux cantonales, les 30 militants du MEP atteignent 6 % des voix. 1-11, le MEP devient un parti. *1983* une centaine de listes vertes dans des communes de + de 3 500 h., dont 40 listes animées par le Parti obtiennent près de 6 % des voix et l'élection de quelques dizaines de conseillers municipaux. 27-3 une coordination des partis verts européens et l'adoption d'un préambule commun sont décidées à Bruxelles. *1984* él. européennes, 3,37 % des suffr. Él. canton. + de 5 % des voix dans + de 100 cantons, + de 10 % dans une dizaine. *1986* 16-3 él. lég. (1 405 candidats dont 431 femmes) 1,22 % (2,44 % dans les 28 dép. où ils présentent une liste), rég. 2,35 % (3,89 % dans les 49 dép.).

Quelques personnalités

Attali, Jacques (1-11-43, Alger). *Père* commerçant. *Marié,* 1 fils. *Polytechnicien,* ingénieur du Corps des Mines. *Diplômé* des Sciences po., E.N.A. (1968-70). *Auditeur au Conseil d'État* (1970). Maître de conférences à Polytechnique (dep. 1968). Directeur de séminaire à l'E.N.A. (1974). Conseiller spécial du Pᵗ de la Rép. (dep. mai 1981). *Œuvres :* Analyse économique de la vie politique (1973), Modèles politiques (73), l'Anti-Économique (74), la Parole et l'Outil (75), Bruits (77), la Nouvelle Économie française (78), l'Ordre cannibale (79), les Trois Mondes (80), Histoires du Temps (82), la Figure de Fraser (84).

Auroux, Jean (19-9-42, Thizy). *Marié,* 2 enf. *Cons. gén. du canton de Roanne* (dep. 1976). *Maire de* Roanne (dep. 1977). *Dép.* P.S. de la Loire (dep. 1978). Délégué nat. du P.S. pour le logement (1978-81). Vice-Pt du cons. rég. Rhône-Alpes (dep. 1977). *Min.* du Travail (1981-82), délégué aux aff. sociales, chargé du travail (1982-83), *secr. d'État,* chargé de l'énergie (1983-84), des transports (1984-86). *Œuvre :* Géographie économique à usage scolaire.

Badinter, Robert (30-3-28, Paris), *Père* pelletier. *Marié,* 1° Anne Vernon (1957). 2° Élisabeth Bleustein-Blanchet (1966), 3 enf. *Licencié* ès lettres, Master of Arts, *Agrégé* des facultés de droit. Avocat à la cour d'appel de Paris (dep. 1951). *Min.* Justice et Garde des sceaux (6-81). *Œuvres :* l'Exécution (1973) ; Liberté, libertés (76). Pt du Cons. constit. (19-2-86).

Balladur, Édouard (2-5-29, Smyrne, Turquie). *Marié* à Marie-Joseph Delacour, 4 enf., E.N.A. (1952-57), entre au *Cons. d'État.* Conseiller tech. du 1ᵉʳ min. Pompidou (1966-68). *Secr. gén. de l'Élysée* (1973-74) P.-D.G. de sté dep. 80. Cons. d'État (1984). *Min.* des Fin. (20-3-1986). *Œuvre :* l'Arbre de mai.

Barre, Raymond (12-4-24, St-Denis-de-la-Réunion). *Père* négociant. *Marié* à Eva Hegedüs (orig. hongroise), 2 enf. *Diplômé* des Sciences po., *agrégé* de droit. *Dir. de cabinet* de J.-M. Jeanneney (min. de l'Ind. et du Commerce 1959, min. de l'Ind. 1959-62). Vice-Pt français de la Commission unique des communautés eur. (1967-72). *Min.* Com. ext. (31-1-75). *1ᵉʳ min.* du 25-8-76 au 13-5-81. *Prof.* à Paris I (Sc. éco.) et Sciences Po. *Député* du Rhône [(1978, 1981, 1986) : P.S. Hernu 29,28 % des voix 5 élus, U.D.F. 22,67 % des v. 3 é., R.P.R. (M. Noir) 21,77 % 3 é.] *Œuvres :* ouvrages d'éc. politique. Une politique pour l'avenir (1982), Réflexions pour demain (84).

Bérégovoy, Pierre (23-12-25, Deville-lès-Rouen). *Père* employé à la SNCF. *Marié* à Gilberte Bonnet. 3 enf. Dipl. de l'École d'org. scient. du travail. Ajusteur-fraiseur (1941-42), cheminot (1942-50), carrière à la S.D.I.G. (Sté pour le dév. de l'ind. du gaz en France). Chargé de mission de Gaz de France (1978). Membre du *Cons. éco. et soc.* (1979). *Pol. :* 1958, membre fondateur du P.S.A. Membre du comité directeur et du bureau exécutif du P.S. (1969). *Maire* de Nevers dep. 1983. *Secr. gén. de l'Élysée* (5-1981). *Min.* des Aff. soc. et de la Solidarité nat. (1982-84), de l'Écon., des Fin. et du Budget (1984-86).

Bergeron, André (1-1-22, Suarce, T. de Belfort). *Marié.* Conducteur typographe 1936-48. Secr. gén. de la Fédération F.O. du Livre 1948. Membre du bureau de la Conféd. F.O. 1956. Membre du comité exécutif de la Féd. graphique intern. 1957. Pt de l'UNEDIC dep. 1958. *Secr. gén. de la C.G.T.-F.O.* dep. 1963. *Œuvres :* Lettre ouverte à un syndiqué (1975) ; Ma route et mes combats (76) ; 1 500 jours (84).

Bettencourt, André (21-4-19, St-Maurice d'Ételan S.-Mar.). *Père :* avocat. *Marié* à Liliane Schweller, 1 fille. *Cons. gᵃˡ,* Lillebonne 1946, 55, 61, 67, 73. *Maire* de St-Maurice d'Ételan dep. 1965. *Député* de la S.-M. indépendant 1951-58, 1958-66 ; R.I. 1967, 68, 1973-77. *Sénateur* P.R. de Hte-Normandie dep. 1977. *Secr. d'État* chargé de la coordination de l'inform. 1954-55, aux transports 1966-67, aux Aff. étr. 1967-68. *Ministre* P.T.T. 1968, de l'Industrie 1968-69, (délégué) du Plan et de l'Aménagement du territ. 1969-72, délégué auprès du min. des Aff. étr. *Pt du conseil régional* de Hte-Norm. 1974-81.

Bidault, Georges (5-10-1899/26-1-83, Moulins, Allier). *Père* directeur d'assurances. *Marié*, sans enfants. *Agrégé* d'histoire. Pt du Conseil national de la Résistance 1943 (remplaçant Jean Moulin). *Min.* des Aff. étr. 1944-48. Pt du Mouvement républicain populaire (M.R.P.) mai 1949. *Pt du Conseil* oct. 1949-juin 1950. *Min.* des Aff. étr. 1953-54. *Sous la Ve Rép.* : fondateur du Mouvement démocratie chrétienne juin 1958. Réélu *dép.* de la Loire 30-11-1958. Pt du Bureau provisoire du Rassemblement pour l'Algérie française oct. 1959. Immunité parlementaire levée juill. 1962. Poursuivi pour complot contre la sécurité de l'État juill. 1962. Réfugié au Brésil 1963-67, puis en Belgique 1967-68. Rentré en France juin 1968. *Fondateur* du Mouvement pour la justice et la liberté 1968.

Bouchardeau, Huguette (1-6-35, St-Étienne). *Père* Marius Briaut, employé. *Mariée* en 1955 à Marc Bouchardeau, 3 enf. *Agrégée* de philo., *doctorat* ès sciences de l'éducation. Membre du P.S.U. en 1960. *Secr. nat. du P.S.U.* en 1979. *Secr. d'État* (1983) puis *min.* de l'Environnement (1984-86). *Candidate à la pr. de la Rép.* en 1981.

Boulin, Robert (20-7-20, Villandraut, Gironde, † 29-10-79). *Père* fonctionnaire des tabacs. *Marié*, 2 enfants. Avocat au barreau de Libourne ; *député-maire* de Libourne dep. 1959. Membre du comité central U.N.R. 1959. *Secr. d'État* aux Rapatriés 1961-62 ; au Budget 1962-66 ; à l'Écon. et aux Fin. 1967-68. *Min.* de la Fonction publ. mai-juill. 1968 ; de l'Agr. 1968-69 ; de la Santé publ. 1969-72 ; *min. délégué* chargé des rel. avec le Parlement 1972-73 et 1976-77 ; à l'Écon. et aux Fin. mars 1977-mars 1978 ; *min.* du Travail 1978-79. Fait l'objet d'une campagne de presse à propos d'une aff. immobilière (lotissement de Ramatuelle, Var) à partir de l'été 1979. Se suicide dans la forêt de Rambouillet (thèse contestée).

Chaban-Delmas, Jacques (7-3-15, Paris). *Père* admin. de Stés. *Marié* 1res noces Mlle Odette Hamelin (3 enf.) (div.), 2es n. Mme Francine Geoffray (1 enf.) (veuf), 3es n. Mme Micheline Chavelet. *Diplômé* des Sciences po. Licencié en droit. *Diplômé d'études sup.* d'économie pol. et de droit public. Journaliste à *l'Information* 1933. *Délégué militaire du Gouv. provisoire* Alger 1943. *Gén. de brigade* 1944. Inspecteur des Finances 1945. Inspecteur gén. des Fin. 1973. *Député* de la Gironde 1946/56. *Maire* de Bordeaux dep. 1947. Pt de Com. urbaine dep. 1967. *Min. sous la IVe Rép.* : Travaux publics 1945/55 ; Défense nat. 1957/58. *Député* U.N.R. de la Gironde dep. 1958 ; dép. R.P.R. (1978, 81, 86). *Pt de l'Ass. nat.* 1958/69. *1er min.* 1969/72. *Pt du Conseil régional* d'Aquitaine dep. 1974. *Candidat à la prés. de la Rép.* mai 1974. *Pt de l'Ass. nat.* (78-81 et dep. le 2-4-86). *Sports* : tennis (finaliste du double messieurs aux championnats de France 1965, a remporté le double messieurs vétérans aux internationaux de France 1970), rugby (ancien international), golf. *Œuvres* : l'Ardeur (1975) ; Charles de Gaulle (80) ; la Libération (84).

Chevènement, Jean-Pierre (9-3-39, Belfort). *Père* instituteur. *Marié*, 2 enf. *Diplômé* des Sciences po. *Licencié* en droit et sc. écon. Diplômé d'allemand (univ. de Vienne). E.N.A. (1963-65). *Attaché commercial au min. des Finances* (1965-68). Cons. comm. à Djakarta (1969). Dir. des études à la Sté Eres (1969-71). Secr. gén. du C.E.R.E.S. (1965-71). *Député* socialiste du Terr. de Belfort (1973, 1978, 1981). *Min. d'État* de la Recherche et de la Technologie (1981-82) ; min. d'État de la Recherche et de l'Industrie (1982-83), de l'Éduc. nationale (1984-86). *Œuvres* : l'Énarchie ou les Mandarins de la société bourgeoise (1967), Socialisme ou Social-médiocratie (69), Clefs pour le socialisme (73), le Vieux, la Crise, le Neuf (75), le C.E.R.E.S., un combat pour le socialisme [en coll. (75)], le Service militaire (77), Être socialiste aujourd'hui (79), Apprendre pour entreprendre (85).

Cheysson, Claude (13-4-20, Paris). *Père* inspecteur des Finances. *Marié* à Danièle Schwartz (3es noces), 6 enfants (1res n. : 1, 2es n. : 2, 3es n. : 3). E.N.A. Secr. des Aff. étrangères (1948). Cons. du Pt du gouv. du Viêtnam (1952). Chef de cabinet de Pierre Mendès France (Pt du Conseil) (1954-55). Secr. gén. de la Commission de coop. tech. en Afr. (1957-62). Min. plénipotentiaire (1965). Ambassadeur en Indonésie (1966-69). Pt du directoire et P.D.G. de la Cie des Potasses du Congo (1970-73). Membre de la Commission des communautés europ. (dep. 1973). *Min.* des Relations extérieures (1981-84).

Chirac, Jacques (29-11-32, Paris). *Père* admin. de Stés. *Marié* à Bernadette de Courcel, 2 enf. *Diplômé* des Sciences po. Paris et de la Summer School Harvard. E.N.A. 1957/59. Conseiller référendaire à la Cour des comptes dep. 1965. *Député* U.D.R. Corrèze 1967, dep. toujours réélu ; *dép.* R.P.R. (1978). *Conseiller gén.* dep. 1968. *Pt du Conseil gén* dep. 1970. *Secr. d'État* chargé de l'Emploi 1967/68 ; à l'Économie et aux Finances 1968/71. *Min.* : chargé des relations avec le Parlement 1971/72 ; de l'Agriculture 1972/74 ; de l'Intérieur 1974. *1er min.* 27-5-1974, démissionne le 25-8-76. *Secr. gén. de l'U.D.R.* déc. 74. *Fonde le R.P.R.* le 5-12-76 (ex-U.D.R.), en devient le Pt. *Élu maire de Paris* 25-3-77. *Candidat à la prés. de la Rép.* mars 1981. *1er min.* 20-3-1986. *Œuvres* : Discours pour la France à l'heure du choix (1978) ; la Lueur de l'espérance (78).

Crépeau, Michel (30-10-30, Fontenay-le-Comte). *Père* inspecteur de l'ens. primaire. *Marié* à Pierrette Perès, 2 enf. *Dipl.* d'études sup. de droit privé et d'hist. du droit. Avocat (dep. 1955). *Maire* de La Rochelle (dep. 71), *cons. gén.* de Charente-Mar. (1967, réélu en 73). Pt de la Féd. rég. Poitou-Charentes du M.R.G. (1971). *Député* de la Charente-Mar. (dep. 1973). Vice-Pt nat. du M.R.G. (1976-78). *Pt du M.R.G.* (1978-81). *Ministre* de l'Environnement (5-81-83). *Min.* du Commerce et de l'Artisanat (1983-86), de la Justice (fév.-mars 86). *Candidat à la prés. de la Rép.* (1981).

Cresson, Édith (27-1-34, Boulogne-sur-Seine). *Père* Gabriel Campion, inspecteur des Fin. *Mariée. Dipl.* de H.E.C.-J.F. *Maire* de Thuré (dep. 1977). *Membre de l'Ass. europ. Dép.* de la Vienne (6-1981). *Ministre* de l'Agr. (5-1981). *Min.* du Commerce extér. et du tourisme (1983-84), du Redéploiement industr. et du Commerce extér. (7-1984).

Debré, Michel (15-1-12, Paris). *Père* médecin, membre de l'Institut. *Marié* à Anne-Marie Lemaresquier, 4 fils. *Docteur* en droit, *diplômé* des Sciences po. Auditeur 1935 puis maître des requêtes au Conseil d'État 1942. Commissaire rég. de la Rép. (Angers 1944/45). *Secr. gén.* aux Affaires allemandes et autrichiennes 1947. *Sénateur* d'Indre-et-L. 1948/58. Fondateur de *l'Écho de la Touraine* 1949. Fondateur (1957) et directeur (nov.57-mai 58) du *Courrier de la colère. Conseiller gén.* d'Amboise (1951/70). *Maire* d'Amboise dep. 1966. Ancien délégué à l'Ass. parlementaire eur. et à l'Ass. consultative du Conseil de l'Eur. *Sous la Ve Rép.* : *min.* de la Justice 1958/59. *1er min.* 1959/62, *min.* de l'Économie et des Finances 1966/67-67/68, des Aff. étr. 1968/69, de la Déf. nat. 1969/73. *Dép.* de la Réunion dep. 1963 ; *dép.* R.P.R. (1978). *Maître des requêtes* honoraire au Conseil d'État 1974. *Candidat à la prés. de la Rép.* mars 1981. *Œuvres* : plusieurs dont : la Mort de l'État républicain (1947), Ces princes qui nous gouvernent (57), Une certaine idée de la France (72), Une politique pour la Réunion (75), le Pouvoir politique (77), le Gaullisme (78), Français, choisissons l'espoir (79), Lettre ouverte aux Français sur la reconquête de la France (80), Peut-on lutter contre le chômage ? (82), Trois républ. pour une France (84). *Dist.* : Docteur honoris causa de l'univ. de Sherbrooke (Québec).

Defferre, Gaston (14-9-10, Marsillargues, Hérault, † 7-5-86). *Père* avocat. *Marié* 1res noces Andrée Aboulker, 2es n. Marie-Antoinette Swaters, 3es n. Edmonde Charles-Roux (n. 17-4-20, journaliste, écrivain, prix Goncourt). Sans enf. *Licencié* en droit. *Diplômé* d'études sup. d'économie pol. *Avocat* à Marseille 1931/51. Membre du comité exécutif du P.S. sous l'occupation. Chef du réseau Brutus 1942/44. *Maire* de Marseille 1944/45, ensuite dep. 1953. *Directeur* du « Provençal » dep. 1951. *Député* aux 2 Ass. nat. constituantes 1945/46. *Député* socialiste des B.-du-Rh. 1946/58 et dep. 1962. *Secr. d'État* à la prés. du Conseil (Cabinet Gouin 1946). *Min.* de la Marine marchande (Cab. Pleven 1950/51, Cab. Queuille 1951) ; de la France d'outre-mer (Cab. Mollet 1956/57) ; *min. d'État* de l'Intérieur et de la Décentralisation (1981-84), du Plan et de l'Aménagement du territ. (1984-86). *Sénateur* des B.-du-Rh. 1959/62. *Pt du Conseil de la région* Provence-Côte d'Azur. *Candidat à la prés. de la Rép.* 1969. *Sport* : yachting. *Œuvres* : Un nouvel horizon ; Si demain la Gauche... (1977).

Delors, Jacques (20-7-25, Paris). *Père* employé de banque. *Marié* à Marie Lephaille, 2 enf. *Licencié* ès sciences éco. *Diplômé* du Centre d'études sup. de banque. Chef de service à la Banque de Fr. (1945-62). Chef de service des aff. sociales du Commissariat gén. au plan (1962-69). Cons. de Jacques Chaban-Delmas (P.M.) pour les aff. soc. et cult. (1969). Chargé de mission auprès du même (1971-72). Membre du Cons. gén. de la Banque de Fr. (1973-79). Fondateur du Club échange et projet (1974). Délégué nat. du P.S. pour les relations écon. intern. (1976). Représentant à l'Ass. des com. europ. (1979). *Maire* de Clichy dep. 1983. *Min.* de l'Écon. et des Fin. (1981-84), Pt de Commission des Com. europ. dep. 1985. *Œuvres* : les Indicateurs sociaux (1971) ; Changer (75).

Fabius, Laurent (20-8-46, Paris). *Père* antiquaire. *Marié* 17-4-81 à Françoise Castro, 2 fils. *Diplômé* de l'Inst. d'études polit. de Paris. *Agrégé* de lettres. E.N.A. Auditeur (73), maître des requêtes au Conseil d'État (dep. 81). *Député* de S.-M. (1978). *Secr. nat. du P.S.*, chargé de la presse (1979). *Pt de cons. gén.* Hte-Normandie. *Min.* du Budget (5-1981) ; de l'Ind. et de la Recherche (14-3-1983). *Premier min.* (19-7-84/3-86). *Œuvre* : la France inégale (1975).

Fabre, Robert (21-12-15, Villefranche-de-Rouergue, Aveyron). *Père* pharmacien. *Marié* à Christiane Dutilh, 4 filles. Pharmacien dep. 1940. *Maire* de Villefranche-de-R. dep. 1953. *Conseiller gén.* dep. 1959. *Député* de l'Aveyron dep. 1962. Cosignataire du Programme commun de gouv. de la Gauche 1972. *Pt du Mouvement des radicaux de gauche* 1972 – 21-3-78, démission 4-7-78. Chargé de mission (1978) par le Pt de la Rép. (problèmes chômage, emploi, équilibre entre les régions). *Vice-Pt du Conseil de la région* Midi-Pyrénées dep. 1974. *Médiateur* (20-9-1980). *Œuvres* : Quelques baies de genièvre (1976) ; Toute vérité est bonne à dire (1978).

Faure, Edgar (18-8-1908, Béziers, Hérault). *Père* médecin. *Veuf de* Lucie Meyer, f. de lettres, fondatrice de la revue *la Nef*, 2 enf. *Remarié* (1980) avec Marie-Jeanne Vuez. *Agrégé* de droit (dr. romain et hist. du dr.) 1962. *Diplômé* des langues orient. *Avocat* dep. 1929. Procureur gén. adj. français au tribunal de Nuremberg 1945. *Député* radical-socialiste du Jura 1946/58 ; du Doubs 1967/68, 1969/72, 1973/78, R.P.R. dep. 1978. *Maire* de Pontarlier 1971/77. *Sénateur* du Jura 1959/66. *Min. sous la IVe Rép.* : Budget 1949/51, Justice 1951, Finances févr. 52, 1953/54, mai 58 ; *sous la Ve Rép.* : Agriculture 1966/68, Éducation nat. 1968/69, chargé des Aff. sociales 1972/73. *Pt du Conseil* févr. 1952, 1955/56. *Pt de l'Ass. nat.* 1973/78. *Pt du Conseil de la région* Franche-Comté dep. 1974. Pt d'honneur du Mouv. pour le socialisme par la participation dep. 1971. *Œuvres* : plusieurs dont : la Disgrâce de Turgot (1961) ; l'Ame du combat ; Pour un nouveau contrat social (73) ; la Banqueroute de Law (77) ; Avoir toujours raison c'est un grand tort (82) ; 1 roman : M. Langois n'est pas toujours égal à lui-même ; et, sous le pseudonyme d'Edgar Sanday, des r. policiers. *Acad. fr.* 1978.

Fiterman, Charles (28-12-33, St-Étienne). *Père* commerçant. *Marié* à Jeanine Poinas. Dipl. : *C.A.P.* Secr. dép. de la Jeunesse communiste (1952), Directeur de l'École centrale du P.C.F. (1963-65), élu au comité central du P.C.F. (1972), au bureau pol. et au secr. du comité central (1976). Représ. du P.C. au comité de liaison des partis du Prog. commun (1977). *Député* du Val-de-M. (1978). *Cons. gén.* du Val-de-M. (1973). *Ministre* des Transports (1981-84).

Fontanet, Joseph (9-2-21, Frontenex, Savoie, † 31-1-80). *Père* industriel. *Marié*, 5 enf. *Docteur* en droit, dir. de cabinet ministériel (Jules Catoire 1950-51). *Conseiller gén.* de Moutiers, Savoie 1951-76 (*Pt du Cons. gén.* de Savoie 1964-76). *Dép.* de la Savoie (M.R.P.) 1956-58. *Secr. d'État* Ind. 1959, Commerce 1959-61. *Min.* de la Santé publ. 1961-62 ; du Travail 1969-72 ; de l'Éduc. nat. 1972-73 et 1975-76. Dir. du quotidien *J'informe*, 1977. Gérant de Stés dep. 1978. Assassiné à Paris 31-1-1980 par des inconnus.

Galley, Robert (11-1-1921, Paris). *Père* médecin. *Marié* à Jeanne de Hauteclocque, fille du Mal Leclerc, 2 enf. *Ingénieur* de l'École centrale. Officier de la division Leclerc 1944-45 ; compagnon de la Libération. Chef du dép. de constr. des usines du Commissariat à l'Énergie atomique (Marcoule 1955-58, Pierrelatte 1958-66). *Pt* de la Commission permanente de l'électronique au commissariat au Plan (dep. 1966). *Min.* de l'Équip. mai-juill. 1968 ; délégué à la Recherche scient. juill. 1968-juin 1969 ; des P.T.T. juin 1969-juill. 1972 ; des Transports juill. 1972-mars 1973 ; des Armées avr. 1973-mai 1974 ; de l'Équip. mai 1974-août 1976 ; de la Coopér. après août 1976 cumulé avec le min. des Armées, en remplacement de Joël Le Theule († 1980) jusqu'en 1981. [Record de longévité ministérielle sans interruption : 13 ans.)

Garaud, Marie-France (6-3-34, Poitiers). *Père* Marcel Quitard, avoué. *Mariée* le 28-12-1959 à Louis G., avocat au Conseil d'État, 2 fils. *Dipl.* : d'études sup. de droit public, privé et d'histoire du droit. Attachée juridique au min. de la Marine : 1957-60. Att. parlementaire en 61. Avocate en 64. Chargée de mission au cab. de Jean Foyer en 1962-67. Chargée de mission auprès de Pompidou de 1967 à 68. Cons. technique au secr. gén. du Gouv. de 1969 à 74. 1974 (4-5), cons. référendaire à la Cour des comptes, cons. officieuse auprès de J. Chirac (P.M.), le suit lorsqu'il démissionne le 25-8-76. Participe à la création du R.P.R., à la campagne des él. lég. de 1978 et europ. de 1979, puis quitte le R.P.R. *Candidate à la prés. de la Rép.*

[1981 (2,58 % des v.)]. Préside une liste aux él. lég. de 1986, à Paris et n'est pas élue. *Pt* Institut intern. de géopolitique (dep. 82).

Gattaz, Yvon (17-6-25, Bourgoin, Isère). *Père* artiste peintre. *Marié,* 3 enf. *Ingénieur* de l'Éc. centrale des arts et manuf. Administrateur du Centre français du commerce ext. (dep. 1979), du Conseil national de la recherche scient. (1979-81). Fondateur et corédacteur de la revue les *Quatre Vérités* (1976-81) et Pt d'honneur (dep. 1981) du Mouv. des entreprises à taille humaine, ind. et commerciales. *Membre* (1976) et *Pt* (dep. 1981) du *conseil exécutif du C.N.P.F.* et du *Conseil écon. et soc.* (dep. 1979). *Œuvres* : les Hommes en gris (1970) ; la Fin des patrons (80).

Gaudin, Jean-Claude (8-10-39, Marseille). *Père* artisan maçon. Prof. d'hist.-géo. *Député* B.-du-Rh. 1978, 81 et 86. *Pt* du *conseil rég.* Prov.-C.-d'Azur (1986), *Pt* du *groupe U.D.F.* à l'Ass. nat. *Sport :* ski de fond.

Giroud, Françoise (21-9-16, Genève, Suisse). *Père* Salih Gourdji, dir. de l'agence télégr. ottomane. *Mère* de 2 enf. (1 garçon décédé, 1 fille). Bachelière. Script-girl 1932. Assistante-metteur en scène 1937. Directrice de la rédaction de *Elle* (1945/53). Cofondatrice de *L'Express* (1953), dir. de la rédaction puis de la publication 1971/74, Pte d'Express-Union 1970/74 ; membre du Conseil de surveillance (1971/74) du Groupe Express. *Secr. d'État* auprès du 1er min. (Condition féminine, 1974/76, Culture, 1976/77), *vice-Pte de l'U.D.F.* (1978). *Œuvres :* le Tout-Paris (1952) ; la Nouvelle Vague ; Portrait de la jeunesse (58) ; Une poignée d'eau ; Si je mens (72) ; la Comédie du pouvoir (77) ; Ce que je crois (78) ; Une femme honorable (81) ; le Bon Plaisir (82).

Giscard d'Estaing, Valéry (2-2-1926, Coblence, R.F.A.). *Père* inspecteur des finances, membre de l'Institut [né Edmond Giscard, en 1894 ; autorisé, ainsi que son fr. René, par décret du 17-6-1922, à relever le nom de d'Estaing et à s'appeler Giscard d'Estaing (motifs retenus : 1° possession du château de Murol, P.-de-D., propriété de la famille d'Estaing ; 2° liens de parenté avec Lucie-Madeleine d'Estaing, dernière du nom)]. *Marié* (17-12-1952) à Anne-Aymone de Brantes, 4 enf. : Valérie-Anne (ép. Gérard Montassier, divorcée), Henri, Louis-Joachim, Jacinte (ép. Philippe Guibout). *Polytechnicien. E.N.A.* (1949/51). Inspecteur des Fin. 1954. Dir. adj. au cab. d'Edgar Faure (Pt du Conseil juin/déc. 54). *Député* du P.-de-D. 1956, réélu en 58-62, 67-69. *Conseiller gén.* de Rochefort-Montagne 1958/74. *Secr. d'État* aux Finances 8-1-1959 (gouv. Debré). *Min.* des Finances 19-1/nov. 1962 (gouv. Pompidou). *Min.* des Fin. et des Aff. écono. déc. 62-janv. 66 (gouv. Pompidou). *Pt de la Fédération nat. des R.I.* 1966. *Pt de la Commission des Finances* (Ass. nat.) avril 67/mai 68. *Pt du Conseil de l'O.C.D.E.* 1970. *Min.* de l'Écono. et des Fin. 1969/74 (gouv. Chaban-Delmas, puis Messmer). *Maire* 1967/74 puis conseiller municipal de Chamalières 1973. *Pt de la Rép.* : 19-5-1974/21-5-1981. *Candidat à la prés. de la Rép.* en 81. *Député* du Puy-de-D. 23-9-84-86. *Distraction :* accordéon. *Sport :* chasse. *Œuvres :* Démocratie française (1976, 1 185 000 ex.) ; Deux Français sur trois (84).

Guichard, baron Olivier (27-7-20, Néac, Gironde). *Père* officier de marine. *Marié* à Suzanne Vincent, 3 filles. *Licencié* en lettres et en droit. *Diplômé* des Sciences po. *Chargé de mission* au R.P.F. 1945/47. *Chef du cab.* du général de Gaulle 1947/48. *Préfet* de 3e classe-hors cadre 1958. *Conseiller* au Secr. gén. de la Prés. de la Rép. 1959/60. *Maire* de Néac, Gironde (1962-71), La Baule (dep. 71). *Député* Ve Rép. 1967 Loire-Atlantique, réélu dep. (en 1978 R.P.R.). *Min.* de l'Industrie 1967, chargé du Plan et de l'aménagement du territoire 1968/69, de l'Éducation nat. 1972, de l'Aménagement du territoire, du logement, du tourisme 1972/74, de l'Équipement et des transports 1974, d'État, garde des Sceaux 1976/77. *Pt du conseil régional* des Pays de la Loire 1974. *Œuvres :* Aménager la France (1965) ; l'Éducation nouvelle (70) ; Un chemin tranquille (75) ; Mon général (80).

Hernu, Charles (3-7-23, Quimper, Finistère). *Père* gendarme. *Marié* 1963 Jacqueline Chabridon, 1975 à Dominique Tréteau. Directeur du journal *Le Jacobin* dep. 1954. *Dép.* radical-soc. de la Seine 1951-58. *Dép.* du Rhône 1978, 81, 86. *Vice-Pt de l'ex-Féd. de la gauche démocr. et soc.* Délégué g[al] du Parti soc. aux élus. *Min.* de la Défense (22-5-81), démissionne le 20-9-85 à la suite de l'affaire Greenpeace. *Œuvres :* la Colère usurpée (1959) ; Chronique d'attente (76) ; Nous les Grands (80) ; Défendre la paix (85).

Jobert, Michel (11-9-21, Meknès, Maroc). *Père* ingénieur agronome. *Marié* à Muriel Frances Green, 1 enf. *Diplômé* des Sciences po. *E.N.A.* Conseiller à la Cour des comptes 1953. Membre de cab. ministériels. *Dir. de cab.* de G. Pompidou 1966/68. *Pt du conseil d'admin.* de l'Office nat. des forêts 1966/73. *Secr. gén. de la prés. de la Rép.* 1969/73. *Min.* des Aff. étrangères 5-4-73/27-5-74. Fondateur du Mouvement des démocrates. *Min. d'État* du commerce extérieur (22-5-1981/févr. 1983). *Œuvres :* Mémoires d'avenir (1974) ; les Idées simples de la vie (75) ; l'Autre Regard (76) ; la Vie de Hella Shuster ; Parler aux Français (77) ; Maroc (78) ; la Rivière aux grenades (roman) ; Chroniques du Midi libre (82), Par 36 chemins (84).

Jospin, Lionel (12-7-37, Meudon, Hts-de-S.). *Père* instituteur, militant S.F.I.O. *Marié* à Elisabeth Dannemüller, 2 enf. *Diplômé* des Sciences po. 1959. *E.N.A.* Adhère au P.S.U. 1960. *Secr. des Aff. étrangères* 1965-70. *Prof.* d'économie à l'I.U.T. Paris-Sceaux 1970-81. *Conseiller* de Paris 18e 1977-82. *1er secr. du P.S.* le 24-01-1981. *Dép.* de Paris 18e 1981, 86. *Dép.* européen dep. 84. *Sport :* basket.

Joxe, Pierre (28-11-34, Paris). *Père* ambassadeur, ancien min. *Marié* en 3e noces à Valérie Crayeuse. *Licencié* en droit. *E.N.A.* Cons. référendaire à la Cour des comptes (1968). Chargé de mission auprès du min. des Aff. étrang. (1967-70). Membre du bureau nat. du P.S. (1971). *Dép.* Saône-et-Loire (dep. 1973). Membre Parlement europ. (1977-79). Vice-Pt du groupe socialiste (1978). *Pt du cons. rég.* de Bourgogne (1979-82). *Min.* de l'Industrie (1981), de l'Intérieur et de la Décentralisation (1984-86). *Pt du groupe parlementaire socialiste* (1981-84). *Œuvres :* Parti socialiste (1973) ; Atlas du socialisme (73).

Juppé, Alain (15-8-45, Mont-de-Marsan). *Père* propriétaire agricole. *Marié* 2 enf. Sciences-Po., agrégé lettres, E.N.A., Inspecteur des Fin. (1972). Conseiller de Paris R.P.R. Député européen 1984.

Krivine, Alain (10-7-41, Paris). *Père* médecin. *Marié* à Michèle Martinet, 2 filles. *Licencié* en histoire. Militant au Parti communiste depuis 1959. Exclu en 1966, il crée la Jeunesse communiste révolutionnaire ; cette organisation dissoute, il crée la Ligue communiste. Nouvelle dissolution et fondation, le 12 avril 1974, du Front communiste révolutionnaire remplacé par la Ligue communiste révolutionnaire. 3 emprisonnements pour raisons politiques. *Candidat à la prés. de la République* en 1969 et en 1974. *Œuvres :* Questions sur la révolution (1973) ; les Chemins de la révolution (coll. 77).

Laguiller, Arlette (1940). *Célibataire.* Syndicaliste Force ouvrière. Membre de la direction politique du mouvement trotskiste Lutte ouvrière. *Candidate aux législ.* en 1973 *et à la prés. de la Rép.* en 1974 et 81.

Lalonde, Brice (10-2-46, à Neuilly-s/S.). Journaliste. 1966-68, Pt de l'U.N.E.F.-Sorbonne. Adhère au P.S.U. et en 71 aux Amis de la Terre. Exclu du P.S.U. pour s'être présenté contre un P.S.U. à l'él. lég. partielle du 14-11-1976. *Candidat à la prés. de la Rép.* (1981).

Laurent, Paul (1-5-25, Génélard, S.-et-L.) *Père* ajusteur. *Marié. Brevet* élémentaire. Agent technique des Travaux publics. *Secr. gén.* de la Jeunesse communiste (1954-62). Membre du bureau pol. du P.C. (1961). Secr. du Comité central du P.C. (dep. 1973). *Député* de Paris (1967-68, 1973, 1978).

Lecanuet, Jean (4-3-1920, Rouen). *Père* représentant. *Marié* à Denise Paillard, 3 enf. *Licencié* ès lettres. *Diplômé* d'études sup. de lettres. *Agrégé* de philo. Professeur agrégé à Lille 1942. Inspecteur gén. au min. de l'Information 1944. *Directeur de plusieurs cab. ministériels* (information, marine marchande, économie nat., intérieur, finances). *Député* de la Seine-Mar. 1951/55. *Maire* de Rouen dep. 1968. Maître des requêtes au Conseil d'État 1956. *Directeur du cab.* de Pflimlin min. d'État 1958/59. *Sénateur* de Seine-Mar. (avr. 59/mars 73). *Pt nat. du M.R.P.* 1963/65. *Candidat à la prés. de la Rép.* 1965. *Pt du Centre démocrate* 1966. *Cofondateur du Mouv. réformateur* 1972. *Député* de la Seine-Mar. 1973/77. *Pt du conseil régional* de Hte-Normandie 1974. *Min. d'État,* garde des Sceaux 1974/75, chargé du Plan et de l'Aménagement du territoire 1976/77. *Sénateur* de Seine-Mar. dep. sept. 1977. *Pt de l'U.D.F.* 1978. *Dép.* européen dep. 84. *Œuvre :* le Projet réformateur (1973) (en coll. avec Jean-Jacques Servan-Schreiber).

Léotard, François (26-3-42, Cannes). *Père :* conseiller à la Cour des Comptes. *Marié* en 2e noces à Denise Reynier (3 enf. de son 1er mariage). *Diplômé* de l'I.E.P. de Paris, *E.N.A. Sous-préfet,* dir. de cab. du préfet de Dordogne 1974, hors cadre au cab. du min. de l'Intérieur 1975-77. *Maire* de Fréjus dep. 77. *Député* U.D.F.-P.R. du Var dep. 78. *Conseiller général* du Var (83), Secr. gén. du P.R. (82). *Vice-Pt de l'U.D.F.* 1983-84. *Min.* de la Culture (20-3-86).

Le Pen, Jean-Marie (20-6-28, La Trinité-sur-Mer, Morbihan). *Père* patron pêcheur. Divorcé de Pierrette Lalanne, 2 filles, 1 fils. *Licencié* en droit. *Diplômé* des Sciences po. *Pt de la Corporation des étudiants* en droit de Paris 1949/51. Sous-lieutenant, para en Indochine (1954). *Député* de la Seine 1956, se met en congé de 6 mois et va 6 mois en Algérie (dans le 1er R.E.P.), réélu 1958/62-1986. *Secr. gén. du Front nat. combattant* dep. 1956. Directeur de Sté de relations publiques dep. 1963. *Pt du Front nat.* dep. 1972. *Candidat à la prés. de la Rép.* 1974 (0,74 % des voix). *Conseiller munic. du XXe arr.* (Paris) mars 1983. *Dép.* européen dep. 84.

Leroy, Roland (4-5-26, St-Aubin-les-Elbeuf). *Père* cheminot. *Marié* en 3e noces, 2 enf. d'un 1er mar. *C.E.P.* Employé à la S.N.C.F. 1942-1945/47. Secr. fédéral du P.C.F. 1948/60. Membre du bureau politique dep. 1964. *Député* Seine-Mar. 1956/58, 1967/81. *Directeur* de « l'Humanité » dep. 1974. *Conseiller municipal* de St-Étienne-du-Rouvray. *Œuvres :* essais politiques et littéraires.

Madelin, Alain (26-3-46, Paris). *Père* ouvrier. Avocat, *député* Ille-et-V. 1978, 81 et 86. *Min.* de l'Ind. (1986).

Maire, Edmond (24-1-31, Épinay-sur-S.). *Père* cheminot. *Marié,* 3 enf. Chimiste chez Péchiney 1954/58. Secr. permanent du syndicat C.F.D.T. de la chimie 1958/60. *Secr. gén.* de la Féd. des industries chimiques 1964/70. *Secr. gén. de la C.F.D.T.* dep. 1971. Membre du *Conseil économique et social* 1960/74. *Œuvres :* la C.F.D.T. et l'autogestion (1973) ; Lip (73, avec C. Piaget) ; Demain l'autogestion (76).

Marchais, Georges (7-6-20, La Hoguette, Calvados). *Père* mineur. *Marié* 1res n. à Paulette Noetinger, 3 enf., 2es n. 1 enf. Mécanicien ajusteur 1940. Travailleur en Allemagne 1942. Évadé 1943. Secr. du syndicat des métaux d'Issy-les-Moulineaux 1946. Membre du P.C.F. dep. 1947. Membre titulaire du comité central et m. du bureau politique du P.C.F. 1959. *Secr. gén. adj.* 1970, puis *secr. gén. du P.C.F.* dep. 1972. Cosignataire du Programme commun de gouvernement 1972. *Député* du Val-de-Marne dep. 1973. *Candidat à la prés. de la Rép.* mars 81. *Dép.* européen depuis 84. *Œuvres :* les Communistes et les Paysans (1972) ; le Défi démocratique (73) ; la Politique du P.C.F. (74) ; Parlons franchement, Réponses (77) ; l'Espoir au présent (80). *Sport :* marche à pied.

Mauroy, Pierre (5-7-28, Cartignies, Nord). *Père* instituteur. *Marié* à Gilberte Deboudt, 1 fils. Professeur de l'enseignement technique 1952. Secr. nat. des Jeunesses socialistes 1950/58. Secr. gén. de la fédération S.F.I.O. du Nord dep. 1963. Membre du bureau politique 1963 et *secr. gén. adj.* 1966 *de la S.F.I.O.* Membre du comité exécutif de la F.G.D.S. 1965/68. *Conseiller gén.* du Cateau 1967/73. *Maire* de Lille dep. 1973. *Dép.* du Nord dep. 1973. *Pt du conseil régional* du Nord-Pas-de-C. (1974-81). *1er min.* (1981-84). *Sport :* aviation. *Œuvres :* Héritiers de l'avenir (1977) ; C'est ici le chemin (82), A gauche (85).

Mayer, René (1895-1972). Homme d'affaires, cousin des Rothschild. 1925 membre du cab. de Pierre Laval. 1928-40 administration des chemins de fer du Nord et de la banque Rothschild Frères. 1940-42 protégé par Laval, demeure en France. 1942 rejoint le général Giraud en Algérie (commissaire aux communications). 1946-56 *dép.* radical de Constantine, 4 fois *min.* 1953 *Pt du Conseil.* 1955-57 *Pt de la Haute Autorité* à Bruxelles.

Mendès France, Pierre (1907-82). *Origine du 2e patronyme :* francisation de Franco [(Franco de Mendez), nom judéo-espagnol (donné par les Turcs aux réfugiés hispano-portugais parlant une « lingua franca »)]. *Père* confectionneur aisé. *1926* avocat (le + jeune de Fr.). *1928 doct. en droit* (id.). *1932 député* rad. de l'Eure, Louviers (id.). *1938 sous-secr. d'État* au Trésor (id.). *1939-40* aviateur en Syrie. *1940,* juin, embarqué à Bordeaux sur le Massilia ; 31-8 arrêté pour désertion. *1941,* mai, condamné à 6 ans de prison au procès de Riom ; juin, s'évade. *1942,* 1-3 rejoint Londres, officier d'aviation. *1943-44* Commissaire aux Finances de De Gaulle à Alger, puis à Paris. *1944,* sept. *min.* de l'Économie nationale. *1945,* avr. démissionne (motif : pour tarir l'inflation, il voulait l'échange des billets de banque et le blocage des comptes bancaires. Refus de De Gaulle). *1946-58 député* de l'Eure. *1947-58* gouverneur du Fonds monétaire international. *1953,* 3/4-6 investiture refusée pour la présidence du Conseil. *1954,* 18-6 *Pt du Conseil :* 20-7 signe le tr. de Genève (paix en Indochine) ; 31-7 se rend en Tunisie, à Carthage, annonce l'autonomie interne de la T. ; 30-8 fait échouer la C.E.D. *1955,* 5-2 renversé (prend la parole après la fin de son mandat, ce qui paraît scandaleux). *1956,* 1-2 *min. d'État* sans portefeuille (démissionne 23-5). *1958-69* opposant au régime gaulliste. *1961* rejoint le P.S.U. *1967 dép.* de Grenoble. *1968, 27-5* cautionne par sa présence la manifestation gauchiste de Charlety, se dit prêt à assurer le pouvoir ; juin battu aux législatives. *1969* soutient Gaston Defferre, candidat à la présidence, se présentant comme son futur 1er min. (échec : 5,07 % des voix). *1971* atteint d'un cancer. *1981* honoré par Mitterrand après la victoire de la Gauche aux présidentielles (accolade à l'Élysée).

Mermaz, Louis (20-8-31, Paris). *Agrégé* d'histoire. Assistant d'histoire à la faculté de Clermont-Ferrand. *Député* de l'Isère (1967-68 puis dep. 1973), *Pt du cons. gén.* de l'Isère (dep. 1976). *Ministre* de l'Équipement et des Transports (5-6-1981). *Pt de l'Ass. nationale* (1981-86). *Œuvres :* Mme Sabatier, les Hohenzollern, l'Autre volonté (1984), Mme de Maintenon (85).

Messmer, Pierre (20-3-1916, Vincennes). *Père* industriel. *Marié* à Gilberte Duprez. *Docteur* en droit. *Diplômé* des Langues orientales. Élève administrateur des colonies 1938. Rejoint les F.F.L. 1940. Participation aux campagnes d'Afrique, d'Italie, de France et d'Allemagne. Prisonnier du Viêt-minh 1945. Secr. gén. du comité interministériel de l'Indochine 1946. Admin. en chef de la France d'outre-mer 1950. *Gouverneur* de la Mauritanie 1952, de la Côte-d'Ivoire 1954/56. *Dir. du cabinet* de G. Defferre (min. de la France d'outre-mer) janv.-avr. 1956. *Ht Commissaire de la Rép.*. au Cameroun 1956/58, en A.E.F. 1958, en A.O.F. juill. 1958-déc. 1959. *Min.* des Armées 1960/69, chargé des T.O.M. 1971/72. *1er min.* 1972/74. *Député* U.D.R. de la Moselle dep. 1968 ; dép. R.P.R. (1978). *Conseiller gén.* dep. 1970. *Pt du cons. rég.* de Lorraine depuis 1978. *Maire* de Sarrebourg dep. 1971. *Sports :* tennis, voile.

Mestre, Philippe (23-8-27, Talmont, Vendée). *Père* médecin. *Marié* 3 enf. École nat. de la Fr. d'O.M. Préfet (dep. 1970). Dir. du cabinet du 1er min. R. Barre (1978-81), *Dép.* de la Vendée 1981-84, 86.

Moch, Jules (1893, Paris-1985). *Père :* officier. *Marié* en 1re n. à Germaine Picard, 2 enf. (veuf), 2e à Elliane Bickert. *Polytechnique*, ing. de la marine. *Dir.* des services de restitution ind. et agr. en All. 1918-20. *Ingénieur* 1920-27. *Député* Drôme 1928-36, Hérault 1937-40, 1946-58, 1962-67. *Secr. gal* de la Présidence du Cons. 1936. *Sous-secr. d'État* 1937. Rejoint les forces navales fr. en 1943. *Membre* de l'Ass. consultative d'Alger. *Min.* des Travaux publics 1938, des Tr. publics et des Transports, de l'Écon. nation. et de la Reconstruction 1947, *vice-Pt du Conseil* et min. de l'Intérieur 1947-50 14-5/31-5-1958, de la Défense 1950-51. *Représentant permanent de la Fr.* à la commission du désarmement de l'O.N.U. 1951-61. Démission du P.S. en 1974. *P.D.G.* de la Sté d'études du pont sur la Manche 1960. *Œuvres :* plusieurs dont : Rencontres avec Darlan et Eisenhower, Destin de la paix (1969), Rencontres avec Léon Blum (70), le Front populaire, grande espérance (71), Rencontres avec de Gaulle (71), Socialisme de l'ère atomique (74), Une si longue vie (76), le Communisme, jamais ! (78).

Monory, René (6-6-23, Loudun). *Père :* garagiste. *Marié* à Suzanne Cottet, 1 fille. *Études :* école primaire supérieure. Commerçant en automobiles et machines agricoles. 1952, Pt de Sté de machines agricoles et de pétrole. *Maire* de Loudun dep. 1959. *Conseiller gal* de Loudun dep. 1961. *Sénateur*, Union centriste des démocrates de progrès, de la Vienne 1968-77 et dep. 1981. *Min.* Ind., Commerce et Artis. 1977-78, Écon. 1978, Éduc. nat. 3-1986. *Pt du Comité intérimaire* du F.M.I., du conseil gal de la Vienne (78). *Pt du conseil rég.* de Poitou-Charente (85). *Œuvre :* Combat pour le bon sens (1983).

Ornano, Cte Michel d' (12-7-24, Paris). *Père* industriel. *Marié* à Anne de Contades, 2 enf. Cofondateur de la Sté Jean d'Albret-Orlane. Conseiller du commerce extérieur (1957-73). *Maire* de Deauville (1962, 1965, 1971-77). *Pt du cons. rég.* de Basse-Normandie (1974 et dep. 83). *Député* du Calvados (1967, 68, 73-74, 78, 81, 86). *Vice-Pt de la Fédération nationale des Rép. indép.* (1975). *Min.* de l'Industrie et de la Recherche (1974/77), de la Culture et de l'Environnement (30-3-1977), de l'Env. et du Cadre de vie (1978-81). *Sports :* équitation, tennis. *Œuvres :* Une certaine idée de Paris (1976) ; la Manipulation des médias (83).

Peyrefitte, Alain (26-8-25, Najac, Aveyron). *Père :* enseignant. *Marié* à Monique Luton, 5 enf. *Normalien, licencié* Lettres et Droit, *E.N.A. Secr. aux Aff. étr.* 1947. *Secr. d'ambassade* à Bonn 1949-52. *Consul général* à Cracovie 1954-56. *Conseiller des Aff. étr.* 1958. *Ministre plénipotentiaire* 1975. *Député* U.N.R. de S.-et-M. 1958, 62, 67, 68, 73, 78, réélu après annulation le 17-1-1982. *Parlem. europ.* 1959-62. *Délégué* à l'Ass. gén. de l'O.N.U. 1959, 60, 61. *Secr. d'État* chargé de l'Information 1962. *Min.* des Rapatriés 1962, de l'Information 1962-66, de la Recherche scient. et des questions atomiques et spatiales 1966-67, des Réformes adminis. et du Plan 1973-74, des Aff. culturelles et de l'Environnement 1974, de la Justice, garde des Sceaux 1977-81. *Conseiller gal* Bray-sur-Seine dep. 1964. *Maire* de Provins dep. 1965. Membre de l'*Académie fr.* 1977. *Œuvres :* Rue d'Ulm (1946), le Sentiment de confiance (47), les Roseaux froissés (roman 48), le Mythe de Pénélope (49), Faut-il partager l'Algérie ? (essai 61), Quand la Chine s'éveillera (73), le Mal français (76, tiré à 1 200 000 ex.), Réponses à la violence (77), les Chevaux du lac Ladoga (81), Quand la rose se fanera (83). Encore un effort Monsieur le Pt (85).

Pflimlin, Pierre (5-2-1907, Roubaix). *Père :* directeur de filature. *Marié* à Marie-Odile Heinrich, 3 enf. *Docteur en droit.* Avocat 1933 (démissionnaire 1964). *Conseiller municipal* 1945-59 puis *maire* de Strasbourg 1959-83. *Conseiller gal* de Haguenau 1951-70, Strasbourg IV 1971-76. *Pt du conseil gal* du Bas-Rhin 1951-60. *Membre* des 2 Ass. constituantes 1945-46. *Député* du Bas-Rhin 1946-71. *Pt national du M.R.P.* 1956-59. *Sous-secr. d'État* à la Santé publique 1946, à l'Économie nation. 1946. *Min.* Agriculture 1948-51, Commerce 1951-52, d'État chargé du Conseil de l'Europe 1952, France d'O.-M. 1952-53, Finances 1955-56, Finances, Aff. écon. et Plan 1957-58, d'État 1957-58, d'État chargé de la Coopération 1962. *Pt du Conseil* 14-5/31-5-1958. Pt du port autonome de Strasbourg 1970-77. *Membre du conseil rég.* d'Alsace dep. 1973. *Pt du Cons. de la Communauté urbaine* de Strasbourg 1967-83, *dép. européen* 1979, 84 (Union pour la F. en Europe). *Vice-Pt* de l'Ass. eur. (79) puis Pt (84). *Œuvres* (en coll.) : l'Industrie de Mulhouse, Structure économique du IIIe Reich, l'Alsace, Destin et volonté, l'Europe communautaire.

Philip, André (1902-70). Famille protestante (huguenots exilés en Écosse), militant S.F.I.O. 1920. *Agrégé* de droit 1926. *Prof.* d'économie politique à Lyon. *Député* S.F.I.O. 1936, antimunichois 1938. Résistant, *dir.* du journal clandestin *Libération* 1940 ; rejoint de Gaulle à Londres 1942. *Commissaire* à l'Intérieur du Gouv. d'Alger, organise l'épuration 1943. *Commissaire* du G.P.R.F. chargé des rapports avec le Parlement 1944. *Député* U.D.S.R. (avec Mitterrand) 1945. *Min.* de l'Économie 1946-47, des Finances 13-2-47, de l'Économie 1947. Exclu de la S.F.I.O. 1958, participe à la création du Parti soc. autonome, futur P.S.U., qu'il quitte en 1962.

Pinay, Antoine (30-12-1891, St-Symphorien-sur-Coise, Rhône). *Père :* fabricant de chapeaux. *Marié* à Marguerite Fouletier, 3 enf. *Dir.* des tanneries Fouletier 1919-48. *Maire* de St-Chamond 1928-77. *Conseiller gal* de St-Chamond dep. 1934. *Pt du conseil gal* de la Creuse 1948-79. *Député* de la Creuse 1946-58, 1958 laisse son siège à son suppléant E. Hemain. *Sénateur* de la Creuse 1938-40. *Membre* de la 2e Ass. constituante 1946. *Pt* d'honneur du Centre nat. des indépendants et paysans d'action sociale à l'Ass. nat. 1956-58. *Pt* du Mouvement nat. des élus locaux. *Secr. d'État* aux Aff. écon. 1948. *Min.* des Travaux publics 1950-52. *Pt du conseil, min.* des Finances 6-3/23-12-1952. *Min.* des Finances et des Aff. écon. 1958-60. *Médiateur* 1973-74 (démission).

Pisani, Edgard (9-10-18, Tunis). *Marié* 3 fois (4 enf.). *Sous-préfet*, puis *préfet* (Hte-Loire 1946, Hte-Marne 1947). *Sénateur* de la Hte-Marne 1954-61. *Min.* Agriculture 1961-66, Équipement 1966 ; démissionne le 28-4-1967. *Dép.* du M.-et-L. (Ve Rép.) mars 1967, démissionne 27-5-1968. *Maire* de Montreuil-Bellay (M.-et-L.). 1965, démissionne 1975. *Sénateur* de la Hte-M. 1974-81 (socialiste), membre de la commission des Com. Europ. (1981). *Délégué du gouv.* en Nlle Calédonie (1-12-84). *Œuvres :* la Région, pour quoi faire ? (1969) ; le Général indivis (74) ; l'Utopie foncière (77) ; Socialiste de raison (78) ; Défi du monde, campagne d'Europe (79), la Main et l'Outil (84).

Pleven, René (15-4-1909, Rennes). *Père :* officier. *Marié* à Anne Bompard, 2 filles (veuf). *Docteur en droit. Diplômé* des Sciences pol. *Dir. gal* pour l'Europe de l'Automatic Telephone Cie 1929-39. Rejoint le Gal de Gaulle 1940. *Secrétaire gal* de l'A.E.F. 1940. *Commissaire* aux Finances et à l'Écon., aux Colonies, aux Aff. étr. *Pt* de la conférence africaine de Brazzaville 1944. *Min.* Colonies 1944, Finances 1945, Écon. nat. 1945, Défense nat. 1949, Aff. étr. 1958, Justice 1969-73. *Député* des C.-du-N. 1945-58 (Progrès et démocratie moderne), 1958-69. *Pt du conseil* 1950-52, désigné le 23-4-58, renonce le 8-5-58. *Pt du conseil gal* des C.-du-N. 1948-76. *Dir. politique* du journal *le Petit Bleu des C.-du-N.* dep. 1945. *Cofondateur et Pt* du C.E.L.I.B. 1951-72. *Pt du conseil de la région Bretagne* 1974-76. *Membre* de l'Académie des Sciences d'O.-M. dep. 1948. *Œuvre :* Avenir de la Bretagne.

Poher, Alain (17-4-1909, Ablon-sur-S.). *Père* ingénieur. *Marié* à Henriette Tugler, 1 enf. *Ingénieur* civil des mines. *Licencié* en droit. *Diplômé* des Sciences po. Administrateur civil 1re classe 1946. *Chef de cabinet* du min. des Finances 1946. *Sénateur* de S.-et-O. 1946/48-1952/68. *Secr. d'État* aux finances sept. 48, au budget nov. 48. *Pt de la Commission du Marché commun* 1955/57. *Pt de l'Association des maires de France* dep. 1974. *Parlementaire européen* dep. 1958. *Pt de l'Ass. parlementaire européenne* 1966/69. *Sénateur* du Val-de-M. dep. oct. 68, Union centriste. *Pt du Sénat* dep. le 3-10-68. *Candidat à la prés. de la Rép.* 1969. *Intérim de la prés. de la Rép.* 28-4/19-6-69 lors du départ du Gal de Gaulle et 2-4/27-5-74 lors de la mort du Pt Pompidou. *Maire* d'Ablon-sur-S. 1945-83. *Sports :* aviation, tennis.

Poniatowski, Pce Michel (16-5-22, Paris). *Marié* à Gilberte de Chavagnac, 4 enf. *Licencié* en droit. Higher certificate Cambridge, *E.N.A. Chef de cab.* du directeur des Finances du Maroc 1949/52. Attaché financier à Washington 1956. *Député* R.I. du Val-d'O. (1967-73). *Sous-directeur* au min. des Finances 1962. *Directeur de cab.* de V. Giscard d'Estaing 1959/62. *Secr. gén.* puis Pt des R.I. 1967/77. *Maire* de L'Isle-Adam dep. 1971. *Min. :* de la Santé publique et de la Séc. soc. 73/74 ; *d'État*, de l'Intérieur 1974/77. Ambassadeur, représentant person. le Pt de la Rép. (1977-81). *Dép.* europ. dep. 84. *Origine :* en 1650, Joseph Torelli (famille ital. émigrée au xvie s. d'Ital.), époux de la fille du Cte Poniatov, prit le nom de Poniatowski ; la famille a donné à la France 1 maréchal (Joseph, 1763-1813) et à la Pologne son dernier roi (Stanislas II, 1732-98, roi de 1764 à 1795). *Œuvres :* Avenir des pays sous-developpés (1954) ; Hist. de la Russie d'Amér. et de l'Alaska (59) ; Talleyrand aux États-Unis (67) ; les Choix de l'espoir (70) ; Cartes sur table (72) ; Conduire le changement (75) ; Cadoudal, Moreau et Pichegru (77) ; L'avenir n'est écrit nulle part (78) ; L. Philippe et Louis XVIII (80) ; L'Histoire est libre (82) ; Talleyrand et le Directoire 1796-1800 (82) ; Garnerin ; Lettre ouverte au Pt de la Rép. (83) ; l'Europe ou la mort, le Socialisme à la française (85). *Sports :* ski, natation, chasse.

Queuille, Henri (1884-1970). Médecin, *maire* d'Ussel dep. 1912. *Dép.* de la Corrèze 1914-35. *Sén.* de la Corrèze 1935-40 et 1946-58, toujours sous l'étiquette radical socialiste. 12 fois *min.* ou *chef du Gouvernement* sous la IVe Rép., écarté de l'Élysée en 1954, à cause de sa mauvaise santé.

Ramadier, Paul (1888-1961). Avocat, militant socialiste dep. 1904, franc-maçon dep. 1913. *Maire* de Decazeville 1919. *Député* S.F.I.O. de l'Aveyron 1928. Quitte la S.F.I.O. 1933. Avec Marcel Déat f. l'Union socialiste et rép. Redevient S.F.I.O. 1945. *Pt du Conseil* 1947, rompt avec communistes (qu'il chasse de son gouv.). Battu aux él. dans l'Aveyron 1951, le Lot 1952 ; devient *Pt du B.I.T.* (à Genève).

Rocard, Michel (23-8-30, Courbevoie). *Père* professeur. *Marié* 1res noces 2 enf. ; 2es n. 2 enf. *Licencié* ès lettres. *Diplômé* de l'I.E.P. Paris. *E.N.A.* Inspecteur des finances 1958. Secr. gén. de la Commission des comptes et des budgets écon. de la nation 1965. *Secr. nat. du P.S.U.* 1967/73. *Candidat à la prés. de la Rép.* 1969. *Député* des Yvelines 1969/73, 78, 81, 86. Quitte le P.S.U. et s'inscrit au P.S., 1974. (Membre du bureau exécutif dep. févr. 1975). *Min. d'État* du Plan et de l'Aménagement du terr. (22-5-1981), *min.* de l'Agriculture (14-3-1983, démissionne 4-4-85). *Sports :* ski, yachting. *Œuvres :* le P.S.U. et l'Avenir socialiste de la France (1969). Questions à l'État socialiste (72) ; Un député, pour quoi faire ? (73) ; l'Inflation au cœur (75) ; Parler vrai (79).

Royer, Jean (31-10-20, Nevers, Nièvre). *Père* employé de banque. *Marié*, 4 enf. *2 certificats de licence* de lettres. Instituteur 1945/54. Professeur 1955/58. Délégué R.P.F. 1947/58. *Député* d'Indre-et-L. dep. 1958. *Maire* de Tours dep. 1959. *Conseiller général* dep. 1961. *Min. :* Commerce et Artisanat 1973/74 : P.T.T. 1-3 au 11-4-74, démissionne. *Candidat à la prés. de la Rép.* mai 1974, obtient 2,64 % des voix.

Savary, Alain (25-4-18, Alger). *Père* ingénieur des chemins de fer. *Marié* à Hélène Borgeaud. *Dipl.* des Sciences po. *Licencié* en droit. *Gouverneur* de St-Pierre-et-Miquelon (1941-43). Commissaire de la Rép. (1945-46). *Député* de St-Pierre-et-Miquelon, *Secr. d'État* aux Aff. étr. (1956). *Secr. gén. adjoint* de la S.F.I.O. (1959). Membre du bureau nat. du P.S.U. (1960). *1er secr. du P.S.* (1969-71). *Député* de la Hte-Garonne (dep. 1973). *Pt du cons. rég.* Midi-Pyrénées (dep. 1974). *Ministre* de l'Éduc. nat. (1981-84). *Œuvres :* Nationalisme algérien et Grandeur française ; Pour le nouveau Parti socialiste.

Séguy Georges (16-3-27, Toulouse, Hte-G.). *Père* cheminot. *Marié*, 3 enf. *C.E.P.* Ouvrier imprimeur 1942-44. Responsable F.T.P. Déporté à Mauthausen 1944. Ouvrier électricien S.N.C.F. 1946/70. Membre du P.C.F. dep. 1942, du comité central du P.C.F. dep. 1954. *Secr. gén.* de la Féd. des cheminots C.G.T. 1961/65, de la C.G.T. 1967-82. Membre du bureau politique du P.C.F. de 1956 à févr. 1982 ; du bureau exécutif de la Féd. syndicale mondiale 1970/78. *Œuvres* : le Mai de la C.G.T. (1972) ; Lutter (75).

Servan-Schreiber, Jean-Jacques (13-2-24, Paris). *Père* (Émile 1888-1967) journaliste. *Frère* de Brigitte Gros (1925-85), Christiane Collange (29-10-30 ép. en 2es noces de Jean Ferniot), Jean-Louis S.-S. (31-10-37). Cousin de Jean-Claude (11-4-18, fils de Robert, fondateur des Échos). *Marié* 1res noces Madeleine Chapsal (divorcé), 2es n. Sabine de Fouquières (4 fils). Journaliste. Ancien él. de *Polytechnique*. *Rédacteur politique au Monde* 1948-53. *Fondateur de l'Express* (avec F. Giroud) 1953. Soutient la candidature de M. X. (Gaston Defferre) pour les él. prés. de 1965. *Secr. gén. du Parti radical-socialiste* 1969 puis *Pt. Député* de Meurthe-et-M. 28-6-70 (él. partielle ; 55 % des voix) ; se présente à Bordeaux contre Chaban-Delmas, est battu. Réélu les 11-3-73 et 19-3-78, invalidé le 28-6 et non réélu le 24-9. *Fondateur* (avec J. Lecanuet) du *Mouvement réformateur* 1972. *Min.* des Réformes 28-5/9-6-1974. *Pt du conseil régional* de Lorraine, 1976-78. Pt du Centre mondial pour l'informatique 1982-85. *Chargé de mission* par le Pt de la Rép. févr. 1977 ; démissionne le 28-4-77. *Œuvres* : Lieutenant en Algérie (1957) ; le Défi américain (67) ; le Réveil de la France (68) ; Ciel et Terre (manifeste du Parti radical) avec M. Albert (70) ; Forcer le destin (70) ; le Pouvoir régional (71) ; Appel à la réforme (72) ; le Projet réformateur (73) ; le Bataillon de la paix (avec le Gal de Bollardière) (74) ; l'Arme de la confiance (76) ; le Défi mondial (80).

Soisson, Jean-Pierre (9-11-34, Auxerre, Yonne). *Marié* à Catherine Lacaisse, 1 enf. *Licencié* en droit. *Diplômé* des Sciences po. *E.N.A.* (1959-61). Auditeur à la Cour des comptes (1961). Conseiller technique aux cab. de Jean Morin (1964-65), d'Yvon Bourges (1966-67), d'Edgar Faure (1967-68). Cons. référendaire à la Cour des comptes (dep. 1968). *Député* de l'Yonne (1968, 73/74, 78, 81, 86). *Maire* d'Auxerre (dep. 1971). *Vice-Pt de la Féd. nat. des Rép. indép.* (1975). *Secr. gén. du P.R.* (1977-78). *Secr. d'État* aux Universités (8-6-1974/11-1-1976), à la Formation professionnelle (12-1/25-8-1976), auprès du min. de la Qualité de la vie (1976), *min.* de la Qualité de la vie (1976), *min.* de la Jeunesse, des Sports et des Loisirs (1978-81). *Vice-Pt* de l'U.D.F. (1978). *Sports* : tennis, ski. *Œuvre* : la Victoire sur l'hiver (1978).

Soustelle, Jacques (3-2-12, Montpellier, Hérault). *Père* ouvrier. *Marié* à Georgette Fagot, sans enf. *Normalien, agrégé* de philo. Anthropologie en Amér. centrale (1932-39) ; rejoint de Gaulle à Londres 1940, *Commissaire nat.* à l'information de la France libre 1942. Dir. des services spéciaux à Alger 1942-44. Commissaire de la Rép. à Bordeaux 1944. *Min.* des Colonies 1945. *Député* de la Mayenne 1945-46. *Secr. général du R.P.F.* (1947-51). *Dép.* R.P.F. puis rép. social du Rhône 1951-58. *Gouv. gén* de l'Algérie (1955-56). *Min.* de l'Information 1958-59 (échappe à un attentat F.L.N. 1959). Réélu dep., mais laisse son siège pour être *min. délégué* 1959-60. Rompt avec de Gaulle à l'occasion du putsch des généraux (avr. 1961). Mandat d'arrêt lancé contre lui (8-12-1962), en exil à l'étranger (1961-68), rentre après l'amnistie générale et un non-lieu (oct. 1968). Fonde le mouvement Progrès et Liberté (1970). *Député* (Réformateur) du Rhône 1973-78. Membre de l'*Académie française* 1983. *Œuvres* : plusieurs dont : la Vie quotidienne des Aztèques ; Aimée et Souffrante Algérie ; l'Espérance trahie (1962) ; l'Art du Mexique ancien (66) ; les Quatre Soleils (67) ; Lettre ouverte aux victimes de la décolonisation (73) ; Archéologie et Anthropologie (76) ; l'Univers des Aztèques (79) ; les Olmèques (80) ; la Civilisation des Mayas (82).

Tixier-Vignancour, Jean-Louis (12-10-07, Paris). *Père* médecin. *Veuf* de Janine Auriol, 1 fils. *Docteur* en droit. *Avocat* dep. 1927. *Député* des Basses-Pyr. 1936/42 puis 1956/58. *Secr. gén. adj.* à l'Information 1940. *Pt du Rassemblement nat.* 1954. *Candidat à la prés. de la Rép.* 1965. *Pt de l'Alliance républicaine pour les libertés et le progrès* dep. 1966. *Œuvres* : J'ai choisi la défense (1964) ; le Contre-mal français (77) ; Si j'avais défendu Dreyfus (78). *Collection* : soldats de plomb.

Toubon, Jacques (29-6-41, Nice). *Père* : employé d'administration. *Marié* 1res n. à Béatrice Bernarscon (divorcé), 2es n. à Lise Weiler. *Licencié en droit, diplômé* de l'I.E.P. Lyon, *E.N.A. Administrateur civil* au min. de l'Intérieur 1965. *Dir. de cabinet* du préfet des Basses-Pyr. 1965-68, *chef de cabinet* du secr. d'État aux D.O.M.-T.O.M. 1968-69., du min. de l'Agriculture 1972-74, du min. de l'Intérieur 1974. *Conseiller technique* auprès du secr. d'État près du min. chargé des Rel. avec le Parlement 1969-72, auprès du Premier min. *Dir.* de la Fondation Claude-Pompidou 1970-77. *Secr. gal adjoint* du R.P.R. 1977 puis *secr. gal* 1984. *Député* R.P.R. Paris 1981, 86. *Maire* du 13e arrond. et *adjoint au maire* de Paris dep. 1983. *Œuvre* : Pour en finir avec la peur.

Veil, Simone (née Jacob, 13-7-27, Nice, A.-M.). *Père* architecte. *Mariée* à Antoine Veil (n. 28-8-26), inspecteur des fin., dir. gén. de l'U.T.A. (1971-80). P.-D.G de Manurhin (1982). Administrateur délégué des wagons-lits (1985). 3 enf. *Licenciée* en droit, *diplômée* de l'I.E.P. de Paris. Attachée tit. au min. de la Justice 1957/59. Substitut détaché au min. de la Justice 1959/65. Conseiller technique de René Pleven (garde des Sceaux) 1969. *Secr. gén. du Conseil sup. de la magistrature* 1970. Membre du conseil d'admin. de l'O.R.T.F. 1972. *Min.* de la Santé (1974-78). Dép. eur. 1979, 84. *Pte de l'Ass. eur.* (1979-82). *Pte de la Commission juridique de l'Ass. eur.* (1982-84).

Élections

Droit de vote

● **Que faut-il pour voter ?** *Être Français* (les femmes ont le droit de vote dep. le 21-4-1944) (Voir à l'Index). *Avoir 18 ans* (dep. la loi du 5-7-1974). Dep. la loi du 9-7-1970, les 21 ans n'étaient plus exigés pour les jeunes gens ayant accompli le service national actif. L'âge minimal était de 18 ans pour les titulaires de la Légion d'honneur, de la médaille militaire et de la croix de guerre à titre personnel.

Ne pas être majeur en tutelle. Ne pas avoir été : déclaré en faillite par un tribunal ; condamné ni pour crimes ni pour délits à certaines peines (dans les cas graves, l'incapacité électorale sera permanente ; dans les autres, temporaire). Dans chaque cas, les personnes ayant été amnistiées ou réhabilitées retrouvent le droit de vote.

Être inscrit sur une liste électorale. Cette inscription est obligatoire (article L. 9 du Code électoral). On doit s'inscrire dans les mairies avant le 31-12 de l'année qui précède celle du 18e anniversaire, si l'on est né en janvier ou février ; au 31-12 de l'année du 18e anniv., si l'on est né dans les 10 mois suivants. Toutefois, les jeunes qui atteindraient 18 ans entre le 1er mars et la date d'une élection peuvent obtenir leur inscription sur décision du juge d'instance.

Nota. — Les militaires peuvent voter (ordonnance du 17-8-1945). Les Français à l'étranger immatriculés au consulat de Fr. peuvent être inscrits sur les listes de certaines communes (voir plus loin). Les étrangers naturalisés peuvent voter (avant la loi du 9-1-1973, ils ne pouvaient le faire que 5 ans après leur naturalisation).

● **Inscription. Conditions.** Être domicilié dans la commune ou y résider depuis 6 mois ; ou figurer pour la 5e fois sans interruption au rôle d'une des contributions directes communales ; ou être assujetti à résidence obligatoire (fonctionnaire public). Art. L. 11 du Code électoral : « Tout électeur ou électrice peut être inscrit sur la même liste que son conjoint si celui-ci est inscrit en qualité de contribuable. »

Demandes d'inscriptions reçues toute l'année jusqu'au dernier jour ouvrable de décembre inclus. L'inscription sur la liste électorale, obligatoire, est subordonnée à une demande. Si l'électeur ne peut se présenter, sa demande peut être adressée par correspondance (en recommandé de préférence) ou présentée par un tiers dûment mandaté.

Délai de réclamation devant le juge d'instance, du 11 au 20 janv. Les décisions du tribunal d'instance sont notifiées aux commissaires de la Rép. des départements et aux maires. Le délai pendant lequel un pourvoi en cassation est possible est de 10 jours.

Fournir : 1o pour prouver l'identité l'une des pièces suivantes : livret militaire ou carte du service national, livret de famille ou fiche d'état civil, carte nat. d'identité même périmée, passeport même périmé délivré ou renouvelé après le 1-10-1944 ; décret de naturalisation ; carte de naturalisation ; carte d'immatriculation et d'affiliation à la Séc. soc. ; carte du combattant, avec photographie ; permis de conduire ; titre de réduction à la S.N.C.F., non périmé ; carte d'identité de fonctionnaire avec photo, délivrée après le 1-10-1944 ; carte d'identité ou carte de circulation délivrée par les autorités militaires ; titres de pension ; permis de chasser avec photographie ; *2o l'attache* avec la circonscr. du bureau de vote : domicile (par tous moyens) ; résidence : quittances de loyer, enveloppes postales, etc. ; qualité de contribuable : certificat du percepteur ou de l'inspecteur des impôts ; résidence obligatoire : carte professionnelle ou attestation de l'administration.

Une personne qui possède depuis 6 mois une résidence dans une commune dans laquelle elle n'est pas domiciliée ne peut être inscrite sur la liste électorale de la commune si elle ne peut justifier qu'elle y habite d'une façon continue depuis 6 mois au moins. Il suffit que cette durée soit accomplie au dernier jour de févr. et, par conséquent, que l'intéressé ait commencé de résider dans la circonscription du bureau de vote le 1er sept. au plus tard.

Pour les Français à l'étranger, des centres de vote peuvent être organisés dans les ambassades ou consulats, mais l'inscription sur les listes de ces centres ne permet d'y exercer son droit de vote que pour les él. du Président de la Rép., les référendums et les él. à l'Assemblée des Communautés européennes.

Taux d'inscription sur les listes électorales en mars 1982 (âge, sexe masculin et entre parenthèses sexe féminin). **1964-63** : *18-19 ans* 68,8 (65,2). **1962-58** : *20-24* 81,3 (82,5). **1957-53** : *25-29* 84,4 (85). **1952-48** : *30-34* 87,4 (87,9). **1947-43** : *35-39* 91,2 (90,3). **1942-38** : *40-44* 91,3 (91). **1937-33** : *45-49* 91,7 (92). **1932-28** : *50-54* 91,3 (92,3). **1927-23** : *55-59* 90,6 (90,3). **1922-18** : *60-64* 93 (92,7). **1917-13** : *65-69* 91,9 (92,1). **1912-08** : *70-74* 93,3 (93,1). **1907-03** : *75-79* 92,3 (91,6). **1902 et avant** : *80 et +* 90,2 (87,3). Total sexe masculin : 88,6 ; féminin 88,8.

Age des électeurs inscrits au 1-3-1982 (âge atteint au cours de l'année 82), en milliers. *18-19 ans* : 707. *20-24* : 3 563. *25-29* : 3 567. *30-34* : 3 730. *35-39* : 3 269. *40-44* : 2 591. *45-49* : 2 878. *50-54* : 3 074. *55-59* : 2 838. *60-64* : 2 474. *65-69* : 1 655. *70-74* : 2 079. *75-79* : 1 696. *80 et plus* : 1 792. *Total* : 35 913.

Au 1-1-82, 11,3 % des électeurs potentiels de métropole n'étaient pas inscrits (soit + de 4 millions). Parmi les jeunes qui pouvaient s'inscrire pour la 1re fois (18-19 ans), 1/3 ne l'avait pas fait.

Age des électeurs potentiels au 1-3-1982 (âge atteint au cours de l'année 1982), en milliers. *18-19 ans* : 1 055, *20-24* : 4 352, *25-29* : 4 210, *30-34* : 4 257, *35-39* : 3 601, *40-44* : 2 843, *45-49* : 3 133, *50-54* : 3 346, *55-59* : 3 136, *60-64* : 2 665, *65-69* : 1 800, *70-74* : 2 231, *75-79* : 1 845, *80 et +* : 2 035. *Total* : 40 509.

Nota. — Les *non-inscrits* représentent de 3 % (12-3-1978) à 10 % (31-3-1955) des électeurs potentiels. 5 520 électeurs ont été radiés sur 206 000 inscrits en Corse (dont 250 décédés, 820 frappés d'incapacité électorale et 4 500 pour inscriptions multiples).

● **Vote par procuration.** Consiste à choisir quelqu'un qui votera à votre place. Celui qui choisit est le *mandant*. Celui qui vote est le *mandataire*.

Mandataire. Il doit jouir de ses droits électoraux et être inscrit dans la même commune que son mandant. Il ne peut disposer de plus de deux procurations.

Procurations. *En France* : établies devant un magistrat ou un officier de police judiciaire (l'électeur qui ne peut manifestement pas se déplacer, en raison de son état de santé, peut obtenir l'établissement de la proc. à domicile) ; *à l'étranger* : dans les consulats. *Validité* : au choix du mandant, limitée à un seul scrutin ou fixée à 1 an ; pour les Français hors de France, peut aussi être établie pour la durée de l'immatriculation au consulat avec une validité maximale de 3 ans.

Mandant. Doit justifier de son appartenance à l'une des catégories d'électeurs bénéficiaires du vote par procuration (v. ci-dessous). Il peut toujours résilier sa procuration devant l'autorité qui la lui a délivrée. Il peut voter personnellement, s'il se présente au bureau de vote avant le mandataire.

Nota. — Le vote par correspondance avait été admis temporairement en 1919 pour les réfugiés des régions envahies n'ayant pas regagné leur commune, et en 1924 pour les agents civils en service en Allemagne occupée. Institué en 1946, il fut supprimé par une loi du 31-12-1975, en raison des graves abus et fraudes auxquels il avait donné lieu.

Bénéficiaires. Électeurs éloignés de leur commune. *Marins du commerce* (inscrits maritimes, agents du service général et pêcheurs), *militaires, fonctionnaires, cheminots* et *agents des services publics appelés en déplacement* par leur service, *navigants de l'aéronau-*

tique civile. Français se trouvant hors de France, mariniers, artisans ou salariés, et les membres de leur famille habitant à bord, *femmes en couches, malades, infirmes ou incurables en traitement ou en pension* dans les établissements publics de soins ou d'assistance, ou privés de même nature (liste fixée par arrêté min. de la Santé), *journalistes* professionnels en déplacement pour leur service, *voyageurs et représentants* exerçant leur activité dans les conditions prévues par les articles L. 751-1 et suivants du Code du travail, *agents commerciaux, commerçants et industriels ambulants et forains* et le personnel qu'ils emploient, travailleurs employés à des travaux *saisonniers agricoles, industriels ou commerciaux* en dehors du département de leur domicile, *personnels de l'industrie utilisés sur des chantiers éloignés* du lieu normal de leur travail, *entrepreneurs de transports public routier* de voyageurs ou de marchandises et les membres de leur personnel roulant appelés en déplacement par leur service, *personnes suivant, sur prescription médicale, une cure* dans une station thermale ou climatique, *personnes qui, pour leurs études ou leur formation professionnelle,* sont régulièrement inscrites hors de leurs domicile d'origine dans les universités, écoles, instituts et autres établissements d'enseignement ou de formation publics ou privés, *artistes en déplacement* pour l'exercice de leur profession dans un théâtre national ou dans un théâtre municipal en régie directe ou dans une entreprise dirigée par un responsable titulaire de la licence d'entrepreneur de spectacles, *auteurs, techniciens et artistes portés sur la liste contenue dans le dossier de l'autorisation de tournage de films* délivrée par le Centre national de la cinématographie, *membres des assoc. et fédér. sport. en déplacement* pour des manif. sport., *ministres des cultes en déplacement* pour leur ministère ecclésiastique, *personnes qui ont quitté leur résidence habituelle du fait des événements de guerre* et ne l'ont pas regagnée à la date du scrutin, *citoyens qui établissent que des raisons professionnelles ou familiales* les empêchent d'être présents le jour du scrutin, *citoyens qui ont quitté leur résidence habituelle pour leurs vacances.*

Les électeurs ci-après se trouvant ou non dans leur commune le jour du scrutin. *Fonctionnaires* de l'État exerçant leur profession *dans les phares, titulaires d'une pension militaire d'invalidité ou de victime civile de guerre* dont le taux est égal ou supérieur à 85 %, *titulaires d'une pension d'invalidité* [1] notamment assurés sociaux du régime général de Séc. soc. placés dans le 3e groupe, *de vieillesse, victimes d'accidents du travail* bénéficiant d'une rente correspondant à un taux égal ou supérieur à 85 %, *personnes âgées et infirmes* bénéficiant d'une prise en charge pour aide d'une tierce personne, *personnes qui assistent les invalides, vieillards ou infirmes* visés ci-dessus, *malades, femmes en couches, infirmes ou incurables* qui, en raison de leur état de santé ou de leur condition physique, ne pourront se déplacer le jour du scrutin, *personnes placées en détention provisoire et détenus* purgeant une peine n'entraînant pas une incapacité électorale. *Électeurs qui ont leur résidence et exercent leur activité professionnelle hors du département* où se trouve leur commune d'inscription, ainsi que leur conjoint.

Nota. — (1) Allouée au titre d'une législation de Sécurité sociale bénéficiant de la majoration pour assistance d'une tierce personne.

Centre d'information civique (C.I.C.). 242 *bis*, bd Saint-Germain, Paris 7e. *Créé* le 3.10-1960. *Pt :* J.-C. Barbé.

Circonscription électorale

Définition. Division électorale dans laquelle se déroulent les élections pour un nombre déterminé de sièges. Ce peut être : la *nation,* tous les électeurs votant ensemble pour tous les députés (système difficile dans un grand État) ; le *département* (ex. : en 1817, 1848, sous le IIe Empire, sous la IVe Rép. ; sauf pour les dép. les plus peuplés, divisés en plusieurs circ.) ; l'*arrondissement* (comme en 1830, le plus souvent sous la IIIe Rép. avec division des arrondissements trop grands ; découpage effectué par une loi) ; ou des *circonscriptions découpées* d'une autre façon (ex. : Ve Rép.).

Aux législatives de 1981, la moitié environ des électeurs métropolitains (17 768 559 sur 35 536 041 inscrits au 1er tour) a élu 199 députés sur 474, soit 42 % dans des circonscriptions de plus de 78 180 inscrits. Pour le Sénat, voir p. 641.

Découpage des circonscriptions. On appelle *gerrymandering* la pratique des découpages abusifs, du nom d'Elbridge Gerry (1744-1814), gouverneur de l'État du Massachusetts (U.S.A.), qui avantagea en 1814 son parti grâce à un découpage tendancieux pour les élections au Sénat. En France, sous le IIe Empire, où chaque dép. était divisé en autant de circonscriptions qu'il y avait de députés, le Gouvernement remaniait à son gré tous les 5 ans ces circonscriptions.

En 1958, on a pris soin, en dehors des métropoles, d'avoir le moins possible de circonscriptions purement urbaines ; on a donc souvent accouplé les quartiers d'une ville découpée en étoile à des cantons ou à des arrond. ruraux limitrophes, espérant que les ruraux tempéreraient les ouvriers. Depuis 1958, les mouvements de pop. ont été considérables, mais la carte électorale n'a presque pas été modifiée.

Statistiques. Nombre de circonscriptions. 491 (métropole 474, D.O.M. 13, T.O.M. 4). **Nombre d'électeurs** par circonscription. Toutes les circonscriptions devraient avoir le même nombre d'électeurs mais ce n'est pas le cas. Ainsi, en 1981, chaque c. aurait dû avoir 74 970 él. inscrits, or, l'écart était de 26 251 (2e c. de Lozère) à 189 383 (10e c. des B.-du-Rh.).

Circonscriptions ayant + de 100 000 inscrits au 1er tour des él. législatives de 1981. Alpes-Mar. (3e, 5e, 6e), B.-du-Rh. (2e, 6e, 8e, 9e, 10e, 11e), Cavaldos (1re), Charente (1re), C.-du-N. (1re), Doubs (1re, 2e), Finistère (2e), Gard (2e), Hte-Garonne (4e, 5e), Gironde (6e), Hérault (1re, 2e), I.-et-V. (2e), Isère (2e), L.-Atl. (4e), Moselle (1re), Nord (7e, 11e), Oise (4e), P.-de-D. (1re), Pyr.-Atl. (1re, 4e), Pyr.-Or. (1re), Bas-Rh. (3e), Hte-Savoie (1re, 3e), S.-et-M. (1re, 2e), Yvelines (3e 8e), Var (1re, 2e, 4e), Vaucluse (1re), Vienne (1re), Hte-Vienne (3e), Essonne (1re, 2e, 3e, 4e), Hts-de-S. (12e, 13e), Seine-St-Denis (8e, 9e), Val-de-M. (5e, 8e), Val-d'O. (1re, 4e, 5e).

Ayant — de 50 000 inscrits. Alpes-de-Hte-Prov. (1re, 2e), Htes-Alpes (1re, 2e), B.-du-Rh. (1re, 7e), Corrèze (3e), Corse-du-Sud (2e), Gironde (2e, 3e), Lozère (1re, 2e), Nièvre (3e), Nord (2e, 4e, 17e, 21e), Bas-Rhin (1re), Rhône (3e, 5e, 9e), Paris (1re à 7e, 9e à 16e, 18e, 19e, 21e à 30e), Belfort (1re, 2e), Hts-de-S. (1re, 2e, 5e), S.-St-Denis (2e).

Campagne électorale

☞ Pour en savoir plus, demandez le Quid des Présidents de la République (et des candidats). Chez tous les libraires (éd. Robert Laffont).

Affichage. Seule est admise en principe la propagande officielle. Le candidat doit formuler la *demande d'attribution* d'emplacements le mardi précédant le 1er scrutin au plus tard, et le mercredi précédant le 2e tour s'il y en a un. S'il n'utilise pas l'emplacement qu'il a réservé, il doit rembourser les frais d'établissement à la commune. *Nombre max. d'emplacements réservés* (en dehors de ceux établis à côté des bureaux de vote) : 5 par candidat dans les communes de 500 électeurs et — ; 10 dans les autres, + 1 par 3 000 él. ou fraction sup. à 2 000 dans les communes de plus de 5 000 él. Les affiches bleu, blanc, rouge sont interdites. Seules les réunions électorales peuvent être apposées après le jeudi (1er tour) et le vendredi (2e tour). Chaque candidat dispose de 4 affiches par tour de scrutin : 2 grand format (594 × 841 mm) pour exposer le programme, 2 petit format (297 × 420 mm) pour annoncer les réunions électorales.

Nota. — L'attribution des panneaux se fait dans l'ordre d'enregistrement des candidatures.

Circulaires. Chaque candidat ne peut envoyer aux électeurs avant chaque scrutin que 1 circulaire, format 21 × 29,7 cm.

Bulletins. Nombre pour chaque candidat ne pouvant être supérieur de plus de 20 % à 2 fois le nombre d'électeurs inscrits dans la circonscr. Format réglementé selon le nombre de noms inscrits sur 1 bulletin.

Commissions de propagande (dans la plupart des circonscr. électorales). Composées de magistrats et fonctionnaires, elles sont chargées : *1o* de dresser la liste des imprimeurs agréés pour procéder à l'impression des doc. électoraux ; *2o* d'adresser, au plus tard le mercr. précédant le 1er tour de scrutin, et éventuellement le jeudi précédant le 2e tour, à tous les électeurs de la circonscr. dans une enveloppe fermée envoyée en franchise, la circulaire et le bulletin de vote de chaque candidat ou liste ; *3o* d'envoyer dans chaque mairie et dans les mêmes délais les b. de vote (nombre au moins égal à celui des él. inscrits).

Coût des élections pour l'État

• **Principe.** L'État supporte la charge de la propagande officielle. C'est ainsi que pour les élections législatives, il prend en charge les dépenses de fonctionnement des commissions de propagande (chargées de l'envoi à domicile des bulletins de vote et des circulaires des candidats), et rembourse aux candidats ayant obtenu au moins 5 % des suffrages exprimés le coût du papier, de l'impression des bulletins de vote et des circulaires adressées aux électeurs, ainsi que leurs affiches et les frais d'affichage aux emplacements officiels.

Partis et groupements politiques peuvent utiliser gratuitement les antennes de la radiodiffusion-télévision française dans les conditions fixées par l'article L. 167-1 du Code électoral.

• **Coût** (millions de F). **Cantonales.** *8 et 15-3-70 :* 24,85 ; *23 et 09-9-73 :* 38,81 ; *7 et 14-3-76 :* 52 ; *18 et 25-3-79 :* 77 ; *14 et 21-3-82 :* 153.

Européennes. *10-6-79 :* 110,26 ; *17-6-84 :* 196,06.

Législatives. *23 et 30-6-68 :* 42,25 ; *4 et 11-3-73 :* 70,04 ; *12 et 19-3-78 :* 140 ; *14 et 21-6-81 :* 216,30. *Législatives et régionales du 16-3-1986 :* 517 (dont remboursement de frais de propagande aux listes ayant obtenu au moins 5 % et 2/3 versés aux communes). Coût supplémentaire pour les 4 grandes formations (R.P.R., U.D.F., P.S., P.C.) 600 (pour chacune en moyenne 150 dont 50 au niveau national). Coût du matériel : *Urne* coffre simple en acier 400 F, modèle transparent avec compteur et sonnette 1 500 F. *Case d'isoloir* 700 à 1 000 F. (*Isoloirs et urnes* en carton renforcé et ignifugé 335 F et 140 F) *Panneau d'affichage* 500 à 800 F. *Quotas minimaux de matériel* 10 emplacements d'affichage pour une commune de 500 électeurs, puis 1 emplacement supplémentaire par tranche de 3 000 élect. ; 1 isoloir pour 300 élect. ; 1 urne par bureau de vote et pas plus de 1 500 inscrits par bureau.

Municipales. *14 et 21-3-71 :* 36,79 ; *13 et 20-3-77 :* 72 ; *6 et 13-3-83 :* 190.

Présidentielles. *1 et 15-6-69 :* 58 ; *1 et 15-6-74 :* 121,67 ; *26-4 et 10-5-81 :* 312,30.

Référendum. *27-4-69 :* 22,8 ; *23-4-72 :* 24,91.

Nota. — La diffusion électorale de la propagande officielle n'existe pas lors des él. municipales dans les communes de — de 9 000 hab.

Interdictions. Distribution par tout agent de l'autorité publique ou municipale de bulletins de vote, professions de foi et circulaires des candidats ; utilisation, à des fins de propagande électorale, de tout procédé de publicité commerciale par la voie de la presse ; distribution, le jour du scrutin, de bulletins, circulaires et autres documents.

Modalités du vote

Bureau de vote. *Salle :* table de vote où siègent les membres du bureau. Sont installées, dessus, l'urne avec 2 serrures ou cadenas dissemblables, la liste d'émargement (copie certifiée par le maire, de la liste électorale du bureau de vote) ; diverses pièces permettant l'information du bureau et des électeurs ; les cartes électorales qui n'ont pu être remises à leurs titulaires ; tables de décharge à l'entrée du bureau pour les bulletins de vote fournis par les candidats et les enveloppes électorales bleues en mars 1986 et orange pour les conseillers régionaux. Isoloirs : au moins 1 isoloir pour 300 élect. inscrits.

Constitution. Pt : maire, adjoint, cons. municipal dans l'ordre du tableau (rang attribué par l'élect. mun.) ou Pt désigné par le maire parmi les électeurs de la commune ; 4 *assess.* et 1 *secr.* avec voix consultative. Durant les opérations électorales, au min. 3 membres du bureau doivent être présents en permanence : le Pt (ou son suppléant, ou le plus âgé des assesseurs) et 2 asses. titulaires. Le Pt peut désigner parmi les cons. municipaux ou les élect. de la commune 1 suppléant qui, en cas d'absence, le remplacera. Chaque candidat ou chaque liste en présence peut désigner 1 seul asses. pris parmi les élect. du département. Il peut aussi désigner 1 suppléant commun à plusieurs asses. Désignations notifiées au maire par pli recommandé au plus tard le vendredi précédant le scrutin à 18 h. S'il y a moins de 4 assess., on recourt aux cons. mun. dans l'ordre du tableau puis aux élect. présents sachant lire et écrire, en prenant le plus âgé puis le plus jeune. Le secr. est désigné par le Pt et les asses. parmi les élect. de la commune.

Délégués des candidats : chaque candidat ou chaque liste peut exiger la présence dans chaque bureau de vote d'1 délégué désigné par ses soins parmi les élect. du département, habilité à contrôler le déroulement des opérations électorales. Il peut exiger l'inscription au procès-verbal avant ou après la proclamation du résultat, de toutes observations, contestations...

Carte d'électeur (demande, voir ci-dessus). Établie par le maire. Elle est distribuée au domicile de l'électeur au plus tard 3 j avant le scrutin. Les cartes non distribuées sont gardées à la mairie ou au bureau de vote de l'électeur.

Jour du vote. Toujours un dimanche (obligatoire dep. le 5-10-1946) ; entre 8 h et 18 h (jusqu'à 19 h dans certaines grandes villes, 20 h à Paris et dans certains dép. limitrophes). De 8 h à 18 h, les commissaires de la Rép. (préfets) peuvent, par arrêté, avancer l'heure d'ouverture dans certaines communes ou la retarder dans toutes les communes d'une même circonscription électorale (commune, canton, département...). S'il y a 2 tours : 2 semaines d'intervalle entre 2 t. (élect. présidentielles), 1 semaine (autres élect.).

Opérations de vote. En cas de difficultés, le bureau tranche à la majorité par des décisions motivées. La minorité peut faire inscrire ses observations au procès-verbal. Le Pt du bureau a seul la police de l'assemblée. Il fait expulser les perturbateurs mais ne peut empêcher les candidats ou délégués d'exercer leur pouvoir de contrôle. Si l'expulsion d'un délégué est justifiée, son suppléant le remplace.

Ouverture du scrutin : le Pt constate l'heure d'ouverture du scrutin (mentionnée au procès-verbal) et que l'urne est vide ; puis il la ferme, garde une clef et donne l'autre à un assesseur tiré au sort parmi les asses. *Réception des votes :* prennent part au vote les électeurs : inscrits sur la liste électorale ; porteurs d'une décision de justice leur reconnaissant le droit d'y figurer ; porteurs d'un mandat de procuration régulièrement établi qui ont donné procuration mais qui se présentent au bureau de vote avant leur mandataire. Au 2e tour : les électeurs inscrits sur la liste électorale qui a servi au 1er tour et certains électeurs dont l'inscription a été ordonnée entre les 2 tours par voix judiciaire (Art. L 34). *Vote :* après avoir fait constater son inscription, l'électeur retire à la table de décharge l'enveloppe et les bulletins de vote, se rend obligatoirement dans l'isoloir (sous peine de nullité) pour y mettre son bulletin dans l'enveloppe. Ceux dont l'état physique justifie l'assistance d'une tierce personne pour voter (personne ne pouvant introduire seule son bulletin dans l'enveloppe et la glisser dans l'urne) peuvent se faire accompagner dans l'isoloir par un électeur de leur choix. Le Pt vérifie l'identité de l'électeur. La production d'une pièce d'identité n'est obligatoire que dans les communes de + de 5 000 hab., mais l'absence de contrôle d'identité, même dans les communes de + de 5 000 hab. n'entraîne l'annulation des suffrages ainsi émis que s'il est établi que les personnes ont voté sous de fausses identités. L'électeur fait ensuite constater qu'il ne détient qu'une enveloppe (que le Pt ne doit pas toucher), puis la met dans l'urne. Le vote est mentionné, en face du nom de l'électeur, sur la liste d'émargement par la signature ou le paraphe de l'assesseur chargé de cette tâche, inscrit à l'encre (stylo à bille admis). Un timbre à date est apposé sur la carte électorale ou l'attestation d'inscription détenue par l'électeur (Art. R 61). *Clôture du scrutin :* tous les assesseurs titulaires doivent être présents. Le Pt constate publiquement l'h. de clôture, qui est portée au procès-verbal. Seuls peuvent être recueillis les votes des électeurs ayant pénétré dans la salle avant la clôture.

Scrutin (durée). Très longue sous la Révolution (ex. : 37 j à Paris en sept.-oct. 1791) car il fallait vérifier les titres des électeurs ; appel nominatif sous le Directoire ; loi du 15-3-1849 et décret de 1852 : 2 j ; dep. 1875 : 1 j. **Secret.** Autrefois le vote était public [ainsi en 1793 pour l'adoption de la Constitution : à haute voix ; sous le Consulat : 2 registres (oui et non)]. Il est implicitement secret dep. 1817 et explicitement dep. 1875, mais les garanties de ce secret sont restées insuffisantes jusqu'à l'adoption de l'enveloppe officielle uniforme, de l'isoloir et de l'urne en 1913-14.

Dépouillement

Effectué en public, en présence des délégués des candidats et des électeurs. **Scrutateurs** (au moins 4 par table) : doivent savoir lire et écrire. Ils sont présents, au moins 1 h avant la clôture du scrutin, normalement désignés par chacun des candidats ou mandataires de liste en présence ou par chacun des délégués parmi les électeurs de la commune. En aucun cas, 2 scrutateurs d'un même candidat ne doivent être installés à la même table.

En cas d'insuffisance, des scrutateurs sont nommés par le bureau parmi les électeurs présents de la commune. A défaut les membres du bureau peuvent participer au dépouillement.

Dénombrement. Le bureau détermine le nombre des votants en totalisant les paraphes portés sur la liste d'émargement. Puis l'urne est ouverte et le nombre d'enveloppes et de bulletins sans enveloppe est décompté. En cas de différence entre le nombre de votants figurant sur la liste d'émargement et celui des enveloppes trouvées dans l'urne, un nouveau décompte est effectué. Si une différence subsiste, elle est mentionnée au procès-verbal.

En cas de contentieux, le juge administratif retient toujours comme valable le plus faible des 2 nombres.

Ouverture des enveloppes. Le Pt les répartit entre les tables. A chaque table, un scrutateur extrait le bulletin et le passe déplié à un autre scrutateur, qui le lit à haute voix. Les noms portés sur le bulletin sont relevés par 2 scrutateurs au moins sur les feuilles de pointage prévues à cette fin. Si l'enveloppe contient 2 ou plusieurs bulletins identiques, 1 seul est pris en compte ; si les bulletins portent des listes et des noms différents, le vote est nul.

Le bureau statue sur la validité des bulletins et enveloppes. Puis il arrête le nombre des suffrages obtenus en fonction des feuilles de pointage et des rectifications qu'il a éventuellement opérées.

Procès-verbal. Le secr. le rédige (sur un formulaire fourni par l'État) dans la salle de vote, en présence des électeurs. Il est établi en 2 ex. signés de tous les m. du bureau. Les délégués des candidats ou des listes en présence sont invités à le contresigner. 1 ex. est déposé en mairie, l'autre transmis au bureau centralisateur le cas échéant, puis à la sous-préfecture (élect. munic. et cantonale) ou la préfecture (autres élect.). Sont aussi transmis à l'autorité préfectorale : bulletins et enveloppes déclarés nuls ou blancs, ceux contestés ou litigieux, paraphés par les m. du bureau avec mention de la cause d'annulation et de la décision prise ; les listes d'émargement.

> **Bulletins blancs ou nuls** (n'entrent pas en compte, lors du dépouillement, dans les suffrages exprimés) : b. *blancs ;* b. trouvés dans l'urne *sans enveloppe ;* b. ne contenant pas une *désignation suffisante ;* b. et enveloppes, *sur lesquels les votants se sont fait connaître ;* b. trouvés dans des enveloppes *non réglementaires ;* b. écrits sur papier *de couleur ;* b. portant des *signes intérieurs ou extérieurs de reconnaissance ;* b. contenus dans des *enveloppes portant ces signes ;* b. portant des *mentions injurieuses* pour les candidats ou pour des tiers, et b. contenus dans des *enveloppes portant ces mentions ;* enveloppes *sans bulletin.* Certains partis préconisent l'emploi de bulletins blancs ou nuls lors de certaines élections (par exemple, lorsque la question posée lors d'un référendum demande une seule réponse à des questions différentes).

Contestation des élections

Recours : doit contester l'élection elle-même, en demandant l'annulation de l'élection du candidat proclamé élu, ou la proclamation d'un autre candidat (le recours doit avoir un objet). La contestation d'une irrégularité n'est sanctionnée que si elle est de nature à jeter un doute sur le résultat du scrutin. Il faut alors que l'écart de voix entre les candidats soit faible, et que l'élu ait commis (ou bénéficié), même involontairement, de la ou des irrégularités constatées. Parfois, le juge relève des irrégularités et annule les résultats d'un bureau de vote entier sans prononcer l'annulation du scrutin. Fréquemment le dossier est transmis au procureur de la Rép. qui peut engager des poursuites pénales envers les auteurs des irrégularités.

Contentieux des élections. Est de la compétence des juridictions administratives ou du Cons. constitutionnel. Les tribunaux adm. doivent statuer dans les 3 mois de leur saisine. Le Conseil d'État se prononce presque toujours dans l'année suivant le scrutin. Le Cons. constitutionnel juge en 2 mois env.

Délais pour saisir les tribunaux : quelques jours. *Délai d'appel :* 1 mois ; l'appel est toujours suspensif. Les actes pris entre l'élection et son annulation restent valables (sauf s'ils sont illégaux pour d'autres raisons que l'élection elle-même).

L'annulation du 2e tour oblige à refaire l'ensemble des opérations électorales, 1er t. inclus.

En cas d'annulation d'une élection cantonale ou municipale pour manœuvres dans l'établissement de la liste électorale ou irrégularité dans le déroulement du scrutin, le tribunal administratif peut décider, nonobstant appel, la suspension du mandat de celui ou de ceux dont l'élection a été annulée. En ce cas, le Conseil d'État décide dans les 3 mois. A défaut de décision définitive au bout de ce délai, la suspension est interrompue.

> **Fraude électorale (principaux cas)**
>
> **Lors des inscriptions.** Inscriptions irrégulières de gens qui n'habitent pas la commune, ou radiation d'office d'électeurs dont on connaît les opinions.
>
> **Campagne.** *Propagande irrégulière, affichage sauvage :* condamnations très rares. *Utilisation à des fins électorales d'un fichier informatisé :* les candidats peuvent être autorisés par le maire à prendre copie des supports informatisés de la liste électorale, à condition que ces facilités soient accordées à tous, et que nul ne soit dispensé de payer le prix de ces prestations (arrêt du Conseil d'État du 3-1-1975, élect. municipales de Nice).
>
> **Jour du vote.** 1°) *Avant l'ouverture du scrutin :* 1. Il manque des pages au cahier d'émargement. 2. Le cahier d'émargement comporte déjà des signatures. 3. L'urne n'est pas conforme (1 seul cadenas ou 2 cadenas identiques, double fond, etc.). 4. Des bulletins de vote comportant des signes distinctifs rajoutés, pouvant les rendre nuls. 5. Le nombre d'enveloppes n'est pas conforme à celui des inscrits. 6. Un paquet d'enveloppes est jeté dans l'urne au moment de sa fermeture. 2°) *Pendant le vote :* 7. Un assesseur émarge sans justification. 8. Une identité n'est pas contrôlée (villes de + de 5 000 hab.). 9. Un électeur non inscrit vote. 10. Un électeur glisse plusieurs bulletins dans l'urne ou le Pt du bureau glisse des bulletins dans une urne truquée munie de 2 fentes. 11. Le Pt prétend expulser un assesseur ou un délégué. 12. Il manque des bulletins de vote et/ou des enveloppes dans le bureau de vote. 3°) *Après la clôture du scrutin :* 13. L'urne est ouverte avant la fin du décompte du cahier d'émargement. 14. L'ouverture de l'urne donne lieu à une bousculade. 15. Le nombre des enveloppes ne correspond pas au nombre d'émargements. 16. Les paquets de bulletins comptés sont placés sur les bords des tables (risque de substitution). 17. Les scrutateurs ont tous été désignés par le Pt. 18. Certains bulletins sont abusivement considérés comme nuls. 19. Le procès-verbal comporte éventuellement des ratures non signalées. Les résultats sont inscrits au crayon. 20. Le fraudeur falsifie les résultats (fraude relevant de la Cour d'assises). 21. Une urne est substituée à une autre.

Modes de scrutin

☞ **Majorité relative** (ou simple). Maj. du candidat (ou de la liste) réunissant plus de voix qu'aucun autre concurrent. **Absolue.** Maj. réunissant plus de voix que la moitié des suffr. exprimés.

Scrutin uninominal

Vote par bulletins comportant un seul nom. Utilisé quand 1 seul siège est offert par circonscription. *Peut être à 1 tour :* le candidat arrivant en tête étant élu (système utilisé en G.-B.) ; *à 2 tours :* si le candidat n'a pas obtenu la maj. absolue au 1er, on procède à un 2e tour où la maj. relative suffit (système utilisé en France pour les cantonales, les législatives, une partie des sénatoriales, les présidentielles) ; *à 3 tours* (en France, pour les Pts des Assemblées parlementaires).

L'électeur vote en général plus pour un homme qu'il connaît que pour un programme ou un parti.

Scrutin de liste

Utilisé quand plusieurs sièges sont offerts par circ. (ex. : IVe République). Il donne plus de chances aux candidats soutenus par des partis puissants.

Différents cas

Listes bloquées. L'électeur ne peut modifier la liste qu'il choisit.

Panachage. L'électeur compose un bulletin en altérant comme il l'entend la liste de son choix : soit en

Modes de scrutin en France

A partir de la Révolution. *1791-1817* : 2 degrés, scrutin de liste à 1 tour ; *1817* : suppression des 2 degrés ; *1820* : 2 listes (département et arrondissement) ; *1831* : d'arrondissement.

Depuis l'introduction du suffrage universel (1848), il y a eu 13 grandes réformes électorales : *1848* : plurinominal majoritaire à 1 tour dans le cadre du dép. ; *1852* : uninominal majoritaire à 2 t. (cadre des circonscr.) ; *1871* : plurinominal maj. à 1 t. (département) ; sont élus les candidats ayant eu le + grand nombre de voix, à condition qu'ils aient obtenu les suffrages de + du 1/8e des élect. inscrits ; les candidatures multiples sont autorisées. Devant le succès des républicains à de nombreuses élect. partielles, la majorité monarchiste de la Chambre institue l'obligation d'une majorité absolue pour être élu au 1er tour ; ainsi fut créé le mécanisme du 2e tour. *1873* : plurinominal maj. à 2 t. (dép.) ; *1875* : uninominal maj. à 2 t. (arrond.) ; *1885* : plurinominal maj. à 2 t. (dép.) ; *1889* : uninominal maj. à 2 t. (arrond.) ; *1919* : liste majoritaire et proportionnelle à 1 t. avec panachage (dép.) ; *1927* : uninominal maj. à 2 t. (arrond.) ; *1945* : liste proportionnelle avec liste bloquée (dép.) ; *1951* : liste avec apparentement et panachage, maj. et proportionnelle (dép.) ; *1958* : uninominal maj. à 2 t. (circonscr.) ; *1986* : plurinominal à la repr. proportionnelle à 1 tour.

Le scrutin proportionnel fut l'exception et le scrutin uninominal majoritaire à 2 tours (souvent appelé scrutin d'arrondissement), la règle.

Effets des modes de scrutin. *Le scrutin majoritaire amplifie les mouvements d'opinion.* Le recul électoral d'un parti ou d'un mouvement peut se transformer en désastre parlementaire.

Ex. : de *1932 à 1936*, les suffrages obtenus par la droite diminuent de 4 307 000 à 4 233 000 (suffrages − 2 %) et les sièges qu'elle obtient de 258 à 214 (soit − 17 %) ; de *1967 à 1968* les suffrages de la gauche diminuent de 10 077 000 à 9 126 000 (− 10 %) les sièges obtenus de 194 à 91 (− 50 %).

Le système majoritaire écrase surtout le tiers parti. En 1964, avec 11,2 % des voix, les libéraux ont obtenu en G.-B. 9 sièges sur 630. En France, en 1936, le Front populaire a bénéficié de nombreux sièges supplémentaires par rapport à la proportionnelle.

Le *scrutin actuel* (auquel la gauche reproche son injustice) a été réclamé par le centre gauche, et notamment par P. Mendès France, sous la IVe Rép. (à l'époque c'était le seul système capable de constituer des majorités stables, axées sur de grands partis).

En cas de vote à peu près intégral à la proportionnelle, en juin 1981, et si le comportement des électeurs avait été le même, la répartition des sièges aurait pu être la suivante (entre parenthèses, nombre de sièges dans l'Assemblée élue) : P.C. 82 (44), P.S. 191 (285), R.P.R. 105 (88), U.D.F. 97 (62), divers (dont Écolog.) 5 (0). La majorité (P.S.-P.C.) n'aurait disposé que de 273 s. au lieu de 329 s.

Avec la proportionnelle, le tiers parti au centre devient le maître du jeu, MM. Mitterrand et Pleven, entre autres, avec l'U.D.S.R., en ont bénéficié sous la IVe République.

A Bonn, les chrétiens-démocrates ont perdu le pouvoir en 1969 avec 46,1 % des voix (le vainqueur Brandt n'en ayant que 42,7 %) parce que les libéraux, avec 5,8 % avaient changé de camp.

prenant des noms sur une ou plusieurs autres listes, soit en ajoutant le nom de personnes qui n'ont pas fait acte de candidature.

Vote préférentiel. L'électeur peut changer l'ordre des candidats d'une même liste.

Différents systèmes

1° Scrutin de liste majoritaire. *a) A 1 tour :* la liste arrivant en tête est élue. *b) A 2 tours :* au 1er, seuls les candidats ou la liste ayant obtenu la maj. absolue sont élus ; dans le cas contraire, il y a *ballottage* jusqu'au 2e tour ; au 2e, la majorité relative suffit (élections municipales).

2° Scrutin de liste à la représentation proportionnelle. *a) Intégrale :* on divise le nombre de suffrages exprimés par le nombre de sièges à pourvoir. Le *quotient électoral* ainsi obtenu correspond au nombre de voix nécessaires pour obtenir un siège. Les listes obtiendront autant de sièges que le nombre de voix recueillies contiendra de fois le quotient électoral. Les voix qui restent seront rassemblées par partis à l'échelon national, et il leur sera attribué proportionnellement les sièges non pourvus (système utilisé en Italie).

b) Approchée : les restes sont attribués entre les listes au sein même de la circonscription d'après : 1° soit *le plus fort reste :* les listes ayant le plus fort reste recevront dans l'ordre les sièges non pourvus ; 2° soit *la plus forte moyenne* [utilisé en Belgique, P.-Bas, Scandinavie ; pour partie aux sénatoriales et aux municipales (loi du 19-11-82) en France] : différents modes possibles, dont celui qui consiste à attribuer fictivement les sièges restants à chaque liste, puis à calculer combien chaque siège représente alors de voix. La liste offrant la plus forte moyenne pour chaque s. se voit attribuer le s. restant ; s'il y a plus d'un s. en cause, on recommence l'opération.

Le système de la représentation proportionnelle a été appliqué pour les élections municipales dans les villes de 3 500 h. et + pour l'attribution de la moitié des sièges.

La liste qui a obtenu 50 % des voix au 1er tour et celle arrivée en tête au 2e tour, qu'elle ait obtenu ou non la majorité absolue, recueillent la moitié des sièges. L'autre moitié des sièges est répartie à la proportionnelle selon « la plus forte moyenne ».

Exemple : secteur électoral où 5 sièges sont à pourvoir, 20 000 suffrages exprimés, 4 listes en présence : *Liste A :* 8 600 voix (43 %), *L. B. :* 5 600 v. (28 %), *L. C. :* 3 800 v. (19 %), *L. D. :* 2 000 v. (10 %).

Calcul du quotient électoral. On divise le nombre des suffrages exprimés (20 000) par le nombre de sièges (5). Ce qui donne un quotient de 4 000. On divise ensuite le nombre de voix obtenues pour chaque liste par le quotient (4 000) et on attribue à chacune autant de sièges qu'elle a atteint de fois le quotient. *Liste A :* (8 600 divisé par 4 000) 2 sièges. *L. B. :* (5 600) 1 siège. *L. C. :* (3 800) 0 siège. *L. D. :* (2 000) 0 siège. 3 sièges sont donc attribués. Pour les 2 restants, on ajoute fictivement à chaque liste un siège à ceux dont elle bénéficie déjà, et on divise le nombre de voix que la liste a recueillies par le nombre ainsi obtenu. Le parti qui a la plus forte moyenne obtient le siège. On recommence la même opération pour l'attribution du dernier siège. Soit ici pour le 4e siège : *Liste A :* 8 000 voix divisé par 3 (2 sièges déjà attribués plus 1 s. fictif). Soit 2 866. *L. B. :* 5 600 div. par 2 (1 + 1) 2 800. *L. C. :* 3 800 div. par 1 (0 + 1) 3 800. *L. D. :* 2 000 div. par 1 (0 + 1) 2 000. *L. C.* qui a la plus forte moyenne reçoit 1 siège. Pour le 5e et dernier siège, on recommence : *L. A. :* 8 600 div. par 3 : 2 866. *L. B. :* 5 600 div. par 2 : 2 800. *L. C. :* 3 800 div. par 2 (1 s. attribué par le calcul précédent + 1 fictif) : 1 900. *L. D. :* 2 000 div. par 1 : 2 000. La *L. A.* qui a la plus forte moyenne reçoit un 3e siège.

Répartition définitive. A. : 3 sièges. *B. :* 1 s. *C. :* 1 s. *D. :* 0 s.

3° Systèmes mixtes. Combinant représentation proportionnelle et scrutin majoritaire. Ex. : les *apparentements* en France en 1951 et 1956 (plusieurs listes peuvent se grouper pour le décompte des voix, afin de gagner des sièges au détriment des adversaires communs), le *double vote* en All. féd.

Arguments pour la proportionnelle. *1° Elle supprime les trop grands avantages accordés au parti qui a réuni le + grand nombre de voix* (aux législatives de 1968, gaullistes et rép. indépendants ont obtenus 73 % des sièges en ne recueillant que 44 % des suffrages ; en juin 1981, socialistes et radicaux de gauche ont obtenu 59 % des s. avec à peine 38 % des suffrages). *2° Elle évite un redécoupage des circonscriptions* qui, faute d'être adapté aux réalités démographiques, est source d'inégalités (Paris comptait 1 député pour 70 000 h., et l'Essonne 1 pour 247 000). *3° Elle libère l'élu des contraintes de son implantation locale :* il peut se consacrer davantage à sa fonction de législateur.

Arguments contre. Elle favorise la paralysie de l'exécutif, le retour à l'instabilité gouv. de la IVe et la restauration du régime des partis. Pour gérer le pays, le pouvoir doit nécessairement disposer d'une majorité stable, que seul le scrutin uninominal à 2 tours garantit. Le lien étroit qui unit l'élu de circonscription à ses électeurs empêche les combinaisons d'état-major et les candidatures d' « apparatchiks ». Le mode de scrutin majoritaire est simple.

Positions diverses. De Gaulle, en 1958, est tenté par la proportionnelle mais Pompidou, directeur de son cabinet, le convainc de retenir le scrutin d'arrondissement ; Guy Mollet joue un rôle important dans le choix du G[al] et dans le découpage des circonscriptions. **Giscard d'Estaing,** en 1957, député du P.-de-D. défend un système mixte où « la moitié des députés à l'Assemblée nationale est élue au scrutin uninominal majoritaire à 2 tours. L'autre moitié est élue au scrutin proportionnel à 1 tour sur le plan national ». En 1977, il songe encore à une réforme. En 1984, dans « Deux Français sur trois », il propose de « transposer pour l'Assemblée nat. le mode d'élect. pratiqué pour le Sénat » : dans les départements où la population est inférieure à un certain chiffre : scrutin d'arrondissement. Dans ceux dont la pop. est supérieure, où les électeurs se sentent moins proches de leurs élus : scrutin proportionnel départemental. En fixant la limite à 1 million d'hab., 2/3 des députés seraient élus au scrutin majoritaire et 1/3 au scrutin proportionnel. Tous resteraient élus à un « scrutin local ». **Mitterrand,** en 1958, réclame le retour au scrutin d'arrondissement et préside l'association parlementaire qui défend cette idée. En 1971, la proportionnelle est inscrite au programme socialiste. En 1981, elle figure parmi les 110 propositions du candidat Mitterrand à l'élect. présidentielle. En 1984, après la rupture de l'union de la gauche (juillet), le P.S., voulant limiter ses pertes prévisibles si l'on maintenait le scrutin majoritaire et se libérer de l'obligation de négocier avec le P.C. des accords de désistements pour le 2e tour, propose la proportionnelle à l'Assemblée. Le choix de la proportionnelle provoque le départ de Michel Rocard du gouvernement. **Centristes et radicaux.** En 1978, ils réclament un scrutin proportionnel pour les législatives de 1978. En 1986, ils préfèrent le scrutin majoritaire. **Parti communiste.** A toujours été pour la proportionnelle.

☞ En 1985, **Maurice Duverger** a prôné une proportionnelle à 2 tours : le 1er aurait révélé la force respective de tous les partis, sans donner lieu à une répartition des sièges. Au 2e tour seules les 4 listes en tête au 1er tour dans le département se seraient affrontées, telles quelles, sans apparentement ni modification, les citoyens décidant eux-mêmes des regroupements de voix.

Que faut-il faire pour se présenter ?

Conditions générales d'éligibilité

Être Français ou Française. Avoir satisfait aux obligations imposées par le Code du service national ; n'être sous le coup d'aucune cause d'inéligibilité prévue par la loi (mêmes conditions que l'inscription sur les listes électorales, Voir p. 672). Art. 80 du Code de la nationalité française (loi du 8-12-1983) : la personne qui a acquis la nat. fr. jouit de tous les droits et est tenue à toutes les obligations attachées à la qualité de Français à dater du j. de cette acquisition. Pendant leur période d'activité, les militaires de carrière ou assimilés doivent, s'ils sont élus, choisir entre leurs fonctions et leur mandat.

Conditions particulières

Présidence de la République. Voir p. 635.

Assemblée nationale. Avoir la qualité d'électeur ; avoir 23 ans au moins ; avoir définitivement satisfait aux prescriptions légales concernant le service militaire actif ; mais ne pas être nécessairement libéré de ses obligations militaires (ce fut la cas pour A. Krivine qui se présenta en 1969, quoique encore sous les drapeaux). En outre, la loi prévoit divers cas d'inéligibilité. Avoir versé un cautionnement de 1 000 F (remboursé aux candidats ayant obtenu 5 % au moins des suffrages exprimés). Avant la loi du 10-7-1985 instaurant la représentation proportionnelle les députés étaient élus au scrutin de liste à la représentation proportionnelle à la plus forte moyenne sans panachage ni vote préférentiel (le département forme une circonscription électorale).

Pour pouvoir se présenter au 2e tour, il fallait avoir recueilli au 1er tour un nombre de suffrages au moins égal à 12,5 % du nombre des inscrits. Si un seul candidat remplissait cette condition, le candidat ayant obtenu après lui le plus de suffrages au 1er tour pouvait se maintenir au 2e ; si aucun candidat ne remplissait cette même condition, les 2 candidats ayant obtenu le plus de suffrages au 1er tour pouvaient se maintenir au 2e.

Sénat. Avoir 35 ans au moins. Sinon mêmes conditions d'éligibilité et inéligibilité que pour l'Assemblée nationale

Conseil général. Être inscrit sur une liste électorale ou justifier que l'on devait y être inscrit avant l'élection ; avoir au moins 21 ans ; être domicilié dans le

Quelques comparaisons

Allemagne de l'Ouest. Élections législatives au Bundestag, tous les 4 ans, le dimanche. « Représentation proportionnelle personnalisée », chacun des électeurs a 2 voix. La moitié des députés est élue au scrutin uninominal à la majorité simple ; l'autre moitié, selon un système de représentation proportionnelle. On vote pour un homme et pour une liste établie à l'échelon des Länder (on peut aussi choisir le candidat d'un parti et la liste d'un autre). *Vote non obligatoire. Droit de vote* à 18 ans, depuis 1972. *Age minimal des députés* au Bundestag : 21 ans. La Constitution fédérale ne prévoit pas le *référendum.*

Belgique. Élections législatives à la représentation proportionnelle (avec un seul tour de scrutin) après dissolution du Parlement, le 4e dimanche de mai ; si c'est celui de Pentecôte, elles ont lieu le dimanche suivant. Ces législatives sont, en général, jumelées avec la nomination des conseils provinciaux. *Vote obligatoire* depuis 1893. *L'abstention non justifiée auprès du juge de paix est punissable. 1re fois :* selon les circonstances, réprimande ou amende de 30 à 90 FB. *2e fois :* dans les six ans, amende de 90 à 750 FB. *3e fois :* amende et affichage du nom de l'électeur un mois à la maison communale. *4e fois :* l'électeur est rayé pour 10 ans des listes électorales, et ne peut recevoir aucune nomination, promotion ou distinction du Gouvernement ou des administrations publiques. Le *référendum* n'est pas prévu dans la Constitution belge. Cependant, la loi du 11-2-1950 permit d'organiser une consultation populaire exceptionnelle, le 12-3-1950, au sujet de la question royale.

Danemark. *Droit de vote* à 18 ans, depuis septembre 1978. Vote en général le mardi. De 9 à 21 heures (20 h dans les campagnes). Seuls sont en congé les écoliers, les écoles étant transformées en bureaux de vote. *Référendum possible* pour ratifier un traité international déléguant certains pouvoirs à un organisme extérieur ; ce qui fut le cas pour l'adhésion du D. au Marché commun.

États-Unis. *Droit de vote* à 18 ans. *Sénat :* 2 sénateurs par État, élus pour 6 a. au suffr. universel. Réélu par 1/3 tous les 2 a. *Age minimal :* 30 a. *Ch. des représentants :* repr. élus pour 4 a. au scrutin uninominal à 1 tour. *Age min. :* 25 ans.

Grande-Bretagne. Élections en sem. de 7 h à 22 h. Depuis 1970, *droit de vote* à 18 ans. *Vote non obligatoire,* Le principe du *référendum,* rejeté par les conservateurs et les travaillistes comme contraire aux traditions du Parlement, a été adopté dans le cas de l'Ulster.

Irlande. *Droit de vote* à 21 ans. Représentation proportionnelle. Vote en semaine, un jour non choisi. En 1969, pour 4 sièges de la circonscription de « Dublin central », et 14 candidatures, il a fallu 12 tours de scrutin.

Italie. *Droit de vote* à 18 ans. Vote en général le dimanche et le lundi matin. L'*abstention* doit normalement être inscrite au casier judiciaire, décision qui, semble-t-il, n'est jamais appliquée. Les candidats peuvent se présenter dans 3 circonscriptions différentes. *Référendum* possible pour l'abrogation partielle ou totale d'une loi déjà votée par le Parlement. Pour le provoquer, il faut réunir au moins 500 000 signatures légalisées. Le 1er fut sur le divorce.

Luxembourg. Élections ordinaires pour renouveler la Chambre tous les 5 ans, le 1er dimanche du mois de juin. S'il tombe le jour de la Pentecôte, le dernier dimanche du mois de mai. *Vote obligatoire sous peine d'amende : 1re fois :* de 5 à 20 F français. 2e fois : dans les 6 ans de 10 à 31 FF. *3e fois :* dans les 9 ans de 30 à 50 FF, et radiation des listes électorales pour 6 ans. *Référendum* possible depuis 1919. *Droit de vote à* 18 ans.

Norvège. *Droit de vote* à 18 ans. Vote le lundi de 9 h du matin à 20 h (évent. le dim. d'avant). Élections législatives tous les 4 ans, au mois de septembre.

Pays-Bas. Élections législatives tous les 4 ans. Vote en semaine un jour non choisi, mais le 43e j. après le dépôt des candidatures. La Couronne ne fixe la date des élections que lorsqu'il y a dissolution. Le vote n'est plus obligatoire. Il n'y a jamais eu de *référendum.*

Suède. *Droit de vote* à 18 ans. Riksdag élu au suffr. universel direct pour 3 ans.

Majorité électorale

21 ans. Belgique (élections municipales 18). Grèce. Irlande.

20 ans. Suisse (Conseil national).

18 ans. All. féd. Autriche. Bulgarie. Canada. Danemark. États-Unis. Finlande. France (voir p. 672). G.-B. Irlande. Italie. Luxembourg. Norvège. Pays-Bas. Suède.

16 ans. Iran (dep. 1979).

Cumul des mandats

(Loi organique no 85-1405, loi ordinaire no 85-1406, J.O. du 30-12-1985.)

Règles d'incompatibilité. On ne peut désormais cumuler plus de 2 des mandats suivants : sénateur ou député, représentant à l'assemblée des communautés européennes, conseiller régional, conseiller général, conseiller de Paris, maire d'1 commune de 20 000 hab. ou +, adjoint au maire d'une commune de 100 000 hab. ou + (les mandats des membres d'une assemblée territoriale, d'un T.O.M. ou du conseil général de St-Pierre-et-Miquelon ou de Mayotte sont assimilés au mandat de conseiller général d'un département et le mandat de député européen est assimilé à un mandat local). L'exercice des fonctions de Pt de conseil général et celui de Pt de conseil régional sont incompatibles.

Entrée en vigueur de la loi. Le 16-3-1986, mais tout élu se trouvant au 30-12-1985 (date de publication de la loi) dans une situation de cumul visée par la loi pourra remplir jusqu'à leur terme les mandats ou fonctions qu'il détient.

En 1986, les élus en situation de cumul pourront acquérir un mandat ou renouveler l'un de ceux qu'ils détiennent dans la mesure où ils n'augmentent pas le nombre de leurs mandats et dans la mesure où celui-ci est égal ou supérieur à 3. « Si le nombre des mandats détenus au départ est inférieur à ce chiffre, ils peuvent acquérir un nouveau mandat en surplus. » A compter du 1-1-87, les bénéficiaires de cette dérogation devront à chaque élection (acquisition ou renouvellement d'un mandat) renoncer à 1 ou 2 de leurs mandats pour se trouver, après ce nouveau scrutin, en situation de moindre cumul. Pour cette dérogation le mandat actuel de conseiller régional est considéré comme un mandat.

département ou y être inscrit au rôle des contributions directes au 1er janvier de l'année de l'élection, ou justifier devoir y être inscrit à cette date, ou avoir hérité dans le département d'une propriété foncière depuis le 1er janvier de l'année de l'élection. En outre, la loi prévoit divers cas d'inéligibilité. *Pour pouvoir se présenter au 2e tour,* il faut avoir recueilli au 1er tour un nombre de suffrages au moins égal à 10 % du nombre des inscrits. Si un seul candidat remplit ces conditions, le candidat ayant obtenu après lui le plus de suffrages au 1er tour peut se maintenir au 2e. Si aucun candidat ne remplit ces conditions, les 2 candidats ayant obtenu le plus de suffrages au 1er tour peuvent se maintenir au 2e.

Conseillers régionaux. Élus pour la 1re fois le 16-3-1986, le même jour que les députés. Pour être candidat il faut avoir 21 ans. Être domicilié dans la région ou y être inscrit au rôle des contributions directes au 1-1 de l'année de l'élection. L'élection a lieu au scrutin de liste (nul ne peut être candidat sur plus d'une liste), à la représentation proportionnelle, à la plus forte moyenne, sans panachage ni vote préférentiel.

Conseil municipal. Être électeur de la commune ou inscrit dans la commune au rôle des contributions directes au 1er janvier de l'année des élections, ou justifier devoir y être inscrit à cette date (art. L. 228 du Code élect.) ; avoir au moins 18 ans. En outre, la loi prévoit divers cas d'inéligibilité. Dans les communes de 3 500 h. et plus, seuls peuvent se présenter au 2e tour les candidats des listes qui ont obtenu au 1er t. un nombre de suffrages au moins égal à 10 % du total des suffrages exprimés (loi du 19-2-82, art. 4).

Nota. — Le 18-11-1982, le Conseil constitutionnel a déclaré inconstitutionnelle la disposition prévoyant un minimun de 25 % de femmes pour les listes électorales.

Élections professionnelles. Voir Index.

Statistiques. Candidats. *Élections législatives* (1978) : 4 268 (*1958 :* 3 018 candidats pour 546 sièges ; *1962 :* 2 228 c., 482 s. ; *1967 :* 2 256 c., 487 s. ; *1968 :* 2 314 c., 487 s. ; *1973 :* 3 087 c., 490 s.) dont Métropole 4 214 c. pour 474 s. et D.O.M.-T.O.M. 54 c. p. 7 s.

Élections présidentielles

● **IIe République. Élection au suffrage universel. Louis-Napoléon Bonaparte** (10-12-1848). Inscrits 9 977 452, abstentions 24,9 %. 5 434 226 voix ; contre Cavaignac 1 448 107, Ledru-Rollin 370 119, Raspail 36 920, Lamartine 17 910, Changarnier 4 790.

● **IIIe Rép. Élections par l'Assemblée nationale. Thiers** (1871). Par acclamations au Grand Théâtre de Bordeaux.

Mac-Mahon (1873). A Versailles. 391 voix (1 à Jules Grévy, 300 abstentions).

Élections par le Congrès (Chambre et Sénat réunis à Versailles). **Grévy** (1879 ; 1er tour). 563 (Chanzy 99. Gambetta 5. Gal de Ladmirault 1. Duc d'Aumale 1. Gal de Galliffet 1). (1885 ; 1er tour). 457 (Brisson 68. Freycinet 14. A. de la Forge 10). **Sadi Carnot** (1887 ; 2e tour). 616 (Gal Saussier 188. J. Ferry 11. Freycinet 5). **Casimir-Perier** (1894 ; 1er tour). 451 (Brisson 195. Dupuy 97. Gal Février 53. Arago 27). **Faure** (1895 ; 2e tour). 430 (Brisson 361). **Loubet** (1899 ; 1er tour). 483 (Méline 279. Cavaignac 23. Deschanel 10). **Fallières** (1906 ; 1er t.) 449 (Doumer 371). **Poincaré** (1913 ; 2e t.). 383 (Pams 296. Vaillant 64). **Deschanel** (1920 ; 1er t.). 734 (Jonnart 66. Clemenceau 56. L. Bourgeois 6. Mal Foch 2). **Millerand** (1920 ; 1er t.). 695 (Delory 69. Bulletins blancs 106). **Doumergue** (1924 ; 1er t.). 515 (Painlevé 309. Camélinat 22). **Doumer** (1931 ; 2e t.). 504 (Marraud 334). **Lebrun** (1932 ; 1er t.). 633 (Faure 114. Painlevé 12. Cachin 8). (1939 ; 1er t.). 506 (Bedouce 151. Cachin 74. Herriot 53. Godart 50. Bouisson 16. Piétri 10).

● **IVe Rép. Élections par le Congrès. Auriol** (1947 ; 1er tour). 452 (Champetier de Ribes 242. Gasser 122. Michel Clemenceau 60. Divers 7).

Coty (17 au 23-12-1953 ; 13e t.). *Au 1er t.* (votants : 932) Naegelen 160, Laniel 155, Bidault 131, Delbos 129, Kalb 114, Cachin 113, J. Fourcade 62, J. Médecin 54, divers 10. *Au 11e t.* Naegelen 372, Jacquinot 338, Coty (non candidat) 71. *Au 12e t.* Coty 431, Naegelen 333, Jacquinot (non cand.) 26. *Au 13e t.* (votants : 884, suffr. expr. : 871, majorité : 436 voix) Coty 477, Naegelen 329, Jacquinot (non cand.) 21, divers 44.

● **Élections par des électeurs présidentiels. De Gaulle** (1958). 62 394 voix sur 81 290 votants (81 764 inscrits) (Georges Marrane, P.C., 10 355. Albert Chatelet, Union des forces dém., 6 721).

● **Élections au suffrage universel. Élections de 1965** De Gaulle, **1969** Pompidou, **1974** Giscard d'Estaing. Voir tableau p. 678.

Élections de 1981

● **Sondages préliminaires. Sondage IFOP 13/14-4-1981.** Sur 1 951 personnes en âge de voter. *Au 1er tour :* Giscard 27,5 %, Mitterrand 23,5, Chirac 17, Marchais 17, Lalonde 4,5, Bouchardeau 2,5. Garaud 2, Laguiller 2, Crépeau 2, Debré 2. *Au 2e tour :* Mitterrand 51,5, Giscard 48,5. **[23-3-81 :** *au 2e tour :* Giscard 51 %, Mitterrand 49 ; si Chirac est au 2e tour : 46, Mitterrand 54.]

Louis-Harris-France (10 au 13-4-81). Sur 1 000 personnes de 18 ans et +. *1er tour :* Giscard 28 %, Mitterrand 24, Marchais 18, Chirac 17, Lalonde 4, Debré 3, Garaud, Bouchardeau, Laguiller, Crépeau 1,5. *2e t. :* Giscard, Mitterrand à égalité. **[Du 10 au 13-3-1981 ;** Giscard 52 %, Mitterrand 48.]

SOFRES (14/15-4-81). Sur 1 000 personnes. *1er t. :* Giscard 27,5 %, Mitterrand 22, Chirac 19,5, Marchais 18,5, Lalonde 3,5, Debré 2, Garaud 2, Laguiller 2, Bouchardeau 1,5, Crépeau 1,5.

Le Point. 53 % des électeurs juifs avaient l'intention de voter pour Mitterrand.

● **Parrainages.** Le Conseil constitutionnel a reçu 16 443 présentations de candidats. 175 n'ont pas été

Pouvoirs ou organes élus	Révis. Inscript. sur listes	Mandat en années	Renouvellement	Dernières élections	Prochaines élections
Pt de la République	1er sept. [1]	7	général	mai 1981	mai 1988
Assemblée nationale	—	5	général	16-3-1986	mars 1991
Sénat	collège électoral	9	par 1/3 [2]	sept. 1983	sept. 1986
Conseil municipal	1er sept. [1]	6	général	mars 1983	mars 1989
Conseil général	—	6	par 1/2 [2]	mars 1985	mars 1988
Délégués consulaires	1er janv./1er avr.	3	général	nov. 1985	nov. 1988
Chambre de commerce et d'industrie	31 mars	6	par 1/2 [5]	nov. 1985	nov. 1988
Chambre d'agriculture	28 févr./15 mars	6	par 1/2 [4]	mai 1985	mai 1988
Chambre de métiers	1er/20 avril	6	par 1/2 [2]	nov. 1983	nov. 1986
Tribunal paritaire	10/20 sept.	5	général	nov. 1983	nov. 1988
Prud'hommes	non déterminé	5	par 1/2 [2]	nov. 1985	nov. 1988
Comité d'entreprise	(selon convention	2	général	variable	variable
Délégué du personnel	collective)	1	général	variable	variable
Caisse de S.S. et d'A.F.	avant les élect.	4	général	déc. 1982	déc. 1986
Caisse Mut. soc. agricole	avant les élect.	6	par 1/2 [2]	mars 1986	mars 1989
Union d'Ass. familiale	avant les élect.	3	par 1/3 [4]	variable	variable

Nota. — (1) Au dernier jour ouvrable et décembre inclus. (2) Tous les 3 ans. (3) Dans le collège des chefs d'exploitation : élections au niveau de l'arrondissement, renouvellement par moitié tous les 3 ans ; autres collèges : élections au niveau départemental, renouvellement général tous les 6 ans. (4) Tous les ans. (5) Tous les 3 ans ; général si modification de la structure de la chambre.

retenues, en raison d'irrégularités substantielles, sans entraîner l'élimination d'une candidature. 64 personnes avaient fait connaître leur souhait d'être candidates. Voir Quid 1983, p. 805.

• **Nombre des Français de 18 ans et + au 1-1-1981 :** 38 470 507 ; électeurs non inscrits 7 % (au 1-3-1980 : 9,93 ; au 1-3-1977 : 6,56).

• **Électeurs inscrits à l'étranger.** 1 300 000 à 1 500 000 Français résident à l'étranger (900 000 se sont faits immatriculer dans les consulats) dont 870 000 électeurs potentiels. La loi du 19-7-1977 (votée à main levée par tous les partis sauf le P.C.) leur permet de choisir leur circonscription électorale parmi n'importe quelle ville de + de 30 000 hab.

• **Résultats détaillés.** Voir tableaux p. 679 et 680.

• **1er tour. Meilleurs %** (par rapport aux suffrages exprimés) **Giscard d'Estaing, Chirac, Debré et M.-F. Garaud :** Bas-Rhin 64,32 ; Mayenne 62,83 ; Cantal 61,19 ; Lozère 61,18 ; Vendée 61,03 ; Manche 60,91 ; Haut-Rhin 60,44 ; Maine-et-L. 58,76 ; Orne 58,48 ; Corse-du-S. 57,70 ; Hte-Loire 57,51 ; Paris 56,50 ; Hte-Savoie 56,40 ; Ille-et-V. 56,12 ; Morbihan 55,90 ; Alpes-M. 55,06.

Mitterrand, Marchais, Crépeau, A. Laguiller et H. Bouchardeau : Aude 59,50 ; Nièvre 58,90 ; Ariège 58,42 ; Seine-S.-Denis 57,94 ; Htes-Pyrénées 55,45 ; Pas-de-C. 55,15 ; Hte-Garonne 55,15.

H. Bouchardeau. Finistère 2,06 ; Paris 1,79 ; Rhône 1,86 ; Loire (d'où elle est origin.) 1,68 ; Doubs 1,62.

Crépeau. Charente-Maritime (député) : 11,94 ; Hte-Corse 9,84 ; Tarn-et-G. 5,88 ; Charente 4,83 ; Deux-Sèvres 4,25.

Debré (maire d'Amboise) : Indre-et-L. 4,33 ; Hte-Savoie 2,50 ; Loir-et-C. 2,39 ; Jura 2,33 ; Maine-et-L. 2,18 ; Réunion (il est député) 6,62.

M.-F. Garaud. Yvelines 2,01 ; Hte-Savoie 1,88 ; Hts-de-Seine 1,86 ; Deux-Sèvres (elle y possède une résidence) 1,85 ; Paris 1,85.

A. Laguiller. Vosges 3,21 ; Belfort 3,13 ; Creuse 2,99 ; Oise 2,96 ; Somme 2,94.

Lalonde. Essonne 5,35 ; Hte-Savoie 5,29 ; Ht-Rhin 5,25 ; Val-d'O. 5,08 ; Htes-Alpes 5,05.

Résultats de Colombey-les-Deux-Églises. Chirac 40,81 % des suffrages exprimés, Giscard 32,65, Mitterrand 11,11, Debré 3,62, Marchais 3,17, Crépeau 2,27, Lalonde 2,27, Garaud 1,81, Laguiller 1,59, Bouchardeau 0,68.

☞ Voir tableaux p. 679 et 680.

• **2e tour. Outre-mer : Giscard d'Estaing :** Wallis-et-Futuna 97,68 %. Mayotte 89,93. Martinique 80,56. Guadeloupe 78,48. Polynésie 76,71. St-Pierre-et-Miquelon 69,47. Guyane 66,35. N.-Calédonie 65,50. La Réunion 63,17.

Mitterrand : total 31,09 % : La Réunion 36,82 % (61 904 voix). St-Pierre-et-Miquelon et N.-Calédonie 34,94. Guyane 33,64. Polynésie 23,28. Guadeloupe 21,51. Martinique 19,43. Mayotte 10,06. Wallis-et-Futuna 2,31. Mitterrand ne l'emporte sur Giscard que dans les îles Loyauté et la côte est de la N.-Calédonie.

☞ Voir tableaux p. 679 et 680. Programme des candidats, voir Quid 1982, p. 756a.

Évolution des intentions de vote au 1er tour

Sondages Figaro-SOFRES	Rappel enquête déc. 1980	Rappel enquête janvier 1981	Rappel enquête février 1981	Rappel enquête 11 mars 1981	Rappel enquête 25 mars 1981	16 avril 1981
G. Marchais	17	16	17	16	16,5	18,5
A. Laguiller	2	2	1	1	1	2
A. Krivine	0,5	0,5	1	0,5	1	–
H. Bouchardeau	0,5	0,5	0,5	0,5	1	1,5
R. Garaudy	1	1	1	1	1	–
F. Mitterrand	19	23	25	25	24	22
M. Crépeau	1,5	2	1,5	2	1	1,5
B. Lalonde	3	3	3,5	3,5	3,5	3,5
J.-C. Delarue	–	–	–	–	–	–
V. Giscard d'Estaing	35	31	28	29	29	27,5
J. Chirac	11	11	13	15	16	19,5
M. Debré	6	5,5	4	3,5	3	2
M.-F. Garaud	2,5	2,5	3	2	2	2
M. Jobert	0,5	1	1	0,5	0,5	–
J.-M. Le Pen	0,5	0,5	0,5	0,5	0,5	–
P. Gauchon	–	0,5	–	–	–	–
Sur 100 suffrages exprimés	100	100	100	100	100	100

Évolution des intentions de vote au 2e tour
(selon les différents sondages Ifop-Le Point)

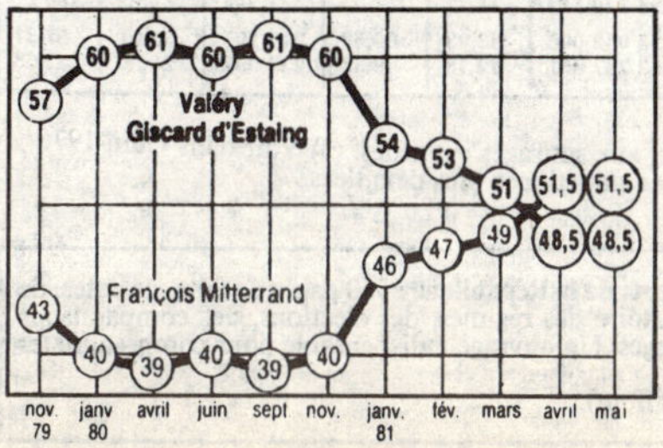

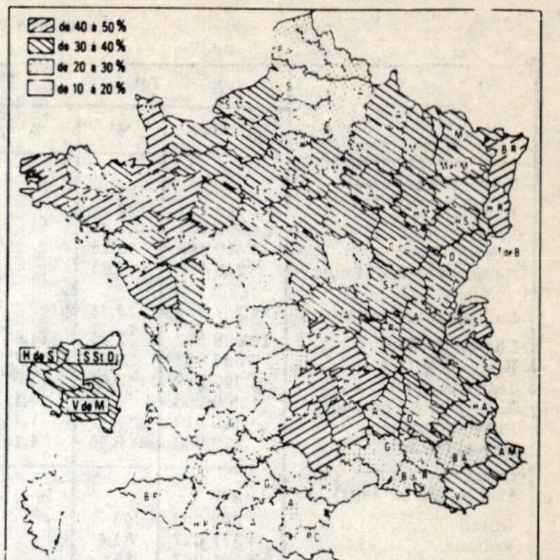

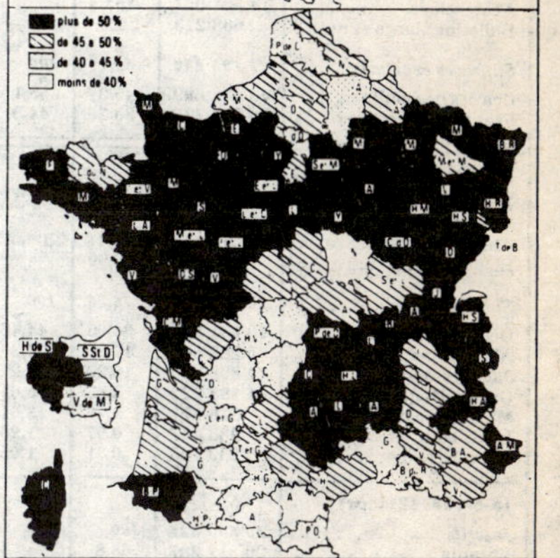

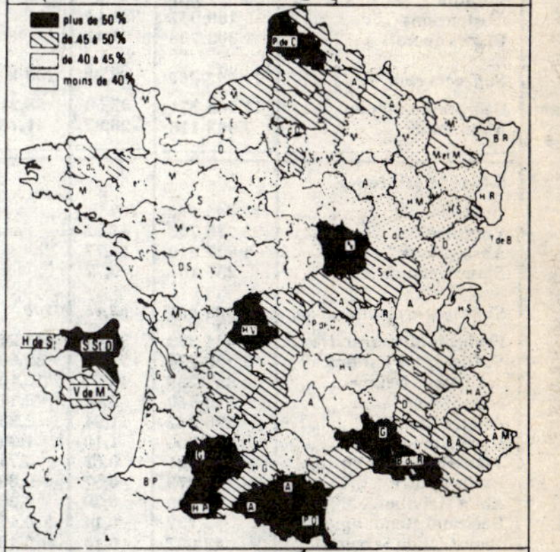

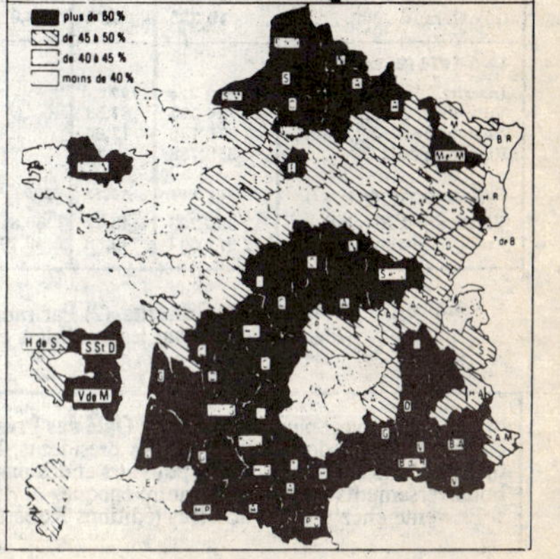

Élections présidentielles

	Total			Métropole			Outre-Mer		
	Nombre	%[1]	%[2]	Nombre	%[1]	%[2]	Nombre	%[1]	%[2]
5-12-1965 (1er tour)									
Inscrits	*28 913 422*	*100*		*28 233 167*	*100*		*680 255*	*100*	
Votants	24 502 957	84,8		24 001 961	85,01		500 996	73,65	
Abstentions	4 410 465	15,25		4 231 206	14,98		179 259	26,35	
Bulletins blancs et nuls	248 403	0,85		244 992	0,86		4 111	0,60	
Suffrages exprimés	*24 254 554*	*83,88*	*100*	*23 757 669*	*84,2*	*100*	*496 885*	*73,05*	*100*
Charles de Gaulle	10 828 523	37,45	44,64	10 386 734	36,78	43,73	441 789	64,94	88,91
François Mitterrand	7 694 003	26,61	31,72	7 658 792	27,12	32,23	35 211	5,17	7,08
Jean Lecanuet	3 777 119	13,06	15,57	3 767 404	13,34	15,86	9 715	1,42	1,95
J.-L. Tixier-Vignancour	1 260 208	4,35	5,19	1 253 958	4,44	5,27	6 250	0,91	1,25
Pierre Marcilhacy	415 018	1,43	1,71	413 129	1,46	1,73	1 889	0,27	0,38
Marcel Barbu	279 683	0,96	1,15	277 652	0,98	1,16	2 031	0,29	0,40
19-12-1965 (2e tour)									
Inscrits	*28 902 704*	*100*		*28 223 198*	*100*		*679 506*	*100*	
Votants	24 371 647	84,4		23 862 653	84,6		508 994	74,9	
Abstentions	4 531 057	15,6		4 360 545	15,4		170 512	25	
Bulletins blancs et nuls	668 213	2,3		665 141	2,3		3 072	0,4	
Suffrages exprimés	*23 703 434*	*82,1*	*100*	*23 197 512*	*82,19*	*100*	*505 922*	*74,5*	*100*
Charles de Gaulle	13 083 699	45,2	55,1	12 643 527	44,79	54,50	440 172	64,77	87
François Mitterrand	10 619 735	36,7	44,8	10 553 985	37,39	45,49	65 750	9,67	12,99
1-6-1969 (1er tour)									
Inscrits	*29 513 361*	*100*		*28 774 041*	*100*		*739 320*	*100*	
Votants	22 899 034	77,58		22 492 059	78,16		406 975	55	
Abstentions	6 614 327	22,41		6 281 982	21,83		332 345	44,9	
Blancs ou nuls	295 036	0,99		287 372	0,99		7 664	1,03	
Suffrages exprimés	*22 603 998*	*76,58*	*100*	*22 204 687*	*77,16*	*100*	*399 311*	*54*	*100*
Georges Pompidou	10 051 816	34,05	44,46	9 761 267	33,92	43,96	290 519	39,2	72,75
Alain Poher	5 268 561	17,85	23,30	5 201 133	18,07	23,42	67 428	9,12	16,88
Jacques Duclos	4 808 285	16,29	21,27	4 779 539	16,61	21,52	28 746	3,88	7,19
Gaston Defferre	1 133 222	3,83	5,01	1 127 733	3,91	5,07	5 489	0,74	1,37
Michel Rocard	816 471	2,76	3,61	814 051	2,82	3,66	2 420	0,32	0,60
Louis Ducatel	286 447	0,97	1,26	284 697	0,98	1,28	1 750	0,23	0,43
Alain Krivine	239 106	0,81	1,05	236 237	0,82	1,06	2 869	0,38	0,71
15-6-1969 (2e tour)									
Inscrits	*29 500 334*	*100*		*28 761 494*	*100*		*738 840*	*100*	
Votants	20 311 287	68,8		19 854 087	69		457 200	61,8	
Abstentions	9 189 047	31,14		8 907 407	30,96		281 640	38,11	
Blancs ou nuls	1 303 798	4,41		1 295 216	4,50		8 582	1,16	
Suffrages exprimés	*19 907 489*	*64,43*	*100*	*19 458 871*	*64,52*	*100*	*448 618*	*60,71*	*100*
Georges Pompidou	11 064 371	37,50	58,21	10 688 183	37,16	54,9	376 188	50,91	83,85
Alain Poher	7 943 118	26,92	41,78	7 870 688	27,36	40,44	72 430	9,80	16,14
5-5-1974 (1er tour)[3]									
Inscrits	*30 602 953*	*100*		*29 778 550*	*100*		*824 403*	*100*	
Votants	25 775 743	84,22		25 285 835	84,91		489 908	-59,42	
Abstentions	4 827 210	15,77		4 492 715	15,08		334 495	40,57	
Blancs ou nuls	237 107	0,77		228 264	0,76		8 843	1,07	
Suffrages exprimés	*25 538 636*	*83,46*	*100*	*25 057 571*	*84,14*	*100*	*481 065*	*58,35*	*100*
François Mitterrand	11 044 373	36,08	43,24	10 863 402	36,48	43,35	180 971	21,95	37,61
V. Giscard d'Estaing	8 326 774	27,20	32,60	8 253 856	27,71	32,93	72 918	8,84	15,15
J. Chaban-Delmas	3 857 728	12,60	15,10	3 646 209	12,24	14,55	211 519	25,65	43,96
Jean Royer	810 540	2,64	3,17	808 825	2,71	3,22	1 655	0,20	0,34
Arlette Laguiller	595 247	1,94	2,33	591 339	1,98	2,35	3 908	0,47	0,81
René Dumont	337 800	1,10	1,32	336 016	1,12	1,34	1 784	0,21	0,37
Jean-Marie Le Pen	190 921	0,62	0,74	189 304	0,63	0,75	1 617	0,19	0,33
Émile Muller	176 279	0,57	0,69	175 142	0,58	0,69	1 137	0,13	0,23
Alain Krivine	93 990	0,30	0,36	92 701	0,31	0,36	1 289	0,15	0,26
Bertrand Renouvin	43 722	0,14	0,17	42 719	0,14	0,17	1 003	0,12	0,20
Jean-Claude Sebag	42 007	0,13	0,16	39 658	0,13	0,15	2 349	0,28	0,48
Guy Héraud	19 255	0,06	0,07	18 340	0,06	0,07	915	0,11	0,19
19-5-1974 (2e tour)									
Inscrits	*30 600 775*	*100*		*29 774 211*	*100*		*826 564*	*100*	
Votants	26 724 595	87,33		26 168 242	87,88		556 353	67,30	
Abstentions	3 876 180	12,66		3 605 969	12,11		270 211	32,69	
Blancs ou nuls	356 788	1,17		348 629	1,17		8 159	0,98	
Suffrages exprimés	*26 367 807*	*86,17*	*100*	*25 819 613*	*86,71*	*100*	*548 194*	*66,32*	*100*
V. Giscard d'Estaing	13 396 203	43,77	50,81	13 082 006	43,93	50,66	314 197	38,01	57,31
François Mitterrand	12 971 604	42,38	49,19	12 737 607	42,78	49,33	233 997	28,30	42,68

Nota. – (1) Par rapport aux inscrits. (2) Par rapport aux suffrages exprimés. (3) Voir dans Quid 1975 les notices sur les candidats et des statistiques plus détaillées.

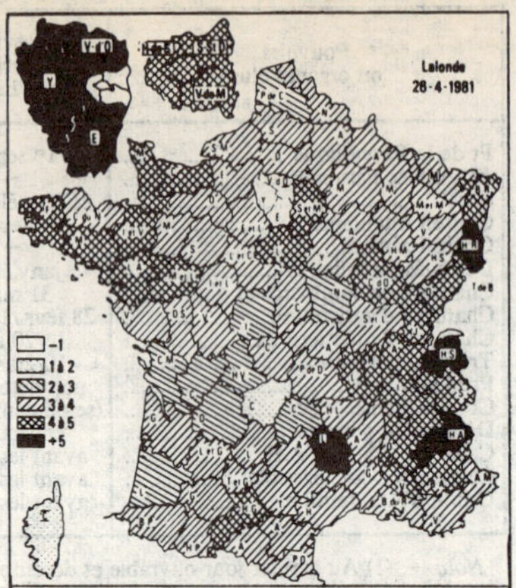

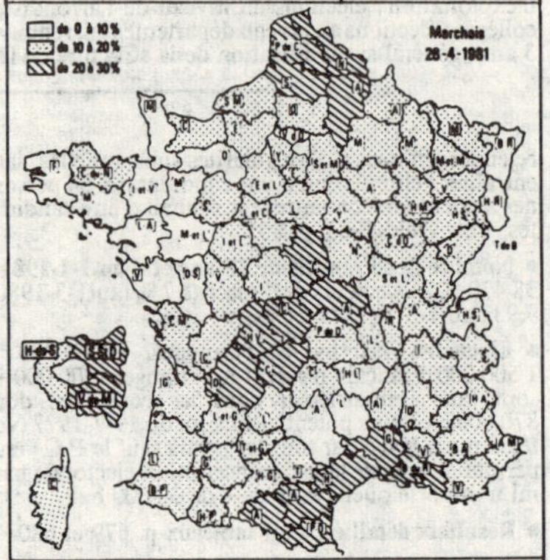

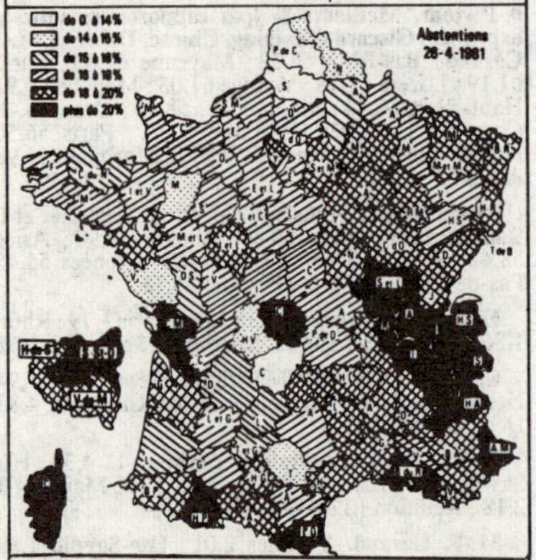

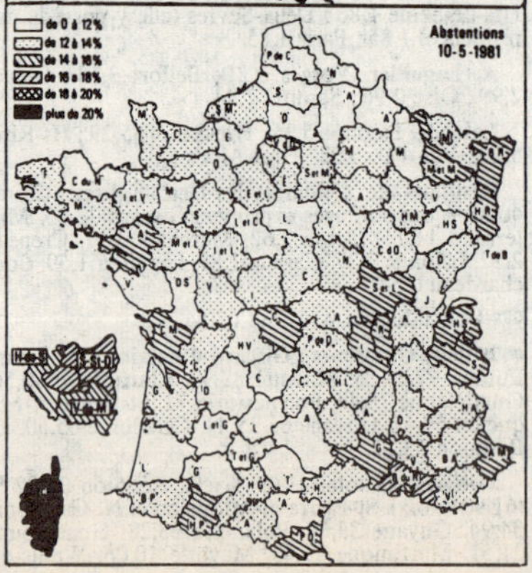

Élections présidentielles des 26 avril et 10 mai 1981
% des voix par départements

DÉPARTEMENTS	10 mai 1981		26 avril 1981					ABSTENTIONS	
	Mitterrand	Giscard d'Estaing	Mitterrand	Giscard d'Estaing	Chirac	Marchais	Lalonde	26 AVRIL	10 MAI
AIN	47,77	52,22	25,34	31,66	17,89	11,34	4,23	20,89	13,32
AISNE	56,68	43.31	25,34	25,49	16,28	21,69	3,25	15,32	11,38
ALLIER	56,04	43,95	23,81	25,36	17,97	22,83	3,11	16,63	12,78
ALPES-DE-HAUTE-PROVENCE	53,53	46,46	25,09	27,16	15,65	19,25	4,36	19,08	12,60
HAUTES-ALPES	51,22	48,77	24,32	29,83	16,31	15,39	5,05	21,08	13,31
ALPES-MARITIMES	45,62	54,37	21,16	32,18	20,29	16,24	3,73	20,74	15,72
ARDÈCHE	50,61	49,38	25,21	31,54	15,74	15,80	3,96	18,99	12,90
ARDENNES	55,97	44,02	26,79	25,53	16,36	19,63	3,34	17,23	11,81
ARIÈGE	63,22	36,77	32,41	20,79	15,45	20,46	3,21	19,51	13,09
AUBE	50,06	49,93	24,65	30,06	17,26	15,62	3,75	18,06	13,64
AUDE	63,66	36,33	34,40	25,52	16,20	20,39	3,17	16,51	11,40
AVEYRON	48,11	51,88	25,86	30,26	21,94	9,63	3,83	17,03	11,31
BOUCHES-DU-RHONE	56,10	43,89	23,84	19,13	14,82	25,55	3,64	21,60	17,37
CALVADOS	50,40	49,59	26,84	29,32	19,27	11,46	4,24	17,31	13,11
CANTAL	43,06	56,93	22,10	25,91	33,44	10,59	2,14	18,82	13,84
CHARENTE	56,11	43,88	27,84	24,22	18,55	15,99	2,88	17,98	12,29
CHARENTE-MARITIME	53,52	46,47	24,42	26,35	16,36	12,86	2,93	20,20	14,48
CHER	52,81	47,18	22,82	27,66	17,51	20,25	3,26	16,94	12,40
CORRÈZE	59,73	40,26	20,52	9,17	41,43	21,85	1,95	13,39	11,06
CORSE-DU-SUD	45,88	54,11	23,01	28,89	27,37	15,45	1,69	32,95	25,11
HAUTE-CORSE	49,48	50,51	17,69	24,11	27,26	16,78	1,71	36,50	27,67
COTE-D'OR	52,53	47,46	30,62	26,82	18,95	10,10	4,07	19,45	13,50
COTES-DU-NORD	55,53	44,46	27,97	27,23	17,05	16,20	3,83	15,37	10,07
CREUSE	56,35	43,64	23,17	19,38	28,17	20,32	2,13	20,09	14,87
DORDOGNE	57,89	42,10	26,08	20,86	21,64	20,44	2,87	15,27	10,88
DOUBS	52,39	47,60	28,94	25,86	19,86	11,29	4,54	18,40	12,93
DROME	54,10	45,89	28,25	27,20	15,48	15,02	4,79	19,79	13,70
EURE	51,01	48,98	26,64	28,68	18,78	13,53	3,54	16,26	11,88
EURE-ET-LOIR	49,20	50,79	26,02	30,60	17,48	11,98	3,82	16,37	12,00
FINISTÈRE	49,06	50,93	27,20	30,64	19,54	9,98	4,27	17,47	12,77
GARD	57,46	42,53	24,18	25,36	13,93	25,13	3,87	18,74	14,04
HAUTE-GARONNE	60,78	39,21	33,75	22,03	16,02	15,35	4,14	19,41	13,96
GERS	59,02	40,97	34,13	22,94	17,44	13,62	3,44	17,61	11,64
GIRONDE	57,72	42,27	33,23	23,35	16,66	14,06	3,32	18,91	26,55
HÉRAULT	56,35	43,64	26,38	25,30	16,61	20,92	3,76	19,39	13,91
ILE-ET-VILAINE	45,81	54,18	25,74	32,97	20,20	7,37	4,48	17,38	12,03
INDRE	53,29	46,70	23,50	26,66	19,23	19,28	2,75	17,11	12,25
INDRE-ET-LOIRE	52,58	47,41	28,59	27,67	15,29	11,97	3,69	18,62	13,73
ISÈRE	55,88	44,11	28,47	25,86	15,11	16,54	4,88	20,73	13,80
JURA	52,45	47,54	26,55	28,12	16,62	13,69	4,57	18,67	11,61
LANDES	56,16	43,83	34,02	25,66	16,78	14,24	2,58	15,16	10,92
LOIR-ET-CHER	50,53	49,46	25,53	31,25	15,16	14,51	3,40	16,31	11,51
LOIRE	51,89	48,90	24,71	29,28	17,26	15,84	4,09	18,86	15,21
HAUTE-LOIRE	43,97	56,02	25,15	36,90	18,05	8,68	3,65	18,85	12,36
LOIRE-ATLANTIQUE	40,90	50,09	28,47	29,80	17,91	9,33	4,40	18,56	15,13
LOIRET	47,81	52,18	24,13	30,63	18,26	12,61	4,30	16,56	11,98
LOT	59,57	40,42	30,96	18,71	23,30	13,67	3,65	15,47	9,89
LOT-ET-GARONNE	56,62	43,37	27,37	24,59	17,52	18,08	3,76	16,44	11,49
LOZÈRE	40,57	59,42	22,21	39	19,37	8,48	3,41	19,38	13,08
MAINE-ET-LOIRE	42,35	57,64	23,90	35,25	20,02	7,01	4,35	16,65	12,82
MANCHE	40,86	59,13	22,33	36,39	21,80	7,07	4,78	17,49	13,08
MARNE	49,60	50,39	24,20	29,87	18,15	15,51	3,97	18,61	13,86
HAUTE-MARNE	51,97	48,02	27,97	28,69	17,53	13,35	3,51	18,62	13,07
MAYENNE	39,93	60,06	22,85	36,28	23,70	5,27	3,79	14,84	11,56
MEURTHE-ET-MOSELLE	54,18	45,81	26,64	29,50	13,78	17,74	3,60	19,44	14,52
MEUSE	48,83	51,16	27,06	33,15	15,73	12,19	3,50	16,86	11,83
MORBIHAN	46,02	53,97	25,16	34,35	19,15	9,62	4,00	16,68	12,77
MOSELLE	48,9-	51,05	26,25	34	16,22	11,79	3,77	18,60	13,90
NIÈVRE	62,91	37,08	39,32	22,61	13,63	15,13	2,68	18,52	12,83
NORD	55,35	44,64	25,91	27,36	14,62	21,44	3,47	14,78	11,75
OISE	54,60	45,39	25,54	26	17,39	18,15	3,79	16,99	11,56
ORNE	45,02	54,97	23,55	30,67	24,94	8,64	3,75	16,55	12,36
PAS-DE-CALAIS	58,20	41,79	27,71	26,14	13,78	23,15	2,65	13,60	10,78
PUY-DE-DOME	51,92	48,07	27,99	31,84	14,54	13,70	3,76	17,04	12,08
PYRÉNÉES-ATLANTIQUES	49,57	50,42	28,56	28,74	20,78	10,55	3,70	18,07	12,59
HAUTES-PYRÉNÉES	60,05	39,94	30,97	23,20	15,67	19,02	3,09	20,52	14,31
PYRÉNÉES-ORIENTALES	56,30	43,69	25,58	26,52	15,37	20,87	3,72	22,27	15,43
BAS-RHIN	34,88	65,11	22,04	45,84	15,14	4,55	4,71	19,44	14,53
HAUT-RHIN	40,28	59,71	23,16	38,82	18,02	5,84	5,25	19,95	14,73
RHONE	50,70	49,29	26,15	28,79	17,58	13,28	4,73	21,95	15,66
HAUTE-SAONE	52,66	47,33	29,26	28,31	18,23	11,94	3,26	17,88	10,64
SAONE-ET-LOIRE	53,15	46,84	28,19	28,96	16,25	15,13	3,44	20,31	14,78
SARTHE	50,69	49,30	25,61	30,84	17,32	14,17	3,47	16,47	12,60
SAVOIE	50,44	49,55	25,25	27,98	19,11	13,85	4,93	21,80	14,99
HAUTE-SAVOIE	44,21	55,78	23,32	31,44	20,56	9,24	5,29	22,17	15,16
SEINE-MARITIME	55,46	44,53	26,57	28,08	14,19	19,14	3,73	16,39	12,58
DEUX-SÈVRES	47,56	52,43	27,02	33,24	16,98	8,15	3,32	15,94	11,59
SOMME	55,08	44,91	23,61	26,48	16,48	22,38	3,23	13,30	9,70
TARN	55,12	44,87	29,52	25,12	18,50	14,39	3,82	14,69	10,13
TARN-ET-GARONNE	55,96	44,03	27,71	22,96	19,79	13,62	3,90	15,86	10,82
VAR	48,30	51,69	22,90	31,38	17,35	17,97	3,68	19,25	13,74
VAUCLUSE	54,25	45,74	25,86	26,79	16,25	19,03	4,19	17,66	13,22
VENDÉE	39,61	60,38	21,61	36,95	20,85	6,71	3,54	14,24	10,69
VIENNE	52,98	47,01	26,79	27,57	18,83	13,33	3,44	16,90	12,28
HAUTE-VIENNE	62,18	37,81	25,88	17,26	23,20	24,26	2,69	14,90	11,54
VOSGES	49,83	50,16	27,11	29,92	18,30	11,50	3,74	17,59	12,20
YONNE	50,09	49,90	25,15	30,23	17,72	13,98	3,86	18,26	12,96
TERRITOIRE-DE-BELFORT	56,42	43,57	33,40	24,81	16,33	11,87	4,03	18,53	12,24
PARIS	46,43	53,56	24,58	25,96	26,96	9,18	4,06	22,43	17,30
SEINE-ET-MARNE	52,63	47,36	25,29	25,91	19,18	15,36	4,72	18,57	13,85
YVELINES	48,90	51,09	24,36	26,93	20,68	12,50	5,02	18,02	13,50
ESSONNE	56,51	43,48	26,66	22,89	18,11	16,80	5,35	17,91	13,55
HAUTS-DE-SEINE	51,18	48,81	23,52	24,94	20,61	16,14	4,82	19,77	15,31
SEINE-SAINT-DENIS	62,97	37,02	24,47	19,47	15,48	27,29	4,46	20,76	17,02
VAL-DE-MARNE	56,72	43,27	24,64	21,81	18,14	21,38	4,72	19,01	15,91
VAL-D'OISE	56,83	43,16	25,78	23,29	17,29	18,80	5,08	17,79	14,03

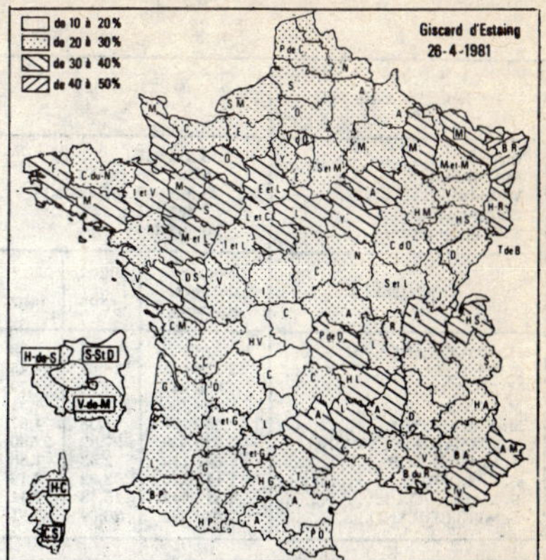

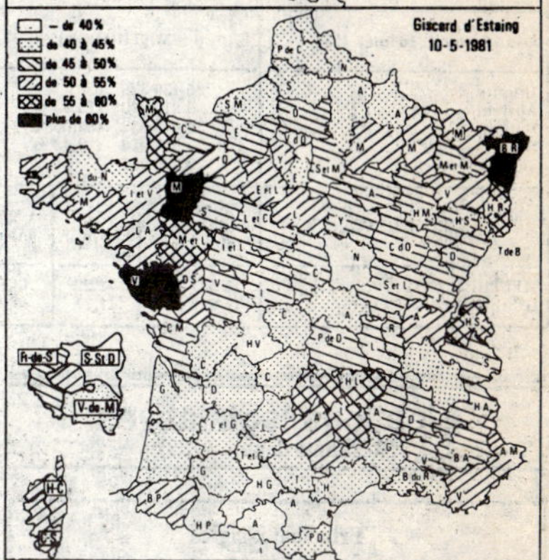

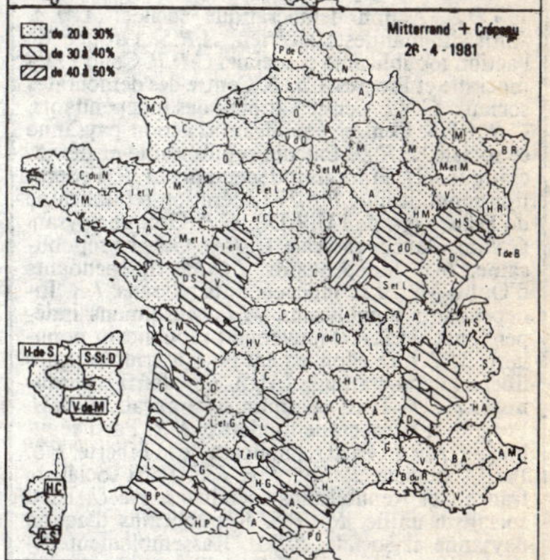

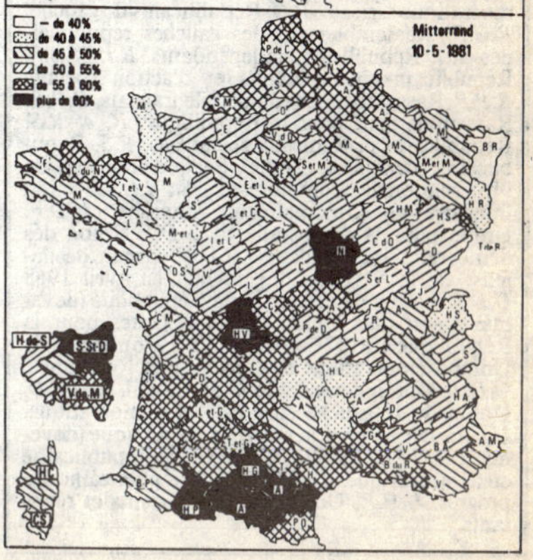

☞ Voir également les notices consacrées aux personnalités politiques, pages 668 à 672.

Résultats des élections présidentielles

1er tour, 26 avril 1981	MÉTROPOLE %			DÉPARTEMENTS D'OUTRE-MER %			TERRITOIRES D'OUTRE-MER %			FRANÇAIS DE L'ÉTRANGER %			TOTAL %		
Inscrits	35 558 985			525 274			182 541			132 059			36 398 859		
Abstentions	6 586 886 (18,52 %)			200 406 (38,15 %)			62 920 (34,46 %)			32 565 (24,66 %)			6 882 777 (18,91 %)		
Votants	28 972 099 (81,47 %)			324 868 (61,84 %)			119 621 (65,53 %)			99 494 (75,34 %)			29 516 082 (81,09 %)		
Blancs ou nuls	467 464 (1,31 %)			8 256 (1,57 %)			1 506 (0,82 %)			739 (0,56 %)			478 046 (1,31 %)		
Suffrages exprimés	28 504 635			316 612			118 115			98 755			29 038 036		
CANDIDATS	Nombre de voix obtenues	% expr.	% inscr.	Nombre de voix obtenues	% expr.	% inscr.	Nombre de voix obtenues	% expr.	% inscr.	Nombre de voix obtenues	% expr.	% inscr.	Nombre de voix obtenues	% expr.	% inscr.
H. BOUCHARDEAU	318 113	1,11	0,89	1 083	0,34	0,20	363	0,30	0,19	1 794	1,81	1,35	321 344	1,10	0,88
J. CHIRAC	5 138 571	18,02	14,45	34 490	10,89	6,56	30 999	26,24	16,98	21 788	22,06	16,50	5 225 846	17,99	14,35
M. CRÉPEAU	638 944	2,24	1,79	1 513	0,47	0,28	856	0,72	0,46	1 534	1,55	1,16	642 777	2,21	1,76
M. DEBRÉ	468 780	1,64	1,31	10 745	3,39	2,04	843	0,71	0,46	1 453	1,47	1,10	481 821.	1,66	1,32
M.-F. GARAUD	380 797	1,33	1,07	2 184	0,69	0,41	1 169	0,99	0,64	2 473	2,50	1,87	386 623	1,33	1,06
V. GISCARD D'ESTAING	7 929 850	27,82	22,30	185 079	58,45	35,23	62 577	52,98	34,28	44 926	45,49	34,02	8 222 432	28,31	22,59
A. LAGUILLER	661 119	2,32	1,86	4 471	1,41	0,85	1 575	1,33	0,86	892	0,90	0,67	668 057	2,30	1,83
B. LALONDE	1 118 232	3,92	3,14	2 512	0,79	0,48	1 407	1,19	0,77	4 103	4,15	3,10	1 126 254	3,87	3,09
G. MARCHAIS	4 412 949	15,48	12,41	40 231	12,70	7,66	2 062	1,74	1,13	1 680	1,70	1,27	4 456 922	15,34	12,24
F. MITTERRAND	7 437 282	26,09	20,91	34 302	10,83	6,53	16 264	13,77	8,91	18 112	18,34	13,71	7 505 960	25,85	20,62

2e tour, 10 mai 1981	MÉTROPOLE			DÉPARTEMENTS D'OUTRE-MER			TERRITOIRES D'OUTRE-MER			FRANÇAIS DE L'ÉTRANGER			TOTAL		
Inscrits	36 459 328			628 850			178 443			132 141			36 398 762		
Abstentions	5 810 396 (15,93 %)			253 821 (40,36 %)			56 964 (31,92 %)			28 029 (21,21 %)			5 149 210 (14,15 %)		
Votants	30 648 932 (84,06 %)			375 029 (59,63 %)			121 479 (68,07 %)			104 112 (78,78 %)			31 249 552 (85,85 %)		
Blancs ou nuls	887 976 (2,43 %)			7 514 (1,19 %)			1 589 (0,89 %)			1 905 (1,44 %)			898 984 (2,47 %)		
Suffrages exprimés	29 760 956			367 515			119 890			102 207			30 350 568		
CANDIDATS	Nombre de voix obtenues	% expr.	% inscr.	Nombre de voix obtenues	% expr.	% inscr.	Nombre de voix obtenues	% expr.	% inscr.	Nombre de voix obtenues	% expr.	% inscr.	Nombre de voix obtenues	% expr.	% inscr.
MITTERRAND	15 541 905	52,22	43,83	104 460	28,42	16,61	30 914	25,78	17,32	30 983	30,31	23,44	15 708 262	51,76	43,15
GISCARD D'ESTAING	14 219 051	47,77	40,09	263 055	71,57	41,83	88 976	74,21	49,86	71 224	69,68	53,9	14 642 306	48,24	40,22

Élections législatives

(Résultats depuis 1789)

Principaux sigles

A.D.S. Action démocratique sociale. *A.M.A.* Amis du manifeste algérien. *A.R.S.* Groupe de l'action républicaine et sociale. *C.D.P.* Centre Démocratie et Progrès. *C.D.S.* Centre des démocrates sociaux. *C.N.I.* Centre national des indépendants. *C.R.A.P.S.* Centre républicain d'action paysanne et sociale. *E.R.D.* Entente républicaine et démocratique. *F.I.* Français indépendants. *F.R.* Fédération républicaine. *F.R.F.* Fédération républicaine de France (gr. de l'U.R.D.). *G.P.* Groupe paysan. *G. Rad.* Gauche radicale. *G. Rép.* Gauche républicaine. *Ind.* Indépendants. *I.O.M.* Indépendants d'Outre-Mer. *I.P.* Indépendants paysans. *I.R.* Indépendants républicains. *M.I.* Musulmans indépendants. *M.R.P.* Mouvement républicain populaire. *M.T.L.D.* Mouvement pour le triomphe des libertés démocratiques (Alg.). *P.C.* Parti communiste. *P.C.F.* Parti communiste français. *P.D.M.* Progrès et démocratie moderne. *P.R.* Parti républicain. *P.R.L.* Parti républicain de la Liberté. *P.S.* Parti socialiste. *P. Soc. F et R.S.* Parti socialiste français et Républicains socialistes. *P.S.U.* Parti socialiste unifié. *R.A.P.S.* Républicains d'action paysanne et sociale. *R.D.A.* Rassemblement démocratique africain. *R.G.* Républicains de gauche. *R.G.R.* Rassemblement des gauches républicaines. *R.I.* Républicains indépendants. *R.I. et A.S.* Républicains indépendants et d'action sociale. *R.P.F.* Rassemblement du peuple français. *R.P.R.* Rassemblement pour la République. *R. et R.S.* Républicains et Radicaux socialistes. *R.S.* Républicains socialistes. *S.F.I.C.* Section française de l'Internationale communiste. *S.F.I.O.* Section française de l'Internationale ouvrière. *U.D.F.* Union pour la démocratie fr. *U.D.I.* Union des démocrates indépendants. *U.D.Ve* Union de défense de la Ve Rép., qui devient en avril 1968 *U.D.R.* Union de défense de la République (devenue à son tour Union des démocrates pour la République en 1971 et *R.P.R.* en 1976). *U.D.S.R.* Union démocratique et sociale de la Résistance. *U.D.T.* Union démocratique du travail. *U.G.S.D.* Union de la gauche socialiste et démocratique. *U.N.R.* Union pour la nouvelle République (devenue *U.D.Ve* en 1967). *U.R.D.* Union républicaine et démocratique. *U.R.P.* Union républicaine du progrès. *U.R.R.* Union des républicains et résistants.

Monarchie

• **Mai 1789.** *États généraux.* Élection par ordres (noblesse et clergé électeurs, tiers état, suffrage à plusieurs degrés) : noblesse 270 s. (dont 90 libéraux), clergé 300 (dont + de 200 curés), tiers état 600 (hommes de loi, propriétaires, négociants..., 3 ecclésiastiques, 11 nobles). Les états généraux se transformèrent, le 17-6-1789, en *Ass. nationale constituante,* qui siégea jusqu'au 30-9-1791.

• **Août-sept. 1791.** *Assemblée législative.* Suffr. censitaire (il faut justifier d'un minimun de 3 j de travail pour être électeur) et indirect (4 300 000 citoyens actifs désignent 40 000 él.). 745 députés : indépendants (marais) 345, monarchistes constitutionnels (inscrits au Club des feuillants créé en juillet 1791) 264, gauche (jacobins modérés et cordeliers extrémistes) 136.

Ire République

• **Août-sept. 1792.** *Convention nationale.* Suffr. universel (env. 700 000 votants) : abstentions 90 % ; 760 députés : 400 marais ou plaine, 200 montagnards, 160 girondins.

• **Oct. 1795.** *Conseil des Cinq-Cents et des Anciens* pour 1/3 des membres. Suffr. censitaire (revenu égal au moins à 150 j de travail) : 6 000 000 citoyens actifs désignèrent 30 000 électeurs. Députés : républicains 305, modérés 266, royalistes 158.

• **Mars-avril 1797.** *Conseil des Cinq-Cents et des Anciens* pour 1/3. Suffr. idem. Aux Cinq-Cents : monarchistes ou modérés 182, indépendants 44, républ. 34 (sur 216 conventionnels sortants, 16 réélus).

Après le coup d'État du 18 fructidor an V (4-9-1797), 167 dép. furent invalidés (60 furent condamnés à la déportation).

• **Avril-mai 1798.** *Conseil des Cinq-Cents et des Anciens* pour 1/3, et remplacement des députés éliminés lors du coup d'État du 18 fructidor. Suffr. idem. Gain des jacobins [cependant le Directoire remplaça 106 opposants (qu'il invalida le 11-5-1798) par des hommes à lui].

• **Printemps 1799.** *Conseil des Cinq-Cents et des Anciens* pour 1/3. Suffr. idem. Aux Cinq-Cents : montagnards 240, « directoriaux » 150, droite 80, extrême gauche 30.

Cent-Jours

• **Mai 1815.** *Chambre des représentants.* Suffr. cens. Inscrits : collèges dép. 19 500 (abstentions 60,9 %), coll. d'arrondissement 27 000 (46,9 %). 629 dép. (libéraux, bonapartistes convaincus 80, jacobins). Dispersée le 8-7-1815.

Restauration

• **14 et 28 août 1815.** *Chambre des députés.* Les collèges d'arrondissement élisaient un nombre de candidats égal au nombre de dép. du département. Les coll. de dép. devaient choisir la ½ des *dép.* parmi ces candidats ; pour l'autre ½, totale liberté de choix. Abstentions + de 30 %. 70 000 élect. (+ 4 000 à 5 000 élect. suppl. choisis par les préfets). 40 000 votants. 400 dép. : ultras 350 (appelée *chambre introuvable,* cette assemblée sera dissoute le 5-9-1816).

• **25 sept. et 4 oct. 1816.** *Ch. des dép.* Suffr. cens. 258 dép. : royalistes modérés 136, ultras 92, républicains ou bonapartistes 20, libéraux 10.

• **20 sept. 1817.** *Ch. des dép.* (1/5). Suffr. cens. (il fallait justifier d'un minimum de 300 F de revenu annuel pour être électeur et avoir au min. 30 ans) 100 000 électeurs. Députés (au min. 40 ans, payant plus de 1 000 F de contributions directes, env. 15 000 éligibles) : modérés 150, ultras 80, indépendants 20 à 25.

• **20 et 26 oct. 1818.** *Ch. des dép.* (1/5 ; 54 s. à pourvoir). Suffr. cens. Ultras 4, libéraux gagnent 25, constitutionnels perdent 12.

• **4 et 13 nov. 1820.** *Ch. des dép.* (portant sur 223 s.). Suffr. cens. et double vote favorisant les grands propriétaires terriens (loi du double vote du 12-6-1820 : l'ensemble des él. élisait les 3/5 des dép. soit 258 dép., puis le quart des él. les + imposés votaient une 2e fois pour élire les 2/5 restants, soit 172 dép. : en dégrevant d'impôt 14 000 contribuables « suspects », le gouv. éliminait une partie des él. rép.). 220 dép. : droite 187, gauche lib. 33. L'opposition (80 dép.) sera réduite par les élections partielles de 1821 (60 ultras élus en 1822 et 198 en 1823).

• **25 févr. et 6 mars 1824.** *Ch. des dép.* Suffr. cens. et double vote. 431 dép. : droite 411, libéraux 17 (appelée *chambre retrouvée ;* le 9-6-1824, la durée de la législature était portée à 7 ans mais la Ch. fut dissoute le 6-11-1827).

• **17 et 24 nov. 1827.** *Ch. des dép.* Suffr. cens. et double vote. 430 dép. : gauche 170, ministériels ou gouvernementaux (en majorité ultras) 125, droite 75. Dissoute le 16-5-1830.

• **23 juin, 13 et 19 juillet 1830.** *Ch. des dép.* Suffr. cens. et double vote. 94 000 él., 430 dép. élus : gauche 274, gouvernementaux 143.

Monarchie de Juillet

• **5 juillet 1831.** *Ch. des dép.* Suffr. cens. (contribution 200 F). Électeurs : 166 583 inscrits, 125 090 votants, 459 dép. : libéraux 282, légitimistes 104, rép. et gauche dynastique 73.

● **21 juin 1834.** *Ch. des dép.* Suffr. cens. 171 015 inscrits, 129 211 votants. Conservateurs, centre droit (Guizot), tiers parti (Dupin), centre gauche (Thiers). Selon le Moniteur : majorité 320, opposition 90 (dont 15 légitimistes), tiers parti 50.

● **4 nov. 1837.** *Ch. des dép.* Suffr. cens. 198 836 inscrits, 151 720 vot. 450 dép. Dissoute 2-2-1839.

● **2 et 6 mars 1839.** *Ch. des dép.* Suffr. cens. 201 271 inscrits, 164 852 votants. 459 dép. : coalition tiers parti et républicains (Guizot, Dupin, Thiers, Barrot) 240, légitimistes 20.

● **9 juillet 1842.** *Ch. des dép.* Suffr. cens. Succès mitigé du gouv. : 266 s. (gain : 15 ; républicains 5 ; à Paris : gouv. 2, opposition 10 dont rép. 3).

● **1er août 1846.** *Ch. des dép.* Suff. cens. Conservateurs ministériels 290, opposition 168 (– 55).

IIe République

● **23 et 24 avril 1848.** *Ass. nat. const.* Suffr. univ. Scrutin de liste dép. à 1 tour. Électeurs : 9 395 035 inscrits (sur 33 500 000 hab.), 7 835 327 votants. Abstentions 16 %. 880 dép. : modérés 600, légitimistes et cathol. 200, socialistes 80.

● **13 mai 1849.** *Ass. nat. lég.* Suffr. universel. Abstentions 40 %. 750 sièges (713 pourvus en raison d'él. multiples) : parti de l'ordre (légitimistes, orléanistes, cathol., conservateurs) 450, démocrates ou montagnards 180, rép. modérés 75. Dissoute par le coup d'État du 2-12-1851.

● **29 févr. et 14 mars 1852.** *Corps législatif.* Suffr. univ. Scrutin uninominal. Électeurs inscrits 9 836 043 [durée minimale du domicile dans la commune : 6 mois (décret du 2-2-1852), au lieu de 3 ans (loi du 31-5-1850)] ; votants 6 222 983. Candidatures officielles, circonscr. arbitraires. 261 dép. : bonapartistes 253, royalistes 5, républicains 3. Voix bonapartistes 5 218 602, opposition 810 962.

IIe Empire

● **21 juin et 5 juill. 1857.** *Corps législatif.* Suffr. univ. Abstentions 25 %. Candidatures officielles 5 471 000 v. Opposition 665 000 v. (7 élus dont 5 à Paris).

● **31 mai et 14 juin 1863.** *Corps lég.* Suffr. univ. 283 dép. : candidat. off. 5 308 000 v. (251 sièges), union libérale (légitimistes, orléanistes, cathol., républicains) 1 954 000 v. (républicains 17 s., royalistes-catholiques 15).

● **23 mai et 6 juin 1869.** *Corps législatif.* Suffr. univ. idem. Au 1er tour, candidatures officielles 4 438 000 v., opposition 3 355 000 v. 295 dép. : bonapartistes libéraux 120 (tiers parti), bonap. autoritaires 92, légitimistes 41, républicains 30.

IIIe République

Nota. – (1) Suffrage universel, scrutin uninominal par arrondissement à 2 tours. (2) Scrutin de liste à 2 tours. (3) Scrutin de liste départemental à 2 tours (représentation proportionnelle). (4) Scrutin de liste départemental à 1 tour (repr. prop.).

● **8 févr. 1871.** *Assemblée nationale* [43 départements étaient occupés (réunions interdites), pas de campagne électorale sauf à Paris] : Suff. univ., scrutin de liste dép. à 1 tour. Sur 768 sièges prévus par le décret du 29-1-1871 (dont 753 pour la métropole), 675 furent pourvus en métropole (dont 30 en Alsace-Lorraine) par suite de la pluralité d'élections de certains candidats (Thiers fut élu dans 86 départements, Trochu dans 10, Gambetta dans 8, Favre dans 5...) ; Républicains env. 150 (Modérés 112 ; Radicaux, moins de 40) ; Conservateurs monarchistes, env. 400 (214 Orléanistes, 182 Légitimistes) ; 78 Libéraux centre gauche, 20 Bonapartistes.

175 avaient appartenu aux anciennes assemblées de la monarchie de Juillet, de la IIe Rép. et de l'Empire. *Composition sociale :* 250 députés ruraux (hobereaux, propriétaires terriens) ; 200 avocats, juristes, magistrats ; 100 anciens officiers ; 90 de prof. industrielle ou commerciale.

● **2 juill. 1871.** 114 députés à remplacer dans 46 dép. (élections multiples, décès, démissions) : Républicains 99 (35 Radicaux, 38 Modérés, 26 Ralliés), 12 Monarchistes (dont 3 Légitimistes), 3 Bonapartistes. 40 % d'abstentions. Échecs de Victor Hugo, Clemenceau, Floquet. 195 dép. furent élus au cours des élections partielles qui eurent lieu de 1871 à 1875 ; sur 184 s. à pourvoir en métropole et 11 en Algérie : Extrême gauche 64, Gauche 62, Centre gauche 37, Centre droit 12, Bonapartistes 11, Droite 6, Extrême droite 3. En fait, il n'y eut que 182 députés élus en raison des élections multiples ou successives. *Composition en février 1875 :* 727 députés (10 sièges vacants ; les 30 s. des dép. alsaciens et lorrains et 2 de Meurthe-et-Moselle étaient laissés volontairement vacants) : Centre droit 165, Gauche 153, Centre gauche 132, Droite 122, Extrême gauche 71, Extrême droite 52, Bonapartistes 32.

L'*Assemblée nationale* se sépare le 31-12-1875.

● **20 févr. et 5 mars 1876.** Élections à la Ch. des dép. [1] *Inscrits* 9 733 734 (militaires exclus du vote). *Votants* 7 388 234. *Abstentions* + de 25 %. *Sièges* 533 : *Républicains* 4 028 153 voix : 393 s. (Union rép. 98, Gauche rép. 193, Centre gauche 48, Centre droit 54 dont 17 Rép. modérés, 15 indéterminés, 22 Constitutionnels) ; *Conservateurs* 3 202 335 v. : Bonapartistes 76 s., Légitimistes 24, Orléanistes 40. *Élus célèbres :* Gambetta (4 fois), Félix Faure, Émile Loubet, Armand Fallières, Sadi Carnot, Casimir-Perier.

Dissolution de la Chambre le 25-6-1877 par Mac-Mahon : la Chambre avait refusé, par 363 voix contre 143, la confiance au nouveau ministère du duc de Broglie (à la suite du renvoi de Jules Simon).

● **14 et 28 oct. 1877** [1]. *Inscrits* 9 948 449. *Votants* 8 087 323. *Abstentions* 20 %. Presque tous les sièges furent attribués dès le 1er tour : il y avait en général 2 candidats par circonscription (1 Rép. et 1 Monarchiste). 10 députés furent élus au 2e tour. *Républicains* 4 307 202 v. (313 s.) ; *Conservateurs* 3 577 282 v. : Bonapartistes 104 et s., Légitimistes 44, Orléanistes 11, divers 49.

● **21 août et 4 sept. 1881** [1]. *Inscrits 10 179 345. Votants* 7 181 443. *Abst.* 29,45 %. Rivalité entre Gambetta (programme opportuniste) et Clemenceau avec les « Radicaux » reprenant le programme de Belleville. *Sièges* 545 : *Républicains* 5 128 142 v. : Extrême gauche 46 s. (dont 1 socialiste), Union rép. (Gambetta) 204, Gauche rép. (Ferry) 168. Centre gauche 39 ; *Conservateurs* 1 789 767 v. : Bonapartistes 46 s., Royalistes 42. Effondrement de la droite conservatrice et monarchiste, apparition d'un groupe d'extrême gauche avec le *1er élu socialiste* Clovis Hugues (député de Marseille).

● **14 et 18 oct. 1885** [1]. *Inscrits* 10 278 979. *Votants* 7 929 503. *Abst.* 29,6 %. *Sièges* 584 : *Républicains* 4 327 162 v. : Radicaux-socialistes 60 s., Radicaux 40, Opportunistes 200, Rép. modérés 83 ; *Union des droites* 3 541 384 v. : Conservateurs 63 s., Bonapartistes 65, Monarchistes 73. L'extrême gauche renforce ses positions (plus 100 sièges) surtout dans le Midi, le nord du Massif central et la Région parisienne.

● **22 sept. et 6 oct. 1889** [1]. *Inscrits* 10 387 330. *Votants* 7 953 382. *Abst.* 23,4 %. *Sièges* 576 : *Républicains* 4 350 000 v. : Républicains socialistes et Radicaux-socialistes 12 s., Radicaux 100, Républicains 216, Centre gauche 38 ; *Droite* 3 600 000 v. (dont 700 000 Boulangistes) : Royalistes 86, Bonapartistes 52, Boulangistes 72.

● **20 août et 3 sept. 1893** [1]. *Inscrits* 10 443 378. *Votants* 7 425 354. *Abst.* 28,8 %. *Sièges* 581 : *Républicains :* Socialistes 49 s. (dont Radicaux-socialistes 16, socialistes indépendants 15, Socialistes 18), Radicaux 122, Rép. modérés 317 (Opportunistes et Progressistes 3 181 670 v.) ; *Droite :* Ralliés 35 (458 416 v.), Monarchistes 58 (1 000 381 v.). A la suite du scandale de Panamá, 50 % des dép. sont nouveaux.

● **8 et 22 mai 1898** [1]. *Inscrits* 10 779 123. *Votants* 8 106 123. *Abst.* 24 %. *Sièges* 585 : *Gauche :* Socialistes 57 (791 148 v.), Radicaux-socialistes 74 (629 572 v.), Radicaux 104 (1 293 507 v.), Progressistes 254 (3 262 725 v.) ; *Droite :* Ralliés 32, Nationalistes 6 (250 101 v.), Révisionnistes 4, Monarchistes 44 (887 759 v.), divers 10. Jules Guesde et Jean Jaurès sont battus.

● **27 avril et 11 mai 1902** [1]. *Inscrits* 11 058 702 (Fr. métropolitaine, Réunion et 3 circonscrip. des Antilles). *Votants* 8 412 727. *Abst.* 25 %. *Sièges* 589 : *Gauche :* Socialistes 43 (875 532 v.), Rad.-soc. 104 (853 140 v.), Radicaux 129 (1 413 931 v.), Rép. de gauche 62 (2 501 429 v.), Rép. progressistes (modérés) 127 ; *Droite :* Libéraux 35 (885 615 v.), Conservateurs 89 (2 383 080 v.). Les Radicaux avec 233 s. étaient au centre de la majorité qui pouvait s'appuyer sur les Socialistes ou sur les Rép. de gauche. Jaurès et Briand sont élus. *Le Bloc des gauches* (ou Bloc de défense républicaine), formé en juin 1899 contre les Ligues et les Conservateurs, se dissocia en 1906 (les Soc. l'avaient quitté en 1906 après le Congrès d'Amsterdam).

● **6 et 20 mai 1906** [1]. *Inscrits* 11 341 062 (Fr. métrop. et Algérie). *Votants* 8 812 493. *Abst.* 21 %. *Sièges* 585 : *Gauche :* Socialistes 54 (877 221 v.), Soc. ind. 20 (205 081 v.), Rad.-soc. 132 (2 514 508 v.), Rad. ind. 115 (692 029), Rép. de gauche 90 (703 912 v.) ; *Droite :* Libéraux 66 (1 238 048 v.), Conservateurs 78 (2 571 765 v.), Nationalistes 30.

● **24 avril et 8 mai 1910** [1]. *Inscrits* 11 326 828 (Fr. métrop. et Algérie). *Votants* 8 396 820. *Abst.* 22 %. *Sièges* 590 : *Gauche :* Socialistes 75 (1 110 561 v.), Soc. ind. 32 (345 202 v.), Rad.-soc. (1 727 064 v.) et Indép. (966 407 v.) 149, Rép. de gauche 113 (1 018 704 v.), Union rép. 72 (1 472 442 v.) ; *Droite :* Libéraux 20 (153 231 v.), Conservateurs 129 (1 602 209 v.).

● **26 avril et 10 mai 1914.** *Inscrits* 11 305 986. *Votants* 8 431 056. *Abst.* 22 %. *Sièges* 601 : *Gauche :* Socialistes 102 (1 413 044 v.), Rép.-soc. 24 (326 927 v.), Rad.-soc. (1 530 188 v.) et Indépendants (1 399 830 v.) 195, Rép. de gauche 66 (819 184 v.), Union rép. 88 (1 588 075 v.) ; *Droite :* Conservateurs (1 297 722 v.) 120 s. (dont Fédération rép. 37, Action libérale 23, divers droite 15, non-inscrits 45). La Gauche obtenait presque la majorité absolue.

● **16 et 30 novembre 1919** [3]. *Inscrits* 11 604 322 (Fr. métrop. et Algérie). *Votants* 8 148 090. *Abst.* 28 %. *Sièges* 613 : *Bloc national* (433 s. ; présentait des listes uniques des partis de droite et du centre, sous l'impulsion de l'Alliance démocratique) : Indépendants 50 (1 139 794 v.), Union rép. et démocratique 183 (1 819 691 v.), Gauche rép. et dém. 93, Rép. de gauche 61 (889 177 v.), Groupe d'action rép. et sociale 46 ; *Gauche* (180 s.) : Républicains et Rad.-soc. 86 (1 420 381 v.), Rép.-soc. 26 (283 001 v.), S.F.I.O. 68 (1 728 663 v.). On appela la nouvelle Chambre, Chambre *bleu horizon*, parce que beaucoup d'anciens combattants étaient élus (allusion à la couleur de leur uniforme). Il est difficile de compter le % des suffrages obtenus par le Bloc national puisque, dans certains départements, les listes Bloc national présentaient des Radicaux. Le Bloc national fonda son succès sur le mécontentement contre le personnel parlementaire en place (rendu responsable de la préparation insuffisante de la guerre), la peur du « péril bolchevique » et la popularité de Clemenceau bénéficiant aux partis du centre ; il bénéficia de la division de la gauche.

● **11 et 25 mai 1924** [4]. *Inscrits* 11 187 745 (Fr. métrop. et Algérie). *Votants* 9 000 091. *Abst.* 16 %. *Sièges* 581 : *Droite et Centre :* Indépendants 29 (375 806 v.), Union rép. et dém. 104 (3 190 831 v.), Démocrates populaires 14, Gauche rép. et dém. 43, Rép. de gauche 38, Gauche rép. 40 (Rép. gauche et Gauche rép. 1 058 293 v.) ; *Gauche* [*Cartel* (287) dont : Rad.-soc. 139 (1 612 581 v.), Rép.-soc. et Soc. français (non S.F.I.O.) 44, S.F.I.O. 104 (1 814 000 v.)] ; *S.F.I.C.* (Parti communiste) : 26 (885 993 v.).

● **22 et 29 avril 1928** [1]. *Inscrits* 11 557 764 (Métrop. et Algérie). *Votants* 9 469 861. *Abst.* 16 %. *Sièges* 606 : *Droite et Centre :* Indép. et Conservateurs 37 (215 169 v.), Union rép. et dém. 102 (2 082 041 v.), Action dém. et sociale 29, Dém. populaire 19, Rép. de gauche 64, Gauche unioniste et sociale 18, Gauche radicale 54, Indép. de gauche 15 (R.G. et G.R. 2 196 243 v.) ; *Gauche :* Rép.-rad. et Rad.-soc. 125 (1 682 543 v.), Rép.-soc. et Soc. français 31 (R.-S. 432 045 v.), S.F.I.O. 100 (1 708 972 v.), S.F.I.C. 12 (1 066 099).

● **1er et 8 mai 1932** [1]. *Inscrits* 11 740 893 (Métropole et Algérie). *Votants* 9 579 482. *Abst.* 16 %. *Sièges* 614 : *Droite et Centre :* Isolés 3, Rép. du centre 6, Indép. d'action éco. sociale et paysanne 7, Indép. 16, Groupe rép. et social 18 (582 095 v.), Féd. rép. du centre 41, Démocrates pop. 17 (309 336 v.), Centre rép. et Rép. de gauche 76 (1 299 936 v.), Gauche radicale et Indép. de gauche 74 (955 990 v.) ; *Gauche :* Gauche indép. 15, Rép.-rad. et Rad.-social. 160 (1 836 991 v.), Parti social français et Rép.-soc. 29 (515 176 v.), S.F.I.O. 132 (1 964 384 v.), Unité ouvrière 9, S.F.I.C. 11 (796 630 v.). La majorité revient au cartel des Gauches avec 345 v., renforcé à l'extrême gauche par les voix de l'Unité ouvrière (détachée de la S.F.I.C. depuis l'élimination de Trotski par Staline). Les communistes obtiennent 8 % des suffrages exprimés contre 12 % en 1928. Le recul de la droite est particulièrement important dans le Sud.

● **26 avril et 3 mai 1936** [1]. *Inscrits* 11 971 923 (Fr. métrop. et Algérie). *Votants* 9 847 266. *Abst.* 15 %. *Sièges* 612 : *Front populaire* (386 s.) : S.F.I.O. 149 (1 955 306 v.), 1er parti de la coalition ; les Rad.-soc. perdent le contrôle de la Gauche pour la 1re fois, mais conservent un rôle d'arbitrage. Rép.-radicaux et Radicaux-soc. 111 (1 422 611 v.), S.F.I.C. 72 (1 502 404 v.), divers gauche 28 (748 600 v.), Union soc. rép. (néo-socialistes) 29. *Opposition :* Centre et Centre droit 95 (2 536 294 v.), Droite 128 (dont Féd. rép. de France 59) (1 666 004 v.).

Statistiques. Les 2/3 des députés de la IIIe République n'ont siégé qu'une ou 2 législatures. En effet,

2 271 députés sur un total de 4 892, soit 46 %, furent élus une seule fois et 1 032 députés, soit 21 %, 2 fois. La plupart d'entre eux se représentèrent à l'expiration de leur mandat et échouèrent. Il ne s'agissait donc pas de retraits volontaires.

IVe République

● **21 octobre 1945.** *Élect. à la 1re Assemblée nationale constituante. Scrutin :* à la représentation proportionnelle suivant la plus forte moyenne dans le département, sans panachage ni vote préférentiel. Femmes et militaires ont le droit de vote. L'Ass. siégea du 6-11-1945 au 26-4-1946. **Résultats** (Métrop.). *Inscrits* 24 622 862. *Votants* 19 657 603. *Abst.* 4 965 259 (20,1 %). *Suffrages exprimés* 19 152 716. **Voix obtenues.** P. Communiste et apparentés 5 024 174 (26,2 %), S.F.I.O. 4 491 152 (23,4 %), Radicalisme et U.D.S.R. (Union démocratique et socialiste de la Résistance) 2 018 665 (10,5 %), M.R.P. 4 580 222 (23,9 %), Modérés 3 001 063 (15,6 %), divers 37 440 (0,7 %). (% des suffrages exprimés entre parenthèses). **Effectif des groupes parlementaires**[1]. P. Communiste et apparentés (gr. des Républicains et Résistants) 159, Socialiste et appar. (gr. musulman algérien) 146, Radical et Rad.-socialiste et appar. 29, U.D.S.R. et appar. (dont Gr. paysan) 42, M.R.P. 150, Républicains indépendants 14, Unité républicaine et appar. 39, non-inscrits 7.

● **2 juin 1946.** *Élections à la 2e Assemblée nationale constituante,* le projet de Constitution de la 1re Const. ayant été rejeté. *Scrutin :* idem. **Résultats** (Métrop.). *Inscrits* 24 696 949. *Votants* 20 215 200. *Abstentions* 4 481 749 (18,1 %). *Suffr. exprimés* 19 805 330. **Voix obtenues.** P. Communiste et apparentés 5 145 325 (25,9 %), S.F.I.O. 4 187 747 (21,1 %), R.G.R. (regroupe, à partir de 1946, Radicalisme et U.D.S.R.) 2 299 963 (11,6 %), M.R.P. 5 589 213 (28,2 %), Modérés 2 538 167 (12,8), div. 44 915 (0,1). **Effectif des groupes parlementaires** [1]. P. Communiste et apparentés (Union rép. et résistante) 153, Socialiste et appar. 128, Radical et Rad.-soc. 32, U.D.S.R. 20, M.R.P. et appar. 166, Rép. indépendants et appar. 32, P.R.L. 35, U.D.M.A. 11, non-inscrits 9.

● **10 novembre 1946.** *Élect. à l'Assemblée nationale* (le projet de la 2e Constituante ayant été adopté par référendum le 13 oct. 1946 et promulgué le 27 oct. 1946). *Scrutin :* idem, mais vote préférentiel admis. **Résultats** (Métrop.). *Inscrits* 25 083 039. *Votants* 19 578 126. *Abstentions* 5 504 913 (21,9 %). *Suffr. exprimés* 19 216 375. **Voix obtenues.** P. Communiste et apparentés 5 430 593 (28,3 %), S.F.I.O. 3 433 901 (17,8 %), R.G.R. 2 136 152 (11,1 %), M.R.P. 4 988 609 (25,9 %), Union gaulliste 585 430 (3 %), Modérés 2 487 313 (12,9 %), divers 154 377 (0,8 %). **Effectif des groupes parlementaires** [1]. P. Communiste et apparentés 182, Socialiste 102, Républicain radical et Rad.-soc. 43, U.D.S.R. 26, M.R.P. et apparentés 173, Rép. indépendants et appar. 29, P.R.L. et appar. 38, M.T.L.D. 5, Groupe musulman indép. pour la déf. du fédéralisme alg. 8, non-inscrits 21.

● **17 juin 1951.** *Élect. à l'Assemblée nationale* (l'Ass. élue en 1946, dissoute le 11-5-51, a fixé la fin de la législature au 4-7-51). *Scrutin* (loi du 9-5-51) : scrutin de liste dans le cadre départ. ; les listes sont autorisées à conclure entre elles des accords préalables *(apparentements).* Si aucun n'est conclu ou si des listes apparentées n'obtiennent pas la majorité absolue des suffr. exprimés, la répartition des sièges a lieu à la représentation proportionnelle, mais, si des listes apparentées obtiennent la majorité absolue, elles se voient attribuer la totalité des sièges qui sont répartis entre elles à la représ. prop. Le but de ce nouveau mode de scrutin était de permettre aux partis centristes de s'unir pour tenir en échec les partis extrémistes. **Résultats** (Métrop.). *Inscrits* 24 530 523. *Votants* 19 670 655. *Abstentions* 4 859 869. *Suffr. exprimés* 19 129 424. **Voix obtenues** [2]. P. Communiste et apparentés 5 056 605 (26,9 %), S.F.I.O. 2 744 842 (14,6 %), R.G.R. 1 887 583 (10 %), M.R.P. 2 369 778 (12,6 %), R.P.F. 4 058 336 (21,6), Modérés 2 656 995 (14,1). **Effectif des groupes parlementaires** [1]. P. Communiste et Rép. progressistes 103, Socialiste et apparentés 107, Rép. radical et Rad.-soc. et appar. 74, U.D.S.R. et appar. 16, M.R.P. et Indép. d'O.-M. 95, R.P.F. et appar. 121, C.R.A.P.S. et Démocrates ind. et appar. 43, Rép. ind. et appar. 53, R.D.A. 3, non-inscrits 10, sièges non pourvus (T.O.M.) 2.

Le R.P.F. subit, entre 1951 et 1955, des scissions : formation de l'A.R.S. (1952) et, après que le général de Gaulle lui eut retiré son patronage, de l'U.R.A.S. et du Groupe des rép. sociaux (1954).

● **2 janvier 1956.** Remplacement de l'Ass. élue en juin 1951, dissoute le 1-12-1955. *Même mode de scrutin.* **Résultats** (Métrop.). *Inscrits* 26 774 899. *Votants* 22 171 957. *Abstentions* 4 602 942 (17,20 %). *Suffr. exprimés* 21 500 790. **Voix obtenues**[2]. P. Communiste et apparentés 5 514 403 (25,9 %), S.F.I.O. 3 247 431 (15,2 %), Radicaux et U.D.S.R. (Front républicain qui regroupait également la S.F.I.O.) 2 389 163 (11,3 %), Rép.-sociaux (ex. R.P.F.) 585 764 (2,7 %), M.R.P. 2 366 321 (11,1 %), Modérés 3 259 782 (15,3 %), Poujadistes 2 483 813 (11,6 %), Extrême droite (P. rép. paysan, Rassemblement national, Réforme de l'État) 260 749 (1,2 %), divers 98 600 (0,4 %). **Effectif des groupes parlementaires** [1]. P. Communiste et appar. (dont Rép. progressistes) 150, Socialiste 94, Rép.-radical et Rad.-soc. et appar. 58, U.D.S.R. et R.D.A. 19, M.R.P. et Ind. d'O.-M. 83, Rép.-sociaux 21, Rassemblement des gauches rép. et du Centre rép. et appar. 14, Indépendants et Paysans d'action sociale et appar. 95, Union et Fraternité franç. 52, non-inscrits 7, non-autorisés à siéger 2, sièges non pourvus (Algérie) 32.

Nota. — (1) Y compris les députés d'Outre-Mer. Les effectifs retenus sont ceux établis immédiatement après les élections. (2) % du total des moyennes des listes : les bulletins incomplets étaient valables, le total des moyennes des listes était donc inférieur à celui des suffrages exprimés.

En juin 1958. Communistes 138, Progressistes 6, Socialistes 91, Radic. valoisiens 42, Radic. moriciens 13, U.D.S.R. 9, R.G.R. 13, M.R.P. 71, Indépend. et Paysans 97, Paysans 10, Républic. sociaux 13, Poujadistes 30, non-inscrits 7. *Total 540.*

☞ **Statistiques.** Des 1 112 députés élus sous la IVe Rép. dans la Métropole, 446, soit 40 %, furent élus une seule fois, et 190 (17 %), 2 fois.

Ve République
Élections à l'Assemblée nationale

Élections des 23 et 30 novembre 1958

Résultats Métropole)	1er tour [1]		2e tour	
	Voix	%	*Voix*	%
	27 236 491	*100*	*27 013 390*	*100*
Votants	20 999 797	77,1	19 108 791	70,7
Abstentions	6 241 694	22,9	7 904 599	29,3
Blancs ou nuls	652 889	2,3	468 017	1,7
Suffr. exprimés	*20 346 908*	*75,2*	*18 640 774*	*69*
Répartition des suffr. expr.				
Communistes	3 882 204	18,9	3 833 418	20,6
Divers gauche	347 298	1,7	146 016	0,7
S.F.I.O.	3 167 354	15,5	2 574 606	13,8
Radicaux	983 201	4,8	619 784	3,3
R.G.R.	716 869	3,5	439 517	2,3
U.N.R.	3 603 958	17,6	5 249 746	28,2
M.R.P.	1 858 380	9,1	1 370 246	7,4
Dém.-chrétiens	520 408	2,5	343 292	1,8
Centre républicain	647 919	3,2	451 810	2,4
C.N.I.	2 815 176	13,7	2 869 173	15,4
Modérés	1 277 424	6,2	570 775	3,1
Extrême droite	669 518	3,3	172 361	0,9

Nota. — (1) Résultats publiés par le min. de l'Intérieur. *Résultats calculés à la Fondation des Sciences politiques* (d'après les résultats par circonscription communiqués par le min. de l'Intérieur) : Communistes 3 907 763 (19,2 %), Union des forces démocratiques 261 738 (1,2 %), S.F.I.O. 3 193 786 (15,7 %), Radicaux 1 503 787 (7,3 %), M.R.P. 2 273 281 (11,1 %), Gaullistes (U.N.R., C.R.R. et divers) 4 165 453 (20,4 %), Modérés 4 502 449 (22,1 %), Extrême droite 533 651 (2,6 %).

A la suite de la nouvelle Const. promulguée le 4 oct. 1958. *Scrutin :* uninominal majoritaire à 2 tours en Métropole (465 circonscriptions découpées exprès) et dans les D.O.M. (10 s.). Seuls les candidats déjà inscrits au 1er tour et ayant obtenu au moins 5 % des suffr. exprimés peuvent se présenter au 2e tour. En Algérie (30 nov. ; 67 s. : 21 pour les citoyens de statut civil de droit commun et 46 pour les citoyens de statut civil local) et au Sahara (30 nov. ; 4 s.) : scrutin de liste majoritaire à 1 tour. Dans les T.O.M. : avril-mai 1959 ; 5 s. Chaque député est assisté d'un suppléant de son choix appelé à lui succéder dans certains cas, notamment s'il entre au gouvernement.

Nota. — Après les élections, l'Assemblée comptait en fait 546 députés et 33 représentants des T.O.M. siégeant au Parlement : 28 représentaient des territoires devenus États membres de la Communauté, ces mandats prenant fin le 16-7-1959 ; 5 restaient acquis aux T.O.M. ; un 6e fut créé dans les Comores.

Répartition des sièges au 30-11-1958 (Métropole 465 sièges) : Communistes 10, Divers gauche 2, S.F.I.O. 40, Radicaux et autres gauche 35, U.N.R. et Rép. indépendants 189, Indép. 132, M.R.P. 57.

Répartition au 27 juillet 1959. 552 sièges (y compris ceux d'Outre-Mer) : P.C. 10, S.F.I.O. 44, Entente dém. (rassemblement des élus de tendance radicale) 33, Centre rép. 4, M.R.P. 56, I.P. 118, U.N.R. 212, Unité de la Rép. (élus d'Algérie) 48, isolés 27.

Élections des 18 et 25 novembre 1962

Remplacement de l'Ass. dissoute par le Pt de la Rép. après l'adoption, le 5 oct. 1962, de la motion de censure contre le gouv. de G. Pompidou. *Scrutin :* voir 1958.

Résultats (métropole)	1er tour		2e tour	
	Voix	%	*Voix*	%
Inscrits	*27 526 358*	*100*	*21 957 468*	*100*
Votants	18 918 159	68,7	15 824 990	72
Abstentions	8 608 199	31,3	6 132 478	27,9
Blancs ou nuls	584 368	2,1	616 889	
Suffr. expr.	*18 333 791*	*66,6*	*15 208 101*	*69,26*
Répartition des suffr. expr.				
P.C.	4 003 553	21,84	3 195 763	20,94
Ext. gauche et P.S.U.	427 467	2,33	138 131	0,90
S.F.I.O.	2 298 729	12,54	2 264 011	14,83
Rad. et Cent. g.	1 429 649	7,79	1 172 711	7,68
U.N.R.-U.D.F. et divers gaullistes	5 855 744	31,94	6 169 890	40,36
M.R.P.	1 665 695	9,08	821 635	5,45
Indépendants	1 089 348	5,94	1 444 666	9,46
C.N.I.	1 404 177	7,66		
Extrême droite	159 429	0,87	52 245	0,34

Sièges (25-11-62)	Sortants	Total	1er T.	2e T.	Solde
U.N.R.-U.D.T	165	229	46	183	+ 64
S.F.I.O.	41	65	1	64	+ 24
Rad. et c. gauche	41	42	8	34	+ 1
Communistes	10	41	9	32	+ 31
M.R.P.	56	36	14	22	− 20
Indép. (C.N.I.)	106	28	6	22	− 78
Rép. ind.	28	20	12	8	− 2
P.S.U.	—	2	0	2	+ 2
Centre républ.	3	1	0	1	− 2
Extr. droite	12	0	0	0	− 18
Sans étiquette	—	1	0	1	+ 1
Total	*462* [1]	*96*	*369*	*465*	

Nota. — (1) Métropole ; 3 sièges vacants au moment de la dissolution de l'assemblée.

Effectif des groupes parlementaires, y compris députés apparentés (au 10-12-1962). Métropole, D.O.M. et T.O.M. entre parenthèses, total en italique : U.N.R.-U.D.T. 220 (13), *233.* Socialiste 64 (2), *66.* Centre démocratique 51 (4), *55.* Communiste 41, *41.* Rassemblement démocratique 38 (1), *39.* Rép. ind. 33 (2), *35.* Non-inscrits 9 (4), *13. Total : 465* (dont 8 femmes : 2 U.N.R., 2 Centre dém., 3 Comm., 1 Rass. dém.) (10,7), *482.*

Élections des 5 et 12 mars 1967

Résultats (Métropole)	1er tour		2e tour	
	Voix	%	*Voix*	%
Inscrits	*28 291 838*	*100*	*27 526 358*	*100*
Votants	22 887 151	80,89	18 918 159	68,72
Abstentions	5 404 687	19,10	8 608 199	31,27
Blancs ou nuls	494 834	2,16	584 368	3,09
Suffr. expr.	*22 392 317*	*79,10*	*18 333 791*	*66,60*
Répartition des suffr. expr.				
P.C.	5 029 808	22,46	3 998 790	21,37
Extr. gauche (dt P.S.U.)	506 592	2,26	173 466	0,93
Féd. gauche	4 207 166	18,79	4 505 329	24,08
Ve républ.	8 453 512	37,75	7 972 908	42,60
Centre dém.	2 864 272	12,79	1 328 777	7,10
Divers	1 136 191	5,08	702 352	3,73
Alliance rép.	194 776	0,87	28 347	0,15
Extr. droite	–	–	–	–

Scrutin : comme en 1958 mais il faut avoir obtenu un minimum de suffrages correspondant à 10 % des inscriptions pour se présenter au 2e tour.

Effectif des groupes parlementaires (y compris les dép. d'Outre-Mer). P. communiste et apparentés 73. Fédération de la Gauche démocrate et socialiste et apparentés 121. Progrès et Démocratie moderne 41. Union démocr. pour la Ve Rép. et appar. 200. Rép. ind. 44. Non-inscrits 8.

Répartition des élus si le scrutin uninominal à un tour, ou (entre parenthèses) si la représentation proportionnelle avait été adopté le 5 mars 1967 : Ve Rép. 307 (177). Centre démocrate 31 (60). Fédér. et P.S.U. 66 (98). P. communiste 56 (105). Divers 5 (15).

Élections des 23 et 30 juin 1968

Scrutin : comme en 1967.

Résultats (Métropole)	1er tour 23 juin 1968		2e tour 30 juin 1968	
	Voix	%	Voix	%
Incrits	*28 171 635*	*100*	*19 266 974*	*100*
Suffr. expr.	*22 138 657*	*78,5*	*14 577 412*	*75,6*
Répartition des suffr. expr.		*100*	*100*	
Communistes	4 435 357	20,03	2 935 775	20,13
Extr. gauche (dt P.S.U.)	874 212	3,94	87 777	0,60
F.G.D.S. (Soc. S.F.I.O et Radicaux)	3 654 003	16,5	3 097 338	21,2
U.N.R.-U.D.VeU.D.R. et Rép. indép.	9 663 605	43,6	6 762 170	46,38
Centre démoc. (indép. et M.R.P.)	2 290 166	10,3	1 141 305	7,8
Divers	1 192 444	5,3	557 076	3,8
Extr. droite	28 871	0,13		

Sièges (30-6-1968)	Sortants	Élus		Total	Gains ou pertes
		1er tour	2e tour		
P.C.F.	73	6	28	34	– 39
P.S.U.	3	–	–	–	– 3
Fédération	118	–	57	57	– 61
U.D.-Ve Rép.	197	124	170	294	+ 97
U.D.R.	43	28	36	64	+ 21
Centre P.D.M.	42	5	22	27	– 15
Divers	9	3	8	9	–
Total	*485*	*166*	*319*	*485*	

Élections des 4 et 11 mars 1973

Scrutin : comme en 1967.

Résultats (Métropole)	1er tour		2e tour	
	Voix	%	Voix	%
Inscrits	*29 865 345*	*100*	*29 666 161*	*100*
Votants	24 262 822	81,24	24 294 033	81,89
Abstentions	5 602 623	18,75	5 372 128	18,11
Blancs ou nuls	541 877	1,81	804 390	2,71
Suffr. exprimés	*23 720 945*	*79,42*	*23 489 643*	*79,18*
Répartition des suffr. expr.		*100*		*100*
P.C.	5 063 981	21,34	4 893 876	20,83
P.S.U. et Extr. g.	781 976	3,29	114 540	0,47
U.G.S.D.	4 899 965	20,65	5 564 610	23,68
Divers gauche	299 938	1,26	191 441	0,81
Réformateurs	2 967 481	12,50	1 631 978	6,94
U.R.P.	8 242 661	34,74	10 701 135	45,54
Divers majorité	779 259	3,28	337 399	1,43
Divers droite	679 684	2,86	21 053	0,08

Sièges (11-3-1973)	Sortants	Élus		Total	Gains ou pertes
		1er tour	2e tour		
P.C.F.	34	8	65	73	+ 39
P.S.U. et Extr. g.	1	–	3	3	+ 2
U.G.S.D.-P.S.	41	1	88	89	+ 48
U.G.S.D.-Rad. g.	8	–	12	12	+ 4
Réformateurs	15	–	31	31	+ 16
U.R.P.-U.D.R.	273	26	158	184	– 89
U.R.P.-Rép. ind.	61	13	41	54	– 7
U.R.P.-C.D.P.	26	6	17	23	– 3
Divers	24	6	13	19 (4)	– 5
Total	*483*	*60*	*428*	*488*	

Il y eut, de mars 1973 à 1977, *21 élections partielles : 2 après annulation ; 2 après décès ; 1 pour le nouveau siège de Mayotte ; 16 après des démissions volontaires* (Georges Sanford et 15 remplaçants de membres du Gouvernement pour que ces derniers puissent retrouver leur siège après avoir cessé leurs fonctions). 12 réussirent (Messmer, Guichard, Torre, Limouzy, Guéna, Royer, Chirac, Tibéri, Achille-Fould, Péronnet, Destremeau, Mathieu) et 3 échouèrent (Fontanet, Lecat, Ducray).

Dans l'Ass. sortante en mars 1978, 89 députés siégeaient comme suppléants (plus de 18 % de l'effectif élu en 1973) : 39 R.P.R., 26 Républicains, 11 Réformateurs, 5 P.S.-R.G., 4 P.C., 4 non-inscrits.

16 sièges étaient vacants (car il ne peut y avoir d'él. lég. partielle moins de 12 mois avant les él. générales). Il s'agissait : 1° *des 12 sièges d'élus au Sénat* le 25-9-77 (5 socialistes, 4 P.R., 2 R.P.R., 1 Réformateur) ; 2° *des sièges de la 22e circ. de Paris* (vacant dep. le 13-2-77, décès de Bernard Lafay, app. R.P.R., suppléant sénateur), *2e circ. de Paris* (vacant dep. le 1-4-77, nomination au Gouv. de Jacques Dominati, R.I., suppléant décédé), *24e circ. de Paris* (vacant dep. le 1-4-77, nomination au gouv. d'Hélène Missoffe, R.P.R., qui siégeait comme suppléante de son mari François Missoffe), *Polynésie Fr.* (vacant dep. le 30-6-77, démission de Francis Sanford, non-inscrit).

Élections des 12 et 19 mars 1978

Scrutin : comme en 1967, mais le minimum est porté à 12,5 % des inscrits pour le 2e tour.

Résultats (Métropole)	1er tour 12 mars 1978		2e tour 19 mars 1978	
	Voix	%	Voix	%
Inscrits	*35 204 152*	*100*	*30 956 076*	*100*
Votants	29 141 979	82,77	26 206 710	84,60
Abstentions	6 062 173	78,22	4 749 366	15,34
Blancs ou nuls	–	–	–	–
Suffr. exprimés	*28 560 243*	*81,12*	*25 475 802*	*82,20*
Répartition des suffr. expr.		*100*		*100*
Extrême gauche	953 088	3,33	–	–
P.C.	5 870 402	20,55	4 744 868	18,62
P.S.	6 451 151	22,58	7 212 916	28,31
M.R.G.	603 932	2,11	595 478	2,36
R.P.R.	6 462 462	22,62	6 651 756	26,11
U.D.F.	6 128 849	21,45	5 907 603	23,18
Majorité présidentielle	684 985	2,39	305 763	1,20
Écologistes	621 100	2,14	–	–
Divers	793 274	2,77	57 418	0,22

Sièges (19-3-1978)	Sortants	Élus		Total	Gains ou pertes
		1er tour	2e tour		
P.C.F.	74	4	82	86	+ 12
Parti socialiste	95	1	103	104	+ 9
Radic. de gauche	13	–	10	10	– 3
Divers opposition	2	–	1	1	– 1
R.P.R.	173	31	119	150	– 23
P.R.	61	16	55	71	+ 10
C.D.S.	28	6	29	35	+ 7
Maj. prés.	17	6	10	16	– 1
Radicaux	7	3	4	7	– 1
M.D.S.F.	6	1	8	9	+ 2
C.N.I.P.	8	–	1	1	– 5
P.S.D.	4	–	1	–	– 3
Divers	3	–	–	–	– 3
	491	68	423	491	

Sièges à pourvoir : 491 dont *Métropole* 474 [dont 1 supplémentaire en Corse (4 au lieu de 3)]. *D.O.M.* 11 au lieu de 10 (dont 1 pour St-Pierre-et-Miquelon passé du statut de T.O.M. à celui de D.O.M.). *T.O.M.* 6 s. au lieu de 5 (2 au lieu de 1 en N.-Calédonie et en Polynésie Fr. ; 3 supprimés : Comores 2 et Afars et Issas 1, ces territoires étant devenus indép. ; 1 s. a été créé : Mayotte, pourvu une 1re fois le 13-3-77) ; 1 s. (sans changement) pour Wallis et Futuna.

• **Bilan général.** Le Pt de la Rép. est vainqueur. Il avait refusé en 1976 de dissoudre l'Ass. nat. [comme on le lui demandait alors à droite (Chirac) et à gauche]. L'U.D.F., créée tardivement, a repris une place importante en face du R.P.R.

La Gauche est battue. Cependant le P.C. gagne 12 s. (86 s. au lieu de 74), obtient tous ceux de 3 dép. (Gard, Seine-St-Denis, Hte-Vienne) ; le P.S., 9 (104 s. au lieu de 95) ; le M.R.G. en perd 3 (10 au lieu de 13).

La majorité gagne mais perd 10 s. (290 au lieu de 300). Le R.P.R. représente le 1er parti de France malgré les pertes gaullistes de 23 s. (150 au lieu de 173). Il ne représente plus que 51 % des élus de la majorité au lieu de 57 %, mais il est en tête de la majorité devant le P.R. qui a 71 s. (+ 10 s.), ou même devant l'ensemble de l'U.D.F. (138 s. en regroupant P.R., C.D.S., majorité présid., radicaux, M.D.S.F., C.N.I.P.).

• **1er tour. La Gauche** obtient un succès global qui n'atteint pas le niveau que laissaient entrevoir les sondages. Le P.S. et le M.R.G. progressent par rapport à l'U.G.S.D. de 1973 sauf dans 18 dép. (Al.-de-H.-Pr.,

Voix obtenues en % par rapport aux suffrages exprimés en 1978 (au 1er tour) (France entière)

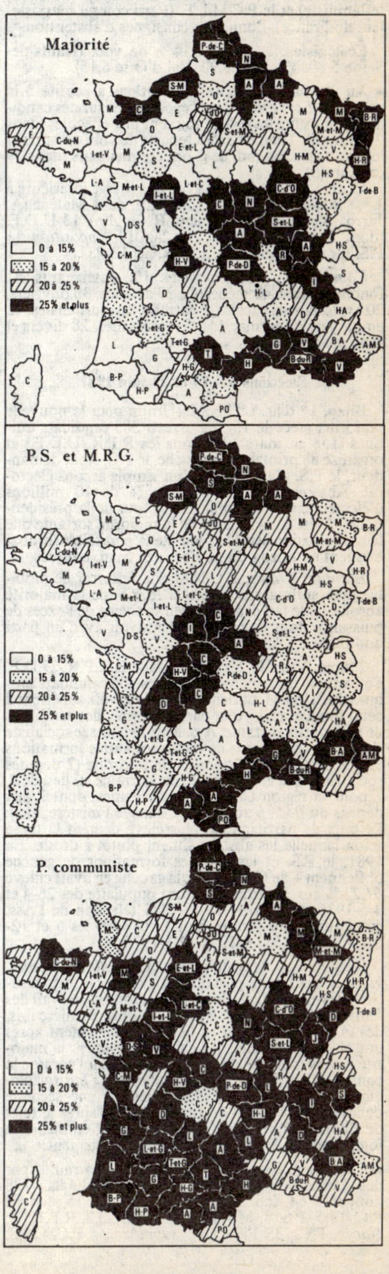

Al.-Mar., Ariège, Aube, Aude, B.-du-Rh., Creuse, Gard, Hérault, I.-et-L., H.-Loire, Nièvre, Pyr.-Orient., Tarn-et-G., Var, Vaucluse, H.-Vienne, Belfort), mais recule à Paris et dans la Région par. (sauf dans la 9e circ. de la S.-St-Denis).

L'extrême gauche, très divisée (elle avait 1 000 candidats), progresse légèrement (3,33 % des suffrages contre 3,29 % en 1973). Le *Front autogestionnaire* (1,22 % des suffrages, 348 527 voix) et les organisations groupées dans les listes *« Pour le socialisme, le pouvoir aux travailleurs »* perdent env. 25 % des voix P.S.U. de 1973. *Lutte ouvrière* (470 candidats, 1,7 %, 500 000 voix) recule par rapport aux élections présidentielles de 1974 (Arlette Laguiller avait obtenu 2,33 % des voix). *La L.C.R., l'O.C.T. et les C.C.A.* (250 cand.) obtiennent 0,33 % sur les cand. de gauche. Par contre *l'U.O.P.D.P. (Union ouvrière et paysanne pour la démocratie prolétarienne,* 28 000 voix dans 115 circ.), qui regroupe les 2 principales formations maoïstes, le P.C.R.M.L. (Parti comm. révol. marxiste-léniniste) et le P.C.M.L.F. (Parti comm. marxiste-lén. de France), donne des consignes d'abstention.

Écologistes. 1er tour : 2,14 % de voix (Hauts-de-Seine 5,80, Yvelines 5,90, Val d'Oise 6,15).

• **Au 2e tour. Baisse des abstentions** a profité à la majorité. *Les reports de voix* socialistes sur des candidats communistes se sont souvent mal effectués (dans 7 cas sur 8). Tandis que les reports de voix comm. sur les cand. soc. ou rad. de g. ont été meilleurs (dans 19 cas sur 30).

57 députés ont été élus avec une marge inférieure à 1 % : *majorité* 15 R.P.R. (dont Ch. de la Malène, A. Jarrot, Y. Guéna, X. Deniau, R. Boulin), 13 U.D.F. (dont J.-J. Servan-Schreiber 50,01) ; *opposition* 11 P.S. (dont Mexandeau), 1 M.R.G., 17 P.C.

Composition professionnelle. 102 enseignants, 81 fonctionnaires, 40 médecins, 29 avocats, 30 ouvriers, 20 exploitants agricoles, 8 patrons, 13 journalistes, 12 employés, 7 pharmaciens, 6 vétérinaires, 28 divers et sans profession...

Élections des 14 et 21 juin 1981

Bilan. 1er tour. L'U.N.M. (Union pour la nouvelle majorité, créée le 15-5) a investi 385 candidats uniques (158 en mars 1978 pour les R.P.R./U.D.F.) et organisé 88 primaires. A gauche, le P.C. étant demandeur, le P.S. n'a accepté qu'un simple accord électoral. Abstentionnistes : 29,65 % (+ de 10 millions d'électeurs, soit le double du 2e tour de la présidentielle). C'est dans le camp de la majorité sortante que la participation semble avoir été la plus faible, probablement en raison du nombre des cand. uniques.

Entre les 2 tours. L'U.N.M. va s'efforcer de mobiliser ces suffrages pour priver le P.S. de la majorité absolue. Elle fait campagne sur le thème de l'excès de puissance dont disposerait le pouvoir avec un parti dominant à l'Ass. Nat.

2e tour. A droite, les reports de voix R.P.R./U.D.F. s'effectuent correctement. 255 des 305 candidats uniques de l'U.N.M. obtiennent un % de voix supérieur à celui totalisé au 1er tour par l'ensemble des candidats de la majorité sortante. A gauche, la poussée socialiste s'effectue aux dépens de toutes les autres formations et des bastions traditionnels de la droite (2 députés socialistes élus en Alsace, 13 en Lorraine au lieu de 3, 7 pour la région Champagne-Ardennes, dont 2 aux dépens du P.C., 6 au lieu de 2 dans le Finistère, etc.). Le taux de participation plus élevé dément la thèse selon laquelle les abst. se situent plutôt à droite. En 1981, le P.S. et les diverses formations de gauche obtiennent + de 67 % des s. ; la gauche en avait enlevé *61,71* % aux élections du Front populaire des 26-4 et 3-5-1936, *60,15* % le 21-10-1945 (élection de l'Ass. constituante au scrutin prop.), *39,84* % les 5 et 12-3-1967, *40,94* % les 12 et 19-3-1978.

RAISONS DU SUCCÈS SOCIALISTE. 1) *L'évolution sociologique* d'une bonne part du corps électoral (urbanisation, développement du salariat, chômage, travail des femmes). 2) *Le fait présidentiel* : pour la première fois, des él. législatives ont eu lieu immédiatement après une él. présidentielle. 3) *Le fait majoritaire* : la majorité va à la majorité, le scrutin apparaissant comme la confirmation de l'él. présidentielle. 4) *Le fait sociologique* : le 1er tour des législatives est une seconde défaite pour Valéry Giscard d'Estaing ; après le rejet de l'homme (élection présidentielle), il confirme le rejet d'une politique et le désir de changement.

• **Candidats.** Sur 2 719, 1 584 étaient parrainés par des formations politiques. **Femmes candidats :** 128 dont P.C. 64, P.S. 37, ancienne majorité 15 ; (en %) P.C. 13,5, P.S. 8, M.R.G. 6,7, U.D.F. 3,2, R.P.R. 2 ; *élues :* P.C. 3, P.S. 5,9 ; *suppléants :* P.C. 23,8.

1er tour : 14 juin (1)	TOTAL			OUTRE-MER			MÉTROPOLE		
Inscrits	36 257 433			721 392			35 536 041		
Votants	25 508 800 (70,25 %)			326 538 (45,26 %)			25 182 262 (70,86 %)		
Abstentions	10 748 633 (29,65 %)			394 854 (54,73 %)			10 353 779 (29,13 %)		
Suffr. expr.	25 141 190			318 125			24 823 065		
PARTIS	Nombre de candidats	Nombre de voix obtenues	%	Nombre de candidats	Nombre de voix obtenues	%	Nombre de candidats	Nombre de voix obtenues	%
Extr. gauche	503	334 674	1,33	5	4 330	1,36	498	330 344	1,33
P.C.	483	4 065 540	16,17	9	62 515	19,65	474	4 003 025	16,12
P.S. + M.R.G.	532	9 432 362	37,51	10	55 509	17,44	522	9 376 853	37,77
Div. gauche	130	183 010	0,72	14	41 372	13,00	116	141 638	0,57
Écologistes	174	271 688	1,08	2	896	0,28	172	270 792	1,09
R.P.R.	299	5 231 269	20,80	10	38 375	12,06	289	5 192 894	20,91
U.D.F.	280	4 827 437	19,20	7	70 934	22,29	273	4 756 503	19,16
Div. droite	148	704 788	2,80	13	43 798	13,76	135	660 990	2,66
Extr. droite	170	90 422	0,35	1	396	0,12	169	90 026	0,36
TOTAL	2 719			71			2 648		

2e tour : 21 juin (2)	TOTAL			OUTRE-MER			MÉTROPOLE		
Inscrits	25 757 374			653 294			25 104 080		
Votants	19 177 706 (74,46 %)			342 025 (52,35 %)			18 835 681 (75,03 %)		
Abstentions	6 579 668 (25,54 %)			311 269 (47,63 %)			6 268 399 (24,96 %)		
Suffr. expr.	18 665 028			331 757			18 233 271		
PARTIS	Nombre de candidats	Nombre de voix obtenues	%	Nombre de candidats	Nombre de voix obtenues	%	Nombre de candidats	Nombre de voix obtenues	%
Extr. gauche	1	3 517	0,01	1	3 517	1,06	0	0	0
P.C.	41	1 303 587	6,98	4	75 369	22,71	37	1 228 218	6,69
P.S. + M.R.G.	286	9 198 332	49,28	5	57 806	17,42	281	9 140 526	49,85
Div. gauche	6	97 066	0,52	4	42 630	12,84	2	54 436	0,29
Écologistes	0	0	0	0	0	0	0	0	0
R.P.R.	165	4 174 302	22,46	4	58 946	17,76	161	4 115 356	22,44
U.D.F.	140	3 489 363	18,64	4	44 491	13,41	136	3 434 872	18,73
Div. droite	17	408 861	2,19	3	48 998	14,76	14	359 863	1,96
Extr. droite	0	0	0	0	0	0	0	0	0
TOTAL	656			25			631		

Nota. — (1) Résultats communiqués le 15 juin, par le ministère de l'Intérieur, portant sur les 488 circonscriptions où le scrutin était organisé le 14 juin. Dans les 3 autres (2 en Polynésie française et 1 à Wallis et Futuna) le 1er tour était fixé au 21 juin. (2) 322 circonscriptions (dont 12 outre-mer) étaient concernées.

Sièges au 21-6-1981	Sortants	Élus		Total	Gains ou pertes
		1er tour	2e tour		
P.C.F.	86	7	37	44	− 42
P.S. et appar.	107	47	222	269 (1)	+ 162
Radic. de g.	10	1	13	14	+ 4
Divers gauche	1	1	5	6 (2)	+ 5
R.P.R.	153	50	33	85	− 70
U.D.F.-P.R.	65	23	9	32	− 33
U.D.F.-C.D.S.	36	13	6	19	− 17
U.D.F.-rad.	8	2	—	2	− 6
U.D.F.-M.D.S.	2	—	—	—	− 2
U.D.F.	5	5	3	9	+ 3
C.N.I.P. (3)	9	5	—	5	− 4
Divers droite	9	2	4	6	− 3
Total (4)	491	156	322	491	—

Nota. — (1) Aux 266 socialistes, sont ajoutés Césaire, apparenté P.S., réélu, Dabezies, F.R.P., et Mme Halimi, Choisir, présentés par le P.S. (2) Pidjot, réélu, Giovannelli et Patriat non investis par le P.S., et Pen, Castor et Hory. (3) *9 sortants :* 4 (Ginoux, d'Harcourt, Pineau et Ligot) U.D.F., 3 (Delprat, Florence d'Harcourt et Malaud) non inscrits et 2 (Féron et Frédéric-Dupont) apparentés R.P.R. 5 sont élus ou réélus : Fouchier, d'Harcourt et Ligot U.D.F., Florence d'Harcourt et Frédéric-Dupont. (4) Restent à pourvoir 2 sièges en Polynésie fr., 1 aux îles Wallis et Futuna.

Moyenne d'âge : R.P.R. 49 ans et 2 m., U.D.F. 47 a. et 3 m., P.C. 46 a. et 3 m., P.S. 44 a. et 7 m., M.R.G. 44 a. et 5 m. *Candidats de moins de 30 ans* (en %) *:* C.D.S. 3,4, R.P.R. 3,1, P.S. 3 ; *de plus de 65 ans :* Rad. de gauche 11,6, R.P.R. 8,4, P.C. 4,4. Aucun des candidats présentés par le P.R. au sein de l'U.D.F. n'avait moins de 30 a., 1 sur 5 avait plus de 60 a. **Nouveaux candidats** (en %) *:* M.R.G. 60, U.D.F. 40,7, R.P.R. 36,6, P.C. 21,2. *Candidats ayant eu au moins un mandat* (en %) *:* P.S. 65,3, U.D.F. 64,3, R.P.R. 62,4. **Origine sociale.** Appartenance aux 4 couches les plus aisées (cadres sup., chefs d'entr., hauts fonct., prof. libérales en %) R.P.R. 64,4 (dont cadres sup. et chefs d'ent. 33,3), M.R.G. 62,1, U.D.F. 59, P.S. 30,5, P.C. 5,1.

• **Composition de l'Assemblée.** *Le P.S.* détient tous les sièges dans 21 départements. *La nouvelle opposition n'a que 12 nouveaux élus :* 7 U.D.F. et 5 R.P.R. Tous [sauf Jacques Toubon (R.P.R.) à Paris, et Marcel Esdras (U.D.F.) en Guadeloupe] ont été élus dans des circonscriptions où le sortant ne se représentait pas. *Femmes élues* 26 soit 5 de plus qu'en 1978 (5,3 % de l'Assemblée). *Benjamin :* François Fillon (n. 4-3-1954) député R.P.R. de la Sarthe. *Doyen :* Edouard Frédéric-Dupont (n. 10-7-1902), app. R.P.R. Paris.

Anciens élèves de l'E.N.A. députés : P.S. 13 (1978 : 8), U.D.F. 7 (78 : 15), R.P.R. 3 (78 : 10). *Députés maires :* 246 dont P.S. 141, P.C. 25, R.P.R. 43, U.D.F. 31, non-inscrits 6. *Conseillers généraux :* 249 dont P.S. 156, P.C. 16, R.P.R. 39, U.D.F. 31, non-inscrits 7. *Conseillers de Paris :* 19 dont P.S. 6, R.P.R. 10, U.D.F. 3.

Il y a 1 écrivain, 1 magistrat, 1 professeur de l'enseignement privé, 1 notaire rural, 1 sous-chef de gare, 1 employé de la Sécurité sociale, 2 douaniers, 4 employés des P.T.T.

• **Élections partielles du 17-1-1982.** Suite à l'annulation de l'élection de 4 dép. par le Cons. constitutionnel le 3-12-81, l'opposition (R.P.R. et U.D.F.-P.R.) gagne les 4 s. (contre 1 s. en juin 81) : J. Dominati (U.D.F.-P.R.), Paris 2e circonscription. A. Peyrefitte (R.P.R.), S.-et-M. 4e c. P. de Bénouville (R.P.R.), Paris 12e c. B. Bourg-Broc (R.P.R.), Marne 3e c.

• **Modifications de la composition en 1984.** Remplaçants devenus députés après décès 2, après prolongations au-delà de 6 mois d'une mission temporaire 1, après nomination à des fonctions ministérielles 7. Élections partielles après démission 1. **Missions temporaires confiées par le gouvernement.** Nombre de députés concernés 3.

Élections du 16 mars 1986

Sort des membres du gouvernement. 4 n'étaient pas candidats (Hubert Curien, Georges Fillioud, Raymonde Courrière, Haroun Tazieff) ; 2 battus (Jean-Michel Baylet, M.R.G., Jean Gatel, P.S.) ; 35 élus.

Sénateurs élus députés. 4 (Marc Becam, ex-R.P.R., Maurice Janetti, P.S., Jean Lecanuet, U.D.F.-C.D.S., Roger Quilliot, P.S.).

Statistiques du ministère de l'Intérieur (métropole + D.O.M. : 575 sièges, les députés de Wallis et Futuna, St-Pierre-et-Miquelon devant être élus le 23 mars).

LISTES	VOIX	%	ÉLUS
Extrême gauche	427 753	1,53	
P.C.	2 740 972	9,78	35
P.S.	8 702 137	31,04	206
Union de la gauche	56 044	0,20	2
M.R.G.	107 754	0,38	2
Divers gauche	287 177	1,03	5
Écologistes	340 138	1,21	
Régionalistes	28 045	0,10	
R.P.R.	3 142 373	11,21	76
U.D.F.	2 330 072	8,31	53
Union U.D.F.-R.P.R. .	6 017 207	21,46	147
Divers droite	1 094 336	3,90	14
Front national	2 705 336	9,65	35
Extrême droite	57 334	0,20	

Statistiques du Monde (métropole)

	TOTAL	%
Inscrits	36 605 381	
Votants	28 721 804	
Abstentions	7 883 577	21,53
Suffrages exprimés	27 484 667	
LISTES	Voix obtenues	%
Extrême gauche	413 345	1,50
P.C.	2 663 734	9,69
P.S.	8 689 246	31,61
M.R.G.	70 526	0,25
Divers gauche	248 726	0,90
Écologistes	340 980	1,24
R.P.R. + U.D.F. (listes d'union et listes sép.)	11 553 945	42,03
Divers droite	745 803	2,71
F.N.	2 694 233	9,80
F.N. diss.	20 876	0,007
Divers	44 253	0,16

Temps d'antennne (en min, en 1978, 81, 86). Gauche 90 (P.S. 52, 52, 78 ; P.C. 38, 38, 12). Droite 90 (R.P.R. 54, 54, 52 ; R.I. 20, U.D.F. 34, 38 ; C.D.S. 16 en 78). *Coût :* 600 millions à 1 milliard de F.

Sondages. Figaro-Sofrès, 25/30-1-86. *Droite :* 57 % des voix, 339 s. (310 R.P.R.-U.D.F., 27 F.N., 2 divers). *Gauche :* 41 %, 214 s. (169 P.S.-M.R.G., 45 P.C., 2 Écol.). **B.V.A.-Paris Match,** févr. 86. *Droite :* 56 %, 333 s. (317 R.P.R.-U.D.F., 16 F.N.). *Gauche :* 41,5 %, 219 s. (178 P.S.-M.R.G., 41 P.C., 3 Écol.).

Estimations le 16-3 (le jour du scrutin) à 20 heures (en sièges). U.D.F.-R.P.R. Divers droite 280 à 296, P.S.-M.R.G. Divers gauche 200 à 215, P.C. 36 à 40, F.N. 33 à 38. **En % des voix :** R.P.R.-U.D.F. 42 à 42,9, P.S.-M.R.G. 30,5 à 31,3, P.C. 10 à 10,5, F.N. 9,5 à 10,3, Div. droite 1,7 à 2,5, Extrême gauche 1,3 à 1,9, Div. gauche 1 à 2, Écologistes 1 à 2.

Vote à droite (en %). **Hommes** et entre parenthèses **femmes :** *1967 :* 48 (65), *73 :* 50 (59), *78 :* 45 (51), *81 :* 41 (44), *86 :* 55 (55).

Vote P.S. selon la pratique religieuse : aux législatives (en %) en 1986 et entre parenthèses au 1er tour en 1978. Catholiques pratiquants réguliers 16 (15), occasionnels 23 (20), non pratiquants 33 (30), sans religion 44 (29), ensemble 31 (25).

Vote à gauche (en %). **Travailleurs indépendants :** *1978 :* 27, *86 :* 20. **Salariés :** *1978 :* 63, *86 :* 50.

Vote des électeurs ayant voté à gauche en 1981 au 1er tour des présidentielles. Sur 100, en 1986, 82 ont revoté à gauche, 17 à droite, 1 écol. Sur 100 jeunes de 18 à 20 ans : 82 à gauche, 16 à droite, 1 écol.

Quelques chiffres, France + D.O.M./T.O.M. Candidats 6 978 pour 577 sièges (majorité absolue 289). **Circonscriptions** 105 dont 102 (100 départements et 2 T.O.M.) à la proportionnelle (826 listes, 6 965 candidats, 574 sièges), et 3 (Mayotte, St-Pierre-et-Miquelon, Wallis et Futuna) à 1 seul siège, au scrutin majoritaire uninominal à 2 tours (13 candidats).

Métropole. Candidats 6 944 pour 555 sièges, dont 1 740 femmes (Extrême gauche 490, Divers droite 302, P.C. 203, P.S. 134, U.D.F. 76, R.P.R. 74) ; dont 1 184 enseignants, 249 médecins (dont 2/3 sur des listes de droite), dont 37 ministres [tout le gouv. sauf 4 : Hubert Curien (Recherche), Georges Fillioud (Communication), Haroun Tazieff (Risques naturels), Raymond Courrière (Rapatriés)] ; 13 sénateurs, 33 Pts de Conseil général, 379 députés sortants. *Moyenne d'âge :* 44 ans (Extrême-gauche 36 a., U.D.F. 49 a.). **Listes** répertoriées 807 dont 164 Extrême gauche, 117 Divers droite, 96 P.C.F., 95 Front nat., 94 P.S., 62 d'union R.P.R.-U.D.F., 34 Écologistes, 34 R.P.R., 32 Divers gauche, 31 Extrême droite [dont 1 royaliste (Bertrand Renouvin, en M. et L.)], 30 U.D.F., 12 M.R.G., 6 régionalistes. Dans l'opposition, l'union a prévalu dans 2 départements sur 3. *A Paris :* 16 listes, 368 candidats pour 21 sièges.

Campagne électorale. En dehors des partis représentés à l'Ass. nat., et qui se sont répartis les 3 heures d'antenne, 8 formations présentant des listes dans 20 départements au moins ont bénéficié chacune de 7 minutes de radio et de télévision : 3 Extrême gauche (Ligue communiste révolutionnaire L.C.R., Lutte ouvrière L.O. et Mouvement pour un parti des travailleurs M.P.P.T.), les Verts, Mouvement Initiative 86 de Gérard Touati, Rassemblement des usagers et contribuables (R.U.C.), Parti ouvrier européen (Extrême droite), Front national de J.-M. Le Pen.

Élus. Femmes : 33 sur 577 députés (1981 : 28). *Socialistes* 20 dont Yvette Roudy, Édith Cresson, Georgina Dufoix, Catherine Lalumière ; *Divers gauche* Huguette Bouchardeau (anciens ministres) ; *P.C.* 3 ; *R.P.R.* 4 ; *U.D.F.* 3 ; *Barriste* 1 ; *Front nat.* 1. **Nouveaux :** 281 dont nouveaux élus : 190 ; revenants (battus en 1981) 91. **Le plus jeune.** *Jérôme Lambert* (n. 7-6-1957), P.S. Charente. Il avait créé la Fédération des motards en colère (responsable de 1976 à 82), puis animateur du mouvement Motard. **Les plus âgés.** *Marcel Dassault* (1892-1986). **Né Bloch.** Sorti de Supaéro. Construction d'avions dep. 1918 ; admin. et rédacteur en chef de Jours de France. Dép. R.P.F., puis rep. social des A.M. (1951-55). Sénateur rep. soc. de l'Oise (1957-58). Député U.N.R. puis R.P.R. de l'Oise dep. 1958. Gde Croix de la Légion d'H. Mourra le 17-4-86. *Édouard Frédéric-Dupont* (n. 10-7-1902 à Paris), le plus ancien élu. Avocat, conseiller munic. de Paris (1933). Député du 7e arr. de Paris (1936), réélu 1945, 46, 51, 56, 58, 67, 68, 73, 78, 81 (R.P.R. apparenté), 86 (F.N.). Min. des Relations avec les États associés (3/14-6-54).

Mouvement des voix en 5 ans (en milliers)

Partis	1981 [1]	1984 [2]	1986 [3]	écart 1986/1981
Inscrits	36 257	36 423	37 162	+ 905
Abstentions	10 748	15 861	8 067	− 2 681
P.C.	4 050	2 260	2 724	− 1 326
P.S.-M.R.G.	9 411	4 160	8 843	− 568
R.P.R. + U.D.F.	10 015	8 591	11 378	+ 1 368
Front national	90	2 204	2 705	+ 2 615

Nota. — (1) 1981 élect. législatives, 1er tour. (2) élect. européennes. (3) élect. législatives.

Élections sénatoriales

22-9-1974. *Renouvellement de la série B* (90 sièges). *Résultats dép. métropolitains* [84 sièges pour 30 dép. d'Indre-et-L. à Pr.-Or. (Paris excepté)]. U.C.D.P. 19 s., P.S. 14, U.R.E.I. 13, R.P.R. 11, G.D. et rattachés 8, P.C. 4, G.D.-S.R.G. 2, ratt. U.R.E.I. 2, ratt. U.C.D.P. 2, ratt. R.P.R. 1, non-inscrits 8. *D.O.M.-T.O.M.* [Réunion 2, N.-Cal. 1] U.C.D.P. 1 s., U.R.E.I. 1, R.P.R. 1. *Français de l'étranger.* U.R.E.I. 2 s. *Non pourvu* 1 s. (démission de M. Amadou Barkat-Gourat, de l'ancien Terr. des Afars et des Issas devenu indépendant).

25-9-1977. *Série C* (115 s.). *Dép. métropolitains* [107 s. (% 20 dép. dont 58 pour le Bas-Rhin à l'Yonne et 39 s. pour les 8 dép. de la rég. parisienne)] : U.C.D.P. 26, P.S. 21, P.C. 17, U.R.E.I. 17, R.P.R. 13, G.D. 5, G.D.-S.R.G. 5, non-inscrits 3. *D.O.M.* [Guadeloupe, Martinique, St-Pierre-et-Miquelon (5 s.) et Mayotte (1 s.)] : P.S. 2, U.C.D.P. 2, P.C. 1, R.P.R. 1. *Français de l'étranger :* G.D. 2.

28-9-1980. *Série A :* 100 sièges dont *dép. métropolitains* [de l'Ain à l'Indre 95 s. pour 38 dép.] : P.S. 30, U.C.D.P. 18, U.R.E.I. 16, R.P.R. 13, G.D. 10, G.D.-S.R.G. 5, P.C. 1, non-inscrits 2. *D.O.M.-T.O.M.* [Guyane 1 s., Polynésie fr., Wallis et Futuna 2 s.]. App. P.S. 1, U.C.D.P. 1, R.P.R. 1. *Français de l'étr.* (2 s.) dont U.R.E.I. 1, non-inscrit 1.

25-9-1983. *Série B :* 98 sièges à pourvoir [dont 11 s. nouveaux en application de la loi du 16-7-1976 assurant l'adaptation du nombre de sénateurs à la croissance de la population, et 2 s. vacants (1 dans le Morbihan, 1 dans les Pyr.-Atl.)] : dép. métropolitains 94 ; D.O.M.-T.O.M. 4 dont : R.P.R. 23, C.D.S. 17, P.S. 16, P.R. 13, Rad. 8, U.D.F. 6, P.C. 4, C.N.I.P. 4, Divers droite 4, M.R.G. 3 ; 4, représentant les Français de l'étranger, désignés le 11-9-83 par le Conseil supérieur des Français de l'étranger. *Total* 102 dont 53 nouveaux.

Élections locales

Élections régionales

Élections du 16 mars 1986

Candidats 13 870 (dans les 96 départements de métropole : 12 806, les 4 D.O.M. : 1 061) dont 2 028 enseignants. *Age moyen* 44 ans (extrême-gauche 36, U.D.F. 49).

Sondages

1er sondage. Effectué aux États-Unis en 1936 par Gallup qui, grâce à un échantillon scientifiquement construit de 4 500 individus, prévoit la victoire de Roosevelt aux élections présidentielles. Les créateurs du sondage électoral furent Elmo Roper et Paul Cherington *(Fortune Surveys)*, George G. Gallup *(The American Institute of Public Opinion)* et Archibald Crossley *(The Crossley Poll)*. Spécialistes plus récents : Joe Belden, Mervin Field, Robert Coursen, Glenn Roberts et surtout Louis Harris, qui assistèrent Kennedy en 1960. En 1976, MM. Ford et Carter s'en remirent à Robert Teeter et Pat Cadell.

En France. Les sondages sont entrés dans la vie politique en 1965 : l'IFOP (créé en 1938 par Jean Stoetzel) et la SOFRES prévoient le ballottage du Gal de Gaulle.

Constitution d'échantillons d'individus représentatifs de la population (techniques). *Tirage aléatoire* sur une liste exhaustive de la population dont on cherche à connaître l'opinion. *Méthode des quotas* lorsqu'on ne dispose pas de liste fiable de la population : on donne à l'échantillon la structure de la population que l'on cherche à étudier ; par des critères socio-démographiques (sexe, âge, catégorie professionnelle du chef de ménage, habitat).

Fiabilité d'un sondage (marge d'erreur). Si l'on sort au hasard 100 billes d'un sac contenant autant de billes noires que blanches, on a 95 chances sur 100 de tirer entre 45 et 55 billes noires. La marge d'erreur est divisée par 10 quand la taille de l'échantillon est multipliée par 100, mais la précision additionnelle est de plus en plus coûteuse. Les sondages courants portent sur environ 1 600 personnes. L'erreur est alors de plus ou moins 2,5 %. Si par ex. un sondage de 1 600 personnes donne 40 % de votants pour la majorité, on pourra seulement en déduire qu'il y a 95 % de chances que 37,5 % à 42,5 % voteront pour la majorité.

Échecs fameux. *Élections présidentielles américaines de nov. 1948 :* tous les sondages prévoyaient la victoire de Dewey, or Truman fut réélu. L'impact de la campagne avait été négligé, les prévisions établies trop tôt, les abstentions sous-estimées et enfin il y eut des erreurs d'échantillonnage de 4 instituts.

Élections britanniques du 18-6-1970 : les sondages prévoyaient la victoire du P.M. travailliste Harold Wilson qui avait soigneusement choisi la date des élect., abaissé l'âge du vote à 18 ans, reporté la fermeture des bureaux de vote de 21 à 22 h. 1 seul institut de sondage avait prévu une avance des conservateurs de 1 % (elle fut de 2,4 %). Les instituts avaient déduit du petit nombre de sans-réponse des sondages (8 à 10 %) qu'il y aurait peu d'abstentions (or il y en eut 28,5 %).

Élections lég. françaises de 1978 : l'avance des socialistes avait été surestimée.

☞ On doit répondre au sondage d'un organisme officiel (I.N.S.E.E.). En cas de non-réponse ou de réponse volontairement inexacte, on risque une amende. Par contre, on n'est pas tenu de répondre à un sondage d'opinion organisé par un institut privé (Ifop, Ipsos, BVA, Sofres).

Listes 694 (métropole 666, D.O.M. 27). *Record de listes déposées* (par partis) F.N. dans 99 dép. sur 100 : P.C. 98 ; Socialistes 95 ; R.P.R. 84 ; R.P.R.-U.D.F. 65 ; U.D.F. 31 ; Mouvement régionaliste 15, Union de la Gauche 1 (Martinique).

Record max. listes en présence : 12 (Hte-Corse) ; minimum : 4 (Ardennes, Cantal, Corrèze, Hte-Marne, Meuse, Nièvre, Hte-Saône).

Sièges à pourvoir 1 840 dans 26 conseils régionaux (métropole 22, D.O.M. 4).

Listes	Voix	%	Élus
Extrême gauche	315 446	1,13	
P.C.	2 873 234	10,35	178
P.S.	8 095 315	29,13	552
Union de la gauche	50 372	0,18	21
M.R.G.	162 947	0,58	17
Divers gauche	430 142	1,54	42
Écologistes	667 581	2,40	4
Régionalistes	88 434	0,31	6
R.P.R.	2 803 929	10,09	182
U.D.F.	2 451 432	8,82	157
Union U.D.F.-R.P.R.	5 672 449	20,41	451
Divers droite	1 495 166	5,38	93
Front national	2 658 500	9,56	137
Extrême droite	24 154	0,08	

☞ Voir également p. 652 et 653.

Élections cantonales

Mode d'élection aux conseils généraux

Scrutin uninominal majoritaire à 2 tours : nul n'est élu membre du conseil général au 1er tour de scrutin s'il n'a réuni : 1° la majorité absolue des suffrages exprimés ; 2° un nombre de suffrages égal au quart de celui des électeurs inscrits. Au 2e tour, la majorité relative suffit pour être élu. Voir page 656.

Élections des 8 et 15 mars 1976

Elles intéressaient 1 801 circonscriptions en Métropole et 62 dans les D.O.M.

Résultats (Métropole)	1er tour		2e tour	
	Voix	% (suffr. expr.)	Voix	% (Suffr. expr.)
Inscrits	*16 321 199*	*100*	*9 643 904*	*100*
Votants	10 621 521	65,07	6 522 054	67,64
Abstentions	5 699 678	34,92	3 121 850	32,37
Blancs ou nuls	236 296	0,01	194 383	0,02
Suffr. exprimés	*10 385 325*	*63,53*	*6 327 671*	*65,61*
Répartition des suffr. expr.				
Socialistes	2 761 068	26,5	1 949 902	30,81
Communistes	2 368 230	22,8	1 097 611	17,34
U.D.R.	1 102 127	10,6	753 952	11,91
Modérés maj.	929 573	8,9	574 413	9,07
R.I.	886 213	8,5	498 420	7,84
Centre g. maj.	520 968	5	361 078	5,70
Divers gauche	412 892	3,9	308 694	4,87
Centre démocr.	527 309	5	292 274	4,61
Indépendants	306 537	2,9	191 089	3,01
Rad. de gauche	253 158	2,4	169 928	2,68
C.D.P.	178 108	1,7	102 980	1,62
Extrême gauche	75 631	0,7	14 688	0,23
Divers droite	63 511	0,6	14 642	0,23

Élus après les 2 tours	*Élus*	*Sortants*	*Diff.*
Socialistes	520	326	+ 194
Communistes	249	174	+ 75
U.D.R.	182	230	− 48
Modérés maj.	208	221	− 13
R.I.	182	218	− 36
Centre g. maj.	116	136	− 20
Divers gauche	100	132	− 32
Centre démocr.	98	116	− 18
Indépendants	69	106	− 37
Rad. de gauche	84	91	− 7
C.D.P.	40	52	− 12
Extrême gauche	8	10	− 2
Divers droite	7	11	− 4

Élections des 18 et 25 mars 1979

Elles intéressaient 1 848 circonscriptions en Métropole et dans les D.O.M. (en fait 1 847, un des cantons de la Martinique n'ayant pas voté).

Résultats (Métropole)	1er tour		2e tour	
	Voix	% (suffr. expr.)	Voix	% (Suffr. expr.)
Inscrits	*16 905 271*	*100*	*11 677 160*	*100*
Votants	11 060 619	65,4	7 637 134	65,4
Abstentions	5 844 652	34,5	4 039 679	34,6
Blancs ou nuls	347 808	2,1	380 000	3,3
Suffr. exprimés	*10 712 811*	*63,3*	*7 257 134*	*62,1*
Répartition des suffr. expr.				
Extr. gauche	91 116	0,85	12 731	0,1
P. communiste	2 405 655	22,46	1 260 261	17,3
P. socialiste	2 888 345	26,96	2 392 561	32,9
Rad. gauche	203 157	1,89	136 655	1,8
Divers gauche	338 418	3,16	193 282	2,6
U.D.F.	2 264 939	21,14	1 627 866	22,4
D.M.F.	1 075 139	10,03	817 266	11,2
R.P.R.	1 322 181	12,34	810 083	11,1
Divers droite	73 976	0,69	3 512	–
Écologistes	49 885	0,47	2 917	–

Élus	*Total*	dont au 1er tour	*Sortants*	*Différence*
Extr. gauche	5	2	5	0
P. communiste	228	70	196	+ 32
P. socialiste	558	133	400	+ 158
Rad. gauche	69	24	76	− 7
Div. gauche	78	33	104	− 26
U.D.F.	430	230	494	− 64
D.M.F.	276	160	327	− 51
R.P.R.	198	107	241	− 43
Div. droite	4	2	4	0
Écologistes	1	0	0	+ 1
	1 847	761	1 847	0

Élections des 14 et 21 mars 1982

Résultats (Métropole)	1er tour		2e tour	
	Voix	% (suffr. expr.)	Voix	% (Suffr. expr.)
Inscrits	*18 660 337*	*100*	*11 047 037*	*100*
Votants	12 768 851	68,42	7 760 126	70,24
Abstentions	5 891 486	31,57	3 286 911	29,75
Suffr. exprimés	*12 339 121*	*66,44*	*7 519 948*	*68,07*
Répartition des suffr. expr.				
Extr. gauche	68 737	0,55	1 506	0,22
P. communiste	1 968 536	15,87	1 027 950	13,66
P. socialiste	3 706 415	29,89	2 635 286	35,04
M.R.G.	216 315	1,74	132 798	1,76
Divers gauche	191 684	1,54	104 516	1,38
U.D.F.	2 331 412	18,80	1 169 277	15,54
R.P.R.	2 228 746	17,97	1 693 106	22,51
Divers droite	1 606 414	12,95	754 987	10,03
Extr. droite	25 273	0,20	–	–
Écologistes	55 589	0,44	522	0,006

Élus	*Total*	dont au 1er tour	*Sortants*	*Différence*
Extr. gauche	4	4	2	+ 2
P. communiste	199	26	244	− 45
P. socialiste et app.	515	121	525	− 10
M.R.G. et app.	59	17	87	− 28
Divers gauche	39	17	56	− 17
Total gauche	*816*	*185*	*914*	*− 98*
U.D.F-M.D.S.	11	11	13	− 2
U.D.F.-rad.	50	37	54	− 4
U.D.F.-C.D.S.	183	136	147	+ 36
U.D.F.-P.R.	207	146	158	+ 49
U.D.F. et app.	104	59	94	+ 10
R.P.R. et app.	348	196	199	+ 149
Modérés	278	167	247	+ 31
C.N.I.P.	17	15	22	− 5
Total droite	*1 198*	*767*	*934*	*+ 264*
Total	*2 014*	*952*	*1 848*	*+ 166*

Élections des 10 et 17 mars 1985

Résultats (Métropole et Outre-Mer)	1er tour		2e tour	
	Voix	% (suffr. expr.)	Voix	% (Suffr. expr.)
Inscrits	*18 217 095*	*100*	*12 365 502*	*100*
Votants	12 127 058	66,56	8 190 772	66,24
Abstentions	6 090 037	33,43	4 174 730	33,76
Suffr. exprimés	*11 711 086*	*64,28*	*7 803 909*	*63,11*
Répartition des suffr. expr.				
Extr. gauche	81 285	0,69	5 020	0,06
P. communiste	1 479 227	12,63	882 735	11,31
P. socialiste	2 878 714	24,58	2 436 351	31,21
Rad. de gauche	173 477	1,48	139 979	1,79
Divers gauche	241 537	2,06	139 266	1,78
Écologistes	91 600	0,78	2 605	0,03
R.P.R.	1 939 058	16,55	1 650 843	21,15
U.D.F.	2 095 655	17,89	1 387 129	17,77
Divers droite	1 714 135	14,63	1 017 846	13,04
Extr. droite	1 016 398	8,67	142 144	1,82

Élus	*Total*	dont au 1er tour	*Sortants*	*Différence*
Extr. gauche	1	1	2	− 1
P. communiste	149	21	229	− 80
P. socialiste	424	84	579	− 155
Rad. de gauche	57	14	70	− 13
Divers gauche	59	22	55	+ 4
Écologistes	2	0	0	+ 2
R.P.R.	400	174	245	+ 155
U.D.F.	525	276	423	+ 102
Divers droite	425	220	301	+ 124
Extr. droite	2	1	1	+ 1
Total	2 044	813	1 905	+ 139

☞ Voir p. 687 le tableau : Répartition des sièges par départements avant et après les élect. des 10 et 17 mars 1985.

Élections municipales

Nombre et % de conseillers municipaux pour l'ensemble du territoire.

Élections des 14 et 21 mai 1965

	Nombre	%
Communistes	16 254	3,5
Extrême gauche	12 998	2,8
S.F.I.O	40 029	8,6
Radicaux	24 868	5,4
Centre gauche	61 256	13,2
U.N.R.-U.D.T	39 427	8,5
R.I.	16 964	3,7
M.R.P.	25 096	5,4
C.N.I.	25 255	5,4
Divers droite	738	0,2
A.L.I.M. [1]	200 523	43,3
Total	*463 408*	*100*

Nota. — (1) Action locale et intérêts municipaux. 17 communes représentant 47 sièges n'ont pas constitué leur conseil municipal, faute de candidats ou d'électeurs.

Élections des 14 et 21 mars 1971

	Nombre	%
Communistes	20 316	4,3
Extrême gauche	9 536	2
Socialistes	42 175	9
Radicaux	20 187	4,3
Divers gauche	87 878	18,8
U.D.R.	48 583	10,4
R.I.	26 694	5,7
C.D.P.	10 229	2,1
Modérés pour la maj.	41 891	30,4
D.D.	15 520	3,3
Modérés d'opposition	43 673	9,3
Total	*466 682*	*100*

Répartition des sièges de conseillers généraux par départements avant et après les élections des 10 et 17 mars 1985

1) 139 sièges ayant été créés, on peut voir dans un département gauche et opposition progresser (ex. : Val-de-M.).

2) La gauche augmente sa représentation dans 5 départements (Ariège, P.-de-Calais, Hte-Vienne, Hts-de-S., Val-de-M.), garde le même nombre de sièges dans 8 départements, et en perd dans les 82 autres (10 dans le Var, 9 dans le Nord, 8 dans les Côtes-du-N., la Charente-Mar.).

3) L'opposition diminue sa représentation dans 1 département (Ariège), garde la même représentation dans 7 départements, et augmente sa représentation dans les 87 autres (14 en Charente-Mar., 11 en Moselle, 10 dans le Var, 9 en Isère et dans le Nord).

	GAUCHE		OPPOSITION	
	Avant	Après	Avant	Après
Yvelines	10	6	28	33
Essonne	15	14	20	28
Hauts-de-S.	14	15	26	30
Seine-St-Denis	32	28	8	12
Val-de-M.	21	26	18	23
Val-d'Oise	14	13	21	26
Seine-et-M.	14	11	23	29
Ain	9	7	32	36
Aisne	21	17	21	25
Allier	16	13	18	22
A.-de-Hte-Prov.	13	12	17	18
Alpes (Htes-)	13	12	17	18
Alpes-Mar.	7	6	39	45
Ardennes	14	10	23	27
Ardèche	16	11	17	22
Ariège	18	21	2	1
Aube	8	5	24	28
Aude	28	28	6	6
Aveyron	13	13	33	33
B.-du-Rh.	38	31	9	16
Calvados	14	9	34	40
Cantal	5	3	21	24
Charente	14	10	21	25
Ch.-Mar.	27	19	18	32
Cher	11	10	24	25
Corrèze	16	11	20	26
Corse (Hte-)	19	17	11	13
Corse-du-S.	12	10	10	12
Côte-d'Or	19	13	24	30
Côtes-du-N.	38	30	14	22
Creuse	18	15	9	12
Dordogne	35	29	15	21
Doubs	13	9	22	26
Drôme	22	20	13	16
Eure	13	10	27	33
Eure-et-Loir	15	13	14	16
Finistère	21	18	28	34
Gard	37	32	8	13
Garonne (Hte-)	43	40	7	10
Gers	21	18	10	13
Gironde	34	29	29	34
Hérault	34	30	11	16
Ille-et-Vil.	13	10	38	41
Indre	17	11	9	15
Indre-et-Loire	9	5	24	32
Isère	27	25	23	32
Jura	12	6	22	28
Landes	21	20	9	10
Loire-et-Cher	6	4	22	26
Loire	12	10	27	30
Loire (Hte-)	9	6	24	29
Loire-Atl.	17	13	39	46
Loiret	10	10	31	31
Lot	25	24	5	7
Lot-et-Gar.	12	11	27	29
Lozère	5	5	20	20
Maine-et-L.	5	3	36	38
Manche	7	3	45	49
Marne	11	9	31	35
Marne (Hte-)	5	3	27	29
Mayenne	3	3	27	29
M.-et-Mos.	16	13	24	28
Meuse	5	5	26	26
Morbihan	7	6	35	36
Moselle	12	5	34	45
Nièvre	24	23	6	9
Nord	51	42	25	34
Oise	20	16	21	25
Orne	6	4	34	36
Pas-de-C.	41	44	20	24
Puy-de-D.	37	35	24	26
Pyr.-Atl.	18	14	34	38
Pyr. (Htes-)	24	21	8	11
Pyr.-Orient.	13	11	16	19
Rhin (Bas-)	3	1	41	43
Rhin (Ht-)	1	1	30	30
Rhône	14	11	33	40
Saône (Hte-)	11	11	18	21
Saône-et-L.	26	24	30	33
Sarthe	12	7	28	33
Savoie	14	10	20	27
Savoie (Hte-)	4	2	29	31
Seine-Mar.	32	24	38	46
Sèvres (Deux-)	3	2	30	31
Somme	14	11	30	35
Tarn	29	25	13	18
Tarn-et-Gar.	24	22	4	6
Var	24	14	17	27
Vaucluse	16	14	8	10
Vendée	5	2	26	29
Vienne	14	12	24	26
Vienne (Hte-)	32	34	8	8
Vosges	13	8	18	23
Yonne	11	8	29	32
T.-de-Belfort	10	9	4	6
Guadeloupe	17	24	18	18
Martinique	12	20	24	28
Guyane	8	13	8	6
Réunion	10	11	26	25
Mayotte	13	9	4	8

Élections des 13 et 20 mars 1977

	Nombre	%
Communistes	22 733	5,2
Extrême gauche	2 800	0,6
Socialistes	43 250	9,9
Radicaux	7 410	1,7
Divers gauche	97 106	22,2
Centre G. maj.	21 298	4,9
R.I.	37 501	8,6
Indépendants	5 668	1,3
C.D.S	26 163	5,9
R.P.R.	30 960	7,1
Divers modérés fav.	136 328	31,2
Divers droite	4 847	1,1
Total	*436 064*	*100*

Taux de participation : 1er tour 78,8 ; 2e tour 77,6.

Villes de plus de 100 000 hab. La maj. conserve 17 des 39 villes de + de 100 000 hab. (R.I. 5, R.P.R. 4, C.D.S. 3, div. gauche favorables à la maj. et divers modérés 5), l'opposition en conserve 12 et en gagne 10. *Paris :* la majorité l'emporte dans 12 secteurs, l'opposition dans 6. *Répartition des sièges au Conseil municipal :* R.P.R. 31, P.C. 22, P.S. 14, Cent. C.D.S. 11, sans étiqu. 11, R.I. 8, C.N.I. 5, Rad. 3, M.R.G. 2, div. g. 1, Gaulliste de l'opposition 1. *Lyon :* majorité 54,2 % des suffrages, l'emporte dans 7 des 9 sect. *Marseille :* socialistes 57,9 % des suffrages, l'emportent dans 7 des 8 sect., communistes gagnent le 8e. *Toulouse :* majorité l'emporte dans 2 des 3 sect. *Nice :* maj. conserve les 3 sect. avec 50,3 % des suffrages.

Villes de 30 000 à 100 000 h. La maj. conserve 46 villes (R.I. 9, R.P.R. 11, C.D.S. 6, div. gauche fav. à la maj. et div. modérés 20), l'opposition en conserve 84 et gagne 47. **Villes de 9 000 à 30 000 hab.** La maj. perd 112 villes sur 350.

Communes de moins de 9 000 hab. 53 % de l'électorat. Grande stabilité.

Élections des 6 et 13 mars 1983

Communes 34 433 dont + *de 100 000 h.* 36 (en 1975 39 : Nancy, Argenteuil et Tourcoing sont passées depuis à − de 100 000 h.) ; *de + de 30 000 h.* 221 ; *de + de 3 500 h.* 2 084 (en 1975).

Statistiques du ministère de l'Intérieur : France métropolitaine. *1er tour :* inscrits 36 233 581, votants 28 394 258 (78,36 %), abstentions 7 839 323 (21,63 %), exprimés 27 520 144 (75,95 %). Total 411 236, ballottages 92 061. *2e tour :* inscrits 13 905 190, votants 11 083 583 (79,70 %), exprimés 10 791 838 (77,61 %), abst. 2 821 607 (20,29 %).

1er tour	VOIX (1)		SIÈGES	
	Nombre	%	Candidats	Nombre
Extr. g.	138 056	0,54	Extr. g.	888
P.C.	599 511	2,36	P.C.	21 647
Un. gauche	7 201 133	28,36	P.S.	41 441
P.S.	1 206 162	4,75	M.R.G.	4 365
Div. gauche	948 442	3,73	Div. gauche	88 544
Gauche-			Écologistes	550
centristes	2 226 919	8,77	R.P.R.	20 132
Écol.	147 884	0,58	U.D.F.	25 495
Div. dr. (2)	12 894 312	50,78	Div. droite	207 999
Extr. dr.	27 970	0,11	Extr. droite	175
2e tour				
Extr. g.	3 336	0,03	Extr. g.	289
P.C.	125 907	1,28	P.C.	5 263
Maj.	2 779 334	28,43	P.S.	9 529
P.S.	381 891	3,90	M.R.G.	669
Div. g.	577 113	5,90	Div. g.	20 616
G.-Centr. (1)	1 015 455	10,38	Écol.	207
Écol.	7 913	0,08	R.P.R.	4 641
Opp.	4 878 356	49,90	U.D.F.	4 630
Extr. dr.	6 525	0,06	Div. dr.	44 162
			Ext. dr.	36

Nota. − (1) *Pour le 1er tour :* total des chiffres donnés par le ministère de l'Intérieur (communes de − et + de 3 500 h.). *Pour le 2e tour :* le total ne correspond pas exactement aux suffrages exprimés, en raison du mode de scrutin de certaines communes de − de 3 500 h. appliquant vote préférentiel et panachage. R.P.R., U.D.F. et divers droite sont regroupés. En sièges, les divers droite obtiennent 50,57 %, le R.P.R. 4,89 %, l'U.D.F. 6,19 %. (2) G. cent. : listes « gauches-centristes », « opp. » groupent U.D.F., R.P.R. et listes d'union de l'opposition.

Commentaire. 1er tour. Recul de la *Gauche* [elle a 46,74 % des voix soit − 6,24 % par rapport au 1er tour de 1977 (52,98 %), − 7,57 % par rapport au 2e tour de l'élection présidentielle de 1981]. La *Droite* stricto sensu a 51,74 % des voix soit + 6,97 % (44,7 % en 1977). *Villes de + de 30 000 h.* En 1977 la *Gauche* en avait conquis 60 (dont 32 au 1er tour). Elle en conserve 22. La *Droite* lui en enlève 16 : 8 avaient des maires socialistes (Avignon, Brest, Épinal, Grenoble, Nantes, Pessac, Roubaix et Tourcoing), 8 des maires communistes (Arles, Grasse, Franconville, Levallois-Perret, Poissy, Reims, Rosny-sous-Bois et Savigny-sur-Orge). La *Droite* se renforce dans ses zones de force (ex. Paris) et dans les très grandes villes : Nantes, Brest et surtout Grenoble, Roubaix et Tourcoing (conquise par la g. en 1965). Dans le Nord le P.M. est atteint, Pierre Mauroy est en ballottage à Lille. Roubaix et Tourcoing sont passés à la droite. Le Garrec échoue de beaucoup à Cambrai. A Marseille les candidats menant campagne contre l'insécurité dans les villes ont plus de 5 % des voix dans plusieurs secteurs. A Paris, le *Front national* (extrême droite), obtient avec J.-M. Le Pen 11,26 % des voix dans le XXe arrondissement.

2e tour. Le vote d'abstentionnistes du 1er tour et le ralliement d'une grande partie des écologistes (notamment à Cherbourg, Belfort, Charleville-Mézières) permettent à la gauche de progresser de 2 %. Le 2e tour concernait surtout des municipalités de gauche, celles de droite ayant été la plupart pourvues sans changement au 1er tour. La *Gauche* les conserve avec des marges inférieures à celles de 1977 (*ex. :* 8 voix à Dreux, 11 à Châtenay-Malabry, 179 à Bron, 651 à Besançon, 87 à Villeneuve-St-Georges, 150 à Noisy-le-Grand). J.-P. Chevènement a gagné 7,60 % des voix, Edith Cresson près de 4 % à Châtellerault qui passe ainsi de la *Droite* (U.D.F.-C.D.S.) à la *Gauche*.

Dans 52 villes où l'affrontement gauche/droite était la règle dès le 1er tour, la *Gauche* recule de 5,6 % depuis le 10-5-81. Dans les villes en ballottage : elle recule de 5,3 %, soit une perte totale de 5,6 %. *Villes de + de 30 000 h.* perdues par la Gauche 15.

Le *P.C.F.* régresse en Languedoc et dans la grande couronne parisienne. La *Gauche* modérée résiste mieux. Les *radicaux de gauche* n'ont pas de perte.

Au total 1er et 2e tours. *Villes de + de 30 000 h.* 194 ne changent pas de couleur politique (au 1er tour 140, au 2e 54), 310 passent à la droite (*1er tour 16 :* Arles [1], Avignon [2], Brest [2], Épinal [2], Franconville [1], Grasse [1], Grenoble [2], Levallois-Perret [1], Nantes [2], Pessac [2], Poissy [1], Reims [1], Rosny-sous-Bois [1], Roubaix [2], Savigny-sur-Orge [1], Tourcoing [2]; *2e tour 15*: Athis-Mons [1], Béziers [1], Carcassonne [3], Chalon-sur-Saône [2], Chambéry [2], Chelles [1], Gagny [1], Hyères [2], Nîmes [1], St-Étienne [1], St-Malo [2], St-Quentin [1], Sète [1], Suresnes [2], Talence [4]). Chatellerault [5] passe à la gauche. *Villes de + de 100 000 h.* La Gauche perd 7 villes (1er tour: Nantes, Reims, Grenoble, Brest, Roubaix, 2e tour: St-Étienne et Nîmes).

Nota. — (1) Avant P.C. (2) Avant O.S. (3) Avant P.S. diss. (4) Ex. P.S. (5) U.D.F.-C.D.S.

Composition du nouveau Conseil de Paris. 136 membres. **Majorité municipale:** 76 R.P.R., 6 C.N.I.P., 1 Entreprise libre et indépendante, 1 Démocrate Ve Rép., 4 Unité radicale, 1 Parti démocrate fr., 3 divers opposition, 23 U.D.F.-P.R., 16 U.D.F.-C.D.S., 2 U.D.F.-Clubs Perspectives et Réalités, 7 U.D.F.-Radical, 1 U.D.F.-P.S.D. **Opposition:** 16 P.S., 6 P.C.

Il y avait à Paris en 1977: 149 listes, 875 candidats pour 109 sièges; en mars 83: 131 listes, 3 422 cand. pour 517 s.

34 membres du **gouvernement Mauroy** sollicitaient un mandat: *22 ont été réélus, 4 élus. 3 faisaient partie de listes battues au 1er tour:* Georgina Dufoix, André Henry, Jack Lang; *5 faisaient partie de listes mises en échec:* Louis Mexandeau, Catherine Lalumière, Jean Laurain, Jean Le Garrec, Edwige Avice.

Évolution de la gauche dans les villes de 30 000 h. et plus depuis 1981

1er tour (6 mars 1983)	F. Mitterrand (10 mai 1981) %	Gauche (6 mars 1983) %	Ecart
Ensemble des 221 villes	53,1	44,2	– 8,9
SELON LA TAILLE DES VILLES			
30 000 à 50 000 habitants	56,4	51	– 5,4
50 000 à 100 000 habitants	54,2	47,3	– 6,9
Plus de 100 000 habitants	50,7	39	– 11,7
SELON LES REGIONS			
Nord	54,7	49	– 5,7
Ouest	54,1	51	– 3,1
Sud-Ouest	55,4	45,8	– 9,6
Sud-Est	52,5	43,2	– 9,3
Centre	54,1	48,8	– 5,3
Est	48,7	35,9	– 12,8
Région parisienne	52,9	41,3	– 11,6
SELON LA COULEUR POLITIQUE DES MAIRES SORTANTS			
Parti communiste	59,1	54	– 5,1
Parti socialiste	55,2	51,6	– 3,6
U.D.F.	48,4	34,3	– 14,1
R.P.R.	47,1	30,7	– 16,4
Divers droite	48,9	35,5	– 13,4
ENSEMBLE DES MAIRES DE GAUCHE	56,9	52,6	– 4,3
ENSEMBLE DES MAIRES DE L'OPPOSITION	48	33	– 15
SELON L'ANCIENNETE DES MAIRES DE GAUCHE			
Parti communiste, élus avant 1977	61,4	57,5	– 3,9
Parti communiste, élus en 1977	54,6	47,4	– 7,2
Parti socialiste-M.R.G., élus av. 1977	57	52,7	– 4,3
Parti socialiste-M.R.G., élus en 1977	52,9	50,4	– 2,5
SELON LA TAILLE DES COMMUNES ET LA COULEUR POLITIQUE DES MAIRES SORTANTS			
Maires de gauche, villes de 30 000 à 50 000 habitants	58,4	56,2	– 2,2
Maires d'opposition, villes de 30 000 à 50 000 habitants	50,9	37,5	– 13,4
Maires de gauche, villes de 50 000 à 100 000 habitants	57,9	53,6	– 4,3
Maires d'opposition, villes de 50 000 à 100 000 habitants	45,3	32,3	– 13
Maires de gauche, villes de plus de 100 000 habitants	54,6	48,5	– 6,1
Maires d'opposition, villes de plus de 100 000 habitants	47,9	32	– 15,9
DUELS GAUCHE-DROITE AU PREMIER TOUR EN 1983	56,5	50,9	– 5,6
2e tour (13 mars 1983)			
Ensemble des villes en ballottage le 13 mars 1983	54,1	48,8	– 5,3
Ballottage avec tête de liste parti communiste	55,7	50,8	– 4,9
Ballottage avec tête de liste parti socialiste-M.R.G.	53,5	47,9	– 5,6

Répartition des 221 villes de plus de 30 000 hab.

	1971	1977	1983
P.C.	50	72	56
P.S.	46	81	67
Divers gauche	7	6	5
Total gauche	**103**	**159**	**128**
R.P.R.	28	15	36
U.D.F.	52	27	33
Divers droite	38	20	24
Total droite	**118**	**62**	**93**

Parti communiste. Dans 13 des 72 villes qu'il détenait (en 1977) le recul est supérieur à 10 %. (Vaulx-en-Vexin — 20, Villeneuve-St-Georges — 20, Noisy-le-Grand — 16, Sarcelles — 13, Arles et Antony — 12.)

Parti socialiste. Dans les plus anciennes communes socialistes, on voit quelques reculs importants: Roubaix (— 13 %), Nevers (— 12), Chalon-sur-Saône (— 12), Grenoble (— 10), Marseille (— 10).

Droite. Le R.P.R. gagne 7 arrondissements à Paris, 18 villes nouvelles (dont Grenoble, Brest, Nantes, Reims et Avignon). Il prend au P.C. en région parisienne Levallois, Poissy, Gagny, Chelles et Savigny-sur-Orge.

Part des femmes (1983 et entre parenthèses 1977). 14,08 % des élus municipaux (8,4 % en 1977). *Dans les communes de — de 3 500 h.* 12,87 % (6,8 %); *de 3 500 à 9 000 h.* 21,05 % (13,2 %); *9 000 à 30 000 h.* 22,02 % (17,4 %); *+ de 30 000 h.* 22,76 % (20,6 %). *Dans l'ensemble des communes de + de 3 500 h.* (pour lesquelles se serait appliquée la loi sur le « quota » qui fut annulée par le Conseil constit.) 21,6 % (15,5 %).

Plébiscites et référendums

1791. Avignon et Comtat Venaissin, 150 000 électeurs. Pour l'annexion à la France 102 000, contre 17 000.

Constitution de l'an I (juillet 1793). Électeurs env. 6 000 000 (les 2/3 du territoire sont en rébellion armée: Ouest, Lyonnais, Midi), abstentions 4 000 000: 1 801 918 oui — 11 610 non.

Constitution de l'an III (sept. 1795). Électeurs env. 6 000 000, abstentions moins de 5 000 000: 1 057 380 oui — 49 957 non; décret des « Deux-Tiers » 167 758 oui — 95 373 non.

Constitution de l'an VIII (printemps 1799). Électeurs env. 7 000 000 (y compris les départements annexés depuis 1795), abstentions 3 000 000: 3 911 107 oui — 1 579 non (vote public: on inscrit oui ou non sur un registre).

Consulat à vie (10 mai 1802). 3 568 185 oui — 9 704 non.

Empire héréditaire (18 mai 1804). 3 321 615 oui — 599 non [pour ratifier le sénatus-consulte du 28 floréal an XII (18-5-1804) et établir l'Empire].

Acte additionnel aux Constitutions de l'Empire (22-23 avr. 1815). Abstentions 4 000 000: 1 532 527 oui — 4 802 non.

Plébiscite accordant à Louis-Napoléon le pouvoir constituant et la présidence pour 10 ans (20-21 déc. 1851). Électeurs 9 500 000, abstentions 1 500 000: 7 499 916 oui — 646 737 non.

Pour le rétablissement de l'Empire (21-22-nov. 1852). Abstentions 2 062 798, bulletins nuls 66 126; 7 839 532 oui — 253 145 non.

Pour ratifier les réformes de l'Empire libéral (8 mai 1870). Électeurs 10 535 000: 7 336 000 oui (69,6 %) — 1 560 000 non (14,8 %). Abstentions 15,6 %; bull. nuls 100 000.

Référendum parisien pour le maintien du gouvernement et des pouvoirs délégués (3 nov. 1870). 557 996 oui — 62 638 non.

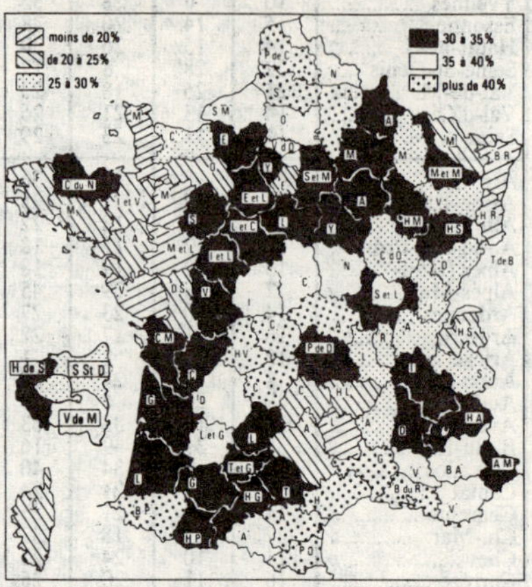

Référendum du 27-4-1969. Les « oui »

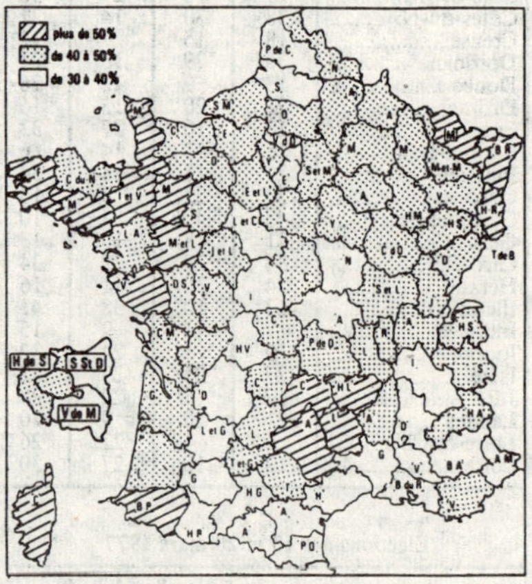

Référendum du 23-4-1972. Les « non »

IVe et Ve Républiques	Inscrits Nbre en mill.	Abstentions		Oui			Non		
		Nbre en mill.	%	Voix Nbre en mill.	% Inscr.	% Expr.	Voix Nbre en mill.	% Inscr.	% Expr.
21 oct. 1945 [1]	25 718	5 356	20,83	18 585	72,26	90,29	699	6,91	9,71
1re question [2]				12 795			6 449		
5 mai 1946 [3]	25 829	5 262	20,37	9 454	36,62	45,97	10 584	43,01	54,03
13 oct. 1946 [4]	26 312	8 520	32,38	9 297	35,33	52,25	8 165	32,29	47,75
28 sept. 1958 [5]	45 841	8 957	19,54	31 067	67,77	85,14	5 420	11,82	14,85
8 janv. 1961 [6]	32 520	8 533	26,23	17 448	53,65	74,99	5 818	17,89	25
8 avril 1962 [7]	27 582	6 803	24,66	17 866	64,77	90,80	1 809	6,55	19,19
28 oct. 1962 [8]	28 185	6 491	23,02	13 151	46,65	62,25	7 975	28,29	37,74
27 avril 1969 [9]	29 392	5 840	19,86	10 902	37,09	47,58	12 007	40,85	52,41
23 avril 1972 [10]	29 081	11 503	39,55	10 503	36,11	67,70	5 009	32,29	17,22

Nota. — (1) Abandon de la Constitution de 1875. (2) Organisation provisoire des pouvoirs. (3) 1er projet de Constitution. (4) 2e projet de Constitution. (5) Projet de Constitution. (6) Autodétermination en Algérie. (7) Approbation des accords d'Évian (l'Algérie n'y participe pas). (8) Élection du Pt de la Rép. au suffrage universel. (9) Réforme du Sénat et régionalisation. (10) Sur l'élargissement de la Communauté économique européenne (Métropole seulement).

Justice

Organisation

Généralités

☞ **La justice française** est au bord de l'asphyxie. En 1984, 764 340 affaires n'ont pas été jugées dans les tribunaux de grande instance, 265 823 dans les cours d'appel, 24 918 à la Cour de cassation. 475 000 dispositions juridiques nouvelles ont été publiées de 1945 à 1982.

• **Juridiction.** Depuis la séparation des pouvoirs, établie au moment de la Révolution française, qui interdit aux magistrats des cours et tribunaux de connaître des actes de l'administration, il existe en France 2 ordres de juridictions autonomes.

1°) Les juridictions judiciaires qui appliquent le droit en 2 domaines : *civil* et *pénal,* dont chacun possède une législation propre (voir Code), une compétence différente et une procédure particulière.

Les juridictions civiles font appliquer le droit privé qui règle les rapports des particuliers entre eux (ou des particuliers avec l'État considéré comme une personne privée).

Les juridictions pénales font appliquer les lois et textes répressifs édictés par l'État. Il est parfois difficile de déterminer de quel domaine, civil ou pénal, relève une cause.

2°) Les juridictions administratives chargées de trancher les litiges nés à l'occasion du fonctionnement des services publics, ainsi que la plupart de ceux opposant les citoyens à l'Administration.

Magistrature. Comprend *les magistrats amovibles* du parquet (*magistrature dite debout* car ils requièrent debout) et *les magistrats du siège inamovibles (magistrature dite assise* car ils rendent leurs jugements assis).

Justice civile

A) Tribunaux de droit commun

• **Juridictions du 1er degré. Trib. d'instance.** 471 ; statuent à juge unique. Ont en 1958 remplacé les 2 918 *justices de paix. Compétence :* limitée pour les actions personnelles ou mobilières jusqu'à 13 000 F, en dernier ressort à charge d'appel jusqu'à 30 000 F à partir du 30-4-85 (art. R. 321 et suiv. du Code de l'organisation judiciaire), en matière de baux à loyer d'habitation professionnel. 3 tribunaux d'instance (à Paris, Lyon et Marseille) ont une compétence exclusive en matière pénale. *Activité* (1984) : 392 747 affaires nouvelles, 159 265 anciennes, 387 705 terminées.

Nota. — 5 tribunaux de 1re instance dans les T.O.M.

Tribunaux de grande instance. 181 ; 1 par département (1 au chef-lieu, + 1 dans les arrondissements importants). Exceptions (Manche : 3 à Cherbourg, Coutance et Avranches qui sont des sous-préf., 1 à St-Lô, préf.). *Compétence exclusive :* les affaires civiles non attribuées à d'autres juridictions (jusqu'à 13 000 F), appel à partir de 13 001 F. En principe toutes les aff. mettent en jeu des sommes de + de 20 000 F. *Composition :* collégiale (3 magistrats), sauf exception. *Activité* (1984) : 391 265 affaires nouvelles, 431 169 anciennes, 380 278 terminées.

• **Juridictions d'appel. Cours d'appel.** Connaissent de l'appel des décisions rendues par trib. d'instance et de grande instance, de commerce, paritaires des baux ruraux, conseils de prud'hommes (24 % des appels), commissions de 1re instance de la Séc. sociale (art. R. 211-1 Code de l'org. judiciaire). 35 : Agen, Aix, Amiens, Angers, Basse-Terre (Guadeloupe), Bastia, Besançon, Bordeaux, Bourges, Caen, Chambéry, Colmar, Dijon, Douai, Fort-de-France (Martinique), Grenoble, Limoges, Lyon, Metz, Montpellier, Nancy, Nîmes, Nouméa (N.-Cal.), Orléans, Papeete (Polynésie), Paris, Pau, Poitiers, Reims, Rennes, Riom, Rouen, St-Denis (Réunion), Toulouse, Versailles. *Tribunal supérieur d'appel* à St-Pierre-et-Miquelon et à Mamoutzou (Mayotte). *Activité* (1984) : 138 079 affaires nouvelles, 206 323 anciennes, 128 285 terminées.

• **Cour de cassation.** *Composition :* 1er Pt, 6 Pts de chambre, 84 conseillers et 36 conseillers référendaires qui siègent avec voix consultative. Le ministère public est représenté par le *procureur général,* 1 premier *avocat gén.*, 19 *avocats généraux,* 18 *auditeurs.*

Chambres. La Cour comprend 5 ch. civiles commerciales et sociales et 1 ch. criminelle. Chacune siège isolément et ne peut rendre son arrêt que si 5 membres au moins ayant voix délibérative sont présents.

Compétence : n'est pas juge du fait, mais, en dernier ressort, de la légalité des décisions qui lui sont déférées par pourvoi. Elle peut rejeter le pourvoi, casser la décision rendue sans renvoi, ou renvoyer éventuellement l'affaire devant une juridiction de même degré (loi du 3-1-1979). Si celle-ci ne s'incline pas et qu'il y a nouveau pourvoi, la Cour statue alors en assemblée plénière (25 membres, y compris le 1er Pt), sans renvoi, ou en renvoyant devant une juridiction qui doit se conformer à la décision de droit de l'assemblée plénière.

Si une affaire pose une question de principe ou si sa solution risque de causer une contrariété de décision, une chambre mixte composée de magistrats appartenant à 3 chambres au moins de la Cour peut en être saisie.

Enfin, la Cour de cassation statue sur les demandes de renvoi d'un tribunal à un autre pour cause de suspicion légitime (art. 356 et suiv. du Code de procédure civile) et pour cause de récusation contre plusieurs juges (art. 364).

Activités (1984). *Chambres civiles* affaires nouvelles reçues 15 512, anciennes restant à juger 19 310 (dont 11 500 pour la ch. sociale), terminées 13 335.

B) Juridictions spécialisées

• **Tribunaux de commerce.** 227. Compétents pour toutes les contestations relatives aux actes de commerce et à l'exercice du commerce, en dernier ressort (sans possibilité d'appel) jusqu'à 13 000 F (au-delà, la cour d'appel est juge d'appel) et pour les procédures de redressement et liquidation judiciaires des entreprises (loi 85-98 du 25-1-1985 et décret 85-1388 du 27-12-1985). Dans les D.O.M. (Guadeloupe, Guyane, Martinique, Réunion), des tribunaux mixtes de commerce peuvent être créés (Pt : celui du tribunal de grande instance assisté de 2 assesseurs, élus dans les mêmes conditions que les juges consulaires). En Alsace-Lorraine (Colmar, Metz, Mulhouse, Sarreguemines, Strasbourg, Thionville), il y a dans les tribunaux de grande instance, chambres commerciales (Pt 1 magistrat, 2 assesseurs élus comme les juges consulaires). Lorsqu'il n'y a pas de tribunal de commerce, le tribunal de grande instance en tient lieu (25 cas).

• **Référés au trib. de commerce.** Le Pt du trib. de commerce ou le juge qui le remplace peut statuer en référé, pour ordonner des mesures urgentes (par ex., la conservation de marchandises ou une expertise en cas d'avaries de celles-ci).

Composition : 1 président élu pour 3 ans pouvant être réélu 2 fois de suite et un nombre variable de juges titulaires et suppléants. Élus pour 2 ans, par un collège élect. restreint, renouvelé par moitié chaque année, composé de *délégués consulaires* (élus pour 3 ans) inscrits sur les listes dans le ressort du tribunal, et de *membres de droit* (anciens membres et m. en exercice des trib. de commerce et des chambres de comm. et d'industrie). *Répartition :* 2 247 hommes, 56 femmes ; *par catégories :* 781 présidents et directeurs gén. de S.A., 772 commerçants en nom et patrons d'entreprise, 397 gérants de S.A.R.L., 353 cadres supérieurs.

Élection : chaque année en octobre. *Électeurs :* consulaires, délégués, électeurs à titre personnel en raison de leur qualité (pilotes, lamaneurs, capitaines au long cours, pilotes de l'aéronautique civile, membres et anciens membres de compagnies consulaires, etc.). *Éligibles :* électeurs de + de 30 ans, inscrits sur la liste électorale de la circonscription du tr. de comm. justifiant de 5 années consécutives d'activité commerciale.

Activité (1984). 288 201 affaires nouvelles, 134 293 anciennes, 283 497 terminées. *En 1981 :* 195 000 procédures d'injonction de payer. 500 000 décisions prises dont 12 900 liquidations de biens et 6 300 règlements judiciaires.

• **Conseils de prud'hommes.** 282. Pour les instances introduites, à compter du 1-1-1986, taux de compétence en dernier ressort porté à 14 200 F dep. le 1-1-86.

• **Tribunaux paritaires des baux ruraux.** 412. *Créés* au siège de chaque trib. d'instance. *Composés* en nombre égal (2 pour chaque catégorie) de propriétaires et de fermiers ou métayers. *Compétence :* présidés par le juge d'instance, ils jugent les contestations entre fermiers, métayers et bailleurs, relatives au statut du fermage.

• **Commissions de Sécurité sociale.** 110. Rendant près de 100 000 affaires par an. Litiges d'ordre médical avec la Séc. soc. concernant le degré d'invalidité ou d'incapacité (compétence : celle de la région dans laquelle est situé le département du domicile de l'affilié). Délai pour la saison : 2 mois à partir de la notification par lettre recommandée avec accusé de réception. *Appel :* 1 mois devant la Commission nationale. *Recours possible :* en cassation.

• **Juge des loyers commerciaux.** Pt du trib. de grande instance ou un juge délégué par lui. *Compétence :* statue sur les contestations relatives à la fixation du prix des baux commerciaux, ind. ou artisanaux, renouvelés ou révisés.

• **Juge des référés.** Pt du tr. de grande instance ou un juge délégué par lui. *Compétence :* ordonne des mesures d'urgence qui ne préjugent pas du fond d'un litige (mesures conservatoires). En matière d'accident de la circulation, il peut accorder à la victime une indemnité provisionnelle à payer par l'auteur de l'acc. lorsqu'il ne conteste pas sa responsabilité.

• **Juge des tutelles.** Au trib. d'instance. *Compétence :* organise et fait fonctionner la tutelle des mineurs et des incapables majeurs et des régimes de protection aménagés en leur faveur.

• **Juge aux affaires matrimoniales.** Un ou plusieurs dans chaque trib. de grande instance, désigné par le Pt. *Compétence* exclusive pour prononcer le divorce demandé par consentement mutuel (sur requête conjointe) ; statue après le divorce (quelle qu'en soit la cause), sur la garde des enfants et la modification de la pension alimentaire ; tente une conciliation entre les époux.

• **Juge de l'expropriation.** Juge du trib. de grande instance. *Compétence :* chargé de rendre l'ordonnance d'expropriation et de fixer le montant des indemnités aux expropriés en réparation du préjudice direct, matériel et certain causé par l'expropriation.

☞ Voir également :
— l'encadré « Procès en 1re instance », page 695 ;
— les statistiques de la justice en France, pages 698 et suivantes.

Justice pénale

A) Tribunaux de droit commun

• **Juridictions du 1er degré. Tribunaux de police.** Tribunal d'instance statuant en matière de police. *Nombre :* 471. Appelés, avant 1958, tribunaux de simple police. *Constitués* par le juge du tribunal d'instance. (A Paris, Lyon et Marseille, il y a un tribunal de police qui n'a que ces attributions pénales.) Le ministère public est représenté par le commissaire de police ou par un représentant du parquet ou, exceptionnellement, par le maire. *Compétence :* jugent les contraventions (infractions sanctionnées par une peine maximum de 2 mois d'emprisonnement ou par 6 000 F d'amende). *Activité* (1984) 9 995 371 condamnations.

Tribunaux correctionnels. *Composition :* trib. de grande instance dans sa formation pénale. *Compéten-*

ce : juge les délits (infractions punies d'une peine de plus de 2 mois d'emprisonnement ou 6 000 F d'amende). *Activité* (1984) 492 000 affaires.

• **Juridictions d'appel. Cours d'appel.** (33). *Composition : formation pénale :* une *juridiction d'instruction* (la chambre d'accusation, qui est la chambre d'appel des ordonnances du juge d'instr.) et une *juridiction de jugement* (la chambre des appels correctionnels). *Compétence :* sur le seul appel du prévenu, elle ne peut aggraver le sort de celui-ci ; sur l'appel du min. public, elle peut modifier le jugement du trib. correctionnel dans un sens plus favorable ou défavorable au prévenu (art. 515 du Code de procédure pénale). C'est pourquoi, en général, sur l'appel du prévenu, le min. public fait également appel de son côté, pour lui permettre de demander éventuellement une augmentation de la peine prononcée par le trib. correctionnel. *Liste :* Voir ci-contre.

• **Cour de cassation** (chambre criminelle). *Compétence :* juge tous les pourvois en matière pénale (contraventions, délits ou crimes). *Activité* (1984) : 2 877 aff. anciennes, 6 020 aff. nouvelles, aff. jugées 5 472.

• **Cours d'assises.** 99 (1 par département). *Composition :* 1 Pt de Chambre ou conseiller, président ; 2 assesseurs, conseillers de cour d'appel, prés., vice-prés. ou juges de grande instance ; 9 jurés. *Compétence :* jugent les faits qualifiés de crimes, c.-à-d. les infractions de droit commun punies de *peines criminelles* (par ex. : réclusion criminelle) et des crimes imputés aux mineurs (jugés par les cours d'assises des mineurs). Elles peuvent aussi condamner à l'interdiction de séjour et à la confiscation des biens. Leur compétence est départementale. *Elles ne sont saisies qu'après une instruction préalable à 2 degrés :* le juge d'instruction et la chambre d'accusation. *Recours :* cassation.

> *Les crimes contre la sûreté de l'État* sont jugés par une cour d'assises sans jurés (dep. la loi du 21-7-82).
> *La Cour de sûreté de l'État* a été supprimée par la loi du 4-8-1981.

B) Juridictions spécialisées

• **Juridictions pour enfants. Juge des enfants.** *Compétences :* pénales et civiles. Il est à la fois une juridiction d'instruction et une jur. de jugement. Il statue dans son cabinet sur le cas des moins de 18 ans, auteurs d'infractions pour lesquelles il n'envisage pas une mesure les séparant de leur famille autrement qu'à titre provisoire. Il peut, en audience de cabinet, ordonner des mesures d'assistance éducative à l'égard des mineurs non émancipés dont la santé, la sécurité ou la moralité sont en danger ou dont les conditions d'éducation sont gravement compromises. Il doit s'efforcer de recueillir l'adhésion de la famille à la mesure envisagée, et maintenir, chaque fois qu'il est possible, le mineur dans son milieu familial avec, le cas échéant, un soutien éducatif. Il peut également, en cabinet, ordonner une mesure de protection judiciaire à l'égard de jeunes majeurs de 18 à 21 ans, éprouvant de graves difficultés d'insertion sociale, lorsque ceux-ci en font la demande.

Tribunaux pour enfants : 128. Présidés par le *juge des enfants,* assisté de *2 assesseurs* nommés pour 4 ans, âgés de + de 30 ans et choisis pour leur compétence parmi les personnes s'intéressant à l'enfance. *Compétence :* peuvent prendre une mesure éducative, de placement, ou prononcer une sanction pénale à l'encontre des mineurs de 18 ans ayant commis un délit.

Cour d'assises des mineurs. *Composition :* Pt, 2 assesseurs (qui sont les juges des enfants). *Compétence :* juge les mineurs entre 16 et 18 ans qui ont commis un crime.

Les trib. pour enf. et la cour d'ass. des mineurs (1 par dép.) ne peuvent prononcer des peines qu'à l'égard des mineurs de + de 13 ans. Ils peuvent ordonner des mesures de rééducation qui peuvent durer jusqu'à la majorité. Ils peuvent, à l'égard des mineurs délinquants de + de 16 ans, prononcer la mise sous protection judiciaire pour un délai max. de 5 ans (un placement décidé ne se poursuivra au-delà de la majorité de l'intéressé qu'à la demande de celui-ci).

Appels *(Chambre spéciale des mineurs* de la cour d'appel). Un magistrat, président ou conseiller, « délégué à la protection de l'enfance », doit obligatoirement y siéger. Les affaires concernant les mineurs sont jugées à l'audience suivant des règles de publicité restreinte.

• **Juge de l'application des peines.** Un ou plusieurs dans chaque trib. de grande instance, chargé notamment, auprès des établissements pénitentiaires situés dans le ressort de sa juridiction, de suivre l'exécution des peines des condamnés, et du contrôle des condamnés faisant l'objet d'un sursis avec mise à l'épreuve (chargé notamment de statuer sur les obligations imposées aux probationnaires).

Nota. — Tribunaux militaires aux armées, haut tribunal permanent des forces armées, tribunaux maritimes commerciaux : supprimés en 1982, voir Quid 1982, p. 1643.

Conseil d'État

☞ Voir Politique p. 648.

Tribunaux administratifs

Origine. Les conseils de préfecture, créés dans chaque département par la loi du 28 pluviôse, an VIII, ont été transformés en conseils de préfecture interdépartementaux en 1926. Le décret du 30-9-1953 leur a donné le titre de tribunaux administratifs, et la qualité de juge de droit commun du contentieux adm., qui appartenait jusqu'alors au Conseil d'État (inamovibilité partiellement consacrée).

Nombre. 31.

Recrutement. Par l'École nationale d'adm. + un recrutement « au tour extérieur ». *Effectifs :* 375 fonctionnaires au 1-1-84.

Compétences. Juridictionnelles : ils sont, sous réserve de la compétence en 1er et dernier ressort du Conseil d'État, juges de droit commun sur tous les litiges administratifs (sauf si un texte spécial en a attribué connaissance à une autre juridiction). *Appel :* possible devant le Cons. d'État. **Administratives :** ils peuvent être appelés à donner des avis sur des questions soumises par les préfets des départements de leur ressort.

Tribunal des conflits

Origine. Loi du 24-5-1872, décret du 25-7-1960.

Composition. Un Pt [le ministre de la Justice ; il ne préside qu'en cas de partage des voix (dernier cas le 8-12-1969)] ; 10 membres (8 titulaires, dont 1 v.-Pt et 2 suppléants) élus pour 3 ans et rééligibles, comprenant, en nombre égal, des conseillers à la Cour de cass. et des conseillers d'État ; 4 commissaires du Gouv. (2 titulaires et 2 suppléants pour chaque corps) choisis parmi les avocats généraux à la Cour de cassation, et les commissaires du Gouv. auprès de la Section du Contentieux du Conseil d'État.

Rôle. 1°) *Régulateur des compétences* entre les juridictions de l'ordre judiciaire et celles de l'ordre administratif : il doit résoudre les conflits découlant des difficultés que présente l'application de certaines règles de répartition des compétences. 2°) *Juge sur le fond :* quand les juridictions administrative et judiciaire ont rendu dans la même affaire entre les mêmes parties des jugements présentant contrariété conduisant à un déni de justice (loi du 20-4-1932).

Activité. Affaires soumises : *1982 :* 62, *83 :* 45.

Quelques définitions

• **Action en justice.** Droit pour une personne de s'adresser aux trib. pour faire juger le bien-fondé de son droit ou de ses intérêts. Désigne également le caractère de l'action par laquelle on exerce son droit en justice. A ce titre, les actions sont dites *réelles,* si elles relèvent d'un droit immobilier ; *personnelles,* s'il est demandé la reconnaissance d'un droit personnel quelle qu'en soit la source (une convention, un droit de créance) ; *mixtes,* si elles relèvent des deux ; (par ex. la reconnaissance d'un droit réel et l'exécution d'une obligation) ; *pétitoires,* si elles mettent en cause l'existence d'un droit réel immobilier ; *possessoires,* si elles garantissent une possession paisible.

• **Amnistie.** Décidée par une loi. Efface les conséquences pénales d'une infraction, mais ne remet pas en cause les réparations civiles envers la victime.

• **Arrêts.** Décisions des cours d'appel, des cours d'assises et de la Cour de cassation et du Conseil d'État.

• **Avocats. Définition.** *Auxiliaires de justice,* l'av. jouit d'un certain monopole (devant les tribunaux de grande instance). *Nul ne peut, s'il n'est avocat, assister* ou représenter les parties ; *postuler,* c'est-à-dire procéder à l'ensemble des actes nécessaires pour introduire et préparer l'instance judiciaire (ce qui était l'ancien monopole des avoués) et *plaider* devant les juridictions et les organismes juridictionnels ou disciplinaires. La loi du 15-6-1982 a modifié la discipline des avocats à l'audience (ancien statut, voir Quid 1982, p. 1644). Le décret 83-1036 a modifié certaines dispositions du décret 80-234 du 2-4-1980 relatif à la formation des futurs avocats et au C.A.P.A. (notamment art. 3 « admission 2° » du décret du 2-4-80 et les 2 derniers alinéas de l'art. 4 (30-5/12-83).

Effectifs. 16 107 cotisants à Paris, avocats inscrits 4 035, femmes avocats 2 035, stagiaires 1 565, honoraires 668. A Paris, 383 avocats ont une retraite entière, en province 462.

Accès à la profession : maîtrise en droit. Admission à un centre de formation professionnelle (auprès de chaque cour d'appel) ; délivrance du C.A.P.A. (décret du 2-4-1980) ; puis stage obligatoire. Les cabinets d'avocats groupés sont en augmentation (153 env.).

Rémunération : *actes et émoluments* sont tarifés, les *honoraires de consultation et de plaidoirie* sont fixés

> **Aide judiciaire**
>
> *Décret du 14-3-1986.*
>
> **Plafond des ressources pour l'obtenir.** Fixé par décret et révisable selon les fluctuations économiques. Au 14-3-1986 pour ceux qui disposent de — de 3 465 F par mois, aide totale ; — de 5 250 F, aide partielle, pour les affaires où un avocat est obligatoire, 4 225 F dans les autres cas (trib. d'instance, prud'hommes), majoré de 390 F par personne à charge. Les bénéficiaires de l'allocation supplémentaire du Fonds national de solidarité sont dispensés de justifier de l'insuffisance de leurs ressources.
>
> **Demande** sur imprimé réglementaire, accompagnée d'une déclaration de revenus devant le bureau de la juridiction de l'ordre judiciaire territorialement compétent (art. 18 et 25 du décret), au siège du trib. de grande instance du domicile ou, en cas de recours près de la Cour de cass. ou au Pt du bureau d'aide judiciaire, près le Cons. d'État et le trib. des conflits. La demande interrompt éventuellement certains délais. Si elle est admise, l'avocat est désigné par le bâtonnier, les off. min. sont nommés par leurs org. professionnels. L'avocat désigné perçoit une *indemnité* forfaitaire accordée par l'État.
>
> **Indemnité versée par l'État.** *Décret du 28-12-1984.* **Aide judiciaire totale.** *Avocat, tribunal de grande instance,* avocat obligatoire 2 140 F, divorce, séparation de corps 2 140, av. non oblig. 870, *tribunal administratif* (avocat ou avocat conseil) 2 140, *cour d'appel* 1 510, référé 430, *commerce et prud'hommes* 1 070, *tr. d'instance, tr. paritaire des baux ruraux* 870, *cour d'assises* (partie civile civilement responsable) 2 140, *Conseil d'État, Cour de cassation, tr. des conflits* 2 140. **Partielle.** Indemnité égale à la moitié ou au quart selon la moyenne mensuelle des ressources du bénéficiaire, comprise entre 3 465 et 4 357 F [4 358 et 5 250 F (sans tenir compte des prestations familiales)]. **Huissier.** 43 F par acte effectivement délivré, 94 F par procès-verbal, 102 F pour l'exécution d'une décision relative à un droit de garde ou de visite, 193 F pour l'exécution d'une décision et expulsion.
>
> *Huissiers de justice* et *greffiers :* perçoivent aussi une indemnité forfaitaire à la charge de l'État.
>
> **Statistiques.** En 1984, il y a eu 276 042 demandes d'aide judiciaire en métropole, 172 316 aides totales, 41 280 aides partielles, 27 570 rejets.
>
> *A Paris en 1982 :* + de 10 000 demandes pour des affaires civiles.
>
> **Consultations juridiques gratuites.** *1° Au Palais de justice.* Anciennes cons. « d'indigence ». Tous les matins. En 1984, 20 250 personnes reçues par 1 350 avocats. *2° S.O.S. avocats.* En 1984, 450 avocats de permanence ont répondu à plus de 20 000 appels téléphoniques. *3° Consultations en mairie, Asep, Ligue contre le cancer.*
>
> L'Ordre assure une permanence au moins 2 soirs par semaine dans chacune des mairies d'arrondissement. Soit env. 2 000 permanences assurées par plus de 9 500 avocats ayant reçus env. 140 000 personnes. En général il est recommandé de s'adresser au Bureau d'aide sociale de son arrondissement pour un rendez-vous.

librement avec le client. Si, le procès achevé, le client refuse de régler, le bâtonnier de l'ordre examine le litige ; si celui-ci ne peut être tranché ainsi, il est soumis au tribunal. Un av. ne peut pas fixer à l'avance ses honoraires en fonction du résultat à intervenir. Le montant varie suivant juridictions, difficultés rencontrées, spécialité et renommée de l'avocat.

Secret professionnel : l'avocat et son personnel (collaborateurs non avocats, secrétaires ou dactylos) y sont tenus. Ce secret couvre la correspondance entre l'avocat et son client (elle ne peut être ni saisie, ni consultée par des tiers). Même si elles sont devenues la propriété d'un héritier, ces lettres ne peuvent être produites sans l'accord de l'avocat.

Organisation d'avocats. *Barreaux. Origine :* espace isolé de l'audience par une barre et réservé aux avocats dans le prétoir ; ensemble des avocats établis près de chaque tribunal de grande instance. Le Pt du conseil de l'Ordre des avocats inscrits à un même barreau est appelé *bâtonnier* [élu pour 2 ans au scrutin secret par tous les av. du barreau (autrefois élu pour 1 an, il avait chez lui le bâton de la conférence de St-Nicolas)]. *Nombre :* 180 indépendants. Conférence des bâtonniers du Barreau indépendant de Paris.

Perquisitions et saisies ne sont pas interdites chez un avocat, mais la police et le parquet ne peuvent y rechercher que ce qui peut constituer le corps même de l'acte coupable. Le juge d'instruction qui envisage d'opérer une perquisition chez un avocat prévient le procureur général et le bâtonnier de l'Ordre. Ce dernier ou son représentant assiste à la perquisition qui devrait être faite en principe par le juge d'instruction. Le juge examine les dossiers de l'avocat, pour rechercher s'il découvre le corps du délit et, le cas échéant, procède à la saisie qui doit être opérée selon les dispositions du Code de procédure pénale art. 56-1. Le bâtonnier ou son représentant est saisi de toutes réclamations de l'avocat soulevant le secret professionnel. Il doit s'opposer aux investigations qui compromettraient ses droits, et éventuellement faire noter au procès-verbal sa protestation pour permettre à la juridiction compétente de déterminer si la pièce saisie était ou non couverte par le secret professionnel. En cas d'une saisie irrégulière, l'instruction sera nulle.

Confédération syndicale des av. (C.S.A.) née 1978 de la fusion de l'A.N.A. et du R.N.A.F. 5 000 adhérents ; **Fédération nat. des unions de jeunes av. (F.N.U.J.A.)** limite d'âge 40 ans, env. 4 500 m. ; **Syndicat des av. de France** env. 1 500 adhérents, 35 % des suffrages aux élections prof. aux Caisses des ass. maladie (1981) ; **Union nat. des av.** créée en 1968, env. 2 000 m. apolitique, représente des cabinets moyens ou traditionnels estimant que la tradition n'est pas liée au conservatisme.

● **Avocats près le Conseil d'État et la Cour de cassation.** Dits av. aux conseils (titre donné sous la monarchie). *Nombre (au 1-4-1986) :* 60 charges, 81 avocats.

Nomination : par arrêté sur présentation du prédécesseur. Il faut avoir 25 ans révolus, être avocat, inscrit à une cour d'appel depuis 3 ans ; avoir suivi un stage de 3 ans dans un cabinet d'avocat aux conseils avec exercices (travaux pratiques et dirigés) ; avoir passé un examen à la fin de chaque année de stage et un examen définitif à la fin de la 3e année : pour obtenir le diplôme de fin de stage ; et enfin obtenir l'*admittatur* de la Cour de cassation.

Avocats et officiers ministériels : ils sont constitués en ordre et titulaires d'une charge pour laquelle ils doivent verser (comme pour toute cession d'office ministériel) un « droit de présentation » à leur prédécesseur. Ils peuvent être nommés avocats honoraires après 20 ans d'inscription au tableau et remise de leur démission. *Compétence :* ils ont le monopole devant la Cour de cassation et le Conseil d'État et peuvent aussi plaider devant les tribunaux administratifs.

A la Cour de cassation : le ministère d'un avocat aux conseils est obligatoire pour un pourvoi, sauf en matière pénale, prud'homale et pour les matières concernant les mineurs. *Au Conseil d'État* ce n'est pas obligatoire pour un recours pour excès de pouvoir (demande d'annulation de toute décision administrative). Ils ont le libre choix des moyens (de cassation s'ils sont chargés de former un pourvoi, de défense pour répondre à un pourvoi), mais doivent avertir leur client des raisons pour lesquelles ils estiment ne pas devoir soulever un des moyens proposés. Ils présentent des observations essentiellement écrites. *Honoraires :* fixés librement (le recouvrement forcé est interdit).

● **Avoués près les cours d'appel.** *Nombre :* 312. Recrutement : Officiers ministériels nommés par arrêté du garde des Sceaux, ministre de la Justice (exercent souvent dans le cadre de Stés civiles professionnelles). *Compétence :* ils ont le monopole de la représentation des parties devant les juridictions civiles du 2e degré. Mandataires de leurs clients, ils ont exclusivement le droit de postuler et de prendre des conclusions au nom de leurs clients qu'ils représentent devant la cour auprès de laquelle ils sont établis.

Nota. — Dep. le 15-9-1972, les avoués exerçant auprès des tribunaux de grande instance ont fusionné avec les avocats (voir avocats ci-dessus). Ils ont été indemnisés par l'État du prix de leurs charges, *coût de l'opération :* 950 millions de F.

● **Casier judiciaire.** Créé en 1848. Il reçoit les fiches des condamnations et décisions énoncées par le Code de procédure pénale. L'art. 768 de ce Code, modifié par la loi n° 80-2 du 4-1-1980 a institué le *Casier judiciaire national automatisé* (installé à Nantes). Chaque intéressé peut obtenir la délivrance de « bulletins du casier judiciaire » en s'adressant au *casier judiciaire national, 44079 Nantes cedex. Bulletin N° 1 :* contient toutes condamnations, délivré aux seules autorités jud. qui ont besoin de connaître le passé judiciaire des personnes qui leur sont déférées ; *N° 2 :* contient les condamn. criminelles ou correctionnelles à une peine ferme d'emprisonnement ou d'amende, fourni sur leur demande aux administrations publ. et à diverses personnes morales déterminées par décret ; *N° 3 :* contient les condamn. à des peines privatives de liberté (2 ans de prison) non assorties du sursis (ou sursis révoqué) ; barré transversalement lorsque la personne concernée n'a subi aucune de ces condamn. ; doit permettre aux condamnés à des peines légères de se reclasser. Il n'est remis qu'à l'intéressé. Pour favoriser la réinsertion des jeunes délinquants, la loi du 7-7-1970 permet au trib. pour enfants (mineurs), et aux trib. correctionnels (pers. de 18 à 21 ans) de faire supprimer une fiche de casier jud. sous certaines conditions. Le trib. peut décider de ne pas inscrire la condamnation des condamnés au bulletin N° 2.

Aucune copie n'est délivrée. Le casier de police technique (condamnations à l'emprisonnement pour crime ou délit) peut être consulté dans les mêmes conditions. Si on veut contester une mention portée sur son casier, il faut en saisir le procureur de la République.

● **Codes.** Recueils de lois, de règlements et d'arrêtés réunis d'une manière cohérente et logique, concernant une branche déterminée du droit. On trouve notamment : *C. civil* ou *C. Napoléon* (1804) ; *C. de procédure civile* (1806) ; *C. du commerce* (1807) ; *C. pénal* (1810 ; réforme en cours) ; *C. d'instruction criminelle* devenu le *C. de procédure pénale* (1811) ; *C. forestier* (1791-1827) ; *C. rural* (1791-1864) ; *C. de justice militaire* pour l'armée de terre (1857) ; et pour l'armée de mer (1858) ; *C. du travail et de la prévoyance sociale* (1901-1924) ; *C. du travail maritime* (1926) ; *C. disciplinaire et pénal de la marine marchande* (1926) ; *C. du travail d'outre-mer* (1932) ; *C. général des impôts* (1949 ; pas achevé).

● **Commission rogatoire** (appelée souvent, à tort, mandat de perquisition). Délégation par laquelle un juge demande à un officier de police judiciaire ou à un autre magistrat de procéder à sa place à tel ou tel acte d'instruction. Doit : être datée et signée par le juge et revêtue de son sceau ou de son cachet, mentionner la nature de l'infraction motivant les poursuites, et indiquer avec précision l'opération ou la série d'opérations auxquelles il y a lieu de procéder.

● **Conciliateur.** *Créé* par le décret du 20-3-1978, modifié par le décret n° 81-583 du 18-5-1981. *Chargé* de faciliter le règlement amiable des différends ; saisi sans conditions de forme. *Nommé* à titre bénévole parmi d'anciens magistrats, membres des prof. libérales, du secteur privé ou de l'enseignement, pour 1 an (éventuellement reconduit pour une période renouvelable de 2 ans). *Nombre :* 514.

● **Conseil juridique ou fiscal.** Statut établi par la loi du 31-12-1971 (et les décrets d'application) qui énumère la liste des diplômes nécessaires et le temps de pratique professionnelle. Profession organisée et placée sous le contrôle du procureur de la Rép. Sanctions pénales en cas d'usage illégal du titre de conseil juridique ou d'un titre de nature à créer une confusion.

● **Contrôle judiciaire.** Institué par la loi du 17-7-1970 (art. 138 et suiv. du Code de procédure pénale) pour permettre la limitation des cas de détention. L'inculpé doit se présenter périodiquement au parquet, à la mairie, à la police ou à la gendarmerie. Il doit répondre aux convocations de toute autorité ou de toute personne désignée par le juge d'instruction, et se soumettre à un contrôle de son travail ou de ses études. On peut lui demander de remettre à la police ses papiers d'identité, notamment passeport et permis de conduire (il recevra un récépissé), de se soumettre à des examens médicaux ou des traitements dans un hôpital, et exiger de lui un cautionnement fixé par le juge d'instruction. On peut lui interdire de se déplacer en dehors d'un certain périmètre, s'absenter de chez lui, se rendre dans certains lieux, rencontrer certaines personnes, conduire certains véhicules, exercer certaines professions. Le contrôle peut être transformé à tout moment en mandat de dépôt ou m. d'arrêt.

● **Crimes et délits.** *Infraction* (avec indication de l'article du *Code pénal* qui la prévoit) **et peine encourue.**

Crimes. 1°) Contre la chose publique : *crimes contre la sûreté de l'État :* trahison (art. 70-72) [1], espionnage (art. 73) [1], attentat en vue de détruire ou de changer le régime constitutionnel (art. 86) [1], complot (art. 87) [2]. Participation à un mouvement insurrectionnel (art. 97) [3] contre la paix publique, fausse monnaie (art. 132) [1], faux en écriture publique ou authentique par un fonctionnaire ou officier public dans l'exercice de ses fonctions (art. 145) [2].

2°) Contre les personnes : meurtre (art. 304) [1] ou [2], assassinat ou meurtre commis avec préméditation ou guet-apens (art. 296) [1], castration (art. 316) [1], coups et blessures volontaires avec mutilation, amputation ou privation de l'usage d'un membre ou, s'il a occasionné la mort sans intention de la donner (art. 309) [5], viol (art. 309) [1], attentat à la pudeur consommé ou tenté avec violence (art. 332) [4], attentat à la pudeur sans violence sur mineurs de quinze ans (art. 331) [4].

3°) Contre les biens : vol par porteur d'une arme apparente ou cachée (art. 381) [1], autres vols aggravés par la réunion de certaines circonstances (art. 381 et suiv.) [1], incendie volontaire de la chose d'autrui (art. 434) : dans le cas d'incendie de maisons habitées, de wagons en convoi ou lorsque l'incendie a entraîné mort d'homme [1], dans les autres cas [1].

Nota. — (1) Réclusion criminelle à perpétuité. (2) R. c. 10 à 20 ans. (3) R. c. 10 à 20 ans. (4) R. c. 5 à 10 ans. (5) R. c. 5 à 20 ans.

Délits. 1°) Contre la chose publique : participation à un attroupement sans abandon après la 1re sommation (art. 105) (2 mois à 1 an de prison), fraudes électorales (art. s. 111 du Code électoral et 113 du Code pénal) (1 m. à 2 a., interdiction des droits de citoyen et de toute fonction publique de 5 à 10 a.), rébellion, résistance avec violence et voies de fait envers les officiers ministériels et les agents de l'autorité par moins de trois personnes (art. 212) (6 j à 2 a.), bris de scellés par négligence (art. 249) (6 j à 2 m.), bris de scellés volontaire (art. 251) (1 m. à 5 a.), outrage à magistrat dans l'exercice de ses fonctions (art. 222) (5 j à 5 a.), violences sur la personne d'un officier ministériel ou d'un fonctionnaire (art. 230) (1 m. à 3 a.), faux en écriture privée ou de commerce (art. 150) (1 a. à 5 a), faux certificat délivré par un médecin (art. 160) (1 a. à 3 a.), usurpation de titre ou de fonction (art. 258) (2 a. à 5 a.), destruction ou dégradation de monument public (art. 257) (1 m. à 2 a.).

2°) Contre les personnes : coups et blessures volontaires avec incapacité de travail personnel de plus de 8 j (art. 309) (2 m. à 5 a.), coups et blessures involontaires (art. 320), homicide involontaire (accidents de la circulation, du travail) 3 m. à 2 a. (art. 319), blessure par imprudence avec incapacité de travail de + de 3 m. (15 j à 1 a.), abstention de porter secours (art. 63) (3 m. à 5 a.), abandon de famille (art. 357-1 et 357-2) (3 m. à 1 a.), enlèvement ou détournement de mineur de 15 à 18 ans, sans fraude ni violence (art. 356) (2 m. à 5 a.), non-représentation d'un mineur dont la garde a fait l'objet d'une décision de justice (art. 357) (1 m. à 1 a.), menaces (art. 305 et suiv.) (6 j à 5 a.), outrage public à la pudeur (art. 330) (3 m. à 3 a.).

3°) Contre les biens : vol sans violence (vol simple, larcins, filouteries, art. 401) (1 a. à 5 a.), escroquerie (art. 405) (1 a. à 5 a.), émission d'un chèque sans provision (décret-loi 30-10-35, art. 66) (1 a. à 5 a.), abus de confiance (art. 406 et 408) (2 m. à 2 a.), chantage (art. 400) (1 a. à 5 a.), grivèlerie (art. 401, al. 3 et suiv.) (6 j à 6 m.), entraves à la liberté du travail (art. 414) (6 j à 3 a.), banqueroute simple (art. 402) (1 m. à 2 a.), banqueroute frauduleuse (art. 402) (1 a. à 5 a.).

● **Crimes de droit international.** Définis par l'Assemblée générale des Nations unies en 1945 comme des violations exceptionnellement graves des règles du droit international, ils sont imprescriptibles.

Crimes de guerre (non imprescriptibles) : violations des lois et coutumes de la guerre (pillage, assassinat, déportation des civils et prisonniers de guerre, exécution des otages). Répression organisée par les conventions de La Haye (1907), Genève (1949) et le statut du Tribunal international de Nuremberg du 8-8-1945 (ordonnances du 28-8-1944 et du 15-9-1948).

Crimes contre l'humanité : violation des règles de droit international sanctionnées pénalement, commises par les gouvernants ou les citoyens des États (par ex. : déportation, réduction en esclavage, extermination, persécution). Le *génocide* est un crime contre l'humanité. Pas de prescription (loi du 26-12-1964). C'est ainsi que le seul motif qui a pu être retenu contre Klaus Barbie, ancien chef de la Gestapo de Lyon et tortionnaire de Jean Moulin, est celui de la déportation d'une cinquantaine d'enfants israélistes.

Crimes contre la paix : violation des règles établissant la paix (agressions) : par ex. en 1919 et 1945 l'All. a été accusée d'avoir porté atteinte « à la morale internat. et à l'autorité sacrée des traités de paix ».

● **Démence.** Selon l'art. 64 du C. pénal, il n'y a ni crime ni délit lorsque le prévenu était en état de démence au temps de l'action, ni lorsqu'il y a été contraint par une force à laquelle il n'a pas pu résister (Voir Médecine à l'Index). Il s'agit d'une maladie mentale au sens large du terme, et à laquelle on assimile, sous certaines conditions, des états voisins (somnambulisme, ivresse).

● **Détention provisoire.** (Art. 144 et suivants du Code de procédure pénale.) *Condition* possible en matière correctionnelle si la peine encourue est de 2 ans de prison ou plus, si les obligations du contrôle judiciaire sont insuffisantes pour les autorités judiciaires, ou si la personne a été appréhendée au cours d'une enquête dans les conditions prévues par l'art. 53 et 73 (seuls outrages à agents, blessures par imprudence, vagabondage ou mendicité et certains délits de presse n'autorisent pas la détention provisoire). *Durée maximale :* 4 mois, mais le juge d'instruction peut prolonger ce délai par une ordonnance motivée considérée souvent comme nécessaire pour préserver l'ordre public dans certains crimes et délits (sa durée est alors indéterminée). Délai max. de la prolongation : 2 mois pour les délinquants primaires (1 seule prolongation). Pas de délai max. pour les récidivistes (renouvellement par périodes de 4 mois).

Le *détenu provisoire* peut conserver ses habits personnels, recevoir des visites plus nombreuses que les autres détenus et écrire davantage de lettres, communiquer librement avec ses avocats, sans témoin, dans une cellule du parloir, et leur écrire sans que les lettres soient ouvertes ni au départ ni à l'arrivée. Le reste du courrier est soumis à la censure. Le juge d'instruction peut, dans certains cas, interdire visites et courrier, pendant 10 j, renouvelables une fois. Le *détenu* n'est pas astreint au travail (obligatoire pour les condamnés, dans la mesure où il y a du travail à leur donner). S'il demande à travailler, il est mieux rémunéré qu'un condamné. Les policiers ne peuvent procéder à son interrogatoire, ni aux confrontations.

Détentions suivies d'un non-lieu, d'un acquittement ou d'une relaxe (équivalent de l'acquittement devant les tribunaux correctionnels) peuvent donner droit à une indemnisation (une détention de 2 ans suivie d'une condamnation à 3 mois de prison avec sursis ou d'une simple amende ne permet aucun recours). Une commission d'indemnisation (composée de 3 magistrats de la Cour de cass.) étudie la demande de dommages-intérêts si la détention a causé un préjudice « manifestement anormal et d'une particulière gravité ». (Jean-Marie Deveaux, accusé du meurtre d'une fillette et qui, après une première condamnation, bénéficia d'un acquittement en septembre 1969, a obtenu une indemnité de 125 000 F pour 8 années de prison subies à tort.)

● **Demande de mise en liberté.** L'inculpé, directement ou par l'intermédiaire de son avocat, peut la demander à tout moment. Lorsque l'inculpé est détenu, la demande peut être faite auprès du dir. de l'établissement pénitentiaire (art. 146-7 Code procédure pénale). Le juge d'instruction doit statuer dans les 5 j. Son refus est susceptible d'appel dans les 3 j ; la chambre d'accusation statue alors. Un inculpé libéré doit s'engager à répondre à toutes les convocations qui lui seraient adressées et à tenir informé le juge d'instruction de tous ses déplacements.

● **Diffamation.** Affirmation publique (tract, journal, livre, affiche, réunion publique) concernant une personne ou un corps constitué d'un *fait précis* qui porte atteinte à son honneur ou à sa considération, même sous forme interrogative ou dubitative. La reproduction publique d'une diff., même en citant la source, est une diffamation. Le diffamateur est condamnable même s'il a dit la vérité, lorsque les faits concernent la vie privée, s'ils remontent à plus de 10 ans ou s'ils ont été effacés par une amnistie ou une prescription.

L'*injure* est une expression outrageante, un terme de mépris ou une invective qui n'attribue *aucun fait précis* à l'injurié. Injure et diffamation sont des délits. La victime doit porter plainte dans les 3 mois.

● **Droits de l'homme.** Voir Index. Ligue créée en 1898. Pt Yves Jouffa (28-1-1920) dep. mars 1984 (avant Daniel Mayer, 1975 : Henri Noguères).

● **Ester en justice.** Intenter une action en justice ou y défendre.

● **Experts.** Auxiliaires de justice qui peuvent être désignés par toute juridiction pour les éclairer sur les questions techniques. Organisation établie par la loi du 29-6-1971 et le décret du 31-12-1974.

● **Flagrant délit. Définition.** Infraction qui est en train de se commettre ou qui vient de se commettre. L'auteur peut être « quelqu'un poursuivi par la clameur publique ou trouvé porteur d'indices ». Sont assimilés : crimes, délits et infractions commis à l'intérieur d'une maison. La *procédure de flagrant délit ou procédure de comparution immédiate :* elle peut être appliquée dans tous les cas sauf pour délits de presse, délits politiques, délits non punissables de prison et délits commis par des mineurs (art. 71-3 du Code de procédure pénale). Elle autorise la police à arrêter un particulier dans la rue ou un lieu public (gare, métro, café), à perquisitionner chez un particulier « paraissant avoir participé à l'infraction ou détenir des pièces et objets relatifs aux faits incriminés », et à fouiller une voiture. La police conduit la personne devant le procureur de la Rép. Celui-ci peut décider qu'un juge d'instruction sera chargé de l'affaire ou le présenter immédiatement devant le tribunal ou un magistrat délégué par le président.

A l'audience : le président du tribunal doit, sous peine de nullité du jugement, avertir l'accusé qu'il a le droit de demander un délai d'au moins 5 j, pour préparer sa défense et se faire assister éventuellement par un avocat. Une convocation de police *(citation à témoin)* dans le cadre d'une enquête de police est obligatoire.

Flagrant délit de vol. Selon l'art. 73 du Code de procédure pénale, toute personne peut appréhender l'auteur d'un crime ou d'un flagrant délit punissable d'une peine d'emprisonnement et la conduire devant l'officier de police judiciaire le plus proche. Un commerçant peut donc se saisir d'une personne surprise en train de voler.

Un client a, par contre, le droit de refuser de se soumettre à un contrôle par le commerçant (par ex. : présenter le contenu de son sac) et d'intenter une action en dommages-intérêts contre le commerçant s'il a appelé la police sans raison.

● **Fouilles.** Voir Perquisition.

● **Garde à vue.** *Durée :* 24 h (48 h si le procureur de la Rép. l'autorise par écrit, peut aller au-delà de 48 h pour les affaires de trafic de drogue ou d'atteinte à la sûreté de l'État). Le *délai* part (en cas d'arrestation ou de flagrant délit) de l'heure d'arrivée au commissariat ou à la gendarmerie, ou, s'il y a eu convocation, du début de l'interrogatoire. *Conditions :* ne peut être prolongée que par un officier de police judiciaire, ou par le juge d'instruction, le procureur de la Rép. (jamais par un inspecteur de police, un gendarme ou un gardien de la paix). Ni libre, ni détenue, la personne arrêtée est à la disposition de la police. Elle n'a pas le droit à l'assistance d'un avocat. Elle peut demander un examen médical (de droit après 24 h). Après 24 h, elle doit être obligatoirement conduite au procureur qui peut accorder une autorisation écrite prolongeant la garde à vue. Elle peut faire l'objet d'une *fouille corporelle* (f. « de sûreté ») pour lui retirer les objets utiles à la manifestation de la vérité ou dangereux pour elle-même ou pour autrui. La *fouille-perquisition,* ayant pour but la saisie d'objets et de documents, ne peut être effectuée qu'en flagrant délit ou en application d'une commission rogatoire avec accord de l'intéressé. La durée des interrogatoires et des repos doit être portée sur le registre des gardes à vue et des procès-verbaux d'interrogatoire.

Garde à vue. Des mineurs. Doit être réduite au strict minimum et entourée des précautions destinées à éviter toute promiscuité.

● **Grâce.** Remise par le Pt de la Rép. de tout ou partie de la peine prononcée contre un individu par un tribunal répressif. **Grâce amnistiante.** Mesure intermédiaire entre la grâce et l'amnistie. La loi définit les catégories de condamnés susceptibles d'être amnistiés ; le Pt de la Rép. individualise ensuite les bénéficiaires par décret.

● **Greffier.** Assiste les magistrats à l'audience, dresse les actes du greffe, délivre des expéditions des jugements ou des arrêts. Il est le dépositaire des minutes et des archives. Dep. 1965, les greffiers titulaires de charges sont devenus fonctionnaires. Il existe désormais un secrétariat-greffe, dirigé par un greffier en chef, assisté de greffiers. *Au trib. de commerce :* le greffier, officier ministériel, titulaire d'une charge, a été maintenu.

● **Habeas corpus** (en latin « que tu aies ton corps », sous-entendu *ad subjiciendum,* « pour le produire devant le tribunal »). Nom d'un des textes les plus célèbres dans l'histoire de la liberté, adopté par le parlement anglais en 1679. Sur une demande qui leur est faite, les juges doivent délivrer un *writ d'habeas corpus,* acte délivré par la juridiction compétente enjoignant au greffier de faire paraître le détenu devant la Cour, qui statuera alors sur la validité de l'arrestation.

● **Huissier de justice.** *Statut :* officier ministériel nommé par le garde des Sceaux, chargé de signifier aux intéressés les actes et exploits, de procéder à l'exécution des décisions de justice ainsi que des actes en titre de forme exécutoire. Il exerce, sauf exception, dans le ressort du tribunal d'instance de sa résidence, chargé souvent de faire des constats à la demande des particuliers ou des magistrats. Il existe également des *huissiers-audienciers* choisis parmi les huissiers pour assister les juges pendant les audiences des tribunaux. *En dehors de son monopole,* l'huissier peut procéder au recouvrement amiable des créances, à des ventes publiques de meubles et d'effets mobiliers (sauf dans la commune où est installé un commissaire-priseur), à des constats matériels. Il peut être administrateur d'immeubles, agent d'assurances, correspondant de Caisse d'épargne, secrétaire de coopérative agricole, en dehors de ses prérogatives d'officier ministériel.

Le constat : peut être demandé par un particulier ou ordonné par un tribunal, il n'implique aucune conséquence juridique mais atteste un fait matériel. En cas de chèque sans provision, l'h. délivre un titre exécutoire 20 j après la signification demeurée infructueuse du certificat de non-paiement de la banque (11-7-1985). *Saisie mobilière :* l'h. est choisi en fonction de son ressort territorial, il est muni du « titre exécutoire ». S'il n'y a rien à saisir, il établit un procès-verbal de carence ; s'il y a des biens à saisir, il dresse un procès-verbal de saisie pour procéder ensuite à la vente. *Nombre* (1984) : 2 822 (143 à Paris) assistés de 10 800 clercs.

● **Identité (pièces).** Carte d'identité nationale (non obligatoire, mais la moins contestée), passeport, permis de conduire, livret de famille, carte d'électeur, de Sécurité sociale.

Étrangers : ils doivent établir la régularité de leur séjour en France (visa sur leur passeport). La vérification des cartes de travail et des bulletins de paie par la police est un abus de droit.

Automobiliste : le permis suffit à établir son identité. Le contrôle de l'identité des *passagers* est un abus de pouvoir, sauf s'ils ont commis une infraction (par ex. : ceinture de sécurité non bouclée). Le *passager d'un taxi* peut être contrôlé selon les règles applicables aux vérifications dans la rue.

Vérification d'identité (procédure de). Toute personne dont il apparaît nécessaire au cours de recherches judiciaires d'établir ou de vérifier l'identité doit, à la demande de tout officier de police judiciaire ou de l'un des agents de police judiciaire, se prêter aux opérations qu'exige cette mesure ; la prise d'empreintes digitales ou de photographies n'est autorisée que si elle est « impérativement nécessaire à l'établissement de l'identité de la personne interpellée », et est pratiquée dans le cadre d'une enquête pour crime ou délit flagrant, ou d'une enquête préliminaire, ou d'une commission rogatoire, ou de l'exécution d'un ordre de recherche demandé par une autorité judiciaire.

● **Incompétence d'un tribunal.** Défaut d'aptitude d'une juridiction à connaître d'une demande ; peut être relative, absolue, d'ordre public. *Motifs : ratione materiae,* si le tribunal n'est pas habilité à juger cette matière (ex. : le tribunal de commerce pour une affaire civile auquel il est reproché d'avoir commis) ; *ratione loci,* si le trib. n'est pas celui du lieu du domicile du défendeur ; *ratione quantitatis,* si le litige dépasse un certain montant (voir trib. d'instance).

● **Inculpé d'une infraction, poursuivi devant une juridiction répressive.** Ses déclarations sont consignées par écrit : le juge d'instruction en dicte un résumé à son greffier. L'inculpé a intérêt à la relire soigneusement avant de la signer, il peut faire ajouter ou retrancher certains éléments. Voir Détention provisoire.

● **Instruction. 1) Enquête préliminaire.** EN CAS DE CONTRAVENTION, CRIME OU DÉLIT, le procureur (parquet) ordonne une enquête préliminaire qu'il confie à la police judiciaire ; celle-ci agit parfois d'elle-même, si elle n'est pas encore requise par le parquet (voir ci-dessous).

2) Au reçu de l'enquête. Le procureur peut la classer sans suite, ou saisir le *tribunal de police* ou renvoyer les auteurs devant le *tribunal correctionnel* en cas de délit dont les preuves lui paraissent suffisamment établies. S'il s'agit d'un crime ou d'un délit sur lequel la lumière n'a pas encore été faite, il requiert le juge d'instruction.

3) Le juge d'instruction (juge du tribunal de grande instance délégué dans ces fonctions par décret). Procure à la juridiction de jugement les éléments nécessaires pour statuer. Délivre mandat de dépôt de l'inculpé à la maison d'arrêt si la détention préventive lui semble nécessaire à la manifestation de la vérité.

Dep. le 8-12-1897, l'avocat de l'inculpé peut avoir accès au dossier ; dep. le 17-7-1970, le juge doit (sauf en matière criminelle) motiver la mise en détention provisoire (délai limité à 6 mois dep. le 6-8-1975 pour certains inculpés), et dep. le 9-7-1984 un débat contradictoire est institué à cette occasion.

4) L'inculpé. Peut demander d'être mis en liberté provisoire. Le parquet doit donner son avis, disant ne pas s'y opposer. Cet avis ne lie pas le juge d'instruction qui peut par ordonnance accepter la demande ou la rejeter. Si l'inculpé ou la partie civile ou le *ministère public* (le procureur) font appel de l'ordonnance du juge, la chambre d'accusation en connaît. (Section de la cour d'appel : elle comprend 3 magistrats et 1 membre du parquet général pour le ministère public.)

5) Pendant l'instruction. Le procureur peut exercer un contrôle sur la procédure. Il peut demander le dossier et réclamer au juge certains actes d'instruction (ex. : perquisitions, auditions de témoins, inculpations nouvelles). Le juge peut toujours refuser de donner suite à ces demandes et prendre par ordonnance une décision contraire.

6) Le juge clôt l'instruction. S'il estime l'inculpation non fondée, il rend une ordonnance de non-lieu ou au contraire une ordonnance de transmission au parquet général (s'il s'agit d'un crime) qui saisira la chambre d'accusation. La chambre complète éventuellement le travail du juge instructeur avant de renvoyer l'accusé devant la cour d'assises. Si le juge d'instruction estime que les charges retenues contre l'inculpé sont suffisantes, il rend une ordonnance de renvoi devant le *tribunal de police* en cas de simple contravention (ex. : coups et blessures légers) ; ou le *trib. correctionnel*, en cas de délit (ex. : violences à agents ou détention d'explosifs) ou *la cour d'assises*, en cas de crime (ex. : homicide ou vol qualifié) ou le *trib. pour enfants* si l'inculpé a moins de 18 ans.

● **Internement psychiatrique.** Le préfet de police à Paris et les commissaires de la république dans les départ. peuvent ordonner d'office le placement dans un établ. psychiatrique de toute personne « dont l'état d'aliénation compromettrait l'ordre public ou la sûreté des personnes » (article 343 du code de la santé publique). En cas d'urgence, attesté par un certificat médical ou par « la notoriété publique », les commissaires de police, à Paris, et les maires, dans les autres communes, peuvent ordonner le placement provisoire des aliénés, à charge d'en référer dans les 24 h au com. de la rép., seul habilité à signer l'arrêter d'internement (article 344 du Code de la santé publique). La loi prévoit que 2 certificats médicaux, l'un dans les 24 h de l'admission à l'hôpital, l'autre sous quinzaine sont établis et transmis au com. de la rép. Ils concluent à la nécessité de maintenir ou non le placement compte tenu de l'évolution de l'état du malade (articles 333 et 336 du Code de la santé publique). Il est mis fin au placement d'office par arrêté du com. de la rép. L'internement psychiatrique est sous le contrôle de l'autorité judiciaire. Le procureur de la République en est informé. La personne en ayant fait l'objet, sa famille, ses proches et le procureur de la République peuvent saisir, à tout moment, le juge judiciaire qui, statuant sans délai, peut mettre fin au placement (art. 351 du Code de la santé publique). Le procureur de la République et certaines autorités administratives doivent effectuer des visites périodiques dans les hôpitaux psychiatriques.

Droits de l'interné. Toute personne soignée dans un établissement public ou privé peut recevoir des communications téléphoniques, du courrier personnel, des visites, refuser tout traitement et prendre conseil d'un médecin de son choix ; saisir le président du tribunal de grande instance du lieu de la situation de l'établissement, qui statue en référé sur la sortie immédiate.

● **Interpellation.** On peut demander à tout civil qui vous interpelle de présenter sa carte officielle de police et refuser de lui montrer ses papiers s'il refuse. On peut ne pas répondre à une *convocation* du commissariat sans donner d'explication, sauf en cas de procédure de flagrant délit. Dans ce cas, le procureur de la Rép. peut contraindre par la force les personnes convoquées à comparaître et à déposer. Le témoin cité pour être entendu par un officier de pol. judiciaire au cours de l'exécution d'une commission rogatoire doit comparaître, prêter serment et déposer. Sinon, il risque 2 500 à 5 000 F d'amende. *Si l'on se rend au commissariat,* on peut refuser de répondre, et se contenter de donner son identité en ajoutant : « Je n'ai rien à déclarer. » On peut ne pas signer le procès-verbal. Un policier ou un gendarme ne peut pénétrer dans un domicile s'il n'est porteur d'une autorisation du juge d'instruction ou sans accord exprès de l'occupant. L'officier de pol. judiciaire peut aussi pénétrer d'initiative au domicile d'une personne dans le cadre d'une enquête en flagrant délit. Les off. de pol. et agents de pol. jud. qui les secondent peuvent relever des empreintes digitales et prendre des photos, soit d'initiative au cours d'une enquête judiciaire dans le cadre d'une mesure de garde-à-vue (hors ce cadre, avec l'autorisation de la personne concernée), en vue de la réunion d'éléments de preuves d'un crime ou d'un délit, soit avec l'accord de l'autorité judiciaire, dans le cadre d'une enquête judiciaire, en vue d'établir l'identité d'une personne.

● **Juge.** Voir Magistrat.

● **Jugement.** Décision des tribunaux. Voir Procès p. 695.

● **Juré.** *Recrutement* (dep. le 1-1-1980, cf. loi du 28-7-1978). Tout citoyen français inscrit sur les listes électorales, âgé de plus de 23 ans, sachant lire et écrire en français, peut être juré.

Cas d'incapacité et d'incompatibilité : personnes ayant fait l'objet d'une peine criminelle ou d'une condamnation à 1 mois d'emprisonnement pour crime ou délit ; officiers ministériels destitués de leur fonction ; fonctionnaires et agents de l'État, des départements et communes révoqués de leur fonction ; interdits (majeur en tutelle, en curatelle) ; personnes placées dans des établissements psychiatriques, occupant certaines hautes fonctions politiques, administratives ou de police. *Sont dispensés :* septuagénaires, et ceux qui ont été jurés pendant l'année courante ou l'année précédant l'inscription, ou jurés dans le dép. depuis + de 5 ans.

En avril, un arrêté préfectoral de répartition indiquait pour chaque commune le nombre de citoyens à inscrire en qualité de juré éventuel et demandait au maire une liste préparatoire comportant 3 fois plus de noms que le nombre attribué à la commune. Cette liste est établie sur tirage au sort public à partir de la liste électorale. Le maire doit avertir les personnes tirées au sort. A partir de ces listes, une commission établit une liste annuelle. La commission comprend le Pt de la cour d'appel, ou celui du trib. de grande instance où siège la cour d'assises, 3 magistrats du siège désignés chaque année par l'assemblée générale de la juridiction, le procureur général ou le procureur de la Rép., le bâtonnier de l'Ordre des avocats, 5 conseillers généraux désignés chaque année par le Conseil général (à Paris, désignés par le Conseil de Paris). La commission en exclut les personnes qui ne remplissent pas les conditions, et statue sur les requêtes présentées par les maires. *La liste annuelle* est établie par tirage au sort (*nombre de jurés :* Paris 1 800, ailleurs 1 juré pour 1 300 hab. ; minimum 400 par département), ainsi qu'une liste de jurés suppléants (600 pour Paris, 200 pour les cours d'assises des Bouches-du-Rh., 100 pour les autres dép.). *Liste de session :* 30 j au moins avant l'ouverture des assises. Le 1er Pt de la cour d'appel ou le Pt du trib. de grande instance du siège de la cour d'assises tirent au sort, en audience publique, sur la liste annuelle, les noms de 35 jurés (+ 10 jurés suppléants sur la liste spéciale). Le préfet avertit les jurés désignés 15 j avant l'ouverture de la session.

Pour chaque affaire criminelle, le *jury* (9 jurés) est tiré au sort sur cette liste de session. La défense peut récuser 5 jurés, le représentant de l'accusation 4. Tout juré qui, sans motif légitime, ne se présente pas à la session d'assises peut être condamné à une amende de 100 F la 1re fois, 200 F la 2e, 500 F la 3e (loi du 28-7-1978).

Quelques dates

1791 (loi des 16/29-9) jury populaire institué (12 jurés statuent sur les faits, c.-à-d. sur la seule culpabilité. **1832** les jurés peuvent reconnaître des circonstances atténuantes. **1853** (loi du 4-6) impose des conditions d'âge, de moralité et crée des commissions de sélection établissant des listes pour le tirage au sort. **1878** (loi du 28-7) rétablit le système initial du tirage au sort à partir des listes électorales (appliqué dep. le 1-1-1980). **1932** (loi du 5-3) conserve aux seuls jurés la reconnaissance de la culpabilité mais les réunit aux magistrats pour déterminer la peine. **1941** (loi du 25-11) associe magistrats (3) et jurés (6) dans la détermination de la culpabilité et de la peine. **1945** (loi du 20-4) 7 jurés, majorité de 6 voix peut être obtenue par 3 voix de magistrats et 3 voix de jurés. **1958** (loi du 23-12) 9 jurés, majorité de 8 voix pour les votes sur la culpabilité.

● **Légitime défense.** Droit de riposter par la violence à une infraction actuelle, injuste et non provoquée, dirigée contre soi-même ou autrui : coups ou violences graves envers des personnes ; escalade ou effraction, de jour ou de nuit des clôtures, murs ou entrée d'une maison ou d'un appartement ; de nuit, défense contre les auteurs de vols ou de pillages exécutés avec violence. La riposte doit être immédiate et proportionnée à l'agression ; les actes sont alors « excusables ». L'agressé doit faire la preuve de la légitime déf. (art. 328-329 Code pénal).

● **Libération conditionnelle.** Réservée aux condamnés ayant accompli la moitié de leur peine (3 mois si la peine est inf. à 6 m.), ou : 2/3 en cas de récidive (6 m. si peine de − de 9 m.). *Réclusion criminelle à perpétuité :* ils doivent avoir accompli 15 ans. Un condamné à perpétuité bénéficie au bout de 10 ans de détention d'un décret de grâce commuant sa peine en 20 ans de prison. Il fera donc au max. 30 ans de prison. Après 15 ans il pourra espérer la lib. cond. *Modalités d'exécution* fixées dans la décision : nature et durée des mesures d'assistance et de contrôle (visa régulier du carnet du libéré par la gendarmerie, assignation à domicile, visites au juge de l'application des peines, traitements anti-alcooliques, remboursement de la victime de l'infraction). En cas d'inobservation, la libération peut être révoquée. *Décision :* condamnés à − de 3 ans de prison, par le juge de l'application des peines après avis d'une commission ; c. à + de 3 ans, par le min. de la J. sur proposition établie par une commission locale dont fait partie le J.A.P. (juge de l'application des peines). *En 1984,* le juge de l'application des peines a accordé 4 242 mesures de lib. cond. et le min. de la J. 591.

● **Loi anticasseurs** (8-6-1970). Abrogée, Voir Quid 1982, p. 1647. Loi sécurité et liberté (2-2-1981). Abrogée ou révisée par la loi du 83-446 du 10-6-83.

● **Magistrats. Effectifs** (au 1-1-1986). **Total** (prévu au budget). Détachés 140. **Cour d'appel.** *Métropole* 1 035 : siège 798, parquet 237, *DOM-TOM* s. 36, p. 14. **Trib. grande instance.** *Métropole* s. 3 224, p. 992, *DOM* s. 82, p. 25, *TOM* s. 29, p. 10. **Tribunaux supérieurs d'appel** (St-Pierre-et-Miquelon, Mayotte) s. 2, p. 2. **Juges d'instruction.** *Métropole* 534, **juges d'enfants** 258. *DOM* 13 juges d'instruction et 7 juges pour enfants, *TOM* 5 juges d'instruction, 2 juges pour enfants.

Effectifs prévus à la sortie de l'Éc. nat. de la magistrature (E.N.M.). *1982 :* 206. *83 :* 235. *84 :* 320. *85 :* 243. *86 :* 236. *87 :* 240.

Recrutement (1986, prév.). 316 dont E.N.M. 236, intégration directe 40, titre temporaire 40.

● **Majorité (pénale et civile).** 18 ans. *Cas de mineurs* de 16 à 18 a. : ils relèvent du tribunal pour enfants ou de la cour d'assises des mineurs. Au-dessous de 16 a. : (à l'époque de l'infraction), ils relèvent du trib. pour enf., même s'ils ont commis un crime. Avant 13 a., aucune condamnation ne peut être prononcée ; le mineur bénéficie d'une irresponsabilité légale absolue. Le Pt de la cour d'assises doit obligatoirement demander aux jurés s'il y a lieu d'appliquer à l'accusé une condamnation pénale et de l'exclure de l'excuse atténuante de minorité.

● **Mandat. De comparution :** ordre adressé à l'inculpé de se rendre au cabinet du juge à un jour et une heure déterminée. L'inculpé se présente librement. S'il fait défaut, le juge peut lancer contre lui un mandat d'amener. **D'amener :** ordre donné à la force publique, par le juge d'instruction, de conduire immédiatement l'inculpé devant lui, mais non de le détenir de façon prolongée. La police ou la gendarmerie est chargée de notifier et d'exécuter ce mandat. **De dépôt :** ordre donné par le juge au directeur ou au surveillant-chef d'une maison d'arrêt de mettre un inculpé en état de détention. **D'arrêt :** permet de rechercher et d'arrêter un inculpé en fuite et de le détenir d'une façon prolongée. Ne peut être lancé que si le délit est punissable d'une peine égale ou supérieure à 2 ans de prison.

Mandats d'arrêt et d'amener autorisent la police à pénétrer de force dans le domicile de l'inculpé (entre 6 et 21 h). Une fois incarcéré, l'inculpé doit être interrogé dans les 48 h par le juge d'instruction, sinon il est considéré comme arbitrairement détenu.

Si la personne recherchée se trouve à l'étranger, on lance un *mandat d'arrêt international* ou on entame une *procédure d'extradition*. En général, crimes et délits de caractère politique ne peuvent donner lieu à extradition. Pour un *étranger* réfugié en France, la chambre d'accusation de la cour d'appel se prononcera sur le bien-fondé de la demande d'extradition formulée par le gouvernement étranger.

Ces mandats sont délivrés par un juge d'instr. Une copie du mandat doit être remise à la personne qui en est l'objet. Ils ne peuvent jamais être collectifs, et doivent préciser l'identité exacte de l'inculpé, la nature de l'inculpation et les articles de loi applicables.

● **Parquet (ou ministère public).** Le terme de *parquet*, conservé en souvenir de l'époque où le représentant du roi ne prenait pas place, comme aujourd'hui, sur l'estrade, non loin des juges, désigne aujourd'hui la partie du palais de justice où se trouve bureaux et services du ministère public : ensemble des magistrats chargés de requérir l'application de la loi et de veiller aux intérêts généraux de la société. Ils sont amovibles et placés sous les ordres du garde des Sceaux, min. de la Justice ; ils reçoivent des instructions écrites auxquelles ils sont obligés de se conformer (« La plume est serve »), mais peuvent parler selon leur conscience à l'audience (« La parole est libre »). *Composition* (suivant les tribunaux) : *Cour de cassation* : 1 procureur général, 1 premier avocat gén. et des avocats gén. *Cour d'appel* : 1 procureur, des avocats gén. et des substituts gén. *Trib. de grande instance* : le procureur de la République, parfois un procureur adjoint et 1 ou plusieurs substituts et premiers substituts.

● **Peines. Criminelles** ; réclusion criminelle (la peine de mort a été abolie le 9-10-1981, les travaux forcés ont été abolis en 1960). **Correctionnelles** : emprisonnement de plus de 2 m. à 5 a. (ou plus élevé pour des affaires de drogue et de proxénétisme) ; amende de plus de 10 000 F. **De simple police** : emprisonnement 2 m. max. ou 10 000 F d'amende max. **Accessoires** : dégradation civique, interdiction légale, interdiction de séjour, suppression de certains droits civils, suspension du permis de conduire.

Un condamné est généralement obligé de payer les frais de justice (qui sont assez élevés quand l'instruction a été longue et a donné lieu à des expertises) et, s'il y a une partie civile, les dommages-intérêts. S'il bénéficie d'un *sursis*, il n'effectue sa condamnation que si, dans les 5 ans à venir, il encourt une nouvelle peine.

Dispense. Le trib. peut dispenser de peine ou ajourner le prononcé de peine lorsque le reclassement du prévenu est (ou est en voie d'être) acquis, que le dommage causé est (ou est en voie d'être) réparé et que le trouble résultant de l'infraction a cessé (ou *va cesser*). *Sursis.* Le juge peut le prononcer pour tous les prévenus sauf ceux condamnés depuis 5 ans. Le sursis peut être assorti du régime de la *mise à l'épreuve* (mesures de surveillance, d'assistance, d'obligations particulières). La soumission à ces mesures et leur exécution sont une condition supplémentaire de la dispense d'exécution de la peine.

Mesures de remplacement. Emprisonnement (15 j à 6 mois) ; il peut, à la discrétion du juge, être remplacé par des mesures liées à la nature de l'infraction (suspension du permis de conduire pour une durée déterminée, interdiction pendant 5 ans de détenir ou porter une arme, retrait du permis de chasse...).

Remise de peine. Décision administrative accordée généralement pour bonne conduite et dispensant d'une partie de la peine.

● **Perquisitions. Cas possibles :**

1) Cas de crime ou délit flagrant. L'O.P.J. (officier de police judiciaire) peut perquisitionner au domicile de toutes les personnes « qui paraissent avoir participé au crime ou détenir des pièces ou objets relatifs aux faits incriminés » (extrait art. 56 C.P.P.). *L'enquête de flagrance* peut se prolonger après la constatation des faits, avant l'ouverture d'une information, le temps nécessaire à des investigations complètes et ininterrompues (notion de continuité et d'enchaînement des procès-verbaux) ; la loi fixe le départ de l'enquête, mais pas sa durée. L'accord de la personne chez qui l'on perquisitionne n'est pas nécessaire.

2) Cas d'enquête préliminaire. Menée par les O.P.J., et les agents de police judiciaire, sur les instructions du procureur de la Rép. ou d'office. Le responsable de l'enquête doit obtenir préalablement une autorisation écrite et signée de la personne chez laquelle a lieu la perquisition (art. 75 et 76 C.P.P.). Seuls les O.P.J. peuvent faire une perquisition.

3) Cas d'une enquête en vertu d'une commission rogatoire. Délivrée par un juge d'instruction à un O.P.J., cette pièce n'est pas un « mandat » (elle ne mentionne généralement personne nommément et se contente d'autoriser « tous actes utiles à la manifestation de la vérité, y compris perquisitions, saisies ou autres actes prévus par le C.P.P. »). Dans certains cas particuliers (pour complément d'enquête), elle pourra être plus précise. S'il y a une commission rogatoire et si l'on s'oppose à la perquisition avec violences et voies de fait, on commet un délit de rébellion (art. 209 C. pénal). À l'issue de la perquisition, seul l'O.P.J. peut procéder à la saisie des pièces à conviction (art. 97 C.P.P.).

Cas spéciaux. *Perquisitions dans un cabinet d'avocat* (voir p. 691) ; *de médecin* : si la question du secret prof. se pose, le magistrat effectuera lui-même la perquisition. *Dans un local universitaire* : l'O.P.J. peut perquisitionner sans l'autorisation écrite du procureur gén. ou de l'un de ses substituts ou du procureur de la Rép. après avoir requis le chef d'établissement. *Dans une ambassade* l'O.P.J. ne peut perquisitionner sans la réquisition de l'ambassadeur. *Fouille-perquisition.* Voir Index.

Fouille d'un véhicule. Assimilée à une perquisition. **Fonctionnaires autorisés à fouiller les véhicules.** *O.P.J., police nationale ou gendarmerie* : en cas de crime ou délit flagrant, ou dans l'exécution des commissions rogatoires (dep. le 12-1-1977). *Agents des douanes* (conditions territoriales variables). *Fonctionnaires des P.T.T., employés des douanes aux frontières, gendarmerie nationale, et tous les agents de l'autorité* ayant qualité de constater délits et contraventions, et pouvant opérer saisies et perquisitions sur toutes personnes qui, en raison de leur profession ou de leur commerce, font habituellement des transports d'un lieu à l'autre. Ils peuvent éventuellement se faire assister, en cas de nécessité, de la force armée ; le refus de fouille en matière douanière est un délit d'opposition à fonctionnaire. *Agents des contributions indirectes* : constatations des contraventions sur les alcools.

Perquisitions nocturnes. Interdites entre 21 h et 6 h (mais une perquisition commencée avant 21 h peut se poursuivre au-delà). *Cas d'exception* : réclamation venant de l'intérieur d'une maison, incendie, inondation, péril certain, consentement écrit et donné librement par l'intéressé, maisons d'accouchement et de jeux, lieux publics (cafés, hôtels, théâtres, salles de réunions), lieux ouverts au public ou utilisés par le public lorsqu'il a été constaté que des pers. se livrant à la prostitution y sont reçues habituellement, lieux livrés notoirement à la débauche, établissements industriels, commerciaux ou agricoles où l'on travaille la nuit (il s'agit alors de visites et non de perquisitions), lieux où l'on use de stupéfiants.

En cas d'état de siège l'autorité militaire peut perquisitionner de jour et de nuit, *d'état d'urgence* les autorités administratives (min. de l'Intérieur, commissaire de la Rép.) peuvent être autorisées à perquisitionner de jour et de nuit.

Perquisitions et saisies. Doivent se dérouler *en présence de celui chez qui elles ont lieu.* S'il est : détenu, il peut être conduit sur les lieux (perquisitions) ; absent, il peut se faire représenter. Sinon, l'O.P.J. désigne 2 témoins pris en dehors des policiers ou du personnel judiciaire. Les *saisies* sont inventoriées dans un procès-verbal et placées sous scellés, qui seront ensuite ouverts, et, s'il s'agit de documents, dépouillés dans le cabinet du juge d'instruction, en présence de l'intéressé, assisté éventuellement d'un avocat. L'intéressé peut par l'intermédiaire de son avocat : obtenir la photocopie des documents dont la saisie est maintenue ; réclamer la restitution des objets saisis, sauf si la confiscation en a été ordonnée.

● **Prescription.** Écoulement d'un délai pendant lequel un droit reste en vigueur, ou pendant lequel (en matière pénale) les infractions peuvent être poursuivies et sanctionnées.

P. acquisitive. Peut être invoquée par tout possesseur d'un bien immobilier (sans qu'on puisse exiger de lui la production d'un titre quelconque, ou lui opposer sa mauvaise foi), si sa possession a duré pendant 30 ans au moins de façon continue, paisible (sans aucune réclamation), publique, non équivoque et à titre de propriétaire. La durée de la possession exigée, s'il y a bonne foi et juste titre, est *réduite* à 10 ans, si le véritable propriétaire habite dans le ressort de la cour d'appel de l'immeuble ; à 20 ans s'il est domicilié dans un autre ressort. Elle est *interrompue* par la perte de la possession pendant plus d'un an [plus, en cas d'un certain nombre d'actes *du créancier* : citation en justice, exploits d'assignation ; demandes (incidentes, reconventionnelles, en intervention ou garantie, formées par acte d'avoué à avoué, ou par simples conclusions) ; commandement (un huissier met le débiteur en demeure de s'exécuter) ou saisie (peut se faire sur salaire, meubles ou bien mobilier du débiteur) ; *du débiteur* : s'il a reconnu le fait].

Ne pas confondre *interruption* [arts 2242 et suiv. (civ.)] avec la *suspension* (mineurs et majeurs en tutelle, art. 2252).

P. extinctive. Éteint une dette, ou tout au moins facilite au débiteur la preuve de sa libération. Les prescriptions de 6 mois à 2 ans, fondées sur une présomption de paiement, ne constituent pas un moyen de libération pour le débiteur s'il résulte de ses déclarations ou de son système de défense qu'il n'a pas payé ce qu'on lui réclame. S'il n'avoue pas sa dette, le créancier peut lui déférer le serment, c.-à-d. l'obliger à affirmer si la chose a réellement été payée.

● **Prescriptions les plus courantes. Trentenaire (30 ans)** : droit commun. S'applique à : *tous les droits* (sauf le droit de propriété imm. qui ne se perd pas par le non-usage) ; actions des *marchands* pour les marchandises vendues à des particuliers non marchands ; actions dérivant d'un *contrat d'assurances* (prescriptions ne jouant que dans les rapports entre l'assuré et l'assureur).

20 ans : peines prononcées par une cour d'assises.

10 ans (décennale) (action) : responsabilité contre *architectes et entrepreneurs* ; en *nullité* (ou en *rescision*) d'un *contrat* ; entre copropriétaires ou entre copropriétaires et syndics ; contre les banques (celles-ci doivent conserver leurs archives 10 ans).

5 ans (quinquennale) : action du *mineur* contre son tuteur légal, les organes de tutelle ou l'État (le délai court à compter de la majorité) (art. 475 C. civ.) ; salaires et heures supplémentaires, indemnités de préavis ; *créances payables à terme périodique*, notamment arrérages des *rentes perpétuelles et viagères et des pensions alimentaires, loyers* des maisons et *fermages, intérêts* des sommes prêtées, et généralement, tout ce qui est payable par année ou à terme plus court.

4 ans : pensions publiques, allocation chômage, d'aide publique, impôts non payés par le contribuable (toutes créances sur l'État, les départements, les communes, les établ. publics).

3 ans : action en restitution de loyers payés à tort ; validité d'un chèque bancaire ; action en responsabilité contre les gérants de S.A.R.L. ; action d'un locataire contre son propriétaire pour ce qui est des loyers et charges des locaux soumis à la loi de 1948 (art. 2 272, C. civ.).

2 ans : action des *médecins, chirurgiens, chirurgiens-dentistes, sages-femmes* et *pharmaciens* pour leurs visites, opérations et médicaments, accidents du travail, prestations des caisses d'all. fam. et vieillesse, all. chômage Assedic ; *mandats postaux* (si le paiement ou remboursement n'a pas été réclamé dans les 2 ans à partir du versement des fonds ils sont définitivement acquis à l'administration) ; *réclamation d'un commerçant* pour les marchandises vendues à des particuliers (et réciproquement), notamment dans le domaine de la facturation ; *actions entre les Stés d'assurances* et leurs assurés ; *réclamations concernant une facture E.D.F. ou G.D.F.* ; *action des assurés sociaux* pour le paiement de prestations dues par la Séc. soc. ; actions se rapportant aux *baux commerciaux* ; *contraventions* prononcées ou passibles du tribunal de police.

1 an : actions des *huissiers* pour le salaire des actes qu'ils signifient et des commissions qu'ils exécutent ; des *maîtres de pension*, pour le prix de pension de leurs élèves, et des autres maîtres pour le prix de l'apprentissage ; des *employés de maison* se « louant à l'année » pour le paiement de leur salaire ; *contrat de transport* de marchandises par terre ; *du porteur d'une lettre de change* à l'encontre du tireur ou de l'en-dosseur ; *action en appel de garantie du Fonds de garantie auto*, après un accident mettant en cause un automobiliste non assuré ou coupable d'un délit de fuite.

6 mois : action des *maîtres et instituteurs* pour des leçons qu'ils donnent au mois ; des *hôteliers et restaurateurs* pour le logement et la nourriture qu'ils fournissent ; des *ouvriers* et gens de travail pour le paiement de leurs journées, fournitures et salaires.

2 mois : reçu pour solde de tout compte signé par un salarié à son employeur ; chèque postal ; décision prise en assemblée générale de copropriétaires.

Procès en 1re instance

• **Début de la procédure. En matière civile,** il a lieu en principe devant le tribunal de grande instance. Demande en justice : formée par assignation (huissier de justice) avec, sauf exception, constitution obligatoire d'avocat.

Le demandeur doit alors *constituer avocat* dans le délai de 15 j à compter de l'assignation. Le tribunal est saisi par la remise au secrétariat-greffe d'une copie de l'assignation. Les conclusions sont notifiées et les pièces communiquées par l'avocat de chacune des parties à celui de l'autre partie. Le déroulement de la procédure est surveillé étroitement par le juge de la mise en état qui a des pouvoirs très étendus.

En matière pénale, la citation est délivrée par huissier à la requête du ministère public (art. 550 et suivants du Code de procédure pénale) avant l'audience ; elle énonce les faits reprochés et vise le texte qui les réprime. La procédure de *saisine directe* a été substituée à celle de flagrant délit.

• **Audiences. En matière civile** *(non publiques)* : pour certains litiges (divorce, désaveu de paternité, reconnaissance d'enfants naturels...). L'emploi de magnétophones, d'appareils photos ou de caméras est interdit.

En matière pénale *(publiques)* : l'accusé qui trouble l'ordre peut être expulsé : les débats se poursuivent sans lui. Il reviendra pour entendre le jugement. S'il résiste lors de son expulsion ou injurie le tribunal, il peut être condamné immédiatement. Les portes doivent être laissées ouvertes. Le tribunal ordonne le *huis clos* s'il estime que la publicité des débats est dangereuse pour l'ordre public et les bonnes mœurs, ou si l'accusé a moins de 18 ans. Le président peut aussi interdire la salle aux mineurs ou à certains d'entre eux. Il assure la police de l'audience. Il peut : faire expulser tout spectateur qui troublerait les débats (si celui-ci résiste ou cause du tumulte, il peut être sur-le-champ arrêté, jugé et condamné) ; faire évacuer la salle en cas de troubles graves ou de manifestations favorables ou défavorables à l'accusé.

• **Débats. En matière civile,** le président donne la parole successivement aux avocats des parties. Il est assez rare qu'il admette la réplique d'un avocat après une plaidoirie. S'il l'estime nécessaire, le plus souvent dans l'intérêt de la loi, le représentant du ministère public peut demander à être entendu, à une audience ultérieure, dans le développement de ses conclusions.

En matière pénale, le président dirige les débats. Il s'assure de l'identité exacte des accusés. Il fait procéder à l'appel des témoins de l'accusation et de la défense, qui passent ensuite dans une pièce qui leur est réservée. Il rappelle les faits reprochés et interroge l'accusé.

Le ministère public, la partie civile (s'il y en a une) et l'avocat de la défense peuvent aussi interroger l'accusé, mais par l'intermédiaire du président (un étranger peut demander un interprète). Après l'interrogatoire, le président passe à l'audition des témoins. Il peut leur poser des questions. Le procureur et les avocats de la partie civile et de la défense peuvent le faire aussi par son intermédiaire.

La parole est ensuite donnée à l'avocat de la partie civile (s'il y en a une), qui précise la nature et le montant de la réparation que la victime réclame. Puis le ministère public prononce son réquisitoire, réclame les peines ou « l'application de la loi ».

L'avocat de la défense et l'accusé lui-même ont ensuite la parole (le ministère public et la partie civile peuvent leur répondre mais l'accusé et son avocat doivent toujours avoir la parole en dernier). Les débats sont alors clos.

• **Jugement. En matière civile,** les jugements sont presque toujours rendus à une date ultérieure, après les plaidoiries des avocats. **En matière pénale,** *pour des affaires simples,* le président se tourne vers ses assesseurs et prononce aussitôt le jugement. *Pour des affaires plus compliquées,* le tribunal se retire dans une pièce attenante. Souvent, le président annonce que le jugement sera rendu lors d'une audience ultérieure dont il fixe la date (l'affaire est *mise en délibéré*). *En cour d'assises,* le jury de 9 citoyens assistés du président et de ses 2 assesseurs doit, immédiatement et sans interruption, délibérer et répondre, dans la salle réservée à cet effet, aux questions écrites posées par le président.

Décision. En matière pénale. Le tribunal peut décider soit une *condamnation,* soit l'*acquittement* (devant la cour d'assises) ou la *relaxe.* Dans ce cas, les poursuites intentées sont considérées comme mal fondées et l'accusé n'a ni peine, ni amende ; les frais de justice sont à la charge de l'État ou de la partie civile.

Jugement. Les *motifs* répondent point par point aux conclusions sous forme *d'attendus* et le *dispositif* contient la décision. Le greffier transcrit le texte de la décision sur les *minutes.* Le jugement ne peut être *mis à exécution* que sur présentation d'une *expédition* revêtue de la formule exécutoire, sauf si la loi en décide autrement (art. 502 du Code de procédure). La remise du jugement à l'huissier de justice vaut pouvoir pour toute exécution pour laquelle il n'est pas exigé de pouvoir spécial (art. 507). Le jugement est alors signifié par un huissier. Le juge peut déclarer *les décisions du jugement exécutoires par provision nonobstant appel.* En matière civile, le tribunal peut rendre des *jugements « avant dire droit »* ne préjugeant pas du fond. Provisoires, ils permettent d'ordonner des mesures urgentes (ex. : mise sous séquestre) ou d'instruction (enquête, expertise, etc.).

• **Appel.** Recours permettant à un plaideur mécontent d'une décision prise en 1er ressort de soumettre l'affaire à la juridiction du 2e degré (cour d'appel). **Délais. En matière civile :** 1 mois à compter de la signification de la décision rendue en 1re instance ; pour certaines matières 15 j : ordonnance de référé, jugement prononçant le règlement judiciaire ou la liquidation de biens. **En matière pénale :** 10 j à compter du prononcé du jugement (mais ce délai ne court qu'à partir de la signification du jugement pour le prévenu qui ne s'est pas présenté bien que cité régulièrement), 2 mois pour le procureur général à compter du prononcé du jugement. **Jugement :** l'affaire est plaidée à nouveau devant la cour d'appel. Si se confirme le 1er jugement, le perdant peut se pourvoir en *cassation* dans les 5 j francs (délai pénal) pour des causes bien précises (erreur de droit, incompétence du tribunal, etc.). La Cour de cassation peut casser des arrêts si elle estime que la loi n'a pas été correctement appliquée et renvoyer l'affaire devant une nouvelle cour. Sinon, le jugement est considéré comme définitif. En matière civile, le délai de pourvoi en cassation est de 2 mois.

Nota. — Sauf pour les courtes prescriptions (2 ans et moins), la p. ne court pas à l'encontre : des *mineurs non émancipés* et des *majeurs* en tutelle, des *mineurs émancipés jusqu'à leur majorité* pour les actions relatives à la tutelle ou à l'adm. légale dirigées contre le tuteur, l'adm. légale, les organes tutélaires de l'État, ni *entre les époux. La suspension* ne joue pas au profit de *la femme mariée* à l'égard des tiers ; ceux-ci peuvent par la suite prescrire utilement contre elle, pendant le mariage, pour les biens dont elle conserve l'administration et pour ceux qui sont administrés par le mari. La *prescription* ne court pas *contre l'héritier* qui a accepté une succession sous bénéfice d'inventaire, à l'égard des créances qu'il a contre la succession.

• **Preuve.** Toujours à la charge du demandeur.

• **Procureur.** Voir parquet.

• **Racisme ou discrimination raciale.** Injures et diffamations en matière raciale constituent un délit. *Refus de vente* à des personnes d'une nation, d'une ethnie, d'une race, d'une religion déterminées, puni de 2 m. à 2 ans de prison et (ou) de 3 000 à 40 000 F d'amende. *Refus d'embauche ou licenciement,* passible de la correctionnelle. *Refus, par un représentant de l'autorité publique, d'un droit* auquel une personne peut prétendre, amende de 3 000 à 40 000 F et/ou 2 mois à 2 ans de prison.

• **Référés.** Procédure sommaire permettant de prendre des mesures conservatoires. Ex. Expertise.

• **Réhabilitation.** En matière pénale, réhabilitation de droit pour certaines peines (art. 784 et suiv. du Code de procédure pénale), et réhab. judiciaire accordée par la chambre d'accusation ; la demande ne peut être formulée qu'après 5 ans (p. criminelle), 3 ans (p. correctionnelle). Permet de relever un failli des déchéances prononcées contre lui. Le procès, après décision de la Cour de cassation, peut être rouvert et aboutir à une décision de réhabilitation du condamné.

• **Révision.** Voie de recours extraordinaire tendant à faire redresser une erreur judiciaire par la Cour de cassation.

• **Saisie. Saisie-arrêt :** moyen pour le créancier de rendre disponible, entre les mains d'un tiers qui les détient, des sommes d'argent appartenant à son débiteur (voir Salaires à l'Index).

Saisie conservatoire : procédure par laquelle les biens d'un débiteur sont mis sous la main de la justice, afin d'empêcher ce débiteur d'en disposer au détriment d'un créancier tant que la créance n'a pas été définitivement établie par le tribunal.

Saisie-exécution : permet, à tout créancier muni d'un titre exécutoire, de poursuivre la vente des biens mobiliers de son débiteur pour le règlement de sa créance. Le Trésor public, l'Administration, les victimes d'un chèque sans provision peuvent procéder à la saisie exécution sans décision des tribunaux. **Gagerie :** saisie conservatoire, pratiquée par le bailleur sur les meubles garnissant les lieux loués. **Immobilière :** pratiquée par un créancier sur un immeuble de son débiteur. **Séquestre :** saisie conservatoire. Nécessite l'autorisation du juge. Le débiteur doit payer les frais de garde des objets saisis (art. 1961 du Code civil).

Position du saisi : le saisi ne peut légalement s'opposer à l'action de l'huissier sauf le dimanche, les jours de fête et entre 21 h et 6 h. En cas d'absence, l'huissier peut requérir un serrurier en présence d'un commissaire de police ou du maire. La valeur des objets saisis ne doit pas dépasser le montant de la dette augmenté des frais.

Entre la saisie et la vente des objets saisis, 8 j au moins doivent s'écouler. Pendant ce délai, il est interdit de faire disparaître les objets saisis, ce serait un délit passible de 2 m. à 2 ans de prison et 3 600 à 2 500 000 F d'amende en cas de détournement ou de destruction d'objets saisis.

Ne peuvent être saisis : biens mobiliers nécessaires à la vie et au travail du saisi et de sa famille (si ce n'est pour paiement de leur prix), biens de l'employeur, biens loués, pensions alim., biens insaisissables (par testateur ou donateur) par les créanciers postérieurs à l'acte de donation ou à l'ouverture de leg (sauf permission du juge).

• **Témoins.** Un juge d'instruction n'a pas le droit d'entendre comme témoin une personne qui apparaît être auteur ou complice de l'infraction qui a nécessité l'ouverture d'une information. Il doit l'inculper et l'interroger en lui accordant les garanties de la défense, et notamment l'assistance d'un avocat.

• **Torture.** Interdite par l'art. 5 de la Déclaration universelle des Droits de l'Homme, et en France depuis la loi du 6-10-1791. Selon Amnesty International, elle serait pratiquée couramment dans plus de 60 pays, en particulier sur des prisonniers d'opinion.

Comment porter plainte

Toute personne qui se prétend lésée par un crime ou un délit peut en portant plainte se constituer partie civile devant le juge d'instruction compétent.

On peut porter plainte :

Par lettre au procureur de la République. La plainte doit être rédigée sur papier libre, signée et datée avec nom, prénom, date et lieu de naissance du plaignant. Elle doit exposer les faits et leur donner une qualification pénale (ex. : coups et blessures, arrestation illégale, voies de fait).

Elle peut être acheminée par un avocat ou adressée directement au procureur qui peut la classer immédiatement ou la transmettre au commissariat de police de la localité du plaignant. Parfois, la police judiciaire sera chargée de l'enquête. Si les policiers sont en cause, ce sera l'Inspection générale des services (voir Police).

L'ensemble des procès-verbaux résultant de l'enquête est retourné au procureur qui peut décider de : classer le dossier sans suite ; faire procéder à un supplément d'enquête ; renvoyer l'affaire devant le trib. correctionnel (de police, etc.) ; transmettre le dossier à un juge d'instruction.

Si le dossier est classé sans suite, le plaignant peut se constituer *partie civile.*

Par lettre adressée au doyen des juges d'instruction en se « constituant partie civile ». Consignation à prévoir.

Par citation directe, par exploit d'huissier, devant le tribunal de police ou correctionnel. Il faut payer aussi une consignation au greffe. La citation directe rend les poursuites obligatoires. Si une plainte ou une citation ont été engagées avec légèreté ou de mauvaise foi, le plaignant s'expose à une condamnation à des dommages-intérêts.

Si l'on n'a pas de preuves suffisantes pour faire condamner quelqu'un de précis, il faut *porter plainte contre X.* Pour obtenir des *dommages-intérêts* en réparation de préjudice subi, il faut *se constituer partie civile* ou attaquer le responsable devant la juridiction civile.

Nota. — Si l'on est avisé par lettre recommandée émanant d'un huissier, qu'un *exploit* a été « déposé en mairie » à votre nom, il faut rapidement, muni de pièces d'identité, se faire remettre le pli, les délais de procédure (qui sont assez courts dans certains cas) courant à partir du jour où le pli a été « déposé en mairie ».

Peine de mort

Dans le monde

Nombre d'exécutions capitales. *1983* (Chine, Irak, Iran) 1 500 exécutions sommaires.

États abolitionnistes. En droit. Venezuela 1863, Portugal 1867 [1] et 1977 (totalement), Costa Rica 1882, Équateur 1897, Panama 1903, Norvège 1905 [1] et 1979, Uruguay 1907, Colombie 1910, Autriche 1920 [1] et 1968, Suède 1921 et 1973, Italie 1924 [1] et 1948, Islande 1928, Rép. Dominicaine 1930, All. féd. 1949, Finlande 1949 [1] et 1972, Honduras 1965, G.-B. 1965 (définitivement 1969), Danemark 1978, Luxembourg, Nicaragua, Cap-Vert, Iles Salomon 1979, Kiribati, Vanuatu 1980, France 1981. **En fait** (date de la dernière exécution). Liechtenstein 1795, Belgique 1867, Surinam 1927, Andorre 1944, Mexique 1946, Israël 1962, Grèce 1972. **Partiellement** (sauf pour crimes militaires ou politiques). St-Marin 1848, Suisse 1942, Monaco, Irlande 1964 (sauf pour meurtres de policiers, gardiens de prison, représentants de gouv. étrangers), Vatican 1969, Malte 1971, Espagne 1978 [1].

Nota. — (1) En temps de paix.

Amnesty International

Siège *international* à Londres. **Créée** en 1961 à la suite de l'appel de l'avocat britannique Peter Benenson en faveur des « prisonniers oubliés ».

Statut consultatif auprès des Nations unies, de l'UNESCO et du Conseil de l'Europe, coopère avec la Commission inter-américaine des droits de l'homme de l'OEA, et bénéficie du statut d'observateur auprès de l'OUA.

But : mouvement mondial de défense des droits de l'homme, indépendant de tout gouvernement, groupe politique, intérêt économique ou confession religieuse. Agit pour la libération de toute personne emprisonnée, du fait de ses opinions, de son origine ethnique, de sa couleur ou de sa religion, pourvu qu'elle n'ait pas usé de violence ni incité à la violence. S'oppose à la peine de mort et à la torture en toute circonstance. Réclame que tout prisonnier politique soit jugé dans un délai raisonnable, et qu'il ait un procès loyal et public. S'efforce de faire en sorte que soient observées partout la Déclaration universelle des Droits de l'Homme et les règles minimales à observer pour le traitement des prisonniers, telles qu'elles ont été définies par les Nations unies.

Action : fondée principalement sur l'engagement individuel en faveur de cas personnels, sur le respect du droit international (qui en matière de droits de l'homme prime les droits nationaux). Chaque groupe travaille pour plusieurs prisonniers choisis dans des zones d'influences idéologiques différentes.

Membres (1985) : + de 500 000 dans 155 pays et territoires ; *prisonniers pris en charge* 4 668 par 3 430 *groupes locaux.*

Section française : 18, rue Théodore-Deck, 75015 Paris (*fondée* en 1971, 26 000 *membres,* 426 *groupes locaux,* cotisation 305 F).

Nota. — Il y a + de 700 000 prisonniers d'opinion dans le monde. Il y a eu + de 1 500 exécutions reconnues en 1985 (le chiffre réel est certainement beaucoup + élevé). Des cas de torture ou de mauvais traitement ont été signalés dans 1 pays sur 3 au cours des années récentes.

Dans la plupart des États abolitionnistes, la peine capitale est remplacée par une réclusion ou par des travaux forcés à perpétuité, ou par une privation de liberté à temps (20, 25 ou 30 ans) dont la durée est déterminée par la loi ou par le juge.

États non abolitionnistes. *U.S.A.* [39 États sur 50. 15 utilisent la chaise électrique dite Old Sparky (« la vieille étincelle »), inventée en 1888 ; électrocution en 2 mn avec du courant de 2 500 v. (il peut arriver qu'il faille 5 décharges), 10 la chambre à gaz. 4 la pendaison. 3 l'injection. 1 (l'Utah) offre le choix entre la pendaison et le peloton d'exécution. 1 465 condamnés attendaient leur exécution ou le résultat de leur appel, en janv. 1985 ; 28 personnes ont été exécutées entre 1976 et le 30-11-1984 [dont 18 en 84, dont 1 femme (1re exécutée dep. 1962)]. L'été 1983 : 73,21 % des Américains étaient pour la peine de mort (Blancs 80 %, Noirs 50 %)], *Japon, U.R.S.S.* (abolie par les Bolcheviques en 1917, elle fut rétablie ensuite, puis de nouveau abolie 2 fois et rétablie en 1950. 18 crimes sont passibles de la peine de mort en temps de paix dont trahison, assassinat, contrefaçon, corruption, vol. Il y a environ 30 exécutions par an. Il n'y a pas eu d'exécution de dissidents politiques depuis 1977 et 1979. Chaque année des Soviétiques sont exécutés pour des crimes comme le détournement de propriétés de l'État), *Chine, nombreux pays socialistes, d'Afrique et d'Asie.*

Le 7-12-1983, aux U.S.A. (C. Brooks, à Huntsville, Texas) : 1re exécution par injection intraveineuse d'un produit chimique.

☞ Un protocole additionnel à la convention européenne des droits de l'homme prévoit l'abolition de la peine de mort. 14 pays l'ont signée, 6 l'ont ratifiée (Autriche, Danemark, Espagne, Suède, Luxembourg, France), 9 autres ne l'avaient pas encore ratifié au 21-2-85 (Belgique, All. féd., Grèce, Italie, P.-Bas, Norvège, Portugal, Suisse). La ratification française date de févr. 1986.

En France

• **Quelques dates.** *Jusqu'au milieu du XVIIIe siècle.* Le noble est décapité, le voleur de grand chemin roué en place publique, le régicide et le criminel d'État écartelés, le faux-monnayeur bouilli vif dans un chaudron, l'hérétique brûlé, le domestique voleur pendu, etc. *1791,* loi du 6-10, supprimant la torture préalable et uniformisant les peines : « tout condamné à mort aura la tête tranchée ». *1792* (23-4) 1er guillotiné, Nicolas Pelletier, voleur (place de Grève à Paris) ; la guillotine connue en Italie et en Allemagne au XVIe s. avait été réinventée par les docteurs Joseph Guillotin (Saintes, 1738-1814), et Antoine Louis (Metz, 1723-92). *Convention* supprime la peine capitale « à dater du jour de la publication de la paix générale » (loi du 4 brumaire an IV). Le *Consulat* proroge temporairement cette mesure (loi du 4 nivôse an X). L'*Empire* oublie l'abolition (Code des délits et des peines, 12-2-1810). *1939* (29-6) le public n'a plus le droit d'assister aux exécutions. *1951* (11-2) la presse ne peut plus commenter les exécutions et doit s'en tenir aux procès-verbaux. *1981* (9-10) loi d'abolition (vote à l'Assemblée nationale 369 pour l'abolition, 113 contre, 5 abstentions, 3 dép. n'ayant pas pris part au vote, 1 député excusé).

• **Crimes qui étaient passibles de la peine de mort.** Voir Quid 1982, p. 1649.

• **Statistiques. Du 1-1-1968 au 31-12-1978.** *Personnes ayant comparu sous l'accusation d'un crime punissable de la peine de mort* 9 231, d'assassinat, empoisonnement ou parricide 524 ; *peines capitales requises* par le ministère public 163 ; *condamnations* à la peine de mort prononcées 38 (dont 4 l'ont été par une 2e Cour d'assises après cassation d'une 1re condamnation à mort) ; *pourvois* en cassation 37, rejetés 22 ; *cassations* prononcées 15 ; *peines capitales prononcées* ayant un caractère définitif 23 ; *exécutées* 7. Moyenne par année : 850 peines de mort encourues, 15 requises, 3 ou 4 prononcées et 1 exécutée tous les 2 ans. Rapport incriminations-condamnations définitives 2,5 pour 1 000 ; incriminations-exécutions 0,7 pour 1 000.

La Cour de cassation a cassé en moyenne 5 fois plus les arrêts de condamnation à mort que les autres arrêts criminels.

☞ Voir également :
— les statistiques de la justice en France, pages 698 et suivantes ;
— le texte sur la prison en France (organisation, statistiques), pages 701 et 702.

Exécutions. Moyenne annuelle des condamnations et, entre parenthèses, exécutions. *1803-07 :* 419 c. *1826-30 :* 111 c. (72 e.). *1851-55 :* 56 c. (31 e.). *1876-80 :* 25 c. (6 e.). *1901-05 :* 15,6 c. (2 e.). *1926-30 :* 24,8 c. (9,6 e.). *1951-55 :* 15,6 c. (5,4 e.). *1976-80 :* 1 c.

Taux d'exécution pour 1 million d'habitants. *1826-30 :* 2,25. *1851-55 :* 0,86. *1876-80 :* 0,16. *1901-05 :* 0,05. *1926-30 :* 0,23. *1951-55 :* 0,13. *1976-80 :* 0.

Dernières femmes exécutées. 1887-24-1 : Mme Thomas. *1941-8-1 :* veuve Ducourneau. *1942 :* 1 femme. *1943 :* 3 (dont 1 avorteuse). *1947 :* 2. *1948 :* 1. *1949-21-4 :* 1, Germaine Godefroy (assassinat de son mari à coups de hache). *1973-26-6 :* la dernière femme condamnée à mort, Marie-Claire Emma (assassinat de son amant à coups de marteau), a été graciée. Les f. condamnées à mort ont toutes été graciées dep. 1949. 9 f. condamnées à mort par les cours de justice pour intelligence avec l'ennemi et trahison ont été exécutées depuis 1944 : *1944 :* 3, *46 :* 1, *47 :* 1, *48 :* 3, *49 :* 1.

Condamnations à mort sous la Ve République. *De 1958 à 81 :* 19 exécutions (dont 5 d'étrangers). Soit *sous de Gaulle* (1959-69) 11 droit commun exécutés (19 graciés dont 2 femmes), *Pompidou* (1969-74) 3 ex. (12 gr.), *Giscard d'Estaing* (1974-81) 3 ex. (4 gr.), Jérôme Carrein (le 23-6-1977) et Hamida Djandoubi (le 10-9-1977) furent les derniers exécutés. *Mitterrand* aucune exécution entre sa prise de fonction (mai 81) et l'abolition (oct. 81).

Sous le Pt Mitterrand : Condamné à mort : 21-5 André Pauletto, accusé du viol et du meurtre de sa fille de 10 ans ; 1er gracié (le 25-5-1981) : Philippe Maurice (Voir Quid 1982 p. 1649).

D'après un sondage de la Sofrès (réalisé du 20 au 22-11-1984). 61 % des Français pensent que la peine de mort serait une mesure efficace pour faire diminuer l'insécurité (74 % des agriculteurs, 35 % des cadres supérieurs, 72 % des U.D.F., 67 % des R.P.R., 49 % des socialistes), 60 % estiment que la police n'a pas les moyens nécessaires pour faire son travail, 45 % que la justice est de même privée de moyens.

• **Exécuteurs des hautes œuvres.** Il y eut la dynastie des Samson [6 générations : Charles dit Charles Ier (1635-1707), Charles II (1681-1726), Charles-Jean-Baptiste (1719-78), Charles-Henri dit Le Grand (1739-1806), Henri (1767-1840). Henri-Clément (1799-1889)], puis celle des Deibler. En 1871, un décret supprima les exécuteurs de province et n'en garda qu'un seul « national » (Deibler no 3, Louis). † en 1904, à 81 ans, après avoir exécuté plus de 1 000 condamnés. En 1899, son fils Anatole le remplaça ; † le 2-2-1939 à 75 ans, encore en activité. Son beau-frère Henri Desfourneaux lui succéda. Sa 1re exécution fut celle de Weidmann, le 16-6-39, devant la prison St-Pierre à Versailles, pour avoir assassiné 6 personnes ; ce fut la dernière exécution publique. Son neveu, André Obrecht, lui succéda en 1951, puis en 1976, le mari de la nièce de ce dernier, Marcel Chevalier.

Quelques causes célèbres

Assassinats non politiques

• **Fualdès (Joseph-Bernardin).** Né 1761. Accusateur public, juge du tribunal criminel de l'Aveyron, procureur impérial en 1811. Assassiné la nuit du 19/20-3-1817 dans le bouge des époux Bancal à Rodez. L'agent de change Jausion, Bastide-Grament, beau-frère et filleul de la victime, Collard, locataire des Bancal, le contrebandier Boch et la femme Bancal sont condamnés à mort. Les 3 premiers furent exécutés en 1818, les 2 autres eurent leur peine commuée en travaux forcés à perpétuité.

• **Lacenaire (Pierre-François).** Né 1800. Clerc d'avoué ou de notaire, employé de banque, déserte lors de l'expédition de Morée (1829). Inculpé de l'assassinat de la veuve Chardon et de son fils Jean-François, ainsi que de faux. Condamné à mort en 1835 avec Victor Avril et François Martin. Exécuté le 9-1-1836 ainsi que Victor Avril, la peine de François Martin étant commuée en travaux forcés à perpétuité.

• **Mgr Sibour.** Assassiné le 3-1-1857 dans l'église St-Étienne-du-Mont par Jean Verger, prêtre qu'il avait interdit (né 20-1-1826). Verger sera exécuté le 30-1.

• **Troppmann (Jean-Baptiste).** Né 1849. Inculpé de l'assassinat du ménage Kinck et de leurs 6 enfants. Condamné le 30-12-1869, exécuté le 19-1-1870.

• **Pranzini (Henri-Jacques-Ernest).** Né 1856. Employé des postes égyptiennes, puis sans profession ni domicile fixe. Inculpé de l'assassinat de la courtisane Claudine-Marie Regnault, dite Régine de Montille. Condamné le 13-7-1887, exécuté le 31-8.

• **Gouffé.** Huissier de justice dont le cadavre en putréfaction est découvert le 13-8-1889 à Millery (Rhône). Attiré sous un prétexte galant dans l'appartement de Gabrielle Bompart (née en 1868), il est étranglé par l'amant de celle-ci, Michel Eyraud (né en 1842), qui lui dérobe 250 F, une montre et une chaîne en or, 1 bague ornée de 2 diamants. Eyraud, condamné le 20-12-1890, est exécuté le 3-1-1891. Gabrielle Bompart, condamnée à 20 ans de travaux forcés, est libérée en 1903.

• **Landru (Henri-Désiré).** Né le 12-4-1869. Inculpé de l'assassinat de 10 femmes et d'un jeune garçon qu'il avait étranglés et dont il avait brûlé les corps dans la cuisinière de sa villa de Gambais (Yvelines). Condamné le 30-11-1921, exécuté le 22-2-1922.

• **Bougrat (Docteur Pierre).** Né 1890. Exerce à Marseille depuis 1920. Inculpé d'avoir assassiné dans son cabinet Jacques Rumèbe, commis aux écritures d'une usine de céramique, pour lui dérober la paye des ouvriers. Condamné le 27-3-1927 aux travaux forcés à perpétuité, il s'évade de Cayenne le 23-8-1928. S'établit médecin au Venezuela où il se marie et a 2 filles. Meurt en 1961. Me Stefani-Martin ne cessera de proclamer son innocence.

• **Casque d'Or.** Guillotiné en 1904 à Paris. En 1933, mort, à Paris, d'Amélie Halle, son amie, prostituée accusée de l'avoir poussé au crime.

• **Nozière (Violette).** Née 1915. Inculpée d'avoir assassiné ses parents en leur faisant avaler des barbituriques (sa mère sera sauvée). Condamnée à mort le 24-12-1934, peine commuée en travaux forcés à perpétuité. Une succession de grâces amène sa libération. Mariée, elle meurt en 1966.

• **Weidmann (Charles).** Né 1908. Accusé avec ses complices (Roger Million et sa maîtresse Colette Tricot, Jean Blanc) de l'assassinat d'un chauffeur routier et d'une jeune Américaine, professeur de danse. Condamné à mort, exécuté le 16-6-1939 (dernière exécution publique, à la suite de la « kermesse » qu'elle occasionna, toute la nuit, à Versailles, aux pieds de la guillotine). (Million : travaux forcés à perpétuité ; Blanc cond. à 20 ans, C. Tricot acquittée).

• **Petiot (Docteur Marcel).** Né 1893, ancien maire et conseiller général de Villeneuve-sur-Yonne. Durant l'Occupation, il promettait aux personnes menacées d'arrestation de les faire passer en Amérique du Sud. Il demandait à ses victimes de se rendre dans son hôtel de la rue Lesueur à Paris en n'emportant qu'une valise contenant ce qu'elles avaient de plus précieux. Les parties des corps ayant échappé à l'action de la chaux vive étaient brûlées dans un calorifère. 27 cadavres purent être identifiés. Condamné à mort, il fut exécuté le 25-5-1946.

• **Bernardy de Sigoyer (Alain).** Né 1905. Déjà condamné 7 fois quand il est accusé d'avoir étranglé sa femme, aidé par Irène Lebeau, sa maîtresse. Bien qu'interné 2 fois, il est reconnu pleinement responsable. Condamné à mort et exécuté le 11-6-1947.

• **Fesch (Jacques).** Accusé d'avoir assommé un changeur de la rue Vivienne pour lui dérober 300 000 F et d'avoir tué un gardien de la paix. Condamné puis exécuté le 1-10-1957.

• **Jaccoud (Pierre).** Né 24-11-1905, avocat, ancien bâtonnier du barreau de Genève, accusé d'assassinat et du délit manqué d'assassinat, condamné le 4-2-1960 par la Cour d'assises de Genève à 7 ans de réclusion et à 10 ans de privation des droits civiques.

• **Rappin Georges, « M. Bill ».** Condamné à mort, refusa la grâce présidentielle, exécuté 1962.

• **Buffet (Claude) — Bontemps (Roger).** Purgeaient à la centrale de Clairvaux une peine de réclusion à perpétuité (Buffet) et une peine de 20 ans (Bontemps). Le 21-9-71, ils s'enferment dans l'infirmerie avec 2 otages (une infirmière et un gardien) et exigent de pouvoir quitter la prison. Les autorités refusent et donnent l'assaut. Ils assassinent ces 2 otages. Condamnés à mort, ils sont exécutés le 28-11-72.

• **Henry (Patrick).** Né 1954. Condamné le 21-2-77 par la Cour d'assises de l'Aube, à Troyes, à la réclusion perpétuelle à vie pour l'enlèvement et l'assassinat le 30-6-1976 du jeune Philippe Bertrand.

Affaires passionnelles

• **Japy (Marguerite, épouse du peintre Steinheil).** Née 1869, la « Belle Mag » fut l'égérie de Félix Faure (Pt de la Rép.). Accusée d'avoir assassiné, dans son hôtel de l'impasse Roncin, sa mère et son mari. Acquittée le 13-11-1909, épouse un lord et meurt en 54.

• **Rainouard (Henriette).** Née 1874, elle épouse en secondes noces Joseph Caillaux. Assassine le 16-3-1914 Gaston Calmette, directeur du Figaro. Acquittée le 29-7-1914, elle décède en 1943.

• **Dubuisson (Pauline).** Née en 1927. Assassine Félix Bailly (étudiant en médecine dont elle avait été la maîtresse), qui allait se marier. Condamnée aux travaux forcés à perpétuité le 20-11-1953, libérée en 1959, se suicide en 1962.

• **Desnoyers (Guy).** Né 1920. Ordonné prêtre en 1946, curé d'Uruffe depuis 1950. Accusé d'avoir tué d'une balle de revolver dans la nuque sa maîtresse de 16 ans. Il l'éventre pour en retirer l'enfant presque à terme qu'elle portait. Il baptise l'enfant en lui traçant une croix sur le front, le taillade pour le défigurer et l'achève d'un coup de couteau. Condamné aux travaux forcés à perpétuité 26-1-58. Libéré août 78.

• **Russier (Gabrielle).** Née 1937. Professeur au lycée mixte de Marseille. Devient, lors des événements de 1968, la maîtresse d'un de ses élèves de 16 ans. Inculpée de détournement de mineur, condamnée, le 10-7-1969, à 1 an de prison avec sursis et 500 F d'amende. Le Parquet fait appel a minima. G. Russier se suicide le 1-9 pour ne pas comparaître devant la cour d'appel d'Aix.

Affaires mal élucidées

• **Auberge de Peyrebeille** (Ardèche). Accusés par la rumeur publique de l'assassinat de 53 voyageurs, les époux Martin et leur domestique furent condamnés à mort et guillotinés le 2-10-1833, pour le meurtre d'un seul, sur la foi d'un unique témoignage. Inspira le film « L'Auberge rouge » (Cl. Autant-Lara).

• **La Roncière (Lt de).** Né 1804. Accusé de tentative de viol sur Marie, fille du général baron de Morel. Condamné à 10 ans de réclusion le 5-7-1835. Libéré en 1843, il décédera en 1874. Le docteur Récamier, témoin, avait déclaré que la victime était sujette à des crises d'hystérie qui se produisaient régulièrement chaque mois.

• **Choiseul-Praslin (duc de).** Né 1805. Décède le 24-8-1847 de l'ingestion d'une préparation à base d'arsenic à la prison du Luxembourg. Il devait comparaître devant la cour des Pairs pour répondre de l'assassinat de sa femme. Une légende veut que l'on ait substitué un cadavre pour permettre au coupable de disparaître (La Varende en a fait le sujet de son roman « L'Homme aux gants de toile »).

• **Bonafous (Louis)** (1812-50). Frère Léotade pour l'Institut des frères de la doctrine chrétienne. Reconnu coupable de tentative de viol et de meurtre avec circonstances atténuantes sur Cécile Combette. Condamné aux travaux forcés à perpétuité le 4-4-1848, décédera au bagne de Toulon en 1850. L'attitude suspecte et maladroite de sa communauté (rétractations, subornation de témoins) laisse supposer qu'ils ont cherché à dissimuler le vrai coupable.

• **Vinikova (Nadeja,** dite la Plevitskaïa). Née 1883 en Ukraine. Chanteuse. Condamnée à 20 ans de réclusion le 14-12-1938, par la Cour d'assises de la Seine, pour avoir participé avec son mari (le général Skobline), en fuite, à l'enlèvement du général de Miller, Pt de l'Union des anciens combattants russes à l'étranger. Décédée en 1940 à la prison de Rennes.

☞ Voir Index : Ben Barka, Boulin, Broglie, Prince.

Erreurs judiciaires possibles ou établies

• **Lesurques (Joseph).** Né 1763. Accusé du meurtre du postillon et de l'employé de poste du courrier de Lyon, aux environs de Lieusaint (S.-et-M.), pour leur dérober le numéraire et les lettres de change contenus dans la malle. Condamné le 5-8-1796 avec ses complices David Bernard et Couriol. Exécutés le 30-9. Malgré le rejet par la Cour de cassation le 17-12-1868 du pourvoi en révision de la famille Lesurques, la participation de J. Lesurques reste à démontrer.

• **Peytel (Sébastien-Benoît).** Né 1805. Accusé du meurtre de son couple de domestiques. Condamné le 30-8-1839, exécuté le 28-10. Balzac et le peintre Gavarni soutiendront son innocence.

• **Dreyfus (Alfred)** (1859-1936). Voir p. 599.

• **Seznec (Joseph-Marie).** Né 1878. Accusé d'avoir assassiné le marchand de bois Pierre Quémeneur, conseiller gén. du Finistère, disparu dans la nuit du 25 au 26-5-1923 durant un voyage effectué avec le prévenu. Condamné 4-11-1924 aux travaux forcés à perpétuité. Revenu en France en 1947, meurt le 14-2-1954, après n'avoir cessé de clamer son innocence.

• **Deshays (Jean).** Docker accusé d'avoir assassiné un fermier et tenté d'assassiner sa femme. Condamné à 20 ans de travaux forcés le 9-12-1949. Cette décision est cassée. Il est acquitté le 1-2-1955. 1 233 414 AF lui sont versés à titre de dommages et intérêts.

• **Dominici (Gaston)** (1877-1965). Accusé de l'assassinat (le 5-8-1952 à Lurs) de M. et Mme Drummond et de leur fille (campeurs anglais). Condamné à mort le 29-11-54, sera gracié en raison de son âge, puis libéré le 14-7-1960. Sa culpabilité n'a jamais été formellement établie.

• **Devaux (Jean-Marie).** Né en 1942. Garçon boucher, accusé d'avoir assassiné la fille de ses employeurs âgée de 7 ans. Condamné le 7-2-63 à 20 ans de réclusion. Jugement cassé 30-4-69. Acquitté le 27-9-69. Obtient 125 000 F de dommages et intérêts.

• **Agret (Roland).** Condamné en 1973 pour assassinat d'un garagiste à 15 ans de réclusion criminelle (il passe 6 ans en prison). Acquitté le 26-4-1985.

• **Meauvillain (Guy).** Condamné le 25-11-1975 à 18 ans de réclusion criminelle pour le meurtre d'une vieille femme. Peine suspendue en 1981. Rejugé et acquitté par la Cour d'assises de Gironde le 29-6-1985.

• **Ranucci (Christian).** Condamné à mort 10-3-1976 pour l'assassinat d'une fillette de 8 ans par la Cour d'assises des B.-du-Rh. Exécuté 28-7-1976.

Empoisonnements

• **Cappelle (Marie, ép. Charles Lafarge).** Née 1816. Accusée d'avoir empoisonné son mari. Condamnée le 19-9-1840 aux travaux forcés à perpétuité. Libérée en 1852, décédera le 6-9. L'enquête effectuée pour l'émission télévisée « De mémoire d'homme » du 9-2-78 laisse penser qu'il serait mort de la typhoïde.

• **Couty de La Pommerais (Edmond).** Né 1830. Accusé d'avoir empoisonné sa belle-mère et sa maîtresse. Condamné à mort le 16-5-1864, exécuté le 8-6.

• **Marty (Marguerite).** Née en 1925. Accusée d'avoir empoisonné sa cousine Jeanne Candela, épouse de son amant. Acquittée le 21-1-1955.

• **Devillaud (Marie, ép. de Léon Besnard)** (1896-1980). Accusée de 11 empoisonnements, sera, après un long procès, acquittée le 12-12-1961.

☞ Voir Index : affaire des Poisons, Brinvilliers.

Hérésies, procès de sorcellerie ou religieux

• **Grandier (Hubert-Urbain).** Né 1590. Curé à Loudun. Reconnu coupable de magie, de maléfices et de possession, il fut condamné le 18-8-1634 à être brûlé vif.

• **Sirven (Pierre-Paul).** Né 1709. Feudiste (archiviste et notaire). Accusé de la mort de sa fille cadette, malade et fantasque. Condamné à mort le 29-3-1764. Reconnu innocent le 16-11-1769.

☞ Voir Index : Chevalier de la Barre, Jeanne d'Arc, Gille de Rais, Sirven, Templiers.

Affaires politiques

☞ Voir Index : Algérie, assassinats, attentats, Cadoudal, Caserio, Fieschi, Gorguloff, De Gaulle, Louvel, Oustachis, Ravaillac, Louis XVI, Charlotte Corday, Marie-Antoinette, Girondins, Babeuf, Talleyrand de Chalais, Cinq-Mars, Sergents de La Rochelle, Boulanger, Jacques Cœur, Nicolas Fouquet, Affaire du collier, Duc d'Enghein, Michel Ney, Procès de Riom, Ravachol, Vaillant, Bonnot, Lally, Tollendal, Bazaine, Mata-Hari, Bolo, Malvy, Caillaux, Affaire des fuites, Panama, Thérèse Humbert, Henri Rochette, Oustric, Marthe Hanau, Stavisky, collaboration, Paul Chack, Henri Béraud, Robert Brasilach, Charles Maurras, Georges Claude, Jean Luchaire, Pierre Pucheu, Jean-Pierre Esteva, Henri-Fernand Dentz, Philippe Pétain, Joseph Darnand, Pierre Laval, Pierre-Étienne Flandin, Jean-Marie Abrial, André Marquis, Fernand de Brinon, Jean de Laborde, Jacques Benoît-Méchin, Maxime Weygand, Heinrich Wulff, Otto Hoff, Otto Abetz, Procès des Barricades, coup de force militaire du 22-4-1961, Naundorff, Freeman, Robert Boulin, Jean de Broglie, Louis-Dominique Cartouche, Louis Mandrin, Jean-Hugues Duroy de Chaumareys.

Affaires de trafic d'influence

- **Teste (Jean-Baptiste)** (1780-1852), ancien ministre des T.P. **Despans de Cubières (Amédée-Louis)** (1786-1853), ancien ministre. Condamnés respectivement à 3 ans de prison, à la dégradation civique et à 10 000 F d'amende pour concussion lors d'une concession d'une mine de sel gemme.
- **Péret (Raoul)** (1870-1942) ancien Garde des Sceaux. **Besnard (René)** (1879-1952), ancien ambassadeur. Accusés d'avoir fait admettre des actions de la Sté italienne « La Snia Viscosa » à la Bourse de Paris, acquittés le 21-6-1931.

Procès de presse

- Le 11-6-1851, **Victor Hugo** défend son fils, Charles, qui a fondé le journal *L'Événement*, inculpé d'outrage à la loi, parce qu'il s'est élevé avec force contre la peine de mort après une exécution capitale (condamné à 6 mois de prison et 500 F d'amende).
- **Plusieurs journalistes** furent poursuivis pour avoir, en 1868, à Paris, pratiqué des manœuvres à l'intérieur dans le but de troubler la paix publique, dont **Delescluze**, journaliste du *Réveil*, condamné à 6 mois de prison et d'interdiction de droits civiques et 2 000 F d'amende.
- Procès en diffamation intenté le 26-10-1925 par le chauffeur de taxi Bajot à **Léon Daudet** qui l'avait accusé de complicité dans l'assassinat de son fils Philippe Daudet. L. Daudet condamné à 5 ans de prison et 1 500 F d'amende ; s'évadera après 15 j de détention (juin 1927).

Crimes de guerre jugés par les tribunaux militaires

- **9 Allemands,** accusés d'avoir fusillé 46 personnes en représailles d'un attentat contre un train militaire, sont jugés. 8 condamnés à mort et 1 à 15 ans de travaux forcés le 6-8-1944.
- **Commandant Heinrich Wulff** et **adjudant Otto Hoff,** accusés d'avoir participé le 9-6-1944 à la pendaison de 99 hommes et jeunes gens à Tulle. Le 5-7-49, Wulff condamné à 10 ans de travaux forcés et Hoff aux travaux forcés à perpétuité. Peine réduite le 27-5-1952 à 5 ans et 10 ans d'interdiction de séjour. Libérés en 1955.
- **25 Allemands** accusés le 12-1-1953 pour leur participation, le 10-6-1944, à l'incendie d'*Oradour-sur-Glane* et au massacre de la population. 13-2, plusieurs cond. à mort, travaux forcés et peines de prison. Certains étaient des Alsaciens enrôlés d'office.
- **Abetz (Otto)** (1903-58). Condamné le 22-7-1949 à 20 ans de travaux forcés et à 20 ans d'interdiction de séjour pour déportation d'Israélites, arrestation d'otages et complicité dans actes de pillage, séquestrations, tortures et assassinats. Libéré en 1955.

Statistiques de la justice

Crimes et délits

- **Total constaté et taux de criminalité** (entre parenthèses pour 1 000 hab.). *1963 :* 581 618 (13,58). *67 :* 852 411 (19,07). *73 :* 1 763 372 (33,68). *75 :* 1 912 327 (36,32). *77 :* 2 097 919 (39,22). *79 :* 2 330 566 (43,67). *80 :* 2 627 508 (49,03). *81 :* 2 890 020 (53,67). *82 :* 3 413 682 (62,83). *83 :* 3 563 975 (65,58). *84 :* 3 681 653 (67,14).

Faits de grande criminalité. Nombre en 1984. (Variation en % dep. 1972.) 60 744 (+ 323,3) dont homicides crapuleux 295 (+ 94,08), règlements de compte 130 (de 69 à 130), affaires de racket 1 569 (+ 414,43), vols à main armée, hold-up 7 661 (+ 320,24), prises d'otages crapuleuses 64 (de 1 à 64) toutes à l'occasion de vols à main armée, rapts pour rançon 1 (de 2 à 1), vols avec d'autres violences que les armes à feu 50 246 (+ 328,35), proxénétisme par souteneur (− 29,34), trafic de stupéfiants 3 275 (+ 1 210), affaires de faux-monnayage 14.

Comparaisons internationales

(En 1984, taux pour 1 000 h.)

Homicides volontaires. P.-Bas 0,10 [3], U.S.A. 0,09 [4], Canada 0,09 [2], Danemark 0,06, *France 0,05*, All. féd. 0,05, Italie 0,04 [3], Belgique 0,03, Angl. et Galles 0,02 [3], Israël 0,02, Espagne 0,01 [1], Japon 0,01, Autriche 0,02.

Vols avec violence. U.S.A. 2,14 [4], Canada 1,09, *France 0,92*, Angl. et G. 0,50, Belgique 0,50, All. féd. 0,46, Danemark 0,36, Israël 0,35, Autriche 0,3, Espagne 0,04, Japon 0,02.

Cambriolages. Danemark 22,3, Angl. et G. 18,07, All. féd. 15,54, Canada 15,23, U.S.A. 13,34 [4], Israël 13, Autriche 8,16, *France 8,1*, Belgique 7,05 [4], Japon 2,51, Espagne 1,13 [1].

Autres vols. Danemark 43,75, U.S.A. 32,90 [4], *France 31,96*, Angl. et G. 29,47, Canada 29,39 [2], All. féd. 25,51, Israël 24,44, Autriche 15,43, Belgique 8,87, Japon 8,55, Espagne 14,95 [1]. *Dont vols d'automobiles :* Angl. et G. 6,94, *France 4,83*, Danemark 4,70, Canada 4,43 [2], U.S.A. 4,29 [4], Israël 3,35, Espagne 2,45 [1], Belgique 1,41, All. féd. 1,18, Japon 0,29, Autriche 0,17.

Viols. U.S.A. 0,34 [4], Canada 0,15 [2], Suède 0,11 [3], All. féd. 0,1, Danemark 0,08, Belgique 0,06, *France 0,05*, Autriche 0,05, Israël 0,05, Angl. et G. 0,03, Japon 0,02, Espagne 0,01 [1].

Total des crimes et délits. *Par pays :* Canada 120,11 [2], Danemark 88,24, P.-Bas 63,69 [3], Angl. et G. 70,47, All. féd. 67,55, *France 67,14*, Israël 60,06, U.S.A. 55,53 [3], Autriche 51,86, Belgique 23,5, Italie 19,8 [3], Japon 14,53, Suède 11,81 [4], Espagne 7,85 [1]. *Dans certaines villes :* Stockholm 233,13 [3], *Paris 181,09*, Copenhague 170,89, Hambourg 160,28, Los Angeles 103,28, New York 97,03 [3], Londres 89,39 [2], Munich 71,74, Chicago 60,42, Jérusalem 52,46, Bruxelles 36,28, Tokyo 21,39.

Nota. — (1) 1978. (2) 1981. (3) 1983.

- **Criminalité par département en 1984** (taux pour 1 000 hab.). *Les plus forts :* Paris 181,09. Alpes-Mar. 127,76. B.-du-Rh. 96, 82. Var 96,77. Pyr.-Or. 95,95. Hérault 93,08. Seine-St-Denis 90,56. Rhône 88,07. *Les plus faibles :* Hte-Loire 24,24. Gers 30,71. Aveyron 30,74. Lot 30,74. Ardèche 32,03. Indre 32,93. Sarthe 34,06. Creuse 34,11.
- **Crimes élucidés (1984).** 1 487 311. **% des faits élucidés par rapport aux faits constatés** [1]. Délits de police générale 103,76, infanticides 95,06, homicides non crapuleux 92,90, infractions astucieuses 88,65, délits contre l'enfant et la famille 88,22, vols à l'étalage 81,33, viols 80,83, extorsions 78,95, attentats à la pudeur 69,91, crimes crapuleux 43,05, vols à main armée 22,40, règlements de comptes 22,31, vols violents 21,44, petites destructions et dégradations 16,41, attentats par explosifs 12,37, cambriolages 14,88, vols d'autos et 2 roues 10,77, vols à la roulotte 8,14.

Nota. — (1) Les faits élucidés peuvent porter sur des faits constatés les années antérieures.

- **Coût du crime** (en milliards de F en 1979). *Crédits consacrés à la prévention* 7, *à la répression* 3,5. *Destruction des biens* 0,3. *Dépenses de protection contre le vol* + de 24. *Perte de richesses* (blessures et décès imputables aux tiers) 14.

On a compté, en 1977, 11 789 morts punissables pénalement, 10 091 accidents de la route, 1 196 accidents du travail engageant la responsabilité d'un tiers, 502 homicides volontaires. Le tout représente une perte de production de 9,5 milliards pour la collectivité (790 000 F par individu).

- **Profit du crime** (en millions de F en 1977). Fraude fiscale 60 942. Proxénétisme et prostitution 2 000. Stupéfiants 187, vols, fraudes diverses, faux-monnayage, etc. 73 083. Infractions à la réglementation des changes 4 327.

Montant du butin emporté et, entre par., moy. par vol à main armée. *1975 :* 72 228 790 F (20 502). *76 :* 86 659 995 (23 295). *77 :* 153 832 765 (33 588). *78 :* 146 677 265 (31 168). *79 :* 191 662 170 (38 386). *80 :* 164 377 905 (33 955). *81 :* 202 459 650 (37 437). *82 :* 224 143 170 (40 495). *83 :* 450 176 165 (73 330). *84 :* 432 459 890 (56 449) lors de 7 661 vols.

- **Évolution en 1985.** *Selon le Min. de l'Intérieur : 1984 :* 3 681 453 crimes et délits. *1985 :* 3 579 194 (soit − 2,78 %). Cambriolages habitations : − 0,19, autres cambr. − 1,32, vols 2 roues − 11,38, vols avec violence − 0,03. Homicide crapuleux − 10,85 ; h. non crapuleux − 8,84. Attentat à l'explosif contre biens privés − 13,65, publics − 6,48. Viol − 1,26. *Augmentation :* vols simples + 1,37, vols sans violence + 4,51, toxicomanie + 0,72, trafic de stup. + 23,54. Crimes et délits en rég. parisienne : − 8,45, région marseillaise : + 1,48.

Selon le Centre de doc. et d'info. de l'assurance, vols avec violence *1984 :* 46 200 ; *1985 :* 50 000 (2/3 à Paris, Lyon et Marseille ; les victimes étant à 60 % des femmes).

Selon la gendarmerie, grande criminalité + 7,45 %, petites et moyennes + 0,07. Cambriolages + 5,91, recels + 6,63, usage et trafic de stup. + 23,58. Cambriolages de rés. secondaires − 0,49.

Justice pénale

Les statistiques comprennent les infractions constatées en métropole par la gendarmerie nationale et la police nationale. Ces statistiques de police judiciaire diffèrent donc des statistiques des juridictions pénales portant soit sur les jugements prononcés soit sur les personnes condamnées. La qualification définitive de l'infraction est énoncée par le jugement.

Infractions constatées

Nombre d'infractions en 1984 et, entre parenthèses, chiffres 1974.

- **Total** 20 726 000 (13 890 000).
- **Contre les personnes.** 113 987 (85 185), dont abandons de famille 23 237 (21 625), attentats à la pudeur 6 497 (5 604), viols 2 859 (1 538), homicides non crapuleux 2 115 (1 192), mauvais traitements à enfants 1 531 (1 011), proxénétisme 598 (1 401), séquestrations de personnes 365 (118), hom. crapuleux 295 (152), empoisonnements 91 (33), infanticides 81 (79).
- **Contre les biens.** 3 183 662 (1 469 283) dont vols 2 254 494 (1 119 514), chèques sans provisions 385 906 (182 850), escroqueries 244 391 (57 647), recels 23 036 (5 047), abus de confiance 19 803 (16 460), filouteries 17 310 (16 442), incendies 9 060 (4 457), chantages 708 (379).
- **Contre la paix publique et l'État.** 103 568 (41 231) dont contre l'administration de la justice 22 758 (8 768) [dont délits à la police des étrangers 22 235 (6 676), d'interdiction de séjour 523 (2 092)], faux en écriture 25 906 (7 640) [dont publique et privée 14 768 (3 057), documents 11 138 (4 563)], contre l'autorité publique 20 039 (11 698) [dont outrages à dépositaires de l'autorité 13 157 (7 351), violences à dépositaires de l'autorité 6 865 (3 928), délits d'officiers ministériels 17 (45), autres n.c. (374)], infractions contre l'État 15 695 (1 641) [dont fausse monnaie 15 550 (1 479), autres 145 (162)], infractions contre la sûreté publique 15 163 (11 443) [dont port d'arme prohibé 12 566 (5 806), vagabondage, mendicité 2 597 (5 637)].
- **Économiques et financières.** 110 116 (50 225) dont économiques 67 648 (16 844) [dont délits de l'ordonnance n° 45-1483 (prix) 51 310 (9 783), fraudes commerciales 6 809 (2 706), banqueroutes 4 288 (2 530), contrefaçons 2 400 (1 027), autres 2 841 (798)], financières 42 468 (33 381) [dont fraudes fiscales 908 (4 753), autres 41 560 (28 628)].
- **Contre la santé publique.** 30 084 (3 404) dont toxicomanie 25 519 (2 942), trafic de stupéfiant 3 275 (299), exercice illégal de prof. médicales 1 290 (163).
- **Infractions aux règles de la circulation routière (en milliers).** 17 044 (12 063) dont conduite 14 514 (10 475) [dont stationnement 12 470 (8 779), excès de vitesse 899 (813), conduite en état d'ivresse 53 (50)], état ou équipement des véhicules 746 (801), règles administratives 1 030 (349) [dont défaut de permis de conduire 55 (35)], autres infractions 753 (143) [dont défaut d'assurance 256 (73), de vignette fiscale 201 (88), délit de fuite 44 (23)].
- **Infractions diverses.** 140 036 (178 045) dont délits de pêche et chasse 2 457 (4 146), débits de boisson 1 940 (2 259), courses et jeux 662 (298), autres 134 977 (171 342).

• **Personnes mises en cause (délinquants). Total** 921 983 dont hommes 748 844 (dont mineurs 92 414), femmes 173 139 (min. 12 613), dont 781 799 Français et 140 204 étrangers. *Sur 1 000 hommes pénalement responsables en 1984* : 34,73 ont été mis en cause pour des crimes ou des délits, 23,66 pour des crimes ou délits de profits, 8,46 pour des crimes ou délits de comportement sans profit. *Sur 1 000 femmes pénalement responsables en 1984* : 7,48 ont été mises en cause pour des crimes ou des délits, 6,06 pour des crimes ou des délits de profit, 1,05 pour des crimes ou des délits de comportement sans profit.

• **Participation féminine.** *Moyenne* : 18,78 %. *Forte* : empoisonnements 66,67, vols à l'étalage 37,74, infanticides 33,33, chèques sans provisions 31,82, délits contre l'enfant et la famille 24,93, trafic de la prostitution 24,88, utilisations de chèques volés 22,50, trafic de la fausse monnaie et des faux moyens de paiement 22,42.

• **Participation des étrangers.** *Moyenne* : 15,21 %. *Forte* : délits à la police des étrangers 96,47, trafic de stupéfiants 66,17, faux documents d'identité 65,01, délits des courses et jeux 43,20, trafic de la prostitution 27,74, viols 26,19, autres vols avec violences 23,55, homicides crapuleux 23,02, règlements de comptes 22,73, homicides non crapuleux 22,10, vols à l'étalage 20,86, coups et blessures volontaires 19,89, port et détention d'armes prohibés 19,75. *Lieu où leur participation est la plus forte* (%) : Paris 43,41, Alpes-M. 32,54, H.-de-S. 32,28, B.-du-Rh. 28,46, Seine-St-Denis 28,36, Rhône 28,20, Ht-Rhin 22,38, Val-de-M. 22,27, Val-d'Oise 21,46, Hte-Savoie 21,22, Pyrénées-Or. 20,79.

Décisions

En 1984 et, entre parenthèses, en 1974.

• **Parquet (en milliers). Procès-verbaux à orienter** 18 608 [1] (10 649) [dont reçus dans l'année 16 974 [1] (9 987), restant de l'année précédente 1 634 [1] (662)], *orientés dans l'année* 16 618 [1] (9 929) [dont renvoyés devant le tribunal de police 10 194 [1] (6 050), classés sans suite 5 107 (3 310), portés aux tribunaux correctionnels par le Ministère public 584 (452), communiqués aux juges d'instruction 68 (72), aux juges des enfants 71 (452)].

Nota. — (1) 1983.

• **Juridiction d'instruction. Affaires à étudier** 123 420 (121 777) [dont nouvelles 66 316 (72 379), anciennes 57 104 (49 398)], *terminées* 64 539 (68 575) [dont ordonnance de renvoi 47 997 (50 446) (dont : devant le tribunal correctionnel 43 283 (43 019), tribunal pour enfants 2 554 (2 834), chambre d'accusation 1 798 (1 303), autre juridiction 362 (3 290)), ordonnance de non-lieu 12 539 (16 038), jonctions, dessaisissements, incompétence 4 172 (2 722, en 1976)].

• **Cour de cassation.** *Affaires à juger* : 8 897 dont anciennes 2 877, nouvelles 6 020. *Aff. jugées dans l'année* : 5 472. *Arrêts rendus dans l'année* : 5 697 dont irrecevabilité ou déchéance 711, non-lieu à statuer 33, rejet 3 056, cassation 639, désistement 599, action publique éteinte 25.

• **Cour d'assises. Condamnés** [1] 2 160 dont 2 030 hommes et 130 femmes, dont 540 étrangers.

Selon l'infraction. Contre les personnes. *Crimes capitaux, meurtres, coups et blessures* : 618 dont meurtre et assassinat 500, parricide 16, empoisonnement 2, infanticide 12, coups et blessures envers ascendants 5, enfants 15, autres coups mortels et infractions violentes 25. *Attentats aux mœurs* : 430. *Arrestation illégale et séquestration de personnes* : 20. **Contre les biens.** Vol qualifié 755, recel qualifié 20, incendie volontaire 3, autres 2. **Contre la paix publique et l'État** 15. Faux en écritures 2, contre l'autorité publique 1. Fausse monnaie 12. Autres 218.

Selon la nature de la peine. *Réclusion et détention criminelle* à perpétuité 71, à temps 1 214. *Emprisonnement* 873. *Amende* 2. *Total* 2 160 dont peines fermes 2 030, avec sursis simple total 95, probatoire total 35.

• **Tribunaux correctionnels. Condamnés** 492 000 (240 674) dont après appel 24 000 (13 000).

Selon la nature de l'infraction. *Contre les personnes* : 62 400 (44 501) dont homicides involontaires, coups et blessures volontaires et involontaires, autres délits volontaires 38 900 (28 355) [homicides involontaires (circulation) et autres h. 3 350 (3 360), coups et blessures volontaires 19 060 (12 920), blessures involontaires (circulation) et autres bl. 3 350 (3 360), coups et mauvais traitements à enfants 650 (1 160), avortement (10), autres (42)] ; attentats aux mœurs 5 200 (4 102) [outrage public et attentat à la pudeur 3 900 (2 031), outrage aux bonnes mœurs 30 (115), proxénétisme 1 200 (1 398), autres 70 (558)] ; infractions contre l'enfant 15 300 (11 013) [abandon, exposition d'enfant 10 (9), enlèvement, détournement de mineurs 290 (323), non-représentation d'enfant 1 550 (470), abandon de famille 13 450 (10 201), autres (10)] ; autres infractions contre les personnes 3 000 (1 031) [violation de domicile 1 300 (457), refus de porter secours 250 (75), arrestation illégale et séquestration de personne 150 (16), autres 1 300 (483)].

Contre les biens : 213 000 (98 150) dont vol 111 900 (59 298), escroquerie 4 750 (2 310), abus de confiance 4 850 (3 670), chantage 50 (54), filouterie 2 750 (1 976), recel 13 300 (3 196), émission de chèque sans provision ou en violation de l'interdiction d'émettre 61 600 (23 174), infractions violentes contre les animaux 400 (97), autres 13 400 (4 375).

Contre la paix publique et l'État : 34 450 dont faux et usage de faux dans les documents administratifs 2 500 ; infractions à l'interdiction de séjour 220 ; contre l'autorité publique 8 900 dont : outrages envers dépositaire de l'autorité publique 6 800, rébellion 1 900, violences à fonctionnaires et magistrats 150, autres 50, infraction contre la sûreté publique 20 900, vagabondage, mendicité 250, entrée et séjour d'étrangers en France 15 000, port d'armes, infractions à la réglementation des armes et explosifs 5 000, autres 650 ; contre l'État (1979) 18 dont : fausse monnaie 7, autres 11.

Économiques : 7 200 dont : banqueroutes 1 800, fraudes commerciales 1 500, prix illicites 1 400, publicité mensongère 650, autres 1 150.

Financières : 700 dont : douanières 320, fiscales 380.

Contre la santé publique : 11 900 dont : usage de stupéfiants 4 700, trafic de stupéfiants 5 800.

Contre la législation du travail : 3 600, *de la Sécurité sociale* 300.

Contre la circulation et la coordination des transports : 146 500 dont : conduite d'un véhicule sans permis 15 100, défaut d'assurance 45 600, conduite en état d'ivresse 43 600, délit de fuite 8 300, conditions admin. de circulation 23 600, autres 10 300.

Diverses : 12 650 dont : en matière militaire 6 300, défaut de permis de construire 1 400, délits maritimes 900, infractions à la législation en matière de chasse, pêche, forêts 600, autres 3 450.

Selon la nature de la peine. *Emprisonnement* 103 000 dont : — de 3 mois 43 000, de 3 m. à — d'1 an 43 900, de 1 an à — de 3 a. 13 940, de 3 a. à — de 5 a. 1 680, 5 a. et plus 480. *Amende seulement* 195 000. *Peine de substitution* 29 000. *Total* 492 000 (dont peines fermes 327 000, avec sursis simple total 128 000, probatoire total 20 500, dispense de peine 16 500).

• **Tribunaux de police.** Condamnés 9 995 371. Pour contraventions de 1re à 4e classe 399 048 (dont 1983), emprisonnement 613, amende seulement 359 533). *Contrav. 5e cl.* 135 000 dont après appel 3 500 [dont blessures inv. 29 400, violences et voies de fait 11 800, outrages envers citoyen chargé d'un ministère public 600, défaut de carte de séjour d'un étranger 200, police des chemins de fer 60 700, infractions contre la législation du travail 3 200, de la Séc. soc. 1 800, circulation rout. et coordination des transports 7 100, législation de chasse, pêche, forêts 7 200, autres 22 700 (dont selon la peine : fermes 126 100, amende seulement 125 000, p. avec sursis simple total 7 600, emprisonnement 1 100, dispenses de peine 1 300, p. de substitution (1983) 9]. *Amendes pénales fixes* 7 931 103. *Ordonnances pénales* 1 530 220.

• **Tribunaux maritimes commerciaux.** Condamnés 64 dont infractions aux règles de circulation 54, négligence de l'équipage 10.

• **Juridictions de la jeunesse. Jeunes ayant fait l'objet d'une décision** 154 382 dont *mineurs délinquants* 71 481 (dont filles 7 312) selon l'infraction : attentats aux mœurs 36, coups et blessures 25, contre les biens 22, divers 20 ; délits : contre les biens 54 207, coups et blessures 5 107, attentats aux mœurs 776, contre santé publique 841, divers 7 888 ; contraventions 25. **Selon la décision** : *mesures éducatives* 43 223 [dont admonestation 29 937, remise aux parents, tuteur, gardien ou personne digne de confiance 12 427, à un établ. d'éducation, de rééducation ou de soins 745, protection judiciaire 156, remise à l'aide sociale à l'enfance 114] ; *acquittement ou relaxe* 4 152 ; *peines* 24 116 dont emprisonnement 17 906 (dont avec sursis 12 026, sans 5 880, — de 4 mois : 5 108, de 4 mois à — d'1 an : 648, 1 an et + : 124), amende 5 474 (avec sursis 837, sans 4 637), autres 736. Mesures complémentaires (mineurs mis en liberté surveillée) 2 963].

Selon l'âge : *de 6 à — de 13 ans* : 3 056, *13 à — de 16 a.* : 23 287, *16 à — de 18 a.* : 45 148. **Mineurs protégés** 78 708 dont mesure prise : remise aux parents, tuteur, gardien ou personne digne de confiance 35 399, aucune mesure 24 711, remise à l'aide sociale à l'enfance 11 540, remise à un établ. d'éducation, de rééducation ou de soins 7 058 ; **majeurs protégés** 4 183.

Juridiction saisie. *Sur 154 382 jeunes* : juges pour enfants 123 580, tribunal pour enfants 30 752, cour d'assises des mineurs 50.

Établissements et services. *Secteur public* : 195. *Associatif habilité (1984)* : 929 dont établ. 615, services 314.

Personnel. *Secteur public* : 5 882, *associatif habilité (1983)* : 24 273.

Prise en charge (1983). Nouvelles 127 319. *Secteur public* : 58 703, *associatif habilité* : 135 273.

Jeunes suivis au 31-12-1983. *Total* 143 255 (dont secteur public : 32 787 en 84, associatif : 110 726) dont garçons 83 113, filles 60 142.

Selon l'âge (1983). — *de 10 ans* : 40 793, *10 à — de 16 a.* : 62 087, *16 à — de 18 a.* : 33 781, *18 a. et +* : 6 594.

Quelques crimes et délits

Légende : bombe : b.

• **Attentats par explosifs.** *1976* : 365, *77* : 418, *78* : 573, *79* : 605, *80* : 697, *81* : 455, *82* : 997, *83* : 916, *84* : 812 dont 45 sur le continent dont mobiles politiques, économiques et sociaux 484, vengeance privée 46, mobiles ignorés 282 dont contre biens publics 185, privés 627 ; liés au mouvement écologique (*1980* : 101, *81* : 78, *82* : 60, *83* : 19) 7.

De 1976 à 1982 : 30 librairies victimes d'attentats d'extrême droite.

Attentats à caractère autonomiste (1984). *Corse* 513 dont 342 attentats revendiqués par le F.L.N.C. (*1980* : 378, *81* : 198, *82* : 740) ; *objectifs* : appartements 157, commerces 78, véhicules 77, banques 54, immobilier-tourisme 15, biens publics 48, gendarmerie-police 11, exploitations agricoles 6, divers 51 *Bretagne* 9 dont 6 revendiqués. *Pays-Basque* 65 (*1982* : 14) ; *objectifs* : biens privés 32, publics 20, représentants de l'ordre 5, intégrité des personnes 11. *DOM* 57 dont Guadeloupe 35, Martinique 3, Guyane 2, N.-Calédonie 6). *Extrême droite* 40 (*1982* : 75). *Extrême gauche* (1983) 46 (*1982* : 70).

Terrorisme international : 1977 : 3 attentats (1 assassinat, 1 explosif, 1 fusillade). **78** : 8 (4 ass., 1 prise d'otage, 1 fusillade, 2 explosifs). **79** : 12 (5 ass.). **80** : 19 (2 tentatives d'ass., 2 ass., 1 explosif, etc.). **82** : 63 (14 † + 133 bl.). **83** : 53 (9 † + 103 bl.). 47 responsables, dont 34 étrangers ont été arrêtés (300 en 1982). **84** : 10 (2 ass., 2 tentatives d'ass.).

Attentats récents. Voir p. 621.

• **Automobiles (1984).** Vols et tentatives 265 030 (*1983* : 252 846 dont 191 996 retrouvées et 149 754 non retrouvées). **Deux roues à moteur (1984).** Vols et tentatives 175 806 (*1983* : 195 492 dont 6 640 retrouvés, 18 846 non retrouvés).

• **Banques attaquées** (nombre d'attaques, 1984). **Banques** 1 349 (*1980* : 910 dont Crédit agricole 244, B.N.P. 157, Sté générale 107, Crédit lyonnais 104, Banques populaires 79, Crédit mutuel 61, divers 192). **Caisses d'épargne.** *81* : 140, *82* : 146, *83* : 216, *84* : 266.

Coffres (cambriolés) (MF = millions de F.). 1re apparition du « gang des postiches » dans une agence de la Banque populaire, rue de Crimée à Paris, 6 840 coffres ont été forcés dans 102 banques. **Quelques cas : 1972**-*28-10* : 11,7 MF, *poste de Mulhouse.* **1974**-*13-8* : 10 MF *banque Rothschild* (av. de Suffren, Paris). **1976**-*10-1 Banque Hervet* (Paris) ; tunnel creusé 5 m, 0,06 MF. *-15-6 Sté Générale,* Ile St-Louis (Paris) : tunnel de 6 m : plusieurs dizaines de millions de F. *-17/18-7 Sté Générale,* Nice : 47 MF (339 coffres et 2 armoires blindées ouverts), arrivée des cambrioleurs par les égouts. Albert Spaggiari, le « cerveau », arrêté, s'évade en sautant par la fenêtre du cabinet du juge d'instruction. **1979**-*15-8 Sté Générale,* rue St-Louis-en-l'Ile (Paris) butin non communiqué. *-28-8 Sté Générale,* 8, rue de Sèvres (Paris), tunnel de 20 m creusé en plusieurs mois, 8 cambrioleurs arrêtés. **1980**-*3/4-11 Caisse d'Epargne,* place de Mexico, Paris : un cambrioleur se laisse enfermer dans la salle des coffres avant la fermeture le vendredi soir et ouvre la porte à des complices, 250 coffres ouverts,

50 MF. **1981**-*17-5 Crédit agricole*, Marseille, 232 c. -*12-7 Monte Carlo Beach Hotel* 6,2 MF de bijoux et 0,15 de devises. -*15-8 Mas d'Artigny* à St-Paul-de-Vence, 46 c. -*30-9 Banque populaire*, rue de Crimée à Paris, 70 c., env. 0,1 MF. -*7-10 Ritz* à Paris 20 MF de bijoux. **1982**-*12-4* Crédit Lyonnais Bastia 40 MF. -*9-7 Caisse d'Épargne*, H.-de-S., 250 c. **1983**-*16-3 Crédit lyonnais*, Neuilly, 118 c. -*17-11 Crédit du Nord*, Paris, 120 c. **1984**-*25-5 C. d'Épargne*, Chatou, 350 c. -*25-6 C. d'Épargne*, Berre, 250 c. (25 à 30 MF). -*27-11 B. Hervet*, Suresnes, 66 c. -*20-12 Crédit lyonnais*, Bordeaux, 43 c. (voleurs arrêtés). **1985**-*1-2 Crédit agricole*, Paris, 120 c. -*25-2 Bonnasse*, Marseille, 200 c. MF -*23-4 Caisse d'ép.*, Mortagne 80 c. -*19-12* Sté générale St-Cloud 125 c. **1986**-*3-2* C. d'Épargne Salon-de-Pr. (B.-du-Rh.) 620 c. 50 MF (?). -*17-2* Établiss. de crédit, Paris 16 MF (gang arrêté). -*4-3* Banque de France Niort 29 MF.

● **Banqueroutes.** Définition : constituée par les agissements frauduleux d'un commerçant en état de cessation de paiement. *1975* : 2 862, *80* : 4 455, *81* : 4 713, *82* : 3 853, *83* : 4 035, *84* : 4 288.

● **Bijouterie. Attaques à main armée** : *1980* : 216, *81* : 220, *82* : 174, *83* : 237, *84* : 274. **Butin** *(millions de F)*. Ex. : *Paris 27-10* 60, *Paris 1-12* 10. *1986-20-2* Francis Lober 3 MF demandés.

Rançons records. 1973, juillet *Paul Getty III*, rançon de 10 millions de F. **1974**-*29-4 Victor Sammuelsson*, directeur d'Esso à Buenos Aires, 4,2 millions de $ (75 MF). **1975**-*14-4 Gianni Bulgari*, bijoutier romain, 17 millions de $ (85 MF). -*21-6* Jorge Born, industr. argentin, 60 millions de $ (300 MF). **1976**-*1-1 Carla Ovazza*, belle-mère de Giovanni Agnelli, P.D.G. de Fiat, 10 milliards de lires (60 MF, mais on ignore le montant versé). -*14-12 Richard Detker*, fils d'un milliardaire allemand, 21 millions de marks (42 MF). **1977**-*28-10 Maup Caransa* libéré contre 10 millions de florins. **1982**-*22-11 Antonia Van der Valk* (P.-B.) libérée 17-12 contre 12 millions de florins (32 MF). **1983**-*1-11 Freddy Heineken* (P.-Bas) 95 MF récupérés en partie. **1985** *oct. Gijs Van Dam* (P.-Bas) contre 9 millions de florins (24,3 MF). **1986**-*8-4* Jennifer Guinness (Irl.) 2,5 millions de £ irl. (20 MF).

● **Fugueurs mineurs.** *1978* : 26 673. *79* : 30 555. *81* : 32 437. *83* : env. 30 000 (2 300 cas non résolus).

● **Grands magasins (vols).** Montant total en millions de F. *1977* : 75, *80* : 400, *82* : 169, *85* : 1 100 (env. 2,5 % de C.A.).

● **Homicides volontaires (1984).** A partir d'un échantillon de 1 868 cas, mobiles en % : mobile ignoré 31,42, dus à des différends divers et à la vengeance 28,85, crapuleux 19,59, passionnel 6,05, alcoolisme 4,39, démence 3,27, crimes sexuels 2,41, règlements de comptes 1,77, autodéfense 1,45, mobile racial ou politique 0,8. **Moyens (%)** : arme à feu 48,55, arme blanche 22,97, strangulation 4,44, divers (coups, mains nues, objets divers) 10,65.

● **Magistrats pris en otage. 1972**-*10-4* : Robert Magnan (J. d'instruction à Paris) pris en otage par 2 détenus, Christian Jubin et Georges Segard qui les relâchent et sont repris 32 heures après leur évasion du Palais de Justice. **1973**-*6-6* : M. Guérin (Pt du tribunal de Compiègne) pris en ot. au cours d'une audience, par Jacques Mesrine qui le relâche. **1975**-*8-7* : M. André Cozette (vice-Pt du tribunal de Paris) et Antoine Michel (substitut) pris en otage par Jean-Charles et Martine Willoquet qui les relâchent 1 h 1/2 plus tard. Repris après quelques mois. **1985**-*19/20-12* : 32 personnes dont Dominique Bailhache (Pt de la cour d'assises de Nantes) prises en ot. par Georges Courtois, Patrick Thiolet et Abdelkarim Khalki qui se rendent après 34 h de négociations.

● **Bureaux de poste.** Attaques à main armée. *1980* : 288, *81* : 385, *82* : 254, *83* : 284, *84* : 370 (**1971**-*30-6* Strasbourg poste centrale : 12 MF. **1972**-*28-12* Mulhouse poste centrale 11,7 MF).

● **Chauffeurs de taxis agressés.** *Nombre* : *1971* 33. *1980* 153. *1981* 96. *1982* 123. *1983* 147, *84* : 161.

● **Chèques (usage frauduleux).** *1975* : 60 655, *80* : 101 024, *83* : 191 554, *84* : 197 053.

● **Convoyeurs.** Attaques à main armée. *1983* : 22, *84* : 29.

Fourgons blindés attaqués (MF : millions de F). **1977**-*28-7* Paris : camion contenant 17,7 t de pièces de 10 F destinées à la Banque de France et représentant une valeur de 17,5 MF (les malfaiteurs seront arrêtés et une partie du butin récupérée). **1979**-*2-1* Nantes : 1,3 MF en liquide et 3 MF en chèques. **1980**-*2-5* Creutzwald (Moselle) : 4 MF. Directeur de la Sté et 3 de ses employés démasqués quelques mois plus tard. -*24-7* Cannes : 10 MF, bande démantelée 1 mois plus tard. **1983**-*24-5* Massy : 20 MF par 3 faux policiers. **1984**-*12-3* Marseille 14 MF. -*15-6* Nice 4 MF. **1985**-*21-1* dans Sté à Vitrolles (B.-du-R.) 20 MF. -*31-5* Paris 40 MF (1 convoyeur, 2 pol. tués). -*2-12* dépôt de la Sté Brink's à Colombes (Hts-de-S.) 73 MF.

● **Enlèvements pour rançon.** *Nombre. 1975* : 13, *76* : 13, *77* : 8, *78* : 3, *79* : 2, *80* : 8, *81* : 3, *82* : 2, *83* : 1 (manqué), *84* : 1 (manqué).

Quelques cas dep. 1974 (MF = millions de F). -*3-5 Angel Balthazar Suarez* (dir. de la banque de Bilbao à Paris) par « groupes d'action révolutionnaires internationalistes », libéré 22-5 contre 3 MF qui seront récupérés. La plupart des responsables appréhendés. **1975**-*24-5 Jean Bitan*, 83 ans, négociant en tapis. Arrêté, Jean-Pierre Herbet révèle que Bitan est mort au cours d'une altercation et que la rançon n'a été demandée qu'ensuite ; condamné *8-3-78* à 11 a. de réclusion criminelle. -*19-6* La petite *Maxime Cathalan* (20 mois), fille du P.D.G. des laboratoires Roussel, retouvée après versement de 1,5 MF. -*30-9 Valérie Ruppert*, 12 ans, rendue contre 2 MF, quelques h après l'arrestation des ravisseurs. -*12-12 Christophe Mérieux*, 9 ans, libéré contre 20 MF en partie récupérés. -*31-12 Louis Hazan* (P.D.G. de Phonogram) libéré *7-1*, rançon 15 MF récupérée, 6 inculpés. **1976**-*4-2 Guy Thodorof* (dir.-adjoint de Saab-France) relâché après 34 j, rançon 10 MF, 12 inculpés. -*11-5 Philippe Chareyre* (dir. gén. de la S. A. de gestion immobilière) retrouvé 1/2 h plus tard, dans une camionnette. -*25-9 François Périel* (banquier) enlevé dans la villa du compositeur Francis Lopez, relâché 4-10 ; rançon de 0,8 MF jamais versée (affaire non éclaircie). -*2-12 Henri Hottinguer* (banquier) la tentative échoue en raison de sa résistance. **1977**-*11-1 Richard Frojo* (bijoutier à Marseille) libéré 4 j plus tard, rançon 3 MF jamais versée. -*13-4 Lucchino Revelli-Beaumont* (P.D.G. de Fiat-France) libérée après 89 j, rançon de 10 MF récupérée en partie après l'arrestation des ravisseurs (tous argentins). -*6-7 Roland Simon* (dir. de régie immobilière) libéré, le 9-7, sans rançon. -*9-8 Bernard Mallet* (banquier) libéré par la police quelques h plus tard. **1978**-*23-1 Baron Édouard-Jean Empain* (Pt du groupe Empain-Schneider) libéré 26-3 après l'arrestation des ravisseurs, rançon de 100 MF non versée. **1979**-*21-6 Henri Lelièvre* († 1985) (homme d'aff. de 82 ans de la Sarthe) enlevé par Jacques Mesrine, libéré le 25-7 contre 6 MF. **1980**-*25-1 Paloma Donzeau*, délivrée le jour même contre 30 lingots d'or (2,5 MF). -*29-1 Guy Bitoun*, 41 a., (administrateur de la Sté Global à Antibes), libéré 13-2, rançon de 6 MF récupérée, 5 ravisseurs arrêtés. -*28-6 Michel Maury-Laribière* (60 ans), (P.D.G. des Tuileries et Briqueteries Françaises et vice-Pt du CNPF) libéré après 11 j sans rançon, ravisseurs arrêtés. -*22-9 Bernard Galle* (gendre de Maître Chaîne, Pt du Conseil sup. du Notariat) rançon de 5 MF payée ; non libéré, déclaré décédé. **1981**-*18-4 Huguette Kluger*, libérée. **1982**-*25-4 Jean-Edern Hallier* retrouvé 4-5, ravisseurs arrêtés. -*26-5 Bruno Bouvet*, 12 a., retrouvé le 29-5 ; rançon de 0,7 MF récupérée. **1983**-*23-3* Joséphine Dard (12 ans) (fille de Frédéric Dard, auteur de San Antonio) en Suisse, rançon de 2 MF suisses récupérée (ravisseurs arrêtés).

● **Morts suspectes (1984).** 15 858 (dont suicides 53,30 %, morts naturelles 28,14, accidentelles 15,63, non élucidées 2,93).

● **Pharmacies (agressions).** *1971* 48, *1982* 302, *1983* 284 (butin moyen : 1 983 F), *1984* : 392. *Cambriolages pour drogue* : *1980* : 822, *81* : 795, *82* : 926, *83* : 740, *84* : 700.

● **Pompistes (agressions).** *1971* 70, *1981* 536, *1982* 414, *1983* 577 (butin moyen 5 552 F), *1984* 615.

● **Recels.** *1982* : 15 148 délits enregistrés, *83* : 19 954, *84* : 23 036.

● **Recherches dans l'intérêt des familles.** *1976* : 22 599. *77* : 19 500. *78* : 19 450. *81* : 13 790 dont hommes 7 204 (2 672 retrouvés †, 1 811 qui ont accepté de donner leurs adresses), femmes 6 586 (2 892 retrouvées † et 1 642 adresses communiquées).

● **Tueries. 1964** *Austin* (Texas), un étudiant tire d'une tour, 16 †, 31 blessés. **1973**-*31-3 Bar du Tanagra* (Marseille) 4 tués (affrontement entre truands). **1978**-*3-10 Bar du Téléphone* (Marseille) mettra fin à une série de 27 meurtres. 4 hommes tuent 10 consommateurs. **1981**-*18-7 Auriol* (B.-du-R.), 6 tués (1 inspecteur de police Jacques Massié, ancien du SAC et 5 membres de sa famille) (3 tueurs condamnés à perpétuité). **1983**-*5-8 Hôtel Sofitel* Avignon 7 tués au cours d'un hold-up. **1984**-*21-7 San Ysidro* (Californie, U.S.A.), 1 forcené tue 21 personnes et en blesse 19 (il est tué à son tour).

● **Viols.** *1972* : 1 417, *82* : 2 459, *83* : 2 803, *84* : 2 859. En 1984, un soldat (22 ans) et un ouvrier (50) ont été condamnés à 14 ans de réclusion en Grèce pour avoir violé une centenaire de 105 ans.

● **Vols (1984). Répartition en %).** Sans violence 77,96, avec violence contre les choses 19,49, contre les personnes 2,54.

Qu'est-ce qu'un prévenu ?

Une personne poursuivie pour un crime ou un délit mais qui n'a pas été jugée. Mais on fait entrer dans cette catégorie, pour 12 à 15 %, des gens qui ne le sont pas vraiment : condamnés en délai d'appel ou de pourvoi et considérés comme n'étant pas jugés définitivement ; personnes déjà jugées pour une affaire, mais qui sont en cours de procédure dans un autre dossier ; inculpés cités devant le tribunal correctionnel en comparution immédiate (ex-flagrants délits) ; « dettiers », détenus par contrainte par corps.

Pourquoi manque-t-on de place dans les prisons ?

On a créé 300 places par an de 1962 à 1980, alors que la population pénale passait de 27 100 détenus à 40 129.

De 1981 à 1984, on a construit en moyenne 492 places par an.

Combien dépense l'État pour l'entretien et la surveillance de chaque détenu ?

150 F par jour (600 F en Suède). Une nouvelle place en prison coûte 400 000 F en moyenne.

Les hold-up de banques sont-ils en régression ?

Les hold-up ont augmenté de 22 % en 1984. Il y en a eu 681 dans les agences des 400 établissements bancaires membres de l'Association française des Banques (A.F.B.), dont 355 en région parisienne.

Combien de vols y a-t-il chaque année ?

Plus de 2 millions de plaintes pour vol sont déposées chaque année. En 1983, 19 954 recels ont été découverts. 100 000 appareils audiovisuels sont dérobés chaque année. 252 846 véhicules ont été dérobés en 1983, sans compter les vols de camions avec leur chargement, d'une valeur moyenne de 100 000 F.

Les compagnies d'assurance ont, en 1983, versé 2,7 milliards de F pour les vols d'automobiles.

Combien de drogués sont incarcérés ?

En 1983, 5 417 personnes ont été incarcérées en France pour « infraction à la législation sur les stupéfiants » dont 10 % de femmes, 47 % d'étrangers, 78 % de 18-30 ans. Mais celui qui vient de cambrioler une pharmacie ou de commettre une série d'agressions pour se procurer son héroïne quotidienne n'apparaissait pas dans ces statistiques ; il était inculpé de vol qualifié ou de coups et blessures volontaires et « comptabilisé » à part. Le nombre de détenus ayant un rapport, direct ou indirect, avec la drogue est 3 à 4 fois supérieur. 1 personne sur 2 présentées au parquet aurait un lien avec la drogue.

Dans quels pays y a-t-il le plus de policiers et de militaires ?

Taux pour 1 000 habitants : Corée du N. 70 (y compris réservistes). Cuba 48 (y compris milice populaire). Viêt-nam 40 (y compris milice armée). Syrie 31. Irak 30 à 40 (guerre contre l'Iran). Éthiopie 20 (y compris éléments paramilitaires). U.R.S.S. 20 (estimation). Chine 20. Roumanie 18 (sans compter la Garde patriotique). Turquie 17. Tchécoslovaquie 16 (approximativement). Bulgarie 15 (y compris réserve et milice populaire). All. dém. 15 (sans compter les réservistes). Pologne 13 (env.). Arabie Saoudite 9,7. Afrique du S. 8,3 (y compris commandos). Pakistan 8 (y compris unités paramilitaires). Soudan 4,5. Mozambique 3,5. Zaïre 2,2 (approximativement).

Vols à main armée. *1980 :* 4 841, *81 :* 5 408, *82 :* 5 535, *83 :* 6 139, *84 :* 7 661 (dont Paris 1 435, dont établ. bancaires 1 349, voie publique 914, domicile des particuliers 666, stations-service 615, pharmacies 392, bureaux P.T.T. 370, taxis et véhicules 323, bijouteries 274, Caisses d'Épargne 266, magasins à grande surface 215, Stés et entreprises privées 168, préposés P.T.T. 77, courses et jeux 76, transports de fonds inorganisés 52, organisés 29, prof. libérales 27, perceptions 21 ; autres commerces 1 645, autres établ. publics 81, divers 101). Occasionnant 29 meurtres, 64 prises d'otage. **Butin (millions de F).** *1980 :* 164, *81 :* 202, *82 :* 224, *83 :* 450, *84 :* 432 (dont banques 113, P.T.T. 14, Caisses d'Épargne 23, recettes perceptions 4,7).

Autres vols avec violence. *1979 :* 27 053, *80 :* 30 404, *81 :* 35 669, *82 :* 40 540, *83 :* 44 745, *84 :* 50 246 (25,2 % des auteurs arrêtés sont des étrangers).

Cambriolages (vol avec effraction). *1972 :* 147 495, *78 :* 200 811, *80 :* 267 860, *81 :* 301 436, *82 :* 365 184, *83 :* 392 092, *84 :* 436 435.

Résidences (principales). *1980 :* 135 098, *84 :* 236 631 (en moyenne 648 par jour) dont : Paris 44 848, B.-du-Rh. 16 279, Rhône 12 180, Hts-de-S. 11 266, Seine-St-Denis 10 674, Val-de-M. 10 464, Alpes-M. 10 222, Nord 9 685, Val-d'O. 8 733, Gironde 8 667. *Affaires élucidées (84).* 12,75 %.

Résidences secondaires. *1980 :* 14 409, *81 :* 14 718, *82 :* 17 204, *83 :* 18 223, *84 :* 20 841 (dont 36,73 % résolus) dont : Var 1 684, Alpes-M. 1 387, Gironde 706, Hérault 669, B.-du-R. 669, S.-et-M. 633, Calvados 503, Eure 465, Rhône 408, Loire-Atl. 359.

Locaux industriels et commerciaux. *1980 :* 68 201, *83 :* 90 879, *84 :* 98 759.

Quelques records (MF : millions de F). **France.** *Bijoux : 1980-24-7* 80 MF de bijoux dans la chambre du P^ce^ Abdel Aziz Ben Ahmed Althani du Qatar, près de Cannes. **G.-B.** *1963-8-8* train postal Glasgow-Londres intercepté par une bande qui prend 120 sacs contenant 30 MF (4 seront retrouvés). *1975* Bank of America à Londres 96 MF. *1983-26-11* 6 hommes prennent 3 t d'or (6 800 barres de 440 g), quelques barres de platine, plusieurs diamants, des travellers chèques, valant 26 369 777 £ (317 MF) dans le dépôt de la Ste Brinks nat. à Heathrow. Les Cies d'assurances ont offert une récompense de 24 MF pour des renseignements. **Irlande.** *1974-26-4* 19 tableaux valant 94 MF (dont 1 Vermeer de + de 30 000 000 F) chez sir Alfred et lady Beit à Blessington. Les tableaux ont été retrouvés et la coupable arrêtée. **Liban (Beyrouth).** *1976-22-1* 250 MF de la Banque britannique du Moyen-Orient (d'autres estimations : 100 MF). **U.S.A.** *1978* coffre de la Lufthansa à l'aéroport Kennedy 5 000 000 de $ et 800 000 $ de bijoux (soit 30 MF). *1982-12-12* S^té^ de convoyage de fonds : 5 000 000 de $ (soit 37 MF).

☞ Voir aussi automobiles et deux roues, banques, bijouteries, bureaux de poste, chauffeurs, convoyeurs, grands magasins, pharmacies, pompistes.

Prison (en France)

Établissements pénitentiaires

Catégories

1°) **Maisons d'arrêt :** reçoivent les prévenus et condamnés dont le reliquat de peine est inférieur à 2 ans.

Il existe normalement 1 maison d'arrêt auprès de chaque trib. de gde inst.

2°) **Établissements affectés à l'exécution des peines** (sup. à 2 ans) dont **maisons centrales** (possédant un régime de sécurité) 13 soit 2 373 places et **centres de détention** (orientés vers le reclassement), 24 soit 4 198 places. Dans les 2 cas, quartiers réservés aux personnes dont la peine expirera avant qu'ils aient 28 ans et aux malades (ex. Fresnes, hôpital de 255 lits).

Taux d'occupation des établissements pénitentiaires (au 1-4-86). Montpellier 360,56 %, Pontoise 350,53, Béziers 310, Nice 298,83, Orléans 288,88, Bonneville 288,46, Chambéry 282,35, Bois-d'Arcy 279,85, Perpignan 269,33, Meaux 266,66, Nîmes 247,01.

☞ Jusqu'en 1939, 500 personnes par an étaient déportées en Guyane.

Personnel de l'administration pénitentiaire

Nombre total. 1975 : 11 352. **1980 :** 14 115. **1984 :** 16 044 dont : Direction 216. Administration et intendance 1 304. Technique 398. Éducation et probation 772. Surveillance 12 443. Service 73. Médical et social 606. Hors statut 232.

Vie pénitentiaire

● **Coût moyen journalier d'un détenu** (au 1-1-86). 167,13 F, dont : frais de personnel 121,43 F, alimentation 16,03, habillement et couchage 1,85, frais médicaux 6,33, cotisations de Séc. Soc. 1,54, dépenses de fonctionnement (entretien des bâtiments) 21,61 F.

Le détenu participe aux frais de son entretien (300 F par mois). Les prélèvements ne peuvent excéder 30 % du salaire.

Nota. – Une cellule vaut 450 000 F.

● **Études.** *Enseignement* primaire assuré dans tous les établissements. Tout prisonnier peut demander à poursuivre des études par correspondance et passer des examens. Sur env. 100 000 détenus transitant chaque année dans les prisons, 1 sur 5 suit un enseignement. *Formation professionnelle* permet à env. 600 détenus par an d'obtenir un diplôme professionnel, à 1 000 de s'initier à la pratique d'un métier. *Rémunération des stagiaires* (1982) : 54 % du SMIC ; des employés au service général : 11,74 en moy.

● **Lettres :** elles ne sont plus limitées en nombre ni en longueur. Leur contenu est contrôlé pour vérifier si elles ne contiennent pas de menaces contre les pers. ou la sécurité des établissements. Elles peuvent être transmises au juge d'instruction qui, éventuellement, les saisira et les versera au dossier comme éléments à charge. Ne doivent pas être ouvertes : les lettres entre un prévenu et son avocat et les autorités judiciaires, administratives ou consulaires.

● **Mères de jeunes enfants (détention).** Les détenues enceintes et celles auxquelles est laissé leur enfant peuvent être transférées dans un établissement disposant d'un quartier spécialement aménagé. Les enfants sont laissés en principe auprès de leur mère jusqu'à 18 mois (ou + après décision du Garde des Sceaux après avis d'une commission consultative et renouvelable tous les 2 ans). En 1985, 15 femmes ont accouché à Fleury-Mérogis.

● **Période de sûreté.** Les condamnés pour faits particulièrement graves ne peuvent bénéficier de mesures de faveur comme permissions de sortie ou libération conditionnelle (loi du 2-2-1981 modifiée le 10-6-83) qu'après avoir accompli au moins la moitié de leur peine (sur décision de la juridiction, délai portable aux 2/3).

● **Permissions de sortie** (régime de la loi du 22-11-1978). *Condamné à une ou plusieurs peines de – d'1 an :* le décret du 6-8-85 accorde des permissions sans conditions de délais. *C. à une peine inférieure à 3 ans* ayant accompli 1/3 de sa peine : accordable par le juge d'application (après convocation du prisonnier). Sont accordées en vue du maintien des liens familiaux ou de la préparation à la réinsertion sociale aux condamnés ayant exécuté la moitié de leur peine et auxquels il reste moins de 3 ans à subir. *Durée :* 2 à 5 j et une fois par an 10 j. Si le condamné regagne la prison dans les délais prescrits et si son comportement n'attire pas l'attention, il peut solliciter une nouvelle autorisation dans les mois qui suivent. *C. à + de 3 ans :* après avoir accompli le tiers de sa peine, comparaît devant une commission (juge d'application des peines, procureur de la Rép., directeur de l'établ.) qui doit se prononcer à l'unanimité.

Cas particuliers (maladie grave ou décès d'un parent, examen), des permissions sont accordées à ceux qui ont une peine de – de 5 ans ou ont accompli la moitié de leur peine. Si nécessaire, le détenu est accompagné d'inspecteurs de police ou de gardiens de prison (normalement en civil).

L'État est responsable, même sans faute, des dommages causés aux tiers par des détenus bénéficiant d'une permission de sortie.

● **Punition de cellule** infligée pour indiscipline grave *jusqu'à 45 j de suite* dans une cellule spéciale (seuls meubles : un tabouret et un matelas), privation de visite (sauf avocat), restriction de correspondance. Elle n'entraîne pas de restriction alimentaire et ne supprime pas la faculté de lecture, ni de tabac.

● **Réductions de peine** pour bonne conduite, réussite à un examen ou gages exceptionnels de réinsertion sociale (après 3 ans de détention) dans la mesure de 3 mois par an ou 7 j par mois dans chaque cas. Dep. la loi du 30-12-85, le juge d'application des peines peut accorder des réductions aux condamnés à 3 mois et moins d'emprisonnement. Un condamné à perpétuité accomplit 18 ans de prison avant de pouvoir être libéré, un condamné à 20 ans fait les 2/3 de la peine. En Italie un condamné à perpétuité fait 28 ans, en Scandinavie, All. fédérale, G.-B. environ 10 ans. La loi d'amnistie (votée aussi par l'opposition) a fait sortir en juillet 1981 1 437 condamnés qui devaient être libérés dans l'année. Les grâces du 14 Juillet ont ajouté quelques milliers de libérations.

● **Régime pénitentiaire spécial** (décret du 23-10-1975) : plus libéral que le régime de droit commun (ex. : droit de visite plus large, droit de réunion, pas d'obligation au travail). *En bénéficient :* les personnes poursuivies pour atteinte à la sûreté de l'État ou pour un délit de presse (sauf outrages aux bonnes mœurs, actes de chantage ou provocations au meurtre). Dans la mesure du possible, les détenus qui en bénéficient doivent être incarcérés dans une prison ordinaire. Quand les installations le permettent, ils doivent être placés dans cellule ou chambre individuelle.

● **Travail pénitentiaire.** Seuls les condamnés sont astreints au travail. Les éléments dangereux n'y ont pas droit. *Détenus au travail* (1985) : 16 491 (soit env. 39 %), le travail est organisé suivant plusieurs régimes : le service général, la régie industrielle des établissements pénitentiaires, la concession accordée à des entreprises privées, la formation professionnelle et la semi-liberté. Le taux d'emploi est variable selon les établissements et les régions : emplois qualifiés et formation longue dans les établissements pour peine ; emplois divers et courtes formations en maison d'arrêt où souvent le travail ne peut être effectué qu'en cellule ; dans les ateliers existants l'horaire de travail est souvent limité à 6 h pour 5 j parfois 6 j. L'Administration gère le compte nominatif du détenu et y effectue les prélèvements réglementaires ; avec la part disponible, le détenu peut cantiner ou envoyer des subsides à sa famille ; pour le travail en concession, en l'absence de contrat de travail, c'est l'Administration qui négocie les conditions de travail et le contrat de concession avec l'entreprise privée puis qui lui adresse les relevés des rénumérations et des charges soc.

Séc. soc. (maladie-maternité) est allouée à la famille du prisonnier travailleur. Le travail effectué en prison est pris en compte pour les droits à la retraite ; à sa sortie, le détenu peut bénéficier des allocations de chômage. Dep. le 1-1-1981, le détenu travailleur bénéficie de l'assurance veuvage.

● **Visites** (parloirs) (30 min.) de parents et, éventuellement, d'amis. Prévenus : 3 « parloirs » par semaine ; condamnés : 1. Les surveillants peuvent contrôler les conversations. Le parloir ne comporte aucun dispositif de séparation sauf impossibilité matérielle ou pour des raisons d'ordre et de sécurité (décret du 26-1-1983). Un prévenu non encore jugé peut recevoir librement la visite de son avocat, dans un parloir spécial, hors la présence d'un surveillant. Tout détenu peut recevoir la visite d'un aumônier dans les mêmes conditions.

Pour visiter un prévenu : déposer une demande de permis de visite auprès du juge d'instruction (avec carte d'identité et 2 photos). *Pour un condamné :* délivré par le directeur de la prison sauf cas d'hospitalision ou d'internement (commissaire de la Rép. ou préfet de police).

Organismes

Comités d'action des prisonniers (C.A.P.). *Créés* à la suite des diverses révoltes dans les prisons de l'hiver 72, regroupent des détenus et d'anciens détenus. *But :* organiser et coordonner les luttes des prisonniers afin d'obtenir de meilleures conditions de détention et de travail.

Groupe d'information sur les prisons (G.I.P.). *Fondé* septembre 70 (à l'occasion de la 2e grève de la faim des prisonniers politiques maoïstes) par des intellectuels (Michel Foucault, Jean-Marie Domenach) et des avocats progressistes. Aujourd'hui, regroupe aussi d'anciens détenus, certains membres du personnel des prisons (médecins, assistantes sociales) et même des magistrats. *But :* informer le public sur les « intolérables » conditions de vie du système pénitentiaire et aider à l'organisation d'un mouvement de soutien aux détenus en révolte (mutineries dans les prisons de l'hiver 71-72). Il ne veut pas provoquer une réforme des prisons, mais leur « disparition ».

La visite des détenus dans les prisons (O.V.D.P.). 5, rue du Pré-aux-Clercs. 75007 Paris. *Fondée* 1932. *Membres :* 900.

Population pénale

☞ **Nombre de prisonniers pour 100 000 hab.** (1-9-85) : U.S.A. 118, (384 316 en mars 82), Autriche 109, All. féd. 92, G.-B. 96,5, *France 71,6*, Italie 76,5, Suède 49, Danemark 63, P.-Bas 34.

Population pénale totale

● **Population pénale** (au 1-1). **Métropole + DOM-TOM.** *1975 :* 75 176, *81 :* 112 813, *82 :* 77 393, *83 :* 91 329, *84 :* 104 344.

Population pénale en milieu fermé

● **Total. 1852 :** 51 300. **1870 :** 40 000. **1906 :** 21 000. **1914 :** 25 000. **1946 :** 60 000 (46 % pour collaboration). **1945 :** 60 051. **1973**-*1-1 :* 31 512. **1975 :** 27 165. **1981 :** 40 365. **1982 :** 31 551. **1983 :** 35 876 (dont Métropole 34 579, DOM 1 297). **1984**-*1-1 :* 38 634 (37 311 hommes, 1 323 femmes). *-1-7* 38 983 [dont prévenus 20 134 hommes (dont non encore jugés 15 527, en appel de pourvoi 3 248, jugés en flagrant délit 986, dettes 373), condamnés définitifs 18 849, détenus hommes étrangers 10 508]. **1985**-*1-4 :* 44 654. *-14-7 :* 2 763 graciés. **1986**-*1-2 :* 44 437 dont 21 989 prévenus, 5 à 20 % contaminés par le S.I.D.A. (dont 57 % des détenus toxicomanes à la seringue).

● **Personnes écrouées (1985).** 82 917 (dont *84* 23 584 étrangers dont 77,8 % maghrébins). **Sorties** 83 237.

● **Lieux de détention** (1-1-86). Maisons d'arrêt 35 335 (h. + f.). Centres de détentions 4 082. Maisons centrales 2 327. Centres de semi-liberté 177. Établ. spécialisés 696.

● **Détenus. Au 1-1-86. Selon la nationalité :** 30 700 Fr., 11 894 étrangers, 23 divers. **Le niveau d'instruction :** primaire 30 700, secondaire ou supérieur 6 331. Illettrés 5 586. **La situation professionnelle** (au 1-1-1982). 35 % sans profession, 50 % ouvriers, 18 % employés, 10 % patrons, 10 % personnel de service, 0,4 % cadres supérieurs ou profession libérale. **L'activité professionnelle des parents** 1/3 des pères étaient ouvriers, 15 % employés, 10 % patrons. 53 % des mères étaient inactives, 31 % femmes de ménage, concierges, gardiennes.

Détenus en métropole. Total. *1-1-86 :* 42 617. **Âge.** *– de 18 ans. 1981 :* 934, *82 :* 834, *83 :* 739, *86 :* 865. *60 ans et +. 1981 :* 446, *82 :* 292, *83 :* 354, *86 :* 369. **Étrangers.** *1973 :* 4 402, *75 :* 4 645, *80 :* 7 070, *81 :* 7 855, *82 :* 7 019, *83 :* 9 114, *86 :* 11 894.

Il y a dans les prisons 28 % d'étrangers (38 % en région parisienne) alors qu'ils ne représentent que 7,7 % de la population. Mais les immigrés se trouvent le plus souvent dans la tranche d'âge des actifs où la criminalité est la plus forte. Le chiffre obtenu pour les Français intègre des populations à l'âge de la retraite, où la criminalité est plus faible.

Femmes détenues (% par rapport au total des détenus). *1855-60 :* 20, *1912 :* 12, *1958 :* 5, *1985 :* 3,3.

● **Condamnés (au 1-1-86).** 21 471. **Selon les infractions.** *Infractions contre les personnes :* meurtres 2 494, coups et blessures volontaires 1 274, attentats aux mœurs 2 602, homicides, blessures volontaires 305. *Les biens :* vols qualifiés 1 830, escroqueries, abus de confiance, recels, faux et usage de faux 1 499, vols simples 6 950, autres 4 517.

Selon les peines. *Réclusion et détention criminelle à perpétuité* 387, *à temps* 5 208, *emprisonnement correctionnel 15 ans et +* 870, *3 à 5 ans* 2 365, *1 à – de 3 ans* 6 106, *– d'1 an* 6 155, *contrainte par corps* 380.

● **Mesures individuelles accordées. Libérations conditionnelles.** Accordées par le garde des Sceaux : *80 :* 534, *81 :* 559, *82 :* 719, *83 :* 668, *84 :* 591 ; par le juge de l'application des peines : *80 :* 5 327, *81 :* 4 124, *82 :* 3 876, *83 :* 4 044, *84 :* 4 243.

Réductions de peine. *1980 :* 50 132, *81 :* 50 038, *82 :* 43 626, *83 :* 46 900, *84 :* 52 145. **Suspensions de peine :** *80 :* 592, *81 :* 405, *82 :* 361, *83 :* 349, *84 :* 613. **Permissions de sortir :** *80 :* 39 576, *81 :* 29 802, *82 :* 26 653, *83 :* 32 139, *84 :* 35 530. (*Incidents. 1975 :* 1 372, *80 :* 575, *81 :* 385, *82 :* 435, *83 :* 85, *84 :* 59).

Population pénale en milieu ouvert

Condamnés (au 1-1). *1981 :* 73 448. *1983 :* 55 453. *1986 :* 79 130 dont : *probationnaires* 70 767 (dont mise à l'épreuve de 3 ans 65 950, de 3 à 5 ans : 14 347), *libérés conditionnels* 4 523, *interdits de séjour* 42.

Incidents

Agressions graves commises par les détenus sur le personnel. *1977 :* 34. *78 :* 34. *79 :* 38. *80 :* 35. *81 :* 29. *82 :* 33 ; 35 victimes (interruptions de 1 à 30 j). *83 :* 68. *84 :* 82 ; *85 :* 73.

Auto-agressions diverses. *1978 :* 1 142. *79 :* 1 303. *80 :* 1 588. *81 :* 1 542. *82 :* 2 157. *83 :* 3 148. *84 :* 3 662. *85 :* 3 548.

Évasions. *1976 :* 31, *80 :* 6, *81 :* 6 dont 2 de Fleury-Mérogis le 27-2-81 par hélicoptère, Daniel Beaumont et Gérard Dupré, repris (tentées 56). *82 :* 11. *83 :* 21. *84 :* 18. *85 :* 26. *26-5-86 :* Michel Vaujour (condamné le 8-3-85 à 18 ans de réclusion criminelle) s'évade en hélicoptère de la maison d'arrêt de la Santé.

Fugues en milieu ouvert. Détenus et, entre parenthèses, incidents : *1978 :* 38 (31). *79 :* 54 (36). *80 :* 36 (26). *81 :* 30 (24). *82 :* 44 (30). *83 :* 43 (dont 15 condamnés d'Oerminger). *84 :* 43 (31). *85 :* 39 (31).

Incidents collectifs. *1974 :* 152, *77 :* 39, *78 :* 38, *79 :* 38, *80 :* 25, *81 :* 30, *82 :* 26, *83 :* 67, *84 :* 50, *85 :* 113.

Mutineries. En *1974 :* 6 †, 9 prisons dévastées. Voir Quid 1982, p. 1653 b.

Récidives. 43 % des détenus condamnés à des peines de prison importantes (3 ans et +) récidivent après leur libération et sont à nouveau condamnés à une peine de prison ferme pour un crime ou un délit.

Refus d'aliments (grève de la faim de 1 j à plusieurs semaines). *66 :* 352. *77 :* 1 209. *78 :* 1 233. *79 :* 1 218. *80 :* 1 054. *81 :* 1 320. *82 :* 1 703. *83 :* 1 615. *84 :* 1 713. *85 :* 1 682.

Suicides. *De 1962 à 72 :* 20 par an en moyenne. *72 :* 36. *73 :* 42. *74 :* 25. *75 :* 47. *76 :* 40. *77 :* 40. *78 :* 46. *79 :* 36. *80 :* 39. *81 :* 41 [39 hommes, et 2 femmes (prévenus) *18 à 21 ans :* 3, *21 à 25 :* 8, *25 à 30 :* 11, *30 à 40 :* 9 (dont 1 femme), *40 à 50 :* 5 (dont 1 femme), *50 et + :* 5.]. *82 :* 54. *83 :* 57. *84 :* 58. *85 :* 64. **Tentatives :** *1975 :* 380. *76 :* 286. *77 :* 263. *78 :* 300. *79 :* 398. *80 :* 396. *81 :* 219. *82 :* 221 (pendaisons 117, automutilations graves 57, produits toxiques 26, feu et divers 21). *83 :* 430. *84 :* 235. *85 :* 269.

Forces de Police

☞ Il y a en France (au 1-1-1985) 108 517 policiers et 88 353 gendarmes soit un policier pour 262 habitants (en Allemagne 1 pour 320 h., en Hollande 1 pour 383, en Belgique 1 pour 307, en Suède 1 pour 406, en G.-B. 1 pour 457, au Canada 1 pour 470).

Police nationale

Organisation

La direction générale comprend :

● **I) 2 directions d'administration centrale.** Personnel ; formation et équipement.

● **II) 8 directions et services actifs spécialisés** (voir ci-dessous).

1) Inspection générale de la Police nationale. Assume le contrôle et la discipline.

2) Direction centrale de la Sécurité publique. Créée par arrêté du 3-8-1981 : 75 432 fonctionnaires, 2 services centraux (Police urbaine, C.R.S.) placés l'autorité d'un préfet directeur central de la Sécurité publ.

a) Police urbaine. Historique. *580 :* le « guet » est chargé de la surveillance nocturne. *1306 :* commissaires-enquêteurs créés par Philippe le Bel. *1791 :* les commissaires de police sont élus. *1796 :* création du ministère de la Police. *1800 :* la loi du 28 pluviôse An VIII crée la préfecture de police et les commissaires de police dans les villes de + de 5 000 h. *1851 :* étatisation de la police de Lyon. *1908 :* de celle de Marseille. *1934 :* création de la Sûreté nationale. *1941 :* la loi du 23-4 prévoyant l'étatisation du pouvoir de police dans les communes de + de 10 000 h., crée la police d'État, constituant ainsi les polices urbaines. *1944 :* création des C.R.S. (Voir ci-dessous). *1968 :* création de la Police nat. *1985-15-11 :* nouvel uniforme, conçu par P. Balmain, pour la Police nat. (corps urbains) : casquette plate et blouson remplacent képi et vareuse.

Organisation. *services extérieurs,* subdivisions : département, district, circonscription : 474 avec DOM-TOM.

Missions. *Police judiciaire :* recherche, interpellation et présentation à la Justice des auteurs de crimes et délits commis en zone urbaine ; exécution des délégations des juges d'instruction et des réquisitions des magistrats. *Administrative :* préventive et dissuasive, assure maintien de l'ordre et de la tranquillité publique : surveillance de la voie publique, îlotage, opérations « tranquillité vacances », etc.

Moyens (au 1-1-1983) : 61 597 fonctionnaires en civil et en tenue contrôlent 29 436 770 hab. sauf Paris. 1 inspecteur général, 5 contrôleurs généraux, 752 commissaires, 3 165 officiers de police judiciaire, 2 591 inspecteurs, 1 686 enquêteurs, 540 commandants et officiers de paix, 7 694 brigadiers-chefs et brigadiers, 41 351 sous-brigadiers et gardiens, 3 812 agents administratifs.

Activité. *Judiciaire* (1984) : crimes et délits constatés 2 013 134 (21,4 % élucidés), personnes placées en garde à vue 148 364. *Personnels en tenue* en % (1982) : surveillance générale de voie publique y compris activité des sections opérationnelles spécialisées 40,54 ; gardes statiques, extractions et transferts de détenus 17,21 ; circulation 14,02 (ont constaté : 136 523 accidents ayant provoqué 3 134 † et 177 064 blessés). Police-Secours 8,98 ; Ordre public et maintien de l'ordre 3,48 ; activité administrative et autres servitudes (commandement et structures) 15,77 ; 1 467 fonctionnaires sont spécialisés pour la police des mineurs. L'été, 1 001 ont assuré la sécurité dans les stations de villégiature et animé 39 centres de loisirs des jeunes qui ont accueilli plus de 12 000 adolescents.

b) Compagnies républicaines de sécurité (C.R.S.). Historique. *1936 :* expérience en S.-et-O. de groupes mobiles de gardiens de la paix. *1941 :* généralisation des G.M.R. à l'ensemble de la Fr. *1944-8-12 :* décret, dissolution des G.M.R. et création des C.R.S. placés sous les ordres des secrétariats généraux pour la Police, 70 Cies dans les 20 régions (personnels d'exécution recrutés localement). *1947 :* grèves et troubles insurrectionnels, le gouv. Schuman et son min. de l'Int., Jules Moch, font voter le 27-12 une loi réduisant le nombre de Cies à 60 ; décret du 26-3-1948 fait des C.R.S. les réserves gén. de la Police d'État. *1954 :* rébellion algérienne, 19 Cies créées en Algérie, dirigées par un groupement central installé à Alger. *1962 :* ces Cies rentrent en France et reçoivent une affectation métropol. *1963 :* effectifs à 15 000, 10 groupements (Paris-Ile-de-France, Lille, Rennes, Bordeaux, Toulouse, Metz, Dijon, Lyon, Marseille, Tours), 60 Cies (actuellement 61) + Guadeloupe (dep. 1948) et Réunion (1949).

État-major (appelé en 1958 Sous-Direction, + récemment Service Central). Chaque Cie compte 230 h. : 1 section de commandement et des services (30 h.), 4 sections de service général (45 h. chacune, organisées en 4 brigades par section), 1 section motocycliste (1 à 3 pelotons). Des Cies ont 1 à 2 sections de montagne. Une Cie implantée à Vélizy, à la disposition du Service des voyages officiels, comprend 1 section moto, chargée des escortes officielles ; la musique de la police nationale (130 musiciens) lui est rattachée.

Lutte anticriminalité à Paris pendant l'été 1982 (juil., août, sept.). 42 872 immeubles, caves et parcs de stationnement visités ; 24 781 pers. interpellées, 389 mises à la disposition de la pol. judiciaire. *Métro :* 77 060 rames contrôlées ; 67 944 pers. interr., 22 285 mises à la disp. de la pol. j. *Voie publique :* 10 205 pers. conduites au poste de pol., 3 899 mises à la disp. de la pol. j. *Protection de certains établissements* (financiers, bureaux de poste, stations-service, débits de boissons, pharmacies, bijouteries...) : 73 104 visites, 7 361 pers. interp.

Armes utilisées par la police (type et, entre parenthèses, modèle-nombre). **Armes de poing :** 115 368 dont pistolets automatiques 7,65 court [(*Unique,* 66 860), (*FN 10* et *FN 22,* 11 120)], 9 mm para. (*MAC 50,* 16 690), (*revolver S & W* (3 866), *Ruger* (*Speed six 9 mm* 100), *Manurhin* [(*MR 73 9 mm 3,* 8 000), (*MR 73 357 4,* 200) (*Spécial police,* 81 357, 7 000)], *divers* (*Colt Walther Beretta, CZ,* 1 533). **Armes d'épaule :** 28 668 dont fusils mitrailleurs (*24/29 cal. 7,5,* 499), fusils [*MAS* (*36/51 cal. 7,5,* 2 066, *46/56 cal. 7,5* 22), *HK 33 cal. 5,56,* 30)], Mousquetons [*Mas* (*Mle 92/mod.,* 168 mm, 7 060), *Ruger AMD cal. 5,56,* 4 500), *MAS* (*Mle 92 transformé cal. 22 LR,* 700). *Carabines* (*Steyr 7,62,* 30), (*Herstal BAR 7,62,* 10), (*Unique cal. 22 LR,* 4)], pistolets mitrailleurs (*MAT 49,* 10 745), avec *guide laser AM 180* (Autriche) 2.

Missions. Unités mobiles, participant au maintien de l'ordre, à la police des autoroutes, à la police générale, à la surveillance des plages et au sauvetage en montagne.

Moyens (1985). 52 commissaires, 439 commandants et officiers, 14 033 gradés et gardiens.

Activités (1984). *Police de la route :* autoroutes surveillées 1 428 km, accidents corporels constatés 3 279 ; *plages :* activités de secourisme 18 704, réanimation 342, interventions baigneurs 2 200, opérations sauvetage 1 761, postes de secours 328, maîtres nageurs sauveteurs 777 ; *montagne :* interventions 429, personnes assistées ou recherchées 153, spécialistes 67, tués 68. *Renfort P.A.F. :* 5 Cies. *Service des voyages officiels :* 1 Cie en renfort.

3) Direction centrale de la police judiciaire (D.C.P.J.). A des services régionaux, exclusivement chargée, sous le contrôle de l'autorité judiciaire, de coordonner et d'assurer la lutte contre le crime organisé (grand banditisme, terrorisme, trafic des stupéfiants, des objets d'art, fausse monnaie et haute délinquance financière).

4) Direction centrale des renseignements généraux (D.C.R.G.). Renseigne les autorités sur les éléments qui concourent au maintien de l'ordre, établit des notes d'information : sondages d'opinion, prévisions, réactions, commentaires (domaines principaux : politique, social, économique). Assure la surveillance des champs de courses et salles de jeux.

5) Direction de la surveillance du territoire (D.S.T.). Recherche et poursuite des manœuvres d'espionnage et d'ingérence étrangère dirigées de l'extérieur contre la France. Surveille 30 000 personnes couvertes par l'immunité diplomatique [5 700 diplomates, 4 000 assimilés (organisations internationales et délégations étrangères), 1 680 agents consulaires, 17 820 employés administratifs et techniques] ; personnel diplomatique (ambassades et missions) des pays de l'Est : U.R.S.S. 600, autres pays 600 (sans familles).

6) Service central de la police de l'air et des frontières (P.A.F.). *Missions traditionnelles de police ;* enquêtes judiciaires et administratives, *spécifiques :* contrôle de la circulation des personnes venant de l'étranger ou y allant, mise en œuvre de la politique gouvernementale d'immigration, surveillance de l'activité aérienne civile, enquêtes sur accidents d'avion et de chemins de fer. 4 152 fonctionnaires dont 25 pilotes d'avion ou d'hélicoptère implantés dans 43 départements frontaliers (métrop. et D.O.M.-T.O.M.), 156 postes fixes et 33 brigades mobiles pour 3 035 km de côtes, 2 875 km de frontières terrestres, 24 ports principaux et 686 aérodromes dont 115 ouverts au trafic international.

Nota. — 4 fichiers informatiques de ce service contiennent les noms de 237 000 Français recherchés pour des délits divers (dont 26 000 soumis à la contrainte par corps).

7) Service central des voyages officiels et de la sécurité des hautes personnalités. Chargé de la sécurité du Pt de la Rép. et des hautes personnalités françaises et étrangères.

8) Service de coopération technique internationale de police (S.C.T.I.P.). Assure la formation professionnelle des policiers étrangers demandée par les États.

● **III) Services rattachés au Cabinet du Directeur général.** Mission de recherches de la police nationale. Service de sécurité du min. de l'Intérieur. Service central automobile. Service central des sports.

● **IV) Préfets de police. A Paris,** *a autorité sur l'ensemble des services de police* dans le ressort de la capitale. Exerce pour Paris les *pouvoirs de police municipale* conférés en régime de droit commun aux maires (circulation, hygiène et sécurité) et les pouvoirs de police générale conférés aux préfets ; est *préfet de la zone de défense de Paris* (région par. et région Centre).

Bordeaux, Lille, Lyon, Marseille, Nice, Corse, Pyr. atlantiques : préfets délégués.

Effectifs

● **Total (effectifs budgétaires 1986) :** *personnels actifs* 111 084 (*1968 :* 84 684, *73 :* 97 876, *75 :* 101 581, *82 :* 108 316, *83 :* 110 153, *85 :* 110 182) ; *agents administratifs :* 10 955, ouvriers 1 554. *Policiers en fonction (au 1-1-1985) par branche :* P.U. 51 915, C.R.S. 14 581, R.G. 2 284, P.A.F. 4 210, P.J. 2 567, S.T. 1 152, P.P. 28 534, écoles et divers 3 274.

● **Personnel en civil.** *Enquêteurs* (4 000) recrutés sur concours (B.E.P.C.) ; *inspecteurs* (13 500 env. répartis en 3 grades) recrutés sur concours (bac) ; *commissaires* [env. 1 900, recrutés sur concours (licenciés) et répartis en 3 grades (commissaire, principal et divisionnaire)].

Seuls commissaires et inspecteurs principaux et divisionnaires sont **officiers de police judiciaire** (O.P.J.). Ils peuvent, par exemple, procéder à des auditions, perquisitions et saisies, garder à vue un citoyen 24 ou 48 h, ordonner le feu après sommations en cas d'émeute, etc. Les autres fonctionnaires sont tous **agents de police judiciaire** (A.P.J.). Ils assistent les O.P.J., leur rendent compte, constatent les infractions par procès-verbal. Les **inspecteurs** peuvent effectuer des enquêtes préliminaires et recueillir les déclarations par procès-verbal.

● **Personnel en tenue.** *Gardiens de la paix* et *gradés* (brigadiers et brigadiers-chefs, recrutés sur concours au niveau du C.E.P.), *commandants et officiers de paix,* recrutés sur concours (bacheliers). Tous sont affectés : dans les corps urbains de province (env. 47 000) ; à la préfecture de Police (env. 16 000) ; dans les compagnies républicaines de sécurité (C.R.S.).

Nota. — Des agents de formation ou d'instruction (ou spécialistes) sont détachés dans divers pays dans le cadre du *Service de coopér. technique intern. de police.* Du personnel (P.J.) est délégué à l'Organisation internationale de police criminelle, *Interpol.*

● **Sélection. 1971 :** 62 000 candidats, 20 000 stagiaires admis. **75 :** 26 223 c., 8 722 ad. **81 :** 31 061 c., 4 849 ad. **82 :** 43 711 c., 7 002 ad. **83 :** 78 978 c., 4 841 ad. **84 :** 88 575 dont : 565 c. commissaires (taux de sélection 1/92), 4 786 c. inspecteur (1/23), 854 officiers de police (1/13), 55 000 gardiens (1/17), 27 370 personnel administratif (1/32).

Taux de sélection au concours de gardiens de la paix : **75 :** 1/3, **81 :** 1/6.

● **Effectifs féminins (1-11-1985).** 2 675 dont commissaires 78 (dont 13 élèves et 13 stagiaires), chef inspecteur divisionnaire 3, inspecteurs divisionnaires 29, principaux 141, inspecteurs 600, élèves inspecteurs 34, enquêteurs, gardiens de la paix 1 455.

Quotas réservés aux femmes (en %, 1984). Commissaire de police 30, inspecteur 25, officier de paix 10, gardien de la paix 15.

● **Effectifs des policiers par villes (1-10-1985).** Paris 16 249, Marseille 3 224, Lyon 2 836, Bordeaux 1 489, Lille 1 353, Strasbourg 788.

● **Opinion des Français sur leur police** (source : sondage IFOP-Le Point oct. 79). Voir Quid 1981 p. 1433.

● **Principaux syndicats. F.A.S.P.** (Féd. autonome des syndicats de Police). Proche du P.S. *Secr. gén. :* Bernard Deleplace. **F.P.I.P.** (Féd. interprof. indépendante de la Police). **S.C.O.** (Syndicat des Cdts et officiers). *Pt :* Paul Florentz. **S.N.A.P.C.** (Syndicat nat. autonome des pol. en civil). *Secr. gén. :* Gérard Munaut. **U.S.C.P.** (Union des Syndicats catégoriels de pol.). *Secr. gén. :* Rémy Halbwax.

Résultats des élections (en %). Gardiens et gradés : F.A.S.P. *1978 :* 66,97 ; *82 :* 57 ; *85 :* 53. U.S.C.P. *78 :* 19,28 ; *82 :* 21,93 ; *85 :* 6,93. F.P.I.P. *78 :* 0,82 ; *82 :* 2,83 ; *85 :* 5,2. C.F.T.C. *78 :* 2,34 ; *82 :* 3,27 ; *85 :* 2,19. C.F.D.T. *78 :* 1,26 ; *82 :* 3,61 ; *85 :* 1,07. C.G.T. *78 :* 4,48 ; *82 :* 5,02 ; *85 :* 1,41. **Inspecteurs.** S.N.A.P.C. *78 :* 74,52 ; *82 :* 68,20 ; *85 :* 59. F.O. *78 :* 10,51 ; *82 :* 14,54 ; *85 :* 16 %. C.G.C. *82 :* 2,27 ; *85 :* 9,8. C.F.T.C. *78 :* 6,22 ; *82 :* 8,79 ; *85 :* 7,5. F.P.I.P. *85 :* 4,69. C.F.D.T. *78 :* 8,32 ; *82 :* 4,48 ; *85 :* 2,11. C.G.T. *82 :* 1,72 ; *85 :* 0,47. **Enquêteurs.** S.N.A.P.C. *80 :* 62,63 ; *84 :* 45,14. **Commandants et officiers.** S.C.O. *84 :* 49,64. **Personnels administratifs et techniques.** S.N.I.P.A.T. *84 :* 67,12 ; *85 :* 28,91. F.O. *78 :* 6,48 ; *82 :* 6,17.

Budget

Police nationale (1985). Crédits de paiement (en millions de F) 17 075 (*83 :* 15 319), dont personnel 15 756 (*83 :* 13 587), équipement 1 319 (*83 :* 294). *Créations d'emplois :* 1982 5 617, 1983 (prév.) 1 850 dont 1 617 pour la pol. nat. « active », 700 pour les personnels en civil (60 commissaires, 640 enquêteurs et inspecteurs), 917 pour personnel en tenue.

Contribution aux dépenses de fonctionnement de la police. Montant : Voir Quid 1983 p. 1625.

La loi du 2-3-1982 a supprimé, à compter du 1er-1-1982, la contribution communale aux dépenses de police dans les communes où a été instituée une police d'État (en 1982, 680 communes de + de 10 000 hab. sur 767 + nombreuses communes urbaines périphériques plus petites). Le régime de police d'État est de droit si le cons. mun. le demande, dans les communes dotées d'un corps de pol. mun. qui réunissent les conditions prévues (effectifs et qualifications professionnelles ou seuil dém.).

Police municipale

Statut. *En métropole* 36 394 communes dont *étatisées* 1 765 [dont, disposant d'une police municipale 591 (policiers municipaux 2 186)] ; *non étatisées* 25 disposant d'un corps de police municipale dirigée par des policiers d'État (62 policiers d'État y sont détachés). Comprenait au 8-10-1984 14 413 (avec D.O.M.-T.O.M. personnes dont 5 217 gardiens de police (dont 558 g. principaux), 1 322 gradés (dont brigad.-chefs principaux 220, brigad.-chefs 244, brigadiers 858), 7 874 gardes champêtres à temps complet ou partiel (en 1977, 9 362 dont 7 881 dans les communes de moins de 2 000 h.).

Gardes champêtres. En 1984, 7 874 (temps complet ou partiel) exerçaient dans les communes de moins de 2 000 hab. Dans certains cas un agent d'entretien de la voie publique assure les fonctions de garde champêtre.

Groupes d'autodéfense. Les lois du 1-7-1901 et du 10-1-1936 les interdisent et prévoient des sanctions pénales. En 1969 à St-Priest (Rhône) et en 1972 à St-Georges-d'Orques (Hérault), des milices communales avaient été créées par arrêté municipal. Dans les 2 cas, l'arrêté a été annulé par l'autorité préfectorale et la milice dissoute.

Polices privées. Elles ne sont régies par aucun texte législatif ou réglementaire et n'ont pas juridiquement qualité pour se comporter comme un agent des pouvoirs publics. Un policier privé ne peut par ex. exiger la présentation de papiers d'identité, procéder à une fouille ou interroger un suspect.

S'il est armé, il ne peut utiliser son arme qu'en cas de légitime défense, sous peine de s'exposer à des poursuites pénales pour coups et blessures ou homicide volontaire.

Gendarmerie nationale

Généralités

Force militaire qui fait partie des forces armées.

● **Historique.** *Maréchaussée* (dépendait des maréchaux de France) : **1536** police militaire, joue le rôle des prévôtés modernes. Chargée également de la protection des civils dans les zones des armées. **1720** étendue à tout le territoire (une maréchaussée par généralité). **1791** appelée *gendarmerie.*

● **Organisation (1985).** *Gendarmerie départementale : unités territoriales* (3 667 brigades, 133 pelotons de surveillance et d'intervention, en principe, 1 compagnie par arrondissement et 1 groupement par département) et *spécialisées :* pelotons motocyclistes, unités d'autoroute, unités de montagne et de haute montagne, unités d'hélicoptères, sections et brigades de recherches. *Gendarmerie mobile* articulée en escadrons (134 hommes). *Garde républicaine* (services d'honneur et de sécurité dans la capitale). *Groupement de sécurité et d'intervention de la Gend. nat.* [comprend le Groupe d'intervention, l'Escadron parachutiste d'intervention de la Gend. nat. et le Groupe de Sécurité de la Présidence de la République (G.S.P.R.)].

Toutes les unités de gendarmerie d'une région militaire sont placées sous l'autorité d'un général commandant de région de gendarmerie.

● **Statistiques. Effectifs. 1986 :** 89 816 dont 2 542 officiers, 76 509 sous-officiers, 9 200 gendarmes auxiliaires (dont 120 femmes), 605 personnels féminins de la spécialité emplois administratifs et d'état-major, 960 civils.

Gendarmes tués en service : *1979 :* 23, *80 :* 25, *81 :* 22, *82 :* 18, *83 :* 17, *84 :* 25, *85 :* 25. **Blessés :** *80 :* 1 164, *81 :* 1 277, *82 :* 1 325, *83 :* 1 481, *84 :* 1 615, *85 :* 1 448.

Candidats à l'engagement. *Sous-officiers : 1980 :* 11 374, *81 :* 12 095, *82 :* 11 760, *83 :* 12 630, *84 :* 12 650. *Candidatures féminines* (dep. 1983) : *1983 :* 1 790, *84 :* 2 806. *Gend. auxiliaires : 80 :* 3 461, *81 :* 3 548, *82 :* 3 453.

Écoles

École des off. de la Gendarmerie nationale à Melun dep. 1945. *Recrutement* parmi sous-lieutenants et lieutenants de réserve, capitaines des 3 armées sur concours et sous-off. de gendarmerie.

Écoles préparatoires et Centre d'instruction à Berlin, Chaumont, Châtellerault, Fontainebleau, Le Mans, Maisons-Alfort, Montluçon. *Recrutement :* sous-off. de gendarmerie de – de 36 ans. *Hiérarchie des sous-off. :* gendarme, maréchal des logis-chef, adjudant, adjudant-chef, major. Les sous-off. les plus brillants peuvent devenir off. Limite d'âge des s.-off. de la gend. : 55 ans.

Centres d'Instruction de gendarmes auxiliaires à Auxerre, Saint-Astier-Bergerac, Tulle.

Recrutés. Officiers de gendarmerie. *En 1985 :* 123 : grande éc. mil. : 12 E.S.M. (E.S.M. : 10 éc. de l'Air : 2) ; éc. de formation des off. de la gendarmerie nat. (Melun) : 66 [concours interne (s.-off. ayant + de 10 ans de service) 29 ; externe (s.-off. bacheliers) 24], off. de réserve 13.

Rôle

• **Police judiciaire.** Constate les atteintes à la loi pénale (crimes, délits et contraventions), rassemble les preuves, recherche les auteurs (flagrant délit et hors flagrant délit). Exécute les délégations des juges d'instruction (commissions rogatoires) et les réquisitions des magistrats. 16 000 officiers, gradés et gendarmes exercent les fonctions d'officiers de police juduciaire et exécutent des enquêtes de flagrant délit ou sur commission rogatoire. Les autres gendarmes sont **agents de police judiciaire** et effectuent des enquêtes préliminaires. *Police jud.* exercée, dans chaque ressort de trib. de grande instance, sous la direction du procureur de la République. Relève du min. de la Justice.

• **Police administrative.** Maintien de l'ordre et de la tranquillité publique. Elle a un caractère essentiellement préventif. Relève du min. de l'Intérieur.

• **Police militaire.** Surveillance des installations militaires et des mil. isolés, police de la circulation mil., police judiciaire mil. (pour les infractions au Code de justice mil.). Missions de défense : participe à l'administration des réserves et à la préparation de la mobilisation des armées, concourt à la sécurité des moyens de la force nucléaire stratégique, participe aux opérations militaires en cas de mise en œuvre de la défense opérationnelle du territoire (notamment garde des points sensibles civils importants et intervention immédiate).

• **Police de la route.** Action préventive et éducatrice auprès des usagers. Répression des infractions graves. Aide et assistance. Constatation des accidents corporels. Recueil des renseignements concernant les conditions de circulation. Régulation du trafic.

• **Concours aux administrations de l'État.** Pour l'application de la réglementation, l'exécution d'enquêtes, la recherche et la diffusion de renseignements divers. S'intègre dans les plans d'assistance et de secours (ex. plan ORSEC, voir Index), en liaison étroite avec le service national de la sécurité.

• **Corps spécialisés. Gendarmerie de l'air.** Créée à Alger le 15-9-1943. **Effectifs :** 15 officiers, 784 sous-officiers, 348 gendarmes auxiliaires, en 5 groupements et 62 brigades.

Gendarmerie maritime. Créée 1791 comme g. des ports et arsenaux, remonte à une compagnie « d'archers de la Marine » dont l'existence est attestée depuis 1337. *Missions et attributions.* Police propre aux 100 000 personnes (civils et militaires) fréquentant les arsenaux et les établissements de la Marine nationale. *Spécialisations.* Brigades des grands ports, service d'ordre des arsenaux, brigades de recherches, brigades d'affaires mar., postes d'outre-mer, services saisonniers à bord des vedettes de sauvetage, opérations ponctuelles à bord d'unités de la Marine nationale, services semi-permanents en zones de pêche. **Effectifs (1986) :** 25 off., 892 sous-off., 276 gendarmes auxiliaires.

Garde républicaine. Créée 1813 avec des vétérans des unités de gendarmes rapatriés d'Espagne, transformée 1816 en « Gendarmerie royale de Paris » (elle se rattache aux anciens « archers du guet » qui faisaient la police à Paris depuis 1254, mais elle n'a été séparée des « sergents de ville », c'est-à-dire des policiers, qu'en 1830). **Missions :** services d'honneur ; sécurité des établissements publics (Elysée, Palais Bourbon, etc.) ; escortes et service d'ordre ; missions de police de la route (motocyclistes), prestige (concerts, démonstrations). **Organisation :** commandée par un général, comporte : 1 rég. de cavalerie (3 escadrons à cheval) ; 2 rég. d'infanterie ; des unités hors rang (transmissions, service automobile, etc.) ; des formations spéciales (musique, batterie-fanfare, fanfare de cavalerie, chœur de l'armée française). **Effectifs (1986) :** 72 off., 2 893 sous-off., 15 pers. mil. féminin, 70 gendarmes auxiliaires.

Gendarmerie des transports aériens. Créée 1946 pour la « surveillance des aérodromes ressortissant de la Direction générale de l'aviation civile ». **Effectifs (1986) :** 15 off., 550 sous-off., 3 personnels militaires féminins, 106 gendarmes auxiliaires.

Gendarmerie de l'armement. Créée 1973, 1 état-major et 2 Cies. **Effectifs (1986) :** 5 off., 224 sous-off., 88 gendarmes auxiliaires.

Gendarmerie des forces françaises en Allemagne. Effectifs (1986) : 27 off., 570 sous-off., 5 personnels militaires féminins, 120 élèves gendarmes.

Gendarmerie outre-mer. Effectifs (1986) : 76 off., 2 600 sous-off., 9 personnels militaires féminins, 80 gendarmes auxiliaires.

Régions

Légende. En majuscules : *chef-lieu du département (préfecture).* Signalé par un astérisque : *chef-lieu d'arrondissement (sous-préfecture). Population.* Population municipale du recensement de 1982 (ou estimation ultérieure) sans les doubles comptes (on ne compte qu'une fois les personnes ayant des résidences dans plusieurs communes), entre parenthèses : population de l'agglomération (dans et hors du département ; pour les villes frontalières il s'agit de la partie française). La pop. active comprend : la pop. occupée (ayant un emploi) et les demandeurs d'emploi. *Superficie donnée :* comprend toutes les surfaces du domaine public et privé, cadastrées ou non cadastrées, à l'exception des lacs, étangs et glaciers de + de 1 km², ainsi que des estuaires. *Agriculture. 1) Chiffres provisoires. 2) Terres. Superficie des territoires non agricoles :* ne comprend pas les surfaces boisées, peupleraies en plein, étangs et autres eaux intérieures. *Céréales, oléagineux et pommes de terre :* comprend les semences. *Légumes :* comprend les pommes de terre, légumes frais et secs. *Cultures fruitières :* y compris châtaigner, olivier et noyer. *Jardins :* comprend jardins familiaux des exploitations et des non-expl. *3) Production.* Il s'agit de la prod. récoltée. *Céréales :* ne comprend pas le riz. *Maïs :* uniquement maïs-grain.

Alsace

Généralités

Nom. Celui des Alsaciens *(Alesaciones)* apparaît en 610 apr. J.-C. ; du nom de la rivière Ill, d'origine préceltique (signifiant sans doute « forêt »). *Autre étymologie possible :* le gaulois *Alesia* (alisier), qu'on retrouve dans Alésia. **Sainte patronne.** Odile († 720).

Climat. Semi-continental : hivers assez froids (60 à 70 j de gelée par an), étés chauds et secs. Précipitations 600 à 700 mm par an. A l'abri des vents humides de l'ouest grâce aux Vosges ; ensoleillement plus important qu'en Lorraine.

Divisions. La région a 200 km de long sur 30 à 40 km de large. *Vosges, versant oriental :* massif cristallin (ballons de Guebwiller 1 424 m, d'Alsace 1 178 m, Hohneck 1 361 m) ; vallées profondes (Doller, Thur, Fecht, Weiss, Liepvrette). *Collines « sous-vosgiennes » :* env. 500 m d'alt. ; vignoble renommé et cultures fruitières. *Vosges gréseuses :* tables massives au nord de la Bruche ; forêts. *Plaine :* terre de lœss (blé, betterave à sucre, plantes fourragères, vergers, houblonnières, tabac). *« Rieds » :* basses plaines humides derrière la levée alluviale du Rhin ; 30 000 ha entrecoupés de bosquets, étangs et rivières. Nombreuses forêts sur les sols les moins fertiles (Hardt, Haguenau). *Propriétaires :* communes 53,4 %, État 21,5 %, privés 25,1 %. La plus belle région de chasse de France avec la Sologne.

Langue. Dialecte germanique, que les Allemands appellent *Elsaesserdeutsch* (all. d'Alsace) ; fait partie des parlers alémaniques. Sa pratique recule dans les villes et chez les jeunes ; l'all. tend à ne plus être que la 2e langue dans les collèges derrière l'anglais ; le tirage de l'édition bilingue des quotidiens baisse. En 1979, 75 % de la pop. de + de 15 ans résidant en Alsace déclaraient parler ou savoir parler l'alsacien [(en 1962, 87 %) ; il ne s'agissait pas de langue usuelle ou de pratique courante]. En 1982, 81,7 % des ménages de + de 75 ans utilisent l'alsacien comme langue principale à la maison (34,5 % des mén. de – de 25 a.).

Dialecte roman dans la vallée de *Kaysersberg,* le *val de Lièpvre,* le *val de Villé* et la haute vallée de *la Bruche ;* origine : zones de montagne ayant échappé à la germanisation depuis le ve s.

Principales dispositions administratives. *1° Régime foncier :* terres et constructions immatriculées dans un livre foncier avec mention de tout ce qui les concerne (propriétaire, usufruit, hypothèque, etc.) et indications cadastrales. *2° Régime des tutelles :* l'époux survivant reste seul tuteur légal sous la surveillance du juge des tutelles ; en cas de décès des 2 époux, le juge des t. nomme un tuteur (généralement du côté paternel). Pas de subrogé tuteur ni d'obligation de vendre le patrimoine pour le convertir en placements de l'État. *3° Assurance sociale.* Accidents agricoles : repose sur les salaires payés en agriculture par une cotisation additionnelle (taux 5 %) ; employés forestiers : repose sur la valeur cadastrale forestière par commune, cotisation prélevée sur le produit annuel de la chasse ; complément perçu par un % sur le salaire (taux 11 %) ; pour les gardes-chasses : taux 6,6 % du salaire brut. *4° Maintien du biltnguisme. 5° Régime particulier des associations. 6° Loi de chasse locale. 7° Concordat religieux :* écoles primaires confessionnelles ; le Christ figure toujours dans la cour d'assises ; le clergé des 3 principales religions est payé par l'État ; direction des cultes à Strasbourg ; lendemain de Noël et Vendredi Saint chômés. *8° Droit commercial :* plusieurs dispositions particulières. *9° Notaires :* assermentés et nommés par le ministre de l'Intérieur ; il leur est interdit de conserver dans leurs coffres liquidités et titres de leurs clients (ils doivent être versés dans un ét. bancaire). *10° Circulation à droite des trains* sauf sur la ligne de Paris au départ de Mulhouse ; près de l'ancienne frontière franco-allemande, un « saut-de-mouton » permet le passage des trains de gauche à droite pour leur entrée en Alsace. *11° « Indemnité de difficultés administratives »* pour les personnels civils de l'État [montant non modifié depuis le décret (17-9-1946)].

Histoire. Av. J.-C. XIIe s. occupation celte. **Période gauloise :** Médiomatriques et Séquanes. **65** occupation par les Suèves d'Arioviste [une des tribus suèves, les Triboques (en réalité *Tri-broques*, « tribu du blaireau »), germano-celtique, s'installe dans la région de Brumath (*Broco-magos*, « village du blaireau ») et y demeure après la fuite d'Arioviste]. **58** Arioviste chassé d'Alsace par César. **Après J.-C.** Domination romaine jusqu'au début du IVe s. Invasions des Alamans qui l'occupent malgré la victoire de Julien remportée devant Argentoratum (Strasbourg) en 357. **VIIe s.** rechristianisation. Duché sous les Carolingiens. **843** attribuée à Lothaire Ier. **870** au roi de Germanie (tr. de Meersen). Intégrée au duché de Souabe. **XIIe et XIIIe** grande prospérité, Haguenau, résidence impériale ; Strasbourg, cité importante de l'Empire ; commerce avec Suisse et Allemagne moyenne. **XIVe s.** grâce à la navigation du Rhin, exportation vers Lorraine, P.-Bas, Angleterre et la Hanse, de vins, draps, céréales, semences d'oignon. Morcellement politique du fait de l'effacement du pouvoir impérial et de l'enrichissement de la bourgeoisie urbaine. *Ligue des 10 villes marchandes* les plus importantes (Mulhouse, Colmar, Munster, Turckheim, Kaysersberg, Sélestat, Obernai, Rosheim, Haguenau, Wissembourg) : la *Décapole*, qui se place sous la protection impériale en **1354**. Strasbourg se libère de la tutelle de son évêque. Mosaïque territoriale surtout en Basse-Alsace, morcelée entre une dizaine de princes, six villes libres et quelques dizaines de chevaliers, alors qu'une grande partie de la Hte-Alsace, qui sur le plan ecclésiastique relève de l'évêque de Bâle, est contrôlée par les Habsbourg.

XVIe s. 1530 foyer de l'Humanisme et de la Réforme. Bucer rédige la Confession tétrapolitaine pour Strasbourg et 3 autres villes de l'Allemagne du Sud (Memmingen, Constance, Lindau) ; Calvin nommé pasteur de l'Église française de Strasbourg. Strasbourg réputée pour la qualité de son artillerie du St-Empire. Son magistrat, Jacques Sturm († 1553), est un des mentors de la politique européenne. Conquête partielle par la Contre-Réforme habsbourgeoise, puis destructions de la g. de Trente Ans (la France intervient militairement à partir de 1633 et occupe peu à peu le pays, sauf Strasbourg). **1648** le *tr. de Westphalie* donne au roi de Fr. les possessions habsbourgeoises (compren. la plus grande partie de la Hte-Alsace) et une autorité de tutelle (appelée préfecture) sur la *Décapole*. Repeuplement par une immigration importante, surtout suisse. De 1673 à 1681, Louis XIV annexe le reste du pays, et en dernier lieu Strasbourg. Mulhouse, alliée aux cantons suisses dep. 1515, reste indépendante. **1697** le *tr. de Ryswick* entérine l'annexion à la France. **XVIIIe s.** construction le long du Rhin d'un réseau de forteresses par Vauban. Exportation de bois de marine. Assèchements de marais et reconstruction du réseau routier. Politique religieuse favorisant le catholicisme. Prospérité : commerce de transit, industries (Mulhouse). Rayonnement de l'université de Strasbourg en Europe protestante (étudiants : Metternich, Cobenzl, Gœthe, nombreux Russes) ; **fin XVIIIe s.** essor de l'orfèvrerie strasb. et des faïences de Hannong. **1798** *janv.* incorporation volontaire de la rép. de Mulhouse.

1815 la partie nord, avec Landau, est annexée à la Bavière rhénane. **1839-41** construction des voies ferrées Mulhouse-Thann et Strasbourg-Bâle par Nicolas Koechlin. **1871** annexée sans plébiscite à l'Empire allemand avec la Lorraine thioise, mais sans le canton (devenu territoire) de Belfort, devient territoire d'Empire. **1872** 128 000 Alsaciens-Lorrains (8,5 % de la pop. dont env. 50 000 jeunes gens de 17 à 20 ans) optent pour la France ; 70 000 s'installeront en Algérie. [Sur 1 800 000 h. en Alsace-Lorraine, en 40 ans, 260 000 émigrés vers la France (rég. industrialisées), 330 000 vers l'Amérique, 400 000 immigrés allemands.] **1877-1914** élaboration, dans le cadre de l'Empire, de plusieurs lois particulières : chasse (1881), caisses de maladie obligatoires (1883), ass. accidents obl. (1884), ass. invalidité-vieillesse obl. (1889), loi municipale (1895), chambres de commerce (1897), code professionnel (1900), loi sur l'aide sociale et le domicile de secours (1908), code des ass. soc. (1911), réglementation du travail des mineurs et du repos dominical, organisation de la justice. Les lois antérieures à 1870 (qui ont été abrogées en France entre 1870 et 1918) sont en vig. en A. comme faisant partie du droit local (ex. : législation concordataire et réglementation de l'école primaire par les lois Guizot et Falloux). **1911** l'Alsace-Lorraine reçoit une constitution. Le Landstag (avec 2 chambres) s'installe à Strasbourg.

1914-18 dictature militaire. Mobilisation dans l'armée allemande de 250 000 Alsaciens et Lorrains, généralement appelés à se battre sur le front oriental. La guerre fera environ 30 000 tués. **1918** *novembre* retour de l'Alsace à la France. **1919** plusieurs milliers d'Allemands, d'Alsaciens et Lorrains jugés indésirables sont expulsés. **1926** réagissant à la politique d'assimilation et aux maladresses de l'administration française, une centaine d'Alsaciens et Lorrains constituent le *Heimatbund* (Ligue de la patrie), réclamant l'autonomie dans le cadre fr. et le bilinguisme franco-allemand. **1927** perquisitions et arrestations dans les milieux autonomistes. Plusieurs journaux sont interdits. **1928** procès de Colmar, 22 autonomistes (quelques semaines plus tôt 2 avaient été élus aux législatives) : 4 condamnations ; agitation autonomiste ; arrivée au pouvoir en Allemagne des nationaux-socialistes qui mettent les autonomistes dans l'impasse.

1939 746 000 Alsaciens et Mosellans sont évacués dans le S.-O. et le Centre. **1940** *7-2* Karl Roos (un des chefs autonomistes) est exécuté à Nancy pour espionnage ; *mai à juin* plusieurs autonomistes als.-lorr. internés dans les camps de St-Dié et d'Arches. Après l'armistice l'Als. est rattachée au pays de Bade et placée sous l'autorité d'un *gauleiter* (gouverneur). Les Als., annexés de fait, sont considérés comme « Volksdeutsche », Allemands de race (citoyens allemands à part entière) ; *20-6* Robert Wagner nommé *gauleiter* de la « province de Bade-Alsace » ; *21-6* il destitue le préfet du Ht-Rhin ; *1-7* l'Als.-Lor. passe officiellement sous administration allemande (Joseph Burkel *gauleiter* de la « province Lorraine-Palatinat »). **1941** implantation du parti nazi, de la D.A.F. (Front allemand du travail) et de la Hitlerjugend (Jeunesse hitlérienne). **1942** *20-1* les Als. peuvent obtenir le passeport all. ; Jeunesse hitlérienne obligatoire pour jeunes de 10 à 18 ans ; *mai* incorporation des jeunes nés en 1922, s'ils ont accompli le service du travail (école de germanisation) ; *24-8* service militaire obligatoire pour les hommes nés en 1920 et ayant accompli le service du travail. 130 000 Als. et Lorr. incorporés dans la Wehrmacht, les « malgré nous », appelés à rejoindre les fronts orientaux (40 000 tués) ; échec de la campagne en faveur de l'engagement volontaire dans l'armée. **1943** *janvier* service militaire obligatoire pour les hommes nés en 1908 et années suivantes. **1944** *janvier* appel des Als. officiers de réserve de l'armée fr., exclus jusque-là du service armé. **1944-45** libération de Strasbourg (23-11), Mulhouse (19-11), Colmar (2-2), Wissembourg et Lauterbourg (18-3). **1945** 45 000 Als. internés dans les camps de Schirmeck et Struthof ; l'enseignement de l'allemand est supprimé à l'école primaire. **1951** l'autonomiste Joseph Rossé, condamné pour collaboration, meurt en détention. **1953** procès de Bordeaux, l'Als. obtient que le cas des Als. et Mosellans soit disjoint de celui des militaires allemands impliqués dans le massacre d'Oradour-sur-Glane.

☞ Voir Quid 1986, p. 582.

☞ Depuis une dizaine d'années, le régionalisme a connu un regain (défense de la langue) : *Cercle Schickelé*, nouvelle génération d'écrivains et de chanteurs (R. Siffer). Circulaire de juin 1983 sur la langue et la culture régionale dans l'éducation, financement du programme « langue et culture », accords en cours visant à enseigner l'allemand en 2e langue dès l'école élémentaire ; mouvement « Initiative alsacienne » fondé par le député Zeller ; mouv. écologique important (atteintes au paysage dans les Vosges, multiplication des gravières, disparition progressive des rieds et des forêts rhénanes).

A Wissembourg, 649 familles allemandes se considèrent en Allemagne. **1815** tr. de Paris : la Fr. cède à la Bavière 400 km² de terr. als. entre la Lauter et le Queich, notamment toute la partie de la commune de Wissembourg située au N. de la Lauter (qui reste sous administration communale wissembourgeoise). **1871** la commune de W. est remembrée : sous régime allemand. **1919** elle est de nouveau scindée. **1946** la forêt de l'Obermundat (650 ha) annexée à la Fr. (permettant d'approvisionner en eau toute la région) ; les biens allemands sont mis sous séquestre. **1962** une convention stipule que la Fr. libérerait les terres all. sous séquestre, en contrepartie, la forêt de l'Obermundat serait définitivement rattachée à la Fr. **1963** convention ratifiée par Fr. mais non par All. (leur const. leur interdit toute amputation du territoire national). Actuellement l'affaire pose un double problème : la suppression de l'usufruit de la ville par la cour des comptes n'est pas justifiée ; le rattachement définitif du Mundat Nord à la France pourrait-il être reconnu sur le plan international ?

Économie

● **Population.** 1 566 048 h. (1982), 1 517 330 (1975). C'est la + petite région française (8 280 km², 1,5 % du territoire), mais la 3e pour la densité : 189,7 h./km²

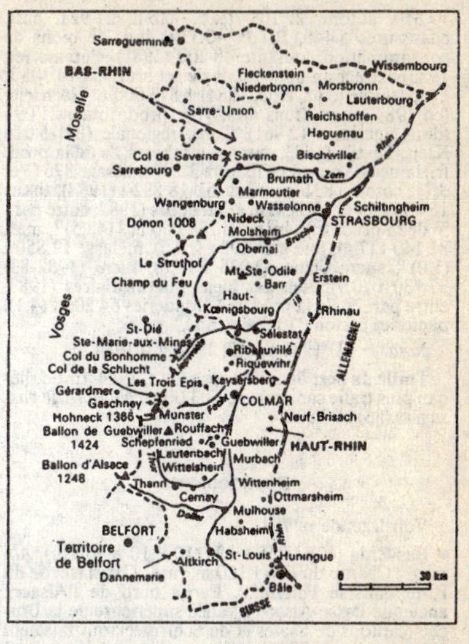

avec 2,9 % de la pop. française. 58 % de la pop. dans le Bas-Rhin, 42 dans le Haut-Rhin.

Pop. active totale (82) 688 676 ; *salariée* (31-12-84) 420 648 dont primaire 1 402, secondaire (B.T.P. compris) 214 470, tertiaire 204 783. *Demandes d'emploi* (moy. annuelle 84) 54 633. *Taux de chômage* (1er trim. 85) 8,6 %. Émigration des Alsaciens vers la Lorraine, région par., Provence-Côte d'Azur.

Frontaliers : *1962 :* 7 800. *68 :* 12 400. *72 :* 24 010. *74 :* 30 180. *77 :* 29 960. *80 :* 30 680. *Nov. 83 :* 37 117. *Mars 85 :* 35 090 dont vers All. féd. 16 180, Suisse 18 910. *Causes :* salaires plus élevés, concentration industrielle autour de Karlsruhe (All. féd.) et Bâle (Suisse) alors que les régions voisines sont peu industrialisées. Cependant le chômage en All. féd. compromet la situation des frontaliers.

● **Échanges** (en millions de F, 1983). **Importations :** 48 614,4 (soit 5,6 % des imp. franç.) dont (en %) gaz naturel et prod. pétrolier 20,1, autos et autres transports 12,9, prod. chim. de base 9,6, textiles 5,7, métaux 4,1, équipement ind. 3,6, prod. du trav. des métaux 2,7, prod. de l'agr. 1,6, prod. alimentaires divers 1,4, matériel de manutention 1,4 ; *de* (en %) Marché commun 58,9 (dont All. féd. 42,3), Europe de l'E. 6,4, autres pays d'Eur. 8,7, Afr. 10,3, Asie occid. 5,3, autres pays d'Asie 2,6, Amér. du N. 3,8, Amér. centr. et du S. 3,3, reste 0,7. **Exportations :** 41 555,1 (soit 6 % des exp. franç.) dont (en %) prod. chim. de base 14,1, autos et autres transports 11,9, gaz nat. et prod. pétroliers 10,5, textiles 9,1, équipements ind. 4,7, prod. de l'agr. 4,2, mat. de manutention 3,8, métaux 3,5, prod. du trav. des métaux 3,1, prod. alimentaires divers 2,6 ; *vers* (en %) Marché commun 66,6 (dont All. féd. 44,4), Europe de l'E. 2,7, autres pays d'Eur. 15,1, Afr. 4,8, Amér. du N. 4,3, Asie occid. 2,7, autres pays d'Asie 1,9, Amér. centr. et du S. 1,4, reste 0,5.

● **Agriculture. Terres** (en milliers d'ha, 1984). 833,2 dont *S.A.U.* 331,8 [t. lab. 214,5 (dont blé 64,8, orge 28,7, maïs-grain 53,6, avoine 3,8, bett. fourr. 4,2, tabac 2, houblon 0,4), herbe 100,6, vignes 14,3] ; *bois* 305,5 ; *t. agr. non cult.* 19 ; *autres t. non agr.* 164,5. **Prod. végétale** *récoltée* (milliers de t, 1984, prov.) blé 415,3, orge et escourgeon 151,1, maïs-grain 403,6, avoine 16,6, seigle 7,2, pommes de t. 98,1, bett. ind. 230,4, bett. fourr. 263,1, tabac 57,2, houblon 7,5, choux à choucroute 622,3, pommes de table 33,8, prunes 22,1. Vins (1983) 1 043 628 hl. **Animale** (1982) bovins 281 640, porcins 105 840, ovins 70 847. *Prod. de viande* (en t, 1982) bovins 24 009, veaux 837, ovins 681, porcins 17 350, volailles 5 952, lapins 3 759, œufs de poules 211 417 000 unités. *Lait* (1983) 3 896 484 hl. **Exploitations :** *1955 :* 64 614, *1970 :* 35 306, *1980 :* 27 166. En moy. 12 ha (79 % ont – de 20 ha). **Forêts** 305 180 ha, 36,6 % du territoire : résineux (pin et sapin) 65 %, chêne 19 %, hêtre 12 %. Prod. annuelle 1 500 000 m³.

● **Industrie. Salariés** (84) 221 110 (B.T.P. compris) dont ind. agro-alim. 20 372, métaux 19 754, chimie, verre, plast., caout. 14 888, constr. méc., navale, aéron. 25 226, constr. élec., inform., équip. ménager

19 310, autom. 22 108, text., habill. 21 921, cuir, chaussures 5 440, B.T.P. 40 329 ; ind. de biens de consommation courante 48 200 (1981). **Potasse** (en 1983) extraction nette totale de sel brut 10 874 308 t. Prod. totale (en t, K_2O, 1984) 1 873 000 t. **Électricité** (en 1984, en millions de kWh) : prod. totale 21 094 (dont nucléaire 12 961). Cons. régionale (82) 5 015 Ktep. **Textile** (1983, entre parenthèses, % de la prod. fr.) laine 883 ouvriers, filature 2 287 t, tissage 876 (3 et 3,1) ; coton 3 831 ouvriers, fil. 18 892 t (1984), tissus 16 435 (9,4 et 10,9). **Ind. alimentaire** (1982, entre par., % de la prod. fr.) : bière 10 138 000 hl [3] (48,5) [2], malt 81 140 t (7,4), foie gras 192 t (10,5), mélasse 12 850 t (1,0) [1], sucre blanc 42 035 t (0,8), sucre (1982-83) 37 730 t (0,9). **Ind. des biens intermédiaires** (1983, entre par., % de la prod. fr.) : fonderies 64 200 t (4,1), papier et carton 313 000 t (6,1).

Nota. — (1) 1982-83. (2) 1983. (3) 1984.

Trafic du port de Strasbourg (en t, 1984, trafic rhénan plus trafic canaux) : 10 603 000 t. *Nombre de passagers* (83) : 90 822.

Départements

Voir légende p. 704.

• **Bas-Rhin** (67) 4 755 km² (110 × 10 à 90 km). *Alt.* max. : Champ du Feu 1 100 m, min. 110 m (sortie du Rhin dans le Palatinat). Partie nord de l'Alsace ; ancienne Basse-Alsace + vallée supérieure de la Bruche (cantons de Saales et de Schirmeck qui faisaient partie avant 1870 du département des Vosges) et Alsace bossue (cantons de Drulingen et de Sarre-Union, géographiquement rattachés au plateau lorrain). Dep. 1974, 6 sous-préfectures : Haguenau, Molsheim, Saverne, Sélestat-Erstein, Strasbourg-Campagne, Wissembourg. 915 676 h. (1982) [*1821* : 521 400 ; *1841* : 581 200 ; *1866* : 610 000 ; *1871* : 600 400 ; *1875* : 598 200 ; *1910* : 700 900 ; *1921* : 652 000 ; *1936* : 711 800 ; *1946* : 673 300 ; *1962* : 770 200 ; *1975* : 882 121 ; *1980* : 910 500]. D. 192,5 (82). *Pop. dans communes urbaines* (1982) : 658 121.

Villes. STRASBOURG-VILLE 248 712 h. [*1684* : 22 000 ; *1789* : 49 943 ; *1851* : 75 565 ; *1871* : 85 654 ; *1910* : 178 891 ; *1921* : 166 767 ; *1936* : 193 119 ; *1946* : 175 515 ; *1954* : 200 921 ; *1962* : 233 549 ; *1975* : 253 384] [ag. 373 470, dont *Bischhei* 16 215 ; meubles, confiserie, jouets, manufacture de cigares. *Eckbolsheim* 4 104. *Hoenheim* 10 432. *Illkirch-Graffenstaden* 19 857. *Lingolsheim* 14 688. *Ostwald* 9 876. *Reichstett* 4 464. *Schiltigheim* 29 574 ; brass. *Souffelweyersheim* 4 012] ; alt. max. 148,7 m, min. 136,7 m. Const. méc., élect., siège de l'Ass. européenne, du Conseil de l'Europe, de la Cour des Droits de l'H. ; 1er port exp. de Fr., 8e port de Fr., port autonome : 4e port rhénan [visite, longueur 10 km, 1 093 ha, rives 37 km, fréquenté par flotte internationale, 24 300 bateaux (1982), trafic (1983) : 10,9 millions de t] ; aérodrome de Strasbourg-Entzheim ; cathédrale (XIe-XVe s., grès rose, terminée en 1439, flèche de 142 m), musées Alsacien, de l'Œuvre Notre-Dame, du château des Rohan (1730-42, R. de Cotte), historique ; chambre de commerce (1582-85), hôtel de ville (1730-36), parc de l'Orangerie 25,25 ha. — *Barr* 4 511 h. (ag. 6 032). *Benfeld* 4 451 h. (ag. 6 425). *Bischwiller* 10 612 h. (ag. 13 323) ; text., métall., confect. *Brumath* 7 702 h. *Drusenheim* 4 309 h. *Erstein* 8 095 h. ; sucreries, text. *Eschau* 3 109 h. [ag. 8 303, dont *Fegersheim* 3 646]. *Geispolsheim* 4 462 h. *Haguenau** 26 629 h. [ag. 32 403, dont *Schweighouse-sur-Moder* 4 134] ; constr. méc. et élec., papiers, forêt de 13 900 ha (une des communes de Fr. les plus étendues, 18 265 ha), incendiée 2 fois en 1677 ; musées historique et d'Art populaire alsacien. *Ingwiller* 3 900 h. (ag. 4 360). *La Broque* 2 896 h. (ag. 12 252). *Le Hohwald* 402 h. ; station climatique à 580 m. *Marckolsheim* 3 124 h. ; mémorial de la ligne Maginot. *Marmoutier* 2 024 h. ; abb. bénédictine, + ancien couvent d'Alsace. *Molsheim** 6 928 h. (ag. 9 077) ; constr. méc. *Mutzig* 4 174 h. (ag. 6 508). *Natzwiller* 658 h. ; camp de Struthof. *Niederbronn-les-Bains* 4 446 h. [ag. 12 741, dont *Reichshoffen* 5 034] ; mat. fer., app. de chauf., mat. de génie civil. *Obernai* 8 907 h. (ag. 9 938). *Pfaffenhoffen* 2 261 h. (ag. 5 015). *Sarre-Union* 3 169 h. (ag. 4 136). *Saverne** 10 327 h. (ag. 15 078) ; constr. méc., horlogerie. *Sélestat** 15 112 h. ; métall., text., maroquinerie, brosserie (Le Celluloïd), bibliothèque humaniste. *Soufflenheim* 4 462 h. *Wasselonne* 4 862 h. *Wissembourg** 7 311 h. ; méc. et chim. ; ensemble architec.

Régions naturelles. *Plaine du Rhin* 1 472 km² (houblon, betterave sucrière, asperges, tabac, choux à choucroute, petits fruits, cultures maraîchères, élevage, forêt, maïs, céréales). *Région sous-vosgienne* 1 113 km². *Montagne vosgienne* 1 169 km². *Ried* 596 km². *Plateau lorrain* 40 km². **Terres.** Voir Index.

Divers. 1er prod. de houblon et de choux à choucroute de Fr. *Lauterbourg* : com. la plus orientale de Fr. *Reichstett* et *Herrlisheim-Drusenheim* : raffineries de pétrole. *Wingen-sur-Moder* : parc naturel régional. *Haut-Kœnigsbourg* (alt. 755 m) : château fort, restauré en 1907, cité en 774, forteresse de 1147 à 1250. *Mont-Ste-Odile* (alt. 762 m) : anc. monastère.

• **Haut-Rhin** (68) 3 525 km² (100 × 50 km). *Alt.* max. 1 424 m (ballon de Guebwiller), min. 195 m (sortie du Rhin). 650 372 h. (1982) [*1851* : 436 744 ; *1901* : 495 209 ; *1911* : 517 865 ; *1921* : 468 943 ; *1936* : 507 551 ; *1946* : 471 705]. D. 184,5 (82). *Pop. dans communes urbaines* (1982) : 488 375. En 1870, 2 sous-préfectures : Altkirch, Belfort.

Villes. COLMAR alt. 194 m. 62 483 h. [ag. 82 468, dont *Horbourg-Wihr* 4 209. *Ingersheim* 4 271. *Wintzenheim* 6 441] ; ind. text., alim., constr. méc. ; musées Bartholdi, Unterlinden (peintures gothiques, retable d'Issenheim de Mathias Grünewald 1510-15). — *Altkirch** 5 268 h. (ag. 7 474) ; textiles. *Bollwiller* 2 951 h. (ag. 3 663). *Eguisheim* 1 438 h. ; vestiges préhistoriques, vignoble. *Ensisheim* 5 780 h. (ag. 7 474). *Guebwiller** 10 689 h. [ag. 25 427, dont *Soultz-Ht-Rhin* 5 696 h. ; filatures, constr. méc. *Kaysersberg* 2 707 h. (ag. 6 030). *Landser* 2 114 h. (ag. 3 872). *Mulhouse**, alt. 233 à 338 m, sup. 2 236 ha, 112 157 h. [*1699* : 3 302 ; *1798* : 6 018 ; *1844* : 20 547 ; *1871* : 52 892 ; *1910* : 95 041 ; *1975* : 117 013] [ag. 220 613, dont *Brunstatt* 4 887. *Illzach* 15 396. *Kingersheim* 10 177. *Lutterbach* 5 039. *Pfastatt* 6 247. *Riedisheim* 12 175. *Rixheim* 10 718. *Sausheim* 4 737. *Wittelsheim* 10 177. *Wittenheim* 13 380] ; potasse, coton, ind. chim., polygraphique, méc., électro-méc. et auto. ; artisanat ; musées du chemin de fer, de l'automobile, historique, des Beaux-Arts, d'impressions sur étoffes, du sapeur-pompier. *Munster* 4 661 h. (ag. 10 991) ; textile ; musée de la Schlitte. *Neuf-Brisach* 2 205 h. [ag. 4 775] ; zone ind. *Ottmarsheim* 2 003 h. *Ribeauvillé** 4 506 h. ; vins ; château St-Ulrich (XIIe et XIIIe s.). *Riquewihr* 1 045 h. ; musées postal, archéologique. *Rouffach* 4 615 h. *St-Amarin* 2 305 h. (ag. 9 638). *St-Louis* 18 682 h. [ag. *Bâle (CH)-St-Louis (p. fr.)* 32 836, dont *Huningue* 6 679 ; zone ind. avec *Ottmarsheim*]. *Ste-Marie-aux-Mines* 6 358 h. *Thann**-*Cernay* [ag. 28 406 dont *Cernay* 10 208 ; ind. méc., text., chim., monument du Vieil-Armand. *Thann* 7 788 ; collégiale St-Thiébaut (pèlerinage)].

Régions naturelles. *Montagne vosgienne* 888 km² : forêts, élevage, fabrication du fromage de munster. *Région sous-vosgienne* 456 km² : vignes, fruits. *Plaine du Rhin* 673 km² : céréales, maïs, légumes de plein champ, *forêt de la Hard*. *Ried* 45 km² ; tabac, choux à choucroute, prairies. *Sundgau* 833 km² : polyculture, arboriculture, bovins, tabac. *Jura* 167 km². *Hardt* 409 km². *Ochsenfeld* 55 km². **Terres.** Voir Index.

Divers. Plus *ancienne usine chimique* d'Europe (produits chimiques de Thann et Mulhouse), env. 160 ans d'existence. La *plus forte cage de laminage d'aluminium* du monde (Rhenalu, près de Neuf-Brisach). Le *seul bassin potassique* de France (épuisé dans env. 30 ans). Le *grand canal d'Alsace* est presque aussi large que le canal de Suez (180 m), accessible aux automoteurs rhénans de 1 350 t et aux convois poussés de 4 000 t. *Nécropoles militaires* : Sigolsheim, Wettstein, site du Vieil-Armand.

Site néolithique d'Oberlag (— 100 000 a.) : fouilles de 1876, reprises 1970. *Route du vin* : au S., Guebwiller (riesling), Soulzmatt et Westhalten ; au N., Ammerschwir (confrérie St-Étienne), Kaysersberg (cave Salzmann), Riquewihr, Hunawihr, Ribeauvillé, Bergheim (traminer).

Aquitaine

Généralités

Nom. Du latin *Aquitania*, dérivé de 2 racines préceltiques (liturgiques ou ibériques), signifiant « proche de la mer », et désignant le quart sud-ouest de la Gaule. A partir du XIIIe s., le nom de *Guyenne*, mot de langue d'oïl dérivé de Aquitania, devient d'usage courant pour désigner le duché, bien moins étendu que l'ancienne province.

Situation. Grande région naturelle s'étendant sur le bassin sédimentaire compris entre le Massif armoricain et le Massif central au N. et à l'E., et les Pyrénées au S. 80 000 km² (1/7 de la France environ). Région actuelle : 41 408 km² (soit 8 % de la superficie fr.). Le *seuil du Poitou* le relie au Bassin parisien et le *seuil de Naurouze*, au S.-E., au Languedoc méditerranéen. Unité de la région favorisée par la simplicité du réseau hydrographique : bassin presque entièrement drainé par la Garonne et ses affluents ; rivières pyrénéennes, de régime nivo-pluvial, aux débits relativement faibles, et 3 grandes rivières issues du Massif central, aux débits très élevés. **Divisions.** *Terrains secondaires* très relevés au S., adossés au Massif central au N.-E. (plateaux calcaires, causses du Quercy) ; *jurassiques et crétacés* au N. (Charentes, Poitou). *Terrains tertiaires* très étendus (souvent collines). **Climat.** Humide, surtout sur la zone littorale et sur les bordures, aux hivers frais (longues gelées parfois) ; inégalité des pluies (printemps et hiver) selon les années.

Histoire. Du VIe s. à 56 av. J.-C. les Aquitains, appelés parfois les Proto-Basques, de race et de langue ibérique, occupent la rive gauche de la Garonne, jusqu'à l'Espagne. **56** le lieutenant de César, Crassus, fait un raid sur leur territoire, sans le conquérir. **52** les Aquitains ne participent pas à la révolte gauloise. **38** soumis par Agrippa. **27** forment une des 3 provinces de la *Gallia Nova* (des Pyrénées et de l'Atlantique à la Loire). Au Bas-Empire, devenue Provincia Aquitania, est incorporée au diocèse de Vienne, et partagée en 3 : *Novempopulanie* (cap. Eauze), *Aquitaine Seconde* (Bordeaux), *Aquitaine Première* (Bourges). **Fin IIIe s.** les Romains évacuent les Pyrénées. **IVe s.** ils établissent un *limes* sur l'Adour et les Gaves (forteresse principale : Bayonne ou *Lapurdum*). **Début Ve s.** possession des Wisigoths, rattachée au royaume wisigothique d'Esp. **507** intégrée au « Regnum Francorum » après la victoire de Clovis à *Vouillé*. Pratiquement indépendante pendant la décadence mérovingienne, elle est dominée par une série de ducs « nationaux » vascons, venus du sud des Pyr. ; elle s'appelle alors Vasconia (Gascogne). **Au VIIIe s.** le duc Waifre ou Gaifier tente d'assurer son autonomie. **760-68** campagnes de Pépin le Bref assurant son autorité (organisation de l'Aquitaine franque par le capitulaire de Saintes). **778** Charlemagne crée un royaume d'Aq. au profit de son fils Louis (futur Louis le Pieux). Pépin II, Charles l'Enfant, Louis le Bègue lui succèdent. Après l'avènement de L. le Bègue en **877** au trône franc, constitution d'un « Ducatus Aquitaniae » comprenant Berry, Poitou, Auvergne, Toulousain, mais contrôlant mal le pays gascon (au sud-ouest). **IXe et Xe s.** appartient successivement aux *comtes de Poitiers* (Rannoux II), à la *maison d'Auvergne* (Guillaume le Pieux), à celle de *Toulouse* (Raimond III Pons), de nouveau aux *Poitevins* (Guillaume Tête d'Étoupe, Guillaume Fierebrace reconnu par les Capétiens après 987). Guillaume IX de Poitiers, troubadour, protecteur des arts et des lettres, règne 41 ans. A la mort de Guillaume X, sa fille *Éléonore* ép. en **1137** *Louis VII*, roi de Fr. (dont le domaine est ainsi quadruplé), mais Louis VII la répudie (1152) et Éléonore se remarie avec *Henri II Plantagenêt*, héritier des territoires anglo-normands et angevins (auquel elle apporte tous ses territoires). Henri II réorganise ses acquisitions aquitaines sur le modèle normand : sénéchaux superposés aux prévôts (6 sénéchaussées). Philippe Auguste conquiert des fragments de l'héritage d'Éléonore ; il est reconquis progressivement au XIIe et XIIIe s. par les rois de Fr. Le *duché de Guyenne* (déformation du mot Aquitaine) est érigé en **1259**, au profit du roi d'Angl., vassal du roi de Fr. : il comprend Gascogne (au S.-O.), Bordelais, Bazadais, Limousin, Périgord, la moitié du Quercy et la suzeraineté sur l'Agenois (paix de Paris). Guyenne et Gascogne sont âprement disputées aux XIVe et XVe s. jusqu'à leur reconquête, en **1453**, par Charles VII. **1469** duché de Guyenne, amputé du Limousin et donné en apanage par Louis XI à son frère Charles, revient définitivement à la Couronne, en **1472**, à la mort de celuici. **A la fin de l'Ancien Régime,** Guyenne et Gascogne sont réparties entre les généralités de Bordeaux, Auch et Montauban. *Divisées par la Révolution* en 6 départements (Gironde, Gers, Lot-et-Garonne, Dordogne, Lot, Aveyron), plus quelques éléments des départements des Landes et du Tarn-et-Garonne.

Agenais ou Agenois

Situation. Rive droite de la Garonne couvrant une partie des départements du Lot-et-Garonne et du Tarn-et-Garonne.

Histoire. Peuplé dès le paléolithique ; occupé par des Ligures jusqu'au VIe s. av. J.-C., par des Ibères au Ve s., puis par les Celtes Nitiobriges qui fondent l'oppidum d'Aginnum. Intégré à l'Aquitaine Seconde à l'époque romaine. Réuni aux duchés de Gascogne (Xe s. à 1052) puis d'Aquitaine (1052-1196). **1196** donné en dot à Jeanne d'Angl. qui épouse Raymond VI de Toulouse. **1259** donné à Alphonse de Poitiers par la paix de Paris sous la suzeraineté du duc (anglais) de Guyenne. **1271** : réuni à la Couronne avec le domaine d'Alphonse de Poitiers. **1271-1444** disputé entre l'Angl. suzeraine et la France (restitué de 1279 à 1303, de 1360 à 1444 à l'Angl.). **XVIe s.** rattaché au gouv. et à la généralité de Guyenne. Comprend dans ses fiefs la baronnie de Lauzun, érigée en duché en 1692 pour l'époux de la G^de Mademoiselle.

Ressources. Agriculture : Vignes, arbres fruitiers, pruneaux introduits au XVIe s.

Béarn

Situation. Entre Chalosse, Pyrénées et P. basque.

Histoire. Nom d'origine ibérique : *Beneharnum* qui contient la racine basque *harri*, pierre. Il désigne le bourg de Lescar, et apparaît au Ve s. comme nom de cité aquitano-romaine (démembrement de la cité des Tarbelli, qui fait partie de la Novempopulanie). Après les invasions wisigothiques, vasconnes et peut-être musulmanes, constitution d'une vicomté au IXe s., qui s'étend par des conquêtes. **1256** un arbitrage du Cte de Foix déboute Gaston VII le Grand de ses prétentions sur la Bigorre. Après sa mort (il ne laissait que des filles), union de la vicomté au comté de Foix sous *Gaston Ier de Foix*, son gendre. **XIVe s.** querelle, à propos de cette succession, entre les maisons de *Foix-Béarn* et d'*Armagnac*. **1398** Béarn et comté de Foix passent dans la maison de *Grailly*, à laquelle succèdent, à partir de 1485, celle d'*Albret* (souveraine de Navarre), puis celle de *Bourbon-Vendôme* (1555). **XVIe s.** *Henri IV*, dernier Cte de Béarn. **1620** réuni à la Couronne.

Institutions. Dès le XIe s., « fors » ou chartes de coutumes reconnaissent aux sujets du vicomte beaucoup de libertés. Les états « de Béarn », qui résultent de la fusion entre la « Cour Majour » et la « Cour des Communautés » et sont composés de clercs, de nobles et de représentants des villes et des communautés, jouent, comme dans les autres états pyrénéens, un rôle capital dans le gouvernement. Parlement constitué à Pau en 1620. Le Béarn garde ses états jusqu'en 1789, date à laquelle il perd ses 2 évêchés de Lescar et d'Oloron (dont les titulaires avaient joué un grand rôle au Moyen Age). **Capitales successives.** Lescar (Beneharnum) (jusque vers 850), Morlaas (850 jusqu'en 1242), Orthez (1242-1460) et Pau (1460-1830).

Langue. Dialecte gascon, considéré longtemps comme un parler particulier, mais classé de nouveau actuellement dans le sous-groupe gascon pyrénéen. *Différences avec le g. de la plaine : 1°) phonétique* : le *t* final, venant du *ll* latin, se prononce *tch* et non *t* (betch, « beau » ; vedetch, « veau ») ; *2°) articles définis* : masculin, etch « le » ; féminin, era « la » (venant du lat. *ille, illa*) ; *3°) conjugaisons* : existence de conditionnels marquant l'éventualité et l'irréalité de façon plus nuancée. Emploi d'un « futur du passé » distinct des conditionnels.

Pays basque français

Situation. Entre Pyrénées et Atlantique, sur la rive gauche du gave d'Oloron, des gaves réunis et de l'Adour. *3 provinces* : la *Soule* au S.-E. ; la *Basse Navarre* au centre ; le *Labourd* au N.-O. Avec les 4 provinces basques espagnoles *(Navarre, Guipuzcoa, Biscaye, Alava)* constituent le Pays basque ou *Euzkadi*. Les nationalistes basques n'emploient jamais les expressions *Pays basque français* ou *espagnol*. Jusqu'en 1970 env., ils disaient *Pays basque continental* ou *péninsulaire* ; depuis, ils préfèrent : *Euzkadi* nord et *Euzkadi* sud.

Ethnologie. L'ethnie basque était attestée en Navarre v. 8000 av. J.-C. (complexe azilien). Dans l'ensemble, les B. se différencient des autres pop. eur. du point de vue hématologique : fréquence des groupes sanguins O rhésus nég., groupe B pratiquement nul ; ainsi que par leur morphologie (taille moyenne entre 1,60 m et 1,70 m, épaules larges, thorax allongé, hanches étroites, face triangulaire). Du point de vue physique, les B. seraient proches des Géorgiens mais il s'agirait d'une coïncidence : on conclut actuellement à l'origine navarraise des B., qui ont su préserver pendant 100 siècles leur double particularisme : caractéristiques corporelles, langage.

Langue. *Basque* ou *euskarien* : viendrait d'une langue parlée en Navarre dès la fin du quaternaire, et répandue en Euzkadi à l'âge du Bronze. *Souletin* : diffère notamment par ses accents toniques. *Bas-navarrais* : groupe commun avec le *labourdin*. *Langue littéraire, navarro-labourdine* : élaborée v. 1940, utilisée par quelques écrivains, remplacée dep. 1960-70 par le *basque unifié (eskuara batua)*, tenant compte des dialectes péninsulaires (70 % des écrivains basques).

Bascophones : Espagne 600 000 à 750 000, France 40 000 (20 % à 33 % des Basques français).

Drapeau. Rouge avec croix verte et croix blanche en sautoir passant sur elle ; arboré dans les 7 prov. b., conçu par Sabino de Arana-Goiri (Bizkayen, fondateur du nationalisme), apparu publiquement la 1re fois le 14-7-1894 à Bilbao.

Histoire. *Vicomté de Soule* ou *Zuberoa* (capitale Mauléon), quasi indépendante jusqu'au **XIIIe s.** par un jeu de bascule entre Béarn, Navarre et Guyenne (anglaise), entre ensuite dans l'orbite des rois de Fr. devenus C^tes de Toulouse ; confisquée par Philippe le Bel en **1306**, elle est occupée par les Anglais qui tiennent garnison à Mauléon de 1330 à 1437. *Basse Navarre* : partie du roy. de Navarre, cap. Pampelune, au S. des Pyrénées ; passée par mariage en **1485** dans la famille française d'*Albret* ; **1512** les rois catholiques (espagnols) conquièrent tout le roy., mais Charles Quint évacue la B. Nav., qui se constitue en roy. indépendant (siège du Parlement : alternance entre St-Palais et St-Jean-Pied-de-Port) ; la couronne de Nav. passe en **1555** par mariage dans la famille de *Bourbon*. Henri III de Nav., devenu le roi de Fr. Henri IV, la réunit à celle de France. Il supprime le parlement de St-Palais qui fusionne avec celui de Pau. *Labourd* : ville épiscopale de Bayonne et de sa campagne, localités autour d'Ustaritz, capitale forale (nombreux différends entre les 2 cités) ; associé au sort de la Guyenne anglaise jusqu'à la fin de la g. de Cent Ans (1451). Relève ensuite du gouvernement de Bordeaux.

Mouvements politiques. Enbata, 3, rue des Cordeliers, 64100 Bayonne. Parti politique dep. 15-4-1963, adopte la charte d'Itxasson revendiquant le droit pour la nation b. de s'autogouverner. D'abord influencé par les idées démocrates-chrétiennes et socialistes, se radicalise avec la venue des membres du mouvement E.T.A., qu'il assiste. *But* : 1° association des élus b. ; 2° création d'un département Pays-Basque ; 3° d'une région économique de l'Europe ; 4° de l'Europe fédérée des peuples (des ethnies) qui comprendra un État d'Euskadi, formé des 7 provinces b. réunifiées. 4,61 % des voix aux élect. lég. en Pays b. en 1967, déclin après mai 1968. Organise à Pâques de grands rassemblements (l'« Aberri Eguna » : jour de la Patrie). Dissous par le gouvernement 1974, l'hebdomadaire a reparu 1975, avec supplément mensuel « Aburu » dep. oct. 1981. **E.H.A.S. (Euskal Heirriko Alderdi Sozialista,** P. socialiste du Pays basque). *Fondé* 1964, dissous 1981. Pour un nationalisme de gauche 3,90 % des voix en Pays b. aux législ. de 1978. *Mensuel* : « Euskaldunak ». **E.M.A.** (Ezkerreko Mugimendu Aberztale : Mouvement patriotique de gauche). Regroupe la gauche « abertzale » : **Herri Talde** (féd. de groupes locaux) et **Laguntza** (à l'origine Mouvement radical de soutien aux prisonniers polit. et réfugiés). *Mensuel* : Ateka. **GOIZ-ARGI.** Fondé 1985 par André Luberriaga, maire d'Ascain. 200 élus. Nationaliste modéré.

Mouvements « terroristes ». Hordago, quelques plasticages en 1978-80, puis disparaît. **Iparretarrak** (ceux du Nord), apparaît v. 1980 : plasticages, attentats. 3 gendarmes ou C.R.S. tués. De plus en plus actif.

Mouvements administratifs. Association pour la création d'un nouveau département. *Fondé* 1976. *Pt* : Albert Viala. **Association des élus pour un département Pays-Basque.** Mairie de Helette (64640). *Fondée* 1980. *Pt* : Jean Aniotzbehere, maire de Sare. 50 maires et 200 conseillers municipaux y adhèrent.

Mouvements économiques. Hemen, 50, allées Marines, 64100 Bayonne. **Herrikoa,** Le Forum, zone industrielle des Poutots, 64100 Bayonne. *But* : canaliser l'épargne des particuliers pour la création d'emplois en Pays basque.

Mouvements culturels. Euskalzaindia, 15, rue Port-Neuf, 64100 Bayonne. Section du Pays basque nord de l'Académie basque (siège à Bilbao). **Ikas,** 15, rue Port-Neuf, 64100 Bayonne. **Seaska,** 8, rue Thiers, 64100 Bayonne. Fédération des *ikastolas* (écoles maternelles) du Pays basque nord ; 800 enfants scolarisés (primaire et secondaire). **Euskal Dantzarien Biltzarra,** M.J.C. du Polo-Beyris, 64100 Bayonne. Fédér. des groupes de danse du Pays basque nord. **Oraï-Bat,** 18, rue Benoît-Sotrigues, 64100 Bayonne. **Oldarra,** rue Duler, 64200 Biarritz, groupe folklorique. **Centre culturel du Pays Basque.** Rue Sabaterie, 64100 Bayonne. *Pt* : Ramuntxo Camblong. *Dr.* : Dominique Burucoa. Financé par État, dép. des Pyr.-Atl., Ville de Bayonne. Animé par *Pizkundea* (Fédér. d'associations culturelles basques).

Nota. — En Espagne, voir Index. Les B. espagnols des « commandos autonomes anticapitalistes » auraient eu leur P.C. fr. à Ciboure jusqu'au 13-2-1981 : base des raids contre les antiautonomistes d'Esp. ; racket des commerçants b. fr. Leur groupe a été démantelé par la police fr. (17 arrestations).

Périgord

Situation. Continue vers l'E. les pays charentais. Sous-sol généralement très perméable (puits naturels, gouffres, pertes de rivières, résurgences). Très boisé (châtaigniers, chênes, chênes verts, pins). *Périgord noir* à l'E., *blanc* à l'O. (aujourd'hui plus forestier que le précédent), *vert* au N.

Ressources. Ancienne métallurgie (forêt et minerai de fer local), modernisée et concentrée à Fumel. Agriculture : blé, maïs, tabac, exploitation de chênes truffiers, cultures fruitières (vallées de la Dordogne, Vézère, Isle) et vignes (Bergeracois), fraises, noix ; élevage important (moutons, bœufs, veaux de boucherie, volailles grasses).

Histoire. Occupé par les Petrocorii aux époques gauloise et romaine. Comté sous les Mérovingiens. Dépendant du duché d'Aquitaine, uni au Xe s. à l'Angoumois, puis à la Marche. Sa dynastie propre descend de *Boson Ier*, Cte *de la Marche* (968) ; ses comtes ne possèdent que quelques châteaux et ne parviennent pas à affermir leur autorité entre le roi d'Angleterre, devenu duc d'Aquitaine en 1152, et le roi de Fr. qui intervient constamment. Pays frontière, ravagé pendant toutes les g. jusqu'en 1453. Les derniers comtes de la dynastie locale, Archambaud V et VI, sont dépossédés par Charles VI (1398-99). Passe successivement aux maisons d'*Orléans* (1400), de *Penthièvre* (1437), d'*Albret* (1481). *Henri IV* réunit le comté au domaine royal.

Économie

● **Population** (1-1-85). 2 703 900 h. dont 128 824 étrangers (37 568 Port., 31 759 Esp., 19 279 Maroc., 9 205 It., 8 151 Alg., 2 134 Tun., 20 728 autres, 3 750 apatrides et réfugiés estimés). D. 64 h./km². *Urbaine* (78) 63,4 %, *rurale* 36,6 %. *Active* (1-1-1985) 1 126 596 dont agric. 125 766, ind. 195 437, B.T.P. 80 505, tertiaire 593 840 (dem. d'emploi 131 048). *Dépeuplement* considérable entre le milieu du XIXe et le milieu du XXe s. malgré l'immigration d'ouvriers italiens et espagnols. Installation d'env. 45 000 agriculteurs rapatriés d'Afr. du N.

● **Échanges** (en milliards de F et, entre parenthèses, en millions de t, 84). **Importations** : 27,9 (8,1) dont (en %) pétr. brut, gaz et prod. pétr. 27,8 ; prod. de l'agr., sylvicult. et pêche 8,9 ; prod. chim. de base, fils artif. et synthétiques 8,7 ; prod. des ind. agric. alim. 7,5 ; autom. et autres matér. de transport terrestre 7,3 ; *de* (en %) : All. féd. 12,4, G.-B. 10, Espagne 9,9, U.S.A. 6,8, Italie 6,6, P.-Bas 4,3, U.E.B.L. 3,9, Irlande 1,4. **Exportations** : 29,5 (5,7) dont (en %) prod. de l'agric., sylvicult. et pêche 29,3 ; prod. chim. de base, fils et fibres artif. et synth. 13,1 ; mécanique 12,4, constr. navale, aéro., matér. d'armement 5,9, papier, carton 5,5, prod. des ind. agric. et alim. 4, viandes et prod. laitiers 3,1, pétr. brut, gaz et prod. pétr. 2,5 ; *vers* (en %) : All. féd. 15,2, G.-B. 13,6, U.S.A. 11,1, Italie 8,9, U.E.B.L. 7,8, Espagne 7,5, P.-B. 6,5.

● **Agriculture. Terres** (milliers d'ha, 84). 4 183,4 dont *S.A.U.* 1 697,8 [t. arables 915,8 (dont cult. maraîchères 1,9), herbe 616,8, vignes 140,5] ; cult. fruitières 23,4, *bois* 1 834,4 ; *t., agric. non cult.* 217,5 ; *t. non agric.* 359,7. *Exploitations* (1984) 88 214 (soit 1,78 ha en moy.). 60,8 % des surfaces fruitières et légumières en L.-et-G. 70,2 % des vignes en Gironde (106 000 ha en 1983) (29,9 % de la S.A.U. départementale).

Produits (récolte en milliers de t, 84, entre parenthèses superficie en milliers d'ha). **Céréales** : *maïs-grains* 2 398,9 (366) dont Landes 947,2 (128) ; *blé tendre* 574,9 (115,9) dont L.-et-G. 309 (56,2) ; *orge et escourgeon* 185,1 (47,4) : *avoine* 46,1 (12,3). **Oléagineux** : *tournesol* 81,6 (40,3) ; *colza* 9,4 (3,7). Tabac 11,9 (4,9). **Cult. fourragères** (1981) 2 134 (29,3). **Légumes** : *p. de t.* 172,3 (6,5) ; *tomates* 138,2 (3,1) ; *melons* 19,9 (1,5) ; *laitues pommées* 17,8 (0,8) ; *haricots verts* 17,1 (4,4) ; *carottes* 13,1 (n.c.) ; *poireaux* 11,3 (0,5) ; *féveroles* 7,4 (2,5) ; *concombres* 6,4 (0,06) ; *courgettes* 4,2 (0,1) ; *asperges* 3,2 (1,3). *Truffes* (1983) 3 t commercialisées en Dordogne.

Vignoble (ensemble raisins de cuve + r. de table, en milliers d'ha 1984). 140,5 (dont Gironde 104,5. Dordogne 17,5, Lot-et-G. 10,7, Landes 4,8, Pyr.-Atl. 2,8) ; 4e région de France. *Production* (en milliers d'hl) 4 899,3, dont 3 325,5 d'A.O.C. (vins doux naturels exclus), 37,1 de V.D.Q.S., et 61 442 de vins de pays : vins rouges et rosés d'A.O.C. 3 552 340, dont (1981) bordeaux et côtes 1 607 000, médoc et graves 497 500, libournais 423 800 ; vins blancs A.O.C.

768 200 dont groupe blancs secs 637 200, groupe blancs liquoreux 131 000. *Exp.* (1982) 1 214 800 hl (1 833,8 millions de F).

Fruits (en milliers de t, 1984) : pommes de table 195,9, prunes à pruneaux 78,9, poires de table 31,7, fraises 43,7 ; pavies, pêches, nectarines et brugnons 26,6.

● **Élevage** (milliers de têtes, 1984). *Bovins* 1 022,5 ; *ovins* 1 053,3 ; *porcins* 571,3 ; *caprins* 36,5 ; *équidés* 23 (1983). *Foie gras d'oie* 103,2 t, *de canard* 135,8 t, *oies grasses avec foies* 2 700 t, *canards gras avec foies* 15 546 t.

● **Pêche** (1983, milliers de t, et entre parenthèses millions de F, 84). Bayonne 5,6 (103,8), Arcachon (estim.) 1,7 (35,7), Bordeaux 0,113 (3,2). *Ostréiculture :* Arcachon 8,7 (67,9).

● **Forêts-bois** (en milliers d'ha, 1984) : 1 834,4 dont Landes 637, Gironde 480, Dordogne 390, Pyr.-Atl. 200,4, Lot-et-G. 127.

● **Énergie** (84). *Production en Aquit.* (en milliers de t). Pétrole brut 1 321, lignite 840 ; (en millions de m³) gaz nat. brut 9 007, gaz épuré commercialisable 6 305 ; (en millions de kWh) énergie électr. nucléaire 25 059, thermique 2 053, hydraulique 1 980. *Consommation par l'ind. en Aquit.* électricité 5 884,7 millions de kWh ; fuel 207 500 t ; gaz nat. 844 222 000 m³. *Ventes de prod. pétr.* (en milliers de m³) carburant 1 430,4 (dont essence 214,3, super 1 216,1), gasoil 7 607 ; (en milliers de t) fuel domestique 872,5 ; lourd, industriel 207,5, hors E.D.F. 237,9, E.D.F. 23,7.

● **Secondaire. Industrie agro-alim.** 1re ind. de la région. Boulangerie-pâtisserie, ind. de la viande, boissons et alcool, trav. du grain, conserveries, prod. aliment. divers, transf. du tabac.

Salariés (1-1-85). 190 683 dont agro-alim. 24 881, prod. et distr. d'énergie 18 296, ind. des biens intermédiaires 38 333, d'équipement 44 162, des biens de consom. 54 205. B.T.P. 57 185.

● **Tertiaire. Commerce intérieur** (au 1-1-85). *Établ. de gros :* alimentaire 3 149, non alim. 1 463 ; *de détail :* alim. 10 235, non alim. 19 124. Supermarchés 297, hypermarchés 29. *Entreprises artisanales* 49 397. *Salariés* 94 601.

Tourisme (84). Hôtels homologués 1 322 (26 815 chambres) ; gîtes ruraux 2 315, communaux 394 ; chambres d'hôtes 117. *Fréquentation* (milliers de nuitées) (été 84) : campings 12 929,1, hôtels 4 828,3. *Permis de chasse* (1984-85) 217 599 ; *pêche* 143 128. *9 stations thermales* (Dax, 2e station fr. après Aix-les-Bains). *Stations de ski (hiver et été) :* Gourette près d'Eaux-Bonnes (Pyr.-Atl.), alt. 1 350-2 400 m, 30 km de pistes.

Aménagement de la côte Aquitaine (620 000 ha, 64 communes) : schéma adopté en 1972 (1973 pour les Pyr.-Atlant.). Voir Quid 1986, p. 672 a.

● **Transports-communications** (85). Trains (mise en service du TGV en 1989), routes (1 446,9 km de routes nat., 401,7 km d'autoroutes) ; aéroport de Bordeaux-Mérignac, 5e aéroport fr. 1984, 1 550 800 passagers (arrivées, départs, transits) ; trafic des ports de Bordeaux 10 011 000 t, Bayonne-Boucau 3 664 000 t.

Projets abandonnés : canal transaquitain (raisons écologiques et commerciales) [dont un 1er tronçon : Biscarosse, inauguré 9-1-71] et plans d'eau artificiels à Soustons-Molliets et Hourtin.

Départements

Voir légende p. 704.

● **Dordogne** (24) 9 060 km² (136 × 117 km). *Alt.* max. : forêt de Vuillecour 478 m, min. 41 m sortie de la Dordogne, alt. moy. 200 m. 380 500 h. (estim. 1-1-85) [*1801 :* 409 475 ; *1851 :* 505 789 ; *1901 :* 425 951 ; *1936 :* 386 963 ; *1968 :* 376 073 ; *1975 :* 373 179]. D. 42 (85). *Pop. active* (1-1-1985). 152 007 dont agric. 27 581, ind. 26 390, B.T.P. 12 990, tertiaire 68 600, demandeurs d'emploi 16 446.

Villes. PÉRIGUEUX 32 916 h. [*1811 :* 6 862 ; *1830 :* 8 452 ; *1876 :* 24 169 ; *1921 :* 33 144] (ag. 59 716, dont dans le dép. *Coulounieix-Chamiers* 8 250. *Trélissac* 8 250] ; alt. 98 m ; matér. ferr. ; ind. alim., truffes, foie gras ; confect., chaussure ; imprimerie des timbres-poste. Cath. St-Front, XIIe s. (reconstruite au XIXe s.), Tour de Vésone (27 m de haut. ; 20,70 m de diam.), musée du Périgord (lapidaire), abb. de Chancelade. – *Bergerac** 26 832 h. [*1811 :* 8 665 ; *1876 :* 13 120 ; *1921 :* 17 156] (ag. 30 902) ; vins, conserves ; poudrerie, métall. ; man. de tabac ;

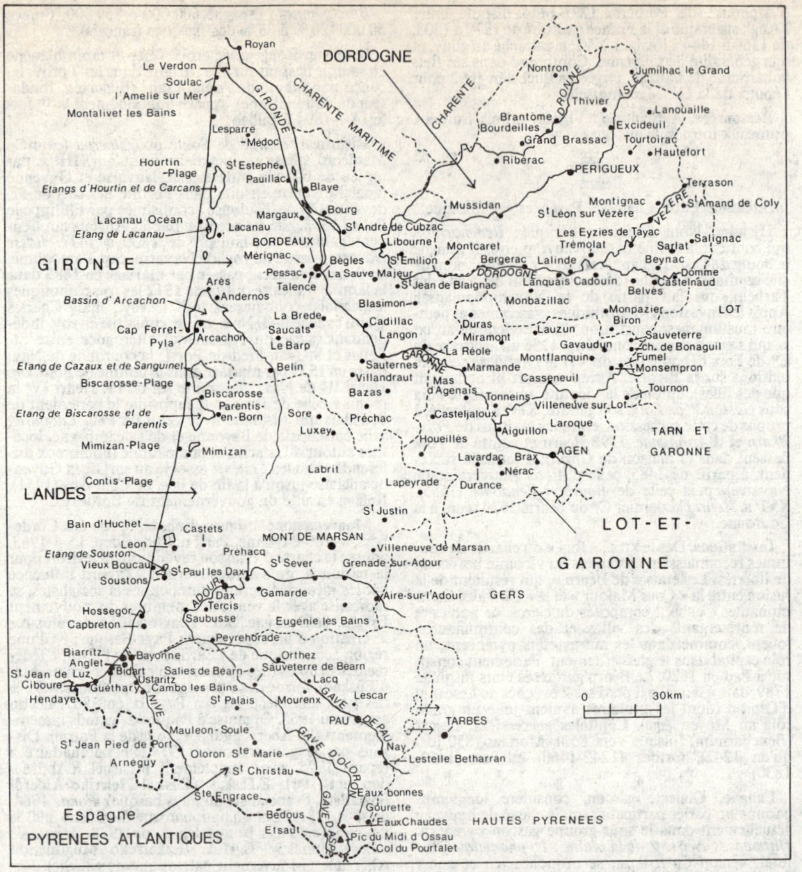

ind. du bois, des papiers et cartons ; i. chim. ; musée du tabac. *Brantôme* 2 101 h. ; abbaye médiévale ; gastronomie ; ind. textile ; festival (juillet-août). *Montcaret* 1 071 h. ; musée des fouilles gallo-romaines. *Montpon-Ménestérol* 5 742 h. ; briqueteries, menuiseries, scieries. *Mussidan* 3 236 h. *Nontron** 3 850 h. [*1811 :* 2 990] (ag. 4 597) ; fabr. d'articles chaussants, ind. du bois et alim. *Ribérac* 3 832 h. (ag. 4 426) ; text. ; festival « Musique et Paroles en Ribéracois ». *St-Astier* 4 416 h. ; chaussure. *Sarlat-la-Canéda** 9 670 h. [*1811 :* 5 263 ; *1921 :* 6 541 ; *1975 :* 9 765] ; centre comm., conserves ; ind. chim., élect., méc. gén., plast. ; festival de théâtre, centre culturel occitan ; Lanternes des Morts, musée, ensemble architectural du M.A. *Sorges* 911 h. ; musée écologique. *Terrasson-La-Villedieu* 6 305 h. (ag. 10 628) ; caoutchouc et plast., métall., papet., ind. alim. *Thiviers* 3 915 h. ; papet., bois, électron.

Régions naturelles. *Périgord blanc* (Périgueux et sa région) : tourisme et fraisiculture (Vergt), bovins, caprins, tabac, oies et canards gras, noyers, vignobles. *P. noir* (Sarlat et sa région) : tourisme, préhistoire, élevage, ovins, porcins, oies et canards gras, forêt de Villefranche, noix, truffes. *Bergeracois* (fruits, légumes, tabac, vins fins, bovins, grande culture, tourisme). *Ribéracois* (grande culture, élevage, bovins, oies et canards gras, tourisme). *Nontronnais* (élevage, bovins, porcins, ovins, tourisme). *Double* (forêt, étangs, pisciculture, bovins). *Landais* (vignoble, culture, élevage, forêts). *Causse* (tourisme, élevage, céréales, forêts). *Vallées de l'Isle, de la Dronne, de la Vézère, de la Dordogne* (céréales, fruits, primeurs, vigne, tabac, élevage, bovins). **Forêts** (ha). Forêt de la Bessède 4 500, de Barade 3 100, de Lagudal 2 200, de Monclar 2 100 [80 % de la surface boisée appartient à des personnes possédant – de 50 ha)]. **Terres.** Voir Index.

Divers. 1er dép. producteur de fraises (173 000 q), 2e de noix en coques et cerneaux, 2e de tabac (2 300 ha), articles chaussants, 4e de truffes (7 à 8 t en 1982-83, après Drôme, Vaucluse et Lot), 3e (après Landes et Gers) de foie gras (167 000 oies grasses, 177 000 canards gras), bois de noyer. *Tourisme* (1984) : 173 hôtels homologués, 583 gîtes ruraux. *Dordogne :* aménagement touristique et culturel de la vallée de la Vézère. *Grottes préhistoriques :* Montignac-Lascaux déc. en 1940, fermées dep. 63, construction d'un facsimilé des grottes, ouvert en 1983 ; Les Eyzies : grottes de Font-de-Gaume, du Grand-Roc, de la Mouthe, des Combarelles, abri du Cap-Blanc, gisements des Laugeries, de la Micoque, de Cro-Magnon (musées), égl. de Tayac ; Thonac musée d'art du Thot ; Rouffignac grotte aux 100 mammouths déc. en 1956 ; la Tour Blanche déc. en nov. 1983. *Châteaux :* 1er dép. pour la densité de châteaux et manoirs (1 001) : Beynac, Bourdeilles, Castelnaud, Fages, Fénelon, Hautefort, Eymet (musée), Mareuil, Montbazillac, Montaigne, Montfort, Puyguilhem, etc. *Bastides* (de Montpazier), *églises romanes. Gisement de bentonite* (rég. de Beaumont).

● **Gironde** (33) 10 000 km², dép. français le plus étendu (166 × 120 km). *Côtes* 175 km. *Alt.* max. : colline de Samazeuil 163 m. 1 158 400 h. (estim. 1-1-85) [*1801 :* 502 723 ; *1851 :* 614 387 ; *1901 :* 823 131 ; *1936 :* 850 567 ; *1975 :* 1 061 474]. D. 115,8 (85). *Population active* (1-1-1985) : 493 879 dont agric. 32 672, ind. 82 365, B.T.P. 31 393, tertiaire 287 951, dem. d'emploi 59 498.

Villes. BORDEAUX alt. moy. 20,25 m, max. 23,5 m, sup. 4 454 ha, 208 159 h. [*1876 :* 215 140 ; *1911 :* 261 678 ; *1936 :* 258 348 ; *1946 :* 253 751 ; *1962 :* 278 403 ; *1968 :* 266 662 ; *1975 :* 223 131]. Port. *Espaces verts :* publics 230 ha dont jardin public 10,44 ha, parc bordelais 26,10 ha (10,5 m² par hab.), sportifs 170 ha ; 60 000 arbres, lac 160 ha [ag. 640 012, dont *Ambarès-et-Lagrave* 8 105 ; ind. pharm. *Bassens* 6 595. *Bègles* 23 318. *Blanquefort* 9 972. *Bruges* 7 686. *Carbon-Blanc* 5 733. *Castillon-la-Bataille* 3 207 (ag. 4 738). *Cenon* 23 520. *Cestas* 13 730. *Eysines* 14 760. *Floirac* 14 477. *Gradignan* 21 441. *Le Bouscat* 20 906. *Léognan* 7 737. *Lormont* 20 910. *Mérignac* 51 306 ; aéroport, constr. aéro., 1er centre fr. pour constr. de missiles balistiques, propulsion et avionique ; constr.

élec., verre, textile, cuir ; vins rouges du Médoc. *Pessac* 50 267 ; grands vins, ind. électro. IBM. *St-Médard-en-Jalle* 18 665 ; poudrerie. *Talence* 34 692. *Villenave-d'Ornon* 21 073]. – *Andernos-les-Bains* 5 971. *Arcachon* 13 293 h. [ag. 39 931, dont *Gujan-Mestras* 8 600. *La Teste* 18 038 ; ostréiculture, conserv., constr. nav., stat. baln.]. *Arès* 3 051 [ag. 8 032, dont *Lège-Cap-Ferret* 4 981]. *Bazas* 4 704. *Biganos* 4 588 (ag. 7 263). *Blaignac* 186 ; égl. St-Jean. *Blaye** 4 559 (ag. 5 350) ; port pétr., machines agr., vins. *Cadillac* 2 961 (ag. 4 808) ; château (1588-1600). *Coutras* 6 351. *La Brède*, château où naquit Montesquieu en 1689. *Langoiran* 2 007 (ag. 4 218). *Langon** 5 836 (ag. 8 291) ; vignobles du Sauternais. *La Réole* 4 414 (ag. 5 486). *Lesparre-Médoc** 4 217 (ag. 5 699) ; vins. *Libourne** 22 119 [ag. 26 992, dont *St-Denis-de-Pile* 3 204. *Pomerol* 962] ; vignobles de St-Émilion (env. 1 978 ha), métall. *Pauillac* 6 145 ; vign. de Mouton-Rothschild ; raff. de pétrole ; port de plaisance en cours. *Portets* 2 030 (ag. 4 657). *St-André-de-Cubzac* 5 243 h., église, pont métallique de 552 m (1882) par Gustave Eiffel. *Ste-Foy-la-Grande* 2 967 (ag. 10 467) ; bonneterie.

Régions naturelles. *Plaines des Landes* (cultures maraîchères, maïs, tabac ; zone de Lacq : gaz nat., électro-métall., prod. chim.). *Bordelais* Entre-Deux Mers. **Forêt** (pins) : 479 500 ha (46,4 % du dép.), papeteries à Facture et Bègles. **Terres.** Voir Index.

Divers. 1re prod. de vins « sains » à A.O.C. et V.D.Q.S. 3 484 338 hl en 1984, 4e dép. prod. de France après Hérault, Aude, Gard (Voir Vin à l'Index). *Tourisme* (1984) : 304 hôtels homologués, 311 gîtes ruraux, 3 803 000 nuitées en camping, sur la côte (été). Plages, parc. nat. régional des Landes de Gascogne, base dép. de sports et de loisirs de Bombannes, *aménagement de la côte landaise* (longueur 110 km) : lacs de Lacanau (1 973 ha, prof. 7 m) et Carcans-Hourtin (3 625 ha, 10 m).

● **Landes** (40) 9 236,55 km^2 (144 × 116 km), 2e dép. pour la superficie. *Alt.* max. : colline de Lauret 227 m, min. 20 m. 300 500 h. (estim. 1-1-85) [*1801* : 224 272 ; *1851* : 302 196 ; *1901* : 291 586 ; *1936* : 251 438 ; *1946* : 248 397 ; *1975* : 288 800]. D. 32,5 (85). *Pop. active* (1-1-1986) : 122 005 dont agric. 16 547, industrie 23 124, B.T.P. 10 635, tertiaire 59 922, dem. d'emploi 11 777.

Villes. MONT-DE-MARSAN 27 326 h. [*1862* : 4 082 ; *1939* : 13 009 ; *1954* : 17 120 ; *1962* : 23 254] [ag. 33 616, dont *St-Pierre-du-Mont* 6 290] ; constr. méc., ind. du bois, plast. ; musées Wlerick-Despiau, Dubalen (Hist. nat.), parc Jean-Rameau, arènes. – *Aire-sur-l'Adour* 6 242 h. (ag. 7 425), alt. 85 m ; constr. aéro. ; c. de lancement de ballons du Centre d'études spatiales ; cath. St-Jean-B., hôtel de ville. *Biscarosse* 8 065 h. ; centre d'essais d'engins balistiques. *Capbreton* 4 456 h. (ag. 8 404). *Dax** 18 648 h. [ag. 33 475, dont *St-Paul-les-Dax* 9 028] ; stat. thermale. *Hagetmau* 4 514 h. *Mimizan* 7 409 h. ; papeterie ; pétrole. *Morcenx* 5 406 h. *Parentis-en-Born* 4 076 h. ; pétrole. *St-Sever* 4 716 h. *St-Vincent-de-Tyrosse* 4 474 h. ; cuir. *Solférino* 414 h. ; musée Napoléon III. *Soustons* 5 102 h. ; plast. *Tarnos* 8 219 h. ; ind. méc., aéro., chim., engrais ; centrale thermique d'Arjuzanx 245 MW.

Régions naturelles. *Lande forestière* : 645 000 ha (2/3 du dép.) sur 5 régions naturelles : Grandes Landes, Petites Landes de Roquefort, Pays de Born, Marensin, Maremne. Partie du massif forestier gascon (250 000 ha fin xviiie s., 1780-1857 travaux de fixation des dunes, assainissement et ensemencement des terres, aujourd'hui env. 1 000 000 ha sur Landes, Gironde, L.-et-G., considérée comme la 1re forêt d'Europe occid.). Sols dunaires récents (15 km de large), renfermant 70-75 % de sable mi-grossier et 15-20 % de sable fin, et sols très sableux (podzoliques à podzols évolués à alios). Sylviculture, maïs, asperges. *Bassin de l'Adour* : *Chalosse* et *Bas Adour* : maïs (46 % de la S.A.U.), fourrages (30 %), vigne (6 %), céréales, élevage (bovins, porcins, canards et oies, poulets jaunes, dindes), chaussures, plumes et duvets. *Tursan* : maïs (42 %), fourrages (30 %), vigne (5 %), vergers. *Marsan* : maïs (48 %), fourrages (30 %). *Bas Armagnac* : maïs (32 %), fourrages (12 %), vigne (14 %). **Terres.** Voir Index.

Divers. Un des 1ers prod. d'asperges et de foie gras, 2e prod. de miel de Fr., poulet jaune sous label, vieil armagnac, 2/3 de la prod. fr. de résine, banc de sel gemme entre Dax et Pyrénées. Fournit 50 % de la prod. nat. de papier kraft. 1er dép. pour l'extraction du pétrole (env. 1 million de t). *Tourisme* : Hossegor, Cap-Breton, Biscarosse, Mimizan, Seignosse, Contis, Vieux-Boucau, Côte d'Argent ; *lacs* intérieurs [(en ha) Cazaux-Sanguinet 5 608, prof. 22 m (Gironde et Landes), Biscarosse-Parentis 3 450, prof. 20 m, Mimizan-Aureilhan 660, prof. 6 m, Soustons 650, prof. 4 m, Léon 600. Hossegor (eau de mer) + de 100, Port d'Albret (lac marin artificiel) 25 (1980), puis 55].

● **Lot-et-Garonne** (47) 5 361 km^2 (105 × 87 km). *Alt.* max. : coteau de Bel-Air 273 m, min. 5 m. 302 000 h. (estim. 1-1-85) [*1801* : 298 940 ; *1891* : 341 345 ; *1901* : 278 740 ; *1921* : 239 972 ; *1936* : 252 761 ; *1975* : 292 696]. D. 56 (82). *Pop. active* (1-1-1985) : 124 665 dont agric. 24 402, ind. 18 773, B.T.P. 8 653, tertiaire 59 016, dem. d'emploi 13 821.

Villes. AGEN 31 593 h. [ag. 58 288, dont *Le Passage* 8 553], alt. 48 m ; aérodrome dép. ; M.I.N., station de condit., séchage de prunes, entrepôts frig., centre d'expédition de fruits et lég., vins, ind. alim. ; ind. chim. à Boé (furfurol), entreprises de transp., chaussure, text., ind. pharm., machines agr., tuileries, musée. – *Aiguillon* 4 121 h. ; tuiles et tuyaux ciment. *Casteljaloux* 5 229 h. ; vins A.O.C. des coteaux de Buzet, ind. méc. et fonderie, verrerie, ind. pharm., ind. du bois (contre-plaqués et agglo.). *Duras* 1 244 h. ; vins des coteaux A.O.C. *Fumel* 6 582 h. [ag. 14 779, dont *Montayral* 3 200] ; sid., fonderie, ind. chim. et laitière ; château de Bonaguil. *Marmande** 16 953 h. (ag. 22 487) ; prod. fruits et légumes, vins, tabac, ameublement, ind. alim., électroméc., matériel médico-chirur., mat. de constr. *Miramont-de-Guyenne* 3 692 h. (ag. 5 064) ; chaussure, mat. de constr. *Nérac** 6 828 h. ; céréales, melons, armagnac, vins des côtes de Buzet, ind. alim., mach. agr., chaudronnerie, verrerie (à Vianne), château, musée. *Ste-Livrade* 5 785 h. (ag. 9 404). *Tonneins* 9 898 h. ; man. des tabacs, constr. préfabr., chaussure, mach. agr. *Villeneuve-sur-Lot** 23 045 h. [ag. 29 010, dont *Pujols* 3 365] ; M.I.N., fruits et lég., condit. et séchage de prunes, musée.

Régions naturelles. *Plateaux et coteaux marneux, mollassiques ou calcaires* (330 000 ha) ; polyculture, pruniers d'ente, vins, armagnac, raisins de table, chasselas, élevage. *Vallées de la Garonne, du Lot et affluents (Lémance, Gers, Baïse, Avance)*, 110 000 ha, tapissées d'alluvions : fruits, maraîchage, primeurs, serres, tabac. *Zone sableuse des Landes* (80 000 ha siliceux) : forêts de pins, pommiers, poiriers, pêchers, pruniers d'ente à pruneaux. *Régions agr.* : plaines de la Garonne et du Lot ; pays des Serres et Causses (entre L. et G.) ; coteaux Nord du L.-et-G. et Bergeracois ; coteaux Sud Garonne (Néracais) ; grandes landes ; Périgord noir ; Duras. **Forêts.** 127 000 ha dont massif landais 50 000, forêt du Mas d'Agenais 1 600, forêt Campet 1 685. **Terres.** Voir Index.

Divers. 1er prod. de pruneaux, de semence de betterave industrielle, haricots verts fins et noisettes. 2e prod. de fraises. 3e prod. de tabac. Berceau de la race bovine blonde d'Aquitaine. *Églises et cloîtres* romans et gothiques, *bastides* médiévales (Villeneuve-sur-Lot, Beauville, Lauzun...). *Cassignas* : le plus bel orme de France (1 000 ans), 15 m de circonférence. 19 lacs (101 ha).

● **Pyrénées-Atlantiques** (64) [anc. Basses-Pyrénées] 7 645 km^2 (110 × 75 km). *Côtes* 32 km. *Alt.* max. : Pic Pallas 2 974 m. 562 500 h. (estim. 1-1-85) [*1801* : 355 573 ; *1851* : 446 997 ; *1901* : 426 347 ; *1921* : 420 981 ; *1954* : 420 017 ; *1975* : 524 748]. D. 73 (82). *Pop. active* (1-1-1985) : 234 040 dont agr. 24 564, ind. 44 785, B.T.P. 16 834 tertiaire 118 351, dem. d'emploi 29 506.

Villes. PAU alt. 172 à 239 m, 83 790 h. [*1801* : 8 585 ; *1901* : 24 268] [ag. 131 265, dont *Billère* 13 138. *Bizanos* 4 134. *Jurançon* 7 345. *Lescar* 5 186 ; cath. N.-D. (xiie s.). *Lons* 6 717] : S.N.E.A., méc., métall., ind. alim., chaussure ; château, musées des Beaux-Arts, Béarnais, Bernadotte, du Château, université. – *Arudy* (vallée d'Ossau), 2 705 h. (ag. 4 264) ; métall. *Bayonne** alt. 11 m, 41 381 h. [*1718* : 16 000 ; *1886* : 17 289 ; *1926* : 31 436 ; *1952* : 41 149 ; *1975* : 42 938] [ag. 127 477, dont dans le dép. *Anglet* 29 821 h. ; port, constr. aéron., métall., prod. chim. ; musées Basque (arts et traditions pop.) et Léon-Bonnat (peint. du xve au xixe s.), cath. N.-D. (xiii-xvie s., cloître gothique et tombeaux)]. *Biarritz* 26 598 ; stat. baln. et hydrominérale, musée de la mer. *Bidart* 3 044. *Bordes* 1 687 h. (ag. 3 751) ; constr. aéro. (TURBOMECA). *Cambo-les-Bains* 4 162 h. ; stat. therm., musée Edmond-Rostand, villa Arnaga. *Hasparren* 5 303 h., chaussure, méc., électro-thermie. *Hendaye* 10 572 h. *Lacq* 711 h. ; gaz, chimie, soufre (S.N.E.A.). *Le Boucau* 6 169 h. ; constr. aéro. *Mauléon-Licharre* 4 099 h. (ag. 6 831) ; caoutchouc, chaussure, espadr. *Mourenx* 9 036 h. [ag. 16 831, dont *Artix* 3 332] ; text., méc., cosmétique (Stendhal). *Nay-Bourdettes* 3 462 h. [ag. 7 703, dont *Coarraze* 2 202] ; ind. bois et ameubl., text.]. *Oloron-Ste-Marie** 11 513 h. (ag. 15 978) ; constr. aéro. (Messier), bois, cuir, chaussure, église romane de Ste-Croix (xi-xiie s.), cath. Ste-Marie. *Orthez* 10 922 h. ; text., papet., chaussure, tour Moncade, maison de Jeanne d'Albret, Pont-Vieux. *Pardies* 1 042 h. ; chimie. *St-Jean-de-Luz* 12 769 h. [ag. 23 868, dont *Ciboure* 6 205] ; port sardinier et thonier, conserv., stat. baln. ; maison de l'Infante (xviie s.), égl. St-Jean-Baptiste (xiv-xve s., buffet d'orgue, retable du xviie s.). *St-Jean-Pied-de-Port* 1 563 h. (ag. 3 091) ; remparts, citadelle xviie s. *St-Palais* 2 097 h. *St-Pierre-d'Irube* 3 164. *Salies-de-Béarn* 4 957 h. ; sel gemme, chaussure, ind. de l'ameubl., stat. therm., château de Bellocq (xive s.). *Sauveterre-de-Béarn* 1 515 h. ; salaisonnerie (ch. de Laas). *Ustaritz* 3 353 h.

Régions naturelles. *Superficies* (en ha, 1978) : coteaux du Pays basque 149 805, montagnes du Béarn 123 263, coteaux du Béarn 101 454, montagnes basques 92 437, coteaux entre les gaves 73 695, vallée du gave de Pau 64 657, v. du gave d'Oloron 54 014, côte basque 22 460, v. de l'Adour 22 657, Vic Bilh 18 400, Chalosse 11 755. **Forêt** d'Iraty 10 000 ha. **Terres.** Voir Index.

Divers. 1er prod. de gaz naturel (Lacq). Un des 1ers prod. de maïs. 2e de lait de brebis. *Vignobles* : Jurançon, Irouleguy, Béarn (rouge, rosé), Madiran (rouge, blanc). *Parc nat. des Pyrénées occ.* (Pyr.-Atl. et Htes-Pyr.). *Ski* : stations de Gourette, Artouste, Arette-La Pierre-St-Martin. *Stations thermales* : Cambo-les-Bains, Eaux-Bonnes, Eaux-Chaudes, Lurbe-Christau, Salies-de-Béarn ; *balnéaires* : Anglet, Biarritz, Bidart, Ciboure, Guéthary, Hendaye, St-Jean-de-Luz. Port d'*Ibañeta* (ou Roncevaux), 1 057 m d'alt., bataille en 778 dans le vallon voisin.

Auvergne

☞ Voir Occitanisme p. 736.

Généralités

Régions. *S.A.U.* (en ha, 1980) : plaines d'Auvergne (val d'Allier, bassin de Massiac, Limagne, plaine du Lembron) 222 332 ; Combrailles 177 724 ; Velay-Planeze 169 028 ; Livradois-Forez 248 909 ; Monts d'Auvergne 305 460 ; Margeride-Aubrac 82 757 ; Châtaigneraie 64 255 ; Sologne bourbonnaise 116 573 ; Bocage bourbonnais 199 345.

Auvergne

Situation. Comprend 3/5 montagnes, 2/5 vallées et gorges. 4 ensembles géographiques naturels : **plateaux cristallins** formant transition avec le Limousin (500 à 1 000 m environ du N. au S.), découpés par la Sioule et ses affluents (qui rejoignent le Bourbonnais). Céréaliculture améliorée par chaulage et élevage bovin. **Grands massifs volcaniques** (vers l'E.) : « chaîne des *puys* » (80 volcans, env. 1 200 m ; puy de Dôme : 1 465 m, avec observatoire et relais télévision, du sommet vue à 300 km sur 75 000 km^2), massif des *monts Dore* (puy de Sancy : 1 886 m), massif du *Cantal* (puy Mary : 1 785 m ; plomb du Cantal : 1 858 m) séparé des monts Dore par les plateaux du *Cézallier* ; foyer d'émigration aux xviiie et xixe s. ; élevage bovin (transhumance saisonnière), stations thermales, tourisme. **Limagne** : chapelet de plaines réunies par l'Allier ; agriculture relativement riche : céréales, oléagineux, betteraves ind., vigne. « *Varennes* » de l'Allier : bois et prairies ; Clermont-Ferrand. **Plateaux** *cristallins élevés* (extrémité or.), boisés, découpés par la Dore, qui draine le bassin du *Livradois*. Monts du Livradois à l'O. (1 210 m), du *Forez* à l'E. (1 610 m à Pierre-sur-Haute).

Histoire. Peuplée dès le paléolithique. Menhirs et dolmens du néolithique. **Av. J.-C.** : **Ve s.** Installation de Celtes : les *Arvernes* (une des plus brillantes civilisations gauloises : métallurgie du fer, du bronze, de l'or et de l'argent ; mise en valeur agricole de la Limagne, frappe de statères de type hellénistique) dirigent à 2 époques la lutte contre les Romains. **Fin du IIe s.** Bituit est vaincu en 121 par Fabius Maximus. **Ier s.** Vercingétorix bat les Romains à Gergovie, avant d'être vaincu et pris à Alésia (**52 av. J.-C.**). **Après J.-C.** *Civitas Arvernorum* prospère à l'époque gallo-romaine, partie de la province d'Aquitaine jusqu'à Dioclétien, puis de l'Aq. Première (chef-lieu : Bourges), au Bas-Empire. La capitale devient Augustonemetum (future Clermont). Sources thermales et centres religieux (temple du Mercure arverne du puy de Dôme) réputés. Production, durant les 2 premiers siècles, de céramiques répandues dans tout l'Occident (Lezoux). **Ve s.** un des derniers bastions de la romanité sous l'égide d'une dynastie militaire épiscopale ; Avitus (un moment empereur), son fils Ecdicius (maître des milices) et surtout son gendre Sidoine

Apollinaire (préfet de Rome, puis évêque de Clermont) maintiennent l'autonomie de l'Auvergne face aux Wisigoths. L'empereur Julius Nepos la cède à Euric en **475.** *Rattachée au royaume de Clovis en 507,* après Vouillé. **Du VIe au VIIe s.** dépendant successivement de divers Mérovingiens : ravagée par Thierry, fils de Clovis, disputée entre souverains francs et ducs d'Aquitaine. **761** Pépin le Bref l'enlève au duc d'Aq. Waifre (ou Gaifier) en s'emparant de Clermont. Incluse dans le royaume d'Aq. organisé en 781 en faveur du fils de Charlemagne, le futur empereur Louis le Pieux. Disputée entre Pépin II et Charles le Chauve, forme un comté distinct divisé en 4 *pagi* (Clermont, Tallende, Turluron, Brioude). **IXe s.** Bernard Plantevelue, Cte d'Auvergne en 872, et son fils Guillaume le Pieux, duc d'Aq., contrôlent tout le quart S.-O. de la Fr. A la mort de Guillaume (918) et de ses 2 neveux (sans postérité), morcellement du domaine. Dépend tour à tour d'Èble de Poitiers, de Raymond Pons de Toulouse, de Guillaume Tête d'Étoupe, Cte de Poitiers. Ensuite, confiée par les C^tes de Poitiers à des vicomtes ; l'un d'eux, Gui Ier, vers 980, commence à se qualifier « comte d'Auvergne ». Plusieurs morcellements. **1167** Guillaume VIII dépouille son neveu Guill. VII, héritier légitime, mais une seigneurie est cédée à celui-ci (au centre du comté, avec Montferrand et une partie de Clermont) ; les descendants de Guill. le Jeune conservent le titre de dauphin [en souvenir de leur grand-père maternel Guignes VIII, dauphin de Viennois (V. Dauphiné)], d'où le nom de « dauphiné d'Auvergne » donné à leur seigneurie. **1209** Philippe Auguste confisque les biens du Cte Gui II (qui a des démêlés avec son frère Robert, évêque de Clermont), ne lui laissant en 1230 qu'un petit territoire au S.-E. de Clermont. L'Auv. forme alors 4 seigneuries :

Comté d'Auv. 1501 à la mort du Cte Jean III, revient à ses 2 fils, puis à sa petite-fille Cath. de Médicis (1536), qui le lègue en 1589 à Charles de Valois, bâtard de Charles IX ; 1608 arrêt du Parlement le donne à la fille de Catherine, Marguerite de Fr., qui le donne au dauphin (futur Louis XIII). 1651 Louis XIV l'échange contre principauté de Sedan avec Frédéric-Maurice de La Tour d'Auvergne, duc de Bouillon ; conservé par cette maison jusqu'à la Révolution (mais plus en tant qu'apanage, le comté étant soumis au sort commun des territoires de la généralité d'Auv.).

Dauphiné d'Auv. (les dauphins prenaient également le titre de Cte de Clermont). Comprend les fiefs de Roanne et Thiers. En 1371, la dernière héritière, Anne, fille de Béraud, épouse le « Bon Duc », Louis de Bourbon ; leur descendant, Charles III, connétable de Bourbon, le réunit en 1503 au duché d'Auv., hérité de son oncle et beau-père Pierre de Beaujeu. A la suite de sa trahison, ses biens sont confisqués, mais le dauphiné d'Auv., avec le comté de Montpensier, est rendu en 1560 à Louis, fils de sa sœur Louise. Dernière héritière, Anne-Marie-Louise d'Orléans, la Grande Mademoiselle, laisse ces domaines à la Couronne.

« Terre » (ou duché) d'Auv. Partie du comté conquise en 1209 par Philippe Auguste sur Gui II, réunie à la Couronne et administrée par le connétable Gui de Dampierre, sire de Bourbon (capitale : Riom) ; en 1226, elle est donnée en apanage par le testament de Louis VIII à son 4e fils, Alphonse de Poitiers. Revient à la Couronne en 1271. En 1360, Jean II le Bon en fait de nouveau un apanage pour son 3e fils, Jean, duc de Berry. Mais en 1425, 9 ans après la mort du duc de Berry, Charles VII, par une entorse à la loi sur les apanages, remet le duché à Jean Ier, duc de Bourbon, gendre du duc de Berry ; il passera à Charles, connétable de Bourbon, en 1503, séquestré en 1521. Il sera uni au domaine royal en 1527.

Seigneurie épiscopale de Clermont. Comprenant notamment la ville et un terr. à l'est de celle-ci, la viguerie de Billom. Catherine de Médicis, devenue Ctesse d'Auv., obtient du Parlement, en 1551, la ville de Clermont. Sur le plan spirituel, l'évêque de Clermont avait déjà perdu autorité sur une partie de la Hte-Auv. où le diocèse de St-Flour avait été créé en 1317.

Institutions. Après 1360, lors de la création du 2e apanage, le bailli royal est remplacé par un sénéchal ducal ; du fait de l'incurie du duc de Berry, les états de Basse et de Hte-Auvergne acquièrent une influence politique, financière et militaire. L'autorité royale est alors déléguée pour l'Auv. au bailli de St-Pierre-le-Moûtier, assisté de lieutenants généraux et de lieutenants particuliers. En 1510, sous l'influence du chancelier Antoine Duprat (originaire d'Issoire), Louis XII fait rédiger la coutume d'Auv., qui unifie la province sur le plan juridique.

XVIIe s. La féodalité auv. s'insurge lors de la Fronde : pour limiter son pouvoir, Louis XIV réunit en 1665-66 les *Grands Jours d'Auv.*, dernier exemple d'une juridiction d'exception, remontant au XIIIe s. ; 16 conseillers du Parlement de Paris envoyés en mission à Clermont examinent la conduite des nobles pendant la g. civile, et prononcent sans appel des sentences (amendes, confiscation, emprisonnement). **A la Révolution** divisée en 2 départements : Puy-de-Dôme et Cantal, un certain nombre de ses paroisses du S.-E. étant jointes au Velay qui va former la Hte-Loire.

Bourbonnais

Situation. Au N. du Massif central. S'étend sur le département de l'Allier, de la Loire au Cher. **Ressources agricoles.** Élevage bovin (charolais) et ovin (agneau du Bourbonnais), aviculture.

Histoire. N'existe pas dans l'Antiquité comme unité territoriale : partagé entre 3 cités gauloises et gallo-romaines (Bituriges, Eduens, Arvernes), puis entre 3 diocèses (Bourges, Autun, Clermont). Créé de toutes pièces par les conquêtes des sires de Bourbon. Le premier aurait été un Aimard ou Adhémar, fidèle de Charles le Simple et fondateur au début du Xe s. du prieuré de Souvigny. Peu après, acquisition du château de B., auquel les *Archambault*, descendants d'Aimard, donnèrent leur nom (Bourbon-l'Archambault). Forteresse imprenable, elle permet aux sires de B., vassaux des C^tes de Bourges, de s'affranchir de leur vassalité et de s'imposer comme suzerains aux seigneuries voisines. Extension vers l'ouest de la seigneurie commencée **au XIe s.** sur les rives du Cher, et poursuivie **au XIIe s.** Gui de Dampierre, époux de l'héritière Mahaut de B., agissant en Auv. pour le compte de Philippe Auguste, recueille Montluçon et d'autres terres, qui donnent à la province ses limites à peu près définitives. **XIIIe s.** un des fiefs importants du royaume possède son sénéchal, son « maréchal de Bourbonnais », puis son « bailli de Bourbonnais », qui tient en main la justice. Il échoit à Robert de Clermont, fils de Saint Louis, par suite de son mariage avec Béatrice de Bourdonnais (v. 1276). Son fils Louis Ier est sire de B. en 1310, créé duc de B. en 1327 et pair en 1328. Le petit-fils de ce dernier, Louis II, surnommé le Bon Duc (qui règne de 1357 à 1410), épousant Anne « dauphine » d'Auv., recueille le Forez et le dauphiné d'Auv., auxquels il ajoute le Beaujolais en 1400. **XVe s.** développement d'un État bourb., qui dispose de diverses seigneuries, directement ou par apanages aux branches cadettes (Cté de Montpensier notamment). Le duc Charles Ier, époux d'une fille de Jean sans Peur, duc de Bourgogne, dirige la *Praguerie* contre Charles VII, mais doit signer la paix à Cusset en 1440. Son fils cadet, le duc Pierre II dit de *Beaujeu*, ép. Anne de Fr. (fille de Louis XI) : tous deux régents pendant la minorité de Charles VIII, puis pendant ses campagnes d'Italie, ils gouvernent la Fr. Leur fille Suzanne transmet leurs biens à son cousin et mari Charles III, le *connétable*, qui s'oposera à François Ier et perdra ses domaines (il meurt lors du siège de Rome en 1527). Le B. est rattaché à la Couronne et, en *1531,* le titre de Bourbon est transmis à la branche cadette de La Marche-Vendôme d'où est sorti le roi Henri IV. En *1661,* Louis XIV céda le duché de Bourbon à Louis II, P^ce de Condé, en échange de divers domaines. A partir du règne du « Bon Duc », le B. fut un pôle de la vie politique, culturelle et artistique ; brillante cour de Moulins. Un grand conseil ducal coiffe les conseils « exécutifs » du Forez et du Beaujolais, prééminence de la chambre des comptes de Moulins (créée en 1374) sur celles de Montbrison (Forez), de Villefranche (Beaujolais), puis de Riom (Auvergne ducale) (« Grands Jours de Bourbonnais »).

Velay

Situation. Ancien diocèse du Puy, moitié est de la Hte-Loire. A l'O., coulée de laves de la chaîne du Devès (1 423 m), bordée par les gorges de l'Allier. Au centre, bassin du Puy (600 m). A l'E., ensemble volcanique : Mézenc (1 754 m), Gerbier-de-Jonc (1 551 m), coulée du Coiron. **Ressources.** Élevage bovin et ovin, légumes secs (lentilles). Dep. le XIVe s., fabrication de dentelles et blondes (écrues) aux fuseaux (lin, laine, soie, lamés or et argent).

Histoire. Peuplé dès le paléolithique. Occupé au **IIIe s. Av. J.-C.** par la tribu celtique des Vellaves, clients des Arvernes, qui fondent l'oppidum de Ruessio (St-Paulien) et donnent leur nom à la région. La cité des Vellaves est rattachée à l'Aquitaine romaine (Aquitaine Première après Dioclétien). **475** invasion des Wisigoths, puis échec d'une attaque burgonde. La capitale devient alors Le Puy (siège d'un comté). **VIe s.** rattaché à l'Austrasie. **613-877** réuni au domaine royal, Mérovingiens et Carolingiens nomment des comtes bénéficiaires ; le sanctuaire marial est déjà célèbre (sa « pierre des fièvres » est fréquentée notamment par les Musulmans d'Espagne). **Xe s.** le titre de comte est usurpé par les évêques du Puy. **994** le concile du Puy proclame la « Paix de Dieu ». **1162** le roi accorde officiellement le titre comtal à l'évêque. Le fief le plus puissant est celui des Polignac, qui disputent à l'év. le droit de monnayage. **XIIe s.** les C^tes de Toulouse sont suzerains du comté, mais en 1209, l'évêque-comte du Puy prend part à la croisade contre les Albigeois toulousains. **1271** le Velay passe avec le Languedoc sous l'administration royale, mais reste autonome de fait ; rattaché à la généralité et au gouv. du Languedoc, il est le siège d'une lieutenance et d'une sénéchaussée et conserve ses états particuliers jusqu'en 1789.

Économie

• **Population.** 1 332 610 h. (82). Est. au 1-1-85 : 1 332 752 h. *Pop. active* 495 600 dont primaire 71 900, secondaire 126 200, B.T.P. 35 800, tertiaire 261 700 ; *salariée* 371 200 ; *dem. d'empl. non satisfaites* 59 765 (au 31-12-84).

• **Échanges** (en milliards de F, 84). IMPORTATIONS : 7,4 (585,626 t) dont (en %) prod. de l'agr. 6,7, ind. alim. 5,4, énergie 0,2, mat. 1res min. 0,2, métaux 13,5, prod. chim. et 1/2 prod. divers 43,2, biens d'équip. profess. 16,2, biens d'équip. mén. 0,4, équip. autom. 0,2, pièces détachées de véhic. et matér. util. de transp. terr. 1,3, biens de consom. 13,5, divers 0,5 ; *de* (en %) All. féd. 17,5, Italie 13,5, U.S.A. 12,1, U.E.B.L. 8,1, P.-B. 5,4, Japon 5,4, Espagne 4, G.-B. 4, Irl. 4, Suisse 4, EXPORTATIONS : 13,4 (1 013 900 t) dont prod. de l'agr. 5,9, ind. alim. 9,7, énergie 0,007, mat. 1res min. 0,07, métaux 14,9, prod. chim. et 1/2 prod. divers 43,2, biens d'équip. profess., 9,7, biens d'équip. mén. 0,4, autom. 0,1, pièces dét. de véhic. et matér. util. de transp. terr. 3,7, biens de consom. 11,1, divers 0,7 ; *vers* (en %) Italie 17,1, All. féd. 12,6,U.S.A. 12,6, G.-B. 6,7, U.E.B.L. 5,2, P.-B. 4,4, Arabie Saoud. 3,7, Canada 2,2, Esp. 2,2, Suisse 2,2.

• **Agriculture. Terres** (en milliers d'ha, 84) 2 616,9 dont *S.A.U.* 1 629,9 [t. lab. 525 (dont jardins 11,4), herbe 1 098, vignes 4,8, cult. fruit. 1,7] ; *bois* 702,6 ; *t. agr. non cult.* 121,4 ; *t. non agr.* 139,8. **Prod. végétale** (en milliers de t) : blé tendre 569,4, orge et escourgeon 255,8, seigle 69,4, maïs (grains) 117,6 (semences) 11,7 ; avoine 73,9 ; p. de t. 112,4 ; colza 27,1. **Animale** (milliers de têtes) : bovins 1 428,7, ovins 800,8, caprins 43,6, porcins 312,2, équidés 17,7. *Lait* (vache) 18 098 550 hl. **Exploitations agr.** (1984) : 56 837.

• **Industrie.** *Salariés* (est. au 1-1-85) : 118 700 dont ind. agro-aliment. 12 800, prod. et distr. d'énergie 4 400, biens intermédiaires 54 800, de consom. 22 900, d'équipement 23 800. Houillères (au 31-12-1984) 472 salariés (224 à l'Aumance, 203 à Messeix, 45 aux serv. centraux), dont 280 au fond. 653 entr. ont + de 50 salariés. *Production nette d'électricité* (en 83, MWh) 1 679 200, thermique 58 700, hydraulique 1 620 500. *Consommation* (en 83, MWh) *gaz* 4 998 878, *électr.* (1985) 4 500 000 ; (en milliers de t) *charbon* 152,6, *butane propane* 62,6, *fuel lourd* 129,1 ; (en m³) *fuel domestique* 669 252. **B.T.P.** Salariés (est. au 1-1-1985) : 25 800.

• **Tourisme** (1984). Hôtels : 2 450 dont classés 1 à 4 étoiles 950 (22 000 chambres), gîtes ruraux 2 200, logis et auberges de France 400, ter. de camping/carav. 310 (dont caravaneige 6), gîtes camping à la ferme 70, villages vac. 46, maisons familiales 12 ; nombreux meublés, fermes-auberges, chambres et tables d'hôtes. *Thermalisme :* Bourbon-l'Archambault, Néris-les-Bains, Vichy (Allier) ; Châtelguyon, La Bourboule, Le Mont-Dore, St-Nectaire, Royat, Chateauneuf-les-Bains (P.-de-D.) ; Chaudes-Aigues (Cantal) ; 115 465 curistes (1984) dans les 10 stations. *Sports d'hiver :* stations classées 3 (Le Mt-Dore, Super-Besse, Super-Lioran) ; centres de ski (desc.) 10 ; foyers de ski de fond 68 ; zones nordiques 5. *Parcs naturels régionaux :* 2 P. des Volcans d'Auvergne (345 816 ha), P. du Livradois-Forez (300 000 ha). *Circuit des châteaux et églises romanes célèbres.*

• **Projets et réalisations.** *Communications :* route Centre Europe-Atlantique (réalisation en cours) ; poursuite du plan routier Massif Central [contournement nord de Montluçon, déviation de Monistrol ; aménagement sur RN 9 (Lempdes-Massiac) et RN 122 (côte des Estresses) ; branchement de l'autoroute A 71 sur Riom-Clermont-F.] ; achèvement de l'aut. A 72 Clermont-F.-St-Étienne ; A 71 (Clermont-F.-Paris) : section Clermont-F.-Montmarault.

Départements

Voir légende p. 704.

● **Allier** (03) 7 340,11 km² (131 × 90 km). *Alt.* max. Puy de Montoncel 1 292 m ; min. vallée du Cher 160 m. 365 564 h. (1-1-85) [*1801 :* 248 854 ; *1851 :* 336 758 ; *1886 :* 424 582 ; *1901 :* 422 029 ; *1926 :* 370 562 ; *1936 :* 368 778 ; *1954 :* 372 689 ; *1962 :* 379 024 ; *1968 :* 386 533 ; *1975 :* 378 500]. D. 49,8 (85). Estim. au 1-1-1985 : *pop. active* 129 900 dont primaire 17 200, secondaire 40 200, tertiaire 72 500 ; *salariée* 99 600. *Chômeurs :* 19 151.

Villes. MOULINS. Alt. 220 m, 25 159 h. [*1806 :* 14 015 ; *1936 :* 22 369] [ag. 43 082, dont *Avermes* 3 286. *Yzeure* 13 197 h.], alt. 221 m ; constr. méc., élec., électron., chaussure, instrum. de mus., alim. du bétail, serrurerie ; quartier de la cathédrale (N.-Dame, XVe-XVIe-XIXe s., triptyque du « Maître de Moulins » XVIe s., vitraux), mausolée de Henri de Montmorency (lycée Banville), restes du ch. des ducs « Mal Coiffée » (donjon, du XVIe s.), musée (pavillon d'Anne de Beaujeu), bibliothèque (bible de Souvigny, ms. XIIe s.), Jacquemart (beffroi), musée folkl. — *Bourbon-l'Archambault* 2 550 h., alt. 260 m ; stat. thermale ; inst. chirurgicaux ; restes du ch. des ducs de Bourbon, tour « Quiqu'en grogne », logis du Roi : faïences de Nevers. *Châtel-Montagne* 426 h., alt. 526 m ; égl. *Commentry* 9 195 h. (ag. 9 719), alt. 385 m ; boulonnerie, sid., text., chim., prod. pharm., confection ; ancien bassin houiller. *Couleuvre* 796 h., porcelaines. *Dompierre-sur-Besbre* 4 040 h., alt. 234 m ; fonderies. *Gannat* 6 255 h., alt. 337 m ; élect.-métall., prod. pharmac., confection, sid., égl. romane Ste-Croix. *Huriel* 2 347 h. *Lapalisse* 3 553 h. (ag. 4 390) ; alt. 299 m ; alim., maroquinerie, château (spect. son et lum.). *Lurcy-Lévis* 2 294 h. *Montluçon** 49 912 h. [*1801 :* 5 194 ; *1861 :* 16 121 ; *1891 :* 28 078 ; *1954 :* 48 743] [ag. 67 963, dont *Désertines* 4 912 h., *Domérat* 8 534 h.], alt. 230 m ; aciers spéc., prod. chim., pneum., constr. méc., élec., électro., confection, meubles ; musée de la Vieille, château des ducs de Bourbon et son quartier médiéval, égl. St-Pierre. *Néris-les-Bains* 2 924 h., alt. 354 m ; stat. thermale, cité gallo-rom. *St-Bonnet-Tronçais* 853 h., alt. 230 m ; ébénisterie ind. *St-Germain-des-Fossés* 3 609 h. (ag. 4 530) ; centre ferr. *St-Pourcain-sur-Sioule* 5 199 h., alt. 237 m ; vignoble, élec., sid., Musée de la Vigne. *St-Yorre* 3 103 h ; commune hydrominérale, une des plus riches grâce à une redevance de 5 centimes sur les bouteilles vendues (embouteillage). *Souvigny* 1 929 h. ; abb., tombeaux de Charles Ier et d'Agnès de Bourgogne, égl. prieurale St-Pierre, musée lapidaire ou m. St-Marc (colonne zodiacale ou « calendrier de Souvigny »). *Varennes-sur-Allier* 4 751 h., alt. 248 m ; ébénisterie ind., plastique. *Vichy** (sous-préfecture substituée à La Palisse en 1941 ; siège du gouvernement du Mal Pétain du 1-7-1940 au 20-8-1944) ; 30 527 h. [*1801 :* 976 ; *1861 :* 3 740 ; *1891 :* 10 870 ; *1921 :* 17 501] (ag. 63 501, dont *Abrest* 2 309. *Bellerive-sur-Allier* 8 188. *Cusset* 14 355 ; métall., meubles, confection, musée de la Tour prisonnière) ; alt. 258 m ; station thermale, centre sportif ; confiserie, prod. de beauté ; lait, viandes en gros, salaisons ; maroquinerie, constr. élec. et électro., plastique ; plan d'eau, 100 ha, 2,8 km de long ; musée de Chastel Franc.

Régions naturelles. *Combrailles bourbonnaise* (plateau) 81 189 ha (11,5 %) : petites cultures (familiales), bovins, ovins, volailles, lait, porc. *Bocage b.* 261 364 ha (37,1 %) : bovins, ovins, céréales, lait, porc. *Sologne b.* 147 833 ha (20,9 %) (landes, étangs, bois) : bovins, ovins, céréales, lait, porc, volailles. *Val d'Allier* 125 463 ha (17,8 %) (Val de l'Allier et de la Sioule) : céréales, bovins, bett. ind., oléagineux, vigne, lait, porc, volailles. *Montagne bourbonnaise* alt. 1 165 m, 88 357 ha (12,5 %) : bovins, lait, porc, volailles, forêt, tourisme. **Terres.** Voir Index.

Divers. *Parcs zoologiques :* châteaux de St-Augustin à Château-sur-Allier, Pal à St-Pourçain-sur-Besbre, les Gouttes à Thionne Arboretum de Balaine. *Étangs* Ébreuil 3,2 ha ; *de Sault* 25 ha, prof. 16 m (digue 5 m) ; *Vichy* 100 ha ; *Goule* 128 ha ; *Rochebut* 172 ha. *Rouzat :* 1er viaduc ferroviaire d'Eiffel. *Ski :* La Loge-des-Gardes, alt. 1 000/1 165 m ; La Font-Blanche. *Forêt :* Tronçais (du vieux français : tronce, grosses futaies), la plus belle chênaie de France (10 520 ha, 20 × 5 à 6 km) ; les Colettes 1 225 ha.

● **Cantal** (15) 5 741 km² (110 × 95 km). *Alt.* max. plomb du Cantal 1 858 m, min. 210 m (sortie du Lot). 161 039 h. (1-1-85) [*1801 :* 220 304 ; *1836 :* 262 117 ; *1851 :* 253 329 ; *1901 :* 230 511 ; *1936 :* 190 888 ; *1975 :* 166 540]. D. 28 (85). Est. au 1-1-1985 : *pop. active :* 57 800 dont primaire 16 900, secondaire 11 100, tertiaire 29 800. *Salariée :* 35 100.

Villes. AURILLAC. Alt. 631 m, 30 963 h. [*1831 :*

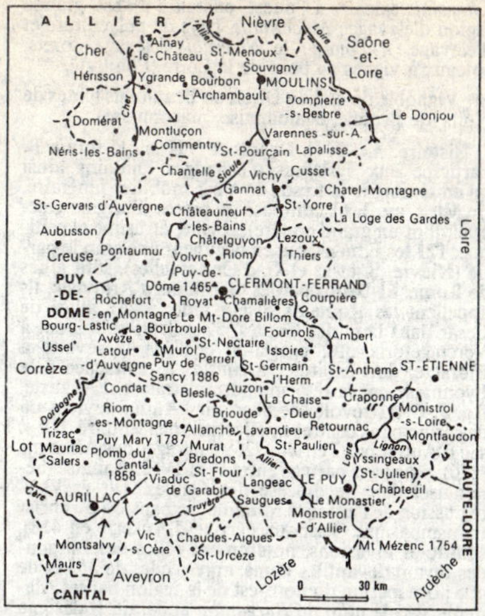

9 576 ; *1891 :* 15 824 ; *1954 :* 22 224 ; *1975 :* 30 863] [ag. 35 829, dont *Arpajon-sur-Cère* 4 866] ; centre comm. (bestiaux), ind. lait, fromage ; parapluies ; prod. pharm., mobilier scol. et jeux de bois ; musée des Beaux-Arts ; parc Hélitas 113 589 m². — *Mauriac** 4 333 h. [*1831 :* 3 604] (ag. 5 189), alt. 722 m ; artisanat, marché agr. *Maurs* 2 426 h., alt. 280 m. *Murat* 2 435 h., alt. 917 m, site bordé par 3 dykes : Bonnevie (1 070 m, Vierge de 14 m de haut.), Chastel (1 193 m ; église romane XIIe s.), Bredons (égl. prieurale du XIe s.). *Pleaux* 2 328 h. *Riom-ès-Montagnes* 3 417 h., alt. 850 m ; alim. (maison de la gentiane). *Saint-Flour** 7 950 h. [*1831 :* 6 640], alt. 881 m ; maroquinerie, hôtellerie, marché agr., petite ind. locale ; musée de Hte-Auvergne, château du Val, cath. goth. XIVe s. *Vic-sur-Cère* 2 066 h.

Régions naturelles. *Massif du Cantal* et partie de l'*Aubrac* et *Cézallier* (terrains volcaniques, basaltiques). *Margeride, Châtaigneraie, Artense* (terrains cristallins). **Terres.** Voir Index.

Divers. Un des 1ers *dép. fromagers.* 1er prod. de parapluies en bois. *Nombreux barrages* hydroélect. sur Truyère et Dordogne. *Nombreux plans d'eau :* lacs de Bort-les-Orgues (1 400 ha, prof. max. 80 m) ; Garabit-Grandval (1 070 ha, prof. max. 80 m) ; Sarrans et Pierrefort (900 ha) ; St-Étienne-Cantalès (560 ha, prof. max. 70 m) ; Enchanet (500 ha) ; Lastioulles (210 ha) ; Lanau (158 ha) ; La Crégut (126 ha). *Stations de ski* de Super-Lioran, St-Urcize (1 250 m), Le Falgoux (1 737 m), Le Claux, Col de Legal (1 300 m). *Stat. therm. :* Chaudes-Aigues, alt. 750 m, sources les plus chaudes d'Europe (82 ° C à la source du Par). *Parc régional* des volcans d'Auv., Maison des Volcans. *Loubaresse,* Écomusée de la Margeride. Ville forte de *Salers,* alt. 930 m. *Garabit* viaduc, plans de Boyer, constr. (1872-84) par Eiffel, long. 564 m (tablier 448 m), haut. 123 m au-dessus de la Truyère.

● **Haute-Loire** (43) 5 002 km² (75 × 110 km). *Alt.* max. Mezenc 1 776 m, min. 400 m (sortie de l'Allier). 206 176 h. (1-1-85) [*1801 :* 229 773 ; *1836 :* 295 384 ; *1851 :* 304 615 ; *1886 :* 320 063 ; *1901 :* 314 058 ; *1921 :* 268 910 ; *1936 :* 245 271 ; *1968 :* 208 337 ; *1975 :* 205 491]. D. 41,2 (85). Est. au 1-1-1985 : *pop. active* 75 600 dont primaire 16 000, secondaire 26 000, tertiaire 33 600 ; *salariée* 50 000.

Villes. LE PUY 24 064 h. [*1806 :* 12 318 ; *1891 :* 20 308 ; *1921 :* 18 488] (ag. 42 382 dont *Brives-Charensac* 4 069, *Chadrac* 3 031, *Espaly-St-Marcel* 3 516, *Vals-près-le-Puy* 3 505), alt. 629 m ; dentelles, text., marché agr., tanneries, vanneries, cartons, élec., chaussure, scieries, distilleries, liqueurs du Velay ; cathédrale, cloître, statue de N.-D. sur le rocher Corneille, aiguille de lave sur le rocher St-Michel (chap. St-Michel d'Aiguilhe, Xe s.), égl. St-Laurent, musée Crozatier (dentelles), donjon de Polignac, abb. de la Chaise-Dieu. — *Aurec-sur-Loire* 4 248 h., alt. 432 m ; exp. d'armes blanches, mécan. *Bas-en-Basset* 2 521 h. *Brioude** 7 483 h., alt. 427 m ; centre agr., constr. méc., ind. chim., bijouterie, ind. du bois, briqueteries ; tourisme, pêche au saumon, basilique St-Julien (XIIe s., nef 75 m, + vaste égl. d'Auvergne). *Coubon* 2 047 h. *Craponne-sur-Arzon* 3 186 h. ; bonneterie. *Dunières* 3 014 h. *Langeac* 4 609 h., alt. 507 m ; plastique. *Le Chambon-sur-Lignon* 2 791 h. *Monistrol-sur-Loire* 5 143 h. ; visserie, boulonnerie, cycles. *Retournac* 2 249 h. *Saugues* 2 288 h. *St-Didier-en-Velay* 2 580 h. (ag. 3 598). *Ste-Florine* 3 335 h. *St-Just-Malmont* 2 885 h. *Ste-Sigolène* 5 052 h. ; mach.-outils, text., plast. *Tence* 2 716 h. *Vals-près-le-Puy* 3 505 h. *Yssingeaux** 6 228 h. [*1861 :* 7 971 ; *1954 :* 5 653 ; *1975 :* 5 878], alt. 880 m ; marché agr., ind. du bois, text., métall. et méc., mat. public, salaisons.

Régions naturelles. *Velay granitique* (177 511 ha) : ondulé (800-1 000 m), traversé par la vallée de la Loire. Pluies 700 à 900 mm. Sol granitique, acide. Lait, veaux de boucherie, porcs, moutons. *Margeride* (63 902 ha) : varié (900-1 300 m). Climat rigoureux, pluies 900 à 1 000 mm. Sol granitique, acide. Ovins. *Velay volcanique* (76 272 ha) : plateau (900-1 000 m), peu boisé, venté. Climat rigoureux, pluies 700 à 900 mm. Sol basaltique, riche. Terres labourables (orge, blé, lentilles). *Bassin du Puy* (40 925 ha) : mouvementé (600-800 m). Pluies 600 à 700 mm. Sols volc., sédimentaires, d'alluvions. Lait, veaux de boucherie, céréales. *Mézenc-Meygal* (44 012 ha) : Mézenc : haut plateau (1 000-1 400 m). Pluies 1 000 mm. Meygal : 850 m. Sols volc. Climat rude (5 mois de végétation). Herbages, élevage. *Brivadois* (61 760 ha) : transition à pentes assez fortes (700-900 m). Climat froid et sec, pluies 500 à 700 mm. Sol granitique, acide. Polyculture, céréales, veaux de boucherie, ovins, porcins. *Limagne* (12 367 ha) : plaine (450-600 m). Climat sec, pluies 450 à 600 mm. Sol : alluvions et sédiments. Polyculture (céréales). *Cézallier* (zone à la limite du département, 2 communes) (2 549 ha) : 800-1 000 m. **Principales régions forestières** (en milliers d'ha) : Mézenc-Meygal 16,4, Devès et Velay 12,6 dont f. du lac du Bouchet 0,6, Margeride-Cézallier 32,8, Velay granitique 42,9, plateau de La Chaise-Dieu 28,5, Brivadois 25,1. **Terres.** Voir Index.

Divers. *Mazet-Saint-Voy :* com. la plus protestante de Fr. 95 % des h. (1/3 sont darbystes et ravinistes). *La Chaise-Dieu* [abb., alt. 1 085 m, de *casa dei,* maison de Dieu, peinture murale de *la Danse macabre* (haut. 2 m, long. 26 m), 144 stalles du XVe s., tapisseries)]. *Lavaudieu* (cloître XIe-XIIe s.). *Chavaniac La Fayette* (chât. XIVe-XVIIe s., dem. du Gal Mis de La Fayette, Mémorial franco-amér. *Le Mont-Mouchet* (1 465 m, centre de résistance en Auvergne ; monument nat. F.F.I. et m. de la Résistance). *Polignac* (donjon). *Lacs :* du Bouchet (44 ha, prof. max. 28 m, cratère), de Lavalette (barrage sur le Lignon, 200 ha, prof. max. 50 m), de Serre-de-la-Fare (barrage), plan d'eau de Grangent 365 ha, de St-Front 30 ha, prof. max. 10 m, de Malaguet (22 ha), de Saugues (28 ha), d'Alleyras (25 ha), de St-Prejet-d'Allier (43 ha). *Tourisme. Ski : Les Estables* 1 346-1 753 m.

● **Puy-de-Dôme** (63) 7 954 km² (140 × 82 à 100 km). *Alt.* max. Puy de Sancy 1 886 m, min. 268 m (sortie de l'Allier). 599 973 h. (1-1-85) [*1801 :* 509 128 ; *1851 :* 596 897 ; *1901 :* 544 194 ; *1921 :* 490 560 ; *1938 :* 486 130 ; *1946 :* 478 903 ; *1954 :* 481 380 ; *1962 :* 506 541 ; *1968 :* 544 568 ; *1975 :* 577 347]. D. 75,4 (85). Est. au 1-1-1985 *pop. active* 232 100 dont primaire 22 300, secondaire 84 300, tertiaire 125 500 ; *salariée* 186 200.

Villes. CLERMONT-FERRAND 147 361 h. [*1801 :* 30 379 ; *1891 :* 50 119 ; *1921 :* 82 577 ; *1954 :* 113 391 ; *1975 :* 156 900], alt. 385 m ; imprimerie de la Banque de France ; centre univ. (+ de 15 000 étudiants) ; pneum. Michelin, ind. caoutchouc Bergougnan, atelier de Mécanique du Centre (A.M.C.), ind. métall., pharm., alim., constr. méc., électro., élec., alim., cycles, tourisme ; égl. N.-D. du Port (XIe-XIIe s.), cath. XIIIe s. en lave noire, fontaine d'Amboise (1515), fontaines pétrifiantes, musées des Beaux-Arts, Bargoin, du Ranquet, Cité de Montferrand [ag. 253 244, 17 communes dont : *Aubière* 8 674, alt. 348 m. *Aulnat* 4 720, alt. 320 m, aéroport ; *Beaumont* 8 023, alt. 427 m ; *Blanzat* 3 566. *Cébazat* 6 617, alt. 354 m. *Ceyrat* 4 727. *Chamalières* 17 349, alt. 420 m. *Cournon d'Auvergne* 16 949, alt. 352 m. *Gerzat* 8 826. *Le Cendre* 4 114. *Lempdes* 8 015, alt. 320 m. *Mozac* 3 057. *Romagnat* 6 974, alt. 468 m. *Royat* 4 072, alt. 450 m, st. thermale (cœur, artérite oblitérante)]. — *Ambert** 7 722 h., alt. 535 m ; ind. plast., petite méc., papeterie tradit., text., métall., bijout., art relig., auto ; moulin à papier Richard de Bas XIVe s. (papier fait main). *Billom* 4 092 h. ; centre agric., céramique, béton. *Brassac-les-Mines* 3 883 h. (ag. 10 773). *Châtelguyon* 4 386 h., alt. 430 m ; st. therm. (appareil digestif). *Courpière* 4 834 h., alt. 325 m. *Effiat* château (1627). *Egliseneuve-d'Entraigues* Maison des fromages d'Auvergne. *Gergovie* plateau (700-720 m) à 14 km de Cl.-Ferr., vestiges de l'oppidum gaulois, bat. 53 av. J.-C. (4 km de long, 75 ha, abritait 80 000 soldats). *Issoire** 13 674 h. [*1921 :* 5 660 ; *1954 :* 8 541], alt. 386 m ; métall. (aluminium), constr. méc., aéro., élec. *La*

Bourboule 2 384 h., alt. 850 m ; stat. therm., eau riche en arsenic. *La Monnerie-Le Montel* 2 729 h. (ag. 4 770). *Le Mont-Dore* 2 329 h., alt. 1 000 m ; st. therm. (voies respir.). *Lezoux* 4 747 h. *Murol* 624 h., alt. 830 m. *Pont-du-Château* 7 683 h., alt. 340 m (asphaltes) ; mécan. *Riom** 18 346 h. [*1801* : 13 295 ; *1921* : 10 435 ; *1975* : 17 071] [ag. 23 316, dont *Mozac* 3 057], alt. 340 m ; tabac, ind. pharm., méc., métall., élec., alim. ; capitale de l'Auv. au Moyen Age, églises, fontaines, musées d'Auv. et Mandet. *St-Éloy-les-Mines* 5 293 h. (ag. 8 066), alt. 500 m ; bassin houiller, fonderie, méc., mat. constr., plastique. *St-Georges-de-Mons* 2 689 h. [ag. 4 674, dont *Les Ancizes-Comps* 1 935 ; aciérie]. *St-Nectaire* 645 h., alt. 700 m ; st. therm. (affections rénales, métabolisme), fontaine pétrifiante. *Thiers** 16 018 h. [*1801* : 10 627] (ag. 17 713), alt. 350 à 470 m ; coutellerie (75 % de la prod. nat.), forges, ind. méc., plast., vêtements, décolletage, estampage, plâtrerie, orfèvrerie ; Maison des couteliers. *Vic-le-Comte* 3 755 h. ; fabrique papier-monnaie. *Volvic* 3 587 h., alt. 491 m ; eaux min., carrière, ind. de la lave.

Régions naturelles. *Limagne* (250 km², alt. moy. 400 m) : céréales, oléagineux, bett. ind., ail. *Monts du Livradois* et du *Forez*, chaîne des Puys (sommet du Puy de Dôme 1 465 m) et mont Dore : bovins pour l'embouche et fromages. *Combrailles, plateaux granitiques de l'Ouest* : élevage. **Terres.** Voir Index.

Divers. 1er prod. de pneus (Michelin). 1er prod. de coutellerie. Au XIXe s., 3e dép. prod. de vin (vignoble détruit par le phylloxéra). Établissements thermaux servant sur place l'eau minérale (45). *Viaduc des Fades* (1901-09), le plus haut de France (132 m). *Anzat-le-Luguet* : 1 140 m, com. la plus ventée, perchée. *Messeix* : charbon sans poussière, associé à aucun gaz ; seule mine de France au fond de laquelle il est autorisé de fumer. *Vertolaye* : capitale du soufflet, ind. chim. *Parc régional* des volcans d'Auvergne ; *naturel* Livradois-Forez ; *p. zoologique* du Bouy (50 ha) ; *p. animalier* du Cézallier (25 ha) ; *p. des Dômes* (2 ha). *Lacs* (alt.) : Aydat (825 m) ; Chambon (877 m) ; Chauvet 52 ha, 63 m ; Godivelle (1 225 m) 14 ha, 43 m de prof. ; Guéry (1 260 m) 37 ha, 11 m ; Montcineire 38 ha, 18 m ; Pavin (1 197 m) ; La Cassière (13 ha) ; St-Rémy-sur-Durolle (14 ha) ; plan d'eau des Fades-Besserve 38 ha, 18 m ; Servière (1 200 m) 15 ha, 26 m ; Tazenat (600 m) 33 ha, 66 m. *Ski* : *Mont-Dore* (1 050-1 846 m), *Super-Besse* (1 350-1 850 m), *Chambon-des-Neiges* (1 250 m), *Chastreix* (1 350-1 700 m), *St-Antheme-Praboure* (940-1 400 m). *La-tour-d'Auvergne-Chambourguet* (1 000 m-1 300 m). *Art roman. Nombreuses églises* (Orcival, St-Nectaire, Issoire, N.-D.-du-Port à Clermont-Fd, St-Saturnin, Mozac), *châteaux* (Chazeron, Cordès, Villeneuve, Lembron, Parentignat, Ravel, Aulteribe, La Batisse). *M. vivants* de Livradois. *Forêts* fossiles, grottes du Perrier (P.-de-D.). *Minéralogie* : agates et diamants noirs de Charbonnières-lès-Varennes, zircons et grenats, calcédoines de la Mine des Roys et lussatite de Lussat, spath-fluor de Lastic, tourmalines de Berset, domite et hématite, améthystes de St-Germain-l'Herm, topazes, béryls, bombes volcaniques (renfermant parfois de l'olivine).

Bourgogne

Généralités

La région « Bourgogne », créée en 1960, comprend l'ancien duché de B. avec des parties des anciennes provinces de Champagne, d'Ile-de-France, d'Orléanais et le Nivernais.

Bourgogne

Situation. Appartient à des ensembles géographiques très différents : *Au N., basse B.* : moyennes vallées de l'*Yonne* et de l'*Armançon*, en amont d'Auxerre et de Tonnerre ; entre ces vallées (prairies, cultures maraîchères), bas plateaux calcaires et dénudés, avec quelques reliefs de côte (cultures de céréales). *Au centre*, partie du massif boisé du Morvan et plaines argileuses qui le ceinturent : *Bazois, Terre plaine, Auxois,* plaine d'*Autun* (élevage). *Haute B.*, entre la région des sources de la Seine et le plateau de Langres : hauts plateaux calcaires, boisés et dépeuplés, climat rude (la « Montagne »), qui s'abaisse par paliers au-dessus des plaines de la Saône). *Côte d'Or*, dernier escarpement de la montagne (sur ses premières pentes, vignobles). *Pays bas*, plaines alluviales qui entourent la Saône (polyculture ; forêts, dans le val de Saône, cultures maraîchères). *Au sud-est et au sud* : *Bresse* et bordure est du Massif central (massif cristallin de l'*Autunois*, et dépression de Montceau-les-Mines et du Creusot) ; *Charolais* calcaire à l'ouest, cristallin à l'est, grande région d'élevage ; *Mâconnais*, pays de polyculture et d'élevage. *A l'ouest* : le *Nivernais*, élevage, forêts, coteaux à vignes au bord de la Loire (Pouilly).

☞ Vignoble du sud de Dijon au Beaujolais (côtes de Nuits, de Beaune, chalonnaise, mâconnaise).

Histoire. Av. J.-C. Depuis le VIIe s., la future B. participe aux systèmes d'échanges lointains ainsi qu'en témoigne le trésor de Vix : mobilier funéraire, fin VIe s. av. J.-C. composé de pièces d'origine grecque (dont un grand cratère), scythe, étrusque et celtique. **121** les Éduens, qui en occupent une grande partie (Nièvre, S.-et-L. et C.-d'Or actuelles), sont alliés de Rome. **61** battus par les Germains d'Arioviste, ils appellent les Romains à leur aide. **58-52** alliés de César dans la g. des Gaules. **52** juil. ils se rallient à Vercingétorix qui, proclamé chef de la révolte à Bibracte, doit capituler à *Alésia*. **13** rattachée à la Lyonnaise par la réforme administrative d'Auguste. **Ap. J.-C. 21** révolte de Sacrovir ; Autun devient un des principaux centres intellectuels de l'Empire. **IIIe s.** sac d'Autun par Tetricus (269), ravages des Alamans (276), puis pays partagé entre Ire et IVe Lyonnaise (Sénonaise) dans le diocèse des Gaules. **IVe et Ve s.** régression de l'autorité romaine ; expansion du christianisme (saint Germain, évêque d'Auxerre en 418). Multiples invasions, notamment celles des Burgondes fuyant devant les Huns, après celles de 355 et de 406 ; occupation du nord-est de la région par les Alamans. **443** le nom de *Burgondia* apparaît. Il désigna des entités différentes. **443-75** la B. est la Suisse romande actuelle, où les Burgondes, envahisseurs germaniques, ont été établis comme colons. **475-534** la B. est le royaume de Gondebaud qui a refoulé les Alamans, pris Dijon en 479, puis a étendu son domaine jusqu'à la Saône, au Rhône et à la Provence intérieure. Gondebaud promulgue une « Lex burgundionum » *(loi « Gombette »)* et, pour les « Romains », une « Lex romana burgundionum », mais perd l'Auxerrois et la Champagne dans sa lutte contre Clovis. Son fils Sigismond (vénéré comme un saint) se convertit au catholicisme, les Burgondes étant ariens.

534-843 conquête du pays par les Francs : fils et petits-fils de Clovis : Clotaire, Childebert, Thierry. Le nom de B. n'est plus qu'une appellation géographique sans limite administrative précise. Sous les Mérovingiens, puis les Carolingiens, le royaume bourguignon est à peu près le quart S.-E. de l'Hexagone, sur le même plan que l'Aquitaine, la Neustrie et l'Austrasie. Roi le plus notable : Gontran (mérovingien 525-93) ; maire du Palais le plus notable : St Léger, év. d'Autun (616-78). **843-1032** le mot a simultanément plusieurs sens différents : le duché de B. est la partie occidentale de l'ancienne Burgondie, à l'O. de la Saône, demeurée dans le royaume de Fr. après le partage de Verdun (843). La Saône devient la frontière entre B. royale à l'O. et B. impériale à l'E. [Jusqu'au XIXe s., les bateliers parlent de la rive du Riaume (droite) et de la rive d'Empi (gauche).] 1er duc : Richard le Justicier, Cte d'Autun, beau-frère de Charles le Chauve (v. ci-dessous). A l'E. de la Saône et au S.-E. du Rhône, on continue à nommer B. certaines terres, partie du lot de l'empereur Lothaire, notamment le comté palatin de B. (v. Franche-Comté) ; la B. transjurane (Suisse romande actuelle), devenue royaume en 888 ; et le royaume d'Arles (cap. Arles ou Vienne), appelé souvent roy. de Provence-Bourgogne, parce qu'il a été conquis en 933 par le roi de B. transjurane, Rodolphe II. A partir de 1032, le titre de « roi des Burgondes » passe à l'empereur germanique Henri III neveu et héritier de Rodolphe III, roi de B. transjurane. Cela implique la souveraineté directe sur la Suisse, et la suzeraineté sur la Franche-Comté et le royaume d'Arles, mais aucun droit sur la B. capétienne.

Duché de Bourgogne. Séparé des autres terres bourg. à partir de 843, disputé par les Carolingiens de *Francia occidentalis* et les rois possédant le reste de la B., au IXe s. **Fin du IXe s.** la B. franque devient duché avec le frère de Boson, Richard le Justicier (qui profite des invasions scandinaves pour prendre le titre de duc). A sa mort, il possède les comtés d'Autun, d'Auxerre et de Sens, et contrôle, avec ses comtes, presque toute la B. au sens actuel, de Langres à Dijon, de Troyes à Chalon, de Tonnerre à Brienne. Le duché passe aux mains des Robertiens (ancêtres des Capétiens) de 956 à 1002. Occupation par Robert le Pieux, roi de Fr. (1002-16), qui empêche Otto Guillaume de s'en emparer. A sa mort (1031), inféodé par son fils, le roi Henri Ier, à son frère Robert Ier de B. (qui est la tige de la maison capétienne de B. qui s'éteindra en 1361) ; parmi les branches cadettes de cette maison, celles du *Viennois* (issue du duc Hugues III), et de *Portugal* (issue de Henri, Cte de Lusitanie, frère des ducs Hugues Ier et Eudes Ier). **Du IXe au XIe s.** indépendant de fait de l'autorité royale, mais en butte aux empiétements des nombreux seigneurs laïcs et ecclésiastiques. **XIIe s.** le duc Hugues III (1162-92) se heurte à Philippe Auguste, et meurt isolé en Terre sainte, puis les ducs, fidèles vassaux du roi de Fr., assurent leur domination sur tout le duché et accroissent leur domaine propre.

XIIIe-XIVe s. interventions de plus en plus nettes de la monarchie fr. *1315* : une ligue arrache la *« charte aux Bourguignons »* par laquelle le roi reconnaît les coutumes locales de B. et s'engage à ne pas modifier la fiscalité sans accord avec les états. Placé sous la tutelle de Jean le Bon sous *Philippe de Rouvres* ; création d'une Chambre des comptes de type parisien, tenue des *Grands Jours* (session temporaire d'une cour de justice d'appel dans le ressort du Parlement de Paris, puis tribunal permanent), réunion en 1352 des premiers états de B. Devenu possession des Valois après la mort de Philippe de Rouvres sans postérité (1361) (Charles le Mauvais, héritier le plus direct, est écarté), le duché est complété d'enclaves royales, rattaché à la Couronne, et doté d'un gouverneur. **1364-1477** prospérité sous les ducs de Valois grâce à des mariages et de nombreuses g. *Philippe le Hardi* (n. 1336-1404), 4e fils du roi Jean le Bon, frère du roi Charles V, devient gouverneur en 1363 et reçoit le duché en apanage le 2 juin 1364. A la fin du XIVe s., la B. est un État puissant. Grâce à son mariage (1369) avec Marguerite de Flandre, veuve de Philippe de Rouvres, Philippe le Hardi recueille en 1384, à la mort de *Louis de Mâle*, les comtés de Flandre, Bourgogne, Artois, Nevers, les seigneuries de Salins, Malines et Anvers. **1392** folie du roi Charles VI, son neveu ; il est corégent avec le duc d'Orléans, son neveu, et le duc de Berry, son frère. *Jean sans Peur*, son fils, duc de B. en 1404, fait tuer son cousin germain Louis (corégent et duc d'Orléans) en 1407 à Paris mais il est assassiné par les Armagnacs, partisans de Charles d'Orléans fils de Louis, au pont de Montereau. *Philippe le Bon*, son fils, passe dans le camp des Anglais (1420-35). **1435** *tr. d'Arras*, il se réconcilie avec le roi mais est dispensé à titre personnel de prêter hommage (le roi Ch. VII était tenu pour responsable de l'assassinat de Jean sans Peur). Il accroît ses domaines par achats, mariage et héritages ; comtés de Namur (1421), Hainaut, Hollande, Frise et Zélande (1428), duchés de Brabant, Lothier, Limbourg (1430), Luxembourg (1431). **1459** Philippe le Bon promulgue les « Coutumes générales du pays et duché de B. ». **1468** *Charles le Téméraire* reçoit le pouvoir temporel dans la princ. ecclésiastique de Liège. Il ne peut relier les « Pays-Bas » et les B. ducale et comtale en s'emparant de la Champagne et de la Lorraine (il meurt devant Nancy en 1477) ; l'État bourg. est démembré ; ruinée par les guerres du Téméraire, la B. ducale est envahie par les troupes royales et conquise après la mort du duc par Louis XI, et, au *tr. d'Arras*, l'empereur Maximilien renonce aux droits de sa femme, Marie de B., fille du Téméraire, sur le duché. L'échec du projet de mariage entre Charles VIII et Marguerite d'Autriche fait perdre à la Fr., en 1493, la dot prévue en 1482 (Comté et Charolais). **1559** *tr. du Cateau-Cambrésis* : contestations entre Fr. et Habsbourg à propos du duché prennent fin.

Institutions. Chacun des États avait ses traditions et ses institutions, mais les ducs menèrent une politique inlassable d'unification : territoires découpés en *bailliages* à la fin du règne de Philippe le Bon (5 dans le duché, 3 en Comté...) ; 3 *Chambres des comptes* (Dijon, Lille, Bruxelles) ; justice répartie entre les *Jours généraux* de Beaune et de Dole, le *conseil* des Flandres de Gand, la *cour* de Brabant et la cour de Hollande ; réunions d'*états* en B. ducale, en Comté et en Flandres ; coutumes de plusieurs pays collationnées et promulguées ; abolition, par Charles le Téméraire, de plusieurs organes locaux au profit des *conseils de Malines* (Parlement souverain créé en 1473 par Charles le T. pour les Pays-Bas pour supprimer l'appel au Parlement de Paris) ; structuration du pouvoir central, qui se déplace de Dijon à Bruges, Gand, Hesdin ou Lille : duc assisté d'un *grand conseil* présidé par le chancelier (*Nicolas Rolin* fut le plus célèbre), entouré de grands officiers ; gestion des finances dirigée par un « receveur de toutes finances », contrôlée par un trésorier-gouverneur et supervisant 2 receveurs généraux qui nomment des receveurs particuliers ; armée régulière de 32 compagnies d'ordonnances organisée par Philippe le Bon (s'y ajoutent contingents féodaux et levées de mercenaires) ; à partir de 1429, l'ordre de chevalerie de la *Toison d'or* symbolise la puissance et le rayonnement du « grand duc d'Occident ».

Ses divers territoires sont les plus riches de l'Europe au XVe s. ; l'union de la B. et des Pays-Bas accroît leur dynamisme. Le duché de B., à partir de Louis XI, ne sortira plus du domaine royal ; le titre honorifique de duc de B. ne sera plus porté que par Louis († 1712), petit-fils de Louis XIV, fils du Gd Dauphin, et par le frère aîné de Louis XVI († 1761). Le parlement de Dijon (définitivement établi en 1480) et la Chambre des comptes subsistent ; un gouverneur remplace le gouverneur ducal ; les États de B. continuent à se réunir (l'hostilité des B. fait rapporter, en 1631, un édit de 1629 transformant la province en pays d'élection). Création de la généralité de B., avec un bureau des finances ; installation, en 1621, de « commissaires départis », bientôt « intendants de justice, police et finances ». Province progressivement unifiée et étendue : annexions des 3 élections, anciennes enclaves royales, en **1561**, du Cte d'Auxonne en **1639**, de l'élection d'Auxerre en **1671**, de celle de Bar-sur-Seine en **1721**, du Cte de Charolais en **1751** (récupéré sur les Habsbourg en 1684) ; seul le Mâconnais conserve son élection et ses États jusqu'à la Révolution. Le ressort du parlement de Dijon a des limites différentes (ne contrôle pas Auxerre, Bar et Mâcon, mais englobe successivement la Bresse, le Bugey, le pays de Gex et le Valromey, puis la principauté des Dombes). Ébranlée par les guerres de Religion en 1562, 67, 89, et 95, la B. voit la défaite des Esp. et des ligueurs par Henri IV (Fontaine-Française, 1595). **1601** : Bugey, Valromey et pays de Gex (Ain actuel) sont annexés à la B. De nouveau ruinée par la guerre de Trente Ans ; à partir de 1678, protégée par le bastion de la Franche-Comté. Prospérité au XVIIIe s. Création d'une faculté de droit en 1722, d'une académie en 1740, à Dijon. À la Révolution, divisée en départements : Saône-et-L., Côte-d'Or, Ain, une partie de l'Yonne.

Chalonnais

Comté héréditaire dep. 968. *1237* : le Cte Jean le Sage l'échange avec le duc de B., Hugues IV, contre la seigneurie de Salins ; ses descendants gardent le titre de Cte de Chalon, devenus en 1393 P[ce] d'Orange.

Charolais

Situation. S.-O. de la S.-et-L. Forêts, élevage bovin d'embouche pour régions voisines, poterie, forges.

Histoire. *IIIe s.* : occupé par la tribu gauloise des Aulerques Brannovices de la confédération des Éduens. Suit le sort de la cité d'Autun, de la conquête romaine à l'époque franque. *Haut Moyen Age* : fait partie du Brionnais (*pagus Brionnensis,* dont la cap. était la commune de Briant). *Xe s.* : fondation de riches monastères, et naissance des bourgs de Charolles, Paray-le-Monial et Marcigny. *973* : le Ch. appartient à Lambert, Cte de Chalon, fondateur de Paray-le-Monial. *1005* : fondation du prieuré clunisien de Charolles. *1237* : le comté de Chalon est cédé à Hugues IV de Bourgogne qui en 1272 crée une baronnie du Ch. pour sa petite-fille Béatrix de B. *1316* : érigé en comté avec états particuliers pour Béatrix de Ch. qui épouse Jean d'Armagnac. *1390* : vendu par Bernard d'Arm. à Philippe le Hardi. *1477* : conquis par Louis XI, qui y établit un bailliage royal. *1493* : cédé par Charles VIII (tr. de Senlis) qui conserve sa suzeraineté, à Philippe, archiduc d'Autriche. Fief personnel des Habsbourg d'Autriche, puis d'Espagne (1558). Plusieurs fois saisi par le roi, au cours des g. contre les Habsbourg, notamment en 1674 (restitué en 1679, par le tr. de Nimègue). *1684* : enlevé au roi d'Esp. et donné au P[ce] de Condé. *1751* : échangé à Louis XV, par Mlle de Sens, contre la terre de Palaiseau ; les États particuliers sont alors réunis aux États de Bourgogne.

Nivernais

Situation. *À l'E., Morvan* (du celtique, « mont Noir », à cause de la forêt qui le recouvre), terre granitique, humide et forestière (100 000 ha, hêtre et chêne), élevage ; bordé par le *Bazois,* plaine bocagère ondulée, aux sols gras et humides (marnes), consacrée aux herbages (région d'embouche). *Au centre,* du Bazois à la Loire, plateaux de calcaires jurassiques hachés de failles (dalles rocheuses, alt. moy. 400 à 500 m) ; forêt sur de grands espaces. *Au N., Puisaye* (sol argileux imperméable) avec prairies d'élevage. *À l'E., Val de Loire nivernais* entre La Machine et Decize ; herbages.

Industries. Carrefour de communications, houille à La Machine, anciens gisements de fer à fleur de terre exploités avant la conquête romaine, épuisés au XIXe s., qui permirent à la Nièvre, grâce au charbon de bois, une métallurgie de qualité [Imphy, Guérigny (anciennes forges royales), Fourchambault, Nevers, Cosne] ; ind. chimique (Clamecy, Prémery), qui utilise le bois comme matière première ; ind. du caoutchouc (Kléber-Colombes à Nevers et Decize).

Histoire. Faisait partie du territoire des Éduens. César cite la ville de Decize (Decetia) où il eut une entrevue avec les chefs de ce peuple. Nevers est considéré généralement comme l'ancien Noviodunum gaulois (cité des Éduens), point d'appui des légions de César, pris d'assaut par les Éduens, lors de la révolte de 52 av. J.-C. *Période gallo-romaine* : fait partie de la cité d'Auxerre. *V. 490* : Auxerre étant cédé aux Francs par Gondebaut (avec la moitié nord de sa cité), Nevers devient évêché (burgonde) pour la moitié sud [suffragant de Sens (1re mention : concile d'Epaone 517)] ; Xe s. comté, XIe s. fief puissant, qui passe à Pierre II de Courtenay grâce à son mariage avec Agnès de Nevers en 1184. Échoit ensuite aux maisons de Flandre, de Bourgogne (Philippe le Hardi), de Clèves (1504). Duché-pairie en 1538. Transmis à la famille de Gonzague en 1565. Vendu à Mazarin (1659), qui le donne aux Mancini. Le dernier duc mourut en 1798. La majeure partie forme la Nièvre.

Économie

● **Population.** 1 604 900 h. (85). *Active* (1-1-84) : 611 588 dont primaire 67 778, secondaire 165 774, B.T.P. 45 565, tertiaire 332 471. *Salariés* (1-1-1985) : 485 643.

● **Échanges** (milliards de F, 84). IMPORTATIONS : 11 dont (en %) prod. agr. 6,8, ind. agro-alim. 8,3, biens interméd. 42,4, biens d'équip. profess. 18,7, biens d'équip. ménager 15,4, autom. et transp. terrestres 7,3, biens de consom. courante 14,5. EXPORTATIONS : 24 dont (en %) prod. agr. 21,2, ind. agro-alim. 9,9, divers biens interméd. 26,6, biens d'équip. profess. 20,8, biens d'équip. ménager 14,9, autom. et transp. terrestre 5,5.

● **Agriculture. Terres** (en milliers d'ha, 1984) 3 175,2 dont *S.A.U.* 1 946 [t. lab. 1 030,4 (dont jardins 15,4), herbe 886,9, vignes 25,6] ; *bois* 983,6 ; peupleraies 11,1 ; *étangs* 4,8 ; *t. agric. non cult.* 45,8 ; *t. non agric.* 156,5. **Prod. végétale** (en milliers de t) : blé tendre 2 130,1, orge et escourgeon 1 147,3, betterave ind. 392,2, oléagineux 285,5 (dont colza 269,2). *Vins* (en milliers d'hl) 1 128,5 (dont d'A.O.C. autres que vins doux naturels 969,7). **Animale** (en milliers de têtes) : bovins 1 430,6, ovins 553,6, caprins 55,7, porcins 191,6, équidés 10,9. *Lait* (en milliers d'hl, prod. tot. vaches lait. + nourrices) : 11 694,6. *S.A.U.* (moy. par expl.) : 45,5 ha (1983).

● **Industrie.** *Salariés* (1-1-85) : 156 891 dont ind. agro-alim. 15 254, énergie 7 190, biens interméd. 49 166, biens d'équip. 50 267, biens de consom. 35 014. B.T.P. 34 177.

Départements

Voir légende p. 704.

● **Côte-d'Or** (21) 8 763 km² (125 × 108 km). *Alt.* max. 720 m (Les Tronçois), min. 178 m (Chivres). 473 548 h. (1982), 480 800 (au 1-1-1985, estim.) [*1801* : 340 500 ; *1851* : 400 297 ; *1901* : 361 626 ; *1921* : 321 088 ; *1936* : 334 386 ; *1954* : 356 839 ; *1975* : 456 070]. D. 54,8 (85). *Pop. active* : (1-1-85) : 178 798 dont secteur primaire 12 299, secondaire 57 856, tertiaire 108 283. *Salariés* 166 383.

Villes. DIJON. 145 569 h. [*Moyen Age* : 10 000 ; *XVIe s.* : 15 000 ; *1789* : 22 000 ; *1801* : 20 000 ; *1870* : 40 000 ; *1914* : 75 000 ; *1936* : 95 000 ; *1954* : 110 000 ; *1975* : 151 705] [ag. 221 927 dont *Chenôve* 19 528, constr. méc., prod. chim. *Chevigny-St-Sauveur* 7 312. *Daix* 784. *Fontaine-lès-Dijon* 7 066. *Longvic* 8 914. *Marsannay-la-Côte* 5 942. *Plombières* 1 906. *Perrigny* 1 041. *Quétigny* 7 589. *St-Apollinaire* 4 611. *Talant* 11 665], alt. 245 à 390 m, 4 151 ha ; ind. alim. (moutarde), constr. méc. et élec., ind. électro., fonderies, optique, cuir, centre ferr. ; ville d'art [palais des ducs de Bourg., hôtels part., églises, musées (du Vin, des Arts), vieux hôtels XVe-XVIIIe s.]. — *Arnay-le-Duc* 2 431 h. *Auxonne* 7 868 h. ; marché de lég., ind. alim., électro., métall. *Beaune** 3 129 ha, 21 127 h., alt. 224 m ; vin (vente annuelle des Hospices), matériel vitic., ind. électro., mat. plast., bijouterie ; carrières de Comblanchien ; Hôtel-Dieu (fondé en 1443) et musée du Vin ; collégiale XIIe et XVe s., hôtels part., archéodrome (reconstitution maison néolithique, siège d'Alésia, etc.) ; parcs : du ch. de Vignolles (21 ha), de la Bouzaize (4 ha) ; plan d'eau de Gigny (créé en 1978, 10 ha). *Brazey-en-Plaine* 2 422 h. *Châtillon-sur-Seine* 7 963 h. ; fonderie mécanique, musée (vase de Vix : Ve s. av. J.-C.). *Genlis* 4 960 h. ; outillage, électro., et optique. *Gevrey-Chambertin* 2 582 h. ; vins, ind. alim. *Is-sur-Tille* 4 200 h. (ag. 5 550) ; articles de mén. *Montbard** 7 916 h. (ag. 8 035) ; métall. *Nuits-Saint-Georges* 5 461 h. ; vins, jus de fruits, liqueurs. *Saulieu* 3 183 h. ; hôtellerie-restauration. *Selongey* 2 580 h. *Semur-en-Auxois* 5 364 h. ; monuments du XIIIe au XVe s. *Seurre* 2 795 h. (ag. 3 153). *Venarey-les-Laumes* 3 547 h. ; ind. laitière, alim.

Régions naturelles. *Châtillonnais* (céréales, forêts), plateau de *Langres,* 271 819 ha (céréales), *Auxois,* 193 798 ha (élevage), partie du *Morvan,* 47 790 ha (élevage, forêts), *Val de Saône,* 57 268 ha (cult. maraîch.), *Côte,* 73 118 ha (vignobles, v. Index), *Tonnerrois,* 19 307 ha, *Vingeanne,* 24 364 ha, *La Plaine,* 14 797 ha, *La Vallée,* 40 880 ha. **Terres.** Voir Index.

Divers. *St-Germain-Source-Seine* : une partie de la commune, les Sources de la Seine, est un territoire parisien dep. le XIXe s. (acheté par la Ville de Paris). *Santenay* : le plus gros platane de France (haut. 39 m, circonf. au sol 13,77 m, à 1 m du sol 8,22 m) ; il fut planté sous Henri IV (1599). *Vougeot* : la terre est la plus chère de Fr. ; elle se négocie le plus souvent à « l'ouvrée » (4,28 ares), rarement plus. « Clos de Vougeot », le plus vaste [51 ha en un seul tenant autour du château (XVIe s.), avec cuverie et cellier (XIIe s.), 77 propriétaires], 1 000 000 à plus de 1 800 000 F l'ha. Les Clos de Corton, de la Romanée Conti et du Chambertin (vins rouges) très peu étendus vaudraient comme l'ha de Montrachet (vin blanc) [5 750 000 F/ha en 1979]. *Abbayes de Fontenay* et *Flavigny. Lacs* : Grosbois, Panthier, Chazilly, Marcenay et Marcilly.

● **Nièvre** (58) 6 888 km² (125 × 100 km). *Alt.* max. 855 m (Mt Préneley), min. 135 m (sortie de la Loire). *Climat* : Val de Loire et centre : océanique. Morvan : semi-continental. 239 635 h. (1982), 237 300 (estim. 1-1-85) [*1801* : 232 990 ; *1841* : 305 406 ; *1881* : 347 576 ; *1901* : 323 783 ; *1936* : 249 673 ; *1954* : 240 078 ; *1975* : 245 212]. D. 34,4 (85). *Pop. active* (1-1-84) : 86 904 dont (en %) primaire 12,4, secondaire 34,1, tertiaire 53,4. *Salariée* 68 571.

Villes. NEVERS 43 013 h. [*1801* : 11 200 ; *1841* : 13 995 ; *1866* : 20 700 ; *1911* : 27 706 ; *1936* : 33 699 ; *1962* : 41 103 ; *1975* : 45 480] [ag. 59 274, dont *Coulanges-lès-Nevers* 3 788. *Varennes-Vauzelles* 10 071] ; chaudronn., matér. pour ind. laitière et alim., constr. électr., fabr. d'antivols, fixations skis, faïencerie, caoutchouc, fabr. luminaires ; aérodromes ; siège social du Herd-Book (état civil des reproducteurs charolais dans le monde entier) ; égl. St-Étienne (XIe s.), cath., palais ducal Renaissance, m. de la Porte du Croux, châsse de Ste Bernadette au couvent St-Gildard, musée, faïences (bleu intense dit « au grand secret » introduit par les Gonzague). — *Château-Chinon** 2 463 h., alt. 610 m ; caoutchouc, ind. text., musée (costumes fr. du XVIe au XIXe s., mobilier du Morvan). *Cercy-la-Tour* 2 372 h. *Clamecy** 5 590 h. (ag. 5 883) ; ind. chim., mat. élec. pour cycles et cyclomoteurs, musée (peint. et faïences, donation Romain Rolland). *Corbigny* 1 997 h. ; constr. méc., ind. bois. *Corvol-l'Orgueilleux* 828 h. ; scierie, constr. méc. et caoutchouc. *Cosne-Cours-sur-Loire** 12 463 h. (ag. 13 432) ; quincaillerie, mat. de forage pétrolier, câblerie, mach. agr., ind. polygraphique, liasses mécanogr., musée de la Batellerie de la Loire. *Decize* 7 437 h. (ag. 9 613) ; métall., caoutchouc, céramiques. *Donzy* 1 890 h. ; chalumeaux en plastique, traitement des plumes. *Fourchambault* 5 850 h. [ag. 9 462, dont *Garchizy* 3 612] ; constr. méc., élec., électro., pièces pour camions. *Guérigny* 2 417 h. (ag. 3 858) ; expo. sur la métall. (en été). *Imphy* 4 930 h. (ag. 6 320) ; aciers sp. (invar cryogénique). *La Charité-sur-Loire* 6 416 h. (6 931) ; vins, antiquités, constr. méc., literie, bonneterie ; prieuré clunisien, musée (ethnographie, arts déco.). *La Machine* 4 627 h. ; ind. du bois. *Luzy* 2 746 h., alt. 273 m ; ind. text., méc. de précision. *Magny-Cours* 1 551 h. ; circuit Jean-Behra et école de pilotage de course. *Marzy* 2 621 h. ; musée d'histoire locale et d'ornithologie. *Moulins-Engilbert* 1 732 h., alt. 225 m. *Pougues-les-Eaux* 2 260 h., alt. 190 m ; diabétologie. *Pouilly-sur-Loire* 1 723 h. ; vignobles : « P.-sur-L. » et « P. fumé ». *Prémery* 2 603 h. ; ind. chim., abbatiale. *St-Amand-en-Puisaye* 1 394 h. ; poterie, grès, parqueterie. *St-Honoré-les-Bains* 831 h., alt. 320 m ; station thermale. *St-Pierre-le-Moûtier* 2 261 h. ; confection, carrières kaoliniques. *Varzy* 1 475 h. ; musée de peint., faïences et verreries.

Régions agricoles (en ha). *Nivernais central*, 250 023 (él. charolais, forêts), *Morvan*, 179 908 (alt. max. 852 m, min. 400 m), *Bourgogne niv.*, 150 087 (él.), *Entre-Loire et Allier*, 70 850, *Puisaye*, 14 413, *Sologne nivernaise* 6 389, vignoble, 1 200 ha (9 000 fin XIXe) dont 587 A.O.C. Pouilly et 60 V.D.Q.S. **Terres.** Voir Index.

Divers. *Lacs :* Pannessière (540 ha, digue de 304 m de long et 53 m de haut), Les Settons (360 ha, digue de 267 m de long et 19 m de haut). Baye et Vaux (200 ha). Crescent (165 ha). St-Aignan (140 ha). Villages vacances. *Beuvray :* alt. 810 m, site de l'ancienne Bibracte, oppidum des Éduens (5 km de long, 136 ha). *La Puisaye :* grès.

● **Saône-et-Loire** (71) 8 575 km^2 (100 × 140 km). *Alt.* max. 902 m (Bois du Roy, du Haut-Folin). *Temp.* — 1° à 24 °C. 571 852 h. (1982), 571 400 (estim. 1-1-1985) [*1801 :* 452 673 ; *1881 :* 625 589 ; *1901 :* 620 360 ; *1936 :* 525 676 ; *1946 :* 506 749 ; *1962 :* 535 772 ; *1968 :* 550 362 ; *1975 :* 569 810]. D. 66,3 (85). *Pop. active* (31-12-84) : 192 360 dont (en %) primaire 8,4, secondaire 43,6, tertiaire 47,9. *Salariée :* 171 622. *Chômeurs* (85) : 23 500.

Villes. MACON 26,78 km^2, 38 404 h. [*1801 :* 11 520 ; *1866 :* 19 175 ; *1946 :* 22 198 ; *1962 :* 30 671 ; *1975 :* 39 344] [ag. 47 274, dont *Charnay-lès-Mâcon* 5 792] ; alt. 182 m ; imprimerie, constr. méc. et élec., confection, ind. alim. et bois, marché vinicole, foire nat. des vins de Fr. ; port fluvial, bassin d'aviron (1 des plus grands bassins naturels d'Eur.) ; espaces verts 350 ha. — *Autun** alt. 335 m (fusionné en 1973 avec *St-Pantaléon* et *St-Forgeot*, défusionné avec St-Forgeot en 1985), 20 587 h. ; métall., text., hab., équip. mén., ameubl., parapluies, musée cath. St-Lazare. *Bourbon-Lancy* 6 507 h., alt. 240 m ; thermalisme. *Chagny* 5 339 h. (ag. 5 957). *Chalon-sur-Saône** 56 194 h. [ag. 78 064, dont *Châtenoy-le-Royal* 5 767, *St-Marcel* 3 973 ; usine Framatome (cuves nucléaires), constr. élec., matér. de constr., chantiers navals, ind. alim., bois, imprimerie, chimie. *St-Rémy* 5 177] ; marché vinic., port de transit., constr. méc. et électro., ind. du verre, nucléaire, photo, text. *Charolles** 3 392 h. *Chauffailles* 4 831 h. *Cluny* 4 441 h. ; abbaye, égl. romane. *Digoin* 11 008 h. (ag. 13 114) ; faïenceries. *Givry* 3 125 h. *Gueugnon* 10 456 h. ; métall. (80 % des tôles inoxydables françaises). *Le Creusot* [1] 32 149 h. [ag. 44 389, dont *Le Breuil* 3 368. *Torcy* 4 865] ; usines Creusot-Loire (fonderie, métall., cuves nucléaires), bonneterie ; écomusée, château de la Verrerie. *Louhans** 6 483 h. (ag. 10 324) ; marché agr., mécanique, textile, bonneterie. *Montceau-lès-Mines* [1] 26 925 h. [ag. 51 290, dont *Blanzy* 6 739. *St-Vallier* 10 135 ; text., bassin houiller, élect., bonneterie. *Sanvignes-lès-Mines* 5 740] ; centrale therm., pneum., constr. méc., écomusée. *Montchanin* 6 263 h. (ag. 8 208). *Paray-le-Monial* 10 639 h. ; céramique, égl., pèlerinage. *Romanèche-Thorins* 1 699 h. ; musée Guillon (chefs-d'œuvre des Compagnons du Tour de Fr.). *Tournus*, alt. 193 m, 6 977 h. ; ind. métall. ; abbaye St-Philibert ; musées Bourguignon, Greuze, Perrin de Puycousin ; Hôtel-Dieu.

Nota. — (1) Communauté urbaine : *Le Creusot-Montceau-les-Mines* 16 communes, 389,47 km^2.

Régions naturelles. *N. de la Bresse* (bovins, volailles, polyculture). *Vallée de la Saône*, 36 750 ha dont bois 24,3 %, et *Brionnais* 44 900 ha dont bois 16,9 % (céréales, betteraves, cult. maraîchères, prairies). *N.-E. du Massif central : côte chalonnaise* et monts du *Mâconnais*, alt. 500 à 761 m (Signal de Mère Boitier), 50 000 ha (vignoble, polyculture). *Charollais* (élevage pour embouche). *Autunois* et *Morvan*, 36 800 ha dont bois 47,6 %, alt. max. 902 m, très arrosé (1 100-1 200 mm de pluie par an).

Régions agricoles (en ha, forêts entre parenthèses) : Morvan 50 800 (23 000), Autunois 141 700 (34 600), Charolais 131 700 (27 700), Bresse louhannaise 109 000 (22 600), Sologne bourbonnaise 105 500 (15 600), Mâconnais 67 800 (18 400), Bresse chalonnaise 60 800 (14 400), Chalonnais 52 800 (15 100), Clunysois 50 800 (13 900), côte Chalonnaise 50 300 (10 700), Brionnais 40 200 (5 000). **Terres.** Voir Index.

Sites touristiques. *Solutré*, traces d'occupation à l'âge du renne. *Grottes préhistoriques :* Blanot, Azé. *Menhirs :* Chassey-le-Camp, Chapelle-sous-Brancion, St-Micaud ; *alignement :* St-Pantaléon. *Lacs :* Montaubry, Torcy, Savigny, Beaurepaire, Le Rousset, La Guiche, La Clayette, Longpendu, Grand et Petit Baronnet, Chaumeçon, St-Point, Pannessière 5,4 km^2. *Châteaux :* Sully (XVIe-XVIIe s.), Montjeu, Pierre-de-Bresse, Berze-le-Châtel, Rully, La Ferté, Couches, Digoin, Chaumont, La Guiche (écuries), La Clayette, Pierreclos, Germolles, Brancion, Cormatin. *Brancion :* village fortifié, égl. romane du XIIe s. ouverte uniquement le 25 déc. pour célébrer le Noël des vins. *Chapaize :* égl. du XIe s. (clocher pyramidal de 35 m), 185 h. *Belvédères* (Mont Beuvray, Haut-Folin, Mont St-Vincent). *Parc* rég. du Morvan. *Abbaye* de Cluny.

Divers. *Foires aux Sauvagines* de Chalon-sur-Saône [froide du 27-2 (fouines, martres, putois, rats musqués, renards, chats, taupes, blaireaux, écureuils, loutres, etc.) et chaude du 25-6 (chevreau, chèvre)] uniques en France. *Foires de St-Christophe-en-Brionnais* (Charolais). *Mines :* La Celle-en-Morvan (fluorine), Grury et Cordesse (uranium), Lucenay-l'Évêque, la Petite Verrière, Reclesne (spath-fluor). *Ski* au Haut-Folin (850 à 902 m).

● **Yonne** (89) 7 424 km^2 (135 × 115 km). *Alt.* max. 609 m (bois du Roi), min. 33 (Cuy). *Temp.* moyennes 9° à 12 °C, *pluies* 600 à 1 100 mm. 311 019 h (1982), 315 400 (estim. 1-1-85) [*1801 :* 320 596 ; *1851 :* 381 133 ; *1901 :* 321 062 ; *1936 :* 271 685 ; *1946 :* 266 014 ; *1975 :* 299 851]. D. 42,4 *(85). Pop. active* (1-1-84) : 115 682 dont (en %) primaire 11,7, secondaire 33,6, tertiaire 54,5. *Salariée :* 91 842.

Villes. AUXERRE 38 741 h. [*1851 :* 14 166 ; *1936 :* 24 282 ; *1954 :* 26 583 ; *1975 :* 38 342] [ag. 42 126, dont *St-Georges-sur-Baulches* 3 385], alt. 102 m ; ind. du bois, transf. des métaux, méc. gén., mach.-outils, mach. agr., T.P., constr. élect., panneaux de particules, mat. de transp., ind. du livre, ind. alim., confect., accum., pompes, mat. de précision, électro., cartonnage, impr., pav. industrialisés, prod. pharm., entr. nett. ; cath. (XIIIe s.), abb. St-Germain, maison du Coche d'Eau, musées ; parc de l'Arbre sec (3 ha). — *Appoigny* 2 625 h. ; abattage volailles, hôtel., restauration, clinique psy. *Avallon** 8 904 h [*1906 :* 5 848 ; *1975 :* 8 814] ; pneum., roulements à billes, bonneterie, mat. plast., cartonnages, verrerie-cristal., cravates « Cardin », B.T.P., prod. lait. surgelés, épicerie en gros, prod. pétr., mat. agric. *Brienon-sur-Armançon* 3 154 h. : scierie, sucrerie, raffinerie, lustrerie, B.T.P., isolation. *Chablis* 2 414 h. ; coop. vinicole, laiterie, biscuiterie, gadgets de cuisine, bâtiment. *Joigny* 9 644 h. [*1906 :* 6 057 ; *1975 :* 10 972] ; constr. méc., tôlerie, matér. de transp., de garage, emballages plast., mat. de manut., bâtim., papet. scol., gaines de stylo, imprim., bois, accessoires autom. et naut., circ. imprimés. *Migennes* 8 145 h. [*1906 :* 2 473 ; *1975 :* 8 315] [ag. 13 166, dont *Charmoy* 1 207, *Cheny* 2 523, *Laroche-St-Cydroine* 1 291] ; chaudronn., tôlerie et béton ind., méc. gén., signalisation élec. et tél., mat. médic. de sauvetage, emballages plast., meubles, B.T.P., confect., abattoirs, ind. alim., bouteilles métall., tringles à rideaux ; centre ferr. *Monéteau* 3 821 h. ; ind. laitière, méc. gén., équip. frigor., matér. de magasins, scierie, cartonnages, entretien bur. immeubles. *Pontigny* 727 h. ; tuileries-briq. ; abbatiale (XIIe s.). *Pont-sur-Yonne* 2 933 h. ; verrerie médic., cartonnage, bâtim., brosses ind., expl. forest. *St-Fargeau* 1 912 h. ; confect., charpentes, bât. métall., mat. de manut., ensil. électr., génie climat., galvanisation à chaud, emballage, métal., mat. frig., mat. plastiques ; château. *St-Florentin* 6 757 h. ; transp. des métaux, tôlerie ind., extincteurs, B.T.P., confiserie, garniture de freins, caout., amiante, confect., bois, bracelets-montres. *St-Julien-du-Sault* 2 067 h. ; rouleaux télétypes, panneaux isolants, remorques, agrafes, boucles métall., rasoirs et lames, volailles en gros. *Sens** 2 191 ha, 26 602 h. [*1906 :* 15 007 ; *1946 :* 17 329 ; *1962 :* 20 351 ; *1975 :* 26 463] [ag. (1975) 33 414, dont (1982) *Paron* 3 889 et *St-Clément* 2 869] ; constr. élec., méc. gén., fonderie, chaudronnerie, matériaux préfabriqués, T.P., charpentes métall., tannerie, minoterie, vêtements, revêtements de sol, mat. de camping, de graissage, imprim., brosserie, mobilier, mat. plast., prod. pharm., peint., chaussures, battage d'or, galvanoplastie sur mét. et plast. ; cathédrale et trésor, musée municipal. *Tonnerre* 6 007 h. ; fonderie, tubes acier, constr. électro., meubles, bonneterie, tubes de lit, B.T.P., méc. gén., literie. *Toucy* 2 665 h. ; mat. plast., matér. élec., prod. phytosanitaires, jeux électron., bois, menuiserie, B.T.P., méc. gén., couvre-pieds. *Vézelay* 582 h., alt. 302 m ; basilique (1104-1205), pèlerinage. *Villeneuve-sur-Yonne* 4 980 h. ; imprimeries, B.T.P., distillerie, méc. gén., échelles, confection, diables, prod. d'entretien, chim., mat. de manut., gaines de ventilation, sablières, art. puéricult., engrais.

Régions naturelles. *Plateaux de Bourgogne :* 229 599 ha, alt. 250 m, céréales, vigne, cerises, élevage, scieries, ind. du bois, poterie. *Champagne crayeuse :* 30 577 ha, alt. 150 m, céréales, bois. *Pays d'Othe :* 38 587 ha, alt. 250 m, fruits, forêts, scieries. *Basse Yonne :* 50 943 ha, alt. 50 m, céréales, bett. à sucre, bois, chim., minoterie, fonderie, métall., ind. du cuir, carrières. *Vallées :* 142 070 ha, alt. 150 m, céréales, vigne, cult. maraîchères, élevage, lait, minoterie, mécan., mach. à bois, carrières chaux et ciment, tuilerie, pyrotechnie, chim. *Gâtinais pauvre :* 84 778 ha, alt. 150 m, céréales, ind. alim., apiculture. *Puisaye :* 115 194 ha, alt. 200 m, élevage, mécan., scieries, ind. du bois, poterie, briqueterie. *Terre plaine :* 26 767 ha, alt. 250 m, élevage, carrières, scieries, rechapage, roulements à billes, tannerie, biscuiterie. *Morvan :* 24 210 ha, alt. 450 m, élevage, forêts, scieries, meubles. **Forêts** (en ha). F. d'Othe (13 000), de Véselay-Asnières (6 000), de Frétoy (3 000), de St-Fargeau (2 700), de Vauluisant (2 000)]. **Terres.** Voir Index.

Divers. *Vins :* Chablis, vallée du Serein, région de Vézelay, vallée de l'Yonne : Joigny (côte de St-Jacques), Auxerre (clos de la Chaînette), St-Bris-le-Vineux, Irancy (côte de Palotte), Chitry, Coulanges-la-Vineuse, Épineuil Tonnerrois. *Cerisaies :* St-Bris-le-Vineux, Champs, Coulanges-la-Vineuse, Jussy, Vaux, Irancy, Chitry. *Plans d'eau :* Sens, Armeau, Étigny, Véron, Villeneuve-sur-Yonne, Joigny, Auxerre, Moutiers (50 ha, 1,2 km sur 0,4 km), Crescent (165 ha, 2 km × 1 km), Vaux, Merry-sur-Yonne, réservoirs du Bourdon (220 ha, 4 km × 1,5 km), de Malassis (2 ha), rivières de l'Armançon, de la Cure, du Cousin, canal de Bourgogne, canal du Nivernais. *Fouilles des Fontaines salées* (thermes gallo-romains Ier s. av. J.-C.) à St-Père-sous-Vézelay. *Parc rég.* du Morvan. *Rochers du Saussois* à Merry-sur-Y. (60 m).

Grottes préhistoriques : Arcy-sur-Cure. *Châteaux :* Tanlay (1610-42, Le Muet), Ancy-le-Franc (1546-90, Serlio), St-Fargeau, Druyes-les-Belles-Fontaines (XIIe s., chât. de Courtenay), Fleurigny/Oreuse (XVIe s.), Vallery (détruit au XVe, reconstruit XVIe s., famille de Condé). *Monastère de la Pierre-qui-vire* (forêt de St-Léger Vauban).

Bretagne

Généralités

● **Cadre géographique.** Comprend Finistère, Côtes-du-Nord, Ille-et-Vilaine, Morbihan ; la Bretagne historique comprend en outre la Loire-Atlantique dep. l'an 851 (Cté de Nantes) (Voir Pays de la Loire). La plus grande partie de la région appartient au *Massif armoricain* (de *ar :* la, et *mor :* mer) (alt. moy. 104 m) ; plateaux du *Léon, Trégorrois, Penthièvre, monts d'Arrée* (Signal de Toussaines : 384 m) à l'O. ; plateaux de *Cornouaille* au N. ; landes de *Lanvaux* (150 m) et *Montagne Noire* (326 m) au S. encastrent le bassin de *Châteaulin* (240 à 280 m), plateaux, collines douces et gorges des rivières. *Centre : plateau de Rohan* (200 à 250 m) ; zone déprimée : marais de *Dol* (N.), *bassin de Rennes* (25 m), *Grande Brière* (S.) (env. 150 km^2 ; 18-20 km N.-S. ; 14-15 km O.-E.). *Côtes :* au N., élevées, découpées par des rias profondes et étroites ; au S., plus basses, mais tracé plus accidenté : presqu'îles *(Quiberon) ;* golfes étendus *(golfe du Morbihan) ;* baies formées par des abers s'élargissant à l'intérieur. *Rade de Brest* et *baie de Douarnenez* (Finistère ; Menez-Hom : 330 m).

Superficie. 27 184 km^2 (5 % du territoire national) ; ne comprend pas les lacs, étangs de + de 100 ha, ni les estuaires des fleuves : 1 116 km^2. **Côtes.** 1 100 km (3 500 si l'on compte rias et îles). *Plages de sable :* 1 080 km^2. **Iles principales.** *Côtes-du-Nord :* Bréhat. *Finistère :* Batz, Glénan, Molène, Ouessant, Sein. *Morbihan :* Groix, Belle-Ile, Hoedic, Houat.

● **Climat. Températures.** Ouest : océanique (amplitudes faibles 8° à 9°, gel rare). *Intérieur et E. :* amplitudes augmentent (12°-13°) ; minima plus faibles (0,5° à Merdrignac dans le Méné), maxima forts (24° à Rennes). **Pluies.** 1 535 mm à Brennilis (monts d'Arrée), 600 mm sur le littoral. **Vent.** Plus de 60 % de temps

« perturbé » en hiver, 40 à 50 % en été. Suroît (S.-O.) : automne et hiver : pluies fines ; parfois violent, souvent tenace et continu. Noroît : tempête, averses froides. La Bretagne peut être atteinte toute l'année par les perturbations qui circulent sur le front polaire séparant les masses d'air polaire et tropical.

● **Découpage administratif.** De nombreux organismes bretons et locaux critiquent le découpage actuel des circonscriptions d'action régionale datant du 30-6-1941 (décret du gouv. de Vichy et repris par la Ve République), qui, notamment, sépare Nantes et la Loire-Atlantique de la Bretagne, ce découpage allant à l'encontre de l'histoire, de l'économie et de la géographie. Le 9-11-84, le Conseil d'État a considéré que l'Assemblée constituante ayant, en août 1789, fait table rase des privilèges des anciennes provinces, on ne pouvait se prévaloir de l'édit de 1532 fixant les contours historiques de la Bretagne.

● **Langues.** Le breton est une langue celtique, issue du britonnique parlé autrefois en G.-B. (et dont dérivent aussi gallois et cornique). Le britonnique était lui-même proche du celtique continental ou gaulois (v. langues, à l'Index). *Dialectes principaux :* trégorrois, léonard, cornouaillais, vannetais. La Bretagne « bretonnante » (actuellement à l'ouest d'une ligne Plouha-Corlay-Elven-Muzillac) atteignait au IXe s. une ligne Mt-St-Michel-St-Nazaire. En 1886, il y aurait eu selon Sébillot 1 200 000 bretonnants ; en 1969, d'après le Comité d'action progressiste pour la langue bretonne, 1 000 000 dont env. 500 000 le parlant quotidiennement (paysans, pêcheurs), surtout dans pays « bigouden » [région de Pont-L'Abbé (Sud-Finistère) et le Trégorrois (près de St Brieuc (C.-du-N.)] ; en 1982, environ 700 000. *Foyers néo-bretonnants :* pas plus de 2 000 (utilisent seulement le breton dans la vie familiale).

Nota. — BZH : abréviation de Breizh [avant l'unification de l'orthographe bretonne : Breiz en K.L.T. (Cornouaille, Léon, Trégor) et Breih (Vannetais)], signifient Bretagne.

Principaux toponymes. *Beg :* pointe, cap. *Coat, coet, goat :* bois. *Gwic, gui, guic :* bourg au centre de la paroisse. *Ilis ou iliz :* église. *Kastell :* forteresse. *Ker :* forteresse, puis ville, village, maison. *Lan :* terre consacrée, ermitage. *Lann :* lande, ajoncs. *Loc :* ermitage. *Menez :* montagne. *Penn :* tête, bout. *Plou :* paroisse (formes dérivées *plo, ple, plu, ploe, pleu, poul*). *Tre :* hameau. *Ty :* maison. *Epithètes : Bihan :* petit. *Braz :* grand. *Hen :* ancien. *Meur :* vaste. *Nevez :* nouveau.

● **Drapeau** (connu sous le nom de *Gwen a Du :* noir et blanc). 9 bandes horizontales, 5 noires (5 évêchés de Hte-Bretagne), 4 blanches (évêchés de Basse-Bretagne) et un canton aux armes du duché (blanc avec queues d'hermine). Généralement 11 queues (4, 3, 4) ; drapeau arboré avant 1937 (Exposition universelle) : dont bandes bretonnes Bro Leon (St-Pol), Bro Dreger (Treguier), Bro Gerne (Quimper), Bro Gwened (Vannes) ; gallaises : Bro Sant Brieg B/G (St-Brieuc), Bro Sant Malo (St-Malo), Bro Roazhon (Rennes), Bro Naoned (Nantes).

Nota. — Depuis le XVe s. les pavillons maritimes de la Bretagne étaient blancs avec des croix noires.

● **Hymne.** *Bro Gozh ma zadou* écrit par Taldur et inspiré de l'hymne national gallois *Hen Wlad fy Nhadau* dont il partage la mélodie.

● **Dicton.** « Qui voit Ouessant voit son sang, qui voit Sein voit sa fin. Qui voit Groix voit sa joie. »

Histoire

Entre 3500 et 1700 av. J.-C. civilisation « armoricaine » : érection des mégalithes (dolmens et tumulus, allées couvertes, menhirs). **2e millénaire av. J.-C.** développement de la civ. du bronze (contact par mer avec les Campaniformes fondeurs de cuivre). **V. 850 av. J.-C.** établissement des Celtes. **350 av. J.-C.** industrie de l'argent, grande prospérité (monnaies). A l'arrivée des Romains, plusieurs peuples : Namnètes, Redones, Coriosolites, Osismes et Vénètes (prédominants dans le Morbihan, d'où ils contrôlent mines d'étain et trafic d'étain avec des « Cassitérides » atlantiques). **57 av. J.-C.** Crassus bat les Vénètes ; ceux-ci se révoltent, mais Brutus, en présence de César, détruit leur flotte au nord de l'ancienne île de Batz (actuellement marais salants). Sous l'Empire romain, l'Armorique est incluse dans la Lyonnaise, puis au Bas-Empire, dans la IIIe Lyonnaise du diocèse des Gaules. **Ve s. apr. J.-C.** l'Armorique (chrétienne et latinophone), peu touchée par les invasions, devient progressivement le refuge de nombreux Bretons d'outre-Manche qui fuient Angles et Saxons et la receltisent, d'où son nouveau nom de Bretagne (« Britannia Minor »). **Ve au IXe s.** les parlers celtiques atteignent une ligne St-Nazaire-Mont-St-Michel. Bien qu'incluse nominalement dans la Gaule mérovingienne, la Br. est indépendante. 2e évangélisation et défrichement du pays ; de cette époque date la toponymie celtique et religieuse : *plou* (paroisses), *tré* (sections de paroisses), *lan* (ermitages). *A l'époque carolingienne,* création d'une « Marche de Br. », confiée un moment à Roland ; nombreuses révoltes rendant le contrôle du pays difficile. Le duc *Nominoë* († 851) profite des conflits entre les fils de Louis pour affermir son indépendance. Sa politique est poursuivie par son fils Erispoë et son neveu Salomon. **Xe s.** anarchie. *Alain Ier le Grand* et son petit-fils *Alain II Barbetorte* sont les seuls à tenir tête aux envahisseurs normands, mais ils doivent s'allier aux Francs ; recul de la langue celtique qui disparaît progressivement du tiers oriental du « duché ». **Fin du Xe s.** le Cte de Rennes, *Conan Ier le Tors,* rétablit son autorité nominale sur l'ensemble du duché, alors que celui-ci est disputé entre les *Foulques d'Anjou* et les *ducs de Normandie.* **XIe s.** succession d'Alain III mort en 1040. **1113** *« traité » de Gisors :* la Br., définie comme un « comté », devient fief vassal de la Normandie (arrière-fief de la couronne de Fr.). **1166** passe dans la maison des Plantagenêt, par mariage de Geoffroi, 4e fils de Henri II, avec Constance, fille et héritière de Conan IV. **1186** conflit entre Henri II Plantagenêt et Geoffroi (Geoffroi promulgue la 1re loi br., affirmant le droit d'aînesse et le non-partage dans les fiefs bretons : « Assise du comte Geoffroi ») : institution de grands officiers, constitution d'un hôtel, apparition d'embryons de chambres des comptes et de « parlement » (au XIIIe s.), division du pays en 8 « baillies » (régies par un sénéchal). **1203** le fils posthume de Geoffroi, Arthur Plantagenêt, est assassiné par son oncle Jean sans Terre. Philippe Auguste confisque la Br. et y installe la famille de *Dreux,* de souche royale, en la personne de *Pierre Ier Mauclerc,* beau-fr. d'Arthur (1213-37) ; redevient fief direct de la couronne de Fr., érigée en duché (1297). La dynastie de Dreux renforce l'organisation anglo-norm. **1341** mort du duc Jean III ; 2 prétendants : sa nièce Jeanne de Penthièvre (fille de son frère puîné Gui), mariée à Charles de Blois et son frère cadet Jean de Montfort ; la Coutume de Br. puis la cour des pairs adjuge le duché à Jeanne, mais Jean de Montfort ne s'incline pas, et la g. éclate ; Jean de M. (soutenu par Édouard III d'Angl.) s'appuie sur la Br. bretonnante, et Jeanne (soutenue par Philippe VI de Fr.) sur la Br. fr., avec Rennes et Nantes, et presque toute la noblesse ; alors que des victoires semblent assurer le succès de Charles de Blois, il est tué à la bataille d'Auray [29-9-1364 (Du Guesclin prisonnier)] ; *tr. de Guérande* (12-4-1365) reconnaît Jean de Montfort comme duc de Br., et celui-ci prête l'hommage direct simple au roi de Fr. Sous *Jean V de Montfort* (1399-1442), fils de Jean IV (surnommé le « Conquéreur »), la Br. acquiert une quasi-indépendance maintenue jusqu'à la fin du XVe s. Son dernier duc, *François II* (1458-88), s'allie contre les rois Valois avec les Anglais et le Téméraire, puis avec l'empereur Maximilien et les Grands de la « Guerre folle ». **1490** mort de François II ; Anne, sa fille, est unie à Maximilien par procuration. **1491** Anne doit rompre et épouser Charles VIII ; veuve, elle épouse (1499) Louis XII qui, pour l'épouser, a fait annuler son 1er mariage avec Jeanne de France. **1514** Anne meurt ; sa fille Claude qu'elle a eu de Louis XII hérite du duché et épouse François d'Angoulême qui, en 1515 devient le roi François Ier. **1524** Claude meurt léguant la Br. au dauphin François. **1532** François Ier unit indissolublement la Br. à la France par l'Acte d'Union à la Couronne de Fr. (« aucune imposition ne pourra être faite en Br. qu'elle n'ait été préalablement demandée aux états et par eux consentie » ; justice maintenue « en la forme et manière accoutumée » ; nominations aux charges ecclésiastiques attribuées aux seuls Bretons). Les autres privilèges « dont ils ont les chartes anciennes et jouissance immémorable jusques à présent » sont confirmés. Les Bretons conservent donc leurs États, leur Parlement, leur autonomie administrative, bien que le dauphin François en reste duc et prince propriétaire. **1536** François meurt ; son frère Henri (en 1547 le roi Henri II) devient dauphin et est couronné duc de Br. (ce sera le dernier à être couronné). **1539** il reçoit l'usufruit du duché, dont il fait hommage. A partir de 1554, installation d'un véritable parlement, siégeant d'abord, partie à Nantes, partie à Rennes, puis à Rennes seulement ; Nantes conserve sa chambre des comptes. Les États siègent chaque année à Vannes ou à Rennes et consentent l'impôt. Un gouverneur représente le roi (au XVIIIe s., les « Cdts en chef » résident sur place). **1559** mort de Henri II. **1589-98** troubles de la Ligue ; le duc de Mercœur, gouverneur de la Br. vaincu par Henri IV, doit se soumettre. Restaurée et enrichie par Richelieu, qui en fut gouverneur, la Br. échappe à la Fronde. Dès le XVIe s. les marins malouins pêchent en Islande et à Terre-Neuve, ceux de St-Pol atteignent le Brésil, Jacques Cartier (1491-v. 1554) reconnaît le St-Laurent. **1675** révoltes des « Bonnedou Ruz (Bonnets Rouges) » des paysans de Hte et Basse Cornouailles, et révolte du « papier timbré » dirigée contre les abus des impôts indirects ; répression. **XVIIe s.** l'intendant de Br. s'installe à Rennes, d'abord en missions temporaires (à partir de Richelieu), puis à demeure (à partir de 1689). Les Nantais vont en Guinée et aux Antilles, les Malouins au Pérou et en Chine. Duguay-Trouin (1673-1736) s'empare de Rio de Janeiro en 1711. Lorient, fondé par Colbert en 1666, devient le grand port des Indes orientales.

Début du XVIIIe s. lutte de Montesquiou contre les états (commandant en chef pour le gouverneur 1717-18). **1718** *déc. conspiration de Pontcallec,* appelée aussi conspiration de *Cellamare.* Formée par le prince de Cellamare, ambassadeur d'Espagne, pour détrôner le régent au profit du roi d'Esp. Le duc du Maine et la noblesse bretonne s'y associent. Les Bretons voulaient retrouver l'autonomie de leur province [4 conjurés (Mis Armand de Pontcallec ; Ctes de Talhouët, du Couëdic, de Montlouis) exécutés en 1721]. **De 1715 à 1735** l'intendance renforce son autorité, mais les états obtiennent en 1733 la création de la « Commission intermédiaire » qui les représente pendant les intersessions et dont les correspondants contrecarrent l'action des subdélégués. A la fin de l'Ancien Régime, opposition parlementaire à la monarchie incarnée par la lutte de *La Chalotais,* procureur général, contre le *duc d'Aiguillon* (gouverneur de 1753 à 1768), qui utilise les services de l'intendance pour son propre compte. **1768** d'Aiguillon devient min. à Versailles. **1771-74** l'intendance de Br. retrouve son autorité grâce aux réformes du Triumvirat (Maupeou, Terray et d'Aiguillon min. de Louis XV). Avec l'avènement de Louis XVI (1774), abandon de ces réformes ; l'opposition des états aux impôts renaît. La *nomination de Bertrand de Molleville* à l'intendance et la reconstitution de la subdélégation générale au profit de Petret n'empêchent pas l'effritement du pouvoir royal. **1785** La Chalotais et le parlement br. (85 voix contre 12) protestent contre la mauvaise foi française et démissionnent. **1788** l'agitation suscitée par la réforme de Lamoignon contraint l'intendant à s'enfuir. **1789** fin de l'autonomie de la Br. Division en 5 départements (actuellement : Finistère, Côtes-du-Nord, Ille-et-Vilaine, Loire-Atlantique et Morbihan). **1790** le duché de Br. disparaît officiellement sans pour autant entraîner l'abolition du traité d'Union. Sous la Révolution, foyer de la chouannerie (Cadoudal) qui naît dans le Léon en *1793* et ne disparaît qu'avec le Concordat. **1791-93** conjuration bretonne de La Rouërie (il meurt de maladie ; on décapitera son cadavre). (Voir Histoire de France.) **Au XVIIIe s.** essor des villes adm. : Vannes, Nantes et, plus encore, Rennes. Mahé de La Bourdonnais (1699-1753) parcourt l'océan Indien ; la marine française est commandée par Luc-Urbain du Bouëxic, Cte de Guichen (1712-80), Louis-Charles Du Chaffault de Besné (1708-93), le chevalier Du Couëdic (1739-80), Toussaint de La Motte-Picquet (1726-91) ; Robert Surcouf (1773-1827) s'illustre sous la Révolution et l'Empire. 5 ports s'imposent progressivement : Nantes devient au XVIIe et XVIIIe s. la métropole du commerce « triangulaire » (ses navires transportent les Noirs d'Afrique aux Antilles d'où ils rapportent du sucre, du rhum, du tabac). St-Malo et Morlaix arment pour la pêche lointaine et pour les campagnes des corsaires ; Brest est doté d'un arsenal par Richelieu ; Lorient, siège de la Compagnie des Indes (vendue en 1770 à la Couronne par les Rohan).

Attentats. *1977 : 12-6* laboratoire du Centre commun d'études de télévision et de télécomm. à Cesson-Sévigné ; *22-10* destruction d'un relais de T.D.F. à Pré-en-Pail. *1978 : 15-6* préfecture de Rennes ; *12-6* Versailles. *1979 : 24-2* tentative contre bât. de l'E.D.F. ; *6-3* camp d'instruction mil. à Lannion ; *6-3* et *29-5* immeuble des Renseignements généraux à St-Brieuc (auteurs condamnés à 5 a., 6 a. et 7 a. de réclusion criminelle) ; *30-5* camp d'instruction mil. à Aucaleuc. *1981 : juin* trêve (qui sera rompue en 1983). *1983 : 11-10* futur Palais de justice de Rennes ; *22-12* Trésorerie générale de Rennes. *1984 : 1-5* ag. de trav. temporaire de St-Brieuc ; tentative Dir. départ. du Trav. de Rennes ; *1-8* Radio Bret. Ouest à Quimper ; *5-8* relais EDF à Arzon ; *nov.* ANPE de Lannion et de Brest ; *déc.* locaux de la COGEMA. *1985 : juin* ANPE, palais de Justice et permanence P.S. de Guingamp. *Victimes des att. de l'A.R.B. :* 2 militants, Yann-Kel Kernaleguen (sept. 76), Patrick Gardin (août 1984) ; Christian Le Bihan, militant régionaliste (juin 1985).

Mouvements régionalistes et « nationalistes » bretons

● **Histoire. XIXe s. 1805** : Académie celtique fondée par Le Gonidec, Cambry et Le Brigant. *1843* : fondation de l'Association br. pour améliorer l'économie de la Br. **Après 1898** : mouvements politiques et régionalistes, notamment : à la suite d'un « appel au peuple breton », fondation de l'*Union régionaliste bretonne*, à Morlaix, par le Mis de l'Estourbeillon ; demande la constitution en « région distincte » de la Bretagne.

XXe s. 1900 : fondation de la Féd. socialiste de Br. à Nantes, par Charles Brunellière et les socialistes br. **1911** : fond. de la Féd. régionaliste br. et du Parti nationaliste br. par Le Mercier d'Erm, Le Rumeur, Gueguen. Réclame l'indépendance politique. **1918** : fond. de l'Unvaniez Yaouankiz Breiz (Union de la jeunesse br.) par Job de Roincé (militant de l'Action française), H. Prado, M. Marchal. **1925** : revue « Gwalarn » (vent de Nord-Ouest), porte-parole de la littérature br. (Roparz Hémon, J. Riou, Y. Drezen, Abéozen). **1927**, août : transformation de l'U.J.B. en Parti autonomiste br., qui se détruit rapidement. **1930** : démission de fédéralistes et de gauchisants : fondation de la Ligue fédéraliste de Br. (M. Duhamel). **1931** : éclatement du P.A.B. au congrès de Rennes (février). **1932** : fondation du P.N.B. (Parti national br. par O. Mordrel], par ailleurs responsable du mouvement *Breiz atao* (Bretagne toujours) ; attentat de la sté secrète Gwenn-ha-Du contre le monument commémorant l'Union de la Br. à la France (en août) et contre la voie ferrée Paris-Nantes lors de la venue d'Édouard Herriot à Nantes (en nov.). **1939**, oct. : dissolution du P.N.B. après le départ des leaders pour l'Allemagne. **1940**, mai : O. Mordrel et Debauvais condamnés à mort. Juill. : le P.N.B. clandestin crée le conseil national breton et publie une déclaration pour la création d'un État breton autonome. S'appuie d'abord sur les Allemands contre Vichy, puis à partir de décembre, Delaporte demande à Pétain un statut autonome. **1942-43** : le parti se divise : le Comité consultatif de Br. (fondé oct. 1942) regroupe la plupart des « modérés » (Yann Fouéré, Joseph Martray...) ; obtient des concessions dans le domaine culturel ; le *Bezen Perrot* regroupe les plus durs [fondée en 1943, sous le nom de Lu Brezhon, la milice bretonne (avec Célestin Lainé et Ange Péresse), rattachée au Sicherheitsdienst (S.D.), police politique allemande, prend le nom de Bezen Perrot en 1943 en mémoire de l'abbé Perrot, fondateur en 1905 du Bleun-Brug, assassiné le 12-12-1943 par des résistants. Comprend 50 h. portant faux noms, organisés en 2 sections de 4 groupes chacune, et basés à la caserne Colombier de Rennes. A la Libération (août 1944), Péresse (1910) se réfugia en Allemagne (il obtint la nationalité all.) et Lainé se réfugia en Irlande]. 20 autonomistes furent condamnés à mort (8 exécutés). **1946** : reprise du mouvement culturel. **1950** : fond. du C.E.L.I.B. **1957** : fond. du Mouvement pour l'Organisation de la Br. **1964** : échec du C.E.L.I.B. (refus de la loi-programme br.), fond. de Bretagne-Action (devenu Jeune Bretagne en 1971) ; création de l'U.D.B. **1969**, mars : fond. du Galv, Comité d'action progressiste pour la langue br. à Brest, à l'initiative d'Ar Falz, de l'U.D.B. et de la Jeunesse étudiante bretonne.

● **Organisations actuelles.** *Comité d'étude et de liaisons des intérêts bretons (C.E.L.I.B.)* : porte-parole réformiste des revendications br. composé surtout de notables régionalistes. *Organisation des Bretons émigrés* (O.B.E.). *Bretagne-Europe* B.P. 95, 22404 Lamballe, créé 1979, vise à la reconnaissance de la Br. au sein d'une Europe des peuples. *Comité pour l'unité administrative de la Bretagne (C.U.A.B.)* : 12, rue des Renards, 44300 Nantes. Créé avril 1976. Regroupement d'ass. culturelles et politiques. Partisan du retour de la Loire-Atlantique dans la région Bretagne. Continue l'action engagée par B. 5 (qui en fait partie).

Mouvements politiques actuels. *Union démocratique bretonne (U.D.B.)* : B.P. 304, 29273 Brest Cedex. 12 fédérations, un millier de militants (marxistes, socialistes, chrétiens de gauche, syndicalistes). Soutient les initiatives du C.U.A.B. et de Diwan. Seule organisation à avoir des élus au niveau local. Congrès tous les deux ans. *But* : libération sociale et nationale du peuple breton. A signé le 3-2-74 une déclaration de lutte contre le colonialisme en Europe occidentale avec le Mouvement républicain irlandais (Sinn Fein et I.R.A. official), Cymru Goch (Pays de Galles), E.H.A.S. (Pays Basque), U.P.G. (Galice), E.C.T. et P.S.A.N.P. (Catalogne). A signé avec 10 mouvements culturels, en juillet 1975, la déclaration culturelle de Brest pour « obtenir un statut officiel de la langue bretonne ». *Revues* : « Peuple breton » (mens.), 8 000 à 12 000 ex. en français. *Parti socialiste unifié (P.S.U.) Bretagne* : 34, rue de Gouët, B.P. 329, 22006 St-Brieuc. Possède une direction politique autonome et regroupe les sections P.S.U. de la région Bretagne et quelques-unes de la Loire-Atlantique. *Revue* : « Vivre au pays » (mens.). *Emgann (Bataille)* : nationaliste révolutionnaire. Créé en 1982. *But* : instauration d'une Br. libre, socialiste et autogérée. *Peuple (P.O.B.L.)* : B.P. 103, 22001 St-Brieuc Cedex. Créé juin 1982. *But* : organisation d'une Br. libre (autonomiste). Soutient le C.U.A.B. *Revue* : « l'Avenir de la Bretagne ». *B.5* : 10, rue de l'Atlantique, 44700 Orvault. Pour le rattachement de la Loire-Atl. à la région Br. *Bureau régional d'étude et d'information socialiste (B.R.E.I.S.)* : regroupe les fédérations dép. du P.S. *Comité régional d'action et de concertation. M.I.B.-Nac'h Sentin* : indépendantiste, prônant l'insoumission au serv. milit. sur des bases nat. br. *Mouvement des Radicaux de gauche* : soutient le combat pour le rattachement de la Loire-Atl. au reste de la Br. *K.A.D. (Kuzul an distaoleg)* : créé 1978, pour l'amnistie des pris. pol. br.

Organisations clandestines. *Front de libération de la Bretagne (F.L.B.)* : créé mars 1966. Devient le *F.L.B.-A.R.B. (Armée républicaine bretonne)* en 1968, 1res arrestations couvertes par l'amnistie de juin 1969. 1971 l'A.R.B. devient l'Armée révolutionnaire bretonne. 1972 1er procès en Cour de Sûreté de l'État, apparition d'un *F.L.B.-L.N.S. (Libération nationale et Socialisme)* et de sa branche militaire, l'Armée de libération de la Bretagne. Dissous le 30-1-1974, sur décision du Conseil des ministres en même temps que le F.L.B.-A.R.B., 4 membres arrêtés (procès en Cour de Sûreté de l'État). 1972, 1975, 1977, 1978, peines allant jusqu'à 15 ans de réclusion pour L. Chenevière et P. Montauzier, coresponsables de l'attentat contre le château de Versailles.

● **Mouvements culturels.** *Ar Falz (La Faucille)* : 6, rue Longue, 29210 Morlaix. Mouvement des Instit. et prof. laïques br. (I.P.L.B.), fondé en 1933 par Yann Sohier, publie les cahiers pédagogiques « Skol Vreizh » et la revue « Ar Falz ». 3 thèmes : Bretagne, socialisme, laïcité. *Bleun-Brug (Fleur de bruyère)* : 5, rue Francis-Jammes, 29200 Brest. Fondé en 1905 par l'abbé J.-M. Perrot, catholique, se situe désormais à gauche ; revue « Bretagne aujourd'hui ». 2 branches : traditionalistes (revue « Bleun-Brug, Feiz ha Breitz » : Foi et Bretagne), Chanoine Mévellec, 30, route de Bertheaume, Plougonvelin, 29217 Le Conquet (Cahiers du Bleun-Brug, 5 rue Francis-Jammes, 29 Brest) ; *Kendalc'h. Le Pradi-Trédion*, 56250 An Elven, Elven : confédération des Stés culturelles, artistiques et sportives (8 000 adhérents, 180 associations). Édite « Breizh », mensuel (10 000 exemplaires). *War'l-Leur et Al leur nevez* : fédérations de cercles celtiques (danseurs). *B.A.S. (Bodadeg ar Sonerion)* : rue de la Marne, 22100 Rostrenen. Fédération des sonneurs de bombarde et de cornemuse. *Pt* : Martial Pezennec. *Skol an Emsav* : 8, rue Hoche, 35000 Rennes. Mouvement de renaissance pour la formation de jeunes militants bretonnants, à gauche. *Stourm ar Brezhoneg* : organ. dissidente de Skol an Emsav, militant activement pour le bilinguisme dans la vie publique (plusieurs militants condamnés). *Emgleo Breiz* : 6, rue Beaumarchais, 29200 Brest. Fondé en 1953. Défend l'enseignement de la langue et civilisation br. et libertés régionales. *Tud ha Bro*, maison d'édition. *Fédération des Amis de la lutte et des sports athlétiques br.* : fondée 1930 part le Dr Cotonnec. *Radio-Télé-Brezhoneg* (Y. Gwernig). *Diwan* (germe) : Diwan Treglonou, 29214 Lannilis. Créé en 1977, a mis en place et fait fonctionner des écoles maternelles et primaires en br. Revue : An Had. *Kuzul ar Brezhoneg* : 28, rue des Trois-Frères-Le Goff, 22000 St-Brieuc. Regroupement d'associations utilisant le breton unifié.

● **Principales revues en langue bretonne** : *Al Liamm, Al Lann, An Had, An Here* (pédagogie), *Breman, Brud Nevez, Dalc'homp Sonj* (histoire nationale bretonne), *Evit ar Brezhoneg* (mensuel bilingue, 200 à 2 000 ex.), *Imbourc'h, Hor Yezh, Planedenn, Skol, Skrid, Choldri*. Env. 60 à 80 livres par an paraissent en breton (500 à 4 000 ex.), *Ere* (bimestr., littér. et pol., dep. 1981).

Économie

Population. 2 750 700 *(estim., 1-1-85)* [*1826* : 2 065 441 ; *1911* : 2 602 000 ; *1962* : 2 397 000] 4,99 % de la pop. nat. Croissance stoppée de 1911 à 1954, de 1968 à 1975 + 18 200 par an, 1975 à 1982 + 16 000 par an. D. 101,1 (85). *Population des ménages non bretons* (en Bretagne) : 206 635 dont 35 550 nés en Bretagne.

Émigration. *1850-1960 solde migratoire* : – 8 700 par an (*1946-1954* : – 18 000/an). En 1975 total *vivant hors de Bretagne* 692 530 (nés en Br.). 1 404 805 personnes appartenant à un ménage br. (685 800 hommes et 719 005 femmes) dont en Ile-de-France 651 895 (Paris 125 065). *Bretons d'origine ayant émigré vers la région parisienne* : 1975 : 324 260 (3 % des hab. de la région). En *1954* : 29 % des Bretonnes étaient employées de maison ou femmes de ménage ; en *1975* : 5,9 %.

Pop. active (estim. 1-1-85). 1 156 739 dont agr., pêche 160 115, B.T.P. 80 822, ind. 193 086, tertiaire 577 384. *Chômeurs* : 138 002. *Pop. urbaine* (en *1982*) : 1 426 342.

Échanges (milliards de F, 84) : IMPORTATIONS : 15,2 (4 286 000 t) dont agric. et agro-alim. 6,8, constr. autom. et mat. de transp. 1,9, constr. élec. et électro. 0,9, constr. méc. 0,8, chimie de base 0,7, bois et ameubl., divers 0,7 ; *de* Ital. 1,3, All. féd. 1,3, G.-B. 1,2, U.E.B.L. 1,1, P.-Bas 0,7, Danemark 0,3, Irlande 0,2, Grèce 0,03, reste de l'Eur. 3,2, Amér. centrale et du S. 2,2, U.S.A. 1,5, Afr. 0,7, Asie 0,7. EXPORTATIONS : 17,7 (2 168 000 t) dont agr. et agro-alim. 9,1, constr. autom. et mat. de transport 3,8 ; *vers* All. féd. 1,9, U.E.B.L. 1,5, G.-B. 1,2, P.-Bas 1, Grèce 0,2, Danemark 0,1, Irlande 0,1, reste de l'Eur. 3, Asie 2,8, Afr. du N. 0,7.

Agriculture (1984). **Terres** (en milliers d'ha). 2 750,7 dont *S.A.U.* 1 924,6 [t. lab. 1 594,1 (dont jardins 18), herbe 326] ; *bois* 315,1, *t. agr. non cult.* 167,8, *t. non agr.* 292,2. **Prod. végétale** (en milliers de t) : céréales 2 330,9, p. de t. 679,4, choux-fleurs 392,4, petits pois 49,8, artichauts 48,5, haricots verts 48,5. **Animale** (en milliers de têtes) : porcins 5 277, bovins 2 994 (dont veaux 848), ovins 171,5, équidés 17,9. *Lait* 60 313 900 hl.

Forêt. Paimpont (8 000 ha) ; forêt au N. de Rennes (7 000 ha). *Futaies rares* : 80 % de taillis avec des révolutions courtes de 15 à 20 ans (chêne, hêtre, châtaignier). Résineux dep. XVIIe s. (pin sylvestre) et récemment (pin Douglas, sapin de Vancouver).

Pêche (1984). 177 833 t (poissons frais, crustacés, coquilles St-Jacques) ; valeur 1,93 milliard de F (en 1984, 56,3 % de la prod. nat. en valeur).

Industrie. *Effectifs salariés* (1-1-85) : 179 797 dont ind. agro-alim. 50 911, constr. élec. et électro. 19 659, constr. navale et aéro., armement 16 665, autom. et autres matér. de transp. terr. 13 787, bois, meubles 13 015, fonderie et trav. des métaux 9 099, text. et habill. 8 704, constr. méc. 8 401.

Prospection *(pétrole en mer d'Iroise)*. Bassin sédimentaire (épaisseur : 1 500 à + de 5 000 m), profondeur 50 à 200 m d'eau, distance des côtes 50 et 300 km. Prix de revient élevé au forage : 1 million de F par j. La S.N.E.A. (Production) réalise les recherches. *Mines* : Bodennec (Fin.) et La Porte-aux-Moines (C.-du-N.), estim. à 200 000 t de cuivre-plomb-zinc-argent.

Tertiaire. *Effectifs salariés* (1-1-85) : 507 452 dont services non marchands 199 563, marchands 141 847, commerce 88 238, transports et télécommunications 55 163, organismes financiers 16 907, assurances 3 989, location et crédit-bail 1 745.

Trafic maritime (84). *Marchandises débarquées* (en milliers de t) : Lorient 1 792,2, Brest 1 636,7, Saint-Malo 1 338,4. *Passagers* (navigation côtière, total entrées, sorties) : Lorient 304 261, Saint-Malo 98 681, Brest 52 751 ; (moyenne navigation) Saint-Malo 684 153. *Transmanche* (82) : St-Malo 731 000 ; Roscoff 299 000.

Tourisme (82). Hôtels homologués (1984) 1 025 (22 813 chambres), *places* de campings homologués (1984) 82 073, auberges de jeunesse 1 525, gîtes ruraux 12 000, V.V.F. 14 000, maisons familiales 6 000. *Nombre de rés. secondaires* 15 500. *Vacances d'été* (juin à septembre 1984) : 3 116 775 nuitées. 115 500 bateaux de plaisance immatriculés au 1-10-1982 (20,9 % de la Fr.).

Projets et réalisations. *Énergie* : construction de lignes (400 000 volts) reliant Flamanville à la région de Rennes (mise en service 1984) et la région de Basse-Loire à Brest (prév. 1986). *Production d'électricité* (84) : 0,9 TWh (Téra-Watt-heure). *Consommation d'électricité* (84) : 8,75 TWh. *Routes* : achèvement à 2 fois 2 voies, des axes Rennes-Brest et Brest-Nantes. *Chemin de fer* : électrification T.G.V. Atlantique. *Divers* : renouvellement flotte de pêche ; développement recherche et innovation (agro-alimentaire, électronique-informatique ; mer-aquaculture) ; modernisation des équipements portuaires.

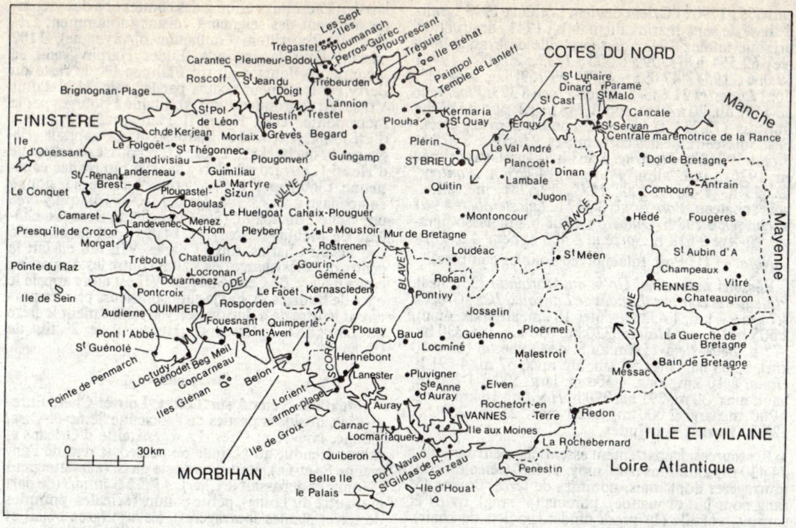

Départements

Voir légende p. 704.

● **Côtes-du-Nord** (22) 6 878 km² (80 × 130 km). *Alt.* max. Mt Méné 340 m. *Côtes* 275 km. *Climat* 900 à 1 000 mm de pluie par an, temp. moy. ann. à Bréhat 10°8 C. 543 100 h. (estim. 1-1-85) [*1801*: 504 303; *1831*: 598 872; *1866*: 641 210; *1901*: 609 349; *1921*: 557 824; *1954*: 503 178; *1962*: 501 923; *1975*: 525 556]. D. 78,9 (85). *Pop. active* (1-1-85): 191 565 dont primaire 39 957, secondaire 32 083, B.T.P. 15 572, tertiaire 103 953.

Villes. SAINT-BRIEUC 48 563 h. [ag. 83 900, dont *Langueux* 4 767; *Plérin* 10 559; *Ploufragan* 10 289; *Trégueux* 6 537; *Yffiniac* 3 185], alt. max. 60 m; métall., chauffe-eau, joints en caout., ind. agro-alim., bonneterie; 2ᵉ centre mondial du pinceau et de la brosserie après Nuremberg. — *Bégard* 5 180 h. *Binic* 2 602 h. [ag. 7 618, dont *St-Quay-Portrieux* 2 977; port de pêche]. *Callac* 2 872 h. *Corseul* 2 022 h.; cap. de la tribu gauloise des Curiosolites. *Dinan** 12 267 h. [ag. 24 360, dont *Lanvallay* 3 307, *Lehon* 3 124, *Quévert* 2 924], alt. 20 à 120 m; ind. méc., confect., textile; remparts et chât. XIIIᵉ et XVᵉ s. *Erquy* 3 426 h. *Guingamp** 8 507 h. [ag. 18 249, dont *Ploumagoar* 4 563], alt. 60 à 120 m; marché agr., ind. alim. et élec. *Hillion* 3 232 h. *Lamballe* 9 452 h.; ind. agro-alim.; haras. *Lanleff* 87 h., égl. circulaire. *Lannion** 16 641 h., alt. max. 60 m. *Loudéac* (sous-préf. jusqu'en 1926) 9 729 h., alt. 120 à 240 m; ind. alim., carrières de granit et ardoisières. *Merdrignac* 2 780 h. *Paimpol* 7 994 h. *Perros-Guirec* 7 496 h. (ag. 12 816). *Plaintel* 3 436 h. *Plédran* 5 043 h. *Pléneuf-Val-André* 3 591 h. *Plestin-les-Grèves* 3 222 h. *Pleubian* 3 293 h. *Pleumeur-Bodou* 3 453 h.; Centre nat. d'études des télécomm. [l'antenne cornet (haut. 29 m, long. 54 m, diam. d'ouverture 20 m) fonctionne à l'abri d'un radôme (haut. 50 m, diam. 64 m, poids 57 t, résiste à des vents de 160 km/h bien que sans armature). V. Index]. *Ploeuc-sur-Lié* 3 009 h. *Plouha* 4 248 h. *Ploubazlanec* 3 653 h. *Plouguernével* 3 585 h. *Ploumagoar* 4 563 h. *Pordic* 4 288 h. *Quintin* 2 814 h. *Rostrenen* 3 868 h., alt. 120 à 240 m; égl. XIII-XVIIᵉ s. *St-Cast-le-Guildo* 3 165 h. *St-Quay-Portrieux* 2 977 h. *Trébeurden* 3 228 h. *Tréguier* 3 130 h. [ag. 6 210]; pardon le 21 mai. *Le Vieux-Marché* 1 289 h., chapelle des Sept-Saints (pèlerin commun. aux chrétiens et musulmans en l'honneur des Sept dormants d'Éphèse).

Régions naturelles. Est des *monts d'Arrée, Landes du Méné, Côte à rias (Trégor)*, baie de *St-Brieuc. Ile de Bréhat*: 309 ha, 32 îlots, périmètre 18 km, à 2,5 km de la côte, alt. max. 30 m, 511 h. *Ile Grande* (commune de Pleumeur-Bodou), presqu'île reliée par une route toujours praticable, 150 ha, 800 h. **Bois** 14 500 [dont (en 81) f. de Beffou 600, la Hunaudaye 600, Coat an Noz 700, Loudéac 1 300]. **Terres.** Voir Index.

Ressources. Cultures céréalières, fourragères, légumières (Paimpol, Tréguier), bovins, porcins (1ᵉʳ producteur fr.), aviculture, volailles, œufs (1ᵉʳ prod. fr.), pêche [*Erquy, Binic, Saint-Quay-Portrieux*: 1ᵉʳˢ ports de pêche du dép.: huîtres; *baie de St-Brieuc*: coquilles St-Jacques (30 % de la prod. nat.), crustacés, moules]. Carrières (granit, kaolin, ardoises). Chauffe-eau (50 % de la prod. fr.). Brosses et pinceaux (2ᵉ prod. mondial), électro., métall., méc., scieries, meubles, text., chimie.

Sites touristiques. 90 îles. *Littoral* (flore méditerranéenne): côte de granit rose (Perros-Guirec) 110 km; d'Émeraude (St-Cast) 130 km; vallée de la Rance. *Villes*: Saint-Brieuc, Dinan, Guingamp, Lamballe, Lannion, Montcontour, Pontrieux, Quintin, Paimpol, Tréguier. *Lacs*: Guerlédan (400 ha, prof. 50 m), Bosméléac (60 ha), Jugon-les-Lacs (100 ha), Glomel (90 ha). *Retenues d'eau*: Gouët et Arguenon. *Réserves ornithologiques* des Sept Iles et du cap Fréhel. Sites naturels: rivières, rias, « montagnes », chemins creux, etc. Calvaires et monuments mégalithiques.

● **Finistère** (du latin *Finis terrae*, extrémité de la terre) (29) 6 733 km² (102 × 93 km). *Côtes* 795 km. *Alt.* max. Roc Trevezel 384 m. *Pluies* (mm, 1984) Brennilis 1 578, Coray 1 452, Guipavas 1 224, Quimper 1 126. *Population* 837 700 h. (estim. 1-1-85) [*1801*: 439 046; *1901*: 773 016; *1946*: 724 735]. D. 124,4 (85), *rurale* (82) 295 502; *active* (1-1-85): 296 200 dont primaire 44 378, secondaire 54 278, B.T.P. 22 980, tertiaire 174 564.

Villes. QUIMPER 56 907 h. [*1801*: 9 915; *1861*: 16 637; *1911*: 28 610; *1946*: 40 345; *1975*: 55 977]; port, centre de distribution, services, ind. agro-alim., faïences; cath. gothique XIIIᵉ et XIVᵉ s., égl. romane XIIᵉ s., m. dép. Breton, des B.-Arts, océanogr. — *Audierne* 3 033 h. [ag. 9 903, dont *Plouhinec* 4 900]; port, conserverie. *Bannalec* 4 975 h. *Bénodet* 2 285 h. *Brest** 156 060 h. [*1801*: 30 937; *1831*: 41 590; *1861*: 84 332; *1911*: 125 909; *1926*: 100 365; *1936*: 118 700; *1946*: 74 991; *1954*: 110 713; *1968*: 159 857; *1975*: 166 826] [ag. 202 039 dont *Bohars* 2 887, *Guipavas* 10 425, *Gouesnou* 4 475, *Le Relecq-Kerhuon* 9 286 (*1911*: 4 376; *1946*: 6 021; *1975*: 8 499). *Plougastel-Daoulas* 10 061 (*1954*: 6 709; *1975*: 8 138); pardon célèbre. *Plouzane* 8 845]; superficie 4 951 ha, alt. 50 à 100 m; rade de 15 000 ha [goulet: larg. 3 km, forme de radoub pour les 35 000 tpl, 250 000 tpl et 500 000 tpl (dep. 1980)], 1ᵉʳ port militaire fr. (effectif 6 500 pers.); métall. arsenal, réparat. nav., ind. alim., text., électro. (C.S.F.), centre océanographique, université; château (origine: camp fortifié romain du IVᵉ s.); détruite aux 2/3 en 1944. *Briec* 4 587 h. *Carhaix-Plouguer* 8 591 h. [*1801*: 1 734; *1861*: 2 197; *1911*: 3 493; *1975*: 8 210]; ardoisière. *Châteauneuf-du-Faou* 3 972 h. *Châteaulin** 5 357 h. [*1801*: 3 172; *1861*: 2 892; *1911*: 4 271; *1975*: 4 711]; comm., ind. para-agricole. *Concarneau* 17 984 h. [*1801*: 1 561; *1861*: 2 767; *1911*: 7 263; *1962*: 16 271; *1975*: 18 759] [ag. 23 893, dont *Trégunc* 5 909]; pêche (3ᵉ port fr. selon la valeur des prod. débarqués), conserv., constr. naut., stat. baln.; « Ville-close », remparts. *Crozon* 7 525 h. [*1801*: 6 592; *1861*: 8 651; *1911*: 8 323; *1975*: 7 297]; conserv. *Douarnenez* (de *« douar an enez »*, la terre de l'île) 17 653 h. [*1801*: 5 434; *1861*: 4 870; *1901*: 12 800; *1946* (après fusion avec Ploaré, Pouldavid et Tréboul en 1945): 20 564; *1975*: 19 096]; pêche, conserves de poissons et de légumes, boîtes métall.; égl. de Ploare XVIᵉ s. *Ergué-Cabéric* 5 679 h. *Fouesnant* 5 239 h. *Guilers* 6 686 h. *Guilvinec* 4 091 h. [ag. 6 451, dont *Treffiagat* 2 360]. *Landerneau* (sous-préf. jusqu'en 1926) 14 482 h. [*1801*: 3 669; *1861*: 6 959; *1911*: 8 252; *1962*: 12 952; *1975*: 14 541]; ind. agro-alim., papeteries, ind. méc. *Landivisiau* 7 964 h. [*1801*: 2 124; *1861*: 3 317; *1911*: 4 713; *1975*: 7 605]; commerce (marché aux bestiaux aux enchères), ind. agro-alim.; base aéronavale imp. *Lannilis* 3 939 h. *Lesneven* 6 145 h. [ag. 8 961, dont *Le Folgoet* 2 816]. *Moëlan-sur-Mer* 6 501 h. *Morlaix** 18 348 h. [*1801*: 9 351; *1861*: 14 008; *1911*: 15 262; *1962*: 20 248; *1975*: 19 237] [ag. 27 829, dont *Plourin-lès-Morlaix* 4 311. *St-Martin-des-Champs* 5 170]; port, man. des tabacs, ind. agro-alim., électro.; viaduc de 58 m de haut. (1864), maisons du XVIᵉ s. *Penmarc'h* (Tête de cheval) 6 463 h. [*1801*: 1 166; *1861*: 2 029; *1911*: 5 051; *1975*: 6 921]; pêche, conserv.; m. Préhistorique. *Plabennec* 6 435 h. *Plonéour-Lanvern* 4 508 h. *Ploudalnézeau* 4 771 h. *Plouescat* 3 935 h. *Plouguerneau* 5 317 h. *Pont-l'Abbé* 7 266 h. [*1801*: 1 884; *1861*: 4 286; *1911*: 6 652; *1975*: 7 325]; conserv., confect.; chât. des Barons du Pont (XIVᵉ s., remanié au XVIIIᵉ s.), m. Bigouden. *Pont-Aven* 3 295 h.; musée Gauguin. *Quimperlé* 11 067 h. (sous-préf. jusqu'en 1926); papeterie, ind. alim., conserv. *Riec-sur-Belon* 4 059 h. *Roscoff* 3 581 h.; institut biologique, port. *Rosporden* 6 735 h.; conserves de viande. *Scaër* 5 968 h.; papeterie. *St-Pol-de-Léon* 7 462 h. [*1954*: 8 585; *1975*: 8 044]; marché au cadran, légumes. *St-Renan* 5 483 h.; granit.

Iles. *Batz* 305 ha, long. 4 km, larg. max. 1,5 km; 744 h. *Molène* 75 ha, long. 1,2 km, larg. max. 0,8 km; 330 h. *Ouessant* 1 558 ha, long. 8 km, larg. max. 4 km, alt. 65 m; 1 221 h. *Sein* 60 ha, long. 2 km, larg. max. 0,8 km; 504 h. *Ile-Tudy* (presqu'île) 126 ha, long. max. 1,2 km, larg. max. 0,8; 552 h. *Béniguet* (commune du Conquet), 80 ha, inhabitée. *Glénan* (9 îles: St-Nicolas, Le Loch, Penfret, Bananec, Drennec, Fort-Cigogne, Guiautec, Guirinec, Les Moutons-du-Loch, réparties sur 10 km de long et 6 km de large).

Régions naturelles. *Littoral breton Nord*: 49 997 ha dont (en %): cult. fourr. 28,3, céréales 11,5, prairies 13,7, diverses 46,5. *Pénéplaine bretonne Nord*: 146 674 ha dont (en %): cult. fourr. 54,5, céréales 21,1, prairies 13,2, cult. div. 11,2. *Monts d'Arrée*: 18 768 ha dont (en %): cult. fourr. 73,8, céréales 12,8, prairies 9,9, cultures div. 3,5. *Bassin de Châteaulin et presqu'île de Crozon*: 110 708 ha dont (en %): cult. fourr. 63,8, céréales 23,2, prairies 8, cult. div. 5. *Pénéplaine bretonne Sud*: 155 769 ha dont (en %): cult. fourr. 55,2, céréales 23,2, prairies nat. 11,7, div. 9,9. **Bois** 68 500 [dont (en 84) f. domaniale de Clohars-Carnoet 800, du Cranou 600, de St-Ambroise 600, du Fréau 700, d'Huelgoat 600, de Landevennec 500. **Terres.** Voir Index.

Ressources (84). 1ᵉʳ dép. pour *artichauts* (62 % de la product. fr.), *choux-fleurs* (30 %); 2ᵉ *haricots verts* (11,6 %), *carottes* (7 %), *porcs* (14 %); 3ᵉ *bovins* (3,2 %), *petits pois de conserve* (12,3 %) (1981); 6ᵉ *œufs* (7 %). 1ᵉʳ dép. pour *crustacés* (53 %), *poissons frais et congelés* (20 %). *Cassitérite* près de St-Renan, épuisée. *Kaolin* près d'Huelgoat-Berrien. *Ostréiculture*: Abers, rivière du Belon.

Sites touristiques. *Parc naturel régional d'Armorique* (créé en 1969), regroupe 28 communes rurales, 65 000 ha. *Presqu'île* du cap Sizun, terminée par la pointe du Raz (réserve ornithologique de Goulien). Lac de Brennilis (50 ha). *Domaine départemental* de Trevarez, 80 ha (parc, pépinières, château). *Côtes* (500 km): « Ceinture dorée » de la pointe de Locquirec à Plouescat; *« Circuit des Légendes »* de Goulven à Guisseny-sur-Mer, *« C. des Abers »* de l'Aber-Wrac'h (8 km dans les terres) à la pointe de St-Mathieu [*abers*, estuaires de rivières remontés par la marée: Dossen, Aber-Wrac'h, Aber-Ildut, Aber-Benoît, Elorn, Aulne, Goyen, Odet qui traverse Quimper, Aven et Laïta, confluent de l'Isole et de l'Ellé]; *« C. Sud-Finistère et de Cornouaille »*, de la pointe de St-Mathieu à Port-Manech. *Lac*: Brennilis (500 ha). *Enclos paroissiaux*: Guimiliau (1581-1648) [calvaire (1581-88) représentant l'enfance de Jésus (200 personnages)], St-Thégonnec (1587-1610), Pleyben (1555-1725).

Tourisme (84). Hôtels non homologués 2 539, homologués 301 (chambres 7 239), campings 283, gîtes ruraux 761, villages de vacances 11, meublés de tourisme 89.

● **Ille-et-Vilaine** (35) 6 757 km² (130 × 80 km). *Côtes* 72 km. *Alt.* max. La Haute Forêt 256 m. 768 500 h. (estim. 1-1-85) dont pop. agricole 114 847 h. [*1801*: 488 846; *1891*: 626 875; *1911*: 608 021; *1921*: 558 574; *1975*: 702 199]. D. 113,7 (85). *Pop. active*

(1-1-85) : 308 200 dont primaire 41 102, secondaire 63 383, B.T.P. 23 649, tertiaire 180 066. *Langue :* pays « gallo-francophone ».

Villes. RENNES 194 656 h. [*1833 :* 29 408 ; *1866 :* 49 231 ; *1901 :* 74 673 ; *1946 :* 113 731 ; *1975 :* 198 305] [ag. 234 418, dont *Bruz* 7 856. *Cesson-Sévigné* 10 451. *Chantepie* 3 677. *Chartres-de-Bretagne* 4 869. *St-Grégoire* 3 854. *St-Jacques-de-la-Lande* 6 324], alt. 25 à 54 m, sup. 5 039 ha (1975) ; constr. méc., autom. (groupe P.S.A.-Peugeot-Citroën-Talbot), imprim., papeterie, électron., informatique et télématique (réseau Transpac et vidéotex Antiope) ; m. des B.-Arts ; m. de Bretagne. — *Acigne* 3 554 h. *Argentré-du-Plessis* 3 045 h. *Bain-de-Bretagne* 5 241 h.] *Betton* 5 907 h. *Cancale* 4 638 h. ; ostréiculture (1 250 t/an). *Châteaubourg* 3 526 h. *Châteaugiron* 3 234 h. *Combourg* 4 733 h. ; château de Chateaubriand. *Dinard* 9 590 h. [*1936 :* 7 721 ; *1975 :* 9 234] [ag. 15 838, dont dans le dép. *La Richardais* 1 381. St-Briac-sur-Mer 1 691. *St-Lunaire* 2 020] ; stat. baln. *Dol-de-Bretagne* 4 606 h. *Fougères** 24 362 h. [*1936 :* 20 432 ; *1975 :* 26 610] [ag. 26 834, dont *Lecousse* 2 472] ; chaussures, confect., constr. électroméc., méc. de précision, optique, verrerie ; marché aux bestiaux, (3 400 têtes de bétail par semaine). *Guichen* 5 311 h. *Janzé* 4 327 h., abattage de volailles. *La Guerche-de-Bretagne* 4 055 h. *Le Rheu* 4 276 h. *Liffré* 4 205 h. *Louvigné-du-Désert* 4 445 h. *Martigné-Ferchaud* 3 150 h. *Melesse* 4 231 h. *Montauban* 3 759 h. *Montfort* 4 301 h. *Mordelles* 5 149 h. *Noyal-sur-Vilaine* 3 841 h. *Pacé* 4 954 h. *Pleurtuit* 4 165 h. *Redon ** 9 170 h. [*1936 :* 6 565 ; *1975 :* 9 649] [ag. 12 221] ; métall., fonderie ; électron., briquets, matér. agr. ; agro-alim. *Retiers* 3 431 h. *St-Malo ** 46 347 h. [*1936 :* 13 836 ; *1962 :* 17 107 ; *1975 :* 45 030] ; armement à la grande pêche en déclin, remplacé par la pêche fraîche ; constr. naut., ferronnerie ; prod. d'engrais ; importation de bois ; écoles nat. de la marine march. et de l'administr. des aff. marit. ; m. de la Ville, Internat. du long-cours cap-hornier. *St-Méen-le-Grand* 3 742 h. *Thorigné-sur-Vilaine* 3 591 h. *Vitré* 13 042 h. [*1936 :* 8 506 ; *1975 :* 12 318] (s.-préf. jusqu'en 1926) ; mach. agr., chaussures, confect., ameubl.

Régions naturelles. *Bassin de Rennes :* blé, plantes fourragères, bovins, légumes, produits laitiers. *Pays de Redon :* élevage (bovins), lait, polyculture. *Côte :* polders : marais de *Dol. Région de Combourg :* carrières. **Bois** 61 500 ha [dont (en 81) Gael-Paimpont 7 670 (14 étangs), Rennes 2 938, Fougères 1 500, Liffré 900, Villecartier 900, St-Aubin-du-Cormier 800, Le Mesnil 500, Mautauban 500]. **Terres.** Voir Index.

Ressources. Agriculture (principaux prod. en milliers de t en 84) : blé 360, p. de t. 110,2 dont primeurs 54,2 (1er dép.), orge et escourgeon 133, maïs-grain 66. **Élevage** (*effectifs animaux*, en milliers) : porcs 921 dont truies-mères 80, bovins 896, ovins 63 dont brebis mères 44,2, volailles (1983) 6 400, équidés 45 ; viande (1984) : 222 792 t, lait 18 millions d'hl (1er dép.). **Industrie extractive** (84) : minerai de fer *1982 :* 42 610 t, *84 :* 4 227 730 t. **Industries agro-aliment.**

Sites touristiques. Forêt de Paimpont, de Rennes et de Brocéliande. *Étangs* de Paimpont et du Pas-du-Houx (80 ha). *Côte d'Émeraude.*

● **Morbihan** (du breton *Mor-Bihan*, petite mer, par rapport à *Mor-Bras*, grande mer ou océan) (56) 6 823 km² (138 × 84 km). *Côtes* 513 km : 288 km le long du continent, 89 km pour le contour des îles, 136 km pour celui des estuaires. Temp. moy. mens. 7°6 (janv.) à 18°3 (juil.), pluie 800 mm, insolation 2 000 h. *Alt.* max. Mont-St-Joseph 297 m. 601 400 h. (1-1-85) [*1801 :* 401 215 ; *1891 :* 544 470 ; *1921 :* 456 047 ; *1946 :* 506 884 ; *1954 :* 520 978 ; *1975 :* 563 388 ; *1982 :* 590 889]. D. 88,1 (85). *Pop. active* (1985) : 254 149 ; ayant un emploi 215 442 dont primaire 34 677, secondaire 43 346, B.T.P. 18 622, tertiaire 118 797. *Chômeurs* (84) : 33 628.

Villes. VANNES 42 178 h. [*1840 :* 11 623 ; *1901 :* 23 375 ; *1954 :* 28 403 ; *1975 :* 40 359] ; tréfileries, ind. alim., plast. (Michelin) ; m. des B.-Arts. — *Auray* 9 892 h. [ag. 13 446, dont *Brech* 3 554] ; bois, plastique ; champ des Martyrs. *Baud* 4 925 h. *Belz* 3 398 h. *Carnac* 3 962 h. ; alignements. *Caudan* 5 819 h. *Elven* 3 003 h. *Etel* 2 445 h. (ag. 4 590). *Gourin* 4 925 h. *Grand-Champ* 3 503 h. *Guer* 5 657 h. (ag. 5 986). *Guidel* 6 071 h. *Hennebont* 12 963 h. [*1936 :* 8 690 ¹ ; *1962 :* 11 960 ; *1968 :* 12 011] [ag. 18 557, dont *Inzinzac-Lochrist* 5 594]. *Josselin* 2 548 h. ; ind. alim. ; constr. méc. et élect. ; château. *Languidic* 5 847 h. *Le Faouet* 3 177 h. *Locminé* 3 424 h. *Locmiquélic* 4 002 h [ag. 12 884, dont *Port-Louis* 3 327. *Riantec* 4 616]. *Lorient** [de *an oriant*, l'Orient, nom d'un grand bateau construit par la Cie des Indes sur les chantiers en 1666 ; 1790 : l'Orient devient Lorient ; 1940 : grande base de sous-marins allemands ; 1943 : destruction presque totale ; 1945 : dernière ville de France libérée] 62 554 h. [*1709 :* 6 000 ; *1733 :* 20 000 ; *1946 :* 19 066 ; *1954 :* 47 095 ; *1975 :* 69 769] [ag. 104 025, dont *Lanester* 21 643. *Larmor-Plage* 6 373. *Ploëmeur* 13 455], alt. 20 à 40 m, sup. 1 748 ha ; 2e port de pêche français (72 724 t), arsenal, conserv., méc., élect., Fest. interceltique des cornemuses. *Muzillac* 3 228 h. *Plouay* 4 368 h. *Ploërmel* 6 563 h. (s.-préf. supprimée en 1926) ; ind. alim. *Pluvigner* 4 725 h. *Pontivy** 12 675 h. [*1936 :* 9 300 ; *1975 :* 12 578] ; ind. alim., bois ; château. *Port-Louis* 3 327 h. *Questembert* 4 961 h. *Quéven* 6 798 h. *Quiberon* 4 808 h. ; thalassothérapie. *St-Avé* 6 618 h. *Sarzeau* 4 406 h. *Séné* 4 599 h.

Nota. — (1) Pop. totale (avec doubles comptes).

Régions naturelles. *Golfe du Morbihan* (365 îles). *Plateaux et collines. Landes de Lanvaux. Iles : Groix* à 7,7 km × 2 km, 1 452 ha, côtes 18 km, alt. max. 46 m, 2 605 h. *Ile aux Moines*, 320 ha, 590 h. ; *Arz*, 330 ha, 277 h. *Belle-Ile* à 15 km au S. de Quiberon (20 × 10 km), 8 563 ha, côtes 50 km, alt. max. 57 m, 4 191 h. *Houat* à 10 km, long. 4 500 m, larg. 500 à 1 200 m, haut. max. 30 m, 291 ha, 390 h. *Hoëdic* à 16 km, long. 1 200 m, larg. 2 000 m, haut. max. 25 m, 208 ha, 126 h. **Terres.** Voir Index.

Ressources. Département essentiellement agricole : 24 430 exploitations (sup. moy. 17 ha). Céréales, cult. fourragères dont maïs, pommes de terre. Bovins (5e rang pour lait et viande), porcins (4e rang), ovins et caprins, volaille (1er prod. dindes, poulets de chair). Zone maraîchère de Lorient à Auray. Ostréiculture, pêche. Kaolin (1er en Fr.).

Sites touristiques. 4e dép. fr. touristique. Golfe du Morbihan. *Ports de plaisance :* La Trinité, Le Grouesty. *Châteaux et manoirs :* Ch. de Lehelec à Beganne, de Kerguehennec à Bignan, Le Largoët à Elven, du Rohan à Josselin, forteresse des Rohan à Pontivy, ch. de Rochefort-en-Terre, de Kerlevenan et de Suscinio à Sarzeau, de Crévy à La Chappelle Caro, du Plessis-Josso à Theix, Remparts de Vannes. *Musées :* Ecomusée au village de Saint-Degan en Brech, préhistorique de Carnac + mégalithes, préhistorique au château Gaillard à Vannes, de Port-Louis de Belle-Ile, de Groix, de Lorient, de la Résistance à St-Marcel. *Abbayes :* Kergonan à Plouharnel, Timadeuc à Brehan, Langonnet. *Calvaire* de Guehenno. *Thalassothérapie :* Quiberon, Carnac.

Centre

Généralités

Berry

Situation. S'étend sur la plus grande partie du Cher et de l'Indre ; quelques parcelles en Loiret, Indre-et-Loire et Creuse. *Au centre : Champagne berrichonne*, plaine de calcaire jurassique (élevage des moutons, céréales). *Au S. et au S.-E.*, le *Boischaut* et la vallée de *Germigny* décrivent autour de la Champagne berr. un croissant de terres argileuses ou calcaires (lias) doucement vallonnées. Zone bocagère propice aux prairies. *A l'E., Val de Loire berrichon :* bande de terres alluviales (limon et surtout sable) : bois, landes et parfois prairies et cultures. *Au N.-E., collines du Sancerrois* (431 m), les marnes couronnées de calcaire y affluent, vignes. *Au N., partie de la Sologne* (ancien territoire des Bituriges Segalauns, qui habitent aussi dans la Drôme et l'Ardèche actuelles), sol composé de sable et d'argile et surtout zone de bois et d'étangs. *Au S.-O., la Brenne* (sup. : 1 000 km²) occupe une partie déprimée : sols d'argile et de sable parsemés de nombreux étangs et de tertres ; terre pauvre où poussent landes et halliers. *A l'O., Pays de Valençay*, fait suite à la *Champagne de Châteauroux.*

Ressources. *Pour le Cher : prod.* de blé tendre, orge, maïs en grain, blé dur, avoine, colza, tournesol, bett. ind., légumes secs, vigne, vergers. *Élevage* de bovins, ovins, porcins, caprins, équidés, volailles.

Histoire. A l'époque gauloise, *Avaricum* (Bourges), capitale des Bituriges Cubi, devient la métropole du Massif central ; assiégée par les légions de Jules César, elle résista énergiquement en 52 av. J.-C. **Période gallo-romaine** Bourges est capitale de l'Aquitaine, puis de l'Aquitaine Seconde (après Dioclétien). **VIe s.** La *civitas* de Bourges est amputée d'une partie de son territoire solognot, en faveur de la *civitas* (nouvellement créée) d'Orléans. Fait partie du royaume wisigothique de **469 à 507** (bat. de *Vouillé*). Jusqu'au XIIe s., le Berry reste avant tout le domaine des archevêques de Bourges, métropolites d'Aquitaine ; ils en laissent l'administration à des comtes et à des vicomtes, souvent des seigneurs voisins (notamment Gérard de Roussillon, Guillaume d'Auvergne). **1102** partant pour la croisade, Eudes Harpin vend sa vicomté de Bourges au roi Philippe Ier ; le reste du Berry est lentement acquis par les rois. **1137** Louis VII se fait couronner duc d'Aquitaine à Bourges par le métropolite. **1152** Henri II Plantagenêt, 2e époux d'Éléonore, revendique Bourges comme capitale religieuse du duché. **1170** Louis VII repousse une attaque d'Henri II et garde le Berry dans la mouvance capétienne. **1360** Jean II le Bon l'érige en duché et le donne en apanage à son 3e fils, Jean (1340-1416), qui y crée une riche principauté (Ste-Chapelle de Bourges, château de Mehun-sur-Yèvre). **1418** l'apanage échoit à son neveu Charles, futur Charles VII, qui en fait le centre de la résistance des Valois contre les Anglais au cours de la g. de Cent Ans (Ch. VII est alors appelé le « roi de Bourges »). Par la suite, plusieurs princes portèrent le titre de « duc de Berry », notamment le frère de Louis XI, la sœur de Henri II, le 2e fils de Ch. X.

Orléanais

Situation. S'étend sur Loiret, Loir-et-Cher, Eure-et-Loir, quelques parties de l'ancienne Seine-et-Oise, Yonne, Nièvre et Cher. La « généralité d'Orléans », moins étendue au N. (elle ne possédait rien de l'ancienne S.-et-O.), était plus vaste au S. (elle atteignait l'Yonne et dépassait le Cher). *A l'E. : Gâtinais* (de part et d'autre du Loing), petite culture (céréales, pommes de terre, plantes fourragères), élevage (gros bétail et volailles), apiculture. *Au centre et à l'O. : Beauce*, vaste plaine découverte avec gros villages et riches cultures (blé, orge, maïs, betterave à sucre, graines de semence, plantes fourragères) ; se prolonge au S.-O., vers Vendôme et Blois, par la *Petite Beauce*, plus ondulée et moins riche. *Plus à l'O. : partie or. du Perche*, bocage, avec herbages gras (cheval) et habitat dispersé. *Au N. de la Loire : forêt d'Orléans* entre la Beauce et le Gâtinais. *Au S. de la Loire : Sologne* (sol imperméable), mise en valeur au XIXe s. *Val de Loire :* partie la plus riche, favorisée par les alluvions et les conditions climatiques (blé, betteraves, plantes fourragères, vigne, arbres fruitiers, cult. sous serres, pépinières, roseraies). Le long de la Loire, petits marchés ou gros centres (souvent anciennes étapes de batellerie) : Gien, Châteauneuf-sur-Loire, Orléans, Blois.

Histoire. La ville gauloise de *Genabum* (Orléans) est avec *Autricum* (Chartres) une des 2 cap. des Carnutes, dont le territoire va de Sully-sur-Loire à Mantes. **IVe s.** la cité gallo-romaine des Carnutes est démembrée : Genabum, rebaptisée *Aurelianum*, devient une cité épiscopale dépendant de Sens ; son territoire est augmenté, au S., d'une partie de la Sologne biturige (rive dr. de la Sauldre). **54** elle est la capitale du royaume de Clodomir, fils de Clovis. **573** le roy. d'Orl. est annexé à la Neustrie. Fait partie du domaine royal dès l'époque d'Hugues Capet. En est détaché 4 fois à titre d'apanage : Philippe, fr. de Jean le Bon (1311-75) ; Louis, fr. de Charles VI, son fils Charles, le poète, son petit-fils Louis XII (1392-1498) ; Gaston, fr. de Louis XIII (1626-60) ; Philippe, fr. de Louis XIV (depuis 1660), tige des princes d'Orléans, encore représentés (un fils du Cte de Paris porte le titre de duc d'Orléans).

☞ D'après Pierre Gillardot, 50 % (en 1980) de la **Sologne** (440 000 ha) appartenait à des non-résidents (15 % à des Parisiens des 7e, 8e, 16e et 17e arr.). L'État possédait 40 000 ha. Il y aurait 1 000 grands domaines de chasse (moy. : 220 ha).

Touraine

Situation. Plateau (craie, recouverte d'une carapace argilo-siliceuse) avec bois et landes (landes du Ruchard) coupés de clairières cultivées (*Gâtine tourangelle*, entre Loire et Loir ; plateau d'*Amboise* et de *Pontlevoy*, entre Loire et Cher ; *Champeigne*, entre Cher et Indre ; plateau de *Sainte-Maure*, entre Indre et Vienne). *Vallées : Val de Loire* et vallées fertiles du *Cher*, de l'*Indre*, de la *Vienne* (alluvions épaisses ou « varennes » et climat doux et ensoleillé). Cultures maraîchères, arbres fruitiers. Vins de Bourgueil, Vouvray, Chinon. Habitations troglodytes.

Histoire. Pays des Turones ou Turons (VIe s. av. J.-C.) intégré par les Romains à la IIIe Lyonnaise. Tours *(Caesarodunum)* devient évêché **v. 300**, puis centre religieux de l'Ouest (pèlerinage au tombeau de St Martin). **VIe-VIIe s.** base militaire des Francs dans l'Ouest [**507** Clovis y a son camp (île St-Jean en face d'Amboise, il y reçoit Alaric, avant de le battre à

Vouillé)]. **732** Charles Martel devance les Arabes, qui veulent attaquer Tours (il les écrase à Poitiers). **Xe s.** Louis le Débonnaire fait de Tours la capitale adm. de l'Ouest *(missaticum Turonicum)* et un archevêché. Administration confiée à un comte. **940** le Cte Thibaut le Tricheur transforme en fiefs héréditaires ses comtés de Chartres, Blois, Touraine ; cédé en fief au Cte d'Anjou, Geoffroi Ier Martel (1044), tige de la famille des Plantagenêts. **1206** Philippe Auguste s'empare des domaines plantagenêts au N. de la Loire, plus Loches et Chinon. **1259** Henri III d'Angl. en reconnaît la possession au roi de Fr. (tr. de Paris). Confiée en apanage à de nombreux princes du sang (Jean II le Bon en est le 1er bénéficiaire en 1332).

Érigée en duché-pairie, passe à ses fils Phil. le Hardi (1360-63), futur duc de Bourgogne, et Louis (1370-84), duc d'Anjou, puis à son petit-fils Louis (1386-92) qui devient le duc d'Orléans (1392). Le futur Charles VII en est investi (1416-18 ; 1419). Après son avènement (1422), le souverain confie le duché (qui fait partie du royaume de Bourges) à sa femme Marie d'Anjou, puis au Cte écossais Douglas, et ensuite au duc Louis III d'Anjou (1425). De Charles VII à Henri IV, les rois de Fr. résident dans leurs châteaux de la Loire. Le duché devient le centre de la généralité de Tours-Poitiers-Bourges créée en 1542. **XVIIe-XVIIIe s.** abandonnée au profit de Paris et de Versailles, la Touraine devient une simple province (dernier duc : François d'Alençon, 1576-84).

Blésois

Situation. Des 2 côtés de la Loire (moitié N.-O. du Loir-et-Cher).

Histoire. Marche non déboisée entre la cité des Carnutes (Chartres-Orléans) et celle des Turons. Contenait peut-être le centre de la religion druidique à Suèvres *(Sodobriga)*. **Période gallo-romaine** fait partie de la cité d'Autricum (Chartres). **Jusqu'en 940** la forteresse de Blois, construite au VIe s., appartient aux Ctes de Paris, seigneurs du Chartrain (futurs rois capétiens). **940** Thibaut le Tricheur transforme en fief héréditaire les comtés qu'il administre. **1023** son petit-f., Eudes Ier, devenu Cte de Champagne, fonde la maison de Blois-Champagne. **1334-1397** le Bl. reste un fief distinct, dans la maison de Châtillon. **1397** Louis d'Orléans, fr. de Charles VI, achète le comté de Blois. **1440** Charles d'Orléans, le poète, fils de Louis, établit sa cour à Blois. **1498-1588** Louis II d'Orléans, devenu le roi Louis XII (né à Blois), puis ses successeurs sur le trône de France font de Blois la principale résidence de la cour royale. **1588** après l'assassinat du duc de Guise, la cour abandonne Blois. **1697** Blois, siège d'un évêché, détaché de Chartres.

Chartrain, Dunois, Drouais

Situation. Constituent à eux 3 (avec une partie du Perche, le Thymerais) l'Eure-et-Loir. Plateaux de la Beauce, plats, calcaires, sablonneux ; alt. 130 à 150 m ; cultures céréalières, gagnées sur la forêt, défrichée au Moyen Age.

Histoire. Territoire des Celtes *Carnutes* (fidèles du dieu Cernunos, aux cornes de taureau) qui ont donné leur nom à Chartres vers le IIIe s. apr. J.-C. [nom primitif : l'adjectif *aturicum,* tiré du nom de l'Eure *(Atura)* et déformé ensuite en *Autricum*]. Une sous-tribu des Carnutes, les *Durocasses,* a donné son nom à Dreux [étymologie : les combattants *(cassi)* de la colline fortifiée *(durum)*]. *Dunum,* la « ville artisanale », sur le Loir, a été protégée (au Moyen Age) par une forteresse, devenant Châteaudun *(Castellum Duni)*. **Période gallo-romaine** la cité de Chartres réduite à la moitié nord du territoire des Carnutes (amputée de l'Orléanais autour de *Genabum*) fait partie de la Lyonnaise Quatrième (métropole : Sens) ; évangélisée au IVe s. par 3 missionnaires senons : Potentien, Altin et Santin. **Sous les Mérovingiens,** division en 3 *pagi* : Chartrain, Dunois, Drouais. Le Chartrain, terre en grande partie épiscopale, reste sous l'autorité des ducs capétiens puis passe à la fin du Xe s., avec Blésois et vicomté de Châteaudun, dans la famille de Thibaut le Tricheur qui deviendra celle des Blois-Champagne. Le Drouais est vendu au roi de Fr., Robert le Pieux, vers 1020 et servira plusieurs fois d'apanage à des princes capétiens. Le Chartrain, aux mains de Ctes vassaux de la maison de Champagne, devient fief direct de la couronne en **1234** et est annexé au domaine royal en **1280,** à l'extinction de la famille de Châtillon. Des vidames de Chartres (ducs de Saint-Simon) continueront jusqu'à la Révolution à administrer les terres épiscopales de la région. Les vicomtes de Châteaudun (ou de Dunois), qui ont été plusieurs fois en même temps Ctes du Perche, sont vassaux des Blois-Champagne puis des rois de France à partir de 1234. Leur fief est réuni en **1391** à l'apanage du duc d'Orléans ; passe en **1407** à son fils naturel, le Bâtard d'Orléans, tige des Ctes de Dunois, Pces de Longueville (éteints 1696).

Économie

● **Population** 2 311 000 h. (estim. 1-1-85). *Pop. active, disponible* (1-1-1985, estim.) 1 024 400, *occupée* 890 200 (dont agr. 91 300, ind. 243 600, B.T.P. 69 800, tertiaire 485 500). *Étrangers* (31-12-1984) 125 383.

● **Échanges** (milliards de F, 84). IMPORTATIONS : 21,3, dont prod. de l'agr. 0,8, ind. agro-alim. 0,8, mat. 1res minérales 0,07, métaux et prod. du trav. des métaux 3,4, chim., prod. div. semi-manuf. 5,2, biens d'équip. profess. 6,3, électroménager, électro. grand public 0,4, équip. autom. des ménages 0,07, pièces détachées et matér. util. de transp. 0,4, biens de consomm. 3,8, div. 0,01 ; *de* All. féd. 5, U.E.B.L. 2,6, Italie 2,5, U.S.A. 1,9, G.-B. 1,8, Irl. 0,5, Danemark 0,4, Japon 0,4. EXPORTATIONS : 20,4, dont prod. de l'agr. 2,3, ind. agro-alim. 1,9, mat. 1res minérales 0,07, métaux, prod. de trav. des mét. 0,2, chim., prod. div. semi-manuf. 3,2, biens d'équip. profess. 6,4, électro-ménager, électro. grand public 0,7, équip. autom. des ménages 0,1, pièces détachées et matér. util. de transp. 1, biens de consomm. 3,7, div. 0,15 ; *vers* All. féd. 3,8, Italie 2,9, U.E.B.L. 2,1, G.-B. 1,7, P.-B. 1,3, U.S.A. 1,1, Algérie 0,8, Danemark 0,2.

● **Agriculture** (1984). Terres (en milliers d'ha) 3 953,6 dont *S.A.U.* 2 580,5 [t. lab. 2 101,5 (dont céréales 1 487,2, jardins 17,1), herbe 436,1, vignes 31,2] ; *t. non agr.* 316,1 ; *t. agr. non cult.* 122,3 ; *bois* 855,5. **Prod. végétale** (en milliers de t) : céréales 9 271,3 dont blé tendre 5 906,1, orge et escourgeon 1 205,9, maïs-grain 1 427,6, bet. ind. 1 759 ; *vins* 1 364 848 hl dont AOC autres que vins doux naturels 568 602 hl, VDQS 34 772 hl. **Animale** (en milliers de têtes) : bovins 795, ovins 557,2, porcins 267 ; *lait* 9 363 100 hl (prod. totales vaches laitières + nourrices).

● **Énergie nucléaire** (en 83). 27,3 % (33 997 GWh) de l'énergie nucl. franç. Centrales en service (puissances installées en MWe) : *Chinon-Avoine* (*1966* : 610 ; *73* : 540 ; *82* : 1 410 ; *83* : 2 280 ; *86* : 3 150 ; *87* : 4 020). *St-Laurent-des-Eaux* (*1969* : 390 ; *71* : 450 ; *81* : 1 760). *Dampierre-en-Burly* (*1980 et 81* : 4 tranches de 890 MWe mises en service). *Belleville-sur-Loire* (mise en service de la centrale : tranche 1, sept. 1987 ; tr., 2 août 1988).

Autres sources d'énergie. *Géothermie* à Melleray près de St-Denis-en-Val utilisée pour la culture en serres, séchage ind. et chauffage domestique. *Héliogéothermie* à Blois (associe captage de l'énergie solaire et stockage des calories des nappes d'eau souterraines). *Biomasse* (sous-produits des cultures, de l'élevage et de la forêt) pour l'agriculture.

Départements

Voir légende p. 704.

● **Cher** (18) 7 310 km² (135 × 100 km). *Alt.* max. (Mont de St-Marun, près de Préveranges) 504 m, min. 89 m (sortie du Cher). 320 174 h. (1982), 321 000 h. (estim. 1-1-85) [*1891* : 359 276 ; *1911* : 337 810 ; *1954* : 284 376 ; *1962* : 293 514 ; *1975* : 316 350]. D. 43,9 (85). *Pop. active* (1-1-85) : *disponible* 138 700, *occupée* 123 100 (dont salariée 98 600). *Étrangers* (31-12-84) 17 787.

Villes. BOURGES 76 432 h. [*1800* : 16 000 ; *1866* : 30 119 ; *1911* : 45 735 ; *1936* : 49 263 ; *1962* : 62 239 ; *1975* : 77 300] [ag. 87 205 dont *St-Doulchard* 7 928. *St-Germain-du-Puy* 5 002. *Trouy* 2 845], alt. 153 m ; fonderie, constr. méc. et aéro., pneumat., travail des étoffes, établissement milit. (SNIAS), imprimerie, éditions ; palais Jacques-Cœur (XVe s.), cath. St-Étienne (vitraux XIIIe s.), hôtels Lallemant (XVe s.) et Cujas (XVIe s.), musée du Berry. – *Argent-sur-Sauldre* 2 687 h. *Aubigny-sur-Nère* 5 693 h. ; mécan., bijouterie, confection, constr. élec. et mécan. de précision ; égl. St-Martin (en partie XIIe s.), château des Stuart (XVIe s.), hôtel de ville, vieilles maisons. *Avord* 3 211 h. *Dun-sur-Auron* 4 246 h. [*1851* : 4 948 ; *1975* : 4 154] ; text., bâtiment, habillement ; égl. romane. *La Chapelle-St-Ursin* 2 440 h. *La Guerche-sur-l'Aubois* 3 326 h. ; métaux, imprimerie, papier-carton, bois, habill., bâtiment ; égl. romane St-Étienne du Gravier. *Les*

Aix-d'Angillon 2 165 h. *Mehun-sur-Yèvre* 7 178 h. ; porcelaine, céramique, métaux, bâtiment, text., habill., imprimerie ; château de Charles VII (en ruines), égl. du XIe s. *Nançay* 790 h. ; radiotélescopes. *St-Amand-Montrond* * 12 801 h. [*1851* : 8 232 ; *1926* : 8 858 ; *1975* : 12 278] [ag. 14 506, dont *Orval* 2 055] ; métall., bonneterie, bijouterie, cartonnages, imprimerie, édition, bâtiment, habill., cuirs et peaux, bois, ind. alim., céramique, mat. de constr. ; égl. *St-Florent-sur-Cher* 7 767 h. [*1926* : 3 852 ; *1975* : 6 535] [ag. 9 632, dont *Lunery* 2 021] ; métall., plastiques ; château (XVe-XVIe s.). *St-Germain-du-Puy* 4 997 h. *Sancerre* 2 286 h. [*1851* : 3 703 ; *1926* : 2 337 ; *1975* : 2 460] ; vigne, mécanique, ind. alim., bâtiment, artisanat ; tour des fiefs (XIVe s.), vestiges du château féodal, porte César, place de la Halle (tourelles XVe-XVIe s.). *Sancoins* 3 667 h. *Vierzon* * 34 886 h. [*1851* : 11 553 ; *1901* : 22 937 ; *1926* : 25 778 ; *1975* : 35 699] (ag. 36 633) ; métall., habill., porcelaine, bâtiment, chimie, céramique, text., bois, cuirs et peaux, mat. de constr., imprimerie, ind. alim., papier, carton ; église (partie XVe s.), ch. de la Noue (XVe s.).

Régions naturelles. *Champagne berrichonne* : 299 000 ha, céréales (46,7 %). *Sologne* : 113 200 ha, polyculture, élevage. *Pays-Fort, Sancerrois* : 97 100 ha, polyculture, élevage, vigne, fruits. *Boischaut* : 75 800 ha, polyculture, élevage, tabac. *Marche* : 34 400 ha, polyculture, élevage, vigne, tabac. *Vallée de Germigny* : 85 900 ha, élevage. *Val de Loire* : 25 300 ha, primeurs, tabac. **Bois** 156 900 ha (env. 22 % du dép.) [dont (1981) f. de Vierzon 5 281, d'Allogny 2 300, Vouzeron 2 166, St-Palais 1 902]. **Terres.** Voir Index.

Agriculture (en milliers de t, 84). *Céréales* : 1 387 (dont blé tendre 884,8, blé dur 3,6, orge et escourgeon 277,8, maïs-grain 129,6, avoine 71,6), *colza* 74,8, *tournesol* 43,7. *Élevage* (milliers de têtes, 1984) : bovins 208,9 (dont vaches laitières 17,5, vaches nourrices 68,9), ovins 134,8, caprins 34,5, porcs 44, équidés 3,6 (dont chevaux 3,1).

Divers. 1er prod. d'oléagineux (colza, tournesol, moutarde), lentilles, lait de chèvre (crottin de Chavignol). Imp. prod. de ciments à *Beffes*. Prod. 33,65 % (en 82) du tonnage de la porcelaine franç. *Châteaux* (itinéraire touristique : route Jacques-Cœur) : Menetou-Salon (XIXe s.), Boucard (XVIe-XVIIe s.), Culan (Xe-XVe s.), Jussy-Champagne (XVIe s.), Maupas (XIVe s.), Blancafort (XVe-XVIe s.), La Chapelle-d'Angillon (XIe-XVe, XVIe s.), La Verrerie (XVe-XVIe s.), Ainay-le-Vieil (XIVe-XVe s.), Meillant (XVe-XVIe s.) ; *abbaye cistercienne* : Noirlac (XIIe-XIIIe-XIVe s.) ; *châteaux, village médiéval et parc floral* : Apremont-sur-Allier (XVe s.). *Étangs* (en ha) : de Goule 135, du Puits 180 (dont 15 dans le Cher), plan d'eau du Val d'Auron 82, retenue du barrage de Sidiailles 90, de Mareuil-sur-Arnon.

● **Eure-et-Loir** (28) 5 929 km^2 (110 × 93 km). *Alt.* max. 287 m (butte de Rougemont près de Vichères), min. 48 m (sortie de l'Eure). Peu arrosé, 447 mm (Chartres), 520 mm (Châteaudun) de pluie par an (1960/79). 362 813 h. (1982), 375 000 h. (estim. 1-1-85) [*1801* : 257 793 ; *1851* : 294 862 ; *1921* : 251 255 ; *1975* : 335 151]. D. 63,2 (85). *Pop. active* (1-1-85) *disponible* 171 200, *occupée* 155 500 (dont salariée 114 400). *Étrangers* (1-1-86) 24 066.

Villes. CHARTRES 37 119 h. [*1851* : 18 234 ; *1901* : 23 431 ; *1936* : 32 255 ; *1954* : 38 341 ; *1975* : 38 928] [ag. 77 795, dont *Lèves* 3 427. *Lucé* 17 433, aluminium ; *Luisant* 5 444 ; *Mainvilliers* 10 068], alt. 158 m ; constr. méc., électro., produits de beauté ; cathédrale, musée des Beaux-Arts. — *Auneau* 3 183 h. *Bonneval* 4 864 h. ; chaudronnerie, app. ménagers. *Brou* 3 825 h (ag. 5 283). *Châteaudun* * 15 319 h. [*1851* : 6 745 ; *1954* : 9 687 ; *1975* : 15 338] ; constr. méc., élec. et électro., château, musée. *Dreux* * 33 379 h. [*1851* : 6 764 ; *1901* : 9 697 ; *1954* : 16 818 ; *1975* : 33 102] [ag. 44 706 dont *Vernouillet* 10 318] ; électro., méc., prod. pharm., chimie ; beffroi, musée, chapelle royale. *Épernon* 4 850 h. (ag. 6 785). *Ezy-sur-Eure* [ag. 5 532, dont dans le dép. *Anet* 2 297 ; château (1548 : Philibert Delorme, restent aile gauche, chapelle et portique de la cour)]. *Gallardon* 2 303 h. (ag. 3 537). *Illiers-Combray* 3 333 h. ; constr. métal., mach. agr., chaudronnerie, souvenir de M. Proust. *La Loupe* 3 693 h. *Maintenon* 3 388 h. (ag. 5 353) ; château. *Nogent-le-Roi* 3 267 h. (ag. 4 655). *Nogent-le-Rotrou* * 12 464 h. [*1851* : 6 983 ; *1854* : 8 765 ; *1975* : 12 806] (ag. 13 408) ; électro., mécanique, prod. pharm., donjon, musée St-Jean. *St-Lubin-des-Joncherets* 3 586 h. *St-Rémy-sur-Avre* 3 034 h. *Senonches* 3 407 h.

Régions naturelles. *Thymerais* et *Drouais* 98 807 ha, env. 300 m d'alt., 245 m près de Senonches, plateau 150 000 ha, *collines du Perche* 110 000 ha (élevage de bovins). *Beauce* 320 000 ha, alt. moy. 130-200 m (blé, betterave à sucre, maïs, orge). **Bois** (en milliers d'ha, 84). 70 dont (en ha, 1981) f. de Senonches 4 301,96, f. de La Ferté-Vidame 3 198,7, f. Champrond 1 500, f. domaniales de Châteauneuf-en-Thymerais 1 751,6, Dreux 3 308,65, Montecot 639,56. **Terres.** Voir Index.

Divers. 1er prod. de blé (251 500 ha en 1983) et de protéagineux (28 000 ha) en 1984.

● **Indre** (36) 6 906 km^2 (100 × 100 km). *Alt.* max. : colline du Fragne 459 m, min. 65 m (sortie de l'Anglin et de la Creuse). 243 191 h. (1982), 241 000 h. (estim. 1-1-85) [*1801* : 205 628 ; *1886* : 296 147 ; *1936* : 245 622 ; *1952* : 252 075 ; *1975* : 248 523]. D. 34,8 (85). *Pop. active* (1-1-85) : 106 500, *occupée* 94 200 (salariée 69 500). *Étrangers* (31-12-84) 5 383.

Villes. CHÂTEAUROUX alt. 154 m, 51 811 h. (ag. 66 851, dont *Déols* 7 639. *Le Poinçonnet* 3 766 ; trav. routiers, confect. *St-Maur* 3 504) ; tabac, constr. méc., produits chim., text. (confection), céramique, biscuiterie ; musée Bertrand. — *Ardentes* 3 269 h. *Argenton-sur-Creuse* 5 845 h. (ag. 9 257) ; ind. aéron., confection, poterie ; site gallo-romain Argentomagus. *Buzançais* 4 972 h. ; constr. méc., confect. *Châtillon-sur-Indre* 3 526 h. ; ind. du caout., confect. ; donjon. *Diors* 546 h. ; m. des 3 guerres. *Issoudun* * 14 696 h. ; métall., mégisseries, imprimerie, constr. élec., engrais, maroquinerie, malterie, confect. ; musée St-Roch, tour Blanche. *La Châtre* * 4 922 h. (ag. 7 191) ; marché agr., ind. pharm., du bois, text., informatique ; musée George-Sand ; circuit automobile (école de pilotage). *Le Blanc* * 7 769 h. ; confect., mat. plast., ind. du bois, constr. aéron. *Levroux* 3 124 h. ; mégisseries, ind. du froid. *St-Maur* 2 847 h., ind. du bois. *Valençay* 2 947 h. ; château (XVe-XVIIIe s.) ; chaudronnerie, tôlerie, musée de l'auto., confect. *Vatan* 2 046 h. (ag. 2 436) ; confect.

Régions naturelles. *Champagne berrichonne* : 109 000 ha, céréales (blé, orge), prairies artificielles, oléagineux ; maïs, moutons (presque disparus). *Boischaut*, bocage ; *B. Sud* : 173 000 ha, élevage, lait, viande ; *B. Nord* : 124 000 ha, élevage, lait, viande, fromages de chèvre (Levroux, Valençay), céréales, vignes. *Brenne* 89 000 ha, alt. max. 110 m ; sols sableux et boisés, monticules gréseux, étangs, polyculture, élevage (porcelets, bovins, volailles) ; pisciculture. **Terres.** Voir Index.

Divers. *Châteaux* : Valençay, Sarzay, Bouges, Villegongis, Azay-le-Ferron, Le Bouchet à Rosnay, St-Chartier, Argy. *Domaine* de George Sand à Nohant. *Maison* de George Sand et *égl.* de Gargilesse-Dampierre. *Sites* : la Boucle du Pin, Argentomagus à St-Marcel. *Lac* : Éguzon (600 ha). *Abbaye* : Fontgombault.

● **Indre-et-Loire** (37) 6 150 km^2 (110 × 100 km). *Alt.* max. : Signal de la Ronde 188 m, min. 28 m (sortie de la Loire à Candes-St-Martin). 506 097 h. (1982), 519 000 h. (estim. 1-1-85) [*1801* : 268 924 ; *1901* : 335 541 ; *1946* : 349 685 ; *1962* : 395 210 ; *1968* : 437 870 ; *1975* : 478 601]. D. 84,3 (85). *Pop. active* (1-1-85) : *disponible* 222 300, *occupée* 198 200 (dont salariée 162 500). *Étrangers* (31-12-84) 21 639.

Villes. TOURS alt. 55 m, 132 209 h. [*1801* : 21 413 ; *1851* : 33 530 ; *1901* : 69 044 ; *1954* : 95 903 ; *1975* : 140 686] [ag. 262 786, dont *Ballan-Miré* 4 491. *Chambray-lès-Tours* 7 357. *Fondettes* 5 844. *Joué-lès-Tours* 34 704 ; caoutchouc, métall. *La Membrolle-sur-Choisille* 2 569. *La Riche* 7 261. *La Ville-aux-Dames* 3 481. *Luynes* 3 834 ; château. *Montbazon* 3 011 ; château. *Rochecorbon* 2 711. *St-Avertin* 10 115. *St-Cyr-sur-Loire* 14 413 ; méc. de précision ; *St-Pierre-des-Corps* 18 313 ; centre ferr. *Veigné* 4 199. *Vouvray* 2 469] ; desserte ferr. ; constr. méc., aéro. ; prod. pharm. (institut du médicament dep. 1980), métall., électro., ind. méc. et chim., ameublement ; université ; cathédrale, musées des Beaux-Arts, du Compagnonnage, des vins de Touraine, du Gemmail, hôtels Gouin (musée de la Sté archéol. de Touraine) ; tourisme. — *Amboise* 4 085 ha, 10 857 h. [*1813* : 4 613 ; *1954* : 6 736 ; *1975* : 10 680] [ag. 15 352, dont *Nazelles-Négron* 3 263] ; ind. div. ; château, musée de la Poste, parc forestier de la Moutonnerie (120 ha). *Azay-le-Rideau* 2 915 h. ; château. *Beaumont-en-Véron* 2 459 h. (ag. 4 259). *Bléré* 4 057 h. (ag. 5 725). *Bourgueil* 4 136 h. *Château-Renault* 6 121 h. [*1851* : 3 270 ; *1975* : 6 043] (ag. 7 104) ; métall., cuir, prod. chim. *Chinon* * 3 908 ha, 8 622 h. [XVe s. : env. 5 000 ; *1851* : 6 774 ; *1975* : 8 014) ; centrale nucléaire (à Avoine), château. *Descartes* 4 357 h. [*1851* : 1 663 ; *1975* : 4 446] (ag. 5 204) ; charpentes métall. ; papeteries ; musée ; patrie de Descartes. *Esvres* 4 160 h. *Langeais* 4 142 h. ; château. *Ligueil* 2 413 h. *Loches* * 6 772 h. [*1851* : 5 191 ; *1975* : 6 738] (ag. 8 540) ; château (donjon fin XIe s.). *Montlouis-sur-Loire* 6 932 h. ; viticulture. *Monts* 5 421 h. ; centre d'études atomiques. *Richelieu* 2 433 h. (ville géométrique du XVIIe s.). *Ste-Maure-de-Touraine* 4 130 h. *Villaines-les-Rochers* 932 h. ; vannerie.

Régions naturelles (S.A.U., en ha). *Gâtine tourangelle* : 79 700, *Gâtine de Loches et de Montrésor* 80 300, *région de Ste-Maure* 55 700, *Champeigne* 51 000, *Val de Loire* 30 700, *Richelais* 35 700, *région viticole à l'est de Tours* 11 700, *plateau de Mettray* 10 300, *bassin de Savigné* 11 100, *région forêt d'Amboise* 3 000. **Bois** 155 000 [dont f. d'Amboise 4 200, f. domaniale de Chinon 5 200, f. domaniale de Loches 5 600]. **Terres.** Voir Index.

Divers. Plus de 300 *châteaux* : Chenonceaux (musée de Cires), Saché (m. Balzac), Le Grand-Pressigny (m. de la Préhistoire), Seuilly-la-Devinière, La Riche (prieuré St-Cosme). *Grotte préhistorique* de La Roche-Cotard près de Langeais. *Maisons troglodytiques* à Vouvray et Rochecorbon. *Spécialités* : fromage de chèvre de Ste-Maure, rillettes de Tours.

● **Loir-et-Cher** (41) 6 422 km^2 (125 × 97 km). *Alt.* max. 256 m, 296 220 h. (1982), 300 000 h. (estim. 1-1-85) [*1801* : 209 957 ; *1891* : 280 392 ; *1954* : 239 824 ; *1975* : 283 686]. D. 46,7 (85). *Pop. active* (1-1-85) : *disponible* 134 300, *occupée* 121 500 (dont sal. 93 400). *Étrangers* (31-12-84) 13 534.

Villes. BLOIS 47 243 h. [*1800* : 10 000 ; *1851* : 17 749 ; *1861* : 20 331 ; *1872* : 19 860 ; *1936* : 26 025 ; *1954* : 28 190 ; *1962* : 36 426 ; *1968* : 44 762 ; *1975* : 49 778] [ag. 61 049, dont *La Chaussée-St-Victor* 3 395. *Vineuil* 5 263], alt. 73 m ; ind. métall., constr. méc. et élec., équip. aéron., text., chocolaterie, chaussures, imprimerie, tapisserie, céramiques, prod. pharm. ; égl. St-Nicolas, château, cath., m. (fresques, œuvres d'artistes régionaux, faïences et céramiques, souv. napoléoniens, costumes, coll. préhistoriques et gallo-romaines). — *Contres* 2 923 h. *Lamotte-Beuvron* 4 345 h. ; app. d'éclairage et de protection. *Mer* 5 886 h. ; mat. agr., literie, fonderie. *Montoire-sur-le-Loir* 4 200 h. (ag. 4 456). *Montrichard* 3 783 h. (ag. 7 622) ; mat. d'isolation et de plein air ; donjon. *Onzain* 2 946 h. (ag. 3 788). *Romorantin-Lanthenay* *, alt. 87 m, 4 452 ha, 17 692 h. ; ind. text., imprimerie, bâtiment, ind. de précision, constr. auto. (Matra) ; musée de Sologne. *St-Aignan* 3 600 h. (ag. 7 255) ; trav. publ., textile. *St-Laurent-Nouan* 3 079 h. *Salbris* 6 079 h. ; constr. méc., électro. *Selles-sur-Cher* 5 018 h. (ag. 3 742) ; céramique. *Vendôme* * 17 593 h. (ag. 21 609) ; imprimerie, ganterie, ind. méc., élec., équip. aéron., métall. et alim. ; égl. de la Trinité, château musée.

Régions naturelles (S.A.U., en ha). *Perche* (62 894) : région bocagère de polyculture. *Beauce* (99 970) : céréales (blé, orge, maïs). *Sologne* (57 101) : bois, polyculture et élevage, chasse, pêche. *Sologne viticole* (23 965) (à l'O. : vignes, légumes), asperges (1er producteur de Fr.), fraises. *Vallées et côteaux du Loir* (38 048) : petites exploitations de polyculture, vignobles, champignonnières. *Gâtine tourangelle* (27 326). *Champagne berrichonne* (4 821). *Plateaux bocagers de la Touraine méridionale* (26 915). **Terres.** Voir Index.

Divers. Centrale nucléaire de *St-Laurent-des-Eaux*, réservoir souterrain de gaz de Lacq à *Chémery*. *Châteaux* [*Blois* 128 × 88 m, domaine 4 800 ha, 56 m de haut au clocheton central, 28 m au niveau des terrasses, 440 pièces, 365 cheminées, 74 escaliers ; *Chambord* (1519-44) plans italiens dont un de Léonard de Vinci ; maître d'œuvre Pierre Trinqueau (1 800 ouvriers pendant 15 ans), le plus grand château de la Renaissance, 58 m de haut (33 m pour la lanterne), 365 cheminées, 63 escaliers: *Chaumont* (1465-1510), gothique. *Cheverny* (1634), *Ménars, Talcy, Fougères-sur-Bièvre*...]. Course autos anciennes : « les 3 heures de *Contres* ».

● **Loiret** (45) 6 813 km^2 (120 × 80 km). *Alt.* max. 275 m, min. 68 m, 555 000 h. (estim. 1-1-85) [*1801* : 286 050 ; *1901* : 366 660 ; *1926* : 337 224 ; *1975* : 490 189]. D. 81,4 (85). *Pop. active* (1-1-85) : *disponible* 251 400, *occupée* 226 600 (dont sal. 190 700). *Étrangers* (31-12-84) 43 818.

Villes. ORLÉANS 102 710 h. [XVIe s. : env. 20 000 ; *1762* : env. 36 000 ; *1800* : 41 579 ; *1900* : 66 699 ; *1920* : 72 096 ; *1954* : 76 439 ; *1975* : 106 246] [ag. 220 478, dont *Chécy* 6 299 ; assurances. *Fleury-les-Aubrais* 19 758 ; nœud ferr. *Ingré* 5 221 ; mat. de télécom. *La Chapelle-St-Mesmin* 7 801. *Olivet* 13 629. *St-Denis-en-Val* 4 403. *St-Jean-de-Braye* 13 318. *St-Jean-de-la-Ruelle* 17 062. *St-Jean-le-Blanc* 6 549. *St-Pryvé-St-Mesmin* 3 150. *Saran* 10 104], alt. 92,9 à 124,9 m, sup. 2 823,17 ha ; ind. alim. (vinaigre, conserves, chocolat), équip. aéron., ind. méc., ind. pharm. et cosmétique, ind. text., bâtiment, métall., matér. agr., élec., chimie, pneumatique, IBM, ateliers d'art Mailfert Amos (ébénisterie), fonderie de cloches Bollée ; cath., musées des Beaux-Arts, historique, Jeanne-d'Arc, Sciences nat. – *Beaugency* 7 190 h. (ag. 8 171) ; matelasserie, méc. ; musée des Arts et Traditions de l'Orléanais. *Beaune-la-Rolande* 1 928 h. *Bellegarde* 1 425 h. ; circuits imprimés, tréfilerie. *Briare* 6 267 h. ; pont-canal (construit par Eiffel), émaux. *Chaingy* 2 562 h. (ag. 5 570, dont *St-Ay* 3 008). *Châteauneuf-sur-Loire* 5 998 h. ; musée de la marine de Loire et du vieux Châteauneuf, ponts suspendus, expl. forestière. *Châteaurenard* 2 223 h. *Châtillon-Coligny* 1 767 h. (ag. 2 813). *Châtillon-sur-Loire* 2 491 h. *Chevilly* 2 626 h. *Courtenay* 3 119 h. ; mat. élec. *Gien* 16 064 h. (ag. 18 168) ; faïencerie, bandes magnét. ; musée de la Chasse. *Jargeau* 3 376 h. (ag. 7 141). *La Ferté-St-Aubin* 5 498 h. ; usine Thomson. *Malesherbes* 5 014 h. ; reliure ind. ; château. *Meung-sur-Loire* 5 604 h. (ag. 6 892) ; fonte, constr. élec. métallique ; château. *Montargis* * 16 110 h. [*1851* : 7 527 ; *1936* : 13 887 ; *1975* : 18 380] [ag. 51 954, dont *Châlette-sur-Loing* 14 961 h. ; mat. plast., imprimerie, caoutchouc. *Amilly* 9 478 h. ; constr. méc., élec. et électro. ; musée Girodet. *Villemandeur* 4 954]. *Neuville-aux-Bois* 3 593 h. *Pithiviers* * 9 392 h. (ag. 11 392) ; prod. alim., pâté d'alouette, gâteaux « pithiviers » ; train touristique à vapeur, musée des Transports. *Puiseaux* 2 607 h. ; condensateurs. *Sully-sur-Loire* 5 825 h. (ag. 6 799) ; automobile, verre, château.

Régions naturelles. *Beauce* (petite : 42 300 ha et grande : 89 000 ha) : plateau calcaire, alt. 120-135 m, cult. industrialisées (blé, orge, betterave, prairies artif.). *Orléanais* (111 450 ha) (forêt d'Orléans) : sables rouges originaires du Massif central, recouverts de forêt, alt. 182 m, + grande forêt domaniale de France, polyculture, volailles. *Gâtinais* (est : 122 300 ha et ouest : 54 650 ha) : argiles à silex, sables, graviers, relief vallonné, alt. min. du dép. 68 m, polyculture, petit élevage (vaches laitières), blé, orge, betterave. *Puisaye* (63 150 ha) : terres humides, polyculture, bovins, ovins, porcs, volailles. *Val de Loire* (63 300 ha) : alluvions, plateau boisé, alt. 110-250 m, vignes, légumes, pommes de terre, tabac, fruits. *Sologne* (106 000 ha) : longtemps stérile et marécageuse (S.A.U. 38 200 ha), bois, landes, terres incultes, étangs, chasse. *Berry* (29 150 ha) : plat pays calcaire, souvent dénudé, bois au S., céréales, oléagineux. **Bois** 170 600 ha dont (1981) f. domaniale d'Orléans (la plus grande de Fr.) 34 600 [3 massifs : Lorris 14 400, Ingrannes 13 600 (centre), Orléans 6 600 (ouest)], de Montargis 4 110, Sologne 32 000. **Terres.** Voir Index.

Divers. *Abbaye* : St-Benoît-sur-Loire. *Cathédrale* : Orléans. *Églises* : Cortrat, Germigny-des-Prés (la plus vieille de Fr.), N.-D. de Cléry. *Châteaux* : Châtillon-Coligny, La Bussière (musée de la Pêche), Gien (musée de la Chasse), Sully-sur-Loire, Beaugency (musée de l'Orléanais), Malesherbes, Meung-sur-Loire.

Champagne-Ardenne

Généralités

Situation. *A l'O. : côte de l'Ile-de-Fr.* (frontière avec la Brie) s'élevant du S. (75 m à Montereau) au N. (montagne de Reims, 280 m), percée au N. par l'Aisne, la Vesle et la Marne ; domine la vallée de la Seine au S. ; boisée ; vignobles dans la région de Reims et d'Épernay : petites exploitations (moins de 1 ha) assurant des revenus élevés à leurs propriétaires. *Champagne crayeuse* (dite aussi *pouilleuse*) au pied de la côte de l'Ile-de-Fr. ; plaine de craie limitée à l'E. par le talus de la côte de Champagne ; pays nu et sec à l'origine, reboisé avec des pins (arrachés maintenant à plus de 60 %), amendé (céréales, betteraves à sucre, fourrages artificiels) ; vallées humides de la Suippe, de l'Aube, de la Seine (Troyes). *A l'E. : Champagne humide* (15 à 20 km de large au pied de la côte de Champagne) : prairies, pays d'élevage (vaches laitières, bétail de boucherie). *Au S. : côte des Bars*, vignoble. *Au N.* : massif forestier de l'Argonne.

Histoire. Limites fixées tardivement. **Après la conquête romaine,** les peuples de cette région dépendent de la Gaule Belgique (Remi : Reims ; Catalauni : Châlons ; Meldi : Meaux), ou de la Gaule Celtique (Senones : Sens ; Tricasses : Troyes ; Lingones : Langres). Sous **l'Empire,** Tricasses et Senones relèvent de la Lyonnaise, Lingons de la Germanie supérieure. **Bas-Empire** cités belges du N. incluses dans la Belgique Seconde, dont Reims (Durocorterum) est la métropole. Tricasses et Senones dans la Senonia, Lingons dans la 1re Lyonnaise. Prospérité des villes, nœuds de communication importants (monuments de Reims, Langres, Sens). Ravagée par Alamans, Vandales (qui ont sans doute fait périr saint Didier vers 411) et Huns. Coup d'arrêt donné aux Huns en 451 dans les *Champs catalauniques.* Morcellements continuels à l'époque mérovingienne (en général, séparation entre « Belgique » et « Celtique »). Baptême de Clovis (496) dans l'église de Reims qui prend son essor, l'archevêque étant le plus puissant immuniste de la région : feudataire doté de privilèges régaliens (droit de battre monnaie, d'exercer toute justice, de lever des impôts et une armée, etc.) et soustrait à toute obligation vis-à-vis de l'État (il ne verse aucun impôt, ne relève pas de la justice du souverain). Apparition de la famille qui va constituer la Champagne : le Cte *de Troyes, Robert*, lègue le comté à *Herbert de Vermandois*, son gendre, qui réunit le comté de Meaux à celui de Troyes (la « Ch. » sera essentiellement ce double comté). **1023** avènement de la maison de Blois, qui possède Chartres, Sancerre et Châteaudun : les Ctes de Blois-Ch. Son fils Hugues, également archevêque et Cte de Reims en 940, perd ces titres en 949 : le Rémois échappera toujours à la Ch. seigneuriale. Séparés après la mort d'Herbert, les 2 comtés sont de nouveau réunis par son fils cadet. En 1234, le Cte de Ch. renonce à ses droits sur les comtés de Blois, Chartres et Sancerre et la vicomté de Châteaudun, qui avaient été unis à partir de 1023 aux comtés de Troyes et de Meaux.

XIIe-XIIIe s. Les Ctes de Ch., dont les deux groupes de possession enserrent jusqu'en 1234 le domaine royal, sont parmi les grands feudataires du royaume (ayant un grand nombre de fiefs aux suzerains différents, ils ne dépendent vraiment d'aucun). Fortune fondée sur les foires de Champagne nées spontanément au haut Moyen Age (Reims, Châlons, Troyes, Provins, villes drapantes), qui permettent les échanges entre pays méditerranéens et flamand **[XIVe s.** déclin (concurrence de la route maritime Italie-mer du N., guerre de Cent Ans)]. La cour de Ch., très brillante, est un des premiers centres intellectuels de l'Europe médiévale (poésie : Chrétien de Troyes, familier de la Ctesse Marie de France, elle-même fille d'Éléonore ; le Cte Thibault IV surnommé le roi-chansonnier ; histoire : Villehardouin et Joinville, respectivement maréchal et sénéchal de Ch., par leurs chroniques des Croisades, comptent parmi les premiers historiens et écrivains en langue vulgaire). Autour du XIIe s., la Ch. est un grand centre religieux avec les abbayes cisterciennes de Morimond, Pontigny et surtout Clairvaux (fondée en 1115 par saint Bernard). La Ch. est aussi le berceau de l'ordre des Templiers (fondé en 1125 par un petit seigneur des environs de Troyes, Hugues de Payns, et consacré au concile de Troyes en 1128). A partir de son accession au trône de Navarre (1234), la famille de Blois-Champagne néglige Troyes et Provins pour Pampelune ; les interventions royales se font plus fréquentes. Jeanne de Navarre ép. Philippe le Bel (1285) et lui apporte la Ch. Le gouvernement de Ch. et de Brie, progressivement constitué à partir du XIVe s., atteint son apogée au XVIe s. quand, au milieu des g. de Religion, les Guise gouvernent. A partir de 1542, les élections champenoises forment la généralité de Châlons (sauf 10 allant à celle de Paris). **XVIIe** et **XVIIIe s.** sous l'administration des intendants installés à Châlons, à partir de Colbert, essor de la métallurgie et des indust. textiles ; **fin du XVIIe s.** naissance du « champagne », vin mousseux naturel (attribué à dom Pérignon).

Rethélois et **Porcien** en 974, par le jeu de l'« avouerie », furent démembrés des possessions de l'abbaye St-Rémy de Reims. Ces comtés passèrent successivement de la famille de Bourgogne, au Moyen Age, à Charles de Gonzague puis à Mazarin au XVIIe s., avant d'être réunis au domaine de la Couronne.

Principauté de Sedan appelée jusqu'à 1520 **« comté de Mouzon ». 843** attribuée à la Lotharingie par le tr. de Verdun, mais dépendant de l'arch. de Reims (royaume de Fr.). **843-1195** g. incessantes entre arch. de Reims et évêques de Liège (impériaux), qui prétendent rattacher ce fief impérial à leur diocèse. **1195** le card. Guillaume de Champagne, arch. de Reims, obtient la création d'un évêché de Mouzon, séparé de Liège. **1202** il meurt avant d'avoir réalisé cette séparation. **1260** comté indivis entre Reims et Liège. **1379** l'archev. Richard Pigue cède ses droits au roi de Fr. qui, pour ne pas être vassal de l'empereur, nomme son fils le dauphin (seigneur impérial) gouverneur de Mouzon (titre conservé par les dauphins jusqu'en 1490). **1520** François Ier (qui n'avait pas été dauphin) érige le comté en Pté souveraine (dite « Pté de Sedan ») en faveur des comtes de La Marck, ducs de Bouillon (seigneurs de la ville de Sedan dep. 1424). **1591** passe par mariage à Henri de La Tour d'Auvergne, chef huguenot, qui en fait un bastion protestant. Pour son retour au royaume de France (1651), voir Noblesse à l'index.

Économie

Population. 1 345 935 (82). *Pop. active* (1-1-1984). 516 625 dont primaire 55 028, secondaire 185 948, tertiaire 275 649. *Taux de chômage* (déc. 84) 11,3 %. *Étrangers* (1-1-84) 78 902.

Échanges (en milliards de F, 84). IMPORTATIONS : 13 dont (en %) métaux 28,56, prod. chim., 1/2 prod. 22,39, biens d'équipement 20,96, biens de consom. 17,64, ind. agro-alim. 4,96, agr. 3,3, divers 2,19 ; *de* (en %) C.E.E. 76,3 dont U.E.B.L. 25,86, All. féd. 25,04, Ital. 10,69, P.-B. 7,55, reste de l'Eur. 10,58 dont Espagne 2,39 ; Afr. 3,03 (dont Afr. du N. 2,25), Amér. du N. 5,51 dont U.S.A. 4,39. EXPORTATIONS : 21 dont (en %) ind. agro-alim. 32,75, agr. 18,46, biens d'équipement 16,16, métaux 12,3, biens de consom. 11,32, prod. chim., 1/2 prod. 7,83, divers 12,3 ; *vers* (en %) C.E.E. 62,95 dont U.E.B.L. 18,45, All. féd. 15,94, Italie 14,59, reste de l'Eur. 12,39 dont Suisse 4,16, U.R.S.S. 2,19, Afrique 7,72 dont Égypte 1,15, Algérie 1,1 ; Proche et Moy.-Or. 3,76, Amér. du N. 8,29 dont U.S.A. 7,4.

Agriculture (1984). Terres (en milliers d'ha) 2 572 dont *S.A.U.* 1 597,1 [t. lab. 1 165 (dont jardins 7,6), herbe 406, vignes 25,1] ; *bois* 685,6 (26,7 % de la région en 1983) ; *peupleraies* 31,8 ; *étangs* 3,9 ; *t. agr. non cult.* 56,6 ; *t. non agr.* 205,7. **Prod. végétale** (en milliers de t) : céréales 5 377,6 ; bett. ind. 6 894,7 ; fourrages annuels 1 321,6 ; luzerne 1 822,8 ; maïs-grain 519,9 ; *vins* (en milliers d'hl) 1 408,1, nombre de bouteilles 188 043 780 dont France 125 270 152 et étranger 62 773 628. **Animale** (en milliers de têtes) : bovins 1 390, ovins 259,7, porcins 122,9, équidés 6,8 (dont chevaux 6,5) ; *lait* (prod. totale vaches laitières + nourrices, en milliers d'hl) 7 633.

Industrie. *Effectifs* salariés (31-12-84) : agro-alim. 18 193, biens intermédiaires 50 460, biens de consom. 40 247, B.T.P. 26 505.

Tourisme (1-8-85) : 266 hôtels homologués (5 534 chambres), 78 logis de France, 31 auberges de France, 8 auberges de Jeunesse (340 lits), 99 terrains de camping-caravaning (7 193 places), 328 gîtes de France (2 014 lits), 70 chambres d'hôtes (168 lits), 11 gîtes d'étape (154 lits), 12 gîtes d'enfants (50 lits) soit + de 31 000 lits (en comptant les hôtels de préfecture).

Projet. Métro (Sedan-Givet).

Départements

Voir légende p. 704.

• **Ardennes** (08) 5 246 km² (105 × 102 km). *Alt.* max. : La Croix Scaille 504 m, min. 37 m (sortie de l'Aisne). 302 338 h. (1982) [*1801* : 246 925 ; *1881* : 333 675 ; *1921* : 277 811 ; *1936* : 288 632 ; *1946* : 245 335 ; *1968* : 309 380 ; *1975* : 309 306]. D. 57,5 (82). *Pop. active ayant un emploi* (1-1-84) : 105 175 dont primaire 9 915, secondaire 38 570, tertiaire 56 688.

Villes. CHARLEVILLE-MÉZIÈRES 58 667 h. [*Charleville* : *1806* : 8 430 ; *1911* : 22 634 ; *1962* : 25 915. *Mézières* : *1806* : 3 380 ; *1911* : 10 403 ; *1962* : 12 015. *Charleville-Mézières* : *1968* : 58 874 ; *1975* : 60 176] [ag. 67 694, dont *Les Ayvelles* 603. *La Francheville* 1 077. *Montcy-Notre-Dame* 1 516. *Prix-les-Mézières* 1 381. *Villers-Semeuse* 3 074. *Warcq* 1 376], alt. 140 à 210 m ; préfecture créée en l'An VIII à Mézières. Transf. des métaux, fonderies, ind. méc., B.T.P., ind. alim., confection-bonneterie ; place Ducale (1608, Cloître Métezeau, réplique de la place des Vosges à Paris) ; musées : municipaux, de l'Ardenne, Rimbaud ; remparts, tour Milard (XIVe s.), tour du Roy (XVIe s.), basilique N.-Dame (le plus grand ensemble de vitraux modernes : + de 1 000 m² sur 66 verrières par Durbach). – *Bogny-sur-Meuse* 6 261 h. [ag. 9 364, dont *Monthermé* 3 103 ; site des boucles de la Meuse, égl. St-Léger (1453 : fresques, baptistère, monolithique) ; égl. St-Rémy-de-Laval-Dieu (1128 : boiseries du XVIIe s.) ; monument des 4 Fils Aymon, près des roches de ce nom] ; métall., B.T.P. *Carignan* 3 646 h. (ag. 5 039) ; métall., appareils élec. et électro., coffres-forts et armoires réfractaires. *Donchery* 2 293 h. ; métall., verre, prod. chim., appareillages élec., B.T.P. *Fumay* 5 782 h. (ag. 7 878) ; fils et câbles pour élec., B.T.P., fonderie. *Givet* 7 587 h. (ag. 9 561) ; métall., fabrique de prod. auto-adhésifs, de fils cellulosiques et fibres synthét., panification ind. ; silos à blé (8 000 q). *Mouzon* 2 986 h. ; laminage, fabrication de feutre, revêtement sols et murs et insonorisants pour autom. ; égl. abbatiale N.-Dame (XIIIe s.). *Nouvion-sur-Meuse* 2 308 h. (ag. 4 250). *Nouzonville* 7 355 h. (ag. 8 566) ; métall., transf. des métaux. *Rethel* * alt. 80 à 130 m, 8 339 h. [*1831* : 6 595 ; *1962* : 8 059 ; *1975* : 8 361] (ag. 10 939) ; papeterie, cartonnerie, B.T.P., ind. agro-alim., ind. méc., confection ;

égl. St-Nicolas (XIIIe et XIVe s.). *Revin* alt. 130 à 180 m, 10 465 h. [*1826 :* 2 133 ; *1921 :* 5 513 ; *1962 :* 11 260 ; *1975 :* 11 607] ; électro-mén. ; centrale hydro-élec. souterraine (E.D.F.), 1re station de transfert d'énergie par pompage, transform. des métaux, céramique sanitaire. *Rocroi* alt. 370 à 385 m, frontière belge à 2,5 km, 2 789 h. [*1806 :* 2 558 ; *1962 :* 2 284 ; *1975 :* 2 911] (ag. 3 289) ; fonderie, B.T.P., transf. du bois ; remparts (un des ex. les plus anciens de fortification bastionnée introduite en Fr. par les Italiens). *Sedan* * alt. 155 à 200 m, 23 477 h. [*1806 :* 11 290 ; *1936 :* 18 559 ; *1946 :* 13 279 ; *1962 :* 22 284 ; *1975 :* 23 995] (ag. 30 871, dont *Bazeilles* 1 708 ; château) ; text., métall., ind. méc., fonderie, travail des métaux ; château fort (XIVe et XVe s.) le plus étendu d'Europe (35 000 m²), égl. St-Charles (1695) ; à Dijonval, manufacture du XVIIIe. *Vireux-Wallerand* 2 035 h. (ag. 3 971). *Vouziers* * alt. 95 à 130 m, 4 953 h. [*1806 :* 1 951 ; *1962 :* 4 880 ; *1975 :* 5 069] ; ind. méc., marché agr. *Vrigne-aux-Bois* 3 897 h. (ag. 7 369, dont *Vivier-au-Court* 3 472) ; métall.

Régions naturelles. *Plateau ardennais ou Ardenne* (au N.), 107 143 ha : accidenté et boisé, vallées de la Meuse et de la Semoy, forêts, élevage, agric. d'appoint. *Crêtes préardennaises*, 208 243 ha : bande de terrains vallonnés des collines préardennaises, herbages. *Champagne* (au S.) 135 001 ha : céréales, betteraves, prairies artificielles (luzerne). *Thiérache*, 25 188 ha. *Argonne*, 49 025 ha. **Bois** 150 200 ha (85) soit env. 30 % du dép. dont f. domaniales 30 300 [Château-Regnault 5 500, Sedan 4 200, Signy-l'Abbaye 3 500, La Croix-aux-Bois (Argonne) 3 200, Potées 1 300, Hargnies-Laurier 1 300, Mont-Dieu (crêtes préardennaises) 1 100, Francbois 1 000, Élan 800], f. communales 39 600 (81), f. privées 84 900 (81). **Terres.** Voir Index.

Divers. *Pauvres :* plus grande usine de déshydratation de luzerne d'Europe. *Chooz :* centrale nucléaire franco-belge de 305 MGW ; 2e centrale en construction (2 tranches de 1450 MW). *Bel-Val-Bois-des-Dames :* parc de vision (élans, bisons, ours, mouflons, sangliers, etc.). *La Meuse* est au gabarit européen de Givet à la mer du Nord. Château de *Montcornet*. Rivière souterraine de *Signy-l'Abbaye :* Fosse Bleue, Trou du Gibergeon.

● **Aube** (10) 6 027 km² (115 × 50 km). *Alt.* max. 367 m à Arconville (Bois du Mont), min. 60 m à La Motte-Tilly. 289 300 h. (1982) [*1801 :* 231 455 ; *1851 :* 265 247 ; *1901 :* 246 163 ; *1921 :* 227 839 ; *1936 :* 239 563 ; *1954 :* 240 797 ; *1975 :* 284 823]. D. 48,2 (82). *Pop. active* (1-1-84) : 116 936 dont primaire 11 603, secondaire 50 708, tertiaire 54 625.

Villes. TROYES 63 581 h. [*1482 :* 15 309 et + de 3 000 mendiants ; *1504 :* 23 083 ; *1551 :* 37 000 ; *1764 :* 12 560 ; *1790 :* 23 391 ; *1851 :* 25 656 ; *1901 :* 53 146 ; *1936 :* 57 961 ; *1968 :* 77 009 ; *1975 :* 72 167] [ag. 125 240 h., dont *La Chapelle-St-Luc* 16 241 ; *Les Noë-près-Troyes* 3 678 ; *Pont-Ste-Marie* 4 915 ; *St-André-les-Vergers* 10 688 ; *St-Julien-les-Villas* 5 807 ; *St-Parres-aux-Tertres* 2 402 ; *Ste-Savine* 9 614], alt. moy. 109 m ; bonneterie, constr. méc., pneumatiques, quincaillerie ; musées : des Beaux-Arts, historique de la bonneterie, d'Art moderne, du Compagnonnage, jubé de l'égl. Ste-Madeleine (XVIe s.), égl. St-Pantaléon, cath., maisons à pans de bois. — *Aix-en-Othe* 2 349 h. *Arcis-sur-Aube* 3 216 h. (ag. 3 617) ; bonneterie, ind. agro-alim. (1 sucrerie, 1 malterie, usine de déshydratation, 1 coopérative agr.) ; pays natal de Danton. *Bar-sur-Aube* *6 943 h. [*1860 :* 17 552 ; *1946 :* 12 835 ; *1975 :* 7 265] (ag. 7 274), alt. 166 m ; meubles, bonneterie. *Bar-sur-Seine* 3 572 h. *Brienne-le-Château* 4 060 h. (ag. 4 546), choucrouteries ; musée Napoléon Ier, château de Brienne (XVIIIe s.). *Estissac* 1 757 h. ; champs catalauniques. *Mailly-le-Camp* 1 589 h. ; camp mil. 12 000 ha dont 1/3 dans la Marne. *Nogent-sur-Seine* * 5 009 h. [*1860 :* 10 535 ; *1946 :* 8 038 ; *1975 :* 4 671] ; minoteries, port céréalier ; centrale nucléaire (en construction). *Romilly-sur-Seine* 15 937 h. (ag. 18 132) ; ind. méc., ateliers S.N.C.F., bonneterie, ind. du bois. *St-Lyé* 2 189 h. *Vendeuvre-sur-Barse* 2 940 h. *Villenauxe-la-Grande* 1 818 h.

Régions naturelles. *Vignoble du Barrois* 134 638 ha ; S.A.U. 69 362 ha, vignoble, céréales. *Vallée de la Champagne crayeuse* 59 449 ha ; S.A.U. 44 885 ha, céréales, betteraves, peupleraies. *Plaine de Brienne* 21 634 ha, S.A.U. 13 313 ha, céréales, prairies. *Plaine de Troyes* 26 247 ha, S.A.U. 20 216 ha, céréales, betteraves, maraîchage. *Vallée du Nogentais* 9 288 ha, S.A.U. 4 948 ha, céréales, betteraves, peupleraies. *Vallée de la Champagne humide* 5 140 ha ; S.A.U. 2 652 ha, céréales, prairies. *Champagne crayeuse* 152 606 ha ; S.A.U. 120 042 ha, céréales, betteraves, luzerne ; moutons. *Champagne humide* 115 517 ha : argilo-sableuse, alt. 92 m, vestiges de la forêt de Der, étangs ; lac de la forêt d'Orient ; S.A.U. 54 191 ha, prairies, céréales. *Pays d'Othe* 57 787 ha : massif crayeux, argile, limons, forêts, prairies, alt. max. 303 m ; S.A.U. 32 180 ha, céréales, prairies. *Nogentais* 18 110 ha : plaine, alt. moy. 100 à 200 m ; S.A.U. 15 110 ha, céréales, betteraves. **Terres** (en milliers d'ha, 1984). 602,7 dont *S.A.U.* 379,3 [t. lab. 332,8 (dont jardins 1), herbe 41,4] ; *vignes* 4,9 ; *peupleraies* 8,7 ; *étangs* 0,3 ; *bois* 147,6 (défrichement moyen de 1971 à 1976 : 1 400 ha par an surtout en Champagne crayeuse) dont (en 1985) f. domaniales 14,5, f. soumises 29,1, privées 104 ; *t. agr. non cult.* 9,2 ; *t. non agr.* 52,8.

Divers. *Clairvaux* abb. reconstruite au XVIIIe s., maison centrale de détention. *Châteaux : Chacenay* (Moyen Age), *Rumilly-les-Vaudes* (XVe s.), *La Motte-Tilly* (XVIIIe s.), *St-Benoist-sur-Vanne* (XVIe s.), *Pouy-sur-Vanne* (XVIIe s.), *Arcis-sur-Aube* (XVIIIe s.). *Parc naturel régional de la forêt d'Orient* (64 000 ha). *Réservoir de Seine ou lac de la forêt d'Orient* (2 300 ha, 1966). *Réservoir Aube* (2 500 ha, en projet). *Bercenay-en-Othe :* centre radio-tél. *Fromage :* le chaource. *Vins :* champagne.

● **Marne** (51) 8 196 km². *Alt.* max. : Montagne de Verzy 280 m, min. 50 m (au N. de Cormicy). 543 627 h. (1982) [*1801 :* 304 396 ; *1896 :* 439 386 ; *1921 :* 366 592 ; *1936 :* 410 094 ; *1946 :* 386 766 ; *1975 :* 530 399]. D. 66,3 (82). 619 communes. *Pop. active* ayant un emploi (1-1-84) : 217 040 dont primaire 25 569, secondaire 68 262, tertiaire 123 209.

Villes. CHÂLONS-SUR-MARNE 2 229 ha, 51 137 h. [*1788 :* 6 000 ; *1836 :* 12 413 ; *1911 :* 31 358 ; *1975 :* 52 275] [ag. 63 061, dont *Fagnières* 3 425. *St-Memmie* 6 654], alt. 83 m ; ind. alim., méc. autom., ind. agr., text., papiers peints ; cloître et basilique N.-D.-en-Vaux, cath. St-Étienne (XIIIe et XVIIe s., vitraux). — *Ay* 4 773 h. (ag. 5 932) ; vin (champagne). *Courtisols* 2 202 h. (ag. 2 815). *Dormans* 2 920 h. *Épernay* * 27 668 h. [*1836 :* 5 457 ; *1911 :* 21 811 ; *1975 :* 29 677] (ag. 34 355, dont *Magenta* 1 949] ; vin (champ.), musée du vin de Champagne, caves Moët et Chandon (143 383 m²). *Fère-Champenoise* 2 518 h. *Fismes* 4 674 h. ; métall. *Mourmelon-le-Grand* 3 862 h. ; camp militaire (1 200 ha). *Montmirail* 3 696 h. ; château XVIe et XVIIe s. *Pargny-sur-Saulx* 2 786 h. — *Reims* * alt. max. 86 m, 177 234 h. [*1600 :* 12 000 ; *1680 :* 33 000 ; *1790 :* 30 000 ; *1881 :* 94 508 ; *1911 :* 116 085 ; *1921 :* 76 785 ; *1936 :* 117 229 ; *1954 :* 121 753 ; *1975 :* 178 381] [ag. 199 388, dont *Bétheny* 5 635, *Cormontreuil* 6 080. *St-Brice-Courcelles* 2 425. *Tinqueux* 8 014] ; transf. des métaux, méc. ; app. mén., pharm., préparation du champagne, ind. alim. ; aviation ; verrerie ; cathédrale (XIIIe s.), basilique St-Remi, porte de Mars (haut. 13,50 m, long. 33 m), musée St-Denis, palais du Tau, hôtel Le Vergeur. — *Bazancourt* 1 816 h. ; ind. alim., métall., text. ; clocher du XIIe s. *Sainte-Menehould* * 5 667 h. ; méc. de précision. *Sézanne* 6 048 h. ; optique, prod. réfractaires, bonneterie. *Suippes* 3 069 h. ; camp militaire. *Vertus* 2 837 h. ; vin (champagne). *Vitry-le-François* * 18 261 h. [*1836 :* 6 822 ; *1911 :* 8 511 ; *1975 :* 19 372] [ag. 21 192] ; faïences, ind. du bois, métall. *Witry-lès-Reims* 4 674 h.

Régions naturelles. *Vallée de la Marne* 55 840 ha. *Vignoble* 51 233 ha. *Pays Rémois* 42 507 ha. *Argonne* 31 167 ha. *Champagne humide* 75 257 ha : élevage laitier. *Perthois* 41 604 ha. *Brie champenoise* 99 579 ha. *Tardenois* 55 644 ha. *Champagne crayeuse* 363 337 ha : céréales, betteraves sucrières, luzerne. **Terres.** Voir Index.

Divers. *Grottes préhistoriques* (Coizard-Joches), *basilique* de l'*Épine* (XVe et XVIe s.), *égl.* d'Orbais (1180-1210), à pans de bois (Arrigny, Outines, Drosnay, Nuisement-au-Lac), châteaux. *Sites militaires :* Valmy, Champaubert, Fort de la Pompelle, Argonne, Marais de St-Gond. *Commune de Fr. qui a le nom le plus long :* St-Rémy-en-Beuzemont-St-Genest-et-Isson. Hautvillers : tombe de dom Pérignon († 1715). *Parc rég.* de la *Montagne de Reims*. Caves à champagne.

● **Haute-Marne** (52) 6 220 km². *Alt.* max. : Le Haut-du-Sec 516 m, min. 110 m (sortie du Vone). 210 670 h. (1982) [*1851 :* 268 208 ; *1891 :* 243 322 ; *1901 :* 226 367 ; *1946 :* 181 792 ; *1968 :* 214 340 ; *1975 :* 212 304]. D. 33,7 (82). *Pop. active* ayant un emploi (1-1-84) : 77 476 dont primaire 7 941, secondaire 28 408, tertiaire 41 127.

Villes. CHAUMONT 27 554 h. [*1881 :* 12 713 ; *1936 :* 19 126 ; *1954 :* 20 930 ; *1975 :* 27 226] (ag. 28 383) ; centre commercial, sacherie, transformat. du bois, profilés pour autom., B.T.P. ; collégiale St-Jean, viaduc du XIXe s. (55 m de haut). — *Bourbonne-les-Bains* 270 m, 3 022 h. ; thermalisme (15 216 curistes en 1984), fonderies, B.T.P. *Chalindrey* 3 143 h. (ag. 4 349). *Joinville* 4 804 h. *Fayl-la-Forêt* (anc. Fayl-Billot) 1 592 h. ; vannerie. *Froncles* 2 183 h. ; Sid. *Langres* * 10 468 h. [*1881 :* 12 195 ; *1936 :* 8 180 ; *1954 :* 8 739 ; *1975 :* 11 437] (ag. 10 913) ; constr. méc., mat. plast., joints, résines extrudées, plus importante cave d'affinage d'emmenthal de Fr. ; remparts, égl. St-Mammès (arch. XIIIe et XVe s.). *Montier-en-Der* 2 162 h. (ag. 2 781). *Nogent* 5 318 h. ; coutellerie. *St-Dizier* * 35 189 h. [*1881 :* 13 171 ; *1954 :* 25 811 ; *1975 :* 37 266] (ag. 37 484) ; industrie métall., matériel agr., crèmes glacées, bonneterie, émaux, industrie du froid ; musée de l'automobile française. *Wassy* 3 316 h. (ag. 4 411).

Régions naturelles. *Polyculture, élevage :* Barrois (277 500 ha), Barrois-Vallée (37 500 ha), Vallage (20 600 ha), Perthois (19 400 ha), Montagne (88 100 ha) ; *élevage laitier dominant :* Champagne humide ou Der (20 000 ha), Bassigny (83 100 ha), Apance (14 400 ha), Amance (25 600 ha), Vingeanne (38 800 ha). **Forêts** (milliers d'ha). 247 dont soumises 129,1 (domaniales 31,2) et privées 117,9, soit 39,9 % du dép. (1,17 ha de forêt/h.) (feuillus, hêtres et chênes) dont (en 81) f. domaniales d'Arc-en-Barrois 11 (gros gibier), d'Auberive 5,4 (parc à sangliers), du Der 3,1 ; f. privées du Val 3,5, de Cirez 2,5, d'Écot 2,3 ; f. communales de Bettaincourt et Roches 2,25, de Doulaincourt 2,15. **Terres.** Voir Index.

Divers. *Grotte* de Sabinius et Éponine, résistants gaulois aux romains. *Lac du Der-Chantecoq* (Marne et Hte-M.), écrêtement des crues du bassin de la Seine et réserve d'eau pour la région parisienne durant l'étiage. Le plus grand lac de Fr. (4 800 ha, 350 millions de m³ d'eau à la cote max. ; 77 km de berges, dont 16 endiguées) ; voile, ski nautique, plages. *Souvenir du Gal de Gaulle : Colombey-les-Deux-Églises*, mémorial, château « La Boisserie » du XIXe s. (musée dep. 1979). *Sites historiques :* Langres, Bourmont, Andilly (fouilles romaines) ; *églises romanes :* Vignory, Montier-en-Der ; *châteaux :* Arc-en-Barrois, Le Pailly, Joinville (Renaissance), Cirey-sur-Blaise (Voltaire). *Abbayes, basiliques, égl. :* Chaumont, forêt de Trois-Fontaines, Montier-en-Der. *Pêche et haras national* à Montier-en-Der.

Corse

Généralités

● **Situation.** 8 680 km² (long. N.-S. 183 km, larg. 50 à 83 km). *Alt.* max. Monte Cinto 2 710 m [8 sommets dépassant 2 500 m ; 50, 2 000 m]. A 160 km de la France (cap Menton), 82 de l'Italie, 14 de la Sardaigne ; Ajaccio-Marseille 320, A.-Toulon 260, A.- Nice 240, Bastia-Gênes 190, B.-Livourne 115.

● **Massif corse.** Entre la Méditerranée à l'O. et la plaine d'Aléria à l'E.

a) Crêtes « alpines » du N.-E. : du Golo au Bravone, chaîne de l'E. (long. 30 km, larg. 10 km env., alt. max. : Mt Olmelli 1 285 m) ; du cap Corse au Tavignano, chaîne principale [long. 80 km, larg. 20 km, points culminants, dans le cap Corse (moitié nord), Mt Stello 1 305 m ; dans la Castagniccia ou « Pays des Châtaigniers » (moitié sud), Mt San Pietro 1 767 m]. Terrains sédimentaires relevés lors du plissement alpin (le 1/4 du massif corse).

b) « Dépression médiane » : couloir (long. 70 km, larg. 5 à 13 km) dirigé N.-E./S.-E. de l'Ile-Rousse à la Solenzara.

c) « Monts » ou le « Château d'eau » : longtemps appelés « épine dorsale » ou « arête centrale », 7 massifs indépendants et parallèles, orientés S.-O./N.-E. et venant buter contre la « dépression médiane » qui leur est perpendiculaire. Ligne de séparation des eaux entre versants méditerranéen et tyrrhénien. Monte Cinto (2 710 m), prolongé jusqu'au Capo ou Cavallo (30 km) ; massif du Niolo (Paglia Orba, 2 525 m), prolongé jusqu'à la Punta Palazzo (40 km) ; Monte Rotondo (2 622 m), point d'aboutissement de plusieurs chaînes secondaires, dont l'une est reliée au cap Rosso (60 km) ; Monte d'Oro, prolongé jusqu'à la Punta Parata (70 km) ; plateau d'Ese, au sud du Monte Renoso (2 352 m), prolongé jusqu'au cap de Muro (80 km) ; l'Incudine (2 136 m) et la pointe de l'Anercitella (1 486 m), prolongés par la péninsule de Sartène (40 km) ; la montagne de la Cagna (1 217 m), prolongée par la pointe de Ventilègne (20 km). En outre, 2 petites chaînes parallèles tout à fait au sud de l'île vont du cap de Feno (rive ouest) à la pointe de la Chiappa (rive est) : 35 km, et du cap Pertusato (rive ouest) à la pointe de Capicciola (rive est) : 10 km.

d) Contreforts du S.-O. : longtemps appelés chaînes transversales : prolongement vers la mer des 6 massifs du « Château d'eau » ; forment 7 caps s'avançant parallèlement dans la Méditerranée (et séparant 8 bassins fluviaux communiquant mal entre eux par voie de terre).

Parc naturel régional de la Corse

Créé en 1972. Env. 230 000 ha (83 communes). *Réserves naturelles* à Scandola (Calvi), aux îles Cerbicales (mars 1981, Porto-Vecchio) et Lavezzi (Bonifacio, en cours de création) ; études et recherches sur les grands rapaces et les oiseaux de mer. *Le Conservatoire du Littoral* créé 10-7-1975 possède 8 005 ha (84) en Corse.

● **Côtes.** 1 000 km dont 300 de plages. **Du cap Corse au cap de Bonifacio :** côte occidentale de Corse (250 km en arc de cercle, avec 40 km N.-S. au cap Corse), 7 massifs montagneux anciens (cristallins) tombant perpendiculairement dans la mer : série de promontoires escarpés, séparés par des golfes (golfes de Porto, Sagone, Ajaccio, Valinco) ; péninsule d'Ajaccio avec îles Sanguinaires, cap Senetosa.

Du cap Corse au cap Pertusato (180 km N.-S.). *Du cap Corse à l'étang de Biguglia* (38 km N.-S.). Côte orientale du cap Corse : falaises calcaires, presque rectilignes. *De l'étang de Biguglia au golfe de Porto-Vecchio* (100 km N.-S.) : côte alluviale, marécageuse, avec des étangs le long de la plaine d'Aléria. *Au sud de Porto-Vecchio* (40 km N.-S.) : 2 chaînes cristallines tombant à pic sur la mer : rochers escarpés et découpés ; échancrures : golfes de Sta-Giulia et de Sta-Manza ; promontoires : pointe de Capiciolo ; péninsule de Porto-Vecchio avec les îles Cerbicales.

● **Climat** (Ajaccio). *Temp. moy. et, entre parenthèses, pluies en mm :* janv. 8°7 (91), févr. 10° (114), mars 10°9 (80), avr. 11°1 (57), mai 15°5 (1), juin 20°5 (3), juillet 22° (0,3), août 21°4 (29), sept. 19°1 (98), oct. 17° (150), nov. 10°9 (61), déc. 9°6 (70). *Temp. moy. de l'eau de mer* (1979) : janv. 13°1, févr. 13°, mars 13°9, avr. 15°, mai 17°6, juin 22°8, juill. 24°8, août 24°5, sept. 21°8, oct. 20°2, nov. 17°1, déc. 14°. **Pluviosité.** *1983 :* 666 mm, *1984 :* 867 mm. **Insolation.** *1983 :* 2 623 heures, *1984 :* 2 483 h.

● **Ressources** (74). Vigne (prod. totale de vin : 958 342 hl dans la zone orientale et les régions de Balagne, Ajaccio, Sartène, Porto-Vecchio, Figari, Patrimonio), agrumes (clémentines 24 000 t, plaine orient.), élevage extensif (142 500 ovins, 48 060 caprins, 60 100 bovins, 48 000 porcins, fromage).

● **Langue.** Corse. Dérivée du latin, mais 40 % du vocabulaire est non latin. La phonétique se rapproche souvent des langues pyrénéennes plus que de l'italien. 2 dialectes principaux : Nord-Est (influencé par le toscan) et Sud-Ouest (plus de traits préromans).

● **Population.** *1793 :* 150 000 h. *1881 :* 273 000 h. *1962 :* 176 000 h. *1975 :* 227 425 h. *1982 :* 240 012 dont 30 090 étrangers (7,6 %), 5 930 Fr. naturalisés, 191 415 Fr. (73 % nés en C., 18 % sur le continent, 9 % dans le reste du monde). *1985 :* 240 012 h. En *1984 :* 69,4 % des h. étaient d'origine c., 14 % d'or. continentale, 16,6 % d'or. étr.). On avait adressé à l'I.N.S.E.E. pour le recensement 280 000 bulletins contre 320 000 en 1975. En août, on estimait le recens. presque correct dans 161 communes. Dans 172, il restait gonflé : de moins de 50 % pour 94 communes, de plus de 50 % pour 78 (parfois 300 % ou 400 %). **Densité.** 26 (Sicile 180, Baléares 120), — de 5 sur la dorsale Monte Cinto-Coscione ; beaucoup de villages élevés ont perdu 60 à 80 % de leur pop. v. 1900 ; 129 sur 348 ont — de 200 h, mais certains en ont — de 10 en hiver.

Nota. — Fonctionnaires C. (non compris militaires) (31-12-76) : *total :* 9 351 (5 859 nés en C.) ; *Éducation nat. :* 3 729 (2 383), *P.T.T. :* 2 207 (1 438), *Justice :* 105 (61). *Par catégories :* 72 % des cat. C. et D. nés en Corse, 40 % des cat. A.

Émigration. XVIIe et XVIIIe s. très forte. XIXe s. baisse. *Après 1918* augmente surtout vers les colonies (100 000 en Algérie, 25 000 en Tunisie : les Corses fournissent 40 à 50 % des cadres subalternes). *Principales régions d'émigration :* Castagniccia, cap Corse, Balagne. *1939 :* 300 000 émigrés (+ région parisienne 12 000, marseillaise 100 000). *1968-75 :* 23 280 C. émigrent dont 44 % d'actifs et 29 % de 20-30 ans. 8 905 C. nés sur place partis en France, 7 345 venus de France (solde : — 1 560). *1975 :* 94 660 C. nés en C. vivent en métropole [Provence-Côte d'Azur + de 50 % (dont B.-du-Rh. + de 25 %). Marseille est la plus grande ville corse (*1851 :* 10 120 C. *1931 :* 122 500 C. *1981 :* 207 250 C.)]. *1983 :* 400 000 émigrés.

Immigration. Échecs de tentatives d'installation de Lorrains (au S. de Bastia) à partir de 1773, d'Alsaciens (près d'Ajaccio et de Bonifacio) v. 1838. *1954-65* perte de l'Afr. du N. : 17 000 C. rentrent en C. (140 000 regagnent la métropole). *Actifs étrangers* (1982) : 15 948. *Total actifs :* 88 264.

● **Histoire.** Non peuplée au Paléolithique. **V. 3000 av. J.-C.** civilisation néolithique (notamment Bologne et Sartène). **V. 2000** civ. mégalithique (notamment Filitosa). **V. 1200** peuplement d'Ibères et de Celto-Ligures, venus du continent. **900** arrivée des Étrusques qui fondent Corte, dont le nom rappelle celui des Quirites (Romains). Appelée Kyrnos (ou Cyrnos) : abordée par Phéniciens, Phocéens (fondent 564 Alalia, près du Tavignano), Carthaginois ; tous n'occupent que les rivages. **260 à 162** après résistance acharnée, conquise par Romains. **VIe et VIIe s.** domination byzantine. Influence pontificale (création de basiliques et d'évêchés par St Grégoire le Grand). **IXe au XIe s.** Sarrasins pillent et s'installent dans les régions les plus accessibles. **1078** expulsés ; le St-Siège confie l'administration de la C. à l'archevêque de Pise. Reconstruction entreprise par les Pisans : églises de Nebbio, Murato (XIIe-XIVe s.). **A partir de 1132** les Génois se substituent aux Pisans malgré les efforts de Sinucello della Rocca (Giudice de Cinarca) en faveur de l'unité et de l'indépendance.

A partir de 1347 administrée par Gênes, mais résistance constante sans unité. **1359** sur l'initiative de Sambucuccio d'Alando, le N.-E. de l'île (qui devient la Terra del commune : Terre du commun) conclut un accord avec Gênes qui aidée d'un conseil de 6 Corses, assure sécurité et justice contre un tribut annuel ; le S. conserve une organisation féodale. Puis Gênes confie l'adm. de la C. à une société privée, la *Maona,* qui reçoit le monopole du commerce avec le continent. Gênes se heurte à des difficultés : **1396-1409** intervention fr. (maréchal Boucicaut). **Début du XVe s.** intervention des rois d'Aragon soutenus par Vincentello d'Istria, Cte de Cinarca, qui fait édifier la citadelle de Corte. **1434** l'Aragon abandonne. **1453** Gênes confie l'admin. à la Banque de St-Georges qui laisse la C. à l'abandon. **1463** souveraineté milanaise. **1478** la Banque de St-G. lutte contre féodaux du S. Des Corses émigrent en France. **1553** Sampiero conquiert la C. sur Génois, alliés de Ch. Quint. **1559** *tr. du Cateau-Cambrésis,* la C. leur est rendue. Sampiero reprend la lutte, appelé Sampiero Corso. **1562** Gênes reprend l'admin. à la Banque de St-G., ruinée par la négligence de ses représentants sur place et les pillages barbaresques. **1567** Sampiero meurt.

1571 « Statuti civili e criminali » règlent les rapports entre C. et Gênes. **1646-1729** épidémie de peste. Révolte. **1731-32** Gênes recherche l'aide de l'Empire germanique. **1736** royauté éphémère de *Théodore de Neuhof* (1694-1756). **1738-40** et **1743-52** Gênes recherche l'aide de la Fr. qui cherche à rallier les Corses. **1739** création du Royal-Corse pour désamorcer la résistance organisée méthodiquement par Pascal Paoli [(1725-Londres 1807) élu gén. en chef en 1755]. **1764** *15-5 convention de Compiègne* et **1768** *15-5 tr. de Versailles :* Gênes confie à la Fr. sa souveraineté sur la C. jusqu'à ce qu'elle puisse rembourser le prix de l'aide fr. Corte reste capitale administrative. **1769** *8-5* Paoli, battu à Pontenuovo, quitte la C. Maintien d'institutions traditionnelles, création d'états provinciaux et d'une cour souveraine de justice. **1780-85** Marbeuf, commandant en chef. **1790** lois des *3-2* et *4-3* forme un département (chef-lieu Bastia). **1793 :** 2 dép., Golo (94 779 h.) et Liamone (55 879 h.). **1793-96** tentative de sécession menée par Paoli (amnistié en 1789, il était retourné en C. en 1790), soutenue par Angl. **1794** *19-6* George III d'Angl. proclamé souverain du « roy. anglo-corse » (vice-roi : Gilbert Elliot). **1796** *19-10* Angl. évacuent C. **1797** Miot de Melito rétablit l'administration républicaine. **Consulat** un administrateur général « coiffe » préfets d'Ajaccio et Bastia. **1811** département unique (chef-lieu Ajaccio). *Maintien de l'ordre :* confié à l'armée ; régime fiscal et douanier privilégié instauré.

XIX-XXe s. crise économique ; émigration vers la métropole ou territoires d'outre-mer. **1896** 1er journal en langue c. : *« A Tramuntana »* de Santu Casanova. **1920**-*15-5* 1er numéro de « A Muvra » (*dir. :* Petru Rocca). **1922** l'Italie revendique la C. en tentant d'exploiter le particularisme. **1923** création du « Partitu Corsu d'Azione ». Dissous en 1926, devient le « Partitu Corsu Autonomista ». **1942** *11-11* occupation italienne. Résistance (10 000 h.). **1943** *9-9* soulèvement de Bastia ; les Allemands, chassés, reviennent le *13* (bombardements) ; *10-9* soulèvement d'Ajaccio ; 20 % des troupes ital. (l'Ital. a capitulé le 8-9) se joignent aux résistants contre Allemands ; *13-9* débarquement (décidé par gén. Giraud contre l'avis des Alliés) de 100 h du sous-marin Casabianca ; *14-9 :* 500 h débarqués ; *4-10* Bastia reprise, fin des combats. *Pertes :* résistants corses 172 † (300 bl.), civils 300 †, *destructions :* voie ferrée, 113 ponts routiers, partie de Bastia ; *5-10* arrivée du gén. de Gaulle. **1946** *sept.-oct.* procès des autonomistes accusés d'irrédentisme. **1960** *juillet* création à Paris de « l'Union C. » (le périodique, paraîtra jusqu'en 1968). **1961** *janv.* création à Paris de « l'Association des Étudiants C. » (*Pt :* Dominique Alfonsi). **1962** *juillet* à Vivario : naissance de « l'Union nat. des Étudiants C. » (U.N.E.C.). **1964** *avril* création du « Comité d'Étude et de Défense des Intérêts de la C. » (C.E.D.I.C.). Réactions aux problèmes de l'arrivée des Pieds-Noirs, des modalités de mise en valeur, des transports. *Fin 1964* Union C. et Ass. des Étudiants C. deviennent « l'Union C.-l'Avenir ». **1965** consignes abstentionnistes pour l'élection présidentielle. 1ers attentats contre le Somivac, à Ghisonaccia. **1966**-*31-7* le Front Rég. C. (F.R.C.) regroupe l'Union Corse-l'Avenir (Charles Santoni), le C.E.D.I.C. (Paul-Marc Seta, Edmond et Max Siméoni) et ce qui reste de l'U.N.E.C. *Déc.* parutions de « la C.-hebdomadaire », de « Arritti ». **1967** Max Siméoni obtient 2,3 % des voix aux législatives. *3-9* les frères Siméoni créent « l'Action Régionaliste C. » (A.R.C.). **1969**-*27-4* référendum sur réforme rég., 54 % des voix pour. **1970** l'A.R.C. se prononce pour l'autonomie interne, lutte contre la vignette auto, défend le ch. de fer. Détachée de la région Provence-Côte d'Azur, C. constitue une région. **1973** *avril* le Front Rég. C. devient le « Partitu Di U Populu Corso (P.P.C.). *Août* l'A.R.C. devient « l'Azzione Per A Rinascita Corsa » et se prononce pour l'autonomie interne. *Déc.* après déversement des « boues rouges » de la Montedison italienne dans le canal de C., attaque de la sous-préfecture de Bastia. **1974**-*22-3* attentat contre la caravelle d'Air-Inter à Bastia. *27-10* création du « Partitu Corsu Per l'Autonomia » (P.P.C.A.) : fusion du P.P.C. et du Parti C. pour le progrès. **1975**-*21/22-8* à Aleria, des militants de l'A.R.C. occupent la Sté vinicole de la C. (2 gendarmes †) [Edmond Siméoni condamné 24-6-75 à 5 ans de prison dont 2 avec sursis ; libéré conditionnellement le 14-1-77, se constitue prisonnier le 27-9 à la suite d'attentats (remis en lib. prov. le 17-12)]. *27-8* le conseil des min. dissout l'A.R.C. ; *28-8* fusillade à Bastia (1 CRS † ; Serge Cacciari, condamné 10-7-76 à 10 a. de réclusion criminelle). **1976** *1-1* C. divisée en 2 départements. Jean Riolacci, préfet d'Ajaccio (1er préfet corse dep. 150 a.). Charte de développement (*buts :* améliorer l'infrastructure des transports, réaliser la continuité territoriale, sauvegarder l'identité culturelle). Nombreux groupes nouveaux, autonomistes et antiautonomistes (Francia : Front d'Action Nouvelle contre l'Indép. et l'Auton.). *4-5* l'A.R.C. renaît sous le sigle A.P.C. (Associu Di Patrioti Corsi). *5-5* F.N.L.C. (Front nationaliste de Libération de la C.) fondé. *7-7* destruction à Ajaccio d'un Boeing 707 [avant l'arrivée de P. Mesmer (n. 1916), PM]. *22-8* cave d'Aghione dynamitée. **1977**-*17-7* l'A.P.C. devient « l'Unione Di U Populu Corsu » (U.P.C.). *17-8* : relais TV dynamité. **1978**-*13-1* destruction des radars de Solenzara ; *4-7* dynamitage du château de Fornali ; *10-8* att. à Ajaccio. **1979**-*14-5* attaque de gendarmes en faction devant l'ambassade d'Iran à Paris ; *20-7* locaux E.D.F. incendiés à Bastia ; *8-8* : 9 transformateurs E.D.F. détruits (4 leaders du F.L.N.C. arrêtés dont Jeannick Leonelli et Yves Stella condamnés à 15 a. de réclusion criminelle en 1978, amnistiés après 37 mois). *2/4-12* : 3 att. à Paris. *20-12* att. contre organisations de voyage à Marseille. **1980**-*16-1* att. contre ministère de l'Éd. nat. à Paris. *11-2* quarantaine d'att. par explosifs en Corse. *13-2* : 3 att. à Paris (office de tourisme italien, gare de Lyon, Orly). *2-3* att. contre village de vacances des P.T.T. (87 % détruits). *8/9-3* att. à Montpellier. **1981**-*16-4* att. à Ajaccio (j. d'arrivée du Pt Giscard) 1 †. **1982**-*11-2* : 1 légionnaire † à Sorbo par le F.L.N.C. *14-2* att. à Calvi. *16-2* : 17 att. à Paris et banlieue contre banques et gouv. militaire de Paris. **1982** *2-3* loi sur l'organisation admin. de la C. ; *2-4* att. à Ajaccio, annulation de la visite du Pt Mitterrand ; *30-7* l. sur les compétences de la C. ; *22-8* assemblée rég. élue ; *19-8* près de 100 att. Commissaire Broussard nommé Préfet, délégué pour la police, F.L.N.C. dissous. **1983** *5-1* plan antiterroriste adopté ; *9-2* Schoch (commerçant à Ajaccio) tué par racketteurs (arrêtés en mars). *13/14-6* visite officielle de Mitterrand en C. *17-6* disparition du militant Guy Orsoni. *24-7 et 2-9* événements de Cargese. *12-9* Rosso et *13-9* Massimi abattus par l'ex-F.L.N.C. (suite aff. Orsoni). *27-9* Consulte des Comités Nationalistes dissoute. *2-10* création de l'Ass. pour la C. française et républ. (C.F.R.). **1984** *8-2* création du Mouvement C. pour la Démocratie (M.C.D.). *31-3* : 19 att. *17/18-4* : 9 att. à Ajaccio. *25-4* Noël Luciani arrêté. *30-6* : 20 000 manifestants pour le CFR protestent contre la violence du FLNC. *10/11-7* : 30 att. *12-8* élections régionales. *25/26-8* : 8 att. **1985**-*29-3* et *-7-4* att. à Solaro, *-15-4* att. à la préfecture de Bastia. *-2-6* att. à Lava contre un village de vac. **1986**-*23-3* att. au S. d'Ajaccio contre un centre de vac. *-23-4* att. près de Bastia dans un camping. *-15-5* att. à Cargese, 2 †.

Vie politique. Dominée par des « clans plus que des partis politiques ; les élections les plus passionnées sont les municipales » et les cantonales (les cantons actuels correspondant aux *piéves* génoises, dont les administrateurs étaient élus et jouissaient d'un pouvoir pratiquement sans contrôle).

40 % des Corses continentaux restent inscrits sur les listes électorales de leur commune et y reviennent voter régulièrement. Le contrôle exceptionnel mené en 1981 a opéré 5 520 radiations (électeurs décédés, incapacité), + 8 500 autres interdictions (électeurs inscrits sur le continent et votant en C.).

Vendettas. Considérées longtemps comme des « affaires d'honneur » de famille à famille, on les rattache maintenant à la tradition judiciaire des temps anciens, notamment à l'occupation génoise. L'île étant sous-administrée, il était devenu inutile de recourir en justice, les sentences n'étant pas appliquées. La justice privée a donc remplacé la justice publique [*vendetta* ne signifie pas exactement *vengeance*, mais « revendication en justice » (latin *vindicta*)]. Les Corses contemporains sont revenus à la notion de procès réguliers.

Bandits. Appelés traditionnellement « bandits d'honneur », car ils prenaient en principe le maquis pour des affaires de vendettas où était impliqué souvent l'honneur familial. En fait, les malfaiteurs de droit commun étaient la majorité, mais on mettait un « point d'honneur » à ne pas les dénoncer, surtout quand on faisait partie du même clan. Les dénonciateurs étaient généralement dénoncés à leur tour aux *bandits*, qui les exécutaient. *Principaux « bandits » des XIXe et XXe s.* : les frères Bellacoscia (de Bocognano), Jean-Camille Nicolaï (de Carbini), François Bocognano (de Cuttoli-Corticchiato), Matteo Poli (de Balogna), François-Marie Castelli (de Carcheto), Romanetti (de Calcatoggio), Joseph Bartoli (de Palneca), François Caviglioli (de Guagno), André Spada (de Lopigna) et Feliciolo Micaelli (d'Isolaccio-di-Fiumorbo). En nov. 1931, une opération militaire (gendarmerie mobile) a attaqué et détruit les groupes de bandits encore existant dans les montagnes. Le nom de « maquis » a servi ensuite pendant la Seconde G. mondiale à désigner les réfractaires armés.

● **Actions violentes.** De *1964* à *70* : 100 env. *71* : 9. *72* : 18. *73* : 42. *74* : 111. *75* : 226. *76* : 298 dont 246 attentats (223 réussis). *77* : 230. *78* : 379. *79* : 329 (dont 1ers plastiquages revendiqués par les antiautonomistes). *80* : 463 (env. 50 % attribués au F.L.N.C.). *81* : 236. *82* : 715 (*août* : 150, dont 107 à Bastia ; *19-8* : + de 70 attentats). *83* : 591. *84 (janv.-avr.)* : 171. *85 (janv.-juin)* : 260. *85 (juil.) à 86 (mars)* : 82.

Loi du 2-3-1982 sur l'organisation administrative

Collectivité territoriale s'administrant librement. Le Conseil économique et social de C. et le Cons. de la culture, de l'éducation et du cadre de vie de C., par ses avis, donnent leur concours à l'ass. et à son Pt. La région est assistée par des établ. publics, par ex. les agences, qu'elle crée ; elle peut, en outre, participer à des institutions spécialisées.

● **Assemblée.** 61 cons. élus pour 6 ans au suffr. universel direct (rep. proportionnelle, règle de la plus forte moyenne). Age min. 21 ans.

Établit son règlement intérieur ; se réunit de plein droit au moins 1 fois par trimestre à l'initiative de son Pt et à la demande de son bureau ou du 1/3 des m. de l'ass. sur un ordre du jour déterminé, pour une durée max. de 2 j. En cas de circonstances exceptionnelles, peut être réunie par décret. Séances publiques, sauf décision contraire à la majorité absolue des m. Pt et autres m. du bureau élus pour 3 ans (mandat renouvelable). Bureau : Pt, 4 à 10 vice-pts et éventuellement d'autres membres.

Quand le fonctionnement normal de l'ass. est impossible, le gouv. peut la dissoudre par décret motivé en Cons. des min. ; il en informe aussitôt le Parlement. En cas de dissolution de l'ass., de démission de tous ses m. en exercice, ou d'annulation des opérations électorales, le Pt se charge des affaires courantes. Ses décisions ne sont exécutoires qu'avec l'accord du repr. de l'État. Nouvelle élection de l'ass. dans les 2 mois. Les pouvoirs de l'ass. élue après une dissolution prennent fin à la date prévue pour ceux de l'ass. dissoute.

Attributions. Règle les affaires de la région. Vote budget et arrête compte administratif. Peut proposer au PM des modifications ou adaptations des lois ou règlements en vigueur ou en cours d'élaboration sur les compétences, l'organisation et le fonctionnement de l'ensemble des collectivités terr. de C., et des mesures relatives au dével. écon., social et culturel de la C. Peut faire au PM toutes remarques ou suggestions sur le fonctionnement des services publics de l'État en C. (le PM accuse réception dans les 15 j et fixe le délai dans lequel il apportera une réponse au fond).

● **Exécutif.** Exercé par le Pt de l'ass. Il peut déléguer une partie de ses fonctions aux vice-pts ou à d'autres m. de l'ass. Il prépare et exécute ses délibérations ; ordonne des dépenses, prescrit l'exécution des recettes de la C. Il gère le patrimoine de la C., est le chef des services qu'elle crée pour l'exercice de ses compétences, et des services relevant avant de l'établ. public régional de C. Chaque année, il rend compte à l'ass. de la situation de la C., de l'activité et du financement de ses services et des organismes qui en dépendent et de l'état d'exécution de son plan, des délibérations de l'ass. et de la situation fin. de la rég. Le Rapport est soumis pour avis au Cons. écon. et soc. et au Cons. de la culture, de l'éducation et du cadre de vie, avant son examen par l'ass.

● **Conseils consultatifs.** Cons. écon. et soc. : obligatoirement consulté par l'ass. lors de la préparation du plan de dév. et d'équipement de la C. ou de toute étude rég. d'aménagement et d'urbanisme, sur la préparation du plan national en C. et sur les orientations gén. du projet de budget. Peut être saisi de demandes d'avis et d'études sur tout projet écon. ou soc. de la C. Peut émettre des avis sur toute question de la compétence de la C. en matière écon. et soc. et des agences ou institutions spécialisées.

Cons. de la culture, de l'éducation et du cadre de vie : obligatoirement consulté par l'ass. lors de la préparation du plan de dév. et d'équipement de la C. et de toute étude rég. d'aménagement et d'urbanisme, sur les orientations gén. du projet de budget pour l'action culturelle et éducative, par ex. pour la sauvegarde et la diffusion de la langue et de la culture corses.

● **Représentant de l'État.** Nommé par décret en cons. des min., il représente chacun des min. et dirige les services de l'État. Lui seul s'exprime au nom de l'État devant les organes de la C. A la charge des intérêts nationaux, du respect des lois et du contrôle administratif. Veille à l'exercice régulier de leurs compétences par les autorités de la C. ; entendu par l'ass. par accord avec le Pt de l'ass. et sur demande du PM ; rapport annuel à l'ass. sur l'activité des services de l'État en C. La chambre rég. des comptes de C. participe au contrôle des actes budgétaires de la C. (1-1-83).

Loi n° 82-659 du 30-7-1982 sur les compétences

Complète les lois sur les compétences attribuées à l'ensemble des communes, des départements et des régions, et la *l. n° 82-214 du 2-3-1982* : organisation administrative sur la région C.

Identité culturelle. Éducation et formation. Sur proposition du repr. de l'État (après consultation des collectivités territoriales et des conseils concernés), l'Ass. fixe la carte des établ. d'enseign. Sur proposition de son P^t^ (après consultations) l'Ass. fixe les activités éducatives complémentaires facultatives (par ex. l'ens. de la langue et de la culture). Elle se prononce aussi sur les propositions de l'université de C. relatives aux formations sup. et à la recherche univ. dont la carte est arrêtée par l'État. La région finance, construit, équipe et entretient collèges, lycées, établ. d'ens. prof., d'éd. spécialisée et les centres d'information et d'orientation. L'État assure à ces établ. les moyens fin. liés à leurs activités pédagogiques.

Communication, culture et environnement. Le comité rég. de la communication audiovisuelle de la région présente à l'Ass. un rapport annuel sur les programmes de radio-télé après avis du Cons. de la culture, de l'éd. et du cadre de vie. L'Ass. définit les actions culturelles à mener (après consultation des départ. et au vu des propositions, des communes). Dotation annuelle de l'État : la région définit les actions pour la protection de l'envir. de la même façon.

Développement. Comité de coordination pour le dév. industriel de la C. (regroupant entreprises publ. et s^tés^ nat. concernées) : créé auprès du PM. (repr. des min. de ces s^tés^, de l'Ass. de C.) ; responsable des actions de s^tés^ nat. en C. pour les projets industr. d'intérêt rég. intégrés dans le plan national.

Aménagement du territoire et urbanisme : la région adopte un schéma (orientations fondamentales) qui fixe aussi la destination générale des parties de l'île, l'implantation des grands équipements d'infrastructure et la localisation préférentielle des activités et extensions urb. (en respectant les règles générales oblig., servitudes d'utilité publ. et dispositions liées aux opérations d'intérêt nat., et les lois de protection). Prend en compte les programmes de l'État et harmonise ceux des coll. loc. et de leurs établ. et services publ. Adopté après avis, par l'Ass. des cons. rég., et présentation au public (2 mois). Approuvé par décret en Cons. d'État. La région procède aux modifications demandées par le repr. de l'État pour conformité aux règles.

Agriculture : Création d'un office du dév. agric. et rural de C. qui anime et contrôle la pol. foncière agr. et la modernisation des exploitations. Coordonne les actions de dév. de l'agr. et y participe. Consulté par le repr. de l'État et par le repr. de l'Ass. pour les actions de leur compétence. Soumet à l'Ass. son projet de budget. Office d'équip. hydraulique de C. (gestion).

Logement : La région définit ses priorités après consultation des collectivités locales. Elle répartit les aides de l'État (bonifications d'intérêt ou subventions).

Transports. L'Ass. établit un schéma rég. après consultation des collectivités et organismes intéressés (convention avec les dép.). Peut organiser les liaisons non urbaines routières de voyageurs. Se substitue à l'État pour l'exploitation des tr. ferroviaires (dont elle reçoit un concours budgétaire). L'État et la région définissent (tous les 5 ans) l'organisation des tr. mar. et aériens entre l'île et le continent (desserte, tarifs) ; dotation de l'État. Création d'un office des tr.

Emploi. Programme des interventions préparé par une commission mixte (repr. de l'État et de la région). Convention annuelle entre l'État et la région pour sa mise en œuvre.

Énergie. La région élabore et met en œuvre le programme rég. de prospection, d'exploit. et de valorisation des ressources en. locales. Avec les établ. publ. nat. élabore et met en œuvre le plan tendant à couvrir les besoins et à diversifier les ressources én. de l'île.

Ressources. Constituées par celles dont dispose l'établ. publ. rég. (l. n° 72-619 du 5-7-1972). La région reçoit de l'État des ressources d'un montant égal aux dépenses effectuées par l'État au titre des compétences transférées : par ex. transfert d'impôts d'État (sur les véhicules à moteur immatriculés en C.) et divers concours, produit du droit de consommation (l. du 21-12-1967) à concurrence (3/4 de son montant). Les établ. publ. créés par la l. reçoivent aussi de l'État des ressources. La région fin. les agences qu'elle crée. Le régime fiscal applicable en C. est maintenu (adaptation ultérieure). Les services de l'État qui participent à l'exercice des compétences transférées à la région sont mis à sa disposition. Elle dispose aussi des biens meubles et immeubles utilisés par l'État pour l'exercice de ces compétences.

Dispositions diverses et transitoires. Les transferts devront être réalisés dans le délai d'un an après promulgation de la date fixée par décret. Modalités d'application de la l. fixés par décret en Cons. d'État.

Élections

● **Élections à l'Assemblée régionale. Du 8-8-1982.** 200 855 inscrits, 137 642 votants, 136 063 suffr. exprimés ; *abstentions :* 31,47 % ; 3 037 cand., 17 listes, 61 s. *Rass. pour la Corse dans l'Unité nat.* (R.P.R., U.D.F., bonapartistes) (J.-P. Rocca Serra, R.P.R.) 19 sièges (28,12 % des suffrages exprimés) ; *Action pour une Corse nouvelle* (P.C.F.) (D. Bucchini, P.C.F.) 7 (10,89) ; *Union di u populu corsu* (U.P.C., autonomiste, soutien du P.S.U.) (E. Siméoni, U.P.C.) 7 (10,61) ; *Mouvement des radicaux de gauche pour une région démocratique* (M.R.G., Hte-Corse) (P. Alfonsi, M.R.G.) 7 (10,35) ; *Union rég. pour le progrès* (U.D.F. dissidents) (J. Rossi, U.D.F.-P.R.) 6 (9,34) ; *Unité et démocratie* (M.R.G. Corse-du-Sud) (N. Alfonsi, M.R.G.) 4 (6,69) ; *P.S.* (A. Pantaloni) 3 (5,39) ; *Défense des intérêts de la C.* (div. droite) (J. Colonna, R.P.R.) 2 (3,11) ; *Renouveau de la région corse* (div. droite, gaulliste) (J.-L. Albertini, ex-R.P.R.) 1 (2,66) ; *Rass. démocr. pour l'avenir de la C.* (div. droite) (D. de Rocca Serra) 1 (2,43) ; *Liste soc. et dém.* (ex-P.S.) (C. Santini, ex. P.S.) 1 (2,41) ; *Partitu populare corsu* (P.P.C. nat.) (D. Alfonsi, P.P.C.) 1 (2,12) ; *Renaissance corse* (sans étiq.) (P. Ceccaldi) 1 (2,11) ; *Union rép. de défense et de promotion de la C.* (M.R.G. dissidents) (Dom P. Semidel, M.R.G.) 1 (1,68) ; *Union pour la défense de l'écon. C.* (sans étiq.) (S. Cruciani) 0 (0,98) ; *Gestion et justice pour tous* (ex-P.C.F.) (C. Simonpieri, ex.-P.C.F.) 0 (0,70) ; *Corse voix nouvelle* (sans étiq.) (J.-G. Susini) 0 (0,33).

Président. Jean-Paul de Rocca Serra (n. 11-10-11), R.P.R., élu 24-8-84 [au 3e tour par 30 v. contre 9 à F. Giacobbi (n. 19-7-19), M.R.G. ; 7 à D. Bucchini, P.C.F. ; 3 à M. Siméoni, U.P.C. autonomiste ; 3 à P. Poggioli, M.C.A. indépendantiste ; 9 bulletins blancs ou nuls].

Du 12-8-1984. Inscrits 203 609, votants 139 356, abstentions 31,43 %, suffrages exprimés 137 048. *Union de l'opposition* 19 sièges (29,15 % des suffrages exprimés) (Union de l'opposition, R.P.R., U.D.F., bonapartistes et indépendants : J.-P. de Rocca-Serra, R.P.R.) ; *M.R.G.* 9 (14,15) (M.R.G. de Hte-C. : F. Giacobbi, sénateur) ; M.R.G.-P.S. 9 (13,79) (M.R.G. de C.-du-S. et P.S. : N. Alfonsi, député) ; *P.C.F.* 9 (13,79) (P.C.F. : D. Bucchini, maire de Sartène) ; *F.N.* 6 (9,21) (F.N. : P. Arrighi) ; *C.N.I.P.* 5 (7,86) (C.N.I.P. et dissidents R.P.R. : J. Chiarelli) ; *M.C.A.* 3 (5,22) (M.C.A., Mouvement corse pour l'autodétermination : P. Poggioli) ; *U.P.C.* 3 (5,21) (U.P.C., Union pour le peuple c. : M. Siméoni) ; *Divers* (2,67) (Rassemblement démocratique pour l'avenir de la C.D. de Rocca-Serra) ; *M.C.S.-P.P.C.* (0,96) (Parti du peuple c. : C. Santoni).

● **Élections présidentielles (mai 1981, en %).** *1er tour :* Chirac 27,32, Giscard 26,26, Mitterrand 20,08, Marchais 16,19, Crépeau 5,09, Lalonde 4,70, Debré 0,69, Laguiller 0,67, Garaud 0,65, Bouchardeau 0,53. *2e tour :* Mitterrand 51,75, Giscard 48,24.

● **Législatives (mars 1986) :** *Corse du Sud :* abst. 23,28 % ; R.P.R.-U.D.F. 55,35 % (1 élu) ; P.S.-M.R.G. 27,94 (1) ; P.C. 9,67 ; U.P.C.-M.C.A. 7,62 ; F.N.-dissid. 2,39. *Hte-Corse :* abst. 23,76 % ; R.P.R. 28,17 (1 élu) ; M.R.G. 24,03 (1) ; U.D.F. 17,83 (1) ; P.S. 9,73 ; P.C. 8,16 ; U.P.C.-M.C.A. 6,5 ; F.N. 5,55.

● **Européennes (1984).** Inscrits 203 885, votants 103 869, abstentions 49,05 %, suffrages exprimés 101 891. *En % :* U.D.F.-R.P.R. 42,89 ; P.C. 15,72 ; P.S. 14,98 ; F.N. 13,18 ; E.R.E. 10,44 ; Verts 1,02 ; Réussir 0,58 ; L.O. 0,31 ; Utile 0,27 ; P.S.U.-C.D.U. 0,22 ; P.C.I. 0,15 ; I. 84 0,08 ; E.U.E. 0,06 ; P.O.E. 0,03.

Économie

Population. 240 178 (82) (*1975 :* 227 425). *Active salariée* (31-12-84) : 27 971 dont primaire 22, secondaire 2 807, tertiaire 18 723, B.T.P. 6 224. *Chômeurs* (avril 85) : 10 414. *Étrangers* 13 600. Région de France qui a fourni et fournit à la France un grand nombre de hauts fonctionnaires, de parlementaires, de ministres, d'hommes d'État, de cadres moyens et sup. de l'armée, de la police et des douanes (50 % du personnel).

● **Échanges** (1984, en milliers de t). ENTRÉES ET IMPORTATIONS : 988,1 dont hydrocarbures 384,5 (essence et super 132,8, bitumes 12,8), biens de consom. 360,4 dont prod. alim. 150,2, matér. de constr. 241,4 dont ciment 158,6, prod. manuf. 130,4, agr. 44,5, engrais 19,5, prod. métal. 15,8. SORTIES ET EXPORTATIONS : 161,5 dont vin 103 886 hl, agrumes 17,4 (mil. de t), bois, liège et dérivés 4,1 prod. d'or. animale 1,2, divers 34,9.

Agriculture. *Terres cultivées* (% du sol) : *fin XVIIIe s.* 30,3 ; *1913 :* 36,5 ; *29 :* 7,4 ; *46 :* 7,6 ; *57 :* 6,8 ; *67 :* 5,3. *Superficie : 1913 :* 318 500 ha, *67 :* 46 527. *Taille des exploitations : 1967,* microfundia 93 % du sol, latifundia 1 %. Cultures : *châtaigniers :* 31 000 ha en 1967 (en *1897 ;* 25 000 ha) (ils ont perdu leur rôle écon. dep. 1920), *châtaignes* (sup. en product., 1983) : 2 200 ha ; *oliviers :* 12 000 ha, *olives* (sup. en product., 1983) : 1 300 ha ; *vignes : 1867 :* 18 000 ha, *1913 :* 11 000 ; *29 :* 3 149 ; *60 :* 5 537 ; *83 :* 20 125. *Transformations dep. 1955.* But de la Somivac en *1957 :* plaine orientale, récupération de 20 000 ha ; maquis 30 000 ha gagnés ; plaine orientale 9 000 ha irrigués, 13 500 ha plantés de vignes, 3 000 ha d'arbres fruitiers.

MATÉRIEL (84) : 6 245 pulvérisateurs, 4 495 motoculteurs, 2 985 tracteurs, 107 machines à vendanger.

1984. Terres (en milliers d'ha) 871,7 dont *S.A.U.* 361,7 [t. lab. 11,9, herbe 322, vignes 19,9, cult. fruit. 7,8] ; *bois* 231,3 ; *t. agr. non cult.* 168,1 ; *t. non agr.* 105,1. **Prod. végétale** (en milliers de q) agrumes 253,8, pêches 35,5, nectarine + brugnons 4, châtaignes 11,1, pommes 12,7, olives 2,2. *Vins* (en milliers d'hl) 1 185,4 dont V.Q.P.R.D. (vins de qualité prod. dans des régions déterm.) 75,8. **Animale** (en milliers de têtes) bovins 60,8, porcins 48, ovins 142,5, caprins 48,1. *Lait* (prod. totale laitières + nourrices, en milliers d'hl) de vache 275,3, de brebis 85,1, de chèvre 60,8.

Pêche (84). 1 164,7 t dont poissons (et encornets pour la Corse du S.) 1 039, crustacés 104,5, oursins 20, corail (C. du S.) 1,4 ; 293 embarcations, 519 marins.

Énergie (84). *Électricité :* puissance installée (en mW) : 265 (dont hydraulique 80) ; prod. (millions de kWh) : 714.

Industrie : Évolution. Concessions accordées de 1850 à 1920 : fer et sulfure d'antimoine (Cap Corse), plomb argentifère (l'Argentella, 1874), cuivre (Ponte-Leccia, 1881, et Tox), anthracite (Osani, 1889) ; 21 gisements exploités puis abandonnés (en dernier la mine d'amiante de Canari, ouverte 1949, la seule en France). Disparition des usines d'extraits tannants (châtaigniers) ; dernière (Ponte-Leccia) en 1963. *Établissements* (1983) : 4 283 dont B.T.P., génie civil et agr. 3 018, ind. agro-alim. 457.

Tertiaire (au 1-1-85). *Établissements :* services marchands 7 247 dont hôtels, cafés, restaurants 2 862 ; commerce 4 628, transp. et télécom. 607.

Tourisme. *Installation de clubs de vacances : 1948 :* c. olympique (Calvi), *1957 :* c. Méditerranée (S. de Porto-Vecchio). *Touristes : 1970 :* 500 000 ; *80 :* 1 200 000 ; *82 :* 1 739 000 ; *84 :* 1 570 957. Équipement (1985) 425 hôtels (11 085 chambres), 170 campings (55 411 pl.), 91 centres de vac. (32 465 pl.). **Flotte de plaisance** (83). 17 450 bateaux immatriculés en C.

Transports (84). **Capacités.** *Maritimes :* voyageurs 2 972 566, voitures 897 725, marchandises (mètres de roll offerts sur Marseille-Corse 1 703 700 ; *aériens :* voyageurs 1 680 277. **Trafic** (entrées + sorties de passagers, en milliers, 1985). *Maritimes :* 1 912,6 dont Bastia 978,9, Ajaccio 465,6, Ile-Rousse 163,8, Bonifacio 153,5, Calvi 88,7, Propriano 60,8. *Aériens :* 1 424 215 dont Ajaccio 631,9, Bastia 587,1, Calvi 149,7, Figari 55,7. *Ferroviaires* (1984) : passagers 504,5, marchandises 3 035 t. **Réseau routier** (85) : 7 291 km dont routes nat. 555, ch. départ. 4 364, communaux 2 368.

Logement. *Parc* (82) : 134 000 dont 81 000 résidences principales ; *confort* (%) : sans eau courante 2, salle d'eau 15,5, W.-C. intérieur 11,9, ch. central 54,8.

Revenu (83). 7,1 milliards de F. Revenu ann. par habitant : 30 000.

Budget de l'État (en millions de F, 80). *Recettes :* 915,6 dont imp. directs 247,8, droits de douane 215,3, T.V.A. 312,2, droits d'enregistrement 39,8, contr. indirectes 29,1, droits de tabac 42, de timbre 7,3, rec. div. de douane 1,8, rec. au profit des comptes d'affectation spéciale 15,4, rec. budg. non fiscales 4,9. *Dépenses :* aide au développement 1 255,3, subventions aux coll. locales 243,8, participation au fin. des départ. 1 055 ; s'y ajoutent subventions aux transports (Cies maritimes et aériennes) : 619 (1983).

Départements

Voir légende p. 704.

● **Corse-du-Sud** (20 A). 4 166 km^2. Long. 137 km, larg. 83 km. *Alt.* max. 2 357 m. 108 604 h. (1982) [*1975 :* 101 600]. D. 26 (82). *Pop. rurale* (82) : 40 092, *active occupée* 35 760. *Salariés* (31-12-84) : 13 377.

Villes. AJACCIO 54 089 h. (4 000 en 1793) ; musées : Fesch (primitifs et XVIIe s. italiens), Napoléon, maison Bonaparte ; cath. N.-D. de la Miséricorde (1554-1593), château de la Punta, chapelle impériale (XIXe s.), bibl. admin., tourisme, commerce, B.T.P. *Bonifacio* 2 736 h. ; port de pêche. *Cargèse* 898 h. ; peuplé 1675 par des hab. de Vitylo (Péloponnèse), fuyant la tyrannie turque. Quelques vieillards utilisent encore le grec. *Porto-Vecchio* 8 095 h. ; ind. liège. *Propriano* 3 098 h. ; port pêche, commerce, plaisance. *Sartène* * 3 044 h. ; centre com. ; m. Préhistoire.

Terres (en milliers d'ha, 84). 402,8 dont *S.A.U.* 142,1 [t. lab. 3,8 (dont jardins 0,4), herbe 132, vignes 3,2] ; *bois* 131,3 dont (1981) f. d'Aïtone 1,67, f. du Libbio 1,6 ; *t. agr. non cult.* 84,1 ; *t. non agr.* 43,9. **Ressources.** Vins, agrumes, bois, cultures maraîchères, légumières et florales. Bovins, ovins, caprins, porcins. 2 878 exploitations. **Pêche** (1983) : 436,2 t.

Sites touristiques. *Forêts :* Aïtone, Libbio. *Calanques :* Piana. *Golfes :* Porto, Girolata. *Station préhistorique :* Filitosa. *Alignements :* région de Sartène. *Falaises calcaires :* Bonifacio.

● **Haute-Corse** (20 B). 4 665,7 km^2. *Alt.* max. Monte Cinto 2 710 m. 131 574 h. (82) [*1975 :* 125 785]. D. 28,2 (82). *Pop. salariée* (31-12-1984) : 14 594.

Villes. BASTIA 44 020 h. (8 000 en 1793) [ag. 50 596, dont *San-Maria-di-Lota* 1 566. *San-Martino-di-Lota* 2 183. *Ville-di-Pietrabugno* 2 827] ; centre commercial, manuf. de tabac, apéritifs ; m. d'ethnographie corse. *Aléria* 2 410 h. ; vestiges de la cité gréco-romaine, m. archéologique. *Calvi* * 3 579 h. ; port de pêche et de voyageurs, commerce de vin. *Corte* * 5 177 h. ; université 1981 ; marché agr. *Ghisonaccia* 3 297 h. *L'Ile-Rousse* 2 632 h., laiteries. *St-Florent* 1 217 h.

Terres (en milliers d'ha, 84). 468,8 dont *S.A.U.* 219,6 [t. lab. 8,1 (dont jardins 0,3), herbe 190, vignes 16,7] ; *bois* 100 ; *t. agr. non cult.* 84 ; *t. non agr.* 61,3. **Pêche** (1982) : 885,6 t.

Sites touristiques. *Côte* St-Florent, Cap-Corse, Ile-Rousse, étang de Diane (600 ha), Guagno (Guagnu).

Franche-Comté

Généralités

Cadre géographique. Superficie 16 202 km^2 (3 % du terr. nat.). Correspond en gros à l'ancien comté de Bourgogne (le terr. de Belfort rattaché à la région est devenu un dép. depuis 1922).

Régions naturelles. *Montagne jurassienne* (alt. 500 à 1 700 m), forêt, lait. Chaînes les plus importantes (du N. au S.) : Lomont (840 m), Crêt Monniot (1 142 m), Mont Chateleu (1 277 m), Larmont (1 323 m), Risoux (1 419 m), Mont d'Or (1 464 m), Crêt Pela (1 495 m), Crêt d'eau (1 621 m), Colomby de Gex (1 689 m), Reculet (1 717 m), Crêt de la Neige (1 718 m). *Zone des plateaux et des plaines :* alt. 250-450 m (du N. au S.) : Sundgau, plateaux de Haute-Saône, plaines du Doubs, de l'Ognon et de la Saône, le vignoble et la Bresse. Polyculture, élevage bovin, lait et vignes. *Montagne vosgienne et Vôge* (bordure des Vosges), alt. 700 à 1 100 m. **Forêt.** 698 860 ha (env. 42 % de la rég.), dont résineux (sapin et épicéa) : 171 000 ha (24,9 %) ; feuillus (chêne, hêtre, charme, frêne) à basse alt. : 445 000 ha (64,8 %).

Climat. Humide et froid (montagne) ou tempéré (plaines). *Pluviosité* (an.) 700 à 2 000 mm. *Temp. :* janv. à juin − 2° à + 12 °C, juillet + 5° à + 19 °C.

Sites touristiques. *Forêts :* f. de La Joux 2 650 ha (la plus importante f. de sapins de France), de Chaux 20 000 ha dont forêt domaniale 13 000 ha. *Vallées et plateaux pittoresques :* Loue, Dessoubre (cirque de Consolation), bassins du Doubs, sources du Lison, vallée de la Bienne, sous-vosgiennes.

Histoire

Comté palatin de Bourgogne ou Franche-Comté [1]. Après la conquête romaine, le territoire des *Séquanes* devient une *civitas* (qui donnera naissance à l'archevêché de Besançon) : ce sont déjà les limites du Comté. **475-80** occupation des Burgondes, venus de la Suisse romande actuelle. **843** partie des pays situés entre Rhin, Seine et Saône, qui reviennent à Lothaire ; sous le nom de comté d'Outre-Saône, elle devient 2 fois vassale du duché : **936-52** (duc : Hugues le Noir) et **982-1002** (duc : Henri Ier). **1002** Henri Ier désigne son vassal et beau-fils Otte-Guillaume (Otton Ier), Cte d'Outre-Saône, comme héritier du duché. Mais Otte-Guillaume est battu par le Capétien Robert le Pieux : comté et duché demeurent définitivement séparés. **1043** par privilège de l'emp. Henri III le Noir (mari d'Agnès de Poitiers, p.-fille d'Otte-Guillaume), les archev. de Besançon deviennent princes d'Empire (3e rang à la Diète d'All.) ; *métropole religieuse :* Besançon ; *cap. civile :* Dôle. **1057** Guillaume Ier le Grand reçoit le comté de Mâcon [sa famille prend le nom de Mâcon (1re branche cadette : Étienne, tige de la maison de Châlon ; 2e : Raymond, tige de la maison d'Amous, et père du roi de Castille Alphonse VIII)]. **1156** Frédéric Barberousse reçoit par mariage le Comté qui passe à son 3e fils, Otton (II) de Franconie, Cte palatin de B. en 1169. **1208** Béatrice (II) de Franconie ép. un Pce bavarois, Otton (III) de Méranie. **1226** Jean de Mâcon-Châlon, dit le Sage, refuse l'hommage à Otton III (g. féodale-1227). **1248** il proclame Cte de B. son fils aîné, Hugues, marié à l'héritière Alix de Méranie (Hugues Ier) ; il reçoit la régence du comté. **1257** il devient seigneur de Salins et prête l'hommage à son fils Hugues (son fils cadet, Jean dit Brichemail, est la tige des Châlon-Arlay, devenus Pces d'Orange en 1418). **1316** réunion provisoire du Comté à la France par le mariage (1307) de Jeanne de B., fille d'Otton de Châlon (Otton IV), avec Philippe, Cte de Poitiers, qui devient Philippe V de Fr. en 1316. Veuve, la reine laisse le Comté à sa fille, Jeanne, qui épouse Eudes IV, duc de Bourgogne. **1361** le Comté entre dans les domaines de Marguerite de Flandre, dont le suzerain est l'empereur germanique. **1366** apparition du nom de « Franche-Comté ». **1384** réunification du Duché et du Comté par le mariage de Marguerite, comtesse de Flandre, et de Philippe le Hardi, duc de Bourgogne. **1477** mort de Charles le Téméraire ; le Comté entre dans les domaines des Habsbourg, par le mariage de Marie, sa fille, et de Maximilien d'Autriche. **1500** partie du Cercle de Bourgogne, division administr. du St Empire. **1556** à la branche espagnole des Habsbourg. A cette époque, prospérité (foires de Besançon) et grande autonomie. Plusieurs invasions françaises sous Henri IV et pendant la g. de Trente Ans ; pour l'Espagne, c'est un 3e front contre la France (avec Pyrénées et Pays-Bas) et une plaque tournante pour l'acheminement des renforts entre Pays-Bas et Italie. **1665** Louis XIV réclame la Franche-Comté à la mort de Philippe IV, roi d'Esp., au nom de Marie-Thérèse. **1668** occupée par Condé, rendue à l'Esp. par *le traité d'Aix-la-Chapelle*. **1678** *(tr. de Nimègue)* annexée définitivement par la France. Dole, qui a résisté aux troupes fr. est remplacée par Besançon comme capitale civile.

Nota. − (1) *Comté* a été tantôt masculin (latin : *comitatus*), tantôt féminin (latin : *comitas*). Le féminin, qui s'est imposé au XIVe s., pouvait être une allusion à l'alliance du comté avec les Suisses *(comitas* signifie également « alliance »).

Comté de Montbéliard

Situation. N.-E. de la Franche-Comté (cantons de Montbéliard, Audincourt, Blamont et Pont-de-Roide) : 469 km².

Histoire. *Époque celtique :* sous-tribu des Epomandui (« les dompteurs de chevaux ») faisant partie des Éduens [cap. : Mandeure (Epomanduodurum)]. *Époque romaine :* station sur la voie romaine de Besançon au Rhin ; important centre urbain à l'époque des Antonins. **VIe s.** pagus d'Elsgau (*latin :* Alsegaudia ; *fr. :* Ajoie). **750** 1re mention de Montbéliard qui deviendra capitale au XIe s., après la destruction de Mandeure par les Hongrois. **IXe-Xe s.** subdivision de la Lotharingie. **1024** mention du 1er comte, Louis de Mousson. **1162** un Montfaucon, baron de Bourgogne, acquiert par mariage le comté. **1273** Thierry III se déclare vassal de l'Empire. **1283** passe par mariage à la Maison de Chalon et en **1407** à celle de Wurtemberg. **1473** Charles le Téméraire tente de réunir le comté à ses États mais est défait. **1525** gagné par la Réforme (favorisée par Ulrich de Wurtemberg), sert de refuge aux protest. des pays voisins. **1587-88** le duc de Guise attaque la ville sans succès. **1607** Albert d'Autriche en réclame la souveraineté. **1676** Louis XIV occupe le comté (Montbéliard pris et démantelé par Mal de Luxembourg). **1697** le rend au tr. de Ryswick. **1793-*10-10*** réuni à la France (reconnu par le Wurtemberg en 1796), intégré à la Hte-Saône, puis au Mont-Terrible (1794), au Ht-Rhin (1800), au Doubs (1814).

Économie

Population (82). 1 084 049, (85, prov.) 1 093 900. *Active ayant un emploi :* 425 776 dont primaire 34 744 (8,1 %), secondaire 190 636 (44,8 %), tertiaire 200 396 (47,1 %). *Salariée* (31-12-84) : 253 629 dont primaire 3 128, secondaire 94 122, tertiaire 159 482. *Chômage* (fin 85) : 44 099 dont femmes 23 194, hommes 20 905.

Échanges (en milliers de F, 84). IMPORTATIONS : 9 147 135 dont (en %) prod. de la transform. des métaux 6,74, mach., app. électr. et de bureau 5,46, automobiles, cycles 13,17, mach. et app. mécan. 10,9, instr. et mat. de précision 8,02, prod. chim. et caoutchouc 6,49, textile-habill. 6,9, ind. agr. et alim. 6,2, bois et papier 4,34, autres prod. 11,4 ; *de* (en %) C.E.E. 56,42 (dont All. féd. 26,8, Ital. 13,05, U.E.B.L. 9,46, P.-B. 3,6, G.-B. 2,7), autres pays d'Europe 23,18, Afr. 1,48, Amér. 7,29 (dont Amér. du N. 6,60), Asie 10,12 (dont Proche et Moyen-Orient 0,17), Océanie 0,26. EXPORTATIONS : 23 697 108 dont (en %) automobiles, cycles 60,02, prod. de transf. des métaux 6,08, mach. et app. mécan. 5,8, instr. et mat. de précision 5,90, mach., app. électr. et de bureau 3,60, ind. agr. et alim. 5, prod. chim. et caoutchouc 3,45, bois et papier 2,5, text.-habill. 1,1, autres prod. 2,1 ; *vers* (en %) C.E.E. 33,00 (dont All. féd. 6,27, Ital. 7,05, U.E.B.L. 5, P.-B. 5,3, G.-B. 9,96), autres pays d'Europe 15,03, Afr. 24,69, Amér. 16,04 (dont Amér. du N. 13,16), Asie 10,16 (dont Proche et M.-Orient 4,40), Océanie 1,06.

Agriculture. 1984. Terres (en milliers d'ha) 1 630,8 dont *S.A.U.* 785,5 [t. lab. 245,6 (dont jardins 7,4), herbe 535, vignes 2,3] ; *bois* 698,9 ; *étangs* 4 ; *t. agr. non cult.* 35,9 ; *t. non agr.* 95,8. **Prod. végétale** (en milliers de t) blé tendre 284,9, orge et escourgeon 305,4, avoine 69,3, maïs-grain 49,1. *Bois* (en milliers de m³, 1982) : Grumes feuillus 642, G. résineux 878, bois d'ind. et de chauffage 683. **Animale** (en milliers de têtes) bovins 729 dont vaches 316,3 (dont v. laitières 295,9), veaux élevés de − de 1 an 167, animaux de 1 à 2 ans 143,1, animaux de 2 ans et + 102 ; porcins 150, ovins 98,4, équidés 9,6 (dont espèce chev. 9,3), caprins 3,9, coqs et poules (fin 1983) 927 ; lapins (fin 1983) 666. *Abattage* (1983) 51 026 t. *Lait* (prod. tot. v. laitières + nourrices, 1984) 11 977 255 hl. **Exploit.** (nombre, 1983 estim.) 22 900. *Vin* (1981) 425 000 exploitations.

Industrie. *Effectifs* (1-1-84) : 166 528 dont automobile 43 820, B.T.P. 20 497, métaux 23 574, constr. électr. et électronique 18 875, instr. et mat. de précis. 13 522, ind. du bois 8 772, ind. agro-alim. 8 900, mach. d'équip. 8 055, text.-habillement 7 315, transform. des mat. plast. 8 406, chimie 4 331.

Départements

Voir légende p. 704.

● **Doubs** (25) 5 228,41 km² (130 × 100 km). *Alt.* max. Mt d'Or 1 464 m, min. 200 (sortie de l'Ognon). 477 163 h. (1982) [*1810 :* 216 226 ; *1861 :* 296 280 ; *1886 :* 310 963 ; *1911 :* 299 935 ; *1936 :* 304 812 ; *1946 :* 298 255 ; *1968 :* 426 458 ; *1975 :* 471 082]. D. 91,2 (82). *Pop. active ayant un emploi* (1982) : 189 772 dont primaire 13 064, secondaire 85 412, tertiaire 91 296 ; *salariée* 162 028.

Villes. BESANÇON 113 283 h. [*1810 :* 28 436 ; *1861 :* 46 786 ; *1921 :* 55 652 ; *1954 :* 73 445 ; *1975 :* 120 315] [ag. 120 772, dont *Thise* 2 554], alt. 242 m ; ind. microméca. et horlogère (Fralsen, Yema), text. artif. ; festival de musique en sept. ; citadelle de Vauban (1674-1711), m. des B.-Arts, palais Granvelle (1534-40, construit par Jugues Sambin), théâtre (1778-84), vestiges d'arènes romaines, amphithéâtre romain (IIe s. apr. J.-C.), Porte Noire (arc de triomphe, IIe s. apr. J.-C.), cath. St-Jean, maison natale de Victor Hugo. *Baume-les-Dames* (sous-préf. jusqu'en 1926), alt. 280 m, 5 303 h. ; méc. *Beaucourt* (ag. 8 691). *Charquemont* 2 265 h. *Fesches-le-Chatel* 2 263 (ag. 3 589). *Hérimoncourt* 3 508 h. *Isle-sur-le-Doubs (L')* 3 205 h. (ag. 3 521) ; horl. *Maîche* alt. 800 m, 4 216 h. *Montbéliard* * alt. max. 395 m, moy. 316,9, sup. 1 500,56 ha, 31 836 h. [*1598 :* 2 355 ; *1712 :* 2 644 ; *1801 :* 3 558 ; *1861 :* 6 353 ; *1921 :* 10 063 ; *1954 :* 17 023] [ag. 128 194, dont *Audincourt* 17 454. *Bavans* 4 148. *Béthoncourt* 9 751. *Étupes* 4 671. *Exincourt* 3 776. *Grand-Charmont* 7 139. *Hérimoncourt* 3 508. *Mandeure* 6 105. *Seloncourt* 5 545. *Sochaux* 5 254 ; autom. *Valentigney* 14 362 ; château. *Vieux-Charmont* 2 680. *Voujeaucourt* 2 775] ; métall., auto, cycles, outill. *Morteau* alt. 750 m, 6 445 h. (ag. 8 791) ; horlogerie. *Ornans* alt. 340 m, 4 134 h. ; constr. élec. ; m. Courbet. *Pontarlier* * alt. 820 m, 17 781 h. [*1801 :* 3 771 ; *1921 :* 10 203] (ag. 19 048) ; ind. alim., constr. méc., élec., bois ; égl. N.-D., Hôtel-Dieu. *Pont-de-Roide* alt. 340 m, 4 958 h. (ag. 6 272) ; métall. méc. *Pouilley-les-Vignes* 1 358 h. (ag. 3 545). *Saint-Vit* 2 978 h. *Valdahon* alt. 670 m, 3 242 h. ; horlogerie, bois, camp milit. *Villers-le-Lac* alt. 740 m, 4 142 h. ; horlogerie, méc. de précision.

Régions naturelles (en ha). *Montagne jurassienne* alt. 1 100-1 460 m, 35 058 ha. *Plateaux supérieurs* alt. 750-1 100 m, 148 767 ha. *Moyens* alt. 400-750 m, 171 882 ha. (bovins pour fromages de comté et emmenthal, Mont d'Or, forêts, tourisme). *Zone des plaines et basses vallées* alt. 200-400 m, 167 657 ha. (polyculture, bovins pour fromages et boucherie). **Bois** (en milliers d'ha). 220 [dont (en 81) feuillus 126,95, résineux 80,5, forêt de protection 6,6 (f. domaniale de Levier 2,7 : sapins)]. **Terres.** Voir Index.

Tourisme. *Sports d'hiver :* massif du Mont d'Or 1 000-1 464 m, Métabief-Jougne ; ski de fond : Chapelle-des-Bois 1 077 m (éc. nat.), Mouthe 935 m, les Fourgs 1 108 m. *Voile :* lac St-Point (398 ha, profondeur max. 45 m). *Sites :* saut du Doubs (cascade de 27 m), sources de la Loue et du Lison (résurgences) ; *sali-*

nes royales d'Arc-et-Senans, *abbaye* de Montbenoît, *cirque* de Consolation.

● **Jura** (39) 5 007,74 km^2 (115 × 66 km). *Alt.* max. Crêt Pela 1 495 m [alt. moy. 400 à 900 m]. 242 925 h. (1982) [*1801 :* 288 151 ; *1861 :* 298 053 ; *1911 :* 252 713 ; *1936 :* 220 797 ; *1946 :* 216 386 ; *1968 :* 233 441 : *1975 :* 238 856]. D. 48,5 (82). *Pop. active* (1982) : 95 540 dont primaire 10 720, secondaire 39 820, tertiaire 45 000.

Villes. LONS-LE-SAUNIER alt. 249 m, 20 105 h. [*1800 :* 6 070 ; *1890 :* 12 610 ; *1954 :* 15 030 ; *1975 :* 20 942] [ag. 26 410, dont *Montmorot* 257 m, 3 320 h.] ; lunetterie, ind. alim. et méc. ; station thermale ; égl. St-Désiré (crypte du XIe s. et restes des XIe-XIIe, XVIIIe et XIXe s.), égl. des Cordeliers (XVIe-XVIIe s.), Hôpital (Hôtel-Dieu du XVIIIe s.), maisons à arcades (XVIIIe s.) de la rue du Commerce, statue de Rouget-de-Lisle (1882 par Bartholdi). *Arbois* alt. 297 m, 3 998 h. (ag. 4 528) ; égl. St-Just, maison de Pasteur, vieilles maisons, musée. *Champagnole* alt. 545 m, 9 713 h. [*1800 :* 1 548 ; *1891 :* 3 588] (ag. 10 718) ; métall., mobilier, jouets. *Dole* * alt. 245 m, 26 889 h. [*1800 :* 8 235 ; *1891 :* 14 253] (ag. 31 546, dont *Fouchérans* 1 523) ; sous-préfect., chim., métall., électro., ciments, ind. alim. et text. *Moirans-en-Montagne* 1 954 h. *Morez* alt. 700 m, 6 739 h. [*1800 :* 1 218 ; *1891 :* 5 124] (ag. 8 406) ; travail du bois et du diamant, horl., lunetterie, éc. nat. d'optique, plast. *Mouchard* 1 052 h. ; lycée du bois. *Poligny* (sous-préf. jusqu'en 1926) alt. 327 m, 4 655 h. [*1831 :* 6 005] ; fromage (comté), éc. nat. de l'ind. laitière, lycée hôtelier ; collégiale St-Hippolyte, vieilles maisons, hôtels anciens. *Saint-Amour* 2 399 h. *St-Claude* * alt. 418 m, 12 715 h. [*1800 :* 3 579 ; *1891 :* 9 782] (ag. 13 262) ; sous-préfect., évêché ; travail du bois, fabrique de pipes, mat. plast., horl., lunetterie, taille du diamant ; cath. St-Pierre, m. de la pipe. *Salins-les-Bains* alt. 354 m, 3 923 h. [*1800 :* 8 125 ; *1891 :* 6 068] ; anciennes salines, station thermale, faïencerie, casino ; égl. St-Anatoile. *Tavaux* alt. 202 m, 4 417 h. [ag. 7 097, dont *Damparis* 2 680] ; ind. chim., aérodrome.

Régions naturelles. *Plaine* (région doloise, 57 430 ha, et Bresse, 56 429 ha) : à l'O., fraction de la Bresse louhannaise, dépression lacustre comblée d'alluvions ; terrasses de 170 à 250 m d'alt. en montant vers Dole. Blé, maïs, bovins, porcins, volaille, 850 ha d'étangs dans la Bresse. *Côte (Revermont)* (59 341 ha) : bord du 1er plateau jurassien (vignoble : Arbois, Château-Chalon, l'Étoile, Poligny) de St-Amour à Salins-les-Bains, termine les plateaux au centre et E., gradins séparés par des vallées (Combe d'Ain) ; fromageries, ind. du bois, cartonneries, tissage, ind. méc. *La Montagne : 1er plateau* (alt. 550 à 650 m ; 65 134 ha) [le Jura plissé du Sud ou « petite montagne », climat sec ; au N. plus riche : céréales et élevage (comté)] ; *2e plateau* (séparé du 1er par les vallées de l'Ain et de l'Angillon), 700 à 1 000 m (99 576 ha) : lacs, résineux (La Fresse, La Joux), pâturages ; *Haut-Jura* près de la Suisse (p. culmin. au Crêt Pela, alt. 1 495 m, 54 611 ha) : forêts, pâturages, ind. de précision (taille de diamant, horlogerie, lunetterie) et diverses (pipes, boîtes en épicéa). *Val d'Amour et Forêt de Chaux* (25 765 ha). *Finage* (18 583 ha). *Combe d'Ain* (19 863 ha). *Plateaux inférieurs du Jura* (43 188 ha). P. culmin. de tout le massif : Crêt de la Neige (alt. 1 723 m). **Bois** (milliers d'ha). 230 (taux de boisement 45,5 %) dont (1981) feuillus 154,6, résineux 59,8, forêt de protection 3,95 [*forêt de Chaux :* 20 dont 13 de forêt domaniale ; *f. de la Joux :* 2,65 (arbres souvent de + de 50 m de haut.)], *f. privées* (1981) 43 %. **Terres.** Voir Index.

Ressources. Céréales (plaine du Doubs). Production de bois : résineux (Ht-Jura). Ind. laitière : comté, morbier, bleu. Vignobles réputés du Revermont (Arbois, Château-Chalon, l'Étoile).

Sites touristiques. *Kayak et voile : lacs* (Chalain, 232 ha, prof. 34 m, alt. 526 m ; Clairveaux-les-Lacs, alt. 540 m, 63 ha), *plans d'eau* (Vouglans : 1 600 ha, Coiselet, Rousses), *torrents. Ski :* Les Rousses, Lamoura (ski de piste et de fond, alt. 1 100 à 1 200 m), vallée des Rennes à Prémanon (école nat. de ski de fond, alt. 120 m). *Aéroclubs :* Arbois, Champagnole, Dole-Tavaux, Lons-Le-Saunier, Les Rousses, St-Claude. *Châteaux* d'Arlay, du Pin (XIIIe, XIVe et XVIIe s.). *Baume-les-Messieurs :* reculée (vallée en cul-de-sac) et grottes ; abbaye (XIIe et XIIIe s.) avec m. de la Forge et de la Tonnellerie. *Château-Chalon :* égl. (XIe-XIIe s.), vieilles maisons sur un promontoire (août, spectacles son et lumière). *Lons-le-Saunier :* station thermale, aéroclub. *Orgelet :* égl. fortifiée. *Planches* (près d'Arbois) : grottes. *Salins-les-Bains :* stat. therm., casino.

● **Haute-Saône** (70) 5 375 km^2 (116 × 100 km). *Alt.* max. Ballon de Servance 1 210 m, min. 185 m (confluence Saône/Ognon). 231 962 h. (1982) [*1801 :* 291 579 ; *1861 :* 317 183 ; *1886 :* 290 954 ; *1911 :* 257 606 ; *1936 :* 212 829 ; *1946 :* 202 573 ; *1968 :* 214 296 ; *1975 :* 222 254]. D. 43,1 (82). *Pop. active* (30-12-83) : 96 344 dont primaire 10 316, secondaire 38 576, tertiaire 38 302.

Villes. VESOUL alt. 220 m, 907 ha, 18 412 h. [*1876 :* 9 206 ; *1911 :* 10 539 ; *1954 :* 12 038 ; *1975 :* 18 173] [ag. 26 592, dont *Échenoz-la-Méline* 2 518] ; métall., auto. *Arc-les-Gray* 3 220 h. *Fougerolles* 4 155 h. *Gray* (sous-préf. jusqu'en 1926), 7 72 h. [ag. 12 774, dont *Arc-les-Gray* 3 220] ; métall., électro., coton. *Héricourt* 10 014 h. ; ind. text., constr. métall. *Lure* * 9 130 h. (ag. 11 085) ; constr. méc., confect., ind. du bois. *Luxeuil-les-Bains* 9 951 h. (ag. 14 153), alt. 295 m ; métall., text., ind. du bois ; station thermale ; maison carrée, Tour du Bailly. *Mélisey* 1 877 h. (ag. 3 257). *Plancher-les-Mines* 1 414 h. (ag. 2 952). *Port-sur-Saône* 2 642 h. *Ronchamp* 3 132 h. *St-Loup-sur-Semouse* 4 907 h. (ag. 5 360) ; ind. du bois (meubles).

Régions naturelles. *Plaine grayloise :* 55 712 ha, alt. 200 à 250 m, boisée, cult. ind. *Plateaux :* 273 692 ha, alt. moy. 250 à 300 m, 2/3 du dép. ; vallées riches dont celle de la Saône ; bovins. *Basse vallée du Doubs et de l'Ognon :* 28 522 ha, v. alluvionnaire, bovins, p. de terre. *La trouée de Belfort,* 19 310 ha et *rég. sous-vosgienne,* 79 646 ha : 300 à 350 m, pâturages. *Rég. vosgienne :* 36 114 ha, 400 à 800 m, forêts et étangs. *Hautes-Vosges :* 24 351 ha, 500 à 1 200 m, forêts, prairies, ind. (filatures, tissages, mec.). *La Vôge :* 18 661 ha, 400 à 500 m, sols pauvres souvent humides, céréales secondaires, p. de terre, élevage. Cerises (kirsch, Fougerolles). **Bois** (milliers d'ha). 223,6 dont (en %, en 84) feuillus 87,9, résineux 121, taux de boisement 43,2 %, forêts de protection 2,87 [f. domaniale de Luxeuil (hêtres) 1,25]. **Terres.** Voir Index.

Ressources. *Agriculture :* lait, fromage (fin 84) 21 253 t (dont 15 715 d'emmenthal) ; bovins 23 300 têtes. Cultures principales : blé, orge, avoine, maïs. *Industrie* (1982) : métallurgie 6 %, textile 4,5 %, B.T.P. 6,8 %, ameublement 6 %.

Sites touristiques. Port-sur-Saône. *Ski :* la Planche des Belles-Filles (1 148 m), Belfahy (950 m). *Châteaux* de Champlitte, de Bellevaux (ancienne abbaye) (XVIIe-XVIIIe s.) ; à Cirey-les-Bellevaux et Ray-sur-Saône, hôtel de v. et basilique du XVIe s. de Gray, chapelle de Ronchamp (Le Corbusier, 1955), église de Champlitte (XVe-XIXe s.), abbaye de Luxeuil-les-Bains. Fortifications de Pesmes. Musées de la négritude à Champagney, Albert-Demard (d'histoire et de folklore) à Champlitte, rural de plein air à Fougerolles, Baron-Martin à Gray, de la montagne à Haut-du-Them, archéologique à Luxeuil-les-Bains. Maison diocésaine et rencontres culturelles dep. 1975 à Cirey-les-Bellevaux.

● **Territoire de Belfort** (90) 610,6 km^2 (3,8 % de la sup. de la région) (45 × 22 km). *Alt.* max. Ballon d'Alsace 1 248 m, min. 325 m (confluent Allaine/Bourbeuse). 131 999 h. (1985) [*1801 :* 31 439 ; *1861 :* 56 248 ; *1886 :* 79 758 ; *1911 :* 101 386 ; *1936 :* 99 497 ; *1946 :* 86 648 ; *1968 :* 118 450 ; *1975 :* 128 125]. D. 216,4 (82). 1 seul arrondissement. Cantons : 15. Communes : 101. Seule partie du Haut-Rhin restée fr. en 1871 (décision du kaiser rendant hommage à la garnison de 30 000 h. commandée par le Cel Denfert-Rochereau qui résista 103 j aux armées allem.) ; Belfort avait déjà été assiégée en 1813-14 et 1815. *Pop. active* (1985) : 50 780 dont primaire 1 152, secondaire 26 024, tertiaire 25 328. *Salariée* (31-12-1982) : 34 221.

Villes. BELFORT alt. 359 m, 51 206 h. [ag. 76 221, dont dans le dép. *Bavilliers* 3 555. *Danjoutin* 3 451. *Offemont* 4 140. *Valdoie* 4 572] ; élec. (Alsthom), électroméc., électro. (Honeywell-Bull), text. ; château et fortif. de Vauban, musée, Lion de Belfort (par Bartholdi : long. 22 m, haut. 11 m). *Beaucourt* 5 682 h. (ag. 8 691) ; constr. électr., méc. *Chatenois-les-Forges* 2 691 h. (ag. 3 769). *Delle* (partie fr.) 8 161 h. [ag. 11 392, dont *Grandvillars* 3 048] ; constr. méc., art. métall. *Giromagny* 3 577 h. (ag. 6 088).

Régions naturelles. 61 060 ha dont *Sundgau* 21 979 ha. *Montagne et zone sous-vosgienne* 17 980 ha. *Trouée de Belfort* 15 835 ha, altitude moyenne 440 m, largeur 30 km. *Plateaux moyens du Jura* 5 266 ha.

Bois. 25 300 ha dont (85) feuillus 19 000, résineux 4 240, forêts de protection 740. **Terres.** Voir Index.

Divers. Tombeaux et sarcophages du VIIe s. à *St-Dizier-l'Évêque. Ballon d'Alsace* (ski, randonnées pédestres). *Plans d'eau de Malsaucy et du bassin de Champagney. Terrain de Chaux* (vol à voile, aviation).

Ile-de-France

Généralités

Nom. N'apparaît pas avant 1419 ; remplace le nom ancien du *pays de France* (21 villages autour de St-Denis, par ex. Roissy-en-France), lorsque *pays* a pris le sens de *nation*, et *Fr.* le sens de *royaume français.* Étymologie controversée : 1° *île de* signifierait *presqu'île de* et désignerait la langue de terre délimitée par Oise, Seine et Marne-Ourcq. 2° *L'île de* viendrait par fausse étymologie populaire de l'adjectif germ. *lilde* (anglais *little,* alsacien : *lützel*), « petit » : *Petite-France,* opposée au royaume du même nom.

A partir de 1419, les « gouverneurs de l'Île-de-France » ont autorité sur l'ancien *pays de France* (Paris, Argenteuil, St-Denis), sur les 6 pays faisant encore partie de la région parisienne (V. ci-dessous) et sur 5 pays picards : Laonnais, Noyonnais, Soissonnais, Valois et Beauvaisis (V. Picardie). La « généralité d'Île-de-France » (ou de Paris), organisée en 1542, était encore plus vaste.

● **Ville et banlieue parisiennes. Situation.** Sur la Seine, en aval du confluent avec la Marne (centre de navigation fluviale). Le petit bras de la Seine (au S. de la « Cité ») est l'ancien cours de la Bièvre.

Histoire. Époque celtique fraction du territoire des Parisii, sous-tribu des Sénons [cap. *Lucotetia* ou *Lutèce,* du grec « ville des blancheurs » (**leukos,** « blanc ») ou « v. des loups » (**lukos,** « loup ») ou « v. du dieu Lug » (douteux : Lug est un dieu irlandais)]. Les Parisii (déformation de Kwarisii) tireraient leur nom des carrières de Montmartre (à rapprocher de l'angl. quarr). **53 av. J.-C.** les Sénons sont battus par César dans la plaine du Champ de Mars et se replient dans les collines boisées de Meudon. **Période romaine** Lutèce fait partie de la Lugdunaise Quatrième (cap. Sens). **Période franque 508** Clovis établit sa capitale à Paris, après la victoire de Vouillé. **Sous les Carolingiens** remplacée par Laon comme capitale ; échoit en 861 à Robert, « duc de France », et fondateur de la maison capétienne. **Après 888** centre du domaine royal capétien. Les ducs, puis rois « de France », étaient en même temps seigneurs des deux autres fractions de l'ancien territoire gaulois des Parisii : la Goële (N.E.) et le Parisis (S.).

● **Brie. Situation.** Plateau de 150 à 180 m d'alt. à l'est de la Seine, en arc de cercle (125 km sur 60) et séparant bassin de Paris (calcaires) et Champagne (craie) : céréales et élevage, buttes et tertres boisés (sables de Fontainebleau). Dép. de Seine-et-Marne débordant sur Aisne et sur Marne.

Histoire. Ancienne marche non déboisée *(Brigius Saltus),* servant de limites entre les tribus et les sous-tribus celtiques des Sénons, Parisii, Meldi, Tricassi et Suessiones. Cap. *Briga* (« forteresse ») devenue au M. A. Brie-Comte-Robert qui a donné son nom au fief : la Brie signifie la *(Comté) Brie,* c.-à-d. *de Brie.* Les 2 villes principales portent le nom des *Meldi :* Meaux *(Meldi)* évêché et Melun *(Meldodunum).* Acquis par Herbert de Vermandois en 998, le comté devient l'un des 2 éléments constitutifs de la Champagne (comtés de Brie et de Troyes). Entre dans le domaine royal en 1336. Disputée entre les gouvernements de Champagne et d'Île-de-France, la Brie est coupée en 2 en 1693 : la région de Meaux reste champenoise, la région de Melun forme la Brie française. Les 2 Bries sont réunies en 1791, dans le dép. de Seine-et-Marne, les Meldois ne voulant pas dépendre de Château-Thierry. On appelait Multien (Meldianus) la partie N.-O. du pays des Meldi, non rattachée à la Brie et appartenant aux ducs de France depuis le IXe s. Les hauteurs boisées, séparant Multien et pays de France (canton de Dammartin), formaient le « petit pays » de *Goële* (cap. ancienne : Montjé) ; nom voisin du celtique *coat* ou *goat,* forêt.

● **Étampois. Situation.** Sur la route de Paris à Orléans, *Étampes* est un doublet de Étapes.

Histoire. Ville mentionnée depuis 604 ; siège d'un palais royal depuis 1005, séparé du domaine royal et érigé en comté au XIIIe s., puis en duché pour Anne de Pisseleu, maîtresse de François Ier.

● **Gâtinais français. Situation.** Extrémité nord d'un plateau de 5 600 km^2, entre l'Essonne et l'Yonne ; s'étendant du sud de la Loire jusqu'à la Sologne. Dép. de l'Essonne et de la Seine-et-Marne (débordant sur Loiret et Yonne).

Histoire. L'ancien *pagus Vastinensis* avait pour cap. Vatan (Indre). Marche non déboisée entre Carnutes et Sénons, il appartient au IXe s. aux comtes de Blois-Chartres (famille de Thibaut le Tricheur) qui fixent sa cap. à Château-Landon. Acquis au domaine royal en 1090 par Philippe Ier, coupé en 2 en 1453 : Gâtinais français (cap. Nemours) en Ile-de-France ; Gâtinais orléanais (cap. Montargis) en Orléanais.

● **Hurepoix. Situation.** Série de collines boisées formant le bassin de l'Orge (Orobia), de Rambouillet à la forêt de Fontainebleau. L'expression *pagus Orobiensis* (déformée en *Huripensis*) a désigné depuis le XIIe s. un ensemble plus vaste, englobant Gâtinais français jusqu'à Montargis et Étampois.

Histoire. Partie des marches non déboisées séparant Sénons et Carnutes. Défriché aux VIIIe-IXe s. et peuplé de petits seigneurs turbulents (Montfort-l'Amaury, Rochefort-en-Yvelines, Montlhéry, etc.), vassaux des ducs-rois de France, et soumis seulement vers le XIIe s. après de nombreuses guerres féodales.

● **Mantois. Situation.** Rive g. de la Seine, Yvelines ; formé essentiellement du bassin de la Mauldre et du Pinceray, autour de Poissy (déborde sur l'Eure-et-Loir).

Histoire. *Pagus* celtique de Medunta, transformé en « marche » (région militaire) lors des invasions normandes, sous l'autorité d'un comte de Mantes. Dans le domaine capétien dès le IXe s.

● **Vexin français. Situation.** Au N. de la Seine, entre l'Oise et l'Epte : extrémité ouest du Val-d'Oise, mais débordant sur l'Oise (Picardie).

Histoire. Ancienne cité celtique des *Veliocassi*, devenue sous Charles le Chauve (v. 850) domaine de l'abbaye de St-Denis. En 911 : rive droite de l'Epte au duc Rollon (Vexin normand), rive g. au roi de France. Gardant le titre d'« avoué de St-Denis », le roi adopte comme emblème l'oriflamme rouge et or des abbés.

Organisation

Histoire. Le 10-7-1964, une loi a réorganisé la *Région parisienne*. De 3 départements (Seine, Seine-et-Oise, Seine-et-Marne), on est passé à 8, la *Seine* éclatant en 4 (Paris,Hauts-de-Seine, Val-de-Marne, Seine-St-Denis), la *Seine-et-Oise*, un peu amputée, éclatant en 3 (Val-d'Oise, Yvelines, Essonne), la *Seine-et-Marne* restant inchangée.

La loi du 6-5-1976 a substitué la Région d'Ile-de-France au district de la Région parisienne (créé par la loi du 2-8-1961 et le décret du 10-8-1966).

Organes. Conseil régional. 164 membres dont : *50 parlement.* (33 dép. et 17 sén.) désignés par les 83 dép. et les 42 sén. de la région, à la représent. proportionnelle selon la règle de la plus forte moyenne ; *114 représ. des collect. locales* : 30 représentants de Paris, 42 conseillers gén. (6 pour chacun des 7 dép. ; conseillers de Paris et conseillers gén. élus selon les règles propres à chaque assemblée) ; 42 représ. des communes, élus dans chaque dép. parmi les conseillers munic., à la représent. proportionnelle selon la règle de la plus forte moyenne (6 pour l'ensemble des communes de chaque dép.). Le *Pt* est élu pour 1 an renouvelable ; ses fonctions sont incompatibles avec celles de maire de Paris et de membre du Gouv. **Comité économique et social.** 80 m. **Préfet de région**, qui est également préfet de Paris, convoque les ass. régionales et exécute les délibérations du Conseil régional, notamment en matière budgétaire, veille à ce qu'une suite soit donnée aux avis du Comité économique et social.

Économie de l'Ile-de-France

Superficie. 12 012,3 km² (2,2 % du territoire).

Population. 10 173 400 (1-1-85, prov.) [*1962* : 8 469 863 ; *1968* : 9 248 631], 18,5 % de la population fr. entière. **Densité** : 845 h/km². **Solde migratoire** *vers la province* (1975-82) : − 0,39 % par an. Paris −

Années	Paris	Région parisienne [1]
1801	547 000	1 353 000
1831	786 000	1 722 000
1851	1 053 000	2 240 000
1866	1 825 000	3 039 000
1881	2 269 000	3 726 000
1911	2 881 000	5 336 000
1921	2 907 000	5 683 000
1936	2 830 000	6 785 000
1946	2 725 000	6 597 000
1962	2 790 000	8 469 600
1968	2 590 771	9 250 400
1975	2 229 830	9 878 631
1982	2 176 243	10 073 059

Nota. − (1) Seine dont Paris et anciens départements de Seine-et-Oise et Seine-et-Marne.

171 883 h., petite couronne − 268 902 h., grande couronne + 167 547 h. **Solde des naissances** *sur les décès* : + 68 800 (1975-83). **Rythme de croissance** (1975-1982) : + 0,3 % (moy. nat. 0,4 %). **Prévisions** *an 2000* : 11 000 000 d'h. **Étrangers** (1982) : 1 339 944 dont Portugais 337 400, Algériens 295 948, Marocains 123 872, Espagnols 85 704, Tunisiens 70 420, Italiens 65 088, autres 361 512. **Hommes** : 4 885 588 (48,5 %) dont actifs 2 765 104, ayant un emploi 2 582 404 ; **femmes** : 5 185 480 (51,5 %) dont actives 2 168 072, ayant un emploi 1 979 456. **Pop. des ménages** [catégories socio-professionnelles (1982)] : Agr. exploitants 34 020 ; artisans, com., chefs d'entreprise 643 720 ; cadres, prof. intell. sup. 1 669 100 ; prof. intermédiaires 1 698 040, employés 1 476 660, ouvriers 2 536 680. Non actifs 1 763 400. *Total 9 831 620.*

Répartition par âge (en %). *0 à 14 ans* : 19,8 ; *15 à 24 a.* : 15,4 ; *25 à 64 a.* : 53,3 ; *65 a. et +* : 11,5.

Pop. salariée (31-12-84). Agr. 2 453, secondaire 1 019 264, B.T.P. 273 786, tertiaire 2 065 409. *Demandeurs d'emplois* (mars 1985) : 836 610.

Échanges (en milliards de F, 84). IMPORTATIONS 237 (27,2 % des imp. nat.) dont (en %) mach. de bureau et matér. de traitement de l'information 10,1, autom. 10, matér. électron. profess. et mén. 9,4, prod. chim. de base 5,1, text. ; *de* (en %) C.E.E. 53,5, reste de l'Eur. 13,1, Amér. du N. 14,8, Afr. 2,9, Amér. lat. 1,7. EXPORTATIONS 172,7 (20,3 % des exp. nat.) dont (% du trafic régional) autom. 14,3, matér. électron. profess. et mén. 11,2, équip. ind. 5,8, mach. de bureau et matér. de traitement de l'information 5,4, prod. de parachim. 4,7, prod. chim. de base 4,3 ; *vers* (en %) C.E.E. 45,6, reste Eur. 15,5, Afr. 18,6, Amér. du N. 10, Amér. lat. 5,6.

Agriculture. 1984. Terres (en milliers d'ha). 1 196,5 dont *S.A.U.* 613,1 [t. lab. 581,3, herbe 23,8, jardins 8,7 : + de 6 000 ha (8,54 m² par h.) ouverts au public ou en cours d'aménagement ; acquisitions prévues : 3,5 ha au N. de Paris entre la forêt de Bondy et celle de Montmorency (espaces existants 0,6)], cult. fruitières 3,6, maraîchères 2,5 ; *bois* 253,3 (80 ouverts au public soit 74 m² par hab., 156 millions de promeneurs en 1980) ; *t. agr. non cult.* 16,4 ; *t. non agric.* 282,6. **Prod. végétale** (en milliers de t) blé tendre 2 235, better. ind. 2 720,2, maïs-grain 768,2, orge et escourgeon 369,2. **Animale** (en milliers de têtes) bovins 68,6, ovins 42,4, porcins 29,3. *Lait* 796 678 hl.

Salariés (au 31-12-84). 3 367 869. **Agriculture et pêche** 2 453. **Industrie** 1 019 256 (ind. agr. et alim. 72 058, énergie 20 288, biens intermed. 176 082, biens d'équip. profess. 338 051, équip. mén. 9 322, matér. de transp. terr. 115 059, biens de consomm. 288 404). **B.T.P.** 273 786. **Commerce** 561 323. **Transports et télécom.** 135 554. **Services marchands** 925 052. **Assurances** 79 645. **Organismes financiers** 157 186. **Location, crédit-bail immobilier** 10 019. **Services non marchands** 196 630.

Tourisme (1-1-82). Hôtels 8 039 (200 173 ch.), campings-caravanings 132 (45 360 pl.), auberges de France 6 (43 pl.), auberges de jeunesse 12 (989 pl.), maisons familiales de vacances 5 (397 pl.), villages de vacances 4 (1 596 pl.). *Part dans l'hôtellerie nat.* : 50 % (4 étoiles luxe), 34 % (4 étoiles), 36 % (hôt. non classés). L'office de tourisme a reçu 361 000 visiteurs en 1981 (60 000 réservations).

Transports. Voyageurs transportés (en millions, 83). Métro 1 156 ; R.A.T.P. (globales) 774,8, (lignes régulières pures de jour) 736, S.N.C.F. (banlieue) 456,6, R.E.R. 257. Banlieue (France entière) 62,1 %.

Parc de logements (1982). *Paris* 1 279 730. *Petite-Couronne* 1 632 324 dont Hauts-de-Seine 625 961, Seine-St-Denis 524 415, Val-de-Marne 481 948. *Grande-Couronne* 1 510 894 dont Yvelines 449 126, Essonne 364 820, Seine-et-Marne 356 690, Val-d'Oise 340 258. *Total* 4 422 948.

50 000 personnes au moins sont sans domicile dont 15 000 dorment dehors, les autres étant hébergées par des tiers ou dans des foyers surpeuplés. Il y avait en 1982 (entre parenthèses, pop. concernée) 306 400 logements sans confort (eau froide seulement) (512 000), 51 820 ch. meublées (66 200), 4 660 habitations de fortune (12 360).

Équipement des logements (1982, en %). Avec eau chaude 91,7, eau froide seulement 7,9 sans eau 0,5 ; avec W.C. à l'intérieur 87, baignoire ou douche 87 (dont baignoire 69) ; avec chauffage central 79,5, tout le confort (baignoire ou douche, W.C. à l'intérieur, chauffage centrale) 71,9 ; téléphone 83,7. **Nombre de pièces** (1982, en %). *1* 13,5, *2* 22,5, *3* 28,6, *4* 20,9, *5* 9,3, *6* 3,2, *7* 2. **Logements mis en chantier** (en milliers) : *1982* : 43 (individuels 15, collectifs 28), *83* : 40 (i. 15, c. 25), *84* : 37 (i. 17, c. 20).

Départements

Voir légende p. 704.

Paris (75)

Place de Paris dans la vie nationale (en %). Terr. national 0,022 : population 4 ; sièges sociaux des banques 96 ; s. des Stés d'assurance 70 ; s. d'autres entreprises 45 ; prof. libérales 39 ; emplois tertiaires 25 ; recettes fiscales 45.

Description

● **Situation.** A 372 km en amont de l'embouchure de la Seine. *Lat.* N. 48°50'11", *long.* 0° [long. françaises se comptant à partir du méridien passant à l'Observatoire de Paris (2°20'14" E. du méridien de Greenwich)]. *Alt.* (m) Montmartre 130 (max.) [Télégraphe 129, Ménilmontant 118, Belleville 115, Buttes-Chaumont 101, Montsouris 78, Montagne-Ste-Geneviève 60, Charonne 65, Buttes-aux-Cailles 60, Maison-Blanche 53, Grenelle 26 (min.)]. *Périmètre* : 36 km, *longueur* (est-ouest) : 12 km, *largeur* (nord-sud) : 9 km.

● **Seine.** *Superficie.* 140 ha. *Longueur* (dans la traversée de Paris) 13 km. *Niveau* à peu près constant (cote env. 26,39 m). *Crue la plus forte* 8,76 m en 1910 (7,13 m en 1955).

● **Enceintes.** *Superficie.* (Sup. contenue en ha). *1re enc.* : (sous Jules César, 43 av. J.-C.) 45,28 ; *2e* : (375 apr. J.-C.) 38,78 ; *3e* : (1211) 252,85 ; *4e* : (1385) 439,20 ; *5e* : (1581) 483,60 ; *6e* : (1634) 567,80 ; *7e* : (1686) 1 103,70 ; *8e* : (1788) 3 370,45 ; *9e* : (1840) 3 450 [12 arrondissements, 48 quartiers]. *1898* : 7 802 ha ; (dont zone annexée 4 352) ; *1925* : 8 622 ; *1947* : 10 516 ; *1982* : 10 539,7 (dont Paris 8 692,8, bois de Vincennes 994,7, de Boulogne 845,9, Seine 6,3) dont *habitations* 3 949 ha.

● **Arrondissements.** Superficie en hectares (ha) et, entre parenthèses, population (1982). *1er* : 182,6 hectares (18 509 habitants) ; *2e* : 99,2 (21 203) ; *3e* : 117,1 (36 094) ; *4e* : 160,1 (33 990) ; *5e* : 254,1 (62 173) ; *6e* : 215,4 (48 905) ; *7e* : 408,8 (67 461) ; *8e* : 388,1 (46 403) ; *9e* : 217,9 (64 134) ; *10e* : 289,2 (86 970) ; *11e* : 366,6 (146 931) ; *12e* : 1 632 (138 015) ; *13e* : 714,6 (170 818) ; *14e* : 562,1 (138 596) ; *15e* : 850,2 (225 596) ; *16e* : 1 630,5 (179 446) ; *17e* : 567 (169 513) ; *18e* : 600,5 (186 866) ; *19e* : 679 (162 649) ; *20e* : 598,4 (171 971).

● **Population.** *59 av. J.-C.* : 25 000 ; *1200* : 70 000 ; *1328* : 250 000 (61 098 feux) ; *1475* : 300 000 ; *1684* : 425 000 ; *1762* : 600 000 ; *1784* : 620 000 ; *1791* : 630 974 ; *1801* : 547 766 ; *1817* : 713 966 ; *1831* : 785 862 ; *1841* : 935 261 ; *1851* : 1 053 262 ; *1861* : 1 696 141 ; *1872* : 1 851 792 ; *1881* : 2 269 023 ; *1891* : 2 424 705 ; *1901* : 2 714 000 ; *1921* : 2 907 000 ; *1936* : 2 830 000 ; *1954* : 2 850 000 ; *1962* : 2 790 091 ; *1968* : 2 590 771 ; *1975* : 2 299 830 (ag. : 8 549 000. D. 21 820) ; *1982* : 2 176 243 h. D. 20 647 (ag. 8 505 800). *Répartition par âge (en %). 0 à 14 ans* : 14,4 ; *15 à 24 a.* : 13,7 ; *25 à 64 a.* : 55,2 ; *65 a. et +* : 16,7. *Étrangers.* 355 000 soit 16,5 % selon l'APUR, 450 000 selon la préfecture.

Pop. active (1982). 50,7 % dont employés 16,7, cadres, profess. intell. sup. 11,2, profess. intermédiaires 9,8, ouvriers (dont ouvriers agr.) 8,8, artisans 3,7. *Nombre de salariés (1980)* : 1 460 540. 160 000 pauvres bénéficient (d'une manière ou d'une autre) chaque année d'une aide sociale, 4 000 à 5 000 clochards et « personnes sans domicile fixe » fréquentent les asiles de nuit.

Familles. *Nombre* : 513 080. En % : cadres et prof. intellectuelles supérieures 23,2, retraités 17,6, ouvriers 17,2, employés y compris personnel des particuliers 14,1, prof. intermédiaires, anciennement cadres moyens, plus contremaîtres 13,7, artisans, commerçants et chefs d'entreprises 8,3.

Quelques dates

52-51 av. J.-C. les Romains conquièrent le village des Parisii et l'appellent Lutèce. **IIIe ou IVe s. ap. J.-C.** Paris. **V. 280** après l'invasion germanique, 1re enceinte (île de la Cité). **355** l'empereur Julien, nommé César des Gaules, réside à P. (357-358). **451** Ste Geneviève détourne Attila de P. **V. 508** Clovis à P. Fondation de l'église des Saints-Apôtres (Ste-Geneviève). **VIIIe s.** les Carolingiens délaissent P. **IXe s.** invasions normandes. **888** Eudes, Cte de P., élu roi de France. **957** 1re foire du Trône. **987** Hugues Capet, Cte de P., élu roi de Fr. **1163** début de la construction de N.-D.

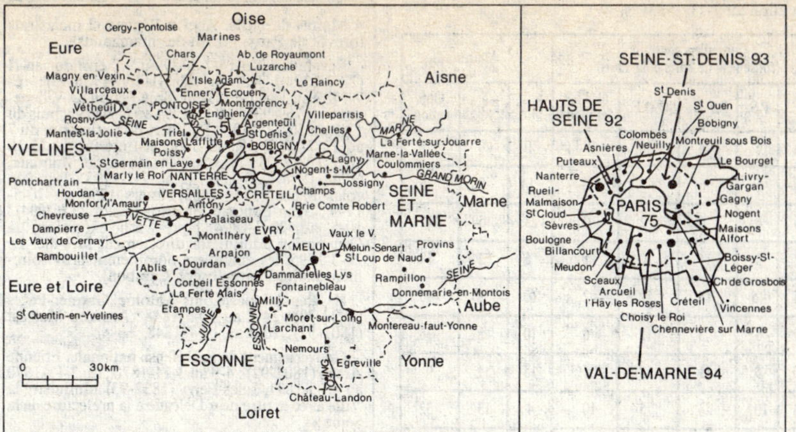

1 PARIC. 2 SEINE-ST-DENIS. 3 VAL-DE-MARNE. 4 HAUTS-DE-SEINE. 5 VAL-D'OISE.

1183 1er pavage des rues [*Croisée de Paris :* 4 voies se croisant à partir du Châtelet ; dalles de grès ou de pierre, carrées (1,50 m de côté et 0,35 à 0,40 m d'épaisseur)] ; construction des Halles. **1180-1210** enceinte de « Philippe Auguste ». **1254** St Louis fonde l'hôpital des Quinze-Vingts. **1257** Sorbonne créée. **V. 1260** prévôts et jurés de l'Association des marchands de l'eau deviennent les prévôts des marchands et échevins. **1268** les marchands de l'eau adoptent la devise « Fluctuat, nec mergitur » (il flotte et ne coule pas), devenue celle de P. **1356-57** captivité de Jean le Bon. États généraux dirigés par Étienne Marcel, prévôt des marchands de P. **1367-83** enceinte de Charles V (rive droite). **1420-36** les Anglais à P. **1436** P. se rend à Charles VII, qui s'installe en 1437 dans les dépendances de l'hôtel St-Pol. **V. 1470** Louis XI quitte P. et s'installe à Plessis-lez-Tours. **1489** parution du 1er indicateur des rues. **1546** début des travaux du Louvre. **1594**-*22-3* Henri IV rentre à P. **1605** Il fait construire la place Royale, future pl. des Vosges. **1610** H. IV assassiné. **1622** l'évêché de P. devient archevêché et cesse de dépendre de Sens. **1633-36** Louis XIII étend l'enceinte v. l'ouest. **1670** construction des Invalides. **1680** L. XIV abandonne P. pour Versailles. **1684** nouvelle enceinte. **1728** au coin de chaque rue, plaques de fer-blanc avec son nom. **1753** aménagement de la place L. XV, future pl. de la Concorde. **1764** L. XV pose la 1re pierre du Panthéon. **1782** : 1ers trottoirs (rue de l'Odéon). **1784-91** enceinte des *Fermiers Généraux* avec pavillons d'octroi de Ledoux. **1786** destruction des maisons qui subsistaient sur 4 ponts. **1787-97** construction du mur d'octroi des Fermiers Généraux. **1789**-*12-7* constitution de la Commune de P. les électeurs parisiens occupent l'H. de Ville et remplacent l'ancienne municipalité (1 prévôt des m., 4 échevins, 36 conseillers, 16 quarteniers) par un comité permanent (120 m., puis 180, puis 300) ; elle prend comme force armée les gardes-françaises ; *14-7* celles-ci s'emparent de la Bastille ; *6-10* la famille royale ramenée à P. s'installe aux Tuileries. **1792**-*9-8* Danton chasse le Comité de 1789 et le remplace par une commune révolutionnaire, dont les troupes renverseront la monarchie le lendemain. **1793**-*21-1* exécution de Louis XVI. **1795**-*22-8* Constitution de l'An III divise P. en 6 municipalités indépendantes.

1800 début de la suppression des ruisseaux au milieu des rues. **1804**-*2-12* sacre de Napoléon Ier à N.-D. **1805** érection de la colonne Vendôme. Numérotage régulier des maisons (pair à droite et impair à gauche, en partant de la Seine ou en suivant son cours). **1814**-*31-3* capitulation, entrée des Coalisés ; *3-5* : entrée de Louis XVIII. **1815**-*20-3* entrée de Nap. Ier ; *7-7* : occupation par les Coalisés ; *8-7* : retour de Louis XVIII. **1825** 1er essai d'éclairage au gaz par la Cie du Gaz (place Vendôme). **1830**-*27/28/29-7* révolution. **1832** choléra ; combat de la rue du Cloître-St-Merry. **1834** combat de la rue Transnonain ; colonnes-urinoirs (« rambuteaux », du nom du préfet qui les implanta). **1837** 1er chemin de fer p. : P. à St-Germain. **1840** nouvelle enceinte militaire. **1842** essais de pavage en bois (1881 : rue Montmartre et bd Poissonnière sur 3 000 m^2). **1844** 1ers essais d'éclairage électrique, place de la Concorde (puis **1878** : av. de l'Opéra, pl. du Théâtre-Français). **1848**-*23/24-2* révolution ; *23/26-6* : insurrection ouvrière. **1850** installation des égouts ; eau potable. **1851**-*2-12* coup d'État du P^{ce} Louis-Napoléon. **1852** Haussmann, préfet de la Seine ; travaux (3 tranches qui coûtèrent 272 millions de F, 410 m. et 300 m.). **1854** Baltard construit les pavillons des Halles. **1859** annexion de 11 communes à P. ; nombre d'arrondissements porté à 20 (526 000 h., 7 800 ha). **1860** *travaux d'Haussmann :* voies rayonnantes de la place de l'Étoile ; achèvement Louvre-Opéra ; aménagement de bois et de jardins ; construction de 10 nouveaux ponts ; fontaines, construction de 14 bassins et de 1 500 km de conduites d'eau potable alimentées par les pompes de l'usine hydraulique de St-Maur et par 2 grands aqueducs qui amènent de l'eau de 131 km dans le réservoir de Ménilmontant et de 140 km dans le réservoir de Montsouris ; grand collecteur d'égouts. **1870**-*4-9* proclamation de la République. *Sept.* siège et bombardement par les All. (émeutes). **1871**-*janv./mars/mai* fin du siège, insurrection de la Commune, incendie (Tuileries, Hôtel de Ville). **1874-82** Hôtel de Ville reconstruit. **1878** exposition universelle ; palais du Trocadéro. **1884** obligation de déposer les ordures dans des récipients [appelés plus tard « poubelles », du nom du préfet Eugène Poubelle (1831-1907) qui en prit l'initiative]. **1889** exposition univ. ; Tour Eiffel. **1900** 1re ligne du métro : « Porte Maillot-Porte de Vincennes » ; exposition univ. ; Grand Palais, Petit Palais, pont Alexandre-III. **1910** inondations. **1920-21** démolition de l'enceinte de Louis-Philippe. **1940-44** occupation allemande. **1944**-*25-8* libération ; *26-8* de Gaulle défile sur les Champs-Élysées. **1964**-*10-7* découpage du département de la Seine en 4 départ. dont P. **1968**-*1-1* dép. de la Seine disparaît, le départ. de Paris naît. *Mai* insurrection des étudiants. **1975**-*31-12* réforme du régime administratif. **1977** (mars) élection du 1er maire de Paris (J. Chirac) dep. la Commune. **1983** Nouveau statut de Paris.

Statut

● **I — Anciens statuts. 1°) Loi du 5-4-1884.** *Exécutif :* préfet de Paris (distinct du prés. du Conseil de Paris) ; préfet de Police. *Conseil de Paris* (élu pour 6 ans au scrutin de liste majoritaire à 2 tours) : compétences limitées prévues par la loi ; son Pt (élu tous les ans avec les autres membres du bureau) : dirige les débats et représente la ville dans les cérémonies officielles. Le *budget d'investissement* doit être approuvé par arrêté du min. de l'Intérieur et du min. de l'Écon. et des Finances.

2°) Loi du 31-12-1975. Le territoire de Paris recouvre 2 collectivités distinctes.

a) Commune de Paris (20 arr., 80 quartiers). Dep. le 20-3-1977, P. est soumis, à l'exception des pouvoirs de police, au code des communes. **Conseil municipal :** 109 m., fait son règlement intérieur, peut être dissous par décret motivé en Conseil des min. Ne peut être suspendu. **Maire :** élu par scrutin de listes bloquées majoritaires à 2 tours, 18 *secteurs électoraux* comprenant de 1 à 2 arrondissements, et de 4 à 11 sièges. **Adjoints :** 18 réglementaires, 9 supplémentaires max. **Commission d'arrondissement** (composée à part égale de conseillers élus dans la circonscr. élect., d'officiers municipaux nommés par le maire, de membres élus par le Conseil de P.) : se réunit à la mairie d'arr. qui prend le nom de *mairie annexe.* Donne son avis sur les affaires soumises par le Conseil de P. ou le maire, assiste maire et Conseil pour animer la vie locale. **Préfet de police.** Voir plus loin.

b) Département de Paris. Le Conseil de P. exerce pour le département de P. les attributions dévolues aux conseils généraux. **Le Commissaire de la République** *de la Région Ile-de-France est aussi Commiss. de la Rép. de P.* Il est l'exécutif du dép. à côté du maire, président du Conseil de P. et exécutif de la ville.

● **II — Nouveau statut.** Loi du 31-12-1982 appliquée dep. mars 1983. Le 4-10-82 le conseil municipal de Paris avait marqué son opposition (par 71 voix contre 36), et le Conseil d'État avait donné un avis défavorable, mais le texte, adopté le 23-10-82 à l'Ass. nat. par 322 voix contre 159 a été déclaré conforme à la const. par le Conseil constitutionnel (saisi par l'opposition) le 28-12-82.

● **Conseil municipal de Paris.** Élit un maire. Pouvoirs (voir p. 730 a). Vote le budget. Seul habilité à lever l'impôt, décide des grands équipements, des transports. Le maire de Paris réunit à sa demande les cons. d'arrondissements.

Composition en 1983. 163 membres. *Majorité municipale :* 76 R.P.R., 6 C.N.I.P., 1 Entreprise libre et indépendante, 1 Démocrate Ve Rép., 4 Unité radicale, 1 Parti démocrate fr., 3 divers opposition, 23 U.D.F.-P.R., 16 U.D.F.-C.D.S., 2 U.D.F.-Clubs Perspectives et Réalités, 7 U.D.F.-Radical, 1 U.D.F.-P.S.D. *Opposition municipale :* 16 P.S., 6 P.C.

Il y avait à Paris en 1977 : 149 listes, 875 candidats pour 109 sièges ; en mars 83 : 131 listes, 3 422 cand. pour 517 s.

● **Arrondissements.** 20.

● **Élections.** *Cons. d'arr. et cons. mun. sont élus en même temps sur une liste unique, au suffr. univ. direct et à la représentation proportionnelle.* **Scrutin ;** majoritaire et proportionnel. Si une liste obtient + de 50 % des suffrages exprimés au 1er tour, elle reçoit 50 % des sièges ; le reste est réparti à la proportionnelle entre toutes les listes (y compris la majoritaire). Si un 2e tour est nécessaire, la liste arrivant en tête obtient 50 % des s., le reste étant réparti à la proportionnelle entre toutes les listes qui ont obtenu plus de 5 % des voix. Chaque arr. a obligatoirement 3 sièges, les 103 autres sièges étant répartis proportionnellement au nombre d'h. de chaque arr. dépassant 39 813 h. (chaque cons. représentant 13 271 h.). **Répartition des sièges par secteurs** (coïncidant avec les arr., entre parenthèses n^o des secteurs) 3 s. (1er, 2e, 3e, 4e, 6e, 8e), 4 s. (5e, 9e), 5 s. (7e), 6 s. (10e), 10 s. (12e, 14e), 11 s. (11e), 12 s. (19e), 13 s. (13e, 16e, 17e, 20e), 14 s. (18e), 17 s. (15e). Les membres du cons. mun. élus dans l'arr. sont membres de droit du cons. d'arr. **Maires d'arr.** élus dans chaque arr. par les cons. d'arr. (8 j. après l'élection du maire de Paris) ; adjoints territoriaux au maire de P. Les officiers municipaux sont inéligibles au Cons. de P. pendant 1 an, après avoir cessé leurs fonctions. Adjoints élus par le cons. d'arr. (nombre max. : 30 % du nombre des m. du cons. d'arr.).

Vacance. Le renouvellement intégral du cons. d'arr. est obligatoire dès qu'il existe 1/3 de vacances qui ne peuvent plus être pourvues par suite de l'épuisement des listes de candidats. La dissolution du Cons. de Paris entraîne la dissolution des cons. d'arr.

● **Conseils d'arrondissements.** *Composition. Nombre max. :* 40 conseillers (au total 354). *Pouvoirs.* Le représentant de l'État maintient certains équipements dans la compétence du cons. mun. ; les dépenses de fonctionnement des équipements transférés seront supportées par le cons. d'arr. Un cons. d'arr. ne peut demander l'inscription à l'ordre du jour du cons. mun., de proposition de délibération intéressant les affaires de l'arr., mais il peut poser au cons. mun. des questions orales avec débat et adresser des questions écrites au maire de la commune sur les affaires intéressant l'arr. (si pas de réponse dans les 3 mois, questions inscrites de droit à l'ordre du jour de la 1ère séance du cons. mun.). Peut émettre des vœux sur tout ce qui concerne l'arr. ; avant examen par le cons. mun., est saisi pour avis des rapports de présentation et projets de délibération concernant les affaires dont l'exécution est prévue dans l'arr. Est consulté par le maire de la commune avant délibérations du cons. mun. sur les plans d'occupation des sols et les projets de zones d'habitations, de rénovation, réhabilitation, de zones ind. et artisanales concernant l'arr.

Le cons. d'arr. délibère sur l'implantation et le programme d'aménagement de divers équipements publics : crèches, maisons de jeunes et de la culture, gymnases, bains-douches, petits espaces verts (moins d'un hectare). Il en fixe les conditions de gestion. Il possède des attributions dans le domaine social pour les logements répartis pour moitié par le maire de la commune et pour moitié par le maire d'arr.

Forces politiques (situation au 7-11-1983)

	Députés				Conseillers généraux (conseillers de Paris pour Paris)					Maires		
	P.C.	P.S.	R.P.R.	U.D.F.	P.C.	P.S.	R.P.R.	U.D.F.	C.N.I.P et mod	P.C.	P.S.[5]	Opp. nation.
Paris[9]	0	12	15[1]	4	6	16	74	48	19[4]	0	0	1
Val-de-Marne[6]	2	4	2	0	16	5	6	7	5	14	8	25
Seine-St-Denis[7]	5	4	0	0	26	6	6	2	0	23	5	12
Hauts-de-Seine	5	2	5[2]	1	12	2	15	10	1	6	2	28
Yvelines[8]	0	4	4	0	5	5	14	12	2	10	9	56
Val-d'Oise[8]	1	4	0	0	9	5[3]	3	12	6	10	8	36
Essonne[8]	0	4	0	0	10	5	11	8	1	15	11	38
Seine-et-Marne[8]	0	3	2	0	4	10[3]	8	5	10	4	13	32
Total Ile-de-France	13	37	28	5	88	54	139	105	41	82	56	228

Nota. – (1) Dont Édouard Frédéric-Dupont (CNIP apparenté R.P.R.). (2) Dont Florence d'Harcourt (CNIP, N.I.). (3) Dont un M.R.G. (4) Dont les divers opposition nationale. (5) Dont M.R.G. et divers gauche. (6) A Limeil-Brévannes, le tribunal administratif a inversé les résultats, mais le Conseil d'État ne s'est pas prononcé ; le maire est donc toujours communiste. (7) A Aulnay-sous-Bois, le 2e tour des nouvelles élections n'a pas eu lieu à la date d'établissement de ce tableau ; elle est donc toujours comptée communiste. A Villepinte et à Noisy-le-Grand, la situation est semblable à celle de Limeil-Brévannes. (8) Communes de plus de 3 500 h. (9) En 1984.

Maire. *Élections* élu par les conseillers d'arr., il est membre du cons. mun. de P. *Pouvoirs.* prépare et exécute les délibérations du cons. d'arr. Il est officier d'état civil mais n'exerce pas les attributions d'officier de police judiciaire. Il donne son avis « sur toute autorisation d'occupation ou d'utilisation du domaine public dans l'arr. délivrée par le maire de la commune sauf si la commune exerce son droit de préemption ». Attribue la moitié des logements attribués par la commune de l'arr.

Personnel : + de 40 000 fonctionnaires. La création des cons. d'arr. n'entraîne la mise en place d'aucun service nouveau, ni le recrutement d'aucun personnel supplémentaire. Certains agents de la com. sont mis à leur disposition. Les personnels de la com. exercent leurs activités dans le cadre des compétences du cons. d'arr. et sont affectés auprès du maire d'arr.

Budget : le conseil d'arr. ne peut lever l'impôt (voir Conseil municipal). Pour assurer son financement il adopte chaque année un budget annexé au budget de la commune. Le cons. mun. arrête le montant total des dotations des arr. Les modalités de calcul de la dotation de chaque arr. sont fixées par accord entre le cons. mun. et les cons. d'arr. ; sinon, la dotation est fixée selon des règles définies par décret en Conseil d'É., en fonction de l'importance démographique de l'arr., de ses caractéristiques socio-professionnelles, de ses équipements. Le maire de l'arr. engage les dépenses inscrites à l'état spécial quand celui-ci est devenu exécutoire ; à défaut de mandatement obligatoire, le maire de la commune y procède d'office (après mise en demeure).

Associations : le Conseil mun. doit consulter le cons. d'arr. sur le montant des subventions que le conseil mun. attribue aux associations exerçant dans le seul arr. ou au profit des seuls habitants de l'arr.

Un comité d'initiative et de consultation d'arr. réunit les représentants des associations locales ou membres de fédérations ou confédérations nationales qui en font la demande et qui exercent leur activité dans l'arr. au cours d'une séance par trimestre au moins. Les représentants de ces associations participent, s'ils le sollicitent, aux débats du conseil d'arr. avec voix consultative.

• **Commissaire de la République de Paris.** Est également Comm. de la Rép. de la Région Ile-de-Fr.

Préfet de Police : institué par une loi du 28 pluviôse an VIII (17-2-1800). Détient les pouvoirs de police générale et de police municipale. Veille à la sûreté de l'État dans P., assure ordre, tranquillité et salubrité publiques. *Compétence territoriale :* limitée d'abord à P., puis étendue à toute la Seine (avec certaines restrictions), puis à 3 départ. créés le 10-7-1964 (Hts-de-Seine, Seine-St-Denis, Val-de-Marne) ; puis limitée à nouveau à P. les 31-7-1970 et 20-7-1971 (police), mais conservée [gestion administrative des personnels de la police, incendie (la brigade de sapeurs-pompiers étant à la disposition du préfet de police) et protection civile]. *Exerce aussi les pouvoirs de Préfet de zone de défense* dans les 14 dép. de la 1re région militaire (Paris, Hauts-de-Seine, Seine-St-Denis, Val-de-Marne, Essonne, Yvelines, Val-d'Oise, Seine-et-Marne, Eure-et-Loir, Loiret, Loir-et-Cher, Indre-et-Loire, Indre, Cher).

Élections présidentielles
26 avril 1981

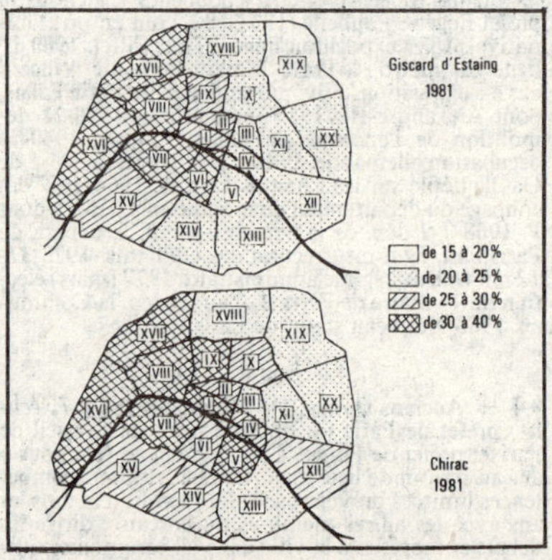

Personnel de la Ville de Paris (1985). 34 616 agents. Cabinet du maire 337, Secrétariat général du Conseil 305 ; Direction gén. de l'Information et de la Consommation 84, de l'Inspection et du Contrôle 16 ; Administration gén. 1 848. *Mairies* 977 ; Direction des Finances et Affaires éco. 394, de l'Action sociale, enfance et santé 3 521, des Affaires culturelles 1 565, des Aff. scolaires 4 332, de l'Aménagement urbain 134, de la Construction et logement 848, de la Jeunesse et des Sports 1 977, des Parcs, jardins et espaces verts 3 021, de la Propreté 6 281, des Services industriels et commerciaux 5 922, de la Voirie 1 383, de l'Architecture 1 650, des Relations intern. 21.

Budget de la Ville de Paris

• **Dépenses** (en milliards de F, 1986). **Fonctionnement.** 15,9. *Répartition* (en %) : services municipaux 54,1, département 22, coût annuel des investissements 15, police 4,1, retraite du personnel étatisé 2,6, personnel mis à la disposition d'autres collectivités 1, fonds de roulement 1,2. *Ressources.* Prélèvement fiscal 7,9 (49,6), dotation globale de fonctionnement 3,6 (22,8), recettes perçues pour service rendu (ordures ménagères, balayage) 1,4 (8,8), revenus des domaines 1,2 (7,5), participation du Département et d'autres tiers (4,6), divers (6,7).

Investissement. 4,8 en *crédits de paiement,* 2,1 en autorisation de programme, (en %) : urbanisme, construction 27,1, infrastructure (voirie, réseaux, espaces verts) 29,9, équipements de quartier (écoles, crèches, équipements sportifs et culturels) 39,2, divers 3,8.

En milliards de F : autofinancement du programme 5,5, autofinancement des grosses réparations 1,5, recette fond de compensation de la T.V.A. 3,8, emprunt d'équilibre 9,1, charge de la dette progression de 6,1 % par rapport à 1985.

• **Participation de la Ville à d'autres budgets** *(en millions de F)* : département 2 777,7 ; de police 704,6 ; charge de retraite du personnel de police étatisé 345 ; personnel mis à la disposition d'autres collectivités 118,1 ; fonds de roulement 135, Imprimerie mun. 34 ; assistance publique 68, bureau d'aide sociale 8, sapeurs-pompiers 7,5, réévaluation des coûts d'opérations déjà décidées 131,6 ; associations culturelles, sociales, sportives 19.

• **Ressources** (en %) : versements de l'État, essentiellement dotation globale de fonctionnement 25,4, rémunération des services rendus (ex. balayage, enlèvement des ordures ménagères, ventes de l'eau) 8,9, impôts indirects (taxe sur électricité, droits de mutation notamment) 7,1, produit des domaines 7,1, par-

• **Maires de Paris. Ancien Régime.** 2 magistrats (prévôt de Paris, prévôt des marchands).

Révolution [du 14-7-1789 au 9 thermidor an II (27-7-1794)]. Jean-Sylvain Bailly (1736-93) : 16-7-1789 au 14-11-1791 ; Jérôme Pétion de Villeneuve (1769-93) : 14-11-1791 au 6-7-1792, puis du 13-7 au 30-11-1792 ; Philibert Borie (intérim du 7 au 13-7-1792) ; René Boucher (intérim du 15-10 au 2-12-1792) ; Nicolas Chambon de Montaux. (1748-1826) : 30-11-1792 au 2-2-1793 ; Jean-Nicolas Pache (1746-1823) : mars 1793 au 10-5-1794 ; Jean-Baptiste Fleuriot-Lescot (1761-94) : 10-5 au 28-7-1794 [après son exécution, la Convention administra directement la Ville. Le 20-3-1795, les émeutiers nommèrent provisoirement maire Pierre-Joseph Cambon].

IIe République. Louis-Antoine Garnier-Pagès (1803-78) : 24-2 au 10-3-1848 ; Armand Marrast (1801-52) : 10-3 au 19-7-1848.

Gouvernement de la Défense nationale. Étienne Arago (1802-92) : 4-9 au 3-11-1870 ; du 3-11-1870 au 18-3-1871, Jules Ferry (1832-93) administre la Ville avec le titre de « Délégué à la préfecture de la Seine ».

IIIe et IVe Républiques. Pas de maire mais 1 Pt du Cons. municipal (élu pour 1 an).

Ve République. 1945-77 idem. Dep. 25-3-1977 Jacques Chirac (n. 29-11-32), élu 25-3-1977, réélu 21-3-1983. **Préfet.** *Commiss. de la Rép. de la Seine et de P.*, devenu Pr. de P. en 1964 : *19-8-44* Marcel Flouret (1892-1971), *17-9-45* Roger Verlomme (1890-1950), *10-7-50* Georges Hutin (1899-1978) (intérim), *22-8-50* Paul Haag (1891-1976), *2-9-55* Émile Pelletier (1898-1975), *1-6-58* Richard Pouzet (1904-71) (intérim), *1-10-58* Jean Benedetti (n. 3-6-1903), *12-9-63* Raymond Haas-Picard (1906-71). **Préfet de Paris** (1964). Id. *16-9-66* Maurice Doublet (n. 8-4-14), *21-2-69* Marcel Diebolt (n. 7-2-12), *10-11-71* Jean Verdier (1915-74), *27-11-74* Jean Taulelle (n. 15-4-14). **Préfet de la région Ile-de-France.** *16-3-77* Lucien Lanier (n. 16-10-19). *8-8-81* Lucien Vochel (19-7-19), *23-8-1984* Olivier Philip (31-8-25).

Préfets de police dep. 1944 : *19-8-44* Charles Luizet (1903-47), *20-3-47* Armand Ziwès (1887-1962) (intérim), *9-5-47* Roger Léonard (n. 1898), *12-4-51* Jean Baylot (1897-1976), *13-7-54* André-Louis Dubois (n. 8-3-03), *12-11-55* Roger Génébrier (n. 16-5-01), *déc. 57* André Lahillonne (n. 17-9-02), *15-3-58* Maurice Papon (n. 3-9-10), *27-12-66* Maurice Grimaud (n. 11-11-13), *13-4-71* Jacques Lenoir (n. 13-8-18), *2-7-73* Jean Paolini (n. 3-3-21), *3-5-76* Pierre Somveille (n. 12-11-21), *8-8-1981* Jean Périer (n. 28-5-25), *9-6-1983* Guy Fougier (13-3-32).

Cité des Sciences et de l'Industrie

Superficie. Parc de La Villette 30 ha (conçu par Bernard Tschumi). Cité 160 000 m² dont 30 000 d'exposition permanente. **Bâtiment.** Au sol 3 ha, long. 270 m, larg. 120 m, haut. 147 m (hall haut. 40 m) aménagé par Adrien Fainsilber. **Géode.** Trame porteuse de tubes d'acier recouverte de 6 433 triangles galbés en acier inox. Diam. 36 m. 370 places, écran hémisphérique de 1 000 m² (long. 26 m), film 70 mm (il y a environ 50 géodes dans le monde). **Employés.** 875 permanents, 200 à 300 vacataires.

Budget de fonctionnement. *1986 :* 625 millions de F (dont État 545). *87 :* 700. *88 :* 800 (dont recettes 240).

Quelques dates. *1955 :* projet de rénovation des abattoirs, 1er devis : 120 millions de F. *1958 :* projet d'abattoirs modernes, 2e devis : 600 MF. *1959 :* création d'un marché d'intérêt nat. de la viande. *1974 :* dépenses engagées 1 100 MF, fermeture le 15-3. *1977 :* le Pt Giscard d'Estaing fait étudier la réalisation d'un musée des Sciences et de l'Industrie et l'aménagement d'un parc de 25 ha, nomme Roger Taillibert architecte en chef, charge Maurice Lévy d'une étude sur l'intérêt et le contenu du musée. *1979 :* établissement public créé (Pt Paul Delouvrier), déc. Taillibert et M. Lévy sont « remerciés ». *1980 :* Adrien Fainsilber nommé arch. du musée. *1983 :* comité d'orientation (J.-Cl. Pecker, Pt, renvoyé le 7-7), *nov.* M. Lévy nommé dir. du musée. *1985 :* coût total 4 450 MF [total à l'achèvement 10 000 MF en valeur 84 (dont contenant 2 890, contenu 1 560)], *6-5* Pt Mitterrand inaugure la Géode, *23-5* M. Lévy nommé Pt de la Cité. *1986 : 14-3* 50 % des équipements permanents sont ouverts au public.

ticipations du département et d'autres tiers 4, fiscalité 43, divers 4.

Fiscalité (en %). Évolution. *1978 :* 17,6 , *1979 :* 20 , *1980 :* 13, *1981 :* 13, *1982 :* 13, *1983 :* 13,2, *1985 :* + 6. **Locale en 1985** (en %) : professionnelle 10,70, d'habitation 9,66, foncière (bâti) 5,88, ordures 4,70.

Sur 100 F payés par un contribuable parisien, la Ville de Paris consacre : 23,3 F à l'aide sociale et au financement des transports parisiens (par le canal du budget du département de Paris), 22,2 F à l'action scolaire, sociale, sportive et culturelle, 12,7 F aux moyens administratifs des services, 12,3 F à l'environnement et à l'urbanisme, 7,6 F à la police, 5,6 F à la voirie et aux réseaux, 1,9 F divers. 14,4 F d'autofinancement d'une partie des investissements destinés à la construction de logements sociaux et des équipements publics.

Sur 100 F d'impôts locaux, la Ville de Paris perçoit 57,69 F des entreprises, commerçants, artisans et services au titre de la taxe professionnelle, 25,25 F des occupants de logements au titre de la taxe d'habitation qu'ils soient propriétaires ou locataires, 17,06 F des propriétaires d'immeubles ou de terrains au titre des taxes foncières. **Dette par habitant** (en F) 1982. Paris 2 007 (Rennes 3 254, St-Étienne 5 326, Marseille 6 260, Montpellier 6 260). *1985* 2 998.

Assainissement et propreté

Voies publiques. 22,5 km², caniveaux 3 000 km, trottoirs 8 km², chaussées à nettoyer 14 km². **Ordures ménagères.** 3 000 t par jour (soit 1,2 kg/j et par hab.). **Feuilles mortes :** *ramassage :* 12 000 m³ par an. **Affichage sauvage et graffiti** (1984) : surfaces désaffichées 157 642 m², nettoyées de graffiti 35 024 m², candélabres nettoyés 67 960. **Pigeons** *(nombre) :* env. 35 000, graines contraceptives distribuées 15 t, pigeons déplacés 20 703. **Verre perdu :** 100 000 t par an (dont 7 703,3 t récupérées par collecte sélective en 1984), 3 300 000 bouteilles recyclées. **Usine Écobouteilles** *(capacité) :* 24 000 bouteilles/h ; temps de nettoyage d'une bouteille : 15 à 25 mn. **Engins :** *bennes* 525, *triporteurs* 181, *engins spécialisés* 41 dont saleuses portées 27, *camions de collecte* 30, *engins de nettoiement de passages souterrains* 11. **Trottoirs :** caninettes et cynonnettes 78, laveuses 72, balayeuses 58. **Chaussées :** arroseuses-laveuses 56, laveuses-balayeuses 12, aspiratrices 13, citernes 8 000 litres 13. **Caniveaux :** balayeuses-ramasseuses 31. 1 784 231 t d'ordures ménagères ont été incinérées dans 3 usines, l'énergie récupérée a été de 225 000 tep.

Cimetières

Nombre. 20 cimetières (420 ha), représentant 648 713 concessions. **Intra-muros (en ha, 1982) :** *20e :* Père-Lachaise (1804) 43,20 : Charonne (avant 1791) 0,42. *19e :* Belleville (1808) 1,65 ; La Villette (1828) 1,13. *18e :* Montmartre (1825) 10,48 ; St-Vincent (1831) 0,59 ; Calvaire (av. 1791) 0,06. *17e :* Batignolles (1833) 10,42. *16e :* Auteuil (1800) 0,72 ; Passy (1820) 1,70. *15e :* Grenelle (1835) 0,64 ; Vaugirard (1798) 1,59. *14e :* Montparnasse (1824) 18,72. *12e :* Bercy (1816) 0,61. **Extra-muros :** *94 :* Thiais 103,36 ; Ivry (1874) 28,39. *93 :* Pantin (1886) 107,6 ; St-Ouen (1872) 27,08 ; La Chapelle (1850) 2,10. *92 :* Bagneux (1886) 61,52.

Nota. — 1983 : 16 044 inhumations, *1985 :* 1 975 *incinérations et concessions.*

Circulation et voies publiques

● **Quelques dates. 1893** plaques minéralogiques. **1896** bâton blanc. **1900** sifflet. **1910** sens unique. **1923** feu rouge (carrefour Strasbourg-St-Denis) : le feu vert puis le feu orange sont ajoutés plus tard. **1954-55** interdiction de l'utilisation des avertisseurs.

● **Autobus.** 55 lignes d'autobus, (réseau 510 km, 1 660 points d'arrêts). Assurent à l'heure de pointe près de 40 % des déplacements motorisés de surface, transportent 1 200 000 voyageurs par j ouvrable. **Couloirs réservés aux autobus** (créés le 24-2-1964). 298 sur 112,2 km dont 254 à contresens.

● **Circulation. Entrées et sorties dans Paris** (moyennes journalières de 6 à 21 h). *Entrées* 1 376 377, *sorties* 1 306 079 (*1963 :* 664 294 e. et 652 314 s.).

Débit sur les axes principaux (véhic. par jour ouvrable, et dimanche et fêtes, en milliers). Champs-Élysées (Rond-point) 75, av. du Gal-Leclerc (Victor-Basch) 55, voie Georges-Pompidou (pont Royal au pont du Carrousel) 53,5 (39), rue de Rivoli (1er) 56,8 (44,5), bd St-Germain (7e) 45, voie sur berge rive gauche (7e) 39,9 (25), bd de Sébastopol 38,9 (34). *Boulevard périphérique :* 6 200 000 véhicules par km/j.

● **Déplacements (nombre par an)** (*Source :* enquête globale transports 1979). 18 500 000 dont à l'intérieur de Paris 3 136 000 (voit. part. 33,6, tr. en commun 59,6, 2-roues et divers 9 %), de Paris à banlieue et inversement 3 458 000 (voit. part. 33,6 %, tr. en commun 59,8 %, 2-roues et divers 6,8 %), en banlieue 11 738 000 (voit. part. 68,5 %, tr. en commun 13 %, 2-roues et divers 18,2 %). *Seuil de paralysie :* À partir de 2 voitures sur 20 en Ile-de-France, circulant au même moment. En 1981, la Ville de Paris estimait que 21 millions de km avaient été parcourus (y compris bd périphérique). 1 450 000 véhicules env. entrent et sortent de Paris chaque j, dont 1 300 000 entre 6 h et 21 h, pointe horaire des entrées : 8 à 9 h (121 000 véhicules) ; des sorties : 17 à 18 h (103 000).

● **Infractions** (1984). 5 517 380 (dont 2 860 188 en stationnement payant), 1 735 384 contraventions (dont 92 430 pour franchissement au feu rouge).

● **Véhicules. Parc automobile :** 945 800 véhicules immatriculés « 75 » (au 31-12-1980) dont voitures particulières 813 900, cars et autobus 5 980, camions et camionnettes 126 000.

● **Signalisation.** Mobilier urbain pour l'inform. (MUPI) 1 600. Panneaux d'inform. locales et touristiques (MILT) 107. Plaques de rues 70 000 dont éclairées 1 300. Plans d'arrondissement 478, touristiques 107. Panneaux de sign. réglementaires 45 000 ; feux tricolores 8 020. Bornes 3 500. Carrefours équipés en sign. tricolore 1 300 dont 1 000 coordonnés et 158 régulés. Caissons indicatifs bicolores pour piétons 8 000. Lampadaires 104 000 dont 43 000 candélabres et 23 000 consoles. Abribus 1 820 (1 000 avec télé.). Dep. 1977, niveau moyen d'éclairage des voies augmenté de 30 % pour une consommation énergétique constante (économie 13 000 TEP par an).

● **Stationnement. Quelques dates. 1930 :** stationnement à durée limitée dans certaines voies ; interdit dans les voies étroites où un véhic. à l'arrêt ne permet pas le libre passage d'une file de voitures dans les voies à sens unique et de 2 files dans les autres voies. **1937 :** trottoirs utilisés pour le stationnement à l'occasion de l'Exposition. **1939 :** st. sur les trottoirs des Champs-Élysées. **1948 :** st. des véhic. autorisé d'un côté de la chaussée au cas où le st. des 2 côtés ne pourrait laisser passage à 2 files de voitures : du côté des nos pairs les jours pairs, des nos impairs les jours impairs. **1949 :** st. *en épis* autorisé sur certaines voies ; interdit sur les voies larges où le trafic ne permet pas le libre passage de 1 ou 2 files de voitures. **1957** *(4-11) :* création de la *zone bleue* (hachurée de bleu sur les plans) après des expériences avec des papillons de couleur collés sur les pneus. Adoptée dans de nombreuses villes en France et à l'étranger. **1971 :** 1er stationnement payant à Paris. **1981 (24-7) :** suppression de la zone bleue.

Places de stationnement (déc. 1985). **Sur la voie publique :** autorisées 57 500 : payantes 54 300 dont à durée limitée 26 200, à tarif préférentiel pour les résidents 28 100 ; **hors voie publique :** parcs concédés de la Ville de Paris (févr. 1985) 46 000, garages commerciaux 85 000, cours d'immeubles et garages privés 340 000, à la disposition privative des entreprises 50 000. 1965 à 1975, 848 garages sur 1 400 — la plupart possédaient un atelier de mécanique — ont été démolis et, de 1970 à 1975, plus de 15 000 pl. ont disparu. Depuis 1963 (blocage des prix), on n'a pas construit de garages commerciaux.

Infractions. Env. 140 000 voitures stationnent chaque jour en inf. 500 sont emmenées à la fourrière.

Stationnement payant. Créé 15-9-71, rapporte env. 230 millions par an. **Parcmètre :** en général payant de 9 h à 19 h sauf dimanche et jours fériés (et pour certains en août) : durée max. autorisée 2 h sauf abonnement. Si le parcmètre est en panne, mettre un disque, stationnement limité à 1 h ½. **Horloge horodatrice :** tend à remplacer les parcmètres. **Nombre** (févr. 1985) 42 033. **Tarif** (Paris) *par heure :* zone centrale : 5 F, Champs-Élysées : 6 F, z. périphérique : 4 F, z. extér. : 3 F. Les résidents peuvent prendre un abonnement (10 à 12 F par j en 1982 pour 10 h de stationnement et au max. 24 h consécutives ; ils doivent prendre un ticket chaque jour) ; abonnement V.R.P. 700 F. En 1983, un parcmètre coûtait 1 600 F et un horodateur 25 000 F (pose comprise) en 1985.

Agents de surveillance (dites contractuelles, « aubergines » puis « pervenches »). Créées en 1971 (nouvel uniforme à partir du 3-3-1978). 1 500 pour 53 000 places payantes.

Lieux de stationnement. Parisiens (en %) *la nuit.* Voie publique 48 dont situation licite 28, illicite 11, zone payante 9 ; hors voirie 52 dont emplac. privé loué 30, acheté 10, parc public ou commercial 7. **Habitants de l'Ile-de-France** (enquête 1979). Au cours de leurs déplacements (en %), de jour et entre parenthèses de nuit : sur voie publique : gratuit 48 (30), payant 5 (4) ; emplacement privé gratuit 46 (47), payant 1 (14), autres cas (5).

● **Voies publiques. Longueur (voies publiques).** 1 354 km en 4 082 voies (*1817 :* 220 km ; *1892 :* 823 km), *v. privées* ouvertes à la circulation 578 (56 km), privées fermées à la circ. 771 ; *piétonnes* 10,3 km. **Voies piétonnières** *(28-5-64) : 3 secteurs :* Halles (18 v.), Beaubourg (13 voies), St-Séverin (7 v.), 29 voies-marchés. 20 voies touristiques à titre temporaire ; *v. publ. transformées en v. piét.* 10,8 km. **Voies cyclables** (1982) : 37 km. **Bd périphérique** 35,15 km (débit max. 225 444 véh./j), **des Maréchaux** 33,7 km, **V. express** *r. droite* 13 km (débit max. 94 573 véh./j) dont v. sur berges 5,03 km, v. sur quai eau 5,1 km, passage et v. en souterrain 2,87 km (7 sout.) ; *r. gauche* 2,453 km dont sur berges 2,206 km, passage et v. en sout. 247 m (3 sout.). **Passages souterrains** 41 dont bd des Maréchaux 17. 11 construits avant *1939 :* porte Dauphine, porte Maillot (2 passages), portes Champerret, de Clichy, Clignancourt, la Chapelle, la Villette et Italie, pont du Carroussel et quai de New York. *1950 :* 28 dont 10 pour la voirie des Halles (6,6 km).

Places. *Concorde* 360 × 210 m ; *Vendôme* 313 × 22 et 124 ; *Charles-de-Gaulle* (Étoile) diam. 240 m.

Plaques commémoratives. Env. 1 605 dont 1 197 répertoriées (max. dans le VIe : 167, min. dans le XIIe : 13). 76 consacrées à une femme (dont résistantes 27, femmes de lettres 13). 350 retracent les actions de la g. 1939-45, 266 rappellent hommes ou femmes de lettres.

Ponts. 35 (5 km mis bout à bout) dont 31 routiers (25 traversées de Seine), 3 passerelles (piétons, cyclistes), 3 ponts ferroviaires (métro, S.N.C.F.). **Pont le plus ancien :** Pont Neuf [(1578-1604) long. 238 m, larg. 20 m, consolidé de 1887 à 1890)], **le plus large :** Alma [(1970-74) larg. 42 m]. **Métallique :** passerelle des Arts [(1802-04), inscrite à l'inventaire supplémentaire des monuments historiques ; en 1961 et 1970, 2 arches heurtées ; reconstruction de 7 arches].

Rues. Nombre : *sous Louis XIV* 653 ; *1898 :* 2 545 rues, 82 boulevards, 31 ponts ; *1967 :* 5 300 rues (dont 110 *boulevards*). **Les plus longues :** *Vaugirard* 4 360 m (407 nos), *Pyrénées* 3 515 (403 nos), *St-Germain* (bd) 3 150 (288 nos), *Rivoli* 3 070 (252 nos), *Lafayette* 2 980, *Voltaire* (bd) 2 850 (294 nos), *Malesherbes* (bd) 2 600, *St-Dominique* 2 430, *Raspail* (bd) 2 370 (255 nos), *St-Honoré* 2 120, *Flandre* 2 000, *Champs-Élysées* 1 910, *St-Jacques* 1 530. **La plus courte :** *des Degrés* 5,75 m. **Les plus larges :** *Foch* (av.) 120 m, *de Vincennes* (cours) 83. **La plus étroite :** rue du Chat-qui-pêche

(2,50 à 7 m). **Passage le plus étroit** : p. de la Durée (0,60 m).

Concessions

Grandes concessions : Tour Eiffel, voir Index, Parc des expos. de la porte de Versailles (220 000 m²), 3 hippodromes (Auteuil, Longchamp, Vincennes), Jardin d'acclimatation, Parc zoologique du bois de Vincennes, Palais des sports (porte de Versailles), Centre international de Paris, 3 théâtres (Espace Cardin, Marigny, Th. du Rond-Point), musées des Arts et Traditions populaires, des Colonies, Jardin Agronomie tropicale, hôtel particulier Duchesse de Windsor, hôt. Sofitel, Grand Palais, Institut bouddhique, Bourse des valeurs.

Concessions diverses : *23 restaurants et cafés*, dans les jardins des Champs-Élysées 5, bois de Boulogne 10, de Vincennes 5, Buttes-Chaumont 3, Montsouris 1, Arsenal 1. *340 kiosques* à journaux ou à fleurs. *206 postes de journaux* du soir. 230 bouquinistes. Terrasses de cafés et restaurants, 16 200 permissions d'étalages. La Bourse du Travail est un établissement public municipal.

Consommation (annuelle)

Alimentaire. Fruits et légumes 1 540 956 t, prod. de la mer et d'eau douce 104 813 t, prod. carnés 482 854 t, prod. laitiers et avicoles 224 418 t, eau potable 800 000 m³/j, non potable 360 000 m³/j. *Énergie* (1981) : 2 tep/hab. (moy. nat. 3,4 tep/hab.) ; *gaz* 9,4 milliards de kW dont usage domestique 4,5, commercial 4,6, industriel 0,3 ; *combustibles minéraux solides* 186 000 t ; *carburants* (m³) : essence 86 834, super 750 410, gas-oil 314 650, fuel-oil domestique 518 306 t, lourd 306 941 ; *électricité* 8 741 567 kWh.

Eau. Réseau eau potable : 1 750 km, *non potable* : 1 601 km. **Volume d'eau usée épurée** par jour : 2 350 000 m³. L'eau de source couvre 60 % des besoins ; de rivière 40 %. Capacité de stockage de l'eau potable : 1 200 000 m³ en 9 réservoirs dont : rés. des Lilas 210 000 m³, Montsouris 200 000, Ménilmontant 90 000, Belleville 70 000, Montmartre 6 000.

Espaces verts

● **Total** : 2 529 ha env. de jardins publics municipaux dont bois de Vincennes et bois de Boulogne, de l'État 84 ha, privés 224 ha ; 336 jardins, squares ou parcs ouverts au public. **Création** *en 1982* de 13,6 ha de jardins dont jardin du Bassin de l'Arsenal (10 400 m²), parc G. Brassens (Parc de Vaugirard) (71 983 m²). *1983* : 9,4 ha en tout. *84* : 3,2 ha. *85* : 6,3 ha dont le jardin des Halles (1re partie de 1,9 ha). **Bilan de 1977 à 85** : 54 ha de jardins. **Chaussées** 1 400 ha ; **trottoirs** 850 ha. **M² par hab.** Paris 10,5 m² (Rome 9, Londres 9, Berlin 13, Vienne 25) ; **par arrondissement** : **1er** 18 m² par hab. ; **2e** 0,09 ; **3e** 0,43 ; **4e** 1,03 ; **5e** 3,16 ; **6e** 3,51 ; **7e** 3,54 ; **8e** 3,30 ; **9e** 0,15 ; **10e** 0,16 ; **11e** 0,16 ; **12e** 0,30 ; **13e** 1 ; **14e** 1,5 ; **15e** 0,49 ; **16e** 1,98 ; **17e** 0,32 ; **18e** 0,27 ; **19e** 2,25 ; **20e** 0,83. **Projets** : 13 ha sur la ZAC Citroën et 10 ha sur les terrains de l'ancienne halle aux vins de Bercy. 29 ha créés de 1983 à 89 dans l'est (ZAC gare de Charonne 1,65, Parc de Belleville 4,5, etc.). « Coulée verte » à l'emplacement du viaduc ferroviaire désaffecté Bastille/Reuilly (1 400 m). « Coulée verte » du T.G.V. Atlantique sur 13 km depuis Malakoff jusqu'à Massy.

● **Parcs et jardins publics municipaux intra-muros** (par ha). **Les plus grands** : Buttes-Chaumont (est.) 24,7 ; Champ-de-Mars 24,3 ; Montsouris 15,5 ; Plaine de Vaugirard 13,4 ; Champs-Élysées 13,7 ; Trocadéro 9,4 ; Monceau 8,5 ; Georges-Brassens 7,2. *Espaces verts publics appartenant au domaine de l'État* : Tuileries : 30 (min. de la Culture) ; Palais Royal : 2 (min. de la Culture) ; Jardin des Plantes : 23,5 (Muséum d'Histoire nat.) ; Luxembourg : 22,5 (Sénat).

● **Arbres. Plantations d'alignement par essence** (en %, 1983). Platanes 38,6 ; marronniers 13,8 ; saphoras 7,8 ; tilleuls 7,3 ; peupliers 6,4 ; érables 5,4 ; acacias 3,1 ; ormes 2,9 ; cedrelas 2,8 ; frênes 2,7 ; paulownias 1,2 ; divers 8,6. **Nombre total** : 440 000 (dont bois de Boulogne 142 000, Vincennes 126 000, alignements 100 000, espaces verts publics 59 000, privés 15 000). *Espaces verts publics* : 57 000.

Records. *A. le plus vieux* : faux acacia, square Viviani (386 ans). *Le plus haut* : platane hybride du jardin des Plantes, 42 m de haut. *Le plus gros* : platane d'Orient du parc Monceau (circonférence 7,05 m).

● **Bois de Boulogne. Surface** 846 ha (massif boisé 350 ha, parties jardinées et squares 93 ha ; pelouses rustiques 67 ha, voirie 105 ha, plan d'eau 27 ha, équipements sportifs 27 ha). **Routes** 38 km (dont fermées à la circulation autom. 19 km). **Allées** piétonnes 35,8 km ; cyclistes 14,8 km ; cavalières 32 km. **Rivières** 8 km (5,4 ha). **Visiteurs** 6 millions par an. **Histoire.** *1852* : la ville de Paris acquiert le bois (partie de l'ancienne forêt de Rouvray) ; Alphand (jardinier de Napoléon III) chargé par Haussmann d'aménager le bois. Travaux durent 14 ans. 420 000 arbres plantés, 17 lacs créés reliés entre eux par des petites rivières, etc.

Animaux. Quelques faisans (1 000 lâchés en 1945), cygnes, canards, écureuils coréens et paons à Bagatelle, quelques lapins, taupes, hérissons, mulots, rats, souris, oiseaux, chats, etc. (La dernière biche a été capturée en 1936.)

Arbres. Massifs boisés 315 ha. Chênes 54 à 58 %, érables 10 à 11 %, pins 6 %, robiniers 4 %, marronniers 3 %, divers 15 %. *Le plus vieux* : if de 214 ans, 13 m de haut, 2,25 m de circonférence (Bagatelle). *Le plus haut* : platane de 140 ans, 39 m de haut, 4,46 m de circonférence (Bagatelle). *Le plus gros* : chêne rouvre, 200 ans, 26 m de haut., 6,60 m de circonférence.

Concessions. *Hippodromes* de Longchamp (58 ha), d'Auteuil (36 ha) ; *Jardin d'acclimatation* (19 ha) ; musée des Arts et traditions populaires (5,7 ha) ; 13 restaurants, 6 buvettes ; 9 concessions sportives (32 ha) dont *Racing* 6,65 ha, *Tir aux Pigeons* 8,1 ha ; *Centre international de l'Enfance* (château de Longchamp) ; *Touring-Club de France* (2 ha) ; *Polo de* Paris 8,7 ha ; *Étrier* 1,64 ; *Parc* : stade *des Princes* 1 ha ; Roland-Garros 5,9 ha ; camping 2 ha.

Entretien. 342 personnes, 140 cantonniers (voiries), 125 jardiniers, 28 bûcherons, 6 cultivateurs, 2 fontainiers, 3 forestiers (Eaux et Forêts), 36 gardes des promenades, 2 ingénieurs.

Bagatelle. 24 ha ; rosiers 10 000 dont 900 variétés, roseraie 1,1 ha ; 1 300 000 bulbes lors de l'exposition de printemps, jardin d'iris et collection de lys ; 1,5 km de haies taillées, 7,750 km de bordures de bois, 5 000 m² de plans d'eau ; *visiteurs* : env. 750 000 par an.

Jardin du Pré Catelan. 8 ha ; comprend le jardin Shakespeare. Hêtre pourpre de 200 ans.

● **Bois de Vincennes. Surface** 995 ha [pelouses rustiques 140 ha, plaines de jeux 65 ha, voirie 132 ha, lacs et pièces d'eau (n. c. îles) 23 ha, rivières 3,5 ha]. **Équipement sportif**, 76 ha. **Routes** 68 km (dont fermées à la circulation autom. 30 km). **Allées** cavalières 18 km ; carrière hippique 9 000 m². Pistes cyclables 3,7 km. **École d'horticulture du Breuil** (Arboretum 13 ha). **Visiteurs** 6 millions par an. **Histoire.** *1858-66* aménagé par Adolphe Alphand. *1860* cédé à la Ville de Paris ; création du lac Daumesnil. *1931* exposition coloniale. *1934* inauguration du zoo. Dep. *1954* démolition de bâtiments militaires Napoléon III et IIIe Rép., création de l'allée Royale prévue dans les plans du XVIIIe s. *1982* chesnaie reconstituée.

Animaux. Une centaine de faisans, cygnes, canards, écureuils communs dans le bois (coréens au parc Floral), quelques lapins, taupes, mulots, rats, souris, hérissons, fouines, belettes, herminettes et 52 espèces d'oiseaux.

Arbres. Massifs boisés 467 ha. En % : chênes 40, érables, robiniers, hêtres, pins et marronniers 60. **Total** 150 000 arbres dont 36 700 plantés de 1983 à 85. **Le plus haut** : cyprès chauve de la Louisiane de 123 ans, 35 m de haut., 3,85 m de circonf. **Le plus gros** : platane Orientalis de 121 ans, 29 m de haut., 4,46 m de circonf. *Le plus vieux* : chêne rouvre 198 ans, haut 29 m, circonf. 4,07 m.

Concessions. Jeux de boules (1,7 ha) ; 5 restaurants, 9 buvettes (3 ha) ; 9 équipements sportifs ; tir à l'arc (1 841 m²) ; Tennis Club de Joinville (4 047 m²) ; Institut bouddhique (8 222 m²) ; INSEP (29,4 ha) ; Club équestre (2,10 ha) ; hippodrome (50 ha).

Entretien. 361 personnes : 108 cantonniers, 128 jardiniers, 29 bûcherons ; 29 gardes (surveillance), 5 cultivateurs, 3 fontainiers, forestiers.

Parc Floral. 30 ha dont 20 jardinés, 5 833 arbres ; vallée de fleurs (100 000 plantes) ; expositions de dahlias, massifs arbustes 2,55 ha, massifs rosiers 0,55 ha, pelouses 14 ha.

● **Ceinture verte.** Au début du XXe s. on envisage d'aménager 780 ha sur la zone des fortifications et sur un espace de 250 m en avant des murs. Cependant, dès la destruction des murs, en 1919, on commença par construire au lieu de planter. En 1939, il ne restait déjà plus que 270 ha pour cette ceinture.

En 1953, la *loi « Bernard Lafay »* autorisa les constr. à condition d'aménager des espaces verts équivalents à l'intérieur de la cité. 50,7 ha ont été construits dont 38,6 h pour des équip. publics, 44 ha d'espaces verts ont été réalisés dans Paris au titre de la compensation, 90,8 ha sont en cours de réalisation ou en projet, soit 134,85 ha d'espaces verts.

Insécurité

Origines et délits constatés. 404 171 (1974 : 209 889) 58 838 élucidés, 50 590 personnes mises en cause.

Accidents de la circulation. 13 328, 126 tués, 1 195 blessés graves, 15 071 légers.

Logement

Logements (1983) 1 279 730 dont en % résidences principales 87,1, log. vacants 8,7, rés. secondaires 4,2 (153 400)

Résidences principales (en 1984) : 1 114 400 à Paris. *Selon le nombre de pièces* (en %, en 1982) : *1 pièce* 26,2, *2 p.* 33,1, *3-4 p.* 33, *5 p. et +* 7,7.

Immeubles d'habitation. 77 000 dont appartenant à des particuliers 44 100, Stés commerciales diverses 12 000, Ville de Paris 7 026, S.C.I. 6 000, Cies d'assurances 2 000, Office public des H.L.M. 1 766, E.D.F.-G.D.F. 964, État 798, S.N.C.F. 782, banques 600, Assistance publique 458, Institutions religieuses 400, R.A.T.P. 195, Banque de France 100. Tous les 10 ans, 10 % des immeubles sont achetés par des Stés commerciales diverses. 55 % des immeubles sont acquis en simple propriété, 45 % par des copropriétaires.

Source : Annuaire des propriétaires par rue.

Selon leur période d'achèvement (en %). *Avant 1871* 17,3, *de 1871 à 1948* 63,1, *de 1949 à 1967* 11,6, *dep. 1967* 8.

Répartition des ménages selon le secteur d'occupation de leur logement (en %, 1978). *Ensemble des propriétaires* 24,8 dont : propr. non accédants 16,7 (dont secteurs aidés HLM et CFF 0,7), accédants à la propr. 8,1 (dont accédants à la propr. non aidés 7,4). *Ensemble des locataires* 58,8 dont : HLM 6,7, logement ancien, loyer soumis à la loi de 1948 23,1, loyer libre 17,5, log. récent 11,5. *Sous-locataires et locataires de meublés* 6,6. *Logés gratuitement* 9,8.

Statut d'occupation des résidences principales (en % 1982). *Propriétaires* 25,6. *Locataires ou sous-locataires* (d'un local loué vide ou meublé) 65 (dont H.L.M. 11,4). *Logés gratuitement* 9,4.

Confort (1982). 23,8 % sans sanitaires individuels et salles d'eau.

Hôtels. *1 290* h. classés dont 1 étoile 458 (15 171 ch.), 2 ét. 513 (19 620 ch.), 3 ét. 232 (10 415 ch.), 4 ét. 55 (6 532 ch.), 4 ét. luxe 32 (9 102 ch.).

Maisons. *La plus vieille* : 51, rue de Montmorency (1407) ; construite par Nicolas Flamel. (Le 3, rue Volta, daté du début du XIVe s., est un pastiche construit 300 ans plus tard.) *La plus petite* (m. du Grand Pignon) : 39, rue du Château-d'Eau (Xe arr.) ; 1,10 m de façade, 5 m de haut ; 1 rez-de-chaussée et 1 étage.

Sous-sol

Égouts parisiens 2 100 km de galeries visitables pour la majeure partie, 1 600 km d'égouts, 500 km d'ouvrages secondaires (visite publique, circuit de 200 m, entrée pont de l'Alma). **Conduites** d'eau potable 1 700 km transit et de distribution ; air comprimé 783,651 km, dont 757,064 en égouts, 26,587 en terre (au 31-12-85) ; gaz 2 315 km (à moy. pression 175, à haute pression 2 140) ; câbles électr. 10 282 km (basse tension 3 372, moy. 6 772, haute 138). **Réseau de chauffage** urbain 279,281 km. **Réseau C.P.C.U.** (Cie Parisienne de Chauffage Urbain) 262,5 km. **Catacombes.** Ossuaire de 11 000 m² appelé improprement catacombes, occupant 1,5 km de galeries d'env. 2,30 m de haut (sur 300 km d'anciennes carrières de pierres à bâtir). 5 à 6 millions de squelettes y ont été déposés. *Temp. moy.* : 11 °C. *Accès* : escalier en colimaçon de 91 marches, prof. 19 m. *Origine* : fin XVIIIe s. Sous la plaine de Montsouris, au lieu-dit de la Tombe-Issoire (ou Issouard) on déposa des ossements du grand charnier des Innocents (dans le 1er arr., contenant les corps de 20 générations des 20 paroisses de la ville) ; fin 1779, des caves voisines s'étaient effondrées sous le poids des corps.

Vie culturelle

Édifices culturels 94, bâtiments civils 15, hôtels historiques 4, musées 85 dont municipaux 13, bibliothèques municipales 83, cirques 2, théâtres 61 (14 241 représentations en 1979), cafés-théâtres 32, cabarets-dancings 95, music-halls 22, orchestres 10, salles de concert 48, de concert de jazz 15, discothèques 20, salles de cinéma 515 [129 394 fauteuils, 4 500 000 spectateurs, dépense moyenne par hab., par an env. 330 F (province 57 F)], galeries env. 300, maisons et clubs de jeunes 22, ateliers d'art et d'expression culturelle 400 (160 disciplines enseignées ; 250 000 utilisateurs).

Nota. — Sur 1 800 chansons à succès, 30 ont Paris dans leur titre *(Sous les ponts de Paris, Un gamin de Paris,* etc.).

Chiffres divers

Bains-douches 18. *Bancs* 7 032. *Bassins et Fontaines* 116, *monuments et fontaines illuminés* 168. *Bornes de propreté publiville* 2 901. *Cafés* env. 11 248. *Cliniques et hôpitaux privés* 67 ; *h. publics* 25. *Colonnes-affiches* 440. *Commerces* 51 771 [dont *de détail* alim. 7 842, non alim. 28 206 ; *de gros* 11 286 ; *hypermarchés* 18 ; *supermarchés* 61 ; *grands magasins* 41 ; *populaires* 138 ; *fourrure, prêt-à-porter* 6 902 ; *parfumeries* 8 095 ; *boucheries, charcut.* 2 171 ; *boulangeries, pâtisseries* 1 676 ; *photographes* 441 ; *débits de boissons alcoolisées* 12 407, *non alcoolisées* (dont salons de thé) 1 580 ; *débits de tabac* 1 052 ; *salons de coiffure* 2 275]. *Corbeilles* 7 831. *Crèches* collectives municipales 154, privées 27 ; *familiales munic.* 19. *Entreprises artisanales de* — de 11 salariés 31 000. *Fontaines Wallace* grands modèles 61, petits 21. *Gymnases et établissements couverts* 85. *Haltes-garderies* 93 dont privées 60 ; *jardins d'enfants* 17 dont privés 11. *Kiosques à journaux ou à fleurs* 340. *Logements* 1 279 730 (recens. 1982). *Murs* (85) 157 642 m² d'affiches et 35 024 m² de graffiti enlevés (crédits utilisés 3 millions de F). *Parcs et promenades ouverts au public* 305. *Pendules* 300. *Personnel* (82) : cadres 236, ouvriers 6 341 dont éboueurs 5 060 ; statuts spéciaux : conducteurs sentenciés 641 dont temporaires 14, personnel TIRU 735. *Piscines* 32 (26 municipales). *Restaurants, cafés et boîtes de nuit* 20 000. *Stades et jardins de plein air* 114 municipaux.

On distribue chaque jour 200 000 *lettres,* 500 000 *journaux,* 7 000 *télégrammes* et 1 300 000 *plis non urgents.* On dénombre 29 000 *fonctionnaires de police,* 7 563 *médecins* (cabinets principaux), 2 717 *dentistes,* 65 *sages-femmes,* 915 *infirmiers,* plus de 2 171 *masseurs-kinésithérapeutes,* 513 *pédicures,* 334 *orthophonistes,* 1 123 *pharmaciens ;* 300 *jardiniers et bûcherons.*

Essonne (91)

Superficie. 1 804,4 km² (50 × 40 km). **Alt.** max. 170 m (bois de Verrières), moy. 105 m (vallée de la Seine à Vigneux). **Population.** 987 988 h. (1982) [*1876 :* 135 911 ; *1911 :* 177 385 ; *1936 :* 286 896 ; *1954 :* 350 987 ; *1962 :* 478 521 ; *1968 :* 673 325 ; *1975 :* 923 061]. D. 548 (1982). *Répartition par âge (82) : 0-19 ans :* 312 620 (31,6 %) ; *20-64 a. :* 591 304 (59,9 %) ; *65 a. et + :* 84 064 (8,5 %). **Pop. active.** Ayant un emploi (82) 442 544 ; *pop. rurale :* 5,3 % de la pop. totale. *Salariés* (au 31-12-84) : 191 504 dont ind. 68 333, B.T.P. 20 198, services 60 451, commerces 36 234.

Villes. ÉVRY (ville nouvelle), 4 communes (50 675 h.), 2 000 ha dont env. 30 ha d'espaces verts, commune d'Évry 31 557 h. [*1831 :* 518 ; *1921 :* 1 146 ; *1954 :* 1 879 ; *1975 :* 17 803] ; aéro. ; lac et parc urbain (13 à 30 ha). — *Angerville* 2 622 h. *Arpajon* 7 999 h. *Athis-Mons* 28 496 h. ; métall. *Ballancourt-sur-Essonne* 5 549 h. [ag. 13 170, dont *Itteville* 3 528, *St-Vrain* 2 295]. *Bièvres* 3 844 h. *Bondoufle* 8 120 h. *Boussy-St-Antoine* 5 982 h. *Brétigny-sur-Orge* 18 662 h. *Breuillet* 7 176 h. ; CNES. *Brunoy* 23 899 h. *Bures-sur-Yvette* 7 783 h. [1]. *Chilly-Mazarin* 17 271 h. *Corbeil-Essonnes* 37 846 h. [fusion en 1951 ; Corbeil *1831 :* 3 708 ; *1891 :* 8 184 ; *1946 :* 10 966 ; Essonnes *1831 :* 2 717 ; *1946 :* 10 032 ; Corbeil-Essonnes *1954 :* 22 891] ; minoteries, électro. métall. et prod. chim. constr. aéro. *Courcouronnes* 5 908 h. *Crosne* 7 312 h. *Dourdan* 8 057 h. *Draveil* 26 543 h. *Egly* 4 759 h. *Épinay-sur-Orge* 8 745 h. *Épinay-sous-Sénart* 14 735 h. *Étampes* * 19 386 h. [ag. 23 304 dont *Morigny-Champigny* 3 158 (*1831 :* 1 809 ; *1954 :* 11 890)]. *Étréchy* 5 600 h. (ag. 7 199) ; alum. *Fleury-Mérogis* 7 419 h. *Gif-sur-Yvette* 17 166 h., énergie atom. (C.E.A.). *Grigny* 26 180 h. *Igny* 9 235 h. *Juvisy-sur-Orge* 12 303 h. (5 570 h/km², la plus forte dens. du dép.). *La Ferté-Alais* 2 002 h. [ag. 5 628, dont *Cerny* 2 258]. *Lardy* 2 922 h. (ag. 6 036). *La Ville-du-Bois* 4 550 h. *Le Plessis-Paté* 2 719 h. *Les Ulis* 28 223 h. *Limours* 5 449 h. *Linas* 4 042 h. *Lisses* 4 343 h. *Longjumeau* 18 370 h. *Longpont-sur-Orge* 4 120 h. *Marcoussis* 4 465 h. *Marolles-en-Hurepoix* 3 549 h. *Massy* 40 135 h. [*1831 :* 1 080 ; *1921 :* 2 566 ; *1954 :* 11 890] ; matér. informat. *Mennecy* 10 702 h. *Méréville* 2 674 h. *Milly-la-Forêt* 3 795 h. (ag. 4 365). *Montgeron* 22 039 h. *Montlhéry* 4 359 h (autodrome). *Morangis* 9 416 h. *Morsang-sur-Orge* 20 332 h. *Nozay* 2 653 h. *Ollainville* 2 603 h. *Orsay* 14 071 h. [1]. *Palaiseau* * 28 369 h. *Paray-Vieille-Poste* 7 122 h. *Quincy-sous-Sénart* 7 157 h. *Ris-Orangis* 24 925 h. *Saclay* 2 337 h. ; Centre d'études nucléaires. *St-Chéron* 3 550 h. *St-Germain-lès-Arpajon* 6 217 h. *St-Germain-lès-Corbeil* 4 462 h. *St-Michel-sur-Orge* 20 044 h. *Ste-Geneviève-des-Bois* 30 439 h. *Saintry-sur-Seine* 3 642 h. *Saulx-les-Chartreux* 3 247 h. *Savigny-sur-Orge* 32 502 h. *Soisy-sur-Seine* 6 201 h. *Verrières-le-Buisson* 13 555 h. *Vigneux-sur-Seine* 24 462 h. *Villabé* 2 554 h. *Villebon-sur-Yvette* 7 728 h. *Villemoisson-sur-Orge* 4 981 h. *Villiers-sur-Orge* 3 298 h. *Viry-Châtillon* 30 224 h. *Wissous* 4 394 h. *Yerres* 25 715 h.

Nota. — (1) Amputées depuis la création de la commune des Ulis en 1977.

Régions naturelles. *Hurepoix* 44 554 ha (cult. fruitières et maraîchères). *Beauce* 54 290 ha (céréales). *Gâtinais* 32 439 ha. *Ceinture de Paris* 25 704 ha. *Brie* 20 630 ha. **Bois** (en milliers d'ha, 1984) 40 dont forêts de Dourdan, Milly, Sénart, Verrières ; *t. agr. non cult.* 2,4 ; *t. non agr.* 44,4. **Terres.** Voir Index.

Ressources. Blé, maïs, cresson (1er prod. de France). **Enseignement, recherche.** Laboratoires, centres d'essais et grandes écoles (C.E.A., C.N.R.S., faculté des Sciences d'Orsay. *Grandes écoles sur le Plateau de Saclay :* Polytechnique, Éc. sup. d'Électricité, Éc. centrale des Arts et Manufactures, Éc. nat. sup. des Ind. agro-alimentaires, Institut d'Optométrie, Éc. sup. des Géomètres et Topographes, Inst. des Htes Ét. scientifiques, Centre techn. des Ind. aéronautiques et thermiques, Instit. nat. de Recherche chimique appliquée. **Zones industrielles.** Évry, Massy, Morangis, Ste-Geneviève-des-Bois, Étampes. *Centres industriels :* SNECMA, IBM, Hewlett Packard France, Cie générale de Géophysique, CGEE Alsthom, CIT Alcatel, General Biscuit France.

Sites touristiques. *Villes d'art :* Montlhéry, Étampes. *Architecture moderne* (ensemble de Grigny-la-Grande-Borne). *Églises :* St-Vrain (XIIIe s.), Villeconin (XVe-XVIe s.), Étrechy (XIIe-XIIIe s.). *Châteaux :* Ballancourt (ch. du Saussaye), Courances, Courson, Dourdan, Jeurre (parc), Le Marais, Montlhéry (féodal), Villeconin, Chamarande. *Musées :* Bièvres, Boussy-St-Antoine, Brunoy, Dourdan, Étampes.

Hauts-de-Seine (92)

Superficie. 175,6 km² (35 × 6 à 12 km) (le plus petit dép. français après celui de Paris). **Alt.** max. Vaucresson 182 m, min. 25 m. **Population.** 1 387 039 h. (1982) [*1876 :* 208 482 ; *1901 :* 467 391 ; *1911 :* 614 862 ; *1936 :* 1 019 627 ; *1946 :* 992 859 ; *1968 :* 1 461 619 ; *1975 :* 1 438 930]. D. 7 898 (1982). *Pop. active ayant un emploi* (1982) 649 000 dont tertiaire 435 000, industrie 176 000, B.T.P. 37 000. *Salariés* (31-12-84) : 610 442.

Villes. NANTERRE 88 578 h. [*1900 :* 14 110 ; *1936 :* 45 065 ; *1962 :* 83 416 ; *1968 :* 90 332 ; *1975 :* 95 032] ; ind. méc., élec. et électro., auto. (Citroën) et cycles, métal., chimie, B.T.P., université (Paris X, 21 871 étudiants). — *Antony* * 54 610 h. [*1962 :* 46 483 ; *1968 :* 56 638] ; méc., élec., électro. *Asnières-sur-Seine* 71 077 h. [*1968 :* 80 113] ; alim. (Astra), aéro. (Air Equipement), constr. méc., électro., chimie, auto. (Citroën, Chausson). *Bagneux* 40 385 h. ; électro. (Thomson CSF). *Bois-Colombes* 23 780 h. [*1962 :* 29 938] ; aéro., équip. nucléaire, élec., électro., méc. *Boulogne-Billancourt* * 102 582 h. [*1968 :* 109 008] ; alim. (Lesieur-Cotelle), métal., auto (Renault), aéro., élec., électro., méc. de précision, presse-polygraphe, text., cuir ; maison de la nature, parc Rothschild, jardins Albert-Kahn. *Bourg-la-Reine* 18 070 h. *Châtenay-Malabry* 28 580 h. [*1962 :* 24 756]. *Châtillon-sous-Bagneux* 24 834 h. ; aéro. (SNIAS), presse-polygrap. *Chaville* 17 914 h. *Clamart* 48 353 h. ; alim., élec., électro., B.T.P. (Bouygues), text., cuir. *Clichy* 46 895 h. [*1962 :* 56 316] ; alim., auto. (Citroën), aéro., élec., électro., B.T.P., chimie (L'Oréal), presse-polygrap. *Colombes* 78 777 h. ; alim., chimie, aéro., élec., électro. (Thomson) ; parc de l'Ile-Marante. *Courbevoie* 59 830 h. [*1962 :* 59 491] ; alim., auto., méc. de précision, électro., chimie (siège des Cies B.P., Elf., Esso, PCUK, Rhône-Poulenc) ; assurances (siège du GAN et de l'U.A.P.) ; équip. nucléaire (Framatome) ; Ingénierie (Technip) ; parc de Bécon. *Fontenay-aux-Roses* 23 915 h. Centre d'études nucléaires ; École nationale supérieure de jeunes filles. *Garches* 18 094 h. *Gennevilliers* 45 396 h. ; métal. (Aubert et Duval), auto. (Chausson, Gal Motors), aéro. (Snecma), électro. (Thomson), chimie (Industrie biologique française), B.T.P. *Issy-les-Moulineaux* 45 772 h. ; métal., auto., aéro., élec., électro., chimie, imprimerie, polygrap., text., cuir, héliport (surveillance des routes) ; parc de l'île St-Germain. *La Garenne-Colombes* 20 990 h. ; aéro., élec., électro., auto. (Peugeot), presse polygraph. *Le Plessis-Robinson* 21 271 h. ; alim. (Gervais-Danone), élec., électro. (T.R.T.) ; parc. *Levallois-Perret* 53 500 h. [*1962 :* 61 804] ; alim. (Olida et Caby), métal., auto. (Renault), méc. de précision, élec. et électro. (Thomson), chimie ; parc de la Planchette. *Malakoff* 32 553 h. ; auto., élec., électro. (Thomson), chimie. *Marnes-la-Coquette* 1 632 h. ; Institut Pasteur ; haras de Jardy (84 ha). *Meudon* 48 450 h. ; auto. (Citroën), électro. (Thomson) ; observatoire astronomique, musée de l'Air, m. Rodin. *Montrouge* 38 517 h. [*1962 :* 45 260] ; aéro., élec., électro., chimie, imprimerie polygrap. *Neuilly-sur-Seine* 64 170 h. [*1962 :* 72 773] ; méc., auto., chimie ; musée (automates, coquillages). *Puteaux* 36 117 h. [*1962 :* 39 640] ; chimie, assurance (Winterthur), banque (Crédit lyonnais). *Rueil-Malmaison* 63 412 h. [*1962 :* 54 786] ; métal., aéro., méc., auto. (Renault), chimie (Sandoz, Agfa-Gevaert), B.T.P., Institut français du pétrole (IFP). *Saint-Cloud* 28 561 h. [*1962 :* 26 472] ; aéro. (siège social de l'Électronique Serge-Dassault), aéro. (avions Dassault-Breguet), presse-polygrap. ; Éc. nat. sup. (E.N.S.). *Sceaux* 18 317 h. ; parc, presse-polygrap. ; musée de l'Ile-de-Fr. ; festival. *Sèvres* 20 208 h. ; porcelaine, musée nat. de céramique ; Centre intern. d'ét. pédagog. *Suresnes* 35 187 h. [*1968 :* 40 616] ; auto. (R.V.I.), aéro., électro., chimie ; parc des Landes et terrasse du Feucheray. *Vanves* 22 868 h. [*1962 :* 25 585] ; parc Falret. *Vaucresson* 8 313 h. [*1962 :* 6 690] ; aéro. (Dassault-Breguet). *Ville-d'Avray* 11 625 h. [*1961 :* 5 802] ; étangs. *Villeneuve-la-Garenne* 23 906 h. [*1962 :* 13 780] ; alim., métal., élec., électro.

Nota. — Sur 36 communes, 9 ont + de 50 000 h.

Répartition du territoire. *Voies urbaines* 393,8 km de long (1982). *Forêts, parcs et espaces verts urbains* 1 557 ha (16 % du territoire) : forêts de Meudon (1 100 ha dont 776 dans les Hts-de-S.), Fausses-Reposes (627 ha dont 380 dans les Hts-de-S.), La Malmaison-Bois-Préau (200 ha) ; Bois de Verrières (587 ha dont 116 ha dans les Hts-de-S.) ; Parc de St-Cloud (415 ha), de Sceaux (158 ha), des Chanteraines (66 ha) à Villeneuve-la-Garenne et Gennevilliers, de la Malmaison et de Bois-Préau (32 ha), Henri-Sellier (26 ha) au Plessis-Robinson, André-Malraux (25 ha) à Nanterre, de l'Ile-Marante (24 ha) à Colombes, de l'Ile-St-Germain (10 ha) à Issy-les-Moulineaux ; Jardins de la Vallée aux Loups (31 ha) à Châtenay-Malabry, de l'Étang Colbert (3 ha) au Plessis-Robinson, Albert-Kahn (3 ha) à Boulogne, Haras de Jardy (76 ha) à Marnes. *Terres labour.* 483 ha, *jardins fam.* 1 ha.

La Défense. Construit autour de l'emplacement du monument érigé en 1883, commémorant la défense de Paris en 1870-71. **Surface :** 160 ha sur Puteaux et Courbevoie (quartier d'affaires). 600 ha sur Nanterre (quartier du parc). **C.N.I.T.** (Centre national des industries et techniques) [(8-5-1956/sept. 1958, Camelot, de Mailly, Zehrfuss) : voûte d'arête inscrite dans un triangle équilatéral de 818 m de côté, hauteur au centre 46,30 m, repose sur 3 points d'appui au sol qui supportent une couverture de 7 500 m² développés, 6 800 m² en plan ; record mondial des plus grandes portées pour une structure voûtée en coque mince (206 m en façade, 238 m sur l'arête de voûte), 22 000 m²]. **Préfecture des Hauts-de-Seine** (1967, Wogenscky). **Immeubles de bureaux** *(1984) : quartier d'affaires :* 32 construits dont les tours Esso (1963), Aquitaine (1966), Nobel (CIMT, 1966, 69, par de Mailly, Dépussé), soit 1 160 000 m² en service sur 1 580 000 m² prévus. *Quartier du parc :* 15 construits (113 250 m²), 3 en constr. (22 000 m²). **Tour la plus haute :** FIAT 46 étages, 178 m. **Logements** *(quartier d'affaires) :* 7 898 construits, 1 014 en construction, 960 en projet. *Q. du parc :* 4 204 construits, 1 800 en constr. **Centre commercial des 4 temps :** 105 000 m² de magasins et grandes surfaces, 9 cinémas, 1 discothèque, 1 studio de danse. **Projet retenu pour la Tête Défense :** Johan Otto von Spreckelsen (Danois), arc longueur côté extérieur 110,60 m, intérieur 74,6 m, largeur des 2 arches 18,70 m, surface utile 82 000 m² + bâtiment annexe 40 600 m². 12 000 m² comprenant le *Centre intern. de la Communication,* le *min. de l'Urbanisme et du Logement* et le *min. de l'Environnement.*

Seine-et-Marne (77)

Superficie. 5 915,29 km² (20 × 80 km). **Alt.** max. Butte St-Georges 215 m. min. Seine-Port 32 m. **Population.** 887 112 h. (1982) [*1801 :* 299 160 ; *1851 :* 345 076 ; *1901 :* 358 325 ; *1936 :* 409 311 ; *1954 :* 524 486 ; *1968 :* 604 340 ; *1975 :* 755 762]. D. 150 (82). *Pop. active* (1982) 412 180 dont ayant un emploi

384 000 (tertiaire 239 000, industrie 102 000, B.T.P. 31 000). *Salariés* (31-12-1984) : 186 514.

Villes. MELUN alt. 54 m, 803,9 ha, 35 005 h. [*1789 :* 5 158 ; *1901 :* 13 059 ; *1936 :* 17 499 ; *1954 :* 20 129 ; *1975 :* 37 705] [ag. 82 479, dont *Dammarie-les-Lys* 19 794. *Le Mée-sur-Seine* 13 917. *Vaux-le-Pénil* 6 960] ; constr. méc. et aéro. (SNECMA-Villaroche), ind. chim. et alim. – *Bois-le-Roi* 3 395 h. (ag. 5 732). *Bourron-Marlotte* 2 325 h. (ag. 4 367). *Brie-Comte-Robert* 10 347 h. *Brou-sur-Chantereine* 4 429 h. *Champagne-sur-Seine* 5 406 h. [ag. 19 991, dont *Veneux-les-Sablons* 4 051. *Moret-sur-Loing* 3 553] ; constr. électr. *Champs-sur-Marne* 16 739 h. *Chelles* 41 838 h. [*1936 :* 14 658] ; pâtes alim. *Claye-Souilly* 8 152 h. *Combs-la-Ville* 13 759 h. [*1936 :* 2 386 ; *1954 :* 2 833]. *Coulommiers* (sous-préf. jusqu'en 1926) 11 886 h. [*1936 :* 7 510] ; (ag. 17 699) ; ind. alim., mét., élec., édition. *Courtry* 4 215 h. *Crécy-la-Chapelle* 2 413 h. (ag. 4 755). *Dammartin-en-Goële* 4 528 h. (ag. 7 599). *Esbly* 4 218 h. [ag. 16 218, dont *Quincy-Voisins* 3 167]. *Fontainebleau* (sous-préf. jusqu'en 1926) 77 m, 15 679 h. [*1936 :* 17 724 ; *1962 :* 20 583] [ag. 35 629, dont *Avon* 14 778 h.] ; château, forêt. *Fontenay-Trésigny* 3 638 h. *Gretz-Arminvilliers* 7 330 h. [ag. 12 056, dont *Tournan-en-Brie* 4 726]. *La Ferté-Gaucher* 3 871 h. (ag. 5 508) ; céram. (Villeroy et Boch). *La Ferté-sous-Jouarre* 7 007 h. [*1936 :* 4 726] [ag. 10 552, dont *Jouarre* 2 700]. *Lagny-sur-Marne* 17 959 h. [*1936 :* 8 310 ; *1954 :* 8 982] [ag. 38 535, dont *St-Thibault-des-Vignes* 1 412 ; conserv. *Thorigny-sur-Marne* 7 596] ; ind. diverses. *Le Châtelet-en-Brie* 3 724 h. *Lesigny* 7 114 h. *Meaux* * 45 005 h., 1 477 ha [*1911 :* 13 600 ; *1936 :* 14 429 ; *1954 :* 16 767 ; *1962 :* 23 305 ; *1968 :* 31 967] [ag. 55 797, dont *Nanteuil-lès-Meaux* 2 920 ; édition (« Messageries du Livre »). *Trilport* 3 323 ; ind. chim. *Villenoy* 2 423 ; sucrerie] ; ind. text. et méc., ind. et comm. agr. et alim. (brie, moutarde, pavé) ; cathédrale. *Mitry-Mory* 12 731 h. [*1936 :* 7 148 ; *1954 :* 8 697] ; ind. alim. *Moissy-Cramayel* 5 195 h. *Montereau-Faut-Yonne* 19 413 h [*1936 :* 9 322] (ag. 26 663) ; ind. méc., élec. et diverses. *Nangis* 6 869 h. *Nemours* 11 665 h. [*1936 :* 5 154] [ag. 17 881, dont *St-Pierre-lès-Nemours* 4 777] ; ind. du verre. *Othis* 5 099 h. *Ozoir-la-Ferrière* 13 719 h. [*1936 :* 4 124 ; *1954 :* 4 552]. *Pontault-Combault* 19 037 h. [*1936 : 1 544 ; 1954 :* 2 050]. *Provins* * 12 065 h. [*1936 :* 9 226] (ag. 13 037) ; mat. de constr., optique, centre touristique. *Roissy* 15 274 h. *St-Fargeau-Ponthierry* 9 553 h. [*1936 :* 2 833 ; *1954 :* 3 088] (ag. 14 021). *St-Pathus* 2 921 h. (ag. 3 498). *Savigny-le-Temple* 11 835 h. *Souppes-sur-Loing* 4 326 h. *Thorigny* 7 596 h. *Torcy* 12 279 h. *Vaires-sur-Marne* 10 812 h. *Verneuil-l'Étang* 1 948 h. ; meunerie. *Vert-St-Denis* 4 458 h. [ag. 11 980, dont *Cesson* 7 522]. *Villeparisis* 16 659 h. [*1936 :* 14 658 ; *1954 :* 19 539]. **Villes nouvelles.** *Melun-Sénart* (syndicat d'aggl. nouvelle formé par 8 communes). *Marne-la-Vallée* (synd. d'aggl. nouvelle du Val Maubuée formé par 6 communes).

Régions naturelles. *Brie* 8 800 ha ; plateaux creusés de nombreuses vallées (blé, maïs, betteraves à sucre, bovins pour viande et fromages ; forêts). *Plateaux de Goële et Multien* env. 50 000 ha (céréales). *Gâtinais* 80 000 ha (betteraves, maïs, cult. légum., élevage). *Forêt de Fontainebleau et pays de Bière* 35 000 ha (forêts, sables). *Vallée du Grand et du Petit Morin.* **Bois** (en milliers d'ha, 1984) 119 dont forêts domaniales 25, forêt de Fontainebleau 20 (1 800 km de routes et chemins), de Villerfermoy 2,3, de Jouy 1,4, d'Armainvilliers 1,26, des Trois-Pignons 1,02 ; *t. agr. non cult.* 6 ; *t. non agr.* 99,5. **Terres.** Voir Index.

Ressources. Un des 5 premiers départements prod. de blé (13 000 q en 1984). *Fromages* de Brie (meaux, melun et coulommiers).

Sites touristiques. *Châteaux :* Fontainebleau, Vaux-le-Vicomte (1656-60, Le Vau ; ch. de Fouquet), Annet-sur-Marne, Champs (1715-20, arch. Bullet de Chambain), Guermantes. *Collégiales :* Champeaux, Dammartin-en-Goële. *Remparts et donjon :* Provins. *Spectacle son et lumière :* Moret-sur-Loing.

Seine-Saint-Denis (93)

Superficie. 236,2 km² (21,5 × 22 km). **Alt.** max. Montfermeil 130 m, min. 25 m. **Population.** 1 324 301 h. (1982) [*1876 :* 138 099 ; *1911 :* 411 443 ; *1936 :* 777 378 ; *1946 :* 730 361 ; *1954 :* 845 231 ; *1968 :* 1 249 606 ; *1975 :* 1 322 127]. D. 5 607 (82). *Pop. active* (85) : 650 000 dont (en %) ind. 25,6, B.T.P. 7,9, commerces 12,8, services 53,53.

Villes. BOBIGNY 42 723 h. (75) [*1954 :* 18 521] ; access. auto, moto (Cibié), centre comm. – *Aubervilliers* 67 719 h. [*1954 :* 58 740] ; ind. chim. ; théâtre de la Commune, égl. N.-D.-des-Vertus (XV-XVIe s.). *Aulnay-sous-Bois* 75 996 h. [*1954 :* 38 534] ; auto. (Citroën), chim. (L'Oréal), centre d'aff. Paris-Nord, gare routière (Garonor). *Bagnolet* 32 557 h. [*1954 :* 26 779]. *Bondy* 44 301 h. [*1954 :* 22 411]. *Clichy-sous-Bois* 24 654 h. [*1954 :* 5 105]. *Coubron* 4 296 h. *Drancy* 60 183 h. (camp de rassemblement des déportés 1940-44). *Dugny* 8 451 h. *Épinay-sur-Seine* 50 314 h. [*1954 :* 18 349]. *Gagny* 34 861 h. [*1954 :* 15 255]. *Gournay-sur-Marne* 4 220 h. *La Courneuve* 33 537 h. [*1954 :* 18 349] ; métall., chaudronnerie, fonderie (Babcok), aéro. (SNIAS), constr. élec. (Alsthom Atl.), primistères ; parc départ. (400 ha). *Le Blanc-Mesnil* 47 037 h. [*1954 :* 25 363]. *Le Bourget* 11 021 h. ; aéroport, musée de l'Air ; constr. méc., constr. élec. (Alsthom Atl.), transp. aériens (U.T.A.). *L'Ile-St-Denis* 7 435 h. *Le Pré-St-Gervais* 13 078 h. *Le Raincy* * 37 187 h. *Les Lilas* 20 354 h. *Les Pavillons-sous-Bois* 17 185 h. *Livry-Gargan* 32 778 h. *Montfermeil* 22 926 h. [*1954 :* 8 271]. *Montreuil* 93 368 h. ; recher. tech. (SOFRESID, U.R.S.S.A.F.). *Neuilly-sur-Marne* 31 195 h. ; usine de prod. d'eau automatisée (capacité max. 1 200 000 m³/j). *Neuilly-Plaisance* 16 960 h. *Noisy-le-Grand* 40 585 h. [*1954 :* 10 398]. *Noisy-le-Sec* 36 880 h. [*1954 :* 22 337]. *Pantin* 43 553 h. ; Grands Moulins, cosmétiques (Bourjois). *Pierrefitte-sur-Seine* 22 366 h. [*1954 :* 12 867]. *Romainville* 25 363 h. ; chimie (Roussel-Uclaf), fort (lieu de détention et d'exécution 1940-44). *Rosny-sous-Bois* 36 970 h. [*1954 :* 16 491] ; 90 000 m² de centre comm. *St-Denis* 90 829 h. [*1954 :* 80 705] ; électron. (Thomson C.S.F.) ; constr. élec. (Jeumont-Schneider), orfèvrerie (Christofle) ; tour Pleyel ; basilique (25 rois et 17 reines y sont inhumés), nécropoles mérovingiennes ; théâtre Gérard-Philipe. *St-Ouen* 43 606 h. [*1954 :* 48 112] ; constr. élec. (Alsthom, Wonder). *Sevran* 41 809 h. [*1954 :* 12 956] ; constr. méc. (Westinghouse), chim. (Kodak) ; parc national forestier (116 ha), ouvert en 1981. *Stains* 36 079 h. *Tremblay-lès-Gonesse* 29 644 h. *Vaujours* 4 885 h. *Villemomble* 27 571 h. *Villepinte* 23 745 h. [*1954 :* 5 503] ; parc des Expositions (ouvert dep. le 2-12-82) de 70 000 m². *Villetaneuse* 10 080 h. **Terres.** Voir Index.

Espaces verts. *1985 :* 10 parcs (400 ha env.). *Prévisions* à terme 870 ha dont La Courneuve 264, Parc du Sausset 35, Sevran-Villepinte 22, La Bergère 20,5, Villetaneuse 11,5, L'Ile-Saint-Denis 10, Romainville 10, Clichy-sous-Bois 9, Bagnolet 8, Promenade de la Dhuys 7.

Val-de-Marne (94)

Superficie. 245,03 km² (21 × 14,5 km). **Alt.** max. Villejuif 120 m, min. Charenton 25 m. **Population.** 1 193 655 h. (1982) [*1876 :* 136 600 ; *1911 :* 386 073 : *1936 :* 685 299 : *1954 :* 767 529 : *1968 :* 1 121 319 ; *1975 :* 1 215 674]. D. 4 871 (82). *Pop. active ayant un emploi* (1982) 546 000 dont tertiaire 392 000, industrie 115 000, B.T.P. 38 000. *Salariés* (31-12-84) : 273 237.

Villes. CRÉTEIL 71 705 h. [*1936 :* 11 755 ; *1962 :* 30 031 ; *1979 :* 65 447] ; ind. div., centre commercial régional (100 000 m², ouvert en 74, le plus grand centre commercial d'Europe). – *Ablon-sur-S.* 5 264 h. *Alfortville* 36 231 h. ; centrale gazière (50 % des besoins en gaz de la région parisienne). *Arcueil* 20 064 h. ; télécom. et électron. (Alcatel). *Boissy-St-Léger* 12 733 h. ; capitale de l'orchidée (500 000 fleurs par an dont 50 % exportés). *Bonneuil-sur-Marne* 14 593 h. *Bry-sur-Marne* 12 168 h. *Cachan* 23 930 h. *Champigny-sur-Marne* 76 176 h. [*1936 :* 28 866] ; métall. *Charenton-le-Pont* 20 500 h. *Chennevières-sur-Marne* 17 417 h. *Chevilly-Larue* 16 026 h. [*1936 :* 3 332]. *Choisy-le-Roi* 35 476 h. [*1936 :* 28 476] ; usine de traitement des eaux (plus de 600 000 m³/j) ; Renault. *Fontenay-sous-Bois* 52 627 h. [*1936 :* 31 596]. *Fresnes* 25 902 h. *Gentilly* 16 732 h. [*1936 :* 18 172]. *Ivry-sur-Seine* 55 699 h. [*1936 :* 44 859] ; T.I.R.U. : traitement des résidus urbains (la plus grande usine d'incinération des ordures ménagères du monde), S.K.F., Schneider. *Joinville-le-Pont* 16 934 h. *L'Haÿ-les-Roses** 29 568 h. *Le Kremlin-Bicêtre* 17 543 h. *Le Perreux-sur-Marne* 27 647 h. *Le Plessis-Trévise* 13 565 h. *La Queue-en-Brie* 9 722 h. *Limeil-Brévannes* 16 566 h. *Maisons-Alfort* 51 065 h. ; école vétérin., éd. Cino del Duca. *Mandres-les-Roses* 2 386 h. *Marolles-en-Brie* 1 501 h. *Nogent-sur-Marne** 24 630 h. ; pavillon Baltard, provenant des Halles centrales de Paris et remonté à Nogent, classé monument historique le 21-10-82. *Noiseau* 2 667 h. *Orly* 23 766 h. [*1936 :* 6 132] ; aéroport. *Ormesson-sur-Marne* 8 674 h. *Périgny* 1 673 h. *Rungis* 2 649 h. [*1936 :* 518] ; marché d'intérêt national (le plus imp. de pr. alim. en gros du monde). *St-Mandé* 18 673 h. *St-Maur-des-Fossés* 80 811 h. [*1936 :* 56 740] ; tr. publics, Quillery. *St-Maurice* 9 420 h. ; Tréfimétaux. *Santeny* 2 621 h. *Sucy-en-Brie* 23 379 h. *Thiais* 26 637 h. ; centre commercial « La Belle Épine ». *Valenton* 10 621 h. *Villecresnes* 6 472 h. *Villejuif* 52 448 h. [*1936 :* 27 590]. *Villeneuve-le-Roi* 20 512 h. *Villeneuve-St-Georges* 28 119 h. ; gare de triage (la plus moderne d'Europe). *Villiers-sur-Marne* 22 022 h. *Vincennes* 42 870 h. [*1936 :* 48 967] ; produits pharm., Kodak ; château, hippodrome. *Vitry-sur-Seine* 85 263 [*1936 :* 46 945] ; centrale therm. de l'E.D.F., métall., bâtiment, chimie (Rhône-Poulenc), prod. chim. et pharmaceutiques.

☞ Voir Musées à l'Index.

Régions naturelles. *Ceinture de Paris, Vallées de la Seine, de la Marne, Plat. de Brie. Massifs forestiers* 2 550 ha : Gros-bois 450 ha, bois de la Grange et des Camaldules 500 ha (communes du V.-de-M. et de l'Essonne), bois Notre-Dame 2 100 ha dont 1 400 ha en V.-de-M. et 700 en S.-et-M. ; bois privés 140 ha. **Terres.** Voir Index.

Ressources. *Industries* agro-alim. surtout à la périphérie de Paris et le long de la Seine. Une dizaine d'entreprises ont + de 500 salariés chacune. Cultures spécialisées : *horticulture :* fleurs coupées, plantes en pots et à massifs : 138 ha répartis entre 150 horticulteurs, 39 ha de serres dont 24 ha de roses (Mandres-les-Roses, Santeny, Périgny, Villecresnes (3e rang après les Alpes-Mar. et le Var) ; orchidées à Boissy-St-Léger (3e rang mondial, 1er rang européen) ; *maraîchage et cultures légumières de plein champ :* 100 ha (surtout Périgny et Mandres-les-Roses) ; *arboriculture :* 13 ha (La Queue-en-Brie) ; *pépinières :* 24 ha (Plateau de Vitry, Mandres-les-Roses, Périgny/Yerres).

Val d'Oise (95)

Superficie. 1 245,9 km² (70 × 30 km). **Alt.** max. Forêt de Carnelle 210 m, min. vallée de l'Epte 50 m. **Population.** 920 598 h. (1982) [*1876 :* 129 655 ; *1911 :* 196 599 ; *1936 :* 350 487 ; *1954 :* 412 658 ; *1968 :* 693 269 ; *1975 :* 840 885 ; *1985* (prévision) : 1 400 000]. D. 739 (82). *Pop. rurale :* 40 025 ; *active ayant un emploi* (1982) 407 000 dont industrie 110 000, B.T.P. 31 000, tertiaire 217 545. *Salariés* (31-12-84) : 165 997.

Villes. PONTOISE 28 434 h. ; m. Tavet Delacour ; foire de St-Martin (dep. 798 ans). – *Argenteuil** 95 347 h. ; cult. maraîchères, métall., prod. chim. ; m. Vieil Argenteuil, m. peinture, cath., Remparts. *Arnouville-lès-Gonesse* 10 530 h. *Auvers-sur-Oise* 5 722 h. *Beauchamp* 8 319 h. *Beaumont-sur-Oise* 8 004 h. [ag. 27 648, dont dans le dép. *Persan* 10 045]. *Bessancourt* 5 758 h. *Bezons* 24 019 h. ; métall., ind. chim. *Bouffemont* 4 841 h. *Cergy* 17 703 h. *Cergy-Pontoise* (ville nouvelle). 11 communes, 118 608 h., 7 767 ha (dont 11,8 % d'espaces verts ; 65 ha de plans d'eau). *Cormeilles-en-Parisis* 14 484 h. *Deuil-la-Barre* 16 387 h. *Domont* 11 047 h. *Eaubonne* 22 227 h. *Écouen* 4 338 h. ; château (1532-67 par Ch. Billard puis J. Bullant), musée de la Renaissance. *Eragny* 15 034 h. *Enghien-les-Bains* 9 739 h. *Ermont* 24 394 h. *Ézanville* 8 003 h. *Fosses* 8 832 h. [ag. 17 611, dont *Marly-la-Ville* 5 078]. *Franconville* 39 948 h. *Garges-lès-Gonesse* 40 182 h. ; verrerie. *Gonesse* 22 896 h. ; ind. diverses. *Goussainville* 23 543 h. (ag. 26 436). *Groslay* 4 914 h. *Herblay* 19 647 h. *Jouy-le-Moutier* 6 557 h. *Le Plessis-Bouchard* 5 391 h. *L'Isle-Adam* 9 479 h. *Louvres* 7 385 h. (ag. 10 483). *Luzarches* 2 559 h. (ag. 4 906). *Magny-en-Vexin* 4 558 h. (ag. 5 233). *Ménucourt* 4 666 h. *Méry-sur-Oise* 5 741 h. *Montigny-lès-Cormeilles* 13 644 h. *Montmagny* 8 977 h. *Montmorency* * 20 798 h. ; arboricult., musée J.-J.-Rousseau. *Montsoult* 3 175 h. (ag. 5 573). *Osny* 10 736 h. *Parmain* 4 561 h. *Pierrelaye* 5 548 h. *St-Brice-sous-Forêt* 9 528 h. *St-Gratien* 20 470 h. *St-Leu-la-Forêt* 11 636 h. *Saint-Ouen-l'Aumône* 17 098 h. *St-Prix* 4 981 h. *Sannois* 21 665 h. *Sarcelles* 53 630 h. *Soisy-sous-Montmorency* 15 894 h. *Taverny* 21 299 h. *Viarmes* 3 871 h. (ag. 6 660). *Villiers-le-Bel* 24 808 h.

Régions naturelles. A l'O. de l'Oise. *Vexin français* (l'Epte forme dep. 911 la limite entre Vexin français et V. normand) : plateau limoneux représentant 55 % de la surf. agricole du dép. (grandes cultures : blé, céréales, bett., pommes de t., élevage associé ; cult. spécialisées : horticulture et champignons). *Vieille France ou plaine de France* (ancien domaine de la famille de Montmorency) : limons profonds, meilleurs sols de la France ; 25 % de la surf. agr. du dép. ; mêmes cult. que dans le V. français. *Le Parisis* (ceinture Nord de Paris) correspond à l'ancien domaine des Parisii (20 % de la surf. agr.) : comprend la v. de Montmorency, la plaine alluviale de la Seine d'Argenteuil à Bezons ; la v. de l'Oise, les buttes boisées de Cormeilles-en-Parisis, de Montmorency et de L'Isle-Adam ; au N., polyculture et élevage ; au S., cult. maraîchères et arboriculture. Région en pleine urbanisation. **Bois** (en milliers d'ha,

1984) 21 dont forêts de Montmorency 3,5, L'Isle-Adam 1,6, Chantilly 1,3, Carnelle 1 ; *t. non agr.* 35,5. **Terres.** Voir Index.

Sites touristiques. *Forêts* (6 000 ha). *Espaces verts ouverts au public :* Écouen, Cormeilles, Boissy, Beauchamps, Taverny, Bessancourt. *Lac d'Enghien :* 14 ha (long. 800 m, larg. 6,30 m au milieu du lac et 300 m au bout, prof. max. 3 m, min. 0,70 m). *Parc :* étangs de Cergy-Pontoise (400 ha) : plan d'eau 60 ha (voile, aviron), bassin (10 ha, pêche), aire de baignade (5 ha) ; jardin d'aventure pour enfants (19 ha). *Site archéologique* de Guiry-en-Vexin (m. coll. paléolithiques, romaines et mérovingiennes). *Abbayes :* Royaumont (XIIIe s.), Maubuisson. *Musée :* nat. de la Renaissance (château d'Écouen).

Yvelines (78)

Superficie. 2 284,43 km² (depuis le rattachement, par décret du 21-11-69, des communes de Châteaufort et Toussus-le-Noble appartenant précédem. à l'Essonne) (45 × 40 km). **Alt.** max. Lainville 200 m ; min. Port-Villez 10 m, moy. 150 m. **Population.** 1 196 111 h. (1982) [*1876 :* 235 511 ; *1911 :* 297 562 ; *1936 :* 428 166 ; *1954 :* 519 176 ; *1968 :* 854 382]. D. 524 (82). **Population active.** *Ayant un emploi* (82) : 559 220 dont tertiaire 333 000, industrie 152 000, B.T.P. 36 000. *Salariés* (31-12-84) : 271 783.

Nom tiré de l'ancien massif forestier qui allait du confluent de l'Oise et de la Seine à la forêt de Fontainebleau.

Villes. VERSAILLES 95 240 h. [*1790 :* 51 085 ; *1901 :* 54 982 ; *1926 :* 68 574 ; *1954 :* 84 650] ; ville résidentielle, centre admin. et culturel ; imprimerie ; pépinières ; château, les Trianons, palais S.S.E. ; ind. légères : électro., électroméc., aéro., informatique, labor. et bureaux d'études. — *Achères* 13 352 h. ; gare de triage. *Andresy* 11 217 h. *Aubergenville* 10 025 h. [ag. 11 786, dont *Flins-sur-Seine* 1 776 ; usines Renault] ; autom. *Bailly* 3 679 h. *Beynes* 8 671 h. *Bois-d'Arcy* 12 368 h. *Bonnières-sur-Seine* 3 362 h. [ag. 10 039, dont *Freneuse* 3 354]. *Bougival* 8 473 h. *Buc* 4 864 h. *Carrières-sous-Poissy* 10 244 h. *Carrières-sur-Seine* 11 413 h. *Chambourcy* 5 052 h. *Chanteloups-les-Vignes* 10 360 h. *Chatou* 28 437 h. *Chevreuse* 4 811 h. *Conflans-Ste-Honorine* 29 003 h. ; batellerie. *Croissy-sur-Seine* 7 090 h. *Élancourt* 20 208 h. *Épone* 5 233 h. (ag. 7 357). *Fontenay-le-Fleury* 12 874 h. *Guyancourt* 11 107 h. *Houilles* 29 854 h. ; ind. div. *Jouy-en-Josas* 7 664 h. *La-Celle-St-Cloud* 23 326 h. *La Verrière* 6 764 h. *L'Étang-la-Ville* 4 361 h. *Le Chesnay* 27 647 h. *Le Mesnil-le-Roi* 5 557 h. *Le Mesnil-St-Denis* 6 594 h. *Le Pecq* 17 196 h. *Le Perray-en-Yvelines* 4 016 h. *Le Port-Marly* 3 518 h. *Le Vésinet* 17 329 h. *Les Clayes-sous-Bois* 17 158 h. ; informatique. *Les Essarts-le-Roi* 4 876 (ag. 6 304). *Louveciennes* 7 338 h. *Magny-les-Hameaux* 7 035 h. *Maisons-Laffitte* 22 892 h. ; hippodrome. *Mantes-la-Jolie* * 43 564 h. [ag. 170 265, coop. laitière (Nova), coop. céréalière, cimenterie, Dunlopillo ; foire-expo. dont *Gargenville* 5 532. *Les Mureaux* 31 819 ; constr. aéron. (S.N.I.A.S.). *Limay* 10 129. *Magnanville* 5 001. *Mantes-la-Ville* 17 360. *Meulan* 8 938. *Triel-sur-Seine* 7 906 ; gare de triage, autom. *Verneuil-sur-Seine* 11 439. *Vernouillet* 6 424] ; *Marly-le-Roy* 17 313 h. ; résidence présidentielle (château 1679, arch. Mansart) ; forêt. *Maule* 5 422 h. (ag. 8 762). *Maurepas* 18 764 h. *Montesson* 11 192 h. ; cult. maraîchères. *Montigny-le-Bretonneux* 13 519 h. *Noisy-le-Roi* 5 572 h. [ag. 12 818, dont *Bailly* 3 679]. *Orgeval* 3 936 h. *Plaisir* 22 604 h. *Poissy* 36 553 h. ; autom. *Rambouillet* * 22 487 h. ; château : une des résidences off. du Pt de la Rép. ; la Laiterie (Mique) ; forêt, parc animalier des Yvelines. *Rocquencourt* 4 034 h. *Rosny-sur-Seine* 3 932 h. *St-Arnoult-en-Yvelines* 4 442 h. *St-Cyr-l'École* 16 380 h. *St-Germain-en-Laye* * 40 829 h. [*1790 :* 12 838 ; *1901 :* 17 297 ; *1926 :* 22 180 ; *1954 :* 29 429] ; château (1539-1610, P. Chambige arch. Ph. Delorme, le Primatice, Androuet Du Cerceau, Métezeau), musée des Antiquités nat. ; m. du Prieuré, m. départemental des Yvelines ; cult. maraîchères et fruit. ; forêt. *St-Quentin-en-Yvelines* (voir ville nouvelle ci-contre). *Saint-Rémy-lès-Chevreuse* 5 221 h. *Sartrouville* 46 224 h. *Trappes* 29 763 h. *Vélizy-Villacoublay* 23 886 h. ; zone ind. *Verneuil-sur-Seine* 11 439 h. *Villepreux* 7 456 h. *Viroflay* 14 074 h. *Voisins-le-Bretonneux* 5 234 h.

Ville nouvelle. *St-Quentin-en-Yvelines* 108 238 h. (1985). 7 communes. 7 500 ha dont 40 % d'espaces verts ; plan d'eau (120 ha).

Régions naturelles (% de la sup. du dép. entre parenthèses). *Beauce* 10 996 ha (4,8) : plate et sèche, grandes cultures céréalières. *Hurepoix* 1 925 ha (0,8) ; petite agriculture, forêts (2 communes). *Yvelines* 72 645 ha (31,5) : rég. de forêts (f. de Rambouillet 13 300 ha). *Plaine de Versailles* 53 533 ha (23,2) : vallées (cult. fruitières, maraîchères et céréalières), ind. div., forêts de Marly et des Alluets. *Drouais* 25 429 ha (11) : à l'O. du dép., rég. cloisonnée, céréales, petites forêts. *Vallée de la Seine* 33 902 ha (14) : zone d'habitat. ; métallurgie (automobiles : Flins, Poissy) ; produits chim. ; matériaux de constr. ; raffinerie de pétr. : Elf-Érap à Gargenville ; centrale thermo-électr. : Porcheville ; carrières, cult. céréalières et maraîchères. *Vexin* 4 517 ha (2) : cultures et forêts. *Ceinture de Paris* 27 746 ha (12,1) : habitat, cult. fruitières et maraîchères.

Forêts (en milliers d'ha, 1983). 65 (30 % du terr.) dont boisements ouverts au public 40 % de la surf. boisée ; *f. domaniales :* Rambouillet 14 470 ha, St-Germain-en-Laye 3 533 ha, Marly-le-Roi 1 975 ha, Versailles 1 056 ha, Beynes 435 ha, L'Hautil 379 ha, Bois d'Arcy 342 ha, Meudon 327 ha, La Houssaye (Bonnières) 96 ha, Claireau 86 ha, Flins-les-Mureaux 58 ha, Les Alluets 54 ha ; *t. agr. non cult.* 6 ; *t. non agr.* 48,9. **Terres.** Voir Index.

Sites touristiques. *Forêts. Parcs :* Thoiry (zoologique), St-Quentin-en-Yvelines (loisirs). *Architecture :* 365 monuments classés ou inscrits, 130 sites classés ou inscrits (vallée de Chevreuse...) ; abbaye de Port-Royal, collégiales de Mantes-la-Jolie (XIIe-XIIIe s.), Poissy ; châteaux : Versailles, Rambouillet, St-Germain-en-Laye, Maisons-Laffitte (1642-50, Mansart), Neuville (à Gambais). *Musées :* du château et Lambinet à Versailles, de St-Germain-en-Laye (Antiquités nationales). *Villa* Savoye à Poissy (Le Corbusier et P. Jeanneret, 1928-30).

Languedoc-Roussillon

Généralités

Cévennes

Situation. Corne ouest du dép. du Gard.

Histoire. *Noms :* « principauté des Cévennes » ou « principauté, marquisat, franc-alleu d'Anduze ». *534 :* Théodebert Ier, roi d'Austrasie, petit-fils de Clovis, conquiert sur les Goths une partie des C., correspondant à peu près à l'arrondissement actuel du Vigan ; il y nomme un évêque (catholique) et un comte. Le territoire est appelé cité d'Arisitum [actuellement Arphy, anciennement Arfy (*Arsy,* « Arisitum » : le s hasté ayant été lu comme un f)] ; l'évêque résidait sans doute au Vigan. *654 :* Pépin le Bref, maître de la Septimanie, réunit la cité épiscopale d'Arisitum à celle de Nîmes ; le comté est maintenu. *V. 900 :* il échoit à Foucault II, seigneur d'Anduze (883-915), chef d'une branche cadette de la maison souveraine de St-Gilles. Les « comtes d'Anduze » refusent l'hommage à la branche aînée, se comportant en seigneurs souverains et battant monnaie, les « sous d'A. ». *1220 :* Pierre-Bermond VII (dernier Pce souverain) vaincu par Amaury de Montfort (fief confisqué). *1226 :* prête l'hommage direct à Louis VIII (fief récupéré). *1242 :* s'allie au roi d'Angl. contre St Louis (fief confisqué définitivement après la bat. de Taillebourg, et rattaché à la sénéchaussée de Beaucaire). *1622 :* Louis XIII reconnaît aux Mis de Roquefeuil, descendants directs des Pces d'Anduze, « le titre immémorial de Mis, nûment immédiat de la couronne ».

Gévaudan

Situation. Ancien diocèse de Mende ; département de la Lozère, cantons de Saugues (Hte-Loire), Chaudes-Aigues et Ruynes (Cantal) ; au nord des Cévennes, échancrure de hauts plateaux *(Aubrac, Margeride, Causses).* Cisaillé de profondes vallées.

Ressources. Élevage bovin (fourme fabriquée déjà par les Gabales), caprin et ovin (transhumance dès le néolithique). Sériciculture développée au XVIe s., châtaigniers, céréales pauvres. Mines exploitées dans l'Antiquité (argent, or), distillation des résineux, textiles (serge).

Histoire. Densément peuplé dès le paléolithique. Nombreux mégalithes du néolithique. Occupé par les *Gabales* (Celtes), clients des Arvernes, en relation avec la Méditerranée et fortement hellénisés. **52 av. J.-C.** César les soumet : leur capitale Anderitum, Oppidum Gabalorum (d'où Javols), et la Civitas Gabalitana (Gévaudan) sont incorporées à l'Aquitaine. **408** les Vandales tuent l'évêque St Privat au pied du mont Mimate (tombeau devient centre pèlerinage à Mende). **472** les Wisigoths, **507** les Francs conquièrent le pays. **561** les Mérovingiens nomment un comte de Gévaudan. **732** les Sarrasins détruisent Javols, capitale militaire transférée à Grèzes où siègent des comtes nommés par les Carolingiens tandis que l'autorité administrative reste aux évêques, qui résident à Mende dep. 998 (892-XIIe s.). **1112** les titres vicomtaux de Grèze et de Millau (Rouergue) passent aux comtes de Barcelone et rois d'Aragon qui s'intitulent dès lors « Ctes de Gévaudan ». Autorité effective des évêques de Mende, dont les rois d'Aragon se déclarent vassaux. **1161** l'évêque rend hommage à Louis VII. A la suite de la g. des Albigeois, la vicomté est enlevée aux rois d'Aragon et remise à Louis IX qui se trouve le vassal de son vassal.

1306 Philippe le Bel met fin à la division du Gévaudan (Ouest « comté » royal, capitale Grèzes, Est comté épiscopal), en reconnaissant le titre comtal de l'évêque et en l'associant à tous les droits régaliens ; l'évêque touche la moitié des revenus, mais le sénéchal royal de Beaucaire a toute la juridiction d'appel. Le titre comtal des évêques subsiste jusqu'en 1789, mais le pouvoir est diminué au XVIe s. par le rattachement du comté au gouv. du Languedoc, en 1632 à la lieutenance des Cévennes, au XVIIe s. à la généralité de Montpellier. Le comté possède depuis 1360 ses états particuliers. Très marqué par les guerres de religion ; à l'édit de Nantes, les protestants du pays, nombreux dans l'ex-vicomté, obtiennent la place forte de Marvejols. A sa révocation, nombreuses émigrations et formation des assemblées du *« Désert ».* **1702-04** g. des *« Camisards »* (noirs de Roland et de Cavalier, armés par les escadres anglaises contre les armées royales de Montrevel, puis de Villars). **1710** lutte terminée ; Antoine Court organise l'*Église du Désert* qui se maintient malgré les persécutions (107 pasteurs exécutés).

Languedoc

Situation. Ouvert sur la Méditerranée, limité à l'est par la vallée du Rhône, au nord par le Massif central, au sud par la chaîne des Albères : *côte* basse et sablonneuse jusqu'aux Albères, avec bassins et étangs ; *basses plaines côtières ; plaines intérieures* formées de bas plateaux cuirassés de cailloutis (les *Costières*) ou de lourdes collines de molasse (les *Soubergues*) ; *plates-formes calcaires* des garrigues et *basses montagnes ; barrières* des Pyrénées *(Albères)* et du Massif central.

Climat de l'ensemble méditerranéen (sécheresse l'été, pluies abondantes l'automne) : érosions, inondations. Programme d'équipement pour la défense contre les eaux et pour l'irrigation (Cie nationale d'aménagement du Bas-Rhône-Languedoc).

Histoire. *Origine du nom* au sens large : les provinces où l'on parlait la langue d'oc au XIIIe s., y compris le comté de Toulouse. Au sens restreint : la moitié occidentale de ces provinces, qui, contrairement au comté de Toulouse, ont été incorporées au domaine royal, formant 2 sénéchaussées : Beaucaire et Carcassonne. Les fonctionnaires royaux y étaient tenus de savoir l'occitan : sénéchaussées de langue d'oc, d'où par ellipse : Languedoc.

Période préromaine habitées par des Ligures jusqu'au VIe s. av. J.-C., les plaines sont conquises par des Ibères venus d'Espagne, qui fusionnent avec la population primitive et forment le peuple *élysique* ou *élyséen* (pasteurs, bûcherons, menuisiers), qui a donné son nom aux Champs Élysées des Grecs (terre des Bienheureux) ; oppidum principal : *Enserune*, près de Nissan (Hérault). Les colons grecs sont nombreux sur les côtes, où ils fondent notamment Agde (Agathé Tuchè ou Bonne Fortune). *350 av. J.-C. :* Belges ou Bolges ou Volques Tectosages, ayant traversé le Massif central, s'installent dans le pays, qui devient celtophone. **IIe s. av. J.-C.** Volques s'allient aux Carthaginois, fournissent des contingents à Hannibal. **Période de la province romaine : avant J.-C. 121** Romains (Domitius Ahenobarbus) s'emparent de la Gaule méditerranéenne, de Toulouse aux Alpes ; y ouvrent la voie *Domitia,* d'Italie en Esp., et y organisent une Province, la *Gallia transalpina* ou *Gallia braccata* (pays des Gaulois à pantalons, sans toge romaine) ; pays fortement romanisé. **118** Narbonne, Narbo Martius remplace Enserune comme capitale (colonie de vétérans). **56** Gaulois romanisés de la Province fournissent à César la majeure partie de ses troupes pour conquérir le reste de la Gaule (56-52). **46** les vétérans de César s'installent en masse. **27** la Province est supprimée : Narbonne devient la capitale de la Narbonnaise, une des entités de la Gaule romaine. **Après Dioclétien** Narbonne capitale de la *Narbonnaise Ire* (le Languedoc actuel, du Rhône aux Pyrénées), que l'on appelle couramment la Septimanie, car elle est colonisée par les vétérans de la Septième Légion. **Période wisigothique** pénétrant en Gaule en 412, les Wisigoths (roi : Ataulfe) de religion arienne y fondent en 419

L'OCCITANISME

Définition. Mouvement se manifestant en Aquitaine, Languedoc-Roussillon, Limousin, Midi-Pyrénées, Provence-Côte-d'Azur et (partiellement) en Auvergne et Rhône-Alpes.

Origine. Au XIIIe s., les officiers de la couronne donnent au seul Languedoc récemment annexé au domaine royal le nom d'*Occitania*. Le terme, qui était l'équivalent, dans les textes rédigés en « latin de chartes », de *Languedoc*, a été repris au XIXe s. ; on en a tiré l'adjectif *occitan* qui désigne les parlers méridionaux appelés au XIIIe s. *limousins* ou *provençaux*, au XIVe s. *romans*, au XVIe s. *gascons*. L'adjectif « provençal » a été également réutilisé souvent au XIXe s.

L'occitanisme est, depuis 1962, un mouvement d'inspiration aussi idéologique et politique que culturelle. Il envisage parfois, en passant par l'étape intermédiaire de l'autonomie des provinces, leur détachement de la France. Certains extrémistes appellent même au séparatisme et proclament leur solidarité avec les indépendantistes corses, basques, bretons, flamands, etc. ; parfois aussi avec les irrédentistes catalans.

Culture. Les occitanistes revendiquent la possibilité de transformer en une langue nationale unifiée (l' « occitan de référence »), à la fois parlée, écrite et publiée, l'ensemble des « parlers d'oc ». Environ 6 millions de personnes pourraient pratiquer ces parlers (2 millions les pratiquent réellement en France, dans le Val d'Aran espagnol et dans plusieurs vallées italiennes). *Principaux parlers* : gascon à l'ouest, languedocien (centre), provençal (est du Rhône, et majeure partie du Gard), béarnais (considéré actuellement comme une variante du gascon, mais ayant affirmé longtemps son autonomie), roussillonais [dialecte catalan ; les Catalans de la « Generalitat » (voir p. 862) refusent actuellement de classer leur langue dans le groupe d'oc.], limousin, auvergnat, dauphinois (frange nord). Pour lutter à armes égales avec le français (ou francien ou langue d'oïl), les occitanistes ont créé, à partir des sous-dialectes quercinois, albigeois et aveyronnais avec des apports d'autres dialectes, une langue littéraire, une *koinè* « occitanique » ; en adaptant l'orthographe des troubadours du Moyen Age, ils affirment que cette langue est le signe de l'unité ethnique du Midi. Ils ont ainsi fait revivre le *a* non accentué de la fin des mots (un*a* leng*a* persecutad*a*) utilisé au XIIIe s., que les dialectes modernes avaient fait passer à o, e muet, ou é. Ils l'ont même imposé à des mots qui ne l'avaient jamais eu (exemple : piramida, classa, origina, frasa, celebra, simpla). L'occitan moderne a pu être présenté au bac comme langue facultative jusqu'à 1983. Depuis 1984, on peut choisir comme langue vivante (2e ou 3e selon les sections), outre l'occitan de référence, une variété régionale des langues d'oc.

Histoire linguistique. XIe s.-XIIIe s. les troubadours du Midi créent une poésie lyrique et amoureuse (codifiée au XVIe s. par la Ley d'Amor), modèle de poésie courtoise en Europe. Les parlers d'oc sont en outre une langue véhiculaire (éloquence, commerce, diplomatie) dans le bassin méditerranéen (on parle catalan en Grèce). **XIIIe-XVIe s.** recul comme langue littéraire. La production des lyriques provençaux cesse en territoire français, mais se maintient en Espagne. **Fin XVIe s.** renaissance de la poésie dialectale, notamment avec l'Aixois Louis Bellaud de La Bellaudière (1532-88) ou le Toulousain Pierre Goudouli (1580-1649), mais les parlers méridionaux cessent d'être utilisés dans les actes juridiques privés ou publics depuis 1540 [édit de Villers-Cotteret (1539)]. Certains Parlements provinciaux gardent néanmoins leurs parlers plus longtemps : Navarre jusqu'en 1660 env. (Roussillon jusqu'en 1738). **1790** 90 % du Midi les parlent encore ; les Constituants doivent traduire en dialectes la constitution et les Droits de l'Homme. **XIXe s.** renaissance de la littérature d'oc, notamment avec l'Agenois Jasmin (1798-1864) et le Nîmois Jean Reboul (1796-1864). **1847** dictionnaire provençal-français d'Honnorat (65 000 mots). **1854** fondation en Provence par Frédéric Mistral (1830-1914) et 6 compagnons du Félibrige [organisme académique devenu une fédération de Stés culturelles, d'abord en Provence, puis dans tout le Midi : création d'un « provençal littéraire » avec un système orthographique inspiré par le français (les rimes féminines se terminent par un *o* inaccentué)]. **1878** *Trésor dóu Felibrige*, de Mistral (somme des parlers d'oc : dictionnaire de 80 000 mots, capital pour la renaissance litt.). **1899** création de la graphie néoromane, remplaçant le o par un a. **1919** « Schisme occitan » : les instituteurs Antonin Perbosc et Prosper Estieu créent *l'Escola occitana*, qui rompt avec les Provençaux « mistralistes » ou « félibréens » pour 2 raisons : *1° politique* (hommes de gauche, s'opposant au conservatisme des f.) ; *2° linguistique* : ils créent le système Perbosc-Estieu, base de l'« occitan » moderne. **1931-39** autonomie culturelle de la Catalogne, qui soutient l'occitanisme. **1935** Louis Alibert publie à Barcelone la *Gramatica occitana segon los parlars lengadocians*, perfectionnant le système précédent. L'« occitan » moderne est appelé dès lors : système Perbosc-Estieu-Alibert ; il écarte la double graphie catalane de la « voyelle neutre » (tantôt a, tantôt e), mettant des a partout. **1945** création à Toulouse de l'Institut d'études occitanes (I.E.O., reconnu d'utilité publique, 1949). **1951** Robert Lafont applique au dialecte provençal la graphie des occitanistes toulousains, en publiant *Phonétique et graphie du provençal* (retour à une écriture cherchant à noter des prononciations réelles, mais demeurée archaïsante et différente de tout parler local). **1983**-*12-7* sur intervention des félibréens, le terme « occitan » est supprimé dans les textes ministériels et remplacé par le terme « langues d'oc ».

Organisations occitanistes. 1959 création du P.N.O. (Parti nationaliste occitan), par François Fontan ; il reproche aux intellectuels de l'I.E.O. leur fidélité tactique à la France. **1960** G.R.E.C. (Grup Rossellonès d'Estudis Catalans) : association culturelle ; plusieurs centaines de membres. **1962** fondation du C.O.E.A. (Comité occitan d'études et d'action) ; actif jusqu'en 1969, puis remplacé en 1971 par Lutte occitane ; programme : séparer le politique du culturel et soutenir notamment les viticulteurs languedociens (s'oppose apparemment à l'I.E.O.). **1964** Yves Rouquette (membre du C.O.E.A.) lance le thème de la reconquête occitane (revanche contre la suppression entre 1223 et 1271 du comté toulousain). **1967** Grup cultural de la Joventut Catalana (association culturelle de la jeunesse catalane) ; se disloque en 1970 après être devenu le Front de la Joventut Catalana. **1968** I.R.E.C. (Institut Rossellonès d'Estudis Catalans) : scission d'avec le G.R.E.C. ; extrême droite. Pierre Maclouf lance la revue *Lu Lugar* (nationaliste-révolutionnaire), défendant l'ethnie occitane. **1969 (?)** A.R.C. (Acció Regionalista Catalana). **1970** C.R.E.A. (Comitat Rossellonès d'Estudis i d'Animació) ; révolutionnaire. **1972** E.C.T. (Esquerra Catalana dels Treballadors — Gauche catalane des travailleurs) ; marxiste-léniniste. G.O.P. Rosselló (Gauche ouvrière et paysanne). Comité pour la régionalisation ; réformateur. **1974** P. Maclouf crée le mouvement Volem viure al país, qui supplante le P.N.O. à la tête de l'action antifrancienne. **1975** création, à l'est du Rhône, du mouvement **Parlaren**, qui, conservant la graphie moderne de F. Mistral, soutient des revendications proches de celles des occitanistes. **1980** *(nov.)* les 3 animateurs de l'I.E.O. (R. Lafont, Y. Rouquette, Pierre Bec) sont désavoués au congrès d'Aurillac (l'I.E.O. se met en veilleuse). **1981** *(mai)* 1re manifestation de masse dans les rues (Toulouse ; années suivantes : *mai 82* : Marseille, *mai 83* : Montpellier, *mai 84* : Toulouse). **1984** création à Montpellier du « Mouvement du 11 avril », lié à l'expansionnisme catalan.

Quelques adresses : *I.E.O.* : Espace St-Cyprien, 1, rue J.-Darré, 31300 Toulouse. *Centre de documentation provençale Parlarem* : Mairie, 84500 Bollène. *Centre international de documentation occitane* (C.I.D.O.) : B.P. 4 202, 34325 Béziers. *Volem Viure al País* : B.P. 69, 83502 La Seyne. *Association internationale des Études occitanes* : Liège (Belgique), fondée 1981. Pt. Peter Ricketts (G.-B.). Parlarem : Flora parc, Bt D, traverse Paul, 13008 Marseille. *Centre de documentation provençale Parlarem* ; mairie, 84500 Bollène.

Organisations félibréennes. *Centres universitaires d'enseignement* : Avignon, Aix, Montpellier et Toulouse. *Institut de langue et littérature d'oc* : Univ. Paris-Sorbonne, 16, rue de la Sorbonne, 75005 Paris. *Biza Neira* : éditions en parler auvergnat ; *Pt fond.* : Pierre Bonnaud (1, rue Les Allées, Ceyrat, 63110 Beaumont). *La France latine ; dir.* : René Méjean (11, rue de l'Estrapade, 75005 Paris). *Le Félibrige*, f. 1854 [*capoulier* : Paul Roux (rue des Moulins, 83600 Fréjus)]. La plupart sont fédérées dans le C.A.C.E.O. (Confédération des Associations culturelles et enseignantes d'oc, résolument anti-occitaniste), qui défend la tradition régionaliste (29, bd Gergovia, 63037 Clermont-Ferrand).

(roi : Wallia) un royaume où ils s'implantent fortement. Chassés du Sud-Ouest en 507 (défaite de Vouillé), ils se maintiennent contre les Mérovingiens en Septimanie, où ils tiennent pendant 3 siècles les 7 cités de Narbonne, Béziers, Nîmes, Agde, Maguelonne, Elne et Carcassonne. Leurs ducs sont les premiers lieutenants des rois wisigothiques d'Espagne. **673** le duc Paul se proclame roi, mais il est battu par Wanba. **Période musulmane : 719** les mus., maîtres de l'Esp., pénètrent en Septimanie. **725** Ambiza occupe le pays jusqu'au Rhône ; il a l'appui de la noblesse « gothique », demeurée secrètement arienne. **752** le seigneur goth Ansemond (Cte de Nîmes et gouverneur d'Agde, Béziers, Maguelonne, Uzès) s'allie à Pépin le Bref et chasse les musulmans. Chargé d'enlever Narbonne en 753, il y est tué. Ses descendants, gouverneurs de Septimanie et futurs « Mis de Gothie », obtiennent l'autonomie politique et (peut-être aussi) religieuse. **Période carolingienne : 801** le marquisat de Gothie s'agrandit de la Gotholonia ou Catalogne, au sud des Pyrénées. **865** la marche de Catalogne, ou comté de Barcelone, en est détachée, isolant la Septimanie du monde musulman. **Xe s.** exposé à la piraterie sarrasine et peu touché par le mouvement de renaissance culturelle. **Période féodale** le titre de marquis de Gothie est porté de 865 à 918 par les comtes d'Auvergne, puis par la famille de St-Gilles, comtes de Toulouse (ou de Rouergue, branche cadette). **Au XIe s.** Raymond de St-Gilles s'intitule duc de Narbonne, et le titre de Gothie disparaît. **A la fin du XIIe s.** une branche cadette des St-Gilles, les comtes d'Albi, possède en fief le duché de Narbonne et la vicomté de Béziers, d'où le nom de « g. des Albigeois » donné à la croisade contre les Cathares languedociens. Les coutumes sont influencées par le droit romain. De bonne heure, usage écrit des dialectes (en raison de l'oubli du latin classique), assez proches du latin toutefois pour les documents juridiques (mi-Xe s.) et la littérature (début XIe s.). Organisation rurale fondée sur l'assolement biennal. Importance de la vie urbaine ranimée depuis le XIe s. ; autonomie urbaine (apparition de consulats à partir de 1130 environ) acquise généralement de façon pacifique. L'aristocratie, très mêlée à cette vie urbaine, fournit le public raffiné des troubadours. Développement largement toléré d'hérésies, héritières de l'ancien arianisme (celle des *cathares* notamment). **XIIIe s.** la *croisade contre les « Albigeois »* (en fait, les Septimaniens, dont le seigneur est le vicomte d'Albi), met fin à la quasi-indépendance des territoires languedociens : *le tr. de Paris* (1229) rattache au domaine royal les territoires formant les sénéchaussées de Beaucaire et Carcassonne. Le reste, laissé au Cte de Toulouse *Raymond VII*, passe ensuite à son gendre *Alphonse de Poitiers*, frère de Louis IX, et revient à la Couronne en *1271*.

La royauté lutte contre l'hérésie, mais respecte langue, coutumes et privilèges ; le français reste une langue étrangère ; les privilèges urbains, bien que sévèrement contrôlés, se maintiennent (multiplication des consulats) ; nombreuses rédactions de coutumes. **XIVe s.** prospérité jusqu'au milieu du XIVe s. : fondation de plusieurs centaines de villages *(bastides)*, développement des foires, surtout drapières. Pillages des compagnies de routiers pendant la guerre de Cent Ans ; le L., après 1420, fournit à Charles VII son premier soutien. Le L. royal a ses institutions propres : à la base, *sénéchaussées* organisées au XIIIe s. (à partir de St Louis, personnel contrôlé par des enquêteurs) ; à partir de Philippe le Bel, réunions par les rois d'assemblées de nobles, de prélats et de délégués des communautés pour les consulter et leur demander des subsides ; au XIVe s., apparition des *états du Languedoc* ; le *lieutenant du roi* (ou « capitaine » ou « gouverneur ») détient l'autorité royale (1296), puis il sera réduit à un rôle militaire. **1433** dep. oct. ressortit au parlement de Toulouse (l'ancien comté de Toulouse formant le *Ht-L.*, l'ancienne Septimanie formant le *Bas-L.*). *Cour des aides* à Montpellier à partir de 1478 et *Chambre des comptes* à partir de 1523.

Guerres de religion : les protestants l'emportent en Bas-L. Nîmes, Montpellier, Alès sont « protestantisés ». La monarchie absolue s'impose avec l'échec de la révolte dirigée par Henri de Montmorency, gouverneur du L. (exécuté en 1632) ; dès lors, les gouverneurs ne résident plus dans la province ; le pouvoir passe à l'intendant qui s'établit à Montpellier.

Avec la Révolution, les institutions propres au L. disparaissent.

Roussillon

Situation. Correspond à peu près au département des Pyrénées-Or. (qui englobe en plus les cantons de Sournia, Latour-de-France et Saint-Paul au N., c.-à-d. l'ensemble du Fenouillèdes languedocien). Situé entre le col de Puymorens et la mer. Comprend : *à l'O. et au S.-O.* : derniers grands sommets pyrénéens (Carlitte 2 921 m, Canigou 2 785 m), leur prolongement des *Albères*, les bassins effondrés en contrebas des grands massifs *(Capcir, Cerdagne française)* et les profondes vallées de la *Têt* et du *Tech (Conflent, Vallespir)* ; *à l'E.* : plaine du *Roussillon*, limitée au N.-O. par la chaîne montagneuse de Saint-Antoine.

Histoire. *Nom* venant de Ruscino (Châtel-Roussillon, à 5 km de Perpignan), antique capitale. **VI**[e] **s. av. J.-C.** Phéniciens fondent Port-Vendres. **350-218** arrière-pays occupé par 2 sous-tribus des Volques Tectosages, Céretans (Cerdagne) et Sordons, qui se rallient à Hannibal. **121 av. J.-C.** les Romains s'installent (via Domitia). **406** traversé par Vandales, Alains et Quades. **414** englobé dans le roy. des Wisigoths. **719** occupé par Arabes, ensuite chassés par Carolingiens qui organisent la marche d'Espagne (Charlemagne). Refuge pour Wisigoths d'Esp. fuyant les Sarrasins. Administré par des comtes (de Cerdagne et de R.), devenus héréditaires depuis 915 (Gaucelin) ; le dernier Cte de R., Guinard II, lègue le fief, en 1172, à Alphonse II d'Aragon. Le dernier Cte de Cerdagne, Bernard-Guillaume, l'imite en 1177. L'hommage au roi de France devient purement formel. **1250** *tr. de Corbeil*, Louis IX abandonne ses droits souverains sur le R. Sous la domination aragonaise, essor des villes (notamment Perpignan), développement écon. (commerce et industrie des étoffes). **1285** échec de l'expédition de Philippe III le Hardi, appelée « croisade », parce que son adversaire, Pierre III d'Aragon, était excommunié. **1262-1374** Perpignan devient capitale des rois de Majorque, cadets des Aragonais. **1463** occupation et annexion par Louis XI. **1493** *tr. de Barcelone*, Charles VIII remet le R. aux rois catholiques, qui en font une province esp., administrée directement (les rois d'Aragon, au contraire, y avaient appliqué le droit public catalan, où le pouvoir royal était partagé avec une assemblée de Cortès). **1640** alliance des Catalans et de la France contre l'Esp. **1642-9-9** l'armée de Louis XIII prend Perpignan. **1659** *tr. des Pyrénées*, rattachement définitif à la France. **1681** Vauban construit Mont-Louis, capitale stratégique du R.

Économie

● **Population** (1-1-1985) : 1 981 000. *Active* (31-12-1983, estim.) : 755 600, occupée 658 600 (dont agriculture 77 700, industrie 93 500, bâtiment 63 900, tertiaire 423 000) ; *salariée* : 514 000 ; *non salariée* : 144 000 ; *saisonniers* (1982) : 58 206 (dont 54 244 Esp.).

● **Agriculture** (1984). **Terres** (en milliers d'ha) 2 776,2 dont *S.A.U.* 1 203,3 [t. lab. 261 (dont céréales 112,2, oléagineux 28,8, légumes 26,8, jachères 5,7), cult. fruit. 36, vignes 400,8, herbe 507,8] ; *bois* 795,8 ; *t. agr. non cult.* 478,3 ; *t. non agr.* 245,8. **Prod. végétale** *vin* (1982) 29,7 millions d'hl. A.O.C. 2, V.D.Q.S. 7,6, vins de pays 5,3, vins de consommation courante 20,4, *fruits* (milliers de t, 1983) : 396 (en 82 : abricots 32, cerises 17, pêches nectarines 158, poires 31, pommes 188, prunes 4), *légumes* (1983) : 829 619 t (salades, tomates, autres légumes, plantes sarclées, céréales, oléagineux). **Prod. animale** (en millions de têtes) : ovins 535,9, caprins 44,5, bovins 145,8, porcins 75,4, équidés 10,2. *Lait* : 1 691 348 hl. *Nombre d'exploitations* (1983) : 77 070.

● **Échanges** (en millions de F, 1983). IMPORTATIONS : 23 628 000 dont (en %) hydrocarbures 29, prod. agr. 18, métaux et 1/2 prod. ferreux 14, mat. informatique 10, prod. chim. 4, autres 25 ; *de* Espagne 15, All. féd. 13, Italie 9, Nigeria 8,5, Arabie Saoudite 6,5. EXPORTATIONS : 14 540 000 *dont* (en %) mat. informatique 31, prod. agr. 17, essences 14, équipements ind. 4, autres 34 ; *vers* Italie 20, All. féd. 18, Roy.-Uni 9, Espagne 5.

Nota. — *Achats de terres par les étrangers* (1963-84). *Source* SAFER : 42 900 ha dont Aude 7 300 (− 178 ha en 84), Gard 6 500 (+ 57), Hérault 12 900 (− 509), Pyr.-Or. 16 200 (− 390).

En 84, décapitalisation des étrangers surtout dans l'Hérault et les Pyr.-Or., leurs ventes étant supérieures à leurs achats de 1 000 ha.

Pêche (en t, et entre parenthèses, en millions de F, 1984). 32 249 (280 320) dont sardines 9 550 (24 796), anchois 1 952 (6 922), maquereaux 270 (1 193), anguilles 729 (en 83). Moules et huîtres 7 711 (59,2) (en 83).

Industrie. *Actifs*, dont, entre parenthèses, *salariés* et en italique *non-salariés* (31-12-84) : 87 942 (82 000) *9 116* dont agro-alim. 16 429 (13 200) *3 364*, autres ind. de biens de consom. 28 496 (22 400) *3 258*, biens intermédiaires 26 654 (23 800) *1 352*, biens d'équip. 16 363 (15 100) *1 142*.

Tourisme (fin 1984). Hôtels : 1 965 (34 105 ch.) dont homologués 1 008 (23 873 ch.), H. « Préfecture » 949 (9 160 ch.), H. résidence de tourisme 8 (1 072 ch.) ; gîtes ruraux 2 907 (13 945 pers.) ; chambres d'hôte 240 (596 lits) ; campings à la ferme 183 (3 625 campeurs) ; maisons fam. de vacances 12 (1 610 places) ; villages de vacances 61 (24 918 lits) ; campings (1983) 778 (108 785 emplacements) pour 334 000 places dont littoral 320 (77 590 empl.).

18 200 personnes travaillent dans l'hébergement et la restauration au 1-1-1983 (2,8 % de la pop. active occupée).

Projets et réalisations. *Reconversion ou soutien des secteurs industriels en déclin* : houillères des Cévennes, ind. de pointe (électronique, mécanique légère, prod. pharm., ind. textile). *Agriculture* : modernisation, reconversion et restructuration du vignoble (prod. raisins : 38 717 470 q en 1984, commercialisation des vins de pays ; projet de diminution de la production d'env. 15 à 20 % et réorientation vers la prod. de vins de qualité), cult. maraîchère intensive, diversification des prod. (irrigation), aquaculture, conchyliculture. *Infrastructure* : extension et mise en valeur de nouvelles stations, aménagement hydraulique vers le Lauragais, modernisation des voies nav. (canal du Midi, c. du Rhône à Sète), développ. des ports (Sète). *Énergie* : centrale solaire « Thémis » de Targasonne (puissance 2,3 MW).

Départements

Voir légende p. 704.

● **Aude** (11) 6 343 km² (100 × 50 km). *Côtes* 48 km. *Alt.* max. Pic de la Fajeolle 2 027 m (Pays de Sault). 280 686 h. (1982) [*1801* : 225 228 ; *1851* : 289 747 ; *1886* : 332 080 ; *1901* : 313 531 ; *1936* : 285 115 ; *1946* : 332 080 ; *1954* : 268 254 ; *1968* : 278 323 ; *1975* : 272 366]. D. 45,0 (82). *Pop. active* (1982) : 107 000, ayant un emploi 93 000 dont primaire 16 000, secondaire 21 000, tertiaire 56 000.

Villes. CARCASSONNE alt. 111 m, 6 508 ha, 41 153 h. [*1806* : 12 494 ; *1881* : 27 512 ; *1911* : 30 689 ; *1931* : 34 921 ; *1946* : 38 139 ; *1954* : 37 035 ; *1968* : 46 329 ; *1975* : 42 154] ; ind. chim. (caout.), métall. (fonderies), agro-alim., marchés (vins, primeurs) ; cité (enceintes XIIe, XIIIe, XIVe), cath. (trésor), musée des Beaux-Arts, hôtels (XVIIe-XVIIIe s.). — *Bram* 2 650 h. *Castelnaudary* 10 750 [*1881* : 10 059 ; *1921* : 7 921 ; *1954* : 8 765 ; *1968* : 10 844 ; *1975* : 10 118] (ag. 11 653) ; tuileries, briqueries, coopératives agric., foires, marchés ; « cassoulet », céréales. *Coursan* 4 201 h. *Cuxac-d'Aude* 3 014 h. *Espéraza* 2 512 h. [ag. 4 233, dont *Couiza* 1 259 h.], petits centres ind. ; usines hydroélect. ; stations thermales : Alet-les-Bains, Rennes-les-Bains]. *Fleury* 2 027 h. (ag. 3 537). *Lézignan-Corbières* 7 514 h. *Limoux* * alt. 172 m, 10 206 h. ; centre comm., ind. (tuilerie, bât. préfabriqués, chaussures) ; musée Petiet. *Narbonne** alt. 6 m, sup. 650 ha, 41 565 h. [*1806* : 9 464 ; *1881* : 28 134 ; *1921* : 28 956 ; *1968* : 40 035] ; centre viticole et marché de départ ; ind. chim., répar. de matériel ferr., mach. agric., engrais, emballages, distilleries ; miel ; ancien palais des archives, cath. St-Just, musées lapidaires et archéol. [usine de traitement de l'uranium à *Port-la-Nouvelle* 4 410 h., port (hydrocarbures, céréales, engrais, pêche) ; conchyliculture sur étangs de *Sigean* et *Gruissan*]. *Quillan* 4 459 h. (ag. 4 756) ; plastiques, chaussures, chapellerie, distilleries, bois de charpente [haute vallée de l'Aude. *Rieux-Minervois* 1 892 h. (ag. 2 925). *Sigean* 3 058 h. *Trèbes* 5 526 h. ; ind. du bois.

Régions naturelles. *Montagne Noire* 27 656 ha (alt. max. Pic de Nore 1 210 m). *Razès* 98 721 ha, *pays de Sault* 107 854 ha, *seuil du Lauragais* 55 825 ha *et vallée de l'Aude. Plaine littorale narbonnaise* 46 913 ha, *et montagne. Corbières* 22 981 ha [1], *Minervois* 6 677 ha [1], *Fitou* 1 377 ha, *Clape* 805 ha [1] (viticulture). *Petites Pyrénées* (plateaux de 800 m : *Sault, les Fanges* 1 185 ha ; chaîne de *St-Antoine de Galamus*). **Terres.** Voir Index.

Nota. — (1) Surfaces plantées en vigne.

Divers. 2e dép. pour vin (Corbières, Minervois, Fitou, Clape), 1re mine d'or et d'arsenic d'Europe (Salsigne). *Abbayes* : Fontfroide, St-Papoul, St-Hilaire, Lagrasse. *Châteaux cathares* : Quéribus, Peyrepertuse. *Grottes* de Limousis. *Gorges* de Galamus (défilé de la Pierre Lys), de l'Aude. *Stations balnéaires* : Leucate, Gruissan, Narbonne-Plage, St-Pierre-la-Mer, Port-la-Nouvelle. *Ski* : Camurac (1 200 m d'alt.). *Étangs* : Bages et Sigean (4 500 ha, prof. 2 m), l'Ayrolle et Campignol (1 600 ha), Gruissan (2 500 ha).

● **Gard** (30) 5 835 km² (25 × 130 km). *Côtes* 20 km. *Alt.* max. Mt Aigoual 1 561 m. 530 478 h. (1982) [*1801* : 300 144 ; *1886* : 417 099 ; *1911* : 413 458 ; *1936* : 395 299 ; *1946* : 380 337 ; *1968* : 478 544 ; *1975* : 494 575]. D. 90,9 (82). *Pop. active* (1982) : 179 900 dont commerce, transp., services 102 440, ind., bât., génie civil et agr. 56 720, services marchands 33 460, non marchands 32 360, commerce 21 640, agr., sylv., pêche 19 740, bât. et génie civil et agr. 18 540, ind. des biens intermédiaires 13 760, des biens de cons. 11 040, transp. et télécom. 10 260 ; *salariée* (1982) : 142 680.

Villes. NÎMES alt. 46 à 116 m, 129 924 h. [*1596* : 11 000 ; *1783* : 39 650 ; *1846* : 44 657 ; *1911* : 80 437 ; *1954* : 89 121 ; *1962* : 105 199 ; *1975* : 127 933] [ag. 132 342, dont *Milhaud* 3 564] ; bonneterie, confect., chaussures, constr. méc. ; Maison Carrée (an 4 apr. J.-C. ; long. 26,3 m, larg. 13,55 m, haut. 17 m), arènes (68-70 apr. J.-C. ; 131 × 104 m, 365 m de tour ext., haut. 21 m, 25 000 pl.), tour Magne, musée d'Art et Tradition pop. — *Aigues-Mortes* 4 472 h. ; salines ; remparts (XIIIe s.). *Alès** alt. 141 m, 43 268 h. [*1806* : 9 387 ; *1881* : 22 255 ; *1946* : 34 731 ; *1975* : 42 450] ; [ag. 70 180, dont St-Christol-lès-Alès 3 970. *St-Hilaire-de-Brethmas* 2 843. *St-Martin-de-Valgalgues* 4 209. *St-Privat-des-Vieux* 3 345. *Salindres* 3 459] ; houille, métall., méc. (Alsthom), électro. (Crouzet), chim. ; musée du Colombier. *Anduze* 2 787 h. (ag. 3 893). *Aramon* 3 027 h. *Bagnols-sur-Cèze* alt. 51 m,17 602 h. ; ind. atom., centre de retraitement *(Marcoule)*, chim., ferrochromes ; musée de peinture. *Beaucaire* 12 840 h. (ag. 23 575) ; port fluvial, ciment, chim. et ind. des boissons ; musée de la foire, m. d'archéol., château. *Bellegarde* 3 924 h. *Bessèges* 4 352 h. (ag. 6 031). *Bouillargues* 3 720 h. *Caissargues* 3 300 h. *Garons* 2 788 h. *Genolhac* alt. 470 m, 825 h. *La Grand-Combe* 8 329 h. (ag. 13 743). *Laudun* 3 759 h. *Le Grau-du-Roi* 4 152 h. (ag. 8 091) ; port de pêche, stat. tourist. *Le Vigan* * alt. 231 m, 4 517 h. [*1881* : 5 268 ; *1936* : 3 704 ; *1975* : 4 293] (ag. 6 117) ; bonneterie, filatures de soie ; musée art et trad. pop. *Manduel* 3 554 h. (ag. 5 638). *Marguerittes* 5 149 h. *Mialet* 449 h. ; musée du désert ; *Molières-sur-Cèze* 2 142 h. (ag. 2 898). *Pont-St-Esprit* 8 067 h., collégiale ; *Remoulins* 1 845 h. *Roquemaure* 4 053 h. *St-Ambroix* 3 845 h. (ag. 4 369). *St-Florent-sur-Auzonnet* 1 520 h. (ag. 3 215). *St-Gilles* 9 887 h. *St-Hippolyte-du-Fort* 3 400 h. *Sommières* 2 934 h. (ag. 3 870) ; terre employée comme détachant. *Uzès* 7 525 h. : château. *Valleraugue* alt. 438 m, 1 041 h. *Vauvert* 9 103 h. *Vergèze* 2 554 h. (ag. 3 864) ; source Perrier. *Villeneuve-lès-Avignon* 9 282 h. ; chartreuse, fort St-André.

Régions naturelles. *Causses* : moutons ; brebis : lait pour le roquefort. Montagnes des *Cévennes* : forêt, châtaignes, pommiers, moutons ; élevage du ver à soie ; tourisme. Collines calcaires des *Garrigues* : vigne, élevages avicoles. *Vallées et coteaux du Rhône* : vigne, arbres fruitiers. *Costières* et *plaine méridionale* : viticulture (costières du Gard, Tavel, etc.) ; rizières. *Petite Camargue* : rizière, vignes, salins. **Terres.** Voir Index.

Divers. *Pont du Gard* à Remoulins [sur le Gardon, commune de Vers. 1er s. apr. J.-C. ; long. 273 m ; haut. totale 48,77 m (1er ét. 21,87 m, 2e ét. 19,5 m, 3e ét. 1,40 m)]. *Port* fluvial de l'Ardoise. *Station thermale* des Fumades. *Grottes* de la Cocalière près de St-Ambroix, de Trabuc près d'Anduze. *Bambouseraie* de Prafrance près d'Anduze. *Parc national des Cévennes* (V. Index). 2e dép. prod. de riz, 3e de fruits, asperges, vins. *Tour de Constance et musée du Désert*, hauts lieux du protestantisme (Le Vigan).

● **Hérault** (34) 6 224 km² (130 × 65 km). *Côtes* 87 km. *Alt.* max. Mt de l'Espinouse 1 126 m. 706 499 h. (1982) [*1801* : 275 449 ; *1851* : 384 286 ; *1901* : 489 421 ; *1946* : 461 100 ; *1967* : 591 397 ; *1975* : 648 202]. D. 113,5 (82). *Pop. active* (1982) : 236 340 dont primaire 22 640, secondaire 55 380 (dont B.T.P. 25 380), tertiaire 158 320 ; *salariée* (31-12-82) : 118 137.

Villes. MONTPELLIER alt. 37 à 59 m, 197 231 h. [*1806* : 33 090 ; *1846* : 45 828 ; *1906* : 77 114 ; *1946* : 93 102 ; *1962* : 118 864 ; *1968* : 161 910 ; *1975* : 191 354] [ag. 221 307, dont *Castelnau-le-Lez* 9 884. *Juvignac* 3 488. *Le Crès* 6 088] ; constructions méc. et électr., électro., ind. text. et alim. ; faculté de médecine la plus ancienne (ens. dep. 1021, statuts dep. 1220), ensemble du Polygone (tours de + de 50 m) ; musées

Fabre, Atger ; jardin des Plantes créé en 1593 par Henri IV (1er d'Europe). – *Agde* 13 107 h. ; commerce de vins ; cath. St-Étienne (XIIe s.) *Baillargues* 2 632 h. (ag. 4 147). *Bédarieux* 6 207 h. *Bessan* 2 997 h. *Béziers** alt. 5 à 68 m, 76 647 h. [*1806 :* 15 000 ; *1861 :* 24 270 ; *1906 :* 52 268 ; *1946 :* 64 561] (ag. 81 347) ; marché de vins, ind. méc., alim. ; musées municipal, hist. nat. *Capestang* 2 675 h. *Castries* 3 419 h. *Cazouls-lès-Béziers* 3 071 h. *Clermont-l'Hérault* 5 926 h. *Cournonterral* 3 062 h. *Fabrègues* 2 915 h. *Florensac* 3 064 h. *Ganges* 3 533 h. (ag. 5 242). *Gignac* 3 228 h. *La Grande-Motte* 3 939 h. *Lattes* 8 154 h. *Le Bousquet-d'Orb* 1 816 h. (ag. 2 847). *Lodève* * 8 378 h. (arrondissement rétabli en sept. 1943) [*1846 :* 10 178 ; *1946 :* 6 242] ; bonneterie, text. *Lunel* 15 648 h. (ag. 17 321) ; vins, tonnellerie, confiturerie, *Marseillan* 4 039 h. *Marsillargues* 3 653 h. *Mauguio* 9 791 h. *Mèze* 5 742 h. *Montagnac* 2 897 h. *Palavas-les-Flots* 4 062 h. *Pérols* 4 422 h. *Pézenas* 7 519 h. ; musées Vulliod, municipal. *Pignan* 3 319 h. *Poussan* 2 738 h. *St-André-de-Sangonis* 2 675 h. *St-Gély-du-Fesc* 3 714 h. *St-Georges d'Orques* 2 727 h. *St-Jean-de-Védas* 4 284 h. *St-Pons-de-Thomières* (sous-préf. jusqu'en 1926) 2 733 h. ; cath. (XIIIe-XVIIIe s.), f. domaniale (env. 1 000 ha). *Sérignan* 3 884 h. *Servian* 2 752 h. *Sète* alt. 182 m, 39 545 h. [*1806 :* 8 506 ; *1851 :* 18 064 ; *1881 :* 35 571 ; *1921 :* 36 503 ; *1954 :* 33 454] [ag. 58 865 dont *Balaruc-les-Bains* 4 369. *Frontignan* 14 951 ; vins, muscats, raffineries de pétr., ind. chim., salines] ; 8e port métropolitain, 2e non autonome, 1er port à vins, 2e port du littoral méditerranéen ; pêche, ind. chim., habill., pétr., vins ; musée Paul Valéry. *Vias* 2 934 h. *Villeneuve-les-Maguelonne* 3 003 h.

Régions naturelles (en ha.). *Plaine viticole* 188 747 : vignobles, cult. fruitières et légumières. *Minervois* (Corbières, Minervois et Montagne Noire) 68 341. *Soubergues* 211 510. *Garrigues* 79 765. *Plateau du Sommail et l'Espinouse* (1 206 m) *et Mts de Lacaune* (faible partie dans le dép.) 65 423. *Causses du Larzac* 34 180 (900 m). *Caroux. Escandorgue. Lodevois. Serane. Littoral* bordé *d'étangs* [Thau : 20 km de long., 5 à 8 km de larg., 7 600 ha, prof. 30 m, 2e de Fr., 2e prod. de coquillages français ; Mauguio (ou étang d'Or) : 3 000 ha, prof. 2 m, 7e de Fr. ; Vic : 1 320 ha]. *Lacs :* La Raviège 403 ha (8e de Fr.), prof. max. 33 m, du Gourd de Maffre 10 ha ; retenue de Salagou 750 ha (17e de Fr.), prof. max. 55. **Terres.** Voir Index.

Tourisme. *Grottes* des Demoiselles, de la Clamouse, de la Devèze ; Minerve, St-Guilhem-le-Désert ; *oppidum* d'Ensérune ; *cirques* de Navacelles, de Mourèze. *Lacs* du Salagou, de la Raviège. *Parc n. régional* du Ht-Languedoc. *Stations thermales :* Balaruc-les-Bains, Lamalou-les-Bains. *Aménagement du littoral :* La Grande-Motte, Carnon, Palavas, Sète, Marseillan, Cap d'Agde, Valras, Frontignan, Bouzigues. *Abbaye* de St-Félix-de-Montceau. *Églises* de Florensac (XIIe s.), Loupian (XIIe s.). *Châteaux* de Montlaur ; des seigneurs de Mirepoix (an 1400) ; de Malbois ou de la Garenne près de Poussan.

Divers. *Le plus grand vignoble du monde :* (1984) 11 997 893 hl (18,8 % de la récolte fr.). Coteaux du Languedoc, Minervois, Mireval (V.D.Q.S.) ; clairette du Languedoc, muscats de Frontignan, St-Chinian, Lunel (A.O.C.).

● **Lozère** (48) 5 180 km² (115 × 68 km). *Alt.* max. Mont Lozère 1 702 m. 74 294 h. (1982) [*1801 :* 126 503 ; *1851 :* 144 705 ; *1901 :* 128 866 ; *1936 :* 98 480 ; *1954 :* 82 391 ; *1968 :* 77 258 ; *1975 :* 74 825]. D. 14,3 (82). *Pop. active* (1982) : 29 000, occupée 27 000 dont primaire 7 000, secondaire 6 000, tertiaire 14 000 ; *salariée* (31-12-1982) : 9 403.

Villes. MENDE sup. 350 ha, alt. 731 à 900 m, 10 929 h. [*1806 :* 5 752 ; *1826 :* 5 445 ; *1886 :* 8 033 ; *1926 :* 6 056 ; *1975 :* 10 451]. – *Florac** 2 035 h. *Langogne* 3 542 h. ; ind. du bois. *Marvejols* 5 573 h. *St-Chély-d'Apcher* 4 726 h. ; ferro-alliages.

Régions naturelles. *Margeride* 227 932 ha (granit). *Aubrac* 32 758 ha (basalte) : bovins, fourme. *Cévennes* 93 625 ha (schistes) : caprins, from. Pélardon. *Causses-Vallées* 126 373 (calcaire), alt. moy. 1 000 m : Sauveterre. *Méjean :* ovins (lait de brebis pour roquefort) ; *v. du Lot :* bovins (from. bleu des Causses). **Terres.** Voir Index.

Divers. *Agriculture :* 26 % de la population active (élevage, forêt). *Parc national des Cévennes. Ski* de randonnée et de fond. *Gorges du Tarn, Aven Armand.* Tourisme. Nombreuses sources : 7 000 à Mende.

● **Pyrénées-Orientales** (66) 4 116 km² (120 × 56 km). *Alt.* max. Carlitte 2 921 m, Puigmal 2 909 m, Canigou 2 785 m. ; min. plages du littoral. *Temp.* moy. juillet 24,1 °C, moy. févr. 7,6 °C. *Pluies* (haut. moy. 15 ans) 615,5 mm. *Côtes :* sablonneuse (40 km), rocheuse « C. vermeille » [rocheuse, composée de schistes, 20 km (fin des Albères)]. 343 500 h. (1985) [*1801 :* 110 732 ; *1851 :* 181 955 ; *1901 :* 212 121 ; *1931 :* 238 647 ; *1946 :* 228 776 ; *1968 :* 281 976 ; *1975 :* 299 506]. D. 81,2 (82). *Pop. active* (1985) : 130 400 dont primaire 16 822, secondaire 28 427, tertiaire 85 151 ; *salariée* (1985) : 86 300.

Villes. PERPIGNAN alt. 20 m, 111 669 h. [*1800 :* 11 500 ; *1851 :* 21 783 ; *1911 :* 39 510 ; *1931 :* 73 962 ; *1954 :* 70 051 ; *1968 :* 104 095 ; *1975 :* 106 426] (ag. 137 915, dont *Bompas* 5 445. *Cabestany* 6 221. *Pia* 3 226. *St-Estève* 8 492 (*1946 :* 1 370 ; *1968 :* 2 589). *Toulouges* 3 637] ; marché de vins, fruits et légumes ; jouets, bonneterie ; monuments (église Saint-Jacques, loge des marchands, palais des Rois de Majorque, le Castillet), musées H. Rigaud, Casa Pairal. – *Amélie-les-Bains-Palalda* 3 713 h. *Argelès-sur-Mer* 5 723 h. *Arles-sur-Tech* 2 889 h. ; monuments (église et cloître). *Banyuls-sur-Mer* 4 093 h. ; vin doux. *Canet-en-Roussillon-St-Nazaire* 7 589 h. ; tourisme. *Canohes* 2 908 h. *Céret** alt. 170 m, 6 798 h. [*1936 :* 5 118 ; *1962 :* 5 527] ; espadrilles ; musées d'Art mod., municipal. *Elne* 6 177 h. ; cult. maraîchères, lég., ind. div. (cons. alim., embal., constr. métall., B.T.P.) ; cloître roman. *Estagel* 2 038 h. *Font-Romeu* alt. 1 800 m, 2 150 h. ; sports d'hiver. *Ille-sur-Têt* 5 249 h. ; cult. maraîch., lég. *Le Boulou* 4 292 h. *Le Soler* 4 401 h. *Millas* 2 824 h. *Port-Vendres* 5 246 h. [*1881 :* 3 311 ; *1954 :* 4 180] [ag. 7 773, dont *Collioure* 2 527] ; port (fruits, légumes, vins ; pêche). *Prades** alt. 348 m. 6 100 h. [*1936 :* 4 946 ; *1962 :* 5 899] (ag. 7 479) ; vin, miel. *Prats-de-Mollo-la-Preste* 1 142 h. *Rivesaltes* 6 781 h. [*1881 :* 6 980] ; vin doux. *Saint-André* 1 848 h. *Saint-Cyprien* 4 405 h. *St-Laurent-de-la-Salanque* 4 467 h. (ag. 6 015). *Thuir* 6 356 h. ; caves Byrrh.

Régions naturelles. *Plaine du Roussillon :* collines et terrasses d'alluvions anciennes entre la Têt et le Tech notamment ; bordée au centre et à l'est près de la mer par la Salanque, anciens marais troués d'étangs ; vignoble derrière un maigre cordon littoral ; au nord par le Fenouillèdes et les derniers contreforts des Corbières ; au sud par les Aspres et les Albères (vignobles, vin doux naturel : Banyuls, Rivesaltes) ; prolongée au nord par la côte sablonneuse et au sud par la côte Vermeille (étangs au nord). *Zone montagneuse* (contreforts des Pyrénées) comprenant la Cerdagne [plateau alt. 1 000 à 1 800 m, climat très sain (maisons de santé), encastré entre Andorre, massif du Carlitte, Puigmal, Capcir]. *3 vallées* (d'ouest en est) : Vallespir, Tech (climatisme) ; le Conflent (lit de la Têt), vallée de l'Agly (cult. fruitières et légumières).

Bois (en milliers d'ha, 84). 94,5 [dont (1981) f. domaniales : Camporeills 4,1, Canigou 8,3, Conflent 2,2, Ht-Vallespir 10,5, Boucheville 1,2, Albères 2,1, Barres 2,2, Font-Romeu 1,8, Osseja 1,2, La Massane 0,3 (réserve naturelle)]. **Terres.** Voir Index.

Langues. 200 000 h. des Pyr.-Or. parlent catalan (évolution locale du bas-latin, langue officielle dep. 1977 de la Catalogne, en Espagne) ; le c. se distingue de la langue d'oc par la prononciation « ou » du u ; la réduction de la diphtongue « au » à o ; l'absence des diphtongues « ue » et « ie » (réduites à u et i) et de la diphtongue « ei » (remplacée par eu). Surtout, l'accent tonique se maintient parfois sur l'antépénultième, notamment dans les formes verbales. Le roussillonais parlé se distingue du catalan officiel : terminaison i du présent de l'indicatif et de la 1re personne de l'imparfait *(parlavi)* ; le « ó » accentué final est prononcé « ou » *(Canigou)* ; le pluriel des mots en « àn » est en « às » au lieu de « ans » (hortolàs, màs).

Divers. *Lacs* de montagne : le Lannoux 160 ha (le plus grand des Pyrénées françaises), des Bouillouses 142 ha. Barrage de Matemale, de Puyvalador, étangs des Camporeills. *Plans d'eau, barrages :* Villeneuve-de-la-Raho 234 ha, Vinca-les-Escoumes 177 ha (voile). *Sur le littoral :* étangs de Salses-Leucate 110 km² (prof. 12 m), St-Nazaire et Canet 900 ha (prof. 30 à 80 cm). *Fours solaires* (Mont-Louis et Font-Romeu-Odeillo Via). *Ski* (Font-Romeu 1 800 m, Les Angles 1 600-2 400 m, Porté Puymorens 1 600-2 400 m, Pyrénées 2 000-2 910 m, Le Puigmal 1 800-2 600 m, Osséja 1 250 m, Mont-Louis 1 600 m, Formiguères 1 500 m). *Stations thermales :* Le Boulou 4 292 h., Amélie-les-Bains 3 713 h., Prats-de-Mollo-la-Preste 1 142 h., Vernet-les-Bains 1 325 h., Molitg-les-Bains 180 h., Plateau-Cerdan 8 580 h. *Stations et ports de plaisance :* Le Barcarès 2 208 h., Canet 7 219 h., St-Cyprien 4 405 h., Argelès-sur-Mer 5 723 h., Collioure 2 527 h., Banyuls 4 093 h. et Cerbère 641 h. *Lamanère :* commune la plus méridionale de la France continentale. *Eus :* comm. la plus ensoleillée (2 644 h/an). 2e département prod. d'abricots. *Art roman* (plus de 100 églises). Abbayes de *St-Michel-de-Cuxa, St-Martin-du-Canigou,* prieuré de *Serrabonne,* cloître d'*Elne.* Plus ancien linteau roman daté (1020) (égl. de *St-Genis-des-Fontaines*). Fort de *Salses.* Fouilles préhistoriques (paléolithique inférieur moyen) : crâne de l'homme de Tautavel (450 000 ans). Plus grande cuve du monde à *Thuir* (en bois, 10 000 hl).

Limousin

Généralités

Situation. Partie N.-O. du Massif central. 160 km (N.-S.) sur 150 km (O.-E.), 17 000 km².

Reliefs. Plateaux granitiques ou schisteux s'abaissant d'E. en O. et étagés en gradins concentriques : *Montagne limousine* (200 000 ha, entre 800 et près de 1 000 m) ; *plateaux de Millevaches* (alt. max. Mt Bessou, 978 m) et *des Monédières* (alt. max. Puy des M., 911 m) ; haute terre vallonnée couverte de landes et

de marécages ; aménagement forestier et touristique ; élevage du bétail, notamment du mouton. *Au N., O. et S.*, talus découpé par les rivières en gorges sauvages. Entre 600 et 400 m (Mts d'Ambazac, de Blond, de la Marche), prairies et forêts (châtaigniers) ; élevage : bovins (race limousine), ovins, chevaux (race anglo-arabe du Limousin). Villes dans les vallées (Limoges, Tulle, Uzerche, Guéret...). *Pays bordiers :* bassins et dépressions périphériques : région industrielle de Montluçon et de Commentry ; Boischaut au N. ; bassin de Brive au S.

Climat. Ensemble frais à cause de l'altitude et de l'exposition aux vents atlantiques (temp. moy. 8/12 °C), étés chauds, parfois très secs. En altitude : quelquefois plus de 100 j de gel, neige pendant 4 mois. *Pluviosité :* 750 mm (1 200 à 1 500 dans la montagne, moins de 700 dans les vallées de la Marche). *Ilot méridional :* bassin de Brive (palmiers en pleine terre).

Histoire. Préhistoire homme de la Chapelle-aux-Saints, de type néandertalien. Plusieurs migrations néolithiques (dolmens et menhirs). **Protohistoire** des Ligures (avec, au VIIe s., un passage de Celtes de Halstatt se rendant en Espagne), Ibères, Aquitains venus du sud au *VIe s.*, puis, après 350, des Celtes de La Tène. Habité par les *Lémovices* (Gaulois), conquis par les Romains (prise d'Uxellodunum 51 av. J.-C.), pacifié puis christianisé par St Martial (IIIe s., 1er év. de Limoges) ; sous Dioclétien, cité gallo-romaine de Limoges (Augustoritum), partie de l'Aquitaine Première. **Invasions barbares.** Relèvement sous Clotaire II et Dagobert ; St Éloi (Limousin d'origine) fonde le monastère de Solignac. Isolement du comté à l'époque carolingienne. **Vers le Xe s.** divisé en vicomtés (Limoges, Aubusson, Bridiers, Comborn, Rochechouart, Turenne). La seigneurie de Chambon, acquise par les Ctes d'Auvergne, devient la baronnie de Combrailles ; le comté de la Marche est gouverné par les seigneurs de Charroux au Xe s., ceux de Montgomery au XIe s., et les Lusignan au XIIIe s. Puis les fiefs se regroupent ; seuls subsistent les comtés de la Marche, Combrailles, Limoges et Turenne ; la vicomté de Ventadour est créée dans la montagne limousine, autour d'Ussel. Le L. relevant d'Éléonore d'Aquitaine, après le 2e mariage de celle-ci avec Henri II Plantagenêt, reste pendant 3 siècles dans le roy. anglo-angevin, mais est occupée par les Capétiens de 1204 à 1259, puis de 1286 à 1360 ; au N. de la Dronne, des monts de Blond et de Guéret, la langue d'oïl remplace la langue d'oc ; droit écrit et droit coutumier se partagent la région. *XIVe s. :* fournit plusieurs centaines de prélats et 3 papes à la chrétienté (Clément VI, Innocent VI, Grégoire XI). **1360** abandonné aux Anglais (tr. de Brétigny). **1370-74** reconquis par l'armée de Charles V. **1477** Louis XI confisque la Marche, puis la restitue. **1531** François Ier la reprend. **1607** Henri IV s'assure la vicomté de Limoges. Seules la vicomté de Turenne (qui réunit ses états jusqu'en 1738) et la seigneurie de Ventadour conservent leurs privilèges jusqu'au XVIIIe s. **1761-74** Turgot (intendant) transforme économiquement la région. Sous la Révolution : 3 départements (Creuse, Hte-Vienne, Corrèze), le *Confolentais* est donné à la Charente, et le *Nontronnais* à la Dordogne.

Économie

Population. 737 153 (1982) [*1801 :* 706 845 ; *1861 :* 899 768 ; *1891 :* 985 689 ; *1936 :* 798 176 ; *1946 :* 779 556 ; *1962 :* 733 955 ; *1968 :* 736 323 ; *1975 :* 738 726]. *Active* (ayant un emploi, au 1-1-85) : 280 594 dont primaire 47 521, secondaire 80 085 (dont B.T.P. 21 020), tertiaire 172 518.

Échanges (en milliards de F, 1984). IMPORTATIONS : 2,2 dont (en %) agric. et ind. alim. 20, métaux 18,5, biens de consomm. 17,2, prod. chim. 26,2, biens d'équip. 14,8 ; *de* (en %) C.E.E. 60,2, reste de l'Eur. 24,8, Afr. centr., or., et du S. 5,4, Amér. du N. 2,3, autre pays d'Asie 2. EXPORTATIONS : 3 dont (en %) prod. de l'agr. 18,7, ind. alim. 10,8, métaux 4,74, prod. chim. 27,9, équip. profess. 20,1, biens de consomm. 13,3, divers 2,4 ; *vers* (en %) C.E.E. 64,3, reste de l'Eur. 10,4, Afr. du N. 6,2, Pr. et Moy. Or. 5,8, Amér. du N. 4,1.

Agriculture (1984). **Terres** (en milliers d'ha) 1 705,8 dont *S.A.U.* 931 [t. lab. 292,4 (dont jardins 5,7), herbe 633,3, vignes 1,1] ; *bois* 551,7 (dont 263 en Corrèze) ; *t. agr. non cult.* 110,6 ; *t. non agr.* 96,6. **Prod. végétale** (en milliers de t) céréales 356,6 dont blé tendre 132,1, orge et escourgeon 81,5, maïs-grain 43,4, avoine 45,4. **Animale** (en milliers de têtes) bovins 955,5, porcins 213,4, caprins 15,4, ovins 1 221. *Lait* (prod. tot. vaches lait. + nourrices) 7 534 263 hl.

Population active secondaire et tertiaire en 1982. Total 128 265. Ind. agr. et alim. 5 968, ind. biens intermédiaires et d'équipement 27 500, ind. de biens de consommation 15 748, mat. de transport terrestre 2 614, bâtiment et génie civil 14 856, énergie 183, transports, télécommunications 3 741, commerces 22 542, services marchands 25 061, non marchands 6 835, assurances 566, organismes financiers 2 567, location, immobilier 73.

Production. *Uranium :* réserves 33 000 t (1985). Product. de la division minière de la Crouzille (Hte-V.) : 964 t (1985). *Porcelaine de table* (1982) 169 138 m³. *Pâte à papier* (1982) 110 000 t (6,29 % de la prod. fr.) ; *papier d'emballage* (1982) : 143 700 t (7,5 %) ; *carton et carton ondulé* (1982) : 128 400 t (5,9 %).

Tourisme (nombre d'établissements et, entre par., capacité, 1-1-84). *Hôtels* 836 (8 842 ch.), dont *homologués* 314 (5 252). *Campings-caravanages* (au 15-9-84) 176 (11 555 pl.). *Auberges de Fr.* 37 (288 lits), *de Jeunesse* 6 (270), *maisons familiales de vacances* 5 (671), *villages de vac.* 19 (5 598).

Projets et réalisations. Projets E.D.F. : 4 barrages en escaliers dans les gorges de la Vézère, en Corrèze) ; hauteur des ouvrages : – de 20 m chacun ; product. globale prévue : 79 millions de kWh par an. Implantation de Carrefour à Boisseuil (au S. de Limoges).

☞ Voir Occitanisme p. 736.

Départements

Voir légende p. 704.

• **Corrèze** (19) 5 889 km² (120 × 30 à 90 km). *Alt.* max. Mt Bessou 978 m, min. 80 m (sortie de la Vézère). 241 448 h. (1982) [*1801 :* 243 654 ; *1851 :* 320 866 ; *1872 :* 302 746 ; *1891 :* 328 151 ; *1936 :* 262 743 ; *1954 :* 242 798 ; *1968 :* 237 858 ; *1975 :* 240 363]. D. 40,9 (82). *Pop. active* (ayant un emploi, en 82) : 101 232 dont primaire 17 896, secondaire 28 964, tertiaire 47 596. *Salariés* (31-12-1984) : 39 781.

Villes. TULLE alt. 212 à 347 m, 18 880 h. [*1846 :* 11 646 ; *1906 :* 17 245 ; *1975 :* 21 634] (ag. 20 391) ; manuf. nat. d'armes, méc. gén., sièges ; cathédrale. – *Argentat* alt. 188 m, 3 234 h. *Bort-les-Orgues* alt. 430 m, 4 509 h. ; tannerie, confect., collection archéol., barrage (ht 120 m). *Brive-la-Gaillarde** alt. 142 m, 51 511 h. [*1846 :* 8 829 ; *1906 :* 20 636 ; *1954 :* 36 088 ; *1975 :* 54 730] [ag. 64 301 dont dans le dép. *Malemort-sur-Corrèze* 6 020. *St-Pantaléon-de-Larche* 3 177] ; métall., électro., mobilier, marché agr., ind. alim. *Égletons* alt. 650 m, 4 590 h. ; écoles ; salaisons, ind. de la viande. *Objat* 3 211 h. ; meubles en rotin. *Pompadour :* haras créé par Colbert, seule jumenterie nationale appartenant à l'État. *Ussel** alt. 631 m, 11 765 h. [*1846 :* 4 544 ; *1906 :* 4 942 ; *1936 :* 6 392 ; *1954 :* 7 202 ; *1968 :* 8 985 ; *1975 :* 11 391] ; fonderie d'alum., menuis., bonneterie, panneaux, salaisons. *Uzerche* alt. 334 m, 3 097 h.

Régions naturelles. *Bassin de Brive* 88 999 ha, alt. 90 à 300 m : tabac, cult. légum. et fruit., élev. intensif (bovins, ovins, porcins, équidés, caprins). *Plateau corrézien* 308 861 ha, alt. 300 à 650 m : vergers, élev. extensif (bovins, ovins, porcins). *Montagne corrézienne* 188 174 ha, alt. 650 à 1 000 m : élev. extensif (bovins, ovins).

Hydrographie : vallées profondes formant des gorges (Corrèze, Vézère, Dordogne, Triouzoune). Rivières venant de la Montagne (Millevaches est une altération du celtique « mille batz » : mille sources) : Vézère, Corrèze vers le S.-O. ; Doustre, Luzège, Triouzoune, Diège, affluents de la Dordogne vers le S. ; Vienne vers le N.-O.

Régions agricoles. *Bas-Pays de Brive* (78 220 ha), *Causse* (7 208 ha), *Périgord Blanc* (3 945 ha), alt. – de 300 m (jusqu'à 90 m), climat doux et peu humide (900 à 1 000 mm). *Haut-Limousin : plateaux du S.-O.* (142 724 ha), alt. 300 à 650 m, climat humide (pluies 1 m et +), polycult., élevage ; *plateaux du S.-E.* (119 145 ha). *Cantal* (6 940 ha), idem aux plateaux du S.-O., mais landes + étendues (1/3 de la surface). *Xaintrie* (40 052 ha), relief + accentué, bois. *Montagne ou Plateau de Millevaches* (186 782 ha dont 67 480 consacrés à la culture et l'élevage), alt. 850 à 984 m, climat rude et humide (1,20 à 1,80 m), bois, landes (bruyères, genêts), seigle, avoine, pommes de terre, bovins, ovins. *Artense* (1 510 ha), alt. 650 m. **Terres.** Voir Index.

Divers. *Aménagement hydro-électrique des bassins de la Dordogne* [Bort-les-Orgues (14 km²), L'Aigle (7,5 km²), Chastang (7,5 km²), Argentat (106 ha)] *et de la Vézère* [Monceaux La Virolle (189 ha), Vaud (97 ha)]. *Sites touristiques :* Uzerche, Argentat, Beaulieu, Collonges, Treignac, Turenne. *Châteaux :* Sedières,

Merle (ruines). *Son et lumière :* St-Geniez O Merle (Tours de Merle). Son et Lumière du Dorat.

• **Creuse** (23) 5 601 km² (110 × 80 km). *Alt.* max. Forêt de Châteauvert 978 m, min. 175 m (sortie de la Creuse). 139 968 h. (1982) [*1801 :* 218 041 ; *1851 :* 287 075 ; *1872 :* 274 663 ; *1891 :* 284 860 ; *1936 :* 201 844 ; *1954 :* 172 702 ; *1968 :* 156 876 ; *1975 :* 146 214]. D. 24,9 (82). *Pop. active* (ayant un emploi, en 82) : 57 544 dont primaire 17 144, secondaire 12 576, tertiaire 23 804 ; sans emploi, au 31-12-84 : 5 700. ; *Salariés* : 16 313.

Villes. GUÉRET alt. 450 m, 15 720 h. [*1846 :* 5 404 ; *1906 :* 8 058 ; *1936 :* 8 789 ; *1954 :* 10 131 ; *1968 :* 14 080 ; *1975 :* 14 855] ; meubles, confect., bijoux, quincaillerie, bâtiment. – *Aubusson** alt. 430 m, 5 710 h. [*1846 :* 5 436 ; *1906 :* 7 015 ; *1936 :* 5 830 ; *1954 :* 5 595 ; *1968 :* 6 761 ; *1975 :* 6 824] ; tapisserie, bâtiment, constr. élec. ; école nat. de la Tapisserie : m. dép. de la tapisserie, maison du Vieux-Tapissier. *Auzances* 1 732 h. *Bourganeuf* (ancienne sous-préf.) alt. 449 m, 3 738 h. ; scierie, literie, tôlerie, chaises ; château, collection archéol. *Boussac* (ancienne sous-préf.) alt. 390 m, 1 852 h. ; chambres froides, bâtiment, confection ; château. *Chambon-sur-Voueize* 1 288 h. *Évaux-les-Bains* 1 810 h. *Felletin* alt. 587 m, 2 196 h. ; tapisserie, bâtiment, chaudronnerie. *La Souterraine* alt. 366 m, 5 690 h. ; mécanique, électro., confect., chaussures ; église.

Régions agricoles (en ha). 560 115 ha dont *Haut-Limousin* 31 500 (élevage), *Marche-Nord* 144 850, *M.-Sud* 118 850, *Plateau de Millevaches* 80 506 (élevage), *Bas-Berry* (élevage, céréales), *Combraille bourbonnaise* 78 200 (élevage).

Bois (en milliers d'ha, 1983). 147,1 dont (1981) 108 forêts appartenant à des sections de communes 3,216 ; 12 forêts communales (forêt de Feniers 0,13, Royere 0,031, St-Quentin-la-Chabanne 0,031, Gentioux 0,057, des Hospices de Dun-le-Palestel 0,112, de St-Pardoux-Morterolles 0,058), f. domaniale de Chabrière 0,144. **Terres.** Voir Index.

Divers. Aménagements touristiques : Vassivière (1 100 ha), St-Pardoux (330 ha), et industrialisation récents. *Lacs de retenue :* Lavaud-Gelade (275 ha), Chammet (60 ha). *Évaux-les-Bains :* eaux les plus radioactives de France (2,34 milli-microcuries), de 15 à 48 °C. Site des pierres *Jaumâtres* (mégalithes de plusieurs centaines de t). Boiseries (église du *Moutier-d'Ahun*). *Châteaux :* St-Germain Beaupré, Ste-Feyre.

• **Haute-Vienne** (87) 5 520,13 km² (120 × 36 à 110 km). *Alt.* max. Mt-Gargan 731 m, min. vallée de la Vienne en aval de Saillat 155 m. 355 737 h (1982) [*1801 :* 245 150 ; *1851 :* 319 379 ; *1872 :* 322 447 ; *1891 :* 372 878 ; *1936 :* 333 589 ; *1954 :* 324 429 ; *1968 :* 341 589 ; *1975 :* 352 149]. D. 64 (82). *Pop. active* (ayant un emploi, en 84) : 153 852 dont primaire 16 616, secondaire 49 032, tertiaire 77 392. *Salariés* (31-12-1984) : 72 288.

Villes. LIMOGES alt. moy. 300 m, max. 428 m, superficie 7 747,70 ha, 140 400 h. [*1698 :* 10 500 ; *1789 :* 32 856 ; *1801 :* 20 550 ; *1851 :* 41 630 ; *1901 :* 84 721 ; *1936 :* 95 217 ; *1954 :* 106 805 ; *1968 :*

135 945 ; *1975 :* 147 442 [ag. 171 689, dont *Condat-sur-Vienne* 3 509. *Couzeix* 5 019. *Feytiat* 3 591. *Isle* 6 863. *Le Palais-sur-Vienne* 5 038 ; 1re usine de Fr. de raffinage électrolytique du cuivre. *Panazol* 7 269] ; porcelaines et émaux, chaussures, métaux, B.T.P., constr. méc. et élec., habillement, mobilier ; imprimerie, ind. autom. et poids lourds ; musées Adrien-Dubouché, de l'Évêché ; cath. St-Étienne (XIIIe-XVe-XIXe s). Institut de gestion des énergies. H. de ville (1883, campanile de 42,40 m). – *Aixe-sur-Vienne* 5 520 h. *Ambezac* 4 657 h. *Bellac** alt. 250 m, 5 079 h. [*1846 :* 3 724 ; *1911 :* 4 875] (ag. 6 167) ; tanneries, ind. métall. *Bessines-sur-Gartempe* 3 011 h. ; traitement de l'uranium. *Razès* 874 h. ; mine d'uranium. *Rochechouart** 4 053 h. [*1846 :* 4 415 ; *1975 :* 4 200] ; chaussures, cartonnerie ; château. *Saillat-sur-Vienne* 1 112 h. ; pâte à papier, prod. chim. *St-Junien* alt. 160 m, 10 805 h. (*1968 :* 11 674) ; ganterie, mégisserie, prod. chim. et cellulosiques, papeteries. *St-Léonard-de-Noblat* alt. 350 m, 5 275 h. [*1846 :* 6 117] ; chaussures, papeteries. *St-Yrieix-la-Perche* alt. 369 m, 7 342 h. [*1846 :* 7 515 ; *1901 :* 8 363] ; porcelaine, imprimerie.

Régions agricoles (en ha). *Haut-Limousin* 376 185, *Marche* 139 004, *Plateau de Millevaches* 36 054. **Terres.** Voir Index.

Divers. *Magnac-Laval :* la plus longue procession de France (« Proc. des 9 lieues »), le lundi de Pentecôte, 54 km, dure 17 h. *Circuits* des puys et grands monts, Val de Briance, Vienne et Gorre, Monts de Châlus, route Arédienne, route Richard Cœur de Lion, Basse Marche. Lacs de *Vassivière* 1 100 ha, *St-Pardoux* 330 ha, *St-Laurent-les-Églises* (135 ha), *Bujaleuf* (60 ha). *Oradour-sur-Glane :* ruines (V. à l'Index).

Lorraine

Généralités

Situation. Bordée par *Vosges* à l'*E.* et au *S.-E.*, *Massif schisteux rhénan* au *N.* Au *S.*, cloisonnement en buttes et collines (certaines à plus de 500 m). Au centre, côtes en arc et buttes isolées le long des talus. Plus au *N.*, dislocations moins nombreuses mais beaucoup plus marquées : *Warndt, côtes de Moselle* et de *Meuse.*

Climat. Océanique atténué, amplitude annuelle supérieure à 18 °C, diurne de 15 à 20 °C ; nombreux climats locaux dus aux expositions variées (vignoble le long des côtes de Moselle).

Activités. *Lorraine du S. et de l'O. :* plaines surtout consacrées à l'élevage et séparées par des forêts (plus importantes à l'E.). Quelques industries : verreries, cristalleries (Gironcourt, Baccarat, Vannes, Le Châtel), eaux minérales (Vittel, Contrexéville). Nombreuses usines dans les vallées vosgiennes (Moselle, Meurthe, Vologne, Rabodeau) : papeterie, filature, tissage, bonneterie, imprimerie, matières plastiques, automobile, métaux, électron., chaudronnerie, etc. Activités industrielles dans la Meuse : vallée de l'Ornain (métall., textile, optique-lunetterie, meubles) et vallée de la Meuse (chaux d'aciérie, fromageries, industrie du bois, papeterie). Transition avec la L. du N. : activités multiples, exploitation de grandes salines et de soudières, premières mines de fer, pneumatiques, cristalleries, élec., chaudronnerie, imprimerie, brasserie, laiterie, bonneterie.

Lorraine du N. : industrialisée depuis un peu plus de 100 ans. *Bassin houiller* fournissant gaz, coke, électricité et la matière 1re de la carbochimie, mais le secteur en récession à profit de la pétrochimie (Carling). *Fer :* minerai sur 1 150 km², sur une épaisseur de 10 à 40 m, depuis Longwy (N.) jusqu'à Dieulouard (S.), avec interruption de Pont-à-Mousson ; réserves de 2 milliards de t, soit env. 40 ans d'exploitation. 4 régions sidérurgiques : Longwy, Orne, Fensch, Thionville ; sud (Pont-à-Mousson, Pompey, Neuves-Maisons). Aciéries modernes : Sollac et Sacilor. Nombreuses industries nouvelles : chimie, pneumatiques, métaux, construction automobile, mat. plastiques, agro-alim., mécan., élec.

Langues. Dialectes germaniques (inspirés du luxembourgeois, sarrois, alsacien), langues familiales d'une très petite minorité.

Histoire

Époque celtique peuplement dense à l'époque de Hallstatt ; nombreuses collines fortifiées à l'époque de la Tène ; 2 peuples : *Leuques* au S., *Médiomatriques* au N. ; industrie du fer autour de la forêt de Haye, du sel entre Marsal et Vic (briquetages de la Seille). **Paix romaine** fait partie, après Dioclétien, de la Belgique, 1re cap. Trèves. 1er évêque de Trèves : St Euchaire (v. 250). Défrichements, urbanisation : Divodurum (Metz), Scarpone (Dieulouard), Tullum (Toul), Verodunum (Verdun). Prospérité croissante autour de la vallée de la Moselle (axe de communications Cologne-Lyon). **406** chute de Trèves et invasions des Barbares ; introduction des dialectes alémaniques au N.-E. d'une ligne Thionville-Dieuze-Le Donon. **VIIe s.** fondation d'abbayes ; la Mosellane devient le noyau du royaume d'*Austrasie.* Arnoul, fondateur de la dynastie carolingienne, y possède des domaines considérables ; Pépin le Bref, puis Charlemagne y résident volontiers, favorisant la formation d'une aristocratie de fonctionnaires et de propriétaires. Privilège de l'immunité pour les évêques et leurs possessions. Multiplication des abbayes (Remiremont, St-Dié, St-Mihiel, Gorze...). Verdun et Metz, cités florissantes, sont les centres de la renaissance culturelle. **843** *tr. de Verdun,* création du royaume de *Lotharingie* d'où vient le nom de Lorraine, partagé à *Meersen* (870) entre Charles le Chauve et Louis le Germanique, abandonné au roi de Germanie en 880. Arnoul de Carinthie fait *duc de Lorraine* (Grande Lorraine, compr. Lorraine actuelle, Wallonie, Rhénanie) son bâtard *Zwentibold ;* après l'assassinat de celui-ci (900), duché disputé entre France et Germanie, qui l'emportera (925). Après une période d'anarchie, duché divisé (v. 939) en *Basse* et *Haute-L.* (qui forme le duché de L., donné en 1048 à Gérard d'Alsace). Fonctionnaires investis par le souverain, les ducs profitent de son éloignement pour s'émanciper. Luttes avec leurs propres vassaux, dont certains se rendent indépendants *(Bar),* et contre les évêques de *Metz.* Foires importantes à Metz, Toul, Verdun. La *querelle des Investitures* (1076-1122) met fin à la prépondérance spirituelle des évêques de Metz ; les ducs se fortifient à Nancy et Prény ; les foires sont détournées vers la Champagne ; malgré la fondation d'abbayes cisterciennes, décadence des écoles de Metz et de Toul. La bourgeoisie de Metz acquiert des libertés communales et fait de la cité un centre économique comparable aux villes de Flandre et d'Italie ; en **1234** elle obtient le gouvernement de la cité.

De 1220 à 1303 les ducs Mathieu II et Ferry III profitent de l'affaiblissement des empereurs germaniques pour regrouper les terres ducales ; Ferry III fixe sa capitale à Nancy. **1301** *tr. de Bruges,* le Cte de Bar se reconnaît vassal du roi de Fr. pour la rive gauche de la Meuse. La décadence des foires de Champagne attire les marchands en L. où St-Nicolas-de-Port devient le marché le plus important. **1431** gendre et successeur du duc Charles II, René d'Anjou, fait prisonnier à Bulgnéville (par le Cte de Vaudémont, branche cadette, appuyée sur les ducs de Bourgogne). Doit donner en gage aux Bourguignons des localités sur la Meuse, ce qui occasionne une expédition de Charles VII. **1473** les Vaudémont acquièrent le duché, et le duc René II s'oppose à Charles le Téméraire, qui meurt devant Nancy en 1477. Metz et certains seigneurs de la L. allemande sont favorables à la *Réforme,* tandis que le duc Antoine favorise la Contre-Réforme et écrase les *« Rustauds »* à Saverne. **1552** il obtient de Charles Quint la reconnaissance de son duché comme « État libre et non incorporable ». **1552** Henri II s'assure de la neutralité de la L. pour s'emparer des *3 Évêchés* (Metz, Toul et Verdun), qui seront intégrés au roy. en 1648.

Pendant les g. de Religion, le duc Charles III pose sa candidature au trône de France (1584), puis essaie vainement de s'emparer des 3 Évêchés. Demeurée à l'écart des conflits internationaux, la L. connaît un siècle de prospérité ; accession à la propriété rurale des marchands enrichis, grande floraison artistique. Les relations entre le duc Charles IV et Gaston d'Orléans déclenchent l'intervention fr. qui livre les duchés aux dévastations des armées ; guerre et peste déciment la population. Charles IV recouvre une partie de ses États aux *tr. des Pyrénées* (1659) et de *Vincennes* (1661) : comme il refuse en 1670 le protectorat de Louis XIV, le duché est de nouveau occupé par les troupes fr. **1697** *tr. de Ryswick* rend la L. au duc Léopold, qui doit céder à la Fr. Sarrelouis et Longwy, qui sont annexés aux 3 Évêchés ; il épouse une nièce de Louis XIV et transporte sa capitale à Lunéville. **1729** son fils, François III, lui succède. **1736** il épouse Marie-Thérèse, fille de l'empereur ; en échange de la couronne impériale et du duché de Toscane, il cède son duché à Stanislas Leczinski, beau-père de Louis XV et ex-roi de Pologne (**28-8** *ratification au tr. de Vienne, 1738).* **30-9** Stanislas cède à son gendre l'administration de la L. **1766-23-2** à sa mort la L. devient une intendance française. 3 seigneuries appartenant à des familles allemandes constituent des enclaves étrangères : abbaye de Senomes (aux princes de

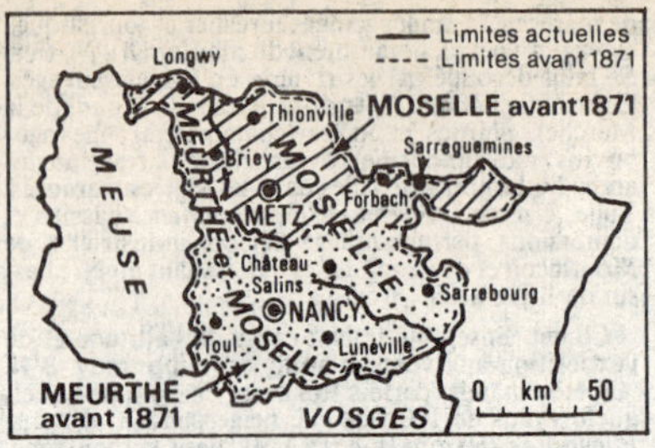

Salm), Dalo (aux comtes de Leiningen), Druligen (aux comtes de Sarrebruck-Nassau).

XVIIIe s. colonisation agricole des terres abandonnées, création d'une industrie sidérurgique à Hayange, de cristalleries, faïenceries... La L. reste une province « réputée étrangère », c.-à-d. séparée du royaume par une barrière douanière. **A la Révolution,** division en 4 dép. : Moselle, Meurthe, Meuse et Vosges. **1793** enclaves étrangères annexées. **1815** perte de Sarrelouis et de Sarrebruck. **1848** essor industriel. **1870** annexion par l'Allemagne de presque toute la Moselle et d'une grande partie de la Meurthe. Exploitation de la minette du bassin de Briey et du sel autour de St-Nicolas-de-Port. **1914-1918** la g. dévaste les régions agricoles de Verdun et Pont-à-Mousson, mais épargne les industries. **1918** la L. redevient fr. **1940-44** la Moselle annexée de fait à l'Allemagne, les Mosellans francophones sont expulsés. **1963** accord gouvernement/syndicats : ralentissement de la prod. minière. **1966** 1er « plan acier » : 15 000 suppressions d'emplois annoncées. **1968** plan Bettancourt : réduction de la prod. charbonnière, fermetures de sites. **1970** Wendel-Sidélor annonce 10 800 suppr. d'emplois. **1974** révisions à la hausse de la prod. charbonnière. **1977** 2e « plan acier » : 10 200 suppr. d'emplois annoncées. **1978** *février* « plan Vosges » : aides aux activités traditionnelles, à l'investissement et au désenclavement de la région. *Août* le groupe Boussac (env. 5 000 salariés dans les Vosges) mis en règlement judiciaire. Agache-Willot prend la relève. *Décembre* 3e « plan acier » : Sacilor-Sollac annonce 8 500 suppr. d'emplois et Usinor 12 500. *-19-12* opération « Longwy ville morte », tensions sociales. **1979**-*12-1* Metz : 50 000 manifestants pour « défendre la Lorraine ». *-17-3* la CGT lance à Longwy Radio Lorraine Cœur d'acier. *-23-3* marche des Lorrains sur Paris. **1982** 4e « plan acier » : 7 700 suppr. d'emplois annoncées. *Juin* les ouvriers de « Pompey » montent à Paris pour défendre leurs emplois. *Décembre* M. Mauroy en Lorraine, manifestations et affrontements. **1984** plan de modernisation de l'ind. française : 2 pôles de conversion sont créés. *-18-3* grève unitaire des sidérurgistes. *-31-3* 8 500 nouvelles suppr. d'emplois. *Avril* M. Fabius annonce les mesures d'accompagnement. 3 députés PS démissionnent de leur groupe parlementaire. *-4-4* grève générale et manif. à Metz, Nancy. *-13-4* grève gén. et marche sur Paris. *-8-5* FO quitte l'intersyndicale de Lorraine.

Économie

Population. 2 319 905 (1982). 1975 : 2 330 822. *Active* 947 692 dont agr. 41 884. ind. B.T.P. 362 112, tertiaire 455 420. *Étrangers* (résid. au 31-12-83) 187 727.

Échanges (en milliards de F, 1984). IMPORTATIONS : 37 805,5 dont (%) gaz nat. et prod. pétroliers 25,9, autom. 10,4, prod. sid. 9,2 ; *de* (%) C.E.E. 64,1, Eur. de l'Est 18,4, reste de l'Eur. 6,1 ; Moy.-Or. 0,7, reste de l'Asie 2,1 ; Amér. du N. 3,2, Amér. latine 1,6 ; Afr. 3,1 ; Océanie 0,1. EXPORTATIONS : 38 308,8 dont (%) sid. 21,6, prod. chim. de base 10,7, prod. de la fonderie 5,5, autom. 5,4, prod. de l'agr. 5,4 ; *vers* (%) C.E.E. 66,0, Eur. de l'Est 2,2, reste de l'Eur. 11,1 ; Moy.-Or. 2,5, reste de l'Asie 2,4 ; Afr. 5,2 ; Amér. du N. 6,1, latine 1,9 ; Océanie 0,4.

Agriculture (1984). **Terres** (en milliers d'ha) 2 366,9 dont *S.A.U.* 1 188,7 [t. lab. 568 (dont céréales 371,2, fourr. annuels 56,3, oléagineux 50,1, jardins 15,2), herbe 617,5] ; *bois* 861,7 ; *t. agr. non cult.* 86,7 ; *t. non agr.* 201,8. **Prod. végétale** (en milliers de t) céréales 2 095,2 dont orge et escourgeon 857,6, blé tendre 1 113,1, avoine 71,1 ; p. de t. 44,2, bett. ind. 18,5, fourr. annuels 2 413,6. **Animale** (en milliers de têtes) bovins 1 071,5 dont veaux 252,6, ovins 275,9, porcins 113,1. *Lait* 15 687 872 hl (prod. totale, v. laitières + nourrices).

Effectifs salariés (1982) : 742 240 dont primaire 7 340, secondaire 335 720, tertiaire 399 180.

Tourisme (1-1-84) Hôtels 1 549 (21 892 ch.), dont homologués 548 (12 590 ch.). Campings-caravanages 158 (36 462 pl.). Auberges de Jeunesse 8 (484), villages de vac. 1 (300). *Thermalisme* (Vosges), *nombre de curistes (1983) :* Bains-les-Bains 3 540, Contrexéville 4 670, Plombières-les-Bains 7 645, Vittel 5 820.

PROJETS ET RÉALISATIONS. Voir Quid 1982 p. 863. VIIIe plan. En italique coût en millions de F *(16 000). Agriculture :* taille moyenne des exploitations 53-54 ha (1985), remembrement de 100 000 ha *(127)*, drainage de 60 000 ha *(211)*, reboisement [N. de la Meuse, E. des Vosges *(34)*] ; décentralisation à Épinal de l'École sup. du bois ; *énergie*, développement des mines de charbon de Ste-Fontaine, de la Houve, utilisation des thermies fatales dans les centrales de Carling, nouvelle cokerie de Blénod-lès-Pont-à-Mousson (150 000 t/an), récupération des gaz de hauts fourneaux dans la centrale de Richemont, centrale nucléaire de Cattenom (1985), valorisation des effluents thermiques de la centrale de la Maxe, exploitations des ressources géothermiques dans la Meuse. Création de 4 organismes spécialisés dans le domaine de l'eau, énergie, charbon, nutrition, centre d'études des systèmes de communications (Metz). *Environnement :* lutte contre pollution atmosphérique zone de Carling, désalinisation des eaux de la M.-et-M., projet Tradilor d'incinération de déchets ind., protection des nappes d'eau souterraines. *Transports :* création d'un aéroport régional (353 millions de F), canalisation de la Meurthe entre Dombasle-sur-Meurthe et Frouard, amélioration du réseau routier (N4, Plan Vosges).

Départements

Voir légende p. 704.

● **Meurthe-et-Moselle** (54) 5 235 km² (135 × 8 à 103 km). *Alt.* max. Roc de Taurupt 730 m, min. Arnaville 171 m. 716 846 h. (1982) [*1800 :* 338 115 ; *1836 :* 423 366 ; *1856 :* 364 623 ; *1872 :* 365 137 ; *1911 :* 564 730 ; *1921 :* 503 810 ; *1931 :* 592 632 ; *1946 :* 528 805 ; *1954 :* 607 022 ; *1962 :* 678 078 ; *1968 :* 705 413 ; *1975 :* 722 588]. D. 136,9 (82). *Pop. active* (82) : 297 300 ; ayant un emploi 269 600 dont secteur primaire 8 780, secondaire 96 400 (industrie 77 400, B.T.P. 19 000), tertiaire 164 420.

Villes. NANCY 96 317 h. [*1836 :* 31 445 ; *1872 :* 52 978 ; *1901 :* 102 559 ; *1936 :* 121 301 ; *1962 :* 130 893 ; *1975 :* 107 902] [ag. 306 982, dont *Bouxières-aux-Dames* 4 817. *Champigneulles* 7 919 ; bières. *Dombasle-sur-Meurthe* 9 482. *Essey-lès-Nancy* 7 447. *Frouard* 7 589. *Heillecourt* 5 028. *Jarville-la-Malgrange* 11 350, métall., constr. méc. *Laneuveville-devant-Nancy* 5 114. *Laxou* 17 018 ; centre psychothér. *Liverdun* 6 110 ; égl. Ste-Agathe XVIIe s. *Ludres* 5 376. *Malzéville* 8 325. *Maxéville* 8 910, site technologique de la Ferme St-Jacques-Thomson, semi-conducteurs électroniques. *Nancy-Essey* aéroport. *Pompey* 5 685. *St-Max* 11 656. *St-Nicolas-de-Port* 7 482 ; text., brasserie ; église de pèlerinage du XVIe s. *Saulxures-lès-Nancy* 3 932. *Seichamps* 4 651, bonneterie. *Tomblaine* 7 828. *Vandœuvre-lès-Nancy* 33 682 h. ; complexe hosp. rég. pôle d'activité tertiaire de Nancy-Brabois. *Varangéville* 4 126 ; seule mine de sel gemme, 272 600 t (1976) ; cath. (XVe-XVIe s.), église St-Gergoult, cloîtres, remparts. *Villers-lès-Nancy* 16 120] ; ancienne capitale des ducs de Lorraine ; place Stanislas (architectes Boffrand et Héré, *1752-60*, ancienne place Royale et de l'Hémicycle) 124 m × 106 m, palais ducal (1502-44), égl. des Cordeliers, musées lorrain, historique, de l'école de Nancy (mobilier), Bx-Arts, du fer (Jarville-la-Malgrange), zoologie et aquarium, jardin botanique, automobile (Velaine-en-Haye) ; centre comm., bourse ; constr. méc. text., cristallerie, chaussures, ind. alim. ; la plus longue façade de Fr., 400 m (immeuble du Haut-du-Lièvre). — *Auboué* 3 685 h. *Baccarat* 5 433 h. [ag. 5 879] ; cristallerie (musée). *Blainville-sur-l'Eau* 3 895 h. [ag. 6 934, dont *Damelevières* 3 039]. *Briey* * 4 357 h., ind. chim., constr. méc., égl. XVIIIe s. *Dieulouard* 5 212 h. *Haucourt-Moulaine* 3 899 h. *Homécourt* 8 139 h. ; sid. *Jarny* 8 849 h. (ag. 13 040). *Jœuf* 9 016 h. ; sid., métall. *Longuyon* 6 993 h. *Longwy* 17 338 h. [ag. 45 210, dont *Herserange* 4 918. *Mont-St-Martin* 10 419 ; égl. XIIe s. *Rehon* 3 750] ; métall., la plus importante gare marchande, en tonnage, de Fr. ; forts de Vauban. *Lunéville* * *21 468 h.* [*1836 :* 12 798 ; *1901 :* 23 269 ; *1931 :* 24 668] (ag. 24 530) ; château (1702-06) ; text., électro., faïencerie. *Neuves-Maisons* 6 952 h. (ag. 15 933). *Pagny-sur-Moselle* 3 707 h. *Piennes* 2 751 h. (ag. 5 006). *Pont-à-Mousson* 14 942 h. [*1836 :* 7 261 ; *1936 :* 11 347] [ag. 22 661, dont *Blénod-lès-Pont-à-Mousson* 4 553] ; fonderies, tuyaux ; abbaye des Prémontrés (XVIIIe s., centre culturel), égl. St-Martin et St-Laurent, place Duroc. *Toul** 17 406 h. [*1836 :* 7 333 ; *1901 :* 12 287] [ag. 22 878, dont *Ecrouves* 3 758] ; pneum. *Tucquegnieux* 3 367 (ag. 6 946). *Villerupt* 11 465 h. ; laminoirs.

Régions naturelles. *Pays-Haut* 55 489 ha : plateau, céréales. *Plaine de Woëvre* 23 387 ha (alt. moy. 250 m) : céréales, vergers, élevage. *Côtes de Meuse* (alt. moy. 400 m, max. 434 m) 8 579 ha et plateau de *Haye* 31 765 ha (alt. moy. 300 m, max. 491 m) : céréales, vergers, vignes. *Plateau lorrain* (Saulnois, Xaintois, Vermois, Région de la Seille) 147 625 ha : élevage, céréales, fourrage, vergers. *Montagne vosgienne* 4 150 ha : forêt (300 à 732 m). *Bassins industr. : Nancy* (sid., métall., ind. chim., alim.) ; *Longwy* (sidér., métall.) ; *Briey* (plateau alt. moy. 270 m, max. 390 m) : mines de fer (près de 50 % de la prod. fr.), sidér. **Terres.** Voir Index.

Divers. *Blénod-lès-Pont-à-Mousson :* la plus puissante centrale thermique de France (1 million de kWh). *Parc naturel régional de Lorraine* (40 000 ha en M.-et-M.). *Parc de la forêt de Haye. Plans d'eau :* Villey-le-Sec 8 ha. *Forêt des Basses-Vosges. Châteaux :* Craon (à Haroué, 1720, Boffrand), Thorey-Lyautey, Cons-la-Grandville (XVIIIe s.), Preny (ruines XIIIe). Jaulny (XIIe s., restauré XVe et XVIIIe s.), La Pierre-Percée. *Églises :* St-Nicolas-de-Port (flamboyant). Écrouves (XIIe-XIIIe s.). *Musée* de la guerre 1870-71, Mars-la-Tour. *Cimetière* all. (1940-44), Andilly. *Cristallerie de Sèvres :* Vannes-le-Châtel. *Ligne Maginot* à Fermont.

● **Meuse** (55) 6 220 km² (133 × 75 km). *Alt.* max. Buisson d'Amanty 483 m, min. 115 m (sortie de la Saulx). 200 101 h. (1982) [*1801 :* 269 522 ; *1851 :* 328 657 ; *1911 :* 277 955 ; *1946 :* 188 786 ; *1968 :* 209 513 ; *1975 :* 203 904]. D. 32,1 (82). *Pop. active* (emplois au lieu de travail, 1982) 70 780 dont primaire 10 460, secondaire 25 760, tertiaire 34 560.

Villes. BAR-LE-DUC 2 361,8 ha, 18 392 h. [1881 : 15 617 ; *1901 :* 17 693 ; *1946 :* 14 383 ; *1976 :* 19 288], (ag. 18 406), alt. 189 à 239 m ; text., habill., laine, méc., imprimeries, placage de bois décoratif, gare fromagère, confit. de groseilles ; égl. St-Étienne, ville de haute Renaissance, tour de l'horloge, m. des Sc. nat. — *Ancerville* 2 833 h, *Bouligny* 3 575 h. (ag. 4 400). *Commercy** 6 792 h. ; tréfileries, métall. ; 1er prod. de madeleines ; château Stanislas ; la plus ancienne maréchalerie de Fr. (1847) ; bois. *Cousances-les-Forges* 1 890 h. ; poterie culinaire, pièces pour automobiles. *Dieuze-sur-Meuse*, laiteries et fromageries. *Étain* 3 807 h. (ag. 4 141) ; mat. plast., métall. *Fains-véel* 2 513 h. *Gondrecourt-le-Château* 1 594 h. ; meubles de style. *Ligny-en-Barrois* 5 591 h. ; optique et lunetterie (45 % de la prod. fr., Essilor), instruments de mesure, meubles, construct. d'autobus ; tour Valeran de Luxembourg, porte Dauphine. *Marville*, électronique. *Montmédy* 2 024 h. ; citadelle de Charles Quint, remaniée par Vauban (XVIe-XVIIe s.). *Revigny-sur-Ornain* 4 054 h. ; 1re usine fr. d'étirage d'acier, laminage et galvanisation. *St-Mihiel* 5 525 h. (ag. 6 232) ; optique et lunetterie (Essilor), luminaire, méc., meubles, chim. ; palais de justice (L. XIV), hôtel de v. (L. XVI), églises St-Michel et St-Étienne, abbaye, maison de Ligier Richier. *Sorcy-St-Martin*, laiteries et fromageries. *Stenay* 3 693 h. (ag. 4 222) ; papeteries, fond d'acier moulé. *Tronville-en-Barrois* 2 364 h. (ag. 2 818) ; textile synth., câbles méc. (2e prod. fr. de fil métall. pour pneum.), méc., transports frigorifiques, ind. alim. *Vaucouleurs* 2 511 h. ; méc., chemiseries, sous-vêtements. *Velaines* 1 135 h. *Verdun** 3 102 ha, 21 516 h. [*v. 950 :* 13 000 ; *1803 :* 9 221 ; *1936 :* 19 640 ; *1968 :* 24 716] [ag. 26 944, dont *Belleville-sur-Meuse* 2 729. *Thierville-sur-Meuse* 2 699] ; méc., chaux, chim., imprimeries ; fromageries, dragées, lactosérums (1re unité de traitement des dérivés du lait) ; hôtel de v. (1625) et musée de la Guerre, palais épiscopal, cath. (crypte XIIe s., cloître XIVe s.), musée de la Princerie (hôtel XVIe s.), la Tour Chaussée. *Vigneulles-les-Hattonchâtel*, laiteries et fromageries.

Régions naturelles. *Barrois* 348 724 ha : céréales et forêts. *Vallée de la Meuse :* bovins. *Woëvre et Côtes de Meuse* 127 169 ha, alt. max. 412 m, élevage, forêts, céréales, fruits (mirabelles). *Argonne* 83 514 ha, alt. max. 483 m, forêts, élevage. *Pays de Montmédy* 43 992 ha. **Terres.** Voir Index.

Divers. *Parc naturel régional* de Lorraine (67 600 ha dans la Meuse). *Lac* de la *Madine*, 1 100 ha. *Églises* Hattonchatel, Avioth (basilique gothique, chaire à prêcher aux armes de Charles Quint). *Beaulieu-en-Argonne* pressoir XVIIe s. *Nubécourt* sépulture du Pt Poincaré.

Bataille de Verdun (21-2/15-12-1916) : 9 villages ont disparu ; ossuaire de Douaumont [restes anonymes, cimetières américains (Romagne, 20 000 tombes), allemands (35 000 tombes), français (80 000 tombes)] ; champs de bataille ; forts de Vaux et Douaumont, Tranchée des Baïonnettes, Cote 304, Monfaucon (mon. commémoratif américain, tour de 58 m), butte de Vauquois, circuit des Éparges, Montsec, bois des Caures, Mort-Homme, voie Sacrée ; mémorial de Fleury-devant-Douaumont ; galeries souterraines de la citadelle ; crypte du Monument de la Victoire.

● **Moselle** (57) 6 250 km² (169 × 66 km). *Alt.* max. 983 m (au Grossmann, montagne vosgienne), min. 140 m (à Sierck-les-Bains, vallée de la Moselle). 1 007 189 h. (1982) [*1801 :* 397 217 ; *1851 :* 525 593 ; *1876 :* 480 250 ; *1911 :* 655 211 ; *1921 :* 589 120 ; *1936 :* 696 246 ; *1946 :* 622 145 ; *1954 :* 769 388 ; *1962 :* 919 412 ; *1968 :* 971 314 ; *1975 :* 1 006 373]. D. 161,1 (82). *Pop. active* (emplois au lieu de travail, 1982) 350 960 dont primaire 10 080, secondaire 157 820, tertiaire 183 060.

Villes. METZ sup. 4 122 ha, alt. 175 m, 114 232 h. [*1552 :* env. 60 000 ; *1696 :* 22 000 ; *1813 :* 14 102 ; *1866 :* 57 738 ; *1910 :* 179 138 ; *1921 :* 62 311 ; *1936 :* 83 119 ; *1946 :* 70 105 ; *1954 :* 85 701 ; *1975 :* 111 869] [ag. 186 437, dont *Longeville-lès-Metz* 4 078], *Marly* 9 490, *Montigny-lès-Metz* 22 114, *Moulins-lès-Metz* 5 034, *Woippy* 13 816] ; cathédrale St-Étienne, église St-Pierre-aux-Nonnains (IVe s., une des plus vieilles de Fr.) ; musées archéol. (collections gallo-rom.), d'Art et d'histoire et folkl. ; métall., constr. autom. Citroën, brasserie, malterie, port céréalier 384 223 t en 1977 (1er port fluvial de Fr.) ; institut europ. d'écologie. *Ars-sur-Moselle* 5 039 h. (ag. 7 666). *Audun-le-Tiche* 6 391 h. *Bitche* 5 648 h. ; musées (fortifications de Vauban). *Boulay-Moselle* 4 336 h. ; orgues. *Bouzonville* 4 285 h. (ag. 4 796). *Château-Salins* 2 461 h. *Creutzwald* 15 060 h. (ag. 18 672) ; houille, ind. transf. *Dieuze* 3 893 h. *Farebersviller* 7 122 h. (ag. 8 883). *Faulquemont* 5 873 h. (ag. 10 576). *Fénétrange* 816 h. ; musée. *Forbach* * 17 187 h. [*1802 :* 1 769 ; *1936 :* 12 167] [ag. 99 606, dont *Behren-lès-Forbach* 11 152. *Freyming-Merlebach* 16 214. *Hombourg-Haut* 10 055. *Petite-Roselle* 7 160. *Stiring-Wendel* 13 581 ; houille]. *Guénange* 8 327 h. *Hagondange-Briey* [ag. 119 669, dont dans le dép. *Amnéville* 8 951. *Hagondange* 9 091 (*1910 :* 548 ; *1931 :* 6 424), alt. 146 à 202 m, sup. 550 ha. *Lemberg* 1 544 h. ; cristallerie. *Maizières-lès-Metz* 9 790 h. *Marange-Silvange* 5 538. *Mondelange* 5 993. *Moyeuvre-Grande* 10 287. *Rombas* 11 733. *Talange* 8 325]. *Hettange-Grande* 5 786 h. *L'Hôpital* 6 567 h. [ag. 9 989, dont *Carling* 3 422]. *Longeville-lès-Metz* 4 078 h. *Marange-Silvange* 5 538 h. *Marsal* 280 h. ; sel, musée. *Metz-Campagne* (administré par un sous-préfet à Metz). *Metz-Ville* * *Nilvange* 5 944 h. *Phalsbourg* 3 848 h. ; musée Erckmann-Chatrian. *St-Avold* 16 485 h. (ag. 26 712) ; centrale therm., cokerie, usines chim. *Morhange* 4 674 h. (ag. 5 217). *Sarrebourg* 12 699 h. [*1800 :* 1 503 ; *1900 :* 5 058 ; *1936 :* 9 561] (ag. 75) 14 522] ; verrerie, chaussures ; musée d'archéol. *Sarreguemines* 24 763 h. [*1801 :* 2 529 ; *1920 :* 14 680] [ag. 27 207] ; faïences, pneum. ; musée d'archéol. *St-Avold* 16 485 h. [ag. 26 543, dont *Folschviller* 4 957]. *Sarralbe* 4 553 h. *Sarrebourg* 12 699 h. (ag. 15 768). *Sérémange-Erzange* 4 547 h. *Thionville* 4 986 ha, 40 573 h. [*1901 :* 5 438 ; *1920 :* 10 062 ; *1936 :* 18 934 ; *1954 :* 23 054] [ag. 138 034, dont *Algrange* 6 767. *Fameck* 14 942. *Florange* 11 766. *Hayange* 17 848. *Uckange* 9 524. *Yutz* 15 544] ; sid., ind. chim., brasserie, Sollac (aimant permanent le plus puissant de la sid. : 4,5 t, soulève jusqu'à 20 t) ; musée d'archéol. et céram., tour aux puces.

Régions naturelles. *Montagne Vosgienne* 12 489 ha (3,6 % de la S.A.U.) : alt. 500 à 980 m, flancs et sommets boisés, collines sous-vosgiennes (polyculture, élevage). *Plateau Lorrain Sud* 151 007 ha (44,4 %) : alt. 200 à 400 m, élevage, céréales, sel gemme (Saulnois). *Plateau Lorrain Nord* 141 019 ha (42,1 %) : alt. 200 à 400 m, céréales, élevage, pays de Bitche (alt. parfois + de 400 m, bois, tourisme, partie du parc naturel des Vosges du N.). *Pays Haut* 18 554 ha (5,5 %) : alt. 300 à 400 m, céréales, mines de fer, sidérurgie. *Warndt* 4 190 ha (1,2 %) : polyculture, élevage, charbon. *Vallée de la Moselle* 10 517 ha (3,2 %) : céréales, légumes, fruits, sidérurgie (Thionville).

Terres (en milliers d'ha, 1984). 625,1 dont *S.A.U.* 310,9 [t. lab. 161,7 (dont jardins 8), herbe 148,2] ; *bois* 180 [dont (1981) forêt de Bitche 2 279, Dabo 2 140, collines sous-vosg. 1 000, Warndt 790] ; *étangs* 1,9 ; *t. agr. non cult.* 45,8 ; *t. non agr.* 79,9.

Ressources. *Agriculture :* blé, orge, avoine, maïs, seigle, p. de t. *Élevage :* bovins, porcins, ovins, chevaux, poules, lapins, lait. *Ind. :* houille (43,55 % de la prod. fr.), fer (50,9), acier (27,1), fonte (23,7).

Sites touristiques. *Parc naturel régional de Lorraine :* 180 000 ha [Meuse, Meurthe-et-M., Moselle (43 000 ha)] ; triangle Vic-sur-Selle, côte St-Jean, Marsal (musée du sel), massif forestier de Bride et Koecking, forêt de Rechicourt. *Parc naturel régional des Vosges du N. :* 120 000 ha (Moselle 47 000, Bas-Rhin 77 000) ; 50 % en forêts aux essences variées. *Étangs :* 130 dont La Mütche à Morhange 96 ha (prof. 7 m), Gondrexange 672 ha (5,5 m), Lindres 6,7 km² (prof. 3,5), Le Bischwald à Bistroff 222 ha (3,50 à 4 m), Le Stock 750 ha (3 m) Rechicourt 40 ha (3 m) (à l'or. 161 ha, asséchés), plans d'eau de la ligne Maginot ou de Puttelange-aux-Lacs (Diffembach, Welschoff, Marais, Hirbach, Hoste-Haut, Hoste-Bas), au total 290 ha (3,50 à 9,50 m) ; d'Olgy et du Saulcy sur la Moselle près de Metz. *Tourisme militaire :* ligne Maginot, musée de 1870 à Gravelotte. *Château :* Sierck-les-Bains, Grange à Marom (mobilier ancien), Falkestein.

Divers. *Arzviller :* plan incliné, ascenseur à péniches remplaçant 17 écluses. *Plus longue autoroute urbaine* de France (Thionville-Metz-Nancy 84 km sans péage). Possibilité de capter 7 chaînes de T.V. En 1870, la Moselle avait 3 sous-préfectures : Briey, Thionville, Sarreguemines.

● **Vosges** (88) 5 871 km² (40 × 132 km). *Alt.* max. Ballon de Guebwiller (1 426 m), min. 233 (sortie de la Saône). 395 769 h. (1982) [*1801 :* 308 920 ; *1851 :* 406 518 ; *1911 :* 433 914 ; *1936 :* 376 926 ; *1946 :* 342 315 ; *1975 :* 397 957]. D. 67,8 (80). *Pop. active* (emplois au lieu de travail, 1982) 158 600 dont primaire 12 700, secondaire 78 160, tertiaire 67 740.

Villes. ÉPINAL alt. 325 à 450 m, 37 818 h. [ag. 51 495, dont *Golbey* 7 822 ; coton] ; coton, bonneterie, confect., métall., imagerie (musée). *Anould* 2 885 h. (ag. 6 232). *Arches* 1 718 h. (ag. 2 790) ; papeteries. *Bains-les-Bains* 1 527 h. ; centre therm. *Bruyères* 3 679 h. (ag. 4 883). *Charmes* 5 225 h. (ag. 6 118). *Cheniménil* 1 182 h. [ag. 2 253, dont *Docelles* 1 071 ; confection ; lingerie]. *Contrexéville* 4 090 h. ; centre therm. *Éloyes* 3 329 h. *Fraize* 3 357 h. (ag. 5 592). *Granges-sur-Vologne* 2 758 h. (ag. 3 208). *Gérardmer* 9 106 h. (ag. 10 439), alt. 670 ; bois, text., tourisme. *La Bresse* 5 369 h. [ag. 13 958, dont *Cornimont* 4 456] ; produit 15 % de son électricité ; projet discuté de barrage noyant 8 ha de tourbière. *Le Thillot* 4 860 h. (ag. 14 992) ; tannerie. *Le Val d'Ajol* 5 229 h. *Liffolle-Grand* 3 174 h. ; meubles de style. *Mirecourt* 7 940 h. (ag. 10 279) ; text., lutherie. *Moyenmoutier* 3 498 h. [ag. 6 397, dont *Étival-Clairefontaine* 2 231 ; papeteries]. *Neufchâteau** 8 343 h. ; meubles. *Nomexy* 2 682 h. (ag. 4 624). *Plombières-les-Bains* 2 297 h. ; stat. therm. *Rambervillers* 6 595 h. (ag. 6 883) ; papeterie, text. *Raon-l'Étape* 7 039 h. (ag. 7 599) ; bois, text. *Remiremont* 9 985 h. (19 911) ; text., métall. *Rupt-sur-Moselle* 3 570 h. *St-Dié** 23 759 h. (ag. 27 708) ; text., métall., électro-méc. *St-Nabord* 3 768 h. *Senones* 3 427 h. (ag. 4 823) ; confection ; abbaye et palais des P^ces de Salm (XVIIIe s.). *Thaon-les-Vosges* 7 421 h. (ag. 10 994) ; text. *Vagney* 3 522 h. (ag. 7 947). *Vittel* 6 440 h. ; centre thermal et touristique. *Xertigny* 3 190 h.

Régions naturelles. Ligne de partage des eaux entre la mer du Nord (bassin de la Moselle) et la Méditerranée (b. de la Saône). *A l'O., plateau lorrain* (53 % de la sup.) : calcaire et marnes irisées, élevage, polyculture, céréales. *Au S., Vôge* (11 %) : plateau forestier, sol gréseux, sommet à 450 m, fonds de vallée à 350 m. *A l'E., Vosges* (36 %) : gréseuses (basses Vosges) et granitiques (hautes Vosges), élevage, forêts. **Terres.** Voir Index.

Lacs. *Retournemer :* 18 ha, prof. 10 m ; *Longemer :* 75 ha, prof. 35 m ; *Gérardmer :* 122 ha, 2 000 × 650 m (alt. 660 m, prof. 36 m) ; *Bouzey-Sanchey :* réserve de 136 ha.

Divers. *Chamagne :* maison de Claude Gellée (XVIIe s.). Vestiges gallo-romains à Grand (amphithéâtre et mosaïques). *Domrémy :* lieu de naissance de Jeanne d'Arc. *Darney :* musée franco-tchécoslovaque. *Châtel-sur-Moselle :* forteresse bourguignonne. *Stations de sports d'hiver* les plus proches de Paris ; la Schlucht 1 139 m, la Mauselaine et Gérardmer 666 m, Ventron 800-1 100 m, St-Maurice-sur-Moselle (le Rouge Gazon) 560-1 247 m, le Valtin, la Bresse 630-1 350 m, Bussang 620-1 220 m.

Midi-Pyrénées

Généralités

Comté de Foix

Situation. Forme, avec le Couserans et une partie du Languedoc, le département de l'Ariège.

Histoire. Région de peuplement ibérique, colonisée après 350 av. J.-C. par des Celtes (Belges Tectosages), et intégrée dès 121 av. J.-C. à la Provincia Romana. Partie de la *Civitas tolosatium* qui dépend, après Dioclétien, de la Narbonnaise Première. Appartient ensuite aux Wisigoths, qui s'y maintiennent 3 siècles. Les Carolingiens fondent et protègent l'abbaye de St-Vulpien (sur l'emplacement de la future ville de Foix), qu'ils confient à l'évêque d'Agde. **940** le Cte Arnaud de Couserans et Comminges devient Cte de Carcassonne, et se taille un fief important, englobant la région de St-Vulpien ; il est un vassal théorique de Toulouse. **1002** Foix est mentionné pour la 1re fois : donné par Roger le Vieux, Cte de Carcassonne, à Bernard-Roger, son 2e fils, 1er prince de la « Maison de Foix », qui comptera 17 souverains. **1209-23** le Cte Raymond-Roger, chef de la résistance cathare. V. **1250** Roger IV échappe à la suzeraineté toulousaine et devient vassal direct du roi de Fr. **1290** réunion du Cté de Foix, de la Vté de Béarn et de la Bigorre à la mort de Gaston VII de Moncade, dont Roger-Bernard III avait épousé (en 1252) la fille, Marguerite. **1391** mort de *Gaston Phoebus* sans héritier direct : le Cté passe à son cousin Mathieu de Castelbon, puis en 1399 au beau-frère de ce dernier, Archambaud de Grailli, captal de Buch. **1458** érigé en Cté-pairie par Charles VII au profit de Gaston IV. **1479** la maison de Foix-Béarn obtient, par mariage de Gaston IV avec Éléonore de Navarre (1434), la couronne de Navarre. **1484** acquis par la maison d'Albret (mariage de Catherine de Foix avec Jean III d'Albret). A la suite du mariage de Jeanne d'Albret avec Antoine de Vendôme, en 1548, passe à la maison de Bourbon. **1607** réuni à la Couronne par Henri IV, fils de Jeanne.

Ressources. Textile, travail des métaux, meubles, talc.

Gascogne

Situation. A cheval entre les régions d'Aquitaine et de Midi-Pyr. Le mot « Gascogne » ne s'applique qu'à l'aire des parlers gascons : allant de la Garonne aux vallées pyrénéennes (Pays basque et Béarn exceptés) et de l'Atlantique au méridien de Toulouse à peu près (Gers, Landes, Htes-Pyr., sud du Lot-et-G., du Tarn-et-G., de la Hte-Gar., de l'Ariège). En Aquitaine : Landes, sud de la Gironde et du Tarn-et-G. Zone de collines (160 à 400 m), faites de dépôts descendus des Pyrénées, où les eaux ont creusé un réseau de vallées en éventail aboutissant au sillon de la Garonne.

Histoire. Jusqu'au VIe s. av. J.-C. peuplée par les Ligures, puis densément colonisée par les Ibères, venus d'Espagne, qui couvrent le pays de villages enclos et d'oppidums, commandant les routes de transhumance vers le sud des Pyrénées. **350** résistent à l'invasion gauloise et maintiennent leur parler et leur civilisation ibériques. Partie de l'Aquitaine à partir de la conquête romaine. Lors du morcellement de l'Aquitaine, forme la *Novempopulanie* [métropole : Éluza, l'actuelle Eauze dans le Gers, région aquitano-romaine (opposée aux 2 « Aquitaine » gallo-romaines, latinisées et christianisées au IVe s.)]. **Ve s.** Conquise par Wisigoths, puis Clovis, occupée en grande partie par Vascons ou Basques, Ibères non latinisés venus du S. (d'où le nom de *Vasconia* et celui de duché de Gascogne en 602). **660-70** duché de G., vassal de Dagobert depuis 635, reprend son indépendance. **720** détruit par les musulmans. **735** renaît, comme duché vassal des Francs. **745-68** vaine tentative de retrouver l'indépendance (par le duc Gaïfre ou Waïfre). **926** : morcelée entre *Béarn, Astarac* et *Fezensac* (lui-même subdivisé en *Armagnac* et *Pardiac*). **1036** les fiefs gascons deviennent vassaux du duché d'Aqu. à la suite du mariage de la fille du duc Sanche-Guillaume avec le duc Eudes d'Aqu. **1154** (mariage d'Éléonore avec Henri II d'Angl.) : possession anglaise, ce qui développe l'exportation de vins vers les îles Britanniques. **1450** redevient française, reste entre les mains de 3 puissantes familles féodales : Armagnac, Albret, Béarn. **1589** accession de Henri IV (héritier des Albret et des Béarnais) au trône de Fr. ; réunie à d'autres fiefs (Landes, Chalosse, Armagnac, Labourd, Bigorre, Comminges et Couserans), dépend de la généralité de Pau. **1716** création de la généralité d'Auch, qui s'identifie à la G. jusqu'en 1789.

Ressources. Ind. agro-alim. (armagnac, foies gras à Gimont et conserves), laiteries, minoteries, constr. méc. destinées à l'agr., ind. du bois (Eauze-Condom), charpentes métall. (Fleurance), matériel électron., confection (à Lannepax et l'Isle Jourdain).

Haut-Languedoc ou Toulousain

Situation. Bassin moyen de la Garonne, et basses vallées : Ariège, Agout, Tarn, Aveyron. *Départements :* Hte-Garonne, Tarn-et-G., Tarn.

Histoire. Terre de faible peuplement ligurique, puis peut-être ibérique, colonisée par les Belges Tectosages **v. 350 av. J.-C.** (capitale : Tolossa, vieille ville-étape sur la route de l'étain). **121 av. J.-C.** cité des Tolosates est intégrée à la *Province Romaine*, puis à la Narbonnaise (Narbonnaise 1re apr. Dioclétien). **419-508** capitale du royaume wisigothique au N. des Pyrénées. **778** organisation d'un comté du Toulousain, dont le chef (avec le titre de duc) est chargé de contenir Vascons et musulmans. **888** les comtés deviennent héréditaires (famille des Raymond, appelés aussi les Saint-Gilles). **XIIe s.** Raymond V est l'un des plus puissants seigneurs de l'Occident : suzerain du Bas-Languedoc et marquis de Provence ; feudataire direct du roi de France. **1206-15** Raymond VI battu par Simon de Montfort, à l'occasion de la « guerre des Albigeois ». **1222-29** le comté est reconstitué, mais réduit à la région de Toulouse. **1229** *tr. de Meaux :* Raymond VII prend pour héritier un prince capétien, son gendre, Alphonse de Poitiers. **1271** à la mort d'Alphonse, le roi Philippe III hérite du comté ; les capitouls toulousains prêtent serment au sénéchal de Carcassonne. **1317** Toulouse devient archevêché. **1443** création du Parlement de Toulouse. **1561-89** Toulouse, centre de résistance catholique, reconquiert une grande partie du comté gagné au protestantisme. **1632** Montmorency, « gouverneur du Languedoc » et chef des révoltés du Midi, est décapité à l'hôtel de ville de Toulouse. **1635** la généralité de Montauban est créée, avec plus d'un tiers de l'ancien comté de Toulouse.

Ressources. Construction aéron., textile-habillement, constructions él. et électron., ind. chimique, matériaux de constr., constr. méc., B.T.P. (+ 1/3 de Midi-Pyrénées), secteur tertiaire très développé (Hte-Garonne). Ovins, fruits et légumes, ind. agro-alim. (T.-et-G.). Ind. textile (Castres-Mazamet) : 1re place pour le « cardé », ind. du cuir (Graulhet).

Quercy

Situation. Département du Lot, moitié N. du Tarn-et-Garonne et N.-O. de l'Aveyron. Ancien diocèse de Cahors. Vastes plateaux calcaires des Causses entaillés des vallées fertiles du Lot et de la Dordogne. A la périphérie, dépression bocagère du Limargue.

Histoire. Peuplé dès le mésolithique. **IIIe s. av. J.-C.** occupé par la puissante tribu gauloise des Cadurques (d'où les noms de Cahors et Quercy), qui édifie l'oppidum d'Uxellodunum (Puy d'Issolu ?). **118 av. J.-C.** une partie des *Cadurques* fait partie de la *Provincia*. **56 av. J.-C.** résistance à la conquête (siège d'Uxellodunum). **Période romaine.** Rattachement à l'Aquitaine 1re, et fondation de Divona Cadurcum (Cahors). Ravagé par les invasions des Vandales et des Quades, puis des Wisigoths. **VIe-VIIIe s.** attribué à divers royaumes mérovingiens qui y installent des comtes. **714** fait partie du duché d'Aquitaine. **Xe s.** les comtes de Toulouse s'arrogent des droits sur le Q., les seigneurs du comté leur prêtent hommage au lieu de reconnaître la suzeraineté du duc de Guyenne. De puissantes abbayes (Figeac, Souillac, Moissac, Rocamadour) s'érigent sur la route de Compostelle. **1223**

l'évêque-comte de Cahors prête hommage au roi de Fr. Fondation de nombreuses bastides. Le Q. est disputé entre rois de Fr. et d'Angl. **1259** *tr. de Paris :* exclu du duché (anglais) de Guyenne. **1360** *tr. de Brétigny :* donné à l'Angl. Mais les Quercynois refusent cette domination. **1368** les habitants de Montauban et de Cahors livrent leur ville aux Français. **1382** les charges imposées par Bernard d'Armagnac provoquent la révolte des *Tuchins.* **1440** les derniers soldats anglais sont chassés. Le Q. est marqué par les g. de religion, Montauban est un foyer réformé important (siège en 1562 par Monluc, combats jusqu'à l'édit d'Alais 1629, émeutes en 1659). **1551** Cahors, siège de présidial. Des états particuliers siègent jusqu'au XVIIe s. Rattaché au gouv. et à la généralité de Guyenne, en 1635 à celle de Montauban. **1624** *et* **1637** misère paysanne : révolte des *Croquants.*

Ressources. Élevage ovin depuis l'Antiquité (développement actuel de l'élevage ovin). Volailles (foies gras). Polyculture (céréales, tabac, arbres fruitiers, vignes). Truffes, textiles (lin, chanvre). Au Moyen Age, de nombreux Cadurciens sont banquiers.

Rouergue

Situation. Aveyron et N.-E. du Tarn-et-Garonne. Comprend Comté (Rodez), la Hte-Marche (Millau), Basse-Marche (Villefranche). Au N. : massif volcanique de l'Aubrac ; Centre et S. : plateaux calcaires des Causses et schisteux du Ségala.

Histoire. Peuplé dès le mésolithique (grottes de la vallée du Lot). **V. 350 av. J.-C.** occupé par la tribu gauloise des Ruthènes (d'où Rodez et Rouergue) qui fondent les oppidums de Condatomagus (Millau) et Legodunum (Rodez). **118 av. J.-C.** repoussent une attaque des Romains, maîtres de la *Provincia.* **58-51** tentent de ravager la Provence pour paralyser la conquête romaine. Intégré à l'Aquitaine (Aquitaine 1re après Dioclétien). **506 apr. J.-C.** réuni au royaume de Clovis. **VIIe s.** disputé entre Neustrie, Austrasie et Burgondie. Les Carolingiens nomment le 1er comte, Gilbert, dont les descendants deviennent comtes de Toulouse. **918-1066** le R. appartient à une branche cadette. **1066** héritage recueilli par Raymond de St-Gilles qui le vend en 1096 au comte de Millau. **1209** Raymond VII de Toulouse le rachète à Gui II d'Auvergne, héritier du comté. **1214** racheté à Simon de Montfort par la famille de Millau. **1302** passe par mariage à Bernard VI d'Armagnac. **1481** Louis XI s'en empare, après la trahison de Jean V. **1484** restitué, il passe à Marguerite d'Angoulême en 1525 par mariage. **1551** présidial établi à Villefranche (créé au XIIIe s. par Alphonse de Poitiers sur le front anglais, siège de sénéchaussée royale en 1250). **1589** réuni à la Couronne, le R. a des états particuliers jusqu'en 1651. Il forme une lieutenance de gouv. de la Guyenne et 2 élections rattachées jusqu'en 1635 à la généralité de Guyenne et ensuite à celle de Montauban. **1645** donné à Henri de Lorraine, Cte d'Harcourt, dont la famille le garde les droits jusqu'à la Révolution.

Ressources. Céréales, fromage de Roquefort. Industrie lourde (Decazeville), charbon, ganterie (Millau).

Économie

Population. 2 346 900 h. (1985). D. 51. *Pop. active* (au 1-1-1983) : 960 482 dont agric. 129 379, secondaire 261 071, tertiaire 485 001 ; à la recherche d'un emploi (au 1-1-85) : 95 000 ; *salariée* (1-1-1985) : 654,0.

Échanges (millions de F, 1984). IMPORTATIONS : 18 234,2 dont constr. aéron. 7 643,1, biens d'équip. profes. et ménager 1 833,4, viandes et conserves de viandes 1 062, cuirs 741,1, textiles 722,8, équipements industriels 417,5, prod. chimiques 550,9 ; *de* (en %) C.E.E. 42,63, (dont All. féd. 22,77, Ital. 9,48, Belg. 3,68, Roy.-Uni 2,95, U.S.A. 29,29, Esp. 6,28, Australie 3,24. EXPORTATIONS : 38 391,2 dont constr. aéron. 21 371,4, prod. de l'agr. 2 784,0, biens d'équip. profess. et ménager 2 348,8, textile 1 576,1, prod. chimiques de base 1 219,1, métaux et semi prod. non ferreux 1 235,4, cuirs 1 027,5 ; *vers* (en %) C.E.E. 36,53, (dont All. féd. 8.94, Ital. 10,53, P.-B. 5,68, Belg. 5,25, Roy.-Uni 5,32), U.S.A. 6,40, Espagne 3,79, Maroc 7,60.

Agriculture (1984). **Terres** (en milliers d'ha) 4 559,7 dont *S.A.U.* 2 736,3 [t. lab. 1 606,4 (dont jardins 16,3, cult. maraîchères 1,5), , herbe 1 040,1, vignes 67,8, cult. fruit. 21,3] ; *peupleraies* 15,5 ; *bois* 1 159,5 ; *t. agr. non cult.* 270,2 ; *t. non agr.* 347,3. **Prod. végétale** (en milliers de t) blé tendre 1 683,8, maïs-grain 1 501,3, orge et escourgeon 621, colza 80,5, tabac 5,9. *Fruits :* pommes de table 209,4, pavies, pêches, nectarines et brugnons 50,1, raisin de table 25,6, fraises 5,4. **Animale** (en milliers de têtes) ovins 2 772, bovins 1 446,7 (dont vaches laitières 307), porcins 730,3. *Viande* (en milliers de t de viande nette, 1982) 246,2. *Lait* (prod. totale, laitières + nourrices, en milliers d'hl) vaches 17 899,8, brebis 2 181, chèvres 178,7.

Industrie. *Effectifs* (prov., au 1-1-1983) : constr. navale et aéron., armement 22 375, text. 13 874, habill. 9 820, ind. élec. et électron. 14 556, fonderie et trav. des métaux 10 447, ameubl. 12 721, ind. chim. et pharm. 9 541, mat. de constr. 9 313, ind. du cuir et de la chauss. 7 664, ind. agr. et alim. 18 797.

Tourisme (1984). Hôtels 2 555 (48 569 ch.) dont homologués 1 401 (36 338 ch.), campings-caravanages 557 (100 437 pl.), auberges de jeunesse 11 (env. 300), camping à la ferme 212 (4 060 pl.), gîtes ruraux 3 461 (16 524 lits), centres familiaux 99 (14 267 lits).

Projets et réalisations. Plan régional 1984-88. *Énergie :* recherches de pétrole (plateau de Lannemezan) et de gaz, géothermiques et hydroélectr. ; centrale nucléaire de Golfech (4 tranches 1 300 MW, dont 2 d'ici à 1990). *Communications :* canal Latéral et c. du Midi (modification du gabarit des écluses) ; 1re mondiale d'un système de pente d'eau pour péniches à Montech. Autoroute A 64 (Bayonne-Tarbes), voie express Tarbes-Toulouse (1985), tunnel du Puymaurens. *Autoroute* Bordeaux-Toulouse-Narbonne. *Schéma d'orientation des Pyrénées.* Mise en valeur des cours d'eau (Gers). *Tourisme :* parc nat. des Pyrénées et régional du Ht-Languedoc. Thermalisme.

☞ Voir Occitanisme p. 736.

Départements

Voir légende p. 704.

● **Ariège** (09) 4 890 km² (150 × 130 km). *Alt.* max. Pic d'Estats 3 119 m. 135 725 h. (1982) [*1801 :* 196 454 ; *1851 :* 267 435 ; *1901 :* 210 527 ; *1936 :* 155 134 ; *1962 :* 137 192 ; *1968 :* 138 478 ; *1975 :* 137 857]. D. 28 (82). *Pop. active* (1-1-1983) 53 153, *salariée* 36 719 dont primaire 6 419, secondaire 17 229, tertiaire 20 762.

Villes. FOIX 9 282 h. (ag. 9 856), alt. 400 m ; tourisme, donjon de Gaston Phœbus 42 m, château, musée. *Auzat* 847 h. ; usine électro., chim. *Ax-les-Thermes* 1 478 h., alt. 720 m ; géothermie (chauffage de l'hôpital) ; thermalisme (alt. 720 m) ; ski. *La Bastide-sur-l'Hers* 763 h. ; peignes en corne. *Laroque d'Olmes* 3 124 h. *Lavelanet* 8 368 h. (ag. 9 091) ; textiles. *Le Mas d'Azil* 1 404 h. ; meubles, grotte préhistorique. *Le Peyrat* 410 h. ; peignes en corne. *Luzenac* 816 h. alt. 610 m ; talc (mine à ciel ouvert, à 1 800 m, la plus importante du monde). *Mazères* 2 355 h. *Mirepoix* 3 139 h. ; cath. fondée 1298, nef ogivale la plus large de France, la 2e en Europe (22 m). *Pamiers* * 13 345 h. (ag. 17 308) ; aciers spéciaux (Creusot-Loire) ; cath. XIVe s. *St-Girons* * 7 260 h. (ag. 10 613) ; papeterie, fromages. *Saverdun* 3 639 h. alt. 235 m. *Tarascon-sur-Ariège* 3 916 h. (ag. 4 327), alt. 474 m ; aluminium ; égl. N.-D. de Sabart. *Varilhes* 2 007 h.

Régions naturelles. *Zone pyrénéenne* 240 247 ha (dont S.A.U. 100 000 ha, y compris les estives) ; bois, forêts. *Z. sous-pyrénéenne* 128 131 ha (dont S.A.U. 49 000) : élevage. *Coteaux* 97 887 ha (dont S.A.U. 56 000) : céréales. *Plaine* 29 700 ha (*S.A.U.* 25 000). **Terres.** Voir Index.

Sites touristiques. *Sports d'hiver.* Ski alpin : Goulier-Neige 1 500 à 1 800 m, Mijanes-Latrabe : 1 530 à 2 010 m, Saquet-Bonascre 1 400 à 2 300 m, Les Monts d'Olmes 1 500 à 2 100 m, Ascou Pailhères 1 500 à 2 300 m, Guzet Neige 1 200 à 2 000 m ; *ski de fond :* Seix, Massif de l'Arize, Vicdessos, Plateau de Beille, le Couserans, Prades, Quérigut, Massat. *Rivières : canoë kayak :* l'Hers, bassin de Salat ; l'Ariège et affluents (Oriège et Vicdessos), le Salat et 4 affluents (Lez, Arac, Garbet, Alet), et l'Arize. *Lacs et plans d'eau :* étangs de Lers (2,32 ha), de Bethmale (9,86 ha), Mondely, Labarre (Foix), Montbel, Bompas, Ste-Croix-Volvestre. *Golf public départemental :* La Bastide-de-Sérou. *Architecture :* égl. romanes de St-Jean-de-Verges, St-Lizier, Unac (avant-nef et clocher XIe s., nef et absides du XIIe s.), Axiat, N.-D. du camp Pamiers (XIIe siècle), couverts de Mirepoix et cathédrale gothique, église rupestre de Vals. *Châteaux :* Roquefixade (XIIe s.), forteresse dominant la vallée de Lesponne ; village fortifié de Camon (XIIe s.), abbaye bénédictine ; Lagarde (1229 et XVIIe s.) ; Lordat (XIIIe s.). Pog de Montségur (ou Puy de Montségur, du latin *podium* et du celtique *puich, puech, pech :* tertre, montagne d'alt. moy. plus ou moins attaquée par l'érosion) 1 207 m ; haut lieu de la résistance cathare. *Château féodal :* Foix (XIe et XVe s.). *Grottes préhistoriques :* Le Mas d'Azil, Niaux [dessins de type magdalénien (10 000 à 14 000 a. av. J.-C.) représentant des bisons, chevaux, cerfs et bouquetins], Le Portel, Bedeilhac, Les Trois-Frères, Lombrives près d'Ussat (long. 5 km, la plus grande d'Europe), la Vache à Alliat (gisement magdalénien), Fontanet près d'Ornolac-Ussat-les-Bains (12 000 av. J.-C.). *Rivière souterraine* de Labouiche 4,5 km (la plus longue et navigable du monde), nombreuses grottes (spéléologie). *Thermalisme :* Ussat-les-Bains, alt. 480 m ; Aulus-les-Bains, alt. 810 m ; Ax-les-Thermes, alt. 720 m.

● **Aveyron** (12) 8 771 km² (135 × 108 km). *Alt.* max. Truques d'Aubrac 1 442 m, min. 144 m à Salvagnac-Carjac (vallée du Lot). *Pluies :* 1 700 mm par an (v. du Tarn), 1 500 (au Clapier). *Temp. moy. :* Est 8 °C, vallée du Lot 12 °C. 278 654 h. (1982) [*1801 :* 318 340 ; *1851 :* 394 183 ; *1886 :* 415 826 ; *1936 :* 314 682 ; *1975 :* 278 306]. D. 32 (82). *Pop. rurale* 158 848 h., *urbaine* 119 806 h. (1982). *Pop. active* (estim. 1983) : 110 541 dont primaire 24 439, secondaire (y c. B.T.P.) 28 852, tertiaire 49 630 ; *salariée* 72 903. *Taux de chômage* (oct. 1983) : 6 %.

Villes. RODEZ 24 368 h. [*1936 :* 18 450 ; *1962 :* 20 924 ; *1975 :* 2 555] (ag. 37 953), alt. 632 m ; équipement autom. ; cathédrale, m. Fenaille. *Capdenac-Gare* 5 365 h. (ag. 6 392). *Conques* 404 h. ; vignoble ; abbatiale du XIIe s., trésor, église romane Ste-Foy. *Decazeville* 8 804 h. [*1936 :* 12 365] [ag. 21 925, dont *Aubin* 5 782. *Firmi* 2 930] ; charbon, métall., ind. chim. ; m. géologique. *Espalion* 4 733 h. ; m. d'arts et traditions populaires. *Millau* * 21 695 h. [*1936 :* 16 437] (ag. 23 021), alt. 379 m ; ganterie, mégisserie ; m. d'archéologie, fouilles de la Graufesenque (céramique antique). *Naucelle* 2 076 h. *Onet-le-Château* 9 473 h. *Réquista* 2 512 h. *Rieupeyroux* 2 556 h. *Roquefort* 880 h. ; fromage. *St-Affrique* 8 475 h. *St-Geniez-d'Olt* 2 092 h. *Salles-la-Source* 1 294 h. ; m. du Rouergue. *Séverac-le-Château* 2 774 h. *Villefranche-de-Rouergue* * 12 693 h. [*1936 :* 8 479] (ag. 13 224) ; conserves, habillement.

Régions naturelles. *Aubrac* (alt. max. 1 471 m, sup. 72 800 ha) : prairies nat., pâturages d'estive à + de 900 m (bovins). Forêts domaniales (Aubrac et Laguiole). *Viadène* (+ vallée du Lot + Rougier de Marcillac 130 955 ha) : plateau granitique ; alt. 750 m ; surfaces toujours en herbe. *Vallée du Lot :* vignobles, élevage caprin, production de fraises. *Bassin houiller de Decazeville :* exploitation à ciel ouvert du charbon dans « la Découverte », prod. 300 000 t par an (exploitée jusqu'en 1980), aciérie à oxygène : laminoir à Viviez. *Rougier de Marcillac* 130 955 ha : grès, vignobles. *Bas Rouergue* (sols argilo-calcaires, alt. moyenne 300 à 400 m, 48 842 ha ; climat tempéré ; diversité de cultures). *Ségala* (sup. 195 381 ha) : plateaux granitiques dans le N., plus schisteux dans le S. de la vallée de l'Aveyron. *Lévezou* (62 896 ha) : hauts plateaux 800 m, gneiss ou schistes des Palanges, du Lagast et du Lévezou : élevage, forêts des Palanges (4 000 ha), du Lagast (86 ha) ; plans d'eau. *Grands Causses* (242 522 ha) au *S.-E. :* Méjean, Noir, du Larzac ; *au centre :* causses Comtal, de Ste-Radegonde, creusés par cours d'eau (Tarn, Dourbie, Jonte). Sols très secs (calcaires et marnes) : ovins. Fertiles vallées de la *Sorgue* et du *Dourdou*, plateaux du causse de St-Affrique, rougiers du Camarès. *Monts de Lacaune* (121 875 ha) : vallées productives. **Terres.** Voir Index.

Sites touristiques. *Vallées du Lot :* St-Geniez-d'Olt, Espalion, Calmont, Entraygues, Estaing. *Vallées du Tarn et de la Dourbie :* gorges, châteaux ; *v. de l'Aveyron :* Villefranche-de-Rouergue (chartreuse, cloître du XVe s.) ; site de Najac. *Lacs :* Pareloup 1 259 ha, Pont-de-Salaars 190 ha, Villefranche-de-Panat 178 ha, Castelnau-Lassouts 218 ha, Sarrans 1 000 ha. *Villages fortifiés :* La Couvertoirade, Ste-Eulalie-de-Cernon, La Cavalerie, St-Jean-d'Alcas. *Abbayes :* Conques, Sylvanès, Loc-Dieu, Bonneval, Bonnecombe. *Station thermale :* Cransac, étuves (rhumatismes). *Grottes :* Foissac. Nombreux monuments mégalithiques. *Musée du Rouergue :* Espalion, Salles-la-Source, Aubin, Salmiech et Roquefort.

● **Haute-Garonne** (31) 6 367 km² (160 × 96 km). *Alt.* max. Pic de Perdighero 3 220 m, min. 75 m (sortie du Tarn). 824 501 h. (1982) [*1801 :* 339 574 ; *1851 :* 481 610 ; *1861 :* 484 081 ; *1901 :* 448 481 ; *1911 :* 432 126 ; *1936 :* 458 647 ; *1975 :* 777 431]. D. 131 (82). *Pop. active* (au 1-1-80) : 332 312 dont ayant un emploi 307 801 (primaire 20 224, secondaire 94 020, tertiaire 193 557) ; *salariée* (31-12-1982) : 189 165.

Villes. TOULOUSE alt. 146 m, sup. 11 843 ha, 347 995 h. [*1800 :* 50 171 ; *1831 :* 59 630 ; *1851 :* 95 277 ; *1872 :* 126 936 ; *1911 :* 149 000 ; *1936 :* 213 220 ; *1946 :* 264 411 ; *1962 :* 330 570 (+ de 30 000 rapatriés) ; *1968 :* 380 340 ; *1975 :* 373 796] [ag.

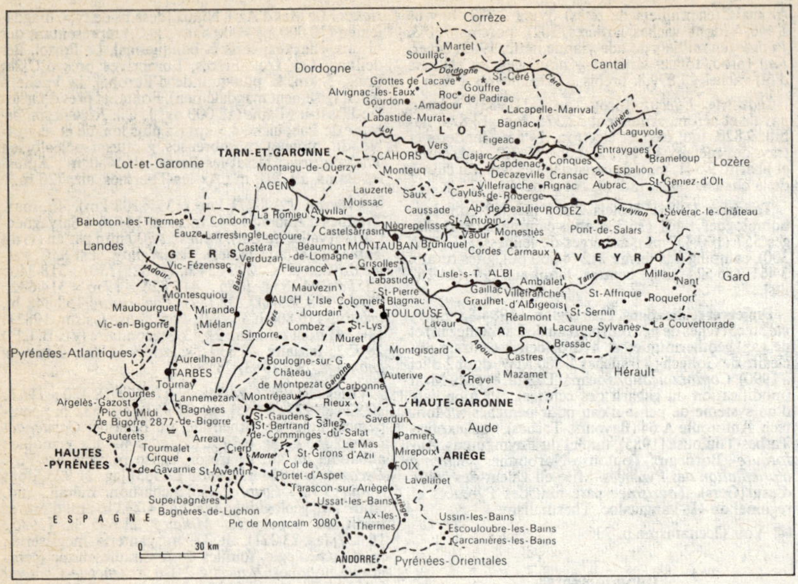

541 271, dont *Balma* 8 117. *Blagnac* 14 929 ; aéroport, constr. aéron. (Rockwell-Collins, AOIP) ; capteurs solaires (logements) ; géothermie dep. 1975. *Beauzelle* 3 573. *Boussens* 725 ; raffin. de pétrole, chim. *Castanet-Tolosan* 4 668. *Castelginest* 5 349. *Colomiers* 23 326 ; constr. aéron., briqueterie, mat. plast., électron., cartonnages, hab. *Cugnaux* 9 461. *Fenouillet* 2 928. *Frouzins* 3 194. *Launaguet* 2 842. *L'Union* 10 461. *Martres-Tolosane* 1 925 ; cim., fabrique de faïences d'art. *Pibrac* 4 245. *Plaisance-du-Touch* 5 753. *Portet-sur-Garonne* 6 872. *Ramonville-St-Agne* 10 561. *St-Jean* 6 512. *St-Orens-de-Gameville* 7 638. *Seysses* 4 221. *Tournefeuille* 8 541. *Villeneuve-Tolosane* 6 438], aéron., complexe aérospatial (C.N.E.S., C.E.R.T., C.E.S.R.), chim., engrais, agroalim., électron. (Logabax, Motorola), ind. diverses (bonneterie, confection, briqueterie, pharmacie, parfumerie, etc.) ; université (2e centre fr. de recherche, 45 000 étudiants), 7 écoles nat. (aéron. et espace, chimie, informatique, hydraulique, agronomie, agriculture, vétérinaire, laboratoires) ; cath. St-Étienne, basilique St-Sernin, ensemble des Jacobins (a reçu en 1974 les restes de saint Thomas d'Aquin), le Capitole (actuel hôtel de ville), cloîtres, musées, hôtel d'Assézat (1555-60, Ac. des Jeux floraux) et Felzins (1556), une cinquantaine d'hôtels particuliers (XVIe et XVIIe s.). Espaces verts et aires de loisirs : Pech-David 275 ha, La Ramée 230 ha (lac 38 ha), Les Argoulets 75 ha, Sesquière 83 ha (lac 13 ha), jardin royal et Grand-Rond, berges de la Garonne. Jardin des plantes 7,6 ha. *Aussonne* 3 636 h. *Auterive* 5 436 h. *Bagnères-de-Luchon* 3 498 h. (ag. 4 642), alt. 630 m ; thermalisme, ski (à Superbagnères, Le Mourtis et Les Agudes). *Bruguières* 2 524 h. *Carbonne* 3 596 h. (ag. 4 228). *Cazères* 3 294 h. (ag. 4 184). *Esqualens* 2 884 h. *Fonsorbes* 3 241 h. *Grenade* 4 784 h. *Montréjeau* 3 161 h. (ag. 4 923). *Muret* 15 844 h., alt. 166 m ; usines de seringues hypodermiques, text., agro-alim. (salaisons, pâtes alim.), eaux minérales Montégut (Perrier), briqueteries, constr. méc. *Revel* 7 448 h., alt. 213 m ; meubles, marqueterie, distilleries, liqueurs, agro-alim. *Roquettes* 2 200 h. *St-Gaudens* 11 644 h. (ag. 14 119), alt. 405 m ; cellulose, centre agricole, marché de bétail. *St-Lys* 3 503 h. *Vernerque* 1 907 h. (ag. 3 622). *Villefranche-de-Lauragais* 3 127 h. *Villemur-sur-Tarn* 4 415 h. ; constr. méc., élec., agro-alim.

Régions naturelles. *Région pyrénéenne et Piémont pyrénéen* (Luchonnais, Comminges) (19 % de la sup.) : forêts, élevage (ovins, bovins). *Région des coteaux* (Lauragais, Volvestre, Gers, Gascogne) (30 %) : céréales (blé, maïs), polyculture, viticulture (vins A.O.C.), cult. fruitières, élevage (bovins, vaches laitières, porcins), aviculture (oies, etc.). *Vallées* (Gascogne, Gers, Tarn, Rivière) (42 %) : céréales (blé, maïs), polyculture, maraîchage, cult. fruit., horticulture. **Terres.** Voir Index.

Sites touristiques. *Vestiges préhistoriques :* région de St-Gaudens ; *gallo-romains :* Montmaurin (villa), St-Bertrand-de-Comminges. *Sites romans :* Valcabrère, St-Plancard, St-Gaudens. *Égl. gothiques :* St-Bertrand-de-Comminges, Boulogne-sur-Gesse, L'isle-en-Dodon, Aurignac. *Thermalisme :* Bagnères-de-Luchon (voies respiratoires et rhumatismes), Barbazan (foie, intestins, reins), Salies-du-Salat (nutrition). *Ski :* Superbagnères 1 800-2 260 m, les Agudes 1 600-2 241 m, Boutx-le-Mourtis 1 460-1 850 m. *Lacs, plans d'eau :* St-Ferréol (90 ha), Carbonne (80 ha), Cazères-sur-Garonne (80 ha), Peyssies (22 ha), Lac d'Oô (38 ha, alt. 1 504 m).

● **Gers** (32) 6 253 km² (85 × 145 km). *Alt.* max. 400 m (limite des Htes-Pyr.), min. 60 m (sortie du Gers et de la Baïse). 179 100 h. (1982) [*1801 :* 257 604 ; *1851 :* 307 479 ; *1901 :* 238 448 ; *1936 :* 192 451 ; *1962 :* 179 520 ; *1968 :* 181 577 ; *1975 :* 175 366]. D. 28 (82). *Pop. rurale :* 114 143 ; *active* (1975) : 73 288 dont primaire 25 230 (33 %), secondaire 12 625 (21,4 %), tertiaire 26 455 (45,6 %) ; *salariée* (31-12-1982) : 20 422.

Villes. AUCH alt. 136 m, 23 258 h. [*1886 :* 14 782 ; *1921 :* 11 825 ; *1936 :* 13 313 ; *1954 :* 16 382 ; *1975 :* 23 185] ; imprimeries, laiteries, B.T.P., sous-traitance électron., menuiseries ind. ; cath. XVe-XVIIe s. (plus beau chœur du XVIe s. en bois sculpté de Fr.). Tour d'Armagnac XIVe s. (escalier monumental, « poustecles », m. ethnographique). *Condom* * alt. 81 m, 7 634 h. ; B.T.P., menuiserie ind., coop. agr. (Armagnac) ; cath. XVIe s., cloître gothique, hôtels XIIe et XVIIe s., musée de l'Armagnac. *Eauze* 4 298 h. ; men. ind., B.T.P., coop. viticole (Armagnac) ; cath. XVe s. *Fleurance* alt. 98 m, 6 088 h. ; charpentes métall., mat. de constr., B.T.P., coop. agr., laiterie, conserverie, prod. diététiques ; égl. XVe s. *Gimont* 2 950 h. *Lectoure* 3 923 h. ; meubles sanitaires, taille de pierres, coop. et négoce de primeurs (melons), biscuiterie, sous-traitance électron. ; cath. XVe, XVIe s., h. de ville XVIIe s., musée lapidaire. *L'Isle-Jourdain* 4 358 h. ; constr. préfabr., mat. de constr., entreprise d'élec., confection ; tour XIIe s. *Mirande* * alt. 240 m, 3 871 h. ; biscuiterie, matériel de forage, B.T.P. ; égl. fortifiée, musée des peintres. *Plaisance* 1 575 h. *Vic-Fezensac* 3 978 h. ; emb. plastique, coop. agr., mat. de constr. ; égl. XVe s.

Régions naturelles. *Haut-Armagnac* (137 478 ha) : céréales, fourr., vignes, eaux-de-vie, bovins, oléagineux. *Ténarèze* (96 915 ha) : céréales, vignes, eaux-de-vie, bovins. *Astarac* (95 528 ha) : céréales, fourr., porcins, ovins. *Lomagne* (41 463 ha) : céréales, oléagineux, melon, ail. *Coteaux du Gers* (76 981 ha) : céréales, oléagineux, bovins. *Bas-Armagnac* (68 850 ha) : céréales, vignes, eaux-de-vie. *La Rivière Basse* (54 500 ha) : céréales (maïs et maïs semence), vignes, porcins. **Terres.** Voir Index.

Sites touristiques. *Vestiges romains :* Séviac à Montréal. *Églises romanes et gothiques, bastides, châteaux, abbaye* de Flaran, *collégiale* de La Romieu. *Village fortifié* de Larresingle. *Stations hydrominérales :* Barbotan-les-Thermes, Castéra-Verduzan, Aurensan. *Plans d'eau et lacs :* « 3 vallées » (5 ha, prof. 6 m, à Lectoure), « le Fou-Lac », 13 ha (à Bretagne d'Armagnac), l'Isle-Jourdain (4 ha et 24 ha), Marciac (25 ha), Uby (70 ha, 6 m, à Cazaubon), Thoux-Saint-Cricq (70 ha, 8 m), Mielan (77 ha, 8 m), retenue de l'Astarac (180 ha).

● **Lot** (46) 5 226 km² (90 × 85 km). *Alt.* max. Signal de la Bastide-du-Haut-du-Mont 781 m, min. 65 m (sortie du Lot, Soturac). 154 533 h. (1982) [*1801 :* 261 207 ; *1851 :* 296 224 ; *1901 :* 226 720 ; *1936 :* 162 572 ; *1954 :* 147 754 ; *1968 :* 151 198 ; *1975 :* 150 778]. D. 30 (82). *Pop. active* (en milliers d'h., 1982) : 57,7 dont agriculture 15,4, industrie 9,3, bât. et génie civil agr. 5,6, commerce 5,4, services marchands 12,9, services non marchands 9,1 ; *salariée* (31-12-1982) : 22 397. *Demandeurs d'emploi* 1985 : 6 135.

Villes. CAHORS alt. 170 m, 19 707 h. [*1800 :* 11 728 ; *1926 :* 11 775 ; *1975 :* 20 226] ; constr. méc. et élec. auto, coop. agr., truffes ; cloître de la cath., ruines romaines, musée, pont Valentré (XIVe s.), maison Henri IV. *Biars-sur-Cère* 1 954 h. (ag. 3 167). *Figeac* * 9 667 h. ; équip. aéronaut., conserves alimentaires ; Hôtel de la Monnaie XIIIe s. (soleilhos et maisons médiévales). *Gourdon* * 4 899 h. ; centre com. ; vieux quartiers. *Gramat* 3 643 h. ; agr., com., tourisme. *St-Céré* 4 056 h. ; prod. alim., centre com. et cult. ; tours de St-Laurent (atelier de J. Lurçat). *Souillac* 3 570 h. ; agr., tourisme ; égl. romane.

Régions naturelles. *Causses du Quercy* (Ht-Quercy) (2 156 km²), divisés en *C. de Martel, C. de Limogne, C. de Gramat* (agneaux de Causse, chèvres et cabécous). *Limargue* (576 km²) : élevage laitier, céréales, vergers. *Vallées de la Dordogne* (156 km²) *et du Lot* (504 km²) : céréales, tabac, vignes, vin de Cahors, A.O.C., fruits, élevage, tourisme. *Quercy Blanc* (576 km²), le S.-O. (collines cultivées) forme le *Bas-Quercy* (fruits, truffes, foie gras). *Bouriane* (560 km²) : sablonneuse (chênes verts sur les hauteurs ; seigle, châtaigniers, noyers, bois dans les creux). *Ségala* (697 km²) ou *Châtaigneraie* (hautes terres : châtaigniers, blé, bois, élevage). **Terres.** Voir Index.

Sites touristiques. *Grottes et gouffres* de Padirac, Cabrerets, Lacave (m. de la Préhistoire), Presque, Marcilhac, Cougnac. *Villages et sites :* Rocamadour, St-Cirq-Lapopie, Carennac, Martel, vallées du Célé de l'Alzou du Vers, de la Dordogne. *Station thermale :* Miers-Alvignac (affections de l'appareil digestif, du foie et du système nerveux). *Châteaux :* Rocamadour, Castelnau-Bretenoux, Montal (1523), Assier (1525-35), Cenevières, Musée de plein air de Cuzals à Sauliac S/Cèle.

● **Hautes-Pyrénées** (65) 4 534 km² (100 × 60 km). *Alt.* max. Vignemale 3 298 m, min. 120 m (sortie de l'Adour). 227 922 h. (1982) [*1801 :* 174 741 ; *1851 :* 250 934 ; *1901 :* 215 546 ; *1921 :* 185 760 ; *1936 :* 188 504 ; *1975 :* 227 222]. D. 51 (82). *Pop. active* (1975) : 88 045 dont ayant un emploi 83 725 (secteur primaire 15,5, secondaire 33,5, tertiaire 16,8, autres services 34,2) ; *salariée* (31-12-1982) : 39 087.

Villes. TARBES alt. 320 m, 51 422 h. [*1821 :* 8 035 ; *1891 :* 25 087 ; *1954 :* 40 242 ; *1975 :* 54 897] [ag. 78 056 dont *Aureilhan* 7 590. *Barbazan-Debat* 3 204. *Bordères-sur-l'Echez* 3 712. *Séméac* 5 012] ; constr. méc., élec., aéron., école nat. d'ing. et I.U.T., arsenal ; musées : Massey, du Mal Foch. *Argelès-Gazost* * alt. 450 m, 3 304 h. [*1821 :* 878 ; *1954 :* 2 556] (ag. 4 560) ; station therm. *Bagnères-de-Bigorre* * alt. 530 m, 9 242 h. [*1821 :* 6 834 ; *1954 :* 11 044] (ag. 12 643) ; constr. méc., bonneterie, therm. *Barèges* 282 h. ; station therm. *Capvern* 932 h. ; station therm. *Cauterets* 1 105 h. ; station therm. *Ibos* 2 238 h. *Juillan* 3 175 h. *Lannemezan* 7 362 h. ; usine d'alum., ind. chim. *Lourdes* alt. 425 m, 17 425 h. [*1821 :* 3 393 ; *1891 :* 6 976 ; *1921 :* 8 736 ; *1954 :* 15 829] ; pèlerinages ; 3e ville hôtelière de France après Paris et Nice ; basilique (1876) et nouvelle basilique souterraine St-Pie X, la plus grande église de France (12 000 m²) construite en 1958 par Vago, Le Donne, Pinsart ; musée du Gemmail ; appareils élec. *Luz-St-Sauveur* 1 159 h. ; station therm. *Maubourguet* 2 573 h. *Pierrefitte-Nestalas* 1 527 h. (ag. 2 190) ; ind. chim. *Rabastens-de-Bigorre* 1 299 h. *St-Pé-de-Bigorre* 1 425 h. *Sarrancolin* 772 h. ; abrasifs. *Soues* 2 929 h. *Vic-en-Bigorre* 4 572 h.

Régions naturelles. *Pyrénées centrales* (2 500 km²), *au S. :* élevage, tourisme. *Ski :* St-Lary 830 à 2 425 m, La Mongie, Peyresourde-Balestas, Barèges, Cauterets, Val-Louron, Luz-Ardiden 1 500 à 2 350 m, Aragnouet-Piau-Engely, Gavarnie et Le Hautacam. 2/3 des 45 807 ha du *parc national des Pyrénées*. *Cirques :*

Gavarnie (40 sommets à plus de 3 000 m), Troumouse. *Plateau de Lannemezan* (389 à 679 m, landes) et *collines au N.* (678 km^2, polyculture, céréales, volailles, foie gras, porcelets). *Vallée de l'Adour à l'O.* (1 356 km^2, céréales, vergers, prairies), dont la *Rivière-Basse* (45 787 ha ; cap. Castelnau) : vins de Madiran. **Terres.** Voir Index.

Bois (en milliers d'ha, 1984) 120 dont (1982) forêt de l'O.N.F. 68, privées 65,7 (en 1981, chênes 33, résineux 25, hêtres 4, divers 42) (en 1981, f. de Payolle 2,5, La Barousse 4,1, Néouvielle 2, Lesponne 3, Aragnouet 1,5, Le Marmajou 0,5, Ibos 0,7).

Thermalisme (Argelès-Gazost, Bagnères, Barèges, Beaucens, Capvern, Cauterets, Luz-St-Sauveur).

Divers. *Luz-St-Sauveur :* l'église possède encore une « porte des cagots », destinée aux minorités raciales, sociales ou religieuses tenues à l'écart de la chrétienté établie (gitans, lépreux, « patarins »). *Observatoire du pic du Midi :* télévision la plus haute de Fr. (2 865 m). 22 centrales électriques produisent 2 milliards de kWh. 1er marché de porcelets de Fr. à *Trie-sur-Baïse.* Aéroport intern. à *Ossun. Ski* (alt. des stations et entre parenthèses des pistes, en m) : Cauterets 900 (1 500 à 2 000), Luz-Ardiden (1 700 à 2 115), Gavarnie (1 400 à 2 500), Hautacam (1 550 à 1 950), Barèges 1 250 (1 450 à 2 350), La Mongie (1 800 à 2 400), Piau-Engaly (1 420 à 2 500), Val-Louron (1 600), Peyresourde-les-Agudes 1 600 (1 450 à 2 240).

Enclaves dans les Pyrénées-Atlantiques. *Escaunets* (6,24 km^2, 104 h.) et *Villeneuve-près-Béarn* (3,09 km^2, 82 h.), rattachées au canton de Vic-en-Bigorre ; *Gardères* (15,23 km^2, 343 h.), *Seron* (9,29 km^2, 247 h.) et *Luguet* (8,17 km^2, 201 h.) au canton d'Ossun.

● **Tarn** (81) 5 780 km^2 (90 × 105 km). *Alt.* max. Pic de Montalet 1 266 m, min. 88 m (sortie du Tarn). 339 345 h. (1982) [*1801 :* 270 908 ; *1851 :* 363 073 ; *1901 :* 332 093 ; *1921 :* 295 588 ; *1936 :* 164 629 ; *1968 :* 183 572 ; *1975 :* 338 024]. D. 59 (82). *Pop. active :* 138 780 dont ayant un emploi 126 376 (1982) ; *salariée* (1-1-84) : 93 595.

Villes. ALBI alt. 174 m, 45 947 h. [*1800 :* 9 649 ; *1901 :* 22 571 ; *1954 :* 31 943 ; *1975 :* 46 162] (ag. 60 181, dont *St-Juéry* 6 738) ; marché agric., houille, métall., cimenterie, text. artif., centrale thermique (250 MW), verrerie ouvrière, usine Eternit ; le plus vaste ensemble de peintures murales de Fr. : orgue, voûtes de la basilique Ste-Cécile (XIIe s.), peintes en bleu et or au début du XVIe s. par des artistes italiens ; musée, Toulouse-Lautrec dans l'anc. palais épiscopal ou de la Berbie, égl. St-Salvy (cloître), vieux ponts, musée, vieilles maisons. *Carmaux* 12 113 h. [ag. 19 422, dont *Blayes-les Mines* 3 919 ; charbon, ind. chim. *St-Benoît-de-Carmaux* 2 745]. *Castres* * alt. 172 m, 45 578 h. [*1800 :* 15 171 ; *1901 :* 27 308 ; *1954 :* 31 903] (ag. 46 891), chef-lieu de 1790 à 1797 ; constr. méc. et élec., habillement, ameublement, prod. pharm., draperie ; la plus grande toile peinte par Goya, « la Junte des Philippines » (musée Goya). *Cordes* 1 011 h. ; ville médiévale (maison du Grand Fauconnier, XIVe s.). *Gaillac* 10 389 h. (ag. 11 783), vins blancs. *Graulhet* 13 543 h. ; mégisserie, maroquinerie. *Labruguière* 5 541 h. *Lacaune* 3 259 h. ; charc., salaison. *Lavaur* 7 972 h. (ag. 8 977). *Lisle-sur-Tarn* 3 413 h. *Mazamet* 12 840 h. [ag. 26 676, dont *Aussillon* 8 178] ; centre mondial de délainage (60 % des peaux commercialisées dans le monde dont 83 % viennent d'Australie), filature et tissage de la laine importée d'Australie et d'U.R.S.S., mégisserie, méc. de précision. *Rabastens* 3 806 h. (ag. 5 457). *St-Sulpice* 3 877 h.

Régions naturelles. *Ségala tarnais* 98 092 ha : polyculture, bovins, porcins. *Mts de Lacaune* 103 266 ha : ovins. *Montagne Noire et v. du Thoré* 67 603 ha : prod. viticole et arboricole. *Coteaux molassiques* 17 000 ha : polyculture et élevage. *Plaine de l'Albigeois-Castrais* 128 512 ha : céréales, veau de boucherie, aviculture. *Causses du Quercy* 24 947 ha : élevage extensif. *Lauragais tarnais* 54 933 ha.

Bois (en milliers d'ha, 1984). 165 dont forêt de la Montagne Noire 18, de la Grésigne 3,5, de Nore 1,6, de Labruguière 1,4 ; *t. agr. non cult.* 33,7 ; *t. non agr.* 37,3. **Terres.** Voir Index.

Divers. *St-Salvy-de-la-Balme :* mines de zinc et plomb. *Montroc-Trébas :* mines de spath fluor (fermées actuellement). *Ferrières :* musée du protestantisme. *Lavaur :* haut lieu du catharisme, jacquemart, cathédrale St-Alain. *Penne :* château. *Puycelsi :* remparts XIIIe et XIVe s. *Castelnau-de-Lévis :* tour Carrée. *Castelnau-de-Montmiral :* village fortifié. *Ambialet :* méandres du Tarn sur 3 km (haute-v. : « vallée de l'Amitié »). *Plateau du Sidobre* (100 km^2, 650 m d'altitude, lac du Merle). *Gorges du Viaur :* viaduc haut. 120 m. *Saint-Géry :* château. *Sorèze :* école célèbre.

● **Tarn-et-Garonne** (82) 3 730 km^2. *Alt.* max. 498 m, min. 50 m (sortie de la Garonne). 190 485 h. (1982) [*1801 :* 228 000 ; *1851 :* 237 553 ; *1901 :* 165 669 ; *1921 :* 159 559 ; *1936 :* 164 629 ; *1968 :* 183 572 ; *1975 :* 183 314]. D. 51 (82). Dép. formé en 1808, avec des territoires détachés du Lot, Aveyron, Lot-et-Garonne, Haute-Garonne (3 arrondissements : Montauban, Moissac, Castelsarrasin). *Pop. active* (1982) : 71 062 dont primaire 18 575, secondaire 17 459, tertiaire 35 028 ; *salariée* 46 902.

Villes. MONTAUBAN alt. 104 m, 50 682 h. (+ 59 % de 1911 à 1975) [*1975 :* 48 028] ; centre expéditeur de primeurs, fruits ; volailles, meubles, luminaires, électro-acoustique, chaussures, ind. alim. ; musée Ingres (œuvres d'Ingres et de Bourdelle), *Beaumont-de-Lomagne* 3 579 h. *Castelsarrasin* * alt. 83 m, 10 924 h. ; fonderie. *Caussade* 5 933 h. ; chapeaux, conserveries, truffes et foies gras. *Moissac* 11 184 h. ; chasselas, caoutchouc moulé ; abbatiale XIIe s. et cloître roman. *Montech* 2 775 h. *Nègrepelisse* 2 871 h. *Valence* 4 408 h. *Verdun-sur-Garonne* 2 510 h.

Régions naturelles. *Bas Quercy de Monclar* 10 238 ha : polyculture, élevage ; *de Montpezat* 84 127 ha : polyculture, élevage. *Lomagne* 43 936 ha : blé, maïs, oies grasses, ail. *Coteaux du Gers* 6 154 ha. *Vallées et terrasses* 77 000 ha : peupleraies, blé, maïs, prunes, chasselas, poires, nectarines, cerises, pêches, pommes, melons, oignons, artichauts..., prairies. *Lauragais* 16 734 ha. *Causses du Quercy* 33 435 ha. *Rouergue* 10 807 ha. *Coteaux du Néraçois* 1 841 ha. *Pays de Serres* 20 817 ha. *Quercy Blanc* 6 693 ha. **Terres.** Voir Index.

Sites touristiques. Montauban et Moissac (cloître). *Abbaye* de Beaulieu : centre d'art contemporain. *Château Renaissance* de Gramont. *Vallée* de l'Aveyron. *Plan d'eau* de Malause-Golfech, retenue 20 km. *Villages médiévaux :* St-Antonin-Noble-Val, Bruniquel, Caylus.

Nord-Pas-de-Calais

Généralités

Flandres, Hainaut et *Cambrésis* constituent à peu près le département du Nord. *Artois, Boulonnais* et *Ternois* constituent à peu près le département du Pas-de-Calais.

Artois

Situation. Pas d'unité géographique. Seuil entre Picardie, au S., et plaine flamande, au N., sur laquelle il s'étend en partie (extrémité occidentale du bassin houiller).

2 GRANDES ZONES : *Au S. :* fortes collines s'abaissant d'O. (plus de 200 m) en E. (150 m dans le *Cambrésis*), souvent crayeuses, avec plaques de limon (céréales, betteraves à sucre, plantes fourragères) ; vers le *Boulonnais,* argile à silex : herbages (bêtes à cornes). *Au N. :* collines dominant la plaine flamande (100 à 150 m) ; *« pays noir »* sur la rive droite de la Lys ; à l'E., plaines au milieu des collines sableuses : *Gohelle* (région de Lens), plaine agricole d'Arras (limon).

Histoire. D'abord partie intégrante de la Flandre (Pagus Atrebatensis) sous la maison comtale issue de Baudouin Ier, gendre de Charles le Chauve. Donné en dot en **1180** par le Cte de Flandre Philippe d'Alsace à sa nièce, Isabelle de Flandre et de Hainaut, qui épouse Philippe Auguste. Incorporé au domaine royal en **1223** (en même temps que Boulonnais et Ternois) par Louis VIII, à son avènement (il l'avait reçu en héritage de sa mère Isabelle de Flandre-Hainaut, morte le 15-3-1190). Donné en apanage par St Louis à son frère puîné Robert en **1237.** Ses descendants en héritèrent, mais la cour des Pairs reconnut à 2 reprises (1309 et 1318) les droits de Mahaut sur son neveu Robert. Par mariage, passe successivement dans la maison comtoise de Bourgogne, dans celle de Dampierre-Flandre et dans la 2e maison capétienne de Bourgogne. **1477** mort de Charles le Téméraire ; incorporé avec la Flandre aux biens des Habsbourg (mariage de sa fille avec Maximilien d'Autriche). **1482** cédé à Louis XI au *tr. d'Arras.* **1493** rendu par Charles VIII à la maison d'Autr. au *tr. de Senlis* tout en continuant à relever de la couronne de Fr. qui en perd la suzeraineté aux *tr. de Madrid* **(1526)** et de *Cambrai* **(1529).** Appartient alors aux Habsbourg d'Esp. **1640** conquis. **1659** *(tr. des Pyrénées)* revient à la Fr. sauf Aire et St-Omer, qui constituent « l'Artois Retenu » (cap. St-Omer), conquis en **1677** et réuni au *tr. de Nimègue* (1679). **1757** Louis XV donne le titre de Cte d'Artois à son petit-fils Charles-Philippe, futur Charles X. Beaucoup de combats ont eu lieu en Artois pendant les 2 g. mondiales.

Flandre

Situation. *Marge méridionale* du delta de l'Escaut, de la Meuse et du Rhin ; petits fleuves orientés sud-ouest-nord-est. Plusieurs sous-régions du nord-ouest au sud-est. *Flandre maritime* de Calais à la frontière belge : plaine sablonneuse d'alluvions quaternaires, très basse. *Flandre intérieure :* région agricole (alt. env. 40 m), avec monts des Flandres (130 à 175 m) : séparée de la région lilloise, sur larg. de 15 km, par bassin de la Lys ou Weppes. *Région lilloise :* plaine basse et marécageuse de la Deûle, urbanisée, et comprenant les pays du Ferrain (au N.), du Mélantois et du Pévèle (au S.).

Histoire. La Fl. française est la partie sud de l'ancien comté de Fl. (1/5 env.). Territoire celtique des *Menapii* et des *Morins* (Belgique Seconde), germanisé par les Francs Saliens à partir de 430. Christianisé aux **VIe et VIIe s. Période mérovingienne** lutte incessante contre Frisons, venus du Nord. *843* malgré son caractère germanique, fait partie du roy. de Fr. au tr. de Verdun. *883* Baudouin II (fils de Baudouin Ier Bras-de-Fer, gendre de Charles le Chauve nommé comte de la « marche de Fl. » en 879) se rend maître de la région et devient le 1er comte de Fl., au sud de l'embouchure de l'Yser. **1056** Baudouin V acquiert vers le N.-E. de nombreux territoires situés dans l'empire et devient à la fois Cte français et Cte impérial (quasi autonome). Liens étroits entre comtés de Fl. et de Hainaut. **1076** soulèvement de *Cambrai* contre son évêque (tentative de constitution d'une commune française). **1214** *Bouvines* Philippe Auguste bat Ferrand, Cte de Flandre et de Hainaut, et ses alliés ; triomphe de l'influence fr. **1297** la Fl. wallonne (Lille, Douai, Orchies) est rattachée au domaine de la Couronne après la défaite du Cte de Fl. devant Philippe le Bel ; perdue 1302, recouvrée en 1304 (bataille de *Mons-en-Pévèle).* **1369** Louis le Mâle, Cte de Fl., obtient de Charles V la réunion de son comté et de la Fl. wallonne. **XIIe et XIIIe s.** essor économique fondé sur l'achat des laines anglaises ; Dunkerque, activité portuaire ; Douai, grande ville drapière, une des résidences favorites du comte, foire connue à partir de 1127 ; tissage à Bailleul et Orchies. **16-6-1369** Philippe II le Hardi, duc de Bourgogne, ép. Marguerite III, Ctesse de Flandre et d'Artois ; rattachement de tous « les P.-Bas » à la maison de Bourg. **1477** Marie de Bourg., fille unique de Charles le Téméraire, dernier duc de Bourg., ép. le futur empereur Maximilien d'Autriche ; la Flandre passe sous la domination impériale (cause de conflit entre Fr. et Autr.). **1519** Charles Quint confie le gouvernement des Pays-Bas à Marguerite d'Autr. **1526** *tr. de Madrid,* la Fl. affranchie de tout lien de vassalité vis-à-vis de la Fr., cessant d'être « terre de Royaume ». A partir de **1555** la monarchie espagnole (Philippe II) règne en Fl. ; tentative de remplacer les laines angl. par les esp. Insurrection calviniste et lutte contre Esp. **1559** le *tr. du Cateau-Cambrésis* fait des P.-Bas esp. un fief autonome (gouverné par les archiducs Albert et Isabelle d'Autriche) ; pape Paul IV crée à Douai une université. **14-6-1658** Turenne bat les Espagnols aux *Dunes ;* Dunkerque capitule. **1659** *tr. des Pyrénées :* l'Esp. abandonne partie de l'Artois, du Hainaut et villes de Flandre. *1662* achat de Dunkerque. **1667-68** *g. des Flandres ou de Dévolution. Tr. d'Aix-la-Chapelle* laisse à Louis XIV les territoires flamands conquis. **1678** *tr. de Nimègue :* fin de la g. de Hollande ; la Fr. acquiert Gravelines, Bailleul, Armentières. **1700** *g. de la Succession d'Espagne ;* Lille, Douai et Bouchain momentanément perdues. **1712** Villars bat Impériaux et Hollandais à *Denain ; tr. d'Utrecht :* la Fr. récupère ses conquêtes flamandes, sauf Furnes, Ypres, Menin ; la frontière de l'époque correspond à peu près à l'actuelle. **XVIIIe s.** divisée en 2 intendances : Fl. maritime (Dunkerque), jusqu'à la Lys ; Fl. wallonne (Lille).

Boulonnais

Situation. *Bas-Boulonnais :* bande littorale du Pas-de-Calais, de Guines à Étaples. *Haut-B. :* demi-boutonnière argileuse, fermée par un demi-cercle de crêts calcaires.

Histoire. Occupé dès le mésolithique. **Néolithique** 1re relation avec la G.-B. **VIe s. av. J.-C.** peuplement hallstattien. **IIIe s.** fixation belge, les *Morins* (pêcheurs et commerçants). **58** César prend leur port (Portus Itius), mais ils ne sont vaincus qu'en 30 av. J.-C. *Bononia* l'oppidum celtique est doublé par le port romain de Gesoriacum où résident fonctionnaires, commerçants et industriels (chantiers navals, brique-

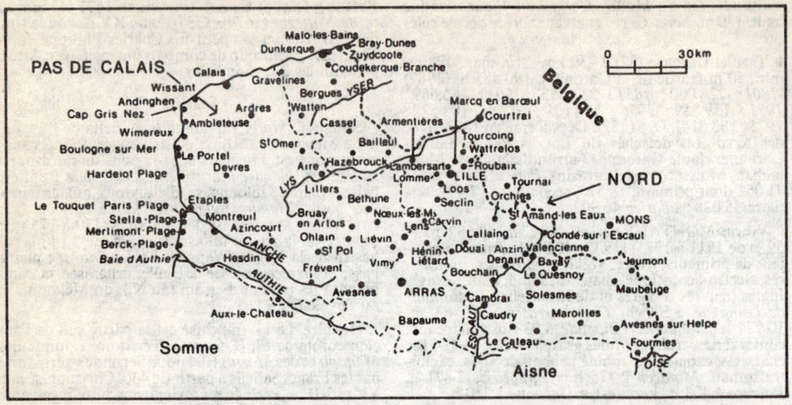

terie). **V. 300 apr. J.-C.** cité des Morins dédoublée entre Thérouanne et Boulogne qui deviendront tous 2 des évêchés. **IVe s.** Francs établis comme alliés dans le B. **Ve s.** invasions saxonnes. **VIe s.** partie de la Neustrie, **843** de la Francie occidentale. **882** Hennequin, neveu de Baudouin de Flandre, reçoit le B. en fief, vassal du comté de Fl. ; confirmé au milieu du xe s. **988** comté de Guines s'en détache puis en 1065 celui de Hesdin. Comté de Boulonnais passe par mariage aux familles de Blois (1150), Dammartin (1186) et par héritage à Robert d'Auvergne (1260). **1196** passe avec l'Artois au futur Louis VIII, fils mineur de Philippe Auguste et d'Élisabeth de Hainaut ; administré par le roi, il cesse de relever des comtés de Fl. **1419** enlevé à Bertrand d'Auvergne par Philippe le Bon ; confirmé par la paix d'Arras (1435). **1482** annexé, en même temps que l'Artois, par Louis XI, qui désintéresse Bertrand II d'Auvergne en lui donnant le Lauragais. **1493** détaché définitivement de l'Artois qui devient espagnol. **1544-50** conquis par Henri VIII d'Angl. qui le restitue contre 400 000 écus. Henri II confirme en 1551 les privilèges du Boulon. (exemption d'impôts, états particuliers) et crée une sénéchaussée relevant de Paris. Dépend de l'intendance d'Amiens et du gouvernement de Picardie. **XVIIIe s.** forme un gouvernement particulier. **1762** soulèvement de *Lustucrus* contre la violation des privilèges. **1766** obtient une assemblée provinciale particulière.

Cambrésis

Situation. S. du département du Nord, S.-E. du Pas-de-Calais, N.-O. de l'Aisne. Vallonné et fertile (de 60 à 150 m d'alt.).

Histoire. Peuplé dès le paléolithique inférieur. **VIe s. av. J.-C.** peuple celtique (hallstattien). **IIIe s.** Belges, dont la tribu des Nerviens occupe la région. **Époque romaine** l'oppidum de Camaracum devient une ville, forêt défrichée en partie ; la cité libre des Nerviens est rattachée à la province de Belgique. **IIe au Ve s.** ravagé par invasions germaniques. **Ve s.** création de l'évêché de Cambrai. **511-660** partie du royaume de Soissons. Sous les Carolingiens, de la Lotharingie. **IXe s.** raids des Normands. **943** intégré à l'Empire. **948** l'évêque reçoit les droits comtaux. **1007** il devient prince d'Empire (souverain). **XIe s. au XIIIe s.** important mouvement communal (en 1284, l'emp. Rodolphe Ier confirme la charte des libertés). **1476** Louis XI prend Cambrai, repris en 1479 par Bourguignons. **1510** Charles Quint érige comté en duché et y établit une citadelle. **1543** fin de la souveraineté : le C. est annexé aux Pays-Bas esp. (**1580** l'év. de Cambrai cesse de frapper monnaie). **1677** Louis XIV s'en empare. **1678** tr. de Nimègue l'accorde à la France. **1686** pape reconnaît au roi de Fr. le droit de nommer les archev. de Cambrai (qui demeurent P^ces^ d'Empire, ducs de Cambrai, comte du C.). Rattaché au gouv. de Flandre et à la généralité de Lille (subdélégué à Cambrai), puis à la généralité de Hainaut, conserve ses états jusqu'en 1789 (Pt-né : l'arch.).

Hainaut

Situation. S.-E. du Nord, limité au N. par la province belge de Hainaut. Nombreuses forêts ; alt. s'élevant vers l'est (283 m au sud de Trélon).

Histoire. Même peuplement que le Cambrésis sauf à l'E. (tribu belge des Éburons). **Ier s. av. J.-C.** émigration partielle en G.-B. devant la menace germanique. Résistance aux Romains (César engage 7 légions contre eux) jusque sous Tibère qui fonde Bavay qui devient le 1er nœud routier de la province de Belgique. **IIe au Ve s. apr. J.-C.** invasions germaniques. **VIe s.** partie de la Lotharingie. **843** attribué à l'Empire germanique. **IXe s.** 1er comte de Hainaut (en germ., Hennegau : pays de la Haine, affl. de l'Escaut) : Régnier au Long Col, petit-fils de Lothaire. Alliances réunissent Hainaut et Flandre de 1067 à 1071 et de 1191 à 1279. **XIIe-XIVe s.** mouvement communal. **1214** Fernand de Portugal, Cte de H. par mariage, vaincu à Bouvines, le pays passe dans l'orbite française. **1299** passe par mariage dans la maison de Hollande et Zélande. **1345** passe par mariage dans la maison de Bavière. **G. de Cent Ans** soutient Angl. et Flandre contre France. Relève de l'Empire jusqu'en 1418 (les états provinciaux le proclament libre de tout lien vassalique). **XIIIe-XIVe s.** apogée des draperies. **1433** Jacqueline de Bavière dépouillée de son héritage qui passe à la maison de Bourgogne, puis aux Habsbourg. Sous la domination bourguignonne, gouv. par un régent, et des conseils nobles et bourgeois, le H. envoie des délégués aux états généraux de Bruxelles. **XVIe s.** Réforme se répand dans l'Ostrevant ; Contre-Réforme menée de Douai (université créée 1559). **1585** toutes les places calvinistes reprises. **1659** cédé en partie (le Quesnoy, Avesnes, Landrecies) à la Fr. par tr. des Pyrénées. **1678** cession de l'Ostrevant au tr. de Nimègue. **1668** création du conseil souverain de Tournai (érigé en parlement en 1686, transféré à Cambrai en 1705 et Douai en 1714). Rattaché au gouv. de Flandre (lieutenant à Valenciennes). **1676** création de la généralité de H. (chef-lieu : Mons, puis Maubeuge, 1713 Valenciennes). **1733** découverte du gisement houiller d'Anzin.

Économie

• **Population** (1982). 3 919 240 h. (7,2 % de la pop. nationale). D. 317. *Pop. urbaine* (1983) 86 %. *Moins de 20 ans* 31,1 %. *Active* (estim. au 1-1-1985) dont : *ayant un emploi* 1 280 000 dont primaire 63 000, secondaire 490 000, tertiaire 727 000 ; *salariée* 1 518 120.

• **Échanges** (en milliards de F, 1983). Importations : 88,7 dont (en %) pétrole brut, gaz naturel et prod. pétroliers raffinés 25,3, text. 6,4, chimiques de base 5,6, prod. agro-alim. 4,8, véhicules automobiles et autres 3,8, métaux et demi-prod. non ferreux 3,5, combustibles minéraux solides et prod. de la cokéfaction 3, papier carton 2,6, prod. sidérurgiques 2,4, prod. alim. divers 2, minerai non ferreux 1,9, viandes et conserves de v. 1,9, équip. ind. 1,7, prod. agr. importés 1,6, prod. pêche 1,4, parachimie 1,4, minerai de fer 1,2, transformation de mat. plastiques 1,2, habillement 1,1, prod. du travail des métaux 1,1, matériaux de constr. et céramique 1, prod. du travail du grain 1 ; *de (en %)* : U.E.B.L. 19,30, P.-Bas 15,66, All. féd. 9,18, G.-B. 5,64, U.S.A. 5,44, Italie 4,27, Norvège 4,17. Exportations : 66,8 dont véhicules automobiles et autres 9,6, text. 8,2, prod. sidérurgiques 5,5, chimiques 5,1, alim. divers 3,5, ind. du verre 3,2, prod. de la 1re transformation de l'acier 2,9, métaux et demi-prod. non ferreux 2,6, prod. du travail du grain 2,3, alim. 2,2, parachimie 2, équip. ind. 1,7, matériel manutention, mines, sidérurgie 1,7, papier carton 1,7, constr. navale 1,4, pétrole brut, gaz naturel et prod. pétroliers raffinés 1,2, travail métaux 1,1, matériel électrique 1 ; *vers (en %)* : U.E.B.L. 19,08, All. féd. 14,53, G.-B. 8,86, Italie 8,86, U.S.A. 5,81, P.-Bas 5,59, U.R.S.S. 2,45, Espagne 2,28.

• **Agriculture** (1984). **Terres** (en milliers d'ha) 1 245,1 dont *S.A.U.* 926,7 [t. lab. 663,2 (dont céréales 397,3, bett. ind. 77,8, fourr. ann. 58,5, légumes 75,9, plantes text. 13,3, jardins 8,7), herbe 262,3] ; *bois* 86,5 ; *t. agr. non cult.* 11,5 ; *t. non agr.* 205,8. **Prod. végétale** (en milliers de t) bett. ind. 3 677,2, p. de t. 1 541,7, blé tendre 1 784,9, orge et escourgeon 1 014,6. **Animale** (en milliers de têtes) bovins 932,2, porcins 829,7. *Viande* finie (en milliers de t, 82) 170 ; volailles 24,9. *Lait* (prod. totale vaches laitières + nourrices) 15 391 092 hl.

Les 3/4 du terr. sont cultivés (928 709 ha). *Production* (% de la prod. nat.) : chicorée (1982) 100, endives et chicons 65, houblon 38, lin text. 27, p. de t. 24, petits pois 20,6, bett. ind. 15, céréales 5,4, lait 5. **Exploitations** (1982) nombre : 38 400, *S.A.U. moy.* par expl. 24,1 ha.

Pêche. 2e région après la Bretagne (19 % du poisson frais débarqué en France, 50 % du p. surgelé) : 123 455 t en 1981 (quartiers de Boulogne et de Dunkerque).

• **Industrie.** *Effectifs* (au 1-1-1983) *et poids régional du secteur* entre parenthèses : ind. méc. 38 000 (7,7 %), agro-alim. 41 000 (8,1 %), charbonnages 22 600 (38,2 %), sidérurgie 32 900 (21,4 %), text., habill. 86 600 (18,3 %), constr. élec. et électron. 14 300 (3,1 %), verre 14 300 (23,2 %), autom. et autres matér. de transp. terr. 34 900 (7,5 %), papier, carton 11 000 (9,6 %).

Nota. — Vente par correspondance : 15 000.

Diminution des effectifs : 1975-1983 : agr. 14 900, ind. 125 400 (dont énergie 23 200, agro-alim. 3 800, biens intermédiaires 42 400, biens d'équip. 4 900, de consomm. 51 100), B.T.P. 5 400. *Augmentation des effectifs (tertiaire) : 1968-1973* : 73 000 ; *1975-1983* : 97 100.

Production (en % de la prod. nationale). *Ind. agro-alim.* (1981) : huiles alim. 75, malt 38, chocolaterie-confiserie 30, bière 22, conserves de légumes 20, sucre 15, alim. du bétail 6, meunerie 7. *Métallurgie* (1982) : acier 30, fonte 32. *Textile* : filatures de lin 95, coton 36, laines peignées 81, filterie 76, tissage de lin et métis 56, de laine 24, coton, artificiels et synthétiques 21, tapis-moquette 30, tapis aiguilleté 40, teintures et apprêts 31, bonneterie 16. *Énergie* : charbon 27, gaz 13, électricité 12. *Verre plat* 75. *Papier, carton* 33.

Vente par correspondance : 1/4 des fournisseurs situés dans le Nord-Pas-de-Calais (La Redoute, Trois Suisses, Damart, Textiles de la Blanche Porte, Willems-France).

Tourisme (au 31-12-85). Hôtel 1 500 (23 000 ch.), dont homologués 354 (9 560 ch.). Campings-caravanages 380 (102 000 pl.). Auberges de France 5 (21 lits), de Jeunesse 5 (390 lits), maisons familiales de vacances 7 (680 lits) ; villages de vacances 4 (1 200 lits) ; gîtes ruraux 250 (1 250 places).

Projets et réalisations. *Communications* : modernisation des voies navigables, Deûle, Escaut, implantation d'un port fluvial près de Lille ; motorway Douvres-Londres ; tunnel sous la Manche Calais-Douvres (50 km) v. 1988, aménagement de Calais pour permettre l'accès des navires de 200 000 t. *Énergie* : gazéification de mines de charbon inexploitables pour la production de gaz ; exploitation du charbon sous la mer près de Wissant. Utilisation des eaux tièdes de la centrale nucléaire de Gravelines pour l'aquaculture.

Départements

Voir légende p. 704.

• **Nord** (59) 5 742 km² (184 × 6 à 87 km, dép. le + long). *Côtes* 35 km. *Alt.* max. Bois St-Hubert 266 m, min. − 5 m. 2 512 900 h. (1982) [*1801* : 765 001 ; *1851* : 1 158 885 ; *1901* : 1 867 408 ; *1911* : 1 962 115 ; *1921* : 1 788 193 ; *1936* : 2 022 436 ; *1946* : 1 917 694 ; *1954* : 2 098 805 ; *1975* : 2 511 478]. D. 438,9 (82). Pop. active en % (1982) primaire 3,4, secondaire 41,4, tertiaire 55,2. Chômeurs 11,1.

Villes. LILLE (chef-lieu dep. 1804, avant : Douai ; a absorbé en 1958 Wazemmes, Esquermes, Fives et Moulin-Lille ; fusion en 1977 avec Hellemmes-Lille) ; alt. moy. 23 m, max. 40,76 m, sup. 2 521 ha, 168 424 h. (dont Hellemmes-Lille 16 356) [*1455* : 15 000 ; *1653* : 40 000 ; *1700* : 53 000 ; *1800* : 52 234 ; *1841* : 72 537 ; *1936* : 200 619 [1] ; *1954* : 194 628 [1] ; *1962* : 193 096 ; *1968* : 190 170 ; *1975* : 189 942]. D. 77 994 (1975) [ag. 936 295, dont *Bondues* 8 840. *Croix* 19 386 ; mat. agr., vente par corresp. ; *Faches-Thumesnil* 16 931. *Halluin* 16 444 ; text., transform. du papier ; *Haubourdin* 14 497 ; savonnerie, prod. amylacés. *Hem* 21 933. *La Madeleine* 22 115 ; ind.

chim. *Lambersart* 28 520. *Leers* 8 558. *Lomme* 28 281 ; coton. *Loos* 20 640 ; filterie. Lys-Lez-Lannoy 11 077. *Marcq-en-Barœul* 35 278 ; bât., ind. élec., alim. *Mons-en-Barœul* 26 638 ; brasserie. *Mouvaux* 12 631. *Neuville-en-Ferrain* 9 040. Ronchin 17 367. *Roncq* 11 727. *Roubaix* 101 602 ; text., caout., vente par corresp., santé. *St-André* 10 795. *Seclin* 13 056. *Tourcoing* 96 908 ; ind. text., papier carton, vente par corr. *Villeneuve-d'Ascq* 59 527 ; ville nouvelle née en 1970 de la fusion d'Ascq, Flers et Annappes [*1801 :* 3 718 ; *1921 :* 10 680 ; *1962 :* 19 612 ; *1968 :* 26 288 ; *1975 :* 36 769], sup. 2 746 ha ; alim., cartonnerie, université. *Wambrechies* 8 152. *Wasquehal* 16 275 ; vente par corresp. *Wattignies* 13 790. *Wattrelos* 44 626 ; text., chim.] ; admin., univ., aéroport (Lesquin), ind. métall., élec., autom., alim., text., presse ; palais Rihour, hospice Comtesse, musée B.-A., citadelle Vauban, vieille Bourse (1652, Julien Destré), nouvelle Bourse. *Espaces verts* (1975) 292 ha (13,40 % de la sup. totale) dont bois de Boulogne et de la Deûle, promenades de la Citadelle 52, jardin des Plantes 11, parc des expositions 2,2, jardin du loisir des Dondaines 13. Rue la plus longue : r. du Fbg-d'Arras (1 940 m), la plus courte : r. de l'Entente Cordiale (7). Places les plus importantes (en m²) : Rihour 19 360, de la Rép. 18 900, de la Nouvelle-Aventure 18 700, du Mal-Leclerc 15 990, Philippe-le-Bon 12 650, Sébastopol 11 280. — *Anhiers* 687 h. ; 1re égl. solaire de Fr. (1980). *Annœullin* 7 214 h. (ag. 9 640). *Armentières* 24 834 h. (ag. 55 913) ; coton, lin, jute, brasserie, hôp. psych. *Aulnoye-Aymeries* 10 086 h. (ag. 21 345). *Avesnes-sur-Helpe* 5 955 h. (ag. 9 658). *Bailleul* 13 400 h. (ag. 16 484) ; alim., text. *Bavay* 4 193 h. (ag. 5 200) ; vestiges gallo-romains. *Bergues* 4 488 h. (ag. 10 479). *Cambrai* alt. 53 m, sup. 1 812 ha, 35 272 h., absorbe en 1971 Morenchies [*1801 :* 15 010 ; *1841 :* 20 141 ; *1861 :* 22 557 ; *1921 :* 26 023 ; *1936 :* 29 655 ; *1946 :* 26 129 ; *1962 :* 35 373 ; *1968 :* 39 974] (ag. 49 581) ; machines-outils, text., bât. ; *Caudry* 14 095 h. (ag. 14 861) ; cosmétique et dent. — *Douai* * 42 576 [*1720 :* 13 048 ; *1801 :* 17 433 ; *1841 :* 25 203 ; *1861 :* 24 486 ; *1921 :* 34 131 ; *1936 :* 42 021 ; *1946 :* 37 258 ; *1962 :* 50 104 ; *1968 :* 51 657] [ag. 202 366 dont dans le dép. *Auby* 8 630. *Cuincy* 6 449 ; Renault. *Flers-en-Escrebieux* 5 491 ; imprimerie nat. *Lallaing* 8 174. *Sin-le-Noble* 18 122. *Waziers* 9 267 ; ind. chim.] ; houillères, métall., ind. chim., autom. ; cour d'appel. — *Dunkerque* * alt. 4 m, sup. 2 863 ha, 73 120 h. (*1981 :* 74 794, retranchement d'un quartier de Petite-Synthe) [*1600 :* 51 004 ; *1770 :* 15 900 ; *1801 :* 22 270 ; *1841 :* 27 047 ; *1861 :* 32 113 ; *1921 :* 34 748 ; *1936 :* 31 017 [1] ; *1954 :* 21 136 [1] ; *1962 :* 27 616], fusionne en 1970 avec Malo-les-Bains, en 1972 avec Petite-Synthe et Rosendaël et en 1980 avec Mardyck ; 3e port français en 1981 [ag. 195 705 dont dans le dép. *Cappelle-la-Grande* 5 611. Coudekerque-Branche 23 958 huilerie. *Grande-Synthe* 26 225 ; centre commercial, sid. *Gravelines* 11 576 ; papier carton. *St-Pol-sur-Mer* 23 055] ; raffin., constr. nav., sid. — *Estaires* 5 317 h. (ag. 12 760). *Fourmies* 15 242 h. (ag. 18 824) ; métall., text., hab. *Hazebrouck* 20 008 h. ; hab. *La Bassée* 6 319 h. *Le Cateau-Cambrésis* 8 256 h. (ag. 8 588) ; céram. *Maubeuge* sup. 1 885 ha, 36 061 h. [*1801 :* 4 784 ; *1841 :* 7 431 ; *1861 :* 10 557 ; *1921 :* 21 173 ; *1946 :* 20 859 ; *1962 :* 27 287 ; *1968 :* 32 172] [ag. 105 714, dont *Feignies* 6 910. *Ferrière-la-Grande* 5 611 ; équip. industriel. *Hautmont* 18 461 ; sid., transf. de l'acier, métall. ; *Jeumont* 11 661 ; ind. élec. *Louvroil* 8 208 ; sid.] ; métall., céram., mach.-outils, autom. Chausson.). — *St-Amand-les-Eaux* 16 199 h. (ag. 19 148) ; céram., équip., ind. — *Valenciennes* sup. 1 384 ha, 40 275 h. [*1801 :* 9 118 ; *1861 :* 10 210 ; *1921 :* 13 394 ; *1936 :* 42 564 [1] ; *1954 :* 43 434 [1] ; *1962 :* 45 379] [ag. 349 505, dont dans le dép. *Aniche* 9 533 ; verre. *Anzin* 14 602. *Aulnoy-lès-Valenciennes* 8 759 ; métall., houillères, bât. univ. *Beuvrages* 8 560. *Bruay-sur-l'Escaut* 11 810 ; mach.-outils, bonneterie. *Crespin* 4 910 ; mat. ferrov. *Denain* 21 285 ; sid., houillères. *Douchy-les-Mines* 11 140. *Escaudin* 9 835. *Fenain* 5 755. *Fresne-sur-Escaut* 8 218. *Haulchin* 2 746 ; raffinerie. *Marly* 14 320, mat. ferrov. *Onnaing* 9 157. *Prouvy* 2 133 ; céram. *Quivrechain* 7 186. *Raismes* 15 606 ; mat. ferrov. *St-Saulve* 10 717 ; tubes acier. *Saultain* 1 669 ; peint. *Somain* 12 620, houillères. *Trith-St-Léger* 5 952 ; sid., autom. *Vieux-Condé* 11 178. *Wallers* 6 564] ; houillères, métall. lourde, tubes acier, textile, peint.

Nota. — (1) Pop. totale (avec doubles comptes).

Régions naturelles. *Flandre intérieure* et *Cambrésis* (céréales, pommes de terre, betteraves). *Flandre maritime* (cult. maraîchères). *Hainaut, Avesnois* (bovins). **Terres.** Voir Index.

Économie. *Énergie : charbon. Diversification des houillères* (mat. de constr., plastiques). *Raffinage de pétrole. Gaz de cokerie :* Waziers, Lourches. *Gaz de Hollande* (imp. de Groningue). *Électricité thermique :* Pont-sur-Sambre, Ansereuilles, Dunkerque, Bouchain. *Électricité nucléaire :* Gravelines. *Textile :* Lille, Roubaix, Tourcoing, Armentières. *Laine. Lin. Tapis. Rubanerie :* Comines. *Coton, jute, tissage, fils à coudre, teinture, apprêt, bonneterie. Broderies, dentelles :* Cambrésis (Caudry, Villers-Outreau). *Confection et habill. :* ag. lilloise, Armentières, Hazebrouck, Valenciennes.

Sidérurgie : littoral (Usinor et Creusot-Loire à Dunkerque), *vallée de l'Escaut* (Denain, Valenciennes) *bassin de la Sambre. Métall. et mécanique :* fonderie, chaudronnerie, tubes d'acier (Vallourec, matériel roulant (Valenciennes, Douai), mach.-outils (vallée de la Sambre), mach. agr. (Lille, Valenciennes), grands ensembles ind. (Fives-Lille). *Ind. autom. :* Maubeuge (Chausson), Douai (Renault), Valenciennes (Chrysler), Trith-St-Léger (Peugeot), Lille (Peugeot). *Constr. navales* Dunkerque. *Ind. chimique :* produits de base, engrais, produits pharm. (Lille ; Ugine-Kuhlmann, Uni-Lever), produits de beauté (L'Oréal à Caudry et Revlon à Seclin), peintures et vernis (Corona à Valenciennes et Saultain). *Ind. agric.* et *alim. :* sucreries, distilleries, meuneries, brasseries, conserveries, raffineries de chicorée, huileries (Dunkerque), produits laitiers (Steenvoorde, Bailleul, Avesnois). *Papier carton, verre* (Aniche, Masnières et Boussois). *Mat. de construction :* tuiles, briques, ciment. *Bâtiment* et T.P. *Vente par corresp.* (8 000 sal.) : 2/3 du C.A. français.

Sites touristiques. *Stations balnéaires, parc naturel régional* de St-Amand (5 000 ha), *plan d'eau* du val Joly, *forêt* de Mormal (10 000 ha). *Villes historiques :* Lille, Le Quesnoy, Douai, Bergues, Bavay, Avesnes (forêt de Mormal ; gastronomie : fromage Maroilles).

● **Pas-de-Calais** (62) 6 672 km² (140 × 82 km). *Côtes* 105 km (C. d'Opale, de la couleur du ciel et de l'eau). *Alt.* max. 212 m (Mt Boulonnais). 1 412 413 h. (1982) [*1801 :* 505 615 ; *1851 :* 694 294 ; *1906 :* 1 013 492 ; *1921 :* 900 704 ; *1926 :* 1 172 723 ; *1946 :* 1 169 196 ; *1954 :* 1 227 467 ; *1975 :* 1 402 295]. D. 211,6 (82). *Pop. active résidente ayant un emploi* (1984) 456 440 dont (en %) primaire 8,1, secondaire 41,8, tertiaire 50. *Femmes :* 35 % de la pop. active occupée. Chômeurs 11,9.

Villes. ARRAS, sup. 1 163 ha, alt. max. 72 m, 41 736 h., D. 3 994 [*1801 :* 19 958 ; *1851 :* 25 271 ; *1936 :* 31 488 ; *1946 :* 33 345 ; *1958 :* 53 574 ; *1975 :* 46 483] [ag. 80 477, dont *Achicourt* 7 795. *Dainville* 5 758. *St-Laurent-Blangy* 6 100. *St-Nicolas* 6 224] ; équip. ind., ind. alim., text., chim. ; palais St-Vaast, Hôtel de Ville (beffroi), grand-place (XIIe au XVIIIe s.) *Aire* 9 535 h. (ag. 10 548). — *Ardres* 3 390 h. (ag. 4 457). *Audruicq* 4 078 h. *Bapaume* 3 524 h. *Berck* 14 060 h. [ag. 18 927]. — *Béthune* * sup. 943 ha, alt. moy. 25 m, max. 35 m, 25 508 h. [*1698 :* 3 748 ; *1801 :* 13 228 ; *1836 :* 20 856 ; *1866 :* 40 251 ; *1926 :* 52 839 ; *1946 :* 34 885 ; *1968 :* 28 379 ; *1975 :* 26 982] [ag. 258 383, dont dans le dép. *Annezin* 5 857. *Auchel* 12 535. *Barlin* 7 831. *Beuvry* 8 840. *Bruay-en-Artois* 22 893 ; houille, chaudronnerie, text., ind. autom. *Calonne-Ricouart* 7 545. *Divion* 8 125. *Douvrin* 4 415 ; ind. alim. *Hersin-Coupigny* 7 015. *Houdain* 7 746. *Lillers* 9 509. *Marles-les-Mines* 7 327. *Nœux-les-Mines* 13 166, mat. plast., constr. électron. *Sains-en-Gohelle* 5 584. *Wingles* 8 472 ; autom.] ; caout., confection, mat. de précision, verre, chim. — *Biache-Saint-Vaast* 4 032 h. — *Boulogne-sur-Mer* sup. 764 ha, alt. 6 à 66 m, 47 653 h. [*1801 :* 10 685 ; *1851 :* 30 784 ; *1901 :* 49 949 ; *1936 :* 52 371 ; *1946 :* 34 885 ; 1954 : 43 936 ; *1968 :* 50 150 ; *1975 :* 48 440] [ag. 98 566, dont *Le Portel* 10 984. *Outreau* 14 590, métall. fond. *St-Martin-Boulogne* 11 271] ; port de pêche [2e p. de la C.E.E. après Hull (G.-B.)], commerce et voy. (2e p. de voyageurs), ind. métall., téléphone, conserves et surgelés (70 000 t/an) ; château d'Aumont, porte des Degrés, égl. N.-D. ; espaces verts 23 ha. — *Calais* * sup. 2 937 ha, alt. moy. 5 m, max. 18 m, 76 527 h. [*1801 :* 9 667 ; *1851 :* 22 517 ; *1901 :* 59 793 ; *1921 :* 73 001 ; *1936 :* 67 568 ; *1946 :* 50 048 ; *1954 :* 60 340 ; *1968 :* 74 908 ; *1975 :* 78 820] [ag. 100 823, dont *Coulogne* 5 347. *Marck* 7 448] ; port de commerce, port voyageurs [1er de Fr. (7 500 000 pass. en 1981), 3e du monde, 1er hoverport du monde par les dimensions et l'importance des installations] ; chim., mach.-outils, mat. élec., dentelles, confection, jouets, fibres synth. (Coquelles) ; égl. N.-D., tour du Guet. — *Desvres* 5 573 h. (ag. 6 733). *Étaples* 11 292 h. [ag. 22 701, dont *Le Touquet-Paris-Plage* 5 204] ; accessoires autom., pêche. *Frévent* 4 217 h. *Hesdin* 2 977 h. (ag. 7 908). *Isbergues* 5 680 h. (ag. 13 340). *Leforest* 7 882 h. — *Lens* * sup. 1 087 ha, alt. 21 à 66 m, 38 244 h. [*1801 :* 2 365 ; *1851 :* 2 796 ; *1901 :* 24 370 ; *1921 :* 14 259 ; *1936 :* 32 730 ; *1946 :* 34 342 ; *1968 :* 42 019 ; *1975 :* 40 199], [ag. 327 383, dont *Avion* 21 023 h. *Billy-Montigny* 7 682 h. *Bully-les-Mines* 12 547 h. *Carvin* 16 206 h. *Courcelles-lès-Lens* 5 855. *Courrières* 12 612 h. *Fouquières-lès-Lens* 7 550. *Grenay* 5 875. *Harnes* 13 996 h. ; chim., confection, ind. alim. ; *Hénin-Beaumont* 26 037 h. ; métall., accessoires autom., confection, fabrication de bagages. *Liévin* 33 096. *Loison-sous-Lens* 5 022 ; transform. de l'acier. *Loos-en-Gohelle* 6 706. *Mazingarbe* 8 114 ; chim. *Méricourt* 13 273 h. *Montigny-en-Gohelle* 11 140. *Noyelles-Godault* 5 474 ; métaux non ferreux. *Noyelles-sous-Lens* 7 550. *Rouvray* 9 608. *Sallaumines* 12 081 h. *Vendin-le-Vieil* 6 934 ; chim.] ; houilles, confection. — *Lumbres* 4 107 h. (ag. 7 568). *Marquise* 4 731 h. (ag. 12 852). *Libercourt* 10 093 h. *Montreuil* 2 753h. (4 671). *Oignies* 10 546 h. — *S'-Omer* sup. 1 641 ha, alt. max. 26 m, 15 415 h. [ag. 53 748, dont *Arques* 9 245 h. ; cristallerie, cartonnerie. *Blendecques* 5 338 ; cartonnerie. *Longuenesse* 11 970 h. ; ind. téléphonique] ; confection. *Oye-Plage* 4 479 h.]. — *St-Pol-sur-Ternoise* 5 752 h. (ag. 8 632). *St-Venant* 4 127 h. (ag. 5 320). *Vitry-en-Artois* 4 738 h. *Wimereux* 7 023 h.

Régions naturelles. *Pays d'Aire* 34 795 ha ; céréales. *Collines guînoises* 19 303 ha : céréales, lin, bett. *Boulonnais* 64 670 ha : vallons, élevage. *Ht Pays d'Artois* 95 055 ha : céréales, herbages. *Béthunois* 29 087 ha : céréales, cult. légumières. *Ternois* 130 519 ha : céréales, herbages. *Pays de Montreuil* 58 114 ha : céréales, herbages. *Bas Pays picard* 19 494 ha : herbages, céréales. *Plaine de la Lys* (Flandre intérieure) 16 754 ha : céréales, bett., p. de terre. *Wateringues* (canaux) 37 033 ha : horticult., cult. maraîch. *Artois* (collines) 138 447 ha, alt. max. N.-D. de Lorette 170 m : céréales, betteraves. **Terres.** Voir Index.

Économie. *Agriculture :* 2,5 % de la prod. fr. pour 1,73 % de la S.A. nat. N. et O. : cult. fourr., prod. anim. (Boulonnais, Marquenterre). S. et E. (col. de l'Artois, Flandre mérid.) : céréales, plantes sarclées, cult. légumières, prod. lait. ; avoine (2e rang en Fr.) ; betteraves fourragères (1er, av. C.-du-N.), industrielles (5e) ; chicorée à café (50 % de la prod. fr., 1er rang) ; blé (7 %) ; orge + escourgeon (1er rang) ; lin (Ardrésis, vallée de la Ternoise) ; tabac (7e, 3 régions : Hesdins-Montreuil, Pays d'Aire, Béthunois) ; endives (secteur de Marquion). Bovins, chevaux (du Boulonnais), porcs (6e en Fr.). *Pêche :* 3/4 de la prod. fr. (111 113 t en 1983) en harengs, lieus noirs, merlans, cabillauds.

Énergie. CHARBON (Lens, Courrières, Oignies). Diversification des houillères : matériaux de constr. (surschistes), plastiques [Mazingarbe (labor. de recherche fondamentale), Drocourt, Nœux-les-Mines], logement (avec procédé IDL), ingénierie, informatique, formation, etc. GAZ venant du charbon gras : 2 cokeries (Mazingarbe, Drocourt). Gaz nat. (Groningue ; P.-Bas). ÉLECTR. : centrales therm. (Chocques, Violaines, Courrières, Harnes). EAU LOURDE : Mazingarbe (Sté chim. des Charbonnages).

Industrie. CHIMIE : essentiellement (carbo-chimie) : *Calais-Mazingarbe* (ammoniac, acide nitrique, ammonitrates, nitrate d'ammoniaque et engrais complexes, méthanol et formol, polyéthylène), *Drocourt* (trait. des benzols, résines polyesters), *Douvrin* (engrais) et *Wingles* (carbure de calcium), *Vendin* (résines et trait. des goudrons de houille, chimie organique fine), *Libercourt* et *Loison* (prod. benzoïques et benzyliques et antioxydants), *Harnes* [méthanol, ammoniaque, formol, alcools oxo, prod. plastifiants (Kuhlmann)], *Chocques* (engrais chim., synthèse organique, acide sulfurique), *Liévin* (engrais chimiques), *Isbergues* (air liquide, hydrogène), *Calais, Wingles, Nœux-les-Mines* et *Hénin-Beaumont* (mat. plastiques), *Feuchy* et *Harnes* (engrais chim.), *Billy-Berclau* (explosifs), *Ruitz* [peinture (Ripolin)].

SIDÉRURGIE : *Boulogne-sur-M.* (aciéries et fonderies, ferromanganèse) et *Isbergues* (aciérie électr.), *Biache-St-Vaast* (laminage à froid), *Noyelles-Godault* [plomb et zinc (Penarroya, 1er prod. européen)], *Marquise* (fonderie), *Béthune* (chaudronnerie et mécanique), *Carvin* (Poclain) et *Lens* (laminoirs et tréfileries), *Arras* (mat. ferrov.), *Bruay* (matériel ferrov., galets de ponts roulants). MÉTALLURGIE : *Calais* et *Lens* (câbleries), *Ruitz* (S.T.A.). CHANTIERS NAVALS : *Étaples, Boulogne, Calais.* CONSTR. ÉLEC. ET ÉLECTRON. : *Longuenesse, Boulogne, Le Portel, St-Omer, Nœux-les Mines.*

AUTO : *Douvrin* (fabrication de moteurs Renault-Peugeot), *Ruitz* (boîtes de vitesses automatiques), *Harnes* (éléments intérieurs de carrosserie automobile), *Calais* (chaînes de transmission pour moteurs), *Calais, Étaples* (équipement électrique). PNEUMATIQUES : *Béthune* et *Lens*.

PAPETERIES-CARTONNERIES : *vallée de l'Aa, Corbehem, Maresquel, Calais.* Plumes et crayons : *Boulogne.*

TEXTILES : *Hénin-Beaumont, Nœux-les-Mines, Lens, Bruay, St-Omer, Calais* (dentelles) ; synthétiques : *Arras, Calais* ; bonneteries et confections : *St-Omer, Boulogne* et *Calais* (100 sur l'axe St-Omer-Arras).

VERRERIE-CRISTALLERIE : *Arques* (cristal par procédé industriel), *Wingles* (B.S.N.).

CHAUX, CIMENTS : *Dannes, Lumbres, Barlin, Pont-à-Vendin, Biache-St-Vaast, Marquise*. MARBRE : région de *Marquise* (10 000 t/an). Céramiques et faïenceries à *Desvres*.

INDUSTRIES AGRO-ALIM. : *Arras, St-Pol-sur-Ternoise, Vieil-Moutier, Verton* (prod. laitiers), *Boulogne* (conserveries), *Corbehem, Lillers, Marconnelle, Attin, Pont-d'Ardres* (sucreries), *Calais* (biscuiterie), *Lestrem* (féculerie, amidon de maïs et blé), *Harnes* (frites surgelées), *Béthune et Violaines* (lég. surgelés), *Hesdin* (distilleries), *Vaulx-Vraucourt, Duisans* (conserveries de lég.).

Sites touristiques. *Stations balnéaires :* Le Touquet-Paris-Plage (aéroport), Berck. *Forêt :* Hardelot, Clairmarais. *Sites des caps :* caps Blanc-Nez et Gris-Nez. *Art roman :* collégiale de Lillers. *Gothique :* hôtels de ville et beffrois (Arras, Béthune, cath. de St-Omer). *Musées :* Arras, Béthune (m. des arts et des traditions populaires), Boulogne, Calais, St-Omer (hôtel Sandelin, m. Henri-Dupuis). *Villes historiques :* Arras, St-Omer, Montreuil. *Ports de plaisance :* Calais, Boulogne.

(Basse-) Normandie

Généralités

Alençon

Situation. « Campagne d'Alençon » : campagne signifie « labours » (en fait, semi-bocage ; mais sol calcaire, favorable à la céréaliculture). Partie S. du dép. de l'Orne.

Histoire. Avant la conquête romaine : zone frontière (non déboisée) entre les Aulerques Sagii (cap. Sées : *Sagiensis civitas*, et Saosne : Sagono) et les Aulerques Cennomans, vaincus en **57 av. J.-C.** par Crassus et Titurius Sabinus, lieutenants de César. Fait partie successivement des deux Lyonnaises Secondes (cap. Rouen). **Sous les Carolingiens** subdivision du pays d'Exmes. **920-24** conquis sur les Bretons et les Normands païens, par Rollon, duc de Normandie dep. 911. **943** attribué par Rollon au seigneur du Saosnois, qui prend vers 1000 le titre comtal. **1023-1199** la suzeraineté sur Al. est disputée entre les C^tes du Perche, du Maine et le duc de Normandie. **1219** cédé à Philippe Auguste à la mort du dernier Cte héréditaire Robert IV. **1269** apanage de Pierre, fils de Louis IX. **1293** apanage de Charles Ier de Valois. **1367** érigé en pairie. **1414** érigé en duché, usurpé par le Cte de Bedford. **1449** reconquis par Jean II d'Al., rattaché à la couronne en 1549, à la mort de la veuve du 4e duc, Charles IV de Valois. Remis en douaire ou en apanage jusqu'en 1696 (Catherine de Médicis, duc de Wurtemberg, Gaston d'Orléans). Simple titre honorifique (1710-14) pour le duc de Berry, (1785) pour le Cte de Provence.

Ressources. Manufactures de drap fermées à la révocation de l'édit de Nantes. **XVIIIe s.** manufactures royales de dentelles et métallurgie. Polyculture (céréales, herbages), élevage laitier.

Basse Normandie

Situation. Baignée par la Manche, entre l'embouchure de la Risle (estuaire de la Seine) et celle du Couesnon (baie du Mt-St-Michel). *Départements :* Calvados, Manche, Orne. Partie occidentale de l'ancienne province de Normandie : l'adjectif *basse* signifiait qu'elle est plus éloignée de la capitale, Rouen, que la haute Norm. *Pays d'Ouche :* plus argileux et humide. *Pays d'Auge :* prairies (fromages de Livarot, camembert...).

Plus à l'ouest : campagne de Caen : table de calcaire très perméable ; céréales et plantes fourragères. *Bessin :* collines argileuses ; élevage laitier (beurre d'Isigny). Petites *plaines* calcaires et découvertes de *Falaise* et d'*Argentan.*

A l'ouest du Bessin, 2 pays formant la partie E. du Massif armoricain : *péninsule du Cotentin :* 191 m au nord (massif granitique, falaises de La Hague et du Nez de Jobourg) ; au S., collines s'abaissant, paysage bocager avec élevage de bovins et petites fermes dispersées. *Bocage normand :* 417 m à la forêt d'Écouves. Au S. de la Seine : mines de fer.

Histoire (haute et basse Normandie). Pays peuplé faiblement, jusqu'au **IVe s. av. J.-C.**, de Ligures et peut-être d'Ibères. **IVe-Ier s.** colonisation par les Celtes (de La Tène). Tribus gauloises : Calètes (Caux) et Véliocasses (Vexin), faisant partie des Belges ; Lexovii (Lisieux), Baïocasses (Bayeux et Bessin), Viducasses (Vieux), Abrincates (Avranches), Aulerques Eburovices (Évreux), Unelli (presqu'île du Cotentin), faisant partie des Celtes « chevelus ». *Conquis* par un lieutenant de César, Titurius Sabinus, en *56 av. J.-C. :* participation à la révolte de 52. **Époque gallo-romaine** 7 cités (Rouen, Évreux, Lisieux, Sées, Coutances, Bayeux, Avranches) avec Rouen pour métropole (Lugdunaise Seconde). **VIe s.** chaque cité se fractionne en 2 ou plusieurs *pagi.* L'ensemble (archevêché de Rouen) constitue la Neustrie occidentale, dont les limites sont quasi identiques à celles du futur duché de N. Principales abbayes : St-Wandrille, 649, Jumièges, v. 650, Fécamp, v. 660, Mont-St-Michel, 709. **IXe s.** dévasté par les invasions normandes. *911 : tr. de St-Clair-sur-Epte* constituant une « marche de Normandie » (cap. Rouen) en faveur de Rollon († 927) : chef militaire des envahisseurs fixés dans le pays. **X^e-XIe s.** ses successeurs, devenus « ducs », conquièrent la basse N. sur les Bretons et les Normands païens : princes quasi indépendants, prêtant un hommage purement formel aux rois de France. Essor économique et religieux du pays : *Guillaume Longue Épée* (v. 907-assass. 942), *Richard Ier* (v. 920-96), après avoir défait Louis IV à Varaville (945) et s'être fait remettre le duché, se déclare « roi en N. ». *Robert le Magnifique,* duc de 1027 à 1035, obtient momentanément la suzeraineté sur Bretagne, Vexin français, Pontoise (1031). *Guillaume le Conquérant* (v. 1027-1087), fils de Robert le Magnifique et de son « épouse secondaire » Arlette, duc dès 1035, devient plus puissant que le roi de Fr., quand il s'empare de la couronne d'Angleterre en 1066. **XIe-XIIe s.** luttes incessantes entre les Anglo-Normands et leur suzerain capétien. **1078** Philippe Ier soutient Robert Courteheuse, 2e fils du Conquérant, héritier de la N., qui veut s'affranchir de la couronne anglaise. Mais Robert est battu à *Tinchebray* en 1106, et Henri Beauclerc, son frère, réunit les 2 couronnes ducale et royale. **1132** Mathilde, fille d'Henri, épouse *Geoffroi Plantagenêt,* Cte d'Anjou, du Maine et de la Touraine, fondant « l'empire Plantegenêt » dont la N. ne sera qu'un élément (v. Grande-Bretagne, Index). **1202-04** Philippe Auguste conquiert la N. sur Jean sans Terre, puis l'annexe, amenant la ruine des seigneurs laïcs et ecclésiastiques normands, dont la fortune était de type « colonial » (vastes domaines « outre-mer », c.-à-d. en G.-B.). De nombreux serfs saxons restent fixés sur les terres normandes (sauf lieux saxons ou Sainsaulieux ?). *1266 :* St Louis reconnaît les anciennes coutumes anglo-normandes et angevines sous le nom de *Grand Coutumier.* **1283-86** des révoltes éclatent contre Philippe le Bel ; elles contraindront Louis X à concéder la Charte aux Normands (1315, confirmée 1339), qui fixe les libertés provinciales (consentement aux impôts), et qui sera renouvelée à chaque règne jusqu'au XVIIe s. La g. de Cent Ans met fin à la prospérité. **1346** le roi d'Angl. Édouard III décide de débarquer en Normandie où il a un partisan, Godefroy d'Harcourt (riche seigneur du Cotentin, rebelle au roi de Fr., et espérant recevoir du roi d'Angl. le duché de Normandie) ; *13-2 :* Éd. III débarque à St-Vaast ; *fin juillet* conquiert Cotentin avec l'aide de God. d'Harcourt ; Charles le Mauvais, Cte d'Évreux (et roi de Navarre), se rallie à lui ; la N. est déchirée entre Navarrais, Anglais, Français, aidés des milices communales, dévastée par les grandes compagnies ; les accords de Londres (1359) la mettent sous obédience anglaise, mais le *tr. de Brétigny* (1360) revient sur l'accord précédent. Progressivement reconquise par *Du Guesclin* sur les Navarrais battus à *Cocherel* (16-5-1364), par Jean de Vienne sur les Anglais (prise de St-Sauveur-le-Vicomte, 1375) ; paix rétablie après que la révolte de la Harelle, à Rouen, eut été matée en 1382. **1394** Cherbourg rachetée aux Anglais. *1417 :* Henri V débarque à l'embouchure de la Touques, prend Rouen en 1419, et soumet toute la N., sauf le Mont-St-Michel, en 1420. Henri V, puis le régent Bedford essaient de la détacher de la Fr., en respectant les « libertés » de la province et en ménageant les susceptibilités locales ; ils rétablissent l'Échiquier à Caen (1436) et fondent une université (1432, droit canon et droit civil ; 1437, théologie ; 1438, médecine). **1431** *Jeanne d'Arc* jugée et brûlée à Rouen. **1450** *18-4* Formigny : dernière bat. normande de la g. de Cent Ans. Charles VII reprend possession de la province, confirmant les libertés. **XVe s.** restauration économique et développement ind. **1517** *fondation du Havre.* Réforme accueillie très tôt (bûcher d'E. Lecourt en 1533, exécutions de 1555 et 1559) ; les réformés prennent la plupart des grandes villes (1562). Paix (édit de Nantes, 13-4-1598). **XVIIe s.** prospérité. Particularisme réduit. **1651** division en 3 généralités, Rouen, Caen et Alençon. **1666** suppression des états provinciaux. Sous Colbert, développement du textile (Rouen, Elbeuf, Cotentin), des faïenceries (Rouen), des forges... **1685** forte émigration (révocation de l'édit de Nantes). **XVIIIe s.** développement d'une bourgeoisie d'affaires (Feray au Havre, Houël à Caen). **1793** la N. adopte une attitude anticentralisatrice ; *13-6 :* insurrection « girondine », sous la direction de Roland ; *30-6 :* réunion à Caen d'une assemblée antijacobine de 9 départements ; *28-7* les administrateurs du Calvados se soumettent à la Montagne, après la défaite du chef militaire girondin, le royaliste La Puisaye.

Perche

Situation. Confins du Maine, de la Normandie et de l'Orléanais ; S.-E. de l'Orne (haut Perche), S. de l'Eure, O. de l'Eure-et-Loir (Faux Perche), N.-O. du Cher (Perche vendômois), E. de la Sarthe (Perche-Gouet). Hauteurs humides et boisées (Mts d'Amain 321 m).

Histoire. Occupé dès le néolithique, marche boisée entre les territoires des tribus gauloises des Carnutes, Éburovices et Aulerques Cenomans. Échappe à l'implantation romaine. Défriché sous les Mérovingiens et rattaché à l'Hiémois (pays d'Exmes). **Xe s.** le Cte du Corbonnois, hostile au duc de Normandie Rollon, fortifie Mortagne et prend le titre de Cte de Mortagne. **XIe s.** Rotrou, Cte de Mortagne, construit la citadelle de Nogent et y prend le titre de « Cte du Perche ». **1113** 2 autres « comtés du P. » sont créés dans les zones nouvellement déboisées : Montmirail (ou bas Perche ou Perche-Gouet) et Bellême. **V. 1200** les 3 comtés sont réunis en 1 seul (cap. Nogent-le-Rotrou). **1226** disputé entre divers héritiers ; Blanche de Castille l'annexe. **1257** Louis IX rachète les droits des héritiers et cède le comté à son fils Pierre. **1293** apanage de Charles Ier de Valois. **1525** mort du dernier Valois-Alençon et retour à la Couronne. Attribué plusieurs fois à titre honorifique. **1610** rattaché au gouv. du Maine. **XVIIIe s.** élection de la généralité d'Alençon (*Perche-Gouet :* gouv. d'Orléans ; *Thimerais :* Ile-de-France ; *Haut Perche :* gouv. du Maine).

Ressources. Exploitations forestières, agriculture, pommiers. Élevage de chevaux à partir du XVIIIe s. remplacé par l'élevage de bovins au XXe s. (veaux pour Paris).

Économie

● **Population.** 1 350 979 (1982). *Pop. active* ayant un emploi (est. au 1-1-1984) : 530 308 dont primaire 90 463, secondaire 163 223 (dont B.T.P., génie civil et agric. 38 685), tertiaire 276 622 (dont services 217 324) ; *salariée* 403 513.

● **Échanges** (en millions de F, 1984, en %). IMPORTATIONS : 7 886, dont (en %) matér. électron. profess. et mén. 11,63, autom. et autres matér. de transp. terr. 8,46, métaux et 1/2 prod. non ferreux 4,85, combustibles minéraux solides et prod. de la cokéfaction 5,08, équip. ind. 3,78, prod. chim. de base 4,69, pétrole brut, gaz nat. et prod. pétrol. raffinés 1,85, papiers, cartons 5,56, instrum. et matér. de précision 2,95, prod. du trav. méc. du bois 3,94, mach. de bureau et matér. de traitement de l'inform. 6,08, prod. de l'agr. 2,74, prod. de la sylvicult. et de l'exploit. forestière 4,66 ; *de* (en %, 84) : C.E.E. (All. féd. 22, Belg.-Lux. 10, G.-B. 7,1, Italie 6,9, P.-Bas 5,9, Irlande 0,5, Danemark 0,3, Grèce 0,2), autres pays d'Europe 12,9, Afr. centrale 3,9, Afr. occid. 2,3, Afri. du N. 0,7, Amér. du N. 4,3, Canada 0,37, Proche et Moyen-Orient 0,14, autres pays d'Asie 19,6, Australie 0,1, divers 1.

EXPORTATIONS : 12 764, dont lait et prod. laitiers 11,12, autom. et autres matér. de transp. terr. 14,95, équip. mén. 13,09, prod. sid. 8,05, matér. électron. profess. et mén. 6,59, matér. de manutention 5,22, prod. de l'agr. 4,77, métaux et 1/2 prod. non ferreux 3,72, prod. du trav. des métaux 10,19, équip. ind. 2,39, prod. du trav. du grain 2,72, prod. alim. div. 1,85, viandes et conserves de viandes 2,55 ; *vers* (en %, 84) : C.E.E. (41,58) dont All. féd. 11,8, G.-B. 7,3, Italie 1, P.-Bas 4,7, Belg.-Lux. 4,9, Danemark 1,15, Irlande 0,6, Grèce 0,34, autres pays d'Europe 17,12, Afr. du N. 6,3, Afr. centrale 3, Afr. occid. 2, Amér. du N. 12, Canada 1,2, Proche et Moyen-Orient 5,9, autres pays d'Asie 4,7, Australie 0,6, divers 0,1.

● **Agriculture** (1984). **Terres** (en milliers d'ha). 1 774 dont *S.A.U.* 1 417,7 [t. lab. 517,6 (dont jardins 7,2), herbe 898,8] ; bois 197,8 ; *t. agr. non cult.* 38,7 ; *t. non agr.* 108,7. **Prod. végétale** (en milliers de t) : blé tendre 857,7, orge et escourgeon 243,7, maïs grain 94,8, avoine 41,8, p. de t. 64,8, carottes 155,6, pommes à cidre 6, fourrage annuel en vert 4 926,8 (dont maïsfour. 4 620,5). **Animale** (en milliers de têtes) : bovins 2 041,5 (dont veaux 458), porcins 274,4, ovins 180,4, caprins 15,3, équidés 32,4. *Lait :* 31 602 hl (prod. totale vaches lait. + nourrices). **Bois.** Prod. : 700 000 m^3 par an (2,53 % de la prod. française). **Pêche** (en t, 1983). 64 866 dont Cherbourg 40 913, Caen 23 950. (1982).

• **Industrie.** *Salariés* (au 1-1-1985). 122 665 dont ind. agro-alim. 20 478, prod. et distr. d'énergie 3 719, ind. des biens intermédiaires 27 230, des biens d'équip. 47 010, des biens de consom. 24 228. *Production* (1983) : acier 717 516 t ; véhicules R.V.I. 20 963. **Artisanat** (1982). 21 661 entr., 38 735 salariés. **B.T.P.** *Salariés* (1-1-1984). 31 767.

• **Trafic maritime** (en milliers de t, 1984). *Marchandises :* Caen 2 052, Cherbourg 2 042, Honfleur 259,7 (1983 530,7), Granville 113,4. *Passagers* (1984) : Cherbourg 958 000.

Projets et réalisations. *Agriculture :* remembrement, relance du verger cidricole. *Constr. navale :* construction de sous-marins d'attaque, arsenal de la Marine nat. *Industrie nucléaire :* Flamanville centre nucl. PWR (eau pressurisée), extension du centre de retraitement des déchets radio-actifs à La Hague. Inst. des sciences de la matière et du rayonnement (ISMRA). *Projets :* Inst. de rech. métabolique (IRM). *Industrie :* développement de la filière bois.

Communications : pont de Honfleur, mise à 2 × 2 voies de la RN 13 (Caen-Cherbourg), désenclavement du Bocage et du Nord-Cotentin, électrification de la ligne Mantes-Cherbourg (1990). *Aménagement du littoral :* 454 km de côtes, développement des équip. port. [Cherbourg, Granville, Caen-Ouistreham : projet de car-ferry de Honfleur ; zone ind.-portuaire (1 000 ha)], aqua- et conchyliculture, exploitation des agrégats marins (sable et graviers) en baie de Seine et golfe normand-breton, arrêt de l'urbanisation continue des rivages, désensablement du Mont-St-Michel.

Divers : parc régional Normandie-Maine (234 000 ha), bases de loisirs (St-Vaast-La Hougue, Ouistreham), centres universitaires (Caen), université du 3e âge (Cherbourg, Caen). Résidences secondaires : 91 002 (1982).

Départements

Voir légende p. 704.

• **Calvados** (14) 5 547,92 km^2 (128 × 90 km). *Côtes* 120 km. *Alt.* max. : Mt Pinçon 365 m. 599 066 h. (1982). [*1801 :* 431 836 ; *1851 :* 491 225 ; *1901 :* 410 193 ; *1921 :* 384 745 ; *1930 :* 404 916 ; *1968 :* 519 716 ; *1975 :* 560 967]. D. 106,2 (82). *Pop. active* (1-1-84) ayant un emploi : 232 311, dont primaire 25 270, secondaire 74 824, tertiaire 132 217.

Villes. CAEN 114 068 h. [*1789 :* 31 902 ; *1901 :* 44 794 ; *1939 :* 62 000 ; *1945 :* 40 000 ; *1960 :* 89 000 ; *1975 :* 119 640], alt. 4,40 à 71,50 m ; métall., activités port., constr. élec. et électro., ind. méc., auto ; univ., grand accélérateur national à ions lourds (G.A.N.I.L.), Service d'Étude des Postes et Télécom. (S.E.P.T.), centre hosp. univ. ; musées de Normandie, des Bx-Arts, château féodal, églises et abbayes [ag. 183 526, dont *Bretteville-sur-Odon* 3 326. *Colombelles* 5 306. *Cormelles-le-Royal* 3 442 ; constr. électr., électro., auto. *Fleury-sur-Orne* 3 650. *Giberville* 4 381. *Hérouville-St-Clair* 24 298. *Ifs* 5 635. *Mondeville* 9 392 ; sidér., chim.]. — *Argences* 3 000 h. (ag. 3 827). *Aunay-sur-Odon* 3 035 h. *Bayeux** 14 721 h. (ag. 16 931) ; activ. bancaire, cathédrale, musée ; tapisserie, mémorial. *Blainville-sur-Orne* 4 390 h. *Condé-sur-Noireau* 7 098 h. (ag. 8 613) ; amiante. *Courseulles-sur-Mer* 2 992 h. *Dives-sur-Mer* 5 508 h. [ag. 11 204, dont *Cabourg* 3 238 ; station baln.] ; port, métall. *Falaise* 8 597 h. ; app. mén. ; château féodal. *Honfleur* 8 495 h. (ag. 10 010) ; port, musée Boudin. *Isigny* 3 082 h. ; beurre. *Lisieux** 24 940 h. (ag. 29 063) ; ind. autom., élec., du bois, méc. ; pèlerinage (Ste Thérèse) ; basilique. *Livarot* 2 538 h. ; fromage, cidre, ind. du bois. *Luc-sur-Mer* 2 609 h. (ag. 9 829, dont *Douvres-la-Délivrande* 2 877). *Mézidon-Canon* 4 571 h. (ag. 4 816) ; centre ferr., biscuiterie. *Orbec* 2 832 h. (ag. 3 563) ; fromage. *Ouistreham* 6 310 h. (ag. 11 316) ; stat. baln. de Riva-Bella. *Pont-l'Évêque* 3 767 h. ; fromage. *St-Pierre-sur-Dives* 4 506 h. ; église abbatiale. *Trouville-sur-Mer* 6 008 h. [ag. 18 533, dont *Deauville* 4 682 (*1860 :* 100 ; *1876 :* 1 514 ; *1911 :* 3 546 ; *1975 :* 5 664) ; 357 ha ; stat. baln. (1860), casino, courses, marché intern. du yearling] ; casino, cures maritimes. *Villers-Bocage* 2 623 h. ; ind. de la viande. *Vire** 13 709 h. (ag. 16 750) ; marché agr., confect., auto., ind. méc., lait [l'Union laitière normande (dont fait partie Elle-et-Vire et Prévol) est le 1er groupe laitier eur. et le 1er exp. fr.].

Régions naturelles. *Bessin :* 80 400 ha ; alt. — de 100 m ; herbages, v. bovine. *Plaine de Caen et de Falaise :* 137 000 ha ; alt. + de 200 m au sud, — de 100 m au nord ; céréales et bett. *Pays d'Auge :* 186 700 ha ; alt. 200 à 100 m du S. au N. ; herbages, lait, cidre, fromages. *Bocage :* 156 400 ha ; alt. + de 200 m (365 m au mont Pinçon) ; herbages, lait.

Bois (en milliers d'ha, 1984) 48,7 [dont (en 81) f. de St-Sever 1,5, de Balleroy 2,1]. **Terres.** Voir Index.

Ressources. *Agricoles :* prod. animaux 68,7 % (lait 34,4 %, viande 28,1 %), végétaux 31,3 % dont 15,8 % céréales (blé, orge, lin, maïs, betteraves, pommes à cidre). *Pêche :* 21 002 t débarquées en 1980 (dont 55 % à Port-en-Bessin). *Mines :* calcaires (rég. de Caen) ; granit (rég. de Vire).

Sites touristiques. *Côte fleurie* (Honfleur à Cabourg). *Côte de Nacre* (Ouistreham à Courseulles-sur-Mer ; plages du débarquement ; pointe du Hoc). *Pays d'Auge :* manoirs à colombages du XVe s. ; la Brèche du Diable (gorge profonde où coule le Laizon). *Étouvy :* la plus ancienne foire (50 à 60 av. J.-C.) la dernière semaine d'octobre. *Pain de Sucre de Clécy.*

• **Manche** (50) 5 938 km^2 (160 × 60 km). *Côtes* 330 km. *Alt.* max. : St-Martin-de-Chaulieu 368 m. 465 948 h. *(1982)* [*1801 :* 530 631 ; *1851 :* 600 882 ; *1901 :* 491 372 ; *1921 :* 415 512 ; *1936 :* 431 367 ; *1968 :* 451 939 ; *1975 :* 451 662]. D. 78,4 (82). *Pop. rurale :* 601 communes (34 c. urbaines) ; *pop. active* ayant un emploi (1-1-85) : 185 735 dont *salariée* 125 402 ; primaire 42 973, secondaire 54 847, tertiaire 87 914.

Villes. SAINT-LÔ 2 320 ha, 23 212 h. [*1803 :* 6 987 ; *1901 :* 11 604 ; *1946 :* 6 010 ; *1954 :* 11 804 ; *1962 :* 16 072 ; *1968 :* 18 348 ; *1975 :* 23 221] [ag. 27 656, dont *Agneaux* 3 716] ; marché agr., haras national, créé en 1806, 250 chevaux, musée (tapisserie de 32 m « les Amours de Gombault et Macée »), confect., cartonnerie, prod. de beauté, ind. lait., électro-mén., carr., auto. — *Avranches** 9 468 h. [*1851 :* 8 932 ; *1921 :* 6 597 ; *1975 :* 10 136] (ag. 14 889) ; marché agr., carr. auto, habill., ind. agro-alim., galvanoplastie, orn. religieux. *Bricquebec* 3 724 h. *Carentan* 6 589 h. (ag. 7 467) ; ind. agro-alim., tuileries, confect., constr. naut. et élec., verreries. *Cherbourg** 28 442 h. [*1851 :* 28 012 ; *1901 :* 42 938 ; *1975 :* 32 536] [ag. 85 485, dont *Equeurdreville-Hainneville* 13 332, *La Glacerie* 5 811, *Octeville* 18 551, *Querqueville* 3 759, *Tourlaville* 15 590] ; arsenal, constr. naut., méc., électro., matériel télécom. et ciném., confect., usine atom. (La Hague à 15 km), prod. pharm. ; préfecture maritime, port (milit., de pêche, commerce et voy.), 2e port de plais. de Fr. (après Cannes). *Condé-sur-Vire* 3 091 h. *Coutances** 9 930 h. [*1851 :* 8 064 ; *1921 :* 6 248 ; *1975 :* 9 869] ; marché agr., constr. méc., confect., prod. pharm., impr. et papet. ; cath. N.-D. XIIIe s., égl. St-Pierre XVe s. *Granville* 13 546 h. [*1851 :* 11 035 ; *1921 :* 9 489 ; *1975 :* 13 330] [ag. 17 890, dont *Donville-les-Bains* 3 215] ; port (pêche, plaisance, commerce) ; stat. climatique et baln. ; fonderie ; prod. chim., constr. naut. et méc., ind. alim., confection ; église N.-D. XVe s. et XVIIe s., remparts. *Pontorson* 5 366 h. *St-Hilaire-du-Harcouët* 4 849 h. (ag. 6 236) ; foires. *Torigny-sur-Vire* 2 905 (ag. 4 440). *Valognes* 6 727 h. ; confect., ville ancienne. *Villedieu-les-Poêles* 4 690 h. ; cuivre (musée), fonderie, confection.

Régions naturelles. Fait partie du *Massif armoricain. La Hague :* 20 500 ha ; alt. 180 m. *Bocage de Valognes :* 77 700 ha ; alt. 100 m. *Val-de-Saire :* 25 500 ha ; alt. 80 m. *Cotentin :* 64 900 ha ; alt. 30 m. *Bocage de Coutances-St-Lô :* 234 000 ha ; alt. 120 m. *Avranchin :* 96 500 ha ; alt. 100 m. *Mortainais :* 80 700 ha ; alt. 250 m.

Bois (en milliers d'ha, 1984). 48,1. [dont (en 81) f. de Cerisy et Balleroy 2,1, de la Lande Pourrie ou f. de Mortain 1]. **Terres.** Voir Index.

Ressources. *Agricoles :* bovins (1er département pour lait et 2e pour viande de veau). Pommiers, cultures maraîchères (littoral). Lait. Produits alim. à base de lait. *Industrielles :* métall., méc., prod. chimiques, textiles. Haras de pur-sang dans le Calvados, d'anglo-normands dans l'Orne (h. du Pin).

Sites touristiques. *La baie du Mt-St-Michel et le marais de Dol* forment 30 000 ha de vasières marécageuses, avec marais intercotidal, d'un grand intérêt ornithologique (passages de limicoles, hivernage d'anatidés). *Mont-Saint-Michel* 80 h. (82) [*1800 :* env. 340, *1975 :* 144] ; ilot : haut. 170 m, env. 3 ha, bois 86,7 ares, circonférence 900 m, amplitude des marées 14 m (record en France, les bancs de sable se découvrant en vive eau jusqu'à 15 km du rivage ; ensablement irréversible à partir de 1991 si travaux non entrepris ; coût 250 milliards de F) ; abbaye (cloître du XIIIe s.). *Falaises les plus hautes d'Europe* dont le Nez de Jobourg (125 m). *Lacs de Vézins* 110 ha, prof. 19 m, de *La Roche qui boit* 40 ha, prof. 8 à 10 m ; *étangs de Torigni-sur-Vire* 7 ha (prof. 10 m) ; *cascades de Mortain. Château de Matignon. Musées :* Mont-St-Michel, Hambye (abbaye, folklore), Cherbourg (toiles de Millet), St-Sauveur-le-Vicomte (Barbey d'Aurevilly), Villedieu-les-Poêles (cuivre), Valognes (cidre). *Musées de la guerre* (Ste-Mère-l'Église, Ste-Marie-du-Mont, Carentan, Fort-du-Roule, Cherbourg, Arromanches).

Divers. *St-Germain-des-Vaux :* le plus petit port homologué, le port Racine, 45 m de long, 20 m de large, avec une entrée de 8 m. *Graignes :* hippodrome, école de jockeys. *Microclimat :* région de Vauville (ensoleillement important, végétation spécifique).

• **Orne** (61) 6 100 km^2 (100 × 140 km). *Alt.* max. : Signal d'Écouves (f. d'Écouves) 417 m. 295 472 h. (1982) [*1801 :* 395 723 ; *1851 :* 439 869 ; *1901 :* 326 937 ; *1936 :* 269 316 ; *1954 :* 274 848 ; *1975 :* 293 523]. D. 48,4 (82). *Pop. rurale :* 163 520 ; *active* ayant un emploi (1-1-84) : 116 444 (dont *salariés* 84 065), primaire 22 804, secondaire 40 047, tertiaire 53 593.

Villes. ALENÇON 31 608 h. [*1861 :* 16 110 ; *1901 :* 17 240 ; *1954 :* 21 893 ; *1975 :* 33 680] [ag. 43 401, dont *Damigni* 2 458. *St-Germain-du-Corbéis* 3 956] ; dentelles, app. mén., pièces d'aut., caravanes, électro. ; égl. N.-D. (porche du XVIe s.), musée de peinture d'Ozé, École dentellière, maison natale de Ste Thérèse.

— *Argentan** 17 327 h. [*1861 :* 5 638 ; *1901 :* 6 291 ; 1954 : 8 339 ; *1975 :* 16 774] ; ind. alim., ameubl., fonderies, électro-ménager, app. de levage, carburateurs. *Athis-de-l'Orne* 2 369 h. *Bagnoles-de-l'Orne* 783 h. [*1921 :* 371, *1960 :* 727 ; *1975 :* 651], thermalisme. *Bellême* 1 849 h. [*1861 :* 3 153 ; *1901 :* 2 627 ; *1975 :* 1 843] (ag. 2 811). *Carrouges* 787 h. ; château. *Domfront* 4 483 h. [*1861 :* 2 909 ; *1961 :* 4 801 ; *1975 :* 4 354]. *Flers* 18 911 h. [*1861 :* 10 054 ; *1901 :* 13 680 ; *1975 :* 20 486] (ag. 25 300) ; text., confect., électrophones, pièces atom., fonderies. *Gacé* 2 192 h. *La Ferté-Macé* 6 708 h. [*1861 :* 7 011 ; *1901 :* 6 467 ; *1975 :* 6 899] ; mat. plast., méc., peint., confect., chaussures. *L'Aigle* 9 834 h. [*1861 :* 5 676 ; *1901 :* 5 205 ; *1975 :* 9 619] (ag. 12 695) ; tréfileries, confect., prod. pharm. ; m. « Juin-44 ». *Le Theil-sur-Huisne* 1 597 h. ; sous-traitance auto. *Messei* 2 017 h. *Mortagne-au-Perche** 4 851 h. [*1861 :* 4 887 ; *1901 :* 3 967 ; *1975 :* 4 877] (ag. 5 679) ; cartonnerie, cire et composés, prod. pharm. *Randonnai* 1 305 h. *Sées* 4 767 h. [*1861 :* 5 045 ; *1901 :* 4 165 ; *1975 :* 4 706] ; cath. XIIIe et XVe s. *Tinchebray* 3 202 h. [*1861 :* 4 365 ; *1901 :* 4 421 ; *1975 :* 3 202]. *Vimoutiers* 4 918 h. [*1861 :* 3 698 ; *1901 :* 3 546 ; *1975 :* 5 019] ; équip. et sous-traitance autom. ; tôlerie, chaudronnerie, imprimés.

Régions naturelles. A l'ouest : *bocage* 221 800 ha, herbages, vergers (climat pluvieux : 1,40 m de pluie par an). Au centre : *plaines d'Argentan et d'Alençon* 84 800 ha, polyculture. Au nord-est : *Pays d'Auge* 35 600 ha, pommiers et herbages ; *P. d'Ouche* 68 800 ha, polyculture ; *Merlerault* 14 750 ha, chevaux, bovins (embouche) ; *Perche* 188 600 ha, chevaux, prairies artificielles. *Suisse normande* rég. vallonnée de bocage.

Bois (en milliers d'ha, 1984). 101 [dont (en 81) f. d'Écouves 15, d'Andaine 8, Gouffern 3,4, Le Perche et La Trappe 4,7, Bellême 2,5, Longny 2,3, St-Évroult 3, Réno-Valdieu 1,5, Moulins-Bonsmoulins 1,5, Bourse 1,1]. **Terres.** Voir Index.

Ressources. *Agriculture :* axée à 80 % sur la prod. bovine (sauf la plaine d'*Argentan* plus céréalière). Chevaux de sang réputés (Haras du Pin). *Spécialités :* camembert, cidre, calvados du *Perche*, du *Domfrontais*, du *Houlme*.

Sites touristiques. *Parc naturel régional* Normandie-Maine. *Châteaux* (dont Carrouges, Flers, ch. d'O à Mortrée) et manoirs. Plans d'eau de *Rabodanges, Le-Mêle-sur-Sarthe, Soligny-la-Trappe, Vimoutiers.* Musée des Traditions pop. à *St-Cyr-la-Rosière.* Parc zoologique à *Flers.* École dentellière à Alençon.

(Haute-) Normandie

Généralités

Histoire. V. ci-dessus.

Situation. Baignée par la Manche, entre l'embouchure de la Bresle et celle de la Risle (estuaire de la Seine). AU NORD DE LA SEINE : *Confins picards : pays de Bray. Pays de Caux et Vexin normand, vallée de la Seine.*

AU SUD DE LA SEINE : *Roumois : le marais Vernier. Lieuvin. Campagnes du Neubourg et de Saint-André.*

Nota. — Une campagne est menée actuellement pour la fusion en une seule région économique des 2 départements de l'Eure et de la Seine-Maritime (chef-lieu régional : Pont-Audemer).

Économie

● **Population.** 1 682 980 (1984). Estim. au 1-1-1984 : *pop. active* 649 400 dont primaire 40 000, secondaire 251 700, tertiaire 357 700 ; *salariée* 561 800.

● **Échanges** (en millions de F, 1984). IMPORTATIONS : 90 769,5 dont (en %) prod. agr. et ind. agro-alim. 8,3, énergie 70,9, chimie 9,5 ; *de* (en %) Europe 51,4 (dont C.E.E. 40,6), Afrique 16,0, Amérique 9,5, Moyen-Orient 9,5, Asie et Océanie 3,5. EXPORTATIONS : 59 157,7 dont (en %) agro-alim. 22,6, chimie 24,6, équip. auto-ménager 9,5, biens d'équip. profess. 8,6, énergie 12,1 ; *vers* (en %) Europe 64,7 (dont C.E.E. 44,4), Afrique 11,2, Amériques 16,6, Moyen-Orient 4,0, Asie et Océanie 3,5.

● **Agriculture** (1984). **Terres** (en milliers d'ha). 1 233,4 dont *S.A.U.* 873,7 [t. lab. 520,4 (dont jardins 6,7), herbe 351,3, cult. fruit. 1,3] ; *bois* 223,4 ; *t. agr. non cult.* 9,9 ; *t. non agr.* 111,6. **Prod. végétale** (en milliers de t) : maïs fourrage 1 781,2, luzerne 83,4, total fourrages annuels (en vert) 2 368,9, betteraves

ind. 1 635,4, blé tendre 1 776,1, orge et escourgeon 464,3, avoine 69,5, p. de t. 212,5, lin textile 140,6. **Animale** (en milliers de têtes) : bovins 945 (dont vaches lait. 230,5), ovins 163, caprins 7,2, porcins 150, équidés 7,6. *Lait* 11 233 000 hl (prod. totale, vaches lait. + nourrices).

● **Pêche** (1985). 25 635 t (217 950 665 F) dont poissons frais 16 912 t, coquillages et mollusques 889 t, coquilles St-Jacques 2 342.

● **Secondaire. Industrie.** *Salariés* (estim. au 1-1-1984) : 196 890 dont ind. agro-alim. 16 740, prod. et distr. d'énergie 12 060 ; biens intermédiaires 57 910, d'équipement 77 330, de consom. 32 850. **B.T.P.** 40 420. *Production :* électr., prod. de raffinage, engrais, mécanique, composants électroniques.

● **Tertiaire** (effectifs, au 1-1-84, estim.). *Commerce :* 57 750. *Transports :* 38 270. *Télécommunications :* 13 200. *Services marchands :* 85 830. *Secteur financier :* 14 190. *Services non marchands :* 108 000.

● **Trafic portuaire** (1984, en milliers de t). *Maritime :* Le Havre 54 959 201, Rouen 20 657 491, Dieppe 2 077 000 ; *voyageurs* (en milliers de F) : Le Havre 1 000, Dieppe 918,5. *Fluvial* (en millions de t) : Le Havre 4,4, Rouen 5,5.

● **Tourisme** (31-12-84). 478 hôtels de préfecture, 302 hôtels classés, 230 gîtes ruraux, 115 campings-caravanages, 97 chambres d'hôtes, 13 campings à la ferme, 13 aires naturelles de camping, 5 maisons familiales de vacances (315 lits), 3 villages de vac. (820 lits). 7 auberges de France, 62 auberges rurales.

● **Projets et réalisations.** Centrale nucléaire de Penly (1989-90), unité pilote de gazéification de charbon au Havre, mise à grand gabarit de la Seine (poursuite), nettoyage de la basse Seine, restructuration urbaine de Rouen Saint-Sever.

Départements

Voir légende p. 704.

● **Eure** (27) 6 037 km^2 (115 × 110 km). *Alt.* max. St-Antonin de Sommaire 257 m. *Côtes* 3,5 km. 480 480 h. (1985) [*1801 :* 402 796 ; *1851 :* 415 777 ; *1901 :* 334 781 ; *1921 :* 303 159 ; *1954 :* 332 514 ; *1962 :* 361 943 ; *1968 :* 383 385 ; *1975 :* 422 952]. D. 76 (85). *Pop. rurale* (1985) : 221 700 (47,9 % de la pop. totale) ; *active*, ayant un emploi (1-1-85, estim.) : 175 492 dont primaire 14 500, secondaire 77 200, tertiaire 83 500 [*1962 :* 150 169 ; *1968 :* 161 880] ; salariée 144 909 ; dem. d'empl. 22 864 (1-1-86).

Villes. ÉVREUX 46 045 h. [ag. 54 654 dont *Gravigny* 2 540, *St-Sébastien-de-Morsent* 4 626] (détruite à 60 % par les bombardements en 1940 et 1944), alt. 65 m ; constr. élec. et méc., prod. pharm., caout., plast., imprimerie, fonderie ; tour de l'Horloge, cath., couvent des Capucins, ruines gallo-rom. — *Andelys** *(Les)* 8 124 h (ag. 8 262) ; verre, électro., confect., art. de pêche, Château-Gaillard (XIIe s., alt. 100 m). *Beaumont-le-Roger* 2 711 h. *Bernay** 10 548 h. (ag. 11 873) ; confect., prod. de beauté, marché agr., constr. méc. (ag. 3 474). *Beuzeville* 2 534 h. *Bourgtheroulde-Infreville* 2 559 h. *Breteuil* 3 343 h. *Brionne* 4 951 h. *Conches-en-Ouche* 3 854 h. *Étrépagny* 3 151 h. *Gaillon* 5 845 h. [ag. 9 826, dont *Aubevoye* 2 632]. *Gasny* 2 638 h. *Gisors* 8 732 h. (ag. 10 359) ; donjon. *La Forêt-du-Parc* 270 h. ; vénerie de 1 300 à 1 805. *Le-Bosc-Roger-en-Roumois* 2 323 h. (ag. 7 823). *Le Neubourg* 3 454 h. (ag. 3 884). *Le Vaudreuil* 8 000 h (ex. ens. urbain 4 524 ; ag. 8 914). *Louviers* 19 000 h. (ag. 20 705) ; ind. élect., textiles, filature, laine, confect., constr. méc., disques. *Nonancourt* 1 752 h. (ag. 9 989). *Pacy-sur-Eure* 3 650 h. (ag. 5 342). *Pont-Audemer* 9 750 h. (ag. 12 913) ; papier, tannerie, fonderie. *Romilly-sur-Andelle* 2 524 h. (ag. 3 908). *Rugles* 2 539 h. (ag. 3 640). *St-André-de-l'Eure* 2 703 h. *Verneuil-sur-Avre* 6 698 h. ; mach.-outils, emboutissage, moulage de plast., alim. *Vernon* 22 243 h. [ag. 28 416, dont *St-Marcel* 4 434 h.] ; raffinerie, recherche aérospatiale, constr. élec., méc. et industrie.

Régions naturelles. *Pays d'Auge* (une partie) (130 km^2), herbages, élevage, lait. *Lieuvin* (637 km^2), élevage, petite culture, céréales, lin, colza. *Marais Vernier* (70 km^2) [dep. le début du XVIIe s. travaux d'assèchement (digue des Hollandais), repris en 1950], élevage. *Roumois* (478 km^2), herbages, élevage, lait, petite culture. *Pays d'Ouche* (864 km^2), petite et moy. cult. ; bovins et porcins, le minerai de fer (de faible teneur) n'est plus exploité. *Plateau d'Évreux-St-André* (1 267 km^2), céréales (blé, escourgeon, maïs). Centre : *plateau du Neubourg* (709 km^2) et *Vexin normand* (531 km^2), *bossu* (191 km^2) : grande cult. intensive céréalière et ind. ; élevage en régression. *Pays de Lyons* (264 km^2), futaies, céréales. *Plateau de Madrie* (265 km^2), céréales.

Bois (en milliers d'ha, 1984). 127,8 [dont (81) f. de Lyons (hêtres) 10,6, Conches et Breteuil (chênes) 15]. **Terres.** Voir Index.

Sites touristiques. *Parc naturel régional de Brotonne* (en S.-M. également). *Abbayes :* Bec-Hellouin (fondée en 1034, entrée XVe s., cloître XVIIe s., bâtiments conventuels XVIIIe s., tour St-Nicolas XVe s.) ; Bernay (abbatiale du XIe s.) ; Mortemer (XIIIe s.). *Châteaux :* Harcourt (XIIe s.), Champ de Bataille (1696-1702), Gisors (XIe et XIIe s.), Vascœil, Gaillard (Andelys) (1197), Bizy (Vernon) (1741), Beaumesnil (1633-1640), musée de la reliure. Giverny, maison de Claude Monet.

Divers. *Thierville :* seul village français à n'avoir jamais eu de morts à la guerre, ni en 1870, ni en 1914, ni en 1939 ; *La Couture-Boussey :* dernière entreprise de lutherie de France.

● **Seine-Maritime** (76) 6 295 km^2 (125 × 80 km). *Côtes* 130 km dont *côte d'Albâtre* (de « craie blanche ») du Havre au Tréport. *Alt.* max. Conteville 246 m. 1 193 039 h. (1982) [*1801 :* 609 843 ; *1851 :* 762 039 ; *1901 :* 853 883 ; *1936 :* 915 628 ; *1946 :* 846 131 ; *1975 :* 1 172 743]. D. 189,5 (82). *Pop. rurale :* 291 501 (24 % de la pop. totale). *Pop. active* ayant un emploi (au 1-1-84, estim.) : 474 200 dont primaire 25 500, secondaire 174 500, tertiaire 274 200 ; salariés 416 800 ; dem. d'empl. 64 807.

Villes. ROUEN 101 945 h. [*1806 :* 80 775 ; *1911 :* 124 987 ; *1936 :* 122 832 ; *1946 :* 107 739 ; *1962 :* 120 831 ; *1975 :* 114 834] [ag. 379 879, dont *Bihorel* 10 121. *Bois-Guillaume* 9 323. *Bonsecours* 6 108. *Canteleu* 15 276. *Darnétal* 10 081. *Déville-lès-Rouen* 11 136. *Grand-Couronne* 9 472. *Le Grand-Quevilly* 31 650 ; papeterie, ind. chim., métall. *Le Petit-Couronne* 6 340 ; raff. de pétrole. *Le Petit Quevilly* 22 876 ; métall., ind. text., chim. *Maromme* 12 431. *Mont-Saint-Aignan* 19 736. *N.-D.-de-Bondeville* 6 727. *Oissel* 11 712. *St-Étienne-du-Rouvray* 32 444 h. ; text., métall., papeterie. *Sotteville-lès-Rouen* 30 558 h. ; métall.] ; musées des Beaux-Arts, des Antiquités et Le Secq des Tournelles (ferronnerie) ; cath., aître St-Maclou (ancien charnier XVIe et XVIIe s.), Gros-Horloge (XVIe s.), palais de Justice (XVe s.), vieux quartiers, métall., raff. de pétr., constr. nav. (en déclin), élec., électro., méc., papeterie, text., chim. et alim., port (trafic de bois, papier, fruits trop., vins, hydroc., prod. chim., 1er port céréalier d'Europe, 5e du monde ; 1er du monde pour l'exp. des farines et phosphates). — *Aumale* 2 876 h. (ag. 3 253). *Barentin* 12 364 h. (ag. 19 499) *Blangy-sur-Bresle* 3 456 h. (ag. 4 384). *Dieppe** 35 957 h. (ag. 41 812) ; port (pêche, voyag., comm.), métall., ind. alim., constr. nav. *Elbeuf* 17 224 h. [ag. 51 083, dont dans le dép. *Candebec-lès-Elbeuf* 8 963. *St-Aubin-lès-Elbeuf* 9 424. *St-Pierre-lès-Elbeuf* 7 994] ; ind. text., éléc., mat. plast., auto. Renault (Cléon), prod. chim. *Étretat* 1 577 h. [*1876 :* 2 033 ; *1975 :* 1 525]. *Eu* 8 588 h. [ag. 20 506, dont dans le dép. *Le Tréport* 6 455 ; verrerie, port, tourisme]. *Fécamp* 21 436 h. (ag. 23 096) ; grande pêche (morue) pour congélation ; ind. alim. (Bénédictine), imp. du bois de Scandinavie, aciers, sel. *Forges-les-Eaux* 3 611 h. (ag. 4 375) ; thermalisme ; casino. *Gournay-en-Bray* 6 344 h. (ag. 7 921). *Le Havre** alt. 4 à 103 m, 199 388 h. [ag. 254 595, dont *Gonfreville-l'Orcher*

10 345 (raff. de pétr. et pétrochimie), *Harfleur* 9 703, *Montivilliers* 15 030, *Ste-Adresse* 8 029] ; métall., port de voyageurs et de comm. (2e de Fr., écluse la plus importante d'Europe), imp. de pétrole (Antifer), de prod. trop., raff., constr. méc., auto., ind. chim., alim., ciments, 1er port pétrolier de Fr. pour les conteneurs (536 000 en 1982) ; pendant la g. de 1939-45, 132 bombardements, 12 500 immeubles et 18 km de quais détruits (5 126 †). *Le Trait* 5 917 h. ; chantiers navals (ne sont plus en activité). *Lillebonne* 9 622 ; ind. chim. et pétrochim. *Neufchâtel-en-Bray* 5 498 h. (ag. 5 872) ; fromages. *Notre-Dame-de-Gravenchon* 8 963 h. *St-Nicolas d'Aliermont* 3 964 h. (ag. 4 935). *St-Valéry-en-Caux* 5 501 h. *Yvetot* 10 605 h. [ag. 13 972].

Régions naturelles. Plateau de craie (alt. moy. 100 à 239 m à l'E.) : *Pays de Caux* (287 539 ha) (majeure partie du dép.), limon épais ; polyculture intensive (blé, fourrages, bett. à sucre, lin), élevage (porc, veau, volaille et surtout bœuf). *Pays de Bray* (116 207 ha) (dépression argileuse en boutonnière, imperméable et humide), herbages clos (vaches laitières), céréales, fourrages. Entre *Bray* et *Picardie* (55 991 ha). *Vallée de la Seine* (67 600 ha) (failles, t. sablonneuses et cailloutées), arbres fruitiers, cult. maraîchères, prairies, cult., forêts. *Petit Caux* (47 286 ha) (au N.-E. de Dieppe), polyculture intensive. Entre *Caux* et *Vexin* (50 786 ha), plateau moins fertile que le p. de Caux. *Côte* (130 km) : falaises (dont celles d'Étretat, percées d'arches naturelles) de craie blanche (hauteur 80 à 120 m), coupées par des « valleuses ».

Bois (en milliers d'ha, 1984). 95,6 [dont (81) Lyons 10,6, Eu 9,3, Eawy 6,5, Brotonne 6,7, Roumare 4]. **Terres.** Voir Index.

Sites touristiques. *Abbayes :* Jumièges, St-Martin de Boscherville, St-Wandrille, Valmont (chapelle Renaissance). *Châteaux :* Arques-la-Bataille, du Bec, Martainville-Épreville, Mesnières-en-Bray, Auberville-la-Manuel, Angerville-Bailleul, Cany, Dieppe (coll. d'ivoires), Eu, Miromesnil (où serait né Guy de Maupassant), de Robert le Diable, manoirs de Pierre Corneille à Petit-Couronne, d'Agnès Sorel près de Jumièges, donjon du XIe s. (en pierre) de Valmont. *Maison* de Victor Hugo à Villequier. *Stations balnéaires :* Étretat, St-Valéry-en-Caux, Veulettes, Yport, Veules-les-Roses (la *Veules*, le plus petit fleuve de France y a sa source et son embouchure), St-Aubin, Dieppe, Fécamp, Pourville, Berneval, Criel-Plage, Quiberville. *Beautés naturelles :* aiguille marine de Belval et Valleuse du Curé à Bénouville ; porte d'Amont, porte d'Aval (avec l'Aiguille), Manne Porte et pointe de courline à Étretat ; falaise du Heurt à Fécamp ; cap d'Ailly (phare) à Ste-Marguerite. *Parc zoologique* de Clères.

Pays de la Loire

Généralités

Anjou

Situation. Département du Maine-et-Loire, arrondissements de Château-Gontier (Mayenne) et de La Flèche (Sarthe), 5 cantons d'Indre-et-Loire. Appartient au Massif armoricain *(Anjou noir)* et au Bassin parisien *(Anjou blanc)*. Comprend : *Segréen* au N.-O. : sol schisteux, plateau bocager ; grandes propriétés ; élevage ; minerai de fer (exploité). *Mauges,* au S.-O. : sous-sol schisteux, paysage vallonné ; grosses propriétés ; élevage ; vieilles industries : filatures de tissage de lin et de coton (Cholet). *Baugeois,* au N.-E : région la plus pauvre ; forêts ou landes sur le sable (plaques) du plateau : élevage et exploitation du bois. *Vallées* (Loir, Sarthe, Mayenne) : gros pâturages. *Saumurois,* au S.-E. : forêts et landes (massif de Gennes, forêt de Fontevrault) sur sables, marnes et grès ; plaines calcaires au S. de Saumur (petites propriétés et riches cultures) ; coteaux de la Loire, du Layon, de l'Aubance et du Thouet (beaux vignobles). *Vallée* ou *Val d'Anjou :* de Candes aux Ponts-de-Cé : climat doux ; petites propriétés ; riches prairies et grandes cult. maraîchères, fruit. et florales.

Histoire. Peuplé au néolithique, puis peuplement ligure à partir du *VIe s. av. J.-C.* **V. 350** colonisation gauloise (tribu des *Andegavi*). Conquis par Crassus, lieutenant de César en 57, puis soulevé en 52, reconquis par César en 51 (défaite de Doué-la-Fontaine). Création de *Juliomagus* (future Angers). Partie de la prov. celtique ou lyonnaise sous le Ht-Empire, puis de la IIIe Lyonnaise, cap. Tours, après Dioclétien. **Ve s.** *Saumurois* rattaché au roy. wisigoth du S.-O. **Période mérovingienne** relève de la Neustrie et en partie de

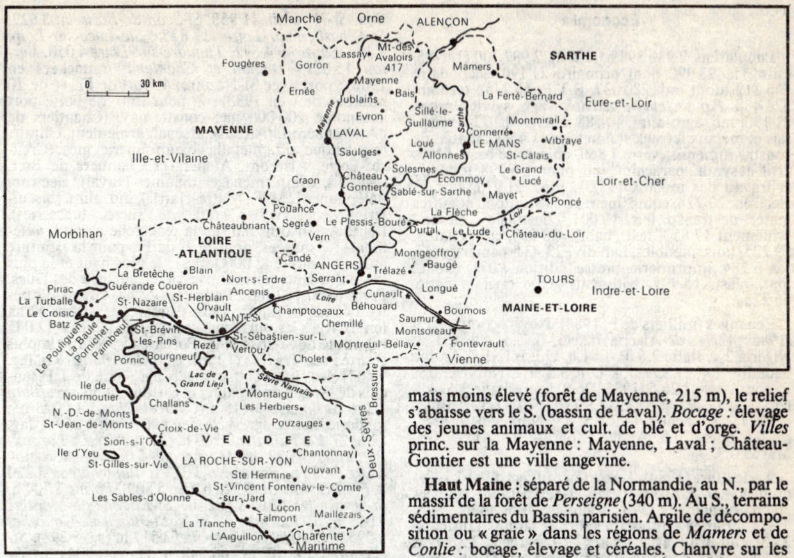

la Bretagne (Mauges). **V. 800** érigé en « marche de Bret. » et confié au Cte Roland. **2e moitié du IXe s.** création du Cté d'Angers, défendu par Robert le Fort contre les Normands. Son fils Robert, roi de Fr., y installe un vicomte, Enjeuger, fondateur de la 1re dynastie angevine, comtale dès son successeur. **987** Le comté devient l'un des fiefs directs de la Couronne, *Foulques Nerra* ou *le Noir* prend la couronne comtale et, avec son fils Geoffroi Martel, étend le Cté aux Mauges, au Saumurois, à une partie de la Touraine, à Vendôme et au Maine. Anarchie féodale sous *Foulques IV,* en lutte avec son frère Geoffroi le Barbu. *Foulques V* et *Geoffroi Plantagenêt* (qui épousera Mathilde, héritière de Normandie et d'Angleterre), réorganisèrent le Cté. Ayant leur propre cour, ils exercent droit de justice et sont assistés d'un connétable et du sénéchal d'Anjou, grand personnage qui acquiert au XIIe s. pouvoir de justice. **Sous Henri Plantagenêt,** roi d'Angl., fait partie d'un vaste ensemble (Angl., Normandie, Bret., Aquit., Gascogne). Après 1175, le sénéchal, dont la fonction devient héréditaire, est investi d'une véritable délégation permanente. Quand Philippe Auguste s'empare de l'Anjou en 1205 (V. Grande-Bretagne à l'Index), il maintient en place le sénéchal d'Arthur de Bretagne, Guillaume Desroches. Érigé en apanage (avec le Maine et les cités et châtellenies dépendantes) par décision de St Louis (1246) au bénéfice de son frère cadet, *Charles d'Anjou* (1re maison d'A.). *Charles II,* son fils, abandonne Anjou et Maine en dot à sa fille Marguerite, qui les donne à son époux *Charles de Valois.* **1328** *réuni à la Couronne* avec l'accession au trône de Philippe VI de Valois. **1356** à nouveau séparé, comme duché, par Jean le Bon, au profit de son fils cadet *Louis Ier d'Anjou* (2e maison d'A.), reste l'apanage de cette dynastie jusqu'à la mort du roi *René* (1480) et de *Charles du Maine* (1481) qui le lègue à Louis XI (définitivement rattaché à la Couronne). Apogée d'Angers aux XVe et XVIe s. **1560-98** dévasté durant les guerres de Religion. **1652** relèvement compromis à nouveau lors de la Fronde. **Fin XVII-XVIIIe s.** prospérité rétablie (dépend de la généralité de Tours). **1793** théâtre des principaux combats de la guerre de Vendée.

Maine

Situation. Le bas Maine et le comté de Laval correspondent à la Mayenne [moins l'arr. de Château-Gontier (Anjou)], et le ht Maine à la Sarthe [moins l'arr. de La Flèche (Anjou)].

Comté de Laval : baronnie dépendant du comté du Maine, érigée en comté-pairie par Charles VII en 1429, et demeurée fief distinct jusqu'à la Révolution (famille de La Trémoille). Le comté de Laval appartenait historiquement à la Bretagne. La famille de Laval, détachée de la lignée des Montmorency, était bretonne et siégeait aux états de Bretagne.

Bas Maine : partie du Massif armoricain. *Au N.-E.,* crêtes gréseuses [forêts d'*Écouves* (417 m), de *Mulhouse* (417 m), de *Pail,* des *Coëvrons* (332 m)] traversées par des rivières encaissées. *N.-O.* très accidenté mais moins élevé (forêt de Mayenne, 215 m), le relief s'abaisse vers le S. (bassin de Laval). *Bocage :* élevage des jeunes animaux et cult. de blé et d'orge. *Villes* princ. sur la Mayenne : Mayenne, Laval ; Château-Gontier est une ville angevine.

Haut Maine : séparé de la Normandie, au N., par le massif de la forêt de *Perseigne* (340 m). Au S., terrains sédimentaires du Bassin parisien. Argile de décomposition ou « graie » dans les régions de *Mamers* et de *Conlie :* bocage, élevage et céréales. Chanvre sur les argiles imperméables au S. des grès de Mamers et dans la « boutonnière » du *Belinois. Pays manceau :* terrains sableux, pins ; cultures maraîchères près du Mans. *A l'Est et au Sud* du pays manceau, entre l'Huisne et le Loir, plateau : landes et forêts (argile et silex), sauf dans parties recouvertes de limon. *Extrémité Sud :* limons de la vallée du Loir (céréales dominantes).

Histoire. Peuplé dès le *paléolithique.* **Époque gauloise** cités des Aulerques (Aulerci) divisées en plusieurs peuples : Diablintes, Cénomani, Ambarres. **Époque romaine** Vindinum (Le Mans) et Noviodunum (Jublains) sont les villes principales. Christianisé du *IVe au VIe s.* **Haut Moyen Age** Pagus Cenomanensis. **IXe s** incursions bretonnes et normandes. **955** héréditaire au profit de Hugues Ier. Ctes d'Anjou et ducs de Normandie s'en disputent la suzeraineté. **1126** rattaché par mariage à l'Anjou. Devient anglais quand le Cte d'Anjou Henri Plantagenêt devient roi d'Angl. **1203** pris par Philippe Auguste à Jean sans Terre. **1228** administration royale. Destructions pendant la g. de Cent Ans ; théâtre des luttes entre le duc d'Alençon et Louis d'Anjou. **1481** à la mort de Charles V d'Anjou (Charles du Maine), rattaché au domaine royal. **XVIe et XVIIe s.** sert d'apanage à des Pces du sang, au XVIIIe s., avec le titre ducal (le dernier duc du Maine est un Pce légitimé).

Nantais

Situation. Partie du Massif armoricain ; plaines alluviales (marécageuses) dans les dépressions.

Histoire. Époque celtique occupé par Namnètes et en partie par Vénètes, au N. de la Loire, par Pictons au S., tribus de Gaulois navigateurs et commerçants dont le port principal est Corbilo (près de Guérande), 3e ville de Gaule par la population. Autres villes importantes : Portus Namnetum (Nantes), Ratiatum (Rezé, au pays de Retz), Gronnona (Guérande). Principal produit exporté : l'étain. **56 av. J.-C.** Brutus (futur assassin de César) détruit la flotte gauloise au N. de l'île de Batz (marais salants actuels) ; la population locale est exterminée. **Période gallo-romaine** la côte de Nantes fait partie de la Lugdunaise IIIe (cap. Tours). Christianisée au IIIe s. (St Rogatien), mais repaganisée par des Saxons débarqués au IVe s. **Ve s.** conquise par les Bretons (Bubic). **818** Louis le Débonnaire installe à Nantes un comte breton qui se rend rapidement indépendant et prend le titre de roi de Bretagne. Nantes est dès lors partie intégrante du royaume ou du duché breton (V. Bretagne).

Bocage vendéen

Situation. Constitue avec le Marais poitevin et les îles d'Yeu et de Noirmoutier le dép. de Vendée. Le Marais breton est un ancien golfe (au N.-O.) comblé par les alluvions de la Loire.

Histoire. Noirmoutier est attesté en *680,* Fontenay-le-Comte en *841.* Relèvent du comté de Poitiers (V. Poitou-Charentes).

Économie

Population. 2 930 398 h. (1982), 2 997 100 (1-1-85, estim.) : 893 990 dont primaire 21 190, secondaire 346 312 (dont ind. 280 037, B.T.P. 66 275), tertiaire 526 488. *Par secteurs d'activités :* agr., sylvic., pêche 21 190, ind. agro-alim. 40 188, énergie 10 724, minerais et métaux ferreux et non ferreux 4 900, matér. de constr., minerais, verre 7 860, chimie de base, fibres artif. et synth., parachim., ind. pharm. 6 398, fonderie et travail des métaux 19 001, méc. 21 970, élec. et électron. 20 224, équip. mén. 12 579, autom. et autres matér. de transp. terr. 18 001, constr. nav., aéron., armement 17 853, text., habill. 28 530, cuir, chauss. 19 225, bois, meubles, ind. div. 23 434, papier et carton 5 284, imprimerie, presse, édition 7 071, caout., mat. plast. 15 995, bâtiment, génie civil et agric. 66 275.

Échanges (milliers de F, 1984). Importations : 41,9 (1985 : 42,7) ; *de* Algérie 7,2, G.-B. 5,4, All. féd. 3, Nigeria 2,9, Italie 2,6, P.-B. 1,8, U.E.B.L. 1,7, Arabie Saoudite 1,4, U.S.A. 1,4, U.R.S.S. 1,2, Norvège 0,9. Exportations : 26,5 (1985 : 26,9) ; *vers* Italie 3,5, All. féd. 3,3, G.-B. 3, U.E.B.L. 2, U.S.A. 1,5, Antilles néerl. 1,2, Espagne 1, U.R.S.S. 0,9, Norvège 0,7, Algérie 0,6 Suisse 0,5, Arabie Saoudite 0,4, Grèce 0,4, Maroc 0,3.

Agriculture (1984). **Terres** (en milliers d'ha) 3 240,4 dont *S.A.U.* 2 510,5 [t. lab. 1 520,6 (dont céréales 505,6, oléagineux 39,1, légumes 21,5, fourr. ann. 359,3, prairies temporaires 497,7, jardins familiaux 23,3), cult. fruit. 10,9, vignes 49,7, herbe 227,2] ; *bois* 307,4 ; *t. agr. non cult.* 45,1 ; *t. non agr.* 314,1. **Prod. végétale** (en milliers de t) céréales 2 678,8 (dont blé tendre 1 568,5, orge et escourgeon 303,9, maïs 575,2), p. de terre 146,7, légumes 351,7 (fin 83), fruits 344,3 (fin 83). *Vins :* 2 217 675 hl. **Prod. animale** (en milliers de têtes) bovins 3 434,5, porcins 903,7, caprins 63,7, ovins 397,1, équidés 28,5. *Lait :* 44 501 749 hl.

Pêche (en t, 1984). 30 476,8 dont huîtres creuses 12 324, moules 8 286, autres coquillages 2 811,3. *Production de poissons :* 14 124,58. Navires armés 1 389, marins 3 010 (patrons 1 235, matelots 1 775).

Trafic portuaire. (Port autonome de Nantes-Saint-Nazaire, en millions de t, 1983.) *Entrées* 17,5 (1985 : 18,9) (prod. pétroliers 13,9, prod. agric. et alim. 1,6) ; *de* Afr. du N. 5,5, C.E.E. 3,4, Amér. 1,7, France 1,1, Moy.-Orient 0,8. *Sorties* 3,2 (1985 : 3,8) (prod. pétroliers 2,2, prod. agr. et alim. 0,7) ; *vers* France 1,6, C.E.E. 0,8, reste de l'Europe 0,4, Afr. du N. 0,08.

Tourisme (1-1-1983). Hôtels préfectures 1 140 (8 577 ch.), de tourisme 689 (14 713 ch.), campings 630 (186 322 pl.), campings à la ferme 124 (2 881 pl.), gîtes ruraux 1 251 (6 255 pl.), chambres d'hôtes 166 (499 pl.), centres familles vacances 77 (13 979 pl.), centres d'accueil 17 (1 597 pl.), autres centres de vac. 412 (41 200 pl.).

Projets et réalisations. *Communications :* autoroute en continu Nantes-Paris, autoroute des estuaires, route Centre-Europe-Atlantique, T.G.V. Atlantique, route express Nantes-Rennes, pont de Cheviré, mise en service du tramway. *Équipements :* du port autonome de Nantes-Saint-Nazaire en grandes infrastructures ; centrale électronucléaire du Carnet. *Centres :* Centre atlant. de commerce intern. (C.A.C.I.), Instit. de recherche d'enseign. sup. aux techniques de l'électron. (I.R.E.S.T.E.), Instit. de physique et chimie des matériaux (Nantes). *Média :* T.V. régionale privée.

Départements

Voir légende p. 704.

• **Loire-Atlantique** (44) 6 956 km² (107 × 123 km). *Côtes* 133 km dont 85 au nord de l'estuaire de la Loire, 48 au sud ; *côte d'Amour* (du nom d'un bois de sapins près de La Baule), *côte de Jade* (de la couleur de l'eau). *Alt.* max. colline de La Bretèche 115 m. 995 498 h. (1982) [*1801 :* 369 305 ; *1851 :* 535 664 ; *1901 :* 664 971 ; *1921 :* 649 691 ; *1936 :* 659 428 ; *1962 :* 803 372 ; *1975 :* 934 499]. D. 143,1 (82). *Pop. active salariée* (1-1-85, prov.) : 312 646 dont primaire 4 507, secondaire 108 103 (dont ind. 85 649, B.T.P. 22 454), tertiaire 200 036.

Villes. NANTES, alt. 45 à 50 m, sup. 6 523 ha. 240 539 h. [*1700 :* 42 309 ; *1800 :* 70 000 ; *1860 :* 108 530 ; *1931 :* 187 343 ; *1946 :* 200 265 ; *1968 :* 265 009], [ag. 464 857, dont *Basse-Goulaine* 4 099. *Bouguenais* 14 043. *Carquefou* 9 664. *Couëron* 14 113 ; métall. (Tréfimétaux). *Indre* 3 513. *La Chapelle-sur Erdre* 12 246. *La Montagne* 5 419. *Les Sorinières* 4 299. *Orvault* 23 245. *Rezé* 33 562 ; confection. *St-Herblain* 41 958. *St-Jean-de-Boisseau* 3 627. *St-Sébastien-sur-Loire* 17 825. *Ste-Luce-sur-Loire* 8 399. *Sautron* 4 692. *Thouare-sur-Loire* 4 050. *Vertou* 15 631 ; *Doulon et Chantenay* rattachées en 1908] ; port avec St-Nazaire, 4ᵉ port de Fr. (+ de 20 millions de t en 1983) ; 2ᵉ pour imp. de bois ; port autonome 200 000 ha ; constr. nav. (Chantiers de l'Atl.) et aéron. (Airbus), arsenal, armement, chimie, caoutchouc, sid., métall., chaudronnerie, méc. (Creusot-Loire, Alsthom, Ateliers et Chantiers de Bret. (A.C.B.), équip. ménager (Saunier-Duval), électron. (téléphones L.M.T., Matra-Harris), ind. alim. (biscuiteries, conserveries, raff. de sucre, brasseries), I.N.R.A. (Institut nat. de la recherche agron.), vêtements ; 7 musées, dont le 2ᵉ de Fr. pour la peinture après le Louvre (2 000 toiles) ; le plus haut et le plus vaste des sanctuaires fr., verrière ; château des Ducs. *Parcs* (env. 182 ha) ; Petit Port 72 ha, Grand Blottereau 45 ha, Beaujoire 19 ha ; squares et jardins 42 ha (env.). Rues les plus longues : quai de la Fosse (2 045 m), route de St-Joseph de Porterie (5 542 m) ; la plus courte : rue Travers (12 m). — *Ancenis** 7 076 h. (ag. 9 403) élec., motocult. et mach. agr., mat. de T.P. (engins de levage), ind. papier et cartons, coop. agr. *Blain* 7 366 h. *Bouaye* 3 445 h. *Châteaubriant** 14 023 h. ; fonderie, mach. agr., vêtements. *Clisson* 4 959 h. (ag. 12 612). *La Turballe* 3 120 h. (ag. 4 383). *Le Loroux-Botteraux* 4 033 h. *Machecoul* 5 060 h. *Nort-sur-Erdre* 5 050 h. *Paimbœuf* 3 321 h. *Pontchâteau* 7 220 h. *Pont-St-Martin* 3 320 h. (ag. 5 809). *Pornic* 8 704 h. *St-Brévin-les-Pins* 8 582 h. *St-Étienne-de-Montluc* 5 018 h. *St-Joachim* 4 253 h. *St-Julien-de-Concelles* 5 095 h. *St-Michel-Chef-Chef* 2 517 h. (ag. 5 298). *St-Nazaire** alt. 12 m. 68 348 h. [*1791 :* 904 ; *1856 :* 5 424 ; *1944 :* 1 500 ; *1955 :* 41 750 ; *1962 :* 59 181] [ag. 130 271, dont *Batz-sur-Mer* 2 590. *Donges* 6 726 ; raffineries (Elf-France). *Guérande* 9 140. *La Baule-Escoublac* 14 553 ; stat. baln. *Le Croisic* 4 313. *Le Pouliguen* 4 383. *Montoir-de-Bretagne* 5 772. *Pornichet* 7 266. *Trignac* 7 180] ; *1940-43*, 50 bombardements (479 †, 576 blessés) (le 28-2-1943, ville détruite à 60 %, chantiers à 80 %) ; la poche de St-Nazaire résista 9 mois, jusqu'en mai 1945 ; port, chantiers nav., méc. (SIDES), outillage lourd et chaudronnerie (Alsthom-Atl.), constr. aéronaut. (SNIAS). *Savenay* 5 679 h. (ag. 7 518). *Vallet* 5 717 h.

Régions naturelles. *Plateaux* au N. de la Loire 3 600 km² (50 à 115 m). *Régions de l'estuaire,* dont zone de Nantes et *Sillon de Bretagne* 860 km² ; collines 60 à 91 m. *Presqu'île guérandaise* 670 km² dont la *Grande Brière* 150 km² : marécages (tourbières, marais salants). *Pays de Retz* 1 125 km², dont le *lac de Grandieu* 67 km², prof. 2 m : plaine et plateaux. *Pays de Sèvre et Maine* 685 km². **Terres.** Voir Index.

Divers. 1ᵉʳ dép. pour : construction navale (50 %), encres d'héliogravure (50 %), tapioca (70 %), plomb tétraéthyle, conserves de thon, chauffe-eau, petits-beurres. *Climat* océanique. *Stations balnéaires* côte d'Amour et côte de Jade (Le Croisic, Le Pouliguen, La Baule-Pornichet, Saint- Brévin, Pornic, La Bernerie). Monuments et châteaux historiques.

Langue. Le parler « gallo » atteignait la ligne Donges-Blain-Rennes (limite E. des parlers bretons) ; coutumes spécifiques au pays de Retz ; parler abandonné.

• **Maine-et-Loire** (49) 7 145 km² (125 × 110 km). *Alt.* max. colline du Bois de la Gaubretière (comm. de St-Paul-du-Bois) 214 m, min. La Varenne 3 m 675 321 h. (1982) [*1801 :* 375 873 ; *1851 :* 515 200 ; *1886 :* 524 028 ; *1911 :* 508 383 ; *1921 :* 474 786 ; *1936 :* 477 690 ; *1975 :* 629 849]. D. 94,5 (82). *Pop. active salariée* (1-1-85, prov.) : 211 172 dont primaire 8 968, secondaire 83 951 (dont ind. 69 477, B.T.P. 14 514), tertiaire 118 253.

Villes. ANGERS 13,59 à 48,67 m, sup. 4 306 ha, 136 038 h. [*1790 :* 31 500 ; *1861 :* 51 797 ; *1901 :* 82 398 ; *1936 :* 87 948 ; *1954 :* 102 141 ; *1975 :* 131 591] ; centre comm., métall., méc. autom. (freins DBA, alternateurs Aleo, phares Cibié), mach. agr. (International Harvester), ordinateurs Bull, élec. Motorola, électron., télév. Seipel, pharmacie et herboristerie Jouveinal, distillerie (Cointreau) ; château du roi René (XIIIᵉ s.) ; cath. (XIIᵉ s.) ; musées des tapisseries de Lurçat (Le Chant du Monde) dans l'hôpital St-Jean (XIIᵉ s.), des tapiss. de l'Apocalypse (XIVᵉ s., plus important ensemble mondial), des Bx-Arts, égl. St-Serge (nef XVᵉ s.) ; hôtels des Pénitentes, Pincé (1532) ; maison d'Adam. [Ag. 195 859, dont *Avrillé* 10 811. *Bouchemaine* 5 014. *Les-Ponts-de-Cé* 10 739. *St-Barthélemy-d'Anjou* 9 129 ; méc. autom. (D.B.A.), ascenseurs Soretex. *St-Gemmes-sur-Loire* 4 345. *Trélazé* 11 009, ardoisières]. — *Baugé* (ancienne sous-préf.) 3 898 h. (ag. 4 996) ; pharmacie XVIIᵉ s. *Beaufort-en-Vallée* 4 720 h. ; cons. de champignons. *Beaupréau* (ancienne sous-préf.) 5 782 h. ; confection, chaussures. *Brain-sur-l'Authion* 2 190 h. (ag. 3 948). *Candé* 2 653 h. *Chalonnes-sur-L.* 5 281 h. *Châteauneuf-sur-Sarthe* 2 555 h. *Chemillé* 5 748 h. *Cholet* * 8 472 ha, alt. 125 m, 55 524 h. [*1791 :* 8 444 ; *1796 :* 2 162 ; *1846 :* 10 102 ; *1901 :* 19 352 ; *1946 :* 26 086] ; marché agr., text., confection, électron. de communications (Thomson-CSF), chaussures, constr. méc., chimie (pneus Michelin), plast. pour le bât. ; espaces verts urbains 636 000 m² ; plans d'eau : lac de Verdon 280 ha, Ribou 80 ha, étang des Noues 30 ha. *Doué-la-Fontaine* 6 724 h. *Durtal* 3 240 h. ; rosiéristes. *La Pommeraye* 3 495 h. *La Seguinière* 3 108 h. *La Tessouale* 2 677 h. *Le Lion d'Angers* 2 709 h. *Le May-sur-Evre* 3 806 h. *Les Rosiers* 1 933 h. (ag. 3 667, dont *Gennes* 1 734). *Longué-Jumelles* 6 773 h. *Montreuil-Bellay* 4 093 h. *Montreuil-Juigné* 5 623 h. *Pouance* 3 299 h. *St-Macaire-en-Mauges* 5 413 h. *St-Pierre-Montlimart* 3 205 h. (ag. 5 833). *Saumur** 6 597 ha, 32 149 h. [*1801 :* 9 585 ; *1911 :* 16 198] (ag. 33 444) alt. 30 m ; vins blancs mousseux, cons. de champignons, constr. méc. de précision et électron. ; château (musée), égl. N.-D. de Nantilly, musée des Blindés, maison de la Reine de Sicile ; éc. d'équitation (Cadre noir, fondé en 1814), éc. d'application de l'Arme blindée et cavalerie. *Segré* * 6 777 h. (ag. 8 020) ; ind. alim. (Teisseire). *Trémentines* 2 805 h. *Vihiers* 4 090 h.

Régions naturelles. *Baugeois :* 4 143 ha, alt. 56 m, élevage, blé, maïs, forêts. *Cholelais :* 7 319 ha, alt. 125 m, élevage (bovins), polyculture. *Saumurois :* 6 727 ha, alt. 76 m, polyculture, céréales, vignobles, vergers, forêts. *Segréen :* 6 430 ha, alt. 29 m, élevage (bovins), polyculture. *Vallée de la Loire :* 4 725 ha, alt. 40 m, vergers, prairies, vignes, plantes fourragères (trèfle incarnat), semences (Vilmorin, horticulture).

Bois (en milliers d'ha, 1984) 81 [dont forêts (en 73) de Vezins 1,8, Chandelais 1, Ombrée 1, Chambier 1, Beaulieu 0,9] ; *étangs* 2,3 ; *t. agr. non cult.* 6,7 ; *t. non agr.* 47,7. **Terres.** Voir Index.

Sites touristiques. *Châteaux :* Baugé, Boumois, Brissac (1606-21, construit par Corbineau d'Anglure), Brezé, Montreuil-Bellay (vue sur le Thouet), Montgeoffroy, Montsoreau, Le Plessis-Bourré, Le Plessis-Macé, Serrant. *Abbayes :* Fontevrault (ou Fontevraud), Asnières (partie détruite). *Village fortifié :* Coudray-Macouard. *Musée troglodyte* à Louresse-Rochemenier. *Moulin* de la Herpinière. *Plus grand dolmen* de Fr. à Bagneux (près de Saumur). *Églises* St-Florent-le-Vieil, Champtoceaux, La Roche de Murs et Denée.

Divers. 1ᵉʳ dép. producteur d'*ardoises :* 55 900 t en 1984. 1ᵉʳ de champignons de couche. *Choletais :* 1ᵉʳ centre d'Europe pour articles chaussants.

• **Mayenne** (53) 5 213,5 km² (82 × 62 km). *Alt.* max. Mt des Avaloirs 417 m, min. 20 m (sortie de la Sarthe). 271 784 h. (1982) [*1801 :* 305 654 ; *1851 :* 374 566 ; *1866 :* 367 855 ; *1901 :* 313 103 ; *1936 :* 251 348 ; *1962 :* 250 030 ; *1975 :* 261 789]. D. 52,1 (82). *Pop. active salariée* (1-1-85, prov.) : 79 482 dont primaire 1 587, secondaire 34 495 (dont ind. 28 742, B.T.P. 5 753), tertiaire 43 400

Villes. LAVAL, sup. 335 ha, alt. 70 m, 50 360 h. [*1801 :* 14 199 ; *1886 :* 30 627 ; *1931 :* 27 792 ; *1962 :* 39 283 ; *1975 :* 51 544] (ag. 55 984) ; mat. téléphon., électron. (téléviseurs, équip. tél.) constr. méc. (engins milit.), auto. et cycles, confection, textiles, imprimerie ; quartiers des XIᵉ, XIIᵉ et XVᵉ s. ; vieux château, donjon (XIIᵉ s.), égl. d'Avesnières (romane), St-Vénérand, chapelle de Pritz, musées archéol. et del'art naïf ; jardins publics de la Perrine (5,2 ha). *Ambrières-les-Vallées* 3 013 h. *Bonchamp-lès-Laval* 3 444 h. *Change* 2 889 h. *Château-Gontier** 8 023 h. [*1801 :* 4 770 ; *1886 :* 7 334 ; *1926 :* 6 280] [ag. 12 978, dont *Bazouges* 2 775] ; ind. métall. et électron. ; laiterie, fromagerie, le plus important marché de veaux d'Europe ; égl. St-Jean (XIᵉ s.), musée, quartiers du XVᵉ. *Cossé-le-Vivien* 2 780 h. *Craon* 4 829 h. ; abattoir, volailles, laiterie ; courses hippiques régionales très réputées. *Ernée* 5 901 h. ; chaussures. *Evron* 6 398 h. ; abattoir, fromagerie, confection ; basilique N.-Dame, abbatiale bénédictine, tour-donjon et nef XIᵉ s. *Fougerolles-du-Plessis* 1 773 h. confection. *Gorron* 2 825 h. *Lassay-les-Châteaux* 2 595 h. ; château du XVᵉ s. (son et lumière), ensemble de maisons anc. *Mayenne** alt. 124 m, 13 317 h. [*1801 :* 7 679 ; *1881 :* 11 188 ; *1931 :* 8 238] ; imprimerie, textiles, constr. méc., produits pharm. ; château du XIIIᵉ s., hôtels (XVIᵉ, XVIIᵉ, XVIIIᵉ s.). *Pontmain* 2 183 h. ; pèlerinage. *Pré-en-Pail* 2 560 h. *Renazé* 2 881 h. *St-Berthevin* 5 624 h. *Villaines-La-Juhel* 3 081 h.

Régions naturelles. *Zone d'élevage* au N. 214 817 ha : vallonnée et morcelée, élevage, prod. laitière.

Embouche de l'Erve (centre et S.-E.) 82 000 ha : terres humides et riches, élev. bovin extensif, embouche. *Zone de polyculture de Laval* (Centre-O.) 129 642 ha : céréales, etc., herbages sur terres difficiles. *Bocage angevin* au S. 91 000 ha : plus chaud et sec, élevage.

Bois (en milliers d'ha, 1984) 34 [dont forêts de Mayenne 3,3, Pail 2,6, Grande Charnie 1,6, Bourgat 1,2, Hermet 1,2, Vallons 1,1] ; *étangs* 1,6 ; *t. agr. non cult.* 1,3 ; *t. non agr.* 30,2. **Terres.** Voir Index.

Sites touristiques. *Vallées de l'Erve. Jublains* : fortifications gallo-romaines, castellum, IIIe s. Abbayes : N.-D. de Clermont (cistercienne, v. 1150), Port-Salut (à Entrammes, trappe cistercienne, fromage). *Mortiercrolles* : château fin XVe s. Corniche de Pail. *Ste-Suzanne* : cité fortifiée. *Cossé-le-Vivien* : musée Robert Tatin. *St-Denis-d'Anjou* (maisons). *Saulges* : grottes préhistoriques.

Divers. *Chevaux de course* : 1er dép. français pour les trotteurs. *Festival* : des nuits de la Mayenne (théâtre, chorégraphie), son et lumière au château de Lassay.

● **Sarthe** (72) 6 210 km^2 (95 × 80 km). *Alt.* max. 340 m, min. 20 m. 504 768 h. (1982) [*1801* : 388 143 ; *1851* : 473 071 ; *1901* : 422 699 ; *1931* : 348 619 ; *1936* : 388 519 ; *1962* : 443 019 ; *1968* : 461 839 ; *1975* : 490 385]. D. 81,2 (82). *Pop. active salariée* (1-1-85, prov.) 157 908 dont primaire 2 776, secondaire 60 436 (dont ind. 49 408, B.T.P. 11 028), tertiaire 94 696.

Villes. LE MANS, alt. 50 à 110 m, 5 281 ha. 147 697 h. [*1328* : 5 200 ; *1806* : 18 506 ; *1891* : 57 412 ; *1920* : 71 783 ; *1954* : 111 988] [ag. 191 080, dont *Allonnes* 15 623. *Arnage* 5 367. *Change* 4 072. *Coulaines* 7 291. *Sargès-lès-Le Mans* 2 418. *Yvré-l'Évêque* 3 306] ; autom., tracteurs (Renault), pièces et équip. autom. (Glaenzer-Spicer), aéron., mat. agr., ateliers ferroviaires, électron., télév., répondeurs téléphon. (Radiotechnique) ; confection, man. des tabacs ; agro-alim. ; Union des coop. laitières ; capitale des assurances ; cathédrale St-Julien, égl. N.-D.-de-la-Couture, prieuré St-Martin, abbaye de l'Épau ; musées de la reine Bérangère, Tessé et de l'Autom., collégiale St-Pierre-la-Cour ; course des « 24 h ». – *Beaumont-sur-Sarthe* 1 938 h. (ag. 3 292). *Bessé-sur-Braye* 2 919 h. ; filature, tissage, papier, carton ; château Courtanvaux. *Bonnétable* 3 826 h. ; agro-alim., électron., bois, méc., ameubl. ; château. *Champagne* 3 333 h. *Château-du-Loir* 5 617 h. (ag. 6 281) ; méc. électron., viticulture, fruits (pommes). *Conlie* 1 603 h. *Connerré* 2 635 h. ; rillettes, conserves. *Ecommoy* 4 148 h. ; transf. du bois. *Fresnay-sur-Sarthe* 2 692 h. (ag. 4 130) ; électro-ménager (Moulinex) ; musée des coiffes, château. *La Ferté-Bernard* 9 614 h. (ag. 11 247) ; métall., électron. ; agro-alim. (Socopa) ; Musée sarthois, portes fortifiées, égl. *La Flèche** 14 752 h. [*1806* : 5 473 ; *1891* : 10 249 ; *1954* : 11 275] ; constr. élec., édition, emballages, alum. ; prytanée milit. ; zoo. *La Suze-sur-Sarthe* 3 685 h. ; mat. plastiques. *Le Grand-Lucé* 1 792 h. *Le Lude* 4 489 h. ; bois, ameub. ; château (1520), son et lumière. *Mamers** 6 450 h. [*1806* : 5 461 ; *1891* : 6 016] (ag. 6 921) ; électro-ménager, mat. de camping. *Mayet* 2 919 h. *Mulsanne* 3 776 h. *Parigné-l'Évêque* 4 024 h. *Sablé-sur-Sarthe* 11 773 h. ; métall., agro-alim., électron. ; château. *St-Calais* 4 445 h. ; électron. méc. ; musée. *Sillé-le-Guillaume* 2 863 h. ; électron., château. *Vibraye* 2 591 h.

Régions naturelles. *Vallée de la Sarthe, région mancelle* : 143 803 ha, élevage au N., pins et cult. au S. (sableux), *Champagne mancelle* : 45 022 ha, collines, élevage, cult. *Belinois* : 8 357 ha, plaine, bovins, plantes sarclées (p. de t.), légumes, maïs, grain. *Plateau calaisien* : 60 422 ha, forêt de Bercé à l'O., céréales. *Bocage des Alpes mancelles* : 27 690 ha, vallonné, forêt de Sillé-le-Guillaume, cult., élevage. *Saôsnois* : 17 813 ha, plaine, forêts, peupleraies, cult. (maïs, grain, bett. à sucre). *Bocage sabolien* : 33 219 ha, élevage, cult. *Vallée du Loir* : 51 347 ha, cult., vergers, vignes. *Baugeois* : 4 293 ha, pauvre, pins, landes. *Plaine d'Alençon* : 27 800 ha, vallonnée, élevage bovin. *Perche* : 74 958 ha, vallonné, forêts de Perseigne, Bonnétable, Vibraye, élevage, polyculture.

Bois (en milliers d'ha) 104 [dont forêts (en 85) de Bercé 5,6, Perseigne 5,8, Sillé 3,8, Vibraye 3,1] ; *étangs* 1,5 [dont (en ha 1985) Sillé 43, Tuffé 18, St-Calais 8, Les Sablons 7, Marçon 30, Mansigné 27, La Ferté-Bernard (en cours) 13] ; *t. agr. non cult.* 10,5 ; *t. non agr.* 47,2. **Terres.** Voir Index.

Sites touristiques. *Châteaux* : Le Lude (son et lumière de juin à sept.), Verdelles (à Poillé-sur-Vègre), Montmirail, Poncé, Bazouges-sur-le-Loir, Pescheray (au Breil-sur-Mérize), Ballon. *Musée de la guerre* (à Lavardin). Belvédère de Perseigne. Ateliers d'Art Tessier (à Malicorne). *Prieurés* : St-Martin, Vivoin. *Abbaye* : Solesmes (XIe s., haut lieu du chant grégorien, égl. actuelle XVe s., bibliothèque 300 000 vol.). *Pèlerinage* : chapelle du Chêne. *Centre artisanal* à Poncé. *Site* de St-Léonard-des-Bois. *Parc zoologique* de La Flèche 7 ha.

● **Vendée** (85) 6 720 km^2 (115 × 90 km). *Côtes* 200 km. *Alt.* max. le Puy Crapaud 295 m, min. 0 m près de l'océan. 469 900 h. (1980), 483 027 h. (1982) [*1801* : 243 426 ; *1851* : 383 734 ; *1896* : 441 735 ; *1906* : 442 777 ; *1936* : 389 211 ; *1962* : 408 928 ; *1968* : 421 250 ; *1975* : 450 641]. D. 71,8 (82). *Pop. active salariée* (1-1-84) : 135 336 dont primaire 3 243, secondaire 61 549 (dont ind. 47 385, B.T.P. 14 164), tertiaire 70 544.

Villes. LA ROCHE-SUR-YON, alt. 74 m, 45 098 h. [*1851* : 7 498 ; *1936* : 16 073 ; *1975* : 44 713] ; appareils ménagers, confection, abattoirs, ind. chim., pneus. – *Aizenay* 5 149 h. ; confection, bois. *Beauvoir-sur-Mer* 3 165 h. *Brétignolles-sur-Mer* 2 029 h. *Challans* 12 845 h. ; aviculture. *Chantonnay* 7 235 h. ; confection, mach. agr. *Fontenay-le-Comte**, alt. 23 m, 15 295 h. [*1936* : 9 836 ; *1975* : 15 275] (ag. 17 033) ; roulements, contre-plaqués, ind. méc., man. de tabac ; château de Terre-Neuve, cath. N.-D., musée. *Ile d'Yeu* 4 880 h. ; château. *La Châtaigneraie* 3 055 h. (ag. 4 331). *La Verrie* 3 241 h. *Les Essarts* 3 631 h. *Les Herbiers* 12 049 h. ; text., chaussures, bateaux plaisance ; château de Boitissandeau. *Les Sables-d'Olonne**, alt. 3 m, 16 100 h. [*1936* : 14 536 ; *1975* ; 17 463] [ag. 32 436, dont *Château-d'Olonne* 8 836. *Olonne-sur-Mer* 7 500] ; port de pêche, de comm., de plaisance, constr. nav., conserverie ; musée de l'abbaye Ste-Croix. *Luçon* 9 066 h. ; laiterie coop., conf., mat. de constr. ; cath. *Montaigu* 4 661 h. ; chaussures, ameubl. *Mortagne-sur-Sèvre* 5 301 h. ; château (XIVe-XVe s.). *Mouilleron-le-Captif* 2 927 h. *Noirmoutier-en-l'Ile* 4 518 h. ; château. *Pouzauges* 5 699 h. ; conserverie de viande, charcuterie ind. (Fleury-Michon), chaussures ; égl. *St-Fulgent* 2 777 h. *St-Gilles-Croix-de-Vie* 6 159 h. [ag. 14 479, dont *St-Hilaire-de-Riez* 6 041] ; chantiers nautiques. *St-Hermine* 2 339 h. *St-Jean-de-Monts* 5 435 h. (ag. 8 461). *St-Laurent-sur-Sèvre* 3 208 h. *St-Michel-en-l'Herm* 1 944 h. *St-Philbert-de-Bouaine* 2 032 h. ; électron. (Tronico), équip. mén.

Régions naturelles. *Bocage vendéen* : 450 422 ha, élevage. *Plaine* : 52 887 ha. *Entre plaine et bocage* : 30 871 ha. *Marais* : *breton* (nord) 48 077 ha ; *poitevin* (sud) 77 236 ha (desséché 60 330, mouillé 16 906). *Côte « de lumière »* (à cause de l'ensoleillement). Insolation : 2 065 h/an. 140 km, pêche. *Ile d'Yeu* (2 332 ha, long. 9,5 km, larg. 4 km, alt. max. 35 m, distance de la côte 20 km, 4 766 h.) : tombe du Mal Pétain. *Ile de Noirmoutier* (4 883 ha, long. 18 km, larg. max. 12 km, min. 1 km, alt. max 2 à 3 m, périmètre 50 km, 4 070 h.) : reliée au continent par le Gois (forme ancienne de gué, goiser : « passer en se mouillant les pieds ») la plus longue chaussée submersible d'Europe (4 km) et par un pont de 583 m (ouvert le 7-7-71) entre La Fosse (sur l'île) et Fromentine (sur le continent).

Bois (en milliers d'ha, 1984) 45,6 [dont forêts (en 81) de la côte 5 (Noirmoutier 0,401, côte de Monts 2,3, Olonne 1, Longeville 1,2), f. du bocage 0,8, f. de Mervent-Vouvant 2,3] ; *étangs* 1,3 ; *t. agr. non cultivées* 14,1 ; *t. non agr.* 56. **Terres.** Voir Index.

Ressources. *Agriculture* : polyculture (1er dép. pour haricots), élevage bovin [3e dép. (1er pour viande bovine finie)], porcin (8e dép.), lait (13e dép.), pêche. *Ostréiculture. Mytiliculture. Industrie* : agro-alim. (char. indust. et salaison), chaussures (7,3 % de la prod. fr.), meubles, nautisme (1er dép. pour bateaux de plaisance), électro-ménager.

Sites touristiques. *Côte* : grandes digues, polders, plages. *Iles* : Yeu et Noirmoutier. *Baie* : Bourgneuf-en-Retz (hibernation de 5 000 bernaches chaque année). *Forêts côtières* : Monts, Olonne-sur-Mer et Longeville. *Venise verte* (partie N.-E. du Marais poitevin). *Lacs* (artificiels) : Mervent (128 ha, prof. 24 m), Apremont (167 ha, 5 m), Angle Guignard à Chantonnay (55 ha, 8 m), Moulin-Papon à La Roche-sur-Yon (108 ha, 10 m), St-Vincent-sur Graon (68 ha, 18 m), Albert (104 ha, 9,5 m), Sorin (13,79 ha, 12 m), Jaunay (112 ha, 8 m), Pierre Brune (62 ha, 11 m), Rochereau (127 ha). *Abbayes* : Maillezais (XIe, XIIIe, XVe s.), Nieul-sur-l'Autize (cloître), La Grainetière (XIIe s.), Lieu-Dieu (Jard-sur-Mer), St-Michel-en-l'Herm, St-Jean-d'Orbestier. *Abbatiale* : Fontenelles (XIIIe s.). *Églises* : Vouvant, Benet, Fousais-Payre, La Chaize-le-Vicomte, Mareuil-sur-Lay-Dissais. *Châteaux* : Talmont-St-Hilaire, Tiffauges, St-Mesmin, Apremont (XVIe s.), Puy-du-Fou (Epesses), La Pierre-Levée (Olonne-sur-Mer), Beautour (La Chaize-le-Vicomte). *Musées* : La Roche-sur-Yon, St-Vincent-sur-Jard, Mouilleron-en-Pareds, St-Sulpice-le-Verdon.

Picardie

Généralités

● **Nom.** Ni géographique ni historique. Apparaît en 1248, dérivé du mot *picard*, c.-à-d. « piocheur ». Les Parisiens appelaient « piocheurs » tous les agriculteurs vivant au N. des zones forestières du Senlisis et du Valois (où les paysans étaient bûcherons), et dans le Nord on appelait « Picards » tous ceux qui ne parlaient pas flamand : Arras, Boulogne, Calais étaient des villes « picardes » ; leurs étudiants formaient à Paris et à Orléans la « Nation picarde ».

● **Dialecte picard** (différent du « francien » de l'Ile-de-Fr. qui s'imposa comme langue nationale). Apogée au XIIIe s. : parlé alors dans toute la P. actuelle (sauf au S. de l'Oise et de l'Aisne), dans les dép. actuels du P.-de-Calais, du Nord (sauf Dunkerque), une partie du Hainaut belge (rég. de Mons et Tournai). Au déb. du s. le p. n'était plus parlé dans les rég. du S. de Beauvais, Noyon, Vervins et devint un patois campagnard.

● **Amiénois. Situation.** Région de la Somme moyenne, entre Péronne et Abbeville ; limité N. : Authie, S. : Bresle (dép. de la Somme). **Histoire.** Territoire de la tribu celtique (belge) des Ambiani, dont le nom signifie « des 2 côtés » (de la Somme). Cap. : Samarobriva ou *Pont-sur-Somme*, actuellement Amiens. Rattachée à la IIe Belgique sous les Romains. **Haut Moyen Age**, féodalité puissante, surtout ecclésiastique (abbayes de St-Riquier, St-Valéry, Corbie...). Immigration de nombreuses colonies de Flamands qui introduisent, dans la vallée de la Somme notamment, l'industrie drapière, origine d'une bourgeoisie riche et remuante qui fait la prospérité des communes fondées au XIIe s. (Noyon, St-Quentin, Amiens, Ham, Corbie, Abbeville). Sous Philippe Auguste, baillage d'Amiens. Réunion progressive au domaine royal du **XIIe au XIVe s.** Pendant la g. de Cent Ans, disputée par les rois d'Angl. et ducs de Bourgogne, Ctes de Flandres et d'Artois, qui obtiennent en **1435** (tr. d'Arras) les villes de la Somme, avec faculté de rachat. A la mort du Téméraire *(1477)*, Louis XI réoccupe tout le pays, que lui abandonne Maximilien d'Autr. au tr. d'Arras *(1482)*. **V. 1500** gouvernement militaire d'Amiens dont les Condé furent longtemps titulaires. Région frontière jusqu'en **1659** ; nombreuses invasions, notamment esp. (1577, 1595, 1636...). **1558** Henri II constitue le régiment de Picardie. **1597** création de la généralité d'Amiens avec 6 élections : Abbeville, Amiens, Doullens, Montdidier, Péronne, St-Quentin.

● **Ponthieu. Situation.** Région côtière de la Manche (embouchure de la Somme), de la Bresle à la Canche, Cap. Abbeville (dép. de la Somme). **Histoire.** *Pontivus pagus*, tirant son nom de Pont-Rémy où la route de Beauvais franchit la Somme. Comté héréditaire au Xe s., passe par mariage : en **1251** dans la famille royale de Castille et, en **1279**, dans celle d'Angleterre (dot d'Éléonore de Castille, épouse d'Édouard Ier). **1369** conquis par Charles V ; **1417** de nouveau aux Anglais. **1430** Jeanne d'Arc est gardée prisonnière au Crotoy. **1435** cédé au duc de Bourgogne, comte d'Artois, qui le récupère sur les Anglais. **1472** annexé par Louis XI.

● **Vermandois. Situation.** Plateau (36 × 24 km). Alt. 80 m, aux sources : Escaut, Somme, Sambre ; rive droite de l'Oise. Dép. de l'Aisne, arr. de St-Quentin. **Histoire.** Cité celtique des *Veromandui* (Belges), cap. Vermand, à 11 km de St-Quentin. Comté carolingien, devenu héréditaire au XIe s. dans la famille d'Herbert, petits-fils du roi Bernard d'Italie. **1186** cédé à Philippe et incorporé au domaine de la Couronne (prévôté de St-Quentin, dépendant du grand bailliage de Laon). **1693** réuni à la généralité d'Amiens (chef-lieu d'élection).

● **Laonnais. Situation.** Région de collines au nord du bassin de l'Aisne. Dép. de l'Aisne. **Histoire.** Sous-tribu des Rémois, les *Alauduni*, dont le symbole était l'alouette, Laon est l'ancienne citadelle de Bibrax assiégée par les Suessions en **57 av. J.-C.** et délivrée par César, car les Rémois (Reims) étaient alliés des Romains. Sous les Mérovingiens, Laon devient évêché, résidence royale des souverains austrasiens (Louis IV y est sacré en *940*). **988** conquis par les Capétiens, il demeure dans le domaine royal, mais son évêque est un des grands feudataires du royaume avec le rang ducal.

● **Noyonnais. Situation.** Angle N.-E. du dép. de l'Oise, de part et d'autre de l'Oise. **Histoire.** *Noviomagus* (Noyon) est la cap. d'une sous-tribu des Veromandui. **VIe s.** résidence de l'év. de Vermand dont la cathédrale avait été détruite par les Francs. Palais royal sous les Carolingiens **768** Charlemagne y est sacré. **Ap. 987,** les évêques sont Ctes du Noyonnais (le châtelain royal représente dans la ville épiscopale le pouvoir capétien).

● **Soissonnais. Situation.** Bassin inférieur de l'Aisne, entre son confluent avec l'Oise (Compiègne) et les sources de la Vesle (pointe sud de l'Aisne). Plateaux calcaires et sablonneux (nummulitiques), faisant partie du Bassin parisien. **Histoire. Période celtique :** la tribu gauloise des Suessions se compose de 3 cités : les *Suessions*, autour de la cap. *Noviodunum* qui deviendra Soissons ; les *Silvanectes*, autour de Senlis (V. ci-dessous) ; les *Meldi* en Brie (V. Ile-de-France). **Période romaine :** Noviodunum, devenu *Augusta Suessionum*, est un centre routier important (bifurcation des routes Reims-Amiens et Reims-Thérouanne) ; fait partie de la Belgique Seconde (cap. Reims). **Période franque :** divisé en 4 *pagi* : Soissons, Valois (V. ci-dessous), Tardenois et Omois. Les Ctes de Soissons deviennent héréditaires au **Xe s.** ; le titre passe successivement aux familles de Bar, Nesles, Châtillon, Coucy, Luxembourg, St-Pol, puis, en **1487,** aux Bourbon-Vendôme, en **1530** aux Condé, en **1625** aux Savoie-Carignan.

● **Valois. Situation.** Région forestière et vallonnée, à cheval entre l'Oise et l'Aisne (une fraction en S.-et-M.). Capitale primitive *Vadum* (Vez) qui lui a donné son nom (pagus Vadensis) ; actuelle : Crépy-en-Valois. **Histoire.** Fraction de la cité des *Suessions*, avec 4 bourgades : Crépy, Villers-Cotterêts, La Ferté-Milon, Nanteuil-le-Haudouin. Donné en fief par les Ctes de Vermandois à une branche cadette, il entre dans le domaine royal en **1214** par donation de la Ctesse Éléonore ; puis devient en **1285** apanage du prince Charles, 2e fils de Philippe le Hardi. Réintégré au domaine royal en **1328** à l'avènement de Philippe VI « de Valois » ; redevenu apanage en **1392. 1630** donné aux Orléans qui le conservent jusqu'à la Révolution.

● **Senlisis. Situation.** Région forestière (64 communes) au S.-O. du Valois (dép. de l'Oise) ; bassin des rivières Nonette et Aunette. **Histoire.** Territoire des Gaulois *Silvanectes* (Belges), sous-tribu des *Suessions* ou peut-être des *Bellovaques* (v. ci-dessous). Leur capitale, Senlis, s'est appelée *Augustomagus* sous les Antonins ; devenue évêché au IVe s. Après **406,** peuplé de Lètes ; fait partie du domaine royal en **987.** Les Capétiens y résident fréquemment et Philippe Auguste y crée un grand bailliage. A partir de **1576,** est érigé plusieurs fois en apanage royal, notamment en **1622** pour Gabrielle de Verneuil, fille légitimée de Henri IV, duchesse d'Épernon.

● **Beauvaisis. Situation.** Moitié ouest du dép. de l'Oise (rive droite de l'Oise) à plaine crétacée monotone, drainée par le Thérain. Cap. Beauvais. **Histoire.** Gaulois *Bellovaques*, les plus belliqueux de Belgique, avaient pour oppidum Bratuspantium (Gratepanche, Somme) ; leur chef Correus, vaincu et tué en 51 av. J.-C., a été un des principaux adversaires de César. **Période romaine :** la capitale est déplacée à Beauvais (Caesaromagus Bellovacorum), devenu évêché au IVe s. (Belgique Seconde, cap. Reims). **IXe-Xe s.** siège d'un comté, chargé de la lutte contre les Normands. **1015** le titre comtal conféré à l'évêque qui est vassal des Capétiens ducs de France. **XIIIe s.** les coutumes de B., rédigées par Philippe de Beaumanoir, servent de modèle au droit coutumier français. **1452** intégré au gouv. de l'Ile-de-France.

● **Côte d'Opale.** De la frontière belge à la Normandie (180 km de Bray-Dunes jusqu'au Tréport ; rég. : Nord et Picardie ; dép. : Nord, P.-de-Calais, Somme).

● **Comté de Clermont. Situation.** Centre du dép. de l'Oise : bassin de la Brèche (affl. de l'Oise). Arrt de Clermont. **Histoire.** Fief détaché du Beauvaisis sous Hugues Capet. **1218** vendu à Philippe Auguste pour le dernier héritier, Raoul d'Ailly. **1223** érigé en pairie. **1269** donné en apanage à Robert, 6e fils de St Louis, tige de la maison royale de Bourbon. **1488** à la mort du dernier comte de Clermont-Bourbon (Jean II), le comté-pairie passe aux Bourbons-Montpensier. **1524** confisqué au connétable de Bourbon (condamné pour félonie). **1539** nouvelle rédaction des « Coutumes du Clermontois » approuvée par référendum. **1562** fief donné en dot à Catherine de Médicis. **1610** cédé à Charles de Bourbon, comte de Soissons, et confisqué une 2e fois pour félonie (Soissons ayant pris le parti du duc de Savoie). **1702-15** vendu à la Pcesse d'Harcourt. **1719** acheté par les Condé, qui le gardent jusqu'à la Révolution.

Économie

Population. 1 740 321 h. (1982) dont étrangers (31-12-83) 78 864. *Active totale* (1-1-84) : 626 300 ; taux de chômage (mars 85) : 11,1 %. *Active salariée* (31-12-83) : 535 651 dont primaire 18 946, secondaire 229 846 (dont ind. 199 650, B.T.P. 30 196), tertiaire 286 859.

Échanges (en milliards de F, 1984). IMPORTATIONS : 26,95 (3,27 % des imp. nat.) *dont* (en %) autom. et autre matér. de transp. terr. 18,32, chimie 14,94, métaux et 1/2 prod. non ferreux 11,96, parachim. 7,57, papier, carton 4,28, sid. 4,17, équip. ind. 4,08, text. naturel préparé 3,03 ; *de* (en %) All. féd. 34,97, U.E.B.L. 18,22, reste Eur. 8,82, G.-B. 7,98, Italie 7,51, P.-B. 7,39, Amér. du N. 3,95. EXPORTATIONS : 31,53 *dont* (en %) chimie 11,70, autom. et autre matér. de transp. terr. 8,73, prod. de l'agr. 8,17, parachim. 7,65, prod. alim. div. 7,37, prod. sid. 6,50, métaux et 1/2 prod. non ferreux 6,01, mach. agr. 4,22, matér. de manutention, pour mines, sid. et génie civil 4,08 ; *vers* (en %) All. féd. 16, U.E.B.L. 14,68, reste Eur. 13,04, G.-B. 10,54, Italie 8,70, P.-B. 7,50, Amér. du N. 7,27, Afr. du N. 5,11, Pr. et Moy.-Or. 4,43.

Agriculture (1984). **Terres** (milliers d'ha). 1 951,8 dont *S.A.U.* 1 394,5 [t. lab. 1 141,7 (dont céréales 740,8, bett. ind. 187,8, fourr. annuels 58,5, légumes 87,5, jardins 17,1), vignes 2,1, cult. fruit. 1,8, herbe 248,3] ; *bois* 289,9 ; *peupleraies* 30,3 , .. *agr. non cult.* 33,1 ; *t. non agr.* 180,7. **Prod. végétale** (millions de t) : céréales 5 517,5 (dont blé tendre 3 846,2, orge et escourgeon 111,5), bett. ind. 9 740,7, p. de terre 1 661,2, endives (racines) 105,2, petits pois (grain) 63,4, carottes 60,2, haricots verts (y compris beurre) 24,2. **Animale** (têtes) : bovins 790 900, porcins 225 750, ovins 150 200. *Lait* : 11 990 821 hl.

Industrie. *Effectifs salariés* (31-12-84) : agro-alim. 23 384, énergie 895, biens intermédiaires 64 686, biens d'équip. 33 540, autom. et mat. ferrov. 18 064, biens de consom. 40 953.

Tourisme (au 31-12-81). Hôtels 1 103 dont homologués 163 (191 au 31-12-82). Auberges de France et Logis de France 29 (404 ch.). Maisons familiales 7 (459 pl.). Campings classés 156 (38 636 pl.) (au 31-12-82).

Projets et réalisations. *Voies d'eau Seine-Nord* mise au grand gabarit de la liaison Compiègne au canal Valenciennes-Dunkerque. *Voies routières :* autoroutes Paris-Beauvais-Amiens-Abbeville-Boulogne (A 16) ; Reims-Laon-St-Quentin (A 26), achèvement prév. en 1988 ; aménagement de la R.N. 31, axe Est-Ouest reliant Le Havre à l'est de la France et à la Rhénanie, de 1986 à 1995 (13 à 15 millions de F). Mise en service à Laon du « Poma-2000 », tramway d'avant-garde (136 millions de F). Projet trans-Manche. *Assainissement du bassin de l'Oise-Aisne* dep. 1976 (17 000 km²). *Tourisme :* aménagement d'un complexe touristique autour d'un plan d'eau de 160 ha au sud de Laon.

Départements

Voir légende p. 704.

● **Aisne** (02) 7 369 km² (140 × 85 km). *Alt.* max. bois de Watigny 284 m, min. 37 m (sortie de l'Oise). 533 970 h. (1982) [*1801* : 425 326 ; *1851* : 558 334 ; *1866* : 564 370 ; *1901* : 535 114 ; *1936* : 484 329 ; *1975* : 533 862]. D. 72,4 (82). *Pop. active* (1982) : 216 700, dont primaire 19 580, secondaire 97 580, tertiaire 99 540.

Villes. LAON, alt. 180 m, 4 423 ha, 26 682 h. [*1851* : 10 098 ; *1931* : 19 125] (ag. 27 431) ; constr. élec., métall., bonneterie ; cath. gothique ; anc. cap. de la France du VIIIe au Xe s., cité royale des derniers Carolingiens ; abbayes, couvents. — *Bohain-en-Vermandois* 7 271 h. *Charly* 2 395 h. (ag. 4 731). *Château-Thierry* * 14 557 h. [*1851* : 5 269 ; *1931* : 8 154] [ag. 22 696, dont *Essomes-sur-Marne* 2 321] ; ind. métall., méc., champagne, instr. de mus., biscuits ; B.T.P. *Chauny* 13 435 h. (ag. 20 078, dont *Sinceny* 2 221] ; métall., fonderie, méc., chimie, plastique, textile, habillement, verrerie, B.T.P. *Coucy-le-Château-Auffrique* 1 120 h. *Étreux* 1 839 h. (ag. 3 294, dont *Boué* 1 455). *Fère-en-Tardenois* 3 246 h. ; métall. ; château féodal, église XVIe s., musée (maison natale de Paul Claudel). *Fresnoy-le-Grand* 3 635 h. ; complexes textiles, métall., fonderie. *Guise* 6 195 h. ; fonderies, meubles, métall., ind. méc., textile, habillement, carton, constr. élec., B.T.P. ; château féodal (donjon du XIe s.). *Hirson* 11 348 h. (ag. 12 205) ; métall., textiles, ind. alim., B.T.P. *La Capelle* 2 123 h. ; brosserie, text. ; foire int. aux fromages en sept. *La Ferté-Milon* 1 948 h. ; menuiserie, fabr. jouets en polyester, confect. ; château XVe s. *Le Nouvion-en-Thiérache* 3 139 h. ; laiterie. *Liesse* 1 464 h. *Marle* 2 727 h. *Montcornet* 1 781 h. (ag. 2 569). *Montescourt-Lizerolles* 1 485 h. (ag. 2 679). *Origny-Ste-Benoîte* 2 145 h. (ag. 3 600). *Pinon* 1 941 h. (ag. 3 867). *St-Gobain* 2 278 h. ; verrerie. *St-Michel* 4 044 h. *St-Quentin* * 63 567 h. [*1851* : 24 953 ; *1931* : 49 448 ; *1964* : 62 000] [ag. 71 887, dont *Gauchy* 5 612] ; textiles, constr. méc. et élec., sid., ind. chim., confection, bois, ind. alim., métall., B.T.P. ; enseignement sup. scient. ; collégiale (XIIe-XIIIe s.), Hôtel de V. flamand (XIVe-XVIe s.) ; musée Antoine-Lécuyer (pastels de La Tour), m. d'entomologie. *Sissonne* 2 229 h. ; camp militaire. *Soissons* * 30 213 h. [*1851* : 9 477 ; *1931* : 18 705] [ag. 47 305, dont *Belleu* 4 263. *Courmelles* 2 101. *Crouy* 2 960. *Villeneuve-St-Germain* 2 833] ; constr. méc., caout., marché agr., verre, cartons, ind. alim., bois ; cath. gothique, abbayes St-Léger, St-Jean-des-Vignes et St-Médard. *Tergnier* 12 032 h. [ag. 25 056, dont *Beautor* 3 323 ; *La Fère* 2 979 ; *Quessy* 3 460]. *Vénizel* 1 461 h. (ag. 2 799). *Vervins* * 2 721h. (ag. 3 543) ; biscottes, pain grillé ; musée de la Thiérache, château Neuf. *Vic-sur-Aisne* 1 685 h. *Villers-Cotterêts* 8 380 h. autom.

Régions agricoles (en ha). *St-Quentinois et Laonnois* 235 300 : céréales, bett. sucrières. *Soissonnais* 171 500 ; cér., bett. sucrières. *Thiérache* 123 500 : prod. laitière. *Tardenois et Brie* 109 100 : élevage, vignes. *Champagne crayeuse* 54 500 : cér., élevage. *Valois* 43 100 : cér. *Forêts domaniales* (en ha) de Retz 13 300, St-Gobain 6 000, St-Michel 2 900, Coucy-Basse 2 300, Andigny 1 400, Samoussy 1 300, Vauclair 1 000. Terres. Voir Index.

Divers. 1er dép. prod. de Fr. de bett. sucrières. 1er pour les peupliers. 2e pour la longueur des voies navigables (310 km), la densité des mon. classés (478). Commune du *Catelet* enclavée dans celle de *Gouy*. Chemin des Dames. *Églises* : fortifiées (Thiérache), romanes et gothiques (Laonnois).

● **Oise** (60) 5 860 km² (120 × 50 à 70 km). *Alt.* max. 235 m (dans le Thelle), min. 20 m (sortie de l'Oise). 661 781 h. (1982) [*1801* : 350 854 ; *1851* : 403 857 ; *1901* : 407 808 ; *1921* : 387 760 ; *1936* : 402 669 ; *1946* : 396 724]. D. 112,9 (82). *Pop. active ayant un emploi* (1982) : 268 628.

Villes. BEAUVAIS, alt. 60 m, 3 247 ha, 52 365 h. [*1699* : 2 460 ; *1790* : 3 241 ; *1831* : 12 867 ; *1936* : 27 127 ; *1962* : 34 055] (ag. 55 817) ; manuf. de tapis, ind. chim., méc., tracteurs, brosserie, ind. alim. ; enseignement sup. agr. et élec. ; cath. au chœur gothique le plus haut du monde (1225-1324) ; m. de la Tapisserie. — *Bethisy-Saint-Pierre* 3 034 h. (ag. 3 880). *Bornel* 2 625 h. (ag. 3 074). *Bresles* 3 180 h. *Breteuil* 3 873 h. ; m. archéol. *Chambly* 6 105 h. *Chantilly* 10 065 h. [*1906* : 5 083 ; *1954* : 7 065] [ag. 28 128, dont *Gouvieux* 9 174. *Lamorlaye* 6 681 ; château, hippodrome et élevage du cheval ; m. Condé]. *Cires-lès-Mello* 2 992 h. *Clermont* * 8 628 h. (ag. 17 447) ; ind. alim. et chim. ; hôtel de ville. *Compiègne* * 40 384 h. [*1936* : 18 885 ; *1962* : 24 427] [ag. 62 778, dont *Margny-lès-Compiègne* 5 429. *Thourotte* 4 922] ; ind. méc. et chim., verre, caout. ; univ. de technologie ; palais nat. ; clairière de l'Armistice (à Rethondes), château (1750-70, Gabriel, néo-classique), m. de la figurine hist., m. Vivenel. *Coye-la-Forêt* 3 094 h. *Creil* 34 709 h. [*1962* : 19 235] [ag. 82 505, dont *Montataire* 12 855, sid., m. Gallée-Juillet. *Nogent-sur-Oise* 16 980 (*1962* : 8 808). *Verneuil-en-Halatte* 3 463. *Villers-St-Paul* 5 545 ; chim.] ; sid., ind.

métall., méc., chim. *Crépy-en-Valois* 12 228 h. ; méc. ; m. de l'Archerie. *Estrées-St-Denis* 3 483 h. *Grandvilliers* 2 690 h. (ag. 3 301). *Hermès* 1 828 h. (ag. 3 538). *Lacroix-St-Ouen* 3 475 h. *Le Plessis-Belleville* 1 816 h. (ag. 3 435). *Liancourt* 6 112 h. (ag. 10 638). *Maignelay-Montigny* 2 018 h. *Méru* 11 436 h. ; mat. plastiques, méc. *Mouy* 4 812 h. (ag. 8 493) ; pièces auto. *Noyon* 14 041 h. [*1936* : 6 335 ; *1962* : 9 317] (ag. 15 660) ; métall., méc. ; cath. gothique, musées des Noyonnais, Calvin. *Orry-la-Ville* 2 977 h. (ag. 4 362). *Pont-Ste-Maxence* 9 479 h. (ag. 12 718) ; céramique. *Précis-sur-Oise* 2 694 h. (ag. 3 583). *Ribécourt-Dreslincourt* 3 466 h. (ag. 5 339). *St-Just-en-Chaussée* 4 257 h. *St-Leu-d'Esserent* 4 459 h. (ag. 6 316). *Senlis* * 14 514 h. [*1936* : 7 549 ; *1962* : 9 371] ; ind. méc. ; cathédrale gothique, musée de la vénerie, de Haubergier ; fondation Cziffra. *Trosly-Breuil* 1 972 h. [ag. 5 313, dont *Cuise-la-Motte* 2 091].

Régions naturelles (en ha). *Plateau picard* 198 900 : bett. sucrières, cér. *Noyonnais* 72 200 : culture, élevage. *Valois* et *Multien* 112 300 : cér. *Vexin français* 29 400 : cér. *Clermontois* 47 300 : cér. *Pays de Thelle* 47 900 : élevage, cér. *Pays de Bray* 41 500 : prod. laitière. *Soissonnais* 36 400 : cér., bett. sucrières. *Forêts domaniales* (en ha) de Compiègne 14 400, Halatte 4 200, Laigue 3 800, Ermenonville 3 200, Hez-Froidmont 2 700, Ourscamp-Carlepont 1 500, f. communale de Chantilly 6 200. **Terres.** Voir Index.

Divers. 3e dép. pour les voies navigables. *Châteaux* de Compiègne, Pierrefonds (XIVe s.) ; *ruines* de Champlieu à Orrouy.

● **Somme** (80) 6 170 km^2 (116 × 74 km). *Côtes* 60 km. *Alt.* max. 212 m à Arguel et Gauville. 544 570 h. (1982) [*1801* : 458 153 ; *1851* : 569 341 ; *1861* : 571 346 ; *1911* : 518 961 ; *1921* : 451 887 ; *1936* : 466 750 ; *1946* : 440 717 ; *1975* : 538 462]. D. 88 (82). *Pop. rurale* : 224 275. *Active* ayant un emploi : 203 672 dont primaire 22 532, secondaire 77 496, tertiaire 103 644.

Villes. AMIENS, alt. 27 à 102 m, sup. 50,1 km^2, 131 332 h. [*1851* : 52 149 ; *1901* : 90 758 ; *1936* : 106 177 ; *1946* : 94 988 ; *1962* : 109 869 ; *1975* : 131 476] [ag. 156 694, dont *Camon* 4 214. *Longueau* 5 309. *Rivery* 3 287. *Salouël* 3 061] ; cap. régionale, ind. text. (soie, velours), alim (Yoplait), pneum. (Good Year, Dunlop), constr. méc. et élec., équip. mén. ; cath. gothique, égl. St-Leu et St-Germain, St-Acheul (1752), Le Logis du Roy (XVe s.), quartier St-Leu ; site des hortillonnages de la Hotoie ; univ., maison de la culture ; zoo, tour Perret, important hôpital. – *Abbeville* * 24 915 h. [*1911* : 20 373 ; *1946* : 16 780 ; *1975* : 25 398] (ag. 26 405) ; ind. sucrière (Beghin-Say), text., métall. ; « Folie de Bagatelle », robinetterie ; beffroi, égl. St-Vulfran XVIe s. ; musée Boucher-de-Perthes. *Ailly-sur-Noye* 2 596 h. *Ailly-sur-Somme* 3 972 h. (ag. 5 816) ; jute. *Airaines* 2 385 h. ; ind. laitière ; prieuré, égl. N.-Dame (XIIe s.), château (XIIe s.). *Albert* 10 894 h. ; ind. laitière, mach.-outils, constr. méc. et aéron. (SNIAS), vérins et élévateurs ; basilique. *Beauchamp* 908 h. ; ind. sucrière. *Beauval* 2 274 h. *Bethencourt-sur-Mer* 1 074 h. (ag. 2 794). *Boves* 3 146 h. *Cayeux-sur-Mer* 2 649 h. *Corbie* 6 176 h. (ag. 7 834) ; abb. Ste-Colette. *Crécy-en-Ponthieu* 1 583 h. *Dompierre-sur-Authie* 526 h. ; ind. sucrière. *Doullens* (sous-préf. jusqu'en 1926) 7 054 h. ; text., carton, chim. ; citadelle, beffroi, Hôtel de V. *Estrées-Mons* 631 h. ; conserverie (Bonduelle). *Flixecourt* 3 276 h. (ag. 3 788) ; jute. *Fressenneville* 2 487 h. [ag. 4 986, dont *Feuquières-en-Vimeux* 2 499] ; app. chauff. *Friville-Escarbotin* 4 844 h. (ag. 7 184). *Gamaches* 3 270 h. (ag. 3 941). *Hallencourt* 1 407 h. *Ham* 6 041 h. [ag. 9 034, dont *Eppeville* 2 193 ; ind. sucrière] ; métall., sucrerie, robinetterie, chimie, mat. plastique. *Hornoy-le-Bourg* 1 467 h. *Longpré-les-Corps-Saints* 1 641 h. (ag. 2 419). *Mers-les-Bains* 3 945 h. ; verrerie. *Montdidier* * 6 194 h. ; maroquinerie, élec. ; égl. St-Pierre. *Moreuil* 4 203 h. (ag. 4 54). *Nesle* 2 643 h. ; chimie. *Péronne* * 9 129 h. (ag. 10 988) ; text., métall., ind. alim. ; château des Remparts (XIIIe s.). *Rivery* 3 287 h. ; text. *Rosières-en-Santerre* 2 985 h. (ag. 3 400). *Roye* 6 650 h. ; sucreries, cons., métall., cartonnerie, text. *Rue* 3 170 h. ; chap. du St-Esprit, beffroi. *St-Léger-lès-Domart* 1 940 h. [ag. 6 388, dont *St-Ouen* 2 011]. *St-Valéry-sur-Somme* 2 935 h. ; port de pêche, chaudr. ind., imprimerie, méc. ; remparts (XIIe s.), portes (XIVe s.). *Vignacourt* 2 369 h. *Villers-Faucon* 704 h. ; ind. sucrière *Villers-Bretonneux* 3 347 h.

Régions naturelles. *Santerre* (E. du dép.) 150 000 ha : limons fertiles (pouvant atteindre 6 à 8 m d'épaisseur), bett. à sucre, pommes de t., blé, petits pois, bonneterie. *Vermandois* : rég. plus vallonnée, t. limoneuses (couches moins épaisses), bett. à sucre, blé. *Amiénois* (centre du dép.) : plateau, nombreuses vallées sèches. *Vimeu* (O. du dép.) 78 000 ha : serrurerie, robinetterie, fonderie. *Ponthieu* 95 000 ha : au N. du Vimeu. *Marquenterre* 16 000 ha : aboutit à la mer par la zone des bas-champs protégée par digues et dunes. *Forêt domaniale* de Crécy 4 300 ha. **Terres.** Voir Index.

Sites touristiques. *Abbayes* du Gard (St-Pierre-à-Gouy), de St-Riquier (détruite, reconstruite aux XIIIe et XVIe s.), *châteaux* de Rambures, Bagatelle. *Littoral picard* : le Hable d'Ault, pointe de Hourdel, le Marquenterre (parc ornithologique 2 300 ha, Aqualand avec un bât. de 2 500 m^2), baies d'Authie et de la Somme.

Poitou-Charentes

Généralités

Angoumois

Situation. Au N. et au S. d'Angoulême et de Cognac. *Angoumois du N.* : élevage (prod. laitiers, beurre) ; *du S.* : plus pauvre, sols maigres ; boisements clairs et pâturages à moutons.

Histoire. Fin IVe s. création d'Angoulême (raisons militaires), soumise aux Wisigoths au Ve s., occupée par Clovis après 507 et érigée en pays *(Pagus Engolismensium)*, détachée de la cité des Santons. **541** 1re mention d'un évêque d'Angoulême, Aptome. **839** 1re mention d'un Cte d'A., Turpion, nommé par Louis le Pieux. **866** Walgrin *(Bougrin)*, nommé Cte par Charles le Chauve, devient tige des Ctes héréditaires, les Taillefer (surnom de Guillaume Ier, adversaire des Normands, 916-62). Dans la mouvance des Ctes de Poitiers, ducs d'Aquitaine, à l'époque capétienne. Expansion sous les Ctes *Guillaume III Taillefer* (988-1028) et *Guillaume VI* (1087-1120), puis indépendance menacée par les Plantagenêts (quelques annexions). **1220** passe à la famille de Lusignan jusqu'en 1302. **1308** isolé entre les domaines capétien et angevin, le Cté est démembré, puis incorporé par Philippe le Bel au royaume de Fr. (mai-juin 1308). **1360** cédé à l'Angl. *(tr. de Brétigny)*. **1373** *reconquis* par Charles V, concédé à une branche cadette des Valois-Orléans. **1515** *réuni définitivement à la Couronne*, érigé en duché-pairie d'Angoulême en faveur de Louise de Savoie, mère de François Ier. Rattaché à la généralité de Bordeaux, puis à celle de Limoges (1558).

Aunis

Situation. Entre Poitou et Saintonge. Plaine sur plate-forme calcaire dont les abrupts dominent le Marais Poitevin au N., le Marais charentais au S. Musoir (extrémité d'une digue ou d'une jetée) de La Pallice. Falaises entre le Pertuis breton (détroit entre Ré et la côte) et Pertuis d'Antioche (entre Ré et Oléron). Cultures et prairies (élevage laitier). Pêche et stations balnéaires sur la côte.

Histoire. Un des deux anciens « pagi » de la cité de Saintes (son nom vient de Châtelaillon, longtemps son principal centre : Castrum Alionis, devenu Pagus Alienensis). Partie de l'Aquitaine romaine, puis de l'Aqu. Seconde au Bas-Empire. **Ve s.** aux Wisigoths. **507** incorporé au Regnum Francorum. **Xe s.** Séparé de la Saintonge dépendant du Poitou jusqu'en 1360 (un sénéchal distinct de celui du Poitou apparaît). **XIe et XIIe s.**, rôle principal joué par les sires de Châtelaillon. **1144** possession de la maison de Mauléon. **1205** obtient la charge de sénéchal du Poitou. **1224** revenu à l'allégeance des rois de Fr., reste un temps aux Lusignan. **1242** récupéré par Alphonse de Poitiers. **1271** réuni au domaine royal à sa mort. **1360** cédé aux Anglais *(tr. de Brétigny)* ; sénéchal de La Rochelle, propre à l'Aunis. **1373** Du Guesclin entre à La Rochelle, Charles V reprend ce territoire, le gouvernement de La Rochelle va former la province d'Aunis. Sur le plan judiciaire, dépend du parlement de Paris (sauf sous Louis XI, dépend quelque temps de Bordeaux). **1551-52** Établissement d'un présidial, révolte de La Rochelle contre François Ier à propos de l'extension des gabelles. Ravagé par les guerres de Religion. La Rochelle, place de sûreté (édit de Nantes en 1598), fait figure de capitale des protestants. **1620** reprise des luttes religieuses à la suite de l'assemblée gén. des prot. à La R. après le rétablissement en Navarre du culte cath. **1627-28** siège et prise de La R. par Richelieu. La R. devient le siège d'une généralité qui englobe Aunis et Saintonge.

Poitou

Situation. S'étendant sur Vienne. Deux-Sèvres (quelques communes rattachées à la Hte-Vienne, Charente et Charente-Marit.). La Vendée, partie O.

de l'ancien Bas-Poitou, fait partie des Pays de la Loire. Comprend : *Seuil du Poitou* : plaine secondaire reliant Bassin parisien et Aquitaine, et séparant Massif armoricain du Massif central. Céréales entre vignobles de Touraine et des pays charentais. *Brandes* sur quelques revêtements tertiaires : élevage. *Vallées de la Vienne et du Clain* : humides et verdoyantes.

Histoire. Tire son nom d'un peuple gaulois, les *Pictons*, sans doute marins et commerçants, car il y a des Pictes dans les îles Britanniques. Leur chef Duratius, soumis aux Romains dès 56 av. J.-C., leur reste fidèle pendant l'insurrection de *52*, malgré l'attitude hostile de son peuple. **IIIe s.** apparition du christianisme. Affermi par St-Hilaire († v. *367*), évêque de Poitiers, et par St Martin, fondateur de Ligugé. **Ve s.** cité des Pictons occupée par les Wisigoths. **507** possession des Francs après Vouillé. Partagé entre successeurs de Clovis, retrouve son unité dans le 1er duché d'Aquitaine (fin IIIe s.-*768*). **Sous les Carolingiens**, administré par Cte de Poitiers, qui profite des incursions normandes pour en devenir le seigneur. *Rannoux Ier (839-66)* fonde une dynastie consolidée au Xe s. *Rannoux II († 890)* est le 1er de la lignée à se dire duc d'Aquitaine (V. Aquitaine). **989** trêve de Dieu instituée à *Charroux*. **Xe-XIe s.** les Ctes de Poitiers, rivaux des Ctes d'Auvergne et de Toulouse, s'efforcent de faire reconnaître leur suzeraineté jusqu'aux Pyrénées ; mais ils ne peuvent empêcher les empiètements des Ctes d'Anjou ni se faire obéir des dynasties féodales qui se forment dans le comté (vicomtés de Thouars, de Châtellerault ; seigneuries de Parthenay, de Talmont, de Mauléon). **1152** mariage d'Éléonore d'Aqu., héritière de Guillaume X, avec Henri II Plantagenêt (après avoir été répudiée par le roi de Fr.) ; le Poitou sous influence anglaise. Maîtresse en droit du comté, Éléonore, brouillée avec son mari, s'établit à Poitiers et le gouverne au nom de son fils Richard *(1169-73)*, puis en son nom jusqu'à sa mort *(1204)* et le transmet à Jean sans Terre. Conquis par les rois de Fr. Philippe Auguste et Louis VIII, qui l'annexe en *1224* et le donne en *1225* en apanage à son 5e fils, Alphonse. **1241** révolte de la noblesse locale, menée par les Lusignan, avec l'appui de Henri III d'Angl. qui, battu par Louis IX à *Taillebourg (1242)*, renonce au P. en *1259*. **1271** mort d'Alphonse de Poitiers ; réuni au domaine royal, forme la sénéchaussée de Poitiers. **1311-16** aliéné en faveur du futur Philippe V le Long. **1316** retourne à la Couronne. **1357** ravagé au début de la g. de Cent Ans, en apanage à Jean, 3e fils de Jean le Bon. **1360** *tr. de Brétigny*, cédé à l'Angl. **1369-73** restitué en apanage à Jean, duc de Berry (v. *1370-73 à 1416*). **1417** le futur Charles VII devient dauphin et Cte de P. **1422** installe capitale et parlement à P. jusqu'à la libération de Paris *(1436)*. **1542** intendance, siège à Poitiers. Les limites de la généralité ne coïncident plus avec celles du Poitou traditionnel. **1773** on tente de fixer des Acadiens rapatriés du Canada en Poitou. Le marquis Pérusse des Cars leur offrit des terres à défricher dans les Brandes : l'expérience échoua ; il en reste des maisons, dites Acadiennes (communes d'Archigny, La Puye, St-Pierre-de-Maillé).

Saintonge

Situation. S'étend essentiellement sur la Charente-Maritime (les 2/3 sud).

Au N., bas plateaux calcaires, arides et boisés. *Plus au S.*, prairies artificielles (marnes). Sur la *rive gauche de l'embouchure de la Charente,* anciens marécages couverts d'herbages sur le littoral ; ostréiculture (Marennes). *Vallée de la Charente* bordée de coteaux calcaires : prairies d'élevage (lait et beurre). *Au S. de la rivière,* coteaux recouverts de terres de « champagne » (blé et vigne : cognac) ; sur les « chausses », à genévriers (terrains secs), pâturages à moutons. *Au S.* (région de la *Double* saintongeaise), pins, landes et marécages sur le sol sableux.

Histoire. Pays des *Santons,* dont Saintes (Mediolanum Santonum) était la capitale. Cité de l'Aquitaine Seconde (cap. Bordeaux). Pillée par Alains et Vandales. **419** occupée par Wisigoths. **507** par Clovis. Partie du duché d'Aqu., morcelée en nombreux fiefs. **1152** possession anglaise (mariage d'Éléonore d'Aqu.). **1204-10** rive droite de la Charente reconquise sur Jean sans Terre. **1258** partie du « duché de Guyenne », laissé à Henri III d'Angl. par St Louis. **1371** reconquise par Du Guesclin. **1375** réunie à la Couronne par Charles V.

Économie

Population. 1 568 230 h. (1982), 1 576 600 h. (1984). *Pop. active* (1-1-1985) : 574 550 dont primaire 87 390, secondaire 167 870 (dont ind. 122 430, B.T.P. 45 440), tertiaire 319 290 ; *salariée* 435 789. *Taux de chômage* (4e trim. 1984) : 11,7 %.

Échanges (en milliards de F, 1984). Importations : 7,6 dont (en %) énergie 22,8, chim. et 1/2 prod. div. 20,2, biens de consomm. 16,1, équip. profess. 13,4, prod. de l'agr. 8,3, métaux 6,9, prod. agro-alim. 6,9 ; *de* (en %) C.E.E. 60,8, reste Eur. 16,4, Afr. centr. et du Sud 5,3, Amér. du N. 4,9, Afr. du N. 3,4, div. 6,4. Exportations : 16,5 dont (en %) prod. agro-alim. 43,8, prod. de l'agr. 19,5, chim. et 1/2 prod. div. 12,5, biens d'équip. profess. 11,1, biens de consom. 7,9, pièces dét. et matér. util. de transp. 3 ; *vers* (en %) C.E.E. 48,8, Amér. du N. 13,6, reste Eur. 10,5, Amér. du S. 4, Proche et Moy.-Or. 3,3, autres pays d'Asie 12,4, divers 4,9.

Agriculture (1984). **Terres** (en milliers d'ha). 2 594,6 dont *S.A.U.* 1 856,5 [t. lab. 1 325,1 (dont céréales 624,7, oléagineux 167,7, fourrages annuels 132, prairies temp. 332,8, jardins 17,4), herbe 421, vignes 107, cult. fruit. 3] ; *étangs* 4,9 ; *bois* 435,2 ; *peupleraies* 15,6 ; *t. agr. non cult.* 62,4 ; *t. non agr.* 205,4. **Production végétale** (en milliers de t) : céréales 3 158,3 (dont blé tendre 1 854, seigle 2,3, orge et escourgeon 589,5, avoine 96,1, maïs-grain 562,7), fourrages annuels (prod. récolt. en vert) 4 756 (dont topinambours 10, bett. fourr. 676, choux fourr. 389,6), oléagineux 341,1 (dont colza 70,4), p. de terre 71,3, bett. ind. 4,5, haricots verts (y c. beurre) et à écosser (grains) 1,6, cerises 0,5, pommes de table 39,9, poires de table 1,8, tabac (sec non fermenté) 2,4. *Vins* (en milliers d'hl, 1983) : 50 960 dont vins aptes pour le cognac 46 500 hl. Prod. de cognac (campagne 1983-84) 473 milliers d'hl d'alcool pur. **Animale** (en milliers de têtes) : bovins 1 057,3 (dont vaches 442 dont laitières 263,5), ovins 1 620,7 (dont brebis mères 938,1), porcins 314,8 [dont (50 kg et +) verrats 1,6, truies mères 23,5], équidés 9,5, caprins 299 (dont chèvres 238). *Lait* (en milliers d'hl) : vache 11 923,6, brebis 1 860, chèvre 1 420,3 ; fabrication régionale des ind. agro-alim. 1982 : lait pasteurisé 306,9 (mil. d'hl), longue conserv. 1 789, beurre 383,4 [1], fromages de vache 352,4 [1], de chèvre et mi-chèvre 236,5 [1] (81,9 % de la prod. nat.). *Viande* (en t, 1983) : gros bovins 10 482, porcins 10 968, ovins 3 671, veaux 1 782, caprins 358.

Nota. — (1) Milliers de q.

Pêche (en t, 1984). 67 884,7 dont huîtres 46 492,2, moules et céphalopodes 11 398,2, poissons 9 052, crustacés 942,3.

Industrie. *Effectifs salariés* (au 1-1-1985) : 113 962 dont agro-alim. 13 314, ind du bois, ameubl., div. 13 038, constr. élec. et électron. 11 213, text., habill. 8 865, constr. méc. 8 712, autom. et autres matér. de transp. 8 630, constr. nav. et aéron., armement 6 853, fonderie et trav. des métaux 6 157, matér. de constr., minerais div. 5 782, ind. papier carton 5 271.

Tourisme (en 1984). Hôtels 1 219 (29 432 pl.), dont homologués 522 (19 358 pl.), campings-caravanages 440 (142 971 pl.), villages de vacances 18 259 pl., gîtes ruraux 8 098 pl., maisons familiales 2 190 pl. *Thermalisme* (1982) : 11 472 curistes.

Projets et réalisations. *Équipement :* pont de l'île de Ré-Continent (3,5 km entre La Repentie et Sablanceaux). Extension du port de La Rochelle-La Pallice. Maison des sciences et techniques (Poitiers). Futuroscope (Jaunay-Clan, à 10 km de Poitiers). *Aquaculture :* mise en place de l'Association pour le développement de l'aquaculture dans le Centre-Ouest (ADACO).

Départements

Voir légende p. 704.

● **Charente** (16) 5 956 km^2 (119 × 85 km). *Alt.* max. 345 m (« L'Arbre, Montrollet »), min. 8 m (à Merpins, sortie de la Charente). 340 770 h. (1982), 341 300 (1-1-1984) [*1801 :* 299 020 ; *1851 :* 382 912 ; *1911 :* 347 061 ; *1921 :* 316 279 ; *1936 :* 309 279 ; *1975 :* 337 064]. D. 57,3 (84). *Pop. active* (1-1-1985). 132 740 dont primaire 20 060, secondaire 47 260, tertiaire 65 420. *Taux de chômage* (4e trim. 1984) : 10,2 %.

Villes. ANGOULÊME, alt. 100 m, sup. (73) 2 144 ha, 46 197 h. [*1801 :* 14 600 ; *1881 :* 32 567 ; *1921 :* 34 895 ; *1962 :* 48 190] ; [ag. 103 552, dont *Champniers* 4 094 h. *Fléac* 2 588. *La Couronne* 6 076 ; fabr. d'enveloppes. *Le Gond-Pontouvre* 6 286 h. *L'Isle-d'Espagnac* 5 008. *Magnac-sur-Touvre* 2 842. *Ruelle* 7 769 (*1876 :* 2 039 ; *1962 :* 5 855) ; *Soyaux* 10 903 (*1876 :* 793 ; *1962 :* 6 588). *St-Michel* 3 238. *St-Yrieix-sur-Charente* 5 317 h.] papeteries, constr. élec., électron. et méc. (moteurs, piles et accumulateurs), matériaux de constr., papier, carton, feutre, bijoux, constr. et armes navales ; cath. St-Pierre, h. de ville, maison St-Simon, remparts ; salon intern. de la bande dessinée dep. 1974. — *Barbezieux-St-Hilaire* 5 103 h. ; papier emballage. *Châteauneuf-sur-Charente* 3 554 h.]. *Cognac* * 20 660 h. [*1876 :* 14 900 ; *1962 :* 20 798] [ag. 31 189, dont *Chateaubernard* 3 957] ; cognac, verrerie, cartonnerie, matér. élec. ; château François Ier, musée. *Confolens* * 3 009 h. [*1876 :* 2 827 ; *1962 :* 2 736 ; *1975 :* 2 865] ; marché, tuiles, briques, ind. élec. ; festival international de folklore en août ; château. *Jarnac* 4 861 h. *La Rochefoucauld* 3 276 h. ; feutres pour draperies, chaussures, plast. pour articles chaussants ; château. *Roumazières-Loubert* 3 007 h. ; briqueteries. *Ruffec* 4 193 h. ; robinetterie ; égl. St-André.

Régions naturelles. *Confolentais* ou « *Charente-Limousine* » au N.-E. : 151 148 ha (élevage bovin, prod. viande). *Angoumois-Ruffecois* au N. : 164 624 ha, plateau calcaire (terres de groies) (élevage, prod. lait. et beurre, céréales, vignobles). *Cognaçais* à l'O. : 148 651 ha (vignobles, principaux crus : Grande et Petite Champagne, Borderies autour de Cognac-Segonzac, Les Fins Bois). *Montmorélien* (se rattachait au Périgord) : 131 270 ha, rég. vallonnée (polyculture, élevage laitier).

Bois (en milliers d'ha, 1984). 125 [dont (1981) forêts domaniales 5,6 (La Braconne 4, La Rochebaucourt 1,1, Bois Blanc 0,7, La Mothe et Le Clédou 0,9), f. communales 1]. **Terres.** Voir Index.

Divers. *Aubeterre-sur-Dronne :* grande église monolithe. *Chassenon :* ruines gallo-romaines. *Sers :* gisements préhistoriques.

● **Charente-Maritime** (17) 6 848 km^2 (170 × 80 km). *Côtes* 463 km dont les îles 230 km. *Alt.* max. 167 m. 513 220 h. (1982), 516 500 (1-1-1984) [*1801 :* 399 162 ; *1851 :* 469 992 ; *1861 :* 481 060 ; *1911 :* 451 044 ; *1931 :* 415 249 ; *1936 :* 419 021 ; *1946 :* 416 187 ; *1968 :* 483 622 ; *1975 :* 497 859]. D. 75,4 (84). *Pop. active* (1-1-1985) : 176 050 dont primaire 27 630, secondaire 43 210, tertiaire 105 210. *Taux de chômage* (4e trim. 1984) : 13,4 %.

Villes. LA ROCHELLE, alt. 9,9 à 23 m (au 1-1-76 après modifications territoriales), sup. 2 927 ha, 75 840 h. [*fin XVIe s.* env. 20 000 ; *1628 :* 5 400 ; *1810 :* 14 000 ; *1872 :* 20 637 ; *1921 :* 39 770 ; *1962 :* 66 590 ; *1968 :* 73 347 ; *1975 :* 75 367] [ag. 102 143, dont *Aytre* 7 278. *Chatelaillon-Plage* 5 439. *Lagord* 5 056. *Périgny* 3 455. *Puilboreau* 2 634] ; port de commerce, pêche, plaisance, constr. méc., élec., matér. ferroviaire (Alsthom-Atlantique), autom. (Talbot-Chrysler), équip. aéron., chimie, chantiers nav. ; tour des IV-Sergents, tours du Vieux Port, Grosse Horloge, maisons à arcades, hôtel de ville (1544-1607) ; fest. de mus. contemp., musée du Nouveau Monde. — *Aigrefeuille-d'Aunis* 2 843 h. *Clérac* 1 097 h. ; matér. de constr. *Fouras* 3 295 h. *Jonzac* * 4 494 h. (ag. 5 584) ; vins mousseux, eaux-de-vie. *La Tremblade* 4 686 [ag. 8 543, dont *Arvert* 2 541]. *Le Château-d'Oléron* 3 411 h. *Loulay* 728 h. ; panneaux agglo. *Marans* 4 289 h. ; activité portuaire, élevage. *Marennes* 4 549 h. [ag. 7 343, dont *Bourcefranc-le-Chapus* 2 794] ; ostréiculture ; égl. goth. *Montendre* 3 330 h. *Nieul-sur-Mer* 4 057 h. *Pons* 4 861 h. *Rochefort* * 2 195 ha, 26 167 h. [*1669 :* 2 725 ; *1685 :* 10 775 ; *1821 :* 12 389 ; *1872 :* 28 299 ; *1962 :* 28 648] [ag. 35 122, dont *Échillais* 2 575. *Tonnay-Charente* 6 380 h.] ; port de commerce, école militaire, garnison, bois et déroulés, constr. aéron., bateaux (Zodiac), Comp. fr. de fonte en coquilles, métaux ; marais ; corderie royale (XVIIe s.), m. Pierre Loti, m. Naval (XVIIe s.), palais des Congrès ; thermes. *Royan* 17 540 h. [*1821 :* 2 339 ; *1921 :* 10 242] [ag. 28 327, dont *St-Georges-de-Didonne* 4 287, *St-Palais-sur-Mer* 2 370. *Vaux-sur-Mer* 2 481] ; fest. de mus. contemp. *Saintes* * 25 471 h. [*1821 :* 10 274 ; *1921 :* 19 152] (ag. 26 499) ; maté. tél. (CIT-Alcatel) ; coopérative de cons. : arènes, arc de triomphe ; fest. de mus. ; chef-lieu jusqu'au 19-5-1810. *St-Aigulin* 2 220 h. (ag. 5 171). *St-Jean d'Angély* * 8 820 h. ; centre com., eau-de-vie, biscuiterie. *St-Martin-de-Ré* 2 400 h. *St-Pierre-d'Oléron* 4 782 h. *St-Xandre* 2 987 h. *Saujon* 4 777 h. *Surgères* 6 175 h. ; ind. laitière, constr. méc., moteurs.

Régions naturelles. N. de la Charente et de la Boutonne ; *Aunis* et *île de Ré* 73 992 ha (plaine calcaire et zone de marais) : céréales, oléagineux, vignes et cult. maraîchères (île de Ré) ; au S. : *Saintonge agricole :* vallonnée. 128 694 ha, céréales, él. laitier, vignes ; *viticole* (avec île d'Oléron) 181 976 ha : viticulture, céréales, él. laitier ; extrême S. : *Double Saintongeaise :* sablonneuse. 18 843 ha, polyculture et élevage, landes, forêts résineux surtout. *Littoral :* marais et prairies entre Charente et Seudre, élevage bovin extensif et céréales, m. poitevin desséché 24 358 ha (herbages, lég.) et m. de Rochefort-Marennes 30 535 ha (agr., ostréiculture) ; au S. de la Seudre, massif forestier de la Coubre. **Iles** : protègent la côte des tempêtes d'ouest. *Aix* (120 ha ; périmètre 8 km, long. 3 km, larg. max. 800 m, 207 h., à 3,5 km de Fouras-la-Fumée). *Madame* (78 ha, larg. 750 m, long. 1,5 km, 10 h., dist. 500 m de la côte, passe submersible long. 1 km, larg. 6 m ; cimetière des prêtres déportés en 1792, « Croix des Galtes »). *Oléron* (17 439 ha ; 32 × 2 à 11 km ; 16 360 h. ; reliée au continent dep. 1966 par un viaduc de 2 862 m). *Ré* (8 532 ha ; 25 × 0,09 km ; à 4 km de La Pallice ; 10 274 h.) ; pont prévu, coût 385 millions de F, capacité 1 250 à 2 300 voitures/h [bacs actuels 260 à 500 v./h, déficit 12,7 millions de F (1982)], on a prévu que la population estivale passerait de 130 000 à 250 000 et entraînerait la construction de 10 000 logements (dont 4 000 résidences secondaires). **Terres.** Voir Index.

Divers. 1er dép. prod. d'huîtres : 60 % de la prod. fr. 1er pour le nombre de ses églises romanes et 3e pour le nombre de monuments historiques classés.

● **Deux-Sèvres** (79) 6 039 km^2 (125 × 68 km). *Alt.* max. 272 m (Terrier de St-Martin-du-Fouilloux), min. 3 m (sortie de la Sèvre Niortaise). 342 812 h. (1982), 343 900 (1-1-1984) [*1801 :* 241 916 ; *1851 :* 323 615 ; *1891 :* 354 282 ; *1911 :* 337 627 ; *1936 :* 308 841 ; *1962 :* 320 321 ; *1975 :* 335 829]. D. 56,9 (84). *Pop. active* (1-1-1985) : 131 390 dont primaire 23 360, secondaire 38 390, tertiaire 69 640. *Taux de chômage* (4e trim. 1984) : 10,8 %.

Villes. NIORT, alt. 28 m, 58 203 h. [*1901 :* 29 491 ; *1921 :* 29 112 ; *1946 :* 40 406 ; *1968 :* 55 984 ; *1975 :* 62 267] [ag. 61 959, dont *Aiffres* 3 756] ; contre-plaqués, panneaux de particules, matériel élec., chamoiserie, ganterie, constr. méc. ; siège nat. de 5 mutuelles d'assurances ; m. du Pilori (numismatique, préhistoire, coll. lapidaires). — *Airvault* 3 797 h. ; m. de l'Abbaye. *Bressuire* * 18 423 h. ; abattoirs, ind. de la viande, constr. métall., carrosserie, confection. *Cerizay* 4 881 h. ; constr. métall., confection. *Chauray* 3 215 h. *La Crèche* 4 213 h. *Les Aubiers* 2 760 h. [ag. 4 896, dont *Nueil-sur-Argent* 2 136]. *Mauléon* 8 445 h. *Melle* 4 119 h. (ag. 5 554) ; ind. chim. ; ancien centre de fabr. des monnaies franques. *Moncoutant* 2 891 h. *Parthenay* * 11 395 h. [ag. 17 964, dont *Châtillon-sur-Thouët* 2 874] ; marché de bestiaux, constr. métall. et méc. ; m. faïence. *St-Maixent-l'École* 7 515 h. (ag. 9 693) ; école mil., chaussures. *Secondigny-en-Gâtine* 2 026 h. *Thouars* 11 498 h. (ag. 16 358) ; mach. agr., ind. alim., fabr. emballages ; m. céramique.

Régions naturelles. *Thouarsais :* 53 691 ha : semence fleurs, légumes, céréales, prairies artificielles, vignoble. *Bocage :* 127 412 ha, fourr., viande. *Gâtine :* 122 409 ha, élevage (marché de Parthenay), pommes. *Plaines du S., de Niort-Brioux :* 103 512 ha, *plaine de Lezay :* 37 699 ha, céréales, lait, fourr. artificiels. *Plateau Mellois :* céréales, lait. *Marais poitevin* (la « Venise verte ») : 12 194 ha, lait, cult. maraîchères, pêche aux anguilles ; tourisme. **Bois** (en milliers d'ha, 1984). 68,2 [dont (1981) forêt de Chizé 5, l'Hermitain 0,52]. **Terres.** Voir Index.

Sites touristiques. Marais poitevin, vallée de la Sèvre (en partant de Niort), v. de l'Argenton (roches de Grifférus), rochers de l'Absie (près de Secondigny), lac artificiel d'Hautibus 8 ha (Argenton-Château), cascade des Pommiers et cirque de Missé (près de

Thouars), commune de Ste-Blandine : env. 2 200 cimetières familiaux.

• **Vienne** (86) 6 990 km² (130 × 95 km). *Alt.* max. 233 m (Signal de Prun), min. 35 m (confluent Vienne et Creuse). 371 428 h. (1982), 374 800 (1-1-1984) [*1801 :* 240 990 ; *1851 :* 317 305 ; *1891 :* 344 355 ; *1906 :* 333 621 ; *1931 :* 303 072 ; *1946 :* 313 932 ; *1975 :* 357 366]. D. 53,4 (84). *Pop. active* (1-1-1985) : 134 370 dont primaire 16 340, secondaire 39 010, tertiaire 79 020. *Taux de chômage* (4e trim. 1984) : 11,7 %.

Villes. POITIERS 79 350 h. [ag. 103 204, dont *Buxerolles* 5 466. *Jaunay-Clan* 4 629. *Migné-Auxances* 4 230. *St-Benoît* 5 397] ; univ. ancienne, école nat. d'ingénieurs, constr. méc., élec., aéron., pneumatiques, électron. ; N.-D.-la-Grande, cath. St-Pierre, palais de justice [XIXe englobant la grande salle et le donjon de l'ancien palais ducal (XIVe)]. — *Châtellerault* * 35 838 h. [*1821 :* 9 524 ; *1891 :* 22 868 ; *1946 :* 23 162 ; *1968 :* 35 793 ; *1975 :* 37 080] ; constr. méc. et élec. ; pont Henri-IV. *Chauvigny* 6 572 h. ; faïencerie, confect. ; ruines de chât. (XIe, XIIe et XIIIe s.). *Civray* 2 978 h. ; façade de St-Nicolas (XIIe s.). *Dangé-St-Romain* 2 839 h. *La Roche-Posay* 1 404 h. ; stat. thermale. *Ligugé* 2 700 h. [ag. 4 769, dont *Smarves* 2 069]. *Loudun* 8 120 h. ; mach. agr. ; porte du Martray. *Lusignan* 2 855 h. *Lussac-les-Châteaux* 2 217 h. (ag. 2 921). *Mirebeau* 2 379 h. *Montmorillon* * 6 954 h. ; meubles ; égl. N.-D. XIIe s. (fresques XIIIe). *Naintré* 4 236 h. *Neuville-du-Poitou* 3 623 h. ; vins du haut Poitou. *St-Savin* 1 058 h. ; égl. XIe et XIIe s. (fresques du XIIe s.). *Vivonne* 2 817 h. ; égl. XIIe et XIVe s.

Régions naturelles. *Plaine du haut Poitou :* Nord Poitou, pluies de 700 à 800 mm [bovins, ovins et porcs sur les brandes du S.-E. ; céréales, fourrages, vigne à l'ouest du Clain ; forêts (95 000 ha) et clairières avec cultures maraîchères et fruitières au N.]. **Terres.** Voir Index.

Sites touristiques. *Nécropole* mérovingienne : Civaux (16 000 sarcophages). *Abbayes* de Nouaillé-Maupertuis, Villesalem, Ligugé et La Réau ; *égl.* de Charroux (tour romane du XIe s.), Civray (XIIe s., maisons du XVe s.). *Châteaux :* Montcontour (donjon XIIe s.), Dissay (XVe s.-XVIIIe s.), Larcher (Lanterne des morts XIIe s.). *Musée* de l'Ordre de Malte, ch. de la Roche à Gençay. *Sites* d'Angles-sur-l'Anglin (ch. XIe, XIIe et XVe s.), La Roche-Posay.

Provence-Côte-d'Azur

Généralités

Provence

Situation. *Haute Provence :* massifs préalpins du S. des Baronnies aux Alpes mar. *Basse Prov. :* intérieure avec 3 sortes de pays : plaines du Rhône inférieur (en aval du défilé de Donzère) jusqu'en Camargue (plaines maraîchères du Vaucluse, rizières de Camargue ou « déserts humains » : Crau, S. de la Camargue) ; collines, chaînons calcaires et bassins ; massifs hercyniens des Maures et de l'Esterel. *Prov. maritime :* littoral très varié, du delta du Rhône à la fr. italienne ; régions ind. de Toulon, Marseille-Fos et de l'étang de Berre. Côte d'Azur (tourisme) 115,5 km. Le nom a été lancé par Stéphen Liégeard (la Côte d'Azur, paru en 1888). *Climat :* sec en été avec hivers humides ; paysages pauvres en végétation (maquis, garrigues).

Ressources. *Agriculture :* traditionnelle, culture discontinue du blé et de l'olivier, associée à l'élevage du petit bétail ; fleurs, plantes à parfum, serres, fruits, légumes. Fin du XIXe s., exode des habitants des régions pauvres vers plaines, jusqu'alors insalubres, et villes et régions côtières. Vins : côtes du Rhône, Bandol, Cassis, côtes de Provence, Ventoux...

Histoire. Occupation à l'E. du Rhône par les *Ligures.* **VIe s. av. J.-C.** les Phocéens (de Grèce) fondent *Massilia* (Marseille) qui diffuse une agriculture (vigne et olivier) et une industrie (poterie) d'origine grecque. Par elle, l'influence grecque et méditerr. rayonne sur la Gaule. Les Celtes, venus du N., se mêlent aux Ligures et forment la puissante confédération des *Salyens* **(IVe-IIIe s. av. J.-C.)**. Leurs rapports se tendant avec les Celto-Ligures, les Massaliotes appellent leurs alliés romains **(181 et 154 av. J.-C.)**. Une coalition gauloise **(125-121)** décide ces derniers à occuper militairement le pays (destruction d'*Entremont*, forteresse salyenne ; *fondation d'Aix* en **122**) pour s'assurer le passage vers l'Esp. (construct. de la via Domitia) : fond. de la 1re prov. transalpine *(Provincia Romana)*, qui laissera son nom à sa moitié orientale (Provence), mais sera appelée *Narbonnaise* (fond. de Narbonne en **118**) ; afflux de marchands et de chevaliers après la défaite des Teutons (Aix, **102**) et l'achèvement de la pacification **(90-93)**. César installe ses vétérans à Arles, Béziers, Fréjus. Auguste fonde d'autres colonies (Orange, Vienne, Avignon...) et fixe le statut de la province en **27-22** : partie alpestre (Alpes-Mar.) placée sous l'autorité directe de l'empereur ; reste du pays, déjà latinophone, érigé en province sénatoriale et administré par un gouverneur et par une assemblée (qui siègent à Narbonne) ; toutes les colonies ont un régime municipal de droit romain ou latin. Après les premières inv. barbares **(v. 250 apr. J.-C.)**, Narbonnaise scindée en 2 : l'E. du Rhône devient la « Viennoise » **(293-305)**. **381** la Viennoise est démembrée : création de la *Narbonnaise Seconde*, de Fréjus à Gap (cap. Aix) ; le christianisme s'est implanté très tôt (légende du débarquement, aux Stes-Maries-de-la-Mer, des compagnons du Christ chassés de Judée : St Lazare, Ste Marie-Madeleine, Ste Marie-Jacobé, Ste Marie-Salomé, Ste Marthe). **IVe et Ve s.** intense vie monastique (couvent de St-Victor à Marseille, monastère des îles de Lérins). **419-78** Wisigoths assiègent plusieurs fois Arles, qu'ils finissent par enlever, occupant le S. de la Durance (les Burgondes s'installent au N) ; battus à Vouillé **(507)**, remplacés par Ostrogoths. **536** conquise par fils de Clovis sur général ostrogoth Ibas ; partagée entre Bourgogne et Austrasie, mais administrée par des patrices austrasiens, conserve une certaine indépendance. **591** épidémie de peste à Marseille. Lors de l'invasion arabe dans le Midi, Charles Martel soumet les Provencaux, qui ont pris le parti des envahisseurs **(736-39)**. Déclin sous *Carolingiens.* **843** *traité de Verdun*, est donnée à Lothaire. Son fils Charles en hérite avec Lyon, la Maurienne et le Viennois.

1er royaume de Provence **(855-63)**. **879** *Boson*, beau-frère de Charles le Chauve, élu roi de Bourg. et de Prov. après 15 ans de lutte entre héritiers ; son fils, *Louis l'Aveugle (890-928)*, élu après la mort de l'emp. Charles le Gros (roi de Prov. en **884**). Après **905**, régence confiée à Hugues d'Arles, qui cède le territoire au roi de Bourg., Rodolphe II *(934-35)*. **947** formation d'un roy. de Bourgogne-Prov. à la mort d'Hugues ; Conrad, son souverain, établit de nouveaux comtés (bientôt secondés par des vicomtés) à Arles (Boson), Apt et Avignon. **973** *Guillaume Ier*, fils de Boson, expulse les Sarrasins de leur forteresse cotière du Freinet (La Garde-Freinet). **1032** Rodolphe II lègue le roy. de « Bourg. transjurane » à l'emp. Conrad le Salique, qui revendiquera le titre de roi de Bourg.-Prov. ; mais l'autorité reste à la descendance de Guillaume, qui exerce les droits régaliens et s'allie à plusieurs familles comtales. **1125** *Raimond-Bérenger III, Cte de Barcelone* et époux d'une des héritières (Douce de Gévaudan, **1112**), *et Alphonse Jourdain*, Cte de Toulouse (époux d'une autre héritière, Étiennette), se partagent la Prov. ; le 1er reçoit les terres entre Rhône, Durance, Alpes et la mer (comté), le 2e les terres au nord de la Durance (marquisat), Avignon et quelques villes restant indivises. Les Ctes catalans de Prov. sont aux prises avec les seigneurs des Baux *(guerres « baussenques »*, **1142-62**), les Ctes de Forcalquier et les Ctes de Toulouse ; vainqueurs, ils s'unissent par mariage aux Ctes de Forcalquier, dont ils héritent **(1196)**. Lutte contre Arabes d'Esp. aux Baléares ; participation aux croisades. Le commerce du Levant enrichit la bourgeoisie, qui s'émancipe : apparition, **1150**, de consulats à Marseille, Arles, Tarascon, Avignon... Le Cte *Raimond-Bérenger V (1209-45)*, aidé de conseillers remarquables (dont Romée de Villeneuve, « baile de Prov. »), assisté en matière judiciaire par le « juge de Prov. », divise la Prov. en plusieurs « baillies ». Marseille, qui échappe à l'autorité du comte, doit pourtant reconnaître sa suzeraineté en **1243**.

Charles Ier d'Anjou, gendre de Raimond-B., lui succède *(1246-85)*, crée un gouv. central ; conquête du royaume de Naples **(1266)**, ce qui fait revivre l'expression « rois de Pr. ». *Sous Charles II (1285-1309)*, les 1ers états de Prov. se réunissent **(1286)**. **1348** les droits indivis sur Avignon sont cédés au pape (V. Comtat Venaissin). *Louis Ier d'Anjou*, adopté par Jeanne **(1380)**, prend possession de la Prov. **(1383-84)**. Après sa mort, sa veuve cède Nice à la Savoie (V. comté de Nice). *Louis II (1384-1417)* et *Louis III (1417-34)* épuisent les finances en tentant de reconquérir leur roy. *René (1434-80)* perd Naples définitivement en **1442** et réside en Prov. à partir de **1471**. A sa mort lutte entre son petit-fils et son neveu Charles du Maine au profit duquel il l'a déshérité **(1474)**. **1481** Charles meurt lépreux, lègue la Provence à Louis XI qui est reconnu Cte de Provence *(15-1-*1482). **1489** un gouverneur royal à côté du sénéchal (cumule les 2 charges en **1493**), le *parlement d'Aix* en **1501**. Les troupes impériales qui envahissent le pays (dirigées par le connétable de Bourbon en **1524**, par Charles Quint en **1536**) sont chassées. Luttes religieuses contre Vaudois et protestants. Fronde. **1641-60** rébellion générale, animée par le parl. d'Aix (fronde parlementaire). *Mars* **1660** Marseille se rend. **1707** invasion autrichienne repoussée. **1720** peste ; Mgr de Belsunce *(1670-1755)* organise la lutte contre l'épidémie. **1746** envahisseurs autrichiens repoussés. **1771** supprimé par Maupeou ; **1775** restauré, le parlement d'Aix ne joue plus qu'un rôle effacé sur le plan politique. Sous la Révolution, on appela Marseille « ville sans nom ». (V. Index)

Comtat Venaissin

Situation. Le nom vient de Venasque. Plaines fertiles du Vaucluse (basse Durance, Ouvèze, Sorgue), sur la rive g. du Rhône, au N. de la Durance. Cultures maraîchères et fruitières grâce à l'irrigation.

Histoire. Territoire de plusieurs tribus ou sous-tribus gauloises ou celto-ligures, notamment *Cavares* (Cavaillon), *Tricastins* (St-Paul-Trois-Châteaux), *Voconces* (Vaison). Partie de la *Provincia Romana*, puis de la *Viennoise*. Capitale : Carpentras (évêché), mais Avignon (Avenio Cavarum) est le grand centre régional. Lié au sort de la Provence jusqu'en *1125*. **1125** marquisat de Provence au profit des Saint-Gilles, C^tes de Toulouse (sans Avignon, qui reste indivise entre marquis et C^tes de Prov.). **1237** marq. de Prov. est donné avec le Cté de Toulouse à Alphonse de Poitiers, le roi de Fr. devient coseigneur d'Avignon. **1271** rattaché au dom. royal. **1274** Comtat V. et droits français sur Av. cédés au pape Grégoire X par Philippe III le Hardi. **1309** le pape Clément V à Av. **1348** la reine Jeanne Ire d'Anjou-Naples (pour obtenir une dispense lui permettant d'épouser Louis de Tarente) accepte de vendre aux papes les droits des C^tes de Provence sur la ville et l'empereur renonce à sa suzeraineté ; Avignon devient, de fait, capitale du Comtat (en droit : république libre enclavée dans le Comtat). **1433-1593** Comtat administré par des légats envoyés de Rome et ayant, en outre, l'autorité spirituelle sur les diocèses du Midi (les rois de Fr. cherchent à faire diminuer leurs pouvoirs). **1593** les légats, toujours italiens, cessent de résider en Avignon ; ils sont remplacés par des vice-légats (pris dans la noblesse locale). **1693** leur poste est supprimé (les vice-légats relèvent d'une « Congrégation d'Avignon », siégeant à Rome). **1768** confisqué et occupé par Louis XV. *12-6-***1790** ses habitants demandent à être rattachés à la France. Décret du *14-9-***1791** l'intégrant au territoire national, en même temps qu'Avignon ; *25-6-***1793** forme le département du Vaucluse avec comté de Sault et région d'Apt et de Pertuis. *9-2-***1797** le pape accepte l'annexion. **1815** il essaye en vain de récupérer ses droits, lors du Congrès de Vienne.

Comté d'Orange

Situation. Sur la rive g. du Rhône, à 30 km au N. d'Avignon.

Histoire. Ancienne ville celto-ligure d'Arausio, dans la cité des *Cavares*. Suit le sort de la Provence jusqu'à l'invasion musulmane de **720**, qui en fait une place forte sarrasine sur la rive g. du Rhône. **793** reconquise par Guillaume-au-Courb-nez (appelé plus tard « au-Court-nez »), érigée semble-t-il en fief direct de la couronne royale. **1125** ne fait partie ni du marquisat, ni du comté de Prov. **1181** Bertrand Ier reçoit de l'empereur Frédéric Ier le titre de prince d'Empire ; refuse l'hommage au marquis de Prov., Raymond V de Toulouse, qui le fait assassiner. **1237** rejet définitif de la suzeraineté toulousaine, sous Alphonse de Poitiers (Jean II porte depuis **1214** le titre de roi d'Arles). **1389** Jean de Chalon-Arlay, devenu par mariage prince d'Orange, se reconnaît vassal des ducs de Bourgogne. **1422** Louis Ier refuse l'hommage à Henri V d'Angleterre et reste fidèle au dauphin. **1475** Guillaume VII rend hommage au dauphin de Fr., et aux rois de Fr. comme dauphins, mais garde le titre de *prince souverain* (battant monnaie). **1544** passe par héritage dans la maison de Nassau, qui régnera en Hollande à partir de **1647. 1713** traité d'Utrecht, annexé à la France.

Comté de Nice

Situation. Entre le Var et la ligne de faîte des Alpes. Montagneux (alt. max. Le Mercantour 3 167 m), collines préalpines ensoleillées.

Histoire. Préhistoire : *prépaléolithique* : grotte du Vallonnet, à Roquebrune ; *paléol. inf.* : site de Terra Amata à Nice ; *calcolithique* : peuplement ligure jusqu'au IIe apr. J.-C., notamment Cimiez (Cemenetum, cap. des Vedianti, à 2 km au N. de Nice). Nombreuses colonies grecques sur les côtes, notamment Antibes (Antipolis) et Nice (Nikaia). **154-125 av. J.-C.** conquis par Romains, alliés aux Grecs de Marseille. **13 av. J.-C.** Nice fait partie de la préf. d'Italie, Antibes de la Narbonnaise, Vence et Cimiez (évêchés aux Ve-VIe s.) des Alpes Maritimes. **Fin du Xe s.** les seigneurs locaux reconnaissent la suzeraineté du Cte de Prov. Guillaume, fils de Boson II (notamment les comtes de Nice, les seigneurs de Monaco, les évêques de Vence). **1388** pendant la minorité de Louis II de Prov. (1376-1417), sa mère, Marie de Bretagne, régente, vend le Cté de Nice et seigneurie de Barcelonnette au Cte de Savoie, Amédée le Rouge (vente nulle en droit féodal). Les seigneurs de Monaco demeurent indépendants.

XVe-XVIIIe s. nombreuses tentatives des rois de Fr., devenus comtes de Prov., pour récupérer les territoires aliénés. **1713** *tr. d'Utrecht*. Barcelonnette redevient française. **1793** annexion à la Fr. **1815** retour au royaume sardo-savoyard. **1848** Victor-Emmanuel II annexe au Cté de Nice les fiefs de Menton et Roquebrune, qui étaient monégasques (22 km²). **1860** Nice cédée à la Fr. par Emmanuel II ; partie du Var est annexée aux Alpes-Maritimes. **1862** Roquebrune et Menton rachetés au prince de Monaco, qui reste indépendant dans sa seigneurie (1,5 km²).

Comté de Tende

Situation. Angle N.E. des Alpes-Mar. ; hautes vallées de la Roya et de la Tinée (env. 1 000 km²), au S. du col de Tende.

Histoire. XIIIe s. s'étend sur les 2 versants des Alpes, comprenant les villes de Limone et de Vernante. Appartient, avec le comté de Vintimille à la famille des Lascaris (grecs byzantins apparentés à la dynastie impériale). **1418** Béatrice de Tende (B. Lascaris), épouse du duc de Milan Philippe-Marie Visconti est exécutée, sans doute injustement, pour adultère. **1500** René de Savoie, fils naturel du duc Philippe II, épouse Anne Lascaris, héritière des 2 fiefs, et devient comte de Tende et de Vintimille. **XVIe-XVIIe s.** les comtes de Tende servent les rois de France contre la Savoie, notamment Honorat, m^al de France en 1570 (1509-80). **1691** extinction des comtes de Tende et annexion de Tende et Vintimille au comté de Nice (savoyard). **1860** détaché du comté de Nice, qui devient français. **1947** la partie S. du comté, c.-à-d. le terr. de Tende et de La Brigue, après un référendum (2 603 oui contre 248 non) confirmant la volonté des habitants de devenir Français, est annexée aux Alpes-Maritimes.

Nouveau statut de Marseille

Voir Nouveau statut de Paris.

Nota. — Redécoupage électoral : les arr. sont regroupés en secteurs (16 arr. en 6 secteurs).

Économie

Population. 3 965 209 h. (1982) ; 4 033 200 h. (1985). 3e région fr. (7,3 % de la pop. nat.). *Active* ayant un emploi au lieu de travail (au 1-1-85, sondage 1/4) : 1 381 400 dont primaire 68 600, secondaire 339 100 (B.T.P. 117 800), tertiaire 973 700. *Chômeurs* (sept. 85) : 201 251.

Échanges (en milliards de F, 1984). IMPORTATIONS : 82,4, dont (en %) énergie 57,9, ind. agro-alim. 8, biens de consomm. 7,7, prod. chim. et 1/2 prod. div. 6,5, prod. de l'agr. 6, biens d'équip. profess. 5,5, métaux 4,8, mat. 1res min. 1,8, biens d'équip. mén. 0,7, équip. autom. des mén. 0,5, pièces détachées et matér. util. de transp. 0,4, divers 0,08 ; *de* (en %) Afr. du N. et Asie occ. 36,1, C.E.E. 25, reste de l'Eur. 14,9, Afr. occ. et reste de l'Afr. 9,7, Amér. centr. et du S. 4,7, Amér. du N. 4,6, reste de l'Asie 3,3, Australie, Océanie 1,2. EXPORTATIONS : 44,3 dont (en %) prod. chim. et 1/2 prod. div. 25,9, biens d'équip. profess. 17, métaux 15,5, énerg. 14,2, biens de consomm. 10, ind. agro-alim. 5,2, pièces dét. et matér. util. de transp. 1, équip. autom. des mén. 0,9, mat. 1res min. 0,5, biens d'équip. mén. 0,4, div. 1,3 ; *vers* (en %) C.E.E. 42,7, reste de l'Eur. 20,6, Afr. du N. et Asie occ. 12,3, Amér. du N. 8,9, Afr. occ., reste de l'Afr. 5,9, reste de l'Asie 4,4, Australie, Océanie 0,8.

Agriculture (1984). **Terres** (en milliers d'ha). 3 180,3 dont *S.A.U.* 1 047,2 [t. lab. 277,1 (dont céréales 134,2, oléagineux 9,4, légumes 35,5 dont maraîch. 14,8, prairies temp. 48,2, jardins 9,3), cult. fruit. 55,7 dont oliveraies 12,9, vignes 122,3, pépinières ligneuses 2,4, herbe 588,8] ; *bois* 1 109,6 (env. 7,6 % des f. fr.) ; *t. agr. non cult.* 325,4 ; *t. non agr.* 665,2. *Nombre d'exploitations agr.* (1979) : 57 074 dont — *de 5 ha* 33 688, *5 à — de 20 ha* 15 690, *20 à 50 ha* 5 493, *50 ha et +* 2 203. **Prod. végétale** (en milliers de t) : céréales 481,5, lég. frais 926,2 (1983) (dont tomates 302,9, melons 88,2), fruits frais 690,7 (1983) (dont pommes de table 493,6, raisins 316,4, olives 6,6). *Vins* : 5 897 637 hl. **Animale** (en milliers de têtes) : ovins 1 070,6 (env. 8,4 % du cheptel fr.), porcins 248,9, bovins 61,4, caprins 48,1. *Lait* (hl) : vaches 584 627, brebis 541 480. *Œufs* (1982) 335,8 millions. *Volailles* (1982) 8,2 millions de t. *Bois* (1984) 387 256 m³. *Sel marin* (1984) 875 000 t.

Pêche (en milliers de t, 1984). 15,8 dont Martigues 7,5, Marseille 6,5, Toulon 1,4, Nice 0,4.

Actifs dans l'industrie (1-1-85). 221 300 : dont agro-alim. 32 900 ; énergie 19 800 ; min., métaux ferreux et non ferreux 12 000 ; matér. de constr., verre 13 000 ; chim., parachim., pharm., caout. 24 300 ; fonderie et trav. des métaux 11 900 ; constr. méc. 14 200 ; constr. élec. et électron. 18 000 ; autom. 2 000 ; constr. nav., aéron. et armement 32 700 ; text., habill. 9 600 ; cuir, chauss. 1 600 ; bois, meubles, ind. div. 15 300 ; papier, carton 3 800 : presse, édition 10 200 ; B.T.P. 117 800.

Production. Part dans la prod. française (en %, 1984). *Ind. agro-alim.* : fruits confits 97,7 (21 730 t), concentré de tomates 93,9 (46 070 t), olives à huile 69,8 [1], huile d'olive [1] 69,2 [1], semoules 48,2, pâtes alim. 42,4, olives de table 31,1 [1], farines 5,4. *Énergie* : prod. finis sortis 23,7 (17 866 000 t), pétrole brut traité 23,3, élec. hydraulique 17,9, thermique 1,4.

Nota. — (1) Y compris prod. de la Corse.

Tourisme (au 1-1-84). Env. 10 % de la capacité fr. Hôtels homologués 2 735 (64 910 ch.). Campings-caravanages 807 (291 182 pl.). Auberges de jeunesse 32 (746 pl.). Gîtes ruraux (1-1-83) 2 187. Maisons familiales de vacances 107 (4 685 pl.). Villages de vacances 69 (9 727 pl.). *Plaisance* (au 30-9-84) : 114 ports aménagés ou concédés, 43 597 postes de mouillage et autres, 254 626 bateaux. *Sports d'hiver* 39 stations dont 17 classées, 121 500 lits.

☞ Voir Occitanisme p. 736.

Départements.

Voir légende p. 704.

• **Alpes-de-Hte-Provence** (04) (de 1790 au 13-4-1970 : Basses-Alpes). 6 925 km² (144 × 90 km). *Alt.* max. Aiguilles de Chambeyron 3 400 m, min. 250 m (sortie de la Durance). 119 068 h. (82), 121 800 h. (85). [*1801* : 133 966 ; *1836* : 159 045 ; *1851* : 152 070 ; *1901* : 115 021 ; *1946* : 83 354 ; *1975* : 112 178]. D. 17,6 (85) ; 22 communes de — de 50 h. (80). *Pop. active* ayant un emploi au lieu de travail (au 1-1-85, sondage 1/4) : 42 300 dont primaire 5 100, secondaire 10 300 (dont ind. 5 300, B.T.P. 5 000), tertiaire 26 900.

Villes. DIGNE, alt. 600 m, 15 149 h. ; centre comm. de lavande ; cath., musée ; thermalisme. — *Barcelonnette** alt. 1 135 m, 2 735 h. *Castellane** alt. 723 m, 1 383 h. *Château-Arnoux* alt. 440 m, 5 576 h. [ag. 7 144, dont *Volonne* 1 309] ; ind. chim. (Atochem). *Forcalquier** alt. 550 m, 3 782 h. *Gréoux-les-Bains* 1 635 h. ; stat. thermale. *Manosque* alt. 370 m, 18 760 h. ; Géostock, le plus grand dépôt pétrolier souterrain du monde (6,6 millions de m³). *Les Mées* alt. 410 m (rocher des Pénitents), 2 275 h. *Oraison* alt. 380 m, 2 963 h. ; c. postales, dépliants publicit. *Riez* alt. 528 m, 1 680 h. (ag. 3 536) ; colonnes romaines, baptistère mérovingien. *Ste-Tulle* 2 805 h. *Seyne-les-Alpes* alt. 1 200 m, 1 287 h. *Sisteron* alt. 485 m, 5 025 ha 6 470 h. ; ind. chim., citadelle. *Valensole* alt. 569 m, 1 944 h. ; lavande. *Volx* 2 185 h.

Régions naturelles. *Val de Durance et basses v. confluentes* (58 500 ha) : polyculture (céréales, légumes, fruits avec irrigation, pommiers). *Plateau de Valensole* (81 400 ha) : cult. du lavandin, céréales (blé dur) (amandiers et élevage ovin disparaissent), truffes. *Plateau de Forcalquier* (92 800 ha) : polyculture (céréales, fourrages), ovins, lait, lavande et lavandin (au pied de la montagne de Lure). *Sisteronnais* (61 400 ha) : céréales, fourr., ovins, cult. fruitière avec irrigation (pommiers, poiriers : Motte du Caire, Sisteron, Mison). *Montagne de Hte-Provence* : Préalpes de Digne et Barrême (108 500 ha) : garrigue, pâturages à moutons ; reboisements, lavande fine (Barrême) ; bassin de Seyne et hautes vallées de l'Ubaye et du Verdon (210 000 ha) : massifs montagneux (f. d'épicéas, sapins, mélèzes ; alpages pour transhumants) ; Seyne-les-Alpes (bovins et ovins). *Rég. de Castellane-Entrevaux* (82 000 ha) : lavande fine et ovins (Castellane), fruit. et lég. avec irrigation (Entrevaux). **Terres.** Voir Index.

Ressources. *Prod. agricoles spécifiques à la rég.* : lavandin (crise due au dépérissement) et lavande, sauge et menthe ; miel de lavande ; fromage de chèvre de Banon ; truffes de Riez et de banon ; viande d'agneau de Sisteron. *Hydroélectricité* : *sur le Verdon*, barrages de Castillon (600 ha), de Ste-Croix-du-Verdon (2 200 ha, 780 millions de m³, 2e barr. de Fr.), de Chaudanne, Gréoux-les-Bains, Quinson ; *sur la Durance*, l'Escale (200 ha), Serre-Ponçon (780 m d'alt., 2 825 ha, larg. moy. 2 km, long. 20 km, 100 km de rives ; construit en 1959, capacité 1 200 millions de

m^3, prod. 6 millions de kWh : 1/5 de la prod. fr.), Sisteron.

Sites touristiques. *Gorges* du Verdon ; *cañon* de l'Oppedette (2 km de parois rocheuses hautes de 120 m). *Montagnes* : de l'Ubaye, de Lure. *Vallée* de la Blanche. *Lacs de barrage* (pêche et sports nautiques) : Castillon (6 km^2, alt. 850 m), Gréoux (3 km^2, alt. 360 m), La Laye (3 km^2, alt. 525 m), Allos (0,7 km^2, alt. 2 237 m). *Parc naturel régional* du Lubéron (1 200 km^2, créé le 31-1-77). *Architecture* : prieuré de Ganagobie (XIIe s.), citadelle d'Entrevaux. *Vieux villages* : Simiane, Dauphin, Banon, Moustiers-Ste-Marie, Lurs, Annot, St-Martin-de-Brômes, Comars-les-Alpes, Villars-Colmars, Senez 224 h. (canton le moins peuplé de France). *Ski* : vallée de l'Ubaye : Sauze inférieur (1 350 m), Sauze supérieur (1 690 m), Pra-Loup (1 635 m), La Condamine Ste-Anne (1 655 m) ; vallée du haut Verdon : La Foux d'Allos (1 800 m), Le Seignus d'Allos (1 500 m), vallée de la Blanche (Chabanon 1 600 m), col de St-Jean (1 330 m), Le Grand Puy (1 250 m). *Observatoire de St-Michel* (le + grand télescope d'Europe).

• **Hautes-Alpes** (05) [faisaient partie du Dauphiné ; (la « Barre des Écrins » 4 103 m) était le point culminant de la France avant l'annexion de la Savoie]. 5 643 km^2 (137 × 100 km). *Alt.* min. 470 m (rivière de Buech) [dép. le plus élevé de Fr. ; alt. moy. des communes 1 050 m (*St-Véran* : commune la plus haute d'Europe 2 042 m, clocher de l'église à 2 071 m, territoire communal entre 1 800 et 3 800 m)]. 105 070 h. (82), 106 600 h (85) [*1801* : 112 510 ; *1851* : 132 038 ; *1901* : 115 021 ; *1946* : 83 354 ; *1975* : 97 358]. D. 18,8 (85). 175 communes ; 7 ont – de 30 h. (80). *Pop. active* ayant un emploi au lieu de travail (au 1-1-85, sondage 1/4) : 44 300 dont primaire 5 000, secondaire 7 900 (dont ind. 3 400, B.T.P. 4 500), tertiaire 31 400.

Villes. GAP, alt. 775 m, 30 676 h. [*1846* : 8 724 ; *1877* : 8 927 ; *1936* : 13 600 ; *1962* : 20 478 ; *1968* : 23 994] ; travail du bois, prod. alim., text., imprim. de labeur. – *Briançon* * 9 710 h. [*1846* : 4 309 ; *1871* : 4 169 ; *1936* : 7 543 ; *1968* : 8 215] [ag. 13 123, dont *St-Chaffrey* 1 287] ; ville la plus haute d'Europe, 1 324 m ; citadelle, remparts, église fortifiée. *Embrun* alt. 871 m, 5 214 h. (ag. 5 457) ; stat. tourist. ; cath. N.-D. XIIe-XIVe s. ; cité fortifiée. *L'Argentière-la-Bessée* alt. 976 m, 2 497 h. ; aluminium (Péchiney). *Laragne-Montéglin* 3 647 h. *St-Bonnet* 1 263 h. *Serres* 1 200 h. *Veynes* 3 178 h.

Régions naturelles. *Préalpes* au S.-O., alt. – de 2 000 m ; *Grandes Alpes* au N.-E. + de 2 000 m. CLIMAT : *vents* : la « bise », v. le plus fréquent, apporte le beau temps ; « bise de Manosque », « traverse » (du S.-E. ou du S.-O.) sont des vents de pluie (3 fois moins fréquents) ; la « lombarde » souffle surtout dans le Briançonnais et le Queyras. *Neige* (hauteur moy. en cm) : Laragne 30, Gap 60, Dévoluy 200, Vallouise, Névache, Le Monétier 300, St-Véran 400. RÉGIONS AGRICOLES : *Briançonnais* (109 389 ha, alt. moy. 1 424 m), *Queyras* (63 281 ha, alt. moy. 1 572 m ; région pilote de l'élevage de hte montagne), *Champsaur-Valgaudemar* (74 849 ha, alt. moy. 1 100 m), *Embrunais* (alt. moy. 1 119 m), *Ht-Embrunais* (42 018 ha, alt. moy. 1 045 m), *Dévoluy* (18 258 ha, alt. moy. 1 200 m), *Gapençais* (59 154 ha, alt. moy. 849 m), *Bochaïne* (18 227 ha, alt. moy. 908 m), *Serrois-Rosanais* (73 427 ha, alt. moy. 776 m), *Laragnais* (33 162 ha, alt. moy. 679 m, Préalpes du S.).

Bois (en milliers d'ha, 1984). 147,2 dont (1981) forêts du Pelvoux 5,7, Chaillol 5,2, Le Drac 4,3, Les Sauvas 3,5, Valgaudemar 3,1. **Terres.** Voir Index.

Ressources. *Agricult.* : élevage (bovins, ovins), cultures fruitières. *Industries* alim., text., cuirs et peaux, bois (96 000 t par an ; 40 % en bois de charpente, 23 % pâte à papier et panneaux, 22 % b. pour caisserie, emballages, palettes). 30 *micro-centrales et centrales hydroélectriques* : barrage de Serre-Ponçon (3 000 ha, puissance moy. installée 700 millions de KW/h).

Sites touristiques. *Massifs* : Pelvoux, Meije, Champsaur, Dévoluy [+ de 700 grottes et « chourums » (gouffres)]. *Parc national* des Écrins (91 800 ha, zone périphérique 178 600, alt. 800 à 4 000 m ; appelé aussi m. du Pelvoux ou « Oisans » créé 27-3-73) ; *parc naturel régional* du Queyras (60 000 ha, créé 31-7-77). *Réserves naturelles* (créées 15-5-74) : Hte Vallée de la Séveraisse (155 ha). Hte Vallée de St-Pierre (20 ha), Cirque du grand lac des Estaris (145 ha), versant nord des pics du Combeynot (285 ha). *Rivières* (canoë-kayak) : Durance, Drac, Buëch, Guil, Séveraisse, Cerveyrette. *Lacs* : Savines-le-Lac (2 700 ha), Serre-Ponçon (2 820 ha). *Ski* : Serre-Chevalier 1 350 à 2 275 m, Vars 1 850 à 2 550 m, Orcières-Merlette 1 450 à 2 650 m, Ceuze 1 540 à 1 850 m, Montgenèvre 1 860 à 2 700 m, Super-Dévoluy 1 500 à 2 510 m, Puy-St-Vincent 1 400 à 2 450 m, Risoul 1 100 à 2 600 m, Les Orres 1 650 à 2 710 m. *Château* de Tallard ; *cité fortifiée* de Montdauphin.

• **Alpes-Maritimes** (06) 4 296 km^2 (100 x 70 km). *Alt.* max. Le Gelas 3 143 m [Le Clapier (3 045 m), Le Mt-Mounier (2 818 m), le Dôme de Barrot (2 144 m), l'Authion (2 074 m)]. *Côtes* 90 km (plus longue distance de la c. 95 km, plus courte 40 km). 881 198 h. (82), 890 000 h. (85) [*1821* : 161 886 ; *1851* : 192 062 ; *1901* : 293 213 ; *1911* : 356 338 ; *1936* : 518 083 ; *1946* : 453 073 ; *1968* : 722 070]. D. 207,2 (85). *Pop. active* ayant un emploi au lieu de travail (au 1-1-85, sondage 1/4) : 300 400 dont primaire 8 000, secondaire 70 200 (dont ind. 42 200, B.T.P. 28 000), tertiaire 222 200.

Villes. NICE, 337 085 h. [*1600* : 13 000 ; *1734* : 15 000 ; *1822* : 26 000 ; *1860* : 50 000 ; *1911* : 143 000 ; *1921* : 156 000 ; *1931* : 220 000 ; *1954* : 244 000 ; *1975* : 344 481] [ag. 449 496, dont *Beaulieu-sur-Mer* 4 302, villa Kerylos. *Cagnes-sur-Mer* 35 214, alt. 20 à 160 m ; électron. appliquée à l'océanologie (Thomson-C.S.F.) ; stat. baln. ; chât. XIVe et XVe s., maison de Renoir. *Contes* 4 941. *Drap* 3 042. *La Colle-sur-Loup* 4 749. *La Trinité* 8 279 ; mach.-outils. *St-André* 4 264. *St-Jean-Cap-Ferrat* 2 215 ; fondation Ephrussi de Rothschild. *St-Laurent-du-Var* 20 678. *St-Paul* 2 542. *Tourrette-Levens* 3 004. *Villefranche* 7 363, alt. 30 à 577 m ; centre d'océanographie. *Villeneuve-Loubet* 8 083 ; électron. (Texas Instruments F.), équip. autom.], alt. 11 à 222 m (collines environnantes : Cimiez 100/120 m, Mt Boron 178 m, Mt Alban 222 m, Mt Gros 374 m), sup. 7 192 ha. *Climat* : *temp. moy.* : janv./mars + 11 °C, avr./mai 14°, juin 19°, juill./août 24°, sept. 23°, oct. 18°, nov./déc. + 12° ; *temp. moy. de l'eau de mer* : janv./mars + 16 °C, avr./mai 19°, juin 22°, juill./août 26°, sept. 24°, oct. 21°, nov./déc. 18° ; 2 500 à 2 800 h d'ensoleillement par an (290 à 320 j sereins ou sans pluie ; gelée 5 j, brouillard 5 j) ; 7 à 8° d'amplitude diurne. Constr. méc., élec., électron. B.T.P. ; S.E.I.T.A., mat. plast. (Deltachimie) ; text., habill. ; impression et édition de journaux ; aéroport (3e de Fr., 200 ha sur la mer) ; centre de congrès ; recherche : observatoire astronomique [diamètre de la coupole : 84 m, la plus grande d'Europe (1885, Eiffel)], C.E.R.B.O.M. (biologie et océanographie médicale) ; tourisme [vieux Nice : cath. de Ste-Réparate, palais Lascaris, villa Masséna, château ; arènes et thermes de Cimiez ; promenade des Anglais (7 km) ; égl. russe ; cloître et jardins de Cimiez ; musées : Masséna, des Beaux-Arts, du Vieux Logis, des Ponchettes, Matisse et d'archéologie, Chéret ; Terra Amata (une des plus anciennes traces de présence humaine en Fr. : 300 000 ans) ; d'Hist. nat., de Malacologie, de la Marine ; sites : Mt Boron, Mt Chauve (ancien fort) ; carnaval (dep. 1294). Le *16-10-1979*, une partie du futur port et les remblaiements sous-marins se sont effondrés : vagues provoquant la mort de 10 personnes. – *Carros* 8 457 h. ; insecticides, meubles. *Grasse-Cannes-Antibes* [ag. 295 525, dont *Antibes*, 62 859 (*1800* : 5 270 ; *1901* : 10 945 ; *1936* : 25 014), alt. 147 à 282 m ; port ; équip. autom. ; stat. baln. et hivern. ; cult. fruit. et florales, parfumerie ; aqueduc romain, fortifications de Vauban, château, m. archéologique d'Antipolis. *Biot* 3 680 ; C.E.R.G.A. (rech. géodynamiques et astronomiques) ; m. Grimaldi, m. nat. Fernand-Léger. *Cannes* 72 259, alt. 2 à 255 m, réparation de matér. ferrov. ; stat. baln. et hivern. ; m. de la Castre. *Grasse* * 37 673 (*1841* : 11 381 ; *1901* : 15 429) ; alt. 350 à 400 m, sup. 4 015 ha ; cult., fleurs, essences pour parfum, huiles... ; m. Fragonard, m. d'art et d'histoire de Provence. *Le Cannet* 37 411. *Mandelieu-La Napoule* 14 283. Mouans-Sartoux 5 119. *Mougins* 10 197. *Peymeinade* 4 479. *Valbonne* 3 918 ; ind. élec., électron. *Vallauris* 21 205 ; musée Picasso, château, ancienne cath. de la Nativité-de-N.-D., poteries]. *La Colle-sur-Loup* 4 749 h. *La Gaude* 3 097 h. ; électron., informatique (I.B.M.). *La Trinité* 8 279 h. ; mach.-outils. *La Turbie* 1 969 h. ; trophée d'Auguste (m. Tuck), 6 av. J.-C. ; haut. 50 m, aujourd'hui 35 m ; larg. 34 m. *Menton-Monaco* [ag. 59 198, dont *Beausoleil* 11 664. *Cap-d'Ail*. *Eze* 2 063. *Menton* 25 072 (*1755* : 2 431 ; *1901* : 9 944 ; *1921* : 18 645), alt. 600 m, 1 386 ha ; m. du Palais Carnoles, Jean-Cocteau. *Roquebrune-Cap-Martin* 12 450]. *Puget-Théniers* 1 446 h. *St-Étienne-de-Tinée* 1 780 h. *St-Martin-du-Var* 1 528 h. *St-Martin-Vésubie* 1 156 h. *St-Paul-de-Vence* 962 ha., (1975) 1 461 h. ; enceinte bastionnée, égl. gothique, fondation Maeght. *Sospel* 2 171 h. *Tende* 1 954 h. : dernier accroissement territ. franc. *Vence* alt. 320 m, 13 119 h. (ag. 15 846).

Régions naturelles. *Préalpes du S.* : de Grasse et de Nice, avec vallées du *Var* 2 820 km^2, de la *Tinée* 720 km^2, de la *Vésubie* 400 km^2, de l'*Esteron* 460 km^2, de la *Siagne* 530 km^2, du *Loup* 300 km^2, de la *Cagne*, la *Brague*, la *Roya*, la *Bévéra*, du *Magnan*, des *Paillons* 250 km^2, Massif du *Mercantour* 70 000 ha. *Côte d'Azur.*

Bois (en milliers d'ha, 1986). 158,6 dont forêts de Breuil-sur-Roya 1,8, Lucéram 3,1, St-Auban 3,5, St-Étienne-de-Tinée 3,4, St-Martin-Vésubie 3,5, Saorge 2, La Brigue 5,5, Tende 5,5. **Terres.** Voir Index.

Ressources. 1/3 de la prod. horticole franç. (1er département exportateur de fleurs coupées, 49,5 % des exportations). Industrie hôtelière la plus importante de France. Parc international d'activités de *Valbonne-Sophia Antipolis* (2 300 ha).

Sites touristiques. *Côte* (route N 564 : Nice-Monaco). *Iles* de Lérins (monastère) : *Ste-Marguerite*, long. 3 240 m, larg. 920 m, sup. 168 ha, périmètre 7 km, alt. max. 28 m, 3,7 km de la côte par bateau, 1,34 km à vol d'oiseau, 28 h. ; *St-Honorat*, long. 1 500 m, larg. 430 m, sup. 39 ha, périmètre 3,3 km, 5,1 km de la côte par bateau, 1,54 km à vol d'oiseau, 57 h. *Baies* : des Anges, de Cannes. Route de la *Bonette* (2 826 m d'alt., la plus haute de Fr.). *Vallées* : des Merveilles [la plus grande collection de gravures préhistoriques à ciel ouvert (plus de 100 000 gravures)] ; de la Tinée (St-Étienne-de-Tinée : des confréries de pénitents blancs et noirs survivent, ainsi qu'en diverses villes et villages de Provence) ; de la Roya. *Parc national* du Mercantour (685 km^2 créé le 18-8-1979). *Ski* : Isola 2 000 (2 000 m), Auron (1 650 m), Valberg (1600 m), Peira-Cava (1 450 m), Gréolières-les-Neiges (1 400 m). *Villages fortifiés* : Vence, St-Paul, St-Jeannet, Eze. *Châteaux* : Gourdon (XIIe s.) près de Bar-sur-Loup, Villeneuve (XIIIe-XVIIe s.) près de Vence.

• **Bouches-du-Rhône** (13) 5 248 km^2 (132 × 58 km) (étang de *Berre* inclus : 16,3 km^2). *Alt.* max. Baou de Bretagne 1 043 m. *Côtes* 190 km. 1 724 199 h. (82), 1 736 600 h. (85) [*1801* : 285 012 ; *1851* : 428 989 ; *1901* : 734 347 ; *1936* : 1 224 802 ; *1946* : 971 935]. D. 330,9 (85). *Pop. active* ayant un emploi au lieu de travail (au 1-1-85, sondage 1/4) : 600 200 dont primaire 17 300, secondaire 153 400 (dont ind. 110 400, B.T.P. 43 000), tertiaire 429 500.

Villes. MARSEILLE 874 436 h. dont 200 000 étrangers [*1801* : 111 100 ; *1851* : 195 350 ; *1881* : 360 100 ; *1911* : 550 600 ; *1931* : 606 000 ; *1946* : 636 300 ; *1954* : 661 500]. D. 450 h./ha [sup. totale de la commune 23 000 ha dont surf. agricole utilisée 1 600 ha (1 200 ha irrigués) (herbe 600, cult. maraîchères 500, t. labourables 400, vignes 100), forêts 2 000 ha ; 880 expl. (5 % du dép.)] ; raff. de pétrole, métall., sidérur. (Somer), Aluminium Péchiney ; combust. minéraux solides (bassin des Houillères Centre-Midi) ; prod. alim., tabac (S.E.I.T.A.), matér. de constr. (Ciments Lafarge), verre ; prod. chim., parachimie, caout., mat. plast. ; méc., chaudronnerie, diesel, matér. méc. de précision ; réparation ferrov. ; B.T.P. ; élec. ; text., habill., fabr. de bijoux, luminaires ; imprim., journaux, papeterie ; 1er port de la Méditerranée (bassins de Marseille, Lavéra, Caronte, Fos, Pt-St-Louis. Trafic global du port de Marseille 88 012 426 t en 1984) ; Marseille-Marignane 2e aéroport de Fr. ; vieux port (ancien comptoir phénicien du VIIe s. av. J.-C.), ch. du Pharo (1858-60), palais Longchamp (Espérandieu, 1869) ; Muséum et m. des Beaux-Arts ; château d'If (1524-28), abbaye de St-Victor (église XIIIe s., abside fortifiée vers 1365), N.-D. de la Garde (140 m) ; centre universitaire et grandes écoles ; centre commercial (foire intern.) ; tourisme d'affaires [ag. 1 110 511, dont *Allauch* 13 519. *Aubagne* 38 561 ; poteries, colorants, maraîchage, charcuterie et salaisons. *Auriol* 5 222. *Bouc-Bel-Air* 8 714. *Cabriès* 6 120. *Gardanne* 15 122 ; prod. combustibles, minéraux (Houillères Centre-Midi), aluminium (Péchiney). *Gémenos* 4 548 ; ch. du XVIIIe s. *La Penne-sur-Huveaune* 5 782. *Les Pennes-Mirabeau* 15 691. *Marignane* 31 109 ; aéroport, constr. aéron. *Plan de Cuques* 8 119. *Rognac* 9 330 ; mat. plast. pour bâtiment. *Roquevaire* 5 619. *St-Victoret* 5 571. *Septèmes-les-Vallons* 10 681. *Vitrolles* 22 725 ; mat. hydraulique]. – *Aix-en-Provence** alt. moy. 180 m, sup. 18 608 ha, 121 327 h. [*1765* : 25 464 ; *1821* : 22 414 ; *1901* : 28 460 ; *1936* : 42 615 ; *1954* : 54 217 ; *1962* : 72 696 ; *1968* : 93 671] [ag. 126 552, dont *Venelles* 5 225] ; ind. alim. ; briqueteries, tuileries ; constr. élec. et électron. ; université ; cath. St-Sauveur XIe-XIIe s. (baptistère Ve s.), hôtels particuliers XVIIe s. et XVIIIe s., fontaines, cours Mirabeau ; fest. de mus. ; station thermale. *Arles* * 50 500 h. (ag. 52 547) ; centre rizicole, ind. chim. et métall., méc., papier, carton ; ruines romaines thermes (palais Constantin (98 × 45 m, IVe s. apr. J.-C.), arènes (186 × 107 m, 21 000 pl., 80 à 90 apr. J.-C.) ; théâtre (103,8 m diam., 1 600 pl.) ; commune la plus étendue (758 km^2, 40 × 30 km, 1 200 km de chemins communaux). *Barbentane* 3 201 h. *Berre-l'Étang* 12 562 h. ; étang salé 160 km^2, prof. 10 m ; raff. de pétrole et chimie de synthèse (Shell). *Carnoux-en-Provence* 5 149 h. *Carry-le-Rouet* 4 570 h. [ag. 8 446, dont *Sausset-les-Pins* 3 876]. *Cassis* 6 304 h. ; port de pêche pittoresque. *Château-Renard* 11 072 h. ; marché d'intérêt national. *Éguilles* 4 473 h. *Eyguières* 4 171 h. *Fontvieille* 3 374 h. *Fos-sur-Mer* 9 031 h. ; zone ind. pétrole, minerais, sid. (Ugine, Somer) ; mat. ferrov. *Istres* 28 561 h. ; chantiers nav., ind. chim. *La Ciotat* 31 727 h. ; constr. navales, port, stat. baln. *La Fare-les-Oliviers* 5 043 h. *La Roque-d'Anthéron* 3 692 h. *Lambesc* 5 353 h. *Lançon-Provence* 3 990 h. *Mallemort* 3 946 h. *Martigues* 42 037 h. [ag. 72 316, dont *Châteauneuf-lès-Martigues* 10 173 ; raff. de pétrole. *Port-de-Bouc* 20 106 ; chimie (Ugine Kuhlmann), pêche, fortifications de Vauban] ; port pétrolier, cons. de poisson, raff. pétrole, chim. de synthèse (Naphtachimie), métall. ; hôtel de ville xviie s. *Miramas* 20 414 h. [ag. 25 459, dont *St-Chamas* 5 045]. *Port-St-Louis-du-Rhône* 10 378 h. ; pêche, fabr. de goudron, act. commerciales liées au port. *Stes-Maries-de-la-Mer* 2 045 h. *St-Martin-de-Crau* 10 155 h. *St-Mitre-les-Remparts* 4 297 h. *St-Rémy-de-Prov.* 8 402 h. ; légumes, fruits, graines ; vestiges romains [arc 1er s. av. J.-C. long 12,40 m, épaisseur 5,60 m, haut. sous voûte 7,50 m ; mausolée des Jules (ve s. apr. J.-C., haut 19,30 m)], m. archéologique. *Salon-de-Prov.* 6 979 ha, 34 846 h. [*1765 :* 4 928 ; *1911 :* 14 019 ; *1954 :* 21 321] [ag. 41 091, dont *Pélissane* 6 245] ; centrale hydr. ; École militaire de l'air. *Sénas* 3 906 h. *Tarascon* 10 735 h. ; ind. de la cellulose ; château. *Trets* 4 735 h. (ag. 6 476). *Velaux* 5 447 h.

Régions naturelles. *Plaines : Crau :* (ancien delta de la Durance, 75 000 ha dont 29 000 de marais ; cult. fruitières et maraîchères, élevage ovins, « foin de Crau ») ; *Camargue* (75 000 ha dont 29 000 de marais, lagunes, étangs, rizières ; vignes ; élevage de taureaux et chevaux). *Chaînes calcaires :* à l'E. de Marseille : massifs de Carpiagne (550 m d'alt.), de Marseilleveyre (alt. 365 m), collines de Cassis, La Ciotat, Ceyreste (alt. 472 m) ; en parallèle, S.-O./N.-E. : chaînes de la Nerthe (alt. 264 m), de l'Étoile (alt. 710 m), de la Ste-Baume (alt. 1 043 m), falaises de l'étang de Berre, de Vitrolles et de l'Arbois ; au N. : collines d'Istres, de St-Chamas (alt. 200 m), de la Fare (alt. 287 m) d'Éguilles (alt. 380 m), de la Trévaresse (alt. 500 m), de la montagne Ste-Victoire (alt. 970 m), chaînes des Alpilles et des Costes (alt. 500 m). *Sur la mer,* falaises et calanques (dont celle de Cassis avec les falaises les plus hautes d'Europe, 400 m). **Terres.** Voir Index.

Ressources. *Agriculture :* (1982) : valeur de la prod. 3 milliards de F. 1er dép. prod. de riz (2 400 t), légumes sous serre (16 000 t), huile d'olive (570 t) ; (1983) : laitues (4 842 t), tomates (16 620 t), poires (8 500 t). 2e prod. de blé dur (5 500 t en 1982). Vigne (A.O.C. Côtes de Provence, Cassis, Palette ; V.D.Q.S. Coteaux d'Aix-en-Provence, des Baux). Élevage : bovins et taureaux de Camargue 9 400, ovins 315 000 (mérinos, transhumance dans les Alpes), porcins 195 000 (élevages ind.). *Industrie* (entre parenthèses % de la prod. fr.) : B.T.P., métall. avec réparations navales (70), constr. navale [La Ciotat (40)], aéron. (Marignane, Istres), ind. alim. [semoule (70), huiles vég. (35), sucre raff. (25)] ; ind. chim. [acide tartrique (95), alumine (80), savon (45), pesticides (30)]. *Gisements :* Gardanne-Meyreuil (lignite 1 586 000 t en 1984) ; Les Baux (bauxite), salines. *Recherche :* centre d'études nucléaires à Cadarache.

Sites touristiques. Calanques, Alpilles (Les Baux), Montagne Ste-Victoire. *Village* d'Allauch. *Moulin* d'A. Daudet à Fontvieille-la-Tour (il y soufflerait 32 vents différents). *Parc naturel régional* de Camargue (820 km^2, créé le 25-9-1970) *Réserve naturelle* de Camargues (13 117,5 ha, créée le 24-4-1975).

● **Var** (83) 5 992 km^2 (100 × 95 km). *Alt.* max. Pyramide de Lachens 1 713 m. *Côtes* 300 km. 708 331 h. (82), 742 000 h. (85) [*1801 :* 271 704 ; *1851 :* 216 481 ; *1861 :* 315 526 ; *1880 :* 283 689 ; *1911 :* 330 755 ; *1936 :* 398 662 ; *1948 :* 370 688]. D. 123,8 (85). Seul département dont le nom évoque une entité géographique se situant dans un département voisin : le Var coulait autrefois dans le dép. de ce nom à la limite de l'arr. de Grasse et de Nice. Or dep. 1860, l'arr. de Grasse réuni au comté de Nice forme le dép. des Alpes-Mar. *Pop. active* ayant un emploi au lieu de travail (au 1-1-85, sondage 1/4) : 236 700 dont primaire 14 100, secondaire 58 500 (dont ind. 34 400, B.T.P. 24 100), tertiaire 164 100.

Villes. TOULON 4 712 ha, 179 423 h. [*1471 :* 2 000 ; *1531 :* 7 000 ; *1698 :* 25 000 ; *1721 :* 10 493 (peste) ; *1746 :* 30 000 ; *1794 :* 15 000 (Révolution) ; *1801 :* 20 000 ; *1866 :* 30 148 ; *1901 :* 101 602 ; *1936 :* 150 310 [1] (*24-11-1943 :* bombardement, env. 500 †) ; *1954 :* 141 117 ; *1962 :* 161 786] ; [ag. 410 393, dont *Bandol* 6 706. *Carqueiranne* 6 199. *Hyères* 38 999, alt. 16 à 110 m ; salines, primeurs, fleurs, stat. baln., hôpitaux, maisons de retraite, base aéronav. *La Crau* 8 877, alt. 35 m. *La Farlède* 4 472. *La Garde* 19 805 ; métall. *La Seyne-sur-Mer* 57 659 ; chantiers nav., fort Balaguier. *La Valette-du-Var* 18 296. *Le Pradet* 7 900. *Le Revest-les-Eaux* 2 055. *Ollioules* 9 242 ; édit. du « Var Matin République ». *St-Mandrier-sur-Mer* 4 946. *Sanary-sur-Mer* 11 505 ; complexe touristique de Sanary-Bandol. *Six-Fours-les-Plages* 25 526. *Solliès-Pont* 5 492, alt. 83 m. *Solliès-Toucas* 2 098. *Solliès-Ville* 1 193, alt. 224 m ; santons, cult. fruit.] ; arsenal (le plus important de Fr.), port militaire, de commerce et croisière (1 138 ha), répar. d'avions de la Marine ; munitions et artifices ; métall. ; exploitation des océans (C.N.E.X.O.) ; Tour Beaumont (mémorial du Mont Faron, alt. 542 m), musée naval, tour Royale, cath. xie et xiie s. ; chef-lieu du Var le 28-1-1797 transféré à Draguignan (Bonaparte voulant punir les Toulonais de s'être livrés aux Anglais en 1793), puis de nouveau le 4-12-1974. — *Artignosc-sur-Verdon* 187 h. *Brignoles* * (sous-préf. rétablie dep. 1974) alt. 220 m, 10 412 h. ; bauxite (en déclin) (Aluminium Péchiney) ; foire viticole. *Cavalaire-sur-Mer* 3 912 h. (ag. 5 976) ; tourisme. *Cogolin* alt. 50 m, 5 639 h. ; pipes, tapis. *Cuers* 6 571 h. *Draguignan* * alt. 182 m, 26 667 h. (ag. 29 823) ; services, adm., Éc. d'application de l'artillerie ; foire aux olives. *Fayence* 2 652 h. *Fréjus* (forum Julii) 31 662 h. [ag. 60 289, dont *Puget-sur-Argens* 4 509, alt. 65 m ; tourisme, viticulture, ind. *St-Raphaël* 24 118 ; stat. baln.] ; pêche, cath., cloître. *La Croix-Valmer* alt. 100 m, 2 064 h. *La Garde-Freinet* alt. 360 m, 1 402 h. *La Londe-les-Maures* 5 184 h. *Le Beausset* 5 327 h. *Le Lavandou* 4 269 h. (ag. 8 108). *Le Luc* alt. 150 m, 6 049 h. [ag. 8 369, dont *Le Cannet-des-Maures* 2 320]. *Le Muy* alt. 30 m, 5 442 h. *Les Arcs* 3 786 h. *Lorgues* alt. 214 m., 5 196 h. *Pierrefeu-du-Var* 3 983 h. *Plan-de-la-Tour* alt. 71 m., 1 448 h. *Ramatuelle* 1 762 h. *Roquebrune-sur-Argens* 6 301 h. *St-Cyr-sur-Mer* 5 685 h. *Ste-Maxime* 7 364 h. [ag. 10 274, dont *Grimaud* 2 910, alt. 150 m] ; stat. baln. *St-Maximin-la-Ste-Baume* alt. 303 m., 5 511 h. ; abbaye. *St-Tropez* (ancienne colonie grecque) 1 117 ha, 6 213 h. [*1831 :* 3 600 ; *1915 :* 3 700 ; *1936 :* 4 102] [ag. 8 230, dont *Gassin* 2 017, alt. 180 m] ; stat. balnéaire ; usine de torpilles ; musée de l'Annonciade ; fête de « la Grande Bravade » (16 au 18 mai). *Salernes* alt. 262 m, 2 882 h. *Vidauban* alt. 65 m, 3 805 h.

Nota. — (1) Pop. totale (avec doubles comptes).

Régions naturelles. *Massif des Maures* (du latin *maurus,* brun foncé, pour désigner des collines foncées ; alt. max. 779 m à La Sauvette) et *de l'Esterel* (alt. max. 616 m au Mt Vinaigre). *Dépression* permienne (100 km × 5 à 10 km) contournant les Maures de Toulon à Fréjus (fruits, légumes). *Plateaux* (« plans ») et *chaînons* (« barres ») *calcaires du N.* [Mt de Bovrès (1 597 m), Mt de Margès (1 577 m), pyramide de Lachens (1 715 m)] (irrigation par le canal de Prov. : fruits et légumes en plus des ovins). *Côte varoise* entre Toulon et St-Tropez : partie du territoire français la plus ensoleillée (3 000 h par an).

Bois (en milliers d'ha, 1984) 328 dont (1981) massif des Maures 80 (pins, chênes-lièges, châtaigniers, maquis, eucalyptus), m. de l'Estérel 30, f. de la Ste-Baume 30 (hêtres, érables, ifs) (2e dép. forestier de Fr.). **Terres.** Voir Index.

Ressources. *Vignes A.O.C.* Côtes-de-Provence, Bandol, vins de pays, vins des coteaux varois ; *prod.* 2 550 000 hl en 1983. *Ovins. Ind. nav., méc. Maisons de retraites, et. sanitaires. Cult. florales, maraîchères, fruitières. Chèvres* dans le Haut-Var. *Mines :* bauxite à Cabasse et au Thoronet (70 % de la prod. fr. traitée dans les B.-du-Rh.).

Sites touristiques. Massifs. Gorges : d'Ollioules (3 km). **Lacs :** Carcès (94 ha, 2,8 × 0,2 km), St-Cassien (430 ha, 6 × 0,04 km), retenue de Fontaine-l'Évêque (partagée avec les Alpes-de-Hte-Pr., 2 300 ha, 12 × 2 km), barrage de Ste-Croix. **Iles d'Hyères :** *Porquerolles* (1 254 ha dont 1 050 appartiennent à l'État dep. janv. 1971, alt. 154 m, 489 h. ; inscrite à l'inventaire des sites) ; *Port-Cros* et îlots de *Bagaud* (640 ha, alt. 207 m, 2e parc national de France, 870 ha, créé le 14-12-63), du *Levant* (996 ha, alt. 130 m, 143 h., richesses minéralogiques) ; *Rascas* et *La Gabinière* (54 ha). **Cascades :** Sillans-la-Cascade, Trans, Callas (c. de Pennafort). *Rade* de Toulon. **Ports :** St-Tropez, Port-Grimaud [construit entre 1966 et 1985, *sup. :* 80 ha dont port 28, *quais :* 14 km, *amarrage :* 2 200 postes, *logements :* 1 868 dont 1 100 maisons (30 premières livrées en 1967), *habitants :* hors saison 800, en saison 8 000, *visiteurs :* 1,5 à 2 millions par an]. **Stat. baln. :** Cavalaire, Ste-Maxime, Bandol, Sanary, Hyères. **Abbaye** du Thoronet (fin xiie s.). *Chartreuse* de la Verne (Collobrières). *Six-Fours :* collégiale (xie, xiie s.), N.-D. de Pépiole (vie s.). **Monuments romains** à Fréjus [arènes fin ier s. après J.-C., 113 × 85 m, 10 000 places) ; théâtre (ier s. après J.-C. ; 72 m de diamètre)].

● **Vaucluse** (84) 3 578 km^2 (110 × 60 km). *Alt.* max. Mt Ventoux 1 912 m, min. 12 m (confluent Rhône et Durance). 427 343 h. (82). 436 200 h. (85) [*1851 :* 264 618 ; *1891 :* 235 411 ; *1911 :* 238 656 ; *1921 :* 219 602]. D. 121,9 (85). *Pop. active* ayant un emploi au lieu de travail (au 1-1-85, sondage 1/4) : 157 500 dont primaire 19 100, secondaire 38 800 (dont ind. 25 600, B.T.P. 13 200), tertiaire 99 600.

Villes. AVIGNON, alt. 16 à 55 m, sup. intra-muros (enceinte du xive s.) 150 ha, sup. urbanisée (non compris Montfavet) env. 1 305 ha, 89 132 h. [*1790 :* 26 000 ; *1810 :* 21 412 ; *1851 :* 35 880 ; *1911 :* 49 304 ; *1936 :* 59 472 ; *1954 :* 67 768] [ag. 174 264, dont *Bedarrides* 4 238. *Entraigues-sur-Sorgues* 5 335. *Le Pontet* 12 920 ; prod. réfractaires, papiers d'impression et de produits filtrants. *Morières-lès-Avignon* 6 083. *Sorgues* 17 112 ; parachimie (Sté nat. des poudres et explosifs). *Vedène* 5 588] ; métall., text., ind. alim. ; emballages. 1er fest. de théâtre fr. (1947) ; 1er M.I.N. (1961) ; palais des Papes (xive s.), N.-D.-des-Doms (église romane), rocher des Doms, remparts, musées (Calvet, Lapidaire, du Petit Palais), pont St-Bénézet [à l'origine à 2 arches (850 m env.), reconstruit xiiie, subsistent 4 arches], le Châtelet (xive et xve s.), la chapelle St-Nicolas (romane, remaniée au xiiie s. et déb. xvie s.). — *Apt* * 11 496 h. (ag. 13 366) ; fruits confits (90 % de la prod. fr.). *Beaumes-de-Venise* 1 721 h. *Bollène* 12 679 h. ; usine hydroélec., combustibles nucléaires, métall., meubles. *Carpentras* * 24 838 h. [ag. 39 323, dont *Monteux* 7 524. *Pernes-les-Fontaines* 6 961] ; M.I.N. agr., conserveries ; arc romain (ier s. apr. J.-C. ; haut. 10 m, larg. 5,90 m, prof. 4,54 m), cath. St-Siffrein, synagogue, musée. *Cavaillon* 20 615 h. [ag. 29 570, dont *Robion* 3 197] ; M.I.N. de fruits et primeurs ; anc. cath. romane ; arc romain (ier s. apr. J.-C.), synagogue. *Châteauneuf-de-Gadagne* 2 021 h. *Châteauneuf-du-Pape* 2 060 h. *Courthézon* 4 498 h. *Jonquières* 3 351 h. *Orange* 26 499 h. ; base aérienne ; laine pour isolation, chaux. ; arc de triomphe [arc de Tibère (haut 22,73 m, larg. 21,45 m, prof. 8,50 m)], théâtre antique (début ier s. apr. J.-C., diam. 103 m, haut. 36 m, 40 000 pl., le mieux conservé), arène (v. 120 apr. J.-C., long. 19,48 m, prof. 8,50 m, haut. 18,80 m), chorégies. *Lapalud* 3 133 h. *Le Thor* 5 023 h. *L'Isle-sur-Sorgue* 12 728 h. *Pertuis* 12 430 h. *Piolenc* 3 259 h. *St-Saturnin-lès-Avignon* 2 664 h. (ag. 3 476). *Sarrians* 5 030 h. *Vaison-la-Romaine* 5 862 h. *Valréas* 8 721 h. [arrondissement d'Avignon (à 65 km d'Av. et 14 km de Nyons) enclavé dans la Drôme, ancienne judicature majeure des États du Pape dep. 1137] ; 1er centre français du cartonnage ; matér. techn. de classement ind.

Régions naturelles. *Plaine du Comtat* (80 000 ha), fraises, melons, pêches, pommes, poires, asperges, raisins de table, abricots, tomates, vignobles de Châteauneuf-du-Pape. *Hauteurs calcaires : Ventoux, monts de Vaucluse, Lubéron* (124 000 ha), ovins, truffes, lavande, cerisiers. *Basse vallée de la Durance* (29 000 ha), polyculture : céréales, maraîchage et vergers. *Tricastin* (56 000 ha), vignes, céréales, cult. fruitières. Les *Baronnies* 14 000 ha), vignes et vergers. *Plateau de St-Christol* (26 000 ha), lavande, céréales, ovins.

Bois (en milliers d'ha, 1984) 107,8 dont (1983) forêts domaniales 10,4 (4 massifs dans le Mt Ventoux, les Mts de Vaucluse et le Lubéron), f. communales 38,8, privées 57,7 (1981). **Terres.** Voir Index.

Ressources. *Vins :* Châteauneuf-du-Pape, Côtes-du-Rhône, Coteaux-du-Mont-Ventoux (A.O.C.), Coteaux-du-Lubéron (V.D.Q.S.), muscat de Beaumes-de-Venise, vin doux naturel du Rasteau. 1er prod. de tomates, melons, asperges, pommes, cerises, raisins de table, truffes.

Sites touristiques. *Avignon, Orange, Vaison* (vestiges gallo-romains, bourg médiéval, festival), *Gordes* [musée Vasarely, village des Bories (borie : maison de pierres sèches)], *Sénanque* (abbaye cistercienne), vallées de la *Durance* et du *Calavon* ; le *Lubéron,* le *Ventoux* 1 912 m. Étangs de la *Motte d'Aigues* (10 ha). *Montmirail* (dentelles). *Fontaine-de-Vaucluse* (fontaine, maison de Pétrarque, église romane, exposition spéléol. Norbert-Casteret). **Divers.** *Base de fusées* sur le plateau d'Albion (près d'Apt). Voir Index.

Rhône-Alpes

Généralités

● **Dauphiné. Situation.** Anciennement Dauphiné de Viennois, qui s'étendait sur une partie des Alpes et jusqu'au Rhône, entre la Savoie au N., la Provence et le Comtat Venaissin au S. Se divisait en Bas-Dauphiné (basses vallées : Royannais ou Royans, Grésivaudan ; bords du Rhône : Viennois, Valentinois, Tricastin et Baronnies) et en Haut-Dauphiné, plus montagneux (Champsaur, Embrunais, Oisans, Briançonnais, Trièves, Matheysine, Rueras...) ; capitale : Grenoble.

Comprend d'E. en O. : massifs centraux des *Alpes,* du *Queyras* à la chaîne de *Belledonne. Sillon alpin : Grésivaudan,* pays du *Drac. Préalpes :* allant de la vallée de la Durance à la Chartreuse. *Bas-Dauphiné :* entre Isère et Rhône : plateaux et collines entaillés par des dépôts tertiaires. *Au S., plaine de l'Isère* (céréales dont maïs, tabac ; vaches laitières : fromage ; culture de noyers). *Plateau de Chambaran,* au-dessus de St-Marcellin, boisé. *Plaines de la Bièvre et de la Valloire,* riches (amendées) (céréales, betteraves à sucre, prairies naturelles et artificielles, cultures fruitières). *Au N., collines* aux sols humides dominant la *vallée marécageuse de la Bourbre* (élevage laitier, textile).

Histoire. Territoires tour à tour aux mains des Ibères, des Celtes (Caturiges à Embrun ; Ségusiens à Briançon ; Uceni dans l'Oisans), des Romains qui créent la *Province Romaine* en **121 av. J.-C.,** entre Léman et mer. Ségusiens (cap. Suse), résistent jusqu'en 13 av. J.-C. Leur roi Cottius se soumet alors à Auguste qui transforme leur cité en royaume tributaire, à cheval sur les Alpes et dépendant de l'Italie. La rive gauche du Rhône forme la Viennoise (cap. Vienne ; ville princ. *Cularo,* devenue en 325 Grenoble, *Gratianopolis).* **480-523** roy. burgonde, **524** Burgondes battus à Vézeronce et occupation franque. **VIe-Xe s.** partie d'un royaume de Provence puis de Bourgogne, intégré à l'Empire germanique. **Vers 1029-30** l'archevêque Brochard, ayant reçu de la reine de Bourg. le comté de Vienne, en inféode le N. à *Guigues,* 1er Cte d'Albon. **V. 1098** le Cte d'Albon Guigues VII prend le titre de Dauphin qui est un ancien prénom (Delfinus). 3 familles se succèdent à la tête du Dauphiné : maisons d'*Albon* (1029-1162), de *Bourgogne* (1192-1282), de *La Tour-du-Pin* (1282-1349). Les Pces de Dauphiné accroissent leurs possessions [Briançonnais (1039), Grésivaudan (v. 1050), Embrunais et Gapençais (1202), Faucigny (1241)] contrôlant ainsi les principaux cols des Alpes du S. Pas de capitales fixes jusqu'au XIIIe s. (ensuite, Grenoble). **XIIIe s.** prov. divisée en 7 bailliages, dirigés chacun par un bailli assisté des juges-mages. **XIVe s. Humbert II (1333-49)** crée Conseil delphinal (1336), Chambre des comptes (1340) et université de Grenoble (1339) et, par le statut delphinal de 1349, codifie le privilège de ses sujets. Privé de descendance par la mort de son fils et endetté, il vend son État au roi de Fr. : le *tr. de Romans (30-3-1349)* transfère immédiatement, moyennant 200 000 florins, le Dauphiné à Charles, fils de Jean, duc de Normandie, et petit-fils du roi Philippe VI ; Humbert II se fait dominicain. Non incorporé au domaine royal, le D. devient l'apanage traditionnel du fils aîné du roi. **1356** le dauphin Charles (futur Charles V) reçoit l'investiture impériale (maintenant fictivement les droits de l'emp.). **1357** il crée les états provinciaux du D. **1355**-*5-1 tr. de Paris* fixe les limites avec la Savoie : Faucigny est abandonné en échange de terr. situés à l'ouest du Guiers. Pendant la g. de Cent Ans, tentatives d'inv. du duc de Savoie et du Pce d'Orange. **1378** l'emp. Charles IV institue fictivement le fils du roi de Fr. « vicaire d'Empire » en D. **1389** le dauphin Charles (futur Charles VI) arbore en D. l'aigle impériale des « vicaires » (dernière manifestation de la suzeraineté impériale). **1419-26** annexion du Valentinois et du Diois. **XVe s.** les Vaudois (s'implantant en Briançonnais et particulièrement dans la Vallouise) jouent un rôle important. **1440-57** le dauphin Louis II (futur roi de Fr. Louis XI) s'efforce de faire reconnaître l'autonomie de son apanage, renforce son autorité, soumet étroitement clergé et noblesse, rétablit le Grand Conseil, crée une chancellerie, réduit les bailliages de 7 à 3, achète au pape la suzeraineté sur Montélimar (1447). Devenu roi de Fr., il ne donne pas le D. à son fils et en conserve l'admin. Ses successeurs, tout en garantissant les privilèges de la province, en font autant. **1560** *union définitive proclamée* (pas de modifications profondes de l'admin.).

A partir de 1523 apparition de la Réforme qui rallie les Vaudois. Principaux chefs protestants : baron des Adrets, Dupuy-Montbrun et, après 1577, Lesdiguières, gouv. de la province sous Henri IV et jusqu'à sa mort (1626). Le protestantisme survivra à la révocation de l'édit de Nantes (1685) : 25 % de la population en 1726, 10 % actuellement. **1628** suspension des états du D., apparition des intendants. Inv. savoyardes au cours des guerres de la ligue d'Augsbourg et de la Succession d'Esp. **1713** *tr. d'Utrecht :* les vallées briançonnaises du versant E. des Alpes sont cédées par la Fr. au duc de Savoie en échange de la haute vallée de l'Ubaye (Barcelonnette). **1788**-*21-7 assemblée de Vizille* réclamant la convocation des états généraux.

● **Forez. Situation.** De part et d'autre de la Loire, du S. de St-Rambert au N. de Roanne. *Forez* devrait être écrit *Forais,* c.-à-d. « Pays de Feurs » (les 2/3 du dép. de la Loire). Comprend : *monts du Forez* et *la Madeleine* à l'ouest de la vallée de la Loire, du *Lyonnais* et du *Pilat* entre Loire et Rhône (Primaire) ; plaines de *Roanne* au nord, et du *Forez* au centre (Tertiaire). Gisement houiller (abandonné), uranium dans trois vallées autour de St-Étienne.

Histoire. Occupation très ancienne (Sinanthropiens, Neandertaliens). Domination celte à partir du ve s. *(Ségusiaves).* **Époque romaine :** urbanisation (Forum Segusiavorum, Feurs ; Rodumna, Roanne ; etc.). **Après les Carolingiens** (843), appartenance à l'Empire « lotharingien », puis au royaume de Bourgogne-Provence, puis à l'Empire germanique. **1167** entrée dans la mouvance française. **1173** Lyonnais et Forez se séparent. Les nouveaux « comtes de Forez » ont comme principaux vassaux les seigneurs de Roanne. **1531** passe à la couronne de Fr. Les seigneurs de Roanne deviennent vassaux directs de la Couronne ; **1566** ils obtiennent le titre de « ducs de Roannais » (éteint en 1725). **1790** département de Rhône-et-Loire (chef-lieu Lyon), regroupe Forez, Roannais et Lyonnais ; il est en majorité jacobin à l'Ouest, girondin à l'Est. **1793** la Convention le divise en 2 : Montbrison devient chef-lieu de la Loire.

● **Lyonnais. Situation.** Rive dr. de la Saône et du Rhône, au sud de l'Azergues, jusqu'aux monts du Lyonnais et du Pilat (alt. de 1 000 à 1 400 m). Collines de 600 m d'alt. entre le sillon Saône-Rhône (sablonneux) et la montagne, favorable à la viticulture.

Histoire. Partie O. du territoire des Ségusiaves. **43 av. J.-C.** L. Manatius Plancus, ancien lieutenant de César, fonde Lyon. **13 av. J.-C.** capitale des « Trois Gaules » (Narbonnaise, Aquitaine et Lugdunaise), point de convergence des routes gallo-romaines. **Après Dioclétien,** Lyon métropole de la Lugdunaise Première, et cap. de l'ancienne cité des Ségusiaves (pas d'évêques à Feurs ni à Roanne, qui dépendent du métropolite de Lyon). **478** Lyon, cap. du roy. Burgonde. **Sous les Carolingiens,** le Cte est nommé aux côtés de l'archev. **V. 1000** l'archev. Burchard, fr. de Rodolphe III, repousse le Cte vers Feurs et Roanne et agit comme seigneur du Lyonnais. **1157** l'archev. reçoit un titre comtal pour le Lyonnais (partition définitive en 1173). **1290** les Lyonnais, révoltés contre l'archev., demandent un « gardiateur » mandaté par le roi de Fr. **1310** Louis X le Hutin assiège et prend Lyon (réuni à la Couronne en 1312). A la fin de l'Ancien Régime, le gouv. du Lyonnais comprend *Lyonnais, Forez* et *Beaujolais.* Sous la Révolution, Lyon est appelé « commune affranchie » (V. Index).

● **Beaujolais. Situation.** Rive dr. de la Saône, au N. de la vallée de l'Azergue. Montagnes culminant à 1 012 m (Mt St-Rigaud). Collines viticoles.

Histoire. Fraction du territoire des Ségusiaves, attribuée au royaume de Fr. en **843.** Les seigneurs de Beaujeu étaient sans doute vassaux des ducs capétiens de Bourgogne. Mais ils étaient en fait indépendants, pratiquant un jeu de bascule entre le royaume et l'Empire, et possédant de nombreuses terres « en Empire », notamment les Dombes et le massif des Bauges en Savoie. **1400** Édouard II vend ses domaines au duc de Bourbon. **1523** confisqué au connétable. **1531** réuni à la Couronne ; en **1560 B.** est rendu aux Bourbon-Montpensier. La Grande Mademoiselle le lègue aux ducs d'Orléans qui le posséderont encore à la Révolution (dépend de Lyon pour Justice et Finances dep. 1531).

● **Savoie. Situation.** Comprend d'E. en O. : *massifs intra-alpins* (aiguilles d'*Arves,* massifs du *Mont-Cenis* et de la *Vanoise*), traversés par la Maurienne et la Tarentaise ; *hauts massifs cristallins (Grand Arc, Beaufortin, Mt Blanc)* ; *sillon alpin,* avec la *combe de Savoie* et le *val d'Arly ; massifs* (Bauges, Bornes, Chablais) et *cluses préalpines* (rive g. du Rhône, jusqu'à la crête frontière des Alpes depuis le lac Léman jusqu'au S. de la cluse de Chambéry).

Histoire. Chasseurs magdaléniens (l'âge de la pierre taillée). Différences entre les populations de Maurienne et de Tarentaise montagneuses (Ligures ?) où pénétrèrent de manière superficielle Celtes et Romains, et celles du bas Pays, où se sont installés les peuples celtes allobroges. **122 av. J.-C.** le consul Domitius Ahenobarbus bat Allobroges que les Arvernes tentent vainement de sauver. Leur cité (cap. *Genaba*, Genève) est annexée à la *Provincia Romana*. **69 et 61 av. J.-C.** tentatives de soulèvement contre exactions du gouv. Fonteius et lors de la g. des Gaules. *Sous Auguste*, la Tarentaise fait partie des Alpes Grées, roy. relevant de l'Italie. Le 1er évêque de Genève connu apparaît à la fin du **IVe s.** Le terme de *Sapaudia* apparaît pour la 1re fois dans un texte d'Ammien Marcellin (354 ? ou v. 370-80 ?) pour désigner l'actuelle Savoie et une partie de l'Helvétie. **485** les Burgondes, venus du N. du Léman, occupent la région. **V^{e} et VIe s.** la christianisation pénètre Tarentaise et Maurienne et la vie religieuse s'organise autour du monastère de St-Maurice-d'Agaune et des nouveaux évêchés de Grenoble et de Belley. **534** incorporée au royaume mérovingien par les fils de Clovis quand ils annexent le royaume burgonde, la Sapaudia se réduit sous le nom de *Saboia* (sans doute le pagus Sagoniensis) aux terr. compris entre l'Isère et les rives S. du lac du Bourget et bientôt correspond à l'actuelle Savoie. Son importance vient de ce qu'elle contrôle les cols du Mt-Cenis (par où passent Pépin le Bref en 755 et 756, et Charlemagne en 773, en guerre contre les Lombards) et du Petit-St-Bernard. Fait partie des terr. de Lothaire *(tr. de Verdun, 843)*, puis du 1er roy. de Bourgogne transjurane (888) et du 2e roy. de Bourg. ; **934-35** luttes entre de nombr. familles seigneuriales.

Déb. du XIe s. émancipation des C^{tes} de Genève au N. et des C^{tes} humbertiens au S. **1032-38** le roi de Germanie, Conrad II, héritier de la Bourg. transjurane (Suisse), obtient des droits théoriques sur la rive g. du Rhône. Mais les C^{tes} de Savoie, devenus vassaux de l'empereur en Italie, défendront les droits impériaux sur l'ancien royaume d'Arles. **Début XIe s.** la fam. humb. détient les Ctés de Savoie, de Maurienne et du Bugey ainsi qu'une partie du Viennois et acquiert par mariage (1044) le marquisat en Italie (Suse et Turin). Dès le **XIe s.** elle disposait de l'abbaye d'Agaune (St-Maurice-en-Valais), du Chablais, du bas Valais et du comté d'Aoste. L'influence des C^{tes} de Savoie en Piémont est ensuite en recul au profit de l'Empire et des évêques de Turin. Cependant les C^{tes} se maintiennent dans les vallées de Suse et d'Aoste. Leurs cousins, les Savoie-Achaïe, apanagés du Piémont (1294), reconquièrent les positions perdues outre-monts. À l'O. des Alpes, la maison de S. fait de grands progrès au XIIIe s. le Cte *Pierre II* s'empare de la Suisse romande et son influence s'étend vers la Suisse alémanique ; *Philippe Ier* et *Amédée V* annexent la Bresse et pénètrent à Genève. **1355** *Amédée VI* (le Cte Vert) acquiert le Faucigny en échange du Viennois savoyard (tr. de Paris). **1388** *Amédée VII* (le Cte Rouge) se rend maître du Cté de Nice. **1401** *Amédée VIII* acquiert Annecy et Genevois. **1416** érection de la S. en duché. **1418** la branche des S.-Achaïe s'étant éteinte, le duc *Amédée VIII* réincorpore le Piémont à ses possessions personnelles. Ce rattachement facilite l'entrée des Piémontais dans l'adm. des États savoyards. **XVe et XVIe s.** déclin de la puissance territoriale de la maison de S. à l'O. des Alpes, accroissant l'infl. du Piémont. S'étant rapprochés de Charles le Téméraire, puis de Charles Quint contre la Fr. et les cantons suisses, ils perdent le Bas-Valais (1477) et le pays de Vaud (1536). **1601** *tr. de Lyon* cède à Henri IV Bresse, Bugey et pays de Gex. Occupée par la Fr. sous François Ier et Henri II (1536-1559) et 2 fois sous Louis XIV (1690-1696 et 1703-1713). **1559** *Emmanuel-Philibert* délaisse Chambéry comme capitale et réside au Piémont dont Turin devient la capitale (1562). Désormais, la S. conserve ses institutions particulières (Sénat de S. et jusqu'en 1720 chambre des comptes de Chambéry) au sein d'un État qui s'italianise. **1713** *Victor-Amédée II* ajoute la Sicile à ses États et devient roi puis (1720) doit échanger la Sicile contre le royaume de Sardaigne.

1792 la S. est rattachée à la Fr. et forme un dép. (le Mt-Blanc). **1798** 2 dép. (Mt-Blanc : ch.-l. Chambéry, et Léman : ch.-l. Genève). **1814** restituée en partie, **1815** en totalité aux rois de Sardaigne, **1860** incorporée à la France (sans Genève et environs). Après plébiscite (inscrits 135 449, votants 130 839, oui 130 533, non 235, nuls 34), divisée en 2 dép. (Savoie et Hte-Savoie). **1947**-*10-2 tr. de Paris* frontière avec Italie modifiée (aux abords du Petit-St-Bernard et sur le plateau du Mt-Cenis) en faveur de la Fr. **1949** l'Italie restitue à la Fr. les archives de la S.

● **Bresse, Bugey, pays de Gex. Situation.** Sur la rive dr. du Rhône et la rive g. de la Saône, entre monts du Jura et Saône. Forment avec les Dombes (v. ci-dessous) le dép. de l'Ain.

Histoire. Les *Séquanes* (v. Franche-Comté) occupaient à l'époque celtique toute la chaîne du Jura. Les *Ambares* (cap. Ambérieu) occupaient la basse vallée de l'Ain et avaient une ville fortifiée à Bourg *(Briga)* qui a donné son nom à la Bresse *(Bricia)*. Le Bugey était le pagus d'*Isarnodorum*, Izernore, cap. régionale à l'époque gallo-romaine. Conquis par Burgondes venus du N. du Léman **v. 485** ; font partie des terres d'Empire après **843**. Acquis progressivement par la maison de Savoie entre XIIe et XIVe s. **1601** annexés par Henri IV (tr. de Lyon).

● **Dombes. Situation.** Région marécageuse entre Ain, Rhône et Saône, au S.-O. du dép. de l'Ain.

Histoire. Zone non peuplée à l'époque celtique, servant de limites entre Ambares et Ségusiaves. Passée en « terre d'Empire » en **843**. Acquise v. le **Xe s.** par les seigneurs de Beaujeu qui sont de la mouvance française. Les Beaujeu, puis les Bourbon sont donc seigneurs impériaux en même temps que feudataires français. **1601** après l'annexion de Bresse et Bugey, les Dombes restent une enclave impériale, sans statut défini, à l'intérieur des terres fr. Les ducs de Montpensier s'intitulent « princes de Dombes » pour montrer qu'ils ne relèvent pas du roi sur la rive g. de la Saône. Leur cap. est Trévoux. **XVIIIe s.** les jésuites y établissent leur maison d'édition sous la suzeraineté des princes légitimés, héritiers des Montpensier.

● **Vivarais. Situation.** Rive dr. du Rhône, au sud du Lyonnais, jusqu'au confluent de l'Ardèche. Montagnes cristallines et volcaniques favorables au châtaignier (dép. de l'Ardèche).

Histoire. Cité des *Helvii*, sans doute parents des Helvètes de Suisse. **405** cap. Alba (Aps) détruite par Vandales et Viviers devient évêché. **843** partie de l'Empire, mais la rive droite de l'Érieux, au sud, est acquise par les C^{tes} de Toulouse et passera à la couronne de France en **1271**, malgré sa qualité de terre d'Empire. Le Nord du Vivarais, dépendant des C^{tes} de Valentinois, est acquis par Philippe le Bel en même temps que le Lyonnais, sans doute par rachat.

● **Valentinois. Situation.** Rive g. du Rhône, en face du Vivarais (35 communes de la rive dr. entre le Doux et l'Érieux en ont fait partie jusqu'à la Révolution), au S. de l'Isère.

Histoire. Cité des *Ségalaumes* (petite tribu gauloise, cliente tantôt des Allobroges, tantôt des Voconces ; cap. Vence, devenue Valence à l'époque romaine). **Vers le IIIe s.** évêché. **843** fait partie de la Lotharingie. **855** du royaume de Provence. **933** du royaume d'Arles. **XIe s.** forme le comté valentinois *(comitatus valentinensis)*, avec des comtes amovibles, dépendant du roi d'Arles. **XIIe s.** les comtes deviennent héréditaires, relevant directement de l'emp. germanique. **1116** annexion du Diois (on dit désormais : comté de V. et Diois). **1125** passe à la famille de Poitiers (branche bâtarde des Poitiers-Aquitaine) : 10 comtes, pendant 4 siècles. **1423** Louis de Poitiers-Saint Vallier (branche cadette) vend son fief à Charles VII, qui l'incorpore au Dauphiné. Mais les rois de Fr. n'obtiendront jamais la sanction impériale pour cette annexion, ce qui les amènera à concéder plusieurs fois le fief à des Impériaux : **1498** (érigé en duché) : à César Borgia, fils naturel du pape Alexandre VI ; **1548-66** à Diane de Poitiers-Saint Vallier, héritière de l'ancienne famille et maîtresse de Henri II ; **1642** (érigé en duché-prairie) : à Honoré II de Grimaldi-Monaco, qui devient l'allié de la Fr. **1715** passe par mariage à la famille de Matignon (les princes héritiers de Monaco portent le titre, voir Monaco p. 943).

● **Diois. Situation.** Bassin de la Drôme, S.-E. du Valentinois.

Histoire. Tribu des Voconces. Leur capitale, Die, porte le nom de la Déesse Andarta *(Dea Antarta)*, remplacé par celui de l'épouse d'Auguste à l'époque romaine (Dea Augusta Vocontiorum). **325** érigé en évêché. **X^{e}-XIIe s.** comté souverain. **116** annexé par les ducs de Valentinois. **1275** le diocèse est fusionné avec celui de Valence : l'év. de V. est év.-comte de Die jusqu'en 1687. **1687-1790** restauration de l'évêché de Die (l'év. est comte de Die).

Économie

Population. 5 015 947 h. (1982) [*1800 :* 1 825 265 ; *1830 :* 2 362 223 ; *1860 :* 3 385 359 ; *1890 :* 3 561 472 ; *1920 :* 3 453 494 ; *1954 :* 3 629 722 ; *1975 :* 4 779 600 ; *1980 :* 4 930 800]. D (83) 114 h./km^{2}. *Active salariée* (1-1-1985, prov.) : 1 699 210 dont primaire 11 453, secondaire 680 563 (dont ind. 558 586, B.T.P. 121 977), tertiaire 1 007 194. *Étrangers* (31-12-1982) : 546 750.

Échanges (en millions de F, 1983). IMPORTATIONS : 56 576 (7 % des imp. fr.) dont prod. agr. 1 481, ind. agro-alim. 3 172, énergie 6 725, mat. 1res minérales 323, métaux, prod. du trav. des mét. 9 820, prod. chim., 1/2 prod. div. 9 447, équip. profess. 8 817, équip. mén. 1 309, équip. autom. des ménages 3 841, pièces détachées et mat. utilitaire de transp. 2 971, biens de consomm. 8 476, divers 194 ; *de* (en millions de F) Italie 15 936, All. féd. 9 507, Belg.-Luxem. 4 843, U.S.A. 2 758, Suisse 2 390, P.-Bas 2 032, Arabie Saoud. 1 992, R.-Uni 1 800, Esp. 1 501. EXPORTATIONS : 65 979 (9,5 % des exp. fr.) dont prod. agr. 2 821, ind. agro-alim. 2 225, énergie 1 092, mat. 1res minérales 92, métaux, prod. du trav. des mét. 13 441, prod. chim., 1/2 prod. div. 13 179, équip. profess. 16 695, équip. mén. 783, équip. autom. des ménages 327, pièces détachées et mat. utilitaire de transp. 4 387, biens consomm. 10 037, divers 900 ; *vers* (en millions de F) All. féd. 9 264, Italie 8 604, U.S.A. 5 594, Belg.-Luxemb. 5 153, R.-U. 4 945, Suisse 3 720, Algérie 3 322, P.-Bas 1 892, Esp. 1 690.

Agriculture (1984). **Terres** (en milliers d'ha). 4 496,7 dont *S.A.U.* 1 976,2 [t. lab. 724,3 (dont céréales 413,2, oléagineux 34,3, légumes 21,1 dont maraîch. 1,8, semences et plants divers 2,6, racines et tubercules fourr. 5,6, fourrages annuels 59,7, prairies temp. 151,3, jardins 18,7), cult. fruit. 48,5 dont noyeraies 6, vignes 66,7, pépinières ligneuses 2, herbe 1 134,6] ; *bois* 1 495,4 ; *peupleraies* 13,1 ; *étangs* 9,6 ; *t. agr. non cult.* 271,6 ; *t. non agr.* 657,1. **Prod. végétale** (en milliers de t) : céréales : 2 045,3 dont blé tendre 920,5, orge et escourgeon 345,5, maïs-grain 580,6. Fruits : pavies, pêches, nectarines et brugnons 154, pommes de table 113,7, poires de table 71,5. Lég. : p. de terre 262,1. *Vin* (1984) : 3 230 679 hl. **Animale** (en milliers de têtes) : bovins 1 193,2 (dont vaches 565,3, veaux 317,1), porcins 548, ovins 594, caprins 214,3, équidés 24,4. *Lait* (milliers d'hl) : 19 670,2 dont vache 18 223, brebis 560, chèvre 886,6.

Industrie et B.T.P. *Effectifs salariés* (au 1-1-1985, en milliers, prov.) : industries agro-alim. 42, énergie 25,3, minerais, métaux ferreux et non ferreux 88,7, prod. de matér. de constr. et minéraux div. 13,1, chimie, fils, fibres artif. et synth., parachim. et ind. pharm. 38,4, constr. méc., aéron. et armement 87,4, constr. élec. et électron. 60,2, constr. autom. et autres matér. de transp. terr. 39,2, text., habill. 57,5, cuirs, chaussure 10,9, autres ind. (bois, meubles, papier, carton, imprimerie, presse, édit., caoutch., transform. mat. plast., verre) 96,6, B.T.P. 122.

Énergie. *Production d'électricité* (1-1-1984, en milliards de kWh) : 81,1 dont nucléaire 49,9 (1re région fr.), hydraulique 28,2, thermique 2,9. *Consommation :* 38,5 milliards de kWh dont (en milliers de t, 1983) pétrole 6 831,6, charbon 290,3. Centrales du Bugey (*1972/78/79 :* 4 140 MW), Cruas (*1984 :* 3 600 MW), surrégénérateur Creys-Malville (*1986 :* 1 200 MW), St-Alban-St-Maurice (*1986 :* 2 600 MW), Tricastin (programme Eurodif, *1980/81 :* 3 600). Achèvement des grands barrages de Grand-Maison (*1985 :* 1 800 MW), Super-Bissorte, Isère, Moyenne Aval. Production interne (1985) de 10 milliards de kWh par an (équiv. de 24 millions de t de pétrole). Énergie solaire, biomasse, géothermie à Bourg et Valence.

Tourisme. 2e région touristique après Paris. 14 % de la capacité hôtelière française. 2/3 des stations de sports d'hiver. Stations thermales ; lacs alpins ; 2 parcs régionaux, 3 nationaux ; villes de congrès (dont Grenoble). *Au 31-12-84 :* hôtels homologués 3 003 (69 741 ch.), campings-caravanages 888 (188 519 pl.). *Au 1-1-84* auberges de jeunesse 26 (1) (1 518 lits), villages de vac. 90 (1) (24 267 l.), maisons familiales de vac. 90 (1) (20 724 l.) ; gîtes de France : gîtes ruraux (27 300 l.), ch. d'hôtes (1 515 l.), campings à la ferme (4 550 l.).

Nota. — (1) Au 1-1-83.

Projets et réalisations. *Communications :* autoroutes : 650 km (12 % du réseau fr.), 1980 : 620 km ; poursuite de Genève, Pont-d'Ain, Lyon, St-Étienne, Clermont-Ferrand. T.G.V. : Paris-Lyon en 2 h. dep. sept. 1983 ; fin 1985, électrification Lyon-Grenoble.

☞ Voir Occitanisme p. 736.

Départements

Voir légende p. 704.

● **Ain** (01) 5 756,10 km^{2} (100 × 80 km). *Alt.* max. Crêt de la Neige 1 723 m, min. 170 m (sortie du Rhône). 418 516 h. [*1801 :* 297 071 ; *1851 :* 365 939 ; *1901 :* 343 048 ; *1921 :* 309 486 ; *1936 :* 306 718 ; *1946 :* 298 556 ; *1975 :* 376 477]. D. 69,9 (80). *Pop. rurale* (1982) 179 019, *urbaine* 239 497. *Pop. active* (1-1-1985, prov.) : 121 758 dont secteur primaire 1 456, secondaire (y c. B.T.P.) 55 454, tertiaire 64 848.

Villes. BOURG-EN-BRESSE, alt. 241 m, 41 098 h. [*1926 :* 20 364 ; *1962 :* 32 596 ; *1975 :* 42 181] [ag. 53 463, dont *Péronnas* 4 575. *Viriat* 3 997. *St-Denis-lès-Bourg* 3 352] ; ind. métall., constr. méc., véhic. util., foires importantes ; église de Brou. — *Ambérieu-en-Bugey* alt. 260 m, 9 737 h. [*1806 :* 2 892 ; *1926 :* 5 705] (ag. 11 248) ; nœud ferroviaire, terrain d'aviation ; château. *Bellegarde-sur-Valserine* alt. 400 m, 11 097 h. [*1806 :* 172 ; *1926 :* 4 664] (ag. 11 849) ; électro-métall., imprimerie, confect. *Belley** alt. 220 m, 7 981 h. [*1806 :* 3 775 ; *1926 :* 4 739] ; constr. métall., joints métall., maroquinerie Le Tanneur. *Châtillon-sur-Chalaronne* 3 518 h. [*1806 :* 3 194 ; *1926 :* 2 732] ; ind. pharm., marché agr. ; halles. *Culoz* 2 630 h. *Divonne-les-Bains* alt. 500 m, 4 783 h. [*1806 :* 1 296 ; *1926 :* 1 721] ; casino, thermes. *Ferney-Voltaire* alt. 423 m, 6 399 h. [*1804 :* 920 ; *1926 :* 1 209] ; C.E.R.N. (Centre europ. pour la rech. nucléaire), secteur fr. de l'aéroport Genève-Cointrin. *Gex** alt. 575 m, 4 868 h. [*1806 :* 2 325 ; *1926 :* 2 065] (ag. 5 936) ; fromages. *Hauteville-Lompnes* alt. 850 m, 3 597 h. *Jassans-Riottier* 3 830 h. *Lagnieu* 5 594 h. (ag. 6 284). *Lélex* 203 h. ; lapidaireries et stat. de ski. *Meximieux* 4 253 h. [ag. 4 911, dont *Pérouges* 658 ; cité médiévale]. *Mijoux* 200 h. *Miribel* 7 053 h. *Montluel* 5 450 h. ; ind. frigorifique. *Montmerle-sur-Saône* 2 023 h. (ag. 2 799). *Montréal-la-Cluse* 3 042 h. (ag. 3 551). *Montrevel-en-Bresse* 2 000 h. (ag. 3 211). *Oyonnax* alt. 540 m, 22 739 h. [*1906 :* 1 275 ; *1926 :* 11 617] (ag. 28 107) ; mat. plast., lunetterie. *Nantua** alt. 479 m, 3 572 h. (ag. 4 098). *Pont-de-Vaux* 2 050 h. (ag. 2 491). *Pont-de-Veyle* 1 253 h. (ag. 2 806). *St-Maurice-de-Beynost* 3 503 h. *St-Vulbas* 464 h. ; centrale nucléaire de Bugey. *St-Genis-Pouilly* 4 631 h. (ag. 7 689). *Seyssel* 831 h. (ag. 3 228). *Thoissey* 1 481 h. (ag. 3 449). *Trévoux* 4 982 h. ; plan d'eau, palais du Parlement (XVIIe s.). *Villars-les-Dombes* 2 796 h. ; parc ornithologique.

Régions naturelles. *Bresse :* 1 317 km^2, alt. 100 à 300 m ; céréales, prairies, bovins, seules volailles d'appellation contrôlée. *Dombes :* 886 km^2, alt. 100 à 300 m ; étangs de pisciculture (Le Grand Birieux : 300 ha) et de chasse, céréales, prairies, petites cult., parc ornithologique (rés. dép.). *Vallée de la Saône :* 336 km^2, alt. 100 à 280 m ; pépinières, vergers, jardins, filières de diamant. *Bugey (bas Bugey et Revermont) :* 1 458 km^2, alt. 800 à 2 300 m ; élevage, fromageries, polyculture, maroquinerie, textiles. *Jura (haut Bugey-pays de Gex) :* 1 347 km^2, alt. 800 à 1 700 m (crêt du Nu 1 351 m) ; matières plastiques, ind. textiles, scieries, tourneries, appareillages électriques, forêts, élevage, vignes. **Terres.** Voir Index.

Sites touristiques. *Lacs :* Nantua (150 ha, alt. 475 m, prof. 43 m), Massiguieu-de-Rives (110 ha), Silan (50 ha), Génin (4 ha). *Forêts :* de Seillon (650 ha), de Portes. *Stations thermales et climatiques :* Divonne-les-Bains, Hauteville-Lompnès. *Ski nordique :* La Faucille 1 320 m, Le Poizat 1 250 m, Hotonnes 1 350 m, Brenod 1 200 m. *Architecture :* égl. de Brou, abbaye d'Ambronay, cheminées « sarrasines » sur l'ancien domaine des Sires de Bâgé [une trentaine (XVIIe et XVIIIe s.), rég. de St-Trivier-de-Courtes, Courtes, St-Nizier-le-Bouchoux, Vernoux, Vescours]. *Pèlerinage* d'Ars.

● **Ardèche** (07) 5 556 km^2 (120 × 70 km). *Alt.* max. Mt Mézenc 1 754 m, min. 40 m (sortie du Rhône). 267 970 h. [*1801 :* 266 656 ; *1851 :* 386 559 ; *1861 :* 388 529 ; *1911 :* 331 801 ; *1936 :* 272 698 ; *1962 :* 245 597 ; *1975 :* 257 065]. D. 49 (82).

Population active salariée (1-1-1985, prov.) : 64 238 dont primaire 1 242, secondaire (y compris B.T.P.) 27 697, tertiaire 35 299. *Active totale* (1984) : 106 000.

Villes. PRIVAS, alt. 300 m, 10 345 h. [*1806 :* 3 080 ; *1936 :* 7 733] (ag. 14 108) ; marrons glacés, text., constr. élec. *Annonay* alt. env. 350 m, 19 484 h. [*1661 :* 3 800 ; *1803 :* 6 000 ; *1936 :* 15 669 ; *1962 :* 18 434 ; *1975 :* 20 832] (ag. 25 207) ; text. cuir, autocars R.V.I. (Renault Véhicules Ind.), papier de luxe (Canson et Montgolfier). — *Aubenas* alt. 300 m, 11 543 h. [ag. 24 309, dont *Vals-les-Bains* 3 933, alt. 250 m ; station therm.] ; text., constr. méc. et élec., prod. pharm. ; château. *Bourg-St-Andéol* alt. 100 m, 7 400 h. *Guilherand* alt. 108 m, 9 556 h. *Lamastre* alt. 400 m, 3 007 h. *Largentière** alt. 224 m, 2 520 h. (ag. 3 374). *La Voulte-sur-Rhône* alt. 100 m, 5 297 h. *Le Cheylard* alt. 500 m, 4 239 h. *Le Teil* alt. 73 m, 8 089 h. *St-Péray* alt. 128 m, 5 196 h. ; vin. *Tournon** alt. 120 m, 9 099 h. (ag. 16 441) ; constr. élec., chaussures, text., articles de sport et de camping, caravanes ; château. *Viviers* alt. 71 m, 3 282 h.

Régions naturelles. *Monts du Vivarais* (forêt, élevage). *Bas Vivarais* (collines arides : vignes, cult. fruitières). *Vallées :* Eyrieux, Ouvèze, Ardèche, Rhône (cult. fruitières, cimenterie, carrelages, centrale nucléaire de Cruas).

Bois (en milliers d'ha, 1985). 257,9 [dont (1981) forêt privée (groupement forestier) Bozon 1,1, f. domaniales, Mazan l'Abbaye 1,2, Les Chambons 1,2, Bonnefoi 1,1, Mayres 1,05]. **Terres.** Voir Index.

Sites touristiques. *Dolmens* (1er dép.). Ruines romaines à Alba. Le *Pont d'Arc* et les *Gorges de l'Ardèche* (réserve naturelle), canoë-kayak, Mt Gerbier-de-Jonc : sources de la Loire (1 550 m). *Ski :* Areilladou 1 200 m, Ste-Eulalie 1 200 m, Borée 1 132 m, Croix-de-Bauzon 1 511 m. *Lacs* d'Issarlès alt. 1 000 m, 90 ha (prof. 132 m) ; *de retenue* Viviers-Donzère-Mondragon (2,1 km^2). *Plans d'eau :* St-Martial 13 ha, alt. 860 m, et Devesset 48 ha, alt. 1 100 m, Le Cheylard (en cours), 60 ha, Coucouron 10 ha. *Parc zoologique :* safari-parc de Peaugres, alt. 379 m. *Grottes :* Ebbou (Vallon Pt-d'Arc), La Vache (Bidon). Aven d'Orgnac, Aven Marzal (St-Remèze).

● **Drôme** (26) 6 525,13 km^2 (150 × 85 km). *Alt.* max. Crête des Aiguilles 2 400 m, min. 50 m (sortie du Rhône). 371 communes, 389 781 h. [*1801 :* 235 357 ; *1851 :* 326 846 ; *1901 :* 297 321 ; *1921 :* 263 509 ; *1936 :* 267 281 ; *1975 :* 361 847]. D. 56,6 (80). *Pop. active salariée* (1-1-1985, prov.) : 123 109 dont primaire 3 075, secondaire (y c. B.T.P.) 49 065, tertiaire 71 009.

Villes. VALENCE, alt. 124 m, 66 356 h. [ag. 106 041, dont dans le dép. *Bourg-lès-Valence* 16 033 ; centrale hydroélec., ind. chim., électron. *Portes-lès-Valence* 7 337] ; horlogerie, méc. de précision, petite métall., semences, bijouterie, text., cartoucherie, meubles, papeteries, aérodrome Valence-Chabeuil ; cath. St-Apollinaire, maison des Têtes, abb. N.-D.-de-Soyons. — *Chabeuil* 4 319 h. *Crest* 7 518 h. (ag. 9 271). *Die** 3 992 h. ; vin blanc (Clairette) ; remparts, cath., porte St-Marcel, m. lapidaire. *Dieulefit* 2 666 h. (ag. 3 204). *Donzère* 3 915 h. *La Roche-de-Glun* 2 113 h. (ag. 4 590, dont *Pont-de-l'Isère* 2 477]. *Livron-sur-Drôme* 6 822 h. (ag. 11 457, dont *Loriol-sur-Drôme* 4 635]. *Montélimar* 47 km^2, alt. 82 à 157 m, 29 161 h. [*1724 :* 3 946 ; *1836 :* 7 560 ; *1911 :* 13 281 ; *1954 :* 16 639] (ag. 38 292) ; nougats ; château. *Nyons** 6 061 h. ; usine de séparation des isotopes de l'uranium (C.E.A.) ; lavande, truffes, m. archéol., de l'olivier. *Pierrelatte* 11 596 h. ; centrale nucl. *Romans-sur-Isère* 33 152 h. [ag. 47 083, dont *Bourg-de-Péage* 8 413] ; chaussures, tanneries, maroquinerie, musée d'ethnographie régionale. *St-Jean-en-Royans* 2 945 h. *St-Marcel-lès-Valence* 3 342 h. ; m. autom. *St-Paul-Trois-Châteaux* 6 412 h. *St-Rambert-d'Albon* 4 062 h. (ag. 5 546). *St-Uze* 2 003 h. (ag. 3 368). *St-Vallier* 4 442 h. (ag. 7 639). *Tain-l'Hermitage* 5 387 h.

Régions naturelles. *Vercors drômois* (46 % de la sup. du dép.) : forêts et pâturages, bovins, parc rég. *Diois :* vignobles, lavande, élevages ovins, caprins, aviculture. *Nyonsais :* olives, vin. *Baronnies :* lavande, oliviers, amandiers, vignobles, fruits, caprins, ovins. *Plaines rhodaniennes* (15 à 25 km de larg.) : aviculture, céréales, semences, vins (Côtes-du-Rhône, Ermitage), prod. arboricole très importante. **Terres.** Voir Index.

Sites touristiques. *Sports d'hiver :* Font d'Urle, col de Rousset, Valdrôme, Lus-la-Jarjatte. *Forêts :* de Marsanne (1 134 ha), Saou (2 000 ha). *Cirque* d'Archiane. *Route* des Grands-Goulets. *Gorges* d'Omblèze, de la Roanne et de l'Escharis, de St-Moirans, défilé de Trente-Pas (St-Ferréol-Trente-Pas). *Points de vue :* nombreux cols. *Vieux villages :* Ste-Jalle, Poët-Laval, Clansayes, Montbrun-les-Bains, Mirmande, La Garde-Adhémar, Saint-May, St-Restitut, Châteauneuf-de-Mazenc (alt. 353 m), Pontaix, Valaurie. *Palais Idéal* du facteur Cheval à Hauterives (1879-1912). *Châteaux :* Grignan, Suze-la-Rousse, des Adhémars (à Montélimar), Aulan, Crest (plus haut donjon d'Europe, 49 m). *Abbayes :* Aiguebelle, Léoncel, Valcroissant (cisterciennes, XIIe s.). *Festival* de musique de St-Donat.

● **Isère** (38) 7 467,18 km^2 (150 × 80 km). *Alt.* max. Barre des Ecrins 4 102 m (limite de l'Isère et des Htes-Alpes), min. 134 m (bord du Rhône). 936 771 h. (82), 955 000 (84, estim.) [*1801 :* 410 688 ; *1851 :* 578 297 ; *1901 :* 544 223 ; *1921 :* 502 007 ; *1936 :* 540 881 ; *1954 :* 859 800 ; *1975 :* 860 339]. D. 127,8 (84). *Pop. active* (1-1-1984) : 360 200 dont primaire 16 000, secondaire 142 200 (y c. B.T.P.), tertiaire 202 000. *Salariée* 85,5 %.

Villes. GRENOBLE, alt. 213 m, 156 637 h. [ag. 392 021, dont *Claix* 5 382. *Corenc* 3 138. *Domène* 5 308 ; papeteries. *Échirolles* 37 360 ; constr. méc., matér. de broyage, chaudronnerie, constr. métall., mach.-outils, électron. *Eybens* 5 843. *Fontaine* 22 827 ; métall., chaudronnerie, app. de broyage et traitement. *Gières* 4 005. *La Tronche* 6 690. *Le Pont-de-Claix* 11 787. *Meylan* 14 561 ; Z.I.R.S.T. (Zone pour l'innovation et les réalisations scientifiques et techniques électron., C.N.E.T.). *St-Égrève* 14 363 ; électron., papeterie, transf. des métaux, B.T.P. *St-Ismier* 4 005. *St-Martin-Le-Vinoux* 5 251. *St-Martin-d'Hère* 35 188. *Sassenage* 8 945. *Seyssins* 5 021. *Seyssinet-Pariset* 12 893. *Villard-Bonnet* 6 039. *Voreppe* 7 970 ; constr. méc., élec., électron. ; informatique ; cimenteries, ganterie, centres de rech. nucléaires, ind. alim., papeterie, habillement, confection, métall., chaudronnerie, briqueterie, sidér.] ; université, Et. sup. d'électron. en partic. ; crypte de l'église St-Laurent (fin Ve s.), Palais de Justice (XVe s.), préfecture ; m. autom., Stendhal, de la Résistance et de la Déportation. — *Allevard* 2 391 h. (ag. 4 407), alt. 475 m. *Beaurepaire* 3 793 h. (ag. 4 413). *Bourgoin-Jallieu* 22 550 h. (ag. 30 342) ; text., métall., prod. pharm., papeterie, maçonnerie, confection, habillement, chim., prod. min. non métall., transf. des mét. *Champ-sur-Drac* 3 094 h. (ag. 5 901, dont *Jarrie* 2 807]. *Charvieu-Chavagneux* 6 804 h. [ag. 18 153, dont *Chavanoz* 3 834. *Pont-de-Chéruy* 3 849. *Tignieu-Jameyzieu* 3 666]. *Chasse-sur-Rhône* 4 378 h. *Crémieu* 2 409 h. (ag. 3 627). *Crolles* 3 492 h. (ag. 5 465). *Heyrieux* 3 270 h. *La Côte-St-André* 3 857 h. (ag. 4 513) ; m. Berlioz. *La Mure* 5 657 h. (ag. 7 197). *La Tour-du-Pin** 6 913 h. (ag. 11 554) ; chaussures, text., méc., élec., électron. *La Verpillière* 5 293 h. *Le Bourg-d'Oisans* 3 027 h. *Le Pont-de-Beauvoisin* 2 564 h. (ag. 5 854). *L'Ile d'Abeau* (ville nouv.) 20 565 h. *Les Abrets* 2 795 h. (ag. 4 426). *Les Avenières* 3 495 h. *Montalieu-Vercieu* 2 329 h. (ag. 4 495). *Morestel* 2 738 h. (ag. 6 984). *Poncharra* 5 473 h. *Rives* 5 115 h. [ag. 10 179 dont *Renage* 3 154]. *Roussillon* 7 173 h. [ag. 31 927, dont *Le Péage-du-Roussillon* 6 182. *St-Maurice-l'Exil* 4 070. *Salaise-sur-Sanne* 3 352]. *St-Jean-de-Bournay* 3 651 h. *St-Laurent-du-Pont* 4 125 h. *St-Martin-d'Uriage* 2 758 h. (ag. 2 758). *St-Quentin-Fallavier* 4 484 h. *St-Marcellin* (sous-préf. jusqu'en 1926) 6 795 h. (ag. 11 501). *Tullins* 6 044 h. *Varces-Allières-et-Risset* 3 576 h. *Vienne** 28 294 h. [ag. 41 019, dont *Pont-Évêque* 5 542] ; métall., text., outill. autom., électro-ménager, mach.-outils, méc., prod. pétroliers, chaudronnerie, confection habill. ; fouilles romaines (temple d'Auguste et de Livie 27 av. J.-C. à 11 apr. J.-C. ; théâtre Ier s. av. J.-C., début Ier s. apr. J.-C., diam. 103,40 m) ; cath. (XIIe et XIIIe s.). *Vif* 4 419 h. *Villard-de-Lans* 3 224 h. *Villefontaine* 10 005 h. *Vinay* 3 376 h. (ag. 4 127). *Vizille* 7 162 h. (ag. 8 674) ; château (1611-19). *Voiron* 18 911 h. [ag. 33 492, dont *Coublevie* 3 100. *La Buisse* 1 206. *Moirans* 6 313. *St-Jean-de-Moirans* 1 896] ; métall., skis, papeteries, B.T.P., text., prod. min., boissons, méc., instr. de précision.

Régions naturelles. *Chartreuse* et *Vercors* (alt. max. 2 346 m) (bovins, exploitations forestières). *Vallée du Rhône* et *Grésivaudan* (vignes, arbres fruitiers, céréales, tabac, bovins, noix). **Terres.** Voir Index.

Sites touristiques. *Sports d'hiver :* Chamrousse (1 650-2 250 m), L'Alpe-d'Huez (1 850-3 350 m, ski d'été), Les Deux-Alpes (1 660-3 423 m, ski d'été), Les Sept-Laux (1 350-2 120 m), Villard-de-Lans (1 050-1 926 m), Autrans (ski de fond). *Parc naturel régional* du Vercors. *Parc national* des Écrins. *Corrérie* de la Grande Chartreuse. *Château :* de Vizille (son et lumière). *Lacs* de Laffrey, Paladru. St-Pierre-de-Chartreuse (monastère), Le Bourg-d'Oisans, St-Nizier-du-Moucherotte, Paladru (3,9 km^2). Grottes de Choranges. Pèlerinage de N.-D. de la Salette.

● **Loire** (42) 4 773,74 km^2 (125 × 70 km). *Alt.* max. Pierre-sur-Haute, Mts du Forez 1 640 m ; Mt Pilat 1 414 m ; massifs montagneux : 60 % du dép. 739 521 h. [*1801 :* 290 903 ; *1851 :* 472 588 ; *1901 :* 647 633 ; *1921 :* 637 130 ; *1936 :* 650 226 ; *1946 :* 631 591 ; *1962 :* 696 248 ; *1975 :* 742 396]. D. 154,3 (80). *Pop. rurale* (1981) : 163 349. *Immigrés* (31-12-1984) : 60 080 dont Algériens 16 697, Portugais 10 454, Italiens 8 645. *Population active salariée* (1-1-1985, prov.) : 224 554 dont primaire 1 067, secondaire 104 604 (y c. B.T.P.), tertiaire 118 883.

Villes. SAINT-ÉTIENNE, alt. 517 m, sup. 7 827 ha (chef-lieu dep. le Second Empire, auparavant Feurs 1793 et Montbrison 1857). 204 955 h. [*1697 :* 14 000 ; *1762 :* 18 000 ; *1790 :* 28 140 ; *1801 :* 16 259 ; *1851 :* 56 003 ; *1876 :* 126 019 ; *1911 :* 148 656 ; *1926 :* 193 737 ; *1946 :* 177 966 ; *1962 :* 203 633 ; *1968 :* 216 020] (ag. 317 228, dont *Fraisses* 3 854. *Firminy* 24 113 ; ind. text., sid., métall. (Creusot-Loire), méc. ; v. nouv. *Firminy-Vert* (Le Corbusier). *La Ricamarie* 9 644 ; houille, métall., méc. *La Talaudière* 5 577. *Le Chambon-Feugerolles* 18 149. *Roche-la-Molière* 9 211 ; houille, fonderie, aéron., sellerie. *St-Genest-en-Lerpt* 5 308. *St-Jean-Bonnefonds* 6 285. *St-Priest-en-Jarez* 4 563. *Sorbiers* 6 424. *Unieux* 8 265. *Villars*

7 529] ; univ., Éc. des mines, Éc. d'ingénieurs, université complète ; houillères ; cap. fr. de la méc. ; aciers spéciaux, fonderie, métall., méc., outillage, armes, cycles, pièces autom., rubans, tresses et lacets, tissus élastiques, velours, foulards, cravates, verrerie, optique, élec., électron., meubles métall., ind. alim., informatique, text., habill., B.T.P., bois, papier, carton ; principales Stés : Creusot-Loire, Casino, Berthiez, Soma-Europe Transmissions, Peugeot, Renault, Schlumberger, Usinor, Union Carbide, La Roche aux fées, Marcelle Griffon ; musée d'Art et d'Ind., de la Mine, de l'arme « Alexis-Rivolier ». – *Balbigny* 2 469 h. ; matér. ferroviaire. *Boën* 3 603 h. (ag. 4 832) ; méc. *Bourg-Argental* 3 150 h. *Charlieu* 4 322 h. (ag. 5 409) ; mach., matér. méc. *Chazelles-sur-Lyon* 5 021 h. ; autom. *Commelle-Vernay* 2 502 h. *Feurs* 8 012 h. ; fonderies et aciéries, cartonneries ; m. archéol. *Montbrison** 13 280 h. (ag. 15 101) ; mach., constr. méc., jouets, tuiles ; m. d'Allard (minéralogie, numism., poupées), m. de la Diana (archéol., hist.). *Montrond-les-Bains* 3 137 h. (ag. 4 139) ; autom. (Bendix). *Panissières* 2 903 h. *Pelussin* 2 785 h. *Pouilly-sous-Charlieu* 2 973 h. (ag. 4 422). *Roanne** 48 705 h. [*1962* : 51 731] [ag. 81 786, dont *Le Coteau* 8 359. *Mably* 7 945. *Riorges* 8 989] ; 2e centre fr. de la maille et du tricot, confect. tissage coton, text. artificiels ; constr. méc., mat. d'armement, fonderie, B.T.P., verre, céramique, papeteries ; m. Joseph-Déchelette (archéol., céramiques et faïences). *Régny* 2 041 h. *St-Bonnet-le-Château* 1 905 h. ; autom. *St-Chamond* 40 267 h. [ag. 82 059, dont *Châteauneuf* 1 173. *La Grand-Croix* 5 125. *L'Horme* 4 858. *Lorette* 5 094. *Rive-de-Gier* 15 806. *St-Paul-en-Jarez* 3 819] ; fonderie (Creusot-Loire), mach., constr. méc., élec., électron., métall., autom. habill. *St-Denis-de-Cabanne* 1 416 h. ; méc. *St-Galmier* 3 680 h. (ag. 4 546). *St-Héand* 3 458 h. ; optique. *St-Just-St-Rambert* 10 533 h. [ag. 37 470, dont *Andrézieux-Bouthéon* 8 877 ; ind. agro-alim. *La Fouillouse* 4 004. *Sury-le-Comtal* 4 200. *Veauche* 5 706] ; métaux, méc., autom. (Renault) ; constr. élec., électron., verre (St-Gobain) ; m. de St-Rambert-sur-Loire (sciences humaines, ethnologie). *St-Marcellin-en-Forez* 2 931 h. *St-Martin-la-Plaine* 2 430 h. ; ind. agro-alim. *St-Pierre-de-Bœuf* 1 051 h. ; text. (Texunion). *St-Romain-le-Puy* 2 423 h. (ag. 3 202). *Savigneux-en-Forez* 1 821 h. ; mach. ; constr. méc. *Sury-le-Comtal* 4 200 h. *Violay* 1 380 h. ; text.

Régions naturelles. *Plaines : Forez* [drainée par Loire et affl. ; rég. : les Chambons (alluvionnaires), terre de Varenne, les Chanonats ; irrigation (canal du Forez, Loire) ; céréales (blé, maïs), polyculture, embouche] ; pl. de *Roanne* [herbages, embouche (Charolais)]. *Côtes roannaise* et du *Forez* (vignobles et arboriculture). *Massifs montagneux* (60 % du dép.) : Mts de la *Madeleine* et du *Forez* [alt. moy. 900 m ; forêts : 30 % du terr. ; prod. laitière, fromages (fourme d'Ambert et de Montbrison) ; tourisme], les *Bois Noirs* à l'O. ; Mts du *Beaujolais*, du *Lyonnais* (alt. moy. 600 m ; prod. laitière) à l'E. ; massif du Pilat [forêts : 38 % du terr. ; lait ; fruits (rég. de Pelussin) ; tourisme], au S. Dépression carbonifère (S.-O./N.-E.) au N. du Pilat (40 × 5 à 6 km) [régression de l'extraction minière : *effectifs 1954* : 17 827, *1966* : 9 911, *1976* : 1 813, *1978* : 948 (dont min. de fond 449)]. **Terres.** Voir Index.

Sites touristiques. *Parc naturel régional* du Pilat : 59 000 ha, ski de fond, randonnées, station de ski : Le Bessat (1 170-1 430 m). *Lac* de Grangent : 365 ha, long. 23 km, port de plaisance de St-Victor-sur-Loire (égl. du XIe s., château) ; Villerest. *Cascades* : Saut-du-Gier (30 m). *Architecture* : ch. de Sury-le-Comtal, de la Bastie d'Urfé (Renaissance), cloître de Charlieu. *Stations thermales* : Sail-les-Bains, Montrond-les-Bains. *Station hydrominérale et climatique* : St-Galmier. *Musées* : voir villes ; m. forézien d'Ambierle. *Sites préhistoriques* : Saut-du-Perron, La Vigne-Brun, La Goutte-Roffat, rocher de la Caille.

● **Rhône** (69) 3 214,97 km² (93 × 46 km). *Alt.* maximum Mt-St-Rigaud 1 012 m, minimum 140 m (sortie du Rhône). 1 445 208 h. (1982) [*1801* : 299 390 ; *1851* : 606 945 ; *1901* : 875 017 ; *1931* : 1 089 764 ; *1946* : 959 229 ; *1975* : 1 429 647]. D. 465 (80). *Pop. active salariée* (1-1-1985, prov.) : secteur primaire 2 589, secondaire 209 015, tertiaire 367 996.

Villes. LYON, alt. 225 m, 413 095 h. [*1801* : 109 500 ; *1866* : 324 000 ; *1901* : 459 100 ; *1911* : 523 800 ; *1936* : 570 600 ; *1946* : 460 700 ; *1954* : 471 300 ; *1975* : 456 716] ; centre comm., foire intern., centre de recherches sur le cancer ; chimie, constr. méc., élec. et électron., jouets, text. ; curiosités archéol. [Vieux-Lyon avec théâtre romain de Fourvière (Ier s. av. J.-C., diam. 103 m, le plus ancien de la Gaule) ; La Part-Dieu, nouveau quartier (28 ha)] [ag. 1 220 844, dont *Brignais* 9 564. *Bron* 40 638 ; fonderie, aéroport. *Caluire-et-Cuire* 41 931 ; ind. diverses. *Champagne-au-Mont-d'Or* 4 763. *Chaponost* 5 278. *Charbonnières-les-Bains* 3 973. *Chassieu* 6 882. *Corbas* 6 375. *Craponne* 5 536. *Dardilly* 4 668. *Décines-Charmieu* 22 832. *Écully* 17 865. *Feyzin* 7 753. *Fontaines-sur-Saône* 7 062. *Francheville* 9 500. *Génas* 5 471. *Givors* 20 544 ; métall., verrerie, text., chim. *Grigny* 8 108. *Irigny* 6 828. *Limonest* 2 131. *La Mulatière* 7 716. *Mézieu* 26 776. *Mions* 6 044. *Neuville-sur-Saône* 6 982. *Oullins* 27 168 ; constr. méc., text. *Pierre-Bénite* 9 468. *Rillieux-la-Pape* 31 799. *St-Cyr-au-Mont-d'Or* 4 800. *St-Didier-au-Mont-d'Or* 5 115. *St-Fons* 15 291. *Ste-Foy-lès-Lyon* 21 521. *St-Genis-Laval* 14 353. *St-Priest* 42 677. *St-Symphorien-d'Ozon* 4 850. *Sathonay-Camp* 4 113. *Sathonay-Village* 1 050. *Tassin-la-Demi-Lune* 15 001. *Ternay* 3 859. *Vaulx-en-Velin* 44 160. *Vénissieux* 64 804 ; véhicules lourds, ind. chim. *Villeurbanne* 115 960 ; ind. métall., text. et chim.]. – *Ampleplus* 5 055 h. *Anse* 3 705 h. (ag. 15 359). *Belleville* 6 397 h. (ag. 8 390). *Chaponnay* 2 706 h. *Condrieu* 3 078 h. *Cours-la-Ville* 5 095 h. *Jonage* 2 938 h. *L'Arbresle* 4 784 h. (ag. 11 334). *Lentilly* 2 537 h. *Mornant* 3 323 h. *St-Georges-de-Reneins* 3 189 h. *St-Germain-au-Mont-d'Or* 2 129 h. (ag. 4 049). *St-Laurent-de-Mure* 3 336 h. [ag. 6 542, dont *St-Bonnet-de-Mure* 3 206]. *St-Symphorien-sur-Coise* 3 225 h. *Tarare* 10 822 h. (ag. 13 751) ; textiles. *Thizy* 3 351 h. (ag. 6 932). *Vaugneray* 3 226. *Vaulx-en-Vélin* 44 160 h. ; verrerie. *Villefranche-sur-Saône** 28 881 h. [ag. 50 143, dont *Gleize* 6 591. *Limas* 3 463] ; métallurgie, industries textiles et chimiques.

Régions naturelles. *Beaujolais* (alt. moy. + de 800 m) et *Lyonnais* (alt. moy. 700 m) (élevage, vignobles). *Collines du bas Dauphiné* (extrémité). *Vallée de la Saône.*

Régions agricoles (S.A.U. en ha) : Beaujolais viticole 44 700, Mts du Lyonnais 67 900, vallée de la Saône 9 200, plateau du Lyonnais 39 700. **Terres.** Voir Index.

● **Savoie** (73) 6 035,57 km² (100 × 100 km). *Alt.* moy. 1 500 m, max. pointe de la Grande Casse 3 852 m, min. 212 m (confluent du Rhône et du Guiers) ; 36 somm. de + de 3 500 m (dép. le plus montagneux). 323 675 h. (82), 328 000 (84, estim.) [*1801* : 220 895 ; *1851* : 275 459 ; *1901* : 254 781 ; *1921* : 225 034 ; *1936* : 239 115 ; *1946* : 235 939 ; *1962* : 266 678 ; *1968* : 288 921 ; *1975* : 305 118]. D. 54,3 (84). *Pop. active* (1-1-1984) : 134 600 dont primaire 7 500, secondaire 41 400 (y c. B.T.P.), tertiaire 85 700. *Salariés* : 86,8 %. *Taux de chômage* (oct. 1984) : 8,2.

Villes. CHAMBÉRY, alt. 270 m, 2 109 ha, 53 427 h. [*1861* : 21 470 ; *1911* : 24 245 ; *1954* : 34 438 ; *1962* : 44 246 ; *1968* : 51 056 ; *1975* : 54 415] [ag. 96 163, dont *Barberaz* 3 793. *Bassens* 3 625. *Cognin* 6 085. *La Motte-Servolex* 7 182. *La Ravoire* 6 659] ; métall., prod. chim., ind. alim., verre, confection, centre commerc. ; château des ducs de Savoie, cath. St-François, fontaine des éléphants ; Les Charmettes. – *Aix-les-Bains* alt. 260 m, 23 451 h. [*1861* : 4 253 ; *1911* : 8 934 ; *1954* : 15 680] (ag. 31 680) ; stat. therm. [le plus important établ. therm. de Fr. (61 319 curistes en 1982)] ; chaudronnerie, constr. élec. et téléph. *Albertville** 16 970 h. [*1861* : 4 458 ; *1911* : 7 071 ; *1954* : 9 730] (ag. 24 788) ; centre commercial, confection, bâtiment et travaux publics. *Bourg-St-Maurice* alt. 815-842 m, 5 839 h. *La Rochette* 3 190 h. *Le Pont-de-Beauvoisin* 1 605 h. (ag. 5 854). *Modane* alt. 1 057 m, 4 789 h. (ag. 6 093) ; gare intern., électro-métall., soufflerie. *Montmélian* 4 016 h. (ag. 5 315). Moutiers 4 342 h. (ag. 5 363). *St-Étienne-de-Cuines* 1 183 h. (ag. 3 694). *St-Génix-sur-Guiers* 1 692 h. (ag. 3 229). *St-Jean-de-Maurienne** 9 639 h. (ag. 10 463) ; aluminium (Péchiney, la plus grande usine), T.P. ; cloître. *St-Michel-de-Maurienne* 3 418 h. (ag. 3 822). *St-Pierre-d'Albigny* 2 850 h. (ag. 3 287). *Ugine* 7 445 h. (ag. 8 590) [*1861* : 3 356 ; *1946* : 6 463] ; électrométall., artisanat, aciéries, B.T.P.

Régions naturelles. *Massifs centraux (Beaufortin)*, zone intra-alpine *(Vanoise)*, vallées de l'*Isère* supérieure *(Tarentaise* : élevage) et de l'*Arc (Maurienne* : élevage). *Préalpes du Nord* (élevage), *forêts* (en ha) : Maurienne 211 800, Tarentaise 191 500, combe de Savoie 47 000, Bauges 35 900, cluse de Chambéry 33 500, Quatre-Cantons 29 500, Beaufortin 27 100, Chartreuse 14 700, val d'Arly 20 800, Albanais 8 500, Chautagne 6 700, parc national de la Vanoise 52 840 [zone périphérique 143 600 (28 communes)]. **Terres.** Voir Index.

Sites touristiques. *Lacs* (en ha) : du Bourget (4 330, prof. max. 145 m, alt. 231 m ; le plus grand lac français ; sports nautiques), d'Aiguebelette (550, prof. 71 m), de Chevelu (11), St-André (7,58), de Roselend (320), du Presset, du Mt-Cenis (665), de Tigne (270), de Bissorte (150, alt. 2 430 m). *Col français le plus haut* : col de la Banette 2 802 m. *Quelques sommets* (en m) : la Grande Casse 3 852, Grand Pic de la Lauzière 3 829, le Mt Pourri 3 779, la Pointe de Charbonnel 3 750, la Dent-Parrachée 3 684, la Grande Motte 3 656, Aiguilles d'Arves 3 510, Aiguille du Grand-Fond 2 889, le Grand Arc 2 482, le Pécloz 2 260, l'Arcalod 2 217, Mt Granier 1 938, Croix-du-Nivolet 1 547, Dent du Chat 1 390. *Parc national* de la Vanoise [alt. de 1 800 m à 3 852 m (la Grande Casse), 1er parc nat. 53 000 ha]. *Stations de ski* (les plus vastes domaines skiables de Fr. et sans doute du monde) : Val d'Isère 1 850 m, Tignes 1 550-3 500 m, Les Arcs 1 600-1 800-2 000 m, les Trois Vallées (Courchevel 1 100-1 850 m, Méribel-les-Allues 1 450-1 700 m, les Ménuires-vallée de Belleville 1 850-3 400 m : 300 km² skiables), La Plagne 1 250-3 250 m (avec Aime 2 000), Le Corbier 1 550 m, La Toussuire 1 800 m, Val-Cenis 1 400-2 800 m, Val-Thorens 2 300-3 400 m. *Grotte* de Lamartine (lac du Bourget). *Abbaye* : Hautecombe. *Châteaux* : la Bathie, Miolans, Rochette. *Basilique* St-Martin à Aime. *Cité médiévale* de Conflans. *Stations thermales (curistes en 1981)* : Aix-les-Bains (v. ci-dessus), Brides-les-Bains 9 479, La Léchère 6 426, Challes-les-Eaux 5 581.

● **Haute-Savoie** (74) 4 391,37 km² (95 × 75 km). *Alt.* moy. 1 160 m, max. Mt Blanc 4 807 m, min. 250 m (confluent du Rhône et du Fier) 494 505 h. (1982) [*1851* : 269 513 ; *1886* : 275 018 ; *1911* : 255 137 ; *1921* : 235 668 ; *1936* : 259 961 ; *1975* : 447 795]. D. 112,6 (1982). *Pop. active salariée* (1-1-1985) : 167 432 dont primaire 595, secondaire 70 719 (y c. B.T.P.), tertiaire 96 118. *Frontaliers* (31-12-1983) : 19 412.

Villes. ANNECY, alt. 446 m, sup. 13,7 km², lac 2 800 ha, 49 965 h. [*1561* : 2 775 ; *1635* : 4 500 ; *1734* : 4 991 ; *1861* : 10 737 ; *1936* : 23 296 ; *1962* : 43 255] [ag. 112 632, dont *Annecy-le-Vieux* 14 054. *Cran-Gevrier* 14 388. *Meythet* 7 590. *St-Jorioz* 3 344. *Seynod* 13 175] ; métall., méc., ind. du bois et papier, comb. nucléaire, aéro-chim., coutellerie, bijouterie, roulements, électron. (C.I.T.-Alcatel), art. sports, ind. alim. ; musée, château, conservatoire d'art et d'hist. ; rénovation de la vieille ville (lac 2 800 ha). – *Annemasse* 26 204 h. *Genève (CH)-Annemasse (p. fr.)* [ag. 72 242, dont *Ambilly* 5 224. *Gaillard* 9 079. *St-Julien-en-Genevois** 6 795 ; électr. *Vetraz-Monthoux* 3 413. *Ville-la-Grand* 4 723] ; horl., app. de mesure, prod. pharm., bij., méc. *Bonneville** 8 814 h. (ag. 13 164) ; régie électrique. *Bons-en-Chablais* 2 781 h. (ag. 3 314). *Chamonix-Mont-Blanc* alt. 1 050 m, 8 746 h. (ag. 10 512) ; musée alpin. *Cluses* 15 469 h. (ag. 31 323, dont *Marignier* 3 679. *Marnaz* 3 595. *Scionzier* 5 463. *Thyez* 3 117] ; éc. d'horlogerie, décolletage. *Collonges-sous-Salève* 2 519 h. (ag. 3 974). *Faverges* 6 177 h. (ag. 6 823). *La Roche-sur-Foron* 6 627 h. (ag. 8 470). *Megève* alt. 1 113 m, 5 255 h. *Morzine* 2 838 h. (ag. 3 400). *Passy* 8 722 h. (ag. 13 383, dont *St-Gervais-les-Bains* 4 661, alt. 860 m]. *Reignier* 3 652 h. *Rumilly* 8 863 h. (ag. 9 913) ; ind. alim., musée. *Sallanches* 10 296 h. (ag. 11 506) ; text., alim. *Thones* 4 169 h. (ag. 4 840). *Thonon-les-Bains** alt. 435 m, 27 161 h. [ag. 45 372, dont *Évian-les-Bains* 6 018 (*1901* : 3 105), alt. 475 m, 429 ha ; station thermale] ; électr. (Thomson-C.S.F.), fonderie, bois ; station thermale ; château de Sonnaz, château et forêt de Ripaille ; musée du Chablais. *Veyrier-du-Lac* 1 170 h. (ag. 3 879).

Régions naturelles. *Massifs centraux alpins* à l'E. *(Mt-Blanc)*. *M. préalpins du Chablais* et *Bornes* à l'O. : élevage. *Vallées du Fier*, de l'*Arve* (industrialisée à partir de Cluses) et du *Giffre* (Faucigny) : céréales, vergers.

Principales régions agricoles (en ha) : bas Genevois 14 394, Sémine 4 683, vallée des Usses 23 286, région d'Annemasse 15 277, région d'Annecy 36 200, cluse d'Arve 26 790, Giffre 45 552, Chablais 62 727, plateau des Dranses 9 260, bas Chablais 25 091, pays de Thones 53 009, plateau des Bornes 26 034, Sillon Alpin 26 311, Albanais 26 147, Bauges 7 946, Grandes Alpes 51 126.

Sites touristiques. *Lacs* : d'Annecy (alt. 446 m, 27 km², long. 14 km, larg. max. 3,3 km, prof. 64 m), Léman [le plus grand des l. alpins : 235 km en terr. fr., prof. 310 m (sup. total 582 km²], Montriond 22 ha (10 m), Mole (Viuz-en-Sallaz) 12 ha (3 m), Machilly 10 ha (3 m), Plagnes (Abondance) 12 ha (6 m), Balme de Sillingy 10 ha (3 m), Mines d'Or (Morzine) 3 ha (3 m), Chavanette (Morzine) 3 ha (6 m), des Dronières 6 ha (1,50 m), de la Chartreuse du Reposoir (ou étendue du Carmel) 1 ha (4 m). *Cols* : V. p. 72. *Quelques sommets* (en m) : Mt Blanc 4 807, Dôme du Goûter 4 304, les Grandes Jorasses 4 208, Aiguille verte 4 122, Aiguille du Midi 3 842, les Dômes de

Miage 3 670, Aiguille du Tour 3 544, Aiguille de Blaitière 3 522, le Grépon 3 482, les Grands Charmoz 3 443, Mt Buet 3 094, Pointe du Tenneverge 2 985, Pointe Percée 2 752, Pointe de Platé 2 553, Aiguille de Varan 2 541, Mt Joly et le Brévent 2 525, les Hautforts 2 464, la Dent d'Oche 2 222, Pointe de Miribel 1 586. *Ski :* Megève 1 113-2 040 m, Chamonix 1 035-3 520 m, Morzine-Avoriaz 1 000-2 460 m, La Clusaz 1 100-2 600 m, Flaine 1 600-2 500 m, St-Gervais 1 400-1 950 m, Les Houches 1 800-1 900 m, les Gêts 1 172-1 850 m. *Châteaux :* Montrottier, Menthon, Salès à Thorens, Clermont, Yvoire, Ripaille à Thonon-les-Bains. *Chapelle :* Assy (tapisseries de Lurçat). *Chartreuse :* le Reposoir. *Ponts de la Caille* (1838 ; sur le canyon des Usses, 150 m). *Réserves :* des Aiguilles Rouges, des Marais du Bout du lac d'Annecy, du Roc de Chère, de Sixt ; des îles de la Dranse, des Contamines-Monjoie (créée 1979), Passy (créée 1980).

Comment se nomment les habitants de ?

(☞ Suite p. 786)

Agde Agathois
Agen Agenois ou Agenais
Aigues-Mortes Aigue-Mortains
Aire-sur-l'Adour Aturins
Aire-sur-la-Lys Airiens
Aix-en-Provence Aquisextains
Ajaccio Ajacciens ou Ajaccéens
Albi Albigeois
Aléria (Corse) Aleriacci
Alès Alésiens
Amboise Ambaciens ou Amboisiens
Andelys (Les) Andelisiens
Anet Anétons
Angers Angevins
Angoulême Angoumois ou Angoumoisins
Annecy Annéciens
Annonay Annonéens
Antibes Antibois ou Antipolitains
Antony Antoniens
Apremont-la-Forêt Asperomontais
Apt Aptésiens ou Aptois
Ardres Ardrésiens
Argenteuil Argentoliens
Armagnac Armagnacots
Arras Arrageois
Arrou Arroutains
Asco (Corse) Aschesi
Asnières Asniérois
Asnières (Cher) Hannetons
Athis-Mons Athégiens ou Athémonsais
Aubagne Aubains ou Aubaniens
Aubenas Albenassiens
Aubervilliers Albertivilliariens
Auch Auscitains ou Auchois
Auchy-les-Mines Alsiaquois
Augan Alganais
Auneau Aunelliens
Auray Alréens ou Alriens
Aurillac Aurillacois
Auriples Auriplans
Auterive Auterivains
Baccarat Bachamois
Bagnères-de-Bigorre Bigourdans
Bagneux Balnéolais
Bagnolet Bagnoletais
Bailleau-l'Évêque Ballotins
Bains-en-Vosges Benous
Banyuls-sur-Mer Banyulencs ou Bagnolais
Bapaume Bapalmois
Barbezieux Barbeziliens
Bar-le-Duc Barisiens ou Barrois
Bar-sur-Aube Baralbins ou Barsuraubois
Bar-sur-le-Loup Barots
Bar-sur-Seine Barséquanais
Barrettali (Corse) Barrettalesi
Bas-en-Basset Bassois
Bastelica Bastilcacci
Batz Batziens ou Iliens
Bayeux Bajocasses
Beaugency Balgenciens
Beaulieu-sur-Mer Berlugans
Beaupreau Bellopratains
Beauvais Beauvaisins
Bécon Béconnais
Becquet Becquetais
Bédarieux Bédariciens
Bègles Béglais
Beignon Beignonais
Belfort Belfortains
Belgodère Belgodercecci
Bellac Bellachons
Belley Belleysans
Bercq Berckois
Berre-l'Étang Berratins
Besançon Bisontins
Besné Besnétins
Bétharram Bétharramites
Béziers Bitterois
Biarritz Biarrots
Billy Billesois
Blay Blaviens
Blaye Blayais
Blois Blésois
Bobigny Balbyniens
Bolbec Bolbécois
Bondy Bondynois
Bonnat Bonnachons
Bonneveau Bonnevatiers
Bordeaux Bordelais
Boulogne-sur-Mer Boulonnais ou Boulanois ou Boulannois
Bourganeuf Bourganious
Bourg-de-Péage Péageois
Bourg-en-Bresse Bressans ou Burgiens
Bourges Berruyers
Bourget (Le) Bourgetins
Bourg-la-Reine Réginaborgiens
Bourg-lès-Valence Bourquins ou Bourcains
Bourgoin Bergusiens
Bourgoin-Jallieu Berjalliens
Bourg-Saint-Andéol Bourguesans
Bourg-Saint-Maurice Borains
Bourg-sur-Gironde Bourgeais
Bourgneuf-en-Retz Bourgoniens
Boussac Boussagols
Boussagues Boussagots
Brest Brestois
Breteuil-sur-Iton Bretoliens
Breteuil-sur-Noye Breteuillois
Brétigny-sur-Orge Brétignolais
Briey Briotins
Brioude Brivadois
Brive-la-Gaillarde Brivistes
Brou Broutins
Bruay-en-Artois Bruaysiens
Brunoy Brunoyens
Bussang Bussenets
Buzançais Buzançarins
Caen Caennais
Cahors Cadurciens
Cahuzac Cahuzagues
Calvi Calvais
Cambo-les-Bains Camboards
Canari (Corse) Canarinchi
Carlat Carladais
Carvin Carvinois
Cassel Casselois
Casteljaloux Casteljalousains
Castelnaudary Castelnaudariens
Castifao Caccianinchi
Castres Castrais
Cateau Catésiens
Celle-Saint-Cloud (La) Cellois
Cellé-sur-Braye Celletiers
Céret Cérétans
Cergy Cerginois
Chagny Chagnotins
Challans Challandais
Chambéry Chambériens
Chambon-Feugerolles (Le) Chambonaires
Champlitte Chanitois
Champsaur Champsaurins
Chantilly Cantiliens
Chapelle-de-Guinchay (La) Capelins
Charité-sur-Loire (La) Charitois
Charleville-Mézières Carolomacériens
Charlien Charliandins
Chartres Chartrains
Châteaubriand Castelbriantais
Château-Chinon Ch-Chinonnais
Châteaudun Dunois
Château-Gontier Castrogontériens
Châteaulin Castellinois
Châteauneuf-sur-Loire Castelneuviens
Château-Renault Renaudins
Châteauroux Castelroussins
Château-Salins Castelsalinois
Château-Thierry Castrothéodoriciens
Châteauvillain Castelvillanois
Châtelguyon Châtelguyonnais ou Brayaux
Châtellerault Châtelleraudais
Châtenois Castiniens
Chatou Catoviens
Châtre (La) Castrais
Chaudenay Chaudenais
Chaumont Chaumontais
Chiavari Chiavarins
Choisy-le-Roi Choisyens
Cingal Cinglais
Ciotat (La) Ciotadens
Citeaux Cisterciens
Clamart Clamartois ou Clamariots
Clamecy Clamecycois
Clermont-Ferrand Clermontois
Clermont-l'Hérault Clermontais
Clichy Clichois
Clichy-sous-Bois Clichiens
Cluny Clunisois
Cognac Cognacais
Collioure Colliourenchs
Colmar Colmariens
Colombey-les-Deux-Églises Colombéiens
Condé-sur-Noireau Condéens
Condom Condomois
Conflent Conflentans
Confolent Confolentais
Corbeil Corbeillois
Cordes Cordois
Corseul Curiosolites
Coudray Coudrions
Coulommiers Columériens
Courbevoie Courbevoisiens
Courneuve (La) Courneuviens
Coutances Coutançais
Crach Craquois
Crécy-sur-Morin Crixiens
Creil Creillois
Crépy-en-Valois Crépynois
Créquy Créquois
Créteil Cristoliens
Creusot Creusotins
Cricquebœuf Cricquebouviens
Criquetot-Lesneval Criquetotois
Crocq Croquants
Croisic Croisicais
Croissy-sur-Seine Croissillons
Croix Croisiens
Cuigny Caniaus
Dangeau Dangeotins
Daoulas Daoulasiens
Daumazan-sur-Larize Dalmazanais
Dax Dacquois
Die Diois
Dinan Dinannais
Dol-de-Bretagne Dolois
Dole Dolois
Dorat Dorachons
Douarnenez Douarnenistes
Draguignan Dracénois
Drancy Drancéens
Dreux Drouais ou Durocasses
Druy-Parigny Druydes
Ducey Ducéens
Dunois Dunoisons
Eauze Élusates
Écorches Écorchois
Écouché Écouchois
Elbeuf Elbeuviens ou Elboviens
Elne Illibériens
Épernay Sparnaciens
Épernon Sparnoniens
Épinal Spinaliens
Épinay-sur-Seine Spinassiens
Erquy Réginéens
Étables-sur-Mer Tagarins
Eu Eudois
Évreux Ébroïciens
Évry Évryens
Èze Ézasques
Feillens Feillendits
Fère-Champenoise Féretons
Ferté-Bernard (La) Fertois
Ferté-Milon (La) Fertois
Feurs Foréisiens
Firminy Appelous
Flèche (La) Fléchois
Foix Fuxéens
Fontainebleau Bellifontains
Fontaine-en-Beauce Fontainiers
Fontenay-aux-Roses Fontenaisiens
Fontenay-le-Comte Fontenaisiens
Fontevrault Fontevristes
Fontpétrouse Fontpétrousats
Forcalquier Forcalquiérais
Forges-les-Eaux Forgions
Fougères Fougerais
Fouras Fourasins
Fours Fouriens ou Fournipolitains
Fronsac Fronsadais
Fumay Fumaciens
Gacilly (La) Gacelins
Gagny Gabiniens
Gap Gapençais
Gérardmer Géromois
Germigny-l'Évêque Germignois
Gex Gessiens
Gisors Gisorciens
Givet Givetains, Givétois
Givors Givordins
Glandièves Glanatiniens
Grandhoux Grandhoudistes
Grasse Grassois
Grevilly Grevillons
Groix (Ile-de) Groisillons ou Grésillons
Guéret Guéretois
Ile-Saint-Denis Dionisiliens
Ile-de-France Franciliens
Illiers Islériens
Issoudun Issoldunois
Issy-les-Moulineaux Issisois
Ivry-sur-Seine Ivryens
Jœuf Joviciens
Joigny Joviniens
Juilly Juliaciens
La Fère-en-Tardenois Laférois
Lagny Laniaques ou Latignaciens
L'Aigle Aiglons
La Loupe Loupiots
Landerneau Landernéen
Landivisiau Landivisien
Langeac Langadais
Lapalisse Palissois
Laval Lavallois
Lavandou (Le) Lavandourains
Lavaur Vauréens
La Ville aux Dames Gynépolitains
Lens Lensois
Le Tour Turzerins
Liffol-le-Petit Liffoux
Lilas (Les) Lilasiens
Limoges Limougeaux
Lisieux Lexoviens
Lons-le-Saunier Lédoniens
Louveciennes Louveciennois ou Luciennois
Louviers Lovériens
Luchon Bagnérais
Lunay Lunotiers
Lure Lurons
Lusignan Mélusins
Luxeuil-les-Bains Luxoviens
Magnac-Laval Magnasais
Malakoff Malakoffiots
Mamers Mamertins
Mans (Le) Manceaux ou Mansois
Marans Marandais
Marly Marlytrons
Martigues Martégaux ou Martigaux
Masevaux Masopolitains
Masseube Massylvains
Massy Massicois
Mauguio Melgoriens
Meaux Meldois
Melun Melunais
Ménilmontant Ménilmontants
Metz Messins
Meung-sur-Loire Magdunois
Millas Millassous
Millau Millavois
Mirebeau-en-Poitou Mirebalais
Mirepoix Mirapisciens
Mondoubleau Mondoublotiers
Montaigu Montacutains
Montargis Montargois
Montauban Montalbanais
Montay Montagnards
Mont-de-Marsan Montois
Montdidier Montdidériens
Montélimar Montiliens
Montereau Monterelais
Mont-et-Marré Mont-et-Marrois
Montigny-en-Cambresis Montignaciens
Montigny-le-Bretonneux Igny Montais
Montigny-le-Gannelon Montrogonois
Montpellier Montpelliérains
Montreuil Montreuillois
Montrouge Montrougiens
Mont-Saint-Michel Montois
Morsang-sur-Orge Morsaintois
Morteau Mortuaciens
Moulins Moulinois
Nancy Nancéiens
Nantua Nantuatiens
Neufchâteau Néocastriens
Neuilly-Plaisance Nocéens
Neuilly-sur-Marne Nocéens
Neuilly-sur-Seine Neuilléens ou Neuillistes
Nevers Nivernais
Niort Niortais
Noisy-le-Grand Noiséens
Noisy-le-Sec Noiséens
Nuits-Saint-Georges Nuitons
Oignies Oigninois
Orange Orangeois
Orléans Orléanais ou Guépins
Ouessant Ouessantins
Paimbœuf Paimblotins
Palaiseau Palaisiens
Pamiers Appaméens
Pantin Pantinois
Paray-le-Monial Parodiens
Pau Palois
Paulmy Palmisois
Patay Patichons
Pavillons-sous-Bois (Les) Pavillonnais
Périgueux Périgourdins ou Pétrocoriens
Pésenas Piscénois
Pierrefitte-sur-Seine Pierrefittois
Pierres Pierrotins
Pithiviers Pithivériens ou Pituérais
Plessis-Robinson (Le) Hibous
Poil Poilus
Poilcourt Poilcourtois
Poix du Nord Podéens
Pont-à-Mousson Mussipontains
Pontarlier Pontissaliens
Pont-Bellanger Tous-loins
Pont-de-Roide Rudipontains
Pont-de-Vaux Pontevallois
Pont Labbé-Lambour Pont-Labbistes
Pont-l'Évêque Pontépiscopiens
Pont-Saint-Esprit Spiripontains
Port-sur-Saône Portusiens
Pré-Saint-Gervais (Le) Gervaisiens
Privas Privadois
Puteaux Putéoliens
Puy (Le) Podots
Quesnoy (Le) Quercitains
Quillebœuf Quillebois
Raincy (Le) Raincéens
Rambervillers Rambuvetais
Rambouillet Rambolitains
Ré (Ile-de) Rhétais
Reims Rémois
Remiremont Romarimontains
Ribeauvillé Ribeaupierrots (Ribeaupierrettes)
Riez Réiens
Ris-Orangis Rissois
Rive-de-Gier Ripagériens
Rocamadour Amadouriens
Rochefort Rochefortais (tins)
Rochelle (La) Rochelais
Roche-sur-Yon (La) Yonnais
Rodez Ruthénois
Romilly-sur-Seine Romillons
Ronchamps Ronchampois
Roscoff Roscovites
Rosny-sous-Bois Rosnéens
Roye Royatois
Rueil-Malmaison Rueillois
Sables-d'Olonne (Les) Sablais
Sablé-sur-Sarthe Sablésiens
Saint-Aignan-sur-Cher Saint-Aignanais
Saint-Acheul Acheuléens
Saint-Amand-les-Eaux Amandinois
Saint-Amand-Montrond Saint-Amandois
Saint-Amand-de-Vendôme Saint-Amandinois
Saint-André-les-Vergers Driats
Saint-Avold Nabariens
Saint-Bonnet-le-Château Saint-Bonnitains

Définition

☞ Pour en savoir plus, lisez le Quid des Présidents de la République et des candidats (éd. Robert Laffont, 1981).

Voir l'histoire des partis p. 660.

Quelques définitions politiques

Anarchisme

Principes

Du grec *anarkhia :* absence de commandement. Refus de l'autorité de l'État, revendication de l'initiative individuelle, de la liberté absolue et de la spontanéité, mais aussi de la solidarité. « La future organisation sociale doit être faite seulement de bas en haut, par la libre réunion et fédération des travailleurs dans les associations, puis dans les communes, les régions, les nations, et finalement dans une grande fédération internationale et universelle » *(Bakounine).* Pour Bakounine, le passage à la nouvelle société s'effectuera par la violence. Le programme de la Fédération an. prévoit : socialisation des moyens de production, création de coopératives de production et d'associations artisanales, répartition égalitaire des richesses. L'an. est constitué par de nombreux courants. Le contrat an., selon Proudhon, est librement conclu entre ses membres ; chacun de ceux-ci reçoit autant qu'il donne, et jouit de sa liberté et de sa souveraineté, que rien ne vient limiter sauf les obligations précisées par le contrat (il y a en fait une multiplicité d'accords portant sur les besoins de chacun et non pas un seul contrat).

Mouvements et organisations

Organisations

Organisations internationales. *Internationale « anti-autoritaire » :* créée le 15-9-1872 au congrès de St-Imier (Suisse) (après l'exclusion de Bakounine de l'Association internationale des travailleurs le 7-9-72 au congrès de La Haye). Dissoute après 3 congrès : Bruxelles 74, Philadelphie 76, Verviers 77.

I.F.A. (Internationale des Fédérés anarchistes) : issue de l'Internationale anarchiste créée à Amsterdam en 1907 et réaffirmée à Berlin en 1921. Programme établi à Carrare en 1968 et précisé par le congrès de Paris en 1971. Comprend des sections nationales (fédérations géographiques ou ethniques), autonomes et solidaires. Assure la coordination des activités anarchistes sur le plan international.

Organisations nationales. *France :* F.C.R.A. (Fédération communiste révolutionnaire an.) créée en août 1913, après le congrès nat. organisé par la F.C.A. (Fédération de Paris et de sa banlieue), « Le Libertaire », « Les Temps Nouveaux », « Le Réveil Anarchiste Ouvrier ». A partir de 1920 (congrès de Paris en nov., l'organisation an. tient plusieurs congrès sous divers noms (Unions an., Union an. communiste, Union an. communiste révolutionnaire...) ; congrès clandestin à Toulouse en 1944 ; 1946, février, unité rétablie ; C.N.T. française créée à Toulouse (hebdomadaire : « Espoir »). *Italie :* Féd. an. it. créée en 1920-21, reconstituée en sept. 1945.

Espagne : Féd. des travailleurs de la région esp. créée en sept. 1881 ; en 1908 Féd. régionale Solidaridad Obrera. 1927 Féd. an. ibérique (F.A.I.) ; le 1-8-1936, la C.N.T.-F.A.I. (Confederación nacional del trabajo-Federación anarquista ibérica) participe au gouvernement républicain avec 4 ministres.

Nota. — Voir Anarcho-syndicalisme ci-contre.

Essais de sociétés anarchistes

Amérique latine. *Brésil* (colonie Cecilia, dans le Paraná, en 1891), *Paraguay* (coopérative Cosme, en 1896), *Mexique* (Métropole socialiste d'Occident en 1881)... ; échec d'une création d'une « République socialiste de Basse-Californie » en 1911.

Europe. *Ukraine* Nestor Makhno (1884-1935), été 1918 à août 1921, à la tête d'une armée paysanne libertaire et disciplinée. *Bavière :* 1919, les an. Gustav Landauer et Erich Müsham (1878-1934) dirigent quelques j la Rép. soviétique. *Espagne :* les an. de la C.N.T.-F.A.I. tentent (à partir de juill. 1936) en certaines régions (Catalogne, Andalousie, Levant et Aragon) des essais de vie libertaire : collectivisation des terres (jusqu'en août 1937), socialisation des usines (jusqu'en août 1938). Ces essais furent décriés par leurs adversaires marxistes. *Italie :* création d'une République libertaire, près de Carrare, par des résistants durant la guerre de 1939-45.

Drapeau noir. *1830*, juillet apparaît sur l'Hôtel de Ville de Paris. *1831*, nov. apparaît à Reims, Grenoble, Lyon lors du mouvement des canuts. *1883* adopté par le mouvement anarchiste. On le retrouve en *1917* en Russie, en *1936* en Espagne et en *1968* à Paris.

Principaux anarchistes

Les an. se sont inspirés de l'Anglais William Godwin (1756-1836), de l'Allemand Friedrich Hegel (1770-1831), de Pierre-Joseph Proudhon (1809-65) et de l'Allemand Max Stirner (1806-56).

Michel Bakounine (Russe, 1814-76), Camillo Berneri (It., 1897-1937), Pierre Besnard (Fr.), Carlo Cafiero (It., 1846-92), Buenaventura Durruti (Esp., 1896-1936), Sébastien Faure (Fr. 1858-1942), Pietro Gori (It., 1865-1911), Jean Grave (Fr., 1854-1939), Piotr Alexandrovitch Kropotkine (Ru., 1842-1921, « Paroles d'un révolté »), Ricardo Flores Mágon (Mex., 1873-1922), Errico Malatesta (It., 1853-1932), Saverio Merlino (It.), Fernand Pelloutier (Fr., 1867-1901), Émile Pouget (Fr., 1860-1931), Manuel Gonzales Prada (Pérou, 1848-1918), François-Claudius Kœnigstein dit Ravachol (Fr., 1859-92), Élisée Reclus (Fr., 1830-1905), Lev Tolstoï (Ru., 1828-1910), Auguste Vaillant (Fr., v. 1861-94), Luigi Fabbri (It. 1877-1935), James Guillaume (Suisse 1844-1919).

Journaux anarchistes

Argentine. *La Questione sociale* (de Malatesta, 1885), *la Protesta* (1903, dirigée par G.I. Lafarga, puis D. Abad de Santillan) ; entre 1890 et 1904, 64 périodiques (en espagnol italien et français) et 6 revues d'art et de littérature.

France. *Le Libertaire* (hebdo. fondé 1895 par Sébastien Faure). *Les Temps nouveaux :* f. 1895 par Jean Grave (faisait suite au Révolté et à la Révolte). *L'Anarchie :* f. 1905 par Libertad, hebdo. anarcho-individualiste (y collaborent notamment O. Mirbeau, G. Lecomte, L. Descaves, P. Adam, C. et L. Pissarro, Van Dongen, P. Signac). Pendant la g. de 1914-1918 : *Par-delà la mêlée :* f. 1916 (succédant à *Pendant la mêlée* de E. Armand et P. Chardon). *Ce qu'il faut dire :* f. 1916 par Faure et Mauricius. Entre les 2 guerres : *l'En-Dehors* (1922-39, d'E. Armand). *Plus Loin* (1926-39). *Le Libertaire* (reparu de 1919 à 1939. *La Voix Libertaire* organe de l'A.F.A. (Association des fédéralistes an., 1928-39). Après la guerre de 1939-45 : *l'Unique* (1945-56 d'E. Armand) ; *le Monde libertaire :* 1954 (faisant suite au Libertaire), hebdo. dep. 1977.

Italie. *Volontà* f. 1913 par Malatesta, *Umanità nova* f. 1920 par Gigi Damiani, Pensiero e volontà f. 1924-26 par Malatesta.

Attentats anarchistes

Nombreux dans la 2e moitié du XIXe s. et au début du XXe s. : *Russie* (entre 1865 et 1881), *Allemagne* (contre l'empereur Guillaume Ier), *Italie* (assassinats : 1898 impératrice Élisabeth d'Autr. par Luigi Lucheni, 1900 roi Humbert d'It. par Gaetano Brecci), *Espagne* (attentat de Mateo Morral contre le roi Alphonse XIII en mai 1906), *États-Unis* 1901 Pt Mac Kinley assassiné, *France* [Attentats : de François-Claudius Koenigstein dit Ravachol (condamné à mort 23-6-1892, exécuté le 11-7), bombe lancée par Auguste Vaillant (n. 1861, exécuté 5-2-1894), dans la salle des séances de la Chambre des députés en déc. 1893, assassinat du Pt de la Rép. Sadi Carnot par Jeronimo Santo Caserio (n. 1873, exécuté 16-8-1894) à Lyon le 24-6-1894].

Anarcho-syndicalisme

Europe. *France :* début du XXe s., courant favorable au synd. révolutionnaire (charte d'Amiens en 1906) et à la grève générale, avec notamment Fernand Pelloutier (1867-1901) à la Féd. des Bourses du Travail, de 1894 à 1901), et Émile Pouget (1860-1931), secrétaire adjoint de la C.G.T. à partir de 1900. *Italie :* une partie des an. organisent mouvements revendicatifs et grèves violentes : 1894 Carrare, 1906 grève des travailleurs de la mer, juin 1908 grève et soulèvement de Parme, et constituent une organisation synd. révolutionnaire : congrès de l'Action directe à Bologne en 1910, création de l'Union synd. it. au congrès de Modène en 1912 (le synd. des cheminots, anarcho-synd. dep. 1906, reste autonome) ; Malatesta considère la grève générale comme un moyen insurrectionnel. Les an. participent aux mouvements sociaux (émeutes, grèves) entre 1917 et 1922 ; en août-sept. 1920, ils ne peuvent transformer les occupations d'usines en mouvement révolutionnaire. *Espagne :* 1911 création de la Confédération nat. du travail (C.N.T.) (1 200 000 m. en 1936) ; clandestins entre mai 1924 et janv. 1930, soutiennent la République proclamée le 12-4-1931, décrètent la grève générale du 13 au 15-4.

Amérique latine. A partir de la fin du XIXe s., syndicats et mouvements de lutte de tendance an. à Cuba, au Mexique, en Bolivie, au Chili, au Pérou. En Argentine, essor avec l'arrivée des Italiens Malatesta (1885) et Pietro Gori (1898) ; mai 1901 création de la Féd. ouvrière régionale argentine (F.O.R.A.) ; janv. 1919 participation aux grèves (chantiers métallurgiques de Vasena, « semaine sanglante »), février-mars 1920 (grève maritime), 1921 (en Patagonie).

Nota. — Les Brigades rouges en Italie et la Bande à Baader en Allemagne fédérale se réclament du marxisme-léninisme et n'ont aucun point commun avec l'anarchisme.

Bolchevisme

Mot employé souvent dans un sens polémique pour désigner le communisme russe. En fait, le bolchevisme fut une tactique adoptée (à partir de 1900-03) par la majorité *(bolchinstvo)* des socialistes russes, groupée derrière Lénine, opposée à celle de la minorité *(menchinstvo)*, groupée derrière Martov (Jouli Ossipovitch Cederbaum, dit ; 1873-1929) et Paul Axelrod (1850-1928). Cette majorité voulait un parti centralisé, composé de révolutionnaires professionnels, et refusait l'adhésion d'éléments *progressistes* bourgeois. En 1912 les bolcheviks se séparèrent des mencheviks (les 2 groupes coexistaient au sein du P.O.S.-D.R., Parti ouvrier social-démocrate de Russie, depuis 1902) et constituèrent un parti marxiste indépendant qui, vainqueur en oct.-nov. 1917, deviendra en 1918 le Parti communiste.

Capitalisme

Définition

Régime économique et social qui s'est constitué dans l'ouest de l'Europe entre la fin du Moyen Age et le XVIIIe s., puis s'est développé à la suite de la « **révolution industrielle** » anglaise. Cette expression a été utilisée par les économistes John Stuart Mill (1806-73), Karl Marx (1818-83) et Arnold Toynbee (1852-83). Elle désigne 3 grands changements dans la vie économique :

1°) *révolution agricole* (vers 1760) : suppression des vaines pâtures *(open fields)*, qui obligeaient les propriétaires terriens à laisser paître dans leurs domaines les bêtes d'autrui (résultat : disparition de l'éleveur non propriétaire terrien ; progrès de la zootechnie : le poids moyen du bétail triple) ;

2°) *rév. démographique* (entre 1751-1801) : chute de la mortalité infantile ; multiplication de la main-d'œuvre ;

3°) *rév. manufacturière* (fin du XVIIIe s.) : création de la machine à vapeur (houille), des machines textiles, des hauts fourneaux. Il s'ensuit des bouleversements de la technologie et de l'organisation du travail (se traduisant par la parcellarisation des tâches, une intensification croissante du rythme du travail et par des gains de productivité), la concentration et la centralisation des moyens de production et financiers, l'apparition de nouvelles industries, une énorme augmentation de la production, un grand développement des services. Pendant ce temps, le capitalisme s'est répandu sur les autres continents parallèlement à l'expansion européenne.

En régime capitaliste de marché :

— *les détenteurs des moyens de production* (terres, mines, usines) — *les capitalistes* — louent, en vue de la réalisation d'un profit, la force de travail d'autres personnes rémunérées par un salaire (les salariés) ;

— *les biens produits font l'objet d'un échange généralisé :* ce sont des marchandises dont les prix sont confrontés sur un marché (concurrence) ;

— *l'économie a une forme monétaire,* la monnaie est à la fois un moyen de paiement des marchandises et l'unité qui permet d'exprimer le prix de ces marchandises ; le crédit, devenu source de création de moyens de paiement, y joue un rôle essentiel ;

— *les capitaux ont une forme :* 1°) *physique* (capital réel : biens matériels qui constituent les moyens de production et d'échange) ; 2°) *monétaire et financière* (valeur de ces biens en unités monétaires et titres juridiques de propriété) ;

— *la circulation,* généralisée à l'ensemble de l'économie, a également une forme : 1°) *matérielle* (transport et stockage des biens produits) ; 2°) *monétaire et financière* (circulation des moyens de crédit et de paiement, des titres financiers).

☞ Voir aussi Économie (définitions), Finances (définitions), Crises à l'Index.

Critiques

Critiques « réformistes » du capitalisme. Les secteurs les moins rentables sont délaissés même s'ils sont essentiels pour la collectivité (certaines mines, chemins de fer...), le fonctionnement incontrôlé du marché, de la concurrence et du crédit est source de déséquilibre (crises qui empêchent une utilisation rationnelle des moyens de production et une croissance régulière de la production) et source de nombreux gaspillages ; les investissements sociaux sont sacrifiés. Ces critiques prônent notamment une intervention croissante de l'État, un développement de la planification, un contrôle plus ou moins important des entreprises par les salariés, etc.

Critiques « révolutionnaires » du capitalisme. Voir aussi Anarchisme p. 766, Communisme ci-contre, Marxisme p. 769, Socialisme p. 769.

Défense du capitalisme

Certes, le capitalisme repose sur un défaut de l'homme, la soif de puissance qui se traduit par l'appât du gain ; mais cet appât peut être un moteur du progrès. Certes, le capitalisme s'intéresse aux secteurs rentables, mais ceux-ci sont la plupart du temps les secteurs les plus utiles.

L'homme est peut-être un instrument mais un instrument qu'il faut « soigner » pour qu'il fonctionne convenablement : on doit donc lui accorder du repos, un meilleur salaire et lui faciliter les conditions de travail. Mais il n'est pas qu'un instrument : tout salarié d'une entreprise est, sinon le client de l'entreprise, du moins celui de multiples autres entreprises. Or, pour que le capitalisme « tienne », il faut vendre. Comme les salariés forment l'essentiel des acheteurs, pour qu'ils puissent acheter, il faut leur verser un salaire suffisant. Un État capitaliste ne peut donc négliger le niveau de vie de ses salariés ; sinon, c'est la ruine et la faillite de la chaîne [*objection* des critiques du capitalisme : l'exploitation du prolétariat n'a pas disparu, mais certaines de ses formes ont changé : l'augmentation des salaires, la réduction du temps de travail... ont eu pour contrepartie une augmentation du rendement imposé aux travailleurs ; d'autre part, l'augmentation du niveau de vie (mesuré en valeurs d'usage : quantité de marchandises que les travailleurs peuvent consommer avec leur salaire) n'exclut pas la paupérisation (diminution du nombre d'heures de travail incorporées dans la consommation des salariés) ; cette tendance ne peut être contrecarrée que si la pression des travailleurs permet d'obtenir une élévation du salaire réel au moins égale à celle de la productivité].

Le capitalisme a permis l'industrialisation et le niveau de vie actuel. Cela n'a pas été sans mal pour la classe ouvrière qui a connu famines et misères, mais un autre système eût-il fait mieux et plus rapidement ? Ce n'est pas sûr, si l'on en juge par l'expérience soviétique qui a délibérément sacrifié plusieurs générations et pris plusieurs fois des retards considérables par suite d'erreurs [l'expérience soviétique n'est pas considérée comme probante par certains critiques marxistes pour qui le système instauré en U.R.S.S., dans les démocraties populaires et en Chine n'est qu'une variante du mode de production capitaliste (capitalisme d'État) : il s'agit toujours de sociétés de classes où subsiste l'exploitation du prolétariat (maintien du salariat) et dont le fonctionnement est toujours réglé par la loi de la valeur (voir Marxisme p. 769), la force de travail y étant achetée en vue de l'extorsion d'une plus-value destinée à valoriser le capital. Dans ces sociétés, les fonctions habituellement assurées par le marché le sont par la planification (un capital social, centralisé, ayant remplacé une multitude de capitaux autonomes), et la gestion du capital est le fait non plus des capitalistes privés, mais d'une « bureaucratie »].

Collectivisme

Principes

Mise en commun des moyens de production (soit au niveau de la nation en général ou de l'ensemble des travailleurs, soit à un niveau plus restreint : village, communauté d'agriculteurs).

Quelques dates

En *1869*, au congrès de Bâle de la Ire Internationale, la tendance collectiviste (Français, Belges, Suisses), hostile au socialisme d'État des marxistes allemands, préconise une collectivisation décentralisée au bénéfice de communautés de travailleurs autonomes pouvant se fédérer.

En France, en *1879*, le congrès ouvrier de Marseille demande « la collectivité du sol, du sous-sol, des instruments de travail, des matières premières ».

Par la suite, le socialisme réformiste d'Alexandre Millerand (1859-1943) souhaite la réalisation progressive et légale de la propriété collective des moyens de production.

Communisme

Évolution des idées communistes

Antiquité : Antisthène (444-365). **Platon** (428-347) : « La République ». **Diogène** (413-327) préconisent la mise en commun de tous les biens (ainsi que des femmes et des enfants), ces projets ne concernent qu'une catégorie d'hommes libres au sein d'une société esclavagiste qui n'est pas remise en cause.

De la Renaissance au XVIIIe s. : Thomas More (saint anglais 1478-1535) : « Utopie » (1516), **Tommaso Campanella** (moine it. 1568-1639) : « La Cité du Soleil », **Meslier** (curé fr. 1664-1729) : « Mon testament », **Gabriel Bonnot de Mably** (Fr. 1709-85) : « Droit public de l'Europe », **Morelly** (Fr. XVIIIe s.) : « Code de la nature » ; communisme « utopique » d'inspiration religieuse ou morale, préconise l'établissement d'une société égalitaire et sans propriété privée. *XVIIIe, fin :* **François-Noël** dit **Gracchus Babeuf** (Fr. 1760-97) élabore la théorie communiste matérialiste (qui privilégie la notion de lutte de classes).

XIXe : *1re moitié : socialistes utopiques :* **Claude-Henri, Cte de Saint-Simon** (Fr. 1760-1825) : « Système industriel », **Robert Owen** (Angl. 1771-1858) : crée les coopératives de production, **Charles Fourier** (Fr. 1772-1837) : prévoit des *phalanstères* regroupant harmonieusement les individus (voir Socialisme, p. 769), *Courants communistes* d'inspiration religieuse avec **Étienne Cabet** (Fr. 1788-1856) : « Voyage en Icarie » (1840), fonde une colonie communiste aux États-Unis (dans la Nlle-Orléans), abolition de la propriété privée, fédération de communes ; babouviste et jacobine avec **Albert Laponneraye** (Fr. 1808-48) : « Lettre aux prolétaires » (1833) et **Jean-Jacques Pillot** (Fr. 1809-77) : « Ni châteaux ni chaumières » (1840) ; matérialiste et plus scientifique avec **Théodore Dézamy** (Fr. ?-1850) : « Code de la communauté » (1842) et Auguste Blanqui (qui précise la notion de lutte de classes et analyse les rapports de classes au niveau de la production) (Fr. 1805-81), **Armand Barbès** (Fr. 1809-70). **Louis Blanc** (Fr. 1811-82). **Lahautière** (Fr.) : « Petit Catéchisme de la réforme sociale » (1839). Avec **Karl Marx** [(All. 1818-83) : « Manifeste du parti communiste » (1848), « Le Capital » (1867-83)] et **Friedrich Engels** [(All. 1820-95) : en coll. avec Marx, « Manifeste du parti communiste » (1848)] une conception marxiste du communisme s'impose. Se fondant sur une analyse du mouvement réel des différentes sociétés et de la dernière en date (la société capitaliste), cette théorie établit que l'existence des classes est liée au développement de la production, que la lutte de ces classes conduit nécessairement à plus ou moins long terme à la dictature du prolétariat (la classe ouvrière étant seule capable de surmonter les contradictions qui mènent le capitalisme à sa destruction), et que cette dictature est une phase transitoire vers le communisme (société sans classes qui met fin aux conflits entre l'homme et la nature, l'homme et l'homme, l'individu et l'espèce, l'existence et l'essence, l'objectivation et l'affirmation de soi, la liberté et la nécessité).

☞ Voir aussi Marxisme p. 769, Socialisme p. 769, Léninisme p. 768, Stalinisme p. 770. Trotskisme p. 770. **Vladimir Ilitch Oulianov** dit **Lénine** (Ru. 1870-1924) : « L'État et la Révolution » (1917). **Lev Davidovitch Bronstein** dit **Trotski** (Ru. 1879-1940) : « La Révolution trahie » (1937). **Joseph Vissarionovitch Djougatchvili** dit **Staline** (Ru. 1879-1953) : « Des principes du léninisme » (1924). **György Lukacs** (Hong. 1885-1971) : « Histoire et Conscience de classe » (1923). **Mao Tsé-toung** (Chi. 1893-1976) : « De la pratique » (1937).

Selon la thèse avancée notamment par Lewis H. Morgan, puis Marx et Engels, la société de classes ne serait apparue qu'au Néolithique et aurait été précédée par une société sans classes, celle du communisme primitif.

De la fin du Moyen Age au XVIIIe s., plusieurs mouvements de lutte populaires d'inspiration chrétienne ont été animés par le désir d'abolir la société inégalitaire de classes : ainsi, au XVe s. (1420-37), insurrection en Bohême de *Taborites*, plébéiens et paysans de tendance hussite, dirigés par Ziska puis Procope, contre la féodalité et l'Église catholique (écrasée par la bourgeoisie et la noblesse) ; au XVIe s. (1513-25), insurrection des paysans d'Allemagne dirigés par le prédicateur Thomas Münzer (1489-1525) (écrasée par les princes, les Églises et la bourgeoisie coalisés) ; au XVIIe s., en Angleterre, mouvement urbain des *« niveleurs »* (1646-50), dirigé par John Lilburne (1614-57), Richard Overton (1642-63) et William Walwyn (1600-80) qui réclament la souveraineté pour le seul peuple et l'égalité pour les biens et pour les terres.

En outre, à la fin du XVIIIe s., « conspiration des Égaux » *babouviste.* [Animateur à Paris du journal *Le Tribun du Peuple* et du Club du Panthéon (fermé en févr. 1796 par Bonaparte), puis agissant dans la clandestinité, Gracchus Babeuf (1760-97), qui préconisait la production en commun et l'obligation au travail, voulait organiser un mouvement de masse capable de s'emparer du pouvoir (« fondateur du 1er parti communiste agissant », d'après Marx) ; exécuté en 1797.]

Principes

Sur le plan économique. Mise en commun de tous les biens (moyens de production et biens de consommation). Il se distingue donc du collectivisme (où l'on ne met en commun que les biens de production), du socialisme agraire (mise en commun des terres seules) et du socialisme d'État qui ne met en commun que ce que l'intérêt général exige (ex. les ressources énergétiques).

Sur le plan social. La part de chacun varie selon les théoriciens : « A chacun selon ses capacités, à chaque capacité selon ses œuvres », dit Saint-Simon. « De chacun selon ses capacités, à chacun selon ses besions », dit Fourier.

Sur le plan philosophique. Le communisme a actuellement pour théorie le matérialisme dialectique (Voir Marxisme).

En raison de sa position philosophique et sociale (en tant qu'elle nie parfois la famille ou les droits de l'individu), le communisme est rejeté en général par l'Église catholique. Dans certains pays, celle-ci a pu parvenir à une certaine entente avec le Parti communiste (ex. en Pologne).

Grandes dates

De 1848 à 1917. Parution du *Manifeste du parti communiste* (1848) et du *Capital* (1867) de Marx. 1864, *I*re *Internationale* (Voir Index). *Apparition de partis socialistes nationaux :* Allemagne 1863-69. France 1874-82-90. Danemark 1878. Espagne 1879. P.-Bas 1881. Russie 1883. Belgique et Suède 1885. Norvège 1887. Italie 1891. G.-B. 1893-1900. Suisse 1893. U.S.A. 1900, etc.

De 1917 à 1944. *U.R.S.S. :* prise du pouvoir par le parti bolcheviste en nov. 1917 (V. Index). Création (à Moscou) de la IIIe Internationale le 2-3-1919 ; organe exécutif : le Komintern (V. p. 783). 1921-28 : N.E.P. (Nouvelle Politique Économique) inaugurée par Lénine, qui rétablit provisoirement et partiellement le capitalisme privé. *Allemagne :* le groupe Spartakus, avec Karl Liebknecht (1870-assassiné 1919) et Rosa Luxemburg (1871-assassinée 1919) essaie de s'emparer du pouvoir à Berlin, mais échoue devant la répression de Noske (semaine rouge du 6 au 11-1-1919). *Hongrie :* action de Béla Kun (1886-1937) (exécuté en U.R.S.S. pour déviationnisme) du 21-3 au 1-8-1919. *Chine :* échec d'un coup de force à Canton (1927).

Création de partis communistes : 1919 Bulgarie, Norvège ; déc. 1920 France ; 1921 Italie (janv.), Chine (mai) Japon. *Interdiction* de certains partis communistes : Yougoslavie (août 1921), Finlande (1923), Bulgarie (oct. 1923).

A partir de 1928, renforcement de la discipline imposée par le Komintern aux P.C. nationaux. *En 1936, participation de certains P.C. à des fronts populaires :* en Espagne (févr.), France (mai), Chine (mai). *A partir de juin 1941,* alliance des mouvements de résistance communistes et d'autres tendances dans les pays occupés par l'Allemagne (et le Japon en Chine). *Dissolution du Komintern* en 1943.

De 1944 à nos jours. *Victoire des partis communistes en :* Albanie (1945), Corée (1945), Youg. (1945), Allemagne orientale (août 1946), Roumanie (nov. 1946), Pologne (janv. 1947), Tchécoslovaquie (avril 1948), Chine (1949), Mongolie ext., Viêt-nam (1954, reconnaissance du Viêt-nam du N. ; 1975, Viêt-nam du S.), Cuba (1959-65), Laos (1975), Cambodge (1975), Angola (1976), Éthiopie (1977), Afghanistan (1978).

Création du Kominform le 5-10-1947 pour assurer l'unité d'action des P.C. nationaux sous le contrôle de l'U.R.S.S. (mais la Yougoslavie en sort en juin 48). Des purges suivent ; Hongrie : Rajk exécuté (oct. 49) ; Pologne : Gomulka est chassé du parti (nov. 49) ; Tchécoslovaquie : Slansky est arrêté (51).

Après la mort de Staline (1879-1953) : détente internationale, armistice en Corée (1953), en Indochine (1954). Déstalinisation progressive amorcée au XXe Congrès, le 25-2-1956, quand Khrouchtchev (1894-1971) dénonce à huis clos devant les délégués soviétiques les crimes de Staline ; le passage au socialisme par la voie légale et parlementaire est admis, ainsi que la collaboration avec les autres partis ouvriers ou socialistes. Dissolution du Kominform (avril 1956).

Soulèvement dans plusieurs démocraties populaires : All. dém. ; Berlin-Est (17-6-1953) ; Pologne, Poznan (28-6-1956) ; Hongrie (23-10/4-11-1956). Vis-à-vis des Démocraties populaires, l'U.R.S.S. renonce aux contrôles économiques asservissants (comme les sociétés mixtes) ; elle ne peut pas exiger et est obligée de négocier.

Depuis 1957, divergence entre l'U.R.S.S. et la Chine (V. Index). Création de groupements maoïstes dans divers pays. En 1966-68, adoption de nouvelles méthodes de gestion économique. En 1968, l'U.R.S.S. réprime un mouvement de libération en Tchécoslovaquie (V. Index).

En 1958-59, en Inde, le P.C. gouverne l'État de Kerala. En 1974-75 au Portugal, gouvernements procommunistes du général Vasco Gonçalves, le P.C. soutient le Mouv. des Forces armées et propose un « grand mouvement unitaire de masse ».

● Depuis plusieurs années, différents partis communistes occidentaux, en particulier italien et français, ont fait un certain nombre de critiques au régime soviétique et affirmé que chaque pays pouvait avoir sa propre voie vers le socialisme (eurocommunisme). Un mouvement de *dissidents* s'est développé en *U.R.S.S.* (milieux intellectuels : Andréi Sakharov, Alexis Soljénitsyne, Léonid Pliouchtch, Serge Koraliev, Vladimir Boukovski...) (Voir U.R.S.S.). Les membres, qui ont des opinions politiques diverses, réclament notamment le respect de la liberté et des droits des citoyens. Des mouvements comparables sont apparus dans plusieurs démocraties populaires (Pologne, Tchécoslovaquie... Voir ces pays).

En *Pologne,* création d'un syndicat indépendant (Solidarité) en 1980. Tentative de démocratisation à l'intérieur du P.C. en 1981. Réaction du pouvoir. État de siège et répression contre Solidarité dep. fin 81. Les P.C. italien et espagnol condamnent l'état de siège en Pologne et récusent le modèle soviétique (voir Pologne à l'Index).

☞ Dans le Quid des Présidents de la République (éd. Robert Laffont, 1981), vous trouverez la vie de Jacques Duclos et de Georges Marchais.

Démocratie

Du grec *kratos* et *dêmos :* « pouvoir du peuple ». Gouvernement par le peuple, la démocratie s'oppose donc à l'*aristocratie (aristos :* excellent, gouv. d'une classe privilégiée), la *théocratie* (l'autorité émane de Dieu), la *monarchie* (gouvernement d'un seul, du grec *monos* « seul », *arkhein* « commander ») et l'*oligarchie* (gouvernement d'un groupe, *oligoi :* peu nombreux).

On distingue la **démocratie directe** où les citoyens votent directement les principales lois ou les principaux règlements (réalisable dans des petits pays, ex. certains cantons suisses) et la **démocratie indirecte** où le peuple délègue des pouvoirs à des représentants élus (députés, sénateurs, etc.).

Dans les *démocraties parlementaires,* les ministres sont responsables devant le Parlement (ex. : France, G.-B.). Aux États-Unis, la démocratie n'est pas parlementaire ; les ministres sont responsables devant le président et non devant le Parlement.

Démocratie chrétienne

Terme apparu en 1891 après la publication de l'encyclique *Rerum Novarum* de Léon XIII sur la condition des ouvriers.

Le pouvoir appartient au peuple qui applique les principes chrétiens des Évangiles. En France, il y a eu avant 1939 2 partis démocrates chrétiens : P.D.P. (Parti démocrate populaire), avec G. Champetier de Ribes (1882-1947), et J.R. (Groupement Jeune République), avec Marc Sangnier (1873-1950) ; après 1944, il y a eu le M.R.P. (V. Index.)

En Italie, la démocratie chrétienne est au pouvoir depuis l'après-guerre.

Démocratie populaire

On donne ce nom à : Afghanistan, Albanie, Algérie, Allemagne de l'Est, Angola, Bénin, Bulgarie, Chine, Congo, Corée du Nord, Cuba, Hongrie, Laos, Mongolie ext., Pologne, Roumanie, Sud-Yémen, Tchécoslovaquie, Yougoslavie, Viêt-nam (Tchécoslovaquie, Roumanie et Yougoslavie se considèrent comme des « républiques socialistes »). Le Mozambique (ind. depuis 1975) a également un régime « socialiste ».

Pour tous ces pays, le peuple n'est pas l'ensemble des citoyens, mais le *prolétariat* au nom duquel est faite la révolution qui a donné naissance au régime. Les autres citoyens ne doivent pas pouvoir s'exprimer (ce sont des ennemis ou tout au moins des obstacles au bonheur du peuple).

Le peuple donne naissance au Parti appelé à le diriger. Le Parti est contrôlé par la « base » qui fait part de ses désirs. Ceux-ci sont transmis par la pyramide des cellules, fédérations, comités, congrès, aux dirigeants qui en appliquent la synthèse.

Il n'y a pas d'opposition (s'opposer au Parti ce serait s'opposer au peuple). Une liste unique (souvent une liste de coalition) est proposée aux électeurs. Elle obtient généralement de 90 à 99,99 % des voix.

Droite et gauche

Le 11-9-1789, les défenseurs d'un pouvoir monarchique fort se groupèrent à la droite du président de l'Assemblée nationale constituante. Depuis, les expressions droite et gauche ont vu leur contenu évoluer. Les libéraux de gauche sont devenus la droite sous Louis-Philippe, et des idées de gauche ou d'extrême-gauche ont été, après un certain temps, inscrites au programme de la droite dont les différents groupes ont souvent adopté un langage « révolutionnaire ».

Fascisme

De l'italien *fascio :* « faisceau ». Nom du régime établi par Benito Mussolini (1883-1945) en Italie (de 1922 à 45), reposant sur la dictature d'un parti unique, le corporatisme et le nationalisme. Il rejetait la croyance au progrès, la démocratie, le pacifisme, et cultivait l'obéissance au chef du parti, Mussolini, « le Duce qui a toujours raison ». Aujourd'hui, le qualificatif *fasciste* est employé le plus souvent dans un dessein injurieux, pour fustiger racisme, totalitarisme, impérialisme ou des procédés comme le recours à la terreur, la restriction de certaines libertés, etc.

Gauchisme

Courant doctrinaire du communisme se caractérisant, selon Lénine, par le refus du compromis, l'usage des seuls moyens illégaux, la contestation du Parti au nom de la spontanéité des masses. Horner (1873-1960), Estelle Sylvie Pankhurst (1882-1950), Herman Gorter (1864-1927) et Alexandra Kollontaï (1872-1952) furent gauchistes.

Aujourd'hui, on englobe souvent sous ce terme *communistes libertaires, maoïstes* et *trotskistes.*

Léninisme

Terme utilisé par les adversaires de Lénine 1903, puis repris notamment par Staline en 1924, Zinoviev en 1925 (et Mao Tsé-toung en 1960) pour désigner les théories de Lénine [(Vladimir Ilitch Oulianov, dit) 1870-1924, qui publia : « le Développement du capitalisme en Russie » (1899), « Que faire ? » (1902), « Matérialisme et Empiriocriticisme » (1909), « l'Impérialisme, stade suprême du capitalisme » (1917), « l'État et la Révolution » (1917), « le Socialisme et la Guerre » (1917), « la Dictature du prolétariat et le renégat Kautsky » (1919), « le Gauchisme, maladie infantile du communisme » (1920)].

Le léninisme, qui se présente comme le développement du marxisme, se caractérise notamment par : l'importance accordée au rôle dirigeant de l'avant-garde et en particulier du parti qui doit préparer la révolution prolétarienne et organiser le pouvoir après la conquête de celui-ci (dictature du prolétariat) ; l'importance de l'alliance avec les masses paysannes pour la classe ouvrière révolutionnaire ; l'analyse de l'impérialisme, considéré comme stade ultime du capitalisme avant la révolution prolétarienne. Pour Lénine, l'aggravation des *contradictions internes du capitalisme* devenu monopoliste (entre le capital et le travail, entre les métropoles impérialistes et leurs colonies, entre les capitalismes nationaux) conduit inéluctablement à la guerre mondiale, puis à la révolution qui en résultera. Cette révolution, qui peut triompher dans un seul pays, le plus faible maillon du capitalisme, soutiendra ensuite les mouvements de lutte des classes ouvrières nationales et de libération des peuples colonisés contre l'impérialisme.

Aujourd'hui, le p. soviétique et le p. chinois se réclament du marxisme-léninisme mais l'interprètent d'une façon différente. (Voir Index : Chine et U.R.S.S.)

Libéralisme

Courant philosophique, politique et économique recouvrant des tendances de diverses origines et au contenu variable selon les époques. Sur le plan politique, le libéralisme défend les droits de l'individu à l'intérieur de la société, face notamment à l'État, dont les pouvoirs doivent être limités. Dans le domaine économique, le libéralisme est partisan de la libre entreprise et de la concurrence, l'intervention de l'État, lorsqu'elle est considérée comme nécessaire, ayant pour seul rôle de corriger les abus des « lois du marché ».

A l'origine du libéralisme se trouve notamment la pensée des philosophes (Voltaire, Diderot...) et des physiocrates français du XVIIIe s. (Quesnay, Gournay...). Au XIXe s., l'école économique libérale classique a été représentée par les Anglais Adam Smith (1723-90), Thomas Malthus (1766-1834), David Ricardo (1772-1823), John Stuart Mill (1806-73), et les Français Jean-Baptiste Say (1767-1832) et Frédéric Bastiat (1801-50). En France, depuis l'instauration de la IIIe Rép., des formations politiques, de droite ou de gauche, se sont réclamées du libéralisme.

Maoïsme

Doctrine des partisans de Mao Tsé-toung [(1893-1976) qui publia : « Problèmes stratégiques de la guerre révolutionnaire en Chine » (1936), « De la pratique » (1937), « Des contradictions » (1937), « la Démocratie nouvelle » (1940), de nombreux traités et textes de circonstance ; le « Petit Livre rouge », qui est censé exprimer sa pensée, a été composé et publié par le maréchal Lin Piao, min. de la Défense, dans les années 60].

Le maoïsme se présente comme le développement du marxisme-léninisme à l'époque actuelle, en fonction de la révolution chinoise.

Les partisans du maoïsme accusent principalement les « révisionnistes soviétiques » :

— 1°) De trahir les luttes de libération nationale des peuples du Tiers monde en ne les soutenant pas dans leurs combats contre l'impérialisme américain sous le prétexte de vouloir maintenir la coexistence pacifique.

— 2°) D'avoir une politique « social-impérialiste », notamment vis-à-vis des pays de l'Europe orientale (invasion de la Tchécoslovaquie).

— 3°) De restaurer le capitalisme en U.R.S.S. en y réinstallant la notion de profit.

Pour le maoïsme, adepte de la « révolution permanente » (exemple de la « révolution culturelle » chinoise de 1966-69), il faut lutter sans cesse contre l'embourgeoisement du Parti et transformer les mentalités du peuple, notamment par la lutte idéologique, afin d'améliorer la production (importance des stimulants idéologiques).

« Aussi longtemps que la lutte de classes continue, aussi bien dans l'ordre spirituel que matériel, le danger de restauration capitaliste subsiste, et par conséquent la dictature du prolétariat doit être maintenue. La victoire complète du socialisme n'est pas l'affaire de 1 ou de 2 générations ; pour être définitive, elle exige 5 ou 6 générations, voire davantage ».

Le maoïsme a influencé différents partis communistes du tiers monde, notamment ceux d'Asie du Sud-Est. Une partie de l'extrême gauche de certains pays occidentaux (comme la France, l'Italie...) s'en réclame aussi.

Marxisme

Théorie de Karl Marx [(Allemand, 1818-83) qui rédigea : « la Sainte Famille » (1845), « Misère de la philosophie » (1847), « le Manifeste du parti communiste » (1848, avec Engels), « Contribution à la critique de l'économie politique » (1859), « Salaire, prix et profit » (1865), « le Capital » (1867 à sa mort, inachevé), « la Guerre civile en France » (1871)] (avec la collaboration partielle de Friedrich Engels, Allemand, 1820-95). Reprise notamment par Lénine, Rosa Luxemburg, Staline, Mao Tsé-toung (voir Communisme).

Cette théorie est une analyse globale (philosophique, sociale et politique, économique) de l'histoire des sociétés, qui est celle de la lutte des classes. A chaque société correspond un mode de production où les rapports sociaux de production déterminent les superstructures : politiques, juridiques. C'est notamment le cas pour la dernière société apparue, le capitalisme. C'est aussi une théorie du devenir de l'humanité débouchant sur la société sans classes du communisme.

Aspect philosophique. Voir Matérialisme dialectique p. 311, Communisme p. 767.

Aspect social et politique. Voir Communisme p. 767, Socialisme ci-après.

Aspect économique. Selon Marx, le mode de production capitaliste se distingue fondamentalement des différents modes de production antérieurs (communauté primitive, puis sociétés de classes — donc d'exploitation — issues de la décomposition de celle-ci : esclavagisme, féodalité...).

— Les biens ne sont pas produits en fonction de leur utilité immédiate *(valeur d'usage)*, mais en fonction de leur aptitude à être substitués les uns aux autres (mesurée par la *valeur d'échange*, qui fait abstraction de leurs particularités). Une valeur d'usage, pour être reconnue en tant que telle, doit d'abord être reconnue en tant que valeur d'échange. La valeur d'échange des marchandises est mesurée par la quantité (durée et intensité) de travail abstrait (social) que leur production a nécessitée.

— La production capitaliste tend (en moyenne) à réduire en permanence le temps de travail nécessaire à la production de chaque valeur d'usage. Il s'ensuit une dépréciation continuelle, en termes de valeur d'échange, des éléments de la production : pour une même quantité de travail, la quantité de valeur d'usage produite augmente. C'est la *loi de la valeur* — ou de l'élévation de la productivité.

— Les rapports de production capitalistes sont caractérisés par une aliénation : les travailleurs — qui ne disposent plus que de leur *force de travail* — sont contraints de vendre (aliéner) l'usage de celle-ci aux capitalistes (qui se sont approprié les *moyens de production* : machines, bâtiments, matières 1res...). Ils reçoivent en échange un *salaire* qui leur permet de se procurer les moyens d'existence dont ils ont besoin. Leur force de travail est devenue ainsi une *marchandise*. Ces rapports sont maintenus par la domination des moyens de production *(capital constant)* — détenus par les capitalistes — sur le *travail vivant* (travailleurs salariés vendant leur force de travail) qui permet d'imposer aux travailleurs la discipline du travail et une productivité supérieure.

— La force de travail crée de la valeur ; elle produit une quantité de valeurs d'usage supérieure à celle qui lui est strictement nécessaire pour se maintenir en vie et assurer la production. Les capitalistes s'approprient les résultats de la production. La différence entre le salaire qu'ils versent et la valeur globale des marchandises représente le *surtravail* (ou temps de travail non payé). Celui-ci devient la *plus-value* que s'attribuent les capitalistes.

— Capitalistes et travailleurs (producteurs) sont en lutte permanente à propos du salaire et de la productivité. Pour élever celle-ci, les capitalistes doivent continuellement moderniser le capital constant. Pour cela, ils utilisent la plus grande partie de la plus-value afin d'accroître le capital. Ce mécanisme de l'accumulation *(reproduction élargie)* a pour but, à son tour, d'extraire une plus-value supplémentaire, et ainsi de suite.

— Mais le mouvement du capital — inséparable de la lutte du prolétariat contre son exploitation — engendre ses propres contradictions. D'une part, il entraîne une concentration croissante du capital ; celle-ci renforce l'opposition entre le caractère social (collectif) du processus de production — qui devrait logiquement aboutir à la propriété collective des moyens de production — et l'appropriation privée de ces mêmes moyens. D'autre part, il détruit les formes d'économie antérieures et accroît ainsi l'importance (quantitative) de la classe (antagoniste) des salariés. En outre, la modernisation des moyens de production implique l'élévation tendancielle de la *composition organique*, du rapport entre le capital constant et le capital variable, élévation qui entraîne une baisse tendancielle du taux de profit. Pour combattre cette baisse, le capital est contraint à une « fuite en avant », chaque étape de l'accumulation crée les besoins d'une accumulation encore plus forte. Ainsi, pour augmenter le *taux d'exploitation* (rapport de la plus-value au capital variable), il faut accroître la productivité, donc élever la composition organique du capital ; celle-ci entraîne à son tour une baisse du taux de profit, et ainsi de suite. Ces efforts du capital pour contrecarrer cette tendance contribuent à aggraver la condition du prolétariat (travailleurs en surnombre et exploitation accrue, se traduisant par une dévalorisation de la force de travail). Les antagonismes se renforcent donc. A terme, le développement de ces contradictions aboutira à une crise plus grave que les précédentes ; le prolétariat s'appropriera alors l'usage des conditions de production pour lui-même.

National-socialisme

Doctrine composite exposée en 1920 par l'ouvrier Anton Drexler, puis par Adolf Hitler (1889-1945) dans « Mein Kampf » (1925-27), reposant sur : un État autoritaire [Johann Gottlieb Fichte (1762-1814), Friedrich Hegel (1770-1831), Bismarck (1815-98)] ; une nation supérieure (gardant pure sa race, en rejetant notamment les Juifs) ; le recours à la guerre et à la violence (culte de la force). En fait, Hitler négligea l'aspect socialiste de la doctrine, il s'en tint à la lutte contre le marxisme « générateur de conflits sociaux », les Juifs « exploiteurs », le parlementarisme « source de faiblesse », à la planification autarcique et à la lutte pour « l'espace vital » en Europe. L'abréviation allemande *Nazi* désignait les partisans du national-socialisme. Elle est très utilisée comme injure politique.

Nihilisme

Du latin *nihil*, « rien ». Apparu en Russie après l'échec des réformes d'Alexandre III (1845-94), il voulait repartir sur des bases neuves, à la lumière des sciences nouvelles et en balayant toutes les idées acquises. Souvent confondu avec l'anarchisme. *Principaux nihilistes* : Nicolaï Dobrolioubov (1836-61), Dmitri Pissarev (1841-68), Nicolaï Tchernychevski (1828-89).

Progressisme

Professe des idées politiques ou sociales avancées. De 1893 à 1914, l'Union progressiste désire être en dehors de toute idéologie et faire progresser le régime en matière économique et sociale. Aujourd'hui, les progressistes défendent souvent des idées soutenues par les marxistes.

Prolétariat

Ensemble des prolétaires, c'est-à-dire des salariés qui n'ont que leur salaire pour vivre (à l'opposé des propriétaires de moyens de production ou de moyens d'échange, comme les commerçants). La prolétarisation réduit à l'état de salariés les indépendants (petits exploitants agricoles, artisans, détaillants). Selon Marx et Engels (Manifeste du parti communiste, 1848), c'est la classe qui, dans la société capitaliste, crée la plus-value appropriée par les capitalistes. Par la révolution, le prolétariat créera une société sans classes en se libérant de son exploitation.

Le *lumpenprolétariat* (de l'allemand) est la partie la plus misérable du prolétariat, incapable de se révolter.

Radicalisme

État d'esprit plutôt que doctrine immuable, demandant une rupture avec les institutions passées. Le radicalisme a beaucoup évolué dans la vie politique française. Les radicaux ont combattu pour le suffrage universel et les grands principes des droits de l'homme. Les radicaux socialistes ont mis l'accent sur les réformes sociales tandis que d'autres radicaux ont pu se rapprocher des républicains modérés en prônant le libéralisme.

Socialisme

Le socialisme a commencé par condamner les inégalités sociales et l'exploitation de l'homme par l'homme, et par demander que l'intérêt général prime en tout l'intérêt individuel. On distingue habituellement le socialisme :

— **utopique** [Thomas More (Angl. 1478-1535), Campanella (It. 1568-1639), Cte de Saint-Simon (Fr. 1760-1835)] : dénonçant les impostures sociales et imaginant des sociétés idéales parfaites.

— **associationniste** : Charles Fourier (Fr., 1772-1837), Louis Blanc (Fr., 1811-82) Pierre-Joseph Proudhon (Fr., 1809-65, en fait anarchiste qui crée en 1848 une Banque du peuple, établissement « mutuelliste » dont s'inspireront plus tard coopératives et Stés de secours mutuel), Robert Owen (G.-B., 1771-1858, qui créa les 1res coopératives de production et de consommation en 1832).

— **d'État** : Léonard Simond de Sismondi (Suisse, 1773-1842), Johann Karl Rodbertus (All., 1805-75), Ferdinand Lassalle (All., 1825-64, qui énonça la *loi d'airain* sur les salaires, selon laquelle le salaire de l'ouvrier ne pourra dépasser le montant minimal dont il a besoin pour survivre), Ch. Dupont-White (Fr., 1807-78).

— **de la chaire** [expression créée par Henri-Bernard Oppenheim (1819-80)] : Congrès d'Eisenach (1872) où les professeurs universitaires étaient nombreux : Gustav Schmoller (All., 1838-1917), Adolphe Wagner (1835-1917).

— **chrétien** : Félicité de Lamennais (1782-1854, abbé français qui, désavoué par le pape en 1832, rompit avec l'Église), Philippe Buchez (Fr., 1796-1865), Cte Charles de Coux (1787-1864).

— **scientifique** : Marx (qui doit beaucoup à Sismondi et Rodbertus), pour qui le socialisme devient inéluctable avec la disparition des classes (disparition que l'on peut hâter).

Aujourd'hui le socialisme recouvre des réalisations très diverses (les républiques populaires comme les États scandinaves, sauf la Finlande, sont socialistes ; le fascisme et le nazisme étaient des socialismes nationaux) et des doctrines souvent opposées quant à leurs objectifs et leurs moyens. Le socialisme peut être « de gauche » ou modéré (ex. : la social-démocratie allemande ou scandinave).

— *la plupart des partis socialistes des pays développés* (Europe occidentale, Australie, N.-Zélande), de tendance plus ou moins réformiste, insistent sur la lutte progressive contre les inégalités économiques et sociales et les défauts du capitalisme de marché. Ils préconisent des mesures sociales et fiscales, des nationalisations, la planification, la réforme ou la transformation légale de l'État, le respect de la démocratie pluraliste, le soutien au mouvement coopératif... De nombreux partis ont été ou sont au pouvoir (pays scandinaves, Allemagne fédérale, Autriche, France). (Voir aussi Parti socialiste en France, p. 666.)

— *le camp socialiste,* divisé par la rivalité entre l'U.R.S.S., et la Chine. Il comprend l'U.R.S.S., les « démocraties populaires » et diverses républiques socialistes (Europe de l'Est, certains pays du Tiers monde), la Chine. Dans ces pays, un parti unique se réclamant du marxisme-léninisme détient le pouvoir. Selon la thèse officielle, le maintien de l'État — devenu socialiste — correspond à la phase de dictature du prolétariat. Pour la Yougoslavie : voir Titisme ci-dessous et Index.

— *certains pays du tiers monde* se réclament d'un socialisme adapté à leurs particularités.

Stalinisme

Doctrine et méthode de Staline [(1879-1953) qui publia : « les Fondements du léninisme » (1924), « les Questions du léninisme » (1926), « Matérialisme historique et Matérialisme dialectique » (1938), « les Problèmes économiques du socialisme » (1952)]. Staline s'opposa à Trotski (1879-1940) pour instaurer le socialisme dans un seul pays et en acceptant temporairement la N.E.P. (Nouvelle Politique économique). Il lança le 1er plan quinquennal en 1928 et la collectivisation des terres en 1929.

Doctrine caractérisée d'abord par l'opportunisme, la centralisation, l'autoritarisme et, après 1945, l'intransigeance (refus de la coexistence pacifique). Voir U.R.S.S.

Titisme

Communisme yougoslave. L'autogestion est largement pratiquée. Entreprises industrielles et commerciales, navigation maritime et aérienne, hôpitaux, etc. sont autogérés.

Dans chaque entreprise, l'ensemble du personnel élit, tous les 2 ans, un conseil ouvrier, responsable de toutes les grandes décisions : investissements, production, politique commerciale et salariale, répartition des bénéfices. Tout membre du personnel peut être candidat aux élections du conseil ouvrier. En fait, le personnel élit de préférence des techniciens de haut niveau. Le conseil ouvrier désigne un comité exécutif de gestion.

Le directeur général de l'entreprise est élu pour 4 ans par un collège comprenant 3 membres du conseil ouvrier, 2 membres de la commune, qui est propriétaire de l'entreprise, et 1 représentant de l'État local. Le directeur général peut être révoqué par le conseil ouvrier. Une entreprise autogérée non rentable est condamnée à fermer ses portes, et le pays compte quelque 300 000 chômeurs pour 20 550 000 h.

Totalitaire (régime)

Régime où une équipe dirigeante et une organisation monolithique (parti de masse) détiennent tous les pouvoirs. L'opposition est privée d'existence légale. Étaient totalitaires les régimes fasciste et national-socialiste. Sont aujourd'hui considérés comme totalitaires un certain nombre de régimes (« communistes », ou du Tiers monde).

Trotskisme

Doctrine de Trotski [(Lev Davidovitch Bronstein, dit) (1879-1940)] qui publia : « Histoire de la révolution russe » (1932), « la Révolution permanente » (1932), « la Révolution trahie » (1937), « l'École stalinienne de falsification » (1937), « Staline » (1940)]. Appelée aussi bolchevisme-léninisme.

Avant la Révolution d'Octobre, Trotski prône la révolution permanente. Partout où la révolution bourgeoise est impossible (pays arriérés et coloniaux), seul le prolétariat — même s'il est très minoritaire — peut, après s'être organisé en parti de classe, entreprendre la lutte révolutionnaire contre la bourgeoisie en entraînant la paysannerie (qui est potentiellement révolutionnaire). La dictature du prolétariat assure la victoire de la révolution socialiste permanente (elle se poursuit par la suite), mais cette révolution ne peut s'achever qu'au niveau mondial.

A partir de 1936, Trotski analyse notamment le stalinisme (excroissance bureaucratique de l'économie collectiviste dans un État ouvrier arriéré, que la poursuite de la révolution détruira), le fascisme (dernière solution de la bourgeoisie avant la révolution), et élabore une stratégie « de transition » qui constituera le fondement théorique de la IVe Internationale (voir p. 783).

Après la guerre de 1939-45, ses idées sont reprises par la IVe Internationale. Plusieurs courants s'en réclament aussi (Amérique Latine : Posadas ; Europe : P. Frank, P. Lambert et G. Healy, et M. Raptis dit Pablo). Le trotskisme influence les expériences chinoise et cubaine. Depuis 1968, les mouvements trotskistes se sont développés dans les pays occidentaux (notamment en France, voir p. 660 et suivantes).

Organisations internationales

Organisation des Nations unies (O.N.U.)

L'O.N.U. a succédé à la *Société des nations* (S.D.N.) qui, proposée par le Pt des U.S.A. Wilson, prit corps dans le traité de Versailles de 1919 et s'installa à Genève au palais des Nations. Elle comprit au max. 60 États (45 au début, 44 en 39). Les U.S.A. refusèrent d'en faire partie. Le Brésil s'en retira en 26, le Japon et l'Allemagne en 33, l'Italie en 37 et l'U.R.S.S. (admise en 36) en fut exclue en 39. Sa dissolution effective date du 3-7-47, mais elle était déjà remplacée officiellement par l'O.N.U. depuis le début de 46.

Données générales

Siège : Manhattan, New York (U.S.A.).

Création : Déclaration de Moscou (30-10-1943). Conférences : *Dumbarton Oaks* (G.-B., U.S.A., U.R.S.S., Chine, 27-8 au 17-10-1944). *Yalta* (G.-B., U.S.A., U.R.S.S., févr. 1945). *San Francisco* (25-4 au 26-6 1945). Élaboration définitive de la Charte et du Statut de la Cour intern. de justice, ratifié par 51 pays (dont la France) en guerre contre l'Axe.

Budget des Nations unies. *Montant des contributions :* fixé par un comité de contrib. réuni tous les 2 ans, en fonction de la population, du niveau d'industrialisation et du P.I.B. de chaque membre. (En 1970 les U.S.A. qui payaient 30 % du budget ont négocié avec le comité une baisse de 5 % de leur contrib.). *Participation des différents États* (en %) : U.S.A. 25, U.R.S.S. (y compris Biélorussie et Ukraine) 11,82, Japon 10,84, All. féd. 8,26, *France 6,37,* G.-B. 4,86, Italie 3,79, Canada 3,06, Espagne 2,03, P.-Bas 1,74, Australie 1,66, Brésil 1,4, All. dém. 1,33, Suède 1,25, Belgique 1,18, Arabie S. 0,97, Mexique 0,89, Chine 0,79 (78 pays en voie de développement ne contribuent que pour 0,01 % chacun au budget).

Budget brut : + de 1 660 millions de $ pour 1986-87. *Déficit* 390 millions de $ est dû au refus de certains pays de participer au financement d'opérations spéciales (Congo, Chypre, Moyen-Orient) et au retard de paiement des contributions.

Répartition du budget (en milliards de $, 1986-87). Administration et gestion 322. Conférences et bibliothèques 288,8. Contributions du personnel 275 417. Affaires politiques et du Conseil de sécurité, maintien de la paix 83 787. Information 75 669. Conférence des Nations Unies sur commerce et développement 60 135. Département des affaires écon. et soc. intern. 54 161. Commission écon. pour Afrique 48 166, Amér. latine et Caraïbes 45 294, Asie et Pacifique 34 818. Haut Commissariat pour réfugiés 34 485. Commission écon. et sociale pour Asie occid. 33 708. Travaux (locaux) 30 145. Programme ordinaire de coop. technique 29 277. Commission écon. pour Europe 26 768. Affaires polit., tutelle et décolonisation 25 607. Départ. de la coopér. technique pour développement 20 218. Obligations émises par O.N.U. 16 759. Activités juridiques 15 897. Droits de l'homme 11 675. Cour intern. de Justice 10 501. Programme pour environnement 10 142. Stés transnationales 10 078. Affaires de désarmement 9 854. Centre pour établissements humains (Habitat) 8 610. Centre du commerce intern. 8 041. Contrôle intern. des drogues 6 291. Bureau du Coordonnateur pour secours en cas de catastrophe 5 708. Bureau des services du Secr. pour questions écon. et sociales 4 388. Centre pour science et technique au service du développement 4 230. Organes directeurs (activités écon. et sociales) 2 526. Bureau de liaison des commissions régionales 665. Subvention à l'Institut pour formation et recherche 600.

But. Maintien de la paix et de la sécurité intern. Coopération pour le progrès économique et social de tous les peuples.

États membres des Nations unies (au 1-1-86 ; en italique, fondateurs) : Afghanistan. *Afrique du Sud.* Albanie. Algérie. Allemagne démocratique. Allemagne fédérale. Angola. Antigua et Barbuda. *Arabie Saoudite. Argentine. Australie.* Autriche. Bahamas. Bahrein. Bangladesh. Barbade. *Belgique.* Bélize. Bénin. Bhoutan. *Biélorussie.* Birmanie. *Bolivie.* Botswana. *Brésil.* Brunéi. Bulgarie. Burkina-Faso. Burundi. Cambodge (Kampuchea). Cameroun. *Canada.* Cap-Vert. Rép. Centrafricaine. *Chili. Chine.* Chypre. *Colombie.* Comores. Congo. *Costa Rica.* Côte-d'Ivoire. *Cuba. Danemark.* Djibouti. Dominique. *Égypte.* Émirats arabes unis. *Équateur.* Espagne. *États-Unis. Éthiopie.* Fidji. Finlande. *France.* Gabon. Gambie. Ghana. *Grèce.* Grenade. *Guatemala.* Guinée. Guinée équat. Guinée-Bissau. Guyana. *Haïti. Honduras.* Hongrie. Iles Maldives. *Inde.* Indonésie. *Irak. Iran.* Irlande. Islande. Israël. Italie. Jamaïque. Japon. Jordanie. Kenya. Koweit. Laos. Lesotho. *Liban. Liberia.* Libye. *Luxembourg.* Madagascar. Malaisie. Malawi. Mali. Malte. Maroc. Maurice. Mauritanie. *Mexique.* Mongolie. Mozambique. Népal. *Nicaragua.* Niger.

Nigeria. *Norvège. Nouvelle-Zélande.* Ngwane. Oman. Ouganda. Pakistan. *Panama.* Papouasie-Nouvelle-Guinée. *Paraguay. Pays-Bas. Pérou. Philippines. Pologne.* Portugal. Qatar. *Rép. Dominicaine.* Roumanie. *Royaume-Uni.* Rwanda. Saint-Christophe et Névis. Sainte-Lucie. Saint-Vincent et les Grenadines. Salomon. *Salvador (El).* Samoa (occ.). São Tome et Principe. Sénégal. Seychelles. Sierra Leone. Singapour. Somalie. Soudan. Sri Lanka. Suède. Surinam. *Syrie. Tanzanie. Tchad. Tchécoslovaquie.* Thaïlande. Togo. Trinité et Tobago. Tunisie. *Turquie. Ukraine. U.R.S.S. Uruguay.* Vanuatu. *Venezuela.* Viêt-nam. Yémen (Rép. arabe). Yémen démocratique. *Yougoslavie.* Zaïre. Zambie. Zimbabwe.

L'O.N.U. compte 159 membres en 1986. En 1985, sur 159 membres, 20 % avaient moins d'un million d'habitants, et 50 % moins de 5 millions ; plus de la moitié étaient des dictatures, plus de 50 étaient en guerre entre eux ou pratiquaient chez eux le génocide entre tribus, ou entretenaient des camps d'entraînement pour terroristes.

États non membres de l'O.N.U. Andorre, Corée Nord et Sud, Kiribati, Liechtenstein, Monaco, Nauru, St-Marin, Suisse, T'ai-wan, Tonga, Tuvalu, Vatican.

Forces. L'O.N.U. a envoyé une force ou des observateurs en Corée [(1950-53) 7 div. d'infanterie amér. ; 2 brigades britanniques, 1 canadienne, 1 turque ; un bataillon australien, 1 thaïlandais, 1 philippin, 1 éthiopien, 1 grec, 1 colombien ; 1 bat. d'art. néo-zél. France, Pays-Bas et Belgique y furent représentés chacun par 1 bataillon], au Cachemire (1949), au Congo (1960-64, + de 20 000 casques bleus), et au Moyen-Orient [Force d'urgence, en 1956-67, et *Force d'urgence des Nations unies* (F.U.N.U. II), créée en 1973, déployée dans le désert du Sinaï entre l'Égypte et les territoires occupés par Israël ; env. 5 000 hommes, dissoute en 1979].

En 1986, 3 forces de maintien de la paix :

– *Force des Nations unies chargée d'observer le dégagement* (F.N.U.O.D.), créée en 1974, maintient le cessez-le-feu et la surveillance de la zone de séparation entre Syrie et Israël (Plateau du Golan). 1 300 h., 17 millions de $ par an.

– *Force des Nations unies chargée du maintien de la paix à Chypre* (U.N.F.I.C.Y.P.), créée en 1964, chargée de surveiller le cessez-le-feu entre les communautés chypriotes grecque et turque. 2 500 h., 15 millions de $ pour 6 mois (financée par des contributions volontaires des États membres, déficit actuel : + de 130 millions de $ depuis 1964).

– *Force intérimaire des Nations unies pour le Liban* (F.I.N.U.L.), créée en 1978, pour confirmer le retrait des Israéliens, rétablir la paix et la sécurité au Sud Liban. 6 000 h. (dont 1 300 Français), coût : 140 millions de $ par an. Déficit actuel 220 millions de $.

Langues officielles. Anglais, arabe, chinois, espagnol, français, russe ; *travail :* anglais, français (+ arabe, chinois, espagnol à l'Ass. gén.).

Organes centraux

● **Assemblée générale. Organisation :** 159 États m. en 1986 (à l'origine 51). Aucun membre n'a été exclu. L'Indonésie se retira en mars 1965 pour protester contre l'admission de la Malaisie, mais revint le 28-9-1966. Chaque membre dispose de 1 voix (l'U.R.S.S. en a 3 : Biélorussie, Ukraine et U.R.S.S.). 1 Pt élu pour chaque session. 1 session annuelle (commençant en sept.), des sessions extraordinaires si le Conseil de sécurité ou la majorité des m. le demande. Des commissions spécialisées (politique et sécurité, économique, sociale, de décolonisation, administrative, juridique) préparent les délibérations. L'Ass. élit sur proposition du Conseil de séc. le secr. gén. ; les m. non permanents des différents organes et les juges de la Cour intern. ; vote l'admission des nouveaux m. ; arrête le budget de l'organisation. Les recommandations sont votées à la majorité simple, les questions importantes (paix et sécurité, admissions, budget) à la majorité des 2/3.

● **Conseil de sécurité. Organisation :** *Membres :* 15 dont 5 permanents : U.S.A., U.R.S.S., France, G.-B., Chine, et 10 non perm. élus pour 2 ans par l'Ass. générale : Australie, Danemark, Madagascar, Thaïlande, Trinité-et-Tobago jusqu'au 31-12-86 ; Bulgarie, Congo, Venezuela, Émirats arabes unis, Cuba jusqu'au 31-12-87. En dehors des questions de procédure, la majorité de 9 voix comprenant obligatoirement celles des 5 m. permanents est requise. *Comités :* du désarmement ; pour l'admission de nouveaux m. ; des Nat. unies pour le contrôle de la trêve en Palestine.

Droit de veto : permet aux grandes puissances de paralyser le Conseil. En cas de veto, l'Ass. gén. peut faire des recommandations par un vote à la majorité des 2/3. L'abstention et l'absence ne sont pas considérées comme un veto. **Ont fait usage du droit de veto** (au 1-1-86) : U.R.S.S. 116 fois. U.S.A. 42 (2 pour la Rhodésie, 6 pour le Moyen-Orient, 3 pour l'admission du Viêt-nam à l'O.N.U.). G.-B. 23 (dont 2 fois avec la France dans l'affaire de Suez, 7 fois pour la Rhodésie). France 15 [enquête sur le régime de Franco 26-6-46, question indonésienne 25-8-47, 2 fois dans l'affaire de Suez, le 30-10-56 (contre un projet américain et un projet soviétique demandant un cessez-le-feu immédiat entre Israël et Égypte), 31-10-74 (expulsion de l'Afrique du Sud), 6-2-76 sur Comores]. Chine 4 (conflit indo-pakistanais 5-12-71, admission du Bangladesh en 1972).

En juin 1950 (guerre de Corée), le Conseil n'a pu décider l'aide militaire à la Corée du Sud qu'en raison de l'absence de l'U.R.S.S.

But : responsable de la sécurité internationale, il prend toutes les mesures pour la maintenir ou la restaurer. En cas de menaces de guerre, il décide de l'envoi de forces de maintien de la paix. Il recommande à l'Ass. gén. la candidature de nouveaux États.

● **Conseil économique et social. Organisation :** 54 m. élus par l'Ass. gén. pour 3 ans renouvelables par tiers chaque année. Les 5 Grands ont toujours été réélus.

But : coopération écon. et sociale. Coordination des activités des organisations spécialisées (O.I.T., F.A.O., UNESCO, etc.). Contrôle 5 commissions économiques régionales : Europe (C.E.E. à Genève), Asie et Pacifique (C.E.S.A.P. à Bangkok), Am. latine (C.E.P.A.L. à Santiago du Chili), Asie occidentale (C.E.A.O. à Amman), Afrique (C.E.A. à Addis-Abeba) ; d'autres commissions (Statistiques, Droits de l'h., Sociale, Condition de la femme, Stupéfiants, Population).

● **Conseil de tutelle. Organisation :** composé par les m. permanents du Conseil de sécurité qui n'ont pas de territoire sous tutelle, et les U.S.A. chargés d'administrer les terr. sous tutelle des îles du Pacifique, anciennement sous mandat japonais. **But :** n'administre plus que les îles sous tutelle du Pacifique (U.S.A.). Examine rapports des puissances adm. et pétitions des terr. administrés.

Dates d'entrée en vigueur des conventions adoptées sous les auspices de l'O.N.U. *Génocide* (prévention et répression du crime de) : 12-1-1951. *Crimes de guerre et contre l'humanité* (imprescriptibilité) : 11-11-1970. *Discrimination raciale :* 4-1-1969. *Crime d'apartheid* (élimination et répression) : 18-7-1976. *Réfugiés* (statut) : 22-4-1954, protocole : 4-10-1967. *Apatrides* (statut) : 6-6-1960, réduction des cas : 13-12-1975. *Femme* (droits politiques) : 7-7-1954, élimination de toutes formes de discrimination : 3-9-1981, nationalité de la f. mariée : 11-8-1958. *Mariage* (âge minimum et enregistrement) : 9-12-1964. *Rectification* (droit international) : 24-8-1962. *Esclavage* (Convention amendée) : 7-12-1953, abolition : esclavage, traite et institutions et pratiques analogues : 30-4-1957. *Traite des êtres humains et prostitution d'autrui* (répression) : 25-7-1951.

● **Cour internationale de Justice. Siège :** La Haye (P.-Bas). *Pt :* Nagendra Singh (Inde 18-3-14). *Vice-Pt :* Guy de Lacharrière (Fr. 27-6-19) jusqu'à fin 1988. **Organisation :** 15 m. élus pour 9 ans par l'Ass. gén. et le Cons. de sécurité (rééligibles). Renouvelables par tiers tous les 3 ans. Env. 1/3 des 151 États membres de l'O.N.U. ont accepté sa juridiction. **But :** juge les différends que peuvent lui soumettre les États. Lorsque ceux-ci y recourent, le jugement rendu par la Cour est obligatoire pour eux. Donne des avis consultatifs en matière juridique à la demande de certains organes, en particulier de l'Ass. gén. ou du Cons. de sécurité.

Depuis le *10-1-1974,* Paris ne reconnaît plus la juridiction obligatoire de la Cour de justice de La Haye ; celle-ci ayant examiné les plaintes australiennes et néo-zélandaises contre les essais nucléaires français. La France a dénoncé l'acte d'arbitrage de 1928 et récusé la compétence de la Cour en matière de défense nationale. Elle distingue sa participation au statut de la juridiction de la Cour et l'acceptation de sa juridiction obligatoire.

● **Secrétaire général.** *1946* févr. Trygve Lie (Norvégien, n. 1896 ; démissionne, nov. 52) ; *1953* avril Dag Hammarskjöld (Suédois, n. 1905 ; sept. 61, † accident d'avion au Congo) ; *1961* nov. U. Thant (Birman, 1909-74) ; *1972* (1-1) Kurt Waldheim (Autr., n. 1918) ; *1982* (1-1) Javier Perez de Cuellar (Pérou, n. 1920). **Organisation :** élu pour 5 ans par l'Ass. gén. sur recommandation du Cons. de sécurité ; rééligible. Il peut être chargé, en plus de ses fonctions adm., de n'importe quelle fonction, même politique. Il soumet à l'Ass. gén. un rapport annuel sur les activités de l'O.N.U. *Services relevant du Secrétariat gén. :* cabinet du Secr. gén., Service juridique, Serv. financier, Serv. du personnel. *Départements dirigés par des sous-secrétaires :* Affaires pol. et Cons. de sécurité, Aff. écon. et sociales, Tutelle et Terr. non autonomes, Information, Conférence, Serv. gén. *Services extérieurs du Secrétariat :* Centres d'information des Nat. unies (Genève ; 4 et 6, av. de Saxe, Paris 7e. L'O.N.U. emploie plus de 20 000 fonctionnaires dans le monde entier.

Charte internationale des Droits de l'homme

Se compose de 4 textes :

● **La Déclaration universelle des Droits de l'homme.** N'a pas la forme d'une convention internationale conclue sous les auspices des Nations unies, mais celle d'une simple résolution adoptée par l'Assemblée générale le 10-12-1948 à Paris (par 48 voix avec 8 abstentions). Juridiquement, elle n'a qu'une force morale, mais son influence considérable n'a cessé de s'accroître. Voir ci-contre.

● **Deux pactes internationaux.** Destinés à donner une forme juridiquement obligatoire aux droits reconnus dans la Déclaration universelle des Droits de l'homme.

Le *Pacte international relatif aux droits économiques sociaux et culturels* (entré en vigueur le 3-1-1976). 84 États parties (pour lesquels ratifications et adhésions sont entrées en vigueur après expiration du délai de 3 mois prévu par les Pactes et le Protocole) s'engagent à assurer progressivement le plein exercice des droits reconnus dans le Pacte, et à présenter des rapports sur les mesures adoptées et les progrès accomplis (examinés par le Conseil économique et social).

Le *Pacte international relatif aux droits civils et politiques* (entré en vigueur le 23-3-1976) ; les États parties s'engagent à respecter et à garantir à tous les individus se trouvant sur leur territoire et relevant de leur compétence les droits reconnus dans ce pacte et à présenter des rapports sur les mesures adoptées (examinés par un Comité des droits de l'homme composé de 18 pers.). Il y avait 80 États parties.

● **Protocole facultatif se rapportant au Pacte international relatif aux droits civils et politiques** (entré en vigueur le 23-3-76). Le Comité des droits de l'homme a compétence pour recevoir et examiner les communications émanant de particuliers qui relèvent de la juridiction d'un État partie au Protocole et qui prétendent être victimes d'une violation par cet État de l'un des droits énoncés dans le Pacte. Il y avait au 31-12-1985 35 États parties.

Programme des Nations unies pour le développement (PNUD)

Origine : né en nov. 1965, de la fusion du Fonds spécial (institué en 1959) et du Programme élargi d'assistance technique (institué en 1950). **But :** assistance technique multilatérale et investissement dans les pays en voie de développement. **Budget 1986 :** + de 650 millions de $ (contributions volontaires).

Services spécialisés des Nations unies

● **H.C.R. (U.N.H.C.R.). Haut Commissariat des Nations unies pour les réfugiés (Office of the United Nations High Commissioner for Refugees). Siège :** Palais des Nations, Genève. Plus de 80 bureaux dans le monde. *Haut-commissaire :* Jean-Pierre Hocké (Suisse) depuis le 1-1-86.

Création : 14-12-50 (entrée en vigueur : 1-1-51). Mandat du Haut-Commissaire : 3 ans à partir du 1-1-1983 ; du Haut-Commissariat : 5 ans à partir du

PRÉAMBULE

Considérant que la reconnaissance de la dignité inhérente à tous les membres de la famille humaine et de leurs droits égaux et inaliénables constitue le fondement de la liberté, de la justice et de la paix dans le monde,

Considérant que la méconnaissance et le mépris des droits de l'homme ont conduit à des actes de barbarie qui révoltent la conscience de l'humanité et que l'avènement d'un monde où les êtres humains seront libres de parler et de croire, libérés de la terreur et de la misère, a été proclamé comme la plus haute aspiration de l'homme,

Considérant qu'il est essentiel que les droits de l'homme soient protégés par un régime de droit pour que l'homme ne soit pas contraint, en suprême recours, à la révolte contre la tyrannie et l'oppression,

Considérant qu'il est essentiel d'encourager le développement de relations amicales entre nations,

Considérant que dans la Charte les peuples des Nations Unies ont proclamé à nouveau leur foi dans les droits fondamentaux de l'homme, dans la dignité et la valeur de la personne humaine, dans l'égalité des droits des hommes et des femmes, et qu'ils se sont déclarés résolus à favoriser le progrès social et à instaurer de meilleures conditions de vie dans une liberté plus grande,

Considérant que les Etats Membres se sont engagés à assurer, en coopération avec l'Organisation des Nations Unies, le respect universel et effectif des droits de l'homme et des libertés fondamentales,

Considérant qu'une conception commune de ces droits et libertés est de la plus haute importance pour remplir pleinement cet engagement,

L'ASSEMBLÉE GÉNÉRALE

proclame

LA PRÉSENTE DÉCLARATION UNIVERSELLE DES DROITS DE L'HOMME comme l'idéal commun à atteindre par tous les peuples et toutes les nations afin que tous les individus et tous les organes de la société, ayant cette Déclaration constamment à l'esprit, s'efforcent, par l'enseignement et l'éducation, de développer le respect de ces droits et libertés et d'en assurer, par des mesures progressives d'ordre national et international, la reconnaissance et l'application universelles et effectives, tant parmi les populations des Etats Membres eux-mêmes que parmi celles des territoires placés sous leur juridiction.

Article premier

Tous les êtres humains naissent libres et égaux en dignité et en droits. Ils sont doués de raison et de conscience et doivent agir les uns envers les autres dans un esprit de fraternité.

Article 2

Chacun peut se prévaloir de tous les droits et de toutes les libertés proclamés dans la présente Déclaration, sans distinction aucune, notamment de race, de couleur, de sexe, de langue, de religion, d'opinion politique ou de toute autre opinion, d'origine nationale ou sociale, de fortune, de naissance ou de toute autre situation.

De plus, il ne sera fait aucune distinction fondée sur le statut politique, juridique ou international du pays ou du territoire dont une personne est ressortissante, que ce pays ou territoire soit indépendant, sous tutelle, non autonome ou soumis à une limitation quelconque de souveraineté.

Article 3

Tout individu a droit à la vie, à la liberté et à la sûreté de sa personne.

Article 4

Nul ne sera tenu en esclavage ni en servitude ; l'esclavage et la traite des esclaves sont interdits sous toutes leurs formes.

Article 5

Nul ne sera soumis à la torture, ni à des peines ou traitements cruels, inhumains ou dégradants.

Article 6

Chacun a le droit à la reconnaissance en tous lieux de sa personnalité juridique.

Article 7

Tous sont égaux devant la loi et ont droit sans distinction à une égale protection de la loi. Tous ont droit à une protection égale contre toute discrimination qui violerait la présente Déclaration et contre toute provocation à une telle discrimination.

Article 8

Toute personne a droit à un recours effectif devant les juridictions nationales compétentes contre les actes violant les droits fondamentaux qui lui sont reconnus par la constitution ou par la loi.

Article 9

Nul ne peut être arbitrairement arrêté, détenu ou exilé.

Article 10

Toute personne a droit, en pleine égalité, à ce que sa cause soit entendue équitablement et publiquement par un tribunal indépendant et impartial, qui décidera, soit de ses droits et obligations, soit du bien-fondé de toute accusation en matière pénale dirigée contre elle.

Article 11

(1) Toute personne accusée d'un acte délictueux est présumée innocente jusqu'à ce que sa culpabilité ait été légalement établie au cours d'un procès public où toutes les garanties nécessaires à sa défense lui auront été assurées.

(2) Nul ne sera condamné pour des actions ou omissions qui, au moment où elles ont été commises, ne constituaient pas un acte délictueux d'après le droit national ou international. De même, il ne sera infligé aucune peine plus forte que celle qui était applicable au moment où l'acte délictueux a été commis.

Article 12

Nul ne sera l'objet d'immixtions arbitraires dans sa vie privée, sa famille, son domicile ou sa correspondance, ni d'atteintes à son honneur et à sa réputation. Toute personne a droit à la protection de la loi contre de telles immixtions ou de telles atteintes.

Article 13

(1) Toute personne a le droit de circuler librement et de choisir sa résidence à l'intérieur d'un État.

(2) Toute personne a le droit de quitter tout pays, y compris le sien, et de revenir dans son pays.

Article 14

(1) Devant la persécution, toute personne a le droit de chercher asile et de bénéficier de l'asile en d'autres pays.

(2) Ce droit ne peut être invoqué dans le cas de poursuites réellement fondées sur un crime de droit commun ou sur des agissements contraires aux buts et aux principes des Nations Unies.

Article 15

(1) Tout individu a droit à une nationalité.

(2) Nul ne peut être arbitrairement privé de sa nationalité, ni du droit de changer de nationalité.

Article 16

(1) A partir de l'âge nubile, l'homme et la femme, sans aucune restriction quant à la race, la nationalité ou la religion, ont le droit de se marier et de fonder une famille. Ils ont des droits égaux au regard du mariage, durant le mariage et lors de sa dissolution.

(2) Le mariage ne peut être conclu qu'avec le libre et plein consentement des futurs époux.

(3) La famille est l'élément naturel et fondamental de la société et a droit à la protection de la société et de l'État.

Article 17

(1) Toute personne, aussi bien seule qu'en collectivité, a droit à la propriété.

(2) Nul ne peut être arbitrairement privé de sa propriété.

Article 18

Toute personne a droit à la liberté de pensée, de conscience et de religion ; ce droit implique la liberté de changer de religion ou de conviction ainsi que la liberté de manifester sa religion ou sa conviction seule ou en commun, tant en public qu'en privé, par l'enseignement, les pratiques, le culte et l'accomplissement des rites.

Article 19

Tout individu a droit à la liberté d'opinion et d'expression, ce qui implique le droit de ne pas être inquiété pour ses opinions et celui de chercher, de recevoir et de répandre, sans considérations de frontières, les informations et les idées par quelque moyen d'expression que ce soit.

Article 20

(1) Toute personne a droit à la liberté de réunion et d'association pacifiques.

(2) Nul ne peut être obligé de faire partie d'une association.

Article 21

(1) Toute personne a le droit de prendre part à la direction des affaires publiques de son pays, soit directement, soit par l'intermédiaire de représentants librement choisis.

(2) Toute personne a droit à accéder, dans des conditions d'égalité, aux fonctions publiques de son pays.

(3) La volonté du peuple est le fondement de l'autorité des pouvoirs publics ; cette volonté doit s'exprimer par des élections honnêtes qui doivent avoir lieu périodiquement, au suffrage universel égal et au vote secret ou suivant une procédure équivalente assurant la liberté du vote.

Article 22

Toute personne, en tant que membre de la société, a droit à la sécurité sociale ; elle est fondée à obtenir la satisfaction des droits économiques, sociaux et culturels indispensables à sa dignité et au libre développement de sa personnalité, grâce à l'effort national et à la coopération internationale, compte tenu de l'organisation et des ressources de chaque pays.

Article 23

(1) Toute personne a droit au travail, au libre choix de son travail, à des conditions équitables et satisfaisantes de travail et à la protection contre le chômage.

(2) Tous ont droit, sans aucune discrimination, à un salaire égal pour un travail égal.

(3) Quiconque travaille a droit à une rémunération équitable et satisfaisante lui assurant ainsi qu'à sa famille une existence conforme à la dignité humaine et complétée, s'il y a lieu, par tous autres moyens de protection sociale.

(4) Toute personne a le droit de fonder avec d'autres des syndicats et de s'affilier à des syndicats pour la défense de ses intérêts.

Article 24

Toute personne a droit au repos et aux loisirs et notamment à une limitation raisonnable de la durée du travail et à des congés payés périodiques.

Article 25

(1) Toute personne a droit à un niveau de vie suffisant pour assurer sa santé, son bien-être et ceux de sa famille, notamment pour l'alimentation, l'habillement, le logement, les soins médicaux ainsi que pour les services sociaux nécessaires ; elle a droit à la sécurité en cas de chômage, de maladie, d'invalidité, de veuvage, de vieillesse ou dans les autres cas de perte de ses moyens de subsistance par suite de circonstances indépendantes de sa volonté.

(2) La maternité et l'enfance ont droit à une aide et à une assistance spéciales. Tous les enfants, qu'ils soient nés dans le mariage ou hors mariage, jouissent de la même protection sociale.

Article 26

(1) Toute personne a droit à l'éducation. L'éducation doit être gratuite, au moins en ce qui concerne l'enseignement élémentaire et fondamental. L'enseignement élémentaire est obligatoire. L'enseignement technique et professionnel doit être généralisé ; l'accès aux études supérieures doit être ouvert en pleine égalité à tous en fonction de leur mérite.

(2) L'éducation doit viser au plein épanouissement de la personnalité humaine et au renforcement du respect des droits de l'homme et des libertés fondamentales. Elle doit favoriser la compréhension, la tolérance et l'amitié entre toutes les nations et tous les groupes raciaux ou religieux, ainsi que le développement des activités des Nations Unies pour le maintien de la paix.

(3) Les parents ont, par priorité, le droit de choisir le genre d'éducation à donner à leurs enfants.

Article 27

(1) Toute personne a le droit de prendre part librement à la vie culturelle de la communauté, de jouir des arts et de participer au progrès scientifique et aux bienfaits qui en résultent.

(2) Chacun a droit à la protection des intérêts moraux et matériels découlant de toute production scientifique, littéraire ou artistique dont il est l'auteur.

Article 28

Toute personne a droit à ce que règne, sur le plan social et sur le plan international, un ordre tel que les droits et libertés énoncés dans la présente Déclaration puissent y trouver plein effet.

Article 29

(1) L'individu a des devoirs envers la communauté dans laquelle seule le libre et plein développement de sa personnalité est possible.

(2) Dans l'exercice de ses droits et dans la jouissance de ses libertés, chacun n'est soumis qu'aux limitations établies par la loi exclusivement en vue d'assurer la reconnaissance et le respect des droits et libertés d'autrui et afin de satisfaire aux justes exigences de la morale, de l'ordre public et du bien-être général dans une société démocratique.

(3) Ces droits et libertés ne pourront, en aucun cas, s'exercer contrairement aux buts et aux principes des Nations Unies.

Article 30

Aucune disposition de la présente Déclaration ne peut être interprétée comme impliquant pour un État, un groupement ou un individu un droit quelconque de se livrer à une activité ou d'accomplir un acte visant à la destruction des droits et libertés qui y sont énoncés.

1-1-1984. **Budget** : dépenses administratives couvertes par budget ordinaire de l'O.N.U. Assistance matérielle financée par des contributions volontaires, gouvernementales ou privées. *Budget 1985* : 570 millions de $.

• **UNICEF (FISE). Fonds des Nations unies pour l'enfance (United Nations Children/Emergency Fund)** ; à l'origine Fonds international de secours à l'enfance. **Siège** : New York. *Dir.* : James P. Grant (U.S.A.). *Bureau européen* : Genève. *Dir.* : Uffe König. Intervention dans 117 pays en voie de développement (PVD) en faveur de 1,3 milliard d'enfants de 0 à 15 ans. En 1984, 87 bureaux extérieurs. Centre d'emballage et d'emmagasinage à Copenhague (UNIPAC).

Création : 11-12-1946 par l'Ass. gén. des Nations unies. *Conseil d'administration* : 41 représentants de gouv., sous contrôle du Conseil économique et social de l'O.N.U. **Recettes** (1984) : 332 millions de $ venant de contributions volontaires gouvernementales et inter-gouvernementales, 80 % ; non gouvernementales 20 %. **Contribution française** (1984) : gouvernementale 4 074 100 $; non gouvernementale 7 605 000 $ (y compris cartes de vœux). **Dépenses des programmes** (en millions de $, 1984) : santé 63,5, approvisionnement en eau 68,1, nutrition 20,1, services sociaux en faveur des enfants 15,7, éducation formelle et non formelle 30,5, planification et services d'appui aux programmes 30,6, secours d'urgence 15,8.

En France : Comité Français FISE/UNICEF : 35, rue Félicien-David, 75781 Paris Cedex 16.

• **U.N.R.W.A. Office de secours et de travaux des Nations unies pour les réfugiés de Palestine dans le Proche-Orient (United Nations Relief and Works Agency for Palestine Refugees in the Near East).** *Siège* : Vienna International Centre, P.O. Box 700, A-1400 Vienne (Autriche) et P.O. Box 484, Amman (Jord.). Bureaux de liaison : Caire, New York.

Création : 8-12-49 (début des activités le 1-5-50). **But** : dispenser des services d'éducation, de santé et de secours aux réfugiés palestiniens victimes du conflit israélo-arabe de 1948 (67 % du budget 1986 prévu pour l'éducation) : *Réfugiés immatriculés* auprès de l'Office (au 31-10-86) 2 107 108 dont env. 35 % dans des camps. L'UNRWA vient aussi en aide à des personnes déplacées pour la 1re fois lors de la g. de 1967. *Élèves* (1985-86) : 350 000 dont 657 écoles. *Étudiants* 4 783 dans 8 centres de formation professionnelle et pédagogique. Bourses univers. 349. Centres de santé 98.

Financement : principalement par contributions gouvernementales volontaires. *Budget 1985* (en millions de $) : 181,4 (dont contributions : U.S.A. 75, C.E.E. 24,1, Japon 13, Suède 8, Norvège 7,2, G.-B. 6,5, Canada 6,5, All. féd. 3,1, Arabie S. 2,2, *France 1,1*). *Budget 1986* : 191 ; coût des opérations de secours au Liban (juin 1982/avril 1984) : 62.

• **Centre O.N.U. de Vienne.** *Inauguré* le 23-8-1979. 80 000 m² de bureaux. Doit abriter 4 800 agents internationaux. Actuellement ; *Agence internationale de l'Énergie atomique* (1 600 agents) dep. 1957 ; *Agence pour le développement industriel* (1 200) depuis 1967 ; *Agence pour la drogue et Bureau des aff. sociales* (venant de Genève) ; *Centre pour les affaires humanitaires* (venant de New York) ; *UNRWA* (230).

Institutions spécialisées des Nations unies

• **A.I.D. (I.D.A). Association intern. de développement (International Development Association). Siège** : 1818 H Street, N.W. Washington D.C. 20433, U.S.A. **Création** : sept. 60, filiale de la B.I.R.D. **Organisation** : même cons. d'adm. et même Pt que la B.I.R.D. 134 États m. **Ressources** : 9 milliards de $ de 1985 à 1987. **But** : crédit de développement à 50 ans, sans intérêts, à des pays ne pouvant supporter le poids des formules classiques de financement.

• **A.I.E.A. (I.A.E.A.). Agence internationale de l'énergie atomique (International Atomic Energy Agency). Siège** : Vienna Intern. Centre, P.O.B. 100, A-1400 Vienne. *Dir. gén.* : Hans Blix (Suède, n. 1928), dep. 1-12-1981. **Création** : Conférence de New York oct. 56, établie en oct. 57. **Organisation** : Conférence générale annuelle. Conseil des gouverneurs de 35 m. Secrétariat dirigé par un dir. gén. 112 États m. **Budget ordinaire** (1985) 95 millions de $. (contributions des États membres). **But** : accélérer l'utilisation pacifique de l'énergie atomique. Établir des normes de protection radiologique et de protection de l'environnement. Servir d'intermédiaire pour les matières nucléaires. Favoriser l'échange de connaissances atomiques et prévenir le détournement des matières fissiles et d'installations nucléaires à des fins militaires. Appliquer les garanties dans le cadre du traité sur la non-prolifération des armes nucléaires.

• **B.I.R.D. (I.B.R.D.). Banque internationale pour la reconstruction et le développement (International Bank for Reconstruction and Development) ou Banque mondiale (World Bank). Siège** : Washington V.I.D.A. *Pt* jusqu'au 30-6-1986 : Alden A.W. Clausen (U.S.A., n. 2-23). **Création** : 1946. Origine : Conf. de Bretton Woods, juill. 44. **Organisation** : Ass. des 149 États m. Conseil des gouverneurs réunis tous les ans, délègue une partie de ses pouvoirs à des administrateurs (21 m. : 5 représentant les 5 États ayant la plus forte participation et 16 élus par les 144 autres États). *Pt* choisi par les administrateurs. **But** : financer, dans ses États m. les moins favorisés, des projets de développement économique productifs par des prêts aux gouvernements, à des organismes publics ou des entreprises privées, avec la garantie du gouvernement intéressé. **Capital autorisé** : 75,5 milliards de $. L'essentiel des ressources prêtées par la B.I.R.D. (11,3 milliards de $ d'engagements pour 1984) vient d'emprunts sur les marchés des capitaux (11 milliards de $).

• **F.A.O. Organisation pour l'alimentation et l'agriculture (Food and Agriculture Organization). Siège** : via delle Terme di Caracalla, Rome. *Dir. gén.* : Edouard Saouma (Liban, n. 1926), depuis 1975. **Création** : 16-10-45. *Orig.* : Conf. de mai 1943 à *Hot Springs* (U.S.A.). **Budget** : contribution des États m. ; contribution de l'O.N.U. dans le cadre du programme d'assistance techn., fonds de dépôt de la Campagne mondiale contre la faim. Pour 1985-86 : 437 millions de $. **Organisation** : conf. bisannuelle des 158 États m. Conseil de 49 m. élus par la Conf. Directeur gén. avec un personnel adm. permanent. **But** : améliorer le développement agric. (augm. et meilleure distribution des ressources) ; assistance techn. aux pays en voie de développ. ; amélioration revenu, niveau de vie et alimentation des milieux ruraux.

• **F.M.I. (I.M.F.). Fonds monétaire international (International Monetary Fund). Siège** : Washington, D.C. *Dir. gén.* : Jacques de Larosière de Champfeu (France, n. 1929), dep. juin 1978. **Création** : déc. 45 ; homologuée par l'O.N.U. nov. 1947. *Origine* : Conf. de Bretton Woods, juil. 44. **Organisation** : Cons. des gouverneurs (148 pays membres, soit 1 par État m.) conseil d'administration : 5 repr. perm. des 5 plus forts souscripteurs (U.S.A., G.-B., France, All. féd., Japon). Normalement, 16 représ. des autres États m. élus pour 2 ans. Actuellement, un administrateur supplémentaire (Arabie Saoudite) en vertu de la règle que les 2 créanciers principaux du Fonds ont le droit de nommer 1 administrateur chacun s'ils ne figurent pas parmi les 5 mentionnés ci-dessus. **But** : faciliter expansion et accroissement harmonieux du commerce intern. promouvoir stabilité et liberté des changes ; système de prêts [capital équivalant à 90 milliards de droits de tirages spéciaux (D.T.S.)] et création de liquidités intern. sous forme de D.T.S.

• **G.A.T.T. General Agreement on Tariffs and Trade (Accord général sur les tarifs douaniers et le commerce). Siège** : Centre William Rappard, 154, rue de Lausanne, 1211 Genève 21. *Dir. gén.* : Arthur Dunkel (Suisse, n. 1932), depuis 1980. **Création** : élaboré lors de la conf. de Genève (oct. 1947), préparatoire à la création d'une Organisation intern. du commerce. Celle-ci n'ayant jamais vu le jour, le G.A.T.T. est devenu le seul traité multilatéral prescrivant un code assurant à tous les pays membres des possibilités de commerce équitable. Entré en vigueur le 1-1-1948. 90 États sont parties contractantes et 32 autres ont établi des relations spéciales avec le G.A.T.T. Les 2/3 sont des pays en voie de développement (une Partie IV, mise en vigueur le 27-6-66, qui tient compte de leurs problèmes particuliers, a complété l'accord). *Grandes négociations commerciales et multilatérales* : *Kennedy Round* (1964-67), *Tokyo Round* (1973-79), la plus complète des 7 séries de négociations tenues sous les auspices du G.A.T.T. Série de négociations commerciales multilatérales actuellement en discussion. *Centre de commerce international* créé 1964, géré depuis 1968 par G.A.T.T. et C.N.U.C.E.D. pour aider les pays peu développés à trouver des débouchés. **Ressources** : contribution correspondant aux parts dans l'ensemble des échanges commerciaux entre les membres. **Budget** : 59 600 000 F suisses en 1986.

But : contribuer à élever les niveaux de vie, réaliser le plein emploi, mettre en valeur les ressources mondiales, développer production et échanges de marchandises, encourager le développement économique. Depuis 38 a., est le principal organisme intern. où se négocient l'abaissement des obstacles aux échanges ainsi que les relations commerciales intern. Constitue un *ensemble de règles* et une *tribune* où les pays peuvent discuter et régler leurs problèmes comm. et négocier entre eux des possibilités d'élargissement du comm. mondial (accords sur droits de douane et diverses mesures non tarifaires ; cadre juridique amélioré pour la conduite du comm. mondial ; traitement spécial et plus favorable accordé au comm. des pays en voie de développement).

• **O.A.C.I. (I.C.A.O.). Organisation de l'aviation civile internationale (International Civil Aviation Organization). Siège** : place de l'Aviation-internationale, 1000 Sherbrooke Street West, Montréal, Québec, Canada H2A 2R2. *Pt* : Assad Kotaite (Liban). *Secr. gén.* Yves Lambert (France). Bureaux régionaux : Bangkok, Le Caire, Dakar, Lima, Mexico, Nairobi, Paris. **Création** : 7-12-44 : Conf. de Chicago. Organ. provisoire juin 45 ; définitive avril 47. **Organisation** : 156 États membres, conseil permanent de 33 m. élus pour 3 ans. Commissions et comités spécialisés : navig. aérienne, transport aérien, aide collective pour les services de nav. aér., juridique. Secrétariat. **But** : uniformiser les normes, pratiques recommandées et procédures ; promouvoir des mesures de sécurité aérienne ; assistance technique aux pays en voie de développement dans le cadre du programme des Nations unies pour le développement.

Nota. — 1919 : *Commission intern. pour la navigation aérienne.* 1928 : *Convention panaméricaine de La Havane.*

• **O.I.T. (I.L.O.). Organisation internationale du travail (International Labour Organization). Siège** : 4, route des Morillons, CH-1211 Genève 22. *Dir. gén.* Francis Blanchard (France, n. 1916), dep. 1974. **Création** : agence autonome de la S.D.N. (1919), associée à l'O.N.U. (1946). 150 États membres. **Budget** : 254 millions de $ (1984-85). **Organisation** : conf. int. du travail annuelle comprenant, pour chaque État, 2 repr. du gouv., 1 des employeurs et 1 des trav. Conseil d'adm., réuni 3 fois par an, de 56 m. élus pour 3 ans (28 m. gouvernementaux, dont 10 m. de droit, repr. les principales puissances industrielles ; 14 repr. les employeurs et 14 les trav.). Le **Bureau int. du travail (B.I.T.)** constitue le secrétariat permanent. **But** : contribuer à établir une paix durable par le progrès social et l'amélioration des conditions de travail. *Activités* : élaboration d'un droit intern. du trav. par voie de conventions que les pays sont invités à ratifier ; coopération technique (org. et planif. de la main-d'œuvre, formation professionnelle, perfectionnement des cadres, services de l'emploi, coopératives, petites industries, sécurité sociale, administration du travail) ; travaux de recherche. Exécution du Programme mondial de l'emploi pour lutter contre le chômage dans les pays en voie de développement. En 1976, lancement du Programme international pour l'amélioration des conditions et du milieu de travail (P.I.A.C.T.).

• **O.M.I. (anciennement O.M.C.I.). Organisation maritime internationale (International Maritime Organization). Siège** : 4 Albert Embankment Londres. *Secr. gén.* : C.P. Srivastava (Inde, n. 1920), dep. 1974. **Création** : Conf. maritime de l'O.N.U., 2-3-48. **Budget** : 11,9 millions de $ (1986). **Organisation** : ass. des États m. se réunissant tous les 2 ans. Conseil de 32 m. Comité de la Sécurité mar. se composant de tous les membres. Secrétariat. **But** : traiter des problèmes techniques maritimes, recommander l'adoption des normes de sécurité, lutter contre la pollution des mers, convoquer des conférences maritimes internationales, élaborer des conventions internationales, échanger des informations techniques maritimes sur le plan intergouvernemental.

• **O.M.M. (W.M.O.) Organisation météorologique mondiale (World Meteorological Organization). Siège** : 41, av. Giuseppe-Mota, Genève. *Secr. gén.* : Dr. G.O.P. Obasi (Nigeria) dep. 1-1-84. **Création** : 1951. Succède à l'Org. météor., intern. existant depuis 1873. **Budget** : 18 millions de $ (1986). **Organisation** : congrès météor. mondial tous les 4 ans, comprenant tous les m. Conseil exéc. de 36 m. réuni au moins 1 fois par an. 6 Assoc. météor. région. (Asie, Afrique, Am. du S., Am. centrale et du Nord, Europe, S.-O. Pacifique). 8 commissions techn. Secrétariat. **Historique** : *1854* réseau d'informations météo transmises télégraphiquement, sur l'initiative de l'astronome français Urbain Le Verrier (1811-77). *1871* Comité météorologique international. *1951* O.M.M. **But** : faciliter la coopération intern. dans le domaine de la météo et de l'hydrologie opérationnelle ; encourager la normalisation des observations météo et leur échange rapide entre les pays ; encourager les applications de la météo à l'aviation, à la navigation maritime, aux problèmes de l'eau, à l'agriculture et à d'autres activités humaines ; encourager enseignement et recherche en météo.

• **O.M.S. (W.H.O.). Organisation mondiale de la santé (World Health Organization). Siège :** avenue Appia, 1211 Genève 27. *Dir. gén. :* Dr Halfdan T Mahler (Danemark, n. 1923). **Création :** juin 46, Conf. int. de la santé, N. York ; avril 48, entrée en fonction. **Budget :** 543,3 millions de $ (1986-87). **Organisation :** assemblée mondiale de la santé réunie 1 fois par an. Conseil exéc. de 31 m. renouvelable par tiers chaque année, se réunissant au moins 2 fois par an. Secrétariat sous l'autorité d'un dir. gén., comprend les services techn. et adm. Bureaux régionaux : Afrique (Brazzaville), Amérique (Washington), Asie du S.-Est (N. Delhi), Europe (Copenhague), Méditerr. orientale (Alexandrie), Pacifique occid. (Manille). **But :** amener tous les peuples au niveau de santé le plus élevé possible. **Moyens :** promotion des soins de santé primaires, partie intégrante du développement économique et social, enseignement et formation professionnelle, coop. technique avec les pays pour amélioration des services de santé publique, lutte contre maladies transmissibles et non transmissibles, standardisation des méthodes et médicaments, législation sanit. intern., promotion et développement de la recherche. **Précédents :** 1853, Convention sanitaire intern. (guerre de Crimée). 1864, Conv. de Genève : création de la *Croix-Rouge* (V. Index). 1907, Office intern. d'Hygiène publique (Paris). 1923, Organisation d'Hygiène de la S.D.N. (Genève).

• **S.F.I. (I.F.C.). Société financière internationale (International Finance Corporation). Siège :** Washington. **Création :** affiliée à la B.I.R.D. créée en juill. 56. **Organisation :** conseil de Dir. (celui de la B.I.R.D.). Pt (celui de la B.I.R.D.). 128 États m. **Capital** autorisé : 650 millions de $. Capital souscrit : 546 millions de $ au 30-6-85. Augmentation de capital en cours : 650 millions de $. **But :** promouvoir le développement de ses États membres en finançant des entreprises privées par le biais de prises de participation ou de prêts à long terme.

• **U.I.T. (I.T.U.). Union internationale des télécommunications (International Telecommunication Union). Siège :** place des Nations, 1211 Genève 20. *Secr. gén. :* Richard E. Butler (Australie, n. 1926). **Création :** *1865* création de l'Union télégraphique intern. (devenue en 1932 Union int. des télécommunications et en 47 agence de l'O.N.U.). **Budget :** 124,5 millions de F suisses (1986). **Organisation :** 160 p. membres ; conf. de plénipotentiaires. Des conf. admin. Conseil d'adm. de 41 m. Secr. gén. 3 comités : intern. d'enregistrement des fréquences ; consultatif intern. des radiocommunications ; intern. télégraphique et téléphonique. **But :** réglementer, planifier, coordonner et normaliser les télécommunications internationales de toutes sortes. A cet effet, l'U.I.T. répartit les fréquences radio entre tous les services, y compris l'espace, établit les règlements internationaux pour les serv. télégr., téléphon. et de la radio, étudie les tarifs, accorde une assistance technique, organise les expositions mondiales des télécommunications.

• **U.N.E.S.C.O. Organisation des Nations unies pour l'éducation, la science et la culture (United Nations Educational, Scientific and Cultural Organization). Siège :** pl. de Fontenoy, 75007 Paris. *Dir. gén. :* Amadou Mahtar M'Bow (Sénégal, n. 1921), depuis 1974. **Création :** 4-11-46. **Budget :** voté pour une période de 2 ans. En millions de $: *1977-78* : 224,4 ; *79-80* : 303 ; *81-83* : 629,4 ; *84-85* : 374,4 ; *86-87* : 289,3. **Organisation :** 158 États membres. Conférence gén. réunie tous les 2 ans. Conseil exéc. de 51 m. élus par la Conf. gén. Commissions nationales. En déc. 84, les U.S.A. (qui avaient versé 43 millions de $ en 1984) se sont retirés, suivis en déc. 1985 par G.-B. et Singapour. **But :** contribuer au maintien de la paix en resserrant, par l'éducation, la science, la culture, les sciences sociales et la communication, la collaboration entre toutes les nations (ex. pour alphabétisation, droits de l'homme, programme « L'homme et la biosphère », océanographie, développement culturel et préservation du patrimoine culturel).

• **U.P.U. Union postale universelle (Universal Postal Union). Siège :** Weltpoststrasse 4, 3000 Berne 15, Suisse. *Dir. gén. :* M.A.C. Botto de Barros (Brésil, n. 1925), dep. 1-1-1985. **Création :** traité de Berne 1874, entré en vigueur le 1er juillet 1875. **Budget :** 22 601 400 F suisses (1986). **Organisation :** 168 pays membres. Congrès postal univ. se réunissant en principe tous les 5 ans. Conseil exécutif de 40 m. élus par le Congrès. Conseil consultatif des études postales de 35 m. élus par le Congrès. Bureau intern. servant d'organe de liaison, d'information et de consultation aux administrations postales membres de l'Union. **But :** assurer l'organisation et le perfectionnement des services postaux, développer la collaboration postale internationale, participer à l'assistance technique demandée par les pays membres.

O.C.D.E.

Organisation de coopération et de développement économiques (Organisation for Economic Cooperation and Development)

Siège : Château de la Muette, 2, rue André-Pascal, 75775 Paris Cedex 16.

Langues officielles : anglais, français.

Création : 14-12-1960 : signature à Paris de la Convention de coopération et de développement économiques, qui entre en vigueur le 30-9-61 et succède à l'O.E.C.E. (Organisation européenne de coopération économique), instituée en 1948 après les propositions du général *George C. Marshall* (1880-1959), secrétaire d'État améric., à Harvard (5-6-47). Elle avait pour but la mise sur pied d'un programme de coopération pour reconstruire l'Europe grâce à l'aide américaine (« Plan Marshall »).

Membres : All. féd., Austr. (dep. 1971), Autriche, Belgique, Canada, Danemark, Espagne, Finlande (dep. 1969), France, Grèce, Irlande, Islande, Italie, Japon (dep. 1964), Luxembourg, Norvège, N.-Zélande (dep. 1973), P.-Bas, Portugal, R.-U., Suède, Suisse, Turquie et U.S.A. ; la Yougoslavie participe aux travaux avec un statut spécial. En outre, la commission des communautés européennes participe généralement aux travaux de l'O.C.D.E.

Poids des pays de l'O.C.D.E. : 17 % de la pop. mondiale, 45 % de la prod. alimentaire, 67 % de la prod. industrielle, 67 % du commerce international, 77 % de l'aide au développement.

Nature : forum au sein duquel ses 24 membres s'efforcent à coordonner leurs politiques économiques et sociales en vue de promouvoir leur bien-être écon. et de contribuer au bon fonctionnement de l'économie mondiale, notamment en stimulant et en harmonisant les efforts de ses membres en faveur des pays en voie de développement.

Organisation : Conseil : (un représentant de chaque pays membre). Siège au niveau des chefs des délégations permanentes (1 fois par semaine) sous la présidence du secr. gén., ou au niveau des ministres (1 fois par an) sous la présidence du min. d'un pays membre désigné annuellement ; peut prendre à l'unanimité des décisions engageant la responsabilité des gouvernements membres. **Comité exécutif :** Chefs de délégations permanentes de 14 pays membres désignés annuellement. Prépare les travaux du Conseil. **Comités et groupes de travail spécialisés principaux** (+ de 200) : Politique économique, Examen des situations écon. et des problèmes de développement, *Aide au développement* (*C.A.D*, qui a un statut et un fonctionnement particulier), Échanges, Mouvements de capitaux et transactions invisibles, Marchés financiers, Investissement intern. et entreprises multinationales, Aff. fiscales, Pratiques commerciales restrictives, Politique à l'égard des consommateurs, Tourisme, Transports maritimes, Politique énergétique, Industrie, Construction navale, Acier, Politique scientifique et technologique, Politique de l'information, de l'informatique et des communications, Recherches routières, Éducation, Main-d'œuvre et Aff. soc., Environnement, Affaires urbaines, Produits chimiques, Agriculture, Pêcheries, Matières 1ères, Questions économiques intéressant les relations Nord-Sud, etc. **Délégations permanentes** des pays membres sous forme de missions diplomatiques dirigées par des ambassadeurs (Ambassades Économiques). **Secrétariat international.** *Secr. gén. :* Jean-Claude Paye (n. 26-8-34) dep. le 1-10-84 ; *adjoints :* Jacob M. Myerson (U.S.A., n. 1926) ; Pierre Vinde (Suède, n. 1931) dep. mai 85.

Relations avec une trentaine d'autres organisations internationales intergouvernementales (O.I.G.). Quelques rares organisations non gouvernementales (O.N.G.) jouissent d'un statut consultatif dont : le Comité consultatif économique et industriel auprès de l'O.C.D.E. (B.I.A.C. représentant les groupements d'employeurs dans les pays m.) et la Commission syndicale de consultation auprès de l'O.C.D.E. (T.U.A.C., représentant les syndicats).

Organismes autonomes ou semi-autonomes établis dans le cadre de l'O.C.D.E. (chacun possédant son propre Comité directeur).

• **Agence internationale de l'énergie de l'O.C.D.E. (A.I.E.).** *Créée* en nov. 1974. *But :* améliorer la structure de l'offre et de la demande mondiales d'énergie ; préparer les pays participants à l'éventualité d'un bouleversement important des approvisionnements pétroliers et partager les approvisionnements disponibles en cas de perturbation grave du marché ; mettre en valeur les sources d'énergie de remplacement et améliorer les rendements énergétiques à l'aide de programmes de recherche et de développement en collaboration ; encourager les relations de coopération avec les pays producteurs de pétrole et avec les autres pays consommateurs de pétrole. *Membres :* tous les pays m. de l'O.C.D.E. sauf Finlande, France, Islande. La commission des Communautés européennes participe aux travaux de l'Agence. *Directeur exécutif :* Mme Helga Steeg (All.) dep. 1-7-84.

• **Agence de l'O.C.D.E. pour l'énergie nucléaire (A.E.N.).** *Créée* en déc. 1957 sous le titre *Agence européenne pour l'énergie nucléaire.* Devenue Agence pour l'énergie nucléaire en 1973, après l'adhésion du Japon. *But :* promouvoir la coopération entre participants : pour la production et l'utilisation de l'énergie nucléaire à des fins pacifiques par l'harmonisation des réglementations, l'étude des questions techn. et écon. et la création des programmes de R. et D. en coopération. *Banque de données* à Saclay (France) spécialisée dans l'échange de programmes de calculs et de données nucléaires. *Membres :* tous les pays de l'O.C.D.E., sauf N.-Zélande. *Directeur général :* Howard K. Shapar (U.S.A.), dep. déc. 1981.

• **Centre de développement.** *Créé* en 1962. *But :* développer des actions de recherche, de communication et de liaison dans tous les domaines du développement économique et social des pays en développement. *Membres :* tous les pays de l'O.C.D.E. sauf la N.-Zélande. *Pt :* Pr Louis Emmerij (P.-Bas).

• **Centre pour la recherche et l'innovation dans l'enseignement (C.E.R.I.).** *Créé* juill. 68. *But :* faciliter l'introduction de réformes profondes dans les systèmes éducatifs des pays membres. *Membres :* pays de l'O.C.D.E. et Yougoslavie. *Directeur :* James Gass (G.-B.), dep. 1968. *Publications :* rapports, études et ouvrages statistiques (env. 300 titres par an).

Communautés européennes

Histoire

Quelques dates

Origines. 1925-*29-1* Édouard Herriot publie un livre remarqué, « Europe ». **1926** Gaston Riou crée l'Union économique et douanière européenne. Publication « Europe, ma patrie ». **1927** Louis Loucheur préconise la constitution — par les gouvernements — de cartels européens du charbon, de l'acier et du blé. **1929** Aristide Briand, Pt de l'Union pan-européenne, dépose à la S.D.N. un projet pour les États-Unis d'Eur. (avec lien fédéral et coopération économique). **1946**-*19-9* discours de Churchill à Zurich suggérant à la France et à l'Allemagne de construire les États-Unis d'Eur. **1947**-*5-6* annonce du plan Marshall d'aide américaine à la reconstruction de l'Europe. **1948**-*17-3* tr. de Bruxelles créant **l'Union occidentale.** Tr. de coopération essentiellement militaire entre G.-B., France et Benelux, pour compenser le danger allemand à partir de 1950, dans le cadre de l'O.T.A.N., pour se prémunir contre une invasion soviétique. **1949**-*5-5* création du **Conseil de l'Europe. 1950**-*9-5* R. Schuman (1886-1963), Pt du Conseil, propose une fédération eur. fondée sur l'unification éco. **1951**-*18-4 traité de Paris* instituant la **C.E.C.A. :** All. féd., Belgique, France, Italie, Lux., P.-Bas. **1952**-*25-7 entrée en vigueur de la C.E.C.A.* Jean Monnet, 1er Pt. **1953** *18-2 :* ouverture du Marché commun pour charbon et minerai de fer. *1-5 :* pour l'acier. **1954** *20-5 :* Benelux propose un Marché commun. *31-8 :* l'Assemblée nationale rejette la C.E.D. *23-10 :* accords de Paris créant **l'Union de l'Europe occidentale (U.E.O.)** modifiant le tr. de Bruxelles de 1948 : All. féd. et Italie en deviennent membres. Protocole d'accession de l'All. féd. à l'O.T.A.N. **1955** *1/3-6 :* à Messine les ministres des Aff. étr. des Six envisagent un Marché commun élargi à toute l'économie, et à l'énergie nucléaire. Un comité d'experts, présidé par M. Spaak, prépare un rapport.

La G.-B., invitée à y participer, cesse rapidement de prendre part aux travaux. **1956** *Mai* : à Venise, conférence intergouvernementale préparatoire pour la création de C.E.E. et Euratom. **1957**-*25-3 tr. de Rome* création **C.E.E. (Marché Commun)** et **Euratom.**

Ratification par la France. Assemblée nationale *(9-7-1957)* : *345 pour,* dont 99 socialistes (sur 100), 25 radicaux (sur 45), 18 U.D.S.R.-R.D.A. (sur 20), 11 radicaux dissidents (sur 13), 12 R.G.R. (sur 13), 6 I.O.M. (sur 7), 74 M.R.P. (sur 74), 81 ind. (sur 89), 11 paysans (sur 17), 1 poujadiste (sur 38), 2 non-inscrits (sur 11) ; *236 contre,* dont 143 communistes (sur 143), 6 progressistes ; *7 abstentions volontaires* (1 rad., 1 R.G.R., 3 ind., 1 U.D.S.R., 1 paysan) ; *6 n'ont pas pris part au vote, 6 absents pour congé.*

Sénat *(23-7-1957)* : *219 pour,* dont 59 de gauche dém. (sur 76), 49 R.I. (sur 62), 15 I.O.M.-R.D.A. (sur 23), 3 C. Rép. (sur 3), 17 C.R.A.R.S. (sur 22), 21 M.R.P. (sur 21), 55 socialistes (sur 56) ; *68 contre,* dont 14 communistes (sur 14), 4 gauche dém., 7 R.I., 7 I.O.M.-R.D.A., 25 Rép. sociaux (sur 33), 4 C.R.A.R.S., 7 Rass. d'O.M. sur (8) ; *14 abstentions volontaires* (4 R.I., 1 I.O.M.-R.D.A., 7 Rép. sociaux , 1 C.R.A.-R.S., 1 R.O.M.) ; *15 n'ont pas pris part au vote, 2 absents pour congé.*

1958 *1-1* : à Bruxelles, installation de la Commission exécutive du Marché commun. *19-3* : 1re réunion du Parlement européen à Strasbourg.

1961 *9-8* : candidature de la G.-B. **1962** *Avril* : échec du « plan Fouchet » d'Union politique eur. *4-7* : Pt Kennedy propose un *partnership* atlantique. **1963** *14-1* : conférence de presse du Gal de Gaulle : l'Angl. n'est pas prête à entrer dans le Marché commun. Arrêt des négociations. *22-1* : à Paris tr. de coopération fr.-all. *20-7* : Yaoundé, convention d'association avec pays d'outre-mer. **1964** *5-2* : adoption de règlements sur 1res organisations communes de marchés pour certains produits agr. et du règlement financier agr. *15-12* : plan d'unification du prix des céréales. Nouveaux règlements (85 % de la production est sous organisation commune des marchés). **1965** *8-4* : tr. de fusion des institutions eur. *Juin* : crise (7 mois) pour financement de l'Europe verte, ouverte par Paris. **1966** *25-1* : arrangements de Luxembourg sur fonctionnement de la Communauté. *10-3* : la France quitte l'O.T.A.N. *11-5* : décision sur financement de l'exportation des excédents agr. ; avancement au 1-7-1968 de l'Union douanière. **1967** *11-5* : candidatures de G.-B., Irlande, Danemark, Norvège. *1-7* : *tr. de fusion des exécutifs* de C.E.E., C.E.C.A. et Euratom. *Sept* : 2e refus fr. d'ouvrir des négociations avec G.-B. **1968** *1-7* : Union douanière. **1969** *29-7* : Convention de Yaoundé avec 18 États afr. et malgache. *24-9* : *convention d'Arusha* avec pays de l'Est afr. *Août et oct.* : dévaluation du franc, réévaluation du mark ; montants compensatoires aux frontières. *1/2-12* : réunion à La Haye des chefs d'État et de gouvernement des Six : accord de principe sur règlement financier agr. ; décision d'engager négociations avec pays candidats (G.-B., Irl., Dan., Norv.). *10-12* : mémorandum de la Commission sur l'amélioration des structures agricoles (plan *Mansholt*).

1970 *26-1* : accord entre les Six sur un mécanisme de soutien monétaire à court terme. *7-2* : adoption définitive du système de financement de la Communauté. *22-4* : tr. relatif à l'accroissement des pouvoirs budgétaires de l'Ass. eur. et créant des ressources propres pour la Communauté. *30-6* : ouverture des négociations pour adhésion de G.-B., Danemark, Irlande et Norvège. *27-7* : accord sur réforme du Fonds social eur. *15-10* : *plan Werner* relatif à l'Union économique et monétaire en vue de créer une monnaie commune aux Six. *27-10* : adoption du rapport Davignon sur unification pol. **1971** *9-2* : accord sur mise en œuvre par étapes de l'Union écon. et monétaire. *25-3* : accord sur prix agr. et réforme des structures agr. *Mai* : All. féd. et P.-B. font flotter leur monnaie. Fin de l'Union éco. et monét. La livre anglaise flotte, puis la lire, le mark sera réévalué 2 fois, le franc décroche de sa parité. *22-6* : accord sur principales conditions d'adhésion de la G.-B. *12-9* : les Six définissent une position commune à l'égard des mesures arrêtées par U.S.A. (non-convertibilité du dollar, surtaxe de 15 % sur importations) et sur la réforme du système monétaire intern. **1973** *1-1* : *communauté des 9* ; All. féd., France, Belgique, Lux., Pays-Bas et Dan. décident de maintenir un écart maximum de 2,25 % entre leurs monnaies *(serpent monétaire)*. *12/14/15-1* : conférence de Copenhague. Déclaration sur l'identité eur. *17-1* : ouverture des négociations entre les 9 et les ACP (Afrique, Caraïbes, Pacifique) pour renouveler la Convention de Yaoundé. *11-3* : les 9 décident de ne plus soutenir le dollar et de rester liés par une marge restreinte de fluctuation (après réévaluation de 3 % du DM). G.-B., Italie et Irlande restent provisoirement en dehors du système. *15-3* : ouverture des négociations commerciales dans le cadre du G.A.T.T. à Genève. *1-4* : entrée en vigueur de la T.V.A. en G.-B. (les 9 ont tous ce système). *3-4* : le Conseil adopte règlement et statuts du Fonds eur. de coopération monét. *27-6* : accord des 9 pour une position commune au Nixon Round. *3/7-7* : 1re phase de la *Conf. d'Helsinki* sur sécurité et coopération en Eur. où les 9 ont parlé d'une seule voix.

Communauté européenne de défense (C.E.D.). 1950 *26-10* : *Plan Pleven* approuvé par l'Ass. nationale par 343 voix contre 225 (communistes et R.P.F.). Il prévoit l'intégration des futures forces armées all. au sein d'une armée multinationale eur. aux ordres de la C.E.D. Celle-ci aurait eu des objectifs exclusivement défensifs et aurait coopéré étroitement avec l'O.T.A.N. **1951** *15-2* : *Conférence de Paris* : France, Italie, Benelux et All. féd. acceptent le principe de la C.E.D. **1952** *27-5* : *Tr. de Paris* : signé par les 6 États instituant la C.E.D. L'art. 38 stipule que la C.E.D. doit aboutir à une structure politique communautaire. Ce tr. doit être ratifié par les Parlements respectifs des pays membres, ce qui est fait par tous, sauf la France. **1954** après 2 ans, Pierre Mendès France, chef du gouv., propose aux 3 États intéressés un protocole visant à modifier le tr., mais il est rejeté le 31-8, le tr. non modifié est alors soumis à l'Ass. nat. qui refuse sa ratification. Ont voté pour : M.R.P. ; contre : Républ. sociaux (ex-R.P.F.), P.C. ; Socialistes, Radicaux et Rép. indép. se sont partagés.

1974 *Janv.* : échec des 9 sur politique régions eur. malgré sommets de Paris et Copenhague. *Févr.* : la Fr. se sépare de ses partenaires lors de la Conf. de Washington sur le pétrole. *4-3* : le Conseil décide de préparer une conférence devant aboutir à une large coopération entre les 9 et 20 pays arabes. *Avril* : la G.-B. demande officiellement de renégocier ses conditions d'entrée. *30-4* : à la demande de la Fr., le Conseil agr. prend des mesures de restriction des importations de viande de bœuf. *8-5* : le Dan. prend les mesures destinées à réduire ses importations, par une fiscalité indirecte. *4-6* : M. Callaghan, min. brit. des Aff. étr., écarte l'idée d'une vaste renégociation officielle de l'adhésion angl. à la Communauté ; l'It. accepte de supprimer le système de caution sur ses imp. agr. *15-6* : le Conseil ministériel de l'O.T.A.N. adopte à Ottawa la nouvelle « Charte atlantique ». *15-7* : fermeture jusqu'au 1-11 des frontières communautaires aux importations de bovins venant des pays tiers. *29-8* : à Bonn, sur l'initiative de la Bundesbank, création d'une « banque des banques » envisagée. *Déc.* : 7e sommet (Paris) : discussions sur la contribution brit. au budget eur. et l'élection au suffr. univ. de l'Assemblée. **1975** *28-2* : 1ère Convention de Lomé. *5-6* : référendum en G.-B., (2/3 pour maintien dans la communauté). **1977** *1-1* : zone de pêche étendue à 200 milles. *1-7* : achèvement de l'union douanière. *31-12* : fin de la période de transition pour Danemark, Irlande et G.-B. **1978** *5-12* : accord sur Système monétaire européen (S.M.E.). **1979** *13-1* : entrée en vigueur du S.M.E.. *28-5* : tr. d'adhésion de la Grèce à la C.E.E. *7/10-6* : 1re élection au suffr. univ. du Parlement eur. *31-1* : 2e convention de Lomé. *13-12* : rejet du projet de budget par le Parlement.

1980 *30-5* : accord budgétaire : contribution de la G.-B. réduite des 2/3 pour 80 et 81 ; le Parlement adopte le budget. *Déc.* : conflit budgétaire entre Parlement et Conseil des ministres. **1981** *1-1* : entrée effective de la Grèce. Remplacement effectif de l'U.C.E. par l'Écu (European Currency Unit) dans le budget communautaire. Les volontés de relance de la Communauté se heurtent au problème budgétaire britannique. *5-10* : réaménagement des parités monétaires au sein du S.M.E. (voir Index). **1982** *21-2* : 2e réaménagement. *18-5* : prix de la campagne agricole 1982/83 adoptés malgré désaccord britannique. Dégradation des rapports commerciaux entre Europe et U.S.A. *13-6* : 3e réaménagement monétaire.

1983 *25-1* : naissance de *l'Europe de la pêche (Europe bleue)* : quotas de pêche répartis entre pays membres selon besoins et capacités et système de soutien des prix minimaux. *3-2* : avis favorable de la C.E.E. au retrait du Groënland (terre danoise) de la C.E.E. *21-3* : 4e réaménagement monétaire. *6-5* : nouvelles propositions de financement du budget commun., à décider avant fin 1984. *5* et *6-12* : sommet des 10 à Athènes : échec des négociations sur problèmes de fond de la C.E.E.

1984 *19/21-3* : sommet des 10 à Bruxelles : échec (désaccord sur le montant de la compensation à accorder à la G.-B.). *4-12* : la Grèce menace de bloquer l'élargissement à l'Esp. et au Port. si elle n'obtient pas de contre-parties financières pour régions méditer. de la C.E.E.

1985 *30-3* : accord des 10 sur le financement de « programmes intégrés méditerranéens » (la Grèce lève son opposition à l'entrée de l'Esp. et du Port.) *12-6* : tr. d'adhésion de l'Esp. et du Port. à la C.E.E. *17-7* : création d'*Euréka,* projet d'une Europe de la technologie.

1986 *1-1* : entrée de l'Esp. et du Port. *18-2* : signature de « l'acte unique européen » modifiant le tr. de Rome et élargissant les compétences de la C.E.E. pour réaliser d'ici 1992 un véritable marché intérieur. 3 pays s'abstiennent : Danemark (se prononcera après référendum fixé le 27-2), Italie et Grèce. *28-2* : après le référendum danois (56,2 % pour) signature de l'acte unique europ. par Danemark, Italie, Grèce.

Membres non fondateurs

• **Danemark. 1961**-*31-7* : 1re demande d'adhésion. **1967**-*11-4* : 2e demande. **1971**-*16-12* : le Folketing autorise le gouv. à signer le traité d'adhésion (141 voix pour, 32 contre et 2 abstentions). Le D. a obtenu que la zone côtière des 12 milles soit réservée jusqu'en 1982 aux pêcheurs du Groenland (30 % de la population active) et des îles Féroé (24 %). **1972**-*22-1* tr. signé, *-2-10* ratifié par référendum par 57 % des inscrits, soit 63,7 % des votants ; participation au vote de 89,4 % (la + élevée depuis 1945).

• **Espagne 1977**-*28-7* : demande d'adhésion. **1979** *février* : ouverture des négociations. **1985**-*12-6* : signature du traité d'adhésion. **1986**-*1-1* : entrée dans la C.E.E.

Industrie : transition de 7 a. sauf : automobile [contingent à droit réduit (17,4 %) élargi pendant 3 a.], textiles (régime de surveillance de 4 a.), sidérurgie (3 a.), monopoles nation. (6 a. pour tabac et pétrole). **Agriculture** : transition de 7 a. sauf : vin (product. fixée à 27,5 millions d'hectol., distillation oblig. à 85 % de ce montant), matières grasses végétales (10 a.), fruits et légumes (10 a. en 2 étapes : 4 a. pour amélioration des infrastructures puis 6 a. pour démobilisation tarifaire). **Pêche** : transition de 7 a. (+ aide de 28,5 millions d'ECU pour restructuration de la flotte). **Budget** : transition de 7 a. avec solde neutre des paiements et des versements. **Fiscalité** : introduction de la T.V.A. au 1-1-86.

• **Grèce. Adhésion** : à dater du 1-1-81. *Commerce extérieur* : transition de 5 ans pour : abolition totale des droits de douane sur les importations ind. de la C.E.E., suppression des restrictions quantitatives et autres mesures de protection contre importations de la C.E.E., tarif extérieur commun aux imp. de pays tiers, adhésion aux accords préférentiels de la C.E.E. avec pays tiers.

Agriculture : transition de 5 ans pour alignement des prix des produits grecs sur prix communautaires (possibilité d'appliquer des montants complémentaires et d'évoquer la clause de sauvegarde) ; 7 ans pour pêches et tomates. *Mesures d'encouragement* spéciales pour coton, figues sèches et raisin sec (pour lesquels la Gr. sera le seul producteur eur.). **Activités professionnelles** : période transit. de 7 ans pour libre circulation des travailleurs ; prestations sociales identiques à celles des ressortissants nationaux pour les trav. gr. se trouvant déjà dans la C.E.E., au bout de 3 ans. **Finances** : la Gr. sera bénéficiaire nette du budget de la C.E.E. les 1res années ; transition de 3 ans pour adopter la T.V.A.

• **Irlande. 1972.** *Mai* : Vote pour l'adhésion (80 % de oui). L'Ir. peut protéger son industrie automobile et subventionner pendant plusieurs années ses autres secteurs.

• **Portugal. 1977**-*28-3* : demande d'adhésion. **1978** *octobre* : ouverture des négociations. **1985**-*12-6* : signature du tr. d'adhésion. **1986**-*1-1* : entrée dans la C.E.E.

Industrie : transition de 7 a. sauf : automobile (accord C.E.E.-Port. en vigueur av. 1986 valable encore 2 a.), textiles (surveillance de 3 ou 4 a. pour les export. port. vers les autres m. de la C.E.E.). **Agriculture** : transition en 2 étapes pour 85 % de la prod. port. : 5 a. pour l'adaptation des structures du marché port., puis 5 a. pour l'application de nouveaux mécanismes. Pour les fruits et légumes transformés, le sucre et l'isoglucose : 7 a. **Pêche** : 7 a. pour le Port., 6 a. pour les autres m. de la C.E.E. (régime partic. pour les produits à base d'anchois et de thon, les conserves de maquereaux et de sardines). **Budget** : 7 a. au bout desquels le Port. devrait recevoir au min. 1,2 à 1,6 million d'ECU de + qu'il ne versera en budget communautaire. **Fiscalité** : T.V.A. introduite en 1990.

• **Royaume-Uni (Grande-Bretagne). 1971**-*28-10* : les Communes votent pour l'adhésion (356 pour, 244 contre et 22 abstentions). **1972**-*20-1* : gouvernement autorisé à signer le tr. d'adhésion (298 voix pour, 277 contre). *-17-10* : la Chambre des Lords approuve la signature du tr. (161 voix pour, 21 contre).

Industrie : entrée en 5 étapes sur 4 ans 1/2 (1er abatement tarifaire de 20 % : 1-4-73 ; 2e : 1-4-74 ; ensuite à chaque début d'année). Parallèlement, la G.-B. s'alignera progressivement sur le tarif extérieur. La G.-B. bénéficie de contingents tarifaires pour certains produits. *C.E.C.A.* : adhésion en 5 ans et versement de 57 millions de $ comme participation au patrimoine de la C.E.C.A.

Agriculture : adaptation en 5 ans. La référence communautaire entre immédiatement en vigueur. La G.-B. applique en 6 étapes égales les prix agr. du Marché commun. *Produits laitiers importés de N.-Zélande* par la G.-B. (1re période de transition de 5 ans : les exp. n.-zél. de beurre diminuent de 20 %, les exp. de fromage de 80 %).

Pêche : transition de 10 ans avant de se plier à la règle communautaire, libérale, en matière de droit d'accès aux zones de pêche côtière. Dans certaines régions de pêche importante, régime except. (comme dans 5 départ. atlantiques français).

Budget : *transition* de 5 ans (éventuellement 10). *Contribution* au financement communautaire : *1973* : 8,6 %, soit 220 millions de $, *5e année* : 18,9 %. *1980* et *1981* : réduction de 1 175 et 1 410 millions d'u.c. *Fiscalité* : T.V.A. introduite en avril 73. *Monnaie* : abandon progressif du rôle de monnaie de réserve de la Livre et diminut. des balances sterling, pour être en règle avec objectifs de l'Union écon. et monétaire eur.

I. Les communautés

Généralités. *Comprenant* : la C.E.C.A., la C.E.E. ou Marché commun, l'Euratom ou C.E.E.A. Depuis le 1-7-1967, Commission et Conseils de ces 3 communautés ont fusionné laissant subsister les 3 traités existants. Un traité unique est envisagé ultérieurement. *Membres* : All. féd., Belgique, Danemark, Espagne, France, Grèce, Irlande, Italie, Luxembourg, P.-Bas, Portugal, Royaume-Uni. *Siège* : 200, rue de la Loi, 1049 Bruxelles, et Bâtiment Jean-Monnet, rue Alcide-de-Gasperi, Luxembourg-Kirchberg.

C.E.C.A. (Communauté européenne du charbon et de l'acier)

Création : Plan Schuman du 9-5-1950 ; signature du traité de Paris : 18-4-51 ; entrée en vigueur : 10-8-52. **Organisation** : avant le 1-7-1967 (voir *Quid 1968*). **But** : permettre un rapprochement politique entre les pays en créant un marché commun du charbon et de l'acier et en abolissant tout obstacle à la circulation des marchandises et toute discrimination. Abolition des droits de douane pour charbon, minerai de fer et ferraille, 10-2-53 ; acier, 1-5-53 ; aciers spéciaux 1-8-54. Dep. 1980, contingentement autoritaire de la production. Disparition des aides publiques à la sid. depuis fin 1985.

C.E.E. (Communauté économique européenne dite Marché commun)

Création : (voir quelques dates p. 774) : signature du tr. de Rome instituant la C.E.E. : 25-3-57 ; entrée en vigueur : 1-1-58. Conférence de Bruxelles du 1 au 22-1-72, signature du tr. d'adhésion par Danemark, G.-B., Irlande et Norvège. 1-1-73 : entrée de 3 nouveaux États membres (Danemark, G.-B., Irlande, le peuple norvégien n'ayant pas ratifié l'accord au référendum). 1-1-81 : entrée de la Grèce. 1-1-86 : entrée de l'Espagne et du Portugal. **Membres** : All. féd., Belgique, Danemark, Espagne, France, G.-B., Grèce, Irlande, Italie, Luxembourg, P.-Bas, Portugal. **But** : expansion continue et équilibrée, et relèvement accéléré du niveau de vie par la libre circulation des marchandises, libre établissement des personnes et des capitaux, création d'un tarif ext. commun et mise en place de politiques communes : agriculture, commerce, concurrence, énergie et transports.

Marché commun agricole dit Europe verte. Fondé 1-4-1962 sur : libre-échange des produits, niveau commun des prix pour les producteurs, solidarité financière, libre accès du consommateur aux meilleurs produits et préférence communautaire. Relève, par un système de taxes variables *(prélèvements)*, les prix des produits importés au niveau des prix pratiqués dans le Marché commun. A l'inverse, accorde des restitutions à l'exportation des produits agricoles européens afin de permettre aux agriculteurs de pratiquer des prix concurrentiels sur le marché mondial. (Voir Index).

Désarmement douanier par étape et par palier (tarifs industriels) en %. *1-1-59* : 10 ; *1-7-60* : 20 ; *1-1-62* : 10 ; *1-7-62* : 10 ; *1-7-63* : 10 ; *1-1-65* : 10 ; *1-1-66* : 10 ; total : 80 ; abolition complète entre 6 premiers membres ; *1-7-68* (date prévue 1-1-70).

Territoire douanier de la C.E.E.

Régime normal : territoire des États signataires du traité de Rome. Allem. fédérale (sauf l'île de Héligoland et le territoire de Büsingen), Belgique, Danemark (sauf îles Féroé), France (sauf Territoires d'outre-mer), Grèce, Irlande, Italie (sauf les communes de Livigno et Campione d'Italia, eaux nationales du lac de Lugano comprises entre la rive et la frontière politique de la zone située entre Ponte Tresa et Porto Ceresio), Luxembourg, Pays-Bas, Royaume-Uni, (sauf îles anglo-normandes et île de Man).

Régimes d'exception. 1° *Jungholz et Mittelberg* (Autriche, rattachés au domaine douanier allemand par les traités germano-autr. de 1868 et 1890) ; *Monaco* (en union douanière avec la France : convention du 18-5-1963) ; *St-Marin* (conv. du 31-3-1939).

2° *Zones franches* : du pays de Gex et de la Hte-Savoie régies par un statut particulier (origine : tr. de Paris du 20-11-1815 et de Turin du 16-3-1816 ; consacré par l'arrêt de la Cour de justice int. du 7-6-1932 et la sentence arbitrale du 1-12-1933). Les opérations effectuées en z. fr. doivent être soumises à des conditions très proches de celles de l'entrepôt pour ce qui est du stockage, de celles de perfectionnement actif pour ce qui est de la transformation sous sujétion douanière. Il est interdit de consommer en zone franche ou d'y utiliser des biens d'équipement, outillage, énergie, etc., n'ayant pas acquitté les droits de douane.

Le port franc de Hambourg a hérité de certains privilèges de son passé hanséatique : les opérations de perfectionnement actif qui y sont effectuées ne sont pas soumises à des conditions d'ordre économique tant que la concurrence dans la Communauté n'en sera pas affectée.

Euratom ou C.E.E.A. (Communauté européenne de l'énergie atomique)

Création : tr. de Rome signé le 25-3-57 (entré en vigueur : 1-1-58). **But** : promouvoir le développement de l'énergie nucléaire dans les 10 États membres. A facilité la réalisation d'un certain nombre de centrales nucléaires dont : Chooz (France), Grundremmingen, Lingen, Obrigheim (All. féd.) et l'installation expérimentale JET dans le domaine de la fusion. *Centre commun de recherches* : quelque 2 000 chercheurs en 4 établissements : Ispra (It.), Peten (P.-B.), Karlsruhe (All. féd.), Geel (Belg.).

Budget des Communautés

Origine et évolution : *1er impôt européen, le prélèvement CECA* : la CECA fut autorisée à percevoir des prélèvements sur la production de charbon et d'acier et à contracter des emprunts. Outre l'aide aux investissements, système d'aide financière pour la reconversion professionnelle, le versement d'indemnités transitoires aux travailleurs des industries du charbon et de l'acier mis en disponibilité (jusqu'à leur réemploi), et d'autres mesures d'accompagnement, enfin un large financement pour la construction de logements destinés aux travailleurs.

Dépenses communautaires en milliards d'u.c. *Crédits pour engagements et entre parenthèses crédits pour paiement. 1982* : 23,3 (21,9). *1983* : 24,3 (22,9). *1984* : 28,6 (25,5) dont Feoga 57,6 % (64,63 %), structures agricoles et pêches 3,36 % (3,19 %), politique régionale 9,6 % (6,8 %), pol. sociale 9,13 % (6,9 %), recherche, énergie, industrie, transports 7,14 % (4,37 %), remboursements et réserve 4,01 % (4,5 %), coop. au développement 4,6 % (4,5 %), personnel et fonctionnement 3,01 %, (3,4 %), autres institutions 1,53 % (1,71 %).

Pour financer ses politiques communes, présentes et futures, la Communauté dispose de ressources propres qui remplacent peu à peu les contributions nationales, et qui, dep. 1975, font de son budget l'amorce d'un « budget fédéral européen ». Ce budget doit être intégralement financé par des ressources propres provenant, d'une part de la totalité des droits de douane et prélèvements agricoles perçus aux frontières extérieures de la Communauté, d'autre part, d'une fraction (jusqu'à 1 %) du produit de la T.V.A. dans l'ensemble de nos pays. Ce budget communautaire alimente les différents instruments financiers qui sont gérés par la Commission européenne.

Organismes d'action des C.E.

Banque européenne d'investissement (B.E.I.). *Créée* par le tr. de Rome (25-3-1957). *But* : contribuer par des prêts et des garanties au développement équilibré et sans heurt de la Communauté. Intervient, sans but lucratif, dans tous les secteurs de l'économie quels que soient le statut de l'emprunteur (public ou privé) et la taille du projet : les petits investissements (industrie, infrastructures) sont financés par des prêts globaux à des banques ou instituts de financement (S.D.R., C.E.P.M.E., Crédit national, C.A.E.C.L.). Emprunte l'essentiel de ses ressources sur les marchés des capitaux. Dans la Communauté, intervient plus précisément en faveur d'inv. contribuant au développement régional, à la reconversion industrielle ou présentant un intérêt commun pour plusieurs pays membres ou pour toute la Communauté (production ou économies d'énergie, infrastructures transcommunautaires, coopération industrielle, technologies de pointe, protection de l'environnement). Participe aussi à la mise en œuvre de la politique communautaire d'aide au développement (pays du bassin méditerranéen, États signataires des Conventions de Lomé). *Capital* : 28,8 milliards d'écus, souscrits par les États membres de la C.E.E. (9 % env. effectivement versés).

Prêts (au 31-12-1985) : + de 46 milliards d'écus, dont + de 50 % dep. 1980 (+ de 85 % dans la C.E.E. où plus des 2/3 des financements concernaient le développement régional). *Principaux inv. dep. 1958* : industriels ou agro-ind., approvisionnement de la C.E.E. en énergie (mise en valeur des ressources, gazoducs, hydro-électr., nucléaire, géothermie, interconnexion des réseaux électriques France, Italie et G.-B., économies d'énergie), le développement des télécomm., des réseaux autoroutier et routier, des infrastructures facilitant le développ. économique (zones ind., assainissement...), les P.M.E., la protection de l'environnement, la technologie de pointe, etc. *Total des prêts en France* dep. 1958 : env. 40 milliards de FF.

Dep. 1979, la B.E.I. accorde aussi les prêts au titre du nouvel instrument communautaire d'emprunts et de prêts (N.I.C.), pour les investissements des petites et moyennes entreprises principalement (total au 31-12-1985 : 5,8 milliards d'écus). Renseignements et demandes de financement sans formalités particulières directement à la B.E.I., 100 Bd Konrad-Adenauer L 2950 Luxembourg.

Fonds européen de développement (F.E.D.). *But* : faciliter les concours financiers des États membres aux États associés. *Sommes octroyées* : *1°) dans le cadre des 3 premiers Fonds de développement* de 1958 au 31-1-1975 : 2 211,25 millions d'u.c. aux associés d'Afrique et de Madagascar. *2°) 4e Fonds* élargi à 46 pays d'Afrique et des Caraïbes et du Pacifique (A.C.P.). 1re Convention de Lomé (28-2-1975) du 1-4-1975 au 28-2-1980 : 3 150. 2e Conv. de Lomé (C.E.E. et 58 pays) de 1980 à 1985 : 5 900. 3e conv. de Lomé (66 pays) de 1986 à 1990 : 3 955.

Répartition (en %) : All. féd. 25,95 ; *France 25,95* ; G.-B. 18,7 ; Italie 12 ; P.-Bas 7,95 ; Belgique 6,25 ; Danemark 2,4 ; Irlande 0,6 ; Luxembourg 0,2.

Fonds européen de développement régional (F.E.D.E.R.). *Création* : décidée 10-12-74 (réunion de Paris). *Mise en œuvre* : 1-1-75. *But* : corriger les déséquilibres régionaux de la C.E.E. (résultant d'une prédominance agricole, des mutations industrielles et du sous-emploi) en fournissant une aide complémentaire aux actions menées par les pouvoirs publics nationaux. Doté au départ de 1 300 millions d'u.c. (7,15 milliards de F), dont en *1975* : 300 millions, *76* : 500, *77* : 500, *78* : 581, *79* : 620.

Dep. 1978, quote-part nationale pour 95 % des ressources et sections « hors quote-part » pour 5 % (dont en % : Italie 39,39 ; G.-B. 27,03 ; *France 16,86* ; Irlande 6,46 ; All. féd. 6 ; P.-Bas 1,58 ; Belgique 1,39 ; Danemark 1,20 ; Luxembourg 0,09). *Taux d'intervention* : en général 20 % de l'investissement pour les activités ind., artisanales ou de services, 30 % des dép. publiques pour les inv. en infrastructures (10 à 30 % si inv. de 10 millions ou + d'u.c.).

Les 3/4 des ressources du F.E.D.E.R. vont à l'Italie, G.-B., Irlande, Grèce ; une grande partie du reste (env. 15 %) à la France. (Bretagne, S.-Ouest, Nord, Est, Corse et D.O.M.-T.O.M.).

Fonds européen d'orientation et de garantie agricole (F.E.O.G.A.). Voir à l'Index.

Fonds social européen. *Créé* en 1958. Fonctionne dep. 1960. *But :* accompagnement des décisions sur l'emploi prises au niveau européen (reconversions par ex.), promouvoir les facilités d'emploi et la mobilité géographique et professionnelle des travailleurs à l'intérieur de la Communauté. *Taux d'intervention :* pour les actions entreprises par le secteur public, 50 % des dépenses ; pour le secteur privé : somme égale à celle dépensée par les pouvoirs publics (majoration de 10 % quand déséquilibre grave et prolongé de l'emploi dans une région).

Aides en millions d'u.c. : 1975 : 371,83, *76 :* 436,37, *77 :* 615,70, *78 :* 568, *80 :* 1 014,2, *82 :* 1 533,9, *83 :* 1 876,25, *84 :* 1 854,25 (dont France 214,53).

II. Institutions communes

Commission des C.E.

● **Organisation.** 17 *membres* (désignés pour 4 ans) dont 2 p. Espagne, France, G.-B., Italie et R.F.A., et 1 p. Belgique, Danemark, Grèce, Irlande, Luxembourg, P.-Bas et Portugal, désignés par les 10 gouvernements.

● **Organigramme en janvier 1986.** *Président, secr. gén. Services juridique, du porte-parole, commun interprétation-conférences, Bureau de sécurité, Aff. monétaires :* Jacques Delors (20-6-1925, Fr.). *Vice-Pts : Coopération et développement :* Lorenzo Natali (2-10-1922, It.) ; *Aff. industr., Technologies de l'information, Recherche et science, Centre commun de recherche :* Karl-Heinz Narjes (30-1-1924, All.) ; *Agriculture, Forêts :* Frans Andriessen (2-4-1930, P.-Bas) ; *Marché intérieur, Serv. de l'Union douanière, Fiscalité, Institutions financ. :* Lord Francis Arthur Cockfield (28-9-1916, G.-B.) ; *Budget, Contrôle financ., Personnel et administration :* Henning Christophersen (8-10-1939, Dan.) ; *Aff. sociales et emploi, Éducation et formation :* Manuel Marin (Esp.) ; *Membres de la Commission : Polit. méditerranéenne, Relations Nord-Sud :* Claude Cheysson (13-4-1920, Fr.) ; *Aff. économiques, Polit. régionale, Office statistique :* Alois Pfeiffer (24-9-1924, All.) ; *Coordination des instruments structurels, Protection des consommateurs :* Grigoris Varfis (1927, Gr.) ; *Relations extérieures et polit. commerciale :* Willy De Clercq (8-6-1927, Belg.) ; *Énergie, Agence d'approvisionnement, Euratom, Office des publications :* Nicolas Mosar (27-11-1927, Lux.) ; *Environnement, Sécurité nucléaire, Transports :* Stanley Clinton Davis (6-12-1928, G.-B.) ; *Questions institutionnelles, Problèmes concernant l'Europe des citoyens, Polit. de l'information et de la communication, Action culturelle, Tourisme :* Carlo Ripa Di Meana (15-8-1929, It.) ; *Relations avec le Parlement, Concurrence :* Peter Sutherland (25-4-1946, Irl.) ; *Pêche :* Antonio José Baptista Cardoso E Cunha (Port.) ; *Crédits, Investissements et ingénierie financière, Polit. des petites et moyennes entreprises :* Abel Matutes (Esp.).

● **But :** joue un rôle moteur pour l'intégration économique des Dix. Les grandes décisions appartiennent au Conseil de ministres des 12 gouvernements, mais la Commission peut seule lui proposer les mesures à prendre dans l'intérêt de la Communauté. Gardienne des traités et des dispositions prises par les institutions communes, elle rend compte de sa tâche dans un rapport annuel soumis à l'examen de l'Assemblée parlementaire eur. Elle informe et donne aux gouv. les éléments d'appréciation dont ils ont besoin en conseil. Elle dispose de certains pouvoirs de décision. Enfin, elle cherche à concilier les points de vue des États membres et joue ainsi un rôle important dans les négociations (en fait continuelles) entre les Dix.

Parlement européen (Assemblée des Communautés européennes)

Organisation

Secrétariat général : Luxembourg (Centre européen). **Organisation :** 518 m. élus au suffrage universel direct (All. féd. 81, *France 81*, G.-B. 81, Italie 81, Espagne 60, P.-Bas 25, Portugal 24, Grèce 24, Belgique 24, Danemark 16, Irlande 15, Luxembourg 6). Travail parlementaire préparé par des commissions spécialisées et par les groupes politiques. Groupes : voir tableau p. 778. *Sessions plénières :* en général 1 fois par mois à Strasbourg au Palais de l'Europe. *Pts. 1979 :* Simone Veil, *1982 :* Piet Dankert, *1984 (juil.)* Pierre Pflimlin. *Bureau d'Information :* 288, bd St-Germain, 75007 Paris.

Pouvoirs de contrôle : motion de censure contre la Commission ; recours à la Cour de justice si la Commission et le Conseil s'abstiennent de statuer ; questions écrites, orales, avec débat au Conseil, à la Commission et aux ministres des Aff. étr. réunis dans le cadre de la coop. politique ; débat sur le rapport général d'activité de la Commission ; rapport de la Com. sur les suites données aux avis du Parlement eur. ; colloque trimestriel de la commision pol. avec le Pt. de la coop. politique ; rapport du Conseil eur. au Parlement européen.

Pouvoirs budgétaires : arrête le budget de la Communauté après l'avoir établi avec le Conseil (28 milliards d'écus en 1985). Peut le rejeter. Il l'a rejeté en 1979 pour l'exercice 1980 et en 1984 pour le budget de 1985, forçant le Conseil à reprendre la procédure. Contrôle son exécution.

Participation au processus législatif : Consulté obligatoirement dans la majorité des cas. Si le Conseil n'attend pas l'avis du Parlement, son acte est annulé. Établissement des rapports d'initiative ; concertation avec le Conseil dans le domaine législatif pour les actes ayant des incidences fin. notables.

Élections au Parlement européen

Généralités

● **Mode. Avant 1979 :** les membres étaient désignés par les Parlements nationaux. **Depuis 1979 :** élections au suffrage universel.

Mode par pays. All. féd. Proportionnel à l'échelon fédéral. Seules les listes ayant au moins 5 % des voix participent à la répartition des sièges. Les députés de Berlin sont élus par la chambre des députés du Land. **Belgique.** Proportionnel. 3 circonscriptions (Flandre, Wallonie, Bruxelles). 2 collèges électoraux (Français, Néerlandais). Vote obligatoire. Panachage interdit. **Danemark.** Proportionnel national. **G.-B.** Majoritaire pour les 66 circonscriptions anglaises, les 8 écossaises et les 4 du Pays de Galles. Proportionnel en Irlande du N. **Grèce.** Proportionnel national. Listes bloquées. Vote obligatoire. **Italie.** Proportionnel dans les 5 circonscriptions régionales: N.-E. 17 sièges, N.-O. 25, Centre 17, Sud 15, Sicile et Sardaigne 7. Vote préférentiel et panachage possibles. **Pays-Bas.** Proportionnel national.

Élections européennes de 1979

Dates. *7-6 :* Danemark, G.-B., Irlande, P.-Bas ; *10-6 :* All. féd., Belgique, France, Italie, Lux. Les Grecs ont voté la 1re fois le 18-10-81 (la Grèce venant d'entrer à la C.E.E.).

Résultats en France

Résultats (métropole, départements et territoires d'outre-mer) d'après le Conseil d'État. *Inscrits* 35 180 531, *votants* 21 356 960, *abstentions* 13 823 571 (39,29 %), bl. ou nuls 1 114 613 (3,16 % par rapport aux inscrits, 5,21 % par rapport aux votants), suffr. expr. 20 242 347.

Listes	Voix	%
U.F.E. [1]	5 588 851	27,61
P.S. et M.R.G. [2]	4 763 026	23,53
P.C.F. [3]	4 153 710	20,52
D.I.F.E. [4]	3 301 980	16,31
Écologistes [5]	888 134	4,39
Extrême gauche trotskiste [6]	623 663	3,08
Emploi-Égalité-Europe [7]	373 259	1,84
Défense interprofessionnelle [8]	283 144	1,40
Eurodroite [9]	265 911	1,31
Régions-Europe [10, 12]	337	0
P.S.U. [10, 12]	332	0

Nota. — (1) S. Veil. (2) F. Mitterrand. (3) G. Marchais. (4) J. Chirac. (5) Mme Fernex. (6) A. Laguiller. (7) J.-J. Servan-Schreiber. (8) Ph. Malaud. (9) J.-L. Tixier-Vignancour. (10) J.-E. Hallier. (11) Mme Bouchardeau. (12) N'avaient pas déposé de bulletins de vote dans les bureaux.

☞ Voir détails dans Quid 1985, page 728.

Élections européennes de 1984

Dates. *14-6 :* G.-B., Irlande, Danemark et P.-Bas ; *17-6 :* France, All. féd., Italie, Grèce, Belgique et Luxembourg. Les parlementaires esp. et port. sont d'abord désignés par les parlements nat., avant d'être élus au suffrage universel, en principe, en 1986.

Députés français élus. Liste d'Union de l'opposition : 41 s. dont **UDF :** Simone Veil (1927), Jean Lecanuet (1920), Michel Poniatowski (1922), Pierre Pflimlin (1907), André Rossi (1921), Georges Donnez (1922), Jean-François Deniau (1928), Dominique Baudis (1947), Roger Chinaud (1934), Nicole Fontaine (1940), Yves Galland (1941), Robert Hersant (1920), Claude Wolff (1934), Pierre Bernard-Reymond (1944), Christiane Scrivener (1925), Jean-Thomas Nordmann (1946), Gérard Longuet (1946), Jacques Mallet (1924), Michel Debatisse (1929), Simone Martin (1943), Jean-Pierre Abelin (1950) et pour le RPR : Alain Marloix (1946), Christian de La Malène (1920), Alain Juppé (1945), Philippe Malaud (1925), Nicole Chouraqui (1938), Alain Carignon (1949), André Fanton (1928), Jean-Pierre Roux (1938), Alfred Coste-Floret (1911), Gaston Flosse (1931), Jean-François Mancel (1948), Anne-Marie Dupuy (1920), Jean Mouchel (1928), Jacques Vernier (1944), Denis Baudouin (1923), Jean-Claude Pasty (1937), Marie-Mad. Anglade (1921), Guy Guermeur (1930), Jacqueline Thome-Patenotre (1906), François Musso (1935).

Liste PS : 20 s. Lionel Jospin (1937), Nicole Pery (1943), Jean-Pierre Cot (1937), Gisèle Charzat (1941), Max Gallo (1932), Roger Fajardie (1930), Bernard Thareau (1936), Didier Motchane (1931), Alain Bombard (1924), Yvette Feuillet (1923), Léon Fatous (1926), Jean-Paul Bachy (1947), Henri Saby (1933), Georges Sutra (1930), Marie-Claude Vayssade (1936), Jean Besse (1943), Charles-Émile Loo (1922), Colette Gadioux (1945), Louis Eyraud (1922), Marie-Noëlle Lienemann (1951).

Liste PCF : 10 s. Georges Marchais (1920), Danielle de March (1939), René Piquet (1932), Paul Vergès (1925), Emmanuel Maffre-Baugé (1923), Jackie Hoffmann (1943), Pierre Pranchère (1927), Francis Wurtz (1948), Robert Chambeiron (1915), Maxime Gremetz (1940).

Liste Front national : 10 s. Jean-Marie Le Pen (1928), Michel de Camaret (1915), Jean-Pierre Stirbois (1945), G.A. Pordea (1916), Olivier d'Ormesson (1918), Bernard Antony (dit Romain Marie, 1944), Dominique Chaboche (1937), Jean-Marie le Chevallier (1936), Martine Lehideux (1933), Michel Collinot (1946).

Motivations des électeurs. *Légende :* Le Pen : L. Jospin : J. Marchais : M. Veil : V. *Source :* Sofrès TF1 et le *Nouvel Observateur* du 17-6-1984, sur 5 886 électeurs. **Hommes (et femmes) :** V. 39 (47), J. 22 (20), L. 13 (8), M. 12 (10), autres listes 14 (15). **Age :** *18 à 20 ans (et 21 à 24 ans) :* V. 36 (34), J. 21 (20), L. 9 (11), M. 6 (9), autres 28 (26). *65 à 74 ans (et 75 ans et +) :* V. 48 (58), J. 24 (20), M. 12 (11), L. 10 (6), autres 6 (5). **Profession.** *Agriculteurs :* V. 66, J. 12, M. et L. 8, autres 6. *Artisans, petits commerçants :* V. 53, L. 15, J. 9, M. 4, autres 19. *Cadres moyens, employés :* V. 40, J. 23, M. et L. 10, autres 17. *Cadres supérieurs, prof. libérales :* V. 48, J. 18, L. 14, M. 4, autres 16. *Ouvriers :* V. 18, J. 22, M. 20, L. 9, autres 21. *Retraités, inactifs :* V. 46, J. 22, M. 12, L. 10, autres 10. **Niveau d'instruction.** *Supérieur :* V. 42, J. 19, L. 12, M. 5, autres 22.

Résultats en France

Listes ou partis	Voix	%*
Inscrits	36 836 544	100
Votants	20 879 760	56,68
Suffrages exprimés	20 119 200	54,62
PCF	2 262 532	11,24
PS	4 179 593	20,77
UDF-RPR	8 644 002	42,96
PCI	161 277	0,90
LO	414 465	2,06
PSU-CDU	145 415	0,72
ERE	667 152	3,31
VERTS	677 754	3,36
EUE	78 767	0,39
RÉUSSIR	380 341	1,89
UTILE	137 474	0,68
I 84	122 438	0,60
FN	2 261 299	10,98
POE	17 691	0,08

Résultats dans les autres pays

All. féd. CDU 37,5 %/CSU 8,5 % (total) 46 % (41 s.). SPD (P. social démocrate) 37,4 (33 s.). FDP (P. libéral) 4,8. Verts (écolog. (8,2 (7 s.). Liste pour la paix 1,3. Divers 2,4.

Belgique. Parti social-chrétien flamand (CVP) 19,8 (4 s.). P. social-chrétien wallon (PSC) 7,6 (2 s.). P. socialiste wallon (PSP) 13,4 (5 s.). P. socialiste flamand (PS-SP) 17,1 (4 s.). Libér. flam. (PVV) 8,6 (2 s). Libér. wall. (PRL) 9,5 (3 s.). Volksunie 8,5 (2 s.). Écologistes (Wall.) 3,9 (1 s.). AGALEV (Écol. fl.) 4,3 (1 s.). Rassemblem. wallon n.c.

Danemark. SD (social-démocrate) 19,5 (3 s.). Mouvement populaire anti-CEE 20,8 (4 s.). CD (Centre démocratique) 6,6 (1 s.). VENSTRE (libéral) 12,4 (2 s.). PPC (Centre chrétien) 2,8. Konservative (conservateur) 20,8 (4 s.). Radikal 3,1. PPS (socialiste anti-CEE) 9,2 (1 s.). Venstresocialisterne (marxiste) 1,3. Fremskridtspartiet (libéral) 3,5.

G.-B. Conservateurs 41,3 (45 s.). Travaillistes 36,4 (32 s.). Alliance (soc.-dém. et libéraux) 19,1 (0 s.). Nationalistes écossais 2,5 (1 s.). **Irl. du N.** P. unioniste officiel n.c. (1 s.). P. démocratique unioniste n.c. (1 s.). SDLP (soc.-dém.) n.c. (1 s.).

Grèce. PASOK (soc.) 41,58 (10 s.). Nouvelle Démocratie 38,11 (9 s.). P. communiste grec (prosoviétique) 11,62 (3 s.). P. communiste « de l'intérieur » 3,40 (1 s.). Union politique nationale (extrême droite) 2,29 (1 s.). Divers 2,48 (1 s.).

Irlande. Fianna Fail 39,2 (8 s.). Fine Gael 32,2 (6 s.). P. travailliste 8,4. P. ouvrier 4,3. Sinn Fein 4,8. Non inscrits 8,1 (1 s.).

Italie. DC 33 (27 s.). PCI 33,3 (27 s.). PSI + Unité prolét. 11,2 (9 s.). MSI (néo-fasciste) 6,4 (5 s.). PSM (social-dém.) 3,5 (3 s.). P. radic. (libert.) 3,4 (3 s.). PLI (libéral) 6,2 (5 s.). PRI (républicain) 6,2 (5 s.). Démocratie prolét. n.c. (1 s.). Union valdotaine/P. d'action sarde n.c. (1 s.). Démocratie nation. n.c.

Luxembourg PCS (chr.-s.) 35,33 (3 s.). POSN (social.) 30,28 (2 s.). PD (démocr.) 21,15 (1 s.). Verts 6,13 (0 s.). PCL (commun.) 4,11 (0 s.). PSI (soc. indép.) 2,59 (0 s.). LCR (lig. com. rév.). 0,38 (0 s.).

P.-Bas. CDA (dém. chrét.) 30,03 (8 s.). PUDA (sociaux-démocrates) 33,72 (9 s.). VVD (libéraux) 18,90 (5 s.). Démocratie 66 (radicaux) 2,28. Alliance progress. verte (extr. g.) 5,60 (2 s.). SGP, RPF, GPV (calvinistes, conservateurs) 5,21 (1 s.). Divers 4,26.

☞ Voir tableau ci-dessous.

Conseil de ministres

Siège : *sessions* à Bruxelles 9 mois ; Luxembourg en avril, juin et octobre. *Secr. gén.* à Bruxelles. **Organisation :** réunit les représentants des 12 gouvernements en plusieurs compositions (relations ext., agr., problèmes écon. et fin., budget, énergie, environnement, pêche, transport, aff. soc., etc.). Présidence confiée à tour de rôle pendant 6 mois à chaque État m. La préparation des travaux du Conseil est assurée par le Comité de représentants permanents ayant rang d'ambassadeurs (COREPER), de chaque État m. auprès de la Communauté eur. Le COREPER est assisté par une centaine de groupes de travail composés de diplomates ou fonctionnaires de divers ministères des États m. **Rôle :** organe de décision de la Communauté, il statue sur les propositions de la Commission après consultation du Parlement eur. (si prévue par les traités). Décisions prises à la majorité simple, à la majorité qualifiée ou à l'unanimité, selon les cas. Il ne peut amender les propositions de la Commission qu'à l'unanimité. Il peut inviter la Commission à lui soumettre des propositions (art. 152 du traité).

Cour de justice

Siège : Luxembourg. *Pt :* Lord Mackenzie Stuart, dep. le 10-04-84. **Organisation :** 13 juges et 6 avocats généraux nommés par les gouvernements pour 6 ans et renouvelables. **Compétence :** juge les différends nés de l'application des tr. de la Communauté et du droit dérivé. Peut être saisie par les États membres ou une institution de la Comm. Peut également être saisie d'un recours formé par une personne physique ou morale contre une décision qui lui est adressée par le Conseil ou la Commission des Comm. eur. Les juridictions nationales ayant à trancher des litiges relatifs au droit communautaire peuvent saisir la Cour d'une demande d'avis préjudiciel. La Cour a, en outre, d'autres compétences spécifiées dans le Traité. **Arrêts rendus** (1985) : 211 [62 concernant des recours contentieux (Commission contre Italie 8, *France 6*, Allemagne 3, G.-B. 2, Belgique 2, Danemark 2, Irlande 2, Grèce 1, P.-Bas 1), (6 États membres contre Commission), (1 Parlement européen contre Conseil), (1 Commission contre personne physique ou morale), 27 par des personnes physiques ou morales, 109 relatifs à des affaires renvoyées à titre préjudiciel par des juridictions nationales, 30 recours de fonctionnaires, 9 arrêts interlocutoires et 1 arrêt de révision]. Le Pt de la Cour et les Pts des Chambres ont rendu 17 ordonnances de référé.

Action : coopération entre les États m. ; conclusion de plus de 120 accords et conventions, y compris la Convention européenne des Droits de l'homme qui a institué la Commission et la Cour européennes des Droits de l'homme, la Convention européenne d'établissement, la Charte sociale européenne et la Convention sur le statut du travailleur migrant, la Convention européenne pour la répression du terrorisme, la convention relative à la conservation de la vie sauvage et du milieu naturel de l'Europe. **Budget** ord. (1986), y compris traitement du personnel : 362 423 900 F, répartis entre 21 États au prorata de leur population et de leur produit national brut. (Chacun des citoyens des pays membres débourse annuellement pour le Conseil 0,88 F.)

Centre de Documentation pour l'Éducation en Europe. *Créé* en 1964. Bibliothèque spécialisée. Producteur de la base de données EUDISED (European Documentation and Information System for Education) accessible par l'intermédiaire de l'Agence spatiale européenne. *Publications :* News-Letter/Faits Nouveaux (5 par an, gratuit).

Centre Européen de la Jeunesse (C.E.J.). *Créé* en 1972. *Siège :* Strasbourg. Cogéré entre les gouvernements et les organisations de jeunesse. Établissement éducatif résidentiel qui permet aux jeunes Européens de se rencontrer et de se former aux relations internationales. Il a accueilli, en 1985, 1 228 jeunes venant des pays européens et non européens. *Budget 1986 :* 14 577 300 F (inclus dans le budget ordinaire).

Fonds Européen pour la Jeunesse (F.E.J.). *Créé* en 1972. *Siège :* Strasbourg. Cogéré comme le C.E.J. Soutient financièrement des organisations de jeunesse. Placé sous la haute autorité d'un Comité intergouvernemental qui lui est propre. *Budget 1986 :* env. 9 500 000 F (inclus dans le budget ordinaire).

Centre Européen d'information pour la conservation de la nature. *Créé* en 1967.

Comité économique et social

Siège : 2, rue Ravenstein, Bruxelles. *Pt :* Gerd Muhr (n. 1924, R.F.A.) 189 m. (24 All., 24 Brit., 24 Fr., 24 It., 21 Esp., 12 Bel., 12 Néerl., 12 Port., 12 Grecs, 9 Dan., 9 Irl., 6 Lux.) nommés pour 4 ans à titre personnel par le Conseil de ministres sur proposition des gouvernements. *Secr. g[al] :* Roger Louet (n. 1926, France). Obligatoirement consulté par le Conseil et la Commission avant l'adoption d'un grand nombre de décisions importantes. Peut émettre des avis de sa propre initiative.

Cour des comptes

Créée 22-7-75 ; fonctionne dep. oct. 77. **Siège :** Luxembourg. *Pt :* Pierre Lelong (Fr.) dep. le 8-10-81. **Organisation :** 12 m. nommés pour 6 ans par le Conseil des C.E. après consultation de l'Assemblée (au début, 4 m. ont été choisis par tirage au sort pour 4 ans). **Rôle :** contrôle légalité, régularité et gestion financière des ressources prélevées sur les contribuables européens et gérées par les 3 Communautés. Peut présenter, à tout moment et à son initiative, des observations sur des points particuliers et rendre à tout moment des avis à la demande des institutions de la C.E. Rapport annuel.

Conventions avec des pays d'Afrique, des Caraïbes et du Pacifique (A.C.P.). 1re convention (Lomé I) le 28-2-75, avec 46 pays A.C.P. **2e convention (Lomé II)** le 31-10-79, avec 58 pays. Valable du 1-3-80 au 28-2-85. *Principales mesures.* Coopération commerciale : produits originaires des pays A.C.P. importés dans la C.E.E. sans droits de douane ou avec un traitement plus favorable que celui accordé aux pays tiers selon la clause de la nation la plus favorisée, pas de restrictions quantitatives à l'importation de ces produits (sauf pour certains produits agric.) ; amélioration des conditions de production et de commercialisation des bananes, développement des courants d'échange pour le rhum ; promotion commerciale (assistance technique et fin. du stade de la prod. au stade final de la distribution) ; Stabex ; stabilisation des recettes liées à l'exp. des produits de base des pays A.C.P. : 47 produits couverts (oléagineux, coton, cacao, thé, peaux, bois, caoutchouc, épices, crevettes, pois, haricots, minerais de fer...) ; crédit de 557 millions d'u.c. ; prix garantis pour des quantités spécifiées de sucre de canne sans date limite. Aide aux produits miniers des pays A.C.P. : crédit de 280 millions d'u.c. pour compenser les éventuelles baisses d'exp. de certains produits (cuivre, phosphates, manganèse, bauxite et alumine, étain) ; concours techn. et fin. pour le développement du potentiel minier et énergétique de ces pays. Coop. techn. et fin. de la C.E.E. en matière d'investissements, dans l'ind. (Comité de coop. ind.), l'agr. (Centre technique de coop. agr. et rurale) ; crédit de 5 227 millions d'u.c. dont 4 542 millions au titre du Fonds eur. de dév. et 685 millions sous forme de prêts de la Banque. Dotation spéciale du Fonds pour des aides d'urgence (60 millions d'u.c. au départ). *Institutions :* Conseil des ministres, Comité des ambassadeurs, Assemblée consultative. **3e convention (Lomé III) :** début des négociations fin 1983. Élargissement prévu de l'A.C.P. à 63 pays.

☞ Accords avec d'autres pays tiers (voir Quid 1983 p. 996).

Composition du Parlement européen au 14-1-1986	TOTAL	All. féd.	Belg.	Dan.	Esp.	*France*	G.-B.	Grèce	Irl.	Italie	Lux.	P.-Bas	Port.
Socialistes	172	33	8	3	36	*20*	33	10	–	12	2	9	6
P.P.E. (démocrates-chrétiens)	118	41	6	1	7	*9*	–	8	6	27	3	8	2
Démocrates eur. (Conservateurs)	63	–	–	4	13	–	46	–	–	–	–	–	–
Communistes et app.	46	–	–	2	–	*10*	–	4	–	27	–	–	3
Libéraux et démocrates	42	–	5	2	2	*12*	–	–	1	5	1	5	9
Rassemblement des démocrates eur.	34	–	–	–	–	*20*	1	1	8	–	–	–	4
Groupe arc-en-ciel	20	7	4	4	1	–	–	–	–	2	–	2	–
Groupe des droites européennes	16	–	–	–	–	*10*	–	1	–	5	–	–	–
Non-inscrits	7	–	1	–	1	–	1	–	–	3	–	1	–
TOTAL	518	81	24	16	60	*81*	81	24	15	81	6	24	24

Conseil de l'Europe

Siège : Conseil de l'Europe, B.P. 431 R6, 67006 Strasbourg Cedex. *Secr. gén. :* Marcelino Oreja (Espagne), dep. oct. 84. Env. 850 fonctionnaires internationaux recrutés parmi les ressortissants des États membres. *Bureau à Paris :* 55, av. Kléber, et *Bruxelles :* Résidence Palace, 155, rue de la Loi.

Création : 5-5-1949 (signature du statut). *Pays fondateurs :* Belgique, Danemark, France, G.-B., Irlande, Italie, Luxembourg, Norvège, P.-Bas et Suède, *rejoints par :* Grèce, Turquie (1949), Islande (1950), All. féd. (1951), Autr. (1956), Chypre (1961), Suisse (1963), Malte (1965), Portugal (1976), Espagne (1977), Liechtenstein (1978) [soit au total 21 m.].

Convention européenne des Droits de l'Homme

Création. *Signée* le 4-11-1950, entrée en vigueur le 3-9-53, *complétée* et amendée par 8 protocoles additionnels ; vise avant tout les droits civils et politiques ; institue un mécanisme judiciaire de garantie internationale. Ratifiée par les 21 États membres du Conseil de l'Europe (All. féd., Autriche, Belgique, Chypre, Danemark, Espagne, *France*, Grèce, Irlande, Islande, Italie, Liechtenstein, Luxembourg, Malte, Norvège, P.-Bas, Portugal, R.-U., Suède, Suisse et Turquie). *Le droit de recours individuel* a été accepté par 18 États membres (Chypre, Malte et la Turquie ne l'ayant pas reconnu). La juridiction obligatoire de la Cour européenne des Droits de l'Homme a été acceptée par 19 États membres (sauf Malte et la Turquie).

Droits garantis. Droit à la vie, liberté, sûreté ; une bonne administration de la justice (cas le plus fréquemment invoqué) ; au respect de la vie privée et familiale, du domicile et de la correspondance. Liberté de pensée, de conscience et de religion ; d'expression et d'opinion y compris le droit de recevoir et de communiquer des informations ; de réunion pacifique et d'association (y compris le droit de fonder des syndicats). Droit de se marier et de fonder une famille. Interdiction de la torture et de peines ou traitements inhumains ou dégradants. Interdiction de l'esclavage, de la servitude, du travail forcé et obligatoire. Interdiction de la rétroactivité des lois en matière pénale. Interdiction de la discrimination dans la jouissance des droits et libertés garantis par la Convention. Droit au respect des biens ; à l'instruction ; engagement par les États contractants à organiser, à des intervalles raisonnables, des élections libres au scrutin secret, dans des conditions qui assurent la libre expression de l'opinion du peuple sur le choix du corps législatif. Droit de circuler librement et de choisir sa résidence ; de quitter un pays y compris le sien. Interdictions d'emprisonnement pour manquement à une obligation contractuelle ; d'expulsion individuelle ou collective de ses propres ressortissants, du refus d'entrée et d'expulsions collectives d'étrangers ; droit pour les étrangers à des garanties procédurales en cas d'expulsion du territoire d'un État ; droit d'un condamné à faire réexaminer sa condamnation par une juridiction supérieure ; droit à ne pas être poursuivi ou condamné, en matière pénale, en raison d'une infraction pour laquelle on a déjà été acquitté ou condamné ; égalité de droits et de responsabilités des époux dans le mariage.

Contrôle. *Commission européenne des Droits de l'Homme* de Strasbourg. Membres en nombre égal à celui des États contractants, élus par le Comité des ministres du Conseil de l'Eur. et agissant à titre individuel. Peut être saisie de toute violation prétendument commise par l'un des États contractants. Tout État contractant peut introduire une requête, ainsi que tout individu, groupe d'individus ou organisation non gouvernementale (si l'État mis en cause a accepté le droit de recours individuel). Décide de la recevabilité des requêtes, se met ensuite à la disposition des parties pour un règlement amiable de l'affaire, si la tentative de règlement amiable échoue, elle rédige un rapport qui contient son avis et est transmis au Comité des ministres du Conseil de l'Eur.

Cour européenne des Droits de l'Homme. Peut être saisie de l'affaire dans les 3 mois suivant la transmission du rapport de la Commission. Seuls les États intéressés et la Commission peuvent la saisir (si l'État mis en cause a accepté la juridiction obligatoire de la Cour ou, à défaut, avec son consentement). Composée de juges en nombre égal à celui des États membres du Conseil de l'Eur., et élus par l'Ass. parlementaire du Conseil de l'Eur. *Comité des ministres du Conseil de l'Europe.* N'intervient que si la Cour n'est pas saisie et doit alors décider, par un vote à la majorité des 2/3, s'il y a eu ou non une violation de la Convention. Ce Comité est également appelé à surveiller l'exécution des arrêts rendus par la Cour européenne.

Statistiques. *Au 31-12-1985,* 11 891 requêtes individuelles enregistrées par la Commission, dont 450 déclarées recevables. 18 requêtes soumises à la Commission par des États contractants. La Cour eur. des Droits de l'Homme a été saisie de 98 affaires et a constaté une ou plusieurs violations dans 52 aff. 25 aff. sont actuellement pendantes devant elle. Le Comité des ministres du Conseil de l'Europe a rendu 61 décisions sur la violation ou non-violation de la Convention dont 5 étatiques.

Organisation : *Comité des ministres* réuni 2 fois par an, au niveau des ministres des Aff. étr. des États et mensuellement au niveau des délégués des ministres. *Assemblée parlementaire :* 170 représentants. De 2 à 18 m. selon la population. Siègent selon l'ordre alphabétique des noms de pays suivant l'orthographe anglaise. Il existe des groupes politiques multinationaux : libéral, dém.-chrétien, socialiste, indépendant (conservateur), communiste et groupe mixte des dém. En oct. 1973, la *France* a été le 1er pays membre à désigner des représentants communistes à l'Assemblée. Tout État européen peut devenir membre du Cons. à condition de reconnaître ses principes. La Grèce s'est retirée du Cons. en déc. 1969 parce qu'elle ne satisfaisait plus à ces conditions, elle a été réadmise en nov. 74 à la suite du changement intervenu dans son régime politique. 1 session en 3 parties par an. **Langues officielles :** français et anglais ; *langues de travail* à l'Ass. parlementaire : allemand et italien.

Drapeau européen : azur à 12 étoiles d'or disposées en cercle [nombre invariable, symbole de la perfection et de la plénitude], adopté le 8-12-1955. **Hymne européen :** prélude à « l'Ode à la joie » de la 9e symphonie de Beethoven, adopté en janv. 1972. Herbert von Karajan a réalisé pour l'hymne un arrangement musical spécial. **Journée de l'Europe :** 5 mai.

But : réaliser une union plus étroite entre les membres afin de sauvegarder et de promouvoir les idéaux et les principes qui sont leur patrimoine commun et de favoriser leur progrès économique et social. Ce but sera poursuivi par l'examen des questions d'intérêt commun, par la conclusion d'accords et de conventions, et par l'adoption d'une action commune dans les domaines économique, social, culturel, scientifique, juridique et administratif et de l'environnement, ainsi que par la sauvegarde et le développement des Droits de l'homme et des libertés fondamentales.

Publications : Naturopa et Faits Nouveaux-Nature. Organise des campagnes d'information et d'éducation. Bibliothèque ouverte au pubic.

Autres organisations européennes

● **A.E.L.E. (E.F.T.A.). Association européenne de libre-échange (European Free Trade Association). Siège :** 9-11, rue de Varembé, Genève. *Secr. gén. :* Per Kleppe (n. 1923, Norvège) dep. le 1-12-81. **Création :** Convention de Stockholm 20-11-59, en vigueur 3-5-60. **Membres :** Autriche, Islande (dep. 1-3-70), Norvège, Suède, Suisse. Finlande associée depuis le 27-3-61. Étant entrés dans la C.E.E. ont quitté l'A.E.L.E. : G.-B. et Danemark le 31-12-72, Portugal fin 1985. Les autres pays de l'Association ont signé des accords de libre-échange bilatéraux avec la C.E.E.

Organisation : *Conseil.* 1 représentant par État membre ; présidé alternativement tous les 6 mois par l'un d'eux. *Comités permanents :* agriculture et pêcheries, budget, experts en matière d'origine et de douane, experts commerciaux, parlementaires des pays de l'A.E.L.E., consultatif, économique, de développement économique, des obstacles techniques aux échanges.

But : abolition des droits de douane [1re abolition (20 %) : *1-7-60 ;* 2e (10 %) : *1-7-61,* etc. *31-12-66 :* abolition complète (avec 3 ans d'avance)], des restrictions quantitatives et autres obstacles non tarifaires dans le cadre européen le plus large possible. Pas de tarif extérieur commun. Les droits sur les produits agricoles font l'objet d'accords séparés.

● **Conférence sur la sécurité et la coopération en Europe (C.S.C.E.).** Fondée sur les accords d'Helsinki (juill.-août 1975) et la Conférence de Belgrade (oct. 1977/févr. 1978). Recherche un accord sur 3 points (appelés « corbeilles ») : 1°) la sécurité en Europe ; 2°) la coopération en matière économique, scientifique, technique et d'environnement ; 3°) la coopération en matière humanitaire et de droits de l'Homme. U.R.S.S. et pays de l'Est mettent l'accent sur la 2e « corbeille », les pays de l'Ouest sur la 3e.

Prix international Charlemagne

Fondé en 1949 par des notables d'Aix-la-Chapelle. *Attribué* chaque année le jour de l'Ascension par la ville d'Aix-la-Ch. à la personnalité qui a le plus contribué à l'entente et à la coopération internationale sur le plan européen. *Prix :* document-parchemin et médaillon (portant sur une face un sceau du XIIe s.) d'Aix-la-Chapelle et 5 000 DM.

Lauréats

1950 Richard Coudenhove-Kalergi (Autr.).
1951 Hendrik Brugmans (Belg.).
1952 Alcide De Gasperi (Ital.).
1953 Jean Monnet (France).
1954 Konrad Adenauer (All. féd.).
1955 Sir Winston S. Churchill (G.-B.).
1957 Paul Henri Spaak (Belg.).
1958 Robert Schuman (France).
1959 George C. Marshall (U.S.A.).
1960 Joseph Bech (Lux).
1961 Walter Hallstein (All. féd.).
1963 Edward Heath (G.-B.).
1964 Antonio Segni (Ital.).
1966 Jens Otto Krag (Dan.).
1967 Joseph Luns (P.-Bas).
1969 Commission des Communautés europ.
1970 François Seydoux de Clausonne (France).
1972 Roy Jenkins (G.-B.).
1973 Don Salvador de Madariaga (Esp.).
1976 Leo Tindemans (Belg.).
1977 Walter Scheel (All. féd.).
1978 Constantin Karamanlis (Grèce).
1979 Emilio Colombo (Italie).
1981 Simone Veil (France).
1982 S.M. Juan Carlos I (Esp.).
1984 Karl Carstens (All. féd.).

☞ Prix non décerné : 1956, 1962, 1965, 1968, 1971, 1974, 1975, 1980, 1983, 1985.

● **Pacte balkanique. Création :** signé le 9-8-54. Développe le traité d'amitié et de coopération signé à Ankara en févr. 53. **Membres :** Grèce, Turquie, Yougoslavie. N'est plus en vigueur.

● **U.E.O. (W.E.U.). Union de l'Europe occidentale (Western European Union). Siège :** 9, Grosvenor Place, Londres. **Origine :** 17-3-48 : tr. de Bruxelles entre Belg., France, Lux., P.-Bas et G.-B., qui se transforma en U.E.O. le 23-10-54. **Organisation :** Conseil (1 représentant de chaque membre) se réunissant au niveau des min. des Aff. étr. ou des ambassadeurs. 1 Ass., siège à Paris (repr. des 7 États à l'Ass. consultative du Conseil de l'Europe). *Pt :* Jean-Marie Caro (France). Secrétariat général, 3 agences chargées des questions de sécurité : ag. pour l'étude des questions de contrôle des armements et du désarmement ; ag. pour l'étude des questions de sécurité et de défense ; ag. pour le développement de la coopération en matière d'armement. **Membres :** signataires du tr. de Bruxelles, plus Allemagne et Italie dep. le 6-5-1955.

But : intégration progressive de l'Europe, légitime défense collective, coopération et consultation dans les domaines politique, économique et militaire. Seule organisation proprement européenne compétente en matière de défense, se réunit à la veille de chaque réunion du Conseil de l'O.T.A.N.

Organisations africaines

● **O.U.A. Organisation de l'unité africaine. Création :** 23-5-1963. **Siège :** Addis-Abeba (Éthiopie). *Président :* Pt d'un État membre désigné chaque année. *Secr. gén. :* Ide Oumarou (Niger). **Organisation :** 50 États : Algérie, Angola, Bénin, Botswana, Burkina Faso, Burundi, Cameroun, Cap-Vert, Rép. Centrafricaine, Comores, Congo, Côte-d'Ivoire, Djibouti, Égypte, Éthiopie, Gabon, Gambie, Ghana, Guinée, Guinée-Bissau, Guinée équat., Kenya, Lesotho, Liberia, Libye, Madagascar, Malawi, Mali, RASD (Rép. arabe saharienne dém.), Maurice, Mauritanie, Mozambique, Niger, Nigeria, Ouganda, Ruanda, São

Tomé et Principe, Sénégal, Seychelles, Sierra Leone, Somalie, Soudan, Swaziland, Tanzanie, Tchad, Togo, Tunisie, Zaïre, Zambie, Zimbabwe. *Conférence des chefs d'État et de gouv.* au moins 1 fois par an et *Conseil des min.* 2 fois. *Bureaux régionaux : New York* (O.N.U.), *Genève* (O.N.U.), *Dar es-Salaam* (Comité de coordination pour la libération pour l'Afrique), *Lagos* (Commission scient., techn. et de recherche). *Bruxelles* (Bureau permanent), *Niamey* (Centre d'études linguistiques et historiques par tradition orale), *Kampala* (Bureau linguistique inter-afr.), *Accra* (Commission mixte O.U.A./F.A.O./O.M.S. sur l'alimentation et l'agriculture), *Nairobi* (Bureau inter-afr. pour les ressources animales), *Bangui* (Bureau inter-afr. des sols), *Yaoundé* (Conseil phytosanitaire inter-afr.), *Conakry* (Bureau de coordination pour l'aménagement intégré du massif Fouta Djallon), *Tunis* (Délégation permanente auprès de la Ligue des États arabes).

Nota. — En avril 1961 à la Conf. d'Accra, Ghana, Mali et Guinée formèrent une *Union des États africains.* Quand l'O.U.A. fut créée, ils la rejoignirent. Le Maroc a quitté l'O.U.A. le 12-11-1984 quand celle-ci a accueilli la RASD.

• **C.E.A.O. Communauté économique de l'Afrique de l'Ouest. Création :** 17-4-1973. **Siège :** Ouagadougou (Burkina). **Membres :** Bénin, Burkina, Côte-d'Ivoire, Mali, Mauritanie, Niger, Sénégal. *Observateurs :* Guinée, Togo. *Secr. gén. :* Drissa Keita (Mali, n. 1942), dep. oct. 1984. **Budget** (1985) : 12 257 681 804 F C.F.A. **But :** promouvoir une politique active de coopération et d'intégration écon., agriculture, élevage, pêche, industrie, transports et communications, tourisme) ; développer les échanges commerciaux des États membres, en établissant entre eux une zone d'échanges organisée. **Organisation :** *Conférence des chefs d'État* (organe suprême de la Communauté se réunissant 1 fois par an), *Conseil des ministres, Cour arbitrale, Secrétariat général.* **Fonds de solidarité et d'intervention pour le développement économique communautaire (F.O.S.I.D.E.C.)** *créé* oct. 1978, intervient dans le développement éc. et social par garantie et contre-garantie des emprunts, octroi de prêts, prises de participations, financement d'études communautaires, subventions. *Capital F.O.S.I.D.E.C. :* 13,5 milliards de F CFA. **Accord de non-agression et d'assistance en matière de défense (ANAD)** signé en juin 1977, entre CEAO et Togo : accord pour la libre circulation des personnes et droit d'établissement à l'intérieur de la Communauté signé par les 6 États membres en oct. 1978.

Nota. — La CEAO a remplacé l'UDEAO (Union douanière des États de l'Afr. de l'Ouest qui remplaçait l'UDAO créée 1959), créée en juin 1966 et dissoute le 1-1-1974, date d'entrée en vigueur du tr. de la CEAO.

• **Comité permanent consultatif du Maghreb. Siège :** 14, rue Yahia, Ibn Omar, Mutuelleville, Tunis (Tunisie). **Création :** oct. 1964. **Membres :** Algérie, Maroc, Mauritanie, Tunisie. **But :** coordination économique, échange d'informations techniques.

• **Communauté est-africaine. Création :** 1-12-1967. **Siège :** P.O.B. 1001 Arusha (Tanzanie). **Membres :** Kenya, Ouganda, Tanzanie. **But :** Marché commun.

• **Conseil de l'entente. Création :** 29-5-1959. **Siège :** Abidjan (Côte-d'Ivoire). *Secr. admin. :* Paul Kaya (n. 1933), dep. 1966. **Membres :** Bénin, Burkina, Côte-d'Ivoire, Niger, Togo (dep. 9-6-1966). **Organisation :** *Conférence des chefs d'État* 1 fois par an (précédée par un *Conseil des ministres*). *Secrétariat administratif* du Fonds d'entraide et de garantie des emprunts du C.E., est aussi celui du C.E. **But :** organiser et développer la solidarité et la coopération économique entre les pays membres. C'est le plus ancien des groupements d'États africains. **Capital** (1985) : 12 476 000 000 F CFA. **Budget de fonctionnement** (1985) : 1 244 000 000 F CFA.

• **Groupe de Casablanca. Création :** Conférence de Casablanca (1961). **Membres :** Algérie, Égypte, Ghana, Guinée, Libye, Mali, Maroc.

• **Groupe de Monrovia. Création :** Conf. de Monrovia (Liberia), 1961. Signature de la Charte de Monrovia à Lagos en 1962. **Membres :** 12 États de l'Union afric. et malg., plus Éthiopie, Liberia, Nigeria, Sierra Leone, Somalie, Togo, Tunisie, Zaïre. **But :** coopération pol., écon., diplomatique, culturelle et de défense.

• **U.D.E.A.C Union douanière et éc. de l'Afr. centrale. Création :** 8-12-1964 (a remplacé l'Union douanière équatoriale créée le 23-6-1959). **Membres :** Cameroun, Rép. centrafricaine, Congo, Gabon, Guinée équatoriale (dep. 19-12-1983) ; le Tchad avait quitté l'Union le 1-1-1969, et l'a réintégrée le 18-12-1984. **Institutions :** *Conseil des chefs d'État* (au moins 1 fois par an). *Comité de direction,* composé de 2 ministres par État, chargé des Affaires écon. et fin. et statuant par délégation du Conseil. Se réunit au moins 2 fois par an, ses décisions prises à l'unanimité ont force de loi dans les 6 États. *Conférence des ministres de l'Agriculture et de l'élevage* [de chaque État se réunissant 1 fois par an. *Secr. gén. :* Ambroise Foalem (Cameroun, n. 15-6-1934)].

• **U.E.A.C. Union des États d'Afrique centrale. Création :** février 1968. **Membres :** Tchad, Zaïre. En déc. 1968, l'Emp. centrafricain l'a quittée.

• **Union monétaire ouest-africaine. Création :** 12 mai 1962. **Membres :** Bénin, Burkina, C.-d'Ivoire, Mauritanie, Niger, Sénégal, Togo (dep. 27-11-1963). Reconnaît une seule unité monétaire, le franc de la Communauté financière africaine (*franc* CFA : 0,02 F) dont l'émission est confiée à la Banque centrale des États de l'Afr. de l'Ouest.

☞ **Organisations disparues. Conférence des chefs d'État de l'Afr. équatoriale :** créée 24-6-1959 par les États de l'ancienne A.E.F. (Afrique équatoriale française), dissoute 28-5-70 (voir *Quid 72,* p. 328). **U.A.M.C.E.** *(Union afr. et malg. de coopération économique).* **O.A.M.C.E.** *(Organisation afr. et malg. de coopération économique)* (voir *Quid 74,* p. 435 b). **U.R.A.C.** *(Union des Rép. d'Afrique centrale) :* créée juin 1960 (Rép. centrafr., Congo, Tchad). **O.C.A.M.** *Organisation commune africaine et mauricienne :* siège : Bangui (Rép. centrafricaine), créée en juin 1966 à Tananarive, dissoute le 25-3-1985 estimant avoir rempli sa mission (voir *Quid 86,* p. 747).

Organisations américaines

• **Alliance pour le progrès.** Créée le 17-8-1961 à Punta del Este (Uruguay) (dissoute en 1975). **Membres :** U.S.A. et pays d'Am. latine, sauf Cuba. **But :** programme d'assistance de 10 ans à l'Amérique latine.

• **A.L.A.D.I. Association latino-américaine d'intégration. Siège :** Montevideo (Uruguay). **Création :** tr. de Montevideo (12-8-80). **Membres :** Argentine, Bolivie, Brésil, Chili, Colombie, Équateur, Mexique, Paraguay, Pérou, Uruguay, Venezuela. Remplace l'A.L.A.L.E. (Assoc. latino-amér. de libre-échange, créée le 18-2-60), depuis le 18-3-81. *But :* intégration économique régionale et, à long terme, formation d'un marché commun latino-amér. *Organisation :* Conseil des ministres des Affaires étrangères, Conférence d'évaluation et convergence, Comité de représentants. *Organe technique :* Secr. gén. *Organes auxiliaires du comité de représentants :* Conseil pour des Affaires fin. et écon., Réunion des directeurs des douanes, Commission d'assistance et coopération technique. *Autres :* réunions d'entrepreneurs industriels.

• **O.D.E.C.A. Organisacion de Estados centro-americanos.** *Secr. gén. :* vacance. *Administrateur du Secr. gén. et Secr. du Conseil exécutif :* Ricardo Juarez Marques (Guat.). **Création :** Charte de San Salvador (14-10-51 ; 12-12-62). **Membres :** Guatemala, El Salvador, Honduras, Nicaragua, Costa Rica. **Organisation :** *Réunion des Présidents* (1re en 55). *Conseil Exécutif.* 1 *Secr. gén.* (l'Office Centre-Amér.). **Siège :** San Salvador. **But :** coopération écon., culturelle et sociale.

• **O.E.A. (O.A.S.). Organisation des États américains (Organization of American States). Siège :** Washington, D.C. *Secr. gén. :* João Clemente Baena Soares (Brésil), dep. 1984 ; *adjoint :* Valérie McComie (Barbade).

Création : *1890 :* 1re Conférence internationale américaine à Washington fonde l'Union intern. des Rép. amér. ; *1948 :* 9e Conf. de Bogota adopte la Charte de l'Org. de l'O.E.A. ; *1970 :* Charte réformée entre en vigueur.

Membres. Antigua et Barbuda, Arg., Bahamas, Barbade, Bolivie, Brésil, Chili, Colombie, Costa Rica, Cuba, Dominique, Rép. dom., Équateur, El Salvador, Grenade, Guatemala, Haïti, Honduras, Jamaïque, Mexique, Nicaragua, Panama, Paraguay, Pérou, St-Christophe-et-Nevis, Ste Lucie, St-Vincent et Grenadines, Surinam, Trinidad et Tobago, U.S.A., Uruguay, Venezuela. En 1962, l'actuel gouvernement de Cuba a été expulsé de l'O.E.A. Cependant, Cuba, en tant que pays, est considéré comme un État membre.

Organisation : *Assemblée générale* (se réunit chaque année). Réunion de *consultation des ministres* des Relations extérieures pour étudier les problèmes d'urgence. 3 *Conseils* directement responsables devant l'Assemblée générale : Conseil permanent (Washington, D.C. ; 1 représentant par pays), Conseil économique et social interaméricain et Conseil interaméricain pour l'éducation, la science et la culture. *Comité juridique interaméricain* chargé des affaires juridiques. *Commission interaméricaine des Droits de l'homme. Cour interaméricaine des droits de l'homme. Secrétariat général :* organe central et permanent de l'Organisation. *Conférences et organismes spécialisés* (santé, agriculture, etc.). **Budget :** 91,3 millions de $ (1986).

• **Pacte Amazonien. Créé** le 3-7-1978. **Membres :** Bolivie, Brésil, Colombie, Équateur, Guyane, Pérou, Surinam, Venezuela. **But :** développer une politique commune de mise en valeur et d'exploitation de l'Amazone.

• **Pacte Andin. Création :** accord de Carthagène (26-5-1969). **Membres :** Bolivie, Chili (se retire en 1976), Colombie, Équateur, Pérou et, en 1973, Venezuela. **Siège :** Lima. **But :** intégration économique.

• **T.I.A.R. Tratado Internaramericano de Assistencia Reciproca (Traité panaméricain d'assistance mutuelle). Création :** signé à Rio le 2-9-47. **Membres :** tous les États am., sauf le Canada. **But :** tr. d'assistance réciproque en cas d'agression contre un État américain. La décision d'intervenir ne peut être prise qu'à la majorié des 2/3 des États réunis en conférence. Majorité réduite à 1/2 le 17-5-1975.

Autres organisations

Organisations politiques diverses

• **A.N.Z.U.S. Australia, New Zeland, United States. Création :** signé à San Francisco le 1-9-51 pour une durée illimitée. **Siège :** min. des Affaires étrangères, Canberra (Australie). **Membres :** Australie, Nouvelle-Zélande, U.S.A. **But :** tr. de sécurité mil. dans le Pacifique.

• **A.S.E.A.N. Association of South East Asian Nations (Association des Nations de l'Asie du Sud-Est).** Siège : Jakarta. **Création :** 8-8-1967. **Membres :** Indonésie, Malaysia, Philippines, Singapour, Thaïlande, Brunei (dep. 7-1-1984). **Organisation :** *secr. général* à Djakarta : Phan Wannamethee. **But :** assurer la coopération régionale, promouvoir la compréhension mutuelle, accélérer la croissance économique, le progrès social et le développ. culturel.

• **C.A.E.M. (dit Comecon). Conseil d'assistance économique mutuelle (Council for Mutual Economic Assistance). Siège :** Moscou. **Création :** janv. 1949. **Membres :** All. dém., Bulgarie, Cuba, Hongrie, Mongolie, Pologne, Roumanie, Tchécosl., U.R.S.S., Viêtnam. La Yougoslavie participe aux travaux de certains organes dep. 17-9-1964. Coopère avec non-membres du C.A.E.M. : Finlande (Conv. du 16-5-73), Irak (Conv. du 4-7-75), Mexique (Conv. du 13-8-75), Nicaragua (Conv. du 16-9-1983), Mozambique (Conv. du 17-5-1985). **Observateurs :** Angola, Afghanistan, Rép. dém. pop. du Yémen, Laos, Éthiopie. **But :** coordonner les efforts des pays membres pour perfectionner la coopération, développer l'intégration écon. socialiste, assurer la croissance écon. et réduire les inégalités de développement écon. Programme de coopération à long terme (1990). **Organisation :** Session 1 fois par an. Comité exécutif de représentants des pays membres au niveau des chefs adjoints des gouvernements. **Secrétariat :** V.V. Sytchev (U.R.S.S.).

• **C.E.N.T.O. Central Treaty Organisation. Créé** 24-2-55 [pacte de Bagdad entre Turquie et Irak auxquels s'associèrent G.-B. (4-4), Pakistan (23-9), Iran (3-11)]. Le 24-3-59, l'Irak se retira, le 21-8-59, le nom de CENTO fut adopté. Le 15-3-1979, la Turquie se retira à la suite du Pakistan et de l'Iran, et l'organisation fut dissoute. C'était un traité de défense mutuelle assorti d'un programme de développ. écon. (routes, chemins de fer, ports, télécomm., santé, commerce, technologie).

• **Conférence de Bandung.** Du 18 au 25-4-1955 (Indonésie) : réunit 24 pays (dont 16 anciens États « coloniaux » devenus indépendants : Afghanistan, Arabie Saoudite, Cambodge, Chine, Côte-de-l'Or (futur Ghana), Égypte, Éthiopie, Irak, Iran, Japon, Jordanie, Laos, Liban, Liberia, Libye, Népal, Philippines, Siam, Soudan, Syrie, Turquie, Viêt-nam-Nord, V.-

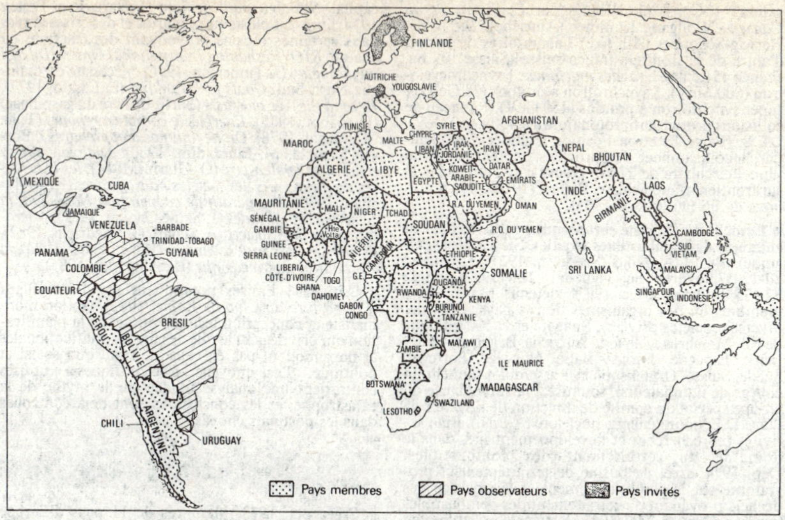

Quatrième conférence des pays non-alignés (5 au 10-9-1973)

Sud, Yémen. **Objectifs.** Encourager la bonne volonté et la compréhension parmi les nations d'Asie et d'Afrique ; étudier et favoriser leurs intérêts mutuels et communs pour établir et promouvoir l'amitié et des relations de bon voisinage ; examiner les relations et les problèmes sociaux, économiques et culturels entre les pays représentés ; les problèmes intéressant spécialement les peuples d'Asie et d'Afrique (ceux affectant la souveraineté nat., racisme et colonialisme) ; apprécier la position de l'Asie et de l'Afrique et celle de leurs peuples dans le monde contemporain, ainsi que la contribution qu'ils peuvent apporter à l'affermissement de la paix et de la coopération internationales. Formule les *10 principes de la coexistence :* 1) Respect des droits humains fondamentaux en conformité avec les buts et les principes de la charte des Nations unies ; 2) Respect de la souveraineté et de l'intégrité territoriale de toutes les nations ; 3) Reconnaissance de l'égalité de toutes les races et de l'égalité de toutes les nations, petites et grandes ; 4) Non-intervention et non-ingérence dans les affaires intérieures des autres pays ; 5) Respect du droit de chaque nation de se défendre individuellement et collectivement conformément à la Charte des Nations unies ; 6) a. Refus de recourir à des arrangements de défense collective destinés à servir les intérêts particuliers des grandes puissances quelles qu'elles soient ; b. Refus par une puissance quelle qu'elle soit d'exercer une pression sur d'autres ; 7) Abstention d'actes ou de menaces d'agression ou de l'emploi de la force contre l'intégrité territoriale ou l'indépendance politique d'un pays ; 8) Règlement de tous les conflits internationaux par des moyens pacifiques, tels que négociation ou conciliation, arbitrage et règlement devant des tribunaux, ainsi que d'autres moyens pacifiques que pourront choisir les pays intéressés, conformément à la charte des Nations unies ; 9) Encouragement des intérêts mutuels et coopération ; 10) Respect de la justice et des obligations internationales.

Sommets des grands pays industriels occidentaux. Depuis 1975, les chefs d'État ou de gouvernement des 7 premiers pays industriels occidentaux (All. féd., Canada, U.S.A., France, G.-B., Italie, Japon) se réunissent une fois par an. Ces pays assurent plus de 50 % de la production mondiale, près des 4/5 de la production des pays industriels. *Origine :* proposition d'un sommet monétaire, par le Pt V. Giscard d'Estaing en 1975. *Objet :* étude des grands problèmes économiques, monétaires et politiques. *Lieux : 1975* Rambouillet, *1976* Porto Rico, *1977* Londres, *1978* Bonn, *1979* Tokyo, *1980* Venise, *1981* Ottawa, *1982* Versailles, *1983* Williamsburg, *1984* Londres. *1985* Bonn. *1986* Tokyo.

• **Conférences « au sommet » des pays non alignés. Belgrade** (1 au 6-9-1961) : 25 pays et 3 observateurs. Invite États-Unis et U.R.S.S. à « entrer en contact » pour éviter un conflit mondial, rejette le système des « blocs » et la thèse selon laquelle la guerre, même « froide », serait inévitable, la coexistence pacifique étant le seul choix devant la « guerre froide » et le risque d'une catastrophe nucléaire universelle ; affirme le droit des peuples à l'autodétermination, à l'indépendance et à la libre disposition de leurs richesses ; demande la création d'un fonds d'équipement contrôlé par l'O.N.U. pour fournir une aide économique aux pays en voie de développement ; préconise le « désarmement complet et général ». **Le Caire** (5 au 10-10-1964) : 7 pays, 10 pays observateurs, l'O.U.A., la Ligue arabe et divers mouvements de libération nationale. **Lusaka** (Zambie) (8 au 10-9-1970) : 65 pays, dont 10 observateurs (Sud-Viêt-nam et 9 pays d'Am. latine). **Alger** (5 au 10-9-73) : 75 pays dont 6 observateurs (Amérique latine) et 3 invités (Autriche, Finlande, Suède), 4 organisations intern. : O.N.U., O.U.A., Ligue arabe et O.S.P.A.A.A. et 15 mouvements de libération. **Colombo** (Sri Lanka) (16 au 19-8-76) : 86 pays + 17 pays observateurs et 12 organisations. **La Havane** (Cuba) (3 au 8-9-79) ; 92 pays (le Kampuchéa n'est pas représenté) et 3 organisations membres (O.L.P., Org. des peuples du S.-O. africain, Fr. patriotique du Zimbabwe), 9 observateurs (Barbade, Brésil, Colombie, Équateur, Finlande, Mexique, Salvador, Uruguay, Venezuela), 8 invités (Autriche, Espagne, Finlande, Portugal, Roumanie, St-Marin, Suède, Suisse). **Delhi** (7 au 11-3-83). 97 membres (sur 164 États alors indépendants dont 157 membres de l'O.N.U.) : *Afrique* 50 (Algérie, Angola, Bénin, Botswana, Burkina Faso, Burundi, Cameroun, Cap Vert, Centrafrique, Comores, Congo, Côte-d'Ivoire, Djibouti, Égypte, Éthiopie, Gabon, Gambie, Ghana, Guinée, Guinée-Bissau, Guinée équatoriale, Kenya, Lesotho, Liberia, Libye, Madagascar, Malawi, Mali, Maroc, Maurice, Mauritanie, Mozambique, Niger, Nigeria, Ouganda, Rwanda, São Tome et Principe, Sénégal, Seychelles, Sierra Leone, Somalie, Soudan, Swaziland, Tanzanie, Tchad, Togo, Tunisie, Zaïre, Zambie, Zimbabwe, Swapo (Organisation du peuple du S.-O. africain) ; *Amérique latine et Caraïbes* 14 [Argentine, Belize (1983), Bolivie, Cuba, Équateur, Grenade, Guyana, Jamaïque, Nicaragua (sept. 1979), Panama, Pérou, Ste-Lucie, Surinam, Trinité et Tobago] ; *Asie et Proche-orient* 28 [Afghanistan, Arabie Saoudite, Bahreïn, Bangladesh, Bhoutan, Cambodge, Corée (Rép. dém.), Émirats arabes unis, Inde, Indonésie, Irak, Iran, Jordanie, Koweit, Laos, Liban, Malaisie, Maldives, Népal, Oman, Pakistan (1979), Qatar, Singapour, Sri Lanka, Syrie, Viêt-nam, Yémen (Rép. arabe), Yémen (Rép. dém. O.L.P.] ; *Europe* 3 (Chypre, Malte, Yougoslavie). *La Birmanie* a quitté le mouvement en sept. 1979. Prochain sommet (sept. 1986) au Zimbabwe.

• **Ligue des États arabes. Siège :** Tunis (Tunisie). *Secr. gén. :* Cheddi Klibi (Tunisie, n. 1925), dep. 1979 ; avant : 1945 Azzam Pacha, 1954 Abdel Khalek Hassouna, 1972 Mahmoud Riad. **Création :** automne 44 : Conf. préparatoire d'Alexandrie, 22-3-45 : signature d'une convention. **Membres :** (fondateurs en italique, date d'adhésion entre parenthèses) : *Arabie Saoudite, Égypte, Irak, Jordanie, Liban, Syrie, Rép. arabe du Yémen* (45), Libye (53), Soudan (56), Tunisie et Maroc (58), Koweït (61), Algérie (62), Rép. dém. pop. du Yémen, Bahreïn, Fédération des principautés arabes, Oman, Qatar (71), Mauritanie (73), Somalie (74), Palestine (76), Djibouti (77). **Organisation :** 1 Conseil, 10 comités permanents, 1 secr. gén., 1 Conseil de déf. **But :** défense des intérêts et resserrement des rapports entre États membres, coordination de leur action politique en vue de réaliser une collaboration étroite entre eux, de sauvegarder leur indépendance et leur souveraineté.

Nota. — Le gouv. égyptien considère comme nuls et non avenus le transfert de la Ligue à Tunis (elle était au Caire jusqu'à 1979) et l'élection de Cheddi Klibi comme secr. gén.

• **Ligue des peuples islamiques et arabes.** *Secr. gén. de l'Ass. Constituante :* Sayed Nofal (Égypte, n. 1910).

• **Marché commun arabe (Council of Arab Economic Unity). Siège :** 20, rue Aisha el Taymouria, Garden City, Le Caire, Égypte. *Secr. gén. :* Badr El Din Abou Ghazi, dep. 1978 ; avant : 1965 Dr Abdel Moneim El Banna, 1973 Dr Abdel Al Saghban. **Création :** 1964. **Membres :** Égypte, Émirats arabes unis, Irak, Jordanie, Koweit, Libye, Mauritanie, Organisation de libération de la Palestine, Yémen (Rép. arabe), Yémen (Rép. démocratique pop.). **Organisation :** 1 conseil, 6 comités permanents, 1 secr. gén. **But :** favoriser le développement social, promouvoir l'essor économique des parties contractantes, et asseoir l'unité économique sur des assises saines en réalisant la complémentarité entre les pays membres.

• **O.T.A.N. (N.A.T.O.). Organisation du traité de l'Atlantique Nord (North Atlantic Treaty Organization)** (V. Index). **Siège :** 1110 Bruxelles, Belgique (avant le 1-11-67 à Paris). **Création : 4-4-49.** *Traité de Washington.* **Membres.** *A l'origine :* Belg., Canada, Danemark, U.S.A., France (membre de l'alliance politique, mais ne participant plus au système de défense intégré dep. 10-3-1966), Islande, Italie, Luxembourg, Norvège, P.-Bas, Portugal, Royaume-Uni. *1952 :* Grèce et Turquie. *1955 :* All. féd. *1982 :* Espagne.

Organisation : Conseil de l'Atlantique Nord, composé des représentants des 16 gouvernements (les chefs d'État ou de gouvernement peuvent y siéger eux-mêmes), se réunit en principe 2 fois par an à l'échelon ministériel et toutes les semaines à l'échelon des ambassadeurs. Il est assisté par de nombreux comités et par un *secrétariat international.* **Secrétaires généraux de l'Alliance :** *1952* (mars) Lord Ismay (1887-1965, G.-B.). *1957* (mai) Paul-Henri Spaak (1899-1972, Belg.). *1961* (avril) Dirk Stikker (1897-1979, P.-Bas). *1964* (août) Manlio Brosio (1897-1980, It.). *1971* (oct.) Joseph Luns (n. 28-11-1911, P.-Bas). *1984* (25-6) Lord Carrington (n. 6-6-1919, G.-B.). *Comité militaire* (siège en permanence à l'échelon des représentants des chefs d'états-majors qui eux se réunissent en principe 2 fois par an) émet des avis. **Grands commandements de l'O.T.A.N. :** *Shape* (Supreme Headquarters Allied Powers Europe) commandé par le *Saceur* (Supreme Allied Commander Europe) : *18-12-1950* Gal Dwight D. Eisenhower (1890-1969) (U.S.A.). *30-5-1952* Gal Mathew B. Ridgway (n. 1895) (U.S.A.). *11-7-1953* Gal Alfred B. Gruenther (n. 1899) (All. féd.). *20-11-1956* Gal Lauris Norstad (n. 1907) (U.S.A.). *1-1-1963* Gal Lyman L. Lemnitzer (n. 1899) (U.S.A.). *1-7-1969* Gal Andrew J. Goodpaster (n. 1915) (U.S.A.). *15-12-1974* Gal Alexander M. Haig (n. 1929) (U.S.A.). *1-7-1979* Gal Bernard Rogers (n. 1921) (U.S.A.). *Aclant* (Allied Commander Atlantic) comm. par le *Saclant* (Supreme Allied Commander Atlantic) : Amiral Lee Bagget Jr. (U.S.A.) (dep. 1985) ; *Cinchan* (Commander in Chief Channel) : Amiral Sir Nicholas Hunt (G.-B.) (dep. 1985) et *Groupe de planification régional États-Unis-Canada.* A part quelques unités de défense aérienne en état d'alerte permanent, la Force navale permanente de l'Atlantique *(Stanavforlant)* et la Force navale permanente de la Manche *(Stanavforchan),* les forces des pays de l'O.T.A.N. demeurent, en temps de paix, sous commandement national.

But : accroître la coopération entre les membres et assurer leur défense collective, notamment par l'unité de commandement, la production coordonnée, l'infrastructure commune et le partage des charges. L'Alliance a renforcé la consultation politique pour rechercher la détente et l'établissement en Europe d'un ordre pacifique durable. Pour y parvenir, les alliés se sont employés activement à favoriser des initiatives politiques et des mesures de contrôle des armements destinées à atténuer les tensions entre l'Est et l'Ouest.

L'alliance a également renforcé la coopération scientifique et s'est intéressée depuis 1969 au problème de l'environnement humain.

• **O.T.A.S.E. (S.E.A.T.O.). Organisation du traité de l'Asie du Sud-Est (South East Asia Treaty Organisation). Siège** : Bangkok (Thaïlande). **Création** : traité de Manille 8-9-54. **Dissous** le 30-6-77. **Membres** Australie, G.-B., N.-Zélande, Philippines, Thaïlande, U.S.A. Le Pakist. s'était retiré le 7-11-73. **But** : pacte de défense contre l'agression communiste à l'extérieur, assistance aux pays membres contre la subversion interne, coopération économique et culturelle.

• **Plan de Colombo** (pour la coopération économique et le développement social en Asie et dans l'Océan Pacifique). **Siège** : Colombo (Sri Lanka). **Création** : 1-7-51. **Membres** : Afghanistan, Australie, Bangladesh, Birmanie, Bhoutan, Cambodge, Canada, Corée, îles Fidji, G.-B., Inde, Indonésie, Iran, Japon, Laos, Malaisie, Maldives, Népal, Papouasie, N.-Guinée, N.-Zélande, Pakistan, Philipp., Singapour, Sri Lanka, Thaïlande, U.S.A. **Organisation** : comité consultatif. Colombo Plan Council. Bureau du Plan de Colombo. Institut d'enseignement technique (Singapour). **Buts** : promouvoir développement économique et social en Asie et dans le Pacifique. Aide économique et technique assurée par des accords bilatéraux.

• **S.A.A.R.C. Association sud-asiatique de coopération régionale. Création** : décembre 1985. **Membres** : Bangladesh, Bhoutan, Inde, Maldives, Népal, Pakistan et Sri Lanka.

• **Traité de Varsovie. Siège** : Moscou. **Création** : 14-5-55. **Membres** : All. dém., Bulgarie, Hongrie, Pologne, Roumanie, Tchécosl., U.R.S.S. **Organisation** : 1 comité consultatif politique, 1 commiss. permanente, 1 secrétariat. 1 commandement mil. dont l'état-major est à Moscou. **But** : tr. d'assistance en cas d'agression armée. Assurer la sécurité en Europe et conjurer une nouvelle guerre mondiale. D'autres pays peuvent adhérer à ce tr. multilatéral de coopération, indépendamment de leur régime politique et social.

Organisations humanitaires

• **C.I.M. Comité intergouvernemental pour les migrations. Siège** : 17, route des Morillons, CH-1211, Genève 19. **Création** : 1951. **Membres** : All. féd., Argentine, Australie, Autriche, Belgique, Bolivie, Chili, Chypre, Colombie, Costa Rica, Danemark, Rép. Dominicaine, Équateur, Grèce, Honduras, Israël, Italie, Kenya, Luxembourg, Nicaragua, Norvège, Panama, Paraguay, P.-Bas, Pérou, Portugal, Salvador, Suisse, Uruguay, U.S.A., Venezuela (15 gouvernements observateurs associés aux travaux du Comité, dont la France). **Directeur Gal** : James L. Carlin (U.S.A., n. 1921), dep. 1979. **Budget** : contributions annuelles des gouv. membres, et contributions ad hoc des gouv. non membres utilisant les services de l'organisation. **Programmes** : émigration de réfugiés de pays de 1er asile vers des pays de réinstallation ; transfert de la technologie en faveur de pays en développement par la migration de personnel qualifié de pays industrialisés, retour et placement de nationaux afr. et latino-amér. formés dans ces pays industrialisés. **Réalisations** : en 34 ans, a pris en charge 2 609 543 réfugiés et 1 028 232 émigrants nationaux.

• **Frères des hommes. Siège** : 20, rue du Refuge, 78000 Versailles. **Création** : association fondée 1965 par Armand Marquiset, sans appartenance politique ou confessionnelle. **Budget** : env. 30 millions de F venant surtout de dons. **But** : contribuer à un développement international plus juste, qui donne aux hommes la possibilité de vivre dignement et d'agir eux-mêmes sur leur destin. **Action** : *Tiers monde* (env. 150 000 personnes concernées, Équateur, Brésil, Bolivie, Haïti, Burkina Faso, Mali, Zambie, Ruanda, Bangladesh, Inde) : env. 50 animateurs européens collaborant avec des animateurs nationaux (domaines agricole, médical, éducatif, social).

☞ Voir œuvres à l'Index.

Organisations atomiques internationales

• **C.E.R.N. Laboratoire européen de physique de particules. Siège** : Genève, Suisse. **Création** : 15-2-52 : organisation provisoire, le Conseil européen pour la recherche nucléaire (C.E.R.N.) ; 29-9-54 : organisation permanente. **Membres** : All. féd., Autriche, Belgique, Danemark, Espagne, *France*, G.-B., Grèce, Italie, Norvège, P.-Bas, Portugal, Suède, Suisse. **Organisation** : 1 Cons. (2 délégués par État m.). *Pt du Conseil* : Wolfgang Kummer (Autriche). *Dir. gén.* : Herwig Schopper (All. féd.) **Laboratoires** de part et d'autre de la frontière franco-suisse (Suisse 109 ha, France 451,5 ha). *Grandes machines* : 1 synchrocyclotron (600 MeV), 1 synchrotron à protons (28 GeV), 1 super synchrotron à protons (450 GeV), 1 anneau de collisions proton-antiproton (jusqu'à 450 + 450 GeV), L.E.P. (Large Electron Position Collider) ; en chantier, 1 collisionneur de particules implanté dans un tunnel circulaire de 27 km creusé côté Jura à cheval sur frontière franco-suisse. **Budget** (1986) : 755,4 millions de FS (au prix de 1985).

• **Eurochemic. Société européenne pour le traitement chimique des combustibles irradiés. Siège** : Mol (Belgique). *Pr.* : L.A. Nöjd (Suède, n. 1927). **Création** : 20-12-57, entrée en vigueur : 27-7-59. **Capital** : 32 475 millions d'u.c. (90 % détenus par 11 pays membres ou des organismes de ces pays, 10 % par diverses sociétés privées). **Budget** : env. 500 millions de FB. **Membres** : All. féd., Autriche, Belgique, Danemark, Espagne, *France*, Italie, Norvège, Portugal, Suède, Suisse. **Organisation** : 1 assemblée (qui élit un collège de liquidateurs), soumise à la surveillance du groupe spécial du comité de direction de l'Agence de l'O.C.D.E. pour l'énergie nucléaire (A.E.N.). **But** : activités de recherches et développement ind. dans le domaine du retraitement des combustibles. Dep. 1974, arrêt de l'usine de retraitement et programme sur le conditionnement et le stockage des déchets provenant du retraitement des combustibles irradiés. Dep. le 27-7-1982, la société est entrée en liquidation. A partir du 1-1-1985, exploitation du site reprise par la Belgoprocess S.A., filiale à 100 % de la Sté belge des combustibles nucléaires Synatom.

• **European Atomic Energy Society.** Studsvik, Suède. **Membres** : All. féd., Autriche, Belg., Danemark, Espagne, Finlande, *France*, G.-B., Italie, Norvège, P.-Bas, Portugal, Suède, Suisse. **But** : échange de renseignements.

• **Institut unifié des recherches nucléaires. Siège** : Dubna, près de Moscou. *Directeur* : Prof. N.N. Bogolubov. **Création** : 1956. **Membres** : All. dém., Bulgarie, Corée du Nord, Cuba, Hongrie, Mongolie, Pologne, Roumanie, Tchécoslovaquie, U.R.S.S., Viêt-nam.

• **Nordita. Institut nordique de physique atomique théorique. Siège** : Copenhague. *Directeur* : A.R. Mackintosh dep. le 1-1-86. **Création** : 1957. **Membres** : Dan., Finlande, Islande, Norv., Suède. **But** : recherche et enseignement spécialisés. **Budget** (1986) : 13,6 millions de couronnes dan.

Nota. – Voir aussi A.I.E.A. (O.N.U.), E.N.E.A. (O.C.D.E.), EURATOM (Communauté européenne). BREVATOME est une société française pour la gestion des brevets d'application nucléaire (24 % des parts détenues par le C.E.A. ; 5 % par E.D.F. ; le reste par des sociétés françaises).

Club de Rome

Origine : *7/8-4-1968* : réunion à Rome, à l'académie des Lincei de B. de Jouvenel, J. Saint-Geours, A. King, M. Guernier, etc., invités par A. Peccei. **Statut** : association de droit helvétique, 23, viale Civiltà del Lavoro-1-00144, Rome, Italie). *Secrétariat gal* : 56, rue Perronet, 92200 Neuilly. *Comité exécutif* : 14 membres. **Membres** : 100 [chercheurs, professeurs, décideurs, publics et privés du monde entier ; 3 femmes : E. Mann-Borghese (Canada), E. Masini (Italie), M.-L. Pinta-Silgo (Portugal) ; français : A. Danzin, B. de Jouvenel, P. Piganiol, E. Pisani, J. Saint-Geours, J. Lesourne, B. Schneider]. **Cellules** : Canada, N.-Zélande, Japon, Espagne, U.S.A., Belgique, Suisse, Pologne, Colombie, Australie. **Sous-traitants** : au titre d'un organisme (Inst. intern. pour les applications de l'analyse des systèmes, Massachusetts Institute of Technology, Centre d'analyse des systèmes de Cleveland, Inst. de technologie de Hanovre...) ou à titre personnel (J. Tinbergen, T. de Montbrial, U. Columbo, O. Giarini). **Buts** : étude de l'activité de l'humanité envisagée comme un système global à l'échelon mondial pour résoudre les problèmes nationaux, l'utilisation des outils scientif. disponibles permettant de connaître avec le plus de précision possible la problématique mondiale.

Rapports : *Halte à la croissance ?* (D. Meadows, 1972) : d'ici à 100 a. (chute de la population et de la capacité ind.) ; les limites de la planète étant atteintes (non-renouvellement des ressources nat.), sauf si l'on utilise de façon sélective les progrès de la technologie et agit immédiatement sur les niveaux de pop. et du capital. *Stratégie pour demain* (Mesarovic et Pestel, 1974) : prévoit plusieurs scénarios et des crises graves dans certaines régions provoquant des réactions en chaîne. *RIO (Reshaping International Order : Du défi au dialogue)* (J. Tinbergen, 1976) : nécessité du dialogue Nord-Sud. *Goals for Mankind* (E. Laszlo, 1977), *Beyond the Age of Waste* (Sortir de l'ère du gaspillage) (D. Gabor, 1978), *Énergie, le compte à rebours* (T. de Montbrial, 1978), *On ne finit pas d'apprendre* (J. Botkin Malitza, M. Elmandjra, 1980), *Dialogue sur la richesse et le bien-être* (O. Giarini, 1981), *les Itinéraires du futur : vers des sociétés plus efficaces* (Hawrylyshyn, 1980), *l'Impératif de coopération Nord-Sud, la Synergie des Mondes* (J. Saint-Geours, 1981), *Microlectronics and Society* (A. Schaff, G. Friedrichs, 1982), *Le tiers monde peut se nourrir* (René Lenoir, 1984), *la Révolution aux pieds nus* (B. Schneider, 1985).

Critiques : Émises notamment par P. Braillard (*l'Imposture du Club de Rome*, 1982). Option mondialiste et conception technocratique de la planification qui privilégient le rôle des firmes multinationales et ne remettent pas en cause le statu quo social et politique. Les moyens « scientifiques » utilisés contrarient une analyse fondée sur le mythe de la catastrophe, et les conclusions sont déjà contenues dans les postulats choisis.

Commission trilatérale

Créée oct. 1973. Membres de 11 pays d'Europe occidentale, USA, Canada et Japon. **Statut en Europe** : fondation de droit néerlandais. Bureaux Paris (35, avenue de Friedland, 75008), New York et Tokyo. **Co-présidents** : 3 élus par leurs régions respectives ; *Europe* : Georges Berthoin, Pt international d'honneur du Mouvement européen, anc. ambassadeur des Communautés eur. à Londres (dep. 1975) ; *Amér. du Nord* : David Rockefeller, anc. Pt Chase Manhattan Bank (dep. 1977) ; *Japon* : Isamu Yamashita, Pt Mitsui Engineering & Shipbuilding (dep. 1985). **Comité exécutif** (40 membres) dont Giovanni Agnelli, Zbigniew Brzezinski, Horst Ehmke, Alan Greenspan, Yusuke Kashigawi, Lane Kirkland, Henry Kissinger, Robert McNamara, Yohei Mimura, Kiichi Miyazawa, Saburo Okita, Egidio Ortona, Lord Shackleton, Mitchell Sharp, Henri Simonet, Jake Warren, Otto Wolff von Amerongen. Membres des partis démocratiques de toutes les tendances, chefs d'entreprises privées et publiques, dirigeants d'organisations professionnelles, patronales et syndicales ouvrières, diplomates et hauts fonctionnaires. **Membres** : 140 européens, 105 américains et canadiens, 75 japonais. **Comité français** (19 membres) : Michel Albert, Raymond Barre, Georges Berthoin, Marcel Boiteux, Hervé de Carmoy, Jean-Claude Casanova, Alain Cotta, Paul Delouvrier, Michel-David Weill, Jean Deflassieux, Jean Dromer, Pierre Esteva, René Foch, Alain Gomez, Stéphane Hessel, Robert Marjolin, Thierry de Montbrial, François de Rose, Edmond de Rothschild. **Durée** : décision de renouvellement et poursuite des activités tous les 3 ans.

But : mener toutes réflexions ou études tendant à l'harmonisation des relations politiques, écon., sociales et culturelles entre les 3 régions démocratiques et industrialisées à économie de marché. **Objectif** : intégrer le Japon dans un dialogue d'égal à égal avec les 2 autres pôles industrialisés du monde démocratique (Europe de l'Ouest, USA/Canada) en raison de sa nouvelle puissance économique, établir des relations entre partenaires égaux en vue de dégager, si possible, des points de convergence ou des zones d'accords sur les grands problèmes et défis internationaux d'intérêt commun, sans pour autant gommer différences et aspirations nationales ; développer le sens d'une responsabilité commune vis-à-vis du reste du monde et plus particulièrement à l'égard des pays en développement et maintenir un dialogue constructif mais ferme sur les principes avec les pays socialistes.

Rapports annuels : 35 rédigés pour la Trilatérale dep. 1973. [3 auteurs venant de chacune des régions formulent conjointement des recommandations d'actions à l'attention des décideurs publics (gouvernements) et privés (entreprises...)].

Thèmes principaux : rénovation du système intern. écon., monétaire, institutionnel (13 rapports) ; relations Nord-Sud (6) et Est-Ouest (4) ; questions énergétiques (3) ; défense et sécurité régionale (Proche-Orient/Asie du Sud-Est (3) ; problèmes de société et transitions sociales (6).

Réunions : *plénières ou annuelles* notamment à Rome (1983), Washington (1984), Tokyo (1985), Madrid (1986), San Francisco (1987) ; *européennes annuelles ; nationales à intervalle régulier.*

Internationales ouvrières

Ire Internationale. *Nom officiel :* Association internationale des travailleurs (A.I.T.). *Création :* 28-9-1864 à Londres. *Congrès :* Genève 1866, Lausanne 1867, Bruxelles 1868, Bâle 1869, La Haye 1872 (d'où les anarchistes sont exclus), Philadelphie juillet 1876, où elle est dissoute.

IIe. *Secrétariat :* Londres. *Création :* 14-7-1889 (Congrès de Paris). *Congrès :* Bruxelles 1891, Zurich 1893, Londres 1896, Paris 1900, Amsterdam 1904, Stuttgart 1907, Copenhague 1910, Bâle 1912.

IIIe. *Création :* mars 1919 par Lénine, sous le nom de *Komintern* (Kommounistitcheski Internatsional), et complétée par l'*Internationale syndicale rouge (I.S.R.)* en juillet 1920, qui a existé jusqu'en 1934, après le refus de la F.S.I. d'admettre dans ses rangs les syndicats soviétiques. Le Komintern fut dissous le 15-5-1943.

IVe. *Création :* 1938 par Trotski († 1940). Poursuit son activité notamment en Amérique latine et en Extrême-Orient. Elle connaît, d'autre part, un regain d'activité en Europe occidentale depuis les années 60 avec l'essor de certains mouvements trotskistes (France, Italie, Portugal notamment).

Internationale socialiste. Après la dislocation de la IIe Intern., les communistes ayant organisé le Komintern (mars 1919), des socialistes indépendants allemands, autrichiens et suisses se groupèrent dans l'*Union de Vienne* (1919) ; au Congrès de Hambourg (1923, 423 délégués de 43 partis), réunification des diverses tendances socialistes à l'exclusion des communistes. L'Internationale soc. devient alors l'*Internationale ouvrière et soc. (I.O.S.)*, qui siège à Londres, Zurich, puis Bruxelles.

Après l'interruption due à la guerre de 1939-45, dès 1944 s'était constitué, sous les auspices du parti travailliste anglais, un *Office de liaison et d'information socialistes (S.I.L.O.)*, qui devint le *Comité de la conférence socialiste internationale (COMISCO)* à la réunion d'Anvers en novembre 1947, celui-ci excluant les partis sociaux-démocrates de l'Europe de l'Est qui avaient fusionné avec les P.C. L'Intern. soc. fut reconstituée au Congrès de Francfort (1951). **Congrès :** 14 depuis 1951 : Milan (1952), Stockholm (1953), Londres (1955), Vienne (1957), Hambourg (1959), Rome (1961), Amsterdam (1963), Stockholm (1966), Eastbourne (1969), Vienne (1972), Paris (1973 ; 35 délégués), Genève (1976), Vancouver (1978), Madrid (1980). En 1982, l'Internat. soc. représentait 16 millions de socialistes et sociaux-démocrates appartenant à 62 formations différentes, près de 80 millions d'électeurs, la direction de 13 gouvernements (All. féd., Antilles holl., Autriche, Barbades, Costa Rica, Danemark, Rép. Dominicaine, Finlande, *France*, Grenade, Malte, Maurice, Sénégal) et la participation dans 3 autres (Italie, St-Marin, Suisse), représentant 220 millions de personnes.

Nota. — **Le Secrétariat syndical international (S.S.I.).** Fondé à Dublin le 7-7-1903. Après 2 conférences syndicales internationales à Copenhague (août 1901), Stuttgart (17-6-1902). Sous son égide eurent lieu 5 conférences synd. intern. : Amsterdam 1905, Christiania 1907, Paris 1909, Budapest 1911 et Zurich 1913, où le S.S.I. se transforma en Fédération syndicale internationale (F.S.I.).

Effectivement créée en juillet 1919 au Congrès d'Amsterdam. On la désigna alors sous le nom d'*Internationale d'Amsterdam.*

Francophonie

Quelques dates

• **Avant le XVIIIe s. Le latin,** la langue de l'Église catholique, reste également longtemps la langue officielle dans certains pays d'Europe [France, pour la justice, jusqu'à Charles VIII ; pour les actes publics, jusqu'à François Ier (édit de Villers-Cotterêts, 10-8-1539) ; Hongrie, jusqu'au XVIIIe s.]. Lettrés et savants publient en latin des ouvrages (jusqu'au début du XIXe s).

• **Au XIIIe s. Le français** prit de l'importance puis son influence décrut, mais reprit à la fin du XVIe s. Le 1er acte notarié en français (1532) est rédigé à Aoste en Italie (le latin était alors encore utilisé à Paris).

• **Au XIVe s. En Angleterre,** Edouard III, le vainqueur de Crécy, ne savait pas un mot d'anglais. Lois et protocoles sont libellés en latin et français jusqu'au XVe s. Henri IV (1367-1413) sera le 1er roi dont l'anglais est la langue maternelle. Les procès-verbaux des séances du Parlement sont en français jusqu'en 1422 env. Dans la juridiction, le français est employé jusqu'au XVIIIe s., sauf une courte éclipse sous Cromwell. En 1689, dans son « Essai pour une paix présente et future en Europe », William Penn (Anglais, 1644-1718) propose de choisir le français comme l. européenne.

• **XVIIIe s.** En 1714, au traité de Rastatt, le français est adopté pour la 1re fois dans la rédaction d'un tr., jusqu'à la g. de 1914-18 il reste la langue diplomatique. Il n'est pas une cour allemande ou italienne où l'on ne trouve des Français ministres, ingénieurs, fonctionnaires, chambellans, maîtres de ballet, académiciens, peintres ou architectes ; Frédéric II, le prince de Ligne, Casanova, Grimm, l'abbé Galiani, Walpole, Catherine II, Marie-Thérèse, Joseph II écrivent un français excellent. Paris est la capitale universelle. Des écrivains allemands s'indignent que les Allemands réservent le français pour la conversation et ne parlent allemand « qu'à leurs chevaux ».

• **XIXe s.** 1800 marque peut-être l'apogée du français, servi par les émigrés comme par les conquêtes intellectuelles ou territoriales de la Révolution. Czartoryski, ministre des Affaires étrangères d'Alexandre Ier, en rend l'usage obligatoire dans la correspondance diplomatique de l'État russe. La Prusse l'adopte pareillement jusqu'en 1862.

Les souverains d'Europe correspondent entre eux en français. Le maréchal Bernadotte peut régner en **Suède**, sous le nom de Charles XIV, jusqu'à sa mort en 1844 sans se donner la peine d'apprendre le suédois : toutes les affaires de l'État sont traitées en français. Par contre, en 1800, le ministre anglais des Affaires étrangères, Lord Grenville, recommande « à ses collaborateurs du Foreign Office de s'exprimer en anglais et non plus en français, dans leurs échanges de vues avec les représentants diplomatiques accrédités à Londres ». En 1887, la Triple Alliance, dirigée contre la France et rassemblant deux États de langue allemande et un de langue italienne, est rédigée en français.

• **1900-39.** En 1914, le tsar Nicolas II écrit en français à la tsarine. Le français est reconnu comme langue diplomatique, l'anglais comme langue commerciale outre-mer, mais l'allemand, utilisé dans les relations administratives et commerc. du Proche-Orient, prend une importance croissante. En 1919, Clemenceau, en acceptant que le traité de Versailles soit bilingue, laisse porter un premier coup au prestige diplomatique du français. Mais les traités de St-Germain, Sèvres et Neuilly stipulent que le texte français serait la seule version de référence au cas où surgiraient des contestations.

Entre les 2 guerres, l'enseignement du français devient obligatoire dans les lycées et collèges de Pologne, Tchécoslovaquie, Hongrie, Roumanie. La Suède concède des privilèges uniques au français. Les élites des nations latines d'Europe et d'Amérique restent sous l'influence intellectuelle fr. Le français règne aussi en Égypte, Syrie, Perse... Il y a en outre les Empires coloniaux français et belges centrés sur l'Afrique. Mais cette primauté est attaquée. La Conférence navale de Washington, en 1921, prétend adopter l'anglais comme seule langue de travail. En Italie, Mussolini proteste officiellement auprès du roi contre le maintien du français comme langue de la Cour.

• **1940 à nos jours.** En sept. 1940, l'Argentine abolit la primauté dont jouissait le français dans ses universités. L'Amérique latine suit (une réaction à ce mouvement s'est dessinée et, maintenant, le français est à égalité avec l'anglais). Les tr. de paix (Paris, février 1947, avec Italie, Hongrie, Roumanie, Bulgarie et Finlande) sont rédigés en anglais, en russe et en fr., mais les deux premières versions seules font loi. Le tr. de San Francisco (1946), rétablissant l'état de paix avec le Japon, ne connaît qu'un texte officiel : l'anglais. La convention d'armistice en Palestine (1948) est rédigée en fr. ainsi que tous les tr. conclus entre

L'Internationale

Écrite en juin 1871 par Eugène Pottier (1816-87), ouvrier, membre de la Commune et chansonnier populaire. Mise en musique à Lille en 1888 par Pierre Degeyter (1848-1932), ouvrier tourneur et directeur d'une chorale ouvrière [son frère Adolphe (1859-1916) revendiqua la paternité de cette musique ; la cour d'appel de Paris trancha en faveur de Pierre (nov. 1922)]. Hymne révolutionnaire international, hymne international des partis socialistes et communistes, hymne national soviétique jusqu'en 1944.

C'est la lutte finale :
Groupons-nous, et demain,
L'Internationale
Sera le genre humain.

Debout ! les damnés de la terre !
Debout ! les forçats de la faim !
La raison tonne en son cratère :
C'est l'éruption de la fin.
Du passé faisons table rase,
Foule esclave, debout ! debout !
Le monde va changer de base :
Nous ne sommes rien, soyons tout !

Il n'est pas de sauveurs suprêmes :
Ni Dieu, ni César, ni tribun,
Producteurs, sauvons-nous nous-mêmes !
Décrétons le salut commun !
Pour que le voleur rende gorge,
Pour tirer l'esprit du cachot,
Soufflons nous-mêmes notre forge,
Battons le fer quand il est chaud !

L'État opprime et la loi triche ;
L'Impôt saigne le malheureux ;
Nul devoir ne s'impose au riche ;
Le droit du pauvre est un mot creux.
C'est assez languir en tutelle,
L'Égalité veut d'autres lois ;
« Pas de droits sans devoirs, dit-elle,
« Égaux, pas de devoirs sans droits ! »

Hideux dans leur apothéose,
Les rois de la mine et du rail
Ont-ils jamais fait autre chose
Que dévaliser le travail?
Dans les coffres-forts de la bande
Ce qu'il a créé s'est fondu.
En décrétant qu'on le lui rende
Le peuple ne veut que son dû.

Les Rois nous soûlaient de fumées.
Paix entre nous, guerre aux tyrans !
Appliquons la grève aux armées,
Crosse en l'air et rompons les rangs !
S'ils s'obstinent, ces cannibales,
A faire de nous des héros,
Ils sauront bientôt que nos balles
Sont pour nos propres généraux.

Ouvriers, paysans, nous sommes
Le grand parti des travailleurs ;
La terre n'appartient qu'aux hommes,
L'oisif ira loger ailleurs.
Combien de nos chairs se repaissent !
Mais, si les corbeaux, les vautours,
Un de ces matins, disparaissent,
Le soleil brillera toujours !

C'est la lutte finale :
Groupons-nous, et demain,
L'Internationale
Sera le genre humain.

pays balkaniques depuis la fin de la g. (2-9-1945). A la conférence de Bandung, en avril 1955, le fr., accepté comme 3e langue de travail après l'anglais et l'arabe, n'est presque pas employé par les représentants de 62 % de la pop. mondiale.

Après 1945. A l'O.N.U. on distingue les langues officielles dans lesquelles sont traduits tous les documents des assemblées plénières, soit depuis la création : anglais, espagnol, français, russe, arabe et chinois, et les langues de travail (anglais et français), en théorie à parité, mais en fait l'anglais domine. 90 % env. des documents préparés par le secrétariat de l'O.N.U. sont rédigés en anglais ; dans les institutions spécialisées, le français vient en 2e place, mais ne dépasse 10 % du total qu'à l'O.M.C.I., à l'Office de l'O.N.U. à Genève, à l'U.I.T. (24,5 %) et à l'U.N.E.S.C.O. (29 %).

Dans quelques organisations, le français jouit d'un statut privilégié par rapport aux autres langues. A l'U.I.T. il est l'une des 3 langues de travail avec l'anglais et l'espagnol et constitue la langue de référence en cas de contestation ; à l'U.P.U., il demeure la seule langue officielle.

Conférence sur la sécurité et la coopération en Europe [C.S.C.E. 6 langues en usage (anglais, français, allemand, russe, espagnol et italien)]. Sur 35 pays représentés, 6 délégations se sont exprimées en français lors de la 10e réunion anniversaire de l'acte d'Helsinki (30-7-1985), 18 en anglais, notamment les délégations polonaise, grecque et portugaise.

Dans les organismes de la Communauté européenne, le français joue le rôle de la langue de travail et de communication. Dep. l'entrée de la G.-B., l'anglais tend à le supplanter.

Nombre de francophones

● **Total** en milliers (dont de langue maternelle). **Afrique.** *Sud du Sahara* 14 218 (633) : Bénin 620 (20), Burkina Faso 410 (10), Burundi 310 (10), Cameroun 1 1460 (60), Centrafrique 310 (10), Comores 23 (3), Congo 525 (25), Côte-d'Ivoire 2 650 (150), Djibouti 35 (15), Gabon 335 (35), Guinée 515 (15), Madagascar 1 030 (30), Mali 610 (10), Maurice 340 (40), Mauritanie 108 (8), Niger 315 (15), Rwanda 410 (10), Sénégal 760 (60), Seychelles 12 (2), Tchad 310 (10), Togo 515 (15), Zaïre 2 560 (60), Angola, Mozambique, Cap-Vert, Guinée-Bissau, St-Thomas et du Prince, Guinée équatoriale 21 (1), Afr. du S. 14 (9), autres pays 20 (10). *Maghreb :* 13 050 (350) : Algérie 6 650 (150), Maroc 4 130 (130), Tunisie 2 270 (70). *Afrique du Nord-Est :* 211 (8) : Égypte 205 (5), Libye 6 (3).

Amérique 10 590 (8 490). *Du Nord :* 9 050 (8 300) : Canada 7 350 (7 000) [Québec (5 000), Nouveau-Brunswick 280 (250), Ontario 50 (500), Manitoba (60)], États-Unis 1 700 (1 300) [Louisiane 250 (200), Nouvelle-Angleterre 500 (500)]. *Latine et Caraïbes :* 1 540 (190) : Haïti 750 (50), Dominique, Grenade, Ste-Lucie, St-Vincent, Trinité et Tobago 10 (10), Brésil 250 (50), Mexique 60 (10), Autres pays 460 (70).

Asie 1 705 (260). *Proche et Moyen-Orient :* 992 (197) : Liban 625 (25), Iran 100, Israël 200 (150), Syrie 15 (5), Turquie 32 (2), autres pays 20 (15). *Extrême-Orient* 713 (63) : Pondichéry (Inde) 70 (20), Cambodge 55 (5), Laos 23 (3), Viêt-nam 510 (10), autres pays 55 (25).

Europe 66 009 (57 594). *Europe occidentale :* 65 443 (57 578) : Andorre 13 (3), Belgique 5 450 (4 150), France (avec DOM-TOM) 56 000 (51 500), Espagne 170 (70), Val d'Aran 1 (1), Grande-Bretagne 150 (0), Jersey 5 (5), Italie 230 (80), Val d'Aoste 10 (10), Vallées Vaudoises 2 (2), Luxembourg 300 (50), Monaco 30 (25), Suisse 2 500 (1 300), autres pays 600 (300). *Europe de l'Est :* 566 (16) : Pologne 52 (2), Roumanie 201 (1), Union soviétique 103 (3), autres pays 210 (10). **Océanie** 106 (26) : Vanuatu 31 (1), autres pays 75 (25). **Monde 105 889 (67 361).**

Statut du français

Généralités. 35 États et 3 parties d'État attestent de leur caractère francophone, même très partiellement, par le statut particulier réservé au français. Dans quelques autres pays (Égypte, Syrie, Viêt-nam, Cambodge, Laos, Dominique, Grenade, Ste-Lucie, St-Vincent) ou régions (Jersey, Val d'Aran, vallées Vaudoises, Nouvelle-Angleterre, Pondichéry) subsiste un attachement variable au français sans que celui-ci jouisse de statut privilégié.

Certains États sans réel passé francophone utilisent régulièrement le français dans les instances internationales : Angola, Guinée-Bissau, Cap-Vert, St-Thomas et du Prince, Grèce, Italie, Pologne, Portugal et Vatican.

Enfin, dans presque tous les pays du monde non francophone, le français est enseigné comme langue étrangère à plus de 25 millions d'élèves ou étudiants par env. 250 000 professeurs. Près de 100 millions de personnes apprennent ou ont appris le français comme langue étrangère, que ce soit ou non dans le système scolaire (v. Index enseignement).

États totalement ou partiellement francophones. *Légende :* Langue officielle ou administrative de fait (éventuellement avec d'autres langues) : o. Langue d'enseignement (système public) exclusive : e. Non exclusive : n.e. Enseignée à statut privilégié : p.

Afrique. *Sud du Sahara :* Bénin, o, e ; Burkina Faso o, e ; Burundi o (kirundi n.e.) ; Cameroun o (anglais), e (oriental), n.e. (anglais) ; Centrafrique o, e (secondaire), n.e. (sango, primaire) ; Comores o (arabe), e (secondaire), n.e. (comorien, primaire) ; Congo o, e ; Côte-d'Ivoire o, e ; Djibouti o (arabe), e (secondaire), n.e. (arabe, primaire) ; Gabon o, e ; Guinée o, e ; Madagascar o (malgache), n.e. (malgache), p (primaire) ; Mali o, e ; Maurice o (anglais), n.e. (supérieur) p ; Mauritanie o (arabe), n.e. (arabe) ; Niger o, e ; Rwanda o (kinyarwanda), n.e. (kinyarwanda) ; Sénégal o, e, n.e. (en projet) ; Seychelles o (créole anglais), p ; Tchad o (arabe), e ; Togo o, e ; Zaïre o, e (secondaire), n.e. (4 langues nationales). *Maghreb :* Algérie o (arabe), n.e. (arabe), p. (filières arabisées) ; Maroc o (arabe), n.e. (arabe), p (filières arabisées) ; Tunisie o (arabe), n.e. (arabe).

Amérique. Canada o (Québec), o (anglais), e (Québec), p (hors Québec) ; Louisiane (U.S.A.) o (anglais), p ; Haïti o, e (secondaire), n.e. (créole primaire).

Asie. Proche et Moyen-Orient ; Liban o (arabe), n.e. (arabe), p.

Europe. Andorre o (catalan), n.e. ; Belgique o, e (Wallonie), p (région flamande) ; France (avec D.O.M.-T.O.M.) o (tahitien Polynésie), e ; Luxembourg n.e. (allemand) ; Monaco o, e ; Suisse o (allemand italien), e (pour les francophones), p (pour les non francophones) ; Val d'Aoste o (italien), p.

Océanie. Vanuatu o (anglais), n.e. (anglais).

Quelques précisions

Amérique

● **Seule langue officielle :** des 4 départements d'outre-mer français ; **Guadeloupe** 350 000 h. et dépendances (Marie-Galante 16 341, Les Saintes 2 772, Désirade 1 592, St-Barthélemy 2 176, St-Martin 4 502) ; **Guyane** 33 698 ; **Martinique** 342 000 ; **St-Pierre-et-Miquelon** 6 000.

● **Ile St-Martin (officielle avec le néerlandais) :** divisée entre France (52 km², 4 500 h.) et P.-Bas (34 km², 1 000 h.) depuis 1648.

● **États-Unis : Louisiane :** colonisée par la France puis par l'Esp. L'est du Mississippi a été cédé à l'Angl. (sauf La Nelle-Orléans) au tr. de Paris (1763), et l'O. à l'Esp. (traité secret, 3 nov. 1762). Le tr. secret de Ste-Ildefonse (1800) rendit la partie esp. à la Fr. qui n'en prit finalement possession que pendant 20 j, après l'avoir déjà vendue pour 80 millions de F aux États-Unis (1803). Les limites occidentales de ce territoire (13 États actuels des U.S.A. sur 50) restaient inconnues.

Selon une enquête de 1970, 800 000 Louisianais dont 700 000 Blancs et 100 000 Noirs parlaient français, souvent sans pouvoir le lire : *Acadiens* (Cadiens) ou *Cajuns,* descendant principalement des 5 000 Acadiens déportés par les Anglais à partir de 1755 et venus du Nouveau-Brunswick et de la Nouvelle-Écosse, après de nombreuses pérégrinations, jusqu'en 1785. Ces Cajuns ont assimilé des descendants d'immigrants, en particulier espagnols et allemands, [le vocabulaire *cajun* (appelé par les anglophones *Kadjin*) est proche du français du XVIIIe s. (avec de nombreux termes de marine et de nombreuses variations parce que presque uniquement langue orale), mais a subi une forte palatalisation (*diépe* = « guêpe »)]. *Créoles* (200 000), descendant pour la plupart de colons, surtout français, venus en Louisiane aux XVIIIe et XIXe s. ; quelques milliers parlent encore un français pur. *Mulâtres et Noirs* (env. 100 000), descendant d'esclaves amenés des côtes d'Afrique avant la fondation de la Nlle-Orléans et protégés par le Code noir (1724), ou de Haïti après la révolution de Toussaint-Louverture (1802). Le dialecte de quelques-uns, le gombo, est proche du créole haïtien. *Indiens,* env. 3 000 dans 4 ou 5 centres et surtout au sud de Houma (XVIIIe s. env. 15 000, dans 6 tribus), parlent français. Les écoles fr., presque toujours catholiques, ont disparu depuis longtemps. 1 revue en français continue de paraître : « Revue francophone de Louisiane ».

Mais une loi de 1968 du parlement de Louisiane a rendu au français une place officielle : la Constitution de 1921 (en vigueur jusqu'en 1975) avait conduit à la disparition du français. Le *Conseil pour le développement du français en Louisiane (C.O.D.O.F.I.L.),* qu'anime M. Jacques Domengeaux (Post Office Box 3936, Lafayette, Louisiane 70502), s'efforce de donner une portée pratique à cette loi, notamment pour faire enseigner le français dans les écoles primaires. *Bilan de l'action menée en faveur du français : 1970-71* subvention du gouv. de la Louisiane : 140 000 $; enseignants : 29. *1980-81* subvention 2 000 000 de $; enseignants (venus de France, de Belgique, du Québec et de Tunisie) : *élémentaire* 220 ; élèves 45 000 ; *secondaire* 435 (dont 147 privés). Cours du soir pour adultes : plusieurs milliers. *Radio* 135 h par semaine (télévision 3 h), journal. *Mensuel* « Louisiane » 12 000 ex. La messe est parfois célébrée en français.

Nouvelle-Angleterre (Connecticut, Maine, Massachusetts, New Hampshire, New York, Rhode Island, Vermont) : 6 000 000 de Canadiens émigrés y habitent (une bonne partie parlent encore français).

Californie et **Oregon :** il y a env. 250 000 francophones sur la côte. **Idaho :** quelques milliers de Basques. **Autour des Grands Lacs :** 200 000 à 300 000 Canadiens.

Amérique latine. Argentine, Chili (villages de vignerons français au sud, importantes colonies basques dans la région de Temuco).

Mexique [*État de Vera Cruz :* environ 10 000 descendants d'émigrants français francs-comtois et bourguignons. **Hauts Plateaux :** les Barcelonnettes, spécialisés dans le commerce des tissus (du nom de Barcelonnette dans les Alpes de Hte-Provence, d'où émigrèrent un certain nombre d'habitants à partir de 1821, quand la filature des Arnaud — de Jusiers — ferma ses portes)].

Asie

● **Inde.** Langue officielle **avec le tamoul : Pondichéry** (territ. de l'Inde, 471 507 h., 481,74 km², ancien établissement français avec **Karikal, Mahé, Yanaon** et **Chandernagor ;** traité de cession 28-5-1956, ratifié 16-8-1962). Le Fr. est très peu enseigné (en dehors des établissements fr.). Communauté française : 20 000 personnes.

● **Syrie** et **Liban,** il y a un certain nombre d'habitants descendant des Poulains, « pieds-noirs » du temps des Croisades : éx. les Douahy descendant du sire de Douai, les Frangié, les Duras. La l. française a précédé d'un siècle au moins le mandat fr. (1920-43), grâce aux écoles missionnaires. A partir du XIXe s., les langues eur. (fr. surtout, italien et anglais) sont enseignées comme l. de culture. A la fin du XIXe s., l'usage du fr. l'emporte : **Turquie :** un certain nombre de Smyrniotes sont citoyens fr.

Europe

● **Seule langue officielle : France, Monaco, Luxembourg** (85 % des h. savent le français, mais parlent un dialecte). **Jersey** (anglais : langue officielle à Guernesey).

Suisse, seule l. off. des cantons de Vaud, Neuchâtel, Genève et Jura (seul canton monolingue ayant stipulé dans sa constitution que le fr. serait langue off.), une des l. off. des cantons de Fribourg, Valais et Berne (en concurrence avec l'allemand), majoritaire dans les cantons de Fribourg, Valais.

☞ **Les Églises réformées** dites Égl. françaises, ou Égl. wallonnes, ou Égl. vaudoises, ont leur culte en français : Pays-Bas, Allemagne (Taunus, Berlin-Est), Italie (Piémont), Danemark, Suède, Irlande. La famille royale des Pays-Bas appartient à l'Église « wallonne », dont le culte est en français. En **Allemagne,** environ 300 000 réformés descendent des *huguenots* (30 000 sont inscrits à l'Association des huguenots). En **Espagne** vivent 12 000 « pieds-noirs » d'Algérie, notamment autour d'Alicante.

Océanie

● **Polynésie française :** le tahitien (dep. 1980 l. officielle à côté du fr.) progresse au détriment des autres dialectes locaux. Il est utilisé par 80 % de la population.

● **Nouvelle-Calédonie :** le parler populaire, marqué par les origines des 1ers colons fr., le bagne et l'infanterie coloniale ne se distingue plus aujourd'hui du français international que par un accent « caldoche » et quelques expressions locales.

Nota. – 3 247 villes étrangères ont un nom de localité française.

Organisations

☞ A l'issue du « sommet » africain à Paris autour de M. Pompidou (13-11-73), il a été décidé que les réunions regroupant des chefs d'État africains francophones auraient lieu chaque année.

1986-17/19-2 : 1er sommet de la francophonie à Versailles.

Organisation internationale gouvernementale

Agence de coopération culturelle et technique. 13, quai André-Citroën, Paris 15e. **Créée** le 20-3-1970 à Niamey (Niger). **Secr. gén. :** Paul Okumba (Gabon) élu pour 4 ans en 1986. **Membres :** 30 États (Belgique, Bénin, Burkina Faso, Burundi, Canada, Congo, République centrafricaine, Comores, Côte-d'Ivoire, Djibouti, Dominique, *France,* Gabon, Guinée, Haïti, Liban, Luxembourg, Mali, Maurice, Monaco, Niger, Ruanda, Sénégal, Seychelles, Tchad, Togo, Tunisie, Vanuatu, Viêt-nam, Zaïre). 6 États associés : Cameroun, Guinée-Bissau, Laos, Maroc, Mauritanie, Ste-Lucie. 2 gouvernements participants (Nouveau-Brunswick, Québec). Rassemble des pays liés par l'usage commun de la langue française. *But :* coopération dans les domaines de l'éducation, de la culture, des sciences et techniques, tout ce qui concourt au développement des membres et au rapprochement des peuples. **Budget** *1984-85 :* 212 703 702 F.

Organisme public

Haut conseil de la francophonie. 72, rue de Varenne, 75007 Paris. **Créé** 12-3-1984. *Pt :* F. Mitterrand. **Vice-Pt :** Léopold Sédar Senghor. **Secr. gén. :** Stélio Farandjis. **Mission :** préciser le rôle de la francophonie et de la langue fr. dans le monde. Propose des perspectives d'actions. Publie un rapport annuel sur l'état de la francophonie.

Commissariat général de la langue française. 32, rue de Babylone, 75007 Paris. **Créé** 9-2-1984, placé auprès du P.M. **Com. gén. :** Philippe de St-Robert. **But :** animer et coordonner l'action des administr. et des organismes publics et privés qui concourent à la diffusion et défense de la langue fr. **Budget** *1986 :* 18 188 000 F dont 15 178 000 pour les actions en faveur de la langue fr.

Comité consultatif de la langue française. 32, rue de Babylone, 75007 Paris. **Créé** 1984. **Pt :** 1er ministre. **Vice-Pt :** Roger Fajardie. **But :** favoriser la diffusion et le bon usage du français en proposant au PM les missions propres à défendre la langue française.

Organismes privés

• **Association francophone d'amitié et de liaison (A.F.A.L.).** 103, rue de Lille, 75007 Paris (a succédé dep. août 1983 à l'Association francophone d'accueil et de liaison, créée en 1974). *Pt :* Xavier Deniau. *Vice-Pts :* Martial de la Fournière et Alain Gourdon. **Membres :**

Alliance française. 101, bd Raspail, Paris 6e. *Création :* 1883. *Pt :* Marc Blancpain (n. 1909). *Secr. général :* Philippe Greffet (n. 1924). *Objectif :* diffusion de la langue et de la civilisation fr. dans le monde par l'intermédiaire de 1 250 comités ou associations affiliées (conférences, réunions, bibliothèques et surtout cours de langue et de civilisation). Cette activité enseignante s'exerce actuellement dans plus de 600 centres et atteint env. 26 000 élèves. L'école de Paris reçoit 4 500 élèves par jour. Elle fonctionne toute l'année : cours de français (dep. débutants jusqu'aux stages pour professeurs de français de langue étrangère) : **Amitiés acadiennes. Ass. pour la déf. du fr. et des langues de l'Europe. Ass. départementale pour l'Orne en fr. Ass. pour le développement de l'information vers les Fr. de l'étranger et le monde francophone. Ass. pour la défense internationale francophone de livres, ouvrages et revues. Ass. des écrivains de langue fr.** (2 200 écrivains de 67 nationalités, Pt Robert Cornevin, décerne 15 prix littéraires). **Ass. des Fr. de l'Inde et Amitié fr.-indiennes. Ass. intern. des docteurs des univers. de France. Ass. intern. des maires et responsables des capitales et métropoles partiellement ou entièrement francophones. Ass. intern. des navigants de langue fr. Ass. nat. des scientifiques pour l'usage de la langue fr. Association des universités partiellement ou entièrement de langue française (A.U.P.E.L.F.).** 3 032, bd Édouard-Montpetit, Montréal, Québec, Canada. *Fondée* 1961. **Biennale de la langue fr. Centre de rencontres et d'échanges internationaux du Pacifique. Centre d'info. et de recherche pour l'enseign. et l'emploi des langues. Centre de rencontres et d'échanges du Pacifique. Chambre de commerce et d'industrie de Paris. Comité catholique des amitiés fr. dans le monde. Comité d'étude des termes techniques fr. Comité Fr.-Seychelles. Comité orthodoxe des amitiés fr. dans le monde. Comité de la francophonie. Conseil international de la langue française.** 103, rue de Lille, Paris 7e. *Créé* sept. 1967. Association intern. chargée de maintenir l'unité de la langue et de contribuer à la mise à jour de la terminologie scientifique et technique. 75 membres titulaires (26 Français, 10 Canadiens, 7 Belges, 3 Suisses, 20 Africains, etc., tous linguistes ou grammairiens qualifiés). *Pt d'honneur :* Jean Mistler (Fr.). *Pt :* Joseph Hanse, de l'Ac. roy. de Belg. *Vice-Pt fondateur :* Alain Guillermou. *Secr. gén. :* Hubert Joly. *Publications :* dictionnaires, revues : la Banque des mots (semestrielle), le Français moderne (trim.), collection de tradition orale monolingue et bilingue (44 fascicules publiés) et de manuels de formation en agronomie tropicale, mécanique et architecture (43 publiés). *Budget 1986 :* 3 800 000 F. Dispose d'une maison de francophonie, 11, rue de Navarin, 75009 Paris (donnée par M.R. Patris d'Ukermann : héritier d'Hébert qui y avait son atelier), de la librairie des Blancs-Manteaux, 9 *bis,* rue des Blancs-Manteaux, 75004 Paris. La marquise de Bérenger lui a légué le château de Sassenage près de Grenoble. **Culture française. Défense de la langue française.** 8, rue Roquépine, Paris 8e. *Fondée* 1958 par Paul Camus. *Pt :* Jean Mistler, secr. perpétuel de l'Académie française. 4 Cercles professionnels spécialisés (journalistes, scientifiques et ingénieurs, médecins, traducteurs) et des sections locales. **France-Haïti. Fr. Louisiane. Fr. Québec. Francophonies jumelages. Groupement des ass. dentaires francophones** (G.A.D.E.F.) **Institut valdotain de la culture. Le Grand Liège. Maison de la francité. Mission laïque fr. Mouvement populaire romand. Présence africaine. Québec France. Rassemblement jurassien. Rénovation wallonne. Secrétariat permanent des peuples francophones. Section fr. du comité permanent des communautés techniques de langue fr. Séjours internationaux linguistiques et culturels. Sté d'ethnographie. Union internationale des journalistes et de la presse de langue française (U.I.J.P.L.F.).** 3, cité Bergère, Paris 9e. *Fondée* 1952. **Accueil et rencontres intern. pour les étudiants et stagiaires (A.R.I.E.S.). Alliance inter. Ass. Fr.-Tunisie. Ass. gén. des usagers de la langue fr. (A.G.U.L.F.). Ass. intern. des parlementaires de langue fr.** [54, av. de Saxe, Paris 15e. *Fondée* 1967. **Ass. des villes francophones de congrès (A.I.V.F.C.). Ass. de langue fr. pour l'étude du diabète et des maladies métaboliques. Ass. nat. Fr.-Canada. Ass. des Stés de philosophie de langue fr. Ass. de solidarité franco-arabe. Centre intern. de création audiovisuelle francophone (C.I.C.A.F.). Centre de recherche et d'étude pour la diffusion du fr. (C.R.E.D.I.F.). Cercle littéraire Étienne Cattin. Comité pour la langue de l'Europe. Comité international pour le français langue européenne.** 70, av. de la Gde-Armée, Paris 17e. *Fondé* 1957. *Pt intern. :* S.A.R.I. l'archiduc Otto de Habsbourg. *Fondateur et Pt* de la Sect. française : Hervé Lavenir de Buffon (n. 1930). **Comité protestant des amitiés à l'étranger. Commission fr. de la culture et de l'agglomération de Bruxelles. Conféd. des trav. intellectuels de Fr. Culture fr. Congrès intern. des économistes de langue fr. Échanges musicaux francophones. Fédération des associations pour l'expansion française.** *Fondée* 1964. *Pt :* Hervé Lavenir de Buffon (n. 1930). 70, av. de la Grande-Armée, Paris 17e. **Féd. des gynécologues et obstétriciens de langue fr. Féd. intern. de la presse de langue fr. Féd. des prof. résidant à l'étranger. Féd. int. des prof. de Fr. (F.I.P.F.). Fondation fr.-acadienne pour la jeunesse. Fr.-Acadie-jeunes. Francophonie intern. Institut Jules Destrée pour la défense et l'illustration de la Wallonie. Office de coop. et d'accueil univ. Richelieu International.** *Créé* 1944 à Ottawa. *Origine du nom :* « Maison Richelieu » établie en Amérique par la Dcesse d'Anguillon, nièce du Gal de Richelieu. *But :* accueillir les orphelins de soldats et de colons. *Objectifs :* permanence entre les responsables du monde francophone. *Dél. gén. :* Grégoire Pagé, 445, rue Somerland, Case postale 2, Ottawa Canada K1N 8V1. **Richelieu France.** *Gouv. exécutif :* Bernard Laurence, 1, rue Jean-Moulin, 35000 Rennes. **Cercle de Paris.** *Créé* 1970. **Sté de neurochirurgie de langue fr. Solidarité-Jeunesse francophone. Théâtre noir et variétés francophones (T.N.F.). Union culturelle et tech. de langue fr. (U.C.T.F.).** [47, bd Lannes, Paris 16e. *Créée* en févr. 1954. *Pte :* Mme Serieyx-Prom. *Décerne* tous les 2 ans le prix Jean-Mermoz pour des Fr. de l'étranger, ayant servi la Fr. Congrès des villes-sœurs (il y en a 3 247 dans le monde portant un nom fr.). Bibliothèque internat. de langue fr. à la Bibl. Ste-Geneviève]. **U.F.A.C.E.F.A.M. Union intern. des journalistes et de la presse de langue fr. Union mondiale des voix fr. Univ. intern. d'été de Versailles (U.I.E.V.). Centre international de documentation et d'échanges de la francophonie (C.I.D.E.F.).** 100, rue de Lille, 59200 Tourcoing.

• **Revues, journaux écrits en français paraissant à l'étranger (estim. 1984).** Suisse 225, Canada 180, Belgique 160, Maroc 32, Algérie 19, Sénégal 18, Tunisie 18, Roumanie 15, Israël 15, U.S.A. 15, Pologne 14, Ile Maurice 14, Italie 12, Yougoslavie 11, Luxembourg 10, Tchécoslovaquie 9, Hongrie 9, Zaïre 8, All. féd. 7, G.-B. 6, Égypte 5, Dan. 5, Madagascar 5, Albanie 4, Tchad 4, Japon 4, Liban 3, Iles Seychelles 3, Cameroun 2, Côte-d'Ivoire 2, U.R.S.S. 2, Grèce 2, Autriche 2, Chine 2, Cuba 2, Iran 2, Portugal 2, Venezuela 2. *Source :* U.C.T.F.

Latinité

☞ Les langues néolatines (actuellement : espagnol, italien, français, portugais, roumain, catalan, galicien, occitan, provençal, romanche) sont issues du bas-latin, lui-même issu du latin, langue d'un petit peuple fixé dans la région de Rome (Latium).

Organisations

Organismes inter-gouvernementaux

• **Union latine. Siège :** 8, rue Colón-Santo-Domingo, Rép. dominicaine. France : 65, bd des Invalides, Paris 7e. **Pt :** (Conseil exécutif) Guillermo Putzeys Alvarez (Guat.). **Vice-Pts :** Gianfranco Pompei (It.), José Augusto Seabra (Port.). **Secr. gén. :** Philippe Rossillon (Fr., 10-8-1931). **États membres (janv. 1986) :** Argentine, Bolivie, Brésil, Équateur, Espagne, France, Guatemala, Haïti, Honduras, Italie, Monaco, Nicaragua, Paraguay, Philippines, Portugal, Pérou, Rép. dominicaine, Roumanie, St-Martin, St-Siège (statut partic.), Uruguay, Venezuela. **Histoire :** fondée par Pierre Cabanes (Fr.) après 1945 sous forme d'association privée. Transformée en organisme intergouvernemental par le traité de Madrid de 1954. Sans grande activité pendant 1/4 de siècle, elle disparaît en 1979, mais est relancée par un congrès le 17-10-1983. **Objectifs :** *enseignement des langues latines* dans les pays latins pour éviter le monopole de l'anglais (dans l'enseign. secondaire notamment), *collecte, informatisation, enrichissement des vocabulaires* scientifiques et techniques des langues latines, utilisation des progrès de la linguistique informatique (dictionnaires informatisés, etc.), *collecte, comparaison, renforcement des législations* en réglementations tendant à : la protection linguistique des consommateurs (étiquettes, modes d'emploi, publicités en fr., esp., it., etc.), la protection des productions culturelles latines dans les médias (quota à la télévision, radio, etc.), *activités culturelles tendant à favoriser la connaissance mutuelle des peuples latins.* **Langues officielles :** espagnol, italien, français, portugais, roumain.

• **Oficina de educación ibero-americana (O.E.I.).** Créée 1949. **Siège :** Madrid. **Membres :** tous les pays hispanophones d'Amérique, le Brésil, la Guinée équatoriale, les Philippines. **Secr. gén. :** Miguel Angel Escotets. **Objectifs :** coopération en matière éducative à tous niveaux. Nombreuses publications.

A.C.C.I. Accord de coopération avec l'Union latine V. francophonie.

Istituto italo-latino americano (I.I.L.A.). **Créé** 1966 sur l'initiative d'A. Fanfani. **Siège :** Rome. **Membres :** pays d'Am. latine (dont Brésil et Haïti) ; **langues officielles :** italien, espagnol, portugais, français. **Objectifs :** développement et coordination des recherches en matière culturelle, scientifique et technique. **Secr. gén. :** ambassadeur Magliano.

Organismes privés

Cultura latina. Association fondée pour la promotion en France des langues et des cultures latines. *Créée* 1981. *Siège :* 65, bd des Invalides, Paris 7e. *Pt :* Philippe Rossillon. Anime une radio (Radio Latine,

101.8 FM), un cinéma, une galerie et un bistrot (le Latina, 20, rue du Temple, Paris 4e). Organise des expositions et des colloques.

Association des professeurs de langues romanes.

Centro d'Azione Latino. Association privée pour le développement des échanges entre l'Italie et les pays d'Amérique latine. *Siège :* Rome.

Fundación latina (Argentine).

Helvetia latina. Suisses francophones et italiens.

Espagnol

Pays où l'espagnol est la langue officielle et (ou) maternelle. Europe : Espagne ; **Amérique du Sud :** tous les pays sauf Brésil, Guyane, Guyana, Surinam ; *centrale :* tous les pays sauf une partie de Bélize ; *du Nord :* Mexique ; *Caraïbes :* Cuba, Rép. Dominicaine, Porto Rico ; **Afrique :** Guinée équatoriale. Ces pays occupent 12 006 026 km².

Pays marqué par une influence espagnole : Philippines.

Pays où résident d'importantes communautés hispaniques. *U.S.A. :* 6 États regroupent 3/4 de la population d'origine hispano-américaine : N.-Mexique 36,6 (% d'hispanophones) ; Texas 21 ; Californie 19,2 (dans le Sud 22,6) ; Arizona 16,2 ; New York 9,5 (ville de New York 19,9) ; Floride 8,8 (division administrative de Miami 35,7). *France.*

Locuteurs parlant seulement une langue amérindienne. Effectifs en milliers, % monolingues et bilingues en 1974. Paraguay 1 185 (44) *52*, Bolivie 1 477 (27) *42*, Guatemala 1 250 (24) *8,8*, Pérou 1 846 (12) *22,1*, Équateur 626 (9) *8,7*, Mexique 930 (1,6) *4,7*, Nicaragua 33 (1,6) *0,8*, Argentine 175 (0,7) *0,6*, Chili 40 (0,4) *1,9*.

Population hispanique en 1980 et, entre parenthèses, en 2000 (en milliers). *Pays de langue officielle et (ou) maternelle :* Espagne 37 378 (43 362), Amér. latine hispanique 228 561 (352 974), Guinée équatoriale 363 (613). *Minorités esp. :* U.S.A. 19 600 (32 400), Philippines 2 461 (6 100). *Total :* 288 788 (435 449).

Statistiques des langues néo-latines

Effectifs. *Locuteurs* de 10 ans et + (en millions en 1980 et, entre parenthèses, en 2000). **L. néo-latine :** Espagnol 339 (403), Portugais 163 (261), Français 151 (231), Italien 51 (58), Roumain 24 (31), *Total* 728 (984). **L. germanique** (en 2000) : Anglais 431, Allemand 77, Néerlandais 27.

Croissance (de 1980 à 2000). Francophones (réels, c.à.d. de langue maternelle ou sachant lire, écrire et parler leur langue off. : le français) + 67 % ; Hispanophones + 66 % ; Lusophones + 65 % ; Roumanophones + 15 % ; Italophones 0. Part des Latins dans le P.I.B. mondial v. 2000 : 22 à 24 %.

Concordances lexicales entre langues latines (selon Henri Guiter, en %) : **Espagnol** portugais 93, italien 82, roumain 75, français 72. **Portugais** italien 84, roumain 77, français 74. **Italien** français 81, roumain 76. **Français** roumain 67.

Français

Pays de langue officielle et (ou) maternelle francophones [population en 1980 et, entre parenthèses, en 2000 (en milliers)]. Europe : France 53 507 (56 251), Belgique (Wallonie + Bruxelles) 4 236 (3 986), Luxembourg 358 (349), Monaco 26 (30), Suisse romande 1 447 (1 491). **Amérique :** Québec 6 397 (7 091), Régions acadiennes 267 (287), Régions franco-ontariennes 473 (474), Louisiane 300 (150), Guadeloupe 329 (354), Guyane 68 (101), Haïti 4 929 (9 860), Martinique 325 (362), St-Pierre-et-Miquelon 6 (6). **Afrique :** Bénin 3 530 (6 756), Burkina Faso 6 908 (11 895), Burundi 4 241 (7 207), Cameroun 8 444 (13 937), Comores 358 (620), Congo 1 537 (2 717), Côte-d'Ivoire 8 033 (14 775), Djibouti 310 (526), Gabon 458 (754), Guinée 5 014 (8 823), Mali 6 940 (12 620), Maurice env. 930 (N.C.), Mauritanie 1 634 (3 022), Mayotte 48 (60), Niger 5 318 (10 044), Réunion 506 (685), Rép. centrafr. 2 295 (3 914), Sénégal 5 661 (9 747), Seychelles 65 (100), Ruanda 4 797 (9 333), Tchad 4 455 (7 063), Togo 2 625 (4 844), Zaïre 28 291 (49 982). **Océanie :** N.-Calédonie 136 (181), Polynésie fr. 152 (218), Wallis-et-Futuna 9 (10), Vanuatu 118 (211). *Total* 174 642 (260 838). *Total mondial* 4 432 147 (6 118 850), soit en 1980 : 3,9 % de la population mondiale. En l'an 2000 : 4,3 %.

Francophones en 1980 et, entre parenthèses, en 2000 (en milliers). *1°) Pays où le fr. est la l. maternelle de la très grande majorité de la pop. :* France 53 508 (56 251), *ou de la très grande majorité de la pop. de certaines régions :* Belgique, Monaco, Suisse et Canada 15 029 (16 060). *2°) Pays où le fr. n'est pas la l. maternelle mais une l. d'usage parlée par la grande majorité de la pop. :* Luxembourg, DOM/TOM, Vanuatu 1 987 (2 442). *3°) Pays où l'enseignement est dispensé en totalité ou en très grande partie en fr. mais où le fr. n'est pas la l. maternelle :* Afr. francophone, Madagascar et Haïti 15 409 (56 585). *4°) Pays où le fr. est la l. de scolarisation d'une partie de la pop. :* Liban 1 060 (1 200). *5°) Pays où le fr. est la l. véhiculaire pour l'enseignement* de certaines matières ou introduit en tant que l. étrangère dès le primaire : Maghreb, île Maurice et Seychelles 13 004 (32 879). *6°) Pays où existe une communauté francophone importante :* 1 992 (1 300). *Total* 101 989 (166 718).

Population de langue maternelle ou seconde française en 1980 et, entre parenthèses, en 2000 (en milliers). France 53 507 (56 251), Belgique 7 100 (7 100), Luxembourg 358 (349), Monaco 26 (30), Suisse 1 654 (1 891), DOM-TOM 1 579 (1 977), Vanuatu (pop. scolarisée en français 50 (116), Canada 6 249 (7 039). *Total* 70 524 (74 754).

Population francophone du Maghreb âgée de 10 ans et + en 1980. Algérie 6 376, Maroc 3 738, Tunisie 2 109, *Total* 12 223.

Portugais

Pays de langue officielle ou maternelle. Europe : Portugal. **Amérique :** Brésil. **Afrique :** Angola, Mozambique, Guinée-Bissau, îles du Cap-Vert et Sao Tomé. **Asie :** Macao.

Pays où résident des minorités « lusophones » : France, Afrique du Sud, U.S.A., Canada, Venezuela, R.F.A.... ; zones d'émigration massive des Cap-Verdiens (U.S.A., Sénégal).

Population des pays de langue officielle et (ou) maternelle portugaise en 1980 et, entre parenthèses en 2000 (en milliers). Europe : Portugal 9 836 (11 154). **Amérique :** Brésil 122 320 (187 493). **Afrique :** Angola 7 078 (12 376), Guinée-Bissau 573 (859), Mozambique 10 472 (18 701), Cap Vert 324 (427), Sao Tomé et Principe 85 (88). **Total :** pays lusophones 150 688 (231 099).

Population portugaise vivant hors du Portugal en 1980, (en milliers). Europe : *France* 857, R.F.A. 110. **Amérique :** Venezuela 140, Canada 204, U.S.A.-Cap-Verdiens compris) 470. **Afrique :** Afr. du S. 500. **Total :** 2 281.

Lusophones en 1980 et, entre parenthèses, en 2000, (en milliers). Pays de langue maternelle 132 156 (198 647) : Portugal 9 836 (11 154), Brésil 122 320 (187 493). **Afrique** *lusophone* 2 350 (11 200) : Mozambique, Guinée-Bissau 1 350 (6 300), Sao Tomé, Cap Vert, Angola 1 000 (4 900). **Minorités** (*France*, Afr. du S., etc.) 2 281. **Total :** 136 787 (210 000).

Italien

Pays de langue officielle et maternelle, population, en 1980 et en l'an 2000 (en milliers) : Italien 56 108 (57 400) ; Suisse ital. 644 (640) ; Saint Marin 20 (22).

Communautés italiennes et italophones hors des pays où l'italien est langue officielle en milliers (1980). Amérique *du Nord* 1 874, U.S.A. 1 354, Canada 520 ; **Amérique** *latine* 1 639, Argentine 1 216, Brésil 255, Venezuela 168 ; **Europe :** 1 900, *France* 922, R.F.A. 618, Belgique 360 ; **Océanie** *(Australie)* : 530. **Total :** 5 943.

Roumain

Pays de langue officielle et maternelle population (en milliers) (en 1980 et en 2000). Roumanie 22 268 (25 728), Moldavie (U.R.S.S.) 3 972 (3 709). Importantes minorités : Hongrie, Yougoslavie, diaspora roumaine (U.S.A., *France*, Israël).

Comment se nomment les habitants de ? (☞ Suite de la page 765)

Saint-Brévin-les-Pins Brévinois
Saint-Brieuc Briochins ou Briochains
Saint-Cassien Cassianites
Saint-Chamond Saint-Chamonais ou Courramiauds
Saint-Chély-d'Apcher Barrabans
Saint-Claude Sanclaudiens
Saint-Cloud Clodoaldiens
Saint-Coulomb Coulombins
Saint-Denis Dyonisiens
Saint-Dié Déodatiens
Saint-Dizier Bragards
Saint-Étienne Stéphanois
Saint-Flour Sanflorains
Sainte-Geneviève-des-Bois Génovéfains
Saint-Germain-en-Laye Saint-Germanois
Saint-Honoré-les-Bains Saint-Honoréens
Saint-Jean-d'Angély Angériens
Saint-Jean-de-Luz Luziens
Saint-Julien-en-Genevois Juliénois
Saint-Junien Saint-Juniauds
Saint-Laurent-Blangy Imercusiens
Saint-Laurent-de-la-Salanque Laurençans
Saint-Lô Saint-Lois
Saint-Loup-sur-Semouse Lupéens
Saint-Malo Malouins
Sainte-Marie Samaritains
Sainte-Menehould Ménehouldiens
Saint-Michel-des-Déserts Désertiers
Saint-Mihiel Samiellois
Saint-Nazaire Nazairiens
Saint-Nicolas-de-Port Portois
Saint-Nicolas-en-Forêt Nico-forestiers
Saint-Omer Audomarois
Saint-Ouen Audoniens
St-Paul-Trois-Châteaux Tricastinois
Saint-Péray Saint-Pérollais
Saint-Pierre-des-Corps Corpopétrussiens
Saint-Pol-de-Léon Léonais ou Léonards
Saint-Pol-sur-Ternoise Saint-Polais ou Paulopolitains
Saint-Pourçain-sur-Sioule Saint-Pourcinois ou Sanpourcinois
Saint-Raphaël Raphaëlois
Saint-Souplet Sulpiciens
Saint-Tropez Tropéziens
Saint-Vallier Valloiriens
Saint-Yrieix-la-Perche Arédiens
Saintes Saintais ou Santans
Stes-Maries-de-la-Mer Saintois
Salers Sagraniers
Sallanches Sallanchards
Salses Salséens
Sarlat Sarladais
Saulieu Sédélociens
Saulzoir Salicetains
Saulx-les-Chartreuse Salucéens
Savigny-sur-Orge Savignyens
Sceaux Scéens
Scey-sur-Saône Sceycolais
Sées Sagiens
Sein (Ile-de) Senans
Sens Sénonais
Solre-le-Château Solréziens
Stains Stanois
Sully-sur-Loire Sullinois
Tain l'Hermitage Tinois
Tartas Tarusates
Ternois Tervaniens
Thélin Thélandais
Thiers Thiernois
Thionville Thionvillois
Toucy Toucyquois
Tourcoing Tourquennois
Tour-du-Pin (La) Turripinois
Tournus Tournusiens
Tours Tourangeaux
Tréguier Trégorrois ou Trécorrois
Treix Tréyens
Tremblade (La) Trembladais
Tremblay-lès-Gonesse Tremblaysiens
Tremouille (La) Trémouillais
Trévoux Trévoltiens
Trinité (La) Trinitaires
Troyes Troyens
Tulle Tullistes
Turbie (La) Turbiasques
Uchizy Chizerots
Ulis (Les) Ulissiens
Uzès Uzétiens
Valence Valentinois
Vannes Vannetais
Vanves Vanvistes
Vaujours Valcoviens
Vence Vinciens
Verdun Verdunois
Vertou Vertaviens
Vésinet (Le) Vésigondins ou Vésinettois
Vesoul Vésuliens
Vieux Viducasses
Ville aux Dames Gynépolitains
Villedieu-les-Poêles Sourdins
Villefranche-sur-Saône Caladois
Villemomble Villemomblois
Villepinte Villepintois
Villers-Cotterêts Cotteréziens
Villiers-le-Bel Beauvilérois ou Beauvilésois
Vimoutiers Vimonastériens
Vitré Vitrais
Vitry-le-François Vitryats
Vitry-sur-Seine Vitriots
Vouvray Vouvrillons
Vouziers Vouzinois
Yermenonville Remenonvillois
Yerres Yerrois
Yssingeaux Yssingealois ou Yssingeaviers

Légende. a. : ans ; D. : densité ; él. : élections ; Ép. : épouse ; Exp. : exportations ; F : francs ; f. : fils ou fille ; g. : guerre ; h. : habitants ; Imp. : importations ; m. : membre ; nat. : naturel ; off. : officiel ; par. : parenthèse ; PM : Premier ministre ; Pt : Président ; r. : recensement ; Rép. : République ; s. : son ; tr. : traité. — La capitale est en italique. Entre parenthèses, distance des principales villes à la capitale.
Si l'on veut d'autres détails, voir aussi à l'index le nom du pays où l'on trouvera, pour certains, des renvois à littérature, cinéma, armée, etc.
Pour les statistiques économiques, voir à l'index le nom des produits, ex. : charbon, pétrole, blé... Voir aussi les mots : monnaie, devises, P.N.B., commerce extérieur, transports.

AFGHANISTAN

V. légende ci-dessus.

Situation. Asie. 652 225 km². *Frontières :* avec U.R.S.S. 2 000 km, Iran 1 500, Pakistan 1 300, Chine 100. *Alt. max.* 7 500 m, Naoshakh (Pamir), *min.* 270 m, désert du Seistan. *Sol :* Nord, steppes ; Centre, montagnes calcaires couvertes de lœss ; Est, Hindou-Kouch, primaire siliceux, env. 6 000 m ; Sud, sable et désert. **Régions :** Kaboul, Kandahar, Hérat, Mazar, Kunduz, Nangahar, Paktya, Ourouzgan, Ghor, Ghazni, Farah. **Climat** continental (de — 30 °C à + 40 °C à Kaboul ; record : — 46 °C en 72 ; 300 mm de pluies en moyenne) *des steppes* au N. de l'Hindou-Kouch ; *désertique* au S., max. + 50 °C ; neige et pluies (350 mm, insuffisantes) en hiver et au déb. du printemps. Vents durant 120 j (juin à sept.) dans le Seistan et le bas du bassin du Helmand.

Population. 18 140 000 h. (est. 85). — *de 15 a.* 45 %. D. 27,8 (295 à Kaboul, 5 dans l'Helmand). *Villes* (82) : *Kaboul* 1 036 407, Kandahar 191 345, Hérat 150 497, Mazar-i-Sharif 110 367, Kunduz 57 112, Baghlan 41 240. *Alphabétisation* 12 %. *Émigration :* Arabie Saoudite, Irak, Émirats du golfe P., All. féd. *Immigration :* hindoue dep. plusieurs siècles. *Réfugiés (1-1-84) :* Pakistan 3 500 000, Iran 1 500 000.

Nota. — En ville, les femmes portent le « tchadril », voile les recouvrant jusqu'aux chevilles (avec un treillis à hauteur des yeux).

Ethnies

Races. *Pachtouns :* musulmans sunnites, Est et Sud, 5 à 6 millions dont 2 millions de nomades ; langue : pachtô (les Pachtounes de Kaboul parlent le persan). *Tadjiks :* l'expression « Tadjik » désigne un Perse d'Asie centrale, sunnites et non chiites comme les Iraniens, Ouest et Nord ; langue : persan, 2 à 3 millions. *Hazaras :* d'origine mongole, chiites, Centre et Kaboul ; langue : persan, 2 à 3 millions. *Ouzbeks* (2 millions), *Turkmènes*, peuples turcs du N., et *Nouristanis* dans l'E. ; minorité *Baloutche* de l'extrême Sud ; langues : turc oriental, bouroushaki (langue des Nouristanis), baloutche. Tous entendent le persan et sont sunnites.

Langues. Pachtô et dari (persan) *(off.)* ; env. 30 autres langues et dialectes. **Religions.** *Officielle* islam : 80 % sunnites, 20 % chiites (Hazaras et Tadjiks ; hindous env. 30 000).

Histoire. Siège de civilisations très anciennes. **329 av. J.-C.** arrivée d'Alexandre le Grand sur le territoire actuel. **Apr. J.-C. : 50** les Kouchans prennent Kaboul. **652** arrivée des Arabes à Hérat. **698** à Kaboul. **971** dynastie Ghaznévide fondée. **999-1030** sultanat de Mahmoud Ghaznévide. **1221** dévastations mongoles (Gengis Khân). **1370-1405** Tamerlan envahit Hérat. **1404-1506** règnes des sultans timourides de Hérat. **1506-1722** partage entre Inde et Iran. **1520** Baber couronné (fonde la dynastie des grands Moghols de l'Inde). **1708** fond. de la dynastie des Hotaks. **1722** révolte contre l'Iran. **1747** dyn. Durrani fondée. **3 g. anglo-af. : 1re : 1838-42**, défaite des Angl. ; **2e : 1878-80**, tr. limitant la souveraineté externe de l'Af. (les Angl. versent une « pension » au roi) ; **3e : 1919**, aboutit à l'indépendance. **1865-85** les Russes prennent pied dans le N. jusqu'à Hérat. **1880** l'émir Abdur Rahman (n. 1844) prend le pouvoir. **1895-96** G.-B. et Russie attribuent à l'A. le corridor du Wakhan (conduisant au Petit Pamir, peuplé de Kirghizes et d'Ismaéliens), ainsi les 2 empires ne se touchent pas. **1901** Abdur Rahman meurt. Habiboullah Khan, son fils (n. 1872), lui succède. **1919** il est assassiné par un inconnu. Amanoullah Khan (1892), s. f., prend le titre de roi. **1926** 1er tr. d'amitié avec Russie, 1re opposition. **1928** palais royal incendié à Djalalabad. **1929-*17-1*** Amanoullah abdique (meurt en 1960). Des musulmans intégristes dirigés par Habiboullah, dit Batcha-é-Saqao (porteur d'eau), prennent le pouvoir, anarchie. *-16-10* ordre rétabli ; le Gal Mohammad Nadir devient roi. Batcha exécuté. **1933-*8-11*** Nadir assassiné d'un coup de pistolet par un étudiant lors d'une distribution de prix ; son fils Mohammad Zahir Chah (8 ans) lui succède (1933-46 : régence de Hachem, 1948 de Chah Mahmoud). Mohammed Azir, fr. de Nadir et père de Daoud (futur Pt de la Rép.) assassiné à Berlin. **1939-45** neutralité. **1946** tr. avec l'U.R.S.S. **1951** l'A. adhère au plan de Colombo. **1953** Chah Mahmoud démissionne pour Daoud, PM qui cultive l'amitié soviét., se brouille avec le Pak. (question du Pachtounistan). **1963** Daoud démissionne, Zahir règne seul. **1964** constitution. **1970-72** disette. **1973-*17-7*** roi détrôné (exil à Rome). Daoud Pt. **1975** const. Daoud crée un parti unique. **1976-*1-12*** coup d'État du Gal Mir Ahmed Shah échoue. **1977-*14-2*** nouvelle const. ; partis interdits. Accord commercial de 30 a. avec U.R.S.S. **1978-*mars*** Mir Akbar Khyber (du P.P.D.A.) assassiné. *-27-4* coup d'État mil., prosoviét. sous l'influence du P.D.P.A., env. 3 000 † (dont le Pt Daoud) ; troubles en province. *-30-4* Noor Mohamad Taraki (n. 1917) du Khalq. Pt. *Été :* coup d'État du Gal Abdul Kader échoue ; nationalisations, réforme agraire *(2-12)*, remise des dettes des paysans envers grands propr., abolition de l'achat de l'épouse, nouveau drapeau rouge *(19-10)* ; le PM s'appuyant sur le Khalq (parti du peuple) évince (en juil.) les min. du Parcham (p. du drapeau). Babrak Karmal exilé à Prague. **1979-*14-2*** Adolf Dubs, amb. amér. assassiné. *Mars* soulèvement de l'Hérat, env. 30 000 †. *-11-3* action du Herbi-i-Islami (parti islamique) et du Jamiyat-i-Islami (rassemblement isl.). *Août* 5 000 mil. soviét. en A. ; *-16-9* coup d'État du PM Hafizullah Amin qui fait étrangler Taraki v. le 22-9. *-4-12* tr. d'amitié avec U.R.S.S. *-15-12* 1 500 par. soviét. occupent la base de Begram. *-24-12* intervention mil. soviét., 40 000 h. *-28-12* Babrak Karmal remplace Amin exécuté.

1980 *janv.* l'O.N.U. condamne l'intervention soviét. par 104 voix contre 18 et 16 abst. ; guérilla antisoviét. *-21/25-2* grève du Bazar à Kaboul et émeutes ; + de 500 civils †. *-4-3* union de 5 des 6 organis. en lutte : Jamiyat-i-Islami, Front de libération islam. d'A., Mouv. de la révol. islam., Mouv. révol. islam. d'A., Herbi-i-Islami. *-20-11* l'O.N.U. demande « le retrait immédiat des troupes étr. d'A. » par 111 voix contre 22 et 12 abst. **1981** g. civile. *-1/3-5* le tribunal permanent des peuples, réuni à Stockholm, condamne l'U.R.S.S. *Déc.* nouvelle demande de retrait de l'O.N.U. (114 voix pour, 21 contre et 13 abst.). **1982** A. cède à U.R.S.S. corridor de Wakkan, 200 km de long, reliant le N.-E. de l'A. à la Chine. 40 à 50 % de la population autochtone aurait été expulsée. *Mai-juin* offensive soviét. et gouv. (20 000 h.) au Panchir (100 km au N.-E. de Kaboul). *-30-10* accident dans tunnel de Salang (2 675 m, 3 363 m d'alt., reliant Kaboul au N. et à l'U.R.S.S.), env. 700 Russes et 100 civils tués. **1983-*16-1*** capture du docteur Philippe Augoyard (Fr.) (*mars* condamné à 8 ans de prison, *juin* gracié). **1984** offensives soviét. au Panchir. *Sept.* capture de Jacques Abouchar (Fr., journaliste, condamné à 18 ans de prison, gracié 25-10). **1985-*7-1*** mutinerie de soldats soviét. tadjiks (80 sont tués ?). *-13-11* 122 États membres de l'O.N.U. votent une résolution pour le retrait immédiat de toutes les forces étrangères.

Bilan *(1984) :* soldats soviét. 150 000 + 50 000 en U.R.S.S., afghans 20 000 à 30 000 (90 000 en 79, nombreuses désertions), résistants 100 000. *Pertes humaines (1979-86) :* Russes 20 000 †, 35 000 blessés. Afghans 1 500 000 (35 000 civils tués en 1985). *Pertes matérielles russes (79-86) :* 700 hélicopt. et av., 1 500 blindés, 3 000 camions. *Déportés* 50 000 (dont 10 000 enfants) selon « Die Welt ». *Prisonniers politiques* env. 50 000. *Réfugiés* (en millions) : AU PAKISTAN : *avr. 1978 :* 0,1 ; *janv. 80 :* 0,5 ; *août :* 1 ; *mai 81 :* 2 ; *janv. 85 :* 3. IRAN : *janv. 85 :* 2.

Aide à la résistance (millions de $). *U.S.A. :* env. 250 en 1984, et 470 en 1985 (mais 50 % des armes fournies sont détournées par corruption). *Proche-Orient et Asie :* 200 (?).

Statut. République. État islamique. *Gouvernement* et *Conseil révolutionnaire* (11 m.), Pt Babrak Karmal (n. 1929) dep. 27-12-79. Le 21-4-1980 approbation des principes de base de la Rép. qui resteront en vigueur jusqu'à la ratification de la Constitution. *PM* Sultan Ali Keshtmand dep. 11-6-81. *Parti unique :* P. démocratique pop. af. (P.D.P.A.) f. 1965, *secr. gén. :* Mohammed Najibulah (n. 1947) dep. 4-5-86. 2 tendances : *Parcham* (drapeau, Karmal Keshtmand), *Khalq* (peuple, Taraki).

Différend frontalier. Avec le Pakistan (le 12-11-1893, le roi d'Af. Émir Abdour Rahman signait avec Sir Mortimer Durand un tr. coupant en 2 les territoires pachtounes).

Économie

P.N.B. *(83) :* 171 $ par h. **Pop. active** (% et entre par. part du P.N.B. en %) : agr. 70 (58), ind. 6 (12), services 22 (30). Aide soviét. *(85) :* 400 millions de $.

Agriculture. Terres (millions d'ha, 81) : 64,7 dont pâturages 30, t. arable 7,9 (13 % de la sup., env. 52,4 % irriguées), forêts 1,9, divers 24,7. *Production* (milliers de t, 83-84) blé 2 930, maïs 806, riz 480, coton 50, fruits, légumes, sésame, orge, sainfoin, vigne, raisins secs, betteraves à sucre. Parfois 2 récoltes par an dans les zones irriguées. **Elevage** (millions de têtes, 83-84) : 30 dont moutons 14,3, volaille 6,6, bovins 3,8, chèvres 2,9, chevaux, ânes et mules 1,7. Surtout extensif, nomade et transhumant. Laine et peaux (astrakan des moutons *Karakul*).

Structures agraires et sociales. *Métayers* : donnent 3/4 de la récolte au propriétaire (qui leur en rend 1/4 comme semences, en garde 1/4 pour lui et met le dernier 1/4 en réserve, qui sert à entretenir la mosquée et son mollah, et à payer le *Dirab* ou « émir des eaux » qui répartit l'eau et entretient le système d'irrigation). Les propriétaires de plus de 35 ans peuvent participer à la *djirga* (conseil tribal élisant le chef appelé *khan, arbab* ou *malek).*

Industrie. Artisanale : tissage, tapis, peaux, lingerie. Ciment 107 800 t (82-83), engrais. **Mines.** *Charbon* 145 400 t (82-83). *Gaz* (milliards de m³) production 2,7 (90 % exporté v. U.R.S.S.), réserves 74. *Sel* 45 100 t (82-83). *Lapis-lazuli* 8 000 kg/an (trafic avec Pak.). *Mica, talc, uranium, or, cuivre, fer* (teneur 72 %), *abeste, sulfure, chrome.*

Transports. Pas de ch. de fer, étude d'une ligne Iran-Hérat-Kandahar-Kaboul-Pakistan. **Tourisme (80)** : 6 623 vis. *Saison* : mai à oct. (inclus), avril et nov. (possible). *Lieux visités* : sites gréco-bouddhiques [Bamiyân (bouddhas géants), Hadda] ; mosquées de Kandahar et Hérat ; Mazar-i-Sharif : m. et pèlerinage du Now-Roz (nouvel an afghan le 21-3) ; ruines de Bost (Lachkargah) et de Bactres (Balkh). *Curiosités naturelles* : 7 lacs suspendus de Band-é-Amir (3 000 m d'alt. ; se déversent les uns dans les autres), vallées d'Adjar et du Panjü, forêts du Paktya, Nouristan. *Jeu* du Bozkachi.

Commerce (millions de $ 1984). *Exportations* 681 *dont* (302) gaz, fruits secs (141), coton (12,5), tapis, fourrures (13,5), fruits frais (53,3) *vers* U.R.S.S. (82) 181, Japon, Inde, All. féd., Pakistan. *Importations* 941 *dont* céréales, textiles, pétrole, thé, caout., sucre *de* U.R.S.S. (82) 164, Japon, Inde, All. féd., Pak., G.-B., France. 70 % des échanges ont lieu avec les pays de l'Est.

Rang dans le monde (81). 12ᵉ chameaux. 14ᵉ ovins.

AFRIQUE DU SUD

V. légende p. 787.

Nom. En bantou : *Azanie.* Jusqu'à 1910 *Afrique du S. britannique.* 1910-61 *Union d'Afr. du S.* Dep. 1961 *Rép. d'Afr. du S.*

Situation. 1 123 226 km² non compris Transkei, Bophuthatswana, Venda, Ciskei. *Côtes* 2 954 km dont Atlantique 872 km, o. Indien 2 082. *Frontières* : avec Mozambique 480 km, Swaziland 470, Zimbabwe 250, Botswana 1 550, S.-O. afr. (Namibie) 920, Lesotho (enclave) 780. *4 provinces* (en km²) : Le Cap 645 767, Transvaal 262 499, Natal 86 967, Orange 127 993.

Relief-végétation. Drakensberg (*alt. max.* Mt aux Sources 3 282 m). Chaîne (de 1 200 km de long, 60 km de large) en direction S.O.-N.E., parallèle à la côte, à 200 km env. à l'intérieur : coupe le pays : les 2/3 au N.-E. [plateau, alt. moy. 1 200 m, quasi désertique, au S.-O. (Grand Karoo), couvert de prairies au centre (Highveld), type semi-tropical (savane épineuse) au N. (Bushveld du Transvaal)] ; 1/3 au S.-O. [pentes vers la mer (Grand Escarpement), avec végétation méditerranéenne près du Cap, forêt subtropicale vers l'océan Indien].

Climat. *Intérieur du Highveld* : hivers courts, t. descendant en dessous de 0 °C, pluies 375 à 750 mm/an (moy. annuelle pour l'Afr. du S. 444 mm) ; *littoral oriental* : étés chauds et humides (1 000 mm/an) ; *côte occ. (Le Cap)* : pluies en hiver (mai et août) ; *litt. sud* : pluies en toutes saisons. En moyenne 464 mm/an.

Distances de Johannesburg (en km). *Par la route* : Le Cap 1 452, Durban 642, East London 602, Gaborone 347, Maputo (ex-Lourenço Marques) 593, Maseru 430, Mbabane 371, Pretoria 56, Umtata 882, Windhock 1 805. *Par avion* : Le Caire 6 265, Dakar 6 716, Kinshasa 2 788, Londres 9 073, Moscou 9 170, New York 12 830, Paris 8 713, Rio de J. 7 151, Singapour 8 647, Tokyo 13 522.

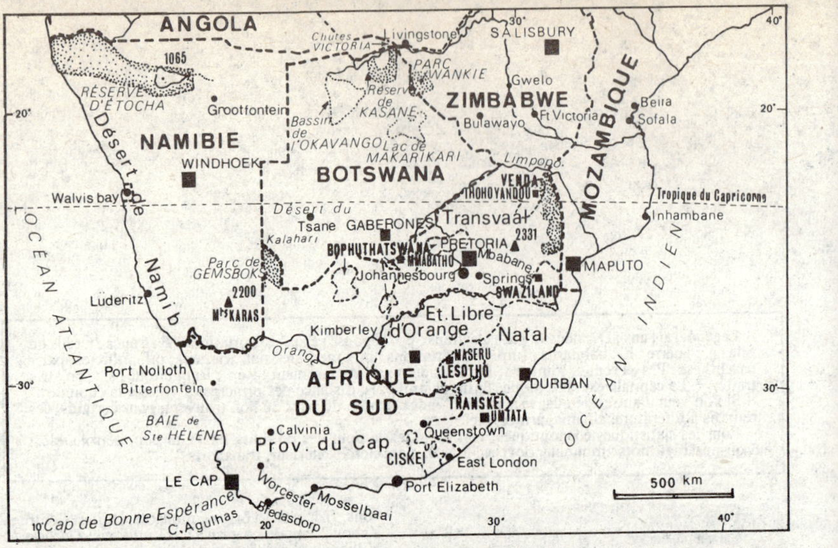

Démographie

Population (milliers). *1904* : 5 175 (Noirs 3 490, Blancs 1 117, Métis 445, Asiatiques 122). *1911* : 5 973 (N. 4 019, Bl. 1 276, M. 523, A. 152). *1921* : 6 927 (N. 4 697, Bl. 1 521, M. 545, A. 164). *1936* : 9 588 (N. 6 596, Bl. 2 003, M. 769, A. 220). *1946* : 11 416 (N. 7 830, Bl. 2 312, M. 928, A. 285). *1960* : 15 994 (N. 10 928, Bl. 3 080, M. 1 509, A. 477). *1970* : 21 794 (N. 15 340, Bl. 3 773, M. 2 051, A. 630). *2000* : 50 288 (N. 37 923, Bl. 6 890, M. 4 890, A. 1 215). D. 21.

Émigration. *1924-38* : 51 425, *1939-45* : 18 887, *1946-60* : 162 192, *1961-80* : 224 553, *1981* : 10 507, *1982* : 6 832, *1983* : 7 628, *1984* : 8 550, *1985* : 11 400. **Immigration.** *1924-38* : 92 388, *1939-45* : 16 677, *1946-60* : 252 454, *1961-80* : 680 996, *1981* : 42 932, *1982* : 45 784, *1983* : 30 385. *1985* : 17 200.

Taux (p. 1000). **Natalité** *1981* : Noirs 38,6 ; *1983* : Métis 31,6, Asiat. 25,7, Blancs 17,1. **Mortalité** *1983* : Noirs 11, *1983* : Métis 9,3, Blancs 8, Asiat. 5,6. **Mort. infantile** *1982* : Noirs 80 ; *1983* : Métis 55, Asiat. 20,1, Blancs 13,5.

Espérance de vie *(1982)* (en italique, âge moyen pour les femmes en 80) : Blancs 70, *73,8*, Asiatiques 65, *67,5*, Métis 56, *61*, Noirs 59, *60*. **Maladies transmissibles** *(1981)* : 43 160 cas de tuberculose respiratoire chez les Noirs (70 fois plus que chez les Blancs).

Pop. urbaine (%) *1983* : Asiat. 91, Blancs 89, Métis 77, Noirs 33. *2000* : Asiat. 94, Blancs 92, Métis 87, Noirs 55. 80 % de la pop. urbaine vit sur 4 % du territoire (connurbations de Pretoria-Witwatersrand-Vereeniging, Péninsule du Cap, Durban-Pinetown et Port-Elizabeth-Uitenhage.

Principales villes en zones noires (1980) : Umlazi (KwaZulu) 177 000, KwaMashu 118 000, Madadeni (KwaZulu) 61 000, Osizweni (KwaZulu) 56 000, Seshego (Lebowa) 29 000, Phuthaditjhaba 14 000.

Superficie habitable : 28 %. Les foyers occupent 13,7 % de la sup. totale (soit env. 50 % de la sup. habitable) ; les Blancs, Métis ou Coloured (surtout Hottentots), Indiens et Bantous (hors de leur propre territoire) occupent le reste (14,3 %).

Vers 1900 : 75 % des Noirs résidaient dans les territoires nationaux (10 % dans les centres urbains des Blancs) ; *en 1960* : 62 % et 38 % ; *en 1980* : 47 % dans les homelands (terr. nat.), 53 % en Rép. blanche. 12 % des Noirs vivent dans les zones urbaines sur leurs homelands.

Principales agglomérations (1984, en milliers) : Johannesburg (y compris Soweto) 1 726 (dont Noirs 1 500), Le Cap 1 500 (dont Métis 820), Durban-Pinetown 960 (dont Indiens 470), East Rand (avec Brakpan, Boksburg, Benono, Nigel et Germiston) 848 (dont Noirs 550), Pretoria 740 (dont Noirs 320), Port-Elizabeth-Uitenhage 585 (dont Noirs 280, Métis 140), West Rand (avec Krigersdorp, Randfontein, Roodepoort, Carletonville) 512 (dont Noirs 309), Vanderbijlpark-Vereeniging-Sasolburg 448, Bloemfontein 200, Pietermaritzburg 190, régions aurifères d'Orange (Welkom) 141, Kimberley 136, East London 112.

Une émigration s'est faite progressivement du S. vers le N. Ainsi, en 1980, la province du Cap abritait 23 % de la pop. totale (*1904* 46,6 %) et le Transvaal 44 % (24,5 %).

Origine de la population. *Noirs* (de type négroïde). 4 groupes linguistiques (Nguni, Sotho, Tsonga, Venda) et 9 nations ou tribus (Zoulous, Xhosas, Tswanas, Sothos du N., Sothos du S., Ndebeles, Shangaans, Swazis, Vendas), viennent des grands lacs du centre de l'Afr. et ont émigré vers le S. Un 1ᵉʳ groupe a fait halte dans le bassin du Congo, en Angola, et plus au sud. Un 2ᵉ (les Sothos) s'est fixé au Lesotho, au Botswana et dans certaines parties du Transvaal et du Cap (au N.). Un 3ᵉ (les Ngunis) a pénétré au Natal le long de la côte orientale, jusqu'au N.-E. de la prov. du Cap, et est entré en contact avec les Blancs arrivant de l'ouest (1750-70). Une part des foyers nationaux Tswana, Swazi et Basotho ont formé plus tard Botswana, Swaziland et Lesotho. Des peuples (Xhosas, Zoulous, Sothos du N. et Vendas) ont été inclus dans l'Union sud-afr., avec certains Tswanas, Swazis, Basothos et Tsongas Shangaans dans la partie la plus riche, le *« Triangle Bleu »* (à l'est d'une ligne allant du Blouberg, Transvaal N. à Port-Elizabeth, sur la côte).

Asiatiques : originaires d'Inde, Malaisie, Indonésie. *Indiens* : v. 1860, travailleurs sous contrat pour la canne à sucre du Natal, puis négociants, marchands ou artisans. En *1927,* les gouv. sud-afr. et indien signèrent le « Cape Town Agreement », prévoyant un plan d'aide officiel pour les Indiens candidats au rapatriement en Inde (passage gratuit et prime de départ). Il y eut peu d'amateurs. *1949,* une augmentation de la prime n'augmenta pas les retours. Aujourd'hui, les I. sont marchands, courtiers, avocats (Gandhi en fut un des plus célèbres), médecins, entrepreneurs de travaux publics, industriels prospères, maraîchers, planteurs de canne à sucre, ouvriers spécialisés ou non.

Afrikaners : descendants des pionniers du XVIIᵉ s.

Métis du Cap (Cape Coloured ou Bruns) : de souche surtout hottentote mélangée avec des Blancs, Asiatiques et Noirs.

Indigènes : originaires d'*Hottentots,* décimés très tôt par 2 épidémies de variole, les survivants se mêlèrent aux autres races, pour constituer le noyau métis actuel. Les *Namas* de Namibie sont les représentants les plus authentiques des Hottentots primitifs.

Boschimans : vivent par petits groupes dans les régions semi-désertiques du Cap occid. et des contrées voisines.

Apartheid (développement séparé)

Définition. Développement séparé des races et progressivement création d'États fondés sur les groupes linguistiques et culturels. L'évolution politique est voulue en termes de multinationalismes sans domination d'un groupe sur l'autre.

Noirs. 1951, le *Black Authorities Act* reconnaît les structures politiques et administratives traditionnelles des Noirs, selon lesquelles le pouvoir territorial repose sur des autorités tribales et régionales. **1959**, le *Black self-government Act* reconnaît les 9 groupes ethniques noirs comme des entités nationales, et établit les fondements de l'autonomie, puis progressivement de l'indépendance totale. Ainsi, le Transkei, qui regroupe la majorité des Xhosas, devient en 1963 autonome et en 1976 indépendant. Depuis, 3 États sont aussi devenus indépendants (Bophuthatswana, Venda, Ciskei) et 6 autonomes (Gazankulu, Kangwane, Kwandebele, Kwazulu, Lebowa, Qwaqwa). **1982**, réunion entre le gouv. des 4 États indép. et celui de l'Afr. du S. pour faciliter la coopération à l'échelon multilatéral par des moyens d'action conjugués en fonction de la situation socio-économique globale. Env. 37 commissions représentatives fonctionnent à cet effet, et des accords douaniers et monétaires existent. L'économie est envisagée comme un concept unique. **1982**, octroi d'un statut municipal aux zones urbaines noires. **1983**, se sentant plus ou moins coupés de leurs territoires d'origine, les Noirs n'étaient pas enclins à y exercer leurs droits politiques. Le gouv. sud-afr. crée une commission interministérielle pour étudier des solutions viables, en consultation avec les dirigeants des États noirs et les conseillers municipaux des villes noires. De nouvelles dispositions devraient permettre aux Noirs urbanisés d'acquérir une participation politique à un niveau supérieur de responsabilités. **1985**, proposition gouvernementale de redéfinition de la citoyenneté sud-afr. (la double nationalité pourrait être offerte aux ressortissants des États TBVC) ; *avril* abolition des dispositions raciales de l'Immorality Act et de celles interdisant les mariages mixtes. (*1927* loi Hertzog prohibant tout rapport sexuel hors mariage entre Blancs et Noirs. *1949* loi de prohibition des mariages mixtes. *1950* les dispositions de 1927 sont appliquées aux Indiens et Métis. *1928 à 1982* : 20 600 Sud-Afr. ont été poursuivis. *1980* dérogation exceptionnelle accordée à un Bl. et une Métisse). **1986**-*31-1* annonce de la création d'un conseil national statutaire composé de représentants du gouvernement suf-afr., de représentants des gouvernements des États autonomes, et de leaders des autres communautés noires et groupes d'intérêt. *-1-7*, système des laissez-passer aboli (remplacé par un document unique pour tous les groupes de population). Des mesures vexatoires touchant les gens de couleur résidant en zone blanche (entrées distinctes dans les aéroports, pancartes d'interdiction pour les Noirs, etc.) ont disparu. La ségrégation n'existe plus dans aéroports, gares, postes, édifices officiels et théâtres. L'évolution s'étend à l'hôtellerie et aux restaurants.

Sports. 23 disciplines olympiques sur 26 et 11 non inscrites ont à leur tête des instances multi-raciales. Les Noirs préfèrent football, boxe, les Blancs rugby, cricket, les Indiens et Métis le cricket. Plusieurs fédérations ont à leur tête un président noir (boxe, escrime, football). Dans le comité olympique, des Noirs ont des fonctions importantes. Un Noir peut être sélectionné pour représenter le pays et devenir *springbok* (ex. Errol Tobias ou Avril Williams) ou spécialiste du 1 500 m (Sydney Maree).

Enseignement. *Taux d'alphabétisation (1980)* : 66,9 % des Noirs de + de 15 ans. *Nombre d'élèves noirs scolarisés* (1985) : 4 208 783 (82 % dans le primaire, 18 % dans le secondaire). 80 % des enfants noirs entre 7 et 16 ans (soit 22 % de l'ensemble de la pop. noire) sont scolarisés (contre 36,7 % en 1951). *Élèves par professeur (1985)* : Noirs 38,8, Blancs 20. *Enseignement supérieur (1984)* : 35 817 (*1960* : 481). *Dépenses consacrées à l'éducation des Noirs* en millions de rands. *1973/74* : 42,9. *1983/84* : 561,3. *1984/85* : 709,3. *1985/86* : 917,4. *Dépenses pour l'éducation d'un blanc* : 780 $, *d'un Noir* : 110 $.

Domaine économique (1980). Les Blancs perçoivent 59,8 % de l'ensemble des revenus des ménages, les Noirs 29,2, les Métis et Asiatiques 11.

Évolution de la législation économique et sociale. *Bantu Labour Regulation Act* (1911) : oblige les travailleurs afr. à accepter un emploi sous peine de poursuites pénales. *Native Land Act* (1913) : divise l'Afr. du S. en 2, laissant 7,3 % du territoire (12,7 % en 1936) aux Afr. ; sur le reste, seuls les Blancs peuvent posséder la terre. 50 % des terres arables sont en territoire noir. *Mines and works Amendment Act* (Colour Bar Act) (1927) : réserve des emplois aux Bl. et interdit la délivrance de certificats d'aptitude aux Afr. et aux Asiatiques. *Apprenticeship Act n° 37* (1944) : refuse aux Afr. la possibilité de recevoir une formation. *Bantu Consolidation Act* (1945) : habilite les inspecteurs du travail à délivrer et révoquer les permis de travail aux Afr. *Group Areas Act n° 41* (1950) : astreint la population à résider dans des zones distinctes. *Native Act n° 67* (1952) : oblige les Afr. de 16 ans et + à porter sur eux un *pass book* contenant leurs pièces d'identité, avec mention de l'origine tribale, leurs quittances d'impôts, etc. *Bantu Labour Act* (1953) : interdit aux Afr. de faire grève et de se syndiquer. *Industrial Conciliation Act* (1956) : interdit les syndicats ouvriers « mixtes ». *Bantu Law Amendment Act* (1964) : prive les Afr. de leurs droits dans les zones hors des bantoustans. *Black Communities Development Act, loi 4* (1984) remplace les Black Labour Act (1964), Black (Urban areas) Consolidation Act (1945), sections de lois ayant remplacé le Black Land Act (1913) et celle de 1952 (n. 67) sur l'abolition des pass laws et la coordination des documents, sections du Bantu Law Amendment Act (n. 44) de 1964 et d'amendements ultérieurs. *Manpower Training Act, loi 56* (1981) remplace tous les textes concernant la formation de la main-d'œuvre et n'établit aucune discrimination d'ordre sexiste ou racial. S'applique à tous les travailleurs de l'industrie, et traite de toutes les catégories de travail. *Labour Regulations Amendment Act, loi 57* (1981) supprime le système des emplois réservés, ouvre le syndicalisme et les centres d'apprentissage et de formation aux travailleurs de toutes races. *Group Areas Act* : permet transferts et regroupements de pop., plusieurs fois amendé.

Lutte politique. *Communism Act n° 44* (1950) : la police peut assimiler l'opposition à l'apartheid à la poursuite d'objectifs « communistes ». *Public Safety Act n° 3* (1953) : autorise le gouvernement à déclarer l'état d'urgence et à agir par voie de décrets. *Criminal Amendment Act n° 8* (1953) : réprime l'opposition pol., notamment la liberté d'expression, visant à modifier la pol. du gouvernement. *Criminal Procedure Act n° 56* (1955) : modifié en 1965, autorise la détention pendant 180 j sans jugement. *Riotous Assembly Act n° 17* (1956) : autorise de sévères restrictions à la liberté de réunion. *Unlawful Organizations Act n° 34* (1960) : le chef du gouv. peut déclarer des organ. illégales et les dissoudre. *Publications and Entertainment Act n° 26* (1963) : assimile à une infraction pénale l'exercice de la liberté de la presse lorsqu'un journal critique l'apartheid comme injuste. *Terrorism Act n° 83* (1967) : crée l'infraction de « terrorisme » (le gouv. peut poursuivre qui bon lui semble). *Internal Security Act* (1976) : vise toute organisation, publication ou personne mettant en danger la sécurité de l'État ou le maintien de l'ordre. *Intimidation act* (1982) : loi sur la contrainte.

International Security Act, n. 74 (1982) : annule l'Internal Security Act, n. 44 (1950), Riotous Assemblies Act, n. 7 (1956), Unlawful Organisation Act, n. 34 (1960), Terrorism Act (1967). Autorise le ministre de l'Ordre et de la Sécurité (après enquête réalisée par un comité consultatif, désigné par le Pt de la Rép. sur recommandation du ministre de la Justice) à déclarer illégale toute organisation dont les activités constituent une menace à la sûreté de l'État ou qui prône le communisme, à interdire la fabrication ou la diffusion de publications contenant des informations susceptibles de porter atteinte à la sûreté de l'État. Toute personne s'étant engagée dans des activités destinées à porter atteinte à la sûreté de l'État ou à l'ordre public peut être interdite de participation à certaines organisations, réunions ou frappée d'interdiction de séjour dans certains endroits déterminés. Une commission de contrôle (2 si besoin) est nommée par le Pt de la Rép. pour rendre compte des actions du ministre de l'Ordre et de la Sécurité. Toute personne soupçonnée de terrorisme ou de subversion peut être détenue pour interrogatoire. *Arrêté gouvernemental du 3-12-1982* : pour la protection des droits des détenus.

Assignation à résidence. *« Banning »* ou *interdiction* : est signifiée directement à l'intéressé sans que le ministère de la Justice ait à motiver sa décision, ni à prouver le bien-fondé de l'accusation. Aucun recours possible ; peut être renouvelée au terme de 5 ans. Une personne assignée doit rester dans une région éloignée, s'abstenir de participer à des réunions pol. ou autres de plus de 2 personnes, et se présenter à la police 1 ou 2 fois par j. Nul ne peut publier ses écrits ou les citer. *1980* : 965 personnes ont été détenues en vertu des lois sur la sécurité, *1984* : 166.

Modifications récentes. 1974 *29-12 1er match à Johannesburg opposant une équipe blanche à une éq. noire.* **1975** 1ers officiers métis. **1976** plage multiraciale à Port-Elizabeth. **1977** ségrégation supprimée par 12 firmes américaines, modification des églises réservées. **1978** crématoire multiracial au Transvaal. **1979** reconnaissance de pleins droits syndicaux aux travailleurs de toutes races. **1980** 220 000 Noirs syndiqués, **1983** 670 000. **1984** *27 et 28-8* élection des chambres métisse et indienne. *17-8* 1re grève légale lancée par syndicat noir. **1985** *1-9* abolition de la ségrégation dans bus et trains. **1986** *31-1* le Pt Pieter Botha annonce un assouplissement de l'apartheid. *Févr.* selon Pik Botha, min. des Aff. étr., il deviendra peut-être inéluctable qu'à l'avenir il y ait des Pts noirs. *1-7* abolition du système des pass (800 000 Noirs arrêtés pour cela entre 1981 et 84).

Langues

Langues officielles. Anglais. 40 % des Blancs et une partie des Asiatiques. *1795*, 1re occupation brit. *1806*, 2e 80 anglophones. *1820*, 5 000 colons débarquent dans la baie d'Algoa, 43 000 anglophones. *1822*, langue du gouv. et de l'administration. *1901*, langue officielle. **Afrikaans.** 60 % des Bl. et de nombreux Métis. 2e l. de nombreux immigrants et de Noirs. Issu du hollandais du XVIIe s. avec influences hottentote, allemande, franç., angl., bantoue et orientale. Des mots d'origine holl. ont souvent changé de sens, la prononciation diffère, des consonnes ont disparu, la syntaxe est modifiée. *1925*, l. officielle.

Langues bantoues (1980). 16 000 000 personnes en Afr. du S. 4 groupes divisibles en sous-groupes : *1°) Nguni* (9 000 000) : E. et S.-E. du pays (+ Zimbabwe, Swaziland), regroupe : *Zoulou* (5 400 000) : KwaZulu et Natal ; *Xhosa* (2 684 000) : Province du Cap, Ciskei, Transkei ; *Swazi* (715 550) : KaNgwane ; *Sindebele* : Centre du Transvaal. *2°) Sotho* à l'O. et N.-O. de la zone ngunie, regroupe : *Sotho méridional* (1 800 000), QwaQwa, bordure État Libre d'Orange (+ Lesotho) ; *So. occidental* ou *tswana* (1 200 000) : ouest de Pretoria (+ Botswana) ; *So. du nord* ou *pédi* (2 200 000) : Lebowa, n. du Transvaal. *3°) Tsonga* (900 000) : Gazankoulou (+ Mozambique). *4°) Venda* (185 058) : N. Transvaal, Venda (+ Zimbabwe).

Fanakalo. Sorte d'espéranto noir, à base de zoulou, d'anglais et d'afrikaans (travailleurs noirs des mines). A 300 mots et expressions.

Langues khoe ou hottentot. Namibie 112 833 et N.-O. de la province du Cap 10 000. 5 groupes : *Nama* (ou namaqua), *Xiri* (ou griqua), *Iora* (ou korana), *Tschu-khwe* et *Hai-num* (ou heikom).

Langues boschimanes. « Boschiman » (Bushmen) signifie « gens de la brousse » et désigne plutôt un mode de vie (chasse, cueillette, nomades). Les l. boschimanes sont peu parlées. 3 familles : *Ixû* (ou *ju boschiman*) : Namibie 6 549. D'autres groupes de Boschimans : env. de Grootfontein. *Le ≠ hua* (ou *!ô*, ou *ta'a*) : Namibie 20 ; N. de la province du Cap 230. *Le !wi* (ou *kwi* ou *boschiman du Cap*) : parlé par 30 personnes, des Kwi. Les 1ers hab. du Cap, Orange et Transvaal oriental ont presque complètement disparu. Les 2 dialectes !wi survivants sont le lexegwi, ou !wi oriental, parlé dans les env. de Lake Chrissie, et le n/huki, ou !wi de l'Ouest, parlé par 3 personnes dans le Kalahari Gemsbok Park.

Langues kwadi. Dans les montagnes du Kaokoveld, Namibie : quelques Tschimba les parlent.

Langues indiennes. Tamil (37 %), Hindi (33), Gujarati (14), Urdu (9), Telugu (7).

Divers. Portugais, Allemand, Grec, Italien, Français, Hollandais, Chinois.

Langues usuelles. *En 1970* (en %). *Asiatiques* : anglais 28,5, tamil 24,4, hindi 18,5, gujarati 7,3, urdu 6,2, afrikaans et anglais 5,3, telugu 4,9, autres l. indiennes 2,4, afrikaans 0,7, chinois 0,6, divers 1,2 ; *Métis* : afrikaans 78,9, afrikaans et anglais 14,8, anglais 6 ; *Blancs* : afrikaans 56,9, anglais 37,2, allemand 1,4, afrikaans et anglais 1, hollandais 0,6. *En 1980* (en milliers) : Afrikaans 2 360, anglophones 1 652, germanophones 59, lusophones 47,2, bilingues 47,2, divers 107,9.

Religions

Statistiques. 80 % de la pop. est chrétienne. *Principales confessions* (1980 en millions) : méthodistes 12,1 (dont 95,3 % Noirs), églises noires indépendantes 5,07 (dont 4 pour la seule égl. chrétienne de Sion), égl. réformée hollandaise 3,5 (dont 49 % Blancs), catholiques 2,4 (dont 71 % Noirs), anglicans 1,6 (dont 49,4 % Noirs), luthériens 0,8, hindous 0,5 (uniq. Asiat.), presbytériens 0,5, musulmans 0,2 (uniq. Métis et Asiat.), juifs 0,119, etc.

Nota. — Le Conseil sud-afr. des églises (S.A.C.C.) [crée 1968, secr. général Mg Desmond Tutu (n. 7-10-31)] groupe 17 églises et 48 % de la population.

Histoire

Région habitée il y a 500 000 ans. **Période protohistorique** peuplement Khoisan (race non noire, différente des ethnies afric., réduite à quelques îlots dans le désert). **1er millénaire après J.-C.** immigration des Boschimans. **XIe s.** immigration des Hottentots ou Namas (peut-être croisement de pasteurs hamites et de Boschimans). **1488** le Portugais Bartolomeu Diaz atteint Le Cap. **1497** le Port. Vasco de Gama double le cap de Bonne-Espérance. **1652**-6-4 1er colon holl., Jan van Riebeeck s'installe au Cap. **1688** établissement d'env. 150 huguenots fr. **1707** 800 colons blancs. **1713** 95 % des Namas meurent (variole) ; immigration bantoue. **1795** 15 000 colons blancs. **Fin XVIIIe s.** g. entre Boers et envahisseurs bantous (*« g. cafres »).*

XIXe s. g. entre Bantous ; les Zoulous (chef Chaka) s'imposent. **1806** *janv.* les Angl. occupent Le Cap. **1814** Le Cap officiellement cédé à G.-B. **1815** 3 despotes dévastent la moitié S.-E. (Chaka, né v. 1787, roi des Zoulous ; *1818* tué par son demi-frère et successeur Dingaan). **1820** 3 500 colons anglais arrivent. **1828** Mzilikazi, ancien commandant des Zoulous sous Chaka et fondateur de la dynastie Matabele ; Mantatisi, reine sotho des Batlokoas. **1835-37** *Grand Trek* (migration des Boers du Cap vers le N.-E. pour fuir l'administration brit.). **1838** fondation du Transvaal qui, en **1849** devient Rép. sud-afr. (reconnue par G.-B. en 1852). **1839-43** Rép. boer du Natal reprise par G.-B. **1848-58** arrivée de 5 000 colons brit. dans le Cap oriental. **1854** indép. de l'Orange (fondé par Holl., 1836). **1866** découverte du diamant (Kimberley). **1873** de l'or à Pilgrim's Rest. **1877** annexion du Transvaal par G.-B., puis indép. **(1881)**. **1886** *ruée vers l'or* (mines du Witwatersrand). **1895-96** échec du *raid de Jameson* contre les Boers. **1899**-*11-10*/**1902**-*31-5 g. des Boers* [Orange et Transvaal, Pt Paul Krüger (1825-1904), contre G.-B.], qui sont vaincus par Horatio Herbert Kitchener (1850-1916) (sur 448 000 Brit. engagés, 21 942 victimes dont 7 792 †, 6 000 Boers †).

1900-*01* 118 000 Européens, 43 000 Noirs ou Métis dans les camps de concentration anglais (20 000 †). **1902**-*31-5 paix de Vereeniging.* **1904** Africains exclus des emplois qualifiés ; Pt Krüger meurt à Clarens en Suisse. **1906** soulèvement manqué du chef Dinizulu. **1910**-*31-5* Le Cap, Natal, Transvaal et Orange forment l'Union sud-afr. et deviennent un dominion ; Lesotho, Botswana et Swaziland sont exclus de l'Union. **1913** *Native Land Act* : possession garantie des terres ancestrales aux Afr., interdiction de posséder des terres dans les zones blanches, 8 900 000 ha sont délimités et définis comme appartenant aux Noirs. **1914-18** participe à la guerre, 200 000 volontaires, 12 452 † (dont 8 551 Blancs, 709 Métis, 3 192 Noirs). **1915** *mai* occupation du S.-O. afr. appartenant à l'All. **1921** *mai* massacre de Bulhoek, 163 Noirs †. **1922** *mars* émeutes à Witwatersrand, 153 †, 534 bl., 4 000 arrestations, 18 condamnations à mort. *Oct.* la Rhodésie du S. refuse de se joindre à l'Union s.-afr. **1930** droit de vote accordé aux femmes. **1931** statut de Westminster adopté par le parlement brit., indép. législative des dominions. **1939**-*6-9* déclaration de g. à l'Allemagne [218 260 participants (dont 135 172 h. blancs, 12 878 f. blanches, 27 583 Métis, 42 627 Noirs, 6 000 †)]. **1947** prise des îles Edward et Marion. **1948** application de l'*apartheid* ; développement des régions autonomes bantoues. **1949**-*15-1* émeutes à Durban, 149 †. **1955** pétrole produit par Sasol à partir de charbon. **1957** base de Simonstown revient à l'Afr. du S. **1960**-*21-1* catastrophe minière à Clydesdale Colliery. -*21-3* émeutes noires contre les passeports intérieurs à Sharpeville, 69 † ; le P.A.C. (Pan Africa Congress, f. par Robert Sobukwe en 1958) et l'A.N.C. (African National Congress, qui avait pris la suite du South African National Congress f. en 1912) sont interdits. -*5-10* référendum pour la Rép. [1 800 748 inscrits, 1 626 336 votants, 850 458 oui (52 %), 775 878 non (48 %)]. **1961**-*14-2* système décimal. L'Union se détache du Commonwealth et devient Rép. ; -*31-5* proclamation de la Rép. ; *déc.* l'A.N.C. (clandestin) crée l'Umkoto we Siz we (Fer de lance de la nation) spécialisé dans les sabotages. **1964** *mai* procès de Rivonia (12-6 N. Sisulu, Mbeki, Nelson Mandela emprisonnés à vie). **1966**-*6-9* PM Verwoerd assassiné à l'Assemblée. **1967** 1re greffe mondiale du cœur au Cap par le Pr Barnard. **1974** élections générales, victoire des nationalistes. **1976** *janv.-mars* opérations milit. sud-afr. dans le S. de l'Angola ; -*16-6* au *28-2-77* émeutes à Soweto. 575 †, dont 5 Blancs, et 441 tués par la police. **1977** répression accentuée contre les partisans d'un renversement du gouv. par la violence ; *sept.* Steve Biko (leader noir) meurt en prison. **1979**-*4-6* Pt Vorster, malade, démissionne.

1980-*3-6* incendie terroriste de 2 complexes pétrochimiques à Sasolburg. -*17/20-6* émeutes au Cap, 30 à 60 †. **1981** *janv.* raid au Mozambique, près de Maputo, 13 † m. de l'A.N.C. ; *mai-juin* attentats de l'A.N.C. -*24-8* raid en Angola à partir de la Namibie contre la SWAPO qui a 450 à 500 † (8 † S.-Afr., 2 † Namibiens). -*1/20-11* raid en Ang. pour détruire le PC de la SWAPO à Chitequeta, 71 †. **1982** *févr.* raid en Ang. contre la SWAPO, 201 †. -*13-6* arrestation de + de 200 personnes, dont des syndicalistes noirs et des journalistes, à Soweto. *Juin* cession de 100 000 ha et d'un accès à l'océan Indien au Swaziland (suppression du bantoustan du Kangwane). -*1/2-7* grèves dans les mines d'or (11 †, 150 bl., 5 000 licenciements). *Août* raid en Ang. contre la SWAPO (314 † et 15 soldats sud-afr.). -*2-12* libération de Breyten Breytenbach (n. 1939), poète-peintre condamné à 9 ans de prison pour sympathie envers l'A.N.C. -*8-12* 2 m. de l'A.N.C. réfugiés au Swaziland tués. -*9-12* raid au Lesotho, 30 † dont 4 chefs de l'A.N.C. -*19-12* attentat de l'A.N.C. contre la centrale nucléaire de Koeberg (2 réacteurs touchés). **1983**-*4-1* le Parti travailliste métis accepte de participer à la réforme constitutionnelle. -*16-3* accord de Nko mati avec Mozambique qui cessera d'aider l'A.N.C. -*20-5* attentat de l'A.N.C. (voiture piégée) à Johannesburg (19 †, 200 bl.). -*23-5* représailles de l'aviation sud-afr. sur quartier résidentiel de la cap. censé abriter des bases de l'A.N.C. (64 †, 44 bl.). -*2-11* référendum const. approuvé par 65,95 % des votants (uniquement blancs), prévoyant la présidentialisation du régime, et l'association partielle et séparée des Métis et Indiens à l'exercice du pouvoir (la maj. noire reste exclue). -*4-11* création d'un front démocr. (500 org. anti-apartheid). **1984**-*16-3* tr. de N'komati de non-agression avec Mozambique. -*3-4* voiture piégée (3 †, 16 bl.) à Durban. -*14-7* attentat (5 †, 19 bl.) à Durban. -*22/28-8* él. de députés métis et indiens. -*3-9* nouvelle constitution en vigueur. -*5-9* Pieter Botha élu Pt. -*15-9* 1er gouv. comprenant un min. métis et un min. indien. -*16-10* Mgr Desmond Tutu, prix Nobel. -*23-10*, 7 000 policiers et soldats rétablissent l'ordre dans 3 townships noirs (Sebokeng, Sharpeville, Boipatong). **1985**-*10-2* Nelson Mandela refuse une offre de libération conditionnelle du Pt Botha. *Févr.* arrestation de leaders du Front démocratique uni (U.D.F.) ; visite privée du Pt Botha en France. *Sept. 84 à mars 85* violences dans les townships, + de 200 † (notamment à Crossroads, Langa, le 21-3-85, 20 N. †). -*13/14-4* émeutes près de Port-Elizabeth, 8 N. tués. -*avril* retrait des troupes s.-afr. du S. angolais ; abolition de la loi sur les mariages mixtes et de l'art. 16 de la loi sur les relations sexuelles interraciales. -*28-5* bombe de l'A.N.C. à Johannesburg (16 bl.). -*14-6* raid, armée s.-afr. au Botswana (13 † à Gaborones). -*21-7* état d'urgence dans 36 districts sur 265 (1/10e du territoire). -*24-7* la France rappelle son ambassadeur, saisit le Conseil de sécurité de l'O.N.U. d'un projet de résolution condamnant les pratiques de l'Afr. du S., suspend les nouveaux investissements en Afr. du S. -*1-8* Victoria Mxenge, avocate noire, assassinée par des Noirs près de Durban. -*7/10-8* émeutes à Durban (Noirs et Indiens s'affrontent, 73 †). -*28-8* manif au Cap pour Mandela (9 †). -*5-9* agitation (Noirs et Métis) dans les quartiers blancs du Cap et de Port Elizabeth. *Sept.* l'Europe envisage des sanctions. -*10-9* le Pt Reagan, pour que l'Afr. du S. abandonne l'apartheid, annonce des sanctions (vente de matériel informatique et de technologie nucléaire interdite). *Oct.* devant les sanctions, le Pt Botha menace d'arrêter les export. de chrome (l'Afr. fournit 88 % des imp. amér. et 48 % des imp. europ. ; 1 000 000 d'Amér. perdraient leur emploi). -*18-10* Benjamin Moloïse (28 ans) de l'A.N.C. accusé d'avoir participé au meurtre d'un policier noir est pendu. -*19-10* à Johannesburg env. 2 500 Noirs saccagent voitures et boutiques et molestent des Blancs. -*15-12* attentat (6 Bl. †). -*20-12* raid s.-afr. au Lesotho (9 † dont 6 de l'A.N.C. et 1 Bl.). -*22-12* attentats à Amanzimtoti à 30 km au S. de Durban (5 Bl. † dans centre commercial). *Du 27-11-85 au 4-1-86* 13 Bl. † dans 8 attentats au N. du Transvaal. **Bilan** *(1985)*. 22 000 incarcérés (629 encore en prison en janv. 86) ; 879 tués (par la police 2/3, affrontements entre Noirs 1/3) + 25 policiers (la plupart Noirs assassinés par des Noirs). **1986**-*4-1* attentat (2 Bl. †). -*7-3* état d'urgence levé. -*14/17-3* affrontements tribaux (Xhosa et Basotho) dans la mine d'or de Val-Reef (7 †), entre policiers et Noirs (9 Noirs †). *26/27-3* 30 †. *14-4* Desmond Tutu élu chef de l'Égl. anglicane d'Afr. australe et archevêque du Cap. *19-5* raids s.-afr. contre Harare (Zimbabwe), Gaborne (Botswana), Lusaka (Zambie).

Politique

● **Statut.** Rép. *Const.* (approuvée par référendum le 4-11-83) promouvant les valeurs chrétiennes et civilisées, et garantissant l'égalité de tous devant la loi. **Législatif.** *Parlement* composé de 3 chambres élues pour 5 ans (*Assemblée* 178 députés bl., *ch. des représentants* 85 métis, *ch. des délégués* 45 indiens). Les lois doivent être votées par les 3 ch. pour les questions d'intérêt général, par chaque chambre concernée pour les autres questions. Si un désaccord survient entre les Chambres, le Conseil présidentiel tripartite décide en dernier ressort. *Conseil présidentiel* 60 m. dont 35 élus par les Chambres (20 bl., 10 m., 5 indiens) et 25 nommés par le Pt, dont 10 parmi les représentants des partis d'opposition, et 15 autres relevant de sa décision personnelle. Le Conseil de sécurité de l'O.N.U. (par 13 voix et 2 abstentions, U.S.A. et G.-B.), a jugé la nouvelle const. contraire aux principes de la charte de l'O.N.U. **Exécutif** Pt de la Rép. [élu pour 5 ans par un collège électoral (50 Blancs, 25 Métis, 13 Indiens) choisis par leurs propres ch. parlementaires ; les membres des 3 communautés (les Noirs sont exclus) peuvent devenir membres sans être membres du Parlement], assisté d'un cabinet (15 membres nommés par lui, 35 membres élus par les différentes ch., et 10 nommés par l'opposition). **Policiers.** 47 000. **Fêtes nat.** 31 mai (proclam. de la Rép.), 10 oct. (naissance de Krüger), 16 déc. (bataille de Blood River).

● **Composition du parlement tricaméral. Assemblée** (él. du 29-4-1984) : 178 m. ; P. national 125 s., P. fédéral progressiste 27, P. conservateur 18, P. de la nouvelle république 5, vacants 3. **Chambre des représentants** : *85 m. métis* ; P. travailliste 80 s., P. du congrès du peuple 2, vacants 3. **Ch. des délégués** : 45 m. indiens ; P. nat. du peuple 23 s., Solidarité 20, P. indépendant progressiste 1, indépendant 1. **Élection 22/26-8-84** *Ch. métis* 270 469 votants sur 917 466 inscrits. *Ch. indienne* 83 320 vot. sur 411 711 inscr.

Justice. *Exécutions : 1984 :* 115 (88 Noirs, 24 Métis, 2 Blancs, 1 Asiatique). *Meurtres à Soweto (1984) :* 1 454 (record du monde de criminalité). *1985 :* 137.

Nota. — Les Bantous élisent leurs représentants dans les Bantoustans.

● **Partis blancs.** *P. nationaliste. :* fondé 1914 par J.B.M. Hertzog, issu de la scission de 1934 du Dr Malan ; leader : P.W. Botha ; conservateur. *P. de la nouvelle république* (NRP) f. 1977, issu du P. uni fondé 1934 (fusion du P. nat. — tendance Hertzog — avec le South African Party de J. Smuts) ; leader : W.M. Sutton ; divisé, anglophone et africanophone ; conservateur. *P. fédéral progressiste* (PFP) né 1977 de la fusion du P. progr. réformiste (né de la fusion le 25-7-75 du P. progr., séparé du P. uni en 1959, et du Reform Party) et des dissidents de l'ancien P. uni (4 dép.) ; leader : Colin Eglin ; libéral. *Herstigte Nasionale Party : f.* 25-10-69 par des exclus du P. national ; leader : Jaap A. Marais. *Parti conservateur :* f. 1982, leader Andries Treurnicht.

Métis. *P. travailliste* (LP) leader : Pasteur Allan Hendrickse. *P. du congrès du peuple* (PCP) leader : Peter Marais. *P. de la liberté* (FP) leader : Arthur Boysen. *P. réformé de la liberté* (RFP) leader : Charles Julies.

Indiens. *P. nat. du peuple* (NPP) leader : Amichand Rajbansi. *Solidarité* leader : Jayaram Reddy. *P. indépendant progressiste* (PIP) leader : F.M. Khan.

Noirs. *African Nat. Congress :* f. 1912 ; interdit dep. 1960 ; communiste ; leader : Nelson Mandela originaire d'une famille princière du Transkei (tribu des Xhosas), emprisonné à vie dep. 12-6-1964, et Walter Sisolu emprisonné ; dep. 1964 Oliver Tambo, en exil à Dar Es-Salam, en liaison avec différentes organisations terroristes internationales aidées par les pays de l'Est, des organisations internationales et des pays nordiques. *Inkhata* Pt Gatshs Buthelezi. U.D.F.I. *Front démocratique Uni,* fondé 1983 regroupe environ 700 organisations anti-apartheid ; leader : reverend Allan Boesak, métis, Pt de l'Alliance mondiale des Églises réformées. *P. Sofasonke* leader : Ephraïm Tsabalala. AZAPO *(Azanian People's Organization)* membre du National Forum fondé 1983 pour une Rép. socialiste.

● **Présidents de la République.** *1961 (31-5)* Charles-Robert Swart (1894-1982) [1]. *67 (31-5)* Theophilus Ebenhaezer Donges (8-3-1898, † 10-1-1968) [1], malade, il ne peut tenir son poste. *68 (10-4)* Jim Fouché (6-6-1898) [1]. *75 (19-4)* Nicolaas Diederichs (1903-78) [1]. *78 (28-9)* John Balthazar Vorster (1915-83) [1]. *79 (19-6)* Marais Viljoen (2-12-1915) [1]. *84 (5-9)* Pieter William Botha (12-1-1916).

● **Premiers ministres.** *1910* Gal Louis Botha (1862-1919) [2]. *19* Gal Jan Christiaan Smuts (1870-1950) [3]. *24* Gal James Barry Munnik Hertzog (1866-1942) [1]. *39* Mal Jan Chr. Smuts (1870-1950). *48* Dr Daniel François Malan (1874-1959) [4]. *54* (30-11) Johannes Gerhardus Strijdom (1901) [1]. *58* (24-8) Dr Hendrik Frensch Verwoerd (1901-assassiné le 6-9-1966 par un Blanc) [1]. *66* (13-9) John Balthazar Vorster (1915-83) [1]. *78* (28-9) Pieter Willem Botha (12-1-1916) [1]. Fonction supprimée par la nouvelle Constit. (3-9-1984).

Nota. — (1) Parti nationaliste. (2) Union sud-africaine. (3) P. républicain. (4) P. nationaliste unifié.

Provinces

Le Cap *(Le Cap)* 645 767 km² (1980) 5 091 360 h. dont 1 264 040 Bl., 1 569 040 Noirs, 2 226 160 Métis, 32 120 Asiatiques.

Natal *(Pietermaritzburg)* 86 967 km², 2 676 340 h. en 1980 dont 1 358 120 Noirs, 665 340 Asiatiques, 91 020 Métis.

Orange (État libre d') *(Bloemfontein)* 127 993 km², 1 931 860 h. en 1980 dont 1 549 600 Noirs, 56 040 Métis.

Sud-Ouest africain, V. Namibie.

Transvaal *(Pretoria)* 262 499 km², 8 350 500 h. en 1980 dont 5 644 660 Noirs, 115 560 Asiatiques, 228 220 Métis.

Ile Marion à 1 920 km au sud du Cap dans l'océan Indien. 388,5 km². Long. 22 km ; larg. 12 km. *Alt. max.* 1 200 m. Inhabitée.

Ile du prince Édouard à 20 km de l'île Marion. 47 km². Circulaire, 10 km de diam. *Alt. max.* 1 280 m. Possession fr. cédée à la G.-B. sous la IIIe Rép., annexée avec l'île Marion par l'Union sud-afr. en 1948. Inhabitée.

États noirs (Bantoustans)

Leurs droits territoriaux furent reconnus par le *Bantu Land Act* de 1913, et élargis par le *Bantu Trust and Land Act* de 1936. Lorsque les parcelles de terres supplémentaires accordées aux Bantous seront rattachées à celles qu'ils possèdent déjà, les possessions bantoues seront d'env. 15,4 millions d'ha. 4 bantoustans ont obtenu l'indépendance : le Transkei (1976), le Bophuthatswana (1977), le Vendaland (1979), le Ciskei (1981), mais ils ne sont reconnus ni par l'ONU ni par l'OUA.

États noirs indépendants

● **Bophuthatswana** (ex-Tswanaland). 40 430 km², 7 parties disséminées en Afr. du S. et au Botswana indépendant dep. 66. **Population :** 1 935 000 h. (est. 84), en % (est. 82) : Tswanas 70, Sothos du N. 7,4, Shangaans 6,3, Xhosas 3,1, Sothos du S. 3, Zoulous 3. Sur 2 000 000 de Tswanas, 65 % vivent hors du B. **Capitale :** *Mmabatho* (en construction). *Siège du gouv. Ramitsogo.* **Ressources :** mines [platine (2e du monde), chrome, vanadium, amiante, chaux, fluor, calcite, manganèse (58 % des réserves naturelles)] et salaires des migrants (28 %). D. 29. *PNB total* 1,9 milliard de R (1982). **Statut :** *Aut.* 1-6-72 (partielle dep. déc. 68). *Indép.* 6-12-77, *Pt, PM,* min. des Finances : chef Lucas Mangope (n. 27-12-1923) dep. 6-12-1977. *République. Assemblée* légale 108 m. [12 désignés (chefs et personnalités), 96 élus].

● **Ciskei.** 8 300 km². *Côtes* 60 km. **Population :** 787 000 h. (1985) (surtout Xhosas, 500 000 vivent hors du C., principalement en Afr. du S.). D. 61. **Villes :** *Zwelitsha* (capitale prov. en attendant la construction de Bisho) 47 000 h. (84), M'Banstane 300 000 h. **Ressources :** économie de subsistance (ananas, blé, légumes) ; élevage ; pas de mines ; début d'agriculture ind. et d'industrialisation. 95 % du revenu nat. vient des salaires des migrants. *PNB* 0,46 milliard de R (82). **Statut :** *aut.* dep. déc. 1972 (partielle dep. déc. 68). *1980* (4-12) référendum, 98,7 % pour l'indép. *1981* (4-12) indép. (uniquement reconnue par l'Afr. du S.). *Pt* Dr Lennox Sebe (n. 1926) dep. 4-12-81. *Ass.* 87 m. (50 élus et 37 chefs).

● **Transkei.** 44 63o km². **Population :** 3 298 000 h. (1983) et env. 2 millions vivant dans les villes blanches d'Afr. du S. (Xhosas). D. 55. **Villes :** *Umtata* (cap.) 32 500 h., Butterworth (Gcuma) 24 000 h. **Ressources.** *Terres* (en %) : pâturages et autres terres non productives 76, terres sèches 18,5, terres irriguées 0,1, forêts 5,1. Les Blancs possédant des terres ne peuvent plus en acheter. Les 2/3 des h. sont des agriculteurs (95 % des champs ne dépassent pas 5 ha env.), méthodes agraires archaïques. Maïs, sorgho, thé, café, fibres végétales (*1976* : bovins : 130 000, ovins : 3 750 000). *Minerais :* faibles gisements de cuivre, nickel, platine, charbon encore inexploités. 360 000 pers. travaillent au-dehors. *PNB total* (82) : 1,6 milliard de R.

Statut : *république. Aut.* dep. 23-12-72. *Indépendant* dep. le 26-10-76. *Constitution* de 1976. *Pt* élu pour 7 ans : 1979 (19-2) chef Kaiser Daliwanga Matanzima. *1986* (20-2) Tutor Nyangilizwe Ndamase. *Ass.* 150 m. dont 75 chefs traditionnels nommés (5 chefs souverains et 70 chefs) et 75 élus pour 5 ans.

Élections (sept. 81) : Transkei National Independence Party 74, Democratic Progressive Party 1. *Partis :* P. nat. de l'indépendance du Transkei (T.N.I.P.) f. 1964, leader Kaiser Matanzima ; P. démocratique progressiste f. 1976, leader Caledon Mda ; P. de la liberté f. en 1976, leader Cromwell Diko.

Le 10-5-78 le T. a rompu momentanément ses relations dipl. avec l'Afr. du S., celle-ci lui refusant la souveraineté sur l'East Griqualand.

● **Venda.** 6 500 km² divisés en 3 parties qui forment une entité. **Climat :** modéré subtropical. Températures moyennes : 24 °C à 26 °C (été), 15 °C à 18 °C (hiver). Précipitations : 350 à 500 mm par an (1 000 mm dans les chaînes montagneuses). Sols généralement très fertiles. **Population :** 450 000 h. (84) dont Vendas 90 % ; Shangaars 7 % ; Pedis 3 %. 27 tribus. Environ 150 000 Vendas vivent hors du pays, principalement en Afrique du Sud. **Villes :** *Thohayandou,* Makearela 2 500 (est. 80). **Langues :** luvenda, anglais, afrikaans. **Ressources :** *agriculture* trad. (80 % de la pop.), mangues, citrons, agrumes, coton, café, thé, maïs, agave, fruits. *Forêts* 14 600 ha. *Minerais :* charbon, or, cuivre, phosphate, graphite, magnésite. *Routes :* 126 km. *Ch. de fer :* 30. *Revenu national :* 78 % vient des salaires des migrants. *PNB* total (82) 0,22 milliard de R. **Statut :** *autonomie* dep. 1973 (partielle dep. oct. 69). *Rép. indép.* dep. 13-9-1979. *Partis :* P. pour l'indép. nat. Venda (VNIP), leader Patrick Mphephu ; P. des peuples pour l'indép. du Venda (VIPP), leader G.M. Bakane. *Chef d'État :* Pt, nommé par l'Ass. nat. (chef Patrick R. Mphephu, dep. 13-9-1979). *Conseil exécutif :* Pt et 9 min. nommés. *Ass. nat. :* 42 m. élus au scrutin populaire, 28 m. traditionnels (chefs) et 15 m. nommés par les conseils régionaux, 3 m. nommés par le Pt.

États noirs autonomes (Bantoustans)

● **Gazankulu.** 6 750 km² en 4 parties (3 après une 1re consolidation). **Population :** 541 073 h. (dont 88 % de Shangaans et 12 % de Tsongas, Sothos du N., Vendas, Swazis). Sur 750 000 Shangaans, 47 % vivent en zone blanche, 21,5 % dans les autres bantoustans. D. 62. **Capitale :** *Giyani* 476 694 h. (80). **Ressources :** agriculture, magnésite, 69 % du revenu national provient des salaires des migrants. **Statut :** *aut.* dep. févr. 1973 (partielle dep. oct. 69). *PM* Dr H. Ntsanwisi.

● **Kangwane.** 7 250 km². **Population :** 326 786 h. (82) (Swazis 82 %, Shangaans 18 %). D. 53. (Sur 439 000 Swazis, 20 % vivent au Swazi, 23 % vivent dans les autres bantoustans, 57 % dans la zone blanche du Transvaal). **Capitale :** *Louieville.* L'Afr. du S. devait céder ce territoire au Swaziland mais la Cour suprême sud-afr. s'y est opposée. *PM* Enos Mabusa.

● **Lebowa.** 22 100 km². Composé de 2 grands territoires et 17 petits (chiffre ramené à 7 après une 1re consolidation). **Population :** 1 838 234 h. (82) (Sothos du N. : 56 % habitent sur place, 38 % en zone blanche, 6 % dans d'autres Bantoustans.). D. 68. **Capitale :** *Lebowakgomo.* **Ressources :** agriculture, mines exploitées (amiante, platine), à l'étude (chrome, diamants). 58 % du revenu nat. provient des salaires des migrants. **Statut :** *aut.* dep. oct. 1972 (partielle dep. août 69). 70 à 80 % des revenus dépensés en territoire blanc. *PM* Dr Cedric Phatudi.

● **Quaqwa.** 482 km². Dans les monts Drakensberg, entre 1 700 et 2 500 m d'alt. **Population :** 165 365 h. (82) (Sothos du S.). Sur plus de 1 500 000 Sothos du S., 98,3 % vivent au Transkei, au Bophuthatswana et en zones blanches. D. 375. **Capitale :** *Witsieshoek.* **Statut :** *aut.* dep. août 69. *PM* T.K. Mopeli.

● **Kwa Zoulu.** 31 750 km². Dans Natal, 44 parties, représentant 35 % de la province. Une véritable consolidation entraînerait la disparition des zones blanches (Durban ou Pieter Maritzburg disparaîtraient). **Population :** 3 601 731 h. (82) (Zoulous 98 %, Xhosas, Sothos du S. et Swazis 2 %) ; 4 000 000 de Zoulous (2 000 000 résident dans le K., 500 000 au Transvaal, 1 100 000 aux env. de Durban et 500 000 dans la zone blanche du Natal.). D. 106. **Capitale :** *Ulundi.* **Histoire :** *début* XIXe *s.* roy. sous l'autorité de Chaka. *1838* vaincus par les Boers. *1879-80* annexion du reste du roy. au Natal par les Anglais. **Ressources :** cultures de subsistance et ind., sucre, coton, sisal ; env. 50 % du revenu nat. vient des salaires des migrants. **Statut :** *aut.* dep. juin 1970. *Roi :* Goodwill Zwelithini. *Chef ministre :* Mangosotho Gathsa Buthelezi (dep. 1965). *Parti :* l'Inthaka (1 000 000 m.).

● **KwaNdebele.** 1 030 km². **Capitale :** *Siyabusha.* **Population :** 156 260 h. (82) D. 84. *PM* Simon Skosana.

Nota. – L'attribution des terres aux *homelands* n'est pas définitive. Le parlement examine la possibilité de les remembrer.

Économie

P.N.B. (83) : 2 460 $ par h. *Total* (84) : 105,2 milliards de rands. **Pop. active** (83) : 8 963 000 (Blancs 2 026 000, Métis 987 000, Asiat. 285 000, Noirs 5 665 000). *Emploi* (fin 83) : agriculture (n.c.), mines 690 750, ind. de transformation 1 393 900, bâtiment 412 400, commerce 759 119, autres 1 668 126. *Chômage, 1983 :* 590 052, *85* (sept.) : 2 000 000. *Travailleurs étrangers (85)* 352 000 (dont 100 000 Lesothans, 60 000 Mozambicains) + 1 000 000 d'entrées illégales.

Agriculture. Terres (millions d'ha, 76) 122,1 dont forêts 1,1, réserves naturelles 3, terres arables 10,2, pâturages naturels 68,3. *Production* (millions de t, moyenne des 5 dernières années) maïs 10,4 (38,7 % des terres arables), blé 2, sucre 1,9, sorgho 0,5, arachides 0,18, tournesol 0,38, tabac, seigle, avoine, orge, p. de terre, coton, vignes, fruits, légumes. **Élevage** (millions de têtes, 82) : moutons 31,7, poulets 31,5, bovins 12,9 (84), chèvres 5,3, porcs 1,4 (83). Laine mohair, fourrures, cuir, peaux, viande, lait. **Forêts.** Production 16 758 000 m³ (78). **Pêche.** 630 000 t (82).

Mines. *1984* 690 mines en activité extrayant plus de 50 minéraux différents, 733 581 employés dont 570 171 dans les mines d'or, 116 108 charbon, 106 802 divers. **Or** (bassin du Witwatersrand). 51 mines en activité. Prod. (t) : *1970 :* 1 000, *81 :* 656, *82 :* 662, *83 :* 678, *84 :* 681. 1er producteur mondial (48 % du monde non communiste). 51 % des réserves mondiales. **Diamants.** Prod. 10 118 910 carats (1984). 51 mines en activité. 1er prod. mondial de gemmes. 27 % des réserves mondiales. **Charbon.** Prod. (millions de t). *1983 :* 146, *84 :* 162. 84 mines en activité. **Réserves.** 11 % du monde, 116 milliards de t dont 59 récupérables économiquement. *Minerai de chrome.* Prod. 3 millions de t (1984). 1er prod. mondial, 57 % des réserves mondiales. (Bophuthatswana 19 % non compris) 15 mines en activité. **Minerai de manganèse.** Prod. 3 millions de t (1984). 1er exportateur mondial, 78 % des réserves mondiales, 13 mines en activité. **Vanadium.** 44 % des réserves mond. (69 % du monde non communiste, 1er exp. mondial de pentoxyde de vanadium). **Uranium (U308).** Prod. 6 762 t. (1984) 12 % des réserves du monde non communiste. **Platine et métaux associés.** 1er prod. du monde non communiste. Seul producteur de platine primaire, 70 % des réserves mond. (83 % du monde non communiste). **Fer, titane, zirconium, antimoine, spath-fluor, amiante,** etc. **Ferro-chrome :** 1er prod. et 1er exp. mondial. **Ferro-manganèse et ferro-silico-manganèse :** 2e exp. mondial. **Manganèse métal :** 1er prod. et 1er exp. mondial. (Ces chiffres n'incluent pas la S. Namibie.)

Besoins couverts par l'Afr. du S. pour la France (1984) : minerai de chrome (72 %), ferrochrome (70 %), minerai de manganèse (24 %), manganèse métal (96 %), charbon vapeur (38 %), oxyde d'uranium (18 %), pentoxide de vanadium (31 %), minerai de titane, de zirconium, de plomb, antimoine, granite, andalusite, vermiculite, etc.

Carburants synthétiques : les usines de SASOL sont les seules au monde capable de produire rentablement du pétrole à partir du charbon. Le complexe charbonnier de Secunda qui alimente SASOL II et III est une des plus importantes mines souterraines de charbon du monde (29 millions de t en 1984).

Centrale nucléaire de Koeberg (province du Cap) sont en production commerciale (1er réacteur dep. 1984 et 2e dep. nov. 85). Capacité 1 844 MW (10 % des besoins du pays).

Industrie. *4 grandes régions ind. : Transvaal :* i. lourde ; *Le Cap :* i. alimentaire ; *Durban* (satellite « Pinetown ») : chantiers navals, raffinage du pétrole et pâte à papier ; *Port-Elizabeth* et *Pretoria :* usines de montage automobile. I. alimentaires, textiles, chimiques, engrais, sidérurgie.

Transports. *Chemins de fer* 23 581 km (dont 14 817 électrifiés) ; *routes* 185 000 km (dont 49 000 bitumés) ; *maritimes* 27 600 bateaux (dont 7 200 supertankers) empruntent chaque année la route du Cap ; voie de transit large de 250 milles nautiques, – de 50 % font relâche en Afr. du S. **Tourisme.** *Visiteurs* (83) 693 233. *Musées.* Le Cap, Johannesburg, Port-Elizabeth, Kimberley, East London, Pretoria. *Mines.* Or de Johannesburg, diamants de Kimberley. **Sport.** Grand prix de Formule 1.

Taux de croissance (%). *1980 :* 8,3 ; *81 :* 4,7 ; *82 :* – 1,2 ; *83 :* – 3,7 ; *84 :* 4 ; *85 :* 0,5. **Inflation** (%). *1981 :* 13,8 ; *82 :* 10,9 ; *83 :* 12,3 ; *84 :* 12,7 ; *85 :* Dette extérieure. *1986 :* 26 milliards de $ (commerciale 14). **Réserves :** *oct. 1985 :* 4,4 milliards de rands ou er. **Cours du rand.** *1980 :* 1,40 $ (l'once d'or valait 850 $) ; *mai 1986 :* 1 rand = 3,30 F.

Commerce (milliards de rands, 85). Excédent de la balance des paiements courants 13,48. *Exportations* 36,4 (dont 1983 prod. miniers 3, métaux de base 2,4, pierres précieuses, Kruggerands 2,3, textiles 0,75, prod. chimiques 0,71, prod. alim. 0,51, prod. végétaux 0,47, papier 0,32, mach. et mat. élect. 0,31) *vers* Afrique 0,95, Europe 6,5, Asie 3,4, Amérique 2,4, Océanie 0,1. *Importations* 23 (dont 1982 mach. et mat. élect. 5, mat. de transport 2,6, prod. chim. 1,4, métaux et articles de base 0,8) *de* Europe 9,6, Amérique 4,1, Asie 4, Afrique 0,4, Océanie 0,3. En 1983, la France a acheté (en milliards de F) : charbon 4,6 (20,4 % de nos imp. 1983), uranium 0,9, fer, chrome, plomb, manganèse, laine, fruits ; et vendu pour 3,8 milliards de F (informatique 0,21, matériel T.P. 0,17, équipement tél.).

Ventes à l'Afrique. Prod. manuf., prod. chimiques (39 % des export.), plastiques (45,9 %, machines (47 %), électricité (Lesotho, Swaziland et de larges régions de Mozambique, Zimbabwe et Botswana dépendent entièrement de ses fournitures), céréales (20 % de sa prod. ; 36 % de son maïs, 18 % de son blé vers Zambie, Mozambique, Zimbabwe, Kenya). **Transfert de capitaux d'Afr. du S. vers les pays voisins** (1983) : 700 millions de rands (3,5 milliards de F.).

Ports sud-africains. *La Zambie :* expédie par ceux-ci 95 % de ses export. de cuivre et cobalt ; *le Zaïre :* 45 % de son cuivre, 60 % de son zinc et 40 % de son cobalt.

Rang dans le monde (84). 1er or, pierre gemme. 2e manganèse. 3e uranium. 5e charbon. 6e rés. charbon. 8e fer. 9e ovins. 11e cuivre, vin. 12e argent. 14e canne à sucre. 15e maïs. 19e bovins.

Plus grande puissance économique de l'Afrique, représente en % : population 6,4, électricité 70, or 95, ciment 30, fer 16 (acier 65), trafic ferroviaire 60, téléphone 46, véhicules 43, maïs 41, sucre 21, p. de terre 20, blé 19.

ALBANIE

V. carte p. 1024. V. légende p. 787.

Nom. « Albania » apparut au XIe s. ; il vient d'une tribu illyrienne, située entre Krujë et Lezhë, appelée « Albanoï » par le grec Ptolémée (IIe s. apr. J.-C.) [ce nom semble être d'origine géographique (signifiant « montagne » et se rapprochant du mot *Alpe*)] : le nom moderne « Shqipëria » apparaît après l'occupation ottomane (pays de ceux qui parlent « shqip »).

Situation. Europe. 28 748 km². *Alt. max.* mont Korab 2 751 m, *moy.* 708 m. *Frontières :* avec Grèce 256 km, Yougoslavie 476. *Régions :* Alpes albanaises (N.), montagnes (Centre), montagnes (S.), Bas-pays (O.). *Climat :* littoral, hiver humide et été sec ; en montagne, hiver plus froid et averses orageuses l'été. *Pluies :* 1 300 mm en moy./an (Alpes du N. + de 2 200 mm/an). *Forêts :* 35 % de la superficie.

Population. 2 900 000 h. (84). *1927* 833 000 ; *1939* 1 200 000. 90 % d'Albanais, Grecs, Roms, Aroumains, Macédoniens. D. 100,8. *Pop. urb.* 34 %. **Villes** (80) : *Tirana* 200 000 (81), Shkodër 64 700, Durrës (Durazzo) 80 000 (80), Vlorë 58 400 (80), Elbasan 61 100, Korçë (Koritza) 52 600, Ville-Staline 12 300. **Albanais en Yougoslavie :** Cossove ou Cassovie (Kossovo) env. 1 500 000, Macédoine 380 000, Monténégro 40 000, autres régions 88 000. **A l'étranger :** Turquie, Grèce, Syrie, Égypte, Italie (appelés Arbëresh), U.S.A., Argentine : 2 000 000 à 3 000 000.

Langues off. Albanais dep. 1912 (unifié en 1972, synthèse de 2 dialectes : geg au N. et tosk au S.), grec. **Religions.** Musulmans 70 %, orthodoxes 20 % (église autocéphale au S.), catholiques 10 % au N. (relations rompues avec Vatican). Pratique interdite dep. 67.

Histoire. Pop. préhistorique pelasgienne, puis à la fin du **IIIe millénaire av. J.-C.** remplacée par les Illyriens. **Ve s.-168 av. J.-C.** États illyriens indép. **229, 219** et **168 av. J.-C.** g. illyro-romaines. Province romaine. **395-1347** prov. byzantine. **852-996** occupation bulgare dans le Centre ; **1050** serbe au N. **1190-1216** principauté indép. d'Arbërie. **1347-55** domination serbe (tsar Stefan Dushan), sauf région de Durrës (Anjous de Naples). **Fin XIVe s.** 3 grandes familles : Balsha (N.), Muzakaj (S.), Topia (Krujë et Durrës), qui finit par dominer. Occupation vénitienne à Durrës, Lezhë et Skhodër. **1385** arrivée des Turcs. **1444**-*2-2* Ligue de Lezhë. Résistance animée par Georges Skanderberg (1405-68). Révoltes épisodiques aux XVIe et XVIIe s. ; les montagnes échappent à l'autorité turque. Pachaliks autonomes de Shkodër (famille des Bushatlli) et de Joannina (Ali, Pascha de Tepclenë, ass. en 1822) du XVIIIe s.-début XIXe s. **1878** à la suite du congrès de Berlin, soulèvement dirigé par la Ligue alb. de Prizren (auj. en Youg.) revendiquant « l'Union des terres d'A. en un État unique ». **1912**-*28-11* ind. avec Ismaïl Qemal à Vlorë. **1914**-*7-3/3-9* règne du Pce all. Guillaume de Wied sur l'intervention des grandes puissances. **1915** tr. secret de Londres prévoyant démembrement de l'Albanie (au profit des voisins). *Rép. de Korzë* (chef Themistokli Gërmenji, fusillé par le tribunal militaire de l'armée d'Orient en 1917). **1920** Italiens refoulés. **1922** Ahmet Zogu (1895-1961) PM. **1924** Zogu s'enfuit en Youg. -*16-6/24-10* gouv. de Fan Noli. **1927**-*22-11* tr. d'alliance avec l'Italie. **1928** *janv.* retour de Zogu. -*1-9* se proclame roi des Alb. sous le nom de Zogu Ier. **1939**-*7-4* invasion it. Zogu Ier s'enfuit en G.-B. Le roi d'It. se proclame roi d'Alb. Pendant la g., le P.C. alb. fondé le *8-11-1941* avec Enver Hodja (n. 16-10-1908) anime la résistance (Front de libération nationale). **1944**-*29-11* libération ; 28 000 † et 70 000 blessés sur 1 125 000 h. **1945**-*2-12* élections procommunistes. **1946**-*2-1* Zogu Ier déposé. *11-1* Rép. pop. soc. proclamée. Staline interdit à la Youg. d'annexer l'A. Exécution de Koci Xoxe, 2e secr. du P.C. partisan de Tito. **1948** rupture avec Belgrade. **1961** -*déc.* relations dipl. rompues avec U.R.S.S. ; privilégiées avec Chine communiste. **1977** rupture avec Chine. **1981**-*18-12* Mehmet Shehu (n. 1913), PM dep. 20-7-54, se suicide ou est abattu au cours d'une altercation avec Enver Hodja. **1982**-*26-9* échec d'un débarquement de partisans de Leka Ier (prétendant au trône). -*10-10* Enver Hodja accuse Mehmet Shehu d'avoir été agent secret. **1983** reprise des relations com. avec Chine. **1984-85** ouverture vers Grèce et Youg. **1985**-*11-4* mort de Enver Hodja. -*10/13-9* Jean-Michel Baylet secr. d'État fr. aux relations ext. en A. **1986** -*mars* ouverture ligne aér. Suisse-A.

Nota. — *Zogu Ier* (8-10-1895/9-6-1961) marié à Géraldine (6-4-1917 à Budapest), fille du Cte Jules Apponyi de Nagy Apponyi († 1924) et de Gladys Virginia Steward (Amér.). *Fils unique : Leka* (5-4-39, épouse 10-10-75 Susan Cullen-Ward, Australienne), qui vit en Afr. du S.

Statut. Rép. pop. soc. *Const.* du 27-12-1976. *Chef d'État* (Pt du praesidium de l'Ass. populaire) Ramiz Alia (n. 1925) dep. 22-11-82. *Praesidium de l'Ass. populaire :* 1 Pt, 3 vice-Pts, 10 m. élus pour 4 a. par l'Ass. et responsables devant elle. *Conseil des min. :* 1 Pt, 2 vice-Pts et min. nommés par l'Ass. et responsables devant elle, ou entre les sessions devant le Præsidium. *Pt du Conseil des min.* Adil Çarçani (n. 1921) dep. 15-1-82. *1er secr. du Comité central du Parti* (f. 1941 sous le nom de P. communiste, devient ensuite P. du travail alb., env. 90 000 m.) Ramiz Alia (n. 1925) dep. 13-4-85 [avant : Enver Hodja (1908-85)] dep. nov. 41. *Ass. pop.,* élections nov. 1982 : 250 m. élus p. 4 a. au suffr. univ. direct, 2 sessions par an. *Conseils populaires* (villages, villes, districts), élus tous les 4 ans au suffr. univ. direct. **Fêtes nat.** 11 janvier (proclamation de la Rép. pop. en 1946) ; 1er mai (solidarité intern. des travailleurs) ; 28 nov. (indép. nat., en 1912) ; 29 nov. (libération en 1944).

Selon Amnesty International il y aurait plusieurs milliers de détenus politiques. La Grèce a renoncé à ses revendications sur Gjirokastër et Korçë (sud du pays).

● **Économie.** *P.N.B. (83) :* 800 $ par h. *Pop. active* (% et entre par. part du P.N.B. en %) agr. 60 (20), ind. 25 (55), services 15 (25).

Pas d'inflation. Écart entre les salaires 1 à 2,5.

Agriculture. *Terres* (milliers d'ha, 80) : 2 875 dont terres arables 615 (24 %), forêts 1 242, pâturages 570, eaux intérieures 135, divers 258. Agr. socialisée à 100 %. Secteur d'État 22 % de la prod., coopérateur 78 % (82). *Production* (milliers de t, 82) blé 530, maïs 370, légumes 367, betterave à sucre (81) 270, p. de terre 120, coton, tabac, haricots, vigne, mûrier, orge, riz, fruits. **Élevage** (milliers de têtes, 82) : poulets 4 400, moutons 1 170, chèvres 670, bovins 480, porcs 125. Viande, laine.

Mines. Pétrole (1 400 000 t en 83, réserves env. 20 000 000 t). Gaz. Chrome (1 200 000 t, 3e rang mondial en 80, exporté à 70 %). Cuivre. Nickel. **Électricité :** 2 500 000 kWh (83) dont 80 % hydraulique.

Commerce (%, 1982). *Exportations vers* Youg. 20, Europe de l'Est 42, reste du monde 38.

ALGÉRIE

Carte p. 793. V. légende p. 787.

Situation. Afrique. 2 381 741 km². *Alt. max.* Atakor (Hoggar) 2 918 m, *min.* chott Melghir — 30 m, *moy.* 900 m. *Frontières :* Maroc 1 350 km, Sahara occidental 60, Mauritanie 450, Mali 1 100, Niger 1 180, Libye 1 000, Tunisie 1 140.

Régions. *Algérie du nord :* env. 381 000 km², 26 wilayas, 3 zones parallèles au rivage s'étageant du N. au S. : *chaîne du Tell* (1 000 km × 125 km) entre la mer et les hautes plaines ; principales divisions d'E. en O. : Mts de Tlemcen : alt. max. Djebel Kouabet 1 621 m ; massif des Beni Snouss : Dj. T'chouchfi 1 842 m ; Ouarsenis : Œil du Monde 1 985 m ; massif algérois : Mouzaïa 1 608 m ; Djurdjura : Lalla Khédidja 2 308m ; Mts du Constantinois [chaînons entrelacés, rejoignant au S. l'Atlas saharien (Aurès) : Dj. Chelia 2 328 m] ; *plaines attenantes* [d'E. en O. : pl. du Sig et du Chlef (Chélif) (Oranais) ; haute vallée du Chlef ; pl. de la Mitidja (Algérois), pl. de l'Isser ; pl. d'Annaba (pluies 300 à 1 000 mm, surtout févr.-mars et oct.-nov.)] ; *hautes plaines intérieures :* dépressions du Chott el Chergui, du Chott el Hodna et du Tarf, zone steppique, pluie 100 à 300 mm ; *Atlas saharien* [d'E. en O. : massifs des Ksour (Dj. Mzi 2 200 m) ; de l'Amour (Dj. Touilet 1 977 m) ; des Ouled Naïl (Bou Kahil 1 500 m)].

Alg. saharienne : env. 2 000 000 km², 5 wilayas, plaines et montagnes, parallèles à la côte. Direction des vallées sèches : N.-S. Principaux fleuves fossiles : Oued Saoura ; O. Tafassasset. Dépression max. : Chott Melghir : — 30 m ; hauteur max. : Hoggar : 3 000 m (mont Atakor 2 918 m, massifs volcaniques dominant le socle primaire, lui-même recouvert de calcaires crétacés).

Côtes : 1 200 km, montagneuses, chaîne calcaire (branche nord de l'Atlas tellien) parallèle au rivage. 5 échancrures correspondant aux fleuves côtiers : golfe d'Oran, baie d'Alger, golfe de Béjaïa, g. de Skikda (baies de Collo et de Stora), g. de Annaba. Nombreux récifs.

Climat : méditerranéen. Au N., hiver pluvieux et froid, été chaud et sec. Au S., climat sec et tropical, grands écarts de température. Sahara (pluie < 100 mm ; temp. moy. 36 °C le jour, 5 °C la nuit).

	Températures moy.		*pluies ann. mm.*
	janvier	juillet	
Oran	10,5 °C	23,1 °C	253
Alger	12,2 °C	24,5 °C	691
Annaba	12,9 °C	24,5 °C	476
Skikda	13,5 °C	25,7 °C	621
Béchar	12,1 °C	31,7 °C	70

Distance d'Alger (en km) : Ain Salah 1 388, Annaba 611, Béchar 889, Bejaïa 237, Biskra 558, Constantine 424, El Goléa 968, Ghardaïa 636, Laghouat 432, Oran 423, Ouargla 600, Skikda 510, Souk Ahras 623, Tamanrasset 2 073, Tlemcen 520, Touggourt 767.

Démographie

Population. *Total* 21 500 000 h. résidents (85). 1 800 000 A. à l'étranger (dont 900 000 en France). *1990* 27 600 000 h. ? *V. 2040* 56 000 000 h. ? D. 9. 96 % de la pop. dans le N. sur 17 % des terres. Berbérophones 25 %, Arabophones 75 %, Maures, Français (en 81) 43 000 (dont 2 500 coopérants, 2 300 pieds-noirs), Américains 2 000/3 000, Soviétiques 1 500. — *de 19 a.* 57,3 %, *+ de 69 a.* 5,7 %. **Immigrés** 300 000 Marocains (en 1975, 30 000 expulsés).

Taux brut natalité 3,2 %, mortalité 1,18 %, mort. infantile 11,5 %. Accroissement 3,83 % par an. *Fécondité :* 7 enfants par femme (2 en Fr.). **Espérance de vie** 58,4 (H. 56,7, F. 58,9).

Pop. urbaine : *1966 :* 31 %, *1983 :* 45 %.

Analphabètes (1982) — *de 17 ans :* 20,4 %, *17 à 60 :* 51,6, *+ de 60 :* 90,7.

Évolution de la pop. musulmane *et, entre parenthèses, non musulmane. 1835* 1 870 000 dont Maures d'Espagne et arabophones (cultivateurs et ouvriers) 1 200 000, nomades 400 000, Kabyles 200 000, Juifs 30 000, Turcs et renégats 20 000, Kouloughis 20 000. *1856* 1er recensement : 2 310 000 (159 299). *1881* 2 860 000 (412 434). *1901* 3 781 000 (633 850). *1921* 4 923 000 (791 370). *1936* 6 201 000 (833 359). *1954* 8 675 000 (984 000). *1966* 12 362 000 (dont au min. 274 000 émigrés).

Après le départ des Français, leurs biens ont pu être nationalisés (entraînant l'expropriation ou la dépossession), parfois avec indemnisation, ou déclarés vacants et récupérés. Un bien était considéré comme vacant lorsque « les propriétaires cessaient de faire valoir leurs droits résultant de leur qualité de propriétaire, ou avaient cessé d'exécuter leurs obligations durant plus de 2 mois consécutifs, à un moment quelconque depuis le 1-6-1962 ». 220 000 locaux ont pu ainsi être déclarés vacants. En 1980, le régime a été assoupli.

Villes (est. 83). *El-Djezaïr* (Les Iles, ex-Alger) 1 721 607, Wahran (ex-Oran) 663 504, Qacentina (ex-Constantine ; antique Cirta) 448 578, Anaba (ex-

Estimation de la population résidente totale par wilaya avant nouveau découpage

Wilaya	Superficie km²	Popul. (est. 1984)	Densité Hab.-km²
01 Adrar	422 498,0	161 936	0,36
02 Ech-Cheliff	8 676,7	1 040 563	115,6
03 Laghouat	112 052,0	391 817	3,39
04 Oum-el-Bouaghi	8 123,0	464 806	55,2
05 Batna	14 881,5	691 079	44,8
06 Bejaïa	3 442,2	659 040	185,5
07 Biskra	109 728,0	662 778	5,8
08 Béchar	306 000,0	184 069	0,58
09 Blida	3 703,8	1 126 303	295,7
10 Bouira	4 517,1	454 805	96,8
11 Tamanrasset	556 000,0	62 680	0,1
12 Tebessa	16 574,5	439 638	25,8
13 Tilimcin	9 283,7	678 025	70,9
14 Tiaret	23 455,6	731 542	30,1
15 Tizi-Ouzou	3 756,3	1 028 864	265,6
16 Alger	785,7	2 442 303	3 048
17 Djelfa	22 904,8	403 500	17
18 Jijel	3 704,5	604 319	157,7
19 Setif	10 350,4	1 776 673	109,3
20 Saïda	106 777,4	450 594	4
21 Skikda	4 748,3	597 530	122,5
22 Sidi-Bel-Abbès	11 648,2	604 773	50,5
23 Annaba	3 489,3	650 096	181,5
24 Guelma	8 624,4	633 733	71,4
25 Constantine	3 561,7	807 245	220,8
26 Medea	8 704,1	575 305	63,6
27 Mostaganem	7 023,6	396 765	123,3
28 M'Sila	19 824,6	540 013	26,2
29 Mascara	5 845,6	526 644	87,4
30 Ouargla	559 234,0	261 760	0,45
31 Oran	1 820,0	889 800	477,9
Total	2 381 741	20 841 000	8,4

Bône) 348 322, Tizi-Ouzou 100 749, Blida 191 314, Sétif 186 978, Sidi-bel-Abbès 146 653, Skikda (ex-Philippeville) 141 159, Batna 122 788, Tilimcin (ex-Tlemcen) 146 089, Ech-Cheliff (ex-El-Asnam, ex-Orléansville) 118 996, Boufarik 112 000 (77), Bejaïa (ex-Bougie) 124 122, Lemdiyya (ex-Medea) 84 292.

Algériens en France. QUELQUES CHIFFRES. *V. 1900 et pendant la g. de 1914-18 :* arrivée des 1ers travailleurs. *1922 :* env. 50 000 entrées. *1922-24 :* 90 000. *1929-30 :* arrêt du flux (crise), 42 000 retours. *1930 :* 43 000. *1945-62 :* émigration reprise (sauf 1958). *1954 :* env. 212 000. *1962 :* 400 000. Indépendance : les Alg. sont considérés comme citoyens fr. avec droit de libre circulation. *1964 :* accord fr.-alg. permettant 12 000 sorties par an en moyenne. *1965 :* remise en cause de cet accord par l'Alg. *1968 :* nouvelle convention : contingent de 35 000 par an de 1969 à 1971 et de 25 000 de 1972 à 1973, créant 4 catégories d'immigrés. *1971 :* 750 000. *1973* (19-9) : incidents à Marseille, l'Alg. suspend l'émigration.

A partir de 1975 : retours plus importants que les entrées en Fr. *1977 : aide au retour* (10 000 F et titre de transport gratuit). *1980 :* négociations fr.-algér. sur les retours. But : 35 000 départs/an. Accord valable jusqu'en déc. 1983. La carte de résidence des 280 000 trav. installés en Fr. avant le 1-7-1962 sera renouvelée pour 10 ans à son échéance, celle des 400 000 arrivés après le 1-7-1962 sera prorogée automatiquement pour 3 ans et 3 mois si elle expire entre le 1-10-80 et le 31-12-83 (ensuite pas de renouvellement possible). *1982* (nov.) : 4 800 Alg. l'ont reçue. *1983* (1-1) : 816 000 trav. alg. en Fr. y compris femmes et enfants, 120 000 en cours de régularisation, 100 000 anciens harkis (70 000 en 1962), 400 000 jeunes Alg. nés en Fr. et ayant la nationalité fr. Jusqu'au 15-1-1982, les clandestins pouvaient régulariser leur situation. Les Alg. voulant rentrer en A. ont une allocation (4 fois le salaire net des 6 derniers mois), le billet de retour pour eux et leur famille résidant en France, ou une formation de 2 à 8 mois en 1982 dans les entreprises françaises ou dans des centres de formation de l'AFPA, puis progressivement en A. [la Fr. s'est engagée à financer (pour 320 millions de F) la construction de centres en A.] ; ou après accords des autorités alg., une aide (conseils, crédit COFACE à long terme) pour créer en A. de petites entreprises industrielles ou artisanales.

Religions. Islam *(off.)* 19 000 000, **catholicisme** 60 000, dont env. 5 000 pratiquants, 280 prêtres, 1 000 religieuses (dont enseignantes 500, soignantes 200). **Juifs** 300 (1962 : 150 000).

Langues. Arabe *(off.)*, français *(l. admin.)*, parlers de la langue berbère [kabyle, chaouia, mozabite (du dialecte Zenatyia), chenoui, targui (touareg ou tamahaqt) env. 3 650 000].

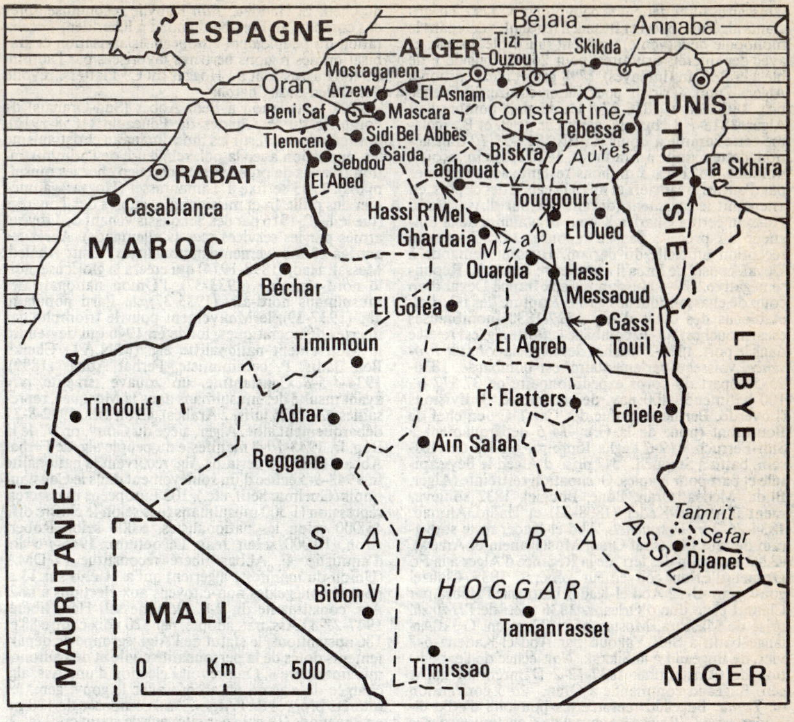

Enseignement. En arabe les 2 premières années du primaire, puis bilingue. **Pop. scolarisable.** *1983-84 :* 4 888 925, *89-90 :* 6 100 000. *Taux de scolarisation* 78,2 %. *Effectifs* (1982-83) : primaire 3 241 924, moyen 1 001 420, secondaire et technique (83-84) 316 000, supérieur 106 940. **Baccalauréat** (1983) 18 000 reçus sur 100 000 candidats. **Enseignants** : (1982-83, entre parenthèses % d'Algériens) : primaire 100 288 (99,36), moyen 38 969 (94,56), secondaire et technique 14 296, supérieur 120 000.

Histoire

Avant Jésus-Christ période *Paléolithique moyen* (chaude, et humide), peuplement Atérien, (gisement de Bir el Ater, dans les Nementchas, à 70 km au S. de Tébessa, à l'extrémité E. du Djebel Onk) ; *Néolithique ancien :* « escargotières » du Constantinois et du Sahara : collines de pierres, les Capsiens (Capsa, auj. Gafsa, Tunisie) sont mangeurs d'escargots. *N. récent* le Sahara (humide) est le centre d'une civilisation brillante (gravures et peintures rupestres du Tassili des Adjers). **XVIe au IXe s.** Berbères (descendants probables des Capsiens) entrent en contact avec les « Peuples de la Mer », qui leur enseignent les techniques égéennes et anatoliennes ; le Sahara devient désertique et se vide. **V. 1250** Carthaginois. Fondation d'Hippone. A partir du IXe s. domination carth. sur côtes (intérieur contrôlé par chefs numides rivaux). **V. 207** Gayya (roi des Massyles) fils de Zelalsen meurt. Ozalcès son frère lui succède. **V. 206** Ozalcès meurt ; Capussa, son fils lui succède, il est tué dans une bataille ; son vainqueur et rival Mazaetullus nomme roi le jeune Lacumazès, frère de Capussa, il s'en déclare le tuteur. Massinissa, en apprenant la mort de son oncle Ozalcès et de son cousin Capussa, rentre d'Espagne, car il est le plus âgé de la famille royale pour accéder au trône. Rivalité avec *Syphax* [roi des Massaessyles, capitale Cirta (auj. Constantine)], pour des territoires que son père Gayya a déjà revendiqués. **V. 203** Syphax vaincu par Massinissa. Lacumazès et Mazaetullus s'enfuient à Carthage. Massinissa envoie des émissaires pour ramener les 2 fuyards. Il unifie les 2 royaumes en un seul : le roy. de Numidie dont il devient roi. **V. 149** Massinissa meurt. Micipsa son fils lui succède. **V. 118** Micipsa meurt. Rivalité entre ses fils Adherbal et Hiempsal Ier, et son fils adoptif Jugurtha. Jugurtha s'impose. Hiempsal est assassiné, Adherbal résiste, Jugurtha prend Cirta, arrête Adherbal et le met à mort car il voulait traiter avec les Romains. Il devient roi de Numidie, épouse la fille de Bocchus, roi des Maures. Après 7 ans de g. contre les Romains, il est trahi par son beau-père qui le livre aux R. Emprisonné, condamné à mort, il est étranglé à Rome au Tullianum. Après sa mort, le royaume est attribué à son frère Gauda. **202** *Zama* (Scipion bat Hannibal), débuts de l'intervention romaine ; alliance romano-numide dans l'armée rom. **46** *Thapsus* victoire romaine : Numidie répartie entre Mauritanie césarienne (cap. Caesarea, Cherchell) et Afrique proconsulaire (cap. Carthage).

Apr. J.-C. l'Alg. se romanise. Villes principales : Timgad, Tipasa, Tebessa, Hippone [Bône puis Annaba ; évêque *St Augustin* (354-430)]. **429** invasion vandale. **533** domination byzantine. **680** débuts de la conquête arabe. Invasion d'Oqba ibn Nafaâ. Résistance berbère jusqu'au début XIIIe s., islamisation puis arabisation.

VIIIe-début XVIe s. dynasties musulmanes d'origine berbère : Rostémides, aghlabite (750-910 englobant Tunisie), Kharedjites (Hauts Plateaux, cap. Tiaret VIIIe-910), fatimide (Alg., Tun. 910-73), ziride (Alg., Tun.), hammadite (partie de l'Alg.), domination almohade (en partie 1060, en totalité 1147-1269), hafside (Tun. et Constantinois), zianide (Tlemcen). **Xe s.** invasion des Beni Hillal. **1515** corsaires turcs restaurent l'unit. Protectorat nominal du sultan de Constantinople. **1535** Charles Quint prend Tunis. **1541**-*21-10* arrive devant Alger (+ de 500 navires, 12 000 marins, 22 000 h.) ; des intempéries le mettent en déroute. **1553** la compagnie marseillaise des « Concessions d'Afrique » obtient du dey d'Alger l'autorisation de pêcher le corail sur la côte. Elle construit, à 12 km à l'ouest de La Calle, le « Bastion de France ». Plusieurs fois détruit et relevé, ce comptoir est établi à la fin du XVIIe s. Il est évacué de 1799 à 1816, et détruit sur l'ordre du bey de Constantine en 1827. **1643**-*31-10* le duc de Beaufort (ancien roi des Halles) débarque à Djidjelli et l'évacue. **1681** les A. prennent un bâtiment de la marine royale fr., le chevalier de Beaujeu est vendu comme esclave. **1682** Duquesne bombarde Alger en représailles. **1684**-*2-4* Tourville devant Alger. *-28-4* paix proclamée pour 100 ans ; g. recommence. **1708** Turcs prennent Oran. **1732**-*30-6* Esp. débarquent près du cap Falcon. *-1-7* prennent Oran. Ils s'y maintiennent ainsi qu'à Mers-El-Kébir jusqu'en 1792. (Pénon d'Alger et Bougie repris par les Barberousse.)

XVIe-XVIIIe s. les deys d'Alger, quasi indépendants de la Turquie, pratiquent la g. de course contre les Eur. ; représailles esp. 1541, 1774 ; franç. 1665, 1682-83, 1685, 1688 ; angl. 1816. **Dep. 1659** l'*agha* des janissaires turcs détient le pouvoir en A. **1797** 2 négociants algérois, Bacri et Busnach (israélites détenant le monopole de la vente), vendent (au triple du prix et avec des intérêts usuraires) pour 24 millions de F de blé à la Rép. fr. (impayés). **1798** projet d'expédition à Alger, Tunis, Tripoli pour lutter contre l'influence brit. **1808** *idem.* **1816**-*27-8* les Anglais bombardent Alger. **1818**-*1-3* Hussein, créditeur de B. et B., réclame cette somme à Louis XVIII. **1819**-*28-10* transaction, dette réduite à 7 millions. **1820** Hussein reçoit 4 millions. **1821** les 3 millions restants sont réclamés par d'autres créanciers et mis à la caisse des dépôts, en attendant le jugement (devant la Cour d'Aix). **1826** Hussein écrit à Charles X pour se plaindre de la longueur du procès ; pas de réponse. **1827**-*27-4* à la réception officielle du Baïram, Hussein demande à Deval, consul de Fr., s'il a une lettre de Ch. X. Réponse négative. *-29-4* Hussein furieux frappe Deval d'un coup de chasse-mouches. *-16-6* Rupture des rel. dipl. et blocus des côtes d'Alg. **1827-1830** (nombreuses escarmouches). *-5-10* combats, la flotte alg. est rejetée dans le port. **1829**-*3-8* échec des négociations ; le *Provence,* vaisseau parlementaire, est bombardé. **1830**-*25-5* départ du corps expéditionnaire de 37 577 h., 100 bâtiments, 400 nav. de commerce, 3 divisions (Loverdo, Berthezène, duc des Cars), C^dt en chef de Bourmont (min. de la G.). *-14-6* débarquement à Sidi-Ferruch. *-19-6* l'agha Ibrahim, gendre de Hussein, battu à Staouëli. *-5-7* prise d'Alger, le dey capitule et part pour Naples. Occupation restreinte (Alger, Blida, Médéa, Oran, Bône, Bougie). **1832** soulèvement d'Abd el-Kader (1808-83) et Hadjd Ahmad. **1834**-*26-2 tr. Desmichels,* Abd el-Kader reste souverain de tout l'O. (sauf Oran, Mostaganem et Arzew). *-22-7* annexion des terr. de la Régence d'Alger à la Fr. Drouet d'Erlon gouverneur général. **1835** Clauzel gouv. gén. *-3-12* Abd el-Kader battu sur l'Hébra par Clauzel et le duc d'Orléans. **1836** vict. de l'*Hafrah,* prise de Mascara, Mostaganem, Tlemcen. G^al d'Arlange battu à Sidi Yakoub par Abd el-Kader. *-6-7* vict. de Bugeaud à la Sikkak. *Nov.* échec de l'expédition de Constantine. **1837**-*12-2* Damrémont gouv. gén. Bugeaud commande à Oran. *-20-5* convention de *Tafna.* Bugeaud renforce les pouvoirs d'Abd el-Kader. *-6/13-10* siège (et chute) de *Constantine* par le Gal Valée. Damrémont †. Valée gouv. gén. **1838** occupation de Blida, Djidjell, Sétif. *Oct.* expédition des *Portes de fer* du duc d'Orléans (interprétée comme une rupture du tr. de Tafna). *Nov.* début de la g. Les deys de Miliana et Médéa franchissent la Chiffa et envahissent la Mitidja.

1839-*14-10* le min. de la Guerre appelle *Algérie* la zone occupée par la Fr. *Nov.* Abd el-Kader reprend la g. **1840**-*2/7-2* à Mazagran, 123 h. luttent contre 1 200 Arabes. Conquête totale décidée. *-1-11* arrêté confisquant les biens des Arabes ayant lutté contre la Fr. *-29-12* Bugeaud remplace Valée. **1841** Mascara occupée. **1842** Tlemcen occupée. **1843**-*16-5* prise de la *smala d'Abd el-Kader* par le duc d'Aumale. **1844**-*1-2* arrêté organisant les bureaux arabes. *-30-5* victoire de Lamoricière à la Mouila. *-6/25-8* hostilités contre Maroc ; Tanger et Mogador bombardés par le P^ce de Joinville. *-14-8* vict. de Bugeaud sur l'armée marocaine à *l'Isly. -10-9 tr. de Tanger.* **1844-47** 3 campagnes de Bugeaud en Kabylie. **1845**-*18-3* convention de Lalla Maghnia ratifiée le 6-8 à Larache. Révolte de Bou Maâza dans l'Ouarsenis et la Dahara. *-22-9* affaire du marabout de Sidi Brahim. *-27-9* reddition de la garnison fr. d'Aïn Temouch. **1847**-*13-4* Bou Maâza se rend au C^el de Saint-Arnaud. Prise de Sétif. *Juill.* Abd el-Kader repoussé de la Mitidja rentre au Maroc par Figuig. *-11-9* duc d'Aumale gouv. gén. *-23-12* Abd el-Kader se rend à Lamoricière. **1848** *-févr. à 1851 déc.* Cavaignac, Changarnier, Charon, Pélissier, d'Hautpoul commandants en chef. **1848** l'Alg. forme 3 départements fr. **1849** *-nov.* prise de l'oasis de Zaatcha. **1850** révolte kabyle matée. Pélissier et Bosquet dévastent la Grande Kabylie, Saint-Arnaud la Petite Kabylie. **1851-58** le M^al Randon gouv. gén. **1852**-*4-12* prise de Laghouat par Yusuf et Pélissier. **1853** soumission de la Kabylie des Babors. **1857** pacification de la Kabylie par Mac Mahon et Yusuf. *Mai* construction du Fort-Napoléon (Fort-National). Prise d'Icheriden. *-Juill.* campagne du Djurdjura. Reddition de la femme du marabout Lalla Fadhma. Napoléon III, influencé par Ismaïl Urbain (1812-84), hésitera entre l'assimilation et un « Royaume arabe ». **1858**-*24-6* création d'un ministère de l'Alg. et des colonies (P^ce Jérôme Napoléon). *-9-8* démission de Randon. **1859** Cte de Chasseloup Laubat remplace P^ce Jérôme qui a démissionné. **1860**-*25-7* décret organisant la vente des terres. *-17/19-9* visite de Napoléon III. *-24-11* gouv. gén. rétabli. Pélissier gouv. gén. Politique du « Royaume arabe ». **1864** Mac Mahon gouv. gén. **1865** 2e voyage de Napoléon III. **1868** famine, 35 000 †. **1870**-*24-10 décret Crémieux* accordant la citoyenneté fr. aux Israélites alg. **1871** révolte de Mokrani et du cheik El Haddad. *Juin* Kabylie reconquise après des combats au Fort-National et à Icheriden. Accélération du peuplement européen. Islamisation et arabisation des régions berbères favorisées par l'admin. fr. **1881** assassinat au Hoggar du C^el Flatters, révolte des Ouled-Sidi-Cheibh.

1901 installation à Béni Abbès (Sud-Oranais) de l'oratoire du P. Charles de Foucauld (1858-1916), désireux de convertir les musulmans au christianisme (en oppostion avec la pol. religieuse de l'administration fr. : pas de prosélytisme chrétien chez les musulmans). **1905** se fixe à Tamanrasset (Hoggar), aumônier des milit. fr. et missionnaire auprès des Touaregs (tué le 1-12-1916 par des Senoussis venant de Libye et armés par les services secrets allemands). **Après les années 20** mouvements nationalistes : Émir Khaled, Messali Hadj (1898-1974) qui créera la glorieuse étoile nord-africaine (1933-37), l'Union nationale des musulmans nord-afr. (1935-37), le Parti populaire alg. (1937-39), le Mouvement pour le triomphe des libertés démocratiques, fondé en 1946 qui deviendra le Mouvement nationaliste alg. (M.N.A.) ; Cheikh Ben Badis, P. communiste, Ferhat Abbas (1899). **1934**-*4/5-8* Constantine, un zouave israélite ivre ayant insulté des musulmans dans la Mosquée, représailles : 27 † (25 juifs, 2 Arabes), 40 blessés. **1942**-*8-11* débarquement allié. Alger, siège du Gouv. prov. de la Rép. fr. **1943**-*10-2* manifeste du peuple alg. de Ferhat Abbas. **1944**-*7-3* certains Alg. reçoivent la nationalité fr. **1945**-*8-5* échec d'un soulèvement dans le Constantinois (Guelma, Sétif, etc.). 103 Européens massacrés, répression (1 500 musulmans tués selon le chiffre off., 45 000 selon les nationalistes, 6 000 selon Robert Aron, 10 000 selon Jean Lacouture). **1946**-*4-3* loi d'amnistie. F. Abbas libéré reconstitue l'UDMA (Union du manifeste algérien) qui a 11 élus sur 13 s. pour le collège des non-citoyens aux élections à la 2e Ass. constituante du 2-6. *Oct.* Messali Hadj libéré. **1947**-*27-8* l'Ass. nat. adopte, par 320 voix contre 88 et 186 abstentions, le statut de l'Alg. « groupe de départements dotés de la personnalité civile et de l'autonomie financière ». On prévoit l'élection d'une Ass. alg. chargée de « gérer, en accord avec le gouv. gén., les intérêts propres de l'Alg. ». Ass. composée de 120 m. en 2 sections (1er collège : citoyens de statut civil fr., 2e collège : citoyens de statut musulman). Statut mal appliqué ensuite. **1954**-*9-9* séisme à *Orléansville,* 1 450 †. *31-10/1-11 début de la g. d'Alg.* (70 attentats, 7 †). *-12-11* le Pt du Conseil (Mendès France) déclare « l'Alg. c'est la Fr. », « On ne transige pas lorsqu'il s'agit de défendre l'intégrité de la République ». *-29-11* Grine Belkacem † dans l'Aurès.

1955-*26-1* Soustelle gouv. gén. *-31-3* état d'urgence (Aurès, Kabylie). *-16-5* effectifs mil. portés à 100 000 h. *-20-8* insurrection généralisée de la Wilaya 2 (N.-Constantinois) sous les ordres de Zighout Youssef : 39 localités attaquées simultanément à midi (171 civils fr. égorgés, dont 1/3 d'enfants, notamment à El Halia, 35 †) ; représailles : 1 273 musulmans exécutés ; conséquences : les 2 communautés sont ouvertement en g. *-30-8* état d'urgence pour toute l'Alg. *Nov.* création des S.A.S. *-21-12* ralliement de Kerbadou Ali avec 500 h. (Aurès). **1956**-*12-1* décrets sur pouvoirs spéciaux. *2-2* Soustelle quitte Alger. *-6-2* manifestation hostile des Européens à Alger contre G. Mollet. Démission du Gal Catroux (min. résident dep. 8 j), remplacé par R. Lacoste. *-21-2* Ferhat Abbas et Ahmed Francis passent en Fr. *-26-2* création de l'Union gén. des trav. alg. (U.G.T.A.). *-12-3* 455 voix contre 76 (poujadistes et droite) votent les pouvoirs spéciaux au gouv. *-4-4* l'aspirant communiste Maillot déserte. *-6-4* bataille du Djeurf. *-11-4* rappel de 70 000 disponibles. *-12-4* dissolution de l'Ass. alg., beaucoup de musulmans ayant démissionné. *Avr.* arrivée du contingent, échec de négociations secrètes. *-22-4* Ferhat Abbas et le chef des Oulémas se rallient au F.L.N. au Caire. *Mai* quadrillage de l'Alg. *-18-5* embuscade de Palestro (19 Fr. †). *-2-6* Maillot tué. *20/21-6* bombe à Alger. *-20-8* congrès du F.L.N. à *La Soummam* en Kabylie ; affirme la primauté du politique sur le militaire et de l'intérieur sur l'extérieur (rédacteur princ. Abane Ramdane) ; la reconnaissance de l'indép. alg. est un préalable à l'ouverture de négociations avec la Fr. ; désigne un Conseil nat. de la révolution qui désigne un comité de coordination et d'exécution de 5 m. *-1/5-9* échec de nouvelles négociations secrètes à Rome, la Fr. ne voulant pas aller au-delà de la personnalité alg. *-15-9* contacts Yazid-Comin à Rome. *-2-10* bataille du Djebel Amour. *-22-10 enlèvement de Ben Bella* (dont l'avion, appartenant au roi du Maroc, est détourné sur Alger) ; *autres prisonniers :* Aït Ahmed, Boudiaf, Khider ; *conséquence :* le roi du Maroc soutient le F.L.N. ; les Fr. établissent un barrage à la frontière algéro-marocaine. *-5-11* expédition de Suez. *-1-12* Salan remplace Lorillot. *-28-12* Amédée Froger, maire de Boufarik, assassiné.

L'Algérie en 1954

• **Agriculture.** *Superficie cultivable* 7 200 000 ha (500 000 en 1830). Terres irriguées 50 000 ha. Sur 600 000 ha de bonnes terres : vigne 400 000, cult. mar. et ind. 100 000, agrumes 30 000, arbres fruitiers 26 000, oliviers à gros rendement 25 000. *Répartition des terres :* Autochtones 47,3 % de la superficie de l'Alg. (10 107 000 ha de terres agricoles, 274 000 ha de forêts), État 9 412 579 ha. Européens : 2 818 000 ha de terres agr. *Exploitation moyenne* europ. 109 ha, autochtone 14 ha (73 % des expl. aut. ont moins de 10 ha). **Forêts** 210 000 ha (1 million d'ha de terres colonisées venaient du domaine public, hérités du gouvernement turc, dont 500 000 ha attribués gratuitement). **Routes** 58 000 km. **Réseau ferré** 4 375 km, dont 1 812 à voie étroite. **Téléphone** 12 600 postes principaux. **Consommation d'électricité** 827 M de kWh (dont 356 d'origine hydraulique). **Revenu** (annuel moy. par pers., en F) : Fr. : 350 000, Alg. : moins de 50 000.

• **Population. Active** mus. : 3 156 000 (87,8 % agriculture), eur. 331 000 (14,4 % agriculture, 28,6 % industrie, 8 % commerce et service). **Scolarisation :** 1 garçon sur 5, 1 fille sur 16. Illettrés en français : hommes 94 %, femmes 98 %. **Hygiène :** médecins 1 p. 5 137 h. (1 p. 1 091 en Fr.) ; dentistes 1 p. 19 434 h. (1 p. 3 199 en Fr.) ; taux de mortalité infantile 13 % (Fr. 12 ‰).

Accords d'Évian

• **1°) Déclaration générale.** « L'indépendance de l'Algérie en coopération avec la Fr. répond aux intérêts des deux pays. » L'Algérie s'engageait à garantir les intérêts de la France et les droits acquis des personnes physiques et morales. En contrepartie la France accorde à l'Algérie son assistance technique et culturelle et s'engage à apporter à son développement économique et social une aide financière privilégiée.

• **2°) Textes concernant la période intérimaire.** Jusqu'à l'organisation d'un référendum d'autodétermination en Algérie le 1-7-1962, la Fr. continuait à exercer sa souveraineté sur l'Algérie.

• **3°) Autres textes.** Les garanties dont devaient jouir, dans l'Alg. indépendante, les « citoyens de statut civil de droit commun » (Alg. d'origine fr. et gardant la double nationalité), modalités d'une coopération privilégiée entre Fr. et Alg. Mais il y eut un exode massif des « pieds noirs » et la plupart de ces dispositions n'ont jamais été appliquées. En 1971, les hydrocarbures étaient nationalisés et la coopération privilégiée en matière économique s'effondrait. Boumediene, chef d'état-major en 1962, avait désapprouvé les accords d'Évian.

Bilan de la guerre d'Algérie

• **Bilan en Algérie** *(du 1-11-1954 au 19-3-1962).* **Forces de l'ordre. Effectifs engagés** 2 000 000. **Morts** 24 616 dont *Armée de terre :* 23 716 [dont 15 000 tués (combat ou attentat), 7 678 accidents, 1 038 par maladie, suicide ou noyade] ; *de l'air :* 898 [dont 583 tués (opérations et accidents aériens), 239 acc. divers, 76 de maladie]. **Blessés** 64 985 (dont 35 615 au combat ou par attentat, 29 370 par accident). **Disparus ou prisonniers** 1 000.

A.L.N. Morts : 158 000 (au combat 141 000, victimes des purges 15 000 au min., tués par les armées maroc. et tunis. 2 000).

Pertes civiles. Tués européens 2 788 ; musulmans 16 378. **Disparus** européens 2 500 ; musulmans + de 50 000. 150 000 civils auraient été abattus par l'A.L.N. après le cessez-le-feu.

D'après la charte d'Alger, il y avait lors de l'indép. 300 000 orphelins dont 30 000 complets, env. 1 000 000 de martyrs, 3 000 000 de personnes déplacées, 400 000 détenus et internés, 300 000 réfugiés (Maroc et Tunisie surtout), 700 000 émigrés des campagnes vers les villes.

Nota. — **Expédition de Suez** (nov. 1956) : 15 tués français.

• **Terrorisme algérien en France** *(du 1-1-1956 au 23-1-1962).* 4 176 † et 8 813 blessés (musulmans 3 957 †, blessés 7 745 ; métropolitains civils 150 †, bles. 649 ; militaires 16 †, bles. 140 ; policiers 53 †, bles. 279).

1957-*7-1* Gal Massu, Cdt de la 10e division de parachutistes, chargé du maintien de l'ordre à Alger : début de la *bataille d'Alger* gagnée en juillet. -*16-1* attentat au bazooka contre bureau de Salan (Cdt Rodier tué). -*17-2* les chefs du C.E.E. partent au Maroc et en Tunisie. -*9-5* bataille de Collo. -*28-5* massacre de *Melouza* par le F.L.N. (300 †). -*Juin* attentats, manif., incidents à Alger ; combats dans le Constantinois. -*15-6* bataille de Chéria. -*21-6* Maurice Audin (assistant à la faculté des sciences d'Alger) meurt en prison. -*19-7* bat. de Bouzegza. -*20-7* ralliement de Si Chérif avec 300 h. -*29-7* bat. de Ferna. -*4-8* bat. de Bouzegza. -*24-9* Yacef Saadi arrêté. -*30-9* projet de loi-cadre pour l'Alg. repoussé par l'Ass. nat. (279 v. contre 253). -*15-10* liquidation par Massu de la « zone autonome d'Alger » (arrestation du réseau de Yacef Saadi). -*3-11* bataille de Timimoun. -*6-11* accord avec Gal Mohammed Bellounis. -*11-11* bat. de Aïn Tame. -*26-11* projet amendé de loi-cadre (adopté par 269 v. contre 200). -*26-12* Boussouf tue Abane Ramdane. **1958** janv. frontière tunis. bouclée par la *ligne Morice* (barrage électrifié mis en place à partir de juin 1957). -*11-1* bataille de Djebel Alahoun. -*31-1* loi cadre adoptée. -*8-2* l'aviation fr., ayant été attaquée par des tirs de mitrailleuses F.L.N., bombarde en représailles le village tunisien de Sakhiet-Sidi-Youssef. -*18/19-3* bataille de Guelma. -*9-5* exécution de 3 militaires fr. par le F.L.N. ; télégramme de Salan à l'État-Major gén. exprimant l'appréhension de l'armée devant l'éventualité de négociations avec les rebelles. -*13-5* à Alger, grève générale décrétée par les anciens combattants, prise par les manifestants de l'immeuble du gouvernement gén., création d'un Comité de salut public présidé par le Gal Massu. Salan nommé délégué gén. du gouv. et Cdt en chef. -*14-5* Salan conclut une harangue à Alger au cri de « Vive De Gaulle ». -*1-6* de Gaulle investi à Paris. -*2-6* reconduction des pouvoirs spéciaux. -*4-6* de Gaulle à Alger, « Je vous ai compris » ; à Mostaganem, il emploie pour la seule fois l'expression « Alg. française ». -*6-6* Salan concentre pouvoirs civils et militaires. -*1/5-7* de Gaulle en A. -*16-7* Gal Bellounis tué. -*19-9* gouv. provisoire de la Rép. alg. (G.P.R.A.) formé au Caire, Pt Ferhat Abbas. -*28-9* référendum sur la Const. 98 % de oui en A. -*28/29* de Gaulle à Alger. -*2/5-10* de Gaulle en A. : annonce à Constantine un plan de 5 a. de développement. -*14-10* les militaires quittent les Comités de salut public. -*15-10* Gal Jouhaud limogé. -*15/17-10* combats de l'Akfadou. -*23-10* conférence de presse, de Gaulle propose *« la paix des braves »*, rejetée le 25 par le G.P.R.A. -*17-11* Azzedine capturé. -*28-11* Gal Vanuxem limogé. -*23/30-11* élections lég. en Alg. au collège unique, vict. des partisans de l'intégration. -*3/7-12* de Gaulle en A. -*12-12* Salan remplacé : Delouvrier délégué gal, Gal Challe Cdt en chef.

1959-*3-1* bataille de Berrouaghia. -*Févr.* début du *plan Challe* (opérations héliportées menées d'E. en O., d'un barrage électrifié à l'autre). -*28-3* colonels Amirouche (Wilaya III) et Si-Haouès (W. IV) tués. Gal Allard limogé. Si Salah remplace Si M'Hamed (†) (W. IV). -*Juill.* début opérations *« Jumelles »* et *« Pierres précieuses »*. -*27/31-8* de Gaulle en A. « 1re tournée des popotes » (« Moi vivant, jamais le drapeau F.L.N. ne flottera sur l'Algérie »). -*16-9* allocution ; de Gaulle propose sécession, francisation, association. -*28-9* refus du G.P.R.A. qui exige, préalablement à toute discussion, l'indépendance totale. -*28-10* de Gaulle dit à l'armée d'Alg. : « Après un délai de l'ordre de plusieurs années » viendra l'autodétermination ; Massu dit : « La pacification continue » ; Delouvrier : « Nous nous battons pour une Alg. française. » -*28-11* le F.L.N. désigne comme négociateurs Ben Bella et 4 dirigeants arrêtés en 1956.

1960-*19-1 Massu rappelé.* -*24-1/1-2 semaine des barricades* à Alger (22 †, 150 blessés le 1er j.). -*4-2* mouvement activiste dissous. -*Févr.* Bigeard et Godard limogés. -*13-2* 1re bombe atomique fr. à Reggane. -*3/5-3* de Gaulle en A. ; 2e tournée des popotes, insiste sur la nécessité d'une victoire complète des armes fr. et le droit de la Fr. à rester en A., mais parle d'une « A. algérienne liée à la Fr. », renouvelle l'offre de négociations. -*Avril* Gal Crépin remplace Challe. -*Mai* Si Salah, chef de la Wilaya d'Alger, battu par Challe, accepte de rencontrer de Gaulle secrètement (10-6 à Paris). Il est abattu en juill. -*6-5* bataille de Djebel M'zi. -*20-6* le G.P.R.A. accepte de négocier. -*25-6* entretiens de Melun, rupture des négociations (le G.P.R.A. constate qu'il s'agit de négocier le cessez-le-feu). -*30-10* Salan en Espagne. -*16-11* de Gaulle annonce un référendum sur l'autodétermination de l'Alg. -*21/22-11* batailles de Bab B'har, Oum Teboul, La Croix, Rouh el Souk. -*23-11* Jean Morin remplace Delouvrier. -*9-12* de Gaulle en A., violentes manif. à Alger et Oran. -*19-12* l'O.N.U. reconnaît le droit du peuple alg. à l'autodétermination.

1961-*8-1* référendum sur l'autodétermination : oui 75 % en métropole et 70 % en A. -*Fin janv.* contact avec G.P.R.A. -*Févr.* Lagaillarde fonde en Espagne l'O.A.S. (Organisation de l'armée secrète). -*20/22-2* entretiens secrets en Suisse entre Pompidou, de Leusse et le G.P.R.A. -*2-3* fin du procès des barricades (ouverture 3-11), les accusés présents sont acquittés. -*30-3* annonce officielle des pourparlers d'Évian. -*22/25-4* putsch des généraux (Challe, Jouhaud, Zeller et Salan), à Alger, Gouraud se rallie à Constantine. -*26-4* Challe se rend. -*6-5* Zeller se rend. -*20-5* ouverture de la *conférence d'Évian* entre gouv. fr. et F.L.N. -*7-6* Gal Ailleret remplace Gambiez. -*13-6* rupture des négociations à cause du statut du Sahara et des garanties de la minorité eur. -*20-7* reprise des négociations à Lugrin (Hte-Savoie). -*28-7* ajournement à cause du Sahara. -*Août* Salan dirige l'O.A.S. -*Août/sept.* en Alg. nombreux attentats F.L.N. et O.A.S. -*5-9* conf. de presse, de Gaulle admet qu'une Algérie indépendante et associée à la Fr. aura vocation à revendiquer le Sahara. -*Oct.* contacts secrets avec le F.L.N. -*20-10* Bidault fonde le C.N.R. avec Soustelle et le Gal Gardy. -*21/22-11* bat. de Bab'B'har, Oum Teboul.

1962-*29-1* à El Biar l'O.A.S. fait sauter la villa des « barbouzes ». -*7/18-3 Conf. d'Évian* : cessez-le-feu (19-3), accord sur période transitoire et association entre Alg. indép. et Fr. Terrorisme de l'O.A.S. -*25-3* Jouhaud arrêté. -*26-3* fusillade *rue d'Isly* (46 †, 200 bl.), la troupe a tiré pour briser une manif. O.A.S. -*29-3* l'O.A.S. tente de soulever les Eur. d'Oranie, « chasse aux musulmans » dans les villes. -*7-4* installation de l'exécutif provisoire. -*8-4* référendum en Fr. sur les accords d'Évian, 90 % de oui. -*20-4* Salan arrêté. -*Mai* l'O.A.S. pratique la politique de la terre brûlée. -*19-5* pont aérien pour les rapatriés. -*20-5* début des négociations Louis Joxe/Krim Belkacem. -*Juin* programme de Tripoli, dénonce l'indigence idéologique du F.L.N. (réd. par Mostefa Lacheraf, Ridha Malek, Mohammed Harbi, M. Benyahia). -*17-6* accords de cessez-le-feu à Alger entre O.A.S. et F.L.N. (Susini-Mostefai). -*17-6* capitulation de l'O.A.S. à Oran. -*25-6* Gardy et Dufour arrêtent le combat. -*1-7* référendum pour l'autodétermination. -*5-7* indépendance ; Ben Khedha, Pt du G.P.R.A., s'installe à Alger. Massacre à Oran : 1 500 pieds-noirs, Gal Katz n'intervient pas. -*22-7* bureau pol. constitué par Ben Bella à Tlemcen. -*3-8* Ben Bella et Boumediene à Alger ; le G.P.R.A. s'incline. -*3-9* prise d'Alger par les troupes soutenant Ben Bella. -*20-9* 1re ass. nat. élue et référendum sur ses pouvoirs (5 265 377 oui, 18 637 non). Des Français (Voir Index) abandonnent leurs biens [valeur : 50 milliards de F (selon l'ANFANOMA), 25 milliards (selon l'ANIFOM)], ils seront spoliés. -*25-9* proclamation de la Rép. -*29-9* Ben Bella PM, Boumediene min. de la Défense. -*19-3* au -*31-12*, 3 018 Français officiellement disparus (1 245 retrouvés ou libérés, 1 125 probablement décédés). De 50 000 à 60 000 mus. auraient été exécutés pour collaboration avec la Fr.

1963-*26-3* autogestion des exploit. agricoles vacantes. *Avril* Ben Bella secr. gén. du bureau pol. du F.L.N. (remplace Khider). -*17-5* Boumediene 1er vice-Pt du Conseil. -*8-9 Constitution* adoptée par référendum (5 166 185 oui, 105 817 non), rég. présidentiel, F.L.N. parti unique. -*15-9* Ben Bella élu Pt de la Rép. -*29-9* « dissidence » en Kabylie [Cel Mohand Ou el-Hadj (1911-72), plus tard rallié à Ben Bella] et Aït-Ahmed leader du Front des forces socialistes (F.F.S.). -*1-10* nationalisation des propriétés des colons fr. -*3-10* Const. suspendue, Ben Bella prend les pleins pouvoirs. -*8/9-10* combats près de Tindouchi : 15 †. -*4-11* fin de la dissidence (cessez-le-feu). **1964**-*20-2* accord avec Maroc sur une zone démilitarisée. -*Mars* Charte d'Alger votée par le congrès du F.L.N., se réfère au socialisme scientifique. -*10-4* le dinar remplace le franc. -*14-4* début des nationalisations (minoteries, ind. alim.). -*Juillet* opposition : Khider en Suisse, Aït-Ahmed et Cel Chaabani forment le « Comité de défense de la révol. ». -*15-6* départ de l'armée française. -*20-9* él. d'une Ass. constitutionnelle : 85 % pour les listes uniques F.L.N. **1965**-*16-6* accord F.L.N.-Front des forces socialistes (Aït-Ahmed) pour mettre fin à la lutte armée. -*19-6* prise du pouvoir par un conseil de la révol. de 26 m. (*1968* 10 m., *1977* 8 m.). Ben Bella arrêté. -*10-7 Boumediene*, Pt du Conseil de la révol., chef du gouv., min. de la Défense. -*29-7* accord fr.-alg. sur hydrocarbures et dévelop. ind. **1966**-*8-4* convention fr.-alg. de coop. culturelle et techn. -*7-5* nationalisation des Stés minières etr. **1967**-*3-1* Khider assassiné à Madrid. -*Janv.* code communal. -*5-2* élect. des 1res ass. pop. communales. *Mai-juin* évacuation de Reggane et Colomb-Bechar, bases fr. -*5-6.* « état de g. avec Israël », rupture relat. dipl. avec U.S.A. -*24-8* nationalisation d'Esso et Mobil. -*15-12* putsch du colonel Zbiri, chef d'état-major, échoue. **1968**-*1-2* évacuation base fr. Mers el-Kébir. -*25-4* Boumediene blessé (attentat). -*13-5* nationalisation du marché des produits pétroliers et du gaz (49 Stés nation. dont 48 fr.). -*12-6* de chimie, mécanique, ciment, alimentation. -*11-7* la Fr. restitue 300 œuvres d'art venant du musée d'Alger. **1969**-*1-1* entrée en vigueur de l'accord sur la main-d'œuvre alg. en France. -*15-1* accord avec Maroc qui renonce à Tindouf. -*26-3* charte de la Wilaya. -*19-6* complexe sidérurgique d'Annaba inauguré.

1970-*1-1 1er plan quadriennal* de développement. -*6-1* tr. de coop. tuniso-alg. -*27-5* accord de Tlemcen (sur frontières alg.-maroc.). -*20-10* Krim Belkacem assassiné. **1971**-*24-2* nationalisation des oléoducs, du gaz naturel et de 51 % des avoirs des Stés pétr. fr. -*16-4* service nat. oblig. à partir de 19 ans. -*30-6* accord C.F.P.-Sonatrach. -*14-7* réforme agraire. -*21-9* accord Elf-ERAP-Sonatrach. -*8-11* ordonnance sur la réforme agraire. -*16-11* sur la gestion socialiste des entreprises. **1972**-*15-6* accord alg.-maroc. (coop. et règlement du litige frontalier). -*20-12* Kaïd Ahmed (1924-78), alias Cdt Slimane, resp. du F.L.N. dep. déc. 1967, déchargé de ses fonctions. **1973** mouvement clandestin : *Soldats de l'opposition algérienne S.O.A.* lancé par Mouloud Kaouan (ancien dirigeant F.L.N., créateur en 1963 du Front démocr. et social alg., emprisonné de juillet 1965 à 1968). -*1-5* discours annonçant la nationalisation du pétrole. -*19-6* inauguration de la grande raffinerie d'Arzew. -*19-9* l'Alg. décide de ne plus envoyer de travailleurs en Fr. à cause d'incidents racistes. -*28-12* médecine gratuite. **1974** *2e plan quadriennal.* -*3-6* Messali Hadj (n. 1898, dep. 1952 en France) meurt. **1975**-*10-4* visite du Pt Giscard. *Déc.* national. des dernières Stés fr. importantes. **1976**-*janv.* tension avec Maroc à propos du Sahara occid. ; destruction d'une colonne alg. par l'armée maroc. Plusieurs attentats en Fr. contre des organismes alg. (Off. nat. de tourisme, journal *El Moudjahid)* par les S.O.A. -*12-5* enseignement privé payant supprimé (env. 38 000 élèves concernés). -*27-6* référendum pour Charte nationale (98,51 % pour). -*19-11* référ. pour Constitution (99,18 % pour) 7 708 954 inscrits, 7 163 007 votants. -*10-12* Boumediene élu Pt par 99 % des voix. **1977**-*27-4* nouveau gouv. à base de gestionnaires. -*23-12* libération de 6 Fr. pris à Zouérate le 1-5 par le Polisario (détenus en Alg.). **1977-78** rapports tendus avec Fr. qui reproche à Alg. d'aider le Polisario (V. Mauritanie). **1978**-*20-11* Boumediene dans le coma, meurt le *27-12*, enterré le *29* au « carré des martyrs » de l'indépendance à la droite d'Abd el-Kader. Rabah Bitat, Pt de l'Ass. pop. nat., chef de l'État par intérim. **1979**-*7-2* colonel Chadli Benjedid (candidat unique : 99,5 % des v.) élu Pt. -*8-3* Ahmed Abdel Ghani (n. 18-3-27) PM. -*4-7* Ben Bella en semi-liberté (résidence surveillée à M'Sila). -*1-11* Bruno de Leusse (secr. général du quai d'Orsay, Georges Gorse (ancien min.) en Alg. pour l'anniversaire de la rébellion. -*30-11* l'Alg. récupère une partie du « trésor de g. du F.L.N. » (placé en Suisse pendant la g. d'Alg. : 6 milliards de FF de l'époque) et devient propriétaire d'une banque en Suisse.

1980 *avril* émeutes, grèves, plusieurs morts à Tizi-Ouzou (Kabylie). -*10-10* tremblement de terre à El Asnam 3 000 †, 55 000 logements détruits (80 % de la ville, coût 10 milliards de dinars) ; pertes pour l'économie : env. 30 milliards de dinars. **1981** Exclusion du Comité central du F.L.N. de M. Bouteflika, anc. min. des Aff. étr. -*Mars* affrontements à Tizi-Ouzou et Alger (problèmes berbères). -*19-5* à Alger et Annaba, affrontements avec étudiants intégristes (plusieurs †) et à Beiaia (manif. : problèmes berbères). -*28-9* heurts à Laghouat entre intégristes et policiers, 1 †, plusieurs blessés. -*Oct.* problème du rapatriement des archives conservées à Aix-en-Pr. (env. 200 t, 7 km, période 1830-1962), 134 caisses avaient été restituées en 1975 lors du voyage de Giscard. -*30-11* Pt Mitterrand en Alg. **1982**-*3-2* accord franco-alg. sur le gaz (livraison de 9,15 milliards de m³ par an à partir de 1983), à un prix supérieur au marché d'env. 20 % (l'Alg. sera payée par Gaz de Fr. et par le min. de la Coopération). -*8-2* † du Bachaga Benaïssa Saïd Boualem [(n. 1906) ancien chef de l'Ouarsenis, Cel de l'armée fr., en 1958 député d'Orléansville, vice-Pt de l'Ass. nat. Réfugié dep. 1962 à Mas Thibert près d'Arles]. -*9-2* découverte de 926 cadavres à Khenchela (Aurès) près d'une caserne qui abritait un centre de transit. -*19-5* Mitterrand fait escale en Alg. -*Juin* protocole de coopération avec la Fr. -*Juill.* peines de 3 à 12 ans de prison pour les 6 « comploteurs du cap Sigli ». -*17-12* visite du Pt Chadli en Fr. (1re fois dep. l'indép.). **1983**-*26-2* Pt Chadli rencontre Hassan II. -*7-4* libre circulation avec Maroc. -*7-11* visite du Pt Chadli en Fr. **1984**-*19-10* Pt Mitterrand en Alg. -*23-10* réhabilitation posthume de 21 anciens chefs du F.L.N. dont Khider, Krim, Ramdane, Col, Chaabana (possible), Si Salah (Mohammed Zaamour). -*24-10* création du grade de général. -*1-11* Cl. Cheysson en Alg. pour l'anniv. de la rébellion. **1985**-*4-5* émeutes dans la casbah d'Alger (1 †, centaines de bl.). *Juillet :* 14 personnes arrêtées (dont le Pt de la Ligue des droits de l'homme, Ali Yahia, et le chanteur Ferhat Mehenni) pour avoir tenté de célébrer le 5-7 le 23e anniv. de l'indép. en marge des cérémonies officielles. *-5-7* arrestation d'une trentaine de fils de martyrs après une manif. *-21-10* combat à Laarba (5 gendarmes et 1 intégriste tués). *-29-10* Aït Menguellet, chanteur kabyle, condamné à 3 ans de prison pour détention d'armes. *-31-10* échauffourées à Tizi Ouzou. *-15-12* procès des membres de la Ligue alg. des droits de l'homme (L.A.D.H.) et des fils de Chouhades (martyrs de la g. d'Indép.). *-25-12* procès des partisans de Ben Bella arrêtés en 1983 pour détention d'armes [sur 37 accusés : 21 acquittés, 3 (en fuite) condamnés à 20 ans de réclusion, les autres de peine d'amende à 13 ans de prison ferme].

Les 9 chefs historiques de la Révolution

Hocine Aït-Ahmed (n. 1926). Membre du F.L.N. au Caire, membre du C.N.R.A. (1956), 1er responsable de l'O.S. (Organisation spéciale) arrêté dans l'avion de Ben Bella 27-10-56. Libéré en 62. Crée le F.F.S. (Front des forces socialistes). Arrêté, condamné à mort, gracié, s'évade en avril 66, vit depuis en exil.

Ahmed Ben Bella (25-9-18). Fils de paysan de Marnia, adjudant des tabors marocains ; en 1944, décoré de la médaille mil. 1949 chef pour l'Oranie de l'O.S. (Organisation spéciale), attaque la poste d'Oran pour remplir la caisse du parti, incarcéré à Blida, s'en évade en 1952, se réfugie au Caire. Responsable du F.L.N. au Caire (chargé des relations extérieures), arrêté 22-10-56, après détournement de son avion, détenu jusqu'au 18-3-62. Devient secr. gén. du F.L.N., élu Pt de la Rép. le 15-9-63, renversé le 19-6-65 par le colonel Boumediene. Interné, puis en résidence surveillée à M'Sila (en juillet 1979, en compagnie de sa femme Zohra, épousée en captivité, et de leurs 2 filles adoptives), libéré (1980), vit en Suisse.

Mohamed Larbi Ben M'hidi (1923-57). Responsable de l'insurrection en Oranie. Exécuté le 4-3-57.

Rabah Bitat (n. 1926). Responsable de l'Algérois. Arrêté févr. 55. Libéré après Évian. Min. d'État du G.P.R.A., vice-Pt de l'Alg. indép. depuis 66, min. des Transports, Pt de l'Ass. pop. nat. dep. 1977.

Mohamed Boudiaf (23-6-19). Chargé des relations entre les maquis et Le Caire, Pt du Comité révolutionnaire d'unité et d'action (3-6-54). Arrêté avec Ben Bella (22-10-56), vice-Pt du G.P.R.A. Dans l'opposition après 62. Vit en exil. Crée le P.R.S. (marxiste).

Mustapha Ben Boulaïd (1917-56). Membre du Comité central du M.T.L.D., responsable de l'Aurès en 54, tué 22-3-56 (poste radio piégé).

Didouche Mourad (1927-55). Responsable du maquis du Nord-Constantinois. Tué le 18-1-55 au cours d'un engagement.

Mohamed Khider (1912-67). Député M.T.L.D. d'Alger dep. nov. 46, s'enfuit au Caire en 51, membre de la délégation du F.L.N. au Caire, arrêté le 22-10-56, avec Ben Bella. Dans l'opposition en 63, quitte l'Alg. Détenteur du trésor de guerre du F.L.N. Assassiné à Madrid le 3-1-67.

Belkacem Krim (1922-70). Responsable de la Kabylie au début de la guerre, avec son adjoint Ouamrane. Colonel, m. du C.C.E. (1956), vice-Pt du G.P.R.A. à sa création (1958) et min. des Forces armées, min. des Aff. étrangères (1960), de l'Intérieur (1961). Négociateur et signataire des accords d'Évian, opposé à Ben Bella en 62. Crée le M.D.R.A. (Mouvement démocratique de la Rép. alg.) le 19-10-67. Condamné à mort par contumace le 7-4-69 pour avoir inspiré un complot découvert en févr. 1968 (attentat contre Kaïd Ahmed, responsable du F.L.N.), assassiné à Francfort (18-10-70).

Nota. — M.T.L.D. (Mouv. pour le triomphe des libertés démocratiques).

Autres chefs

Aït Homouda Amirouche (colonel). Tué le 29-3-1959. Un des chefs de l'A.L.N. Décima ses maquis qu'il crut infestés de traîtres. **El-Haouès Ben Abdelkader.** Tué le 29-3-1959. Chef de la zone III de la Wilaya I, puis de la W. VI. **Amar Ouamrane** (n. 1919). **Abane Ramdane** (n. 1920). Assassiné au Maroc, déc. 1957. **Yacef Saadi,** garçon boulanger, militant du M.T.L.D., 1955 rallié F.L.N. 1956-57 joue un rôle important dans la bataille d'Alger, 1957 *mai* capturé, condamné à mort ; gracié 1962, libéré, a épousé Djamila Bouhired. **Zighout Youcef** (1921-56). Organise la résistance dans le Constantinois, puis commande la Wilaya II. Tué 25-9-56 dans une embuscade.

Politique

Statut. Rép. démocratique populaire, une et indivisible. État socialiste. Parti unique. Régime présidentiel. *Charte nationale* adoptée par référendum par 98,51 % des voix le 27-6-76. *Nouvelle Charte nationale* (affirmant le peuple a., arabe et musulman) approuvée par référendum (oui 98,37 %) le 16-1-86 (11 218 398 inscrits, 10 761 462 votants). *Constitution* adoptée par 99,18 % des voix le 19-11-76 (révisée le 30-6-79 par référendum avec 98,18 % des voix). *Pt :* élu au suffr. univ. p. 5 ans, en même temps secr. général du parti unique, min. de la Déf. nat. et chef du gouvernement. *Gouvernement (juillet 85) : PM :* Abdelhamid Brahimi ; *M. d'État auprès de la Présidence de la Rép. :* Mohamed Benahmed Abdelghani ; *Affaires étrangères :* Ahmed Taleb Ibrahimi (n. 1932) ; *Intérieur et collectivités locales :* Mohamed Hadj Yala ; *Finances :* Abdelaziz Khellef ; *Justice :* Boualem Baki ; *Agriculture et pêche :* Kasdi Merbah ; *Information :* Bachir Rouis ; *Postes et télécom. :* Mostefa Benzaza ; *Transports :* Rachid Benyelles ; *Énergie et ind. chimiques et pétrochimiques :* Belkacem Nabi. *Protection sociale :* Mohamed Nabi. **Parlement :** 1 chambre : Pt Rabah Bitat. *Assemblée populaire nationale* 281 m. élus p. 5 ans. *Élections mars 82 :* 8 990 820 inscrits, 2 540 080 abst., les 281 sièges vont au F.L.N., parti unique (il présentait 3 candidats dans chaque circonscription). **Organisation administrative :** 31 *wilayas* (31 avant le 15-12-83) (wali : préfet de w.), 160 *dairate* (sous-préfectures). 704 *communes.* Dep. le 4-2-1984, *Assemblées populaires communales* (A.P.C.), élues au suffr. univ. pour 5 a. *Assemblées populaires de wilayas ou départementales* 35 à 55 m., élues pour 5 a. [dernières élections (déc. 1984) 80 % de votants choisissant entre 2 candidats présentés par le parti unique pour chaque siège].

Fêtes nat. *1er mai* (Travail), *5 juillet* (Indépendance, F.L.N., Jeunesse), *19 juin, 1er novembre* (Révolution). *Fêtes religieuses :* Aid el Fitr, Aid el Adha, Awal Moharram, Achoura, El-Mawlid Ennabawi. *Devise :* la Révolution par le peuple et pour le peuple.

Partis et organisations. *F.L.N.* (Front de libération nationale) fondé le 1-10-54 (parti unique) le secr. gén. est Pt de la Rép. 258 702 militants, 10 709 cellules en 83. *P.A.G.S.* (P. de l'avant-garde socialiste), remplace le P.C. ; *U.G.T.A.* (Union générale des travailleurs alg.) fondée en févr. 1956, syndicat gestionnaire.

ORGANISATIONS DE MASSES : *U.N.P.A.* (Union nat. des paysans alg.) ; *U.N.F.A.* (Union nat. des femmes alg.) ; *U.N.J.A.* (Union nat. de la jeunesse alg.) ; *O.N.M.* (Organisation nat. des moudjahidines, anciens combattants). *Partis clandestins : F.F.S.* (Front des forces socialistes) ; *P.R.S.* (Parti de la révolution socialiste) ; *P.A.G.S.* (Parti d'avant-garde socialiste). *Syndicat clandestin : O.S.T.* (Organisation socialiste des travailleurs), trotskyste.

Enseignement. École fondamentale polytechnique (6 à 15 ans) 4 950 000 (1985). *Enseignants :* 185 000 (dont 123 000 instituteurs) ; dans le secondaire 21 000.

Gouvernements du 1-11-1954 à l'indépendance

Comité national de la révolution algérienne *(C.N.R.A.)* dont l'exécutif est le Comité de coordination et d'exécution (C.C.E.).

Gouvernement provisoire de la république algérienne *(G.P.R.A.).* **1er** : *1958* (19-9) Ferhat Abbas (n. 1899) Pt, Krim Belkacem (1922-70) vice-Pt. **2e** : *1960* idem. **3e** : *1961* (27-4) Youssef Ben Khedda.

Éxécutif provisoire. *1962* (7-4) Pt Abderrahmane Farès (n. 1911). Vice-Pt Roger Roth.

République

1962 (25-9) *Ferhat Abbas* (n. 1899), près de Taher, région de Djidjelli), Pt de l'Assoc. des ét. musulmans. *1931* publie un livre, « le Jeune Algérien ». *1933* pharmacien à Sétif, fonde un journal « l'Entente ». *1937* fonde l'Union populaire alg. *1939* s'engage (service sanitaire). *1940* rentre à Sétif. *1943 10-2* publie avec Ahmed Boumendjel « Amis du manifeste et de la liberté » ; envoyé en résidence forcée. *1944* crée les Amis du manifeste et de la lib. *1945* fonde avec Ahmed Boumendjel, le Dr Saadane, Ahmed Francis l'U.D.M.A. (Union démocratique du manif. alg.) *1946 juin* député de Sétif ; *nov.* battu. *1954* pris de court par le soulèvement. *1955* (début) contact avec maquis. *1956 22-4* rejoint au Caire le F.L.N., Pt du C.C.E. (Comité de coordination et d'exécution). *1958 sept.* Pt du G.P.R.A. *1961* Ben Khedda le remplace. *1962* se rallie au groupe de Tlemcen. 1er Pt de l'Ass. *1964* en résidence forcée. *1965 janv.* libéré. *1976* s'élève contre le pouvoir personnel, placé sous surveillance. *1984 nov.* rétabli dans ses droits. *1985 24-12* meurt. **1963 (19-9)** *Ahmed Ben Bella* (n. 1916), Pt de la Rép., déposé le 19-6-1965. **1965 (19-6)** *Colonel Houari Boumediene* [Mohamed Brahim Boukharrouba (1932-78)], Pt du Conseil de la révol. 10-2-76 Pt de la Rép. **1979 (7-2)** *Colonel Chadli Bendjedid* (n. 14-4-29) Pt de la Rép. Réélu le 13-1-83 [inscrits 10 154 715, votants 9 776 952 (non 56 482, nuls 36 322)].

Économie

P.N.B. (83) 2 400 $ par h. **Pop. active** (% et entre parenthèses part du P.N.B. en % pour 84). Agr. 23 (6), ind. 27 (24), services 45 (30). *En 1983 : actifs* 3 632 593 (2 321 895 sal., 1 310 690 indép. ou employeurs) dont agriculture 1 097 217, administration 702 287 (152 400 femmes), BTP 631 167, industrie 489 078. *Chômeurs* 563 948 (15,5 %).

Agriculture. *Terres* (milliers d'ha, 81) 238 174 dont arables 7 513 (3 % dont cultures 4 600 dont vignes 250), pâturages maigres (brousse épineuse) 36 318, forêts 4 384, divers 189 959.

Production (milliers de t, 83) blé 467,7, orge 390,7, avoine 40,6, p. de t. 430, oignons 135, tomates 140, raisin 77,1, olives 125,9, oranges 166,1, tangerines et mandarines 94,2, dattes 200, melons d'eau 160.

Céréales *(1984-85).* 3 000 (rendement moyen en 84 : 10), *(1983-84 :* 1 406). Légumes secs 46 *(83-84 :* 37).

Le désert (90 % de la superficie) conquiert chaque année plusieurs dizaines de milliers d'ha. Projet de reboisement de 3 millions d'ha sur 1 500 km de long et 10 à 20 km de large pour arrêter le désert. *Secteur socialiste* 33 %, avec 1 873 domaines autogérés, 390 CAPAM (Coopératives agricoles de production des anciens moudjahidines) occupant 235 000 trav. et faisant vivre 1 140 000 pers. : 25 % de grosses exploitations ; 42 % fellahs.

Vignes. 1962 355 000 ha. *1983* 200 000 ha (rendement 10 hl contre 45 hl en 1962). Production de vin : *1960* 15,5 millions d'hl., *64* 8, *76* 4, *78* 2. *82* 2,3. *Fruits exportés 1962* 320 000 t, *77* 80 000 t.

Révolution agraire. *Après 1962,* 22 000 domaines abandonnés par les Européens sont transformés en coopératives de moudjahidines ou en domaines autogérés. *1970-71* révol. agraire entraînant un morcellement excessif. Plus de 1 million d'ha (dont 0,4 de bonnes terres) redistribués. *1re phase* (14-7-70) : porte sur terres collectives [communales, domaniales, religieuses (habous)]. Bilan au 1-1-73 : 1 232 dons (600 000 ha), 50 000 attributaires (35 % des cand.) avaient reçu 700 000 ha, groupés en coopératives de prod. (CAPRA). Coop. polyvalentes de services (CAPCS), 600 prévues, 1 000 villages agr. social. à réaliser av. 1980. *2e phase* (15-9-72/mars 73) : recensement des terres. Suppression de la grosse propriété. Création de l'UNPA (Union nat. des paysans alg.) (1 000 000 m. env. en 75). *3e phase :* réglementation : eaux, forêts, pastoralisme. Concerne 35 000 à 40 000 petits éleveurs, 4 000 gros propr. qui emploient 120 000 à 130 000 bergers. L'ordonnance de nov. 1971 avait interdit toute transaction foncière entre particuliers et toute aliénation à des particuliers, aux fins d'exploitation privée, des terres appartenant à l'État ou aux collectivités locales. *1983* transactions entre particuliers possible à certaines conditions et le domaine public peut être redistribué, s'il s'agit de terres non exploitées situées « en zone saharienne ou présentant des caractéristiques similaires ». Plus de 40 000 ha de terres vierges attribués à 5 000 personnes dans le S. (lots de moins de 5 ha) deviendront pleine propriété des attributaires si une prod. significative est constatée dans les 5 ans.

Bilan actuel. Manque de techniciens. 98 % des fermes autogérées sont déficitaires. En 15 ans, 4 barrages édifiés (1,5 milliard de m³ d'eau). *Coût de distribution :* 65 % du prix des prod. alim. (en 1962, 35 %). *Secteur privé :* 60 % des terres cultivées (en général les bonnes) produisant 60 % des céréales, fruits et légumes et 90 % de la viande. *Agriculteurs : 1975 :* 15 000 000 (60 % de la pop. active) ; *1985 :* 39 % (700 000 travaillent à leur compte ; 60 % ont + de 50 ans).

Déficit agricole (milliards de F). *1981 :* 11,8, *82 :* 16,3. *83 :* 18,7. La prod. agr. a augmenté de 9 % en 10 ans alors que le pays s'est accru d'1/3. *Autonomie alimentaire : 1962 :* 70 %, *82 :* 30 %. L'A. importe env. 2/3 de sa consommation de céréales (2 534 400 t en 1981). Près de 2 calories sur 3 sont importées.

Part de l'agriculture. Plan quinquennal 1985-89. Investissements : 115 milliards de dinards (210 milliards de F), notamment pour l'irrigation de 420 000 ha. *Production de vin :* 3 millions d'hl sur 160 000 ha d'ici à 1989; la prod. actuelle constitue 1 % des export. totales. l'Alg., au début de la décennie 90, couvrira ses besoins en fruits, légumes et poulets. La dépendance extérieure pour céréales et produits laitiers ramenée à 30 %.

Élevage (milliers de têtes, 83). Poulets 19 000 (82), moutons 17 701, chèvres 2 963, bovins 1 642, ânes 462, mulets 187, chevaux 160, chameaux 148. L'Alg. importe 1/3 de sa viande. **Pêche.** *1979* 38 677 t. *82* 64 500 t. *85* 96 683.

Forêts (milliers d'ha). *1830* 5 000. *82* 30 000 dont maquis 800, pin d'Alep 792, chêne-liège 463. *Production* 1 678 000 m³ (82).

Énergie. *Consommation* (en milliers de Tep). *1970 :* 4 000, *80 :* 14 000, *84 :* 10 500, *90 (prév.) :* 42 000. **Électricité.** *Capacité de prod.* (en mégawatts). *1962 :* 342, *80 :* 1 825. *Nombre d'abonnés* (en millions). *1982 :* 1,7, *1988 (prév.) :* 2,8. *Construction de lignes élec.* (80-84) : 26 000 km. **Pétrole.** *Prod.* (millions de t) : *1980 :* 51,5, *81 :* 40, *82 :* 45, *83 :* 43,7, *84 :* 44. Gisement d'Hassi Messaoud découvert août 1956, apprécié pour sa pureté et sa légèreté. *Réserves* 1 258. *Ventes :* 73 milliards de F, soit 26 % du P.N.B. Les U.S.A. achètent env. 50 % de la prod. *Prod.* (milliards de m³) : **Gaz.** *80 :* 11 ; *81 :* 12,85 ; *82 :* 15,5 ; *83 :* 35,6. *1984 :* 44. Gisement d'Hassi R'Mel découvert nov. 1956. *Réserves* 3 165 milliards de m³. Liquéfié dans usines de Skikda ou d'Arzew, ou transporté par oléoduc (2 500 km) vers l'Italie. *Abonnés au gaz* (en milliers). *1969 :* 16,8. *82 :* 590. *86 (prév.) :* 920. *Modules de traitement du gaz* 5 (capacité annuelle : 92 milliards de m³ de gaz, 18,2 millions de t de condensats, 2,6 millions de t de G.P.L.). *Capacité de transport* (61 millions de t de brut, 61,5 milliards de m³ de gaz). *Transformation* (22 millions de t de prod. raffinés, 31 milliards de m³ d'équivalent-gaz sous forme de G.N.L., 1,5 million de t d'engrais, 600 000 t de prod. pétrochimiques). *Employés : 1975 :* 57 122, *1981 :* 103 186 (dont env. 80 000 à la Sonatrach). *Part des hydrocarbures dans le P.I.B.* (en %) : *1975 :* 31, *81 :* 37,54, *84 :* env. 40 ; *dans les ressources en devises :* 98 % ; *dans le budget :* 43 %.

Sonatrach (Cie nationale pour la recherche, le transport, la transformation et la commercialisation des hydrocarbures). Fondée 31-12-1963. 12 Stés. Dep. les nationalisations de 1971, chargée de l'exploitation ; produit (1981) 98,5 % du pétrole alg. (31 % en 1971).

Autres ressources (en millions de t, en 83). *Fer* 3,64. *Plomb* 4,6. *Zinc* 20,9. *Cuivre* 0,6. *Mercure* 0,8. *Phosphates* 0,9. *Uranium.*

Industrie. Raffinage du pétrole, Skikda, (capacité 20 000 000 t). Liquéfaction du gaz, Arzew (cap. 12 milliards de m³). Aciérie d'El Hajar (cap. 430 000 t). Électricité, ind. alimen. (surtout farine et semoule). Ciment (4,45 milliards de t en 81). Engrais. Textile.

Transports (km). Routes bitumées 25 000, ch. de fer 3 918 dont 299 électrifiés. Flotte importante.

Tourisme. *Visiteurs : 82 :* 278 301, *83 :* 285 072, *84 :* 409 365. Monuments romains, voir p. 916.

Commerce (milliards de dinars, 84). *Exportations* 68,5 (dont hydrocarbures 63,6, autres marchandises 2, services 2,9) *vers* U.S.A., France, All. féd. Italie, Espagne. *Importations* 61 (dont services 50,2) *de* France 12, All. féd. 5,5, Italie 4,5, Japon 4,2, U.S.A. 2,9. *Solde 1985 :* + 3 milliards de dinards.

Rang dans le monde (83). 4e rés. gaz nat. 7e prod. gaz nat. 14e rés. pétrole. 16e prod. pétrole.

Échanges franco-algériens (en milliards de F). *Exportations* d'Algérie vers France. *1970 :* 3,5. *71 :* 1,3. *72 :* 1,7. *73 :* 3,3. *74 :* 4,6. *75 :* 3,2. *76 :* 3,3 (93 % hydrocarbures). *77 :* 3,9. *78 :* 3,2. *79 :* 4,7. *80 :* 7,3. *81 :* 13. *82 :* 25,9. *83 :* 23,4. *84 :* 24,8. *Importations. 1970 :* 3,1. *71 :* 2,8. *73 :* 2,1. *74 :* 6,2. *75 :* 8. *76 :* 7. *77 :* 8,8. *78 :* 6,9. *79 :* 8,2. *80 :* 11. *81 :* 12,9. *82 :* 14. *83 :* 18,6. *84 :* 23,6.

Finances (en milliards de dinars). **Budget** (1984). *Dépenses :* 106,7 (fonctionnement 59,7, équipement 46) dont éducation nat. 18,1, soutien des produits alim. de large consommation (céréales, huile, semoule, farine, sucre) 3,86. *Recettes* 85 (dont taxes pétrolières 62,6 %). **Balances des paiements** (milliards de $ en 83). 11,2. **Plan de développement** (en milliards de dinars) : *préplan (1967-69)* 12 (priorité sidérurgie) ; *1er plan (1970-73)* 36 (priorité ind. méc.) ; *2e plan (1974-77)* 110 (priorité ind. méc.) ; *3e plan (1978-81)* 160 à 250. *Plans quinquennaux 1er (1980-84)* priorité aménagements sociaux et ind. *2e (1985-89)* 550 d'investissement prévus (dont 300 pour les programmes non achevés du 1er plan, industrie 31,6, agriculture et hydraulique 14,4, habitat 15,7, éducation 8, équipement collectif 8, santé 4,6).

Inflation (%). *1979 :* 11,3. *80 :* 9,6. *82 :* 18. *83 :* 5,7. *84 :* 10. **Dette ext.** (milliards de $ en 85) 17 (dont 17 % à l'égard de la France) ; *service de la dette* 4,2 (36 % des export.).

Argent des immigrés. Transferts des économies des trav. alg. en France (en millions de F). *1973 :* 640. *76 :* 1 000. *80 :* 97. Les 808 000 Alg. avaient transféré 23 fois moins d'argent que les 400 000 Marocains et 7 fois moins que les 176 000 Tunisiens en Fr. (la surévaluation du dinar en est la cause).

ALLEMAGNE de l'Ouest
République fédérale d'Allemagne
Carte p. 798. V. légende p. 787.

Situation. Europe. 248 667,1 km² (le Reich en 1937 : 470 622 km²). *Longueur max.* 853 km, *largeur max.* 453 km. *Alt. max.* Zugspitze (massif du Wetterstein) 2 962 m. *Frontières :* 4 244 km (dont avec All. dém. 1 381, Autriche 801, P.-Bas 574, France 450, Suisse 367, Tchécoslovaquie 356, Luxembourg 124, Belgique 124, Danemark 67). *Côtes :* 907 km (m. du Nord 477, Baltique 430).

Régions. Extrême-Sud : Alpes bavaroises (alt. max. Zugspitze 2 962 m). Sud : plateau bavarois (Préalpes, avec élevage laitier). **S.-O. :** Forêt-Noire (montagne hercynienne, avec forêts de résineux, élevage laitier). **S.-E. :** monts de Bohême (montagne hercynienne, avec forêts, seigle, pommes de terre) ; entre les 2 massifs hercyniens : plateaux calcaires de Souabe et de Franconie (jurassique, non plissé, avec élevage de porcs, céréales). **Centre-Ouest** (rive g. du Rhin) : 3 parties, du S. au N. : plateau du Palatinat (sédimentaire, avec cultures fourragères), bordé à l'E. par la plaine du Rhin (riches cultures intensives, vignes sur les coteaux) ; massif schisteux rhénan (pauvre, boisé, avec vignes dans la vallée de la Moselle et du Rhin) ; bassin de Cologne (élevage laitier intensif de type hollandais). **Centre-Est :** prolongation des massifs rhénans (élevage laitier, forêt ; céréales dans le bassin de la Weser). **Nord :** grande plaine avec une bordure de terrasses de lœss (riches cultures de blé) au pied des massifs centraux. **Extrême-N.-O. :** polders de type hollandais, vers la m. du Nord. **Extrême-N.-E. :** dépôts glaciaires et moraines (landes buissonneuses et caillouteuses, défrichées en champs de seigle ; dunes vers la Baltique). Les bassins de Cologne et de Westphalie sont en grande partie urbanisés (paysage industriel de la Ruhr). **Iles les plus grandes :** Sylt 99,2 km² (mer du Nord), Fehmarn 185,1 km² (Baltique). **Principaux lacs :** Bodensee (lac de Constance, 538,5 km² dont partie allemande 305 km²), Chiemsee (Bavière, 80,1 km²), Starnberger See (57,2 km²), Ammersee (Bavière, 47,6 km²).

Climat. Tempéré de type maritime au N. et N.-O. (0,3 °C en janv., 17,1 °C en juill.), continental au S. (1 °C en janv., 19,1 °C en juill.). Temps très instable, pluies réparties sur toute l'année : Alpes 2 000 mm, Centre (surtout orages d'été) 800 mm, N. (min. en févr.) 600 mm. Rhénanie, hivers relativement doux (1,9 °C à Cologne), étés très lourds. *Nombre de jours de gel :* varie selon l'éloignement de la mer, la latitude, l'altitude : Hambourg 62, Mayence 62, Munich (518 m d'alt.) 105.

Population (millions). *1946 :* 44,2 h. (dont 6,5 réfugiés). *60 :* 55,1 ; *70 :* 60,4 ; *74 :* 62,1 ; *80 :* 61,4 ; *82 :* 61,7 ; *84 :* 61,3 (*– de 15 a. :* 20,3 %, *+ de 65 a. :* 19,7 %) ; *85 :* 61,02. *Prévision an 2000 :* 49,2 à 57,3 s'il y a un redressement de la natalité, sinon 39 ; *2050* 35. De *1945 à 1972* (en milliers). Excès de naissances (*1960 :* 336, *64 :* 421, *70 :* 76, *71 :* 48) ; *Dép. 1972 :* excès de décès (*72 :* 30, *75 :* 149, *80 :* 93, *84 :* 124), le vieillissement s'accentue. *Densité* 245,4 (Ruhr + de 1 000). De Munich à Hanovre (région de Stuttgart, fossé rhénan, région rhéno-westphalienne), taux d'urbanisation élevé (80 %).

Allemands à l'étranger : *U.R.S.S.* 2 400 000 (62 000 demandes de rapatriement homologuées en souffrance au 1-1-78), *Pologne* 1 400 000 (270 000 demandes de rapatriement), *Roumanie* 348 000 [Saxons de Transylvanie et Souabes du Banat (85 000 demandes)], *Tchécoslovaquie* 45 580. Les associations de réfugiés de l'Eur. de l'Est comprenaient en 1985 2 200 000 m. (dont 300 000 de Silésie, 140 000 Sudètes, 125 000 de Hte Silésie). **All. de l'O. émigrés à l'E. 1955-61 :** 279 000. *1962-77 :* RDA 51 000, Pol. 96 200, U.R.S.S. 7 000. **All. venus de l'E. 1955-61 :** RDA 2 022 000. *1962-77 :* RDA 366 600, Pol. 391 000, U.R.S.S. 51 000.

Étrangers (milliers). *1960 :* 700, *70 :* 2 976 (4,9 % de la pop.), *73 :* 3 966 (6,4), *80 :* 4 453 (7,2), *82 :* 4 667 (7,6), *83 :* 4 535 (7,4) dont Turcs 1 700, Yougoslaves 638, Italiens 625, Grecs 230, Asiatiques 242, Espagnols 177, Africains 115, Portugais 110, Palestiniens 35, originaires du Marché commun 870 (82). *84 :* 4 360 dont Turcs 1 500, Youg. 600, Grecs 300, Esp. 170. *% dans certains secteurs :* ouvriers de fonderies 27, employés de l'hôtellerie 22, ouvriers du textile 20.

Dep. 1973, entrée interdite aux travailleurs venant d'autres pays que la C.E.E. *Aide au rapatriement :* 30 000 F (+ 4 500 F pour chaque membre de la famille, cotisation sociale remboursée après 2 ans d'attente).

Solde migratoire (en milliers). *1960 :* 336, *65 :* 245, *67 :* 273, *70 :* 560, *74 :* – 9, *75 :* – 198, *80 :* 312, *81 :* 153, *82 :* – 72, *83 :* – 115.

Villes (agg. 30-6-83) : Berlin O. 1 860 500, Hambourg 1 617 800, Munich 1 284 300, Cologne 953 300, Essen 635 200. Francfort 614 700, Dortmund 595 200, Düsseldorf 579 800, Stuttgart 571 100, Duisbourg 541 800, Brême 545 100, Hanovre 524 300, Nuremberg 476 400, Bochum 391 300, Wuppertal 386 000, *Bonn* (siège du gouv. féd.) 292 200.

Langue off. *Allemand.* Fait partie du groupe des langues germaniques, qui sont une des branches du groupe indo-européen. Le *germanique ancien* (né v. 1200 av. J.-C. dans la région du Jutland) a gardé plusieurs traits de l'indo-eur. primitif : déclinaisons avec le génitif en *s,* alternance vocalique dans les racines, notamment dans les verbes (conjugaison « forte ») ; lexique commun, notamment les relations de famille : *Vater,* latin : *pater,* « père », et les formes verbales essentielles : *ist* « est », *sind* « sont ». Beaucoup de ses mots ne viennent pas directement de l'indo-européen primitif, mais ont été empruntés aux Celtes, voisins des Germains pendant 2 millénaires : *rix : Reich ; durum : thür.* Ils ont été modifiés par la force de l'accent tonique (sur la 1re syllabe) et par la « 1re mutation consonantique » : le *p* devient *f ;* le *g* devient *k ;* le *ph* devient *b.* Au IVe s. av. J.-C. le germanique se coupe en 3 groupes : *oriental* (gothique, burgonde, vandale) aujourd'hui disparu ; *nordique* (devenu le groupe scandinave) et *occidental* ou *westique,* dont font partie l'anglais, le néerlandais, l'allemand. Au VIIe s. apr. J.-C. une « 2e mutation consonantique » différencie les langues westiques en 2 groupes : *bas-allemand,* au Nord et en G.-B., garde les consonnes *p, t, k,* qui deviennent dans le Sud *(haut-allemand) f* ou *pf, tz, ch* [angl. : pan, sleep (all. : Pfanne, schlaf-) ; angl. : set (all. : sitz-) ; angl. : book (all. : Buch)]. Le *haut-all.* devient langue culturelle et littéraire à partir de 1200. Le *bas-all.* reste la l. commerciale et maritime. La *Hoch-Sprache* (l. off.) est une l. moyenne faisant partie du haut-all., mais relativement proche du bas-all. ; elle était parlée en Thuringe au XVIe s. Répandue par Luther qui était Thuringeois, elle a été codifiée par les grammairiens pour la 1re fois en 1663. La syntaxe est influencée par celle du latin classique. Son vocabulaire n'a cessé d'adopter des mots étrangers, surtout français, puis latins et grecs. Il compte actuellement 1/6 de racines étrangères : elles sont assimilées et servent à former des mots composés de type germanique. Ex. : mechanisieren (franco-grec) = *mécaniser ;* Mechanisierung = mécanisation (on ne dit pas mechanisazion).

Dialectes allemands modernes : haut-all. : 2 sous-groupes, Midi (all. supérieur) et Centre (all. moyen). 4 dialectes méridionaux : alémanique (avec notamment parlers alsacien et suisse), souabe, austro-bavarois, franconien supérieur. 2 centraux : franconien moyen et haut-saxon. *Bas-all. :* un seul dialecte, le « bas-saxon », son dialecte occidental étant devenu le néerlandais. 47 % des All. sont bilingues et pratiquent quotidiennement leur dialecte.

Religions (1-1-1984)

● **Protestants.** 41,6 % (25 500 000 fidèles) des h. (surtout en All. du Nord, Hesse, Bade-Wurtemberg). L'église protestante (Égl. évangélique en Allemagne, Evangelische Kirche in Deutschland, E.K.D.) est une fédération d'égl. luthériennes, réformées et unifiées. Elle comprend 17 égl. régionales *(Landeskirchen) :* 5 forment l'*Union* des Égl. évangéliques luth. d'All. (Vereinigte Ev.-Luth. Kirche Dtlds., V.E.L.K.D., 9 500 000 f.) ; 3 forment l'Égl. évangélique de l'Union (E.K.U., 7 200 000 f.). *Les 2 égl. réformées regroupent* 430 000 f. L'E.K.D. compte 10 648 paroisses (autonomie juridique) dont 1 973 n'avaient pas de pasteur au *1-1-1984,* 16 302 pasteurs, 502 districts et 35 inspections.

Grandes dates de la Réforme. 1517 (31-10) à Wittenberg (Saxe), le moine allemand (thuringien) *Martin Luther* (1483-14/2/1546) rédige 95 thèses sur les Indulgences, et les aurait affichées sur la porte de

l'église. **1520** il publie les « Écrits réformateurs » : *l'Appel à la noblesse allemande, la Captivité de Babylone et la Liberté chrétienne* ; la bulle « Exsurge Domine » l'excommunie mais il la brûle solennellement à Wittenberg. **1521** la Diète de Worms le met au ban de l'Empire ; l'Électeur de Saxe l'abrite dans le château de la Wartburg où il traduit la Bible en allemand. **1522** Luther retourne à Wittenberg où, en 1525, il épousera une ancienne religieuse, Katharina von Bora. **1529** au colloque de Marbourg, désaccord des luthériens et des zwingliens (Zurich) sur la Sainte Cène. **1530** *Melanchthon* (1497-1560) présente à la Diète d'Augsbourg la *Confession de Foi* de l'Égl. luthérienne (Confessio Augustana). **1542** union des hussites de Bohême et des luthériens. **1555** *Paix de religion d'Augsbourg :* Charles Quint reconnaît l'existence du protest. allemand selon le principe de l'unité confessionnelle des États *(cujus regio, ejus religio* : tel royaume, telle religion). **1563** publication en français du catéchisme de Heidelberg exposant la doctrine calviniste. **1648** traités de Westphalie fixant la carte confessionnelle de l'Europe. **1660** fondation de la 1re communauté piétiste à Francfort, par l'Alsacien Philippe Spener (1635-1715). **1733** 1re Sté missionnaire, créée par les Frères Moraves ou Herrnhuters [disciples de Spener (piétistes), regroupés en 1721 à Berthelsdorf (Lusace), par le Cte Nicolas de Zinzendorf (1700-60)].

● **Catholiques romains** (y compris uniates). 44,6 %, 26 400 000 (Sarre, Bavière, Rhénanie-Westphalie). 22 évêchés (avec Berlin-O.). 13 253 prêtres (au 1-1-78).

● **Juifs** 0,2 % (dont 4 487 à Berlin) (*1933* : 503 000 dont 160 000 à Berlin). **Musulmans** 2 %. **Divers** 2 %.

☞ **Impôt d'Église.** Créé par l'Empire lorsque, après la sécularisation des biens d'Église le 25-2-1803, les autorités civiles prélevèrent sur les fidèles 8 à 10 % de leur impôt sur le revenu. *Produit* pour les protestants (déduction faite des frais administratifs, civils et ecclésiastiques) : 4 819 230 000 DM. (1981). En 1980, 119 814 protestants sont « sortis de l'Église ».

Pour les catholiques, 4 589 583 000 DM. (1981). En 1980, 66 438 catholiques sont « sortis de l'Église ».

Pratique religieuse en 1979 (en %, hommes et, entre parenthèses, femmes). *Protestants :* régulière 5 (11), irrégulière 19 (25), rare 49 (47), nulle 27 (17). *Catholiques :* régul. 27 (44), irrégul. 21 (22), rare 34 (25), nulle 18 (9).

Histoire

● **Protohistoire :** faiblement peuplée de Ligures à l'O. jusqu'au XVe s. av. J.-C. **1500 à 109 av. J.-C.** population celtique dense, créant les civilisations du bronze récent, de Hallstatt (âge du fer, 1000 av. J.-C.), de La Tène. Contact étroit avec Germains en Thuringe et dans le bassin de l'Elbe (frontière à env. 100 km à l'O. de l'Elbe). Certaines tribus sont dites germano-celtiques, (ex. Cimbres et Teutons). **V. 400 av. J.-C.** (La Tène I) les Belges (N. du Main) émigrent sur la rive g. du Rhin, ils sont immédiatement remplacés par des tribus germaniques. Au S. du Main, les Celtes construisent des forteresses et résistent aux Germains jusqu'en 113 av. J.-C. **113-109 av. J.-C.** Cimbres et Teutons occupent la rive dr. du Rhin jusqu'à l'Helvétie (Suisse) ; battus par Marius à Aix (103 av. J.-C.), ils sont exterminés, mais les Celtes sont chassés d'All., ne conservant que Norique (Sud-Bavière et Autriche) et Bohême. **85 av. J.-C.** le Celte Arioviste devient le chef des tribus germaniques occid. de la rive dr. du Rhin (Conféd. des Suèves ou Souabes) ; il les emmène à l'attaque de la Gaule, occupant l'Alsace v. 61. **58 av. J.-C.** César bat *Arioviste* et rejette les Germains sur la rive dr. du Rhin. **15 av. J.-C.** les Romains conquièrent Rhétie et Norique.

8 apr. J.-C. ils attaquent l'All. du Nord, mais *Arminius* (Herrmann) bat Varus au Teutoburgerwald. **A partir de 90 apr. J.-C.** ils construisent un *limes* (fortification continue) du confluent Main-Rhin jusqu'au Danube. Au S. du limes est organisée la province des *Champs Décumates* (Celtes et légionnaires romains ; cap. Augusta Raurica, près de Bâle). Augsbourg devient un évêché chrétien au début du IVe s. **405** les Germains franchissent le limes et envahissent l'Empire romain. Resteront germanisés : Norique et Rhétie (par Bavarois), Champs Décumates et Helvétie (par Alamans), N.-E. de la Belgique sur la rive g. du Rhin (par Francs et Saxons). **496** Clovis, roi des Francs (rive g. du Rhin), bat Alamans, annexe future « Franconie » et vassalise terr. alémaniques jusqu'en Autriche. **531** fils de Clovis, alliés aux Saxons (All. du N.), conquièrent et annexent Thuringe. **A partir de 535** les Slaves occupent tout l'E. de la Germanie jusqu'à la Saale. **782-85** Charlemagne conquiert et annexe la Saxe au N. de la Thuringe ; il baptise les habitants, les intégrant à l'Emp. chrétien d'Occident. **816** Louis le Pieux couronné emp. pour Gaule, Germanie (« Francie occidentale » et « orientale ») et Italie. **843** *tr. de Verdun,* la Francie occid. (futur roy. de France) est détachée de l'Emp. La Lotharingie (au centre) et la Francie orientale demeurent unies. **Xe s.** la Lotharingie se disloque en Basse-Lorraine, Hte-Lorraine, royaumes de Bourgogne et de Provence, Italie du N. Tous ces territoires restent dans la mouvance du roi de Germanie.

● **Saint Empire romain germanique (Ier Reich). 962** Otton Ier le Grand, couronné comme chef du St-Empire romain germanique. **XIe s.** *querelle des investitures* entre Henri IV et papauté, qui désire intervenir dans la nomination des clercs et juges.

1077 *Canossa,* Henri IV, excommunié, s'incline devant le pape Grégoire VII, puis reprend la lutte. **1122** *Concordat de Worms,* l'emp. garde l'investiture des biens temporels. Frédéric Barberousse essaye de soumettre l'Italie (qui dépend théoriquement de lui), puis y renonce (paix de Constance 1183). *XIIIe s.* rivalité des *Guelfes* (partisans d'Othon de Brunswick ; en Italie : partisans des libertés locales et du pape, contre l'empereur) et des *Gibelins* (p. de Philippe de Souabe et de la centralisation impériale). **1215-50** Frédéric II de Hohenstaufen (petit-fils de Fr. Barberousse, 3 fois excommunié, emp. d'All.) hérite du roy. de Naples-Sicile, et veut soumettre toute l'Italie (voir Hist. de France, croisades p. 567), vaincu par papes Grégoire IX et Innocent IV. *XIVe s.* luttes féodales ; la *bulle d'Or* (1356) fixe la Constitution de l'Emp. (3 princes ecclésiastiques, 4 princes laïques élisant l'emp., dont le pouvoir est surtout honorifique). *XVe s.* Habsbourg deviennent en fait emp. héréditaires. **1474** Confédération suisse cesse de faire partie de l'Emp. *XVIe s.* Réforme : *Ligue de Smalkalde* obtient de Charles Quint (élu emp. 1519) la liberté religieuse (*Paix d'Augsbourg* 1555). Ch. Quint réunit monarchie espagnole aux héritages bourguignon et autrichien, en plus de la dignité impériale ; doit lutter contre François Ier et Henri II (V. hist. Fr.) ; abdique (1556) : l'Emp. est de nouveau séparé de la monarchie esp. ; l'emp. Ferdinand Ier, fr. de Charles V, garde seulement l'héritage autrichien (dans l'Emp. : duchés d'Autr. et Silésie, roy. de Bohême ; hors d'Emp. : roy. de Hongrie). **1618-48** *g. de 30 ans* entre emp. (cath.) et princes protestants seuls (1618-23) puis aidés par Danemark (1625-29), Suède (1630-48), France (1635-48). **1648** 24-10 *tr. de Westphalie* réduisant le pouvoir de l'Emp. et attribuant la souveraineté à 343 États all. (villes, évêchés, seigneuries). Les Provinces-Unies (P.-Bas) cessent de faire partie de l'Emp. **1648-1714** l'Emp. participe aux g. contre Louis XIV, surtout celle de la succession d'Esp. Les princes « vendent » leur alliance au plus offrant. **1713-14** *tr. d'Utrecht et de Rastatt :* plusieurs États importants (dont 2 roy.) émergent parmi les 343 principautés souveraines. *XVIIIe s.* les États all. prennent part aux nombreuses g. européennes. Dans l'ensemble, Bavière, Saxe et Cologne sont alliés de la Fr. ; le Hanovre est lié à l'Angl. ; Prusse et Autriche sont rivales.

● **De la Fin du St Empire au IIe Reich. 1792-1815** g. de la Révolution et de l'Empire. **Recez de 1803** (du latin *recessus,* « action de se retirer » : procès-verbal d'une séance voté au moment de se séparer ; désigne les textes juridiques adoptés par les Diètes d'Empire) : Bonaparte annexe la rive g. du Rhin et ramène les États souverains all. de 343 à 39 ; les autres sont « *mé-*

Les Princes Électeurs

En allemand : *Kurfürsten*. **Jusqu'au XIIIe s.** : nombre d'électeurs (nobles) variant de 10 à 100, mais prépondérance des grands-ducs et archevêques.

Bulle d'Or de 1356 : 7 (3 ecclésiastiques : archev. de Trèves, Mayence, Cologne ; 4 laïcs) dont 3 deviennent protestants au XVIe s. [margrave de Brandebourg, duc de Saxe, comte palatin du Rhin (à Heidelberg)] et 1 demeure catholique (roi de Bohême). **1623** le vote du Cte palatin (protestant) est attribué au duc de Bavière (catholique). **1648** le Cte palatin redevient électeur, mais le duc de Bavière conserve son vote. **1697** le duc de Saxe se fait cath. **1708** un 9e vote est créé pour le duc de Hanovre (prot.). **1778** le vote du Cte palatin (Mannheim devient cap.), duc de Bavière et cath., est attribué rétroactivement au duc de Hanovre qui reçoit sa charge honorifique de grand sénéchal. **1803** les 3 électorats eccl. (Mayence, Trèves, Cologne) sont annexés par la Fr., ainsi que les 4/5e de l'ancien Palatinat devenue bavarois (rive gauche du Rhin). L'électorat eccl. de Mayence est transféré à Ratisbonne. 4 nouveaux électeurs laïcs : duc de Salzbourg (ancien évêché) remplacé dès 1804 par le Gd-duc de Wurzbourg (ancien archevêché), Gds-ducs de Hesse-Cassel, de Bade, de Würt, ayant pris le titre de roi, la Confédération du Rhin est proclamée ; la dignité électorale abolie.

Royaumes allemands

Autriche. V. Index. **Bavière. 788** duché créé en *1180*, donné à la famille de Wittelsbach par Frédéric Barberousse. **1648** reçoit dignité électorale et Haut-Palatinat ; plusieurs fois la dignité impériale (notamment Charles VII, allié de Louis XV, 1742-45). **1801** perd Palatinat. **1803** reçoit plusieurs évêchés en compensation au Recez (V. plus loin). **1806** royaume (alliance de Napoléon). **1815** récupère Palatinat.

Hanovre. Primitivement duché de Brunswick-Lunebourg. **1692** prend le nom de sa capitale en recevant la dignité électorale. **1714** l'électeur devient roi d'Angleterre. **1803** occupé par les Fr. **1805** cédé à la Prusse. **1807-14** divisé entre roy. de Westphalie (Jérôme Bonaparte) et départements fr. **1837** séparé de l'Angl., l'électeur garde la dignité royale (roi du H.).

Prusse. 1134 Albert l'Ours acquiert seigneurie de Branibor en pays slave, sur rive droite de l'Elbe ; prend le titre de marquis de Brandebourg. **1235** dignité électorale. **1242** Berlin fondé. **1414** électorat et margraviat donnés au burgrave de Nuremberg, Frédéric VI de Hohenzollern. **1472** suzeraineté sur Poméranie. **1521** le grand maître des Chevaliers Teutoniques (Pr. polonaise), Albert de Hohenz., cadet de Brandebourg, devient protestant ; transforme sa seigneurie ecclésiastique en duché héréditaire, vassal du roi de Pologne (hors d'Empire). **1618** Jean-Sigismond de Hohenz., électeur de Brand, hérite de la Pr. **1657** ducs de Pr. s'affranchissent de la suzeraineté polonaise. **1701** deviennent « rois en Pr. » (c.-à-d. hors d'Emp.). Frédéric Ier, couronné le 18-1-1701, reconnu « roi de Pr. » au tr. d'Utrecht (1713). **1713-40** Frédéric-Guillaume Ier, le roi-sergent, organise un État milit. puissant. **1740-86** Fréd. le Grand ; apogée de la puissance. **1742** Fr. II annexe Silésie autrichienne. **1786-97** Fr.-Guillaume II : g. contre Fr. révolutionnaire. **1772-93-95** reçoit de vastes territoires polonais (restitués en partie, 1807). **1795** *tr. de Bâle*. Fr.-Guillaume II abandonne possessions de la rive gauche du Rhin. **1803** Recez (Voir ci-dessous), échange Clèves contre 5 évêchés, 6 villes, 5 abbayes. **1805** échange Neuchâtel et Anspach contre Hanovre pris aux Anglais. **1807** Fr.-Guillaume III perd ses territoires à l'O. de l'Elbe. **1814** échange Han. contre Rhénanie. **1866** P. récupère Han., atteint 400 000 km² d'un seul tenant, garde province de Posen, renonce à la Saxe.

Saxe. *IXe-Xe s.* duché, comprend presque tout le N. de l'All. **1180** vaincu par Frédéric Barberousse, et démantelé. Plus tard se développent Basse-Saxe (futur Hanovre) et Hte-Saxe. **1356** duc de Hte-Saxe (ou Saxe-Wittenberg) électeur (bulle d'Or). **1697** élu roi de Pologne. **1806** Napoléon nomme Frédéric-Auguste Ier roi de Saxe. **1807** nommé grand-duc de Varsovie. **1815** amputé de plus d'un tiers (Saxe prussienne), titre royal confirmé.

Wurtemberg. *IXe s.* partie du « duché de Souabe ». **1135** comté. **1310** bailliage de Basse-Souabe (cap. Stuttgart). **1495** duché ; vassal du duc d'Autr. **1599** devenu protestant et fief direct de l'Empire. **1803** électeur au Recez. **1805** roi indépendant du St Empire. **1815** royauté confirmée.

Anciennes colonies

Superficie en km² ; population de couleur, entre parenthèses population blanche : **Afrique orientale** (actuels Rwanda, Burundi et Tanzanie) 995 000 km², 7 661 000 h. (5 336). **Sud-Ouest africain** (actuelle Namibie) 835 000 km², 83 300 h. (14 830). **Cameroun** 790 000 km², 2 751 000 h. (1 871). **Togo** 87 200 km², 1 032 000 h. (368). **Congo** 275 000 km² cédés par Fr. **Nouvelle-Guinée orientale** (Terre de l'Empereur Guillaume) (arch. Bismarck, Carolines or. et occid., Mariannes) 242 476 km², 601 700 h. (1 427). **Iles Samoa** 2 572 km², 37 540 h. (557). **Kiao-Tchéou** (en Chine) 552 km², 37 540 h. (350).

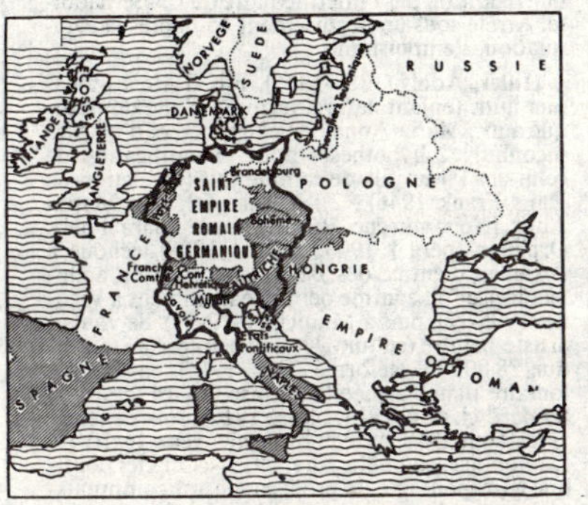

Le Saint Empire au XVIe s.

diatisés » (V. Index) ; principautés épiscopales supprimées. **1806** *fin officielle du St Emp.* François II abdique et devient emp. d'Autriche (Autr. et Bohême sont détachées de l'All., la Pr. devient un État étranger), les 37 autres États sont groupés en une « Confédération du Rhin » dont fait partie le « roy. de Westphalie » (Jérôme Bonaparte, 1784-1860). Protecteur : Napoléon Ier. **1813** « *Bataille des nations* » à Leipzig : fin de la domination fr. en All. **1815** *Congrès de Vienne*. Création de la *Confédération germanique* (Deutscher Bund, 38 principautés et villes, présidée par l'empereur d'Autriche, siège à Francfort). **1834** sous la direction de la Prusse, Union douanière all. : le *Zollverein*. **1848-49** tentatives pour reconstituer une Allemagne unitaire. Parlement convoqué à Francfort. Fr.-Guillaume IV de Pr. refuse la couronne de l'Empire. **1850** Olmütz (la Pr. doit accepter le rétablissement de la Confédération). **1850-71** formation de l'unité all. sous la direction prussienne. **1861-88** Guillaume Ier, roi de Pr. **1862** Bismarck PM de Pr. **1864** Pr. et Autr. déclarent la g. au Danemark pour éviter que le D. annexe Holstein et Lauenbourg (qui appartenaient à la Conf. germ. mais étaient dep. 1815 des fiefs de la famille royale danoise et formaient avec le Schleswig, province danoise, une unité administrative). *Conséquences* : le D. cède Schleswig et Lauenbourg à Pr., Holstein à Autr. **1865** l'Autr. laisse les Holsteinois choisir comme duc Frédéric d'Augustenbourg. **1866**-*11-6* g. contre l'Autr., la Pr. (victorieuse à *Sadowa* le 3-7) exclut l'Autr. de l'All. ; annexe Schleswig-Holstein, Francfort, Hanovre et Hesse ; impose son protectorat aux petits États du Nord. **1867**-*17-4* la Pr. crée la Conf. de l'All. du N. qui réunit les États all., sauf Bade, Wurtemberg, Bavière, Hesse. **1870-71** g. franco-all., voir p. 597.

● **IIe Reich. 1871** *(18-1)* le 2e Emp. all. (IIe Reich) est proclamé dans la galerie des Glaces à Versailles. Il comprend tous les États all. (sans l'Autriche) [4 royaumes (Prusse, Bavière, Saxe, Wurtemberg) ; 6 grands-duchés (Bade, Hesse-Darmstadt, Mecklembourg-Schwerin, Saxe-Weimar, Mecklembourg-Strelitz, Oldenbourg), 5 duchés (Brunswick, Saxe-Meiningen-Hildburghausen, Saxe-Altenbourg, Saxe-Cobourg-Gotha, Anhalt), 7 principautés (Schwarzbourg-Rudolfstadt, Schwarzbourg-Sondershausen, Waldeck, Reuss-Greitz, Reuss-Géra-Ebersdorf, Lippe-Schaumbourg, Lippe-Detmold), 3 villes libres (qui étaient d'anciennes villes hanséatiques : Hambourg, Brême, Lubeck)]. Création d'un Parlement *(Reichstag)* et d'un Conseil fédéral non allemand (avec 58 représentants, dont Prusse 17, Bavière 6, Saxe 4, Wurtemberg 4, etc.) ; le roi de Pr. devient l'empereur (1er emp. protestant) ; l'Alsace-Lorraine devient « terre d'Emp. », commune à tous les États. **1873-79** *Kulturkampf* (lutte contre catholicisme) : le mot signifie « lutte pour la civilisation » (pour Bismarck, luthérien, les cath. sont des barbares). **1882**-*20-5 Triplice* (alliance All.-Autriche-Italie). **1884** début de l'expansion coloniale. **1890**-*20-3* Bismarck disgracié. *-14-6* l'All. acquiert de G.-B. l'île d'Heligoland contre 4 millions de marks. **1895** ouverture du canal de Kiel (début de la rivalité navale anglo-all.). **Fin XIXe**, naissance du pangermanisme, mouvement impérialiste revendiquant l'hégémonie en Europe centrale. **1900** loi militaire permettant un réarmement intensif (renforcée 1911). **1905-11** rivalité franco-all. au Maroc, l'All. abandonne ses droits sur Maroc, la Fr. lui cède 275 000 km² en A.E.F.

1914-18 guerre (voir Index). **1918**-*7-11* révolte à Munich menée par Kurt Eisner. *-8-11* rép. proclamée en Bavière. *-9-11* révolution à Berlin, le Pce Max de Bade (1867-1929 ; héritier du duché, chancelier du Reich dep. le 3-10) démissionne, Guillaume II abdique. Rép. proclamée et gouvernée par un Conseil de députés du peuple. *-10-11* les sociaux-démocrates et l'extrême-gauche *(spartakiste)* menée par Karl Liebknecht et Rosa Luxemburg s'affrontent. *-11-11* armistice. *-12-11* après l'abdication de l'emp. Charles Ier, l'Autriche signe un tr. d'union avec l'All. *-6-12* Alliés occupent Cologne. *-27-12* Polonais occupent Posen. **1919**-*5-1* le gouv. provisoire écrase la révolte spartakiste de Berlin. *-15-1* Karl Liebknecht et Rosa Luxemburg arrêtés et assassinés. *-19-1* élection de l'Ass. nat. constituante (socialistes 163, centre 88, démocrates 75, nationalistes 42, socialistes indépendants et divers 31). *-28-1* reprise de *Brême* (aux mains d'un conseil d'ouvriers et de soldats 9-11-18 ; érigée en Rép. socialiste indépendante 10-1-19) par le Cel Gerstenberg. *-6-2* l'Ass. se réunit à *Weimar*. *-11-2* Friedrich Ebert, soc., élu Pt de la Rép. *-21-2* assassinat de Kurt Eisner, PM bavarois, par des extr. de droite. *Févr.-mars* soulèvements communistes à Berlin, Munich, etc. réprimés par Gustav Noske au nom du gouv. *-4-4 Rép. soviétique en Bavière*, écrasée le *1-5* par l'armée du gouv. fédéral. *-1-6* Rép. de Rhénanie proclamée à l'instigation de la France sans succès auprès de la population. *-20-6* le PM Scheidemann démissionne pour protester contre les clauses du tr. de paix. *-21-6* Gustav Bauer, soc., PM. La flotte all. se saborde à *Scapa Flow* (G.-B.) *-28-6 tr. de Versailles* : l'All. perd Moresnet, Eupen, Malmédy (cédés à Belgique), Sarre (soumise à plébiscite 1935), Alsace-Lorraine (Fr.), Hte-Silésie (Pologne), Memel (Lituanie), Prusse occ. et Posnanie (Pologne), Schleswig (Danemark) ; renonce à son Emp. colonial : Canton (Angl.), Chan-Toung (Japon), Togo (Angl.-Fr.), Cameroun (Angl.-Fr.), S.-O. africain (Union s.-afr.), Afrique orientale [divisée entre Rwanda-Burundi (Belg.), Tanganyika (G.-B.)], Iles Carolines (Jap.), Iles Marshall (Jap.), N.-Guinée (Austr.), Iles Bismarck (Austr.), Samoa (N.-Zél.). *-12-7* les Alliés lèvent le blocus ; Angl. et Fr. rétablissent leurs relations commerciales avec l'All. *-31-7 Constitution de Weimar*. *-22-9* les Alliés contraignent l'All. à garantir le respect de l'ind. autr. *-28-11* la Lettonie souhaitant l'indépendance confisque terres et biens immobiliers all. et déclare la g. à l'All. *-16-12* troupes all. évacuent Lettonie et Lituanie.

1920-*10-2* au Schleswig-N. plébiscite pour l'union avec le Danemark (75 431 oui ; 25 329 non). *-24-2* fondation du Parti national-socialiste. *-24-3* Schleswig-S. avec Flensbourg opte pour l'All. par 248 148 voix contre 13 029. *-12-2* Hte-Silésie placée sous la tutelle de l'armée fr. et de la Commission de contrôle alliée. *-13/17-3* tentative de coup d'État monarchiste à Berlin par Wolfgang *Kapp* (24-7-1858/12-6-1922). Le gouv. se réfugie à Stuttgart mais la grève gén. ordonnée par les syndicats fait avorter le putsch. *-3-4* les troupes gouv. écrasent la révolte de la Ruhr. *-16/17-4* les troupes fr. occupent Francfort, Darmstadt et Hanau jusqu'à ce que l'All. évacue la Ruhr. *-5-5* All. et Lettonie signent tr. de Berlin. *-6-6* élection d'un Reichstag remplaçant l'Ass. nat. ; Parti du peuple (libéral), centre et démocrates forment la nouvelle coalition. *-5/16-7 conférence de Spa* (Alliés et All.) sur dommages de guerre. *-11-7* plébiscite en Prusse or. et occ. (Allenstein et Marienwerder) ; 97 % pour rattachement à l'All. **1921**-*24/29-1 Conf. de Paris* : montant des indemnités dues par l'All. (269 milliards de marks-or). *-8-3* en représailles contre non-paiement des premières indemnités, *les troupes fr. occupent* Düsseldorf et d'autres villes de la Ruhr. *-20-3* plébiscite en Hte-Silésie, 63 % pour l'All. *-27-4* la Commission des dommages de g. réduit la dette all. à 132 milliards de marks-or. *-6-5 tr. de paix germ.-sov. -28-5* Walter Rathenau min. des Réparations. *-25-8 tr. de paix germ.-américain* (le Sénat amér. ayant rejeté le tr. de Versailles le 19-11-1919). Mathias Erzberger, min. des Fin. assassiné. *-30-9 les Fr. évacuent la Ruhr. -6-10* accord franco-all. pour paiement en nature des indemnités. *-25-10* All. et Pologne acceptent principe du partage de la Hte-Silésie proposé par la S.D.N. *-12-11* effondrement du mark all. **1922**-*20-3* rappel des troupes amér. de Rhénanie. *-16-4* All. et U.R.S.S. signent *tr. de Rapallo -24-6* Assassinat de Rathenau. -13-8 Gustav Stresemann chancelier et min. des Aff. étr. *-15-9* taux d'escompte de la Banque d'All. à 90 %. *-26-9* fin de la résistance passive. *-1-10* échec du coup d'État de la Reichswehr noire. *-11-10* 1 £ vaut 10 000 millions de marks. *-21-10 Rép. de Rhénanie* proclamée à Aix-la-Chapelle par Léo Deckers, pour la zone d'occupation belge. *-22-10* 2 autres rép. rhénanes proclamées en zone fr. : Dorten (cath. libéral) à Bad Ems, Matthes (révolutionnaire) à Coblence. Émeutes communistes en Saxe et désordres monarchistes en Bavière. *-2-11* Matthes liquide la Rép. rhénane d'Aix-la-Ch. *-8-11* échec du *putsch de la Brasserie* à Munich (par Adolf Hitler et Gal Ludendorff ; Hitler incarcéré). *-15-11* création du *Rentenmark*. *-23-11* PM Wilhelm Marx (centre-catholique). *-30-11* son mouvement se désagrège à Coblence. **1924**-*1-1* sur ordre de Poincaré, Dorten est exilé à Nice. *-31-1* Heinz, Pt du gouv. autonomiste du Palatinat assassiné. *-12-2* massacre de *Pirmassens* (40 autonomistes rhénans tués par un corps franc nazi venu de la rive dr. du Rhin ; Poincaré interdit aux Fr. d'intervenir : fin de l'autonomisme rhénan). *-1-4* Hitler condamné à 5 ans de prison (sera relâché le 12-12). *-4-5* succès des nationalistes (32 s.) et des comm. aux él. du Reichstag. *-30-8* fin du contrôle naval de l'All. *-30-11* les troupes fr.-belges *évacuent la Ruhr*. *-7-12* él., les soc. reprennent des sièges aux nationalistes et aux comm.

1925-*15-1* Hans Luther, indépendant, chancelier, conserve Stresemann aux Aff. étr. *-28-2* mort d'Ebert, Pt du Reich. *-12-5* Hindenburg élu Pt. *-8-6* pacte rhénan de sécurité : l'All. garantit l'inviolabilité des front. fr. et belge. *-13-7* les Français commencent à évacuer la Rhénanie. *-5/16-10 conférence de Locarno* sur sécurité europ. : tr. de garantie mutuelle entre France, Belg., Tchéc., Pologne et All. *-12-10* accord commercial germ.-soviét. *-1-12* les Britanniques évacuent Cologne. **1926**-*17-5* Wilhelm Marx, centriste, redevient Chancelier. *-8-9* All. entre à la S.D.N. *-23-9* rencontre A. Briand et G. Stresemann à *Thoiry*. **1927**-*31-1* fin du contrôle interallié du désarmement. *-13-5 vendredi noir* et effondrement du système économique all. (*chômeurs : 1927* 380 000, *1929* 1 200 000, *1931* 3 000 000, *1933* 5 500 000). **1928**-*28-6* Hermann Müller (soc.) Chancelier. **1929**-*7-6 plan Young* : l'All. paiera 34,5 milliards de marks-or en 59 ans en engageant les Chemins de fer all. jusqu'en 1988 auprès d'une banque internationale. *-6/13-8* conférence de La Haye ; All. accepte plan Young et *Alliés évacuent Rhénanie*. *-3-10* Stresemann meurt. *-30-11* 2e zone de Rhénanie évacuée. *-22-12* référendum all. : acceptation du plan Young. **1930**-*23-1* Wilhem Frick, nazi, PM de Thuringe. *-27-3* chute du gouv. social-démocrate d'Hermann Müller. *-30-6 évacuation totale de la Rhénanie*. *-14-9* él. au Reichstag : soc. 143 s. et comm. 77, nazis 107 (6 401 000 voix). *-12-1 évacuation totale de la Sarre*. **1931**-*21-3* publication d'un projet d'union douanière austro-all. : la Fr. proteste. *-13-7* banqueroute de la Danatbank all. : fermeture des banques all. jusqu'au 5-8. **1932**-*13-3 élec. présid.* 1er tour, majorité requise 18 830 000 v. Mal von Hindenburg 18 661 000 voix, Hitler 11 338 000, Ernst Thaelman (communiste) 4 982 000, colonel Duesterberg 2 557 000, Winter 111 000. 2e tour Hindenburg élu 19 367 000, Hitler 13 419 000, Thaelman 3 706 000. *-24-4* nazis vainqueurs des él. rég. de Prusse, Bavière, Wurtemberg et Hambourg. *-16-6/9-7 Conférence de Lausanne* sur Réparations, l'All. fait un dernier versement de 3 milliards de reichsmarks. *-31-7* él. au Reichstag : nazis 230 s., soc. 133, centristes 97, comm. 89. *12-9* dissolution du Reichstag. *-6-11* nouvelles él. : les comm. reprennent quelques sièges aux nazis qui perdent 200 000 v. *-17-11* von Papen démissionne. *-24-11* Hitler refuse le poste de chancelier, Hindenburg rejetant sa demande des pleins pouvoirs. *-2-12* Kurt von Schleicher, chancelier.

1933-*28-1* chute de von Schleicher. *-30-1 Hitler chancelier*. *-1-2* Hindenburg dissout Reichstag. *-22-2* Goering crée une force de police regroupant SA, SS et

Quelques personnages

Bismarck, Otto, Pce de (1815-98). Propriétaire terrien (noble) en Prusse. Vit jusqu'en 1847 sur son domaine de Kniephof. Élu député au Landtag de Pr. 1847, chef du groupe d'extrême droite 1848. Ambassadeur en Russie (1859-62), à Paris 1862. 1er min. de Pr. et min. des Aff. étr. (8-10-1862). *Dessein :* 1° faire de la Pr. la seule grande puissance d'All. ; 2° faire de l'All. la 1re puissance d'Europe. *Réalisation :* 1° Élimine l'Autriche de l'All. en l'attirant dans la g. contre le Danemark 1864, puis en lui confiant l'administration du Holstein, d'où sortit un *casus belli* en 1866 [les Autr. sont écrasés à Sadowa (3-7-1866)] mais B. épargne l'Autr. à la paix de Prague (23-8-1866), pour conserver son alliance : il l'oblige à quitter la confédération all. et se paye sur d'autres États all. : annexion de Schleswig-Holstein, Hanovre, Hesse et Francfort. 2° Déclenche la g. franco-all. de 1870-71, et le 18-1-1871 fait proclamer par les Princes all. l'Empire d'All., la couronne impériale étant offerte à Guillaume Ier de Pr. Organise en 1878 le Congrès de Berlin ; 1882, signe avec Autriche et It. le tr. de la Triple-Alliance *(triplice)* qui isole la France. Réticent devant l'expansion coloniale (1re annexion : S.-O. africain 1884). Soutenu par l'emp., favorise le développement industriel de l'Empire (surtout la Prusse : Ruhr, Silésie). En 1888, Guillaume II entreprend de faire de l'All. une puissance mondiale (flotte, colonies, commerce extérieur) ; Bismarck, qui craint l'hostilité angl., tente de s'y opposer ; disgracié le 20-3-1890, se retire dans ses domaines (Friedrichsruh, Varzin).

Frédéric II (1712-86), dit Fr. le Grand, roi de Prusse 1740. Haï par son père le roi Fr.-Guillaume Ier (dit le « Roi-Sergent »), il est emprisonné et très surveillé ; se forme à la culture française ; entre dans la franc-maçonnerie en 1736 ; cherchant à faire de la Prusse le 1er État d'All., en oct. 1740 agresse l'Autriche, en utilisant les armées organisées par son père. Conquiert la Silésie (qu'il se fait attribuer au tr. de Dresde 25-12-1745). En 1743, fonde l'Académie de langue fr. de Berlin (protestante, devant contrebalancer les ac. catholiques et latinophones de Munich et de Vienne). S'allie à l'Angl. en 1756 contre Fr. et Autr., subit de graves revers pendant la g. de Sept Ans [notamment Künersdorf, devant les Russes (12-8-1759) : armée anéantie, les Russes à Berlin], mais conserve la Silésie en 1763 ; reconstruit son royaume ravagé et prend part en 1772 au 1er partage de la Pologne. Considéré comme le type même du « despote éclairé » du XVIIIe s. (culture raffinée jointe à l'étatisme totalitaire).

Goebbels, Joseph (1897-1945). Fils d'ouvrier, fait des études de philosophie De tendance socialiste, s'inscrit au parti nazi en 1922 (à l'aile gauche). Fonde le journal nazi *Der Angriff* (« L'Attaque »), 1927. Chef de la propagande du parti 1928, ministre de la Propagande 1933. Promoteur de la « guerre totale » 13-2-43. Chef de la répression après le putsch manqué du 20-7-44. Chargé de la direction de la guerre totale août 44. Se suicide dans le bunker de Hitler le 29-4-45, avec sa femme et ses 5 enfants.

Goering, Hermann (1893-1946). Fils d'un haut fonctionnaire colonial, as de l'aviation de g. (1914-18 : 30 victoires). Épouse une Suédoise 1920. Appelé au parti nazi 1922 et blessé lors du putsch de Munich (9-11-23). Assure le financement du parti par l'aristocratie et la haute finance. Min. de l'Air 1933. Crée la Gestapo (avril 1933), mais doit en laisser la direction à Himmler. Crée l'aviation de g. all. 1933-39. Remarié à l'actrice Emmy Sonnemann en 1935, mène un train de vie fastueux. Perd son influence auprès d'Hitler après l'échec de la bataille d'Angl. 1940. Le 23-4-45, tente de prendre en main le pouvoir, Hitler étant incapable de l'exercer, mais accusé de trahison, il doit abandonner ses fonctions. Arrêté par les Américains, condamné à mort comme criminel de guerre, il s'empoisonne.

Guillaume II (1859-1941). Fils de l'emp. Frédéric III, mort après 3 mois de règne en 1888, petit-fils par sa mère de la reine Victoria Ire d'Angl. Emp. d'All. et roi de Prusse en juin 1888. Oblige Bismarck à démissionner de la chancellerie en mars 1890, et se lance dans une politique de prestige et d'expansion économique, appelée « le nouveau cap » *(Neue Kurs)*. *1898* engage un important programme de constructions navales (amiral Tirpitz). *1905* essaye à Björkö de s'allier avec son cousin, le tsar Nicolas II (échec). *1911* succès de prestige en Afrique (obtient de la Fr. une partie du Congo). *1913 juill.* fait voter *la loi militaire*, renforçant armée et marine de g. *1914 juill.-août* entraîné dans la g. mondiale, sans l'avoir désirée vraiment (influence de l'État-major all. ; sottise du chancelier Bethmann-Hollweg). *1914-18* Comm. suprême des armées all., joue surtout un rôle d'apparat. *1918*-9-11 se réfugie en Hollande (abdique le 28-11). *1919* déclaré responsable de la g. par les signataires du tr. de Versailles, reste en Hollande sous la protection de la reine. *1920-41* écrit 3 volumes de mémoires.

Hess, Rudolf (26-4-1894). Aviateur pendant la g., membre du parti nazi 1922 ; participe au putsch de Munich 1923 : devient l'ami intime de Hitler. Min. sans portefeuille 1933. Féru d'astrologie, tentе, pour des raisons astrales, de négocier la paix avec l'Angl. en se rendant, à bord de son avion personnel, en Écosse (10-5-41). Prisonnier, jugé à Nuremberg et condamné à la prison à vie. Incarcéré à Spandau, il n'obtint jamais sa grâce (opposition des Russes).

Himmler, Heinrich (1900-45). Ingénieur agronome, entre dans la S.S. en 1924. Pour la sélection raciale. En 1934, chef de la S.S. et de la Gestapo. S'efforce, à partir de 1939, d'éliminer les Juifs européens (« solution finale du problème juif »). Nommé Gal de groupe d'armées en déc. 1944, se montre incapable. En mai 45, essaye de négocier une reddition par l'intermédiaire du Cte Bernadotte. Arrêté sous un déguisement 15 j après la capitulation, s'empoisonne.

Hitler, Adolf (1889-1945). Fils d'Alois [douanier autr. (enfant naturel légitimé d'une domestique autr., Maria-Anna Schicklgruber, et d'un père inconnu) ; 2 hypothèses pour l'identification de celui-ci : 1°) un fils de famille juif (révélation de Hans Frank 1946) ; 2°) le beau-frère de Maria-Anna [Népomucène Hüttler] et de Clara Poelz. Orphelin (père † 1903, mère † 1908), échoue à l'examen d'entrée des Beaux-Arts (section architecture), et vit comme peintre en bâtiment à Vienne (1905-12), puis à Munich (1912-14). Se voulait artiste-peintre (en juin 77, une peinture a été vendue 28 000 F). Réformé (févr. 1914), engagé volontaire dans l'armée bavaroise 3-8-14, croix de fer de 2e cl. nov. 1914, blessé 1916, croix de fer de 1re cl. août 1918, gazé et brûlé aux yeux 16-10-18. Démobilisé, chômeur janv. 1919. « Officier politique » (responsable de propagande anticommuniste du gouv. bavarois) mai 1919. Membre du parti ouvrier all. (extrême droite) automne 1919. Responsable de la propagande 5-1-20. Au Hofbraü de Munich *1920* 24-2 fondation du *Parti national-socialiste* dont il est le leader, « Führer ». Quitte l'armée 1-4-20. 1er congrès du P. nat.-soc. (3 000 m.) 21-1-21. Pt du Parti 29-7-21. 2e congrès 22-1-22 (6 000 m.). 3e congrès 27-1-23 (22 000 m.). *1923-24* rédige en prison *Mein Kampf* « Mon combat », exposant sa doctrine (nationalisme all. conquérant, racisme germanique, socialisme, totalitarisme). *1928* 12 députés nazis au Reichstag. *1930* succès électoral dû à la crise économique. *1932*, 24-2 conseiller de l'État de Brunswick à sa légation de Berlin (acquiert par là la nationalité all.) ; 10-4 13 millions de suffrages (36,8 %) contre Hindenburg aux él. présidentielles ; *juill.* 230 députés nazis, *décembre* après dissolution : 196 dép. *1933*, 30-1 nommé chancelier par Hindenburg ; 23-3 pleins pouvoirs pour 4 ans. *1934*, 19-8 élu Pt du Reich en conservant le titre de chancelier (Reich Führer). *1938* chef suprême de l'armée. *1939*, 1-9 déclenche la g. mondiale. *1941* quitte Berlin et vit dans un Q. G. (la « tanière du loup » : *Wolfschanze*) en Russie, puis en Prusse orientale. *1944*, 20-7 échappe à l'attentat du colonel de Stauffenberg ; réprime férocement le complot ; *nov.* se réfugie dans un bunker sous la chancellerie de Berlin ; abusant des médicaments, il perd peu à peu la raison. *1945*, 30-4 se suicide en compagnie d'Eva Braun (n. 1912), sa maîtresse dep. 1932, épousée le 28-4-45.

Stahlhelm. *-27-2 incendie du Reichstag* (les nazis accusent les communistes et proclament l'état d'urgence ; allumé par Martin Van der Lubbe, Néerlandais, exécuté 10-1-1934, acquitté à titre posthume en 1980). *-5-3* triomphe nazi aux *élections lég.* (340 s. sur 639, 51,9 % des voix). *-6-3* occupation des sièges des partis soc. et comm., des syndicats et des maisons d'édition. *-22-3* construction de Dachau. *-2-4* dissolution des synd. Fondation du Deutsche Arbeitsfront (Front all. du travail). *-26-4* création de la *Gestapo*. *-10-5* la littérature *non conforme* est brûlée. *-5-6* dissolution des partis pol. (sauf P. nat.-soc.). *-14-10* All. quitte S.D.N. et conférence du désarmement. *-17-10* 1re élection pour le parti unique national (92 % des voix). **1934**-*30-1* fin de la souveraineté des Länder all. *-30-6* arrestation puis exécution (1-7) de Ernst Roehm (n. 1884), des principaux chefs SA, du Gal von Schleicher et du Gal von Bredow, et d'env. 1 000 personnes (Hitler, s'appuyant sur l'armée, a voulu liquider une opposition révolutionnaire) *(Nuit des longs-couteaux)*. Lutze devient chef des SA. *Juillet* les SS deviennent une organisation autonome relevant d'Hitler. *-2-8* Hindenburg meurt.

● **IIIe Reich. 1934**-*2-8* Hitler nommé chef de l'État : les membres du gouv. lui prêtent serment d'allégeance. *-19-8 plébiscite :* 90 % des suffrages pour Hitler. **1935**-*13-1* plébiscite 90,7 % pour le rattachement de la Sarre à l'All., 0,4 pour l'union avec la Fr., 8,9 pour le statu quo. *-15-3* conscription rétablie. **1936**-*7-3* Rhénanie remilitarisée. *Juill.* intervention en Espagne. *-1-11* Mussolini parle de l'*axe* Rome-Berlin. *-25-11 pacte anti-Komintern.*

1938 *janvier :* expulsion des Juifs russes ; expropriation des biens juifs. *-12-3* annexion de l'Autriche *(Anschluss)*. *-4-4* statut légal enlevé aux institutions communautaires juives ; *mai :* déportations à Dachau ; *juin :* destruction de la synagogue de Munich ; *juillet :* carte d'identité spéciale pour les Juifs. *-22/24-9* Hitler et Chamberlain se rencontrent à Godesberg. *-30-9 accord de Munich* (Hitler, Daladier, Chamberlain, Mussolini) : attribution des terr. des *Sudètes* tc. à l'All. qui les occupe le *1-10*. *-28-10* Gestapo arrête 17 000 Juifs et les refoule dans le no man's land entre All. et Pologne. *-9-11 nuit de Cristal :* bris des devantures des magasins juifs, incendie et pillage des synagogues, arrestation et internement des Juifs (30 000 à Dachau, Buchenwald et Sachsenhausen), à la suite de l'assassinat à Paris d'Ernst von Rath, conseiller d'ambassade all., par un Juif polonais de 17 ans, Herschel Grynspan. *-6-12* déclaration de coopération. **1939**-*14-3 Slovaquie* proclame son indépendance. *-15-3* Pt Hacha remet Bohême et Moravie sous la protection du Reich. Les All. les occupent. *-18-3* Neurath nommé Protecteur du Reich pour Bohême et Moravie. *-23-3* All. entrent à Memel. Slovaquie devient protectorat all. *-22-5* alliance militaire germ.-ital. *(Pacte d'acier)*. *-23-8 pacte de non-agression* avec U.R.S.S. (des articles secrets prévoient le partage de la Pologne). *-1-9 invasion de la Pol. -3-9 déclaration de g.* angl. et fr. (v. Index). **1942**-*20-1* « solution finale » (extermination des Juifs d'Eur.) décidée.

1944-*20-7* « opération Walkyrie » [tentative d'assassinat de Hitler par le colonel Cte von Stauffenberg (dépose une bombe dans une serviette placée sous la table de Hitler, au Grand Q.G. : l'explosion tue plusieurs personnes, mais H. a seulement les tympans crevés), le Gal Beck devait devenir chef d'État et le Mal von Witzleben commandant en chef de la Wermacht. A Paris, le Gal Stülpnagel, croyant Hitler tué, fait arrêter les 1 200 membres des SS et de la police. Stauffenberg est fusillé, Beck qui s'est raté en se suicidant est achevé, von Kluge et Rommel seront contraints de se suicider ; 7 000 arrêtés (dont 5 000 seront exécutés). **1945**-*1-5* suicide de Hitler et Goebbels. *-2-5 capitulation de Berlin.* Nouveau gouv. à Flensburg (Pt du Reich : amiral Dönitz). *-9-5 reddition sans condition* des forces all.

● **De la fin du IIIe Reich à nos jours. 1945**-*23-5* Commission de contrôle alliée prend le contrôle de l'All. Dissolution du gouv. all. et du Parti nazi. **1948**-*27-2 accord de Londres* sur la dette all. : 14 millions de marks dont 7 datant d'avant-guerre (remboursement des emprunts Young et Dawes, dette de la Prusse) et 7 d'après-guerre (*plan Marshall*, aide brit. et franç.). *24-6-48 au 12-5-49* blocus de Berlin par Russes. Communic. terr. Berlin-O./All. occid. coupées. Un pont aérien (277 728 vols en 322 jours) achemine 1,6 million de t de vivres et charbon ; record 16-4-1949 : 1 344 appareils transportent 12 940 t (l'équivalent de 22 trains de 50 wagons). *Coût* 76 tués (31 Amér., 40 Brit., la plupart pilotes, 5 civils all.), U.S.A. 350 millions de $, G.-B. 17 millions de £, All. 150 millions de DM.

1949-*23-5 loi fondamentale* (le nouvel État correspond à 52 % de la superficie et à 62 % de la pop. de 1937). *-14-8* 1res élections du Bundestag. *-21-9 fin du gouv. milit.* **1951** *mai* révision du statut d'occupation. **1952**-*22-1* fin de la dénazification. *-26-5 conv. de Bonn* rétablissant souveraineté. *-1-6* création du *rideau de fer.* **1953**-*23-10 accords de Paris*, tr. provisoire mettant fin à l'état de g. entre All., U.S.A., France et G.-B. **1955**-*5-5* entrée en vigueur des accords de Paris, statut d'occupation aboli, All. adhère à U.E.O. et entre à l'O.T.A.N. *-9-5* reconnaissance diplomatique. **1957**-*1-1* Sarre rattachée à All. (après plébiscite 23-10-55 : pour l'All. 423 440 v. ; p. un statut européen 201 975). **1958**-*8-9* attentat anti-amér. à Francfort (2 †, 11 bl.). **1963**-*22-1* tr. d'amitié et de coopération franco-all. **1970**-*19-3* rencontre à Erfurt du chancelier Willy Brandt et du Pt du Conseil des min. de l'All. dém., Willi Stoph. *-12-8 tr. germano-soviétique de Moscou :* U.R.S.S. et All. féd. considèrent inviolables les frontières de tous les États en Europe. *-7-12 tr. germano-polonais :* la ligne Oder-Neisse constitue la frontière occ. de la Pol. **1971**-*3-9* accord quadripartite sur Berlin. **1972**-*26-4* tr. inter-all. sur circulation. *-17-5* ratification par Bundestag des tr. de Moscou et de Varsovie. *-7-11* tr. inter-all. normalisant rapports entre All. féd. et dém. *Juin :* arrestation d'Andreas Baader, chef terroriste. *-20-12* accord entre Sénat de Berlin-O. et All. dém. sur laissez-passer. *21-12 tr. fondamental* entre les 2 All. reconnaissant l'existence de All. dém. repoussé par Bundesrat par 21 v. contre 20 le 3-4-73 (n'empêche pas sa ratification, le Bundestag l'ayant approuvé), accepté le 25-5. **1973**-*11-12* tr. sur normalisation des rapports avec Tchécoslov. *-18-12 entrée à l'O.N.U.* **1974**-*7-5* W. Brandt démissionne (à la suite d'espionnage : arrestation de son conseiller Günter Guillaume n. 1-2-27). Helmut Schmidt Chancelier. *-15-5* Walter Scheel élu Pt., le mouvement du 2 juin tue Gunter von Drenkmann Pt de la Cour d'appel de Berlin O. pour venger Holger Meins mort 2 j. avant en prison après 2 mois de grève de la faim. **1975**-*30-1 Convention de Bonn* du 2-2-71 (permettant de poursuivre, en All., les nazis condamnés par contumace en France) ratifiée. *-27-2* enlèvement du candidat à la mairie de Berlin O. Peter Lorenz (leader de la C.D.U.), relâché le 5-3 contre libération de 6 m. de la bande à Baader. *-24-4* un commando essaie de prendre des otages à l'amb. d'All. (Stockholm). Le gouv. all. refuse de négocier (3 †). *-9-10* accords germ.-pol. (ratifiés au Bundesrat le 19-2 par 276 voix contre 191) : l'All. verse un crédit d'un milliard de marks à taux symbolique, octroie une compensation forfaitaire de 1,3 milliard de marks aux Polonais ayant travaillé dans des entreprises nazies ; 125 000 Pol. de souche all. pourront émigrer en All. féd. dans les 4 ans (+ de 250 000 demandent à partir). **1976** plusieurs attentats. **1977**-*7-4* procureur gén. tué. *-28-4* prison à vie pour Baader (et 2 accusés). *-5-9* l'organisation Matin rouge enlève Hans-Martin *Schleyer* (n. 1915), Pt du patronat, et le tue 42 j plus tard. *-13-10* détournement d'un Boeing 737 de la Lufthansa, le commando demande la libération de 11 détenus de la bande à B., les passagers sont libérés à Mogadiscio. *-18-10* suicide dans la prison de Stammheim de Baader, Gudrun Ensslin, Jan-Carl Raspe [*la bande à B.* aura commis 16 meurtres + 100 tentatives, et blessé 88 personnes ; 1er attentat (2-4-68) incendie d'un grand magasin à Francfort ; la Fraction Armée Rouge menace de faire 100 000 attentats. *-11-11* suicide d'Ingrid Schubert (33 ans) en prison à Stadelheim. **1978** affaire Lutze (espionnage).

1980-*26-9* attentat à Munich à la fête de la bière, 13 †, 211 bl. *Déc.* émeutes du mouvement alternatif à Berlin-O., 120 bl. **1981**-*28-2* manif. antinucléaire de Brokdorf (50 000 manif.). *-10-5* Heinz Herbert Karry, min. des Finances de Hesse, favorable au nucléaire, assassiné. *Mai* manif. de squatters à Berlin-O., Göttingen, Heidelberg, Fribourg. *-31-8* attentat de Fraction Armée Rouge (base de l'OTAN de Ramstein, 20 bl.). *-15-9* Gal Frederick James Kroesen, Cdt des forces terrestres amér. en Europe, blessé par la Fraction Armée Rouge, 1 †. *-28-9* Guillaume gracié, échangé contre 34 agents occidentaux détenus à l'Est (en nov. 81, 9 sont relâchés) et l'émigration de 3 000 personnes moyennant paiement ; Guillaume expulsé le 1-10. *-10-10*, 250 000 pacifistes manif. à Bonn (mouvement né en juin au cours du Congrès de l'Église évangélique). **1982**-*1-10* le Bundestag adopte la « motion de défiance constructive » déposée par l'opposition (256 v. pour, 235 v. contre, 4 abst., 2 députés absents) ; Helmut Kohl devient chancelier. *-11-11* Brigit Mohnhaupt et Adelheid Schulz et *-16-11* Christian Kalr, dirigeants de la Fraction Armée Rouge, arrêtés. **1984**-*18-12* attentat manqué contre l'école militaire de l'OTAN à Oberamaergau. *Nov.* le groupe Lick accusé de corruption : il avait en 10 ans donné + de 25 millions de marks aux partis [Cte de Lambsdorf (n. 10-12-26), min. de l'Économie, compromis, démissionne 26-6-84 ; Rainer Barzel, Pt du Bundestag, démissionne]. **1985**-*7-1* bombe près d'un oléoduc de l'OTAN. *-3-2* Ernst Zimmermann, industriel, assassiné par F.A.R. *-30-5* attentats anti-OTAN à Francfort (gros dégâts matériels). *Juin :* la dépouille exhumée le 6-6 à Embu (Brésil) est reconnue par les experts comme étant probablement celle de Josef Mengele, ex-médecin chef d'Auschwitz, † en 1979. *-19-6* bombe à l'aéroport de Francfort (3 †, 32 bl.). *-8* Hans Jachim Tiedgen, chef du contre-espionnage all. passe à l'Est. *-19/21-9* Willy Brandt en R.D.A. *-30-9* incidents à Francfort, Hambourg, Munich, Munster, Wassertal après la mort d'un manif. antinazi écrasé par un véhicule de la police. *-27-10* en Hesse, 3 écologistes, 1 ministre (Joscha Fischer, min. de l'Environnement) et 2 secr. d'État entrent au gouv. *-24-11* attentat anti-amér. à Francfort (23 bl.). **1986**-*19/21-2* visite de Horst Sindermann, Pt de la Chambre du Peuple de R.D.A. L'affaire Flick (la C.D.U. aurait illégalement reçu quelques centaines de milliers de F) ébranle le chancelier Kohl (le Cte Lambsdorf, min. de l'Écon., et Rainer Barzel, Pt du Bundestag, ont déjà dû démissionner). *-5-4* bombe dans discothèque à Berlin-O. 2 †, 118 bl.

☞ Actions violentes : *1983* de gauche 1540 (dont 215 attentats), *84* de gauche 1269 (dont 148 att. néonazies 74 (dont 11 att.).

Svastika (ou croix gammée)

Inde : le symbole de bon augure, utilisé par hindous, jaïns et bouddhistes. Dans le jaïnisme, emblème du 7e Tîrthamkara : ses 4 branches sont supposées rappeler au croyant les 4 domaines dans lesquels l'homme peut renaître : le monde animal ou végétal ; l'enfer ; la terre ; le monde de l'esprit. On distingue le *svastika sinistrogyre* ou *sauvastika* (figurant une roue tournant vers la gauche) et le *svastika dextrogyre* (tournant vers la droite) ; symbole solaire imitant par la rotation de ses branches la course quotidienne apparente du Soleil. Le svastika qui tourne vers la gauche symbolise plus fréquemment la nuit, la déesse Kâlî et certaines pratiques magiques. Hitler prit comme emblème un svastika dextrogyre noir, le considérant comme un symbole purement « aryen », remontant aux Indo-Européens primitifs. Or ce symbole a été utilisé par des civilisations non indo-européennes, notamment en Amérique du N. et dans le monde méditerranéen. « Croix gammée » : origine grécophénicienne (allusion aux 4 branches, qui ont chacune la forme d'un gamma majuscule, tournant vers la droite). On en trouve sur les poteries grecques. Au début du scoutisme, elle était décernée à ceux qui avaient rendu service au mouvement.

Procès de Nuremberg

Intenté devant le Tribunal international à 24 dirigeants et 8 organisations nazis (20-11-45/25-10-46). *Robert Ley* (suicide 25-10-45), *Gustav Krupp* (cas disjoint, raisons de santé), *Martin Bormann* (en fuite ou mort en mai 45) ne comparurent pas.

Condamnés à la pendaison : *Goering* (53 ans), successeur désigné d'Hitler, se suicide avant le 15-10. *Exécutés le 16-10-46 : Ribbentrop* (63 a.), min. des Aff. étr. ; *Keitel* (63 a.), chef du Ht-com. ; *Kaltenbrunner* (43 a.), chef des camps de concentration ; *Rosenberg* (53 a.), min. des Terr. occupés de l'Est ; *Frank* (46 a.), gouv. gén. de Pologne, *Frick* (69 a.), min. de l'Int. ; *Streicher* (61 a.), propagandiste de l'antisémitisme ; *Sauckel* (51 a.), organisateur du travail oblig. ; *Jodl* (56 a.), chef d'é.-major gén. ; *Seyss-Inquart* (54 a.), gouv. des P.-Bas.

Prison. A vie : *Hess* (52 a.), délégué du Führer, malade mental (?) ; *Funk* (56 a.), Pt de la Reichsbank ; *Raeder* (70 a.), rénovateur de la marine all. **20 ans :** *Baldur von Schirach* (39 a.), Führer de la jeunesse († en 1974 à 67 ans) ; *Speer* (40 a.), architecte, min. de l'Armement [responsable de toute la politique (fin 1942) et de l'économie de g. (sept. 44)], 1908-81 (libéré en 1966). **15 ans :** *von Neurath* (72 a.), min. des Aff. étr. **10 ans :** *Dönitz* (55 a.), gd-amiral.

Acquittés : *Schacht* (69 a.), min. de l'Écon., *von Papen* (66 a.), Chancelier du Reich, *Fritzsche* (46 a.), adjoint de Goebbels.

Nota. — Sur 120 000 criminels *nazis* vivants, 20 000 ont été jugés ; 7 500 vivent en Argentine. Disparus : Martin Bormann (1900, disp. dep. 2-5-1945), Heinrich Müller (2-5-1900), Richard Rucks et Josef Mengele (n. 1911 ; médecin-chef d'Auschwitz, responsable de 300 000 †, réfugié au Paraguay puis au Brésil, † 1979).

Nobiliaire allemand

Saint Empire. L'ancienne noblesse (Uradel) était divisée en haute et moyenne noblesse : *empereur, roi, grand-duc, duc, prince régnant* (Fürst), *prince* (Prinz) et les titres « ministériaux » *landgrave* (Cte d'un pays, assez rarement porté), *margrave* (Cte d'une *marche*, frontière, d'où est venu « marquis » en France), *comte palatin* (d'abord juge à la cour impériale, dénommée le Palais et aussi juge pour les pays de droit saxon, d'où le terme de Palatinat ; ces juges étaient aussi gouverneurs nés et receveurs des Finances de l'Emp.), *burgrave* (Cte d'une forteresse ou burg, gouverneurs des châteaux et maisons royales), les *comtes* (avec traitement d'altesse), les *comtes* (de haute naissance), les *barons*, les *chevaliers*, les *nobles* portant le « von », les *rhingraves*, Ctes du Rheingau, et les *wildgraves*, (Ctes forestiers) dans la région du Rhin.

En 1521, le Reichsmatrikel (registre d'immatriculation impérial) reconnaissait comme *Reichsfürsten* (princes d'Emp.) 7 électeurs (Kurfürsten), 4 archevêques, 46 évêques, 28 princes laïcs (Weltfürsten), 64 prélats, 13 abbesses d'Empire, 4 grands maîtres des Ordres, 135 comtes, et des chevaliers nobles libres (Edelherren), tous exerçant une souveraineté.

Par ailleurs, des « titres du Saint Empire » furent conférés par les emp., titres d'honneur sans base de souveraineté territoriale. Ils subsistent encore en Europe (France, Espagne, Italie...) et l'on indique alors « Pce de X... et du Saint Empire ».

En 1806, date de la fin du Saint Empire (347 États et 1 740 territoires semi-indépendants), on estimait à 350 000 le nombre de nobles (y compris 50 000 nobles pol. du fait des 3 partages de la Pol.). Les chevaliers du Saint Empire comptaient 350 lignées et possédaient 668 domaines « immédiats » (ne relevant que de l'autorité impériale, sans interposition d'un autre État entre leur domaine et l'emp.).

Après la dissolution du Saint Empire en 1806, l'All. a connu diverses transformations, notamment en 1815, la *médiatisation* (voir ci-dessous) d'une cinquantaine d'États souverains dont les dynasties ont gardé certains privilèges (égalité de naissance avec les maisons souveraines, exemptions d'impôts, statut pour la gestion de leurs biens), constituant le *Fürstenrecht* ou droit des Princes ; ces dispositions sont toujours en vigueur bien que l'art. 109 de la Constitution de Weimar ait prescrit leur suppression (seule une loi prussienne du 23-6-1920 fut prise en exécution de cet art.). Elles posent un problème juridique quant à l'égalité devant la loi inscrite dans l'art. 3 de la loi fondamentale (Grundgesetz). Le transfert des biens de la haute noblesse à une fondation de famille demeure autorisé avec des avantages fiscaux.

1° Titres des maisons ayant régné jusqu'en nov. 1918. *Anhalt* (*duc* pour le chef de la maison, Pce et Pcesse pour les autres membres). *Bade* (*margrave* ou *grand-duc* pour le chef de la maison). *Bavière (duc). Brünswick-Lunebourg* (Pce de Hanovre, *duc* de Brünswick-Lunebourg). *Hesse* (*landgrave* et Pce de Hesse). *Lippe* (Pce de Lippe). *Mecklembourg-Schwerin* (*duc* de Mecklembourg-Schwerin, titre porté par la reine de Hollande). *Oldenbourg (grand-duc). Prusse* (Pce de Prusse). *Reuss* (Pce *héréditaire* de Reuss). *Saxe* (*grand-duc* de Saxe-Weimar-Eisenach). *Saxe-Cobourg-Gotha* (Pce *et duc* de Saxe-Cobourg-Gotha et *margrave* de Meissen). *Schleswig-Holstein* (*duc* de Schleswig-Holstein-Sonderburg-Glücksburg). *Schwarzburg* (Pce de Schwarzburg). *Waldeck-Pyrmont* (Pce de Waldeck-Pyrmont). *Wurtemberg* (*duc* de Wurtemberg). En dehors du titre dignitaire porté par le chef de chaque maison (duc, margrave, grand-duc, prince), les membres de ces familles portent tous la qualification de Prince.

2° Titres de princes, ducs et comtes des États médiatisés en 1815. En réorganisant la Confédération germanique, le Congrès de Vienne, en 1815, laissa subsister 83 États (appartenant à 50 maisons) qui avaient été souverains dans le Saint Empire. Ces États devinrent alors les premiers vassaux des 39 États souverains subsistant en 1815, puis des États membres de l'Emp. all. institué en 1871. On pouvait relever, en 1845, 1 titre d'archiduc (pour Schaumbourg, alors à l'Autriche), 4 de duc (Arenberg, Croy, Looz-Corswarem, Dietrichstein), 36 de prince, 40 de comte, 2 de baron. Il s'y ajoutait 11 autres maisons médiatisées (5 princes, 6 comtes) dont les possessions n'avaient pas formé des États : titulaires de hautes dignités ou suzerains à titre personnel. 49 familles médiatisées subsistaient en 1977 (représentant env. 700 descendants masculins) ayant donné naissance à 78 maisons : 3 titres de duc (Arenberg, Croy et Looz-Corswarem), 1 prince et comte, 52 princes et 32 comtes. En outre, ces chefs de maisons médiatisées peuvent porter des titres historiques datant du Saint Empire : duc (7) ou autres titres de prince, comte, baron, anciens titres tels que comte palatin (1), seigneur (1), comte et seigneur, comte et noble seigneur, comte (féodal), landgrave (2, pour les Fürstenberg).

3° Ducs, princes et comtes sans souveraineté. Titres de haute dignité venant du Saint Empire (6 princes et 1 comte), datant du XVIIIe s. ou venant de Bavière (1 prince Wrede 1814, 1 comte Rechtern-Limpurg 1819) et les autres, tous princes, créés en Prusse aux XIXe et XXe s. (12 dont parmi les plus connus : Bismarck 1871, Blücher 1861, Eulenburg 1900, Pless 1850, etc.).

Nombre de titres portés. 90 maisons subsistantes avec titre de prince (y compris maisons médiatisées) ; 555 avec titre de comte ; 835 de baron. Pas de statistiques pour chevaliers (Ritter) et nobles (avec le « von »).

☞ *Le titre fait partie du nom* mais les « traitements » de Durchlaucht (Altesse Sérénissime, etc.) ont été supprimés, depuis le 11-3-1966, par le Trib. adm. fédéral.

Chefs d'État

Saint Empire romain germanique

Carolingiens. 768 Charlemagne (742-814), f. de Pépin le Bref, roi des Francs. **814** Louis Ier le Pieux ou le Débonnaire (778-840), s. f., roi de France. **840** Lothaire Ier (795-855), s. f. **855** Louis II (825-875), s. f., empereur. **875** Charles II le Chauve (823-877), f. de Louis Ier, roi de France de 840 à 877. **881** Charles III le Gros (839-888), f. de Louis Ier, déposé. Roi de Fr. (884-887). **887** Arnulf († 899), f. illég. de Carloman, lui-même f. de Louis le Germanique, élu. **901** Louis III l'Aveugle (880-928), s. f., roi d'Allemagne. **911** Conrad Ier († 918), duc de Franconie, élu roi d'Allemagne.

Maison de Saxe. 919 Henri Ier l'Oiseleur (v. 876-936), f. du duc de Saxe. **962** Othon Ier le Grand (912-973), s. f. **973** Othon II (955-983), s. f. **996** Othon III (980-1002), s. f. **1002** Henri II le Saint (973-1024), pet.-f. d'Henri Ier.

Saliens et Franconiens. 1027 Conrad II le Salique (v. 990-1039), f. d'Henri, Cte de Spire. **1039** Henri III le Noir (1017-1056), s. f. **1056** Henri IV (v. 1050-1106), s. f. **1106** Henri V (v. 1081-1125), s. f.

Maison de Saxe. 1125 Lothaire III (v. 1060-1137).

Maison Hohenstaufen. 1138 Conrad III (1093-1152), duc de Franconie. **1152** Frédéric Ier Barberousse (1122-1190), s. neveu. **1190** Henri VI le Cruel (1165-1197), s. f. **1198** Othon IV (1175 ou 1182-1218), f. d'Henri le Lion, duc de Saxe. **1220** Frédéric II (1194-1250), f. d'Henri VI. **1250** Conrad IV (1228-1254), s. f. **1250-1273 : interrègne.** Alphonse X le Sage, de Castille, a été empereur de janv. à avril 1257 du chef de sa mère (Richard de Cornouailles, prétendant).

Maison de Bohême. 1253-78 Otokar II (1230-78), f. de Venceslas Ier roi de Bohême (1205-1253); seul roi couronné de l'Empire, lutte contre Alphonse et Richard, chassé par Rodolphe de Habsbourg (1218-91) et tué à Dürnkrut.

Maison de Habsbourg. 1273 Rodolphe Ier (1218-1291), roi d'Allemagne. **Maison de Nassau. 1292** Adolphe (1248 ou 1255-98), roi d'Allemagne, déposé. **Maison de Habsbourg. 1298** Albert Ier (1255-1308), f. de Rodolphe Ier. **Maison de Luxembourg. 1308** Henri VII (v. 1269-1313), f. du Cte de Luxembourg.

Maison de Bavière. 1314 Louis IV (1287-1347), f. du duc de Bavière, roi des Romains 1314 ; empereur 1328, déposé 1346.

Maison de Luxembourg-Bohême. 1346 Charles IV (1316-78), f. de Jean l'Aveugle, roi de Bohême, roi des Romains 1346, couronné 1355. **1378** Venceslas (1361-1419), f. de Charles IV, roi de Bohême, abdique 1411.

Électeur palatin. 1400 Rupert (1352-1416), compétiteur de Venceslas.

Maison de Luxembourg. 1410 Sigismond (1368-1437), fr. de Venceslas, roi de Hongrie 1387, roi des Romains 1410, couronné 1433.

Maison de Habsbourg. 1438 Albert II (1397-1439), gendre de Sigismond ; non couronné par le pape. **1452** Frédéric III (1415-93), f. d'Ernest, duc d'Autriche. **1493** Maximilien Ier (1459-1519), s. f. **1519** Charles V, Charles Quint (1500-58), f. de Philippe le Beau Cte de Flandres (f. de Maximilien Ier), roi d'Espagne sous le nom de Charles Ier (1516-56), abdique. **1558** Ferdinand Ier (1503-64), s. fr. **1564** Maximilien II (1527-76), s. f. **1576** Rodolphe II (1552-1612), s. f. **1612** Mathias (1557-1619), s. fr. **1619** Ferdinand II (1578-1637), f. de Charles, duc de Styrie (f. de Ferdinand Ier). **1637** Ferdinand III (1608-57), s. f. **1657** Léopold Ier (1640-1705), s. f. **1705** Joseph Ier (1678-1711), s. f. **1711** Charles VI (1685-1740), s. fr., emp. allemand, souverain d'Autriche et de Hongrie.

Maison de Bavière. 1742 Charles VII (1697-1745), électeur de Bavière.

Maison de Habsbourg-Lorraine. 1745 François Ier (1708-65), f. de Léopold, duc de Lorraine, mari de Marie-Thérèse (f. de Charles VI). **1765** Joseph II (1741-90), s. f. **1790** Léopold II (1747-92), s. fr. **1792** François II (1768-1835), s. f., empereur élu des Romains, prit en 1804 le titre d'emp. héréditaire d'Autriche, puis en 1806 (le *Saint Empire romain germanique* est aboli) le titre d'emp. d'Autriche-Hongrie. (V. Index.)

Nota. – Après 1493, les empereurs ne seront plus couronnés par le pape, sauf Charles Quint.

Rois de Prusse

Maison de Hohenzollern. Les *Hohenzollern* (du château de H., près de Sigmaringen) descendent de Burchard de Zollern (v. 1061), dont l'aîné des descendants fut Cte en 1111 et un autre, Frédéric, burgrave de Nuremberg v. 1200. En 1363, le burgrave fut reconnu Pce du St Empire, et, en 1415, un de ses descendants recueillit le margraviat de Brandebourg avec la dignité électorale. En 1613, Jean-Sigismond de H. (1572-1619) hérite du duché de Prusse.

1701 Frédéric Ier (1657-1713), f. de Fréd.-Guillaume, électeur de Brandebourg, se nomme roi en Prusse, puis est reconnu par l'emp. Léopold Ier et se dit roi de Prusse. Ép. 1679 Elisabeth-Henriette de Hesse-Cassel, 1684 Sophie-Charlotte de Hanovre, 1708 Sophie-Louise de Mecklembourg-Schwerin. **1713** Frédéric-Guillaume Ier (1688-1740), le roi-sergent, s. f. Ép. Sophie-Dorothée de Hanovre. **1740** Frédéric II le Grand (1712-86), s. f. Ép. 1733 Elisabeth-Christine de Brunswick-Beyern. **1786** Fréd.-Guillaume II (1744-97), s. nev. Ép. 1° Elisabeth de Brunswick (mariage dissous 1769) ; 2° Frédérique-Louise de Hesse-Darmstadt. **1797** Fréd.-Guill. III (1770-1840), s. f. Ép. 1793 Louise de Mecklembourg-Strelitz (1776-1810). **1840** Fréd.-Guill. IV (1795-1861), s. f. Ép. Elisabeth de Bavière (1801-73). **1861** Guillaume Ier (1797-1888), 2e fils de F.-G. III et de la reine Louise, régent dep. 1858. Ép. 1829 Augusta de Saxe-Weimar.

Empire allemand (IIe Reich)

1871 Guillaume Ier (1797-1888). **1888** Frédéric III (1831-88), s. f. (règne 99 jours). Ép. 1858 Pcesse Victoria d'Angleterre. **1888/9-11-1918** Guillaume II (1859-1941), s. f. Ép. 1882 Augusta-Victoria de Schleswig-Holstein (1858-1921).

☞ Chef de famille actuel. *Pce Louis-Ferdinand de Prusse* (1907), 2e f. du kronprinz Frédéric-Guillaume (1882-1951) et de la kron. née Desse Cécile de Mecklembourg (1886-1954). Son fr. aîné le Pce Guillaume (1906-40) renonça en 1933 à ses droits. Vit à Brême. *Ép.* 2-5-38. Gde-Duchesse Kyra (1909-1967), f. du Gd-Duc Cyrille, chef de la maison imp. de Russie (1876-1938). *Enfants : Fréd.-Guill.* (9-2-39) ; *Guill.-Henry* (22-3-40) ; *Marie-Cécile* (28-5-42) ép. 1965 duc Fréd.-Auguste d'Oldenbourg (1936) f. de Nicolas, Gd-Duc héritier d'Oldenbourg ; *Kyra* (1943) ; *Louis-Ferdinand* (1944-77) ép. Ctesse Donata Castell-Rudenhausen ; *Christian-Sigismund* (1946) ; *Xénie* (1949).

République allemande (dite de Weimar)

1919 Friedrich Ebert (1871-1925). **1925** Maréchal Paul von Hindenburg (1847-1934).

IIIe Reich

1934 Adolf Hitler (1889-1945) ép. Eva Braun (1912-45), Führer. **1945** Grand Amiral Karl Dönitz (1891-1980). **1945-49** : *Occupation alliée.*

République fédérale allemande Présidents

1949, 12-9 Theodor Heuss (1884-1963). **1959,** 1-7 Heinrich Lübke (1894-1972). **1969,** 5-3 Gustav Heinemann (1899-1976). **1974,** 15-5 Walter Scheel (8-7-1919). **1979,** 23-5 Karl Carstens (14-12-1914). **1984,** 23-5 Richard von Weizsaecker (15-4-1920).

Chanceliers

1871 *21-3* Otto Pce von Bismarck (1815-98). **90** *23-3* Cte Leo von Caprivi (Gal) (1831-99). **94** *29-10* Pce Clodwig zu Hohenlohe (1819-1901). **1900** *17-10* Pce Bernhard von Bülow (1849-1929). **09** *14-7* Theobald von Bethmann-Hollweg (1856-1921). **17** *14-7* Georg Michaelis (1857-1936). *25-10* Cte Georg von Hertling (1843-1919). **18** *3-10* P[ce] Maximilien de Bade (1867-1929). *9-11* Friedrich Ebert (1871-1925). S.P.D. **19** *13-2* Philipp Scheidemann (1865-1939). S.P.D. *21-6* Gustav Bauer (1870-1944). S.P.D. **20** *27-3* Hermann Müller (1876-1931). S.P.D. *25-6* Constantin Fehrenbach (1852-1926). Zentrum (parti catholique). **21** *10-5* Dr Joseph Wirth (1879-1956). Zentrum. **22** *22-11* Dr Wilhelm Cuno (1876-1933). Sans parti. **23** *13-8* Dr Gustav Stresemann (1878-1929). Deutsche Volkspartei. *30-11* Dr Wilhelm Marx (1863-1946). Zentrum. **25** *15-1* Dr Hans Luther (1879-1969). Sans parti. **26** *16-5* Dr Wilhelm Marx (1863-1946). Zentrum. **28** *28-6* Hermann Müller (1876-1931). S.P.D. **30** *30-3* Dr Heinrich Brüning (1885-1970). Zentrum. **32** *1-6* Franz von Papen (1879-1969). N.P. *3-12.* Gal Kurt von Schleicher (1882-assassiné 30-6-34). **33** *30-1* Adolf Hitler (20-4-1889/30-4-1945). Nazi. *1945-49 Occupation alliée.* **49** *15-9* Konrad Adenauer (1876-1967). C.D.U. Démissionne. **63** *16-10* Ludwig Erhard (1897-1977). C.D.U. Démissionne. **66** *1-12* Kurt Georg Kiesinger (6-4-1904). C.D.U. **69** *21-10* Willy Brandt (18-12-1913). S.P.D. Démissionne. **74** *6-5* Helmut Schmidt (23-12-1918). S.P.D. **82** *1-10* Helmut Kohl (3-4-1930) C.D.U. (mesure 1,93 m).

Statut

Rép. fédérale. La R.F.A. n'est pas juridiquement un État souverain (art. II Const. : les 3 grandes puiss. U.S.A., Fr., G.-B., se réservent les droits et responsabilités antérieurement détenues par elles). L'All. est juridiquement toujours en guerre (aucun traité de paix n'ayant encore été signé avec ses anciens ennemis). L'All. n'a pas d'autonomie en mat. milit. (arme nucléaire interdite, absence de contrôle sur les armes étrangères). *Const.* du 23-5-1949. *Pt* (élu par le *Bundesversammlung* ou Ass. féd. comprenant les 518 m. du *Bundestag* et les 518 délégués élus par les diètes des *Länder*, pour 5 ans). *Chancelier* (élu par le Bundestag sur proposition du Pt). *Vice-ch. et min. des Affaires étr.* Hans Dietrich Genscher (21-3-27), F.D.P., *Économie* Dr Otto Graf Lambsdorff (20-12-26). F.D.P., *Finances* Gerhard Stoltenberg (1929) (C.D.U.), *Défense* Manfred Wörner (1934) (C.D.U.), *Intérieur* Friedrich Zimmermann (18-7-25) (C.S.U.), *Justice* Hans Engelhard (F.D.P.), *Agriculture* Joseph Ertl (7-3-25) (F.D.P.), *Travail* Norbert Blüm (1935) (C.D.U).

Nota. — 8 C.D.U., 4 C.S.U., 4 F.D.P.

Fête nat. 17 juin, journée de l'unité all. (commémoration émeutes du 17-6-53 à Berlin-Est).

2 chambres : Bundestag (Ch. des députés) 496 m. (+ 22 m. de Berlin ne disposant pas du droit de vote sauf en commission ; participant à l'él. du *Pt* de la Rép. et du Bundestag mais pas à celle du chancelier) élus au suffr. univ. pour 4 ans ; une moitié est élue directement, l'autre au niveau des Länder en fonction de la représentation proportionnelle. Les députés (sauf ceux de Berlin-O.) sont élus à la *représentation proportionnelle personnalisée* ; chaque électeur dispose de 2 voix : la 1re pour un des candidats de sa circonscription (élu à la majorité simple ou relative : *mandat direct*) ; la 2e, *au niveau du Land,* d'après les listes présentées par les partis dans les Länder. La répartition globale des sièges dans les Länder accorde à chaque parti des s. directs et mandats de liste (parti). Les députés de Berlin-O. ne sont pas directement élus mais désignés par le Sénat de Berlin, sur proposition des groupes parlementaires. Seuls les partis qui ont au moins 5 % des suffr. ou ont obtenu 3 mandats directs peuvent être représentés. Pouvoir législatif exclusif

Répartition des sièges au Bundestag
(y compris les députés de Berlin)

	S.P.D.	C.D.U.	C.S.U.	F.D.P.	Divers
1949	136	117	24	53	80
1953	162	198	57	48	44
1957	181	225	55	41	17
1961	203	201	50	67	–
1965	217	202	50	49	–
1969	237	201	50	30	–
1972	242	186	49	41	–
1976	224	201	53	40	–
1980	228	185	52	54	–
1983 [1]	202	202	53	35	28 [2]

Nota. — (1) Berlin (C.D.U. 11, S.P.D. 9, F.D.P., Verts 1) compris. (2) Verts.

pour : affaires étrangères, défense, questions de nationalité, d'immigr. et d'émigr., change, crédit, monnaie, tr. de commerce, P. et T. ; concurremment avec les diètes des Länder en matière de droit civil et pénal, état civil, dommages de guerre, droit écon., prévoyance soc., etc.

Depuis 1971, tous les citoyens all. de 18 ans ont le droit de vote (éligibilité à 18 ans dep. 1-1-75).

Bundesrat (Conseil féd.) : selon la pop. 3 à 5 m. désignés par les gouv. de chaque Land. Actuellement 41 m. + 4 m. consultatifs pour Berlin-O. (C.D.U. 21 voix). Tous les projets de loi du gouv. doivent d'abord lui être soumis.

Cours suprêmes de la Fédération : Tribunal constitutionnel fédéral, Cour de cassation, Tribunal administratif fédéral, Cour fédérale d'arbitrage social, Tribunal fédéral du travail, Cour fédérale en matière fiscale.

Occupation. *Berlin-O.* 9 200 Amér., Brit. et 2 800 Fr. *Coût* 1 384 millions de marks par an.

Länder

Généralités

Institutions. États (10 + Berlin) qui ne détiennent leurs droits souverains que d'eux-mêmes. *Domaine de la Fédération :* politique étrangère, y compris la défense, poste fédérale, chemins de fer fédéraux, monnaie, politique douanière et commerciale, unification du système judiciaire, charges issues de la guerre (frais de stationnement des forces d'occupation, d'où devait naître ensuite la contribution allemande à la défense ; charges sociales résultant de la guerre). *Domaine des Länder :* enseignement, police, maintien de l'ordre, sécurité, soin de faire appliquer les lois fédérales.

Les Länder sont divisés en *Landkreise.* Le *Landrat,* qui exerce les fonctions d'un sous-préfet (en Allemagne du N.-O., l'Oberkreisdirektor), contrôle l'administration communale et l'administration étatique du *Kreis.* Le *Kreistag,* parlement à l'échelle de l'arrondissement, est compétent pour les tâches intercommunales : ponts et chaussées, chemins de fer d'intérêt local, assistance aux mineurs, hôpitaux, assistance sociale, etc., mais le Kreis n'a pas d'instructions à donner aux communes qui ne lui sont pas subordonnées. Les *Regierungspräsidenten* contrôlent le Landrat et l'administration urbaine pour le compte du Land.

Les Länder peuvent prescrire aux communes la forme que doit prendre leur autonomie, contrôler leur budget et la gestion de leurs finances et même modifier les limites territoriales des communes.

● **Statistiques.** *Districts administratifs* (Regierungsbezirke) 25 ; *Arrondissements* (Kreise) 328 dont 110 villes ; *Communes* (Gemeinden) 8 500 (*1970 : 22 510*) (+ de 100 000 h. : *67 ;* 2 000 à 100 000 : *3 716 ;* – de 2 000 : *4 717).*

Liste des Länder

Superficie, population et densité (1982), religion (entre par. : % protestants et cath. 1-5-70), *capitale* et villes principales (30-6-82).

● **Bade-Wurtemberg** (formé en 1951 par fusion de 3 Länder formés en 1945 : Bade, Wurtemberg-Bade, Wurtemberg-Hohenzollern), 35 752 km², 9 281 000 h., D. 269 (1-1-80 p. 44,4 ; c. 47,2), *Stuttgart* 575 200, Mannheim 303 800, Karlsruhe 271 300, Fribourg-en-Brisgau 175 100, Heidelberg 133 200.

● **Basse-Saxe** (formé le 1-2-1946 par l'ancien Hanovre et les Länder de Brunswick, Oldenbourg et Schaumbourg-Lippe), 47 431 km², 7 262 000 h., D. 153 (p. 74,6 ; c. 19,6), *Hanovre* 527 500, Brunswick 258 800, Osnabrück 157 400, Oldenbourg 136 800.

● **Bavière** 70 547 km², 10 961 000 h., D. 155 (p. 25,7 ; c. 69,4), *Munich* 1 288 200, Nuremberg 481 000, Augsbourg 247 500.

● **Berlin.** *Superficie* (km²) : 883 (Berlin-O. 480, 54,3 % ; B.-Est 403). *Étendue :* Nord-Sud 38 km, Est-Ouest 45 km (B.-Ouest 32 et 29 km). *Alt. max. :* le Grand Müggelberg 115 m (Berlin-E.), le « Trümmerberg » composé des décombres de la g. de 1939-45 120 m (Berlin-O.). *Arbres :* dans les forêts 35 millions, les rues 223 000. *Répartion du territoire :* **Berlin-O.** (%) : surface bâtie 41, forêts 15,9, rues et places 12,2, parcs, terrains de jeu et squares 7,9, eaux 6,5. *Lacs les + profonds :* Tegeler See (16 m) (la plupart : 2 à 8 m de prof.), *voies navigables :* 126 km (env. 40 000 bateaux de sport, 690 000 véhicules). *Climat :* moy. ann. : 9,2 °C ; pluies : 707,8 mm par a.

Population (milliers) : 1600 : 0,9, *1614 :* 12, *1648* (après la g. de Trente ans) : 6, *1701 :* 56, *1800 :* 172, *v. 1840 :* 400, *1871 :* 932, *1900 :* 2 710, *1914 :* 1 900, *1936 :* 4 300, *1943 :* 4 490, *1945* (guerre) : 2 800, *1984 :* Grand-Berlin 3 130, dont Berlin-O. 1 950 [dont étrangers (31-12-84) : 240,7 (109,6 Turcs, 30,2 Yougoslaves, 16 Palestiniens, 11 Polonais, 7,2 Italiens, 7,2 Grecs). *Arrondissements :* Berlin-O. : 12 (de 72 000 à 273 000 h.) ; Berlin-E. : 9 (8 jusqu'en 1981).

Berlin-O. est entouré par R.D.A. et Berlin-E. *Frontières* 163 km, dont 117 km avec R.D.A., 45 avec Berlin-E. *Autoroutes de transit :* vers Helmstedt (Basse-Saxe) 172 km (trajet le plus court pour la R.F.A.), vers Hambourg, Francfort et Nuremberg/Munich. *Lignes ferroviaires de transit :* 4. *Jonctions aériennes* régulières avec la plupart des grandes villes de la R.F.A. et plusieurs capitales européennes ; aéroport civil central Tegel. *Bases militaires : Tegel* (français), *Tempelhof* (améric.), *Gatow* (brit.).

Histoire. *1237* 1re mention de Berlin dans un document. *1539* réforme. *1685* (à partir de) accueil des Huguenots (20 % de la pop. en 1720). *1701* capitale du roy. de Prusse. *1871* cap. de l'Empire all., rapide croissance démographique et économique. *1920* création du Grand-Berlin (incorporation de 7 villes, 59 villages et 27 domaines). *1945* (fin de la guerre) env. 20 % des bâtiments détruits, 50 % endommagés (sur 250 000), 75 millions de m³ de décombres ; victimes : 100 000 tués, 20 000 morts violentes, 6 000 suicides, au moins 20 000 viols. *1948*-24-6 début du blocus de Berlin-O. par l'U.R.S.S., 462 j de pont aérien organisé par Alliés (277 264 vols, 1 831 200 t de fret dont une usine électrique, 62,8 % de charbon). *1949*-12-5 fin du blocus. -30-9 fin du pont aérien.

Statut. Conformément aux accords de Londres de 1944-45 B. a été divisé par les 4 alliés, après la capitulation all., en 4 secteurs qui devaient être occupés et administrés en commun [(France 11,8 % de la superficie, G.-B. 18,7 %, U.S.A. 23,9 %, U.R.S.S. 45,6 % ; garnisons à Berlin-O. : 2 800 Fr., 3 500 Brit., 6 600 Amér.)]. L'U.R.S.S. ayant quitté en 1948 la Kommandatura Interalliée, les 3 Alliés occidentaux exercent ensemble à Berlin-O. leurs droits de réserve en détenteurs de la souveraineté suprême ; l'intégration pratique de Berlin-O. à la R.F.A., qui repose sur les accords de Paris du 5-5-1955, est limitée en droit international. Les 22 membres berlinois du Bundestag n'ont pas plein droit de vote et ne sont pas élus au suffrage direct mais par la Ch. de députés de B. ; les lois fédérales sont adoptées à Berlin avec l'accord des Alliés par un acte formel de la Ch. des Députés. Berlin-O. étant démilitarisé, il n'y existe pas de service militaire obligatoire ; le port d'uniformes de la Bundeswehr y est interdit. Berlin-O. est intégré aux Communautés Européennes. L'accord quadripartite du 3-9-1971 a confirmé le statut quadripartite de Berlin ; l'U.R.S.S. reconnaît les liens de fait unissant Berlin-O. à l'All. féd.

Budget de Berlin-O. (en milliards de DM, 1984) 20,77. *P.I.B.* 59,3, *importations* 36,26 (en %, Rép. féd. 77,5, R.D.A. 5,99, étranger 16,5), *exportations* 40,4 (en %, Rép. féd. 81,3, R.D.A. 0,99, étranger 17,7,).

Activités culturelles. Universités 3 (79 250 étudiants) ; instituts de recherche privés et d'État 180 ; musées privés et d'État 43 ; théâtres d'État 5, privés 15 ; Philharmonie ; zoo le plus riche en espèces d'Europe ; bibliothèques publiques 132.

Nota. — « Maison de France » sur le Kurfürstendamm, « Centre culturel français » dans l'arrondissement de Wedding (secteur français).

Mur de Berlin. Origine. Le 13-6-1961, sur les instances du pacte de Varsovie, la R.D.A. construit un mur tout autour de Berlin-O., dep. sept. 1949 env. 3 600 000 personnes avaient fui la R.D.A. pour l'Ouest, la plupart passant la ligne de démarcation à Berlin-O. Le réseau de communication ferroviaire et métropolitain est rompu entre l'Est et l'Ouest ; 63 000 Berlinois de l'E. perdent leur emploi à Berlin-O. et 10 000 B. de l'O. le perdent à Berlin-E. Depuis l'accord quadripartite de 1971 et des arrangements interallemands il existe 9 points de passage dont 1 réservé aux étrangers (« Checkpoint Charlie »), les autres en partie pour les All. de l'O. seulement, ou les Berlinois de l'O. uniquement. **Caractéristiques :** 112,6 km de plaques en béton, haut. min. 3,50 m, 55 km de palissades en grillage métallique, 9 km de murs divers, 108 km de fossés interdisant la circulation automobile, 284 miradors, 69 abris bétonnés, 256 postes de chiens de garde ; pas de mines ou de dispositifs de tir. **Passages :** dep. août 1961 : 73 tués à la frontière dont 56 par balles ; 116 blessés par balles ; 38 604 ont réussi à passer dont 553 soldats.

Élections fédérales du 6-3-1983. Résultats par Land (en % des suffrages exprimés) sans Berlin

	C.D.U.-C.S.U.			S.P.D.			F.D.P.			Verts		
	%	Gain perte	Sièges	%	Gain perte	Sièges	%	Gain perte	Sièges	%	Gain perte	Sièges
Schleswig-Holstein	46,5	+ 7,6	10	41,7	− 5,0	9	6,3	− 6,4	1	5,2	+ 3,8	1
Hambourg	37,6	+ 6,4	5	47,4	− 4,3	7	6,3	− 7,8	–	8,2	+ 5,9	1
Basse-Saxe	45,6	+ 5,8	29	41,3	− 5,6	26	6,9	− 4,4	4	5,7	+ 4,1	4
Brême	34,2	+ 5,4	2	48,7	− 3,8	3	6,5	− 8,6	–	9,7	+ 7,0	–
Rhénanie du Nord-Westphalie	45,2	+ 4,6	65	42,8	− 4,0	63	6,4	− 4,5	10	5,2	+ 4,0	8
Hesse	44,3	+ 3,7	21	41,6	− 4,8	20	7,6	− 3,0	4	6,0	+ 4,2	3
Rhénanie-Palatinat	49,6	+ 4,0	16	38,4	− 4,4	12	7,0	− 2,8	2	4,5	+ 3,1	1
Bade-Wurtemberg	52,6	+ 4,1	39	31,1	− 6,1	23	9,0	− 3,0	7	6,8	+ 5,0	5
Bavière	59,5	+ 1,9	53	28,9	− 3,8	26	6,2	− 1,6	6	4,7	+ 3,4	4
Sarre	44,8	+ 2,5	4	43,8	− 4,5	4	6,0	− 1,8	–	4,8	+ 3,7	–
TOTAL	48,8	+ 4,3	244	38,2	− 4,7	193	7,0	− 3,6	34	5,6	+ 4,1	27

Nota. – Les % régionaux sont basés sur le 2e vote, qui permet à chaque électeur de se prononcer pour un parti, tandis qu'il choisit un homme avec le 1er vote. Le nombre de sièges résulte du nombre normal des sièges du Bundestag (496) + 2 sièges supplémentaires pour le S.P.D. gagnés sur la base du 1er vote à Brême et Hambourg.

Élections aux parlements des Länder

Land	Date des élections	Députés (total)	C.D.U.	S.P.D.	F.D.P.	Verts	Divers
Bade-Wurtember	25- 3-84	126	68	41	8	9	–
Basse-Saxe	21- 3-82	171	87	63	10	11	–
Bavière	10-10-82	204	133 [1]	71	–	–	–
Brême	25- 9-83	100	37	58	–	5	–
Hambourg	19-12-82	120	48	64	–	8	–
Hesse	25- 9-83	110	44	51	8	7	–
Rhénanie du Nord-Westphalie [3]	12- 5-85	227	88	125	14	–	–
Rhénanie-Palatinat	6- 3-83	100	57	43	–	–	–
Sarre	10- 3-85	51	20	26	5	–	–
Schleswig-Holstein	13- 3-83	74	39	34	–	–	1 [2]
Berlin (Ouest)	10- 3-85	144	69	48	12	14	–

Nota. – (1) En Bavière : C.S.U. (2) *Südschleswigscher Wählerverband :* Union d'électeurs du Sud-Schleswig. (3) S.P.D. 52,1 % des voix. C.D.U. 36,5 %. F.D.P. 6 %.

Élections européennes (17-6-1984). 24 851 371 votes exprimés. C.D.U.-C.S.U. 45.9 %. S.P.D. 37.4 %. Verts 8,2 %. F.D.P. 4,8 %. divers 3.7 %.

Le Rideau de fer. Bande (long. 1 380 km, larg. 246 m) occupant 344 km² en All. de l'E., séparant les 2 All. *Coût de construction :* 35 milliards de F, 80 500 km de fil de fer barbelé, des tours de garde. Les troupes est-all. (14 000 h. et 600 chiens) tirent sans sommations. En 1982 : 280 pers. ont traversé vers l'O. Les 2 230 000 mines posées le long ont été retirées (la dernière le 1-11-85).

• **Brême** (ville libre hanséatique) 404 km², 689 000 h., D. 1 704 (p. 82,4 ; c. 10,22), *Brême* 551 000.

• **Hambourg** (ville libre hanséatique) 755 km² (y compris îles de Neuwerk et Scharhörn, 7 km²), 1 630 000 h., D 2 160 (p. 73,6 ; c. 8,1), Bremerhaven 138 700.

• **Hesse** 21 114 km², 5 606 000 h., D. 266 (p. 60,5 ; c. 32,8). Francfort-sur-le-Main 622 500, *Wiesbaden* 274 100, Cassel 193 300, Darmstadt 138 000.

• **Rhénanie-Palatinat** (en all. Rheinland-Pfalz) 19 848 km², 3 639 000 h., D. 183 (p. 40,7 ; c. 55,71), *Mayence* 186 600, Ludwigshafen 158 900, Coblence 113 300.

• **Rhénanie-Westphalie** (en all. Nordrhein-Westfalen) 34 066 km², 17 010 000 h., D. 499 (p.41,9 ; c. 52,5), *Düsseldorf* 585 900, Cologne 967 700, Essen 461 500, Dortmund 603 000, Duisbourg 551 700, Bochum 396 000, Wuppertal 390 000.

• **Sarre** 2 571 km², 1 060 000 h., D. 412 (p. 73,8 ; c. 24,1), *Sarrebruck* 191 500.

• **Schleswig-Holstein** 15 720 km², 2 619 000 h., D. 167 (p. 86,3 ; c. 6), *Kiel* 249 400, Lübeck 218 500.

Partis et Mouvements

Action directe. Orientée vers le terrorisme.

C.D.U. (Union démocrate chrétienne) : sorti de l'opposition le 1.10.82. *Pt* Helmut Kohl (3-4-1930) ; *secr. gén.* Heiner Geissler ; 734 500 (85) (cath. 59 %, prot. 34,4 %). Créé 1945 par des résistants antinazis et anciens membres du P. cath. Zentrum ; 1er leader Konrad Adenauer (1876-1967) ; dans l'opposition de 1969 à 1982. Pour l'intégration européenne, l'alliance atlantique et une économie de marché.

C.S.U. (Union sociale chrétienne) : *leader* Dr h. c. Franz Josef Strauss (6-9-1915) ; 182 852 m. (2-12-85). Fondé en 1946, Parti indépendant, allié du *C.D.U.* Dep. 1949 forme un groupe parlementaire avec le C.D.U. ; en 1983 fait partie de la coalition gouvernementale. Parti au pouvoir en Bavière. 58,3 % des v. aux él. du 10-10-82 à l'ass. de l'État.

D.K.P. (Parti communiste allemand) : *Pt* Herbert Mies ; 46 000 m. (79). Fondé en avril 1969 (s'était présenté sous le sigle A.D.F.), marxiste. Y sont rattachés Jeunesse ouvrière soc. all. (20 000 m.) et groupe Spartakus (2 000 m.). Héritier du K.D.P. déclaré inconstitutionnel en 1956.

F.D.P. (Parti libéral) : *Pt* Martin Bangemann (15-11-34) ; *secr. gén.* Dr Helmut Haussmann (18-4-43) ; 72 000 m. (84). Fondé le 11/12-12-1948 à Heppenheim (Hesse). Fusion des P. libéraux des 3 secteurs d'occupation occid. sous la présidence de Theodor Heuss (1884-1963) ; *1969-82* coalition gouv. avec P. soc.-démocrate ; *dep. 1982*, avec le C.D.U. A fourni les 1er et 3e Pts de la Rép. Theodor Heuss (1949-59) et Walter Scheel (1974-79).

Groupes trotskistes. Issus de la période 1968 avec Rudi Dutschke (1940-79) : Groupe des marxistes internat., Internationale des communistes all. (I.K.D.).

Grüne (Les Verts. Parti écologiste). F. 1980 entre autres par Petra Kelly, 38 000 m. ; représenté depuis 1983 au Bundestag. Contre le nucléaire, l'exploitation et la destruction de la nature et de l'être humain ; pour la paix, l'autodétermination et la dissolution des blocs militaires.

Jeunes Démocrates. Très proches du F.D.P.

Jeunesse socialiste allemande. 10 000 m.

Junge Union. Jeunes chrétiens démocrates de – 35 a. 265 000 m. (84).

Jungsozialisten (dits Jusos). Jeunes socialistes de 16 à 35 a., 240 000 m. *Pt* Ulf Sirke.

N.P.D. (Parti national démocrate) : *leader* Martin Mussgnug (n. 22-2-1936) ; 10 000 m. (79). Fondé en 1964 par des éléments nationalistes et anticommunistes. Représenté aux élections locales.

Rote Armee Fraktion (Fraction de l'Armée Rouge) ou *Bande à Andreas Baader* (arrêté en 1968, libéré par un commando le 14-5-70, repris en 72, † 18-10-77). 26 % de femmes. Groupe terroriste internationaliste. Attaques contre banques, préfectures, camps militaires, supermarchés.

Roter Morgen (Matin rouge) : 2 000 m.

S.P.D. (Parti social-démocrate) : *leaders* Friedrich Ebert (1871-1925), Kurt Schumacher (1895-1952), Willy Brandt (18-12-1913), *secr. gén.* Dr. Peter Glotz (n. 1939) ; 916 000 m. (84) (ouvriers – 30 %, employés et fonctionnaires + 40 %). Créé le 23-5-1863 par Ferdinand Lassalle (en tant que « Association gén. des ouvriers all. »), interdit sous Bismarck puis sous Hitler ; a abandonné en 1959 toute référence au marxisme. Au pouvoir de 1969 à 1982. Partisan de l'intégration européenne et de la coopération avec l'Est.

Économie

P.N.B. (en valeur 82) 10 650 $ par h. Croissance (en %) *1981 :* – 0,2 ; *82 :* – 1,1 ; *83 :* + 1,3 ; *84 :* + 2,7 ; *85 :* 2,4 ; *86* (prév.) : + 5,5 (en volume + 3). **Emploi** (en milliards de DM, 1983). 1 671,2 : dépenses de consomm. priv. 935,1 ; formation de capital fixe 44,4 (équipement 135,44 ; bâtiment 209) ; contributions ext. – 39,6 ; variations des stocks + 18,7. *Exp.* de biens et de services 538,6. *Imp.* de biens et de services 499,1.

Produit intérieur brut (contributions des secteurs, en milliards de DM, 1983). 1 666,2 (*1982 :* 1 602,5) : agriculture et sylviculture 33,6 ; ind. productrices de marchandises 690,9 ; comm. et transp. 52,4 ; services 425,6 ; État, ménages part., etc. 227,1.

Pop. active (% et, entre parenthèses, part du P.N.B. en %). Agr. 5,5 (2) [en 1950, 24,8 (9)], mines 3 (2), ind. 40,5 (45), services 51 (51). *Emploi* (1983) : 25 187 000 actifs dont hommes 5 628 000, femmes 9 559 000. Indépendants 2 353 000, aides familiaux 872 000, salariés 21 952 000. Agriculture et sylviculture 1 371 000, ind. productrices 10 567 000, commerce, transports 4 605 000, autres branches 8 644 000. *Chômeurs* (millions) : *1980 :* 0,9 ; *81 :* 1,2 ; *82 :* 1,6 ; *83 :* 2,26 (8,5 %, chez les étrangers 14,5 %) ; *85 :* 2,3 ; *86 :* 2,23 (9 % des actifs salariés). *Salariés étrangers ayant un emploi* (milliers) : *1973 :* 2 515 (dont Turcs 605, Youg. 535, Ital. 450), *1982 :* 1 784 (dont Turcs 554, Youg. 313, Ital. 259, Grecs 116, Esp. 76, Port. 51), *1983* (30-6) : 1 741.

Agriculture. Intensive. Souvent plus compétitive que l'agriculture fr. Prédominance des entreprises familiales. Orientée de plus en plus vers l'élevage. Utilisation massive des engrais (239 kg/ha contre 180 en France) : rendements élevés.

Régions agricoles. Riches terres des Börde, du bassin de Cologne, du fossé rhénan et des basses terrasses danubiennes : culture intensive du blé et des plantes industrielles (betterave, houblon), élevage à l'étable du gros bétail. Moyennes montagnes humides, N.-O. océanique, plateau bavarois : beaucoup d'herbages pour l'élevage laitier. Ailleurs, en général polyculture : blé, céréales secondaires, pomme de terre, bovins, porcs, volailles. Près des villes : vignobles (coteaux de la Moselle et du Rhin), légumes (Palatinat).

Utilisation des terres (milliers d'ha, 1983). S.A.U. 12 079 dont terres arables 7 233, jardins et vergers 118 (en 81), pâturages 4 630, vigne 77,8 (81). Territoire rural 24 744 (81). Bois 73 328. Bâtis et divers 4 350 (81).

Exploitations agricoles (1983) : 744 000 dont : *1 à – de 2 ha :* 93 000 ; *2 à – de 5 ha :* 140 000 ; *5 à – de 20 ha :* 303 000 ; *20 à – de 100 ha :* 203 000 ; *100 ha et + :* 5 000. *Production* (milliers de t, 1983) : céréales 23 011, p. de terre 5 669, betteraves à s. 22 732 (82), fruits 2 427, légumes 1 003, moût de vin 13 041.

Nota. – Couvre les 3/4 des besoins. Déficit en légumes frais, fruits et oléagineux. Élevage 68 % de la prod. agricole, végétaux 32 %. Production : insuffisante pour viande de bœuf et volaille, excédentaire pour produits laitiers. Déficit de la balance agricole (81) 89 milliards de F.

Élevage (millions de têtes, 1983). Bovins 15,6, porcins 23,5, chevaux 0,36, moutons 1,2, poulets 79,7, dindes 0,9, canards 1. **Lait.** 26 913 000 t (83).

Forêts. 29 001 000 m³ (82). 35 % des forêts sont atteintes par la pollution (pluies acides) ; en Bavière 5 à 75 %. **Pêche.** 300 400 t (81).

Mines. Houille (bassin de la Ruhr, d'Aix-la-Chapelle et de la Sarre, réserves 230 milliards de t, soit pour + de 600 ans) prod. 219 079 000 t (81). **Lignite** (à l'ouest de Cologne, en All. centrale et Lusace, un peu en Hesse et Bavière, réserves : 5 milliards de t exploitables à ciel ouvert, soit pour 50 ans). **Sel. Potasse** (Basse-Saxe, Hesse, Bade-Wurtemberg, réserves : 2 milliards de t, couvre 6,6 % des besoins). **Plomb** (30 % des besoins couverts). **Zinc** (50 %). **Fluospath, feldspath, baryte, graphite, fer** 384 000 t (82), **cuivre, pétrole** 4 256 000 t (82, réserves 47 000 000 t en 82), **gaz nat.** 19 milliards de m³ en 81 (réserves 175 milliards de m³ en 82). *Déficit :* sauf sel et potasse en Basse-Saxe ; peu de fer (à Salzgitter), zinc et plomb.

Énergie. Consommation (1982). 363 millions de tec dont *pétrole* 44,2, *houille* 21,2, *gaz. nat.* 15,2, *lignite* 10,6, *nucléaire* 5,7, *autres* 3,1. **Réserves.** *Houille* (Rhénanie-Westphalie-Sarre) (milliards de t), *charbon* 25, *lignite* (surtout près de Helmstadt et de Cologne) 18. *Gaz naturel* 300 à 500 milliards de m³ (20-11-1981, signature avec l'U.R.S.S. d'un contrat d'achat de 10,5 milliards de m³ de gaz par an, pendant 25 ans). *Pétrole* 68 millions de t. *Uranium* importé (mais des gisements ont été découverts). **Production** (millions de t, en 1970 et, entre parenthèses, 1982). *Houille* 111,3 (89), *lignite* 107,8 (4,3), *gaz* 83 milliards de m³ (1983). *Électricité* (en 1983) 374 milliards de kWh. **Exportations** et, entre parenthèses, **importations** (millions de t, 1982). *Houille* 10,4 (10,2), *lignite* 2,7 (0,7), *pétrole* 134 (0,06).

Industrie. Concentrée, très moderne. Une certaine cogestion est souvent appliquée. Taux d'autofinancement élevé, système bancaire puissant. Petites et moyennes entreprises (1 800 000) occupent 60 % de la pop. active. L'État intervient peu : ni nationalisation ni planification. Mais il y a des Stés d'État souvent puissantes et l'État et les Länder contrôlent de larges secteurs (gaz, électricité, transport, crédit, minerai de fer, constructions navales). Ces entreprises d'État sont gérées comme des Stés privées dep. 1960. Certaines ont été vendues au secteur privé. La part des industries de consommation a décru : coût élevé de la main-d'œuvre, concurrence des pays de l'Est et du tiers monde. Ind. métallurgiques en tête. Constructions navales, automobiles. Gros matériel d'équipement mécan., électrique et électron. Certaines fabrications ont quasi disparu : optique de précision, appareils photo et transistors. Ind. chimique puissante : caoutchouc et textiles synthétiques, engrais, colorants, produits pharmac., matières plastiques. Ind. du cuir, des textiles et de la confection en déclin.

Zones industrielles. *Basse-Saxe* (Hanovre, Brunswick) : ind. chimiques et mécan. (Volkswagen) profitent du Mittelland Canal. *Sarre* : sidérurgie, chimie, céramique. *Carrefour Rhin-Main-Neckar* (Francfort, Ludwigshafen, Mannheim) : ind. de transformation. *Ruhr* : 8 000 km², 15 millions d'hab. : mines, terrils, hauts fourneaux, aciéries, usines de toutes sortes. Bassin houiller le plus riche d'Europe occid., qui a donné naissance à une puissante ind. lourde, métallurgique et chimique, fournit 4/5 du charbon allemand, 3/4 de l'acier, 50 % de la prod. chimique. Important chômage. *Au Sud* : extraction ancienne abandonnée, textiles, métallurgie regroupés dans les vallées (Wuppertal). Düsseldorf : métropole financière et commerciale. Cologne : nœud de communications, centre d'affaires, industries variées. Krefeld et Mönchengladbach : coton et fibres artificielles. *Au Centre* : charbon peu profond, métallurgie lourde, industrie chimique, ind. diversifiées (Dortmund, Bochum, Gelsenkirchen, Essen). Port : Duisbourg-Ruhrort. *Au Nord* : couches plus profondes, extraction récente, usines isolées.

Quelques chiffres (1983). *Industrie* : établissements 45 891 ; personnes occupées 6 927 000 ; chiffres d'affaires (en milliards de DM) 1 313 dont 355 avec l'étranger. *Production* (milliers de t, 1983) : ciment 30 466 ; fonte et alliages de fer 26 598 ; lingots d'acier brut 35 799 ; aluminium de 1ʳᵉ fusion 743 ; essences (moteur et spéciales) 20 305, fuel-oils 37 801 ; matières plastiques 7 101 ; fibres synthétiques 908 ; papier et carton 8 510 ; bois de sciage 9 306 (m³). Voitures particulières 3 875 000 (1985 : 4 200 000 dont 2 500 600 exp.) ; cigarettes 156 milliards. App. radiorécepteurs 3 292 000 (1970 : 6 729 000), téléviseurs 4 705 000. *Bière* 91 926 000 hl. *Artisanat* : personnes occupées 3 728 000 ; chiffre d'affaires 324 milliards de DM. *Logements terminés* (en milliers) : *1961* : 566 ; *64* : 624 ; *70* : 478 ; *73* : 714 ; *82* : 347.

Transports. *Fluviaux* : importants ; Rhin et prolongements (Moselle, Main, Neckar, canal de l'Ems, la Weser, l'Elbe et le Mittelland Canal). La frontière entre les Allemagnes coupe Elbe et Mittelland Canal. 4 400 km de voies navigables régulièrement utilisées dont 640 pouvant recevoir des convois de + de 3 000 t. *Ferroviaires* : denses (12 km pour 100 km²). *Routiers* : réseau autoroutier le plus dense du monde après celui des P.-Bas.

Quelques chiffres (83). *Voies de communication* (km) : réseau ferroviaire 31 011 ; routes (hors agglomération) 172 973 dont autoroutes 7 919 ; autobus-cars (trafic régulier) 545 980. *Moyens de transport* : locomotives et autorails 9 502 ; wagons à marchandises 319 000 ; voitures particulières 24 580 000 ; camions 1 277 000 ; bateaux fluviaux 3 411 ; navires marchands 6 308 000 tjb ; avions 7 929. *Voyageurs transportés* (millions, 83) : chemin de fer 1 147 ; trafic routier 6 284 ; trafic aérien (milliers) : 35 875. *Marchandises transportées* (millions de t) : chemin de fer 310 ; camionnage à longue distance 313 ; voie fluviale 224 ; navires de mer 126 ; pipe-lines 55. *Communications* (millions) : lettres 12 874 ; comm. téléphoniques 24 164.

Tourisme (82). 9 459 714 vis.

Revenu national (milliards de DM, 1983). 1 277,5 : rémunération des salariés 915,3, revenu de l'entreprise et de la propriété 326,5. **Inflation** (en %) *1978* : 2,5 ; *79* : 4,1 ; *80* : 5,5 ; *81* : 5,9 ; *82* : 4,9 ; *83* : 3,8 ; *84* : 1,9 ; *85* : 1,8 ; *86* (prév.) : 0,5 à 1. **Dette publique.** *1969* : 19 % du P.N.B. ; *78* : 28 % ; *81* : 34,5 %. **Faillites.** *1984* : 16 760 ; *85* : 19 200.

Échanges. L'All. féd. réalise 12 % du commerce mondial, presque à égalité avec les U.S.A. Les exp. font travailler 1 All. sur 5 (produit national). Balance excédentaire. Vieille tradition commerciale, réputation de qualité, infrastructure commerciale efficace (foires, maisons spécialisées, services après-vente), monnaie forte (on importe à bon compte), taux d'inflation relativement faible, production industrielle spécialisée en fonction de la concurrence. Cependant, l'All. a une flotte relativement peu importante. Les échanges stagnent avec l'Europe de l'Est en raison du fort endettement de ces pays, se développent avec les pays en voie de développement et ceux de l'OPEP.

Commerce (en millions de DM, 1980). *Échanges avec Berlin* : livraisons de Berlin-O. 28 428, vers Berlin-O. 23 324 ; *échanges comm. avec la R.D.A. (81)* : réceptions 6 051, livraisons 5 576.

Commerce extérieur (millions de DM, 1983). *Importations* : 390 192 dont alimentation 50 475 (prod. alim. d'origine animale 12 106, végétale 29 477, boissons et tabacs 8 302) ; prod. ind. 333 780 [prod. manuf. de base 59 295,5 (82), machines et mat. de transport 76 475,2 (82), prod. manuf. divers 41 349,3]. *Principaux groupes* : pétrole, gaz nat., schistes bitumeux 52 749 ; prod. chimiques 34 389 ; constr. méc. 17 692 ; textiles 18 461 ; art. électro. 26 281 ; prod. pétroliers 25 601 ; matériel de transport routier 21 159 ; métaux 14 392 ; *de* P.-Bas 48 143, France 44 567, U.S.A. 27 712, Italie 31 570, G.-B. 27 138, Belg.-Lux. 28 093, Arabie S. 10 567,8 (82), Japon 4 819, Suisse 13 971. *Exportations* 432 281 dont alimentation 23 624 ; prod. ind. 405 729 [prod. chimiques 64 174, prod. de base 80 187 (82), machines et mat. de transport 139 522 (82), prod. manuf. 36 114 (82)]. *Principaux groupes* : mat. de transport routier 69 038,4 (82), mat. électr. et électronique 59 490, instr. de précision et d'optique, horlogerie 7 769, fer et acier 41 821, textile 18 057, métaux non ferreux 11 725 ; *vers* France 55 564, P.-Bas 37 857, Italie 32 088, Belg.-Lux. 31 849, G.-B. 35 401, U.S.A. 32 847, Suisse 22 376, Autriche 22 123, Suède 11 271.

Balance (en milliards de DM). **Commerciale :** *1974* : 51 ; *75* : 37,3 ; *80* : + 8,9 ; *81* : + 27,9 ; *82* : + 51,3 ; *83* : + 42,1 ; *84* : + 50,1 ; *85* : + 73,3 ; *86* : + 85 à 100 (prév.). **Des paiements :** *85* : + 35.

Rang dans le monde (82). 3ᵉ lignite. 4ᵉ rés. lignite. 5ᵉ rés. charbon, porcins. 6ᵉ orge. 7ᵉ p. de t., vin. 9ᵉ charbon. 10ᵉ gaz nat. 11ᵉ céréales. 12ᵉ blé. 16ᵉ bovins. 21ᵉ bois.

ALLEMAGNE DE L'EST
(République démocratique allemande)
Carte p. 798. V. légende p. 787.

Situation. Europe. 108 333 km² (dont Berlin-E. 403). *Frontières* : avec Pologne 460 km, Tchécoslovaquie 454, All. féd. 1 381.

Régions. *Plaine* formée d'anciens dépôts morainiques et de sable. *Montagne* au S. et à l'O. (Thuringe, Mittelgebirge, Erzgebirge). *Alt. max.* Fichtelberg (Erzgebirge) 1 214 m, Brocken (Harz) 1 142 m. *Principales îles* : Rügen 926,4 km², Usedom 445 (dont en All. dém. 354,2), Poel 37, Ummanz 19,7, Hiddensee 18,6. *Principaux lacs* : Müritz 116,8 km², Schweriner See 63,4, Plauer See 38,7, Kummerower See 32,6, Kölpinsee 20,7. *Fleuves* (long. en km en All. dém.) : Elbe 566 (sur 1 165), Saale 427, Spree 382, Havel 343, Neisse 199 (sur 256), Oder 162 (sur 912).

Climat. *Hiver* froid, *été* chaud et orageux [à Potsdam (janv. − 0,7° C ; juill. + 18,9° C)].

Population. *1949* : 18 793 282, *60* : 17 108 448, *70* : 17 068 318, *80* : 16 739 538, *83* : 16 701 482 (dont femmes 53 %), *84* : 16 700 000. D. 157. Minorité nationale : 150 000 Souabes de Lusace, descendants de la population slave qui y vivait autrefois. **Villes** (84) : *Berlin* (Pankow, quartier de Berlin-E.) 1 189 353, Leipzig 557 179, Dresde 519 607, Karl-Marx-Stadt 317 460, Magdebourg 288 949, Rostock 241 254, Halle 236 870, Erfurt 214 557, Potsdam 136 605, Gera 130 645, Schwerin 125 460, Cottbus 121 822, Zwickau 120 164, Jena 106 585, Dessau 103 756. **Ouvriers étrangers :** env. 100 000 de Pologne, Hongrie, Mozambique, Viêt-nam. **Émigrants :** *de 1949 à la construction du mur de Berlin (15-8-61)*, 2 686 942 vers la R.F.A. (9 % de la pop). *Du 15-8-61 au 31-12-77* : *177 204* ; *1981* : 12 650 ; *1982* : 13 208 (9 113 légalement, 4 095 fugitifs) ; *1984* : 40 974 (dont 34 982 lég., 3 651 fug., 2 341 rachats). 200 000 demandes d'émigration sont restées en instance. **Retour de la R.F.A. vers la R.D.A.** *1964-75* : 33 000, *75-84* : 14 314.

Nota. — Pop. vieillissante et inégalement répartie. Jusqu'à la construction du « mur de Berlin » en 1961, forte émigration vers l'All. féd., essentiellement adultes jeunes et cadres. Baisse de la natalité, longtemps inférieure à la mortalité. Dep. 1977, amorce d'une reprise de la natalité.

Prisonniers rachetés. *De 1963 à 1984*, la R.F.A. a racheté 22 377 prisonniers pol. pour env. 3 milliards de DM (certains sont en fait des détenus de droit commun, d'autres sont des espions), soit 50 000 DM (env. 150 000 F) par détenu en 1981. En général, les détenus ont purgé la moitié de leur peine avant d'être échangés.

Passages forcés de la frontière. *1982* : 72 personnes, *83* : 53 dont 10 garde-frontières.

Visiteurs. 3 050 000 All. de l'Ouest ont visité la Rép. dém. en 1983 (baisse à cause du change obligatoire à la frontière).

Districts (pop. en 1984 et superficie en km²). Berlin (Est) 1 189 400 (403), Cottbus 883 700 (8 262), Dresde 1 785 700 (6 738), Erfurt 1 237 500 (7 349), Francfort-sur-l'Oder 707 500 (7 186), Gera 742 500 (4 004), Halle 1 805 700 (8 771), Karl-Marx-Stadt 1 894 100 (6 009), Leipzig 1 387 800 (4 966), Magdebourg 1 256 800 (11 526), Neubrandenburg 620 400 (10 948), Potsdam 1 121 500 (12 568), Rostock 896 800 (7 074), Schwerin 591 700 (8 672), Suhl 549 800 (3 856).

Langues. Allemand *(off.)*, sorabe (en Lusace).

Religions. Protestants 7 700 000 (7 200 paroisses, 4 300 pasteurs). La Constitution de 1968 garantit la liberté de croyance. Dep. 1969, les 8 églises évangéliques provinciales se sont regroupées pour former la Féd. des Églises évangéliques en All. dém. (séparée de l'Église évangélique en All. féd.). **Catholiques** 1 300 000 (1 037 églises et chapelles, 1 300 prêtres, 130 pr. réguliers, 35 ordres religieux, 300 couvents et cloîtres). Le Vatican ne reconnaît pas totalement la division de l'All. Seul le diocèse de Meissen est situé entièrement en All. dém., ceux de Görlitz, Schwerin, Magdebourg et Erfurt sont des circonscriptions d'évêchés d'All. féd. dirigés par des administrations apostoliques. L'évêché de Berlin, qui couvre les 2 parties de la ville (474 000 cath. dont 120 000 en All. dém. et 80 000 à Berlin-Est) est administré par Mgr Meissner (Allemand de l'Est). **Juifs** env. 600 pratiquants (8 synagogues, 1 oratoire).

Histoire. Av. 1945 voir All. féd. **1945** zone d'occupation soviétique (108 780 km² et 30 % du potentiel écon. du Reich). **1946** réforme agraire (disparition des grands domaines), nationalisation des grandes ind., réforme sociale. **1948** coupure de l'All. **1949**-*30-5* Constitution adoptée par le 3ᵉ Congrès du peuple élisant un Conseil du peuple qui se proclame le 7-10 Chambre provisoire du peuple. **1950**-*15-10* la 1ʳᵉ Ch. du peuple est élue sur liste unique. Le gouv. fédéral (All. O.) qualifie d'illégal ce régime constitué sans que le peuple ait pu s'exprimer librement. **1953**-*17-6* émeutes [Berlin : 25 tués (des centaines selon les Occidentaux), 4 000 emprisonnés]. **1954**-*23-3* l'U.R.S.S. octroie la souveraineté à l'All. dém. **1955**-*14-5* membre du pacte de Varsovie. *-20-9* tr. avec l'U.R.S.S. mettant fin à l'occupation sov. (maintien du régime provisoire dans le secteur sov. du Gd-Berlin). *Sept.* l'U.R.S.S. lui laisse le contrôle de ses frontières. **1961**-*15-8/29-11* construction du mur de Berlin. **1964**-*12-6* tr. d'amitié avec U.R.S.S. qui garantit à l'All. dém. existence et intégrité territoriale. **1970**-*19-3* rencontre du Pt du Conseil des min. Willi Stoph et du chancelier d'All. féd. Willy Brandt, à Erfurt. **1972**-*24-11* entrée à l'UNESCO. **1973**-*9-2* relations dipl. établies avec France et G.-B. *-18-12* entre à l'O.N.U. **1976-77** développement de l'opposition au régime (le 30-6 le pasteur Oskar Bruesewitz s'immole par le feu). **1976**-*16-11* le chanteur contestataire Wolf Biermann, émigré en 1953 en All. dém., est privé de sa nationalité est-all. **1977**-*11-10* manif. antisoviét. de 1 000 jeunes à Berlin-E. **1978**-*28-5* heurts jeunes/police à Erfurt.

1979-*1-8* nouveau Code pénal (amendes décuplées ; 5 à 8 ans de réclusion pour : crimes contre l'État, résistance aux mesures de l'État, délit commis par plusieurs personnes à la fois ; 5 ans de prison pour All. de l'Est répandant à l'étranger des nouvelles portant préjudice à l'All. dém.) ; -*11-10* amnistie pour Rudolf Bahro (économiste condamné 30-6-78 à 8 ans de prison pour espionnage) et Nico Hüber. **1981**-*14-6* él. au suffr. univ. à la Chambre pop. de Berlin-E., condamnées par Occidentaux (selon l'accord quadripartite de 1971, les représentants de Berlin-O. et E. ne doivent pas être élus directement). **1982**-*7-2* manif. pacifiste à Berlin puis le *13-2* à Dresde (organisée par Églises évangéliques et intellectuels). **1983**-*1-9* journée mondiale de la Paix, manif. devant amb. amér. et sov. **1984** 40 800 départs autorisés.

Statut. Rép. Démocratie populaire. *Const.* du 8-4-1968 adoptée par référendum (94,5 % de oui) et complétée par une loi du 9-10-74. La prés. de la Rép. a été abolie le 12-9-60 et remplacée par un *Cons. d'État* de 24 m. élus pour 5 a. par la Chambre du peuple. *Pt* Erich Honecker. *Pt du Conseil des min.* Willi Stoph (8-7-14) dep. 59. *Ch. du peuple* (500 députés élus pour 5 ans), où sont représentés tous les partis et certaines organisations de masse ; au 14-6-81 : S.E.D. 127 députés, D.B.D. 52, C.D.U. 52, L.D.P.D. 52, N.D.P.D. 52, F.D.G.B. 68, D.F.D. 35, F.D.J. 40, Ligue culturelle de R.D.A. 22. *Suffr. univ.* à 18 a. dep. 1949. 15 *districts (Bezirke)* regroupant 26 arrondissements urbains et 91 arrondissements ruraux ont remplacé en juill. 52 les 5 *Länder* (Mecklembourg, Saxe-Anhalt, Brandebourg, Saxe, Thuringe).

Nota. — « Actes de violence » : tirs de gardes-frontière sur les candidats au passage en All. féd., procès politiques et dénonciations de tentatives de fuite vers l'All. féd. au min. de la Sécurité d'État. 30 000 « actes de violence » ont été enregistrés dep. 1961 [dont 1985 : 2 660 (dont 32 tirs et 2 300 condamnations politiques)].

Fête nat. 7 octobre (fondation de la R.D.A. en 1949). **Jours fériés** : 1er janv., 1er mai, lundi de Pencôte, 25/26 déc.

Présidents, chefs d'État. *1949* (11-10) Wilhelm Pieck (1876/7-9-1960), Pt du Conseil d'État. *1960* (12-9) Walter Ulbricht (1893/1-8-73). *1973* (3-10) Willi Stoph (8-7-14), id. *1976* (29-10) Erich Honecker (25-8-12).

Partis. *S.E.D., P. socialiste unifié d'All.* 2 300 000 m., f. 21/22-4-1946 (fusion du P. communiste et du P. soc.-démocrate d'All.), Erich Honecker. *D.B.D. (démocrate paysan)* f. 1948, 92 000 m., Ernst Goldenbaum. *L.D.P.D. (libéral démocrate)* f. 5-7-1945, Manfred Gerlach. *C.D.U. (Union démocrate chrétienne)* f 26-6-1945, 125 000 m., Gerald Götting. *N.D.P.D. (national démocrate)* f. 25-5-1948, Heinrich Homann.

Armée. *Est-allemande (85)* 120 000 h. (71 500 conscrits) et 580 000 réservistes. Milices de combat : 400 000 h. *Soldats soviétiques* présents en All. dém. 420 000 (530 000) en oct. 82).

Économie

P.N.B. (84) 8 500 $ par h.

Budget (milliards de M). Recettes 254,7, dépenses 254,5 dont défense 13, sécurité des frontières 5.

Inflation. *1980* : 5,5 % ; *81* : 0,1 ; *84* : 4 ; *85* : 1,8. **Dette à l'Ouest** (milliards de $). *1977* : 5,28 ; *81* : 9,61 ; *82* : 12 ; *83* : 9 à 10 ; *84* : 8,41. Intérêt en % des exp. 24 %. **Balance des paiements** (milliards de $). *1980* : — 15,7, *85* : + 12.

Produit social global (84). 600 460 millions de marks. *Revenu national net 82* : 201 140 milliards de M ; *83* : 210 430 ; *84* : 222 000 ; produit net des branches productives (par branche, en %) : industrie 70, bâtiment 5,8, agriculture et sylviculture 8,1, transports, postes et télécomm. 4,1, commerce intérieur 9, autres branches productives 3.

Pop. active (% et entre par. part du P.N.B. en %) agr. 12 (9), mines 2 (2), ind. 48 (64), services 38 (25). [Agr. en 1950, 28 (28,4)]. *(1984, en milliers).* 8 915,7 dont ouvriers et employés (y compris apprentis) 7 948,2 ; adhérents des coop. de prod. 791,2 (dont c. agricoles 598,2, c. artisanales 163,3) ; chefs d'entr. mixtes et gérants de commerce commissionnés 25,2 ; autres catégories 151,1 (dont exploitants agr. et maraîchers 6, artisans chefs d'entr. 109,7, comm. de gros et de détail, chefs d'entr. 11,2, trav. indépendants 11,2). *Chômage latent* : *1980* : 3 % ; *85* : 9,3 %.

Agriculture. En 1945, biens nazis et domaines de + de 100 ha furent confisqués et morcelés en fermes de 4 à 9 ha remises à 550 000 ouvriers, réfugiés ou paysans pauvres. La collectivisation de ces exploitations se fit entre 1952 et 1960. *Terres* (milliers d'ha, *84*) 10 832,4 dont S.A.U. 6 240,2, oseraies 1,7, forêts 2 965,2, terres incultes 71,9, landes 130,1, exploitations ind. 94,4, étangs et lacs 245,3. *Exploitations socialistes (84).* Fermes d'État 471 ; coopératives de production agricole 3 932. Surface agr. utilisée par les exploitations socialistes (en %) 95 dont : fermes d'État 7,4 et coopératives 90,8. Rendements inférieurs à ceux de l'All. féd. Déficit de la balance agricole 16 milliards de F en 83 (2,1 % du PNB). *Machines de l'agr. socialiste (84).* Tracteurs 156 076 ; moissonneuses-batteuses 15 861.

Production (84, milliers de t). Céréales 11 349 (blé 3 903, seigle 2 510, orge 4 138, avoine 700), oléagineux 320, pommes de t. 11 908, bett. à sucre 7 820, bett. fourr. 2 390, maïs vert et ensilé 11 211, prairies et pâtures 37 065, cultures dérobées (masse verte) 9 250. *Rendements* (q à l'ha 1984) : blé 52,3, seigle 35, p. de t. 244, bett. à sucre 325,3.

Élevage (milliers de têtes, 84). Bovins 5 848 [insuffisant (dont 2 079,8 vaches)], porcins 13 190,8, ovins 2 527,5, poules pondeuses 25 555,8. L'élevage représente + de 60 % de la prod. agricole.

Pêche (t, 84). Côtière et hauturière 276 200, intérieure 23 263 (carpes 12 867, truites 5 048).

Chasse (84). Cerfs 20 950, daims 11 780, chevreuils 162 810, sangliers 109 020, lièvres 10 430, canards et oies sauvages 35 760, renards 87 660, martres 36 210, belettes, hermines 1 170, mouflons 1 900. **Réserves de gibier** (83). Cerfs 45 000, daims 33 000, chevreuils 375 000, sangliers 60 000, lièvres 100 000, mouflons 8 000.

Industries et mines. *Lignite* en Saxe, Lusace et Brandebourg. *Uranium* dans l'Erzgebirge. *Gaz naturel* dans l'Altmark. Métallurgie de transformation : principale activité. Ind. mécan., biens de consommation. Ind. chimique très développée (lignite, potasse, sel gemme). Ind. traditionnelles actives au pied de l'Erzgebirge et du Thüringerwald. Essor industriel freiné par vieillissement du matériel, retard technologique dans les ind. de pointe (électronique), diminution de la pop. active, dépendance trop forte à l'égard des pays du C.A.E.M. et en particulier de l'U.R.S.S. 1975-80, importants investissements ind.

Importation de pétrole. 1984 : 23 millions de t (dont 17 d'U.R.S.S.) dont 13 ont été réexportés, procurant 40 % des revenus à l'export.

Production industrielle (84). *Énergie électrique* 110 100 millions de kWh (dont % centrales thermiques alimentées au lignite 80,8, nucléaire 11,7, à la houille 0,2, au pétrole 0,5, autres combustibles 4,6, c. hydrauliques 1,6) ; *gaz domestique* 7 722 millions de m^3. (Milliers de t) : *lignite* (+ briquettes) 346 300 ; essence 4 140 ; *carburant diesel* 6 132 ; potasse 3 056 (82) ; *sulfate de soufre* 885 ; *engrais potassiques* 3 465 ; engrais phosphatés 308 ; engrais azotés 959 ; fibres synthétiques 153,8 ; acier brut 7 573 ; acier laminé 5 386 ; ciment 11 555. (Milliers) : automobiles 202 ; camions 43,1 ; motos 84,4 ; machines à laver 525 ; réfrigérateurs 895 ; congélateurs 388 ; téléviseurs 639 (dont couleurs 383).

Voies de communication (1984, km). *Réseau ferré* 14 226 (dont lignes principales 7 651, secondaires 6 575 ; voies à écartement normal 13 941 dont électrifiées 2 321. *Réseau routier* : autoroutes 1 850 ; à grande circulation 11 251 ; voies secondaires 34 097. *Voies navigables intérieures* 2 319 dont v. principales 1 675, secondaires 644, dont canaux 566, cours d'eau régularisés et canalisés 1 287 ; nav. avec alternance cours d'eau, canal, lac 466, oléoducs 1 301. *Trafic marchandises* (en % en 1984) : Fer 34,9, route 58, eau int. 1,9, maritime 1,3.

Nota. — L'All. dém. retire un avantage financier de ses relations avec l'All. féd. d'env. 2 milliards de M par an, compte tenu du versement forfaitaire, pour le transit, des avantages des crédits « swing » (sans intérêts) et de l'appartenance indirecte au Marché commun (le tarif extérieur commun ne s'applique pas au commerce interallemand).

Régime des changes. L'exportation de la monnaie est-allemande (y compris pièces) est interdite.

Commerce (millions de marks, 84). *Exp.* 90 402 *dont* (en %) mach. et équip. de transp. 46,9, prod. de consommation durables 15,1, prod. chim. et mat. de bâtiment 12,2, mat. 1res et combustibles 17,5, prod. bruts ou semi-manufacturés pour l'ind. 8,3. *Imp.* 83 500,6 *dont* (en %) mach. et équip. de transport 26, mat. 1res et combustibles 41,6, prod. bruts ou semi-manufacturés pour l'ind. 17,6, prod. chim. 9, prod. de consommation durables 5,7. *Partenaires commerciaux* (en milliards de marks en 84) U.R.S.S. 67,1, Tchécosl. 12,8, R.F.A. 10,4, Pol. 8,7, Hongrie 8,6, Bulg. 4,9, Autr. 4,7, Roum. 4,6, Suisse 4,2, Belg.-Lux. 3,8, Berlin O. 3,4, Youg. 3, G.-B. 2,5, France 2,3, Japon 1,5.

Nota. — Les exp. vers l'All. féd. sont détaxées de droits de douane.

Rang dans le monde (83). 1er lignite. 5e rés. lignite. 6e p. de t. 8e porcins. 11e orge.

ANDORRE

Carte p. 856. V. légende p. 787.

Situation. Europe. 464 km^2. S'étend sur 2 vallées (Valira del Norte et Valira del Orien) qui se réunissent à Andorre et forment le Gran Valira. *Frontières :* 120,3 km (avec Espagne 63,7, France 56,6) ; 65 km à + de 2 500 m, 1 km au-dessous de 1 000 m. *Alt. max. :* pic Coma Pedrosa 2 949 m. Pays habité le plus élevé d'Europe. *Climat* de haute montagne ; temp. moy. annuelles 6 à 9 °C, max. 25 à 30 °C ; *pluies :* abondantes au printemps et en été (moy. pendant 16 ans : 12 à 14 j) ; *neige :* 10 j par an à Sant-Julia (940 m), 50 à Soldeu (1 840 m).

Population (1-1-86). 44 496 h. dont 24 930 Espagnols, 12 296 Andorrans, 3 120 Français, 1 730 Portugais, 2 520 divers. D. 95,9. 40 hameaux sur 7 paroisses : Andorre-la-Vieille (chef-lieu) 17 201 h., Les Escaldes (station thermale) 11 827, Encamp 5 339, St-Julia-de-Loria 5 223, La Massana 2 953, Canillo 1 071, Ordino 982.

Langue off. Catalan. **Religion off.** Catholique.

Histoire. Terre d'« aprision » (nouvellement défrichée, devenue propriété privée). Sous Louis le Débonnaire, bénéficie de franchises (comme d'autres régions de repeuplement de la « Marche hispanique »). **988** l'év. d'Urgel (dont A. dépend déjà en 839) reçoit du Cte de Barcelone, Borrel, les alleux que celui-ci y possède et devient ainsi suzerain temporel des Vallées. **Vers l'an 1000** inféode l'A. aux Vtes de Caboet, le fief passe par successions et mariages aux Vtes de Castelbon, puis aux Ctes de Foix. **1278 et 1288** paréages (toujours en vigueur) réglant un conflit entre évêque et Cte de Foix, son vassal. **1401** Isabelle Archambaud de Grailli, sœur du Cte Mathieu de Foix, mort sans enfant, reconnue comme héritière ; Jean de Foix de Grailli (1412-36), son f., lui succède et ajoute le comté de Bigorre reçu de Charles VII ; Gaston IV (1436-72), f. de Jean, rachète la vicomté de Narbonne, épouse Éléonore d'Aragon, f. de Jean II roi d'Aragon et de Nav. (elle hérite de la Nav.) ; **1479** son petit-fils, François Phœbus, devient roi de Nav. ; Catherine (sœur héritière de François) transmet ses domaines à la maison d'Albret, par son mariage avec Jean d'A. (1484) ; **1589** épouse Henri III, roi de Navarre et Cte de Foix, vicomte de Béarn et seigneur d'Andorre, fils de Jeanne d'Albret et d'Antoine de Bourbon, devient roi de France (Henri IV). **1607** il rattache à la couronne les droits de coseigneurie des Ctes de Foix ; passent ensuite aux chefs de l'État fr., héritiers des Ctes de Foix. **1793** en raison de l'origine féodale des liens entre l'A. et la France, les républicains refusent de recevoir les Andorrans et leur tribut. **1806** tradition féodale rétablie par Napoléon. **1835** l'évêque d'Albi nommé coprince pour contrecarrer les mesures coercitives de l'Esp. à l'égard de l'év. d'Urgel, carliste. **1973**-*25-8* les 2 coprinces (Pt Pompidou et év. d'Urgel) se rencontrent pour la 1re fois depuis 7 siècles à Cahors. **1978**-*19-10* le Pt Giscard d'Estaing et l'év. d'Urgel célèbrent en A. le 7e centenaire des Paréages ; dep. *1278* 56 coprinces épiscopaux et 50 français se sont succédé.

Statut. Seigneurie féodale sous la double souveraineté de l'év. d'Urgel (Joan Marti y Alanis dep. 31-1-71), coprince épiscopal, et du Pt de la Rép. (François Mitterrand dep. 21-5-81), coprince français. Ils nomment chacun, dans les Vallées, 1 *viguier* (v. français et v. épiscopal) qui les représente. Les 2 *viguiers* exercent notamment des fonctions judiciaires en matière pénale (tribunal des Corts) dans le cadre des institutions. and. qu'ils jurent de respecter devant le *Cons. gén. des Vallées* (28 m., 4 par paroisse) qui désigne pour 4 ans, parmi ou en dehors de ses m., un *syndic procureur gén.* (F. Cerqueda dep. 4-1-82) et un *vice-syndic* Antoni Garalla Rossell (dep. 3-1-86) ; ils sont également responsables de l'ordre public. Les 7 paroisses élisent chacune 1 *comu* (conseil composé de 2 consuls et 10 cons. élus p. 4 a. par les And. d'au moins 21 a.). Dep. le décret du 8-9-73, les femmes sont éligibles.

Les coprinces délèguent leur pouvoir législatif et celui de trancher les « recours en queixa » (recours soulevés par les And. contre les décisions du Cons. gén. des Vallées) aux *délégués permanents*, qui sont, respectivement, un vicaire de l'év. d'Urgel (abbé Me-

mesi Marquès) et le préfet des Pyrénées-Or. (Robert Miguet). Les délégués permanents jouent également le rôle de Chambre des requêtes en matière civile dans les pourvois devant les Tribunaux supérieurs. Chaque *viguier* nomme 2 *bayles* (en matière civile, les *bayles* jugent en 1er ressort). Un 1er appel vient devant un juge des Appellations, nommé pour 5 ans alternativement par chacun des coprinces. Un tribunal supérieur créé en 1888, successeur du Conseil souverain du Roussillon, et se réunissant à Andorre sous la présidence du Pt du trib. de gde instance de Perpignan, connaît des affaires civiles en dernier ressort [ou bien le *Tribunal supérieur de la Mitre* siégeant à La Seu d'Urgell (doté dep. le 7-9-74 d'une structure collégiale : 1 Pt, 1 vice-Pt, 4 m.)]. En matière criminelle, les *« Corts »*, composés de 2 *viguiers*, du *juge des Appellations* et de 2 *rahonadors* désignés par le Cons. gén. des Vallées, un procureur gén. et un proc. adj. nommés pour 5 ans alternativement par chacun des coprinces, jugent plusieurs fois par an ; les prévenus peuvent être assistés d'un avocat. Les juridictions and. appliquent uniquement la *coutume* composée des usages immémoriaux des Vallées, complétée par le droit romain, le droit canon et le droit catalan. Codification en cours (Code pénal, de commerce). A. verse chaque année un tribut (la *questia*) aux coprinces, pour alternativement Pt de la Rép. fr. (960 F) et év. d'Urgel (460 pesetas), auxquels s'ajoute un tribut en nature : 12 fromages, 12 chapons, 12 perdrix, 6 jambons. A. dispose de ses propres forces de police. Les And. voyageant à l'étranger peuvent faire appel à l'assistance des représentations diplomatiques fr.

Depuis 1981, séparation des pouvoirs. *Conseil exécutif* (Pt du gouv. choisi par le Conseil gén. des Vallées + 4 à 6 conseillers choisis par le chef du gouv.) ; responsable devant le législatif. *Chef du gouv.* (21-5-1984) Joseph Pintat Solans. *Partis :* P. démocratique d'Andorre f. 1979 ; Groupe conservateur (réélu le 10-1-86).

Fête nat. des vallées d'And. : 8 sept. (couronnement de la Vierge de Meritxell, patronne de l'And.).

● **Économie. Ressources.** *Terres arables* 3,98 %, *forêts* 23,67 %, *pâturages haute montagne* 44,24 %. Céréales (blé, seigle, orge), tabac, pommes de t., élevage (bovins, ovins, chevaux, lapins), textiles et articles d'habillement, artisanat (céramique, bijouterie, joaillerie). **Tourisme :** 10 000 000 vis. (83). 5 stations de sports d'hiver. **Monnaie :** fr. et esp. *Union postale* France et Espagne avec figurines propres à l'A. Franchise postale dans les vallées. **Commerce.** *Exportations :* prod. artisanale bois (meubles et bibelots) et fer, *vers* France, Espagne, Allemagne, Belgique. **Impôts.** Taxe de résidence dans les hôtels (tribut), taxe sur les primes d'assurances, taxe sur les dépôts en banque (recours en annulation contre ces textes). Les 9/10 des recettes viennent des taxes sur les importations (dont celle sur le carburant).

ANGOLA

V. légende p. 787.

Situation. Afrique. 1 246 700 km² (y compris Cabinda 7 270 km²). *Longueur* N.S. 1 277 km, *largeur* 1 236 km. *Frontières :* 6 487 km (dont terrestres 4 837, maritimes 1 650). *Alt. max.* Mt Moco 2 620 m. **Régions :** littoral (plaines et plateaux) ; montagnes, plateaux intérieurs (1 000 à 2 000 m). *Climat* tropical influencé par l'altitude, le courant froid du Benguela et les vents secs du Kalahari. Au N. saison des pluies oct. à mai ; sec au S.-O.

Population. 8 600 000 h. (84) (Bantous, Bochimans, Vatuas. 40 000 Européens, 150 000 Euro-africains avant l'indép. ; 90 % sont partis). D. 7. **Réfugiés angolais :** au Zaïre 1 000 000 (300 000 y sont restés) ; Zambie 500 000 ; Namibie, Botswana 500 000 ; Brésil

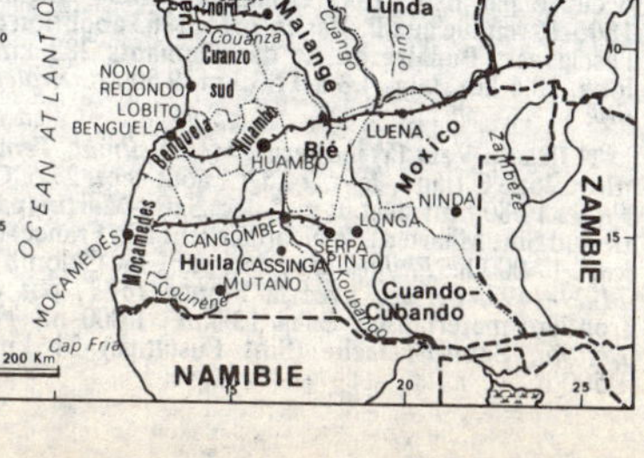

150 000 ; Portugal 100 000. 50 000 *Namibiens* dont 20 000 au S.-E. de la cap. 30 000 *Zaïrois* dans le N. **Villes :** *Luanda* (agg.) 1 500 000 (84), Lobito-Benguela 150 000, Huambo (ex-Nova-Lisboa) 1 000 000 (82), Malange 35 000, Lubango 32 000. **Analphabètes** 80 %.

Langue off. Portugais. **Religions.** Catholiques 43 %, animistes 45 %, protestants 12 %.

Histoire. 1482 découverte par Diego Cao. **1484** la région côtière devient province portugaise. **1574** prend le nom du roi noir N'gola. **XVIe s.** fondation de comptoirs. **XVIIe s.** centre de traite des esclaves. **1641-48** occupation par Hollandais. **XIXe s.** domination port. s'étend vers l'intérieur. **1955** province port. **1961** rébellion. 2 000 Blancs assassinés. Représailles 10 000 †, des centaines de milliers de Noirs se réfugient au Congo. **1962** fondation du F.N.L.A. **1966** de l'U.N.I.T.A. **1972** *déc.* M.P.L.A. et F.L.N.A. réunis en un Conseil suprême de libération de l'Angola (C.S.L.A.), Pt Roberto Holden, vice-Pt Agostinho di Neto. **1974**-*17-6* cessez-le-feu entre Port. et U.N.I.T.A. Étendu au F.N.L.A. et au M.P.L.A. Affrontements Blancs et Noirs (juill. 35 †, 125 blessés ; nov. 50 †, + de 100 bl.). Rivalités entre les 3 mouv. **1975**-*15-1 accords d'Alvor* entre Port. et les 3 mouv. : gouv. de transition, indépendance prévue le 11-11. *Mars* g. civile M.P.L.A. contre F.N.L.A. et U.N.I.-T.A. Exode de 400 000 Port. *Oct.* intervention sud-afr. dans le S. contre le M.P.L.A. *-11-11* indépendance, 2 gouv. : Rép. pop. du M.P.L.A. (aidée par Cubains et Russes). Rép. pop. du F.N.L.A. et de l'U.N.I.T.A. (aidée par C.I.A.), jusqu'en janv. 76. Après des revers, en nov., le M.P.L.A. contre-attaque (déc.-janv.) avec Cubains (15 000 militaires, 7 000 à 8 000 experts civils). **1976** *fin janv.* retrait sud-afr. *-8-2* M.P.L.A. prend Huambo. *Mi-février* victoire du M.P.L.A. Plusieurs dizaines de milliers de † ; plantations de café détruites. **1977**-*27-5* échec d'un coup d'État à Luanda. **1978** les Fapla (forces régulières ang. : 30 000 h.) et env. 23 000 Cubains combattent l'U.N.I.T.A. ; 8 000 Cubains auraient été tués depuis 1975. *-4-5* bombardement sud-afr. de Kassinga (+ de 700 †). *-24-6* rencontre en Guinée-Bissau du Gal Eanes (Pt port.) et du Pt Neto. *-19-8* rencontre Neto-Mobutu (Pt du Zaïre) à Kinshasa. *-15-10* Mobutu reçu à Luanda. *-10-10* 40 † à Huambo (2 attentats). *-9-12* PM Lopo du Nascimento destitué par le M.P.L.A. ; charges de PM et de vice-PM supprimées. **1980** *juill.* raid sud-afr. 300 †. **1981**-*24-8* raid sud-afr. contre SWAPO, les Sud-Afr. pénètrent sur 150 km, occupent Catequero. Plusieurs conseillers russes tués ou prisonniers. **1981-82** plusieurs raids sud-afr. **1982**-*8-12* début de négociations Afr. du S.-Angola au Cap-Vert. **1983** *oct.* 25 000 Cubains. **1984**-*3-1* raid sud-afr. contre SWAPO (331 †). *-16-2* accord avec Afr. du S. qui retirera ses troupes d'A., l'A. réprimant les infiltrations de la SWAPO. *-19-4* attentat de l'U.N.I.T.A. à Huambo 24 †. *Été* échec offensive contre U.N.I.T.A. **1985**-*1/4-31-5* 181 combats entre U.N.I.T.A. et M.P.L.A. (1 020 †). *-1-7* raid sud-afr. contre SWAPO (61 †). *-16-9* raid sud-afr. *-18-9* attaque aér. sud-afr. *Sept.-oct.* échec offensive M.P.L.A.

Cabinda. Enclave côtière entre Zaïre et Congo. 7 270 km². 300 000 h., 60 000 réfugiés au Zaïre (Bakongos, Blancs). Sous protectorat portugais par tr. de Simulambuco (1-2-1885). Rattaché à l'Angola en 1956 bien qu'il n'y ait ni frontière ni ethnies communes. Pétrole (voir économie). Diamants, phosphates, manganèse. Café, cacao. Le MOLICA (Mouv. de libération du Cabinda) contrôlerait le N. de l'enclave.

Statut. Rép. populaire. *Constitution* du 15-11-1975, modifiée oct. 76 et sept. 80. *Conseil de la Révolution. Pt* (désigné par le M.P.L.A.) : José Eduardo Dos Santos (n. 28-8-42) dep. 21-9-79 [succède à Agostinho di Neto (17-9-22/11-9-79), Pt dep. le 11-11-75]. 16 *districts. Ass.* 223 m. dont 20 nommés. *Armée régulière* (84) : 35 000 h. Aide militaire cubaine (coût 40 $ par j. et par soldat).

Soutiens : diplomatiques : bloc communiste et progressiste et certains pays occidentaux. La France vend des hélicoptères Gazelle au M.P.L.A. *Militaires :* U.R.S.S. et pays de l'Est [4 000 conseillers milit. occupant des postes d'encadrement (5 à 10 par régiment) ; base aéronavale de Moçamedes], All. de l'E. (police secrète et réseaux de télécommunications), Cuba [30 000 h. assurant encadrement et défense des points stratégiques (tels installations pétrolières de Cabinda, Luanda) ; pilotes d'hélicoptères], 3 bataillons de la SWAPO (organisation de libération de la Namibie), 2 bataillons de l'A.N.C. (organisation de lutte contre le régime sud-afr.). *Forces armées du M.P.L.A. (F.A.P.L.A.) :* 40 000 à 60 000 h. Recrutement arbitraire, rafles fréquentes (sortie des lycées, marchés).

Partis. Mouvement pop. de libération de l'Angola-P. du travail (M.P.L.A.-P.T.). Fondé déc. 56, regroupe des militants de l'ancienne Ligue nationale africaine, de l'Association régionale des naturels de l'Ang. et du Mouv. pour l'ind. nat. de l'Ang. *Principaux chefs :* Dr Agostinho di Neto, Mario de Andrade, et le R.P. Joachim Rocha Pinto de Andrade qui forme en 1977 le M.P.L.A.-P. du travail. *Chef actuel :* José Eduardo Dos Santos. 15 000 m. (82). **Front national de libération de l'Angola (F.N.L.A.).** Créé 62, regroupe l'Union des pop. de l'Ang. (U.P.A.), issue de l'Union des pop. du N. de l'Ang. (U.P.N.A.), créée en 56. Constitua, en avr. 62, un gouv. révol. ang. en exil (G.R.A.E. appuyé par les missions protestantes). *Chef :* John Gilmore (alias Roberto Holden, n. 1923). 3 000 maquisards (Bakongos) contrôlant le Nord. **Union nationale pour l'indépendance totale de l'Angola (U.N.I.T.A.).** Fondé mars 66. *Chef :* Jonas Savimbi (n. 1934), favorable à l'Occident. En 84, env. 15 000 maquisards dans le Sud. *Base ethnique :* Ovimbundus, majoritaires en A. *Contrôle :* 1/5e de l'A. et 1 million de personnes (sur 6). *Ressources financières :* faibles [exploitation du diamant et du bois, dons d'Afr. du S., de régimes noirs modérés et de nations arabes (Arabie Saoudite, Maroc...)]. *Soutiens : diplomatiques :* Afr. du S., Zaïre, Maroc, U.S.A., pays occidentaux. *Militaires :* Afr. du S., matériels pris sur Cubains. Le 32e bataillon sud-afr. (2 000 h.), basé à Bagani en Namibie, constitue un appoint pour l'U.N.I.T.A. en cas de coup dur. (Officiers blancs, soldats angolais, anciens du F.L.N.A. réfugiés en Afr. du S. en 1975.) Certains pays amis africains ou arabes forment des officiers stagiaires et fournissent des armes. *Aide* de 15 milliards de $ promise par U.S.A. *Forces :* armée régulière (26 000 h. en zone « libérée », 34 000 guérilleros) ; manque d'armement lourd, roquettes antichars et missiles antiaériens.

● **Économie.** *P.N.B.* (83) 859 $ par h. *Pop. active* (% et entre parenthèses part du P.N.B. en %) agr. 58 (21), ind. 12 (12), services 26 (35). *Dette extérieure* (milliers de $). *1977* 0,3, *1984* 2,4.

Agriculture (milliers d'ha, 81). 124 670 dont t. arables 3 500, pâturages 29 000, forêts 53 670, divers 38 500. *Productions* (milliers de t). Manioc (v. *1973 :* 1 640 ; *82 :* 900), maïs, sisal (v. *1973 :* 71, *82 :* 7), blé, coton (v. *1973 :* 72, *83 :* 1,1), sorgho, café (*1974 :* 240, *80 :* 80, *82 :* 35, *83 :* 27), tabac, sucre (v. *1976 :* 82, *82 :* 32). Il faut importer canne à sucre et haricots. **Élevage** (milliers de têtes, *83*) bovins 3 300, porcs 450, moutons 240, chèvres 950, volailles 5 600 (82). **Forêts.** 8 969 000 m³ (81). **Pêche.** 112 400 t (82). **Pétrole** (millions de t). *Réserve* (84) : 252. *Prod.* (84) : 9,5, (*85 :* 11,2). *Revenu :* 2 milliards de $ (dont 90 % de Cabinda). **Mines.** Manganèse (v. *1973 :* 950 000 t., cuivre, fer (Kassinga), uranium, asphalte, diamants (900 000 carats en 84). **Industrie** bois, farines, papier, sucre, gaz, ciment. **Transports.** Env. 3 000 km de voies ferrées et 8 000 de routes asphaltées. **Tourisme.** 156 000 vis. (73).

Commerce (milliards de $ 1982). *Exportations* 1,73 (dont pétrole 90 % en 84) v. U.S.A., Portugal, Canada, Japon, Espagne. *Importations* 1,01 (équipement, alimentation, textile) de U.S.A. (38 %), All. féd., G.-B., France.

Balance (millions de $, 84) **commerciale** + 695, **des paiements** + 60.

Rang dans le monde (80). 5e diamants.

ANGUILLA

V. légende p. 787.

Généralités. 90,6 km², 7 000 h. (84). *Cap. : La Vallée* 760 h. **Histoire. 1967** se sépare de facto de St-Christopher et Nevis. **1980**-*12-9* sécession légalisée. *-16-12* indépendant de la G.-B. *Gouv.* Alastair Baillie. *PM 1973-84 :* Ronald Webster (Parti du peuple). **1984**-*12-3* Emile Gumbs (Alliance nat.).

Statut. *Conseil exécutif. Ass. législative* 7 m. élus, 3 d'office, 2 nommés. L'île de **Sombrero** lui est rattachée.

ANTARCTIQUE (Pôle Sud)

Carte p. 808. V. légende p. 787.

Situation. Env. 13 000 000 km² (14 000 000 en comptant les glaces). Côtes bordées par une zone de glace aux contours instables. *Température :* de 0 à − 80 °C suivant lieu et saison ; record : − 89 °C le 21-7-83. A l'intérieur des terres pas de vie animale et végétale. Près des côtes, nombreux oiseaux (manchots), pinnipèdes (éléphants et léopards de mer, phoques) ; mer riche en plancton, cétacés (baleines), petits crustacés (krill), poissons et calmars. *Bases* météo. et scientifiques. L'A. contient 90 % de toute l'eau douce de la Terre.

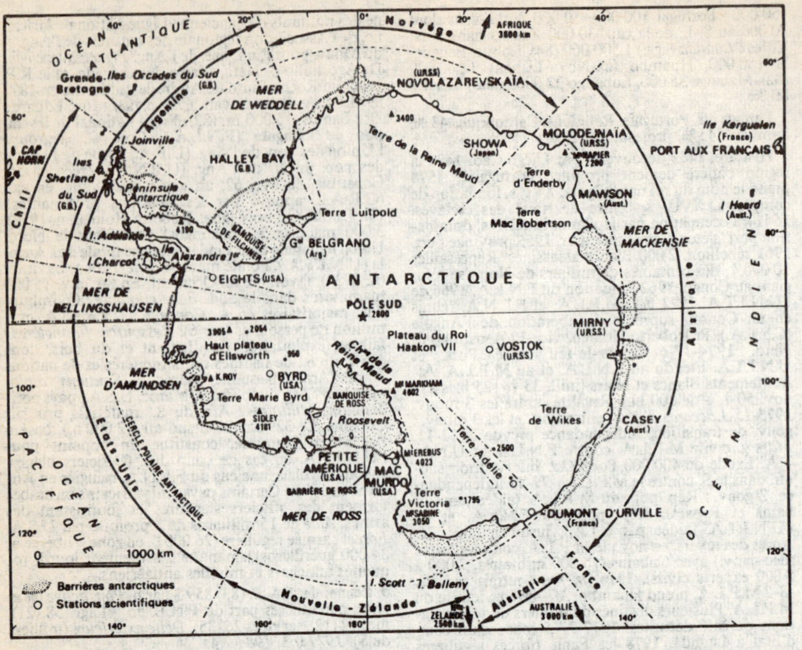

Secteurs revendiqués par Argentine, Australie (V. Index), Chili, France (Terre Adélie), G.-B. (5 425 000 km² Territoire de l'Ant., créé 3-3-62, comprenant Orcades du S. 622 km², Shetlands du S. 4 622 km², Terre de Graham et partie du continent antarc. entre 20° et 80° de long. O.), Norvège (Terre de la Reine-Maud entre 20° O. et 45° E.), N.-Zélande (Terre de Ross 730 000 km² au total). Un tr., entré en vigueur le 23-6-61, a suspendu toutes revendications et démilitarisé le continent, dont il a établi le libre usage à des fins scientifiques. L'ont signé en 1959 : Afr. du S., Argent., Austr., Belg., Chili, Fr., G.-B., Japon, Norv., N.-Zélande, U.R.S.S. et U.S.A. ; en 1977 : Pologne ; en 1982 : l'All. féd. ; en 1983 : Brésil, Inde. Ces pays sont m. du comité consultatif. Tout pays m. de l'O.N.U. peut adhérer au tr. sans en devenir m. consultatif (en 82 : Brésil, Bulgarie, Danemark, Roumanie, Tchécosl., Uruguay, P.-Bas, All. dém., Italie, Pérou, Espagne, Suède, Finl., Hongrie, N.-Guinée). *En 83 :* Chine pop., Inde. *En 85 :* Chine et Uruguay.

S.C.A.R. *(Scientific Committee for Antartic Research)* fondé 1958, groupe 13 des premiers 14 m. consultatifs du tr. (moins la Belgique) ; All. dém., Italie, Brésil et Chine assistent en observateurs aux réunions.

Réunions spéciales (2 fois par an dep. 1982) pour élaborer un régime d'exploitation des ressources minérales : 1985, Rio de Janeiro et Paris.

TERRES AUSTRALES ET ANTARCTIQUES FRANÇAISES

V. légende p. 787.

Statut. Territoire d'O.-M. français dep. 6-8-1955 (autonomie administrative et financière, siège provisoire à Paris) administré par un *Administrateur supérieur* (vice-amiral d'escadre Claude Pieri) assisté d'un *Conseil consultatif* de 7 m. et d'un *Comité scientifique* de 12 m. *4 districts :* îles Crozet, îles Kerguelen, îles St-Paul et Amsterdam, Terre Adélie. *Base de recherche :* rayons cosmiques, ionosphère, radioélectr. naturelle, magnétisme, physico-chimie de l'atmosphère, aurores et ciel nocturne, glaciologie, météo, séismologie, biologie terrestre et marine, stations de réception des satellites. Dep. 3-2-1978, zone économique de 200 milles autour des îles. Zone de pêche.

Budget (millions de F., *86).* 147,5 (dont 13,2 pour recherche scientifique).

Population. 150 h. l'hiver, 200 l'été.

Adélie (Terre). Entre 136° et 142° de long. E. 360 541 km² (terre ferme), 589 892 en tenant compte de l'ensemble des terres revendiquées. Plateau recouvert de glaciers s'élevant à 2 000 m (à 200 km de la côte) et 3 000 m (au pôle). Près de la côte se réfugient l'hiver des manchots empereurs. **1840** découverte par le cap. de vaisseau (plus tard amiral) Dumont d'Urville (1790-1842), qui s'inspire du prénom de sa femme. **1950-51-52** expéditions (Paul-Émile Victor, n. 28-6-07). *Bases scientifiques :* Port-Martin (détruit par le feu 14-1-52). Pointe-Géologie dep. 1954. *Base permanente :* Dumont-d'Urville où vivent 34 chercheurs et techniciens ; gérée par les Expéditions polaires fr., 34ᵉ expédition en 1984.

Crozet (îles). 336 km². Env. 20 îles dont *île aux Cochons* (ou Hog), *des Apôtres, des Pingouins, de la Possession et de l'Est.* Réserve d'oiseaux de mer (albatros, pétrels géants, manchots). **1772** découvert par Marion Dufresne (1729-92) qu'accompagnait Crozet, qui raconta l'histoire de l'expédition. *Base permanente :* dep. 1964, *alt.* 120 m, Alfred-Faure, sur l'île de la Possession (env. 30 scientifiques).

Kerguelen (ou îles de la Désolation). 7 215 km². Env. 300 îles (la plus grande 6 675 km², 140 km long.). *Alt. max.* Mt Ross 1 850 m. *Climat* frais l'été (7,4 °C moy.), doux l'hiver (2,6 °C), très humide. Vents d'ouest violents. Pas d'arbres ; végétation (acaena, choux de Kerguelen) ; lapins (introduits en 1878, ont ravagé les choux de K.). Oiseaux de mer, manchots, éléphants de mer. Otaries décimées au XIXᵉ s., sont réapparues dep. 10 ans. Moutons, rennes, mouflons (dep. 1950). **1772**-*12-2* découvertes par Yves-Joseph de Kerguelen de Trémarec (1734-97). *Base permanente* dep. 1949. *Alt.* 15 m, Port-aux-Français (70 à 80 techniciens et chercheurs). Zone de pêche.

Amsterdam dite aussi autrefois Nouvelle-Amsterdam) (île). Origine volcanique. 55 km². *Alt. max.* 881 m. *Climat* doux. **1843** prise de possession par le capitaine Dupeyraut. *Base permanente :* dep. 1949, Martin-de-Viviès abritant 30 personnes. Oiseaux de mer. Bovidés sauvages. Otaries. Langoustes 600 t (83).

Saint-Paul (île). 7 km² (14 avec la lagune). Volcan éteint (270 m) envahi par la mer ; pas d'établissement permanent. Langoustes.

ANTIGUA ET BARBUDA

Carte p. 939. V. légende p. 787.

Généralités. 3 îles des Antilles (442 km²) : *Antigua* 279,7 km² ; *Barbuda* (à 40 km) 166 km², 1 500 h., autrefois possession de la famille Codrington ; *Redonda* (à 48 km) 2 km², inhabitée. *Alt. max.* Boggy Peak 403 m. *Climat* tropical. Saisons : sèche de juill. à nov., humide de déc. à juin. Temp. moy. 26,7 °C. **Population.** 80 000 h. (est. 84). D. 165. *Capitale : St-John's* 25 000 h. **Langues.** 95 % de la pop. parle anglais, 5 % anglais et français. **Religion.** Anglicane.

Histoire. 1493 Christophe Colomb découvre l'île qui sera nommée d'après l'église de Santa Maria de la Antigua à Séville. **1520** 1ʳᵉ tentative des Esp. pour s'installer. **1629** tentative de colonisation des Français. **1632** les Anglais colonisent A., cultivent tabac et canne à sucre. **1650** travail des esclaves noirs dans les plantations. Possession revendiquée par G.-B., France, Hollande, Esp., Port. **1661** colonisation de Barbuda. **1667** *juin* tr. de Breda : A. est britannique. **1669** les îles Leeward comprenant A., Barbuda, St-Kitts, Nevis, Anguilla, Montserrat et Dominique sont rattachées. **1834** abolition de l'esclavage. **1871** fédération des îles Leeward (A., St-Kitts-Anguilla, Montserrat, Dominique, Îles Vierges brit.) ; siège à A. **1956** féd. dissoute, devient colonie. **1958** A. se joint à la Féd. des Indes occ. comme membre indépendant jusqu'à sa dissolution, le 23-5-62. **1966** association avec G.-B. (effective 27-2-67). **1968** accord avec Barbades et Guyane, pour zone de libre-échange. **1972** A. rejoint Communauté des Caraïbes et Marché commun. **1981**-*1-11* indépendance.

Statut. Membre du Commonwealth. *Const.* du 1-11-81. *Chef de l'État* Reine Elisabeth II. *Gouv. Gᵃˡ Sir Wilfred Ebenezer Jacobs. PM* Vere Cornwall Bird (7-12-1910) dep. 18-2-76 (A.L.P.). *Sénat* 17 m. nommés. *Chambre des représentants* 17 m. élus p. 5 ans. *Élections* (17-4-84) Antigua Labour Party (A.L.P.) 16 s.

Économie. *P.N.B. (84) :* 12 400 F par hab. *Terres* (en km²) agriculture 69,1, forêt 47,9, *improductives* 74,4 ; arables 55,1. *Production* sucre, rhum, coton, fruits, légumes. *Élevage* (82) 19 000 moutons. *Pêche.* **Tourisme** *(84) : visiteurs* 129 047 (par avion), 66 418 (croisières). *Inflation (84) :* 4 %.

Commerce (millions de $ US 84). *Exportations* 46,3 *vers* U.S.A., G.-B., Guyane, Trinité et Tobago, Canada. *Importations* 309,7 *de* Venezuela, U.S.A., G.-B., Canada, Trinité et Tobago.

ANTILLES NÉERLANDAISES

Carte p. 939. V. légende p. 787.

Situation. Amérique. 993 km². 2 groupes d'îles distantes de 1 000 km (îles Sous-le-Vent à 60 km du Venezuela et îles du Vent plus près de Puerto Rico). *Alt. max.* St-Christoffelberg (Curaçao) 372 m. **Population.** 260 000 h. (84). D. 270. À l'origine 42 nationalités. Siège du gouvernement : *Willemstad.* **Langues.** Néerlandais *(off.)*, papiamento (mélange de portugais, néerl., anglais, espagnol), anglais. **Religions** (80). Catholiques 82 %, protestants 8 %.

Statut. Acquises par les Pays-Bas (avant, à l'Espagne). Autonomie dep. 15-12-1954. *Const.* d'avril 1955. *Chef de l'État* Reine Beatrix. *Gouv.* (nommé p. 6 a., représente la reine des P.-Bas) Dr René Römer. *PM* Domenico F. Martina (dep. 2-1-86). *Ass. législative* (22 m. élus). 3 *territoires :* Curaçao, Bonaire, îles du Vent.

Économie. *P.N.B.* (82) 5 221 $ par h. *Pop. active* (en % et, entre parenthèses, part du P.N.B. en %) : agr. 35 (5), ind. 32 (39), services 32 (55). *Agriculture :* blé, café, légumineuses, sel, phosphates. *Terres* (en millions d'ha, 81) : 96 dont t. arables 8. *Industrie :* raffinage du pétrole brut (du Venezuela ou d'Arabie Saoudite). *Capacité :* 40 millions de t (82) : constr. navale, électronique. Siège de St̃s multinationales. *Tourisme* (82) 852 000 vis. *Inflation* (82) 6,1 %. **Commerce.** *Exp.* (80) : 10 779. *Imp.* (80) ; 12 187.

1° Îles Sous-le-Vent (Leeward). *Climat* tropical tempéré par les alizés du N.-E., vitesse du vent 7,2 m/s à Curaçao. *Temp.* moy. 27,5 °C ; mois le + froid janv. (jour 28,5 °C, nuit 21,3 °C), le plus chaud sept. (j. 30 °C, n. 26 °C). *Pluies* 500 à 750 mm par an surtout nov.-déc., très peu de mars à oct. (quelques averses juill.-août), humidité moy. 76 %. **Curaçao** 444 km², long. 61 km, larg. 7 km. 170 000 h. *Willemstad* (cap.) 160 000 h. ; centre comm., raffinerie dep. 1916 ; grottes de Hato. Découverte par Alfonso de Ojeda. **1499** occupée par Esp., **1527** Hollandais, **1634** Anglais. **1805-16** rendue aux P.-Bas en *1816.* **1863** abolition de l'esclavage. **Bonaire** ou île des Flamants 288 km², long. 38,6 km, larg. 4,8 à 11,3 km, 9 500 h. *Kralendijk.*

2° Îles du Vent (Windward). *Même climat. Temp.* moy. 26,5 °C (janv.-févr. 24,5 °C, août-sept. 27,5 °C). *Pluies* 1 080 mm surtout mai-déc. **Saint-Martin** (partie sud Sint Maarten) (le N. appartient à la France) 34 km². 17 000 h., *Philipsburg* ; déc. par Chr. Colomb le *11-11-1493,* partage avec la France *1648 ;* pas de frontière matérialisée. **Saba** 13 km². 1 000 h., *The Bottom.* **Saint-Eustache** (Sint Eustatius) 21 km². 1 500 h.

ARABIE SAOUDITE
V. légende p. 787.

Situation. Asie occ. 2 149 690 km². O.-E. 1 500 km, N.-S. 2 000 km. Désertique. Pluie moy. 100 mm (Asie 275 mm). *Alt. max.* 3 133 m dans le Djebel Al-Hijaz. **Régions naturelles :** plaine *(Tihama)* sablonneuse longeant la mer Rouge (50 à 70 km de large, 80 à 100 % d'humidité, temp. 38 à 49 °C en été) que surplombent les barrières montagneuses du *Hedjaz* (en arabe « barrière montagneuse », 1 000 à 3 000 m, 1 500 000 h., cap. La Mecque) et de l'*Asir*, « l'inaccessible », cap. Abha (plantation de café) ; le *Nadj* (plateau) désertique, alt. moy. 1 000 m, climat continental froid en hiver, très sec en été (+ 48 °C à Riyadh et 9 % d'humidité en juillet), 3 500 000 h., cap. Riyadh ; plaine (500 km de long) formant la majeure partie de la province de *Hassa ;* au nord et au sud du Nadj, 2 déserts (le grand *Nafûd* et le *Rub'al-Khali*). Hiver doux sauf dans les rég. montagneuses. *Côtes :* mer Rouge 1 760 km, Golfe 650 km.

Population. 10 900 000 h. (84), (6 000 000 selon certains). D. 5. **Villes** (74) : *Riyadh* (en arabe « jardins ») 1 250 000 (80). Djeddah (cap. dipl. et port principal) 750 000 (80) (20 000 h. en 1960), La Mecque 500 000 (80) [cap. religieuse ; pèlerins (milliers) : *v. 1938* 50 ; *85 :* 1 600 dont 852 de l'étranger dont Iraniens 150, Égyptiens 131, Pakistanais 88, sacrifice de 1 300 000 moutons dont 300 000 distribués aux réfugiés afghans et palestiniens et en Afr. noire] ; Tayf (alt. 1 630 m) 204 857, Médine 198 186, Dharan 127 844, Hüfüt 101 271. *Citadins* 38 %, *ruraux sédentaires* 33 %, *villageois* 20 %, *nomades* 9 % (en 1968 : env. 50 %) (officiellement 635 000 dont 210 000 Bédouins des régions frontalières). **Pop. active** 1 600 000 (60 % d'étrangers, *1985-90 :* départ prévu de 600 000). **Étrangers** env. 3 000 000 dont Yéménites 1 000 000, Soudanais 880 000, Égyptiens 180 000, Palestiniens 100 000, Indiens 75 000, Pakistanais 50 000, Américains 65 000, Coréens 20 000, Anglais 30 000, Français 2 000.

Langue off. Arabe. Illettrés 75 %. **Religion.** Islam dont 200 000 à 300 000 chiites.

Enseignement. Obligatoire dep. 1980. Étudiants 70 657 (1981). 7 universités dont 1 pour filles. Env. 50 000 diplômés formés à l'étranger.

Histoire. Jusqu'en 300 *env. apr. J.-C.* occupée par tribus arabes *kindaïtes* (avant l'ère islamique, roy. de Kinda au centre de l'Arabie), fait partie du Roy. de Saba (V. Yémen). **V. 300** *apr. J.-C.* Kinda morcelé en nombreuses tribus bédouines. Hedjaz forme plusieurs principautés marchandes, dont la plus prospère est La Mecque (tribu des Quraychites). **617** apparition de l'islam. **634-44** Omar conquiert Perse, Syrie, Irak, Égypte. **644-50** Othman conquiert Arménie et Tunisie. **668-XVᵉ s.** monde musulman gouverné par dynasties Omayyades et Abbassides. **XVᵉ s.** rivalités internes. **XVIᵉ s.** Turcs gouvernent le monde arabe, sauf l'Ar. centrale (Nedj). **XVIIIᵉ s.** Cheikh Mohammed Ibn Abdulwahab (1703-91) prône une réforme religieuse (wahhabisme), retour à l'islam orthodoxe. **1745** accord avec Pᶜᵉ de Derieh Mohammed Ibn Saoud, qui fonde le 1ᵉʳ État saoudien. **1811-18** la T. demande à Mehemet Ali, gouverneur d'Égypte, de lancer une campagne contre le wahhabisme mais les wahhabites retrouvent leur force. **1824** 2ᵉ État saoudien avec imam Turky Ibn Abdullah Saoud. **1902** Abd el-Aziz Ibn Abderrahmane Al Saoud (1882-1953, 14 épouses officielles ; 44 fils légitimes, 200 concubines env., 100 fils naturels), de la famille des Saoud (régnant dans le Nadj, mais réfugiée à Koweït en 1892 après avoir été déposée par Ibn al-Rachid), émir de Haiel et allié des Turcs, reprend l'émirat de Riyadh. **1902-12** reprend tout le Nedj à la famille Rachid. **1912-27** ralliement de l'E. (1913), du S. (province de l'Azir, ajoutée par Fayçal en 1921), de La Mecque (1924), fondation des roy. du Hedjaz (29-8-1926) et du Nedj (mai 1927). **1932**-*22-9* fondation du roy. d'A. Saoudite après union du Nedj et du Hedjaz. **1934** incorporation du Najran et de la Côte d'Asir. **1938** découverte du pétrole (puits n° 1 à Dammana). **1952** la G.-B. occupe l'oasis de Buraimi et la partage entre Abu-Dhabi et Oman ; 1ʳᵉ frappe de monnaie, 1ʳᵉ émission de billets de banque. **1953** Saoud ben Abdul-Aziz (9-11-02/12-2-69) roi. **1960** opposition familiale à l'enseignement des filles. **1961** 1ʳᵉ école pour filles, 1ʳᵉ université. **1962** esclavage interdit. **1964**-*3-11* très prodigue, déposé par le Conseil de famille et le C. des Ulémas (Sages), remplacé par son demi-frère **Fayçal** (n. 9-4-06). **1973**-*17-10* l'A. se joint à l'embargo pétrolier. **1975**-*25-3* Fayçal assassiné par son neveu Fayçal ben Moussaed ben Abdulaziz (décapité), remplacé par son demi-frère **Khaled** (n. 1913). **1976** nombreuses importations (bateaux attendant de 4 à 6 mois à Djeddah pour décharger). **1977**-*22-1* visite du Pt Giscard d'Estaing. **1978**-*30-5* visite du roi Khaled à Paris. **1979** l'A. étant contre l'accord isr.-ég., rompt avec Ég. lui supprime aide financière ; *-20-11* au *-3-12* env. 1 300 extrémistes attaquent la Grande Mosquée de La Mecque (270 †, 60 rebelles et 75 membres des forces de l'ordre tués). **1980**-*9-1* exécution de 63 rebelles. **1981**-*26-9* visite du Pt Mitterrand. **1982**-*13-6* Khaled meurt, son demi-frère Fahd ibn Abdelaziz lui succède. **1985**-*11-7* 1ᵉʳ astronaute arabe et musulman, neveu du roi Fahd, est fêté à son retour.

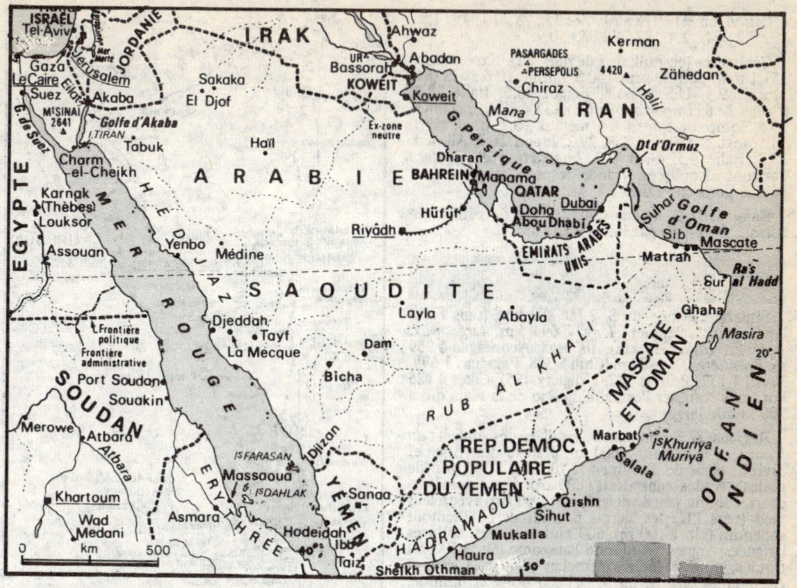

Tentatives d'unification du monde arabe

850 expansion maximale de l'arabo-islamisme, des Pyrénées aux Indes. Maroc et Espagne arabisées cesseront rapidement de faire partie d'un ensemble cohérent. Perse et Afghanistan ne seront jamais arabisés. Plusieurs tentatives ont été faites par des chefs musulmans (non arabes) pour ressouder les territoires arabophones, notamment : **1187** Saladin le Grand (un Kurde), chef des Ayyoubides, qui unifie Égypte et Syrie. **1250** Baïbars (un Turc), chef des mamelouks, qui unifie Égypte, Syrie et Hedjaz. **1516** Selim 1ᵉʳ (un Turc), chef des Ottomans, dont l'empire au XVIIᵉ s. comprendra tous les pays arabophones, de l'Algérie à l'Irak.

Statut. Monarchie islamique. *Roi* et *PM* Fahd (1922) dep. le 13-6-1982. Le roi est vêtu de l'ample *abaya* traditionnelle. *Héritier et vice-PM* Pᶜᵉ Abdallah (1923). Pas de *partis politiques.* Certains membres de la famille royale (env. 3 500 princes du sang) participent à de nombreux postes. *Loi du royaume :* le Coran, pas de constitution écrite. *Justice.* Sanctions définies par le Coran pour homicide : mort ; vol : ablation de la main sauf circonstances atténuantes ; adultère : lapidation (si 4 témoins l'attestent), flagellation (1 seul témoin). Compétence délits mineurs : tribunaux ordinaires ; majeurs : tribunaux légaux.

Armée (23 % du P.N.B.) : *1979 :* 60 000 h., *1982 :* 75 000 h., *1985 :* 300 000 h. *Garde nat.* (protège le régime et les puits de pétrole) 30 000 h.

Enseignement (85). Primaire 688 170, secondaire 203 252, supérieur 79 990.

Fête nat. : 22 sept. (création du roy. d'Arabie, 1932). **Emblème :** 2 sabres surmontés d'un palmier (aucune prospérité n'est possible en dehors de la justice). **Drapeau :** vert portant un sabre et « Il n'y a de Dieu que Dieu, Mouhammad est le prophète de Dieu ».

Économie

P.N.B. Total en milliards de $. *1980 :* 116,8 ; *81 :* 121,5 ; *82 :* 158 ; *83 :* 111 ; *84 :* 108 ; par hab. (en $), *82 :* 15 820 ; *83 :* 12 180 ; *84 :* 9 945. **Pop. active** (en % et entre parenthèses part du P.N.B. en %) agr. 33 (2), ind. 20 (15), services 45 (33). *Travail :* permis aux femmes dans certaines fonctions et certains métiers qui conviennent à leur nature et leurs capacités, et qui ne sont pas incompatibles avec les traditions.

Agriculture. *Terres* (en millions d'ha, 81) : 214 969 dont t. arables 1 117 (cultivées 67) ; pâturages 85 000 ; forêts 1 601. (env. 4 000 ha irrigués). *Production* (milliers de t, est. 83) dattes 440 ; sorgho 87 ; blé *1978 :* 3, *80 :* 50, *83 :* 600, *85 :* 1 700 (100 % des besoins) ; tomates 349 ; oignons 60 ; raisins 72 ; citrons 33 ; millet ; café ; figues ; gomme arabique. **Élevage** (milliers de têtes, est. 83) moutons 3 500, chèvres 2 300, bovins 300, chameaux 160, ânes 110, volailles 80 000. **Pêche.** 26 400 t en 80. Perles. **Balance agricole** (82) — 38 milliards de F.

Mines. Pétrole : réserves prouvées 23 milliards de t (25 % des réserves mondiales) [probables 40, 1ᵉʳ rang mondial (25 %)] ; *production* (en millions de t) *1979 :* 510 ; *80 :* 495 ; *81 :* 490 ; *82 :* 325 ; *83 :* 246 ; *84 :* 235 ; (en millions de barils/j) : *1981 :* 10 ; *82 :* 6,5 ; *83 :* 5 ; *84 :* 4,5 ; *85 :* 3,2 ; 97 % sur les champs de l'ARAMCO et 3 % dans la zone neutre exploitée en commun avec le Koweït ; *exportations 1981 :* 456 millions de t (50 % du total des ventes, 1ᵉʳ rang mondial) ; *revenus pétroliers* (en milliards de $) *1955 :* 0,34 ; *73 :* 4,3 ; *78 :* 32,2 ; *79 :* 48,4 ; *80 :* 84,4 ; *81 :* 115,5 ; *82 :* 70,5 ; *83 :* 47 ; *84 :* 35 ; *85 :* 28. **Gaz** (milliards de m³, 84) : réserves 2 090, prod. 15. **Réserves diverses :** phosphates, gypse, marbre, cuivre, uranium. Commercialisation prochaine de cuivre, zinc, or, argent, fer.

Eau. Nappes d'eau fossile (de + de 10 000 ans) non renouvelables 75 % de réseaux connus, nappe renouvelable 10 %, eau de mer dessalée 15 % (ex. à Riyad 830 millions de l/mg amenés par 2 conduites de 466 km). **Industrie.** Raffineries de pétrole (6, capacité 1 010 000 barils/j en 85). Complexes pétrochimiques (2 en construction).

Transports. *Chemin de fer* env. 700 km. *Routes* (80) goudronnées 20 869 km, pistes 22 306 km. *Oléoduc transarabique* [golfe Persique, Yanbu (mer Rouge)] 1 200 km. **Tourisme.** L'entrée du pays n'est autorisée qu'aux hommes d'affaires, invités officiels, ceux qui désirent accomplir le pèlerinage ou « Umrah » à La Mecque ou visiter Médine.

Finances. *Poids financier* presque égal à celui des U.S.A. *Avoirs saoudiens à l'étranger* (milliards de $) : *1973 :* 5 ; *83 :* 150 ; *85 :* 90. *Réserves monétaires en* 1982 : 29,7 milliards de $. (%) *80 :* 3,7, *81 :* 2,4, *82 :* 1,1, *83 :* 1. **Budget** (milliards de $). Solde *1983/84 :* — 9,7, *84-85 :* — 12,7, *85/86 :* — 23 (dépenses 55,4 dont défense 17,75, infrastructure 1,84, ressources écon. 3,9). **Impôt** unique de 2,5 % (« part du pauvre » ou « zekkat »), pas d'impôt sur revenu ou sur bénéfices des Stés (sauf bénéfices des Stés étrangères).

Aide aux pays en voie de développement (env. 50 pays, en milliards de $) : *1967-72 :* 0,7 ; *1973-75 :* 11.

Inflation (en %) 1976 : 70 ; *77* : 35 ; *78* : 10 ; *79* : 1,9 ; *80* : 3,2 ; *81* : 2,4 ; *82* : 1,1 ; *83* : 0,9.

Commerce (en milliards de rials, 82). *Exportations* 251,1 *dont* pétrole brut 140,8, raffiné 10,6 ; *vers* (81) Japon 69,5, U.S.A. 53,4, France 38,6, Italie 28,7, P.-Bas 22,6. *Importations* (83) 133,4 *dont* machines 35,5, équip. de transp. 24, métaux 20,7, prod. alim. 18,1, text. 8,3 ; *de* U.S.A. 29,2, Japon 26,7, All. féd. 15,3, Italie 8,5, G.-B. 9,2. *Interdiction d'importer* : boissons alcoolisées, viande de porc, stupéfiants et publications contraires à l'islam.

Rang dans le monde (84). 1er rés. de pétrole. 3e pétrole. 9e rés. de gaz nat. 13e gaz nat.

ARGENTINE

V. légende p. 787.

Situation. Amér. du S. 2 766 889 km² (sans Falkland et Antarctique) : *long.* 3 694 km, *larg. max.* 1 460 km (*min.* 399 km). *Alt. max.* Aconcagua 6 959 m. *Frontières* : 9 188 km (Chili 5 308, Paraguay 1 699, Brésil 1 132, Bolivie 742, Uruguay 495). *Côtes* 4 725 km (sans compter l'estuaire du Rio de la Plata qui a 200 km de large).

Régions. *O.* : montagne (Cordillère des Andes) ; *du N. au S.* : Puna (alt. 3 000 m), plateau désertique et raviné ; oasis de Tucuman (2 700 m), 2 000 mm de pluies ; Andes centrales (7 000 m) désertiques (rochers, éboulis, peu de neige avant 4 000 m) avec à leur pied (vers l'E.) les sierras préandines ou Piémont subandin (alt. 2 100 m), 600 mm de pluies, cultures irriguées, vignes ; Andes de Patagonie (alt. 3 600 m) froides, humides (neiges éternelles 1 000 m). *Centre et E.* : plaines ; *du N. au S.* : Chaco boisé et humide, Mésopotamie argent. entre Paraná et Uruguay : savane, blé, maïs. *Pampa* : 1 000 000 de km² de lœss, plate, sans cailloux (céréales, élevage). *Patagonie* : terrasses caillouteuses. **Fleuves.** Uruguay (du N. au S.), Paraná, Pilcamayo, Salado, Desaguadero, Rio de la Plata, Negro, Chubut, Deseado (d'O. en E.), Danta Cruz, Rio Gallegos.

Climat. *Nord* : subtropical (pluies 2 000 mm/an) ; *Sud* : Terre de Feu, froid (pluies 156 mm/an). *Pampa humide* : province de Buenos Aires, tempérée, chaude et humide (pluies : 830 mm/an) ; *sèche* : province de la Pampa, climat continental et pluies irrégulières.

Population. 30 560 000 h. (84) [*1800* : 300 000 ; *1850* : 800 000 ; *1900* : 4 000 000 ; *1939* : 13 900 000 ; *1960* : 20 900 000 (origine européenne, surtout Ital. et Esp. 86 %, Criollos (créoles) 12 % surtout au N.-E., Indiens 2 %)]. Italiens 1 260 000, Esp. 860 000, Fr. 35 000, Indiens de 20 000 à 30 000 [Matacos et Tobas (N.) ; Guaranis ; N. Mésopotamie ; Araucanis (O. prov. de Neuguen et Patagonie)]. D. 11. **Immigration :** surtout Ital., Esp., et loin derrière Port., All., Holl. et quelques Youg., Syriens, Autr., Fr. *1857-1900* : 1 200 000 (dont *1880* : 170 000) ; *1900-30* : 4 800 000 ; *1947-51* : 629 685 ; *dep. 1963* : env. 60 000 Boliviens. En *1914* : 30 % de la pop. était née hors d'Arg., en *1971* : 9,3 %. **Population urbaine :** 84,4 %. Analphabètes 7 %. **Villes** (81) : *Buenos Aires* 2 908 000 (*1650* : 4 000, *1730* : 16 000, *1850* : 120 000, *1884* : 365 302, *1901* : 850 000, *1914* : 1 576 000, *1947* : 2 981 000, *1956* : 3 553 000, *1981* : agg. 9 677 200), Rosario 935 471, Córdoba 990 007, Mar del Plata 423 989, Mendoza 118 427, La Plata 473 233, Tucuman 392 888, Santa Fé 374 834.

Nota. — Immigration européenne pratiquement tarie ; latino-amér. réduite ; mortalité infantile élevée ; taux de natalité : 23 %. Les Indiens ne furent jamais nombreux. Les métis d'Indiens (peons) ne sont nombreux qu'au N.-O.

Langues. Espagnol *(off.)*, guarani (3 à 4 %). **Religions.** En % : catholiques 92,7 (le Pt doit être cath.), protestants 1,9, juifs 1,6, autres 3,8.

Histoire. Période précolombienne : la région du Rio de la Plata est occupée par les guerriers charruas ; à l'O. de Buenos Aires vivent les pasteurs querandis, qui ont enseigné aux Esp. l'usage du *lazo* ; au S. les Tehuelches, appelés *Patagons* (« les 100 tribus ») par *les Quechas*, Indiens des Andes suzerains des tribus de la plaine. **1516** Juan Diaz de Solis (v. 1450-1516) découvre la Plata. **1526** Sébastien Cabot (Italien, 1474-1567) explore. **1536** Pedro Mendoza (Esp., 1437-1537) fonde Buenos Aires. **1580** Juan de Garay (1527-83) fonde Buenos Aires pour la 2e fois. **1593-1776** les terres du Rio de la Plata sont divisées en 2 gouvernements (Buenos Aires et Paraguay). **1776** vice-royauté du Rio de la Plata créée (5 millions de km² : Argentine, Bolivie, Paraguay, Uruguay et une partie du Brésil et Chili). **1782** A. divisée en 8 intendances et 7 gouvernements. **1806** Buenos Aires prise par Angl. 27-6, reprise 12-8 par Jacques de Liniers

(1753-1806) [fidèle à l'Esp., fait Cte de Buenos Aires, Cte de la Lealtad (Loyauté) et vice-roi du Río de la Plata]. **1809** démissionne, accusé par la junte de complicité avec Napoléon Ier. **1810**-*25-5* révolution de mai, junte. *-28-6* Liniers fusillé par révolutionnaires (les Fr. se battant pour les Esp.). **1810-20** g. de libération menée par San Martin. **1812**-*27-2* Belgrano crée le drapeau national. **1813** esclavage et titres de noblesse abolis. Création de l'hymne et de l'écu national. **1816** indépendance. Dissensions entre Unitaires (Lavalle † par accident) et Fédéraux (Dorrégo, exécuté). **1835-52** dictature du Gal *Rosas* (1793-1877) ; des *mazorcas* sont chargés d'assassiner les suspects. **1853** Constitution fédérale (compromis entre fédéralisme et unitarisme). **1880** début de l'émigration eur. : l'A. est contrôlée par les capitaux anglais. **1912** loi électorale (vote universel, secret obligatoire). **1916** Union civique radicale au pouvoir. *-12-10* Hipolito Yrigoyen élu Pt. **1918** affaiblissement de la G.-B. et naissance d'un capitalisme arg. **1930** *août-sept.* Gal Uriburu prend le pouvoir. **1946** *févr.*-**1955** *sept.* **dictature de Perón.** Avec sa 2e femme « Evita » [Eva Duarte, à qui fut voué un véritable culte laïque après sa mort à 33 ans (26-7-52)], obtient le soutien des *descamisados* (« sans-chemises »), grâce à sa démagogie éclairée et aux réformes pratiquées depuis 1943 au secr. d'État au Travail. **1947**-*9-9* Vote des femmes. **1955** Renversé par une révol. mil., qui révéla la corruption de son régime. **1963** Arturo Illia élu Pt. **1964**-*3-10* visite du Gal de Gaulle. **1966**-*28-6* Pt Illia destitué. Partis interdits. **1969** *mai* troubles à Rosario, Córdoba ; Augusto Vandor, syndicaliste, assassiné. **1970** *mai* Gal Aramburu (ancien Pt) enlevé et ass. (par des *montoneros*). *Juin* agit. pop., Pt Ongania destitué. *Août* José Alonso, synd., ass. **1971**-*22-3* Pt Levingston renversé. *-8-9/10* coup d'État mil. (Lanusse) échoue. **1972** action terroriste de péronistes *(montoneros)* et gauchistes (enlèvement et ass. du directeur de la filiale Fiat en mars). *-17-11* Perón rentre d'exil (après 17 ans dont 13 à Madrid) mais renonce à se présenter et part le 14-12. **1973** 190 enlèvements pol. *Sept.* José Rucci, secr. gén. de la C.G.T., ass. *-11-3* élections : Justicialistes (pour Perón) 49,59 % des voix, Radicaux (Ricardo Balbin) 21,10, Alliance pop. fédéraliste (Francisco Manrique) 14,70, divers 7,13. Balbin se retire, Cámpora déclaré élu avant le 2e tour. *-20-6* retour triomphal de Perón, fusillade à l'aérodrome d'Ezeiza (péronistes orthodoxes contre *montoneros*). *-13-7* Pt Cámpora démissionne. *-23-9* Perón élu Pt (sa femme Isabel vice-Pte) par 61,5 % des voix devant Balbin (23,34 %) et Manrique (12,11 %) ; lutte contre marxistes. **1974** action de l'E.R.P. *(Armée révol. du peuple,* env. 5 000 membres). *Mars* libération du directeur d'Esso contre 14 200 000 $ (68 millions de F). *-1-5* tension entre C.G.T. péroniste et *montoneros* socialistes. *-1-7* Perón meurt. Isabel le remplace, s'appuyant sur un groupe fascisant dirigé par José López Rega (ancien coiffeur), min. du Bien-être social. Nombreux assass. pol. (dont Arturo Mor Roig, ex-min. de l'Intérieur), contre-terrorisme (gangs incontrôlés de l'Alliance anticommuniste d'Arg.). *Sept. montoneros* passent à la clandestinité. *-6-11* état d'urgence. *-17-11* corps d'Eva Perón rapatrié de Madrid. **1975** nombreux assass. dont l'ex-consul amér. à Córdoba, John Egan (28-2). *-11-7* grève générale : López Rega démissionne (part pour l'Esp.) ; anarchie, inflation (800 %). *-13-9/17-10* I. Perón laisse provisoirement le pouvoir au Pt du Sénat. *-4-11* l'armée obtient l'application de l'état de siège. *Nov.* interv. contre guérilla. *-18/22-2* rébellion d'aviateurs, échec. *-23/24-12* bataille contre gauchistes près de Buenos Aires (+ de 100 †). *Déc.* Roberto Quieto, marxiste (ex-FAR Montoneros) arrêté. *-25-12* Gal Videla lance un ultimatum de 3 mois au gouv. Les militaires veulent « détruire l'ennemi intérieur ». **1976**-*24-3* coup d'État mil., congrès dissous, partis interdits (I. Perón arrêtée, *-23-6*, privée de ses droits politiques). *Mars 1976* à *juin 1978*, répression frappant maquisards, terroristes, avocats, politiciens, ecclésiastiques, journalistes, universitaires, et tout suspect figurant dans le carnet d'adresses d'un subversif ; 6 000 victimes env. (6 000 à 8 000 disparus). **1978**-*1-8* attentat contre l'amiral Lambruschini, chef d'état-major de la marine (3 † dont sa fille). *Déc.* 6 ans de prison requis contre I. Perón pour « malversation de biens publics ».

1980 Pérez Esquivel, prix Nobel de la paix (avait été détenu d'avril 77 à juin 78). **1981**-*20-3* I. Perón condamnée à 8 a. de prison pour détournement de fonds. *-6-7* libérée après 5 a. de détention (en avril 83 sera rétablie dans ses droits civiques et en sept. 83 réhabilitée politiquement). *-9-9* Ricardo Baldin (77 ans, leader de l'Union civique radicale) meurt. *11-12* Gal Viola destitué pour raison de santé. **1982**-*2-4/19-6* g. des Malouines (coût 850 millions de $) (Voir Falkland). *-26-4* 1re manif. à Buenos Aires contre régime. *-5-5* dévaluation de 16,6 % du peso. *-11/12-6* visite du pape. *-15-6* manif. à Buenos Aires contre Gal Galtieri. *-17-6* Gal Galtieri démissionne. *-22-6* Gal Reynaldo Bignone choisi comme Pt par la junte. Junte dissoute. Nouveau gouv. (10 min. dont 1 seul militaire). *-13-7* junte mil. reconstituée ; création d'une vice-présidence, confiée à un civil. *-12/16-8* 120 000 pers. manifestent contre le régime à Buenos Aires, 1 †, 100 bl. **1983** *E.R.P. et montoneros* [péronistes de gauche, env. 4 000 h. bien équipés grâce aux rançons obtenues à la suite d'enlèvements d'h. d'affaires (ex. rançon payée en 75 par les frères Born : 60 millions de $)] ont subi des pertes (Mario Roberto Santucho et Benito José Urteaga). *Las Tres A* (Alliance anticommuniste argentine) dissoute, mais la répression d'extrême droite se poursuit. *-31-10* R. Alfonsin (radical) élu Pt avec 7 659 530 voix (52 % des suffrages) [Italo Luder (péroniste) 5 936 556 v. Oscar Allende (intransigeant) 344 434 v]. *Élections législatives provinciales et municipales. -10-12* les mil. remettent le pouvoir à R. Alfonsin. *-16-12* abrogation du décret « d'autoamnistie » des mil. **1984**-*10-1* Gal Bignone ancien Pt de la Rép. arrêté. *-17/19-1* arrestation des anciens officiers gén. de la junte. *-22-1* du Gal Galtieri. *-22-2* amiral Anaya. *-23-2* Gal B. Lami Dozo. *-22-6* Gal Roberto Viola. *-2-8* Gal Jorge Videla. *-22-10* Pt Alfonsin en France. *2-11* convention collect. suspendues pour 1 an. **1985**-*21-2* Isabel Peron, Pte du parti justicialiste, démissionne. *-Avril* procès des généraux (début). *-14-6* plan austral (avec Juan Sourrouille, min. de l'Économie) ; réformes monétaire, écon. et fin. : l'austral (0,80 $ U.S.) remplace le peso (1 A = 1 000 P), gel des prix (15-6) et des salaires (30-6), impôt d'« épargne obligatoire » pour les plus gros contribuables. *-17/21-9* Pt Alfonsin en France. *-Oct.* 9 attentats à la bombe. *-21 10* décret ordonne d'arrêter 12 suspects. *-25-10* état de siège pour 60 j. *-9-12* sur 9 Cdts des 3 juntes (de 1976 à 82) jugés pour violations des droits de l'homme, 5 condamnés à la prison dont 2 (Gal Jorge Rafael Videla et amiral Eduardo Massera) à perpétuité, Gal Roberto Viola à 17 ans, amiral Armando Lambruschini à 8 a., Gal Orlando Agostini à 4, 5 a.) ; 4 acquités (Gal Leopoldo Galtieri, amiral Jorge Anaya, Gal div. Basilio Lami Dozo, Gal div. Omar Graffigna).

Statut. Rép. fédérale. *Pt* et *vice-Pt* élus pour 4 ans au suffr. univ. Doivent être catholiques. *Sénat* 46 m. élus pour 4 a. par législateurs provinciaux. *Ch. des dép.* 254 m. élus suffr. univ. (à 18 a. vote oblig.). *Divisions* : cap. féd. (district) (Buenos Aires) ; 22 provinces qui ont leurs propres constitution, législature, tribunaux, et élisent leur gouverneur ; et 1 terr. nat. (Terre de Feu). *État de la Chambre après les él. du 3-11-85* (pour renouveler 127 sièges sur 254 à la Chambre et 6 000 sièges provinciaux et municipaux), et entre crochets : *état après les él. du 30-10-83* : U.C.R. (Union civique radicale), d'Alfonsin 43 % (132 s.) [49 (129)] ; Parti Intransigeant social démocrate d'Oscar Allende 6,5 % (7 s.) [2,33 (3 s)] ; Péronistes (102 s) [(111 s.)] ; U.C.D. (Union du centre démocrate, liberté) d'Alvaro Alsogaray 4 % (30 s) [1 % (2 s.)]. **Fête nat.** 25 mai (anniversaire de la Révolution de 1810).

Présidents de la République depuis 1898

1898 Gal Julio Argentino Roca (1843-1914). **1904** Manuel Quintana (1834-1906). **06** José Figueroa Alcorta (1860-1931). **10** Roque Saénz Peña (1851-1914). **14** Victorino de la Plaza (1840-1919). **16** Hipólito Irigoyen (1850-1933). **22** Marcelo T. de Alvear (1868-1942). **28** Hipólito Irigoyen (2e mandat). **30** Gal José Félix Uriburu (1868-1932). **32** Agustin P. Justo (1876-1943). **38** Roberto M. Ortíz (1886-1942). **42** Ramón S. Castillo (1873-1944). **43** Gal Arturo Rawson (1885-1952). Gal Pedro Ramirez (1884-1962). **44** Gal Edelmiro J. Farreli (1887-1979). **46-*4-6*** Gal Juan Domingo Perón (8-10-1895/1-7-1974) (ép. 1° Aurelia Tizon, 2° Eva Duarte, 3° Maria Estela Martinez : Voir ci-dessous). **55-*23-9*** Gal Eduardo Lonardi (1896-1956). ***-13-11*** Gal Pedro Aramburu (1903-70). **58-*23-2*** Arturo Frondizi (1908). **62-*29-3*** José Maria Guido (1910). **63-*12-10*** Arturo Umberto Illia (1900-83). **66-*29-6*** Gal Juan Carlos Ongania (1914). **70-*18-6*** Gal Rob. Levingston (1920). **71-*26-3*** Gal Alejandro Lanusse (1918). **73-*27-5*** Hectór Cámpora (1909-80). **73-*12-10*** Gal Juan Domingo Perón. **74-*1-7*** Mme Maria Estela Martinez de Perón (4-2-31) (pseudonyme Isabel), 3e femme de Perón, ancienne danseuse, rencontre Perón en 1956, l'épouse en 1961. **76-*29-3*** Gal Jorge Rafael Videla (2-8-1925). **81-*29-3*** Gal Roberto Viola (1924). ***-11-12*** Gal Leopoldo Fortunato Galtieri (1927), nommé par la junte. **82-*1-7*** Gal Reynaldo Bignone (1920). **83-*10-12*** Raul Alfonsin (1926).

Dépendances revendiquées. Îles Malouines (Falkland, voir p. 810 et 881) env. 200 îles à 500 km de l'A. 16 835 km^2, 2 500 h. **Orcades du S.** (Orkney), **Georgie du S., îles Sandwich du S., Antarctique arg.** (1 231 064 km^2).

Chenal du Beagle. Exploré en 1826 par le Britannique Fitz Roy, capitaine du « Beagle » qui cherchait un passage plus protégé que le tour du cap Horn. *1811* tr. fixant les limites entre A. et Chili ; étaient chil. : les îles au-dessus du chenal, jusqu'au cap Horn ; *1815* A. estime que le chenal obliquant plein sud au débouché de l'île de Navarrino, Picton, Nueva et Lennox sont dans les eaux a. *1902* arbitrage britannique. *1977* 5 membres de la Cour intern. de La Haye (désignés 22-7-71 par la reine Elisabeth) rendent une sentence favorable au Chili. *1978*-25-1 l'A. en refuse les termes. *1979*-8-1 A. et Chili soumettent leur différend au pape. *1980*-12-12 Jean-Paul II propose une solution acceptée par Chili (souveraineté au Chili ; navigation et expl. des ressources naturelles partagées entre les 2 pays). **1984-*18-10*** tr. de paix et d'amitié. *-24-11* approuvé par referendum (80 % oui). **1985** approuvé par Parlement.

Économie

L'A. trop lointaine intéressait peu les Espagnols. Elle n'avait pas de métaux précieux. Le N.-O. andin fournissait des mulets au Pérou. Les communications avec l'Europe se faisaient à travers les Andes, par Lima sur le Pacifique. Après l'indépendance (1816), l'A. vécut longtemps d'une économie fondée sur le quebracho, le maté dans les Missiones, la chasse au bétail introduit d'Europe mais redevenu sauvage dans la Pampa. Les gauchos abattaient les bêtes pour le cuir ou simplement pour attacher leur cheval (il n'y avait pas d'arbres). L'asado, grillade de bœuf, est resté un plat national. En 1939-45, gros bénéfices pendant la Seconde G. permettant de racheter les placements européens. De 1946 à 1955, Perón veut gouverner contre les grands propriétaires, au profit des masses urbaines sur lesquelles il s'appuie (travailleurs sans chemises *descamisados*). Les salaires montent en flèche, l'immigration reprend. Les exploitants agricoles, mal rémunérés, restreignent leur production. L'A. perd des clients.

● **P.N.B.** (83) 2 070 $ par h. **Pop. active** (% et, entre parenthèses, part du P.N.B. en %) agr. 13 (14), ind. 24 (22), services 59 (55). *Chômage* (82) 13 à 16 %.

Inflation. (%) : *1975* : 343 ; *76* : 347 ; *77* : 160 ; *78* : 175 ; *79* : 159 ; *80* : 88 ; *81* : 131 ; *82* : 230 ; *83* : 433,7 ; *84* : 688 [en *1954* 1 $ = 14 pesos ; *84* : = 400 millions d'anciens pesos (40 000 pesos nouveaux)] ; *85* (prév.) : 380 (juin : 30,5, juil. : 0,2, août : 3,1, sept. : 2, oct. : 1,9) ; *86* : 1er trim. 10. Le prix de la viande de bœuf entre pour 50 % dans le calcul de l'indice du coût de la vie. **Dette ext.** (en milliards de $). *1983 (déc.)* : 43,6, *85 (sept.)* : 57,2 (service 5,5). Env. 25 milliards de $ ont été transférés à l'étranger par les Argentins de 1974 à 1985. **Déficit du secteur public** (en % du P.I.B.). *1983* : 15,6 ; *84* : 12 ; *85* (prév.) : 4,8.

● **Agriculture. Terres** (en milliers d'ha, 80) 276 689 dont arables 25 150, cultivées en permanence 10 050, pâturages 143 200, forêts 60 050, eaux 3 020, divers 35 219. **Régions agricoles.** Pampa axée sur les champs et l'élevage. Au besoin, le bétail consomme sur pied les céréales. Mouton apprécié pour sa laine, peu pour sa viande. Vaches « créoles » croisées avec des taureaux : Shorthorn, Hereford, Aberdeen Angus exp. surtout en G.-B. (le Charolais s'est heurté à des oppositions) ; Chaco l'aride, Santa Gertrudis : croisement de créole, de Shorthorn et de zébu de l'Inde. Élevage laitier ; pie noire hollandaise. *Est* : maïs, luzerne. *Ouest* : blé, sorgho-grain pour l'alimentation du bétail, lin (pour sa graine) en recul, tournesol et arachide. Estancias de plusieurs milliers ou dizaines de milliers d'ha (30 millions d'ha abandonnés à eux-mêmes). Agriculture très extensive. Rendement à l'ha faible mais productivité forte par personne employée. *Extrême-Nord-Est* : cultures tropicales (maté, coton). *Pied des Andes* : au N., canne à sucre (gagne, grâce à l'irrigation, vers l'O. du Chaco) ; au centre, ressources en eau de la montagne : agriculture « méditerranéenne » (vignoble de Mendoza et de San Juan, planté de cépages français) ; rendements très élevés ; oliviers, figuiers, pêchers (extension menacée par l'épuisement des réserves en eau) ; au S., pommiers et poiriers.

Superficie moy. des exploitations agr. : 270 ha (1970). Grands domaines (protégés par des clôtures de 7 fils de fer barbelés) jusqu'à 300 000 ha.

Production (millions de t, 83) canne à s. 15,8, blé 13 (84), maïs 9,5 (84), soja 6,3 (84) haricots 3, vin 2,8, p. de terre 2, graines de tournesol 1, orange 0,7, lin 0,6, coton 0,5, riz 0,4, thé 0,2, tabac.

● **Élevage** (millions de têtes, 83). Bovins 53,6 (*81* : 58,7 ; *82* : 53,7 ; *84* : 53,5), moutons 30, chèvres 5,1, porcs 5, poulets 4, chevaux 2,8, dindes 1,8, canards 1,3. *Régions. Extrême-Ouest* et *Est* (pays naisseurs). *Centre* : embouche dans la Pampa. *Sud* : moutons à viande ; *près de Buenos Aires* : élevage laitier. *Patagonie* : moutons à laine transhument l'été dans la montagne andine. Sous ce climat : toisons épaisses (6 kg de laine par animal). L'érosion dégrade le sol, les lapins font des ravages. Luzerne. Se développa avec l'invention du fil de fer pour clôtures et les procédés frigorifiques. Herbes et plantes européennes apparurent. *Production* (milliers de t, 82) : viande de bœuf et veau 2 578, mouton et agneau 113, porc 240, volaille 465. Lait 5 613. Laine 199. Peaux 323. **Balance agricole.** (83) + 4,4 milliards de $ (84) 333 500 t.

● **Énergie. Charbon** 514 900 t (82) (mauvaise qualité au S.). **Pétrole** (millions de t) *1980* : 28,4 ; *81* : 28,8 ; *82* : 24 ; *83* : 25 ; *84* : 24 (couvre 90 % des besoins, réserves : 309 millions de t). Gisements les + importants : Patagonie (le 1er découvert 1907 à Comodoro Rivadavia). En bordure de mer, ils permettront le transport maritime, mais hauts-fonds, tempêtes et envasement du Paraná n'autorisent que des pétroliers de petits tonnages. *Gaz naturel* 14 milliards de m^3 (84) (réserves 697 milliards de m^3). *Uranium* (126 t en 78, réserves 30 000 t). *Centrales nucléaires* : Atuch (1974) 344 MW ; Embalse (1981) 600 MW ; Córdoba (1982) 650 MW ; 4 c. prévues (1982-97), 2 c. 1998). *Potentiel hydraulique* considérable. *Électricité* : 41 milliards de kWh (84) dont hydroélectricité 18 (83), nucléaire 1,9 (83). Projet de barrage arg.-paraguayen, de Yacyreta sur le Paraná. **Mines diverses.** Fer, étain, acier, plomb.

● **Industrie.** *Alimentaire* (sucreries, minoteries, huileries, viandes). *Fer* : Patagonie (2,2 millions de t d'acier à Campana, San Nicolás et Ensenada). *Chimiques et mécan.* en progrès. *Ciment, autom., mach. agricoles. Textiles* : laine et coton.

● **Transports.** *Chemin de fer* : 34 400 km (en service). Rails et matériel à renouveler. 5 % des voies peuvent supporter des vitesses supérieures à 100 km/h. *Route* : 80 % du trafic des marchandises. *Flotte marchande* : insuffisante. *Pays souvent déséquilibré* au profit de Buenos Aires. Rio Gallegos, port d'expédition du charbon et du pétrole, reçoit sa nourriture de Buenos Aires distante de 2 650 km.

● **Tourisme.** *Zones principales* : Mésopotamie, chutes de l'Iguazú (275 chutes, 80 m de haut), Nord (Jujuy montagneux), Cuyo (au pied des Andes), Córdoba (montagnes), plages (dont Mar del Plata), Patagonie (plus de 1 000 lacs dont Nahuel, Huapi, Buenos Aires, Argentino, Viedma), Terre de Feu, réserve de Valdes. *Visiteurs* (83) : 950 000.

● **Commerce** (en millions de $ U.S., 83). *Exportations* 7 300 *dont* (82) prod. végétaux 2 611 (céréales 1 822), animaux vivants et prod. animaux 882, prod. alim. préparés 884, cuirs et peaux 364, papier 461 *vers* U.R.S.S. 1 586, Brésil 567, P.-Bas 603, Italie 289, U.S.A. 1 006, All. féd. 335. *Importations* 4 800 *dont* (82) mach. et équip. élect. 1 478, prod. minéraux 815, prod. chim. 920, équip. de transp. 329 *de* U.S.A. 1 160, Brésil 687, All. féd. 478, Japon 429, Italie 230.

Balance (milliards de $). **Des paiements** : *1983* : − 2,5 ; *84* : − 2,2 ; *85* : − 2,5. **Commerciale** : *1984* : + 3,5, *85* (prév.) ; + 3,5.

Rang dans le monde (83). 4e soja. 6e bovins, vin. 8e blé. 9e céréales, maïs, uranium. 10e ovins, thé. 13e canne à sucre, oranges. 19e pétrole.

ARUBA

V. légende p. 787

Situation. Amérique. 193 km^2. Longueur 30 km, largeur 10 km. **Population.** 65 000 h. (dont 2 300 Anglais, 840 Vénézuéliens). *Capitale* : *Oranjestad* 16 658 h. **Ressources** : de 1925 à mars 1984 : pétrole, tourisme. **Sites** : pont naturel d'Andicouri.

Statut. Acquis par les P.-Bas. *1983* (12-3) (accord de La Haye) : autonomie décidée. *1986* (1-1) Aut. effective. *1996* Indépendance prévue. *P.M.* : Henry Emon. *Gouverneur, représentant de la reine des P.-Bas* : F.B. Tromp. *Chambre* : 21 m., élus 22-11-85.

AUSTRALIE

Carte p. 812. V. légende p. 787.

Situation. 7 686 848 km^2 (dont Tasmanie 67 800 km^2) (14 fois la France). 1/20 du continent est à + de 600 m d'alt. **Côtes** 36 835 km (dont Tasmanie 3 200). **Longueur** (E.-O.) 4 000 km, (N.-S.) 3 180 km (3 680 avec Tasmanie). A 20 048 km de la G.-B. par Le Cap. **Relief** : constitué pour les 3/4 d'un plateau, alt. moy. 300 m (végétation : eucalyptus, acacias). Centre : dépression (du lac Eyre au golfe du Carpentarie) où est localisé le grand bassin artésien de l'Austr. (6 grands bassins artésiens, nappes d'eau souterraines sous 60 % du continent) ; à l'O. de cette dépression le plateau est couvert de latérite, grès, sable (Grand Désert de sable, désert Victoria) ; au S.-O. petite plaine. A l'E. du plateau, chaîne de hauts plateaux (dir. N.-S.) : Cordillère austr., parallèle à la côte or., alt. moy. 1 000 m. Au S.-E. (région de Melbourne) Alpes australes (sommets de 1 800 m, Mt Kosciusko 2 228 m). **Grande Barrière** (parallèle à l'est du Queensland), longueur 1 900 km, largeur 19 km (au N.) à 240 km (au S.). **Fleuves** : Murray 2 550 km (affluents Darling, Murrumbidgee, Lachlan) draine la dépression. Fleuves côtiers : courts, débit peu important sauf dans le N. tropical. **Climat** : tempéré 2/3, tropical 1/3 ; *été* (déc.-févr.), *automne* (mars-mai), *hiver* (juin-août), *printemps* (sept.-nov.). Dans le N. climat tropical : été (saison humide) pluies en janv., févr. et mars ; hiver (s. sèche). *Pluviosité* faible − de 250 mm sur 40 % du territoire, − de 500 mm sur 70 % (évaporation intense) ; Sydney 1 215 mm/an, Melbourne 659, Darwin 1 536, Brisbane 1 153. *Temp. moy.* en juill. : 24 °C au N., 10 °C au S. ; janv. : 20 °C au N., 18 °C au S.

Distances de Canberra (en km). Adélaïde 988, Brisbane 980, Darwin 3 260, Hobart 880, Melbourne 483, Perth 2 970, Sydney 248.

Faune. *Marsupiaux* : 50 % env. des 250 espèces de mammifères, 40 millions de kangourous. En l'absence de carnassiers, développement inconnu ailleurs. Ordre des macropodes [grands kangourous, osphranters (wallaroos), wallabies, rats-kangourous, dendrolagues]. Arboricoles (sauf le dendrolague), la plupart terrestres et herbivores. Koala : sorte d'ours marsupial. Depuis 1979, on peut abattre les kangourous et exporter la viande (quota 1986 2 600 000 têtes). *Oiseaux* : 651 espèces (60 de perroquets). Émeu et casoar (o. aptères) ne se trouvent qu'en A. *Autres variétés* : cygne noir, oiseau-lyre, merle bâtisseur de bosquets ou bowerbird, dindon sauvage, poule de Mallee.

Population. 15 543 000 h. (84) [*1850* : 400 000, *1900* : 3 700 000, *1920* : 5 400 000, *1939* : 6 900 000, *1961* : 10 548 267]. − *de 15 a.* : 27,2 %, + *de 60 a.* : 13 %. **Origine** (en % au 30-6-81). Australie 78,2, G.-B. et Irl. 7,8, divers 14, *aborigène* (australoïdes) *v. 1800* : 300 000, *1976* : 144 381 (dont 40 000 tribalisés), *2000* (prév.) : 300 000 ; 30 % sont en ville ; possèdent des droits sur plus de 600 000 km^2 (1/10 du pays). *Chinois* 36 638 ; *Îles du détroit de Torres* 16 531 ; *divers* 1 408 747. D. 2. 70,9 % des Austr. vivent dans les grandes villes.

Langue. Anglais.

Étrangers. *1966*, sur 11 550 462 h. 11 039 387 britanniques, dont 1 619 845 vivaient hors d'A., et 511 075 étrangers (dont 153 413 Ital., 106 677 Grecs, 77 955 Holl., 42 821 All., 38 253 Youg.). **Naturalisés.** *Du 1-1-1945 au 1-1-1970*, 647 951 (150 395 Ital., 74 704 Holl., 69 314 Pol., 68 074 Grecs, 50 003 All.,

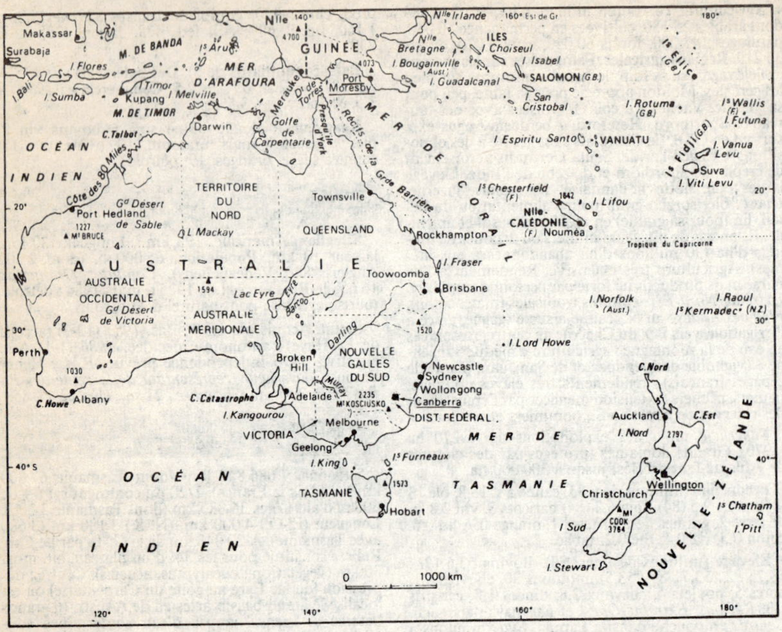

49 830 Youg., 31 490 Hongrois, 20 291 Ukrainiens, 2 656 Fr.). *En 1983*,88 825.

Immigration *nette :* 3 400 000 immigrants dep. 1945. *1954-61 :* 584 754, *61-66 :* 395 485, *66-71 :* 590 768, *71-76 :* 281 063, *76-81 :* 379 187, *81-82 :* 110 000, *83 :* 153 000. **Réfugiés :** *80-81 :* 21 000 Indochinois, *75-81 :* 52 000. Env. 1 h. sur 5 n'est pas né sur place (+ de 1 million de demandes par an).

Religions (1981, en %). Anglicans 26,1 (3 810 469 m.), catholiques 26 (3 786 505 m.), méthodistes 3,4, presbytériens 4,4, orthodoxes 2,9 (421 281 m.), luthériens 1,4 (199 760 m.), baptistes 1,3 (190 259 m.). Dep. 1976, méthodistes, congrégationalistes et la plupart des presbytériens forment l'Église unie d'Austr. (2 000 000 de m. en 79).

Histoire. *Vers* **40 000-36 000 av. J.-C.** établissement des Australoïdes (aborigènes) venant d'Asie (l'A. était alors sans doute reliée à la N.-Guinée). **IIe s. av. J.-C.** le mathématicien grec Ptolémée place un continent sur sa carte à l'endroit de l'A. **XVIe s.** l'existence d'une Terra Australis est soupçonnée en Europe. **1606** l'Esp. Luis de Torres franchit le premier le détroit qui porte son nom, puis viennent les Holl. : Willem Jansz (1606), Hendrik Brouwer (1611) (l'A. sera appelée Nouv.-Hollande jusque v. 1850), Dirk Hartog (1616) et Abel Tasman (1642) qui reconnaissent les côtes. **1688** l'Anglais William Dampier (1651-1715) débarque en A. occ. avec des boucaniers (pirates). **1770** James Cook prend possession de l'A. orientale, après avoir découvert les limites du continent (baptisé N.-Galles du S.). **1772** le Français Saint-Allouarn débarque et prend possession pour le roi, pas de colonisation. **1788** 1re colonie pénitentiaire à Port Jackson (Sydney) 117 forçats. **1826** arrivée de colons brit. **1848** 1re tentative de traversée du continent (est-ouest) : mort de l'explorateur L. Leichardt (n. 1813). **1851** découverte de mines d'or en N.-Galles du S. 1852 en Victoria. **1860** échec de la 1re traversée sud-nord : 3 explorateurs †, 1 survivant. **1901** Féd. du Commonwealth d'A. **1914-18** l'A. participe à la g. (60 000 †). **1927** Canberra devient capitale. **1942-43** attaque japonaise repoussée. **1972** *déc.* 1re victoire du P. travailliste aux élect. dep. 23 a. **1975**-*16-9* Papouasie indépendante *-11-11* dissolution du gouv. Whitlam et du Parlement. *-13-12* élections : victoire des conservateurs (P. libéral et P. national agraire), confirmée aux élections du 10-12-77, du 18-10-80 et de juill. 82. **1983** *févr.* dissolution de la Chambre. *-5-3* victoire travailliste. **1986**-*2-3* abolition des derniers liens juridiques avec la G.-B. *-27-3* 6 bombes : 22 bl. à Melbourne.

Statut. État fédéral. Membre du Commonwealth. *Chef de l'État* reine Elisabeth II. *Gouv. gén.* Sir Ninian Martin Stephen (n. 15-6-23) dep. 29-7-82, représentant la reine, chef de l'État et de l'exécutif. *Parlement fédéral* (Gouv. gén., Sénat, Ch. des représentants). *Sénat :* 76 m. élus au suffr. univ. pour 6 a., renouvelable par moitié tous les 3 a. (12 par État, 2 par terr.). *Chambre des représentants :* 148 m. élus au suffr. univ. pour 3 a. (représentation de ch. État en fonction de sa pop. ; min. 5 députés). *Él.* (1-12-84) : P. travailliste 82 s., P. libéral 45 s., P. national 21 s. *Majorité :* 18 a. sauf N.-Galles du S. **Fête nat.** 26 janv. (Australia Day : arrivée de la 1re flotte anglaise à Sydney en 1788).

Premiers ministres

1945-*13-7* Joseph Chifley (1885-1951). **49**-*19-12* Robert Menzies (n. 20-12-94). **66**-*26-1* Harold Holt (n. 5-8-08). **67**-*19-12* John McEwen (1900-80). **68**-*10-1* John Gorton (n. 9-9-11). **71**-*10-3* William McMahon (n. 23-2-08). **72**-*5-12* Gough Whitlam (n. 11-7-16). **75**-*11-11* John Malcolm Fraser (n. 29-5-30). **83**-*10-3* Robert James Lee, dit Bob Hawke (n. 1929), travailliste.

Partis. *Australian Labor Party :* travailliste (socialiste) fondé 1891, leader Bob Hawke (1er min.). *Liberal Party of Austr. :* libéral (conservateur) fondé 1944, leader John Howard. *Democratic Labor Party :* conservateur-catholique fondé 1956, leader J. Kane. *National Party of Australia :* agraire (conservateur) fondé 1916, leader Ian Sinclair (n. 1929). *Austr. Communist Party :* f. 1920. *Austr. Party :* libéral, f. 1969. *Socialist Party of Austr. :* f. 1971, leader Peter Symon. *Austr. Democrats :* f. 1977, leader Donald Chipp (n. 1925).

États et territoires

La *Fédération* comprend 6 États et 2 territoires métropolitains. Chaque État a un gouverneur (qui représente la reine), un gouvernement de 12 à 17 ministres. Un Parlement (compétence à l'intérieur des circonscriptions administr. et concurremment au P. fédéral pour l'impôt, recensements et statistiques) comprenant 2 assemblées : cons. législatif ou ch. haute (sauf le Queensland dep. 1922 et le Terr. du N.), ass. législative ou ch. basse.

● **États** [Superficie, population (1-7-83), capitales en italique, et villes principales]. Austr. occ. 2 525 500 km², 1 364 500 h., *Perth* 969 100 h. (avec Freemantle). Queensland 1 727 200 km², 2 471 600 h., *Brisbane* 1 138 000 h. Austr. méridionale 984 000 km², 1 341 500 h., *Adélaïde* 969 200 h. N.-Galles du Sud 801 600 km², 5 360 400 h., *Sydney* 3 332 600 h., Newcastle 414 300, Wollongong 234 800. Victoria 227 600 km², 4 037 600 h., *Melbourne* 2 864 600 h., Geelong 142 900. Tasmanie (île) 67 800 km², 432 600 h., *Hobart* 173 700 h.

● **Territoires intérieurs.** de la Cap. australienne 2 400 km², 236 600 h., *Canberra* 255 900 h. (agg.). du Nord 1 346 200 km², 133 900 h., *Darwin* 63 400 h.

● **Territoires extérieurs. Antarctide australienne.** 6 400 000 km², sous la tutelle de l'Austr. dep. 7-2-1933. Dépendant du min. des Sciences. Terres autres que T. Adélie situées s. 60° lat. S. entre 160° et 45° long. E. avec les îles *Heard* (258 km²), *McDonald*, *Macquarie* (175 km², 34 × 3 km), 25 h. (dépendant de la Tasmanie), et *Garden Cove*.

Île Christmas. A 2 623 km de Perth, 360 km au S. de Java, 417 km des Cocos. 135 km², 3 214 h. (83) dont 1 967 Chinois, 800 Malais, 341 Eur. D. 21. Terr. austr. dep. 1-10-58 (annexée en 1888, administrée par G.-B. dep. 1-1-58, avant rattachée à Singapour). Phosphates.

Îles Cocos (Keeling). 14 km², 555 h. (83). D. 45. Env. 100 Eur. A 3 685 km à l'O. de Darwin. 27 îlots de corail constituent 2 atolls distincts (le plus grand *West Island* 205 h., long. 10 km, largeur 400 m ; *Home Island* 350 h.). *Histoire : 1609* découvertes par William Keeling. *1826* John Clunies Ross s'établit et fait planter des cocotiers. *1857* possession brit. *1888* concession à perpétuité donnée aux descendants de Ross. *1955* sous la souveraineté austr. *1978* l'Austr. achète les îles 26 milliards de F aux Clunies-Ross.

Île Lord Howe. A 702 km au N.-E. de Sydney. 244 h. (76), volcanique. Adm. par l'État de N.-Galles du S. *Alt. max.* Mt Gower 852 m. Découverte en 1788. Tourisme.

Île Norfolk. A 1 900 km au N.-E. de Sydney. 34 km². 2 175 h. (81) (beaucoup h. issus des 193 descendants des mutinés du Bounty transférés de l'île Pitcairn en 1856). D. 55. Siège d'un pénitencier 1788-1813 et 1826-55. Rattachée à l'Austr. en 1914. *1978* autonomie partielle. *Ville : Kingston.* Semences, fruits, légumes, café, tourisme. Timbres-poste.

Îles de la mer de Corail. 5 km². 3 h. *Chef-lieu : Willis Island* (station météo). Administrées dep. l'île de Norfolk.

Îles Ashmore et Cartier. 3 km² ; inhabitées. Mer de Timor ; administrées par le Territoire du Nord.

Îles Heard et McDonald. 409 km². Inhabitées. Près de l'Antarctique. Administr. austr. dep. 1947.

Économie

P.N.B. Total (milliards de $) *1982 :* 169, *83 :* 166,3. *84 :* 172,5. Par hab. ($) 11 140, *83 :* 10 780, *84 :* 11 080. **Pop. active** (en % et entre parenthèses part du P.N.B. en %) agr. 6,5 (6), ind. 18,5 (27), services 64,9 (59). *Chômage* (en %) : *83 févr. :* 10,7 ; *84 sept. :* 8,8, *85 mai :* 8,4. *Salaire moyen :* 8 000 F/mois (83).

Agriculture. 174 000 propriétés (arides 40 %, élevage et agr. 60 %, 6 % cultivées). *Cultures* mécanisées, grandes surfaces, faible rendement (1 028 kg/ha). *Production :* céréales (28 200 000 t en 84, 12 760 000 t en 82-83, 8 900 000 t en 81-82, car sécheresse), dont blé 50 % (11 176 000 ha semés en 80-81 : récolte 16 360 000 t en 81-82, 8 876 000 en 82-83, 22 064 000 en 83-84 : N.-Galles du S., Victoria), riz (rendement 6,28 t/ha, 632 000 t en 83-84), canne à sucre 24 135 000 t en 83-84 (Queensland). Vigne (1980), 456 000 000 litres venant de 865 282 t de raisin, dans le S. (Barossa Valley). Fruits [pommes (Tasmanie, 267 000 t en 83-84), poires (122 000 t en 83-84), oranges (N.-Galles du S., bassin de Murray et Murrumbidgee 392 000 t en 83-84), bananes (146 000 t en 83-84), ananas 115 000 t en 83-84]. Légumes (dont p. de t. 1 020 000 t en 83-84), coton (Queensland 98 902 t en 80-81).

Forêt (1984). 40 841 000 ha (11 688 000 ha de forêts d'État) dont (en %) eucalyptus 68,7, eucalyptus tropical 15,2, cyprès 10,2, forêt pluviale 4,4, plantation 1,5 (Tasmanie, Cordillère, rég. côtières), 500 variétés d'eucalyptus.

Élevage (milliers de têtes, 84). Moutons et agneaux 140 649, bovins et veaux 22 168, porcs 2 435, chevaux 449 (83). L'A. est le 1er prod. et exportateur de laine (25 % de la prod. mondiale, 728 100 t en 83-84). Viande. **Pêche.** 161 000 t (82).

Énergie (millions de t, 84). *Charbon* 120 et *lignite* 32 (réserves : 249 et 122 milliards de t). *Pétrole* 23 (67 % de la consommation), réserves 322 (83). *Gaz naturel* (83) (milliards de m³) réserves 908, production 11,3.

Mines (millions de t, 82-83). *Fer* (Austr. occ.) 81, *bauxite* 25 (30 % des rés. mondiales), *nickel* 0,08, *uranium* (299 000 t de réserves), *plomb* 0,45, *zinc* 0,62, *argent* 887 569 kg, *cuivre* 0,26, *tantale, étain, zircon* 0,3, *diamant* (prév. 85) 20 à 25 millions de carats, *or* (en t.) *1903 :* 119, *80 :* 17, *83 :* 31, *84 :* 39, *85 :* 57.

Industrie. Sidérurgie, constr. auto., aéronautique, méc., métallurgie, raff. de pétrole, chimie, électronique. Développement ind. faible par rapport aux possibilités des mines.

Transports. *Chemin de fer :* en 1983, uniformisation des écartements en cours. *Routes :* 817 000 km. **Tourisme** (83) 943 900 vis.

Commerce (en milliards de $ A, 83-84). *Exportations :* 24,8 *dont* mat. 1res sauf fuel 6,8, prod. alim. 6,1, fuel et lubrifiants 5,2, prod. man. de base 2,5, mach. et équip. de transp. 1,3 ; *vers* Japon 6,5, U.S.A. 2,7, Nlle-Zélande 1,4, G.-B. 1,1, Corée 0,9, Taïwan 0,7, Chine 0,6, *France 0,48*, U.R.S.S. 0,58,. *Importations :* 24,8 *dont* mach. et équip. de transp. 9,3, prod. man. de base 3,9, prod. man. divers 3,1, fuel et lubrifiants 2,2, prod. chim. 2,1 ; *de* Japon 5,3, U.S.A. 5,1, G.-B. 1,7, All. féd. 1,3, Arabie S. 0,67, N.-Zélande 0,92, Taïwan 0,85, Italie 0,74.

Budget (83-84, millions $ A). *Dépenses* 61,4, *recettes* 62,2. *Dette extérieure brute* (84) env. 50 milliards de $ (23 % du P.I.B.). **Inflation** (%) *80-81 :* 9,4 ; *81-82 :* 12 ; *82-83 :* 10 ; *83-84 :* 6 ; *85 :* 7.

Rang dans le monde (83). 2e ovins, 3e fer, 6e argent. 7e uranium, or, blé. 8e charbon, céréales. 9e lignite, orge. 10e cuivre. 12e bovins. 17e vin. 19e oranges, 21e pétrole.

AUTRICHE

V. légende p. 787.

Situation. Europe. 83 850 km². Montagneux à 70 %. Plaines et collines au N. (vallée du Danube) et à l'E. (Burgenland). *Frontières :* 2 637 km dont All. féd. 801, Tchécoslovaquie 568, Hongrie 346, Yougoslavie 311, Italie 430, Suisse 162, Liechtenstein 36. *5 divisions régionales :* Alpes orientales (6/10 du territoire) ; Préalpes, Précarpathes ; bordure de la plaine pannonienne ; hauts plateaux du massif de Bohême (qui couvrent chacun env. 1/10 du territoire) ; bassin de Vienne (1/20 du territoire). Le Danube traverse l'Autr. sur 350 km. *Alt. max. :* Grossglockner 3 797 m. **Climat :** modéré-continental ; O. et zones montagneuses cl. alpin (temp. janv. − 2,7 °C ; juill. 18 °C ; pluies 1 359 mm), Est cl. pannonien (temp. janv. − 0,9 °C ; juill. 19,5 °C ; peu de pluies 680 mm).

Bundesländer (italique : capitales)	Sup. km²	Pop. *(1984, en milliers)*
Basse-Autr. [1]*(Vienne)*	19 172	1 422
Burgenland *(Eisenstadt)*	3 965	268 [2]
Carinthie *(Klagenfurt)*	9 533	539 [3]
Haute-Autr. [4] *(Linz)*	11 978	1 280
Salzbourg *(Salzbourg)*	7 154	453
Styrie *(Graz)*	16 387	1 183
Tyrol *(Innsbruck)*	12 647	598
Vienne *(Vienne)*	415	1 502
Vorarlberg *(Bregen)*	2 601	308

Nota. — (1) Niederösterreich. (2) Dont Croates 2 987, Magyars 1 601. (3) Slovènes 5 343. (4) Oberösterreich.

Population. *1981 :* 7 555 338 h., *84 :* 7 600 000 h. [*1800 :* 9 000 000 ; *1856 :* 17 500 000 + Hongrie 13 200 000 ; *1900 :* 26 100 000 + 20 800 000 ; *1934 :* 6 760 233]. — *de 15 a.* 22,8 %, + *de 60 a.* 20,2 %. D. 90,2. **Villes** *(81) : Vienne* 1 531 346 (*1754 :* 175 400 ; *1910 :* 2 083 630 ; *1920 :* 1 841 326), Graz 243 166 (à 197 km), Linz 199 910 (à 178 km), Salzbourg 139 426 (à 290 km), Innsbruck 117 287 (à 471 km), Klagenfurt 87 321 (à 297 km), Dornbirn 38 641, Bregenz 24 561 (à 675 km). **Immigration** 300 000. *Réfugiés de l'Est* (arrivés) : *1981 :* 34 557, *82 :* 6 314, *1983 :* 5 868, *1984 :* 7 208. Au 1-1-1986 : 5 040 réfugiés à la charge de l'État (1 848 dans des camps, 2 638 dans des hôtels et pensions). **Emigration** 300 000 (3 483 en 85) surtout en All. féd., Suisse, Italie).

Langues. Allemand 99 %, slovène, croate, tchèque, hongrois 1 %. **Religions** (en %). Catholiques 84,3, luthériens 5,6, sans religion 6, autres églises 3, islamiques 1, israélites env. 70 000.

Histoire. Région de peuplement celtique ancien, romanisée au *Ir s. apr. J.-C.* (Norique). **IVe s.** dépend du diocèse d'Illyrie. **V[e]-VIIe s.** invasion des Alamans à l'O. puis des Avars à l'E. **811** marche créée par Charlemagne après victoire sur Avars. **976** marche de l'Est sous domination des Babenberg. **1156** duché héréditaire. Acquisitions Styrie **1192**, Carniole **XIIe s.**, Bohême **1254-73. 1276** un Habsbourg prend le pouvoir après la bataille de *Marchfeld* où Otokar de

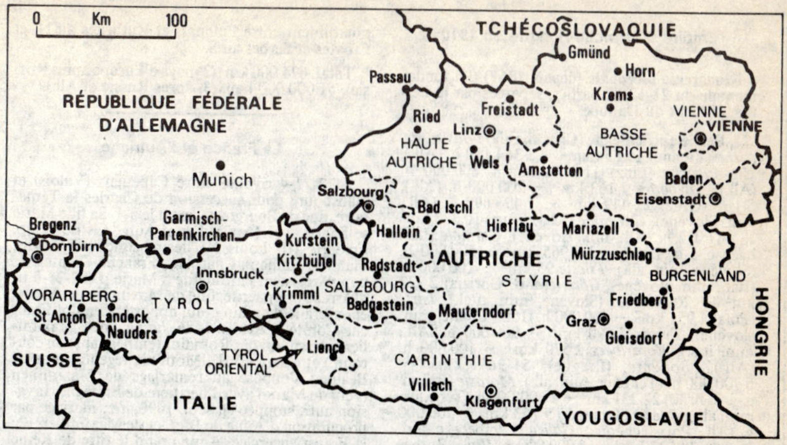

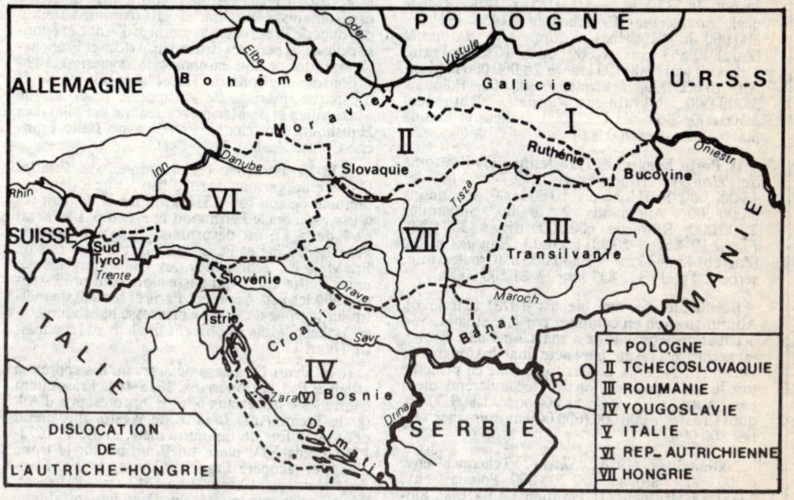

Bohême est tué. **1529** Turcs assiègent Vienne, repoussés. **1618-48** participe à la g. de Trente Ans : *Montagne Blanche* (1620), Ferdinand d'Autr. bat roi de Bohême, *tr. de Westphalie* (1648) : l'A. perd Alsace. **1683** 2e siège de Vienne par Turcs, repoussés à Kahlenberg. **1699** *tr. de Karlowitz :* acquisition de la Transylvanie.

Metternich, Clément, P[ce] de (1773-1859). Fils de diplomate, études à Strasbourg (université germanophone, mais ville de garnison francophone), acquiert une culture raffinée. *1794* diplomate. *1801-03* min. d'A. à Dresde. *1803-06* min. d'A. à Berlin. *1806* ambassadeur à Paris, adversaire de la révolution, décidé à abattre Napoléon. *1809* min. des Aff. étr. après la défaite de Wagram et paix de Vienne, s'allie provisoirement à Nap. *1810* négocie mariage de Nap. et Marie-Louise. *1812* envoie un corps de troupes contre la Russie. *1813* (9-9) signe la convention de Tœplitz, avec les coalisés austro-prussiens. *1814-15* évite un affaiblissement trop grand de la Fr., et met au point la Ste-Alliance pour extirper la révolution en Europe. La France des Bourbons en fait partie. *1821* chancelier, organise le Congrès de Vérone (1823), qui charge la Fr. de briser la révolution libérale espagnole. *1827* contré par Fr., Angl. et Russie, doit laisser la Turquie accorder l'indép. aux Grecs. *1830* ne peut empêcher la Fr. de rejoindre le camp libéral (Angl.). *1848* renversé par la révol. viennoise, exilé. *1851* revient à Vienne, se retire de la pol. Son fils *Richard* (1829-95), P[ce] de M. en 1859, amb. à Paris de 1859 à 70, aida l'imp. Eugénie à s'enfuir le 4-9-70. Sa femme, Pauline (1836-1921), était une des femmes en vue de l'époque. Il fût classé 1er à la « dictée de Mérimée », avec 3 fautes.

1713 *Pragmatique Sanction :* Charles VI déclare ses possessions indivisibles et en proclame héritière sa fille Marie-Thérèse. **1714** *tr. de Rastatt* après la g. de Succession d'Esp. (1700-14) : l'A. renonce à l'Alsace, reçoit Milan, Naples, Sardaigne, côte de Toscane et P.-Bas esp. **1718** échange Sardaigne contre Sicile avec duc de Savoie. **1733** vaincue durant la g. de Succession de Pologne, cède Naples, Sicile, Toscane, reçoit Parme et Plaisance. **1736** Marie-Thérèse épouse François de Lorraine. **1739** *tr. de Belgrade,* perd Bosnie, Serbie, Valachie. **1740-48** *g. de Succession d'Autr.,* M.-Th. défend ses possessions contre Prusse, alliée à France, Saxe, Bavière, Sardaigne, Espagne. **1741** Charles VII de Bavière élu empereur. **1745** François élu emp. (mort de Charles VII). **1748** *tr. d'Aix-la-Chapelle :* l'A. perd Silésie, Parme, Plaisance et Guastalla. **1756** *g. de 7 ans,* l'A. tente de reprendre Silésie à Frédéric II de Prusse, avec aide de la Fr. **1763**-*15-2 tr. d'Hubertsbourg :* vaincue, la perd définitivement. **1772** reçoit Galicie au 1er partage de la Pologne (confirmation au 3e part. 1795). **1776** prend Bukovine aux Turcs. **1792-1815** participe aux g. de la Révolution et de l'Empire.

1809 vaincue, s'allie à Napoléon (qui le 1-4-1810 ép. l'archiduchesse Marie-Louise). **1813** se retourne contre Nap. **1814-15** récupère ou reçoit Illyrie, Dalmatie, Lombardie-Vénétie. L'emp. est Pt de la Confédération germanique et, avec *Metternich* (1773-1859 ; chancelier depuis 1821), s'efforce, par la Ste-Alliance, de faire respecter les tr. de 1815. **1848** soulèvements dans l'Empire ; l'A. bat Sardaigne à *Novare.* **1859** l'A. attaquée par Fr. et Piémont, battue à *Solférino* (24-6) et *Magenta* (4-6), cède Lombardie à la Fr. (alliée au Piémont) qui l'échange avec Piémont contre Nice et Savoie. **1866**-*3-7* battue par Prusse à *Sadowa* (au cours d'une g. provoquée par Bismarck, à propos de l'administration des duchés danois, Schleswig, Lauenbourg et Holstein), exclue de la Conf. germani-

Empire d'Autriche-Hongrie en 1910

Monarchie bicéphale (depuis 1867) (loi fondamentale du 21-12), 2 parties, séparées par la Leitha, affluent du Danube.

I. Partie autrichienne (Cisleithanie) : *Basse-Autriche* (Vienne) 19 854 km² – 3 364 110 h. (All.), *Hte-Autriche* (Linz) 11 994 km² – 800 000 h. (All.), *Salzbourg* 7 163 km² – 200 000 h. (All.), *Styrie* (Graz) 22 449 km² – 1 494 699 h. (All., min. Slovène), *Carinthie* (Klagenfurt) 10 333 km² – 487 072 h. (All., min. slovène), *Carniole* (Laibach c.-à-d. Ljubljana) 9 965 km² – 500 000 h. (Slovène, min. all.), *Trieste* 95 km² – 100 000 h. (Ital., min. slovène), *Görz* (c.-à-d. Gorizia) 2 927 km² – 200 000 h. (Slovène, min., ital.), *Istrie* (Pola) 4 951 km² – 400 000 h. (Ital., Croate, min. slovène), *Tyrol* 26 690 km² – 900 000 h. (All., min. ital.), *Vorarlberg* 2 570 km² – 100 000 h. (All.), *Bohême* (Prague) 51 967 km² – 6 700 000 h. (Tchèque, min. all.), *Moravie* (Brünn, c.-à-d. Brno) 22 231 km² – 2 600 000 h. (Tchèque, min. all.), *Silésie* (Troppau) 5 153 km² – 700 000 h. (All., Pol., Tchèque), *Galice* (Lemberg, c.-à-d. Lwow) 78 532 km² – 8 000 000 h. (Pol., Ruthènes), *Boukowine* (Czernowitz) 10 456 km² – 800 000 h. (Ruthènes, Roum. All.), *Dalmatie* (Zara) 12 863 km² – 600 000 h. (Croates, min. serbes). **Total :** 300 193 km² – 28 000 000 h. [dont All. 10 000 000, Tchèques 6 300 000, Polonais 5 000 000, Ukrainiens (appelés Ruthènes) 3 500 000, Slovènes 1 300 000, Italiens et Ladins 800 000, Croates 700 000].

II. Partie hongroise (Transleithanie) : *Royaume de Hongrie* (Buda-Pest) 279 749 km² – 18 000 000 h. (Hongrois 10 000 000, Roumains 3 000 000, Allemands 2 500 000, Slovaques 2 100 000, Ruthènes 600 000, divers 300 000), *Fiume* 19 km² – 20 981 h. (Ital.) ; *Roy. de Croatie* (Zagreb) 43 444 km² – 2 800 000 h. (Croates, min. serbes). **Total :** 322 853 km² – 21 500 000 h.

Bosnie-Herzégovine (depuis 1878) (Sarajevo). Administration en commun par l'A. et la H. Son occupation « provisoire » mais sans date limite, est accordée à l'Autr. par l'acte final du Congrès de Berlin (13-7-1878). Le territoire reste en principe turc jusqu'à son annexion décidée unilatéralement par l'Autr., 8-10-1908 ; 51 100 km², 1 800 000 h. dont Croates 1 000 000 (600 000 musulmans), serbes 800 000.

Nationalités (1914). *Slaves :* Tchèques env. 6 300 000 et Slovaques 2 200 000, Polonais env. 5 000 000, Ruthènes (Ukrainiens) 4 100 000, Slovènes 1 300 000, Serbes 1 500 000, Croates 3 100 000 (dont 1 000 000 en Croatie), Bulgares 30 000 ; *Allemands :* 12 500 000 ; *Hongrois :* 10 000 000 ; *Juifs :* 1 646 000 ; *Latins :* Italiens et Ladins 725 000, Roumains 3 300 000 ; *Albanais :* 3 000 ; *Grecs :* 3 400 ; *Tsiganes :* 151 000 ; *Arméniens :* 15 000. Les Slaves sont les plus nombreux : ils sont divisés en 2 groupes : Slaves du Nord et Slaves du Sud, sans lien géographique. Il existe entre certains un antagonisme assez violent, notamment entre Polonais et Ruthènes au N. et Croates et Serbes au S.

Total. 674 000 km² (2e pays d'Europe après Russie), 51 000 000 hab. (3e après Russie et All.).

La France et l'Autriche

1477-*21-4* rivalité entre Capétiens (Valois) et Habsbourg pour succession de Charles le Téméraire, duc de Bourgogne, mort le 5-1. Sa fille Marie se fiance avec Maximilien d'Autr., fils de l'emp. Frédéric III. Louis XI désire conquérir Artois, Flandre, Hainaut, Charolais, Franche-Comté : les popul. résistent par fidélité à Marie. **1482**-21-9 tr. d'Arras : Marguerite, fille de Maximilien et Marie, épousera le dauphin et lui apportera en dot Franche-Comté et Artois. **1486**, *juin* g. entre Maximilien devenu roi des Romains (emp. avant son couronn.) et Charles VIII. Motif : la régente Anne de Beaujeu s'oppose au remariage de Maximilien (veuf de Marie) avec l'héritière de Bretagne. Invasion autr. stoppée en sept. **1490**, *déc.* mariage par procuration d'Anne de Bret. et de Maximilien Ier ; la Fr. est encerclée. Anne prend le titre de Reine des Romains. **1491** Charles VIII (comme suzerain des ducs de Bret.) casse le mariage d'Anne et épouse celle-ci. Il perd ses droits sur Artois et Franche-Comté (dot de son ex-épouse, Marguerite). **1496** fusion des maisons de Habsbourg-Bourgogne et d'Espagne (mariage de Philippe le Beau, fils de Maximilien et de Marie avec Jeanne la Folle). Les Habsbourg encerclent la Fr. (Espagne, Italie, Franche-Comté, Alsace, Pays-Bas).

1525-26 François Ier prisonnier de Charles Quint, emp. german. et roi d'Esp., évite le démembrement de son roy. **1556** Philippe II devient roi d'Esp., son oncle Ferdinand Ier est emp. L'ennemi n° 1 de la Fr. est désormais l'Esp., qui possède Franche-Comté et Pays-Bas, objectifs des rois de Fr. Mais les 2 branches des Habsbourg restent unies contre la Fr., qui passe alors pour protestante. **1590** les Esp. occupent Paris et tentent de mettre sur le trône de Fr. une princesse habsbourgeoise, Isabelle. Mais ils doivent finalement reconnaître Henri IV.

1610 Henri IV assassiné alors qu'il s'apprête à attaquer Esp. et Impériaux. **1618-48** la Fr. soutient contre les « Impériaux » les P[ces] protestants d'All. (g. de Trente Ans) *1648* tr. de Westphalie, prend pour la 1re fois un fief autrichien : l'Alsace. **1672-1713** Louis XIV place un Bourbon sur le trône d'Esp. et récupère Franche-Comté, Artois, Flandre, Hainaut, Cambrésis. **1713** tr. d'Utrecht, l'Angl. exige que le reste des Pays-Bas soit donné aux Habsbourg d'A. L'Autr. bloque donc la politique du « pré carré ».

1736 François de Lorraine ép. Marie-Thérèse, héritière des couronnes d'A., de Hongrie et de Bohême qui, en 1740, succède à son père l'Empereur Charles VI. **1738** à la fin de la g. de succession de Pologne, François cède le duché de Lorraine à Stanislas Leszczyński et reçoit le Gd duché de Toscane (acquisition à la mort du dernier Medicis en 1737). La Fr. renonce à conquérir P.-Bas. **1756** *1re alliance franco-autr.* (après 279 ans d'hostilité) conclue par Bernis à Jouy-en-Josas le 1-5, *« renversement des alliances ».* Raisons : 1° pour reconquérir la Silésie enlevée par Frédéric II en 1741, l'A. a besoin d'un allié. 2° l'ennemi n° 1 de la Fr. est alors l'Angl. (rivalité coloniale). **1774** le dauphin, futur Louis XVI, épouse Marie-Antoinette d'A., mais le peuple fr., anti-habsbourgeois, déteste sa future reine. Les « Patriotes » restent opposés à l'abandon des P.-Bas (préférant le « pré carré » aux conquêtes coloniales). **1792** les « Patriotes » au pouvoir déclarent la g. à l'A. et envahissent les P.-Bas. L'A. sera de toutes les g. antirévolutionnaires jusqu'en 1809 (tr. de Vienne).

1809-13 Metternich, décidé à abattre Napoléon, choisit provisoirement de revenir à la politique de Bernis. Napoléon (dont l'ennemi n° 1 est alors la Russie) accepte et épouse en 1810 la petite-nièce de Marie-Antoinette, Marie-Louise. Il pense avoir réalisé la politique du « pré carré » (annexion de la rive g. du Rhin). **1813** Metternich renverse les alliances : 2 armées autr. envahissent la Fr. **1815** congrès de Vienne. Metternich et les Angl. soutiennent la Fr. contre Prusse et Russie. Entente franco-autr. jusqu'en 1856. **1856** Napoléon III, lié au carbonarisme italien, déclare la g. à l'A. pour lui enlever la plaine du Pô. Mais, pour sauver l'entente franco-autr., renonce à conquérir la Vénétie. **1866** Nap. III, trompé par Bismarck, laisse la Prusse écraser l'A. à Sadowa. Son min. des Aff. étr. pro-autr., Edouard Drouyn de Lhuys (1805-81), est disgracié. **1870-71** l'A., par ressentiment, laisse la Prusse écraser la Fr. L'empereur François-Joseph veut conserver ses territoires de nationalités différentes et redoutant la doctrine fr. des « nationalités » choisit l'alliance prussienne (Duplice 1882). **1881-1914** la Fr. considère l'A. comme un adversaire : 1° opposition des anticléricaux fr. à la politique catholique de Vienne ; 2° opposition du « principe des nationalités » à l'expansion germanique dans le S.-E. européen ; 3° alliance fr.-russe (dirigée contre l'All.), amenant les Fr. à prendre parti contre l'A. dans le S.-E. européen (où elle gêne la Russie). **1914** l'A. déclenche la g., à la suite de l'assassinat de l'archiduc François-Ferdinand. La Fr., espérant la détacher de l'All., ne lui déclare la g. qu'en 1915. **1917** Caillaux tente de détacher l'empereur Charles Ier de l'alliance all. Il est écarté (puis emprisonné) par les radicaux Ribot et Clemenceau.

1918-20 Clemenceau pousse au démantèlement de l'Empire en 7 pays (Pologne, Tchéc., Roum., Hong., Autr., Ital., Youg.). Raisons : le « principe des nationalités » (pourtant tous les États successeurs de l'A. sont de nouveau des pays multinationaux, à l'exception de l'A. et de la Hong.), volonté de détruire une puissance catholique. **1920-36** la Fr. soutient mollement l'A. ; les A. gardent rancune aux Français des tr. de 1919-20. **1938** acceptent l'« Anschluss ». **1944-45** la Fr. occupe une partie de l'A., et déclare celle-ci « pays ami », dans l'espoir de la détacher du bloc all. **1955** l'A. neutre ; les relations fr.-autr. perdent tout caractère passionnel.

que perd Vénétie, cédée au Piémont, allié des Prussiens. **1866** régime dualiste : A. *(Cisleithanie)* et Hongrie *(Transleithanie).* **1878** *tr. de Berlin :* l'A. occupe Bosnie-Herzégovine. **1889** Triplice : Autr.-Allem.-It. *-30-1* à *Mayerling,* l'arch. héritier Rodolphe (n. 1858) se suicide (Voir p. 815). **1897** fondation de Secession, association d'artistes pour abolir les frontières entre l'art et les arts appliqués.

1914-*28-6* archiduc François-Ferdinand (n. 1863), héritier et sa femme [épouse morganatique, Ctesse Sophie Chotek (n. 1868) faite P[cesse] de Hohenberg] assassinés à Sarajevo. *-28-7* l'A. déclare g. à la Serbie.

1918-*12-11* Rép. Parti social-démocrate au pouvoir. **1919**-*10-9 tr. de St-Germain-en-Laye* démembre l'A. (l'art. 88 interdit la réunion de l'A. à l'All., souhaitée par la population et votée par le parlement autr. en nov. 1918). **1920**-*1-10* constitution du 10-6 à 1938, les chrétiens sociaux ont la majorité au Parlement. Dep. 1920, les 2 partis ont une milice armée : les sociaux-démocrates, le Republikanischer Schutzbund (Association de défense républicaine, 62 000 membres en 1932) ; les chrétiens-sociaux, les Heimwehren (Défense de la patrie, 23 000 m). *-9-12* Hainisch, Pt de la Rép. **1931**-*11-5* faillite de la Credit-anstalt (banque). *-13-9* putsch manqué de la Heimwehr. **1932**-*20-5* gouv. Dollfuss social-chrétien instaure un régime autoritaire. Dollfuss nomme le chef de la Heimwehr de Vienne, Emil Fey, comme secrétaire d'État à la Sécurité publique. *-17-10* Fey interdit tout défilé sur la voie publique au Schutzbund, aux communistes et aux nat.-socialistes. **1933**-*4-3* Parlement dissous. *-30-2* Schutzbund dissous. *-30-5* Parti com. dissous. *-20-6* Parti nat.-socialiste dissous. *-7-7* création d'un corps de volontaires de 35 000 h. Devant le renforcement de la droite, les dirigeants du P. social-démocrate décident de passer à l'épreuve de force. **1934**-*24-1* Dollfuss cherche à prévenir la g. civile : perquisitions dans les locaux du Parti social-démocrate et dans les appartements privés. Env. 200 membres du Parti social-dém. arrêtés ; armes saisies. *-12-2* combats entre le Schutzbund et la police à Vienne, Linz et Steyr. Insurrection jusqu'au 16-2. *Pertes* Schutzbund : 118 † et 279 bl. ; selon le journaliste britann. George Eric Rowe : 1 500 à 2 000 †, et 5 000 bl., forces gouvernementales : 47 † et 152 bl. ; civils 109 † et 259 bl. Les rescapés de la social-dém. se réfugient à l'étranger (Tchéc.). *-25-7* Dollfuss assassiné, putsch avorté des nazis. *-2-10* congrès du Parti national-socialiste autrichien à Vienne ; agressions par nazis contre des israélites qui célèbrent le Nouvel An juif. **1938**-*12-2* accord de Berchtesgaden entre Hitler et le chancelier Schuschnigg : amnistie des nazis ; ministres nazis entrés au gouv. dont Arthur Seyss-Inquart (Intérieur et Police). *-12-3* invasion all. pour empêcher le référendum projeté par Schuschnigg. *-13-3* proclamation de l'*Anschluss* (« annexion »). *-10-4* plébiscite contrôlé par la Gestapo : 99 % pour l'union avec l'All. **1945**-*13-4* les Russes occupent Vienne ; division en zones d'occupation. *-27-4* gouv. provisoire de Karl Renner, Rép. rétablie. *-25-11* élect. (OeVP et SPOe, 94 % des voix ; communistes 5 %). *-20-12* après élection gén., gouv. reconnu par les occupants. **1955**-*15-5 tr. de Vienne* rétablissant souveraineté intégrale de l'A. *Points essentiels :* interdiction de toute union politique ou écon. avec Allemagne ; reconnaissance des droits de l'homme, des droits des minorités slovènes et croates, des institutions démocratiques ; dissolution de toutes les organisations nationales-socialistes et fascistes ; maintien de la loi de 1919 relative à la maison de Habsbourg-Lorraine. Seuls les Habsbourg, qui ont renoncé à leurs prérogatives et dont la déclaration de renoncement a été acceptée par le Gouvernement fédéral et par la commission principale du Conseil National, ont le droit de séjourner en All. L'U.R.S.S. restitue les entreprises qu'elle administrait. En échange, l'A.

payera une indemnité jusqu'à fin 1963. *-25-10* fin de l'occupation (évacuation de 56 000 Russes, 15 000 Amér., 2 800 Britann., 540 Fr.). *-26-10* Ass. nat. vote à l'unanimité la neutralité permanente. *-15-12* entrée à l'O.N.U. **1972**-*22-7* tr. de libre-échange avec C.E.E. **1975**-*22-10* assassinat de l'amb. de Turquie (par des Arméniens ?). *-21-12* prise en otage au siège de l'O.P.E.P. (à Vienne) de ministres de l'énergie et de 70 personnes par 6 terroristes (dont « Carlos ») ; 2 † ; libération des derniers otages en Libye le 23-12. **1981**-*29-8* attentat à la synagogue de Vienne (2 †, 18 bl.) par 2 Palestiniens. **1984**-*20-6* Oczen Erdogan, attaché commercial turc à Vienne, tué ; attentat revendiqué par l'Armée révolutionnaire arménienne. *-29-12* report des travaux du barrage de Hainburg (pris sur dernière grande forêt naturelle d'Europe). **1985** scandale des vins additionnés de diéthylène glycol (antigel) (*au 15-8 :* 803 vins frelatés découverts). **1986**-*mai* élections. Voir Index.

Statut. Rép. féd. neutre. *Const.* 1920, modif. 1929. *Conseil fédéral* ou *Bundesrat* élu pour 5 ou 6 ans par les diètes provinciales : 63 m. (S.P.O. 30 s., O.V.P. 33 s. au 1-1-84). *Conseil national* ou *Nationalrat* 183 m. élus au suffr. univ. direct pour 4 a. ; *Pt* élu au suffr. univ. p. 6 a., désigne *chancelier* et son cabinet qui sont responsables devant le Conseil nat. 9 *Bundesländer* ayant chacun une diète. Voir p. 813. **Fête nat. :** 26 oct. (vote en 1955 de la neutralité permanente).

Partis. *Sozialistische Partei Oesterreich's (SPOe),* fondé en 1889, rétabli en 1945 (720 000 m.), Pt : Fred Sinowatz. *Oesterreichische Volkspartei (OeVP)* (populiste), fondé en 1945 ; leaders : Alois Mock, Michael Graff (800 000 m.). *Freiheitliche Partei Oesterreich's (FPO),* fondé en 1955 (40 000 m.) ; leader : Norbert Steger. *Parti communiste (KPOe),* fondé en 1918 ; leader : Franz Muhri ; n'est plus représenté à l'Ass. nat. dep. 1959.

Chefs d'État

Dynastie des Babenberg. *Margraves d'Autriche.* **976** LÉOPOLD Ier l'Illustre († 994). **994** HENRI Ier († 1018), s. f. **1018** ADALBERT († 1055), s. fr. **1055** ERNEST († 1075), s. f. **1075** LÉOPOLD II le Beau († 1095), s. f. **1095** LÉOPOLD III le Pieux (saint), s. f. **1136** LÉOPOLD IV (1108-1141), s. f. **1141** HENRI II JASOMIRGOTT (1112-77), s. fr.

Ducs d'Autriche. **1156** HENRI II JASOMIRGOTT. **1177** LÉOPOLD V (1157-94), s. f. **1194** FRÉDÉRIC Ier (1175-98), s. f. **1198** LÉOPOLD VI le Glorieux (v. 1176-1238), s. fr. **1230** FRÉDÉRIC II le Batailleur (1210-46), chassé 1237, restauré 1246, s. f. **1246-51** INTERRÈGNE.

Dynastie des Premysl. 1251 OTTOKAR II (1230-78), roi de Bohême. Désigné par les États comme successeur de Frédéric II, sans héritier.

Dynastie des Habsbourg. 1278 RODOLPHE II [1218-91 ; empereur (Rodolphe Ier) 1273 s'attribue Autriche et Styrie, administrées par s. f. Albert]. **1282** ALBERT Ier (1255-1308), s. fr., investi duc d'Autr. par la Diète ; roi des Romains, 1298. **1298** RODOLPHE III le Débonnaire (1282-1307), s. fr. **1308** FRÉDÉRIC III le Beau (1286-1330), s. fr. **1330** ALBERT II le Sage (1298-1358), s. fr. **1358** RODOLPHE IV le Magnanime (1339-65), s. f. **1365** ALBERT III à la tresse (1349-95), s. fr. **1395** ALBERT IV le Patient (1377-1404), s. f. **1404** ALBERT V l'Illustre (1397-1439), s. f., roi de Bohême et de Hongr. 1437. **1439** LADISLAS le Posthume (1440-57), s. f.

Archiducs d'Autriche. **1453** FRÉDÉRIC V à la grosse lèvre (1415-93), petit-nev. d'Albert III, emp. (Frédéric III) 1452. **1493-1740** Saint Empire (Voir Index).

Dynastie des Habsbourg-Lorraine. 1740 MARIE-THÉRÈSE (1717-80), f. de Charles VI (1685-1740), femme de l'emp. François Ier (1708-65). **1780** JOSEPH II (1741-90), s. f., emp. corégent depuis 1765. Ép. 1° 1760 Isabelle de Bourbon-Parme (1741-63) ; 2° 1765 Marie-Josèphe de Bavière (1739-67). **1790** LÉOPOLD II (1747-92), s. fr., emp. Ép. 1765 Marie-Louise de Bourbon-Espagne (1745-92). **1792** FRANÇOIS II (1768-1835), s. f., emp. d'Allemagne, Saint Empire (1792-1806), emp. d'Autriche en 1804 (François Ier). Ép. 1° 1788 Elisabeth de Wurtemberg (1767-90) ; 2° 1790 Marie-Thérèse de Bourbon-Naples (1772-1807). **1835** FERDINAND Ier (1793-1875), s. fr., abdique 1848. Ép. 1831 Marie-Anne de Savoie (1803-84). **1848** FRANÇOIS-JOSEPH Ier (1830-1916), s. neveu. Ép. 1854 Elisabeth de Bavière, dite Sissi (1837-98, assassinée à Genève). Son règne de 68 ans est le plus long après celui de Louis XIV (73 ans). Catholique et conservateur, il voulut « faire durer » : 1°) *à l'intérieur* en faisant des concessions aux opposants les moins extrémistes (en 1867, il favorise les Hongrois, au détriment des Slaves et Roumains, en érigeant la Hongrie en royaume autonome) ; 2°) *à l'extérieur,* en compensant

Élections au Conseil national

Partis	1962	1966	1970	1971	1975	1979	1983
SPOe [1]	76 s. 1 960 685 v.	74 1 928 985	81 2 221 981	93 2 280 168	93 2 326 201	95 2 413 226	90 2 312 529
OeVP [2]	81 s. 2 024 501 v.	85 2 191 109	78 2 051 012	80 1 964 713	80 1 981 291	77 1 981 739	81 2 097 808
FPOe [3]	8 s. 313 895 v.	6 242 570	6 253 425	10 248 473	10 249 444	11 286 743	12 241 789
KPOe [4]	— 135 520 v.	— 18 636	— 44 750	— 61 762	— 55 032	— 45 280	— 31 912

Nota. — (1) Parti socialiste. (2) Parti populiste. (3) Parti libéral. (4) Parti communiste. Les chiffres représentent le nombre de députés envoyés au Conseil national.

par des annexions ses pertes territoriales. (*1856* chassé du Milanais. *1863* acquiert le Holstein. *1866* chassé de Vénétie. *1866* occupe annexe Bosnie-Herzégovine, etc.). *Rodolphe* (1858-89, Pce héritier) avait épousé en 1881 Stéphanie de Belgique (1864-1945), dont 1 fille : Élisabeth (n. 1883, Pcesse de Windisch-Graetz) et aurait eu un fils de l'archiduchesse Maria-Antonia de Toscane (Théodore Rodolphe Salvador Pachmann). Il est mort le 30-1-1889 à Mayerling, avec sa maîtresse Marie Vetsera (rencontrée en 1888, elle avait 17 ans). Il l'aurait tuée puis se serait suicidé. On a dit que R. était acculé à un échec sentimental et politique, que Marie aurait été enceinte, que R. et Marie auraient découvert qu'ils étaient demi-frère et demi-sœur (François-Joseph ayant eu des relations avec la baronne Vetsera). L'impératrice Zita, en mars 1983, a déclaré que R. avait été assassiné (pour des raisons politiques : il aurait refusé de participer à un complot contre son père). Après un premier refus de funérailles religieuses, le Vatican accepta à la suite d'un 2e télégramme chiffré de François-Joseph.

Son frère Maximilien fut emp. du Mexique où il fut fusillé (1867). *Son neveu et héritier* François-Ferdinand, partisan d'une triple monarchie (Autr., Hongrie, Slavie), fut abattu à Sarajevo par les Serbes le 28-6-1914, ce qui entraîne la g.

1916 CHARLES Ier (1887-1922), son pet.-nev., renonce 1918. Ép. le 21-10-1911 Zita de Bourbon-Parme (n. 9-5-1892), f. du Pce Robert de Bourbon, duc de Parme (1848-1907) et de sa 2e femme Marie Antonia de Bragance (1862-1959). Exilée le 3-4-1919, rentre pour la 1re fois en A. le 17-5-1982.

Enfants. Othon d'Autriche (Altesse impériale et royale) (20-11-1912), parfois titré duc de Bar, f. aîné. Chef de la maison. Docteur ès sciences politiques et sociales de Louvain (1935). A écrit plusieurs ouvrages sous le nom de Otto Habsburg-Lothringen. A renoncé (1961) à la couronne. Ép. à Nancy, le 10-5-51, Pcesse Régina de Saxe-Meiningen, Desse de Saxe (6-1-25), f. du prince Georges (1892-1946). 7 enfants (Alt. imp. et roy., archiducs ou archiduchesses) : Andrea (30-5-53, ép. le 20-7-77 Cte Charles Eugène de Neipperg (n. 20-10-51), Monique et Michèle (jumelles 13-9-54), Gabrielle (18-10-56), Walburga (5-10-58), Charles héritier (11-1-61), Paul-Georges (18-12-64).

En fait, Othon n'est plus que Herr Dr Otto Habsburg-Lothringen (sans particule) depuis qu'il a renoncé à sa qualité de membre de sa famille comme maison souveraine. Il reste chef et souverain de la Toison d'or qu'il confère rarement et, en droit, son fils aîné, Charles, serait ainsi le chef de l'archimaison, puisqu'il n'a pu, vu sa jeunesse, renoncer à ses droits. En 1973, Otto s'est installé définitivement en A. ; en 1978, il a acquis la nationalité all. pour se présenter aux élections eur. Il est le Pt de l'Union paneuropéenne.

Adélaïde (1914-71). Docteur ès sciences polit.

Robert, archid. d'Autriche-Este (8-2-15) (cette branche régna jusqu'en 1860 sur le duché de Modène en Italie ; le dernier souverain François V duc d'Este mourut en 1875 sans postérité mâle). Vit à Paris. Ép. à Brou, le 29-12-53, Pcesse Marguerite de Savoie Aoste (7-4-30), f. du duc d'Aoste (1898-1942) et de la Desse n. Anne d'Orléans (sœur du Cte de Paris). 5 enf. : Béatrice (11-12-54), ép. 26-4-80 à Chartres le Cte Riprand von Arco-Zinneberg (n. 25-7-55), Laurent Othon (16-12-55), Gérard (30-10-57), Martin (19-12-59), Isabelle (2-3-63).

Felix (31-5-16). Vit au Mexique. Épouse à Beaulieu, le 19-11-52, Anne Pcesse et Desse d'Arenberg (5-7-25), f. du Pce et duc Robert d'Arenberg et de la Pcesse n. Gabrielle de Wrede. 7 enf. : Maria del Pilar (18-11-53), Charles (18-10-54), Kinga (13-10-55), Ramón (21-1-58), Myriam (21-11-59), Istvan et Viridis jumelles (23-9-61).

Charles-Louis (10-3-18). Vit en Belg. Ép. à Belœil (Belg.), le 17-1-50, Pcesse Yolande de Ligne (6-5-23), f. d'Eugène 11, Pce de Ligne et de Philippine de Noailles des ducs de Mouchy. 4 enf. : Rodolphe (17-11-50), Alexandra (10-7-52), Charles-Christian (26-8-54), Marie-Constance (20-10-57).

Rodolphe (5-9-19). Vit en Belgique. Ép. 1° 22-6-53, Ctesse Xénia Besobrasov des Ctes Cernichev (11-6-29/22-9-68). 4 enf. : Marie-Anne (19-5-54), Charles-Pierre (5-11-55), Siméon (29-6-58), Jean (11-12-62). 2° 1971, Pcesse Anna-Gabrielle de Wrede.

Charlotte (13-21). Ép. en Bavière, 25-7-56, duc Georges de Mecklembourg, Cte de Carlow (4-10-99/6-7-63), veuf d'Irène Mihailovna Raiewski (1892-1955), veuve du Cte Alexandre Tolstoï.

Elisabeth-Charlotte (31-5-22 posthume). En 12-9-49, ép. Pce Henri de Liechtenstein (5-8-16). 5 enf.

République

1918 Karl SEITZ (1869-1950). **20** Michael HAINISCH (1858-1940). **28** Wilhelm MIKLAS (1872-1956), démissionne 1938. **1938-45** *Domination allemande.* **45** Karl RENNER (1870-1950). **51** Theodor KÖRNER (1873-1957). **57** Adolf SCHÄRF (1890-1965). **65** Franz JONAS (1899/24-4-1974). **74** *23-6* Rudolf KIRCHSCHLÄGER (20-3-15) (S.P.Oe) élu Pt 23-6-74 ; réélu 18-5-80. Voir Index. **86** Kurt WALDHEIM (n. 1918).

Premiers ministres (chanceliers)

1867 *30-12* Adolphe, Pce AUERSPERG (1821-85). **68** *26-9* Édouard, Cte TAAFFE (1833-95). **70** *25-1* Léopold HASNER (1819-91). *15-4* Alfred, Cte POTOCKI (1817-89). **71** *7-2* Karl-Sigmund HOHENWART (1824-99). *31-10* Ludwig HOLZEGTHAN (1810-76). *25-11* Adolphe, Pce AUERSPERG (1821-85). **79** *18-2* Karl von STREMAYR (1823-1904). *12-8* Édouard, Cte TAAFFE (1833-95). **95** *18-6* Erich, Cte KIELMANSEGG (1847-1923). *29-9* Kasimir, Cte BADENI (1846-1909). **97** *28-11* Paul, Bon GAUTSCH (1851-1918). **98** *5-3* Franz-Anton THUN-HOHENSTEIN (1847-1916). **99** *17-10* Manfred CLARY-ALDRINGEN (1852-1928). *21-12* Heinrich von WITTEK (1844-1930). **1900** *18-1* Ernst von KOERBER (1850-1919). **05** *1-1* Paul, Bon GAUTSCH (1851-1918). **06** *30-4* Konrad HOHENLOHE-SCHILLINGSFÜRST (1863-1918). *3-6* Max-Wladimir BECK (1854-1943). **08** *14-11* Richard, Cte BIENERTH (1863-1916). **11** *27-6* Paul, Bon GAUTSCH (1851-1918). *31-10* Karl, Cte Von STURGKH (1859-1916). **16** *31-10* Ernst von KOERBER (1850-1919). *20-12* Heinrich, Cte CLAM-MARTINITZ (1863-1932). **17** *24-6* Ernst von SEIDLER (1862-1931). **18** *24-7* Max HUSSAREK-HEINLEIN (1865-1935). *27-10* Heinrich LAMMASCH (1853-1920). *30-10* Karl RENNER (1870-1950). **20** *7-7* Michael MAYR (1864-1922). **21** *21-6* Johannes SCHOBER (1874-1932). **22** *31-5* Mgr Ignaz SEIPEL (1876-1932). **24** *20-11* Rudolf RAMEK (1881-1941). **26** *20-10* Mgr Ignaz SEIPEL (1876-1932), démissionne. **29** *4-5* Ernst STREERUWITZ (1874-1952). *26-9* Johannes SCHOBER (1874-1932). **30** *30-9* Carl VAUGOIN (1873-1949). *4-12* Otto ENDER (1875-1960). **31** *20-6* Karl BURESCH (1878-1936). **32** *20-5* Engelbert DOLLFUSS (1892, assassiné 25-7-1934). **34** *29-7* Kurt von SCHUSCHNIGG (1897-1977). **38** *12-3* Arthur SEYSS-INQUART (1892, condamné à mort 1946). **45** *27-4* Karl RENNER (1870-1950)[2]. *20-12* Leopold FIGL (1902-65)[1]. **53** *21-4* Julius RAAB (1891-1964)[1]. **61** *11-4* Alfons GORBACH (1898-1972)[1]. **64** *2-4* Josef KLAUS (1910)[1]. **70** *22-4* Bruno KREISKY (22-1-11)[2]. **83** *18-5* Fred SINOWATZ (n. 1929) soc. : gouv. de coalition.

Nota. — (1) Oe.V.P. (2) S.P.Oe.

Économie

P.N.B. (84) 8 685 $ par h. *Secteur* (%, 85) primaire 4,3, secondaire 38,7, tertiaire 57. **Déficit budgétaire** (est. 86). 107 milliards de schillings autr. (7 % du P.I.B.). **Inflation** (%). *1977 :* 5,5 ; *79 :* 3,7 ; *80 :* 6,4 ; *81 :* 6,8 ; *82 :* 5,4 ; *83 :* 3,3 ; *84 :* 5,6 ; *85 :* 1,4. **Dette ext.** (milliards de schillings autr.). *1984 :* 119 ; *85 :* 121.

Produit intérieur brut (milliards de schillings autr., 84). 1 290 dont ind. artisanat, mines 358, commerce 207, services publics et « non market values » 183, services divers 225, T.V.A. 120, bâtiment 91, transports, transmission des informations 73, agr., sylviculture 47, eau, énergie 39, taxes à l'importation 9. **Revenu national** (milliards de schillings autr., 84). 945,5 dont salaires et appointements 675,5, revenus de la propriété et de l'entreprise 258, r. non distribués des Stés de capitaux 68,5. **Taux de croissance** (%). *1982 :* 0,7, *83 :* 3,3, *84 :* 2,2.

Pop. active (et entre par. part du P.N.B. en %). Agr. 9,9 (4), ind. 37,8 (38), services 51,3 (57). Salariés (84) : 2 744 000 dont hommes 1 629 000, femmes 1 115 700. Étrangers, 5 % de la main-d'œuvre soit 138 000 personnes dont Youg. 60 %, Turcs 20 %, All. 7,7 %. *1984 :* 3 363 000 dont ind. 957 000, services 1 069 300, commerce 465 100, agriculture-forêts-chasse-pêche 307 500, bâtiment 283 600, transports 208 500, électricité-gaz-eau 39 900, mines-carrières 17 400, divers 14 500. **Chômage** (%) : *1980 :* 1,9. *81 :* 2,4. *82 :* 3,7. *83 :* 4,5. *84 :* 4,5. *85 :* 4,8.

Agriculture. *Terres* (milliers d'ha, 83) 7 579 dont arables 1 422, cultivées en permanence 95, pâturages 2 107, forêts 3 221, eaux 40, divers 818. *Production* (milliers de t, 84) blé 1 501, orge 1 517, maïs 1 542, p. de terre 1 138, bett. à sucre 2 564, seigle 381, avoine 292, pommes 353, poires 151. Hauts rendements en plaine (grandes exploitations mécanisées) ; plus faibles en montagne (expl. morcelées). 95 % des besoins alim. couverts par la prod. nationale. **Élevage** (milliers de têtes, 84). Bovins 2 669, porcs 4 027, moutons 220, poulets 14 949. **Forêts.** Prod. bois scié 6 319 000 m³. Cellulose, papier.

Énergie (84). *Consommation* totale d'énergie 890 pétajoules (dont charbon 19,8 %, pétrole 45,5, gaz naturel 19,9, hydraulique 14,8). **Pétrole** (millions de t) *réserves* 18, *prod.* (84) 1,2, *imp.* 5,9. **Gaz** (milliards de m³, 84) *prod.* 1,3, *imp.* 4,1. **Lignite** (millions de t, 84) 2,9. **Électricité** (1984) 70 % d'origine hydraulique ; (milliards de GWH) : *prod.* 42,4, *consom.* 41,1, *exp.* 6,7, *imp.* 5,4. **Mines.** *Fer* (l'Erzberg, la montagne de fer, est la plus grande mine de fer à ciel ouvert d'Europe) 3 600 000 t (84). *Graphite. Sel* 359 118 t (83). *Plomb* 836 628 t (84). *Zinc.* **Industrie.** Nationalisée à 27 % (prod. de base et énergie). *Prod.* (millions de t, 84) : fonte brute 3,7, acier brut 4,9, laminés 2,7.

Transports. Chemins de fer 5 756 km (84), routes 34 068 km, voies fluviales 425 km. **Tourisme** (85). 20 600 000 vis., 113 000 000 nuitées.

Commerce (millions de schillings autr., 85). *Exportations* 353 962 (*84 :* 314 504) *dont* (en %) prod. usinés 33,8, mach. et mat. de transp. 31,3, prod. finis divers 13,8, mat. 1res (sauf combustibles) 5,4, prod. alim. 3,8 ; *vers* (en %) Europe 80,8, Asie 8,4, Afr. 3,7, Amér. 6,6, Australie et Océanie 0,5. *Importations* 430 969 (*84 :* 392 094) *dont* (en %) mach. et mat. de transp. 29,8, prod. usinés 18,2, combustible et énergie 14,9, prod. chim. 10,0, prod. alim. 5,4 ; *de* (en %) Europe 81,8, Asie 7,2, Amér. 6,4, Afr. 4,4, Australie et Océanie 0,2. *Déficit commercial* 77 milliards de schillings autr.

Rang dans le monde (83). 16e vin.

BAHAMAS (ÎLES)

Carte p. 848. V. légende p. 787.

Nom. De l'espagnol *baja mar :* mer basse.

Situation. Amérique (au N. des Caraïbes). 13 939 km². *Alt. max.* 122 m (île de Cat). Env. 700 îles (30 habitées) et 2 400 récifs s'étendant sur 885 km. *Principales îles* (pop. en 80) : New Providence (132 km², 135 437 h.), Grand Bahama (165 km², 33 102 h.), Andros (à 56 km de Nassau, 615 km², 8 397 h.), Abaco (104 km de N., 298 km², 7 324 h.), Eleuthera (96 km de N., 63 km², 10 600 h.), Exuma (56 km de N., 38 km², 3 767 h. en 70), Harbour Island et Spanish Well (0,8 km², 3 221 h. en 70), Cat (62 km², 2 143 h.), Bimini (208 km de N., 3 km², 1 603 h. en 70), Inagua (939 h.), Long Island (256 km de N., 3 358 h.). Savane et pins. **Climat :** temp. 21 à 30 °C. *Pluies* abondantes mais brèves de mai à oct. Haute saison (pas de pluies) : 15 déc.-30 avr.

Population. 230 000 h. (85), dont 80 % de Noirs. D. 16,5. **Capitale :** *Nassau* (dans New Providence) 135 437 (80, recens. 70 : 54 000). **Langue** *(off.).* Anglais. **Religions** (%). Baptistes 29, anglicans 23, catholiques 22.

Nota. — Immigrants illégaux haïtiens : 40 000 à 50 000.

Histoire. 1492 découverte par Christophe Colomb. **V. 1600** peuplées par la Cie des aventuriers d'Eleuthéra, fuyant des persécutions religieuses aux Bermudes. **XVIIe s.** centre de piraterie jusqu'à l'expédition punitive des Espagnols à Charles Town (Nassau). **1717** attribuées par tr. à l'Angleterre. **1728** Parlement et bases d'une Constitution. **1964**-*7-1* autonomie interne. **1973**-*10-7* indépendance. **1984** le P.M. et des min. compromis (concussion, drogue).

Statut. État membre du Commonwealth. *Constitution* de 1969. *Sénat* 16 m. *Assemblée* 43 m. élus pour 5 a. au suffr. univ. *Chef d'État* reine Elisabeth II. *Gouv. gén.* Sir Gerald C. Cash (28-5-17) dep. 2-12-76. *PM* Lynden Oscar Pindling (22-3-30) (Noir), dep. 16-1-67. *Élections législatives* (11-6-82) : P.L.P. (Parti libéral progressiste, électorat noir) 32 s., près de 60 % des suffrages exprimés (1977 : 30 s.), F.N.M. (Mouvement national libre) 11.

Économie. P.N.B. *(83)* 4 090 $ par h. **Pop. active** (% et entre par. part du P.N.B. en %). Agr. 9 (8), ind. 14 (12), services 77 (80). **Agriculture.** 40 000 ha cultivés. Forêts 28 % des terres. Production : canne à sucre, tomates, agaves, crustacés, tortues, sel. Important déficit agricole. **Mines.** Aragonite. **Industrie.** Ciment. Raffinerie de pétrole. *Immatriculation de navires* (pavillon de complaisance) : *1977 :* 58 000 t (60 navires), *82 :* 600 000 t (129), *85 :* 4 500 000 t (345). **Services.** Importante place financière (364 banques). **Tourisme.** *Visiteurs :* 2 400 000 (84). *Recette :* 801 millions de $ (84). *Principales plages :* Abacos, Treasure Cay, Eleuthéra, Inagua, Long Island, San Salvador, Andros, Berry Islands, Bimini, Exuma. *Drogue :* importante place de transit (cannabis, cocaïne). Profits 100 millions de $. **Inflation** (en %). *81 :* 12,1 ; *83 :* 3,2 ; *84 :* 3,7 ; *85 :* 5,1. **Dette ext.** 494,5 millions de $ US (83).

Commerce (milliards de $, 84). *Exportations* 1,7 (pétrole 1,4) vers U.S.A. 72 %. *Importations* 0,7.

BAHREIN

Carte p. 809. V. légende p. 787.

Nom. Signifie « les deux mers », allusion à l'insularité du pays et à la nappe d'eau souterraine.

Situation. Asie. 622 km². *35 îles* regroupées en 2 archipels : celui de Bahreïn proprement dit comprenant 15 îles [Manama, (en arabe « lieu du repos »), Muharraq, Sitra, Nabi-Salih, Oumm-Nasan, Jeda, Abou-Maher, Abou-Chahin, Oumm-Al-Sobban, Nouaym, Soulouta, Oumm-El-Chajar-El-Sagjira...], et celui de Hawar qui comprend de nombreux îlots. *Alt. max.* djebel Ad-Du khar (île de Bahrein) 135 m. **Climat** très chaud et humide. *Temp.* moy. 18,5 °C (janv.), 39,1 °C (août). *Pluies* 5,6 mm (déc.), 5,7 (janv.) ; saison sèche (févr.-nov.).

Population. 420 000 h. (85) dont Bahreïnis 247 000, étrangers 133 000 (en % : arabes 15, iraniens 12, indiens et pakistanais 60). — *de 15 a.* 44,6 %, + *de 60 a.* 4,6 %. D. 675. **Villes** (84) : *Manâma* env. 110 000, Muharraq 65 000, Judhaf 35 000, Rifaa 40 000, Sitra 20 000, Isa Town 25 000, Hidd 7 111. **Langues.** Arabe *(off.),* anglais (compris par 70 %), persan (40 %). **Religions** (81). Musulmans 298 140 (sunnites 40 %, chiites 60 %), chrétiens 25 611, divers 27 047.

Histoire. 1507-1622 présence portugaise. **1782** la dynastie Al-Khalifa, venue du Koweit, prend le pouvoir. **1820** présence britannique. **1871** protectorat brit. **1925** pétrole découvert. **1932** début de l'exploitation. **1951 et 1965** grèves violentes anticoloniales. **1970** l'Iran renonce à ses prétentions. **1971**-*14-8* indép. **1975**-*27-8* parlement dissous. **1981**-*13-12* coup d'État pro-iranien déjoué, 73 arrestations.

Statut. *Const.* du 6-12-73. *Émir* Cheikh Issa ben Salman al-Khalifa (n. 3-7-33) dep. 16-8-61. *Héritier* Cheikh Hamad Ben Issa al-Khalifa. *PM* Cheikh Khalifa Ben Salman al-Khalifa (n. 1935) dep. 19-1-70. *Pas de partis politiques.* **Fête nat. :** 16 déc. (intronisation de l'émir en 1961, et indép. de 1971).

Économie. P.N.B. (82) 9 680 $ par h. (83) 10 500. (84) 12 000. **Pop. active** (en % et entre par. part du P.N.B. en %). Agr. 5 (1), ind. 34 (20), services 60 (54), mines 1 (25). **Agriculture.** 3 % des terres cult. Dattes, légumes, fruits, volailles, ânes. Pêche. Perles (*1950 :* 1 000 bateaux de pêche, *1982 :* 10). **Industrie.** Raff. de pétrole (capacité 12,5 millions de t/an). Chantiers navals (cale sèche de Manâma : 375 × 75 m pour pétroliers de 550 000 t). Usine d'aluminium d'Alba (alimentée par gaz, bauxite d'Australie, prod. 170 000 t en 82). **Services.** Place bancaire. Une des 8 bourses mondiales de l'or (avoirs des « banques off shore » en oct. 83 : 58 milliards de $). **Transports.** En 1986, un pont (commencé en 1981) de 25 km reliera B. à l'Arabie Saoudite. Coût 1 milliard de $ financé par l'Ar. Saoudite. Capacité 3 000 véhicules/h. **Énergie : Pétrole** (millions de t en 84), *réserves* 23, *prod.* 2, *ressources* 5 milliards de F, 40 % du P.N.B. **Gaz** (milliards de m³), *réserves* 220, *prod.* 6,5 (dont 27,5 réinjectés pour accroître la prod. pétr.). **Inflation** (%). *81 :* 11 ; *82 :* 8,9 ; *83 :* 3,0 ; *84 :* 0,3. *Déficit budgétaire* (84) : 125 millions de $.

Commerce (millions de $ US, 83). *Exportations* 3 231 *dont* prod. pétroliers raffinés 78, biens man. et aluminium ; *vers* (%) Ar. Saoudite 20,2, Iran 10,2, Koweit 8,1, Émirats 7,6. *Importations* 3 342 *dont* pétrole brut 51,9, équip. de transp. 15, biens man. et aluminium 9,9, prod. alim. 6,7 ; *de* (%) Japon 22,1, G.-B. 14,6, U.S.A. 12,2.

BANGLADESH

Carte p. 899. V. légende p. 787.

Situation. Asie 143 998 km². Plaine alluviale (deltas du Gange et du Brahmapoutre). Collines au S.-E. et N.-E. **Frontières :** Inde 2 484 km, Birmanie 216. **Côtes :** env. 2 700 km (+ rivages fluviaux 4 000 km). **Alt. max. :** Keokradang 1 053 m. **Climat :** *3 saisons :* hiver nov./févr. (s. sèche) ; été mars/mai (orages) ; mousson juin/oct. (vents et pluies du S. et S.-O.). *Temp. moy.* à Dacca : janv. 19 °C, juillet 29 °C. *Pluies* annuelles Ouest 1,27 m, S.-O. 2,54, Sylhet 5,08.

Population. 98 660 000 h. (85), prév. *2 000* 155 000 000. 46,7 % — *de 14 a. Principales ethnies :* Bengalis 98 %, Chakmas 200 000, Maghs 100 000, Murangs 30 000, Tipras, Garos, Hajongs, Santals 500 000. *A l'étranger :* 500 000 (dont G.-B. 300 000, Proche-Orient). D. 685. *Villes* (84) : *Dacca* 3 950 000, Chittagong 1 590 000, Khulna 740 000, Rajshahi 300 000. *Mortalité infantile :* 121 pour 1 000 (une des + élevées du monde). *Médecin :* 1 pour 8 144 h. *Illettrés :* 73,8 %.

Langues. Bengali *(off.),* ourdou, anglais. Le B. a 153 millions de locuteurs (2e l. du groupe indien après le hindi et avant l'ourdou). Il existe sous 2 formes : le style écrit, qui cherche à se rapprocher du sanscrit pur, et le style pratique, qui admet des mots persans, arabes, anglais, mais qui reste, malgré tout, de tous les parlers indiens, le plus proche du sanscrit primitif. L'alphabet bengali (avec enjolivures) est utilisé depuis le XIIe siècle pour de nombreux textes écrits dans d'autres dialectes.

Religions. Musulmans 86,6 %, hindous 12,1 %, bouddhistes 0,6 %, chrétiens 0,3 %.

Histoire. Le B. (Bengale oriental) a formé jusqu'à la fin du XIIe s., avec le Bengale occid., le roy. de Vangalam. **1199-1202** conquis par un chef musulman, Mohamed Bakhtijar, devient émirat vassal des sultants de Delhi, puis des emp. moghols ; seule E. du Vangalam se convertit à l'islam. **1764** conquête angl. **1906** Dacca capitale de la résistance anti-angl. et anti-hindoue (Ligue Musulmane, 1906). **1947**-*14-8* constitue le Pakistan oriental. **1970** *déc.* élections, triomphe autonomiste [ligue *Awami,* fondée 23-1-49 par Mujibur Rahman (1920-75) et le maulana Bashani (1882-1976), Pt du B.K.S. (Associat. des paysans du B.), chef de l'aile prochinoise du N.A.P. (National Awami Party, fondé 25-7-57)]. **1971**-*1-3* ajournement de la réunion de l'Ass. nat. ; *-25-3* répression milit. (des milliers de Bengalis tués par armée pak.) ; *-26-3* proclamation de la *Rép. pop. du B. ;* Mujibur Rahman arrêté ; *-17-4* gouv. prov. (en Inde) ; *-4-12* attaques des forces ind., alliées à l'armée de libération du B. (Moukhti Bahini) ; *-6-12* l'Inde reconnaît le B. ; *-16-12* capitulation des forces pak., épuration des « razakars » (Biharis, collaborateurs des Pak.). **1972**-*10-1* Mujibur R. libéré ; U.R.S.S. et pays de l'Est reconnaissent le B. (janv.), G.-B. (févr.) ; *-12-1* constit. provisoire. *Pt* Abu Sayed Chowdhury (n. 31-1-21), *PM* Mujibur R. ; *-12-3* départ des troupes ind. ; *-19-3* liens d'amitié et de coopération avec Inde. **1973**-*7-3* élections ; succès de la ligue Awami ; *déc.* accord avec Pak. sur transfert de popul. (Bengalis du Pak. au B. et Biharis du B. au Pak.). **1974**-*22-2* Pak. reconnaît le B. ; *déc.,* inondations, famine (dizaines de milliers de †). **1975**-*25-1* Mujibur R. nommé Pt pour 5 ans ; *-15-8* coup d'État, Mujibur R. tué, Khondakar-Moshtaque Ahmed (n. 1918) Pt ; *-4/10-11* coup et contre-coup d'État mil. : Gal Ziaur Rahman au pouvoir.

1976-*1/7-11* mort du maulana Bashani (94 ans) ; *-30-11* Khondakar-M. Ahmed arrêté, coup d'État échoue (plusieurs centaines de †). Rébellions dans le N. (Garos) et à l'E. (Chakmas). **1977**-*30-5* référendum : 99 % pour le Gal Ziaur Rahman. **1978** 200 000 réfugiés de Birmanie ; *-3-6* Gal Ziaur Rahman élu Pt par 78 % des voix. **1981**-*30-5* Gal Ziaur Rahman assassiné par off. rebelles ; *-1-6* fin de la rébellion, Gal Manzur Ahmed, auteur du putsch, est tué ; *sept.* affrontements près de Chittagong, tribu Chakma (500 †) ; *-25-9* exécution de 12 officiers ayant participé à l'assassinat du Pt. **1982**-*24-3* coup d'État mil. renverse le Pt Justice Abdus Sattar. Gal Ershad, Pt du conseil des min. *-11-12* se proclame chef de l'État. Démission du Pt A. Chowdhury. **1984**-*27-9* émeutes contre loi martiale 4 †. **1985**-*21-3* référendum. Participation 72 %, dont 94,14 pour le maintien de la junte jusqu'aux él. générales. *Mai :* cyclone sur la côte S.-E. (15 000 †, 250 000 sans abri). *20-5* él. locales ; 11 †.

Statut. *République,* membre du Commonwealth. Pt dep. 11-12-83 et *administrateur de la loi martiale* dep. 24-3-82 Gal Hossein Mohamed Ershad (n. 1-2-30). *Constitution* du 16-12-72, amendée en 73, 74,75,77 et 79. *Assemblée :* 300 m. élus au suffr. univ. pour 5 a. + 30 femmes nommées par le Parlement pour représenter les femmes. *Élections* (18-2-79) : P. nationaliste du B. 221 s., Ligue Awami 39, divers 40. 64 districts, 486 upazillas, 85 650 villages. **Fêtes nat. :** 26 mars (indépendance) et 16 déc. (victoire contre le Pak.).

Partis. *Ligue Awami (Hasina)* f. 1949, leader Hasina Wazed. Parti « Janadal » f. 1984, sous caution Ershad, leader Mizanur Rahman Chowdhury. *P. nationaliste du Bangladesh* f. 1978 par des partisans de Ziaur Rahman, leader Begum Khaleda Zia.

Nota. — Les 60 millions de Bengalis hindouistes sont répartis entre B. occ. (inclus dans la Féd. indienne), Assam, Meghalaya, Tripura, Bihar, Orissa et S. du Népal. Une tendance à reconstituer un *Vangalam* uni, au-delà des divisions religieuses, se dessine.

Économie

P.N.B. (84) 129 $ par h. (l'un des 5 plus bas du monde). **P.I.B.** (en %, 82-83). Agr. 55,3, ind. 8,3, services 25,7. Constr. 5, transp. 5,2, énergie, gaz 0,4.

Inflation (en %). *1981-82 :* 16,3, *82-83 :* 9,9 ; *84 :* 12,1. **Aide étrangère** (millions de $). *81-82 :* 1,9 ; *82-83 :* 1,7 (dont dons 55 %), *83-84 :* 1,7 milliard de $ (dont prêts 0,84, dons 0,86). **Endettement global** (30-6-83). 6 milliards de $.

Agriculture. *Ha cultivés :* 13,32 millions (63 %) dont 9 donnent 1,5 récolte par an (proportion la plus forte du monde). *Production* (million de t, 83) : riz 14,2, blé 1, jute 0,9, canne à sucre, p. de terre, thé, légumineuses, coton. *Déficit agricole :* 1,5 % du P.N.B en 84 (1,32 milliard de F). **Élevage** (milliers de têtes, 83). Bovins 22,5, buffles 0,56, chèvres 10, moutons 0,5, poulets 55,6, canards 23,7. *Prod. lait :* (83) : 1 100 000 t. *Viandes* (83) : 35 000 t. **Pêche.** 5 % de la valeur ajoutée agr. **Forêts.** 3 % de la valeur ajoutée agr.

Énergie. Électricité. Centrale thermique. *Capacité* (mw) *83 :* 917, *85 :* 1 352. 17 500 villages sur 68 000 ont l'électricité en 1985. **Charbon** (région de Jamalganj). **Gaz** (milliards de m^3, 83) *réserves* 339, *prod.* 2,3 ; 13 gisements découverts, 6 en exploit. **Industrie** (62,2 % des ressources en devises) : jute et prod. de jute, ciment, engrais, papier, prod. du cuir, prod. alim., constr. nav. **Transports.** *Voies ferrées* 2 883 km (2 réseaux), *routes* 7 190 km, *voies nav.* 8 431 km. **Tourisme.** 103 000 vis. (83-84).

Commerce (millions de $, 83-84). *Exportations* 825,2 *dont* (82) prod. du jute 312, jute brut 109, poissons/crevettes 72, cuir 58, thé 46, naphte, bitume 31, autres 52 ; *vers* (en %) U.S.A. 13,3, Iran 10,4, Pakistan 8,1, Japon 7,8, U.R.S.S. 5,7, *France 3,9. Importations* 2 467 *dont* (82) biens d'équip. 655, céréales 385, pétrole brut 240, prod. pétr. 171, huile alim. 83, engrais 68, coton 56, ciment 44, autres 608 ; *de* (en %) Japon 12,8, U.S.A. 11,2, Singapour 10,8, Canada 5,5, Corée du S. 4,1, *France 1,2.*

Rang dans le monde (83). 4e riz. 7e bovins. 9e thé. 14e céréales. 17e bananes.

BARBADE

Carte p. 939. V. légende p. 787.

Généralités. Antilles. 431 km^2. *Alt. max.* Mt Hillaby 337 m. *Climat* tropical. *Temp.* 24 à 28 °C. 1 saison sèche, s. humide de juill. à nov.

Population. 260 000 h. (84) dont (en 82) : Noirs 80 %, Métis 16 %, Blancs 4 %. D. 603. *Villes* (80) : *Bridgetown* 7 466 h. (agg. 92 401), Holetown, Speightown, Oistins. **Langue.** Anglais. **Religions.** Anglicans 70 %, pentecôtistes, catholiques 4 %, méthodistes 9 %, frères moraves.

Histoire. 1627 colonie brit. **1639** 1er Parlement. **1834** abolition de l'esclavage. **1954** gouvernement ministériel (*PM* Grantley Adams). **1958-62** membre de la Féd. des Indes occidentales. **1961**-*16-10* autonomie interne, *PM* Errol W. Barrow. **1966**-*30-11 indépendance.* **1968**-*1-5* entre à la C.A.R.I.F.T.A. **1973**-*13-8* forme le C.A.R.I.C.O.M.

Statut. État membre du Commonwealth. *Constitution* du 30-11-66 : *Sénat* (21 m. nommés), *Ass.* (27 m. élus pour 5 a.). *Chef de l'État* reine Elisabeth II. *Gouv. gal* Sir Hugh Worrel Springer dep. 24-2-84. *PM* 1976 (2-9) : John Michael Adams (1931-85) ; 1985 (11-3) : Bernard St John (16-8-31). *Élections* (18-6-81) : P. travailliste de la Barbade (f. 1938) 17 s. ; P. travailliste démocrate (fondé 1955, Errol W. Barrow) 10 s. **Fête nat. :** 30 nov. (indép.).

Économie. P.N.B. (83) 3 930 $ par h. **Pop. active** (% et entre par. part du P.N.B. en %) agr. 16 (18), ind. 19 (20), serv. 62 (60). *Chômage* 15 %. **Inflation** (%) *81* 14,6, *82* 10,3, *83* 5,3, *85* 5,5.

Agriculture. 76 % de la superficie. *Production :* canne à sucre (50 % des sols cultivés, 693 000 t en 83 ayant donné 81 000 t de sucre), mélasse, rhum, igname. Élevage. Pêche. **Pétrole** *81* 40 000 t, *83* 30 000 t, **E. Gaz. Industrie** Raffineries. **Tourisme** 400 000 vis. (84) ; env. 35 % du P.N.B.

Commerce (millions de $, 84). *Exportations* 394 (prod. man., sucre, mach. et équip. de transp., fuel et lubrifiants, prod. chim.) *vers* (en %, 83) U.S.A. 29, C.A.R.I.C.O.M. 27, C.E.E. 13. *Importations* 662 (mach., prod. man., huiles minérales, prod. alim., prod. man. divers) *de* (en %) U.S.A. 38, C.A.R.I.C.O.M. 12, R.-U. 7, Canada 6.

BELGIQUE

Carte p. 818. V. légende p. 787.

Situation. Europe 30 518 km^2. *Frontières* 1 444,5 km dont France 620, P.-Bas 449,5, Lux. 148, All. féd. 161,5, côtes 65,5. *Alt. max.* 694 m (Signal de Botrange, Ardennes) ; *min.* 0,05 m (De Moeren, près de Furnes). *Climat* tempéré océanique, temp. moy. 10,7 °C ; 800 mm de pluie par an ; gel 60 j par an (Ardennes temp. moy. 8,6 °C, pluie 1 000 mm, gel 96 j).

Régions. 4 bandes parallèles du N. au S. : 1° *Basse Belg.* (larg. 45 km ; alt. 0-100 m) : *Flandre maritime* à l'O. : polders, cultures maraîchères et élevage laitier intensif, dunes sur les côtes ; *Flandre intérieure* au centre : plaine à blé et betteraves avec cultures industrielles, urbanisation très poussée ; *Campine* à l'E. : terres sablonneuses, récemment converties à la culture maraîchère. 2° *Moyenne Belg.* (larg. 80 km ; alt. 100-250 m) : plateaux et collines de riche limon (blé, betteraves, élevage à l'étable), urbanisation quasi totale du sillon Sambre-Meuse. 3° *Ardennes* (larg. 120 km ; alt. 250-600 m) : croupes schisteuses avec landes, prairies, forêts. *Famenne* (escarpement rocheux), *Condroz* (contrefort des Ardennes avec couche de limon, alt. moy. 300 m.), *Hautes Fagnes* à l'E. élevées et marécageuses (tourbières). 4° *Lorraine belge* (larg. 25 km ; alt. 250 m) : terrasses argileuses, forêts défrichées (blé, betteraves). *Enclave de Baarle-Hertog* aux Pays-Bas : 7 km^2, 2 090 h.

☞ **Enclaves all. en belg. :** la voie ferrée joignant Eupen à Malmedy attribuée à la B. (art. 21, 1° du tr. de Versailles) empruntait 8 fois le terr. all. dans la région de Montjoie ; le tr. du 24-9-1956 a attribué ces enclaves à la B. (qui en échange a cédé les Fagnes, marécages à l'est d'Eupen).

Distances de Bruxelles (en km) : Amsterdam 198, Anvers 47, Bruges 93, Charleroi 53, Douvres 115, Gand 53, Genève 656, La Louvière 54, Liège 90, Londres 226, Madrid 1 546, Milan 902, Paris 242.

Démographie

Population. *Total :* 9 857 721 h. (85) [*1846 :* 4 337 000 ; *1866 :* 4 828 000 ; *1900 :* 6 693 000 ; *1910 :* 7 424 000 ; *1940 :* 8 295 000 ; *1960 :* 9 178 000 ; *1970 :* 9 651 000 ; *1976 :* 9 813 152] ; 5 662 336 (57,4 %) d'expression néerlandaise, 3 142 062 (31,9 %) française, 66 191 (0,7 %) allemande , 982 434 (10 %) : bilingue des 19 communes de Bruxelles-capitale. Pop. — *de 15 a.* 21,8 %, + *de 60 a.* 18,5 %. D. 323. *Pop. urb.* 87,1 %.

Naissances pour 1 000 h. *1964 :* 17,01 ; *70 :* 14,56 ; *75 :* 12,15 ; *80 :* 12,56 ; *81 :* 12,65 ; *82 :* 12,22 ; *83 :* 11,91.

Population par région linguistique en 1969 et en 1985 (entre parenthèses, par 100 h., en 80). Langue néerlandaise 5 403 400 (55) et 5 669 879 (57,12) ; française 3 121 900 (32) et 3 207 646 (32,08) ; allemande 61 000 (0,67) et 66 218 (0,65) ; Bruxelles-capitale 1 073 100 (11,21) et 980 196 (10,14).

Provinces	Population (au 1-1-85)	Superficie (en ha)
Anvers (Anvers)	1 581 480	286 758
Brabant (Bruxelles)	2 217 445	335 810
Flandre		
occid. (Bruges)	1 088 655	313 450
orientale (Gand)	1 330 422	298 224
Hainaut (Mons)	1 282 119	378 565
Liège (Liège)	992 383	386 231
Limbourg (Nasselt)	729 620	242 214
Luxembourg		
(Arlon)	224 375	443 972
Namur (Namur)	411 222	366 601

Émigration (au 1-1-74). Env. 450 000 B. vivaient à l'étranger dont : *France* 125 000, U.S.A. 63 000 (inscrits dans les consulats ; 225 000 Belges ou d'origine belge, la plupart naturalisés), Canada 57 000, Zaïre et Afr. centr. 28 000, G.-B. 24 000, P.-Bas 22 000, Afr. du S. 14 000, All. féd. 13 500 (+ 61 500 militaires ou membres de leur famille), Amér. latine 12 000 (dont Argentine 5 500, Brésil 2 500, Chili), Luxembourg 6 500, Australie 6 000, Suisse 5 000, Afr. du N. 4 000, Espagne 3 250, Italie 2 500, Proche-Orient 2 000, Asie 1 800, Afr. occid. 1 500, autres pays 5 000. (En 82, solde migratoire : + 780.)

Étrangers. 890 873 (1-1-84) dont (1-3-81) Italiens 279 700, Marocains 105 133, Français 103 512, Néerland. 66 333, Turcs 63 587, Esp. 58 255, All. féd. 26 756, G.-B. 23 080, Grecs 21 230, Lux. 8 013, Pol. 7 642, divers 91 462. **Frontaliers** (81) occupés en France 14 250, All. féd. 3 044, P.-Bas 2 008. **Aide au retour :** égale à 1 année d'allocation de chômage + 50 000 FB + 15 000 FB pour conjoint et chaque enfant à charge célibataire de — de 18 ans.

Villes (agg. en 1978 et entre parenthèses ville en 1984). *Bruxelles* 982 434 (dont 24 % d'étrangers) ; Anvers 927 177 (488 425) ; Liège 618 565 (203 065) ; Gand 484 882 (235 401) ; Charleroi 450 110 (213 041) ; Malines 291 459 (76 670) ; Ostende 270 888 (69 039) ; Bruges 252 430 (118 146) ; Namur 100 296 (101 861) — Alost (77 767) ; Anderlecht (97 063) ; Courtrai (75 592) ; Deurne (79 323) ; Forest (51 434) ; Genk (61 532) ; Hasselt (65 503) ; Ixelles (78 486) ; La Louvière (76 411) ; Louvain (84 908) ; Molenbeek-Saint-Jean (70 693) ; Mons (91 216) ; Mouscron (54 315) ; Roulers (51 712) ; Saint-Gilles (48 930) ; Saint-Nicolas (68 277) ; Schaerbeek (108 953) ; Seraing (62 832) ; Tournai (67 291) ; Uccle (76 355) ; Verviers (54 155).

Langues off. Français (off. dep. 1830) ; *prononciation* similaire à celle du picard à l'O. (*a* prononcé *o, ê* prononcé *é*), du lorrain à l'E. (*oi* prononcé *oué ;* suppression des nasales) ; *le vocabulaire* diffère du fr. de l'Hexagone par une vingtaine d'archaïsmes, plus d'une centaine de néologismes, une trentaine de termes dialectaux empruntés aux patois wallon et liégeois ou au flamand ; *la syntaxe* comporte plus de 200 idiotismes. **Flamand** (off. dep. 1898) ; *1923* arrêté

royal ordonnant de traduire les textes législatifs en flamand. *1963* publication de la traduction flamande de la Constitution (1831) ; *néerlandais,* dialectes différents du néerl. des P.-Bas par la distinction entre *g* et *ch,* la prononciation du *w* comme un *ü* fr., la diphtongaison du *ee* (ië) et du *oo* (uë), par de nombreux archaïsmes et par l'emploi de termes fr. **Allemand,** 2 groupes de dialectes différents : au S., haut-all. (francique moyen) ; au N.-E., bas-all. (bas-francique).

% *des électeurs (8-11-81) :* flamands 53,88, wallons 31,58, bruxellois 14,54.

Religions. *Catholiques* à 72 % [6 956 prêtres diocésains ; 1 archev. ; 7 évêques ; 55 ordres religieux masculins, 543 couvents ; 362 congrégations féminines, 2 798 couvents (4 000 relig. et religieuses) ; 9 068 écoles (1 218 380 élèves)]. *Protestants* 24 000 (82 pasteurs), *israélites* 35 000 (27 rabbins), *anglicans* (10 chapelains). Pas de religion d'État. Traitements et pensions des ministres du culte reconnus (cath. romain, protestant évangélique, anglican, musulman, hébraïque) sont à la charge de l'État.

Histoire

Période préromaine 5 tribus celtiques : Éburons, Nerviens, Ménapiens, Morins et Segni (sous-tribu des Trévires) installées v. 250 av. J.-C., venant de la rive dr. du Rhin ; font partie des Belges ou Belques ou Volques, Gaulois vêtus du pantalon-sac (bouge) et non de la braie étroite. Une tribu germanique, Aduatuques ou Tongres, installée en 113 av. J.-C., lors de l'invasion des Cimbres. **57 av. J.-C.** J. César conquiert Gaule, Belgique, entre Seine et Rhin. En 5 ans vainc les tribus belges ; Ambiorix, chef des Éburons, fut son adversaire le plus acharné.

Période romaine répartie entre Belgique Seconde (cap. Reims) et Germanie inférieure (cap. Cologne). Cités principales : Aduatuca (Tongres), Turnacum (Tournai) ; centre militaire : Bavai. **IVe s.** christianisme apparaît (ne se répand qu'aux VIe et VIIe s.). **Ve s.** Francs saliens, puis Francs ripuaires occupent le N. **843** tr. de Verdun : partage entre France et Lotharingie : la marche de Flandre (O. de l'Escaut) est attribuée au roi de Fr., bien que germanophone. **879** Lotharingie absorbée par l'All. **IXe au XIIe s.** formation des fiefs belges [comté de Flandre (fr.), duché de Brabant et Limbourg, comtés de Hainaut, Namur, Luxembourg, principautés épiscopale de Liège et abbatiale de Stavelot-Malmédy (impériaux)]. Importante participation belge aux croisades.

XIIe au XIVe s. Bruges centre de rayonnement. **1214** 1er soulèvement de la Flandre contre les Fr. : Ferrand battu à *Bouvines.* **1285-1319** 2e soulèvement : vict. des milices fl. à *Courtrai* 1302 ; déf. à *Mons-en-Pévèle* 1304. **1319** la Fl. francophone est détachée du Comté. **1328** 3e soulèvement : déf. de *Cassel.* **1340** 4e soulèvement ; alliance des Fl. et des Anglais. **1382** 5e soulèvement. **1384** Philippe le Hardi hérite de la Fl. et entreprend l'unification des P.-Bas. **1473** Charles le Téméraire inst. la capitale des P.-Bas à Malines. **1384-1477** (période bourguignonne) institutions : « Grand Conseil », « Chambre du Conseil » à Dijon et Lille, « Conseil de Flandre », « Chambre des Comptes » à La Haye, « États Généraux » à Bruges. **1477** mort de Charles le Téméraire : P.-Bas séparés de la Bourgogne ; passeront par héritage dans la maison d'Espagne. **1519** Charles Quint, souverain des P.-Bas, devient emp. d'All. **1526** *tr. de Madrid :* la Fl. cesse de faire partie du roy. de Fr. Avec Brabant, Hainaut, Namur, Luxembourg (mais non Liège), figure dans un bloc des 17 provinces des P.-Bas. Industrie et Anvers en plein essor ; depuis 1425 université de Louvain, foyer intellectuel européen. **1555** Charles Quint abdique en faveur de son f. Philippe II. **1559-67** gouvernement de Marguerite d'Autriche (1521-86), duchesse de Parme, fille naturelle de Charles Quint, demi-sœur de Philippe II (PM : cardinal de Granvelle, archev. de Malines ; chef militaire : Alexandre Farnèse, fils de Marguerite). **1565** début de la *« guerre des gueux »,* soulèvement des protestants des P.-Bas contre l'Esp. **1581** scission des 17 provinces en 2 blocs rivaux : P.-Bas du Sud ou espagnols (futur roy. de Belgique) et Provinces-Unies calvinistes (futur roy. des P.-Bas). Blocus maritime d'Anvers par les Pr.-Unies : décadence du commerce maritime. **1598** Philippe II confie P.-Bas à sa fille, l'archiduchesse Isabelle et à son époux, l'archiduc Albert d'Autriche. Restauration économique, renaissance culturelle. Après leur mort (sans enfant), de 1633 à 1714, P.-Bas redeviennent le champ de bataille de l'Europe. **1648** *tr. de Münster :* paix définitive avec Pr.-Unies (fermeture de l'Escaut, cession de la Fl. maritime, du Nord-Brabant et de Maestricht). **1659** *tr. des Pyrénées :* la Fr. récupère la Fl. francophone. **1678** *tr. de Nimègue :* échange de territoires entre Fr. et P.-Bas esp. : frontière actuelle se dessine. **1713-14** *tr. d'Utrecht* et *de Rastatt :* à l'issue de la g. de Succession d'Esp., Philippe V renonce aux P.-Bas ; ils passent sous l'autorité des Habsbourg d'Autr. **1714-1790** P.-Bas autrichiens : 3 souverains, Charles VI, Marie-Thérèse et Joseph II. **1723** fondation du port d'Ostende, qui remplace Anvers (Escaut fermé). **1789** révolution brabançonne chasse les Autr. ; un aventurier français, Armand-Louis de Béthune (1770-94), fils du duc de Charost, tente de se faire couronner roi de Brabant ; arrêté, se réfugie en Fr. **1790**-*11-1* états généraux proclament à Bruxelles l'indépendance des États belges unis. **1791**-*déc.* Armand de Béthune recrute des volontaires pour envahir le Brabant. **1792**-*17-11* victoire fr. à *Jemmapes.* **1793**-*1-3* la Rép. fr. annexe la Belg. *-18-3* Fr. battus à *Neerwinden,* les P.-Bas retournent à l'Autr. *-11-9* A.-L. de Béthune, arrêté à Calais, sera guillotiné. **1794** victoire fr. de *Fleurus,* liens entre P.-Bas et Habsbourg définitivement tranchés. **1795** Fr. annexe Liège, principauté ecclésiastique impériale qui n'avait jamais fait partie des P.-Bas.

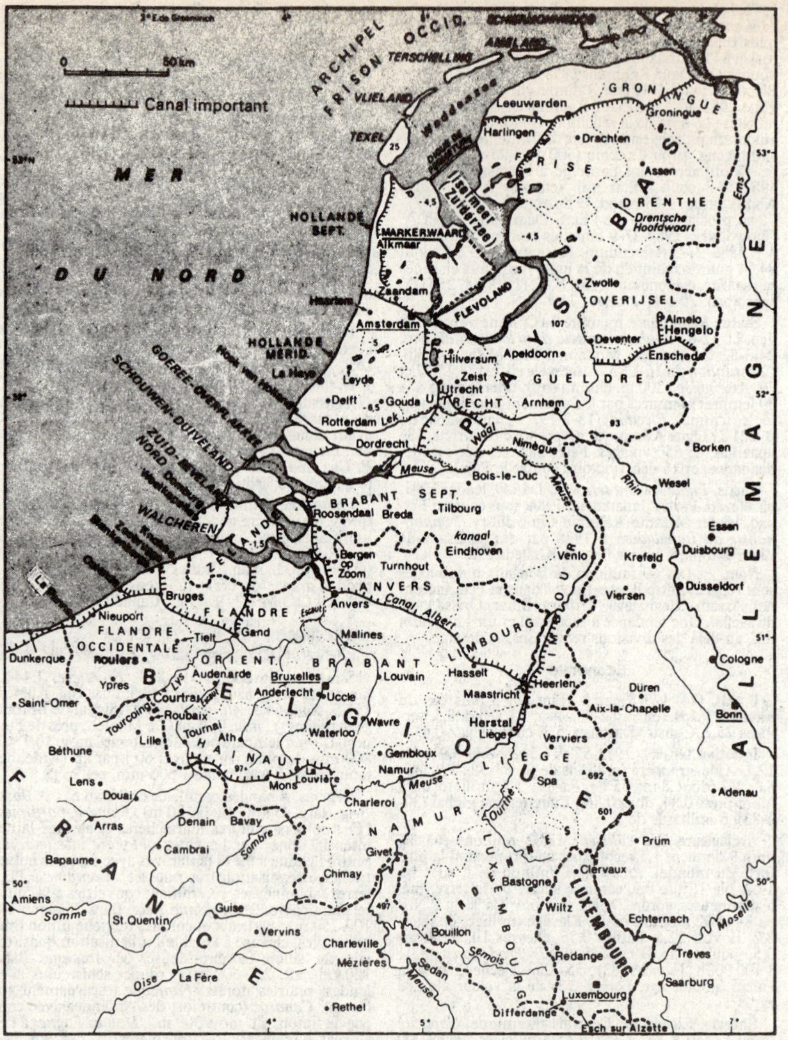

1814 *juillet* roy. des P.-Bas réunit Hollande, anciens P.-Bas autr. et év. de Liège. **1830**-*25-8* représentation à Bruxelles de *La Muette de Portici* (opéra d'Auber, paroles de Scribe, exaltant l'insurrection des Napolitains contre le régime espagnol) ; déclenche une vive agitation dans la salle, puis dans la rue. Les Bruxellois se soulèvent pour des motifs surtout religieux : les anciens P.-Bas esp. et habsbourgeois sont catholiques ; les anciens P.-Bas orangistes sont protestants (avec une frange sud catholique). La question linguistique a joué : les Belg. francophones, lisant la presse parisienne, étaient libéraux (le roi des P.-Bas, Guillaume Ier, absolutiste). La garde bourgeoise rétablit l'ordre, mais Guillaume Ier envoie avec son fils Guillaume (héritier) 6 000 h. à Bruxelles. *-1-9* Guillaume plaide auprès de son père la séparation admin. du N. et du S. *-13-9* délégation de députés belges à l'ouverture des états généraux à La Haye. *-23-9* Frédéric, 2e fils de Guillaume Ier, entre à Bruxelles avec 12 000 h., 4 j de combats. *-26/27-9* l'armée holl. évacue la ville, puis en sept. la Belg. sauf la citadelle d'Anvers (enlevée en déc. 1832 par le Mal fr. Gérard). Formation d'un gouv. révolutionnaire. *-4-10* proclamation de l'indépendance. *-6-10* formation d'une Commission constituante. *-3-11* élection au suffrage censitaire des 200 m. du Congrès qui proclament le 24-11 la déchéance des Nassau.

1831-*20-1* neutralité perpétuelle décidée à la conférence de Londres. *-3-2* le Congrès élit roi le duc de Nemours (16 ans, 2e fils du roi de Fr. Louis-Philippe) par 97 v. contre 74 pour le duc de Leuchtenberg (fils d'Eugène de Beauharnais), 21 pour l'archiduc Charles d'Autriche, ancien gouv. des Pays-Bas autr. *-7-2 Constitution promulguée.* *-17-2* Louis-Phil. refuse pour son fils (l'Angl. ayant mis son veto). *-24-2* régence confiée à Emmanuel Surlet de Chokier (1769-1839). *-4-6* Léopold de Saxe-Cobourg Gotha, par 152 voix contre 196 présents au Congrès national, élu roi des Belges. *-21-7* Léopold Ier prête serment. *-22-7* Holl. battent Belg. à Hasselt et prennent Louvain. *Août* invasion holl., 10 j de campagne, aide fr., retrait holl. **1831-32** *tr. des 24 articles,* consacrant indépendance et neutralité belges : Maestricht, Luxembourg, Bouches de l'Escaut sont enlevés à la Belg. *conférence* *de Londres.* **1839** roi des P.-Bas reconnaît l'indépendance b. **1848** neutralité menacée par la Fr. (1866 id.). **1863** B. rachète aux P.-Bas le droit de péage sur l'Escaut, libérant le port d'Anvers. **1908** Léopold II lègue à la Belg. le Congo, qui lui appartenait dep. 1885 *acte de Berlin.* **1912** lettre ouverte de Jules Destrée au roi Albert : « Il n'y a pas de Belges, il n'y a que des Flamands et des Wallons. »

1914-*2-8* la B. refuse l'ultimatum all. de laisser le passage à l'armée all. *-4-8* l'All. viole la neutralité b., crée un « Conseil des Flandres », et tente d'installer un C. wallon. *Pertes belges à la g. de 1914-18,* 40 000 militaires (10 % de l'effectif max. de l'armée), 6 000 civils (en août 1914), 2 614 déportés et 3 000 civils, morts de sept. 1914 à nov. 1918. **1919** *tr. de Versailles* : la B. reçoit Eupen (176 km², 30 000 h.), Malmédy (813 km², 33 000 h.) et un mandat sur le Rwanda-Urundi. **1920**-*7-9* accord mil. défensif avec Fr. **1922** *union économique avec Luxembourg.* **1925**-*16-10 accord de Locarno* garantissant frontières. **1936** la B. redevient neutre. *-24-5* succès rexiste (21 députés, 12 sénateurs) aux él. lég. avec Léon Degrelle [(né 1906, père français). *1930* Dir. de Christus-Rex, maison d'édition de l'Action catholique. *1932* fonde la revue « Rex ». *1935* chef du rexisme (pour un pouvoir fort et antiparlementaire, un système social corporatif, chrétien proche du facisme). Inspire à Hergé son personnage de Tintin. *1937-11-4* él. partielles, battu par Van Zeeland. *1938-oct.* échec rexiste aux él. munic. *1940* partisan d'une entente avec l'All., emprisonné en Fr., *juin* libéré, crée la légion « Wallonie » et combat avec elle contre l'U.R.S.S. du côté all. *1945* réfugié en Espagne, condamné à mort par contumace.] **1940**-*10-5* attaque all. *-28-5* capitulation. Le gouv. Pierlot s'installe à Londres, Léopold III prisonnier à Laeken. **1944**-*3-9* Bruxelles libérée. *-5-9 tr. de Londres* : formation du *Benelux. -20-9* régence du Pce Charles. **1945**-*7-5* Léopold, libéré à Stroll (Autriche) où il avait été transféré, se retire à Prégny (Suisse). *Pertes dues à la g. : 1940* : militaires 6 516, civils 12 000. *1943 à 1945* : 19 570 civils (dont bombardements du 1-1 au 31-8-44 : 6 500, combats de la libération 2 622, offensive des Ardennes 1 205), déportés 12 000 ; Israélites 28 000 déportés (la plupart récemment arrivés en Belg.), 1 200 revenus. **1949** la B. adhère au *Pacte atlantique.* **1950**-*12-3* élections : 57,7 % pour le retour du roi, 41,3 % contre (Hainaut et prov. de Liège ont voté contre). *-22-7* retour du roi suivi de grèves et de manif. (3 † à Grâce-Berleur). *-10-8* Léopold nomme Baudouin Pce royal et lieutenant-gén., lui confère les pouvoirs souverains, puis le 16-7-51 abdique en sa faveur. **1951** la B. devient membre de la *C.E.C.A.* **1957** puis du *Marché commun.* **1960**-*30-6 Congo* indépendant. **1960-61** grèves insurrectionnelles. **1962**-*1-7 Rwanda-Urundi* indépendant. **1965** querelles linguistiques. **1970** révision de la Constitution qui réalise l'autonomie culturelle (art. 59 bis), et permet la régionalisation (art. 107 quater), suivie de la mise en place des Conseils écon. régionaux (C.E.R.) et des Stés de développement régional (S.D.R.) prévus par la loi Terwagne. **1974** discussions de Steenokerzeel. Échec. Formation d'un gouv. s'engageant à mettre tout en œuvre pour mener à bien une réforme définitive de l'État. Il n'en sort que la loi *Perin-Vandekerkhove* (régionalisation préparatoire). Création des Conseils régionaux (consultatifs). **1976** tentative Moreau-Claes de règlement global de la régionalisation ; échec (Volksunie réticente, P.S.C. refuse). **1977** *pacte d'Egmont,* accepté par partis fédéralistes ; le C.V.P., pourtant signataire, le fait échouer.

1980-*8/9-8* vote du projet gouvernemental de régionalisation (les décisions importantes restent de la compétence du pouvoir central dans lequel la Flandre occupe une position majoritaire), pour Bruxelles, rien n'est réglé. Les exécutifs régionaux restent à l'intérieur du gouv. central. **1981**-*2-4* crise économique : « gel » de la régionalisation. *Oct.* bombe devant la synagogue d'Anvers (2 †, + de 100 bl.). **1982**-*22-2* dévaluation (8,5 %, 1re dep. 33 ans). *-16-3* manifestation à Bruxelles des sidérurgistes de Liège et de Charleroi ; 179 policiers et 100 manifestants bl. *-28-4* P. Vanden Boeynants, ex.-PM, mis en cause dans une affaire de fraude fiscale. **1985**-*20-4* attentat contre siège de l'O.T.A.N. à Bruxelles (1 †). *-1-5* voiture piégée des Cellules communistes combattantes (C.C.C.) à Bruxelles (2 †, 12 bl.). *-29-5* attaque de supporters italiens par des houligans britanniques lors de la finale de la coupe d'Europe des clubs champions à Bruxelles stade du Heysel (39 † dont 31 It., 454 bl.). *-16-7* démission du gouv. de W. Martens après démission (15-7) du vice-P.M. et min. de la Justice Jean Gol ; refusée par le roi Baudouin. *-9-11* supermarché d'Alost, 8 tués par gansters. *-6-12* attentat des C.C.C. à Liège (1 †). *-16-12* 4 membres présumés des C.C.C. arrêtés. **1986**-*8-1* Paul Vanden Boeynants jugé pour fraude fiscale.

Architecture

● **Époque romane (1000-1200). Châteaux.** *Bouillon. Écaussines-Lalaing. Gand :* ch. des Comtes. **Édifices civils.** *Bruges :* hôpital St-Jean (XIIe s.). *Gand :* maison de l'Étape (v. 1200). *Tournai :* beffroi (XIIe-XIIIe s.). **Églises.** *Bruges :* chapelle St-Basile (du St-Sang), St-Pierre de St-Trond, St-Hadelin (Celle-lez-Dinant). *Liège :* St-Denis (très remaniée), St-Jean, St-Jacques, St-Barthélemy, St-Gervais (1039, chœur et abside). *Nivelles :* Ste-Gertrude. *Soignies :* St-Vincent. *Tournai :* cathédrale (1110-1250), St-Brice, St-Piat, St-Quentin, St-Nicolas. *Lobbes :* St-Ursmar.

● **Époque gothique (1200-1500). Abbayes.** *Gand :* St-Bavon, La Byloke. **Châteaux, maisons.** *Bruxelles :* maison du Roi (XVIe s., les Keldermans, van Beughem, Henri van Pede, refaite au XIXe s.). **Églises.** *Anvers :* N.-D. (XIVe). *Audenarde :* N.-D. de Pamèle (commencée en 1234). *Bruges :* N.-D., St-Sauveur. *Bruxelles :* Ste-Gudule (nef, XVe s.). *Furnes :* Ste-Walburge, N.-D. de Diest (XIIIe s.). *Gand :* St-Bavon, St-Nicolas. *Hal :* St-Martin (XIVe-XVe s., triforium). *Liège :* St-Jacques, St-Martin. *Louvain :* St-Pierre (XVe s.). *Malines :* St-Rombaut (tour). *St-Hubert* (Ardenne) (XVIe s.). *Mons :* Ste-Waudru (XVe s.). *Tournai :* chœur, 1242. *Ypres :* St-Martin, N.-D. de Huy (XIIIe-XIVe s.), N.-D. du Sablon. **Halles.** *Bruges* (XIIIe s.), *Diest, Gand, Louvain, Malines, Ypres* (1202-34). **Hôtels de ville.** *Audenarde* (1527, Henri van Pede). *Bruges* (fin XIIIe s.). *Bruxelles* (1402-milieu XVe s., Jacques van Thienen et Jan van Ruysbroeck). *Gand* (début XVIe s., Rombout Keldermans et Dominique de Waghemakere). *Louvain* (1448-63, M. de Layens). **Ponts fortifiés.** *Courtrai, Gand, Tournai.*

● **Renaissance (1500-1650).** *Anvers :* H. de ville (1560-65, Corneille de Vriendt dit Floris). *Belœil :* ch. des Pces de Ligne (1511, reconstruit en 1900). *Bruges :* greffe du Franc (1534-35, Jean Mone). *Furnes :* palais de Justice (1628, Sylvain Boulin). *Liège :* palais des Princes Évêques (1526, ch. de Gaasbeek, en partie). *Malines :* maison du Saumon (1530-35), palais de Marguerite d'Autriche.

● **Époque baroque (1650-1750). Abbatiales.** *Grimbergen* (1660). *Averbode* (1664-72). **Édifices civils.** *Anvers :* Grand-Place. *Bruxelles :* Grand-Place (sous la direction de G. de Bruyn, styles médiéval et baroque : maisons des Brasseurs, des Ducs, Le Renard, Le Cornet, La Louve, Le Roi d'Espagne ; style Louis XIV : maison du Cygne). *Gand :* rues. *Malines :* rues. *Mons :* beffroi (Le Doulx). **Églises.** *Anvers :* église des Jésuites (St-Charles-Borromée, 1614-21, P. Huyssens) ; des Augustins (W. Coeberger). *Bruges :* Ste-Walburge (P. Huyssens). *Bruxelles :* N.-D.-du-Béguinage (1664) ; église des Augustins (J. Francart) (façade reconstr. à l'égl. de la Trinité). *Louvain :* St-Michel (1650-71). *Malines :* église du Béguinage (1627-47). *Namur (* St-Loup (1621-53, P. Huyssens).

● **1750-1830.** *Influence Louis XV et Louis XVI. Anvers :* hôtel Osterrieth ; Palais royal (J. Van Baurscheit). *Bruxelles :* abbaye de Forest (ruines, L.B. Dewez). Hôtels à *Gand, Liège, Mons.* Château de *Seneffe.* Église de *Vlierbeek* (L.B. Dewez). *Liège :* St-André et église du Séminaire (ch. de Franc-Waret). *Namur :* cathédrale St-Aubain (Pizzoni).

Époque néo-classique. Bruxelles : palais ducal ou des Académies (1823-26, Ch. Van der Straeten) ; pl. Royale (Barnabé Guymard) ; pl. des Martyrs (Fisco) ; parc de Bruxelles (Zinner). *Gand :* université (1826, Louis Roelandt).

● **Époque moderne.** *Anvers :* maison du Peuple (1898, Van Averbeke) ; quartier du Zurenborg (1900) ; pavillon dans le parc du Middelheim (1969, R. Braem). *Bruxelles :* palais de Justice (1883, J. Poelaert) ; square du Petit Sablon (1890, H. Beyaert) ; musée d'Art ancien (1880, A. Balat) ; hôtel Solvay (1894) ; maison et atelier de V. Horta (1899, V. Horta) ; clinique orthopédique (1910, A. Pompe) ; atelier de peintre (1926, L.-H. De Koninck) ; cité ouvrière Berchem Ste-Agathe (1922, V. Bourgeois) ; musée et maison Urvater (1960, A. Jacqmain) ; Banque Lambert (1966, Skidmore) ; Glaverbel (1969, Gielissen) ; Royale Belge (1970, Stapel) ; C.B.R. (1971, Brodsky). *Liège :* restaurant et chaufferie de l'univ. du Sart-Tilmah (1961, A. Jacqmain et O. Strebelle). *Louvain-la-Neuve :* cité univ. (1972, Lemaire).

Politique

Statut. Monarchie constit. parlementaire. *Constit.* 7-2-1831, révisée en 1893, 1919-21, 1967-71, 1981. *Souverain :* Baudouin Ier (7-9-1930) dep. 17-7-51. *2 chambres élues* pour 4 a.

Décentralisation au profit des régions. *Organismes politiques : Conseil régional* (législatif) formé de sénateurs et de députés élus ; *Comité ministériel* (avec certains pouvoirs exercés collégialement) formé de ministres ; *Conseil culturel* (pouvoir législatif en matière culturelle et éducative) formé de parlementaires [*Conseil de la communauté fr.* (81) : 137 m. (dont 91 députés et 46 sénateurs), dont P.S. 53, P.S.C. 26, P.R.L. 35, F.D.F.-R.W. 12, P.C.B. 3, U.D.R.T. 3, Écolo. 5 ; *C. flamand :* 181 m. (dont 121 d. et 60 s.), dont C.V.P. 65, S.P. 39, P.V.V. 42, V.U. 30, V. Blok 1, A.G.A.L.E.V. 3, Rad. 1 ; *C. Régional Wallon :* 106 m. (dont 70 d. et 36 s.), dont P.S. 48, P.S.C. 22, P.R.L. 28, R.W. 2, P.C.B. 3, Écolo. 3 ; *C. bruxellois :* composition à déterminer]. *C. économique, régional* (consultatif), chargé des plans quinquennaux. *Régions culturelles :* flamande, wallonne, allemande. *Linguistiques :* néerlandophone, francophone, germanophone et bilingue (à Bruxelles). En plus, il existe des régions : de langue fr. avec minorité de néerl. protégé, de langue néerl. avec minorité de fr. protégé, de langue fr. avec minorité d'all. protégé, de langue fr. avec minorité soit de néerl., soit d'all. protégé (la région de langue all. est tout entière avec minorité de fr. protégé). *Les Fransquillons (Franskijoen) :* dans la région néerlandophone sans minorité de fr. protégé, faible minorité de Fl. monolingues en fr. (3,5 % en Fl. et Limbourg, 1 % à Anvers), appartiennent généralement aux milieux du commerce et de la banque. Entre 1880 et 1950, de nombreux écrivains et poètes de langue exclusivement fr. étaient des Flandres (Voir Littérature). On ne considère pas comme fransquillons les Fl. bilingues (20 % en Fl., 18 % à Anvers).

Statut de Bruxelles. Enclave (160 km², 19 communes) à 80 % francophone mais linguistiquement gérée comme un condominium. L'extension géographique de la capitale entraînant la francisation de sa banlieue, les Flamands opposent le « droit au sol » aux Wallons qui s'appuient sur le « droit des gens ». La minorité avait obtenu la parité linguistique sur la zone de B., sauf pour 6 communes périphériques (dites à facilité linguistique, où seul le néerlandais régit les rapports entre administration locale et pouvoir régional).

Divisions. *Adm. :* 9 provinces, 43 arrondiss., 214 cantons, 589 communes dep. le 1-1-77 (av. 2 359). *Judiciaires :* 26 arrondiss., 222 cantons.

Fête nationale. 21 juillet (prestation du serment constitut. de Léopold Ier en 1831).

Hymne national belge. *« La Brabançonne »* (paroles de Charles Rogier, musique de François Van Campenhout) : O Belgique, ô mère chérie, / A toi nos cœurs, à toi nos bras, / A toi notre sang, ô Patrie, / Nous le jurons tous : Tu vivras. / Tu vivras, toujours grande et belle / Et ton invincible unité / Aura pour devise immortelle : / Le Roi, la Loi, la Liberté (ter).

Justice. *Peine de mort :* n'est plus appliquée dep. un siècle, sauf en 1918 à Furnes (le bourreau étant en zone occupée, on fit venir de Paris Antoine Deibler) ; le dernier bourreau belge est mort en 1929 sans avoir officié.

Partis

Partis dits traditionnels. *Christelijke Volkspartij (C.V.P.),* fondé en 1945, ne groupe que des m. d'expression néerl. 186 000 m. Pt Franz Swaelen (23-3-30) [avant, Léo Tindemans (16-4-22)], et le *P. social chrétien* (P.S.C., f. 18-8-1945) que des francophones, Pt Gérard Deprez (n. 3-8-43). Jusqu'en 1972, partis unitaires, aujourd'hui quasi autonomes, leur action étant coordonnée par une instance nationale. *P.S.C. :* 65 000 m. *P. socialiste-Socialistische Partij (P.S.-S.P.).* Ancien P. ouvrier belge, f. les 5/6-4-1885 (jusqu'en 45). 2 Pts nationaux, l'un d'expression fr. [Guy Spitaels (3-9-31) réélu le 16-2-85], l'autre d'expression néerl. (Karel Van Miert, n. 17-1-42). Le 26-11-78 scission : congrès constitutifs du P.S. (francoph.) à Namur et du S.P. (flamand) à Gand. 144 852 m. *P. réformateur libéral-Partij voor Vrijheid en Vooruitgang (P.R.L.-P.V.V.).* Ancien P. libéral f. 14-6-1846 (jusqu'en 1961). Pt Guy Verhofstadt (n. 11-4-1953). Le P.L.P. a fusionné, le 24-11-1976, avec une partie du Rassemblement wallon (R.W.), puis, le 19-5-1979, avec le P. libéral bruxellois (P.L.), et est devenu le *P. réformateur libéral* (P.R.L.), f. 1919, 45 000 m. Pt Louis Michel (n. 2-9-1947). *P. communiste (P.C.)* f. en 1921, Pt Louis Van Geyt (24-9-27), env. 14 000 m.

Autres partis. *Francophones : Front démocratique des francophones (F.D.F.)* dans la région bruxelloise, f. 1964, 18 000 m., Pt Georges Clerfayt (n. 1935) [avant, Lucien Outers (n. 1924)]. *Rassemblement wallon (R.W.)* f. 20-2-1968, Pt Henri Mordant (n. 2-7-27), Secr. gén. Joseph Fievez (n. 13-4-39) [une partie a fusionné en nov. 76 avec le P.L.P. (devenu dep. le P.R.L.W.)]. *Union du peuple flamand (Volksunie*

V.U.) f. 14-12-1954, 60 000 m., Pt Vic Anciaux (n. 24-12-31), Secr. gén. Willy de Saeger (3-7-39). *Parti féministe unifié (P.F.U.)* f. 1972. *Union démocratique pour le respect du travail (U.D.-R.T.)*, Pt R. Hendrick. *Vlaams Blok*, f. 1979, Pt Karel Dillen.

Parlement

Sénat. 181 m., min. 40 a., dont 106 élus au suffr. univ. à la représ. prop., 50 élus par les conseils provinciaux et 25 cooptés par les S. directement élus et les S. provinciaux, 1 de droit : le Pce Albert de Liège. *Pt* Edward Leemans (26-4-26). C.V.P.

Partis politiques P.S.C.-C.V.P. : 60 (Flandre 37, Wallonie 15, Bruxelles 4). *P.S.-S.P.* 61 (F 19, W 28, B 5). *P.R.L.-P.V.V.* : 46 (F 20, W 15, B 8). *F.D.F.* 2 (F 1, W 0, B 5). *V.U.* : 17 (F 15, W 0, B 2). *P.C.* : 1 (W 1). *Écolo.* : 2 (F 1, W 3, B 1). *U.D.R.T.* : 0.

Chambre des représentants. 212 m., min. 25 a., élus au suffr. univ. à la représentation proportionnelle pour 4 a. *Pt* Jean Defraigne (19-4-1929), P.R.L.

Chefs d'État

● **Avant l'indépendance. 1515** Charles Quint (1500-58). **1555** Philippe II d'Espagne (1527-98). **1599** Isabelle d'Autriche (1566-1633), f. de Philippe II et Albert (1559-1621), son mari (f. de Maximilien II emp. d'Allemagne). **1621** Isabelle, seule. **1633** Philippe IV d'Espagne (1605-65), f. de Ph. III (1578-1621). **1665** Charles II (1661-1700), s. f. **1701** Philippe V (1683-1746), p.-f. de Louis XIV. **1713** Charles VI de Habsbourg (1685-1740), emp. d'Autriche (1711-40), f. de l'emp. Léopold Ier. **1740** Marie-Thérèse (1717-80), s. f. **1780** Joseph II (1741-90) emp., s. f. **1790** Léopold II (1747-92) empereur, s. frère. **1792** François II (1768-1835) emp., s. f. **1794** *Conquête française.* **1795** *Annexé à la France.* **1815** Guillaume Ier des Pays-Bas (1772-1843).

● **Depuis l'indépendance (1830). Régence. 1830** Bon Emmanuel Surlet de Chokier (1769-1839).

Maison de Saxe-Cobourg. 1831 Léopold Ier (1790-1865). Ép. 1° 2-5-1816 Pcesse Charlotte de Gde-Bretagne (1796-1817) ; 2° 9-8-1832 Louise-Marie d'Orléans (1812-1850), f. du roi de France Louis-Philippe et sœur du duc de Nemours. **1865** Léopold II (1835-1909) s. f. Ép. 22-8-1853 Marie-Henriette de Habsbourg-Lorraine (23-8-1836/19-12-1902), fille de l'archiduc Joseph, prince palatin de Hongrie et de Bohême, et de Marie-Dorothée de Wurtemberg. **1909** Albert Ier (8-4-1875/17-2-1934, chute en montagne) s. neveu, f. de Philippe, Cte de Flandre (frère de Léopold II) (24-3-1837/17-11-1905) et de Marie de Hohenzollern († 1921). Ép. 2-10-1900 Élisabeth de Wittelsbach (Dsse en Bavière) (1876-1965), f. de Carl Theodore, duc en Bavière, et de Marie-José de Bragance. **1934** Léopold III (3-11-1901/25-9-1983) s. f. Ép. 1° 4-11-26 Pcesse Astrid de Suède, Dsse de Vestrogothie (17-11-1905/29-8-35, accident de voiture à Kussnacht en Suisse) ; 2° morganatiquement 11-9-41 (civilement 6-12-41) Liliane Baëls (28-11-16) (Pcesse de Belg. connue sous le nom de Pcesse L. de Réthy). Déporté en Allemagne en 1944. Son frère Charles (1903-83), Cte de Flandre, fut nommé régent le 20-9-1944. Léopold fut libéré le 7-5-1945, mais la régence du Pce Charles fut prolongée jusqu'au 20-7-1950 ; abdique le 15-7-1951. *Enfants de Léopold III. 1er mariage : Pcesse Joséphine-Charlotte* (11-10-27) ép. 9-4-53 Pce Jean de Luxembourg, Gd-duc de Luxembourg (Voir Index) ; roi *Baudouin ; Pce Albert de Belgique*, Pce de Liège (6-6-34) ép. 2-7-59 Donna Paola des princes Ruffo di Calabria (Italienne, n. 11-9-37), f. du Pce Ruffo di Calabria, duc de Guardia Lombarda, Cte de Sinopoli, 3 enf. : Philippe (15-4-60), Astrid (5-6-62) ép. Archiduc Lorenz d'Autriche-Este (sept. 84), Laurent (19-10-63). *2e mariage : Alexandre* (18-7-42), *Marie-Christine* (6-2-51) ép. 25-5-81 Paul Drake. *Maria-Esmeralda* (30-9-56).

Frère et sœur de Léopold III. Pce *Charles* de Belgique, Cte de Flandre (10-03-83), régent du 20-9-1944 au 20-7-1950, pas marié ; Pcesse *Marie-José* de Belgique (4-8-06) épouse le 8-1-30 le futur roi Humbert II d'Italie (Voir Index).

1951 Baudouin Ier (7-9-1930) fils de L. III. Ép. 15-12-60 Doña Fabiola de Mora y Aragon (Madrid 11-6-28), fille du Mis de Casa Riera, Cte de Mora.

Nota. — Titre du fils aîné du roi (héritier) ou, à son défaut du petit-fils aîné : duc de Brabant. Titre du fils aîné du duc de Brabant : Cte de Hainaut.

Composition des Chambres législatives depuis 1916

(*Sources* : ministère de l'Intérieur)	1916	1965	1968	1971	1974	1977	1978	1981	1985
Chambre des Représentants									
Parti social chrétien P.S.C.-C.V.P.	96	77	69	67	72	80	82	61	69
Parti socialiste P.S.-S.P.	84	64	59	61	59	62	58	61	67
Parti réformateur libéral P.R.L.-P.V.V.	20	48	47	34	30	33	37	52	46
Communistes P.C.B.	—	5	5	5	4	2	4	2	—
Volksunie V.U.		12	20	21	22	20	14	20	16
Front démocratique des Bruxellois francophones F.D.F.	—	3	12	24	25	15	15	7	3
Écolo.	—	—	—	—	—	—	—	4	9
U.D.R.T.	—	—	—	—	—	—	1	2	1
Autres	2	2	—	—	—	—	1	3	1
Sénat									
Parti social chrétien P.S.C.-C.V.P.	81	76	64	61	66	70	73	56	60
Parti socialiste P.S.-S.P.	73	52	53	49	50	52	53	52	61
Parti réformateur libéral P.R.L.-P.V.V.	17	40	37	29	27	26	27	43	42
Communistes P.C.B.	—	4	2	1	1	1	2	1	—
Volksunie V.U.		5	14	19	16	17	11	17	12
Front démocratique des Bruxellois francophones F.D.F.	—	1	8	19	21	15	15	6	2*
Écolo.	—	—	—	—	—	—	—	5	6
U.D.R.T.	—	—	—	—	—	—	—	1	0
Autres	1	—	—	—	—	—	—	—	—

* Sans le Rassemblement wallon.

Élections du 13 octobre 1985
% des voix dans les 3 régions. Comparaison en % avec les élections du 8 nov. 1981

	Wallonie		*Bruxelles-Hal-Vilvorde*		*Flandre*	
P.S.	39,4	+ 3,2	14,8	+ 2,5	—	—
P.R.L.	24,2	+ 2,5	26,2	+ 10,4	—	—
P.S.C.	22,6	+ 3	9,3	—	—	—
Écolog.	6,2	+ 0,3	5,5	+ 2,4	—	—
P.C.B.	2,5	− 1,7	1,2	− 0,9	0,5	− 0,8
U.D.R.T.	1,6	− 2,3	5	− 3,7	—	—
S.e.P.	1,4	—	0,7	—	—	—
P.W.	0,4	—	0,1	—	—	—
R.W.	—	− 5,5	—	—	—	—
Agalev	—	—	1	+ 0,4	6,1	+ 2,2
S.P.	—	—	5	+ 1,5	23,7	+ 3,1
Vlaams Blok	—	—	1	+ 0,3	2,2	+ 0,4
Volksunie	—	—	3,4	− 1	—	—
C.V.P.	—	—	8	+ 1,2	34,6	+ 2,6
P.V.V.	—	—	4,7	− 1	17,3	− 3,8
F.D.F.	—	—	11	− 11,6	—	—
P.L.C.	—	—	0,4	—	—	—
V.U.	—	—	—	—	12,7	− 3,3
P.T.B.	—	—	—	—	1	− 0,2

Premiers ministres belges

1831 *26-2* Albert-Joseph Goblet d'Aviella (1790-1873). *Mars* Cte E. de Sauvage (1789-1867). *23-3* F. de Muelenaere (1794-1862). **32** *20-10* Albert-Joseph Goblet d'Aviella (1790-1873). **34** *4-8* Cte Barthélemy de Theux (1794-1874). **40** *8-4* Joseph Lebeau (1794-1865). **41** *13-4* Bon Jean-Baptiste Nothomb (1805-81). **45** *30-7* Sylvain Van de Weyer (1802-74). **46** *31-3* Cte Barthélemy de Theux. **47** *12-8* Charles Rogier (1800-85). **52** *31-10* Henri de Brouckère (1801-91). **55** *30-3* Pieter de Decker (1812-91). **57** *9-11* Charles Rogier (1800-85). **68** *3-1* Hubert Frère-Orban (1812-96). **70** *2-7* Bon Jules d'Anethan (1803-88). Lib. **71** *7-12* Cte Barthélemy de Theux (1794-1874). Cath. Jules Malou (1810-86). **78** *18-6* Hubert Frère-Orban (1812-96). Lib. **84** *16-6* Jules Malou (1810-86). Cath. *26-10* Auguste Beernaert (1829-1912). Lib. **94** *26-3* Jules de Burlet (1844-97). **96** *25-2* Cte Paul de Smet de Nayer (1843-1913). Cath. **99** *24-1* Jules Vandernpeereboom (1873-1917). *5-8* Cte Paul de Smet de Nayer. Cath. **1907** *1-5* Bon Jules de Trooz (1857-1907). Cath. **08** *9-1* François Schollaert (1851-1917). Cath. **11** *18-6* Bon Charles de Broqueville (1860-1940) (Cte en 1920). **18** *1-6* Gérard Cooreman (1852-1926). Cath. *20-11* Léon Delacroix (1867-1929). **20** *20-11* Bon Henri Carton de Wiart (1869-1951). **21** *16-12* Georges Theunis (1873-1966). **25** *13-5* Vte Aloys Van de Vyvère (1871-1961). *17-6* Vte Prosper Poullet (1868-1937). **26** *20-5* Henri Jaspar (1870-1939). Cath. **31** *15-6* Jules Renkin (1862-1934). **32** *22-10* Cte Charles de Broqueville. Cath. **34** *20-11* Georges Theunis (1873-1966). **35** *25-3* Vte Paul Van Zeeland (1893-1973). Cath. **37** *23-11* Paul-Émile Janson (1872-1944). Lib. **38** *15-5* Paul-Henri Spaak (1899-1972). Soc. **39** *21-2* Bon Hubert Pierlot (1883-1963). Cath. **45** *12-2* Achille Van Acker (1898-1976). Soc. **46** *13-3* Paul-Henri Spaak (1899-1972). Soc. *31-3* Achille Van Acker. Soc. *3-8* Camille Huysmans (1871-1968). Soc. **47** *20-3* Paul-Henri Spaak. Soc. **49** *11-8* Gaston Eyskens (1-4-1905). Soc. Chr. **50** *8-6* Jean Duvieusart (1900-77). Cath. *16-8* Joseph Pholien (1884-1968). Cath. **52** *15-1* Jean Van Houtte (1907). Cath. **54** *22-4* Achille Van Acker. Soc. **58** *23-6* Gaston Eyskens. Soc. Chr. **61** *25-4* Théo Lefèvre (1914-73). Soc. Chr. **65** *29-7* Pierre Harmel (1911). Soc. Chr. **66** *19-3* Paul Vanden Boeynants (22-5-1919). Soc. Chr. **68** *17-6* Gaston Eyskens. Soc. Chr. **73** *26-1* Edmond Leburton (18-4-1915). P.S.B. **74** *25-4* Léo Tindemans (16-4-1922). Soc. Chr. **78** *11-10* Paul Vanden Boeynants (22-5-1919). Soc. Chr. **79** *3-4* Wilfried Martens (19-4-1936). Soc. Chr. **81** *7-4* Mark Eyskens (29-4-1933). C.P.V. *17-12* Wilfried Martens (19-4-1936) Soc. Chr.

Gouvernement (au 28-11-1985)

Depuis *1919*, les gouv. belges sont presque toujours des coalitions entre p. traditionnels (2 ou 3 p.). La réforme constit. (de 1967-71) a introduit les secr. d'État, adjoints aux min. et confirmé la parité linguistique au sein du gouv. : même nombre de min. francophones et néerlandophones, le PM non compté.

Membres du gouvernement.

PM Wilfried Martens (19-4-36) [1].

Vice-PM et min. de la Justice et des Réformes institutionnelles Jean Gol (8-2-42) [2]. [Justice, G. Mundeleer (4-4-21) [3]]. *Du Budget, de la Polit. scientifique et du Plan* G. Verhofstadt [Pol. scient., L. Bril (11-10-39) [3]]. *De l'Intérieur, de la Fonction publique et de la Décentralisation* Charles-Ferdinand Nothomb (3-5-36) [1] [Fonction publ., L. Bril (11-10-39) [3]].

Ministres. Relations extérieures Léo Tindemans (16-4-22) [1] [Aff. eur., Agriculture Paul de Keersmaeker (14-7-29) [1,3] ; *Coopération au développement* A. Kempinaire (26-1-29)]. *Finances* Mark Eyskens (29-4-33). *Aff. économiques* Philippe Maystadt (14-3-48) [1] [Énergie, F. Aerts [3]]. *Travaux publics* Louis Olivier (23-5-23) [2]. *Communications et Commerce ext.* Herman De Croo (12-8-37) [2] [P.T.T. éc., Paula d'Hondt-Van Opdenbosch (27-8-26) [1,3] ; Com. ext., E. Knoops (5-3-34) [3]]. *Emploi et Travail* Michel Hansenne (23-

3-1940)[1]. *Éducation nat.* (N.) Daniel Coens (3-8-1938)[1]; (F) A. Damseaux (5-3-37). *Région bruxelloise et Défense nat.* F.X. de Donna (29-4-41) [Rég. brux., J. Bascour[3] et J.L. Thys (28-11-39)[3]]. *Aff. soc. et Réformes institutionnelles* Jean-Luc Dehaene (7-8-40)[1] [Pensions, Pierre Mainil (24-1-25)[1,3]]. Santé publ., pol. des handicapés, W. Demeester de Meyer (13-12-43)[3]]. *Classes moyennes,* J. Buchmann[1] [Modernisation et Informatisation des Services publ. G. Lutgen[3]].

Nota. — (1) Sociaux-chrétiens. (2) P.R.L.-P.V.V. (3) Secrétaires d'État.

Économie

P.N.B. (84). 76 300 millions $, 7 738 $ par h. **P.I.B.** par habitant (FB/an) (83). 380 450, Wallonie (79) 249 970, Flandre (79) 295 590, Bruxelles (79) 403 480. **Pop. active** (% et, entre parenthèses, part du PNB en %). Agr. 3,0 (2,5), ind. 30,0 (34,0), services 66,1 (63,0). En milliers (83) : 4 213 dont primaire 106, secondaire 1 106, tertiaire 2 421, chômeurs 545, frontaliers 35. *Secteur public* (83) : 968 640 personnes occupées. **Chômage** (%). *1980 :* 7,8, *81 :* 9,4, *82 :* 11, *83 :* 12,1, *nov. 84 :* 12,1. *86 : (juin-avril) :* 11,6 (444 933) ; 13 selon le F.G.T.B.

Inflation (%). *1975 :* 12,8, *76 :* 9,2, *77 :* 7,1, *78 :* 4,5, *79 :* 4,5, *80 :* 6,7, *81 :* 7,6, *82 :* 8,7, *83 :* 7,7, *84 :* 6,4, *85 :* 4,01, *86 :* avril 0,4 (soit 1,45 % par an).

Budget (milliards de FB 83). Dette publique 3 716 dont en monnaies étrangères 818,7. *Avoirs extérieurs* 236,6 dont encaisse or 58,2. *Stock de monnaie fiduciaire* 390,3. *Déficit* (1985) 575. **Dette extér.** (85) 100.

Balance des paiements (milliards de FB). *1984 :* — 8, *85 :* + 25.

Agriculture. *Terres* (milliers d'ha, 83) arables 1 400, pâturages 686, forêts 600,5. *Caractéristiques.* Très productive et intensive. Petites exploitations de 13,12 ha en moy. *Ardenne :* forêts ; *Hainaut, Brabant, Hesbaye :* céréales, betterave, fourrage ; *Flandre :* élevage, pomme de terre, lin, houblon, tabac, maraîchage, fleurs. Balance agricole déficitaire (61,6 milliards de FB en 83). *Production* (millions de t, 83) betteraves sucr. 5,12, fourragères 1,30, p. de t. 0,98, froment 1, orge 0,67, avoine 0,11, seigle 0,02. **Élevage** (milliers de têtes, 83). Bovins 3 115, porcs 5 210, moutons 131, chevaux 23, poulets 21 804, dindes 179, canards 56. **Pêche.** 43 137 t (83) dont poissons marins vendables 40 133 t (83), mollusques et crustacés 3 004.

Énergie. Charbon (*prod. 1960 :* 24 millions de t, *81 :* 5, *82 :* 6,5, *83 :* 6,1). **Gaz** 623 millions de m³ en 83. **Électricité** (52 milliards de kWh en 84 dont 26,40 d'origine nucléaire, 54 en 81). **Consommation** apparente brute d'énergie primaire (en 1 000 t e. p.) (1983). Combustibles solides 9 190, pétrole 17 400, gaz naturel 7 975, nucléaire 5 400, électricité hydraulique et importations nettes d'électricité 0,5.

Industrie. Textile, sidérurgie, métallurgie. *Prod.* (milliers de t, 83) fonte 8 034, acier brut 10 157, acier laminé 6 958, zinc brut 276, plomb brut 134,2, cuivre brut 431.

Tourisme. 6 000 000 vis. (80), 30 688 486 nuitées (85).

Commerce [milliards de FB (85) Belg. et Lux.]. *Exportations* 3 163 *dont* métaux 450, mat. de transp. 399, prod. chim. 358, mat. élec. 323, perles et p. préc. 236, prod. text. 232, prod. min. 229, mat. plast. 211, prod. alim. 124, animaux 97 ; *vers France 600,* All. féd. 587, P.-Bas 450, G.-B. 309, U.S.A. 200, It. 172. *Importations* 3 315 *dont* prod. min. 637, mach. et mat. élec. 387, mat. de transp. 363, métaux 282, prod. chim. 271, perles et p. préc. 236, prod. text. 208, *de* All. féd. 695, P.-Bas 614, *France 498,* G.-B. 295, U.S.A. 187, It. 118.

BELIZE

Carte p. 890. V. légende p. 787.

Nom. *Honduras britannique* jusqu'au 1-6-1973.

Situation. Amérique centrale. 22 965 km². *Frontières :* 384 km ; avec Mexique 161, Guatemala 223. *Côtes :* 285 km. *Long. max.* 186 km. *Larg. max.* 118 km. *Alt. max.* Victoria Peak 1 122 m. *Relief :* fraction du plateau du Yucatan, bordé par 2 chaînes de petites montagnes (alt. 1 100 m) : Maya (côtière) et Cockscomb.

Climat subtropical. *Temp.* 10 à 35 °C. *Saisons : sèche* févr.-mai ; *humide* juin-août. *Pluies :* moy. Nord 1,25 m, Sud 3,85 m. De 1955 à 77, 6 typhons (dont en 61 à Hattie).

Population. 165 000 h. (84). — *de 15 a.* 46,1 %. D. 7. En % : Noirs et Métis 60, Mayas et Métis (Esp. Mayas) 26, Mulâtres (Afro-Caraïbes) 7, Blancs 4, Hindous 2, env. 6 000 Salvadoriens. **Villes** (80) : *Belmopan* 2 932 h., Belize 39 887 (très éprouvée par cyclone en 1931 et 1961), Orange Walk 8 441, Corozal Town 6 862. **Langues.** Anglais (off.). *Langues parlées* (%) créole 75, anglais 50, espagnol 32, maya ketchi 10. **Religions.** Catholiques (60 %), anglicans, méthodistes, presbytériens.

Histoire. Xe s. occupé par les Mayas. **V. 1638** établissement de bûcherons anglais. Jusqu'en **1798** nombreuses attaques espagnoles. **1765** Constitution. **1786** 1er superintendant brit. **1853** ass. législative présidée par le sup. brit. **1862** colonie brit. avec Lt-gouv. dépendant du gouv. de la Jamaïque. **1884** le Lt-gouv. devient gouv. **1964**-*7-1* autonomie interne. Le Guatemala qui revendique le Belize rompt les relations dipl. avec la G.-B. **1971** m. de la CARIFTA. **1974**-*8-12* m. du CARICOM. **1975** l'O.N.U. reconnaît le droit de B. à l'autodétermination et à l'indépendance. **1978** litige frontalier avec Guat. (zone riche en pétrole). **1979**-*21-11* élections le Parti uni du peuple a 12 s. **1981**-*11-3* accord Guat.-G.-B. prévoyant d'accorder l'indép. à B. dans l'année, moyennant un droit de passage vers l'Atlantique pour le Guat. (eaux territoriales, possibilités d'exploiter fonds marins, facilités dans les ports). *-21-9* indépendance (non reconnue par Guat.).

Statut. État membre du Commonwealth. *Chef de l'État* Reine Élisabeth II. *Gouv. gén.* James P.I. Hennessy dep. 7-3-80. *PM* Manuel Esquivel, (n. 1940). *Ch. des dép.* (18 m. élus au suffr. univ.). *Élections* (déc. 1984) : *P. démocratique uni* (conservateur Manuel Esquivel) 21 s. (54 % des voix), *P. uni au peuple* (George C. Price, n. 15-1-1919) 7 s. *Sénat* (8 m. nommés). **Fête nat.** 10 septembre.

P.N.B. (83). 1 140 $ par h. **Pop active** (% et entre par. part du P.N.B. en %). Agr. 50 (30), ind. 15 (25), services 35 (45).

Agriculture. *Terres* (%) forêts 90, arables 5,1 (dont cultivées 4). *Production* (milliers de t, 82) canne à sucre 1 059, riz 7,8, maïs 21,1, oranges 20,2, raisin 13,3, bananes 9,9, citrons, gomme de sapotillier (pour chewing-gum). **Forêts.** Bois tropicaux. 117 000 m³ (81). **Pêche.** 1 349 t (80), surtout crevettes. **Tourisme.** 61 400 vis. (80).

Commerce (millions de $ de BZ, 83). *Exportations* 115,5 *dont* (82) sucre 65,7, vêtements 12,7, citrons 14,1, bananes 4,2, poisson 12,6, bois 3,8. *Importations* 223,6. *Principaux partenaires :* U.S.A., G.-B., Jamaïque, Mexique, Canada.

BÉNIN

Carte p. 883. V. légende p. 787.

Nom. Dahomey jusqu'au 26-10-1975.

Situation. Afrique. 112 622 km². *Frontières :* Niger 190 km, Hte-Volta 270, Nigeria 750, Togo 620 ; côtes : 120 km. *Long.* 700 km, *larg.* 125 km au S., 325 au N. *Alt. max.* 800 m (massif de l'Atacora). *Cours d'eau principaux :* Oueme 450 km (dont 200 navigables), Mono 350 (100 nav.), Couffo 125.

Régions. 5 zones : *côtière* (rectiligne, basse, sablonneuse, bordée de lagunes, prof. 2 à 5 km), *intermédiaire* (terre de barre, plateau d'argile ferrugineuse avec dépressions marécageuses, — de 400 m), *moyenne* (plateau silico-argileux entre Savalou et collines de l'Atacora, forêt clairsemée), massif de *l'Atacora* (500 à 800 m, château d'eau du Dahomey et du Niger), *plaines du Niger* (silico-argileuses, caractère soudanien).

Climat. *Sud :* équatorial, forte humidité, temp. 23 à 32°C, 4 saisons : pluies (gde saison mars-juin, petite sept.-nov.), sèches (gde saison juill.-août, petite déc.-févr.) ; *Nord :* écarts de temp. plus marqués en s'éloignant de la côte, humidité diminuant, tropical, 2 saisons : pluies (mai-oct.), sèche (nov.-avril) ; harmattan (déc.-mars).

Population. 3 930 000 h. (est. 85) dont Fons, Adjas, Nagots, Peuls, Aïzos, Sombas, Baribas, Yorubas, Pila-Pila, Mahis. 32 000 étrangers dont Européens 6 000 (Français 2 800) [*1920 :* 1 200 000 ; *1940 :* 1 440 000 ; *1950 :* 1 670 000 ; *1960 :* 2 050 000]. D. 35. **Villes** (79) : Porto Novo 208 258 (82), Cotonou 487 020 (82) (30 km), Parakou 76 000 (450 km), Abomey 42 000 (135 km), Natitingou 15 500 (530 km), Lokossa 15 000.

Provinces	Pop. (82)	Villes	Superficie	% de terres cultivées sur t. cultivables
Ouémé	626 870	*Porto-Novo*	4 700	56
Atlantique	686 260	Cotonou	3 222	54
Mono	477 380	Lokossa	3 800	43
Zou	570 430	Abomey	18 700	15
Borgou	490 670	Parakou	51 000	7
Atacora	479 600	Natitingou	31 200	9

Langues. Français *(off.),* fon (47 %), dendi, yoruba (9 %), mina, goun, bariba (10 %), somba, yoabou, adja (12 %), pila-pila. **Religions** (en %). Animistes 65, musulmans 15, catholiques 14, protestants 6.

Histoire. 1851 Ghezo, roi du Dan-Homé (1818-58) signe un tr. comm. avec France. Après 2 expéditions (1890 et 1892-94 avec le Gal Dodds), Fr. occupe Dahomey, fait prisonnier le roi Behanzin (1844-1900) et regroupe ses possessions dans les établissements du Bénin (1893), qui devient la colonie du D. (10-3-93). **1899** entre dans l'A.O.F. **1958**-*4-12* rép. au sein de la Communauté. **1959**-*17-1/1-2* s'associe au Mali. **1960**-*1-8* indépendance. **1963**-*28-10* le Pt Hubert Maga renversé. **1964**-*19-1* Sourou Migan Apithy Pt, et J. Ahomadegbé Pt Cons. **1965**-*29-11* Apithy démissionne. Tahirou Congacou Pt, renversé en déc. par l'armée. **1967**-*17-12* des officiers éliminent Gal Soglo (n. 28-6-09), le remplacent par Lt-Cel Allev (n. 9-4-30), qui démissionne *juillet* **1969,** remplacé par le Dr Émile Derlin Zinsou (n. 23-3-18). **1969**-*10-12* Lt-Cel Kouandete écarte Dr Zinsou. **1970**-*7-5* remet le pouvoir à un Conseil présidentiel de 3 m. [Maga (n. 1916), Ahomadegbé (n. v. 1917), Apithy (1913-78)]. **1972**-*23-2* tentative de putsch. *-26-10* coup d'État réussi. **1975,** *juin* cap. Aikpe, min. de l'Intérieur, accusé d'adultère avec la femme du chef d'État, est abattu. *-18-10* complot ourdi par le Dr Zinsou (exilé à Paris) échoue. *-30-11* Rép. populaire. **1976**-*1/2-2* 11 « zinzouistes » condamnés à mort. **1977**-*16-1* tentative de complot (commando de Bob Denard) 6 †. **1979,** *nov.* élect. législatives : 97,9 % pour liste unique. **1983,** *janv.* visite du Pt Mitterrand. *-4-2* prorogation de 18 mois du mandat du Pt et de l'Ass. Sécheresse. **1984**-*1-8* amnistie politique.

Nota. — Le roy. fon d'Abomey correspondant au Dan-Homé historique couvrait environ 1/5 du territoire de l'actuelle République. Le roy. du Bénin (apogée aux XVIIe et XVIIIe s.) comportait 4 ethnies principales : Edos (Nigeria actuel), Yorubas (en majorité Nigeria actuel, mais aussi dans le B. actuel), Fons (B. et Togo actuels), Ewés (Togo et Ghana actuels). Il formait un croissant (800 km de long, 300 km de large) entre bas Niger, basse Volta et côte Atlantique.

Statut. République populaire. *Const.* du 23-5-77 en vigueur dep. nov. 79. *Pt* (élu p. 5 ans). Lt-Cel Mathieu Kérékou (2-9-33) dep. le 26-10-72. *Assemblée nationale révolutionnaire* élue p. 5 ans, composée de 336 commissaires du peuple. *Parti* unique *de la Rév. pop.* du Bénin (P.R.P.B.), f. 30-11-1975, leader Pt Kérékou. **Fête nat.** 30 nov.

Économie

P.N.B. ($ par h.). *82 :* 330 ; *83 :* 280. **Pop. active** (% et entre parenthèses part du P.N.B. en %). Agr. 50 (25), ind. 10 (10), service 37 (56). **Dette extér.** (1-1-83) 761,5 millions de $.

Agriculture. *Terres* (milliers d'ha, 79) 11 262 dont arables 1 350, cultivées en permanence 440, pâturages 442, forêts 4 020, eaux 200, divers 4 810. *Production* (milliers de t, 83) manioc 609, maïs 273, huile de palme, coton, arachides, ignames 671, sorgho, millet, cacao. Autosuffisance alim. **Élevage** (milliers de têtes, 83). Moutons 965, chèvres 940, bovins 897, porcs 528, poulets 4 450. **Forêts.** 4 083 000 m³ (82). **Pêche.** 24 000 t (83).

Énergie. Mines. *Pétrole* (en millions de t) : *réserves* 37, *prod.* (83) 0,2 ; or, phosphates, marbre (non exploité), kaolin. **Industrie.** Sucreries, cimenteries, textile, brasseries, huileries. **Transports** (km). Chemins de fer 577, routes 7 246 (dont 917 bitumés). **Tourisme.** 53 295 vis. (80). Village lacustre de Ganvie. **Dette extérieure** (millions de $, 83). 560, service 165.

Commerce (millions de $, 82). *Exportations* 134 dont 55 % vers la France. *Importations* 889 dont 33 % de France.

Rang dans le monde (81). 5e palmistes.

BERMUDES (ILES)

V. carte p. de garde. V. légende p. 787.

Situation. Amérique du N. 53 km² (360 îles dont 20 habitées, s'étendant sur 35 km à 956,6 km de la Caroline du Sud, 1 241 de New York, 1 664 de Miami).

Alt. max. Town Hill 79 m. **Climat** doux et humide (mais aucune rivière ni réserve d'eau douce). *Saison touristique* mars-déc. *Temp.* moy. 21 °C, max. 31,1 °C, min. 8,3 °C. **Population.** 67 800 h. (84) + 2 173 militaires américains (77), dont Noirs 61 %. D. 943,3. *Capitale : Hamilton* 5 000 h. **Langue.** Anglais *(off.).* **Religions** (%) Anglicans 37, cath. 14, autres chrétiens 34.

Histoire. V. 1503 découvertes par l'Esp. Juan Bermudez. **1609** George Somers s'y échoua. **1612** colonisées par les Brit. **1968**-*8-6* autonomie. **1973**-*10-3* le gouverneur Sir Richard Sharples assassiné ; émeutes raciales en 1968, 72, 73, déc. 77.

Statut. Colonie britannique. *Const.* du 8-6-68. *Chef de l'État* reine Élisabeth II. *Gouverneur* Viscount Dunrossil dep. 18-7-83, nommé par la reine. *PM* John W. Swan. *Conseil des min.* (13 m.). *Chambre* (40 m. élus pour 5 ans ; *él. 29-10-85* : P. uni des Bermudes 31 s.). *Sénat* (11 m. nommés dont 3 présentés par l'opposition). *Base aéronavale américaine* 6 km², louée 99 ans dep. 1941.

Économie. P.N.B. (84) 15 000 $ par h. Langoustes (se raréfient). *Tourisme :* 44 % du P.N.B. 528 800 vis. (84). *Nombreux sièges de compagnies étrangères* (avantages fiscaux). *Transports* maritimes.

Commerce (millions de $ B., 84). *Exportations* 38 (essences concentrées, fleurs, produits de beauté et pharm.) *vers* Jamaïque, U.S.A., Espagne, G.-B. *Importations* 404 (viande, pétrole, vêtements, machines) *de* U.S.A., Japon, G.-B., Antilles néerlandaises, Canada, France.

BHOUTAN

V. légende p. 787.

Nom officiel. Druk Yul (« pays des dragons »).

Situation. Asie. 47 000 km². *Frontières :* 955 km, avec Inde 585, Tibet 370, Sikkim 45.

Régions. *Méridionale* (larg. 50 km), forêts, orchidées, bois précieux. Pluviosité + de 4 m. Éléphants, tigres, buffles, rhinocéros, cerfs, langur doré (singe qui ne se trouve nulle part ailleurs dans le monde) ; *centrale* (tempérée, alt. 1 650 m), forêts, érables, bouleaux, châtaigniers ; plus hautes alt. : forêts, conifères, mélèzes, pins, sapins, rhododendrons, épicéas, genévriers ; *Nord ou alpine :* Grand Himalaya (4 000 et 6 000 m) ; touche les neiges éternelles ; plantes rares : ex. : pavots bleus, saxifrages, gentianes, primevères. Également daims musqués, moutons bleus, takins.

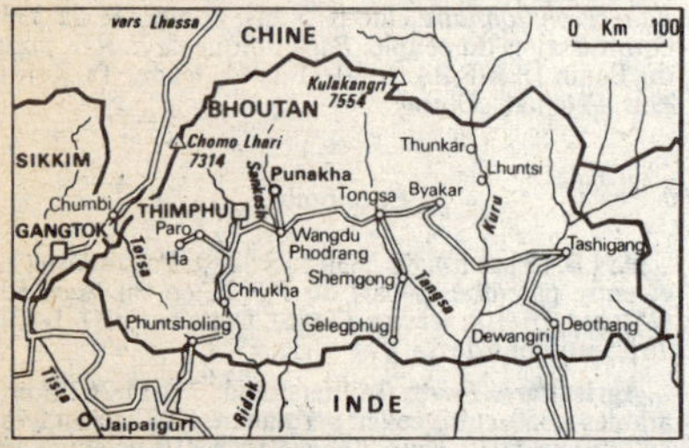

Population. 1 360 000 h. (84). D. 26. 3 ethnies principales : *Scharchops* (à l'E.), descendants de souche mongoloïde des 1ers habitants ; *Ngalops* (O.), descendants d'immigrants du Tibet, occupant les 5 vallées ; *Népalais* (S), implantés au début du XXe s. **Ville :** *Thimphu* 15 000 h. (alt. 2 400). Jusqu'en 1955, alternance entre Punakha (cap. d'hiver) et Thimphu (cap. d'été). **Analphabètes** 90 %.

Langues. *Dzongkha* (tibétain) *(off.)*, bumthangkha (Bouthan central), sharchopkha (E.), népali (S.). Nombreux dialectes. Angl. off. dans l'enseignement.

Religions. D'État (bouddhisme du Mahayana) ; école religieuse off. (éc. Drukpa de la grande éc. religieuse des Kagyupa). *Monastères et temples :* des centaines, ex. : Kyichu et Taksang (vallée de Paro), Jampey et Kujey (v. de Bumthang), Phajoding, Tango et Cheri (v. de Thimphu).

Histoire. VIIIe s. apr. J.-C. Padmasambhava introduit le bouddhisme. **IXe s.** occupation tibétaine. **XIIIe s.** Phajo Drugom Shigpo fit de l'école Drukpa Kagyro du bouddhisme Hahayam l'école dominante. **XVIIe s.** Zhabdrung Nyawang Namgyel († 1651) unifia pour la 1re fois le pays : le Desi ou Deb Raja (affaires temporelles), le Je Khenpo (aff. religieuses). **1865** inv. brit. : le B. cède un terr. contesté (plaine des Duars, 12 000 km²) contre pension annuelle. **1907**-*17-12* monarchie : Ugyen Wangchuck, Penlop (gouverneur) de Tongsa, nommé par les représentants laïcs et du clergé, monarque héréditaire (titre de Druk Gyalpo : roi du pays de Druk du B.). **1910** tr. avec G.-B. Le B. accepte d'être guidé dans ses relations extérieures par les conseils britanniques. **1926** le fils d'Ugyen Wangchuck, Jigme († 1972), lui succède. **1949** tr. ratifié avec l'Inde, devenue indépendante.

Statut. Monarchie. *Roi* (druk gyalpo : roi-dragon) Maharadjah Jigme Singye Wangchuck (n. 11-11-1955) dep. 24-7-72, fils du roi Jigme Dorje Wangchuck (1927-72), confirmé par le Conseil des chefs le 2-6-74. *Ass. nat.* (Thsogdu, créé 1953) : 152 m. dont 105 représentent le peuple, 35 le gouv., 12 le clergé. *Conseil royal* (créé 1965) : 9 m. dont 5 représentent le peuple, 2 le clergé, 2 le gouv., 1 le roi. *Conseil des ministres :* créé 1968. Pas de partis pol. L'Inde s'occupe des relations extérieures et finance 55 % du budget du 5e Plan (1981-87). 40 % des enseignants, 30 % des fonctionnaires sont Indiens. Forte influence du chef religieux, le *jey kempo. Organisation : dzong,* forteresse où sont regroupés gouverneur, villageois, administration laïque, justice, monastère. **Fête nat. :** 17 déc. [installation du 1er roi (1907)].

Économie

P.N.B. (83) 142 $ par h. **Pop. active** (%, entre par. part du P.N.B. en %) agr. 70 (56), ind. 5 (9), serv. 25 (35). **Aide.** Ve plan (1981-82 à 1986-87), 50 % financé par l'extérieur soit 217 millions de $ (dont Inde 141). **Monnaie.** XVIe s., pièces de cuivre (Zangtam). V. 1960, p. d'argent (Tiktung), puis cuivre et nickel. Récemment, monnaie de papier (Ngultrum). La m. indienne a aussi cours légal. 1 NU = 1 roupie ; 1 Chultrum (CH) : 1 paisa.

Agriculture. Forêts 63 %, terres cultivées 5 % (vallées fertiles 250 km²). *Production* (milliers de t, 83) riz 60 (70 % des terres cult.), blé 10, pe de terre 26, maïs 83, orge 5, millet, sarrasin, cardamome, oranges, pommes, jute 6, tabac. **Élevage** (milliers de têtes, 83). Bovins 312, porcs 74, moutons 43, chèvres 45, buffles 28, chevaux 16, ânes 18, mulets 8, volailles 187 (1982). **Forêts.** Papier, résine, placage, huile de citronnelle, meubles.

Mines. Charbon, cuivre, dolomite, gypse, graphite, plomb, zinc. **Électricité.** Barrage sur la Chukha (800 MW, 1984). **Artisanat.** Bois, or, argent, allumettes, conserveries, tissage, distillerie. **Timbres.** Dep. 1962, ventes de timbres pour obtenir des devises.

Transports. *1971* 1re route asphaltée. **Tourisme.** 1 800 vis. (81). *Recettes* 1,8 millions de $ (1983). **Sports :** tir à l'arc ; keshey (lutte), poungdo (lancer), dokor (lancer d'une pierre plate), soksom (javelot), football, basket-ball, volley-ball, badminton, tennis, ping-pong.

BIRMANIE

V. légende p. 787.

Nom. D'après la légende, des esprits favorables (Bya Ma) auraient créé un pays merveilleux (Myan Ma). Les Anglais ont déformé ce nom, en faisant Bur Ma (traduit en français Birmanie).

Situation. Asie. 676 552 km². *Frontières* 6 158 km, avec Chine 2 347, Thaïlande 2 115, Inde 1 539, Bangladesh 244, Laos 235. *Côtes :* 1 385 km. *Long. max.* 2 051 km, *larg.* 582. *Alt. max.* Mt Hkakabo Razi, 6 330 m. **Régions :** O. montagnes (Mts Patkai, 4 à 5 000 m), S.-O. chaîne de l'Arakan, N. montagnes, Centre-E. plateau Shan (1 000 à 1 200 m), S. Tenasserim, côte abrupte, bassin de l'*Irrawaddy* (1/3 de la superficie du pays). **Fleuves :** Irrawaddy 1 992 km (1 653 navigables), Salween 1 280 (112 nav.), Chindwin 1 021. **Climat :** avril-début mai très chaud (jusqu'à 40 °C), 15 mai-15 oct. mousson. En hiver, 24 °C à Rangoon, 21 °C à Mandalay. *Saison touristique :* déc. à févr.

Population. 38 000 000 h (84) dont (%) Birmans 72, Karens 7, Shans 6, Kachins 2, Chinois 2, Indiens 3. *Pop. active :* 39,2 % ; pop. rurale : 85 % ; *– de 15 a.* 40,5 %. D. 56,2. **Immigration** *en B. :* 110 750 (Indiens 60 000, Chinois 45 000, divers 5 750). **Villes :** *Rangoon* 2 400 000 h. (83), Mandalay 550 000 (695 km), Moulmein 202 000 (301 km), Pagan (ancienne capitale royale, milliers de temples) (684 km).

Langues. Birman (80 %, *off.*) ; l. des minorités ethn. : karen 20 %, mon 12, shan 7, kachin 5, chin 3, kayah 2, arakan 2. **Religions** (%). Bouddhistes 85 (Petit Véhicule), chrétiens 10, musulmans 4, juifs (nasusras descendants de la tribu de Manossi, plusieurs milliers), divers 1.

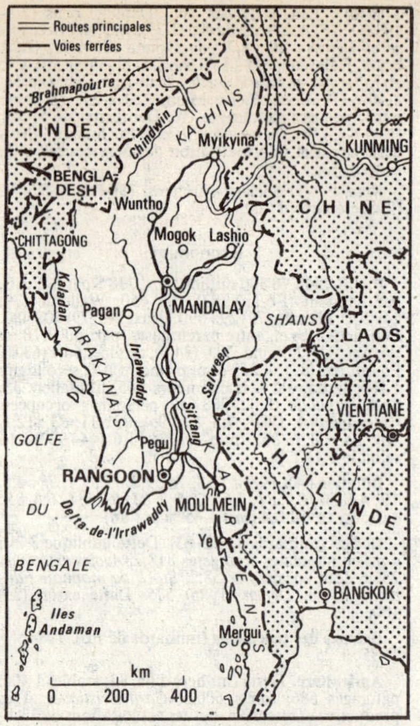

Histoire. Peuplement de Mongols, indianisation au début de l'ère chrétienne. **1044 ap. J.-C.** roy. de Pagan fondé. **XIVe s.** roy. de Pégou fondé. **1511** Portugais arrivent. **1531-72** dyn. Toungou. **1613** agents brit. **1752-85** dyn. Alaungpaya. **1824-26** occupation brit. partielle. **1886** occupation complète, annexion à l'Inde. **1937** colonie de la Couronne séparée de l'Inde. **1941** *déc.* invasion japonaise. **1942** *août* gouv. fantoche pro-jap. **1945**-*3-5* les Angl. reprennent Rangoon. **1948**-*4-1* indépendance. **1958-60** Gal Ne Win (n. 4-5-11) PM. **1949-55** rébellion com. 30 000 †. **1960** élections U Nu PM. **1962**-*2-3* coup d'État renverse U Nu, *Conseil nat. rév.* (15 m.) présidé par Ne Win détient le pouvoir. Guérillas procommunistes dans le N. (États Shan, tribu Kachin), révoltes dans le S. des Karenes et Mons. *Juin* la marine tire sur dockers (22 †). **1966** U Nu libéré, réfugié à Bangkok pour diriger le Front uni de libération nat. **1974** *déc.* émeutes (étudiants), loi martiale. **1975** *juin* combats dans le N. contre communistes contrôlant partie importante des États Kachin et Shan. **1976** complot mil. du min. de la Défense Tin Un (condamné à 7 ans de prison). **1977** *mars* colonel U Maung Maung Kha, PM. **1978** *févr.* représailles contre Arakans (ethnie des Rohingyas) ; env. 200 000 s'enfuient au Bangladesh. **1980** *juill.* U Nu rentre à Rangoon (73 a.). **1983**-*9-10* attentat à Rangoon contre la délégation sud-coréenne (21 †). *Oct.* enlèvement de 2 Fr. par les séparatistes Karens (relâchés le 25-11). Gal Tinoo condamné pour concussion à réclusion perpétuelle. **1985**-*24-7* attentat contre train (61 †) ; *-3-11* démonétisation des billets de 20, 50 et 100 kyats.

Statut. République socialiste de l'Union de B. *Constit.* du 4-1-1974. 1 *Chambre* (Pyithu Hluttaw) 475 m. dont sont issus les ministres (17) et le Conseil d'État (28 m.) qui détient le pouvoir, élus p. 4 a. *Pt de la Rép.* 9-11-85 : Aqa Ko. *PM* U Maung Maung Kha (n. 2-11-17) dep. mars 77. *Parti* unique [Lanzin Party f. 1962 ; 281 617 m. en 78, leader Gal Ne Win (n. 24-5-11), Gal San Yu (n. 1918)]. **Fête nat. :** 4 janv. (indép.). Les habitants portent le *longyi,* habit traditionnel ressemblant au *sarong.*

États. *Sup. et pop. en 1983 : Kachin* (Myitkyina) 87 808 km², 903 982 h. ; *Kawthoolei* (Pa-An) 28 726 km², 660 244 h. (1973) ; *Kayak* (Loikaw) 11 670 km², 168 355 h. ; *Shan* (Taunggy) 158 222 km², 3 718 706 h. **Divisions.** *Arakan* (Sittwe) 36 762 km², 1 847 000 h. (1973). *Chin Hills Special* (Falam) 36 009 km², 368 985 h. *Irrawaddy* (Bassein) 35 167 km², 4 991 057 h. *Mandalay* (Mandalay) 34 253 km², 4 580 923 h. *Magwe* (Yenangyaung) 44 799 km², 3 241 103 h. *Pegu, Rangoon* (Pegu, Rangoon) 50 305 km², 3 973 782 h. *Sagaing* (Sagaing) 59 150 km², 3 855 991 h. *Tenasserim* (Moulmein) 55 189 km², 917 628 h.

Révoltes ethniques (Karèns, Kachins, Arakanais, Mons et Karenni et autres minorités nationales); *communiste*, où dans des zones sous son contrôle, le PC B (Wa), dans les montagnes près de Thaïlande, supervise, avec les Mons, la contrebande. **Organisations mil. politiques** : communistes du « drapeau rouge » (prosoviét., a disparu dep. l'arrestation de son chef Thakin Soe en 1970); comm. du « drapeau blanc » [prochinois – influents dans le N.-E. où ils immobilisent 60 000 soldats (l'armée rég. a stoppé en févr. 1978 une offensive comm. à gros effectifs contre Kunlong et Tang Yang ; dep. les comm. pratiquent la guérilla)] ; partisans de U Nu. *Dans l'État Shan :* anciennes unités nationalistes du Kouo-min-tang (trafic de drogue) dans la Shan United Army (avec Chan Shifu, la plus importante). *État Kachin* (chrétiens) : Kachin Independance Army.

Économie

P.N.B. *1982 :* 190 $ par h. ; *83 :* 180 ; *84 :* env. 170. **Pop. active** (% et entre par. part du P.N.B. en %) agr. 65 (42), ind. 8 (14), serv. 23 (39). **Inflation.** *1981 :* 0,3 %, *82 :* 5 %, *83 :* 7,1 %. *84 :* 4,8. **Dette extérieure** 6 milliards de $ (83).

Agriculture. *Terres* (milliers d'ha, 79) 67 655 dont arables 9 579, cultivées en permanence 449, pâturages 361, forêts 32 169, eaux 1 881, divers 23 216. *Production* (milliers de t, 83) riz 145, blé 183, maïs 301, sucre de canne 3 135, arachides 691, coton, sésame 204, tabac, jute, caoutchouc, millet, légumes 1 935, fruits 1 044. Opium [600 t (soit l'équivalent de 60 t d'héroïne), dont États Shans 260 t en 82, dans le Triangle d'Or 155 000 km² ; Nord Thaïlande, hauts plateaux du Laos), État Kachin 178 t.]. **Forêts.** 27 194 000 m³ (81). Teck réputé 500 00 t (en 83). **Élevage** (milliers de têtes, est. 83). Bovins 9 400, buffles 2 150, porcs 2 900, moutons 260, chèvres 770, poulets 30 000, canards 6 000. **Pêche.** 585 800 t (83).

Pétrole 1,4 million de t (84), réserves : 4 millions de t. **Gaz nat.** 0,7 milliard de m³ (82). **Mines.** Étain, charbon, plomb, zinc, argent, cuivre, antimoine, tungstène, rubis, saphir.

Transports (km, 80). Chemin de fer 4 354, routes 34 776, navigation fluviale.

Tourisme. 30 741 vis. (82). *Rangoon :* pagode Shwedagon, reliques de Bouddha. Au sommet du stupa (100 m de haut) seinbou (globe en or de 25 cm de diam. incrusté de 4 433 diamants, rubis, saphirs, topazes, émeraudes). Marché de *Taunggy.* Lac *Inlé.* *Mandalay :* pagodes, Maha Muni (statue de Bouddha assis), murailles de l'ancien palais royal, pagode Kouthodo. Anciennes capitales royales : *Ava, Amarapura, Sagaing, Pegu, Pagan, Heho, Kalaw.*

Commerce (millions de kyats, est. 83-84). *Exportations* 3 419 dont (%, en 82-83) riz 44, teck 24, métaux et minerais 11,5 haricots et légumes secs 6,5 *vers* (%) Asie 52, (Japon 8) CEE 12, Afrique 11. *Importations* 5 197 dont (%, en 82-83) biens d'équipement 52, matières 1res et prod. semi-finis 34,2, biens de consom. 13,8 *de* (%) Asie 60 (Japon 39), CEE 22, autres pays occid. 10, Eur. Est. 4.

Balance (en millions de $). **Commerciale :** *1981-82 :* – 334 ; *82-83 :* – 496 ; *83-84 :* – 251. **Des paiements :** *1981-82 :* – 49 ; *82-83 :* – 138,6.

Rang dans le monde (83). 6e riz.

BOLIVIE

Carte p. 824. V. légende p. 787.

Situation. Amérique du S. 1 098 581 km². *Alt. max.* 6 882 m (Illimani). *Frontières :* 5 545 km, avec Brésil 2 570, Pérou 735, Arg. 700, Paraguay 740, Chili 800.

Régions. Ouest : Montagnes des Andes (les plus hauts sommets : Sajama 6 542 m, Illampu 6 421 m, Illimani 6 322 m) et **hauts plateaux de l'Altiplano** (3 500/4 000 m ; 840 × 140. 102 300 km²) ; très riche en minerais, pauvre en végétation. **Lacs :** *Titicaca* [8 030 km² (dont Bol. 3 690 et Pérou 4 340) 171 × 64 km, prof. 281 m (à 3 810 m], *Poopó* 1 337 km², alt. moy. 3 686 m. Paysans Aymaras : cultures surtout autour des lacs (pommes de terre, orge, fèves, quinua), élevage de bovins, lamas et alpacas. **Vallées et Yungas** [v. étroites et chaudes coupant la Puna (steppes)]. 13,3 % de la sup., 38,9 % de la pop. Alt. 800/3 000 m. Cultures : régions subtropicales : bananes, citriques, coca, café, canne à sucre ; vallées tempérées : pâturages et terres fertiles pour céréales, fruits, tubercules, légumes verts et secs. Paysans en majorité Quechuas. **Plaines (N.-Ouest) :** 70 % de la sup., 19,9 % de la pop. Alt. 134/800 m. Climat tropical. Cultures : canne à sucre, coton, soja, tabac ; élevage. Régions forestières : bois précieux, chasse et pêche. Pétrole. **Est : Llanos** (plateau et savane), **Chaco** (plaine, sable, désert).

Climat : saison sèche et froide avr. à oct., des pluies (temps chaud) de nov. à mars ; températures moyennes : *La Paz* 10 °C. *Sucre* 12 °C (24 °C en nov.-déc., 7 °C en juin).

Population. 6 370 579 h. *(est. 85)* dont (en %) Amérindiens 65, Métis 25, Blancs 10. *Pop. rurale* 6,6 % (100 % Indiens dans l'Altiplano, env. 60 % à La Paz, Eur. ou Métis 75 % dans les Yungas). – *de 15 ans* 41,9 %, *+ de 60 a.* 6,4 %. D. 5 (hauts plateaux 12,6, vallées 12, basses terres 1). *Taux* natalité 44 ‰ ; mortalité 16,8 ‰ (infantile 124,4) ; croissance 2,7 %. Analphabétisme 33,3 %. **Villes** (82) : *La Paz* 881 404 h. (siège du gouvernement, à 3 800 m d'alt.), *Sucre* 79 941 (cap. administrative, à 2 844 m), Santa Cruz 376 912, Cochabamba 281 962 (à 2 610 m), Oruro 132 213 (à 3 700 m), Potosi 103 183 (à 4 040 m), Tarija 54 001, Trinidad 35 000 (77). *Distance de Sucre :* La Paz 740 km, Cochabamba 366, Oruro 501, Santa Cruz 608, Potosi 166, Tarija 512, Villazon 596.

Langues (%). Espagnol *(off.)* 55 ; Indiens : quetchua 34,4, aymara 25,2. **Religion.** Cath. *(off.)* 95.

Histoire. 400 av. J.-C.-1200 apr. J.-C. civilisation de Tiahuanacu ; **vers 1200** l'Inca Manco Kapac l'incorpore à l'Emp. inca. **1532** domination esp. **XVIIIe s.** missions jésuites. Révoltes de Alejo Calatayud (1731), Tupac Katari (1770), Gabriel Tupac Amaru (1780). **1776** rattaché à la vice-royauté de la Plata. **1809-25** luttes pour l'ind. Manuel Goyeneche contre Antonio Balcarce. **1824** victoire de Sucre (1795-1830, Gal vén. au serv. de Bolivar). Ind., la rép. se donne le nom de Bolivie en l'honneur de Bolivar. **1825**-*6-8* indép. Rép. (Pt Bolivar 1783-1830, vice-Pt Sucre). **1825-60** 70 Pts, 11 Constitutions. G. civiles et g. contre Chili. **1879-93** g. contre Chili au sujet d'Atacama ; alliée au Pérou, B. battue, cède Atacama (120 000 km² ; actuellement dans la prov. chilienne d'Antofogasta), perdant tout accès à la mer. **1903** B. cède terr. de l'Acre et du Mato Grosso au Brésil. **1932-35** g. contre Paraguay, B. renonce au Chaco. **1941**-*janv.* Victor Paz Estenssoro fonde le M.I.R. (Mouv. de la Gauche révol.). **1943**-*20-12* conspirateurs provoquent la chute du régime des « barons de l'étain ». Le lieutenant-colonel Gualberto Villaroel prend le pouvoir avec le M.N.R. (Mouv. nationaliste révol.). **1946**-*juil.* Villaroel doit démissionner ; les barons organisent une insurrection (Villaroel et proches collaborateurs assassinés). **1949**-*juin* Paz Estenssoro déporté en Uruguay. **1951** élections : Paz l'emporte. Pt Urriolagoitia provoque alors un « putsch ». Gal Hugo Ballivian annule les élections. **1952**-*févr.* le M.N.R. déclenche grèves et marches de la faim. *-8-4* Siles Zuazo, second de Paz, appelle M.N.R. et carabiniers à l'insurrection. Après 3 j de g. civile (600 †), reddition de l'armée. *-13-4* Paz rentre d'exil (foule en liesse), Siles Zuazo lui remet le pouvoir. *-1-5* manifeste de la C.O.B. (centrale ouvrière) : nationalisation des mines, instauration du contrôle ouvrier, abolition latifundia, monopole du commerce extérieur, réforme éducative, démocratie réelle avec vote universel, salaire minimum vital avec échelle mobile... *-31-10* nationalisation de mines d'étain (Patino, Aramayo, Othschild), les « barons » reçoivent une indemnisation pour gisements pratiquement épuisés. **1953**-*juin* suffrage universel. *-2-8* réforme agraire. **1956-60** Siles Zuazo succède à Paz. **1960-64** Paz reprend pouvoir. **1963** les mineurs se déclarent opposés au régime. **1964**-*4-11* junte mil. (Gal Barrientos) renverse Paz (exil au Pérou). **1966**-*4-7* Gal Barrientos élu Pt. **1966-67** guérillas. **1967** le Français Régis Debray arrêté, *27-4* condamné à 30 ans de prison (libéré 23-12-70), l'Argentin *Ernesto Guevara* (dit Che) est exécuté le 9-10. **1969**-*27-4* Pt Barrientos tué (accident d'hélicoptère), Luis Adolfo Siles Salinas (n. 1926) Pt. *-26-9* renversé par Gal Alfredo Ovando Candia (1918-82). **1970**-*6-10* Candia renversé par Gal Juan José Torres. **1971**-*19/22-8* Gal Hugo Banzer Suarez (n. 10-5-1926) prend pouvoir, constitue le Front populaire nationaliste avec appui du M.N.R. et de la Phalange ; gèle salaire, interdit syndicats et partis de gauche, se maintenant grâce à répression. **1974** *févr.* émeutes à Cochabamba (+ de 100 †). *-7-11* soulèvement mil. à Santa Cruz (échoue). *-9-11* Banzer proclame l'« ordre nouveau ». Constit. suspendue. Élections ajournées. Paz Estenssoro exilé aux U.S.A. **1976**-*11-5* Joaquim Zenteno Anaya (n. 1921), ambassadeur, tué à Paris. *-2-6* Gal Torres tué en Argentine. *-14-6* grève de solidarité étudiants/mineurs. **1977**-*22-12* amnistie pol. partielle. **1978**-*18-1* a. générale. *-17-3* rupture dipl. avec Chili [26-8-75 B. demande au Ch. un corridor territorial jusqu'à la côte et une enclave ; *-19-12* Ch. refuse l'enclave, accepte corridor de 3 000 km² contre un terr. équivalent en B. ; Pérou consulté obligatoirement accepte 29-11-76, mais exige terr. commun aux 3 pays ; Ch. refuse.]. *-9-7* Juan Pereda Asbun élu Pt contre Hernan Siles Zuazo (Union démocratique pop.), nombreuses fraudes. *19-7* élection annulée. *-21-7* coup d'État du Gal Juan Pereda (n. 1931). *-1-11* tentative de coup d'État. *-24-11* Pereda renversé, nouveau gouv. [Gal David Padilla Arancibia (n. 1924) appuyé par l'U.D.P.]. **1979**-*1-7* élect. présid. : aucun candidat n'a la majorité, le congrès doit trancher. *-6-8* Walter Guevara Arce, Pt du Sénat (n. 1912) nommé pour 1 an. *-1-11* coup d'État mil. (env. 10 †), Cel Alberto Natusch Busch (n. 1933) au pouvoir. *-16-11* Lidia Gueiler élue Pte de la Chambre des dép., élue par intérim (jusqu'au 6-8-80).

1980-*17-7* soulèvement du Gal Luis Garcia Meza contre la Pte. **1981** *mai* l'armée abandonne lutte contre drogue. *-27-6* échec du putsch des gén. H. Cayola et L. Anez (en exil). *-3-8* soulèvement mil. à Santa Cruz contre Garcia Meza (démissionne, compromis dans un trafic de drogue). **1982**-*26-5* amnistie générale et levée des mesures restrictives contre partis et syndicats. *-20-7* Gal Guido Vildoso (n. 1934), nommé par des Cdts en chef des 3 armées, succède comme Pt à Celso Torrelio Villa, démissionnaire. Manif. et grèves syndicales. *-10-10* le parlement élit Hernan Siles Zuazo (centre gauche) Pt. *-17-11* dévaluation du peso de 150 %. **1983** *févr.* expulsion de Klaus Barbie (naturalisé bol. le 7-10-57 sous le nom de K. Altmann), arrêté 26-1 pour fraude financière. **1984**-*30-6* putsch (191e en 160 ans) échoue. Pt Hernan Siles Zuazo qui a été séquestré, libéré. *-Nov.* dévaluation du peso de 350 % ; Siles Zuazo décide d'abréger d'un an son mandat. **1985**-*9-2* dévaluation du peso de 400 %. *-26-3* grève générale de 16 j. *-14-7* él. à la présidence : 18 candidats, aucun n'a majorité absolue (Gal Hugo Banzer, parti A.D.N. (Action démocratique nationaliste, conservateur) 28,57 % des voix, V. Paz Estenssoro (centre droit) 26,42 %. *-5-8* V. Paz Estenssoro élu Pt par congrès. *Sept.* grèves dans mines.

Statut. Rép. *Sénat* (27 m. élus p. 6 a.). *Chambre* (117 m. élus pour 4 a.). *Pt* Victor Paz Estenssoro (2-10-07) dep. 6-8-85. **Fête nat. :** 6 août, réunion de la 1re constituante.

Régions administr. (en km² et pop. en 80). La Paz 133 985, 1 913 184 h. ; Potosi 118 218, 823 485 h. ; Santa Cruz 370 621, 942 986 h. ; Beni 213 564, 217 700 h. ; Pando 63 827, 42 594 h. ; Oruro 53 588, 385 123 h. ; Chuqiosaca 51 524, 435 406 h. ; Cochabamba 55 631, 908 674 h. ; Tarija 37 623, 246 691 h.

Économie

P.N.B. *1982 :* 1 106 $ par h., *83 :* env. 1 000. **Pop. active** (% et entre par. part du P.N.B. en %) agr. 50 (17), ind. 14 (7), serv. 26 (56). *Chômage* 12,3 % (est. 83). **Inflation** (%) : *78 :* 10,3 ; *79 :* 19,7 ; *80 :* 47,2 ; *81 :* 32,1 ; *82 :* 250 à 300 ; *83 :* 324 ; *84 :* 1 281,4 ; *85 :* 50 000. **Salaire.** *1983 (avr.)* **moyen** 95 000 pesos (200 $), *1985 (juil.)* **minimum** 10 millions de pesos (12 $). **Dette extérieure** (86). 5 milliards de $. 1 $ valait 40 pesos en oct. 82 et 750 000 en juillet 85.

Agriculture. *Terres* (milliers d'ha, 80) 109 858 dont arables 3 250, cultivées en permanence 120, pâturages 27 050, forêts 56 200, eaux 1 419, divers 21 819. *Production* (milliers de t, estim. 82) sucre de canne 2 600, p. de terre 900, maïs 450, riz 86,1, blé 66, coton 3,9, bananes, café, légumes, quina, coca (*1972* 2 000 t, *1981* 82 000 t, emploierait 100 000 pers., 1er rang mondial), manioc. **Forêts.** 4 691 000 m³ en 81.

Élevage (milliers de têtes, 82). Bovins 4 100, moutons 9 200, chèvres 3 100, porcs 1 600, volailles 9 800. Laine (lamas), fourrures.

Énergie (83). **Pétrole** 8,1 millions de t. **Gaz** 178 milliards de m³. **Mines** (milliers de t, est. 83) : antimoine 99, zinc 47,1, étain 25,2, plomb 11,8, tungstène 3,2 (82), cuivre 1,9, bismuth, nickel, wolfram, soufre, vanadium. Argent 0,18 t, or 1,6 t. **Industrie.** Affinage des métaux. **Transports.** Chemin de fer 3 579 km. **Tourisme.** 155 412 vis. *(80).* Lac Titicaca, Copacabana, Vallée de la Lune, Tihuanaco, Chacaltaya, La Paz, Sucre, Orduro.

Commerce (millions de $ US, 82). *Exportations* 898,1 *dont* minerais mét. 419,3, gaz 381,6, sucre 58, café 15,5, bois 11,6, *vers* U.S.A. 234,8, Argentine 465,1, G.-B. 30,9, Suisse 18,5, P.-Bas 35,6. *Importations* 496 *dont* biens en capital 209,8, prod. bruts 195,9, biens de consom. 80,4 *de* U.S.A. 143,7, Japon 54,4, Argentine 72,3, All. féd. 36,3, Brésil 50,5.

Rang dans le monde (82). 11e argent.

BOTSWANA
Carte p. 788, V. légende p. 787.

Situation. Afrique 582 000 km², env. 2/3 constitués par le désert du Kalahari. *Alt. max.* 1 489 m (Mt Otse), *alt. min.* 503 m.

Climat : été (oct.-mars) chaud (parfois 40 °C) et humide, hiver (avril-sept.) sec, chaud le jour (26 °C) avec nuits fraîches, gelées matinales épisodiques. *Pluies* : de 650 mm au N.-E. à 250 mm/an au S.-O.

Population. 1 080 000 h. (est. 85) dont (est. 78) 6 000 Européens. Env. 42 069 émigrés (81). **Régions** (entre parenthèses tribus principales et pop. 1981). Centre (Bamangwato) 323 328, Sud (Bangwaketse) 104 182, Kweneng (Bakwena) 117 127, N.-O. (Batawana) 68 063, Kgatleng (Bakgatla) 44 461, N.-E. (Bakalaka) 36 636, S.-E. (Bamalete, Batlokwa) 30 649, Kgalaagdi (Bakgalagadi, Basarwa) 24 059, Ghanzi (Bakgalagadi) 19 096. **Émigration** (mines d'Afr. du S.) 17 959 (82). D. 2. **Villes** (est. 84) : *Gaberone* 79 000 h., Francistown 36 000 (457 km), Selebi-Pikwe 33 000 (402 km), Lobaste 22 000, Kanye 22 000, Mochudi 20 000, Molepolole 19 000, Mahalapye 19 000. **Langues.** Anglais *(off.)*, setswana. **Religions.** Animistes, chrétiens (60 %), musulmans (env. 1 000).

Histoire. 1885 protectorat brit. (Bechuanaland). **1966**-*30-9 indépendance.* **1974** *sept.* parlement dissous.

Statut. République, membre du Commonwealth. *Const.* du 30-9-1966. *Pt* Quett Ketumile Masiré (n. 23-7-1925) élu par le Parlement le 18-7-80. *Ass.* (32 m. élus pour 5 ans au suffr. univ., 4 m. nommés, le speaker et l'attorney général). *Ch. des Chefs* (15 m.). *Élect.* (84) : participation 76 %, B.D.P. (Bot. Democratic Party) 28 s., B.N.F. (Bot. Nat. Front) 5, B.P.P. (Bot. People's Party) 1. *Fête nat.* : 30 sept.

Économie

P.N.B. (84) 920 $ par h. **Croissance** (70-78) 13,2 % par an. **Pop. active** (% et entre par. part du P.N.B. en %) agr. 65 (18), mines 15 (42), ind. 10 (61), serv. 10 (34). **Inflation** (%). *83* : 12, *84* : 9,7, *85* : 10,8.

Agriculture. *Terres* (en milliers d'ha, 79) arables 1 360, pâturages 44 000, forêts 962, eaux 1 500, divers 12 215. *Production* (milliers de t). Céréales *81* : 60, *83* : 14, *84* : 9,7, sorgho, maïs, légumineuses 18 (81), arachides 7, coton, haricots, agrumes. **Forêts.** 786 000 m³ de bois (82). **Élevage** (milliers de têtes, 83). Bovins 2 818 (*77* : 3 500), chèvres 783, moutons 165, ânes 142, porcs 5, volailles 961, chevaux 23. Procure les revenus de 85 % de la pop. De 81 à 84, sécheresse : abattage de 900 000 têtes.

Mines (83). Diamants [1967, découverte du gisement d'Orapa, 2e mine du monde, prod. 12 900 000 carats, en 84 : ouverture mine de Jwaneng (160 cts/100 t de minerai, prod. 10 M cats/an)]. Cuivre 18 375 t, nickel 48 000 t, charbon 400 000 t, soude 350 000 t, manganèse, amiante. **Transports** (km). Routes 3 400 dont 1 760 goudronnées, chemin de fer 714. **Tourisme.** 82 193 vis. (82). Parcs et réserves 17 % du territoire (Chobe, Okavango, Moremi).

Commerce (millions de pulas, 83). *Exportations* 1 330 (85) *dont* diamants 462, viande 98, cuivre et nickel 68, text. 33 *vers* Europe (sauf G.-B.) 497, Afr. (sauf CCA) 65, U.S.A. 52, G.-B. 30, CCA (Lesotho, Afr. du S., Swaziland) 58. *Importations* 1 120 (85) *dont* prod. alim. 155, mach. et équip. élect. 115, fuel 110, mat. de transport 90, textiles 76,64 *de* CCA 690, reste de l'Afr. 50, U.S.A. 3,81, Europe (sauf G.-B.) 4,6, G.-B. 17,88.

Rang dans le monde (84). 3e diamants.

BRÉSIL
V. Légende p. 787.

Nom. Du *bois-brésil* abondant au XVIe s. et utilisé pour teindre les tissus (couleur de braise).

Situation. Amérique du S. 8 511 965 km² (env. 50 % du continent s.-am.) dont eaux 55 457 km². *Pourtour* 23 127 km, *long.* 4 320 km, *larg.* 4 328 km. *Frontières* (communes avec tous les États s.-am., sauf Chili, Équateur) : Bolivie 3 126 km, Pérou 2 995, Colombie 1 644, Guyana 1 606, Venezuela 1 495, Paraguay 1 339, Argentine 1 263, Uruguay 1 003, Guyane fr. 655, Surinam 593. *Côtes* 7 408 km. *Alt. max.* Pico da Neblina 3 014 m. Basses terres 41 % de la sup., hautes t. 58,5 %, plus de 1 200 m 0,5 %.

Régions. Socle précambrien recouvert de roches sédimentaires s'abaissant d'E. en O. (plateaux 5/8 du terr., *cerrados* 200 m d'alt.). 90 % du territoire se situent entre équateur et tropique du Capricorne. L'*Amazonie* correspond à une gouttière du socle ; forêt (mata) amazonienne (V. Index). *N.-E.* : plateaux (alt. moy. inf. à 1 000 m) limités par des reliefs de côte. *E. et S.-E.* : hautes terres (chapada Diamantina, serra do Espinhaço entre 1 000 et 1 800 m) drainées par le rio Grande. *Végétation* semi-aride (caatinga) dans la région de São Francisco, campos (savanes) dans le Mato Grosso, savane fermée (beaucoup d'arbustes) dans le Brésil central. *Hydrographie* : 9 bassins, l'Amazone (+ grand bassin du monde), Tocantins, Araguaia, São Francisco, Paraná, Paraguay, Uruguay ; 44 000 km navigables.

Climat varié selon altitude et latitude. Moyenne des temp. max. 35 °C, min. 9 °C. 1° *zone tropicale* (moy. ann. sup. à 25°) : haute Amazonie : pluies de 2 000 à 4 000 mm : saison de grandes pluies févr.-juill. ; de petites pluies oct.-janv. (200 j de pluie par an ; humidité de l'air 80 %) ; — N. du Mato Grosso : grandes pluies de printemps et automne ; coups de vent frais du S.-E. (temp. min. 7,8 °C) ; — région atlantique : climat constant avec pluies max. en avr., chaleur max. de nov. à mars (total annuel des pluies : 2 m). 2° *zone subtropicale* (moy. ann. sup. à 20 °C) : région côtière au N. de Bahia : temp. constante (23-26 °C), pluies max. en oct.-nov. (orages brefs et violents) ; région côtière au N. de Rio de Janeiro : pluies de déc. à avr. ; centre du Mato Grosso : pluies de printemps et d'automne (forêt vive, la *mata*, qui, défrichée, donne de bonnes terres), gros écarts de temp. (Cuyaba max. 41 °C, min. 0 °C) ; montagnes centrales : climat sud-méditerranéen. 3° *zone tempérée* (moy. ann. de 15 °C) : région côtière au S. de Rio de Janeiro : pluies d'été très abondantes (4 000 mm), humidité constante ; région montagneuse de l'intérieur : climat italien ou espagnol : pluies modérées d'hiver et d'automne, temp. min. — 8 °C.

Démographie

Évolution. *1872* : 9 930 000 h. *90* : 14 334 000. *1900* : 17 438 000. *20* : 30 636 000. *40* : 41 165 000. *50* : 51 942 000. *60* : 70 070 000. *70* : 93 139 000. *80* (rec.) : 119 071 000. *85* (est.) : 135 564 000.

Composition de la pop. (%, *80*). **Blancs** 54,23. **Métis** [entre Bl. et Indiens (caboclo : paysan pauvre)]. **Mulâtres** [entre Bl. et Noirs (pas de préjugés raciaux)] 38,85. **Noirs** 5,92 [introduits entre 1550 et 1888 (abolition de l'esclavage), principalement Bantous et Soudanais pour travailler dans canne à sucre (N.-E.), mines (Minas Gerais), café (Rio de J. et São Paulo)]. **Indiens** env. 220 000, dans tout le pays sauf 5 États. 140 000 sous la protection de la FUNAI *(Fundação Nacional do Indio)* sur 41 009 630 ha ; 50 000 env. sont sous celle des missions religieuses ; les autres sont dispersés dans la forêt. Taux annuel d'accroissement 3,7 % ; en 1985, 260 000 env. *Variétés* : 3 grands troncs linguistiques, desquels se forment d'innombrables familles linguistiques : Tupi, Macro-Je, Aruak [*1550* (arrivée des Port.) : 3 à 6 millions ; *1900* : 1 million (il y a eu, entre 1900 et 1980, 800 000 « liquidations physiques » ; 90 peuplades se sont éteintes) ; *1950* : 45 429 ; *v. 1970* : 200 000 dont 160 000 en contact avec la civilisation. A partir du 8-8-1980, les Indiens ont entrepris des actions violentes contre les établissements bl. d'Amazonie (12 ouvriers agr. bl. tués à São Félix de Xingu). Les Bl. ont commencé à s'armer, les évêques brés. ont dénoncé la disparition des Indiens comme un génocide organisé]. **Jaunes** 0,56 (Japonais). **Divers** 0,44.

Densité. *1872* : 1,2 ; *90* : 1,70 ; *1920* : 3,62 ; *40* : 4,88 ; *60* : 8,29 ; *80* : 14,08 ; *85* : 15,92. **Accroissement annuel** (%). *1890* : 2,01 ; *1900* : 1,98 ; *20* : 2,88 ; *40* : 1,49 ; *50* : 2,39 ; *60* : 2,99 ; *70* : 2,89 ; *80* : 2,49.

Immigration (estimation). *De 1822 à 1962* : Portugais 2 500 000, Italiens 1 000 000, Espagnols 700 000, Slaves 300 000, Japonais 200 000 (après 1908), Allemands 200 000, Syro-Libanais 100 000, Français 100 000, divers 100 000, total 5 200 000. La Constit. de 1946 : le nombre annuel d'immigrants de chaque nationalité ne peut excéder 2 % du total des immigrants de ces pays admis au Brésil entre 1926 et 1946 (les Portugais étant exemptés de cette limitation). *Dep. 1956* : immigration coréenne.

Natalité : *1984* : 2 559 038. Taux (1970-80) 32,1 ‰. **Mortalité.** *1984* : 833 384 †. Taux (1970-80) 7,2 ‰. *Mortalité infantile* (1970-80) 93 ‰. **Espérance de vie** (1980). 58,69 (hommes 55,64, femmes 61,96). **Mariages.** *1984* : 936 070. dont — *de 15 a.* 7 354, + *de 65 a.* 9 560. **Analphabètes.** 15 ans et plus (%). *1983* : 21,91 (*1940* : 56, *1960* : 39,6). 30 millions d'enfants abandonnés.

Villes. *Brasilia* capitale fédérale. (Voir le paragraphe Régions.) **Pop. urbaine** (83) : 71,92 %.

Langue off. Portugais ; les 220 000 Indiens survivants parlent plus de 100 langues différentes.

Religions (millions, 80). Catholiques 105,9, protestants 7,9, spirites 1,5, orthodoxes, 0,3, juifs 0,1, divers 1,1.

Histoire

V. 5000 av. J.-C. peuplement par des Amérindiens venus de Colombie. **V. 1000 av. J.-C.** culture du manioc en Amazonie et Orénoque. **1493** le pape Alexandre VI Borgia attribue, à partir d'une ligne imaginaire N.-S., à 100 lieues à l'ouest des îles du cap Vert, les terres en deçà aux Portugais, au-delà aux Espagnols. **1494** *tr. de Tordesillas*, l'Esp. attribue au Portugal toutes les terres à l'E. de 50° de long.

1500-*22-4* le Portugais *Pedro Alvares Cabral* aborde à Bahia où il s'établit en **1503. 1525** *conférence de Badajoz* entre Jean III de Port. et Charles Quint : le Portugal obtient le B. Plusieurs essais pour conquérir la colonie port. sont tentés par des pirates et des expéditions officielles, dont celles de la Fr. antarctique (1557-67, dans la baie de Rio de Janeiro par Villegaignon, puis son neveu Bois le Comte) et de la Fr. équatoriale (1594-1615 dans le Maranhão), celles de la Hollande à Bahia (1624-25) et Pernambuco (1630-54). **XVII**

XVIIe s. introduction du café. Début des *Bandeiras* (expéditions armées), qui partent du littoral de São Paulo. Les *Bandeirantes* partent vers l'intérieur pour ramener des esclaves indiens, découvrir des mines d'or et des pierres précieuses. Ces conquêtes dépassent les limites du *tr. de Tordesillas* : nombreux conflits armés avec Esp. (sur le rio de la Plata) ; *tr. de Madrid* (1750) annulant tr. de Tordesillas, moyennant la cession à l'Esp. de l'Uruguay, puis *tr. de San Ildefonso* (1777) fixant les limites définitives. **1701-13** B. allié de l'Angl. contre Louis XIV. Des escadres fr. [Duclerc (1710), Duguay-Trouin (1711)] prennent 2 fois Rio de Janeiro. **1763** Rio siège de la vice-royauté (cap. du B. indépendant de 1834 à 1960). **1789** échec du soulèvement *Inconfidencia Mineira*. **1808** Napoléon envahit Port. et abolit par décret la monarchie ; la reine, Dona Maria Ire, le P^ce régent, Dom João, et la cour (15 000 personnes) se réfugient au B. Ouverture des ports au commerce intern. (fin du monopole port.). **1815** le B. devient royaume, à la mort de Dona Maria Ire ; le P^ce régent est couronné Dom João VI, roi du Port., du B. et de l'Algarve. Après la défaite de Napoléon, il rentre au Port., en laissant au B. son fils Dom Pedro comme régent ; à Lisbonne, les députés des « Cortes » veulent rendre au B. son ancien statut de colonie. **1822**-*7-9* Dom Pedro proclame l'indép. du B., prend le nom de Pedro Ier, le B. devient un Empire. **1877-79** grande sécheresse, 50 000 † dans le N.-E. **1880-1912** fièvre du caoutchouc en Amazonie. **1888**-*13-5* abolition définitive de l'esclavage : crise sociale et écon. **1889**-*15-11* Pedro II abdique ; 1re Rép. fonctionne de 1889 à 1930 par la « politique des gouverneurs » : le Pt appuie les gouv. des États, lesquels assurent l'élection de représentants qui font, au Congrès, la politique du pouvoir central. **1930**-*24-10* révolution (chef Getulio Vargas), l'État de São Paulo demande la remise en vigueur de la Constitution (révol. de 1932). **1934**-*16-7* nouvelle Constit. G. Vargas, élu, proclame en **1937** un « État nouveau », octroie une charte constit. et reste au pouvoir jusqu'en 1945. **1946**-*18-9* nouvelle Constit. **1951** loi interdisant discrimination raciale. **1951-54** retour au pouvoir de G. Vargas. **Jusqu'en 1964,** crise sous 10 gouvernements successifs. **1960**-*21-4 Brasilia* devient *capitale fédérale*. **1961**-*2-9* acte additionnel, le B. passe du régime présidentiel au r. parlementaire. **1963**-*6-1* acte additionnel révoqué, r. présidentiel restauré, conforme à la Const. du 18-9-1946. **1964**-*1-4* Pt Goulart renversé ; gouv. militaire. *-15-4* Pt *Castelo Branco* élu. **1968** escadrons de la mort créés par des policiers contre le « laisser-aller ». **1968-73** « miracle brésilien » (croissance de 11 à 12 % par an, influence de Delfin Neto, min. des Finances). Dissolution du SPI, remplacé par la FUNAI (Fondation nationale indienne). **1969**-*17-10* nouvelle Constit. *-13-12* prolongation de l'acte institutionnel 5, le Pt met fin aux activités du Congrès, suspend droits pol. de tout citoyen pour 10 ans, « casse » parlementaires et fonctionnaires, supprime l'*habeas corpus* pour délits contre la « sécurité nat. » (de 1968 à 78, 4 582 personnes « cassées » dont 3 783 mises à la retraite d'office). **1970** plusieurs diplomates enlevés, échangés contre des prisonniers pol. **1974-75** difficultés écon. **1977** *avril* modification des modalités d'élection des gouv. et du tiers des sénateurs. **1978**-*15-10* Gal João Baptista Figueiredo élu Pt (parti *Arena* 355 v.) contre Gal Euler Bentes Monteiro (226 v.), prend ses fonctions le 15-3-79. **1979** le commissaire Fleury (« cerveau » des escadrons de la mort) meurt au cours d'une partie de pêche. *-28-8* amnistie sauf pour terroristes. *-15-9* retour de Miguel Arraes ; *juin à oct.* échec de la réforme du système des partis. **1980**-*juill.* visite du Pape. **1981** amnistie : Luis Carlos Prestes, chef du PC en exil à Paris, peut rentrer ; Pt João Baptista Figueiredo en France. **1984**-*25-4* le Congrès se prononce contre l'élection du Pt de la Rép. au suffrage univ. **1985**-*15-1* un collège électoral élit Tancredo de Almeida Neves (74 ans) Pt, et José Sarney vice-Pt par 480 voix dont 180 à Paulo Salim Maluf (53 ans). *-15-3* le Pt étant malade, le vice-Pt José Sarney assure l'intérim. *-21-4* mort du Pt Neves. *-10-5* le Parlement amende la constitution : élect. présid. au suffrage universel, droit de vote pour 20 millions d'analphabètes. *-11-7* 10 partis légalisés dont les 2 P.C. *-14/18-10* Mitterrand au B. *-15-11* él. municipales, 1er scrutin libre dep. 21 ans ; le P.M.D.B. remporte 17 capitales du pays sur 23 mais échoue à São Paulo (l'ancien Pt Janio Quadros « l'homme au balai » est élu), et à Rio de Janeiro [Roberto Saturnino Braga (P. démocratique travailliste) élu] ; suivi par P.D.T. et P.T. ; 2 principaux perdants : P.F.L. (Parti du front libéral) droite et P.D.S. (ancien parti des militaires). **1986**-*28-2* plan (tropical) de redressement : prix, salaires, tarifs publics bloqués pour 6 mois ; l'économie cesse d'être indexée ; nouvelle monnaie : 1 cruzado : 1 000 cruzeiros.

Politique

Statut. *Rép. féd.* (23 États, 3 terr. féd., 1 district féd., siège de la cap.). *Const.* de 1967, amendée 69, 72, 75, 76, 77, 78, 79. *Ch. des députés* (479 m. élus pour 4 ans). *Sénat féd.* (69 m. élus pour 8 ans, renouvelables tous les 4 ans pour 1/3 ou 2/3). *Pt. de la Rép.* élu à partir de 1988 au suff. univ. (avant par le Congrès pour 6 a., non rééligible). *Fête nat.* : 7 sept. (indép. 1822).

Élections *du 15-11-82. Sénat :* 69 membres ; P. démocratique social 46, P.M.D.B. 21, P.D.T. 1, P.T.B. 1. *Ch. des députés :* P.D.S. 234 s., P.M.D.B. 201, P.D.T. 23, P. travailliste brésilien 13, P. des travailleurs 8. *Ass. des États :* 947 s., P.D.S. 476 s. Élect. des *gouverneurs des États* (1re fois dep. 1965) + de 59 millions d'inscrits (10 passent à l'opposition). 688 grands électeurs (479 députés, 69 sénateurs, 138 élus territoriaux).

Élections à la Chambre des députés dep. 1966 (Parti gouvernemental : *Pg.* Opposition : *O.* Votes blancs ou nuls : *B) 1966 : Pg :* 50,5, *O :* 28,4, *B :* 21. *1970 : Pg :* 48,4, *O :* 21,3, *B :* 30,3. *1974 : Pg :* 40,9, *O :* 37,8, *B :* 21,3. *1978 : Pg :* 40, *O :* 39,3, *B :* 20,7. *1982 : Pg :* 36,6, *O :* 48, *B :* 15,1.

Nota. — Dep. sa création v. 1920 à 1985 le P.C. brésilien n'a été légal que 2 ans (1945-47). De 1945 à 1965, 2 partis (ARENA et MDB) et des partis moins importants étaient autorisés. Dep. nov. 1979, abolition du bipartisme et création de 5 nouveaux partis : 1 pour la majorité : PDS (P. démocratique social) ; 4 pour l'opposition : PTB (P. travailliste br.), PMDB (P. du mouvement démocratique br.) (remplaçant l'ancien MDB), PDT (P. démocrate travailliste), PT (P. des travailleurs).

Chefs d'État

Dynastie de Bragance

1822 Pedro Ier (1798-1834), f. de Jean VI, roi du roy. uni du Portugal, du Brésil et de l'Algarve, P^ce régent du roy. du Brésil en 1821 quand son père rentre au Port. (quitté en 1808 lors de l'invasion française), proclame l'indép. du Brésil le 7-9-1822 et devient empereur le 12-10-1822. Roi du Port. à la mort de son père (1826), il laisse le Port. à sa fille Marie II (2-5). Abdique le 7-4-1831.

1831 Pedro II (1825-91), s. f., abdique le 15-11-1889, s'exile à Paris. 2 filles. **Héritiers. 1891** *Isabelle*, sa f. (1846-1921), ép. 1864 Gaston d'Orléans (1842-1922) Cte d'Eu, f. aîné du duc de Nemours dont Pierre (1875-1940) qui renonce à ses droits en 1908 [son f. Pierre (1913), frère cadet de la Ctesse de Paris a voulu revenir sur cette renonciation] ; Louis (1878-1920). **1921** *P^ce Pierre-Henri d'Orléans et Bragance* (13-9-09/5-7-81) fixé au Brésil 1946, f. de Louis, ép. 19-8-37 P^cesse Marie de Bavière (9-9-14) dont 8 P^ces et 4 P^cesses [nés entre 1938 et 59, dont Louis-Gaston qui suit et Bertrand (2-2-41)]. **1981** *P^ce Louis-Gaston d'Orléans et Bragance* (6-6-38) son fils.

Républiques

1re République. 1889 M^al Deodoro Da Fonseca (1827-92). **91** M^al Floriano Peixoto (1842-95). **94** Prudente de Morais Barros (1841-1902). **98** Manuel Ferraz de Campos Sales (1846-1913). **1900** Francisco de Assis Rosa et Silva (1856-1929). **02** Francisco de Paula Rodrigues Alves (1848-1919). **06** Alfonso Moreira Pena (1847-1909). **10** M^al Hermes da Fonseca (1855-1923), nev. du 1er Pt. **14** Venceslâu Brás Pereira Gomes (1868-1966). **17** Urbano Santos da Costa Araújo (1859-1922). **18** Francisco de Paula Rodriguez Alves (1848-1919). Malade, il est remplacé par le vice-Pt Delfim Moreira da Costa Ribeiro. **19** Épitácio da Silva Pessoa (1865-1942). **22** Arthur da Silva Bernardes (1875-1955). **26** Washington Luis Pereira de Souza (1870-1957). Déposé par une révolution (1930).

2e République (depuis 1930). 1930 Augusto Tasso Fragoso (1869-1945) (chef du gouv. prov.). **30** Getúlio Dornelles Vargas (1882-1954). Chef du gouv. prov. (1930-34), Pt (1934-37), dictateur (1937-45). **45** José Linhares (1886-1957). **46** M^al Eurico Gaspar Dutra (1885-1974). **51** Getúlio Dornelles Vargas (1882-suicide 24-8-1954). **54** João Café Filho (1889-1970). Démissionne 10-11-54. **55** Carlos Coimbra da Luz (1894-1961). **55** Nereu Ramos (1888-1958). **56** Juscelino Kubitschek de Oliveira (1902-76). **61** Jânio da Silva Quadros(1917). Démissionne le 25-8-1961. **61** Ranieri Mazzilli (1910-75), Pt par intérim. **61** João Goulart (1918-76). Renv. 1-4-64. **64** Ranieri Mazzilli. Pt par intérim (1-4/15-4). **64** (15-4) M^al Humberto Castelo Branco (1900-67). **67** (15-3) M^al Arthur da Costa e Silva (1902-69), se retire ayant été frappé d'une thrombose cérébrale le 31-8-69. **69** (25-10) Gal Emilio Garrasrazu Medici (1905-85). **74** (15-3) Gal Ernesto Geisel (3-8-07). **79** (15-3) Gal João Baptista de Oliveira Figueiredo (15-1-18). **85** (15-3) Tancredo Neves de Almeida (4-3-10/21-4-85). **85** (21-4) José Sarney (1931).

États et territoires

Légende : États et territoires, sup. en km², pop. au 1-7-1985, densité, capitale et distance de Brasilia.

● **Nord.** Amazonie, 3 554 002 km², 42,07 % du territoire, 7 660 054 h. D. 2,15, pop. urbaine 51,69 %.

81 % de l'eau douce du Brés. [(l'Amazone déverse dans l'océan, sur 200 km, 1/5 de l'eau douce du globe), 6 270 km, bassin de 6 000 000 km², env. 1 100 affluents, 3 à 14 km de large (50 km lors des crues), 30 à 100 m de prof., 65 m de pente de la frontière à la mer, 120 000 m³ de débit par s (max. 320 000 m³/s)]. 80 % des réserves de bois ; réserves de sel gemme, d'étain, de manganèse, de bauxite, de fer. Elle ne représente que 4 % du revenu national, produit et consomme moins de 1 % de l'énergie élec. Un des plus forts % de mortalité infantile et d'analphabètes du monde. Grands projets. *Programa Grande Carajás* : août 81, conseil interministériel pour mettre en valeur la région sud de l'État de Pará très riche en minerais. *Projeto Jari* : v. 1960, l'Amér. Daniel Ludwig achète une vaste surface de terres dans le N. du B. (but : rizières, cellulose, papier, élevage, bois) ; janv. 82 une partie de la terre est vendue à 23 entrepreneurs qui forment la Companhia do Jari.

Acre (AC) 152 589 km², 366 837 h., D. 2,40 ; *Rio Branco* 145 958 h. (2 248 km).

Amapá (AP) Territoire 139 068 km², 217 881 h., D. 1,56 ; *Macapa* 169 558 h. (1 792 km).

Amazonas (AM) 1 558 987 km², 1 722 250 h., D. 1,10 ; *Manaus :* fondée en 1669 sur le rio Negro ; devenue prospère entre 1890 et 1920 (boom de l'hévéa) ; puis récession jusqu'en 1967 (devenue zone franche, traite le pétrole brut national et vénézuélien). 834 541 h. (1 931 km).

Pará (PA) 1 227 530 km², 4 345 763 h., D. 3,54 ; *Belém* 1 120 777 h. (1 592 km).

Rondônia (RO) 243 044 km², 904 298 h., D. 3,72 ; *Pôrto Velho* 202 011 h. (1 902 km).

Roraima (RA) Territoire 230 104 km², 103 025 h., D. 0,44 ; *Bôa Vista* 66 357 h. (2 497 km).
Terr. en litige entre Amazonas et Pará 2 680 km².
En 1982-84, le gouv. a fermé aux étrangers 9 millions d'ha peuplés de 20 000 Yanomani, soit 40 % du Roraima où se trouvaient 90 % des mineurs d'où conflits avec les Garimpeiros chercheurs d'or.

● **Nord-Est.** 1 542 271 km², 18,20 % du terr., 39 006 369 h. D. 25,29, pop. urbaine 50,44 %. Ceinture côtière fertile et plateau du *sertao* (polygone de sécheresse). Produit + de 50 % du pétrole.

Alagoas (AL) 27 652 km², 2 229 764 h., D. 80,63 ; *Maceio* 484 094 h. (1 485 km).

Bahia (BA) 559 951 km², 10 681 907 h., D. 19,07 ; *Salvador* 1 811 367 h. (1 061 km).

Ceará (CE) 146 817 km^2, 5 867 861 h., D. 39,96 ; *Fortaleza* 1 588 709 h. (1 685 km).

Ile Fernando de Noronha 26 km^2, 1 295 h., D. 51,80. À 2 150 km.

Maranháo (MA) 324 616 km^2, 4 623 851 h., D. 14,24 ; *São Luis* 564 434 h. (1 523 km).

Paraiba (PB) 56 372 km^2, 3 012 843 h., D. 53,44 ; *João Pessoa* 397 715 h. (1 715 km).

Pernambuco (PE) 98 281 km^2, 6 755 916 h., D. 68,74 ; *Récife* 1 289 627 h. (1 646 km).

Piaui (PI) 250 934 km^2, 2 425 918 h., D. 9,66. *Teresina* 476 102 h. (1 313 km).

Rio Grande do Norte (RN) 53 015 km^2, 2 116 782 h., D. 39,92 ; *Natal* 512 241 h. (1 779 km).

Sergipe (SE) 21 994 km^2, 1 290 232 h., D. 58,66 ; *Aracaju Capella* 361 544 h. (1 294 km).
Terr. en litige entre Ceará et Piaui, 2 614 km^2.

● **Sud-Est.** 918 808 km^2, 10,86 % du terr., 59 168 368 h., D. 64,39, pop. urbaine 82,79 %. Ceinture côtière fertile et *campos cerrados* (savane), *limpos* (sans arbres), *alpinos* (+ de 1 000 m). Grande concentration ind., + de 75 % de la valeur totale de la prod. en 78. 62 919, des industries, 45 % du P.N.B., 40 % du P.I.B., 43,5 % de la pop., 60 % du prod. ind. (pour 2,9 % de la superficie), siège de 5 grandes banques sur 10 (plus proche des États industrialisés non sud-amér. que du reste du B.).

Espirito Santo (ES) 45 597 km^2, 2 288 423 h., D. 50,18 ; *Vitoria* 254 448 h. (948 km).

Minas Gerais (MG) 582 586 km^2, 14 564 489 h., D. 24,99 ; *Belo Horizonte* 2 122 073 h. (624 km).

Rio de Janeiro (RJ) 43 305 km^2, 12 727 602 h., D. 293,90 ; *Rio* 5 615 149 h. (agg. 9 018 637 h., 935 km). Habitants appelés *Cariocas : 1710 :* 12 000, *1808 :* 50 144, *1900 :* 811 443, *1939 :* 1 896 948. Site découvert le 1-1-1502 par André Gonçalves, qui le nomme « Fleuve de janvier », ayant pris la baie pour un estuaire : ville fondée en 1565 (St-Sébastien du Rio de Janeiro) ; capitale du B. de 1763 à 1960, laissant à Niteroi la capitale de l'État de Rio de J. 15-3-75 fusion des États de Rio et de Guanabara, Rio capitale du nouvel État de Rio pour contrebalancer l'influence de l'État de São Paulo ; climat chaud et humide ; terrains très défavorables à l'implantation urbaine (marécages, collines à pic : on a rasé des hauteurs, remblayé l'océan, percé des tunnels). Activités des quartiers actuels : N. (ind., zone portuaire) ; Centre (affaires, commerce) ; S. (résidences élégantes : Flamenco, Botafogo, Copacabana, Ipanema, Leblon). 2e centre ind., 2e port du B.

São Paulo (SP) 247 320 km^2, 29 587 854 h., D. 119,63 ; *São Paulo* 10 099 086 h. (agg. 12 588 439 h., 872 km) ; s'accroît de 600 000 nouveaux venus par an. Une des plus fortes concentrations industrielles du monde, notamment dans la zone de Cubatao où sévit la pollution. Près de la moitié du P.N.B. brésilien.

● **Sud.** 562 071 km^2, 6,79 % du terr., 20 616 886 h., D. 36,68, pop. urbaine 62,41 %. Montagneux au N., plaine et pampa au S. Seule région du pays où il y ait un hiver. Écon. agricole très riche, 1er rang dans le pays pour : tabac, maïs, soja, blé, sorgho. Région où l'on cultive : avoinc, seigle, orge, graines de lin. Porcins et ovins.

Paraná (PR) 199 060 km^2, 8 067 161 h., D. 40,52 ; *Curitiba* 1 285 027 h. (1 081 km).

Rio Grande do Sul (RS) 267 528 km^2, 8 467 164 h., D. 31,64 ; *Porto Alegre* 1 275 483 h. (1 619 km).

Santa Catarina (SC) 95 483 km^2, 4 082 561 h., D. 42,75 ; *Florianopolis* 218 853 h. (1 314 km).

● **Centre-Ouest.** 1 879 356 km^2, 22,08 % du terr., 9 112 340 h., D. 4,84, pop. urbaine 67,75 %. Plateau central assez élevé avec chaînes de montagnes et vallées fertiles.

District fédéral (DF) 5 771 km^2, D. 273,20 ; *Brasilia* 1 576 657 h. *1789* projet de capitale à l'intérieur (raisons surtout stratégiques) ; *1890* projet de transfert inclus dans la Constitution provisoire ; *1955* le Pt Café Filho dépossède la Goiás du futur district fédéral ; *1956*-9-3 création de la Cie Nova-Cap ; *1957*-10-1 le Pt Kubitscheck signe le décret transférant la capitale. Raisons. 1° *économiques :* centre de développement pour le plateau central ; 2° *politiques :* fin de la rivalité entre les 2 capitales : São Paulo (financière) et Rio (politique) ; 3° *écologiques :* climat sain (alt. 1 152 m ; temp. 17-22 °C), eaux abondantes, cadre naturel intact (savane vallonnée, appelée *mato* ou *cerrado*). Réalisation. *Lauréat du concours* (56) : Lucio Costa (26 candidats) ; *architecte :* Oscar Niemeyer. Début des travaux 1956. Inauguration 21-4-60. *1970* transfert du corps diplomatique. Construite autour d'un lac artificiel de 40 km de long.

Goiás (GO) 642 036 km^2, 4 441 482 h., D. 6,9 ; *Goiânia* 928 046 h. (173 km). Nom : celui des Indiens *Guaiases* (fleur des champs).

Mato Grosso (MT) 881 001 km^2, 1 483 095 h., D. 1,68 ; *Cuiabá* 283 075 h. (875 km).

Mato Grosso do Sul (MS) 350 548 km^2, 1 611 106 h., D. 4,59 ; *Campo Grande* 386 520 h. (876 km).

Économie

● **P.N.B.** Total (milliards de $) *82 :* 274,6 ; *83 :* 245,6 ; *84 :* 260,8 ; *85 :* 279,1 ; par hab. ($) *82 :* 2 170 ; *83 :* 1 890 ; *84 :* 1 975 ; *85 :* 2 073,8. **Pop. active** (% et entre par. part du P.N.B. en %) agr. 30 (16), ind. 20 (28), serv. 46 (52), mines 4 (4). **Total :** 50 208 765 h. dont hommes 33 647 561, femmes 16 561 204. **Chômage :** *86 :* 4,3 % de la pop. active ; sans emploi 8 %. **Déficit public** *1985 :* 30 % (*84 :* 18 %) du P.N.B. **Inflation** (%). *1964 :* 86,6 ; *73 :* 15,5 ; *74 :* 34,5 ; *75 :* 29,4 ; *76 :* 46,3 ; *78 :* 40,8 ; *79 :* 77,2 ; *80 :* 110,2 ; *81 :* 95,2 ; *82 :* 99,7 ; *83 :* 211 ; *84 :* 223,8 ; *85 :* 234.

Taux de croissance. *1949-59 :* + 6,5 % ; *1959-64 :* 5,9 ; *1970 :* 9,5 ; *71 :* 11,3 ; *72 :* 10,4 ; *73 :* 11,4 ; *74 :* 9,6 ; *75 :* 4,2 ; *76 :* 4,2 ; *77 :* 4,1 ; *78 :* 6 ; *79 :* 6,4 ; *80 :* 5 ; *81 :* 3,5 ; *82 :* 1,8 ; *83 :* 3,2 ; *84 :* 6,2 ; *85 :* 8.

Dette extérieure (milliards de $). *83 :* 92, *85 :* 104. **Influence écon. étrangère** importante. *Capital étranger* 10 à 20 % en moyenne (autom. 100 %, chimie, prod. pharm., électronique très important). **Revenus.** Misère (impossibilité de satisfaire les besoins alimentaires) 30 % des familles (revenu − de 400 F par mois). Pauvreté (impossibilité d'acheter des biens autres qu'alim.) 25 % des familles. **Balance des paiements** (1984) 1 milliard de $.

● **Agriculture. Développement.** 1°) monoculture de la canne à sucre (XVIIe-XVIIIe s.), avec défrichement massif de la forêt ; 2°) monoculture du café (XIXe s.) ; 3°) caoutchouc (début XXe s.) : les défrichements donnent des champs de cannelle, cacao, maté ; 4°) monoculture du café (milieu XXe s.) : au cours fluctuant, recul des cultures vivrières ; 5°) fin XXe s. réhabilitation des cultures vivrières [difficultés : 1°) climatiques (sécheresse dans le N.-E., gel dans le S.) ; 2°) structurelles : en 1964, l'État a tenté de redistribuer les terres : échec en oct. 85, réforme agraire décidée sur 409 millions d'ha de latifundia (grandes propriétés) ; opposition des grands propriétaires (fazendeiros qui pourchassent les posseiros, squatters de terres inoccupées) ; 43 millions d'ha seraient distribués d'ici 1989 ; 9 % de la main-d'œuvre agr. a − de 14 ans : mobilité excessive des salariés agr. ; vétusté des moyens de prod., de commercialisation, de transport)].

Réalisations. 55 % de la surface agr. utile est inexploitée (la plus forte réserve du monde). *Se développent :* irrigation (*80 :* 1 481 219 ha), électrification, routes d'accès, techniques, diversification des cultures (notamment soja et orangeraies). **Exploitations :** 0,7 % ont plus de 1 000 ha et couvrent 40 % de la S.A.U., + de 50 % ont − de 5 ha (3,1 % de la S.A.U.).

Régions agricoles : *S.-E.* café, maïs, bovins, agrumes, canne à sucre, coton. *Sud* bovins, porcins, ovins, riz, p. de t., haricots, tabac, agrumes, blé, maïs, soja. *N.-E.* cacao, canne à sucre, coton. *N.-E.* élevage. *Amazonie* peu d'agriculture. Élevage, riz, jute, poivre, mauve, cacao, hévéa, palmier à huile. *Nord* élevage. *Centre-Ouest* riz, maïs, soja, élevage.

Production. *Café* (26 % de la prod. mondiale). *1981 :* 62,5 millions de sacs de 60 kg, *82 :* 33,4 (sécheresse et gel), *83 :* 55,7, *85-86 :* 29. *En millions de t* (84) : *soja* 15,5, *manioc* 21,4, *canne à sucre* 222,3 [encouragé par le plan proalcool (voir énergie), fait reculer cult. vivrières et stérilise les sols], *maïs* 21,1, *haricots* 2,6 (plat national, fayaos), *oranges*, *cacao* 0,3, *tabac* 0,4 (83), *coton, bananes, riz, blé, p. de terre. Caoutchouc* (jusqu'en 1912, le B. 1er prod. mondial de borracha, exp. 42 000 t ce qui lui fournissait 1/3 de ses devises, *83 :* 28 126 t). *Prod. de cueillette* (Amazonie, N.-E.) : babaçu, caoutchouc, cire de carnauba, noix du B., fibre textile (piassava), noix de cajou, bois. **Forêts.** 46,97 % (3 972 240 km^2) du pays. 7 328 000 m^3 (79).

Élevage (millions de têtes, 84). Bovins 127, porcs 32, ovins 18,4, caprins 9,6, chevaux 5,4, mulets 1,9, ânes 1,2, volailles 473. **Pêche.** 832 991 t (83).

● **Énergie. Pétrole** (millions de t) *réserves 83 :* 246, *prod. 81 :* 11 ; *82 :* 14 ; *83 :* 17 ; *85 :* 31 (à 80 km au large de la côte de Rio). **Gaz** réserves *84 :* 81,6 milliards de m^3, faible rendement pour le coke, prod. *85 :* 5,4 milliards de m^3. **Charbon** réserves *83 :* 22,8 milliards de t, qualité médiocre, prix de revient élevé, prod. *83 :* 21 367 000 t, imp. *83 :* 6 517 000 t, prévisions d'imp. *85 :* 30 000 000 t. **Hydroélectricité** *84 :* 35 524 MW. Potentiel très important. *Complexe hydroélectrique d'Itaipu* (à 14 km de Foz do Iguaçu) le 1er du monde. Décidé le 22-6-1966. Exploitation avec le Paraguay. Le Paraná est un fleuve frontière ; mise en route de l'usine en 1983. Capacité 29 milliards de m^3 ; surface inondée 1 460 km^2 ; puissance installée 12 600 000 kW (18 générateurs) ; coût : 16 milliards de $. *Usine hydroélectrique de Tucuruí* à 300 km de Belém, 4e du monde et 1re du Brésil. Puissance finale 8 millions de kW (24 générateurs). 23-11-84 mise en service de 2 générateurs (660 MW). **Nucléaire.** En 1975 accord avec All. féd. pour construire 8 centrales de 1 300 MW chacune d'ici 1990. *Angra 1* (réacteur construit par U.S.A. à 130 km de Rio) fonctionne dep. avr. 82 en régime expérimental ; la constr. des 7 autres a été suspendue en 1984. Pour l'an 2000, 60 centrales étaient prévues (75 000 MW). *Uranium :* réserves *1983 :* 301 490 t.

Projet du « proalcool ». Décidé en 1975, carburant végétal (alcool de canne à sucre ou de manioc). Doit assurer l'indépendance énergétique du pays, où 70 % des transports se font par camions. *Coût du projet :* 5 milliards de $. En 1927, les voitures marchaient avec un mélange d'alcool (75 %) et d'éther (25 %). Inconvénient : réintroduction de la monoculture de la canne à sucre 7,5 % de la superficie cultivable, soit 4 milliards d'ha, au détriment des cultures vivrières (soja, haricot, maïs, pommes de t.) récemment imposées comme indispensables à l'économie ; en 1986, 2 400 000 voitures sur 8 200 000 utilisent l'alcool. (prix de revient du baril 37 $).

● **Mines.** Potentiel considérable encore peu exploité. 3 grandes Stés publiques. *Réserves* (en milliers de t, 83) : calcaire 21 797 675, potasse 12 536 600, fer 11 106 368, bauxite 1 666 507, sel gemme 2 556 255, cuivre 736 791, pyrochlore 264 551, nickel 241 707, or 301 149, étain 134 447 000 m^3, manganèse 49 860, titane 141 699. Tungstène, mica, magnésium, béryl, tantale, quartz, diamants, gemmes. *Production* (milliers de t, 83). Fer 114 190, or 53 684 kg, bauxite 7 199, argent 15 112 kg, manganèse 2 594, sel de mer 3 259, dolomie 1 714.

● **Industrie.** (10e puissance ind.). Électricité, pétrole, prod. alim., textiles, auto., métallurgie, méc. et chimie, mat. élect. (complexe ind. de São Paulo). *Petrobras* (entreprise d'État) contrôle 90 % de la capacité nat. de raff. ; 13 raff. traitant env. 1 000 000 barils/jour. Chantiers navals (parmi les + modernes du monde). Sur les 200 plus grandes entr. 72 publiques, 91 privées et 37 étrangères.

● **Transports. Routes** [(km) entre par. revêtues]. 1 552 463 (101 746) dont fédérales 64 757 (43 357), régionales 168 496 (53 740), municipales 1 178 352 (4 650). *Grands axes* (en km) : Cabedelo/Benjamin Constant (Transamazonienne) (transversale) 4 918 (dont 928 construits au 1-10-85) dont 1/3 envahi par la forêt, Limeira/Mâncio Lima (diagonale) 4 196, Fortaleza/ Jaguarão (longitudinale) 4 468, Touros/Rio Grande (longitudinale) 4 517. **Voies ferrées** (83) : 29 207 km, dont 1 971 électrifiées : concentrées dans le S.-E, mais avec 2 antennes vers Brasilia. 88 % à voie étroite. *En 1985* ouverture de la voie Sao Juis/Caragas (890 km, bassin minier). **Fleuves :** le San Francisco, ou « Fleuve de l'Unité », traverse 5 États. Actuellement, en déclin (navigation fluviale + cabotage = 11 % du trafic total). 1 452 bateaux (83). **Réseau aérien :** dense (*85 :* 829 aéroports).

● **Tourisme. Visiteurs :** 1 420 481 (83) dont Amér. du S. 737 695, Europe 335 545, Amér. du N. 232 932.

Lieux touristiques. *Nord :* forêt amazonienne. *Manaus* (alt. 412 m). *Belém. Nord-Est : São Luis* fondée par les Français en 1612, nom donné en hommage à Louis XIII. *Natal* (Noël, la 1re église fut consacrée le 25-12-1599. Mermoz y atterrit en 1930 après la 1re traversée de l'Atlantique). *Recife :* la « Venise brés. ». Chapelle Dorée. Olinda, ville coloniale. *Salvador :* fondée en 1549 ; églises baroques. *Sud-Est :* villes baroques. *São Joao del Rei, Sabarâ, Mariana, Congonhas do Campo ; Ouro Preto* (« or noir », on a trouvé des pépites d'or mélangées avec du sable noir, alt. 1 100 m). *Tiradentes* (grottes : Maquiné, explorée en 1935, 440 m de larg. ; Lapinha, explorée en 1930, 790 m d'alt., 511 m de long., 40 m de prof.). *Rio de Janeiro :* carnaval (*en 1982 :* 122 † ; *83 :* 98 ; *85 :* 205 ; *86 :* 121). Pain de sucre, 395 m, pic du Corcovado, 710 m, statue du Christ du Français Landowski, 38 m, inaugurée en 1931, Jardin botanique, stade de Maracanã, 150 000 places, baies et plages de Copacabana, Ipanema, Leblon, Barra da Tijuca. *São Paulo*, alt. 800 m, centre économique. *Sud : Vila Velha*, ville en rochers. *Chutes d'Iguaçu* (en indien, eau grande), puissance hydraulique de 1 200 000 HP. 275 chutes en demi-cercle : larg. 2 700 m, haut. 80 m, dénivellement de 752 à 200 m. *Rio Grande do Sul* : chute du Caracol (120 m). *Canyon de Taimbézinho* : « Parque National de Aparados da Serra », précipices, long. 23 km (faille de parois de 400 à 500 m de haut). *Canyon de « Fortaleza »*, dénivellement de 1 000 m. *São Miguel das Missões*, ruines de l'église. *Centre-Ouest* : Brasilia (alt. 1 152 m), architecture moderne.

Nota. — Dates du carnaval : 1986 : 9/11-2, *1987 :* 1/3-3.

Commerce (millions de $ US, 83). *Exportations* 27 005 (84) *dont* prod. manuf. 11 289 (mat. de trans. 1 446, mach. et instr. méc. 1 093, mach. et équip. élec. 441), café 2 078, soja 1 792, fer 1 519, demi-prod. 1 786 *vers* U.S.A. 5 064, Japon 1 431, All. féd. 1 130, P.-B. 1 259, Italie 980. *Importations* 13 916 (84) *dont* combustibles et lubr. 8 607, biens d'équip. 2 505, céréales 905, prod. chim. 827, acier 160 *de* Arabie S. 2 220, U.S.A. 2 409, Irak 2 071, All. féd. 705, Venezuela 663, Japon 561. **Balance commerciale** (milliards de $). *1974 :* — 4,7 ; *83 :* + 4,67 ; *84 :* + 13,1 (exp. 27, imp. 13,9) ; *85 :* 12,5. Biens industriels 18,2, matière 1re 8,8, café 2,6, sucre 0,3, cacao 0,26, farine de soja 1,5.

Rang dans le monde (84). 1er oranges, café, bananes, canne à sucre. 2e soja, cacao. 3e maïs. 4e porcins, bovins, fer. 5e bois, coton à graines, or. 7e phosphates. 9e uranium, pétrole. 10e céréales, riz. 16e ovins. 19e pêche.

BRUNÉI

Carte p. 935. V. légende p. 787.

Situation. Asie. Forme 2 enclaves au N.-O. de Bornéo (Malaisie-Sarawak). 5 765 km². *Alt. max.* 396 m. *Climat* tropical. (*Température :* 24 à 30 °C, 2 540 à 5 080 mm de pluie.)

Population. *1960 :* 84 000, *1970 :* 136 000, *1984 :* 215 000. Malais 55 %, Chinois 25 %. D. 33,4. *Capitale : Bandar Seri Begawan* 49 902 (8-81).

Langues. Malais *(off.)*, chinois, anglais, iban (protomalais). **Religions.** Islam (*off.*, 60 000 musulmans), bouddhistes, chrétiens, animistes.

Histoire. Fondé xve s. sultanat musulman avec Alak Ber Tata ; tributaire du roy. hindou de Majapahit (Java) puis indépendant. **1580** conquête espagnole repoussée. **xviiie s.** comptoir anglais de la Cie des Indes. **xixe s.** centre de la traite des esclaves en Asie du S.-E. **1888-1971** protectorat brit. **1929** découverte du pétrole. **1963** ne rejoint pas la fédération malaise. **1971** tr. d'association avec G.-B. **1984** indép. *-7-1* adhésion à l'ASEAN.

Statut. État membre du Commonwealth. *Const.* 29-9-1959, amendée 1965. *Sultan :* Hassanal Bolkiah Muizzaddin Waddaulah (n. 1945) dep. 5-10-67, couronné le 1-8-68. *Conseils : privé, des ministres et législatif* (20 m. nommés). Pas d'impôts. Éducation et soins gratuits. B. revendique Limbang au Sarawak. **Fête nat. :** 23 fév.

Économie

P.N.B. *(83)* 21 140 $ par h. **Pop. active** (% et entre par. part du P.N.B. en %) agr. 3 (1), ind. 50 (50), services 47 (10).

Agriculture. *Terres* (milliers d'ha, 79) arables 4, cultivées en permanence 9, pâturages 6, forêts 415, eaux 50, divers 93. *Production* riz (10 000 t en 82), manioc, patates douces, bananes, légumes, pamplemousses, caoutchouc (abandonné). 1 % de sa superficie est cultivée. **Forêts.** 3/4 du territoire. Bois 95 000 m³ (81).

Élevage (milliers de têtes, 82). Bovins 4, buffles 14, porcs 15, chèvres 1, poulets 1 221, canards 51. **Pêche.** Env. 2 307 t (82).

Pétrole (millions de t) *réserves :* 210 ; *prod. : 81 :* 9, *82 :* 8, *83 :* 8,5. **Gaz** (milliards de m³, 80) *réserves :* 204 ; *prod. : 81 :* 7, *82 :* 8, *83 :* 5. **Industrie.** Raffinerie de pétrole. Liquéfaction du gaz. **Tourisme** (82) 4 000 vis.

Commerce (milliards de $ Br, 83). *Importations* 1,54 dont machines et équip. de transport 0,58, prod. manuf. de base 0,32, alim. et animaux vivants 0,26 ; *de* Singapour 0,35, U.S.A. 0,30, Japon 0,29, G.-B. 0,12, Malaisie 0,06. *Exportations* 7,1 dont pétrole brut 4,0, gaz naturel 2,9 ; *vers* Japon 4,8, U.S.A. 0,58, Corée du S. 0,5, Singapour 0,4.

BULGARIE

V. légende p. 787.

Situation. Europe (pén. des Balkans). 110 911,5 km². *Frontières* avec Roumanie 609 km (dont Danube 471), mer Noire 378, Grèce 493, Turquie 259, Yougoslavie 506. *Alt. moy.* 470 m, *max.* Moussala 2 925 m. *Dim. max.* E.-O. 520 km, N.-S. 330 km.

Régions. *B. du N. :* entre chaîne de Stara Planina et Danube, plateaux et plaines fertiles, climat contin. (*moy. :* janv. à Pleven — 1,7 °C, juillet + 23,6 °C ; pluies 600 mm). *B. du S. :* montagnes (Stara planina et Sredna gora au N., massifs de Rhodope au S., de Rila et de Pirin au S.-O.) et bassins (plaine de Thrace, vallée de Sofia, vallée des Roses), climat méditerranéen de transition : conifères, maquis.

Population. 8 942 976 h. (85) [*1900 :* 3 744 283, *1930 :* 5 770 600, *1940 :* 6 368 400, *1950 :* 7 273 100, *1960 :* 7 905 700, *1970 :* 8 514 900, *1980 :* 8 876 600]. 85 % Bulg. (— *de 15 a.* 22,7 %, + *de 60 a.* 21,2 %). *Minorités :* Turcs 9 % (en 1950-51, 155 000 Turcs bulgares ont émigré en Turquie), Arméniens, Juifs, Grecs, Roumains, Tsiganes 2 %. D. 80,8. **Villes** (84) : *Sofia* 1 178 651, Plovdiv 478 117 (à 157 km), Varna 300 525 (486), Rousse 191 901 (326), Bourgas 201 792 (402), Stara Zagora 159 975 (235), Pleven 173 180 (176), •Tolboukin 135 857 (540), Silven 131 608, Pernick 121 874, Choumen 113 200 (397).

Langues. Bulgare 88 % *(off.)* : slave, contient quelques éléments grecs, turcs ; écrit dès le ixe s. (alphabet cyrillique, du nom de Constantin Cyrille le Philosophe 826/27-863) ; codifié comme langue littéraire fin xixe, turc 8,6 %.

Religions. Église séparée de l'État. En %, orthodoxes 80, musulmans 10 (938 418 en 1946, actuellement env. 600 000 turcs, 150 000 pomaks du Rhodope], 200 000 tsiganes, 6 000 tartares), catholiques 50 000 (1976).

Histoire. Pays thrace conquis par Rome (ier s.). **VIe s.** slavisation. **VIIe s.** pénétration des Proto-B. (tribu turque, venue d'Asie centrale). **681** Khan Asparoukh, fils de Koubrat le Grand signe tr. de paix avec Byzance et unifie les tribus slaves et proto-bulgares peuplant Dobroudja et Bulgarie du N. d'aujourd'hui jusqu'à la rivière Timok, et constitue le 1er État slave-bulgare, la B. **701-18** Khan Tervel fait la paix avec voisin du sud. **777-802** Khan Kardum. **802-14** khan Kroum, consolidation et expansion territoriale. **814-831** Omourtag (khan, successeur de Kroum construit la 1re capitale Pliska), g. victorieuses contre la monarchie franque, paix de 30 ans avec Byzance, travaux de construction. **852-889** Boris Ier. **865** conversion au christianisme orthodoxe, Égl. nation. Cyrille et Méthode — apparition de l'écriture et des lettres slaves. **893-927** Siméon le Grand, f. de Boris, g. victorieuses contre Byzance. État puissant, créé par patriarcat b. « Age d'or » de la culture b. **Fin Xe s.** luttes intestines, hérésies, mouvement des Bogomiles. **967** Byzance appelle le pce Svétoslav de Kiev, qui conquiert le N. de la B., s'allie à Boris II (970-71) contre Byzantins. **971** Byzance conquiert B. du N.-E. B. occid. résiste sous le roi Samouil (997-1014), s'étend, puis est soumise par l'emp. Basile II Bulgaroctone. **1018-1185** domination byzantine. **1185-87** insurrection de Tirnovo, dirigée par les frères Assen et Pétar. Libération : 2e roy. b. (cap. Tirnovo). **1197-1207** expansion terr. sous Kaloïan. G. victorieuses contre les croisés. **1218-41** Ivan Assen II. Puissance politique, épanouissement économique et culturel (Tirnovo foyer de la culture b. aux xiiie et xive s.), puis luttes dynastiques, démembrement féodal. **2e moitié du XIVe s.** 2 roy. : Tirnovo et Vidin, envahis par les Turcs (1393 et 1396). Insurrection (1403-13, 1598, 1686, 1688, 1689, 1835-37, 1841, 1850, 1862, 1875, 1876), haïdouks (mi-resistants contre les Turcs). **xviiie-xixe s.** renaissance b. Prospérité écon. **1870** Égl. b. autonome. Mouv. révolutionnaire et de libération nat. : Rakovski, Karavélov, Levski, Botev. **1876**-*avr.* insurrection nat. (30 000 †, 10 000 arrestations). **1877** g. russo-turque. **1878**-*3-3 tr. de San Stéfano :* B. autonome dans ses frontières ethniques ; réduite et divisée par le *tr. de Berlin* (13-7) : princ. vassale du sultan, au N. [Pce élu (1879), Alexandre de Battenberg] ; prov. autonome de Roumélie orient. au S. Macédoine redevient prov. turque, Thrace restituée à Turquie. **1879**-*3-4* Sofia capitale. **1885**-*6-9* réunion des 2 prov. et g. victorieuse contre Serbie. **1886** Battenberg abdique. **1887** Ferdinand de Saxe-Cobourg élu prince (roi 1908). Début du mouv. ouvrier et soc. Dimitre Blagoev. **1891** fondation du P. ouvrier soc.-dém. b. (1903 — POSDB — soc. de gauche). **1893** mouv. de lib. nat. dans la pop. b. en Macédoine et dans région d'Andrinople dirigé par la future Organisation rév. intérieure de Macédoine et d'Andrinople (ORIMA). **1899** création du P. agrarien b. (PAB), Alexandre Stamboliiski. **1903** insurrection de la Sainte-Élie et de la Transfiguration, dirigée par l'ORIMA, écrasée par T. **1912** alliance balkanique (B., Serbie, Grèce, Monténégro) bat Turquie ; g. entre alliés pour se partager Macédoine prise aux Turcs. **1913** B. battue. *-28-7 tr. de Bucarest*, la B. perd 7 695 km² (Grèce et Serbie ont une partie de la Macédoine ; Turquie : Andrinople ; Roumanie : Dobroudja du S. dont Silistra). **1915**-*6-9 tr. de Sofia*, alliée à All. et Autr. **1918**-*7-5 2e tr. de Bucarest*, récupération de Dobroudja du S. *-28-9* après la percée sur le front b. à Dobro Polé, insurrection de soldats. *-29-9* fin g. *-3-10* Ferdinand abdique (remplacé par son f. Boris III). **1919**-*27-11 tr. de Neuilly :* B. cède 11 278 km² à l'Entente. **1920** cède à la Grèce : Thrace occid., Roumanie : Dobroudja du S., Yougoslavie : vallées du Timok et de la Stroumitza. POSDB (soc. de gauche), m. de l'Internationale commun. **1920-23** gouv. Al. Stamboliiski (formé par le PAB). **1923**-*9-6* coup d'État militaire et fasciste, Stamboliiski assassiné. *Sept.* insurrection antifasciste (Georges Dimitrov et Vassil Kolarov) échoue. **1940**-*7-9 tr. de Craiova :* Roumanie rend Dobroudja du S. (env. 7 500 km²). **1941**-*1-3* adhère au *Pacte tripartite.* Du terr. b. All. attaque Yougoslavie et Grèce. *-24-6* débuts du mouv. des partisans. *-13-12* B. déclare la guerre à G.-B. et U.S.A., mais maintient ses relations avec U.R.S.S. **1943**-*23-5* minorité juive (50 000) sauvée. **1942**-*août*, à l'initiative du PCB, fond. du Comité nat. du Front de la Patrie ; adhèrent P. agrarien b., cercle « Zvéno », P. soc.-dém. b., P. radical et intellectuels indépendants. *-28-8* mort de Boris III, son f. mineur Simon II lui succède. Régents élus : Pce Kiril, B. Filov et gén. N. Mikhov. **1944**-*5-9* U.R.S.S. déclare g. à la B. *-9-9* B. déclare g. à All. *-9-9* insurrection, gouv. du Front de la Patrie (P. antifascistes) dirigé par Kimon Guéorguiev. *28-10* armistice avec U.R.S.S., G.-B., U.S.A. Les troupes b. libèrent des régions de Yougoslavie, Hongrie et Autriche. **1946**-*8-9* référendum (Rép. : 3 833 183 v., monarchie : 175 232, bulletins nuls : 123 690). *-15-9* Rép. pop. *-27-10* élections. Front de la Patrie (communistes, agrariens, socialistes, Zveno et ind.) 366 s. (dont 275 aux C.), opposition 99. Purges : env. 17 000 †. **1947**-*10-2 tr. de Paris :* B. garde Dobroudja du S. *-23-9* Nicolas Petkov, chef du P. agrarien (dissous 26-8), jugé et pendu. *-4-12* nouv. Constit. *-23-12* nationalisations (ind., mines, banques). **1948**-*févr. et mars* P. radical et Zveno fusionnent avec Front de la Patrie. *-18-3* tr. d'amitié avec U.R.S.S. *-23-4* Tchécosl., *-29-5* Pologne, *-16-7* Hongrie. *Août* P. soc. et P.C. fusionnent. 1er plan économique quinquennal. **1949** la B. autorise les Juifs b. à émigrer en Israël. *Déc.* Traïtcho Kostov, vice-Pt du Cons., pendu (réhabilité en 1956). **1950-51** émigration en Turquie de 153 998 T. **1953**-*13-12* interdiction de quitter le pays. **1965**-*avr.* échec d'un complot anti-U.R.S.S. **1968** accord avec Turquie : 115 000 émigrés en 10 ans. **1978**-*sept.* assassinats à Londres de dissidents : Georgi Markov, Vladimir Simeonov. **1979**-*janv.* projet soviétique : faire de la B. la 16e Rép. féd. de l'U.R.S.S. **1982** services secrets b. accusés d'avoir participé à l'attentat contre le pape. **1984**-*8-5* « Bulgarisation » des noms turcs : frictions (+ de 100 †). *-Août* attentats à la bombe.

Statut. Rép. pop. soc. *Const.* du 18-5-71. *Ass. nat. 400 m.* élus pour 5 ans, mais révocables avant par les électeurs. *Conseil d'État* (1 Pt, 1 1er vice-Pt ; 2 vice-Pts, 1 secr. et 17 m. élus pour 5 a. par l'Ass. nat.). *Gouv.* (élu par l'Ass. nat. et responsable devant elle) se partagent l'exécutif. *Conseils* pop. locaux. *Élections 1981 :* communistes 271 s., agrariens 99 s., jeunes comm. 22, sans parti 8. *28 provinces. Chef de l'État (Pt du Cons. d'État)* (dep. 7-7-1971) Secr. gén. du Comité central du P.C. (dep. 1981) et Secr. du Comité central du P.C.B. (dep. 1954) : Todor Jivkov (n. 7-9-1911). *Pt de l'Ass. nat. :* Stanko Todorov (n. 1920). *P. communiste* b. f. 1891, 817 000 m. ; *P. agrarien* f. 1899, 120 000 m. **Fête nat.** 9 sept. (victoire révolution socialiste 1944).

Chefs d'État

Royaume. 1879 ALEXANDRE Ier de Battenberg (1857-93), abdique août 1886. **1886** Stéphane STAMBOULOV (1854-95), ou Petko KARAVELOV (1843-1903), Sava Atanasov MOUTKOUROV(1852-91), régence. **1887** FERDINAND Ier de Saxe-Cobourg [1861-1948, f. du Pce Auguste de S.-C. (1818-81) et de la Pcesse Clémentine d'Orléans (1817-1907), f. du roi Louis-Philippe]. Élu tsar 7-7-1887, abdique 3-10-1918. **1918** BORIS III (1894-1943) s. f., ép. Pcesse Jeanne de Savoie (13-11-07), f. du roi Victor-Emmanuel III d'Italie. Mort dans des conditions mystérieuses. **1943** SIMÉON II (16-6-1937) s. f., ép. 21-1-62 Marguerite Gomez-Acebo y Cepiela (Esp. 6-1-35). 5 enfants : *Pce Kardam* (Pce de Tarnovo) (2-12-62), *Pce Cyrille* (Pce de Preslaw), *Pce Kubrat* (Pce de Panaguiourichte), *Pce Constantin* (n. 1967), une fille (n. 1972). Expulsé en 1946. Réside à Madrid.

Régents *jusqu'au 9-9-1944 :* Pce Kiril, Bogdan Filov, Gal Mikhov ; *ensuite jusqu'en 1946 :* Todor Pavlov, Venelin Ganev, Zv. Bobochevski.

Présidents du Conseil des ministres. 1946 Georges DIMITROV (1882/2-7-1949). **49** *(2-11)* Vassil KOLAROV (1877/23-1-1950). **50** Valko TCHERVENKOV (1900-81). **56** *avril* Anton UGOV (n. 15-8-04). **62** *nov.* Todor JIVKOV (n. 7-9-11). **71** *-7-7* Stanko TODOROV (n. 10-12-20). **81** *-16-6* Gricha PHILIPOV (n. 13-7-19).

Économie

P.N.B. (83) 4 760 $ par h. **Pop. active** (% et entre par. part du P.N.B. en %) agr. 37 (20), ind. 37 (50) services 24 (28), mines 2 (2). **Inflation** (en %). *1979 :* 4,6 ; *80 :* 4,6 ; *81 :* 13,9 ; *82 :* 13 ; *83 :* 13. **Dette extérieure** envers pays occidentaux (85). 1,4 milliard de $.

Agriculture. *Terres* (milliers d'ha, 83) 11 091 dont arables 3 930, cultivées en permanence 354 (80), pâturages 1 519, forêts 3 859, eaux 36, divers 1 010. 30 % des terres cult. sont irriguées. *Production* (milliers de t, 83) blé 3 608, maïs 3 115, bett. à sucre 746, orge, soja 82, raisins 1 230, p. de terre 427, tomates 651, feuilles de tabac 109, riz 74, tournesol 454, légumes, fruits, vin 341. *1985* (sécheresse) céréales 5 000 t. *Secteur agricole privé :* 10 % des terres arables (40 % viande, 55 % œufs, 37 % fruits, 33 % légumes et 22 % fourrages). Env. 1 500 000 pers. cultivent des lopins individuels de 0,2 à 0,5 ha. **Forêts.** 480 000 m^3 (83). **Élevage** (millions de têtes, 83). Bovins 1,78, porcs 3,77, moutons 11, chèvres 0,49, poulets 43, canards 0,41 (81), dindes 0,81. **Pêche.** 151 000 t *(83).*

Énergie (millions de t). **Houille** *(82)* 33,6, **pétrole** *(79)* 0,25, **gaz naturel. Mines :** fer, plomb, cuivre, zinc. **Industrie.** Ciment, acier 5 644 000 *(84)*, constr. méc., électrique, chimie, prod. alim. (vins et spiritueux, cigarettes). **Électricité** (84) prod. 44,6 de kW/h (dont en % : charbon 60, nucléaire 30, hydroélectricité 10) ; nucléaire (centrale de Kozloduj ; prod. 1 770 mW ; 5 réacteurs en 85) ; hydroélectricité (240 centrales).

Transports (km, 83). Routes 36 292 dont autoroutes 197, nationales 2 923, ch. de fer 6 421 dont 1 994 électrifiés. **Tourisme.** *Visiteurs étr.* 6 138 000 (84). *Revenus (83) :* 800 millions de $.

Commerce (millions de levas, 83). *Exportations* 11 817,5 (83) dont mach. et équip. 5 725,1, fuel et mat. 1res 1 347,4, prod. alim. 1 934,8, prod. chim. 494,3 *vers* (83) U.R.S.S. 6 618, Libye 473, All. dém. 645, Tchécosl. 471, Pologne 378. *Importations* 11 966 (83) dont fuel et mat. 1res 5 538,5, mach. et équip. 4 097,3, prod. chim. 620,6, prod. agr. 514,9 (83) *de* U.R.S.S. 6 951, All. dém. 681, All. féd. 464, Tchécosl. 492, Pologne 518.

Rang dans le monde (84). 10e lignite (11e rés. lignite). 15e vin. 20e blé (82).

BURKINA (ancienne Haute-Volta)
V. légende p. 787.

Nom officiel dep. 4-8-1984 : Burkina Faso (Rép. de Burkina : Patrie des hommes intègres). *Nom des habitants :* burkinabe.

Situation. Afrique 274 200 km^2. *Distances :* Cotonou 810 km, Abidjan 830, Conakry 1 450, Dakar 1 450 ; point le plus proche de l'Atlantique 500 km. *Alt. max.* Tenakourou 747 m. *Plateaux* (500 m d'alt. moy.). 3 *zones* de végétation du N. au S. : *steppe, savane arbustive* et *savane boisée* avec des forêts-galeries le long des cours d'eau. La faible déclivité du relief gêne l'écoulement des eaux des 3 Volta : Noire, Blanche et Rouge qui drainent le pays. *Surface cultivable :* 110 000 km^2. *Climat :* N. : présaharien, 400

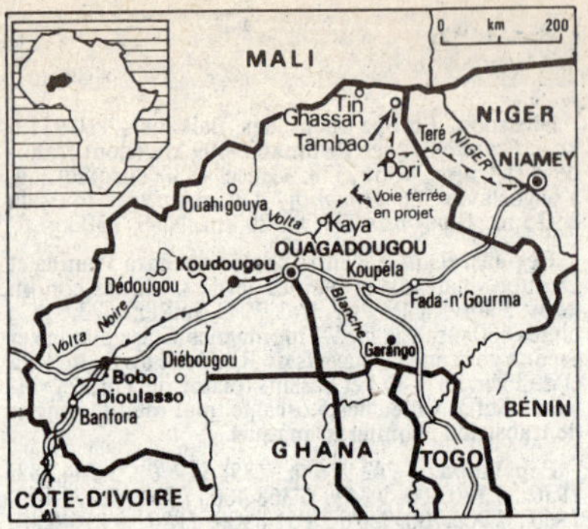

mm par an ; centre et S. : soudanais, plus de 1 000 mm par an. 2 *saisons :* sèche et fraîche nov.-févr., puis chaude de mars à mai ; pluvieuse (hivernage) juin-oct. (pluviométrie irrégulière : sécheresses prolongées).

Population. 7 919 895 h. (85). En % : Mossis 48, Peuls 10, Lobis-Dagaris 7, Bobos 7, Mandés 7, Sénoufos 6, Gourounsis 5, Bisas 5, Gourmanchés 5. Eur. 3 500 (dont 3 000 Français). D. 22,7 (dans le centre 37 en moy. et parfois 125 à 150, 95 % pop. rurale). 2 500 000 vivent à l'étranger (2/3 en Côte-d'Ivoire ou au Ghana). *Moins de 20 ans :* 50 %. **Villes** (80) : *Ouagadougou* 236 000 (capit.), Bobo-Dioulasso 140 000 (à 356 km), Koudougou 38 000, Ouahigouya 27 000.

Langues. Français *(off.)*, langues voltaïques ougour (gourmamoore utilisé par Gourmanchés et Mossis, Sénoufos, Dogons, etc.), mandé (Nord : dont le dioula utilisé dans les échanges commerciaux ; Sud : dont le bissa), foulfouldé (parlé par les Peuls), tamacheq (par les Touaregs). **Religions.** Animistes 53 %, musulmans 36 %, catholiques 11 %.

Histoire. Peuplement très ancien (paléolithique et néolithique). A une époque inconnue, au pays Lobi, construction de murs de pierre et d'argile de 3 à 8 m d'épaisseur. Hypothèses formulées : Phéniciens, Égyptiens, Portugais, Berbères. **XIIe s. apr. J.-C.** à l'O., villages indépendants. A l'Est, Ouedraogo fonde le royaume mossi de Tenkodogo. **1180** son fils aîné Rawa fonde le roy. mossi de Zandoma (devenu plus tard roy. de Yatenga) ; son 2e f., Zoungrana, règne à Tenkodogo. **V. 1200** son 3e f., Diaba Lompo, fonde roy. de Gourmantché (mossi, mais comprenant 17 fiefs vassaux). **XIIIe s.** Oubri, f. de Zoungrana, fonde roy. de Ouagadougou ; sa dynastie comptera 34 rois. **XVIe s.** exploration par le Soudanais Tarikh el-Fettach. **XVIIe s.** le Soud. Tarikh el-Soudan. **1799** l'Angl. Parks. **1810** Ibrahim Bi Sady crée émirat peul et convertit l'Est voltaïque à l'islam. **1877** exploration du Français Barth. **1888** 1re expédition mil. fr. (Binger). **1896** Yatenga devient protectorat fr. **1896-97** occupation des 3 autres roy. mossi ; mission Voulet-Chanoine. **1901** « territoire mil. ». **1904** rattachée au Ht-Sénégal-et-Niger. **1916** agitation nationaliste. **1919** colonie de Hte-Volta distincte. **1932** partagée entre Côte-d'Ivoire, Niger et Soudan. **1947** Hte-Volta reconstituée. **1958**-*11-12* rép. autonome au sein de la Communauté. **1960**-*5-8* indépendance. **1966**-*3-1* Pt Maurice Yameogo démis de ses fonctions par l'armée. Lt-Cel Sangoulé Lamizana (n. 31-1-16) Pt. Const. suspendue. **1970** *juin* Constitution. **1971** 2e Rép. l'officier le plus ancien dans le grade le plus élevé devient chef de l'État. Sangoulé Lamizana, promu Gal, reste chef de l'État, Gérard Kango Ouedraogo et Joseph Ouedraogo, membres du R.D.A. (Rassemblement démocratique afr.) deviennent PM et Pt de l'Ass. nat. **1974**-*8-2* coup d'État mil., Ass. dissoute, Const. suspendue ; Gal Lamizana reprend le pouvoir. *Déc.* conflit frontalier avec Mali. **1975**-*17/18-12* grève générale. **1976** gouv. d'union nationale. **1977** *nov.* Const. **1978** 3e Rép. *Avr.* élect. au système tripartite (victoire du Rassemblement démocr. afr.). Lamizana élu Pt au 2e tour. **1980**-*25-11* coup d'État du Cel Saye Zerbo (n. 1932, musulman, Samo) après grève des enseignants de 55 j. Non sanglant : suppression du tripartisme et des droits syndicaux. **1981**-*4-3* coopération renforcée avec la Fr. (visite off. d'Olivier Stirn). **1982**-*7-11* coup d'État (6 †, 30 bl.) du Cdt Jean-Baptiste Ouedraogo, médecin (Saye Zerbo est condamné en 1984 à 15 ans de prison dont 7 avec sursis). *-8-12* mort de Moro Naba Kougri, empereur des Mossi (intronisé en 1957). Installé à Ouagadougou, il avait conservé une cour et était assisté de « ministres », il gardait une certaine influence et une certaine autorité en matière de justice coutumière pour les litiges mineurs. Bien que musulman, il était le chef d'une religion animiste. **1983**-*17-5* capitaine Thomas Sankara, PM prolibyen arrêté. *-30-5* relâché. *-4-8* coup d'État. Cap. Sankara Pt. Création de C.D.R. (Comité de défense de la révol.). *-15-11* arrestation des dirigeants de l'anc. régime. *-3-5* Cel Zerbo condamné à 8 ans de détention. **1984**-*28-5* coup d'État (échec), 7 conjurés exécutés. *-19-8* gouvernement dissous ; 14 min. (m. de la LIPAD) sur 18, sont nommés chefs de chantiers. **1985**-*6-8* mesures de clémence pour Saye Zerbo et J.-B. Ouedraogo. *-19/29-12* conflit frontalier avec Mali pour la zone d'Agacher (longue de 160 km). **1986**-*févr.* Pt Sankara à Paris.

Statut. Rép. démocratique et populaire. Const. du 24-11-77, suspendue. *Conseil nat. de la Révolution,* Pt Cap. Thomas Sankara (n. 1947) dep. 1983. *Partis pol.* : L.I.P.A.D. (Ligue patriotique pour le développement), marxiste-léniniste. P.C.R.V. (P. communiste révolutionnaire volt.), tendance albanaise. U.L.C. (Union des luttes com.), dissidence du P.C.V.R. F.P.V., tendance Tiendrébéogo (dissidence du Front progressiste volt. de Joseph Ki-Zerb). CDR (Comité de défense de la révolution). *Ass.* (57 m. élus pour 5 a.) dissoute. 30 *provinces* et 301 départements. **Fête nat. :** 4 août.

Économie

P.N.B. ($ par h.). *82 :* 180, *83 :* 164. **Pop. active** (% et entre parenthèses, part du P.N.B. en %) agr. 72 (41), ind. 13 (16), services 14,5 (43), mines 0,5 (0).

Agriculture. *Terres* (milliers d'ha, 81) : t. arables 2 620, t. cult. 13, pâturages 10 000, forêts 7 140, eaux 40, divers 7 607. *Production* (milliers de t, est. 83) sorgho 600, millet 800, canne à sucre 330, maïs 65, légumineuses 176, riz 37, légumes 82, arachide 77, coton. **Forêts.** 7 093 000 m^3 (82). **Élevage** (millions de têtes, 82). Poulets 11,6, chèvres 2,5 (est. 83), bovins 2,9 (est. 83), moutons 2, ânes 0,2, porcs 0,2. **Pêche.** 7 000 t (82).

Mines. Phosphates, or à Poura (réserves 22 t), manganèse (Tambao, réserves 13 300 000 t), calcaire (Tin Hrassan, réserves 60 000 000 t). **Industrie.** Minoteries, textile, huileries, sucreries.

Transports. *Routes :* 16 462 km. *Voies ferrées :* métrique, 517 km (frontière ivoirienne-Ouagadougou) ; en construction 340 (Ouagadougou-Tambao) ; projet 365. **Tourisme.** 50 000 vis. (82). **Inflation** (%). *1980 :* 12,2, *81 :* 7,5, *82 :* 12, *83 :* 10,7, *84 :* 4,9. **Dette extérieure.** (84) 200 milliards de F CFA. **Aide O.C.D.E.** (81). 1 200 millions de F. **Aide fr.** (83) : 40 milliards de F. CFA (42 % du budget du pays).

Commerce (millions de F CFA, 82). *Exportations* 18 109 *dont* [1] coton 8 174, prod. de l'élevage 4 928, amandes de karité 2 984 *vers* (%) [1] C.E.E. 32,2 (France 12,3), Côte-d'Ivoire 31,3. *Importations* 102 966 *dont* prod. pétroliers 17 767, véhicules routiers 10 256 [1], mach. mécaniques 7 387 [1], fer, fonte, acier 4 878 [1], mach. élec. 11 509 *de* France 34 000, Côte-d'Ivoire 14 024, U.S.A. 4 468.

Nota. — (1) 1981.

BURUNDI
Carte p. 829. V. légende p. 787.

Situation. Afrique centrale, entre Rwanda au N., Zaïre à l'O. (Tanganyika), Tanzanie à l'E. et au S. *Frontières* 825 km. 27 834 km^2 dont lacs 1 885. Pays enclavé : à 1 200 km de l'océan Indien et 2 000 km de l'Atlantique. *Alt. max.* Mt Heha 2 670 m. **Régions :** plaine côtière de l'Imbo, montagnes de la crête Zaïre-Nil, hauts plateaux centraux, dépression du Mosso à l'est. *Lacs :* Tanganyika 32 000 km^2, long. 800 km, larg. 50 km, prof. 1 470 m, alt. 775 m, Kachamiringa, Rwihinda (3,5 km^2), Cohoha (69 km^2), Rweru (103 km^2), Kanzigiri (7,5 km^2). Source la plus au S. du Nil à Rutovu. **Climat :** 2 saisons sèches (janv.-févr. et juin-oct.), 2 des pluies (oct.-déc. et mars-juin) ; plaine de l'Imbo : tropicale, zones d'altitude plus froides. *Temp. moy. :* 17 à 24 °C. *Pluies :* 1 000 à 1 800 mm.

Population. 4 782 407 h. (1-1-86) dont env. : Hutus 85 %, Tutsis 14 %, Twas 1 %. — *de 15 a.* 44,3 %, + *de 60 a.* 5,1 %. D. 171,8. Pop. rurale 94 %. *Taux de croissance* (84-89) : 2,96 % an. *Émigration :* 500 000 (Ouganda, Rwanda, Tanzanie). *Immigration :* Rwandais 52 000, Zaïrois 20 000, Européens et Asiatiques env. 3 000. **Villes :** Bujumbura (avant Usumbura) 235 250 h. (1-1-86), Gitéga 12 500 (à 100 km), Rumonge 6 500, Ngozi 4 000 (à 125 km). **Langues.** Kirundi (du groupe bantou) (l. nation.) et français (2e l. administrative) ; kiswahili. **Religions.** Catholiques

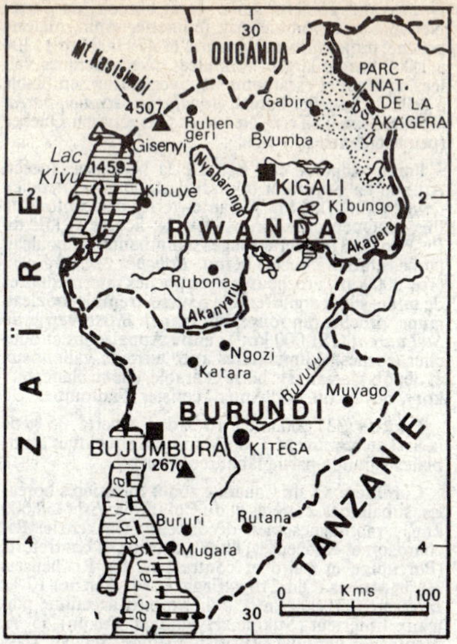

65 %, animistes 23 %, protestants 10 %, musulmans 1,5 % (56 000).

Histoire. Peuplé par les Twas apparentés aux Pygmées, puis par les Bahutu d'origine bantoue et les Batutsi d'origine hamitique. **XIIIe s.** royaume Ganwa (Tutsi). **XVe s.** État unitaire [17 rois (mwami) jusqu'en 1966]. **1890** colonisation all. **1892** arrivée de l'Autrichien Oscar Baumann. **1897** implantation allemande. **1903**-*6-6* tr. de protection all. **1852-1908** mwami Mwezi Gisabo. **1919** partie du Rwanda-Urundi administrée par Belgique. **1961**-*18-9* élections : Uprona gagne [(Hutus et Tutsis), 58 s. sur 64]. *-13-10*, le Pce Louis Rwagasore (PM) est assassiné. **1962**-*1-7* indépendance. **1965** *janv.* Pierre Ngendantou (PM) assassiné ; élections : Uprona 21 s. sur 33. **1966**-*8-7* mwami Mwambusta IV déposé par son fils (19 ans) qui devient le mwami Ntare V, mais est déposé le 28-11. Rép. avec capitaine Michel Micombero (n. 1940). **1969** complot échoue (23 conjurés fusillés). **1972**-*29-4* tentative de génocide contre Tutsis, g. civile ; Ntare V tué. *-30-4* coup d'État manqué, massacre de dizaines de milliers de Hutus. **1976**-*1-11* Gal Micombero, exilé en Somalie. **1982** *oct.* visite du Pt Mitterrand. **1983**-*16-7* mort du Gal Micombero (en exil depuis 76).

Statut. Rép. unitaire, laïque et démocratique dep. le 28-11-66. *Const.* 18-11-81. *Parti unique* UPRONA, (Union pour le progrès national f. 1958). *Pt* (élu pour 5 a. au suffr. univ.) colonel Jean-Baptiste Bagaza (n. 24-8-1946) dep. 9-11-76. **Fête nat.** : 1er juill. (indépendance).

Économie

P.N.B. (84) 270 $ par h. **Pop. active** (% et entre parenthèses part. du P.N.B. en %) agr. 80 (56), ind. 8 (16), services 11 (28), mines 1 (1).

Agriculture. *Terres* (km²) utilisables pour agric., pâturages et boisements 23 023 (dont surface utilisée 7 925, pâturages 8 123, boisements 700). *Production* café 25 000 t en moy. par an, 34 000 t en 1985 (soit 80 % des exportations), bananes, patates douces, manioc, maïs, sorgho, blé, coton, haricots et pois, ignames, riz, oléagineux, éleusine. **Élevage** (milliers de têtes, 82). Bovins 600 (85), moutons 349, chèvres 723, porcs 70 (85). **Pêche.** 14 000 t (85). **Mines.** Non encore exploitées : nickel (5 % des réserves mondiales), vanadium, phosphates. **Transports.** Pays enclavé, transit par la route (Tanzanie) ou le train (Dar es-Salam). **Tourisme.** Env. 20 000 vis. par an.

Inflation (%). *1980 :* 9,4 ; *81 :* 9 ; *82 :* 5,6 ; *83 :* 8,1 ; *84 :* 14,4. **Dette extérieure.** *83 :* 8 milliards de F (20 % des export.). **Aide** de France et Belgique.

Commerce (millions de F Burundi, 83). *Exportations* 7,5 *vers* R.F.A. 3,7, U.S.A. 0,15, Afr. 1 (Zaïre 0,2), Japon 0,2. *Importations* 17,07 *de* Asie 5,4 (Chine 0,6, Japon 0,1), Benelux 2,6, France 1,7, R.F.A. 1,4, Afr. 2,4 (Kenya 0,8), U.S.A. 1.

Rang dans le monde (84). 13e bananes.

CAÏMANS (ILES)

Carte p. 848. V. légende p. 787.

Situation. Antilles. 259 km². 3 îles : *Grand Caïman* (long. 35 km, larg. 12 km, 122 km²) 18 000 h. (est. 85) ; *Caïman Brac* à 143 km de G. Caïman [long. 19 km, larg. 1 km, alt. max. 42 m (Bluff)] 2 000 h. (est. 85) ; *Petit Caïman* à 8 km de C. Brac (long. 16 km, larg. 3 km) 74 h. *Temp. moy.* 19 °C.

Population. 20 000 h. (est. 85) dont 55 % Métis, 25 % Noirs, 20 % Blancs, Hindous (*1802 :* 933 h. dont 545 esclaves). D. 88,2. *Capitale : George Town* 8 000 h. (84, 45 % de la pop.). **Langues.** Anglais, dialectes. **Religions.** Presbytériens, anglicans, catholiques, baptistes.

Histoire. **1503**-*10-5* découvertes par Christophe Colomb. **1670** cédées avec Jamaïque par l'Espagne à la G.-B. Dépendent de la J. **1959** territoire dans la Fédération des Indes occid. **1962** dissolution de la Fédération, dép. de la G.-B.

Statut. Colonie brit. *Constit.* 26-7-1972. *Gouverneur :* George Peter Lloyd dep. janv. 82. *Ass. lég.* (12 m. élus, 3 m. officiels) présidée par le gouv. *Conseil exéc.* (4 m. élus et 3 officiels) présidé par le gouv.

Économie. Place bancaire. Sièges de sociétés. *Tourisme :* 403 346 vis. (85). **Commerce** (83). Exportations 600 000 $ CI (tortue séchée et fraîche, écaille). *Importations* 110 000 000 $ CI (alim., textile, mat. de construction) *de* G.-B., Jamaïque et U.S.A.

CAMBODGE

(Kampuchéa démocratique) **(République khmère)**
Carte p. 1020. V. légende p. 787.

Situation. Asie. 181 035 km². *Régions :* plaine centrale du Tonlé Sap et du Mékong (1 432 mm pluie à Pnom Penh, inondation annuelle dans les 2 plaines) ; plateaux de forêts et savanes au N. et à l'E. ; monts au S. *Alt. max.* Mt Aural (1 813 m) (5 473 mm pluie à Bokor, 7 917 en 1923) ; plaine côtière au S. *Côtes :* 435 km. **Climat :** *saison des pluies* fin mai à oct. (surtout en sept.). *Temp.* moy. à Phnom Penh 27 °C. *Mois le plus chaud* avril.

Population. *1962 :* 5 729 000 h. *79 :* 5 500 000. *Est. 84 :* 6 800 000 dont 93 % de Khmers [*1950* 4 500 Français. *Rec. 1972* 5 334 000 Khmers, 218 000 Vietnamiens, 163 000 Chinois, 14 000 divers]. % : de — *de 15 a. :* 43,99, + *de 65 a. :* 2,8. D. 38. *Réfugiés :* 250 000 en Thaïlande. *Immigration* (dep. 1979) : 600 000 Vietnamiens (300 000 ont été naturalisés cambodgiens), au total 1 000 000 prévus. **Villes :** *Phnom Penh* (cap.) 412 642 h. (84), Battambang 66 475 (83), Kompong Cham 13 667 (83), Siem Reap 30 000. De 1976 à 1979 villes dépeuplées (Phnom Penh : 10 000/20 000 h.). **Langues.** Cambodgien (khmer, off.), français. **Religions.** Majorité bouddhiste (Petit Véhicule), en 1975, 2 500 monastères, 20 000 bonzes. Musulmans 2 %. Peu de catholiques dep. les rapatriements massifs des Vietnamiens (*1959 :* 10 % ; *77 :* 0,5 %).

Histoire. **VIe s.** début civilisation khmère. **VIIIe s.** anarchie. **IXe s.** unité restaurée, Angkor fondée. **1177** détruite par les Chams, reconstr. par Jayavarman VII (1181-1218). **Début XIIIe s.** invasion siamoise. **1431** chute d'Angkor aux Siamois. **XVIe s.** Ang Chan restaure le pays. **Début XVIIe s.** Hollandais à Phnom Penh. **XVIIe-XVIIIe s.** g. civiles, intervention Cochinchine et Siam. **1845** Siam et Viêt-nam exercent protectorat conjoint. **1854** appel au consul de France à cause d'amputations territoriales du Siam et Viêtnam. **1863** *juillet* protectorat Fr. **1864** roi Norodom couronné. **1867** *tr. fr.-siamois :* le Siam reconnaît le protectorat, mais obtient provinces de Battambang, Siem Reap et Sisophon que le C. récupère en 1907 (*tr. fr.-siamois*). **1940** *déc.* attaque du Siam soutenu par Japon ; **1941** malgré victoire navale de Koh Chang, le C. doit céder des terr. au Siam, récupérés en 1945. **1941**-*16-4* Sihanouk Norodom (n. 31-10-22) roi à 19 ans. **1949**-*8-11* État indép. associé. **1953**-*9-11* indép. **1954** *juillet accords de Genève :* retrait des troupes fr. et viêt-minh (termine janv. 55). **1955**-*19-12 accord de Paris ;* le C. quitte l'Union fr. ; *Sihanouk* abdique (ses parents Norodom et Kossamak lui succèdent), fonde un mouvement et devient PM. **1960** à la mort de son père, Sihanouk redevient chef de l'État sans être roi. *-30-9* formation du P. communiste khmer. **1962** *juillet* accords de Genève sur Laos. **1963** Saloth Sar (futur Pol Pot), Khieu Samphan, Ieng Sary, Son Sen gagnent le maquis. **1965** *mai* rupture des relations dipl. avec U.S.A. **1966**-*24-10* 1er *gouv.* Gal Lon Nol (1913-85). *-26-10* Sihanouk crée contre-gouv. **1967** *avril* agitation communiste armée (prov. de Battambang). *-3-5* Lon Nol démissionne. Sihanouk PM, « gouv. d'exception ». **1968**-*17-1* formation de l'armée révolutionnaire du Kampuchéa. *-30-1* Penn Nouth († 18-5-85 à 80 a.) PM. **1969**-*18-3* bombardements secrets du C. par Amér. *-11-6* reprise des relations dipl. avec U.S.A. *-1-8* Penn Nouth démissionne (santé). *-12-8* Lon Nol « gouv. de sauvetage ».

1970-*18-3* coup d'État, Sihanouk destitué par les 2 Chambres à l'unanimité [accusé d'avoir autorisé les N.-Viêt-nam. et Viêt-cong à occuper le C. et aménager des bases mil. (sanctuaires), en violation de la neutralité consacrée par accords de Genève de 1954]. *-30-4* intervention mil. sud-viet. et amér. *-4-5* Sihanouk forme à Pékin un gouv. royal d'Union nat. du Kampuchéa : G.R.U.N.K. *-9-10* Rép. proclamée. **1971**-*7-2* combats entre gouv. et sud-viet., et contre troupes communistes (4 000 Khmers rouges). *-20-10* état d'urgence. **1972**-*12-3* Lon Nol assume tous pouvoirs, dissout l'Ass. const. *-21-3* Son Ngoc Thanh PM. *-4-6* élect. : abstentions massives ; Lon Nol réélu. **1973**-*17-3* attentat aérien contre palais de Lon Nol par capitaine So Photra, gendre de Sihanouk, 20 †. *-15-8* fin off. des bombardements amér. **1974**-*11-2* Phnom Penh bombardé par les rouges (139 †). *-4-6* émeutes à Phnom Penh, 2 min. tués. *-13-6* Long Boret (n. 3-1-32), rép., PM. **1975** *janv.* Phnom Penh assiégée par 20 000 Khmers rouges. *-1-4* Lon Nol part. *-17-4* Phnom Penh prise, villes évacuées, Viet. expulsés, tentative de s'emparer de plusieurs îles viet. *-12-5* U.S. cargo Mayaguez arraisonné récupéré par « marines » le 15-5 ; bombardements amér. *-28-5* nationalisation des plantations d'hévéas. Journalistes étrangers interdits de venir au C. ; massacres. *Déc.* Sihanouk rentre. **1976**-*3-1* nouvelle Const. *-2-4* Sihanouk (choisi Pt à l'unanimité par l'ass. pop. élue le 20-3-76) abdique, en résidence surveillée. Khieu Samphan chef d'État. *Sept.* épuration des anciens cadres formés au V. **1977** *avr.* soulèvement mil. échoue. **1978** *mai* coup d'État échoué. *Juin* 70 000 soldats v. occupent une zone de 40 km de profondeur au C. oriental. *-3-12* création avec Heng Samrin du F.U.N.S.K. (Front uni national pour le salut du Kampuchéa) qui lutte aux côtés du Viêt. *-25-12* offensive viet. (armée camb. env. 80 000 h. engagés ; viet. 615 000 h. dont une partie engagés), milliers de †. *-29-12* Viêt. propose cessation des hostilités. **1979**-*2-1* le C. exige le retrait des troupes mais le Viêt. ne reconnaît pas être intervenu au C. et parle de « contre-attaques » en réponse à des agressions c. ; *-6-1* Sihanouk libéré ; arrive à Pékin, va à l'O.N.U. *-7-1* Phnom Penh prise par Viêt-nam, maquis khmers rouges. Famine. Dizaines de milliers de réfugiés en Thaïlande. *-5-3* 5 chefs de la Résistance forment les Forces Armées de Libération du Peuple. *-9-10* Son Sann forme avec eux le F.N.L.P.K. à Sokh-Sann. *-18-2* tr. avec Viêt-nam. *Oct.* aide alim. internat. acceptée. *-27-12* Khieu Samphan PM remplace Pol Pot. *Déc.* Khmers rouges forment un « front de grande union nationale » contre Viêt-nam.

1980 *janv.* 150 000 soldats viet. *-20-3* monnaie réintroduite. **1982**-*21-2* accord Sihanouk et Khmers rouges. *-22-6* gouv. de coalition antiviet. à Kuala-Lumpur (Malaisie) avec Moulinaka (Pce Sihanouk), F.N.L.P.K. (Son Sann) et Khmers rouges (K. Samphan) ; Sihanouk Pt, Khieu Samphan vice-Pt, Son Sann PM. Guérillas, 50 000 maquisards contre Viet. **1985**-*10-5* le F.N.L.P.K. (15 000 combattants + 7 000 sans armes) perd Ampil (le F.N.L.P.K. comptait 150 000 civils dans 8 bases). *-14-2* les Khmers rouges (35 000/40 000 h.) perdent Phnom Malai. *-11-3* l'A.N.S. perd Tatum ; le Gal King Men (n. 1940) est tué. *-22-12* repli du F.N.L.P.K. **1986**-*20-3* Viêt-nam rejette proposition de Sihanouk : création d'un gouv. quadripartite (les 3 de l'opposition + Heng Samrin).

MASSACRES (depuis 1975) estimations soviét. 2 000 000, anglaises 350 000 exécutés et 2 000 000 de morts (sévices, privations) ; selon le F.U.N.S.K. 3 000 000.

Statut. République populaire. *Pt du Conseil d'État* (dep. 7-1-79) et secr. gén. *du P. pop. révolutionnaire* (dep. 2-12-81) Heng Samrin. *PM* Hun Sen (dep. 15-1-85) [avant, Chan Si († déc. 84) dep. 10-2-82]. *Assemblée* élue le 1-5-81 117 m. (liste unique de 148 candidats présentés par le F.U.N.S.K.). Occupation vietnamienne 170 000 h. Le C. revendique plusieurs milliers de km² au Viêt-nam et en Thaïlande. **Fête nationale :** 17 avril.

Opposition. *Gouvernement de coalition du Kampuchea.* Pt : Sihanouk ; représente le C. à l'O.N.U. Regroupe : *A.N.S. (Armée nat. sihanoukiste).* Chef : Pce Norodom Ranariddh (fils du Pce Sihanouk), 6 000 h. et *F.N.L.P.K. (Front nat. des libération du peuple khmer).* Pt : Son Sann ; Cdt en chef : Gal Sak Sutsakhan, 13 000 h.

Khmers rouges (Armée nat. du Kampuchea démocratique, A.N.K.D.). Chef : Son Sen (16-6-1930), a remplacé Pol Pot (ex-Saloth Sar) dep. sept. 85.

Économie

P.N.B. (est. 83) 118 $ par h. **Pop. active** (% et entre par. part du P.N.B. en %) agr. 80 (60), ind. 3 (5), services 17 (35), mines 0 (0). **Aide internationale** (millions de $, 79-82) : 400 ; **aide soviétique** : 329.

Agriculture. *Terres* (milliers d'ha, 82) arables 2 800, cultivées en permanence 1 800, pâturages 580, forêts 13 372, eaux 452, divers 654. *Production* (milliers de t) riz (paddy) 1 700, (83) (1985 sécheresse : déficit 0,3 mt), manioc 75, canne à sucre 181, maïs 60, noix de coco 33, patates douces 25, tabac, kapoc, coton, caoutchouc 8, jute, fruits, légumes. **Élevage** (milliers de têtes, 83). Bovins 1 148, buffles 468, porcs 717, poulets 4 000, canards 2 000. **Pêche** 63 800 t. (83).

Industrie. Artisanat, conserveries. **Transports** (km). Chemin de fer 655, routes 15 949 (2 600 asphaltées), navigation intérieure (Mékong, Tonlé-Sap) 1 400. **Tourisme.** Phnom Penh : Fête des eaux vers le début nov. quand les eaux du Tonlé-Sap se retirent vers la mer ; temples d'Angkor 800 km², 600 monuments. **Commerce** (millions de $ U.S., 82). *Exportations* 40, *importations* 62.

CAMEROUN
Carte p. 948. V. légende p. 787.

Situation. Afrique. 475 442 km². *Alt. max.* : Mt Cameroun 4 094 m. *Sud* : plaine côtière, bas plateaux et monts volcaniques, pluie 1,5 à 4 m, forêts. *Centre* : plateau de l'Adamaoua 800 à 1 500 m, pluie 1 250 mm, saison sèche 5-7 mois. *Nord* : plaine de la Bénoué, monts Alantika et de Mandara, pluies moins abondantes, savanes. *Côtes* : 364 km. *Frontières* : 4 669 km dont Guinée équatoriale 183, Gabon 302, Congo 520, Rép. centrafricaine 822, Tchad 1 122, Nigeria 1 720.

Population. 9 350 000 h. (84). D. 20. *Pop. rurale* 71,5 %, *urbaine* 28,5 %. 200 ethnies dont au S. Pygmées 15 000, Bantous 1 900 000 (Makas 200 000, Fangs 900 000, Bassas Bakokos 260 000, Doualas 140 000, Betis 170 000), Bantoïdes 2 000 000 (Bamilékés 650 000, contrôlent la plupart des grandes affaires, Bayas 125 000) ; au N. Soudanais 1 300 000, Paléosoudanais 1 140 000 (Massas, Toupouris, Mboums, Dourous), Néosoudanais 160 000, Hamites, Peuls 350 000, Sémites, Arabes Choas 60 000. — *de 15 a.* 42,93 %, *+ de 60 a.* 5 %. **Émigration** : 25 000 en France. **Immigration** : Français 14 000, autres Européens 10 000, Nigérians env. 70 000, Guinéens équat. 30 000. **Villes** : *Yaoundé* 850 000 (84), Douala 650 000 (84), Nkongsamba 100 000, Bafoussam 90 000, Maroua 65 000, Garoua 65 000 (81), Bamenda 60 000, Kumba 55 000, Ngaoundéré 50 000.

Langues off. Français (75 %), anglais (25 %). Environ 220 langues et dialectes : pidgin, bamiléké, fang, fouldé, béti, moundang, toupouri, bakossi. Scolarisation 67 % (Nord 30,90 %, Centre-Sud 92,1 %).

Religions. En % : animistes 45, catholiques 21, musulmans 20, protestants 14.

Histoire. XVe s. atteint par le Portugais Fernando Poo, attiré au **XVIIe s.** négriers, **XVIIIe s.** négociants et missionnaires brit. **1884**-*12-7* tr. avec chefs doualas, Ed. Woermann établit protectorat all. Gustave Nachtigal (1834-85) occupe le C. pour l'All. **1911** la Fr. cède C. pour avoir les mains libres au Maroc. **1916** Fr. et Angl. battent All. au C. **1919** *tr. de Versailles* mandats fr. (432 000 km² sans compter les 278 000 km² du Congo cédés à l'All. en 1911 et qui retournent à l'A.E.F.) et brit. (89 270 km²). **1940** le C. se rallie à la Fr. Libre. **1945** mandats transformés en tutelles. **1955-62** révolte de l'Union des populations du C., f. 1948. **1958**-*13-9* son chef, M. Ruben Um Nyobe est tué -*31-12*. C. français obtient son autonomie interne. **1960**-*1-1* C. fr. indép. Après plébiscite, C. brit. se scinde : N. fusionne avec Nigeria. S. avec C. ex-fr., avec qui il constitue une fédération (1-10-61). **1966** unification des partis des 2 régions. **1972**-*21-5* référendum pour État unitaire (99,97 % oui). **1974** mise en service du Transcam (622 km de ch. de fer entre Yaoundé et Ngaoundéré). **1982**-*4-11* Ahmadou Ahidjo (n. 5-8-1924) au pouvoir dep. 5-5-60, démissionne, remplacé par PM P. Biya. -*6-11* Maigari Bello Bouba (n. 1947) PM. 1983-*18-7* Ahidjo quitte le C. -*22-8* complot ; échec. -*23-8* Luc Ayang PM. -*27-8* démission de l'U.N.C. de A. Ahidjo (remplacé 14-9 par P. Biya). **1983** *févr.* Pt Biya en Fr. -*21/22-6* Pt Mitterrand au C. **1984**-*14-1* P. Biya élu Pt de la Rép. (99,98 % des voix). -*25-1* poste de PM supprimé. -*28-2* Ahidjo condamné à mort par contumace gracié (vit en Fr.). -*6-4* putsch « nordiste » du col. Saleh Ibrahim échoue (70 à 300 †). **1985** *janv.* Pt Biya en France. -*29-3* congrès du Parti qui devient le R.D.P.C.

Statut. Rép. *Const.* du 2-6-72, plusieurs fois révisée. 10 provinces, 49 départements. *Assemblée nat.* 120 m. élus pour 5 a. *Pt* (élu pour 5 a. au suffr. univ.) Paul Biya (n. 13-2-33) dep. 6-11-82. *Parti unique* : Rassemblement Démocratique du Peuple Camerounais (R.D.P.C.) dep. mars 85. **Fête nat.** : 20 mai.

Économie

P.N.B. ($ par h.). *82* : 880 ; *83* : 890 ; *84* : 912. **Pop. active** (% et entre par. part du P.N.B. en %) agr. 75 (27), ind. 10 (14), services 13 (42) mines. **Inflation** (%). *82* : 13,1, *83* : 16,8, *84* : 14. **Aide financière** (milliards de F CFA). *83* : 27,5, *84* : 35. **Dette extérieure** (milliards de $, 85). 3,3 (30 % du P.N.B.) ; *service de la dette* 0,4 (soit env. 15 % des export.). **P.I.B.** (F C.F.A. par h.). *81/82* : 246 126 ; *82/83* : 289 414 ; *83/84* : 313 425.

Agriculture. *Terres* (milliers d'ha, 79) arables 5 899, cultivées en permanence 1 014, pâturages 8 300, forêts 25 750, eaux 600, divers 5 982. *Production* (milliers de t, 83-84) cacao 108,9, café 78,5, banane 63,9, coton 94,6, caoutchouc 20, huile de palme 65, sucre 65,85, thé 2,18, tabac 1,8, tubercules 1 850, manioc 650, céréales 1 000, maïs 550, millet et sorgho 365, plantain 2 360. **Élevage** (milliers de têtes, 83). Bovins 4 040, moutons 1 760, chèvres 1 900, porcs 990, poulets 10 000. **Pêche.** 70 211 t (83). **Forêts.** Bois 1 850 000 m³ (83-84).

Énergie. Pétrole (millions de t) *réserves* 65, *exploité dep. 78, prod. (82)* 5,5 (dont 3 exportés), *(83)* 7,2, *(84)* 8, *(86, est.)* 15. **Gaz** (réserves 1 000 milliards de m³, usine de liquéfaction prévue à Kribi). **Mines** : cassitérite, titane, or. Bauxite et fer non exploités.

Industrie (83-84). 2,15 milliards de kWh. Hydroélectricité. Aluminium (alumine de Guinée), pâte à papier. **Transports** (km). Chemin de fer 1 120, routes 32 781 dont 2 523 bitumées. **Tourisme.** 126 000 vis. (83).

Commerce (milliards de F CFA, 84). *Exportations* 544,3 [en 83, 326,89 dont pétrole 154,79, cacao, café, bois, aluminium ; *vers* (%) Amérique 25, Europe 60, Afrique 8, Asie 7]. *Importations* 416 (*de* France 43 %) [en 83, 463,89 dont biens d'équipements, demi-produits et produits pétroliers ; *de* (%) Europe 73, Amérique 8, Afrique 5, Asie 14].

Rang dans le monde (83). 5e cacao. 13e café.

CANADA
Carte p. 831. V. légende p. 787.

● **Situation.** Amér. du N. 9 215 430 km² dont eaux intérieures 755 180 km², 2e État du monde après U.R.S.S. (22 402 045 km²), soit 19 fois la France. **Frontières** 8 892 km (avec Alaska 2 476, au S. 6 416). **Côtes** 243 000 km (la + grande baie du monde : baie d'Hudson, 12 268 km côtes, 822 324 km²). Fuseaux horaires, 6 [de — 3 h 30 (Terre-Neuve, le + à l'E.) à — 8 h (Yukon, à l'O.) sur le T.U. (méridien de Greenwich)]. **Alt. max.** 5 951 m (Mt Logan). *Parcs nationaux* 31 (180 156 km²). **Glaciers** 2 % (îles de l'Arctique 150 000 km², continent 50 000 km²).

● **Régions. Toundra arctique.** Au N. de la limite sud du pergélisol continu (état qui se maintient à — de 0 °C plusieurs années). *Région inuitienne* (378 000 km²) : extrême-N.-canad., au N. du passage de Parry (74e N.) : îles Ellesmere, Axel Heiberg, Perry et Reine-Élisabeth. Le tiers des îles Ellesmere et Axel Heiberg est recouvert de glace. *Basses terres sédimentaires arctiques* (409 000 km²) : îles de l'Arctique au S. du passage de Parry (îles Banks, Victoria, Prince-de-Galles, Somerset et Southampton), plaine côtière de l'Arctique, y compris delta du Mackenzie : végétation de toundra beaucoup plus riche que celle de la sous-région inuitienne : lichens, mousses, toundra, toundra humide, herbes et carex. *Bouclier arctique* (1 412 000 km²) : 20 % du district de Mackenzie (terr. du N.-O.), 80 % du district de Keewatin (terr. du N.-O.), 35 % du dis. de Franklin (terr. du N.-O., majeure partie de l'île Baffin) et 15 % du terr. québécois. *2 types de paysages* : à l'E., toundra humide, avec des îlots de « toundra buissonneuse » (la plus luxuriante) ; à l'O, terrains rocheux *(barren grounds)*.

Savane subarctique et forêt boréale. Du Mackenzie à Terre-Neuve : pergélisol, par endroits, dans le S. et N. : *terres de la baie d'Hudson* (303 000 km²) : organiques sans affleurement rocheux (épinette et tamarak, avec sous-bois d'aulnes et de saules). *Bouclier subarctique et boréal* (3 354 000 km²) : 40 % du Mackenzie (terr. N.-O.), 10 % du Keewatin (terr. N.-O.), 35 % du Saskatchewan, 60 % du Manitoba, 80 % du Québec et 55 % de l'Ontario ; toundra, forêt (50 à 160 km de largeur) : épinette blanche et noire ; zones boisées du N. : savane, épinette noire ; forêt boréale, de Terre-Neuve à la Colombie brit. (épinette, sapin, mélèze, pruche, pin). *Plaines intérieures* (1 479 000 km²) : 300 à 1 000 km de largeur (ondulées, avec quelques vallées, collines et escarpements) : végétation semblable à celle du bouclier boréal. *Appalache, Acadien boréal* (150 000 km²) : Terre-Neuve et Gaspésie au Québec (peu accidentées).

Forêt tempérée de l'Est. De la N.-Écosse (océan Atl.) au lac Supérieur (Ontario). *Appalache, Acadien tempéré* (210 000 km²) : hautes terres des cantons de l'E., au Québec, N.-Brunswick, N.-Écosse et l'île du Pce-Édouard (épinette rouge, sapin baumier, bouleau jaune, érable à sucre, hêtre). *Bouclier tempéré can.* (161 000 km²) : rocheuses avec poches intermédiaires de sable, silt et argile (érable à sucre, tremble, bouleau jaune, pruche, pin rouge, pin blanc). *Basses terres du St-Laurent* (181 000 km²) : entre Appalaches et bouclier (roches sédimentaires avec terrains vallonneux et dépôts glaciaires) : hêtre et érable, chêne blanc, hickory, noyer, tilleul d'Amér., cerisier d'automne.

Prairies (337 000 km²). 10 % de l'Alberta, 35 % de la Saskatchewan et 5 % du Manitoba ; quelques tremblaies ; grande partie labourée pour blé.

Cordillère. O. du Canada : zones forestières boréales, subalpines, côtières et du Columbia. *Est* (458 000 km²) : montagnes bien découpées (Mackenzie, Richardson et Rocheuses) 60 %, plateaux et contreforts (Porcupine et Laird et contreforts des Rocheuses) 30 %, plaines (Old Crow, Eagle et Mackenzie) 10 %. *Intérieur* (821 000 km²) : relief moins accentué, plateaux (intérieur, Stikine, Hyland et Yukon) 55 %, montagnes véritables (British, Ognvie, Selwyn, Cassiar, Omineca, Skeena, Hazelton et Columbia) 40 %, basses terres (fossés des Rocheuses, Tintina et Shakwak) 5 %. La végétation varie également entre le N. (forêts mixtes) et le S. (montagnes boisées, prairies, terres très pauvres où pousse l'armoise). *Ouest* (313 000 km²) : relief accentué, élevé : massif St-Elie (point culminant du C. : Mt Logan, 5 951 m), chaîne côtière et autres montagnes formant îles Reine-Charlotte et Vancouver. De Vancouver à l'Alaska : fjords ; régions forestières subalpines et côtières.

● **Lacs.** Lac Supérieur 82 100 km² (dont 28 700 km² au C.), Huron 59 600 km² (dont 36 000 km² au C.), grand lac de l'Ours 31 328 km², grand lac des Esclaves 28 570 km², Érié 25 700 km² (dont 12 800 km² au C.), Winnipeg 24 390 km², Ontario 18 960 km² (dont 10 000 km² au C.).

● **Climats.** *Côte Pacifique* : frais et assez sec en été à l'intérieur des terres ; doux, nuageux et très enneigé en hiver. *Intérieur de la Colombie britannique* : selon l'altitude (côté au vent et humide des montagnes, abondantes chutes de neige en hiver ; vallées sèches abritées des précipitations : étés torrides ; écarts de température entre jour et nuit très marqués sur les hauts plateaux). *Zone intérieure* : continental (hivers rigoureux, étés courts et chauds, rares précipitations). *N. de l'Ontario et du Québec* : humide, hivers froids, étés chauds et en général d'abondantes précipitations toute l'année. *Provinces de l'Atlantique* : continental humide malgré l'influence de la mer sur le littoral. *Iles du N., côte de l'Arctique et région de la baie d'Hudson* : arctique constant [longs hivers glacials interrompus quelques mois chaque année (température moy. au-dessus de 0 °C ; précipitations très faibles)]. *Zone boréale transitoire* : hivers longs et rigoureux (l'été dure plus longtemps) : précipitations, légères dans l'O., plus abondantes dans la péninsule d'Ungava.

☞ Voir Canada à l'Index : Littérature, tourisme et géographie physique.

Démographie

● **Population.** *1800* : 362 000 ; *51* : 2 346 297 ; *71* : 3 689 257 ; *1901* : 5 371 315 ; *31* : 10 376 786 ; *41* : 11 506 655 ; *51* : 14 009 429 ; *61* : 18 238 247 ; *71* : 21 568 311 ; *81* : 24 343 181 ; *85* : 25 213 000 dont — *de 15 a.* 23 %, *+ de 60 a.* 10 %. D. 2,6. *Chômage* (84) 11,3 %.

Acadiens. Origine : en majorité du Poitou et de Saintonge, alors que les Québécois sont plus souvent d'origine normande ou picarde, arrivés en 1604 avec Champlain. Établis en Acadie (N.-Écosse). Française jusqu'au tr. d'Utrecht (1713), alors que les Québécois sont restés français 50 ans de plus (tr. de Paris, 1763) ; ils ont été l'objet de tentatives d'assimilation plus brutales. **Implantation** : *a)* ancienne Acadie, annexée par la G.-B. en 1713 : Terre-Neuve 2 655 ; Île du Pce-Édouard 6 080 ; N.-Écosse 36 030 ; N.-Brunswick 234 030 (total : 278 795). *b)* autres pays : Québec 300 000 (dont Montréal 100 000) ; N.-Angleterre (U.S.A.) 75 000 ; Louisiane 600 000 (total : 975 000).

• **Amérindiens.** *Nombre : 1500 :* 200 000 ; *1900 :* 100 000 ; *1961 :* 208 286 ; *1981 :* 491 460 dont 98 260 Métis (0,02 % de la pop. totale, répartis en 576 collectivités appelées « bandes », 70 % vivent dans des réserves, 75 % de chômeurs). Ne sont considérés comme Indiens, et ne bénéficient des avantages de la loi, que les Ind. inscrits. Il faut descendre du côté paternel d'une personne considérée comme ind. ou membre d'une bande ind. en 1874 ou être conjoint d'un ind. inscrit. **Langues et dialectes :** 58 en 10 principaux groupes (dont algonquin, iroquois, sioux, athapaskan). **Réserves** 2 237, de quelques ha à des milliers. Sup. totale 24 840 km ^{2}. Les terres de la Couronne ne peuvent être vendues ou louées sans l'accord du Conseil de la bande et l'autorisation du min. des Aff. ind. La « proclamation royale » de 1763 reconnaissait le droit des Ind. sur les terres encore non aliénées après 200 ans de présence fr. Elle est restée lettre morte. Les I. exigent le respect des traités passés et dénoncent les tr. iniques [ex. : 500 km^2 de terre vendus autour de Toronto contre un lot de perles et 10 shillings (1788)].

• **Esquimaux** (Inuits). **Nombre :** *1961 :* 11 835 ; *81 :* 25 390. **Statut :** veulent obtenir la reconnaissance de leurs droits sur 3 300 000 km^2. En 1975, ils avaient obtenu du gouv. du Québec une indemnisation de 225 millions de $, lors de la construction du complexe hydroélectrique de la baie James, qui leur enlevait la jouissance de 610 000 km^2. Les restrictions prescrites par la loi sur les I. freinent l'investissement dans les réserves (d'où pauvreté et dépendance des I. de l'assistance sociale).

• **Immigrants** accueillis : plus de 10 000 000 depuis 1867. Du 1-6-71 au 31-5-81 : 1 437 669 soit 6,45 % de la pop. tot. L'immigration continue : *1976 :* 148 329 ; *77 :* 114 914 ; *78 :* 72 475 ; *79 :* 112 096 ; *80 :* 143 117 ; *81 :* 131 455 ; *82 :* 121 147 ; *83 :* 88 846 ; *84 :* 90 000 dont G.-B. 6 036, U.S.A. 7 381, France 1 651, Antilles 7 179, All. féd. 5 518, Asie 36 906.

• **Ressortissants français.** 160 000 dont Montréal 50 000, Québec 10 000.

• **Canadiens nés à l'étranger** (rec. 1971) 3 295 530 dont R.-U. 933 000, U.S.A. 309 640, Portugal 71 540, Inde 38 875 ; (rec. 1981) 16,1 % de la pop.

• **Principales villes** *(agg. 83). Ottawa* (et sa banlieue, Hull) : 737 600, *Toronto* 3 067 100, *Montréal* 2 862 300, *Vancouver* 1 310 600, *Edmonton* 698 600, *Calgary* 634 600, *Winnipeg* 600 700, *Québec* 580 400, *Hamilton* 548 200, *St. Catherines-Niagara* 304 600, *Kitchener* 294 400, *London* 287 200, *Halifax* 280 700, *Windsor* 244 800, *Victoria* 240 400.

• **Langues maternelles** *(1981)* (sur 24 343 605 hab.) : anglais 14 918 445, français 6 249 095, autres 3 175 625 (dont italien 528 775, allemand 522 855, ukrainien 292 265, chinois 224 030, portugais 165 510, néerlandais 156 640, hollandais et frison 146 830, polonais 127 960, amérindien 127 450, grec 122 960, indo-pakistanais 116 990, serbo-croate 87 870, magyar (hongrois) 83 720, espagnol 70 160, langues scandinaves 67 725, punjabi 53 680, philippin et tagalog 44 865, tchèque et slovaque 42 825, l. indochinoises 41 615, finnois 33 380, yiddish 32 760, russe 31 490, arabe 30 115, vietnamien 30 105, japonais 20 130, arménien 17 140, coréen 17 100). L'accent canadien viendrait de l'accent parisien des « filles du Roy » promises au XVIIe s. aux 1ers colons.

Province	Population [1]	Minorité [2]
Alberta	2 349 100	62 145
Colombie britannique	2 863 200	45 615
Ile Pce-Edouard	125 000	6 080
Manitoba	1 054 400	52 560
N.-Brunswick	712 300	234 030
N.-Ecosse	868 100	36 030
Ontario	8 916 800	475 605
Québec	6 540 100	706 115 [3]
Saskatchewan	1 003 300	25 535
Terre-Neuve	578 900	2 655
Terr. du N.-Ouest	49 300	1 240
Yukon	21 700	580

Nota. —(1) Populations (au 1-1-85). (2) Minorités (en 1982) francophones, sauf (3) anglophones.

• **Religions (1981).** *Catholiques* 11 402 605 pratiquants. *1961* 60 %, *71* 30 %. [1983 prêtres 6 904 diocésains (66,6 % francophones) + 178 dans les éparchies, dont 1 420 à la retraite ; 5 % de — de 35 ans ; départs 1 020 de 1960 à 83 ; ordinations 65 par an dep. 1977 ; paroissiens sans prêtre 11,2 %]. *Eglise unie du C.* 3 758 015 m. *Église épiscopale du C.* 2 436 375 m., *Presbytériens* 812 110, *Luthériens* 702 905, *Baptistes* 696 850, *Pentecôtistes* 338 790, *Grecs orthodoxes* 314 870, *Juifs* 296 425, *Musulmans* 100 000.

Histoire

20 000 av. J.-C. arrivée de tribus d'Asie par le détroit de Behring. **IXe s.** Islandais chassés d'Islande, fixés au Groenland, exploitent le bois du Labrador et de Terre-Neuve. **1497**-*24-6* Jean Cabot (Génois, 1450-99) explore le Canada. **1524** redécouvert par Florentin Verrazzano envoyé par François Ier. N.-Est appelé Nouv.-France. **1534** Jacques Cartier (Français de St-Malo, 1491-1557) prend possession du Can. au nom de François Ier et remonte le St-Laurent (1536). **1583** Humphrey Gilbert prend possession de Terre-Neuve au nom de l'Angl. **1604** 1re installation de colons fr. (île de Ste-Croix, actuellement U.S.A.). **1608** Fr. Samuel de Champlain (Fr. 1570-1635) fonde Québec et devient gouverneur. **1629** capitule devant flotte angl. **1632** tr. de St-Germain-en-Laye : les Angl. rendent le Can. par charte royale à une « Cie de la Nouvelle-France » (100 associés). **1642** Montréal fondé. **1661** Sté des Indes occ. fondée. **1663** le Can. assimilé à une province fr. (la charte de la compagnie révoquée) : le planning économique fait en métropole (ex. : expansion du blé, pour ravitailler Fr. ; interdiction de culture du tabac, pour ne pas concurrencer St-Dominique ; interdiction de transformer fourrures produites, pour ne pas concurrencer la Fr.). **1665-72** intendance de Jean Talon ; peuplement français. **1672** Jolliet et le père Marquette atteignent le Mississippi par le Wisconsin. **1672-82** gouvernement de Frontenac, essor économique. **1680** René Cavelier de La Salle (1643-87) descend Mississippi et fonde Louisiane (de Louis XIV). **1687** Indiens Micmacs et Malécites s'allient aux Fr. contre Angl. (g. de la ligue d'Augsbourg). **1689-1763** g. franco-anglaise (Indiens Algonquins et Hurons alliés aux Fr. ; Iroquois aux Angl.). **1713** *tr. d'Utrecht* Louis XIV abandonne Acadie (auj. N.-Brunswick et N.-Écosse), Terre-Neuve et terr. de la baie d'Hudson à l'Angl. (les Fr. y soutiendront Indiens révoltés contre colons angl. ; les Acadiens n'auront pas le droit de se replier au C. resté fr.). **1740** Halifax fondé. **1750** N.- France englobe vallées du St-Laurent et Mississippi jusqu'au golfe du Mexique, avec 85 000 h. (N.-Angleterre : 1 500 000 h., sur un territoire 20 fois moindre). *Origine sociale* des 10 000 Fr. immigrés de 1608 à 1760 (dont 2 500 en 1668) : soldats 3 500, « filles du roi » (prostituées, orphelines, bâtardes) 1 100, prisonniers 1 000, engagés 3 900, colons libres 500. Il y a également de nombreux immigrants anglais, notamment à Montréal. **1754**-*17-4* g. de Sept Ans : Fr. (alliés aux Indiens) : 900 h. ; Angl. 1 850 h., dont 450 Amér. **1755-60** déportation (le *Grand Dérangement*) de 15 000 Acadiens fr. vers d'autres colonies brit. (Massachusetts, Maryland, Caroline, Virginie, Connecticut, Nlle-York, Pennsylvanie, Georgie) ou fr. (St-Domingue, Louisiane). *Motif :* ont refusé le « serment d'allégeance » à la couronne (qui les aurait obligés à porter les armes contre les terr. demeurés fr.) (le tr. de 1713 les dispensait de ce serment, mais les Angl. ont déclaré ce statut caduc, à cause de l'état de g.). **1756** Louis, Mis de Montcalm (Gal en 1712), envoyé par la Fr., essaye de rétablir la situation, mais les colons fr. sont 65 000 et les Angl. 1 200 000. **1759** *sept.* Québec : Gal angl. Wolfe bat les Fr. de Montcalm (W. est tué ; M., blessé, meurt le lendemain). **1760** Ste-Foy. Vaudreuil, gouverneur de Québec, capitule. **1763** *tr. de Paris* Fr. renonce à la N.-France, cède à l'Angl. le Can. qui constitue la province de Québec, et la rive g. du Mississippi (reste de Louisiane donné à l'Esp.) ; les îles du Pce-Édouard rattachées à la N.-Angleterre et les territoires N.-O. d'Ottawa constituent un territoire de chasse interdit à la colonisation. Les Angl. renoncent à imposer au Québec protestantisme et institutions brit. en échange de la liberté rel. accordée aux huguenots fr. Les classes dirigeantes fr. (noblesse, cadres administratifs, gros commerçants) quittent le C., des anglophones (en majorité écossais) les remplacent.

1774 *Acte de Québec* permet aux Fr. de conserver institutions et religion (le terme *canayen* désigne désormais les Can. cath. et francophones). **1775**-*13-11*/**1776**-*17-6* les Amér. soulevés contre l'Angl. prennent Montréal, mais échouent devant Québec. **1776-83** 6 000 colons anglais « loyalistes » quittent États insurgés pour se fixer au Canada (sur des terres confisquées aux Canayens). **1791** divisé en Haut et Bas-Can., séparés par la rivière des Outaouais. Le Ht-Can. (Ontario aujourd'hui), peuplé d'une majorité de loyalistes de N.-Angl., adopte système légal et gouvernemental de la G.-B. ; le Bas-Can. ou Québec, essentiellement franç., garde lois civiles fr., mais adopte Code criminel angl. **1792** 1re élection d'un parlement : 35 dép. de langue fr. (pour 14/15e de la pop.) ; 15 dép. de l. angl. (pour 1/15e de la pop.). **1799** le Parlement vote subside de 20 000 livres pour aider la G.-B. en g. contre la Fr. **1801** nouveau subside, fourni par souscription (« fonds patriotiques »). **1813** des envahisseurs amér. sont battus à Châteauguay ; les combats se poursuivent jusqu'en 1818 (fixation de la frontière au 49e parallèle). **1837-38** rébellions dans Haut et Bas-Can. [leader francophone : Louis-Joseph Papineau (1786-1871), exilé à Paris 1839-47, amnistié 1847 ;

leader anglophone : William Lyon Mackenzie (1795-1861), exilé aux U.S.A. 1839-49 ; amnistié 1849] ; 12 Canayens exécutés à Montréal ; nombreux départs de Canayens aux U.S.A. (total 1837 à 1910 : 500 000). **1840**-*23-3 Acte d'Union,* Haut et Bas-Can. deviennent le Can. uni. **1840-1900** immigr. massive des Irl., catholiques et anti-anglais, politiquement alliés des Canayens, mais anglophones ; ils anglicisent le pays. **1867**-*1-7 Acte de l'Amérique du Nord britannique* créant la Confédération du Can., comprenant N.-Brunswick, N.-Écosse, Haut et Bas Canada. **1869** révolte des Métis (francoph.) du Manitoba, dépouillés de leurs terres par nouveaux immigrants angloph. (leader : Louis Riel, dép. en 1871, expulsé du Parlement). **1877** loi limitant droits de l'enseignement confessionnel. **1885** 2e révolte des Métis du Manitoba (Riel pendu le 16-11). **1890** Manitoba abolit les dispositions garantissant l'usage du français à l'école.

1904 la Fr. renonce à l'exclusivité de ses droits de pêche sur une partie de la côte de Terre-Neuve. **1914-18** 1re G. mondiale (30 000 combattants, dont 12 000 volontaires). **1916** l'Ontario limite l'usage du fr. dans les écoles. **1919** début de l'emprise écon. des U.S.A. sur le Can. **1931** Statut de Westminster : le C. devient dominion indépendant, mais Londres enlève 110 000 km^2 au Québec pour les donner à Terre-Neuve, qui ne fait pas partie du dominion (Labrador). **1939** le C. déclare la g. à l'All., les Québécois se montrent réticents devant le service en Europe (10 000 déserteurs). **1944** les Canadiens participent au débarquement en Normandie 37 217 †. **1970** campagne terroriste du F.L.Q. (Front de libération du Québec). **1978**-*1-11* le gouv. féd. propose aux prov. de réexaminer le partage entre les 2 pouvoirs (répartition de l'impôt, contrôle des dépenses féd.). **1979**-*22-5* victoire des conservateurs aux élections : Joseph Clark PM.

1980-*18-2* victoire des libéraux : Trudeau de nouveau PM. -*20-5* échec du oui (41 %) au référendum sur l'indép. du Québec. **1982** rapatriement de la const. can. et adoption de la charte can. des droits et libertés. -*18/25-7* 1re assemblée mondiale des Nations Premières : 2 à 3 000 autochtones représentant 250 nations de plus d'une douzaine de pays se réunissent à Regina (Saskatchewan) pour parler des problèmes des peuples indigènes. **1983**-*15/16-3* Conférence constitutionnelle à Ottawa sur les droits des autochtones ; propositions rejetées par les Ind. de Col. brit. n'ayant signé aucun traité avec le C. Trudeau qui refuse le principe de souveraineté nat. pour les Ind. **1984** *juin* John Turner remplace Trudeau. -*29-6* René Lévesque, P.M. du Québec quitte la présidence du P. québécois. -*3-9* bombe gare de Montréal : 3 Français tués. -*4-9* succès conservateurs aux élect. -*9/20-9* voyage du pape Jean-Paul II. **1986**-*20/22-2* Brian Mulroney en Fr.

Statut politique

Statut. *État féd. membre du Commonwealth.* [*Constitution* 1-7-1867 ; **rapatriement de l'Acte** de l'Amér. du N. brit. voté le 2-12-1981 par Parlement can. (246 v. contre 24) et 17-2-1982 par Chambre des Communes brit. (334 v. contre 44). 17-4-1982 proclamation de la nouvelle Const. malgré l'opposition du Québec, qui ne voulait pas voir restreindre l'autonomie des provinces. **A l'origine** 4 prov. (Ontario, Québec, N.-Brunswick, N.-Écosse) et des territoires qui devinrent des provinces et furent admis dans la Confédération [Manitoba (ancien État de la rivière Rouge) 1870, Colombie brit. 1871, Ile du Pce-Édouard 1973, Alberta 1905, Saskatchewan 1905, Terre-Neuve 1949] [après référendum juillet 1949 ; 78 408 pour, 71 466 contre (partisans d'un gouv. autonome)]. **Fête nat.** 1er juillet.

● **Pouvoir exécutif. Chef d'État** : reine Elisabeth II représentée par le **gouverneur gén.** nommé par elle pour 5 à 7 ans (sur l'avis du PM canadien, assisté par un conseil privé), assisté du cabinet choisi par le PM.

● **Pouvoir législatif. Parlement fédéral : Sénat** [104 m. présentés par le PM et nommés par le gouv. gén., 30 ans min. (retraite à 75 ans), Ontario 24, Québec 24, N.-Écosse 10, N.-Brunswick 10, Terre-Neuve 6, Colombie brit. 6, Manitoba 6, Alberta 6, Saskatchewan 6, Pce-Édouard 4, Yukon 1, T.-N.-O. 1]. **Chambre des communes** (282 m. élus pour 5 ans), le nombre des députés est redistribué après chaque recensement ; en 1984 : Terre-Neuve 7, N.-Écosse 11, N.-Brunswick 10, Ile du Pce-Édouard 4, Québec 75, Ontario 95, Manitoba 14, Saskatchewan 14, Alberta 21, Colombie britannique 28, Yukon 1, T.-N.-O. 2. *C'est le seul* organe auquel le cabinet (exécutif) ait à rendre des comptes. Après 3 lectures, vote les lois.

Élections à la Chambre des communes.
% de voix et, en italique, nombre de sièges.

	30-1-72	8-7-74	22-5-79	18-2-80	4-9-84
P. libéral	38,5 *109*	42,9 *141*	39,9 *114*	44,3 *147*	22,8 *40*
P. conser.	35,0 *107*	35,6 *95*	36,1 *136*	32,4 *103*	49,6 *211*
Nouveau P. dém.	17,7 *31*	15,6 *16*	18 *26*	19,2 *32*	18,6 *30*
Crédit social	7,6 *15*	5 *12*	4,5 *6*	*0*	*0*
Divers	1,3 *2*	0,9 *1*	1,5 -	*0*	*1*

Partis. *P. libéral,* remonte aux partis réformistes d'avant la Conféd. (milieu XIXe s.), f. 1867 ; au pouvoir pendant 40 des 50 dernières années ; leader John Turner. *P. conservateur,* créé 1854, devenu 1942 P. progressiste conservateur, lors de l'absorption du P. progressiste. Leader Brian Mulroney. *Nouveau P. démocratique,* f. en août 1961 par fusion de la C.C.F. (Coopérative Commonwealth Federation) et du C.L.C. (Canadian Labour Congress, la plus puissante organisation syndicale 140 000 m.), tendance soc. ; leader Edward Broadbent. *Crédit social,* « défenseur des catégories soc. touchées par le développement ind. », créé par Réal Caouette (26-9-17/6-12-77) ; leader Fabien Roy.

Référendums. *Nationaux et provinciaux* rares mais *municipaux* courants. *Réf. nationaux : 1898* sur la prohibition (toutes les provinces sont pour, seul le Québec est contre : le gouvernement féd. laisse les provinces choisir) *1942* sur la conscription (seul le Québec est contre) ; elle sera adoptée en 1944. *1980* 20-5 sur le statut du Québec (non).

● **Pouvoir judiciaire.** La Cour suprême, instituée 1875, juge en dernier ressort dans les litiges de nature criminelle et les procès en matière civile. 9 juges.

● **Provinces fédérées** (10). Chacune a son parlement (1 chambre). *Pouvoir exécutif* exercé par le Lt- gouv. en conseil nommé par le gouverneur gén. Parmi les pouvoirs relevant uniquement de la province : pouvoirs constitutionnels provinciaux (sauf sur ce qui touche le Lt-gouv.), propriété, souveraineté sur ressources, droits civils, impôts directs, emprunts, aménagements, vente des terres de la Couronne, hôpitaux provinciaux, licences commerciales, travaux publics sauf décision contraire du pouvoir fédéral, justice, éducation. *Justice :* les tribunaux provinciaux relèvent des provinces, mais le gouv. fédéral nomme les juges des cours provinciales. *Finances :* à l'État féd. incombe gestion des ch. de fer, ports et aéroports. A la province tout le reste, dont investissements en matière de routes, écoles, hôpitaux, etc. *Divisions :* régions et sous-régions adm., municipalités, comtés, cités, villes, cantons, districts municipaux.

● **Territoires.** Ils relèvent directement du gouv. et du Parlement can., chacun a un commissaire à sa tête, nommé par le gouv. assisté d'un conseil de 16 membres élus (Yukon), 22 m. élus (T.-N.-O.).

Gouverneurs généraux. 1867 Vte Monck (1819-94). **68** Lord Lisgar (1807-76). **72** Cte de Dufferin et Ava (1826-1902). **78** Mis de Lorne (1845-1914). **83** Mis de Landsdowne (1845-1927). **88** Lord Stanley de Preston (1841-1908). **93** Cte de Aberdeen (1847-1934). **98** Cte de Minto (1845-1914).

1904 Cte Grey (1851-1917). **11** S.A.R. le duc de Connaught et de Strathearn (1850-1942). **16** Duc de Devonshire (1868-1938). **21** Lord Byng de Vimy (1862-1935). **26** Vte de Willingdon (1866-1941). **31** Cte de Bessborough (1880-1956). **35** Lord Tweedsmuir (1875-1940). **40** Cte d'Athlone (1874-1957). **46** Vte Alexander de Tunis (1891-1969). **52** Vincent Massey (1887-1967) (1er gouv. gén. de nationalité canadienne). **59** Gal Georges Philéas Vanier (1888-1967). **67** (4-7) Roland Michener (19-4-1900). **74** (14-1) Jules Léger (1913-80). **79** (22-1) Edward R. Schreyer (21-12-35). **84** (24-1) Jeanne Sauvé (26-4-22).

Premiers ministres. *Légende.* (C. : conservateur, L. : libéral.) **1867** *1-7* Sir John Alexander MacDonald (1815-91). **73** *7-11* Alexander Mackenzie (1822-92). L. **78** *17-10* Sir John Alexander MacDonald (1815-91). C. **91** *16-6* Sir John Joseph Caldwell Abbott (1821-93). C. **92** *5-12* Sir John Sparrow David Thomson (1844-94). C. **94** *21-12* Sir Mackenzie Bowell (1823-1917). C. **96** *1-5* Sir Charles Tupper (1821-1915). **96** *11-7* Sir Wilfrid Laurier (1841-1919). C. **1911** *10-10* Sir Robert Laird Borden (1854-1937). C. **17** *12-10* Sir Robert Laird Borden 1854-1937). Unioniste. **20** *10-7* Arthur Meighen (1874-1960). C. **21** *29-12* William Lyon Mackenzie King (1874-1950). L. **26** *28-6* Arthur Meighen (1874-1960). Unioniste. **26** *25-9* William Lyon Mackenzie King (1874-1950) L. **30** *7-8* Richard Bedford Bennett (1870-1947). C. **35** *23-10* William Lyon Mackenzie King (1874-1950). C. **48** *15-11* Louis Stephen Saint-Laurent (1882/25-7-1973). L. **57** *21-6* John George Diefenbaker (1895-1976). Progr. conservateur. **63** *22-4* Lester Bowles Pearson (23-4-1897/1972). L. **68** *20-4* Pierre Elliott Trudeau (18-10-19). L. **79** *4-6* Charles Joseph Clark (5-3-39). C. **80** *3-3* Pierre Elliott Trudeau (18-10-19). L. **84** *30-6* John Napier Turner (7-6-29). L. **84** *17-9* Brian Mulroney (20-3-39). C.

Confédération canadienne

Superficie, population totale (est. oct. 84) dont principaux groupes ethniques en 1971, capitales et villes principales 1981.

● **Alberta.** 661 185 km^2, 2 344 700 h. (dont, en 82, Brit. 761 665, All. 231 005, Fr. 94 665, Ital. 24 805). D. 3. *Edmonton* 657 057 (agg.), Calgary 592 743 (agg.), Lethbridge 54 072 (agg.). Pop. concentrée dans le centre (grandes propriétés : 8 000 exploitations de plus de 445 ha) ; plan d'irrigation pour 364 200 ha dans le S.-E. Charbon, gaz naturel 90 %, pétrole 80 %, céréales 33 %.

● **Colombie britannique.** 948 596 km^2, 2 882 800 h. (dont, en 82, Brit. 1 265 445, All. 198 315, Fr. 96 550, Ital. 53 795, Chinois 44 315, Danois 21 205). D. 2,55. *Victoria 233 481 (agg.),* Vancouver 1 268 183 (agg.). Forêts 75 % du terr. (54 % des réserves can.). Pêcheries (1er rang). Projet de ch. de fer vers Alaska.

● **Ile du Pce-Édouard.** 5 657 km^2 (le plus petit État du C.), 125 900 h. (dont, en 82, Brit. 92 285, Fr. 15 325, All. 955). D. 18,2 (la plus forte du C.). *Charlottetown* 15 282, Summerside 8 592. Pommes de t., porcins, pêcheries.

● **Manitoba.** 650 087 km^2, 1 060 500 h. (dont, en 82, Brit. 414 125, All. 123 056, Ukrainiens 123 000, Fr. 86 510, Juifs 20 010). D. 1,33. *Winnipeg* 600 700 (agg.), St-James 71 569 (76), St-Boniface 46 661 (76). Forêts (50 % du terr.), céréales (dont blé 50 %).

● **Nouveau-Brunswick.** 73 436 km^2, 724 900 h. (dont, en 82, Brit. 365 735, Fr. 235 025, All. 8 410). D. 8,05. *Fredericton* 47 800, St-John 120 900 (agg.), port de commerce, Moncton 83 900 (agg.). Une partition de la province entre région francophone et r. anglophone a été envisagée. Industrie forestière, pêcheries, pommes de t. Province très endettée. *Chômage :* 14 %, en majorité Acadiens (30 % chez les francophones).

● **Nouvelle-Écosse.** 55 491 km^2, 874 100 h. (dont, en 82, Brit. 611 310, Fr. 80 215, All. 40 910). D. 12,8. *Halifax* 277 727 (agg.), port. Forêts (75 % du terr.). Pêcheries (2e rang.).

● **Ontario.** 1 068 582 km^2, 8 984 900 h. (dont, en 82, Brit. 4 576 010, Fr. 737 360, All. 475 320, Ital. 463 095, Juifs 131 195, Grecs 67 625, Hongrois 65 695). D. 6,7. *Toronto* 2 998 947 (agg.), Hamilton 542 095 (agg.) [*1851* : 30 775, *1901* : 208 040], Ottawa 737 800, London 283 668 (agg.), Windsor 244 800 (81), Kitchener 294 400 (agg.), Sudbury 149 923 (81). Dans le N. : or, argent, amiante, uranium ; industrie dans le S., utilisant l'hydroélectricité (Niagara, Outaouais, St-Laurent) ; pétrochimie, sidérurgie Hamilton (5,1 millions de t). Dépend de l'Alberta pour matières premières, et du Québec pour débouchés. 43 % du total des exp.

● **Québec.** (la « Belle Province »). Connu comme la N.-France ou le Canada (1535-1763), prov. de Québec (1763-90), Bas-Canada (1791-1867) et, depuis 1867, prov. de Québec. **Géographie.** *Montagnes :* Laurentides 750 m (plus ancien système montagneux), Appalaches 1 300 m (s'étendent jusqu'en Gaspésie). *Régions :* basses terres du St-Laurent, plateau de Laurentides, chaîne des Appalaches, Saguenay. *Climat :* Sud : humide. Hiver froid ; été, la temp. dépasse rarement 26 °C. *Pluies :* 76 à 139 cm. Plus de 1 million de lacs et de rivières. D. 3,7. 1 540 680 km^2, 6 562 400 h. [dont, en 82, Fr. 5 307 010 (81), Brit. 640 045, Ital. 169 655, Juifs 115 990, All. 53 870, Grecs 42 870, Hongrois 12 570]. D. 0,28. En 79, *Québec* 576 075 [*1851 :* 42 052, *1901 :* 68 840], Montréal 2 828 349 (agg.), [*1851 :* 57 715, *1901 :* 266 736], Laval 246 243 (agg.), et (79) Sherbrooke 74 600, Verdun, 66 700, Hull 59 600, Trois Rivières 50 600.

Population. Immigration (1979-82) : 84 509. *En 1982 :* 21 331 dont (en %) Haïti 15,7, France 8,6, Viêtnam 6,2, Pologne 4,6, U.S.A. 4,2. *Chômage* (84) : 12,8 %.

Langue : 1984 : francophones 5 307 010, anglophones 706 115. La loi du 26-8-1977 a tenté de faire du fr. la seule l. officielle mais le 13-12-1979 la Cour suprême du C. l'a déclarée inconstitutionnelle. Selon le Conseil de la langue française (C.L.F.) du Québec : 40 % des Québécois francophones de 18 à 24 ans estiment le français sans avenir comme l. des sciences et de la technologie, et préféreraient voir leurs enfants faire leurs études en anglais ; 20 % d'anglophones détiennent 80 % du pouvoir pol.-éco., et 70 % de l'éco. sont contrôlés par les U.S.A.

Religions (81) : *Catholiques* 5 618 365 [87,3 % ; 22 diocèses, 1 976 paroisses, 4 287 prêtres (5 382 en 1961), 32 528 religieuses et religieux]. L'Église cath. a gardé un rôle prépondérant (hôpitaux, presse, universités) jusqu'en 1968. De 1960 à 69, les ordinations ont diminué de 57,7 %. *Anglicans* 132 115, *Église épiscopale du C.* 55 000, *Presbytériens* 34 625, *Baptistes* 25 050. (Il y a 20 000 francophones protestants.)

Histoire récente : 1935 Maurice Duplessis fonde l'Union nationale (au pouvoir 1936-39 et 1944-60). **1960**-*22-6* victoire du P. libéral provincial (alors nationaliste), le min. J. Lesage (1922-80) lance une politique d'émancipation. **1961**-*5-10*, délégation générale du Q. à Paris. **1963** développement d'un courant séparatiste (leader Pierre Vallières). *Mars* naissance du Front de lib. du Q. (F.L.Q.), terroriste (il aura 35 membres en oct. 70 et disparaîtra fin 72). *-8-4* Lester Pearson PM (P. libéral féd.). **1965**-*1-1* la Fr. reconnaît off. la délégation du Q. à Paris. **1966**-*5-6* Daniel Johnson *PM* (Union nationale réformée). **1967**-*22/26-7* visite du Gal de Gaulle, « Vive le Q. libre » ; protestation du gouv. can., annulation du voyage à Ottawa. **1968**-*22-4* P.E. Trudeau *PM* (maj. absolue aux él. du 25-6). -26-9 Daniel Johnson meurt. **1970**-*30-4* victoire élec. du P. libéral. *-5-10* le F.L.Q. enlève James Cross, conseiller commercial brit. (libéré 3-12-70) et le *10-10* Pierre Laporte, min. de l'Emploi du Québec (assassiné 17-10-70). *-21-12* arrestation de certains des ravisseurs (Paul Rose condamné à la prison à vie sera libéré le dernier en sept. 82). **1974** *mai* la « loi 22 » institue le fr. comme seule langue off. au *Q. Oct.* visite en Fr. de P.E. Trudeau. *Déc.* visite off. du *PM* R. Bourassa. *Déc :* Jérôme Choquette crée le P. national. **1976**-*15-11 élections :* victoire du P.Q. **1980**-*20-5* échec du oui (41 %) au référendum sur l'indépendance. **1980-81** P.E. Trudeau, en renforçant la centralisation, déçoit ceux qui avaient voté *non* en espérant une constitution favorable aux provinces : mêmes les anglophones se rallient au P. Q. **1981**-*13-4* victoire de R. Lévesque et du P.Q. (80 députés, dont 3 anglophones, sur 122). **1985** *janv.* congrès du P.Q., 65 % écartent l'option « souveraineté » pour les prochaines élections. *-2-12 élections :* succès du p. libéral mais Bourassa est battu. **1986**-*20-1* él. partielles Cté du St-Laurent : Bourassa élu (16 135 v. contre, 1 692 à Sid Ingerman du p. démocratique).

Ressources : hydroélectricité (notamment complexe de la baie James) ; uranium près de la baie James : 20 000 t ; ind. du bois (pâte à papier 20,3 Mt) ; tourisme (sports d'hiver dans les Laurentides ; plages de la Gaspésie).

Statut : *Ass. nat.* 122 m. élus pour 5 ans. Au scrutin majoritaire à un tour. *Lt-gouv.* Jean-Pierre Côté (9-1-26) dep. 27-4-78. *PM .* Découpage inégal des circ. él. favorisant les régions rurales les moins peuplées [circ. la − peuplée : îles de la Madeleine (8 000 él.), la + peuplée : Taillon avec 160 380 él.]. *1968* Jean-Jacques Bertrand. *70* Robert Bourassa (n. 14-7-23), P.L. *76* (26-11) René Lévesque. *85* (29-9) Pierre-Marc Johnson (P.Q.), fils de l'ancien PM Daniel Johnson ; (12-12) Robert Bourassa.

Drapeau bleu avec une croix et des fleurs de lys blanches (officiel dep. 21-1-1948). Emblème floral : lys blanc. **Fête nat. :** St-Jean-Baptiste (24-6).

Partis : *P. libéral du Québec* (indépendant du P. libéral fédéral dirigé par John Turner), créé entre 1848 et 1850 ; chef du p. Robert Bourassa dep. oct. 83. *P. québécois* (Péquiste), créé 1968 sous l'égide de René Lévesque lors de la fusion du mouv. Souveraineté-Association avec Ralliement national ; absorbe ensuite d'autres mouv. autonomistes (dont le Rassemblement pour l'indép. nat.) ; social-démocrate ; but fondamental : accession à l'indép. Pt Pierre-Marc Johnson dep. 29-9-85. *Union nationale,* f. 1936 par M. Duplessis, remplace au Québec le P. conservateur féd. Au pouvoir de 1936 à 1939, de 1944 à 1960, de 1966 à 1970 (battue par les libéraux).

Au 23-10-85 (dissolution de l'Ass. nat.) le P.L. avait 53 et le P.Q. 61 à la suite de défections ou d'élections partielles.

Sièges et *% des voix*	1970	1973	1976	1979	1981	1985
Parti libéral (fédéraliste)	71 *45*	28 *34*	2 *34*	26 *33,8*	42 *46*	99 *56*
Union nat.	17 *20*	11 *18*	11 *18*	11 *18,2*	-- *4,6*	-- --
Rall. créditiste	13 *11,5*	1 *1*	1 *5*	1 *4,6*	-- --	-- --
P. québécois	7 *23*	69 *41*	76 *41*	71 *41,4*	80 *49,2*	23 *38*
Cand. indép.	-- --	1 *2*	1 *2*	1 *2*	-- *0,2*	-- --
Nouveau p. dém.						-- *2,4*
Divers						-- *2,6*

● **Saskatchewan.** 570 113 km^2, 1 003 300 h. (dont, en 82, Brit. 390 190, All. 180 095, Fr. 56 200). D. 1,23. *Regina* 162 613 (82), Saskatoon 154 210. Blé (60 % du C.), potasse. Chômage : 7,9 % (en 1979).

● **Terre-Neuve** (Labrador compris). 371 635 km^2, 579 700 h. (dont, en 82, Brit. 489 565, Fr. 15 410, All. 2 375, Esquimaux 1 055). D. 1,18. *St-John's* 154 820, Corner Brook 24 339. Entrée dans la Confédération c. en 1950. Brouillée avec Québécois à propos de la possession des côtes du Labrador, détachée du Québec par la G.-B. en 1926. Pêcheries (morue, baleine), bois et industrie du papier, minerai de fer.

● **Territoire du N.-Ouest.** 3 246 389 km^2, 49 900 h. (dont, en 82, Esquimaux 11 400, Brit. 8 785, Fr. 2 275, All. 1 330). En 78, *Yellowknife* 9 483, Inuvik 3 147. D. 0,012.

● **Territoire du Yukon.** 531 844 km^2, 22 400 h. (dont, en 82, Brit. 8 945, All. 1 555, Fr. 1 230). *Whitehorse* 14 814, Dawson City 1 182, Watson Lake 748. D. 0,040.

Économie

P.N.B. *Total* (milliards de $) *1982 :* 279 ; *83 :* 300,4 ; *84 :* 421. *Par h.* (en $) *1982 :* 11 330 ; *83 :* 2 000. **Taux de croissance** (84) 4,8 %. **Revenu moyen** (82) 32 435 $. *Colombie brit.* 35 293 $. *Provinces. Atl.* 26 479 $. **Inflation** (%) *1980 :* 10,2 ; *81 :* 12,5 ; *82 :* 10,8 ; *83 :* 5,9 ; *84 :* 4,4 ; *85-86 :* 4.

Pop. active (1984, en milliers, entre parenthèses part du P.N.B. en %). agr. 467 (3), mines 150 (1,2), ind. 2 164 (17,6), services 6 624 (53,9). **Chômage.** *81 (août) :* 700 000 (7,1 %). *83 :* 1 300 000 (11,9 %). *84 (oct.) :* 1 418 000 (11,3 %). *85 (janv.) :* 1 483 000 (11,3 %).

Agriculture. *Terres* (milliers de km^2, *79*) arables 730, forêts 3 417, vierges 4 334, urbanisées et développées 34. Sur les 15 % de terres cultivables 85 % sont dans l'Ontario et les Prairies. 82 % des terres agricoles sont à l'O. du pays. *Production* (milliers de t, 84) blé 24,2, orge 10,6, avoine 2,3, seigle 0,89 (en 82-83), lin 0,75 (en 82-83), viande 2,4 (en 83), pêche 1,3 (en 83).

Blé (de printemps, surtout dans la Prairie : Manitoba, Alberta et Saskatchewan, 75 % exportés, 2e pays exportateur de céréales), avoine, orge, maïs (Ontario), oléagineux (colza, lin, soja, tournesol), tabac (Ontario), légumes [Québec (pommes de t.), N.-Brunswick]. Rendements peu élevés à cause du climat froid (2 060 kg/ha, France et U.S.A. 4 800).

Forêts. 340 millions d'ha dont 200 répertoriés productifs. *Réserves* 17 milliards de m^3 de bois. *Prod.* de bois de sciage (84) 46,2 millions de m^3. Vente bois et pâte à papier.

Élevage (milliers de têtes, 84). Bovins 11,3, vaches laitières 1,74, porcs 10,38, moutons 0,55. Viande, prod. laitiers. **Pêche** (millions de t, 83) 1,29. Terre-Neuve et Pacifique. **Fourrures et peaux.** Piégeage 63 %, élevage 37 % ; notamment vison, renard, chinchilla.

Énergie. Pétrole (millions de t) *réserves* 958,86 % de la prod. : gisement de l'Athabasca (sables bitumeux contenant 84 % de sable, 11 % de pétrole, 5 % d'eau), *prod. : 81 :* 70, *82 :* 61, *83 :* 75, *84 :* 76 millions de m^3. **Gaz** (milliards de m^3) *réserves* 15 522, *prod. 81 :* 72 ; *82 :* 76 ; *83 :* 72 ; *84 :* 73. **Électricité** (1983) 396 milliards de kWh dont (%) hydraulique 66, thermique 21, nucléaire 13. Au Québec, sur la rivière La Grande (d'où LG), près de la baie James, 3 barrages : LG2 inauguré le 27-10-79 ; LG3 et LG4 (inst. 27-5-84, qui coûte 15 milliards de $ pour une puissance installée de 10 000 MW ; produira 14,1 milliards de kWh par an). Construction de LG1 reportée à + tard. L'ensemble fournira + de 40 % de la prod. d'hydroélec.

Consommation d'énergie en petajoules (1982). 6 476 dont pétrole 3 493, gaz naturel 2 015,3, hydroélec. 802,2, énergie nucléaire 132,8 (81).

Mines. (84) *Uranium :* réserves 7 150 t, prod. 8,3 t. *Charbon :* réserves 97 milliards de t, prod. 40,4 millions de t. *Nickel :* réserves 8 millions de t, prod. 148 020 t. *Minerai de fer :* Labrador, entre Québec et Terre-Neuve, réserves 20 milliards de t, prod. 36 942 981 t. *Zinc :* 948 630 t. *Cuivre :* 656 181 t. *Amiante :* 761 698 t. *Argent :* 1 214 t. *Potasse :* 6 900 373 t. *Lignite :* réserves 3,6 milliards de t.

Industrie. Auto. (*1978* 1 800 000, *1983* 1 500 000), mach. agricoles, pâte à papier, de bois, prod. alim., fer et métaux non ferreux, raff. de pétrole et chimie, textile. *Contrôle étranger* (80 % par U.S.A.) : pétrole (raff.) 99,9 % ; pétrole et gaz (prod.) 82,6 ; 1res transformations des métaux 84,9 ; ind. minière 60,5 ; manufacturière 68,7. Pays neuf (peu d'impôts) ; exporte des marchandises brutes (bois, métaux, carburant) malgré une ind. développée. *Balance des paiements* (milliards de $) *1981* − 5 ; *82* + 2,1 ; *83* + 1,3.

Transports. Voies ferrées 70 000 km. Routes 884 273 km dont *Trans-Canada Highway* 7 600 km, ouverte en 1962, qui relie une côte à l'autre, Victoria à St-Jean-de-Terre-Neuve. Navigation importante sur grands lacs et St-Laurent (construction avec U.S.A. du *St Lawrence Seaway :* navires de 28 000 tonneaux peuvent rejoindre les grands lacs). Oléoducs et gazoducs 100 000 km. Rôle important de l'avion.

Tourisme. Visiteurs : 34 865 000 (84). **Curiosités :** *Anse aux meadows :* (le + ancien établiss. européen en Amér. 1000 apr. J.-C.). *Edmonton West :* Fantazyland 44,5 ha (dont 37 couverts). *Ile Anthony. Louisbourg :* forteresse, village des années 1740. *Moneton :* côte magnétique. *Montréal* [vieux quartier, basilique Marie-Reine-du-Monde (1870-86) copie de St-Pierre-de-Rome, oratoire St-Joseph contenant 4 000 personnes, croix illuminée de 7 m de haut], parc olympique. *Nanaimo* [chaque année à la mi-juill. course dans d'anciennes baignoires (Côte du Soleil près de Vancouver)]. *Ottawa,* capitale [forme anglicisée d'Outaouais (tribu indienne), parlement, tour de la Paix (89 m avec carillon de 53 cloches]. *Parcs :* Banff : (le + ancien des 28 parcs nat. 6 641 km^2), des Dinosaures, Kluane et Wrangell, Nahanni, Rocheuses can., St-Elies, Wood Buffalo. *Québec :* vieille ville. *Rossland* (ville de l'or découvert en 1880). *Toronto* (tour du CN, 553 m, la + haute du monde), Centre des Sciences, Ontario Place, chutes du Niagara. *Trail* (+ grande usine de plomb et de zinc du monde).

Commerce (milliards de $, 84). **Exportations** 109,5 *dont* prod. finis 45 (autos 13,9, moteurs 7,6), matériaux traités 36 (pâte de bois 3,9, bois 4,2), mat. 1res 17,35 (pétrole 4,4, gaz 3,9, charbon 1,9), prod. alim. 10,30 (blé 4,71), *vers* U.S.A. 82,8, Japon 5,6, G.-B. 2,4, U.R.S.S. 2,1, All. féd. 1,2, P.-B. 1,07, Chine 1,27. **Importations** 95,75 *dont* prod. finis 63,11 (moteurs 13, ordinateurs électroniques 4,1), mat. traités 17,2, mat. 1res 7,99 (pétrole 3,38), prod. alim. 5,8 (fruits et légumes 2,17) *de* U.S.A. 68,45, Japon 5,7 (170 000 voitures), G.-B. 2,32, All. féd. 2,17, Venezuela 1,2, France 1,22, Iran 0,18.

Rang dans le monde (83). 2e uranium. 3e or, orge. cuivre, gaz nat. 5e blé, céréales, argent. 6e bois. 7e fer, rés. gaz nat. 9e pétrole. 10e rés. charbon. 13e lignite, maïs. 15e porcins, rés. lignite. 16e pêche, p. de t., rés. pétrole. 20e bovins.

CANTON ET ENDERBURY

Carte p. 962. V. légende p. 787.

Généralités. Polynésie. Partie des îles Phœnix, 18 km^2 (70 avec le lagon), réclamée en *mars 1938* par les U.S.A. *1939*-6-4 G.-B. et U.S.A. se mettent d'accord pour un condominium de 50 ans. *1979*-20-9 tr. entre G.-B., U.S.A. et Kiribati. S'il est ratifié par le Sénat américain, les U.S.A. abandonneront leurs droits à Kiribati. Ancienne base aéronavale ; inhabitée depuis *12-2-68.*

CAP-VERT (ILES DU)

Voir carte p. 978. V. légende p. 787.

Généralités. Afrique, à 455 km de Dakar. 4 033 km^2 [10 îles et 8 îlots en 2 groupes : *Barlavento (du vent)* Santo Antão, São Vincente, Santa Luzia, São Nicolau, Sal, Boa Vista ; *Solavento (sous le vent)* Maio, Santiago, Fogo, Brava]. *Alt. max.* 2 829 m (pic Cano, île de Fogo). Dans la zone du Sahel, déficit de pluviosité dep. 15 ans. *Climat* tempéré (20 à 25 °C).

Population. 320 000 h. (84). Métis 70 %, Blancs 1 %, Noirs 28 %. *Émigration* (81) : 600 000. U.S.A. 200 000, Sénégal 40 000, Portugal 35 000, Angola 30 000, P.-Bas 10 000, Amér. latine 10 000, Italie 8 000, France 7 000, divers 20 000. *Immigration :* réfugiés angolais. D. 80. **Villes** (80) : *Praia* (Santiago) 39 598 h., Mindelo (São Vincente) 50 000, São Filipe (Fogo) 10 051. **Langues.** Portugais *(off.)*, crioulo. **Religions** (%). Catholiques 91, protestants 2.

Histoire. 1456 découv. probable par le Vénitien Ca'da Mosta, au service du Portugal. Portugaise jusqu'en 1974. **1968** famine. **1974**-*12-12* autonomie. **1975**-*5-7* indépendance ; -*30-6* élect. décidant fusion avec Guinée-Bissau. **1980**-*14-11* coup d'État en G.-Bissau, fin de l'administration commune.

Statut. République. *Const.* 7-9-80. *Pt* Aristides Maria Pereira (n. 17-11-23) dep. 5-7-75. *PM* Pedro Rodrigues Pires (n. 29-4-34) dep. 5-7-75. *Assemblée* de 56 m. *Partis :* P. afr. de l'indép. du Cap-Vert (P.A.I.C.V.) f. 20-1-1981. Union démocratique du Cap-Vert (f. 1974, U.D.C.V.). Union des peuples des îles du Cap-Vert (U.P.I.C.V.). Union ultérieure prévue à nouveau avec la Guinée-Bissau. **Fêtes nat.** : 20-1 (héros), 8-3 (femme), 5-7 (indép.), 12-9 (nation).

Économie

P.N.B. (84) 390 $ par h. **Pop. active** (% et entre par. part du P.N.B. en %) agr. 55 (15), services 42 (80), industrie 2,5 (4), mines 0,5 (1). **Dette extérieure** (millions de $) *1980* : 19 ; *81* : 39 ; *82* : 61 ; *83* : 98. **Aide** (millions de $) *1981* : 51 ; *82* : 62. *Transferts des émigrés :* env. 150 millions de F/an.

Agriculture. *Terres* (%) cultivées 10, pâturages 9, forêts 0,3. Très riche jusqu'au XVIIIe s., actuellement quelques points de verdure dans les montagnes. *Production* (milliers de t, 83) canne à sucre 15, bananes 5, manioc 5, maïs 3, patates douces 4, haricots, café. **Élevage** (milliers de têtes, 83). Chèvres 74, poulets 65 (82), porcs 22, bovins 13. **Pêche** 10 400 t (82). Conserveries. **Mines.** Sel, pouzzolane, ciment. **Services.** Port d'escale à São Vincente. Aéroport international sur l'île de Sal.

Commerce (milliers d'escudos, 81). *Exportations* 146 996 *dont* sel 15,9, bananes 11,8, conserves de poisson 11,6, crustacés 10,2, poissons congelés 10,2 *vers* Portugal 91 819, Angola 14 239, Rép. centrafricaine 6 502, Zaïre 2 980, Guinée-Bissau 1 217, G.-B. 599, São Tomé 4. *Importations* 3 451 649 *dont* prod. alim. 475 369, mat. de construction 355 056, mat. de transp. 230 763, Vêtements 157 187, fuel et lubrifiants 141 136 *de* Portugal 1 378 778, P.-Bas 342 588, G.-B. 169 878, U.S.A. 168 162.

CENTRAFRICAINE (République)

V. légende p. 787.

Situation. Afrique. 622 984 km^2. *Frontières :* 3 600 km dont Cameroun 600, Congo 300, Soudan 800, Tchad 900, Zaïre 1 000. *Alt. moy.* 600 à 700 m, *max.* Mont Kayagangiri, 1 420 m. **Climat** équatorial à tropical en allant d'O. en E. et du S. au N. *Pluies* 1 500 à 1 800 mm dans le S.-O. *Saison* sèche principale : nov. à mars. *Temp.* moy. 25 à 32 °C. Savane.

Population. 2 500 000 h. (84) dont (79) 684 000 Bayas, 573 000 Bandas, 196 000 Saras, 182 000 Mandjias, 181 000 M'Boums, 128 000 M'Bakas, 40 000 Oubanguiens (Banziri, Yakoma, Sango, Bouraka), 37 000 N'Zakaras, 7 000 Zandés, 3 059 Français. – *de 15 ans* 43 %. D. 4. **Villes :** *Bangui* 446 000 h., Berberati 95 000 (à 600 km), Bossangoa 34 000 (305 km), Bambari 43 000 (385 km), Bangassou 30 000 (750 km), Bouar 55 000 (455 km). 3 500 civils (1960 : 5 500) et 1 300 militaires français. Zandes 37 000.

Langues. Français *(off.)*, sangho *(langue nat.)*. **Religions.** Animistes, catholiques [420 000 (325 prêtres et religieux dont 50 autochtones, 300 religieuses)] et protest. (400 000) 35 %, musul. (250 000) 8 %.

Histoire. Jusqu'à la fin du XIXe s. zone de passage ravagée par la traite. **1889**-*26-6* Michel Dolisie crée un poste au coude de l'Oubangui et le nomme Bangui (« les Rapides » en dialecte local). **1890** explorations de Poumeyrac, Savorgnan de Brazza, Paul Crampel, etc. Membre du Congo fr. **1894** arrivée des premiers missionnaires. **1901** création d'un impôt indigène. **1903**-*29-12* création du territoire de l'Oubangui-Chari. **1910** Fédération de l'A.E.F. **1911**-*4-11* accord fr.-allemand, Oubangui-Chari intégré au Cameroun all. **1919** redevient français. **1909** et **1928** insurrections contre impôt et travail forcé (aboli 1946). **1940** *sept.* l'Oubangui se rallie à la France libre, son bataillon de tirailleurs s'illustre à Bir Hakeim dont le nom orne le blason de l'armée centrafr., en compagnie de la croix de la Libération. **1958**-*1-12* rép. autonome. **1959**-*30-4* David Dacko Pt, ancien instituteur de l'ethnie M'Baka, succède au Pt Barthélemy Boganda (n. 1904) tué dans accident d'avion. **1960**-*13-8* indépendance. **1966**-*1-1* coup d'État du colonel Jean Bedel Bokassa [n. 22-2-1921 de l'ethnie M'Baka, à Berengo, ex-capi-

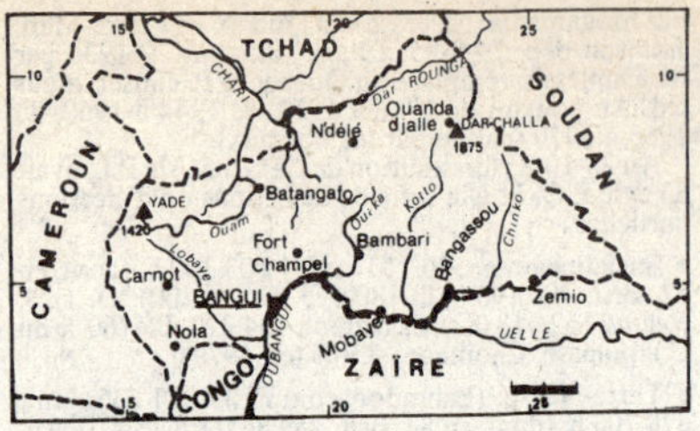

taine de l'armée fr., Bedel pour Jean-Baptiste de La Salle (« B. de L. »), neveu du Pt Boganda]. -*4-1* Constitution abrogée. **1969**-*11-4* coup d'État du Lt-Cel Alexandre Banza échoue. **1970**-*30-8* réforme agraire. **1972**-*2-3* Bokassa Pt à vie. -*29-7* décret contre vol (1er vol une oreille coupée, 2e l'autre oreille, 3e une main, 4e exécution). **1974**-*19-5* Bokassa maréchal. *Déc.* coup d'État du Gal Lingoupou échoue. **1975** coup d'État échoué. **1976**-*3-2* Bokassa échappe à un attentat : 8 condamnés à mort. *Sept.* D. Dacko conseiller personnel de Bokassa. -*4-12* Rép. Centrafr. devient un empire. **1977**-*4-12* couronnement de l'empereur Bokassa Ier [il a 33 enf. dont 6 de l'imp. Catherine (n. 1949)] ; coût des cérémonies env. 100 millions de F, soit 1/5e du budget du pays. **1978**-*7-12* Pce Georges, fils aîné de l'emp., déchu pour « propos diffamatoires ». **1979**-*19/20-1* émeutes d'étudiants à Bangui contre l'uniforme, répression, 150 à 500 †. -*17/19-4* manif., nombreuses arrestations, meurtres d'env. 100 enfants. -*22-5* Sylvestre Bangui amb. en Fr. constitue un front de libération des Oubanguiens. -*16-8* commission afr. conclut à la participation de Bokassa aux meurtres d'avril. -*20/21-9* opération *Barracuda*, coup d'État à Bangui (Bokassa étant en Libye), parachutistes fr. pour maintenir l'ordre, Dacko prend le pouvoir. -*24-9* Bokassa obtient l'asile en Côte-d'Ivoire (la Fr. le lui a refusé). *Oct.* Ange Patassé à Bangui (n. 1930, ancien PM de sept. 76 à juill. 78 et chef du Mouvement de lib. du peuple centr.) qui confirme les accusations.

1980-*25-12* Bokassa condamné à mort par contumace. **1981**-*24-1* complices de Bokassa exécutés ; -*1-2* référendum pour const. (votants 859 447, oui 837 410, non et nuls 22 037). -*15-3* Dacko réélu Pt (50,23 % des v. devant Ange Patassé 38,11 %), Abel Goumbal 22 %. -*14-7* attentat au Cinéma-Club de Bangui (3 †, 32 bl.) revendiqué par Mouv. centrafr. de lib. nat. -*18-7* dissolution des partis. -*21-7/16-8* état de siège. -*1-9* Dacko démissionne, partis interdits. **1982**-*3-3* échec du coup d'État d'A. Patassé qui se réfugie à l'ambassade de Fr. puis est expulsé le 13-4 à Lomé. **1982**-*25-10* Pt Kolingba en Fr. **1983**-*26-11* tentative de rétablissement de Bokassa (échec). *Déc.* Bokassa s'installe en Fr. **1984**-*9-10* attaque à Markounda (4 †). -*12/13-2* visite du Pt Mitterrand. **1986**-*27-3* un avion Jaguar fr. s'écrase : 24 † à Bangui.

Statut. *Rép. Const. et partis* suspendus dep. 2-9-81. *Pt* Gal André Kolingba (n. 12-8-35) de l'ethnie Yakoma, dep. 1-9-81 à la tête du Comité militaire de redressement nat. (C.M.R.N.). **1985**-*21-9* Pt Kolingba dissout le C.M.R.N., 6 civils entrent au gouv. *16 préfectures.* **Fête nat.** 1er déc. (proclamation de la Rép. en 1958).

Économie

P.N.B. (84) 264 $ par h. **Pop. active** (% et entre par. part du P.N.B. en %) agr. 74 (35), ind. 7 (12), services 17 (48), mines 2 (5). **Inflation.** *1982* : 13,2 %. *83* : 13,3 %. **Aide** (millions de F) Libye 260 (82), France (84) 400. *Dons 1960-84* : 285,6 milliards de F CFA (dont France 165,2, F.E.D. 42,4) *prêts* 155 (dont de France 23 %). Les aides gratuites ont représenté 62 % du budget. **Dette extérieure** (milliards de F) *1981* 71, *83* 102.

Agriculture. *Terres* (milliers d'ha, 79) arables 1 860, cultivées en permanence 129, pâturages 3 000, forêts 3 400, divers 17 678. *Production* (milliers de t, 83 est.) manioc 800, tubercules 251 (82), arachide 115, bananes 86, plantain 63, millet et sorgho 51, maïs 30, café 18 (*80* 17, *82-84* – de 10), coton 53 *(83-84)* tabac 1, sisal, sésame. **Élevage** (milliers de têtes, 83). Poulets 637 (82), bovins 1 500, chèvres 960, porcs 140, moutons 80. Apiculture. **Pêche.** 13 000 t (79). **Forêts.** (m^3, 81) Grumes 337 000, sciage 70 000.

Mines. *Diamants* 300 000 carats (83), 500 000 (60) (+ de 50 % partent en fraude). *Uranium* (réserves 8 000 t, non exploité).

Transports. *Routes* 21 950 km (442 goudronnés). *V. navigables* Congo-Oubangui Shanga (5 mois sur 12, le niveau insuffisant ne permet pas de charger à plein les barges).

Commerce (millions de FF, 83). *Exportations* 886 *dont* café 286, diamants 206, bois 168, coton 112, tabac 19, *vers* France 312,6, C.E.E. 280,3, U.S.A. 34,9. *Importations* 806 dont automobiles, app. mécan., textile, app. électriques, fer, fonte, acier *de* France 440, Cameroun, Congo, All. féd., U.S.A.-Canada, Japon, Tchad.

Rang dans le monde (81). 12e diamants.

CHILI

Carte p. 810. V. légende p. 787.

Nom. Viendrait d'un oiseau du centre du pays.

Situation. Amérique du S. 756 626,3 km^2 (+ Antarctique revendiqué, 1 250 000 km^2 et îles du Pacifique). *Long.* 4 270 km, *larg.* moy. 175 km (max. 445 km, min. 90 km). *Alt. max.* Aconcagua 7 060 m. *Frontières* 5 000 km : avec Pérou 200 (ligne de la Concorde), Argentine et Bolivie 4 800. *Côtes* + de 10 000 km en suivant les sinuosités. **Régions.** *Nord :* désert aride. *Centre :* zones agricoles, hiver froid et pluvieux ; été chaud et sec. *Sud :* lacs et forêts. *Extrême S. :* pampa, steppe, fjords et canaux, pluies 5 000 mm ; Terre de Feu (50 % de la sup.).

Climat influencé par courant froid de Humboldt (15 à 18 °C sur côte), brouillard (le *camanchaca*) couvre la côte vers le Nord. *Santiago :* temp. moy. (°C) janv. 21, juin 8,7, juillet 8,8 et avril 9,9.

Population 12 090 000 h. (85) dont 66 % de Métis (Indiens et Européens) ; 25 % d'Européens non métissés (surtout All.), 5 % d'Indiens. *1835 :* 1 010 000, *1850 :* env. 1 500 000, *1907 :* 3 231 000, *40 :* 5 024 000, *50 :* 6 000 000, *60 :* 7 394 000, *70 :* 8 885 000. – *de 15 a.* 34,4 %, + *de 60 a.* 7,9 %. D. 16 (centre 73, sud 1,2). *Taux* natalité 23,4, mortalité 6,2 (infantile 27), accroissement 3. *Population urbaine* 81 % (1982). *Émigrés :* plusieurs centaines de milliers (dont 3 844 interdits de séjour).

75 % des Chiliens descendent des Espagnols qui se métissèrent avec les *Picunches* (habitant la vallée centrale du C.). Aux XIXe et XXe s., importante immigration européenne (majorité all. ; des recrutements off. eurent lieu en 1840 et 1860 ; les All. s'installèrent dans la rég. des lacs et forêts) ; Anglais à Valparaiso ; Italiens, Arabes, Yougoslaves, Français peu nombreux [quelques familles au XVIIIe s., dont les Pinochet (d'origine bretonne), Letelier, Subercaseaux, Labbé, Morandé] et 5 % d'Indiens [500 000 *Mapuches*, soustribu des « Araucans » (prov. d'Arauco, Malleco, Cautin)] ; quelques centaines de descendants d'*Onas* et d'*Alacalufes* dans l'extrême Sud ; habitants de *Rapa Nui* (île de Pâques).

Villes (83) : *Santiago du Chili* 4 132 293 h., Viña del Mar 298 663 (à 151 km), Valparaiso 266 726 (145), Talcahuano 212 865 (594), Concepción 209 925 (580), Antofagasta 169 824 (1 186), Temuco 165 301 (676), Rancagua 142 473, Arica 123 211 (1 660).

Langue. Espagnol. Le mot araucan (esp. : araucano), forgé en 1569 par le poète Alonso de Ercilla, désigne des populations parlant picunche, pehuenche, mapuche, huilliche. Aujourd'hui, ne survivent que Mapuches et Huilliches. **Religions.** Cathol. 89,5 %. Protestants 6 %.

Histoire. 1480 les empereurs incas du Pérou conquièrent le C. jusqu'au rio Maule, au 35° de latitude S. ; stoppés par Araucans. **1520** découvert par Magellan. **1536** Almagro passe du Pérou au C. **1541** Pedro de Valdivia (v. 1500-53) fonde Santiago. **XVIe s.** Villagran et Mendoza repoussent Araucans. **1561-1810** capitainerie gén. dépendant du vice-roi du Pérou. **1598** Araucans battent Esp. qui abandonnent les villes fondées au sud du fleuve Bio-Bio. **XVIIIe s.** Basques et Catalans remplacent les originaires d'Estrémadure, Andalousie, Castille (qui avaient fait la conquête) et insufflent des idées plus modernes. **1810** 1re junte (1er congrès en 1811). **1814** échec du 1er soulèvement pour l'indépendance. **1817-18** 2e soulèvement, victoires d'O'Higgins à Chababuco 1817 et Maipu 1818 (5-4). O'Higgins directeur suprême. **1818**-*12-2* indépendance. **1823-30** 1re anarchie : conservateurs et libéraux, fédéralistes et unitaires, politiciens et militaires se disputent le pouvoir. **1830** victoire des conservateurs à Lircay. **1833** Constitution. **1836-39** et **1879-84** (g. du Pacifique) g. contre Pérou et Bolivie, le C. vainqueur s'agrandit des provinces d'Antofagasta (120 000 km^2 à la Bolivie), d'Arica et de Tacna (au Pérou) (tr. d'Ancon). **1861** les lib. remplacent les conserv., au pouvoir depuis 1830. **1884** après 350 a. de lutte contre Européens, les Indiens signent un tr. avec gouv. chilien. **1891** g. civile perdue par Pt Balmaceda, puis régime politique parlementaire.

1920 mouvement réformiste de gauche, au pouvoir avec Arturo Alessandri élu 23-12, qui abdique sous la pression de militaires réformistes (5-9-24) ; rappelé (23-1-25) après un contre-coup d'État. **1925**-*23-12* Figueroa, libéral, élu Pt. Démissionne (4-5-27) sous la pression de son min. de la Guerre Carlos Ibañez del Campo qui se fait élire Pt le 21-7. **1926** arbitrage du G^al^ amér. Pershing dans la question de Tacna (revendication péruvienne). **1927-32** anarchie. **1929** le C. rend la prov. de Tacna au Pérou après référendum, mais garde celle d'Arica contre indemnité. **1931**-*26-7* Carlos Ibañez démissionne. Montero le remplace. **1932**-*4-5* renversé par une insurrection. « République socialiste » qui dure 13 j. **1932**-*17-6* colonel Marmaduke Grove et Eduardo Matte, taxés de communisme, exilés à l'île de Pâques. Carlos Davila assume la présidence, renversé sept. par Gal Bartolomé Blanche, min. de l'Intérieur, qui doit quitter le pouvoir au profit d'Abraham Oyanedel. -*30-10* Arturo Alessandri revient au pouvoir. **1938**-*25-10* victoire du Front populaire, avec le radical Pedro Aguirre Cerda. **1941** *janv.* soc. quittent la coalition. *25-11* P.A. Cerda meurt ; *févr.* **1942** radical, Juan Antonio Rios. **1946**-*4-9* J.A. Rios meurt ; radical, Gabriel Gonzalez Videla, appuyé par les com. **1948** loi de défense de la démocratie ; com. mis hors la loi (loi abrogée en 1958). **1952**-*4-9* ancien dictateur Carlos Ibañez del Campo élu. **1958**-*4-9* Jorge Alessandri, fils d'Arturo, élu contre Salvador Allende avec 32 000 voix d'avance. **1964**-*4-9* démocrate-chrétien Eduardo Frei († janv. 1982), soutenu par la droite, élu avec 55,6 % des suffrages. **1969** Pacte andin (Colombie, Équateur, Pérou, Bolivie, Chili dep. fin 73, Venezuela).

1970-*4-9* Allende (soc.) n'obtient pas la majorité absolue, mais arrive en tête (l'Unité populaire a 36,3 % des voix) devant Jorge Alessandri, conservateur (34,98 %) et Radomiro Tomic, démocrate-chrétien (27,84 %). -*24-10* Congrès ratifie l'él. d'Allende, (le P. dém. chr. décide de voter pour lui). -*2-12* 1res expropriations des grands domaines. **1971**-*4-4* él. municipales, l'Unité pop. a 49,75 % des suffr. exprimés. *11-7* le Parlement vote à l'unanimité nationalisation du cuivre. -*20-7* gouv. perd contrôle des 2 ass. du Congrès. Fernando Sanhueza (D.C.), élu Pt de la Chambre. -*13-8* U.S.A. coupent des crédits. -*1/2-12* manif. à Santiago contre pénurie alim. État d'urgence. -*9-12* gouv. suspend convertibilité de la monnaie et opérations en devises. **1972**-*30-10* opposition lance une procédure de mise en accusation const. contre 4 ministres. -*31-10* gouv. démissionne. -*2-11* nouveau gouv. Gal Carlos Prats, Cdt en chef de l'armée, min. de l'Intérieur. -*5-11* fin de la grève des camionneurs. **1973** *mars* él. législatives, Opposition (CODE) 54,70 %, Unité pop. 43,9 % des voix, fraction soc. USOPO aucun élu, votes blancs et nuls 1,91 %. Il aurait fallu à l'opposition les 2/3 des sièges dans les 2 Ass. (elle n'a que 60 % des s.) pour bloquer la polit. du Pt (en rejetant à la majorité des 2/3 les décrets d'insistance du Pt). -*28-3* mil. quittent gouv. -*20-6* Sénat destitue 2 min. -*27-6* état d'urgence à Santiago après tentative d'attentat contre Gal Prats. -*28-6* régiment de blindés attaque le palais prés. : révolte matée en 3 h. Allende réclame pleins pouvoirs ; Parlement refuse. -*3-7* fin de la grève des mineurs d'El Teniente. -*5-7* nouveau gouv., sans mil. -*25-7* grève des camionneurs. -*27-7* Arturo Araya Marin aide de camp naval d'Allende, assassiné (extrême droite et extr. gauche s'accusent mutuellement). -*2-8* des chauffeurs des transports en commun. -*9-8* gouv., comprenant les Cdts des trois armes. -*18-8* Gal Ruiz (min. des Tr. Publics et Cdt en chef des f. aériennes) démissionne. -*22-8* Chambre des dép. signifie que le gouv. a souvent enfreint la Const. et demande aux mil. (garants de celle-ci) de veiller à son respect ou de se retirer. -*23-8* Allende accepte démission du Gal Prats, du min. de la Défense et du Cdt en chef des f. armées. -*24-8* G^aux^ Guillermo Pickering et Mario Sepulveda démissionnent. -*27-8* l'amiral Raoul Montero, Cdt en chef des f. navales, min. des Fin., démissionne. -*28-8* nouveau gouv., avec 4 mil. -*5-9* des dizaines de milliers de femmes réclament à Santiago la démission d'Allende. -*11-9 coup d'État mil.*, la junte annonce la découverte d'un complot rouge qui aurait dû avoir lieu le 19-9. Allende se suicide. -*21-9* les partis de l'Unité pop. : comm., soc., radical, gauche chrétienne, MAPU (Mouv. d'action pour l'unité pop.), sont dissous. Seules formations autorisées : Démocratie chrétienne, P. national (conservateur), P. démocrate rad. et gauche rad. + de 30 000 arrestations, 4 000 † selon sources off. + de 6 000 réfugiés (dont 1 000 en Fr.). -*18-10* 1 000 usines réquisitionnées restituées (selon l'A.F.P. 10 000 † les 6 premiers mois, 90 000 détenus en 1 an et demi, 163 000 exilés). **1974**-*11-6* : 100 000 fonctionnaires licenciés. -*26-6* Gal Pinochet chef suprême de la nation. -*30-9* Gal Prats assassiné à Buenos Aires. -*8-10* Miguel Enriquez, secr. gén. du MIR (gauche révol.), tué dans affrontement avec l'armée.

1975-*9-12* l'O.N.U. condamne la torture au Chili par 95 voix (dont U.S.A. et Fr.) contre 11 (dont Égypte et 10 pays d'Amér. latine) et 23 abstentions (dont Chine, Albanie, Cambodge). **1976**-*12-8* DINA (police pol.) dissoute. -*21-9* Orlando Letelier, ancien min. d'Allende, tué à Washington. -*30-10* C. quitte Pacte andin (fondé 1969). Luis Corvalan, secr. gén. du P.C. ch., échangé contre dissident russe Vladimir Boukovski. **1977**-*4-1* référendum 4 173 547 v. (75,30 %) contre 1 130 185 (20,39 %) appuient Pinochet dans sa défense de la dignité du C. et réaffirment la légitimité du gouv. -*9-3* état de siège aboli. -*19-4* amnistie générale. -*19-6* annulation des expropriations de terres (10 millions d'ha appartenant à 5 000 grands propriétaires avaient été distribués à 100 000 paysans). **1978**-*8-1* à Washington procès des assassins de Letelier ; 8 inculpés (3 Chiliens et 5 Cubains anti-castristes) ; accusé principal : Gal Contreras, ancien chef de la DINA ; élections syndicales, droit de grève instauré. -*1-10* la cour suprême refuse d'extrader les 3 responsables du meurtre de Letelier. **1978 à 82** expansion économique (influence d'experts américains monétaristes, disciples de Milton Friedmann, et dits Chicago Boys). **1980**-*11-9* référendum pour « Const. de la liberté » (excluant P. de gauche, limitant droit de grève et d'expression). En 1980, le MIR revendique + de 100 attentats. **1982**-*22-4* nouveau gouv. avec 14 mil. -*24-12* 125 Chiliens autorisés à rentrer. **1983**-*14-1* 70 retours autorisés. -*11-5* 1re « protesta », (manif. contre le régime) 2 †. *Juillet* les banques étrangères restreignent leurs crédits ; une crise s'ensuit, chômage. -*11/16-8* 4e « protesta » (24 †). -*30-8* Gal Urzua Ilanez, maire de Santiago, assassiné. -*18-11* 500 000 pers. manif. à Santiago (1 †). **1984** *janv.* « protesta ». -*1-5* manif. 100 blessés. -*4-9* manif. 9 † (dont le Père André Jarlan de Fr. n. 1941). -*9-10* les 8 principaux dirigeants de l'opposition libérés 11-10. -*29-10* protestations. -*30-10* grève générale 8 † (20 policiers et mil. tués en quelques semaines). -*6-11* état de siège rétabli, attentats. -*27/28-11* « protestas ». **1985**-*3-3* séisme de magnitude 7,6 (Santiago 135 †). -*27-3* 13e « protesta » dep. mai 83. -*30-3* 3 communistes égorgés. -*17-6* état de siège levé. -*9-8* journée de défense de la vie (3 †). -*4-9* « protesta » (10 †). -*5/6-11* « protesta » (3 †, 900 arrestations). -*21-11* manif. pour la démocratie chrétienne 300 000/500 000 manif.

Statut. République. *Const.* du 11-3-81. Junte militaire. *Pt* Gal Augusto Pinochet (25-11-15) dep. 17-12-74 ; installation off. 11-3-80 (remplacé comme m. de la junte par le Gal Raúl Benavides). **Partis** interdits dep. 1973. **Régions** 13. **Fête nat.** 18 sept. (autonomie de 1810). **Opposition** (en %) : Alliance démocratique comprenant le P. démocrate-chrétien, P. social-démocrate, P. radical, Droite républicaine et socialistes sauf Almeydistes, 35 ; Bloc socialiste formé du P. socialiste BRIONES et du MAPU 25 ; Mouvement démocrate pop. regroupant Almeydistes (socialistes partisans de Clodomiro-Almeyda), P. communiste et MIR, 20 ; Front patriotique : Manuel Rodriguez, communiste, prône la lutte armée.

En 1985 : Arrestations 5 000, tués violence politique 67, assassinés lors de manif. 21.

Régions. Grand Nord d'Arica à Copiapo 160 000 km², 500 000 h. D. 3 (cuivre, nitrate, sel, pêche, fer, soufre, or, argent, molybdène, quartz, kaolin, agriculture dans les oasis). **Norte Chico** de Copiapo à La Ligua, 132 000 km², 500 000 h., montagneuse (cuivre, fer, or, argent, mercure, quartz, kaolin, fruits). **Noyau central** d'Aconcagua à Bio-Bio, 77 000 km², 5 500 000 h. D. 72 (mines, agriculture, blé, maïs, avoine, haricots, pois, lentilles, orge, p. de terre, betterave, riz, tabac, vin, élevage, bois, cuivre, or, argent, chaux, viandes, grandes villes). **Région de Concepción et de la frontière** de Bio-Bio à Lastarria, 66 300 km², 1 600 000 h. D. 26 (forêts, blé, oléagineux, bovins, b. à sucre, pêche, ind., charbon, argile et kaolin). *Région des lacs* de Lastarria au golfe de Reloncavi 43 000 km², 650 000 h. D. 13 (surtout agricole, centre d'immigration all.) **Zone des canaux**, 240 000 km², 300 000 h. D. 1,2 (élevage, bois, pêche).

Dépendances. Ile de Pâques et **Sala y Gomez** (Rapa Nui, découverte 1722 par les Holl., chilienne dep. 1888, statues gigantesques) 180 km², 1 500 h. (1975). Chef-lieu Hanga Roa. **Desventuradas** (îles San Ambrosio et San Felix) 3,32 km², inhabitées. *Iles Juan Fernandez* (3 îles, dont l'île de Robinson Crusoé) 185 km², 300 h. Le Chili revendique 1 205 000 km² de l'*Antarctique* (entre 53° et 90° de long. O., 202 h.).

Économie

P.N.B. *Total* (milliards de $) *82* : 25,2, *83* : 21,9 ; *par h.*, (en $) *82* : 1 927 ; *83* : 1 490. **Pop. active** (% et entre parenthèses part du P.N.B. en %) agr. 19 (9), mines 7 (15), ind. 14 (18), services 60 (58). *Total* actifs 2 160 000 (82). **Chômage** (%). *1981* : 11,7 ; *82* : 20 ; *83* : 14,6 ; *84* : 15,3 ; *85* : 13. **Salaires** par mois (minimum 55 $, minimum vital réel 120 $).

Agriculture. *Terres* (milliers de km², 81) arables 16,5, pâturages 129,3, forêts 84,2, improductives 526,5. *Production* (milliers de t, 83) blé 586, avoine 146, orge 73, riz 116, maïs 512, haricots 184, p. de terre 684, canne à sucre 1 643, pommes 182 (81), raisins 109 (81), tabac. Vins réputés. **Forêts.** 16 097 000 m³ (81). En milliers de t, (81) : cellulose 742, sulfate de cellulose 618, papier et carton 278. **Élevage** (millions de têtes, 83). Bovins 3 865, chevaux 0,44, porcs 1,26, moutons 6 434, chèvres 0,6. Viande, laine. **Pêche.** 4 168 000 t (83) dont poissons 95 %.

Énergie. Pétrole (millions de t, 83) *réserves* 102, *prod.* 2. **Gaz naturel** (milliards de m³, 83) *réserves* 74, *prod.* 1. **Charbon** *réserves* 3,9 milliards de t, *prod.* 0,6 millions de t. **Électricité** (84) *prod.* 13,3 milliards de kWh (dont hydroélec. 7,5).

Mines (millions de t, 83). *Cuivre* 1,3 (Chuquitamata ; plus grande mine du monde à ciel ouvert, 25 % des réserves mondiales, 13 % de la prod. mondiale, 10 % de la prod. de cuivre raffiné) ; le cours peu élevé (fin 1984) 0,57 $ (1973 : 1,73 $) provoque une crise. *Fer* 7,3 (réserves 2 940 millions de t, 0,8 % des réserves mondiales, 1 % de la prod. mondiale). *Nitrate* 622. *Molybdène* (25 % des réserves mondiales). *Manganèse, phosphates, borax. Or* 19,8 t (83), *argent, lithium.* **Industrie.** Bois, papier, acier.

Transports (km). Routes 75 420. Ch. de fer 6 302 dont 907 électrifiés. **Tourisme.** 404 990 vis. (81).

Inflation (%). *1973* : 508 ; *74* : 376 ; *75* : 341 ; *76* : 174 ; *77* : 63,5 ; *78* : 30,3 ; *79* : 38,9 ; *80* : 35,1 ; *81* : 19,7 ; *82* : 9,9 ; *83* : 27,3 ; *84* : 23 ; *85* : 26,4. **En milliards de $ U.S. Balance des paiements** *1980* + 1,25 ; *81* : + 0,07 ; *82* : − 1,2 ; *83* : − 0,54. **Dette extérieure** (au 31-12) *75* : 5,3 ; *80* : 11 ; *81* : 15 ; *82* : 17,1 ; *83* : 17,4 ; *84 (sept.)* : 18,4 (dont 3,30 à court terme) dont aux USA 45 %, G.-B. 10,5, Japon 7,5, Canada 5,9, All. féd. 5,1, Panama 4,7, Suisse 4,4, France 3,5 ; *85* : 26,6 (dont 1,9 à court terme).

Rang dans le monde (83). 1er cuivre. 5e pêche. 8e argent. 9e or. 13e vin. 15e fer. 19e rés. lignite.

Commerce (millions de $ U.S., 84). **Exportations** 3 657 *dont* prod. miniers 1 982,5 (cuivre 1 234, fer 86), prod. alim. 428,1, prod. ind. 1 246,6 (papier 253, molybdène 93) ; *vers* U.S.A. 951, All. féd. 364, Japon 720, Brésil 227, G.-B. 196, France 163, Argentine 97. **Importations** 3 480,5 *dont* biens intermédiaires 2 160, pétrole 543, biens de consommation 520, biens finis 315, prod. alim. 95 ; *de* U.S.A. 747,8, Japon 312,7, Brésil 296, Venezuela 251, All. féd. 215, Argentine 160, France 82.

CHINE

Carte p. 836. V. légende p. 787.
☞ Voir Art chinois p. 372.

Généralités

● **Nom.** *Cathay*, donné par Marco Polo [nom d'une peuplade mongole, les Khitan ou Kitat, fondateurs du royaume chinois de Léao, dans la région de Pékin (xe s. apr. J.-C.)]. Appelé aussi autrefois l'Empire du milieu ou le Céleste Empire.

● **Situation.** Asie. 9 571 300 km² (3e rang mondial). *Alt. max.* Everest (Chomolungma) 8 848 m. *Distances* O.-E. 5 000 km ; N.-S. 5 500. *Frontières* terrestres 30 000 km, maritimes 18 000 (sans compter les côtes de 5 000 îles). Pays possédant le plus de frontières (13 pays) : Mongolie, U.R.S.S. (7 240 km interrompus par la frontière sino-mongole), Corée du N., Hong Kong, Macao, Viêt-nam, Laos, Birmanie, Inde, Bhoutan, Népal, Pakistan, Afghanistan.

● **Divisions géographiques. 1° Plateaux** du Quinghai, Tibet, Xinjiang, Gansu (2 200 000 km²) ; alt. moy. 4 000 m ; steppes glacées, surmommées le « toit du monde » ; **2° Bassins centraux** : alt. moy. 2 000-1 000 m. Bassin de Junggar, du Tarim, Sichuan, plateaux de Mongolie intérieure, du fleuve Jaune (terrasse de lœss), du Yunnan Guiz Hou ; **3° Bordure orientale** : alt. inf. à 500 m ; séparée des bassins centraux par une longue ligne de crêtes, s'étend du S.-O. (Guangdong, riche climat tropical) jusqu'aux plaines de l'ancienne Mandchourie du N.-E. (climat sibérien), en passant

par delta du *Zhujiang* (rivière des Perles), plaines du bas et moyen Changjiang, de la Chine du N., plateau continental (prof. : moins de 200 m).

• **Principales entités géographiques. Centre.** Vers 33° de latitude, plaine, climat plus chaud et plus humide ; agriculture intensive, riz et blé. Le *Yang Tsé Kiang,* qui la traverse, a facilité la pénétration économique des Européens qui ont créé à Hankéou une industrie textile (coton) et métallurgique (utilisant charbon et fer extraits plus au sud). *Wuhan,* carrefour ferroviaire. *Nankin,* centre ind. *Shanghai,* (le principal comptoir européen en Chine avant 1939), ind. lourdes, différenciées : mécaniques, chimiques, textiles.

• **Sud.** *Collines* accidentées, climat tropical, cultures arbustives (théier, mûrier, canne à s., coton, riz), nombreux minerais non ferreux. Relativement isolée (communications moins faciles), la moins peuplée ; grandes villes moins nombreuses ; agglomération principale *Canton. Bassin Rouge,* entouré de montagnes, souvent refuge contre les envahisseurs. Culture intensive : riz ; terres basses : blé et millet ; hauteurs : canne à s., coton ; porcs ; industrie utilisant charbon et fer des gisements situés au S. du fleuve. *Chongquing,* centre ind. très actif, au terminus de la navigation, carrefour ferroviaire et routier.

• **Nord.** Montagnes entourant une plaine fertile [ancienne fosse marine remblayée par les fleuves, principalement par le *Huanghe* (fleuve Jaune) qui a entraîné les lœss des plateaux de l'intérieur] au milieu de laquelle se dresse la péninsule du *Chan Toung.* Plus vers l'E., en arrière des montagnes du *Chan Si,* hauts plateaux de la boucle du *Huanghe.* POPULATION : env. 150 000 000 d'h. dans la plaine du Nord. 15 villes de + de 100 000 h. 2 centres dominent : *Tien Tsin,* port maritime et centre ind. ; *Pékin* (Beijing), capitale politique et intellectuelle, centre ind. et carrefour de communications.

Mandchourie. Pénétrée par les Russes à la fin du XIXe s. puis colonisée par les Japonais au XXe s. Plaine allongée du N. au S., dominée par des montagnes à l'O. et à l'E. : *Grand Khingan* séparant la M. des hauts plateaux mongols ; « Alpes » coréennes à l'E. séparant la plaine de la péninsule de Corée. Vers le N. collines accidentées *(Petit Khingan)* précèdent la vallée de l'*Amour,* qui traverse l'Extrême-Orient sov. Au S. presqu'île du *Liao Toung,* montagne isolée au milieu de plaines alluviales ; hivers très froids, étés chauds. Influence de la mousson, pluies d'été abondantes vers le S. ; plaine couverte à l'état naturel par une savane. Dans la moitié N., élevage extensif, vastes zones encore inexploitées. GRANDES VILLES : Chen Yang (Moukden), capitale régionale. *Pin Kiang* (Kharbine), nœud de voies ferrées du Nord. Dans le Liao Toung, *Lüda* (qui englobe *Talien,* anciennement *Port-Arthur*).

Sin Kiang. N.-O. : 1 350 000 km², continental. 2 dépressions séparées par la chaîne des *Tien Chan* (4 430 m) dont l'O. constitue la frontière sino-sov. Au N. la *Dzoungarie* qui communique avec la dépression du Turkestan russe. Au S., la *Kachgarie,* dépression fermée, drainée par le *Tarim* qui descend du *Pamir* et se perd dans les marais du *Lob Nor.* Climat : été chaud et très sec, hiver rigoureux ; la fonte des neiges des montagnes du pourtour permet la vie d'oasis (Khotan, Yarkend, Kachgar) ; 6 000 000 d'h. (surtout Ouïgours) ; densité faible (4 h. par km²). VALEUR ÉCONOMIQUE : 1° charbon, pétrole, fer et métaux non ferreux, métaux rares et précieux (uranium) dans les montagnes ou à leur pied. 2° oasis : légumes, céréales et fruits. 3° communications avec les plaines orientales, en dépit des distances énormes, relativement faciles (hauts plateaux peu accidentés). Traversé par anciennes routes de caravanes (route du thé) ; par chemin de fer à Lan Tchéou, liaisons aériennes. *Centre principal : Ouroumtchi,* près de gisements minéraux variés (charbon, pétrole, fer), industries diverses et centre nucléaire.

• **Montagnes.** Couvrent les 2/3 de la superficie totale : *Mts Altaï* (en mongol : m. d'or) alt. 3 000 m, au N. du Xinjiang et en Mongolie ; *Mts Tianshan* alt. moy. 3 000-5 000 m, max. 7 000 m ; traversent le Xinjiang [comprennent une dépression, la fosse de Turpan, avec le lac Aykingkol, à − 154 m] ; *Mts Kunlun* (2 500 km de long) du Pamir au Sichuan, alt. moy. 5 000 m ; plusieurs sommets dépassent 7 000 m ; *Mts Ginling :* traversent le centre de la Chine sur 1 500 km (alt. 2 000 à 3 000 m), entre les bassins du Huanghe (fl. Jaune) et du Changjiang (fl. Bleu) ; *Mts Karakorum* (en uygur : m. violette et noire) : pt. culminant 8 611 m (Mt Gogir), à la frontière du Cachemire ; *Mts Gangdise* (en tibétain : roi des m.), sud Tibet, 6 000 m ; pt culminant Mt Kangrinboqe (en tibétain : trésor des neiges) ; pèlerinages bouddhistes ; *Himalaya* (demeure des neiges) ; 40 pics dépassant 7 000 m ; pt culminant : Everest [Chomolungma (en tibétain : déesse-mère du monde)]. Chaînes orientales (entre plateaux centraux et plaines), direction : S.-O./N.-E., altitude moyenne 1 000 m, point culminant : Mt Changbaï.

• **Cours d'eau.** Plus de 1 500 fleuves ont un bassin supérieur à 1 000 km². Total du débit : 2 700 milliards de m³ (force hydraulique potentielle 5 800 millions de kW) ; *Changjiang* [Yang Tsé Kiang (fl. Bleu)] : long. 6 300 km ; bassin 1 800 000 km² ; navigable par des bateaux de 10 000 t (en hautes eaux). *Huanghe*

[Houang Ho (fl. Jaune)], le plus limoneux du monde (1 600 millions de t par an) ; son lit est rehaussé par les alluvions et le fl. doit être contenu dans des digues (26 déplacements importants au cours de l'histoire, grosses crues de printemps-été). *Xijiang* [Si-Kiang (fl. de l'Ouest)], 2 100 km, navigable ; grossi de 2 rivières également navigables : *Beijiang* (Pé-Kiang), *Dongjiang* (Tong-Kiang) ; à partir de Canton, divisé en plusieurs bras dont le plus important est le *Zhujiang* [Tchou-Kiang (fl. des Perles)]. *Canaux :* le grand canal N.-S. de Pékin à Hangzhou ; C. Human-Guangxi ; *lacs :* 370, dont 130 ont plus de 100 km².

● **Climat.** Température moy. *En janvier et juillet en °C : Pékin* (Beijing) + 4,8 ; + 25,8. *Shanghai* + 3,5 ; + 28. *Qingdao* + 1,1 ; + 23,7. *Guangzhou* + 13,7 ; + 28,3. *Wuhan* + 2,7 ; + 29,1. *Urümqi* + 15,8 ; + 23,9. *Shenyang* + 13 ; + 24,9. **Meilleure période :** avr.-mai ou sept.-oct.

Par régions. *Occ.* (Mongolie, Xinjiang) : précipitations faibles, amplitude thermique élevée. *N.-E.* : climat continental, hiver temp. très basses, été chaud, max. de pluies. *Grande plaine de Ch. :* temp. douces. *Hauts plateaux lœssiques :* continental. L'hiver, froid dans les plaines du Yangzijiang, se tempère au Zhejiang et au Fujian. Pluies abondantes (1 100 mm) en juin.

● **Faune. Espèces.** 1 150 d'oiseaux (13,4 % des esp. connues), 400 mammifères (11,1 %), 420 reptiles et amphibiens. *Animaux propres à la Ch. :* panda géant, rhinopithèque, takang, cerf aux lèvres blanches, crossoptilon brun, dauphin aux nageoires blanches, alligator chin., crocodile-légor. **Flore.** *Plantes supérieures :* 32 000 esp. (dont 2 000 vivrières et 2 800 essences d'arbres). *Projet :* reboiser 100 millions d'ha.

Démographie

● **Évolution** (millions par période). *2 apr. J.-C.* Han de l'Ouest (Empereur Pingdi) 60 ; *156* Han de l'Est (Emp. Huandi) 50 ; *220/280* (trois royaumes) 7 ; *280* Jin de l'Ouest (Emp. Wudi) 16 ; *606* Sui (Emp. Yangdi) 46 ; *742* Tang (Emp. Xuanzong) 48 ; *1110* Song (Emp. Huizong) 47 ; *1290* Yuan (Emp. Shizu) 59 ; *1393* Ming (Emp. Taizu) 6 ; *1661 :* 21 ; *1757 :* 190 ; *1830 :* 385 ; *1860 :* 470 ; *1901 :* 426 ; *28 :* 474 ; *49 :* 548 ; *53 :* 582 ; *64 :* 714 ; *78 :* 958 ; *82* (rec.) : 1 032 (dont Hong Kong, Macao et T'ai-wan 24, Chine continentale 1 008 (1 050 en 1984), dont Hans 937, (93,3 %), minorités 67 (6,7 %). À l'O. : Mongols, Turcs originaires du Turkestan, Tibétains ; au S.-O. : Yis et Yaos ; au N.-E. : Toungouses et Mandchous (Voir langues) ; *est. 85 :* 1 005. *2 000 :* 1 050 à 1 414 (but du gouv. 1 200).

● **Données générales. Répartition par sexe.** H. 51,5 %, F. 48,5 %. **Densité** 109. 2/3 de la pop. vit sur 1/6ᵉ des terres [bande côtière Shangai à Guangzhou (Canton) 500, Bassin rouge 250], Tibet 1,6 (+ faible). **Pop. rurale.** *1983 :* 783 690 000 h. **Longévité** 67,88 ans (hommes : 66,4, femmes : 69,3).

Mesures démographiques. Soins médicaux gratuits, donnés en priorité dans les crèches. A la campagne, les parents, en compensation, sont favorisés dans la distribution des lopins individuels. En 1982, 16 000 000 couples avaient une carte d'enfant unique ; 100 000 000 couples pratiquent la contraception. Hausse de l'âge min. du mariage. Encouragement au mariage tardif. Libéralisation de l'avortement (22 % des couples). Congés de maternité uniquement pour le 1ᵉʳ enfant. Soins et scolarisation gratuits pour le 1ᵉʳ enfant, mais dans certains cas, possibilité d'en avoir un 2ᵉ (parents étant enfants uniques, 1ᵉʳ enfant anormal...).

● **Taux (‰) : Natalité :** *1954 :* 37,97 ; *57 :* 34,03 ; *61 :* 18,02 ; *64 :* 39,1 ; *70 :* 33,43 ; *75 :* 23,01 ; *80 :* 20,91 (20 689 704 naissances), *83 :* 18,6 ; *84 :* 17,5. **Mortalité :** *50 :* 18,81 ; *81 :* 6,36 (6 290 103 morts) ; *83 :* 7,1 ; *84 :* 6,7. **Croissance :** *57 :* 23,33 ; *59 :* 19 ; *60 :* – 4,57 ; *63 :* 33,33 ; *70 :* 25,83 ; *79 :* 11,61 ; *81 :* 14,55.

● **Villes** (en millions d'h., 83) : *Beijing (Pékin)* 5,67 (pop. voir régions p. 840), Shangai 6,39 (la plus grande ville industrielle), Tianjin (Tien Tsin) 5,22, Chongqing, Shenyang (ex-Moukden) 4,08, Wuhan 3,28, Guangzhou (ex-Canton) 3,17, Harbin 2,56, Lüda (ex-Port-Arthur et Dairen), Nanjing (Nankin) 2,17.

● **Chinois de l'étranger** (en millions) *Asie du S.-E. :* env. 20, Malaisie 4, Indonésie 3,8 (3 % de la pop. locale), Thaïlande 4,2 (9 %), Birmanie 1,5 (5 %), Singapour 1,8 (75 %), Viêt-nam 0,6 (avant la récente émigration), Philippines 0,6 (1,5 %), Cambodge 0,4 (4 %), Laos 0,06 (2 %). *Pays non asiatiques :* U.S.A. 0,8, Canada 0,1, Cuba 0,035, Pérou 0,032, G.-B. 0,03, Ile Maurice 0,03, Pays-Bas 0,027, Australie 0,02, France 0,02.

Alimentation. *Consommation par habitant et par jour :* 2,666 kcal. et 78,8 g de protéines. *Par an :* Céréales 219,2 kg, huile 3 kg, porc 11,1 kg, sucre 4,1 kg, tissus 10,27 m.

Santé. *Soins médicaux : gratuits :* pour 80 % des Chinois (installations sommaires, peu de médicaments ; pratique généralisée de l'acupuncture) ; hospitalisation gratuite pour ouvriers et fonctionnaires (à 50 % pour leur famille). *Statistiques :* 1 850 000 lits d'hôpitaux, 1 600 000 « médecins aux pieds nus », 250 000 médecins pratiquant la médecine traditionnelle, 350 000 l'occidentale.

Enseignement

Quelques chiffres. Élèves (en millions, 1983) : primaire 135,8 (maternelle : 7,8, secondaire 42,1, technique et agricole 1,7, supérieur technique 0,52), « normal » 0,85. **Enseignants** (74) : 140 000.

Analphabètes ou semi-analphabètes (en %) *1964 :* 38,1, *82 :* 23,5 (soit 235 820 002 de + de 12 ans, 28 % si on ajoute 48 000 000 de 6 à 12 ans) ; 37,2 des femmes de 15 à 49 ans, 30,4 ont reçu une instruction primaire, 22,3 secondaire du 1ᵉʳ cycle, 9,6 un enseignement de 2ᵉ c. et 0,45 une instr. supérieure.

Niveau d'études atteint *(82).* Diplômés universitaires 4 414 000. École supérieure 1 602 474, secondaire du 2ᵉ cycle 66 478 028, du 1ᵉʳ 178 277 140. Primaire 355 160 310. EFFECTIFS, enseignement supérieur : étudiants 1 020 000 (femmes 24 %), enseignants 206 000, écoles 729 (82). *Secondaire :* élèves 59 millions (filles 41 %), ens. 3 280 000. *Primaire :* 147 millions (filles 45 %), ens. 5 220 000. *Étudiants suivant des cours d'ens. télévisés (1982) :* 790 000 dont ouvriers et employés 786 000.

Langues

Majoritaire. *Han* (94 % de la pop.), groupe linguistique apparenté aux langues thaï et tibéto-birmane, notamment au lolo indochinois (monosyllabique). Chaque mot est composé d'une syllabe invariable : pas de déclinaison ni de conjugaison, le rôle du mot dans la phrase étant précisé par sa position par rapport aux autres mots. Certaines combinaisons fixes deviennent de vrais polysyllabes, ex. : *rheu* « hommes », *rheu-lei* « humanité » (mot à mot : « homme catégorie »). L'écriture comporte un signe par syllabe. Langue écrite ancienne, invariable dep. 2 000 ans, peut être lue des yeux mais ne correspond pas au langage parlé. Les langues parlées seules utilisées y compris dans les publications, ont 3 variétés majeures : N. et N.-O. avec Pékin ; O., S.-O. et S. avec Nankin : langue mandarine ou *Khouan-houa* (500 millions) créée du VIIᵉ au IXᵉ s. par les lettrés de Pékin ; dialectes du S.-E. : de Shanghai (Jiangsu et Chejiang), cantonais (Guangdong, Guangxi).

Minoritaires. 55, dont 13 parlées par plus d'un million d'hab. : mongole 2,6, hui (musulmans : 6,4 millions), tibétaine 3,4, uygur 5,4, miao 3,9, yi 4,8, zhuang 12, bouyei 1,3, coréenne 1,6, et mandchoue 2,6 ; dong 1,1, yao 1,2, bai 1 ; 15 par 100 000 à 1 million d'hab. : tujia, hani, dai, kazak, li, lisu, va, she, gaoshan, ishu, shui, dongxiang, naxi, jingpo et luoba ; 17 par 10 000 à 100 000 h. : kirghiz, tu, daur, mulao, qiang, bulang, salar, maonan, gelao, xibe, achang, pumi, tajik, nu, ouzbek, menba et jinuo ; 10 par moins de 10 000 hab. : ewenki, benglong, bao'an, yugur, jing, tatar, russe, drung, oroqen et hezhe.

Orthographe chinoise. Méthodes de transcription en caractères latins : *Pin-yin, Wade* (Anglais), *Efeo* (École française d'Extrême-Orient). Le *p* de Wade est transcrit en Pin-yin b ; le *ts*, j ; le *t*, d ; le *s*, x ; le *kw* (en Efeo *Kou*), gu, etc. Ainsi, *Mao Tsé-Toung* est transcrit Mao-Zedong ; *Teng-Siao-Ping :* Deng Xiao-ping ; *Tchou Teh :* Zhu De, etc. *Peiping* (Pékin) : Beijing ; *Kouang-Tong :* Guangdong ; *Kouang-Tchéou* (Canton) : Guangzhou ; *Hang-Tchéou :* Hangzhou ; *Nang-King* (Nankin) : Nanjing ; *Chantoung :* Shandong ; *Changhai :* Shanghai ; *Setchouan :* Sichuan ; *Sou-Tchéou :* Suzhou ; *Tientsin :* Tianjin ; *Sin-Kiang :* Xinjiang.

Nota. – Le gouv. de T'ai-wan (Voir page 842 : Chine libre) continue à écrire (selon la graphie de Wade) : Chunking, Peiping, Tientsin, etc.

Religions

Position officielle. Le parti préconise l'athéisme, les religions n'étant qu'un produit de l'oppression naturelle et sociale. Elles représentent une conception inversée du monde et qui s'est engendrée dans certaines conditions historiques pendant lesquelles l'humanité restait incapable de connaître la loi objective de la nature, de la société et d'elle-même. Les persécutions antirel., sont suspendues.

Statistiques. Bouddhistes 150 000 000, **taoïstes** 30 000 000, **musulmans** 35 000 000 selon les autorités, 1 580 000 selon les religieux (islam introduit au VIIᵉ s. par des commerçants arabes dans les ports du Guangdong et du Fujian et sur la route de la soie. XIIIᵉ s. conquête de Gengis Khan et afflux de musulmans). Huis sont env. 4 480 000 (surtout dans le Ningxia). **Catholicisme** (introduit 1582, se développe après 1840). *1947-48 :* 3 251 347 catholiques, 190 850 catéchumènes, 5 588 prêtres (2 542 chin.), 1 077 frères (663 chin.) et 6 543 religieuses (4 717 chin.). 803 grands séminaristes ; 3 universités, 189 écoles secondaires, 1 500 primaires, 216 hôpitaux, 781 dispensaires, 5 léproseries, 254 orphelinats ; 29 ateliers de typographie, 55 publications ; observatoires de Zikawei et Zosé créés par les jésuites de Shanghai. *1977 :* 2 500 000 catholiques, 500 prêtres, 10 évêques. L'Égl. patriotique fondée en 1957 par Chou-en-Laï rassemblait 20 % des fidèles coupés de Rome. *Catholiques chinois vivant hors de la République populaire :* 1 344 591 dont T'ai-wan 301 677, Hong Kong 265 800, Macao 30 000, reste du monde 747 114. **Protestants** 800 000 (Sun Yat-sen et Tchang Kaï-Chek étaient baptistes). **Juifs** présence attestée à Kaifeng (province du Hénan) sous les Han (206 av. J.-C.-220 ap. J.-C.). XIXᵉ arrivent dans les ports ouverts et en Mandchourie. *1939 :* env. 30 000, *56 :* 400, *57 :* gagnent Israël.

Histoire

Histoire ancienne

1 million d'années : hommes de Yuanmou et de Lantian. **Paléolithique ancien** (env. 400 000 ans), homme de Pékin ou sinanthrope (fossile découvert près de Pékin) : marche debout, outils, feu.

V. 7000, civ. du Yang-shao (matriarcat, clans) ; **v. 5000,** civ. de Longshan (patriarcat, clans divisés en cl. sociales). **Dynasties légendaires** [IVᵉ mill. (?)-déb. IIᵉ mill.] ép. des souverains civilisateurs, cultures de Yang shao (construction par damage de la terre, habitations en forme de fosse, etc.). *Dynastie Yao, Shun.* **Dynasties historiquement attestées. Xia** (Hsia) États esclavagistes ; **XXIᵉ-XVIᵉ** âge du bronze (XVIᵉ-VIᵉ s. av. J.-C.), culture erliton. **Shang** (Chang) **XVIᵉ-XIᵉ s.** développement de l'esclavage ; apogée de la technique du bronze **Xᵉ s.,** char à timon à 2 chevaux, principes de l'écriture chinoise, fortifications des villes, agriculture prédominante, structure féodale (roi et classe noble assument les fonctions politiques, religieuses, milit. et écon.), culte des ancêtres royaux. Sépultures royales contenant un abondant mobilier funéraire en bronze. Art de la ronde-bosse. Ornements architecturaux en marbre, nombreuses céramiques rouges et noires.

Zhou de l'Ouest (Tchéou) ; **XIᵉ s.-770** civilisation du bronze jusqu'au sud de la Mongolie (vallée du Yangzi) ; à partir du Xᵉ s., cités indépendantes (le roi n'est qu'un arbitre). Capitale dans le Henan. Travail du fer et des perles de verre.

Zhou de l'Est 770-476 Époque Chunqiu (époque du Printemps et de l'Automne ou ép. des Hégémons), 140 principautés : passage de l'esclavagisme à la féodalité. **475-221 Ép. Zhanguo** (ép. des **Royaumes combattants**). Consolidation du régime féodal. G. armées entre les 7 grands roy. chinois dont le Qin qui annexe les 6 autres (Qi, Chu, Yan, Zhao, Han, Wei) entre 256 et 221. L'art devient profane. Surenchère de richesse et de luxe. Sens de l'observation et du mouvement. Bronzes et jades décorés de courbes et d'animaux fantastiques. Incrustations d'or, d'argent. Sépultures du royaume Chu. Boîtes, ustensiles et ornements en bois revêtus de laque. Plus ancienne peinture sur soie connue. **Qin** (Chin) **221-207** 1ᵉʳ État féodal (multinational et unitaire) fondé par l'emp. Shi Huangdi. **209** insurrection conduite par Chen Sheng et Wu Guang.

Han de l'Ouest 206 av. J.-C.-24 apr. J.-C. 17-18 apr. J.-C. insurrections populaires des *Lulin* (insoumis) et des *Chimeï* (Sourcils rouges). Extension de l'art funéraire. Apparition de la sculpture monumentale, de la peinture murale, des fresques réalistes et des dalles ciselées. Objets en laque polychrome. Figurines peintes, les ming-k'i, utilisées au cours des rites sacrificiels.

Han de l'Est 25-220. 184 insurrection des Huangjin (Turbans jaunes), Époque : **Les Trois Royaumes** (Wei, Shu, Wu) **220-265 ; Jin de l'Ouest 265-316 ; Jin de l'Est 317-420 ; Dynasties du S. et du N. 420-589. 220 à 380** insurrections d'inspiration taoïste, formation d'armées autonomes chargées de la répression, affaiblissement du pouvoir de la dyn. Han et formation de 3 roy. indépendants dont le plus puissant (Wei, au N.) avec l'usurpation du pouvoir par une grande famille, les Sima, qui restaure l'unité (265 à 316). Grandes invasions en C. du N. de hordes turco-mongoles (IIe et IIIe s.). **316-589** séparation C. du N. et du S. C. du N. tribus originaires des steppes et montagnards apparentés aux Tibétains (ép. des royaumes et empires barbares). Influence de la steppe et des pays de l'Asie centrale (organisation militaire). Influence du taoïsme et du bouddhisme. Développement de la peinture, création de la critique d'art, multiplication des sculptures monumentales (lions ailés). Sanctuaires rupestres (grottes de Dunhuang). **Vers 439** absorption des petits royaumes par l'empire des Wei (groupe turco-mongol) ; capitale à Luoyang (Henan) en 493 ; à nouveau, forte influence c. (organisation administrative). C. du S. : émiettement des roy., affaiblissement écon. (vie autarcique des grands domaines). Influence du taoïsme et surtout du bouddhisme sur arts et vie intellectuelle.

Sui (Souei) **581-618.** Conquête par les Souei (C. du N.) de l'empire du S. (capitale : Nankin). Unification administrative et écon. (grands travaux : canal approvisionnant le Henan, le Chan-si, la vallée de la Wei ; greniers). **T'ang 618-907.** Armées indépendantes. **755-63** rébellion militaire. **780** impôt foncier sur étendue et valeur des terres, renforcement des armées du Palais. Relations importantes avec Asie centrale, Iran, Inde, Asie du S.-E. ; cultes étrangers reconnus, essor du bouddhisme. **755** retour aux sources anciennes, proscription des cultes étrangers. **843-45,** début du néo-confucianisme. **Sous les Sui et les Tang.** Multiplication des fondations religieuses. Les grands artistes sont à la fois poètes, érudits, musiciens, calligraphes et peintres. Naissance de l'art du paysage monochrome. Cour somptueuse utilisant bijoux, miroirs. Nombreux objets funéraires (cavaliers, danseuses, génies, animaux). Apparition de la technique du martelage. Porcelaine blanche.

Cinq Dynasties 907-960. Unités régionales constituées en royaumes puis empires. Elles se succèdent au Henan (reste de l'empire T'ang divisé en 7 roy.). Épanouissement de l'art du paysage dans la peinture. Les conventions picturales seront définitivement établies à l'époque Song.

Royaume de Liao 916-1125. Dyn. Song (960-1279). Développement des arts au sein de l'académie de l'empereur artiste Houei-tsong. Apparition de la courbure des toits et des grandes charpentes. Réalisme de la peinture des animaux et des fleurs. Analogies entre calligraphie et peinture. Influence du bouddhisme zen.

Royaume de Jin 1115-1234. Réunification de la Ch. **1127** chassés du N. par l'empire Jin (mandchou) les Song se fixent au S., à Hangzhou. Renouvellement des classes dirigeantes, concours de recrutement, expansion commerciale en Asie du S.-E. et dans l'océan Indien (progrès maritimes : gouvernail d'étambot, treuil, ancres, boussole marine ; techniques commerciales : effets de commerce, assignats, monnaie de cuivre). L'État contrôle l'économie par les monopoles (sel, thé, alcool), la fiscalité commerciale dépasse l'imposition agraire. Forte urbanisation.

Découvertes : utilisation de la poudre à des fins militaires (v. 1000), 1re horloge hydraulique à échappement (1088), odomètre (1027), bateaux à roues actionnées par des pédaliers (XIIe s.), imprimerie par xylographes. *Vie intellectuelle :* modification du système social par les Réformistes [Wang Anshi (1027-86) et Fan Tchong-yen (989-1052)], systèmes philosophiques cosmologiques fondés sur des calculs mathématiques, école néo-confucéenne [Tchou Hi (1130-1200)], début de la critique des sources en histoire, développement de l'épigraphie et de l'archéologie ; parallèlement à la littérature de style antique (dyn. des Han, ép. des Roy. combattants), naît une littérature en langue vulgaire (roman, conte, théâtre) diffusée par l'imprimerie.

Yuan 1271-1368. Fédération de peuples de la steppe formée au début du XIIIe s. autour du chef mongol : Gengis Khan (empereur des mers), attaque l'Asie centrale, Proche-Orient, Russie méridionale, Mandchourie, Corée, Chine du Nord **1215** Pékin occupé. **1279** Song du Sud, anéantis par la dynastie mongole des Yuan : unifie une grande partie de l'Asie. A la tête les tribus mongoles, au bas les derniers peuples conquis ; institutions chinoises conservées (notamment système fiscal et assignat) ; relais de poste favorisant les échanges avec l'extérieur ; **XIIIe-XVe s.** nombreux voyageurs circulent dont *Marco Polo,* **1254-1324,** qui donne à la Chine le nom de *Cathay,* nom d'une peuplade mongole, les Khitan ou Kitat, fondateurs du royaume chinois de Léao, dans la région de Pékin (Xe s. apr. J.-C.) ; moines franciscains. **1308** sacre du 1er archevêque de Pékin, Jean de Mont-Corvin (1247-1328). **1362** (martyr de l'évêque Jacques Ceffagni) ; constitution de communautés musulmanes (influence de l'astronomie et de la cartographie mus.) ; installation du lamaïsme.

Vie artistique : apogée du théâtre (dramaturges : Ma Tche-Yuan, Kouan Han-k'ing). **Dyn. Yuab** (1279-1368). Influence de l'envahisseur mongol. L'art du paysage continue la tradition des Song.

Ming 1368-1644. Dyn. fondée à Nankin par Tchou Yuan-tchang (un des chefs du soulèvement contre les Mongols). Reconstruction économique, recensement de population, cadastre, cloisonnement social (métier ou fonction sont héréditaires ; système maintenu jusqu'au début du XVe s.), centralisme politique [coupure avec classes commerçantes, intellectuelles (accentuée avec l'installation de la capitale à Pékin en 1450) ; autoritarisme], expansion militaire vers la Mongolie. **1399 à 1443,** Cheng Ho, le Grand Eunuque, ministre de l'emp. Yung-lo, organise 7 expéditions maritimes dans l'océan Indien (70 vaisseaux, 30 000 h.) et fonde un empire commercial chinois, des Philippines à la Somalie. **1450-1500** cet empire s'effondre, mais les Chinois s'organisent à l'étranger en confréries (Kang si) qui maintiennent leurs traditions. XVIe s., menace mongole (Pékin assiégé en 1552) milieu du XVIe s. **1582** arrivée de Matteo Ricci, jésuite. Piraterie japonaise, grand artisanat (tissage, porcelaine, fonte), riches marchands. Introduction : patate douce, arachide, maïs (à l'origine de l'essor démographique du XVIIIe s.). **XVIIe s.,** crise politique opposant les eunuques à un parti de fonctionnaires intègres, faillite financière de l'État, taxation alourdie, insurrection des artisans et de la paysannerie.

Vie intellectuelle : **XVIe s.,** renouveau du théâtre, essor du roman en langue vulgaire (de mœurs, psychologique et sentimental) ; ouvrages techniques et scientifiques (pharmacopée, médecine, géographie, agriculture). *Arts :* les bibelots recouverts de laque affluent en Europe.

Qing (T'sing) **1644-1911. 1618** les tribus Jurgchen de Mongolie orientale conquièrent la Mandchourie en 1635, prennent le nom de Mandchous, prennent Pékin, puis l'empire des Ming (à la faveur de la crise sociale régnant alors). Au début, mesures très dures (imposition du port de la natte et du costume mandchou, expropriation des paysans, etc.), adoucies surtout par l'empereur K'ang-hi (1662-1722) qui consolide son pouvoir en maintenant en place les anciennes élites chinoises et en élargissant son empire en Asie centrale et au Tibet. **1656** 1er diplomate russe à Pékin. **1688**-*22-8* tr. de Nertschinsk (rédigé en latin) : frontière russo-chinoise sur le fleuve Kerbetchi. **1736-1796** essor démographique et écon. (exportation vers Asie du S.-E. et Eur. de thé, soieries, laques, cotonnades, quincaillerie). *A partir de 1800,* déclin : densité démographique trop élevée, centralisme politique et administratif conduisant à l'immobilisme, récession écon., dépréciation de l'argent (monnaie chinoise) par rapport à l'or (pays occidentaux).

Empereurs Qing (T'sing)

1644 SHIH TSOU. **1661** SHENG TSOU. **1723** SHIH TSUNG. **1735** KAO. **1796** JEN. **1821** HSUYAN. **1851** WEN. **1862** MOU. **1875** TEH. **1908**-*11* HSUAN-T'OUNG, né en 1906, détrôné le 12-12-1912, nommé, par les Japonais, régent de la Mandchourie en mars 1932. Emp. de Mandchourie sous le nom de Kang Teh en **1934**, détrôné en 1945, mort fonctionnaire communiste chinois sous le nom de P'ou Yi le 17-10-67 à Pékin.

Nota. — Les empereurs chinois sont désignés en Europe par leur *nien hao.* Titre des Ts'ing choisi pour leur règne : K'ang-hi (joie paisible), Yong-Tcheng (droiture indissoluble), K'ien-long (secours du ciel), Kia-king (augure du bonheur), Tao-kuang (éclat de la voie droite).

Chine impériale moderne

1820 Ch. fermée à la pénétration européenne, derniers missionnaires jésuites expulsés. A Canton, un commerce se maintient avec les Anglais (cotonnades et opium des Indes contre thé et soie). **1839** la Ch. remet en vigueur un édit interdisant l'importation de l'opium. **1840** début de la g. de l'opium entre G.-B. et Ch. **1841** les Angl. bombardent Canton, occupent Shanghai, au *tr. de Nankin* (28-8-1842) obtiennent l'ouverture au commerce de 5 ports (Canton, Amoy, Fuzhou, Ningbo, Shanghai) et l'île de Hong Kong. **1844** U.S.A. (tr. de Ho-hia 3-7) et France (tr. de Whampoa 24-10) obtiennent des garanties. La Fr. protégera également miss. et cathol. chinois. **1851** Hong Sieou-ts'ien (1813-64) fomente une révolte mystique et régénératrice, se proclame « Roi céleste », fonde l'Empire de la Grande Paix (T'ai P'ing), prend Nankin (1853), est vaincu (juillet 1864) par le gouv. impérial aidé de l'étranger [l'Amér. Ward, puis l'Angl. Charles George Gordon (1833-95)] et se suicide. **1857** prise de Canton par Fr.-Anglais. **1858**-*28-5* (calendr. julien : 16-5) *le tr. d'Aigoun* cède à la Russie la rive g. de l'Amour (2 500 000 km²). Le fleuve Amour devient frontière, le territoire entre l'Oussouri et la côte un condominium sino-russe. **1858**-*2-6* et *28-6 le tr. de Tianjin* (Tien Tsin) après intervention fr.-angl. accorde à G.-B., U.S.A., Fr., Russie l'ouverture de 11 nouveaux ports ; non respecté, il est suivi d'une autre intervention (Gal Cousin-Montauban ; vict. à Palikao en sept. 1860, *sac du palais d'Été* à Pékin). **1860**-*24-10* nouv. *tr. de Pékin* ouvrant 11 ports. **1881** la Ch. cède à Russie la vallée de l'Illi. **1885** la Ch. renonce à l'Annam après l'attaque de Courbet à Fuzhou et Formose (la Ch. était intervenue au Tonkin avec les Pavillons Noirs). **1894** la Ch. essaie de restaurer son pouvoir en Corée, le Japon l'en empêche et après une victoire rapide obtient Formose au *tr. de Shimonoseki* (les Occidentaux obligent le Japon à rétrocéder la presqu'île de Lias-Toung avec Port-Arthur). **1898** *juin-sept.* (les *Cent Jours*) : K'ang Yeou-wei essaye de réorganiser la Ch., mais l'impératrice Ts'eu-Hi reprend le pouvoir. **1899** révolte des *Boxers* contre les étrangers. *-20-6* siège des légations à Pékin, elles sont délivrées le *14-8*-**1900.** Le Kouo-min-tang, fondé par Sun Yatsen (1866-12-3-1925), provoque une révolte. **1906** la Ch. cède Sakhaline à la Russie.

République

1911-*10-10* République. *-29-12 Sun Yat-sen* Pt provisoire. **1912** *févr.* Gal *Yuan Che-k'ai* (1859-1916) conseille à l'empereur d'abdiquer et, après une présidence provisoire de Sun Yat-sen, se fait élire Pt de la Rép., par une Ass. réunie à Nankin. Il rétablit pour lui la monarchie (12-12-1915), mais meurt (6-6-1916). **1917-18** 27 000 morts chinois employés à creuser des tranchées sur le front fr. **1918** la N. (gouv. de Pékin), mais celle-ci est elle-même ravagée par les luttes intestines des *seigneurs de la guerre* (Chang Tso-lin gouv. de la Mandchourie, Feng Yu-siang le Gal chrétien, Ts'ao k'ouen gouv. du Tchéli, etc.). **1921** fondation du Parti communiste à Shanghai. **1923** dans le Sud, Sun réorganise le Kouo-min-tang et signe une alliance contre l'impérialisme, avec l'U.R.S.S. [qui envoie le Russe Mikhaïl Markovitch Gruzenberg, dit Borodine (1884-1951)] et le Parti com. **1925** Sun meurt, scission entre radicaux [sa veuve Song K'ingling, Wang Tsing-wei (1884-1944)] et modérés Yin qui vont l'emporter avec Tchang Kaï-chek. **1927** rupture avec mission soviétique, répression du soulèvement com. de Canton. **1928** *juin,* Tchang prend Han-k'eou, Shanghai, Nankin puis avec l'aide du Gal Feng Yu-Siang (1880-1948), Pékin. **1931** le Japon saisit la Mandchourie, qui devient le Mandchoukouo [protectorat sous l'autorité nominale de P'ou yi, le dernier emp. (1932)], puis s'infiltre en Ch. du N. **1927-36** Tchang lutte contre les com. qui, rejetés dans la clandestinité, ont constitué dans le Kiang-si une rép. populaire (avec Mao Tsé-toung, Chou En-lai, Chou-Teh). Battus, ils se retirent dans le Chen-si [la *Longue Marche* 16-10-1934/19-10-1935 (369 j), env. 12 000 km, escalade 18 montagnes, franchit 24 rivières ; 85 000 soldats, 10 000 cadres politiques, 5 000 porteurs, coûta la vie à des dizaines de milliers de communistes], 2 étrangers y avaient participé Otto Braun (communiste all.) et Alfred Bosshardt (religieux français). **1936** tombé dans un guet-apens Tchang accepte de cesser la lutte. Il sera par la suite reconnu comme chef unique de la lutte contre les Japonais. **1937**-*7-7* attaque japonaise (prétexte : fusillade sur le *pont Marco-Polo* à Lugougiao) : Tchang vaincu se retire sur Han-k'eou, puis en **1938** sur Tchong-k'ing, tandis que les communistes suscitent des guérillas au Yun-nan. **1940** Wang T'sing-wei, traitant avec le Japon, établit un gouvernement dissident à Nankin. **1945** capitulation du Japon. *-10-10* accord T'chang-Mao mais la g. civile reprend.

Présidents

1912-16 YUAN CHE-K'AI (1859-1916). Emp. en 1915 (quelques jours). **1916-21** LI YUANG-HONG. **1921-25** SUN YAT-SEN (1866-1925). **1926-75** TCHANG KAÏ-CHEK (1887-1975, Cdt en chef des armées du Nord 1926). Généralissime 1928. Directeur du Kouo-min-tang 1938, Pt de la Rép. 1943, réfugié à Formose 1949.

République populaire

Quelques dates. 1949 *janv.* Pékin occupé par com. *-1-10* Rép. pop. fondée. *-8-12* Tchang, battu par com., se réfugie à T'ai-wan avec 600 000 h. Mao élu Pt, signe un tr. d'amitié avec U.R.S.S. **1950**-*14-2* tr. d'alliance avec U.R.S.S., crédit de 300 millions de $ obtenu. *-25-10* 54 divisions de « volontaires » ch.

La Chine, « semi-colonie »

Origine. 1555 les Portugais fondent Macao, ont l'exclusivité du commerce à partir de Goa (Inde), achètent soie, porcelaine et or en Ch., pour les revendre au Japon. **Après 1576** (création d'un évêché), ils installent des missionnaires jésuites. **1638** (fermeture du Japon), l'activité port. se concentre sur la Ch., et les jésuites sont sur le point de convertir les cadres politiques et de faire du pays une colonie port. Mais à partir de **1699** (alliance anglo-port.), des marchands anglais (forte proportion de colons américains) s'introduisent à Canton et commencent à exploiter le marché c. Privés de droits politiques, ils résident à Macao ; ils n'envisagent pas de coloniser la C., mais d'y profiter des privilèges commerciaux port. (laissant le Japon aux Hollandais).

Au XIXe s., l'Angl. supplante le Port. grâce au tr. de Nankin, qui lui livre Hong Kong (août 1842). Mais lui disputeront l'hégémonie commerciale : France, Allemagne, U.S.A., Russie (celle-ci annexant de vastes territoires, au N. de la C.). [A **partir de 1894**, le Japon intervient ; 40 ans plus tard il est près de coloniser toute la Ch. à son profit.] Les 5 puissances occidentales, ne pouvant obtenir un protectorat exclusif, passent un accord tacite (« dépècement »). Elles obtiennent des concessions à bail (99 ans) : *Allemagne :* Kiao Tchéou et Tsing Tao ; *Angleterre :* Weï Hai Weï (en plus de Hong Kong depuis 1842 et d'un quartier de Shanghai depuis 1848) ; *U.S.A. :* un quartier de Shanghai depuis 1849 ; *Russie :* Liao Toung et Port-Arthur ; *France :* Kouang Tchéou, et un quartier de Shanghai depuis 1849. Droits reconnus : base navale avec entretien d'une flotte, exploitation des mines, création d'usines. Autour de ces bases, les grandes puissances se reconnaissent des zones d'influences (monopole commercial et industriel) : *Angleterre :* bas Yang Tsé Kiang ; *Allemagne :* Chantoung ; *Russie :* Mandchourie ; France : Yunnan. **1863** zones anglaise et américaine fusionnées à Shanghai et appelées dès lors « concession internationale ».

Au XXe s. *Total des investissements occidentaux en 1914 :* 1 610 millions de $ [dont G.-B. 38 % ; Japon 13,6 % (contre 0,1 % en 1900)].

Certains organismes d'État chinois sont confiés à des commissions étrangères (ex. : de 1861 à 1908, l'inspecteur gén. des douanes est un Anglais : sir Robert Hart). Angl. et Russie sont rivales, Fr et All, aussi. **1905** les Japonais éliminent Russie, **1915** Allemagne, **1941** Angl., **1945** Fr. vaincus, ils laissent les Anglais récupérer Hong Kong. **1946** les concessions étrangères de Shanghai sont supprimées. **1948** après la révolution communiste, seules subsistent Macao (Portugal) et Hong Kong (G.-B.). Voir Index.

participent à la g. de Corée. Reconnaissance par G.-B. et P.-B. **1951**-*21-2* règlements sur la suppression des éléments contre-révol. (5 catégories : bandits, despotes locaux, agents secrets du Kouo-min-tang, chefs des partis non com., membres des Stés secrètes). Exécutions : 5 millions [(1 % de la pop.) Mao avait conseillé de condamner à mort env. 20 % des inculpés, mais les « tribunaux pop. » ont dépassé ce chiffre]. *-23-5 tr. de Pékin avec Tibet :* la Ch. reconnaît le gouv. lamaïque et accorde l'autonomie. *-15/20-10* occupation mil. du Tibet. **1953**-*1-1* début du 1er plan quinquennal. *-3-2* la VIIe flotte amér. reçoit l'ordre de ne plus gêner les opérations nationalistes contre le continent. *-27-7* fin de la g. de Corée. **1954** *mars-mai* particip. à la bataille de Dien-Bien Phu : conseillers chinois ; livraison d'armes au Viêt-nam. *Août-oct.* Constitution. *Oct.* Khrouchtchev à Pékin. l'U.R.S.S. restitue Port-Arthur, annule les dernières concessions russes en Ch. (chemins de fer, sociétés mixtes), accroît l'aide économique. **1956** *févr.* au XXe congrès du P.C. de l'U.R.S.S., Khrouchtchev prononce un réquisitoire contre Staline ; la Ch. n'accepte pas cette condamnation et distingue mérites et erreurs du défunt. **1957** les *Cent Fleurs* (campagne de discussions publiques) ; mouvement « antidroitier » à partir de juin contre intellectuels jugés « trop critiques » ; accord sur livraison d'armes atomiques avec U.R.S.S. (dénoncé par Khrouchtchev en 1959). **1958** Mao décrète le **« grand bond en avant »** (collectivisation accélérée des terres, inscrite dans une réforme communale ; multiplication des petites entreprises industrielles) ; des années « noires » suivront [de 1958 à 61 : régression alim. (prod. de céréales passe de 200 à 143 millions de t) ; 10 à 30 millions de décès supplémentaires, 31,73 millions de naissances en moins] ; bombardement des îles de Quemoy et Matsu (aux Nationalistes). **1959**-*19/27-3* rébellion au Tibet réprimée (le Dalaï-lama et env. 100 000 Tib. réfugiés en Inde). Khrouchtchev n'accorde pas à Mao le soutien escompté. *-20-6* l'U. répudie l'accord d'oct. 1957 sur la bombe at. *-30-9* Khrouchtchev à Pékin plaide pour l'entente avec U.S.A. ; il est très mal reçu, 1ers incidents frontaliers sino-russes au Sin-K'iang. **1960**-*21-4* 1ers grands textes antirévis. publiés à Pékin. *-20-6* congrès du P.C. roumain à Bucarest, violentes attaques contre les dirigeants ch. ; l'Albanie se rallie à Pékin. *-16-7* l'U.R.S.S. rappelle ses spécialistes de Ch., met fin à presque toute assistance. *Nov.* conférence des 81 P.C. à Moscou, 2e « déclaration de Moscou », compromis que Ch. et U.R.S.S. interpréteront en sens opposé.

1960 échec du « grand bond en avant » (explications avancées par Mao : 1° fin de l'aide soviétique ; 2° déformation des directives par les leaders de la tendance prosoviétique : Deng Xiao-ping, Peng Chen (maire de Pékin), Liu Shao-chi (Pt n. 1898). Mao lance contre ceux-ci le « mouvement d'éducation socialiste » (1962). **1961-62** incidents aux frontières Sin-K'iang-U. 50 000 Kazakhs et Uighurs, de nationalité c., tentent de passer en U., au Kazakhstan, de l'autre côté de la frontière. Fermeture de la frontière et répression du côté c. Révolte antichinoise de 5 000 musulmans dans la vallée d'Ili qui débouche en U. **1962** *sept.* la C. accuse l'U. de soutenir l'Inde. *Oct.* crise de Cuba : la C. accuse Khrouchtchev de capitulationisme. **1963**-*6/20-7* rencontre de délégués chinois et russes pour une réconciliation ; échec. *-5-8* tr. de Moscou sur l'interdiction partielle des essais nucléaires (dénoncé par Pékin). *-20-8* l'U. annonce que plus de 5 000 violations de frontière ont été commises par les C. en 1962. *-7/9-9* incident à la gare frontière de Naouchki entre cheminots c. et douaniers sov. G. avec l'Inde (motif : après l'occupation du Tibet par les Ch., l'Inde dénonce le tr.).

1964 la Fr. reconnaît la Ch. ; 1re bombe atom. ch. *Févr.* rapport Souslov devant le P.C. sov., faisant la somme des accusations russes contre la C. Échec des conversations de Pékin au sujet des frontières. *-10-7* Mao Tsé-toung dénonce les empiétements territoriaux de l'U. **1965** *début* Brejnev-Kossyguine tentent sans succès une réconciliation, notamment par l'unité d'action au Viêt-nam. *Mars* réunion à Moscou de 19 P.C. pour préparer une conférence intern. des P.C., la C. refuse de s'y rendre. *Sept.* Mao charge Lin Piao de définir une nouvelle politique extérieure : lutte armée contre les impérialismes dans tous les continents. *Fin :* 10 P.C. ont passé dans le camp chinois (3 au pouvoir : Albanie, Corée du N., Nord-Viêt-nam ; 7 dans l'opposition : Indonésie, Japon, Laos, Malaisie, Thaïlande, Sud-Viêt-nam, N.-Zélande) ; 13 P.C. ont eu une scission prochinoise : Australie, Belgique, France, Espagne, Suisse, Brésil, Colombie, Mexique, Paraguay, Birmanie, Ceylan, Inde, Liban ; 4 P.C. ont des fractions prochinoises dans leurs rangs : Autriche, Équateur, Pérou, Népal. A Cuba, le P.C. (au pouvoir), après avoir hésité, choisit le camp. sov. (la C. condamne dès lors le « castrisme »).

Révolution culturelle. Mao Tsé-toung tente de reprendre le pouvoir qui lui échappait ; en principe il s'agit de « prévenir le révisionnisme » ; en fait, en créant les « *gardes rouges* », armés et conditionnés idéologiquement, Mao met les cadres du parti sous le contrôle mil., fait persécuter intellectuels et cadres compétents. Il élimine ses principaux adversaires : Peng Chen, Liu Shao-chi et Deng Xiao-ping. **1967**-*25-1* incidents avec des étud. ch. à Moscou. *-26-1/12-2* siège de l'ambassade de l'U. à Pékin. 40 divisions sov. sur la frontière devant 50 à 60 divisions ch. (soit plus de 600 000 h.). Sin-K'iang, nouvel exode de Kazakhs et Uighurs vers l'U., fuyant la rév. cult. **1967-68** mise en place progressive de comités révol. maoïstes en province (consignes : faire la révolution, promouvoir la production). **1969**-*2/15-3* incident frontalier sur l'Oussouri au sujet de l'île Damansky (Chen-Pao, pour la Ch.), île plate et désolée, ne se prêtant à aucune utilisation, et souvent recouverte par les eaux (Chinois 32 tués, Russes 22 ?). Selon la Ch., le tr. de Pékin (nov. 1860) aurait inclus cette île en Ch. et l'U. aurait admis ce fait lors des négociations de févr. 1964 à Pékin. *Avr.* Lin Piao critique la « superstructure » soviétique (créatrice d'une nouvelle bourgeoisie bureaucratique). La Ch. veut rapprocher cadres et masses (contre-critique soviétique : la Ch. veut appauvrir les cadres, car elle vise l'austérité générale ; l'U. veut le bien-être des masses). *-31-10* Liu Shao-chi (Pt n. 1898) privé de ses fonctions († à Kaifeng 2-11-74).

1970-*26-8 au 6-9* Mal Lin Piao (n. 1908) essaie de se faire élire Pt de la Rép. Amorce d'une détente avec U.S.A. Reconnaissance par Italie. **1971**-*10/17-4* séjour d'une équipe de joueurs de ping-pong amér. *-9-7* voyage secret de Kissinger à Pékin. *-8* et *-11-9* tentatives d'assassinat de Mao par Lin Piao (attaque du train). *-13-9* mort de Lin Piao dans un acc. d'avion en territoire mongol en fuyant Pékin, ou abattu le *11-9*, dans un restaurant de Pékin sur ordre de Jiang Qing, femme de Mao. *-26-10* admission à l'O.N.U. T'ai-wan en est expulsé ; la Ch. devient m. permanent du Conseil de Sécurité. Début du IVe plan quinquennal (1971-75). **1972**-*21/28-2* Pt Nixon en Ch. Les U.S.A. reconnaissent que T'ai-wan fait partie de la Ch. *-1-9* Tanaka, PM jap., en Ch. : le J. reconnaît la Ch. *Automne* campagne contre Lin Piao et Confucius [philosophe (551-479 av. J.-C.), fondateur du confucianisme, apôtre de la bienveillance, il avait fait assassiner un adversaire progressiste Sheo Cheng Mao (Tchao Koung, roi de Lou, † 501)]. Reconnaissance par All. féd. **1973** création par les maoïstes de la tendance « aller à contre-courant », qui prend en main la critique contre Lin Piao et Confucius, et tente de lancer une 2e révolution culturelle, visant principalement Chou En-Laï (semi-échec : tout se terminera en 1975). *12-4* réapparition en public de Deng Xiao-ping [n. 1904 ; secr. du Comité central (1956-67)] après disgrâce de 6 a. *Sept.* Pompidou en Ch. **1974**-*20-1* la Ch. occupe 4 archipels, les Hsisha (Paracels) et réaffirme sa souveraineté sur les 2 îlots des Nansha (Spratley) que le Viêt-nam du S. occupait, les Chungsha (Macclesfield Bank) et Tung-sha (Pratas) ; critique de Lin Piao. **1975** *janv.* la Ch. accepte les dispositions des tr. de 1858 et 60, demande restitution de 20 000 km² occupés par l'U. en violation de ces tr. L'U. refuse d'admettre l'existence de « régions contestées ». Ch. soutient Pt Mobutu, Shah, Gal Pinochet. *Janv.* Deng Xiao-ping vice-Pt du parti, vice-PM et chef d'état-major gén. *Août* troubles dans usines notamment à Hang-tcheou. *Oct.* incidents frontaliers avec Inde : dizaines de soldats indiens tués (?). *Nov.* journaux muraux à Pékin contre le min. de l'Éducation nat. *-3/7-12* Pt Ford en Ch. **1975-76** inondations du fl. Jaune dans le Honan (700 000 morts). **1976**-*8-1* Chou En-Laï (n. 1898) meurt. *-8-2* Hua Guofeng [n. 1909, ancien commissaire pol. de Canton (1972), min. de la Sécurité publ. et vice-PM (1975)], PM par intérim. Campagne d'affiches contre Deng Xiao-ping (ex-vice-PM) et ceux qui « suivent les voies capitalistes ». *20/28-2* R. Nixon en Ch. **1976** *févr.* dénonciation d'infiltrations soviétiques dans le Sin-K'iang. *-5-4* manif. de modérés à Pékin (place Tien-An-Men ; 100 †). *-7-4* Deng Xiao-ping destitué, Hua Guofeng PM. *-28-7* tremblement de t. à T'ang-chan (655 000 †). *-30-7* alerte à Pékin. *-9-9* Mao meurt.

Après Mao. 1976-*6-10* **« bande des quatre »** arrêtée : Zhang Chunqiao (n. 1911 ; ex-vice-PM), Yao Wen yuan [journaliste, n. 1924 (ex-membre du bureau pol. du parti)], Wang Hong wen (n. 1937 ; ex-vice-Pt du parti), Jiang Qing, ép. de Mao. *-26-12* réhabilitation du Mal Ho Lung († 1969 ?). Les cadres épurés pendant la rév. culturelle reviennent en masse. Hua Guofeng Pt du parti. **1977** *janv.* à Pékin, affiches murales réclament retour au pouvoir de Deng Xiao-ping. *Mars* dizaines d'exécutions en province. *-16/21-7* Deng Xiao-ping rétabli dans ses fonctions par le comité central, exerce en partie un pouvoir dictatorial. Purges (des milliers de fusillés). *-12/18-8* XIe congrès du P.C.C. : nouvelle const., Hua Guofeng Pt du Comité central (n'exerce pas la réalité du pouvoir). **1978** réhabilitation de Confucius. *-1-2* modernisation de l'ind. décidée : abandon de la politique d'autosuffisance écon. (des régions, localités, entreprises) au profit de la « spécialisation » et de la « coordination » entre unités de production. *-26-2/5-3* 1re session de la 5e Ass. nat. pop. (3 500 délégués, dont des religieux) : Hua Guofeng confirmé Pt du parti et PM, nouvelle constitution. *-3-4* tr. commercial avec la C.E.E. *-4-4* affiches contestataires à Pékin dénoncent les « clowns politiques » au pouvoir. *-7-7* rupture avec l'Albanie demeurée maoïste. *-12-8* tr. sino-jap. de paix et d'amitié. *Août* rétablissement des privilèges des « Chinois d'outre-mer » (dans le Guangdong, 1/8 de la pop. reçoit des virements de parents de l'étranger ; restitution aux propriétaires légitimes des villas fermées en 1966). *Nov.* libération des derniers « tenants de la droite » envoyés en 1957 en camps de rééducation. 160 000 Sino-Vietn. rentrent en Ch. *-11-12* réhabilitation du Mal Peng Tehuai et de Tao Chu confirmée ; Li Jui-shan, 1er secr. de Shensi, démis. *-15-12* relations dipl. entre Chine et U.S.A. **1979** le « grand bond en avant » (programme de Mao en 1958) est qualifié de « grand bond en arrière » ; les 4 modernisations de Chou En-Laï redeviennent la doctrine officielle. *-10-1* les « anciens capitalistes » retrouvent leurs biens confisqués pendant la rév. culturelle. *-28-1/5-2* Deng Xiao-ping aux U.S.A. (propose une coalition antisoviét.). *Février* le parti décide de ne plus appliquer les étiquettes attribuées aux 8 catégories nuisibles : propriétaires fonciers, paysans riches, contre-révolutionnaires, mauvais éléments, droitistes, militaires et policiers du Kouo-min-tang, agents ennemis capitalistes (la 9e cat. était les intellectuels sous la Révolution culturelle) ; l'achèvement ou la suppression des étiquettes sera annoncée officiellement le 2-1-84. *-17-2* l'armée ch. entre au Viêt-nam pour le punir d'avoir envahi le Cambodge *-5-16/3* retrait des troupes ch. du Viêt-nam. *Avril* la Ch. dénonce le tr. sino-sov. du 14-2-50. *-10-10* manif. de 5 000 ét. à Pékin. *-11-10* 1er congrès dep. 20 a. des vieux P. démocr. *Oct.-Nov.* Pt Hua Guofeng en Europe (en Fr. 15/21-10). *-1-11* les prix alim. (sauf céréales) ont augmenté de 30 %.

1980-*23/29-2* réhabilitations : Liu Shao-chi, Li Lisan (1896-1967) et *-20-3* Kang Sheng (1903-75), *-19-3* Qu Qiudbai [secr. gén. du P.C. (1927-28) fusillé par le Kouo-min-tang en 1935]. *-17-5* deuil nat. à la mémoire de Liu Shao-chi. *-29-10* explosion gare de Pékin, 10 †, 81 bl. *-17-11* Confucius reconnu comme « une des gloires de la nation ». *-20-11* début du procès des « 2 cliques contre-révol. » : les 5 Gaux complices du Mal Lin Piao († en 71) et la « bande des 4 » + Chen Boda. **1981**-*25-1* Jiang Qing, veuve de Mao, à laquelle on a reproché 727 425 crimes ayant fait 34 724 †, est condamnée à mort avec 2 ans de sursis (non exécutée). *Juin* Mgr Tang, évêque de l'Église cath. chinoise, nommé év. de Canton par Jean-Paul II, destitué. *Juill.* consécration de 5 év. **1982**-*7-5* gouv. remanié. *-31-5/5-6* visite du PM au Japon. *Juin* condamnation à 14 et 10 ans de prison des dissidents Wang Yizhe et He Qiu. *-3-7* visite du Panchen Lama au Tibet (1re fois dep. 1964). *Juil.* reprise en main par le pouvoir central de la région du Sin-K'iang (agitation religieuse et incidents entre Hans et Uighurs dep. 1981). *-18/20-6* venue d'athlètes soviétiques à Pékin (1re fois dep. 17 ans). Réhabilitation de 3 millions de cadres du PC exclus après 76. **1983** *févr.* reprise des négociations entre Ch. et U. : Qian Qichen à Moscou ; rencontre de commissions frontalières sur l'Oussouri et sur l'Amour (ouvertures de points de passage). *Août* 700 000 arrestations, 5 000 (?) exécutions de délinquants de droit commun, interdiction de posséder des chiens (risque de rage). Extermination des 400 000 chiens de Pékin. **1984**-*janv.* le PM Zhao Ziyang aux U.S.A. *-2-7* mort d'Ochi Huyakt (n. 1900), dernier descendant (32e génération) de Gengis Khan. *-26-9* accord sino-brit. sur Hong Kong. **1985**-*janv.* 1res actions (60 000 à 50 yuans = 1,5 million de $) émises dep. + de 30 ans. *-3-7* Mgr Ignatius Gong Pinmei (n. 1901), nommé évêque de Shangai 1950, arrêté en 1955, condamné pour « haute trahison » à perpétuité en 1960, libéré sur parole. *-6-3* 1er concours de beauté depuis 1949 avec le parrainage d'une firme de cosmétiques occidentale. *-18-9* manif. anti-jap. de milliers d'étudiants. *-Déc.* manif. à Uruma (4 000 à 10 000) et à Pékin (400) contre essais nucléaires au Xinjiang. *-24-12* Cathédrale de Pékin réouverte.

Présidents

1949 (21-9) Mao Tsé-toung, né 26-12-1893 à Chao-chan dans le Honan. Participe à la fondation du P.C.C. à Shanghai le *1-7-1921*. Crée, après l'échec du soulèvement de la « moisson d'automne » en *1927*, dans les monts Ching Kan, la Rép. du Kiang-si (Pt en *1931*). *1934-35* début de la Longue Marche (Mao Pt du P.C.C. le 8-1-35, confirmé par le VIIe congrès réuni à Yenan en 1945). *1949*-1-10 élu Pt du « Gouv. central du peuple » ; Pt de la Ch. pop. en *1954*. *1959* fin du mandat, Liu Shao-chi lui succède (destitué en 1968). *Avril 1969* Mao Pt du Parti. *Août 1973* le Xe congrès consacre son autorité absolue sur Parti et Ch. *9-9-76* mort. *Août 1977* mausolée de marbre achevé (ht 33 m, 20 000 m², style néo-classique grec) place Tien-An-Men (Pékin). *3 femmes : Yang Kaihui* (exécutée en 1930 à Changsha), *He Zizhen* (répudiée en 1938, 40 ans dans un hôpital psychiatrique), *Jiang Qing* (née 1914, 1933 adhère au P.C., actrice de cinéma, 1941 donne à Mao son seul enfant, une fille, Li Na, 1949-59 séjours en U.R.S.S. pour soigner un cancer. 1976-*9-9* éloignée de Mao. 1981-*25-1* condamnée à mort avec un sursis de 2 ans, peine commuée en 1982 en détention à perpétuité).

1959 (27-4) Liu Shao-chi (1898-1974) (destitué).

1968 (31-10) Mao Tsé-toung reprend la présidence jusqu'à sa mort (9-9-76).

1976 Plus de président, mais un conseil d'État ; les fonctions de chef de l'État sont assurées par le Mal Ye Jianying (n. 1898). Deng Xiao-ping exerce un pouvoir dictatorial.

1983 (18-6) Li Xiannian (n. 1905 ou 1909 ?).

Institutions

Statut. Rép. pop. « État socialiste de dictature démocratique du Peuple, dirigé par la classe ouvrière, et fondé sur l'alliance des ouvriers et des paysans » le peuple participe à la gestion de l'État. État unifié multinational. *Const.* du 4-12-1982 : 138 articles. L'idéologie directrice est :

Art. 2. Tout le pouvoir appartient au peuple. Les organes par lesquels le peuple exerce le pouvoir d'État sont l'Assemblée populaire nationale et les ass. pop. locales. *3.* Tous les organes de l'État pratiquent le « centralisme démocratique ». *4.* Toutes les nationalités sont égales en droits... Elles jouissent de la liberté d'utiliser et de développer leurs usages et coutumes. Autonomie régionale là où les minorités nationales vivent en groupes compacts. *6.* Le régime écon. socialiste a pour base la propriété publique soc. des moyens de prod., c.-à-d. la propriété du peuple entier et la propriété collective des masses laborieuses. *7.* L'économie d'État est un secteur soc. fondé sur la propriété du peuple entier ; elle est la force dirigeante de l'économie nationale. *8.* Les communes populaires rurales, les coopératives agricoles de production et l'économie coopérative sous ses diverses autres formes — production, approvisionnement et vente ; crédit et consommation — relèvent du secteur soc. de l'économie fondé sur la propriété collective des masses laborieuses. Les travailleurs qui participent à ces organisations économiques collectives rurales ont le droit, dans les limites définies par la loi, d'exploiter des parcelles de terre cultivable ou montagneuse réservées à leur propre usage, de se livrer à des productions subsidiaires familiales et de posséder des têtes de bétail à titre individuel. Les diverses formes de l'économie coopérative qui englobent les entreprises des agglomérations urbaines s'occupant de l'artisanat, de l'industrie, du bâtiment, des transports, du commerce et des services appartiennent toutes au secteur soc. de l'économie. *9.* Les ressources minières, les eaux, les forêts, les terres montagneuses, les prairies, les terres incultes, les bancs de sable et de vase, et les autres ressources naturelles sont propriété d'État. Exceptions : les forêts, terres montagneuses, prairies, terres incultes et bancs de sable et de vase qui, en vertu de la loi, relèvent de la propriété collective. *10.* Dans les villes, la terre est propriété d'État. A la campagne et dans les banlieues des villes, elle est propriété collective, exception faite de celle qui, en vertu de la loi, est propriété d'État ; de même, les terrains pour construction de logements et les parcelles de terre cultivable ou montagneuses réservées à l'usage personnel sont propriété collective. Nulle organisation, nul individu, ne peut s'approprier des terres, en faire un objet de transactions, les donner à bail ou les céder illicitement à autrui sous d'autres formes. *11.* L'économie des travailleurs des villes et de la campagne, pratiquée dans les limites définies par la loi, constitue un complément du secteur socialiste de l'économie fondé sur la propriété publique. *15.* L'État pratique une économie planifiée fondée sur le système socialiste de la propriété publique. *18.* Conformément aux dispositions de la loi de la République populaire de Chine, les entreprises, les autres organisations économiques et les citoyens de pays étrangers sont autorisés à faire des investissements en Chine et à y pratiquer diverses formes de coopération économique avec les entreprises ou les autres organisations économiques chinoises. *25.* L'État encourage le planning familial pour assurer l'harmonie entre la croissance démographique et les plans de développement économique et social. *35 et 36.* Les citoyens jouissent de la liberté de parole, de presse, de réunion, d'association, de cortège et de manifestation. Ils jouissent de la liberté religieuse. Les groupements religieux et les affaires religieuses ne sont assujettis à aucune domination étrangère. *37 à 40.* La liberté individuelle, la dignité personnelle et le domicile des citoyens sont inviolables. La liberté et le secret de la correspondance des citoyens sont garantis par la loi. *42.* Les citoyens ont droit au travail et le devoir de travailler. *48 à 49.* La femme jouit de droits égaux à ceux de l'homme dans tous les domaines... L'homme et la femme reçoivent une rémunération égale pour un travail égal. Le mariage, la famille, la mère et l'enfant sont protégés par l'État. Le mari comme la femme ont le devoir de pratiquer le planning familial. *52 et 53.* Les citoyens doivent préserver l'unité du pays et l'union de ses nationalités ; respecter la Constitution et la loi.

Nota. — D'après les élections aux districts de 1981 99,87 % des citoyens de + de 18 ans avaient le droit de vote.

Assemblée populaire nationale. Organe suprême du pouvoir d'État. Organe permanent. *Comité permanent de l'Assemblée populaire nationale* (133 m.). *Pt :* Peng Zhen (dep. 6-83). Députés : *1982 :* 2 700 élus pour 5 ans par les ass. populaires de provinces, régions autonomes (1 député pour 800 000 h.) et municipalités (1 député pour 100 000 h.) relevant directement de l'autorité centrale, et par les forces armées. Se réunit une fois par an sur convocation de son Comité permanent. Pouvoirs législatifs. Nomme le PM du Conseil des affaires d'État et, sur proposition de celui-ci, les m. du Conseil élisent le Pt de la Cour suprême et le procureur général du Parquet populaire suprême. *1980* en % : ouvriers 26,7, paysans 20,6, militaires 14,4, cadres révol. 13,4, intellectuels 15, patriotes 8,9, Chinois d'outre-mer rapatriés 1 ; 72 % des députés sont membres du P.C. ; 14 % d'autres partis (Ligue démocratique de Chine, Association chinoise pour la démocratie, Parti démocratique paysan et ouvrier) 14 % sans parti.

Gouvernement (« Conseil des affaires d'État », membres élus par l'Ass.). Au 4-5-82, *PM* Zhao Ziyang (n. 1919) dep. sept. 80 ; 14 *vice-PM* ; 10 *conseillers d'État ; 1 secrétaire gal ; 44 ministres.*

Fête nationale. 1er octobre (proclamation de la République).

Parti communiste chinois. Fondé juil. 1921. *Comité central :* 348 m. dont 210 titulaires et 138 suppléants, secrétaire gal Hu Yaobang, 9 secrétaires et 2 suppléants (le 22-9-85 : 56 m. nouveaux élus, ayant en moy. 50 a.). **Bureau politique :** direction suprême du parti, 28 m (moy. d'âge 1984 : 76 ans ; sept. 85 : 69) dont 6 en comité permanent [Hu Yaobang (n. 1915), Deng Xiao-ping (n. 22-8-1904), Zhao Ziyang (n. 1915), Li Xiannian (n. 1905 ?) chef de l'État, Chen Yun (n. 1905)]. Paraissent importants : Liu Qili (n. 1929), Li Peng (n. 1928). **Membres :** 39 000 000 (82). **Congrès :** tous les 5 ans. **1er** *juil. 1921* Shanghai. **2e** *juill. 22* Shanghai. **3e** *juin 23* Canton. **4e** *janv. 25* Shanghai. **5e** *avr. 27* Han-k'eou. **6e** *juill.-sept. 28* Moscou : 84 dél. représentent 40 000 m., nouvelle ligne menant au *lilisanisme* (rév. ouvrière et urbaine) et à son échec ; Mao, appuyé par l'armée et la révol. paysanne, l'emporte sur Li Li-san. **7e** *avr.-juin 45* Yan'an : union autour de Mao ; programme de coalition avec les bourgeois patriotes en vue de la révolution socialiste. **8e** 1re session *sept. 56*, 2e *mai 58* Pékin : « bond en avant ». **9e** *avr. 69* Pékin : élimination de Deng Xiaoping, Liu Shao-chi... **10e** *24/28-8-73* Pékin : modification des statuts du parti, remaniement du bureau politique, condamnation du « groupe anti-parti » de Lin Piao et Chen Po-ta. **11e** *août 77* Pékin. **12e** *sept. 82* Pékin.

Exécutions. 10 000/20 000 par an.

Armée. *1982 :* 4 238 210 h. (0,4 % de la pop.). *85 :* env. 3 000 000 ; conscription obl. dep. 30-10-85 (500 000 appelés chaque année).

Provinces et régions autonomes

Superficie, population en 1982, capitale (en italique) et population de la capitale (au 1-1-83).

Provinces

Sichuan 567 000 km², 100 760 000 h. (avec T'aiwan + 17 600 000). *Chengdu* 2 510 000 h. **Shangdong** 153 300 km², 75 640 000 h. *Jinan* 1 360 000 h. **Henan** 167 000 km², 75 910 000 h., *Zhengzhou* (Tcheng-Tcheou) 1 517 000 h. **Jiangsu** 102 600 km², 61 350 000 h., *Nanjing* (Nankin) 2 170 000 h. **Hebel** 188 000 km², 54 200 000 h., *Tianjin* (Tien Tsin) (devenu une municipalité). **Guangdong** 212 000 km², 60 750 000 h., *Guangzhou* (Canton) 3 170 000 h. **Hunan** 210 500 km², 55 090 000 h., *Changsha* 1 098 000 h. **Anhui** 139 900 km², 50 560 000 h., *Hefei* 830 000 h. **Hubei** 187 500 km², 48 350 000 h., *Wuhan* 3 280 000 h. **Zhejiang** 101 800 km², 39 630 000 h., *Hangzhou* (Hang-Tcheou) 1 201 000 h. **Liaoning** 146 000 km², 36 290 000 h., *Shenyang* 4 080 000 h. **Yun-nan** 394 000 km², 33 190 000 h., *Kunming* 1 450 000 h. **Jiangxi** 169 000 km², 33 840 000 h., *Nanchang* 1 061 000 h. **Shaanxi** 206 000 km², 25 720 000 h., *Xian* 2 220 000 h. **Heilong-jiang** 469 000 km², 33 060 000 h., *Harbin* 2 560 000 h. **Shanxi** 156 000 km², 25 720 000 h., *Taiyuan* 1 790 000 h. **Guizhou** 176 000 km², 29 010 000 h., *Guiyang* 1 330 000 h. **Fujian** 121 000 km², 26 400 000 h., *Fuzhou* (Foutcheou) 1 142 000 h. **Jilin** 187 000 km², 22 700 000 h., *Chang-chun* 1 770 000 h. **Gansu** 454 000 km², 19 880 000 h., *Lanzhou* 1 430 000 h. **Qinghai** 721 000 km², 3 930 000 h., *Xining* 364 000 h.

Régions autonomes

• **Guangxi** 236 400 km², 37 330 000 h., *Nanning* 876 000 h. **Neimenggu** (Mongolie intérieure), 1 183 000 km², 19 550 000 h., *Huhehaote* 754 000 h.

• **Xizang** (Tibet) 1 228 600 km², 1 930 000 h., *Lhassa* 105 000 h. *Analphabètes* 75 %. *Espérance de vie* 40 ans. *Mortalité infantile* 150 ‰. **VIIe s.** roy. **XIIe-XVIIe s.** vassal des Mongols ; **1720** Empire mandchou. **XIXe s.** la G.-B. essaye de pénétrer au T. Une garnison chinoise se rend à Lhassa. **1912** renvoyée lors de la révolution chinoise. **1914** conférence de Simla (C., G.-B., T.) divisé en T. int. chinois et T. extérieur autonome ; la Ch. ne reconnaît pas cette division. **1950** *oct.* entrée des troupes ch. **1951** *23-5* accord donne à la Ch. défense et affaires ext. *Oct.* Dalaï Lama (« Océan de sagesse ») et Panchen Lama nommés membres de la Conférence consultative de la Rép. pop. **1954** assistent au 1er Congrès national. **1956** *22-4* comité pour préparer l'adm. du T. comme région autonome. **1959** *17-3* rébellion réprimée par les Ch. le XIVe Dalaï Lama Tenzin Gyatso (n. 1935) dep. 1937, couronné en 1940, s'enfuit en Inde, où il crée un gouv. en exil. Le Panchen Lama accepte de collaborer avec la Ch. comme Pt en exercice du Comité (le D.L., quoique en exil, est nommé Pt). **1964** *déc.* Dalaï Lama déclaré traître, démis off. ; P.L. démis aussi, s'évade d'un camp de rééducation et se réfugie en Mongolie ext. ; vit en exil à Pékin. **1965** *9-9* Ngapo-Ngawang Jigma nommé Pt de la région autonome. **1982** *3-7* le P.L. rentre à Lhassa. 100 000 exilés tibétains dont 80 000 vivent en Inde. **De 1959 à 85** selon le Dalaï Lama 1 200 000 † (rebelles exécutés, victimes des camps de transit et des rebelles) ; selon le gouv. chinois 87 000 † tib. au combat.

Religion. *Principaux monastères :* Zuglakang (VIIe s.), Zhaibung et Sera (à Lhassa), Zhaxilhunbu (à Xigaze), Palkor (à Gyangze, terminé en 1429 , sur les 13 temples restent 8 temples dont 6 non réparés). Drepung (10 000 lamas avant 59, 3 000 en 60, 233 en 81). *Pagode aux 100 000 bouddhas* (32 m et 9 étages).

En *1950* : 3 000 monastères. *59* : 2 200. *70* : 10. *80* : 45. A partir de 1980, l'État a débloqué un fonds spécial de 500 000 yuans et prévoit bientôt 8 autres monastères. Nombre de moines : *1959* 500 000 (1/10 de la pop.), *1985* 1 300 à 1 400.

Économie. *Agriculture :* ancestrale (orge, élevage individuel chèvre, yak) ; transformée : échec du blé cultivé en terrasses. *Revenu des travailleurs agricoles.* (84) 317 yuans. *Production industrielle.* (85) 5,7 millions de $.

• **Xinjiang** (Sin-K'iang) 1 646 900 km², 13 180 000 h., *Urumchi* 944 000 h. **Ningxia Hui** 3 980 000 h.

Municipalités particulières

Beijing (Pékin) 17 000 km², 9 340 000 h. (dont ville 5 550 000). **Shanghai** 5 800 km², 11 940 000 h. (dont ville 6 270 000). **Tianjin** (Tien tsin) 7 890 000 h. (ville 5 142 565).

Économie

P.N.B. (83) 267 $ par h. **Pop. active** (%, entre parenthèses part du P.N.B. en %) agr. 64 (37), ind. 15 (25), services 15 (22), mines 6 (16). *En 1983* : 474 400 000 dont ouvriers et employés 109 400 000. 60 millions (16 %) ont récemment quitté l'agr. pour l'ind. **Croissance annuelle.** *1981-85* : 11 %, *86* : 7,5 %. **Chômage** (85) : env. 10 %.

Agriculture

Grandes régions. *Sud* (climat tropical, moussons) : riz (2 récoltes), mûrier (soie), agrumes, canne à sucre, thé sur les collines. *Centre* (bassin du Yang Tsé Kiang) : riz (1 récolte), développement récent du coton. *Nord* (terre de lœss ; climat tempéré, mais contrasté : hivers froids, étés chauds) : blé, millet, maïs, kaoliang (sorgho) ; patates douces, pommes de t., soja, arachides, mûrier (soie), coton. *Mandchourie* (N.-E.) : soja, bois. *Mongolie intérieure :* moutons. *Sin Kiang :* oasis irriguées (céréales, fruits, coton). *Tibet,* montagnes du S.-O. : élevage extensif transhumant (moutons, chevaux, chameaux).

Difficultés. *Surface agricole restreinte :* 11 % des terres arables ; absence de bétail, donc d'engrais animal. Morcellement [moyenne des exploitations 0,15 ha (U.S.A. 15 ha)]. *Productivité insuffisante :* tracteurs : 550 000 (priorité aux petits motoculteurs, traction humaine encore employée). *Rendement à l'ha* assez élevé (jardinage), *par agriculteur :* minime. *Grandes famines récentes* 1920-21 (N.), 1928, 1931, 1932 (N.-O.) 1942-43 Hunan, 1959-60-61 résultat de la collectivisation accélérée du « grand bond en avant », plusieurs millions de victimes, 1980-81 (sécheresse ou inondations). 1985 : 21 millions d'ha (sur 131) sinistrés et 30 % (sécheresse, inondations).

Facteurs favorables. Travail minutieux du paysan chinois (remonter la terre, cultiver les moindres surfaces, répandre les engrais, notamment les excréments humains) ; perfectionnements techniques (meilleures semences, semis plus serrés, labours plus profonds) ; généralisation de l'engrais chimique (achats d'usines) ; maîtrise de l'irrigation (1er rang au monde pour la surface irriguée : 55 millions d'ha).

Organisation rurale. Plusieurs niveaux :

– *Provinces* v. p. 840.

– *Régions* (6 régions économiques).

– *District.* Unité administrative et écon. qui possède des usines, livre des équipements comme des moteurs, bateaux ou machines aux communes pop.

– *Communes populaires.* Env. 54 352 en 82. 80 % des Chinois y vivent. Chacune rassemble 10 000 à 40 000 ruraux. Superficie (env. 2 000 ha) correspondant à peu près à un arrondissement ou un canton. Dirigée par un comité révol. élu. Doit aider les équipes à développer la prod. Gère les moyens de prod. Possède une milice. Tient l'état civil. Dirige enseignement, justice, crédit, approvisionnement, hôpital. Doit résoudre les problèmes agr., hâter le passage au communisme, réaliser de grands travaux.

– *Brigades de production.* Env. 677 000 en 79. Correspond aux anciens villages. En moyenne 12,7 brigades par commune, 1 140 personnes et 152 ha. Chargée de diriger prod. et travail administratif des équipes sous la direction de la comm. pop. Aide les équipes à élaborer des plans de prod. Dirige, contrôle, supervise l'exécution des tâches de prod., le travail financier et la répartition des revenus. Entreprend les gros travaux d'aménagement des champs (hydrauliques). Possède les établissements que les équipes ne peuvent gérer ou qui sont rentables sous sa gestion. A une infirmerie.

– *Équipes de production.* Env. 5 100 000 en 79. Correspond souvent aux anciens hameaux. 7,6 équipes par brigade. Chacune regroupe 20 à 30 familles, soit env. 150 personnes. Cultive env. 20 ha. Ses moyens de prod. sont les terres, les forêts non étatisées, les eaux. Dispose des animaux de trait, des machines et de la main-d'œuvre. Commune et brigade peuvent s'en servir moyennant compensation. Dep. 1976, les m. ont parfois la jouissance de lopins individuels (5 à 7 % des terres cult. des communes, 100 à 150 m²) dont la prod. est destinée à la consommation familiale, et les surplus peuvent être vendus sur les marchés spontanés. Unité budgétaire de base. Se charge de l'organisation de la prod. et de la répartition des revenus. Jouit de l'autonomie financière, prend à son compte pertes et profits. A un dispensaire.

Commune suburbaine. Compte env. 40 000 personnes. Cultive de 2 000 à 6 000 ha.

Fermes d'État. Env. 2 000 employant 5 millions de salariés sur plus de 4 millions d'ha. 3,7 % des terres cultivées. Souvent situées sur les terres nouvellement défrichées : N.-E., N.-O., S.

Utilisation des terres (milliers d'ha, 79, T'ai-wan inclus). 959 696 dont arables 98 550, cultivées en permanence 760, pâturages 220 000, forêts 115 700, eaux 29 200, divers 495 486. *Terres irriguées* (millions d'ha) *1952* : 20, *82* : 44,6.

Production (millions de t, 84). Riz 178, blé 87, soja 9,7, maïs 72,63[1], patates douces 95,1[1], p. de terre 50,3 [2], haricots 9,8 [2], légumes 85,9 [2], sucre 47,9 (dont canne 39,1, betterave 8,2), arachide 4,8, sésame 0,4, coton 6, (*52* : 1,3, *65* : 2,1, *78* : 2,2), thé 0,4, jute 1,4, caoutchouc 0,17. 80 % des céréales sont autoconsommées dans la région de prod. *Rendement :* 300 à 750 kg/ha pour le blé selon les régions. **Bois** produit : 55 000 000 stères (84). Projet de reboiser 80 millions d'ha en 20 ans.

Nota. – (1) 1983.

Élevage (millions de têtes, 83). Porcs 306, moutons 107, bovins 57, chèvres 80,3, buffles 30, ânes 9, chevaux 11, volailles 1 100. **Viandes** (millions de t, 83). 14 (*52* : 3,4 ; *65* : 5,5 ; *78* : 8,6). **Pêche.** 5,5 millions de t (83) dont 3,5 en mer.

Énergie

Charbon. 3 bassins principaux. *Chine du S. :* Wuhan ; *Sud Mand. :* record actuel de la prod. ; double bassin du Hoang Ho (Chensi, dans la boucle ; Chansi, à l'est). *Production* (millions de t). *1946* : 10 ; *60* : 232 ; *75* : 432, *80* : 620, *85* : 850. *Réserves* 1 000 milliards de t. Représente 72 % de la cons. d'énergie en 1982.

Électricité (milliards de kWh). *1952* : 73, *78* : 257, *84* : 374 (dont hydroélectricité 75 %). *Hydroélectricité* exploitable 1 320, puissance installée de 125 000 mégawatts ; plan de 50 ans pour l'aménagement du Hoang Ho) ; projet : barrage de Sanscia (levée de 150 à 165 m, lac de 500 km de long., capacité 1 300 MW, coût 10 milliards de $). **Électricité nucléaire :** 4 centrales projetées dont Qinshan (Zhejiang) 300 MW, prévue 1989. *Objectif :* mettre en place entre 1990 et 2000 1 réacteur de 1 000 MW par an, pour que le nucléaire assure 15 à 20 % de la prod. électrique.

Pétrole. Prod. (en t). *1952* : 0,44, *65* : 11,31, *75* : 77, *80* : 106, *84* : 114,8, *85* : 125. *Réserves* 2,7 milliards de t. *Principaux champs :* Sheng Li (embouchure du fl. Jaune, 80 % de la prod.) ; Hua Bei (sud de Pékin). 10 % de la prod. est exportée.

Gaz naturel (milliards de m³). *1952* : 0,008, *65* : 0,11, *75* : 8,85, *80* : 14,3, *84* : 12,4 (réserves 695).

Matières premières

Métaux. *Thorium, uranium, lithium, béryllium, tantale, niobium, germanium.* 1re région prod. du monde de : *tungstène* à Dayu, *antimoine* à Xikuangshan. *Cinabre :* région de Tongren (Guizhou). *Cuivre :* Dongchuan (Yun-nan), Gaolan, Gansu, Tongling (Anhui). *Plomb et zinc :* Shuikoushan (Hunan). *Bauxite :* Shangong et Hunan. *Étain :* Gejiu (Yunnan) 16 000 t (81). *Fer :* Anchang (Mandchourie), Sin Kiang ; teneur moy. (30 à 40 %) ; 60 950 000 t (84). *Or* 53 t. *Phosphates* 12 500 000 t (83).

Industrie

5 grandes zones industrielles : Mandchourie du Sud (Chen-Yang, Anchang) : complexe métallurgique, chimie. **Canton** (soie et coton). **Shanghai** (métallurgie) 11 940 000 h. ; en 1984, les 8 562 entreprises ind. ont produit 74,2 milliards de yuans (10,5 % du total national), trafic portuaire 100 millions de t (1/3 du trafic total ch.), exporte 16,5 % des export. ch. **Vallée du Yang Tsé Kiang :** Wuhan, Nankin (métallurgie), Tchoung King (textiles, industrie et transformation). **Pékin** (zone portuaire : Tien Tsin) : constr. méc., chimie ; Bao Tchéou sur le Hoang Ho (ind. nucléaire).

Valeur globale : métallurgie 701,5 milliards de yuans (84). **Production** (en millions de t, en 1984) : acier laminé 37 (85) (*38* : 31,8 ; *52* : 1,35 ; *57* : 5,35 ; *65* : 12,23) ; fonte 37,9, ciment 121 (*52* : 3 ; *57* : 7 ; *65* : 13 ; *78* : 65) ; acide sulfurique 8,1 ; soude pure 1,9 ; caustique 2,2 ; engrais chimiques 14,8 ; filés de coton 3,22 ; papier fabriqué industr. et carton 6,6 (83) ; sucre 3,7 ; sel brut 16,3 (82) ; détergents 0,3 (78) ; (en millions de m³) bois d'œuvre 55 ; (en millions) bicyclettes 28,5 (*1952* : 0,08 ; *57* : 0,8 ; *65* : 1,8 ; *78* : 8,5) ; tracteurs 0,8 ; motoculteurs 0,6 ; locomotives 0,0006 ; wagons de marchandises 0,01 (83), machines à coudre 9,3 (*1952* : 0,07 ; *57* : 0,3 ; *69* : 1,2 ; *78* : 4,9) ; machines-outils 0,1 (83) ; TV 11,1 (*1965* : 4,4, *78* : 517) ; radios 21,8 ; cotonnades (millions de m) 14,2 (83).

Difficultés. Développement ind. gêné, sous Mao Tsé-toung, par des préoccupations idéologiques (limiter la formation d'une classe de technocrates urbains ; augmenter le rôle éducateur de l'usine, en sacrifiant au besoin la rentabilité) et par des soucis politiques et stratégiques (refuser l'aide technique et financière de l'U.R.S.S. et des démocraties industrielles ; éparpiller les outils de production, en vue d'un conflit éventuel). Difficultés d'ordre géographique : la densité de la pop. rurale est telle qu'il est impossible de créer des centres de peuplement ouvrier.

Facteurs favorables. 1°) *Avant la mort de Mao :* la forte densité rurale et l'ingéniosité du paysan chinois ont permis la création d'une micro-industrie (artisanat modernisé tendant à « tout construire sur place ») dont le rendement était faible, mais qui a répandu la mentalité industrielle dans la masse ;

2°) *Après la mort de Mao :* on renonce à tout construire sur place et on investit dans les transports permettant la collaboration entre unités distantes les unes des autres. Les régions écon. sont restructurées ; l'aide technologique extérieure est recherchée. Principe : « L'étranger doit servir le national. » (Cession de brevets, de navires, de matériel pétrolier, d'usines clefs en main.) Principal partenaire : le Japon (accord commercial de 1978 ; tr. de paix et d'amitié, surtout antisoviétique). Accords envisagés avec la C.E.E. (prêts d'État ou de groupes bancaires ; constitution de sociétés d'économie mixte ; sous-traitance en Chine pour textile et électronique, avec les bas salaires chinois). Livraison à Hong Kong de produits semi-finis, pour y terminer la finition.

Réalisations scientifiques. 1re bombe atomique 1964 ; 1re bombe à hydrogène 1967 ; 1er satellite artificiel 1970 ; 1re récupération de satellite 1975.

Nouvelle politique économique

Avril 1979. *Réajustement :* privilégier l'ind. légère et l'agr. par rapport à l'ind. lourde, privilégier la consommation. *Restructuration :* changer le système des prix, salaires et main-d'œuvre en fonction des mécanismes du marché. *Consolidation des entreprises :* augmenter la productivité du travail (souvent surabondance de main-d'œuvre qu'il faut employer à faible rendement). *Transformation technique* (ne plus construire des usines dans les montagnes pour des raisons mil., ce qui augmente le coût de transport et engorge les chemins de fer).

En 1980, création de *Stés mixtes* pour assimiler les techniques étrangères et fabriquer des prod. destinés à l'exportation ; *zones franches ou écon. spéciales* (2 provinces : Guangdong et Fujian, et 3 municipalités : Pékin, Shanghai, Tien Tsin), *centres d'exportation*, et retour à l'*agriculture familiale*.

En 1983-85, priorité à la politique écon. sur la pol. étrangère : 3 zones écon. spéciales (S.E.Z.) : Shenzhen (327 km² jouxtant Hong Kong), Zhuhai (jouxtant Macao), Shantou (Swatow), Xiamen (Amoy) ; 14 ports ouverts pour attirer les étrangers, encouragement des investissements étrangers (2 660 milliards de $ U.S. en 1984) ; multiplication des entreprises à capitaux mixtes ; mise en place d'un système de contrats dans l'ind. et l'agr.

Affaires privées (nombre en millions). *1949 :* 10 ; *56 :* 0,136 ; *65 :* 1 ; *70 :* aucune ; *78 :* 0,14 ; *80 :* 0,69 ; *82 :* 2,6 ; *85 :* 10 (13 000 000 de salariés).

Transports

Aviation civile. 12 lignes régulières internationales, desservant 13 pays (*1950 :* 2), 130 intérieures (réseau 150 000 km).

Marine marchande. 250 millions de t chargées, dont 80 à Shanghai.

Routes. *Longueur (km). 1949 :* 81 000 ; *65 :* 515 000 ; *83 :* 910 000 ; *trafic marchandises :* 135 900 millions de t/km, en 84 (France 83). **Automobiles** *prod.* tous véhicules (milliers). *1981 :* 175,6 ; *84 :* 300 ; *90 :* objectif 920 (dont camions 800). *Parc* 200 000 voitures particulières : 1 pour 5 000 personnes (prév. en 2000, 1 pour 1 000).

Voies ferrées. *1876* 1re ligne (de construction anglaise) ; *1949 :* 22 000 km ; *65 :* 36 000, *83 :* 52 000. *Distances par voie ferrée de Pékin* (en km) : Shanghai 1 462, Tien Tsin 137, Nankin 1 157, Houang Tchéou 1 651, Tchoung King 2 252, Kharbine 1 388. *Traction :* en majorité à vapeur ; *trafic marchandises :* 724 milliards de t/km (1984), *vitesse commerciale :* 50 km/h, *densité des voies :* 0,5 km pour 100 km² (France 6,2). *Trafic voyageurs :* 204 millions (84) dont 50 % en province.

Voies navigables. 40 000 km, principalement sur Hoang Ho, Yang Tsé Kiang, et le grand canal (modernisé) les reliant à Pékin (97 millions de t transp.).

Tourisme

Visiteurs. (84). 29 760 000 dont 88 % de Chinois de Hong Kong et Macao et 2 080 000 étrangers (hommes d'affaires 35 %, scientifiques, artistes et sportifs 16 %). **Capacité** : 90 000 lits.

Lieux touristiques. Villes ouvertes (févr. 85) 107 sans permis, 148 avec permis. Grottes de Datong Shenxi (53 gr., 50 000 statues). Sculptures bouddhiques et rupestres : Kansu, centres religieux de Dunhuang, de Maïgishan et de Binglingsi (Ping-Ling-sseu) ; monastère troglodytique près de Tatong (Shanxi). Pékin, grande muraille, Nankin, Wuxi, Hangzhou, Shanghai, Guilin, Canton, Kunming, Chengdu, Xian, Luoyang, Tchong King, Yichang, Hubei, Changsha, Tunxi, Huang Shan, Hefei, Qu Fu, Taian, mont Tai Shan, Jaian, Tsinan, Syzhou, Taiynan, Jinan, Urumgi, Turfan, Dun Huang, Lanzhou. Grottes-temples de Long-men (Henan), dans le temple de Fang-hsien (VIIe s.), bouddha assis de 11 m de haut. Tombeau de l'empereur Qin (+ 210 av. J.-C.) gardé par une armée de soldats d'argile.

Finances

Budget (milliards de yuans). *1983 : recettes* 124,9 dont revenu intérieur 97,9 (entreprises 34,7, impôts 60,9) et emprunt extérieur 8 ; *dépenses* 129,2. *1984 : dépenses* 136,9 ; *recettes* 133,8. **Réserves de devises.** *1974 :* quasi nulles. *81 :* 2,2 milliards de $. *84 :* 16,2 ; *85 :* 12 (dont emprunts et crédits 10). *Réserves en or* (84) 408 t. **Dette extérieure.** (84) 6 milliards de $. *En 1984 :* 1 $ U.S. = 2,75 yuans. **Inflation** (%). *1980 :* 7,5 ; *81 :* 2,6 ; *82 :* 1,9.

Revenu moyen en yuans. *Citadins 1978 :* 148 ; *84 :* 608 ; *86 :* 1 000/1 200. *Paysans 1978 :* 134 ; *84 :* 335. Le loyer représente environ 8 % du revenu.

Conditions de vie. *Prix alimentaires bloqués afin de pouvoir assurer un minimum de 2 300 calories par j. Divers :* chemise blanche 13 F (3 j de salaire), casquette de fourrure 40 F (7 j de salaire), montre 150 à 1 200 F (1 à 8 mois de salaire), bicyclette 400 F, télévision 1 100 F (7 mois), théâtre et cinéma : 0,25 F à 0,60 F la place.

Dépenses familiales (%, 1983) : alimentation 59,2, habillement 14,5, articles d'usage courant 16,2, autres 10,1). *Congés :* 1 j de repos par semaine (6 j de travail, de 8 h) ; 8 j par an (printemps 4 ; 1er mai 1 ; 1er oct. 1 ; nouvel an 2 ; mères de famil. ½ j le 8 mars (f. des enfants).

Avantages sociaux : prestations (alimentées par des retenues de 3 à 11 % sur les salaires), biens contingentés : bicyclettes, logements, etc. *Retraite : âge* en général hommes 60, femmes 55 ; *pension* 60 à 80 % du salaire, primes non comprises. Consommation (84) 320 yuans par an et par h.

Commerce

Commerce (85, milliards de $). *Exportations* 33,1 *dont* mat. 1res diverses, tissus et vêtements, fuel, minéraux et métaux, mach. et équip. de transp., divers *vers* Hong Kong, Japon, U.S.A., C.E.E., ASEAN. *Importations* 25,8 *de* Japon, U.S.A., C.E.E., Hong Kong, Pays de l'Est.

Balance commerciale (milliards de $). *1984 :* – 1 ; *1985 :* – 7,6 [avec Japon – 6 (*imp.* du Japon 12,48 ; *exp.* vers Japon 6,48) avec France (*imp.* de Fr. 0,23 ; *exp.* vers Fr. 0,56)] (*imp. :* 25,8 ; *exp. :* 33,4).

Commerce franco-chinois (85). Exportations fr. : 0,56 milliard de $; importations : 0,23.

Commerce avec U.S.A. [en millions de $ (imp. Chine ; exp. Ch.)]. *1972 :* 63-32 ; *1973 :* 740 (dont blé 628)-64 ; *1974 :* 819 (blé 668)-115 ; *1975 :* 304-148 ; *1976 :* 135-201 ; *1977 :* 171-203 ; *1978 :* 824 (blé 614)-345. *1985 :* 22-16.

Contentieux financiers (196 millions de $ de biens américains saisis par les Chinois en Corée ; 80 millions de $ d'avoirs chinois bloqués par les U.S.A.).

Commerce avec le tiers monde. Surtout vers Afrique. La Ch. *vend :* produits pharmaceutiques et sidérurgiques ; outils, ustensiles ménagers, cotonnades ; *achète :* peaux, minerais, coton, café.

Rang dans le monde (83). 1er coton à graines, charbon, porcins, riz. 2e céréales, blé, pommes de terre, fer, maïs, thé, charbon. 3e ovins, pêche, soja, rés. charbon. 4e canne à sucre. 5e bois. 6e bovins, or. 7e pétrole, oranges. 11e réserves pétrole. 12e cuivre. 13e orge. 15e gaz naturel.

CHINE LIBRE (T'ai-wan) (République de Chine)

Carte p. 836. V. légende p. 787.

Nom. Baptisée *Formosa* « la belle », par les navigateurs portugais en 1583. Appelée ensuite *T'ai-nan*, nom de l'ancienne capitale de la province insulaire avant la cession aux Japonais en 1895, puis *T'ai-wan* « baie des terrasses ».

Situation. Ile de Formose ou T'ai-wan, mer de Chine, Asic. 36 000,6 km² (y compris les terres asséchées, mais sans les îles côtières de Kinmen et Matsu). Séparée du continent par le *détroit de Formose* ou *T'ai-wan* (long. 394 km, larg. 144 km). *Distance* (km) Chine 200, Philippines 350, Japon 1 232. *Alt. max.* 3 997 m (mont Yushan ou mont de Jade ou mont Morrisson). **Iles :** *Penghu* (*Pescadores :* pêcheurs en portugais) (126,80 km² ; 103 227 h.). *Kinmen* (*Quemoy*) (150,3 km² ; 49 626 h., 2 grandes îles et 12 îlots), *Matsu* (27,10 km², 7 545 h. en 82, 19 îlots dont Nankan 10,4 km²). **Montagnes** 64 % du territoire. **Climat** subtropical. Été mai-oct. (pluies dans le S.), hiver janv.-févr. (pluies dans le N.). Températures moy. 21,5 °C (au Nord), 24,3 °C (dans le Sud).

Population (86). 19 282 000 h. [*1952 :* 8 169 183 ; *60 :* 10 837 762 ; *70 :* 14 753 911]. 34,3 % de – de 15 a. Aborigènes (orig. malaise et polyn.) env. 306 831 (81), Taiwanais (arrivée des 1ers Chinois au IXe s., puis dep. la fin du XVIe s. d'hab. de la province du Foukien) env. 8 000 000, Hakkas (venus de la prov. de Canton au XIXe s.) 4 000 000, Chinois réfugiés (du continent en 1949) 2 à 3 000 000. D. 530. **Villes** (86) : *Taïpeh* 2 507 620 h., *Kaohsiung* 1 302 849 (376 km), *Taïchung* 674 936 (169), *Taïnan* 639 888 (329), *Kilong* 351 524 (29).

Langue. Chinois (langue nat.) ou kouo-yu (*off.*), dialectes chinois (minnan, kakka).

Religions. Bouddhistes 2 000 000, taoïstes 1 658 000, chrétiens 596 798 (prêtres : 2 433 chinois, 1 589 étr.), musulmans 54 000.

Histoire. Peuplée de tribus malaises (qui subsistent dans les montagnes). **V. le XIIe s.** arrivée des 1ers Chinois. **1624** occupée par Hollandais. **1661** base des opposants [occupée par Cheng Cheng-kung (Kosunga)] à la dynastie mandchoue. **1683** revient à celle-ci. **1886** province chinoise. **1895** g. sino-japonaise : *-20-3* débarquement jap. *-8-5* la Ch. cède T. au Jap. (tr. de Shimonoseki). *-24-5* les Taiwanais proclament la Rép., mais la résistance au Jap. est vaincue. **1945**-*10-25* redevient prov. ch. à statut spécial, puis ordinaire (en 1947). **1947** févr. révolte des Taiwanais réprimée par le Gal Chen Yi (des milliers de fusillés). **1949**-*8-12* nationalistes ch. s'y réfugient ; assaut. comm. contre l'île (7 000 soldats comm. tués, 13 000 prisonniers). **1950**-*5-1* le Pt des U.S.A., Truman, s'engage à ne pas fournir d'aide ou de conseil mil. aux nationalistes, mais la g. de Corée remet tout en question. Selon D. Mendel, 90 000 arrestations entre 1949 et 1955, 45 000 exécutions. **1954** accord de défense avec U.S.A. **1958** août à oct. bombardements entre Kinmen et la ville comm. de Hsiamen [Amoy (à 3 km)] plus de 500 000 obus tirés du continent. **1960**-*17/19-8* 150 000 obus tirés. **1961** fin des bombardements (sauf env. 500 obus bourrés de brochures de propagande ; T'ai-wan répond de même) ; propagande par haut-parleurs. **1971**-*25-10* doit laisser à l'O.N.U. son siège à la Rép. pop. de Ch. **1975**-*5-4* Mal Tchang Kaï-chek meurt, Yen Chiakan (n. 23-10-05) vice-Pr, Pt. **1979**-*1-1* U.S.A. reconnaissent la Ch. comm. ; crise financière. Ils prêtent 500 millions de $ à long terme et faible intérêt. *-27-4* départ des derniers soldats amér.

Statut. Rép. *Const.* déc. 1946. *Pt* Gal Chiang Ching-kuo (n. 18-3-10, fils de Tchang Kaï-chek) dep. 20-5-78 (élu p. 6 a. par l'Ass. nat.), *PM* Yü Kuo-kwa (n. 10-1-14) dep. 25-5-84. *Ass. nat.* (Yuan) théoriquement pour toute la Ch., élue en nov. 1947 pour 6 ans, prolongée sine die (1 067 m. : Kouo-min-tang 918, P. dém. soc. 30, P. de la Jeune Ch. 52, non-inscrits 67 ; dont hommes 82,94 %, femmes 17,06 %). *Yuan législatif (85)* 354 m. *Yuan de contrôle* 72 m.

Partis. *Kouo-min-tang* (P. nationaliste ch.) fondé par Sun Yat-sen, 2 268 947 m. (65 % nés à T'ai-wan) ; programme : *Tridémisme*, les 3 principes du peuple énoncés en 1924 : nationalisme, démocratie, bien-être social. *P. de la Jeune Ch.* (f. 1923 par Chen Chitien, Lee Huang). *P. démocrate soc.* (f. 1932 par Sun Ya-Fu) *Pt :* Yang Yueh-tse.

Diplomatie. 23 pays ont des relations diplomatiques officielles avec T. (Corée du S., Afrique du S., Arabie Saoudite et petits États sud-américains). + de 150 pays ont des relations commerciales.

Défense. Dépenses mil. plus de 39,1 % du budget (4,03 milliards de $) ; active 600 000 hommes, réserve 1 000 000.

Économie

P.N.B. (85) 3 142 $ par h. **Pop. active** (%, entre par. part du P.N.B. en %) agr. 18 (10), ind. 40 (41), services 41 (48), mines 1 (1). *Chômage* (%) : *82 :* 2,14 ; *83 :* 2,71 ; *84 :* 2,44 ; *85 :* 3,02. **Inflation** (%). *1980 :* 19 ; *81 :* 16,3 ; *82 :* 3,9 ; *83 :* 3 ; *84, 85 :* 0. **Taux de croissance** (%). *1978 :* 13 (record mondial) ; *79 :* 8,03 ; *80 :* 6,6 ; *81 :* 5,04 ; *82 :* 3,76 ; *83 :* 7,88 ; *84 :* 10,52 ; *85 :* 4,73. Moyenne sur 20 ans 9. **Investissements étrangers et chinois outre-mer** (en millions de $). *1953-78 :* 595 ; *79 :* 328 ; *80 :* 466 ; *81 :* 395 ; *85 :* étr. 660,7, ch. d'o.-m. 41,8. **Situation économique.** Favorable : 3e pays d'Asie (après Japon et Singapour) pour le revenu par h. ; commerce extérieur prospère, endettement à l'étranger faible, balance des paiements excédentaire. Les offres économiques faites par la Ch. comm. en 79 (relations postales et aériennes, commerce direct, pétrole) ont été rejetées.

Agriculture. *Terres* (%) arables 25, forêts 60. *Production* (milliers de t, 84) canne à sucre 6 543, riz 2 482, légumes 3 451, patates douces 424,4, citrons 354, bananes 203, manioc 67,8, pamplemousses 123,6, maïs 189,9, arachides, asperges, soja, champignons, thé, ananas. Couvre 84 % des besoins. **Forêt.** 616 070 m³ (83). **Élevage** (millions de têtes, 84). Poulets 60,7, canards 10,5, porcs 6,5, dindes 1,6, moutons 0,21, bovins, buffles. **Pêche.** 1 000 000 t (84) dont 23,5 % de la pisciculture.

Mines (83). **Charbon** *réserves* 205 000 000 t, prod. 2 010 755 t. **Gaz** (milliards de m³) *réserves* 22, prod. 1,2. *Marbre* 9 542 400 t. *Dolomite* 257 757 t. *Sel* 218 491 t. *Or* 1 175,5 t. *Argent* 11 330 kg. *Pétrole. Cuivre, pyrites, amiante, graphite, mica, soufre, marbre, talc.* **Centrales nucléaires.**

Industrie. Textile, constr. élect., véhicules, contreplaqué, chantiers navals (Kaohsiung, cale sèche de 1 km de long, 2 ponts roulants, 2e rang après Nagasaki), aciérie, pétrochimie.

Transports (km). *Chemins de fer* 2 811 dont 500 électr. *Routes* 19 833. **Tourisme.** *Visiteurs* (85) : 1 451 659.

Niveau de vie pour 100 familles (fin 84). Téléviseurs couleur 94,21, réfrigérateurs 97,99, téléphones 80,51, machines à laver 75,98, climatiseurs 28,18, motocyclettes 97,43, automobiles 10,52.

Commerce (millions de $ de T., 84). *Exportations* 1 204 *dont* vêtements 161 (85), plastiques 95,4, valves, tubes, cellules, transistors 17,3, poupées et jouets 28,8, tissus synthétiques 20,4, téléviseurs 24,1 ; *vers* (millions de $ U.S.) U.S.A. 14,8, Japon 3,1, Hong Kong 2, All. féd. 0,8, Australie 0,8. *Importations* 870,8 *dont* pétrole brut 149,3, bois 16,3, maïs 18,8, haricots 17,3, fer et acier 4,0, fuel distillé 9,9 *de* (millions de $ U.S.) Japon 6,4, U.S.A. 5,0, Arabie Saoudite 1,9, Koweït 0,72, All. féd. 0,8. *En 1985* (milliards de $ US) : exportations 31, importations 20.

Rang dans le monde (83). 13e thé. 17e canne à sucre.

CHYPRE

V. légende p. 787.

Situation. Ile de la Méditerranée. 9 251 km² (3e). A 85 km de la Syrie et 65 de la Turquie. *Côtes* 737 km. *Alt. Max.* Mt Olympe 1 953 m. **Climat.** *Pluies* 500 mm par an (oct. à mars). *Ensoleillement l'hiver* : 5 h par j. (plaines), 3 h 30 (montagnes).

Population. *1881* : 186 000, *1901* : 237 000, *1931* : 348 000, *1960* : 573 566 [origine grecque 441 656, turque 104 492, divers (maronite, arménienne, latine...) 296 681], *1984* : 660 000 (dont zone grecque 538 600. En % Grecs 80,71, Turcs 18,76, divers 0,22 (20 000 Arabes, dont 15 000 Libanais) ; *1985* : 670 000. D. 72,4. **Villes** (83) : *Nicosie* 180 000 h., Limassol 107 161, Famagouste 39 400, Larnaca 38 330, Paphos 20 824, Kyrénia 3 900 (78). **Langues** *(off.)*. Grec, turc. **Religions.** Orthodoxes (grecs, église autocéphale) 77 %, musulmans (turcs) 18 %, maronites 5 %, arméniens 0,5 %.

Histoire. Av. J.-C. 8000 inhabitée (boisée, peuplée d'éléphants et d'hippopotames nains). **V. 6000** habitée par les navigateurs néolithiques venus d'Asie, site principal : Khirokitia. Renommée pour ses mines de cuivre (IIIe mill.). Colonisée par Grecs (**fin IIe mill.**) ; occupée par Phéniciens, puis Égyptiens, Assyriens et Perses. **333** avec Alexandre le Grand suit le sort de la Grèce. **58** passe à Rome. **Après J.-C. 338** à Byzance. **1191** conquise par Richard Cœur-de-Lion, cédée aux Templiers, à Guy de Lusignan *(1192)*. *(Période franque)* **1489** cédée à Venise par Catherine Cornano (veuve de Jacques II de Lusignan). **1571** occupée par Turcs. **1878** administrée par G.-B. **1914** annexée par G.-B. **1925** colonie de la Couronne. **1951** *mars* Mgr Makarios III (Michaël Christodoulou Mouskos, n. 13-8-1913, évêque en 1948, archevêque et ethnarque en 1950) revendique le droit à l'autodétermination ; la pop. réclame union avec Grèce *(Enosis)* ; G.-B. refuse. **1955-58** E.O.K.A. [commandée par colonel *Georges Grivas* dit Dighenis (1899-1974)], soutenue par Makarios, lutte ; indépendance ; C. devient république. **1959**-*13-2* Makarios Pt. *-19-2 tr. de Londres* et *Zurich* : G.-B., Grèce, Turquie garantes de l'indép.

1960-*16-8* indép. proclamée. **1963** affrontement gréco-turc quand Makarios propose, le *30-11*, de modifier la Const. ; les Turcs se retirent du gouv. et constituent des enclaves. **1964** *mars* intervention des forces de l'O.N.U. *-6-8* les Grecs détruisent le réduit turc de Mansura. *-7/10-8* des avions t. bombardent l'île. **1967** *nov.* une g. gr.-turque manque d'éclater au sujet de C. **1968**-*29-1* Fazil Kutchuk forme une administration chypriote. **1972** *févr.-mars* tension entre C. et Gr. Opposition du Gal Grivas, partisan de l'Enosis. **1973**-*28-2* Makarios, seul candidat, reconduit comme Pt. *-1-6* associée à C.E.E. **1974**-*27-1* Gal Grivas meurt. *-5-7* Makarios demande le renvoi en Gr. des off. gr. *-15-7* coup d'État de la garde nat. commandée par des off. gr. : lutte entre rebelles et légalistes ; Makarios s'échappe de Nicosie. *-16-7* Nicos Sampson se proclame « Pt » et forme un « gouv. » ; Makarios quitte C. dans un hélicoptère brit. *-17-7* fin de la résistance légaliste dans les principales villes ; 91 † depuis le début. *-20-7* débarquement de troupes t., mobilisation gén. en Gr. *-22-7* cessez-le-feu, respecté seulement par le gouv. *-23-7* N. Sampson démissionne (sera condamné à 20 ans de prison), Glafcos Clérides (Pt du Parlement) Pt par intérim. *-25-7* conférence tripartite (G.-B., Gr., T.) à Genève. *-8-8/14-8* 2e conférence : échec, les T. reprennent les hostilités, la Gr. quitte l'organisation mil. de l'O.T.A.N. *-15-8* les T. prennent Famagouste, occupent le tiers N. de l'île (38,7 %). 200 000 Ch. grecs se réfugient hors de la zone t., et 11 000 Ch. turcs sont transférés en zone t. *-16-8* gouv. Clérides replié à Limassol abandonne Nicosie. *-19-8* la T. accepte cessez-le-feu (la g. a fait 4 000 † et 1 619 disparus). M. Davies, amb. des U.S.A., tué (émeute anti-amér. des Ch. grecs). *-7-12* Makarios rentre à Nicosie. *-13-12* Conseil de Sécurité prolonge pour 6 mois présence des troupes O.N.U. à C. **1975**-*14-1* début des négociations Clérides-Denktash. *-9-2* Makarios soumet au Conseil national ch. grec un projet de « féd. cantonale » avec gouv. central puissant. *-13-2* les Ch. t. proclament un état autonome, laïc et fédéré. *-20-11* l'Ass. gén. de l'O.N.U. exige le départ des « forces étrangères » (turques). **1976**-*17-2* reprise des négociations Gr.-T. **1977**-*27-1*, *-12-2* et *-13-3* rencontres Makarios-Denktash. *-3-8* Makarios meurt. *Sept.* Kyprianou élu Pt. **1976-77** redémarrage écon. **1978**-*10-2* l'E.O.K.A.-B. annonce sa dissolution. *-19-2* commando égyptien essaye de délivrer 11 otages enlevés au Hilton de Nicosie et détenus par 2 Palestiniens sur l'aérodrome de Larnaca ; confusion, 15 tués ég. Rupture des relations diplom. avec Égypte. **1981** 2 000 Ch. seraient détenus en T. dep. 1974. **1983**-*15-11* proclamation d'une République indépendante turque. **1984**-*22-12* Kyprianou renonce à son alliance avec l'Akel. **1985** *janv.* négociation Kyprianou-Denktash (prêt à rendre 7 % du territoire sur 38 % qu'il détient) : échec. *-25-9* 3 touristes isr. tués par des Palestiniens.

Statut. Rép. membre du Commonwealth. *Pt* Spyros Kyprianou (n. 28-10-32) dep. 3-8-77, réélu en 1983, 56,54 % des voix. La Const. du 16-8-1960 prévoyait 1 *Pt* grec, 1 *vice-Pt* turc élus pour 5 ans, respectivement par les communautés grecque et turque. *Conseil des min.* (11 membres). *Ch. des députés* élue pour 5 ans au scrutin proportionnel (35 G., 15 T., qui ne prennent plus, dep. déc. 63, part aux travaux de l'Ass.) *La G.-B. a gardé 2 bases à Akrotiri et Dhekelia.* **Fête nat.** 1er oct. (indép.).

Élections du 8-12-1985 (sièges et entre parenthèses, % des voix). D.I.S.Y. 19 (33,563), A.K.E.L. 15 (27,429), D.I.K.O. 16 (27,647), E.D.E.K. 6 (11,072).

Partis. A.K.E.L. (P. communiste de Chypre), f. 1926, secr. gén. Ezekias Papaioannou ; E.D.E.K. (P. soc. de Chypre), f. févr. 1969, leader Dr Vassos Lyssarides ; D.I.K.O. (P. démocr.), f. 1976, leader Spyros Kyprianou ; D.I.S.Y. (Rassemblement démocr.) (droite), f. 1976, leader Glafcos Clérides.

Économie (zone grecque uniquement)

P.N.B. (84) env. 3 240 $ par h. **Taux de croissance** (en %). *1981* : 2,4 ; *82* : 4,8 ; *83* : 3,2 ; *84* : 5,1 ; *85* : 3,5. **Pop. active** (% et entre par. part du P.N.B. en %) agr. 21 (10), ind. 20 (26), serv. 56 (63), mines 1 (1). *Chômage* (%) *1980* : 1,9 ; *84* : 3,3 ; *85* : 3,5. **Inflation.** *1980* : 13,5 ; *81* : 10,8 ; *82* : 6,4 ; *83* : 5,1 ; *84* : 5,99 ; *85* : 5,0.

Agriculture. *Terres* 41 % cult. *Production* (milliers de t, 83) raisin 210, p. de terre 188, orge 62, pamplemousses 51, oranges 42, citrons 29, tomates 23, caroube 13, blé 9, carottes 9, olives 3, vins et spiritueux, raisins secs. **Forêts.** 173 413 ha (18,74 %). **Élevage** (milliers de têtes, 83). Poulets 2 300, moutons 325, chèvres 230, porcs 243, bovins 34. **Pêche.** 1 565 t (82).

Mines (t, 83). Pyrite de fer 46 665, abeste 13 631, gypse 26 300 (82), chrome 2 878, cuivre 2 088, soufre. **Industrie.** Chaussures, vêtements.

Transports. Maritimes, 4 831 bateaux (83). Routes 1 892 km. Pas de chemins de fer. **Tourisme.** 813 607 vis. (85) ce qui a rapporté 50 millions de $ C.

Commerce (millions de $, 84). **Exp.** 574 *dont* vêtements et chaussures 146, prod. alim. 66, ciment et minerais 23 *vers* G.-B. 98, Liban 81, Libye 66, Arabie Saoudite 3. **Imp.** 1 357 *dont* fuel et lubrifiants 247, prod. alim. 87, machines et équip. de transp. 80 *de* G.-B. 164, Italie 143, Grèce 94, U.S.A. 70.

République turque du Nord de Chypre

Origine. 1975-*13-12* les Turcs créent, dans la zone qu'ils occupent dep. 1974 (au N. de la ligne Kokkina-Famagouste), l'État fédéré turc de Kirbis (E.F.T.K.). **1983**-*15-11* ils proclament son indép. (la Turquie reconnaît le nouvel État mais le Conseil de Sécurité de l'O.N.U. considère cette proclamation comme juridiquement nulle). Représente 38 % de la superficie de C. (la pop. turque ne représentant que 18 % de la pop. totale de C., 150 283 h. en 80), 70 % de la richesse nat., 1/2 de l'industrie, 56 % des richesses minières, 83 % des activités portuaires (ports de Kyrénia et Famagouste), 65 % du potentiel touristique, 78 134 vis. (81), 70 % du cheptel de l'île.

Population. 80 000 C. turcs venant de la zone grecque (180 000 C. grecs ayant quitté la zone turque). Env. 50 000 colons turcs, 25 000 militaires et 20 000 membres de leurs familles. Il reste env. 800 Grecs et 300 maronites.

Commerce (milliers de £ turques, 82). **Exp.** 9 775 (83) *dont* citrons, p. de t., caroubes *vers* G.-B. 3 425, Turquie 1 213, Liban 67 (81), Italie 54 (81), U.S.A. 19,5, All. féd. 4,4. **Imp.** 30 350 *de* Turquie 7 954, G.-B. 4 269, All. féd. 1 351, Italie 1 044.

Statut (non reconnu par la communauté internationale). Rép. État fédéré à la Turquie dep. 13-2-75. *Const.* approuvée par référendum le 5-5-85. *Pt* (élu au suffr. univ. pour 5 ans) Rauf Denktash dep. 76. *PM* Mustapha Cagatay dep. 78. *Ass.* 40 m. élus au suffr. univ. pour 5 ans. **Élections du 23-6-1985.** Législatives : U.B.P. (p. de l'unité nat. de R. Denktash) 36,75 % des v. (24 s. sur 50), P.C. 21,28 (12), p. soc. 15,85 (10).

Partis. *P. des Turcs républicains*, f. déc. 1970, leader Ozker Ozgur. *P. démocratique du peuple*, f. 1979, leader Ismet Kotak. *P. de Libération communale*, f. 1976, leader Alpay Durduran. *P. de l'Unité nationale*, f. 1975, leader Mustapha Cagatay.

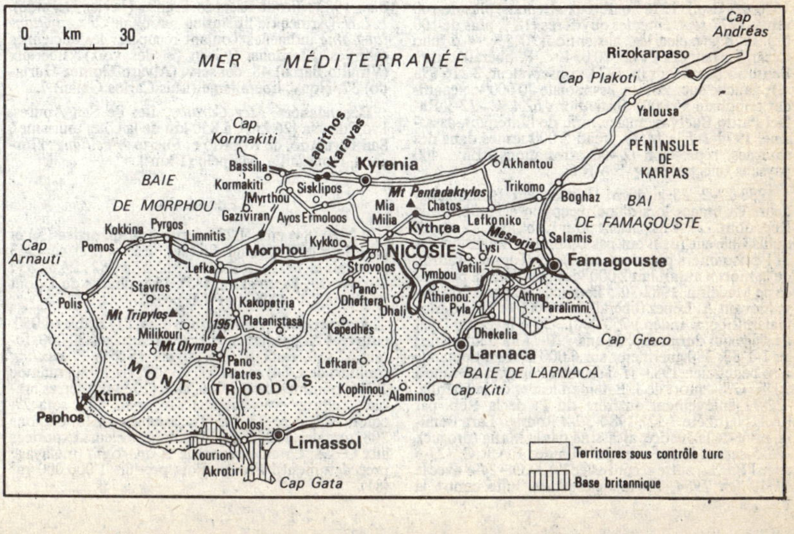

COLOMBIE

V. légende p. 787.

Nom. Donné par Simon Bolivar en l'honneur de Christophe Colomb (avant l'indépendance : Nouvelle-Grenade). Utilisé dep. 1886.

Situation. Amérique du S. 1 138 914 km². *Frontières* avec Venezuela 2 219 km, Brésil 1 645, Pérou 1 626, Équateur 566, Panama 266. *Côtes :* mer Caraïbe 1 600 km, Pacifique 1 300. *Alt. max.* Pic Colomb 5 775 m. **Régions :** littoral (tropical), Andes (traversées par les vallées de Cauca et Magdalena), les llanos (2/3 du terr., plaines, pâturages). **Climat :** *terres chaudes* (jusqu'à 1 000 m d'alt.) temp. moy. 24 à 28 °C, *tempérées* (1 000 à 2 000) 17 à 24 °C, *froides* 2 000 à 3 000 m) 8 à 17 °C, *neiges éternelles* (+ de 4 000 m). *Été :* déc. à avril sur la mer Caraïbe (le reste de l'année pluies fréquentes ; terres hautes : janv.-févr., juin-juillet-août et par endroits déc.).

Population. 27 950 000 h. (84). **Croissance** 2 %. – *de 15 a.* 44,6 %. En % : Métis 54, Blancs 20, Mulâtres 14, Indiens 5 (398 tribus), Noirs 4. *Pop. urbaine* 64 %, *active* 7 500 000. 3 000 000 d'enfants de – de 14 a. travaillent. D 25. Pop. issue de 3 familles linguistiques : Chibcha, Caraïbe, Arawak. **Villes** (82) : *Bogotá* 5 000 000 h. (à 2 640 m d'alt.), Medellin 2 000 000 (1 474 m. d'alt., à 569 km de la cap.), Cali 1 500 000 (1 108 m d'alt., à 538 km, f. vers 1530), Barranquilla 1 000 000 (à 1 411 km), Cartagena 470 000 (à 1 274 km). **Langue.** Espagnol *(off.)*, paez. **Analphabètes** (adultes) 20 %. **Religion d'État.** Catholicisme 96 %.

Histoire. Civilisation des Chibchas dans la Cordillère orientale ; cultivateurs venus d'Amér. centrale (2 roy. : Zipa à Bogotá ; Zaque à Tunja). **1499** découverte par Alonso de Ojeda. **1536-39** explorée par Quesada, qui fonde Santa Fé (Bogotá) en 1538, réunie au Venezuela et à l'Équateur. **1717** création de la vice-roy. de N.-Grenade. **1781**-*6-3* les communeros lancent le 1er mouv. d'indép. **1810**-*16* 1er soulèvement, échec. **1819**-*7-8* bataille du Pont de Boyacá. Indép. *-17-12* création de la Rép. de Colombie (comprend C., Venezuela, Équateur et Panama). **1830** dissolution de cette Grande C. (Venezuela et Équateur indépendants). **1831** Rép. de Nouvelle-Grenade. **1858** système fédéral : Confédération grenadine. **1863** États-Unis de C. **1886** régime unitaire : Rép. de la C. **1849-79** les libéraux (anticléricaux et contre la centralisation) dominent, guerres civiles. **1879-89** lib. et conservateurs alternent. **1899** g. civile (g. des 1 000 jours) ; les lib. sont battus (1902), 100 000 tués. **1903** indépendance de Panama. **1934-35** accords de frontières avec Pérou au sujet de Leticia. **1946** conservateurs ont la présidence. **1948**-*9-4* assassinat du leader de la gauche libérale Jorge Eliecer Gaitan, 3 j. d'émeutes, 3 000 †. **1948-53** g. civile entre lib. et conserv. (bogotazo), env. 300 000 †. **1958** lib. et conserv. constituent un Front national, conviennent d'alterner à la présidence jusqu'en 1974, et de partager à égalité les postes gouvernementaux. **1961** guérillas (E.L.N., armée de libération nationale procastriste). **1966**-*15-2* curé guérillero Camillo Torres (n. 1929) tué. **1974** guérilla des F.A.R.C. (Forces armées révol. c.). Front national prorogé jusqu'en 1978 pour l'adm. publique. Apparition du M. 19 (mouvement du 19 avril). **1975** redécouverte de la capitale des Taironas (incendiée en 1630 par Esp.). **1976** nombreux attentats, plus de 100 rapts. **1977** *sept.* émeutes ouvrières (18 †, plus de 100 bl.). **1978** *févr.* élec. lég., abstentions 67,5 %. *-4-6* Julio César Turbay élu Pt (2 320 034 v., P. libéral) contre Belisario Betancour (n. 1923, conservateur, 2 216 673 v.) ; gauche soc., comm. et maoïste 70 000 v. ; candidat populiste 55 000 ; abstentions 62,4 %. *-12-9* Rafael Pardo Buelvas, ancien min. de l'Intérieur, assassiné. **1979**-*1-1* le M 19 prend 5 000 armes dans des casernes, répression (2 400 arrestations). Env. 400 paysans tués par les g. F.A.R.C.

1980-*27-2*, 25 g. du M 19 prennent 14 ambassadeurs en otages lors d'une réception à l'amb. de la Rép. dom. *-27-4* ils partent pour Cuba avec 12 otages qu'ils libèrent (ils n'ont pas obtenu la libération des 311 prisonniers pol. demandée). **1981** un « escadron de la mort » aurait fait 2 000 victimes dans la province de Medellin. **1982**-*30-5* Betancur élu par 3 200 000 v. [devant A. Lopez (libéral) 2 800 000 et Luis Carlos Galan (libéral indép.) 750 000]. *-20-6* levée de l'état de siège qui durait dep. 34 ans. *-20-11* loi d'amnistie ; au 1-1-83, 380 guérilleros sur 6 000 avaient demandé à en bénéficier. **1983**-*31-3* séisme. Popayan détruite à 90 %. *-28-4* mort de J. Bateman leader de la guérilla. *-22-11* enlèvement du frère du Pt de la Rép. par l'A.L.N. (libéré 7-12). **1984**-*30-4* Rodrigo Lara Bonilla, min. de la Justice, assassiné par la Mafia (drogue). *-28-5* cessez-le-feu avec guérilla des F.A.R.C. *-23-8* avec l'E.P.L., autre accord avec l'A.D.O. *-24-8* avec le M 19 (*en 1984*, 136 policiers tués, lutte contre la

mafia). **1985**-*14/16-5* loi accordant grâce aux guérilleros. *Juin* M 19 et E.P.L. rompent trêve. *-28-8* Ivan Marino Osfina, chef du M 19 tué. *-6/9-11* 70 membres du M 19 occupent palais de justice de Bogota, assaut 100 † dont des magistrats. *-14/15-11* coulée de boue du Nevada del Ruiz à Armero (23 000 †).

Statut. Rép. *Const.* de 1886. *Sénat* (114 m. élus p. 4 ans dont, en 82, P. libéral 62, conservateur 51, gauche 1). *Ch. des dép.* (199 m. élus p. 4 ans dont, en 82, P. libéral 114, conservateur 83, gauche 1). *Pt* (élu au suffr. univ. p. 4 ans ; ne peut se représenter) Virgilio Barco (libéral) élu 25-5-86 par 57 % des v. devant Alvaro Gomez (conserv.) 37, Jaime Pardo Leal (comm.) 4, Regina de Liska 0,7 [avant Belisario Betancur Curtas (n. 1923) conservateur]. **Fête nat.** 20 juill. (Indép.). **Départements** 23. **Districts et territoires** 4. **Districts spéciaux** 4 + Bogota.

Partis. *Alliance nationale populaire* (A.NA.PO.), f. 1971, leader Joaquim Mejia. *Démocratie chrétienne,* leader Francisco Paula Jaramillo. *P. conservateur,* f. 1815, 2 tendances, leaders Misabel Pastrana Borrero et Alvaro Gomez Hurtado. *P. libéral,* f. 1815, leader Alfonso Lopez Michelsen. *Union nationale de l'opposition* (U.N.O.), coalition de gauche comprenant le P.C. *E.P.L.* (Armée pop. de la liberté maoïste), branche armée du P.C. marx.-lén. *A.D.O.* (Mouv. trotskiste d'autodéfense ouvrière), né 1977. *M 19* (Mouv. du 19 avril) au début réformiste nationaliste, se radicalise (né d'une dissidence de l'A.NA.PO., parti du Gal Rojas Pinilla. *F.A.R.C.* (Force armée révolutionnaire de Col.), communiste, née v. 1950. 7 500 h. constituent le P. de l'Union patriotique, branche dissidente dep. 1983 : Front Ricardo Franco (Javier Delgado). *E.L.N.* (Armée de libération nationale). *Front Quintin-Lame* indigènes voulant récupérer les anciennes réserves. **Élections.** 9-3-86 (% des voix) : libéraux (Virgilio Barco) 48, conserv. (Alvaro Gomez Hurtado) 37, Nouv. libéralisme (Luis Carlos Galan) 7.

Dépendances. *Mer Caraïbe :* îles de San Andrès, Providencia (26 km², à 850 km de la côte, tourisme), San Bernardo, de Rosario et Fuerte ; *Pacifique :* Gorgona, Gorgonilla, Malpelo (1 km²).

Économie

P.N.B. (84) env. 1 235 $ par h. **Pop. active (%)** et part du **P.N.B. (%)** agr. 26 (26), ind. 14 (22), serv. 53 (42), mines 7 (10). **Inflation.** *81 :* 27,5 ; *82 :* 24,5 ; *83 :* 20 ; *84 :* 17. **Dette extér.** (85). 15 milliards de $ dont publique 7,1 (42 % du P.I.B.).

Agriculture. *Terres* (milliers d'ha, 81) arables 4 050, cultivées en permanence 1 600, pâturages 30 000, forêts 52 450, eaux 10 021, divers 15 570. *Production* (milliers de t, 84) canne à s. 13 992, riz 1 780, manioc 1 716, pommes de t. 2 016, café (20 % des terres arables, cultures sous futaies) 816, maïs 889, soja 77, coton 248, orge 33, blé 91, bananes 1 220, oignons 308, tomates 330, choux 480, tabac. Fleurs exportées aux U.S.A. Grande propriété et *aparceria* (métayage précédemment). **Forêts.** Bois produit 1 006 000 m³ (81).

Drogue. 70 % de la drogue consommée aux U.S.A. viendrait de C. *Cocaïne :* env. 3 000 ha de coca ; env. 70 000 t de feuilles récoltées, et 60 à 140 t de cocaïne exportées en 80, 3 milliards de $ de bénéfices. 1er transformateur de la cocaïne venant de Pérou, Bolivie et Équateur. *Marijuana :* 700 km², 1er prod.

Élevage (millions de têtes, 84). Bovins 24, porcs 2,3, moutons 2,2, chevaux 1,7, mulets 0,6, ânes 0,6, chèvres 0,8, poulets.

Énergie. Pétrole (millions de t) : réserves 260, El Tambor, Payoa, Santos, Putumayo, prod. *1982 :* 6,9 ; *83 :* 7,5 ; *87* (prév.) : 18 (dont 6 exploitables). **Gaz** (milliards de m³) : *réserves* 170, *prod.* 2. **Charbon** (millions de t) : *réserves* 18 000 à Cerrejon, *prod.* 5,6 (exportations prévues en 1989, 15). **Hydroélectricité** (milliards de kWh) : *potentiel* 200, *prod.* 24. **Mines** (83). *Or* 13,4 t. *Uranium. Fer. Zinc. Mercure. Nickel. Argent. Émeraudes* (33 % de la prod. mondiale).

Industrie. Textile, ciment, sucre, automobile, raffineries de pétrole. **Transports.** Difficiles à cause du relief. Routes 51 253 km. Ch. de fer 2 912 km.

Tourisme. Visiteurs (82) 1 250 000. **Sites.** *Bogotá,* musée de l'Or (25 000 pièces d'orfèvrerie précolombienne). *Zipaquira,* mine de sel transformée en cathédrale. *Lagunes* de Guaravita, de Ubate. Bassins de Neusa et Sisga. *Montagne* de Monserrate. *Ruines* de San Agustin, Leticia, Villa de Leyva, Neiva. *Villes coloniales :* Cartagena, Santa Marta, Mompox, Popayán, Tunja. *Parcs archéologiques :* San Agustin (Huila), Isnos [(Huila), p. San José], Tierradentro [(Tolima), p. de San Andrès de Pisimbala] ; *p. naturels :* Sogamoso (Santander), Santa Marta [(Magdalena), p. de Tayrona et de la Sierra Nevada], Ipiales (Nariño), Cundinamarca [(Bogotá), cascade de Tequendama]. *Thermalisme :* Paipa. *Iles :* San Andrès, Providencia.

Commerce (millions de $ US, 83). *Exportations* 3 176 *dont* café 1 493, fuel-oil 378, bananes 166, textiles 128, fleurs fraîches 123, *vers* C.E.E. 1 286, U.S.A. 1 068, Venezuela 279, A.E.L.E. 278,6. *Importations* 5 030 *dont* pétrole 650, biens de consommation 577, prod. bruts divers 1 900 *de* (%) U.S.A. 34,7, C.E.E. 14,4, Pays andins 13,6, Japon 7,9.

Balance (milliards de $ U.S.) **commerciale** *82 :* – 3, *83 :* – 2,2, *84 :* – 1 ; **des paiements** *82 :* – 2,9, *83 :* – 2,7, *84 :* – 1,9.

Rang dans le monde (83). 2e café. 7e canne à sucre. 8e bananes. 10e cacao, bovins. 12e or. 15e bois.

COMORES

V. légende p. 787.

Situation. Archipel de l'océan Indien. 2 171 km² ; îles d'origine volcanique frangées de récifs coralliens. *Alt. max.* Karthala 2 361 m (volcan en demi-sommeil, le plus grand cratère du monde.). **Climat** tropical. *Saisons : chaude* et humide, nov.-avril (moussons ; cyclones rares), temp. max. 27 °C (moy. de déc.) ; *sèche* mai-oct. (max. 23 °C moy. de juill.). Régions au vent, plus humides que sous le vent (baobabs). *Pluies* en mm : Moroni 2 500, Boboni 5 434.

Population. 430 000 h. Noirs (Bantous), Arabes, Malgaches. – *de 15 a.* 43 %. Émigration vers Madagascar (reflux 1976) et côte orientale de l'Afrique, tarie vers Réunion et France. D. 195. **Langues.** Français et arabe *(off.)*, comorien (proche du swahili avec 25 % de vocabulaire arabe). **Religions.** Musulmans, 1 500 chrétiens (Créoles, Fr. d'orig. et Malgaches).

Iles principales. Ndzouani (ex-Anjouan). 424 km². *Alt. max.* 1 570 m. 150 000 h. D. 414. *Villes : Mutsamudu* 10 000 h., Domoni, Ouani. **Ngazidja (ex-Grande Comore).** 1 148 km². *Alt. max.* 2 631 m (Karthala). 190 000 h. D. 116. *Villes : Moroni* (cap.) 30 000 h.,

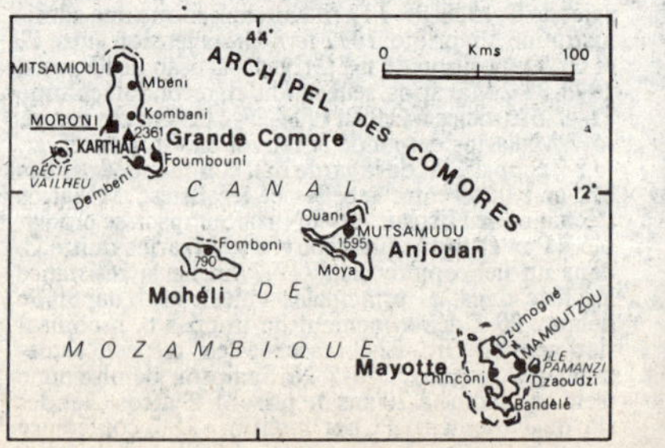

Mitsamilouli, Foumbouni. **Moili (ex-Mohéli).** 290 km². 18 000 h. D. 38. *Ville : Fomboni* 4 500 h.

Histoire. 1841-*25-4* le capit. Passot négocie l'acquisition de Mayotte. **1843** occupation fr. **1886** tr. de protectorat avec sultans des 3 autres îles. **1891** annexion d'Anjouan. **1892** de la G^de^ Comore. **1897** constitution de la colonie « Mayotte et dépendances », capitale : Dzaoudzi. **1912** annexion de la G^de^ C., Anjouan et Mohéli. *-4-7* rattachement à Madagascar. **1947** autonomie admin. et financière ; puis douanière en 1952. **1958** vote pour le maintien en T.O.M. **1961**-*22-12* terr. autonome. **1962** Saïd Mohammed Cheikh élu à la tête du Conseil de gouv. des C., capitale transférée de Dzaoudzi (îlot de 2 ha à Mayotte considéré comme trop petit) à Moroni (G^de^ C.). **1972**-*22-12* élect. : partisans d'Ahmed Abdallah (Parti Vert) 72 % des v., de Saïd Ibrahim et Mohamed Ahmed (P. Blanc) 26 % ; Abdallah élu Pt de la Chambre des dép. *-23-12* l'Ass. vote pour l'indép. (34 v. contre 5). **1974**-*22-12* référendum sur l'indép. : inscrits 174 918, votants 163 167, suffr. expr. 163 037 ; oui 154 184 (94,56 %), non 8 853 (5,44 %) [*de Comore* oui 84 123 (99,98 %), non 21 ; *Moili* oui 6 054 (99,88), non 5 ; *Anjouan* oui 58 897 (99,92), non 44 ; *Mayotte* oui 5 110 (36,18), non 8 783 (63,82)]. **1975**-*6-7* l'Ass. des C. proclame l'indép. Mayotte déclare cette décision illégale. *-9-7* Abdallah élu Pt des C. déposé le *3-8* par le Comité nat. révol. Ali Soilih prend le pouvoir : fonctionnaires renvoyés, archives brûlées, suppression du voile des femmes, comités révol. (rôle important des lycéens) dans chaque village. *-21-9* fin de la sécession d'Anjouan où s'était réfugié Abdallah. *-21-11* échec d'une « marche neutre » comorienne à Mayotte (160 personnes). *-13-12* le Parlement fr. entérine l'indép. des C. et laisse à Mayotte le choix de son statut. **1976**-2-1 Ali Soilih Pt. *-8-2* référendum à Mayotte (99,4 % pour le maintien de l'île dans la Rép. fr.). *-21-10* à l'O.N.U., 102 États (contre 1 ; 28 abstentions) protestent contre les référendums imposés à Mayotte (atteinte à la souveraineté de l'État com.). **1977** radicalisation du régime, destruction des archives, rôle croissant des lycéens, droit de vote à 15 ans. *-28-10* référendum pour maintien d'Ali Soilih au pouvoir (155 558 votants, 55 % pour, 42,5 % contre, 2,5 % votes nuls). **1978** répression aggravée. *-13-5* Ali Soilih, renversé par Bob Dénard et 50 mercenaires, est tué. Directoire : co-Pts Ahmed Abdallah (Parti Vert) et Mohamed Ahmed (Parti Blanc, † 27-1-84). *-1-10* référendum pour la Const. 90 %. *-22-10* Ahmed Abdallah, candidat unique, élu Pt 99,4 % des voix. **1982**-*17/24-3* él. anticipées à l'Ass. féd. *-24-10* révision de la Const. (renforcement du pouvoir central). **1984**-*30-9* Pt Abdallah réélu par 99 % de voix.

Nota. — Les 4 îles de l'« archipel des C. », G^de^ C., Anjouan, Moili et Mayotte, ont constitué, depuis leur islamisation (XIIe s.), des émirats séparés. Mais les sultans d'Anjouan ont, à certaines périodes, dominé Moili ou Mayotte *(V. Mayotte).*

Statut. République fédérale islamique. Const. du 1-10-78. *Pt* (élu pour 6 ans) Ahmed Abdallah Abderemane (n. 1919) du Parti Vert dep. 22-10-78. *PM* Ali Mroudjae dep. 8-2-82. *Ass.* 39 m. *Gouv.* dans chaque île. *Conseil des îles.* **Partis.** U.P.C. (Union comorienne pour le progrès). Front démocratique (toléré).

Économie

P.N.B. (83) 260 $ par h. **Pop. active** (% et entre par. part du P.N.B. en %) agr. 65 (50), ind. 5 (5), serv. 30 (45). **Aide extérieure** (millions de F). *1976-81* : 1 076 ; *82* : 265 (dont 60 de France) soit 45 % du P.N.B. ; *83* : 70 ; *84* : 96.

Agriculture. 41 % des terres cult. *Production* (milliers de t, est. 82) bananes 33, manioc 88, noix de coco 45, riz 14, patates douces 16, ignames, tarots, ambrevade, fruits, ylang-ylang, vanille, girofle, coprah, basilic, cassie, oranger, lantana, poivre, cannelle, café. Importantes importations de riz du Pakistan (15 000 t en 82) et de viande du Botswana. **Élevage** (milliers de têtes, 83). Poulets 300 (82), chèvres 90, bovins 83. *Pêche.* 4 000 t (est. 82). **Mines.** Pouzzolane.

Commerce (millions de F CFA, 81). *Exportations* 4 455 *dont* vanille 2 169, girofle 1 728, ylang 453, coprah 78 *vers* France 2 562. *Importations* 7 863 *dont* riz 2 703, pétrole 871, viande 472, ciment 468 *de* France 4 500.

CONGO

Carte p. 1027. V. légende p. 787.

Situation. Afrique, sur l'équateur. 342 000 km². *Alt. max.* 600 m. *Côtes* 180 km, plaine côtière de 50 km de large. Plateau recouvert de savanes. *Grande forêt* (50 % de la sup.) domine au n. d'une ligne S.-O./N.-E. (coton, café, cacao, hévéas, palmiers à huile). **Climat :** équatorial, humide et chaud, faibles amplitudes de temp. (25 °C à Brazzaville). Pluie 1 200 mm (variations importantes).

Population. 1 912 429 h. (85). 15 groupes répartis en 75 tribus [en % : Kongos 45 (ou Bakongos, à l'O. de Brazzaville), Tékés (ou Batékés, sur les hauts plateaux) 20, M'Bochis 10 (agriculteurs, pêcheurs, chasseurs)], Européens 7 436. *Immigrants* : France 7 500 env., Portugal 300 env., Sénégal, Mali, Centrafrique, Gabon 500 env. D. 5. **Villes** (85) : *Brazzaville* 600 000 h. (fondée le 3-10-1880), Pointe-Noire 300 000, Loubomo 50 000, N'Kayi 35 600.

Langues. Français (*off.*), lingala 50 %, munukutuba 30 %, lari 15 %. **Religions.** Animistes 50 %, catholiques 30 %, protestants 15 %, kibanguistes 5 %, quelques musulmans.

Histoire. XIV-XVe s. Fondation du roy. du Kongo par la Nkeni. **1484** le Portugais Diego Cao découvre l'embouchure du Zaïre. **1880** Savorgnan de Brazza signe avec Makoko, roi des Tékés, un tr. de protectorat français. **1884** fondation de Brazzaville. **1908** fait partie de l'A.E.F. **1910** Brazzaville capitale de l'A.E.F. **1940**-*août* le Congo se rallie à la Fr. libre, Brazzaville devient capitale de l'Afr. en guerre. **1944** discours de Brazzaville. Le Gal de Gaulle pose les 1ers jalons de la décolonisation. **1958**-*21-11* abbé Fulbert Youlou (1917-72) élu Pt. *-28-11* Rép. autonome. **1959** guerre tribale. **1960**-*15-8* indépendance. **1963**-*13/14/15-8* (les 3 glorieuses) révolution, Youlou démissionne. **1963**-*déc.* Alphonse Massemba-Debat (n. 1921 d'origine lari et bakongo du centre) Pt. **1968**-*31-7* renversé par C^dt^ Marien N'Gouabi (de race kouyou nord), Cap. Alfred Raoul (n. 1938 kouyou nord), nommé immédiatement C^dt^ (PM jusqu'au 1-1-70). **1970**-*1-1* Rép. populaire. 2 coups d'État échouent : mars 1970 et 22-2-1972. **1973**-*févr.* complot découvert, 2 anciens min. arrêtés, dissolution de la police, mise à la retraite de fonctionnaires « improductifs ». **1977**-*18-3* Pt Marien N'Gouabi tué (attentat). *-22-3* Cardinal Biayenda assassiné. Comité militaire de 11 officiers. *-25-3* ancien Pt Massemba-Debat exécuté. *-5-4* Gal Joachim Yhombi-Opango (n. 1939) nommé Pt par le comité militaire. **1979**-*5-2* Opango destitué.

Statut. Rép. populaire. *Const.* du 8-7-79. *Pt.* (élu pour 5 ans par le congrès du P.C.T.). Colonel Denis Sassou Nguesso (n. 1943) Pt. *PM* Ange Édouard Poungui depuis 12-8-84, avant C^el^ Louis-Sylvain Goma (n. 1941) dep. 18-12-75. *Ass. nationale populaire* 153 m. élus au suffr. univ. pour 5 ans). *Parti unique* P. congolais du travail, f. 31-12-69, marxiste-léniniste, 9 *régions.* **Fête nat.** : 13, 14 et 15 août (les 3 Glorieuses : journées d'août 1963).

Économie

P.N.B. (84) env. 1 130 $ par h. **Pop. active** (%, entre par., part du P.N.B. en %) agr. 34 (6), ind. 20 (6), serv. 41 (38), mines 5 (50). **Inflation** (%). *1981* : 17 ; *82* : 12,5 ; *83* : 7,8. **Dette extérieure.** *85* : 1,5 milliard de $ (le service de la dette représente 1/3 des export.).

Agriculture. *Terres* (milliers d'ha, 81) arables 200 (83), cultivées en permanence 20 (83), pâturages 10 000, forêts 21 360, eaux 50, divers 2 139. *Production* (milliers de t, 82) manioc 600 (83), canne à sucre 225, bananes 26, patates douces 26, arachides 14, maïs 15, café 5, cacao 4. **Forêts.** 2 196 000 m³ (82).

Élevage (milliers de têtes, 84). Bovins 65,8, porcs 51, caprins 255, poulets 1 540. **Pêche.** 13 115 t (84).

Pétrole, exploité dep. 74, dep. 60 à Pointe Indienne, à Pointe Noire ; (en millions de t) : *réserves 84* : 65 ; *prod. 83* : 5,4 ; *84* : 4,5. **Gaz**, *réserves* 62 milliards de m³, non exploité. **Mines.** *Potasse, uranium, plomb, fer.* **Industrie.** Prod. alim., textile, prod. chim., ciment, tabac, allumettes.

Commerce (millions de F CFA, 85). *Exportations* 516 762 dont pétrole 474 146, bois 19 920, diamants 6 070, sucre 2 956, café 2 549, cacao 1 317. *Imp.* 262 092 dont machines et appareils 54 476, métaux communs et ouvragés 40 348, mat. de transp. 32 607, prod. minéraux 19 561 *de* France 3 249, Japon 1 021, All. féd. 565, Benelux 363, Italie 362, P.-Bas 351.

CORÉE DU NORD
(République populaire démocratique)

Carte p. 846. V. légende p. 787.

Situation. Asie. 120 538 km². *Frontières* avec Chine 1 300 km, Corée du S. 248, U.R.S.S. 20. *Long.* 400 km, *larg.* 110 km. *Alt. max.* Mt Pack Tu San 2 750 m. *Montagnes* 75 % (65 % à moins de 500 m). **Climat** *tempéré continental :* hivers froids, particulièrement aux confins soviétiques (− 6 °C en moy.) ; été : mousson, temp. élevées (+ 27 °C dans le sud). *Pluies* avril-oct. (800-1 300 mm, 60 % de juin à août).

Population. 19 600 000 h. (84). D. 162. *Villes : Pyongyang* 1 280 000 h. (81), Tcheungdjin 300 000 (76). **Langue off.** Coréen (langue ouralo-altaïque ; caractères chinois jusqu'au XVe s., depuis alphabet phonétique de 24 lettres). **Religions.** Bouddhistes, confucianistes, chrétiens. Pas de religion officielle.

Histoire. *Av. J.-C.* A partir de 4000 peuplement. **2333** fondation de l'ancien Chosun par Tangun. **800-194** : 3 royaumes : Kodjoseum, Bouyé, Djin. **108** colonie chinoise de Nakland. **57 av.-668 apr. J.-C.** 3 royaumes : Silla (fondé 57, S.-E., cap. Kyong Jo), Koguryo (f. 37, Nord), Paekche (f. 18, S.-O., cap. Puyo). **372** introduction au Koguryo du bouddhisme, qui deviendra religion d'État jusqu'en 1932. **660** chute du royaume de Paekche. **668** du royaume de Koguryo. **670** le royaume de Silla unifie la C. **918-1392** dyn. Koryeu. **935** chute de Silla. **1231** 1re invasion mongole. **1234** imprimeries à caractères mobiles. **1274** 1re expédition au Japon. **1281** 2e exp. **1392-1910** dyn. Yi. Invasion mandchoue. **1396** Séoul capitale des Yi. **1443** invention de l'alphabet coréen *hangul* par le roi Séjong. **1592** invasion japonaise La C. reconnaît la souveraineté mandchoue.

1836-86 persécutions anticatholiques, 10 000 †. **1894-95** g. sino-japonaise, Chine et Japon reconnaissent l'indép. de la C. **1907** protectorat jap. **1910**-*29-8* annexée au Japon, devient prov. de Chosen. **1919** démonstration nationaliste réprimée. Les nationalistes en exil constituent un gouv. provisoire dans la concession fr. de Shangai et organisent un mouvement de résistance anti-jap. Certains émigrent aux U.S.A., d'autres mouvements de résistance s'établissent en Mandchourie. **1932** Kim Il-Sung crée l'*Armée rév. pop. de C.* **1936**-*5-5* crée l'*Association pour la restauration de la Patrie* (1re org. du Front uni nat. anti-jap. en C., et préparation du Parti com. c.). **1945**-*15-8* capitulation jap. *-8-9* débarquement amér. en zone S. **1946**-*févr.* création du Comité pop. provisoire de la C. du N. *Mai* pourparlers russo-amér. pour réunification : échec. **1947** réforme agraire et nationalisation d'industries. **1948**-*8-2* création de l'Armée pop. de C. *-10-5* la C. du S. élit une Ass. nat., qui adopte une Constit. *(17-7)*.-*20-7* Syngman Rhee, Pt. *-15-8* Rép. proclamée à la fin du gouv. militaire amér. La C. du N. avait refusé que l'O.N.U. surveillât les élections dans le N. En C. du N. 217 dép. et en C. du S. 360 (dont certains vinrent siéger au N.). *-9-9* l'Ass. proclame la Rép. pop. dém. de C. *-25-12* retrait des troupes sov.

Guerre de Corée

Belligérants. C. du N. (9 millions). La + forte capacité ind. Équipement sov. : chars T 34, artillerie lourde, 150 avions (chasseurs Yak et bombardiers Ilyouchine) ; plusieurs milliers de conseillers russes, renfort de 30 000 Coréens retour de Chine où ils ont combattu aux côtés des communistes de Mao. *Printemps 1950* : 135 000 réguliers et unités de milice. **C. du S.** Armement défensif léger, à l'exclusion de chars et d'avions. Les Amér. ont estimé dès 1947 d'un intérêt stratégique limité le maintien de troupes et de bases en C. (il n'y a que 500 conseillers amér.).

Déroulement. 1950-*25-6* prenant prétexte d'une « agression sudiste », 5 divisions nord.-c. (commandées par Kim Ir-Sen) pénètrent en C. du S., et prennent Séoul. *-27-6* les U.S.A. interviennent sur demande de l'O.N.U. (l'U.R.S.S. n'a pas mis son veto au Conseil de sécurité car bien que membre permanent, elle refuse de siéger parce que la place de la Chine est occupée par le représentant de Tchang Kaï-Chek). *-7-7* des troupes de l'O.N.U. débarquent à Pusan, puis le *15-9* à Inchon, reprennent Séoul (25-9), atteignent 38e parallèle (2-10) et *26-10* frontière chinoise, mais 500 000 « volontaires ch. » (en fait des unités régulières) les repoussent (27-11). **1951**-*4-1* Séoul perdue puis reprise (14-3) ; front stabilisé. *-11-4* Gal MacArthur, Cdt en chef, partisan de l'offensive jusqu'en Ch., remplacé par Ridgway, puis 1952, Mark Clark (1896-1984). *-27-11* cessez-le-feu. *De juill.* **1951** au *27-7-***1953** *armistice de Pan-Mun-Jom* (S. Rhee a fait libérer 250 000 prisonniers N.-Cor. qui refusaient d'être rapatriés). U.S.A. et U.R.S.S. accordent leur garantie à la C. du N. et du S.

Bilan de la guerre (25-6-50 au 27-7-53). **Corée du Sud.** Coréens 35 031 tués au champ de bataille, 43 647 blessés, 66 102 disparus. Améric. 54 246 †, 103 284 b., 12 997 disparus. 5 764 143 Américains ont participé à la guerre. **Français.** 218 †, 815 b., 18 d. **Belges-Lux.** 106 †, 30 b. [16 pays ont participé à la force de l'O.N.U. (dont la France avec le Gal Monclar)]. **Corée du Nord.** 1 764 940 † (?).

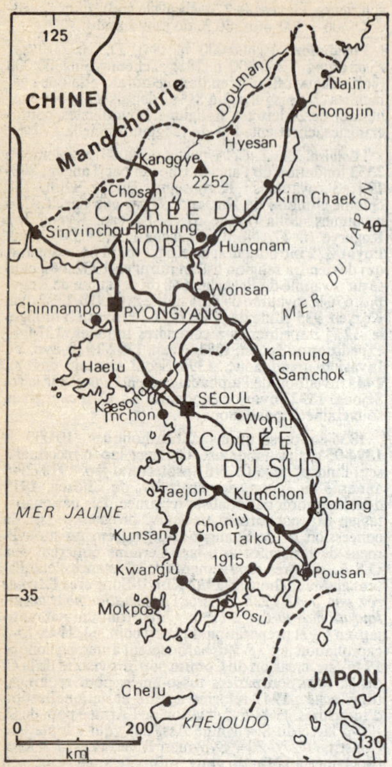

1958 troupes ch. se retirent. **1968**-*23-1* les N.-Cor. prennent le *Pueblo*, navire espion amér. **1971**- *12-4* et *6-8* C. du N. propose des conversations. **1972** *-10-1* C. du N. propose un tr. de paix entre les 2 C. *-4-7* reprise du dialogue entre les 2 C. **1974** *mars* C. du N. propose accord de paix aux U.S.A. Rapports tendus entre les 2 C. *Avril* abolition des impôts. **1976** des diplomates n.-cor. expulsés du Danemark, Norvège, Finlande, Suède pour trafic de drogue. **1984** *sept.* la C. du S. accepte une aide de 12 millions de $ pour les victimes d'inondation proposée par la C. du N. *-15-11* : 1re réunion face à face à Pan-Mun-Jon de 2 délégations économiques N.-C. et S.-C. *-23-11* incident lors de l'évasion d'un Soviétique (3 soldats N.-C., 1 garde S.-C. tué). *-27-11* la C. du N. rompt le dialogue entre les 2 C. jusqu'en mai 85 : reprise du dialogue aux plans économique, humanitaire (Croix-Rouge), politique (contacts entre les 2 gouv., échange d'émissaires), sportif et militaire.

Statut. Rép. pop. *Const.* du 27-12-72. *Ass. pop. suprême* élue au scrutin secret et suffr. univ. pour 4 ans (615 m.). *Conseil de l'Administration* (11 m. et 4 candidats) élu par le Comité central du Parti populaire du travail de C. (85 m., 50 candidats). *Pt* élu pour 4 a. par l'Ass. pop. dep. 28-12-72 et *secr. gén.* du parti dep. 10-10-45 Maréchal Kim Il-Sung (15-4-12) ; il a désigné pour successeur son fils Kim Jong-Il (n. 16-2-41), vice-Pt Rim Chun-chu dep. avril 83. *PM* nommé par l'Ass. pop. Kang Song-San dep. 27-1-84 (avant Li Jong-Ok dep. 15-12-77). **Fêtes nat.** : 15 avril (ann. du Pt Kim Il-Sung), 9 sept. (fondation de la Rép. pop.), 10 oct. (fondation du P. du travail), 27 déc. (fête de la Constitution).

Partis. *P. du travail de C.* f. 10-10-45, 3 200 000 m., secr. gén. Kim Il-Sung ; *P. démocratique*, f. 1949, Pt Ho Jong-Suk ; *P. du culte Tcheunda-Tcheungou*, f. 1945, Pt Jong Sin-Hyok.

Économie

P.N.B. (83) env. 1 380 $ par h. **Pop. active** (% et entre par. part du P.N.B. en %). Agr. 37 (20), ind. 24 (27), services 29 (33), mines 10 (20).

Agriculture. *Terres* (milliers d'ha, 81) arables 2 165, cultivées 90, pâturages 50, forêts 8 970, eaux 13, divers 766. *Production* (milliers de t, 83) riz paddy 5 200, maïs 2 500, pommes de t. 1 650, blé 500, patates douces 400, orge 420, haricots 380, soja, coton. **Forêts.** 6 020 000 m^3 (83). **Élevage** (milliers de têtes, 82). Porcs 2 500, bovins 1 000, moutons 330, chèvres 256, chevaux 40, ânes 3. **Pêche.** 1 600 000 t (83).

Énergie (milliers de t, 80) anthracite 35 000, charbon bitumineux et lignite 20 000 (82). **Mines.** Fer 6 000 (82), plomb, zinc, magnésite 5 500 (80), wolfram, molybdène, cuivre, nickel, manganèse, bauxite, alunite, graphite 700 (82), tungstène 2 700 t (80). Or 5 000 kg (80). Argent 50 t (80). **Industrie.** Engrais, acier, fonte, mat. élec. **Commerce.** Principalement avec (U.R.S.S. et Chine) : magnésite, ciment, fer, fonte, acier. *Aide soviétique* env. 300 millions de $/an.

Rang dans le monde (84). 11e charbon. 13e riz. 14e pêche.

CORÉE DU SUD

V. légende p. 787.

Situation. Asie. 98 992 km^2. 1 736 km de côtes. *Frontière* avec Corée du N. le long du 38e parallèle 248 km. *Long.* 450 km, *larg.* 230 km. Moyennes montagnes (80 % de la superficie) et plaines. **Cheju.** Ile volcanique à 96 km au S. **Climat** tempéré continental, pluies juin, début sept., fortes pluies juill. surtout dans le S. ; temp. moy. 12,4 °C, écart max. −25 °C l'hiver, + 35 °C l'été. *Alt. max.* 1 950 m (Mt Hanla). Grottes de lave (une de 6,8 km de long).

Zone démilitarisée. Long. 240 km, largeur 4 km de part et d'autre de la ligne de démarcation ; troupes massées n.-cor. 750 000 h., s.-cor. 600 000 h. 40 000 Américains. Des tunnels creusés par les n.-cor. à 70 ou 80 m de profondeur pourraient avoir permis au N.-Cor. de prendre à revers les S.-Cor. (30 000 h. avec des jeeps pouvant passer par heure). La C. du S. accusait en oct. 84 la C. du N. d'avoir violé plus de 112 000 fois l'armistice dep. le 27-7-52.

Population. 41 208 877 h. (85) dont 60 % urbanisés. Une seule ethnie : les Han. *Émigration :* 780 000 dont Japon 667 000, U.S.A. plus de 100 000. D. 411. **Taux de croissance** 5 % (85). *— de 15 a.* 38,1 %, *+ de 65 a.* 5,6 %. **Villes** (oct. 84) : *Séoul* 9 501 413 h. (à 50 km du 38e parallèle), Pusan 3 495 289 (à 428 km), Taegu 2 012 039 (à 300 km), Inchon 1 295 107 (à 29,5 km), Kwangju 843 465 (à 320 km), Taejon 800 397 (à 160 km), Chonchu 409 975 (à 160 km). Société de tradition matriarcale. Pêcheuses de coquillages à la plongée. **Langue.** Coréen *(off.)*.

Religions (%, 83). Bouddhistes 37,4, protestants 20 à 25, confucianistes 17,5, catholiques 5 [1 900 000 cath., 675 paroisses, 1 358 prêtres (dont 218 étrangers), 4 017 religieuses (dont 167 étr.), 1 642 grands séminaires], divers 14,7. Le *chamanisme* (animisme) joue un grand rôle.

Histoire (V. Corée du N.). **1948**-*15-8* proclamation de la Rép. *-9-12* l'O.N.U. décl. le gouv. de Séoul seul légitime. **1950** *janv.* dans une déclaration publique, le secr. d'État Dean Acheson exclut la C. du système défensif amér. *Mai* élections. G. de Corée (Voir p. 845). **1953**-*27-7* armistice. **1960**-*19-4* émeutes, Pt Syngman Rhee (1875-1965) se retire ; système parlementaire restauré. *-29-7* victoire des démocrates, Yun Po Sun (n. 26-8-1897) élu Pt. **1961**-*16-5* coup d'État, PM Chang Myung déposé. Ass. nat. dissoute, partis interdits. Conseil pour la reconstr. nat. avec Gal Park Chung-Hee. **1962**-*17-12* nouvelle Const. **1963**-*15-10* Park Chung-Hee, Pt. **1965**-*2-6* tr. nippo-cor. **1968** incursion n.-cor. **1971** Park élu Pt contre Kim Dae-Jung (45 % des voix). **1972** agitation étudiante. *-4-7* reprise du dialogue entre les 2 C. *-17-10* loi martiale. *-21-11* référendum constitutionnel : oui 91,5 % (inscrits 15 676 395, votants 14 408 214). *-27-12* Const. **1973** *août* Kim Dae-Jung (opposant exilé, enlevé à Tokyo et transporté en C.). **1974**-*15-8* Park Chung-Hee échappe à un attentat, sa femme meurt. Tensions entre C. du S. et Tokyo, manif. anti-jap. à Séoul. **1975** *juin* dizaines d'opposants emprisonnés *-12-2* référendum sur politique du Pt : inscrits 16 700 000, votants 13 000 000 (sur 98 % des bulletins), oui 9 710 569, non 3 328 739, nuls 231 523. *Nov.* découverte d'un tunnel creusé sous la zone démilitarisée par les N.-Cor. (20 autres existeraient. Voir ci-dessus). **1976** Kim Dae-Jung condamné à 5 ans de prison. *-18-8* 2 off. US tués dans la zone démilitarisée à Pan-Mun-Jom. **1978** *juillet* découverte d'un nouveau tunnel. *-22-12* Kim Dae-Jung libéré ; amnistie générale pour 5 368 prisonniers. **1979** *janv.* détente entre les 2 C. *Oct.* Kim Young-Sam, Pt du Nouveau P. démocrate, expulsé du Parlement. *-26-10* Pt Park Chung-Hee assasiné par Kim Jae-Kyu, chef de la C.I.A. coréenne. Choi Kyu-Ha, ancien PM, Pt par intérim., loi martiale. *-21-12* Kim Jae-Kyu et ses 6 co-accusés condamnés à mort. **1980**-*17-5* Kim Dae-Jung, chef de l'opposition, arrêté, condamné à mort puis à 20 ans de prison. *-20-5* émeutes à Kwangju puis dans toute la prov. de Cholla, 200 à 1 000 †. **1981**-*24-1* levée de la loi martiale. *-3-3* amnistie pour 5 221 pris. *-24-12* libération de 1 113 pris. **1982**-*Avril* un policier ivre tue 55 personnes. *-20-5* démission de 11 m. du gouv. à la suite d'un scandale financier, chute boursière. *-16-12* Kim Dae-Jung libéré et expulsé vers U.S.A. pour suivre traitement médical. *-24-12* amnistie de 48 condamnés pour les troubles de Kwangju. **1983**-*1-9* l'aviation soviétique détruit un boeing 747 sud-coréen (269 †). *-9-10* attentat à Rangoun (Birmanie) attribué à des agents N.-Cor. lors de la visite du Pt Chun Doo-Hwan (18 † dont 5 membres du gouv. cor.). **1984**-*mai* visite du Pape Jean-Paul II pour la canonisation de 103 martyrs, 593 coréens, 10 Français. *-30-11* 84 personnalités retrouvent leurs droits pol. **1985**-*8-2* Kim Dae-Jong rentre. *-12-2* élections (en voix) : DJP 35 %, NKDP 30 %, autres opp. 28 %, ind. 12 %, abstentions 15 %. *Avril* visite de Laurent Fabius. *-21/23-9* quelques dizaines de familles séparées par ligne de démarcation ont pu se réunir (1re fois dep. la g. de Corée). **1986**-*14/16-4* Pt Chun en France. *-6-5* manif. étudiants.

Statut. Rép. *Const.* du 22-10-1980 (adoptée par référendum avec 91 % de oui). *Pt* Chun Doo-Hwan (n. 23-1-31) élu 2-9-80, réélu 25-2-81 pour 7 ans par un collège électoral de 5 270 m. *PM* Lho Shin-Yong (28-2-1930) dep. 18-2-85. *Ass. nat.* 276 m. élus pour 4 a. Chacune des 92 circonscriptions élit 2 députés, 92 dép. supplémentaires sont désignés par les partis, où la proportionnelle avantage le parti majoritaire au scrutin. *Élections du 12-2-85 :* P. de la justice et de la démocratie (P.J.D., f. 1881, Chung Doo-Hwan) 148 (dont 87 élus). Nouveau parti démocrate de Corée (NKDP Lee Min-Woo) 67 (50). P. démocratique de Corée (DKP) 35 (26). P. nationaliste (P.N.) 20 (15). Indépendants (6). *Forces américaines :* 5 000 h.

Fêtes nat. : 1er mars (mouv. d'indép. contre les Jap., 1919), 17 juill. (Constit. de 1948), 15 août (lib. de 1945), 3 oct. (fond. de la C. par Tangun en 2333 av. J.-C.).

Emblème national : « taekukki » : cercle séparé en deux par une ligne sinueuse. La partie supérieure (yang) symbolise Soleil, éléments actifs de la nature, principe masculin. Le « yin », obscur, Terre ou Lune, éléments passifs, principe féminin. Couleurs rappelant les vertus essentielles : bleu (froid, eau, douceur) et rouge (feu, chaud, virilité) sont unis, en Corée, par le jaune, couleur impériale.

Économie

P.N.B. (est. 85) 2 004 $ par h. ; *1991* (prév.) : 3 500 (*1961* : 82 $). **Pop. active** (%, entre par. part du P.N.B. en %). Agr. 32 (18), ind. 26 (39), serv. 41 (41), mines 1 (2). *Chômage 1980 :* 5,2 %, *82 :* 6 %, *83 :* 4,1 %, *84 :* 3,8 %, *85 :* 7,5 %.

Inflation (%) *1980 :* 28,7, *81 :* 21,3, *82 :* 6, *83 :* 3,3, *84 :* 2,6, *85 :* 2,2. **Dette extérieure** (milliards $). *1982 :* 33, *83 :* 40,1, *85 :* 45. **Taux de croissance** (%) *80 :* − 6, *81 :* 6, *82 :* 5,4, *83 :* 9,5, *84 :* 7,6, *85 :* 5 (il faudrait 6 % pour créer les 400 000 emplois nécessaires).

Agriculture. *Terres* (milliers d'ha, 85) arables 2 152, cultivées 137 (81), pâturages 50 (81), forêts 6 553 (82) (67 %), eaux 29, divers 116. *Production* (milliers de t, 84) riz (59,8 % des t. arables) 6 012, patates douces 894, oignons 171, pommes 528, pommes de t. 435, melons 135, orge 353, haricots 253, légumineuses 190 (83), blé 20, maïs 133. **Forêts** 3 452 000 m^3 (83). **Élevage** (millions de têtes, 84) poulets 46, porcs 2,9, bovins 2,6, lapins 0,5, canards 0,3, ruches 0,4, chèvres 0,3. **Pêche** 2 909 800 t (84).

Mines (millions de t, 84). Anthracite 20,6, fer 0,55, kaolin 0,2, talc 0,13, plomb 0,02, zinc 0,01, cuivre 0,007, tungstène. Argent 19 t, or 1,3 t. **Industrie.** Textile, chaussures, constr. navale, ciment, acier, automobile (prod. 260 000 en 84), électronique (magnétoscopes, T.V.). **Bâtiment.** *Chantiers à l'étranger* (principalement Moyen-Orient) 75 milliards de $ de contrats de 1975 à 85 (1986 : baisse).

Transports (km, 84) routes 51 003. Chemins de fer (1re ligne ouverte en 1899) 6 168. **Tourisme.** 1 429 184 vis. (85). *Lieux :* Séoul (palais, musées), Puyo (capitale avant 660), Kyong Ju (cap. de la dynastie Silla, temples), Pusan, Chungma, Mont Songni, île de Cheju. J.O. de 1988.

Commerce (milliards de $ US, 84). *Exportations* 26,5 en 84 (31 en 85) *dont* équip. de transp. 5,5, textile 2,1, chaussure 1,3, mach. élect. 2,1, tissus 0,5 *vers* U.S.A. 10,4, Japon 4,6, Hong Kong 1,2, G.-B. 0,9, All. féd. 0,9. *Importations* 30,6 (84) *dont* pétrole 6,4, bateaux 2,7, prod. chim. organiques 1,2, bois 0,6, riz 0,05 *de* Japon 7,6, U.S.A. 6,8, Arabie Saoudite 1,3, Australie 1, Koweït 0,4.

Exportations (structure en %). *1970 :* vêtements 25,6, minéraux 13, bois (contre-plaqué) 11,2, fils et tissus 10,4, alim. 7,9, matériel électr. 3,3. *1983 :* transp. 17,1, vêtements 15,2, matériel électr. et électron. 12,1, fils et tissus 9,4, acier 7,4, piliers métal. 5,8.

Douane droits sur 1/3 des import. : 20 % ; cosmétique : 60 % ; bière : 500 %.

Rang dans le monde (83). Chaussures : 1er export. du monde (fournit 80 % des chaussures de sport). 9e bois, pêche. 11e riz. 15e puis. com. du monde.

COSTA RICA

Carte p. 890. V. légende p. 787.

Nom. « Côte riche » en espagnol (impression donnée à Christophe Colomb par la délégation de chefs indiens couverts d'or qui le reçut).

Situation. Amérique centrale. 51 100 km². *Alt. max.* Chirripó Grande 3 820 m. *Frontières* (km) Nicaragua 300, Panamá 363. *Côtes* Atlantique 193, Pacifique 402. *Largeur* 119 à 282 km. **Climat** côtier. Plateau central tempéré (saison des pluies mai-nov.). Température moy. 22 °C. 5 *volcans* encore actifs (Irazu, Le Poas, l'Arenal, Miravalles, Barva).

Population 2 450 000 h. (84). *– de 15 a.* 44, *+ de 65 a.* 4 % (Blancs 85 %, Métis 8, Noirs 3, Asiatiques 3). D. 48. **Croissance dém.** 3,2 %. **Villes** (83) : *San José* 271 873 h., Alajuela 42 579 (à 23 km), Limón 38 916 (à 193 km), Puntarenas 34 613 (à 130 km), Heredia 27 929 (à 22 km), Cartago 27 929 (à 22 km), Liberia 14 770. **Pop. rurale** 56,7 %.

Langues. Espagnol *(off.)*, anglais, français, chinois, yiddish. **Religion d'État.** Cath. (40 000 protestants).

Histoire. 1503 découvert par Christophe Colomb. **1524** fondation de Bruselas par Hernandez de Cordoba, débarqué sur la côte pacifique. **1537** érigé en duché de Veragua pour Luis Colón, neveu de Christophe. **1540** création de la prov. de Cartago. **1560** dépend de l'audience de Guatemala. **1821** indépendance. **1824-33** membre de la Rép. féd. centro-américaine dissoute en 1839. **1849** rép. indép. **1878** accord avec United Fruit (U.S.A.) : concession de bananeraies contre constr. d'un chemin de fer (achevé 1891). **1917** coup d'État des frères Tinoco. **1948** g. civile (1 000 †) après conflit électoral. **1949** prise du pouvoir par José Figueres avec junte révolutionnaire. Suppression de l'armée. **1953** Figueres élu Pt. **1957-73** alternance de mandats présidentiels tous les 4 ans. **1974-78** Pt Oduber, apaisement des conflits après la « g. de la banane » (1974) ; stabilité économique. **1978** *Pt Carazo ;* occupations de terre et affrontements entre paysans et « garde civile et rurale » ; appui aux sandinistes du Nicaragua jusqu'à la chute de Somoza (1979) ; **1981** appui aux antisandinistes. **1982**-*7-2* Luis Alberto Monge (n. 29-12-25) élu Pt. Nombreux incidents de frontière avec Nicaragua.

Statut. Rép. *Const.* du 7-11-49, *Pt* (élu p. 4 ans au suffr. univ., non rééligible) et chef du gouv. Oscar Arias (44 ans, P.L.N.) élu 2-2-86, par 53,3 % des voix (contre Rafael Calderon 44,8 %, Unité soc.) ; en fonctions 8-5-86. *Ass. nat.* (57 m. élus pour 4 a.). *7 provinces :* San José, Alajuela, Heredia, Cartago, Puntarenas, Guanacaste, Limón. **Fêtes nat. :** 15-9 (indép. 1821), 12-10 (jour de la Race, découverte de l'Amér. par Christophe Colomb).

Économie

P.N.B. ($ par h.) *82 :* 975, *83 :* 1 120. **Pop. active** (% et entre par. part du P.N.B. en %) agr. 28 (25), ind. 22 (27), services 50 (48). *Chômage 83* 10 %. **Inflation (%)** *1980 :* 18,1, *81 :* 37, *82 :* 90,1, *83 :* 32,6, *84 :* 12. **Dette extérieure** (86) 4,2 milliards de $ US. Aide financière U.S.

Agriculture. *Terres* (milliers d'ha, 81) arables 283, cultivées 207, pâturages 2 090, forêts 1 730, eaux 4, divers 756. *Production* (milliers de t, 82), café 126 (83), bananes 1 020 (83), canne à sucre 2 500, riz 180, maïs 90. **Forêts** (82) 2 627 000 m³. **Élevage** (milliers de têtes, 82) volailles 5 496, bovins 2 416, porcs 243, chevaux 113. **Pêche** (82) 10 900 t.

Tourisme (82). 371 582 vis.

Commerce (millions de $, 83). *Exportations* 560 *dont* café 155, bananes 153, viande 14,9, sucre 14,3, riz 24 (81), cacao 3 (81) *vers* (1-1-82) U.S.A. 303, All. féd. 123, Guatemala 76, Salvador 44, P.-Bas 26. *Importations* 987 *de* (1-1-82) U.S.A. 401, Guatemala 65, Japon 37, All. féd. 35, Salvador 23.

Rang dans le monde (83). 12e café, bananes.

CÔTE-D'IVOIRE

V. légende p. 787.

Situation. Afrique. 322 462 km². *Long.* 600 km, *larg.* + de 500 km. *Front. :* Ghāna 640 km, Burkina (ex-Hte-Volta) 490, Mali 370, Guinée 610, Liberia 580. *Côtes* 500 km (300 de lagunes). *Alt. max.* crête du massif du Nimba (frontière guinéenne) 1 752 m. *Fleuves principaux* (km) : Bandama 950, Comoé 900, Sassandra 650, Cavally 600. **Climat.** 1° *Sud-équatorial* le long de la région côtière (21 à 33 °C, 80 à 90 % d'humidité, pluies atteignant dans certaines zones 2 500 mm répartis sur env. 140 j). *4 saisons : sèche* entre déc. et fin avr. (chaud avec quelques pluies) ; *« grandes pluies »* entre mai et mi-juill. ; *courte saison sèche* entre mi-juill. et fin sept. ; *courte saison de pluies* en oct. et nov. 2° *Tropicale humide* qui correspond à la zone des forêts et des savanes (14 à 39 °C, 70 % d'humidité, 1 000 à 2 500 mm de pluies). *4 saisons : grandes pluies* mi-juill./fin oct., *petites pluies* mimars/mi-mai, *sèches* nov./mi-mars et mi-mai/mi-juill. 3° *Soudanais* (zone des savanes). *2 saisons : des pluies* (juill.-nov.) et *sèche* (déc.-juin) avec de petites pluies en avr. L'*harmattan,* vent frais et sec provenant du N.-E., souffle entre déc. et févr. **Végétation :** 1° *Cordon littoral alluvionnaire* dans la moitié est de la côte, région profonde d'env. 30 km, domaine des cocotiers et, vers l'intérieur, des bananiers, palmiers à huile et hévéas. 2° *Forêt de type équatorial* sur env. 300 km de prof. et 120 000 km², parsemée de plantations de café et de cacao, de cultures d'ananas, d'igname, de manioc. 3° *Plus au N., la savane* coupée de forêts puis de plus en plus herbeuse, élevage, cultures de mil, coton et riz.

Population. 9 500 000. *Étrangers :* Voltaïques, Maliens, etc. 1 000 000, Libano-Syriens 100 000 (+ 200 000 réfugiés lib. ?), Européens 60 000 (Français *1980* 60 000, *84* 45 000, *85* 25 000 pour la majorité à Abidjan). *Assistance technique (effectifs) : 1965* 1 500, *1980* 4 000, *1983* 3 200. *Ethnies* (60 env.). *Au S. :* Brignans, Aladians, Appoloniens, Adioukrous, Ébriés. *O. :* Krous, Didas, Bétés (18 %), Wobés, Guérés, Dans, Yacoubas. *Centre :* Baoulés, Mangoros. *E. :* Agnis-Achantis, Abrons, Baoulés (23 %). *N. :* Mandés [Malinkés (11 %), Dioulas] et Sénoufos (15 %). *N.-E. :* Lobis. D. 29. **Villes** (est. 82) : *Cap. Abidjan* (agg.) 1 850 000 (120 000 en 60), *Yamoussoukro* 70 000 en 83 (à 250 km) nouvelle capitale prévue dep. 21-3-1983, Bouaké 640 000 (à 378 km), Daloa 85 000 en 81 (400 km), Man 450 000 (599 km), Korhogo 280 000, San Pedro 45 000 en 81 (300 km).

Langues. Français *(off.)*, dioula et baoulé (langues commerciales entre les ethnies). **Religions.** Animistes 65 %, musulmans 23 %, catholiques 12 %.

Histoire. XIVe s. visitée par des marchands dieppois, la « Côte des Dents » (« dents » pour défenses d'éléphant) reçut des établissements à Assinie et Grand-Bassam (officiellement fr. depuis 1842). **1887-89** Louis Binger (1856-1926), parti du Sénégal, parcourt 4 000 km et rejoint Grand-Bassam. **1891** il est chargé de fixer les frontières avec le Liberia (tr. du 8-12-92) et la Côte-de-l'Or (12-7-93). **1893**-*10-3* création de la colonie de C.I. (gouverneur : Binger). **1896-99** g. contre Samory. **1899** intégrée à l'A.O.F. **1932** agrandie du S.-O. de la Hte-Volta. **1947** retrouve ses frontières d'avant 1932 (reconstitution de la Hte-Volta). -14-12 république au sein de la Communauté. **1960** *-7-8* indépendance. **1963** 2 complots découverts. **1964** réformes (polygamie abolie). **1968**-*mai* et **1969**-*mai* agitation étudiante. **1973**-*juin* complot découvert. **1979**-*févr.* réconciliation avec Guinée (visite de Sékou Touré). **1982** chute des cours café et cacao (perte des 3/4 des ressources à l'export.). *-9-2* manifestations d'étudiants. *-4-3* réouverture des universités. *21/23-5* visite du Pt Mitterrand. **1983** sécheresse, feux de brousse : baisse des recettes, de l'hydroélectr. **1983-84** crise, sécheresse, baisse des cours café et cacao. **1986**-*12-4* visite du PM J. Chirac.

Statut. Rép. *Pt* (élu p. 5 ans au suffr. univ.) Félix Houphouët-Boigny (n. 18-10-05 ; baoulé, cathol.) dep. 27-11-60 (candidat unique, réélu 28-10-85 par 100 % des voix ; en 80 par 99,99 %). *Const.* du 31-10-60 révisée en 71, 75 et 80. *Ass. nat.* 147 m. (élus p. 5 a.). *Cour suprême* 10 m., 26 dép. *Parti unique :* P. démocratique de la Côte-d'Ivoire (P.D.C.I.) f. 1946. **Fête nat. :** 7 déc. (combinaison du 4-12-58, proclamation de la Rép. et du 7-8-60, procl. de l'Indép.).

Économie

P.N.B. (84) 555 $ par h. **Pop. active** (%, entre par. part du P.N.B. en %). Agr. 65 (32), ind. 9 (20), services 25 (45), mines 1 (3). **Inflation** (%) *1980 :* 14,6. *81 :* 8. *82 :* 13. *83 :* 8,3. *84 :* 4,3. **Dette extérieure** (84) 5 milliards de $.

Agriculture. *Terres* (milliers d'ha, 81) arables 2 770, cult. 1 160, pâturages 3 000, forêts 9 380, eaux 446, divers 15 490. *Production* (millions de t, est. 83) tubercules 2,3, canne à sucre 2,5, manioc 0,8, plantain 0,8, riz 0,43, pamplemousse 0,35, cacao 0,55 (85, record), maïs 0,3, ananas, légumes, ignames, palmistes, hévéa, café 0,09 (84), 0,3 (85) (*81* 0,35), bananes 0,15, arachide 0,06, coton 0,2. **Forêts.** 11 501 000 m³ (82). Presque épuisée car surexploitée. **Élevage** (milliers de têtes, 83). Poulets 15 000, chèvres 1 380, moutons 1 380, bovins 780, porcs 400, chevaux 1, ânes 1. **Pêche.** 92 500 t (82).

Énergie. Pétrole (millions de t) *réserves* 42, *prod. 82 :* 0,4, *83-84 :* 1,5, *86 :* 20. **Gaz naturel,** *rés.* 150 milliards de m³. **Électricité** 2,00 milliards de kWh en 84 (dont 80 % hydraulique). **Mines.** *Diamants* 40 000 carats (80). *Fer* à Bangolo non encore exploité. **Industrie.** Textile, alimentation, bois, chimie.

Transports (km). Chemins de fer Abidjan-Niger 1 333 dont la ligne Abidjan-Ouagadougou (Burkina ex-Hte-Volta) 1 147 (dont 625 en cours de modernisation) ; routes principales 12 780, régionales 21 210, mineures 11 180. **Tourisme.** 195 571 vis. (81).

Commerce (millions de F CFA, 83). *Exportations* 796,8 *dont* cacao 162,7, café robusta 159,5 *vers* (en millions de F CFA, 83) France 151,8, P.-Bas 92,6, U.S.A. 99,1, Italie 70,2, All. féd. 31,4. *Importations* 714,8 *dont* pétrole 93,5, machines 34,5 *de* (millions de F CFA, 83) France 248,1, Japon 31,6, U.S.A. 28, All. féd. 37,8.

Rang dans le monde (85). 1er cacao. 3e café.

CUBA

V. légende p. 787.

Situation. Ile de l'Atlantique. 114 524 km² (1 200 × 27 à 200 km), 3 500 km de côtes. Archipel : Cuba, Ile de la Jeunesse et env. 1 600 îlots dits cayos. A 77 km d'Haïti, 140 de la Jamaïque, 180 des U.S.A.. *Alt. max.* Pic Turquino 1 973 m. *Plaine* calcaire limitée par chaînons au N. et la *Sierra Maestra* au S.-O. **Climat** *pluies* mai-oct. (moy. 1 400 mm) ; *temp.* La Havane : moy. hiver 22 °C, été 25 °C (max. 35,8 °C, min. 8,6 °C).

Population. *1899 :* 1 572 797. *1919 :* 2 889 004. *31 :* 3 962 344. *43 :* 4 778 538. *53 :* 5 829 029. *70 :* 8 569 121. *84 :* 9 900 000. *85 :* 10 090 000. *– de 17 a.* 35 %, *+ de 60 a.* 10,9 %. *En % :* Noirs 12, Blancs 66 (Mulâtres 21,9), Asiatiques 0,1. **Émigration.** Aux U.S.A. 1 000 000 [(*v. 1990 :* 1 500 000 dont 500 000 à Miami (est.)]. *1959-61 :* 1re vague. *62-65 :* U.S.A. ferment frontières. *65-70 :* front aérien avec Miami. *70-79 :* env. 4 000 par an. *80-82 :* 125 000 marielitos (embarqués à Mariel). *Dep. 81 :* env. 50 000 par an. **Taux de croissance.** *1907 :* 3,3, *53 :* 2. *70 :* 2,3. *81 :* 1,2. D. 88,1. *Pop. urbaine* (81) 69,01 %. **Villes** (83) : La Havane 1 951 373 h., Santiago de Cuba 348 912, Camaguey 251 003, Holguin 189 064. **Langue.** Espagnol *(off.)*. **Religions** (72). Catholiques 3 000 000 [(41 % en 70), protestants 30 à 50 000, pratique en 1985 : 1 % (env. 75 000 h.)]. L'impression de la Bible est interdite.

Histoire. 1492 C. Colomb s'arrête à son 1er voyage. **1511** conquête par Velasquez. **1762-63** occupation angl. **1868**-*10-10* Carlos Manuel de Cespedes proclame l'ind. jusqu'en 1878 (200 000 †). L'Esp. donne des garanties qu'elle ne respecte pas. **1887** abolition effec-

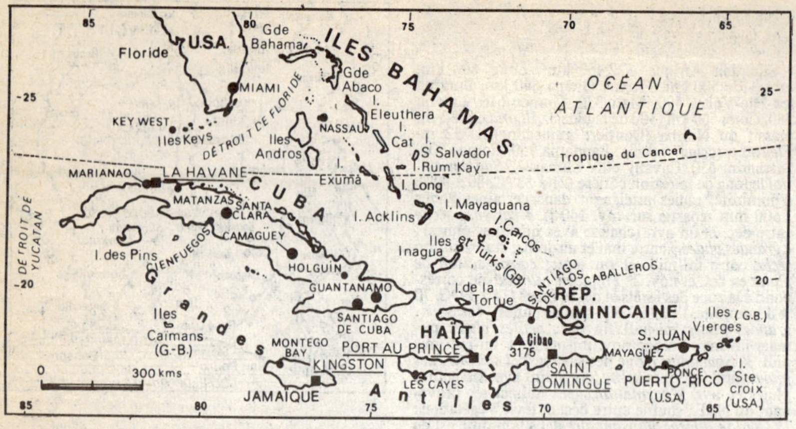

tive de l'esclav. **1895** José Marti, Maceo et Gomez lancent le manifeste de Monte-Cristi, création d'un gouv. républicain. **1895-98** g. d'indépendance contre l'Esp. ; intervention des U.S.A. (28-8-98) qui avaient reproché notamment aux Esp. d'avoir coulé par une mine le cuirassé *Maine* le *15-2* dans la rade de La Havane (en 1911, une commission d'enquête conclut à une explosion accidentelle). **1898**-*22-12* tr. de Paris : indépendance. *1901* Const., l'amendement Platt (abrogé en 1934) imposé par les U.S.A. oblige Cuba à soumettre tout accord diplomatique et militaire à l'autorisation des U.S.A. **1899**-*1-1*/**1902**-*20-5* adm. milit. amér. **1903** tr. de commerce avec U.S.A. **1907, 12, 17** interventions U.S. pour faire respecter le tr. de Paris. **1906-09** administration amér. **1917** participation à la g. mondiale. **1925** dictature de Gerardo Machado y Morales (1871-1939). **1933** coup d'État mil., le sergent Fulgencio Batista y Zaldivar (16-1-10/6-8-73) devient chef d'état-major et manœuvre en coulisse. **1940** Constitution démocratique. Batista élu Pt. **1944** Grau San Martin lui succède, renversant le Pt Carlos Prio Socarras (1903-suicidé 1977) avec le soutien des U.S.A., élu en 1948. **1951** Eduardo Chibas, fondateur du parti orthodoxe, appelle les C. à se réveiller et se suicide. **1952**-*10-3* coup d'État de Batista (100 †). **1953**-*26-7* un groupe dirigé par le Dr Fidel Castro, avocat, attaque la caserne Moncada. Castro (condamné à 15 ans de prison, puis amnistié en 1954) commence la guérilla. **1954** Batista réélu Pt. **1956**-*2-12* le navire « Granma » de Castro débarque 80 h. qui se réfugient dans la Sierra Maestra. **1957** guérilla dans la Sierra Maestra ; assassinat de Frank Païs, dirigeant du « 26 juillet ». **1958**-*29-12* bat. de Santa-Clara. **1959**-*1-1* Batista s'enfuit (485 de ses partisans exécutés). -*5-1* Manuel Urrutia (n. 1901), puis -*17-7* Osvaldo Dorticos Torardo (n. 1919) lui succèdent comme Pts et Castro PM. -*8-1* Castro entre à La Havane. *Avril* 1er accord sur les ventes de sucre à l'U.R.S.S. -*17-5* réforme agraire et expropriation des entreprises sucrières étr. **1960** *février* accord commercial avec U.R.S.S. *Juin.-juillet* saisie des installations de Standard Oil, Texaco et Shell qui refusent de raffiner le pétrole sov. *Août* nationalisation des entreprises amér. **1961** *janv.* rupture des relations dipl. avec U.S.A. -*17-4* après 72 h de combat, échec du débarquement de 2 000 anticastristes armés par U.S.A. à Playa Giron *(baie des Cochons)*. Castro échange avec U.S.A. 1 113 personnes contre 63 millions de $ de médicaments. -*1-5* Castro proclame que la révolution est socialiste. -*2-12* adhère au marxisme-léninisme.

1962 création du Parti uni de la révol. soc. (futur P.C. en 1965). Les U.S.A. annulent leurs importations de sucre, l'O.E.A. exclut C. -*14-10 Crise des missiles*, les U.S.A. craignant le développement de bases de fusées soviét. (env. 40 missiles) décident le blocus de C. (22-10/22-11). -*28-10* l'U.R.S.S. décide de démonter les bases. **1963** plusieurs raids anticastristes échouent. *Avril-juin* 70 % des terres nationalisées. Ernesto (Che) Guevara (n. 6-12-28), un des leaders de la guérilla de 1957-58, rejoint les guérilleros boliviens (tué 8-10-67). **1965**-*1-10* nouveau P.C. cubain. Insurrection de la sierra de l'Escambray réprimée. **1966** attaques verbales antichinoises. **1967** antirusses. **1968**-*13-3* nationalisation des petites entreprises. C. approuve l'invasion de la Tchéc. **1968-69** liens resserrés avec l'U.R.S.S. **1969** commerce de détail artisanal et certains services nationalisés. **1970** Kissinger empêche l'installation d'une base de sous-marins nucléaires soviét. **1971** *avril* loi « antiparesse » (jusqu'à 2 ans de travaux forcés pour les inactifs) : 100 000 pers. demandent un emploi, 50 019 poursuivies d'avr. 71 à avr. 73, dont 32 846 pour avoir abandonné leur emploi sans raison valable. **1973**-*15-2* accord C.-U.S.A. pour l'extradition des pirates de l'air (de 1961 à 73 : 145 avions détournés sur C.). **1975**-*15-1* 1re visite en Fr. d'un min. c. dep. 1959 (Carlos Rafael Rodriguez, vice-PM). Accord de coop. Fr.-C. -*10-7* 3 dipl. cub. expulsés de Fr. (en relation avec l'affaire « Carlos »). -*29-7* l'O.E.A. lève le blocus imposé à C. en 1964. -*22-12* Castro reconnaît l'envoi de troupes en Angola (15 000 à 22 000 h.). **1976**-*15-2* référendum pour Constitution (97,7 %). *Avril* accord avec U.R.S.S. qui de 1976 à 79 paiera le sucre 0,364 $ la livre (prix moyen mondial 0,114). -*15-10* C. dénonce l'accord de 1973 sur piraterie. -*2-12* création de l'Ass. nation. **1977** envoi de 5 000 h en Éthiopie contre Somalie. *Avril* accord C.-U.S.A. sur zones de pêche. *Déc.* frontière mar. fixée. **1978** *août-sept.* 48 prisonniers pourront demander asile aux U.S.A. -*22-11* Castro prêt à libérer 3 200 pris. pol. (400 par mois) si U.S.A. les accueillent. Hubert Matos, héros de la révolution, libéré en nov. **1979** 100 000 exilés dits gusanos (vers de terre) en visite à Cuba. **1980** Castro ouvre frontières. *Avril* 10 000 C. demandent asile pol. *Avril-mai* 120 000 C. quittent l'île pour Pérou, Costa Rica, Floride. **1982**-*21-10* poète Armando Valladarès (arrêté déc. 1960) libéré après intervention de la Fr. -*24-12* Andres Vargas Gomez après 20 ans de prison. **1983**-*23-10* à la Grenade, les milit. c. se rendent pratiquement sans combattre aux Amér. (les off. c. seront dégradés en mai 84). **1984**-*22/24-11* un groupe central d'experts en économie coiffe l'activité du gouv. Pt : Osmany Cienfuegos. But : efficacité, rajeunissement des cadres, rationalisation de production, augmentation de productivité, pragmatisme en matière de gestion. -*14-12* accord C.-U.S.A., reprendra 2 746 délinquants et déséquilibrés mentaux partis en 1980 en Floride, U.S.A. accorderont en 1985 des visas à 3 000 anciens prisonniers et leurs proches, et statut de résident permanent aux 125 000 immigrés de 1980-82. **1985**-*1-7* loi autorisant chaque citoyen à devenir propriétaire de son logement.

Statut. Rép. socialiste d'ouvriers, de paysans et d'autres travailleurs manuels. *Const.* du 24-2-76. Le P. communiste (p. unique) est la force dirigeante supérieure de la société et de l'État (1er secr. Fidel Castro). *Pt du Conseil d'État* (1 Pt, 6 vice-Pts, 1 secr., 23 m.) *et du Cons. des min.* Fidel Castro Ruz (13-8-26), dep. 3-12-76 (avant *PM* dep. 1-1-59). *1er Vice-Pt des 2 Cons.* Raoul Castro (n° 2 du régime, désigné comme successeur). *2e Vice-Pt* Carlos Rafael Rodriguez (n° 3). *Vice-Pt du Cons. des min.* Osvaldo Dorticos Tornado († juin 83). *Ass. nationale du pouvoir pop.* 481 m. nommés par les ass. municipales pour 5 a. 14 *provinces*, 160 *ass. municipales.* Décisions prises par Conseil des min., selon recommandations du Comité central du P.C. **Fête nat.** : 1er janv.

Défense. *1983-84* : développement des M.T.T. (Milices de troupes territoriales) : 12 000 hommes et femmes. Conseillers soviét. (nombre indéterminé) + 3 000 h. sous commandement cubain.

Système pénitentiaire. 100 établ. (camps, fermes-prisons, pénitenciers) auraient accueilli 140 000 prisonniers pol. *Selon Amnesty International* 22 prisons d'État et 54 camps avec + 20 000 prisonniers pol. en 1961 ; 4 000 à 5 000 détenus en 1978 (?) ; 300 à 400 en 1982. *Selon Jorg Valls* (emprisonné de 1964 à 1984) : plusieurs millions ; *selon Fernando Arrabal* 200 000 droits communs et 50 000 politiques en 1984.

Base aéronavale américaine de Guantanamo (11 650 ha, périmètre 30 km, 20 000 à 30 000 h.) à 960 km de La Havane, concession accordée par tr. (1903, renouvelé 1934), durée illimitée, contre une indemnité annuelle de 2 000 $ or que Cuba n'encaisse pas.

Cubains en Afrique. *De 1975 à 85* 200 000 Cubains civils et militaires ont séjourné en Angola (en 1985 30 000 présents) et en Éthiopie (*1978* : 17 000, *1985* : 5 000). C. dit agir par solidarité anti-impérialiste. Explication des Occid. : C. cherche à exporter la révolution en Afrique après avoir échoué en Amérique latine ; C. rembourse l'aide écono m. et militaire reçue de Moscou « en nature ».

Économie

P.N.B. (82) 780 $ par h. *Pop. active* (%, entre par. part du P.N.B. en %) agr. 23 (15), ind. 25 (47), serv. 50 (35), mines 2 (3). **Travail obligatoire.** Salaire minimum 800 F par mois, 2 carnets permettent d'obtenir nourriture et vêtements à des prix réduits. Semaine de travail de 6 j, le dimanche étant consacré au « travail volontaire ». **Taux de croissance** (%). *1981* : 12, *82* : 3, *84* : + de 4, *85* : 4,8, *86* : 3 à 3,5 (?). **Aide soviétique** (en milliards de roubles). *1980-84* : + de 20 (marchandises et crédits), et matériel militaire gratuit. *1985* : 8,2. L'U.R.S.S. a reversé, sous forme de devises convertibles, le coût (au taux du marché international) du pétrole sov. promis en vertu des accords bilatéraux mais dont les C. décideraient de faire l'économie. C. devient ainsi exportateur de pétrole. L'U.R.S.S. achète le sucre cubain plus cher que le cours mondial. **Dette extérieure** (milliards de $, 85) pays de l'Ouest 3,5, U.R.S.S. et C.A.E.M. 22 (?). **Budget** (milliards de $) 13,6. Dépenses militaires *1984* : 1,4, *85* : 1,8 (250 000 h. + territoriaux 1 200 000).

Agriculture. Terres (millions d'ha, 81) terres cult. 3,2, pâturages 2,5, jachère 0,34, forêts 1,9, divers 3,8. **Sucre.** *Production* (millions de t). Sucre *63* : 3, *70* : 8,6, *81* : 7,4, *82* : 8,2, *83* : 7,1, *84* : 8,2, *85* : 8,3, *86* : 7 (?).

Les accords de Genève (77) reconnaissent C. comme le 1er export. (quota de 2 500 000 t/an) ; campagne 80-81, 6 805 000 t de sucre dont exp. 6 191 000 t ; obligations internationales : 3 000 000 t pour Comecon, 2 500 000 sur marché libre et 600 000 pour pays soc. non membres du Comecon.

Divers (milliers de t). P. de terre 206, patates douces 200, riz 517,6, plantain 97, tabac 30,2, tomates 151,4, citrons 615, bananes 195,8, mangues 52 (82), cacao, maïs, jute, café. **Forêts.** Cèdre, acajou, teck. **Élevage** (milliers de têtes, 83). Bovins 6 300, chevaux 812,2, porcs 867,2, moutons 375,3, volailles 25 700. **Pêche.** 195 245 t (82).

Tourisme. Recette : 87 millions de §.

Mines. Nickel 37 600 t (82). Fer, cuivre, manganèse, chrome, cobalt, sel, pétrole (280 000 t). **Industrie.** Ind. et commerce sont nationalisés à 100 %. Sucrerie, tabac (cigares, cigarettes), affinage du nickel, acier.

Commerce (millions de pesos, 82). **Exportations** 5 531 (83) *dont* sucre 3 808, minéraux 307, tabac 103, poisson 99, *vers* U.R.S.S. 3 755, All. dém. 164, Bulgarie 160, Canada 46, Japon 71. **Importations** 6 224 (83) *dont* mach. et équip. de transp. 1 747, fuel et lubrifiants 1 505, prod. alim. 780, prod. man. de base 760, prod. chim. 301, *de* U.R.S.S. 3 755, All. dém. 204, Bulgarie 167, Japon 136, Espagne 99. **Part des pays capitalistes** dans les échanges. *1975* : 40,5 ; *85* : 15.

Rang dans le monde (83). 3e c. à sucre. 17e oranges.

☞ Avant la révolution, en 1959, les U.S.A. contrôlaient 40 % des ind. sucrières, 90 % des mines et haciendas, 80 % des services publics et ch. de fer.

Pétrole russe réexporté, recettes : *1985* : 574 millions de $; *86* : 270 (?).

DANEMARK

V. légende p. 787.

● **Situation.** Europe. **Superficie.** *Danemark proprement dit* 43 080 km² dont presqu'île du Jutland 29 767 km², îles 13 313 km² [406 dont 97 habitées ; les plus grandes : Seeland 7 027 km², Fionie (Fyn) 2 984 km², Lolland 1 243 km², Bornholm 588 km², Falster 514 km²]. *Côtes* 7 314 km, point le plus éloigné de la mer 52 km. *Frontière* : 67,7 km avec l'All. féd. (*Iles Féroé* et *Groenland* V. plus loin). **Relief.** *Danemark occ.* plat, landes sablonneuses ; *D. orient. et sept.* terr. argileuses, collines, matériaux morainiques (traitement artificiel du sol pour l'agricult.). *Alt. max.* 173 m (Yding Skovhoj), *moy.* 30. *Lacs* 76 de plus de 0,5 km² (le plus grand Arreso 40,6 km²). *Fleuve* le plus long Gudenaa 158 km. **Climat** maritime tempéré du Gulf

Stream (moy. 8 °C). *Pluies :* – de 600 mm/an ; 120 à 200 j par an. *Neige* 6 à 9 j par mois de janvier à mars. *Mois le plus froid* févr. – 3 °C, *le plus chaud* juill. 17 °C ; *gel* 70 j par an sur les côtes, 120 j à l'intérieur.

● **Population.** 5 120 000 h. (85). [*1769 :* 797 584, *1901 :* 2 449 540, *1930 :* 3 550 656, *1960 :* 4 585 256, *1970 :* 4 906 916]. En % : Danois 96,5, Allemands 1,71 (8 145 en 85), Suédois 0,4 (7 992 en 85). – *de 15 a.* 22,4 % ; *+ de 65 a.* 14 %. *Émigration* 35 749 dont pays nordiques 29 029, autres pays d'Eur. 4 422, hors d'Eur. 4 298. *Étrangers* (85) 107 726 dont Europe 78 700 (dont C.E.E. 24 382, pays nordiques 22 600, Turquie 18 806, Youg. 7 617), Asie 16 830, Amér. 6 829 (dont U.S.A. 4 110), Afr. 4 470, Océanie 527. D. 119. **Villes** (84) : *Copenhague* 482 937 h. (agg. 1 365 760), Aarhus 193 633 (à 282 km de Copenhague), Odense 137 409 (à 141 km), Aalborg 114 232 (à 385 km), Esbjerg 71 039 (à 278 km), Randers 56 125 (à 318 km). *Population urbanisée* 84,2 %.

● **Langue off.** Danois. Fait partie des langues germaniques scandinaves, dérivées du nordique commun (urnordisk) parlé jusqu'au IXe s. après J.-C. A partir de 1000, se différencie de l'islandais, du norvégien et du suédois en simplifiant phonétique et grammaire et en adoptant de nombreux mots romans et all. ; redevient langue off. en Norvège au XIVe s. Un dialecte frison (germanique westique) est parlé dans le S.-O.

● **Religions.** Luthériens 97 % (rel. d'État, le chef de l'État doit être luthérien), 28 300 (en 80) cath. 6 400 (en 80) baptistes, 4 000 méthodistes, israélites.

● **Histoire. VIIe s. av. J.-C.-XIe s. apr. J.-C.** peuplement scandinave : Germains nordiques navigateurs ne se distinguant pas des Norvégiens et Suédois (Vikings). **IXe s.** invasion franque en Saxe : le roi Godfred barre l'isthme danois à la hauteur de Schleswig ; il déclenche une guerre navale de harcèlement contre l'Europe chrétienne. **911** le chef Viking, Rollon, devient duc de Normandie (française). **950** royaume (le + ancien d'Europe). **965** le roi Harald († 986) se fait baptiser. **1018** fondation d'un royaume bicéphale angl. et danois par Knut le Grand. **1018** les missionnaires angl. convertissent le D. **1066** les D. chassés d'Angl. par les Normands fr. **1104** création de l'archevêché de Lund. **1157-1241** le royaume dan. est intégré à l'Europe chrétienne par la dynastie des Valdemar. **1167** fondation de Copenhague. **1241-1340** g. intestines. **1397** l'Union de Kalmar réunit D., Islande, Norvège, Suède. Rompue 1438, 1448. **1523** la Suède avec Gustave Vasa la quitte définit. **1536** adoption du protestantisme. Après plusieurs g. avec la Suède, le D. perd *(tr. de Roskilde 1658)* Halland, Blekinge et Scanie (sud Suède) qu'il ne peut reconquérir (g. de Scanie 1675-79). **1772**-*28-4* exécution de l'All. Friedrich Struensee (n. 1737), partisan du « despotisme éclairé ». **1807**-*5-9* les D. ayant soutenu Napoléon contre eux, les Angl. bombardent Copenhague. **1814**-*14-11 tr. de Kiel*, le D. cède Norv. à la Suède. **1848-50** révolte des duchés du Schleswig et du Holstein, qui sont perdus après une g. contre Prusse et Autr. (1864). **1914-18** neutre. **1918** autonomie de l'Islande. **1920** l'All. rend après plébiscite local partie du Schleswig (3 822 km², 200 000 h. dont 15 % de langue all.). L'Islande devient indépendante mais le roi du D. continue à en être le roi. **1940**-*9-4* invasion all. **1943**-*29-8* en raison des sabotages, les All. exigent un état d'exception, le gouv. d. refuse, le roi est prisonnier dans son château, les All. instituent des cours martiales. -*1-10* persécutions contre Juifs. **1944**-*30-6/15-7* grève gén., les All. doivent accepter le départ de la milice dan. Indépendance complète de l'Islande. **1945**-*5-5* entrée des troupes brit. **1960** entrée dans l'A.E.L.E. **1972**-*2-10* référendum sur l'adhésion à la C.E.E. : votants 89,8 % ; oui 57 % des inscrits, 63,5 % des votants ; non 32,6 %, et 36,5 % (Groenland : oui 4 062 voix, non 9 894 voix). **1973**-*1-1* entrée dans la C.E.E. **1978**-*17-11* loi-cadre, autonomie interne au Groenland. **1982**-*28/30-4* visite du Pt Mitterrand. **1984** le D. réaffirme ses droits sur l'île déserte de Hans (3 km²), découverte en 1873 (le Canada y ayant entrepris des recherches, en revendique la propriété). **1985**-*21-1* parlement refuse projet de réformes de la C.E.E. : 80 députés contre (sociaux-démocrates, radicaux, socialistes pop. et soc. de gauche), 75 pour (conservateurs, libéraux, centristes démocrates et chrétiens pop.). **1986**-*27-2* référendum pour projet (oui 56,2 % des voix, abstentions 25,2 %).

● **Statut.** Royaume. *Constitution* du 5-7-1849, modifiée le 5-6-1953 (accession des femmes au trône). Parlement : *Folketing* (179 m., dont 2 pour Féroé et 2 p. le Groenland, élus p. 4 ans au suffr. univ.). Pour être représenté un parti doit avoir au moins 2 % des suffrages. *Ombudsman*, citoyen chargé de contrôler l'admin., élu par le Folketing. *Départements (amter)* 14 ayant un antsbourgmestre (élu dans et par le conseil départemental) à leur tête et *communes* 2 (Copenhague et Frederiksberg) ayant un statut particulier. *Drapeau* le plus ancien du monde (Dannebrog 1219). **Fête nat. :** 5 juin (Constitution).

☞ Le D. contrôle les détroits qui font communiquer Baltique et mer du Nord. Les sous-marins qui les traversent (même s'ils ne passent pas par les eaux territoriales) doivent le faire en surface et après avoir hissé pavillon.

Élections (10-1-84) (Sièges obtenus, % des voix en italiques et entre parenthèses élect. du 8-12-81). P. social-démocrate 56 s. *31,6* (59, 32,9), Conservateur 42 s. *23,4* (26, 14,5), Libéral 22 s. *12,1* (20, 11,3), Socialiste pop. 21 s. *11,5* (21, 11,3), Progrès 6 s. *3,6* (16, 8,9), Centre démocrate 8 s. *4,6* (15, 8,3), Radical 10 s. *5,5* (9, 5,1), Socialiste de gauche 5 s. *2,6* (5, 2,7), Chrétien pop. 5 s. *2,7* (4, 2,3), Georgiste 0 s. *1,5* (0, 1,4), Communiste 0 s. *1,7* (0, 1,1), Soc. ouvrier 0 s. *0,1*. *Féroé* : 1 social-démocrate et 1 libéral. *Groenland* : 1 atassut. 1 siumut.

Nota. – % des voix obtenues par les partis dep. 1943 : *soc.-dém.* max. 44,5 (1943), min. 25,6 (1973) ; *radicaux (libéraux-soc.)* max. 15 (1968), min. 5,3 (1964) ; *conserv. pop.* max. 23,4 (1984), min. 5,5 (1975) ; *libéraux* max. 27,6 (1947), min. 12,3 (1973) ; *communistes* max. 12,5 (1945), min. 0,7 (1984).

Partis. *P. social-démocrate* : f. 1871, *Pt* Anker Jorgensen (13-7-22), 105 000 m. *P. libéral* : f. 1870, *Pt* Uffe Ellemann-Jensen, 86 962 m. *P. conservateur* : f. 1916, *Pt* Poul Schlüter (3-4-1929), 54 000 m. *P. socialiste populaire* : f. 1959, *Pt* Gert Petersen (19-8-1927), 7 543 m. *P. libéral radical* : f. 20-5-1905, *Pt* Thorkild Moller (17-8-32), 12 000 m. *P. georgiste* : f. 1919, *Pt* Poul Gerhard Crone Kristiansen (15-11-53), 2 000 m. *P. communiste* : f. 1919, 10 000 m., *Pt* Jorgen Jensen. *P. socialiste de gauche* : f. 1967, 2 000 m. *P. centre démocrate* : f. 1973, *Pt* Erhard Jacobsen (25-2-17), 2 500 m. *P. chrétien du peuple* : f. 13-4-1970, *Pt* Flemming Kofod-Svendsen (21-3-44), 11 000 m. *P. du progrès* : f. 1972, *Pt* Helge Dohrmann (8-12-25), 15 000 m. *P. des démocrates libres, Pt* U.A. Jakobsen.

● **Rois depuis 1448. Dynastie d'Oldenbourg. 1448** CHRISTIAN Ier (1426-81), f. de Dietrich, duc d'Oldenbourg, roi de Danemark 1448, Norvège 1450, Suède 1457-68. **81** HANS Ier (1455-1513), s. f. (roi de Suède : Jean II 1497-1501). **1513** CHRISTIAN II (1481-1559), s. f., roi de Suède 1520, expulsé 1523. **23** FREDERIK Ier (1471-1533), f. de Christian Ier. **34** CHRISTIAN III (1503-59), s. f. **59** FREDERIK II (1534-88), s. f. **88** CHRISTIAN IV (1577-1648), s. f. **1648** FREDERIK III (1609-70), s. f. **70** CHRISTIAN V (1646-99), s. f. **99** FREDERIK IV (1671-1730), s. f. **1730** CHRISTIAN VI (1699-1746), s. f. **46** FREDERIK V (1723-66), s. f. **66** CHRISTIAN VII (1749-1808), s. f. **1808** FREDERIK VI (1768-1839), s. f. (régent 1784, son père étant devenu fou). **39** CHRISTIAN VIII (1786-1848), s. f. **48** FREDERIK VII (1808-63), s. f.

Dynastie de Schleswig-Holstein-Sonderbourg-Glücksbourg. 1863 CHRISTIAN IX (1818-1906), f. de Guillaume, duc de Schleswig-Holstein, descendant de Christian III, ép. Pcesse Louise de Hesse-Cassel (1817-98). **1906** FREDERIK VIII (1843-1912), s. f., ép. Pcesse Louise de Suède et de Norvège (1851-1926). **12** (14-5)

Christian X (1870-1947), s. f., ép. 26-4-1898 Alexandrine, duchesse de Mecklembourg (1879-1952). **47** (20-4) Frederik IX (1899-1972), s. f., ép. 24-5-35 P^cesse^ Ingrid de Suède (28-3-10), f. du roi Gustave VI de Suède. **72** (14-1) Margrethe II (16-4-40), s. f. Reine des Wendes et des Goths, duchesse de Schleswig, Holstein, Stormarn, des Dithmarses, de Lauenbourg et d'Oldenbourg, ép. le 10-6-67 Henri de Laborde de Monpezat (Français, n. 11-6-34), devenu P^ce^ Henrik de Danemark. Enfants : Frederik (26-5-68), Joachim (7-6-69). 2 sœurs : P^cesse^ *Benedikte* (29-4-44) ép. le 3-2-68 P^ce^ Richard de Sayn Wittgenstein Berlebourg (29-10-34), enfants : Gustav (12-1-69), Alexandra (20-11-70). P^cesse^ *Anne-Marie* (30-8-46) ép. le 18-9-64 le roi Constantin de Grèce (2-6-40), enfants : Alexia (10-7-65), Paul (20-5-67), Nicholas (1-10-69), Theodora (1983).

● **Premiers ministres. 1945** *5-5/7-11* coalition gouv. par Wilhem Buhl (1881-1954)[1]. *7-11* Knud Kristensen (1880-1962)[2]. **47**-*13-11* Hans Hedtoft (1903-55)[1]. **50**-*30-10* Erik Eriksen (1902-72)[3]. **53**-*30-9* Hans Hedtoft (1903-55)[1]. **55**-*1-2* Hans Christian Hansen (1906-60)[1]. **57**-*28-5* H.C. Hansen (1906-60)[1]. **60**-*21-2* Viggo Kampmann (n. 21-7-10)[1]. **62**-*3-9* Jens Otto Krag (1914-78)[1]. **68**-*2-2* Hilmar Baunsgaard (n. 26-2-20)[4]. **71**-*11-10* Jens Otto Krag (1914-78)[1]. **72**-*5-10* Anker Jorgensen (n. 13-7-22)[1]. **73**-*19-12* Poul Hartling (n. 14-6-14)[2]. **75**-*13-2* Anker Jorgensen (n. 13-7-22)[1]. **82**-*10-9* Poul Schlüter (n. 3-4-29)[3].

Nota. — (1) Sociaux-démocrates. (2) Libéraux. (3) Libéraux-conservateurs. (4) Radicaux.

Dépendances

● **Iles Féroé** (en danois *Færoerne*, dans la langue locale *Förorjar*). Atlantique, à 450 km au S.-E. de l'Islande, 5 % du sol cult. 18 îles (1 399 km²) dont 17 habitées, île la plus grande : Strömö 374 km². *Alt. max.* 882 m. *Climat :* hiver doux (janv. 3,2 °C), été frais (juil. 10,8 °C). *Pop.* 44 805 h. (1-1-84). D. 30. *Chef-lieu : Thorshavn* 14 473 h. *Religion :* Luthériens. *Langues off. :* féroen et danois. *Statut :* à la Norvège, puis au D. (1380), autonome dep. 1948. 2 députés au Folketing. Gouvernement local *(Landstyre)* de 4 m. présidé par le *Lagmand. Rigsombudsman* : représentant supérieur du royaume. *Parlement (Lagting) :* 32 m. *Partis :* 6 assez proches des D., 3 de coalition gouv. disposent de 14 sièges. A refusé en 1972 d'entrer dans la CEE. *Ressources :* pêche, chasse à la baleine, pas de forêt, landes (moutons).

● **Groenland** (pays vert). Atlantique, à 300 km de l'Islande. 2 175 600 km² (plus grande île au monde après l'Australie) dont 44 800 km² d'îles côtières. 1 833 900 km², 85 % recouverts par l'inlandsis (d'une épaisseur moyenne de 1,515 km et jusqu'à 2,7 km) et 341 700 km² libres de glaces. *Volume de glace :* env. 2 600 000 km³. *Alt. max.* Gunnbjierns Fjeld 3 733 m. Maigre végétation. **Climat** été + 30 °C au S., + 5 °C au N., hiver — 20 °C au S., atteint — 40 °C au N. 52 940 h. (85) au S. dont 2 550 Européens, Esquimaux [(en indien ceux qui mangent de la viande crue : nuits, hommes en inuktitut) métis de Danois]. D. 0,1. **Villes :** Nuuk (ex-Godthaab) 11 047 h. (85), Sisimiut (ex-Holsteinborg) 4 731 h. (85). 18 villes de + de 1 000 h. 70 villages ou campements de 30 à 600 h. **Langues off. :** inuktitut et danois. **Histoire : V. 982** Colonisé par Eric le Rouge. **XIIe s.** Colon. norv. de 12 000 membres assimilés ou dispersés v. **1500. 1397** colonie d. **1721** nouvel établissement danois avec le pasteur Hans Egede. Colonie jusqu'en **1953.** Depuis comté d. (partie intégrante du D.) représenté par 2 m. au Folketing. **1979**-*17-1* référendum pour l'autonomie (votants 63,2 % dont oui 70,1 %, non 22,8 %, nuls 4,1 %). *1-5* autonomie effective. **1982**-*23-2* référendum sur retrait du Marché commun, oui 52 %, non 46,1 % (effet au 1-2-85). **1984**-*6-6* élections à l'Assemblée du territoire, socialistes 11 s., modérés 11., extrême gauche indépendantiste 3 s. **Statut :** État autonome. *Exécutif :* Landstyn *PM* Jonathan Motzfedt (n. 1939) dep. 1-5-1979. *Parlement* (Landsting) él. 6-6-84 Siumut (gauche) 11 s., Atassut (modéré) 11. Inuit. (soc.) 3. Défense et Aff. étrangères restent au gouv. d. **Ressources :** 150 000 km² (surtout au S.-O.) habités. Chasse (vente peaux de phoques, env. 4 000/an, uniquement adultes). Pêche (45 000 pers. employées). Moutons au S. Cryolithe, charbon, plomb, zinc, chrome, cuivre, molybdène. Probablement uranium, pétrole, thonium. *Bases américaines à Thulé et Sonche Stromfjord.*

Anciennes colonies danoises

● **Europe. Islande** dep. 930, indép. dep. 1944. **Groenland** autonome 1979. **Féroé** autonomes dep. 1948.

● **Amérique. Antilles danoises** (50 îles, 344 km²) dont St-Thomas (83 km²) dep. 1672 ; St-Croix [207 km² (cap. Charlotte-Amalie)], française en 1650, cédée en 1733 par Louis XV à Christian VI pour le remercier de l'aide et des facilités accordées à son ambassadeur, le Cte de Plélo, et au G^al^ de La Motte de La Peyrouse, Cdt du corps expéditionnaire français à Dantzig, venus au secours du roi Stanislas Leszcynski ; St-Jean (52 km²) dep. 1718. Iles achetées 25 millions de $ en 1917 par U.S.A. De là, comptoirs créés au Bengale (vendus ou cédés aux Anglais de 1824 à 1845).

● **Asie. Bengale occidental** (Inde). Tranquebar et Serampur, sur l'Hooghly, de 1618 à 1845. **Iles Nicobar** (1 645 km²) annexées en 1756 sous le nom de Ny Danmark (rebaptisées îles Frédéric). Occupées de 1789 à 1796 par les Anglais (qui y avaient créé un pénitencier), réoccupées par les Danois, puis rétrocédées aux Angl. en 1858. **Canton** (Chine) comptoir du XVIIIe s. au début du XIXe s.

● **Afrique.** *Ghāna.* A Accra, fort de Christiansborg, dep. 1699. A l'est, comptoirs de Tema et de Nimbo. Vers le Dahomey, forts de Fridensborg, de Kœnigstein, de Binzenstein. Laissés aux Anglais en 1850 pour 50 000 livres.

Économie

P.N.B. (84) 10 760 $ par h. **Pop. active.** (% et entre par. part du P.N.B. en %) agr. 7,4 (6,5), ind. 27 (23), services 64 (69), mines 1 (1). *Chômage 83 :* 10,8 ; *84 :* 10,5 ; *85 :* 9. **Inflation (%)** : *1982 :* 10,1. *83 :* 6,9. *84 :* 6,3. *85 :* 4,7. **Dette extérieure** (milliards de $) *1985 :* 28 (40 % du P.I.B.). **Balance des paiements** (milliards de $) : *1985 :* 3,28. **Déficit budgétaire** (milliards de couronnes) : *1985 :* 28.

Agriculture. *Terres* (milliers d'ha, 84) cultivées 2 855, forêts 493. *Production* (milliers de t, 83) orge 6 070 (84), p. de terre 853, blé 1 548, seigle 315, avoine 86. Horticulture.

Élevage (milliers de têtes, 84). Bovins 2 750, porcs 8 717, moutons 55, chevaux 33, poulets 14 415, canards 888, dindes 414, oies 116. Viande, lait et dérivés du lait. Visons pour les peaux.

Pêche (milliers de t, 83) 1 794 dont 99 % dans l'océan Atlantique et 1 % dans les eaux territoriales.

Mines. Mer du Nord : *pétrole :* prod. 2 000 000 t en 83, *gaz* (milliards de m³) prod. 2,5 en 84, réserves 57. **Industrie.** Constr. navale, farine de poisson pour l'élevage, bière, ind. alim., conserveries de poisson, papier, chimie, métallurgie.

Tourisme. Env. 8 393 200 vis. (85). **Transports** (km). Routes 70 224. Ch. de fer 2 473.

Commerce (milliards de couronnes, 84). *Exportations* 164,8 *dont* prod. alim. 45,8, mach. et équip. de transp. 37,6, *vers* All. féd. 26, G.-B. 21, Suède 18, U.S.A 15, France 7,3. *Importations* 171,1 *dont* (82) fuel et lubrifiants 30, mach. et équip. de transp. 41 (84), demi-prod. 27, prod. alim. 16 (84), *de* (82) All. féd. 28, Suède 16, G.-B. 15, P.-Bas 10, U.S.A. 9.

Rang dans le monde (83). 10e orge. 11e pêche. 16e porcins.

DJIBOUTI

Carte p. 880. V. légende p. 787.

Situation. Afrique orient. 23 200 km². *Frontières :* avec Éthiopie 450 km, Somalie 65. *Côtes* 370 km. *Alt. max.* 2 010 m (Moussa Ali), *min.* — 150 m (lac Assal). *Sol* d'origine volcanique. Plateaux limités par d'énormes failles. A l'intérieur plaines effondrées au milieu des plateaux et chaînes basaltiques. **Saisons** chaude mai-sept. (40 °C en moyenne, max. 55 °C, 70 % d'humidité) ; fraîche oct.-avril (25 °C en moyenne). *Pluies* rares et irrégulières (170,2 mm à Djibouti, 115,2 à Tadjourah). En 1981, 275,5 mm en moy. Pas de cours d'eau permanents.

Population. 450 000 h. (85) ; Afars (même ethnie que les Danakils éthiopiens) 37 % dont 10 000 à Djibouti, Somalis Issas 47 %, autres Somalis 55 000, Arabes 6 %, Européens 8 %, divers 3 000 (réfugiés de l'Ogaden env. 10 000). Env. 10 000 Français (avant l'indép. 8 000). — *de 15 a.* 40 %, *+ de 65 a.* 1,1 %. D. 18,5. **Villes :** *Djibouti* 300 000 h. (85, non compris 20 000 personnes « fluctuantes »), Ali Sabieh 4 000 (circ. adm. 15 000) (à 98 km), Tadjourah 3 500 (circ. adm. 30 000) (à 344 km par la route ou 2 h 30 par mer : bac), Dikhil 3 000 (circonscription adm. 30 000) (à 117 km), Obock 1 500 (circ. adm. 15 000) (419 km par la route ou 3 h 30 par mer : bac).

Langues. Arabe *(off.)*, français *(off.)*, afar et somali (nationales). **Religions.** Musulmans chaféites 94 %, catholiques 4, orthodoxes 1, protestants 1.

Histoire. 1862 la France acquiert la rade d'Obock. **1884** occupation de la région de Tadjourah. **1884-94** Léonce Lagarde gouverneur. **1888** occupation de Djibouti, frontières avec l'Éthiopie précisées. **1892** devient Côte fr. des Somalis. **1942** ralliement à Fr. libre. **1946** T.O.M., création d'une Ass. locale dans le cadre de l'Union fr. **1958** référendum pour le statut de T.O.M. **1966** *sept.* visite du Gal de Gaulle, manif. violentes (plusieurs †). **1967**-*19-3* référendum (inscrits 39 512, suffrages exprimés 37 221, oui 22 555, non 14 666) : nouveau statut avec ch. des députés et gouv. local, prend le nom de Territ. fr. des Afars et des Issas. **1972**-*12-3* création de la Ligue pop. afric. pour l'indép. (LPAI), opposition. **1975** *mai* le FLCS enlève Jean Gueury, amb. de Fr. en Somalie , et le relâche contre la libération d'Omar Osman Rabbe (interné en Fr.). *-25/26-5* affrontements Afars-Issas (11 †, 200 bl.). **1976**-*3/4-2* 30 enfants de milit. pris en otages par commando du FLCS, libérés par la force (1 enf. tué). *-17-7* Pt Ali Aref Bourhan démissionne. **1977** *mars* table ronde à Paris entre principaux partis et mouv. dj. *-8-5* élections lég. et référendum (votants 96 %, oui à l'indép. 98,7 % des v.). *-27-6* indép. *-15-12* attentat (6 †, 30 bl.), démission du PM, dissolution du Mouv. pop. de libér. (Afars, extrémistes). **1978**-*7-11* importante activité volcanique à 80 km à l'O. de Djibouti (Ardou-Boka). **1982**-*21-5* 1res élec. législ.

Statut. République. *Pt* (élu pour 6 a.) Hassan Gouled Aptidon (n. 1916) dep. 27-6-77. *PM* Barkhat Gourat Hamadou dep. 2-10-78. *Chambre des députés* (65 m. élus pour 5 a.). *Rassemblement populaire pour le Progrès* (R.P.P.) f. 1979, parti unique dep. 1981. **Base militaire** française (3 750 h. et leurs familles assurent 30 % des ressources de D.).

Économie

P.N.B. (84) 276 $ par h. **Pop. active** (% et entre par. part du P.N.B. en %) agr. 35 (5), ind. 10 (15), services 55 (80). **Inflation.** (84) 1,7 %.

Agriculture. Peu importante (90 % des terres sont désertiques, 200 ha cult. en 84). **Élevage.** Semi-nomade. (Milliers de têtes, 83) chèvres 540, moutons 380, bovins 43, chameaux 52, ânes 7. **Pêche** (84) env. 400 t. Coquillages, éponges.

Géothermie. Près du lac Assal, vers 1 500 m. de prof. eau à 150-250 °C. Pourrait fournir vers 1987 18 MW (couvrant 100 % des besoins de D.).

Industrie. Boissons non alcoolisées, bitume. **Services.** Ravitaillement des navires (*C.A. du port* 10,22 milliards de $ en 85) ; trafic 775 600 t et 17 800 conteneurs. Aboutissement du chemin de fer Djibouti-Addis-Abeba (construit de 1894 à 1971, seul accès à la mer de l'Éthiopie), 781 km dont 106 à Djibouti.

Commerce (millions de F.D., 83). *Exportations* 1 918 *dont* (80) animaux vivants 191, viande et poisson 137, cuirs et peaux 135, fruits et légumes 134 *vers* (80) France 1 459, Italie 126,9, Somalie 110,5, Benelux 53,9. *Importations* 39 307 *dont* alim. 7 488, mat. de transp. 4 749, text. et chaussures 4 713, mach. et mat. élec. 4 301, hydrocarbures 3 708 *de* France 13 900, Éthiopie 3 584, Japon 3 000, P.-Bas 2 100, Italie 1 700.

DOMINICAINE (RÉPUBLIQUE)

Carte p. 848. V. légende p. 787.

Situation. Grandes Antilles, partie orientale de l'île d'Hispaniola (ou St-Domingue). 48 422 km². *Long.* 430 km, *larg.* 226 km. *Côtes* 1 600 km. *Frontières* avec Haïti 308 km. *Alt. max.* Pico Duart 3 175 m. **Climat** tropical, tempéré à l'intérieur ; pluies d'été abondantes au N. et à l'E. Cyclones surtout au déb. de l'automne.

Population. 6 420 000 h. (85) dont, en %, Mulâtres 75, Noirs 10, Blancs 15. D. 132,5. — *de 15 a.* 47,5 %. Pop. urbaine 49,1 %. **Villes** (12-81) : *Santo Domingo de Guzman* (ex-Ciudad Trujillo 1936-61) 1 313 172 h., Santiago de los Caballeros 278 638, La Vega 194 508, San Francisco de Marocis 154 570. Chaque année arrivée d'env. 12 000 Haïtiens « achetés » 11 $ (46 F). Env. 280 000 Haïtiens en République dominicaine.

Langue. Espagnol *(off.)*. **Religions.** Catholiques (95 %) *(off.)*, protestants (2 %).

Histoire. 1492-*5-12* découverte par C. Colomb. **1697** partagée entre France et Espagne (tr. de Ryswick). **1795** partie esp. (St-Domingue) cédée à la Fr. puis se révolte. **1808** Fr. chassés ; 1re Rép. ; l'Esp. reprend le contrôle. **1821** indép. éphémère. **1822-44** invasion et occupation haïtienne. **1844**-*27-2* indép.,

Rép. dominicaine. **1861-65** retour à l'Esp. **1865-1904** restauration, Pt Buenaventura Baes. **1904** U.S.A. prennent en charge dette extérieure (32 000 000 de pesos). **1916-24** occupation amér. **1930-61** dictature du Gal Rafaël Trujillo (1891-1961) (Pt 1930-38 et 1942-52). **1952-60** Pt Hector Trujillo, fr. du Gal. **1961**-*30-5* Trujillo assassiné. **1962** *mars* Joaquim Balaguer (Pt dep. 1960) se retire. **1963**-*18-1* Pt Rafaël F. Bonnelly. *-27-2* Juan Bosch élu Pt (1res él. libres dep. 38 ans), renversé et remplacé par un triumvirat soutenu par l'armée. **1965**-*24-4* g. civile [partisans de Bosch et de Camaño contre p. du Gal Antonio Imbert, qui triomphent soutenus par U.S.A. et forces inter-amér. de l'O.E.A. (35 000 h)]. Gouv. provisoire de G. Godoy. **1966** Joaquim Balaguer (n. 1-9-07) élu Pt. **1973** guérilla réprimée, Camaño tué. **1978-82** Antonio Guzman Pt. **1979**-*3-9* cyclones David et Frédéric, 1 200 †, plusieurs centaines de disparus, 350 000 sans abri, 90 % de l'agr. détruite (env. 350 millions de $ de dégâts alors que le budget est de 400 millions de $). **1982** Pt Guzman se suicide (pots-de-vin mettant en cause son entourage). Jorge Blanco Pt. **1984**-*23/24-4* émeutes, 70 †. **1985** retrait des multinationales ; crise sucrière [la livre de sucre (5 cents sur marché mondial) revient à 15 cents].

Statut. Rép. *Const.* du 28-11-66. *Sénat* (27 m. élus pour 4 a.). *Ch. des dép.* (81 m. élus pour 4 a.). *Pt* (élu pour 4 a. au suffr. univ.) Joaquim Balaguer (n. 1-9-07) (Parti réformiste social chrétien, PRSC) élu 16-5-86 par 41,56 % des voix devant Jacobo Majluta (Parti révol. domin.) [avant Salvador Jorge Blanco (n. 5-7-26, Parti révol. dom.]. **Fête nat.** 27 février (indép.).

Économie

P.N.B. env. 1 630 $ par h. **Pop. active** (%, entre par. part du P.N.B. en %) agr. 49 (18), ind. 14 (25), services 33 (54), mines 4 (3). *Chômage* (85) : 30 % (50 % sans employés). **Inflation** *80 :* 16,8 %. *81 :* 7,5. *82 :* 7,7. *83 :* 6,5. *84 :* 27,2. *85 :* 64. **Dette extérieure** (milliards de $) *84 :* 2.

Mines. Or, argent, nickel, bauxite. **Tourisme.**

Commerce (millions de $ RD, 83). *Exportations* 785,2 *dont* sucre 263,5, or et argent 150,7, ferronickel 45,4, café 76,2, *vers* U.S.A. 503,6, Porto Rico 32,4, Venezuela 3,7. *Importations* 1 279 *dont* pétrole 461,2, prod. alim. 103,4, véhicules 44,3, prod. chim. 70,3, mach. 104,2, *de* U.S.A. 441,5, Venezuela 271,5, Mexique 141, Antilles holl. 47,7, Japon 55.

Agriculture. *Terres* (milliers d'ha, 81) arables 885, cultivées en permanence 350, pâturages 1 520, forêts 633, eaux 35, divers 1 450. *Production* (milliers de t, est. 82), sucre de canne 10 920, riz 446,9, café 126,9, manioc 109,4, tomates 153, cacao 34,9. Bananes 18,5 millions de régimes. (En millions) oranges 370, avocats 370, mangues 681.

200 propriétaires possèdent 25 % de la surface agricole ; 200 000 paysans travaillent sur moins de 12,5 % des terres cultivables.

Élevage (milliers de têtes, 83). Bovins 1 951, porcs 143, chèvres 330 (82), moutons 56, chevaux 198 (82), ânes 247 (82). **Pêche.** 12 483 t (82).

Rang dans le monde (83). 8e cacao. 11e or. 15e canne à sucre.

DOMINIQUE

Carte p. 939. V. légende p. 787.

Situation. Antilles (île du Vent). 750,6 km². *Long.* 152 km, *larg.* 47 km. *Montagnes* volcaniques (alt. 1 640 m). 365 rivières. Climat tropical.

Population. 85 000 h. (84) dont 95 % de race africaine et 500 à 600 Caraïbes. D. 113,7. **Villes :** *Roseau* 20 000 h., Portsmouth 2 700. **Chômage :** 15 à 20 %. **Langues.** Angl. *(off.)* ; français ; créole martiniquais 75 %. **Religions.** Catholique (80 %), anglicans et méthodistes (20 %).

Histoire. 1493-*3-11* découverte par Christophe Colomb. Colonie fr. **1763** cession à l'Angleterre après d'âpres disputes. Reconquise 2 fois : **1772-83** et **1802-14. 1967**-*1-3* État associé à la G.-B. **1978**-*3-11* indépendance. **1979** cyclones David (29-8) et Allen (3-9), 222 millions de $ de dégâts, 3/4 des h. sans abri. **1981** *19-12* tentative de coup d'État.

Statut. République. Membre du Commonwealth. *Pt* Clarence Seignoret dep. 20-12-83. *PM* Mary Eugenia Charles (n. 1919) dep. 23-7-80. *Ass. législative* 31 m. dont 9 nommés, 1 d'office et 21 élus. Élections du 1-7-85 : Parti de la liberté (DFP) de Mme Eugenia Charles (P.M.) 15 s., P. trav. d'opposition (L.P.D.) de Michael Douglas 5 s., P. trav. uni (U.D.L.P.) 1 s.

Économie. P.N.B. (83) 970 $ par h. *Agriculture* (milliers de t, 82) coprah 3, noix de coco 19, bananes 34, pamplemousses 13. *Élevage* (milliers de têtes, 82) bovins 4, porcs 8, moutons 4, chèvres 6, volailles 115. *Mines* pierre ponce. *Industrie* rhum, savon. *Tourisme* 37 954 vis. (83). *Dette extér.* (1981) 17 millions de $.

Commerce (millions de $ E.C., 83). *Exportations* 72,2 (82) *dont* (%, 78) bananes 58,4, savon 11,9, huile de coco 5,11 *vers* (78) G.-B. 24,4, Guyane 1,4, Jamaïque 1,4, U.S.A. 1,1. *Importations* 119,7 *dont* (%, 78) boîtes en carton 6,9, viande 6,3, métaux 5,7 *de* (78) Ste-Lucie 3,8, G.-B. 3,09, U.S.A. 3,02, Antigua 1,9, Trinité et Tobago 1,7.

ÉGYPTE

Carte p. 852. V. légende p. 787.

Situation. Afrique et Asie (Sinaï, à l'E. du canal de Suez). 997 738 km² dont 35 580 habités et cultivés. *Long.* N.-S. 1 024 km, *larg.* E.-O. 1 240 km. *Côtes :* Méditerranée 995 km, mer Rouge 1 941. *Frontières :* Soudan 1 150 km, Libye 1 080, Israël 240 ; *actuellement* 110. *Alt. max.* Gebel Ste-Catherine (Sinaï) 2 641 m. *4 régions : vallée et delta* 33 000 km² (Nil largeur : 200 m au S. d'Assouan ; delta : 200 km au Caire) ; à 400 km du Soudan, la vallée du Nil a 3 km de large ; le Nil a 6 cataractes (la 1re à Assouan, les autres au Soudan) ; *désert occ.* 710 000 km², série de plateaux et dépression de Kattara (– 137 m) ; *orient.* 222 000 km², alt. de + de 2 000 m près de la mer Rouge ; *Sinaï* presqu'île 56 000 km². *Climat :* littoral chaud et humide, faibles variations (janv. 13,4 °C, août 26 °C) ; Le Caire (hiver) 12 à 20 °C, (été) 33 à 35 °C ; delta et moyenne Ég. : sécheresse, chaleur max. + de 41 °C, hivers plus froids 7,5 °C, gels possibles ; Louxor, Assouan (hiver) 23 °C, (été) 40 °C. *Pluies* (par an) ; Alexandrie 200 mm ; au S. 80 mm ou moins. *Vent* de sable sec (khamsin) fréquent au printemps (la temp. peut s'élever de 20 °C en 2 h, le vent atteindre 150 km/h). La *hte Égypte* va jusqu'au Caire, *la basse E.* correspond au delta du Nil.

Population (en millions) [*1800 :* 4,5 ; *1882 :* 7,8 ; *1907 :* 11,2 ; *1937 :* 15,9 ; *1947 :* 19] *1986 :* 49,6. D. 44 (zone reconnue comme habitée 55 039 km² dont z. habitée et cultivée 35 580 km², D. 1 257). *Accroissement annuel moyen :* 1 million, *taux de natalité* (en %) : *1960 :* 43,1 ; *85 :* 2,6. *Villes* (1-7-81) : *Le Caire* agg. (84) 10 000 000 h. (nombreux migrants non déclarés, habitant les cimetières ou vivant à 10 par pièce), Alexandrie 4 000 000 (est. 83), Guizeh 1 422 000, Suez 224 000, Shubra el Khema 454 000, El Mahalla el Koubra 130 000 (est. 83), Tantah 150 000 (est. 83). *Égyptiens à l'étranger :* 2 000 000 (Irak 1 000 000, Arabie Saoud., Koweït, Emirats arabes 1 000 000) employés dans construction, professions scientifiques et techniques (enseignement) ; en *Libye :* 250 000. *Français en Égypte : 1945 :* 25 000, *63 :* 700, *75 :* 2 100 (dont 300 religieux, 200 coopérants). *Libanais : 1976 :* 43 700, *v. 90 :* 55 000.

Origine ethnique. *Arabes* (« Saïts ») : 4 %. *Musulmans d'origines diverses* (Turcs, Berbères, Slaves) : **(coptes** descendants des anciens Ég.) 95 %, dont 78 % (mus.) se sont croisés avec Arabes et mus. d'origine diverse et 17 % (chrétiens) sont restés des coptes purs, leur religion leur interdisant les mariages mixtes [favorables aux conquérants arabes qui les protégeaient contre Byzance, ils furent soumis à des impôts spéciaux à cause de leur religion, d'où de nombreuses conversions à l'islam : bien traités sous les Toulounides (868-905) et les Fatimides (969-1171), ils furent opprimés par les Turcs (réduits en servage). De nouveau favorisés sous Méhémet Ali, allié à l'Occident (1804-49) ; formant la classe des fonctionnaires, l'intelligentsia ég. au xxe s. et les cadres du P. communiste ég]. Après 1952, émigration massive, exode rural vers les villes (1 million au Caire). V. 1970 : renouveau islamique et émeutes anticoptes (églises brûlées, etc). Actes de violence en 1977 (négociation Sadate-Begin), 1980 (28-3 : arrivée du Shah d'Iran au Caire). Les conversions de coptes à l'islam sont fréquentes (motifs principaux : possibilité de divorce, ou désir d'épouser une musulmane).

Langues. Arabe *(off.)*, anglais, français. (Le *copte*, l. morte, est resté la l. de la liturgie chrétienne.) *Analphabètes :* 70 %.

Religions. (%) musulmans 80, chrétiens monophysites et catholiques 19 (latins et coptes), juifs 0,004 (*1948 :* 70 000).

Histoire

Égypte pharaonique. V. 3400 *av. J.-C.* période dite « prédynastique » : 2 roy. (Sud ou Hte-Égypte ; Nord ou Basse-Égypte). **3050** Nârmer (ou Menès), roi du Sud, conquiert le N. Puis Menès fonde la 1re dynastie. **V. 3000** début de l'utilisation du *papyrus* [feuilles obtenues en pressant plusieurs épaisseurs de fines bandes tirées de la tige d'un roseau : 20 feuilles réunies forment un rouleau de 3 à 6 m de long, pouvant atteindre 30 à 40 m ; le rouleau est enroulé autour d'un bâton qu'on tient de la main gauche : on lit en déroulant de la main droite (d'où le mot *volume :* latin *volumen,* « enroulement »)]. Les papyrus ont transmis à l'Occident la culture antique. Défaut : fragilité (brûlent facilement, se corrompent à l'humidité). *Ancien Empire* **(2778-2428)** construction des pyramides. **V. 2500** création de la médecine ég. (diagnostic, thérapeutique, chirurgie). *Moyen Empire* **(v. 2065-1785)** fondé par princes thébains. Invasion Hyksôs, puis libération. **V. 1880** fondation par Sésostris II de l'ensemble urbain de Kahoum. **V. 1620** les frères de Joseph s'installent en É. (V. Israël). *Nouvel Empire* **(1580-1085)** Thoutmosis Ier et Thoutmosis III conquièrent Ht-Nil et Syrie jusqu'à l'Euphrate. Aménophis IV (= Akhenaton) et la révolution « amarnienne » : hérésie religieuse, culte du dieu solaire Aton. Ramsès II combat les Hittites. **V. 1230** départ des Hébreux vers la Terre Promise. **1192** invasion des Peuples de la Mer (Égée) : Philistins, Sardanes, Sicules, Tyrséniens. Ils sont en partie repoussés, en partie fixés dans le pays comme mercenaires. **1085** perte de la Syrie. **853-671** résistance aux Assyriens, avec l'alliance des Hébreux. **671-661** conquête par les Assyriens, chassés en 660. **525** conquête perse. **525-404** l'É. devient province perse. **404-341** indépendance reconquise. **341** Artaxerxès III rétablit la souveraineté perse qui est détruite en 332 par Alexandre le Grand. *Automne* **332**-*printemps* **331** Alexandre séjourne en É. Proclamé roi et fils de Dieu, il fonde Alexandrie, future capitale de l'Orient grec.

Nombre de pharaons de 3300 à 333 : env. 207.

Égypte lagide (Ptolémées). **323 av. J.-C.** Ptolémée, fils de Lagos, est nommé satrape d'É., à la mort d'Alexandre (juin 323) ; il transforme sa satrapie en monarchie héréditaire (321) et la lègue à son fils Ptolémée Kéraunos (« la Foudre ») en **284.** Royaume de culture grecque (hellénistique ou alexandrine) : 21 rois ou reines (Ptolémée Ier à XIV, Cléopâtre Ire à VII), jusqu'en *30 av. J.-C.* (conquête romaine). **48 av. J.-C.** liaison de Cléopâtre VII [(69-30 av. J.-C.), célèbre par sa beauté [les plaisanteries sur son nez datent de la parution des *Pensées* de Pascal (1669) ; celui-ci supposait que Cl. avait le nez long, car à l'époque les femmes camuses passaient pour laides)] et de Jules César : leur fils, Césarion, né en 47, sera exécuté par ordre d'Octave en 30 ; **47** 1er incendie de la bibliothèque ; **41-40** liaison de Cléopâtre et du triumvir Marc-Antoine (83-30 av. J.-C.), gouv. de l'Orient. **37-31** nouvelle liaison : Antoine répudie Octavie, sœur d'Octave, épousée en 40. **31** défaite d'Antoine. **30** suicide de Cléopâtre (qui se fait mordre par un aspic).

Après J.-C. V. 50 l'Égypte province romaine est divisée en 3 « colonies » : Alexandrie, Delta et Heptanomide (groupe de 7 districts au S.). **54-68** légions envoyées contre le royaume d'Axoum (Éthiopie). **Apr. 70** Alexandrie devient le grand centre de la Diaspora juive (de langue grecque) ; les Juifs alexandrins fondent l'Église chrétienne d'É. 1er év. : Démétrius [(189) mais la tradition attribue la fondation à l'apôtre St Marc] ; principaux théologiens : Clément d'Alexandrie, Origène (prof. à la Didascalée), Athanase. Hadrien (117-138) et Septime Sévère (193-211) voyagent en É. Caracalla (211-217) donne le droit de cité aux É. Constantin (306-337) libère le christianisme par l'Édit de Milan. Théodose (379-395) fait du christianisme la religion officielle de l'Empire. **395** fait partie de l'Empire d'Orient. **451** rupture avec l'Égl. byzantine, lors du concile de Chalcédoine (les coptes seront confondus à tort avec les hérétiques monophysites). **535** destruction des bas-reliefs de Philae, croix gravées à la place sous Justinien. **Jusqu'en 538** Alexandrie dispute la suprématie à Constantinople. **538** ordonnance de Justinien : É. divisée en 5 « duchés », administrés directement depuis Const. **639** conquête arabe ; les monophysites accueillent favorablement les musulmans. **660-750** califes omeyyades. **750-932** Abbassides. **868-904** Toulounides. Ahmed Ibn-Touloun se proclame émir et conquiert Syrie et Mésopotamie. **935-946** Mohamed el-Ekhchid, souverain indép. **969-1171** domination des *Fatimides* de Kairouan. **1171-1250** dyn. des Ayoubites fondée par Saladin († 1193). **1250-1390** Baharites (Mamelouks). **1390-1517** Bordjites ou Circassiens (Mamelouks). **1517** Sélim Ier prend Le Caire, l'É. devient un pachalik turc. **1767** Ali Bey chef

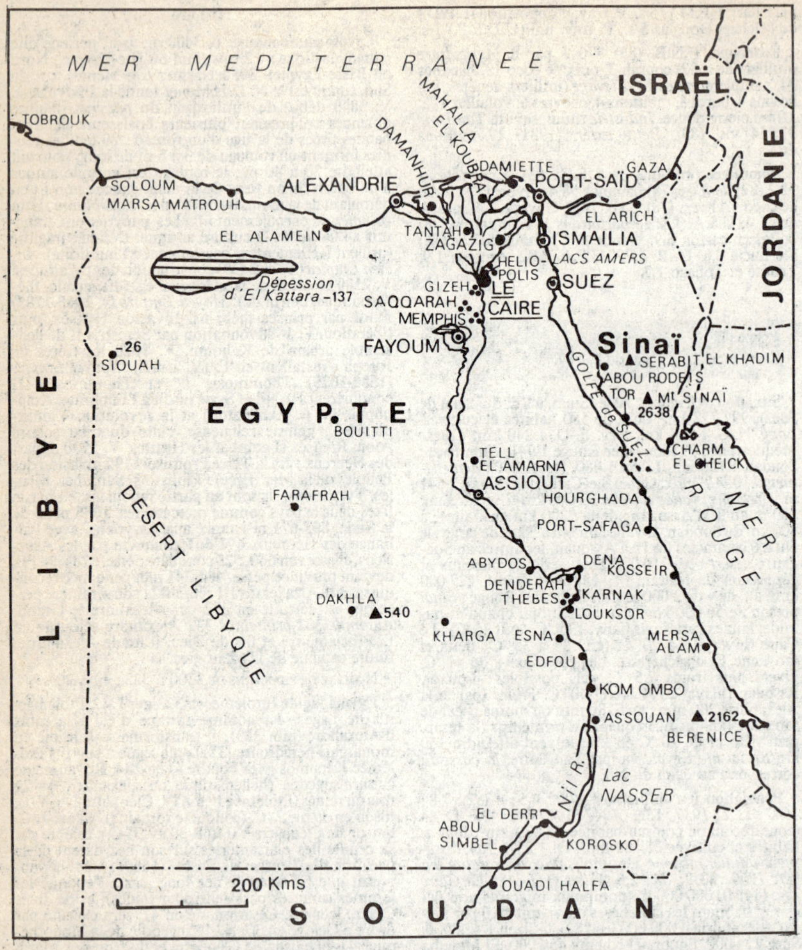

mamelouk se proclame sultan et conquiert la Syrie. **1798- 1801** occupation fr. **1805-48** Méhémet Ali Pacha ex-officier albanais des forces ottomanes. **1811** massacre des chefs mamelouks. **1811-18** aide au sultan contre Wahabites (en Arabie). **1820** N.-Soudan conquis. **1824-27** intervention en Grèce (flotte ég. détruite à Navarin le 30-10-1827). **1831-33** Syrie conquise. **1841**-*13-7* tr. de Londres, khédive indépendant de fait (de la Turquie), ne garde que l'É. **1869**-*17-11* canal de Suez inauguré. **1875** Ismaïl vend actions du canal de Suez à la G.-B. **1876-86** contrôle financier exercé par G.-B. et Fr. **1882** révolte du col. Arabi Pacha, officier égyptien, occupation brit. pour protéger le khédive. **1882-85** Soudan perdu, puis reconquis (1896-99). **1898** *juill.* mission fr. Marchand arrive à Fachoda. *-25-9* Kitchener y arrive. *-3-11* mission fr. évacue Fachoda. **1899** la Fr. renonce au bassin du Nil. **1906** *oct.* l'É. a les pouvoirs administratifs sur le Sinaï (Rafa au golfe d'Akaba), mais la Turquie s'en réserve la souveraineté. **1914** protectorat angl. **1921** révolte nationaliste, l'É. devient royaume.

1922-*21-2* la G.-B. abandonne le principe du protectorat. *-5-11* découverte dans la Vallée des Rois du trésor de Tout-Ankh-Amon, par Howard Carter envoyé par Lord Carnavon. **1923**-*16-3* le sultan Fouad prend le titre de roi. **1936** tr. anglo-égyptien : les Anglais pourront occuper le canal de Suez 20 ans. **1937** entre à la S.D.N. **1942-44** la G.-B. menace de déposer Farouk : il doit prendre Nahas Pacha Wafdiste comme PM et gouv. militaire. **1948** g. contre Israël. **1949** Frères musulmans contraints à la clandestinité. **1951** l'É. abroge le tr. de 1936. **1952** émeutes anti-angl. *-23-7* Néguib remplace Farouk par Fouad II. **1953**-*18-6* Rép. Néguib Pt et PM. **1954**-*25-2* Néguib destitué par le Conseil de la Révolution. *-27-2* rappelé grâce au soutien populaire. *-18-4* Nasser PM. *Oct.* attentat manqué contre Nasser. *-14-11* Néguib déposé. **1956**-*18-6* évacuation angl. *-23-6* référendum pour Nasser. *-19/21-7* G.-B., U.S.A. et Banque mondiale refusent de financer le barrage d'Assouan. *-26-7* Nasser nationalise le canal de Suez. *-29-10* attaque israélienne. *-31-10* intervention aéroportée franco-angl. (sur Port-Saïd le 5-11). *-6-11* sous la pression amér. et soviét., cessez-le-feu. *-15-11* une force de l'O.N.U. intervient. *Nov.* canal fermé. **1957** *mars* les Israéliens ont évacué les terr. occupés, canal rouvert. **1958**-*1-2* féd. É. et Syrie [Rép. arabe unie (R.A.U.)]. *-8-3* féd. avec Yémen (N.) : États-Unis arabes. **1959** début de construction du barrage d'Assouan avec des crédits soviét. **1961**-*20-9* sécession de la Syrie. *-26-12* abolition de la féd. avec Yémen. **1962-67** intervention au Yémen pour les républicains. **1964** *mai* inauguration du haut barrage d'Assouan. **1967** *juin* g. avec Israël, défaite ; canal de Suez inutilisable, Israël occupe Sinaï. Reprise sporadique des hostilités. **1970**-*7-8* cessez-le-feu accepté. *-28-9* Nasser meurt. *-1-10* funérailles (4 000 000 d'assistants). *-9-11* alliance R.A.U.-Libye-Soudan. **1971**-*15-1* barrage d'Assouan inauguré. *-13-5* élimination du vice-Pt Ali Sabri (n. 20-8-20), favorable à l'U.R.S.S. ; l'assassinat de Sadate était prévu. Sadate échappe ensuite à plusieurs attentats fomentés par le K.G.B. *-27-5* tr. d'amitié et de coopér. É.-U.R.S.S. *-1-9* la R.A.U. redevient l'É.

1972-*1-1* naissance officielle de l'*Union des rép. arabes* (É., Libye, Syrie ; *Pt* Ahmed el Khatib, Syrien). *-24-1* agitation étudiante antigouv., univ. du Caire fermée. *-18-7*, 21 000 conseillers mil. soviét. expulsés. *-26-10* Gal Sadeck, chef de l'armée, démissionne. **1973**-*1-9* fusion É.-Libye reportée. *Oct.* g. contre Israël (Voir p. 876). *-12-9* reprise des relations dipl. avec Jordanie. Accord au km 101 entre É. et Israël. *-15-11* échange des prisonniers. 2 000 soldats de l'O.N.U. ont pris position dans la zone-tampon. *Infitah :* « ouverture » de l'É. aux capitaux étrangers et des marchés étrangers du travail à la main-d'œuvre ég. **1974**-*18-1* accord sur désengagement des forces ég.-isr. *-28-2* reprise des relations dipl. avec U.S.A. (interrompues dep. 67). Visite du Pt Nixon. **1975**-*1-1* révolte d'ouvriers à Hélouan. *-27-1* Sadate à Paris. *-23-3* échec de la mission Kissinger. *-29-3* Sadate prolonge le mandat des soldats de l'O.N.U. jusqu'au *24-7*. *-5-6* canal de Suez rouvert. *-6-7* amnistie (2 000 condamnés pol.). *Oct.-nov.* Sadate aux U.S.A. ; aide amér. de 848 millions de $. *-16-11* l'É. récupère les puits de pétrole de Ras Sudr. *-10/15-12* Giscard d'Estaing en É. **1976**-*28-1* plan d'austérité. *Mars* tension avec Libye (3 000 É. expulsés). *-15-3* l'É. abolit le tr. d'amitié et de coop. avec U.R.S.S. (de mai 71). *Déc.* entrée en service de l'oléoduc Suez-Alexandrie. **1977**-*18-1* émeutes au Caire (79 †) contre augmentations de prix (30 % sur sucre, pain, riz, sel, l'État ayant supprimé des subventions). *-10-2* référendum : 99,42 % pour les mesures de répression. *-21/24-7* conflit armé avec Libye. *-19/21-11* Sadate en Israël. *-5-12* rupture dipl. avec Algérie, Irak, Libye, Syrie, Yémen du S. *-25/26-12* rencontre Begin-Sadate à Ismaïlia. **1978**-*21-5* référendum pour le régime. *Oct.* accords de *Camp David ;* projet de tr. de paix avec Israël. **1979**-*26-3* tr. signé avec Israël (Voir Index). *Coût de la g. :* d'après Al Akhbar, en 30 ans, perte de 100 000 h. sur le champ de bataille, mobilisation permanente de 750 000 soldats, 20 % des ressources consacrées aux dépenses mil., 36 % aux dettes. *Coût des 4 conflits* avec Israël (estimation officielle) : 250 milliards de F. *-28-3* rupture des relations diplomatiques avec pays arabes (sauf Oman, Somalie, Soudan). *-19-4* référendum : 99,9 % pour le tr. de paix. **1980**-*25-1* l'É. récupère les cols de Mitla et Giddi ; *-30-4* droit islamique *(chariah)* devient source principale de la législation. *Mai* Sadate accuse les coptes de vouloir créer un État copte avec Assiout pour capitale. **1981** *févr.* Sadate en France. *-17-6* affrontements musulmans et coptes à Zawia el Hamra (14 †, 54 bl.). *-2* et *5-9*, 1 536 opposants (Frères musulmans, coptes, politiciens) arrêtés ; 65 mosquées nationalisées ; pape copte Chenouda III (n. 1923) destitué, exilé dans le désert. *-10-9* plébiscite, 99,45 % pour politique de Sadate. *-15-9* expulsion de 243 soviét. dont l'ambass. Vladimir Polyakov. *-6-10* Sadate assassiné pendant le défilé de la fête nat. par un commando dirigé par Khaled al-Istambouli (6 †). *-8-10* affrontements à Assiout avec intégristes (env. 100 † dont 68 policiers). **1982**-*6-3* procès des assassins de Sadate : 5 condamnés (exécutés 15-4), 12 peines de prison. *-25-4* Israël restitue Sinaï encore occupé. *Oct.* Esmet El-Sadate, frère de l'ancien Pt, privé de la jouissance de ses biens (50 millions de $ amassés en 10 ans). *-24/26-11* visite du Pt Mitterrand. **1984** *juillet/oct.* mer Rouge minée (l'É. accuse Lybie et Iran). *Sept.* émeutes « du pain », 3 †. *-25-9* relations dipl. rétablies avec Jordanie. *-30-9* verdict clément pour accusés d'Assiout. *-1-12* Hussein, roi de Jordanie, en É. *-18-12* l'É. présente à la 15e conférence des min. des Aff. étr. des pays musulmans. **1985**-*1-5* Chenouda III rétabli Chef de l'Église copte. *Juil.* arrestation d'extrémistes musulmans. *-20-8* attaché administratif isr. au Caire tué. *-11-11* arrestation de 4 Lybiens venus éliminer des opposants. *-23-11* Boeing 737 d'Égypte Air détourné sur La Valette (Malte) : un commando ég. intervient, 60 †. *-23/29-12* Pt Mitterrand au Caire (séjour privé). **1986**-*7-1* Soliman Khater, policier fou qui a tué 7 touristes isr. (5-10-85 à Ras Bourka) est retrouvé pendu (la gauche en a fait un héros). *-13-1* litige frontalier (avec Isr.) de Taba (plage de 1 km sur la mer Rouge) sera soumis à arbitrage inter. *-25/28-2* mutinerie, 2 000 à 3 000 appelés de la police croyant qu'on porterait leur service de 3 à 4 ans. 107 †, 719 bl., dégâts 105 millions de $ (3 hôtels incendiés), des milliers d'arrest. 26 644 conscrits démobilisés. *-21-3* attentat foire du Caire, 1 Israélienne †.

Statut. Rép. *Const. Pt* (élu par référendum pour 6 ans, sur proposition de l'Ass. du peuple). *PM* **1975** *avril* Gal Mamdoul Muhammad Salem (n. 1918). **1978** *oct.* Moustapha Kalil (n. 1920). **1980** *mai* Anouar El-Sadate (1918-81). **1982** *janv.* Ahmad Fouad Mohieddine (1926-84). **1984** *août* Gal Kamal Hassan Ali (n. 18-9-1921). **1985** *5 mai* Ali Loufti (50 ans, PND). *Ass.* (Conseil du peuple) 458 m. élus pour 5 ans au suffr. univ. dont 10 m. nommés par Pt pour 5 ans. 26 gouvernorats. **Fête nat.** 6 oct.

Frères musulmans (Société des) (Jamaet al-Ikhwân al-muslimûn). Association fondée à Ismaïlia en 1928 par Hassan El-Banna (1906-49, instituteur). *But :* restaurer un islam authentique et réislamiser la vie influencée par l'Occident. **V. 1945** très puissante, **1948** dissoute, **1951** réautorisée, **1954** dissoute, **1966** épurée, **1970-75** membres libérés. **Groupe Excommunication et Hégire** (Al-Takfir wal-Hijra) a assassiné un ministre de Sadate en 1977. **Groupe Guerre Sainte** (Al-Jihad) a tué Sadate en 1981.

Partis. *P. libéral socialiste* (f. 1976, Pt Mustafa Kamel Murad). *P. Wafd* (principal p. au pouvoir de 1919 à 1952 ; réapparu en 1978, Pt Fouad Serageddine, opposition). *P. nat. démocrate* (f. 1978, Pt Hosni Moubarak). *P.S.T. (P. socialiste travailliste)* (f. 1978, Pt Ibrahim Mahmoud Choukri). *R.P.U. (Rassemblement progressiste unioniste)* (marxiste, f. 1976, Pt Khaled Mohieddine).

Élections législatives du 27-5-1984. Inscrits 12 339 418 ; suffrages exprimés 5 146 565. P. nat. dém. 3 756 359 (72,987 %), Néo-Wadi 778 131 (15,119), P.S.T. 364 040 (7,073), R.P.U. 214 587 (4,169), P. libéral 33 448 (0,679). Sièges : P.N.D. 391, N.W. 57.

Chefs d'État depuis 1804

1805 Méhémet Ali (1769-1849). Vice-roi. **48** Ibrahim Pacha (1789-1848), s.f. Vice-roi du 2-9 au 10-11-1848. **48** Abbas Ier (1813-54), f. de Tusun, 2e f. de Méhémet Ali. Vice-roi. **54** Mohammed Saïd Pacha (1822-63), s. oncle (fr. d'Ibrahim). Vice-roi. **63** Ismaïl Pacha (1830-95), 2e f. d'Ibrahim. Khédive en 1867. **79** Tewfik Pacha (1852-92). 1er f. d'Ismaïl. **92** Abbas II Hilmi (1874-1944), s. f., déposé par les Anglais.

1914 Hussein Kemal Pacha (1853-1917), s. oncle, 2e f. d'Ismaïl. Sultan d'Égypte. **17** Fouad Ier (1868-1936), 3e f. d'Ismaïl. Prend le titre de roi le 16-3-1922 ; ép. Nazli (1894-1978). **36** Farouk Ier (1920-65), s. f. Roi d'Égypte et du Soudan (1951-52) ; ép. Narriman Sadek (n. 1934). **52** Fouad II (16-1-1952), s. f. Roi d'É., du Soudan, du Kordofan et du Darfour, détrôné ; ép. en 1977 Dominique France Picard, Française, renommée Fadila. **53** Gén. Néguib (1901-84), Pt Rép. **54** Lt-Col. Gamal Abdel Nasser (15-1-1918/28-9-1970), Pt Rép. **70** Anouar El-Sadate (1918-assassiné en 1981), élu par 90 % des suffr. exprimés, réélu Pt Rép. en 1976 par 99,93 % des suffr. exprimés. **81** Gal Hosni Moubarak (n. 4-5-28), Pt Rép., élu le 13-10 par 98,46 % des voix.

Anciennes dynasties

Dynasties. *Période thinite* : 1re 3000-2780 ; 2e *Ancien Empire* (Memphis) 2778-2423 : Memphite 3e (Djéser), 4e, 5e, 6e (Pépi II v. 2300, le + long règne de l'hist., 95 ans), 7e, 8e ; Héracléopolitaine 9e, 10e (7e, 8e, 9e, 10e : 1re période intermédiaire). *Moyen Empire* (Thèbes) 2065-1785 : 11e, 12e (Amménémès Ier, Sésostris Ier, Sésostris III), 13e, 14e. *Hyksôs* (Avaris) : 15e, 16e, (1730-1680), 17e, thébaine (1680-1580) (13e, 14e, 15e, 16e, 17e : 2e pér. intermédiaire). *Empire thébain.*

Nouvel Empire (1580-1085). Époque de Karnak et Louxor 18e [Ahmosis, Aménophis Ier, Thoutmosis Ier (1530-20), Thoutmosis III (1504-1450), Aménophis II, Aménophis III (1405-1372), Aménophis IV (1372-54) (capitale Tell el-Amarna) qui prend le nom d'Akhenaton, Tout-Ankh-Amon, Horemheb], 19e [Sethi Ier, Ramsès II (1301-1235)], 20e de Ramsès III (1198-66) à Ramsès XI : cap. à Thèbes.

Décadence. 21e fondée vers 1100 par Smendès, Psousennès Ier, 22e (bubastite) fondée par Chechanq (950), Osorkon II (870-65), 23e tanite, 24e saïte, 25e éthiopienne (venue du Soudan v. 730), Chabaka et Taharga, 26e (663-525), 6 rois dont Psammétique I, II et III, 27e achéménide (ce sont les empereurs perses qui prennent, à Memphis, le titre pharaonique, de Cambyse à Darius II), 28e saïte (roi unique : Amyrtée, 464-398), 29e mendésienne, 30e sebennytique [Nectanébo II, dernier roi indépendant (359-341)]. Une « 31e dynastie » (341-32), avec 3 rois, est en réalité un retour des Achéménides après Artaxerxès III.

Économie

P.N.B. (83). 675 $ par h. **Pop. active.** (% et entre par. part du P.N.B. en %) agr. 50 (20), ind. 26 (11), services 20 (46), mines 4 (23). **Budget** déficit. *84-85* : 5,4 milliards de livres E. **Balance des paiements** (milliards de $) *81* : – 2,13 ; *82* : – 2,21 ; *83* : – 0,78. **Dette extérieure** (milliards de $, juin 85) 37 (dont dette civile 25).

Inflation (%). *1979* : 9,9 ; *80* : 20,7 ; *81* : 10,4 ; *82* : 14,8 ; *83* : 16,1 ; *84* : 17,1 ; *85* : 20.

Aide. *De 1973 à 1978* : 85 milliards de F des pays arabes pétroliers, U.S.A., Europe occ. (France : plus de 1 milliard de F), Iran, Japon, et aide multilatérale. *En 82,* 15 milliards de F dont 1 de la France. *Aide arabe* a cessé en 79, à cause des négociations israélo-ég. (*l'aide d'Abou Dhabi* destinée à l'élargissement et à l'approfondissement du canal de Suez a été compensée par des prêts jap. et angl.). *Aide américaine* (1986) 2,5 milliards de $ (dont aide militaire : 1,2).

Croissance économique *1913-55* : égale au développement démographique (1,7 % par an) ; *1956-65* : 6,7 % (accr. dém. 2,6 %) ; *dep. 1965* : 1 % par an (dém. 2,6 %). **Recettes invisibles** (en milliards de $) : *canal de Suez* 1, transferts des *revenus égyptiens à l'étranger* (*1981* : 3 ; *83* : 4 ; *85* : 3,75 ; *86/87* : diminution de 30 % attendue), *tourisme* 0,6.

Problèmes économiques

Urbanisation : 90 % de la pop. vit sur 35 189 km² [(densité de 700 à 1 100 au km²), pop. urbaine 44 % en 1980] : une grande partie des t. cultivables (vallée du Nil) gagnées par l'urbanisation sont perdues pour l'agr. Crise du logement (160 000 construits par an, or il en manque 3 millions).

Culture du coton : procure 50 % des devises étrangères (2,5 milliards de F, 81), mais se développe au détriment des cultures vivrières.

Problèmes sociaux. *Écart des revenus* (il y aurait 200 000 millionnaires en $ (à la suite de spéculations notamment immobilières).

Aménagement de la New Valley. Dépression perpendiculaire au Nil, le long du Soudan. Des canaux y déverseraient l'eau du lac Nasser, dont les limons fertiliseraient le pays. Un essai sur 12 500 ha (thé, café, céréales, canne à sucre) n'a pas été probant (coût des travaux : 4 200 F par ha irrigué).

Échec des réformes rurales. La politique agraire de Nasser (distribution de terres aux fellahs, pour créer des emplois primaires dans l'agr.) a échoué : 1°) les postes créés couvrent – de 20 % des demandes (expansion démographique) ; 2°) analphabétisation rurale forte : hommes 67 %, femmes 93 ; 3°) rendement déficitaire des petites propriétés (devant fixer une main-d'œuvre nombreuse) [1975, Sadate a dû annuler les confiscations des grandes propr. (33 000 ha rendus à 5 000 anciens propr. fonciers ; 87 000 ha regroupés en grandes fermes coopératives)].

Projet de répartition des terres : 860 000 ha entre 12 000 gros propriétaires (moy. 72 ha) ; 805 000 ha entre 150 000 moyens propr. (5,35 ha) ; 885 000 ha entre 2,6 millions de petits propr. (dont 2 millions avec – de 16,5 ares ; 1 500 000 fellahs privés de terre).

Agriculture. *Terres* (%) : cultivables 3,6 (dont cultivées 0,2), désert 95. *Production* (milliers de t, 84) : maïs 3 347, blé 2 017, canne à sucre 9 748, riz 2 439, millet 596, orge 121, oignons 512, haricots 260, coton 49,9, fèves, dattes, agrumes, sésame, lentilles, lin.

Élevage (milliers de têtes, 83). Bovins 1 826, moutons 1 394, chèvres 1 498, ânes 1 781 (82), buffles 2 393, poulets 28 208 (82), canards 3 586 (82), chameaux 80, porcs 15. **Pêche.** 137 200 t (82).

Énergie. Pétrole (millions de t) *réserves* 471, *prod. 81* : 32 ; *82* : 34 ; *83* : 38 ; *84* : 43 ; *85* : 43. Explorations surtout off shore (golfe de Suez). **Gaz naturel** (milliards de m³) *réserves* 91, *prod. 82-83* : 2,6. **Électricité** 19 milliards de kWh (dont 9,6 hydraulique). **Mines :** fer, manganèse, sel, phosphates.

Industrie. Textile, prod. alim., tabac, métallurgie. **Transports** (km). Routes 21 637, chemin de fer 5 327 (82-83). **Tourisme.** 1 497 932 vis. (83). *Développement* (1985-90) sur mer Rouge (marinas et ports de commerce) et Méditerranée (entre Alexandrie et Libye) : 18 000 chambres d'hôtel, 5 700 villas, 5 100 appartements prévus.

Commerce (millions de £ É, 83). *Exportations* 2 250 *dont* pétrole 1 070, coton 308,8 ; *vers* Italie 408, U.R.S.S. 160,5, Tchécos. 35,2, G.-B. 34,8, All dém. 18,9. *Importations* 7 192 *dont* mach. et équip. élec. 1 335,6, mat. de transp. 869, prod. chim. 438,2, métaux ; *de* U.S.A. 1 160, All. féd. 763,8, Italie 575,3, France 496,6, G.-B. 258,

Déficit commercial (milliards de $) : *1960* : + 0,3 ; *84-85* : 4,2 à 5. *Causes* : baisse du prix du pétrole et des envois des immigrés, sécheresse (en 1985, le Nil est à son plus bas depuis 1611).

Rang dans le monde (83). 6e oranges. 8e coton à fibres. 16e canne à sucre. 17e pétrole. 20e réserves pétrole.

Le Nil (3e fleuve du monde). *Longueur* : 6 671 km, bassin 2 870 000 km². Grâce à son orientation S./N. (unique au monde pour un fleuve de cette importance), draine des régions appartenant à 4 zones climatiques différentes : équatoriale, tropicale, tropicale-boréale, désertique : grâce à lui, l'É. n'est pas un désert, comme les autres régions de la même latitude. *Débit* : 1/3 de son eau est perdue par évaporation ; 2 800 m³/s, soit un apport de 0,93 l/s. par km² de bassin. *Vallée en É.* : long. 1 200 km, larg. 32 km, dénivellation avec plateau avoisinant 400 m. *Delta* (7 branches principales, nombreuses sous-br.) : long. 160 km, larg. 200 km (250 km près d'Ismaïlia, grâce à la 8e br. artificielle). *Crues* : jamais à sec ; son cours supérieur (régime équatorial : pluie toute l'année) est régularisé par la traversée des lacs Édouard, Albert et Victoria (réservoirs naturels). *Hautes eaux* (août-nov.) dues au régime tropical-boréal des 3 affluents éthiopiens qui ont chacun une crue d'env. 6 semaines : Sobat (oct.-nov.), N. Bleu (sept.-oct.), Atbara (août-sept.). *Limon transporté* : solide 57 millions de t par an, soit 20 t par km² de bassin (dont argile 62 %, terre végétale 25) ; dissous 10,7 millions de t (3,7 t/km² de bassin), notamment bicarbonates (75 %). Teneur en chlorure de sodium forte, entraînant salinisation des terres. La disparition de limon, due à la construction du grand barrage d'Assouan, pose un problème (v. ci-dessous). *Eau potable* : alimente l'É. et la bande de Gaza, occupée par Israël (600 000 hab.), reliée dep. 1917 au delta par un aqueduc.

Grands travaux

Barrage d'Assouan. *Inauguré* le 15-1-1971, haut. 111 m, larg. à la base 1,6 km, long. 4 km. *Coût* 2 milliards de $ (40 % payés par l'U.R.S.S., 40 % remboursables en coton). Lac Nasser a 10 à 30 km de large et 500 km de long (2/3 en É., 1/3 au Soudan), 175 m de prof. ; il retient 157 à 185 milliards de m³ d'eau, soit 5 fois le débit annuel (dont 1/6 sont perdus par évaporation). Avant la construction il y avait des inondations annuelles (montée de 6,4 m puis après des travaux 4,6 m). Jusqu'au XIXe s. les eaux étaient recueillies dans des bassins qui fournissaient de l'eau durant 3 à 4 mois après l'inondation ; puis on construisit des barrages permettant d'utiliser l'eau toute l'année (ainsi on passa de 2 à 3 ou 4 récoltes par an et l'on put cultiver maïs et coton).

Prod. hydroélect. : 12 turbines (puissance installée 21 millions de kW) (les lignes à haute tension ne sont pas construites).

Objections des écologistes : 1°) *la suppression des crues* du Nil prive les t. du limon fertilisant (60 à 180 millions de t/an), le lac Nasser s'envase ; 2 000 000 t/an d'engrais chimiques sont nécessaires au lieu de 700 000 en 1957 ; elle a fait disparaître de Méditerranée orientale la majeure partie des poissons, notamment des sardines, qui se nourrissaient du Nil (objection : le lac Nasser est très poissonneux ; les pêcheurs devraient s'y installer, mais la région étant sous-peuplée il n'y a pas de débouchés) ; 2°) *le Nil coule + vite* et creuse son lit (60 cm de 1964 à 68, 1,7 cm par an depuis) ; 3°) *le limon* apporté par le Nil maintenait la superficie du delta ; attaqué par la Méditerranée, il recule actuellement de 30 m par an ; 4°) *le remplissage* constant des canaux d'irrigation cause une endémie de bilharziose, dont 1 cas sur 10 est mortel [les bilharzies, vers parasites, ne peuvent être détruites que par un assèchement prolongé (minimum 3 semaines) des canaux d'irrigation] ; 5°) dans la province de Tahrir, l'irrigation a provoqué la stérilisation complète des sols, à cause des gisements de sel gemme non repérés. On espérait obtenir 4 millions d'ha irrigués sur le plateau (projet), on en a obtenu 273 000, dont env. 162 000 ont été abandonnés à cause des infiltrations de sel ; 6°) *augmentation de la pollution*, des rats, scorpions, maladies (bilharziose).

• **Projet hydroélectrique de Kattara.** Cuvette de 20 000 km² à 137 m au-dessous du niveau de la mer, dans le désert de l'Ouest. Un lac de 50 m de prof. et 2 600 km² serait créé grâce à un canal de 75 km creusé au moyen d'explosifs atomiques pour amener les eaux de la Méditerranée. *Avantages* : fonctionnement de centrales sur le parcours ; modification du climat, grâce à l'évaporation ; exploitation des sels marins.

Art égyptien

• **Périodes. Préhistoire.** *Paléolithique,* chasseurs nomades, dessins rupestres de la région d'Assouan. *Néolithique* (10000 à 6000 av. J.-C.), vie sédentaire, artisanat (tissage, vannerie, céramique domestique). *Énéolithique* (v. 5500), groupement en bourgades, naissance de l'art. Techniques nouvelles : émail sur sable, métal ou pierre, sous forme de perles ; verre moulé ; vases de pierre dure. L'ivoire et l'argile sont utilisés pour les premières rondes-bosses (usage magique) : oiseaux, poissons, bovidés, figurines de femmes et d'hommes nus. Figuration en relief en ivoire ou en schiste (illustrée par le couteau de Djebel, au Louvre).

Période thinite (v. 3000-2778). Unification politique par Ménès (v. 3000) : l'art dépend des directives royales et traduit un sujet ou un symbole religieux ou funéraire. Décoration des temples, simple : stèles-pancartes (où le défunt est figuré en relief). Petite sculpture en relief : palette de Narmer. Les principales attitudes et règles sont fixées.

Ancien Empire (période memphite, 2778-2263). Expéditions au Sinaï, en Nubie, relations avec Byblos. La féodalité est installée ; début d'anarchie sous Nicrotis. *Architecture :* 1er monument à degrés (Djoser), puis pyramides. Taille de la pierre ; dimensions restreintes mais formes variées, emploi de la couleur. *Peintures et reliefs :* grandes compositions avec sujets animés (*les Oies de Meïdoum,* sur calcaire, IVe dynastie), art animalier, hiératisme des attitudes. *Développement de la statuaire* privée où se mélangent hiératisme et réalisme [*le Scribe accroupi,* au Louvre ; statue monumentale de Chephren (Musée du Caire), en diorite (ses traits seront reproduits sur le grand sphinx)]. *Arts mineurs :* vases en albâtre, mobilier (lits posés sur pattes de lion, coffres à couvercle incrusté, chaises à porteurs avec tiges en forme de palmes), travail de l'or.

1re période intermédiaire (2263-2065). Affaiblissement de la royauté, croissance de la féodalité provinciale. L'architecture funéraire privée se développe, mais les reliefs sont peu soignés en général. Le bois domine dans la statuaire : allongement du corps (*Porteuse d'auge,* au Louvre).

Moyen Empire (2065-1785). Le pouvoir royal doit renoncer à son caractère surhumain ; l'art devient plus réaliste. Tension entre l'idéalisme traditionnel et le réalisme. Le travail des métaux s'épanouit sous l'influence étrangère : motifs asiatiques (dessins en spirales) ; sobriété, finesse et richesse des pierres précieuses ; nombreux objets : miroirs, barques des morts, scarabées, pendants d'oreilles (travail en or granulé).

2e période intermédiaire (1785-1580). Invasion des Hyksôs. Œuvres d'art rares. L'architecture funéraire privée semble être uniformément rupestre. La statuaire annonce à la fin de la période l'élégance du Nouvel Empire (statue du Prince Ahmosé, au Louvre).

Nouvel Empire (1580-1085). Issu de Thèbes, restaure l'unité en chassant les envahisseurs, porte la guerre au-delà de la frontière orientale et étend sa protection intérieure. L'art de la Cour s'oriente vers le grandiose et vers l'idéalisme dans la figuration humaine. Développement d'un art moins officiel : les privilèges funéraires sont étendus aux ouvriers d'art. Développement en nombre et en dimensions des monuments divins et funéraires. Reliefs : élégance, coloris sobres. Beaucoup de petits objets : oushebtis, objets de toilette (cuillers à fard en bois et ivoire, en forme de nageuse), colliers, parures de tête. Statuaire : visage d'Aménophis IV (1379-62).

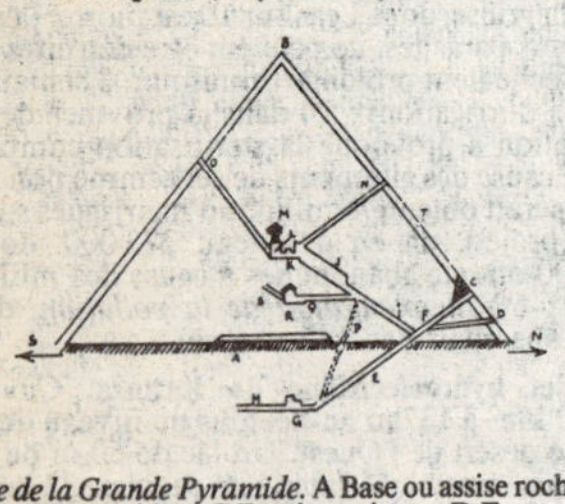

Coupe de la Grande Pyramide. A Base ou assise rocheuse. B Sommet ou pyramidon. C Entrée ancienne. D Fausse entrée. EF Couloir d'entrée descendant ou descenderie. G Ancienne chambre primitive du mastaba. H Souterrain inachevé ou cul-de-sac. I Couloir ascendant. J Grande galerie. K Antichambre ou passage aux herses. L Caveau du roi Khéops. M Chambre de décharge ou de sécurité. N Conduit d'aération (?) au sud. O Conduit d'aération (?) au nord. P Puits. Q Couloir horizontal. R Chambre dite de la Reine. S Couloir obstrué ou inachevé. T Niveau primitif du revêtement. La pyramide la plus ancienne est celle de Djoser à Saqqarah (62 m de haut, en pierres calcaires de Tura, date de 2650 av. J.-C.).

3e période intermédiaire (1085-663). Division entre le Nord (où réside le pharaon) et le Sud soumis au grand prêtre d'Amon de Thèbes. L'art reste lié à celui de la période précédente. Tendance archaïsante dans la statuaire.

Époque des dominations étrangères (663 av. J.-C.-315 apr. J.-C.). *XXVe dynastie :* style rude, lourdeur des formes. *Période saïte* (XXVIe-XXXe dynastie) : période archaïsante. Statuaire : imitation de l'Ancien Empire, larges masses, modelé pauvre, sillons profonds mais expression vigoureuse. L'emploi du bronze se développe : nombreuses statuettes de dieux ou de prêtres coulées en séries. *Périodes ptolémaïque et romaine :* statuaire : juxtapose attitude traditionnelle et vêtements avec les traits du visage romain ou grec. Arts mineurs : influence grecque ou romaine. Vases de terre aux décors végétaux rapportés. Bijoux : verre incrusté en mosaïque. L'or domine : amulettes, colliers, travail en repoussé.

• **Monuments et sites. Hypogées :** tombes creusées dans les falaises de la vallée du Nil (Beni Hassan ; vallée des Rois). **Mastabas :** tombes de hauts fonctionnaires s'alignant autour des pyramides. **Temple funéraire** DE LA REINE Hatshepsout à Deir el Bahari (18e dyn.).

Pyramides et nécropoles : Guizeh (sphinx), Chéops, Chephren, Mykerinos, Le Caire, Memphis (sphinx), Zoser, Saqqarah, Meïdoum, Thèbes, mausolée de l'Aga Khan, Tounah el Gebel, Bouitti, Quaret el Muzzawaqat.

Temples divers : T. d'Amon à Karnak (la plus grande salle hypostyle 300 × 130 m — colonnes 13 à 23 m), Sethi Ier à Abydos (XIVe s. av. J.-C.), Abou-Simbel (façade de 33 m de haut sculptée dans le rocher ; récemment reconstruit sur la falaise lors de la construction du nouveau barrage d'Assouan), Louqsor, Médinet-Habou, Edfou (le mieux conservé), Philae, Kom-Ombo, Esna, Denderah, Kalabsha, Bouitti, Deir el Hagar, Balat, Khargeh.

Villes : Akhenaton, Alexandrie, Le Caire [citadelle de Saladin ; bazar de Khan Khalil ; musée national ; mosquées (d'Albâtre, el Azhar, Sultan Hassan, Ibn Touloun, Mohamed Ali) ; quartier copte (synagogue Ben Ezza, église St-Serge, musée copte) ; musée des arts islamiques ; Achmounein].

Colosses : Memnon (Thèbes), Ramsès II (Memphis). **Cirques de montagne :** Deir el Bahari, Tell el Amarna. **Phare :** Alexandrie. **Obélisques :** Assouan, Louqsor. **Oasis :** Fayoum, Farafreh, Khargeh. **Barrages :** Assouan, Esna, Nag Hammadi, Asiout, Mohamed Ali (sud du Caire). **Monastères :** Ste-Catherine, St-Antoine, St-Siméon. **Iles :** Kitchener (île aux fleurs), Éléphantine, Séhel, des Bananes.

☞*La pierre de Rosette* trouvée à Rosette (c.-à-d. Rachid) par un soldat de Bonaparte a été déchiffrée par Champollion en comparant le texte grec aux textes en hiéroglyphes et en démotique (ses travaux furent publiés en 1834).

Sauvetage des monuments de Nubie (1964). Voir Quid 1983, p. 368.

Religion égyptienne

Divinités. Râ (le Soleil) gouverne l'univers du haut du ciel, et sert de source au *ba,* âme du monde et de tous les êtres, fils de la déesse **Nout** (le Ciel) qui toutes les nuits le recueille pour le rendre au monde le lendemain. Devenu dieu national sous l'action des prêtres d'Héliopolis. **Geb,** Dieu de la Terre (avec Nout et Râ, forme la Trinité divine primitive). Puis la triade se transforme en ennéade (9 divinités) : 1 dieu créateur, **Atoum,** dieu du chaos liquide, assimilé à Râ, soleil sortant de l'eau tous les matins, et 4 couples dieu déesse : **Chou** (air) et **Tefnout** (humidité) ; **Geb** et **Nout,** leurs enfants ; **Osiris** [nature double, puissance vitale dont une forme est le Nil et dieu civilisation (roi), fils de Geb et de Nout] et **Isis** (déesse reine et lune) sa sœur et épouse ; **Seth** (ténèbres) également fils de Geb et de Nout, et **Nephtys** sa sœur et épouse.

Autres dieux importants : Ptah (à Memphis) dieu créateur, assimilé à Atoum-Râ et supplantant peu à peu tous les autres dieux. **Amon** (à Thèbes) assimilé à Râ. **Aton** (le disque solaire répand la lumière de ses 2 mains) dieu créateur suprême des Nubiens (monothéistes) assimilé à Atoum-Râ. **Anubis** (dieu de la mort et de l'embaumement) figuré par un homme à tête de chacal. **Apis** (dieu solaire, en forme de taureau) assimilé à Ptah (de son vivant) et à Osiris (après sa mort : Oser, Apis ou Sérapis). **Toth** (écriture). **Athor** (déesse-vache, incarnation d'Isis). **Sebek** (dieu-crocodile, incarnation de Râ). **Horus** (représenté comme un homme à tête de faucon) fils d'Osiris et d'Isis, dieu de l'horizon, le plus grand dieu égyptien à la période gréco-romaine.

Métaphysique. Dieux et hommes sont de même nature, mais à un degré différent : ils possèdent une âme *(ba)* et des éléments corporels *(ka).* L'homme n'a qu'un seul *ka,* les dieux en ont plusieurs (Râ : 14) ce qui multiplie leurs chances d'atteindre l'immortalité. Les hommes peuvent atteindre aussi l'éternité, à leur manière : leur *ba* va rejoindre Osiris dans le ciel (où elle reçoit la lumière du soleil pendant qu'il fait nuit sur terre) ; leur *ra* est réembaumé et vit dans son tombeau la vie éternelle des cadavres impérissables (« zone crépusculaire », « ciel de la nuit »).

Culte. Il consiste à perpétrer dans les temples l'union des *ba* et des *ka* divins. La statue du dieu représentant son *ka* et le prêtre faisant un geste rituel qui fixe le *ka* divin dans la statue. La statue est exposée au soleil pour recevoir de lui le *ba* divin, et ainsi est réalisée l'union, de sorte que le dieu habite son temple comme un être vivant. Les offrandes, processions, honneurs rendus sont ceux de la cour pharaonique (les dieux occupent sur terre un rang royal et les pharaons descendants d'Horus et de Râ reçoivent un culte divin).

Nota. — Les *obélisques* sont nécessaires à la pratique de la magie solaire, au moyen de laquelle le *ba* peut s'unir à la statue du dieu. Le Soleil est conçu comme une barque, le *ba* s'unit à la statue lors de ses escales et les obélisques sont des bittes d'amarrage.

ÉMIRATS ARABES UNIS

Carte p. 809. V. légende p. 787.

Nom. Autrefois *Trucial States* (États de la trêve). **Situation.** Golfe Persique *(côte des Pirates).* 77 700 km². *Long.* 630 km. *Alt. max.* env. 2 400 m.

Population. 1 300 000 h. (84) [*1971 :* 180 000]. 25 % d'autochtones. D. 16. **Langues.** Arabe *(off.)* ; anglais (l. commerciale).

Religions. *E.A.U. :* 100 % musulmans sunnites. *Étrangers :* musulmans chiites et sunnites (96,7 %), chrétiens (1,6 %).

Histoire. XVIIe s. comptoirs portugais. **Début du XIXe s.** piraterie. **1835** sous la pression de la G.-B., trêve (d'où l'ancien nom) entre cheikhs de la côte. **1853** tr. de paix entre cheikhs. **1892** accord officialisant la tutelle de la G.-B. **1968**-*27-2* « déclaration d'union » des 9 émirats, création d'un conseil suprême : projet non réalisé. **1971**-*14-8* Bahrein, *1-9* Qatar ; indépendants. *-2-12* Féd. proclamée ; Bahrein, Qatar et Ras al Khaimah n'en font pas partie. Tr. d'amitié avec G.-B. **1972**-*25-2* Khaled ben Mohamed al Qassimi, souverain de Sharjah, tué ; son frère, le Pce héritier Sultan ben Mohamed al Qassimi lui succède. *-23-12* Ras al Khaimah 7e m. de la Féd. **1975**-*12-7* Doubaï nationalise les Stés pétrolières.

7 émirats. Abou Dhabi 67 600 km² (86 %), 537 000 h. (*1968 :* 46 800). *Capitale : Abou Dhabi,* 350 000 h. (82). Pétrole produit dep. 1962 ; réserves 4,2 milliards de t, prod. 36 millions de t (84), revenus pétroliers 6 milliards de $. *Souv. :* Cheikh Zayed ben Sultan al Nhayan dep. 6-8-1966. **Doubaï** 3 900 km², 318 000 h. Pétrole produit après 1969, réserves 193 millions de t, prod. 16,5 millions de t (84), rev. pétr. 800 millions de $. Port. *Souv. :* Cheikh Rashid ben Saïd al Maktoum dep. 1958. **Charjah** 2 600 km², 190 000 h. Pétrole produit après 1874, réserves 11,3 millions de barils, prod. 2,7 millions de t (84), rev. pétr. 40 millions de $. Pétrochimie. *Souv. :* Cheikh Sultan ben Mohamed al Qassimi dep. 1972. **Fujeirah** 1 150 km², 39 000 h. *Souv. :* Cheikh Hamad ben Mohammed al Charqi dep. 1974. **Ajman** 260 km², 45 000 h. Pêche, construction navale, commerce, ciment, eaux minérales, chrome, cuivre, fer. *Souv. :* Cheikh Humaïd ben Rachid al Nuami dep. 1928. **Umm al Qaiwain** 780 km², 14 000 h. Pêche, perles et commerce. *Souv. :* Cheikh Rached ben Ahmad al Mualla dep. févr. 1981. **Ras al Khaïmah** 1 700 km², 88 000 h. *Capitale :* Ras al Khaïmah. *Souv. :* Cheikh Saqr ben Mohamed al Qassimi dep. 1948. Agriculture, pêche, commerce, cuivre, fer.

Statut. Fédération de 7 émirats. *Constitution* provisoire du 2-12-1971 prorogée pour 5 ans en 76 et 81. *Conseil suprême des gouverneurs* comprenant les 7 émirs, nomme Pt et vice-Pt pour 5 ans renouvelables. *Pt* Cheikh Zayed ben Sultan al Nahyan (n. 1923) dep. 2-12-71 (réélu 29-11-76 et oct. 81). *Vice-Pt et PM* Cheikh Rashed ben Saïd al Maktoum (Vice-Pt dep. 1-12-71, réélu en 76 et 81, PM dep. 30-4-79). *Gouvernement* composé du PM et de ministres nommés par le Conseil. *Conseil national fédéral* (parlement) 40 m. nommés par les émirs, Abou Dhabi et Doubaï 8 m.,

Charjah et Ras al Khaïmah 6 m., les autres 4 m. **Fête nat.** : 2 déc. (constitution des émirats).

Économie

P.N.B. *1982* : 24 080 ; *83* : 21 340. **Pop. active** (% et entre par. part du P.N.B. en %) agr. 5 (2), ind. 11 (15), services 80 (25), mines 4 (58). **Inflation.** *80* : 18 %. **Aide** aux pays en voie de développement (80) 1 046,58 millions de $. **Budget déficit** (milliards de $) *83* : – 1,6 ; *84* : – 1,1.

Agriculture. 38 780 100 m² de terres cult. en 80. 1981 : 13 000 ha cultivables dont 7 000 cultivés. **Élevage** (milliers de têtes, est. 83). Bovins 30, chameaux 70, moutons 140, chèvres 400, volailles 3 000. **Pêche.** 70 100 t (82).

Énergie. Pétrole (millions de t) : **réserves** 4 100, représente 85 % des ressources ; *prod. 80* : 84,2 ; *81* : 75 ; *82* : 5 ; *83* : 54,5 ; *84* : 56. **Gaz** (milliards de m³) : *réserves* 2 820, *prod. 80* : 3. **Industrie.** Alim., métaux, prod. chim. *Revenu* pétrolier (milliards de $) : *81* : 19,4 ; *84* : 11,7 (24,5 avec gaz naturel).

Commerce (milliards de dihrams des E.A.U., 84). *Exportations* 60 *dont* pétrole 42 (83) *vers* Arabie S. 1,2, Qatar 0,6, Oman 0,4, Yémen 0,1. *Importations* 26,8 *dont* mach. et équip. de transp. 13,6, prod. man. de base 7,2, fuel et lubrifiants 2, prod. alim. 3,3, prod. man. divers 4,6 *de* Japon 6,4, U.S.A. 4,7, G.-B. 4, France 2,3, Bahrein 1,4.

Rang dans le monde (83). 6e rés. gaz nat, 7e rés. pétrole. 12e pétrole.

ÉQUATEUR

Carte p. 844. V. légende p. 787.

Nom. Au XVIIIe s., dans l'audience de Quito, la mission scientifique dirigée par Louis Godin et Charles-Marie de La Condamine mesura le degré d'un arc de méridien sur l'équateur. La région fut ensuite désignée en Europe comme le pays de l'Équateur.

Situation. Amérique du S. 283 561 km², y compris les îles Galapagos [458 126 km² avec les régions orientales (174 565 km²) cédées au Pérou par le tr. de Rio du 29-1-1942, tr. dénoncé en 1961 par l'Équateur]. *Côtes* : 887 km. *Frontières* : 1 786 km, avec Pérou 1 200, Colombie 586. *Alt. max.* volcans les + hauts du monde : Chimborazo (6 310 m) et Cotopaxi (5 896 m en activité). **Climat** : tropical, côte : 2 saisons, plateau : tempéré par l'altitude (printemps éternel), pluvieux en Amazonie (2 saisons) ; saisons sèches : Quito juin-sept. (pluies févr.-mars et oct.-nov.), Guayaquil mai-nov. **Régions** : *Sierra* (montagne) : pluies nov. à mars-avr. (4 000 mm env.), climat doux (moy. 9 à 18 °C), *Costa* (plaine côtière) : pluies déc. à juin (– de 200 mm), *Oriente* (forêt du haut Amazone) : pluies surtout mai à août (+ de 4 000 mm), temp. élevées (moy. 22 à 35 °C).

Population. 9 800 000 h. (85) [*1950* : 3 202 757]. Indiens 25 %, Métis 55 %, Créoles 10 %, Noirs 10 %. Pop. rurale 57,5 %. – *de 15 a.* 44,5 %, + *de 65 a.* 4,5 %. D. 33. **Villes.** *Quito* (à 2 890 m d'alt.) 1 110 248, Guayaquil 1 300 868 (port à 416 km), Cuenca (alt. 2 595 m) 272 397 (472 km), Ambato (alt. 2 570 m) 221 392.

Langues. Espagnol *(off.)* 93 % ; les Indiens parlent quetchua (7 %) et d'autres langues. **Religions.** Catholiques 94 %, protestants 6 %.

Histoire. Avant le Xe s. roy. des Quitos, capitale Quito. **V. 1000** conquête du terr. des Quitos par le peuple maritime des Caras ou Caraques, dont les caciques se nommaient les shiris. **1370** le shiri Hualcopo entre en g. contre l'Inca du Pérou Tupac Yupanqui. **XVe s.** défaite des Caras et domination inca. **1533** conquête esp. (Pizarro et Benálcazar). **XIXe s.** nombreux conflits avec Pérou sur délimitation de frontière. **1809-22** lutte pour l'indépendance. **1822-30** partie de la Grande-Colombie. **1830** éclatement de la Gde-C. et indépendance sous le 1er Pt élu, le Gal vénézuélien José Florès (1801-64). **1845** chute de Florès. **1860-95** *Période de la théocratie catholique* [fondée par Garcia Moreno († 1875, assass.), prolongée 20 ans par ses successeurs]. **1895** révolution libérale (anticléricale) du Gal Eloy Alfaro : chute de la théocratie. **1895-1912** *Régime libéral-radical* 2 généraux-dictateurs (tantôt Alfaro, tantôt Leonidas Plaza) fondent un État laïc (Église séparée de l'État). **1912** Plaza rompt avec Alfaro (assass. 28-1) et gouverne en libéral modéré. **1924-25** dernière présidence d'un radical (Gonzalo de Cordova, renversé par des militaires). **1933-72** *période du « Vélasquisme intermittent* [José-Maria Velasco Ibarra (1893-1979), « Caudillo » : catholique, tantôt à droite, tantôt à gauche, nationaliste, révolutionnaire, francophile, nommé 5 fois Pt, menant 1 seule fois son mandat à terme (1952-56) ; 4 fois renversé : 1934-35, 1944-47, 1960-61, 1968-72]. **1941**-*janv.* g. avec Pérou, qui conquiert Est du pays (Amazonie). **1942** tr. de Rio de Janeiro, cédant au Pérou 174 565 km². **1961**-*sept.* V. Ibarra dénonce tr. **1962-63** régime de gauche, alliance avec Fidel Castro (Pt Carlos Julio Arosemena, ancien vice-Pt de V. Ibarra). **1963**-*11-7* Arosemena renversé par militaires conservateurs. **1969**-*26-5* adhésion au pacte andin (pauvreté, demande aide de ses partenaires). **1970** découverte du pétrole de Lago Agrio. **1972-86** *ère pétrolière.* **1972**-*16-2* junte des généraux « nassériens » [Pt : Guillermo Rodriguez Lara (n. 1924) qui a renversé V. Ibarra (programme : nationalisme de gauche, anti-amér., économie dirigée avec investissement massif de la manne pétrolière)]. **1973** adhère O.P.E.P. **1975** surchauffe économique, forte inflation. -*1-9* tentative de putsch (Gal Gonzalez Alvear). **1976**-*11-1* Pt Lara remplacé par Amiral Alfredo Poveda (non nassérien). **1977** violences (notamment -*19-10* grève de la sucrerie Aztra, 120 †) : Poveda, sous pression des U.S.A., admet retour à la démocratie. **1978**-*15-1* référendum pour const. démocr., avec élection prés. à 2 tours. -*16-7* Jaime Roldos Aguilera (n. 1904), « réformiste » (centre gauche) en tête. Poveda tente d'annuler les élect., mais, sur intervention du Pt Carter, accepte que 2e tour ait lieu, avec retard de 9 mois. **1979**-*29-4* Roldos élu Pt. *Oct.* « 2e choc pétrolier », amélioration de la situation financière.

1981-*28-1/3-2* conflit avec Pérou à propos des territoires amazoniens. -*27-5* Roldos meurt dans un accident aérien ; il est remplacé par vice-Pt Osvaldo Hurtado, démocrate-chrétien **1981-84** politique de relance : déficit, chute de la monnaie. **1984**-*6-5* 1res élections avec vote des « analphabètes » (Indiens). Leon Febres-Cordero (n. 1931), conservateur, élu Pt. **1985**-*9-11* grève générale contre austérité (6 †). **1986**-*janv.* monnaie stabilisée (1 $ = 95 sucres), dette extérieure rééchelonnée. -*14-3* mutinerie du Gal Vargas réprimée.

Statut. République. *Constitution* du 19-1-78 approuvée par référendum. En 150 ans, 17 constitutions et 60 gouvernements. Les analphabètes, désormais, ont le droit de vote. *Pt* (élu pour 5 a. au suffr. univ.) Léon Febres-Cordero (conservateur, n. 1931) élu 6-5-84 avec 47 % des v. devant Rodrigo Boija (gauche mod.). *Chambre* 69 m. élus pour 5 a. au suffr. univ. (majorité populiste). *Élections législatives* (29-1-84) : Concentrations des forces pop. (C.F.P.) 7 sièges, Gauche dém. (I.D.) 24 s., P. conservateur éq. (P.C.E.) 2 s., P. libéral radical (P.L.R.) 4 s., Front radical (F.R.A.) 6 s., P. soc. chrétien (P.S.C.) 9 s., P. nat révol. (P.N.R.) 1 s., P. dém. (P.D.) 5 s., Mouv. pop. dém. (M.P.D.) 3 s., Dém. pop. (D.P.) 4 s. 20 *provinces.*

Fête nat. : 10 août (1re déclaration d'indépendance de 1809).

Iles Galapagos

Situation. Pacifique. 1 200 km de l'É. 8 100 km². Appelées autrefois Islas Encantadas (îles enchantées) formant la province de l'archipel de Colón (nom. off. dep. 1892), 7 964 km². *Alt.* 2 150 à 3 050 m. *Climat* tempéré, pluies rares. *13 grandes îles* dont San Cristobal (Chathan) 2 600 h., Santa Cruz (Indefatigable) 2 200 h, Isabela 580 h. (long. 120 km ; bagne fermé en 1958), Floreana (Charles) 200 h., Santiago (James) et Fernandina (Narborough) (inhabitées), *6 îles inhabitées, 42 îlots.* 6 119 h. (1982). *Ressources* : guano (6 790 t en 1977, pêche, agriculture, tourisme (nombre max. de visiteurs : 12 000/an) ; parc national dep. 1959.

Faune. 9 000 à 10 000 tortues géantes, 11 espèces ; iguanes terrestres ; millions de rats introduits par l'homme ; animaux domestiques devenus sauvages (porcs, ânes, chiens, chats, 50 000 chèvres tuées dep. 1970).

Histoire. *1535* découverte. 1er habitant permanent : Patrick Watkins (Irlandais). *XVIIIe s.* boucaniers et pirates sont remplacés par chasseurs de baleines et d'otaries (5 000 peaux d'otaries en 2 mois pour un seul chasseur). *1832*-12-2 intégration à l'É. *1835* Darwin étudie la faune et puise des arguments pour l'évolution des espèces par la sélection naturelle. *1942* base navale amér. (destruction de milliers d'iguanes). *1964* création, à Santa-Cruz, de Station Darwin (internationale). *1970* reconstitution du cheptel des tortues dans l'îlot de Pinzon. *1985*-avril incendie dans plusieurs îles : 25 000 ha détruits ; 500 tortues géantes sauvées par hélicoptères.

Économie

P.N.B. (83). 1 100 $ par h. **Pop. active.** (% et entre parenthèses part du P.N.B. en %) agr. 48 (12), ind. 14 (21), services 35 (49), mines 3 (18). **Inflation** (%). *1980* : 13,9 ; *81* : 12 ; *82* : 16,3 ; *83* : 45 ; *84* : 31,2 ; **Dette extérieure.** *1983* : 7 milliards de $.

Agriculture. *Terres* (milliers d'ha, 81) arables 1 755, cultivées en permanence 865, pâturages 3 780, forêts 14 450, eaux 672, divers 6 834. *Production* (milliers de t, prév. 83) café 62, bananes 1 600, p. de terre 330, riz 260, maïs 236, sucre de canne 1 350, cacao 60, coton 2,6. **Forêts.** 4 527 000 m³ (81). **Élevage** (milliers de têtes, 82). Bovins 3 000, moutons 3 034, porcs 4 181. **Pêche.** 636 500 t (82).

Énergie. Pétrole (millions de t). *Réserves* 191, *prod. 82* : 10,7 ; *83* : 12,1 ; *84* : 12,8. **Gaz** *réserves* 115 milliards de m³, *prod.* nulle. **Mines** : argent, or, cuivre, plomb, soufre, zinc, antimoine, cadmium.

Industrie. Alim., textile, chimie, pétrochimie, métallurgie, mécanique. Potentiel hydroélectrique.

Transports (km). Routes 17 195, chemin de fer 965. **Tourisme.** 217 008 vis. (82).

Commerce (millions de $ US, 83). *Exportations* 2 357 *dont* pétrole 1 636, bananes 152, dérivés du pétrole 106, café 148, cacao 8 *vers* U.S.A. 1 383, Colombie 133, Argentine 25, All. féd. 24, Venezuela 2. *Importations* 1 500 *dont* (82) engins mécan. 265, véhicules terrestres 44, mach. ind. 259, prod. chim. 295, prod. min. 291 *de* U.S.A. 574,6, Japon 116,4, Brésil 114, All. féd. 109,9, Italie 58.

Rang dans le monde (83). 5e bananes. 7e cacao. 15e oranges. 19e café.

ESPAGNE

Carte p. 856. V. légende p. 755.

Géographie

● **Situation.** Europe 504 782 km² (sans Canaries et Baléares 492 592 km²). **Frontières** : avec France et Andorre 712, Portugal 1 232, Gibraltar 1,2. **Aspect** : *péninsule* massive, faite de hauts plateaux entourés de montagnes. *Alt.* moy. 660 m (2e d'Eur. après Suisse ; France : 342 m). 40 % de l'Esp. de 500 à 1 000 m ; 20 % au-dessus de 1 000 m. **Montagnes** : Pyrénées, alt. max. Mt Néthou 3 404 m, Peña de Cerredo 2 678 m, Espignette 2 453 m ; Cordillère centrale, El Moro Almanzor 2 550 m ; Sierra Morena, Estrella 1 299 m ; chaîne Ibérique, plateau de 1 500 m en moy. ; cordillères Bétiques, 800 km de long, Mulhacen 3 481 m (alt. max. de l'Esp.).

● **Régions. Esp. atlantique,** rég. mont. de Galice et de la cordillère Cantabrique (prairies nat. et art., vergers de pommiers) ; plateaux centraux, vég. pauvre, culture extensive du blé, la culture irriguée se pratique dans les zones proches de grandes retenues fluviales (Badajoz, Jarama) ; **Esp. méditerranéenne,** viticulture dans les collines non irrigables, amandiers, oliviers, orge en dry farming ; horticulture dans les *huertas* irriguées (Valence, Murcie) ; 1/3 de la surface en *montes* (steppe épineuse), Andalousie, Levant, Aragon et Catalogne, S.-E. de la Navarre. La région de Grenade est nettement plus froide et plus humide à cause de l'altitude, forêts.

● **Côtes.** 3 904 km (plus celles des îles Canaries 1 126 km, Baléares 910 km) ; littoral méditerranéen (1 670 km) ; c. très rocheuse et découpée dans les Pyr. (Costa Brava) ; basse et sableuse dans la région de Barcelone ; formée de collines caillouteuses sans plages ni falaises dans les rég. de Tarragone et de Castellon ; basse et rectiligne à Valence, redevenant rocheuse et escarpée au S. du golfe de Valence, jusqu'à la rég. de Malaga. Littoral atlantique S. (1 367 km), à l'O. du détroit de Gibraltar, c. basse et pleine de récifs avec des dunes dans la rég. de Huelva. C. de l'Atl. N., très découpée en Galice avec des rias profondes de type breton ; au S. du golfe de Gascogne jusqu'à la frontière française, montagneuse mais peu découpée avec de hautes falaises et des plages de sable. Littoral cantabrique 867 km.

● **Fleuves. Se jetant dans la Méditerranée,** Ebre 910 km (affluents : Aragon 197 km, Segre 261 km), Jucar 498 km, Guadalvir ou Turia 280 km ; **dans l'Atlantique,** Tage 1 007 km, Duero 895 km, Guadiana 778 km, Guadalquivir 657 km, Miño 310 km ; **c. Cantabrique,** Nalon 129 km.

● **Climats. Continental** : hiver très froid (– 21 °C à Avila), été très chaud (+ 47 °C à Badajoz) ; sécheresse

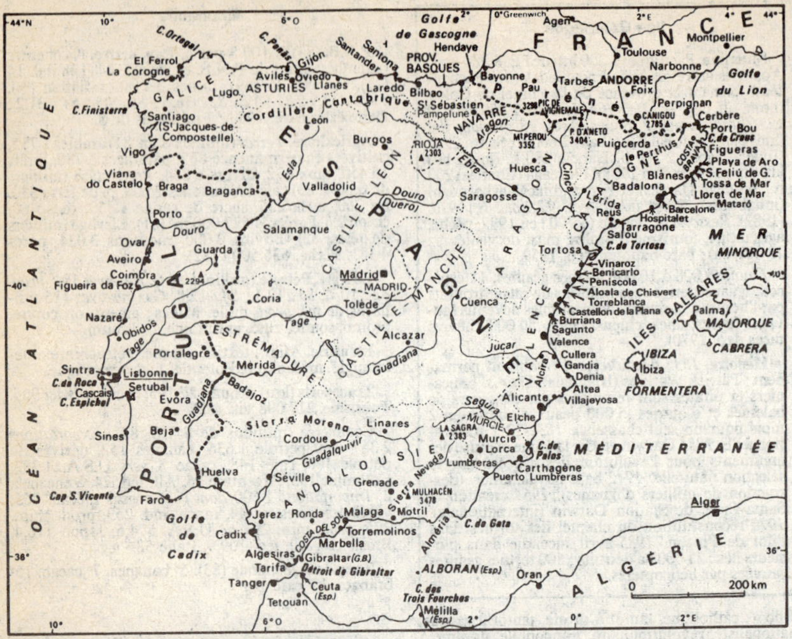

accentuée, due à la proximité de l'anticyclone saharien (minimum 284 mm/an de pluie à Salamanque). **Méditerranéen :** dans le tiers S.-E. de l'Esp. ; pluies hivernales, sécheresse au printemps et en automne, orages d'été. Mais la sécheresse est aussi accentuée (min. 339 mm de pluie à Carthagène, 14 j de pluie/an). **Alpestre :** hivers très froids, étés frais et relativement humides (les chutes de pluie et de neige sont 2,5 fois plus faibles sur le versant esp. que sur le v. fr.). **Atlantique :** vents d'O., hivers humides et doux, étés frais (max. St-Jacques-de-Compostelle, 1 655 mm et 176 j de pluie par an).

Moyennes annuelles	Températures			Pluies
	moy.	max.	min.	litres/m
N.-O. et Cantabrique	13,6	40,2	– 12,1	1 235,6
Duero et Centre	12,3	44,2	– 22,5	436,9
Catalogne et Haut Ebre	14,0	42,0	– 25,0	604,4
Levant et S.-E.	17,6	44,9	– 7,3	368,8
Estrémadure, Guadalquivir et S.	17,4	47,0	– 10,4	526,7
Baléares	16,8	38,5	– 4,0	543,6

Démographie

● **Population** (en millions d'h.). *XVIe s. :* 16 ; *1768 :* 9 ; *1799 :* 10,5 ; *1833 :* 12,3 ; *1857 :* 16,5 ; *1877 :* 16,6 ; *1900 :* 18,6 ; *1930 :* 23,8 ; *1940 :* 26,2 ; *1950 :* 28,4 ; *1960 :* 30,9 ; *1970 :* 34 ; *1982 (est.) :* 37,9. *1983 :* 38,23 ; *1984 :* 38,33. D. 76. – *de 15 a.* 27,6 %, + *de 60 a.* 14,4 %.

Taille moyenne : hommes (1978) 170,8 cm. **Taux (‰)** *natalité : 1946-50 :* 21,4 ; *56-60 :* 21,5 ; *66-70 :* 20,2 ; *76-80 :* 17,1 ; *82 :* 13,4 ; *mortalité : 1946-50 :* 11,6 ; *82 :* 7,4.

● **Villes** (1981) : *Madrid* 3 188 297 h. (*1560 :* 15 000 h. ; *1600 :* 60 000 ; *1723 :* 130 000 ; *1843 :* 217 000). Barcelone 1 754 900 (à 620 km de Madrid), Valence 751 734 (356 km), Séville 653 833 (541 km), Saragosse 590 750 (322 km), Malaga 503 251 (41 km), Bilbao 433 030 (394 km), Las Palmas 366 454, Valladolid 330 242 (191 km), Palma de Majorque 303 422 (546 km), Murcie 288 631 (391 km), Cordoue 284 737 (401 km), Alicante 251 387 (410 km), Grenade 262 182 (433 km), La Corogne 232 356 (606 km), Santander 180 328 (395 km), Pampelune 183 126 (411 km), St-Sébastien 175 576 (465 km), Vigo 258 724 (543 km), Oviedo 190 123 (78) (446 km), Cadix 157 766 (656 km), Burgos 156 449 (240 km), Tarragone 111 689 (563 km), Santiago 93 695 (670 km), Tolède 55 309 (78) (70 km). 40 % d'habitants vivent dans les villes.

● **Espagnols à l'étranger** (84, en milliers) : Amérique 2 251 dont Arg. 750, Venezuela 650, Uruguay 400, U.S.A. 140, Mexique 90, Chili 80, Cuba 60, Canada 25, Colombie 20, Panama 18, Rép. dom. 18 ; Europe 1 382 dont France 650, Suisse 250, Allem. 250, Angleterre 90, Belg. 80, P.-Bas 45, Portugal 12, Italie 9, Pays nordiques 6 ; reste du monde 228 dont Australie 78.

● **Étrangers en Esp.** (milliers, en 1985) : 273,4 dont Portugais 70, Latino-Améric. 70, Français 35, Marocains 35, Africains 4 (+ de nombreux clandestins de Gambie et du Sénégal), Asiatiques non recensés (nombreux Philippins).

● **Émigration intérieure.** Provenance d'ém. max. : Cacérès (pop. active – 13 % annuel) ; immigr. max. : Alavá (+ 19,4 % annuel), Baléares (+ 19 %).

● **Langues. Statistiques :** *Espagnol* ou *castillan (off.)* (73 %) ; *basque* (3 %), *catalan* (24 %), *galicien* (parlé par 70 % des Galiciens et compris par les autres). **Espagnol :** dérivé du latin (populaire) dont il conserve les voyelles *a* et *o* après l'accent, et dont il a gardé en grande partie le voc. ; se distingue de toutes les langues romanes par l'importance de l'élément arabe (1 300 mots d'or. arabe dont 800 commençant par l'article *al*), et par des consonnes d'or. arabe *z* (ceta) et *j* (jota). Peu de variétés rég. (except. aragonais), le pays ayant été repeuplé après le XIIIe s. par des colons originaires de la même région : Castille, León. L. internationale parlée par env. 250 000 000 de pers. (1re nation hispanophone du monde : Mexique, 67 000 000 de pers.) ; officielle à l'O.N.U. *Esp. d'Amér. du S.* diffèrent, comporte plusieurs variétés (argentin, péruvien, antillais).

Galicien : langue romane du groupe portugais, se distingue du castillan par la fréquence de son *ch* (écrit *x*), l'existence des voyelles nasales, *en, an, on* (écrits *e, ã, õ*), le maintien du son *ou* à la fin des mots (écrit *o*).

Religions

● **Catholiques** 99 %. *Nouveau concordat* signé le 3-1-1979. Le précédent (du 27-8-1953) accordait à l'Église de nombreux privilèges (exemptions fiscales, prêtres dispensés du service mil., le cath. religion off. devait être enseigné dans toutes les écoles). Certains privilèges étaient tombés en désuétude, la n. Constitution en a supprimé d'autres (le cath. n'était plus religion d'État). Les contribuables verseront volontairement un « impôt religieux ». *Richesses de l'Égl. cath. :* t. agricoles 100 000 ha, patrimoine bancaire, immobilier (exempté d'impôt) et artistique.

En 1974 : 24 160 prêtres diocésains, 20 640 religieux dont 10 608 prêtres (24 739 en 1962). *Ordinations : 1954 :* 1 015 ; *62 :* 694 ; *74 :* 321. *Grands séminaristes : 1962 :* 7 974 ; *74 :* 2 793. *Petits séminaristes : 1978 :* 36 704. *Pratique des jeunes : 1960 :* 69 % ; *84 :* 16 %.

● **Autres. Protestants** 400 000. **Juifs** 12 000 (dont 70 % originaires du Maroc, quitté à la fin des années 1950, 30 % d'Allemagne, Europe centrale, Moyen-Orient après la g. 1939-40, Argentine dep. les années 1950). *Synagogues :* 5 à Madrid, Barcelone, Malaga, Ceuta et Melilla ; 3 converties en musées par l'État : 1 à Cordoue, 2 à Tolède. La 1re synagogue depuis l'expulsion des Juifs en 1492 fut rouverte le 2-10-1959. **Musulmans** en majorité du IXe s. au XIIe s. ; en minorité du XIIIe au XVIe s. (expulsion 1502). La religion mus. avait pris la place laissée vacante par l'arianisme, religion off. au VIe s., interdite au VIIe s.

☞ *L'art. 16 de la Constitution de 1978* ne reconnaît aucune « religion d'État » et garantit la liberté idéologique, religieuse et de culture aux individus et aux communautés.

Histoire

● **Période prémusulmane. Époque magdalénienne (v. 12000 av. J.-C.)** chasseurs de rennes et bisons peuplent le N.-O. de l'E., civilisation d'Altarima (peintures rupestres). **Néolithique (4000-2500)** civilisation « asturienne », consommation de coquillages sur les côtes et multiplication de monuments funéraires mégalithiques [plus de 500 dolmens et menhirs, dont celui de Pena et Izarra (Santander) ; *haut. :* 16,80 m]. **Chalcolithique (v. 2000)** centre de Los Millarès, qui a donné son nom à la civilisation rayonnant en Europe. Base de départ du « peuple aux gobelets campaniformes », qui fonde des colonies de guerriers et de techniciens (archers). **Age du Bronze (1800-1000)** le cuivre esp. est mélangé à l'étain des Cassitérides par les Ligures [qui occupent le pays (voir France, proto-histoire p. 563), ancêtres des Basques ?]. **V. 1000** débarquement des Tartessiens (d'origine libyenne). Civilisation du type égéen (villes de pierre, bijoux d'or). Ville principale : Tartessos (appelé Tarsis dans la Bible ; embouchure du Guadalquivir). Les Tartessiens possèdent la côte du S.-E. au cap Nao. **Xe s.** Phéniciens fondent Gadès (Cadix) et monopolisent le commerce du cuivre. **VIIIe s.** roi de Tartessos, Aganthonios, bat Phéniciens et accueille des colonies grecques (de Samos, puis de Phocée-Marseille) [principales : Ampurias, Ibiza, Torre del Mar (Malaga), Hemeroscopion (Denia)]. **VIIe s.** Ibères, autre peuple libyque venu d'Afrique par Gibraltar, peut être avant les Tartessiens ; avancés jusqu'au bassin inférieur de l'Èbre, ils se seraient peu à peu substitués à eux (leur langue a fourni de nombreux mots au basque) : cités de pierre, armes en fer, élevage du cheval, culture vigne et olivier, apprise des Grecs. Villes principales : Elche, Indica, Sagonte. *A la même époque,* des Celtes (civilisation de Hallstatt) pénètrent au N.-O. et fondent 3 provinces : Galice, autour de Salamanque et S. du Tage. Sur le plateau central, se mêlent aux Ibères, fondant la nation celtibérique. **VIe s.** Ibères colonisent Aquitaine et Septimanie, habitées par Ligures. Carthaginois fondent des ports rivaux de ceux des Grecs [Capitales : Carthagène (Carthago Nova), Barcelone (Barcino), Alicante (Lucentum)], étendent leur domaine pendant 3 siècles vers l'intérieur, fondent Helja Edetana (Belchite) et Hemantica (Salamanque). Échec devant Sagonte en 226 av. J.-C. **306-218 av. J.-C.** Romains chassent Carthaginois puis conquièrent la péninsule sur les Celtibères qui résistent jusqu'en 133 (prise de Numance), puis révolte de Sertorius (80-73).

133 av. J.-C.-409 apr. J.-C. Centre de la culture romaine Cordoue (Colonia Patricia Romana Cordubensis), la « 2e Rome », pouvant battre monnaie comme Rome et peuplée de patrices romains émigrés (cap. de la Hispania Ulterior, après Auguste, 13 av. J.-C.). 3 empereurs seront d'origine hispanique : Trajan, Hadrien, Marc Aurèle. **134-135 apr. J.-C.** Hadrien installe en Esp. 50 000 familles juives déportées de Palestine, souche de la communauté juive d'Esp. (plusieurs millions en 711). **Après 300** 4 provinces : Lusitanie [cap. Emerita (Merida)] ; Carthaginaise (Carthagène) ; Tarraconaise (Tarragone) ; Bétique [Hispalis (Séville) et Cordoue]. **409** invasion d'ariens : Vandales (Germains) et Alains (non-Germains : Sarmates), qui fondent roy. d'Andalousie, puis passent en Afr. du N. ; Quades (Germains occidentaux païens, confondus longtemps avec les Suèves), qui fondent en Galice un roy. (11 rois, 412-585) païen jusqu'à 450, catholique 450 à 465, arien 465 à 586 ; Wisigoths (Germains orientaux) ayant séjourné longtemps à Byzance, qui fondent un puissant roy. arien, cap. Tolède [dominent péninsule, 25 rois, de 409 à 711 ; civilisation caractérisée par mosaïques et orfèvrerie ; personnage principal : St Isidore de Séville (560-636)]. **V. 554** l'emp. byzantin (catholique) Jus-

Les grandes découvertes

Voir Découvertes et explorations, p. 69.

Amérique du Nord et du Centre. 1492 (Christophe Colomb) : *12-10* île de Guanahani (Watling), arch. des Bahamas ; *28-10* Cuba ; *6-12* St-Domingue (Hispaniola). **1493-94** (id.) : Puerto Rico, Jamaïque. **1498-1500** (id.) : Trinidad, Venezuela (delta de l'Orénoque). **1502-04** (id.) : isthme de Panama. **1507** (Pinzon et Diaz de Solis) : Yucatan. **1508** (Ocampo) : circumnavigation de Cuba. **1513** (Bilbao) : traversée de Panama, déc. du Pacifique, (Ponce de León) : Floride. **1518** (Juan de Gripilba et Hernandez de Cordoue) : Campeche et Tabasco (Mexique). **1518-19** (Alvarez de Pineda) : tour du golfe du Mexique. **1519-21** (Pedro de Alvarado, sur ordre de Hernan Cortes) : côte mex. du Pacifique. **1524-26** (Esteban Gomez) : côte de l'Atl. nord jusqu'au cap. Hatteras (Caroline du N., U.S.A.). **1530** (Guzman) : Arizona, N. Mexique. **1536** (Hernan Cortes) : basse Californie. **1542** (Jean Rodriguez Cabrillo) : baie de San Francisco.

Amérique du Sud 1499 (Alonso de Ojeda) : embouchure de l'Amazone et Guyane. **1508** (Diaz de Solis et Pinzon) : côtes de l'Argentine vers le 40° de lat. S. **1515** (les mêmes) : côtes de l'Arg. plus au N. (la Plata). **1520** [Magellan (Fernando de Magallanes, Portugais au service de l'Esp.)] : détroit de Magellan, Terre de Feu. **1524** (Pizarre) : Pérou. **1533** (Belalcazar Quito) : Chili. **1539** (Almagro) : rio Maule, au S. du Chili (les limites de l'Am. du S. sont connues). **1539-41** (Francisco Orellana) : descente de l'Amazone du Pérou à l'Atlantique.

Terres du Pacifique. 1521 (Magellan) : *6-3* Iles Mariannes ; *31-3* (le même) : Mindanao [(Philippines) ; Magellan y est tué]. **1522** Elcano ramène en Esp. la flotte de Magellan. **1564** (Legazpi, parti des côtes mex.) : Cébu (Philippines). **1570** Luçon (Philippines).

Principales routes maritimes esp. *Transatlantiques* (départ de Séville jusqu'en 1600 ; de Cadix après 1600). Direction sud jusqu'aux Canaries ; traversée de l'Atlantique au 28e parallèle (alizés). Dans les Antilles : a) Flotte de Terre ferme : Carthagène (Colombie), Panama, La Havane. b) Flotte de Nouvelle-Espagne (Mexique), La Havane. Les 2 fl. reviennent ensemble par Floride et Açores. *Pacifiques* [reliées à celles de l'Atlantique par l'isthme de Panama et le Mexique (Acapulco)]. a) Pérou-Panama (route de l'argent) ; b) Acapulco-Philippines (Manille) ; retour par Japon et Californie (vents d'ouest).

Nota. — Il n'y avait pas de liaisons directes Espagne-Philippines par l'océan Indien.

Conséquences des découvertes. 1°) l'Espagne devient la 1re nation du monde : assise territoriale, puissance économique (commerce des produits coloniaux : canne à sucre, maïs, haricots, pommes de t., tabac ; exploitation des nouvelles terres) ; financière (70 % des réserves monétaires métalliques) ; tonnage de la flotte (en comptant la flotte holl.). Mais pas de suprématie démographique, à cause du génocide des Indiens. 2°) l'Espagne se dépeuple, l'expansion vers l'Italie et l'Afrique du N. s'arrête. 3°) l'activité écon. de l'Espagne se tarit : les terres retombent en friche, les villes s'appauvrissent ; l'industrie est paralysée par la baisse démographique. 4°) la monarchie, qui dispose des ressources américaines, n'a plus besoin des subsides votés par les provinces et les villes et devient absolue. 5°) les Hollandais, sujets esp., lors des découvertes, profitent du régime colonial pour s'enrichir proportionnellement plus que les Esp. Ils deviendront indépendants. 6°) les Anglais, qui convoitent l'empire esp., deviennent ses rivaux (et du catholicisme).

tinien chasse Wisigoths ariens du S.-E., jusqu'au Tage ; rétablit hiérarchie cath. **586** roi wisigoth Récarède reconnaît la suzeraineté impériale et se convertit au cath. ; Quades (ou « Suèves ») redeviennent cath. et se fondent dans le roy. gothique. **616** l'emp. Héraclius cherche à obtenir l'expulsion des juifs ; le roi Sisebut en convertit de force 90 000 et persécute les autres ; par suite de l'hostilité juive, les Byzantins doivent se replier sur Ceuta en Afr. du Nord (631). **631-709** nombreuses g. civiles, d'origine religieuse : noblesse arienne s'allie aux juifs contre les rois ; le chef arien Wittiza règne de 701 à 709, puis est tué par le roi cath. Rodrigue. **710-11** renversement des alliances : les fils de Wittiza, repliés à Ceuta, obtiennent contre Rodrigue l'appui du Cte byzantin Olban, dit Julian ; 5 000 Berbères (ariens ou musulmans), commandés par Tarik, débarquent à Gibraltar ; en 5 ans, avec l'aide des anticatholiques (juifs et ariens), ils s'établissent dans la péninsule (Rodrigue, battu près de Cadix, 711, tué près de Salamanque quelques mois après).

● **Espagne musulmane. 716-56** émirats dépendant de Damas ; fréquentes g. civiles. **756-929** émirat indépendant. **756**-*15-5* Pce Abd al-Rahman, survivant du massacre de la dynastie des Omeyyades à Damas, bat les émirs de Saragosse à La Alaméda et se fait proclamer « émir » descendant des califes avec autorité sur toute l'Esp. ; ses 6 successeurs lutteront contre noblesse locale (dite « renégate », c.-à-d. ralliée à l'Islam, en réalité restée attachée à l'arianisme) ; nombreux soldats arabes et mamelouks importés d'Orient. **929-1038** califat de Cordoue. **929**-*16-2* Abd al-Rahman III prend titre de calife (défenseur de la Foi et Pce des Croyants). Son petit-fils Hixem II (976-1016), surnommé Almanzor (« le vainqueur »), fait des raids contre chrétiens d'Asturie-Galice, détruisant St-Jacques-de-Compostelle en 997. **1038-90** anarchie des roitelets (en arabe : *taïfas*). L'empire d'Almanzor éclate : 15 principautés, toujours en g. Almamoun, taïfa de Tolède, laisse Alfonse VI de Castille prendre sa cité (25-5-1085). **1090-1140** emp. almoravide. L'empereur marocain Yusuf ibn Tachfin (berbère), chef des intégristes almoravides, débarque à Algésiras 1090 et unifie les roy. musulmans. Capitale : Grenade ; *1145*, son petit-fils Tachfin laisse l'emp. se morceler en 5 roy. de taïfas. **1147-1245** emp. almohade. **1147** Abd al-Mu'min, berbère *imam* et *mahdi* des Almohades (fondés Mauritanie v. 1120) devient sultan du Maroc et prend roy. almoravide de Grenade (Tachfin tué). Son 7e successeur, Asrasid (1236-45), dernier calife d'Esp. laisse l'emp. divisé en 6 roy. dont 5 (Valence, Séville, Niebla, Almeria et Murcie) sont pris par chrétiens. **1245-1492** roy. de Grenade. **1245** Mohammed le Rouge (1238-72), fondateur de dynastie des *Nazaris*, se reconnaît vassal du roi de Castille, et commence construction de l'Alhambra de Grenade. 11 successeurs, dont Yusuf III († 1227), qui devient empereur du Maroc (Grenade prospère).

● **Royaumes hispano-chrétiens (718-1515). Début de résistance : Asturies et Galice (718-909)**, principauté fondée par chef cath. Pelayo (720-37), neveu de Rodrigue (?). Son 10e successeur, Alfonse III, se proclame, 909, « roi de León ». **Castille** : comté dépendant du roi d'Asturie-Galice en 824 ; indép. 935 (Fernan Gonzales) ; roy. de Castille 1035 (Fernand Ier), et de Castille-León, 1038. **Navarre** : duc carolingien d'Aquitaine Loup Ier se proclame duc des Navarrais en 710 ; Iñigo Arista, montagnard basque, se proclame « roi de Pampelune » 825. Son fils (ou petit-f.) Garcia Iñiguez devient roi de Navarre v. 850. **Aragon** : formé de 2 comtés pyrénéens de Ribagorza (navarrais de 925 à 1037) et d'Aragon (transformé en roy. en 1035). Fondés sans doute par des Carolingiens (v. 810). **Catalogne ou Gotolonia** (« pays des Goths ») : seigneuries wisigothiques ariennes ayant résisté aux musulmans dans Pyrénées orientales entre 716 et 778 ; ralliées à Charlemagne 778 ; ayant à leur tête un marquis carolingien [à Gérone (785), puis Lérida (800), Barcelone (801), Tortose (811)] qui devient comte héréditaire de Barcelone en 820.

Reconquête : *Navarrais* : Calahorra 1035 ; *Aragonais* : Barbastro 1064 (avec les Français de Guillaume de Montreuil), Huesca (cap. provisoire) 1096, Tudela 1110, Saragosse (cap.) 1118, Monzon 1143, Teruel 1171, Cuenca 1177 ; *Catalans et Aragonais fusionnés* : Baléares 1229-35, Valence 1238 ; *Castillans* : Tolède 1085 (cap.), Valence (conquête éphémère par le Cid 1096), Cordoue 1236, Séville 1248, Murcie 1248 ; *Rois catholiques* : Grenade 1492. *Principal traité* : Cazorla 1179 : partage les conquêtes futures entre Aragonais et Castillans ; au Nord de Biar : Aragon, au Sud de Biar : Castille. *Principale bataille* : Las Navas de Tolosa (1212) réduisant à l'Andalousie les territoires arabes (armée surtout française par solidarité avec le roi franc-comtois de Cast., Alphonse VIII). **Réunification : 1037** union de León et Castille (de nouveau séparés 1157-1230 ; définitive 1230) ; **905** Navarre et Aragon (de nouveau séparés 1035) ; **1162** Barcelone et Aragon ; **1492** Barcelone-Aragon et Castille ; **1512** Navarre conquise par Castille-Aragon.

Principaux événements dans chaque royaume : Castille : 1135-57 Alphonse VII, fils d'un seigneur franc-comtois, porte le titre d'« empereur » [vassaux : rois chrétiens de Navarre, Aragon, Portugal ; roi maure Saïf ed Daoula ; comtes de Barcelone, Toulouse, Provence ; nombreux seigneurs français]. **1364-68** intervention dans la g. de Cent Ans : dynastie anglophile

Grands traits de la politique (historique)

1°) Avant la réunification. Les 2 grands roy. (Castille et Barcelone-Aragon) n'ont plus eu de principes politiques communs, après 1252 (conquête totale du roy. de Valence par la monarchie catalano-aragonaise) : les Castillans, qui ont encore devant eux le roy. de Grenade à conquérir, continuent à lutter contre infidèles ; au besoin, s'alliant avec les nations chrétiennes (c.-à-d., en fait, France) et avec la Papauté pour trouver des appuis ; les rois de Cast., d'origine franc-comtoise gardent le souvenir de l'emp. castillan du XIIe s. et songent à réunifier la péninsule. Aragonais-Catalans-Valençais cherchent à échapper à la tutelle cast. dans la péninsule, et à s'agrandir dans le bassin méditerranéen : Midi français, Italie, Grèce. La Navarre s'appuie sur les Fr. pour se défendre contre ses voisins.

2°) Sous les rois cath. La reconquête de l'E. sur les infidèles se poursuit en Afr. (tradition cast.). De 1480 à 1497, nombreuses expéditions au Maroc et en Algérie, conquête de Melilla. Les agrandissements se poursuivent en Cerdagne-Roussillon et en Italie (tradition arag.). La conquête des Canaries (1477) et la découverte de l'Amérique (1492) sont des réussites cast. : conçues comme un accroissement de forces permettant de conquérir l'angle ouest du Maghreb.

3°) Héritage bourguignon. L'arrivée sur le trône des Habsbourg, héritiers des ducs de Bourgogne (c.-à-d. essentiellement des P.-Bas), change la politique esp. Charles Quint aspire à la suprématie mondiale, afin d'imposer un ordre cath. Principal adversaire : la France.

4°) Philippe II. Ayant renoncé à l'All. mais pas aux Pays-Bas (héritage bourguignon), ni à l'Italie (tradition aragonaise), reste fidèle à la politique universaliste de son père : il combat la Fr., puis l'Angl. séparée de Rome. Il continue la lutte contre les Nord-Afr., et annexe le Port. (tradition castillane).

5°) Décadence esp. Après la perte de l'Armada (1588) et la sécession des P.-Bas, l'E. n'a plus de pol. eur. Elle est sur la défensive en Méditerranée. Seul objectif : maintenir le plus longtemps possible le patrimoine de la dynastie en compensant par des acquisitions ponctuelles ce qui a été perdu sur d'autres points (pol. également suivie par les Habsbourg d'Autriche).

Le choix d'un Bourbon comme héritier par Charles II (dernier Habsbourg d'Esp.) relève de cette politique : la force du roy. de France doit permettre de maintenir dans l'ensemble l'héritage de Philippe II.

6°) Alliance fr. Le « pacte de famille » entre Bourbons de Fr. et d'Esp. permettra à ceux-ci de restaurer leur puissance (récupérations territoriales en Italie et Amér. du N.). Après la chute des Bourbons, Charles IV choisit de rester l'allié de la Révolution et de Nap. Mais l'arrestation du pape Pie VII (5-7-1809) scandalise le peuple esp. qui retourne à la politique cath. et antifrançaise de Charles Quint et Philippe II.

7°) Fin de l'Empire d'outre-mer. La révolte des colonies d'Amérique (fomentée par l'Angl. 1820, puis par les U.S.A. en 1898), entraîne l'Esp. à se replier sur elle-même (elle abandonne ses alliances, y compris l'alliance fr.). Elle veut refaire la force du pays, pour garder son identité, ses idéaux (notamment la foi cath.) et son rang parmi les puissances moyennes (neutralité voulue pendant les 2 g. mondiales : gros profits).

8°) Renouveau contemporain. Après les progrès technologiques, financiers et démographiques des années 1960-80, l'E. (devenue 10e puissance industrielle du monde) souhaite :

1°) prendre la tête des nations hispanophones (mais les républiques sud-amér. sont réticentes, la tradition anticolonialiste rend la métropole eur. impopulaire, malgré la communauté culturelle) ; 2°) s'intégrer aux démocraties industrialisées de l'Occident (alliance avec U.S.A., entrée dans la C.E.E., participation à l'O.C.D.E.) pour se maintenir dans la course au progrès technique.

(Pierre le Cruel) vaincue et remplacée par les Transtamare, alliés aux Fr. (victoire de Du Guesclin à Montiel 1368). **Aragon et Catalogne : 1112** acquisition du comté de Provence (échange contre Cerdagne et Narbonnaise 1168). **1213** participation à la g. des Albigeois, défaite et mort de Pierre II à Muret. **1281** conquête de la Sicile sur Angevins. **1287** aristocrates obtiennent le « privilège d'union », qui les rend maîtres de la monarchie. **1297** conquête de la Sardaigne. **1348** arist. écrasés par Pierre IV à Épila, ils perdent leurs privilèges. **1440** conquête du royaume de Naples (**1460** domaines italiens déclarés inséparables de la couronne d'Aragon). **1461** bourgeoisie catholique obtient capitulation de Villafranca, qui affranchit villes commerçantes de l'autorité royale (oligarchies urbaines). **Navarre : 1234** passe à des seigneurs fr. (Thibaud de Champagne). **1284-1328** appartient aux rois de Fr. (titrés « de France et de Navarre »). **1328** passe aux Valois-Évreux, puis à d'autres familles fr., jusqu'en 1512 (conquête de la Navarre par les rois cath.).

● **Espagne réunifiée. 1479** Inquisition d'E. fondée [dirigée au début contre Marranes (juifs pseudo-convertis), **1483-98** confiée au dominicain Thomas de Torquemada (2 000 exécutions) ; **1529** protestantisme réprimé. **1808** abolie par Joseph Bonaparte. **1814** rétablie ; **1834** suppression définitive ; total des condamnés 30 000]. **1492** C. Colomb découvre l'Amérique (v. encadré). **1513** Conseil des Indes créé (*1521* Charles Quint « roi des Indes et des terres fermes de la mer océane » ; vice-royautés : Mexico *1536*, Pérou *1543*, N.-Grenade *1719*, La Plata *1776*). **1516-56** Charles Quint roi et emp. d'Allemagne : E. à son apogée. **1518 g. des Communes**, 1re grande g. civile espagnole [chef : Juan de Padilla (1490-1521, décapité) ; *motifs : proches :* peuple irrité contre prédominance flamande dans les cadres politiques de l'E. ; *lointains :* 1° attachement des villes aux libertés locales *(fueros)* ; 2° colère des pauvres contre « magnats ». *Déroulement : 1518* soulèvement du roy. de Murcie et des grandes villes de Castille (Tolède, Ségovie, Zamora, Burgos, Madrid, Avila, Guadalajara, Siguenza, Cuenca, etc.). **1519** Impériaux incendient Medina del Campo ; Sainte Junte *(juanta santa)* réunie à Avila, prend Valladolid et Tordesillas ; *déc. : germania* (fraternité), mouvement populaire à Valence : les nobles fuient. **1520** le mouvement gagne tout le roy. de Valence, puis Majorque ; l'aristocratie favorable jusque-là aux *comuneros* prend parti pour Impériaux. **1521**-*23-4* connétable Inigo de Velarco écrase communaux à Villabar. *-18-7* duc de Ségorbe écrase *agermanados* à Almenara. **1523** Majorque reconquise par les Impériaux, chefs rebelles exécutés]. **1556-98** Philippe II laisse l'Emp. à son oncle ; garde E., Amérique, P.-Bas et possessions d'Italie. **1580-1713** union avec Portugal (en rebellion 1640). **1585** protecteur de la *Sainte Ligue* (catholique) en France, cherche à faire donner la couronne de Fr. à sa fille Isabelle-Claire-Eugénie [complot avec Cazaulx à Marseille 1588, Mercœur en Bretagne 1589 ; occupation de Paris (par Alexandre Farnèse) 1590, Rouen 1592 ; 1593 états généraux fr. refusent candidature d'Isabelle ; défaite de Fontaine-Française 1595 ; *tr. de Vervins* (Philippe II reçoit Charolais) 1598]. **1588** perte de l'*Invincible Armada ;* déclin amorcé [g. à Élisabeth d'Angl. « qui favorisait l'hérésie » (P.-Bas) : 130 vaisseaux (7 000 marins, 19 000 soldats, commandés par le duc de Medina Sidonia) contre 197 vaisseaux angl. ; pertes : 65 vaisseaux, 12 000 †]. **1648**-*14-10 tr. de Westphalie,* perd P.-Bas néerl. **1713**-*11-4 tr. d'Utrecht*, perte de l'Italie et des P.-Bas belges ; alliance étroite entre Bourbons d'Esp. et Fr. jusqu'en 1792.

1793-95 g. avec Rép. fr. **1795-1805** alliance avec Fr. ; défaite navale de Trafalgar aux côtés des Fr. **1807**-*27-10 tr. de Fontainebleau :* Charles IV remet sa couronne à Napoléon. **1808**-*2-5* révolte de Madrid contre troupes de Murat ; g. d'E. contre roi Joseph Bonaparte imposé par Nap. et surnommé *Pepe Botella* (Jojo la Bouteille) ou le roi intrus. **1813** Bourbons restaurés. **1810-29** colonies d'Amérique perdues. [indép. : *1810* Argentine, *1817* Chili (San Martin), Venezuela (Bolivar) ; *1821* Pérou (San Martin ; g. jusqu'en *1826*), Mexique, St-Domingue ; Colombie ; *1822* Équateur ; *1824* Amér. centrale (rép. féd. du Guatemala)]. **1822** *juill.* Ferdinand VII prisonnier des Libéraux appelle les Puissances. *-20-10* congrès de Vérone. **1823** expéd. fr. décidée par tsar à Vérone et dirigée par duc d'Angoulême pour restaurer monarchie absolue. *-7-4* offensive (26 000 h.). *-24-5* entrée à Madrid sans combat. *-30-8* siège de Cadix qui capitule le 20 (prise du Trocadéro). **1823-29** épuration sanglante des Lib. par Ferdinand VII. **1833-76** *g. carlistes,* V. page 859. Conséquence principale : l'Esp. a manqué la « révolution industrielle » du XIXe s. (retard économique). **1834**-*15-7* Inquisition (créée XIIIe s.) abolie. **1865** échec de reconquête de Chili et Pérou (g. du Pacifique). **1868**-*9-10* Gal Juan Prim (1814-70) soulève Madrid, Valence, Barcelone. *-20-10* reine s'enfuit en Fr. **1870**-*16-11* Prim installe sur le trône Amédée de Savoie. *-30-12* Prim meurt assassiné. **1871-72** carlistes près de triompher. **1873**-*11-2* Amédée s'enfuit en Italie ; Parlement vote Rép. (258 voix contre 32). *-23-4* Assemblée dissoute. *-10-6* réunion des Cortès (majorité monarchiste). *-28-12* elles offrent la couronne à Alphonse XII, fils d'Isabelle. **1898** guerre hispano-américaine : perte de Cuba (V. p. 814), Porto Rico, Philippines (100 000 † espagnols). **1914** neutralité pendant la guerre mondiale (enrichissement). **1923**-*19-9* à **1930**-*28-1* dictature de Primo de Rivera (1870-1930) : sera abandonné par les Catalans, dont il supprime l'autonomie, et par les milieux d'affaires (effondrement de la peseta, dû à la crise mondiale). **1926** fin de guerre du Maroc.

1931-*14-4 IIe République. -28-6* élect. : victoire de la gauche. **1932** échec du putsch du Gal Sanjurjo. **1933**-*29-10* Phalange fondée par J.A. Primo de Rivera. *-19-11* élect. législatives : victoire de la droite (sur 473 sièges : agrariens 152, extrême droite 33, divers droite 64, radicaux 100, socialistes 58, gauche catalane 23). **1934** *oct.* grèves des Asturies réprimées. **1936**-*16-2* élect. : victoire du Front pop. (sur 453 s. : droite 142, centre 31, gauche 280, dont radicaux 80, soc. 90, comm. 16, gauche catalane 38). *-13-7* José Calvo Sotelo, leader monarchiste, assassiné. *-15-7* Galice autonome. *-17-7* g. civile V. p. 860. *-18-7* Franco, Cdt général aux Canaries, rejoint secrètement Maroc. *-20-7* Gal Sanjurjo tué (accident avion) ; il rejoignait Burgos où des insurgés l'attendaient, il aurait reçu l'infant Don Juan (fils d'Alphonse XIII) qui venait d'entrer clandestinement en Esp. pour prendre part à la rébellion. Mola le fera reconduire à la frontière. *-3-8* Franco membre de la junte de défense nat. *-1-10* chef du gouv. nat. et Cdt en chef des forces nationalistes. *-18-11* All. et Italie reconnaissent Franco. *-20-11* José Antonio Primo de Rivera, chef de la Phalange, exécuté par rép. **1938**-*1-2* 1er gouv. franquiste. *-18-7* Franco capitaine général. **1938-42** Serrano Suñer min. des Aff. étr. (a épousé la sœur de la femme de Franco). **1939**-*27-2* Fr. et G.-B. reconnaissent Franco. *-28-2* Manuel Azaña réfugié à Paris démissionne. Juan Négrin lui succède. *-1-4* fin de la guerre. *-19-5* défilé de la victoire à Madrid.

1940-*14-6* E. occupe Tanger. *-23-10* entretien Franco-Hitler à Hendaye. **1941**-*12-2* Franco-Mussolini à Bordighera. *-14-2* Franco-Pétain à Montpellier. *-28-6* création de la « Division Azul » (45 000 E. participent à la croisade antibolchévique). **1942**-*25-9* rappel de la « Division Azul ». *De 1941 à 1944* 30 000 Fr. internés en E. sans jugement après avoir franchi clandestinement les Pyrénées pour rejoindre la Fr. combattante ; 1 200 Fr. tués par les patrouilles all. ou morts de froid et 5 000 déportés (arrêtés par All. ou livrés à eux par E.). 23 000 s'engagèrent (12 000 tués au combat).

1945-*17-7 3e loi fondamentale* du régime : Charte des E. *-31-7* Pierre Laval expulsé (extradition demandée par la Fr.), livré aux Alliés. *-18-9* E. obligée par Alliés à quitter Tanger. **1946**-*28-2* Fr. ferme frontière avec E. (rouverte 10-2-48). **1947**-*26-7* référendum sur loi de succession (14 145 163 oui, 1 074 400 non ou nuls) ; l'E. est off. une monarchie. **1949**-*12-2* commando comm. fait dérailler un train (40 †). **1950**-*5-8* crédit amér. de 62 500 000 $. **1952**-*1-11* E. entre à l'U.N.E.S.C.O. **1953**-*26-9* pacte avec U.S.A. Aides écon. et mil., défense mutuelle. **1955**-*14-2* E. entre à l'O.N.U. **1957**-*25-2* « technocrates autoritaires » au 6e gouv. **1960**-*8-3* Antonio Abad Donoso (anarchiste) exécuté. **1963**-*20-4* Julian Grimau, dirigeant du P.C.E., exécuté. *-28-12* 1er Plan de dévelop. écon. et social. **1968**-*6-5* blocus terrestre de Gibraltar (V. page 883). *-14-10* Guinée esp. indépendante. *-20-12* famille Bourbon-Parme expulsée. **1969**-*14-3* 2e plan de dévelop. *-22-7* Juan Carlos désigné successeur de Franco. **1970**-*8-6* Franco reçoit de Gaulle au Pardo. *-29-6* accord commercial E.-C.E.E. *-3-12* procès de Burgos (V. Pays basque). **1972**-*2-11* attentat contre Roger Tur, consul de Fr. à Saragosse (mort 7-11), par des maoïstes (30 a. de réclusion aux 5 assassins). **1973**-*17-1* l'E.T.A. enlève l'industriel Felipe Huarte, libéré contre rançon (4 millions de F). Reconnaissance de R.D.A. (10-1) et Chine (mars). *-27-9* affrontement à Bilbao (policiers/E.T.A.). *-20-12* l'amiral Luis Carrero Blanco (n. 4-3-03, vice-Pt du gouv. dep. 22-9-67, *PM* dep. le 8-6-73) tué par E.T.A. avec 2 personnes de son escorte. **1974**-*2-3* Salvador Puig Antich (Catalan anarchiste accusé du meurtre d'un policier en sept. 72) exécuté. *-22-5* Balthazar Suarez, dir. de la banque de Bilbao, enlevé à Neuilly. *-19-7/2-9* Juan Carlos chef de l'État par intérim (Franco malade). Attentats attribués aux G.A.R.I. (Groupes d'action révol. internat.), issus du M.I.L. (Mouv. ibér. de libér. dont Puig Antich était m.). *Juillet* caravane du Tour de Fr. attaquée. *-13-9* bombe dans restaurant de Madrid 13 †. *-7-12* droit d'assoc. pour action pol. si respect des principes du franquisme et allégeance au Mouvement nat.

1975-*25-4* état d'urgence au P. basque (Guipuzcoa et Biscaye). *-22-8* décret-loi antiterroriste. *-27-9 :* 3 m. du F.R.A.P. et 2 m. de l'E.T.A. exécutés ; 9 pays eur. rappellent leur ambassadeur. *-29* ou *-30-9* grève gén. au P. basque. *-1-10 :* 3 policiers tués à Madrid. Manif. profranquiste (200 000 pers.). *-4-10* renouvellement pour 5 a. du bail des bases amér. (contre aide de 500 à 750 millions de $). *-14-10* au *-20-11* agonie et † du Gal Franco. *-30-10* Juan Carlos chef provisoire de l'État. *-14-11* accord Maroc-Mauritanie-E. sur Sahara esp. *-15-11* basque, catalan et galicien reconnus langues nationales. *-22-11* Juan Carlos roi d'E. *-26-11* « indulto » amnistie partielle des prisonniers pol. *-11-12* nouveau gouv. Navarro : 3 m. libéraux (Cte de Motrico, Antonio Garrigues, Fraga Iribarne). **1976** *janv.* grèves (postiers réquisitionnés). *-24-1* tr. de coopération de 5 a. avec U.S.A. : maintien des bases US, vente d'avions mil. à l'E., aide 1 200 millions de $. *-27-1* Cortès renouvelés pour 15 mois. *-6-2* décret-loi antiterroriste amendé. *-9-2* maire basque tué par E.T.A. *Févr.* grèves. *-3-3* affrontements à Victoria (P. basque) : 3 civils tués. *-8* et *-9-3*, 1 manif. tué à Bilbao ; 500 000 grévistes au P. basque. *Avril* A. Berazadi, industriel tué par E.T.A. *-9-5* affrontements à Montejurra entre carlistes partisans de Charles-Hugues de Bourbon-Parme et partisans de son frère Sixte (1 †). *-9-7 :* 150 000 manif. à Bilbao pour liberté du P. basque (1 tué). *-30-7* large amnistie (100 prisonniers de l'E.T.A. ou du F.R.A.P. exclus). *-4-10* Juan Maria de Araluce, conseiller du roy., tué par E.T.A. *-28-10* Juan Carlos à Paris (1re visite off. d'un chef d'État esp. dep. 1905). *-12-11* grève générale, 500 000 grévistes sur 13 millions de trav. *-11-12* G.R.A.P.O. (Groupe de résistance antifasciste et patriotique du 1er oct.) enlève A.M. de Oriol Pt du Conseil d'État. *-15-12* référendum sur Constitution : abstentions 22,6 %, b. blancs 3 %, oui 94,1 %, non 2,6 %. **1977** avocats comm. ass. par extrême droite (Atocha) ; Gal Villaescusa (Pt du Conseil suprême de la justice mil.) enlevé. *-9-2* relations dipl. normales avec U.R.S.S. *-9-3* légalisation du P.C. esp. *-11-3* amnistie, sauf pour auteurs de « crimes de sang ». *-18-3* Mexique cesse relations dipl. avec gouv. rép. esp. en exil. *-27-3* acc. aérien : 612 † à l'aéroport de Los Rodeos aux Canaries. *-11-4* P.C. esp. autorisé. *-13-5* la Pasionaria (Dolorès Ibarruri) rentre à Madrid après exil de 38 ans. *-14-5* Don Juan Cte de Barcelone renonce à ses droits dynastiques pour son fils (le roi). *-20-5* Javier de Ybarra, ancien maire de Bilbao, enlevé par E.T.A. *-20-6* exécuté. *-15-6* élections aux Cortes constituantes, 1re él. au suffrage universel dep. 41 ans. % votes et entre parenthèses sièges : U.C.D. (A. Suárez) 34,72 (165), P.S.O.E. (F. González) 29,25 (118), P.C.E. (S. Carrillo) 9,24 (20), A.P. (M. Fraga) 8,34 (16), P.D.C. (J. Pujol) 2,78 (11), P.N.V. (Ajuriaguerra) 1,60 (8), P.S.P. (E. Tierno) 4,46 (6), U.C.-D.C.C. (Canellas) 0,95 (2), E.C. (H. Barrera) 0,75 (1), E.E. Letamendia) 0,33 (1). *-23-6* gouv. de la Rép. en exil (Pt José Maldonado) met fin à sa mission. *-30-7* amnistie, accord écon. de la Moncloa. *-24-11* entrée au Conseil de l'Europe.

1978-*10-1* au *-6-2* 1res élect. syndicales libres dep. 40 ans. *-20-1* amnistie pour accusés dans l'attentat contre amiral Carrero Blanco. *-25-1* Joaquim Viola, ancien maire de Barcelone, et sa femme ass. *-19-4* IXe congrès du P.C.E. (abandon de la référence au léninisme). *-28-6* M. Portell (dir. du journal « Hoja del lunes » de Bilbao) ass. *-8-7* émeute à la feria de St-Firmin à Pampelune : 1 †, 150 bl. ; 135 000 touristes fuient la ville. *-11-7 :* 1 † à St-Sébastien, affrontements avec police ; 215 †, 67 bl. au camping de Los Alfaques (explosion d'un camion de carburant). *-21-7* Gal Sanchez Ramos Izquierdo et lieut.-col. Rodriguez ass. *-28-10* appel du P.N.V. (P. nationaliste basque), à Bilbao défilé silencieux de dizaines de milliers de Basques contre violence E.T.A. *-31-10* vote final de la Constitution. *-5-11* manif. contre terrorisme : 300 000 à Madrid. *-11-11* coup de force (« opération Galaxie ») militaire (dont lieut-col. Tejero) déjoué. *-6-12* référendum sur l'adoption du projet de Const. : 88 % de oui, 32,33 % d'abstentions (55 % au Pays Basque). *-25-12* J.M. Benaran Ordenana (dit « Argala », un des auteurs de l'attentat contre amiral Carrero Blanco) assassiné à Anglet (Fr.). **1979**-*3-1* Gal Gil, gouv. de Madrid, assassiné. *-1-3* élections : victoire de l'U.C.D. *-3-4* élect. municipales : vict. de la gauche. *-6-4* 3e cabinet Suarez. *-11-5* manif. nat. à Madrid. *-25-5* 3 off. sup. et 1 soldat ass. à Madrid, par E.T.A. mil. *-26-5* attentat rue Goya, 8 †, 40 bl. *-13-6* att. contre chantier de la centrale nucléaire de Lemoniz. *-30-6/15-7* « g. des vacances » de l'E.T.A. mil. [mitraillage du Paris-Madrid le 2-7, 12 bombes dans stations balnéaires (voir P. basque à l'Index)]. *-28-7* attentat E.T.A. (4 policiers †, 4 bl.). *-29-7 :* 3 bombes à Madrid (aéroport, gares de Chamartin et Atocha) :

5 †, 113 bl. (attentat E.T.A. mil.). *-25-10* référendum sur autonomie en Catalogne et P. basque. *-11-11* dép. centriste Javier Ruperez enlevé.

1980-*20-1* 4 † à Bilbao. *Févr.* attaque d'un convoi mil. 7 †. *-28-2* référendum sur autonomie de l'Andalousie : non. *-9-3* él. du Parlement au P. basque ; victoire nationaliste. *-20-3* vict. des autonomistes modérés au Parlement catalan. *Juillet* entrée dans C.E.E. repoussée. *-23-11 :* 200 000 franquistes manif. à Madrid. *-21-12* référendum sur autonomie en Galice : oui (74 % d'abstentions). **1981**-*29-1* Adolfo Suarez, PM, démissionne. *-6-2* José Maria Ryan, ingénieur de la centrale nucléaire de Lemoniz, exécuté par E.T.A. mil. ; d'où grèves et manif. au P. basque. *-13-2* José Arregui, militant basque, meurt en prison. *-20-2* E.T.A. enlève 3 consuls (Autriche, Uruguay, Salvador), libérés 28-2. *-23-2* tentative de putsch ; Lt-col. Tejero et des gardes civils envahissent Cortès. *-24-2* échec, l'armée ne suit pas. *-27-2* manif. pour la démocratie. *-1-3* Enrique Castro Quini, footballeur, enlevé, rançon versée (100 millions de pesetas). *-4-5* GRAPO tue Gal Andres Gonzales Suso, chef de l'artillerie. *-7-5* Gal Joaquim de Valenzuela blessé (3 †, 13 bl.). *-23-5* prise d'otages à la banque de Catalogne à Barcelone (1 †, 2 bl., extrême droite, pour libérer putschistes du 23-2-81). *-19-6* J.-J. Crespo-Galende (militant GRAPO, gréviste de la faim), meurt en prison. *-22-6* divorce autorisé. *-23-6* complot contre roi (?) éventé : 3 mil. (2 colonels et 1 Cdt) et 3 civils arrêtés. *-5-9* Enrique Cerdan Calixto, chef GRAPO, abattu. *-10-9* « Guernica », tableau de Picasso, rentré des U.S.A. *-22-11* 6e anniv. de la mort de Franco : 125 000 à 800 000 manif. *-25-11* référendum sur autonomie de l'Andalousie = oui. *-29-12* Dr Iglesias, père du chanteur, enlevé, rançon demandée 1 milliard de pesetas (5 milliards de F), libéré 16-1-82 par police. **1982**-*19-2* procès des auteurs du putsch du 23-2-81 (33 accusés dont 32 mil.). *Févr.* bilan provisoire de l'épidémie de pneumonie atypique due à l'huile toxique : 259 †, 17 800 malades (dep. 1-5-81). Ricardo Tejero, dir. gal de la Banco Central, tué à Madrid. *-14/18-4* attentats E.T.A. (1 †, 14 bl.), ultimatum E.T.A. militaire : 1 mois pour que policiers esp. et leurs familles quittent P. basque. *-3-6* procès des putschistes : 30 ans de réclusion pour Gal Milano del Bosch et Lt-Col. Tejero, qui doit aussi 60 000 F pour dégâts aux Cortes ; 6 ans pour Gal Armada ; acquittement des autres. *-12-6* Santiago Carrillo, démissionnaire, réélu secr. gén. du P.C.E. *-22/24-6* Pt Mitterrand en E. *-8-7* Calvo Sotelo, PM, démissionne de la présidence de l'U.C.D. ; remplacé par Landerlino Laviola. *-27-8* dissolution des Cortes. *-28-10* élections : vict. du P.S.O.E. *-2-10* complot mil. déjoué, 3 off. arrêtés. *-31-10/9-11* visite de Jean-Paul II. *-4-11* Gal Lago Roman, Cdt de la division Brunete, assassiné à Madrid. *-5-12* Juan Martin Luna (28 ans), chef du GRAPO, tué. *-15-12* ouverture de la frontière de Gibraltar aux piétons. **1983**-*7-2 :* 50 000 manif. à Bilbao contre E.T.A. *-24-2* carte de l'Esp. régionalisée terminée. *-8-5* élect. munic. et région. : P.S.O.E. en tête ; l'A.P. se maintient, le Centre s'effondre, P.C.E. progresse. *-27/30-6* victoire d'Iglesias au Comité central du P.C.E. (défaite de Carrillo). *-18-10* Cdt Barrios assassiné par E.T.A. *-20-10* † de V. Gonzalez dit « el Campesino ». *-21-10* manif. antiterroriste à Madrid (550 000 pers.). *-18-12* et *-19-12* G.A.L. (groupe antiterroriste de libération) assassine 2 réfugiés basques en Fr. *-25-12* † du peintre Jan Miro (n. 20-4-1893). **1984** *janv.* scission du P.C.E., I. Gallego (avec 800 délégués) crée un P.C. plus prosoviét. *-29-1* ass. du Gal Quintana, Cdt gén. de la région mil. de Madrid, dont l'attitude loyaliste fit échouer le putsch du 23-2-81. *-7-3* ayant constaté en 1982-83, 1 100 infractions, la marine fr., arraisonne 2 chalutiers esp. pêchant illégalement dans eaux communautaires du golfe de Gascogne (6 marins esp. bl., 1 amputé d'une jambe). *-17-3* condamnés à 120 000 F d'amende, 1 200 F de contravention pour refus d'obtempérer, confiscation des poches de chaluts et 130 000 F pour frais de consignation des bateaux. *-Mai* Juan Carlos en U.R.S.S. (1ère visite d'un monarque esp.). Pour protester contre extraditions de réfugiés basques en France, attentats antifrançais : Crédit Lyonnais (Barcelone), *14-7* Renault (St-Sébastien), *18-7* Sté Générale (Bilbao), *10-8* BNP et Renault (Madrid), *14-8* Renault (Barcelone). 250 autom. et 48 camions détruits de juillet à oct. : coût 150 millions de pesetas pour État esp. *-5-9* Rafael Paduro, Pt patronat andalou, tué par GRAPO. *-10-10* escale de 15 h de Jean-Paul II à Saragosse. *-20-10* garde-côte irlandais coule chalutier esp. (équipage rapatrié). *-18-11 :* 500 000 manif. à Madrid pour liberté de l'enseignement. *-20-11* Santiago Brouard (dit Henri Batasuna) tué par G.A.L. *-21-11* l'E.T.A. ass. un Gal à Madrid. *Du 28-1-84 au 22-2-85*, 29 sympathisants b. expulsés de Fr. **1985**-*29-3* chef de la police b. tué. *-12-4* attentat dans restaurant près Madrid 18 †. *-12-6* E. adhère à la C.E.E. *-8/10-7* visite off. du roi Juan Carlos en Fr. *-29-7* assassinats : vice-amiral Fausto Escrigas (à Madrid) et un commissaire adj. à Vitoria (25 ass. dep. début 85). *-9-8* 1er avortement légal. *-23-12* Gal Atares tué par E.T.A. **1986**-*févr.* vice-amiral Cristobal Colon de Carvajol tué par E.T.A. mil. *-12-3* référendum pour maintient de l'E. dans l'OTAN : oui 52,53 % de suffr., non 39,84 % (au P. Basque : non 65,2 %), (abstentions : 40,27 %). *-25-4* voit. piégée 5 gardes civils †.

Nota. – Victimes du terrorisme : 1949-79 : 328 [*77 :* 30, *78 :* 99, *79 :* 123 (dont 70 P. basque)], *80 :* 102.

Guerres civiles espagnoles

Analyse

1°) Tradition anticentralisatrice. (Déjà au XIe s., les roy. musulmans du S., ou taïfas, étaient indépendants entre eux ; les roy. chrétiens et féodaux du N. étaient rarement coalisés et souvent ennemis.) Les particularismes locaux sont garantis par les *fueros,* chartes consenties par les souverains et reconnaissant le droit à l'autonomie fiscale et administrative. L'avènement d'une dynastie unique à la tête des roy. ibériques (sauf au Portugal) n'a pas supprimé les administrations propres à chaque royaume.

2°) Tradition anticastillane. Date de 1521, lorsque la noblesse cast. voulant défendre ses biens contre la *germania* a basculé dans le camp impérial au cours de la g. des Communes, et a lié désormais la centralisation monarchique et l'hégémonie castillane qui fut : a) *culturelle :* la langue, y compris en Andalousie, ou les populations sont implantées de fraîche date et n'ont pas de dialectes locaux vivaces ; elle se heurte au catalan-valencien à l'est, au basque au N., au portugais-galicien au N.-O. b) *financière et politique.* Dep. 1492 (découverte du Nouveau Monde et conquête du roy. musulman de Grenade) les nouvelles terres sont annexées au roy. de Castille (Indias de Castilla), l'union avec l'Aragon-Catalogne n'étant pas encore faite. L'or importé d'Amér. est investi en territoire cast. ; les postes lucratifs d'outre-mer sont réservés aux nobles cast. Les régions riches non castillanes (Pays basque, Catalogne), qui payent les impôts les plus élevés, voient d'un mauvais œil les investissements se faire en priorité en Castille.

3°) Disparition du domaine public : Au XIe s., les rois délèguent leur autorité sur les grands domaines *(senorios solariegos)* à des magnats laïcs et à des dignitaires ecclésiastiques. Après le XIIe s., les terres reconquises sur les Musulmans sont distribuées de même. Aux XIVe et XVe s., les donations *(mercedes)* de biens fonciers aux nobles réduisent à rien le domaine royal. En 1811, les Cortès (en majorité bourgeois des villes) retirent aux seigneurs les droits de justice sur les habitants des domaines, mais transforment ceux-ci en propriétés privées (loi confirmée en 1837). Le territoire esp. est donc entre les mains de personnes privées, qui y exercent des droits illimités (en 1930, les 29 grands d'Espagne possédaient 577 359 ha).

4°) Révoltes plébéiennes. Les paysans n'ont pas de recours contre les propriétaires, qui fixent eux-mêmes les redevances à payer et souvent n'accordent pas de baux supérieurs à 3 ans ; la menace d'expulsion est constante. Les nobles vendent à perpétuité à des tiers (souvent bourgeois des villes) le droit de percevoir les redevances foncières de leurs domaines. Les exploitants sont pressurés pour que le revenu perçu fournisse un intérêt suffisant (moyenne pour l'Esp. aux XVIIIe-XIXe s. 7,14 %, le double de la moyenne européenne). [Exception : le Pays basque, où les exploitations rurales même petites sont réputées « nobles » (en Biscaye, 98 % des paysans portent la particule et sont propriétaires de leurs biens fonciers ; leur hostilité à la Castille se double du mépris pour le sous-prolétariat rural castillan).] Aussi les pauvres émigrent vers l'Amér. ou se révoltent. Toute g. civile esp. (d'origine polit. ou régionale) se double d'une g. sociale (paysans pauvres contre possédants).

5°) Tradition de la guérilla. En 1705 et 1713 g. de Succession d'Espagne (v. ci-dessous). En 1808 contre les Fr., ensuite pour défendre des objectifs politiques ou sociaux.

6°) Traditions catholique et anticath. L'Église cath. d'E. restée aux Ve-VIIe s. minoritaire, devant les ariens, a reconquis par les intrigues politiques et les armes (conversion du roi Récarède) une situation de force. La reconquête militaire a eu un objectif religieux : refaire un roy. chrétien dans la péninsule. Après la prise de Grenade, la hiérarchie cath. (entre les mains de la royauté) a utilisé l'*Inquisition* pour maintenir ses positions : expulsion des Morisques et des Juifs ; exécution des renégats, puis (aux XVIe-XVIIe s.) extermination du protestantisme. Aux XIXe et XXe s., en Esp. comme en Amér. latine (notamment au Mexique) les théoriciens de la lutte contre l'Église (« libéraux » ou révolutionnaires, héritiers des révolutionnaires fr.) prétendaient lutter contre le « fanatisme » (c.-à-d. les méthodes de l'Inquisition). Mais les masses restaient dans la tradition des guerres religieuses [destruction des objets du culte, mise à mort du clergé d'une part (en 1936-39, 7 937 victimes, dont évêques 12, prêtres 5 255, moines 2 492, novices 249, religieuses 283) ; expulsion des incroyants, exécutions de leurs propagandistes d'autre part]. Au cours des g. civiles du XIXe s., les ecclésiastiques se font souvent chefs militaires [ex. : le trappiste, *El Trapense* (Fray Antonio Marañon), qui s'empare de la Seo de Urgel, pendant la g. de Riego en 1822 ; en 1872 (g. carliste), curés basques et navarrais se mettent à la tête de leurs paroissiens]. Au contraire, dans de nombreuses campagnes, les paysans sans terres prennent parti contre l'Église, en tant que propriétaire terrienne.

7°) Tradition des pronunciamientos (coups d'État mil. au cours desquels le chef des rebelles *prononce* un discours-programme, pour entraîner ses partisans). De gauche (par ex. Riego 1821, Galan 1930) ou de droite (Primo de Rivera 1923). Fréquents dans les pays hispano-amér. Ne dégénèrent pas toujours en g. civiles, mais peuvent en être l'occasion, les rebelles sachant qu'ils seront tués en cas d'échec (Riego pendu en 1823, Galan fusillé en 1930). Ainsi, le pronunciamiento de Franco, en 1936, a-t-il déclenché la g. civile de 1936-39.

8°) Traits psychologiques des Esp. Ils ne se posent pas en citoyens (Alphonse XIII disait qu'il régnait « sur 21 millions de rois »). Trait principal : l'égocentrisme (individualisme, sentiment de l'honneur, sens de l'égalité). Vie sociale et politique relâchée, goût des actions individuelles (francs-tireurs), imprévoyance et démesure (goût des victoires totales, avec refus du compromis), recherche du prestige et, à l'échelon local, *caciquisme* (autoritarisme des notables). Ces traits expliquent en partie la fréquence des g. civiles, le goût de l'anarchie, l'acharnement des luttes, le caractère spectaculaire du terrorisme.

9°) Interventionnisme étranger. Toutes les g. civiles esp. modernes [à part les 2 1res, 1518-23, dites *g. des Communes* et *g. de la germania* (voir ci-dessus)] ont connu des interventions étrangères, et elles sont nées souvent du fait que les Esp. s'étaient rangés dans 2 camps étrangers différents. Ex. : *1704-11 g. de Succession d'Espagne :* le prétendant autrichien Charles de Habsbourg (futur emp. Charles VI) est reconnu roi d'Esp. par Catalans et Aragonais. Les paysans castillans prennent parti contre lui (et contre les Catalans). Repoussé de Madrid, Charles se retranche 2 ans (1710-11) dans la province de Gérone. La lutte se prolonge jusqu'en 1713, sous la direction de sa femme Isabelle de Brunswick-Lunebourg, nommée régente. Vaincus en 1713-14, Catalans, Valençais sont privés de leurs *fueros* (droits d'autonomie fiscale et administrative). *Insurrection de Riego (1819-23) :* ancien officier fait prisonnier par les Fr. en 1808, Riego se convertit aux idées révolutionnaires et, en 1819-20, oblige le roi Ferdinand VII à accepter la constitution libérale de 1812. Mais la Sainte Alliance (France, Autriche, Russie) envoie des troupes (fr.) en E. Les libéraux sont vaincus et Riego exécuté (1823).

Guerres carlistes (1833-76)

• **Causes :** *1° dynastiques* (la loi salique en vigueur chez les Bourbons, mais non traditionnelle en E., ferait passer la couronne à Don Carlos frère de Ferdinand VII, et non à Isabelle II). *2° politiques* [les Carlistes (traditionalistes) sont opposés aux Christinistes (du nom de la régente Marie-Christine), plutôt *libéraux*].

• **1re guerre (1833-39) :** les « puissances libérales » (Angl. et Fr.) envoient contre Zumalacarréguy (chef carliste) 18 500 h. (Angl. 14 000, chef : Lord Ewans, Fr. 4 500, dont le futur maréchal Bazaine). Zumalacarréguy est tué par les Angl. devant Bilbao. Don Carlos échoue et signe avec Espartero la convention de Vergara.

• **2e guerre (1849) :** le Cte de Montemolin (Charles-Louis de Bourbon, 1818-1861) débarque en Catalogne. Son Lt, Tristany, doit se replier en Fr.

• **3e guerre (1872-76) :** Thiers, redoutant une victoire de Don Carlos, qui aurait favorisé le retour de la monarchie en Fr., persuade les rép. de soutenir Amédée de Savoie. Le duc de Madrid prend les 2/3 du pays et s'installe à Estella (Navarre), l'emporte sur les rép. (1873-74), mais est battu par le Gal Primo de Rivera, Lt d'Alphonse XII (Estella prise le 19-2-76). 70 000 †.

Guerre civile de 1936-39

● **Effectifs. Nationalistes :** *1936-20-7 :* 30 000 h. (métropole), 53 000 h. (Maroc) ; *-30-10 :* 350 000 h. *1937-30-7 :* 500 000. *1938-30-7 :* 700 000. *1939-1-4 :* 800 000. **Républicains :** *1936-20-7 :* 91 000 ; *oct.* 450 000, chiffre indéterminé par la suite.

● **Aide étrangère. Aux nationalistes. Allemagne :** 16 000 h. (dont légion aérienne Condor 6 500). *Pertes :* 300 h. Coût : + de 500 millions de Reichsmarks, dont 124 de matériel de g. pour les Nationalistes et 354 pour les All. **Italie :** volontaires ital. : 50 000 h. (dont les escadrilles aériennes et 4 divisions de Chemises noires avec d'importants éléments de chars légers). *Pertes :* 6 000 h. *Aide matérielle :* 763 avions, 1 672 t. de bombes, 1 930 canons, 10 500 mitrailleuses, 240 000 armes légères, 7 663 véhicules à moteur. **Portugal :** 20 000 vol. (Légion Viriato). *Pertes :* 8 000, 1 100 officiers dans les unités esp. A servi aux franquistes de relais avec l'extérieur et a facilité, en août 1936, la prise de Badajoz.

Républicains. Accord franco-soviét. pour la fourniture de matériel soviet. acheté avec l'or esp. : les armes débarquées à Dunkerque et au Havre transitent vers l'Espagne en wagons plombés. Responsables français : Jules Moch, Jean Moulin, Pierre Cot [entre oct. 1936 et mars 1939 : 127 000 t apportées par 164 navires, dont 34 soviét. soit : 200 chars, 198 canons, 4 000 camions, 9 000 véhicules divers. Aide financière : 81 millions de £. Aide par voie maritime 242 avions, 731 chars, 703 canons. Personnel (instructeurs, techniciens civils) : 2 500 h.]. **Fournitures d'armes fr.** (selon des contrats fictifs passés avec Mexique et Lituanie ; mais ne correspondant souvent qu'à l'exécution de contrats réels passés avec la Rép. esp. bien avant la g. civile) : avions (200), canons de 75 (47). **Volontaires.** *23 bataillons* (dont 15 ayant transité par la Fr.) *formant 6 brigades internationales* ayant totalisé 35 000 h. dont 9 000 Fr. (3 000 †), 5 000 All. et Autr., 4 000 Balkaniques, 3 100 Ital., 2 000 Brit., 2 000 Amér., 2 000 Belges, 2 500 Scandinaves. *Principaux chefs : Espagnol :* Valentin Gonzalez, dit El Campesino, G[al] pendant la g. d'Esp., commandait la 46e division de choc des Brigades inter. Réfugié en U.R.S.S., promu M[al], il entra à l'école de g. de Frounze, puis fut arrêté et envoyé au goulag. En 48, s'évada et se réfugia en Fr. ; le 13-10-1961, il fut interné à l'île de Bréhat. *Allemand :* Walter Ulbricht. *Bulgare :* Georges Dimitrov. *Hongrois :* Laszlo Rajk. *Yougoslave :* Josip Broz, dit Tito. *Italiens :* Pietro Nenni, Palmiro Togliatti. *Français ;* André Marty, Charles Tillon, Rol-Tanguy.

● **Opérations. 1936-***17-7 soulèvement du Maroc ; -18-7* en Vieille Castille et León (Gal Mola) et Andalousie (Gal Queipo de Llano). Les Rép. contrôlent 2 zones : Nord : Pays basque-Asturies ; Est : Barcelone-Valence-Malaga (+ Badajoz). *-22/26-7* bataille de Guadarrama : les troupes de Mola à 60 km de Madrid. *-23-7* pont aérien entre Maroc et Andalousie : Queipo de Llano peut se maintenir dans le S. *-30-7* 3 transports de troupes amènent des renforts marocains à Algésiras. *-14-8* prise de Badajoz : les 2 zones nat. réunies. *-5-9.* Navarrais prennent Irun, coupant zone rép. N. de la frontière fr. *-13-9* prennent St-Sébastien. *-29-9* troupes du S., marchant vers Madrid, délivrent Alcazar de Tolède (résistance dep. *18-7 ;* chef : colonel Moscardo). *Oct.-déc.* échec des Nat. devant Madrid. **1937-***janv.-févr.* échec des Nat. tentant d'encercler Madrid par le S. (vallée du Jarama) ; intervention des Italiens en Andalousie (prise de Malaga, *10-2*). *-23-3* échec des It. tentant d'encercler Madrid par le N. (Guadalajara). *-30-3/21-10* offensive de Franco contre zone rép. N. [26-4 bombardement de Guernica (par All.). *-19-6* prise de Bilbao. *-6/28-7* contre-attaque rép. à Brunete (secteur de Madrid) : front du N. dégagé. *-14-8* reprise de l'offensive ; *-26-8* Santander pris ; *-20-10* Gijon pris ; *-21-10* reddition en masse des Rép.]. *15-12* off. rép. sur Teruel : Franco déplace ses réserves. **1938-***8-1* victoire rép. à Teruel, reddition du colonel nat. Rey d'Harcourt. *-8-2* vict. nat. sur l'Alfanbra au N. de Teruel (20 000 pris.). *-17-2* reprise de Teruel par Nat. ; Franco attaque en Aragon. *-9-3* lignes rép. percées au S. de l'Èbre. *-15-4* Nat. à Vinaroz (zone rép. de l'E. coupée en 2). *-24-8* Nat. à 60 km de Valence. *-25-8* contre-attaque rép. dans boucle de l'Èbre ; Valence dégagée. *-26-8/15-11* bat. de la boucle de l'Èbre ; *rép.* 30 000 †, 20 000 bl., 20 000 prisonniers (brigades internat. : 75 % de pertes), *nat.* 33 000 (†, bl. et disp.). *-23-11* offensive nat. en Catalogne. **1939-***26-1* prise de Barcelone (Valence devient capitale). *-9-2* conquête totale de la Catalogne ; *mars* liquidation de la zone rép. S. *-6-3* complot du colonel Casado [rép. non communiste, Cdt du front de Madrid, attaque et désarme communistes opposés à la reddition (2 000 †)]. *-28-3* Madrid prise ; *-30-3* communiqué de victoire de Franco.

Stratégie communiste pendant la g. civile. Pour certains, le P.C. voulait apparaître comme un parti d'ordre (il profite des excès anarchistes et tente de conquérir l'hégémonie dans le camp républicain). Les Soviétiques voulaient que la g. dure pour que All. et Italie s'y engagent de plus en plus (sabotage des tentatives de compromis en 1937) ; les éléments antifranquistes et antistaliniens furent liquidés et les courants non communistes affaiblis, même au prix de victoires franquistes (refus d'attaquer en Estrémadure au printemps 1937).

● **Bilan de la guerre. Victimes** 1 million de †. 500 000 exilés et 300 000 détenus politiques au lendemain de la g. (28 077 en 1944). *Selon Georges Roux,* 850 000 à 900 000 † dont 150 000 assassinés (115 000 par les Rouges dont 15 000 prêtres et 35 000 par les Blancs). On envisage de canoniser 6 892 rel. exécutés. *Selon l'historien am. Hugh Thomas* 410 000 † ; 110 000 nat. et 175 000 rép. dans les combats ; 25 000 victimes civiles de bombardements ; 126 000 assassinats et exécutions (86 000 commis par les rép., 40 000 par les nat.). 200 000 † des suites indirectes de la g. (sous-alimentation, maladies, etc.). 192 684 personnes auraient été exécutées ou seraient mortes en prison entre avr. 39 et juin 44 (250 715 politiques en mai 1939). *Des trib. militaires ont siégé sans interruption jusqu'en 1963. Entre 1949 et 1963,* 45 peines de mort furent ainsi prononcées et 19 d'entre elles exécutées. Après l'exécution, le 20-4-63, du communiste Julian Grimau, le code pénal esp. fut modifié et certains délits (grève, propagande illégale, etc.) furent rendus à la compétence des tribunaux civils ; les délits pol. accompagnés de violences continuant, eux, d'être jugés par les trib. militaires.

● **Réfugiés.** En janv.-févr. 1939, 550 000 rép. se réfugient en Fr. [dont recensés à la frontière 453 000 (mil. 270 000, civils 170 000, blessés et malades 13 000) ; clandestins 100 000 ; 70 000 rentrent en E. dès mars 1939 ; total réfugiés au 1-1-1940 : 300 000 ; émigrés en Amér. latine 50 000].

● **Dommages matériels.** 183 villes dévastées ; 250 000 maisons inhabitables, 250 000 partiellement détériorées ; 160 églises brûlées, 1 800 hors d'usage, 3 000 sérieusement endommagées ; un tiers du cheptel et une grande partie de l'équipement agricole détruits ; matériel ferroviaire très endommagé ; stocks de matières premières et de produits alim. réduits ; 250 mines et fabriques détruites, mais les grandes usines de Barcelone et de Bilbao sont presque intactes, et les installations d'irrigation de la région de Valence n'ont pas souffert. La famine sévit en avril 1939 dans la zone rép. reconquise. La récolte de 1939 est inférieure de 60 % à celle de 1935. L'Institut national de colonisation, créé en 1939, est chargé d'accroître la production agricole (remembrement, irrigation). Il ne peut résoudre le problème alim. (d'où émigration vers l'intérieur ou vers l'étranger : de 1940 à 60, la prov. de Jaen perd 29,7 % de sa population ; Almeria 29,2 ; Albacete 26,7 ; Grenade 24,3).

L'après-guerre (civile)

● **Réorganisation de l'enseignement** 6 000 instituteurs (de gauche) ont été exécutés, 2 000 sont partis en exil (notamment au Mexique). 90 % des intellectuels ont émigré, dont 118 prof. d'université. L'enseignement est confié à l'Église cath. qui construit ou reconstruit : écoles, collèges, lycées. L'Égl., les carlistes (monarchistes, mais avant tout cléricaux), les masses populaires, encadrées par le clergé (sauf au Pays basque, où le clergé est en majorité autonomiste) rallient le régime. L'analphabétisme disparaît v. 1960 (scolarisation totale).

● **Aide américaine** (1954). En1954, le P.N.B. par tête (261 $) est inférieur à celui du Costa Rica ; les salaires minimaux sont très bas (en 1956 à 36 pesetas par j, le seuil de la pauvreté étant de 120 pesetas pour 1 famille de 2 enf.). Mais par suite de l'accord avec les U.S.A., les produits américains affluent (116 millions de $ au lieu de 62). Il y a baisse de la peseta, faute de devises, mais la famine est évitée.

● **Plan de stabilisation** (1959-67). L'E. entre dans l'O.E.C.E. (plus tard O.C.D.E.) et au F.M.I. Les investissements étrangers s'accroissent. L'irrigation s'étend (1965 : 2 millions d'ha) ; la culture se modernise (25 000 tracteurs en 1954, 150 000 en 1964) ; la pop. agricole tombe à 17,5 % de la pop. active (émigration extérieure : *1962 :* 349 346, *1963 :* 443 161, *1964 :* 470 000 ; immigration intérieure ; env. 700 000). En 1964, plan quadriennal, prévoyant une hausse du P.N.B. de 6 % par an, réalisé à 77 %.

● **Essor économique.** *Début de l'ère touristique : 1951 :* 1 263 000 touristes ; *1969 :* 21 682 000 ; *1977 :* 38 000 000. En 1970, bénéfice net 1 500 millions de $. *Importations,* surtout biens d'équipements, *1959 :* 676 millions de $, *1970 :* 4 747. *Balance commerciale* déficitaire (malgré le tourisme), couverture des imp. par les exp. : *1971 ;* 51 % ; *1977 ;* 57 %, mais les transferts des travailleurs émigrés (1 800 000 Esp. ; ceux de France en 1970 ont transféré 467 millions de $) et les investissements étrangers (700 millions de $ en 1970) équilibrent presque la *balance des paiements.* Le P.N.B. par tête dépasse celui de Grèce, Portugal et Turquie.

● **Comparaison entre 1955 et 1976 :** houille (millions de t) 12,4 (10,5), minerai de fer (millions de t) 1,7 (3,8), électricité (kWh) 12 (82,3), acier (millions de t) 1,2 (11), constructions automobiles (en milliers) 14 (850), constructions navales (Mtjb) (1,6), ciment (millions de t) 3,7 (25).

● **Stabilisation politique du « Mouvement ».** Franco avait choisi le futur chef de l'État espagnol (un roi : Juan Carlos Ier) et le futur chef du gouvernement : son adjoint l'amiral Luis Carrero Blanco (n. 1903). Après l'assassinat de celui-ci par l'E.T.A. le 20-12-73, le « Mouvement » franquiste (coalition des droites esp. : militaire, cléricale, phalangiste, affairiste, monarchiste libérale et carliste) ne put survivre à son fondateur. Le roi, appuyé sur les monarchistes libéraux et les démocrates-chrétiens, a rapidement fait basculer le régime autoritaire dans la démocratie. Les tendances anarchisantes et centrifuges de la nation espagnole l'ont rapidement emporté.

● **Regret de Franco (1980).** 5 ans après sa mort le régime de Franco, critiqué à l'époque, laisse un certain regret (la crise mondiale a éclaté après la mort de Franco, et le peuple conclut que le franquisme avait su l'éviter). L'armée (inquiète du progrès des autonomistes), l'Église (inquiète devant la déchristianisation rapide), les classes dirigeantes (inquiètes devant la récession) sont peut-être prêtes à accueillir un néo-franquisme.

Institutions

● **Statut.** Royaume (Constitution adoptée par référendum le 6-12-1978, entrée en vigueur le 29-12) ; État social et démocratique de droit ; la souveraineté réside dans le peuple d'où émanent les pouvoirs de l'État. Sont reconnus : liberté d'opinion, droit au divorce et à l'avortement, liberté de réunion, d'association, d'expression, d'éducation, droit à l'intégrité physique et morale, au secret de la vie privée, garanties de détention et de défense juridique ; la peine de mort est abolie. Les pouvoirs publics tiennent compte des croyances religieuses et maintiendront des relations de coopération avec l'Église cath. Nationalités et régions ont droit à l'autonomie. **Fête nat.** 24 juin (St-Jean, fête du roi ; avant 1976 : 18 juillet, anniversaire du soulèvement franquiste).

Roi. Chef de l'État, commandant en chef des forces armées et chef du Conseil suprême de défense : Don Juan Carlos Ier (5-1-38) dep. 22-11-75. Pouvoirs très limités ; peut proposer un candidat à la présidence du gouv. après consultation des représentants des groupes parlementaires.

PM et Pt du Conseil : Felipe Gonzales Marquez (n. 5-3-42) dep. 3-12-82 [avant : 11-12-75 Carlos Arias Navarro (11-12-08), 8-7-76 Adolfo Suarez Gonzales (25-9-32 ; créé duc de Suarez 8-3-81), 27-2-81 Léopoldo Calvo Sotelo (n. 1926)]. *Vice-Pt* Alfonso Guerra Gonzalez. *Aff. étrangères* Francisco Fernandez Ordonez. *Économie et Finances* Carlos Solchaga Catalan. *Défense* Narciso Serra.

Congrès des députés. 350 m. élus pour 4 a. au suffrage universel. **Élection du 28-10-82** (26 837 212 électeurs inscrits, 21 353 996 votants) [abstentions (en %) 21,3 (*77 ;* 21,6, *79 ;* 32)]. **Sièges.** P.S.O.E. 201, A.P. 106, U.C.D. 12, C.I.U. (Convergence et union nationaliste, catalan) 12, P.N.V. (P. nationaliste basque) 8, P.C.E. 5, U.C.D.-A.P. (coalition du Pays Basque) 2, C.D.S. 2, H.B. (Herri Batasuna, nationalistes radicaux basques) 2, E.E. (Euskadiko Eskerra, gauche basque) 1, E.R.C. (Esquerra Republicana Catalina) 1. **Sièges aux élections du 1-3-79 (et du 15-6-77) :** U.C.D. 168 s. (165), P.S.O.E. 121 (124), P.C.E. 23 (20), A.P. 9 (16), C.I.U. 8 (11), P.N.V. 7 (8), E.E. 1 (1), H.B. (3).

% des voix le 1-3-79 (et le 28-10-82). P.S.O.E. 29,4 (46,5), A.P. 5,5 (25,6), U.C.D. 34 (7,3), P.C.E. 10,7 (3,9), C.I.U. 2 (3,8), P.N.V. 1,5 (1,9).

Sénat. 208 m. élus au suffrage universel ou par les Parlements régionaux pour 4 a. *Initiative lég.* appartient au gouv. et aux 2 chambres.

● **Partis.** Jusqu'en 1974, les P. politiques étaient interdits sauf le F.E.T. et les J.O.N.S. (Phalange esp. traditionaliste et Juntes offensives national-syndicalistes) puis le Mouvement nat.

Coalition Populaire formée par : Alliance Populaire (A.P.), fondée 23-9-76, *Pt* Manuel Fraga Iribarne (n. 1922) ; P. Démocratique Populaire (P.D.P.), f. 1974, *Pt* Oscar Alzaga Villaamil (n. 1942) ; P. Libéral (P.L.), f. 1983, *Pt* José Antonio Segurado Garcia (n. 1938). **Féd. démocratique chrét.**, f. 1977, *Pt* Joaquin Ruiz Gimenez. **Organisation révol. des trav.**, *Pt* José Sanroma. **P. communiste d'Esp. (P.C.E.)**, f. 1922, *Pt* Dolores Ibarruri (n. 1895), *secr. gén.* Gerardo Iglesias (n. 1945) dep. 1982 [1960-82, Santiago Carrillo (n. 1915)], membres *1977* : 240 000, *82* : 40 000. *% des voix obtenues* : 79 : 10,81, 82 3,87. Au cours du 10e congrès, 3 tendances : eurocommunisme, communisme des « renovadores » (rénovateurs), et c. des « prosoviétiques » ou des partisans d'un retour aux origines. En 1981, les « renovadores » furent expulsés (dont Manuel Azcarate). Les prosoviétiques avec Ignacio Gallego, ont formé un nouveau parti communiste « verdadero » (véritable). **P. communiste ouvrier esp. (P.C.O.E.)**, se dissout en 1986. *Pt* Enrique Lister Forjan (n. 1907), rejoint le P.C.E. **P. socialiste ouvrier esp. (P.S.O.E.)**, f. 1879, *secr. gén.* Felipe Gonzales Marquez, 60 000 m. en 81. **Parti d'Action socialiste**, *secr. gén.* Modesto Seara Vasquez. **P. du travail d'Esp.**, *Pt.* Eladio Garcia Castro. **Union nat.**, *Pt* Miguel Saguhea E. Gutierrez Solana. **Union du centre démocratique (U.C.D.)**, f. 3-5-1977, par Adolfo Suarez, 144 000 m. en 81, se dissout en 1983. **Centre démocratique et social (C.D.S.)**, f. 1982, *Pt* Adolfo Suarez. **P. démocrate pop.**, f. 1982, *Pt* Oscar Alzaga Villamil. **Parti libéral**, f. 1983, *Pt* José Antonio Segurado Saludo (n. 1938). **Parti réformiste démocratique**, f. 1984, *Pt* Antonio Garrigues. **Parti Solidarité esp.** du lieut.-col. Antonio Tejero (0,12 % des voix en 1982) ; **Juntes espagnoles** de Antonio Izquierdo, nouvelle formation en juin 85.

Nota. — Fuerza Nueva créée en 1976 pour perpétuer la mémoire du Caudillo, (1 % des voix en 1979 ; 0,47 % en 82) ; dissoute par son fondateur, M. Blas Pinar, en nov. 82, s'est transformée en nov. 82 en mouvement culturel.

● **Référendum du 6-12-1979** (approbation de la Const.). Inscrits 26 632 180 ; votants 17 873 301 (67,1 %) ; Oui 15 706 078 (87,8 % des suff. expr.) ; Non 1 400 505 (7,8 %) ; blancs 632 092 (3,5 %) ; nuls 133 706 (0,74 %) ; abstentions 8 758 879 (32,9 %). Voir Quid 1982, p. 964.

Souverains et Chefs d'État

Maison d'Aragon. 1474 Isabelle Ire la Catholique (1451-1504), f. de Jean II de Castille (1405-54), ép. 1469 Ferdinand II le Catholique (1452-1516), roi de Castille (1474) (Ferdinand V), f. de Jean II d'Aragon (1397-1439). **1504** Jeanne la Folle (1479-1555), leur f., ép. Philippe Ier (1478-1506), archiduc d'Autriche ; folle à la mort de Philippe Ier.

Maison d'Autriche. 1516 Charles Ier (Charles Quint) (1500-58), f. de Philippe Ier. Abdique 1555. **56** Philippe II (1527-98), s. f., régent dep. 1543. **98** Philippe III (1578-1621), s. f. **1621** Philippe IV (1605-65), s.f. **65** Charles II (1661-1700), s. f.

Maison de Bourbon (1700-1868). 1700 Philippe V (1683-1746), duc d'Anjou, pet.-f. de Louis XIV (1638-1715), abdique en faveur de s. f. Louis Ier, 10-2-1724, reprend le trône à la mort de celui-ci (août 1724). **24** Louis Ier (1707-24), s. f. **24 31-8** Philippe V (1683-1746), s. père. **46** Ferdinand VI (1713-59), 2e f. de Ph. V. **59** Charles III (1716-88), 3e f. de Ph. V. **88** Charles IV (1748-1819), s. f., abdique 1808. **1808** Ferdinand VII (1784-1833), s. f., abdique.

Maison Bonaparte. 1808 Joseph Napoléon Ier (1768-1844), fr. de Napoléon Ier.

Maison de Bourbon. 1814 Ferdinand VII (1784-1833) restauré le 13-12-1813. Ép. 6-10-1803 Antoinette de Bourbon-Sicile (1784-1806) ; 29-9-1816 Isabelle de Bragance (1797-1818) ; 20-10-1819 Josèphe de Saxe (1803-1829) ; 11-12-1829 Marie-Christine de Bourbon (1806-78). **33** Isabelle II, Marie-Louise (1830-1904), ép. (1846) François d'Assise de Bourbon (1822-1902), f. de l'Infant Fr. de Paule, 3e f. de Charles IV. *Régence de Marie-Christine* sa mère de sept. 1833 à nov. 1843, puis du Gal *Espartero* (1793-1879) jusqu'en 1841. Détrônée le 30-9-1868. Abdique en faveur de s. f. Alphonse XII. **68** 9-9 Gouv. du Mal Serrano y Dominguez (1810-85). Élu régent 1869.

Maison de Savoie. 1870 16-11 Amédée Ier (1845-90), 2e f. de Victor-Emmanuel II d'Italie (abd. 11-2-1873). *Ép.* 1°) (1867) Maria Victoria del Pozzo de la Cisterna († 1876) ; 2° (1888) Letizia Bonaparte (1866-1926).

Première République. 1873 24-2 Stanislas Figueras y Moragas (1819-82), chef du pouvoir exéc. **73** 11-6 Francisco y Margall (1824-1901), chef du pouvoir exéc. **73** 18-7 Nicolas Salmeron y Alonso (1838-1908). **73** 7-9 Emilio Castelar (1832-99), 1er ministre.

Maison de Bourbon. 1874 3-1 Alphonse XII (1857-85), f. d'Isabelle II et du roi François d'Assise de Bourbon, ép. 13-1-1878 Maria de las Mercédès d'Orléans (1860-1878) ; 28-11-1879 Marie-Christine d'Autriche (1858-1929). **1902** Alphonse XIII (17-5-1886/8-3-1941), s. f. posthume, *Régence de Marie-Christine sa mère* (1885-1902). Ép. le 31-5-1906 Victoria Eugénie, Pcesse de Battenberg (24-10-1887/16-4-1969).

Seconde République. Proclamée 11-4-1931. **1931** Niceto Alcalá Zamora (1877-1949), destitué le 16-2-36. **36** Manuel Azaña y Diaz (1880-1940), démissionne 28-2-1939.

Nouvel État. 1936 29-9 Francisco Franco y Bahamonde (4-12-1892/20-11-1975). Officier de carrière, Gal à 33 ans (1925), com. de l'école mil. de Saragosse 1927-31, écarté par le régime républicain et envoyé aux Baléares 1933. Chef d'état-major gén. de l'armée 1935. Écarté et envoyé aux Canaries par le gouv. du Front pop. 1936. Prend part en juill. 1936 au complot nationaliste du Gal Sanjurjo. Soulève le Maroc esp. le 17/18-7-1936 et débarque en Andalousie. A la mort de Sanjurjo (12-9-1936), devient chef de la junte mil. nationaliste, puis chef d'État (29-9-1936), avec le titre de *Caudillo.*

Royaume (maison de Bourbon). 1975 22-11 Juan Carlos Ier (n. 5-1-1938), f. du Cte de Barcelone (v. ci-dessous). Titré Pce des Asturies par son père, puis après le 23-7-69, S.A.R. le Pce d'Espagne, ép. 14-5-62 Pcesse Sophie de Grèce (1938), fille du roi Paul Ier ; il avait accepté le 23-7-69 sa désignation (faite le 22-7 par Franco et les Cortès) comme successeur de Franco. 3 enfants : Hélène (20-12-63), Christine (13-6-65), Philippe, Pce des Asturies (13-1-68).

Titres autrefois portés par le roi d'Espagne. Sa Majesté Catholique N... roi d'Espagne, de Castille, de León, d'Aragon, des Deux-Siciles, de Jérusalem, de Navarre, de Grenade, de Tolède, de Valence, de Galice, de Majorque, de Minorque, de Séville, de Sardaigne, de Cordoue, de Corse, de Murcie, de Jaen, des Algarves, d'Algesiras, de Gibraltar, des îles Canaries, des Indes orient. et occid., de la terre ferme et des îles des mers océanes ; archiduc d'Autriche, duc de Bourgogne, de Brabant, de Milan ; Cte de Habsbourg, de Flandre, de Tyrol et de Barcelone, duc d'Athènes et de Néopatrie, seigneur de Biscaye et de Molina ; marquis d'Oristan et de Gozianos. (En fait le grand titre de Sa Maj. Cath. n'était plus porté.) En 1931, le roi se titrait dans les actes officiels « par la grâce de Dieu et par la Constitution, roi d'Espagne ».

Titres du fils aîné du roi, héritier de la couronne. Pce des Asturies (1388), de Gérone et de Viana (1423), duc de Montblanch [1387 (couronne d'Aragon)]. *Les enfants du roi et ceux du Pce des Asturies* sont *« infants d'Espagne »* avec le prédicat d'alt. roy. *Les autres membres* de la maison royale sont qualifiés de Pces de Bourbon et ne sont pas de droit infants. Le roi peut leur en conférer le titre.

Famille royale

● **Père du roi. Juan de Bourbon et de Battenberg** (20-6-1913) *Cte de Barcelone* (dep. 8-3-1941), 3e f. d'Alphonse XIII. Chef de la Maison d'Esp. depuis l'abdication en sa faveur d'Alphonse XIII le 15-1-41. Ép. 12-10-35 Maria de las Mercédès de Bourbon et Orléans, Pcesse des Deux-Siciles (23-12-10). **1977**-*14-5* renonce à ses droits dyn. pour Juan Carlos. 4 enfants : *Dona Maria del Pilar* (1936) Dsse de Badajoz, ép. 5-5-67 Don Luis Gomez Acebo Vte de la Torre, 4e f. de la Mise de Deleitosa ; *Juan Carlos Ier* (roi régnant actuel, v. ci-dessus) ; *Marguerite* (6-9-39), ép. Charles Zurita le 12-10-1972 ; *Alphonse* (1941-56).

● **Oncles et tantes du roi** (enfants d'Alphonse XIII). **Alfonso (1907-1938)** *Cte de Covadanga* (Pce des Asturies jusqu'à sa renonc. le 11-6-33). Ép. le 21-6-33 Edelmira Sampedro Ocejo y Robato (div. 8-7-37), puis Maria Rocafort y Altazarra (div. 8-1-38). **Jacques (Jaime)** *duc de Ségovie* (23-6-08/20-3-75). Mal opéré d'une mastoïdite, il devient sourd-muet. Renonce le 21-6-33 à ses droits (confirme cette renonciation le 23-7-45, le 17-6-49, etc.). Mais comme chef de la maison de Bourbon et fils aîné du roi Alphonse XIII, il assuma le titre de duc d'Anjou (28-3-1946) ; il déclara alors revenir sur ses actes antérieurs (Paris 6-12-49), puis se proclama chef de l'ordre de la Toison d'or (Paris 1-3-63), nommant des chevaliers, et réclama la succession carliste avec le titre de duc de Madrid (3-5-64). Ép. 1°) Rome 4-3-35 Emanuela de Dampierre (n. 8-11-13 ; div. 6-5-47, remariée 21-11-49 à Vienne à un banquier italien, Antoine Sozzani) ; 2°) Innsbruck, Tyrol 3-8-49 Charlotte Tiedemann (2-1-1919, ancienne chanteuse de l'Op. de Berlin). Du 1er mariage, 2 enfants, 1°) *Alphonse* (20-4-1936) nommé Louis en 1946 et fait par son père duc de Bourbon et duc de Bourgogne, qui a épousé le 8-3-72 Maria del Carmen Martinez-Bordiu Franco (petite-fille aînée du Gal Franco). Il ne se pose pas comme prétendant au trône d'Espagne, mais depuis la mort de son père (20-3-1975) assume les titres de duc d'Anjou et de Ségovie, chef des maisons royales de France-Espagne. Il a reçu de Franco le titre de duc héréditaire de Cadix avec la qualification d'Altesse royale le 22-11-72. Il a contresigné l'acte d'acceptation de son cousin germain don Juan Carlos le 21-7-69. Il a 2 fils : François (22-11-72), titré duc de Bretagne, et Louis-Alphonse (25-4-74). 2°) *Gonzalve* (5-6-1937), renommé Charles, titré duc d'Aquitaine.

Béatrice (22-6-1909) Infante d'Esp., ép. 14-1-35 Alexandre Torlonia Pce de Civitella Cesi (7-12-1911). *Enfants* : Sandra, Juan-Marcos, Marino, Olimpia.

Marie-Christine (12-12-1911) ép. 10-6-40 Henri Cinzano, Cte Marone (15-3-1895/23-10-1968). *Enfants* : Victoria, Jouanna, Marie-Teresa.

Gonzalve (24-10-1914/13-8-1934), infant.

Nota. — La discussion entre Don Juan et Don Jaime, au sujet de la succession d'Espagne, portait sur la validité du principe d'exclusion des enfants nés d'un mariage « inégal » (la mère de Don Jaime, Emanuela de Dampierre, n'étant pas issue d'une maison souveraine). Cette discussion est sans objet du point de vue de la succession française.

Succession carliste

Le 10 mai 1713, Philippe V décidait que la couronne d'Esp. se transmettrait par les lignes masculines avant les féminines. Les femmes ne devaient être appelées qu'en cas d'extinction de toute descendance mâle de Philippe V, directe ou collatérale. En 1789, Charles IV abrogea secrètement, avec le concours des Cortès, cet acte de 1713 et rétablit l'ordre traditionnel espagnol des *Partidas*. Ferdinand VII promulgua cette décision par sa Pragmatique sanction du 29 mars 1830. Sa fille devint ainsi la reine Isabelle II, mais le frère de Ferdinand VII, Don Carlos, prétendit qu'étant né en 1788, la décision de Ferd. VII faite en 1789 pouvait d'autant moins lui être opposée qu'elle avait été faite secrètement. Ce conflit provoqua 3 g. civiles au XIXe s. Il trouva sa solution dynastique par le décès en 1936 du dernier prétendant mâle de la ligne carliste : Alphonse Charles, duc de San Jaime.

En effet, l'hypothèse carliste de transmission de mâle en mâle appelait alors à la couronne la branche cadette, issue de François de Paule (3e fils de Charles IV 1748-1819), dont le fils, François d'Assise, avait épousé la reine Isabelle II, sa cousine germaine. Après leur fils Alphonse XII (1857-85), leur petit-fils Alphonse XIII confondait donc, en 1936, en sa personne, le double héritage : de la dévolution traditionnelle et de la tradition carliste.

La lignée carliste avait été :

Charles (Don Carlos) V (1788-1855), frère puîné de Ferdinand VII, qui réclama la couronne à la mort de ce dernier (1833), et abdiqua (1845) en faveur de son fils aîné Charles ; vivant comme Cte de Molina ; **Charles VI** (1818-61) roi de droit en 1845 et connu comme Cte de Montemolin ; **Jean (Don Juan) III** (1822-87), son frère cadet ; il abdiqua en faveur de son fils aîné (1868) et vécut comme Cte de Montizon (fut chef de la maison de Bourbon ou de France à la mort d'Henri V, Cte de Chambord, 1883) ; **Charles VII** (1848-1909) proclamé par ses partisans dès 1868 et reconnu par son père peu après, portant le titre de duc de Madrid ; **Jacques (Don Jaime) III** (1870-1931), son fils unique, qui porta le titre de duc de Madrid ; **Alphonse-Charles (Don Alfonso Carlos) Ier** (1849-1936), frère cadet de Charles VII, qui porta le titre de duc de San Jaime ; il désigna un neveu de sa femme, le **Pce Xavier de Parme** (1889-1977), pour être, après sa mort, régent de la « Communion » traditionaliste (c'est le nom du parti carliste esp.), mais celui-ci n'avait aucun titre au trône d'Esp. ni selon l'acte de 1713 invoqué par les carlistes (puisqu'il n'appartient pas à la branche aînée par les mâles), ni selon la loi proprement espagnole des « Partidas ».

Quoi qu'il en soit, le Pce Xavier, Cte de Molina, se transforma peu à peu en régent d'Espagne, puis en roi, nommant une sorte de contre-gouvernement, donnant des décorations, etc. Son fils aîné (Hugues de Bourbon, n. 8-4-30, off. de réserve fr., devenu Don Carlos Ugo, Pce des Asturies, duc de Madrid, etc.) et lui furent expulsés d'Esp. fin déc. 1968. Depuis la mort du Pce Xavier, Carlos-Ugo et son fr. Sixte Henri se présentent comme les chefs d'un carlisme populaire.

La succession carliste et le titre de duc de Madrid ont été revendiqués également, depuis le 12-11-1945, par l'archiduc Charles d'Autriche (1909-53), titré depuis 1938 Pce Charles de Habsbourg-Lorraine et de Bourbon, naturalisé espagnol, fils de l'archiduc Charles-Salvator d'Autriche-Toscane et de l'infante d'Esp. Blanche de Castille de Bourbon (1868-1949), fille de Don Carlos VII d'Espagne (1848-1909 ; roi carliste 1868). A la mort de Charles, qui se titrait Carlos IX (déc. 1953), la revendication a été reprise par ses 3 frères, les archiducs Léopold (1897-1958), jusqu'au 29-3-1956 (renonciation), Anton (n. 1901), jusqu'au 7-8-1954 (renonciation) en rivalité avec Léopold, François-Joseph (n. 1905) depuis la renonciation d'Anton. Le 29-3-1956, après la renonciation de Léopold, François-Joseph prit le titre de Francisco-José 1er roi d'Espagne, et fonda l'ordre du Lys de Navarre. Mais Anton revint sur sa renonciation en 1958, à la mort de Léopold.

La Communion carliste compterait 15 000 chefs locaux et env. 500 000 adh.

Régions et provinces

• **Andalousie** 87 268 km², 6 441 755 h. Capitale : *Séville*. **Statut** : 30-12-1981, autonomie. *Pt* José Rodriguez de la Barbolla (P.S.O.E.) ; *8 provinces* : Almeria 405 513 h., Cadix 1 001 716 h., Cordoba (Cordoue) 717 213 h., Grenade 761 734 h., Huelva 414 492 h., Jaen 627 598 h., Malaga 1 036 261 h., Séville 1 477 428 h. *Élections du 23-5-1982 voix (en %) et sièges entre par.* P.S.O.E. 53,14 (66), A.P. 17,8 (17), U.C.D. 13,16 (15), P.C.A. 8,62 (8), P.S.A. 5,45 (3).

• **Aragon** 47 664 km², 1 213 099 h. Capitale : *Teruel*. **Statut** : 30-12-1981, autonomie. Députation générale. *Pt* Santiago Marraco (P.S.O.E.) ; *3 provinces* : Huesca 219 813 h., Teruel 150 900 h., Saragosse 842 386 h. *Parlement* : 66 m. dont P.S.O.E. 33, Coalition pop. 17, P. aragonais 13, P.C.E.Z., C.D.S. 1.

• **Asturies** 10 563 km², 1 127 007 h. Capitale : *Oviedo*. **Statut** : 30-12-1981, autonomie. *Pt* Pedro de Silva Cienfuegas (P.S.O.E.). *Parlement* : 45 m. (dont P.S.O.E. 26, Coalition Pop. 14, P.C.E. 5). *1 province* : Oviedo.

• **Baléares** 5 015 km², 635 088 h. **Statut** : 23-2-1983, autonomie. *Pt* Gabriel Canellas Pons (conservateur). *Parlement* : 54 m. (dont coalition pop. 21, P.S.O.E. 21, Union majorquine 8, P.S. majorquin 4). *1 province* : Palma de Majorque. 4 GRANDES ILES : **Majorque** 3 500 km². 350 000 h. *Alt. max.* Torrellas o Puig Mayor 1 445 m. *Palma* 234 098 h. **1232-1343** roy. indép. de Majorque réuni après à l'Aragon. **Minorque** 680 km², 45 000 h. *Mahon* 16 547 h. **Ibiza** 572 km², 40 000 h. **Formentera** 115 km², 35 000 h. 7 PETITES ILES : **Aire, Aucanada, Botafoch, Cabrera, Dragonera, Pinto, El Rey** (ces 2 dernières forment les Pithyuses).

Histoire. Ancienne colonie carthaginoise [Port-Mahon a été fondé par Magon (203 av. J.-C.), frère d'Hannibal)]. **70 av. J.-C.** colonie romaine, cap. Pollentia (auj. Pollensa, à Majorque). **902** conquête arabe. **1229-35** reconquête de Majorque et d'Ibiza par Jaime Ier d'Aragon. **1287** reconquête de Minorque par Alphonse III ; expulsion des musulmans. **1261-1344** roy. indépendant de Maj. (cap. Perpignan) aux mains d'une branche cadette de la maison d'Aragon. **1708** conquête de Minorque par les Anglais. **1756** reconquête de Min. par les Français (duc de Richelieu). **1763** Min. rendue aux Anglais. **1783** récupérée par les Esp. au tr. de Versailles (g. d'Indépendance américaine). **1936-39** Maj. et Ibiza sont franquistes ; Min. républicaine.

Tourisme. Majorque (château de Bellver, cathédrale, grottes du Drach, monastère de Luch, Inca, chartreuse de la Pharmacie, couvent N.-D. de Cura, musée du labourage, vestiges de Talayot, monastère de San Salvador, Manacor, grottes d'Arta, Pollensa), Minorque (fjord, Talayots, Taula), Ibiza (salines).

• **Basque (Pays).** En Espagne : 17 682 km², 2 141 809 h. **Statut** : province autonome dep. 18-12-79 (gouv. 22-12-1979), *Pt* José Antonio Ardanza (P.N.V.) dep. 24-1-85 [avant (dep. 1980) Carlos Garaikoetxea (P.N.V.) qui démissionne 18-12-84]. **Provinces** : *Vizcaya* (Biscaye) 1 261 321 h., *Guipúzcoa* 725 386 h., *Alava* et *Navarre* 496 143 h. **Partis** : *Gauche basque* (Euzkadiko Ezkerra), *Pt* Juan Maria Bandres Molet. *Unité du peuple* [Herri Batasuna (H.B.), associé à l'E.T.A. militaire], *Pt* Juan Dominguez Lazaro. *P. national basque* (P.N.V., f. 1895 par Sabino Arana), *Pt* Xavier Arzallus. **Fête nat.** : 28 mars : « Aberri Eguna » (Jour de la patrie). **Drapeau** : Ikurrina, créé en 1894, 2 bandes vertes (croix de St-André) rappelant le symbole des Fueros et le chêne vert de Guernica, croix blanche (symbole de la foi chrétienne), fond rouge (couleur de la Biscaye).

Langue. *Basque* : v. Index. *Parlent basque* : Álava 0,78 % des h. ; Biscaye 11,68 % ; Guipúzcoa 38,67 % ; Navarre 7,32 %.

Élec. du parlement régional (26-2-84). 74 sièges. P.N.V. 32 s., 42 % des suff. exprimés (*80* : 38,3 %). P.S.O.E. 19 s., 23 % (*80* : 14,6). Alliance pop. 7 s., 9,4 % (*80* : 9,2), Euskadiko Ezkerra 6 s., 8 % (*80* : 9,2). Herri Batasuna 10 s., 14,6 % (*80* : 16,5). P.C. 1,4 % (*80* : 1,4). A.U.Z.O.L.A.N. 0,1 %. *Abstentions* 32,05 %.

Pop. active (agr., industr., services ; en %, 1975) : Guip. 6,7, 54,1, 39,2 ; Bis. 5,1, 53,9, 41 ; Nav. 24,6, 43,1, 32,3 (moy. Esp. 22, 38,3, 39,7). *Chômage* (1984). 18 % (200 000). 100 000 Basques ont cherché un emploi au Sud.

Quelques dates. Sentiment national chez les premiers grands écrivains basques connus : Detchepare (XVIe s.), Axular, Oyhenart, Garibay. Révoltes fréquentes jusqu'à la Révol. [la plus célèbre : celle des bergers et paysans de Soule (1660-61) contre le Vte de Tréville et Louis XIV, sous la direction du curé Goyhenetch (dit Matalaz)]. **1893** Sabino [Sabin Arana Goiri (1855-1903), fils d'un petit ind. carliste] proclame : « Euzkadi est la patrie des B. » (crée le mot *Euzkadi* : patrie b.). **1895** fonde P.N.B. (P. national basque), préconise l'indépendance des 7 provinces basques et leur confédération. **1931** la ville d'Eibar (Guipúzcoa, entre Bilbao et San Sebastian) déclare la 2e Rép. **1936** Gouv. autonome créé à Guernica (Pt José Antonio Aguirre avec des ministres soc., rép., communistes et nationalistes). *Oct.* la Rép. esp. accorde l'autonomie aux 3 provinces Vascongadas pour s'assurer le soutien des B. Pendant la g. civile, le P.N.B, Biscaye et Guipúzcoa sont pour les Rép. ; la Navarre est franquiste. **1937**-*26-4* Guernica détruite par aviation all. **1947** 1re grande grève contre régime. **1947** et **1951** P.N.B. et gouv. b. en exil à Paris organisent grèves générales. **1953** étudiants créent groupe *Ekin* (faire). **1954** la Fr. interdit l'émetteur du gouv. b. en exil. **1956** Congrès mondial b. à Paris. **1960** l'Ekin devient l'E.T.A. (*Euzkadi ta Askatasuna* : P. basque et liberté) patriotique puis socialiste révolutionnaire, qui depuis 1966 s'oriente vers la guérilla urbaine. **1964** P.N.B. organise clandestinement l'Aberri Eguna (jour de la Patrie) à Guernica. **1970**-*13/28-12* à la suite du meurtre en août 1968 du commissaire Méliton Manzanas Gonzalez, 16 militants E.T.A. jugés par trib. mil. de Burgos. L'E.T.A., pendant le procès, enlève le consul all. de San Sébastian, libéré ensuite. 6 accusés condamnés à mort ; le procès a entraîné de nombreuses manif. en E. et dans le monde. **1977**-*17-2* élect. du Conseil gén. (gouv. pré-autonome de 15 m.). **1979** accord gouv.-P.N.B. sur texte qui servira de charte à l'Euskadi. *-25-10* référendum sur autonomie : 53,96 % oui. **1980**-*9-3* élect. au Parlement b. : 60 s., 40 à 42 % d'abst. selon provinces, P.N.B. 25 s., 42 % des voix, Herri Batasuna 11 s., 11 %, P.S.O.E. 9 s., 15 %, Gauche b. 6 s., 10 %, Union du centre dém. (U.C.D.) 6 s., 10 %, Alliance pop. 2 s., 3 %, P.C. 1 s., 1,4 %. *Déc.* signature avec gouv. des *conciertos economicos* [compétences écon. de l'administration b. (peut lever des impôts)] et d'un accord sur police b. **Terrorisme.** V. Index.

Question navarraise. En Navarre, seules quelques vallées parlent encore euzkarien. Les Nav. (en majorité traditionalistes) s'opposent aux B. des 3 *Vascongadas* (Alava, Biscaye, Guipúzcoa) : pendant la g. civile de 1936-39, ce sont surtout les *Requêtés* nav. (de droite) qui ont détruit la rép. d'Euzkadi. Un référendum sur le rattachement de la Nav. au P. basque est sans cesse repoussé.

• **Canaries (îles).** 7 273 km² 7 îles et 6 îlots (inhabités) à 100 km de l'Afrique. *Alt. max.* Pico del Teide 3 718 m. 1 444 626 h. **Statut** : *Pt* Jerenimo Saavedra Acevedo (P.S.O.E.). **Provinces** : *Santa Cruz de Tenerife*

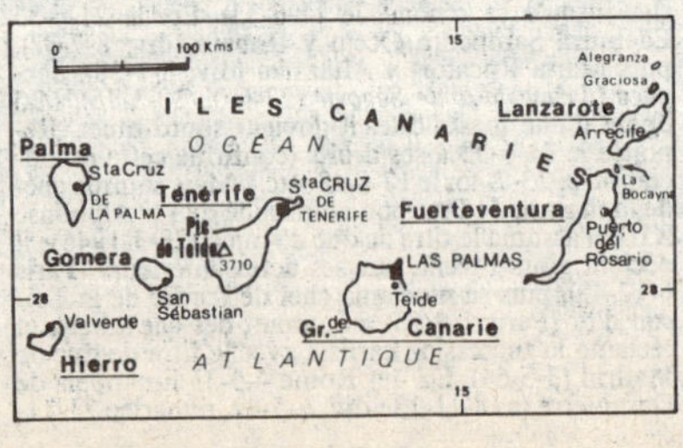

3 208 km², 746 972 h. (82). D. 184 (île de Tenerife 2 053 km², env. 625 000 h. ; La Palma 726 km², 90 000 h. ; Gomera 378 km², 25 000 h., Hierro 312 km², 9 000 h.). *Las Palmas* 4 065 km², 747 816 h. (82). D. 143 (Grande Canarie 1 533 km², 650 000 h. ; Fuerte-Ventura 2 019 km², 50 000 h. ; Lanzarote 973 km² 42 000 h. *Parlement* : 60 m. dont P.S.O.E. 27, Coalition populaire 17, C.D.S. 6, U.P.C. 2, C.C.N.C. 1, P.P.C.A.M. 3, A.G.I. 2, P.C.E. 1, A.H.I. 1.

Histoire. Appelées dans l'antiquité *Hespérides* ou *Fortunates*. **1402** découvertes par le Normand Jean de Bethencourt. **1479** à l'Espagne ; les Guanches, autochtones, proches des Berbères, massacrés. **1902** soulèvement autonomiste réprimé. (Revendiqué comme africain par plusieurs nations afric.) **1978** le Mouvement pour l'autodétermination et l'indép. de l'archipel des C. (M.P.A.I.A.C.) rançonne industriels et agences de voyages.

Ressources : 22 % de la population manque d'eau ; *agriculture* : tabac, tomates et bananes.

• **Cantabrie.** 5 289 km², 510 816 h. **Statut** : 30-12-1981, autonomie. *Pt* Angel. Diaz de Entresotos. *Parlement* : 35 m. dont Coalition pop. 18, P.S.O.E. 14, divers 3 (U.C.D.).

• **Castille-León.** 94 147 km², 2 577 105 h. Capitale : *Burgos*. **Statut** : 25-2-1983, autonomie. *Parlement* : 84 m. dont P.S.O.E. 42, Coalition pop. 39, C.D.S. 1, P.L.D. 1, Indép. 1. *Pt* Demetrio Madrid Lopez (P.S.O.E.). *9 provinces* : 5 de l'ancien León : León 517 973 h., Palencia 186 512 h., Salamanque 368 055 h., Valladolid 489 636 h., Zamora 224 369 h. ; 4 de l'ancienne Vieille-Castille : Avila 178 997 h., Burgos 363 474 h., Segovia 149 286 h., Soria 98 803 h.

• **Castille-La Manche.** 79 226 km², 1 628 005 h. Capitale : *Tolède*. **Statut** : 10-8-1982, autonomie. *Pt* José Bono Martinez (P.S.O.E.). *Parlement* : 44 m. dont P.S.O.E. 23, Coalition pop. 21. *5 provinces* : 4 de l'ancienne Nouvelle-Castille : Ciudad Real 468 327 h., Cuenca 210 280 h., Guadalajara 143 124 h., Tolède 471 806 h. ; 1 de l'ancien royaume de Murcie : Albacete 334 468 h.

• **Catalogne.** *« Généralité »* : nom du gouv. autonome. *Pays* : Principat de Catalunya. Appellation attestée dep. 1350. Partie des *Països catalans* [« pays catalanophones », au même titre que l'Alguer (Sardaigne), l'Andorre, la « Catalogne Nord » (Pyrénées-or. fr.), les Iles Baléares et El Pais Valencià], formule généralisée à partir de 1960-70, rendant compte d'une identité de langue, tout en respectant les différences politiques. 41 558,51 km², 6 380 654 h. **Statut** : 18-12-1979, autonomie. *Pt 1977* Josep Tarradellas (n. 1899). *1980-24-4* Jordi Pujol (C.I.U.) *Assemblée législative* 131 m. élus pour 4 a. *Élec. lég. du 29-4-84* : C.I.U. 72 s., 46,8 % (en 80 : 43 s.). P.S.C. 29,8 %, 41 s. (en 80 : 33). E.R.C. 6 s. (en 80 : 14). Alliance pop. 10 s., 7,8 %. P.S.U.C. 6 s. (en 80 : 25), 5,8 %. Total centre droite et droite 83 s., gauche 52. Abstentions 37 %. *4 provinces* : Barcelone 4 618 734 h., Gérone 467 945, Lérida 355 451, Tarragone 516 078.

Partis. *Convergence et union* (C.I.U.), f. 1979, *Pt* Jordi Pujol. *Gauche démocratique* (E.D.), *Pt* Ramon Trias Fargas. *Gauche rép. de Cat.* (E.R.C.), *Pt* Heriberto Barrera Cuesta. *P. soc. unifié de Cat.* (P.S.U.C.), f. 1936, secr. gén. Antoni Gutierrez. *P. soc. de Cat.* (P.S.C.-P.S.O.E.), *Pt* Joan Raventos Carner.

Langue. *Catalan* : l. rom. du groupe occitan. VOYELLES : utilise, comme le français, et contrairement au castillan, 2 types de é (ouvert et fermé) et 2 types de o (ouvert et fermé), plus une voyelle neutre (« e muet » français) orthographiée a ou e. Pas de voyelles nasalisées. Pas de diphtongues provenant du e et du o brefs latins, mais diphtongues avec u semi-voyelle comme 2e élément (eu, au, ou). Pas de son ü [*u* fr. (le *u* est prononcé comme le *ou* fr.)]. CONSONNES : pas de z ni de j espagnols. Utilise les *sifflantes* douces françaises z et j et les *fricatives* ou *palatales* occitanes : *tch* et dj (écrites *ix* ou *ig* et *j*). Composée de différents dialectes. *Variétés rég.* : baléarais, valencien. L. de culture moderne, utilisée par la presse et l'édition (nombre de titres publiés. *1960* : 196 ; *66* : 520 ; *73* : 684 ; *77* : 1 000 ; *79* : 1 321). Langue scolaire dep. 1978. Le c. parlé dans le Roussillon français et dans la vallée d'Andorre (langue officielle, v. p. 735 et 806) se distingue très peu du c. écrit et publié dans la généralité. *Population des territ. de langue cat. (1970).* Total 8 767 897 dont Principat de Catalunya 5 480 105, Pais Valencià 2 697 255, Baléares 558 287, l'Alguer 32 250.

Quelques dates. **1931**-*14-4 proclamation de la rép. Madrid ne la reconnaît pas et la remplace par une généralité* (approbation des Cortès le 9-9-1932). **1934**-*1-1 Lluis Companys*, Pt ; *-6-10 proclamation État catalan ; généralité* suspendue. **1936** *févr.* la victoire du Front pop. la rétablit. *-18-7* la C. réprime l'insurrection franquiste. **1938**-*5-4 Franco abolit généralité.* **1939** défaite des C. Lluis Companys s'exile en France (livré par Gestapo à Franco et fusillé 15-10-1940). **1954**-*7-8* Josep Tarradellas, chef du gouv. de la *généralité* en exil (Mexique). **1957**-*6-7* manif. autonomistes. **1970**-*13-12* à l'abbaye de Montserrat, ass. permanente des intellectuels. **1971**-*7-11* Ass. de C. fondée à Barcelone (300 m). **1977**-*27-8* accord (J. Tarradellas et gouv. de Madrid).

• **Estrémadure** 41 602 km², 1 050 119 h. Capitale *Badajoz.* **Statut :** 12-2-1983, autonomie. *Parlement :* 65 m. dont P.S.O.E. 35, Coalition pop. 20, Estrémadure Unie 6, P.C.E. 4. *Pt* Juan C. Rodriguez Ibarra (U.C.D.). *2 provinces :* Badajoz 635 375 h., Cacères 414 744 h.

• **Galice** 29 434 km², 2 573 836 h. Capitale : *La Corogne.* **Statut :** 6-4-1981, autonomie. *Pt* Gerardo Fernandez Albor (A.P.). *Parlement :* 71 m. dont Coalition pop. 34, P.S.G.-P.S.O.E. 22, Coalition galicienne 11, Bloc nat. galicien 1. *4 provinces :* La Corogne 1 083 415 h., Lugo 399 185 h., Orense 411 339 h., Pontevedra 859 897 h.

• **Madrid** 7 995 km², 4 726 986 h. **Statut :** 25-2-1983, autonomie. *Pt* Joaquim Leguina Herran (P.S.O.E.). *Parlement :* 94 m. dont P.S.O.E. 51, Alliance pop. 34, P.C.E. 9. *1 province :* détachée de l'ancienne Nouvelle-Castille.

• **Murcie** 11 317 km² 957 903 h. Capitale : *Murcie.* **Statut :** 9-6-1982, autonomie. *Pt* Carlos Collado Mena (P.S.O.E.). *Parlement :* 43 m. dont P.S.O.E. 26, Coalition pop. 16, P.C.E. 1. *1 province.*

• **Navarre** 10 421 km², 507 367 h. Capitale : *Pampelune.* **Statut :** 10-8-1982, autonomie. *Pt* Gabriel Urralburu. *Parlement :* 49 m. dont P.S.O.E. 20, Union du Peuple navarrois 11, Coalition pop. 9, Herri Batasuna 6, P.N.V. 3.

• **Rioja** (La) 5 034 km², 253 295 h. Capitale : *Logroño.* **Statut :** 9-6-1982, autonomie. *Pt* José Maria de Miguel Gil. (P.S.O.E.). *Parlement :* 35 m. dont P.S.O.E. 18, Coalition pop. 15, P. progressiste de la Rioja 2. *1 province :* détachée de l'ancienne Vieille-Castille.

• **Valence** 23 305 km², 3 646 765 h. Capitale : *Valence.* **Statut :** 1-7-1982, autonomie. *Pt* Joan Lerma. *Parlement :* 89 m. dont P.S.O.E. 51, Coalition pop. 32, P.C.E.-P.C.P.V. 6. *3 provinces :* Alicante 1 148 597 h., Castellon de la Plana 431 755 h., Valence 2 066 413 h.

Provinces non péninsulaires

• **Villes de Melilla et Ceuta** 145 000 h. **Statut :** groupées avec leurs dépendances dans le Gouv. gén. des Terr. de souveraineté esp. de l'Afr. du N. Gouverneur à Ceuta. Statut spécial, des représentants au Parlement. Administrativement, C. est rattachée à Cadix et M. à Malaga. Depuis le XVIIIe s., l'exercice de la souveraineté esp. dans les anciens « Presidios » a été reconnu et assuré par les tr. hispano-marocains de 1767, 1799, 1844, 1859, 1860, 1862, 1894 et 1910 ; par la déclaration fr.-brit. de 1904 : par les tr. fr.-esp. de 1902, 1904 et 1912 et fr.-marocains de 1912 et 1956. *1975* troubles. *1985 (23-11)* manif. de 7 000 résidents maures réclamant la nationalité esp. *(7-12)* autre manif. **Touristes :** *1950 :* 100 000, *65 :* 1 000 000, *78 :* 3 500 000.

Ceuta : 19 km², 85 000 h. dont 25 000 musulmans (2 500 ont des papiers d'identité esp., 12 000 disposent de la « carte de statistique », 750 sont des résidents clandestins. Colonie phénicienne successivement occupée par Carthaginois, Grecs, Romains. Début XVe s. au Portugal. *1663* après la rupture de l'Union Portugal-Esp., reste esp. par détermination de sa population. **Melilla :** 12,3 km², 60 000 h. (23 000 mus. dont 2 500 avec des documents esp., 5 500 avec la carte de stat. et le reste clandestin). Ancienne colonie phénicienne de Rusadir, fut occupée en 1497 par Don Pedro de Estopiñan, commandeur de la maison ducale de Medina Sidonia.

• **Alhucemas** (6 îles, 63 h.), **les Chafarinas** (195 h.), **Peñon de Velez de La Gomera** (71 h., 1 km²).

Économie

P.N.B. ($ par h.) *82 :* 5 380 ; *83 :* 3 800 ; *84 :* 4 166. **Pop. active** (% et entre par. part du P.N.B. en %) agr. 18 (6), ind. 32 (33), services 48,5 (60), mines 1 (1). *Chômage* (%). *1980 :* 11,8 ; *81 :* 14,4 ; *82 :* 16,53 ; *83 :* 17,81 ; *84 :* 20,5 ; *85 :* 21,9 soit 2 934 000 (en 1984 : + 436 000). *Emplois perdus de 1977 à 1984 :* industrie 750 000, agriculture 630 000, construction 430 000 ; 300 000 à 400 000 immigrés sont rentrés.

Agriculture. Terres (milliers d'ha, 81) arables 15 569, cultivées en permanence 4 919, pâturages 11 718, forêts 15 581, eaux 524, divers 3 167. **Régions agricoles :** *N.-O.* polyculture (maïs, élevage bovin), *Meseta* (blé, jachère), *Manche* (vignobles), *Huertas du Levant* (primeurs, agrumes), *S.* (blé, maïs, coton, tournesol, betteraves). **Exploitations :** 1 749 000 dont *de – de 10 ha :* 1 200 000, *de + de 50 ha :* 124 000 (dont 31 000 de + de 200 ha dont 4 911 de + de 1 000, occupant 12 millions d'ha et n'en exploitant que 1/4). **Rendement** (en q à l'ha, entre parenthèses en France) : blé 13 (47), orge 14 (39), vignoble 31 (75), pommes de terre 160 (300), betteraves 365 (515).

Consommation (kg par personne) *de viande 1960* 20 ; *84* 80, *pommes* 8,6 (22,1), *tomates* 32 (67). **Production** (milliers de t, 82) blé 6 044 (84), orge 10 695 (84), maïs 2 330, avoine 790 (84), riz 402, seigle 325 (84), p. de terre 5 090, bett. à sucre 9 085, oranges 1 890, tomates 2 257, raisins 441, oignons 1 051, choux 470, mandarines 879, huile d'olives 666, bananes 455, sucre de canne 302, amandes 315, citrons 430. Vin (millions d'hl) *79 :* 48 ; *83 :* 33 ; *84 :* 39 (1 640 000 ha).

Taux d'approvisionnement (%) *excédentaire :* agrumes 233 %, huile d'olive 139, riz 136, froment 110, autres fruits frais 105, légumes frais 105 à 112, vin 103 ; *déficitaire :* œufs 106, orge 101, lait 99,4, viande ovine 99,3, volaille 99, viande de porc 99, blé 98,6, fromages 87,5, huile et graisses végétales 80,3, maïs 34. **Problèmes :** structures foncières nécessitant un remembrement (minifundia, latifundia), importance de l'irrigation (12 % des terres seulement), rendements faibles (18 q/ha en céréales), 1/3 de terres incultes ou en jachère.

Élevage (milliers de têtes, 83). Moutons 17 000, porcs 12 400 (84), bovins 5 070, chèvres 2 504, chevaux 250, mulets 169, ânes 175. *Viande :* production : 2,7 millions de t (porcins 41 %, volaille 32, bovins 16, ovins 5) ; l'E. doit importer pour le bétail 5 millions de t de maïs et 3 de soja.

Pêche. 12 240 000 t (82) ; flotte de pêche 511 300, T.R.B. 1 607 bateaux.

Énergie (1984). 60 % importée. **Pétrole** (millions de t) *réserves* 22, *prod.* 2,3. **Gaz naturel** très peu. **Charbon** réserve 15, anthracite 5. **Lignite** 24,4. **Électricité** 120 millions de kWh (dont hydraulique 27,8, thermique 53, nucléaire 19,2). **Mines** (milliers de t) : fer 8 262, potasse 6 285, pyrites de fer 1 029, chlorure de potassium 1 153, zinc, plomb, cuivre, argent, mercure, manganèse, tungstène, étain, uranium. **Industries.** Énergie électrique, sidérurgie, chaussures, jouets, constr. navales (Alicante : en déclin ; 37 000 trav. en 1984, suppression de 17 000 emplois 1985), conserveries (poissons, vég.). Automobile (1984) 1 176 893 voit. de tourisme.

Transports (km). Routes 148 766, chemin de fer 13 572. **Tourisme.** (83). 41 263 646 vis. (dont touristes 25 000 000). *Recettes :* 7,2 milliards de $.

Place de la France en Espagne. La France est le 1er client de l'E. (l'E. est son 3e fournisseur).

Il y a en E. env. 1 000 Stés à participation fr., P.M.E. ou filiales de grands groupes. Sur les 400 1res entreprises fr., + de 100 sont repr. en Esp. *Fasa-Renault,* filiale de Renault, est devenue (depuis 1980) le 1er fabricant esp. *Saint-Gobain,* installé dep. 1905, leader du verre plat, contrôle 55 % du verre creux. *Michelin,* arrivé en 1932, fabrique + de 60 % des pneus ind. et 50 % des pneus de tourisme. *Safa,* filiale de Rhône-Poulenc, créée 1923, est le 2e groupe esp. de fibres synthétiques. *Penarroya,* installé en 1882, produit 73 % du plomb, 40 % de l'argent, 27 % de l'antimoine du pays. *L'Air liquide* est leader dans sa branche. *Carrefour, Promodès, Radar, Mammouth, Auchan* contrôlent + de 90 % des hypermarchés.

Échanges franco-esp. (en milliards de F). *Exp. esp. : 83 :* 22,1 ; *84 :* 26,2 [dont prod. agro-alim. 1 525 (5,8 %), prod. énergétiques 7 %, prod. indust. 82,4 %, prod. divers 4,8 %]. *Imp. esp. : 83 :* 27 ; *84 :* 30,7 (dont prod. agro-alim. 18,9 %, prod. énergétiques 2,5 %, prod. indust. 78,5 %, prod. divers nég.).

Rivalité économique. La Fr. a soutenu jusqu'en 1980 la candidature de l'E. à la C.E.E., mais l'E., pays de main-d'œuvre pléthorique et de bas salaires, peut concurrencer la Fr. notamment dans agro-alimentaires, produits métallurgiques semi-finis, automobiles, habillement, vin, fruits, cultures maraîchères.

Finances. Inflation (%). *1979 :* 15,6 ; *80 :* 15,6 ; *81 :* 14,5 ; *82 :* 15 ; *83 :* 12 ; *84 :* 11 ; *85 :* 8. **Dette ext.** 30 milliards de $ (84). **Budget** (en milliards de pesetas), *déficit 1982 :* 700 ; *83 :* 1 071 ; *85 :* 1 641. **Aide** économique et militaire des U.S.A. dep. 1953.

Investissements. Espagnols à l'étranger. *En milliards de pesetas (1982) :* 46,4 dont États-Unis 10,8, Chili 9,7, Portugal 3,4, Puerto-Rico 3,1, Mexique 2, Uruguay 1,5, Italie 1,4, Panama 1,4, Brésil 1,3, G.-B. 1,3, Luxembourg 0,9. **Étrangers en Espagne** (1984) : 3 milliards de $.

Commerce (milliards de pesetas, 84). *Exportations* 3 778 *dont* (83) véhicules 349, huiles de pétrole raffinées 252, agrumes 73,4 (8), chaussures 90,8, pièces détachées de véhicules 57 (82), prod. chim. organiques 70,7, légumes, plantes et tubercules 54,8, ciments hydrauliques 51,4 (82), bateaux 46,3 (82), livres 46 (82) *vers France 566,* All. féd. 361, U.S.A. 361, G.-B. 343, Italie 225. *Importations* 4 629 *dont* (82) fuel et lubrifiants 1 109, mach. et équip. de transp. 457, prod. chim. 258, prod. ferreux 148 *de* U.S.A. 519, All. féd. 459, *France 398,* G.-B. 281, Mexique 279.

Balances (milliards de $) *commerciale 80* – 11,76 ; *81* – 10,09 ; *82* – 9,18 ; *83* – 7,38 ; *84* – 5,2 ; *des services 80* + 6,58 ; *81* + 5,02 ; *82* + 5,21 ; *83* + 4,91 ; *des paiements 80* – 5,8 ; *81* – 5,07 ; *82* – 3,97 ; *83* – 2,47 ; *84* + 2.

Rang dans le monde (83). 4e oranges, vin. 7e orge. 11e porcins. 12e p. de t. 13e argent. 17e ovins, pêche. 21e bananes, blé.

ÉTATS-UNIS

Carte p. 864. V. légende p. 787.

☞ **Surnom :** Uncle Sam, de Samuel Wilson (1766-1854). Inspecteur pendant la guerre de 1812, il tamponnait sur les barils de viande qu'il inspectait U.S. (pour United States) mais comme son propre surnom : Uncle Sam.

Géographie

Situation. Amérique du N. **Superficie.** (milliers de km²) : *1776 :* 2 302 ; *1803 :* 4 444 ; *1819 :* 4 631 ; *1845 :* 5 641 ; *1846 :* 6 382 ; *1848 :* 7 752 ; *1853 :* 7 830 ; *1867 :* 9 347 ; *1898 :* 9 363,353 ; *1980 :* 9 372,615 dont eaux 205,856. *D'E. en O.* 4 500 km. *N. au S.* 2 500 km. *Alt. max.* Mt McKinley 6 198 m. *Alt. min.* Death Valley 86 m.

Frontières 12 007 km, avec Canada 8 892 [(dont Alaska 2 477), la plus longue frontière inter-États du monde], Mexique 3 115 (la frontière la plus fréquentée du monde : 120 millions de passages par an). **Côtes** 19 924 km dont Atlantique 3 329, Golfe 2 624, Pacifique 12 265, Arctique 1 706.

Relief. 2 massifs montagneux (Appalaches et Rocheuses) enfermant une rég. centrale continentale. *Appalaches* (à l'E.), 1 500 km sur 200 à 300 km de large, alt. 2 000 m. D'O. en E. : plateau de Cumberland (sédiments primaires) ; Grande Vallée appalachienne (argiles) ; Montagnes bleues ; Piémont appalachien ; plaine côtière (golfes étroits et profonds : Hudson, Delaware, Chesapeake) (riches en minerai de fer et de charbon, énergie hydro-élec.). *Plaine centrale* (des Appalaches aux Rocheuses, des Grands Lacs au golfe du Mexique), superf. 2 800 000 km², alt. moy. 250 à 300 m ; au centre, massifs primaires (Mts Ozarks, 830 m ; Mts Ouachita, 854 m) ; la Prairie (nom de la végétation originelle), superf. env. 1 200 000 km², mais se prolongeant au Canada, formée de plaines limoneuses (céréales) ; rég. des Grands Lacs (long. 1 500 km), dus à l'enfoncement du socle lors de la fonte des glaciers au Quaternaire, reposent sur des cuvettes de profondeurs diff. [les lacs sont ainsi séparés par des chutes (de Sault-Sainte-Marie, du Niagara entre lac Érié et lac Ontario), navigables malgré le gel (3 mois)]. Hautes plaines (à l'O.) 1 000 à 2 000 m (Black Hills, 2 209), ravins profonds de 100 à 200 m ; au S. de ces plaines, pl. alluviales le long du *Mississippi* et de ses affluents [apporte 400 millions de t d'alluvions par an, voie de navigation la plus longue du monde : 6 800 km avec le Missouri ; lors des crues, peut submerger jusqu'à 74 000 km² (1927)]. *Rocheuses* (plateaux et chaînes, 1/3 de la sup. totale), larg. 2 000 km : E., montagnes Rocheuses ; au centre, plateaux calcaires du Colorado (1 600 à 2 000 m d'alt.), le Colorado (« Rouge ») a creusé un canyon profond parfois de 1 800 m ; au N. du plateau : Grand Bassin formé de cuvettes (lac Salé, Vallée de la Mort – 94 m), plateaux du Columbia (mesas de basalte 1 000 à 2 000 m) ; à l'O., 2 chaînes parallèles N.S. : à 150 km de la mer, Sierra Nevada (Mt Whitney 4 420 m), pro-

longée au N. par la *ch. des Cascades* (avec le volcan Mt St-Helens, revenu en activité le 22-7-1980, après 350 ans de sommeil) ; chaînes côtières plissées, le long du Pacifique (les montagnes de l'Ouest sont riches en argent, métaux non ferreux, pétrole, potentiel hydro-électrique) ; entre les deux, grande vallée de *Californie* drainée par Sacramento et San Joaquin.

Climat et végétation. Ouest : 2 chaînes côtières parallèles limitent les influences océaniques sur une étroite bordure entre la montagne et la mer. Au N. de San Francisco, cl. tempéré froid, pluies abondantes (+ d'1 m/a.) (conifères) ; au S. dans les plaines, cl. méditerranéen : hivers doux, étés chauds et secs [le *chaparral* (maquis formé de plantes xérophiles) prédomine]. **Au centre :** *climat continental* [les Rocheuses ne laissent passer que le chinook (vent chaud) ; en été, pénétration de masses d'air tropical ; hiver, air polaire continental accompagné de blizzards ; pluies de 300 à 400 mm/a. en Arizona (forêts dans les vallées et hauts reliefs, steppe sur les plateaux intérieurs des Rocheuses et hautes plaines, déserts en Arizona, au Nouveau-Mexique)]. **Rég. atlantique :** *climat continental humide* (courant froid du Labrador), pluies variant de 500 mm au N. à + de 1 000 mm au S. [forêt appalachienne ; à l'O. du Mississippi, la Prairie (terre noire riche en humus)]. **Sud-Est :** *climat tropical*, mousson pluvieuse avec des dépressions profondes (les hurricanes) (pinèdes). En **Alaska :** *climat océanique froid* entre Pacifique et chaîne côtière ; *climat polaire* au N.-E.

Températures (moy. janv. et juill., précipitations annuelles entre parenthèses) : *Miami* 19,3 °C, 27,5 °C (1 500 mm) ; *Los Angeles* 11,7 °C, 29,3 °C (440 mm) ; *Washington* 0,5 °C, 24,9 °C (1 100 mm) (New York − 8 °C parfois, + 30 °C l'été).

Régions

• **Ouest** (1/3 des U.S.A.). Montagneux. 2 alignements : *1er align. occidental* [chaîne principale à l'intérieur (Sierra Nevada au S., cascades au N.) ; chaîne côtière moins élevée, dépression entre les 2 : la « Vallée Impériale »] ; *2e align. oriental :* Montagnes Rocheuses. Entre les 2 alignements : hauts plateaux. Intérieur sec et élevé presque désertique. Élevage extensif sur les versants orientaux, les « ranches » (bovins ou moutons). Barrages permettant irrigation (fruits et légumes), élevage bovin, production d'énergie électrique : « Grand Coulee Dam » et « Bonneville Dam » sur la Columbia, « Boulder Dam » sur le Colorado. *Ressources :* charbon (bassin le plus important près du Grand Lac Salé) ; pétrole (bordure orientale des Rocheuses), uranium (Mexique), cuivre, plomb, zinc, tungstène, molybdène, fer (S. du Grand Lac Salé). Métallurgie du cuivre à Butte et Spokane, du fer à Geneva. *Densité* faible, villes rares. *Région côtière* très peuplée. Rôle écon. croissant dep. 1945. *Nord* (Oregon et Washington) : forêts, ind. mécanique (constr. navales et aéronautiques) autour du Sound, baie débouchant vers le N., près de Vancouver ; Seattle port en relations avec l'Alaska. *Sud* (Californie) : cultures délicates, irriguées dans Vallée Impériale (fruits, agrumes, vigne), forêts, pétrole, vie marit.

• **Sud.** Climat chaud, tendance tropicale ; pop. en partie noire (env. 10 millions). Coton dans la vallée du Mississippi et sur les « terres noires » (bande du Texas aux Appalaches). *Vallée* et *Est :* exploitations anciennes, morcelées en métairies tenues par des Noirs ou des « Pauvres Blancs », rendements médiocres. *Ouest :* grandes propriétés mécanisées mais en déclin : le coton recule (conditions climatiques hasardeuses). Marchés principaux : Memphis et Dallas. Les régions cotonnières cultivent aussi maïs, oléagineux et tabac. *Sud :* cultures intensives, légumes et fruits ; riz (Texas). Coton (région d'Atlanta) ; métallurgie (Alabama), fer local (Birmingham) ou importé (Mobile, sur la côte) ; pétrolière et pétrochimique entre Mississippi et Mexique ; chimique (sel, soufre, phosphates voisins de la côte) ; constr. méc. : aéronautique (Dallas), aluminium (vallées Arkansas et Tennessee). Ressources énergétiques : pétrole, gaz naturel, plus au N., hydro-électricité (vallée du Tennessee) et ind. nucléaire (Oak Ridge). Villes coloniales : La Nouvelle Orléans ; modernes : Dallas, Houston. Tourisme été, hiver en Floride (Miami).

• **Middle West.** Plaine de 1 250 km de côté, se relevant lentement du Mississippi vers les Rocheuses. *Climat* continental et sec, sols alluviaux fertiles. *Culture* extensive (mécanisation poussée, usage limité, engrais) ; exploitations étendues : rendements médiocres. 3 zones du N. au S. : blé de printemps ; maïs (avec élevage de porcs et bovins) ; blé d'hiver. Dangers de la monoculture : usure des sols, érosion, revenus variables selon la valeur de la récolte. Pour les éviter, on adopte : assolement, cultures en bandes selon courbes de niveau, élevage (viande à l'O., lait vers les Lacs). *Bassin houiller* du Mississippi (utilisé surtout par centrales thermiques), pétrole (N. du Mid Continent Field), hydro-électricité (barrages du haut Missouri). Construction de matériel agricole. *Villes :* carrefours, marchés et centres d'ind. alim. : Minneapolis-Saint Paul (minoterie), Kansas (viande), St Louis (activités variées), Omaha et Wichita. En dehors des villes : population dispersée.

• **Région des grands lacs.** Cuvettes creusées par les glaciers et fermées vers le S. par des bourrelets morainiques : lacs supérieurs (l. Supérieur, Michigan et Huron) : 200 000 km² à 177 m d'alt. ; inférieurs (l. Érié et Ontario : 45 000 km², plus bas). Au-delà de l'Ontario, les eaux sont évacuées vers l'Atlantique par le St-Laurent. L'Érié est relié par le canal Welland à l'Ontario, qui communique avec l'océan par la voie maritime du St-Laurent dep. 1959. Ports actifs (Duluth 30 millions de t par an). *Au N.* bouclier canadien : forêts ; *S. :* forêts et pâturages (ceinture laitière), et cultures fruitières. *Ressources :* bois, fer du lac Supérieur, minerais non ferreux du bouclier (région de Sudbury près du lac Huron) et du S. du lac Supérieur. *Navigation :* bois et minerais vers le N. des U.S.A. et du bas Canada. En sens inverse, charbon des Appalaches. Sidérurgie avec minerai de fer de Duluth, charb. de Pennsylvanie, lacs de Cleveland, Detroit, Chicago ; métallurgie de transformation : Chicago (matériel agricole), Detroit (automobile) ; ind. chimique recevant pétrole et gaz des gisements de la prairie canadienne : Sarnia. *Population* nombreuse. Grandes villes : Chicago, Detroit, Cleveland, Buffalo.

• **Nord-Est.** 19 États entre Canada, haut Mississippi, Ohio et Atlantique : plus de 50 % de la pop. des U.S.A. N.-Angleterre : montagnes usées (1 600 m max. dans les Adirondacks), compartimentées. Littoral découpé. Appalaches, massif ancien rajeuni par érosion, rides parallèles S.-O./N.-E. Pas de bon passage transversal : vallée de la Mohawk relie vallée de l'Hudson et lac Ontario. Plaine côtière atlantique de New York, s'élargit progressivement vers le S. Littoral à vastes baies [Delaware : Chesapeake (anciennes vallées noyées)]. Plaines et plateaux du N.-O., descendant vers les Lacs, en partie recouverts de dépôts glaciaires. *Climat* rude : hiver froid (3 mois de gel sur les Lacs), été chaud et sec, violence et brutalité des précipitations. *Agriculture : N. Angl. :* élevage laitier, cultures spécialisées (fruits, pommes de t.), forêts ; *Appalaches :* forêts, cultures pauvres ; *littoral :* culture intensive (légumes, fruits, tabac) ; *rive S. des Lacs :* élevage laitier ; *plaines de l'Ohio :* céréales (blé, maïs) ; betterave, pommes de t., oléagineux, en association avec élevage. *Industrie :* lourde : houille Pennsylvanie ; sidérurgie : bassin houiller (Pittsburgh), lacs (Cleveland), côte (Philadelphie, Baltimore) ; chimique lourde : bassins houillers et région de New York ; transformation (constr. méc. et électr., plastiques, pharmacie, textiles, bois, cuir), dispersée, principaux groupes : Boston et N.-Angl. ; New York (voir ci-dessous) ; Philadelphie et Baltimore ; Pittsburgh, Cleveland et Detroit (Pennsylvanie et région du lac Érié) ; Chicago. 13 villes dépassent 1 000 000 d'hab., 50 ont plus de 200 000 hab. ; Pennsylvanie et Lacs ont un 1er groupe de villes (principale Chicago 7 millions) ; la côte atlantique est urbanisée sur plus de 600 km de long et de 100 à 200 km de large [« Mégalopolis » ou Boswash avec 40 millions d'hab. dont Boston (3 millions), New York (8,22 dans la conurbation), Philadelphie (5), Baltimore (2), Washington (3)].

Démographie

Données globales

● **Population.** (est. 1-1-85) 238 900 000 dont (1980) Blancs 202 349 000 (est. 85), Noirs 28 922 000 (est. 85), Hispaniques 14 605 883, Indiens 1 361 869, Chinois 806 027, Philippins 774 640, Japonais 700 747, Indiens (d'Inde) 361 544, Coréens 354 529, Vietnamiens 261 714, Hawaïens 167 253, Esquimaux 42 149, Samoa 42 050, Guam 32 132, Aléoutes 14 177, divers 6 756 986. *Densité* 25.

Urbanisation. 73,5 % habitent des aires urbaines, 9,2 % dans des villes de + de 100 000 h. **Progression annuelle** (en %) : *1947-61* : 1,6, *78* : 0,9, *83* : 10. **Naissances.** 3 614 000 (83). **Décès.** 2 010 000 (83).

Américains vivant à l'étranger (en milliers, 84). 2 607,4 dont citoyens privés 2 029,3, militaires 457,9, fonctionnaires 120,2. *Répartition :* Mexique 671,9, All. féd. 445,5, Canada 302,5, Italie 98,1, Japon 82,4, Espagne 79, Arabie Saoudite 66,5, Grèce 63,7.

● **Capitale.** Washington, V. États p. 876.

● **Langues** : Anglais *(off.)*. Langue maternelle *(1969)* en % chez les 188 333 000 nés aux U.S.A. et, entre par., ceux d'origine étrangère : anglais 84,9 (26) ; espagnol 2,6 (16,7) ; allemand 2,6 (9,4) ; italien 1,7 (11,2) ; polonais 1,1 (3,7) ; français 1 (3,5) ; yiddish 0,6 (4,4) ; divers 3,8 (24,4) ; non indiqué 1,9 (0,7).

Religions

Catholiques romains 52 392 934 (84) (60 en comptant les immigrés clandestins latino-américains ; 3e nation cath. du monde après Brésil et Mexique, mais le % des cath. est seulement de 22,31). *Fidèles de rite oriental :* 0,6. *Conversions* de prot. au catholicisme : env. 93 000 par an. *Sanctuaire national :* basilique de l'Immaculée-Conception (patronne des U.S.A. en 1846), av. Michigan à Washington (6 000 places). *Tendances actuelles :* renouveau charismatique de l'Église, lancé en avr. 1967 par l'université N.-D. (influencé par pentecôtisme, d'origine protestante). *Chiffres (82) :* cardinaux 9, archev. 39, év. 309, abbés 92, prêtres 57 891 dont diocésains 35 163 et religieux 22 728, 115 386 religieuses (425 congrégations), paroisses 19 118, 33 archevêchés, 200 diocèses.

Églises de l'Est 3 822 590 (82). *Vieux catholiques, Arméniens, catho. nationaux polonais* 924 861 (82).

Protestants 76 754 009 (83) dont *baptistes* 25 525 631, *Christian Church* (disciples du Christ) 1 154 458, *Christian Churches and Churches of Christ* 1 156 458, *Church of the Nazarene* 498 491, *Churches of Christ* 1 605 000, *épiscopaliens* 2 794 139, *Latter-Day Saints* 3 521 000, *luthériens* 8 498 132, *méthodistes* 12 907 828, *pentecôtistes* 3 182 209, *presbytériens* 3 458 195, *Églises réformées* 589 523, *Armée du Salut* 419 475, *adventistes du 7e jour* 606 310, *United Church of Christ* 1 716 723.

Juifs 5 725 000 (83) (env. 100 000 J. noirs, les Hébreux éthiopiens).

Bouddhistes 100 000 (83). **Divers** 161 185 (82).

Nota. — 94 % des Américains croient en Dieu (sondage 1976) et 71 % appartiennent à une confession (250 appellations différentes).

Immigration

● **Généralités. Nombre global (en millions)** : *1783-1819* : 0,25, *1820-30* : 0,15, *1831-40* : 0,60, *1841-50* : 1,71, *1851-60* : 2,60, *1861-70* : 2,31, *1871-80* : 2,81, *1881-90* : 5,24, *1891-1900* : 3,69, *1901-10* : 8,80, *1911-20* : 5,74, *1921-30* : 4,11, *1931-40* : 0,53, *1941-50* : 1,04, *1951-60* : 2,52, *1961-70* : 3,32, *1971-80* : 4,02, *1981-83* : 1,673.

● **Nombre par origine (en millions)** : *avant 1820* : 0,250 ; *de 1820 à 1980* : 49,5 dont d'All. 6,9, Italie 5,3, G.-B. 4,9, Irlande 4,7, Autriche-Hongrie 4,3, Canada 4,1, U.R.S.S. 3,3, Mexique 2,2, Suède 1,2, Norvège 0,8, *France 0,7*, Grèce 0,6, Pologne 0,5, Chine 0,5, Cuba 0,5, Portugal 0,4, Japon 0,4, Danemark 0,3, P.-Bas 0,3, Suisse 0,3, Corée 0,3.

● **Grandes étapes de l'immigration. 1°) « Vieille immigration » (antérieure à 1890)** de l'Europe du N. et de l'O. [îles Britanniques, Scandinavie, Allemagne ; peu de Français (1885-87 : 7 820, soit 2 500 par an)]. **De 1783 (création des U.S.A.) à 1816** 5 000 à 6 000 par an (en majorité Anglais et Écossais, prolétariat urbain ; explosion démographique ; chômage et misère). **1816-40** même origine (*1820* : 8 385 ; *1830* : plus de 20 000 ; de *1830 à 40* : 60 000 par an) ; **1840-46** 90 000 par an, dont 30 000 Allemands et Scandinaves (ruraux manquant de terres, taux de natalité 35 ‰) ; **1847-51** Irlandais (famine en Irl., maladie de la pomme de t.) 250 000 à 400 000 par an ; **1851-56** retombée des immigrations (g. de Sécession) ; **1856-60** remontée à 300 000 par an, beaucoup d'Irl. (70 % du contingent brit.) ; **1860-80** en régression (l'Ir. est presque dépeuplée, pop. tombée de 4,5 millions à moins d'1 million) ; le % de Germano-Scandinaves s'accroît ; **1880-90** 60 % (200 000 par an) ; *1885* : craintes de chômage aux U.S.A., les immigrants ne peuvent signer un contrat d'embauche avant leur départ d'Europe (il n'y a que 40 % de ruraux).

2°) Nouvelle immigration (1890-1915) de l'Europe, du centre et du S. : Russes, Austro-Hongrois et Italiens ; Polonais, Juifs. *Causes :* baisse de la natalité en Scandinavie ; industrialisation rapide de l'Allemagne créant des emplois dans le pays ; forte natalité dans les pays ruraux de l'Europe du S.-E. **1893-94** ralentissement (récession aux U.S.A.) ; **1895** reprise ; **1901 à 10** : 6 millions de « nouveaux » (70 % du total) ; **1911 à 15** : 3 millions (79 %).

3°) De 1914 à 1921. La g. stoppe les entrées. **1917** l'entrée est interdite aux adultes illettrés, mais la loi n'est pas appliquée, les contrôles de lecture en langues étrangères étant impossibles. **1920** 400 000 entrées ; **1921** 800 000.

4°) De 1922 à 1947. Acte de 1921 (loi des quotas) interdit d'accueillir plus de 357 803 personnes par an (dont 353 747 Européens : 198 000 pour le N. et l'O. ; 158 000 pour le S. et l'E.). Un *quota* annuel est fixé pour chaque nationalité [référence : le recensement de 1910 ; on prend le chiffre des hab. des U.S.A. d'origine étrangère, naturalisés ou non ; on accepte 3 % (puis 2 % en 1924) de ce chiffre pour chaque nationalité]. *Exceptions :* les Chinois exclus par la loi du 5-5-1892 ; les Jap. qui s'imposent volontairement le même régime (les Indiens seront exclus en 1946)]. **1929** quota total ramené à 150 000 ; des normes permettent d'établir la nationalité des immigrants, afin de faire jouer les quotas. Pour toutes les nationalités, un minimum de 100 est toléré par an. Objectifs : 1°) réduire l'immigration (craintes de chômage : les entrées tombent de 358 000 en 1921 à 165 000, puis 156 000) ; 2°) favoriser l'immigration de la race « nordique », de 20 % en 1910-14, elle remonte à 55 %, puis à 80 % des quotas. **1930** crise écon. l'immigration cesse. **1932-35** solde migratoire négatif (— 138 911 personnes). **1935** afflux de Juifs fuyant l'All. ; étant Allemands (quota élevé), ils entrent sans difficultés. **1945** l'acte du 22-12 met 38 056 réfugiés et 2 268 immigrants hors quota (réfugiés politiques occid., conjoints et enfants de citoyens am., cadres sup. recherche et enseignement). L'immigration baisse, les nations favorisées par les quotas étant en crise de dénatalité. Entre 1930 et 1955, les quotas auraient autorisé 4 800 000 entrées (contre 14 750 000 entre 1895 et 1915). En fait, il n'y eut que 1 563 000 immigrants en tout.

5°) Reprise de l'immigration (1948-77). 1948 à 50 123 518 immigrants supplém. admis. **1953** loi sur les réfugiés autorisant l'entrée pour **1953-56** de 122 000 All., It., Grecs et hab. des pays de l'Est (entrées effectives : 102 154). **1955** sur 237 000 imm., 115 000 viennent d'Amér. (Mexique 44 000, Canada 32 000, Amér. centrale 26 000, Amér. du S. 8 000). **A partir de 1960** boom écon., afflux d'imm. **1965** suppression presque complète des quotas [3 500 000 entrées légales entre 1965 et 74 ; + de 8 ou 9 millions d'illégales (surtout Mexicains et Portoricains)].

6°) De 1977 à 1985 : 1977 : « Plan Carter » contre l'immigration clandestine. Motifs : 1°) les clandestins font baisser les salaires ; 2°) coût excessif des charges soc., niveau de vie faible ; 3°) crainte de l'implantation aux U.S.A. d'une minorité hispanophone à haute natalité. *Principales dispositions :* amnistie et naturalisation rapide pour ceux arrivés avant 1970 ; statut de « citoyen étranger non expulsable » pour ceux arrivés entre 1970 et 77 ; expulsion de ceux arrivés après 1977. **1980** 530 600 dont Asie 236 100 (Viêt-nam 43 500, Philippines 42 300, Corée 32 300), Amérique 204 500 (Indes or. sauf Cuba 34 500, Mexique 56 700, Canada 13 600), Europe 72 100 (G.-B. 15 500, U.R.S.S. 10 500, All. féd. 6 600, Portugal 8 400, *France 1 900*), Afrique 14 000. **1983** 90 000 réfugiés admis (dont Extrême-Orient 50 000, Proche-Orient 6 000, Afrique 3 000). **1984** 543 000 (Europe 69 900, Asie 247 800, Amérique 208 100, Afrique 13 600, Océanie 4 200).

Nota. — De 1981 à 1984 400 000 Cubains, 340 000 Vietnamiens et 60 000 Cambodgiens accueillis comme réfugiés politiques. Dep. 1970, 130 000 immigrés sov. (juifs en majorité).

● **Évolution démographique récente. 1°) Vieillissement de la pop. blanche.** *Taux natalité* (‰) : *1955* 24,6 ; *70* 18,2 ; *78* 15,3 ; *80* 16,2. *Mortalité : 1955* 9,3 ; *77* 8,8 ; *80* 8,9.

2°) Renforcement des minorités. *Noirs :* concentration dans certains quartiers urbains ; extension du peuplement hors du Sud. *Indiens :* taux de natalité de 33 ‰. Importante migration de *Mexicains et Antillais* hispanophones.

3°) Migrations intérieures : les régions de peuplement ancien [Illinois, Pennsylvanie, New Jersey, Massachusetts et surtout New York (État — 4 % entre 1970 et 1980 ; centre ville — 11 %)] deviennent des centres d'émigration [vers Canada, Californie, Texas, Floride, « Nouvel Ouest » (du Colorado au Montana : Phœnix, en Arizona, a augmenté de 33 % entre 1970 et 1980)].

4°) Urbanisation. Surtout dans les banlieues (les centres urbains, délabrés, sont occupés par le sous-prolétariat) et le nombre de sans-logis y augmente : ex. 35 000 à New York pour 5 000 lits dans les centres d'accueil). Inconvénients : augmentation des déplacements quotidiens, disparition des zones rurales (pavillons). Les actifs ruraux ne sont que 2,6 % de la pop. active (20 % en 1940).

5°) Paupérisation. % de personnes considérées comme « pauvres » *1965* : 17,3, *78* : 11,4, *84* : 15,2 (soit 35 millions). *Seuil de pauvreté* : 10 609 $ (en 85) pour une famille de 4 personnes sans compter l'aide médicale gratuite ; si elle l'était, le nombre des « pauvres » serait réduit de 10 % à 40 %. *En 1984* : 40 % des familles les plus pauvres recevaient 15,7 % du total des revenus (15,8 en 83) et 40 % des f. les plus riches 76,3 % (67,1 en 81). *Revenu moyen des pauvres : 1980* : 12 966 $; *84* : 12 489. *Des riches* : *80* : 43 531 ; *84* : 45 300. *Chômage* : v. p. 876 c.

6°) Perspectives. Hispanisation du S. et du S.-O. ; stabilisation ou accroissement de la population active rurale (le seuil de 2,6 % ne peut être franchi) ; rééquilibrage des peuplements selon les régions économiques ; réanimation des centres urbains (pour éviter l'anéantissement du patrimoine immobilier).

Noirs

● **Origines.** Les 1ers arrivèrent en avr. 1619. D'autres suivirent par centaines chaque année, puis par milliers (au XVIIIe s.). Prisonniers des tribus rivales, ils étaient vendus à des négriers installés le long des côtes d'Afrique. Plus de la moitié mouraient en cours de traversée. Esclaves, ils furent affranchis en 1865 (13e amendement). Leur égalité avec les Blancs devant la loi fut reconnue en 1868 (14e am.).

● **Nombre.** En millions et, entre parenthèses, nombre de Blancs. **1790** : 0,76 (3,2), **1810** : 1,4 (5,9), **50** : 3,6 (15,7 % de la pop.) (19,6), **70** : 4,9 (33,6), **90** : 7,5 (55,1), **1910** : 9,9 (81,7), **30** : 11,9 (110,3), **50** : 15 (135), **70** : 22,6 (177,7), **80** : 26,4 (188,3), **82** : 27,6 (198,1).

États ayant le + fort % de Noirs (en 1980). Columbia 70,3. Mississippi 35,2. Caroline du S. 30,4. Louisiane 29,4. Georgie 26,8. Alabama 25,6. **Villes ayant le plus fort % de la pop. noire** (en 1980) : East St Louis 95,6, East Orange 83,5, Compton 74,8, Gary 70,8, Washington 70,3, Detroit 63,1, Newark 58,2, Ingelwood 57,3, Birmingham 55,6, New Orleans 55,3, Baltimore 54,8, Richmond 51,3.

● **Caractéristiques. Age** : les Noirs sont plus jeunes en moy. que les Blancs (homme 20,6 ans contre 27,6 ; femme 22,6 contre 30,1). 50 % ont — de 20 ans. **Taux de natalité** : 31,9 pour 1 000 (Blancs 22,7, Indiens 40,3), *de mortalité infantile (1982)* : 21,8 ‰ (Blancs 11,4). *Espérance de vie (1983)* : Noirs et autres non-Blancs 71,3 (hommes 67,1, femmes 75,3), Blancs 75,2 (h. 71,6, f. 78,8). *Pauvreté (1983)* : 9,9 millions des Noirs (soit 35,7 %) vivent au-dessous du seuil de la pauvreté (Blancs 12,1, moyenne nat. 15,2).

Nota. — En 1985, 6 enfants noirs sur 10 sont des enfants naturels (3 fois plus qu'en 1960), contre 15 % pour les enfants blancs (5 fois plus qu'en 1960), et 50 % vivent avec leur mère.

• **Chômage.** *Déc. 85* 15 % (Blancs 5,9), touche 10,7 % de la pop. active (6 % des cols blancs, 13,7 % des cols bleus et 22,3 % des services).

Revenu annuel moyen d'une famille noire (83) : 13 599 $, blanche 23 433. *Niveau d'instruction :* études sup. (4 a. ou + de « college ») : pop. blanche 19,5 %, pop. noire 9,5 %.

• **Politique.** En 1986, maires noirs dans 295 villes (dont 27 de + de 50 000 h.). Noirs au Congrès 20 (5 en 1963). *Fonctions* électives 2 % détenues par des Noirs.

☞ V. *Quid 1976*, p. 626 (quelques dates). *1977*, p. 601 (quelques chiffres). *1982*, p. 978 b (organisations « de libération » noires).

Hispaniques (latinos ou chicanos)

• **Nombre** (en millions). *1965 :* 6, *70 :* 9, *80 :* 14,6, *84 :* 16,1, plus env. 5 millions d'immigrés clandestins (des Caraïbes, du Mexique et d'Amér. centrale). *Est. 1990 :* 20 ; *2020 :* 47. *Fertilité* 3,5 (1,8 en moy. aux U.S.A.). *Répartition (1980) :* Californie 4 543 770, Texas 2 985 643, New York 1 659 245, Floride 857 898, Illinois 635 525, New Jersey 491 867, N. Mexique 476 089, Arizona 440 915, Colorado 339 300. *Origine :* de 19 pays dont 60 % du Mexique (dits Chicanos), 2 millions de Portoricains, 1 million de Cubains.

Nota. — En 1978, les U.S.A. étaient le 5e pays de langue espagnole dans le monde.

• **Caractéristiques.** Catholiques, d'origine rurale. **Niveau d'instruction.** Analphabètes 40 % (au Texas) ; études sup. (4 a. ou + de « college » : 7,9 %, v. ci-dessus). Les *Pachucos*, adolescents marginaux, ne savent pas l'anglais et sont incapables de revenir à la culture mexicaine. **Revenu annuel moyen d'une famille.** 16 229 $ (v. ci-dessus) ; en 1983 : 4 249 000 (28,4 %) vivent au-dessous du seuil de pauvreté. **Chômage** (83). 16,3 % (Mexicains 17,4, Portoricains 18, autres 13,2). **Espérance de vie :** 48 a. (moy. des U.S.A. V. ci-dessus).

• **Politique.** 3 000 env. ont des emplois éligibles (2 100 d'origine mex.), 1 maire (or. cubaine) à Miami (dep. nov. 85).

• **Immigration clandestine.** Env. 800 000 à 2 millions de Mex. et Hispaniques par an. Env. 450 000 Mex. interceptés en 85 (+ env. 50 000 immigrants de 87 autres nat.). Pour diminuer ces passages illégaux, un mur de 13 km de long construit à Tijuana (Californie) et à El Paso (Texas). Actuellement, la frontière (2 709 km) n'a des barbelés que sur 44 km.

Indiens

• **Nombre.** *V. 1700 :* plusieurs millions. *1900 :* 237 196. *1920 :* 244 437. *1940 :* 333 929. *1950 :* 343 410. *1960 :* 523 591. *1970 :* 792 730 (467 tribus). *1980 :* 361 869 dont Californie 198 095, Oklahoma 169 297, Arizona 152 610, N.-Mexique 104 634, Carol. du N. 64 519, Washington 58 159, Dakota du S. 45 081, Michigan 39 702, Texas 39 374, New York 38 117, Montana 37 153, Minnesota 34 841. *1978 :* + d'1 million. Vivant dans les réserves (avr. 79) : 681 213, dont *moins de 16 ans :* 260 648.

• **Caractéristiques.** *Espérance de vie :* 46 ans (moy. des U.S.A. 70). *Taux de suicide :* le double de la moy. nationale. *Mariages mixtes :* 33 %.

• **Causes de leur disparition.** *Non-résistance aux microbes* venus d'Europe avec les immigrants, notamment variole, rougeole, choléra. On a parlé de déclenchements volontaires de l'épidémie (notamment distribution de couvertures contaminées par Lord Jeffrey Amherst, commandant en chef des troupes angl. en 1759). Une 2e épidémie de variole (1830-40) dans le bassin du Missouri a entraîné la disparition presque complète des Pieds Noirs. Le choléra a détruit, entre 1849-51, les I. de l'Oregon. *Famine :* [disparition des bisons (massacrés), non-distribution des vivres, promises par les traités, dans les réserves]. *Alcoolisme :* surtout dans les *réserves*, parmi une population coupée de son milieu naturel et confinée dans des superficies réduites. *Massacres :* seules sont connues les pertes militaires amér. (1866-91) : 932 †, 1 061 bl. On a évalué le pertes indiennes en multipliant ces chiffres par 3, 4, 10, ou 20.

• **Ressources.** Faibles. *Chômeurs :* 109 303 [(39 %) ; *maximum :* Wyoming Minnesota 61 %, *minimum :* Oklahoma 14 %]. Certaines tribus indiennes bénéficient de gros revenus pétroliers (ex : les Shoshones, 320 $ par mois par habitant).

• **Principales nations indiennes. Nord-Est : Algonquins.** E. du Mississippi (nus l'été, ils se peignaient le thorax en rouge, sans doute pour effrayer leurs ennemis). Comprennent *Abnakis* (Maine et N.-Écosse), tribus du sud de la N.-Angleterre *(Penobscots, Narragansets, Pequots, Massachusetts, Wampanoags, Mohicans), Delawares* et *Cheyennes* des Middle States et de la Virginie, *Sauks* et *Fox, Kickapoos* et *Pieds Noirs* du Middle West d'où venaient les *Ottawas, Objibwas* et *Pottawatomis*. Champlain fut leur ami. **Iroquois.** État de N.Y. : Confédération de 5 nations *(Mohawks, Cayugas, Oneidas, Onondagas* et *Senecas)* puis ligue des 6 nations avec les *Tuscaroras*. Les *Cherokees* du Sud étaient également de souche iroquoise. V. 1400 apr. J.-C., les Ir. exterminèrent Algonquins, Hurons et Ériés. S'allièrent aux XVIIe-XVIIIe s. aux Holl. et Angl., ennemis des Fr. **Sud-Est : Natchez** (adorateurs du Soleil, à la mode en Fr. sous L. XV, à l'époque de Rousseau). 5 *tribus civilisées ;* devenus chrétiens, agriculteurs, se groupent en 1859 en une sorte de confédération. Actuellement : 75 000 *Cherokees*, 50 000 *Choctaws*, 20 000 *Creeks*, 9 000 *Chickasaws*, 3 000 *Séminoles*. **Sud-Ouest : Navajos.** Arizona, N.-Mexique et Utah. 25 000 en 1868, 134 958 en 1977 ; réserve la + grande des U.S.A. (62 000 km²), riche en uranium, pétrole, gaz nat. **Apaches** (env. 10 000). Réserves d'Arizona et N.-Mexique, S.-O. de l'Oklahoma. Guerriers (Cochise), aujourd'hui éleveurs de bétail. **Hopir, Pueblos :** N-Mexique, Arizona 37 220 en 1977, groupes I. sédentaires, agriculteurs, descendants des Anasazi.

Plaine : Sioux, du Mississippi aux montagnes Rocheuses d'E. en O., du Saskatchewan (Canada) au Texas central du N. au S. Vivaient surtout de chasse aux bisons. Les *Dakotas* étaient spécialistes des agressions surprises. Buffalo Bill [surnom du colonel William Cody (1846-1917)] les popularisa. **Ouest :** climat aride, tribus misérables dans le Grand Bassin ; Plateau : *Nez Percés, Têtes Plates*, etc. ; Californie : 350 000 à l'époque de la conquête (vanniers). **Nord-Ouest :** tribus *Tlingits, Haidas, Tsimshians, Nootkas* et *Chinooks* (culture riche, trappeurs dans la rég. subarctique, Canada, Alaska à Terre-Neuve) ; *Athabascans* ou *Algonquins*, dont : *Chipewyans, Porteurs* (les veuves portaient sur leur dos les ossements calcinés de leur mari), *Couteaux Jaunes, Castors, Esclaves, Lièvres, Crees* et *Montagnais*.

Arctique : *Esquimaux* et *Aléoutes* (pêcheurs).

• **Chefs indiens. Setangya** (1810-71), chef kiowa. **Dull Knife** « Couteau émoussé » (1810-83), chef cheyenne. **Cochise** (1812-74), partisan de la paix avec les Blancs ; accusé à tort en oct. 1860 d'avoir kidnappé un Amér. de 12 ans, Felix Tellez, ce qui déclencha la « guerre des Apaches » ; en fait Tellez avait été pris par des Apaches occ. **Little Wolf** « Petit Loup » (1820-1904), chef cheyenne du Nord. **Red Cloud** « Nuage rouge » (1822-1909), chef sioux Oglala. **Geronimo** (1824-1909). **Sitting Bull** « Taureau assis » (1831-90), chef sioux Hunkpapa. **American Horse** « Cheval américain » (1840-1908), chef sioux Oglala. **Crazy Horse** « Cheval emballé » (1841-77), chef sioux Hunkpatila. **Wovoka** « Donneur de vie » (1858-1932), prophète.

• **Quelques dates. 40 000 à 30 000 av. J.-C.** des envahisseurs mongoloïdes venus d'Asie par le détroit de Béring gelé seraient les ancêtres directs ou les prédécesseurs des Indiens (venus + tard par le même chemin). Amérindiens et mongoloïdes ont des traits communs : cheveux noirs épais et raides ; pilosité faible ; peau du jaunâtre au brun foncé ; yeux foncés et pli épicanthique fréquent aux paupières. Différences : stature, proportions du corps, faciès, forme du nez, forme du crâne. **1637** g. des *Péquots* contre les colons du Connecticut. **1675-76** soulèvement des *Wampanoags* et des *Narragansets* contre les colon. de la N.-Angleterre (g. de King Philip). **1711-12** g. *Tuscaroras* en Caroline du N. **1714-15** g. des *Yamassees ;* en Caroline du S., rébellion de *Pontiac*, territoire du N.-E. **1763** siège de Detroit. *King Philip* manque de rejeter les Angl. à la mer, est tué par un *Pocasset* passé à l'ennemi, sa tête sera exposée à Plymouth 20 ans. *Pontiac*, chef des Ottawas, tué par un Ind. **1777-81** *Joseph Brant*, chef Mohawk de la Ligue iroquoise des *Six Nations*, soutient les Angl. pendant la g. d'Indépendance jusqu'à Johnstown (Gal *Sullivan* bat Angl. et Ind.). Pour empêcher les tribus d'aider les Angl., le Congrès continental ordonne aux colons de cesser tout empiètement sur les terres ind. **1784** 1er *traité* entre U.S.A. et Ind. à *Fort Stanwix* (État de New York) (expiré en nov. 1984). Iroquois abandonnent pour 200 a. leurs revendications sur partie de l'ouest de l'État de New York, Pennsylvanie et Ohio.

1790 Gal Josiah Harmar, venu en Ohio avec 1 500 miliciens pour châtier les Miamis, est battu. **1791** Gal Arthur St-Clair, gouv. des terr. du N.-O., tombe dans une embuscade tendue par Miamis. **1792**-*5-3* est destitué. **1794**-*20-8* Fallen Timbers : Wayne bat 12 tribus ind. **1795**-*3-8 tr. de Greenville :* Ind. cèdent env. 2/3 de l'Ohio et une partie de l'Indiana, mais *Tecumseh* (1768-1813) refuse de signer et, avec son frère *Tenkawatawa*, prophète des Shwanees, organise une puissante confédération ind. **1811** W.H. Harrison détruit le gros de ces forces à *Tippecanoe*. **1812** Tecumseh se joint aux Angl. mais est tué à la bataille de la *Tamise* (1813). **1814** les *Creeks*, partisans de Tecumseh, anéantis à *Tallapoosa* dans le Sud ; les survivants cèdent près des 2/3 de leur territoire. **1824** fondation du Bureau des réserves indiennes. **1830**-*28-5* loi sur le déplacement des Ind. (Removal Act), le Pt peut échanger les terres de l'O. du Mississippi contre le territoire encore détenu par les tribus dans le S.-E. **1841** les Ind. sont stabilisés dans les États de l'E. des Rocheuses. **1848** *tr. de Guadalupe :* les États-Unis acquièrent des terr. mexicains (du Texas à la Californie) où les Ind. sont libres, mais la découverte de l'or *(1848)*, et la construction du chemin de fer transcontinental Union (derniers rails boulonnés par un clou d'or le 10-5-1869) irritent les Ind. des Grandes Plaines et des Rocheuses (env. 225 000) ; ils s'opposent à l'installation des Bl. (notamment en 1861, lors de l'invasion du Colorado par des milliers de prospecteurs et de mineurs). **1862** les *Sioux Santees* (Dakotas) (g. de Little Crow) dévastent la frontière du Minnesota, massacrent ou capturent env. 1 000 Bl. **1866** après 20 années de g. sporadique, les Apaches avec *Géronimo* se rendent. **1867** Congrès établit une commission de paix. **1868** *traité de Fort-Laramie* mettant fin à la g. des plaines, garantissant les Black-Hills aux Sioux. **1871** une loi stipule qu'« aucune tribu ou nation ind. ne serait reconnue en tant que tribu ou puissance indépendante avec laquelle les États-Unis puissent contracter des traités » (auparavant plus de 400 tr. conclus avec nations ind.).

1875 or dans les Black Hills du Dakota du Sud, lieux sacrés des Sioux que le gouv. avait promis de respecter. **1876**-*1-2 Sitting Bull* et *Crazy Horse :* les Sioux refusent de regagner leur réserve ; *juin* Gal *George Custer* (1839-76), cerné par 2 500 Ind. de Crazy Horse, meurt avec 165 h. **1877** *janv.* colonel *Nelson Miles* surprend Crazy H. dans son camp d'hiver *(Little Bighorn)* et disperse ses hommes ; *mai* Crazy se rend avec 1 000 membres de sa tribu. **1890**-*15-12* assassinat de Sitting Bull. *29-12 Wounded Knee*, 120 hommes et 230 femmes et enfants ind. tués (dernier massacre des g. ind. sauf l'expédition contre les *Ojibwas* du Minnesota). **De 1866 à 1891** au cours d'un millier d'engagements, 2 571 Blancs militaires et civils et 5 519 Indiens auraient été tués ou blessés. **1914-18**, 8 000 Ind. servent dans l'Armée et la Marine (dont 6 000 engagés volontaires). En reconnaissance, le Congrès accorda, en 1924, la citoyenneté amér. aux Ind. qui ne l'avaient pas encore. Néanmoins, plusieurs États leur refusent le droit de vote (N.-Mexique et Arizona jusqu'en 1948).

• **Réserves.** Le gouv. ne put (ou ne voulut) faire respecter les clauses des traités, ni protéger les Ind. des réserves contre les empiètements des Bl. (annexions sans aucun droit, par les Stés de chemins de fer et d'autres spéculateurs). On envisagea donc de faire des Ind. des propriétaires fonciers, pour les attacher à la propriété privée et les amener à adopter progressivement le mode de vie américain. **1887** *loi Dawes :* morcellement des réserves ; chaque famille doit obtenir 160 acres, plus 80 par enfant mineur ; les surfaces concédées restant en tutelle 25 ans, les allocataires reçoivent ensuite un titre de propriété [les Ind. possédaient alors 155 millions d'acres (+ 5 millions concédés plus tard aux Navajos, à titre de réparation des spoliations passées)]. La loi Dawes ne s'appliqua pas aux 5 tribus civilisées de l'Oklahoma. Les autres tribus continuèrent à vivre à l'écart, dans leurs réserves, principalement en Oklahoma (État en 1907), N.-Mexique, Arizona et Utah. En fait, tous les Ind. voulaient qu'on les laissât libres, sur leurs réserves, de mener leur mode d'existence. Non assujettis à l'impôt, ils étaient « privilégiés » bien que pauvres. **1934** *loi de réorganisation des Affaires ind.* renforce les autorités placées à la tête des tribus, abolit le plan de morcellement de 1887 et interdit toute cession de terres sans approbation de l'autorité de tutelle (les Indiens ne possèdent plus que 47 millions d'acres). **1953** loi autorisant les États à assumer la juridiction en matière civile et criminelle dans les réserves sans l'approbation des tribus, résolution affirmant l'intention du Congrès d'en finir le plus tôt possible avec la tutelle de l'adm. féd. sur les tribus. **Années 1950** le Bureau des Aff. ind. (B.I.A.) inaugure un programme de réinstallation. Beaucoup d'Ind. se reconvertissent, d'autres rentrent dans leurs réserves.

Dep. 1968 le B.I.A. doit tenir compte de l'A.I.M. (*American Indian Movement*, « Mouvement indien américain »), créé à Minneapolis (Minnesota), par Dennis Banks, Russel Means et Clyde Bellecourt. Copié sur le *Black Power* des Noirs, il réclame un Red

Power, rejette la société blanche, et veut reconstituer les nations. *Principales manifestations :* **1969** occupation du pénitencier désaffecté d'Alcatraz par 20 tribus (assurant qu'on vivait mieux en prison que dans les réserves) ; **1972** occupation pendant 7 j du B.I.A. à Washington ; **1973-74** manif. armée de 71 j à Wounded Knee (Dakota du Sud), lieu d'un massacre ; 2 † indiens dans les engagements militaires dirigés contre le chef tribal élu Dick Wilson (l'année suivante, assassinats de militants de l'A.I.M. sur la réserve de Pwe Ridge). **1978** *févr.-juill.* marche de 5 500 km (d'Alcatraz à Washington) contre les propositions de loi visant à abroger des traités et droits divers (pêche, chasse) et à supprimer tout gouv. traditionnel. *Juillet* création du WARN (Women of All Red Nations : Femmes de toutes les Nations Rouges) à Rapid City (Dakota S.). **1979**-*1-8* siège par la police de Racquette Point, village de la réserve d'Akwesasne où des Mohawk se sont retranchés : 2 indiens †.

Actuellement le B.I.A. s'occupe d'env. 300 *réserves*, colonies, ranches et communautés + 147 groupes de natifs de l'Alaska, occupant + de 20,4 millions d'ha. Les réserves ont une autonomie relative ; elles abriteraient 60 % des ressources énergétiques du pays. L'admission d'un Bl. est en principe subordonnée à l'obtention d'autorisation, bien que la circulation sur les routes qui les traversent soit garantie par le secr. d'État à l'Intérieur. Les lois amér. ne s'y appliquent pas, sauf les textes spécialement destinés à les régir et une partie de la législation pénale. Depuis 1885, les tribunaux féd. sont compétents pour certains crimes commis entre Ind. sur leurs propres terres. Si aucune autorité tribale n'est compétente, les Ind. vivent, en principe, sans lois.

● **Art indien.** Les expéditions espagnoles n'ayant touché que le S.-O., la période « préeuropéenne » se poursuit parfois jusqu'à la fin du XVIIIe.

Sud-Ouest (Nouv.-Mexique, Arizona). Pop. (ancêtres des Indiens Pueblos) sédentaire entre 100 et 400 apr. J.-C., civil. stabilisée en 1000 apr. J.-C. (site de Mesa Verde) : maisons cubiques autour de chambres cérémonielles en puits Kiva à parois décorées de fresques. Vestiges parfois bien conservés dans les parcs. *Vers 900 apr. J.-C.*, les peuples de tradition Hohokam, descendus dans le nord du Mexique, subissent l'influence mexicaine (site de Casas Grandes, État de Chihuahua) : céramique, objets de turquoise, coquillages, travail du bronze et du cuivre. Cette culture s'éteint sans prolongements v. 1400 apr. J.-C. *Civilisation des Hopis et des Zûnis :* société sédentaire et théocratique fondée sur une religion très ritualisée. Céramique géométrique, souvent bichrome. Pétroglyphes. Tissages, vannerie parfois enduite (recouverte de cire pour la rendre imperméable). Katchina : petites poupées en bois sculptées et peintes, symbolisant un dieu du panthéon des Indiens Pueblos ; très répandues, étaient données aux enfants au cours de cérémonies publiques chez les Hopis. Poteaux sculptés représentant le dieu de la guerre.

Est du Mississippi. *Civilisation des moundbuilders* (constructeurs de tumulus) 1000 av. J.-C. à 1500 apr. : tum. funéraires, surmontés, à partir de 800 apr. J.-C. env., de petits temples. Formes stylisées de pierre polie (*banner stones*, usage non élucidé). Céramique et pierre polie (statuettes, pipes, plats) : coquilles gravées et cuivre martelé (influence de l'art mexicain) à motifs imbriqués. *A partir de 1500, Iroquois au N.* Bijoux d'argent très élaborés. Décoration par application de piquants de porc-épic (remplacés par les perles à l'arrivée des Européens). « Wampum » : ceintures en perles de coquillages à vocation mnémonique ou commémorative (traités de paix, etc.). Masques rituels de bois (« faux visages » grimaçants) ou de cosse (paille) de maïs.

Plaines. Culture développée principalement à partir de l'arrivée des Européens (civilisation du cheval, que les Eur. ont introduit), mais sans contact direct avec eux. Pas de céramique. Peinture sur peaux (représentations biographiques ou motifs géométriques à sens symbolique). Décoration de vêtements en piquants ou perles.

Côte N.-O. du Pacifique. Développement artistique extraordinaire (totems, façades peintes de rouge et noir...) lié à l'apport des outils européens.

Histoire

● **Période précolombienne. Avant J.-C. (dep. 30 000). V. 2640** les astronomes chinois Hsi et Ho auraient, par le détroit de Bering, descendu la côte américaine, se seraient arrêtés chez les « Yao » (ancêtres des Pueblos vivant près du Grand Canyon) et auraient ensuite gagné Mexique et Guatemala, avant de revenir en Chine. **800** et **400** missionnaires hindous en Amér. du S. et centrale ; Votan (commerçant) aurait vécu chez les Mayas où il aurait été un historien et un chef local ; Wixepecocha (prêtre) aurait vécu chez les Zapotèques du Mexique ; Sume aurait atteint le Brésil et enseigné l'agriculture aux Cabocles ; Bochia aurait établi les lois des Muycas. **Après J.-C. v. 550** le moine irlandais St Brendan (selon 2 manuscrits médiévaux : *le Voyage de St Brendan l'abbé* et *le Livre de Lismore*), avec 17 autres moines, aurait atteint la « Terre promise aux saints » sur un curragh (bateau garni de cuir), au cours d'un pèlerinage de 7 a. qui les aurait menés au Groenland, à Terre-Neuve et sur l'île de Grand-Caïman ; Brendan aurait ensuite regagné son monastère (en 1977, le trajet fut effectué sur un curragh moderne par Timothy Severin). **986** un marchand norvégien, Bjarni Herjulfson (selon 2 récits médiévaux islandais : le Flateyjarbok et le livre de Hauk), poussé à la dérive par une tempête alors qu'il allait rendre visite à son père au Groenland, aurait atteint le cap Cod mais n'aurait pas cherché à explorer cette région. **1000** le Norvégien Eriksson (selon Helge Ingstad qui a découvert en 1960 l'Anse aux Meadows, le seul site viking trouvé à Terre-Neuve), débarque sur l'île de Baffin (Helluland), puis au Labrador (Markland), enfin à Terre-Neuve, qu'il appelle Vinland à cause du raisin indigène d'Amér. du N., la *vitis labrusca* (autre étymologie : vin, en vieux norois, signifie « pâturage ») ; selon d'autres auteurs, le Vinland serait le Maine (800 km plus au S.). E. signale ses découvertes aux Islandais du Groenland (qui l'appellent « Leif le chanceux »). **1004-5** Thorvald, frère de Leif, hiverne dans le Vinland, puis, explorant la région du St-Laurent, est tué par des Indiens ; les survivants de l'expédition ramènent son corps au Groenland en 1007. **1010** l'Islandais Thorfinn Karlsefni (*cf.* les sagas des Groenlandais et de Karselfni), beau-frère de Leif Eriksson, s'établit avec 60 hommes et 5 femmes au Vinland où sa femme met au monde un garçon, Snorri (1er Européen né en Amér.), va jusqu'à Long Island et l'Hudson, atteint peut-être Cheasapeake Bay ; en 1014 les colons islandais retournent au Groenland, à cause des attaques des Indiens et de l'absence de femmes. **1121** l'évêque groenlandais, Eric, meurt au Vinland. **1170-1190** le Pce gallois, Madog ab Owain Gwyned, atteint l'Alabama (ou les West Indies) et s'y installe ; il retourne au Pays de Galles quelques années plus tard, laissant 120 hommes sur place ; quand il revient en 1190 en Amér., y mourant peu après, la plupart des colons ont disparu, sans doute tués par les Indiens. **1347** les Groenlandais livrent en Islande du bois labradorien. **1356** le Norvégien Paul Knutson aurait installé un camp à Newport (une tour subsisterait) et ses hommes auraient sculpté la pierre de Kensington trouvée dans le Minnesota central. La plupart des membres de l'expédition moururent en Amér., les autres retournèrent en Norvège en 1364. **1476** le marin danois, Johannes Scolp, et le noble Portugais, João Vaz Corte Real, chargés par le roi Alphonse de Portugal et Christian Ier de Danemark de trouver une route de la soie vers la Chine, partent du Danemark, explorent : baie d'Hudson, golfe et fleuve du St-Laurent. N'ayant pas trouvé de passage vers l'Asie, ils retournent au Danemark où leurs découvertes suscitent peu d'intérêt. **V. 1485** Christophe Colomb séjourne en Islande et enquête sur l'existence du Vinland.

● **Période préanglaise. Espagnols : 1513** Ponce de León débarque en Floride. **1528-59** Floride explorée mais abandonnée. **1567** conquête de la Floride sur Huguenots (v. ci-dessous). **1580** fondation des 2 Florides : occidentale (Alabama) et orientale. **1540-1600** extension du Mexique vers le N. ; colonisation de la Californie.

Français : av. 1530 Verrazzano (Florentin au service de François Ier) reconnaît les côtes de Caroline et de Floride du N. **1559-64** échec d'une fondation, par des calvinistes fr., d'une Nouvelle-France protestante au N. de la Floride [*1559-63* Jean Ribaut, avec 2 navires et 500 h., fonde Charlesfort, au N. de St-Augustin ; *1562-11-6* il retourne chercher du renfort à Dieppe ; *1563* faute de vivres, les colons doivent évacuer. *1564-22-6* Cap Français (N. de St-Augustin) : 3 vaisseaux débarquent (chef : René de Laudonnière († v. 1586)]. Fondation du fort de La Caroline. **1565** *août* mais faute de vivres, ils doivent également partir, Jean Ribaut revient avec 9 vaisseaux et 1 000 h. **1565**-*28-8* l'amiral espagnol Pedro Menendez de Abila débarque à La Caroline et massacre les colons hérétiques dont Jean Ribaut (René Laudonnière est un des rares survivants).

1568-*6-6* représailles, le Dieppois Dominique de Gourgues détruit les forts espagnols de la région de St-Augustin. **1582-86** l'Anglais Richard Hakluyt publie à Londres les récits de Ribaut et de Laudonnière, dédiés à Sir Philip Sydney, ce qui aboutit aux fondations anglaises de Virginie (1607). *XVIIe s.* exploration du haut Mississippi par Canadiens fr. (V. Canada). **1670-90** Père Marquette, Jolliet, Cavelier de La Salle. **1702** Mobile [capitale de la Louisiane puis de la Floride, occ. (esp.)] fondée. **1718** Nouvelle-Orléans fondée.

Hollandais et Suédois. 1614 création de la Cie de Nouvelle-Néerlande [île de Manhattan (achetée définitivement 60 guldens par Peter Minuit en 1626)]. **1623** fondation de Fort Orange (Albany, N.Y.). **1624** de Fort-Nassau (Delaware). **1626** Niew Amsterdam (New York) capitale de la colonie (non reconnue par les Anglais). **1638** fondation de la colonie suédoise du Delaware (alliée avec la Hollande 1638-55 ; absorbée en 1655). **1664** les Hollandais (7 000, gouverneur : Peter Stuyvesant) se laissent annexer par les Anglais (100 000).

● **Colonisation angl. 1607**-*10-4* Jacques Ier, qui revendique pour la couronne d'Angleterre toutes les terres américaines entre le 34° (North Carolina) et le 45° (Maine), crée 2 Cies : Londres (monopole entre 34° et 38°), Plymouth (entre 41° et 45°) ; les territoires entre 38° (Delaware) et 41° (Connecticut) sont communs aux 2 Cies (établissements séparés par 100 miles) ; -*13-5* création de Jamestown (Virginie) par la Cie de Londres (anglicans). **1714** le cap. Smith nomme « Nouvelle-Angleterre » les territoires entre 41° et 45°. **1620** Massachusetts [101 ou 102 passagers « Pères pèlerins » (Pilgrim Fathers, puritains) du *Mayflower* fondent Plymouth, 41 signent la Déclaration des principes (Mayflower Compact) ; leurs descendants en ligne directe forment une association]. **1632** Maryland (catholiques ; Lord Baltimore). **1682** Pennsylvanie [puritains avec William Penn (1644-1718) ; querelles de frontières avec les cath. du Maryland]. **V. 1690** 2 Carolines. **1732** Georgie créée, marche militaire contre Floride esp. **1754** *congrès d'Albany :* rejet d'un projet de fédération. **1764** l'Angl. impose des taxes sur sucres et mélasses. **1765** *mars* conflit du timbre (imposé par l'Angl., supprimé en févr. 1766). **1770** conflit du thé (cause : taxes imposées), massacres de colons par Angl. à Boston. **1773**-*16-12* « *partie de thé* » de Boston : une cargaison de thé est jetée à la mer. **1774**-*5-9 congrès de Philadelphie,* déclaration des Droits.

● **1775-83 g. d'Indépendance. 1775** *Lexington,* les Angl. tirent sur des miliciens ; -*17-6 Bunker Hill* (en réalité Breed's Hill, près de Charlestown, dans la banlieue de Boston, occupée par les Angl.) ; chef angl. Thomas Gage ; amér. : William Prescott, Israël Putnam) ; morts : 400 Am. (sur 1 500), 1 000 Angl. (sur 2 200) ; les Insurgents s'enfuient, mais les pertes angl. sont lourdes et l'effet moral est considérable. **1776**-*4-7* date choisie officiellement comme celle de la *déclaration de l'indépendance* [jour où signèrent une partie des délégués des 13 colonies ; ceux de New

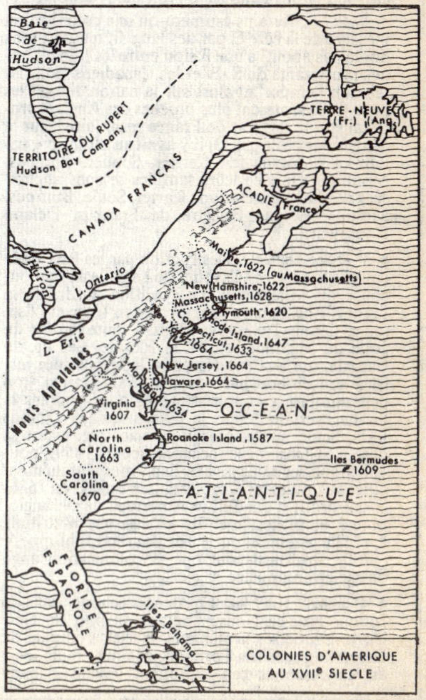

COLONIES D'AMERIQUE AU XVIIe SIECLE

York signèrent le 9-7 ; le dernier signataire (Thomas Mc Kean) signa en 1781]. *Oct. Long Island* (défaite amér.). **1777** *juin* arrivée de La Fayette (avec 5 000 volontaires). *-26-9* Howe prend Philadelphie. *-17-10 Saratoga :* Burgoyne (Angl.), encerclé par Gates, capitule. Fr. (1778) et Esp. (1779) soutiennent l'Amér. [aide financière de la Fr. : don de 9 millions de F (3 en août 78, 6 en 81) ; dépenses non remboursées des flottes et des armées : environ 1 milliard ; garantie d'un emprunt de 34 millions. Beaumarchais a fourni pour 3 600 000 F d'armement ; ses héritiers ont été remboursés de 800 000 F en 1835]. **1779** *janv. Charleston* (défaite amér.). La Louisiane soutient les insurgés. **1780** *juill.* Rochambeau en Amér. avec 6 000 h. **1781**-*19-10 Yorktown :* Gal anglais Cornwallis capitule grâce à la flotte fr. commandée par de Grasse. **1783**-*19-4* fin de la g. (3 000 Fr. y sont morts). *-3-9 tr. de Versailles :* Angleterre reconnaît l'indépendance, rend Floride à l'Espagne.

● **Depuis l'Indépendance.** **1787** Constit. ratifiée (7-12-87/29-5-1790) par les 13 États (Delaware, Pennsylvanie, New Jersey, Georgie, Connecticut, Massachusetts, Maryland, South Carolina, New Hampshire, Virginia, New York, North Carolina, Rhode Island) ; sous l'influence de Thomas Jefferson (1743-1826), gouv. dém. et lib. (malgré les tendances autoritaristes de la majorité des Amér., notamment des puritains). **1794**-*20-8 Fallen Timbers :* défaite des Indiens de l'Ohio. **1800** Burr et Jefferson obtiennent le même nombre de voix aux élect. prés. (Jefferson élu à la suite des manœuvres de Hamilton, min. des Finances : 1er scandale politique). **1803** achat de la Louisiane à la Fr. (80 millions de F) [et de la Floride à l'Esp. en 1819 (5 millions de $)]. **1804**-*11-7* Hamilton tué en duel par Burr, vice-Pt. **1812-14** *g. contre l'Angl.*, motifs : raids indiens au Canada, les Angl. incendient Washington. **1814**-*24-12 paix de Gand :* statu quo. **1823**-*2-12 doctrine de Monroe* « l'Amérique aux Américains ». **1835**-*3-11* Texas, colonisé dep. 1821 par des N.-Amér., devient rép. indép. **1836** g. contre Mexique. *-6-3* siège d'*Alamo :* 187 Texans, assiégés par 5 000 Mexicains, en tuent 1 500 et meurent ; parmi eux le trappeur *Davy Crockett* [descendant d'un huguenot fr. : Antoine de Croketagne, émigré en 1685, dont la descendance s'était établie en Amér. dep. 1700. Né 17-8-1786, fermier et trappeur en Louisiane fr. 1803 ; volontaire pour la g. contre les Creeks 1812-14 ; député au Congrès 1827, battu en 1835 et émigré au Texas]. *-21-4 San Jacinto,* Santa Anna (Mex.) battu et capturé par Houston (U.S.A.). **1845**-*29-12* Texas annexé. **1846-48** *g. contre le Mexique* [1847-*25-2* Santa Anna vainqueur à Buena Vista ; *-7-3* débarquement amér. à Vera Cruz ; *-18-4* Santa Anna écrasé à Cerro Gordo ; *-13-9* Mexico pris ; *tr. de Guadalupe* (2-2-1848) : Mex. cède N.-Mex. et Calif. contre 15 millions de $]. **1847** *Mormons* à Salt Lake City. **1848** *ruée vers l'or* Californie. **1853**-*30-12* U.S.A. achètent N.-Mex. et Arizona 10 millions de $.

1861-*14-4*/**1865**-*6-4 g. de Sécession,* motifs : N. protectionniste pour son industrie, S. non protect. afin de vendre son coton contre des machines. N. anti-esclavagiste, S. esclavagiste. N. : 23 États, 22 millions d'habitants, une armée de 186 000 h., puis 990 000 h. Généraux : Grant, MacClellan, Meade, Sherman, Sheridan. S. : 11 États (1860-*20-12* Caroline du S. 1861 Floride, Mississippi, Alabama, Georgie, Louisiane, Texas ; *17-4* Virginie ; *20-5* Caroline du N., Tennessee, Arkansas), 9 millions d'h. dont 3,5 M d'esclaves noirs. Armée 150 000 h., puis 690 000 en 1862, 175 000 à la fin. Généraux Lee, Jackson. Constituent « les États confédérés d'Amérique » (8-2-1861) (capitale : Richmond, Pt Jefferson Davis), surnommés les *Dixies,* à cause des anciens billets de *Dix Francs* circulant en Louisiane (un des États confédérés), lors de son annexion aux U.S.A. (1812). **1861-62** combats indécis. **1863-65** victoires nordistes : *Gettysburg* (30-6-63), *Vicksburg* (9-7-63), *Atlanta* (2-9-64), Lee capitule, fin de la g. (617 000 †). **1865**-*14-4* Pt Lincoln assassiné.

1867 achat de l'Alaska à la Russie (7 200 000 $). **1886** émeutes de Haymarket. *Géronimo* (1829-1909) pris. **1890** *Sherman Act,* loi antitrust. **1893** Hawaii occupé (1898), puis annexé. **1898**-*24-4/10-12 g. avec l'Esp.*, motif : explosion du *Maine* mouillé à Cuba (en fait due à un accident de chaudière) ; Dewey coule la flotte esp. de Cervera à Manille ; *tr. de Paris :* U.S.A. reçoivent Porto Rico, Wake, Guam et Philippines (achat contre 20 millions de $). **1899** partage des Samoa avec l'Angleterre.

Les U.S.A. pouvaient-ils devenir français ?

● **1er échec.** Colonisation de la Floride du N. par les Huguenots, sous Charles IX (voir ci-dessus). Si Jean Ribaut avait remporté (avec 7 nav.) une victoire sur Menendez (5 n.), il aurait assuré la survie de la colonie fr. (mais par une fausse manœuvre, il perdit 4 nav., naufragés avant la bataille). Alliée aux Anglais, la colonie fr. aurait pu au XVIIIe s. constituer un 14e État « insurgent », indépendant culturellement (?).

● **2e échec de 1586 à 1607.** Les Angl. jettent leur dévolu sur la « Floride » (Virginie actuelle) dont Ribaut et Laudonnière avaient pris possession sous Charles IX. Henri III, puis Henri IV, qui, juridiquement, avaient des droits sur ces régions, ne les revendiquent pas ; pourtant, l'envoi massif des Huguenots dans les actuelles Georgie-Caroline-Virginie aurait mis fin aux g. de religion et permis une francisation complète de l'Am. du N. Les Fr. compensent cet échec en colonisant Terre-Neuve et Laurentides, abandonnées par les Angl. en 1583 (après naufrage d'Humphrey Gilbert).

Nota. – Certains estiment qu'une colonisation massive de la côte E. par des Hug. fr. n'aurait sans doute pas abouti à une fusion entre les francophones protestants du S.-E. et les Canadiens cath. La religion l'emportait alors sur la nationalité, et les prot. fr. se sentaient plus proches des Anglais protestants que des rois de France cath. [ainsi, sur le *Mayflower* (voir p. 833) il y avait au moins 5 « pèlerins » d'origine fr. : Cartier, Soulier, Bompas, Moulin, Delanoë ; leurs familles se sont anglicisées dès la 1re génération : Carter, Soule, Bumpus, Mullins, Delano (ancêtre de Franklin Delano Roosevelt)].

● **3e échec 1686-87.** Destruction par les Esp. de la colonie fondée par Cavelier de La Salle à l'embouchure du Mississippi. La coalition antifr. de la Ligue d'Augsbourg s'était formée en 1686, et l'Esp. (en g. depuis 1683) revendiquait toute la côte du golfe du Mexique jusqu'à la Floride. Les Fr. du Canada, qui avaient descendu le Mississippi jusqu'à son embouchure depuis 1681, étaient trop peu nombreux et trop éloignés pour peupler la plaine centrale depuis la côte jusqu'aux Grands Lacs. Seule une colonisation maritime, ayant sa base à St-Domingue (occupée depuis 1659), pouvait franciser le pays. Les Esp., momentanément alliés aux puissances protestantes, ont agi en 1686-87 au profit d'une future Amérique du N. anglophone et protestante. Ils changeront d'attitude après l'avènement du 1er roi Bourbon, Philippe V (1700), trop tard pour que la colonisation angl. puisse être inquiétée.

● **4e échec 1689-90.** Frontenac échoue dans la conquête de la Nouv.-Angl. et du port de New York. Un de ses lieutenants, Hertel, s'empare de Casco (aujourd'hui Portland, Maine) ; mais les 2 autres colonnes can. échouent devant Albany (New York) et Salmon Falls (New Hampshire). Or la conquête de New York était indispensable à la sécurité des 12 000 Can. fr. (affrontés à 200 000 Anglo-Amér.). 1689 était « l'année de la chance » pour les Fr., car, à la suite du changement dynastique de 1688, les « colonistes » anglais étaient divisés et les partisans de Jacques II Stuart étaient prêts à se rallier à Louis XIV. L'échec de Frontenac met définitivement fin aux espoirs de suprématie fr. Néanmoins, la paix de Ryswick (1697) confirme aux Fr. leurs possessions dep. l'Acadie au golfe du Mexique ; rien n'était encore perdu.

● **5e échec 1713-14.** Pertes territoriales du tr. d'Utrecht. A la suite de la g. de Succession d'Esp., la Fr. abandonne : baie d'Hudson, Terre-Neuve, Acadie (avec la base navale de Port-Royal, actuellement Annapolis, en Nouv.-Écosse). Mais le Board of Trade londonien, qui convoite les territoires fr., fait condamner pour trahison Lord Bolingbroke, qui n'avait pas exigé davantage.

● **6e échec 1714-63.** Stagnation démographique. Il y a, en 1713, 18 694 hab. fr. au Canada-Louisiane contre 250 000 Angl. en Am. du N. En dépit d'une forte natalité et de quelques mesures d'émigration forcée (relégations, rafles de filles publiques), la population fr. stagne : *1734 :* 37 716 hab. ; *1760 :* 65 000 (Anglo-Amér. : 1 320 000 Blancs + 300 000 esclaves noirs anglophones). La colonisation « militaire » (soldats prenant leur retraite en Amér.) n'a permis l'installation que de 30 soldats par an entre 1713 et 1756 (1 300 h. en 43 ans).

● **7e échec 1746.** Désastre du duc d'Anville. Au cours de la g. de Succession d'Autriche (1740-48), Beauharnais, gouv. fr. du Can., se fait fort de reconquérir l'Acadie (ce qui rendrait la colonie fr. militairement viable) si on lui envoie 2 000 h. Louis XV lui envoie 5 000 marins et 3 150 soldats, sur 12 vaisseaux de ligne, commandés par le duc d'Anville. Mais celui-ci met 100 j pour traverser l'Atlantique, laisse sa flotte sombrer dans la tempête et ses hommes mourir du scorbut. Il se suicide ; son successeur, La Jonquière, ramène en Fr. les débris de « l'Armada fr. » [Poème de Henry Longfellow (1802-82) : *Ballad of the french fleet*].

● **8e échec 1754-63.** G. de Sept Ans et tr. de Paris. Colons fr. et angl. d'Amérique avaient engagé les hostilités 2 ans avant leurs métropoles (batailles de l'Ohio). Les Fr. avaient résisté, mais les désastres de la g. de Sept Ans aboutirent à la cession à l'Angl. du Can. fr. et de la rive g. du Mississippi (1763). Néanmoins, la Louisiane occid. était cédée à l'Esp. (alliée à la Fr.), dont les gouverneurs, de culture fr., se sont comportés presque en fonctionnaires fr. (en 1785, 31 433 francophones en Louisiane, contre 0 hispanophone).

● **9e échec 1775-83.** La g. d'Indépendance amér. était, pour La Fayette, l'occasion de reconquérir le Can. et de reconstituer l'Amér. fr. du N. De nombreux Can. fr., citoyens anglais depuis 12 ans, servirent avec les « Insurgents ». En nov. 1777, le Congrès amér. décide la conquête du Can. et nomme La Fayette Gal en chef de l'armée d'invasion (2 500 h., dont 2 régiments de Can. fr. concentrés à Albany). La Fayette, ne trouvant que 1 200 h. démunis, renonce à son projet. Explications fournies : 1°) Washington avait promis faussement que le Can. serait le 14e État de l'Union, car il était anti-fr. et anti-cath. ; il a saboté volontairement le raid de La Fayette ; 2°) la reconquête du Can. par les auxiliaires fr. a été « sabotée » à Versailles par les prérévolutionnaires (pour protéger les protestants fr. : ceux-ci avaient obtenu au tr. de Paris de 1763 la liberté de culte en Fr. contre la liberté du culte catholique au Can. devenu anglais ; ils craignaient d'être de nouveau persécutés si les Can. échappaient à l'Angl.).

● **10e échec 1800-03.** Perte de la Louisiane redevenue fr. Au tr. de San Ildefonso (oct. 1800), l'Esp. rend à la Fr. la Louisiane occidentale. Bonaparte, 1er consul, décide d'en reprendre la colonisation, puis change d'avis et vend le territoire (10 États amér. actuels) aux U.S.A., pour 80 millions de F (conventions du 30-4-1803). Explication fournie par Bonaparte lui-même : il a voulu « affermir pour toujours la puissance des États-Unis », afin de « donner à l'Angl. une rivale maritime qui, tôt ou tard, abaissera son orgueil » (faux calcul, ou peut-être mensonge). Autres explications proposées : 1°) il avait besoin d'argent pour les frais du couronnement (prévu l'année suivante) ; 2°) il se croyait incapable de défendre la L. contre une attaque angl. venue du Canada ; 3°) Talleyrand a conclu cette affaire, désastreuse pour la Fr., contre une très forte commission ; 4°) ressentiment de Napoléon contre son frère Lucien, dont le principal titre de gloire était la conclusion du tr. de San Ildefonso.

A quoi correspond la Révolution américaine ?

1°) Vue de Paris. *A) Militairement,* elle est une occasion de prendre, en Am., une revanche sur la défaite de 1763 (pertes de la g. de Sept Ans ; cession à l'Angl. du Can. et de la Louisiane or., à l'Esp. de la Louisiane occid.). *B) Idéologiquement,* elle est, pour les Fr. « éclairés » (sous l'influence maçonnique), l'occasion de créer une société respectueuse des « libertés » (le roi Georges III d'Angl. était autocrate ; Washington était franc-maçon). *C)* Il y a eu conflit entre ces 2 points de vue. Ainsi : a) *en 1777,* La Fayette est chargé en principe par le « Congrès Continental » de conquérir le Can. Il pense alors travailler pour le compte de la Fr., tandis que les Am. (protestants et maçonnisants) veulent prendre une revanche contre le *Quebec Act* (alliance de l'évêque cath. de Québec et de George III : soumission de l'ancienne Louisiane or. à l'autorité de l'évêque). Washington préfère saboter l'expédition plutôt que de favoriser une reconquête « papiste » ; b) *en 1782*, les Am. (conduits par Franklin) concluent une paix séparée avec l'Angl., violant le tr. d'alliance fr.-am. : ils obtiennent l'indépendance, mais ne font rien pour restaurer la Nouv.-France ; c) les anciens combattants fr. d'Amér., n'ayant rien obtenu de concret pour la Fr., exalteront entre 1783 et 89 leur œuvre politique, institutionnelle et morale. La Fayette se fera le promoteur d'un régime « à l'am. » défenseur des « libertés ». Avec le triomphe du républicanisme en Fr., ce point de vue s'est imposé à la conscience collective des Fr.

2°) Vue par les Anglais. Ils retiennent qu'elle a été la seule g. où l'Angl. se soit trouvée isolée en face d'une coalition (Insurgents, France, P.-Bas, Esp.). Le conflit aurait pu être désastreux mais grâce à la rupture du front commun entre négociateurs amér. et fr., à Versailles, l'Angl. s'en est tirée à bon compte : les colons ont obtenu des avantages politiques (mais sans se constituer en une nation hostile) ; les Fr. n'ont pu reprendre pied ni en Louis. ni au Can.

3°) Vue par les Américains (plus particulièrement ceux de l'Est = Nouv.-Angl. au N., et vieux États du S.). Ils appellent le conflit avec l'Angl. : « American Revolution » (le concevant plus comme une g. civile dans la tradition angl. que comme une g. entre 2 nations) : a) Leur *Congrès Continental* s'est constitué dans la tradition du parlementarisme angl. : les colons n'avaient pas encore obtenu le droit à un parlement, étant sur ce point désavantagés par rapport aux Angl. de G.-B. Ils s'en sont donné un de leur propre volonté, au lieu d'attendre une charte de fondation et ils lui ont reconnu le droit (britannique) de légiférer souverainement. b) *L'indépendance économique* (droit de commerce directement avec les étrangers, sans passer par Londres) s'inscrit dans la tradition brit. du libre-échangisme. Pour la quasi-totalité des colons d'Am., libre-échangistes, l'indép. pol. n'était que le moyen d'assurer l'indép. commerciale (il fallait cesser de dépendre de Londres, puisque Londres était réglementariste). c) *L'indép. judiciaire* a été réclamée au nom de la tradition angl., de *l'habeas corpus*. George III avait supprimé (au Massachusetts) les jurys locaux et déféré les opposants pol. aux tribunaux de l'amirauté, puis avait voulu faire juger à Londres les « rebelles » capturés. L'indép. pol. a donc semblé la garantie indispensable de l'indép. judiciaire. d) *L'indép. foncière* (droit illimité de propriété) a été réclamée pour l'ancienne Louis. ou. (rive g. du Mississippi) au nom de la tradition angl. de la *Yeomanry* : les anciens « tenants » des terres féodales étaient devenus, au XIVᵉ s., propriétaires absolus de leurs biens. George III avait décidé d'empêcher les *colonistes* d'acquérir les terrains entre Appalaches et Mississippi, pour les laisser aux Indiens. Les Am. ont choisi d'échapper à son autorité, plutôt que de renoncer à acquérir librement des biens fonciers. e) *L'indép. religieuse* a été revendiquée dans la tradition anglicane (et non conformiste) du peuple brit., devenu antiromain au XVIIᵉ s. Georges III avait reconnu (Quebec Act, 22-6-1774) à l'évêque cath. de Québec (en échange du ralliement du clergé fr.-can. à la couronne d'Angl.) la juridiction sur l'ancienne Louis. or., ce qui impliquait : la conversion des Indiens au cath. romain ; la mise sous tutelle cath. des égl. prot. implantées. Les raids lancés par le Congrès Continental contre le Can. (1775-1777) s'expliquaient par des causes religieuses. f) *Indép. du budget mil.* Depuis la Grande Charte de 1212, les Angl. exigeaient de contrôler financièrement les forces mil. dont disposait la couronne. Les 13 colonies d'Amér., en vertu de leur charte de fondation, avaient le choix de financer leurs propres milices ou de collaborer à l'entretien des garnisons royales angl. Or, en 1774, George III décide unilatéralement d'installer dans l'ancienne Louis. or. une armée de 10 000 h. dont l'entretien incomberait au budget des 13 colonies. Ce manquement aux traditions brit. a déclenché une violente opposition des « colonistes ». g) *Washington dans la tradition de Cromwell.* Les *Insurgents* amér. (appelés « rebelles » par George III) ont considéré Washington comme élu de Dieu, chargé d'évincer une dynastie indigne pour créer à sa place un « Commonwealth » de type cromwellien. Plusieurs États amér. se désignent d'ailleurs sous le nom de Commonwealth, en souvenir du régime de Cromwell. Mais, à la différence de Cromwell, Washington n'a pas eu d'ambitions dynastiques, il a refusé le titre de roi et l'appellation de « Sa Majesté le Pt des États-Unis ». [*Raisons :* 1°) il n'avait pas de fils ; 2°) il partageait l'idéologie des « rép. romains » à la mode au XVIIIᵉ s. dans les milieux maçonniques (influence de Montesquieu) ; 3°) il était de tendance aristocratique et oligarchique (milieu de riches propriétaires fonciers) ; 4°) sa tentative de restaurer une noblesse héréditaire par primogéniture mâle chez les anciens officiers de son armée (les *Cincinnati*) s'est heurtée à une vive opposition.] h) *« Whigs » et « Tories » d'Outre-Atlantique.* Les tories amér. (60 000 « loyalistes ») ont choisi la fidélité à la « Couronne », plutôt que la soumission au Congrès Continental, de tradition parlementaire ou « whig » (il y a eu parfois plus d'Américains dans l'armée royale que dans les rangs des Insurgents). En 1783, ils se sont repliés au Canada, où ils ont fourni des cadres politiques et économiques à la paysannerie fr.-can. Plusieurs milliers d'esclaves noirs ont également suivi le parti tory. Réfugiés en Angl., ils allèrent ensuite à Freetown (Sierra Leone), où ils fondèrent une colonie de la couronne traditionaliste.

Naissance d'une mystique. Les Américains sont fiers de leur Constitution, la plus ancienne du monde ; ils ont appelé plusieurs de leurs navires de g. *Constitution.* Le culte de Washington (pèlerinage à son tombeau de Mount Vernon) et des « Pères fondateurs » de l'Union a été adopté par des millions d'immigrants de toute origine, entrés aux U.S.A. aux XIXᵉ et XXᵉ s. *L'apport irlandais.* A partir de 1840, les Irl. sont allés en Amérique trouver ce qu'ils ne pouvaient avoir en Irlande. Ils ont introduit dans la mentalité des Nord-Am. un élément anti-anglais qu'ils n'avaient pas. Les Irl. des U.S.A. ont financé le terrorisme aboutissant à la création de l'Eire.

4°) Point de vue américain sur l'alliance française. En 1793, quand la guerre éclate entre la Fr. républicaine et l'Angl., Washington dénonce l'alliance militaire conclue en 1778 et proclame la neutralité des U.S.A. Plus tard, les diplomates amér. évoqueront facilement la « fraternité d'armes » franco-amér., sachant l'opinion fr. sensible à ce souvenir. Mais le public amér. l'ignore (en 1978, à un sondage : « la France a-t-elle joué un rôle important dans la Révolution amér. ? », il y eut 80 % de non).

Conquête de l'Ouest

Situation. A l'O. du Mississippi 24 États dont 13 entre Mississippi et Rocheuses (le *Middle West*) et 11 entre Rocheuses et Océan (le *Far West*).

Quelques dates 1820 60 000 Américains venus par mer se fixent en Californie. **1824** U.S.A. achètent à la Russie côtes de l'Oregon, colonisées par mer. **1841** ouverture de la piste terrestre de l'Oregon (5 000 personnes par an). **1848** Mexique cède aux U.S.A. 1 300 000 km², du Texas au Pacifique. **1849** ligne de navig. New York-San Francisco par Panama. **1850** ligne de navig. fluviale sur Colorado, en jonction avec la piste de mulets de Santa Fe (Texas). **1852** 2ᵉ ligne maritime, par Nicaragua. **1857** utilisation des chameaux sur la piste du Texas. **1859** ligne fluviale sur le Missouri, en jonction avec la piste de l'Oregon. **1860** création de la *Poney Express Company*, pour le transport du courrier par les Rocheuses (35 j). **1861** création du télégraphe E.-O. **1862** Cᶦᵉ des Poneys se transforme en réseau de diligences (par Salt Lake City). En **1865** elle possédera 8 000 km de routes.

Essor démographique. Jusqu'en 1862, les terres coûtent 1 $ l'arpent. Après 1862 (Homestead Act) tout Blanc reçoit gratuitement 160 arpents, à condition de les cultiver 5 ans. Les Cᶦᵉˢ de chemins de fer reçoivent 360 000 km² et les revendent aux colons (crédits à très long terme) ; les prix sont élevés : la proximité du rail valorise les terrains.

Transports ferroviaires. 1°) à l'E. des Rocheuses : parti de Chicago, le rail atteint le Missouri (point de départ de la navigation vers la piste de l'Oregon) en 1854. La ligne appartient à la *Chicago and Rock Island Co*, devenant en 1917 la *Chicago, Rock Island and Pacific Co*/ après avoir fusionné avec la *Southern Pacific.* La *Union Pacific Railroad* obtient du Congrès, en 1864, d'ouvrir une voie Missouri-Pacifique, par l'itinéraire « du 32ᵉ parallèle », reconnu par l'armée en 1853-54.

2°) A l'O. : La *Central Pacific Railroad* reçoit la même autorisation, mais en sens contraire. Sa ligne part de Sacramento, sur le Pacifique, et se dirige vers l'E., à la rencontre de la U.P.R. Ayant engagé des Chinois (sa rivale avait des Irlandais), elle progresse plus vite ; la jonction a lieu dans l'Utah à Promontory Point, le 10-5-1869.

LONGUEUR TOTALE DES 2 LIGNES : 1 776 miles (2 850 km). Chaque Cᶦᵉ exploite le tronçon qu'elle a construit. *Southern Pacific Railroad :* San Francisco-Sacramento, puis en 1900 la N.-Orléans.

Conducteur de train de *l'Illinois Central,* John Luther Jones [surnommé Casey Jones car né à Kayce (Kentucky)], tué dans un déraillement le 18-3-1900, est devenu le héros d'une chanson, reprise par les synd. amér. comme chant officiel.

« Ruée vers l'Ouest » : env. 3 millions de personnes entre 1850 et 1900.

Peuplement (Blanc) (en milliers). **Arizona** *1850 :* pratiquement pas ; *1870 :* 9, *1900 :* 122. **Californie** *1850 :* 92, *1880 :* 864, *1910 :* 2 377. **Colorado** *1850 :* pratiquement vide ; *1860 :* 34 (rush minier), *1890 :* 413. **Idaho** *1870 :* 15, *1890 :* 88, *1910 :* 325. **Montana** *1870 :* 20, *1890 :* 88, *1910 :* 325. **Nevada** *1860 :* 6,8, *1880 :* 62, *1910 :* 327. **New Mexico** *1850 :* 61, *1880 :* 119, *1910 :* 327. **Oregon** *1850 :* 13, *1880 :* 174, *1910 :* 672. **Utah** *1850 :* 11,3 (Mormons), *1880 :* 145. **Washington** *1860 :* 11,8, *1880 :* 357, *1910 :* 1 142. **Wyoming** *1870 :* 9, *1890 :* 62, *1910 :* 146.

% d'immigrants non Amér. de naissance : *1848 à 1870 :* 30 %, contre 70 % d'Amér. de l'Est. % maximal : Arizona (60 % d'immigrants en 1870 : 5 000 hab. sur 9 000). Chez les + de 21 a., % des étrangers en 1870, + de 50 % dans Utah, Nevada, Arizona, Idaho et Californie (qui comptait 25 % d'Irlandais). A l'origine : Français et Italiens l'emportent dans les régions au climat méditerranéen ; Scandinaves au N.-O. *Après 1880,* le % des non-Amér. de naissance tombe dans l'O. (sauf San Francisco 40 %).

Élevage intensif. 1°) *Occupation des pâturages.* Jusqu'à 1880, env. 6 mois par an ; les propriétaires des grands troupeaux du Middle West (plaines entre Mississippi et Rocheuses) et du Texas envoient leur bétail dans les montagnes et les plateaux du Far West. Les bêtes sont ramenées en automne.

2°) *Cow-boys.* (Noirs 14 %, Mexicains 14 %, Indiens, Anglais, Écossais). En majorité Texans (culture espagnole, tradition des *vaqueros,* notamment le lancer du lasso). De mars à octobre, accompagnent les bêtes par les trails et les gardent sur les pâtures d'été (toujours à cheval). D'oct. à mars : une minorité (line riders) y demeurent (destruction des loups, récupération des bêtes égarées, entretien). La majorité revient mener une vie désœuvrée (travaux temporaires, jeux de hasard, rodéos, etc.).

3°) *Bétail.* 1) vache des immigrants d'Europe du N.-O., atteignent les plaines v. 1830, les Rocheuses v. 1840 ; 2) petites v. d'origine esp., introduites au début du XVIᵉ et formant dep. le XVIIIᵉ s. des troupeaux sauvages (il suffit de les marquer pour en être propriétaire).

4°) *Méthodes.* A partir de 1880-85 : ranches permanents (généralement autour d'un point d'eau). Les troupeaux sont emmenés aux abattoirs urbains de Californie et du Middle West. Le fil de fer barbelé apparaît. L'effondrement des cours de la viande en 1885 rend peu rentable l'élevage extensif ; les ranches se transforment souvent en exploitations utilisant dry-farming ou irrigations [vergers, cultures trop., vignes (en Californie)].

Mines. Découvertes en Nevada, Colorado, Arizona, Montana, Wyoming, à partir de 1862. Des villes se créent et disparaissent souvent quand un filon est épuisé. Ex. : Central City (Colorado), Virginia City (Montana et Nevada). En Californie des villes provisoires en bois sont créées dès 1848.

Jusqu'en 1870, la pop. mène une existence instable (pas de vie de famille, prostitution généralisée, les mineurs jouent gros au jeu). Après 1870, les grandes Stés min. prennent en main l'exploitation. La pop. se stabilise, en majorité dans les villes, en fournissant également des cadres à l'agric. des ranches.

Maintien de l'ordre. Entre 1849 et 1890, l'administration légale et policière ne peut suivre les « ruées » minières. Les « marshalls » fédéraux possèdent l'autorité dans les territoires non urbains, tels que les pistes *(trails),* et plus tard les chemins de fer. Leurs adjoints sont parfois responsables d'un secteur plus vaste qu'un département fr. Dans les aggl. organisées, il y a un shériff et des policiers élus. Les aventuriers et repris de justice sont nombreux.

1903 création de la Zone du canal de Panama. **1904** partage de la dernière réserve indienne. **1905** intervention à St-Domingue. **1906** San Francisco détruit par un incendie [(452 †) ; déclenché par un séisme (magnitude 8)]. **1914** *Clayton Act* : antitrust. **1915**-*15-5 Lusitania* torpillé par sous-marin all. **1916** Haïti occupé, Antilles danoises rachetées. **1917**-*3-2* rupture des rel. diplomatiques avec All. *-2-4 entrée en g.* du côté allié [raisons : g. sous-marine all., qui n'épargne pas les navires amér. ; crainte de soulèvement au N.-Mex., soutenu par All. ; influence sur Wilson du sioniste Louis Brandeis (1856-1941), décidé à faire appuyer par U.S.A. l'offensive projetée en Palestine par les Angl. Lloyd George, Arthur Balfour et Lord Milner (la Pal. conquise devait devenir un « foyer national juif ». Voir Israël, p. 908. *-13-6* Gal Pershing arrive à Boulogne. *-27-6* début des inscriptions de volontaires (10 481 000 en 14 mois). *-28-6* 1re div. amér. (14 500 h.) arrive à St-Nazaire. **1918** *-1-11* 3 483 000 volontaires mobilisés, dont 2 000 000 en Fr. (pertes 128 831 †). 14 points de Wilson sur la paix. **1919**-*19-10/* **1933**-*21-5* **prohibition** (le 18e amendement proscrit fabrication, transport et vente des boissons alcool., mais non leur consommation ; la *loi Volstead* définit les boissons) ; développement du banditisme (les bootleggers) [Al Capone (1895-1947), Frank Nitti]. **1921**-*24-8* paix séparée avec All. **1927**-*22-8 Nicolas Sacco* et *Bartolomeo Vanzetti*, arrêtés 1920 pour attaque à main armée, exécutés : nombreuses protestations dans le monde (leur culpabilité ne semblant pas prouvée, on accuse la justice de partialité envers 2 immigrés). **1929**-*14-2* point culminant de la « g. des gangs » : 7 hommes de Bug Moran tués à la mitrailleuse par ceux d'Al Capone (« massacre de la St-Valentin »). *Juin* création du *Federal Farm Board* pour prêter aux agric. *-24-10 Jeudi Noir*, début de la crise économique (v. ci-dessous).

Crise de 1929

Causes. *Dépression agricole de 1919 à 1929.* Production de blé trop forte entraînant une baisse des cours de + de 50 % entre 1919 et 29. Coton concurrencé par fibres artificielles. Les fermiers voyant leurs revenus diminuer de 30 % alors que les prix industriels augmentent, réclament l'intervention de l'État. *Développement artificiel du crédit.* Dès 1925, 15 % des ventes amér. se font à crédit. *Spéculation boursière.* A partir de 1927, près d'un million d'Amér. spéculent : ils achètent des actions parce qu'elles montent, et elles montent parce qu'ils achètent.

Déroulement. *Krach de Wall Street.* Le *jeudi 24 (black thursday)* les ordres de vente affluent ; au 1-1-1930 la baisse atteint 25 % en moyenne (*actions :* Du Pont de Nemours 90 %, Chrysler 96, de 1929 à 1933). Les spéculateurs ont voulu prendre leurs bénéfices (la faillite du holding londonien Hatry, sept. 29, les a rendus méfiants). La demande de crédits auprès des banques (par ceux qui veulent acheter d'autres actions), coïncidant avec d'importantes exportations de capitaux vers l'étranger, a fait monter le taux de l'intérêt de 4,06 % en 27 à 7,6 % en 29 quand la hausse des actions ne permet plus de couvrir les frais des emprunts au jour le jour : il faut donc vendre. Les premiers ordres de vente faisant baisser les actions, beaucoup se hâtent de vendre pour perdre le moins possible.

Effets. Les ventes à crédit s'arrêtent, les bénéficiaires de crédits ne pouvant rembourser ; d'où *faillites* de banques (4 000 en 3 ans) et de maisons de commerce. Les prix baissent : industriels 27 % en 3 ans ; agricoles (blé) 60 % en 2 ans. La prod. agr., peu compressible, se maintient ; la prod. industr. fléchit (indice 100 en 1929 ; 55 en 1932). Il y a 14 millions de chômeurs en 1933, dont de nombreux « cols blancs » (cadres, employés). Les salaires tombent de 0,55 $ l'heure à 0,44, le revenu nat. de 87 à 41 milliards de $.

Mesures prises par le Pt Hoover. Relèvement des droits de douane pour protéger le marché national (tarif Hawley-Smoot 1930) ; abaissement du taux d'escompte à 2,1 % en nov. 31 ; création de la Reconstruction Finance Corporation pour aider les entr. en difficulté ; du Federal Farm Board pour lutter contre la chute des cours agr. Il croit la crise « cyclique » et que la prospérité reviendra d'elle-même.

Répercussions internationales. *Réduction des importations amér.* (4,3 milliards de $ en 1929 ; 1,3 en 33). *Rapatriement* par les banques amér. des fonds à court terme placés en Europe, ce qui accule les banques eur. à la faillite quand ces fonds ont été immobilisés à long terme ou employés au financement d'importations des U.S.A. *Principaux pays touchés :* Autr., All., G.-B., Fr. (avec 18 mois de retard) et surtout pays neufs à monoculture : Brésil (café), Cuba (sucre), Austr. (laine).

Réactions populaires. *Création de la Bonus Army,* bénévoles empêchant la destruction volontaire des produits alim. et les distribuant gratuitement aux chômeurs. *Manifestations violentes,* émeutes de la misère (indemnité de chômage n'étant que de 7,20 $ par semaine). *Élection de Roosevelt* en nov. 1932. Il représente le changement : il a un *brain trust* (« équipe de penseurs ») d'universitaires (Icker, Bell, Tugwell, Hopkins) prenant le contre-pied des méthodes républicaines, notamment de Mellon, secrétaire d'État au Trésor.

New Deal (1933-39). « Nouvelle donne », expression de l'économiste amér. Stuart Chase (n. 1888). *Moratoire sur les banques* (Emergency Banking Act) : pour éviter les faillites, les b. sont dispensées de rembourser immédiatement leurs dettes, le système bancaire est réorganisé sous le contrôle de la Banque fédérale. *Dévaluation :* suspension de la convertibilité en or (avril 1933) ; le dollar « flottant » tombe. Les achats reprennent en prévision de la hausse des prix. Les débiteurs rembourseront leurs dettes avec une monnaie dépréciée. Dévaluation officielle de 40 % en janv. 1934 : la convertibilité est rétablie à 35 $ l'once d'or.

Actions pour faire remonter les prix : 1°) a) A.A.A. Intervention de l'État sur les marchés agricoles. Accords avec les agric. pour réduire la production. *b) N.I.R.A.* Les entreprises doivent vendre à des prix « normaux », verser des salaires « décents » (pour éviter toute concurrence). *c) « Aigle bleu ».* Affichette prouvant le « civisme » des entreprises contribuant à l'action gouvernementale. Les prix remontent à 90 % de leur niveau de 1929.

2°) Lutte contre le chômage : lancement de grands travaux (routes, écoles, stades, reboisement, barrages hydro-électriques de la « Tennessee Valley Authority ») ; la « Civil Works Administration » emploie 3 000 000 de chômeurs ; *réduction du temps de travail ; « Social Security Act »* [(1935) : assurance-chômage, ass.-vieillesse ; début de « l'État-providence »].

Résistance au New Deal. *Le patronat :* lock-out, plaintes devant la Cour suprême qui condamne le New Deal (A.A.A. et N.I.R.A. déclarés non conformes à la Constitution). *Roosevelt réplique :* « Soil Conservation Act » (réduction des cultures, justifiée par l'érosion). Loi Wagner contre les pratiques patronales « déloyales » en matière de travail. La Cour s'inclinera après la triomphale réélection de Roosevelt en 1936.

1933-*15-2* attentat manqué contre Roosevelt (Giuseppe Zangara) : le maire de Chicago, Anton Cermak, tué à sa place. **1934** *janv.* $ dévalué (1 once d'or = 35 $). **1938-41** reprise de la crise écon., remontée du chômage (1938 : 10 millions). Baisse de la prod. ind. de 25 %. **1939** échec d'un nouveau programme de construction du type « New Deal » (opposition du Congrès à cause du déficit budgétaire prévu). **1941**-*10-3 loi prêt-bail* pour aider les adversaires de l'Axe. *-24-8 Charte de l'Atlantique :* collaboration U.S.A./G.-B. *-7-12 entrée en g.* par suite de l'agression jap. contre *Pearl Harbor* aux Hawaii [pertes : voir p. 611 ; certains pensent que Roosevelt a tendu un piège aux Jap. en laissant à leur portée une escadre vulnérable (il avait besoin d'une agression jap. pour justifier aux yeux de l'opinion amér. son intervention dans la guerre mondiale)]. **1943** émeutes noires à Detroit 34 †. **1945**-*2-9* fin de la guerre.

1946-*4-7* indép. des Philippines. **1947**-*5-6* discours à Harvard du Gal George Catlett Marshall (1880-1959), secr. d'État : **Plan Marshall** [aide fin. à l'Europe, pendant 4 ans (loi du 2-4-48) ; acceptée par 16 pays, rejetée le 12-7 par U.R.S.S. et bloc socialiste ; prolongée jusqu'à 1955 (balance commerciale U.S.A./ Europe de nouveau équilibrée)]. **1950** *févr.* début du *maccarthysme* [campagne anticommuniste de Joseph McCarthy (1909-57) sénateur républ. du Wisconsin, condamnée par le Sénat le 2-12-54. Principales victimes : Owen Lattimore (sinologue), Philip Jessup (amb. à l'O.N.U.), Gal Marshall (14-6-51), 214 personnalités d'Hollywood, dont Charlie Chaplin, Polonsky, Edward G. Robinson]. *-25-6 début de la g. de Corée,* qui durera jusqu'au 27-7-53 (V. Corée). **1953**-*19-6* époux Julius (n. 1916) et Ethel (n. 1918) Rosenberg exécutés comme espions [leurs fils Michael et Robert Meeropol (nom de leurs parents adoptifs) ont entamé un procès en révision]. **1954** intervention au Guatemala. *-17-5* ségrégation dans les écoles déclarée inconstitutionnelle. **1960**-*1-2* début de campagne de *déségrégation.* *-1-5* un U-2, avion de reconnaissance, est abattu en U.R.S.S. Son pilote, Francis Gary Powers, sera libéré le 10-2-62 en échange du C[el] Abel (espion soviét. aux U.S.A.). **1961** intervention au Viêt-nam. **1962** *oct.* U.S.A. obligent U.R.S.S. à démonter ses rampes de fusées à Cuba. **1963**-*30-8* inauguration du téléph. rouge entre U.S.A. et U.R.S.S. *-22-11* Pt Kennedy tué. **1965**-*18-2* loi condamnant atteintes au droit de vote des Noirs. **1968**-*23-1* le *Pueblo* (navire espion amér.) arraisonné par les N.-Coréens (équipage relâché le 23-12). *-26-6* U.S.A. rendent au Japon îles Bonin, Volcano (avec Iwo Jima), Marcus.

1970 plus de 30 000 attentats. **1971** séisme à San Fernando (65 †). **1972** *févr.* Pt Nixon en Chine. *-15-5* U.S.A. rendent île Ryu Kyu (avec Okinawa) et îles Daito au Japon. *-17-6* 5 cambrioleurs arrêtés au siège du Parti démocrate (au *Watergate* à Washington). *-7-11* Nixon réélu Pt. Procès d'*Angela Davis,* militante noire (acquittée). **1973** *févr.-mai* « insurrection » indienne à Wounded Knee (Dakota du S.). *Avril* républicains compromis dans l'aff. du *Watergate* (démission des min. de la Justice, du Commerce, de conseillers de Nixon). *-10-10* Spiro Agnew, vice-Pt, accusé de fraude fiscale et de concussion, démissionne. *-12-10* Gérald Ford vice-Pt. **1974**-*27-6* Nixon en U.R.S.S. *-27/29-7* la commission judiciaire de la Ch. des représentants recommande la mise en accusation (impeachment) du Pt Nixon, qui démissionne (suite du *Watergate*). *-20-8* G. Ford (vice-Pt) Pt, Nelson Rockefeller vice-Pt. *-8-9* Nixon amnistié. **1975**-*10-6* rapport Rockefeller sur la C.I.A. (accusée d'activités illégales dep.20 ans) ; mise en cause des ex-Pts Johnson et Nixon. Émeutes raciales à Boston et Louisville déclenchées par ramassage scolaire. **1976**-*9/10-3* des musulmans noirs hanafites (chef Hammas Abdul Khaalis) prennent à Washington 137 otages puis les relâchent. *Août* affaire Lockheed (V. Quid 1983 p. 1106) ; *nov.* Carter élu Pt. **1977**-*20-7* panne d'électricité à New York, pillage, violence. **1978**-*25-10 plan Carter contre inflation :* réduction du déficit de 30 milliards de $ pour 79-80 ; hausse des salaires limitée à 7 % ; des prix à 5,75 %. *-27-11* G. Moscone, maire de San Francisco, assassiné par ancien conseiller mun. **1979**-*16-7 plan Carter pour écon. d'énergie* [140 milliards de $ d'investissement pour ressources énergétiques nat. ; max. des import. de pétrole 8,2 millions de barils/j en 1980 (au lieu de 8,5), 8,9 en 1990 (au lieu de 13,14)]. *-14-9* l'agence Tass admet la présence à Cuba d'une base d'entraînement (dep. 17 a.) ; Gromyko (U.R.S.S.) déclare la crise « imaginaire ». *-2-10* Carter assure ne pas vouloir revenir à la g. froide. **1979** affaire d'Iran (prise d'otages, V. Iran), boycottage des J.O. de Moscou (cause : intervention soviét. en Afghanistan).

1980 *avril* échec d'un commando aéroporté à Tabas (Iran), démission de Cyrus Vance, secr. d'État ; dizaines de milliers de réfugiés cubains en Floride. *-24-6* commission d'enquête sur Billy Carter, fr. du Pt [il a reçu 220 000 $ de la Libye ; le « Billygate » fait tomber la cote de Carter (72 % de mécontents)]. *-4-11* Carter perd les élect., fin de la « coalition démocrate » formée en 1933 autour du New Deal de Roosevelt [prolétariat du S., minorités religieuses (juifs, catholiques) et ethniques (Noirs)]. **1981**-*20-1* Reagan, Pt, envoie Carter à Wiesbaden accueillir les otages libérés par l'Iran [il lui laisse ainsi la responsabilité des conditions de leur libération (10 milliards de $)]. *-30-3* Reagan blessé (balle dans le poumon gauche), par un névropathe néo-nazi de 23 ans : John Warnock Hinckley (peut-être complot). *-7-4* F.B.I. arrête un autre névropathe, Edward Richardson, qui voulait achever Reagan. *-3-8* grève de 12 500 contrôleurs aériens licenciés par le Pt le *6-8*. *-25-8* accord sur céréales avec U.R.S.S. *-17-10* Pt Mitterrand aux U.S.A. (cérémonies du bicentenaire). *-11-6* Reagan à Berlin, violentes manif., défilé à New York de 700 000 pacifistes. **1983**-*12-4* Harold Washington (60 ans), démocrate, 1er maire noir de Chicago. *-19-10* instauration d'un jour férié à la mémoire de Martin Luther King (3e lundi de janv.). *-30-10* Jesse Jackson candidat noir à l'investiture démo. *-8-11* Wilson Goode (dém.) noir, élu maire de Philadelphie. **1984**-*15/16-3* à Miami, incidents raciaux (un jury blanc ayant acquitté un policier hispanique qui avait tué un jeune Noir en déc. 82 ; 250 arrestations. *-16-3* John Glenn retire sa cand. à l'investiture dém. Attentats à la bombe en 1984 : 803 (687), 6 † (12 en 83). *-13-7* Reagan opéré du côlon (ablation d'un polype cancéreux). **1986**-*mars* la flotte amér. manœuvrant dans le golfe de Syrte (Libye) riposte à attaque lib.

Institutions politiques

Généralités

Statut. Rép. fédérale. Régime présidentiel.

Constitution. Du *17-9-1787*. **Amendements.** *15-12-1791* 10 am. *(Bill of Rights)*. *1795* 11e (le citoyen d'un État ne peut attaquer en justice un autre État). *1804* 12e [organisation détaillée de l'él. du *Pt* et du *vice-Pt* (2 tours)]. *1865* 13e (abolition de l'esclavage). *1868* 14e (adoption de la clause *Due Process* : reconnaît à toute pers. naturalisée ou née aux U.S.A. les droits de citoyen amér. et les droits de son État, l'égalité des Noirs avec les Blancs devant la loi). *1870* 15e (égalité de vote des Blancs et des Noirs). *1913* 16e (autorisant l'impôt sur le revenu) ; 17e (él. des sénateurs). *1919* 18e (prohibition alcoolique). *1920* 19e (vote des femmes). *1933* 20e (date de fin du mandat présidentiel) et 21e (annulation de l'am. 18). *1960* 22e (mandat présidentiel renouvelable 1 fois seulement). *1961-1964* 23e (accorde aux citoyens du district de Columbia le droit de vote dans les élections féd.) et 24e (bannit l'usage des *full taxes* dans les élections féd.). *1967* 25e (remplacement du Pt et du vice-Pt). *1971* 26e (vote à 18 ans).

Jours fériés. 10 [dont 4 juil. fête nat., et 3 en l'honneur de personnages : George Washington, Christophe Colomb et, dep. 1986 (vote du Congrès de 1983), Martin Luther King (3e lundi de janvier)].

Président

● **Élections.** Élu pour 4 a. Rééligible une seule fois (dep. 1951 : 22e amendement) mais c'était déjà une coutume datant de G. Washington, interrompue seulement en 1940 et 1944 par F.D. Roosevelt.

● **Déroulement. 1) Élections primaires.** *Origine : 1905* dans le Wisconsin, *1910* Oregon, *1912* dans 12 États, *1916* 26, puis recul (1968, 17), *1972* dans 23 États. De nombreux États n'y recourent pas, les appareils des partis désignant les délégués. *Époques* : les 1res ont lieu dans le New Hampshire en févr. de l'année des élections, les dernières en mai-juin en Californie et à New York. *But* : désigner les délégués (nombre variable selon la pop. des États) qui siégeront aux conventions nationales des Partis républicain et démocrate. En général, seuls les él. déclarés des partis participent aux primaires. Les candidats peuvent être nombreux (207 en 1976, dont 27 liés à un parti).

2) Conventions nationales des partis. Désignent les candidats à la présidence et à la vice-prés. de chaque parti. Dans chaque État, les délégués (plusieurs centaines) sont élus dans les scrutins primaires, ou par les comités exécutifs des partis.

Ticket : liste des candidats d'un même parti pour une élect. *Caucus* (sans doute du mot algonquin « kaw-kaw-was » = parler) : réunion des responsables d'un parti pour fixer sa politique ou nommer des candidats.

3) Élection des grands électeurs présidentiels *(electors)* par l'ensemble du corps él. américain (début nov.). Chaque État a droit à un nombre de grands él. égal au chiffre de ses représentants au Congrès, en tout 538 (47 en Californie, 4 au Nevada). Il y a en moy. 15 % de grands él. noirs chez les dém. et 4 % chez les rép. Pour être élu, un candidat doit obtenir 270 mandats. Si la majorité des grands él. désignés est démocrate, c'est le candidat de ce parti qui est élu et vice versa. Il suffit qu'un candidat distance d'une voix son rival pour qu'il enlève tous les grands él. (ou votes él.) dont dispose l'État en question. 12 voix suffiraient ainsi pour assurer légalement l'él. du Pt, si le phénomène se produisait à la fois dans les 12 États les plus importants qui contrôlent la majorité absolue des votes él. (277 voix, 7 de plus que nécessaire pour l'emporter). La majorité est parfois très faible [ex. **1960** Kennedy 118 550 voix sur 68 838 879 suffrages exprimés, qui lui a donné 303 votes él. (Nixon 219). Si Nixon avait rallié 8 846 él. de plus dans l'Illinois, 9 980 dans le Missouri et 115 à Hawaii, soit 18 941 en tout, ces 3 États basculaient dans son camp, et il aurait éliminé Kennedy par 263 votes él. contre 259]. **1968** Nixon 510 314 voix ; **1976** Carter 1 681 417 voix, mais les victoires sont amplifiées (1980, Reagan a 43 300 000 voix et 489 votes él., Carter 34 900 000 voix et 49 votes él.)

En cas d'élect. blanche, aucun candidat n'ayant la majorité au collège él., les 435 députés siégeraient en bloc dans la « délégation » de l'État dont ils viennent, et chaque État se prononcerait alors comme un seul homme. Le cas ne s'est pas présenté.

Nota. — La Cour suprême a reconnu en 1952 (arrêt Ray V. Blais) le caractère impératif de l'engagement des électeurs présidentiels. Mais il peut arriver que lors de la proclamation officielle des résultats, l'un d'entre eux se ravise : ainsi, en 1969, un él. prés. de la Caroline du S. a renoncé à voter pour Nixon au profit de Wallace ; juge du contentieux électoral, le Congrès a validé ce vote.

Participation électorale *(en % de suffrages exprimés) : 1952* : 61,6 ; *56* : 59,3 ; *60* : 62,8 ; *64* : 61,9 ; *68* : 60,9 ; *72* : 55,5 ; *76* : 54,3 ; *80* : 52,6 ; *84* : 52,8.

4) Élection officielle. Un mois plus tard (le 1er mercredi de déc.), les grands él. votent et élisent directement le Pt. N'est qu'une formalité, sauf en 1876 (le rép. Tilden avait 1 voix de majorité ; un grand él. rép. vendit sa voix aux dém. et Hayes fut élu). G. Washington fut le seul Pt élu par tous les grands électeurs ; en 1820, un seul grand électeur ne vota pas pour J. Monroe.

● **Coût des élections.** *Avant 1972*, les frais incombaient aux candidats et à leurs comités de soutien. *Depuis 1972*, des subventions fédérales sont accordées à tout candidat ayant récolté au minimum 5 000 $ dans 20 États. Les cand. peuvent refuser une subvention publique prévue, et faire une campagne privée, mais s'ils acceptent le financement public, ils ne peuvent consacrer plus de 50 000 $ de leurs ressources propres.

> **Présidents minoritaires** [ayant obtenu moins de 50 % des suffrages exprimés].
>
> **Cas possibles :** 1°) Affluence de candidats (Wilson, démocrate, l'emportait en 1912 avec 41,85 % des suffrages, les deux factions républicaines (Th. Roosevelt, 27,42 et Taft 23,15) recueillant au total 50,57 % des suffrages et un million de voix de plus ; 2°) La majorité du collège él. ne traduit pas la majorité des suffrages exprimés (cas arrivé pour A. Hayes et B. Harrison). **Liste** : 15 sur 47 él. présidentielles (*1824* Adams 30,54 ; *1844* Polk 49,56 ; *1844* Taylor 47,35 ; *1856* Buchanan 45,63 ; *1860* Lincoln 39,79 ; *1876* Hayes 47,9 ; *1880* Garfield 48,32 ; *1884* Cleveland 48,53 ; *1888* Harrison 47,86 ; *1892* Cleveland 46,04 ; *1912* Wilson 41,85 ; *1916* Wilson 49,26 ; *1948* Truman 49,51 ; *1960* Kennedy 49,71 ; *1968* Nixon 43,16).
>
> ☞ Le Pt n'est pas toujours du parti détenant la majorité au Congrès (Wilson 1918, Truman 1946, Eisenhower 1954, Nixon 1968, Ford 1974).
>
> ☞ Un projet, adopté par la Chambre des Représentants en 1969 à une très forte majorité, prévoyait l'élect. du Pt au suffrage universel direct (il devait obtenir au min. 40 % des voix), mais le Sénat le repoussa. En 1977 et 1979, un nouveau projet dans ce sens fut soumis (sans succès) par le Pt J. Carter.

Coût en 1980 (en millions de $). Fonds publics 115 (+ 20 pour la protection des candidats). Privés : 43 [plafond autorisé par la loi : 4,6 ; mais les organisations locales ont des fonds supplém. (rép. : 10 ; démocrates : 5). En outre subventions des « associations indép. » (contre Carter : 18 ; pour : 10)].

● **Pouvoirs.** Le Pt choisit les min. de son Cabinet qui ne sont responsables que devant lui, a le droit de veto sur les mesures présentées par le Congrès (son veto n'est plus valable si le Congrès revote à la majorité des 2/3) ; une fois accepté par le Pt, le « bill » voté par le Congrès devient un « act ». Commandant en chef de l'armée, il est chef de la diplomatie, mais ne peut déclarer la guerre (Congrès), ni signer les traités (Sénat). Il préside les débats du Sénat et vote en cas de scrutin nul. Il peut aussi ajourner (pas d'exemple) ou convoquer une session extraordinaire du Congrès et lui adresser des messages (par ex. sur l'état de l'Union...). *Moyens d'action officieux sur le Congrès* : patronage (survivance du « spoil system »), ensemble des avantages et des postes dont le Pt peut faire bénéficier ses amis pol. ; marchandage : (par le « lobby » du Pt) ; contacts personnels : si le Pt n'a pas le droit d'assister aux délibérations du C, il peut recevoir des membres du C.

● **Impeachment.** Possibilité pour le Congrès de destituer le Pt. Décrété par la Chambre des représentants si elle reconnaît, à la majorité simple, que le Pt (ou le vice-Pt) a commis un crime ou violé la Const. (trahisons, concussions, ou autres crimes ou délits graves). Le procès est ensuite mené par le Sénat, présidé par le 1er juge de la Cour suprême. Si le Sénat, à la majorité des 2/3, confirme le bien-fondé des accusations de la Chambre, l'accusé est démis de ses fonctions. L'« impeachment » a été prononcé contre : John Tyler (1842 et 1843) mais la Chambre a refusé de le poursuivre ; Andrew Johnson (1868), le Sénat l'a absous par 1/3 de voix + 1 ; Richard Nixon pour l'affaire du Watergate (1972) a démissionné en 1974 pour éviter le procès devant le Sénat (puis il a été « gracié » par son successeur Gerald Ford).

● **Résidence.** *Maison-Blanche* (nom adopté en 1902) : commencée en 1792, incendiée par les Angl. en 1814, reconstruite en 1817. Siège du Pt.

Liste des présidents

Légende : D : démocrate ; F : fédéraliste ; R : républicain ; DR : dém. républicain ; W : Whig Union (nom du Parti républicain).

1789 Washington George (22-2-1732/14-12-1799). F. Fils d'un propriétaire terrien. Ingénieur arpenteur. 1752 adjudant d'un des 4 districts de Virginie. 1754-59 off. dans la g. contre la Fr. Quitte l'armée, colonel. 1759-74 m. du Parlement de Virginie. 1774-75 député au Congrès continental de Boston. 1775-15-6 Cdt en chef de l'armée luttant pour l'indép. 1783 déc. abandonne le commandement. 1787 Pt de la Convention constitutionnelle de Philadelphie. 1789-4-3 élu Pt, 1792 réélu.

1797 Adams John (1735-1826). F.

1801 Jefferson Thomas (1743-1826). DR.

1809 Madison James (1751-1836). DR.

1817 Monroe James (1758-1831). DR.

1825 Adams John Quincy (1767-1848). DR.

1829 Jackson Andrew (1767-1845). D.

1837 Van Buren Martin (1782-1862). D.

1841 Harrison William H. (1773-1841, mort de pleurésie). W.

1841 Tyler John (1790-1862). W.

1845 Polk James K. (1795-1849). D.

1849 Taylor Zachary (1784-1850 mort de thrombose). W.

1850 Fillmore Millard (1800-74). W.

1853 Pierce Franklin (1804-69). D.

1857 Buchanan James (1791-1868). D.

1861 Lincoln Abraham (12-2-1809/15-4-1865). R. Fils d'un pionnier. 1832 volontaire dans la g. contre les Ind. 1834 m. de l'ass. de l'Illinois. 1837 avocat dans l'Illinois. 1847 m. du Congrès. 1860 élu Pt. Antiescl. convaincu, il sera l'âme de la lutte du N. contre le S. durant la g. de Sécession ; 1865 (15-4) tué le vendredi saint d'un coup de pistolet au théâtre Ford à Washington au 3e acte de « Notre cousin américain » par John Wilkes Booth un acteur exalté entré dans sa loge.

1865 Johnson Andrew (1808-75). R.

1869 Grant Ulysses S. (1822-85). R.

1877 Hayes Rutherford B. (1822-93).

1881 Garfield James A. (1831-81), blessé dans le dos le 2-7-1881 (par Charles Guitteau avocat, exécuté 30-6-1882) mort le 19-9 des suites de ses blessures. R.

1881 Arthur Chester A. (1830-86). R.

1885 Cleveland Stephen G. (1837-1908). D.

1889 Harrison Benjamin (1833-1901). R.

1893 Cleveland Stephen G. (1837-1908). D.

1897 McKinley William [1843, blessé (coup de revolver) le 6-9 par Léon Czolgosz (anarchiste exécuté 29-10-01) mort le 14-9]. R.

1901 Roosevelt Theodore (1858-1919). R.

1909 Taft William H. (1857-1930). R.

1913 Woodrow Wilson Thomas (28-12-1856/3-2-1924). D. Fils d'un pasteur presbytérien. 1882 avocat à Atlanta, puis prof. d'écon. pol. (Wesleyan Univ. du Connecticut, puis Princeton). 1911 gouv. du New Jersey. 1912 nov. élu Pt, 1916 réélu. 1920 prix Nobel de la Paix.

1921 Harding Warren G. (1865, mort d'apoplexie le 2-8-1923). R.

1923 Coolidge Calvin (1872-1933). R.

1929 Hoover Herbert C. (1874-1964). R.

1933 Delano Roosevelt Franklin (n. 20-1-1882). D.1904 diplômé de Harvard. Avocat. 1910 sénateur de New York. 1913 secr. adjoint à la Marine. 1921 août, atteint par la poliomyélite. 1929 gouv. de l'État de New York. 1932 élu Pt, réélu 1936 et 1944 malgré son état de santé. † 12-4-1945 d'hémorragie cérébrale en cours de mandat.

1945 Truman Harry S. (8-5-1884/26-12-1972). D. * Fils d'agriculteur. Admis à West Point mais abandonne la carrière mil. à cause de sa vue. Volontaire en 1917, finit la g. comme capitaine. 1922 dans l'organisation du P. démocrate. 1935 sén. du Missouri. 1944 vice-Pt. Pt en 1945 à la mort de Roosevelt. 1948 nov. réélu.

1953 Eisenhower Dwight David (14-10-1890/28-3-1969). R. Famille pauvre, mennonite. 1911 entre à West Point. 1941 Gal. 1942 nov. participe au débarquement en Afr. du N., puis en Sicile (1943). 1943 nov. à Londres (Cdt en chef des forces alliées en Eur.). 1948 Pt de l'univ. de Columbia. 1950 Cdt suprême de l'O.T.A.N. 1952 élu Pt, réélu 1956.

1961 Kennedy John F. (29-5-17/22-11-63). D. Fils d'un self-made-man irlandais, Joseph (1888-1969), lui-même fils d'un cabaretier devenu milliardaire et ambassadeur à Londres, et père de 9 enfants (voir ci-dessous). Étudiant à Harvard ; combattant dans la marine (Pacifique : 1941-45). Repr. du Massachusetts 1946 ; sénateur 1952. Pt 1960 (1er Pt catholique), à l'époque d'une croissance économique annuelle de 7 % (augmentation du P.N.B. 3,75 %), appelée « Ère Kennedy ». Assassiné à Dallas le 23-11-1963 par Lee Harvey Oswald (24 ans, ancien marine, anarchiste, arrêté, sera tué dans sa prison par Jack Ruby). Le rapport de la commission Warren n'a pu prouver qu'il y ait eu complot (cubain, KGB, mafia ou adversaires de sa politique d'intégration raciale). Il a eu *3 enfants :* Caroline (1957), John-John (1960), Patrick (1963 † peu après sa naissance). En 1968, sa veuve Jacqueline (Jacky Lee Bouvier, n. 28-7-1929) s'est remariée au richissime armateur grec Aristote Onassis († 1975). *Frères et sœurs : Joseph* (1915-1944 tué à la g.). *Rosemary* (n. 1918, retardée mentalement). *Kathleen* (1920-48, tuée dans un accident d'avion). *Eunice* (n. 1920 ; ép. R. Sargent Shriver). *Patricia* (n. 1924 ; ép. Peter Lawford). *Robert,* dit *Bob* (n. 1925), magistrat, attorney gén. (ministre de la Justice) pendant la présidence de son frère, sénateur de New York 1965, candidat présidentiel 1968, assassiné par un Jordanien, Shiran (6-6). *Jean* (n. 1928 ; ép. Stephen Smith). *Edward,* dit *Ted* (n. 1932), journaliste, sénateur du Massachusetts 1963 ; ép. 1958 Joan Virginia Bennett (mannequin, internée en 1974-79 pour alcoolisme). Compromis juill. 1969 : conduisant sa voiture avec l'ex-secrétaire de son frère Bob (la Polonaise Mary Jo Kopechne), il tombe dans la mer près du pont menant à l'île de Chappaquiddick (Massachusetts) ; il s'échappe à la nage mais la jeune fille (22 ans) meurt noyée. Il reste 10 h sans prévenir la police car il était, dit-il, traumatisé (ses adversaires disent qu'il a téléphoné de tous côtés pour étouffer l'affaire). 1979 : candidat aux primaires présid. (démocrate) contre Carter ; 28-11 Susan Osgood tente de le poignarder. 1980 : battu aux primaires par Carter (qui échouera). 1982-1-12 renonce à se présenter en 1984. 1985 : renonce à se présenter en 89.

1963 Baines Lyndon Johnson (27-8-1908/22-1-1973). D. 1937 représentant, 1949 sénateur du Texas. 1960 vice-Pt, 1963 Pt à la suite de l'assassinat de Kennedy. 1964 réélu.

1969 Nixon Richard Milhous (n. 9-1-1913). R. Fils d'épicier ; avocat ; ép. Thelma Ryan (16-3-12) ; combattant dans le Pacifique 1942-45 ; dép. de Californie 1948, sénateur 1950, vice-Pt d'Eisenhower 1953-61. Battu de justesse par Kennedy 1960. Battu pour le poste de gouverneur de Californie 1962. Pt 1968. Réélu 1972. Compromis dans l'affaire du Watergate, doit démissionner 9-8-74.

1974 Ford Gerald Rudolph (n. 14-7-1913, Nebraska) ; R. Ép. Elizabeth Anne Bloomer (8-4-18). 1941 avocat. Off. de marine dans le Pacifique. 1948 représentant du Michigan. 1973 oct. désigné vice-Pt par Nixon après la démission de Spiro Agnew. 1974 Pt après démission de Nixon.

1977 Carter Jimmy (n. 1-10-24, en Géorgie). D. Ép. Rosalynn Smith (18-8-27). Off. de marine jusqu'en 1953 ; reprend affaire familiale d'entrepôt ; diacre de l'Église baptiste. Sénateur (1962-66), gouverneur de Géorgie (1971-74), se rend célèbre comme témoin d'une arrivée de soucoupes volantes. Pt après une campagne d'inspiration relig. (1976). 1980 accusé d'incompétence, 1er Pt démocrate non réélu.

1981 Reagan Ronald (n. 6-2-11 à Tampico, Illinois). R. Famille miséreuse (père alcoolique). Commence études à 19 ans (les paye en étant serveur à la cafétéria) ; chômeur ; *1932* reporter sportif de radio à Davenport ; *1937* acteur à la Warner Brothers (a tourné 50 films) ; *1940* ép. Jane Wyman divorcée (divorce en 1948) ; *1942-45* dans les services photogr. de l'armée (capitaine) ; *1952* épouse Anne Frances (dite Nancy, n. 6-7-21, fille de K. Robbins adoptée par le 2e mari de sa mère le Dr. Davis) ; *1954* présentateur à la télévision ; *1962* soutient la candidature de Goldwater, rép. ; *1966* élu gouverneur de Californie ; *1970 et 1975* réélu ; *1976* battu aux primaires rép. par Gerald Ford (117 voix sur 2 259) ; *1980*-4-11 élu Pt ; *1981*-20-1 intronisé, blessé (attentat) ; **1984** réélu.

Cote de popularité : 69 % en janv. 86 (record), 56 % des Noirs (10 % en 1984).

● **Dates d'entrée en fonctions.** Washington *30-4* (date du serment prêté mais début du mandat le 4-3), *ensuite 4-3* (sauf, du fait de la mort du Pt en exercice, Fillmore 10-7, Andrew Johnson 15-4, Arthur 20-9, Th. Roosevelt 14-10, Coolidge 3-8) *puis le 20-1* (Inauguration Day à midi) dep. le 23-1-1933, entré en application en 1937 avec F.D. Roosevelt (sauf Truman 12-4, L.B. Johnson 2-2, G. Ford 9-8).

● **Présidents les plus jeunes.** Le + jeune entré en fonctions (le 14-9-1901). Theodore Roosevelt (42 ans), le + jeune élu (le 8-11-1960.) Kennedy (43 a. 5 mois 10 j.). **Les plus vieux.** Reagan (69 ans 11 mois, le 20-1-81), Harrison (68) et Buchanan (65).

● **Présidents réélus.** 14 dont 5 dep. 1945. **Nombre de Pts par parti.** Pts rép. 18 (dep. 1850), dém. 10.

Dernières élections présidentielles

Pt et vice-Pt élus (en italique : démocrates, sinon républicains ou divers) ; ensuite candidats (Pt et vice-Pt) battus ; nombre de suffrages populaires.

1928. Herbert Hoover, Charles Curtiss 21 437 277 (58,22 %). *Alfred E. Smith, Joseph T. Robinson 15 007 698 (40,8 %).*

1932. *Franklin D. Roosevelt, John Nance Garner 22 829 501 (57,4 %).* Herbert C. Hoover, Charles Curtiss 15 760 684 (39,6 %).

1936. *Franklin D. Roosevelt, John Nance Garner 27 757 333 (60,8 %).* Alfred M. Landon, Frank Knox 16 684 231 (36,5 %).

1940. *Franklin D. Roosevelt, Henry A. Wallace 27 313 041 (54,7 %).* Wendel L. Wilkie, Charles L. McLary 22 348 480 (44,8 %).

1944. *Franklin D. Roosevelt, Harry S. Truman 25 612 610 (53,3 %).* Thomas E. Dewey, John B. Bricker 22 017 617 (45,9 %).

1948. *Harry S. Truman, Alben W. Barkley 24 179 345 (49,6 %).* Thomas E. Dewey († 1971), Earl Waren 21 991 291 (45,1 %). J. Strom Thurmond, Fielding L. Wright 1 176 125 (2,4 %). Henry A. Wallace, Glen Taylor (progressistes) 1 157 326 (2,4 %).

1952. Dwight D. Eisenhower, Richard M. Nixon 33 936 234 (55,1 %). *Adlai E. Stevenson, John J. Sparkman 27 314 992 (44,4 %).*

1956. Dwight D. Eisenhower, Richard M. Nixon 35 590 472 (57,4 %). *Adlai E. Stevenson, Estes Kefauver 26 022 752 (42 %).*

1960. *John F. Kennedy, Lyndon B. Johnson 34 226 731 (49,7 %).* Richard M. Nixon, Henri Cabot-Lodge 34 108 157 (49,5 %). Harry F. Byrd (sans parti) 446 298 (0,6 %).

1964. *Lyndon B. Johnson, Hubert H. Humphrey 43 129 484 (61,1 %).* Barry M. Goldwater, William E. Miller (1911-78) 27 178 188 (38,5 %).

1968. Richard M. Nixon, Spiro Agnew 31 785 480 (43,4 %). *Hubert Horatio Humphrey, Edmund Sixtus Muskie 31 275 165 (42,7 %).* George C. Wallace, Curtis E. Le May (indépendant) 9 906 475 (13,5 %).

1972. Richard M. Nixon, Spiro Agnew 47 167 319 (60,7 %). *George McGovern, R. Sargent Shriver junior 29 169 504 (37,5 %).* Schmitz (parti américain) 1 102 963 (1,4 %). Jennesson Reed (Soc. Worker) 97 256. Fisher (Soc. Labor) 58 814. Hall (communistes) 25 595. Divers 123 015. Votants 77 734 195. Abstentions 7 millions (35 %), 45 % des inscrits. Votants 65 %. 4e à être élu avec plus de 60 % des voix, après Harding (1920, 60,3), Roosevelt (réélu 1936, 60,8), Lyndon B. Johnson (1964, 61,1).

1976. *Jimmy Carter, Walter Mondale 40 831 000 (51 %).* Élu par 68 % des juifs, 54 % des cathol. et 46 % des protestants ; 73 % des suffrages libéraux, 53 % des modérés, 30 % des conservateurs ; 82 % des Noirs et 48 % des Blancs. Sur 207 candidats, 12 autres s'étaient présentés, dont Gerald Ford 39 148 000 (48 %), Eugene McCarthy 694 073, Lester Maddox 167 552, Gus Hall (candidat du P.C.) 25 343.

1980. Ronald Reagan (George Bush), 43 904 000 (50,7 %). Élus avec 9 millions de voix de majorité (chiffre record) ; par 44 États sur 51 [489 mandats de grands électeurs (majorité requise : 270), malgré un taux d'abstention record (47,4 %) ; par 51 % des femmes, par 75 % des syndiqués, par l'ensemble du S. (sauf en Georgie, pays natal de Carter), par New York (pourtant traditionnellement démocrate), par 37 % des juifs, une majorité de catholiques et de jeunes]. *Jimmy Carter (W.F. Mondale),* 35 484 000 (41 %), dont 81 % des Noirs, 56 % des catholiques, 39 % des juifs ; 49 mandats de grands électeurs. John Anderson (Patrick J. Lucey) 5 719 222 (6,6 %) ; 0 mandat.

1984. Ronald Reagan (George Bush), 53 428 357 (59 %). Élus avec près de 17 millions de voix de majorité (record) sur 90 millions de votants (52,9 %) par 49 États sur 50 [525 mandats de grands électeurs (majorité requise 270) ; % de ses électeurs dans certaines catégories : hommes 68, femmes 57 ; syndiqués 46, non syndiqués 65, employés 60, ouvriers 54 ; protestants 66, catholiques 56, juifs 31 ; Blancs 2/3, Noirs 9, Hispaniques 47, Asiatiques 72 ; jeunes de 18 à 29 ans 58]. Gains en 1984 par rapport à 1980 (en %) : électeurs indépendants 10, syndiqués 4, catholiques 10, Hispaniques 8, jeunes de 18 à 24 ans 19, jeunes de 25 à 29 ans 12.

W.F. Mondale (G. Ferraro, 1re femme candidate à la vice-présidence). 36 930 923 (41 %), dont 54 % des syndiqués, 66 % des juifs, 91 % des Noirs et 53 % des Hispaniques ; 13 mandats de grands électeurs.

Vice-Président

Statut. Élu en même temps que le Pt, du même parti que lui, mais originaire d'un autre État, successeur automatique en cas de décès, éligible ensuite et rééligible s'il a accompli moins de la moitié du mandat du défunt. En cas de décès simultanés, seraient Pt, dans l'ordre : speaker à la Chambre des représentants, Pt du Sénat, secr. d'État (relations intern.), secr. au Trésor, à la Défense, à la Justice, à l'Intérieur, etc. Vice-Pt dep. 20-1-81 George Bush (Milton, Massachusetts 12-6-1924).

9 vice-Pts accédèrent à la présidence, 8 après la mort du Pt (4 de mort naturelle, 4 assassinés), 1 après la démission du Pt. *1841* Tyler. *1850* Fillmore. *1865* A. Johns. *1881* Arthus. *1901* Th. Roosevelt (réélu 1904). *1923* Coolidge (réélu 1924). *1945* Truman (réélu 1948). *1963* L.B. Johnson (réélu 1964). *1974* Ford.

Autres organes

● **Secrétaires d'État.** Nommés et révoqués discrétionnairement par le Pt ; leurs compétences sont déléguées par le Pt ; aucune responsabilité politique devant le Congrès. S'ils sont parlementaires, ils doivent renoncer à leur mandat électif.

● **Gouvernement** (1-1-86). *Pt* Ronald Wilson Reagan (n. 6-2-11) dep. 20-1-81. *Vice-Pt* George Herbert Walker Bush (n. 12-6-24). *Aff. étr. (secrétariat d'État)* George P. Shultz (13-12-20) dep. 20-6-82 (avant, A. Haig). *Défense* Caspar W. Weinberger (18-8-17). *Justice (attorney gén.)* Edwin Meese. *Trésor* James A. Baker (28-4-30). *Commerce* Malcolm Baldridge (4-10-22). *Énergie* John Herrington (31-5-39). *Agriculture* Richard Lyng. *Santé et services sociaux* Otis Bowen. *Transports* Elizabeth Hanford Dole (29-7-36). *Travail* William Brock. *Logement et développement urbain* Samuel R. Pierce (8-9-22). *Intérieur* Donald Paul Hodel (23-5-35). *Éducation* William j. Bennett (31-7-43). 4 membres de son équipe ont, en outre, rang de ministre : William J. Casey (13-3-13), dir. de la C.I.A. ; James Miller III, dir du budget ; Vernon A. Walters, ambassadeur à l'O.N.U. ; Clayton K. Yeutter, délégué au commerce ext.

Nota. — Le *département de la Défense* [1 min. assisté de 3 adjoints (Armée, Marine, Air) conseillés chacun par un chef d'état-major, 1 200 000 empl. civils, soit 40 % des employés féd.] n'existe que depuis 1947. Le *secr. à l'Intérieur* ne s'occupe pas du maintien de l'ordre, mais de l'administration des richesses naturelles de l'Union. Le *secr. à la Justice (l'attorney général)* contrôle l'activité des *district attorneys* (procureurs fédéraux). L'*Executive (E.O.P.)* chargé d'élaborer la politique prés. réunit env. 1 800 pers. au sein du *White House Staff* (Maison du Pt) ; à sa tête le « Chief of Staff », Donald T. Regan (21-12-18) dep. janv. 85.

● **Cour suprême.** 9 m. (8 juges et 1 Pt, le « Chief Justice ») nommés à vie par le Pt avec l'accord du Sénat. Au sommet de la hiérarchie. *Pouvoirs :* arbitre les différends entre les États, entre un État et l'Union, entre un citoyen et l'État féd. Juge de la constitutionnalité des lois (votées par le Congrès) et des décisions du Pt. Grande autorité morale.

● **Congrès. Sénat :** 100 m. (+ de 30 a., cit. amér. dep. 9 a. et habitant l'État qui l'élit) élus au suffr. univ. (avant 1913, par les législatures d'États) p. 6 a., 2 par État. Renouvelable par tiers tous les 2 ans. Le district de Columbia (cap. fédérale) et les territoires d'outre-mer ne sont pas représentés.

Composition du Sénat et de la Chambre (sièges)

Années [1]	Sénat			Ch. des Rép.		
	Dém.	Rép.	Ind.	Dém.	Rép.	Ind.
1900	29	56	5	153	198	6
1918	47	48	1	191	237	7
1930	47	48	1	216	218	1
1940	66	28	2	267	162	6
1950	48	47	1	234	199	2
1960	64	36	0	262	175	0
1970	54	44	2	255	180	0
1980	46	53	1	243	192	0
1984	47	53	0	252	183	0

Nota. — (1) L'élection ayant lieu à la fin de l'année précédant celle indiquée.

Participation électorale (en %, présidentielles et entre parenthèses Ch. des représentants). *1944 :* 56 (52,7) ; *46 :* (37,1) ; *48 :* 51,1 (48,1) ; *50 :* (41,1) ; *52 :* 61,6 (57,6) ; *54 :* 41,7 ; *56 :* 59,3 (55,9) ; *58 :* (43) ; *60 :* 62,8 (58,5) ; *62 :* (45,4) ; *64 :* 61,9 (57,8) ; *66 :* (45,4) ; *68 :* 60,9 (55,1) ; *70 :* (43,5) ; *72 :* 55,2 (50,7) ; *74 :* (35,9) ; *76 :* 53,5 (48,9) ; *78 :* (34,9) ; *80 :* 52,6 (47,4) ; *82 :* (38).

Chambre des représentants : 435 dép. (+ de 25 a., cit. amér. dep. 7 a. et résidant dans la circonscription où ils se présentent) élus p. 2 a. au suffr. univ. (scrutin uninom. à 1 tour). 1 élection sur 2 a lieu l'année des présidentielles. Les sièges sont répartis tous les 10 ans entre les États, au prorata de leur pop. (en 1789 : 1 pour 30 000). Leur nombre a crû jusqu'en 1910 (435 et provisoirement 437 au moment de l'admission de Hawaii et de l'Alaska). Après le recens. de 1980, la Floride est passée de 15 à 19 s. ; New York 39 à 34.

Pouvoirs du Congrès : vote les lois et le budget, contrôle l'exécutif et l'adm. (enquêtes et commissions spécialisées), propose et vote des amendements à la Const. (à la majorité des 2/3 avec ratification par les 3/4 des États). Le Congrès ne peut être dissous, et il ne peut être contraint de voter une loi ou un budget qu'il n'appuie pas. Kennedy et Johnson, quoique démocrates comme la majorité du C., furent très souvent en opposition avec celui-ci. En outre, le parti du Pt peut être minoritaire au C. (cas de R. Nixon durant ses 2 mandats). Le Congrès s'entoure de protections et de nombreuses lois qui lui permettent d'annuler des décisions prises par l'exécutif, qu'il s'agisse du Pt ou des Agences exécutives. Chaque année, les Chambres siègent 7 mois ou + à partir du 3 janvier (session d'automne au cours des années sans élections fédérales).

Nota. — Le mot *Congrès* désigne aussi la durée d'une législature (2 a.). En 1984, 99e Congrès.

Partis

Parti républicain (G.O.P. : Grand Old Party ; emblème : l'éléphant) : f. 1854 (1re réunion le 28-2 à Ripon, Wisconsin) ; héritier indirect du Parti fédéraliste [fondé en 1787 par Alexander Hamilton (1755-1804)] qui à l'origine recrutait ses partisans en milieu aisé (financiers, marchands) et cessa d'exister en 1820 (1 seul président, John Adams). Une scission au sein des « rép. jeffersoniens » dirigée, pour sa fraction conservatrice, par John Quincy Adams (1767-1848), donna alors naissance au « P. rép. national », devenu parti whig après le ralliement d'une large part de l'ancien Parti fédéraliste. A partir de là fut fondé (1850) le P. rép. anti-esclavagiste. Plus conservateur que le P. dém. ; partisan d'une intervention limitée de l'État et d'une réduction des dépenses soc. Représente fermiers (Middle West), milieux d'affaires, banlieues résidentielles, leader : Frank J. Fahrenkopf.

Parti démocrate : (Emblème : l'âne) : f. 1848, leader Paul G. Kirk. Les rép. jeffersoniens (Jefferson était pour la limitation des pouvoirs du gouvernement central) devenus, lors de la scission de John Quincy Adams (1820), le parti des républicains démocrates, donna naissance au Parti démocrate actuel. Lors de la g. de Sécession il y eut des dissensions entre démocrates du N. et du S. Plus progressistes que les rép., les dém. sont pour un accroissement du pouvoir féd. et une pol. sociale généreuse. Plus grand parti politique : a la majorité à la Chambre des députés (259 sur 435) ; en minorité au Sénat (47 contre 53) ; majorité parmi les gouvernements (34 sur 50) et dans les assemblées des États (32 sur 50).

Parti communiste : f. 1919, leader Henry Winston. Env. 10 000 m. (75 000 en 1945).

Politique extérieure américaine

• **Afrique.** 3 principes contradictoires : *1°) aide contre les colonisateurs* (notamment Belgique au Congo, Portugal en Angola et Mozambique ; minorité blanche du Zimbabwe, avec forte pression sur la G.-B. pour l'obliger à se retourner contre ses nationaux, etc.). *2°) efforts milit., pol. et écon. pour garder l'Afr. indép. dans le camp occid.* où elle se trouvait au temps du colonialisme. Mais l'U.R.S.S. s'est implantée en Éthiopie et Angola ; la Chine en Afrique orientale. *3°) refus d'un accord global sur les exigences du tiers monde* (allégement des dettes, fin de l'aide liée, obligeant l'emprunteur à acheter chez le prêteur ; libre entrée des produits afr. dans les pays riches ; indexation des cours des matières premières ; création d'un organisme distributeur, où le vote ne se ferait pas au prorata des contributions versées). *Motif :* les États afr., émancipés économiquement, pourraient choisir de leur plein gré le camp sov.

• **Amérique latine.** Les U.S.A. sont membres de l'O.E.A. (Voir Index), où ils ont fait la loi jusque v. 1960. *Principes : 1°) accorder aux États amér. des prêts bancaires (publics et privés) et une aide technol.* en échange de la stabilité pol. (aide fréquente aux régimes dictatoriaux), et de l'alliance nord-amér. *2°) doctrine de Monroe :* l'Amér. du N. ne tolère aucune ingérence dans les affaires des 2 continents amér. (ex. : destruction de l'empire mexicain, fondé par Nap. III en 1856). Dep. 1960 : 1°) l'hégémonie nord-amér. est souvent contestée : Cuba, certaines îles des Caraïbes, Nicaragua, Bolivie (remise au pas après de longues péripéties) ; en revanche, l'influence écon. au Brésil et en Argentine est en essor. 2°) l'U.R.S.S. s'est infiltrée à Cuba, au Nicaragua et au Salvador. L'expulsion des puissances coloniales europ. (G.-B., P.-Bas, France) a été différée (crainte de voir de nouveaux États microscopiques tomber dans l'orbite de Cuba). De 1970 à 80, l'opinion publique amér., plutôt à gauche, répugnait au soutien inconditionnel de dictatures faisant fi des droits de l'homme. Depuis l'élection de Reagan, elle s'est ralliée en majorité à sa « nouvelle doctrine de Monroe » : de remettre au pas les petites nations révolutionnaires et si possible, à plus lointaine échéance, Cuba. a) soutien des dictateurs de droite (instructeurs, matériel antiguérilla fournis à la junte salvadorienne) ; b) pression sur les nations eur. (où l'opinion publique est souvent favorable aux guérilleros gauchistes) pour qu'elles abandonnent les forces révolutionnaires d'Am. (fin de l'aide humanitaire au Salvador ; annulation de l'aide fin. à la construction de l'aéroport stratégique de Grenade, où les U.S.A. interviendront militairement en 1983 ; c) négocier en position de force avec l'U.R.S.S. pour obtenir son retrait de l'hémisphère amér. En attendant, exiger la fin de l'aide sov.-cubaine aux guérilleros. 3°) les producteurs de pétrole : Venezuela, Équateur, Mexique tentent de diversifier leur clientèle. La découverte, en 1979, d'importantes réserves pétrolières au Mex. rend les U.S.A. sensibles à la stabilité du régime mex. ; l'intervention au Guatemala, Honduras, Salvador, tend à protéger le Mex., future grande puissance démographique et économique.

• **Chine.** *1°) méfiance* (nation prolifique et ambitieuse, rivale possible). *2°) espoir de trouver en Extrême-Orient un contrepoids à la menace soviétique.* [Entre 1948 et 71, les U.S.A. ont redouté la collusion des 2 puissances « com. ». Depuis la « normalisation » des rapports avec la Ch. populaire (contre l'abandon de T'ai-wan), ils sont satisfaits d'exporter leur blé en Ch., et tentent de récupérer pour le camp du « monde libre » les forces chinoises.]

• **Espagne.** *Jusqu'à la mort de Franco* (1975), alliée inconditionnelle. Aide amér. (technologique et fin.). *Dep. la mort de Franco,* l'Esp. tente de s'intégrer à l'Europe. Conséquences : 1°) elle peut devenir membre de l'O.T.A.N., ce qui l'intégrerait aux forces communes, mais mettrait fin aux accords bilatéraux, avantageux pour les U.S.A. 2°) économiquement, l'intégration esp. à la C.E.E. devrait marquer une diminution des échanges Espagne/U.S.A. et de l'aide amér.

• **France.** Hostilité, remontant aux g. indiennes et franç. du XVIIIe s., notamment celles de la vallée de l'Ohio, vers 1760. 1°) l'amitié franco-amér. datant de la g. d'Indépendance (1778-83) est souvent évoquée, mais la Fr. a contre elle son passé colonial et « impérialiste » (les U.S.A. ont joué un rôle de 1er plan dans la décolonisation de l'Afr., notamment en 1956, lors du conflit avec l'Égypte de Nasser). 2°) l'existence d'un fort Parti communiste fr. (au gouv. de. 1981 à 84) a inquiété la droite anticomm. amér. (elle n'est pas sûre de voir la France rester aux côtés de l'O.T.A.N. en cas de 3e G. mondiale). 3°) les rivalités commerciales jouent souvent (armements, astronautique, aéronautique, automobile, mat. ferroviaire). En général, les U.S.A. cherchent à contrebalancer l'influence de la Fr. dans la C.E.E. par celle d'un autre pays (Allemagne, puis dep. 1976 Angleterre).

• **G.-B.** Alliée privilégiée dans le système atlantique (proche culturellement, alignée politiquement, utilisée comme base militaire, notamment pour les centres de détection électronique et le réseau de missiles ; métropole du Commonwealth, comprenant de nombreux pays où les Am. ont un régime de faveur. Par ex. ils utilisent des bases milit. brit. dans l'oc. Indien et à Chypre). Les U.S.A. ont poussé la G.-B. à entrer dans la C.E.E. (en contrecarrant la cohésion de l'Europe, la G.-B. l'empêche de s'émanciper de la tutelle amér.).

Invitations des Présidents français par les Présidents américains sous la Ve République. *Gal de Gaulle* (22/29-12-1959), par D. Eisenhower. *G. Pompidou* (23-2/3-3-1970), par R. Nixon. *V. Giscard d'Estaing* (17/22-5-1976), par J. Carter. *F. Mitterrand* (21/27-3-1984), par R. Reagan. *Autres voyages du Pt Mitterrand aux U.S.A. : oct. 81,* bicentenaire de la bataille de Yorktown ; *mai 1982,* préparation du sommet écon. de Versailles ; *mai 1983* sommet écon. de Williamsburg ; *28-9-83,* Ass. gén. de l'O.N.U.

• **Japon.** *1°) empêcher le J. de faire bloc avec Chine ou U.R.S.S.,* en lui accordant de gros avantages moraux, politiques, économiques dans le monde libre. *2°) tenter de limiter l'expansion commerciale japonaise* aux U.S.A. et dans les pays clients des U.S.A.

• **Moyen-Orient.** Principes généraux : *1°) maintenir les États dans l'O.T.A.S.E.* (Voir Index) et éviter au moins qu'ils tombent sous l'influence soviét. *2°) garder le contrôle du ravitaillement pétrolier. 3°) empêcher la destruction d'Israël,* soutenu aux U.S.A. par un puissant lobby. Entorses à cette pol. dep. 1978 : chute du shah d'Iran ; agressivité de l'O.P.E.P. (dès 74) ; lâchage d'Israël à Camp David ; infiltrations sov. dans plusieurs États arabes ; faiblesse de l'allié turc (malgré les concessions faites dans l'affaire de Chypre) ; mais : retour de l'Égypte à l'alliance amér., intervention de l'Irak contre l'Iran, renforcement des bases (armée et marine) dans l'oc. Indien.

• **Tiers monde.** Objet de l'affrontement Est-Ouest, élément en Amér. latine de la sécurité des U.S.A. L'aide amér. doit en principe être réservée aux régimes non contaminés par le communisme.

• **U.R.S.S.** *1°) « Supergrand »,* elle a droit à des égards (le partage de Yalta reste une valeur de référence). *2°) ennemie en puissance,* il faut la contrer militairement et politiquement, notamment en Am. latine, où son élimination est indispensable (voir ci-dessus). *3°) la « g. froide »* est un moindre mal, lorsque l'U.R.S.S. est la plus forte (ce qui semble être le cas dep. 1976). *4°) la « coexistence pacifique »* (prolongation de l'esprit de Yalta) implique l'équilibre des forces. Il faut donc d'abord répondre aux surenchères sov. (soutien des pays menacés par l'U.R.S.S.), puis accepter les offres de rapprochement faites par l'U.R.S.S. Règle de conduite : prudence et réciprocité. *5°) le recul du communisme* en deçà de ses positions de Yalta reste un idéal, mais chimérique : les pays satellisés de l'E. européen n'ont pas été soutenus : Tchéc. 1948, Hongrie 1956, Tchéc. 1968, Pologne 1971 et 1980. *6°) les considérations écon.* ont peu de poids dans les rapports avec le bloc communiste. Le commerce est faible (1 % des importations ; 3 % des exportations). Néanmoins, les céréaliers considèrent l'U.R.S.S. comme un débouché important, et ont protesté contre l'embargo sur les grains décrété par le Pt Carter en déc. 1979 (après l'intervention sov. en Afghanistan).

Principaux groupes de pression

• **American Legion.** Organisation d'anciens combattants, nationaliste, conservatrice et anticommuniste (tantôt isolationniste, tantôt expansionniste selon les périodes). *Créée* à Paris en 1919, pour maintenir le moral des troupes en instance de démobilisation. *Siège :* Indianapolis. *Membres :* 3 millions.

• **C.I.A. (Central Intelligence Agency),** « Agence centrale du renseignement ». *Créée* 1947 par la loi de la Sûreté nationale, héritière de l'O.S.S. qui fonctionnait durant la 2e G. mond. *1953-61,* essor avec Allen W. Dulles : en principe tournée vers l'action extérieure en laissant au F.B.I. (voir ci-dessous) l'action intérieure (dep. 4-12-1981, peut opérer aux U.S.A., a placé sous surveillance 13 000 citoyens américains). *1974,* 153 000 agents. *1977* Carter ordonne une enquête sur la C.I.A. *1978-24-1* une ordonnance restreint ses possibilités d'action. *1981* Reagan redonne à la C.I.A. son importance, nomme à sa tête William J. Casey (n. 1913). *Budget (1984) :* 86,3 millions de $.

• **Cosa nostra.** Organisation illégale regroupant les membres italo-américains de la Mafia (origine sicilienne) et monopolisant jeu, drogue, prostitution, extorsion de fonds (rackett) et usure. *Créée* 1920 à l'époque de la prohibition (trafic clandestin d'alcool), pénètre après 1945 le monde financier (bourse, opérations immobilières) ; investit principalement dans les entreprises permettant de soustraire en partie les recettes au contrôle fiscal : machines à sous, casinos, laveries (5 000 sociétés de façade honorable) ; importe en moy. aux U.S.A. pour 350 millions de $ de drogue par an ; bénéfices est. 120 milliards de $ (1/3 pour la drogue). *Organisation :* les U.S.A. sont divisés en

24 familles, aux ordres d'un Capo ; les 24 Capos se retrouvent au sein d'une commission clandestine dont la réunion n'a été surprise qu'une seule fois par la police (en 1957 à New York). *Nombre de mafiosi* « made » (intronisés) 15 000, soldats (auxiliaires) 150 000. *Nombre d'employés :* 700 000, 30 *parlementaires* seraient à ses ordres. La corruption de fonctionnaires locaux rend la répression difficile. Seul le F.B.I. (sur le plan fédéral) est efficace. Mais son arme essentielle (l'écoute téléphonique) se heurte à l'opposition des juges, qui y voient une atteinte aux libertés individuelles. Les *mafiosi* se font souvent relâcher contre une caution. Un accord a été conclu entre le gouv. am. et les banques suisses, sur la levée éventuelle du secret bancaire, dans les affaires de mafia.

Nota. — Meyer Lansky (Maier Suchowljansky, n. 1902, Biélorussie), dernier lieutenant d'Al Capone encore vivant, est mort le 15-1-1983 ; sa fortune était évaluée à 3 milliards de $. Le 16-12-85, Paul Castellano, « capo » présumé de la plus grande « famille » de la mafia de New York, a été assassiné (avec son adjoint).

• **F.B.I.** (Federal Bureau of Investigation). Police judiciaire fédérale, dépendant de l'attorney général (ministre de la Justice). *Créé 1908. Employés :* 20 000, dont 3 000 agents spéciaux (G-Men, hommes du gouvernement). *Budget (1984) :* 1 064 millions de $. *Directeurs :* 1924-72 : J. Edgar Hoover ; 1973 Clarence M. Kelley ; 1978 William H. Webster pour 10 ans.

• **Femmes.** *Emploi :* en 1982, 47 millions travaillent, soit 43 % de la force de travail. *Politique :* représentent 52,3 % de l'électorat ; en nov. 1984, 57 % ont voté pour R. Reagan (68 % des hommes), 43 % pour W. Mondale (32 % des hommes). Principale organisation : National Organisation for Women (N.O.W.), f. 1966, 220 000 adh.

• **Fondations.** 30 000 organismes autonomes, sans but lucratif, assurent des activités philanthropiques (éducation, santé, médecine, recherche, technologie, religion, bienfaisance). Alimentés par des donations déductibles des impôts ou des legs exonérés de droits. *Capital* plusieurs dizaines de milliards de $ [les 3/4 détenus par moins de 200 fondations, dont (en milliards de $) : Fondation Ford 3, F. Rockefeller 0,8, F. Carnegie 0,3]. *Dépenses totales* 2 milliards de $. Accusés de concurrence déloyale par les petites et moyennes entreprises, en raison des avantages fiscaux qui leur sont accordés.

Peut-on parler d'impérialisme américain ?

Comme ils n'ont pas de couverture métallique, les U.S.A. sont accusés d'exporter leur inflation, et de payer leurs factures en « monnaie de singe ». Contre cet « impérialisme monétaire », les États de l'O.P.E.P. avaient décidé, en 1980, de ne plus se référer au $ pour fixer leurs prix, mais à un panier de 10 monnaies fortes. La remontée du dollar (1981-82) a rendu caduque cette mesure.

Militairement et politiquement, les U.S.A. profitent des avantages acquis à Yalta en 1945 (l'U.R.S.S. leur reconnaissait une zone d'influence dans le monde supérieure à la zone d'influence sov.). Ils étaient restés sur la défensive entre 1973 et 1981 [*1°) défaite au Viêt-nam*, le soulagement né de la fin des hostilités (pertes mil. très sensibles) est compensé par l'humiliation : pour la 1re fois, les U.S.A. ont perdu une g. et abandonné un allié (le Sud-Viêt-nam qui s'effondre dès avril 1975) d'où réveil du puritanisme politique : le Pt Nixon doit démissionner le 8-8-1974 à cause du scandale du Watergate. *2°) en Afrique* (Angola, Éthiopie), en Am. du S. (Cuba, Nicaragua), en Asie (Afghanistan, Iran, Turquie), l'U.R.S.S. a marqué des points. Le soutien, passif, aux régimes pro-amér. coûte chaque année plusieurs milliards de $ et contribue au déséquilibre de la balance des paiements et à la dépréciation du $. *3°)* les pays de l'O. partenaires des U.S.A. s'affranchissent de l'autorité amér. (ex. la Fr. depuis de Gaulle). La volonté amér. de conserver le leadership du monde occid. s'est affirmée faiblement sous Carter, celui-ci faisant souvent des concessions à ses partenaires (par ex. aux producteurs de pétrole ou aux Jap.)].

Secteurs où la suprématie américaine est restée intacte : armement nucléaire, logistique aérienne, force navale (soutenue par une forte flotte de commerce, inutilisée mais gardée en réserve) ; alliances mil. avec de petits pays, tenus par de fortes sujétions écon. (exemple récent : Somalie), maintien du $, malgré sa non-convertibilité, comme monnaie de réserve. Dep. 1978, l'U.R.S.S. avait donné l'impression d'être devenue le 1er supergrand, ce qui provoquait un rapprochement de certains pays avec les U.S.A. (Chine, Japon, Inde, Pakistan, Égypte, France). Depuis l'accession de Reagan au pouvoir (1981), les États-Unis ont adopté, en apparence, une politique extérieure plus musclée (notamment en Amér. centrale). Mais ils se sont montrés faibles dans l'affaire polonaise (1981-82), et hésitants au Salvador (1982).

• **John Birch Society.** Groupement d'extrême droite, anticommuniste et antiraciste, admettant les Noirs. *Créé* en *1958* par Robert Welch (1899-1985). *Membres :* env. 100 000 répartis en chapitres d'une vingtaine de pers. Propagande par porte-à-porte, pétitions, réunions publiques, lettres aux parlementaires.

• **Ku Klux Klan.** Organisation clandestine, d'extrême droite. *Fondée* v. 1865 dans le S. par des officiers démobilisés (apr. la g. de Sécession), pour empêcher par la terreur les Noirs d'user de leur droit de vote. *1871* loi martiale dans le S. pour lutter contre le K.K.K. *1877* interdite légalement (mais les droits des Noirs sont pratiquement supprimés). *1915* (influence du pasteur W. J. Simmons) : s'attaque également aux juifs, catholiques, étrangers, pacifistes révolutionnaires. Vague de violence. *1928* interdiction de la Cour suprême, retour à la clandestinité (dispersion en une centaine de groupuscules : chevaliers blancs, chevaliers du K.K.K., etc.). *1961* fédérations : *Klans Unis d'Am.* (50 000 sympathisants), qui élisent un « sorcier impérial », Robert Sheldon. *1964* exécution de 3 militants noirs dans le Missouri. *1970* le « grand sorcier », S.H. Bowers, est condamné à 10 ans de prison. *1979-3-11*, 5 †, 10 blessés dans une manifestation noire à Greensboro (North Carolina). *1980* 68 enquêtes ouvertes sur le K.K.K. : croix brûlées, Noirs attaqués. *États sudistes où le K. est représenté :* 15 (constituent l'« Empire invisible »). *Actuel gd sorcier :* Bill Wilkinson (emprisonné le 14-9-80). Le K. a essaimé hors des U.S.A., notamment au Portugal, où l'opposition aux Noirs est forte dep. le rapatriement des colons d'Afrique. *Adhérents : 1915 :* 1 à 5 millions, *67 :* 17 000, *75 :* 2 000, *78 :* 10 000.

• **Syndicats. A.F.L.-C.I.O.** (American Federation of Labor - Congress of Industrial Organizations). 13,8 millions d'adhérents en 1983, 85 % des ouvriers syndiqués (soit 19 % des salariés). Proche du Parti démocrate ; f. 1955, fusion de l'A.F.L. (f. 1886 par Samuel Gompers) et des syndicats C.I.O., regroupés en 1935 par John Lewis et Walter Reuther et expulsés de l'A.F.L. en 1937 [tendance C.I.O. : action revendicative plus brutale ; fusion quand la gauche recule à la C.I.O. : le plus gauchiste, Walter Reuther, tente en vain de fonder une union dissidente, l'A.F.L.A. (Alliance for Labor Action)]. Convention, tous les 2 ans, désigne un conseil exécutif (Pt, vice-Pt, 17 représentants de l'A.F.L. et 10 du C.I.O. ; tient 1 fois par an une séance « élargie » avec un représentant de chaque syndicat). Anticommuniste. *Pt* Lane Kirkland dep. 1980. *Taux de syndicalisation* (%) : *1980 :* 23 ; *84 :* 19,1 (Blancs 18,2 ; Noirs 26,2 ; hommes 23,3 ; femmes 14). *Par secteurs :* transports, télécom. 39,6 ; produits manuf. 26,5 ; BTP 24,3 ; mines 17,9 ; commerce 8,2 ; services 7,2 ; banques, assurances, immobilier 2,7.

Nota. — Le puissant syndicat des Teamsters (camionneurs) a été exclu de l'A.F.L.-C.I.O. en 1957 pour corruption (son Pt, J. Hoffa, a passé 8 ans en prison et a été assassiné à sa libération).

États

Généralités

L'Union comprend 50 États : 13 d'origine, 7 admis sans avoir été auparavant organisés comme des territoires et 30 États qui furent des territoires. Chaque État a sa Constitution. 2 Chambres (sauf le Nebraska dep. 1937) et 1 gouverneur. Autonomie importante (en matière de Code civil, commercial, etc.).

Gouverneurs. Chefs de l'exécutif des États. Élus pour 4 ou 2 a. (dans 9 États) au suffr. univ. ; non rééligibles dans 11 États, réél. 1 fois dans 12, sans limitation ailleurs (dont N.Y., Californie, Ohio, Illinois). Peuvent être révoqués par le Sénat (« impeachment », vote aux 2/3) ou, dans certains États, contraints de se représenter devant les él. si un certain % de citoyens le demandent. Ont le droit de veto (sauf en Caroline) total ou partiel sur le vote des lois, commandent la Garde nationale (voir ci-dessous), disposent du droit de grâce. Assistés dans 40 É. par un Lt-gouv. élu, qui leur succède en cas de décès (sinon, le succ. est le secr. d'État).

Chambres. 19 à 67 *sénateurs* élus pour 4 a. (37 États) ou 2 (13), 39 à 45 *députés* selon les États, élus pour 4 ans (sauf en Alabama, Louisiane, Maryland, Mississippi : 2 ans). *Sessions* annuelles dans 30 États, biennales dans 20.

Administration locale. Divisés en *comtés*, en moy. 50 à 100 (Delaware 3, Texas 254) (sauf Alaska : 29 « divisions », Louisiane : 62 « paroisses »), et dans certains cas en *cités* ou *districts*. À la tête des comtés, le « Board », bureau législ. et adm., est élu pour 2 ou 4 ans. Les responsables adm. (*shérif :* ordre public ; *district attorney :* procureur ; *coroner :* enquêtes sur les morts violentes, etc.) sont élus au suffr. univ. Les *maires* des villes sont élus séparément des conseils mun., pour 2 ou 4 a. Dans 243 villes de + de 5 000 h., le conseil municipal est remplacé par une commission de 5 m. élus.

Garde nationale. Chargée du maintien de l'ordre ; armement et équipement assurés par le Pentagone. Formée de volontaires (qui sont dispensés du service militaire). Les Noirs en sont pratiquement exclus.

Liste

Nota. — Chiffres pop. (est. 83, sauf villes est. 82, agglomérations et races 80). États, villes. *Légende.* (1) S'intitulent des « Commonwealths » et non des « États ».

• **Alabama** (Al.) (1702 partie de la Louisiane française ; 1763 cédé à la G.-B. ; 1817 territoire ; 1819 État). Sécession du 11-1-1861 au 25-6-1868. 133 915 km². 3 959 000 h. Blancs 73,8 %. Noirs 25,6 %. D. 0,2. Pop. urb. 60 %. *Villes : Montgomery* (cap.) 182 406 (281 000), Birmingham 283 239 (ag. 891 000), Mobile 204 586 (459 000).

• **Alaska** (Ak.) [1741 découvert par le Danois Vitus Bering ; 1784, 1er établissement (île Kodiak), colonie russe (cap. Sitka 1806) ; 1867 acheté 7 200 000 $; 1880-1910 « ruée vers l'or » (la pop. passe de 20 000 à 60 000 h.) ; 1884 district ; 1912 territoire ; 1959 État]. 1 530 701 km², 479 000 h. Blancs 77 %, Noirs 3,4 %, Indiens 5,5 %, Aléoutes 2 %, Esquimaux 8,5 %. D. 17,2. Pop. urb. 64,5 %. *Villes* (80) : *Juneau* (cap.) 19 528, Anchorage 194 675 (82), Kenai 25 282, Fairbanks 22 645. Peu de cultures, forêts 44 %. Rennes, bovins, ânes, animaux à fourrure (renard argenté), otaries. Or, argent, étain, plâtrerie, charbon, pétrole. Pays montagneux (Mt McKinley, 6 178 m, p. culminant de l'Am. N.) : 6 chaînes principales, séparées par des plateaux arides ou des plaines marécageuses. Base stratégique [distance de l'U.R.S.S. : 90 km ; une route de 2 400 km, Alcan (Alaska-Canada), relie Dawson Creek à Fairbanks]. *Économie :* pêcheries (50 % des conserves de saumon du monde) ; dep. 1977 : pétrole et gaz naturel, découverts 1957, puis 1967 [réserves 2 à 7 milliards de t, prod. prévue 100 millions de t par an ; pipeline trans-Alaska pour évacuer pétrole de Prudhoe Bay (1 250 km de tubes de 121 cm ; franchit 2 chaînes de montagnes et le Yukon, coupe l'A. en 2, posant des problèmes écologiques (transhumance des 400 000 caribous) ; coût 3,5 milliards de $]. Tourisme d'été [690 000 visiteurs (1982)] surtout dans les fjords utilisant des ferries depuis Juneau ; raids en traîneaux à chiens).

Îles Aléoutiennes. 17 700 km². 7 768 h. (75). Morue, saumon, renards, phoques, otaries. *Pribilof.* 160 km². 440 Esquimaux. Pêche, chasse, réserve pour otaries, rennes et oiseaux. *Saint-Laurent* (long. 145 km ; larg. max. 50 km). 400 Esquimaux (75). Réserve de rennes. *Saint-Mathieu.* Inhabitée, réserve d'oiseaux.

• **Arizona** (Az.) (1752 établiss. ; 1863 territoire ; 1912 État). 295 260 km². 2 963 000 h. Blancs 82,4 %, Noirs 2,8 %. Pop. urbaine 83,8 %. *Villes : Phoenix* (cap.) 824 230 (1 664 000), Tucson 352 455 (572 000), Mesa 171 695, Glendale 132 000, Scottsdale 88 364 (80).

• **Arkansas** (Ar.) (1686 établissement ; 1815 territoire ; 1836 État). Sécession du 7-5-1861 au 22-6-1868. 137 754 km². 2 328 000 h. Blancs 82,7 %, Noirs 16,3 %. Pop. urbaine 51,5 %. *Villes* (80) : *Little Rock* (cap.) 167 974 (487 000), Fort Smith 71 384, North Little Rock 64 419.

• **Californie** (Ca.) (1769 établiss. ; 1848 territoire cédé par le Mexique ; 1850 État). 411 049 km². 25 174 000 h. (État le + peuplé). Blancs 76,2 %, Noirs 7,7 %. Pop. urb. 91,3 %. *Villes : Sacramento* (cap.) 288 597 (1 197 000), Los Angeles [nom complet (55 lettres) : El Pueblo de Nuestra Señora la Reina de los Angeles de Porciuncula] 3 022 247 (12 191 000), textile (coton et textiles artif., tissage et confection) ; ind. chimique et pétroch., sidérurgie (Fontana, fer de l'Arizona) ; métallurgie de transform. (auto., aéronautique, outillage élect.) ; très étendue, ind. du cinéma. San Francisco 691 637 (5 624 000), débouché de la Vallée Impériale, terminus de plusieurs voies ferrées transcontinentales et port. San Diego 915 956 (2 015 000), base navale, port de pêche, aéronautique. San Jose 659 181 (1 360 000), Long Beach 371 426,

Oakland 344 652. *Mégapole prévue pour 2000 :* San-san (San Francisco-San Diego) 700 km.

Nota. – En 1985, « P.N.B. » : 460 milliards de $. Revenu par tête : 14 500 $, 10 % du revenu agric. des U.S.A., Silicon Valley : Voir p. 877 c.

● **Colorado** (Co.) (1858 établiss. ; 1861 territoire ; 1876 État). 269 596 km^2. 3 139 000 h. Blancs 89 %, Noirs 3,5 %. Pop. urb. 80,6 %. *Villes : Denver* (cap.) 505 563 (1 768 000), Colorado Springs 231 699, Aurora 184 372.

● **District of Columbia** (DC) (1790 district pris sur le Maryland pour devenir le siège du gouv. fédéral ; 1801 autorité fédérale ; 1878 corporation municipale : 3 commissaires nommés ; 1967 conseil municipal nommé ; 1973 élu ayant des pouvoirs législatifs en matière locale, mais le Congrès garde le droit de légiférer. Dep. 1961, 23e amendement, les h. ont le droit de vote dans les élect. nationales). 178 km^2. 633 000 h. [ag. Washington 3 370 000. Majorité noire à 70,3 % ; municipalité noire ; émeutes raciales 1968 (9 †, 1 000 bl.)].

● **Connecticut** (Ct) (1635 établiss. ; 1637 Commonwealth ; 1639 Constitution, la 1re du monde moderne, 1788 État). 12 998 km^2. 3 138 000 h. Blancs 90,1 %. Noirs 7 %. Pop. urb. 78,8 %. *Villes : Hartford* (cap.) 136 392 (1 019 000), Bridgeport 144 000 (395 455 en 80), New Haven 125 000 (503 000).

● **Delaware** (De.) (1638 établiss. ; tire son nom de Lord George de la Ware, 1er gouv. de Virginie ; 1787 un des 13 États d'origine). 5 295 km^2. 606 000 h. Blancs 82,1 %. Noirs 16,1 %. Pop urb. 70,6 %. *Villes* (80) : Dover (cap.) 23 512, Wilmington 70 195, Newark 25 247.

● **Floride** (Fl.) (1656 établiss. espagnol ; 1763 cédée à l'Angl. ; 1783 retour à l'Espagne ; 1819 achetée à l'Esp. pour 5 millions de $; 1821 territoire U.S. ; 1845 État). Sécession du 10-1-1861 au 25-6-1868. 151 939 km^2. 10 680 000 h. Blancs 84 %, Noirs 13,8 %. Pop. urb. 84,3 %. *Villes : Tallahassee* (cap.) 103 000, Jacksonville 556 370 (773 000), Miami 382 726 (50 % de réfug. cubains) [2 793 000 dont 500 000 réfug. cubains ; les Noirs (18 %, mais 38 % des pauvres) ont déclenché le 21-5-80 des émeutes raciales : 15 †, dont 6 Blancs ; 400 bl., 50 incendies], Tampa 276 413 (1 770 000), St Petersburg 241 214, Epcot (Experimental Prototype Community of Tomorrow). *Conurbation prévue pour 2000 :* 600 km de long de Jacksonville à Miami ; 8 000 000 d'h. [Jami] ; *menaces écologiques :* 50 millions de t de liquides pollués par j (inhabitable v. 2000).

● **Géorgie** (Ga) (1733, 13e colonie : tire son nom du roi George II ; 1788 État). Sécession du 19-1-1861 au 25-6-1868 et 15-7-1870. 152 576 km^2. 5 732 000 h. Blancs 72,3 %, Noirs 26,8 %. Pop. urb. 62,4 %. *Villes : Atlanta* (cap.) 428 153 (2 305 000), Columbus 174 348, Savannah 146 000.

● **Hawaii** (Hw.) [1778 déc. par le cap. James Cook, connues sous le nom d'îles Sandwich ; 1893 la reine Liliuokalani († 11-11-1917) est déposée ; 1894 république ; 1898 annexées aux U.S.A. ; 1900 territoire ; 1959 État]. 16 759 km^2 (20 îles dont 8 principales). 1 023 000 h. Blancs 33 %, Noirs 1,8 %. Pop. urb. 86,5 %. *Îles : Hawaii* 10 461 km^2 (92 053 h.), *Mani* 888 (71 337), *Oahu* 1 574 (761 964), *Kauai* 1 432 (39 082), *Molokai* 676 (6 076), *Lanai* 362 (2 125), *Nihau* 189 (226), *Kahoolawe* 116 (0). *Villes* (80) : *Honolulu* (cap.) sur Oahu 781 899 (799 000), Ewa 190 037, Koolaupoko 109 373.

● **Idaho** (Id.) (1836 mission ; 1855 État mormon ; 1860 établiss. ; 1863 territoire ; 1890 État). 216 432 km^2. 989 000 h. Blancs 95,5 %, Noirs 0,3 %. Pop. urb. 54 %. *Villes : Boise City* (cap.) 105 000, Pocatello 46 340 (80), Idaho Falls 39 590 (80).

● **Illinois** (Il.) (1673 déc. par les Français Joliet et Marquette ; 1720 établiss. ; 1763 cédé par les Fr. aux Anglais ; 1783 reconnu amér. par les U.S.A. ; 1809 territoire ; 1818 État). 145 934 km^2. 11 486 000 h. Blancs 80,8 %, Noirs 14,7 %. Pop. urb. 83,3 %. *Villes : Springfield* (cap.) 99 637 (80), Chicago (nom indien : *Checagou*, « oignon sauvage » ; occupe le rivage du lac Michigan sur 100 km) 2 997 155 (82) (8 016 000), Rockford 138 000 (280 000), Peoria 122 000 (362 000).

● **Indiana** (In.) (1732 établiss. ; 1800 territoire ; 1816 État). 93 720 km^2. 5 479 000 h. Blancs 91,2 %, Noirs 7,6 %. Pop. urb. 64,2 %. *Villes : Indianapolis* (cap.) 707 655 (1 182 000), Fort Wayne 167 633 (349 000), Gary 148 000 (642 781, 80).

● **Iowa** (Ia) (1788 établiss. ; 1838 territoire ; 1846 État). 145 753 km^2. 2 905 000 h. Blancs 97,4 %, Noirs 1,4 %. Pop. urb. 58,6 %. *Villes : Des Moines* (cap.) 191 506 (375 000), Cedar Rapids 109 000, Davenport 104 000 (384 000).

● **Kansas** (Ks) (1727 établiss. ; 1854 territoire ; 1861 État). 213 098 km^2. 2 425 000 h. Blancs 91,7 %, Noirs 5,3 %. Pop. urb. 66,7 %. *Villes : Topeka* (cap.) 120 000, Wichita 288 723, Kansas City 162 211 (1 464 000).

● **Kentucky** [1] (Ky) (1765 établiss. ; 1792 État). 104 660 km^2. 3 714 000 h. Blancs 92,3 %, Noirs 7,1 %. Pop. urb. 50,9 %. *Villes : Frankfort* (cap. 80) 25 973, Louisville 293 531 (1 738 000), Lexington-Fayette 207 668 (323 000), Covington 49 013 (80).

● **Louisiane** (La) [1682 prise de possession pour la Fr. par Cavelier de La Salle, venu du Canada ; tire son nom de Louis XIV ; 1699 établissement de colons venus par mer ; 1718 fondation de La Nouv.-Orléans ; 1755 « Grand Dérangement », arrivée de colons acadiens (Canadiens déportés) ; 1763 cédée à l'Espagne ; 1800 rendue par l'Esp. à la Fr. (tr. de San Ildefonso) ; Bonaparte l'offre aux U.S.A. ; 1803-30-4 il la leur vend pour 15 millions de $ (pour empêcher l'alliance U.S.A.-G.-B.), territoire dans la partie est du Mississippi ; 1812 État]. Sécession du 26-1-1861 au 25-6-1868. 123 677 km^2. 4 438 000 h. Blancs 69,2 %, Noirs 29,4 %. Pop. urb. 68,7 %. *Villes : Baton Rouge* (cap.) 361 572 (531 000). La Nouvelle-Orléans 564 561 (1 316 000), Shreveport 210 881 (353 000). Maintenance du français : 800 000 h. parlent le *cadien* ou *créole ;* 15 000 à 20 000 pratiquent la culture fr. (fr. parlé et écrit). 1 500 000 pers. se reconnaissent d'origine fr. (dont 700 000 anglophones).

● **Maine** (Me) (1623 établiss. ; 1652-1820 partie du Massachusetts ; 1820 État). 86 156 km^2. 1 146 000 h. Blancs 98,7 %, Noirs 0,3 %. Pop. urb. 47,5 %. *Villes* (80) : *Augusta* (cap.) 21 819 (361 000), Portland 61 572, Lewiston 40 481, Bangor 31 643.

● **Maryland** (Md) (1634 établiss. ; 1788 un des 13 États d'origine). 27 092 km^2. 4 304 000 h. Blancs 74,9 %, Noirs 22,7 %. Pop. urb. 80,3 %. *Villes : Annapolis* (cap.) 31 740 (80), Baltimore 774 113 (2 232 000), Dundalk 71 293 (80), Towson 51 083 (80).

● **Massachusetts** [1] (Ma) (1620 établiss. ; 1788 un des 13 États d'origine). 21 456 km^2. 5 767 000 h. Blancs 93,5 %, Noirs 3,9 %. Pop. urb. 83,8 %. *Villes : Boston* (cap.) 560 847 (3 997 000), Worcester 161 049 (404 000), Springfield 152 319 (515 000), Cambridge (80) 95 322.

● **Michigan** (Mi.) (1668 établiss. ; 1805 territoire ; 1818 et 1834 agrandi ; 1837 État). 150 779 km^2. 9 069 000 h. Blancs 85 %, Noirs 12,9 %. Pop. urb. 70,7 %. *Villes : Lansing* (cap.) 128 000 (411 000), Detroit 1 138 717 (4 605 000), Grand Rapids 182 774 (611 000), Flint 154 000 (438 000).

● **Minnesota** (Mn.) (17e exploré, v. 1830 établiss. ; 1849 territoire ; 1858 État). 218 601 km^2. 4 144 000 h. Blancs 96,6 %, Noirs 1,3 %. Pop. urb. 66,9 %. *Villes : St Paul* (cap.) 270 443, Minneapolis 369 161 (2 208 000), Duluth 92 811 (80) (258 000).

● **Mississippi** (Ms.) (1716 établiss. français ; 1763 cédé à l'Angl. par le tr. de Paris ; 1798 territoire ; 1817 État). Sécession du 9-10-1861 au 23-2-1870. 123 515 km^2. 2 587 000 h. Blancs 64,1 %, Noirs 35,2 %. Pop. urb. 47,3 %. *Villes : Jackson* (cap.) 204 195 (372 000), Biloxi 49 311 (80), Meridian 46 577 (80).

● **Missouri** (Mo.) (1735 établiss. français ; 1763 cédé à l'Angl. par le tr. de Paris ; 1812 territoire ; 1821 État). 180 516 km^2. 4 970 000 h. Blancs 88,4 %, Noirs 10,5 %. Pop. urb. 68,1 %. *Villes : Jefferson City* (cap.) 33 619 (80), St Louis 437 354 (2 396 000), Kansas City 445 222 (1 464 000), Springfield 134 000.

● **Montana** (Mt.) (1809 établiss. ; 1864 territoire ; 1889 État). 380 848 km^2. 817 000 h. Blancs 94,1 %, divers 5,9 %. Pop. urb. 52,9 %. *Villes* (80) : *Helena* (cap.) 23 938, Billings 66 798, Great Falls 56 725, Missouda 33 388.

● **Nebraska** (Nl.) [1541 atteint par les Esp. à partir du Mexique, puis à la France ; 1763 cédé par la Fr. à l'Esp. ; 1801 rendu à la Fr., 1803 vendu aux U.S.A. (partie de la Louisiane) ; 1847 établiss. ; 1854 territoire ; 1867 État]. 200 350 km^2. 1 597 000 h. Blancs 94,9 %, Noirs 3,1 %. Pop. urb. 62,9 %. *Villes : Lincoln* (cap.) 177 000, Omaha 328 557 (604 000), Grand Island 33 180 (80).

● **Nevada** (Nv.) (1851 établiss. part de l'Utah ; 1861 territoire ; 1864 État). 286 352 km^2. 891 000 h. Blancs 87,5 %, Noirs 6,4 %. Pop. urb. 85,3 %. *Villes : Carson City* (cap.) 32 022 (80), Las Vegas 179 587 (521 000), Reno 107 000, North Las Vegas 42 739 (80).

● **New Hampshire** (Nh.) (1623 établiss., un des 13 États d'origine ; 1788 État). 24 032 km^2. 959 000 h. Blancs 98,9 %. Pop. urb. 52,2 %. *Villes* (80) : *Concord* (cap.) 30 400, Manchester 90 936, Nashua 67 865.

● **New Jersey** (Nj.) (v. 1605 établiss. ; 1787 un des 13 États d'origine). 20 169 km^2. 7 468 000 h. Blancs 83,2 %, Noirs 12,6 %. Pop. urb. 89 %. *Villes : Trenton* (cap.) 92 124 (80), Newark 320 512 (1 882 000), Jersey City 222 861, Paterson 139 000 (ces 3 villes font partie de l'ag. de New York, État de N.Y.).

● **New Mexico** (Nm.) (1598 établiss. ; 1850 territoire ; 1912 État). 314 925 km^2. 1 399 000 h. (env. 30 % d'or. esp.). Blancs 75,1 %, divers 15,3 %. Pop. urb. 72,1 %. *Villes : Santa Fe* (cap.) 48 899 (80), Albuquerque 342 000 (443 000), Las Cruces 45 086 (80).

● **New York** (Ny.) (1609 aux Hollandais ; 1664 aux Anglais ; 1777 État indépendant ; 1788 un des 13 États d'origine). 127 190 km^2. 17 667 000 h. Blancs 79,5 %, Noirs 13,7 %. Pop. urb. 84,6 %. *Villes : Albany* (cap.) 100 000 (841 000), New York City 8 291 000 [dont en 80, Brooklyn 2 230 936, Queens 1 891 325, Manhattan 1 427 533, Bronx 1 169 115], Buffalo 348 035 (1 226 000), Rochester 244 094 (990 000), Yonkers 192 342.

NEW YORK CITY : construite au XVIIe s. par les Hollandais sur une île, Manhattan (56,6 km^2), étendue depuis sur les rives de l'Hudson (à l'E., au-delà d'East River), et à Brooklyn ; à l'O. Jersey City et Hoboken, principales gares de triage, et Paterson, centre industriel. Capitale commerciale et financière. Port accessible en tout temps, sans bassin avec des « piers » (appontements perpendiculaires). *Activités :* rives de l'Hudson (côte O. de Manhattan) : transatlantiques et grands cargos réguliers ; rives de Harlem River (côte N. de l'île) : charbon et matériaux de construction ; rives d'East River (côte E. de l'île) : caboteurs, bateaux de pêche et nav. chargés de produits coloniaux ; Jersey : installations pétrolières et chantiers navals. Port d'immigration, de marchandises (cabotage, 55 % du trafic), pétrole et matières premières venant du golfe du Mex., international (reçoit produits alim. et matières premières et exporte des produits fabriqués). *Trafic :* env. 135 millions de t de marchandises ; 3e port du monde. *Industrie* lourde métallurgique et chimique, constr. navales, outillage, textiles, industries alim., travail du bois, imprimerie. Rôle intellectuel et politique (siège de l'O.N.U.). *Violence* (1980) : 1 814 assassinats, 3 711 viols, 145 026 agressions, 35 000 sans logis. *Déficits budgétaires :* 600 millions de $ en 1982-83 (sur 15,6 milliards de $), (1,3 milliard était prévu en 1984 sur 16,5 milliards) ; lors de la crise financière de 1975, aide de l'État de N.Y. et du gouvernement fédéral.

● **North Carolina** (Nc.) (1585 1er établissement ; 1663 établiss. permanent ; 1789 un des 13 États d'origine). Sécession du 20-5-1861 au 25-6-1868. 136 413 km^2. 6 082 000 h. Blancs 75,8 %, Noirs 22,4 %. Pop. urb. 42,9 %. *Villes : Raleigh* (cap.) 154 000 (590 000), Charlotte 323 972 (1 019 000), Greensboro 157 337 (876 000), Winston-Salem 141 000.

● **North Dakota** (Nd.) (1861 partie du territoire du Dakota ; 1889 État). 183 119 km^2. 680 000 h. Blancs 95,8 %. Pop. urb. 48,8 %. *Villes* (80) : *Bismarck* (cap.) 44 485, Fargo 61 308, Grand Forks 43 765.

● **Ohio** (Oh.) (1650 exploré par les Fr. du Canada ; 1730 administré par Cléron de Bléville ; 1749 attaque anglaise ; 1750 reconquête française et fondation de Fort-Duquesne ; 1763 fait partie des territoires louisianais cédés à l'Angl. ; 1788 établiss. des Yankees du New Jersey ; 1803 État). 107 044 km^2. 10 746 000 h. Blancs 88,9 %, Noirs 10 %. Pop. urb. 73,3 %. *Villes : Columbus* (cap.) 570 588 (1 263 000), Cleveland 558 869 (2 803 000), Cincinnati 380 118 (1 666 000), Toledo 350 565 (608 000), Dayton 188 499 (936 000).

● **Oklahoma** (Ok.) (1889 établiss. ; 1893 territoire ; 1907 État). 181 186 km^2. 3 298 000 h. Blancs 85,9 %, Noirs 6,8 %. Pop. urb. 67,3 %. *Villes : Oklahoma City* (cap.) 427 714 (957 000), Tulsa 375 300 (721 000), Lawton 80 054 (80).

● **Oregon** (Or.) (1811 établiss. ; 1848 territoire ; 1859 État). 251 419 km^2. 2 662 000 h. Blancs 94,6 %, Noirs 1,4 %. Pop. urb. 67,9 %. *Villes : Salem* (cap.) 89 233 (80) (255 000), Portland 367 530 (1 332 000), Eugene 104 000 (269 000).

● **Pennsylvanie** [1] (Pa) (1682 établiss. ; 1787 un des 13 États d'origine). 117 348 km^2. 11 895 000 h. Blancs 89,8 %, Noirs 8,8 %. Pop. urb. 69,3 %. *Villes : Harrisburg* (cap.) 53 264 (80) (590 000), Philadelphie 1 665 382 (82) (5 738 000), Pittsburgh 414 936 (2 400 000), Erié 118 000 (280 000).

● **Rhode Island** (Ri.) (1636 établiss. ; 1790 un des 13 États d'origine). 3 140 km^2. 955 000 h. Blancs 94,7 %, Noirs 2,9 %. Pop. urb. 87 %. *Villes : Providence* (cap.) 156 804 (1 091 000), Warwick 87 123 (80), Granston 71 992 (80), Pawtucket 71 204 (80).

● **South Carolina** (Sc.) (1670 établiss. ; 1788 un des 13 États d'origine). Sécession du 20-12-1860 au 25-6-1868. 80 582 km². 3 264 000 h. Blancs 68,8 %, Noirs 30,4 %. Pop. urb. 54,1 %. *Villes : Columbia* (cap.) 101 000 (428 000), Charleston 69 510 (80) (269 000), Greenville 58 242 (80) (976 000).

● **South Dakota** (Sd.) (1743 colonie franç. ; 1857 établissement ; 1861 territoire ; 1889 État). 199 730 km². 700 000 h. Blancs 92,6 %, divers 7,1 %. Pop. urb. 46,4 %. *Villes* (80) : *Pierre* (cap.) 11 973, Sioux Falls 81 343, Rapid City 46 492, Aberdeen 25 956.

● **Tennessee** (Tn.) (1757 établiss. ; 1796 État). Sécession du 6-5-1861 au 24-7-1866. 109 152 km². 4 685 000 h. Blancs 83,5 %, Noirs 15,8 %. Pop. urb. 60,4 %. *Villes : Nashville-Davidson* (cap.) 455 252 (878 000), Memphis 645 760 (930 000), Knoxville 175 298 (579 000), Chattanooga 168 016 (427 000).

● **Texas** (Tx.) [1836 rép. indép. (avant, au Mexique) ; 1845 État US]. Sécession du 1-2-1861 au 25-6-1868. 691 030 km². 15 724 000 h. (20 % d'augm. en 10 ans) dont 3 000 000 de Mexicains. Blancs 78,7 %, Noirs 12 %. Pop. urb. 79,6 %. *Villes : Austin* (cap.) 368 135 (618 000), Houston 1 725 617 [3 561 000 (dont 25 % de Noirs)], Dallas 943 848 (3 266 000), San Antonio 819 021 [1 169 000 (dont 500 000 Mexicains)], El Paso 445 071 (510 000), Fort Worth 401 402, *conurbation* Dallas-Fort Worth : env. 3 000 000. 3e État pour la pop. ; 2e pour la superficie (après Alaska). 1er prod. de pétrole, gaz naturel, coton, riz, sorgho, bétail ; 3e pour charbon, lignite, uranium. Productivité supérieure de 20 % à la moy. U.S.A. (4 % de la pop. travaille dans l'agr., produisant pour 30 milliards de $; surface moyenne des exploitations : 2 000 ha ; valeur moy. : 260 000 $).

● **Utah** (Ut.) (1847 établiss. mormon ; 1850 territoire ; 1896 État). 219 889 km². 1 619 000 h. (dont 830 000 mormons). Blancs 94,6 %. Pop. urb. 84,4 %. *Villes : Salt Lake City* (cap.) 163 859 (1 006 000), Ogden 64 407 (80), Provo 73 907 (80).

● **Vermont** (Vt) (1724 établiss. ; 1777 constitué en république indépendante, détachée de la colonie du New Hampshire ; 1791 État). 24 900 km². 525 000 h. Blancs 99,1 %. Pop. urb. 33,8 %. *Villes* (80) : *Montpellier* (cap.) 8 241, Burlington 37 712, Rutland 18 436, Barre 9 824.

● **Virginia** [1] (Va) (1606 établiss. ; 1788 un des 13 États d'origine). Sécession du 6-5-1861 au 30-5-1870. 105 586 km². 5 550 000 h. Blancs 79,1 %, Noirs 18,9 %. Pop. urb. 66 %. *Villes : Richmond* (cap.) 218 237 (785 000), Norfolk 266 874 (1 227 000), Newport News 151 000 (364 449) (80).

● **Washington** (Wa.) (Partie de l'Oregon ; 1853 territoire ; 1889 État). 176 479 km². 4 300 000 h. Blancs 91,5 %, Noirs 2,6 %. Pop. urb. 73,5 %. *Villes : Olympia* (cap. 80) 27 447, Seattle 490 077 (2 187 000), Spokane 171 903 (348 000), Tacoma 161 351 (485 643) (80).

● **West Virginia** (Wv.) (1862 quand la Virginie fit sécession, la partie Est demanda à constituer un État, ce qui fut fait en 1863). 62 759 km². 1 965 000 h. Blancs 96,2 %, Noirs 3,3 %. Pop. urb. 36,2 %. *Villes* (80) : *Charleston* (cap.) 63 968 (464 000), Huntington 63 684 (336 000).

● **Wisconsin** (Wi.) (1670 établiss. français, partie de la Nouv.-France ; 1763 cédé aux Anglais ; 1783 territoire US ; 1848 État). 145 439 km². 4 751 000 h. Blancs 94,4 %, Noirs 3,9 %. Pop. urb. 64,2 %. *Villes : Madison* (cap.) 173 000, Milwaukee 631 509 (1 397 000), Racine 85 725 (80) (173 000).

● **Wyoming** (Wy.) (1834 établiss. ; 1890 État). 253 326 km². 514 000 h. Blancs 95,1 %. Pop. urb. 62,7 %. *Villes* (80) : *Cheyenne* (cap.) 47 283, Casper 51 016, Laramie 24 410.

Dépendances américaines

● **Puerto Rico.** Voir p. 848.

● **Îles du Pacifique.** 1 779 km². 133 415 h. (80) (Micronésiens). D. 67. 2 141 îles, dont 98 habitées s'étendant sur plus de 7 770 000 km² entre 900 et 4 300 km à l'est des Philippines. Lieu de nombreuses batailles pendant la 2e G. mondiale (Pelelui dans les Carolines, Saipan dans les îles Mariannes, Kwajalein dans les îles Marshall).

Îles Mariannes (Guam non compris) 477 km² dont *Saipan* 122 km², *Tinian* 101 km² et *Rota*. 19 110 h. (83). Forment depuis 1975 le Commonwealth des îles Mariannes du N. (cap. : Capitol Hill, sur Saipan), associé aux U.S.A. avec le même statut que Puerto Rico. *Gouv.* Carlos S. Camacho.

Îles Carolines 609 km², 36 000 h. ; coprah, phosphates. Depuis le 31-10-1980, les Carolines à l'E. de Yap forment les *États fédérés de Micronésie*, semi-indépendants (seule, la Défense dépend des U.S.A.). Palau en est détaché (voir ci-dessous).

Îles Marshall (2 groupes d'atolls), dont Bikini, Eniwetok : 182 km², 33 000 h. ; coprah. *Île Marcus* : 10 km² ; guano. *1899* possession espagnole (avec Mariannes et Carolines), vendue à l'Allemagne 25 000 000 de pesetas ; *1914-18* conquise par Jap. ; *1919* sous mandat jap. ; *1947* sous tutelle des U.S.A. ; *1980*-31-10 État semi-indépendant ; *1982*-30-5 accord avec U.S.A. qui, pendant 15 ans, assureront la défense, utiliseront les bases mil., fourniront une aide de 2 milliards de $ [dont une partie pour indemniser les hab. des expériences nucléaires réalisées à *Bikini* et *Eniwetok* (Marshall) (1946-58) ; B. présente maintenant moins de radio-activité que le continent amér. (2 micro-röntgens contre 10 et 20). Les 167 h. de B. furent évacués en mars 1946 dans l'île de Kili (S. des Marshall), puis ils y sont retournés avec leurs descendants (en tout 550 h.)] ; *1983*-13-9 plébiscite pour un pacte de libre-association avec U.S.A.

Palau. 7 îles principales et 20 mineures, 488 km², 14 000 h. ; bauxite, phosphates. Forme dep. le 17-11-1980 un État semi-indépendant.

Guam. 541 km², 110 000 h. (81). D. 182. Île de l'archipel des Mariannes. *Cap. : Agana* 3 284 (80). Catholiques 95 %. *1521*-6-3 découverte par Magellan. *1526* occupée par marins esp. *1565* annexée aux îles Philippines (esp.) par Legazpi ; évangélisée par jésuites. *1898* conquise et annexée par U.S.A. *1941* conquise par Jap. *1944* reprise par U.S.A. ; base navale et aérienne ; pendant la g. du Viêt-nam, les bombardiers en partaient. *1982*-30-1, 48,5 % des h. se prononcent pour l'autonomie. *Langues* : anglais (*off.*), chamorro. *Gouverneur* élu : Paul McDonald Calvo (dep. nov. 1970). *Chambre* : 21 m. élus pour 2 a. *Ressources* : coprah, maïs, patates douces, taro, cassave, bananes, citrons ; élevage ; pêche (83) 114 t. *Tourisme* : (83) 345 800 vis. *Pop. active* : agriculture 10 %, industrie 10, services 80. *P.N.B.* (81) 8 200 $ par h.

Samoa américaines. 199 km², 7 îles orientales des Samoa, 33 920 h. (est. 80). D. 162. *Ville : Pago Pago* (île de Tutuila) 2 500 h. Possession amér. dep. 1899. *Gouverneur* Peter Tali Coleman. *Sénat* (18 m.) et *Ch. des représentants* (18 m. élus p. 2 a.). *Ressources* : bananes, arbres à pain (papayer), patates, noix de coco. Thon. Forêts 70 %. *Dépendances : Sawins Island* (annexée en 1925, 3,25 km², 106 h.). *Île Johnson*, 1 km², 156 h. (1960).

Îles Wake. Atoll, alt, 3,65 m, 8 km², 302 h. (80) ; îles Wilkes et Peale (annexées en 1898-99) adm. par l'Aviation fédérale ; *1941* occupées par les Japonais ; base américaine importante.

Îles Midway. 5 km², 468 h. (80), acquises en 1867, adm. par la Marine ; *1942-2/5-6* échec d'une tentative de débarquement japonaise (flotte jap. est détruite).

Howland, Baker et Jarvis (îles). Atoll, dans le Sud Pacifique près de l'Équateur, à 3 220 km au sud d'Honolulu, 7,1 km², inhabité ; guano (épuisé).

Johnston Atoll. 378 km², 327 h. (80) à 1 130 km au sud d'Honolulu, annexé en 1858, adm. par l'Agence nucléaire de Washington ; guano (épuisé) ; *1958-62* site d'expérimentation nucléaire.

Kingwan Reef. A 1 610 km au sud d'Honolulu, 0,02 km², inhabité, annexé en 1922, adm. par la Marine.

Navussa (île). 5,18 km², à 48,3 km à l'O. d'Haïti, adm. par les gardes-côtes, inhabitée.

Palmyra (île). A 1 610 km au sud d'Honolulu, 997,2 km², atoll de plus de 50 îles, annexée en 1898, adm. par le secr. d'État à l'Intérieur.

Divers Pacifique. 25 îles au S. et au S.-O. des Hawaii sont aussi revendiquées par les U.S.A. 18 sont également revendiquées par la G.-B. : les **îles Line** comprenant Christmas, Flint, Malden, Starbuck, îles Vostock, atoll Caroline, adm. par la G.-B., les **îles Phœnix**, comprenant Canton et Enderbury (adm. par la G.-B. et les U.S.A.), Birnie, Gardner, Hull, McKean, Sydney, atolls Phœnix (adm. par la G.-B.), les **îles Ellice** (adm. par la G.-B.) comprenant Funafuti, Nukufetan, Nukulailai, Nurakita, inhabitées. 7 sont revendiquées et adm. par la N.-Zélande (îles Tokelau et îles Cook du N.).

● **Îles Vierges américaines.** Antilles 344 km², 95 569 h. (80) D. 174. 50 îles, dont *St-Thomas* 83 km², 44 372 h. (80). D. 37 ; *St-Jean* 52 km², 2 472 h. (80). D. 19 ; *Ste-Croix*, 207 km², 49 725 h. (80). D. 130. 80 % d'ascendance noire. *Chef-lieu : Charlotte Amalie* 11 671 h. (80). Achetées au Danemark (1917) (25 millions de dollars) pour des raisons stratégiques. *Gouverneur* élu p. 4 a. (Juan Luis). *Sénat* 15 m. élus p. 2 a. *Ressources* : sucre, rhum. Cultures maraîchères. Raffinerie de pétrole. *Tourisme* (78) : 1 300 000 visiteurs.

● **Zone du canal de Panama.** Voir Index.

Économie

Généralités

Rang dans le monde (83). 1re puissance économique ; en particulier : bois, céréales, maïs, soja, uranium. 2e charbon, orge, oranges, gaz nat., pétrole, rés. lignite. 3e cuivre, blé, bovins, coton à graines, porcins, rés. gaz nat. 4e pour la superficie et la population, p. de t., pêche, argent, or. 5e fer. 6e lignite, vin. 8e rés. pétrole, canne à sucre. 14e riz. 25e ovins.

% par rapport au monde. Population 5. P.N.B. 32 [(soja 60, maïs 42, agrumes 30, coton 16,9, blé 15, uranium 46, gaz 40, électricité 48, charbon 24, pétrole 4,3 (79, 13,7), cellulose 11,2, fibres non cellulosiques 34,6].

% comparé (1973, et entre parenthèses 1983). Ensemble de l'activité économique 26,1 [1] (24,4) [2]. Exportations 13,4 (12,1). Véhicules à moteur 31,7 [1] (19,2) [2]. Acier 19,6 (11,6). Aviation civile 78,3 (66,8). Semi-conducteurs 58,1 (55,4). Construction ingénierie 50 (30).

Nota. – (1) 1972. (2) 1982.

Population active. (% et entre parenthèses part du P.N.B. en %) agr. 3,5 (3), ind. 24 (28), services 68,5 (64), mines 4 (5). En *1981* : 110 812 000 actifs (103 900 000 en févr. 84) dont 100 397 000 civils, dont (% en 1979) cols bleus 33,1, services 13,3. **Chômage** (%). *1973* : 4,9 ; *79* : 5,8 ; *80* : 7,1 ; *81* : 7,5 ; *82* : 9,5 ; *83* : 9,5 ; *84* : 7,4 (Blancs 6,5, Noirs 15,9, Hispaniques 10 ; – de 20 a. en juin : 17,6). Baisse liée au transfert des emplois de l'ind. (où beaucoup de ceux perdus pendant la crise n'ont pas été regagnés) vers le tertiaire (+ 21 %).

« Yuppies » ? *Young Urban Professionals* : sont des jeunes loups américains (trentaine d'années) ayant réussi dans les professions libérales ou les services (4 millions d'Amér. de 25 à 40 ans disposent de + de 40 000 $ par an), vivant en ville à l'européenne.

P.N.B. *Total* (*en milliards de* $). *82* : 3 047,5 ; *83* : 3 292,3 ; *84* : 3 664,2 ; *85* : 3 735,5. *Par habitant* (*en* $) *82* : 12 160 ; *83* : 14 090 ; *84* : 15 320.

Production industrielle. Évolution annuelle (en %). *1960-70* : + 6,1 ; *73-78* : + 2,6 ; *80* : – 3,6 ; *81* : – 6,6 ; *82* : – 8,2 ; *83* : + 6,3 ; *84* : 3,5.

Histoire économique de 1945 à 1986

1. « Fair Deal » de Truman (1945-50) (répartition équitable). Pour stimuler la demande intérieure (car l'étranger, ruiné, n'achète rien), Truman envisage un transfert de richesses vers les classes modestes, par un jeu d'impôts et de subventions. Mais le Congrès est républicain. La loi *Taft-Hartley*, en limitant le droit de grève, brise les revendications salariales. Une grave récession survient en 1948.

2. Boom de la g. de Corée (1950-53). Redémarrage des industries de g. coïncidant avec la reprise du commerce mondial (l'étranger redevient acheteur, grâce au Plan Marshall).

3. Croissance molle d'Eisenhower (1953-61). Bien que républicain, Eisenhower reprend le programme dirigiste de Truman : stimulation de la demande intérieure ; limitation artificielle des surplus agricoles (soutien des cours, distribution gratuite des surplus agricoles au tiers monde). Croissance en dents de scie (récession sensible en 1958). Le dollar commence à se déprécier.

4. Ère Kennedy (poursuivie par Johnson, 1961-68). Les démocrates reprennent les idées du New Deal : grands projets publics, budget en expansion (dépenses mil., conquête de l'espace, aide au tiers monde), importation de main-d'œuvre. Expansion très rapide. *Golden sixties*, les années 60 (« en or ») : en fait il n'y a que 5 ans de boom, dus à la réorganisation des moyens de production (1961-65). A partir de 1966 : baisse du taux de profit, gros surplus agricoles ; inflation accélérée ; multiplication de l'assistance aux « pauvres » (26 millions) ; trou budgétaire dû à la guerre du Viêt-nam ; concurrence européenne et japonaise due au succès du Plan Marshall. Conséquence : fuite des capitaux, déficit de la balance des paiements. Mais les investissements se poursuivent (ex. en informatique).

5. Déflation républicaine (1969-76). Nixon, puis Ford cherchent à juguler l'inflation ; ils aboutissent à la stagflation (récession économique + inflation monétaire). *1971* 1er déficit commercial depuis 70 ans. *1972-73* croissance (avec augmentation du chômage). *1974-75* récession avec baisse du P.N.B. L'aide à l'industrie n'empêche pas la crise de l'automobile, de l'électro-ménager, de la sidérurgie [...] (8 millions de chômeurs).

6. Échec de Carter (1976-80). C. hésite entre relance et anti-inflationnisme. En 1977-78, gonflement des importations qui concurrencent les industries locales ; gros déficit commercial. Inflation de + de 10 % à partir de 1977. Chômage record (40 % des Noirs de moins de 20 ans). Légère reprise en 1980.

7. « Effets Reagan » (1980-86). Idées de base du plan de redressement économique de 1980 : « Le gouvernement [l'État] n'est pas la solution à nos problèmes. Le gouvernement est le problème. » Les pouvoirs et l'intervention de l'État fédéral doivent donc être réduits, les dépenses et les impôts fédéraux diminués et les réglementations administratives allégées.

Bilan. Fiscalité. Charge fiscale en baisse par rapport au P.N.B. (*1984* : 19 %, *1981* : 20,6 %), taux de l'impôt sur le revenu pour les personnes physiques réduit de 25 % (sur 3 ans : 5 % le 1-10-81, 10 % le 1-7-82, 10 % le 1-7-83) quel que soit le revenu, baisse de la taxation des plus-values et des taux d'imposition des sociétés favorisant l'activité économique et notamment la création d'entreprises (nombre d'entreprises nouvelles *1978* : 280 000 par an, *85* : 600 000). **Budget.** Hausse des dép. militaires : 136 milliards de $ en 1980 (23,4 % du total), 232 en 1983 (29,1 %), 264,4 en 1985 (29 %) ; hausse réduite des autres dép. : *1980* : 17,3 % ; *81* : 10,3 % ; *82* : 6,6 % ; *83* : 1,9 % (p. ex. suppression de 36 000 postes de fonctionnaires féd., réduction de la durée des indemnités de chômage, de l'assistance aux défavorisés et des subventions au logement) ; hausse des dépenses totales de l'État fédéral : 24 % du P.N.B. en 84 (record), 22 % sous Carter. Déficit budgétaire en forte hausse. **Inflation.** (Voir ci-dessous). **Monnaie.** Hausse du $, en liaison avec l'afflux de capitaux étrangers attirés par une rémunération élevée. **Bourse.** Hausse. **Production.** Baisse de la prod. ind., record de faillites (37 500 en 1983), mais reprise fin 83 et forte hausse en 1984 (Voir ci-contre). **Investissement.** Croissance très réduite à cause des taux d'intérêt élevés en termes réels, + 3,5 % de 1980 à 1984 contre + 28,81 % de 1976 à 1980. **Chômage.** Hausse puis baisse. **Commerce extérieur.** Déficit croissant.

● **Évolution comparée en 1980 sous Carter (1976-80) et, entre parenthèses, en 1984 sous Reagan.**

Emplois *(millions)* : personnes employées 100,9 (106,9), emplois créés en 4 ans 10,5 (6), chômeurs 7,6 (8,5). *En %* : chômage par rapport à la population active 7 (7,5) [taux moyen sur 4 a. 6,5 (8,6)]. Augmentation de la population en 4 a. + 10,9 (+ 6,4).

Inflation (%) : + 12,4 (+ 4,8) [taux moyen sur 4 a. + 11,4 (+ 6,5)]. Au total en 4 a. + 45,7 (+ 26,1).

Comptes extérieurs (*millions de* $) : balance commerciale − 24,3 (− 123,2) ; des comptes courants + 0,4 (− 80).

Épargne et investissement (%) : épargne individuelle (% du revenu individuel) 5,9 (5). Augmentation de l'investissement ind. (usines et équipement) en termes réels, sur 4 a. + 28,6 (+ 3,5). Investissement économique (business investment) en % du P.N.B. (moy. annuelle sur 4 ans) 5,4 (0,2).

Déficit fédéral (*milliards de* $) : 50,7 (175,4) [moyenne sur 4 ans (en % du P.N.B.) 2 (5)]. *Dette féd.* 914,3 (1 575,6). *Intérêt sur la dette* 52 (111). *Dépenses féd.* (en % du P.N.B.) 22,4 (23,5) [moy. sur 4 ans (en % du P.N.B.) 22 (24)].

Pauvreté (% de pauvres par rapport à la pop. totale) : 13 (15,2).

Taux d'intérêt *(prime rate)* : 2,5 (11,5) moins inflation, sur 4 ans 13,6 (10,3). *Taux fixe d'emprunt hypothécaire* (à 25 ans) : moy. sur 4 ans 10,6 (13,9).

Croissance du P.N.B. *en 4 ans* : revenu médian après impôt fédéral ($ valeur 1974) 10 282 (10 175). Revenu des agriculteurs (en milliards de $ valeur 1967) 8,6 (5,4).

Sources : Statistical Abstract 1984, Department of Commerce ; New York Times, Wall Street Journal et National Journal.

Industrie

2 victoires dans les g. mondiales, assurant la suprématie pol. et dipl. **Cadres entreprenants** (par ex., depuis 1940, ils ont créé 2 zones industrielles neuves : le long du Pacifique et dans le Jeune Sud). **Dynamisme d'un peuple à faible densité,** ayant l'espace pour lui et le sentiment d'être favorisé par Dieu (richesses du sol et du sous-sol). **Puissance des firmes multinationales** (14 sur les 20 1res du monde, 312 sur les 500 1res). Contrôlent 50 % de la prod. totale des U.S.A. et ont investi partout (record du nombre d'employés : American Telephone 950 000). **Primauté technologique** (due en partie aux élites europ. attirées par de hauts salaires). **Productivité** *élevée*, notamment en agriculture ; fort % du tertiaire. **Rayonnement culturel et linguistique** (cinéma, TV, publicité, satellites, musique, arts vestimentaire et décoratif, prosélytisme religieux).

● **Abondance des matières premières** et forte concentration ; mais importation de 1/3 du fer, 9/10 de bauxite, chrome, nickel et manganèse.

Puissante : 1er prod. du monde électricité, aluminium (32 %), automobiles (32 %), avions civils (79 %), ordinateurs (89 %). 2e téléviseurs (20,5 %), acier brut (19 %). 33 % des biens et des services produits dans le monde. *Industries pilotes* : aéronautique (United Technologies, Rockwell, Boeing, MacDonnel-Douglas, Lockheed), constr. électrique et informatique (IBM, General Electric, ITT), mécanique (Caterpillar et International Harvester, 2e et 3e derrière le groupe japonais Mitsubishi), chimie avec Du Pont de Nemours (4e rang mondial après les Allemands Hœchst, Bayer et BASF), agro-alimentaire, aérospatiale et automobile (General Motors).

Problème industriel jusqu'en 1980. Baisse de la compétitivité : perte de marchés extérieurs et intérieurs. *Causes* : baisse de la recherche (2,10 % du P.N.B. en 1964, 1,60 % en 1979), ralentissement de la hausse de la productivité, baisse des invest. (7,5 % du P.N.B. de 1970 à 79, contre 8,8 % en All. féd., et 17 % au Japon) ; salaires élevés (*1983* : 14,14 $ l'heure contre 10,75 en Fr., 10,39 en All. féd., 6,72 au Japon), mais l'écart s'est réduit dep. 1970 (hausse des salaires de 1970 à 1980 : U.S.A. + 133 %, Fr. + 431, All. féd. 430, Japon + 467) du fait de la baisse des salaires (en termes réels) après les 2 chocs pétroliers.

Dans les années 80 hausse de la productivité (robotisation croissante dans l'automobile p. ex.). Au cours des années 70, les ind. exportatrices et excédentaires (surtout : aéronautique, machines de bureau et informatique, appareils de mesure et de précision, mat. de B.T.P., machines et équipements mécaniques et électriques, chimie) ont accru leurs investissements (taux : 8,7 % en 71, 121 en 79), ind. de transformation ou de biens de consommation souffrent fortement de la concurrence *étrangère*. En 1986, 70 % des Stés U.S. sont confrontées à la concurrence étrangère. *Part des imp. (en %) en 1985* : chaussures 75, télévisions et radios 60, bicyclettes 45, acier 26, vêtements 21.

Brevets accordés aux U.S.A. (1984). 72 149 dont 31 000 accordés à des Stés étrangères : Japon 11 355, All. féd. 6 402, G.-B. 2 414, Fr. 2 286, Canada 1 317.

Récession. Sidérurgie. *Causes* : retard technologique dû à l'équipement des nouvelles aciéries en fours Martin dans les années 50, alors que dans les années 60 et 70, Européens et Japonais se rééquipaient en aciéries à oxygène [part de la production en coulée continue (All. féd. 29, France 59, dans la C.E.E. 53, Japon 79 %) ; prod. moyenne annuelle d'un sidérurgiste : 249 t (Japon 327)] ; salaires supérieurs de 30 % à ceux des autres secteurs jusqu'en 1983 ; hausse des taux d'intérêt et manque de fonds propres (les capitaux étant attirés par des secteurs plus rémunérateurs). **Production** : *1970* : 119 millions de t (26 % de la prod. mondiale), *82* : 68 (10,5 %) ; *83* : 77 (11,5) ; *85* : 82,7 (11,6). *Effectifs* : *1970* : 530 000 ; *82* : 289 000 ; *83* : 245 000. **Importations d'aciers au carbone et alliés** : *1970* : 9,3 % du marché U.S., *82* : 21,8 ; *83* : 20,4 ; déficit des entreprises (perte d'env. 5 milliards de $ en 1982-83) et fort endettement ; la prod. d'acier ne représentait plus que 3 % du P.N.B. en 1983 contre 5 % en 1970. *Mesures récentes* : accord de mars 1983 pour 41 mois sur une baisse de 10,5 % des salaires, assouplissement des lois antipollution, diversification des activités des sociétés (achat d'entreprises pétrolières...), effort de modernisation, limitation négociée des importations (autolimitation des exp. de la C.E.E. et du Japon) et formes diverses de protectionnisme (qui permettent aux produits U.S. d'être 10 à 20 % plus chers que leurs concurrents), développement des « mini-mills » (équipés de fours électriques, salaires plus bas pour les ouvriers, non-syndiqués) qui représentent 25 % du marché des produits longs. **Divers.** *Automobile* (Ford et Chrysler). *Chantiers navals. Aéronautique* (Lockheed). *Textile* (effectif : 2 millions, C.A. 45 milliards de $). *Chaussures. Téléviseurs. Caméras. Magnétophones* (concurrence asiatique ; faillites). *Chemin de fer* (technologie en retard). 2/3 des machines ont plus de 10 ans (Japon 1/3).

Zones d'innovation. V. 1940-50, « *Route 128* **»** qui traverse le Massachusetts autour de Boston, le prestige du Massachusetts Institut of Technology (M.I.T.) étant alors à son zénith. **V. 1977-85,** *Silicon Valley* (500 km² entre San José et San Francisco) s'appuyant sur les universités de Stanford et de Berkeley. Son nom signifie Vallée du Silicium, base de l'électronique. Symbole de cette réussite : Steve Jobs et Stephen Wozniak, 2 jeunes de 20 ans qui créaient en 1977,

---

Protectionnisme américain

1°) Tradition coloniale. *Taxes douanières.* But principal jusqu'en *1816*, rapporter de l'argent au Trésor. *1816-32* protéger industrie amér. *1816-19* modérées (25 % sur textiles). *1820* influence de Henry Clay, créateur du « système amér. », augmentation. *1824* frappent laine, chanvre, fer (pour protéger producteurs du Middle West). *1827* (convention Harrisson) : taxes sur laine et autres produits manufacturés en N.-Angl. triplent. *1831* taxe sur laine 50 %, produits manufacturés 95 %. *1832* le S. (notamment Caroline du S.) s'oppose à ces taxes. *1833-42* les taxes baissent puis augmentent. *1846* les démocrates antiprotectionnistes au pouvoir les réduisent. *1850* les démocrates, protégeant les agriculteurs du S., baissent les taxes ; les rép., favorisant les manufacturiers du N., les augmentent.

2°) Institution des impôts directs (1850-87). Pour payer les dépenses mil. (G. de Sécession), des impôts directs et des taxes sur tabac et alcool sont créés. Les taxes douanières perdent de leur importance. *1872* tarifs douaniers diminués de 10 %. Mais rails de chemin de fer et nickel sont taxés à 45 %, pour protéger les manuf. américains (1877, taxe sur les rails 100 %). *1883* majorité protectionniste au Congrès : taxation des produits textiles de luxe, du fer et de certains articles en acier.

3°) Régime MacKinley *(1890-1909)*. Inspiré par les rép., protège les producteurs de coton du S. *1897* taxe sur sucre (40 % sur brut ; 40 % + 1/8 de cent par livre sur raffiné) ; taxe sur charbon. *1897* loi Dingley : taxes sur laine, soie, lin, certains produits fermiers, articles en acier. *1908* victoire des protectionnistes rép. *1909* loi Poyne-Aldrich : taxes sur textiles bon marché et fruits (figues, pruneaux, agrumes).

4°) Assouplissement *(1909-21)*. *1909* Howard Taft, Pt républicain modéré, assouplit le système des échanges avec Can. *1913* Wilson, Pt démocrate, antiprotectionniste, baisse plusieurs taxes, notamment sur coton et laine (admise sans droit en 1914). *G. 1914-18* pas de concurrence eur. : taxes disparaissent. *1920* les agric. réclament des lois protectionnistes et rappellent les rép. au pouvoir.

5°) Protectionnisme républicain *(1922-29)*. *1922* lois Fordney-McCumber, Smoot-Hawley. *1930* tarif flexible : dès qu'un produit am. est menacé par la concurrence étrangère, ses import. sont taxées, par ex. montres, jouets, allumettes, etc.

6°) New Deal et accords bilatéraux. *1934* Roosevelt réduit de 50 % les taxes, afin de passer des accords bilatéraux avec les pays étrangers, mais il ne peut détaxer complètement un produit. Loi renouvelée en *1937, 1940, 1943*.

7°) Accords du G.A.T.T. *(1949)*. Voir Index.

Législation antitrust

Origine fin du XIXe s. pour protéger la concurrence. *Textes. Sherman Act* (1890) : le plus général, interdit notamment les ententes. *Clayton Act* (1914) : interdit de contourner le précédent par des ententes et des pratiques de prix discriminatoires ; l'art. 7 rend illégales les fusions pouvant réduire la concurrence ou créer un monopole. *Federal Trade Commission Act* (1914). *Robins-Patman Act* (1936). *Depuis 1976*, un amendement Hart Scott Rodina exige la notification préalable aux autorités de tout projet d'acquisition ou de fusion pour les opérations de plus de 10 millions de $.

Quelques interdictions : ententes sur les prix entre concurrents, boycottage concerté ou refus de vente, pratiques de prix discriminatoires, répartition des marchés (géographiquement ou par produits). *Sanctions* pour les dirigeants de sociétés condamnés : amendes et peines de prison jusqu'à 3 ans (moyenne récente : 90 j ferme).

dans un garage, la firme Apple (micro-ordinateurs). 8 000 entreprises (80 % employant — de 50 personnes) dont + de 3 000 d'électronique ; attire les 2/3 des 3 milliards de $ investis aux U.S.A. dans le capital-risque (venture capital : financement d'innovateurs par des capitaux recherchant de hauts profits). *Autres « zones » :* Phoenix (Arizona), Albuquerque (N.-Mexique), Dallas et San Antonio (Texas).

Gaspillage des ressources et pollution. Érosion des sols, épuisement de la pêche et de l'ostréiculture, gaspillage énergétique (réduit depuis le plan Carter).

Baisse du civisme. Contestation, décadence de la famille, importance de la drogue, montée de la violence et de la criminalité, avec toutefois une baisse de celles-ci en 1983.

Inégalités sociales. Revenu. 1 Blanc sur 8 vit audessous du seuil de pauvreté (1 Noir sur 3) ; le salaire « noir » moyen est inférieur de 50 % au sal. « blanc ». De 1980 à 1984 : le revenu annuel moyen des familles les + pauvres (20 % de la pop.) est tombé de 6 913 à 6 391 $ (— 8 %) ; pour les plus riches (20 % du total) il est passé de 37 618 à 40 688 $ (+ 9 %). **Niveau d'éducation.** 60 millions d'Amér. sont incapables de lire un mot de plus de 3 lettres, 25 millions un chiffre romain. 44 % des Noirs et 56 % des Hispanophones sont totalement ou partiellement incapables de décoder un texte écrit. Sur 8 millions de chômeurs, 4 à 6 millions sont sans emploi parce qu'ils ne possèdent pas la formation minimale nécessaire.

Dégradation de l'infrastructure. Due au manque de crédits pour l'entretien et la modernisation des voies de communications, égouts, conduites d'eau.

Projet de réforme de Reagan (févr. 1986). Possibilité pour le Pt d'exempter pendant 5 ans de l'application de l'art. 7 du Clayton Act les industries exposées à une forte concurrence internationale, avec charge de la preuve inversée (les tribunaux devant apporter une « preuve significative » du dommage dû à une opération et non une appréciation sur un dommage à venir), interdiction de nommer des administrateurs ou dirigeants communs dans des entreprises concurrentes seulement au-delà de 10 millions de $ de C.A. (1 million actuellement), suppression des « dommages triplés » (quand l'attaquant gagne), possibilités restreintes pour les Cies U.S. de poursuivre des entreprises étrangères pour de prétendues violations sur le sol étranger.

Finances

Aide à l'étranger (83, en millions de $). *Militaire :* 5 600 dont Proche-Orient et Asie du Sud 74,4 % (4 164, dont Israël 1 700, Égypte 1 327, Turquie 403, Pakistan 261, Liban 102), Europe 9,2 % (514 dont Espagne 403, Portugal 111), Asie orient. 6,6 % (367 dont Corée du S. 187, Thaïlande 96, Philippines 51), Afrique 6 % (338 dont Tunisie 102, Maroc 101, Soudan 44, Somalie 31), Am. lat. 2,9 % (164 dont Salvador 81, Honduras 48), non régionalisée 9 %. *Économique :* 8 600 dont Proche-Orient et Asie du S. 34,7 % (2 987), Amér. lat. 13,5 % (1 161), Afrique 11,3 % (970), Europe 8 % (370), Asie Orient. 3,3 % (287), Océanie et autres 1,8 % (7 %).

Avoir en or (milliards de $). *1944 :* 86 (60 % des réserves du monde). *67 :* 14,6 (20 %). *81 : 8* (20 %). *84 :* 11,1.

Balance des paiements courants (milliards de $) *1969-75 :* + 2 665. *74-78 :* — 0,40. *79 :* — 0,3. *80 :* + 0,4. *81 :* + 4,5. *82 :* — 11,21. *83 :* 41,5. *84 :* — 107,4. *85 :* 117,5.

Bénéfice des Stés anonymes (milliards de $). *81 :* 197,6. *82 :* 156. *83 :* 192. *84 :* 231,5.

Budget 1984 et, entre parenthèses (est.) 1985 (milliards de $). **Recettes :** 666,5 (736,9) [dont imp. individuel sur le revenu 296,2 (329,7). Imp. sur les Stés

Budget en milliards de dollars [1]

	Dépenses	Recettes	Solde
1980	590,9	517,1	— 73,8
1981	678,2	599,3	— 78,9
1982	745,7	617,8	— 127,9
1983	808,3	600,6	— 207,8
1984	851,8	666,5	— 185,3
1985	945,9	734	— 211,9
1986 [2]	793,7	973,7	— 180
1987 [3]	994	850,4	— 143,6

Nota. — (1) L'année fiscale va du 1-10 au 30-9. (2) Estimation. (3) Projet.

56,9 (66,4). Taxes et cotisations d'ass. soc. 241,7 (268,4). Droit d'accise 37,4 (37), mutation 6 (5,6), douane 11,4 (11,8). Recettes diverses 17 (18)]. **Dépenses :** 851,8 (959,1) [Déf. nat. 227,4 (253,8). Affaires internat. 15,9 (19,6). Science, espace, technologie 8,3 (8,7). Énergie 7,1 (8,2). Ressources naturelles et environnement 12,6 (13). Agriculture 13,6. (20). Crédit commercial et aide logement 6,9 (6). Transports 23,7 (27). Développement nat. et régional 7,7 (8,6). Ens., formation, emploi, services soc. 27,6 (30,4). Santé 30,4 (33,9). Séc. soc. et soins méd. 235,8 (257,4). Anciens combattants (prestations et services) 25,6 (26,9). Justice 5,7 (6,7). Administration gén. 5,1 (5,8). Assistance fiscale 6,8 (6,6). Intérêts (dette publique) 111,1 (130,4). Dotations 0 (1,1). Recettes non utilisées — 32 (— 32,3)]. **Solde :** — 185,3 (— 222,2).

Évolution du budget fédéral. (dépenses et entre parenthèses déficit, en %). *1964 :* 19,2 (1). *68 :* 21,4 (3). *72 :* 20,4 (2). *76 :* 22,2 (4). *80 :* 22,4 (2,3). *84 :* 23,5 (4,8). **Crédits distribués** (milliards de $). *1981 :* 242. *84 :* 754. **Dette publique** (en milliards de $) *1974 :* 543. *80 :* 914,3. *81 :* 1 004. *82 :* 1 147. *83 :* 1 382. *84 :* 1 576. *85 :* 2 000. *Service de la dette : 1984 :* 111,1 (3,03 % du P.N.B.).

Nota. — **Déficit** en % du P.N.B. en 81 (et 84) : d. fédéral 2,1 (4,8), excédent des collectivités locales 1,2 (1,4), d. total 0,9 (3,4). La loi Gramm-Rudman-Rollings (déc. 85) exige que le déficit budgétaire soit ramené à 172 milliards de $ en 1986, à 144 en 87, 108 en 88 et 0 en 1991.

Inflation (%). *1979 :* 11,3 ; *80 :* 13,5 ; *81 :* 10,4 ; *82 :* 6,1 ; *83 :* 3,9 ; *84 :* 4 ; *85 :* 3,8.

Investissements à l'étranger. *Privés directs* (1984, en milliards de $) : 233,4 dont Eur. occ. 103,6, Canada 50,4, Am. latine 28,0. **Inv. étrangers aux U.S.A.** (1983, en milliards de $) : 133,5 dont Eur. occ. 91,2, Canada 11,6, Am. latine 13,2.

Endettement (milliards de $). *Ménages : 1974 :* 671, *84 :* 1 832 ; *entreprises : 1974 :* 900, *84 :* 2 589.

Réserves officielles (milliards de $). *1984 :* 34,5 (dont or 11,1, devises étrangères 6,3, droits de tirage spéciaux 5,5 réserve au F.M.I. 11,7).

Taux d'intérêt : Prime rate (taux de base des banques), taux bons du Trésor à 3 mois entre parenthèses : *1979 :* 12,67 (10,041). *80 :* 15,27 (11,506). *81 :* 18,87 (14,029). *82 :* 14,86 (10,681). *83 :* 10,79 (8,63). *84 :* 12,04 (9,58).

Réforme fiscale en cours. Adoptée en déc. 1985 par la Chambre des représentants, doit être discutée au Sénat en 1986. *I. sur le revenu :* 3 taux marginaux d'imposition (15 %, 25 % et 35 %) contre 14 (avec un taux maximum de 50 % dep. le 1-1-82, avant 70 %). *I. sur les bénéfices :* taux max. réduit de 46 à 36 %. *Élimination de nombreuses déductions fiscales.*

Agriculture, forêt, pêche

● **Terres** (en millions d'ha). *Agricoles* (57 %) labourables 191, prairies permanentes 244, forêts pâturées 80, divers 4 ; *non agricoles* (43 %) : forêts 212, parcs et réserves naturelles 33, villes, routes et aéroports 26, divers 127. **Répartition des terres** (%, est. 82). Pâturages 29,2, forêts 28,9, cultures 17,9, villes, routes, usines, etc. 11,9, divers 12,1.

Propriété du sol (%, est. 82). Particuliers 58,7, État fédéral 32,2, États et Collectivités locales 6,8, Indiens 2,3. *Propr. américains :* Blancs non hispaniques 90 % (97 % des domaines privés), Noirs 4 % (1 %). Étrangers, % infime. *Origine de la propriété* (%) : héritage 18, achat à des parents 60.

● **Population agr.** (en millions). *1950 :* à la ferme 23 (trav. agr. permanents 9,9) ; *60 :* 15,6 (7,1) ; *76 :* 8,3 ; *79 :* (3,3) ; *85 :* (2,3).

Exploitations. Nombre : 2 478 642. *Sup. moy.* 415 acres (Rhode Island 86, Wyoming 3 969). *Propriété* de l'exploitant 64 %, partielle 26 %, en fermage intégral 10 %. 50 % n'utilisent pas de salariés. Chaque agriculteur exploite env. 180 ha (C.E.E. 20 ha) ; dans les « feeds lots » (unités d'engraissement) un homme nourrit 1 500 à 2 000 bêtes par an (*1850 :* 1 agriculteur pour 1 consommateur ; *1940 :* 1 pour 10 ; *1960 :* 1 pour 26 ; *1980 :* 1 pour 52). *Fermes :* 2 370 000 (83) ; *prév. 1985 :* 2 200 000.

Monocultures. *Dairy Belt,* production ancienne du lait : Michigan, Minnesota, Wisconsin ; *2e Dairy Belt* (moderne) : Oregon et Washington. *Tobacco Belt,* région du tabac : Virginie, les 2 Carolines. *Cotton Belt,* région du coton : de la Géorgie au sud du Texas. *Corn Belt,* ceinture du maïs : Ohio, Indiana, Illinois, Iowa, Missouri, Nebraska (nouvelles cultures : soja, sorgho, avoine, orge). *Wheat Belt,* ceint. du blé : printemps au N. : Montana, les 2 Dakotas ; hiver au S. : Kansas, Nebraska, Oklahoma. *Monocultures modernes.* Agrumes (Floride), canne à sucre (Texas), riz (Louisiane, Arkansas), cultures maraîchères (près des grosses villes), arachides (plaine atlantique), pommes de t. (Maine).

Polycultures : *a) pauvres :* Ozark, plateau de Cumberland, Appalaches ; *b) riches :* par irrigation : Californie (vergers subtropicaux et tempérés) ; oasis du N. (Utah) : luzerne, betteraves, fruits ; du S. (Idaho) : citrons, dattes, figues, coton. **Dry farming** (culture sèche) mis au point en Utah au XIXe s. (humidité du sol entretenue par un travail en surface), a permis les cultures céréalières sur de grandes régions sèches, notamment la *Palouse* (Washington) et le *Piedmont* (Montana). *Consommation d'engrais :* 40 kg par an (France 175 kg). **Mécanisation :** 5 millions de tracteurs ; dans l'Iowa, un semoir à 18 rangs ensemence 400 ha en 6 j.

Élevage spécialisé : bœufs transhumants (vers Idaho, Montana, Washington) dans Wyoming et États de la Plaine ; non transhumants : Mississippi et S. de la Plaine. *Volailles :* poulets (Rhode Island) ; dindes : Vermont.

Statistiques (millions de têtes, 84). Bovins 114,4, vaches à lait 11,1, moutons 11,4, porcs 55,8, poulets 378,5 (83), dindes 3,4 (83).

● **Pêche.** Voir Index.

● **Forêts.** Production : 372 540 000 m³.

● **Production** (millions de t, 84). Maïs 194,31, blé 70,63, avoine 6,8, orge 12,9, riz 6,26, sorgho 20,6, foin 157 (81), seigle, tabac, p. de terre, haricots, cacahuètes, bett. à sucre, pommes, pêches, poires, raisin, oranges, tangerines, pamplemousses, citrons, coton.

● **Exportations agro-alimentaires.** Ont sextuplé entre 1960 et 78. *Difficultés :* surplus (multipliés par 9 entre 1960 et 78). *Ventes de céréales à l'U.R.S.S.* (en millions de t/an, M/t). *Oct. 1975 :* accord pour 1976-81 : 6 M/t. *1976 à 1979 :* + de 6 milliards de $. *4-1-1980 :* J. Carter, en représailles contre l'invasion de l'Afghanistan par l'U.R.S.S., fixe un quota de 8 M/t. *Oct. 1981 :* accord autorisant l'U.R.S.S. à acheter 23 M/t. *Août 1983 :* accord avec U.R.S.S. : achat par l'U.R.S.S. (à partir du 1-10-83) pour 5 ans de 9 M/t soit 30 % des imp. sov. prévues (*78 :* 70 % ; *80 :* 15 %). Exp. en 1983 : 2,3 milliards de $.

● **Agribusiness** (1 actif sur 5). Les grandes firmes investissent en terres agr. (souvent à l'étranger, notamment au Brésil), les fermiers sont souvent employés d'une entreprise ind. (ex. Dow Chemical contrôle les cult. maraîchères en Calif.). 5 Stés géantes contrôlent le négoce, notamment *Cargil incorporated,* qui exporte 25 % du blé. Les U.S.A. réalisent 1/5 des ventes mondiales (produits végétaux et animaux).

● **Problèmes agricoles.** Beaucoup d'exploitations familiales, petites et moyennes, sont condamnées à disparaître (sur 700 000 fermiers à plein temps, 56 000 fournissent les 2/3 de la prod. agr.) ; elles n'ont survécu, jusqu'à présent, que grâce à des subventions de l'État (au total 114 milliards de $ de 1976 à 1985 dont 22 en 85) [1]. Fort endettement des fermiers (215 milliards de $) dont 20 % env. ne pourront être remboursés, cette situation provoquant de nombreuses faillites de banques agricoles. Compétitivité des produits agricoles, face à ceux de la C.E.E., de l'Argentine, de l'Australie et du Canada, compromise par la surévaluation du $ d'où gonflement des stocks (exportations : *1981 :* 44 milliards de $, *84 :* 38) et baisse des recettes des producteurs [2] (profits globaux : *1979 :* 32 milliards de $, *83 :* 16) dont le capital d'exploitation est déprécié du fait de la baisse du prix des terres (de 25 à 60 %). Intention du Pt Reagan de réduire progressivement le niveau des prix de soutien en appliquant le principe de l'offre et de la demande (dépenses totales de l'État fédéral pour l'agr. 1983 : 54,8 milliards de $ contre 3 à 4 quelques années plus tôt).

Formes de subventions et d'aides : subventions aux exportations : crédits à taux nul et aide alim. (17,5 des 50 millions de t de blé ou de farine exportées en 85). Ainsi, le BICEP (Bonus Incentive Commodity Export Program) subventionne (2 milliards de $) les exp. de blé (prix réduit de 14 $ par t) et de farine (prix réduit de 66 $ par t). **Aides intérieures directes :** prêts non remboursés dans certaines conditions pour les agriculteurs qui « gèlent » une partie de leurs terres (Farm Bell de 61), paiement en nature (PIK : payment in kind) aux agriculteurs gelant une partie supplémentaire de terres cultivables (10 à 30 %), prix de soutien et prime aux éleveurs réduisant leur prod. pour les prod. laitiers ; *autres mesures :* Food Stamp Program (distribution alim. gratuite à 21,6 millions d'adultes et 30 millions d'écoliers, 19 milliards de $ en 85).

Énergie

• **Origine.** Pétrole 48 % (importé : 22 %) ; gaz naturel 28 %, charbon 19 %, hydro-électr. 3 %, nucléaire 2 %. 1er rang mondial pour charbon, électricité, gaz naturel, uranium. *Consommation :* 1/3 de l'énergie mondiale (par hab. 3 fois + qu'au Japon, 2 fois + qu'en All. féd.), d'où nécessité d'importer.

• **Charbon.** *Obstacles : 1°)* coût du transport (mines de l'O. Dakota, Montana, Wyoming, Colorado, Utah, Iowa, Texas, à plus de 3 000 km des centres ind.) ; *2°)* coût de l'extraction : le meilleur charbon (Appalaches) est dans des puits profonds, avec main-d'œuvre chère (syndicats anciens et puissants) ; *3°)* risques écologiques : l'extraction à ciel ouvert, la plus rentable, massacre les sites. On favorise l'extraction d'un charbon bon marché dans le Middle West (Illinois et Indiana), transformé sur place en électricité. Les « veines » carbonifères appartiennent au propriétaire de la surface, même si elles ne sont pas verticales, et si elles s'enfoncent obliquement sous une propriété voisine. Un particulier doit demander une licence d'exploitation à l'État. **Production** (millions de t). *1974 :* 539 ; *82 :* 707,2 ; *83 :* 683,6 ; *84 :* 751,4.

• **Gaz naturel.** 40 % env. de la cons. mondiale. Prod. en augmentation jusqu'en 1973. Ensuite, par crainte d'épuisement, régression et import. de gaz can. et algérien. Les gisements de l'Alaska sont exploités depuis 1983 (construction d'un gazoduc transcan.). **Production** (milliards de m³). *1946 :* 118 ; *55 :* 266 ; *70 :* 621 ; *82 :* 502 ; *83 :* 473 ; *84 :* 487.

• **Électricité. Production** 2 500 milliards de kWh en 84 (dont en 83 en % charbon 54,8, gaz 11,9, hydroélect. 14,4, nucléaire 12,7, pétrole 6,2, divers 0,2). **Hydro-électricité :** 1/4 du potentiel est équipé. L'Alaska a un potentiel énorme, mais les coûts de construction y sont élevés (climat). **Nucléaire :** 80 réacteurs : capacité 62,8 millions de kW ; prod. : 343 milliards de kWh en 1984. Les normes de sécurité strictes augmentent les coûts. Opposition des écolo. à cause d'accidents.

• **Pétrole. Réserves prouvées** (milliards de t) : 3 725 dont en % Centre Sud (Louisiane, Oklahoma, Texas) 91, Californie 6, Appalaches 3. [Les schistes bitumineux des Rocheuses ont 3 fois + de pétrole que les gisements connus réunis, mais demeurent inexploités (seuil de rentabilité trop élevé).]

Production (millions de t) : *1946 :* 234 ; *58 :* 336 ; *79 :* 420 ; *81 :* 422 ; *82 :* 477 ; *83 :* 478 ; *84 :* 487. *Régions de prod. (pétrole + gaz nat., en %). 1980* Golfe du Mexique 44 (Texas 36, Louisiane 8), Midcontinent (Oklahoma, Kansas, Mississippi, Illinois) 29, Rocheuses 11, Californie 11, Alaska. **Importations :** *1971 :* 90 millions de t ; *1978 :* 500 ; *81 :* 240 ; *83 :* 173 *dont* Mexique 40, G.-B. 19, Arabie S. 16,7, Indonésie 16,4, Nigeria 15,7, Canada 14,3, Algérie 9,1, Venezuela 8,6.

Statut juridique : le propriétaire du terrain est prop. des hydrocarbures du sous-sol. En cas d'association pour l'exploitation d'un gisement, chaque prop. reçoit des royalties proportionnelles à l'étendue de son terrain. Le gouv. fédéral peut proclamer certaines régions « réserves féd. » pour l'armée et la marine. **Perspectives :** 1) l'Alaska (voir p. 874 c) : rentabilité dépendant de l'ouverture d'un oléoduc à travers le Canada ; 2) Mexique : grosses réserves mais problèmes politiques.

Sociétés. 5 « Majors » (Exon, Mobil, Texaco, Socal, Gulf Oil) et 7 000 « indépendants » (dont Standard Oil of Indiana, Atlantic Richfield, Shell Oil, Continental Oil Tenneco). Les prix n'étant pas libres, les grandes Cies ont investi surtout à l'étranger et la production aux U.S.A. est restée artisanale (500 000 puits, 50 000 petites sociétés).

Mines

• **Production** (milliers de t, 84) cuivre 1 091,3, zinc 277,5, plomb 333,2, bauxite 856, phosphates 42 573 (83), sulfure 4 111 (83), nickel, charbon 751 000, fer 34 550, or, argent, molybdène, uranium 8,13 (83).

• **Minerais stratégiques importés.** (% de la consommation) : bauxite 94 (Jamaïque, Guinée, Surinam), chrome 91 (Afr. du S., U.R.S.S.), cobalt 93 (Zaïre, Belg., Lux., Zambie), manganèse 97 (Gabon, Afr. du S.), nickel 73 (Canada), tantale 97 (Thaïlande), titane 47 (Japon, U.R.S.S.).

Transports

Transports aériens. 15 132 aéroports, 30 Cies aériennes (1/3 des voy. transportés dans le monde).

Chemins de fer. 1er réseau ferroviaire du monde (330 000 km, 1/3 du r. mond.) ; baisse d'activité.

Transports maritimes. *Atlantique :* conditions favorables (côte découpée de N.-Angl., embouchure de l'Hudson, baies profondes Delaware et Chesapeake, au S. embouchures protégées par des cordons littoraux). N.-E., Boston dessert la N.-Angl. : relations avec Europe. New York : 3e port du monde, complexe commercial. Philadelphie et Baltimore : fonctions générales. Norfolk et Hampton Roads : charbon des Appalaches. *Golfe du Mexique :* ports spécialisés (pétrole, soufre, phosphates) : Tampa (Floride), Mobile (Alabama), Houston, Port-Arthur, Beaumont, Corpus Christi (Texas). Moins spécialisés : Bâton-Rouge et la Nouvelle-Orléans. *Pacifique :* c. moins abritée, 2 sites remarquables : baies de San Francisco et du Sound au N.-O. ; Los Angeles, San Francisco et Portland (produits miniers, bois, pétrole ; reçoivent des marchandises diverses). Seattle (industriel, point de départ vers l'Alaska). *Cabotage* important : New York 55 % du trafic, N.-Orléans 75 %. Avant 1939, le trafic portuaire était assuré en grande partie par les marines étrangères, la marine américaine étant, sauf pour les pétroliers, assez réduite. Après la g. en 1945, les U.S.A. eurent la 1re marine, puis retombèrent au 7e rang : 1/5 est, en fait, inemployée.

Navigation intérieure. 1ère du monde. Grands lacs, Mississippi. *Voie maritime du St-Laurent.* Réalisée par U.S.A. et Canada. Ouverte aux navires de 20 000 t (prof. min. 8,20 m). Longueur 4 000 km. Aboutit à la zone industrielle des Gds Lacs (alt. 192 m). Trafic annuel : 10 000 navires (57,6 millions de t).

Transports routiers. 1er réseau du monde (6 millions de km de routes, dont autoroutes 80 000), 123,6 millions de voitures, 35 millions de poids lourds.

Tourisme. 20 870 000 vis. (84).

Commerce

1er acheteur et 1er vendeur du monde (12 % des échanges mondiaux, dont importations 12 %, exportations 13 %). Étant donné l'énorme demande intérieure amér. les export. ne représentent que 7 % du P.I.B. (objectif : 15 à 20 %, chiffre atteint par ind. pharmaceutique, caoutchouc et électronique). 60 % des ventes vont aux pays industrialisés ; 5 % des achats en viennent. La *balance* est déficitaire avec l'OPEP (80 % du total), Japon, Canada (pétrole, produits chimiques, articles manufacturés).

Échanges (milliards de $, 83). *Exportations* 200,5 *dont* mach. et équip. de transp. 82,6, prod. man. 34,7, prod. alim. 24,2, prod. chim. 19,8, mat. 1res (sauf fuel) 18,6, énergie 9,5 *vers* Canada 38,2, Arabie Saoudite 17,9, G.-B. 10,6, All. féd. 8,7, P.-Bas 7,8, France 6, Bénélux 5,05. *Importations* 258,05 *dont* mach. et équip. de transp. 86,1, prod. man. 66,5, énergie 58, prod. alim. 15,4, prod. chim. 10,8, mat. 1res (sauf fuel) 9,6, *de* Canada 52,1, All. féd. 12,7, G.-B. 12,5, Chine 11,23, Nigeria 3,8, Arabie S. 3,6. **Déficit commercial** (milliards de $). *1978 :* 42,36 ; *81 :* 27,9 ; *82 :* 36,3 ; *83 :* 61,1 ; *84 :* 114,1 ; *85 :* env. 150.

% des ventes américaines sur le marché mondial (en 1979 et entre par. en 1960). Véhicules à moteur 13,9 (22,6) ; aéronautique 58 (70,9) ; chimie organique 15 (20,5) ; télécomm. 14,5 (28,5) ; mat. plastiques 13 (27,8) ; équipement maison 19,6 (27,9) ; pharmacie 16,9 (27,6) ; machines-outils 21,7 (32,5), agricoles 23,2 (40,2), textiles 6,6 (15,5) ; matériel ferroviaire 11,6 (34,8).

% des achats à l'étranger par rapport à la consommation en 1974 (et entre parenthèses en 1983). Chaussures 24 (46), vêtements (*) 8 (22), télévision (*) 10 (40), acier (*) 10 (25,4), voitures (*) 16,1 (27,8 en 82), machines-outils 13 (36), textiles (*) 15 (31), bois 12 (40), haute technologie (16 en 84).

Nota. — (*) Produits bénéficiant d'une forme de protection.

Importations de produits manufacturés (en milliards de $, 1983). 163 dont en % : tiers monde 28, Japon 25,6, Europe 24,3, Canada 19.

Exportations vers le tiers monde (en milliards de $, 1983). 45,3 dont en % : Amérique latine 16,9, Asie 16,2, Moyen-Orient 9,5, Afrique 2,7.

ÉTHIOPIE

Carte p. 880. V. légende p. 787.

Nom. Du grec *aethiops,* « face brûlée », qui désignait dans l'Antiquité l'Afrique noire au S. de l'Égypte. Terme réintroduit fin XIXe s. pour s'appliquer à l'État abyssin agrandi à la suite des conquêtes de Ménélik. L'Abyssinie (en arabe, peuples mélangés) comprenait Érythrée, Somalie, partie du Soudan et s'étendait jusqu'en Nubie. Le nom fut employé avant et pendant l'occupation ital. Addis-Abeba est le siège de l'O.U.A. et de la Commission économique pour l'Afr. de l'O.N.U. Au XIVe s. on parlait du Royaume du Prêtre Jean (légende de souverain chrétien).

Situation. Afrique 1 223 600 km². *Côtes* (mer Rouge) : 875 km. *Frontières* 4 626 km (avec Kenya 820, Soudan 1 790, Somalie 1 700, République de Djibouti 320). **Climat.** Tempéré, *grandes pluies* juin-sept., *petite saison des pluies* févr. **Régions.** *Côtes* basses chaudes (humidité constante, + de 20 °C) ; *Plateau éthiopien* (alt. moy. 2 300 m, alt. max. Ras Dejen 4 543 m) creusé de vallons, montagnes à sommets plats *(ambas),* source du fleuve Abbai (Nil bleu), lac Tana 360 km², alt. 1 830 m, pluies abondantes avril-sept. (1 000 à 2 000 mm/an), tempéré ; *Plateau somali,* alt. max. 300 m, chaud et plus sec ; *Dankalie* plaine désertique (100 000 km²), avec dépression (— 116 m) au S.-O.

Population. 42 000 000 h. (84) (prév. an 2000 54 000 000). Arabes 15 000. *Émigrés :* 500 000 dont Européens (8 000 Italiens). D. 34. 87,1 % pop. rurale. *Villes* (80) : *Addis-Abeba* (alt. 2 408 m) 1 408 000 (82), Asmara 425 000 (80) (alt. 2 374 m), Dire Daoua 82 000 (alt. 1 204 m), Gondar 77 000 (alt. 2 200 m) (anc. cap. d'Abyssinie), Dessie 75 616 (alt. 2 470 m), Nazret 69 865 (alt. 1 650 m), Jimma 63 837 (alt. 1 750 m), Harar 62 921 (alt. 1 866 m), Debré Zeit 49 570 (alt. 1 860 m), Mekele 46 846 (alt. 2 060 m), Debré Markos 40 686, Assella 34 874, Massawa 32 977, Lalibella (pèlerinage), Nekempt 21 694 (76), Goba 15 513 (76), Arba Minch 8 914 (76).

Ethnies. Groupe couchitique (branche de la famille chamito-sémitique) : 12 000 000 (40 %), notamment les Oromo [8 000 000 (26 %), subdivisés en Mécha, Arusi, Tuléma, Borana, etc.], les Somali [1 000 000 (3 %)], les Afar [300 000 (1 %)], les Saho, les Hadiyya, les Sidamo. Groupe sémitique, divisé en 2 sous-groupes : 1° *éthio-sémitiques* (originaires de Sud-Arabie) : 14 000 000 (45 %), notamment les Amhara [9 000 000 (30 %), ethnie dominante politiquement], les Tigrinya [2 700 000 (9 %)], les Tigré [1 500 000 (5 %)] ; 2° *sémitiques purs :* Arabes de Harrar [400 000 (1,3 %), surtout commerçants], Gouraghé [1 000 000 (3 %), dans la prov. de Choa]. Groupe omotique (distingué récemment du gr. couchitique) : 3 000 000 (10 %), notamment les Wolayta [1 800 000 (6 %), subdivisés en Wolayta purs, Gamo-Gofa, Kullo-Konta, Dorzé] et les Kaffa [1 200 000 (4 %), appelés anciennement les Minjo, indépendants jusqu'en 1897]. Groupe milotique (Noirs, éleveurs de bétail) : 1 000 000 (3 %), notamment les Nuer [400 000 (1,3 %)], Anuak, Bodi, Majanghir, Nara, Surma, Nyangaton.

Langues. Amharique (off.) et anglais (adm.) ; autres l. : français, italien, arabe ; l. minoritaires enseignées officiellement : tigrinya, orominya, wolaminya, somalinya.

Religions. *Chrétiens* (Égl. orthodoxe monophysite) 40-50 %, rel. off., 75 000 prêtres (le patriarche l'Abouna a rompu en 1954 le lien qui l'unissait à l'Égl. copte d'Alexandrie) desservant 12 000 égl. env. et 8 000 monastères ; *musulmans* [surtout dans le S. et à l'E., chaféites (40 à 50 %), env. 11 500 000] ; *animistes ; juifs* [appelés Falachas (exilés), **XVIIIe s.** 250 000, **1900** 100 000, **1980** 25 000 (descendants, selon la tradition, des notables de Jérusalem qui accompagnèrent Ménélik, héritier du roi Salomon et de la reine de Saba, ou de la tribu Dan venue en 722 av. J.-C. ; en 1980/85 la plupart émigrent en Israël ; peau noire et traits sémites), **1985** 6 000].

Histoire. Av. J.-C. XIe s. royaume indépendant. **Xe s.** épisode légendaire (introduit aux XIIIe-XIVe s.) de la reine de Saba, qui alla à Jérusalem voir Salomon, dont elle eut Ménélik Ier, et qui se convertit au judaïsme. **VIIe s.** domine l'Égypte. **Apr. J.-C. Ier-Xe s.** royaume d'Axoum. *24-32* les Romains détruisent Napala. **IVe s.** destruction du roy. de Kouch par les Axoumites. Apogée d'Axoum, et conversion au christianisme sous le roi Ezana. **VIIIe s.** Arabes chassent les Axoumites d'Arabie ; début du déclin d'Axoum. **Xe s.** apparition du roy. des Zagwe (dans lequel se trouve en germe le futur État abyssin). **XIIe s.** Arabes chassent Éthiopiens d'Arabie. **1527** invasion de Gragne le Musulman (tué 1530). **1590** invasion Oromo. **1632** expulsion des jésuites. **XVIIe et XVIIIe s.** splendeur du roy. de Gondar. **1855-68** Théodoros le Réformateur soumet le Choa, le Tigré, Amhara et dompte les Gallas ; appelle France et G.-B. à ouvrir une ambassade ; la réponse tardant à venir, prend une soixantaine d'otages brit. **1867**-*3-10* débarquement anglais, gouv. Sir Napier, allié aux rebelles, bat l'empereur, qui se suicide, puis libère les otages. **1868** Yohannès, roi de Tigré, Négus, lutte contre Égypte, Italie ; g. intestines. **1872-89** Yohannès IV, les Ég. sont écrasés. **1887** Ménélik II, roi de Choa, installe sa capitale à

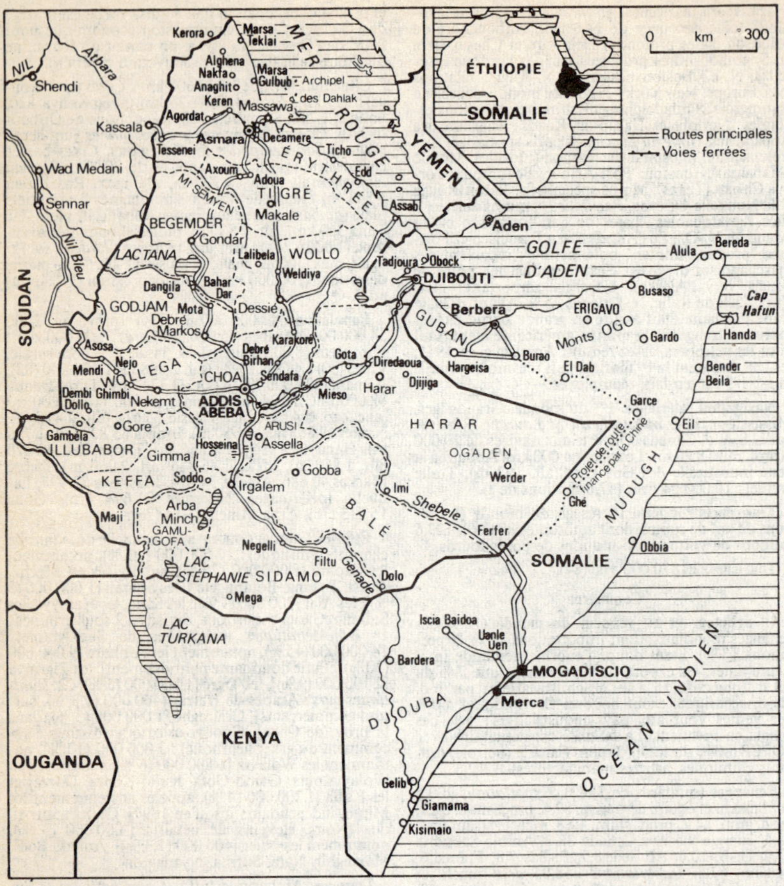

Addis-Abeba. **1889** Ménélik II roi du Choa, Négus, défait It. à *Adoua* (1896) et reprend Tigré, Begemder, Godjam et certaines provinces méridionales dep. longtemps échappées aux souverains de Gondar (des principautés y étaient établies, ou des États indépendants y étaient créés) : Harar, Kaffa, Sidamo. **1897** Ménélik annexe Ogaden après traité avec G.-B. et Italie. **1913** Lidj Yassou, Négus (petit-fils de Ménélik II) ; déchu 1916. **1916** impératrice Zaouditou (1876-1930, fille de Ménélik II). **1928** ras Taffari Makonnen (petit-neveu de Ménélik II), Négus ; proclamé emp. (1930) sous le titre d'*Haïlé Sélassié Ier* (1892-1975, *Negusa nagast*, Roi des Rois, Lion de Juda). **1935**-*3-10* invasion ital. ; l'emp. se réfugie en G.-B. **1936**-*5-5* prise d'Addis-Ab., le roi d'Ital. devient emp. d'É. **1936** Ogaden annexée à la Somalie italienne. **1941** fin de l'occupation it. **1942** Ogaden administrée par G.-B. **1947** Ogaden revient à l'É. **1952**-*15-9* féd. avec Érythrée. **1957**-*12-5* Makonnen, duc de Harrar, 2e fils d'Haïlé Sélassié tué (accident de voiture). **1960** *déc.* tentative de coup d'État milit. (l'emp. étant au Brésil). **1962**-*14-11* État unifié. **1964** *févr.-mars* g. de l'Ogaden, l'É. repousse les Somaliens. **1965** (depuis) guérilla du Front de libération de l'Ér. (17 000 †). **1966** attentat dans cinéma à Addis-Ab. **1969** *févr.-déc.* troubles étudiants.

1970 état d'urgence en Ér. **1973-74** sécheresse, famine (notamment dans Wollo ; 200 000 †). **1974** *janv.-mars* troubles milit. *Fin juin-début juillet*, l'armée arrête plusieurs personnalités dont le ras *Asrate Kassa* (n. 1918), Pt du conseil de la Couronne. *-22-7 Lidj Michael Imru* (n. 1926) PM. *-12-9* l'armée dépose l'emp. ; Gal *Aman Andom* († 1974) Pt du Gouv. provisoire. Pce *Asfa Wossen* (n. 1946) souverain constitutionnel. *-23-11* : 60 exécutés, dont Gal *Aman Andom*. *-27-11* Gal *Teferi Bante* (1921-77) Pt du conseil milit. provisoire. *-21-12* programme socialiste Éthiopia Tekdem (É. d'abord). *-22-12* : 2 attentats à Addis-Ab. *-27-12* Front de lib. passe de la guérilla à la guerre. **1975** *février* des milliers de réfugiés fuient Asmara, rébellions dans Godjam et Sémien. *-4-3* réforme agraire. *-21-3* monarchie abolie. *-25-4* complot déjoué. *-30-7* l'É. renonce à ses prétentions sur Djibouti. *-27-8* H. Sélassié (83 ans) meurt en prison. *-26-9* grèves et affrontements à Addis-Ab. († de 7 manif.). *-30-9* état d'urgence. *Début oct.* rébellion de chrétiens amharas, contre réf. agr. *-5-12* état d'urgence levé. **1976**-*30-1* : 6 membres de la junte arrêtés. *-15-2* Gal *Kedebe Worku* (ex-Cdt de la garde imp.) tué en résistant aux milit. venus l'arrêter. *-21-3* la junte instaure démocratie pop. *-17-6* annule « marche rouge » sur l'Érythrée qui devait y conduire plusieurs dizaines de milliers de paysans. *-10-7* coup d'État échoue ; 19 exécutés dont Gal *Getachev Nadew* (adm. de la loi martiale) et major *Sisaye Habte* (Pt du comité pol. du Derg). *-23-9* tentative d'assassinat du Cdt Mengistu. *-2-11* exécutions. **1977**-*3-2* affrontement entre milit., le Pt (Gal Teferi Bante) et 9 membres du Derg tués. *Juill.* g. de l'Ogaden avec Somalie. *Oct.* massacre de centaines d'étudiants. *-12-11* Lt-Col. Atnafu Abate (vice-Pt) exécuté ; *fin déc.* terrorisme du Parti révol. du peuple éthiopien (P.R.P.E.) qui a infiltré les Kébélés : 5 à 6 victimes par j. Le Derg arme les milices des Kébélés. [*Partisans du Derg* (souvent rivaux) : Front progressiste, « Abyotawi Seddeth » (flamme révol.), créé par Mengistu, « Malerid », bolchevique et dissident du P.R.P.E., « Wazlig », ligue prolétarienne, « Etcheat », groupement ethnique Oromo non marxiste. *Adversaires* : « Mei'son », mouvement soc. pan-éthiopien, pour un gouv. civil. *Détenus politiques* : 100 000 ; doivent être nourris par leurs familles. Des enfants de 8 à 12 ans (après 12 ans on n'est plus un enfant en É.) sont souvent exécutés devant leur famille.] **1978** *févr.* l'É., aidée par Cubains (10 000 ?) et Russes, reprend l'Ogaden. *Mai* guérilla en Ogaden. *Juillet* sécheresse et disette. **1979** massacre de centaines de Juifs (Falachas). *Juillet* collectivisation des terres, les paysans ne disposent pour euxmêmes que de 1 000 à 2 000 m2 et d'1 ou 2 têtes de bétail. *Nov.* aide écon. de l'All. dém.

1980 l'É. tient régions frontalières et centre de l'Ogaden, env. 1 000 000 réfugiés en Somalie. Réconciliation avec Soudan. **1982**-*25-1* offensive en Érythrée contre rébellion. *-1-3* contre-offensive, Mengistu aurait été blessé. *-1-7* combats avec Somalie, env. 300 †. **1983** sécheresse. **1984**-*25-1* attentat contre chemin de fer Djibouti-Addis-Abeba († 20). *-12-9* 10e anniv. de la Révolution (coût : des centaines de millions de $). Famine 300 000 †, aide alim. occidentale mais transport insuffisant et, selon certains, volonté de ne pas « trop aider » les régions rebelles. Transfert de 15 000 falachas en Israël. **1985**-*26-3* : 90 officiers suspects arrêtés. *Déplacement des populations* : oct. 84 au 10-4-86, 2 800 000 h. regroupés (+ de 200 000 † ?), 30 000 000 seront déplacés avant 1995.

Statut. Rép. *Conseil militaire adm. provisoire.* CMPA ou DERG (derg : comité en amharique). *Pt et PM* : Lt-Col. Mengistu Haïlé Mariam (n. 1937), dep. 3-2-77. Parlement et Const. de 1931 suspendus en 1974. Parti des travailleurs éth. créé sept. 84, 50 000 m. 14 *provinces*. Dans les villes : 1 212 *kébélés* (créés 1975, associations de quartier) dont 289 à Addis-Abeba (1 pour 4 000 h.) fédérés en 25 *keftênias*, élisent un comité central chargé de désigner le maire. Dans les campagnes 25 000 kébélés. **Fête nat.** : 12 sept.

Budget militaire. 538 millions de $ soit 46 % du budget total. *Assistance militaire* : conseillers soviétiques 3 000, d'autres pays de l'Est 1 700, soldats cubains 12 000 (17 000 en 1980).

Érythrée

Situation. 126 000 km2. *Côtes* 875 km. Archipel (126 îles). Frontières avec Soudan : + de 500 km. 4 000 000 h. (majorité musulmane, minorité chrétienne). *Asmara* 250 000 h.

Histoire. 1890 colonie italienne (avant l'É. ne formait pas une entité politique séparée). **1947** sous administration milit. brit. **1950**-*2-12* l'O.N.U. en fait « une entité autonome fédérée à l'Éthiopie » avec gouv. et parlement ; l'arabe devient l'une des langues off. **1961** *sept.* insurrection. **1962**-*14-11* les députés présents au Parlement d'Asmara recommandent l'union de l'Ér. et de l'É. Guérilla du F.L.E. [Forces de libération de l'Ér. ; créé 1970, 2 branches : musulmane (majoritaire) et chrét., soutenu par pays arabes limitrophes]. **1972** Soudan renonce à l'aider, l'Ét. renonçant à aider guérilla des Anyanyas, au Sud-Soudan. **1978** *nov.* l'armée éth. (200 000 h. encadrés par Cubains et Soviét.) reprend Karen aux Ér. Le Front pop. de lib. de l'Ér. (F.P.L.E.) est réduit à la « sierra Maestra » (Sahel, alt. 2 500 m, superficie 1 500 km2). **1979** l'Ét. ne peut reprendre Nafka, *janv.* et *mars-mai* 8 000 soldats †, *juill.* 3 500 s. †. **1984**-*20/21-5* F.P.L.E. détruit 33 avions à Asmara. **1985**-*25-8* Éth. reprennent Barentu. **1986**-*14-1* F.P.L.E. détruit 40 avions à Asmara.

Économie

P.N.B. (85) 120 $ par h. **Pop. active** (% et entre par. part du P.N.B. en %) agr. 80 (49), ind. 7 (15), services 13 (36). **Inflation** (%) *80* : 4,5. *81* : 5,9. *83* : – 0,7. *84* : 8,4. **Dette extérieure** 900 millions de $ (82). **Aide** 2 milliards de F (83).

Agriculture. *Terres* (milliers d'ha, 83) t. arables 77 000, cultivées en permanence 15 000, pâturages 52 000, forêts 4 700, eaux 12 090, divers 24 220. *Production* (milliers de t, 83) café 200, sucre de canne 1 600, tubercules 1 050, maïs 1 411, blé 774, orge 1 037, coton, sorgho 1 335, millet 420, teff 1 135, ricin. Fermes d'État supermécanisées. **Forêts.** *1900* : 40 % de la superficie, *1984* : 4 %, 28 720 000 m1 (est. 82). Eucalyptus importé d'Australie par un Français, Mondon-Vidailhet. Reboisement : 62 000 000 d'arbres.

Élevage (milliers de têtes, 83). Bovins 27 000, moutons 23 400, chèvres 17 240, volailles 52 000, ânes 3 905, mulets, chevaux, dromadaires 1 010. Cuirs et peaux. **Pêche.** 3 800 t (82).

Énergie. *Hydroélectr.* (en milliards de kWh) : réserves 56 ; prod. 0,6. **Mines** : potasse, sel, platine, or. **Artisanat. Transports** (km). *Chemins de fer* : Addis-Abeba-Djibouti (construit 1897-1917) 783 dont 99 à Djibouti, Massaouah-Agordat 306. *Routes* : 30 000 (dont principales 13 200, asphaltées 4 000).

Tourisme. *Visiteurs* : *76* : 36 900. *83* : – de 30 000. *Lieux* : châteaux du XVIIe s., lac Tana et chutes du Nil bleu, églises monolithiques (Lalibella), vestiges de l'Empire d'Axoum (Tigré et Érythrée). Parcs nationaux : 9 dont montagnes du Bale, vallée de l'Awash. Réserves.

Commerce (millions de $, 84). *Exportations* 417 dont café 264, cuirs et peaux 46, légumineuses 9 *vers* U.S.A. 81, All. féd. 75, Japon 31, Italie 31. *Importa-*

tions 952 dont machines et avions 254, pétrole 168, véhicules 87, prod. chimiques 70, métaux 82 *de* U.R.S.S. 219, U.S.A. 144, All. féd. 97, Italie 93, Japon 61, G.-B. 60.

Rang dans le monde (83). 6e café. 9e bovins. 12e ovins.

FALKLAND (ILES)
Carte p. 810. V. légende p. 787.

Situation. Amér. du Sud, à 402 km à l'O. de l'Argentine. 12 173 km^2. 200 îles [dont *Isla de la Soledad* ou Malouine orientale (5 865 km^2, *alt. max.* 694 m) et la Malouine occ. (plus petite, mais appelée *Grande M.* : 4 076 km^2, *alt. max.* Mt Adam 704 m) séparées par le détroit de Falkland] ; plusieurs îlots aux noms français : Beauchesne, Danican, Bougainville s'étendant sur 193 km. **Climat** frais et humide. *Temp.* – 5,6 à + 21,1 °C, moy. 5,6 °C.

Population. 2 100 h. (Kelpers) et 4 500 soldats brit. (82). D. 0,15. *Cap. : Stanley* 1 100 h. **Langue.** Anglais. **Religions.** Anglicane, catholique, diverses.

Histoire. 1592 découvertes par l'Anglais John Davis. **1594** Sir Richard Hawkins longe côte N. **1690** cap. Strong donne au détroit central le nom du trésorier de la marine le Vte Falkland (les Anglais donneront ensuite ce nom aux 2 îles qu'il sépare). **1698-1720** fréquentées par Malouins (chasseurs de lions de mer). **1703** nommées î. Danican ou Anican par le Jésuite fr. Nyel. **1712** nommées î. Neuves de St-Louis par Amédée Frézier. **1721** nommées *Malouines* (*Malvinas* en espagnol) par le Holl. Roggewin. **1749** nommées î. Neuves par l'amiral angl. Anson. **1764**-*3-2* arrivée de Louis de Bougainville qui installe des Acadiens, à Port-Louis, dans la Baie Française. **1765** Byron fonde Port-Egmont, dans l'îlot de Saunders. **1767**-*1-4* Fr. cède ses droits à Esp. pour 603 000 livres. **1770** les Esp. enlèvent Port-Egmont (menace d'une g. anglo-esp.). **1771**-*22-1* Port-Egmont rendu aux Angl. **1774** les Angl. renoncent à coloniser l'îlot de Saunders, et évacuent Port-Egmont. **1776** rattachées à la circonscription de Buenos-Aires. **1820** le colonel argentino-uruguayen Jewet fonde Puerto Soledad (ex Port-Louis) et proclame souveraineté argentino-urug. **1825** Uruguay se sépare de l'Arg. ; G.-B. signe avec Arg. tr. « amitié-commerce-navigation » (qui ne reconnaît pas souveraineté arg. sur la fondation de Jewet). **1831** G.-B. chassent Arg. de Puerto Soledad. **1833**-*2-1* installation de colons anglais. **1837** colonie brit. **1914**-*8-12* bataille navale anglo-all. **1971**-*1-7* G.-B. et Arg. s'engagent à développer les îles. **1974** *avril* 1 destroyer arg. tire sur 1 navire angl. **1976-80** rupture des relations G.-B. Arg. **1982** g. des Malouines -*18-3/19-6* hostilités Arg. G.-B. -*18-3* des ferrailleurs arg. hissent le drapeau arg. sur l'île de Géorgie du Sud ; expulsés *19-3*. -*2-4* : 5 000 mil. arg. prennent Port-Stanley (cap.), 1 † arg., rupture des relations dipl. G.-B. Arg. -*3-4* Arg. occupe Géorgie du S., Cons. de sécurité de l'O.N.U. réclame retrait arg. et négociations. -*5-4* flotte brit. appareille de Portsmouth. -*10-4* embargo de la C.E.E. sur import. arg. -*25/26-4* G.-B. reprend Géorgie du S. -*1-5* U.S.A. suspendent aide écon. et mil. à l'Arg. et assistent G.-B. -*2-5* torpillage du Général-Belgrano, seul croiseur arg., par sous-marin brit. -*4-5* destroyer brit. Sheffield touché par missile Exocet AM 39 (de fabr. franç.) tiré d'un Super-Étendard arg. (de fabr. franç.), 20 †, il coule le *10-5*. -*21-5* tête de pont brit. sur l'île orientale (baie de San Carlos), 5 000 h. -*24-5* frégate Antelope endommagée (coulée 25-5). -*25-5* aviation arg. détruit destroyer Coventry et porte-conteneurs Atlantic-Conveyor. -*2-6* Port-Darwin encerclé. -*14-6* reddition du Gal Menendez et des Arg. après 3 j de combat ; 11 200 soldats arg. prisonniers. -*18-6* rapatriement de 5 500 prisonniers arg. -*20-6* reconquête des îles Sandwich ; embargo de la C.E.E. levé. -*12-7* cessation de fait des hostilités acceptée par Arg. et G.-B. ; levée de l'embargo U.S.

Bilan : Argentine. 613 †, env. 2 000 bl. ou disparus ; AVIONS DÉTRUITS : entre 91 et + de 100 (est.), dont au moins 26 Dagger ou Mirage III E, 34 A 4 Sea Hawk et 15 avions d'appui Pucara ; 16 avions détruits par missiles air-air Sidewinder ; NAVIRES PERDUS : sous-marin Santa-Fé (1 †), croiseur General-Belgrano (830 h. sauvés sur 1 042), transports Bahia Buen Suceso et Isla de los Estados, chalutier Narwal ; coût 850 millions de $. **G.-B.** 255 †, centaines de bl. ; AVIONS DÉTRUITS : 18 dont 8 Sea Harrier et Harrier ; HÉLICOPTÈRES DÉTRUITS : 5 Sea King, 13 Wessex, 2 Chinook et 3 Gazelle ; NAVIRES PERDUS : lance-missiles Sheffield, frégates Ardent et Antelope, destroyer lance-missiles Coventry (120 †), porte-conteneurs Atlantic Conveyor, LST Sir Galahad (53 †) et Sir Tristram (récupéré ; ramené en G.-B. juin 1983) ; 7 navires avariés : coût 1 400 millions de $.

Statut. *Colonie de la Couronne. Gouvernement : gouverneur* (G.W. Jewkes). *Conseil exécutif* de 6 m. *Conseil lég.* de 8 m. *Const.* 21-9-1964.

☞ **Territoires** (rattachés à la G.-B. mais gérés à partir des Falkland). *Géorgie du Sud* [île de 3 756 km^2, 22 h. (80) travaillant à la base scientifique, à 1 277 km à l'E.-S.-E.]. En 1908 la G.-B. déclare son autorité sur les territoires au sud du 50e parallèle et installe une délégation du gouv. des Malouines à Grytviken, en Géorgie du Sud (A.F.P.). *Sandwich du Sud* (311 km^2, 11 îles) : *1775* découvertes par Cook, prirent le nom de l'amiral anglais John Montagu, Cte de Sandwich ; occupées de 76 au 20-6-82 par des scientifiques argentins, à 870 km au S.-E. de la Géorgie du S., à 3 000 km de l'Arg.

Économie. Moutons (670 000 en 84) pour la laine. *Réserves* d'animaux (manchots, phoques), krill, gisements (pétrole est. 3 millions de barils/j, gaz off-shore). *Commerce* (en milliers de £, 81). *Exportations* 2 304 (laine). *Importations* 3 193. 1974-82, diminution de 40 % du produit national.

FIDJI OU VITI (ILES)
V. légende p. 787.

Situation. Iles de la Mélanésie (Pacifique). A env. 2 735 km de Sydney, 1 771 d'Auckland, 805 de Samoa. 18 376 km^2. 332 îles, dont 106 habitées. Iles principales Viti Levu 10 429 km^2, 445 422 h. et Vanua Levu 5 556 km^2, 103 122 h. ; autres îles (en km^2) : Taveuni 470, Kadavu 411, Gau 140, Koro 104, Ovalau 101, Rabi 69, Rotuma 47 (découverte 1879, annexée 1881), Beqa 36. *Alt. max.* Mt Victoria 1 323 m. **Climat** tropical. 2 *saisons* : 1 sèche et + fraîche (mai-oct.), 1 humide (nov.-avr.). Risques de cyclones tropicaux (Oscar : 1983, Eric et Wigel : janvier 1985). *Temp.* janvier 23 à 31 °C, juillet 16 à 28°C.

Population. 680 000 h. (84) dont (83) Indiens 339 000, Fidjiens 304 000, Rotumans 8 311, autres races du Pacifique 6 624, Chinois 4 596, Européens métissés 11 276, Européens 3 753, divers 179. D. 37. *Pop. rurale* 37 %. **Villes** (est. 83). *I. de Viti Levu* : Suva 71 000, Lautoka 26 000, Nandi 9 000, Vatukula 7 000, Mba 6 500, Nausori 6 000 ; *î de Vanua Levu* : Lambasa 5 000, Savusavu 2 600. **Langues.** Anglais, fidjien, hindi, chinois. **Religions** (76). Méthodistes et catholiques 342 000, hindouistes 80 000, musulmans 55 000.

Histoire. 1643 Abel Janszoom Tasman (nav. holl. 1603-1659) découvre quelques îlots. Autres explorateurs : Cook, Bligh. **1774** possession brit. XIXe **s.** arrivée de missionnaires anglais et français. Implantation de Blancs d'Australie et de N.-Zélande. **1874**-*10-10* cédées à G.-B. par chefs fidjiens (colonie). Implantation de canne à sucre et immigration d'Indiens (60 000 entre 1879 et 1916). **1970**-*10-10* Indép.

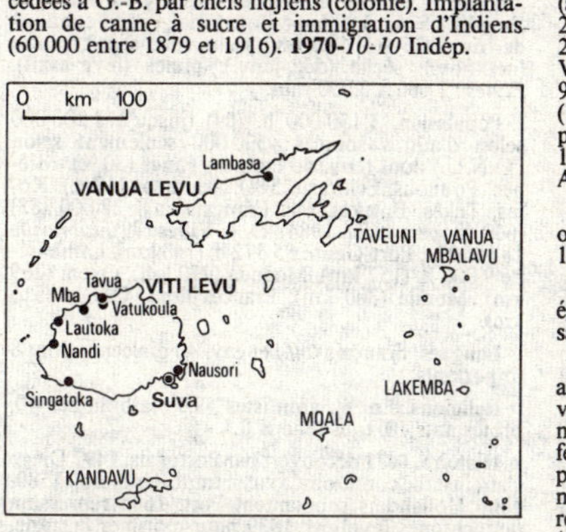

Statut. État membre du Commonwealth. *Const.* 1970. *Chambre des représentants* 52 m. élus pour 5 ans (22 Fidjiens, 22 Indiens, 8 autres races). *Sénat* 22 m. nommés pour 6 ans. *Élections du 17-7-82* : Alliance Party 28 s. (f. 1965). National Federation Party (f. 1960, Jai Ram Reddy) 24 s. *Chef de l'État* : reine Élisabeth II. *Gouverneur général* : Penaia Ganilau dep. 12-2-83. *PM* : Ratu Sir Kamisese Mara (13-5-20) dep. 10-10-70.

Économie

P.N.B. (83) 1 675 $ par h. **Pop. active** (% et entre par. part du P.N.B. en %) agr. 40 (23), ind. 8 (20), services 50 (56), mines 2 (1). *Chômage 1980* : 11,3 %, *84* : 7,4. **Inflation (%).** *1980* : 14,5 ; *81* : 11,2 ; *82* : 7 ; *83* : 6,8 ; *84* : 5,3.

Agriculture. *Terres* cult. 13 %. *Production* (milliers de t, 83) canne à sucre 2 202 (sucre *82* 487 ; *83* 280), noix de coco 225 (82), manioc 95, coprah 23,9, riz 16,1, patates douces, bananes, gingembre, ananas. **Élevage** (milliers de têtes, 83). Bovins 203, porcs 70, chèvres 121, volailles 3 326. **Pêche.** 11 006 t (83). **Mines** : or, argent. **Tourisme.** 191 616 vis. (83).

Commerce (millions de $). *Exportations* : 279,4 *dont* sucre 125, or 16, conserves de poissons 9, huile de coco 6, prod. alim. 5,1, divers 8,3 *vers* G.-B. 60,8, U.S.A. 26,1, N.-Zélande 26, Singapour 11, Australie 9. *Importations* : 487,1 *dont* (en %, 83) prod. pétroliers 23,3, véhicules et mach.-outils 18,9, prod. man. 18,5, alim. 15,8, mat. 1res 10,4, divers 13,1 *de* (83) Australie 190, Japon 82,6, N.-Zélande 80,8, G.-B. 24,9, Singapour 20,7, U.S.A. 19,1, All. féd. 5,9, *France 2,9.*

FINLANDE
Carte p. 849. V. légende p. 787.

Situation. Europe. 338 000 km^2 (dont 31 557 d'eau). Forêt 57 %, cultures 8 %. Long. max. 1 160 km, larg. 540 km. 1/3 situé au-delà du cercle polaire. *Frontières* 2 571 km (Suède 586, Norvège 716, U.R.S.S. 1 269) ; côtes 1 100 km bordées par env. 30 000 îles (surtout au S.-O.). *Relief* : collines, crêtes, 55 000 lacs d'un diamètre de + de 200 m (sol : dépôts morainiques ép. glaciaire) 9 % de la superficie ; les plus grands (en km^2) : Saimaa 4 400, Päijänne 1 100, Inari 1 000. *Alt. max.* Haltiatunturi 1 328 m. **Climat** : étés relativ. chauds (moy. juill. 13 à 17 °C, max. 30 °C), hivers froids (févr. – 3 à – 14 °C, min. – 30 °C). Pluie et neige S.-O. 700 mm, N.-O. (Laponie) 400 mm. Au N. vers 20° de lat., 73 j de clarté ininterrompue en été (19 h de clarté par j au S. vers la St-Jean) et 51 j de nuit d'hiver ininterrompue. Conifères. Chêne sur côte et S.-O. en partie. En s'avançant vers le N. : disparition du sapin, du pin puis du bouleau nain. Mammifères : 67 espèces. Loups et ours dans certaines régions de la frontière et les déserts de Laponie. Immenses troupeaux de rennes. 35 000 élans env. Animaux à fourrure : écureuil, rat musqué, martre, renard. Nombreux oiseaux sauvages. Saumons.

Population. 4 913 313 h. (86) [*1750* : 421 500, *1800* : 832 700, *1900* : 2 655 900, *1950* : 4 029 800]. *Caractères physiques* : teint clair, yeux bleus ou gris (85 % des hommes ont les yeux bleus ou gris, 81 % des femmes), cheveux blonds (76 % des h., 82 % des f.). – *de 15 a.* 21,7 %, + *de 60 a.* 15,7 %. **Lapons** 1 300. D. 14,5, Sud 117,5, Laponie 2. **Villes** (83, ag. 82, entre par. nom en suédois). *Helsinki* (Helsingfors) 484 263 (ag. 942 825), Tampere (Tammerfors) 168 150 (ag. 251 833) (à 176 km), Turku (Abo) 162 282 (ag. 258 050) (166 km), Espoo (Esbo) 152 929 (15 km), Vantaa (Vanda) 141 991, Oulu 96 525 (662 km), Lahti 94 347 (102 km). *Émigration* vers U.S.A. et Canada (1880-1930) (1901-10 : 159 000 ; 1921-30 : 58 000) ; plus de 340 000 émigrés en Suède. Étrangers (83) 15 659 (dont Suédois 4 297, All. 1 567, Amér. 1 255, Angl. 1 115, Soviét. 474, divers 6 951).

Langues (1984). Finnois (langue du groupe finno-ougrien, v. Hongrie) 93,6 % et suédois 6,2 % (1880 : 14,3) *(off.)*, divers (lapon) 0,03 %.

Religions. Luthériens 90,6 % ; orthodoxes 1,2 % ; églises libres 0,3 % ; catholiques 0,1 % ; divers 0,4 % ; sans religion 7,4 %.

Histoire. 1155 1re croisade suédoise rattachant la F. au roy. de Suède. **1808-09** g. russo-suédoise, le tsar vainqueur devient gd-duc de F. (gd-duché autonome). **1812** Helsinki capitale (avant : Turku). **1906** les femmes obtiennent le droit de vote (les 1res en Europe). **1917**-*6-12* indépendance. **1918** *janv.* g. civile de 4 mois : les blancs l'emportent sur les rouges. **1919** république. **1921** *oct.* la S.D.N. attribue les î. d'Aland (adm. par la Russie 1809-1917). **1939**-*30-11*/-**1940**-*13-3* g. russo-finl. U.R.S.S. exige Hanko (+ bande de terre autour pour une base navale) et plusieurs îles dans le golfe de F., une rectification de frontières en Carélie et autour de Petsamo, soit en tout 2 700 km^2 de la région la plus riche de F. (contre 5 000 km^2 de landes et d'étangs). La F. refuse. Staline qui, en envahissant la Pologne, avait promis de respecter la neutralité de la Finl. attaque (prétexte bombardement d'un village russe par l'aviation f). Un communiste, Otto Kvusinen, dirige un gouv. émigré (*forces* : *Finl.* 300 000 h., + des milliers de volontaires étrangers, 37 chars. *Russes* 1 000 000 h., 2 000 chars, 1 000 avions) ; battue, la F. cède Carélie (47 338 km^2 ; pertes f. 20 000 †). **1941**-*27-6*/**1944**-*19-9* g. contre l'U.R.S.S., la F. reprend Carélie, la reperd avec région de Petsamo (auj. Petchenga) et Salla (en tout 42 934 km², 400 000 réfugiés en F.). **1948**-*6-4* tr. d'amitié et d'assistance mutuelle avec l'U.R.S.S. Coup d'État communiste (échec). **1956**-*26-1* l'U.R.S.S. rend Porkkala louée pour 50 ans en 1944. **1975**-*10-8* acte d'Helsinki signé par pays eur. (sauf Albanie) + U.S.A. + Canada et U.R.S.S. (v. Index). **1981**-*27-10* Urho Kekkonen démissionne. **1982**-*27-1* Mauno Koïvitso Pt de la Rép. **1983**-*6-6* prorogation du tr. d'amitié avec U.R.S.S. (jusqu'en 2003).

Nota. — Finlandisation. Terme inventé en 1953 par Karl Gruber (ministre autrichien) et repris par l'Allemand Franz Joseph Strauss pour dénoncer les dangers de l'Ostpolitik all. Ensemble des limitations imposées par un État puissant à l'autonomie d'un voisin plus faible. Processus par lequel, sous le couvert de maintenir des relations amicales avec l'U.R.S.S., un pays voit sa souveraineté diminuer. La Finlande s'insurge contre ce terme « contenant des insinuations qu'elle n'a pas méritées ».

Statut. Rép. *Constit.* 17-7-1919. *Pt* élu (parmi les candidats présentés par les partis) pour 6 a. par un collège de 301 él. élus au suffr. univ. *PM* Kalevi Sorsa dep. 19-2-82, soc.-dém. *Diète (Eduskunta)* 200 m. élus au suffr. univ., scrutin de liste et à la représ. proportionnelle (dep. 30-11-75, coalition centre-gauche) pour 4 a. 12 *départements (Lääni)*. *1 dép. semi-autonome :* Ahvenanmaa (Aland) (avec un Conseil de dép.). Dep. 1955 : membre de l'O.N.U., du Conseil nordique, de l'O.C.D.E. dep. 1969, accord de libre-échange avec C.E.E. dep. le 1-1-74, accord de coopération avec COMECON. Membre de l'Association européenne de Libre-Échange (A.E.L.E.) dep. 1-1-1986. Pays neutre. **Fête nat. :** 6 déc. (indépendance).

Élections à la Diète des 20/21-3-83 (Suffrages obtenus en % en ital., nombre de sièges et entre par. gains ou pertes par rapport à 79). Social-dém. *26,8* 57 (+5), conservateur *22,2* 44 (− 2), *centre et libéral 17,7* 38 (− 3), S.K.D.L. (communistes et apparentés) *14* 27 (− 8), rural *9,7* 17 (+ 11), suédois *4,6* 11 (+ 1), chrétien *3* 3 (− 7), écologistes *1,5* 2 (+ 2), constitutionnaliste *0,4* 1 (+ 1), Union pour la dém. *0,10* (0).

Élections municipales. (1984). Votants 74 %. Social-démocrate 24,8 %, conservateur 23 %, centre 20,2 %, démocrate pop. (communistes et certains soc.) 13,2 %, P. pop. suédois 5 %, écologistes 2,9 %, rural 5,3 %, Ligue chrét. 3,1 %, constitutionnel 0,4 %.

Partis (dates de fondation, leader, membres). *P. social-démocrate,* 1899, Kalevi Sorsa (n. 1930), 100 000. *Ligue démocratique du peuple finl.,* 1944, Esko Helle (n. 1938), 31 000. Regroupe communistes et certains socialistes. *P. communiste finl.,* 1918, Arvo Aalto n. 1932, 50 000. Autorisé 1944. *P. du centre,* 1906, Paavo Vayrynen (n. 2-9-1946), 304 000. *P. de coalition nationale* (conservateurs : kokoomus), 1918, Ilkka Suominen (n. 1939), 80 000. *P. rural* (provincial), 1959, Pekka Vennamo (n. 1944), 45 000. Dénommé ainsi dep. 1966. 20 000. *P. populaire suédois,* 1906. Christoffer Taxell (n. 1948), 50 000. *P. libéral,* 1918 (P. progressiste nat.), fusionné avec P. du centre. *Union chrétienne de Finlande,* 1958, Esko Almgren (n. 1932), 20 000. *P. constitutionnel,* 1973, Georg C. Ehrnrooth (n. 1926), 3 000.

• **Présidents de la République. 1918** Pehr-Evind Svinhufvud (1861-1944), chef du gouv. (1917), régent (1918). Mᵃˡ Carl Gustaf Mannerheim (1867-1951), régent. **19** Kaarlo Juho Stahlberg (1865-1952). **25** Lauri Kristian Relander (1883-1942). **31** Pehr-Evind Svinhufvud (1861-1944). **37** Kyosti Kallio (1873-1940), démissionne. **40** Risto Heikki Ryti (1899-1956). **44** Mᵃˡ Mannerheim, démissionne. **46** Juho Kusti Paasikivi (1870-1956). **56** Urho Kaleva Kekkonen (3-9-1900). **82** (27-1) Mauno Henrik Koïvisto (25-11-1923).

• **Province semi-autonome. Iles Ahvenanmaa** (en suédois Aland) : 1 481 km², 23 435 h. (83) parlant suédois à 95 % ; 6 500 îles ou rochers, dont 80 seulement sont habités. Dans la plus grande île : Aland (640 km², 28 km × 20 ; alt. max. 150 m, 10 000 h.), rade de Bomarsund, appelée « la clef de la Baltique » [fortifiée jusqu'en 1854 ; détruite par escadre anglo-franç. (16-8-1854) durant la g. de Crimée ; démilitarisée par *tr. de Paris* (1856)].

Économie

P.N.B. (85) 11 082 $ par h. **Taux de croissance** (%) *1982 :* 2,8, *83 :* 2,9, *84 :* 2,9, *85 :* 2,8. **Pop. active** (% et entre par. part du P.N.B. en %) agr. 12,2 (8), ind. 32,4 (37), services 55,2 (55). *Chômage (%, 81) :* 5,1 ; *82 :* 6,2 ; *83 :* 6 ; *84 :* 6,2 ; *85 :* 6,3. **Inflation** (%) *1980 :* 11 ; *81 :* 11,8 ; *82 :* 9,3 ; *83 :* 8,4 ; *84 :* 7,1 ; *85 :* 5,9.

Agriculture. *Terres* (milliers d'ha, 83) cult. 2 467, pâturages 166, forêts 26 778 (57 %), eaux 3 156, divers 4 686. *Production* (milliers de t, 85) orge 1 854, avoine 1 218, bett. à sucre 739, p. de terre 708, blé 472, seigle 72. *Propriété :* privée 64 % des terres, État 24 %, Stés privées 8 %, communes 4 %.

Élevage (milliers de têtes, 85). Bovins 1 608, porcs 1 295, moutons 112, chevaux 37, volailles 7 469, ruches 35. Rennes 345. Prod. lait., cuirs. **Pêche.** 149 580 t (83). Anchois, saumon, hareng, brochet.

Forêts. *Superficie :* 24,6 millions d'ha (dont 16 privés appartenant à 352 000 propriétaires). Conifères 81 %, bouleaux et divers 19 %. *Production :* env. 50 millions de m³ de bois.

Consommation d'énergie en 1985 (en %). Importée 70 % dont pétrole 34, nucléaire 16, charbon 13, gaz nat. 3, électricité 4. *Prod. intérieure* 30 % dont hydro-électricité 11, tourbe 4, divers 15.

Mines : chrome, fer, cuivre, pyrites, plomb, zinc, nickel, platine, tourbe. **Industrie.** Pâte de bois, pâte à papier, papier journal, métallurgie, constructions navales (brise-glaces, plates-formes pétrolières), construction mécanique.

Transports (km). Routes 75 848 (40 680 asphaltées), chemins de fer 5 998 dont 5 979 d'État. **Tourisme.** 4 039 160 vis. (83).

Commerce (millions de $ US, 85). *Exportations* 13 539 *dont* (%) métallurgie 36,5, papier 29,8, ind. chim. 11,7, bois 8, textile (vêtement) 6,3, prod. forestiers 2,8, divers 4,9 *vers* (%) U.R.S.S. 21,5, Suède 13,2, G.-B. 10,8, All. féd. 9,3, U.S.A. 6,3, Norvège 4,2, Danemark 4, *France 3,9*, divers 26,8. *Importations* 13 117 *dont* (%) mat. 1ʳᵉˢ 62,5, prod. de consom. 15,9, prod. d'investissement 14,3, fuel et lubrifiants 6,7, autres 0,5 *de* U.R.S.S. 21, All. féd. 14,9, Suède 11,8, G.-B. 7,2, U.S.A. 5,4, Japon 5,3, *France 3,4*, P.-Bas 2,9, autres 28,1.

Rang dans le monde (83). 12ᵉ bois. 18ᵉ orge.

GABON

V. légende p. 787.

Nom. Portugais *gabão*, « caban de marin », donné par les navigateurs à l'estuaire du Como à cause de sa forme.

Situation. Afrique 267 667 km². *Côtes :* 950 km. *Frontières :* 2 270 km (Guinée équ. 330, Cameroun 240, Congo 1 700). *Côtes* 800 km. **Régions.** Littoral (zone sédimentaire basse) ; zone de plateaux (la plus grande partie du Gabon), au N. le Woleu-N'tem, au S.-E. les plateaux Batéké, au S.-O. la chaîne du Mayombé ; au N.-O. montagnes (les Mts de Cristal alt. max. 1 200 m) ; au centre : massif granitique (Mt Iboudji 1 575 m). **Climat.** Équatorial, chaud et humide, moy. 26 °C. *Saisons :* sèche (mai-sept.), pluies (oct.-nov.), sèche (déc.-janv.), pluies (févr.-avril). *Pluies :* 1 600 à 3 000 mm.

Population. 1 150 000 h. (84) (jusqu'à 1 200 000 selon d'autres sources ; 530 000 seulement selon l'O.N.U.) dont (env. 40 ethnies) Fangs (30 %), Miénés, Pounous, Échiras (25 %), Adoumas (17 %), Kotas, Tékés, Botekés, etc. Français env. 27 000 (83) (630 coopérants en 1984). D. 4. **Villes** (79). *Libreville* 187 000 h., Port-Gentil 85 372 h. (143 km), Lambaréné 9 000 h. (157 km), Moanda (470 km), Oyem (269 km), Mouila (300 km), Franceville 15 000 h. (515 km).

Langues. Français *(off.)* et env. 40 dialectes, dont 8 importants.

Religions. En % : animistes 49,5, catholiques 40, protestants 10, musulmans 0,5.

Histoire. 1471 découvert par Portugais. **1492** Diego Cam installe comptoirs. xviiᵉ **s.** traite des Noirs. **1580-1600** Hollandais supplantent Port. **1608** répression (autochtones révoltés). **1839** pour réprimer la traite, le cap. de vaisseau français Bouet Willaumetz crée un établissement. *-9-2* tr. entre Fr. et roi Denis Rapontchombo régnant sur rive gauche du G. **1842**-*18-3* tr. entre Fr. et roi Louis Dowé (rive droite). **1843** Fort-d'Aumale, 1ᵉʳ établissement fr. officiel. **1849** Willaumetz débarque des eslaves libérés de l'*Elézia* (navire négrier port.) : Libreville créée. **1875-78, 1880-81** et **1883-84** Savorgnan de Brazza (1852-1905) explore le G. qui devient une colonie en 1883, dans l'A.E.F., le 15-1-1910. **1880** Franceville fondée. **1940** G. se rallie à la Fr. libre. **1956**-*28-6* loi-cadre (autonomie). **1959** *mars* rép. au sein de la Communauté. **1960**-*17-8* indépendance. **1965**-*4-9* mort du Dʳ Albert Schweitzer (à 90 ans), fondateur en 1913 de l'hôpital de Lambaréné. **1961**-*17-2-/* **1967**-*28-11* Pt Léon Mba (1902-67).

1976-*7-9* G. quitte l'OCAM. **1978** *juillet* expulsion de 10 000 béninois (le Bénin accuse le G. d'avoir participé au raid lancé sur Cotonou en janv. 77). **1982** Jean-Paul II au G. **1983** Pt Mitterrand au G. **1984**-*3/6-10* visite du Pt Bongo en France. **1985**-*10-5* expulsion de 80 000 étrangers « sans papiers ». *-11-8* capitaine Alexandre Mandja Ngokouta exécuté pour le complot contre l'État.

Statut. République. *Constitution* du 21-2-1961 modifiée 15-2-67, 15-4-75, 9 et 22-8-81. *Pt* (élu au suffr. universel pour 7 ans) dep. 2-12-67 *El Hadji* Omar Bongo (dep. sa conversion à l'islam en 73 et son voyage à La Mecque, avant : Albert-Berriard ; n. 28-12-35) réélu 25-2-73 et 30-12-79 (99,96 % des voix). *PM* Léon Mebiame (1-9-34) dep. 16-4-75. *Ass. nat.* 111 m. élus et 9 nommés par Pt p. 5 a. 9 *provinces* divisées en 36 *préfectures* et s.-préf. *Parti unique* P.D.G. (P. démocratique gabonais, f. 12-3-68). **Fêtes nat. :** 12 mars (création du P.D.G.) et 17 août (ind.).

Économie

P.N.B. *83 :* 2 390 $ par h. **Pop. active** (% et entre parenthèses part. du P.N.B. en %) agr. 55 (8), ind. 14 (12), services 25 (25), mines 6 (55). **Inflation** *1982 :* 16,8 % ; *83 :* 10,4 %. **Aide française** (milliards de F CFA). *1960-81 :* 170 dont *1980 :* 20,2. **Aide** de All. féd., Roumanie, Yougoslavie. **Dette extérieure** (milliards de $). *1980 :* 1,19 ; *82 :* 1,08. **Budget** (milliards de F CFA). *1984 :* 624. *1986 :* 720. **Assistance militaire française.** *1983 :* 40 milliards de CFA, 144 off. et sous-off. et 600 h.

Agriculture. *Terres* (milliers d'ha, 81) arables 290, cult. 162, pâturages 4 700, forêts 20 000, eaux 1 000, divers 615. *Production* (milliers de t, 83) tubercules 139 (82), manioc 105, canne à sucre 204, plantain 65, café 0,05, cacao 4, huile de palme, hévéa, bananes, riz, taros. 85 % de la consom. alim. courante est importée. **Forêts.** 85 % du sol. 600 essences. Réserves 300 millions de m³. *Production 1983 :* 1 300 000 m³ dont okoumé 1 108 000 (82), ozigo 78 000, acajou, alone, sipo, moabi. L'exploitation sera facilitée lors de l'achèvement du Transgabonais. **Élevage** (82). Volailles 1 500, porcs 145, moutons 80, chèvres 60, bovins 7 ; déficit en viande. **Pêche.** 52 600 t (82).

Énergie. *Pétrole :* recherches dep. 1928, off-shore dep. 1965 ; *réserves (millions de t) :* 70. *Prod. : 1957 :* 0,2 ; *60 :* 0,8 ; *70 :* 5,4 ; *76 :* 11,3 ; *80 :* 8,9 ; *81 :* 7,6 ; *82 :* 7,5 ; *83 :* 8,7 ; *84 :* 8,8 ; *85 :* 8,6. *Revenus pétr. :* (milliards de F CFA) : *1985 :* 400 ; *86 :* 150 (?). Représente 85 % des export., 45 % du P.I.B. et 100 % des dép. de fonctionnement de l'État. *Gaz* (millions de m³) : *60 :* 7,5 ; *70 :* 21,6 ; *80 :* 70,6. *Électricité :* 450 millions de kWh dont hydraulique 350. Potentiel 265,2 MW. **Mines :** *Manganèse :* réserves 200 millions de t (1/4 des réserves mondiales), exploité à Moanda dep. 1962 ; teneur 50 à 52 %, exporté par téléphérique monocable de 76 km (le plus long du monde, 858 pylônes de 5 à 74 m) allant de Moanda à M'Binda (Congo) d'où le minerai est évacué sur Pointe-Noire par chemin de fer (485 km : 285 construits par Comilog, 200 km du Congo-Océan). *83 :* 1 940 000 t exportées. *Uranium :* découvert 1958, réserves 35 000 à 40 000 t. Exporté (ur. métal) *82 :* 1 100 t. *Or. Fer :* gisement de Bélinga, réserves 850 millions de t, teneur 64,5 %. *Barytine. Talc. Plomb.*

Industrie. Sucreries. Raffineries de pétrole. Enrichissement de l'uranium. Bois. Métallurgie. Boissons. Tabac. Ciment. Textile. Chimie. Papier. Bâtiment.

Transports. *Routes* (km) nationales 2 891, régionales 2 289, non classées et pistes 1 902. *Chemin de fer transgabonais* (1974 : Owendo, Bélinga, Franceville). Total 944 km. Le 28-12-1982, il atteignait Booué (340 km). Coût total prévu : + de 500 milliards de F CFA. *Ports :* Owendo, Santa-Clara, Libreville, Port-Gentil.

Tourisme. Plateaux Batéké, lagons de Mayumba, lacs de Lambaréné, lagunes et réserves zoologiques de Wonga-Wongué et de Lopé.

Commerce (milliards de F CFA, 82). *Exportations* 669,3 *dont* pétrole 544,3, bois 52, manganèse 33, en 79 uranium 24 *vers (% 83) France 171,* U.S.A. et Canada 169, Espagne 37,6, Italie 30,8, Pays-Bas 26,9. *Importations* 253 dont prod. alim. 42,2, métaux 42,2, prod. manuf. 41, équip. de transp. 30,5, prod. chim. 19 *de (% 83) France 141,5,* U.S.A. 28,8, Japon 19,3, R.F.A. 13.

Rang dans le monde (83). 8ᵉ uranium.

GHANA
V. légende p. 787.

Nom d'un empire soudanais (IVᵉ-Xᵉ s.). Les Portugais l'appelaient *Mina* (mine « d'or »), les Anglais, *Gold Coast* (Côte de l'Or jusqu'au 6-3-1957).

Situation. 238 537 km² ; *long.* 672 km, *larg.* 536 km. *Frontières* 2 048 km (Hte Volta, C.-d'Ivoire 640 km, Togo). *Côtes* 400 km. *Régions :* plaine côtière (16 à 24 km) formant une chaîne de grands plateaux, massif de grès recouvre les 2/3 du N., encadré au N. et au S. par des collines (200 à 500 m). *Fleuve :* Volta (barrage à Akosombo, forme le plus grand lac artificiel du monde). *Alt. max.* Mt Afadjato 885 m. *Végétation :* plaine côtière (variée) : de la forêt équatoriale aux prairies parsemées de taillis ; vers le N. la vég. est moins luxuriante ; puis au-delà la forêt se transforme en parcs nat. (arbres, savanes, prairies trop.) et savane parsemée de quelques arbres. **Climat** tropical adouci par une brise dans la rég. côtière ; temp. moy. 27 à 29 °C (août 21 °C) ; N. sec + 29 °C, déc. à févr. Harmattan (vent froid et sec). Pluies diminuent du S. (2 m) au N. (1 m) ; 2 saisons pluvieuses au S. : mai-juin et juill.-oct. ; 1 au N. : juill.-oct.

Population. 13 100 000 h. (84) *(1960 :* 6 727 000) (66 % ont − *de 25 a.*) dont (en %) : Akans 44 (forêts de l'O. de la Volta), Dagombas-Mamprusis 16 (au N.), Éwés 13 (rég. de la Volta), Gâ-Adangbes 8 (pl. d'Accra et f. au N. de la pl. d'Accra), Guans 3,7, Gourmas 3,5, moins de 15 000 Blancs. Plus de 400 000 h. d'expression française venant de Togo, Hte-Volta, C.-d'Ivoire, Niger, Dahomey. D. 55. **Villes (81).** *Accra* 900 000 h., Kumasi 350 000 h. (à 270 km), Sekondi-Takoradi 162 500 h. (à 200 km), Tema 85 500 h., Tamale 100 000 h. (à 800 km), Cape Coast 90 000 h. (à 140 km), Koforidua 70 000 h. **Langues.** Anglais *(off.). Langues kwa :* akan (dialectes twi, fanti, ashanti, etc.), éwé, gâ-adangbe. *L. mossis :* dagbani, mamprusi.

Religions. Musulmans 12 %, catholiques 14 %, protestants 29 %, animistes 38 %.

Histoire. 1471 arrivée des 1ᵉʳˢ Européens (Portugais). **1482** construction du fort São Jorge d'Elmina ; comptoir commercial. **1600-1700** concurrence intensive entre Cᶦᵉˢ à charte des Pays-Bas, Angl., Suède, Danemark, France, Brandebourg ; construction de multiples châteaux et forts le long de la côte, surtout pour la traite de l'or et la traite des esclaves. **1700** essor de l'Ashanti sous le roi Osei Tutu. **1700-75** conquête de la plupart des États de l'intérieur par l'Ashanti. **1800** déclin du commerce européen. **1800-75** invasions d'Ashanti sur la région côtière. **1850** départ des Danois. **1872** des Hollandais. **1873** invasion ashanti ; Anglais prennent Kumasi (Sagrenti War). Région côtière colonie brit. *(Gold Coast).* **1875-1901** g. de l'Ashanti, qui devient protectorat angl., ainsi que terr. du N. (en 1898). **1917** l'Ouest du Togo all. devient protectorat brit. **1956** vote pour l'annexion à la Gold Coast. **1957-***6-3* indépendance : prend le nom de Ghana, Gouv. gén. et PM Kwane Nkrumah (1909-72), dit *Osagyefo :* Rédempteur). **1961** république. **1964** parti de Nkrumah (C.P.P.) devient p. unique. **1966-***24-2* Nkrumah renversé pendant son absence par des milit. (maître à penser des Afr. révol., il meurt en Guinée où Sékou Touré l'a pris comme « coprésident »). **1967** *avril* coup d'État contre Gᵃˡ Ankrah (Pt du Cons. de lib.) échoue. **1969** *avril* Gᵃˡ Afrifa remplace Gᵃˡ Ankrah mêlé à une affaire d'abus de confiance. *-29-8* élect. gagnées par le Progress Party de Kofi Busia (n. 1913). **1970** *sept.* élect. d'un Pt de la Rép. [Akoffu Addo (1906) ; avant, présidence exercée par commission de 3 personnes]. **1972-***13-1* coup d'État du Lt-col. Ignatius Acheampong. **1978-***30-3* référendum pour Pt (abstentions 50 %, oui 55 % des voix). *-5-7* Gᵃˡ Acheampong démissionne, remplacé par Gᵃˡ Akuffo. **1979-***4-6* putsch du capitaine Jerry Rawlings, au pouvoir jusqu'au 24-9 ; *-16/26-6 :* 3 anciens chefs d'État (Gᵃᵘˣ Acheampong, Akuffo et Afrifa) exécutés. *Juin* affrontements tribaux entre Kokomba et Namumba (env. 1 500 †). Crise écon. *-1/8-7* élect. présid., Hilla Limann (n. 1934) Pt. **1981-***31-12* putsch du cap. Jerry Rawlings. **1982** 10 000 enseignants s'exilent. *-23-11* coup d'État échoue. **1983** *févr.* 500 000 à 1 000 000 Ghanéens expulsés du Nigeria rentrent. **1984-***27-3* coup d'État échoue. **1985-***nov.* affrontements tribaux (Moba/Kokomba).

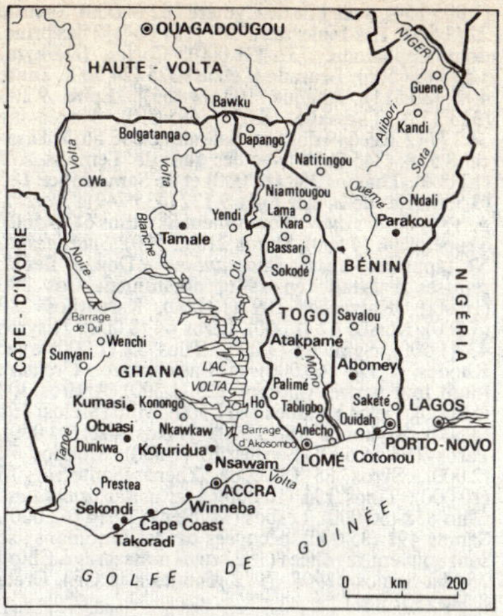

Statut. Rép. (dep. 1-7-60). Membre du Commonwealth. *Conseil nat. prov. de déf. (C.N.P.D.,* 7 m.) dirigé par capitaine Jerry John Rawlings (n. 1947) dep. 31-12-81. *Const.* suspendue. *Partis* interdits. **Fêtes nat. :** 6 mars (indépendance), 1ᵉʳ juillet (j. de la République).

Économie

P.N.B. (83) 320 $ par h. **Pop. active** (% et entre par. part du P.N.B. en %) agr. 45 (51), ind. 5 (8), services 47 (36), mines 3 (5). **Inflation** (%) *80 :* 50,1 ; *81 :* 116,5 ; *82 :* 120 ; *83 :* 145,5 ; *84 :* 0 ; *85 :* 12. **Aide occidentale** (1984) : 0,6 milliard de $. **Dette extérieure** *84 :* 1,4 milliard de $.

Agriculture. *Terres* cult. 9 % dont cacao 56 %. *Production* (milliers de t, 83) manioc 1 500, maïs 260, noix de coco 160, cacao 190 (chute de 50 % des export. en 20 ans. *1960 :* 300, *65 :* 494), oranges 35, canne à sucre 100, riz, plantain 600, tabac, kola, coton, palmier, ignames, sorgho, bananes, coprah, café. **Bois. Élevage** (millions de têtes, 83). Volailles 5 (82), chèvres 2, moutons 2, porcs 0,4, bovins 0,8. **Pêche** (83). Marine 232 000 t, lacustre 43 000 t.

Énergie. Électricité (barrage de la Volta à Akasombo, 768 000 kW). **Gaz. Industrie.** Aluminium, prod. alim., raffineries de pétrole, cons. navales. **Mines** (milliers de t, 83) : manganèse 409 (85), bauxite 70 (*80 :* 224), pétrole 60 (84). Or 8,6 t (*70 :* 32 t). Diamants (milliers de carats). *81 :* 836, *82 :* 684, *83 :* 347.

Transports (km). Routes 32 000, chemins de fer 953, 3 compagnies de navigation fluviale (Volta, Densu, Ankobra). **Tourisme.** *Visiteurs :* 42 403 (81). *Sites :* lacs Volta et Bosomtwi, réserve de Mole, 25 forteresses anciennes.

Commerce (millions de $, 83). *Exportations* 566 (en 84) *dont* cacao 247, or 103, bois 15, manganèse 5,3, bauxite 2,5, diamants 2 ; *vers* P.-Bas, G.-B., All. féd., U.S.A. *Importations* 668 (en 84) *dont* pétrole 177, mach., prod. chim., prod. man., prod. alim., huiles et graisses ; *de* (75) G.-B., Nigeria, U.S.A., All. féd.

Rang dans le monde (83). 3ᵉ cacao.

GIBRALTAR
Carte p. 884. V. légende p. 787.

Situation. Europe. 5,86 km². Péninsule. A 8 km d'Algésiras (Espagne), à 32 du Maroc. *Rocher :* long. 4,8 km, larg. 1,2 km (le roc est percé de 25 km de tunnels). *Frontière* avec Esp. : 1,24 km. *Isthme :* long. 1,6 km. *Alt. max.* 426 m. *Côtes :* 6,5 km. **Climat.** Été 13 à 29 °C ; hiver 12 à 18 °C ; pluies 51 à 127 mm.

Population. *1961 :* 23 926 ; *70 :* 26 833 ; *84 :* 28 339 (d'ascendance surtout génoise puis brit., port. et esp.) dont Gibraltariens 20 009, Britanniques 5 181, autres 3 149. D. 4 836.

Langues. Anglais *(off.),* espagnol. **Religions.** (%) Catholique romaine 74,6, anglicane 8,5, musulmane 8, juive 2,2, autres chrétiens 2,6, divers 4,1.

Histoire. Antiquité. *Noms : Alube* (Phéniciens), *Heraclea* (colonnes d'Hercule), *Calpe* (Grecs). **950 av. J.-C.** Phéniciens fondent *Carteia,* (ibér.). **570 av. J.-C.** prise par Carthaginois. **190 av. J.-C.** conquête romaine. **Iᵉʳ s. apr. J.-C.** Romains fondent *Colonia Julia Calpe.* Occupation vandale. **409** Wisigoths. **450** une des 1ʳᵉˢ communautés chrétiennes d'Esp. **568** N.-D. du Roc, centre religieux wisigoth. **711** débarquement des Arabes dirigés par Tarik ibn Zayed (d'où *Djebel Tarik,* montagne de Tarik, d'où Gibraltar). **1160** Abdel-Mumen développe la ville (mosquée, palais, système d'eau, défenses). **1309** pris par Esp. **1333** repris par Abul Hassan, sultan de Fès. **1410** pris par Maures de Grenade. **1462** reconquête esp.

1704-*24-7* pendant la g. de Succession d'Esp., l'amiral anglais George Rooke avec 2 300 soldats prend la forteresse défendue par 70 h. **1713-***13-7 tr. d'Utrecht* cède à G.-B. comme base militaire (et non coloniale) cité, château, port, défenses et forteresse de G., dans l'état où ils se trouvaient en 1704 (depuis, la G.-B. s'est approprié les territoires avoisinants), mais n'implique aucune juridiction terr. et n'autorise aucune communication par voie de terre avec le pays environnant, avec lequel tout commerce est interdit. Sous aucun prétexte, Juifs et Arabes ne pourraient s'y installer ; aucun navire de guerre barbaresque ne devrait être admis dans le port. La G.-B. ne pourrait donner, vendre ou aliéner G. sans offrir au préalable à l'Esp. le droit de préemption [cession confirmée par les tr. de Séville (1729), Vienne (1731), Aix-la-Chapelle (1756), Paris (1763), Versailles (1783)]. **1724** installation angl. à la « Torre del Diablo » au Levant, et au « Molino » au Ponant sous prétexte qu'une forteresse est indéfendable si elle ne commande pas l'espace situé à la limite de la portée de ses canons. **1727** attaque esp. échoue. **1728** conférence de paix de Soissons. **1731** Esp. construit mur fortifié. **1779-83** siège franco-esp. **XVIIIᵉ s.** *Zone neutralisée esp.* (La Linea) de 1,5 km entre fortifications de G. et murailles esp. défendant l'accès de l'isthme. **1810-***20-1* sous prétexte que les fortifications pouvaient tomber aux mains des Fr., le Gᵃˡ Campbell, gouverneur de G., exige leur démolition. **1815** fièvre jaune, les Angl. demandent à installer un camp sanitaire dans la zone neutralisée ; ils ne l'évacueront jamais. **1830** *colonie brit.* **1838** les Angl. établissent ligne de postes de garde à travers l'isthme. **1854** épidémie, avance angl. à travers la zone esp. **1864-***26-1* protestations esp., fin de non-recevoir angl. **1876** G.-B. proteste contre création d'une zone maritime fiscale de 2 lieues (7 miles 500 yards). Incidents. **1881** les Angl. occupent 800 m de zone neutralisée, soutenant que G. n'est pas une base en Esp., mais un territoire britannique G. devient un centre actif de contrebande malgré protestations esp. (1851 à 1852, 1868, 1876, etc.).

1908-*5-8* les Angl. construisent une barrière le long de la zone neutralisée et érigent un mur pour séparer G. de l'arrière-pays. **1940-44** évacuation des civils en G.-B. **1942** Esp. occupe les 650 m subsistant de la zone neutralisée, les Angl. protestent. **1954-***19-4* Esp. interdit l'entrée du Roc à tout Esp. qui ne fournirait pas un motif valable, supprime consulat esp., institue « numerus clausus » pour limiter nombre des ouvriers esp. autorisés à travailler à G. **1966-***25-10* Esp. ferme frontière à tout véhicule, empêchant le passage des marchandises. **1967-***2-4* Esp. déclare zone interdite l'espace aérien entourant G. (la G.-B. avait déjà interdit le survol de G.). Depuis, les Angl. ne peuvent utiliser l'aérodrome militaire installé sans droit sur l'isthme qu'au prix d'acrobaties périlleuses et de violations de l'espace aérien esp. *-10-9* G.-B. organise *référendum* sur maintien des liens avec G.-B. malgré l'O.N.U. (oui : 12 138, non : 44). L'Esp. considère que les Gibraltariens rassemblés là pour des raisons utilitaires n'ont ni origine, ni culture, ni traditions communes, ni aucun autre des traits qui constituent un peuple et une nation. Le droit d'autodétermination viole l'art. X du tr. d'Utrecht, les Brit. pouvant disposer de leur sort, mais non du terr. sur lequel ils sont implantés. **1968-***8-5* Esp. ferme définitivement sa frontière de G. (sauf pour 4 500 ouvriers esp. travaillant à G., Gibraltariens autorisés et certains cas humanitaires). Elle applique ainsi le tr. d'Utrecht interdisant toute communication par terre avec l'arrière-pays. **1969-***9-6* Esp. interdit aux ouvriers esp. (4 666

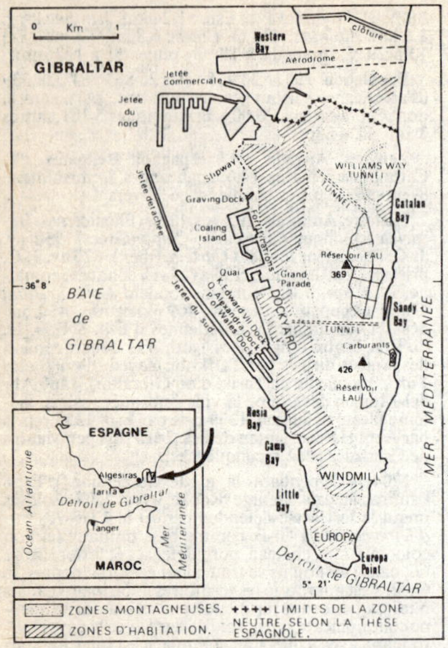

personnes) d'aller travailler à G. *-27-6* suspend ferry G.-Algésiras. *-1-10* coupe téléphone avec G. **1973** G. entre dans C.E.E. comme territoire dépendant. **1976** *sept.* élections (8 s. GLP/AACR, 4 GDM, 3 indépendants). **1977** ferry rétabli pendant vacances ; *déc.* téléphone rétabli. **1982**-*15-12* réouverture frontière (pour piétons habitant G.). **1984**-*26-1* élections. **1985**-*5-2* réouverture à la circulation auto.

Statut. *Colonie* (la + petite du monde) *de la Couronne brit. Constitution* du 30-5-1969. *Chambre* 15 m. élus et 2 m. nommés. *Gouv.* et *Cdt en chef* Sir Peter Terry. *PM* Sir Joshua Hassan (n. 21-8-1915) dep. 1957. *El. du 26-1-84 :* GLP/AACR 8 s., GSLP (Labour) 7.

L'Espagne propose : *a)* G. rendu à l'Esp. resterait administrée par des sujets angl. *b)* lois actuelles, libertés, organisation écon. et emplois seraient respectés. *c)* les Gibraltariens pourraient s'établir dans les mêmes conditions que les Esp.

L'O.N.U. avait sommé la G.-B. de décoloniser G. avant la fin de 1969.

Économie

Ressources. *Base* financière. *Droits* 51,1 millions de £ (83/84) : impôt sur le revenu, taxes indirectes, licences, revenus du domaine public, de services publics et de régies, remboursements de prêts. *Base* aéronavale importante. *Tourisme :* (84) 606 038 (47 813 par air, 80 654 par mer, 477 571 par terre).

Commerce (en milliards de £, 84). *Exportations* 25 *dont* (ré-export) prod. pétroliers 18,8, tabac et prod. man. 5,5, boissons 0,8 *vers* G.-B. 3,2, Maroc 1,3, Italie 0,4. *Importations* 66 *dont* fuel 21,8, prod. alim. 12,2, boissons 5,4, prod. man. 3,2 *de* (83) G.-B. 21, Japon 5,1, Espagne 2,2, *France 1,3,* Italie 0,7.

GRÈCE

Carte p. 885. V. légende p. 787.
Littérature ancienne p. 309, moderne p. 307.

Situation. Europe. 131 957 km² (dont îles 24 796 km²). Montagnes 80 %. *Alt. max.* Mt Olympe 2 917 m. Le Parnasse 2 457 m. *Côtes* 15 021 km. *Frontières :* 1 180 km dont Albanie 247, Yougoslavie 256, Bulgarie 474, Turquie 203. *Env. 2 000 îles* (dont 154 habitées) : 18,7 % du pays. *Fleuve le plus long :* Aliakmon 297 km. *Lac le plus grand :* Trichonis 9,65 ha. Forêts 88 148 km².

Préfectures (superficie en km² et, entre parenth., population en 81). **Grand Athènes** 427 (3 016 457, dont Attique 340 723) avec les îles du golfe Saronique : 71, Salamine 93,2 (20 200) et Égine 85 (15 000). **Grèce centrale et Eubée** 24 391 (1 097 480) (Eubée 3 775 km², 187 935 h.). **Péloponnèse** 21 379 (1 005 154), avec l'île de Cythère 262 (4 000), Spetsae 22 (3 500). **Iles Ioniennes** 2 307 (181 064) [7 îles princ. dont Céphalonie 737 (31 000), Corfou (Kerkyra) 1 593 (97 506), Leucade (Lefkas) 325 (24 500), Zante 402 (30 511), Ithaque 103 (4 155)]. **Épire** 9 203 (323 333). **Thessalie** 14 037 (695 010). **Macédoine** 34 177 (2 105 649 dont ag. Salonique 858 661). **Thrace** 8 578 (345 709) avec les îles de Lemnos 477 (17 000), Thassos 398 (12 000) et de Samothrace 180 (3 500). **Iles de la mer Égée** 9 122 (435 749) ; *3 archipels : Sporades du N.* (notamment Skiathos 61 (3 500), Skopelos 96 (4 500), Skiros 210 (2 500). *Sporades du S.* (appelées aussi *Dodécanèse,* « Douze îles » : reprises à l'Italie en 1946, notamment Cos 290 (16 000), Kalymnos 109 (12 000), Karpathos 280 (3 000), Kassos 62 (1 000), Léros 64 (8 000), Nisyros 43 (1 500), Symi 67 (3 000), Tilos 59 (1 000) avec Rhodes, 1 398 (60 000) et Castelorizzo. *Cyclades* [dont font partie Amorgos 123 (1 300), Andros 304 (11 000), Délos Kythnos 86 (1 500), Milo (Mélos) 161 (4 500), Mykonos 85 (3 500), Naxos 442 (14 000), Paros 195 (6 500), Sérifos 70 (1 500), Siphnos 74 (2 000), Syros 86 (30 000), Théra (Santorin) 76 (10 000), Tinos 195 (10 000)] ; *les 3 îles orientales :* Chio 858 (60 000), Lesbos (Mytilène) 1 614 (62 000), Samos 491 (35 000), occupées par les Ottomans ; se sont souvent révoltées (*1822 avril* massacres à Chio ; *1849* à Samos ; *1908, 1912* rendues à la Gr.). **Crète** 8 336 (501 082).

Distance d'Athènes à Alexandropolis 849 km, Delphes 164, Météores 350, Nauplie 147, Olympie 326, Sargonique 532.

Climat méditerranéen : été long, chaud et sec, hiver doux, ensoleillement 3 000 h par an, précipitations en hiver (nov. à févr.). Athènes : janv. 10,5 °C, juill. 28 °C. L'été, Athènes est recouverte par le *Nefos,* nuage de pollution.

Population. 9 950 000 h. (84). [*1812 :* 938 765 ; *40 :* 850 246 (47 516 km²) ; *53 :* 1 035 527 ; *70 :* 1 457 894 (50 211) ; *89 :* 2 187 208 (63 606) ; *1907 :* 2 631 952 (63 211) ; *20 :* 5 016 889 (127 000) ; *28 :* 6 204 684 (129 281) ; *40 :* 7 344 860 ; *51 :* 7 632 801 (131 990) ; *61 :* 8 388 553 ; *71 :* 8 768 641]. Grecs 98,5 %, Turcs 0,9 %, Pomaques (minorité bulgare convertie à l'islam) 0,3 %, Arméniens 0,2 %. D. 75. **Villes** (81). *Athènes* 885 136, Salonique 402 443 (à 508 km), Patras 140 878 (213 km), Larissa 103 263 (356 km), Héraklion 101 668, Volos 70 967 (316 km), Cavala 56 260 (671 km), Corinthe 22 495. **Grecs à l'étranger.** 3 720 000 dont U.S.A. 2 237 000 (Chicago 300 000), Asie 522 000 (Chypre 510 000), Océanie 505 000, Europe 489 000 (All. féd. 170 000, G.-B. 50 000, Turquie 50 000, Albanie 30 000, Italie 30 000, *France 10 000*), U.R.S.S. 500 000, Afrique 18 000 (Égypte 8 000).

Langue. Grec (*off. : démotiki* dep. 76). Dérive du « g. commun » parlé dans l'emp. d'Alexandre, puis dans la majeure partie de l'Emp. romain. Avant le « grec commun », il y avait les 3 dialectes des Grecs, anciens, puis classiques : *éolien* (N. et O.) ; *ionien* (centre ; l'attique était le plus élégant) ; *dorien* (S. et S.-E.). Ils formaient le rameau hellénique des langues indo-européennes orientales : le *katharevousa* (c'est-à-dire épurée) fut la langue officielle jusqu'en 1976 ; élaborée à Paris par un réfugié grec, Adamantios Coraïs (1748-1833), elle comprenait de nombreux éléments du grec ancien. La langue populaire, *démotiki,* devenue une langue littéraire écrite et publiée depuis les travaux de Jean Psycharis (1854-1929), l'a remplacée.

Alphabet grec classique. Créé en Asie Mineure v. 900 av. J.-C., adopté à Athènes en 403 av. J.-C. 24 signes dont 14 empruntés sans changement (même nom, même son) à l'alphabet phénicien (22 signes, uniquement des consonnes) ; 8 réutilisés, pour d'autres consonnes ou des voyelles (invention capitale) ; 2 créés pour des lettres doubles : *psi* et *xi.*

Α α	**alpha**	Ν ν	**nu**
Β β ϐ	**bêta**	Ξ ξ	**ksi**
Γ γ	**gamma**	Ο ο	**omicron**
Δ δ	**delta**	Π π	**pi**
Ε ε	**epsilon**	Ρ ρ	**rô**
Ζ ζ	**dzéta**	Σ σ ς	**sigma**
Η η	**êta**	Τ τ	**tau**
Θ θ	**thêta**	Υ υ	**upsilon**
Ι ι	**iota**	Φ φ	**phi**
Κ κ	**kappa**	Χ χ	**khi**
Λ λ	**lambda**	Ψ ψ	**psi**
Μ μ	**mu**	Ω ω	**oméga**

Religions. En % : Grecs orthodoxes 97 *(off.)*, musulmans 1,2 (150 000 dont 120 000 de Thrace occidentale, 25 000 Pomaques bulgarophones des Rhodopes, 4 000 de Rhodes et Kos), chrétiens divers 0,83, juifs 0,08.

Histoire

Grèce ancienne (avant J.-C.)

• **Période égéenne ou préhellénique. Paléolithique** (100 000-8 000). Outils trouvés en : Épire, Macédoine (homme type Neandertal), Thessalie, Corfou et Céphalonie, Sporades, Attique, Péloponnèse. **Mésolithique** (VIIIᵉ-VIᵉ mill. av. J.-C.). Grotte de Frachti à Ermioni. **Néolithique et Chalcolithique** (Vᵉ-IIIᵉ mill. av. J.-C.) autour de la mer Égée : Troie et Asie Mineure occidentale (où naît l'industrie du bronze) ; Cyclades, Crète, Péninsule grecque. Acropoles (c'est-à-dire villes hautes fortifiées) : *Sesklo, Dimini* (Grèce). Première apparition du type architectural de *mégaron.*

Age du Bronze. Helladique ancien (2800-2100) : *Lerne* en Argolide (cité avec fortifications et palais). Céramique vernissée (style Urfirniss). *Cycladique ancien :* épanouissement de l'art : « idoles cycladiques ». *Minoen ancien :* vestiges d'habitations à *Vassiliki* et *Myrto* (Iérapétra). Caractéristique générale : habitations groupées. Turquie : *Troie I* (v. 2500). **Helladique moyen ou minyen** (2100-1570) : commencement de l'infiltration des populations indo-européennes : Ioniens, Achéens, Éoliens qui s'installent dans le Péloponnèse (ils y apportent le cheval), céramique minyenne. Ruines du palais fortifié de Dorian-Malthie à *Messénie.* **Cycladique moyen :** vestiges des centres d'habitation à *Milos, Paros* (Parikia), *Kéa* (Aghia Irini). **Minoen moyen :** phase des premiers palais : *Cnossos, Phaestos, Mallia, Aghia Triada. Helladique récent ou mycénien* (1580-1100 av. J.-C.) : Crète ; civ. détruite en 1400, peut-être par l'explosion du volcan Santorin. Considérée actuellement comme point de départ de la légende des Atlantes. **Helladique récent ou mycénien** (1580-1100) : Péloponnèse (également Béotie et Attique) : civilisation inspirée des palais crétois, mais plus militaire (tradition indo-européenne) : château fortifié à l'écart des villes. Villes principales : *Mycènes* (acropole avec palais), *Tirynthe, Pylos* (palais de Nestor ; écriture dite linéaire B). **Cycladique récent :** *Milos* (palais de Phylacopie), *Thira* (ville avec maisons de 2 ou 3 étages ; écriture linéaire A). **Minoen récent :** phase des seconds palais : *Cnossos, Phaestos, Isopata* (tombes royales). Écriture linéaire A et B. **Subminoen et submycénien** (1200-1000). Apogée : **v. 1250** date de la g. de Troie (racontée par Homère v. 900) opposant pendant 10 ans les cités achéennes coalisées sous le commandement d'Agamemnon, roi de Mycènes, à Troie (colonie illyrienne, appelée Troie VI, fondée v. 1850) ; victoire des Gr. et destruction de Troie, décadence, invasions doriennes. **V. 1200** destruction de la civilisation mycénienne du Péloponnèse par un peuple inconnu, longtemps identifié à tort avec les Doriens (raid dévastateur, sans occupation du sol) ; il s'agirait peut-être des « Héraclides », groupe de 50 tribus thessaliennes.

Période hellénique. Début du XIᵉ s. arrivée des Doriens, au parler archaïque (proche de l'indo-européen) ; demeurés depuis 2000 en Thessalie, repeuplent le Péloponnèse ; civilisation du fer. Styles *géométrique* (1000-700), *dédalique* et *orientalisant* (700-600), *archaïque* (600-480), *classique* (480-323), *hellénistique* (323-31).

Mont Athos

Presqu'île. Long 45 km. Large 8 à 10 km. *Alt. max.* 2 034 m. *Pop.* 1 300 moines (*XVIᵉ s. :* env. 15 000, *1912 :* 8 000). Centre monastique orthodoxe. *1913,* reconnu provisoirement indépendant et sous tutelle gr. *1920,* partie auto-administrée de l'État hellénique. *Statut.* La Gr. y est représentée par un gouv. dépendant du min. des Aff. étrangères. Régime réglé par la Charte statutaire incorporée au décret du 10-9-1926. Administré par la Ste Communauté résidant à Karyès (20 *antiprosopoi* représentant les 20 couvents, élus en janvier et dont 4, les *épistates,* se partagent le pouvoir exécutif sous la présidence de l'un d'eux, le *protépistatis,* élu pour 5 ans).

L'*abaton* (inaccessible), règle de Constantin Monomaque datant de 1060, en interdit l'accès à toute femme, toute femelle d'animal, tout enfant, tout eunuque, tout visage lisse.

La guerre de Troie *(racontée par l'Iliade)*

Le roi de Troie, Priam, a 50 fils. L'un, Pâris, choisi comme juge de beauté par les 3 déesses Héra, Athéna, Aphrodite, désigne Aphrodite qui lui promet en récompense la plus belle femme du monde ; ce sera *Hélène,* femme du roi mycénien *Ménélas* (roi de Sparte, fr. d'*Agamemnon,* r. de Mycènes et d'Argos) qu'il enlève. Pour punir Pâris et reprendre Hélène, les rois grecs (Achéens et Éoliens) forment une ligue, sous le commandement d'Agamemnon. *Principaux rois : Achille,* r. des Myrmidons (le meilleur guerrier des Grecs, invulnérable sauf au talon, tué par Pâris d'une flèche qui l'atteint au talon) ; les 2 *Ajax* [1. le fils d'Oilée (r. des Locriens), tué par Poséidon comme sacrilège (rapt de la prêtresse Cassandre) ; 2. le fils de Télamon (r. de Salamine), se suicide pour n'avoir pas obtenu les armes d'Achille] ; *Diomède,* prince d'Argos (compagnon d'Ulysse au cours d'un raid dans le temple de Troie) ; *Idoménée,* r. de Crète, ex-fiancé d'Hélène (semblable au sanglier par la vaillance) ; *Nestor,* r. de Pylos, sage vieillard ; *Ulysse,* r. de l'île d'Ithaque [célèbre par ses ruses ; auteur avec Diomède d'un raid sur le temple troyen où il vole le voile de la déesse (palladium) ; célèbre surtout par son voyage de retour (sujet de l'Odyssée) et par la fidélité de sa femme *Pénélope* qui fit attendre ses prétendants pendant 20 ans (elle avait promis de se marier quand sa tapisserie serait finie, mais chaque nuit, elle défaisait l'ouvrage du jour précédent)] ; *Philoctète,* r. de l'Œta (rendu enragé par une morsure de serpent). *Principaux héros troyens* (outre Hector et Pâris) : *Énée,* fils d'Aphrodite, émigré en Italie et ancêtre de la nation étrusco-romaine (héros de l'Énéide, poème de Virgile) ; *Dolon,* le loup-garou, tué par Diomède et Ulysse ; *Andromaque,* femme d'Hector.

Déroulement. 10 ans de combats indécis (Hector, fils de Priam et d'Hécube, tue Patrocle, ami d'Achille, Achille tue Hector, Pâris tue Achille, etc.). Victoire des Grecs grâce à une ruse : ils font semblant de se retirer en laissant, comme offrande aux dieux, un énorme cheval de bois. Les Troyens font entrer le cheval dans leur ville, mais il contenait des guerriers (dont Diomède). La ville est prise et brûlée ; Énée parvient à fuir en portant son vieux père Anchise sur son dos ; il se réfugie en Italie.

XIe-VIIIe s. colonisation des Cyclades et de l'Asie Mineure, adoption de l'alphabet anatolien. Naissance des 3 grandes cités : Athènes, Corinthe, Sparte. **VIIIe-VIe s.** colonisation du pourtour de la Méditerranée et de la mer Noire (Pont-Euxin). Réformes démocratiques de *Solon* (v. 640-558), l'un des *Sept Sages* (les 6 autres sont : Cléodule de Lindos, Périandre de Corinthe, Pittacus de Mitylène, Bias de Priène, Thalès de Milet, Chilon de Lacédémone). Tyrannie de *Pisistrate* à Athènes (561-527), de *Polycrate* (533-523) à Samos. *Cléomène,* roi de Sparte (520-489). Réforme démocratique de *Clisthène* à Athènes [508-507 les Athéniens sont divisés en 10 tribus, elles-mêmes subdivisées en 100 *dèmes* ; un sénat de 500 membres est élu à raison de 50 sénateurs pour chaque tribu ; les *métèques* (résidents étrangers) sont admis à la naturalisation]. *Thémistocle,* archonte (493) ; prééminence militaire et navale d'Athènes.

Guerres médiques (contre la Perse), victoires gr. : *Marathon* (490), *Salamine* (480), *Platées* (479). Confédération athénienne de *Délos* (478-77) pour libérer la Gr. d'Asie, s'oppose à la ligue péloponnésienne de Sparte, puis conclut avec elle la paix de Trente Ans (446). *Siècle de Périclès* (v. 495-429) : fils du stratège Xanthippos et apparenté aux Alcméonides [apogée de : architecture, avec Acropole et Pirée ; philosophie (Socrate et Platon) ; théâtre (Sophocle et Euripide) ; histoire (Hérodote)]. **447** *Coronée* les aristocrates Béotiens battent les démocrates Ath. **443-429** Périclès maître de l'État. **431-404** *g. du Péloponnèse* entre Athènes et Sparte. **431** les Platéens, démocrates vivant à Thèbes, cité aristocratique, rejetant l'autorité des Thébains, avaient la protection d'Athènes ; les Thébains font contre eux un raid qui échoue. **429-427** Platées assiégée et détruite. **421** tr. de Nicias, défaites athéniennes à *Mantinée* (418) et en Sicile, puis victoires *(Abydos, Cyzique),* enfin triomphe spartiate (*Ageos-Potamos* 405) : Sparte impose le gouvernement aristocratique des *Trente.* **394-362** g. de revanche contre Sparte, menée par une coalition thébo-athénienne : Agésilas II, roi de Sparte (398-358), bat les confédérés à *Coronée* (394) ; sauve Sparte malgré la défaite de *Leuctres* (371). **377-362** hégémonie de Thèbes (Epaminondas tué en 362 à *Mantinée,* victoire sur Sparte). **357** confédération (Phocidiens, Athéniens, Spartiates) contre Thèbes, écrase les Phocidiens avec l'aide de Philippe II de Macédoine (les Macédoniens appartenaient à des tribus gr. apparentées aux Doriens. Leurs rois disaient descendre de la famille royale de Téménides, originaire d'Argos). Conscient du péril macédonien, Démosthène (Ath.) invite tous les Gr. à l'union.

Essor de la Macédoine. 338 *Chéronée :* Philippe II (v. 382-336) bat Thébains et Athéniens. **337** congrès hellénique de Corinthe : les Gr. déclarent une g. nationale contre la Perse, avec Philippe comme généralissime (assassiné l'année suivante par Pausanias). *Alexandre* (356-323), fils de Philippe, bat les Perses (334 *Granique,* 331 *Arbèles*), atteint l'Indus. A sa mort, ses G^aux (Antigone, Seleucos, Ptolémée fils de Lagos) se partagent son empire et créent la civilisation gr. d'Orient (hellénistique), qui durera 10 s. Centre principal : Alexandrie (Égypte). En Macédoine et dans le reste de la Gr. ancienne : dynastie des Antigonides (277).

Guerre de Macédoine contre les Romains : **215-205** 1re g. Philippe V Antigonide s'allie à Hannibal contre Romains, échec. **200-197** 2e g. *Cynoscéphales* Flaminius bat Macédoniens, les cités reprennent leur indépendance. **194-183** *Philopœmen* crée la Ligue achéenne (coalition des cités gr. pour résister aux Romains) ; il est mis à mort par les Messéniens, acquis à Rome. **171-168** 3e g., Paul Émile, consul romain, bat Persée, fils de Phil. V, à *Pydna ;* Macédoine divisée en 4 districts autonomes. Anarchie.

Période romaine
146 av. J.-C. — 330 apr. J.-C.

146 la Mac. puis toute la Gr. deviennent romaines (à partir de 27 av. J.-C., provinces d'Achaïe). **88-84** Épire, Macédoine et de nombreuses cités soutiennent Mithridate contre Rome : échec. *Sous l'empire* les cités gr. ont un régime libéral (villes libres ou cités fédérées). Villes principales : Athènes (université), Corinthe (colonie romaine), Patras (colonie fondée en 16 apr. J.-C.). A partir de Dioclétien (284 apr. J.-C.), fait partie du diocèse de Mésie, allant au N. jusqu'au Danube. **326** fondation, à Byzance, de Constantinople, qui éclipsera Athènes comme capitale : une grande partie de la pop. gr. se concentre en Asie Mineure, laissant la péninsule gr. presque vide. **395** rattachée à l'empire d'Orient (liste des empereurs, voir à Turquie).

● **Grands ensembles. Architecture ancienne. Grèce.** *Athènes :* Acropole, Propylées, Parthénon [1], Erechthéion, Athéna Nikê, théâtre de Dionysos, temple d'Héphaïstos, temple de Zeus, porte d'Adrien, théâtre d'Hérode Atticus, cimetière de Kéramikos (stèles funéraires). *Délos :* 3 temples dédiés à Apollon, temples dédiés à Léto, Artémis, Héra, trésors, portiques, stade, gymnase, théâtre. *Delphes :* sanctuaire d'Apollon, temple, théâtre, plus de 15 trésors (des Athéniens, des Siphniens, de Sicyone, etc.), stade, sanctuaire d'Athéna (temple, tholos, etc.), gymnase, fontaine Castalie. *Corinthe :* temple d'Apollon, agora, fontaine Pirène, théâtre, odéon, stade. *Epidaure :* sanctuaire d'Asclépios, abaton, temple, tholos, théâtre (par Polyclète le Jeune), stade. *Olympie :* temple d'Héra (Héraion), temple de Zeus, atelier de Phidias, trésors, prytanée, bouleutérion, gymnase, stade.

Sicile. *Agrigente :* temples de la Concorde, d'Héra, de Castor et Pollux, d'Héraclès, de Zeus. *Sélinonte :* 6 temples. *Taormine :* théâtre, temples.

Turquie. *Pergame :* autel de Zeus (frise au musée de Berlin), gymnase, bibliothèque, thermes, théâtre, temples, agora. *Éphèse, Milet, Priène,* etc.

Nota. — (1) Une réplique du Parthénon a été construite à Nashville (Tennessee, U.S.A.) en 1925.

• **Premiers monuments. Acropoles.** *Tirynthe ; Mycènes* (porte des Lionnes : triangle de décharge) (Péloponnèse).

Murailles. *Mycènes :* murs « cyclopéens » faits de gros blocs, des petites pierres comblant les interstices. *Tirynthe :* murs pélagiques (blocs irréguliers, sommairement ravalés ; 7 à 8 m d'ép., 17 m dans les parties casematées). *Gla* (en Béotie) : les + longues.

Tombeaux. « Tombes à fosses » (Mycènes) et « tombes à chambre ». Tumuli de Troade.

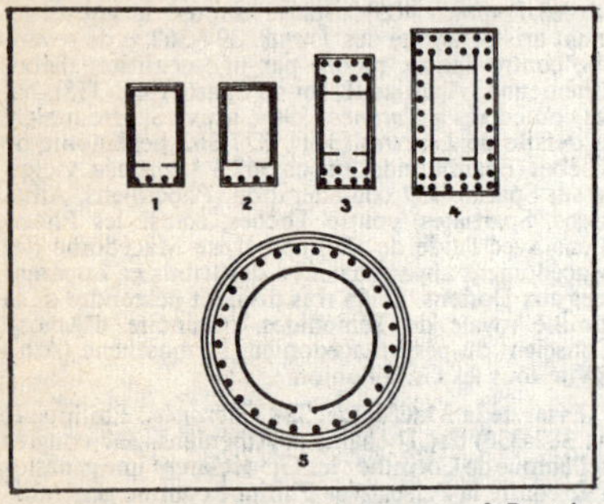

Ordonnances de temples grecs. 1. In antes. – 2. Prostyle. – 3. Amphiprostyle. – 4. Périptère. – 5. Tholos.
(Guides Bleus)

Trésors. « Tombes en tholos » ou « à coupole » de l'époque mycénienne abritant les offrandes de la cité à son roi ou prince. Baptisées trésors par erreur à cause de la richesse de ces offrandes : trésor d'Atrée *(Mycènes) ; Orchomène* (Béotie, prétendu trésor de Minyas) ; *Archanaï* (Crète).

• **Monuments classiques. Édifices pour assemblées politiques ou religieuses. Grèce.** *Athènes :* agora (centre de la vie publique, VIe s. av. J.-C.). *Eleusis :* Télestérion (portique dorique du IVe s. par Philon : 54,15 × 51,80 m). *Délos :* salle hypostyle (fin IIIe s. : 57 × 34 m). **Turquie.** *Milet :* Bouleutérion (Sénat). *Priène :* Ecclésiastérion (Parlement).

Fortifications. Grèce. *Samikon* (VIe-Ve s. av. J.-C.). *Thasos. Éleuthère* (IVe s. av. J.-C.). *Égosthènes.* **Italie.** *Euryale,* forteresse de *Syracuse* (début IVe s. av. J.-C.). *Paestum.*

Portiques ou stoas. Destinés à de multiples usages : boutiques, lieux pour les offrandes, abris pour les visiteurs ou malades, réfectoires ou dortoirs, usage profane, lieu de réunion des philosophes (le stoïcisme). **Grèce.** *Athènes :* stoa d'Attale. *Argos :* héraïon. *Délos. Delphes. Olympie.* **Turquie.** *Pergame.*

Stades. Grèce. *Athènes* (70 000 places). *Corinthe. Délos. Delphes* (5 000). *Épidaure. Olympie* (45 000).

Définitions. *Bouleutérion :* salle de réunion de l'Assemblée municipale (Boulè). *Hypostyle* (« sous les colonnes ») : grande salle dont le plafond est supporté par des colonnes. *Odéon* (gr. ôdeion, même sens) : destiné aux auditions musicales. *Télestérion* (« bâtiment éloigné ») : salle réservée à des initiés.

Temples

1° Caractéristiques. En général bâti sur un *podium* (ou krepis), plate-forme de 3 marches dont la 3e est appelée *stylobate.* L'ensemble du sanctuaire s'appelle *téménos.* Une clôture, le *péribole,* l'entoure. *Prostyle :* temple ayant un portique à colonnes devant l'entrée, tourné généralement vers l'est. *Amphiprostyle :* t. ayant un portique à chaque extrémité. La partie fermée du t. s'appelle *secos.* Le t. comprend : le *naos* ou *oikos* (en latin : cella), partie centrale où se trouve la statue du culte, le *pronaos,* vestibule, et l'*opisthodome,* partie du t. répondant sur la façade postérieure. Certains t. ont un *propylée :* entrée monumentale, un *adyton,* accessible uniquement aux prêtres, qui contenait l'idole ou servait de chambre d'oracle, et un *stoa :* portique. *Tholos :* sépulture à rotonde et à coupole ; puis temple circulaire. *Toiture :* dans les grands édifices, percée en son milieu d'une ouverture rectangulaire laissant passer la lumière (t. hypèthres).

2°) Classification. Depuis Vitruve (Ier s. av. J.-C.) suivant : 1) l'*ordre* (ou type de colonne et de chapiteau) utilisé : dorique, ionique ou corinthien ; 2) la *disposition des colonnes,* s'ils comprennent : des *antes :* emboûts de 2 murs encadrant les 2 colonnes peu saillantes ; un *péristyle* simple *(périptère)* ou double *(diptère)* avec colonnes indépendantes ; un *pseudo-*

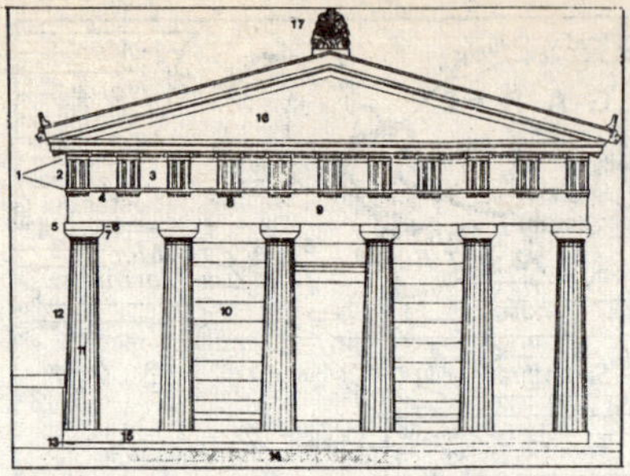

Façade de temple dorique : 1. Frise. – 2. Triglyphe. – 3. Métope. – 4. Listel. – 5. Chapiteau. – 6. Abaque. – 7. Échine. – 8. Goutte. – 9. Architrave. – 10. Naos. – 11. Fût cannelé. – 12. Colonne. – 13. Euthyntéria. – 14. Fondations. – 15. Crépis. – 16. Fronton. – 17. Acrotère.
(Dictionnaire de l'Archéologie. Laffont)

périptère ou *pseudo-diptère* si les colonnes sont engagées dans le mur ; 3) le *nombre des colonnes* du portique en façade (2 : distyle ; 4 : tétrastyle ; 6 : hexastyle ; 8 : octastyle ; 10 : décastyle). Suivant l'espacement des colonnes, le temple peut être : pycnostyle : col. espacées de 1 diamètre 1/2 ; systyle : 2 diam. ; eustyle : 2 1/4 ; diastyle : 2 3/4 à 3 ; aérostyle : + de 3.

3°) Temples doriques. Grèce. *Athènes :* Parthénon [périptère, construit par Ictinos et Callicratès de 447 à 432 ; long. : 69,50 m ; larg. : 30,85 m ; haut. des colonnes : 10,43 m ; partie des frontons de la frise au Brit. Museum, Londres (marches de Lord Elgin) ; le 26-9-1687, un obus vénitien atteignit le Parthénon qui servait de poudrière aux Turcs, 14 des 46 col. de gal. furent abattues] ; Théséion (vers 428 ; périptère ; le temple grec le mieux conservé ; 31,77 × 13,64 m ; haut. 10,38 m). *Bassae* (près de Phigalie) : temple d'Apollon (consacré peu après 420, construit par Ictinos ; 38 × 14,30 m ; bien conservé). *Corinthe :* t. d'Apollon (dorique archaïque, 550 à 525 ; 53,30 × 21,36 m). *Delphes :* t. d'Apollon (IVe s. ; 60,30 × 28,80 m ; ruiné). *Égine :* t. d'Aphaïa (480 ; groupes des frontons à Munich ; 29 × 14 m). *Épidaure :* t. d'Asclépios (375). *Némée :* t. de Zeus (fin IVe s.). *Olympie :* t. de Zeus [460 ; périptère par Libon d'Elée, ruiné (64 × 28 m ; haut. 25 m ?)] ; t. d'Héra (vers 640 ; 50 × 19 m) ; t. Métrôon. *Sounion :* t. de Poséidon (v. 425). *Tégée :* Athéna Aléa (IVe s.). **Italie continentale.** *Paestum* (IVe et Ve s.) : temple de Poséidon (Ve s., bien conservé) ; temple « Basilique » (VIe s.) ; temple de Déméter. **Sicile.** *Sélinonte* (VIe s.) : 7 grands temples. *Agrigente* (430 av. J.-C.) : temple de la Concorde. *Ségeste* (430 av. J.-C.) : temple inachevé. *Syracuse* (Ve s.) : temple d'Athéna (église Ste-Lucie).

Du Moyen Age à l'Indépendance

Moyen Age. 529-805 les Slaves (Serbes à l'O., Bulgares à l'E.) occupent Macédoine, Thrace, Thessalie. **723** l'Église orthodoxe se sépare de Rome et se rattache à Constantinople. **805** l'emp. Nicéphore Ier repousse les Slaves au N. du Rhodope ; Salonique, principale place forte byzantine. **904** S. prise et pillée par les Arabes venus d'Égypte. **1185** S. prise et pillée par les Normands de Tancrède. **1204** Croisés latins prennent Constantinople. Gr. divisée en *4 États indépendants : 1° royaume de Thessalonique* (patriarcat latin 1204-1418) ; *2° duché d'Athènes,* latin (cap. Thèbes, Athènes étant devenue un village) : détruit et annexé par les Turcs en 1462 ; *3° princée d'Achaïe ou de Morée* [c.-à-d. du Péloponnèse, cap. Andreville (actuellement Andravida, à 65 km de Patras) ; archevêché latin à Patras]. **1307** passe à la dynastie d'Anjou-Naples. **1341** récupérée en partie par la dynastie byzantine des Cantacuzène et transformée en despotat de Morée (cap. Mistra). **1438** entièrement reconquise par la dyn. byz. des Paléologues. **1461** conquête turque ; *4° despotat d'Épire :* demeuré gr. à l'O. [dynastie des Comnène (1204-1318) ; conquise par Albanais (1318-1400) ; fief byzantin (1400-30) ; conquise par Turcs (1431)]. L'île de Crète, nommée Candie, est attribuée à Venise, qui la défendra jusqu'en 1669 contre les Turcs.

Période moderne. **XVIe-XVIIIe s.** partie de la Turquie d'Europe (capitale Constantinople) depuis 1453 (exception : Corfou et les îles Ioniennes demeurées vénitiennes). **1684-1718** les Vénitiens réoccupent, puis reperdent la Morée (Péloponnèse) ; conservent îles Ioniennes et Corfou. **1769** révolte de la Maïna (Sud Péloponnèse). Les Maïnotes sont vaincus mais gardent des bandes armées. **1797** fin de la rép. de Venise : îles Ioniennes deviennent françaises. **1800** conquises par Russes, elles forment la République septinsulaire, sous protectorat turc. **1807** paix de Tilsitt, redeviennent françaises. **1809** anglaises. **1818** îles Ioniennes indépendantes, sous protectorat angl. ; langue officielle : grec (foyer d'agitation hellénique antiturque). **1821** soulèvement contre Turcs. **1823-28** Colonel fr. Charles Fabvier (1782-1855) organise armée insurgée (taktikon). **1824**-*19-4* siège de *Missolonghi* où meurt Byron. **1826**-*13-12* Fabvier sauve Athènes assiégée par Turcs. **1827**-*20-10* flotte turque détruite à *Navarin* par 3 escadres : anglaise (amiral Codrington), française (amiral de Rigny), russe (amiral Heiden). **1828-29** g. russo-turque (prise d'Andrinople, 20-8-1829). **1828**-*17-8* Intervention française en Morée (Gal Maison), Égyptiens d'Ibrahim pacha, alliés des Turcs, se rembarquent. **1829**-*14-9* autonomie *(tr. d'Andrinople).*

De l'Indépendance à nos jours

1830-*3-2* indépendance *(tr. de Londres).* -*21-3* Léopold de Saxe-Cobourg, futur roi des Belges, refuse la couronne de Gr. **1831**-*9-10* assassinat de Capodistria, chef d'État. **1832** Othon de Bavière roi (absolu). **1843**-*14-9* révolution contre les Bavarois. Othon jurera d'accorder une Constitution ; promulguée en mars 1844, ne sera pas appliquée. **1862** révolution, Georges de Danemark remplace Othon. **1864** la Gr. reçoit les îles Ioniennes. **1881** Thessalie rattachée à la Gr. **1897** battue par Turq. en voulant aider Crète ; sauvée par les grandes puissances. Crète devient aut. **1912-13** g. balkaniques contre Turq. (18-10-1912) puis Bulgarie (29-6-1913). *Tr. de Bucarest* (10-8-1913), Gr. reçoit î. du N.-E. de l'Égée, Crète, grande partie de Macédoine et Épire. **1913**-*18-3* roi Georges assassiné. **1915**-*15-3* roi Constantin, favorable Empires centraux, renvoie son PM Eleuthérios Vénizélos (1864-1936), favorable Alliés ; *août* Vénizélos revient au pouvoir et invite Alliés à débarquer à Salonique ; *oct.* Constantin dissout Parlement et renvoie Vénizélos. **1916**-*27-5* Bulg. occupent Macédoine orientale (les Gr. se retirent sans combat). -*31-8* formation à Salonique d'un « Comité de Défense nat. ». -*25-9* Vénizélos s'enfuit en Crète, qu'il rallie au Comité de Salonique. *oct.* l'amiral fr. Dartige occupe Le Pirée. -*21-10* Vénizélos constitue à Salonique un gouv. reconnu par Alliés ; déclare g. à Bulgarie. -*1-12* Constantin attaque marins fr. et partisans vénizélistes ; les Alliés décrètent le blocus de la Gr. **1917**-*11-6* Charles Jonart, Ht-commissaire allié à Athènes, exige abdication de Constantin. -*28-6* Vénizélos, revenu à Athènes, déclare g. à l'All. **1920**-*12-8* *tr. de Sèvres,* Gr. reçoit Thrace occidentale (bulg.), orientale (turque), administration de la région de Smyrne ; *oct.* Vénizélos renversé. -*20-11* Constantin rappelé par 99 % des voix. **1921-22** g. gr.-turque ; vaincue, Gr. perd Smyrne et Thrace orientale *(tr. de Lausanne* 24-7-1923). 1 500 000 Gr. de Turq. émigrent (350 000 se fixent à Athènes).

1922-*28-9* révolution, Constantin détrôné († en exil, 11-1-23). **1924**-*13-4* Rép. : 70 % des voix pour. **1935**-*3-11* Georges II rappelé (88 % des voix pour). **1936**-*4-8* dictature du Gal Ioannis Metaxas (1871-1941), PM. **1940**-*28-10* invasion it. repoussée. **1941**-*janvier* fin de la dictature de Metaxas. -*6-4* All. occupent Gr., Georges II s'exile en Crète puis au Caire avec gouv. Tsouderos. **1941-44** pertes civiles (famine, résistance 520 000 †). **1944**-*oct.* All. évacuent Athènes ; arrivée de 10 000 Anglais (Gal Scobie). -*1-12* Scobie réclame aux milices communistes la livraison des armes. -*4/5-12* com. de l'E.A.M. (Front nat. de lib.) prennent Athènes. -*25-12* Anglais les chassent (ils partent après avoir fusillé 3 000 personnes et emmené 5 000 otages). **1944-46** régence de Mgr Damaskinos. **1945** *févr. accord de Varkiza :* les com. acceptent de dissoudre l'E.A.M. contre une amnistie, qui exclue les délits de droit commun (les com. sont alors poursuivis massivement pour délits de droit commun : 100 000 passent dans la clandestinité). **1946**-*12-2* P.C. déclenche lutte armée. *27-9* Georges II rentre après plébiscite (70 % pour). **1947**-*10-2* It. restitue Dodécanèse. **1946-49** *g. civ. com.* dans le Mt Grammos ; effectifs : com. 30 000 dont 10 000 femmes, chef Gal Markos Vafiadès (n. 1906, exclu du P.C. 15-11-48) ; gouvernementaux 200 000, pertes : com. 3 128 †, 598 pris., 4 500 bl. ; gouv. 590 †, 3 130 bl. ; 24 000 enfants gr. déportés en Albanie com. ; 30 000 réfugiés gr. dans les pays de l'Est. **1952**-*10-10* Mal Papagos PM. **1955**-*4* ou *5-10* mort de Papagos, Caramanlis PM. **1963**-*22-5* Gregorios Lambrakis dép. de gauche, frappé, meurt quelques j. après ; police impliquée ; *fin d'année* dép. PM Caramanlis se retire à Paris jusqu'en juil. 1974. *nov.* Papandreou PM. **1965**-*15-7* démissionne. -*16-9* Stephanopoulos PM. **1966**-*21-12* procès de l'Aspida (fils de Papandreou accusé de tentative de subversion des forces armées). **1966**-*22-12*/**1967**-*30-3* Jean Paraskevopoulos (1900) PM.

Problème de la mer Égée

Origine. 1923 Tr. de Lausanne : la souveraineté gr. est reconnue sur presque toutes les îles, sauf Imvros, Tenedos et les îles et îlots situés à 3 milles de la côte turque. Les eaux territoriales s'étendent à 6 milles autour des îles. **1958 Convention int. de Genève :** admet que les îles aient leur propre plateau continental (pour toutes les mers) et fixe à 12 milles la limite max. dans laquelle les États peuvent exercer leur juridiction. La Gr. adhère à cette convention mais réserve sa décision quant à son application (elle reste pour l'instant à 6 milles). La T. n'y adhère pas (elle applique la règle des 6 milles en mer Égée et celle des 12 milles en Méditerranée et m. Noire). **1982** la Gr. signe la conv. intern. prévoyant une extension des eaux territ. à 12 milles.

Position turque. La mer Égée doit être répartie entre Grèce et T. selon une ligne médiane tenant compte exclusivement des côtes continentales, et faisant abstraction des îles. Néanmoins, si l'on découvre des hydrocarbures en mer Égée, la T. est prête à consentir à la Gr. un droit d'exploitation en commun, quelle que soit la position géographique du gisement.

Position grecque. La mer Égée est gr. jusqu'à 6 milles nautiques de toutes les côtes, y compris celles des îles : (les eaux de la mer Égée étant par là ainsi réparties en % : haute mer 48,85, eaux territoriales grecques 43,68, turques 7,47). En adoptant les 12 milles, la répartition devient haute mer 19,71, eaux territoriales grecques 71,53, turques 8,76. La Gr. a le droit d'y réglementer les circulations maritimes et aériennes, d'y accorder des concessions de recherches pétrolières et d'y surveiller les pêcheries.

Problèmes annexes. Militarisation des îles : la Gr. n'a pas, selon les tr. de Lausanne (1923) et de Paris (1974), le droit de militariser certaines îles de la mer Égée et l'ancien Dodécanèse italien ; or elle les a militarisés après la création par la Turquie d'un corps d'armée de la mer Égée. **Iles restées turques après le tr. de Lausanne** (24-7-23). Peuplées de Gr. en grande majorité (Imvros 95 %, Tenedos 75 %), elles auraient dû, d'après le tr., devenir autonomes ; la Gr. craint leur turquisation forcée.

Navigation aérienne : le 23-2-1980, les T. ont accepté unilatéralement de revenir au système de la réglementation par la Gr. seule de la navig. aér. en mer Égée.

1967-*3-4* Panayotis Canellopoulos PM. -*21-4* l'armée prend le pouvoir (Nicolas Makarezos, Georges Papadopoulos, Stylianos Patakos) ; plusieurs milliers de déportés dans l'île de Yaros. -*13-12* échec d'un coup d'État du roi qui s'exile à Rome. -*14-12* Papadopoulos PM, Gal Zoitakis régent. **1968**-*29-9* référendum pour nouv. Constitution (pour 91,87 % des votants ; contre 7,76 ; bulletins nuls 0,5 ; abstentions 22,5 %). **1969**-*12-12* Gr. quitte Cons. de l'Europe pour prévenir son exclusion. **1971**-*10-4* il reste 450 prisonniers pol. **1972**-*1-1* levée de la loi martiale sauf à Athènes, Pirée et Salonique. -*21-3* Papadopoulos démet Gal Zoitakis et assume les fonctions de régent. **1973**-*26-1, févr.*, -*6-3* agitation étudiante. -*23-5* complot mil. déjoué. -*1-6* rép. proclamée. -*3-7* Averoff, ancien min. des Aff. étr. arrêté. -*22-7* Papadopoulos élu Pt de la Rép. (référendum 78,4 % oui, 21,6 % non). Gal Anghelis vice-Pt. -*10-8* amnistie, loi martiale levée. -*6-10* gouv. civil, PM Spyros Markezinis (n. 1909). -*7-10* le gouv. versera 120 millions de drachmes (20 millions de F) pour les biens expropriés de la famille royale. -*14-11* troubles étudiants. -*17-11* loi martiale, 1 000 blessés. -*25-11* coup d'État, Gal Phaedon Ghizikis prend le pouvoir, abolit Const. de 1968-73. Adamatios Androutsopoulos, PM. **1974**-*15-7* putsch à Chypre à l'instigation des G[aux] gr., après l'intervention turque à Ch., tension gréco-turque. -*23-7* Gal Ghizikis démissionne ; retour des civils au pouvoir dont C. Caramanlis (rentré de Paris le 24-7). -*24-7* amnistie gén. -*31-7* accord provisoire sur Ch. avec Turq. -*1-8* Const. de 1952 rétablie (sauf art. sur souverain et fam. roy.). -*15-8* Gr. quitte O.T.A.N. -*23-9* liberté pol. restaurée, partis autorisés (même le P.C. interdit dep. 1948). -*23-10* Papadopoulos déporté. -*17-11* élect. générales. Victoire de Caramanlis. -*8-12* référendum (en %) : pour la Rép. 68,2, Monarchie 31,2 (abstentions 20). Gr. réintègre Cons. de l'Europe. **1975**-*24-2* échec d'un putsch mil. -*23-8* G. Papadopoulos, S. Patakos et N. Makarezos condamnés à mort et graciés. -*23-12* assassinat du 1er secr. de l'amb. U.S. **1976**-*1-5* Alecos Panagoulis (38 ans, dép. de l'opposition modérée) tué dans accident de voiture (attentat ?). **1978** 40 000 exilés pol. dep. 1945 (sur 60 000 partis à l'époque) demandent à rentrer en Gr. -*10-3* rencontre Caramanlis-Ecevit (PM turc) à Montreux. -*22-10* victoire du PASOK aux élect. mun. d'Athènes. -*17-12* explosion à Athènes de 51 bombes (29 revendiquées par l'extrême droite). **1979**-*28-5* tr. d'adhésion à C.E.E. (à compter du 1-1-81) et C.E.C.A. ; *sept.* ouverture de relations dipl. avec le Vatican. **1980**-*5-5* Caramanlis (PM dep. 1974) élu Pt. **1981** *févr.* séisme à Athènes (env. 20 †, 75 000 sans-abri). **1982**-*17/24-10* élec. municipales. Victoire du PASOK. **1983**-*9-1* dévaluation de 15,5 %. -*18-3* Georges Athanassiadis (éditeur du *Vradyni*, journal de droite) assassiné. *Avril* Gal Markos rentre en Grèce. -*15-7* accord sur l'avenir des 4 bases américaines (3 500 pers.) en Crète et Attique. **1985** Nicolaos Momferratos, propriétaire d'un journal de droite (*Apoghevmatini*) tué. -*11-2* Papandréou à Moscou. -*8-3*- le PASOK s'oppose à la réélection de Caramanlis. -*10-3* Pt Caramanlis démissionne. -*29-3* Christos Sartzetakis (ancien juge d'instruction de l'affaire Lambrakis) élu Pt par 180 dép. sur 300 avec 112 abstentions. -*5-4* : 200 000 manifestants à Athènes contre cette « élection illégale ». -*2-7* élect. lég. : victoire du PASOK. -*11-10* drachme dévalué de 15 % ; programme de rigueur (salaires bloqués jusqu'au 31-12-87). -*17-11* : 100 000 manif. ; 1 anarchiste de 15 ans tué par la police. -*26-11* attentat, 2 policiers †. **1986**-*8-4* Dimitri Anghelopoulos, industriel, assassiné. *12/15-5* Pt Sartzetakis en Fr.

De 1975 à 1985 : 21 meurtres polit. (dont 10 par l'Organisation du 17 novembre).

Les cités grecques

La cité gr. est une adaptation au cadre méditerranéen (civilisation urbaine) des traditions indo-européennes apportées par les Ioniens, puis les Doriens (aristocratie militaire possédant des chevaux, avec des esclaves domestiques et agriculteurs).

Cité ayant gardé son caractère aristocratique : *Sparte* : les envahisseurs doriens ont obtenu 6 000, puis 9 000 lots fonciers en Messénie, répartis par Lycurgue au IXe s. entre les familles nobles. Le lot familial ou *klêros* reste théoriquement la propriété de l'État, mais il est transmis héréditairement. Le roi reçoit un domaine royal également héréditaire ; un autre domaine réservé est laissé aux divinités locales. Outre les nobles doriens, le royaume de Sparte comprenait les *périèques*, anciens habitants demeurés libres et travaillant comme artisans, les *hilotes* ou *esclaves*, attachés aux domaines des nobles. Le seul métier des nobles est celui de la guerre. Ils finissent par s'éteindre : 8 000 possesseurs de lots en 430, 1 500 après Leuctres (371 av. J.-C.), 700 en 300.

Cité ayant évolué vers la démocratie : *Athènes* : au IXe s., elle compte 1 080 familles nobles (souche ionienne), qui sont réparties en 360 *genê* (latin *gentes*) ; leurs membres, les *eupatrides*, ont seuls, à l'origine, les droits politiques, la possession des terres (de l'Attique) et l'obligation du service armé. Les cultivateurs (ou *géomores*) sont attachés aux domaines nobles ; les artisans (ou *démiurges*) sont les anciens habitants du pays, soumis politiquement. Le roi d'Athènes perd au VIIIe s. av. J.-C. sa dignité héréditaire ; ses fonctions deviennent électives, d'abord pour 10 ans, puis, après 682, pour 1 an : un *archonte-roi* est élu parmi les eupatrides et a des fonctions surtout représentatives ; il n'est que le 2e personnage de la cité. Le 1er personnage est l'archonte *éponyme*, qui donne son nom aux lois et aux décrets. On élit chaque année 7 autres archontes, dont le chef militaire, le *polémarque*. Les archontes sortis de charge se réunissent à l'*Aréopage* (à la fois conseil législatif et haut tribunal). *Élection des archontes* : jusqu'au VIIe s., seuls les nobles ioniens (eupatrides) étaient éligibles et él. A partir de 650, sont admis comme él. tous les anciens démiurges ayant acheté des terres en Attique et devenus propriétaires fonciers. En 621, un noble, *Dracon*, promulgue le *code draconien* qui rend éligibles tous les propriétaires terriens non nobles, s'ils sont assez riches pour servir comme hoplites à leurs frais. L'aristocratie se transforme en ploutocratie.

Ploutocratie modérée de Solon. En 594, Solon abaisse le cens (minimum de revenus nécessaire pour être élu à des charges de magistrats) mais seuls les plus riches, ayant plus de 400 médimnes de revenus, peuvent devenir archontes. Il établit une *ecclêsia* (ass. gén. du peuple) qui réunit les propriétaires terriens et décide de la guerre, des impôts et de l'octroi de la citoyenneté athén.

Réaction aristocratique de 561. Les eupatrides de la vieille noblesse ionienne rejettent la réforme de Solon. *Pisistrate*, propriétaire foncier du mont Parnès, à la tête de ses géomores, surnommés les montagnards *(diakrioi)*, prend le pouvoir, supprime les assemblées et exerce un pouvoir « tyrannique » héréditaire (*tyrannos* veut dire roitelet). Les Pisistratides gardent le pouvoir jusqu'en 510.

Réforme démocratique de Clisthène (508). Démocratie veut dire gouvernement des *dèmes*. Un dème est une unité géographique (une commune). L'Attique, y compris Athènes et sa banlieue, est divisée en 190 dèmes. A l'intérieur de chacun, les terres sont redistribuées et les propriétaires de parcelles, nobles ou non nobles, envoient des représentants au Cons. des Cinq Cents (environ 20 dèmes font une tribu, et chacune des 10 tribus envoie 50 membres). Tous les non-esclaves recensés au moment du nouveau partage des terres deviennent citoyens athéniens, qu'ils soient nobles ou non nobles. Mais les esclaves forment cependant la majorité (6 esclaves pour 1 citoyen libre). En 458, les censitaires de 3e classe (150 médimnes) peuvent être élus à l'archontat. Mais en 411, les aristocrates reprennent le pouvoir et en 404-403, avec l'aide des Spartiates, ils fondent la *tyrannie des Trente* qui supprime la démocratie. Elle est rétablie en 403 par *Euclide* et fonctionne jusqu'à la conquête macédonienne. *Métèques* : la plupart sont des Gr. d'une autre cité qui s'adonnent au commerce maritime. Soumis à une taxe spéciale de 12 drachmes, ils sont inscrits comme résidents dans un dème déterminé. S'ils reçoivent la citoyenneté athénienne, ils deviennent membres de leur dème résidentiel.

Population. Citoyens athéniens (25 000), esclaves (150 000 achetés en Thrace et en Épire), métèques (100 000).

Colonies ou clérouchies. Entre 570 et 340, Athènes a fondé des cités succursales, la plupart sur les côtes de la mer Égée, par exemple dans les îles de Salamine et de Naxos, ou à Amphipolis en Thrace. Ces colonies font partie d'Athènes : les terres y sont partagées par des envoyés du Cons. des Cinq Cents et réparties à parts égales entre les membres des 10 tribus d'Attique. Les citoyens des clérouchies sont appelés Athéniens résidant à... (*Klêrouchia* : signifie possession d'un klêros, lot foncier dans la tradition indo-européenne).

Les colonies fondées par des particuliers sans intervention du Cons. des Cinq Cents deviennent des cités indépendantes mais gardent des liens culturels et commerciaux avec la métropole (par ex. Nexos en Sicile, au pied de l'Etna).

Institutions

Statut. Rép. *Constit.* du 11-6-1975. *Pt* (élu pour 5 a. par la Chambre des députés), *PM* Andreas Papandreou (n. 5-2-1919, 1939 exil aux U.S.A., 1944 devient Américain, 1962 rentre en G., 1963 min., exil aux U.S.A. et Canada jusqu'en 1974) dep. 21-10-81. *Assemblée* 300 m., 288 élus pour 4 a., 12 députés de l'État désignés par les partis, 51 *nomes* (départements). Membre de la C.E.E. dep. 1-1-81. **Fêtes nat. :** 25-3 (soulèvement de 1821 contre Turcs), 28-10 (invasion italienne de 1940 repoussée).

Élections du 2-6-85. 7 700 000 électeurs, 20 % d'abstentions (suffr. en %, sièges, entre parenthèses résultats du 18-10-81) : PASOK 45,82, 161 (48,06, 174). Nouvelle démocratie 40,84, 125 (35,86, 113). P. communiste prosoviétique 9,89, 13 (10,92, 13), Eurocommunistes 1,84, 1 (OS).

Élections européennes du 20-6-84 : PASOK 41,58 %, 10 s. Nouvelle démocratie 38,11 %, 9 s. P. communiste grec (prosoviétique) 11,62 %, 3 s. P. communiste de l'intérieur 3,40 %, 1 s. Union politique nat. (extr. droite) 2,29 %, 1 s. Divers 2,48 %.

Partis. *P. nouvelle démocratie*, f. 1974 par Constantin Caramanlis, *Pt* Constantin Mitsotakis (n. avant 1918) dep. 1-11-84, Evangelos Averof (n. 1910) dep. 9-12-81. *Mouv. socialiste panhellénique* (PASOK), f. 1974, *Pt* Andreas Papandreou, fils de Georges ancien PM. *Union démocr. du centre* (EDIK), *Pt* Ioannis Zigdis. *Unité démocr.* (KODISO-KAE), f. 1977, coalition groupant le P. du socialisme démocr. (KODISO) et le P. agraire (KAE) qui sont issus de l'éclatement du P.

de l'Union du centre, *Pts* Ioannis Pestmazoglou et A. Baltatzis. Gauche démocratique unifiée (EDA). *P. com. de Grèce* (KKE), f. nov. 1918, *Pt* Ch. Harilaos Florakis. *P.C. de Grèce de l'Intérieur*, f. 1968, *Pt* Yannis Banias.

Chef d'État. 1827 Jean CAPODISTRIA (1776-assassiné 9-10-1831). Gouverneur de la Grèce.

Royaume. 1832 OTHON Ier (P^ce^ Othon de Bavière 1815-67) abdique, déchu oct. 1862. **1863** GEORGES Ier (1845-assass. le 18-3-1913) f. de Christian IX roi de Danemark (1818-1906). **1913** CONSTANTIN Ier, s. f. (1868-1923) exilé en Suisse, 11-6-1917. Ép. 1889 Sophie P^cesse^ de Prusse. **1917** (mai) ALEXANDRE Ier, s. f. (1893 † 25-10-1920 des suites de morsures de singe), s. f. **1920** (oct.) Amiral Paul COUNDOURIOTIS (1855-1935) régent. **1920** CONSTANTIN Ier restauré ; abdique. **1922** GEORGES II (1890-1947), 2e fils de Constantin Ier et de Sophie P^cesse^ de Prusse, ép. P^cesse^ Élisabeth de Roumanie le 27-2-1921. Renversé le 27-9-1923 (complot d'officiers).

République. 1923 Amiral Paul COUNDOURIOTIS (1855-1935) régent. Pt provisoire 13-4-1924. **1926** janv. Gal Théodoros PANGALOS, dictateur (1878-1952) renversé en avril. **1926** Amiral Paul COUNDOURIOTIS Pt prov. (définitif 3-6-29) démiss. 9-12-29. **1929** Alexandre ZAIMIS (1855-1936) Pt 14-12.

Royaume. 1935 GEORGES II restauré le 2-7. **1944** Mgr DAMASKINOS (1889-1949) régent. **1946** GEORGES II restauré le 1-9. **1947** PAUL Ier (1901-81), s. fr., ép. 9-1-38 P^cesse^ Frederika de Hanovre (1917-64), f. du P^ce^ Ernest Auguste de Hanovre, chef de la maison royale de Hanovre (1887-1953). **1964** CONSTANTIN II, roi des Hellènes, P^ce^ de Danemark (2-6-40), s. f., s'exile en déc. 1967, ép. 18-9-64 P^cesse^ Anne-Marie de Danemark (30-8-46) f. du roi Frédéric IX. 3 enfants : P^cesse^ Alexia (10-7-65) ; P^ce^ Paul (20-5-67), diadoque de Grèce, duc de Sparte, P^ce^ de Danemark ; P^ce^ Nicolas (1-9-69). Déposé 1-6-1973.

Nota. — Sœurs du roi : P^cesse^ Sophie de Grèce et de Danemark (2-11-38) ép. 14-5-62 l'infant d'Espagne Don Juan, V. Index. P^cesse^ Irène (11-5-42).

République. 1973 *(29-7)* Gal Georges PAPADOPOULOS (5-5-1919). **1973** *(25-11)* Gal PHAEDON GHIZIKIS (16-6-1917). **1974** *(8-12)* Michel STASSINOPOULOS (27-7-1905). **1975** *(19-6)* Constantin TSATSOS (1-7-1899). **1980** *(5-5)* Constantin CARAMANLIS (25-2-1907, élu au 3e tour par 183 dép. sur 300). **1985** *(30-3)* Christos SARTZETAKIS (n. 1929).

Économie

P.N.B. 3 315 $ par h. en 84. **Pop. active** (% et entre par. part du P.N.B. en %) agr. 30 (19), ind. 28 (28), services 41 (51), mines 1 (2). *Chômage 83 :* 7 % ; *84 :* 8,1 % (env. 300 000) (15 % si l'on compte les jeunes à la recherche d'un 1er emploi). L'État a en charge 500 000 fonctionnaires civils et militaires dont env. 30 % sont superflus. **Inflation** (%). *1979 :* 19 ; *80 :* 24,9 ; *81 :* 25 ; *82 :* 20 ; *83 :* 21 ; *84 :* 18,5 ; *85 :* 25. **Dette extérieure.** *Fin 84 :* 15,3.

Agriculture. *Terres* (%) incultes 47, cult. 33 (3 930 000 ha) dont irriguées 8, forêts 20. Env. 1 000 000 exploitations. Propriétés morcelées. Rendements faibles. *Production* (milliers de t, est. 82) blé 3 039, maïs 1 549, tabac 138 (98 000 ha, env. 17 % des exp.), coton 308, raisin de table 240, r. secs 132, bett. à sucre 2 426, orge 823, p. de terre 1 021, tomates 1 873, légumes, fruits frais 1 069, citrons 983, pastèques 655, melons 125, oliviers (58 % des arbres, 496 260 ha, 321 000 t d'huile en 82). **Élevage** (milliers, 82). Poulets 36 300, moutons 8 320, chèvres 4 600, porcs 1 380, bovins 836, ânes 223. Peaux, fourrures. **Pêche.** 98 100 t (prév. 82).

Énergie. *Pétrole* (millions de t) à Thassos et en mer Égée, réserves 21, prod. 1,5. *Gaz :* réserves 113 milliards de m³. *Électricité thermique* 70 % (lignite ; hydroélectricité 30 %), *nucléaire* en 1987.

Mines (milliers de t) : Lignite (rés. 3 milliards de t) 31 000 (83), bauxite 2 840 (82), magnésite 967 (82), fer 1 279 (81), nickel, chromite, amiante, cuivre, gypse, marbre, perlite, kaolin, manganèse, plomb, zinc, or, ponce.

Industrie. *Production* (milliers de t, 1980) : ciment 12 859 (82), engrais 1 255, textile 170, fer en barres 1 060, ammoniac 271 (82), alumine 490, aluminium 145, prod. de verre, prod. ménagers, fourrures, textile, chimie, constr. navale.

Marine marchande. (84) 3e rang mondial, 3 422 nav. soit 37 707 377 tjb dont (en %, 80) cargos et chargeurs en vrac 62,4, tankers 35,5, paquebots 1,9, divers 0,2. Sous pavillon étranger (mais appartenant à des armateurs gr.) 1 194 navires soit 18 431 381 tjb.
Fin 1982, 10 000 inscrits maritimes sans emploi (d'où diminution de 13 % des rentrées de devises).

Tourisme. *Visiteurs :* 5 258 372 (83). *Revenus :* 1,2 milliard de $.

Sites voir **histoire** p. 885. *Antiquités* (Pylos, Methoni, Koroni, Sparte, Monemvassia), *musées* (Athènes, Olympie, Delphes), *monastères* byzantins (Daphni, Ossios Loucas, Mystra), *villes* (Nauplie, Arakhova), *îles* (Rhodes, Lindos, Kamiros, Hydra, Crète, Chios, Corfou).

Commerce (millions de drachmes, 83). *Exportations* 392 652 (83) *dont* prod. manufacturés 118 443, prod. alim. 86 417, équipement transp. 57 008, prod. man. divers 46 832, fuel et lubrifiants 27 192, prod. bruts (sauf fuel) 26 286, boissons et tabac 21 089 *vers* All. féd. 78 809, It. 53 050, *France 29 231,* U.S.A. 24 640, G.-B. 19 010. *Importations* 848 295 *dont* fuel et lubrifiants 232 440, mach. et équip. de transp. 210 444, prod. man. 140 615, prod. alim. 99 778, prod. chim. 70 829, produits bruts sauf fuel 52 183 *de* All. féd. 146 390, Arabie saoudite 104 715, Italie 75 379, *France 57 745,* U.S.A. 31 038.

Déficit balance des paiements (milliards de $). *1984 :* 2,4 ; *1985 :* 3,3.

☞ De 1981 à 1984 aide financière de la C.E.E. (en 84, 6,8 milliards de F). Difficulté à s'adapter à l'écon. de la C.E.E. (produits souvent inadaptés).

Rang dans le monde (83). 3e marine marchande. 11e lignite. 13e oranges. 14e vin.

GRENADE

Carte p. 939. V. légende p. 787.

Généralités. Antilles. Ile montagneuse des îles Windward à 160 km du Venezuela. 314 km². *Alt. max.* 845 m. 110 000 h. (est. 83) (avec dép.) dont Noirs 84 %, Mulâtres 11 %, Indiens. D. 350. **Cap. :** *St-George* 10 000 h. *Langue :* anglais. **Religions :** catholiques 64 %, anglicans 22 %.

Histoire. 1498 découverte par Ch. Colomb. **1650** colonisée par des Français. **1783** cédée à la G.-B. **1962**-*6-7* Herbert Blaize PM. **1967**-*3-3* État associé à la G.-B. **1974**-*7-2* indép. **1976**-*7-12* élections, le Parti trav. unifié a 9 sièges sur 15. **1979**-*13-3* coup d'État du New Jewel (Joint Endeavour for Welfare, Education and Liberation : Mouvement pour le bien-être social, l'éducation et la lib.). Sir Eric Gairy (n. 1922), PM dep. 1967, qui gouvernait avec l'appui de sa police secrète (les mangoose gangs) renversé. Const. suspendue. Parlement dissous. Gouv. de Maurice Bishop (n. 29-5-44) favorable à Fidel Castro. *Août* ouragan. **1980-82** construction d'un aérodrome internat., les U.S.A. redoutent de le voir servir de base de transport pour les troupes cubaines se rendant en Afrique (3 300 m long, coût 75 millions de $ financé par la Libye et C.E.E., 600 conseillers cubains et 30 soviét.). **1983**-*13-10* coup d'État, Bishop renversé. Conseil mil. révol. Pt Gal Hudson Austin. *-19-10* Bishop libéré par la foule, fusillade (140 † dont Bishop et 3 des anciens min. tués par un groupe prosoviét. dirigé par Bernard Coard (ancien vice-PM). *-22-10* l'org. des pays des Caraïbes orient. demande aux U.S.A. d'intervenir. *-25-10* opération « Urgent Fury » : 1 000 paras, 500 marines et 300 h. de la force des Caraïbes [réponse à attentat contre QG US à Beyrouth *(23-10* 241 †)]. *-30-10* fin des combats. *Bilan :* US 18 †, 3 disp., 77 bl. ; Cubains 36 †, 59 bl., 750 pris. (?) ; saisi : 6 332 fusils, 111 mitrailleuses, 13 batteries antiaériennes, 66 mortiers de 82 mm, 58 000 livres de dynamite. *-1-11* expulsion des dipl. soviét., mil. coréens, est-all., libyens et bulg. *-9-12* conseil exécutif prov. avec Nicholas Brathwaite. *-18-12* départ des derniers paras US (restent 150 MP, 150 conseillers US et 400 soldats de la force de paix caraïbe. **1984**-*29-10* aéroport intern. de Point-Saline inauguré. *-3-12* él. lég. NPP a 14 sièges sur 15.

Statut. État membre du Commonwealth. *Constit.* du 22-2-1967. *Chef de l'État* reine Elisabeth II. *Gouverneur* Sir Paul Scoon (n. 4-7-35) dep. 30-9-78. *PM* Herbert Blaize (n. 1918) dep. 9-12-84. *Sénat* et *Ch. des repr.* 15 m. **Fête nat. :** 15 août.

Partis. *P. travailliste uni de la Gr.* (GUIR), leader : Sir Eric Gairy (anc. PM) (lui a succédé : Rassemblement de mouv. patriotiques). *P. New Jewel* (NJM) f. par M. Bishop, leader : Kendrick Radix. *Nouveau P. nat. de Gr.* (GNP), leader : Herbert Blaize.

Dépendances. Les Grenadines, 86 km² [dont Cariacou 26,3 km², 8 000 h. (79) ; une partie des Grenadines dépend de St-Vincent, Petite Martinique.

Économie

P.N.B. (83) 860 $ par h. **Pop. active** (% et entre par. part du P.N.B. en %) agr. 30 (25), ind. 15 (20), services 55 (55). *Chômage* 40 %. **inflation.** *1981 :* 19 % ; *82 :* 7,8 % ; *83 :* 6,1. **Aide amér.** (84) 57 millions de $.

Agriculture. *Terres* (%) cultivables 57, cultivées 26. *Production* cacao, muscade, bananes, épices, sucre de canne, coton, citrons. **Élevage** (milliers de têtes, *83*). Bovins 6, moutons 16, chèvres 13, porcs 11, ânes 1, volailles 260 (82). **Pêche** (est. 80) 3 175 t.

Tourisme. 20 % du P.N.B. 21 729 vis. (82).

Commerce (en millions de $ U.S., 82). *Importations* 56. *Exportations* 18 *dont* (en %) cacao 25, bananes 18, muscade 16, vêtements 13, fruits 9, macis 5.

GROENLAND

V. Danemark p. 850.

GUADELOUPE

Carte p. 889. V. légende p. 787.

Nom. De N.-D. de Guadalupe d'Estremadure (donné par Christophe Colomb pour remercier N.-D. de l'avoir sauvé d'une tempête lors de son voyage). Les indigènes l'appelaient Calouacaera ou Karukera.

Situation. Archipel de 9 îles habitées dans le groupe des îles du Vent. 1 780 km². **Basse-Terre** (Guadeloupe proprement dite) 43 × 21 km. 848 km². Côtes 180 km. À 130 km de la Martinique. Origine volcanique, montagneuse [pitons et mornes (collines)], bouleversée par les éruptions successives, parsemée de falaises escarpées, de laves, d'éboulis, de vallées encaissées et de ravins]. Forêts tropicales, bananiers. *Alt. max.* la Soufrière (volcan) 1 467 m. **Grande-Terre.** 580 km². Côtes 260 km. Surtout calcaire. Relief bas. Centre et Sud : petits mamelons. Canne à sucre. *Alt. max.* 135 m. *Distances (km) :* Paris 7 000, New York 3 500, Caracas 800. **Climat** tropical adouci par les alizés (temp. moyenne 24 °C), plus frais sur les hauteurs. *Pluies* plus abondantes « au vent » que « sous le vent » ; 1,55 m à Pointe-à-Pitre. Hivernage 15 juill.-15 oct. (grosses pluies, cyclones).

Population. 331 932 h. (1-1-86) [*1686 :* 11 437, *1759 :* 50 643, *1790 :* 107 000, *1831 :* 119 663, *1852 :* 121 041, *1901 :* 182 112, *1936 :* 304 239, *1946 :* 278 464, *1954 :* 229 120, *1961 :* 283 223, *1967 :* 312 724, *1974 :* 324 530, *1982 :* 328 400, *1984 :* 330 595] (avant 1954 : recensements défectueux et majorés). Noirs, Mulâtres, Indiens, Créoles (Blancs nés aux Antilles, env. 12 000 dits Békés). Métropolitains env. 8 000 ; 8 461 étrangers (Dominique 1 827, U.S.A. 1 361, Haïtiens 5 863). *— de 15 a.* 43,5 %, *+ de 65 a.* 4,78 %. Les h. originaires, les *Arawaks*, ont été éliminés par les Caraïbes, qui quittèrent l'île vers 1640 pour fuir les colons. D. 186. *Accrois. naturel :* 4 516 ; solde migrat. — 3 250 ; accrois. an. + 1 266. **Villes** (82, ag. 74) : *Basse-Terre* 13 796 h. (ag. 37 800), Pointe-à-Pitre 25 312 (capitale écon., à 64 km) (ag. 121 200 h. dont Abymes 56 237). **Régions** (74) : côte sous le vent 24 600, côte au vent 42 900, Grande-Terre Nord 17 500, Marie-Galante 15 900, petites dépendances 4 800, îles du N. 8 700. **Émigration :** de 1971 à 1980 : 23 823 départs dont 1 586 en 80. Il y avait, en 82, 378 015 G. en France dont Région parisienne 81 000.

Langues. Français (99 %) *(off.)*, créole. Les G. originaires des îles anglaises parlent angl. (minorité). **Religions.** Catholiques, sectes protestantes.

Histoire. 1493-*3-5* découverte par Christophe Colomb à son 2e voyage. Les indigènes l'appelaient Calouacaera ou Karukera. **1635**-*28-6* occupée par les Français Duplessis et L'Olive, représentant la Cie des Iles de l'Amérique créée sous l'égide de Richelieu. **1666** la Cie des Indes occidentales lui succède, puis vend la G. à la Couronne de Fr. (1674). Prospère, grâce à la canne à sucre (introduite 1644 et cultivée par des esclaves africains importés). Sous la Révolution : lutte entre planteurs et hommes de couleur. **1794** *avril* occupation angl. à Pointe-à-Pitre et Basse-Terre ; *juin* abolition de l'esclavage, annoncée par Victor Hugues, envoyé de la Convention, les planteurs se rapprochent des Angl., qui sont battus par Hugues soutenu par Noirs. **1802** rétablissement de l'esclavage, révolte réprimée par Gal Richepanse (28-5-1802 Delgrès se fait sauter avec 300 h.). **1810-14** et **1815-16** occupation angl. **1833**-*28-4* création d'un Conseil colonial. **1848** abolition de l'esclavage par Schoelcher ; effondrement de la production du sucre jusque v. 1860 ; introduction de salariés hindous. **1871** représentée au Parlement fr. **1946**-*19-3* département. **(1967**-*26-5* manif. autonomiste (40 †). **1973** région fr. **1976** *août* crainte d'une éruption de la Sou-

frière, évacuation temporaire de 72 000 h. (15-8/1-12). **1979**-*3-9* cyclones Frederic et *-29-10* David, 316 millions de F de dégâts. **1980** cyclone Allen. Attentats du G.L.A. (Groupe de lib. armée). *Déc.* Pt Giscard en G. **1981**-*5-1* attentat du G.L.A. contre Chanel à Paris. *-14-2* Max Martin, directeur d'une bananeraie, tué. *Printemps :* cyclone. **1983**-*28-5*, *-14-11* attentats revendiqués par l'Alliance révol. caraïbe (A.R.C.). **1984**-*22-1* parti (L.P.G.) créé par Lucette Michaux-Chevry, Pte du Cons. général. Plusieurs attentats dont *15-1*, *26-2* (14), *23-7 :* 4 † indépendantistes, *3-5* dissolution de l'ARC. **1985** *févr.* Luc Reinette, indépendantiste condamné à 19 ans de prison (pour violence et attentats). *-7-3* L. Michaux-Chevry échappe à un attentat. *-13-3* attentat 3 † et 8 bl. *-5/7-4* conférence « internat. des dernières colonies fr. » (indépendantistes des DOM-TOM). *-16-6* Luc Reinette s'évade. *-22/28-7* émeutes pour libération de Georges Faisans (condamné à 3 ans de prison pour avoir blessé avec un sabre un enseignant métropolitain en oct. 84). *-29-7* G. Faisans libéré sous contrôle judiciaire. *-5/6-12* visite off. de Mitterrand. **1986** incidents pendant campagne électorale.

Statut. Dép. d'Outre-Mer dep. 19-3-46, *4 députés, 3 sénateurs. Conseil régional :* Pt José Moustache (ex-R.P.R.) dep. mars 86 [avant Félix Proto (P.S.) qui l'avait remplacé]. *Comité écon. et social* 40 m. *Préfecture* Basse-Terre (Maurice Saborin). *Sous-préfectures* Pointe-à-Pitre et Marigot (St-Martin). 34 *communes.*

Partis. *R.P.R.-U.D.F.*, Lucette Michaux-Chevry. *P.S. de G.*, Dominique Larifla (Pt du Conseil gén.). *P.C. de G.* Guy Danninthe, Henri Bangou. *U.P.L.G.* (Union pop. pour la Libération de la G.), f. 1978, Claude Makouke, Indépendantiste. *Mouvement pour la G. indépendante*, f. par Luc Reinette. *K.L.P.G.* (Mouvement des Chrétiens pour la Libér. de la G.).

Élections régionales. *20-2-83 :* inscrits 180 037, votants 96 006, exprimés 91 740, abstentions 46,68 %. Sièges : 41. Voix obtenues (%) : R.P.R.-U.D.F. 44,57, P.C. guadeloupéen 22,55, P.S. de G. 20,32, Union pour la promotion de la G. (div. droite) 4,37, Nouvel Horizon (div. gauche) 2,63, Force g. de progrès (div. gauche) 2,63, Extrême gauche indép. 1,67, Groupement parti soc. (div. gauche) 0,80. *16-3-86 :* abst. 53,19 %, R.P.R. 33,09 (15 élus), P.S. 28,65 (12), P.C. 23,77 (10), U.D.F. 10,71 (4), div. g. 2,36, extr. 1,41. **Él. cantonales.** *10/17-3-85 :* majorité de Gauche avec 12 socialistes, 9 communistes et 3 divers g. sur 42 s. (11 divers d., 4 U.D.F., 3 R.P.R.). Dominique Larifla (P.S.) élu 25.3.85 Pt du Conseil général. **Él. législatives.** *14-6-81 :* abst. 75,56 %, P.C. 25,64 % des voix, P.S.-M.R.G. 24,20, U.D.F.-R.P.R. 46,98 ; élus : 1 app. P.S., 1 P.S., 1 app. U.D.F. *16-3-86 :* inscrits 188 932, abst. 52,43 %, R.P.R. 35,46 % des v., P.S. 27,8, P.C. 23,52, U.D.F. 10,98, div. g. 1,24, F.N. 0,68, Écolo. 0,29 ; élus : P.C. 1, P.S. 1, div. droite 2.

Dépendances

La Désirade. Rocher calcaire ; 20 km² (11 km × 2), *côtes* 30 km, à 10 km de la Grande-Terre. *Alt. max.* 276 m. 1 602 h. *Chef-lieu : Grande-Anse.* Pêche. *Découverte* en 1493. Jusqu'en 1952 : refuge de lépreux.

Les Saintes. Ilôts volcaniques ; pas de cours d'eau. 13 km². A 12 km de la Basse-Terre. 8 îles (dont Terre-de-Haut long. 4 × 0,6 à 3 km). *Alt. max.* (Morne du Chameau) 309 m. *Terre-de-Bas*, long. 4 km ; 2 901 h. (beaucoup descendent de marins bretons). Pêche. Tourisme. Belle rade. Déc. en 1493. Occupée par les Fr. dep. 18-10-1648.

Marie-Galante (nom dérivé de la caravelle de Christophe Colomb). 158 km² (en cercle, diam. 15 km). *Côtes* 83 km. A 26 km du S.-E. de la Basse-Terre. Calcaire. *Alt. max.* 204 m. 13 757 h. Déc. en 1493. *Villes : Grand-Bourg* 6 300 h., Capesterre 5 100 h., St-Louis 4 100 h. Canne à sucre. Élevage. Rhum.

Saint-Barthélemy. Ile de formation volcanique. 21 km². *Côtes* 32 km. A 205 km de la G., 29 km de St-Martin, 150 km de St-Thomas. *Alt. max.* 281 m, pas de cours d'eau. *Population :* 3 059 h. (Blancs 95 %). *Chef-lieu : Gustavia. 1493-24-8* Christophe Colomb découvre l'île. *1629* pendant quelques mois, colonisation par le gouverneur de St-Christophe. *1651* vendue à l'ordre de Malte. *1656* les Indiens Caraïbes chassent les colons. *1659* une trentaine de colons se réinstallent. *1665* l'île est achetée par la Compagnie des Indes occidentales. *1784-8-7* la Fr. la cède à la Suède contre des avantages commerciaux. *1877-10-8* la Fr. la rachète 300 000 F (plus 80 000 F de dédommagement aux rapatriés suéd.). Le référendum de rattachement fut voté par 350 voix contre 1. Habitants descendants de Fr. venus aux XVIIe et XVIIIe s. des provinces de l'Ouest (Poitou notamment). *1852* incendie de Gustavia. *XIXe-XXe s.* immigration d'env. 1 000 h. à St-Thomas. *Zone franche.* Tourisme (résidences sec. de luxe). Pêche.

Saint-Martin. (13 × 15 km). *Climat* sec. Ile à 250 km de la G., partagée avec les P.-Bas dep. 13-3-1648. **Partie fr.** (St-Martin) 52 km², côtes 72 km. *Alt. max.* Mt Paradis 424 m ; 8 072 h. dont 2 746 étr., chef-lieu *Marigot*, port franç. Presque toute la pop. parle anglais. Cédée aux Chevaliers de Malte *1651*, à la 2e Cie des Indes occid. *1665*, à la Couronne *1674*. Holl. (Sint Maarten) 1/3 (chef-lieu *Philipsburg*). Belles plages. *Zone franche.* Tourisme. Élevage.

Iles de la Petite-Terre. 1,7 km². *Alt. max.* 10 m.

Tintamarre. 1,2 km². *Alt. max.* 39 m.

Économie

P.N.B. (83) 3 485 $ par h. 80 % du P.N.B. vient de l'apport de la métropole (transfert de fonds public en 1983 : 5 milliards de F), l'État assure 50 % de la protection sociale. **Pop. active.** (% et entre par. part du P.N.B. en %) agr. 55 (25), ind. 17 (19), services 27 (55). *Pop. active* (1-1-86) 116 826 (dont 25 742 chômeurs). 33,2 % des hommes et 18,9 % des femmes travaillent.

Budget (millions de F 83) État recettes perçues (84) 1 382 dont impôts et taxes assimilés 583, T.V.A. 434, droits de douane 39, autres 44 ; dépenses 2 900. *Département* recettes 1 182, dépenses (84) 1 258 dont investissement 389, fonctionnement 868. *Communes* recettes 1 005, dépenses 1 004 dont investissement 299, fonctionnement 705. *Région* (84) dépenses 161 dont investissement 70, fonctionnement 91.

Inflation (%). *1981 :* 15,3 ; *82 :* 10,2 ; *83 :* 9,9 ; *84 :* 7,8 ; *85 :* 5,2.

Agriculture. Terres (milliers d'ha rec., 81) 170 S.A.U. 57,4 dont arables 36,7 (dont canne à sucre 21, bananes 8,5 dont 7,5 pour l'exportation, divers 7,2), herbe 20,7]. **Sucre :** canne récoltée et sucre extrait en milliers de t *79 :* 1 111 (105), *80 :* 976 (92), *81 :* 788 (59), *82 :* 840 (72), *83 :* 613 (57), *84 :* 465 (41), *85 :* 590 (53). **Cheptel** (milliers de têtes, 81) bovins 90 (23), dont vaches 34,4, porcins 51 (83) (dont truies mères 5), ovins 3 (83), caprins 36 (83) (dont chèvres mères 11,4), poules pondeuses 70,9, poulets en chair 137,9, lapines-mères 4,4. *Abattages* (t de carcasses produites, 83) : bovins 4 023, porcins 2 854, ruminants 403, total 7 280 (*84 :* 4 770). **Pêche** (83) : 1 596 marins-pêcheurs recensés, 1 002 navires immatriculés. *En 84 :* consom. locale 13 000 t, prod. locale 8 400 t. *Rapport* (millions de F, 83) 992 dont c. à sucre 160, bananes 160, autres végétaux 358, prod. animales 234. **Importations alim.** (en millions de F 83) 707,8 dont viandes 174,8 (84 : 11 897 t.), prod. laitiers 122,5, céréales 143,9, boissons 184,4, fruits et lég. 82,2. **Exportations** (1983) 139 700 t dont sucre 28 236 t (84 : 44 947 t.), alcool pur 55 742 hl (84 : 50 920 hl), bananes 102 430 t (84 : 125 388 t.), fruits et lég. 3 941 t.

> **Problèmes agricoles.** Les productions traditionnelles exportées, rhum, sucre, bananes, ananas, stagnent alors que les importations augmentent de 15 % par an. La production agricole n'est plus compétitive sauf subventions. *Prix de revient de la main-d'œuvre* 4 ou 5 fois plus élevé dans les Antilles fr. que dans les îles voisines (et jusqu'à 10 fois celui de Haïti). *Élevage.* Échec faute d'éleveurs compétents. *Subventions* souvent données à un secteur non productif, entretenant un vaste circuit commercial, essentiellement des importations. *Export.* ne couvrent que 25 % des import. Trop grand nombre de fonctionnaires métropolitains.

Industrie. Rhum, boissons, sucrerie. **Mines.** *Ressources géothermiques* (à Bouillante, eau à 240 °C à 320 m de profondeur).

Tourisme. 3 716 chambres en 84 dont 61,15 % sur la Grande-Terre. Basse-Terre : parc naturel 30 000 ha. *Visiteurs* (83) 329 000 dont (%) France 66, Europe 8,2, U.S.A. 17, Canada 6,8. *T. de croisière* (83) : 34 355 bateaux. *Séjour moyen :* 5,8 j. *Emplois créés :* 8 000. *Chiffre d'aff.* (81) : 192 millions de F.

Commerce (millions de F, 84). **Exp.** 627 (750) *dont* (83) bananes 324,5, sucre 91,8, rhum 49, divers *vers* métropole 540 (353 en 79), Martinique 118, C.E.E. 7. **Imp.** 5 230 *de* France 3 072, Italie, U.S.A., All. féd., P.-Bas. *Taux de couverture* (%) : *1976 :* 28, *80 :* 15, *83 :* 12, *84 :* 14.

GUATEMALA

Carte p. 890. V. légende p. 787.

Situation. Amérique centrale. 108 889 km². *Frontières* avec Mexique 960 km, Salvador 203, Honduras 340, Belize 223. *Côtes :* Pacifique 254 km, Atlantique 166 km. *Alt. max.* volcan Tajumulco 4 220 m. *Zone* plate au N. (El Petén), forêt tropicale, peu peuplée ; *montagne* au centre (tierras frias), volcans dont certains en activité ; *côte Pacifique* (tierras calientes, env. 25 °C). **Climat :** plaines tropicales (temp. moy. 28 °C), en alt. plus tempéré (moy. 20 °C), saison sèche nov. à mai ; humide juin à oct. ; fortes pluies sept.-oct.

Population. 7 960 000 h. (85). En % : Indiens (surtout dans les Hautes-Terres de l'O. et du N.-O.) 54, Ladinos (Indiens urbanisés, Métis) 42 et Blancs 4. *– de 15 a.* 45,1 %. *Étrangers* 20 605 (84). D. 75. *Villes* (82) : *Guatemala* (alt. 1 500 m) 2 000 000 h., Quezaltenango (alt. 2 335 m) 70 000 (à 200 km), Escuintla 65 000 (à 56 km), Retalhulen (alt. 150 m) 31 500 (à 182 km), Puerto Barrios 38 956 (à 260 km).

Langues. Espagnol *(off.)*, dialectes indiens (24). Analphabètes 65 %. **Religions.** Catholique (*off.* 75 %), protestante, sectes évangéliques (25 %).

Histoire. Siège de l'emp. Maya (ruines de Tikal construite 600-950 apr. J.-C., Piedras Negras, Naranjo, Nakum, Cancuen, Iximché, Sayaxché, Mixco Viejo, Seibal). **1524** exploration d'Alvarado. **1773** tremblement de terre, détruit Antigua (ancienne capitale). **1821** indépendant, s'unit au Mexique, qu'il quitte (1823) pour la Féd. d'Amér. centrale jusqu'en 1839. **1871** révolution libérale, Pt Justo Rufino Barrios. **1898-1920** Manuel Estrada Cabrera, dictateur. **1931-44** Gal Jorge Ubico, dictateur. **1944**-*20-10* révolution. **1945** Juan José Arevalo. **1951** Jacob Arbenz Pt († 27-1-71), réforme agraire (terres non cultivées de l'United Fruit et d'autres gros propr. expropriées, 900 000 ha distribués à 100 000 familles). **1954** *-27-6* coup d'État (organisé par l'United Fruit, C.I.A. et ambassade amér.) : avec Bérets verts et mercenaires nord-amér. Cel Carlos Castillo Armas renverse Arbenz, devient Pt et restitue les terres. **1957**-*26-7* Armas assassiné, Gal Miguel Ydigoras Fuentes Pt. **1963** coup d'État mil. du Cel Enrique Peralta Azurdia. **1966** Pt Julio Cesar Montenegro. **1970** Pt Gal Carlos Arana Osorio (n. 17-7-18). Armée de la guérilla des pauvres (E.G.P.). Terrorisme de droite et de gauche (env. 3 000 † en 1971). **1972**-*26-6* Oliverio Castaneda Paez, 1er vice-Pt du Congrès, assassiné. **1974**-*1-7* Kjell Laugerud Garcia (n. 24-1-30) élu Pt (fraude élect.). **1976**-*4-2* séisme : 24 103 †, 80 000 bl., 250 000 log. détruits, plus d'1 000 000 de sinistrés. **1978**-*29-5* affrontements avec paysans indiens à Panzos (100 †). *-2-10* grève générale, 30 †, 350 bl., 1 000 arrestations. Gal Romeo Lucas Garcia (n. 1-7-24) élu Pt. **1979** (O.R.P.A.). **1980**-*31-1* env. 30 paysans occupent l'ambassade d'Esp. pour protester contre la répression dans le Quiche, assaut de la police, 39 †. *-1-2* rupture des relations dipl. avec Esp. *-21-6 :* 27 syndicalistes enlevés. **1981** guérilla, nombreux meurtres pol. (env. 13 000 dans l'année). **1982**-*7-3* Gal Anibal Guevara (n. 2-10-25) élu Pt avec 35 % des voix, les opposants demandent l'annulation des élect. pour fraude. *-13-3* confirmation de l'élect. par le Congrès. *-23-3* coup d'État militaire (armée de l'Air). *-31-5* guérilla rejette l'amnistie proposée. *-1-7* état de siège. **1983**-*8-8* le Gal Méjia dépose le Gal Rios Montt. *-27-10* libération des sœurs des généraux Rios Montt et Méjia enlevées en juin et sept. **1984** *janv.* échec d'un coup d'État contre le Gal Méjia. *-1-7* élection à l'Ass. Constituante (88 dép.). [Démocratie chrétienne 15,9 % (Carpio Nicole), Union du centre nat. 13,19, Mouvement de la libération nat. et Centrale nationaliste authentique 12,03)]. **1985**-*29-8* manif. après hausse des transports. *-3/4-9* l'armée occupe l'université San-Carlos, 8 †. *-3-11* 1er tour des élec. présidentielles : abstentions 30 %, bulletins nuls 10 %, Vinicio Cerezo 40 % des voix, Jorge Carpio Nicole (Union du

centre nat.) 20 %. *-8-12* 2e tour. **1986**-*5-2* dissolution de la D.I.T., police secrète jugée responsable de crimes commis par « escadrons de la mort ».

Nota. — Selon la Féd. intern. des droits de l'homme : 15 000 tués ou disparus de mars 1982 à juin 85 ; selon le parti révol. guat. : 175 000 de 1979 à 1984.

Statut. Rép. (23-11-1915). *Const.* de 15-9-65, suspendue 23-3-82. Junte, *Pt* Vinicio Cerezo Arevalo (43 ans), dém. chrétien, élu 8-12-85 au 2e tour par 65 % des voix, en fonction dep. 14-1-86. **Fêtes nat.** : 15 sept. (Indép. 1821), 20 oct. (Révolution de 1944).

☞ Le Guatemala revendique Belize. — **Principaux groupes guérilleros** : Forces armées rebelles (F.A.R.), Guérilla armée des pauvres (E.G.A.P.), Organisation révolut. du peuple en armes (O.R.P.A.). Parti guat. du travail (P.G.T.), regroupés en févr. 82 dans l'Union révol. nat. guat.

Économie

P.N.B. (84). 1 216 $ par h. **Pop. active.** (% et entre par. part du P.N.B. en %) agr. 55 (25), mines 1 (1), ind. 17 (19), services 27 (55). *Chômage 1984* : 33 %, sous-emploi 30 %. **Inflation** (%). *1980* : 10,7 ; *81* : 11,4 ; *82* : 11 ; *83* : 11,7 ; *84* : 13 ; *85* : 60. **Dette extérieure** *(85)*. 2,5 milliards de $.

Agriculture. *Terres* (milliers d'ha, est. 81) arables 1 485, cultivées en permanence 356, pâturages 870, forêts 4 470, eaux 46, divers 3 662. **Production** (milliers de t, 84) maïs 1 038,4, sucre 527,3, bananes 281,8, café 177,8, coton 59,1, cardamome 7,3 ; haricots, ananas, avocats, chicle. **Forêt.** 93 000 m³ (80). 2 % des propriétaires possèdent 62 % des terres, 90 % des exploitants ont moins de 7 ha et 419 620 ne possèdent aucune terre.

Élevage (milliers de têtes, 84). Volailles 18 419, bovins 2 224, porcs 806, moutons 627,2, chevaux 216,3. **Pêche.** 4 284 t (82).

Mines. *Pétrole* (milliers de barils, 84) : *prod.* 17 152, *réserves prouvées* 19 519,7. **Industrie.** Agroalimentaire, textile. **Transports** (km). 17 300 dont 2 900 bitumés, chemin de fer 920. **Tourisme.** *Visiteurs* : 183 200 (84). *Lieux* : dans le Peten Uaxactùn, pyramide de Tikal (58 m), Scibal, Quiriguà, La Democracia, Mixco Viejo, Lagunita, Iximché, lac Atitlan, Chichicastenango (marché indien), Antigua (ancienne capitale coloniale).

Commerce (millions de quetzales, 84). *Exportations* 1 122,2 *dont* café 360,70, sucre 74,57, coton 70,42, cardamome 59,40, bananes 56,63 ; produits chimiques 66,25, produits textiles 33,60, *vers* U.S.A. 417,43, Salvador 176,64, All. féd. 61,63, Costa Rica 54,53. *Importations* 1 278,5 *dont* combustibles 303,12, produits chimiques 297,29, articles manufacturés 236,19, matériel de transport 210,25, *de* U.S.A. 395,56, Mexique 116,51, Venezuela 103,99.

Rang dans le monde (83). 10e café. 18e bananes.

GUINÉE

Carte ci-contre. V. légende p. 787.

Situation. Afrique. 245 857 km². *Alt. max.* Mt Nimba 1 752 m. **4 régions** : *Basse* : plaine côtière de 300 km sur 50 à 90 km bordée par la mangrove [1 saison sèche en hiver, 1 très pluvieuse en été : 4 292 mm par an à Conakry] ; *Moyenne* : massif du Fouta-Djalon (Mt Loura 1 538 m), climat tropical de montagne, savane arbustive avec forêt-galerie (1 saison sèche et 1 pluvieuse 2 000 à 2 800 mm) ; *Haute* : plate, climat sec (1 800 mm), savane herbeuse ; *Forestière* : forêt dense, massifs (dorsale guinéenne) et bas-fonds, climat subéquatorial (longue saison pluvieuse).

Population. 5 930 000 h. (84) [en 1975 : 1 020 000 Foulbés, 525 000 Malinkés, 250 000 Boussoros, 160 000 Kissis, 7 000 Eur., Français 1 125 (80) (en 58 : 6 000)]. D. 21. **Villes** (est. 80) : *Conakry* 575 000 h. (agg. 700 000 en 82), Kankan 265 000, Kindia 79 861 (72). *Guinéens à l'étranger* : Sénégal 600 000, C.-d'Ivoire 550 000, Sierra Leone 150 000, Liberia 100 000, Mali, G.-Bissau 100 000, France 5 000. **Langues.** 8 langues nat. français. **Religions** (%). Musulmans 85, animistes 14, chrétiens 1.

Histoire. 1837-42 tr. du Lt de vaisseau Bouet-Willaumetz avec souverains locaux ; comptoirs fr. Col. des Rivières du Sud, rattachée au Sénégal. **1893** col. autonome (G. Française). **1899** dans l'A.O.F. Pacifiée par Galliéni et le gouverneur Ballay après défaite de Mahmadou Lamine (1887) et Samory (1898). **1958**-*28-9* indépendance ; G. vote « non » au référendum instituant « la Communauté française » : la Fr. cesse toute aide financière ; rupture des relations diplom. avec Fr. *-2-10* Rép. indép., Pt Ahmed Sekou Touré (n. 9-1-22) ; *nov.* projet union avec Ghana ; *-10-12* la Fr. s'abstient au vote d'admission de la G. à l'O.N.U. **1959**-*15-1* la Fr. reconnaît la G. **1960**-*2-3* sortie de la zone franc. *-21-4* Sekou Touré annonce « la découverte d'un complot » et dénonce « le colonialisme fr. » ; *déc.* projet union avec Ghana et Mali. **1961**-*31-7* accord culturel franco-g. **1962**-*9-1* national. des Cies d'assurances et de la dernière banque fr. **1965**-*16-11* la G. accuse Fr., Côte-d'Ivoire, Hte-Volta, Niger d'un complot. **1969**-*12-3* la Fr. accusée d'un nouveau complot. *-15-5* 13 condamnés à mort, dont Keita Fodeba. **1970**-*22-11* débarquement de forces portugaises de G.-Bissau (360 †). *-24-12* Mgr Tchidembo (n. 1920), archev. de Conakry (Gabonais, sujet français), arrêté et torturé, condamné à la prison à vie le 24-1-71. Plusieurs condamnés pendus. **1971**-*19-1* la G. accuse Fr. et All. féd. d'avoir participé au soulèvement du 22-11-70 ; 20 Fr. emprisonnés. **1975**-*14-7* rétablissement des relations dipl. avec Fr. ; libération de 18 Fr. **1977**-*25-2* Diallo Telli (n. 1925), ancien secr. gén. de l'O.U.A., meurt en prison ; *août* révolte des femmes. **1978**-*26-1* Pt Giscard d'Estaing en G. **1979**-*7-8* Mgr Tchidembo libéré. **1982**-*16/20-9* Sékou Touré en France. **1983**-*22-12* violent séisme (400 †, 200 disp., 150 bl.). **1984**-*26-3* Sekou Touré meurt à 62 ans. *-3-4* coup d'État mil. renverse Louis Lansana Beavogui (n. 1923, PM dep. 26-4-72, désigné chef du gouv. le 26-3). Du 3-4 au 1-6 200 000 exilés rentrent. **1985**-*4/5-7* coup d'État du colonel Diarra Traore (Malinké) échoue : 18 †, 229 bl. *-15-5* libération de 30 partisans de Sékou Touré. **1986**-*5-1* Franc guinéen remplace Syli, dévaluation d'env. 93 %.

Répression. Entre 1956 et 71 : sur 71 ministres et secr. d'État, 9 pendus ou fusillés, 8 morts en détention, 18 condamnés aux travaux forcés à perpétuité, 20 remis en liberté provisoire, 5 réfugiés à l'étranger. Hostilité envers les Peuls (musulmans très stricts), plusieurs milliers tués après torture, au cours de purges périodiques (dernière en 76).

Statut. Rép. pop. et révol. *Const.* du 14-5-82 suspendue dep. 3-4-84. *Pt* et chef du gouv. colonel Lansana Conte (49 ans, Soussou). *Ass.* 210 m. dissoute 3-4-84. *Parti* unique : P. démocr. de Guinée (P.D.G.), f. 14-5-47 dissous le 3-4-84. **Opposition** en exil. Organisation unifiée pour la libération de la Guinée (O.U.L.G.) Côte d'Ivoire, Ibrahima Kake. Mouvement pour le Renouveau en Guinée (ex. U.P.G., Cdt Diallo).

Depuis 1964, polygamie interdite sauf pour les unions déjà conclues. **Fêtes nat.** : 2 oct. (proclamation de la Rép.), 14 mai (f. du Parti démocratique), 22 nov. (anniversaire du débarquement de 70).

Économie

P.N.B. (83) 300 $ par h. **Pop. active** (% et entre par. part du P.N.B. en %) agr. 70 (30), ind. 5 (5), services 20 (40). **Dette extérieure.** 1 600 millions de $ (83) dont 50 % envers U.R.S.S. (remboursés en Bauxite). **Aide** (millions de $ 84) France 40, U.S.A. 9.

Agriculture. *Terres* (milliers d'ha, 81) arables 1 500, cultivées en permanence 72, pâturages 3 000, forêts 10 560, divers 9 454. *Production* (milliers de t, 83) manioc 640, riz 300, maïs 39, plantain 233, arachide 75, fruits 320, légumes 377, tubercules 79, café 15, patates douces 80, palme 35, tabac, ignames 79, noix de coco 15. **Élevage** (milliers de têtes, 82). Bovins 1 850, poulets 8 500, moutons 445, chèvres 425, porcs 42. **Pêche.** 18 500 t (80).

Mines. *Bauxite* réserves 8 milliards de t soit 2/3 des réserves mondiales, haute teneur, très peu siliceuse, gisements à Kindia, Los, Fria, Davola, Boké, exploités par des consortiums occidentaux ou russes, prod. 12 833 000 t (81), 96,4 % des recettes d'exp. (80). *Fer* réserves 15 milliards de t, Mont Nimba (prod. en 84), Kaloum, Simandou. *Or* (teneur 300 à 600 g par t de gravier). *Diamants* réserves 200 millions de carats, prod. (82) : 32 500 carats, *prév. 85* : 300 000. *Manganèse.* **Industrie.** Usine d'alumine à Fria. Hydro-électricité (projet de Konkouré 750 MW, coût 1,2 milliard de $). Une dizaine d'usines en activité (33 en 1958) fonctionnant en moyenne à 10 % de leur capacité.

Transports (km). *Chemins de fer* : Conakry-Kankan 662, Sangaredi-Port-Kamsar 136. Conakry-Fria, Conakry-Débébé 124. *Routes et chemins* : 30 000 (dont 1 087 goudronnés).

Commerce (millions de $, 80). **Exp.** 457 *dont* bauxite et alumine 440, café, palmiste, ananas, huiles essentielles *vers* (78, %) U.S.A. 21,1, U.R.S.S. 17,1, France 16,5, Canada 8, Espagne 6,2, All. féd. 5,7. **Imp.** (78, %) *de* Europe de l'O. 65,7 (France 40, P.-Bas 5,3), Europe de l'E. et Chine 18,8 (U.R.S.S. 9,6, Chine 7,7), Amérique 13,7 (U.S.A. 13,5). **Rang dans le monde** (82). 2e bauxite.

GUINÉE-BISSAU

V. légende p. 787.

Situation. Afrique. 36 125 km² à marée basse, 28 000 km² env. à marée haute. *Partie continentale* (frontières : 680 km avec Sénégal et Rép. de Guinée, côtes : 160 km), et *partie insulaire* : archipel des Bijagos (40 îles dont 20 habitées). *Alt. max.* 300 m. *Climat chaud et humide* (pluies mi-mai, mi-novembre).

Population. 888 000 h. (est. 86) dont (%) : Balantes 27, Foulas 23, Mandingues 12, Mandjaques 11, Pepeles 10, Mancagnes, Beafadas, Bijagos, etc. Env. 3 000 Europ. D. 24. *Villes* : *Bissau* 140 000 h., Bafata 14 000, Farim 1 000. **Langue.** Portugais *(off.)*. **Religions.** Animistes 60 %, islam 30 %, chrétiens 8 %.

Histoire. 1446 découverte par le Port. Nuno Tristão. **1879** colonie port. distincte. **1951** province d'O.-M. port. **1963**-*23-1* début guérilla du P.A.I.G.C. [Parti afr. pour l'indép. de la G. et du Cap-Vert, f. en 1956 par Amilcar Cabral (n. v. 1924, assassiné 20-1-73)]. **1973**-*21-3* Luis de Almeida Cabral (n. 1931, demi-frère d'Amilcar) Pt (dans les terr. contrôlés par guérilla). **1974**-*10-9* indép. **1980**-*14-11* coup d'État du Cdt João Bernardo (dit Nino) Vieira, ancien PM. **1981**-*14-2* gouv. provisoire. **1985**-*6-11* Paulo Correia vice-Pt arrêté après coup d'État avorté.

Statut. Rép. *Const.* de mai 84. Pt : Cdt João Bernardo Vieira (n. 1939) dep. 14-11-80. *Ass.* 150 m. *Parti unique* : *P. Africain pour l'indép. de la Guinée et du Cap-Vert* (P.A.I.G.C.) f. 1956.

Économie

P.N.B. ($ par h.) *1982* : *220* ; *83* : 180 ; *85* : 160. **Pop. active** (% et entre par. part du P.N.B. en %) agr. 80 (70), ind. 5 (5), services 15 (25). **Dettes ext.** (85) 214 millions de $. **Aide** (81) 325 millions de F (43 % du P.N.B.).

Agriculture. Terres (milliers d'ha) cultivables 900, cultivées 400, forêts 2 000. Zone de terres inondées (flore des marécages et mangrove), région intérieure (forêts, palmeraies, savane). 8 % des t. cult. *Production* (milliers de t, 83) tubercules 40, noix de coco 25, riz 30, arachide 30, plantain 25, millet 10, maïs 5, sorgho 5, palmiste, coton, noix de cajou. **Élevage** (milliers de têtes, 83) bovins 225, porcs 130, moutons 65, chèvres 145, volailles 420 (82). **Pêche.** 3 729 t (80). **Mines.** Bauxite et phosphates (non encore exploités). **Routes.** 3 750 km (420 goudronnés).

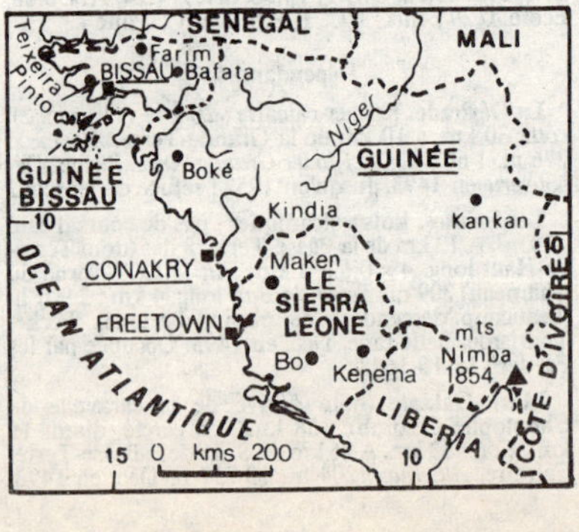

Commerce (millions de $ U.S., 85). *Exp.* 10,6 dont prod. agric. 8,2, pêche 2,1. *Imp.* 21,6 dont prod. alim. 5,2, carburants 2,6. **Déficit** (85) – 11.

GUINÉE ÉQUATORIALE

Carte p. 882. V. légende p. 787.

Situation. Afrique. 28 052 km^2. *Climat* équatorial : pluies + de 2 000 mm par an. Bata est plus sec et froid que Malabo (temp. moy. 24 °C).

Ile de Bioko (ex Fernando Poo). Très montagneuse. *Alt. max.* Pico Bioko 3 007 m. 2 034 km^2, long. 72 km, larg. 35 km. 105 000 h. (est. 84). D. 39. *Chef-lieu : Malabo* (appelée avant déc. 1973 Santa Isabel) 25 000 h. Comprend l'île d'Annobon (appelé quelque temps Pagalu) 17 km^2. Ch.-lieu : San Antonio de Palen.

Rio Muni. 26 017 km^2 sur le continent avec les îles de *Corisco* (14,2 km^2, 1 140 h.), *Elobey Grande* (0,5 km^2), *Elobey Chico* (0,025 km^2). 293 000 (est. 84) Bantous. D. 8. *Ch.-lieu : Bata* 30 719 h. (65).

Population. 300 000 (rec. 84), dont Fangs 90 %, Bubis 8 %. Env. 3 000 Esp. D. 13,5. *Capitale : Malabo* 25 000 h. (74). En *mars 1969*, émigration de la plupart des Esp., *1968 :* 275 000, *79 :* 49 000 (et de 80 % de la pop.), *82 :* 380 000. **Langues.** Espagnol *(off.)*, fang, bubi, bujeba, ndowé, annobonés, mekuk.

Religions. Catholiques 60 %, protestants, musulmans, divers.

Histoire. XVe s. installation portugaise. **1778** cédée à l'Esp. **1827-44** les Angl. occupent Fernando Poo, établissent à Clarence (Santa Isabel, fondée 1827) la base de leur escadre antinégriers ; les esclaves libérés sont installés dans l'île. **1843-*27-2*** les Angl. rendent Fernando Poo aux Esp. qui annexent l'île de Caisco., à l'embouchure du Rio Muni. **1856** fondation de la Guinée esp. sur le continent. **1900** tr. de Paris délimitant Rio Muni. **1931-*2-9*** terr. esp. du golfe de Guinée (colonie). **1959-*30-6*** sont divisés en 2 prov. esp. (Fernando Poo et Rio Muni). **1968-*12-10*** indép. [*Pt :* Francisco Macias Nguema (n. 1924, de l'ethnie Fang) élu 28-9]. **1969** échec du coup d'État d'Atanosio Ndong Miyone ; opposition éliminée. **1972** Macias Pt à vie. **1975** accord avec U.R.S.S. et éclipse de l'Esp. Ruine de l'économie. **1976-*8-6*** immigrants nigérians tués ; rapatriement de milliers de Nigérians. **1979-*3-8*** coup d'État du Col Obiang. Macias renversé (fusillé le 23-9) (bilan de son régime : 50 000 †, 150 000 exilés). **1981** *avril* échec d'un coup d'État. **1983** *mai :* idem. **1985-*1-1*** rejoint zone franc.

Statut. Rép. *Pt :* Cel Tedoro Obiang Nguema Mbasogo (n. 5-6-42) dep 25-8-79 (Pt de la Rép. dep. 12-10-82). *Const.* approuvée le 15-8-82. Conseil militaire suprême. *Garde* de 350 Marocains (île de Bioko). *Opposition en exil :* C.S.D. (Convergence sociale démocratique) de Manuel Ruben N'Dongo, et A.N.R.D. (Alliance nat. pour rétablissement de la démocratie) de Martin Nsono Okomo.

Économie

P.N.B. (83) env. 510 $ par h. **Pop. active** (% et entre par. part du P.N.B. en %) agr. 75 (60), ind. 5 (5), services 20 (35). **Dette ext.** (millions de $) *83 :* 120 ; *84 :* 150 (95 % des export.). **Aide** (millions de $). Espagne 100, France 22 (+ 33 versés à la Banque centrale pour intégrer zone franc).

Agriculture. *Terres* (milliers d'ha, 81) arables 130, cultivées en permanence 100, pâturages 104, forêts 1 700, divers 771. *Production* (milliers de t., 82) manioc 54, patates douces 34, bananes 17, cacao 5 (85), (*1968 :* 40 ; *1979 :* 5,4), café 1 (85), noix de coco 7, huile de palme 5, tabac, vanille. **Bois.** 100 000 t (1985). Exportations : *82 :* 25 000 t, *81 :* 34 500 t. **Élevage** (milliers de têtes, 82). Bovins 4, porcs 5, moutons 34, chèvres 7, poulets 160.

Commerce. Cacao, bois, café. Avec France et Esp.

GUYANA

Carte ci-contre. V. légende p. 787.

Situation. Amérique du S. 214 969 km^2. *Frontières* (en km) : Surinam 625, Venezuela 672, Brésil 1 200. *Alt. max.* (Mt Roraima) 3 031 m. *Régions :* bande côtière (largeur 10 à 60 km, long. 400 km) souv. inclinée, cultivée et peuplée ; forêts (80 %) et marécages ; chaînes de montagnes au S.-E. (Mt Acaraï) ; savanes au S.-O. (Rupununi). Nombreuses cascades (Kaieteur 225 m, Horse Shoe). *Climat :* équatorial, doux et humide (régions côtières 30,5 à 32,2 °C). 2 saisons sèches (mi-févr./fin avr. et mi-août/fin nov.). Période la plus chaude : août à oct.

Population. 940 000 h. (84) (90 % vivant sur la côte) dont (80 %) Indiens 50, Africains 35, Amérindiens 10, Chinois 2, Européens 3. D. 4. *Villes* (75) : *Georgetown* 200 000 h. (81), Linden 29 000, New Amsterdam 23 000. *Chômage* (82) 17 %. **Langues.** Anglais *(off.)*, hindi, urdu, créole et 9 dialectes. **Religions.** Chrétiens 45 %, hindouistes 37 %, musulmans 9 %, div. 9 %.

Histoire. 1621 colonie hollandaise. **1796** prise par Angl. **1814** col. britannique. **1964** affrontements entre majorité originaire des Indes et minorité d'ascendance africaine. *Déc.* PM, Cheddi Jagan, pro-soviét., du P. progressiste pop. (P.P.P.), représentant essentiellement les Indiens, perd majorité absolue. Forbes Burnham (1923-85) PM s'allie à formation de droite défendant intérêts des Européens. **1966-*26-5*** indépendance. **1970** proclamée « République coopérative ». **1971-74** nationalisation des Cies exploitant la bauxite. **1975-76** nat. de l'activité sucrière. **1978** nouvelle Constit. réduisant garanties accordées à l'opposition ; troubles. *-18-11* suicide collectif de la secte amér. du « Temple du peuple » animée par Jim Jones : 923 †. Tensions entre Noirs et Indiens. **1980** *oct.* entrée en vigueur de la nouvelle Constit. *Déc.* Forbes Burnham devient Pt. Élections (irrégularités) : succès de Forbes. **1985-*6-8*** Forbes meurt.

Statut. Rép. coopérative (dep. 23-2-70) membre du Commonwealth. *Const.* du 6-10-80. *Pt* élu 19-12-85 pour 5 ans Hugh Desmond Hoyte (n. 9-3-29) dep. 6-8-85. *PM* Hamilton Green (n. 9-11-34) dep. 6-8-85. Ass. nat. 65 m. élus p. 5 ans et 12 m. nommés. *Élect.* du 9-12-85 : Congrès nat. du peuple (Hugh Desmond Hoyte) 42 s., P. progressiste du peuple (Dr Cheddi Jagan) 8 s., Force unie (M. Fielden Singh) 2 s., Working People's Alliance 1 s. *3 comtés :* Demerara, Essequibo, Berbice. **Fête nat. :** 23 févr. (Jour de la Rép.).

Nota. – Le Venezuela revendique 150 000 km^2 dans la province de l'Essequibo.

Économie

P.N.B. $ par h. *1982 :* 590 ; *84 :* 510 P.N.B. (82) 720 millions de $. **Pop. active** (% et entre par. part du P.N.B. en %) agr. 36 (40), ind. 20 (15), services 40 (27), mines 4 (18). **Inflation.** (%) *1980 :* 16,5 ; *82 :* 28 ; *83 :* 12,2. **Dettes extérieures** (85) : 1,3 milliard de $.

Agriculture. *Terres* (milliers d'ha, 81) arables 480, cultivées en permanence 15, pâturages 1 220, forêts 16 369, eaux 1 812, divers 1 608. *Production* (milliers de t, 85) riz 156, sucre de canne 246, noix de coco 20 (82), tubercules 16 (82), plantain 34, oranges 11 (82). **Forêts.** 9 300 000 pieds[3] (85). **Élevage** (milliers de têtes, 82) bovins 305, porcs 140, moutons 116, chèvres 74, poulets 500. **Pêche.** 39 735 t (85).

Mines. *Bauxite* (millions de t) *1976 :* 4,5 ; *81 :* 2,4 ; *82 :* 1,4 (9e rang mondial). *Alumin. 82 :* 0,07. *Or (84) :* 292 kg (contrebande). *Diamants* 10 000 carats (81). *Molybdène.*

Commerce (millions de $ US, 84). **Exp.** 195 *dont* bauxite 86, sucre 65, riz 20. **Imp.** 205 *dont* (%) biens de cons. 6 *de* (%) Caricon 33, U.S.A. 21, G.-B. 11, reste C.E.E. 9. Déficit commercial (millions de $ US). *1983 :* – 190. *84 :* – 126. *85 :* – 160.

Rang dans le monde (81). 10e bauxite.

GUYANE FRANÇAISE

V. légende p. 787.

Situation. Côte N.-E. de l'Amérique du S. A 7 100 km de Paris. 90 000 km^2. *Côtes :* 320 km. *Frontières :* 1 100 km (Brésil 655, Surinam 500). *Alt. max.* env. 800 m (monts Lorquin et Tinokato).

Régions. *Zone côtière :* 15 à 40 km de large, bordée de mangrove (forêt de palétuviers), plateaux érodés ; *climat* équatorial chaud (moy. 26 °C à 28 °C) et humide (petite saison des pluies de déc. à févr., grande s. des pluies d'avr. à juill. ; pl. entre 2 500 et 4 000 mm) ; petit été en mars, grande s. sèche d'août à déc. *Zone équatoriale :* forêts (90 % des terres), saison pluvieuse (mi-déc.-mi-févr.), sèche (févr.-mi-avril), pluvieuse (15 avril-15 août), sèche (15 août-15 déc.). *Humidité* 81 à 90 % selon les saisons.

Population. 81 196 h. (1-1-85) [*1676 :* 1 515, *1737 :* 5 113 (+ 25 000 Indiens), *1789 :* 14 540 dont 2 000 Blancs, *1836 :* 23 747 (1 450 Indiens), *1876 :* 18 230, *1954 :* 27 864] dont (en %) île de Cayenne 65, côte 27, intérieur 8. D. 0,9. *Composition* (82) nés en Guyane 41 072, Antilles fr. 4 812, Métropole 7 793, Brésil 3 358, Haïti 5 492, divers (Stelucie 700, Hmongs, Surinam) [en 1975 : 4 300 Noirs Bonis et Saramacas 2 800, Indiens 2 400 (200 Wayanas, 120 Émérillons, 280 Palikours, 360 Oyampis, 1 200 Galibis, 240 Arawaks], Guyana, Chine 10 211. *Pop. tribale* 4 500. *Age* (%, 82) – *de 15 a.* 33, + *de 65 a.* 4. *Taux* (‰, 84) natalité 29, mortalité 6, accroissement 36. **Étrangers** (84) 20 325 (Haïtiens 9 161, Brésiliens 3 483, Guyanais 1 821, Laotiens 1 301, Surinamiens 1 131, Chinois 1 109, Ste-Lucans 662). **Villes** (82) : *Cayenne* (chef-lieu) 38 135 h., Kourou 7 441 (83, à 65 km), St-Laurent-du-Maroni 6 984 (247 km, sous-préfecture), Rémire-Montjoly 7 307 (83), Matoury 2 580 (83), Sinnamary 1 991, Mana 1 721, St-Georges 1 199, Grand-Santi-Papaïchton 1 051, Maripasoula 1 007. *Pop. active* (85) 30 544, *chômeurs* (85) 12 %.

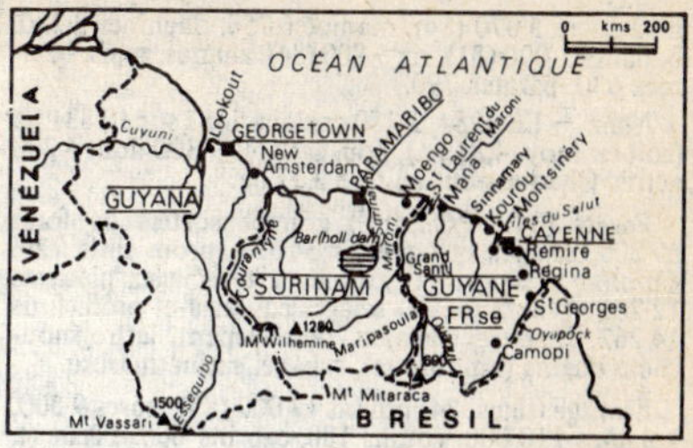

Histoire. 1500 côte reconnue par Espagnols, nombreux aventuriers recherchant le pays fabuleux d'El Dorado. **1544** création de Cayenne. Les Français (avec Nicolas de Villegagnon en **1555** et Daniel de La Ravardière en **1604**) la visitent, puis s'établissent en **1637.** De nombreux essais de colonisation échouent : Poncet de Brétigny († 1644), la Cie des Douze Associés (1652), La Vrigne et Michel (1656), le Hollandais Spranger (1663-64), la Cie de la France équinoxiale (absorbée par celle des Indes occidentales). Prise par les Angl. (**1647**, ils détruisent Cayenne), cédée aux Holl. (tr. de Breda 1667). **1677** reconquise par l'amiral d'Estrées. De nouvelles tentatives de colonisation échouent : projet de Choiseul (**1763-65** expédition de Kourou : sur 12 000 émigrants, 8 000 furent emportés par la fièvre jaune et la typhoïde, les autres furent rapatriés), Cie de l'Approuague (**1768**). Assainissement avec le Suisse Josef Samuel Guisan (**1766-68**). **1795** 1re déportation. La Révolution abolit l'esclavage, mais il est rétabli (**1804**) par le gouv. Victor Hugues (**1800-09**). **1809-14** occupation portugaise. **1817** possession française. Nouveaux projets de colonisation ; Baron Milius (**1822**), la Mère Javouhey (**1828**). **1848-49** l'abolition de l'esclavage ruine les plantations en libérant 12 000 esclaves. **1855** un Brésilien (Puoline) trouve de l'or. **1930-*6-6*** divisée en 2 territoires : Guyane et Inini. **1852 à 1947** sert de *bagne* [74 000 bagnards y furent envoyés, près de St-Laurent-du-Maroni, aux îles du Salut (île Royale 28 ha, 950 m de long ; île St-Joseph 20 ha, 650 m de l. ; île du Diable 14 ha, 950 m de l.), dans l'île du Diable, Dreyfus de 1894 à 1899]. **Dep. 1968** base de lancement spatial de Kourou (V. Index). **1975-*1-8*** « plan vert » de mise en valeur du pays (avec un repeuplement de 30 000 h.) annoncé (3 milliards de F en 10 ans). **1979-*24-12*** lancement de la fusée Ariane. **1983-*28-5*** 3 attentats, 1 †. **1985-*16/17-8*** incident à Kourou, 1 légionnaire tué.

Statut. Dép. d'Outre-Mer dep. 19-3-46. Région dep. juin 75. 2 *députés* et 1 *sénateur*. 2 *arrondissements :* Cayenne et St-Laurent-du-Maroni. *Cons. général :* 16 m. *Cons. régional :* 31 m, Pt Georges Othily (app. P.S.). *Cons. économique et social :* 40 m. *Com. de la Rép. :* Bernard Courtois.

Élections régionales *du 20-2-83 :* abstentions 48,20 %. P.S. guyanais 41,20 %, R.P.R.-U.D.F. 40,10, Union des travailleurs G. (indépend.) 8,90, Union démocr. promotion G. (div. gauche) 5,30, Socio-profes. 4,30. *16-3-86 :* abst. 37,59 %, div. gauche 42,2 (15 élus), R.P.R. 29,14 (9), div. g. 11,97 (4), div. opp. 8,73 (3), F.N. 3,58, ext. g. 3,34, div. opp. 3,07. **Élections législatives.** *14-6-81 :* abst. 50,82 %, div. gauche 51,17 % des v., U.D.F.-R.P.R. 48,82 % ; élu : 1 app. P.S. *16-3-86 :* inscrits 26 982, abst. 38,50 %, div. gauche 48,34 % des v., R.P.R. 34,18 %, U.D.F. 17,46 % ; élus : 1 app. P.S., 1 R.P.R.

Parti national populaire guyanais (P.N.P.G.) créé 1985, avec d'anciens membres du MOGUYDE (Mouvement guyanais de décolonisation), du FNLG (Front nat. de libération de la G.) des années 1970-80, de l'Union des étudiants guyanais (France).

Économie

Agriculture. *Terres* (ha, 83) arables 3 750, pâturages 6 250, vergers et jardins 1020. *Production* (t, 83) canne à sucre 5 070 (84), manioc 6 750, dachines 3 230, bananes 1 000 (81), riz 5 800 (84), ananas, maïs, ignames 630, patates 790.

Nota. – En 1984, 2 250 exploitations sur 10 831 ha (soit en moy. 4,81 ha), pop. agricole 9 300 dont 4 200 actifs. Chaque actif cultive 2,57 ha.

Forêts (84). *Prod.* (m³) grumes sorties de forêt 69 200, sciages et équarris 34 679, prod. finis 729. *Commer.* (export., t) grumes 118, sciages placages 12 205 ; (vente locale) sciages équarris et prod. finis 14 262. *Essences :* acajou, bois serpent, lettre moucheté ougins (amourette), rubané, satiné marbré.

Élevage (têtes, 84) bovins 17 000 (85), porcs 9 500, volailles 110 000, équins 180, caprins 600. **Pêche** (t, 83). Petite pêche 1 615, pêche au large 80, crevettes 2 950. *Exportations :* petite pêche et pêche au large 239, crevettes shrimps 2 880, aquaculture de crevettes (prod. en 1985).

Mines. Or (kg) : *1982 :* 162 ; *83 :* 245 ; *84 :* 315 ; prod. due aux orpailleurs 73 kg en 84 ; découvert en 1855 ; bauxite, zinc, diamants, argent, plomb, manganèse, cuivre, platine, kaolin non exploités.

Énergie. Électricité produite (millions de kWh) 181,1 (84).

Centre spatial de Kourou. Créé en 1964, implanté en avril 1968. Env. 8 000 h. (dont en 1981, travailleurs guyanais 978 et 840 métropolitains).

Transports (km, 83). *Routes* 697 dont 519 bitumés. Parc auto. (1-1-84) 30 000, roulant : 15 000. *Aéroports :* 8. *Avions* (1983), passagers 179 876. Fret (82) 4 575 t. **Tourisme.** 18 hôtels. 61 139 vis. (84).

Enseignement (élèves 1983-84) préscolaire 4 192, primaire 10 017, secondaire 23 112 dont cycle court 1 964, long 1 308, SES 375.

Budget (millions de F, 84). Département 675, région 55, concours financiers extérieurs 777.

Commerce (millions de F, 84). *Exportations* 327 dont crevettes 194, bois 22, divers 111 *vers* (%) U.S.A. 41, Japon 18, Antill. fr. 13, France métro. 9. *Importations* 2 156 dont aliment. 543, prod. minéraux 347, mach., appareils élec. 353, matériel de transport 224, métaux et ouvrages en métal 141 *de* Trinité (hydrocarbures), France, Zone franc.

HAÏTI

Carte p. 848. V. légende p. 787.

Situation. Amérique. 27 750 km² (dont plaines 7 000). *Frontière* avec Rép. dominicaine : env. 375 km. *Largeur* 34 à 285 km. Partie ouest de l'île anc. appelée St-Domingue (dite auj. île d'Haïti). *Alt. max.* Le Morne la Selle 2 680 m [dans les montagnes du S. ; autre chaîne : La Hotte (Morne Macaya, 2 347 m)]. **Iles adjacentes :** *La Gonâve* 658 km², 15 634 h., *La Tortue* 180 km², *L'Île à Vache* 52 km², *Les Cayémites* 45 km², *La Navase* 3 km². **Climat** tropical doux dans les plaines (*Têcho*, « terres chaudes ») (Port-au-Prince janv. 23 °C, juill. 33 °C), montagne (*Té fret*, « terres froides ») 10 à 23 °C. *Pluies* avril/mai, sept./nov.

Population. 5 400 000 h. (84) dont en % : Noirs 95, Mulâtres 5. D. 194 (côtes 350, intérieur 10). – *de 15 a.* 41,2 %. **Villes** (agg.) (83) : *Port-au-Prince* (agg.) 1 000 000 (82), Cap-Haïtien 67 879 (à 263 km), Cayes 38 277 (à 178 km), Gonaïves 35 191 (à 152 km), Jérémie 22 346 (à 285 km), Jacmel 16 776 (à 81 km). *Niveau de vie :* 73 % des enfants souffrent de malnutrition en 1980.

Émigration : env. 1 000 000 vers U.S.A. (N. York, Floride), Canada, Rép. Dominicaine, Bahamas. *81 :* env. 4 000 par mois. Le 18-1-1981, les Bahamas commencent à expulser 25 000 à 30 000 Haïtiens. 1982, la marine des U.S.A. contrôle l'émigration illégale par voie de mer.

Langues. Français *(off.)* 10 % (compris par 30 %), créole (langue parlée) 100 %. Analphabètes 80 %. **Religions.** Catholiques 80 % *(off.)*, protestants 10 %, baptistes ; vaudous 80 % (la plupart aussi catholiques pratiquants).

Histoire. XXᵉ/Iᵉʳ s. av. J.-C. peuplement Cibomey (céramique, sépultures). **Iᵉʳ s. apr. J.-C.** les Taïnos (Indiens du groupe Arawak) éliminent les Cibomeys. **XIVᵉ s.** les Caraïbes refoulent les Taïnos vers l'O. **1492**-*6-12* découverte par C. Colomb (peuplée de 300 000 Indiens, qui disparaissent v. 1540) ; repeuplée d'esclaves noirs africains depuis 1502. **1600-1740** laissent le terrain aux flibustiers (ou « Frères de la Côte », basés dans l'île de la Tortue) et aux boucaniers (tanneurs de cuir de bœuf, exploitant les troupeaux sauvages de l'île). **1641** le huguenot fr. Le Vasseur enlève l'île de la Tortue aux flibustiers. **1642** le chev. de Fontenay prend possession d'H. au nom du roi de Fr. **1659** colons français. **1697**-*20-9* rattachée aux Antilles fr. (tr. de Ryswick), repeuplée par esclaves afr. (env. 30 000 par an entre 1784 et 1791), prospère (cult. vivrières, indigo, puis canne à sucre et café). **1722** révolte des esclaves. **1770**-*3-6* Port-au-Prince détruit par séisme. **1784** (partie française) 7 803 plantations, 100 000 Européens possédant 500 000 esclaves (partie esp. : 125 000 h.). **1791**-*15-5* l'Ass. constituante décrète l'égalité des Blancs et des h. de couleur (Mulâtres affranchis ou descendants d'Af.). Les Blancs se révoltent ; battus par Mulâtres, appellent les Anglais. **1794**-*4-1* décret de la Convention abolissant l'esclavage. Les Noirs se soulèvent et battent Anglais et colons (incendies et massacres), proclament la Rép. et prennent pour cap. Port-au-Prince qui devient Port-Républicain. **1795** tr. de Bâle, l'Esp. cède l'E., l'île est réunifiée. **1802**-*3-2* expédition du Gᵃˡ Leclerc (22 000 h.), les 3 chefs noirs [Toussaint Louverture (1743-1803), Jean-Jacques Dessalines (1758-1806), Henri Christophe (1767-1820)] se soumettent. Louverture arrêté est env. en France (il meurt au fort de Joux le 7-4-1803). Leclerc rétablit l'esclavage ; la g. reprend mais la fièvre jaune décime l'armée (Leclerc en meurt). Rochambeau lui succède, mais est pris par une escadre anglaise. Les Noirs brûlent plantations et forêts. **1804**-*1-1* indép. -*22-9* Jean-Jacques Dessalines se proclame empereur (Jacques Iᵉʳ). **1808** l'Esp. récupère l'E., et l'O. est divisé. Dans le N., Henri Christophe fonde une république. **1811** royaume dont il fut le roi Henri Iᵉʳ ; suicide 8-10-1820 à la suite d'un soulèvement. Dans le S., Anne-Alexandre Petion (1770-1818), Mulâtre, fonde une rép. (1807-18). **1820** son successeur Jean-Pierre Boyer (1776-1850), Mulâtre, regroupe N. et S. **1822**-*9-2* réunifie l'île. **1825** la Fr. reconnaît la Rép. d'H. [H. paye une indemnité de 150 millions de F (réglée jusqu'en 1938)]. **1842**-*7-5* Cap-Français détruit par un séisme. **1844**-*27-2* séparation : Rép. dominicaine (E.) et Rép. d'Haïti. **1849** *sept.*/**1855**-*15-1* H. est un empire avec Faustin Iᵉʳ [Soulouque (1782-1867)]. **1905** U.S.A. prennent douane en charge. **1915** occupation militaire U.S., après l'assassinat du Pt Vilbrun Guillaume Sam le 28-7. **1934**-*21-8* évacuation des Américains. **1950** *oct.* troubles, Cᵉˡ Magloire (n. 1907) élu Pt. **1956**-*22-10* forcé de se démettre.

1956-86 ère Duvalier le docteur **François Duvalier** (n. 14-14-07) (dit Papa Doc) élu Pt (à vie en 1964), gouverne avec soutien des Tontons macoutes (soldats volontaires de la sécurité nationale, formant depuis 1957 une milice armée). **1968** tentative d'invasion par des exilés. **1970** coup d'État avorté. **1971**-*21-4* Duvalier meurt. -*22-4* **Jean-Claude Duvalier** (n. 3-7-1951) (dit Baby Doc), fils de Papa Doc, lui succède (un référendum ratifie : 2 391 916 oui. 0 non). Sa mère, « Maman Simone », sera très influente jusqu'au mariage de J.-Cl. (27-5-1980) avec Michèle Bennett (n. 1954). Création d'un corps d'élite anti-émeute et antiguérilla (600 h., 3 bataillons). **1973** complot du colonel Honorat ; dénoncé par le Cᵉˡ Valmé, qui devient chef de la police (3 000 h.). **1980** *juill.* cyclone Allen ; -*28-11* arrestation des journalistes libéraux : 12 expulsés ; 1 500 opposants de gauche incarcérés (inculpés d'un complot comm. sous la direction de « Caca Diable ») ; -*25-12* chef syndicaliste Yves-Ant. Richard expulsé. **1981** Clémard-Joseph Charles [ancien min. des Finances (1960-67 ; emprisonné 1967-77, exilé U.S.A. 1977)] regroupe l'opposition ; *mars-avril* partisans de « Maman Simone », mère de J.-Cl. Duvalier, expulsés. -*22-11* arrestation puis expulsion des journalistes « d'opposition ». **1982**-*9* et -*12-1* tentative d'exilés débarqués (avec B. Sansaricq) sur l'île de la Tortue pour renverser le régime. -*14-1* troupes dominicaines empêchent retour massif d'opposants haïtiens. **1983**-*1-1* attentat à Port-au-Prince revendiqué par brigade Hector Riobe, 4 †, 9 bl. -*5-4* retour des cendres de Toussaint Louverture. -*27-8* parlement dissous. **1984** *mai* émeutes (faim), aides internationales ; abattage des porcs pour lutter contre peste porcine. **1985**-*3-1* suspension d'aide économique amér. (26 millions de $). -*22-4* Duvalier annonce une certaine libéralisation (loi sur les partis pol.). -*22-7* référendum sur l'irrévocabilité de la présidence à vie : 99,98 % de oui (nombreuses fraudes). -*24-11* journée de jeûne et prières (organisée par le diocèse du Cap-Haïtien), l'Église s'éloigne du régime. -*27/28-11* manif. aux Gonaïves : 4 manif. dont 3 lycéens tués par Tontons macoutes. **1986**-*8-1* fermeture des écoles. -*26-1* police pol. dissoute. -*27-1* émeutes au Cap-Haïtien : 3 †. -*29-1* manif. (la + importante dep. 1957) 40 000 pers. -*31-1* état de siège, troubles : plusieurs centaines de † ; profanation du tombeau du Dr Duvalier ; chasse aux Tontons macoutes (ils étaient 40 000, 10 fois plus avec supplétifs). -*7-2* Duvalier se replie en France ; Conseil nat. de Gouv. présidé par Lt-col. Henri Namphy, chef d'état-major. Désir de récupérer les sommes accaparées par les Duvalier (J.-Cl. : 450 millions de $?, sa mère : 1 150 ?).

Statut. Rép. Pt du Conseil de gouv. : Gᵃˡ Namphy. *Const.* de 1957, révisée en 64, 71 et 83. *Ch. unique* [*élect. lég.* du 12-2-84 : parti unique (P. de l'Unité nat., f. 1963) 58 m. élus au scrutin majoritaire à un tour p. 6 a.]. **Fête nat. :** 1ᵉʳ janvier (Indépendance). **Partis.** P. démocrate chrétien (d'H. Sylvio Claude) ; P. social chrétien d'H. (Grégoire Eugène).

Économie

P.N.B. (83) 330 $ par h. Seuil de pauvreté absolue atteint par 60 % de la pop. de Port-au-Prince, 83 % de celle des villes de province, 94 % de la pop. rurale (besoins alim. 3 019 866 t, production alim. 2 479 000 t).

Pop. active (% et entre par. part du P.N.B. en %) agr. 74 (32), ind. 6 (22), services 19 (45), mines 1 (1). 70 à 80 % de la pop. est sous-employée. **Inflation** (%). *1980 :* 17,8 ; *81 :* 17,5 ; *82 :* 10 à 15 ; *83 :* 8,5 ; *85 :* 18. **Chômage** (%) hommes : 11,2, femmes : 13,6 (en fait 60 % en sous-emploi). **Dette extérieure** (millions de $). *81 :* 200 ; *82 :* 210 ; *83 :* 580. **Aide.** *81 :* 150 ; *82 :* 210 ; *83 :* 580. **Envois des émigrés.** *77 :* 25. **Salaire moyen** (F/an). Villes 2 700, campagne 1 100.

Agriculture. *Terres* (km²) cult. 8 700, pâturages 5 300, friches 300, forêts 2 000. 60 % des propriétés agricoles ont moins de 1 ha [terres chaudes (– de 1 000 m) : manguier ; froides (+ de 1 000 m) : caféier (2 récoltes annuelles) ; fruits et légumes européens]. *Production* (milliers de t, 83) canne à sucre 5 674, bananes 509, mangues 330 (82), patates douces 346, tubercules 148 (82), café 36, plantain 300 (82), légumes 288 (82), maïs 171, riz 113,4, sorgho 110 (82), cacao 4,6, tabac, huiles essentielles, coton, sisal, rhum. **Élevage** (milliers de têtes, 83). Poulets, volailles 7 000, porcs 821, bovins 900, ovins 1 000. **Pêche.** Env. 4 000 t/an.

Électricité (millions de kWh). *1970 :* 87,7 ; *80 :* 372,2 ; *83 :* 381,1. **Mines.** *Bauxite* (81) 540 000 t, fermée 1985, *cuivre. Non exploités :* manganèse, fer, or, marbre, molybdène, gypse. **Industries.** Petites ind. d'assemblage. 1ᵉʳ prod. de balles de base-ball. Soutiens-gorge, chaussures, cassettes.

Transports. Routes carrossables (en km) en bitume 420,3, béton 29,6, terre battue 2 163,9, gravier 398,7. **Tourisme.** 130 000 vis. + 100 000 excursionnistes.

Commerce (millions de $, 83). *Exportations* 189,4 *dont* café, assemblages, ind. de trans. ; *vers* (82) U.S.A. 310, France 19,5, R.F.A. 13,2, Italie 12,3, Canada 6,7. *Importations* 364,9 *dont* articles manuf., automobiles, prod. alim. 77 (*1970 :* 16), combustibles ; *de* (82) U.S.A. 292,5, Japon 25,5, Taï-wan 22, Canada 18,6, France 13,6, R.F.A. 11,3, P.-Bas 9.

HONDURAS

Carte p. 890. V. légende p. 787.

Nom. De l'espagnol *hondo*, « profond », remarque faite par Christophe Colomb à propos de la profondeur des eaux lors de son arrivée.

Situation. Amérique centrale. 112 088 km². *Alt. max.* Cerro Selaque 2 849 m (pays très montagneux). *Frontières* 1 336 km, avec Nicaragua 805, El Salvador 301, Guatemala 230. **Climat** tropical. *Côte atl.* (840 km) pluies abondantes (surtout juin-août et déc.-févr.). *Côte pacif.* (124 km) pluies mai à oct. *Intérieur* climat plus doux du fait de l'alt. *Temp.* régions centrales 15 à 20 °C ; côtes 20 à 40 °C.

Population. 4 370 000 h. (84). En % : Métis 89,9, Indiens 6,7, Noirs 2,1, Blancs 1,3. D. 38,9, pop. urbaine 39 %, pop. rurale 61 %. **Villes** (82) : *Tegucigalpa* 533 626 h., San Pedro Sula 334 623 (à 252 km), El Progresso 100 540, Danli 77 766, Choluteca 79 381 (à 134 km), La Ceiba 93 642 (à 350 km). **Émigration** *définitive ou semi-déf.* (en 75) : 45 000 aux U.S.A., Mexique, El Salvador. **Immigration** (en 75) : 32 296, Salvador 18 128, U.S.A. 3 656 (cadres des Cies amér.), Nicaragua 1 426, Guatemala 1 418, Cuba 899, Espagne 751, Costa Rica 731, Panama 655, Asie 493, Syrie et Liban 376.

Langues. Espagnol *(off.)* 98 %, indien, bas-anglais sur la côte. **Religions.** Cath. 90 %, protest. 8 %.

Histoire. 1502 découvert par C. Colomb. **1523-25** conquête par Cristobal d'Olid y Alvarado. **1821** indépendant de l'Esp., membre de la Féd. d'Amér. centrale jusqu'au 5-11-1838. **1880** g. avec Guatemala. **Au début du XXᵉ s.** influence de 2 grandes Cies : la Guyamel Fruit appuie les libéraux et l'United Fruit les conservateurs ; puis les 2 Cies fusionnent. **1907** intervention amér. **1933-44** Tiburcio Carrias Pt se retire après un soulèvement. **1937** différend avec le Nicaragua. **1954** grève générale des ouvriers des bananeraies. **1955-61** crises (ouragans, baisse de la prod. bananière). **1957-63** seul gouv. constitutionnel (P. libéral), Pt Ramon Villeda Morales. **1963**-*3-10* coup d'État mil. (Gal Lopez Arellano). **1969**-*24-6* match de football avec El Salvador : incidents. -*14/18-7* g. avec El S. Env. 100 000 Salvadoriens regagnent El S. -*30-7* paix provisoire. **1971**-*6-6* Ramon Cruz élu Pt. **1972**-*4-12* coup d'État mil. : retour au pouvoir du Gal Oswaldo Lopez Arellano. Ass. suspendue. **1974**-*18/20-9* cyclone « Fifi », env. 10 000 †, dégâts 60 % du P.N.B. **1975**-*22-4* coup d'État : Pt Arellano, accusé de concussion, renversé, Cel Juan Melgar Castro (n. 26-6-30) Pt. **1978**-*7-8* coup d'État mil. : Pt Melgar déposé, impliqué dans affaire de drogue. **1981**-*29-11* Roberto Suazo Cordoba (n. 1928) élu Pt. **1982**-*5-7* attentat à Tegucigalpa contre 2 centrales électriques : 16 †. **1984**-*31-3* Gal Gustavo Alvarez Cdt en chef exilé. **1985**-*24-11* élect. 9 candidats dont 4 pour parti libéral et 3 pour parti national. 132 députés.

☞ De 1821 à 1981 (en 160 ans), le H. a connu 159 changements de gouv., 24 guerres avec un voisin et 260 révoltes armées.

Statut. *Rép. Constit.* de 1980. *Pt* José Azcona del Hoyo (n. 1933) élu 24-11-85 (pour 5 ans au suffr. univ.) dep. janv. 86. *Ass. lég.* le 29-11-81 : Libér. 44 s. (53 % des v.), Nation. 34 (41 %), PINU 3 (2,5), Dém.-chrét. 1 (1,8). 18 *départements.* **Fête nat.** : 15 sept. (indép.).

Partis. *P. national,* f. 1923, Pt Rafael Leonardo Callejas ; *P. libéral,* f. 1897, Pt Roberto Suazo Cordova (tous deux off. reconnus, conservateurs) ; *P. libéral* (aile gauche), 2 branches A.L.I.P.O., Pt Jorge Bueso Arias à San Pedro Sula et Carlos Roberto Reina à Tegucigalpa. *P. Innovation et Unité* (P.I.N.U.), f. 1970, Pt Miguel Andonie Fernandez (se déclare humaniste) ; *P. démocrate-chrétien,* f. 1968, Pt Hernan Corrales Padilla (opposition, progressiste) ; *P. communiste hond.,* f. 1954, autorisé 1981, Pt Rigoberto Padilla.

Économie

P.N.B. (84). 720 $ par h. **Pop. active** (% et entre par. part du P.N.B. en %) agr. 62 (28), ind. 12 (23), services 23 (46), mines 3 (3). *Chômage* : touche + ou − 50 % de la pop. **Inflation** (%). *1980* : 15,6 ; *81* : 10,2 ; *82* : 9,4 ; *83* : 8,9 ; *84* : 4,6. **Dette extérieure** (84) : 220 millions de F.

Agriculture. *Terres* (milliers d'ha, 81) : t. cult. 199, t. arables 1 565, pâturages 3 400, forêts 3 980, eaux 20, divers 2 045. *Production* (milliers de t, 82) canne à sucre 3 095, maïs 409, bananes 1 250 (83), café 86 (84), sorgho 49, tabac, riz, p. de terre, coton, ananas, palme. **Forêts.** 454 000 m³ (83). Bois d'œuvre et bois d'ébénisterie. **Élevage** (milliers de têtes, 82). Poulets 6 697, bovidés 2 253, porcs 711, chevaux et mules 301. **Pêche.** 5 023 t (82). Crevettes, langoustes, homards.

Mines. Plomb, zinc, argent, or, cuivre, fer, antimoine. **Industries.** Allumettes, tissus, construction. **Transports** (km). Routes 12 316 dont 1 681 goudronnées. Chemin de fer (voie étroite) 933. **Tourisme.** 157 715 vis. (82).

Commerce (millions de lempiras, 83). *Exportations* 1 334 *dont* bananes 406,3, café 302, bois 81, viande 72, sucre 56 ; *vers* U.S.A. 721, All. féd. 68,3, P.-Bas 29,2, Guatemala 56,6, Japon 79,3. *Importations* 1 608 *dont* mach. et équip. de transp. 296,6, prod. man. de base 378,7, prod. chim. 336,6, minéraux, fuel et lubrifiants 332,2, prod. man. 79 ; *de* U.S.A. 590,3, Venezuela 142,2, Japon 73,4, Guatemala 117,3, Trinité et Tobago 67,1.

Rang dans le monde (83). 9e bananes. 17e café.

HONG KONG

V. légende p. 787.

Nom. En cantonais « heung gong » (rade parfumée).

Situation. Asie (presqu'île de Kowloon et 237 îles sur la côte Sud de la Chine à 130 km de Canton). 1 067,43 km² (avec les eaux int. 2 903,5) dont Hong Kong et les îles adjacentes 78,94, Kowloon et l'île de Stonecutters 11,31, New Kowloon et les Nouveaux terr. **1898** 973,77. *Frontière* avec Chine 35,4 km. *Alt. max.* Tai Mo Shan 957 m. **Climat** sub-tropical et de mousson : mars-mai : chaud jour, froid nuit ; juin-août : chaud, pluies ; sept.-nov. : chaud jour, froid

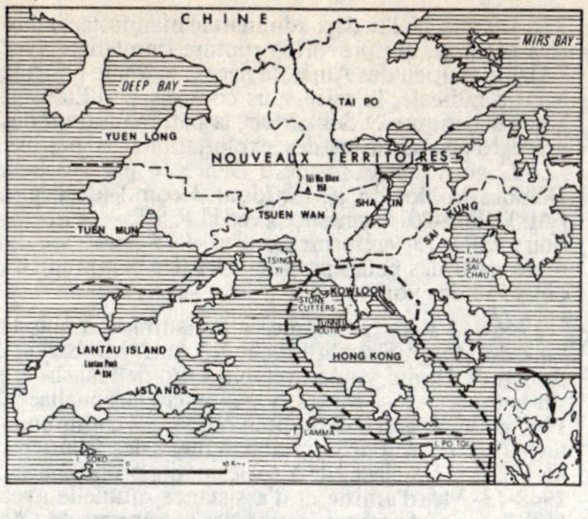

nuit ; déc.-févr. : frais, sec (15,9 à 18,6 °C). **Population.** *1845* : 23 817, *1861* : 119 321, *1881* : 160 420, *1901* : 368 987, *1931* : 840 473, *1941* : 1 640 000, *1961* : 3 129 648, *1981* : 4 986 560 (57 % nés à H.K.), *1986 (1-1)* : 5 466 900. 98 % d'origine chinoise. − *de 20 a.* 32,6 %. D. 5 121. *Répartition* (81) Hong Kong 1 183 621, Kowloon 799 123, New Kowloon 1 651 064, Nouveaux terr. 1 303 005, pop. vivant dans des jonques et des sampans 49 747. **Étrangers** (84) : Anglais 17 700 (+ 6 000 militaires), Indiens 15 200, Philippins 27 300, Américains 14 000, Malaisiens 9 400, Pakistanais 7 100, Australiens 7 800, Français 1 600. *De 1977 à 1980* : 392 300 immigrés illégaux (dont 180 400, ayant été arrêtés, furent rapatriés en Chine dep. 1980). *1985* : 9 577 réfugiés vietnamiens. **Capitale.** *Victoria* : 501 680 h. (76) dans l'île de H. K. **Langues.** Anglais et chinois *(off.)*. Cantonais, koklo, hakka, szevap, autres l. chin. **Religions.** Bouddhistes, taoïstes, chrétiens (10 % de la pop.), musulmans, juifs, hindous, sikhs.

Histoire. 1840 *févr. 1re g. de l'opium.* **1841**-*20-1* convention de Chuenpi, colonie brit. **1842**-*29-8* après la *g. de l'opium,* déclenchée pour défendre les intérêts de commerçants angl. (William Jardine, James Matheson), la Chine (tr. de Nankin) cède à perpétuité l'île de H. K. à la G.-B. **1843**-*26-6* colonie et port franc. **1850** (années) centre d'émigration vers U.S.A. et Australie (ruées vers l'or). **1856** 2e g. de l'opium. **1860** Convention de Pékin, la Ch. cède Kowloon et les îles Stonecutters. **1898**-*9-6* convention de Pékin, au -*1-7* location par la Chine des Nouveaux terr. pour 99 ans (jusqu'au 1-7-1997), l'entrée des résidents chinois munis d'un visa doit être libre. **1938** après la prise de Canton par les Jap., afflux de réfugiés. **1941**-*25-12*/**1945**-*1-8* occupation japonaise. **1946** interdiction de fumer de l'opium. **1949** afflux de réfugiés Ch. **1952** émeutes. **1967** émeutes. **1972** tunnel routier entre île de H. K. et Nouveaux terr. **1975** la reine Élizabeth, 1re souveraine brit. à se rendre à H. K. **1979-82** 2 lignes de métro construites entre H.K.-Kowloon et Nouveaux terr. **1981**-*20-10* Nationality Act adopté par le Parlement brit. (fait des habitants de H.K. des « citoyens d'un territoire dépendant de la G.-B. », sans droit de résidence en G.-B.). **1982**-*15-6* Deng Xiaoping déclare que la Chine veut retrouver sa souveraineté en 1997, crise de confiance : retrait de 6 milliards de $. *Sept.* ouverture des négociations entre Chine pop. et G.-B. Chute du $ de H.K. **1983**-*23-9* samedi noir : le $ U.S. vaut 9,50 $ H.K. **1984**-*13-1* émeutes (32 bl., 1 million de $ de dégâts). -*19-12* accord Chine et G.-B. : souveraineté chinoise sur H.K. le 1-7-1997 ; H.K. conservera un statut spécial pendant au moins 50 ans.

Statut. Colonie britannique. *Charte* de 1843. *Gouverneur* Sir Edward Youde dep. 82. *Conseil exécutif* 4 m. d'office, 10 nommés. *Conseil lég.* 56 m. (dont 3 d'office, 7 nommés, 22 désignés, 24 élus). **Partis** : Reform Club, Civic Association, communiste, Kouomintang.

Économie

P.N.B. (85) 4 213 $ par h. **Pop. active** (% et entre par. part du P.N.B. en %). Agr. 3 (0,7), ind. 50 (30,7), services 47 (68,6). **Inflation** (%). *1980* : 15,9 ; *81* : 14,1 ; *82* : 10,5 ; *83* : 9,9 ; *84* : 8,2. **Taux de croissance** (%). *1981* : 11 ; *82* : 2,4 ; *83* : 5,1 ; *84* : 9,6 ; *85* (est.) : 4. *Chômage. 1981* : 4,1 % ; *82* : 4 % ; *83* : 4,1 % ; *84* : 3,8 % ; *85* : 3,4 %.

Agriculture. *Terres* (km², 84) : constructions 174, bois 125, pelouses et taillis 625, terres arables 75, piscicultures 21, marécages 1, divers 46. *Production* (t, 84) légumes 159 000, fleurs 775 540 (unités), fruits 2 491. 100 % du riz est importé. 45 % des aliments viennent de Chine. **Élevage** (milliers de têtes, 84). Poulets 14 244, canards 4 559, cailles 14 630, porcs 560, pigeons 2 822, bovins 0,5. **Pêche.** 199 700 t (84).

Mines. Kaolin, quartz, feldspath. **Eau** (millions de m³). 17 réservoirs, stockée 586 (dont Plover Cove 230, High Island 280) ; fournie par Chine 290 (prév. pour 1995 : 620).

Industries. Textile (41 % de la pop. active ind.), électronique, photo, horlogerie, bijouterie, mat. plastiques, jouets, caoutchouc, constr. nav., chaussures.

Transports (km, 85). Routes 1 323, tramway 30,4 (84), chemin de fer 34 (84). **Tourisme.** 3 443 000 vis. (85).

Place financière. En 1985, 140 banques, 341 sociétés financières. Blanchit les fonds de la drogue. La Chine possède : antenne commerciale, banques, Cies d'assurances, entreprises. Port franc.

Commerce (millions de $ HK, 85). *Exportations* 129 900 *dont* vêtements 44 900, montres et horloges 9 200, textiles 7 800, jouets en plastique et poupées 7 000, équip. de télécom. 4 600 ; *vers* U.S.A. 57 700, Chine 15 200, G.-B. 8 500, All. féd. 8 000, Japon 4 500. *Ré-exportations* 105 300 *dont* mat. 1res 42 800, prod. de consom. 38 400, Capital Goods 18 600, prod. alim. 5 100 ; *vers* Chine 46 000, U.S.A. 14 700, Japon 5 500, Singapour 4 400, Taïwan 4 300. *Importations* 231 400 *dont* mat. 1res 97 400, prod. de consom. 66 700, Capital Goods 36 200, prod. alim. 20 800 ; *de* Chine 59 000, Japon 53 300, U.S.A. 21 900, Taïwan 20 900, Singapour 11 300.

Balance commerciale (millions de $). *1982* : − 3,9 ; *83* : − 66,5 ; *84* : − 78,3.

Nota. − Hong Kong achète en Ch. nourriture, matières premières (notamment sable, ciment) et eau. Vend les produits du monde capitaliste. Les excédents commerciaux chinois sont en dépôt ($ H.K.) dans 13 banques chinoises, notamment la Banque pop. de Chine. La plupart des opérations commerciales avec la Chine s'y négocient.

HONGRIE

Carte p. 894. V. légende p. 787.

Situation. Europe. 93 036 km² (long. 528 km, larg. 268). *Frontières* 2 242 km (avec Yougoslavie 631 km, Tchéc. 608, Roumanie 432, Autriche 356, U.R.S.S. 215). *Alt. max.* Mt Kékes (massif de la Mátra) 1 015 m ; *min.* 78 m au-dessus du niv. de la mer. **Régions** d'O. en E. : petite plaine (Kisalföld), Dorsale hongroise (300 km S.-O./N.-E., monts Bakony, Pilis, Mátra, etc.) ; Transdanubie (à l'O. du Danube ; plaines, collines peu élevées et petits massifs) ; grande plaine (Nagyalföld, ½ de la surface du pays) à l'E. du Danube, entre le Dan. et la Tisza sablonneuse, à l'E. de la Tisza limoneuse. **Fleuves** (entre par., long. totale) : Danube 417 km en H. (2 850) (dans la région de Baja sur 150 km, il se sépare en 2 bras et a de 20 à 30 km de large), Tisza 600 km (977) (XIXe s., raccourci de 450 km en coupant 120 méandres, construction de digues protégeant 3 000 000 ha de terres arables), Drave 143 km. **Eaux thermales** : env. 500 sources à 35 °C ; au S. de la Transtisza 80 à 90 °C ; 500 000 m² de serres chauffés à l'eau th. **Lac** *le plus grand* : Balaton 596 km² (77 × 8 à 14 km). **Climat** continental : temp. moy. 1961-70 11,2 °C, max. 36,7 °C (− 2,1 °C à Budapest en janv., 21,2 °C en juill.) ; ensoleillement moy. 1961-70 1 975 h ; pluies 500 à 900 mm.

Population. 10 658 000 h. (85) dont (en %) − *de 15 a.* 23,1 h., 20,5 f., + *de 60 a.* 15,1 h., 20,3 f. (*en 1869* : 5 011 310, *1910* : 7 612 114, *1941* : 9 316 076). Magyars 92,3 %, Tsiganes 3,7 (350 000 à 500 000), Allemands 2, Slaves du Sud (Serbes, Croates, Slovènes) 0,9, Slovaques 0,9, Roumains 0,2, D. 115, mais 3 931 à Budapest. Pop. urb. 56,4 %. **Villes (84)** : *Budapest* 2 072 000 h., Miskolc 211 390 (à 185 km), Debrecen 206 393 (à 229 km), Szeged 176 150 (à 170 km), Pécs 174 379 (à 202 km), Gyor 127 613 (à 128 km). **Pop. active (84)** : 4 940 000 dont agriculteurs 1 072 000, ind. 1 907 800, services 1 960 200.

Nota. − 3,5 à 4 millions de pers. d'origine hongr. vivent à l'étranger dont env. 1 500 000 en Roumanie (Transylvanie), 700 000 aux U.S.A., 400 000 en All. féd., 3 500 en France, le reste en Yougoslavie, Tchécoslovaquie, Canada, U.R.S.S., Autriche.

Langues. En % (rec. 70) : hongrois *(off.)* 98,5 [l. d'origine asiatique (ouralienne) du même groupe que le finnois (finno-ougrien), dont elle s'est séparée v. 500 av. J.-C. ; les parlers les plus voisins se rencontrent en Sibérie, dans le bassin de l'Ob (vogoul et ostiak, l. ob-ougriennes) ; hongrois (du turc *onogour*)

signifie « dix tribus d'archers »], allemand 0,4, roumain 0,3, croate 0,3, slovaque 0,2.

Religions. En % : cath. romains 65, calvinistes 25, luthériens 8, orthodoxes 0,4, israélites 1 (*1939* : 825 000 j. ; 600 000 exterminés ; *1980* : 80 000 à 100 000), grecs unis 0,6. Après un accord (19-9-64), le pape nomme 2 archevêques, des évêques et administrateurs apostoliques, qui, avec les précédents, prêtent serment à la Rép. pop. Dep. l'accord de 1975, tous les postes sont pourvus. Il reste 2 800 religieux et religieuses (1949 : 13 000).

Histoire

Province romaine (Pannonie et Dacie) envahie v. **896** par Magyars (langue finno-ougrienne), expansion arrêtée **955** à Augsbourg par l'emp. Othon. *St Étienne Ier*, roi (1000-38), convertit Hongrois. **1308** après invasion des Tartares (1241-42), maison d'Anjou remplace Árpádiens (descendants du prince Árpád). Charles Robert (1308-42) cherche l'alliance de Bohême et Pologne, unies avec la dernière femme de Louis Ier le Grand (1342-82). Sa fille Marie d'Anjou apporte H. et Bohême à Sigismond de Luxembourg (roi de H. 1387-1437, roi de Bohême en 1419, emp. depuis 1433). **1396** g. défensive contre Turcs, le régent János Hunyadi (1387-1456) les arrête à Belgrade (1456) ; son fils, Mathias Corvin (1440-90), élu roi (1458-90). **1490-1526** rois Jagellons. **1526**-*29-8* défaite de Mohács : Louis II Jagellon, tué. 2 rois élus : János Zápolya (voïvode de Transylvanie) et Ferdinand de Habsbourg (archiduc d'Autr.). Le centre de la H. devient province turque pour 150 ans, Buda. occupée en **1541** ; l'E. et la Transylvanie deviennent principauté quasi indépendante sous les princes hongrois (István Báthori, **1576** élu roi de Pologne, Gábor Bethlen, György Rákóczi, etc.) ; l'O. et N. restent aux Habsbourg. **1686** Léopold Ier de Habsbourg reprend Buda. **1688** Diète de Presbourg rend aux Habsbourg couronne héréditaire de H. **1691** Transylvanie perd son indép. relative (*Diploma Leopoldinum*). **1703-11** guerre d'indépendance [le Pce Ferenc II Rákóczi, chef du mouvement, allié de Louis XIV, émigrera en Fr. († en Turquie)] matée par Autr. **1718** tr. de Požarevac : Banat rendu à H. ; H. autrichienne entièrement réunifiée. **Début XIXe s.** mouvements nationaux et réformateurs avec István Széchenyi et Lajos (Louis) Kossuth. **1848**-*15-3* soulèvement dans la capitale, Kossuth impose à Diète égalité fiscale et abolition des charges féodales contre indemnité. *-11-4* Autr. reconnaît H. comme roy. unit., parlem. démocr. *Automne* Autr. attaque la H., Kossuth résiste. **1849**-*4-4* roi détrôné. *Été* intervention russe. *-13-8* g. d'indép. échoue. **1849-67** répression sanglante. **1867-1918** régime dualiste : emp. d'Autr.-H. **1914** participe à la g. aux côtés de l'All.

1918-*16-11* rép., Cte Mihály (Michel) Károlyi (1875-1955), Pt démissionne. le 21-3-1919 à cause des amputations prévues pour H. (la H. amputée de plus des 2/3 passe de 20 855 000 à 7 615 000 h., 13 000 000 dont 3 000 000 de H. vivant dans les terr. annexés par d'autres, au profit principalement de Roumanie et Tchéc.). **1919**-*21-3* le P. communiste, qui a fusionné avec le P. socialiste démocrate, crée la Rép. hongr. des soviets dirigée par Béla Kun (1886-1937), qui dure 133 j : lutte avec Roumains et Tchèques qui occupent terr. enlevés par Alliés. **1920**-*1-3* l'amiral Horthy (protestant, 1868-1957) élu régent par l'Ass. nat. *-10-8* tr. de Trianon, consacrant démembrement. **1921** *mars-oct.* Charles IV essaie de reprendre son trône. **1938** *après Munich*, la H., alliée de l'Axe, obtient la partie hongr. de Slovaquie et Transylvanie (1938-40, 1er et 2e arbitrage de Vienne) et participe **1941**-*26-6* à la g. contre U.R.S.S., puis contre G.-B. et U.S.A. **1944**-*17-3* ultimatum all. accepté par Horthy. *-19-3* occup. all. *-15-9* Horthy demande armistice à U.R.S.S. Emmené en captivité par All. Proclamation du régime des « croix fléchées » (fascistes dirigés par Ferenc Szálasi), terreur. *-15-10* décl. de g. à l'All. *-21-12* à Debrecen, 226 dép. adoptent le manifeste, élaboré à Moscou, qui prévoit la rupture immédiate avec l'All., le soutien des Alliés, la nécessité d'une réforme agraire radicale, la mise sous contrôle de l'État des grandes banques et des cartels, la nationalisation des usines d'électricité et des exploitations de pétrole. *-22-12* gouv. prov. formé à Debrecen par Gal Béla Dálnoki Miklós de 12 m. (dont 3 com.) (décl. g. à l'All.). **1945**-*20-1* armistice avec U.R.S.S. *-4-4* libération totale. *-13-9* réforme agraire. *-4-11* élect. : victoire du parti des petits propriétaires (les communistes ont 17 % des voix).

1946-*1-2* Rép. (proclamée à l'unanimité moins la voix de Margit Slachta proche du card. Mindszenty primat de H. qui voulait rétablir Otto de Habsbourg sur le trône). *-26-6* mines et assurances nationalisées. **1947** prise progressive du pouvoir par les communistes. *-10-2 tr. de Paris* : rétablissement des frontières de 1920. *-31-8* élect., défaite des petits propriétaires. **1948**-*13-2* tr. d'amitié et d'assistance mutuelle avec U.R.S.S. *-29-4* nationalisation des entreprises de + de 100 ouvriers. *-12-6* fusion du Parti social dém. et du PC dans le P. des travailleurs hong. *-19-12* arrestation du cardinal Mindszenty accusé de complot et d'espionnage. **1949**-*8-2* Mindszenty condamné à la prison à vie. Le P.C. prend la direction du Front pop. patriotique rassemblant aussi P. des petits prop. et P. nat. paysan. *-15-5* élect. : 1 seule liste (celle du Front) 95,1 % des voix, le P.C. a 270 s. sur 395. *-18-8* nouv. Constitution : la H. devient une Rép. pop. *-24-9* László Rajk (ancien min. des Aff. étr., puis de l'Intérieur) exécuté pour complot titiste. **1950** Pt Szakasitz doit démissionner pour raisons de santé. **1951** János Kádár, accusé de titisme, torturé et condamné à la réclusion à perpétuité. **1952**-*14-8* gouv. Mátyás Rákosi (1892-1971). **1953**-*4-7* gouv. Nagy. **1954** Kádár réhabilité. **1955**-*18-5* Imre Nagy (exclu du Comité central du P.C.) remplacé par András Hegedüs. *Juill.* Mindszenty en résidence surveillée. *-14-12* H. entre à l'O.N.U.

1956-*29-3* Rajk réhabilité. *-21-7* Ernő Gerő (n. 1898) remplace Rákosi à la direction du parti. *-23-10* manif. pacifique de solidarité avec les Polonais (Poznan). Slogans rapidement hostiles au gouvernement et à l'U.R.S.S. Tirs le soir devant la maison de la radio où la foule veut faire diffuser ses revendications. Les manifestants s'arment sauf la police politique (A.V.H.), police et armée restent neutres ou se rangent du côté de l'émeute. Statue de Staline renversée près du « Bois de Ville ». Dans la nuit, la direction du parti appelle Imre Nagy à la tête du gouv. (retour réclamé par intellectuels) et demande l'aide des troupes soviét. pour rétablir l'ordre. *-24-10* 1re intervention armée de l'U.R.S.S. Mikoyan et Souslov (2 m. du Politburo), arrivent à Budapest. Les insurgés tiennent plusieurs quartiers. Le gouv. promet l'amnistie à ceux qui déposeraient les armes avant 14 h., heure d'entrée en vigueur de la loi martiale. Délai sans cesse repoussé. *-25-10* tirs de l'A.V.H. sur la foule devant le Parlement. Les Soviét. rendent Gerő (qui démissionne) responsable de la crise. János Kádár est élu 1er Secrét. du Parti. *26-10* Nagy reconnaît, comme légitime, l'existence du retrait des troupes soviét. et annonce la constitution d'un gouv. comprenant des sans-parti. Formation dans plusieurs régions du pays de Comités révolutionnaires et de Conseils ouvriers. *-27-10* les insurgés demandent le départ des ministres compromis dans la période stalinienne. Nagy s'oppose à une opération militaire visant à l'écrasement armé de l'insurrection en menaçant de démissionner. *-28-10* le journal du parti publie un éditorial, inspiré par les amis de Nagy, qualifiant le soulèvement de « mouvement démocratique national ». Nagy proclame un cessez-le-feu général et annonce le départ des troupes soviét. de Budapest. La direction du parti est confiée à un présidium de 6 membres dont Nagy et Kádár. *-29-10* généralisation des Comités révol. et des Conseils ouvriers. *-30-10* le présidium du parti accepte la restauration du multipartisme proposée par le conseil des min. Le parti est dissous et un comité provisoire d'organisation d'un nouveau parti (dont Kádár et Nagy sont membres) est créé. Nagy annonce le remaniement de son cabinet et le retour à la formule de coalition de 1945, tandis que les anciens partis se reconstituent. Le gouv. soviét., dans une déclaration officielle, reconnaît « l'égalité complète des droits entre pays socialistes et la non-immixtion dans les affaires intérieures des autres pays ». Les insurgés occupent le siège du comité du parti de Budapest (atrocités). Libération du cardinal Mindszenty. Formation d'un conseil révol. de l'armée pop. hongr. *-31-10* projet de garde nationale visant à intégrer les éléments insurgés armés. Nagy annonce que les négociations sont engagées pour le départ des troupes soviét. de H. et son retrait du pacte de Varsovie. *-1-11* constatant le renforcement des unités soviet. à l'est du pays, Nagy proclame la neutralité de la H. et son retrait du pacte de Varsovie. Kádár annonce à la radio la formation du nouveau P.C., déclare « nous sommes au carrefour du socialisme et du capitalisme » et quitte secrètement Budapest. *-2-11* nouveau gouv. Nagy avec représentants des anciens partis. Khrouchtchev entreprend de réunir l'accord des dirigeants des autres pays socialistes, notamment Tito, pour une intervention armée. *-3-11* discours du cardinal Mindszenty qui refuse de reconnaître le gouv. Nagy. Tard le soir, le Gal Pál Maléter, min. de la Défense, est arrêté lors de négociations avec les Russes. *-4-11* les troupes soviét. entrent en action. Nagy se réfugie à l'ambassade de Yougoslavie et Mindszenty à celle des U.S.A. Kádár annonce à la radio la formation d'un « gouv. révolutionnaire ouvrier et paysan » qui a demandé l'aide de l'U.R.S.S. *-12-11* insurrection armée écrasée. Arrestations massives. *-13-11* formation du Conseil ouvrier du Grand Budapest. Grève générale. *-21-11* Nagy et son entourage emmenés en captivité en Roumanie. *-11-12* arrestation des dirigeants ouvriers. **1957** le calme revient. *Bilan* : 2 500 à 13 000 †, suivant sources, 200 000 émigrés. Nombreuses condamnations. *-28-3* tr. H.-U.R.S.S. sur le « stationnement provisoire » des troupes soviét. et aide écon. **1958**-*28-1* Münnich Pt, Kádár reste 1er secr. du parti. *-16-7* Nagy, Gal Maléter et journaliste Miklós Gimes pendus (après procès secret). **1962** *mars* achèvement de la collectivisation agricole. **1963**-*22-3* amnistie partielle. **1964**-*15-9* accord avec Vatican ; pape nomme 5 évêques. **1968**-*1-1* réforme écon. (réhabilitation des mécanismes de marché, autonomie des entreprises, tendance à restaurer la vérité des prix, régulation de l'économie par le plan par l'intermédiaire de moyens écon. « indirects » tels que taxes, subventions, taux d'intérêts, etc.).

1971-*28-9* Cal Mindszenty, réfugié à l'amb. des États-Unis dep. 1956, quitte la H. **1972** *avril* Constit. modifiée. **1974** *févr.* le Vatican retire titre de primat au Cal Mindszenty († en 1975). **1974-75** croissance des dotations de soutien aux prix à la consommation. Subventions à la consommation des matières 1res. **1976** Mgr Lékai archev. d'Esztergom et primat de H. **1977** rencontre Paul VI-Kádár au Vatican. **1978**-*6-1* Cyrus Vance (secr. d'État amér.) remet à H. couronne de St Étienne, symbole de la H. (gardée dep. 32 ans à Fort Knox). Rapports tendus avec Roumanie au sujet des Magyars de Transylvanie. *-15/17-11* János Kádár en France. **1979-80** relance de la réforme éco. ; système des prix « compétitifs » pour s'aligner sur prix internat. **1980** congrès du parti accordant priorité au redressement des comptes extérieurs. Politique d'austérité limitant pouvoir d'achat des entreprises et ménages. **1981** mise en gestion privée de commerces et restaurants d'État. Dissociation des trusts industriels en unités plus petites. *Oct.* unification des cours du forint commercial et non-commercial. **1982** semaine de 42 h. Encouragements à créer de petites entreprises. Importants retraits de fonds de banques étr. (baisse des réserves en devises). *-7 au 9-7* Pt Mitterrand en H. **1983** sécheresse (200 millions $ de pertes dans les exp. agro-alim.). **1984** création de conseils d'entreprises responsables de la gestion avec participation des salariés, séparation des fonctions de régulation et de crédit au sein de la Banque nat., instauration de « prix de marché », différenciation des salaires, réduction de l'endettement. *-15-10* János Kádár à Paris. **1985**-*8/22-6* élect. législatives (pour la 1re fois multiplicité des candidatures) : 762 cand. (dont 71 non « recommandés » par le Front pop. patriotique) pour 387 s. ; 25 non « recommandés » élus.

Politique

Statut. Rép. pop., membre du C.A.E.M. et du pacte de Varsovie. *Const.* du 18-8-1949, révisée en avril 72 et déc. 83. Une *Ass. nat.* (386 m. élus au suffrage universel pour 5 ans) élit pour 5 ans un *praesidium* (conseil de présidence de la Rép.) de 21 m. (qui siège pendant les vacances parlementaires et est collectivement le chef de l'État) et le *Conseil des min. 1er secrétaire* du Comité central du P.S. ouvrier (communiste) János Kádár (26-5-1912) dep. 25-10-1956. *Affaires étrangères* Péter Varkonyi (1931). Le *P.S. ouvrier hongrois* (MSZMP), qui a succédé en nov. 1956 au P. des travailleurs soc. hongrois (f. 1948), détient la réalité du pouvoir (862 000 m., fin 1983). Son organisme pour la jeunesse (KISZ) a 875 000 m. de 15 à 30 ans. Union des pionniers hongr. (7 à 14 ans) 1,5 million (fin 1983) (+ de 95 % des écoliers).

19 *départements ruraux* : le + grand (8 363 km²) celui de Bács-Kiskun, le + petit (2 250 km²) Komárom et 6 *départements urbains*.

Élection *(députés et conseillers d'arrondissement et municipaux)* : choix possible entre une ou plusieurs personnes de la liste unique des candidats. *Élection* *du 8-6-81 :* Front populaire patriotique 99,3 % des voix. 102 membres sur 352 ne sont pas membres du Parti. A partir de 1985, pluralité de candidatures obligatoires dans les circonscriptions parlementaires et aux scrutins locaux. Liste unique de 30 à 35 « sages » élus au plan nat.

Fêtes nationales : 4 avril (fête de la Libération), 20 août (fête de la Constitution de 1949, à l'origine fête de saint Étienne).

Présidents et Régents. 1918 Cte Mihály Károlyi (Pt) (1875-1955). **19** Archiduc Josef (Rt) (1872-1962). **20** Amiral Miklós Horthy (Rt) (1868-1957). **44** Ferenc Szalasi (Rt) (1897-1946). **46** Zoltán Tildy (Pt) (1889-1961). **48** Arpád Szakasits (Pt) (1888-1965). **50** Sandor Rónai (Pt) (1892-1965). **52** István Dobi (Pt) (1898-1968). **67** (14-4) Pál Losonczi (18-9-1919).

Premiers ministres. 1918 *31-10* Mihály Károlyi (1875-1955). **19** *11-1* Dénes Berinkey (1871-1948). *21-3* Sándor Garbai (1879-1947) *(Commissaire du peuple). 5-3* Cte Gyula Károlyi (1871-1947) *(Chef du Gouvernement contre-révolutionnaire d'ARAD). 1-8* Gyula Peidl. *7-8* István Friedrich (1883-1951). *24-11* Károly Huszár (1882-1941). **20** *15-3* Sándor Simonyi-Semadam (1864-1946). *19-7* Cte Pál Teleki (1879-1941). **21** *14-4* Cte István Bethlen (1874-1947). **31** *24-8* Cte Gyula Károlyi (1871-1947). **32** *1-10* Gyula Gömbös († 6-10-1935). **36** *12-10* Kálmán Darányi (1886-1939). **38** *14-5* Béla Imrédy (1891-1946). **39** *16-2* Cte Pál Teleki (1879-1941). **41** *3-4* László Bárdossy (1890-1946). **42** *9-3* Miklós Kállay (1887-1967). **44** *22-3* Döme Sztójav (1883-1946). *29-8* Gal Géza Lakatos (1890-1967). *22-12* Béla-Miklós Dálnoky (1890-1948). **45** *15-11* Zoltán Tildy (1889-1961). **46** *4-2* Ferenc Nagy (n. 1903). **47** *31-5* Lajos Dinnyés (1901-1961). **48** *10-12* István Dobi (1898-1968). **52** *14-8* Mátyás Rákosi (1892-1969). **53** *4-7* Imre Nagy (1896-1958, exécuté). **55** *18-4* András Hegedüs (n. 1922). **56** *24-10* Imre Nagy (1896-1958). *4-11* János Kádár (n. 1912). **58** *28-1* Ferenc Münnich (1886-1967). **61** *13-9* János Kádár (n. 1912). **65** *30-6* Gyula Kállai (1887-1967). **67** *14-4* Jenö Fock (n. 1916). **75** *15-5* György Lázár (15-9-1924).

Économie

P.N.B. (84) 2 250 $ par h. (sous-évaluation probable). **Pop. active** (% et entre par. part du P.N.B. en %). Agr. 15 (15), ind. 35 (35), services 45 (45), mines 5 (5). **Inflation** (%). *79 :* 8,9 ; *80 :* 9,1 ; *81 :* 4,6 ; *82 :* 7,1 ; *83 :* 7,9 ; *84 :* 8,5 ; *85 :* 8,3. **Dette ext.** *1986 :* 9,7 milliards de $. **Répartition du revenu** (%, 1983). *National :* secteur d'État 67,4, coopératif 23,1. *Exploitations agricoles :* auxiliaires 4,4, secteur privé 5,1.

Seul pays de l'Est membre du F.M.I. (dep. 1982). Secret des dépôts en devises étr., intérêts versés exonérés d'impôt.

● **Secteur privé.** Plusieurs formules juridiques ouvertes avec avantages fiscaux, facilités bancaires, priorités dans la vente de matériels. *Agriculture privée* avec 11,9 % des terres assure 33,7 % de la valeur de la production brute dont plus de 50 % de la production nationale de fruits et légumes, 50 % du cheptel bovin. *Bâtiments et travaux publics :* secteur privé 13,4 % de l'activité. *Commerce et artisanat* (83) 131 500 artisans enregistrés dont 76 200 à titre principal (+ 30 000 employés et apprentis).

Le secteur privé au sens large (y compris les exploitations agricoles « complémentaires » des membres des coopératives agricoles ou « auxiliaires » des autres salariés) représente 10 % du revenu national comptabilisé. 3/4 des actifs participent à la seconde économie, pour une activité globale équivalant à 1/6 de la consommation totale.

● **Agriculture.** *Terres* (%, 83) : t. non cult. 11,1, forêts 17,5, S.A.U. 71,4 dont t. arables 50,3, vignobles 1,7, vergers et jardins 4,9, prairies et pâturages 13,7. *Production* (millions de t, 84). Blé 7,3, maïs 6,7, bett. à sucre 4,4, p. de terre 1,6, orge 1 (83), raisins 0,9, fruits 1,4. **Forêts** 7,9 millions de m^3.

Structure (1983, % de la superficie agricole utilisée et, entre parenthèses, part de la production brute en %) : 129 fermes d'État : 15,2 (15,4) ; 1 399 coop. d'exploitation agr. : 70,5 (50,8) ; 600 000 expl. auxiliaires : 4,8 (18,6) ; 790 000 expl. individuelles : 7,1 (15,1). **Balance agricole et alim.** (82). + 1 600 millions de $.

Élevage (millions de têtes, 83). Poulets 59,2, porcs 9,8, ovins 3, bovins 1,9, oies 1, canards 2,1, dindes 1. **Pêche.** 43 857 t (83).

● **Énergie** (millions de t, 84). *Charbon* 25. *Lignite* 8. *Pétrole* 2. *Gaz* 6,9 milliards de m^3. **Hydroélectricité.** Barrage de Nagymaros (centrale 160 MW) construit avec Tchéc. (centrale tch. à Gabolkovo sur le Danube en constr.). **Mines** (millions de t, 83). *Fer* 0,4. *Bauxite* 2,9.

● **Industrie.** Fonte cuite, acier, alumine, machines-outils, camions, autobus, engrais azotés, superphosphates, acide sulfurique, tissus de coton, tissus de lamé, ciment. **Structure** (83) (production et main-d'œuvre employée entre parenthèses, en %) : entreprise d'État 92 (81), coopérative 5 (13), nouvelles petites entr. non privées 0,5 (3), entr. privées 1,5 (4). *Commerce* (83). 26 682 commerces (y compris restaurants) d'État, 28 746 coopératifs (dont 9 059 commerces en gérances privées), et 19 293 privés.

Transports (km, 83). Routes 29 690. Ch. de fer 13 323 (dont doubles voies 1 119, électrifiées 1 704). Voies navigables 1 373 (dont permanentes 1 124). Pipes-lines 6 155.

Tourisme (85) 16 millions d'entrées, 5,4 millions de sorties en 84 (excédent en devises convertibles : 170 millions de $).

Commerce (milliards de forints, 84). *Exportations* 414 *dont* mach. et équip. de transport 25, prod. alim. 23, prod. énergétiques 8, matières semi-prod. et pièces détachées 30, biens de cons. 14 ; *vers* (%, 83) pays socialistes 54 : U.R.S.S. 34,5, All. dém. 6, Tchéc. 5, Pologne 4 ; p. capitalistes développés 33 : All. féd. 7,5, Autriche 4,5, Italie 3,5, France 1,5 ; pays en voie de dévelop. 13 : Irak 2, Iran 2. *Importations* 390 *dont* mach. et équip. de transp. 15,5, prod. alim. 7,5, prod. énergétiques 21,5, matières semi-prod., pièces détachées 46, biens de cons. 10 ; *de* (%, 83) pays soc. 52,5 : U.R.S.S. 28,5, All. dém. 6,5, Tchéc. 5, Pologne 4,5 ; pays capit. dévelop. 34,5 : All. féd. 10,5, Autriche 4,5, Italie 2,5, France 2 ; pays en voie de dévelop. : Libye 4, Iran 2,5. *Balances en devises* (solde en millions de $) : *78 :* – 926, *79 :* – 91 ; *80 :* + 222 ; *81 :* + 258 ; *82 :* + 400 ; *83 :* + 810 ; *84 :* + 600.

Nota. — Le commerce extérieur est monopole d'État, mais dep. 1968 des entreprises peuvent négocier directement avec des partenaires étrangers. % *du commerce mondial* (82) : saucissons 20, foie gras d'oie 35, bières 25, pommes 12, paprika 12, volailles et porcs 10, ovidés 10, huile de tournesol 7.

Rang dans le monde (83). 8e bauxite (82). 10e maïs, pommes. 13e blé. 14e lignite. 15e poires. 17e raisin.

INDE

Carte p. 899. V. légende p. 787.

Situation. Asie. 3 276 141 km^2. N.-S. 3 214 km, E.-O. 2 977 km. *Frontières* 15 168 km avec : Birmanie 1 539, Bangladesh 3 950 (entourés par le territoire indien), Chine 3 862, Bhoutan 955, Népal 4 390, Pakistan 2 966. Séparée du Sri Lanka par le golfe de Manaar et le détroit de Palk. *Côtes* 5 686 km.

Zones : Himalaya (long. 2 400 km, larg. 240 à 320 km, 14 pics de + de 8 000 m) ; **plaine indo-gangétique** [bassin de l'Indus : 2 414 km du N. au S., larg. max. 320 km (occupé en grande partie par Pakistan) ; alimenté par neiges de l'Himalaya ; s'appauvrit en descendant désert du Sind. Bassin du Gange (à l'O.) et du Brahmapoutre (à l'E., occupé en partie par Bangladesh) : 3 200 km de l'E. à l'O. ; régime : alimentés par moussons ; Gange : 15 000 m^3/s en moy., 75 000 m^3/s en crue, 8 000 m^3/s en période de sécheresse ; Brahmapoutre : ne descend jamais au-dessous de 15 000 m^3/s, à cause des neiges)] ; **plateau du Deccan** séparé de plaine indo-g. par collines (500 à 1 300 m) et flanqué par Ghâts (escaliers, c-à-d. hauteurs en terrasses), orientaux (610 m) et occidentaux (915 à 2 440 m) [1/3 du plateau (600 000 km, à l'O.) formé de coulées basaltiques, les steppes du D.] ; îles Laquedives (mer d'Oman), Andaman et Nicobar (g. du Bengale). *Alt. max.* Kanchenjunga 8 603 m.

Climat. *Vents dominants :* en août et sept. Moussons (V. Index). *8 régions climatiques : Rajasthan* et *Uttar* (désert du *Thar*) : arides, sans moussons (steppe poussiéreuse) (50 °C en juin, 9 °C en janv.). *Pendjab* et *seuil de Delhi* (queue de la mousson du Bengale) : pluies 500 à 700 mm p. an, été chaud (Delhi 35 °C), hiver tiède (15 °C avec des minima de – 4°). *Cachemire et vallées himalayennes :* climat de montagne (hiver froid, été doux), neige nov. à avril. *Gange moyen, Bengale, Assam et Orissa :* touchés par mousson du Bengale, pluviosité forte (Tcherrapounji en Assam, 11,419 m d'eau par an ; temp. max. juin 20,1 °C, min. janv. 11,7 °C). *Deccan central* (isolé de la mousson de l'océan Indien occidental par chaîne côtière ; végétation : jungle médiocre, avec bambous et hautes herbes) ; temp. élevées même en hiver (Hyderabad 21 °C en janvier), 500 à 800 mm d'eau par an ; Mysore, climat doux toute l'année ; dépression de Bellary (temp. max. mai 38 °C, min. déc. 29 °C), plateau de Coimbatore, semi-aride. *Région de Madras* (Tamil Nadu) : été chaud et long (temp. max. 37 °C en juin ; min. 28 °C en déc.), max. pluvios. en fin de mousson (mini-mousson de l'océan Indien oriental : 308 mm en nov.). *Kerala :* climat subéquatorial (végétation : palmiers, cocotiers, hévéas ; en montagne : teck, santal), pluies abondantes toute l'année, sauf en janv. (Cochin 3 m d'eau en 3 mois, de juin à août) ; région des Ghâts : 5 à 6 m d'eau par an (Ghâts de l'O. 3 à 6 m). *Côte O. du Deccan* (de Goa au N. de Bombay) : pluies de juin à nov. (mousson de l'o. Indien occidental : 2 m à Bombay), temp. élevées (24 °C en janvier, 30 °C en avril, 26 °C en juillet) ; Gujarat sec et chaud (34,7 °C moyenne à Ahmedabad ; faibles pluies en juillet et août, la mer d'Oman échappant au mécanisme des moussons).

Le Gange est-il pollué ?

Le Gange est pour les Hindouistes un symbole de pureté et un lieu de purification. Chaque année, 6 000 000 de personnes s'y baignent, car le fleuve a la vertu de guérir tous les maux physiques et moraux. Les Hindous orthodoxes ne boivent que l'eau du Gange. Mais il est pollué : les usines y déversent leurs détritus, les villes leurs déchets. Enfin le Gange est un cimetière. Chaque année, les restes de 35 000 corps y sont immergés après avoir été incinérés, mais on y jette beaucoup de cadavres à demi consumés.

Démographie

Population. *1901 :* env. 238 396 327, *1931 :* 278 977 238, *1947 :* 328 000 000, *1951 :* 361 088 090, *1961 :* 439 234 771, *1971 :* 548 159 652, *1981 :* 685 184 692, *1983 :* 732 260 000, *1985* (est.) : 762 200 000 (y compris Sikkim rattaché à l'Inde dep. 26-4-1975 et partie indienne de Jammu et du Cachemire), *v. 2000 :* 11 000 000 000. En % : Aryas 72, Dravidiens 25, Sikhs 3, tribus de la montagne 2 [les Aryas, apparentés aux Européens, ont la peau claire, les Dravidiens sont noirs ; il y a eu des métissages inextricables ; règle générale : la peau s'assombrit quand on va vers le S. et quand on descend l'échelle sociale]. D. *1901 :* 77, *1951 :* 177, *1981 :* 221, *1984 :* 226 (Arunachal Pradesh 7, Delhi 4 178). **Croissance démographique** (‰ par an). *1901-21 :* 3, *1921-31 :* 10, *1961-71 :* 24,8, *1971-81 :* 24,75, *1981 :* 22,2 qu'on avait espéré réduire à 17 (v. 1983-84) avec le planning familial. **Natalité.** *1901 :* 52, *1971 :* 40, *81 :* 33,3, *82 :* 36, *83 :* 34. **Mortalité.** *1901 :* 47, *1920-30 :* 40, *61 :* 24, *71 :* 14,8, *81 :* 16. (en %) — *de 15 a. :* 40,8 ; *15 à 59 a. :* 53,9 ; + *de 60 a. :* 5,3.

Santé (en millions) : lépreux 4 (contagieux 1), tuberculeux 8 (contagieux 2), filariose 10. *Autres maladies principales :* trachome, cancer (gorge, bouche, voies digestives), m. vénériennes, malaria.

Enfants (en millions). 22 naissent chaque année. 3,6 de – de 5 a., 260 de – de 14 a., 118 vivent dans la pauvreté, 163 n'ont pas accès à l'eau potable. 48,8 de 6 à 11 a. sont illettrés. *Nombre moyen d'enfants par femme : 1961-71 :* 5,7, *1976-81 :* 4,7.

Contrôle des naissances. Nombre annuel en millions (1980-81) : *stérilisations* 2 (1976-77 : 8,3), *dispositifs intra-utérins* 0,6, *méthodes conventionnelles* 3,7, *ensemble* 6,3. Beaucoup refusent la stérilisation (hindous : une descendance nombreuse est une bénédiction ; musulmans : il faut procréer autant que les hindouistes pour se maintenir).

Espérance de vie à la naissance : *1901 :* 23 a., *1951-61 :* 41,2 a., *1961-71 :* 52,6 a., *1971-81 :* hommes 54, femmes 50.

Villes (81). *New Delhi (cap. dep. 1934)* 4 865 077 h., 1 485 km^2 (ville administrative construite par les Angl., à côté de Delhi, ancienne cap. des Moghols), Calcutta 3 291 655 (agg. 9 165 650) [(à 1 430 km), ancienne cap. administrative des Angl. (jusqu'à 1912) ; 1er centre industriel de l'I.], Bombay 8 227 332 (agg.) [à 1 410 km ; port de la côte O. en relation avec canal de Suez ; commerce aux mains des Parsis], Madras 3 266 034 (agg. 4 276 635) [2 100 km ; port de la côte orientale, cap. intellectuelle], Bangalore 2 482 507 (agg. 2 913 537) (2 427 km, par Bombay), Hyderabad 2 142 087 (agg. 2 528 198) (1 400 km), Ahmedabad 2 024 917 (agg. 2 515 195) (900 km), Kanpur 1 531 345 (agg. 1 688 242) (427 km), Poona 1 202 848 (agg. 1 685 300) (1 475 km), Nagpur 1 215 425 (agg. 1 297 977) (966 km), Lucknow 895 947 (agg. 1 006 538) (494 km), Jaipur 966 677 (agg. 1 004 669) (270 km), et en 1971 Agrâ 723 676 (agg. 770 352) (200 km), Varanasi (ou Bénarès)

704 772 (agg. 793 543) [(780 km), ville sainte hindouiste], Indore 827 071 (806 km), Madurai 817 562 (agg. 904 362) (2 389 km), Jabalpur 614 879 (agg. 757 726) (963 km), Allahabad 609 232 (agg. 642 420) (612 km). *Villes portuaires récentes :* Cochin et Kandla (côte O.) ; Haldia (port charbonnier, côte E.).

Pop. urbaine. 81 : 24 %, *est. 2000* 30 à 50 % (dont 70 % dans des bidonvilles).

Français des comptoirs de l'Inde. *1962,* la Fr. accorde la nationalité fr. aux 300 000 résidents des comptoirs cédés en 1954 à l'I. Une minorité accepte (en 80, à Pondichéry 14 000, Karikal 1 500, Mahé 80, Yanaon 30, Chandernagor 4).

Indiens à l'étranger. 6 000 000 dont Sri Lanka 985 327, Birmanie 700 000, Malaisie 640 709, Afrique du Sud 365 524, île Maurice 322 972, Afrique occ. 245 000, Trinité 227 390, Guyana 197 696, îles Fidji 148 802, Réunion 125 000, Surinam 70 000, Guadeloupe 8 000. *Émigrés en G.-B.* 500 000 (en majorité Sikhs) scientifiques et techniciens qualifiés émigrent (légalement ou non) chaque année. Sur 160 000 Indiens ayant une profession médicale, 1 sur 10 travaille hors de l'I. (7 000 U.S.A., 3 000 Canada, 3 000 G.-B.).

Langues. Officielles. *Pour la Féd. :* hindi et anglais. La Constitution avait prévu l'adoption du hindi comme langue off., mais, devant l'opposition violente de la pop. du Sud notamment, une loi de 1967 a retiré l'obligation d'utiliser cette langue dans l'ensemble de l'Inde. L'anglais est parlé couramment par 1 % de la pop. (ayant des notions d'anglais), l. de l'ens. sup., il reste la l. véhiculaire de l'élite avec le plus fort %. *Dans les États :* 15 langues off. parlées par 87 % des Indiens. % *de la pop. totale de l'Inde (1971) :* hindi 29,67 %, bengali 8,17, telugu 8,17, marathi 7,71, tamil 6,88, ourdou 5,22, gujarati 4,72, malayalam 4, kannada 3,96, oriya 3,62, punjabi 3, assamais 1,63, kashmiri 0,44, sindhi 0,31. **Autres l. parlées.** 125 par 13 % (en 1971). **Total.** En fait 1 652 langues divisées en *4 familles : l. dravidiennes* (sud, 23 % de la pop.), tamoul, kannada, telugu, malayaham (États : Tamil Nadu, Karnataka, Andhra Pradesh, Kerala) ; *l. indo-aryennes* (Nord, 75 % de la pop.), hindi, rajasthani, gujarati, marathi, punjabi, bihari, bengali, assamais, oriya ; *l. austro-asiatiques ; l. tibéto-birmanes.* Proches du hindi : hindoustani (hindi ourdouisé à l'origine) (États : Himachal Pradesh, Haryana, Râjasthân, Uttar Pradesh, Bihar, Madhya Pradesh), 30 % de la pop. (celle qui parle hindi) ; ourdou (majorité des musulmans).

Analphabètes. *1971 :* 81,3 %, *1981 :* 64 % (hommes 53, femmes 75) ; *minimum :* Kerala 39,6 % ; *maximum :* Râjasthân, Uttar Pradesh, Dihar 89,6 %. École obligatoire et gratuite pour les – de 14 ans (Constitution), mais + de 10 % n'y vont pas, et 50 % des élèves abandonnent au cours du primaire (notamment chez Intouchables, musulmans, tribus, paysans, et parmi les jeunes filles). **Enseignement supérieur.** Répartition des étudiants : lettres 44 %, sciences 30 %, matières agr. 1 % (or 3/4 de la pop. vivent de l'agr.). Il y a 5,6 millions de diplômés univ.

Religions (1985). **Hindous :** 630 000 000 (83 %), **Musulmans :** 85 000 000 (11,20 %) (Uttar Pradesh, Bengale occidental, Bihar, Maharashtra, Kerala, Assam, Andhra-Pradesh, Karnataka, Goudjerât, Tamilnadu, Râjasthân). **Chrétiens** (1971) : 17 000 000 (2,6 % en 85) dont *catho*l. 12 500 000 (Madhya Pradesh, Tamil Nadu, Andhra Pradesh) ; prêtres 14 000, religieuses 60 000, séminaires 106, congrégations 217 ; rite latin, malabar et malinka (3 000 000) ; séminaristes : 44 pour 100 000 cath. (en France 3), archevêques et évêques 124 ; 4 millions d'élèves. *Mère Térésa :* Agnès Bajaschiu (née 1910 Skopje, de parents allemands). Entre chez les sœurs de Loreto. *1950* fonde la congrégation des sœurs de charité. *1971* Prix de la paix Jean XXIII. *1979* Prix Nobel de la Paix. *Orthodoxes* 2 000 000 dont Malankar 1 600 000 (fondée en 52 par l'apôtre Thomas), Mar Thomas 500 000. *Protestants* 9 000 000 (dont Église Unie des Indes du N. 1 500 000, du Sud 1 000 000, luthériens 1 500 000). *Chrétiens divers* 7 000 000. **Sikhs** 14 400 000 (1,89 %, surtout dans le Pendjab), 14 % de l'armée soit 140 000 h. (25 % en 1947). Les combattants sikhs jurent de rester fidèles au *5 K :* port des cheveux longs et de la barbe *(kesh),* du pantalon court *(kuch),* de l'épée *(kirpan),* d'un peigne d'acier *(kangha)* et d'un bracelet de fer *(karah).* **Bouddhistes** (0,7 %) 65 000 (Maharashtra). **Jaïnistes** (0,48 %) 3 600 000 (Maharashtra, Râjasthân, Goudjerât). **Parsis** 115 000. **Juifs** 30 000. Voir Religions à l'Index.

Nota. – L'abattage des *vaches* (sacrées pour les hindous qui croient à la réincarnation des hommes dans les animaux) est prohibé par la loi (croyance adoptée par les Aryas indo-européens après un long contact avec les dravidiens animistes) (Voir religions p. 526).

De 100 à 150 millions d'Indiens sont végétariens. *Mort :* enterrement pour chrétiens, juifs et musulmans ; incinération pour sikhs et hindous (mais les bébés sont enterrés) ; les hindous qui le peuvent vont mourir à Bénarès sur les bords du Gange, dans un cercle sacré de 60 km ; les Parsis exposent les cadavres à Bombay sur les tours du silence (où les vautours les dévorent).

Castes (jati ou jat, du latin *castus :* pur). *Origine :* religion brahmanique (sharma-sutra, sharma-shastra). Introduites par les Aryens, il y a 3 700 ans. 4 principales : *Brahmanes, Kshatriya* ou *noblesse milit., Vaishya, Shudra* (et 10 à 30 autres). Chacune a ses rites, cérémonies, fêtes, régime alim., activités profess., façon de se vêtir. *Organisation hiérarchisée à l'origine :* gens « de classe » (savarna), « sans classe » (a-varna, *varna :* couleur en sanskrit) ; parmi les « gens de classe », les « deux fois nés », Brahmanes, Kshatriya, Vaishya, qui reçoivent une initiation entre 8 et 12 ans, et les Shudra, qui n'ont que leur naissance physique. Les professions les plus pures et les plus nobles sont réservées aux castes les plus hautes : enseignement (pouvoir spirituel) aux *Brahmanes* (issus du trône du Créateur), fonctions politiques et guerrières aux *Kshatriya* (issus du bras du Créateur). Les métiers les plus impurs sont exercés par les *Intouchables :* musique, tannage, manipulation des excréments. Les *Vaishya* (issus des cuisses du Créateur) s'adonnent à l'agr., à l'élevage et au com. (actuellement surtout grands commerçants). Les *Shudra* (issus des pieds du Créateur) sont serviteurs et artisans [actuellement agriculteurs, petits commerçants, artisans non impurs (forgerons, orfèvres, charpentiers, potiers, tailleurs)]. Il y a des Brahmanes pauvres (gardiens des temples) et des Intouchables riches (industriels, commerçants, politiciens).

Dep. la Constit. de 1949, le système des castes est aboli et tous les citoyens indiens sont égaux. Pourtant le système persiste, dû à des pesanteurs psychologiques et sociales. On ne reçoit pas les gens d'une autre caste ; on se marie peu entre personnes de castes différentes. Les tribunaux de castes ont disparu. Un Indien exclu de sa caste cesse simplement d'être invité aux cérémonies religieuses.

Hors castes (1971). 118 millions dont anciens « **Intouchables** » ou **Harijan,** « enfants de Dieu », 80 (90 en 1985) millions (20 millions en Uttar Pradesh), sous-prolétariat rural en majorité hindouiste ; de naissance impure, selon la religion brahmanique, ils sont tenus à l'écart de toute vie publique et sont exclus en fait des pratiques religieuses, n'ayant pas été admis parmi les Shudra (peut-être parce que d'origine dravidienne) ; 50 % ont un revenu mensuel inférieur à 100 F ; 15 % sont alphabétisés et 65 % endettés (payent leurs dettes en journées de travail) ; 38 millions constituent les membres des tribus dites « primitives » ou aborigènes (Gonds, Bhils, etc.). L'intouchabilité a été supprimée par l'art. 17 de la Constitution. Dep. 1950, 119 sièges (sur 542) sont réservés aux Intouchables. Des mesures législatives ont été prises en faveur des Intouchables (ouverture des temples et des puits à tous ; 15 % des emplois publics et 17 % des promotions, 1 siège sur 7 aux parlements leur est réservé, distribution des terres). Cependant l'hostilité aux Intouchables reste vive [en févr. 81, des émeutes anti-Intouchables ont eu lieu au Goudjerât (25 †) pour leur interdire l'accès des universités de médecine où I. Gandhi leur avait réservé 20 % des places (1975), puis 25 % (1978)]. **Mendiants :** 5,5 millions (1 % de la pop.) dont 115 500 de – *de 14 a.,* 1,2 m. de + *de 50 a.* ; 800 000 aveugles, 300 000 sourds et muets, 150 000 lépreux, 100 000 malades mentaux, 85 000 eunuques. **Parias :** mot tamoul, signifiant « hors classe » ; à l'origine, ils étaient les prédravidiens, non convertis à l'hindouisme et classés après les Intouchables, comme étant jugés inaptes à tout acte religieux. Puis en ont fait partie les Hindous exclus de leurs castes : les *maudits* et les *excommuniés* pouvaient être réintégrés après expiations. Les *repoussés,* au contraire, généralement des enfants adultérins, incestueux ou nés d'un commerce hors caste, ne sont jamais réintégrés et sont condamnés à vivre en dehors des agglomérations.

Histoire

Très confuse : il y eut plusieurs dizaines de tentatives d'hégémonie (capitales fondées, puis abandonnées et laissées en ruine). Seules 2 puissances ont réussi (temporairement) l'unification : les Moghols (XVIIe s.) et les Anglais (XIXe-XXe s.).

Période ancienne (1500 av. J.-C. – 320 apr. J.-C.)

I – Royaumes aryens : période védique (1500-468 av. J.-C.), du nom d'un des poèmes historiques et religieux qui formaient la base de la culture des Aryens, le *Rig Veda,* composé entre 2000 et 1500 av. J.-C. Les Aryens (en sanscrit *arya :* nobles), tribus indo-européennes ayant quitté les steppes caspiennes au XVIIIe s. av. J.-C., imposent leur culture aux autochtones de l'Inde, Moundas et Dravidiens, qui ont une civilisation plus évoluée (celle de l'*Indus,* v. ci-dessous, Art indien), mais se font dominer militairement et politiquement.

Principaux royaumes aryens ou indiens aryanisés : Pendjab (1550-1000 av. J.-C.) ; Kourous et Panchalas [région de Delhi ; autochtones aryanisés (1000-800)] ; Avanti [vers le S.-O., capitale Ujjain (v. 900) : commerce maritime] ; Maharashtra [au S. des Mts Vindhya ; fondé par des Dravidiens aryanisés, les Asmakas et les Vidarbhas (v. 900)] ; Kausala (cap. Sravasti) et Videha [N.-E. ; centre de gravité de la civilisation védique apr. 800 av. J.-C. (800-600)]. Caractéristiques : division de la société en 4 castes ; fixation du sanscrit classique [grands écrits : les 3 autres védas (Sama, Yajour, Atharva, v. 1300) ; les Brahmanas (1000-800) ; les Upanishads (800-600)].

II – Réaction religieuse (v. 500-180 av. J.-C.). Le ritualisme des brahmanes provoque des réactions [v. 600, ils ont été supplantés à la tête des royaumes aryens par les guerriers *(Kshatriyas)*]. **V. 500,** le Bouddha Çakyamouni (563-483 av. J.-C.) fonde contre eux le bouddhisme, et le Mâhâvira (540-468), le jaïnisme. Pour résister à ces 2 courants, le brahmanisme intègre des éléments dravidiens et devient l'hindouisme (culte de Vishnou et Çiva). Principaux roy. proto-hindouistes : Kausala (continuant celui de la période précédente, en Uttar Pradesh et en Madyah Pradesh ; le roi Prasenajit, contemporain de Bouddha, annexe le roy. de Kasi) ; Magadha [grand empire du N.-E. fondé **v. 600** par Sisunaga ; affermi par Bimbisira (550-490) ; annexe le royaume de Videha **v. 450** ; 1re puissance indienne **v. 400 ; en 327-325** (roi : Nanda) possède 200 000 guerriers et résiste à Alexandre le Gd] ; Maurya [empire fondé en **300-200 av. J.-C.** par Chandragupta Maurya (322/313-289) ; cap. Patalipoutra (act. Patna) ; propagation du bouddhisme, apogée sous le règne d'*Asoka* (264-227), petit-fils de Chandragupta, qui se convertit au bouddhisme]. **185** dislocation de l'empire Maurya (remplacé dans le bassin gangétique par 2 dynasties : Sounga et Kanva).

III – Invasions indo-européennes (180 av. J.-C. - 320 apr. J.-C.). Affectent surtout le N.-O. (Voir Pakistan p. 952, mais créent des roy. puissants, centres de rayonnement de la culture indienne : *1°) Grecs de Bactriane* (180-70 av. J.-C.), occupent Pendjab et Sindh v. 150 ; *2°) Scythes* (Kouchanes) (70 av. J.-C. - 320 apr. J.-C.) ; règne de Kanishka (v. 150), expansion vers Asie centrale de la culture ind. sanskrite et bouddhiste ; composition du code, *les lois de Manou.* 1res images du Bouddha sculptées par les écoles du *Gandhara* et de *Mathura* [la partie S. de l'ancien empire Maurya résiste aux envahisseurs (Deccan central) : roy. andhra (dynastie dravidienne des Çatakarni, cap. : Amaravati), qui se maintient jusqu'au IVe s. apr. J.-C. ; célèbre par les 1res grottes d'*Ajanta* (peintures rupestres d'inspiration bouddhiste)].

Période classique (320-713 apr. J.-C.)

I – Empire des Guptas (320-495) : dynastie fondée v. 290 par Sri Gupta, seigneur du pays de Magadha, vassal des rois scythes, et devenue souveraine en 320, sous Chandragupta Ier [cap. : d'abord celle des Maurya ; Patalipoutra, puis Ayudhiyâ (Uttar Pradesh) quand l'empire va de la mer d'Oman au golfe du Bengale]. **320** point de départ de l'*ère des Guptas,* en chronologie ; **380-414** règne de Chandragupta II (âge d'or de la civilisation classique) assuré par les victoires, la sécurité, la prospérité matérielle ; nombreuses œuvres littéraires sanskrites [notamment le vedanta (base de la philosophie moniste)] ; la science ind. est à son apogée. Les Guptas ne conquièrent pas l'I. centrale et méridionale, qui reste à la dyn. des *Vakatakas,* protectrice à son tour des grottes-monastères d'Ajanta. **V. 450** naissance du royaume dravidien des *Gangas,* futur État princier de Mysore (sud-ouest du Deccan ; langue : kannada).

II – Invasions hunniques (495-540). 420 1res attaques des Huns (repoussées pendant 75 ans par les empereurs guptas). **495** les *Huns ephtalites* ou *Huns blancs* (chef Ye-ta-i-li-to, en chinois *Ye-ta*) battent l'empereur gupta Baladatya. **510** est restauré avec l'aide de Bhatarka (fondateur de la dynastie des Valabhis) ; mais le Hun Mihiragula devient « shah » dans le Cachemire. **540** les Huns éliminés par les Turcs.

III — Les Guptas postérieurs (540-670) : l'empire gupta se remet mal des destructions causées par les Huns ; il se divise en 3 branches (Ayudhiya, Bénarès, Malava) qui végètent jusqu'en 670.

IV — Autres roy. de culture classique aux VIIe et VIIIe s. : la dynastie des Kesari (Orissa) fonde v. 600 le temple de Bhuneneshvar (çivaïte) ; le roi *Harsha de Kanauj* (605-647) restaure la culture du N. de l'Inde ; les Chalukyas règnent sur le Deccan 500 ans [grottes d'Ajanta (3e époque) ; grottes çivaïtes d'Ellora] ; ils ont pour alliés les Gangas, et pour adversaires les Pallavas, puis les Cholas. Naissance des royaumes rajpouts dans le N. Renaissance brahmanique qui chasse le bouddhisme.

Période musulmane (713-1764)

I — Arrivée des Musulmans (713-997) : 713 Hajaj, vice-roi des provinces orientales du califat, conquiert le Sind, mais le déclin du califat abbasside et la difficulté des communications par le Baloutchistan l'empêchent de conquérir l'I. entière. Seul un roy. musulman (dynastie des Ghaznévides) se crée dans les montagnes de Ghazni.

II — Rivalités dynastiques indiennes (VIIIe-XIIe s.) : 740 dans le N. les Gurjara-Pratiharas battent les musulmans et se maintiennent jusqu'en 1192 (région de Delhi). **765-1196** dynastie Pala au Bihar et Bengale. **836** Vijayalaya fonde l'emp. chola à Tanjore, qui domine S. de l'I. et Malaisie. Les Cholas éliminent les Chalukyas, mais les alliés de ceux-ci, les Gangas, fondent le roy. Hoysála, célèbre pour ses 80 temples (région de Mysore).

III — Conquête musulmane (1000-1192) : 997 Mahmoud de Ghazni (971-1030) devient roi de Ghazni. **1000-1025** il lance chaque année un raid contre le râja de Lahore, conquérant le Pendjab, et démoralisant les rois indiens. **1192** Mohamed de Ghor (?-1206), roi de Ghazni et du Pendjab, bat Prithvi Raj (roi d'Ajmer et de Delhi) à Taraori ; fonde sultanat musulman de Delhi.

IV — Islam indien avant les Moghols (1192-1526) : 1211-35 règne d'Iltutmish établissant sur des bases durables sultanat de Delhi, 1er État musulman de l'I. [il y aura 33 sultans de Delhi de 1211 à 1565, notamment Mohamed Ibn Tughlak (1325-51), qui conquiert Deccan (cap. : Deogir)]. *Difficultés musulmanes :* 1°) dissensions [morcellement : Bengale indépendant 1340, Bahmanis (Deccan) 1347, Goudjerât 1391 ; — schisme religieux : fondation du sikkhisme par Nanak 1504]. 2°) agressions tartares (notamment raid de Tamerlan contre Delhi 1398). 3°) résistance hindoue. **1336** l'emp. de Vijayanagar (« ville de la victoire » fondée par les Télougous) s'établit dans le S. de l'Inde. **Après 1500 :** aide des Portugais (voir ci-dessous).

V — L'empire moghol (1526-1764) : 1526 Bâbur (1483-1530), descendant de Tamerlan et de Gengis Khan, fondateur de la dynastie moghole, conquiert l'I. du Pendjab aux frontières du Bengale (vict. de Panipat sur sultan de Delhi, 21-4). **1556-1605** règne d'Akbar, petit-fils de Bâbur [conquiert Rajpoutana 1561-68 (défaite du dernier roi hindou, Râma râya, à Talikota 1565 ; destruction de Vijayanagar), Goudjerât 1572-73, Bengale 1576, Cachemire 1586, Sind 1592, Kandahar 1594, Ahmednagar et Khandesh (Deccan) 1601 ; — essaye de rallier les Hindous (1582) en créant une religion unique, la Foi divine (Dîn-i-ilâhi) : paix et unité dans le N. de l'I. ; *épanouissement de l'art indo-musulman :* mosquées, tombeaux, jardins, portraits et miniatures ; résidence royale à Agrâ (Delhi, cap. en titre) ; à sa mort, l'Inde est divisée en 15 provinces (100 millions d'hab.)]. **1627-58** règne de l'emp. moghol Shah Jahan, construction du *Tâj Mahal* à Agrâ (1630-1652). **1658-1707** règne d'Aurangzeb. **1674** fondation de l'empire **mahratte** (hindouiste), rival de l'empire moghol, par Shivaji Bhonslé (1627-80) ; g. incessantes pour la conquête du Deccan. **1707** après la mort d'Aurangzeb décadence de l'emp. moghol (soumis en 1764, supprimé en 1856 sur décision de Lord Canning).

Pénétration européenne (1497-1763)

Un précurseur : Marco Polo (1254-1324), ayant séjourné en Chine de 1275 à 1291, avec ses 2 compagnons vénitiens, passe de 1293 à 1295 en I., à Calicut (qu'ils appellent Elil) et Bombay (Tana). Ils rentrent en Europe par bateau jusqu'à Ormuz, puis par terre.

I — Les Portugais : 1498-*20-5* Vasco de Gama débarque à Calicut, ayant doublé le cap de Bonne-Espérance ; allié (contre Musulmans) du râja hindou de Calicut. **1500** Pierre Cabral (1467-1525), chef de la 2e mission p., se brouille avec le râja de Calicut et s'allie avec celui de Cochin. **1502** Vasco de Gama fonde le 1er comptoir européen à Cochin. **1503** Alphonse d'Albuquerque y construit un fort. **1505** Francisco de Almeida, 1er vice-roi portugais des I. **1509** il détruit la flotte turco-égyp., obtenant la maîtrise de l'océan Indien (dès lors, les roy. hindouistes du S. de l'I. sont à l'abri des Musulmans). **1510** Albuquerque conquiert Goa, qui devient capitale de l'I. port. (très prospère jusqu'en 1640, puis concurrencée par Holl. et Angl.). Goa restera port. jusqu'en 1962.

II — Les Anglais : 1600 création de la Cie angl. des I. orientales. **1612** Thomas Best détruit la flotte port. à l'embouchure du Tapti. **1619** fondation de forts anglais à Surât, Agrâ, Ahmedabad, Broach. **1661** l'île de Bombay (port.) donnée en dot à Catherine de Bragance, épouse de Charles II. **1668** Charles II la donne à la Compagnie (devient le centre de ses activités). **1690** Calcutta fondée. **1717** alliance des Angl. et du Gd Moghol musulman (firman leur octroyant la liberté de commerce). **1757** les Angl. (bat. de Plassey) mettent sur le trône un Gd Moghol à leur dévotion, Mir Jafar. **1761** vict. à Panipat des Moghols sur la conf. mahratte ; les Angl. annexent successivement les États mahrattes (fin de l'emp. mahratte 1817, annexion des royaumes confédérés 1850).

III — Les Hollandais : 1602 fondation de la Cie holl. des I. (en Indonésie) ; fait la g. aux Port. (à l'époque, sujets esp.). **1638-58** conquièrent Ceylan (Voir Sri Lanka voir p. 980). **Apr. 1658**, enlèvent les comptoirs port. du Coromandel, du Goudjerât et du Bengale [cap. de l'I. holl. Chinsura (Bengale), prise par les Angl. 1759].

IV — Les Français : 1664 création de la Cie des I. orientales. **1666-90** comptoirs de Surât, Pondichéry, Masulipatam, Chandernagor, Balasore et Kasimbazar fondés. **1701** Calicut fondé. **1722** comptoir fr. de Mahé fondé. **1732-38** Confédération mahratte, alliée des Fr. et rivale des Moghols musulmans, alliés des Angl., fondée. **1741** Dupleix gouverneur fr. **1746**-*6-9* conquiert Madras. **1748** *oct.* bat l'Angl. Boscawen à Pondichéry (les auxiliaires indiens des Fr. et des Angl. sont appelés *Cipayes*). **1754** Dupleix révoqué, Godeheu abandonne Madras aux Angl. **1754** sorte de protectorat français sur le Deccan ; victoire de l'Angl. Robert Clive à Plassey (1757). **1761**-*15-1* Fr. Lally-Tollendal capitule à Pondichéry le 8-5-1763 (sera exécuté 1766). **1763**-*10-2 tr. de Paris :* la Fr. renonce à ses possessions (la moitié du Deccan : 800 000 km², 20 millions d'h.) ; garde les comptoirs de Yanaon, Pondichéry, Chandernagor, Karikal et Mahé (perdus 1779, récupérés 1783, cédés à l'I. en 1950-55). **1781-83** campagne de Suffren.

L'Inde anglaise (1764-1947)

1793 Lord Cornwallis nomme les *zamindars* (percepteurs d'impôts moghols) propriétaires de leur village : tous les paysans deviennent fermiers *(Permanent Land Settlement)*. **1800-1900** Richard Colley Wellesley (gouv. de 1798 à 1805) conquiert l'I. (Ceylan, S. de la péninsule, vallée du Gange et S. du Deccan). **1818** la Cie des I. (angl.) domine l'I. sauf Cachemire, Pendjab et Sind. **1849** Sikhs se soumettent, remettent le Koh I Nor (diamant) aux Angl. **1857** *janv.-févr.* à Meerut insurrection des Cipayes qui se développe le long du Gange (déclenchée parce que les Angl. avaient fourni aux supplétifs hindous du suif de bœuf et aux suppl. musulmans du suif de porc pour graisser leurs cartouches ; matée par Sir Colin Campbell, déc. 1857). **1858** la Cie des I. cède l'I. à la Couronne brit. **1877** la reine Victoria devient impératrice des I. (ensemble comprenant également Birmanie et Ceylan). Les Angl. s'appuient sur les Pces, qui reconnaissent Victoria comme suzeraine, et sur les zamindars qui lèvent et payent les impôts fonciers ; les fonctionnaires brit. sont surtout des magistrats ou des officiers ; l'économie est aux mains d'h. d'affaires privés (max. de 200 000 Angl. en I., soit 1 ‰).

Bilan économique de l'occupation angl. : positif (alphabétisation, formation d'une élite indienne, irrigation, réseau ferré, simplification administrative, exploitation minière, plantation de thé et d'hévéas) ; *négatif* (désorganisation de l'ind. textile artisanale ; misère du sous-prolétariat rural).

Création des mouvements nationalistes *Brâhmo Samâj* (1828) Râm Mohan Roy (1772-1833) ; *Prârthanâ Samâj* (1866) Keshab Chandra Sen (1838-84) ; *Arya Samâj* (1876) Swami Dayânanda Saraswâti (1824-83). Expérience vécue de Râmakrishna Paramahamsa (1836-86). Swâmi Vivekânanda (1863-1902) révèle le message de *Râmakrishna* au « Parlement des religions » tenu à Chicago en 1893 et crée la Mission Râmakrishna. La Sté théosophique implante son quartier général à Adyar, banlieue de Madras, en 1886 : action de Mme Annie Besant (Angl.) (1847-1933). Apparition de plusieurs mouvements de tendance réformatrice dep. 1876 : Indian Nat. Conference (1883) ; Indian Nat. Congress (1885), fondé par un Européen, Allan Octavian Hume.

L'Inde en 1857
(en blanc l'Inde britannique, en grisé États souverains).

1900-1950 : 1905 le partage du Bengale, entre musulmans et hindous, marque la rupture entre les Ind. et les Angl. **1906** Congrès à Calcutta, adopte le programme du *Svarâj* (gouv. autonome de l'I. sous suzeraineté brit.). **1915 Gandhi** [Mohandas Karamchand Gandhi (1869-1948, assassiné), surnommé le *Mahatma* (grande âme), étudiant en droit à Londres (1888-91), avocat à Bombay, puis en Afr. du S. (1893-1914) où il défend les immigrés indiens] prend la direction du mouv. nat. **1919** Constitution accordée par le Government of India Act. **1920** Gandhi lance le mouvement de non-violence et de non-participation. **1930-31** conférences de la Table ronde. **1935** nouveau statut à caractère fédéral pour l'I. **1942** *mai* Gandhi, arrêté pour la 6e fois, fait une longue grève de la faim (libéré 1944). *-8-8* action de masse décidée par le Congrès contre la coopération à la g. Subhâs Chandra Bose (1897-1945) quitte l'I. pour organiser la lutte armée.

Indépendance

1947 *fin de l'empire brit. des Indes :* Ceylan et Birmanie deviennent indép. ; les Musulmans forment les 2 Pakistans [occidental et oriental (futur Bangladesh)] ; répartition sur des critères religieux (la moitié des Bengalais restent indiens ; les autres deviennent pak.). I. garde plus grandes villes, richesses minérales, capitaux des Parsis, équipement indus., les 3/4 de la population. Pak. a la majorité des ressources alim. *Déroulement :* massacres et exécutions par milliers. 30 millions de réfugiés mus. au Pak. ; 40 millions de réfugiés hind. en I. (il reste 80 millions de Mus. en I.). *-14/15-8* l'I. devient indép. 624 maharadjahs deviennent de simples citoyens (revenus réduits de 90 %). **1948**-*30-1* Gandhi assassiné par Narayan Vinayak Godse. **1950**-*26-1* l'I. devient rép. **1962** dans la North East Frontier Area (N.E.F.A. au N.), les Chinois avancent d'env. 18 km au-delà de la frontière, puis se retirent. **1965** *août au 22-9 g. avec Pak.* (20 000 †) ; cessez-le-feu imposé par O.N.U. ; retrait des troupes des zones occupées. **1966**-*11-1* PM Lal Bahadur Shastri meurt après avoir signé avec Pak. *déclaration de Tachkent* (renonciation aux actions mil. ; engagement d'évacuer). *-19-1* I. Gandhi PM. Sikhs du Pendjab ont autonomie, troubles ; émeutes de la faim au Bengale. *-6-6* roupie dévaluée de 57 %. **1967** *janvier* I. Gandhi accorde droits pol. aux États et territ. du N.-E. *-15-2* élections gén. ; recul du Congrès. *Juin* tension sino-ind. ; soulèvement naxaliste (maoïste) dans N.-E. *-11-9* incident sino-ind. frontière du Sikkim. **1968** *févr.* New-Delhi contrôle Bengale et Uttar-Pradesh. **1969**-*12-11* I. Gandhi expulsée du P. du Congrès, scission. **1970** *août* 20 000 arrestations après occupation de terres. *Sept.* I. Gandhi supprime les listes civiles des anciens princes ; la Cour suprême déclarera, en déc., la mesure inconstitutionnelle. *Déc.* Chambre basse dissoute après revers électoraux d'I. Gandhi. **1971** *mars* élections gén. ; victoire d'I. Gandhi. Crise au Pak. oriental. (l'I. soutient les Bengalis). *-9-8* tr. d'amitié et coop. avec U.R.S.S. *3/17-12* g. indo-pak., création du Bangladesh. **1972**-*19-3* tr. fixant frontières I.-Bangladesh. *-11-12* compromis I.-Pak. sur ligne de cessez-le-feu au Cachemire. **1971-72** troubles en Assam, Bihar et Nagaland (là, dep. 15 ans). **1973** des Telengana désirent province distincte en Andhra Pradesh. **1974** troubles séparatistes : Nagaland, Goudjerât. **1974** *janvier* émeutes (inflation). *Mai* milliers de cheminots en grève arrêtés. *-16-5* 1re bombe atomique ind. **1975**-*10-4* Sikkim officiellement rattaché à l'I. *-12-6* tribunal d'Allahabad annule pour « irrégularités » l'élection, en 1971, d'I. Gandhi ; *-24-6* Cour suprême permet à I. Gandhi de demeurer PM. *-26-6* dirigeants de l'opposition arrêtés (sauf communistes prosoviét.), état d'urgence (34 630 détenus du 25-6-75 au 20-3-77). *-4-7* 26 partis interdits. *-6-8* Parlement annule accusations d'irrégularités contre I. Gandhi. *-14-10* servage pour dettes aboli. *-7-11* élect. d'I. Gandhi en 71 validée. **1976** *janvier* suspension de l'art. 19 de la Constitution sur droits du citoyen. *-31-1* Tamil Nadu sous contrôle fédéral. *Juin* accentuation de la législation répressive. *-29-10* Parlement adopte un amendement réduisant le rôle du Pt de l'Union au profit de celui de PM. **1977**-*18-1* Ch. du peuple dissoute. *-16/20-3* élections, I. Gandhi battue. *-21-3* levée état d'urgence. *-24-3* Morarji Desaï (Janata : P. du peuple) forme gouv. ; libération de milliers de prisonniers pol. **1978** *janvier* scission au Congrès ; naissance du Congrès I (Indira). *-1-1 :* 213 † dans Boeing d'Air India (attentat). *Févr.* élect. rég. : succès partiel d'I. Gandhi. *Mars* loi sur maintien de la sécurité interne (M.I.S.A.) abolie. *Avril* émeutes : centaines de † en Uttar Pradesh. *Juillet* I. Gandhi et son fils Sanjay, inculpés pour violations de la législation électorale. *Oct.* I. Gandhi arrêtée (manif. 12 †). **1979** *juillet* inondations au N. : + de 6 millions de sinistrés. Démission de M. Desaï ; M. Charan Sing, PM. *-8-7* Front nat. mizo, séparatiste au Mizoram, illégal ; opération mil. contre Front à Aizawl. *Août* dissolution de l'Ass. nat. Sécheresse dans l'Uttar Pradesh. **1980**-*3/6-1* élect. lég. : Congrès I. 43 % des v. ; *-14-1* I. Gandhi PM ; *-23/27-1* visite Giscard d'Estaing. *-5-4* troubles en Assam (départ souhaité des immigrés). *-14-4* attentat manqué contre I. Gandhi. *Juin* émeutes au Tripura, 400 †, 5 000 bl. (cause : départ des originaires du Bangladesh). *-18-7* 1er satellite indien. **1981**-*27-7* grèves interdites dans secteurs écon. essentiels. *Nov.* I. Gandhi en France. **1982**-*19-1* grève gén. (env. 700 †). *-8-4* l'I. commande 40 Mirage 2000 à la Fr. *-17-5* reprise des négociations avec Chine. *Juin* bombe à Gauhati (Assam) 19 †, 40 bl. ; élections (3 500 †). *-1-11* visite du Pt pak. Zia Ul Haq. *-15-11* Acharya (maître) Vinoba Bhave (n. 1895, disciple de Gandhi) meurt. **1983** *févr.* campagne pour élections (Ass. législative locale), massacre en Assam d'immigrés bengalis (musulmans) pour qu'ils ne participent pas aux él., [3 000 † (dont 2 400 à Delhi), 4 000 bl., 90 % d'abstentions aux él.]. Le gouv. accepte d'exclure du scrutin 1 000 000 de Bengalis immigrés dep. 1971 et envisage de construire un « mur » le long de la frontière avec Bangladesh (coût : 500 millions de $) pour stopper les entrées clandestines. Agitation (Sikh) au Pendjab ; 400 †. Concessions d'I. Gandhi (diffusion hymne Sikh à la radio d'I., interdiction vente tabac, alcool près des temples) ont encouragé l'autonomisme [création de « volontaires de la mort sikhs » (125 000)] *-7-10* état d'urgence au Pendjab. **1984** *janv.* affrontements (9 †, 100 bl.) entre partisans d'I. Gandhi et forces de l'ordre au Cachemire. Ravindra Mhatre, dipl., enlevé en G.-B. et tué par l'Armée de lib. cachemirienne. *Févr.-juin* affrontements Sikhs/hindous (400 †). *Mai* à Bombay hindous/musulmans (250 †). *Juin* mutinerie dans 3 régiments sikhs, 1 Gal hindouiste tué. *-6-6* armée prend Temple d'or (Harmindar Sahib) d'Amritsar (origine 1589, plusieurs fois détruit, reconstruit 1874) où se sont réfugiés 5 000 Sikhs. 554 † (dont 30 femmes et 5 enfants et 92 militaires). *-2-8* attentat aérodrome de Madras (32 †). *Août* troubles en Andhra Pradesh (23 †), Rama Rao (ancien acteur, destitué juill., rappelé sept.). *-27-9* armée évacue temple d'Or d'Amritsar. *Oct.* attentats au Tripura. *-31-10* I. Gandhi assassinée par 2 Sikhs de son escorte. Violences contre Sikhs (2 717 † dont 2 146 à Delhi). *-28-11* Percy L. Norris, vice-amb. brit. tué par musulmane. *-3-12* fuite de gaz toxique (méthylisocyanate), usine Union Carbide à Bhopal : 1 754 † prouvés (2 500 ou + selon sources), 300 000 intoxiqués. *-26-12* élection, succès de Rajiv Gandhi, fils de I. Gandhi ; droite et gauche battues (au Kerala, communistes perdent 13 s. sur 14). **1985** *janv.* attaché mil. adjoint fr. expulsé pour corruption et espionnage. Amb. fr. rappelé. *-12-5* attentats sikhs à Delhi et dans plusieurs États (80 †, 150 bl.). *-6/10-6* visite off. en Fr. de R. Gandhi. *-7-6* affrontements entre castes dans plusieurs États (167 †). *-9-6* troubles au Goudjerât (+ de 200 † et milliers de bl. dep. début des troubles). *-17/18-7* émeutes à Ahmedabad (Gujarat) : 7 † et 35 bl. **1986**-*24-1* incendie Hôtel Siddarth, 38 †. *Janv.-févr.* rapprochement avec Pakistan [conflit à propos du glacier de Siachen (nord du Cachemire), plusieurs dizaines de † en quelques années]. *-1/10-2* Jean-Paul II en I. *-10-2* grève générale à Delhi. *Févr.* troubles au Pendjab. *-20-2* manif. à Delhi.

Famines. *1825, 1832-34, 1943* Bengale 3 à 4 millions de morts. *1966* Râjasthân, Kerala, Bihar, Goudjerât. *1973* Maharashtra, Andhra Pradesh, Râjasthân, Goudjerât. *1974* Râjasthân, Tamil Nadu. *1979* Uttar Pradesh.

Grands traits de la politique étrangère.

1°) Volonté d'hégémonie régionale. L'I. proclame son attachement à la non-violence, mais cherche à être la grande puissance d'Asie du Sud : hostile au Pakistan (brisé en 2 États en 1971), protection de fait du Népal et Bangladesh, annexe Cachemire et Sikkim, accapare les eaux du Gange (barrage de Farraka, privant d'eau le Bangladesh). *2°) Désir d'indépendance militaire vis-à-vis des Grands.* L'I. s'appuie sur l'U.R.S.S. pour son potentiel militaire et énergétique en face du Pakistan (qui s'appuie sur la Chine et bénéficie de l'aide amér.). Elle n'a pas condamné l'intervention sov. en Afghanistan. Mais elle recherche l'aide technologique amér. et consacre 22 % de son budget à la Défense (1 million de soldats de métier ; industrie de l'armement modernisée, et capable d'exporter 20 % de sa production ; armement atomique potentiel). *3°) Conquête des marchés extérieurs.* 1 million de personnes travaillent à la recherche pour battre les Occidentaux sur le terrain de l'exportation du savoir-faire dans le tiers monde. Les coopérants indiens sont implantés principalement en Thaïlande, Malaisie, Singapour (40 % des effectifs, 50 % des capitaux), puis Kenya, Nigeria, Maurice, Émirats du Golfe, Afr. du Nord. *4°) Appel aux investissements étrangers (notamment français).* L'I. ne demande pas d'usines clefs en main, mais des participations bancaires dans les secteurs les plus utiles à son développement militaro-industriel : pétrole et pétrochimie, charbon, sidérurgie, automobile, aciers spéciaux, aluminium, aéronautique, astronautique, armements. Elle recherche également l'association financière avec des firmes occidentales dans le tiers monde.

Politique

Statut. Rép. féd. (22 États et 9 territoires), membre du Commonwealth. **Nom officiel** : Union indienne (Bharat). **Constit.** du 26-11-49. **Pt** (élu pour 5 a. par le Parlement et les ass. des États, ne gouverne pas). **Vice-Pt** (de droit, le Pt du Conseil des États). **PM** responsable devant la Chambre du peuple (PM et cabinet nommés dans la majorité des ch. par le Pt). **Conseil des États (Rajya Sabha),** 250 m. max. dont 8 nommés par le Pt, renouvelables par tiers tous les 3 ans, élus pour 6 a. par l'ass. législative des États. **Chambre du peuple (Lok Sabha),** 544 m. élus p. 5 a. au suffr. univ., pas plus de 17 représentants des territoires, possibilité pour le Pt de nommer des m. **Fêtes nat.** : 25-26 janv. (naiss. de la Rép. indienne), 15 août (fête de l'Indépendance), 2 oct. (Gandhi).

Élections de juin 82 (nombre de sièges). *P. du Congrès* 356. *P. du Congrès d'I. Gandhi* 4, *P. Janata* 12, *P. comm. indien marxiste* P.C.I.M. 36, A.D.M.K. 12, Lok Dal 32, D.M.K. 16, B.J.P. 17, C.P.I. 12, R.S.P. 4, Forward Block 3, Muslim League 3, J et K National Conference 3, indépendants 24, vacants 12, speaker 1.

Élections du 24/27-12-84. 568 s. à pourvoir. Il n'y a pas d'élect. en Assam (14 s.), Pendjab (13 s.), Bhopal. 380 millions de votants, 473 886 bureaux de vote, coût des él. 50 millions de $. *P. du Congrès* 400 s., *Telegu Desam* (régional, Andra Pradesh) 28 s., *P. communiste marxiste* 22 s., *Tamul Nadu* 12 s., *Parti Janata* (droite) 10 s., *P. communiste indien* 6 s., *Indian Congress* (socialiste) 4 s., *P. des travailleurs et des fermiers* 3 s., *Bharatiya Janata Party* (droite) 2 s. Divers 20.

Chefs d'État. 1950 Dr Rajendra Prasad (1884-1962). **62**-*12-5* Dr Sarvepalli Radha Krishnan (5-9-1888). **67**-*10-5* Dr Zakir Hussain (1897-1969). **69**-*21-8* Varah Venkata Giri (1894). **74**-*24-8* Fakhruddin Ali Ahmed (1905-77). **77**-*25-7* Neelam Sanjiva Reddy (13-5-1913). **82**-*25-7* Giani Zail Singh (1916).

Premiers ministres. 1946-*2-9* Jawaharlal Nehru (1889-1964) dit le Pandit Nehru (en sanskrit : homme savant). **64** Lal Bahadur Shastri (1904-66). **66**-*19-1* Pryadarshini dite Indira Gandhi (19-11-1917) [(son mari, ép. févr. 1942, Feroze Gandhi, mort en 1960, n'était pas apparenté au mahatma Gandhi), fille de Nehru, élue Pte du Parti du Congrès en 1959, mère de Rajiv (n. 1943, député) et Sanjay (1947-80)]. **77**-*25-3* Morarji Desaï (29-2-1896). **79**-*29-7* Charan Singh (1902). **80**-*14-1* Indira Gandhi (19-11-17). **84**-*31-10* Rajiv Gandhi (n. 1943) son fils.

Partis politiques. *Janata Party* (J.P., P. du peuple) : fondé 18-1-1977 (officiellement le 1-5), inspirateur Jaya Prakash Narayan (1902-79), alliance de partis de droite ou du centre pour lutter aux élec. contre l'état d'urgence, Pt Chandra Shekhar. Regroupe : *Indian National Congress (Organization)* (f. 1-1-1885, Indira Gandhi en avait été exclue en déc. 69, une partie des m. avait fait sécession en 1964, Pt Sharad Pawar), *Bharatiya lok dal* ou B.L.D. (Brigade du peuple indien, Pt Charan Singh qui quittera en juill. 1979 l'alliance), *Socialist Party* (quitte l'alliance en sept. 1979), Pt George Fernandes, *Bharatiya jana sangh* ou Indian People's Union (quitte l'alliance en avr. 80), *Congress for Democracy* (groupe dissident du centre, f. févr. 77, joint l'alliance en mai 77, Pt Jagjivan Ram). *Indian National Congress* ou Congress I (f. 1978, par Indira Gandhi, dep. 2-2-83 son fils Rajiv est un des 5 secr. gén.). *The Communist Party of India* (C.P.I., f. 1924, pro-U.R.S.S., secr. gén. C. Rajenswara Rao, 466 481 m. en 81). *Communist Party of India* (C.P.I.-M., marxiste, f. 1964 par des dissidents du C.P.I., secr. gén. E.M. Sankaran Namboodiripad, 367 828 m. en 85). *All-India Forward Bloc* (f. 1940, Pt P.D. Paliwal). *Bharatiya Janata Party* (f. avril 80, scission du Janata P., anciens m. du Jana sangh, Pt Attal Behari Vajpayee). En avril 80, le *Lok dal* s'est scindé en 3 : *Lok dal* (Pt Kapoori Thakur), *Janvadi Party* (Pt Chandrajit Yadav) et Georges Fernandes avec un groupe a rejoint le Janata Party. *Sanjay's All India Congress* (f. 1982 par Menaka Gandhi, veuve de Sanjay) 140 000 membres.

Indira Gandhi (19-11-1917/31-10-1984). Fille de Nehru. Études à Oxford. *1941* y épouse un étudiant, Feroze Gandhi (non parent du Mahatma Gandhi). 2 enfants Rajiv et Sanjay. *1942* emprisonnée en Inde 13 mois. *1950 à 64* très proche de son père. *1959* Pte du Parti du Congrès. *1960* mort de son mari (crise cardiaque) dont elle était séparée dep. plusieurs années. *1966* Pte du groupe parlementaire du Congrès (355 voix contre 169 à Morarji Desaï). *-19-1* PM. *1969* le Congrès ayant dénoncé sa dictature et l'expulsant le 12-11, elle crée le Congrès I. (Indira) qui devient majoritaire. *1971* mène la campagne « halte à la pauvreté ». *1975* son élect. étant annulée dans l'Uttar Pradesh, elle modifie rétroactivement la loi électorale et le 26-6 déclare l'état d'urgence. *1977* lève l'état d'urgence mais est battue aux élect. (mars). *1978 janvier* le Congrès s'impose. *1980* victoire électorale, redevient PM. *1984-31-10* assassinée par 2 sikhs de son escorte.

Sanjay Gandhi. *1975* entre au Parti du Congrès. *1980-24-6* pilote amateur, se tue, à 33 ans, lors d'une acrobatie manquée. Sa femme *Menaka* (fille d'un off. sikh) fera campagne contre Rajiv, rompra début 1983 avec sa belle-mère et fondera son parti. 1 fils, Rashtrya Sanjay Manch.

Rajiv Gandhi (n. 1943). Étudiant en mécanique en G.-B. *1968* marié à une Italienne (Sonia, connue à Cambridge, 2 enfants), pilote à l'Indian Air Line. *1981 mai* démissionne. *-15-6* député d'Uttar Pradesh après la mort de son frère. On l'appelle Mr. Clean (Propre). *1984-2-2* élu un des 5 secr. gén. du parti du Congrès Indira. *-1-11* devient PM à la mort de sa mère.

États

Origine. En 1877, à la proclamation de l'Empire des Indes, il y avait 629 États vassaux [dont 189 États princiers dans la seule presqu'île de Katiawar (grande comme la Belgique) et une centaine dans le Goudjerât]. 420 étaient d'autonomie restreinte, 70 d'aut. intermédiaire, 140 de pleine aut. 400 n'avaient pas plus de 30 km² [certains étaient minuscules : Bilbari (3 km², 30 h., 1 000 F actuels de revenu) ; Katodiah (grand comme la place de la Concorde)].

Titres : maharadjah (grand roi), nizam (organisateur ; titre porté à l'origine par le nabab du Deccan), nabab (gouverneur), râja (chef d'État), rao (duc souverain), sirdar (comte ou baron souverain), thakur (seigneur radjpoute), zaumidir (seigneur de fief héréditaire), etc. *Traitement, rang et protocole :* « Altesse grandissime » (exalted highness) pour le nizam de Haïderabad, et « Altesse » pour les 112 souv. salués par un nombre de coups de canon déterminé par le règlement de 1861 : *21* pour Haïderabad, Mysore, Baroda, Jammu et Cachemire, Gwalior, Bhopal ; *19* p. Travancore, Kolhapur, Udaipur (Mewar), Indore ; *17* p. 12 États (dont Jaipur, Patiala, Jodhpur) ; *15* p. 17 États (dont Kapurthala) ; *13* p. 13 États ; *11 coups* p. 30 ; *9* p. 30. Pas de coups de canon pour les autres (environ 517). L'Agha Khan, ayant rang de chef d'État (sans territoire) comme chef de la secte des Ismaéliens, avait depuis 1877, traitement d'Altesse et droit à *11 coups* de canon.

En 1947, les princes indiens conservèrent leur droit au titre (le maharadjah de Kapurthala possède 37 titres ajoutés à son nom), 10 % de leurs revenus comme liste civile et quelques honneurs et privilèges fiscaux. En 1971, le 26e amendement à la Constitution a supprimé titres, pensions et privilèges garantis dep. 1947 en contrepartie de l'intégration des principautés dans l'Union ind. [les pensions non imposées étaient calculées au prorata du revenu des États princiers en 1947, soit entre 115 F et 1 560 000 F (majorité entre 60 000 et 500 000 F)]. Certains maharadjahs sont encore très riches, notamment les héritiers du nizam de Haïderabad. Certains sont devenus hommes d'aff. (gaekwar de Baroda), exploitants agr. (famille de Patiola, m. de Dhrangadhra), d'autres ont converti leurs palais en hôtels. Certains ont été élus au Congrès.

Pouvoirs actuels des États. Chacun possède un gouverneur, nommé par le Pt de l'Union, un gouvernement et un parlement [2 chambres (dans les 7 États A) ou 1 (14 États B)] qui légifère en matière de justice, éducation, santé, police et 62 autres matières énumérées dans la Constitution de 47. Les autres matières (dont plans économiques) dépendent à la fois des États et du gouv. central.

Liste des 22 États

Légende. — Superficie (km^2), population (1-3-81, villes 71 et [1] 81), langue principale.

Andhra Pradesh. *Créé* 1-10-1953, devint l'A. P. en 1956, quand on y ajouta le Telangana (du Haïderabad). 276 814 km^2. 53 592 605 h. D. 195. *Langues :* telugu et urdu. *Villes : Haïderabad* 2 142 087 [1] h., Eluru 168 074 [1] h., Guntur 367 219 [1] h., Kakinada 226 600 [1] h., Kurnool 206 700 [1] h. Forêts 23,3 % de la sup.

Assam. *1826* terr. brit. *1874* adm. séparément. *1905-12* associé avec une partie du Bengale. *1947* district de Sylhet (sauf une partie du Karimganj rattachée au Bengale or. pakistanais. *1970*-2-4 création de l'État autonome du *Mehgalaya,* comprenant 2 districts de l'A., Khasi-Jaintia et Garo Hills. 78 523 km^2, 19 902 826 h. dont (%) Assamis 60, Bengalis 20, montagnards 20. D. 254. *Langues :* assamais [indo-européen, mélangé de tibétain : les Assamais réclament une culture particulière. *Tensions* avec Bengalis immigrés (1983-7-8) ; 1985 élimination des listes électorales des im. entre le 1-1-1966 et le 25-3-71], bengali. *Villes : Dispur,* Gauhati 122 981 h. *Forêts* 22 % de la sup. *Product.* 60 % du thé indien (30 % du thé mondial), 50 % du gaz et du pétrole, 30 % du jute.

Bengale occidental. 87 853 km^2. 54 485 560 h. D. 614. *Langue :* bengali. *Villes : Calcutta* 3 291 655 [1] h., Durgapur 305 838 [1] h.

Bihar. 173 876 km^2. 69 823 154 h. *Langue :* hindi. *Villes : Patna* 773 720 [1] h., Bhagalpur 172 700 h., Bihar 100 052 h., Jamshedpur 457 440 [1] h., Ranchi 487 485 [1] h. Un des plus riches États en minerais.

Goudjerât. *Formé* 1-5-1960 par la partie nord de l'État de Bombay. 195 984 km^2. 33 960 905 h. D. 173. *Langue :* goudjerâti et hindi. *Villes : Gandhinagar*-Ahmedabad 2 924 917 [1] h., Baroda 733 656 [1] h., Bhavnagar 308 000 [1] h., Jamnagar 317 000 [1] h., Rajkot 444 156 [1] h., Surat 776 004 [1] h.

Haryana. *Formé,* sur une base linguistique, d'une partie du Pendjab. 1-11-1966, 44 222 km^2, 12 850 902 h. D. 291. *Langue :* hindi. *Ville : Chandigarh* 421 000 [1] h.

Himachal Pradesh. *Créé* 1948. 55 673 km^2, 4 237 569 h. *Langues :* hindi et pahari. *Ville : Simla.* Forêts 38,3 % de la sup.

Jammu-Cachemire. 222 236 km^2. 5 954 010 h. *Langues :* kashmiri, dogri, gojri, urdu, balti, dardiro, pahari, ladhaki. Revendiqué par Pakistan qui occupe une partie (Cachemire Azad comprenant Baltistan 78 218 km^2 et Hunza). Partie occupée par la Chine dep. 1962 (42 735 km^2 dont une partie du Ladakh, l'Aksaï-Chin). *Villes : Srinagar* 520 000 [1] h. à 1 768 m., Jammu 155 249 h. Le Ladakh (terres cultivées 0,17 %, analphabètes 81,6 %, taux de mortalité infantile 62,23 ‰) a été ouvert aux étrangers en 1974. *Religion :* musulmans 70 %. *Chefs de gouvernement : févr. 1974 à sept. 82 :* Cheikh Mohammed Abdullah. *1983 à 2-7-84 :* Farouk Abdullah, son fils, renversé. *Juill. 84 :* Mohammed Shah, son beau-frère.

Karnataka (ex-Mysore). *Formé* 1956, 191 773 km^2. 37 043 451 h. D. 193. *Langue :* kannada. *Villes : Bangalore* 2 482 507 [1] h., Mangalore 306 000 [1] h., Devangere 121 018 h., Shimoga 102 703 h. Ind. électronique.

Kerala. *Créé* 1956. 38 864 km^2. 25 403 217 h. D. 654. *Langue :* malayalam. *Villes : Trivandrum* 499 168 [1] h., Kozikhode 394 440 [1] h. 1er État qui a eu un gouvernement communiste.

Madhya Pradesh. *Formé* 1-11-1956. 442 841 km^2. 52 138 467 h. D. 118. *Langue :* hindi. *Villes : Bhopal* 672 329 [1] h., Jabalpur 758 000 [1] h., Bilaspur 186 885 [1] h., Burhanpur 141 142 [1] h.

Maharàshtra. *Formé* 1-5-1960 d'une partie de l'État de Bombay. 307 762 km^2. 62 715 300 h. D. 204. *Langue :* marathi. *Villes : Bombay* 8 227 332 [1] h., Nagpur 1 215 425 [1] h., Poona 1 202 848 [1] h., Sholapur (agg.) 510 707 [1] h.

Manipur. État de cat. C du 15-10-1949 à 1957 puis territoire, 22 356 km^2. 1 411 375 h. D. 64. *Langue :* manipuri. *Ville : Imphal* 155 639 [1] h.

Meghalaya. *Formé* 2-4-1970. Indép. en janv. 72, avant, partie de l'Assam. 22 489 km^2. 1 328 343 h. D. 59. *Langues :* khasi, jaintia, garo. *Ville : Shillong.*

Nagaland. *Formé* 1-1-1963. Le gouv. de l'Assam est aussi gouv. du N., 16 527 km^2, 773 281 h. D. 47. *Ville : Kohima.*

Orissâ. *Formé* 1-4-1936. 155 782 km^2. 26 272 054 h. D. 169. *Langue :* oriya. *Villes : Bhubaneswar* 105 514 h., Rourkela 321 000 [1] h.

Pendjab. *1931* comprend (%) musulmans 53, hindous 30, sikhs 14. *1947* les 4/5e vont au Pakistan ; partie rattachée à l'I. (62 % d'hindous, 35 % de sikhs). *1966 mars* découpage en 3 États : 2 de langue hindi (Haryana et Himachal Pradesh) et le nouveau Pendjab (langue off. pendjabi) ; services adm. dans capitale commune : Chandigarh (construite par Le Corbusier, devenue provisoirement terr. de l'Union, constituée en État, étant prévu qu'elle reviendrait plus tard au seul Pendjab). *1983-84* troubles (300 †). *1984-4-6* siège du Temple d'or (Sani Jarnail Singh Bhindranivale †). *-26-7* accord avec Sikhs modérés ; Chandigarh revient au seul Pendjab. *-31-10* 3 Sikhs assassinent I. Gandhi, émeutes (2 000 Sikhs tués). *1985-31-7* affrontements au Temple d'or. *-20-8* le « sant » Harchart Singh Longowal, leader modéré, tué. *-25-9* élections rég. : Akali Dal 73 s. (avant 37), Congrès (I) 31 (avant 63). 50 362 km^2. 16 669 755 h. (dont 53 % de Sikhs). L'Akali Dahl voudrait un État sikh, le Kalistan. D. 331. *Langue :* pendjabi. *Villes : Chandigarh* 421 000 h., Ludhiana 606 250 [1] h., Jullundur 296 102 h., Patiala 151 903 h.

Râjasthân. 342 214 km^2. 34 108 292 h. *Langues :* rajasthani, hindi. D. 100. *Villes : Jaipur* 1 004 669 [1] h., Kotah 347 000 [1] h, Udaipur 162 934 h.

Sikkim. Entre Népal et Bhoutan. 7 299 km^2, 314 999 h. dont Népalais 72 %, Lepchas 17, Bhotias 11. D. 43. *Ville : Gangtok* 36 768 [1] h. *Langues :* anglais *(off.)*, bhutia, lepcha, népalais. *Rel. off. :* bouddhisme tibétain ; majorité hindoue. État associé à l'I. dep. 4-9-1974 (avant, lié par traité spécial) dep. 10-4-1975 (de facto) le Chogyal (maharadjah) Wangchuk Namgyal (n. 1952 dep. 82 n'a qu'un pouvoir honorifique). Avant l'arrivée des Brit., le S., qui venait de perdre du terrain au profit de ses voisins, s'étendait jusqu'à la plaine du Bengale et comprenait ce qui est devenu le district des Collines, avec Darjeeling et Kalimpong. Darjeeling puis le reste de la région furent annexés et le S. transformé en protectorat. Les Angl. favorisèrent l'implantation de Népalais.

Tamil Nadu (ex-Madras). 130 069 km^2. 48 297 456 h. D. 371. *Langue :* tamoul. *Villes : Madras* 3 266 034 [1] h., Madurai 817 562 [1] h., Salem 361 177 [1] h., Tiruchirapalli 360 919 [1] h., Dindigul 127 406 h.

Tripura. État dep. 21-1-1972 (État de catégorie C du 15-10-49 au 1-11-56, puis territoire), 10 477 km^2. 2 047 351 h. D. 196. *Langue :* tripuri, proche de l'assamais. *Ville : Agartala.* Les V.N.T. (Volontaires nationaux du T.) réclament l'indépendance et le départ des immigrés (Bengalis).

Uttar Pradesh. 294 413 km^2. 110 885 874 [1] h. D. 377. *Langue :* hindi. *Villes : Lucknow* 895 947 [1] h., Varanasi 704 772 [1] h., Shahjahnanpur 294 000 [1] h.

Liste des 9 territoires de l'Union

Andaman et Nicobar (îles). 8 293 km². 188 254 h. D. 23. A 1 287 km de Calcutta ; *îles Andaman* 6 475 km², 204 îles et îlots, dont 4 de grande taille : au N., A. du Nord, A. du Centre, A. du Sud, séparées par des chenaux très étroits et formant ensemble la « Grande A. » ; au S., la Petite Andaman : formée de 2 groupes principaux, l'archipel Ritchie et les îles du Labyrinthe ; *îles Nicobar* 1 645 km², 19 îles dont seulement 7 sont habitées. *Capitale : Port Blair* 115 133 h.

Arunachal Pradesh. Avant 1972, constituait la N.E.F.A. (en grande partie revendiquée par la Chine). 83 578 km², 628 050 h. D. 7. *Capitale : Itanagar.*

Chandigarh. 114 km². 450 061 h. D. 3 948. *Capitale : Chandigarh* 421 000 [1] h.

Dadra et Nagar Haveli. Ancien terr. portugais dans l'Union dep. 11-8-1961. 491 km². 103 677 h. D. 211. *Ville : Silvassa.*

Delhi. 1 485 km². 6 196 414 h. D. 4 189. *Langues :* hindi, urdu, pendjabi. *Capitale : New Delhi* (agg.) 5 713 581 h.

Goa, Daman et Diu. Constituant l'Inde portugaise dep. 1510. Envahis par Inde le 18-12-1961, souveraineté de l'Inde reconnue par le Portugal le 31-12-1974. 3 813 km², 1 082 117 h. D. 284. *Langues :* marathi, konkani et gujarâti. *Capitale : Panaji* 76 839 [1] h.

Lakshadweep (îles Laquedives, Minicoy et Amindives). 26 îles dont 10 seulement sont habitées, terr. dep. 1956, 32 km², 40 237 h. D. 1 257. *Langues :* malayalam, mahl. *Capitale : Kawaratti.*

Mizoram. *Créé* 21-1-1972 (ancien district de l'Assam). 21 087 km². 487 774 h. (81). D. 23. *Langues :* mizo et anglais. *Capitale : Aizawl.*

Pondichéry. 480 km². 604 136 h. D. 1 229. *Langues :* tamoul, français. *Fondé* 1674 par la Fr., siège indien de la Cie des Indes orientales, 1693 pris par Holl., rendu à la Fr. 1699. 1761 pris par Angl., rendu 1765, repris 1778, rendu 1785, repris 1793, rendu 1814. Adm. transférée par la Fr. à l'Inde 1-11-1954, cédé 28-5-1956 (ratifié 16-3-1962). **Pondichéry** (290 km², 340 240 h.) forme avec **Karikal** (161 km², 100 042 h.), **Mahé** (20 km², 8 291 h.) et **Yanaon** (9 km², 23 134 h.) un seul territoire. *Cap. : Pondichéry.*

Économie

P.N.B. (84) env. 243 $ par h. **Plan** (VII, 1985-90). 150 milliards de $ investis (énergie, transports, technologie de pointe), expansion annuelle prévue 8 %. *Prévisions* (1989-90, millions de t.) : pétrole 20, charbon 226, acier 12, aluminium 0,5, gaz nat. 14,4 (milliards de m³).

Pop. active (% et entre par. part du P.N.B. en %) agr. 63 (33), ind. 11 (17), services 22 (41), mines 4 (9). *Population active totale en millions,* (en 1981). 247 (dont 27 ayant travaillé — de 183 j. dans l'année) dont ruraux 198, urbains 49 (hommes 181, femmes 66). Chaque année, 5 millions de nouveaux demandeurs d'emplois, dont 10 % trouvent du travail. Le reste demeure sous-employé dans le secteur rural (74 % de la main-d'œuvre). *Chômeurs recensés :* 26 millions (mars 85).

Inflation (%). *1979 :* 6,3 ; *80 :* 11,5 ; *81 :* 13 ; *82 :* 8 ; *83 :* 11,8 ; *84 :* 8,3. **Aide.** *82 :* 2 milliards de $. **Dette extérieure.** *83 :* 18 milliards de $ (12 % du PNB). **Budget fédéral** (en milliards de roupies, 1985-86) : dépenses 512,9. **Déficit.** *1983-84 :* 18,2 ; *84-85 :* 39,8 ; *85-86 :* 33,5. Dépenses de défense 76,8. Engrais subventionnés 12. *Nombre de contribuables :* 4 000 000 (75 % des revenus imposables échappent illégalement à l'impôt ; l'économie parallèle représente 20 % du P.I.B.).

Style de vie. 50 millions d'h. vivent dans une Inde industrialisée, commerçante et urbaine. 25 millions ont un pouvoir d'achat important. 600 millions vivent à la campagne en circuit fermé (pouvoir d'achat et commercialisation presque nuls). Sur 730 millions d'h. env. 350 disposent de 10 $ par mois et par tête, 73 de moins de 4 $, considéré comme le seuil de pauvreté. 281 millions (42 % de la pop.) disposent de — de 1 800 calories par j. (dont 53 millions vivant en bidonvilles).

● **Agriculture.** *Terres* (milliers d'ha, 81) : arables 165 500, cult. en permanence 3 930, pâturages 11 800, forêts 67 500, eaux 31 440, divers 48 589. 27,4 % des t. sont irriguées (48 090 000 ha en 78). 51 % des t. sont cult., mais 40 % sont régulièrement ensemencées. *Conditions :* sols médiocres. Climat instable obligeant à prévoir des stocks difficiles à conserver. Surpeuplement d'où sous-emploi, exploitations exiguës (0,43 ha en moyenne). Redevances lourdes (20 à 25 % de la récolte, parfois plus pour la location). Mépris des besognes manuelles, entraves des castes, respect de la vie animale qui favorise ravages des singes, sauterelles ou rats qui détruisent env. 50 % des céréales). *Récoltes :* principale (kharif) à la fin de la saison humide [en général riz (repiquage encore peu pratiqué), millet, jute, coton)] ; l'autre (rabi) fin de la saison sèche (blé, orge, colza). Irrigation ancienne sur des surfaces restreintes. Puits tubés et profonds. Barrages-réservoirs : Bhakra sur la Satlej (Pendjab indien), N.-E. du Deccan, la Damodar a été aménagée. Engrais : variétés nouvelles, rendements élevés. Une classe nouvelle d'agriculteurs bien équipés apparaît. L'I. exporte du blé vers l'U.R.S.S. (mais 45 % des Indiens ne peuvent acheter suffisamment de céréales pour leurs besoins minimum).

Régions agricoles. *Production* (millions de t, 83-84). *Céréales : prod. 1964 :* 60 ; *74 :* 100 ; *83-84 :* 139 (grâce à la révolution verte). *Riz* (E. de la plaine du Gange, Bengale, deltas de la côte E., bordure O. du Deccan) 59,7. *Blé* (Pendjab, O. de la plaine du Gange) 45,1. *Millets* (sols pauvres du Deccan) 12,3. *Sorgho* 12. *Maïs* 8. *Orge* 1,8. *Pois chiches* 4. *Arachides* 7,2. *Canne à sucre* (en partie consommée sur place, jus non consommé) 177. *P. de terre* 12,2. *Thé* 0,59. *Tabac* 0,50 (82). *Coton* (suffit à peine aux usines, fibres assez grossières, alluvions du Pendjab et de la plaine gangétique, terres noires du N.-O. du Deccan) 6,5 millions de balles de 170 kg. *Jute* (bordure humide de l'Himalaya, côte E.) 6 millions de balles de 180 kg (82). *Sésame. Colza.* **Forêts** (83). 232 537 000 m³. *Teck, santal, palissandre, ébène, déodar.*

Élevage (millions de têtes, 83). Bovins 182, moutons 41,7, chèvres 78, buffles 63, porcs 8,6, chameaux 1, ânes 1, chevaux 0,9, mulets 0,13, volailles 50. Jusqu'à ces dernières années, pour des raisons religieuses, seuls moutons et chèvres fournissaient un peu de viande. Les bovins fournissent du travail (mais ils sont chétifs) et du lait (env. 406 l par an mais 60 % sont improductifs). Les bouses pétries servent de combustible. Exportations de cuirs et peaux. **Pêche** (prév. 83). 2 541 000 t.

● **Énergie** (84). **Charbon** (millions de t). *Réserves* 83 673, bassin de la Damodar, couches épaisses, exportations vers le Japon et l'Europe, port charbonnier : Haldia. *Prod.* 136 (*1946 :* 30 ; *70 :* 736 ; *83 :* 136). *Lignite* 7,6. **Pétrole** (millions de t). *Réserves* 476 (Assam et Région de Bombay). *Prod.* 28 (*1946 :* 0,3 ; *70 :* 6,8 ; *83 :* 23 ; 1990 : 60 à 70). *Consom.* 35 (en 82). 15 millions de t importées, soit 42 % des besoins. **Gaz** (milliards de m³). *Réserves* 260 (82). *Prod.* 3,2. **Électricité** (milliards de kWh). Potentiel 280 (82). *Prod.* 150 [insuffisante : nombreuses coupures de courant ; — de 35 % des villages ont l'électricité].

Nota. — Combustibles utilisés par 80 % de la pop. (en millions de t) : bouse de vache 200, bois 150.

● **Mines** (millions de t, prév. 84). *Fer* [réserves 10 milliards de t d'hématite à 55 %, 5 milliards de t de magnétite, vers Goa et Karnataka (Mysore)] 41,9. *Acier* 10,1 (83). *Manganèse* 1,1. *Bauxite* 2. *Craie* 0,6. *Kaolin* 0,6. *Dolomite* 2,3. *Gypse* 1,2. *Sel* 7,7. *Chrome. Cuivre* 3,9. *Plomb* 34,5. *Zinc* 85,2. *Mica* 6,2. *Or* 1 988 kg. *Diamants* 15 887 carats.

● **Industrie.** *États les plus industrialisés :* Maharashtra, Bengale O., Tamil Nadu, Goudjerât, Uttar Pradesh, Bihar, Andhra Pradesh, Karnataka et Madhya Pradesh. Coton, jute, sucre, ciment, papier et pâte à papier, papier pour films et photos, fer, acier, mach.-outils, automobiles, app. élec., engrais, prod. chimiques et pharm., pétro-chimie.

SECTEUR PRIVÉ : *Grands groupes : Tata.* Famille parsie de Bombay, d'origine iranienne, réussite dans l'ind. cotonnière (fin XIXe s.). Crée 1911 les 1res usines sidérurgiques, puis prod. d'électricité, hôtellerie, huileries-savonneries, ind. chimiques, méc. et élec. Aujourd'hui, groupe intégré (techniquement et financièrement), contrôle env. 50 sociétés, dont les 2 plus grandes Stés industrielles privées [Tata Iron and Steel (2 millions de t d'acier, 65 000 employés) et Tata Engineering and Locomotive (camions et autobus, 35 000 employés)].

Birla. Hindous Marwari (originaires du Rajasthan), commerçants et financiers, lancés dans la grande industrie après la g. de 1914-18 (jute et coton), puis ind. légères (sucre, papier) en gardant import-export. Après l'indép. en 1947, ind. aluminium. Aujourd'hui groupe intégré financièrement, contrôle 200 sociétés dont Gwalior Rayon Silk (textiles artificiels, 15 000 employés) et Hindustan Motors (automobile).

3 autres groupes : *Bangur, J.K.* (les 2 Marwari) et *Thapar* (Punjabi) intégrés financièrement, *Mafatlal* (Goujerati) et *Shriram* (Punjabi) : coton, chimie (textiles synthétiques, colorants), mécanique. 526 000 petites usines, ateliers et fabriques représentent 40 % de la prod. ind. privée.

SECTEUR PUBLIC : 60 % du cap. ind., 1/4 de la valeur ajoutée par l'ind. spécialisée dans les secteurs lourds (planifiés).

Industrie spatiale. 13 000 employés. *Budget* (1985-90) 500 milliards de $. *Armement* (50 %) fabriqué sous licence, 75 % d'origine russe.

Capital détenu par l'étranger. 16,4 % du total, 20,5 % de la prod. et des ventes.

● **Transports.** *Routes.* 554 478 km dont 429 914 empierrés (86). *Véhicules* 6 718 539 (83) dont 3 511 868 motocyclettes et 1 060 742 voitures privées. Le + fort taux d'accidents en ville du monde (New Delhi, 75,5 accidents et 12 † pour 10 000 véh.). *Chemins de fer.* 70 000 km. *En 1983-84 :* 3 325 200 000 passagers et 258 000 000 t de fret.

● **Tourisme.** 1 193 752 vis. (84) dont (%) G.-B. 14,6, U.S.A. 11,2, Ceylan 10,8, All. féd. 5,6, *France* 5,5. *85 :* 33 620 chambres d'hôtel (*est. 90 :* 59 000).

Principaux lieux touristiques. *Inde du N. :* Agrâ (Taj Mahal, mosquée de Perle), Ahmedabad, Bénarès, Bhubaneshwar, Bikaner, Bodhgaya, Delhi (Fort rouge, mosquée Jama Masjid, Qutub Minar), Fatehpur Sikri, Gwalior (forteresse), Jaipur (palais des Vents, Sanganer), Jaisalmer, Jodhpur, Khajuraho, Konarak, Mont Girnar, Palitana, Puri, Ranakpur, Sanchi, Udaipur, Ujjain (mosquée). *Inde du C. et du S. :*

Art Indien

Préhistoire. *IVe millénaire av. J.-C.* poterie peinte, usage du métal au N. (Baloutchistan). *2500-1200* civilisation de l'Indus (Harappa et Mohenjo Daro) ; urbanisme développé ; statuettes : terre cuite, pierre, bronze, sceau en stéatite (art animalier avancé).

Inde ancienne. *IIer-Ier s. av. J.-C.* période ancienne ; architecture : sanctuaires [*chaïtyas* (temples souvent en bois) ; *viharas* (monastères)], grottes à Bhaja ; dans les Mts Ajanta, à Ellora ; *stupas :* monuments funéraires ou commémoratifs hémisphériques de brique ou de pierre (à Bharhut, Sanchi, Bodera Gaya) ; sculptures : terre cuite, bas-relief narratif [sur les *vedikas* (balustrades entourant les stupas et leurs portes)]. *Ier s. av. J.-C.-IVe apr.* période de transition. Apparition de l'image de Bouddha. École gréco-bouddhique (N.-O.), sculptures en schiste et stuc. École de Mathura, ville sainte du N., grès rouge (IIe-IIIe s.). École d'Amaravati [site portant le nom de la résidence d'Indra (IIe-IVe s.), S.-E.], bas-relief en marbre blanc. Perspective. *IVe-VIIIe s.* art indien classique. *IVe-VIe s.* art de la dynastie des Gupta. Sanctuaires rupestres avec piliers et murs décorés ; arts brahmanique et bouddhique. Peintures murales (Mts Ajanta). *VIe-VIIe s.* art post-Gupta ou pallava : goût du colossal. Hauts-reliefs [rochers du Mahabalipuram] (VIIe s., Ellora VIIe-VIIIe s.). *VIIIe-XIIe s.* style salassera (2 dynasties du Bengale), tendance au conventionnel.

Moyen Age. *VIIIe-XIIe s. Inde du Nord :* développement de l'iconographie bouddhique (vallée du Gange) ; apparition et développement de l'art hindouiste : temples à Çikhaja (tour-sanctuaire à arêtes curvilignes) et architecture sculptée ; Puri, Bhubanesvar, Kanarak, Khajuraho. *I. de l'Ouest :* coupoles sur pendentifs, encorbellements ; temples jaïns du mont Abu (*XIe-XIIIe s.*) et de Ranakpur (*XVe s.*) dans le Râjasthân. *I. du Sud :* art chola (*Xe-XIIIe s.*) : ronde-bosse en bronze ; temples-villes avec hautes tours d'entrée ; Tanjore, Crirangam, Tiruvan-mâki, Chidambaram, Madurai. Art Hoysala (*XIe-XIVe s.*) : temples avec frises horiz. aux thèmes variés ; Halebid, Behir, Samnâthpûr.

Période musulmane. Arts musulman (mosquées, tombeaux, palais ; décoration géométrique) et indien (motifs floraux). *XIIIe-XVe s.* mosquées à minarets (Qutub Minar de Delhi). *XVIe-XVIIIe s.* emp. moghol, inspiration persane ou indo-persane, grès rose et marbre blanc ; Agrâ (Tâj Mahal), Fatehpur Sikri (palais), Delhi (tombeau d'Humayûn, Fort rouge). Peinture d'albums : thèmes brahmaniques (au Rajputana, au Bengale, au Deccan) ou jaïns. Influence européenne, architecture style indo-portugais sur la côte O. (Goa) ; franç. à Saint-Louis de Pondichéry.

Les miniaturistes moghols copient les gravures occidentales et adoptent également la perspective occidentale.

Aiholi, Ajanta, Aurangabad, Badami, Bangalore, Bijapur, Bombay, Cochin, Covelong, Elephanta, Ellora, Goa, Hampi, Hassan, Kanchipuram, Madras, Madurai, Mahabalipuram, Mysore, Pattadakal, Tanjore, Tiruchirapalli, Trivandrum.

Commerce (milliards de roupies, 83-84). **Exp.** 98,6 *dont* perles et pierres précieuses 12,1, vêtements 6, mach. et équip. de transp. 5, thé et maté 5, cuirs et peaux 3,5 *vers* U.S.A. 14, U.R.S.S. 13, Japon 8,2, G.-B. 5,5, All. féd. 3,7. **Imp.** 157,6 *dont* fuel et lubrifiants 48,3, mach. non élect. 19,7, fer et acier 9,6, huile végétale 5,4, engrais 1,9 *de* U.S.A. 18, U.R.S.S. 16,6, Japon 14,5, G.-B. 11,4, All. Féd. 11,2, Iran 7,2, Irak 7,9. *Avec Pakistan* (en millions de $, 85) : Exp. 9,6. Imp. 23. *Part de la France* (en milliards de F). *Exp. fr. : 82 :* 2,28 ; *84 :* 3,36. *Imp. fr. : 83 :* 1,73 ; *84 :* 1,98.

Rang dans le monde (83). 1er bovins, thé. 2e bananes, riz, canne à sucre. 3e bois. 4e blé, céréales, coton à graines. 5e p. de terre. 6e ovins, charbon, fer. 7e rés. charbon. 8e pêche, oranges. 11e café, maïs.17e orge. 19e rés. pétrole, porcins. 20e pétrole.

Problèmes écologiques. *Déforestation :* la loi prévoit que 23 % du territoire doit être destiné aux forêts, il n'en reste que 10 à 12 %. *Inondations :* 40 millions d'ha menacés (surtout dans les plaines du Gange et le Centre-Est). *Stérilisation des terres* (manque d'irrigation) : sur 10 à 20 millions d'ha, mauvais systèmes entraînant salinisation des sols, remontée de la nappe phréatique, réapparition des moustiques et de la malaria, recrudescence de la filariose, diarrhées, cancers. Peu de restitution des matières organiques (bouse utilisée comme combustible par manque de bois). Culture de t. marginales (érosion). En 80, 40 millions d'ha sur 140 n'auraient pas dû être cultivés. *Eau :* pollution de 70 % de l'eau utile ; la capacité d'autoépuration du Gange est dépassée. Dans les villes, 1/3 des hab. n'ont pas de W.C., l'eau est souvent impure, nombreux cas d'hépatite.

INDONÉSIE

Carte p. 902. V. légende p. 787.

Noms. A été appelée : Archipel malais ou malaisien, a. indien, a. asiatique, a. des Grandes Indes néerlandaises. Le géographe français René Lesson (1794-1849) a parlé en 1825 de Notasie (du grec *notos* « sud »), qui n'a pu s'imposer. Langue appelée aussi nousantarienne, du malais *nusantara* « archipel » ou « les îles entre » (2 continents).

Situation. *3 chaînes :* Sumatra, Tara et les petites îles de la Sonde Halmahera et Banda, Sulawesi, Sangihe et Talaud. *Sommets :* + de 4 000 m en Irian, Kerenel (3 805 m à Sumatra), Rinjani (3 736 m à Lambok), Semeru (3 676 m à Java de l'Est), Ngga Pulu (5 030 m). Env. 13 677 îles, sur 5 159 km de long (3 000 habitées). Asie. 1 904 569 km² avec l'Irian. *Volcans* très nombreux dont 128 encore en activité. *Prof. de la mer :* 200 m à 7 500 m. *Lacs* nombreux : Toba (90 km de long), Singkarak, Maninjau, Tempé, Towuti, Sidenreng, Matana, Tondano, 3 lacs des Flores. **Climat.** Trop. et équ. *2 moussons :* de l'E. (sèche mai-oct.), O. (humide nov.-avril). *Pluies* en mm : Kupang 1 455, Jakarta 1 760, Pontianak 4 000. *Temp.* moy. 26 à 28 °C.

Faune. *Partie O. de l'I. :* éléphants (Sumatra), rhinocéros (Sumatra, Java, Kalimantan), tigres et panthères (Sumatra, Java, Bali), ours et tapirs (Sumatra, Kalimantan), buffles sauvages (Java, Kalimantan), orangs-outangs, paons, faisans (Kalimantan). *P.E. :* marsupiaux, grande variété d'oiseaux [perroquets, cacatoès, pigeons huppés, calaos, oiseaux de paradis (en Irian Jaya)]. L'anaoa (buffle nain), le babi-rusa (sanglier aux défenses longues et courbées) vivent à Sulawesi. Singes, cerfs, serpents, crocodiles se trouvent dans les 2 parties de l'I. Le komodo (lézard géant, peut atteindre 3 m) vit uniquement dans l'île de Komodo (près de l'île de Flores).

Population. *1900 :* 45 000 000. *1939 :* 68 400 000. *1-1-86 :* 168 200 000. *— de 15 a. :* 50 %, *+ de 60 a. :* 4,5 %. *Ethnies :* Javanais 45 %, Sundanais 13,6 %, Chinois 2,3 %. **Immigration.** 4 000 000 Chinois (dont 1 500 000 n'ont pas adopté la nationalité ind.), 10 600 Indiens, 7 500 Arabes, 3 400 Néerl., 2 800 Amér., 2 400 Malaisiens, 2 300 Pakistanais, 2 100 Brit., 1 800 Philippins, 1 400 Japonais. D. 88,3 (Java central 634). **Villes** (83) : *Jakarta* 7 636 000, Surabaya 2 289 000, Medan 1 966 000, Bandung 1 602 000, Semarang 1 269 000, Palembang 903 000, Ujung Pandang 888 000, Yogyakarta 428 000.

Taux d'accroissement. *1967-70 :* 2,08 % par an, *1970-80 :* 2,34 % ; *80 :* 1,9 % ; *82 :* 2,34 % ; *Java* 1,9 % mais l'île compte 62 % de la pop. totale, sur 7 % du territoire, densité 1 000 h. par km². **Transfert.** En 1979, le 3e plan quinquennal prévoyait le transfert annuel de 500 000 Javanais vers les autres îles [(1 400 par j, mais la pop. de Java s'accroît de 1 800 000 par an. Les ressources alim. et énergétiques de Java sont en voie d'épuisement. 4e plan (84-88) : prév. de transférer 750 000 familles.

Langues. Bahasa indonesia *(off.)* [fondée sur le malais, parlée depuis des s. dans l'archipel dit « des Indes » comme « lingua franca » ; fut adoptée comme l. nat. en 1928], javanais, sundanais, balinais, madurais, nombreux dialectes. Au total, 400 langues et dialectes, et + de 200 groupes ethniques env.

Vie religieuse (79). *Musulmans* sunnites 90 % (40 à 45 % pratiquent) soit env. 125 millions (l'I. est le 1er pays musulman du monde) ; implantation datant du XVIe s. à Java, Sumatra et Kaliwantan ; du XVIIe s. au Sulawesi ; récente en N.-Guinée, annexée à l'I. *Christianisme :* 5 % (dont 1 500 000 catholiques) plus particulièrement à Minahasa (Sulawesi du N.), Tapanuli du N., aux Moluques et aux petites îles de la Sonde orientale ; *hindouisme :* 3 % à Bali, ouest de Lombok, montagnes de Tengger ; *animisme :* intérieur de Kalimantan, Sulawesi et quelques autres régions. La Constitution oblige chacun à professer une foi [islam, hindouisme, catholicisme, protestantisme, bouddhisme, kébatinan (qui n'est pas une rel. officielle mais est considérée comme un aspect de culture)].

Histoire. *Peuplement très ancien* (*pithécanthrope* de Java, découvert en 1891, env. 2 millions d'années). **Age de la pierre** (néolithique) et **âge du bronze** (3 000 à 500 ans av. J.-C.) : pop. austronésiennes émigrent du S. de la Chine vers l'archipel, expulsent les h. (Papous, Mélanésoïdes) ou se mêlent à eux. **Age du bronze** participe à la civilisation de Dong Son (Tonkin), qui recouvre l'Asie du S.-E.; mais les populations restent proches des Mélanésiens. **78** Adji Çaka Ier roi indien à s'installer en Indonésie. États hindou-indonésiens se constituent comme Kutai à Kalimantan (l'an 400), Taruma Negara à Java occidental (450), Sriwijaya à Sumatra du Sud (670-1370), Mataram à Java central (732) et Majapahit à Java de l'Est (1292-1528), Airlangga (vers 1010) et Hayam Wuruk (vers 1350) avec son PM Gajà Mada (les temples de Kalasan, Prambanan et Borobodur datent des VIIIe et IXe s.). Au **XIIIe s.** l'islam s'introduit par des marchands venus du Goudjerât (Inde), de la péninsule malaise et des États arabes du golfe Persique. Des États islamiques s'établissent : (Aceh et Pasai (N. de Sumatra), Banten et Cirebon [(O. de Java) ; lieu de sépulture de Sunan Gunung Jati, apôtre de l'islam], Demak (centre de Java) qui, d'abord vassaux, renversent ensuite les roy. hindou-indonésiens. L'emp. majapahit s'écroule et ceux qui restent fidèles à l'ancienne civilisation s'enfuient dans les montagnes (Tengger) et à Bali. Après plusieurs g. entre nouveaux États, le sultanat de Mataram à Java central arrive à l'hégémonie et atteint son apogée sous le sultan Agung (1613-45).

XVIe s. arrivée des Port. (1509) et Esp. (1521) ; ils occupent Philippines et Moluques, mais n'entament pas les sultanats. **1595** débarquement holl. **1602** formation de la Cie des Indes orientales néerlandaises. **1619** le gouv. Jan Pieterszoon Coen obtient la souveraineté sur la ville de Jakarta qu'il nomme Batavia (du nom des 1res tribus germaniques de Hollande, les Bataves). **1602-1800** développement des sultanats, notamment Sumatra et Makassar. Seule, l'île d'Amboine échappe à la suzeraineté musulmane et est assimilée culturellement. **1800** g. contre la G.-B. Le gouv. holl. succède à la Cie des Indes dans les comptoirs côtiers. **1811-15** occupation brit. Napoléon Ier ayant annexé les P.-Bas, l'I. était juridiquement sous contrôle fr. **1816-30** conquête de Java (arrière-pays) par les Holl. **1860-1908** conquête des autres îles ; révoltes de Thomas Matulessy (Patimura, rév. des Moluquois 1816-18), du Pce Diponegoro (g. de Java, 1825-30) de Teuku Cik Ditiro, Teuku Umar (g. d'Aceh, 1873-1903), Tuanku, imam Bonjol [« djihad » (g. sainte musulmane, de Padri à Sumatra Ouest, 1830-37)], Si Singamangaraja (g. de Batak, 1907). **1883** éruption du Krakatoa. **1908**-*20-5* formation de la 1re organ. nationaliste Budi Utomo. **1922** I. intégrée au roy. des P.-Bas. **1928** serment de la jeunesse (une patrie : l'Indonésie, une nationalité : indonésien, une langue : l'indonésien). **1942-45** occupation jap. **1945**-*17-8* les nationalistes avec Soekarno et Hatta proclament l'indép. **1946**-*15-11* union I. (composée de 3 États : Ind., I. de l'Est et Bornéo) et P.-Bas envisagée, échoue. **1947**-*26-7/9-8* lutte, interrompue sur intervention de O.N.U. Soulèvement du Darul Islam (Java de l'O.). **1948**-*10-9* gouv. fédéral ; soulèv. com. de Muso à Madiun. **1949**-*18-12* répression holl. interrompue sur intervention de O.N.U.

1950-*15-8* rép. unitaire. Rébellion du capitaine Raymond Westerling (n. 31-8-19) de l'armée néerl. Rébellion des Moluquois de l'armée néerl. : répression ; 30 000 réfugiés aux P.-Bas, réclamant l'indép. des Moluques du S. (3 îles Buru, Seram, Amboine). **1954**-*10-8* union avec P.-Bas dissoute. **1955**-*18/24-4* conférence de Bandung (V. Index). **1956**-*13-2* Soekarno abroge accord de 1949 avec P.-Bas. **1957**-*14-3* loi martiale ; nationalisation des biens holl. **1958**-*15-2* soulèvement O. de Sumatra et N. des Célèbes (avec M. Sjaffruddin) maté en mai. **1962**-*15-8* accord avec P.-Bas sur N.-Guinée occ. **1963**-*18-5* Soekarno Pt à vie. **1964-65** incidents avec Malaisie à Sarawak (l'I. tente d'annexer Sarawak à Bornéo). **1965** *janv.* l'I. quitte l'O.N.U. *-30-9* complot com. pro-chinois échoue, répression (700 000 arrestations, 500 000 †, 430 dirigeants du P.C. exécutés, capturés ou exilés, le P.C. avait 3 millions d'adhérents et 20 millions de sympathisants). **1966**-*11-3* sous la pression des parachutistes de Sarwo Edhie, Pt Soekarno donne pleins pouvoirs au Gal Soeharto. *-11-8* reconnaît Malaysia, revient à l'O.N.U. **1967**-*12-3* Soeharto Pt intérimaire. *-8-8* création de l'Association des Nations de l'Asie du S.-E. (ASEAN). **1968**-*27-3* S. nommé Pt de la Rép. **1972**-*17-8* nouvelle orthographe de la Bahasa Indonesia. **1974**-*15-1* manif. antijap. à Jakarta, 8 †. **1975**-*7-12* invasion du Timor or. (v. ci-dessous). **1976**-*2-12* des Moluquois du S. prennent un train en otage aux P.-Bas pour obtenir l'indép. des Mol. (il y a env. 60 000 M. du S. aux P.-Bas). **1977**-*20-12 :* 10 000 prisonniers pol. libérés (100 000 détenus). **1978**-*26-7* 4 000 p. l. **1979**-*8-12 :* 2 000. **1980** *déc.* émeutes antichin. à Java (minorité de 4 000 000, 5 % contrôleraient 80 % du commerce), 8 †, nombreux magasins et usines détruits. **1983** crise écon. (chute des exp. non pétrol., baisse du prix du pétrole). *-1-4* rupiah dévaluée de 37 %. *Sept.* reprise des combats au Timor. *Déc.* multiplication des crimes des « escadrons de la mort » (dep. avril : 3 000 « délinquants » tués). **1983** attentats dont *-21-1* à Borobudur (statues et stupas endommagés). **1984**-*12/13-9* émeutes à Djakarta. 23 à 400 †. **1986**-*11-1* Gal Hartono Dharsono (arrêté nov. 84) condamné à 10 ans de prison pour subversion.

Statut. Rép. *Constit.* de 1945. *Pt* et *PM* Gal Soeharto (8-6-21) dep. 27-3-68, réélu 73, 78 et 1-3-83 pour 5 ans par le Congrès du peuple. *Vice-Pt* Umar Wirahadikusumah dep. 22-3-78. *Congrès du peuple* (Majelis Permusyawaratan Rakyat), 920 m. élus pour 5 a. *Chambre des représentants* (Dewan Perwakilan Rakyat), 364 m. élus pour 5 a. et 100 m. nommés par le Pt de la Rép. 5 principes *(Pancasila)* définissent la politique du pays dep. 1945 : la foi en un dieu, le nationalisme, la justice sociale, un gouvernement représentatif de la souveraineté du peuple, l'humanisme. **Fête nat. :** 17 août (Indépendance).

Drapeau « Sang-Merah-Putih » (rouge et blanc) ; devise « Bhinneka Tunggal Ira » (Unité dans la diversité). **Armoiries :** 1° oiseau mythique « Garuda » symbolisant l'énergie créatrice. Les 17 plumes de chaque aile et les 8 de la queue rappellent la date de l'indépendance (17-8-45). 2° bouclier central symbolisant la lutte et la défense : au centre, une étoile, (omnipotence divine et croyance en Dieu) ; en haut à gauche, le taureau (démocratie, souveraineté du peuple) ; en haut à droite, un banian « waringin » symbolisant la conscience nat. 3° devise : comme sur le drapeau.

Élections du 4-5-82 à la Ch. (nombre de sièges, entre parenthèses en 77) ; *Golkar* 246 (232), *Partai Persatuan Pembangunan Indonesia* 94 (99), *Partai Demokrasi Indonesia* 24 (29).

3 partis principaux : *Groupe du Golkar* (Golongan Karya : groupe fonctionnel) f. 20-10-64 ; secr. gén. Sarwono Kusumaraatmadja ; p. de la majorité. *Partai Demokrasi Indonesia* (Parti démocratique indonésien), f. janv. 73 ; fusion des 4 anciens p. catholique, protestant, nationaliste et prolétaire ; *Partai Persatuan Pembangunan Indonesia* (Parti unique pour le développement indonésien), f. janv. 73 ; regroupement de tous les anciens p. musulmans ; secr. gén. John Naro (opposition modérée).

Provinces

Population au 1-1-1984.

Principales îles. Java et Madura. 132 187 km². Long. 1 000 km, larg. 180 km. Alt. max. Semeru 3 676 m. 96 892 900 h. D. 733. *Villes : Jakarta* (ex-Batavia) (cap.) 7 636 000 h., Surabaya 2 289 000 h. (à 793 km), Bandung 1 602 000 h. (180 km), Semarang 1 269 000 h. (485 km), Malang 560 000 h. (882 km), Solo 500 000 h. (71) (585 km), Yogyakarta 428 000 h. (565 km), Bogor 274 000 h. (60 km). **Sumatra.** 473 606 km². Alt. max. Mt Kerinci 3 805 m. Lacs : Toba

(Nord, alt. 1 000 m, long. 90 km), au centre île de Samosir ; Singkarak, Maninjau (Centre). 30 928 500 h. *Villes :* Medan 1 966 000 h., *Palembang* 903 000 h., Padang 726 000 h. **Sulawesi** (Célèbes, 4 péninsules ; entré dans la rép. ind. en 1945). 189 216 km². 11 112 200 h. *Villes :* Ujung Pandang (ex-Makassar). 888 000 h. **Kalimantan** (partie ind. de Bornéo). 539 460 km². 7 350 000 h. D. 13,6. *Capitale : Bandiarmasin* 437 000 h. **Paulau-Paulau Lain.** 570 100 km². 11 211 400 h. **Bali.** 5 561 km². Long. 250 km, larg. 125 km. 2 593 900 h. D. 380. *Cap. : Denpasar* 88 142 h. (71) 18 000 temples. *1515* chassés par les musulmans, des milliers de Javanais se réfugient à B. Les Hollandais instaurent l'esclavage (1 Balinaise veut 100 Noires). *1906* révolte, intervention holl., chefs et guerriers b. se suicident par centaines. **Lombok.** 4 700 km². Alt. max. Rinjani 4 055 m. 2 000 000 h. (71). *Ville :* Mataram 200 000 h. (71). **Flores.** 14 275 km². *Ville :* Ende. **Moluques** (89 îles ou groupes d'îlots). 74 505 km². 1 534 300 h. **Bangka.** 205 000 h. (71). **Belitung** 248 km². 73 500 h. (71). **Sumbawa** 14 500 km², long. 300 km, larg. 90 km. Alt. max. Mt Tambora 2 850 m. 315 000 h. (71).

Loro Sae (ex-Timor) 33 925 km² (long. 500 km, larg. 60 km). Portugaise en 1586 puis partagée en 2 parties : 1°) **ouest** : à la Holl. puis à l'I. (19 000 km², 2 737 166 h) ; 2°) **est** : au Portugal jusqu'en 1975 (14 874 km², 555 350 h) avec territoire d'Ambeno (Od-cusse) et îles de Pulo Kambing et Pulo Jako (archipel malais). *En sept. 1975*, 3 partis [UDT (Union dém. de Timor), KOTA et Trabalhista] demandent l'intégration à l'I. *-28-11* le Frétilin (Front révol. pop. pour l'Ind. de Timor-An., leader Ramos Horta), procommuniste, proclame l'ind. (Rép., Pt Xavier de Amoral). *-30-11* déclaration d'intégration à l'I. de 4 partis (UDT, KOTA, Trabalhista et Apodeti). *-7-12* invasion par l'I. *-14-12* l'I. annexe l'enclave d'Occubi-Ambeno. *1976*-17-7 T. devient le 27ᵉ gouv. d'I. *1977-78* l'armée ind. (30/40 000 h) pratique la terre brûlée. *1979*-3-1 Nicolas Lobato, Pt du Frétilin, assassiné. *1975-79* env. 100 000 † (g. et famine). *1983 :* 5 mois de cessez-le-feu ; reprise des combats (armée ind. 15 000 h).

Irian Jaya (Nouv.-Guinée occid.). 421 951 km². Alt. max. Mt Constenzy (Puncak Jayawijaya) 5 030 m. 1 173 875 h. D. 2. *Cap. : Jayapura* (ex-Hollandia) 107 164 h., auparavant Nouvelle-Guinée néerlandaise. *1963* province ind. *1965* résistance armée. *1971*-22-6 gouv. révol. provisoire en exil au Bénin ; Pt Seth Rumkoren (n. 5-6-33). *1977* succès de l'O.P.M. (Organisation Papua Merdeka, séparatiste). *1978* contre-offensive ind. (bombardements aériens), luttes au sein de l'O.P.M. *1980* paix.

Économie

P.N.B. (83) 482 $ par h. **Pop. active** (% et entre par. part du P.N.B. en %) agr. 52 (26), ind. 12 (14), services 30 (35), mines 6 (25). 4 % de la pop. contrôle 80 % de l'économie. Sous-emploi : 35 % de la pop. **Inflation** (%). *1979 :* 19,4 ; *80 :* 18,5 ; *81 :* 12,2 ; *82 :* 9,5 ; *83 :* 11,8 ; *84 :* 10,5. **Dette extérieure** (1-1-86). 29,5 milliards de $ (dont publique : 23,8).

Lieux touristiques : *Medan :* grande mosquée, palais des sultans ; *Bali :* île des Dieux (fêtes sacrées), Kintamani, Mengwi, Sangeh, Besakih ; *Java :* temples bouddhiques, en particulier Borobudur près de Yogyakarta (restauration terminée 23-2-83, coût 20 millions de $) et ensemble de Prambanan, Jakarta, Denpasar, Yogjakarta, théâtre du festival annuel de Ramayana, travail de l'argent, batik, lac Toba.

Nota. — *Candis :* monuments qui ont cessé d'être utilisés au XVᵉ s. lorsque la pop. s'est convertie à l'islam (ex. : Candi Borobudur).

Musique. Le « *gamelan* » : orchestre à percussion (essentiellement). Ceux de Java et Bali n'en sont pas obligatoirement constitués. Il emploie 2 gammes : le « slendro » (5 notes) et le « pelog » (7 notes). Instruments : « kendang » tambour à mains, « saron », « métallophone », « gambang » xylophone de bois, « gong » en métal, « sesando » mandoline en feuilles de palmier, « contar » (Timor), « kledi » flûte (Bornéo) ; l'« *angklung* » est un orchestre d'instruments de bambou. Musique populaire : « kroncong » joué à la guitare (« ukulele »), flûte et contrebasse. Un « gamelan » complet comprend env. 70 instruments, 30 musiciens, 10 à 15 chanteurs. Le chef d'orchestre est le tambour.

« **Wayang** » (théâtre de marionnettes de bois ou cuir). Les ombres des marionnettes sont projetées sur un écran (théâtre d'ombres).

Agriculture. *Terres* (millions d'ha, 81) cultivables 14,2, cult. en permanence 5,3, pâturages 11,9, forêts 121,8, eaux 9,3, divers 27,9. *Production* (millions de t, 83) riz (*1960 :* 1 ; *84 :* 25) manioc 13,7, maïs 4, patates douces 2,1, coprah 1, légumes 2,2, fruits 3,4, canne à sucre 24,5, caoutchouc 0,9 (principales plantations gouvernementales à Java, Sumatra, Kalimantan), arachides 0,7, huile de palme 0,9, café 0,2, thé (plantations de 300 à 2 200 m d'alt.) 0,1, tabac 0,1 (Sumatra et Java), graines de soja, quinine, fibres de palmes, kapok, cacao 0,015, huiles essentielles (cananga, vétiver, ricin, citronnelle, patchouli), épices (vanille, poivre, girofle, muscade). **Élevage** (milliers de têtes, 82). Bovins 6 600, moutons 4 300, chèvres 7 985, porcs 3 600, chevaux 660, buffles 2 506, poulets 170 000, canards 25 000. **Pêche.** 2 112 200 t (83), 7 millions de km² de domaine marin.

Forêts. 122 249 000 m³ (83). Bois (ramin, meranti, snakeling, ébène, sapin, teck, bois de fer, santal), rotin, résines (damar, jelutung, copal, gutta-percha), bambous, kayu putih (huile d'eucalyptus, curative), graines de ricin (Kalimantan).

Énergie. Pétrole (millions de t) : *réserves* 1 242 ; au N., centre et S. de Sumatra, à l'E. et au N.-E. de Kalimantan, à Java et à Seram ; 300 nouveaux forages en 1981 ; *prod. 1981 :* 79 ; *82 :* 65 ; *83 :* 63 ; *84 :* 71 ; *revenus* en 82 le pétrole représentait 70 % des ressources budgétaires de l'État (en 84-85, pétrole et gaz : 50 %) et 80 % des exp. **Gaz** (milliards de m³) : réserves 1 025 ; *prod. 84 :* 26. **Charbon** (Sumatra) 1 085 000 t. **Électricité** (milliards de kWh, 83) 7,40 (dont hydraulique env. 1,60).

Mines (en t, 84) : *étain* (îles de Bangka, Belitunf, Singkep) 23 200, *nickel* (Sulawesi) 1 067 000, *fer, manganèse, cuivre* (Irian, Java) 190 000, *or* 259 kg (83), *argent* 1 793 kg (83), *diamants* (Kalimantan), *asphalte.*

Industrie. Liquéfaction de gaz, pétrochimie, aluminium, raffineries de pétrole.

Transports. *Voies ferrées* 6 877 km (dont 4 922 Java et 1 955 Sumatra) ; *routes* 83 854 km (dont 10 139 km principales, 22 683 km secondaires et 51 031 km départementales). **Tourisme.** *Visiteurs. 1982 :* 644 300 ; *84 :* 1 000 000.

Commerce (millions de $ US, 83). *Exportations* 21 146 (*84 :* 21 880) *dont* pétrole 12 600 (*84 :* 11 020), gaz 2 582 (*84 :* 3 540), denrées trop. 1 118, fuel 958 *vers* Japon 9 678, U.S.A. 4 266, Singapour 3 121, P.-Bas 289, Australie 208. *Importations* 16 351 (*84 :* 13 880) *dont* biens d'équip. 8 138, prod. man. de base 7 461, prod. alim. 1 259,8, prod. de cons. 1 259, *de* Japon 3 793, Singapour 3 464, U.S.A. 2 533, All. féd. 742, *France* 591, G.-B. 364.

Rang dans le monde (83). 3ᵉ riz. 4ᵉ café. 6ᵉ bananes, thé. 7ᵉ bois, céréales. 9ᵉ canne à sucre. 10ᵉ pétrole, gaz naturel, pêche. 13ᵉ cacao. 14ᵉ rés. pétrole. 15ᵉ rés. gaz nat. 16ᵉ cuivre. 18ᵉ oranges.

IRAK

Carte p. 903. V. légende p. 787.

Situation. Asie. 434 924 km² (+ 3 522 km² de zone neutre). *Frontières* avec Koweit 254 km, Arabie Saoudite 895, Jordanie 147, Syrie 603, Turquie 305, Iran 1 515. **Régions.** *Djézireh* (l'île) plateau entre Tigre et Euphrate, et Kurdistan, *delta* Tigre et Euphrate, *Irak el-Arabi* au sud (ancienne Babylonie). *Alt. max.* Hasar Roste 3 607 m. **Climat.** Subtropical à tendance continentale, frais en hiver (7,7 °C à Mossoul, 9,9 °C à Bagdad en janv.), très chaud en été (33,6 °C et 45 °C en juill. à Mossoul et Bagdad). *Pluies* (uniquement l'hiver) : peu abondantes sauf dans les montagnes kurdes, diminuent vers le S. (361 mm à Mossoul, 136 mm à Bagdad). A l'extr. S. cl. tropical désertique : 12,5 °C à Bassorah en janv., 34,4 °C en juill. Il n'y a que 2 saisons : hiver (oct.-avril) et été (mai-sept.)

Population. *1927 :* 3 000 000 ; *1957 :* 6 339 960 ; *1972 :* 10 000 000 ; *1984 :* 15 000 000. En % : Arabes 70, Kurdes 15, Mésopotamiens 10, Iraniens 3,8. — *de 15 a.* 48,3 %, *+ de 60 a.* 5,1 %. D. 34. **Villes** (78). *Bagdad* 3 205 645, Bassorah 915 000 (à 560 km), Mossoul 900 000 (79, à 408 km), Kirkouk 500 000 (79, à 388 km). Il y a environ 50 % d'analphabètes. 4 000 Français.

Langues. Arabe 70 % *(officielle)*, kurde 18 %, araméen [l. sémitique occidentale, appelée « syriaque » (*off.* depuis 1970)] 10 %.

Religions (en %). Musulmans (religion d'État, sunnites 40 dont kurdes 28, chiites 50) ; chrétiens (araméophones) 10 [dont Chaldéens (catholiques) 8, Sou-

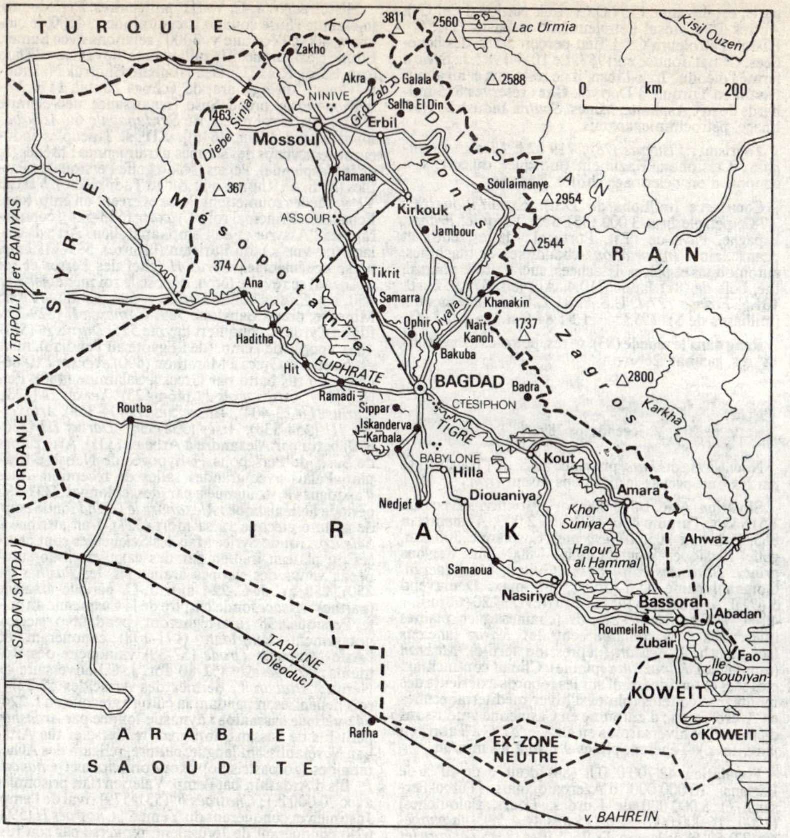

riens (nestoriens) 1,5, « Assyriens » (protestants) 0,5] ; yezidis (pop. d'origine kurde, 69 653 en 65), juifs 300 personnes (1948 : 130 000).

Histoire. Ancienne Mésopotamie, centre de nombreuses civilisations (sumérienne, babylonienne, assyrienne, etc.). **Civilisation mésopotamienne (6000-av. J.-C. – 100 apr. J.-C.). 1° Période moustérienne 40000)** grotte de Shanidar – période de chasse, **2° Culture (10000)** Kerim Shabir, Gird chai, Chomi. **3° Zarzien (8500)** Shanidar couche B2. **4° Protomésopotamien (7000)** Jarmu, Hassuna, Tell al-Sawan, Arpachia, Tepe, Gaivra (N. de la Mésopotamie) ; Ubaid, Warka, Kish (sud) : vaisselle, idoles féminines en albâtre. **5° Hassuna-Samarra (5000)** : 1res poteries, figurines d'albâtre. **6° Halaf (4000)** Tell Halaf près de la Syrie : les villages s'organisent, céramique polychrome avec figures humaines et animalières. **7° El Obeid (4500-3500)** civilisation puissante au S. (Eridu, Ur, Uruk), utilisation du tour de potier, objets en métal moulé, temples, ziggourats, poteries peintes. 1er exemple de navigation à voile (4500). **8° Uruk (3500-3100)** Uruk (actuellement Warka), 1res tablettes pictographiques, précédant l'écriture cunéiforme. **9° Djemdat Nasr (3100-2800)** 1res statuettes votives. **10° Présargonique (2800-2470 av. J.-C.)** cités-États. *Villes :* Eridu, Ur, Uruk (cap. religieuse), Lagash (auj. Tello), Oumma, Adab (auj. Bismya), Shourouppak (Fara). Ruines : palais, temples, ziggourats en briques crues ou cuites. **11° Empire d'Akkad (2470-2283)** fondé par le sémite Sargon : Lagash, Uruk, Ur, Nippur, Kish, Tell Asmar, Mari, Assur ; l'akkadien (langue sémitique orientale) remplace le sumérien (demeuré l. religieuse) ; région de Suse colonisée. **12° Dynastie d'Ur (2150-2016 av. J.-C.)** connaissance des math., théories, codes. Quelques cités-États renaissent. Ur Nammu fonde un nouvel emp. de l. sumérienne : Ur. 2 ; sites : Lagash et Ur. Ziggourats et temples. Ur est détruite en 2035 par les Amorrites et, pendant 2 siècles, coexistence de 4 royaumes : Sumérien, Akkadien, Élamite et surtout Amorrite [cap. Mari : 25 temples, palais (+ de 3,5 ha) de 300 chambres du roi Zimri-Lim v. 1780]. **13° Babylone (1894-1255)** 1re dynastie (1895-1595). **1894** un Amorrite, Soumou Aboum, roi de Babylone. **1757** son descendant Hammourabi (1792-50) détruit ville et palais de Mari. Principaux temples : Ischalli, Assur. Sculptures, fresques. Code d'Hammourabi (Louvre) en l. akkadienne (sémitique) : astronomie, algèbre, traductions en sémitique (araméen, akkadien) des livres sacrés sumériens. Dynasties rivales : Larsa, Assur. Les *Kassites* (1730-1170), originaires du Zagros (montagne de Mésopotamie), s'installent à Babylone ; **1160** battus par les rois d'Elam, ils se réfugient au Zagros. Architecture : Aqarquf (temple et ziggourat de 60 m), Uruk (temple). Sculptures en diorite. **14° Empire assyrien (1255-625).** Dur Sharrukin (« le palais de Sargon »), actuellement Khorsabad. Grands rois : Tuqulti Ninurta Ier (1255-18), Assur-Nasirpal II (883-59), Salmanasar III (858-24), Teglath Phaleser III (745-27), Sargon II (721-05). **689** Sennacherib (705-681) rase Babylone et déporte 208 000 Araméens. **671** Asarhadon (680-69) conquiert l'Égypte. Assurbanipal (668-26). **626** emp. assyrien détruit par Gal chaldéen Nabopolassar, qui rebâtit Babylone, se proclame roi et s'allie aux Mèdes et aux Scythes (indo-européens). Art : brillant aux IXe, VIIIe et VIIe siècles. Architecture : Assur : temples divers. Palais : Nimrud (Kalak) sous Assur-Nasirpal II, Khorsabad (713-709), Dur Sharrukin sous Sargon II, Quyuudjik (Ninive) sous Assurbanipal. Nombreuses sculptures. Fresques (Tel Ahmar). **15° Empire néo-babylonien ou chaldéen (625-539). 612** coalition médo-babylonienne reprend Ninive ; Chaldéens, Araméens et Babyloniens sont confondus en un seul peuple de langue araméenne (sém. occidentale), cap. Babylone. Nabuchodonosor (604-562) est le plus grand souv. **16° Annexion à l'Empire achéménide (539-331). 539** Cyrus, perse (achéménide) prend Babylone ; jusqu'en 447, les emp. perses portent le titre de roi de Babylone [résidence d'hiver, jardins suspendus, temples, ziggourats (Marduk)]. **447** après révolte, Xerxès Ier annexe Babylone à l'empire. **17° Annexion à la Syrie séleucide (321-129).** Alexandre le Grand conquiert Emp. achéménide **331**, capitale Babylone, où il meurt en 323. **321** Mésopotamie attribuée au roi de Syrie Séleucos (hellénistique), qui fonde une capitale : Séleucie du Tigre. **170** Babylone cité de droit grec (Antiochos III). **129** Mésopotamie évacuée par Antiochos IV vaincu par les Perses.

Histoire après J.-C. 114-117 Conquis par Trajan [2 provinces romaines : Assyrie (rive g. du Tigre), Mésopotamie (jusqu'au golfe Persique)]. **117** Hadrien rend les 2 prov. aux Parthes et fixe le *limes* sur l'Euphrate. **18° Période parthe (139-226)** temples d'Hatra, murailles. **19° Période sassanide (266-632)** conquise par Ardachir v. 230 et organisée comme marche contre Romains par Shabour Ier : Bassorah et Kufa 2 camps fortifiés. **20° Emp. islamique (632-1300). 633** à Qaddisieh les Musulmans battent les Perses sassanides. *Omeyyades* (661-747) : siège du califat à Damas, *Abbassides* (747-1258) : Bagdad (Cité de la Paix, f. 762 par le calife Al Mansour). Samarra (836-892, siège du califat). **750** Bagdad siège du califat. **1065** Turcs seldjoukides mettent le califat sous tutelle. **1258** invasion mongole (Khan Hulagu). **1401** Bagdad détruite par le mongol Tamerlan. **1533** Soliman le Magnifique annexe Ir. à l'emp. turc. **1638** suzeraineté turque. **1643** 1er comptoir brit. à Bassorah. **1831** adm. turque directe. **1914-18** conquête brit. (les Mésopotamiens-araméophones prennent parti contre les Turcs). **1915** *janv.-août* massacres de la communauté araméophone (250 000 † sur 400 000) par Turcs et Kurdes. **1920** mandat brit. Insurrection contre. Brit. **1921-33** Fayçal Ier (arabe). **1932** État indép. **Août** nouveaux massacres d'Araméophones. **1933-39** Ghazi roi (1912-39 ; fils de Fayçal). **1939-58** Fayçal II roi (1935-58 ; f. de Ghazi), régence d'Abd Ul Ilah, son oncle. **1940** Rachid Ali, PM, pour All. contre Angl. **1941**-*30-1* doit démissionner à cause de l'opposition mésopotamienne ; *-3-4* reprend le pouvoir avec aide All. *-30-5* chassé par débarquement angl. **1943** g. contre All. : 4 800 Mésopotamiens forment la « Levée assyrienne ». **1948** *mai* participe g. contre Israël. **1955**-*23-2* pacte de Bagdad (V. Index). **1958**-*14-2* Union arabe avec Jordanie. *-14-7* coup d'État du Gal Kassem, Fayçal assassiné, Union arabe abolie. **1963**-*19-1* reprise relations dipl. avec Fr. (suspendues 1956). *-8-2* coup d'État mil. du Cel. Abdul Salam Aref aidé par parti Baas. Kassem exécuté. *-18-11* coup d'État du Pt Aref contre Baas. **1966** *avril* le Gal Abdul Rahman Aref (n. 1916) succède à son fr. († 14-4 accident d'avion). **1967**rupture relations dipl. avec U.S.A. **1968**-*17-7* Aref renversé, exilé. *-31-7* Gal Ahmed Hassan el-Bakr (1914-82) dissout gouv. et élimine du pouvoir les officiers non baasites. *-7-10* coup d'État déjoué ; nombreux condamnés à mort.

1970-*11-3* autonomie kurde, relative. *-22-4* droits culturels reconnus aux « citoyens parlant le syriaque » (chrétiens). **1972** *janv.* 60 000 Iran. expulsés. *Févr.* tr. d'amitié et coop. avec U.R.S.S. *-1-6* Irak Petroleum Cy nationalisée. **1973** *juill.* complot déjoué (35 exécutions dont Cel Nazem Kazzar). *Oct.* participe à g. israélo-arabe (30 000 h.). *Déc.* 30 000 Kurdes expulsés de la région de Mossoul. **1974**-*11-3* les K. rejettent autonomie. *-24-3* Qala Diza (Kurdistan) bombardé. *-26-3* reprise de la g. *-30-4* prise de Zakho. *-30-11/2-12* visite de J. Chirac. **1975**-*6/17-3* accord d'Alger avec Iran : fin des différends frontaliers (Chatt El-Arab) ; l'Iran cessant son aide, effondrement de la résistance kurde [45 000 peshmergas (« ceux qui vont au-devant de la mort ») et 60 000 miliciens]. **1976**-*25/27-1* visite de J. Chirac ; investissements fr. de 15 milliards de F prévus. **1978** *juin* communistes exécutés dont 38 officiers ; guérilla kurde. *-11-7* Abdel Razzak el-Nayef (ancien PM) assassiné à Londres. *Sept.* Khomeiny, en exil à Nadjaf dep. 63, expulsé. **1979** *janv.* projet d'unification avec Syrie échoue. *Juill.* complot échoue. *-16-7* démission (raisons de santé) du Pt Mal Ahmed Hassan el-Bakr. Saddam Hussein élu Pt. *-8-8* tensions au sein du P. Baas. *-9-8* : 22 exécutés dont le min. du Plan Adnan Hussein. *-16-8* amnistie, 4 125 prisonniers libérés. *Déc.* l'Iran accuse l'I. d'avoir fait pénétrer son armée sur 5 km dans le Khouzistan. **1980** *mars-avril* env. 100 exécutions. L'Iran expulse vers l'I. env. 25 000 chiites. *-22-9* g. I.-Iran. **1981**-*7-6* l'aviation israél. détruit le réacteur Osirak à Tammouz qui (selon Israël) aurait permis à l'I. de fabriquer une bombe atomique (1 Français †). **1982**-*4-8* attentat à Bagdad, 20 †, 128 bl. **1978-82** : 520 prisonniers pol. exécutés. **1983**-*21-4* : 2 attentats à Bagdad : des centaines de † (?). *-28-5* action turque au Kurdistan irak. **1985** centaines de Kurdes exécutés.

Prisonniers polit. (févr. 86). + de 100 000 dans 60 centres (selon la féd. internat. des Droits de l'Homme). Attentats, tortures, exécutions sommaires, déportation... massives, internements d'enfants, sont largemebt pratiqués.

Statut. Rép. *Const.* du 16-7-70. *Pt* Saddam Hussein (n. 1935) dep. 16-7-79. Conseil du commandement de la révolution (C.C.R.), 12 m., qui élit le Pt. *1er Vice-PM* Taha Yassine Ramadan dep. 26-6-82. *Ass. nat.* 250 m. élus pour 4 a. au suffr. univ. (20-10-84 : 73 % Baath ; 33 % de femmes élues). *Ass. du Kurdistan* 50 m. élus pour 3 a. au suffr. univ. 16 *liwas* (provin-

Guerre Irak-Iran

Causes : 1971 l'Iran a occupé les îles du détroit d'Ormuz, le Chatt el-Arab doit selon l'Irak retourner sous souveraineté arabe.

Forces. *Irak :* au début de la g. : armée de terre 200 000 h., 2 100 chars et + de 1 800 pièces d'artillerie. Armement sophistiqué. *Iran :* armée de t. : 280 000 h., dispersée (notamment au Kurdistan), 1 600 chars et 1 000 pièces d'art. (qualité sup.). Aviation et marine (mieux équipées) : 440 avions modernes de combat, flotte diversifiée dotée de missiles, mais rupture des approvisionnements amér., pièces de rechange et insuffisance de l'entretien après le départ des experts amér. (ex. : F-14, hélico. de combat, etc.)].

Événements. 1979 *mai* accrochages au Kurdistan et Khouzistan. *-30-10* l'I. demande révision de l'accord d'Alger. **1980-82** soutien du Koweït et de l'Ar. Saoudite : 30 milliards de $, plus prêts en pétrole pour couvrir ses contrats d'exportations. **1980** *janv.-sept.* incidents frontaliers, attentats, asile aux radios d'opposition. *-17-9* Saddam Hussein dénonce accord d'Alger. *-22/26-9* offensive i. en Iran. *-24-10* Khorramchar. *-12-11* échec bons offices de Kurt Waldheim. **1981** *janv.-sept.* g. de positions. *Sept.-nov.* Iran débloque Abadan. **1982** *mars* mission de l'O.N.U. (Olof Palme) échoue. *-29-4/24-5* Iran débloque Khorramchar. *-30-6* l'I. a évacué l'Iran. *-13-7* Iran pénètre en I. *-15-8* l'I. bloque Kharg. *-26-10* L'I. revient à l'accord d'Alger. **1983**-*5-2* la France livre 29 Mirage F1 à Bagdad. *-9-2, -13-4* offensive iran. *Oct.* la Fr. prête 5 Super-Étendards équipés d'Exocet (rendus en 1985) ; Iran menace de bloquer le détroit d'Ormuz (par où transite 40 % du pétrole). **1984** Koweït prête 10 milliards de $. *-17-2* offensive iran. : g. des marais. *-2-3* Iran occupe îles Majnoun. 1er emploi par l'I. d'armes chimiques. *-27-4* l'Iran tire sur des pétroliers. *-7-6* l'aviation saoudienne abat 2 avions iran. *-5-8* minage de la mer Rouge. *-14-12* médiation de la conférence islamique de Sanaa, échec. **1985**-*6-3* début de la g. des villes. *-17-3* offensive iran. dans les marais. *-7-4* mission de conciliation Perez de Cuellar, échec. *Oct.* offensive iran. **1986** *févr.-mars* offensive iran. sur Fao. *-mars* conseil de sécurité ONU condamne Irak pour utilisation d'armes chimiques.

De 1980 à 1984 : 170 † lors d'attaques de bateaux de commerce (dont en 84 : 70 †, 77 bateaux endommagés ; coût : 575 millions de $ pour les assureurs).

ces) dirigées par un *moutessarif.* Révolte kurde (V. Index). *Partis : Baas* (résurrection), f. avril 1947 par Michel Aflak. Leaders : Saddam Hussein. *P. communiste irakien,* f. 1934, 1er secr. Aziz Mohammed. *P. démocratique kurde,* f. 1946, secr. gén. Aziz Aqrawi. Depuis juill. 1973, Baas, P.D.K. et P.C. forment le *Front national progressiste,* secr. gén. Naim Haddad. **Fêtes nat. :** 14-7 (instauration de la Rép. en 58) et 17-7 (prise de pouvoir par le Baas).

Opposition (en Irak). Conseil suprême de la Révolution islamique en Irak (créé 17-11-82), à l'origine parti Davua (chiite, fondé 1957-58).

Économie

P.N.B. *1984 :* env. 1 660 $ par h. (*80 :* 2 900). **Pop. active** (% et part du P.N.B. en %) agr. 40 (12), ind. 22 (13), services 34 (30), mines 4 (45). **Inflation.** *1979 :* 9 %. **Aide des pays du golfe** (milliards de $). *1980 :* 35, *82 :* 10. **Dette extérieure** (86). 40 milliards de $ (dont 25 aux pays du golfe).

Agriculture. *Terres* (km²) arables 75 365, pâturages 8 750, forêts 17 700, désert 167 000. *Production* (milliers de t, est. 83) blé 1 000, orge 700, melons d'eau 700, raisins 420, riz 200, maïs 90, millet, sésame, coton 5, tabac. Dattes 302 (82, 1er exp. mondial). **Élevage** (millions de têtes, 83). Volailles 20, moutons 12, chèvres 3,8, bovins 3, chevaux 0,65, mulets 0,28, chameaux 0,25, buffles 0,24, ânes 0,45. **Pêche.** 26 200 t (82).

Énergie. Pétrole (millions de t) : *réserves* 5 866 ; *prod. 1973 :* 91 ; *74 :* 87 ; *75 :* 110 ; *76 :* 112 ; *77 :* 111 ; *78 :* 129 ; *79 :* 169 ; *80 :* 130 ; *81 :* 47 ; *82 :* 50 ; *83 :* 49 ; *84 :* 59 ; *85 :* 70 ; revenus pétroliers (milliards de $ U.S.) *1979 :* 21,2 ; *80 :* 26,6 ; *81 :* 10,6 ; *82 :* 9,72 ; *83 :* 9,67 ; *84 :* 10 ; *85 :* 11,5. L'Iraq Petroleum Company (I.P.C., créée 1927, nationalisée 1-6-1972), dans laquelle la Cie fr. des pétroles détenait 23,75 % des parts, est devenue l'I.N.O.C. (Irak National Oil Cie). Autres Cies : Mosul Petroleum Cie et Bassa Petr. Cie, Basrah Petroleum Cie. L'État perçoit 50 % des bénéfices. Cie nat. fondée en 1967. Le 10-4-1982, la Syrie a fermé l'oléoduc Irak-Liban, il ne reste que celui aboutissant en Turquie à Dortyol. **Gaz :** réserves 815 milliards de m³. **Asphalte. Mines.** *Soufre.* **Industrie.** Raffinage, pétrochimie, engrais.

Tourisme. *Visiteurs (78) :* 719 823. *Lieux touristiques :* Ctésiphon, Kazimein (mosquée du XVIe s. à coupole d'or, pèlerinage chiite), Kerbela.

Commerce (millions de D.I.). *Exportations 80 :* 7 782, pétrole brut 3 000 (83), *vers* Turquie, *France,* Espagne, Pays de l'Est, *Portugal* ; dattes, cuirs et peaux, laine. *Importations* chaudières et machines, automobiles et pièces détachées, sucre, prod. pharm., thé, bois *de* (81) Japon 710,4, All. féd. 371,9, G.-B. 131,5, *France 127,1,* U.S.A. 81,2. Solde commercial (milliards de $). *1983 :* − 1,5 ; *84* (est.) : + 1, *85* 00.

Rang dans le monde (83). 6e rés. pétrole. 15e pétrole. 18e rés. gaz nat. 26e ovins.

IRAN

Carte p. 905. V. légende p. 787.

Nom. *Perse* ou *Pars,* province au S. de l'Iran, utilisé par les Européens ; les Iraniens disent *Iran.*

Situation. Asie. 1 648 000 km². *Frontières* avec Irak 1 515 km, Turquie 410, U.R.S.S. 2 000, Afghanistan 855, Pakistan 905. *Côtes :* mer Caspienne 300 km, golfe Persique, mer d'Oman 1 800 km. **Régions princ. :** *Provinces caspiennes :* Guilan, Mâzanderan, Gorgan [chaîne de l'Alborz (alt. max. Demavend 5 671)], Azerbaïdjan [ht plateau (févr. − 20 °C, juill. + 40 °C)], Khorâssân. *Zagros* (chaînes avec plaines intercalées), *Fars* (chaîne centrale), *Kavirs* (anciens lacs asséchés), *Seistan* (dépression fertile), *Mokran* (montagne), *Khouzistan* (plaine). **Climat** continental : étés secs et torrides, sauf sur les rebords extérieurs des montagnes côtières (pluies d'hiver méditerranéennes en Azerbaïdjan ; d'automne en Caspienne ; moussons d'été au S.) ; hivers froids en alt. (− 20 °C à Tabriz en janv.-févr.). Téhéran, pluies 9 mm à 45 mm/an.

Population. 42 700 000 h. (84) [dont − de 40 % de Persans, 10 000 000 d'Azerbaïdjanais (Turco-Persans) et 5 000 000 de Kurdes, Lours, Baloutches] (*1900 :* 16 000 000). − *de 15 ans* 44,4 %. *Analphabètes* (77) 50 % de la pop. D. 26. **Villes** (82) : *Téhéran* (et agg.) 5 734 199 (alt. 1 100 à 1 700 m), Mashad (ou Mechhed) 1 119 748 (963 km de T., alt. 960 m), Ispahan 926 601 (418 km, alt. 1 620 m), Tabriz 852 296 (654 km, alt. 1 351 m), Chiraz 800 416 (901 km, alt. 1 569 m), Kermânchâh 531 350 (580 km), Ahwaz 470 926 (897 km), Qum 424 048 (152 km), Abadan 294 068 (1 017 km), Recht 259 638, Hamadan 234 473 (344 km, alt. 1 826 m), Rezâyé (76) 163 991 (alt. 1 339 m). **Pop. rurale** 53,1 % (70 % en 56). **Émigrés.** Avant 1978, env. 150 000, surtout étudiants, et quelques dizaines de milliers d'Iraniens aisés qui passaient une partie de l'année en Europe, et un nombre indéterminé de travailleurs saisonniers dans les pays arabes du Golfe. *Dep. 1978 :* 760 000 à 2 000 000 d'exilés (dont U.S.A. 250 000, *France 40 000*). Étudiants aux U.S.A. 47 000 (82). **Opiomanes** 2 500 000 dont 600 000 consommateurs réguliers (1er prod. d'opium en 80). **Étrangers.** Avant 1978 : 27 000 *Amér.*

Langues (en %). *Groupe persan* 75 [dont farsi *(off.)* 50, kurde 5,5, luri 5,5, baluchi 2,3 : certaines terminaisons de verbes et d'adverbes, de nombreuses racines verbales et nominales ont encore des traits communs avec celles de parlers indo-européens occidentaux (grec, baltique, irlandais) ; *g. turc* 22 ; *minorités* 3 (dont arabe 2, arménien 0,6).

Religions. Musulmans chiites *(off.)* (93 %) ; sunnites (5 %) ; chrétiens v. *1965 :* 1 000 000 ; *75 :* 220 000 (dont arméniens 108 421, catholiques chaldéens, assyriens *(1986)* 40 000 ; protestants 8 500 ; juifs 50 000 (20 000 ont quitté l'I. dep. 78, 7 000 pour Israël) ; zoroastriens (de Zarathoustra) 30 000 ; baha'is env. 300 000 (persécutés). *Chiites :* 80 000 mosquées et sanctuaires ; 600 000 sayyeds (descendants de la famille du prophète) ; 500 000 charifs (descendants du prophète par la mère) ; 180 000 mollahs [religieux : rowzékhans (simples clercs), waezs (prédicateurs), pichnamâz (qui dirigent la prière), hojjat-el-eslam (qui donnent la preuve de l'islam), ayatollahs (qui guident vers Allah) (1 200)] ; 300 séminaires (70 000 élèves). Au total 1 850 000 « militants » chiites. Le clergé perçoit une taxe (*khom* en persan, « cinquième ») sur les bénéfices commerciaux et des terres entre musulmans.

Histoire. Av. J.-C. V[e]-IIIe millénaires. Période proto-élamite : Suse connaît la céramique v. 4500, le cuivre v. 4000, l'écriture v. 3000 ; relations avec Sumer. Ethnie : asianique. **IIe millénaire. Royaume d'Elam** (cap. Suse). Rois : Untash Hunban, Chutruk Nakhunte. Constr. du ziggourat de Tchoga Zanbil. **1110** *Nabuchodonosor* prend Suse [renaissance néo-élamite (750-646) ; le roi d'Assyrie *Sardanapale* ou *Assurbanipal détruit Elam* (646)]. **XIIe s.** 3 peuples indo-européens venus des steppes ukrainiennes : Mèdes (S. de la Caspienne), Perses (N. du golfe Persique) et Parthes (à l'E. de Khorssan jusqu'au Tadjikistan). **VIIe au VIe s.** Mèdes soumettent Perse et créent un emp. (cap. Ecbatane). Principal roi : *Cyaxare* (633-524), conquérant de l'Assyrie et de l'emp. anatolien. Art : d'Amlach (IXe-VIIIe s.), du Luristan (bronze). **559-331 emp. perse achéménide :** *Cyrus II* (chef des Perses et roi d'Anzan) se révolte (559), dépose le roi mède *Astyage* 550, bat *Crésus,* roi de Lydie, v. 546, conquiert Asie Mineure, prend Babylone 539. *Cambyse II* (529-22), fils de Cyrus II, conquiert Égypte 525, *Darius Ier* (521-486), apogée de l'emp. (de l'Égypte au Pendjab), mais est battu par Grecs à Marathon (490). *Xerxès Ier* (486-464), son fils battu par Grecs à Salamine (480), Platées (479). *Artaxerxès Ier* (464-423), *Xerxès II* (423), *Darius II* (423-404), *Artaxerxès II* (404-358), *Artaxerxès III* (358-338), *Arsès* (338-336), *Darius III* (336-330) battu par Alexandre à Arbèles (331). Art : ruines de Suse, de Persépolis − hypogée de Naqsh-é-Rostam. Palais avec grandes salles de réception, dites « apadanas », soutenues par des colonnes. **331-250 période hellénistique :** *Alexandre le Grand* fonde emp. de culture grecque ; à sa mort (323), Iran attribué à *Séleucos,* roi de Syrie. Mais les Séleucides sont chassés du plateau iranien par des cavaliers indo-européens venus des steppes araliennes, les *Parthes* (v. 250). **250 av. J.-C.-224 apr. J.-C. période arsacide** (parthe) : *Arsace* fonde empire de la Caspienne au golfe Persique. 38 rois régneront, pendant 5 siècles, notamment *Mithridate* (171-138) conquérant de l'Asie Mineure ; *Orode* (57-39) vainqueur des Romains ; *Vologèse Ier* (52-80 apr. J.-C.) adversaire de Néron ; *Artaban V,* dernier des Arsacides (?-227) : rois hellénisés, répandant la culture grecque en I. **224-642 période sassanide :** dynastie fondée par *Ardashir,* petit-fils de Sassan ; anti-grec, renverse et tue Artaban V, rétablissant langue, culture, religion des Achéménides (zoroastrisme). Rois principaux : *Chapour Ier,* fils d'Ardashir, bat l'emp. Valérien (fait prisonnier avec 70 000 h.) ; *Chosroês Ier* (531-579) rival de l'emp. Justinien et conquérant du Yémen ; *Chosroês II* (590-628) conquérant de Jérusalem, renversé par son fils, après avoir déchiré la lettre de Mahomet l'invitant à adhérer à l'islam. *Palais :* Firouzabad, Nichapur, Ctésiphon ; tissus, orfèvrerie. Véramine (ville ancienne). Sculpt. de Tâq-é-Bostân.

Art. Bronzes du Luristan (2500-1000 av. J.-C.) : motifs mésopotamiens adaptés aux pièces de harnachement. − **Talyche** (1550-1200) : architecture *achéménide* (Persépolis) : monumentale, éclectique avec de nombreuses influences grecques. − **Koban.** Bord de la mer Noire : tribus scythes (700-200 av. J.-C.) ; appelé « art des steppes » : bijouterie en or, motifs végétaux et animaliers stylisés. − **Période sassanide :** peintures murales, reliefs rupestres, d'inspiration parthe (conventions sévères). − **Période islamique :** miniatures, décoration de manuscrits, calligraphie : Tabriz et Ispahan sont le centre d'éditions de luxe, avec figures animalières, végétales et humaines, d'une grande finesse d'exécution (réalisme stylisé). Architecture : mosquées de Tabriz, Ispahan, Chiraz, Mashad..., mausolées (Ispahan), pont-barrage d'Ispahan.

637 Période islamique : Arabes prennent Ctésiphon. **642** Nehavend (*Fath al Futuh :* la victoire des victoires). Arabes prennent plateau iranien. **656** Yozdégard III dernier roi sassanide, assassiné. **700** départ des zoroastriens vers l'Inde : l'I. est administré par des gouverneurs arabes dépendant du calife de Damas puis de Bagdad. **IXe s.** ils se proclament indépendants et fondent leurs propres dynasties : *Tahirides.* **820-73** se reconnaissent encore vassaux du calife. **871-901** *Saffarides* (fondateur, Yakub, essayé de conquérir Bagdad). **V. 876** *Samanides.* **899** prennent Turkestan. **932-1069** *Bouides* ou *Bouwazides* (fondent chiisme), **977-1186** *Ghaznévides* [Turcs : soldats au service des Bouïdes (mamluks), ils les renversent, puis islamisent Afgh. et Pakistan], **1038-1195** *Seldjoukides* (Turcs : conquièrent Asie Mineure). **XIIIe s.** Invasions mongoles de Gengis Khan et Tamerlan.

1409 suzeraineté mongole. **1407-48** dyn. des *Moutons noirs* : **1468-97** des *Moutons blancs* (Turcomans). **1499-1732** dyn. *séfévide* dont *Abbas Ier le Grand*

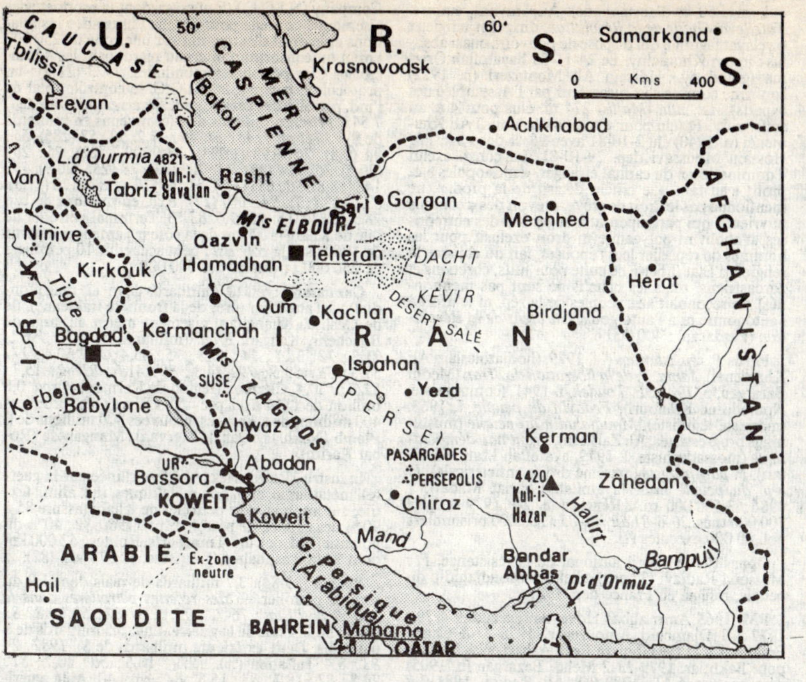

(1571-1629) châh (1587-1629) ; capitale : Ispahan. **1708** tr. avec France. **1732-47** règne de *Nadir Châh*. **1751-59** troubles. **1779-1925** dyn. *Kadjar* f. par Aga Mohamed Khan, roi de Perse en 1796. **1828**-*22-2* tr. de Turkamantchâi (Géorgie) après g. entre Russie, Perse, Géorgie et partie de l'Arménie (l'I. cède à la Russie les territoires situés au nord de l'Araxe : Arménie, Erivan, Nakhitchevan). **1901**-*28-5* l'ingénieur et homme d'affaires anglo-australien, William Know, achète 200 000 F or au châh à Mozzafar eddin, une concession de 60 ans. **1907** convention anglo-russe divisant l'I. en 2 zones d'influence. **1909** fondation de l'*Anglo-Persian* (pétrole). Révolution libérale. L'*Anglo-Iranian Oil Company* construit la 1re raffinerie d'Abadan. **G. de 1914-18** l'amirauté britannique prend la majorité du capital de l'Anglo-Ir. **1921**-*26-2* coup d'État, *Gal Reza* renverse les Kadjar, fonde la dyn. *Pahlavi* (31-10-25), se fait couronner (25-4-26). **1933** accord avec Anglo-Ir. pour 60 ans. **1941**-*25-8* occupation anglo-russe. *-16-9 Mohamed Reza Pahlavi* roi. **1942**-*9-9* entrée dans la g. **1945** le gouv. travailliste anglais propose à l'Anglo-Ir. de réduire ses dividendes, ce qui désavantage l'I. ; en Azerbaïdjan, proclamation d'une Rép. dém., soutien du Toudeh (parti comm.). **1946**-*4-4* tr. soviéto-ir. sur pétrole (PM Ghavam Saltaneh). *-6-5* évacuation russe. **1949**-*4-2* attentat contre châh (Toudeh tenu pour responsable, mis hors-la-loi). **1950** 3 forces s'affirment : *nationalistes. (Front national de Mossadegh 1947) ; communistes* (Toudeh) ; *religieux* [ayatollah Kashani entretenant des liens avec la confrérie terroriste Fedayan Eslam (combattants de l'Islam) de Navab Safavi, qui fait assassiner les dirigeants jugés trop anglophiles]. **1950** la commission parlementaire des affaires pétrolières (Pt Mossadegh) ne ratifie par l'accord Gass-Golshayan prévoyant un doublement des redevances versées à l'I., jugé insuffisant. **1951**-*7-3* Ali Razmara PM assassiné. *-11-3* Hossein Ala PM. *-15-3* le Parlement se prononce pour la nationalisation du pétrole. *-27-4* Hossein Ala démissionne. *-28-4* Mossadegh PM. *-1-5* défaite du Toudeh. *-2-5* le châh promulgue la loi des nationalisations. *Rév. blanche* : une partie du domaine impérial donnée aux paysans. *-14/19-6* négociations avec Anglo-Ir. rompues. *20-6* l'I. saisit les installations pétr. *-31-7* raffinerie d'Abadan fermée. **1952** G.-B. menace d'arraisonner les « bateaux pirates » transportant du « pétrole rouge ». L'*Ente Petrolifere Italia Medioriente* conclut le 1er gros contrat avec la S.N.I.P. (achat de 2 millions de t par an pendant 10 ans). Le « Mary Rose » (immatriculation Honduras) effectue le 1er chargement. Arraisonné et mis sous séquestre à Aden (18-6). Mossadegh ne peut obtenir les pleins pouvoirs ; Ghavam sultaner PM. Front national lance ordre de grève gén., l'ayatollah Kashani appelle à la g. sainte ; Toudeh mobilise ses forces (22-7). Le châh rappelle Mossadegh qui obtient pleins pouvoirs et entame réformes. *-22-7* cour intern. de La Haye se déclare incompétente. *-16-10* conforté par le rapport de 2 Français (l'expert-comptable Henri Rousseaux et le juriste Charles Gidel) démontrant que bénéfices et malversations de l'Anglo-Ir. compensent largement la valeur des biens nationalisés, Mossadegh rompt relations dipl. avec G.-B., mais les Cies pétrolières poussent la production d'Arabie S., Irak et Koweït et découragent les acheteurs de pétrole ir. Au 1er sem., échanges avec G.-B. diminuent de 65 %, avec U.R.S.S. augmentent de 60 %. **1953** *févr.* émeutes. *13-8* le châh nomme le *Gal Zahédi* PM et destitue Mossadegh qui s'échappe. *-15-8* échec d'un coup d'État d'off. monarchiques pour renverser Mossadegh. Le châh se réfugie à Bagdad puis à Rome le 16-8. *-19-8* Gal Zahedi renverse Mossadegh. *-22-8* le châh rentre (accueil triomphal). *-24-8* Mossadegh arrêté. *Sept.* aide amér. de 45 millions de $. *-23-12* Mossadegh condamné à mort (peine commuée en 3 ans de prison). **1954**-*19-8* accord Anglo-Ir. avec G.-B. ; un consortium remplace l'Anglo-Ir. *Sept.* 8 Cies anglaises, amér. et holl. (fondées 1953) et dans lesquelles l'Anglo-Ir. a 40 % des parts, reprennent activités. L'I. percevra 50 % des bénéf. mais versera à l'Anglo-Ir. une indemnité de 25 millions de livres pendant 10 ans (à partir de 1957. **1963**-*26-1* référendum approuve la charte de la *Révol. blanche* ; réforme agraire, nationalisation des forêts, pâturages, eaux ; vente des actions des usines gouv. pour garantir la réforme agr. ; participation des ouvriers aux bénéf. ; vote des femmes ; lutte contre analphabétisme ; lutte pour hygiène ; reconstruction ; maisons d'« équité » pour régler les litiges ; rénovation urbaine et rurale ; réforme de l'administration, déconcentration de l'État. *Avril* attentat contre châh. *5-6* ayatollah Khomeiny tenu pour responsable, arrêté à Qom, exilé Turquie, puis Irak ; émeutes (5 000 †). **1965**-*26-1 Amir-Abbas Hoveyda* (1919-79) succède à M. Mansour (PM assassiné). **1967**-*6-3* Mossadegh meurt. *-26-10* couronnement du châh. **1971**-*15-10* à Persépolis 2 500e anniversaire de l'Empire perse. *-31-12* occupation des 3 îles du détroit d'Ormuz (Abou Moussa, les deux Tomb). **1971/73** revenus pétroliers passent de 5 à 24 milliards de $. **1973**-*24-5* l'I. s'assure la maîtrise de sa prod. pétrolière. **1974** arrivée des 12 premiers guérilleros ir. formés par l'O.L.P. (9 h et 3 f.) ; début de la crise, le pétrole se vend mal (− 31 %), exode rural, dépendance alimentaire. *-20/23-12* visite de J. Chirac. **1975**-*2-3* parti unique instauré. *-6/17-3* accord avec Irak : fin des différends frontaliers (Chatt-El-Arab) et de l'aide iran. aux Kurdes. *-13-6* tr. avec Irak. **1976**-*18-3* : 305 prisonniers graciés [il y aurait eu de 25 000 à 100 000 prisonniers pol. (selon Amnesty International), 300 exécutions en 3 ans, 60 000 employés par la Savak (police politique créée 1957)]. **1977**-*7-8 Djamchid Amouzegar* PM. *Oct.* visite de V. G. d'Estaing. *Oct.-nov.* manif. contre châh.

1978-*7/9-1* manif. à Qom pour Khomeiny (60 †). *-18/20-2* émeutes à Tabriz (100 †). *-17-3/7-5* troubles dans plusieurs villes. *-18-6* Khomeiny appelle à renverser le châh. *-22/25-7* émeutes à Mashad (200 †). *-11-8* (100 †), loi martiale. *-19-8* incendie du cinéma Rex d'Abadan (377 †). *-27-8* Amouzegar démissionne. *Charif Emani* PM. *Sept.* parti unique, Rastakhiz dissous. *-8/9-9* « Vendredi noir », 700 † à Téhéran. Loi martiale administrée par Ali Gholam Oveyssi. *-16-9* séisme (20 000 †, près de Tabas). *-6-10* Khomeiny expulsé d'Irak arrive à Paris. *-10-10* s'installe à Neauphle-le-Château (Yvelines, Fr.). *-16-10* deuil nat. (6 †), manif. quasi quotidiennes. *-18-10* raffinerie d'Abadan, arrêt prod. *-5-11* émeutiers occupent centre de Téhéran. *Gal Gholam Reza Azhari* (chef de l'état-major) remplace PM Charif Emani démissionnaire. *-5/6-11* Front national rallié à Khomeiny. *-7-11* heurts à Téhéran ; l'ancien chef de la Savak, Manutchehar, arrêté. *-9-11* Hoveyda, ancien PM, arrêté. *-22/28-12* émeutes à Téhéran. *-27-12* grèves, interruption des export. pétrol. *-31-12* Azhari démissionne. **1979**-*3-1 Chapour Bakhtiar* PM. *-16-1* départ du châh. *-1-2* Khomeiny rentre. *Gouv. provisoire. -3-2* Khomeiny crée *Conseil de la révol. islamique. -5-2 Mehdi Bazargan* (n. 1905) PM. Bakhtiar part pour l'étranger. *-9/10-2* après affrontement, l'armée se rallie à la révol. *-14-2 gouv. de « Front national ».*

Le châh

Vie. Mohamed Reza Pahlavi Chahanchah Aryamehr (26-10-19/27-7-80), empereur dep. 19-9-41, couronné avec Farah 26-10-67. Marié 1° 16-3-39/17-11-48 Fawzieh (n. 5-11-21), sœur du roi Farouk d'Égypte (1 fille Chanaz, n. 27-10-40) ; 2° 12-2-51/14-3-58 Soraya Esfandiari (n. 22-6-32) ; 3° 21-12-59 Farah Diba (n. 14-10-38) (héritier Reza 31-10-60, héritier *de jure* dep. 31-10-80, Farahnaz fille 12-3-63, Ali Reza fils 28-4-66, Leila fille 27-3-70). L'emp. est appelé le Châh (et lumière des Aryens), l'impératrice la Chahbanou. Quitte l'I. le 16-1-1979 pour Égypte, Maroc (15-2), Bahamas (30-3), Mexique (10-6), U.S.A. (22-10), Panama (15-12), Égypte (23-3-80) où on lui enlève la rate le 28-3, et où il meurt le 27-7 d'un lymphome (cancer des cellules blanches).

Il fut accusé d'avoir : *renié les valeurs islamiques* et abandonné les *traditions culturelles* ir., au profit des valeurs occidentales et étrangères à l'I., et de leur « modernisme sans âme » ; *sacrifié les intérêts du peuple* et du pays au profit des impérialistes (notamment américains) et d'une minorité d'ir. industriels et financiers, donc créé une société injuste ; *favorisé ou laissé se développer la corruption ; créé une bureaucratie* dévorante, un régime policier ; *utilisé la terreur* (emprisonnements massifs, tortures, assassinats et massacres lors de manif.) ; *ignoré la réalité du pays* et de ses besoins et possibilités, en essayant de brûler les étapes du développement écon. ; *constitué une armée dispendieuse* dépendant de l'aide américaine (10 % du P.N.B., + de 50 % des dépenses courantes du budget) étaient consacrées aux forces armées ; 10 milliards de $ de matériel (aéronautique) achetés aux U.S.A. de 1972 à 76.

Il s'appuyait sur l'armée (500 000 h bien équipés), la gendarmerie (75 000 h.), la police (60 000 h), la savak (500 000 agents et informateurs ?).

Défense : le châh voulait faire de l'I. une grande puissance et le sortir vite du sous-développement. Il entreprit la modernisation de la production ; développa transports, équipements sanitaires (hôpitaux), lutte contre l'analphabétisme (10 millions d'écoliers, 200 000 étudiants, 20 universités, 136 instituts...) ; éleva le niveau de vie de la pop. au-dessus de celui de la plupart des pays du Moyen-Orient et du Tiers monde ; engagea des réformes en profondeur (réforme agraire, participation des ouvriers aux bénéfices des grosses entreprises). Il fut victime de son entourage (familial, politique), qui dressa un écran entre lui et son peuple et commit de nombreux excès. Son renversement est, pour certains, l'échec d'une politique d'industrialisation et de modernisation trop ambitieuse, imposée à une société traditionnelle qui n'y était pas préparée.

Fortune : selon le gouv. ir. 50 milliards de FF, selon le châh 0,25 à 0,5. La famille impériale possédait des propriétés en Esp., Fr., G.-B., Suisse et U.S.A.

Févr. agitation au Kurdistan, incidents à Omurieh (Rezâyé). *Févr.-avr.* dizaines d'exécutions (dont ancien PM, Hoveyda. *-9-4*). *-8/16-3* manif. de femmes contre port obligatoire du tchador (voile). *-13-3* I. quitte CENTO ; *-30/31-3* référendum pour abolition monarchie (90 % d'abstentions en Kurdistan). *-1-4* proclamation de la Rép. islamique. *-1-5* ayatollah Mottari assassiné par Forghan (groupe clandestin) ; manif. anticomm. *-13-5* châh et chahbanou condamnés à mort par contumace ; révoltes au Khouzistan. *Juin-juill.* banques, Cies d'assur., ind. modernes nationalisées. *Juill.-août* combats au Khouzistan. *-3-8* Ass. constituante de 75 « experts » (majorité intégriste) élue. *-12/14-8* affrontements intégristes et laïques à Téhéran. *-17-8* loi sur la presse ; autorisation préalable obligatoire. *-3-9* armée prend Mahabad, place forte kurde. *-4-11* des étudiants ir. à l'ambassade amér. à Téhéran prennent 100 *otages*, dont 60 amér. ; extradition de l'ex-châh exigée. *-6-11* PM Bazargan démissionne. *-14-11* gel des avoirs ir. aux U.S.A. *-17-11* libération de 10 otages : 7 femmes et 3 Noirs amér. *-24-11* l'I. refuse d'honorer les dettes à l'étranger de 28 banques privées nationalisées. *-25-11* 5 otages non amér. libérés. *-2/3-12* Constitution adoptée par référendum. *-6/10-12* soulèvement à Tabriz contre Khomeiny. *-7-12* amiral Charyar Chafik, neveu du châh (préparait pour le 9-12 un soulèvement de la marine) assassiné à Paris.

1980-*1/4-1* démarche de Kurt Waldheim pour libérer otages. *-11/12-1* manif. à Tabriz contre Const. ; heurts madaristes/khomeinistes ; + de 19 †. *-12-1* : 11 madaristes exécutés. 6 diplomates amér. cachés à l'amb. du Canada s'enfuient de Téhéran avec le personnel canadien rapatrié au Can. *-25/28-1 Bani Sadr* élu Pt. *-23-2/11-3* commission d'enquête de 5 m. de l'ONU à Téhéran repart sans publier de rapport sur le régime du châh, les otages n'ayant pas été libérés. *-7-4* U.S.A. rompent relations dipl. et aggravent embargo commercial. *-22/24-4* dizaines de † dans les universités. *-25-4* échec d'un commando amér. à Tabas : 3 hélicop. sur 8 en panne ; 8 † amér. *-9-5* Mme Parsa, ancien min. de l'Éduc. nat., fusillée. *-6-7* complot mil., 10 exécutés, 300 arrestations. *-18-7* attentat à Neuilly contre Chapour Bakhtiar (2 †, 3 bl.). *-14/22-7*, 72 trafiquants de drogue exécutés. *-23-7* attentat à Téhéran, 6 †, 100 bl. par Forghan (« détenteur de la vérité du Coran », créé en 75 par Akbar Goudarzi, mollah arrêté le 10-1 ; but : revenir à un islam plus pur). *-27-7* châh meurt au Caire. *-4-9*, 6 exécutés pour l'incendie du cinéma Rex d'Abadan (19-8-78). *-9-8 Ali Radjai* PM. *-22-9* g. Irak-I. Voir p. 904. *-3-11* étudiants islam. confient otages au gouv. *-4-11* 1er anniv. de la prise d'otages 500 000 manif.

1981-*20-1* à 18 h 15 Khomeiny fait libérer les otages (V. Quid 82 p. 1008). *-9-6* Khomeiny limoge Pt Bani Sadr qui se réfugie dans la clandestinité. *-11-6* séisme (Kerman), 1 500 †, 2 000 bl. *-15-6* échec d'une manif. pour Bani Sadr. *-20-6* émeutes, nombreuses arrestations. *-21-6* Parlement destitue Pt Bani Sadr, responsable des défaites de l'armée (177 v. pour, 1 contre, 1 abst.). *-28-6* bombe au siège du P. rép. isl., 74 † dont l'ayatollah Behechti (chef du P.R.I.), 4 min., 6 vice-min. et 20 dép. du P.R.I. *-19-7* transfert des avoirs ir. déposés aux U.S.A. *-24-7 Mohamed Ali Radjai élu Pt* (88,12 % des v.). *-26-7* séisme (Kerman), 5 000 †. *-29-7* Bani Sadr et son gendre Massoud Radjavi chef des Moudjahidin réfugiés en Fr. *-1-8-* 3 vedettes lance-missiles bloquées à Cherbourg peuvent gagner l'I. *-9-8 Mohamad Bahonai* PM. *-13-8* l'amiral Halibollahi détourne une des vedettes. (*18-8* les 22 m. du commando et 4 m. d'équipage demandent l'asile pol. en Fr. *-28-8* ved. rendue à l'I.). *-30-8* Pt Radjai et PM Bahonai † dans un attentat. *-2-9 Mohamed Kani* PM. *-29-10 Hossain Moussavi* PM.

1982-*8-2* Moussa Khiabani (Cdt mil. des Moudjahidin khalq) † avec 22 m. de l'organisation. *Avril* 4 939 prisonniers amnistiés. *-10-4* Sadegh Ghotbzadeh arrêté ; (exécuté *15-9*). *-1-10* camion explose à Téhéran, centaines de †. *-10-12* Ass. de 83 experts religieux (146 candidats) élue au suffr. univ. pour remplacer Khomeiny en cas de †. **1983**-*9-2* leaders du Toudeh arrêtés. *Févr.-avril* plusieurs dizaines de militants du Toudeh arrêtés, 18 diplomates soviét. expulsés, pendaisons de Baha'is. *Mai* Toudeh interdit. **1984** Gal Oveissy et son frère tués à Paris. *-25-7*, 20 000 manif. pour le respect de la tenue islamique des femmes. *-23-8* attentat à Téhéran 18 † 300 bl. **1985**-*15-3* attentat à l'univ. de Téhéran 6 †. *-21/3-20/4* : 197 trafiquants de drogue exécutés (140 du 21-3-84 au 20-3-85). *-4-5* voiture piégée à Téhéran (16 †, 80 bl.). *Du 7-9-79 au 31-7-84*, 7 avions détournés par les Arméniens dont le 3-7 le Boeing 731 d'Air France Francfort-Paris. *-16-8* Khomeiny réélu.

Statut. *République islamique* dep. 1-4-79. *Constitution* du 4-12-80 (adoptée par référendum, 99,5 % de oui, env. 50 % d'abstentions). Auparavant, empire. *Tutelle du Guide de la Révolution*, dirigeant religieux « velayat faguih » qui dispose de pouvoirs quasi absolus : imam Khomeiny. Le 24-11-85 l'ayatollah Orizma (grand ay.) Hossein Ali Montazeri (n. 1922) confirmé comme son successeur par l'Assemblée des experts). *Ass. nat. (Majlis)* 274 m. élus pour 4 a. au suffr. univ. *Pt* (élu pour 4 a. au suffr. univ.) Ali Khamenei (n. 1940) élu 2-10-81 avec 96 % des voix. *PM* Hossain Moussavi dep. 29-10-81. La const. exclut « domination » du capital étranger, « monopoles » et profit « en tant que critère décisif de la prod. », ne mentionne pas le droit de grève, prévoit des « conseils ouvriers » qui participeront à la gestion des entreprises, n'abolit ni polygamie ni droit exclusif pour les hommes de répudier leurs épouses, fait du chiisme la religion d'État (liberté de culte pour juifs, chrétiens et zoroastriens, mais les baha'is ne sont pas mentionnés), ne reconnaît aux peuples de la rép. ni le droit à l'autonomie ni à l'auto-gouv. *Gardiens de la Révolution* (Pasdaran) : 400 000 h.

Partis *P. rép. islamique*, f. 1979, (hodjatoleslam Ali Khamenei), *Jama, P. de la libération de l'Iran* (Medhi Bazargan, n. 1905), *P. Toudeh*, f. 1941, (communiste, Noureddine Kianouri), *Fedayin du peuple*, f. 1963, (marxiste-léniniste), *Moudjahidin du peuple* (musulmans progressistes, Ali Zarkesh), *Front nat. démocratique* (mossadeghiste, f. 1979, ayatollah Matine-Daftari), *P. pan-iraniste* (extrême droite anticléricale), *P. rép. du peuple mus.* (ayatollah Chariat Madari, † 1986 ; 3 500 000 m.). **Répression.** *De 1979 à 1983* 200 000 tués. *20-6-81 au 1-1-85* : 120 000 prisonniers pol. 40 000 exécutés (?).

Opposition. Conseil national de la résistance. *Pt* : Massoud Radjavi (37 ans), chef des Moudjahidin du peuple, réfugié en France dep. 1981.

PM. 1965 Amri abbas Hoveyda (exécuté 9-4/79). **1977**-*7-8* Djamchid Amouzegar. **1978**-*27-8* Charif Emami. *-5-11* Gal Gholam Reza Ashari. *-29-12* Chapour Bakhtiar. **1979**-*13-2* Mehdi Bazargan (n. 1905) démissionne 6-11. **1980**-*9-8* Ali Radjai. **1981**-*9-8* Mohamed Djavad Bahonai (tué dans attentat 30-8-81). *-2-9* Mohamed Reza Mahdavi Kani. *-29-10* Mir Hossain Moussavi-Khamenei.

Pt de la Rép. 1980-*25-1* Abol Massan Bani Sadr (n. 1933) (destitué 21-6-81). **1981**-*24-7* Ali Radjai (tué dans attentat 30-8-81). *-2-10* hodjatoleslam Ali Khamenei (n. 1940), réélu 17-8-1985 (par 85,6 % des 14 244 630 votants, devant Mahmoud Mostafavi Kachani et Habibollah Asgar Owladi).

Provinces (ostân). 14. (Sup. en km², pop. en 76 en millions d'h., chef-lieu en Ital.). **Guilan** 48 621 (1,7), *Recht*. **Mâzandaran** 155 164 (1,8), *Sari*. **Fars** 148 669 (1,5), *Chiraz*. **Kerman** 225 173 (0,7), *Kerman*. **Azerbaïdjan oriental** 73 683 (2,6), *Tabriz*. **Az. occidental** 50 391 (1), *Rezâyé*. **Kermanchâh** 59 449 (0,7), *Kermanchâh*. **Baloutchistan et Sistân** 177 832 (0,45), *Zahedan*. **Ispahan** 197 403 (1,7), *Ispahan*. **Khouzistan** 117 713 (1,6), *Ahwâz* (appelé aussi *Arabistan*). **Kurdistan** 33 859 (0,62), *Sanandadj*. **Khorâssân** 314 282 (2,4), *Machhad*. **Prov. centrale** 60 761 (4,9), **Téhéran.**

Farmandaris. 8 : sous les ordres d'un gouverneur *(ostândar)*, divisés en départements *(charhestân)* à la tête desquels est placé un préfet *(farmandar)*. Les dép. sont divisés en 459 districts *(bakhch)* dirigés par un bakhsdar.

Économie

P.N.B. Par tête (en $) *1971* : 450. *1980* : 2 400. *1983* : 2 346. **Pop. active** (% et entre par. part du P.N.B. en %) agr. 39 (20), ind. 28 (10), services 27 (45), mines 6 (25). *Chômage* (82) 4 000 000 personnes soit 35 % de la pop. active.

Agriculture. *Terres* (millions d'ha) forêts 18 (11,9 %), t. cult. 15,35 (9,4 %) dont cult. permanentes irriguées 3,55, non irriguées 4,1, jachères 11,35 ; t. non cult. susceptibles d'être mises en valeur 31 000 (18,8 %) ; pâturages et prés permanents 10 000 (6,1 %). *Production* (milliers de t, 82-83) blé 6 660, bett. à sucre 4 321, canne à sucre 1 810, orge 1 903, p. de t. 1 814, riz 1 605, légumineuses 290 (81), coton 358, thé 157, pistaches 95, maïs 60 (81), lég. 25, vigne, raisins secs. **Forêts** 6 721 000 m³ (83). **Élevage** (milliers de têtes, 82). Poulets 73 592, moutons 34 832, chèvres 13 847, bovins 8 567, ânes 1 800, chevaux 350, buffles 220, canards 158, mulets 123. **Pêche.** 34 500 t (est. 83). *Caviar* 220 t (79), 160 t (80).

Mines. Pétrole : *Histoire* : *1908* : découvert. *1913* : exploité, (le Khouzistan fournit 92 % de la prod. ; rés. estimées en 80 à 7,8 milliards de t.). *1951* : l'I. nationalise l'ind. pétrolière. *1954* : la National Iranian Oil Company (N.I.O.C.) (tout en gardant la propriété des gisements) concède pour 25 ans l'usage des installations et le droit d'extraction sur une zone de 250 000 km² à un consortium internat. regroupant les 8 principales Cies pétrolières mondiales. *1973* (21-3) : un protocole donnera à la N.I.O.C. le contrôle total de l'ind. pétrolière et gazière en I. *Réserves* (millions de t) 7 545. *Prod.* en millions de t (et revenus en milliards de $) : *1941* : 6,7. *45* : 17. *49* : 27,2. *60* : 52 (285). *65* : 94 (0,5). *70* : 192 (1 093). *74* : 299,7 (22). *75* : 267 (20,5). *76* : 294 (22). *77* : 282 (23). *78* : 255 (20,9). *79* : 148 (18,8). *80* : 65 (13,3). *81* : 65 (12,1). *82* : 120 (17,5). *83* : 123 (19). *84* : 110 (17). *Exp.* en millions de b/j. *78* : 5. *81* : 0,8. *82* : 1,5. *83* : 3. Terminal pétrolier de l'île de Kharg (à 35 km de la côte ir.) aménagé à partir de 1960 ; sur la *côte Est* : peut accueillir 10 pétroliers de 250 000 t ; *Ouest* : des 500 000 t.

Gaz naturel : *rés.* 13,7 milliards de m³ (2e rang mondial) ; à Tang Bijar (près de la frontière irakienne), île de Qeshm, Khangiran, gisement marin au large de Bouchehr, Kangan. *Prod.* (milliards de m³) : *1967* : 21,3 ; *72* : 38,1 ; *74* : 49,5 ; *75* : 45,4 ; *76* : 50,4 ; *77* : 57,3 ; *78* : 59,5 ; *79* : 44,3 ; *80* : 41,6 ; *81/82* : 15,7 ; *82/83* : 30,4. **Charbon** (région de Kerman) : *prod.* 0,8 million de t (14 à 17 prévus). **Cuivre** : rés. prouvées 400 millions de t. **Fer** : rés. prouvées 800 millions de t. **Plomb** (Nakhlak, Qanat, Mervan). **Manganèse** (Robat Karim).

Industrie. Raffineries (Abadan, ruinée par la guerre), métallurgie, min. non métalliques, ind. alim., textile, automobile, port pétrolier de Kharg (assure 85 à 90 % des export. de pétrole brut). *1980-82* : 40 % du potentiel ind. détruit. **Transports.** Routes : 52 000 km dont 34 000 asphaltés. **Tourisme.** 62 373 vis. (82).

Budget (83-84). 3,7 milliards de réals dont 1,9 du secteur pétrolier. *% des recettes pétrolières dans le budget de l'État* : *76-77* : 75,1 ; *81-82* : 53,7 ; *82-83* (est.) : 56,2. **Frais de la guerre.** Env. 6,5 milliards de $ par mois. **Dette extérieure** (milliards de $). *1982* : 2 ; *83* : 8,4. **Inflation** (%). *1979* : 10,5 ; *80* : 20,7 ; *81* : 24,2 ; *82* : 18,7 ; *83* : 15,5 ; *84* : env. 40. **Aide américaine** (1953/61) : 1 milliard de dollars [les barrages construits avec cette aide (Ara, Chah-Abbas, Dez) sont pratiquement inexploités].

Commerce. (milliards de $). *Exportations. 1978* : 22,4. *79* : 19,3. *80* : 14,9. *81* : 12,6. *82* : 14 (dont pays ind. 16,6 ; pays en voie de dévelop. 5,7 ; p. de l'Est 0,2). *83* : 19,8. *84* : 22. *Importations. 1978* : 19,5. *79* : 8,4. *80* : 12,6. *81* : 12,6. *82* : 14 (dont p. i. 9,8 ; p.v.d. 2,4 ; p. de l'E. 1,8). **% de la consommation importée.** Riz 97, laitage 80, sucre 50, viande 45, blé 25.

Rang dans le monde (83). 2e rés. gaz nat. 5e pétrole, rés. pétrole. 7e ovins. 13e thé. 14e blé.

IRLANDE

Carte p. 969. V. légende p. 787.

Nom. *Eire* : Irlande du S. en irlandais, *Ireland* en anglais. *Ulster* : ancienne prov. d'Irlande comprenant 9 comtés, dont 6 forment l'Irlande du Nord (les 3 autres appartiennent à la rép. d'Irlande).

Situation. Europe. Séparée de la G.-B. par la mer d'Irl. (largeur min. 17,6 km, max. 320). 70 282 km² (84 421 km² avec les 6 comtés appartenant au Royaume-Uni). *Frontière* avec Irlande du N. 483 km. *Lac principal* : Lough Neagh 396 km². *Rivière la plus longue* : Shannon 370 km. *Alt. max.* Carrantuohill 1 040 m. *Long. max.* 486 km. *Larg. max.* 275. *Côtes* 3 169 km. **Climat** tempéré et humide. Mois les + froids (janv.-févr. 4 à 7 °C), les + chauds (juil.-août 14 à 16 °C), les + ensoleillés (mai-juin 5 1/2 à 6 1/2 h de soleil par j.).

Population. 3 550 000 h. (84) [*1700* : 2 000 000, *1800* : 4 500 000, *1814* : 6 000 000, *1841* : 6 528 799, *1845* : 8 000 000, *1851* : 5 111 557, *1926* : 2 971 992, *1981* : 3 443 405]. – *15 ans* 29,7 %, + *65 a.* 10,6 %. **Émigration** *1780-1845* : 2 000 000 ; *1845-60* : 2 150 000 ; *1860-1870* : 3 800 000 (dont *1866-71* 53 906), *1871-79* : 106 800 ; *1971-81* : 103 889. D. 51. **Villes** (81). *Dublin* (Baile Atha Cliath) 525 882, Cork 136 344 (à 257 km), Dun Laoghaire 54 496 (13 km), Limerick 60 736 (196 km). **Langues.** Gaélique : 789 429 h. en 1971 le parlaient, 1 018 413 h. en 1981 ; anglais.

Religions (86). Catholiques 3 204 476 (91 % des cath. pratiquent, 97 % des Irl. croient en Dieu), Église d'Irlande 95 366, presbytériens 14 255, méthodistes 5 790, divers 12 970.

Histoire. Début de notre ère, divisée en 7 roy. **432** convertie par St Patrick (389-461). Pillages des Vikings. **IXe siècle**, des Normands. **XIe s. 1171** sur les instances du pape, Henri II d'Angl. conquiert l'I. Les Irl. demandent l'appui du roi d'Écosse, les Angl. se retranchent au S. **XVIe s.** à la lutte s'ajoute la question religieuse à cause d'Henri VIII. **1541** H. VIII étend la réforme à l'I. et se proclame roi. **1569** 1res « plantations » (colonies de peuplement). Élisabeth Ire combat les Esp. appelés à la rescousse, et une rébellion de la noblesse angl. établie dans le N. **XVIIe s.** (début) colonie écossaise en Ulster. **1607** nouv. « plantations ». **1649** Olivier Cromwell, qui a triomphé des Stuarts en Angl. et en Éc. se raffermit en Irl. pour contrer toute restauration des Stuarts catholiques ; ses troupes mettent à sac *Drogheda*. **1689** Jacques II Stuart, chassé d'Angl., débarque en Irl. et assiège Derry, que sauve Guillaume d'Orange. **1690**-*12-7* Guillaume bat Jacques II à *la Boyne*. **1695** lois pénales déniant tout droit aux Irl. **1739-40** 1re grande famine, env. 400 000 †. **1782** indép. législative. **1795** l'ordre d'Orange lutte contre les idées de l'avocat prot. Wolfe Tone (1763-98) (union entre cath. et prot., indép. de l'île ; origine de l'*I.R.A.* : Irish Republican Army). **1798** Tone se suicide après l'échec d'une insurrection. **1801** acte d'union à G.-B. supprime Parlement de Dublin. **1846-49** famine due à la maladie de la p. de terre et au régime foncier (propriétaires absents), 700 000 †, 800 000 émigrés (en particulier vers Amér.). **1848** et **1867** 2 insurrections échouent. **XIXe s.** troubles fomentés par les *Fenians* (société secrète rév. irl.) ; Charles Stewart Parnell (1846-91) revendique le *Home Rule* (= autonomie, adopté en 1912, il doit être appliqué en 1914 ; suspendu à cause de la g.).

1916 (Pâques) *24-4* Les *Sinn Fein* (« nous seuls ») proclament la rép. à Dublin, 500 † (300 civils, 132 des forces de l'ordre, 76 insurgés), 16 rebelles exécutés, dont Pearse, Connolly, Clark, Ceant, Plunkett, Mc Donagh, Mc Dermott, 2 500 incarcérés. **1919-21** g. d'indépendance. **1921**-*6-12* État libre d'I. devient dominion, sauf les 6 comtés du N.-E. ; l'I.R.A., n'admettant pas cette partition, lance une g. civile (1922-23). **1932** *De Valera* PM. **1949**-*18-4* République ; quitte Commonwealth. **1965**-*14-1* rencontre des PM irl., Sean Lemass (1899-1971) et capitaine O'Neil, au château de Stormont (1re fois, dep. 1922, qu'un « sudiste » rencontrait un « nordiste »). **1972**-*10-5* référendum pour adhésion à C.E.E. 1 041 840 oui (83 %), 211 891 non (17 %). -*7-12* suppression de la position spéciale de l'Église cath. (référendum : 721 003 v. pour, 133 430 contre, 50 % d'abstentions) et droit de vote à 18 ans. **1973**-*8-12 accord de Sunningdale* entre G.-B., Dublin et Belfast [entérine le partage du pouvoir entre les 2 communautés d'Ulster, prévoit un conseil de l'I. composé d'un conseil des ministres (7 m. du gouv. de Belfast et 7 du gouv. de Dublin), d'une représentation parlementaire et d'un secrétariat permanent], pas appliqué. **1974** *févr.* bombes à Dublin. **1975** De Valera meurt. -*21-7* Christopher Ewart-Biggs, amb. de G.-B. tué à Dublin. -*17-8* Mairead Corrigan et Betty Williams créent mouvement des femmes pour la paix (auront Prix Nobel de la Paix 1976). -*22-10* Pt C. O'Dalaigh démissionne. **1977**-*5-10* Seamus Costello (38 ans, Pt du P.S. rép.) assassiné. **1979**-*27-8* Lord Mountbatten, oncle de la Reine, assassiné, à Mullaghmore, par l'I.R.A. provisoire. **1983** *janv.* Armée nat. de libération irl. (I.N.L.A.) interdite. -*6-9* référendum 67 % pour un amendement à la const. interdisant l'avortement. Forum pour Irlande nouvelle. **1985**-*15-11* accord de Hillsborough avec G.-B.

Statut. *Rép. Constit.* 1-7-1937. *Pt (Uachtaran* élu p. 7 ans au suffr. univ.). *Parlement (Oireachtas) : Ch. des députés (Dail Eireann,* 166 m. élus p. 5 a. à la repr. proport.) ; *Sénat* [*Seanad Eireann,* 60 m. (dont 11 nommés par PM, 43 désignés par l'organisation socio-prof., 6 représentants des universités) pour 5 a.]. 26 *comtés.* **Fête nat.** : 17 mars (St-Patrick). *Drapeau* : vert (près de la hampe), blanc, orange (d'égale largeur). Introduit en 1848 comme emblème révolutionnaire par Thomas Francis Meagher. Le vert symbolise l'élément gaélique de la pop. L'orange l'élément protestant supportant à l'origine Guillaume d'Orange. Le blanc une trêve durable entre les 2 éléments précités. *Symbole national* : la harpe (utilisé sur tous les papiers gouvernementaux).

Élections. Chambre des députés [24-11-82 (sièges, entre parenthèses en fév. 82)] : *Fianna Fail* (guerriers du destin, parti rép., f. 1926, Charles J.-Haughey) 75 (81) ; *Fine Gael* (combattants d'Irl., Garret Fitzgerald) 70 (63) ; *Independants* 3 (4) ; *Labour* (f. 1912 par les syndicats, Dick Spring) 16 (15) ; *Workers'Party* (f. 1905) 2 (3) ; Indépendants 3. **Sénat** (31-1-83) : Fianna Fail 19 s., Fine Gael 25, Labour 10, Indépendants 6.

Présidents de la République (Uachtaran). 1938 Dr Douglas Hyde (1860-1949). **1945** Sean Tomas O'Ceallaigh (1882-1966). **1959** Eamon de Valera (1882-1975). **1973** Erskine Childers (1905-74). **1974**-*19-2* Cearbhall O'Dalaigh (1911-78). **1976**-*3-12* Patrick Hillery (2-5-23).

Chefs du gouvernement (Taoiseach). 1922-*6-12* William Thomas Cosgrave (1880-1965). **32**-*9-3* Eamon de Valera (1882-1975). **48**-*18-2* John Aloysius Costello (1881-1976). **51**-*13-6* de Valera. **54**-*2-6* Costello (1891-1976). **57**-*20-3* de Valera. **59**-*23-6* Sean Francis Lemass (1889-1971). **66**-*10-11* John Lynch (15-8-17). **73**-*14-3* Liam Cosgrave (13-4-20). **77**-*5-7* John Lynch (15-8-17). **79**-*11-12* Charles James Haughey (26-9-25). **81**-*30-6* Garret Fitzgerald (9-2-26). **82**-*9-3* C. J. Haughey. *14-12* Garret Fitzgerald.

Économie

P.N.B. 4 960 $ par h. **Pop. active totale** 1 110 000 (36,4 % de la pop. ; peu de femmes travaillent). **Pop. active (% et entre par. part du P.N.B.** en %). Agr. 17 (10), ind. 29 (34), services 54 (52), mines 1 (2). *Chômage* (%). *1980* : 8,1 ; *81* : 10,1 ; *82* : 12,1 ; *83* : 14,7 ; *84* : 16,3 (204 000 pers.), *85* : 17,4. **Inflation** (%). *1980* : 18,2 ; *81* : 20,4 ; *82* : 17,1 ; *83* : 10,4 ; *84* : 8,6 ; *85* : 5,4. **Dette extérieure.** *1984* : 7,9 milliards de £, *85* : 8,4.

Agriculture. *Terres* (milliers d'ha, 80) : herbe 4 142, landes et tourbières 2 194, terres arables 554, rivières et lacs 139. *Production* (milliers de t, 84) : blé 609, orge 1 708, avoine 130, navets 810 (80), bett. à sucre 1 694, p. de terre 844, choux 187 (80).

Élevage (millions de têtes, 85). Chevaux 0,07 (80), bovins 6,8, moutons 4, porcs 1, volailles 8,3 (84). **Pêche** (84). En mer 164 224 t. Saumons 839 t.

Énergie (84). **Charbon** 70 379 t, tourbe. **Gaz** *réserves* 38 milliards de m³, *production (84)* : 2 334,8 millions de m³. **Électricité** 11,42 milliers de kWh (*1982* : 10,79, *83* : 11,04). Mines (t, 84) : zinc 205 943, plomb 37 158, cuivre, nitrate, argent 8 671 kg. **Industrie.** Alim., électronique, prod. chim. **Tourisme.** 9 914 000 vis. (84).

Commerce (millions de £, 83). *Exportations* 8 898 *dont* prod. alim. 2 064,1, mach. et équip. de transp. 2 550,2, prod. chim. 1 236,3, prod. man. 845,3, prod. man. divers 991,3 ; *vers* G.-B. 2 476,6, All. féd. 903, U.S.A. 866, *France 745,6*. *Importations* 8 913 *dont* mach. et équip. de transp. 2 778,5, prod. man. 1 369,7, fuel et lubrifiants 1 106,7, prod. chim. 1 031,9, prod. man. divers 1 031,7, prod. alim. 932,9 ; *de* G.-B. 3 482,8, U.S.A. 1 466,6, All. féd. 677,6, *France 429,3*.

ISLANDE

Carte p. 849. V. légende p. 787.

Situation. Europe (à 287 km du Groenland, 798 de l'Écosse, 970 de la Norvège, 425 des îles Féroé, 550 de l'île de Jan Mayen). 102 846 km². *Long.* max. 500 km. *Larg.* max. 300 km. *Relief : plateau* (alt. 600 à 800 m) avec saillies de pics volcaniques et plateaux moins étendus (1 200 à 1 800 m, mais point culminant à l'Oeraefajökull 2 119 m). *Côtes* 6 000 km (fjords et criques compris) bordées de falaises qui créent des ports naturels profonds. Grande *plaine* le long de la côte sud. Nombreux *glaciers* (11 800 km², env. 11,5 % du pays) (dont le Vatnajökull, le plus grand d'Europe : 8 400 km², épaisseur 1 000 m par endroits). Env. 200 *volcans* actifs, 1/3 de la prod. mondiale de lave pendant les 500 dernières années [1963 naissance de l'île de Surtsey, 1970 réveil de l'Hekla, 1973 d'un nouveau v. de Heimaey, l'Eldfell, 1975-81 : 8 éruptions dans la région de Leirhnukur près de Lakagigir (v. Histoire), 1980 ér. de l'Hekla]. Les laves post-glaciaires couvrent 10 % de la superficie du pays. *Sources chaudes* (moy. 75 °C) : env. 800, Deildartunguhver produit 150 l d'eau/s à 100 °C.

Principales îles. Vestmannaeyjar 4 727 h., à env. 12 km de la côte S. de l'Is. (éruption volc. 1973), Hrisey 289 h., Grimsey (à 41 km au N.) 106 h. **Climat** : variable, tempéré sur la côte par le Gulf Stream à l'O. et au N. Courant polaire au N.-E. *Temp. moy.* Reykjavik 5 °C (janv. – 0,4°, juill. 11,2°), Akureyri 3,9 °C (janv. – 1,5°, juill. 10,9°). *Max.* 30 °C, *min.* – 20°. Gel intense rare. *Pluies* : surtout dans le S. et le S.-E. (Kvisker 3 000 mm). *2 saisons. Pas de nuit* de mai à juill., été (frais, rarement 20°), période sombre (3 à 4 h par j de soleil) de mi-nov. à fin janv. *Limite des neiges* 1 000 à 1 500 m. **Végétation** : possibilité de reboiser avec bouleau et sapin. **Faune** : renard arctique (ou bleu, originaire de l'île), souris, rat, vison, renne (amené de Norvège au XVIIIe s.), 250 espèces d'oiseaux (dont 75 nichant sur place). Depuis 1924, les chiens sont interdits à Reykjavik.

Population. 240 122 h. (84) [*v. 1100* : 70 à 80 000 ; *XVIIIe s.* : 40 000 ; *1801* : 47 240 ; *1901* : 78 470 ; *1960* : 177 000]. Presque 4/5 du pays sont inhabités. – *de 15 a.* 27 %, + *de 60 a.* 13,7 %. D. 2,3. *Origine* : Vikings norvégiens mêlés d'immigrants écossais et irlandais (nom de famille composé du prénom du père augmenté de la terminaison *son* « fils de » ou *dottir* « fille de » et changeant à chaque génération). En *1984* : 3 534 ressortissants étrangers (1,5 %) dont 999 Danois, 684 Américains et leurs familles non compris les militaires, 340 Anglais, 295 Norvégiens, 241 Allemands, 133 Suédois, 78 Canadiens, 73 Français. 522 étrangers ont immigré en Is., 469 sont partis en 84. *Nationaux à l'étranger* 12 597 (1984). *Émigration* : *1880 à 1914* : 30 000 (v. Amér. du N.) *Villes (83)* : *Reykjavik* 87 309 [ag. avec Hafnarfjördlur 12 460 (82)], Kópavogur 14 433 (à 149 km), Akureyri 13 745 (à 448 km), Hafnarfjördlur 12 683, Keflavik 6 886, Gardebaer 5 764, Akranes 5 349 (à 108 km), Vestmannaieyjar 4 743, Selfoss 3 602 (à 50 km), Isafjördlur 3 400 (à 536 km), Husavik 2 514 (à 540 km), Siglufjördlur 1 915 (à 462 km).

Langue. Islandais (*off.*). Langue du groupe scandinave, la plus proche de l'ancien nordique commun (surnommée le « latin de Scandinavie »).

Religions (%, 84). Église d'Islande 93,7, autres luthériens 3,7, divers 1,9, sans religion 1,3. *St Patron* : Porlakur (1133-93, évêque canonisé par le Parlement en 1198, proclamé officiellement en août 1985 par Jean-Paul II).

Histoire. VIIIe s. installation de moines irlandais. **874-930** colonisation par des Vikings païens. **930** Althing (parlement) et Rép. fondés. **930-1030** période des Sagas. **985** Éric le Rouge découvre Groenland. **1000** conversion au christianisme. Leif Eriksson (fils d'Éric. le R.) découvre Amér. du N. **1030-1120** paix. **1120-1230** période littéraire. **1230-1264** période de Sturlung. **1241** Snorri Sturluson (écrivain, Pt de l'Ass. suprême 1215) tué. **1262-64** possession norvég. **1380** danoise. **1402-04** peste noire (66 % de †). **1540-50** Réforme. **1602** monopole royal du commerce. **1662** absolutisme renforcé. **1783-85** éruption de Lakagigir (coulée de lave de 565 km², gaz et cendres empoisonnent les pâturages). 50 % des troupeaux sont décimés, famine : 9 000 † (20 % de la pop.). **1787** liberté du commerce pour sujets danois. **1800** Althing remplacé par Cour nationale. **1809**-*25-6*/*22-8* l'aventurier danois Jörgen Jörgensen prend le pouvoir. **1843** Althing rétabli comme ass. consult. **1854** libération du commerce extér. **1874** 1re Const. **1879** Jón Sigurdsson (n. 1811, autonomiste) meurt. **1902** droit de vote accordé aux femmes sur le plan local. **1904** autonomie interne. **1911** Université d'I. à Reykjavik. **1915** droit de vote accordé aux femmes sur le plan national. **1918**-*30-11* indépendance (le roi de Dan. est r. d'Is.). **1940** occupation brit. **1941** occ. amér. (avec accord de l'Is.). Rôle strat. important durant la g. (lutte anti-sous-marine, escale des convois alliés vers l'U.R.S.S.) **1944**-*25-5* référendum pour séparation avec Danemark. -*17-6* Rép. instituée à Thingvellir. **1946** entrée à l'O.N.U. **1947** *mars* éruption de l'Hekla (13 mois, colonne de fumée de 30 000 m, lave sur 65 km²). **1949** entrée à l'O.T.A.N. **1951** accord de défense Is./U.S.A. Base amér. (O.T.A.N.) à Keflavik : 3 000 h. **1952** zone de pêche portée à 4 milles. **1955** Halldor Kiljan Laxness prix Nobel de litt. **1958** zone de pêche à 12 milles. **1970** entrée à l'A.E.L.E. **1972** zone de pêche à 50 milles : dissensions avec G.-B. **1973**-*13-11* accord mettant fin à la « g. de la morue » avec G.-B. **1974**-*27-7* Cour de La Haye refuse à l'Is. le droit d'interdire ses eaux territoriales à G.-B. **1975**-*15-10* zone de pêche à 200 milles, nouvelle « g. de la morue » avec G.-B. **1976**-*19-1* ultimatum is., la G.-B. retire ses navires de g. **1980**-*1-8* une femme, Vigdis Finnbogadottir, 1re femme du monde élue au suffr. univ. à la Pce de la Rép. **1983**-*12/15-4* elle vient en Fr. **1984**-*14-6* référendum autorisant le Parlement à donner droit de vote aux étrangers (882 493 pour, 276 250 contre). **1985**-*24-10* grève des femmes (elles gagnent 40 % de moins que les h.).

Politique

Statut. Rép. *Constit.* du 17-6-1944. *Pt* élu pour 4 ans au suffr. univ. *Althing* (Parlement datant de 930, le plus vieux du monde) 60 m. (40 Ch. Basse, 20 Ch. Haute), 49 élus pour 4 a. (37 dans les 7 circons. de province, 12 pour la capitale), 11 représentants des partis répartis au plan national. 16 *départements* administrés par des chefs de districts, 21 villes administrées par des maires. *Pas d'armée.* **Fête nat.** : 17 juin (fondation de la Rép.). **Partis.** Indépendance f. 1929 (Thorsteinn Palsson). Du Progrès f. 1916 (Steingrimur Hermannsson). Social-dém. f. 1916 (Jon Baldvin

Hannibalsson). Alliance du peuple f. 1968 (Svavar Gestsson). Alliance des sociaux-dém. Liste des femmes. *Affiliation à un syndicat :* obligatoire. Si une grève est décidée, le salarié qui travaille commet un délit.

Élections législatives du **23-4-1983.** Inscrits 153 956, votants 133 303 (86,6 %). % de voix et nombre de sièges (entre par. : 1979) : *P. de l'Indépendance* 38,7 %, 23 s., (35,4 %, 21 s.), *P. du Progrès* 19 %, 14 s., (24,9 %, 17 s.), *Alliance du peuple* 17,3 %, 10 s., (19,7 %, 11 s.), *P. social dém.* 11,7 %, 6 s., (17,5 %, 10 s.), *Al. des sociaux-démocrates* 7,3 %, 4 s., *Liste des femmes* 5,5 %, 3 s.

Chefs d'État. 1918-*1-12* Christian X (1870-1947). Roi d'Islande et Danemark. **41-***17-6* Sveinn Bjornsson (1881-1952). Régent puis Pt de la Rép. **52-***7-8* Asgeir Asgeirsson (1894-1972) id. **68-***1-8* Kristjàn Eldjarn (1916-82) id. **80-***30-6* Mme Vigdis Finnbogadottir (15-4-30).

Premiers ministres depuis 1971. 71-*14-7* Olafur Johannesson (1-1-13). Progr. **74-***29-8* Geir Hallgrimsson (16-12-25). Indép. **78-***1-9* Olafur Johannesson. Progr. **79-***15-10* Benedikt Grondal (7-7-26). Social-dém. **80-***8-2-* Gunnar Thoroddsen (1910-83). Indép. **83-***26-5* Steingrimur Hermannsson. Coal. Progr.

Économie

P.N.B. (84) 9 585 $ par h. 75 % du P.N.B. vient de la mer. **Pop. active.** (% et entre par. part du P.N.B. en %). Agr., pêche 11,2 (14), ind. 37 (38), services 51 (48). *Chômage : 1984 :* 1,3 (*81 :* 0,5 ; *82 :* 0,7 ; *83 :* 1). **Inflation** (%). *1979 :* 45,2 ; *80 :* 57,5 ; *81 :* 51,6 ; *82 :* 49,1 ; *83 :* 86 ; *84 :* 30,3.

Agriculture. *Terres.* 60 % improductifs, 25 % couverts de végétation permanente. T. cultivées 1 000 km², cultivables 20 000 dont 15 500 à moins de 200 m d'alt., couvertes de végétation 23 805 dont 13 718 à moins de 200 m d'alt., prairies 20 000, glaciers 12 000, lacs 3 000, lave 11 000 (plus grande étendue d'un seul tenant : 4 500 km²), sables 4 000, autres terres infertiles 52 000. *Production* (83) : p. de terre 3 561 t, navets 366 t, carottes. Serres chauffées à l'eau chaude dep. 1924. *Nombre de fermes* (fin 83) : 5 029. **Élevage** (milliers de têtes, 83). Moutons 712, volailles 295, bovins 69, chevaux 52, porcs 2. **Pêche.** Zone de pêche 200 milles, 758 000 km². *Production* (milliers de t, 83) 839 dont poissons blancs 599, capelans 133, harengs 59, crustacés 31, divers 16. *En 85 :* 939 bateaux de pêche (194 360 tx), 5 000 pêcheurs.

Énergie. *Géothermie :* capacité (GWh par an) exploitée 7 200, mesurée 80 000. 79 % (83) de la pop. l'utilise pour se chauffer. *Hydraulique :* capacité (GWh par an) exploitable techniquement 64 000, économiquement 45 000, exploitée (81) 4 000. *Électricité produite* (milliards de kWh, 84) : 3,9 (*83 :* 3,8 dont hydroélec. 3,6, géothermie 0,2, thermique 0,006).

Industrie. Pêche (surgélation, salage, séchage, farine de poisson, conserveries, huile, ind. de la baleine). Aluminium. Ind. alim. (viande, cuirs et peaux, lait). Engrais. **Transports** (km). Routes 618,8, dont 78 asphaltés. Pas de chemins de fer. Flotte (sauf pêche, 83) : 106. **Tourisme.** Déserts volcaniques, glaciers, fjords, solfatares.

Commerce (millions de couronnes, 84). *Exportations* 23 763 *dont* (%) prod. de la pêche 68,7, prod. ind. 29,6 (dont aluminium 15,3), prod. agricoles 1,7, divers 3 ; *vers* (%, 83) C.E.E. 34,7, U.S.A. 28,3, E.F.T.A. 14,9, Europe de l'E. 8, divers 14,1. *Importations* 26 744 *dont* (%) prod. de consommation 29,4, prod. d'investissement 17,9, prod. intermédiaires 49,9 (dont fuel 14,3) ; *de* (%, 83) C.E.E. 45,1, E.F.T.A. 22,8, Europe de l'E. 11,3, U.S.A. 7,9, divers 12,9.

Rang dans le monde (83). 20e pêche.

ISRAËL

V. légende p. 787.

Situation. Asie. 21 501 km² dont 445 km² d'eau. *Longueur max.* 426 km. *Largeur max.* 112,9 km (19 km au nord de Tel-Aviv, 10,5 à Eilat). *Frontières terrestres* (lignes d'armistice 1949) : 961 km (avec Jordanie 531, Égypte 206, Liban 79, Syrie 76, Territoire de Gaza 59). En 1967, l'apport des territoires occupés a ramené la long. des frontières à 650 km. *Côtes :* 254 km (dont Méditerranée 188, mer Morte 56, mer Rouge 10,5). Israël avec les territoires sous contrôle : 27 552 km². *Alt. max.* Mt Meiron 1 208 m. *Néguev :* 60 % de la surface : — de 200 mm d'eau par an. *Golfe d'Akaba :* long. 160 km, larg. max. 17, prof. 1 600 à 1 800 m, temp. + 21 °C, salinité 41 ‰.

Mer Morte. Située dans une dépression (prof. max.

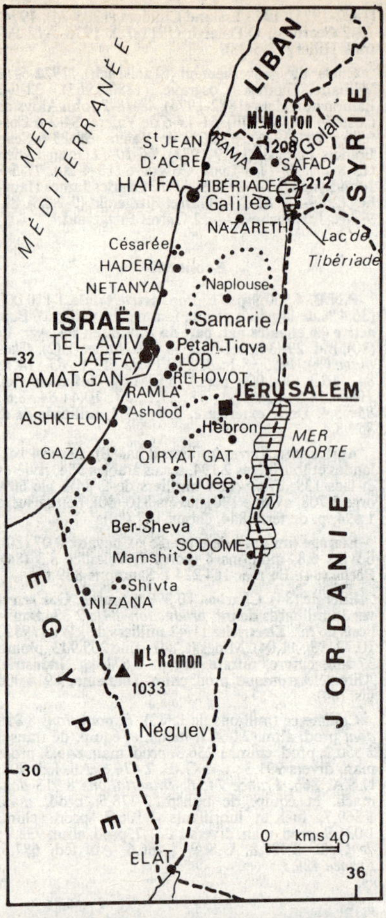

— 720 m). Niveau en baisse constante, actuellement — 403 m. Il y a des dizaines de milliers d'années, le lac Lisan, couvrant la mer Morte, allait au N. jusqu'à la mer de Galilée et au S. jusqu'à la vallée de l'Arava, le niveau atteignait — 180 m. Composition chimique de l'eau interdisant la vie (v. 1930, Elazari-Volcani trouva cependant des micro-organismes à la surface et dans les sédiments du fond). **Climat** méditerr. Temp. moy. Jérusalem janv. 9-15 °C, août 19-28 °C.

Démographie

• **Définitions.** *Juif :* nom donné dep. l'exil (IVe s. av. J.-C.) aux descendants d'Abraham. *Hébreu :* nom primitif du peuple juif. *Israélite :* descendant d'Israël ; personne appartenant à la communauté et à la religion juives. *Levirat :* obligation de la loi de Moïse qui impose au frère d'un défunt d'épouser sa veuve sans enfants (très peu pratiqué actuellement). *Juif ashkénaze :* originaire d'Europe centrale, parle le yiddish, 3 % d'analphabètes, 33 % atteignent l'ens. sup. ; revenu 39 % plus élevé que les Sefaradim. *Juif séfarade ou oriental :* originaire d'Espagne (Sefarad = Espagne en hébreu de l'époque, expulsé en 1492, parle le ladino) ou d'Orient.

• **Population.** 4 179 700 h. (84) dont 3 471 700 (83 %) Juifs [autochtones (sabras) 2 024 300, 59 %], non-Juifs (surtout dans le N. en Basse-Galilée) 727 900 dont 69 000 Druzes et 97 000 Chrétiens. J. nés hors d'I. 1 417 800 dont Afr.-Asie 18,3 %, Europe-Amér. 22,7 %. *Répartition par âge* (en %) : — *de 15 a. :* 38,3 (non-Juifs 50) ; + *de 65 a. :* 6,1. D. 194. *Taux de mortalité infantile* (83) : juive 22,4 ‰, arabe 34,7 ‰. *Accroissement :* (84) Juifs 1,38 %, non-Juifs 2,27 %.

Évolution avant 1948. *Xe s. av. J.-C. :* royaume juif, 750 000 à 1 500 000 h. *A la naissance de J.-C. :* 3 000 000 (en outre, en Perse 1 000 000 j., dans le reste de l'Empire romain 4 000 000). *XIIIe s. apr. J.-C. :* 225 000. *1348 :* 150 000 (après la peste noire). *1800 :* 275 000 (dont 7 000 Juifs). *1850 :* 50 000 à 100 000. *1890 :* 532 000 (43 000 J.). *1914 :* 690 000 (94 000 J.). *1931 :* 1 033 000 (174 000 J.). *1920 à 1935* attirés par l'essor économique dû aux sionistes, des Ar. des pays voisins affluent. *1934* les Anglais transplantent + de 30 000 Syriens, chassés du Hauran par sécheresse. *1936-45 :* 100 000 Ar. immigrent en Pal. pour y trouver un travail. La g. les fait fuir. *Répartition des Palestiniens* (en milliers, en 1985) : Israël 590 + territoires occupés [Cisjordanie 900 (dont en camps 90), Gaza 500 (e.c. 220)]. Jordanie 1 150 (e.c. 190). Liban 490 (e.c. 100). Koweït 300. Syrie 230 (e.c. 60). Arabie Saoud. 140. U.S.A. 100. Émirats arabes 37. Égypte 35. Qatar 25. Libye 25. Irak 20. Reste du monde 200.

• **Réfugiés palestiniens.** *1947 :* (rec. brit.) 560 000 Arabes dans la partie de la Palestine occidentale sur laquelle allait s'édifier Israël. *1948-16-9 :* rapport du Cte Bernadotte estimant que 360 000 personnes avaient été « déplacées » à la suite du conflit. 141 000 Ar. restent en I. *-16-9 :* I. accuse les États arabes d'avoir grossi le nombre de réfugiés pour obtenir plus de rations alimentaires distribuées par l'UNRWA [*1948 :* 750 000 réfugiés (rapport Cilento) ; *1949 juill. :* 1 000 000 (rapport W. de St-Aubin)]. *1949 :* 715 000 à 730 000 (selon l'O.N.U.) ; 590 000 à 650 000 (selon Israël). *1967* (g. des 6 j) : 525 000 réfugiés supplémentaires (dont 175 000 ayant fui une 2e fois et 100 000 autres réfugiés du Golan). *1981 (1-1) : selon l'ONU,* Cisjordanie 317 614 (79 990 dans camps), Gaza 363 006 (200 762 dans camps) ; *selon Israël,* Cisjordanie 105 000 (65 000 dans camps), Gaza 205 000 (171 300 dans camps).

Attitude d'Israël. I. a offert en 1949 de reprendre 100 000 réf. (offre rejetée), mais a refusé d'en reprendre plus (pour ne pas compromettre son équilibre). Selon I. les pays ar. auraient pu installer 600 000 ref. puisque I. (beaucoup moins étendu) avait accueilli 500 000 J. des pays ar. (après 1945 la Finlande avait absorbé 350 000 Allemands, l'All. féd. 9 000 000 de réfugiés de l'Est, Inde et Pakistan avaient échangé 15 000 000 de réfugiés). I. remarque que les Pal. de Gaza, devenus Ég. de 1949 à 1967, avaient été interdits de séjour en Ég. proprement dite et volontairement maintenus dans des camps.

• **Diaspora juive.** *1975 :* 10 000 000, *81 :* 9 750 000 (dont U.S.A. 5 600 000, U.R.S.S. 1 950 000), *2000 :* 7 400 000 à 8 000 000, *2025 :* 5 000 000 à 6 000 000. *% de la population juive vivant en I. 1948 :* 6 ; *55 :* 13 ; *70 :* 20 ; *82 :* 26.

Nota. — La France est, après Israël, le pays qui a absorbé le plus de Juifs depuis 1945 (*1945 :* 130 000 *Juifs en Fr., 1976 :* 700 000) en raison notamment de l'exode des Juifs d'Afr. du N. qui a suivi la fin de la g. d'Algérie.

• **Population juive dans les pays arabes.** En *1974* et, entre parenthèses, en *1947 ;* Algérie 1 000 (140 000), Égypte 400 (75 000), Irak 450 (120 000), Liban 1 400 (7 000), Libye 20 (30 000), Maroc 20 000 (250 000), Syrie 4 500 (15 000), Tunisie 7 000 (110 000), Yémen N. et S. 500 + 2 000 nomades au N. (50 000) ; voir aussi Index.

• **Immigration en Israël** (alyah). Selon la loi du retour (1950) tout Juif a le droit de venir en I. comme immigrant, sauf ceux susceptibles de mettre en danger la sécurité du pays, accusés de délits tombant sous le coup de la loi, ou endettés, ou dont l'état de santé constitue un danger public. La loi sur la nationalité (1952) accorde la nat. i., à chaque immigrant dès son arrivée. *Évolution : 1882-1914 :* 55 000-70 000 ; *1919-32 :* 126 349 ; *1933-39 :* 215 232 ; *1940-43 :* 26 524 ; *1944* au *14-5 1948 :* 84 042 ; *15-5-1948* à *1975 :* 1 569 875 ; (dont *1950 :* 60 000 du Yemen, *51 :* 100 000 d'Irak, *56-62 :* 76 000 du Maroc) ; *1976 :* 17 092 ; *77 :* 18 641 ; *78 :* 26 394 ; *79 :* 37 222 ; *80 :* 20 428 ; *81 :* 12 599 ; *82 :* 13 273 ; *83 :* Europe de l'O. 4 289, Amér. du N. 3 663, Amér. du S. 2 917, Éthiopie (Falachas) 2 213 ; *84 :* Europe de l'O. 2 958, Amér. du N. 2 270, Amér. latine 1 853, U.R.S.S. 350, Éthiopie (Falachas) 7 907 ; *85 :* 11 298 (d'Occident 2 343, Falachas 2 000, Amér. lat. 1 563, U.R.S.S. 342).

• **Départs d'Israël.** Un tiers repart dans les 3 a., soit *de 1919 au 14-5-1948,* 452 158 dont Europe-Amér. 385 066, Asie 40 776, Afrique 4 033. *Du 14-5-48 à 1979,* 1 674 676 dont Europe-Amér. 883 424, Afrique 420 316, Asie 350 344. *1979,* 37 222 dont Europe-Amér. 27 560 (U.R.S.S. 17 790, U.S.A. 2 452, Argentine 1 362, G.-B. 989, *France 835*, All. féd.-Autriche 300, Uruguay 260), Asie 7 195 (Iran 5 853, Turquie 824, Inde et Pakistan 230), Afrique 2 141 (Afr. du S. 884). *1980 :* 30 700. *81 :* 16 800. *82 :* 8 600. *83 :* 2 600. *84 :* 17 000.

• **Émigrés revenant.** *1982 :* 11 350. *83 :* 12 000. *84 :* 16 000.

• **Juifs d'U.R.S.S.** 2 500 000 à 3 500 000 Soviétiques portent en U.R.S.S. la mention « nationalité juive » sur leur passeport. *Dep. 1967 :* 260 000 ont immigré dont 160 000 en Israël. *Fin 1970 :* cas individuels. *1971 :* 12 832. *72 :* 31 652. *73 :* 33 477. *74 :* 17 373. *75 :* 8 351. *76 :* 7 274. *79 :* 51 303. *81 :* 1 770. *82 :* 2 692. *84 :* 908. *85 :* 1 140. *Émigrés juifs d'U.R.S.S. choisissant un autre pays qu'Israël* (%) : *jusqu'en 1972 :* 1. *73 :* 4,5. *74 :* 18,7. *75 :* 37. *76 :* 50. *77 :* + de 50. *78 :* 60. *79 :* 66 (sur 50 000, 33 000 vont aux U.S.A., ou Canada et 17 000 en Israël), *85 :* 30,5.

• **Juifs d'Éthiopie** (Falachas). Descendants de la tribu de Dan, une des 12 tribus d'I. dont on était sans nouvelles, exilée à Coush (Éthiopie) en 722 av. J.-C., ou de juifs émigrés d'Éléphantine (Égypte), ou de juifs qui auraient au xxe s. av. J.-C. suivi Ménélik (fils de Salomon et de la reine de Saba). *Arrivées (1977-85) :* env. 15 000. Reconnus dep. 1985 par le Grand Rabbinat comme « membres à part entière du peuple juif », ils ne sont pas astreints au bain rituel qu'on voulait leur imposer. *Coût* de leur installation 400 millions de $.

• **Druzes.** Secte religieuse, même origine ethnique que les autres Palestiniens. Mais à force de se marier entre eux, les D. ont créé une ethnie particulière [Syrie 250 000, Liban 150 000, Israël 67 000 (83) ; autres pays env. 300 000]. Les D. isr. sont prosionistes. Ils ont combattu avant 1948 dans l'Irgoun et la Haganah, et ont créé, en 1955 avec les Tcherkesses, l'Unité militaire des minorités, dans laquelle ils font leur service (conscription obligatoire, comme pour les J.). Env. 13 000 D. vivent sur le Golan occupé dep. 1967.

• **Capitale** (dep. 23-1-1950). Jérusalem (à 63 km de Tel-Aviv sur la côte). Les puissances étrangères ont leur ambassade à Tel-Aviv, car elles ne reconnaissent pas Jér. comme capitale. Avant juin 1967, Jér. était divisée entre : Israël (195 700 h. ; nouvelle ville et tombeau de David), Jordanie (70 000 h. ; ville ancienne, Calvaire, St-Sépulcre, mosquée d'Omar, mur des Lamentations). *Population. 1844 :* 15 510 (Juifs 7 120, Musulmans 5 000, Chrétiens 3 390). *1870 :* 22 000 (J. 11 000, M. 6 500, C. 4 500). *1913 :* 75 200 (J. 48 400, M. 10 050, C. 16 750). *1931 :* 90 451 (J. 51 222, M. 19 896, C. 19 335). *1948 :* 165 000 (J. 100 000, M. 40 000, C. 25 000). *1967 :* (M. 60 000). *1981 :* (M. 108 000), *1983 :* 429 000 (non-Juifs 123 000).

• **Autres villes** (83). Tel-Aviv-Jaffa 327 000 (à 63 km), Haïfa 225 000 (dont 208 000 juifs) (151 km), Ber-Sheva 11 000, Holon 133 000, Bat-Yam 129 000, Ramt-Gan 117 000, Petah-Tiqva 124 000, Natanya 102 000, Bene Braeq 96 000, Rishon Le Sion 102 000, Rehovot 68 000, Ashdod 66 000, Ashkelon 53 000, Herzlia 63 000, Ramla 42 000, Nazareth 45 000 (169 km), Lod 40 000, Akko 37 000, Tibériade 29 000.

Territoires administrés par I. depuis 1967 : Judée-Samarie 5 678 km². *Population : 1967 :* 595 000 h. ; *83 :* 767 000 (dont 45 000 j.) ; *85 :* n.c. (dont 52 000 j.) ; *90 :* (100 000 j. prévus) ; *villes :* Jéricho 64 000, Hébron 7 178, Naplouse 5 232, Djénine 4 891, Bethléem 58 819, Tulkarem 4 725, Ramallah 3 903. **Gaza** 373 km², 493 700 h. (dont 600 j. en 82). **Golan** 1 150 km², 18 900 h., 70 km sur 25 km, au N.-E. d'I., position stratégique au-dessus du Jourdain et du lac de Tibériade ; avant 1967 env. 100 000 Syriens, en 1981 13 000 Druzes et quelques centaines d'Alaouites et de Circassiens, 6 000 colons isr.

Transformation économique et sociale : création d'une zone ind. dans la partie N. de la bande de Gaza ; augmentation du P.N.B. en Cisjordanie de 13 % par an dep. 67. Sur les 200 000 h. actifs, 84 000 vont chaque jour travailler en I. L'écart des salaires moyens, qui était du simple au double entre I. et la Cisjordanie, n'est plus que du tiers. Les Palestiniens sont le plus souvent agriculteurs ; ils vendent leurs produits sur place, en I. et en Jordanie (trafic libre entre les 2 rives du Jourdain). Des lois d'avant juin 1967 demeurent en vigueur, et les pop. locales jouissent de l'autonomie pour affaires municipales, judiciaires et culturelles. *Sanctions prises contre les Arabes faisant partie de réseaux terroristes :* dynamitage des maisons (21 000 maisons détruites) ; expulsion vers la Jordanie.

• **Langues.** Hébreu et arabe *(off.)*. Définis en 1781 par l'All. Auguste-Louis de Schloezer (1737-1809) comme des langues « sémitiques », d'après le nom de Sem, 2e fils de Noé, dont les descendants, selon la Bible, ont peuplé le Moyen-Orient. (Voir p. 107.) *1re langue étrangère :* anglais.

Alphabet hébreu. Variété de l'alphabet phénicien. Jusqu'au viiie s. av. J.-C., Phéniciens, Moabites et Hébreux parlaient le « sémitique commun » (même langue, même écriture). Aux viiie et viie s., la langue des inscriptions commence à se différencier, mais l'alphabet reste identique. Au iiie s. av. J.-C., les Moabites commencent à utiliser les caractères « en carré », que les Hébreux adopteront au Ier siècle av. J.-C., créant ainsi leur alphabet caractéristique.

LETTRES	NOM	VALEUR	LETTRES	NOM	VALEUR
א	aleph	*a*	ל	lamed	*l*
ב	beth	*b, bh*	מ	mem	*m*
ג	ghimel	*g, gh*	נ	nun	*n*
ד	daleth	*d, dh*	ס	samech	*s*
ה	hé	*h* doux	ע	hgain, ain, oen	*a, ho*
ו	vau	*ou, v, w*	פ	pé, phé	*p, ph*
ז	zaïn	*z*	צ	sadi, tsadé	*ts, tz, ç*
ח	heth, cheth	*kh, ch, h* dur	ק	koph	*q, c, kh*
ט	teth	*t*	ר	resch	*r*
י	iod	*i, y*	ש	sin, schin	*s, sch*
כ	caph	*k, ch*	ת	tau	*th*

Religions

Juifs (en 1983, en milliers) : 3 436 (82, 7 %). En 1980, Séfarades Asie 738,3 (dont nés à l'étranger 303,4). S. Afrique 736,7 (336,5) ; Ashkénazes Europe 1 252,5 (740,2), A. Amér.-Océanie 95,6 (67,4) ; nés en I. de père né en I. 459,6. *Karaïtes* 10 000 (rejettent la tradition et les lois rabbiniques, ne reconnaissent que la Bible), *Samaritains* 500 (origine : les Israélites non exilés à Babylone en 721 et fusionnés avec les soldats assyriens ; ne reconnaissent que le Pentateuque, vénèrent Josué). Vie religieuse : Sondage (juillet 1979 par quotidien *Haaretz*) : pratiquants 17 %, croyants 41 %, agnostiques 42 %.

Musulmans (12 %) 530 800 (83), surtout sunnites, 77 % des non-juifs. **Druzes** (9,5 %) 67 000 (80) [musulmans chiites dissidents, disciples du calife fatimide Al Hakim (996-1021), considéré comme une incarnation divine, supérieure à Mahomet ; leur religion est mystique et ésotérique ; les initiés *(uqqal)* forment 15 % de la pop. et mènent une vie ascétique. Croyance en la réincarnation : tout druze se réincarne en un nouveau-né druze].

Baha'is (quelques centaines, cap. relig. : Haïfa).

Chrétiens (13,5 %) 94 000 (83) (presque tous arabophones) dont : 1°) *Catholiques* 57 % 52 000 [dont 23 000 *(44 %)* d'entre eux de rite latin (clergé : + de 400 prêtres et moines, env. 1 200 religieuses ; env. 45 ordres et congrégations. A la tête : patriarche de Jérusalem. Les franciscains établis en Terre sainte au xiiie s. sont chargés de la défense et de la garde des Lieux saints) ; *Maronites* 3,3 % 3 000 ; *Uniates* 26,6 % 24 000 ; *Grecs-catholiques* 11,1 % 10 000, en majorité dans le diocèse de St-Jean-d'Acre, en Galilée (patriarche d'Orient : archevêque Georges Halim) ; *Arméniens, Syriens, Chaldéens* quelques centaines]. *2°) Orthodoxes* 35 % : *Grecs-orthodoxes :* 32 000 en I. (avec territoires adm.), leur patriarche a la préséance sur les chefs spirituels de Terre sainte ; 14 archevêques jouissent de droits et de privilèges (réglés par *statu quo*) provoquant des chicanes dues aux rites différents se déroulant au même moment dans les chapelles différentes d'un même sanctuaire. *Russes-orthodoxes :* 1 mission dépendant du patriarcat de Moscou. Dans les terr. adm. un certain nombre d'églises et de couvents reconnaissent la seule autorité de l'Église russe en exil (centre à New York). *3°) Égl. non chalcédoniennes* 5 % dont *Arméniens :* 1 patriarche ; 2 000 fidèles. *Coptes* (1 000) et *Syriens* (1 000), chacun 1 archevêque. *Éthiopiens* (1 000 env.), 1 évêque. Droits particuliers dans les principaux sanctuaires chrétiens. *4°) Anglicans et protestants* 3 % (env. 3 000).

Histoire

Av. J.-C. 10000-7000 civilisation paléolithique natoufienne (du Wadi Natuf) : cueillette, chasse. Villages en pierre : Mallaha (Eynam), Jéricho. **7000-5000** sécheresse, pays abandonné. **V. 5000** repeuplé. **V. 4000** néolithique (agric., élevage). Voir Judaïsme, p. 512.

V. 1008-1001 le roi David fait de Jérusalem la capitale du roy. d'I. et de Juda et y transfère l'arche. David soumet Moabites puis Ammonites et Édomites. **V. 969-930** règne de Salomon. Entreprend la construction du Temple de Jérusalem. **V. 930-881** incertitude. **V. 881-841** dynastie d'Omri. Capitale à Samarie. **V. 841-749** dyn. de Jéhu. 722 l'Assyrie prend Samarie, 27 290 Israélites déportés. I. devient province assyrienne. **722-587** fin du roy. de Juda. **588-15-1** Nabuchodonosor met le siège devant Jér. qui tombe le 29-7-587. Répression (destruction des principaux édifices : temple, palais royal, murailles ; déportation des habitants à Babylone). **587-538** exil à Babylone. **539-***29-10* le roi perse Cyrus entre dans Babylone. **538** édit de Cyrus ordonnant aux exilés de rentrer dans leurs pays et de reconstruire le Temple de Jér. (aux frais du trésor royal). **515** 2e Temple inauguré. **445** Néhémie, gouverneur de Juda, fait reconstruire la muraille de Jér. en 52 j. **332** fin de la domination perse, Alexandre le Grand prend Samarie et Judée. **323-281** g. des Diadoques (gén. d'Alexandre se disputent sa succession), influence de l'Égypte. **V. 285-200** domination lagide. **IVe-IIIe s.** développement de la diaspora dans l'Empire hellénistique. **200-167** domination séleucide. **167-142** révolte des Maccabées, Antiochus ayant décrété une hellénisation systématique (pillage de Jér., autel païen dans le Temple, mort pour les fidèles israélites, livres de la Loi détruits). Révolte dirigée par Mattathias l'Hasmonéen (prêtre qui refusa de sacrifier devant l'envoyé du roi) et ses 5 fils, env. 6 000 h. **164** reprennent Jér., purifient le Temple et le réinaugurent le 14-12. **142-63** dynastie hasmonéenne. **63** Pompée prend Jérusalem, Judée rattachée à l'Empire romain. **40** roi Hérode construit la citadelle (Tour de David) et embellit le Temple. **37 av. J.-C.-66 apr. J.-C.** dynastie hérodienne. **66-74** révolte des Juifs contre gouvernement romain. **70** Romains détruisent Jér. et le Temple. V. p. 512. Ce qui prive Israël des assises de son unité nationale et religieuse car les Juifs tiennent, en effet, Jérusalem à la fois pour leur capitale nationale et pour leur ville sainte. Ils s'y rendent au moins une fois dans leur vie en pèlerinage et acquittent un impôt cultuel au Temple. La reconstruction du Temple est désormais liée à l'avènement du Messie, dont l'attente domine la vie juive. **132-135 ap. J.-C.** 2e révolte contre les Romains conduite par Bar-Kokhba échoue. Chute de Massada, dernière citadelle j. ; + de 500 000 soldats †, 985 villages détruits. Jérusalem rasée remplacée par ville romaine (Aelia Capitolina) ; Judée disparaît ; sous-préf. romaine (Syrie-Palestine) ; population dispersée *(Diaspora)*. 10 000 J. restent, notamment en Galilée (cap. religieuse Bet Shearim jusqu'en 352 ; la législation byzantine leur est hostile. **394** les J. peuvent revenir à Jérusalem. Devant le triomphe du christianisme, le judaïsme se transforme rapidement en une religion non missionnaire, n'enregistrant plus que quelques rares conversions de groupes [comme certaines tribus berbères d'Afrique du N. et la caste dirigeante du royaume khazar, qui forme du viiie au xiie s. un « État juif » s'étendant du Caucase à la Volga (seules la famille royale et l'aristocratie khmère se convertirent au Judaïsme)].

V^e-VIe s. peuplement progressif par des Arabes, venus du désert. **614** conquise par Perses Sassanides. **637** par Arabes musulmans. **691** sultan omeyyade Abd el-Malik fait de Jér. une ville sainte (Al Quds) et construit dôme du Roc sur l'emplacement du Temple. **V. 710** Al Wald construit mosquée Al Aqsa sur l'ancienne esplanade du Temple. **743** califat arabe constitué ; les J. y ont le statut de *dhimmis* soumis à la loi coranique. **1099** (croisades) Palestine fait partie du roy. de Jérusalem (le Normand Tancrède, seigneur de Galilée). **1187** Palestine conquise en partie par Saladin, sultan d'Égypte (après sa victoire de Hattin). **XIIIe s.** les hordes kharezmiennes et mongoles exterminent une bonne partie de la population. **V. 1250** sous l'autorité des Mameloouks (musulmans turco-tartares) qui sauvent in extremis les J. de l'anéantissement. **1267** communauté j. de Jérusalem reconstituée sous l'impulsion de l'érudit Moïse Ben Nachman (Nachmanide, le « RaMbaN »). **1517-1917** domin. des Turcs ottomans (**1517** Jér. enlevée aux Mamelouks par sultan turc Selim Ier qui a reconstitué région administrative de Syrie-Palestine et encourage les J. à s'installer en Palestine). Les J. restés à Babylone prennent la direction spirituelle du judaïsme. **1033**, mort du dernier des Grands Gueonim (autorité religieuse), le centre spirituel passe en Europe près de Cordoue (tradition babylonienne, dite *Sepharadi*) et en Rhénanie (trad. palestinienne dite *Askhenazi*).

Communauté j. d'Espagne. 1391 décimée par chrétiens. **1492** expulsée [200 000 partent pour Afr. du N., Italie et emp. turc (notamment Palestine : *1845*

12 000 J. sur 350 000 h. ; *1880* 25 000 J. sur 500 000 h.)].

XIXe s. L'ouest de la Palestine (actuel Israël) presque entièrement désertique ne constitue pas d'entité autonome. **1835** l'étudiant *Moritz* fonde à Prague une société pour le retour en P. **1847** Disraëli écrit « Tancred » (préconisant théocratie judéo-chrétienne sur le monde). **1862** *Moïse Hess* publie « Rome et Jérusalem ». **1882** *Léon Pinsker* publie « Auto-émancipation à Odessa ». Création près de Jaffa de la 1re colonie agricole j. **1891-96** des pionniers de l'Alliance israélite univ. et les Amants de Sion fondent 17 colonies agricoles ; le Bon Edmond de Rothschild (1845-1934) encourage le *sionisme* (du nom du Mt Sion, une des collines de Jérusalem, qui symbolise le pays d'Israël). **1896** *Théodore Herzl* (1860-1904) reprend les idées de Pinsker dans « l'État juif », puis dans un roman, « Altneuland » (1902) ; il propose de créer un État j. garanti par le droit public, réunit le 1er congrès sioniste à Bâle (1897), fonde la banque nat. juive (1898) et le Fonds national juif (1901). Herzl négocie avec le sultan l'achat de la Palestine (1902, échec). **1903** la G.-B. propose aux J. l'Ouganda pour créer un État. **1903-14** 40 000 J. s'installent en P. **1904** Herzl accepte de fonder un foyer j. en Ouganda (le VIIe congrès sioniste refuse). **1909** 1er kibboutz en Palestine. **1914-18** les Ar. palestiniens sont loyaux à l'égard de la Turquie. **1915** accords Mac Mahon-Hussein : les Anglais constitueront après la g. un grand royaume arabe dont le souverain serait le chérif de La Mecque, Hussein (pour le récompenser de son action contre les Turcs : quelques centaines de combattants, opérations de razzia). **1917** 1er réseau clandestin j. en Palestine, « Nili », lutte contre l'empire ottoman. *-2-11* poussé par *Chaïm Weizmann* [(1874-1952), chimiste qui isola l'acétone, qui rendit des services pour l'armement angl.], la G.-B. publie la *déclaration* du min. des Aff. étr., *Arthur Balfour*, promettant l'établissement d'un foyer national j. en Pal. (Weizmann avait assuré, en échange, au PM angl. Lloyd George que les J. amér. pousseraient les U.S.A. à entrer en g.). **1917-18** l'armée angl. (Gal Allenby) conquiert Pal. **1918-4-4** Weizmann installe à Tel-Aviv le comité exécutif sioniste Vaad Leumi. **1919-3-1** lors de la Conférence de la Paix, à Paris, l'émir Fayçal, fils du roi Hussein de Hedjaz, délégué arabe principal, et Weizmann signent un accord confirmant la déclaration Balfour, et reconnaissant la Pal. comme distincte du roy. arabe (prévu par les accords Hussein-Mac Mahon) et le droit des J. à la souveraineté sur cette région ; le texte organise leur coopération avec les États arabes qui naîtraient du démembrement de l'empire ottoman. Les propositions j. admises par la délégation arabe incluaient dans les territoires dévolus à l'État juif, la Judée-Samarie (ou Cisjordanie) et une partie (20 000 km²) de la Jordanie actuelle. **1920** Histadrout (Confédération générale des syndicats en Erez Israël) fondée ; 1ers groupes de défense de la *Haganah*. *Vladimir Zeev Jabotinski* (Odessa 1880-1940), chef de l'exécutif de l'organisation juive prévoit que « le transfert de millions de J. en Eretz Israël entraînera automatiquement la création d'un État hébreu dans les frontières bibliques (soit 111 500 km²), conformément aux termes initiaux du mandat sur la Palestine (avant le Livre blanc de Churchill de 1922). *Avril Conférence de San Remo* confirme Déclaration Balfour et décide que le mandat sur la Pal. sera exercé par la G.-B. pour la S.D.N. **1921** *mars* création de l'émirat de Transjordanie ; les Arabes attaquent les colons j. *-22-7* Lloyd George et Balfour affirment à Weizmann que la G.-B. a entendu se prononcer pour un futur État juif.

1922-*24-7* S.D.N. ratifie mandat donné à G.-B. sur Pal. : l'art. 4 prévoit une *Agence j.*, émanation de l'Organisation sioniste, qui représenteraient les J. auprès de l'administration brit. Celle-ci facilitera l'immigration j. (art. 6) et mettra en place un système agraire visant à promouvoir la colonisation et la culture intensive des terres (art. 11). Toute modification des termes du mandat devra être soumise à l'approbation du Conseil de la S.D.N. (art. 27) ; prescription que la G.-B. violera lorsque, par le Livre blanc de 1939, elle interdira aux J. l'entrée dans leur Foyer national. Le mandat impose la mise à la disposition des sionistes des terres publiques (7/10 des terres), mais la G.-B. assurera aux Arabes le monopole des biens fonciers. 27 % des terres achetées par les Juifs leur seront vendues par des propriétaires ne résidant pas en I. La G.-B. détache la Pal. Orient. (84 000 km²) à l'E. du Jourdain et ne s'engage que pour la Pal. Occid. 27 000 km² (mesure ratifiée par la S.D.N. le 16-9-22). La G.-B. confie la Pal. Or. (où vivent les 2/3 des Arabes Pal. à l'émir Abdallah (frère du roi Faycal) qui appelle son État Transjordanie (1922) puis roy. de Jordanie (1946). **1922-27** 370 000 J. (surtout Polonais) immigrent officiellement, protestations des Arabes de Pal. et des États arabes voisins. **1925** Lord Wedgwood préconise un État j. *N. Jabotinsky* fonde mouvement révisionniste, qui conteste la pol. angl. en Pal. [crée une organisation para-mil. vers 1930 et un mouvement de jeunesse (le Bétar)]. **1927** *Agence j.* fondée pour colonisation des terres achetées par le Fonds national (1944 : 173 000 ha, 15 % des t. cultivables de Pal., 6 % du terr.). **1929** incidents à Jérusalem entre J. et Arabes. Massacres à Hébron. **1933** Haïm Arlozoroff, chef du département politique de l'Agence j., assassiné à Tel-Aviv ; les socialistes accusent les révisionnistes de ce crime (actuellement on sait qu'il a été tué par 2 agents arabes de l'All. agissant sur l'ordre de Goebbels). *-30-1* Hitler au pouvoir en All. 37 000 J. all. émigrent en Pal. **1934** Ben Gourion et Jabotinski veulent fondre leurs 2 mouvements dans le Mapaï, mais Ben Gourion est désavoué. 45 000 J. all. émigrent ; 30 000 Syriens chassés de Hauran (sécheresse) émigrent en Pal. **1935** le révisionnisme quitte l'organisation sioniste mondiale. 66 000 J. all. émigrent. **1935-39** actions antisionistes arabes (1936 : « révolte arabe », G.-B. envisage partage de la Palestine). 10 000 incidents, 211 Angl. †, 300 J. †, 2 000 Ar. †. **1936** Jabotinski donne à la branche militaire de son mouvement, l'*Irgoun tsvaï léoumi* (organisation militaire nationale), l'ordre de riposter par la force au terrorisme arabe (à l'encontre de la politique de non-violence de l'Agence j. et des socialistes pal.). **1936-45** 100 000 Ar. viennent des pays voisins. **1936** 30 000 J. all. émigrent. Commission Peel (les J. auraient un État de 7 655 km², les Arabes refusent). **1938** commission Woodhead propose État j. réduit à Tel-Aviv (1 275 km²), les Ar. refusent. **1938** — de 15 000 J. all. émigrent ; à partir du 2e semestre : immigrants illégaux se raréfient (la flotte anglaise arraisonne de nombreux bateaux de réfugiés ; les occupants sont renvoyés vers leur port d'embarquement. **1939**-*30-1* Hitler menace en public de détruire la race j. en Europe. *-17-5* Livre Blanc anglais (memorandum Mac Donald) ; un contingent de 75 000 J. seront admis en Palestine « à titre humanitaire » pendant 5 ans. Après, toute immigration j. serait rigoureusement prohibée (les Arabes des États voisins pouvant par contre continuer à émigrer). Les J. polit. détiendraient env. ⅓ des postes. Actions terroristes de l'Irgoun contre Anglais. **1940** l'Irgoun se range aux côtés Angl. et France contre Allem. mais *Abraham Stern* (1907-42, tué par Angl.) s'y refuse avec 200 membres et constitue le Groupe Stern [plus tard Lohamei hérouth Israël, combattants de la liberté d'Israël, ou abrégé Lehi dirigé par Nathan Yelin-Mor (1913-80)]. Jabotinski meurt. **1943** *Menahem Begin*, chef de l'Irgoun. **1944**-*1-1* reprend le combat en I. contre l'administr. anglaise : perceptions, quartiers centraux de la police et offices d'immigration. *-15-10* le v.-Pt américain préconise immigration j. illimitée. *-6-11* Lord Moyne (ministre brit. au Proche-Orient), qui s'était opposé au plan de sauvetage des J. hongrois proposé en juin 1944 par Yoël Brand (échanger 100 000 J. hongrois en instance de déportation contre 10 000 camions), est assassiné au Caire par 2 membres du Stern. Les J. socialistes aident la police brit. à traquer les « rebelles ». Ben Gourion et la majorité des responsables soc. croyaient que la G.-B. accepterait pacifiquement de satisfaire les aspirations du sionisme, une fois la g. finie [Churchill avait promis de donner aux J. le « gros morceau » en Palestine (Pal. occ. et une partie de la rive or. : Jordanie actuelle), et les Travaillistes prévoyaient un État j. plus étendu que celui revendiqué par les sionistes eux-mêmes]. **1945** *juill.* les Travaillistes anglais, au pouvoir avec Altlee, oublient leurs promesses : l'abandon des Indes oblige la G.-B. à s'appuyer sur les monarchies arabes. Répression en Pal. ; les J. se dressent contre G.-B. **1945** *sept.* à **1946** *juin* front commun ; la *Haganah* (Défense), branche militaire du sionisme officiel, lutte aux côtés de l'Irgoun et du Groupe Stern (destructions d'avions, attaques de convois milit., dynamitages de ponts et voies ferrées) ; la G.-B. (avec 100 000 h.) ne peut triompher du terrorisme malgré arrestations massives et déportations vers l'Érythrée. *-13-11* Bevin min. angl. des Aff. étr. invite U.S.A. à prendre en main la question pal. **1946**-*29-6* les Angl. arrêtent les dirigeants modérés j. ; la Haganah dépose les armes (ordre de Weizmann). *-17/18-6* Irgoun fait sauter 10 ponts du Jourdain. *-22-7* fait sauter le King David Hotel à Jér. (110 † angl. : le quartier gén. angl. n'ayant pas été évacué malgré une alerte par tél.). La G.-B. décide de donner l'indép. à la Transjordanie. **1947**-*31-1* évacuation des femmes et enfants angl. *-14-2* la G.-B. fait examiner la question à l'O.N.U. *-11-7* l'*Exodus* (*Pt Warfield* rebaptisé 17-7) quitte Sète avec 4 530 J. réfugiés d'All. ; arrivé à Haïfa 18-7, reconduit à Marseille (par la marine angl.), mais les J. refusent de débarquer. *-31-8*, 3 terroristes j. pendus par Angl. ; 2 sergents angl. pendus par Irgoun (en représailles, des synagogues sont brûlées à Londres), mais l'opinion publique pousse la G.-B. à se retirer de Pal. (200 Angl. ont été tués par attentats). *-29-11 plan de partage :* à l'Est, Pal. arabe, à l'O., Jérusalem et un État de 15 000 km² soit 1/8 env. du terr. total (33 pays pour, dont U.S.A., U.R.S.S., Fr. ; 13 contre dont 11 musulmans, Cuba et Grèce ; 10 abstentions dont G.-B.). *-30-11* Ligue arabe déclare qu'elle s'opposera par la force à l'établissement d'un État j. **1948** *avril* les J. élisent un Comité exécutif de 13 m. *-14-5* son Pt *David Ben Gourion* proclame l'indépendance d'I. 8 h avant l'expiration du mandat brit. (15 mai à 0 h) ; il ne précise pas les frontières. La légion ar. attaque des colonies j. 350 civils j. tués à Goush Etsion et 88 médecins et étudiants j. brûlés vifs sur le mont Scopus.

Bilan (1939-45)	Pop. j. 1939	Morts et disparus	Pertes en %
Pologne	3 300 000	2 800 000	84,8
U.R.S.S. [3]	2 100 000	1 500 000	71,4
Roumanie	850 000	425 000	50
Hongrie	404 000	200 000	49,5
Tchécosl.	315 000	260 000	82,5
France [1]	*300 000*	*90 000*	*30*
Allemagne	210 000	170 000	81
Lituanie	150 000	135 000	90
Pays-Bas [1]	150 000	90 000	60
Lettonie	95 000	85 000	89,5
Belgique [1]	90 000	40 000	44,4
Grèce	75 000	60 000	80
Yougoslavie	75 000	55 000	73,3
Autriche	60 000	40 000	66,6
Italie [1]	57 000	15 000	26,3
Bulgarie	50 000	7 000	14
Divers [2]	20 000	6 000	30
Total	*8 301 000*	*5 978 000*[4]	72

Nota. — (1) Y compris réfugiés. (2) Danemark, Lux., Norvège, Estonie, Dantzig. (3) Zone occupée. (4) Variante fournie par l'Encyclopaedia Judaïca (1974) : Aire polono-soviétique *4 565 000* (sur 7 005 000), Hongrie (avec Transylvanie du N.) *402 000*, Tchécoslovaquie *277 000*, Allemagne *125 000*, Pays-Bas *106 000*, France *83 000*, Autriche *65 000*, Grèce *65 000*, Yougoslavie *60 000*, Roumanie *40 000*, Belgique *24 000*, Italie *7 500*, Norvège *760*, Luxembourg *700*. *Total : 5 820 960.*

Source : « Le IIIe Reich et les Juifs » de L. Poliakov et J. Wulf, Gallimard.

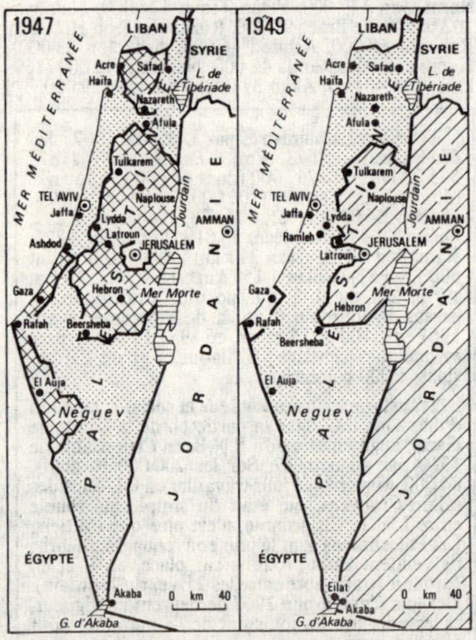

☞ **1947** : plan de partage de la Palestine adopté 29-11-47 par Ass. gén. de l'O.N.U. Israël avait 14 400 km². **1949** : lignes de démarcation de 1949. Israël a 20 700 km².

Guerre de 1948-49. Ar. et J. essayent de s'emparer du matériel de g. angl. Évacuation de 350 000 à 400 000 Ar., encouragés à partir à l'abri par leurs chefs (beaucoup étaient des émigrés récents venus pour trouver du travail). 40 000 Égyptiens, 21 000 Irakiens, 8 000 Syriens, 6 000 Jordaniens, Légion ar., commandée par Sir John Bagot dit Glubb Pacha († 1 986), quelq. mil. libanais alliés à 50 000 Ar. de Pal.

(Garde nat. levée par le mufti de Jérusalem) attaquent milices j. [*Haganah*, créée officiellement en 1936 : 40 000 soldats (10 000 fusils), 16 000 policiers, 2 000 commandos (*Palmakh*)]. **1948**-*9-4* massacre de *Deir Yassin* (254 femmes, enfants, vieillards a.r.) par 80 soldats de l'Irgoun et 40 du groupe Stern. *-15-5* début de la g. *-11-6/8-7* 1re trêve, offensive des 10 jours ; *-19-7/15-10* 2e trêve, 500 000 Ar. se réfugient en Transjordanie, Liban et Syrie (68 000 Ar. sur 70 000 quittent Haïfa). *-17-9* Cte Folke Bernadotte, suédois, nommé 20-5 médiateur de l'O.N.U., tué (avec André Sérot, colonel fr. observateur de l'O.N.U.) par groupe Stern (parce qu'il était « antisémite et pro-ar. » et qu'il n'avait pas fait libérer des J. lors de sa négociation d'avril 1945 avec Himmler), [les 3 et 4-7, I. et la Ligue ar. ayant refusé la constitution d'1 État fédéral (État j., État ar. et Transjordanie) et la démilitarisation de Jérusalem, d'Haïfa, revenu à Rhodes, F. Bernadotte avait proposé : partage de la Palestine (Néguev aux Ar., Galilée occidentale aux J.), internationalisation de Jérusalem et des Lieux saints, retour des réfugiés en Israël), mais Ar. et J. étaient contre]. *Déc.*/**1949** *janv.* I. occupe Néguev, qui lui revenait d'après le plan de partage. *Armistice* demandé par Égypte (signé *24-2-49* à Rhodes), Liban *(23-3)*, Jordanie *(3-4)*, Syrie *(20-7)*. L'Irak retire ses troupes sans négocier. Fin de la g. (Pertes isr. 6 500 †).

1949-*11-5* I. entre à l'O.N.U. La résolution 273 III lui enjoint de mettre en œuvre les principales résolutions des *29-11* et *11-12-48* (I. doit rapatrier les réfugiés qui le désirent ou indemniser ceux qui renonceraient). *-13-12* transfert de la capitale à Jérusalem annoncé. Égypte interdit trafic venant ou allant en I. à travers canal de Suez. **1950** *avril* Transjordanie devient roy. hachémite de Jordanie en annexant les zones de Pal. qu'elle occupait. **1950-56** *Pertes isr.* 15 000 † (sabotages, incursions de commandos ar.). **1953** Mossad (service secret) créé.

Guerre de 1956. *Été* accord secret de Sèvres entre G.-B., Fr. et I. pour attaquer l'Ég. *-29-10* : 3 colonnes blindées (avec Gal Moshe Dayan) envahissent Sinaï. *-30-10* Fr. et Angl. enjoignent aux Égyptiens et I. de retirer leurs troupes à 16 km de part et d'autre du canal de Suez. I. accepte, l'Ég. refuse. *-5/6-11* une force fr.-angl. intervient à partir de Chypre (parachutages sur Port-Saïd et Port-Fouad puis débarquement, 1 000 Fr.). Zone du canal occupée sur 36 km entre Port-Saïd et El-Kantara. *-6-11* intervention diplomatique russo-amér. contraignant Anglo-Fr. et I. à cesser le feu. *-4/22-12* Angl.-Fr. évacuent l'Ég. remplacés par forces de l'O.N.U. **1957**-*1-3* I. évacuent Gaza et Charm al-Chaykh remplacés par O.N.U. *Pertes : Tués :* Ég. 650 (?), I. 189, Angl. 22, Fr. 10. *Prisonniers :* Ég. 15 000, I. 1.

Après 1956, blocus arabe renforcé, la Ligue arabe tentant d'empêcher les Stés étrangères de travailler avec I. **1960**-*23-5* Eichmann enlevé en Argentine par des agents i. (procès ; exécuté 1-6-62). **1965**-*1-1* relations dipl. avec All. féd. **1966**-*15-8* bataille aérienne isr.-syrienne au-dessus du lac de Tibériade. I. annonce qu'il exercera le droit de suite en Syrie.

Guerre des « six jours » 1967. *-10-5* I. informe Conseil de séc. (O.N.U.) qu'il réagira aux agressions

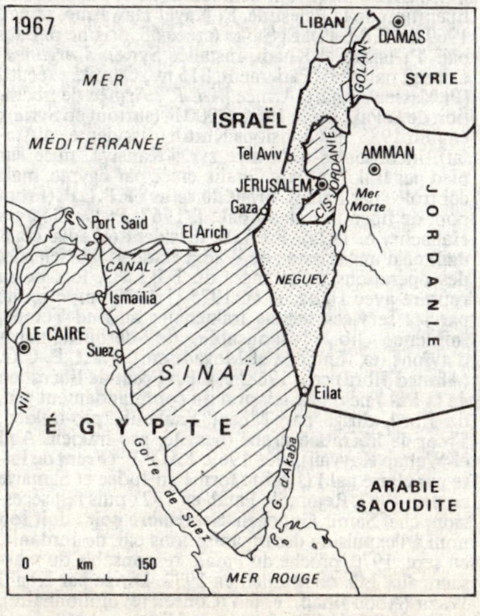

1967 (juin) : lignes de cessez-le-feu. Israël a 39 859 km².

de Syrie. *-18-5* Ég. demande retrait des 3 400 Casques bleus (O.N.U.) stationnés dép. 1956 en Ég. et à Gaza. *-19-5* U Thant, secr. gén. O.N.U., accepte. *-21-5* retrait effectué. *-22-5* Ég. interdit golfe d'Akaba aux navires isr. et aux matériaux stratégiques destinés à I. (bloque détroit de Tiran). *-31-5* accord de déf. jord.-ég. après visite du roi Hussein au Caire. L'Irak y adhère le *4-6*. *-5/10-6* g. *éclair* menée par Gal Rabin (Gal Dayan étant min. de la Défense) ; I. avait déclaré qu'il considérerait comme un casus belli le blocus du g. d'Akaba. I. détruit au sol env. 400 avions, capture ou détruit 700 à 800 chars ég., 110 chars jord., 3 sous-marins ég., occupe Sinaï, Gaza, Cisjordanie et Jérusalem-Est (à la Jordanie), et hauteurs du Golan (Syrie). *-8-6* cessez-le-feu, respecté 2 j plus tard. (*Pertes :* Jordanie 6 094 † et disparus, Syrie 445 †, 1 898 bl., Ég. 20 000 †, I. 872 † dont 200 à Jérusalem.) *-28-6* Knesset vote annexion de la partie jord. de Jér. *-22-11 résolution 242* du Conseil de séc. de l'O.N.U. [retrait des forces i. des terr. occupés (le texte off. angl. dit : « occupied territories », c.-à-d. *de* territoires occupés, sans préciser lesquels et non de tous les terr. comme l'ont confirmé les 2 auteurs du texte original, le ministre brit. des Aff. étr., lord George Brown et l'amb. angl. à l'O.N.U., lord Caradon), respect et reconnaissance de la souveraineté, de l'intégralité territoriale, de l'indépendance et du droit de vivre en sécurité de chaque État de la région].

1968-*21-3* représailles en Jordanie contre camp de Karamé. *-8-7* duel d'artillerie le long du canal. *-8-9* idem. *-31-10* raid i. en Ég. à 23 km d'Assouan. *-28-12* raid i. sur l'aérodrome de Beyrouth. **1969**-*2-1* la Fr. impose l'*embargo* sur livraisons mil. à I. *-9-3* duel d'artillerie le long du canal. *-21-6* raid i. contre station de radar à 10 km au S. de Suez. *-23-7* début de la g. d'usure sur canal. *-25-12* raid i. sur des rampes de lancement ég. : une station radar emportée. 5 *vedettes* commandées par I. *quittent Cherbourg* clandestinement pour I. **1970** représailles contre Liban. *-7-1* 1er raid en profondeur de l'aviation i. *-12-2* bomb. is. d'une usine (70 †). *-15-3* attaque is. en Syrie. *-19-6 plan Rogers* (1° reconnaissance mutuelle de la souveraineté, de l'intégrité terr. et de l'indép. pol. entre Ég. et Jordanie, d'une part, et I., d'autre part. 2° retrait d'I. des terr. occupés en 1967). *-7-8* cessez-le-feu sur canal (reconduit *4-11* puis *4-2*-**71**, non reconduit *7-3*-**71**). **1971**-*25-5* mission du Suédois Gunnar Jarring (O.N.U.) mise en veilleuse. **1972**-*15-2* accord avec Fr. sur remboursement des 50 Mirage-5 achetés par I. en 1966 et mis sous *embargo* en 1967. *-28-3* élect. mun. en Cisjordanie, votants : 84 % des 12 000 électeurs. *-30-5* attentat à Lod (27 †). *-21-6* bombardement sur Liban (48 †). *-15-8* Fouad Assad al-Chamali, Libanais, 36 ans, « cerveau » de Septembre noir, meurt. *-5-9* assassinats (11 athlètes) aux J.O. de Munich par Septembre Noir. *-8-9* raid i. contre Liban et Syrie (200 †). *-1-11* raid i. contre Syrie : 100 †. *-21-11* : 6 Mig syriens détruits. [*Du 10-6-67 à oct.* **1972**, *pertes isr. :* 827 †, 3 141 bl., 27 avions abattus ; *fedayins :* 3 335 †, 550 prisonniers, 145 avions ar. abattus. 3 117

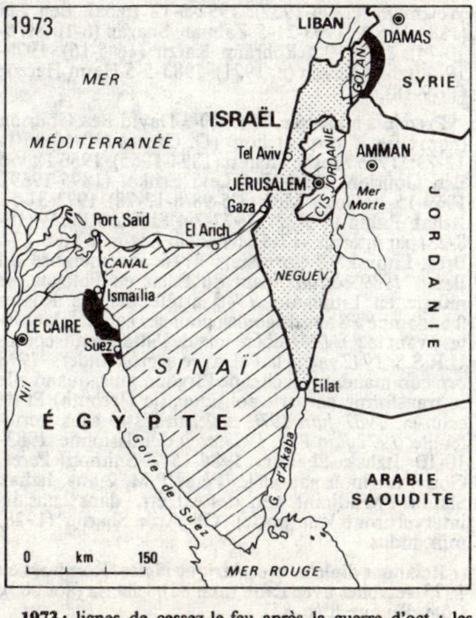

1973 : lignes de cessez-le-feu après la guerre d'oct. : les Égyptiens occupent 2 portions d'env. 10 km de large sur la rive orientale du canal (en blanc).
Les Israéliens occupent, sur la rive africaine du canal, la bande de terrain (en noir) du sud d'Ismaïlia jusqu'au port d'Adabiya, sur la mer Rouge.

Pal. internés en I. (1 949 condamnés par trib. mil., 331 internés « administrativement », 837 non encore jugés).] **1973**-*8-1* raids i. en Syrie : + de 150 † civils. *-10-4* raid à Beyrouth, 3 dirigeants pal. tués. *Juin* chancelier Brandt visite I. *-13-9*, 13 Mig-21 syriens abattus, 1 avion i. *-29-9* l'Autriche ferme Centre de transit de Schoenau (par lequel étaient passés 100 000 J. dep. 1963) après prise de 4 otages par commando pal. dans train autr.

Guerre du Kippour. 1973-*6-10* à 14 h attaque ég. (222 bombardiers, 1 500 chars, 5 divisions franchissent le canal). *-7-10* bataille de blindés à Koms (I. 1 700, Syrie 1 600, Ég. 2 000). *-16-10* contre-attaque i. (100 blindés j. franchissent canal au Déversoir et envahissent l'Ég.). *-17-10*, 11 pays ar. cesseront livraisons (pétrole) aux amis d'I. (U.S.A., P.-Bas, Portugal, Afr. du S.) si I. ne quitte pas les terr. occupés. *-23-10* trêve à 17 h. *-24-10*, 3e armée ég. encerclée à l'E. du canal. Pendant ces 18 j. 2 000 chars (valeur totale 300 millions de $) ont été détruits par fantassins équipés d'armes portatives légères *ATGW* et *RPG-7*. *-25-10* alerte des bases amér., l'U.R.S.S. ayant annoncé qu'elle enverra des troupes, ce qui ne sera pas fait. *-4-11* 1er dimanche sans voitures aux P.-Bas (embargo pétrol.). *-7-11* U.S.A.-Ég. reprennent relations diplomatiques *-11-11* accord ég.-i. au km 101. (*Pertes :* 3 000 † israéliens, matériel militaire 1 milliard de $.) *-17-12* attentats à Fiumicino (Italie). Boeing de la Panam détruit (31 †). Un avion Lufthansa détourné vers Koweit. *-21-12* conférence de Genève.

1974 Mgr Capucci, vicaire melchite de Jérusalem, condamné à 12 ans de prison (il a transporté des explosifs pour le Fath). *-10-1* mission Kissinger au M.-Or. *-18-1* accord ég.-i. *-31-5* accord i.-syrien (cessez-le-feu, désengagement sur Golan, échange des prisonniers). *-4-7* à Beyrouth, Haj Amine el Husseini (n. 1897), ancien grand mufti de Jérusalem meurt. *-26/29-10* sommet de Rabat ; O.L.P. seule représentante du peuple pal. *-21-11* UNESCO refuse par 48 v. contre 33 (31 abst.) d'inclure I. dans une région du monde déterminée. *-22-11* Arafat à l'O.N.U. qui accorde à O.L.P. (89 v. contre 8, abst. 37) le statut d'observateur permanent et reconnaît le droit des Pal. à l'indép. **1975**-*23-3* échec mission Kissinger, mandat des troupes de l'O.N.U. sur Golan sera prolongé. *-2-6* réduction unilatérale des forces i. dans Sinaï. *-4-9* accord i.-ég. : renonciation à la g., maintien de la force de l'O.N.U., passage par le canal des cargaisons non mil. de ou vers I., système de détection (5 stations dont 1 ég., 1 i., 3 U.S.), l'Ég. récupère gisements de pétrole d'Abou-Rodeis, démilitarisation de la zone évacuée par I. (cols de Mitla et de Djidi...). *-14/20-10* accrochages sur le Golan : 2 Syriens et 4 I. tués. *-2-11* cargaison pour I. franchit le c. de Suez (1re fois dep. 1948). *-14-11* I. évacue champs pétr. de Ras-Sudr. *-2-12* raids aériens i. sur camps de réfugiés pal. au Liban : plus de 100 †. *-9-12* vict. du P.C. i. aux élect. mun. de Nazareth (ville ar.). *-15-12* O.N.U. condamne l'attitude d'I. dans « terr. occupés » puis assimile sionisme au racisme. **1976**-*1/2-1* incendie du journal *Haaretz* (mafia). *-12-1* O.N.U. invite O.L.P. à participer au débat sur Pal. [11 v. pour, 1 contre (U.S.A.), 3 abstentions dont Fr.]. *-26-1* veto U.S. au Cons. de séc. contre résolution affirmant le droit du peuple pal. à créer un État (la Fr. vote pour). *Févr.* manif. pal. à Jérusalem (I. accusé de vouloir « judaïser » le Temple). Fin de l'évacuation des cols du Sinaï. *Déb. mars* I. réquisitionne 2 000 ha de t. en partie ar. en Galilée. *-19-3* « journée de protestation d'El Aqsa » (mosquée) des Arabes. *-27-6/3-7* airbus d'Air Fr. détourné sur Entebbe, intervention de sauvetage i. réussie. **1977**-*7-1* Abou Daoud (accusé d'avoir organisé attentat de Munich), venu à Paris sous un nom d'emprunt pour assister aux obsèques de Mahmed Saleh (délégué de l'O.L.P., assassiné à Paris le *3-1*), est arrêté puis relâché. *-7-4* Itzhak Rabin démissionne (découverte d'un compte bancaire aux U.S.A. au nom de sa femme). *-17-5* élect., vict. du Likoud. I. aide milices chrét. du Liban. Sadate en I.

1978-*11-3* commando pal. (11 m.) entre Haïfa et Tel-Aviv (35 †, 82 bl.). *-15-3/13-6*, 30 000 I. occupent S.-Liban jusqu'au Litani (plusieurs milliers de réfugiés au-delà). *-3-8* Ezzedine Kallak, représentant de l'O.L.P. à Paris, assassiné (par « Front du Refus des apatrides ar.-pal. ») ; bombe dans un souk (riposte à l'attentat du marché de Tel-Aviv). *-5/17-9* **Camp David I :** accords Sadate, Begin, Carter (1er : paix au Proche-Orient, fondée sur autonomie administrative de Cisjordanie et Gaza pendant 5 a. ; I. ne crée pas de nouvelles colonies de peuplement, jusqu'à l'autogouv. des 2 régions ; 2e : conclusion d'un tr. de paix ég.-i. ; rétablissement de la souveraineté ég. sur tout le Sinaï ; recul de 70 km des I. au Sinaï, 3 à 9 mois après le tr. ; départ définitif d'ici à 2-3 ans). *-20/23-9* sommet ar. de la fermeté à Damas. *-3/5-11* sommet ar.

Quelques actions terroristes hors d'Israël

De 1968 à 1979, voir Quid 1982, p. 1014 bc.

1980-*27-7* Anvers, 2 grenades sur un groupe d'enfants j. (1 †). *-27-7* Bruxelles, projet d'attentat contre l'aéroport. *-3-10* une bombe éclate devant la synagogue de la rue Copernic à Paris (XVIe) (4 †). **1981**-*29-8 Vienne* (Autr.) attentat contre synagogue par le groupe d'Abou Nidal (2 †, 19 bl.). *-31-8 Paris,* att. contre l'hôtel Intercontinental par le Front palestinien (17 bl.). *-29-9 Limassol* (Chypre), attentat contre bureau de la Z.I.M. (Cie de nav. isr.), dégâts matériels. **1982**-*3-4 Paris,* assassinat du diplomate Yaakov Barsimantov. *-3-5 Londres,* ass. de l'ambassadeur d'I. M. Argov (déclenche l'opération « Paix en Galilée »). *-9-8 Paris,* fusillade rue des Rosiers, 6 †. **1985**-*21-8 Le Caire* diplomate isr. tué. *-24-9 Chypre* 3 terroristes i. tués. *-29-12* Fiumacino (Italie) 15 †. *Vienne* 3 †.

☞ **Terrorisme juif antiarabe.** Plusieurs attentats de 1980 à 85. **1981**-*30-8 :* 1 †, 14 bl. à Hébron. **82**-*11-4* un déséquilibré tire devant la mosquée de Jér. 4 †. **83**-*26-7 :* 4 † à Hébron, 1 † à Naplouse. *-5-10 :* 1 † à Hébron.

élargi à Bagdad. *-11-11* compromis de Washington. *-8-12* Golda Meir meurt. *-10-12* Begin reçoit son prix Nobel de la Paix à Oslo (Sadate, également prix Nobel, ne vient pas). **1979**-*22-1* Ali Hassan Salameh dit Abou Hassan, chef du Fath, meurt. *-21/25-2* **Camp David II.** *-23-3 tr. de paix i.-ég.* signé à Washington par Sadate, Begin et Carter (« témoin »). V. Quid 1982, p. 1015. *-3-6* imam de Gaza tué. *-24-7* FUNU (Force d'urgence des Nations unies créée oct. 73) stationnée au Sinaï dissoute et rapatriée ; observateurs restent. *-25-7* I. évacue Sinaï de El Tor à la Méditerranée (6 000 km², 110 km sur 50 km, 4 000 Bédouins). *-27-6* et *-24-9* combats au-dessus du Liban : 9 Mig-21 syriens abattus. *-28-7* Z. Mohsen, chef de la Saïka pal., tué à Cannes. *-25-9* I. évacue 6 400 km² du Sinaï, *nov.* évacue zone pétr. de A-Tour et monastère Ste-Catherine. Services secrets i. détruisent à Toulon 2 réacteurs nucléaires destinés à Irak.

1980-*25-1* I. évacue partie du Sinaï *-26-2* échange d'ambassadeurs entre I. et Ég. *-1-3* Conseil de sécurité O.N.U. condamne implantations j. en terr. occupés. *-2-3* Pt Giscard d'Estaing en visite au Koweit évoque l'« autodétermination » des Pal. *7-4* Misgav-am, prise d'otages d'enfants (3 † dont un bébé). *-2-5* Hébron (6 †, 16 bl.). *-30-7* Knesset adopte (69 v. pour, 15 contre, 3 abstentions) loi fondamentale sur Jérusalem réunifiée. *-10-8* route de Jérusalem, sac piégé (5 bl.). *-24-8* Jérusalem, bombe (1 †, 13 bl.). *-5-10* Givatayim (poste), colis piégé (3 †, 6 bl.). *-17-10* accord U.S.A.-I. : approvisionnement d'I. en pétrole garanti 10 ans. *-9-12* Jérusalem, voiture piégée (6 bl.). *-16-12* attentats à Gaza : 3 †, 11 bl. *-19-12* raid au S.-Liban, 3 soldats syriens †, 2 bl. **1981** I. soutient les milices chrétiennes du Cdt Haddad, au Liban ; nombreux raids aériens. *-7-6* l'aviation i. détruit réacteur Osirak à Tammouz (Irak). *-15/18-6* rassemblement mondial des survivants de l'holocauste à Jérusalem, env. 10 000 participants. *-20-7* début des tirs de l'O.L.P. sur Galilée. *-7-8* plan de paix du Pce Fahd d'Arabie S. reconnaît à tous les États de la région le droit de « vivre en paix ». **1981**-*29-8* près de Jérusalem, attaque d'un bus (1 †, 4 bl.). *-10-10* Begin au Caire pour obsèques de Sadate. *-16-10* Moshe Dayan (n. 1915) meurt. *-3-11* Knesset rejette plan Fahd. *-14-12* vote (63 v. contre 21). Extension de la loi d'I. sur le Golan. Manif. des Druzes du Golan contre annexion. **1982**-*3/6-3* Pt Mitterrand en I. (1er chef d'État fr. allant en I. dep. la fondation d'I. en 1948). *-3-3* l'armée i. évacue colons de Yamit, dans le Sinaï. *-30-3* grève gén. ar. contre répression en Cisjordanie. *-25-4* I. restitue à l'Ég. tout le Sinaï. *Mars-avr.* manif. en Cisjordanie contre implantations de colons israéliens. *-4-6* l'ambassadeur i. blessé à Londres. *-6-6* en représailles, I. bomb. Beyrouth.« Opération paix en Galilée » pour repousser l'O.L.P. à 40 km au nord de la frontière et la détruire. V. Liban p. 930. *-6-9* combats aériens isr.-syr. (aviation syr. anéantie). *-11-11* explosion au quartier gal isr. de Tyr (Sud-Liban), 89 † dont 75 soldats isr. et 56 bl. *Bilan : 6-6-1982 au 12-1-1983,* 456 † et 2 461 bl. isr. *Coût :* 3 milliards de $. **1983**-*7-2* cour suprême : conclut à la respons. indirecte de l'armée isr. pour avoir laissé s'opérer des massacres au Liban en sept. 82 (Sabra et Chatila). *-10-2* attentat à Jér., 1 †, 5 bl. *-11-2* Gal Ariel Sharon, min. de la Défense, démissionne. *-17-5* accord isr.-lib. sur le retrait des forces étr. au Liban. (Opposition de la Syrie). *-30-8* Begin démissionne, retrait du Chouf des forces i. au Sud rivière Awali. *-15-9* Yitzhak Shamir PM *-11-10* Shekel dévalué de 23 %. *-13-10* projet d'alignement de l'éco. isr. sur le $ amér. *Oct.* krach boursier (valeurs bancaires surévaluées), le public perd 7 milliards de $. *-30-11* échange de 4 000 prisonniers pal. contre 6 pris. i. *-6-12* attentat à Jérusalem : 4 †, 46 bl. **1984**-*2-4* attentats à Jérusalem : 48 bl. *-29-4* démantèlement d'un réseau terroriste j. antiarabe (la plupart, du Goush Emounim, Bloc de la foi, annexionniste. *-23-7* élections générales. *Juill.* arrestation à Leningrad d'Ephraïm Katzir, ancien Pt. *-29-12* Fahd Kouvasmeh (maire d'Hébron expulsé en mars 1980 de Cisjordanie, membre du Comité exécutif de l'O.L.P.) assassiné à Amman par les pro-syriens. **1985** *janvier* retrait partiel du Liban. Accord patronat/gouvernement/syndicats pour contrôle des prix. *-11-2* accord Hussein (Jordanie)-Arafat (Pal.) pour négocier conjointement ; envisagent une confédération ar. entre les 2 états jord. et pal. *-20/21-5* échange de 3 soldats isr. contre 1 150 « prisonniers de sécurité » palestiniens et sympathisants (dont le Jap. KOZO Okamoto, seul survivant du commando auteur du massacre de Lod en 1972). *-24-9 :* 3 touristes i. tués à Chypre. *-1-10* raid i. sur quartier gén. de l'O.L.P. Borj-Cedria (à 25 km de Tunis), 60 †. *-5-10 :* 1 soldat ég. tue 7 touristes i. à Ras Barka (Sinaï). *-7-10* l'Achille-Lauro (paquebot it. : 22 000 t, 450 passagers, 300 h d'équipage) détourné par F.L.P. entre Le Caire et Port Saïd (1 passager amér. infirme est tué). -9-10 terr. se rendent à Port-Saïd, remis à l'O.L.P. *-10/11-10* partent sur B-107 égyp., mais leur avion est contraint par des chasseurs amér. de se poser à Sigonella (Sicile, base de l'O.T.A.N.) où ils sont remis à la justice ital. *-9-11* O.L.P. condamne opérations terroristes... *-29-12* attentats (organisés par Abou Nidal ?) dans aéroports contre comptoirs d'El Al : à Fiumicino (Rome) 15 †, 75 bl. et 3 terroristes † ; à Vienne 3 †, 47 bl. + 1 terroriste †. **1986**-*19-1* Pérès (PM is.) et Gonzalez (PM esp.) établissent à La Haye des relations diplom. *-2-3* Zafer Al Masri, maire de Naplouse tué par F.P.L.P.

Politique

Statut. Rép. *Déclaration d'indép.* du 14-5-1948. *Pt* élu p. 5 ans par la Knesset. *PM* nommé par le Pt. *Ch. des députés* (Knesset) 120 m. élus p. 4 ans au suffr. univ. Électeurs 18 ans. *Min. des Aff. étr.* Itzhak Shamir (n. 1915) dep. 10-3-80. *Défense* Itzhak Rabin dep. sept. 84. **Fête nat.** 5 Yar (indép. 15-5-1948).

Élections lég. du 23-7-84. Nombre de voix, entre parenthèses nombre de sièges et entre crochets résultats des élect. du 30-6-81 : inscrits 2 654 613, votants 2 091 402, exprimés 2 073 321, nuls 18 081. *Maarak* (P. travailliste et Mapam) 724 074 (44) [708 536 (47)]. *Likoud* 661 302 (41) [718 941 (48)]. *Tehiya* 88 037 (5) [44 700 (3)]. *P. national religieux* 73 530 (4) [95 232 (6)]. *Hadash* 69 815 (4) [64 918 (4)]. *Shas* 63 605 (4). *Shinui* 54 747 (3) [29 837 (2)]. *Ratz* 49 698 (3) [27 921 (1)]. *Yahad* 46 302 (3). *Liste progressiste pour la paix* 38 012 (2). *Agoudat Israël* 36 079 (2) [73 312 (4)]. *Morasha* 33 287 (2). *Tami* 31 103 (1) [44 466 (3)]. *Ometz* 23 845 (1). *Kach* 25 907 (1).

Présidents de la République. 1948-16-2 Chaim Weizmann (1874-1952). **1952**-8-12 Itzhak Ben Zui (1884-1963). **1963**-21-5 Zalman Shazar (6-10-89/6-10-74). **1973**-10-4 Ephraïm Katzir (16-5-16). **1978**-19-4 Itzhak Navon (n. 1921). **1983**-5-5 Haïm Herzog (17-9-18).

Premiers ministres. 1949-10-3 David Ben Gourion (nom : fils d'un petit lion) (D. Green) (10-10-86/1-12-73). **1953** Moshe Sharett (1894-1965). **1955** David Ben Gourion. **1963**-17-6 Levi Eshkol (1895-1969). **1969**-15-12 Golda Meir (3-5-98/8-12-78). **1973**-31-12 Itzhak Rabin (1-3-22). **1977**-7-4 Shimon Pérès (16-8-23) par intérim. -17-5 Menahem Begin, n. 16-8-13 à Brest-Litovsk (Biélorussie) ; à 15 ans membre du Betar. *1939* commandant du Betar en Pologne, se réfugie en Lituanie. *1940* arrêté par les Russes (condamné à 8 ans de goulag pour ses activités sionistes avant la g.). *1941* libéré lors de l'attaque all. contre U.R.S.S. *1942* gagne la Pal. avec armée Anders. *1943 oct.* commandant en chef de l'Irgoun puis, quand elle se transforme en parti politique, (le Herouth) Pt de celui-ci. *1967 juin/1970 août,* ministre sans portefeuille. *1977 juin* PM. *1983 août* démissionne. **1983**-10-10 Itzhak Shamir. **1984**-15-9 Shimon Peres. Gouv. d'Union nationale (Pérès P.M. 2 ans, Itzhak Shamir PM adjoint, min. des Aff. étr. ; dans 2 ans, ils intervertiront leur poste). Gal Arik Sharon (1928) min. indus.

Relations diplom. avec Afrique Noire. Rompues en 1973, rétablies avec Zaïre (mai 82), Liberia (août 83), Côte-d'Ivoire (déc. 85).

Partis

● **Maarakh** (l'Alignement). Constitué en 69. Comprend : **Front travailliste** 250 000 m., leader : Shimon Pérès, f. janv. 1968 par la fusion des 4 groupes travaillistes [**Mapaï** (p. travailliste isr., f. 1930 par Ben Gourion et Golda Meir, social-démocrate au pouvoir dep. 1945, leader Shimon Pérès), **Mapam** (p. ouvrier unifié judéo-arabe) f. 1948, dans l'opposition jusqu'à fin 55, puis de 61 à 66. A quitté le Maarakh en 1984. Leader : Elazar Granot. **Ahdouth Ha'avoda** [Union du travail : p. socialiste qui a quitté le Mapam en 54 quand ce dernier accepta des Arabes dans ses rangs ; principaux dirigeants : Ygal Allon (1918-80), Israël Galili et Itzhak Ben Aharon] ; et **Rafi** (f. 1965 d'une scission du Mapaï provoquée par Ben Gourion, Gal Dayan et Shimon Pérès ; entre dans le gouv. d'union nat. formé à la veille de la g. de 6 j.)].

● **Likoud** (rassemblement). Front électoral de droite constitué sept. 73 sur l'initiative du Gal Ariel Sharon (n. 1928), en prévision des él. prévues alors pour le 28-10. Leader : Yitzhak Shamir. Comprend : **Gacha** (bloc Chérouth-Parti libéral). **Hérouth** (liberté), issu, en 48, de l'Irgoun (Begin, chef historique). **P. libéral** [f. 1961 par fusion du p. des sionistes généraux (droite), et du p. progressiste (centre)] ; dans l'opp. jusqu'en juin 67 ; *leader* Itzhak Modaï (n. 1926).

● **Partis religieux. P. national religieux :** f. 1956 : fusion du Mizrahi (f. 1901) avec son aile ouvrière, Hapoel Ha'mizrahi (f. 1921). Leader : Yosef Burg. **Agoudat Israël :** orthodoxes (f. 1912), a préconisé un grand I. englobant les terr. contrôlés en 1000 av. J.-C. par Salomon. **Poalei Agoudat Israël :** orthodoxe ouvrier (f. 1924), 37 000 m., 16 kibboutzim. Construction de l'État d'Isr. selon la loi de la Torah (A.T.). **Shas** (assoc. séfarade des gardiens de la Torah). Leader : rabbin Itzhak Peretz. **Morasha** (Héritage). Associe Matzad (rabbin Chaim Drukman) et dissidents d'Agoudat).

● **Autres formations. Hadash** (Front démocratique pour la paix et l'égalité), f. 1977, alliance du **Parti communiste d'I.** (Rakah), f. 1919, parti juif arabe léniniste, des Panthères noires et d'autres groupes juifs et arabes. **Tekhiya** (résurrection nationale), dénonce accords de Camp David. Leader : Yuval Neeman. **Tami** (mouv. pour la tradition d'I.), f. 1981 par Aaron Abouhatzira, p. de sépharades et d'orientaux. **Ratz** (mouv. des droits civiques). **Shinui** (mouv. pour le changement). **Kach** (Ainsi) extrême droite, leader rabbin Meir Kahane. **Yahad** (Ensemble) centriste, leader Ezer Weizman. **Ometz** (le courage de soigner l'économie), leader Ygal Hurwitz. **Liste progressiste pour la paix,** judéo-arabe, plus favorable à un état palestinien.

Centrale syndicale. Histradout 260 000 m, posséd ou contrôle 30 % de l'économie.

Mouvements palestiniens

O.L.P. (Organisation de libération de la Palestine). Créée 28-5-64. Reconnue le 14-10-64 par l'O.N.U. comme représentant des Palestiniens. *Pt* Yasser Arafat (n. 1929) dep. 3-2-69, ancien Pt Ahmed Choukeiry (1908-80) jusqu'en 67. Aide reçue des pays arabes (en millions de $) : Arabie Saoud. 85, Koweït, Libye 47, Irak 44, Émirats arabes unis 34,3. Alg. 20,4, Qatar 19,9. *Capital détenu :* 6 milliards de $. *Regroupe* notamment **El Fath** (créé 57, Pt Yasser Arafat, 15 000 m.), **F.D.P.L.P.** (Front démocratique et populaire de libération de la Palestine, Pt Nayef Hawatmé, séparé 1969 du F.P.L.P.), **El Saïka** (créée 68, origine p. Baas pal., Pt Issam al Khadi, installée Syrie). *3 organes :* Conseil national (Parlement, 315 m., Comité exécutif (Pt Yasser Arafat), Armée [*A.L.P. :* Armée de libération de la Pal. ; créée 1964, 6 000 h. (surtout en Syrie) ; en juin 1983 : les divisions Khitin (dissidentes d'Arafat), incorporées à l'armée syr. ; Kadsiya, mise sur pied par Irakiens : Ain Ghalit, créée par Égypte, mais contrôlée par Fatah]. **Front du refus : F.P.L.P.** (Front pop. de libération de la Pal., f. 1967, Pt Dr Georges Habache, n. 1925), **F.P.L.P. dissident (Wadia Haddad)** né d'une scission de Wadia Haddad [ancien chef des opérations à l'étranger du F.P.L.P.), lors de sa rupture avec Habache en 1975 († 1978 empoisonné par les services secrets irakiens)] ; au Sud-Yémen, influence lib., responsable de détournements d'avions (ex. Entebbe et Mogadiscio), **F.P.L.P.-C.G.** (Ahmed Jibril) créé 1968, **F.L.P. (Front de libération de la Pal.)** né d'une scission du commandement gén. de Jibril, dirigé par Tabaat Yaakoub, pro-irakien, **Front de libération arabe** (baasite, pro-irakien, Abd el-Wahab Kayyali), créé 1969. **F.L.P.P. (Front de lutte populaire pal.)** (Jibril) : formé en Judée et Samarie en déc. 1967. Rejoint le Fatah en 1971 puis fait sécession, chef Samir Ghocheh. **Septembre noir :** doit son nom à l'expulsion des organisations pal. de Jordanie, en sept. 1970, proche du Fatah, responsable du massacre aux J.O. de Munich en 1972. Dirigé par Khalil Wazir (Abou Jihad). **Fatah** (Conseil révolutionnaire). Créé par Sabri al-Banna (Abou Nidal, n. 1943, exclu en 1974 de l'O.L.P., condamné à mort par contumace par l'O.L.P. pour abus de pouvoir et détournement de fonds. A organisé sous le nom de **Juin noir** (date de l'entrée des troupes syriennes au Liban) des attentats (antisyriens ou antijuifs en Europe). Agit parfois sous l'étiquette d'Al-Asifa, notamment contre des personnalités et organisations j. ou sionistes en Europe. **Aigles de la Révolution pal.** : agissent pour la Saïka et parfois d'une manière autonome. Responsable de l'attaque du restaurant univ. j. à Paris et de l'attaque de l'amb. d'Égypte à Ankara en 1979. Le 25-3-85 a été créé le **Front de salut national pal. (F.S.N.P.)** contre la ligne déviationniste d'Arafat. Regroupe F.P.L.P., F.P.L.P.-C.G., F.L.P.P., F.L.P., Saïka, tendance Abou Moussa.

Nota. – L'O.L.P. a perdu 82 000 h. (morts et blessés) au Liban en 1982-83.

Charte palestinienne

Élaborée en 1964 puis remaniée en 1968. *Art. 1* Le peuple p. « fait partie intégrante de la nation arabe ». *Art. 2* La P., dans les frontières du mandat britannique, constitue une unité territoriale indivisible. *Art. 3* Le peuple arabe détient un droit légal sur sa patrie et déterminera son destin, après avoir libéré son pays, selon son propre gré et par sa seule volonté. *Art. 5* Les Palestiniens sont les citoyens arabes qui habitaient en permanence en Pal. jusqu'en 1947. *Art. 6* N'admet que la présence des J. « qui résidaient de façon permanente en Pal. avant le début de l'invasion sionniste ». (En 1974, Arafat a précisé que cette invasion avait débuté en 1881.) *Art. 9* La lutte armée est la seule voie permettant la libération de la P. *Art. 19* Le partage de la P. ... en 1947 et la création de l'État d'Israël sont nuls et non avenus... *Art. 20* Les prétentions fondées sur les liens historiques et religieux des Juifs avec la P. sont incompatibles avec les faits historiques. Le judaïsme étant une religion révélée, il ne saurait constituer une nationalité ayant une existence indépendante. De même, les Juifs ne forment pas un seul et même peuple. *Art. 21* Le peuple arabe p., s'exprimant par la révolution palestinienne armée, rejette toute solution de remplacement à la libération totale de la P. et toute proposition visant à la solution du problème p. ou à son internationalisation.

10 points de juin 1974 : « 1° L'OLP rejette la résolution n° 242 du Conseil de Sécurité qui ignore les aspirations patriotiques et nationales de notre peuple... « 3° L'OLP lutte contre tout projet ou entité palestinienne dont le prix serait la reconnaissance de l'ennemi, la conclusion de la paix avec lui et le renoncement aux droits historiques de notre peuple à retourner chez lui. « 4° L'OLP considère que toute mesure de libération n'est qu'un pas vers la réalisation de son objectif stratégique, à savoir l'édification d'un État pal. démocratique... ».

Économie

Finances. Budget *1980-81* (en %) : service public et défense 31,7 (défense 25 à 30), services sociaux 28,3, économiques 18,1, de la dette 21,8. *Déficit budgétaire* (milliards de shekels, 1980-81) : *80-81* : 18,8 ; *81-82* : 30,9 ; *82-83* : 30,8 ; *83-84* : 24 (prév.). **Aide américaine** (en milliards de $) : *81* : 2,2 ; *82* : 2,2 ; *83* : 2,6 [dont dons 1,8, prêts 0,8 (dons et prêts civils 0,9, militaires 1,7)]. *84-85* : 5 ; *85-86* : 3,8. **Ressources diverses (1980)** : transferts de particuliers 300, organisations juives 400, réparations allemandes 400, Bons du Trésor 200.

Monnaie. *1980-82* : le shekel remplace la livre (1 s = 1 000 £), *1985-4-4* : nouveau shekel (= 1 000 anciens s.).

P.N.B. (84) 5 560 $ par h. **Pauvres.** 260 000 personnes vivent au-dessous du seuil de pauvreté, fixé à moins de 40 % du revenu moyen. **Revenu moyen d'une famille.** 7 500 $ par an, avec un taux d'imposition de 27 %. 1 % dispose d'un revenu moyen de 100 000 $ (taux d'imposition de 23 %).

Inflation (%). *1979* : 78,3 ; *80* : 133 ; *81* : 101 ; *82* : 131,5 ; *83* : 190,7 ; *84* : 474 ; *85* : 185 ; *86* (prév.) : 30. **Dette extérieure** (milliards de $). *1979* : 15,3 ; *80* : 16,7 ; *81* : 18,2 ; *82* : 20,8 ; *83* : 23 ; *84-85* : 24 à 30. La dette ext. d'Is. est pratiquement consolidée par les E.-U. (et la communauté isr. mondiale) ; l'aide annuelle US (2,5 milliards de $) égale les paiements du Trésor isr.

Politique mise en œuvre en juillet 1985. Dévaluation de 20 % ; autorisation d'accroître les prix de 20 à 30 % ; réduction considérable des subventions aux produits alim. et aux exportations ; augmentation de certains impôts pour réduire déficit public ; « gel » des prix pour 3 mois prolongé jusqu'en juin 86 ; augmentation des salaires de 14 % en une seule fois ; injonction à la Banque centrale de mener une politique monétaire très restrictive. *A fin octobre* : déficit budgétaire réduit de 16 % du P.N.B. en 84, à 8 % ; inflation, de 10-20 % à 3 %. Salaires réels nets (après déduction des impôts) : – 25 %. Taux d'intérêt : 60 à 80 % l'an.

Pop. active (% et entre par. part du P.N.B. en %) agr. 7 (5), mines 1 (1), ind. 35 (34), services 57 (60). *Chômage* : *1979* : 2,9 % ; *80* : 5,5 % ; *82* : 5 % ; *84* : 5,7 % (80 000) ; *85* (oct.) : 7 %.

Agriculture. *Terres cult.* (milliers d'ha, 83) : 4 370 dont 2 220 irriguées. *Production* (milliers de t, 83) : agrumes 1 530, légumes 778,5 ; blé 335, pommes de terre 206, avocats 61,6. **Élevage** (milliers de têtes, 82-83). Bovins 290, volailles 17 500, moutons 90, chèvres 16. **Pêche.** 22 400 t (82).

Kibboutz (pl. : kibboutzim). « Groupes » c.-à-d. fermes collectives à économie socialiste ; les parents travaillent sur leurs chantiers et les enfants sont en garderie ou à l'école. A 18 a., on choisit de rester ou de partir. *1er créé* en 1910 à Degania Alaph. *En 1979* : 229 k., 101 600 h. (3 % de la pop.) ont fourni 35 % de la prod. agricole et 8 % de la prod. ind. *Influence dans le monde* : pris comme modèles de société par l'extrême gauche entre les 2 g. mondiales. **Moshav.** Village coopératif où chacun possède sa terre.

Énergie (82). *Pétrole* 15 millions de litres (prod. interrompue dep. la restitution du Sinaï à l'Égypte). *Gaz* 73 millions de m^3 (idem). **Mines** : phosphates 2 968 000 t. Potasse 942 000.

Industrie. Taille des diamants, armes, avions, textiles, électronique, alim., équip. élec.

Transports. Routes 12 360 km (82). Chemins de fer 830 km (80). *Projet* (en sommeil) *de liaison Méditerranée-mer Morte.* Tunnel de 5,5 m de diamètre sur 100 km qui utiliserait la différence de niveau (400 m) et alimenterait une station hydro-électrique de 600 MW sur la mer Morte. Cela remonterait le niveau de la mer Morte. 5 à 8 ans de travaux.

Tourisme. *Visiteurs* (en milliers) : 1 260 (84) dont chrétiens (83) 55 % (U.S.A. 354, France 128, G.-B. 122, All. féd. 111, Italie 47). *Revenus* : 1 029 millions de $ (83). PRINCIPAUX LIEUX. *Jérusalem* : Lieux saints : mur Occidental, mosquées d'Omar et El Aqsa, St-Sépulcre, Via Dolorosa, mont Sion : tombe de David ; Yad Vashem : mémorial des Déportés, cimetière militaire. Université hébraïque : musée d'Israël, manuscrits de la mer Morte. *St-Jean-d'Acre. Haïfa* : mont Carmel, temple baha'i. *Tel-Aviv* : vieille ville de Jaffa. *Césarée* : ruines romaines. *Ashkelon* : ruines. *Tibériade* : lac, Capharnaüm. *Nazareth* : lieux saints : fontaine de Marie, atelier de Joseph. *Safed* : anciennes synagogues. *Ber-Sheva* : puits d'Abraham. *Mer Morte. Massada* : lutte ultime de la résistance juive contre les Romains (73 apr. J.-C.). *Ein Guedi* : Oasis. *Avdat* : ruines byzantines. *Eilat* : musée aquatique au fond de la mer. *Timna* : mines de cuivre, piliers du roi Salomon. *En territoires occupés* : Bethléem, Jéricho. Monuments romains, voir p. 916.

Commerce (millions de $ US, 83, territoires administrés exclus). *Exportations* 4 990 dont diamant 1 207, prod. industriels 3 292, agricoles 507 *vers* U.S.A. 1 329, G.-B. 412, All. féd. 356, France 338, Italie 194, Suisse 164. *Importations* 8 370 dont pétrole 1 419, diamants bruts 719, mach. 906, engrais 469 *de* U.S.A. 1 650, All. féd. 1 040, G.-B. 667, Benelux 582, Suisse 522, Italie 471.

Déficit commercial avec l'Europe (en milliards de $). *1975* : 1,6 ; *84* : 10,5. **Balance des paiements.** *1972* : – 1,1 ; *83* : – 3,8 ; *84* : – 5 ; *85* : 1,9.

Taux de couverture des importations par les exportations. *1950* : 11,7 ; *60* : 42,6 ; *70* : 51,2 ; *80* : 67,2. Le *déficit* est comblé par les fonds des réparations allemandes (2,1 %, 120 à 140 millions de $ par an), les fonds étrangers (17,9 %) et les bons de l'État d'Israël.

Défense. Service militaire 36 mois (hommes 18-29 a.) ou 20 [j. filles j. (exemption pour pratiquantes) ou druzes ; oblig. 18-26 a.]. Les Circassiens sont admis sur demande de leur communauté, quelques musulmans et chrétiens sont volontaires. *Réserve* : hommes jusqu'à 55 a. et femmes sans enfant jusqu'à 34. *Période annuelle d'entraînement* jusqu'à 45 j (jusqu'à 40 a.), 14 j (40-55 a.) ; officiers et sous-officiers jusqu'à 60 j. *Rapport des forces* entre I. et pays arabes en *1967* : 1 à 3 ; *73* : 1 à 4 ; *80* : 1 à 5. **Part du budget militaire dans le P.N.B.** : *1981* : 33 % (4,1 % en France), *85* : 13, sans compter les fournitures d'armes américaines (1,8 milliard de $). Voir Index : Israël, armée.

Rang dans le monde (83). 7e potasse. 8e phosphate. 9e oranges.

ITALIE

Carte p. 914. V. légende p. 787.

Situation. Europe. 301 263 km². *Long.* 1 200 km. *Larg.* continent 580 km ; péninsule max. 170, min. 54. *Frontières* 1 866 km (avec France 515, Suisse 718, Autriche 415, Yougoslavie 218). *Enclave en Suisse* : Campione d'Italia 2,6 km², 2 051 h. *Côtes* 8 500 km dont 3 766 d'îles. *Alt. max.* Mt Blanc de Courmayeur 4 765 m.

Régions. *Italie continentale* : O. et N. Alpes [(larg. 40-50 km), chute brusque sur la plaine ; massif principal : Grand Paradis (larg. 80 km)] ; à l'E. de l'Adda, massifs larges : Bergamasque, Cadoriques (larg. 200 km ; comprennent les Dolomites) ; à l'E. de la Piave, alt. basses (max. Mt Cridola, 2 582 m) : A. vénitiennes et juliennes. Au pied des Alpes : collines et plateaux du Piémont (larg. 100 km à l'O. ; 50 km au N. avec lacs : Majeur, Côme, Iseo, Garde). Centre : plaines padane (bassin du Pô, 1er fleuve d'It., débit 1 600 m³/s., long. 675 km) et vénitienne [bassins : Adige (long. 410 km), Brenta (160 km), Piave (220 km). Alt. max. 1 000 m. 65 000 km² de terres arables (les 2/3 de l'It.)]. Sud : Alpes de Ligurie, tombant à pic sur la mer et prolongées vers S.-E. par les Apennins.

Italie péninsulaire : Apennins, long. 1 000 km, direction N.-O./S.-E., s'étendent en zigzag d'une côte à l'autre : longent Méditerranée de Gênes à La Spezia, Adriatique de Pesaro à San Severo, Méditerranée, du Vésuve au détroit de Messine. N. : Apen. ligure, peu élevé mais compact. Centre : massif des Abruzzes, calcaire, dur et escarpé (Gran Sasso 2 800 m). S. : terrains anciens et volcaniques [Mts de Campanie (Vésuve) et de Calabre]. Plaines côtières, env. 30 000 km² de terres arables : 1°) entre Apennins et Méditerranée (N.-O.) : Étrurie (bassin de l'Arno, long. 250 km), campagne romaine (bassin du Tibre, 2e fl. d'It., long. 410 km), Campanie napolitaine. 2°) entre Apennins et Adriatique (S.-E.) : mollasses et plateaux calcaires non plissés de Tavolière, du Monte Gargano, des Pouilles ; basses côtes du golfe de Tarente.

Italie insulaire : *Sicile* : plateaux calcaires, massifs, volcaniques (Etna) ; *Sardaigne* : massif ancien (Tyrhénie), granites, porphyres, basaltes, alt. 800 m.

Climat. *Continental* au N. ; hivers froids (0° à Turin, 4° à Venise) ; étés chauds (25°), moussons d'été soufflant des mers Tyrrhénienne et Adriatique : 850 mm de pluie à Milan : rizières, maïs. *Méditerranéen* dans péninsule et îles ; hivers doux avec pluies courtes et violentes (800 mm à l'O., 550 à l'E.), étés secs : 2 mois ½ en Toscane (paysage vert) ; 5 mois en Calabre (dénudé).

Démographie

Population. *1800* : 18 000 000. *1850* : 24 300 000. *1861* : 26 328 000. *1900* : 33 500 000. *1939* : 43 100 000. *1951* : 47 516 000. *1961* : 50 624 000. *1971* : 54 137 000. *1982* : 56 742 374 h. *1984* : 56 980 000 h [dont (80) : I. du N. 25 856 812, I. centrale 10 847 036, I. du S. 13 561 704, îles 6 563 599]. – *de 15 ans* : 23,7 %, + *de 60 a.* : 17,5 %. D. 189,1. *Taux natalité* : *1900* : 33 ‰, *1964* : 19,5, *1978* : 12,5, *1982* : 10,9. *Accroissement* stoppé (lois sur divorce et avortement, vente libre des contraceptifs). *Divorces* : *1980* : 11 844, *1982* : 13 139. *Urbanisation* : 54 % habitent dans villes de + de 20 000 h.

Italiens. 130 000 000. **De nationalité italienne** : *Europe* 59 300 000 ; *Italie* 57 000 000 (Allemagne féd. 568 000, France 554 617, Suisse 508 712, Belgique 294 579, G.-B. 229 000, Luxembourg 31 000, P.-B. 29 223, Danemark 2 000, Irlande 1 990, divers 64 252), *Amér. latine* 1 982 903 dont Arg. 1 260 000 (82), *du Nord* 460 300, *Océanie* 284 888, *Afrique* 116 736, *Asie* 18 912. **De nationalité étrangère** 31 000 000 et 37 000 000 de sang mélangé.

Émigration. *1860 à 1970* : 21 000 000 (par an de *1860 à 1900* : 160 000 ; *1900-30* : 370 000 ; *1930-46* : émigration interdite ; *1946-70* : 125 000 ; *dep. 1970* : départs et retours s'équilibrent. *1982* : 98 241 émigrés dont All. féd. 434 437, Suisse 426 359, France 6 113, U.S.A. 5 022.

Immigration. Depuis 73 environ 400 000 « immigrants illégaux » d'Afr., Asie, Moyen-Orient. En 81, env. 30 000 Noirs à Rome.

Villes (83). *Rome* (Cap.) 2 834 034. Milan 1 580 810 (à 575 km), Naples 1 209 086 (217 km), dont 350 000 analphabètes (81), Turin 1 093 384 (715 km), Gênes 754 432 (545 km), Palerme 707 721 (988 km), Bologne 454 703 (378 km), Florence 444 294 (280 km), Catane 382 784 (894 km), Bari 370 308 (467 km), Venise 342 514 (539 km, s'enfonce de 2 mm à 1 cm par an) ; 19 inondations dep. 1900 ; pour protéger

V. des marées, projet de barrage, coût 2,5 milliards de $), Messine 262 133 (797 km), Vérone 263 761 (545 km), Trieste 249 179 (686 km), Tarente 242 831 (570 km), Padoue 232 825 (531 km), Cagliari 232 326, Brescia 204 567 (610 km), Reggio de Calabre 174 077 (742 km), Modène 179 858 (443 km), Parme 178 310 (498 km), Livourne 175 803 (315 km), Salerne 157 146 (293 km).

Langues. Italien *(off.)*, français (100 000, Val d'Aoste), all. [200 000, Ht-Adige (Tyrol du Sud)], slovène (120 000, Trieste, Gorizia), ladin (730 000, Tyrol du Sud, Trente), occitan (230 000), sarde, frioulan.

Religion. Cath. romains 99,6 % (28 % pratiquent, enfants : 50 % ne suivent pas le catéchisme), 43 000 prêtres (84 000 en 1901). *Accords du Latran* (11-2-1929) : cath. religion d'État, ecclésiastiques salariés, liberté des associations religieuses, enseignement rel. obligatoire dans écoles publiques. V. index.

Histoire

● **Origine critique : V. 1200 av. J.-C.** Latium peuplé de Ligures, qui connaissent la civilisation du Bronze et occupent dans une île du Tibre une bourgade sur pilotis, Rome. Invasion d'Italiques (Indo-Européens occidentaux, proches des Celtes), notamment Latins dont Romains et Albains (leurs villes datent de la même époque) et Osco-Ombriens (dont Sabins ou Samnites). Les Italiques sont venus par la terre, dep. le Danube (ils ont pris leur nom en s'installant dans la péninsule, appelée Italia ou Vitalia, « terre des troupeaux », par les Ligures). **1152** Selon la *tradition* (« l'Énéide » de Virgile) : des Troyens, avec Énée, s'installent à Lavinium (Latium). *Énée* épouse *Lavinia.* Ses enfants, dont Ascagne, fondent Albe (Albe serait ainsi la ville-mère de Rome). **V. 1000 av. J.-C.** créent la civ. du Fer *villanovienne* (de Villanova près de Bologne). **V. 900 av. J.-C.** Étrusques (Indo-Européens orientaux, du groupe illyrien, proches des Albanais) débarquent en Ombrie et au Nord-Latium, venant d'Asie Mineure par mer. **753** selon la tradition : Romulus et Remus, fils de Rhea Silvia (descendance d'Ascagne et du dieu Mars élevés par une louve) décident de fonder une ville sur le Palatin : le sort désigne Romulus comme roi (d'où le nom de *Rome*). Il trace un sillon marquant les limites de sa ville. Remus, vexé de ne pas être roi, franchit le sillon par défi. Romulus le tue. Il fait de sa ville un asile pour les hors-la-loi. Ceux-ci n'ayant pas de femmes vont enlever les Sabines (d'où une g. entre Romains et Sabins, terminée par la fusion des 2 p.). **VIIe s.** début de l'expansion étrusque : Veio, Faleri, Capena, Campanie (Pompéi, Capoue). **VIe s.** domination temporaire sur Rome. **IIIe s.** conquis par Rome, ils conservent leur langue et leurs mœurs jusqu'à l'âge d'Auguste. Art : nombreuses ruines (Tarquinia, Cerveteri, Marzabotto), sculptures. **V. 775** Grecs colonisent l'île d'Ischia. **750** les *Grecs* fondent Cumes (introduisent vigne ; hellénisation de l'I. du S.).

Période royale. Numa Pompilius (715-673 Sabin), Tulius Hostilius (673-642 Romain ; ses champions, les Horaces, battent ceux d'Albe, les Curiaces), Ancus Martius (640-616 Sabin), Tarquin l'Ancien (616-579, fils d'un émigré corinthien), Servius Tullius (578-534), Tarquin le Superbe (534-510) (Étrusques).

● **République.** Fondée v. **509.** Lutte des *Plébéiens* contre *Patriciens.* **V. 494-471,** création des tribuns de la plèbe. **ve-IIIe s.** Rome domine l'I. après des g. contre peuples du Latium, Étrusques, Gaulois de la plaine du Pô, Samnites (**321** défaite romaine près de Caudium, aux Fourches caudines), villes grecques de l'I. du Sud (que Pyrrhus ne peut sauver **280-275**).

Guerres puniques contre Carthage. Causes. Les Phéniciens de Carthage (en latin *Poeni,* d'où l'adj. *punique)* voulaient coloniser les côtes de la Méditerranée occ. : Sicile (occasion de la 1re g.), puis Espagne (2e g.) ; les Romains, qui avaient achevé la conquête de la péninsule it. (prise de Tarente 272), voulaient s'agrandir outre-mer. **Déroulement : 1re 264-241.** *Carthage : Hamilcar Barca* (la « tempête », 290-228) défend la Sicile 6 ans (247-241), perd sa flotte, évacue l'île et conquiert Esp. *Hannon,* amiral, vaincu aux îles Aegates (242) par Catulus (flotte détruite). *Rome : Atilius Regulus,* consul, tente un débarquement en Afrique en 256, mais est vaincu et capturé. *Lutatius Catulus,* consul, vainqueur aux îles Aegates. **2e 218-201** *Carthage : Hannibal* (247-183), fils d'Amilcar, chef de la cavalerie sous les ordres de son beau-fr. Hasdrubal en Esp. (223-31), puis Gal en chef, prend Sagonte (219) ; avec 40 000 h., traverse S. de la Gaule et Alpes, détruit l'armée rom. (le Tessin, la Trébie 218, Trasimène 217, Cannes 216), mais hésite 13 ans à attaquer Rome ; rappelé par sénat carthaginois 203, battu à Zama (Afrique 202) s'enfuit chez roi de Syrie Antiochos, puis chez roi de Bithynie Prusias ; se suicide pour ne pas être livré aux Romains. **Rome :** *Fabius Cunctator* [le « temporisateur » ; Fabius Maximus Verrucosus (275-203)] résiste 13 ans à Hannibal, sans livrer bataille. *Marcellus* (268-208) enlève Syracuse à Archimède (212) ; plusieurs fois vainqueur d'Hannibal ; tué dans embuscade. *Scipion l'Africain* [le « conquérant de l'Afrique » ; Publius Cornelius Scipio (235-183)] débarque par surprise en Afrique (204), prend Utique, échoue devant Carthage ; se rembarque (203) ; redébarque et bat Hannibal à Zama (202). **3e 149. Rome :** *Scipion Émilien* (185-129), fils de Paul Émile ; f. adoptif d'un Scipion, enlève Carthage en 146 (après 3 ans de siège) et la fait raser.

Autres guerres. Extérieures. 197 *Cynoscéphales :* Titus Quinctius Flaminius bat Macédoniens (Philippe V). **189** *Magnésie :* L.C. Scipion bat Séleucides. **168** *Pydna :* Paul Émile bat Persée. **146** Grèce soumise. **133** roi de Pergame lègue son royaume à Rome ; prise de Numance et fin de la conquête de l'Espagne. **105** Marius (7 fois consul entre 106 et 86) bat Jugurtha, roi numide. **102** repousse Germains Teutons **101** et les Cimbres. **88-85** Sylla bat Mithridate, roi du Pont, reconquiert Grèce et Asie Mineure. **80-73** Sertorius soulève Espagne. **64** Pompée conquiert la Syrie. **61** Arioviste (chef germanique des Suèves, Gaulois d'origine) envahit Gaule. **Civiles. 133-123** réformes sociales des frères Tiberius (133) et Caius Gracchus (123) (tribuns de la plèbe) : échec. **90** tous les Italiens deviennent citoyens romains. **73-71** révolte des esclaves avec le Thrace *Spartacus* (v. 95-71) [ancien gladiateur, il réunit 70 000 escl. fugitifs et pille l'Italie 2 ans ; vaincu et tué à Silare par Licinius Crassus (115-53) ; ses partisans sont exterminés]. **63** conjuration de *Catilina* [Lucius Sergius Catilina (108-62), aristocrate ruiné, battu aux élec. consulaires en 66, tente de rétablir le pouvoir des patriciens contre consul Cicéron (106-43), plébéien parvenu ; dénoncé par complices, s'enfuit de Rome ; vaincu et tué par Marcus Petreius, à Pistoia].

60 1er triumvirat : [Pompée (Cneius Pompeius Magnus, 106-48) : ancien lieut. de Sylla ; vainqueur de Sertorius en Esp. (72), pleins pouvoirs (67-66), vainqueur des pirates en Méditerranée (67), conquérant de l'Orient (66-62), gendre de César (60), brouillé avec lui à la mort de la fille de César (53) ; tué et vaincu par lui à Pharsale (49) ; **Crassus** (Marcus Licinius, 115-53) : enrichi grâce aux proscriptions de Sylla ; écrase révolte de Spartacus (71) ; consul avec Pompée (70), populaire par ses largesses ; gouverneur de Syrie (56), tué au cours d'une g. contre Parthes ; **César** (Caius Julius Caesar, 100-44), (la gens *Julia* remontant aux Étrusco-Troyens émigrés en Italie au IXe s.), neveu de Marius, épargné par Sylla grâce à son habileté ; profite des largesses de Crassus (69-62), mais s'endette de plusieurs millions par des gratifications démagogiques (65) ; consul (59) ; proconsul de Gaule cisalpine (58-54), conquiert Gaule celtique et redevient très riche. Franchit (49) Rubicon (fleuve marquant limite N. de l'Italie consulaire où il était interdit de faire entrer des troupes). Bat les lieutenants de Pompée à Lérida (Esp.) et Pompée à Pharsale (Grèce) ; poursuit Pompée en Égypte (48-47), devient l'amant de Cléopâtre, reine d'Ég. Extermine Pompéiens à Munda, près de Cordoue (45), reçoit titre *d'imperator* (gén. en chef). Réorganise l'État, aménage le territoire (80 000 prolétaires transformés en paysans) ; crée calendrier julien ; assassiné (44) par son fils adoptif Brutus, républicain, qui lui reprochait de vouloir être roi. [*Femmes de César :* 1° Cornelia, fille de Cinna lieut. de Marius (Sylla le somme de la répudier en 82, mais il refuse) ; 2° Pompéia, f. de Quintus Pompée et nièce de Sylla : répudiée après quelques mois pour adultère avec tribun Clodius].

Institutions romaines

Structure sociale. D'origine indo-européenne : une caste de guerriers, possesseurs de chevaux, occupe une ville fortifiée et possède la terre environnante. Une caste de domestiques agricoles et de palefreniers est à son service et habite des villages non fortifiés dans la plaine. *Ville fortifiée :* Rome (entourée par une enceinte de 11 500 m, dite de Servius Tullius). Primitivement construite sur pilotis par les Ligures, elle avait à sa tête le *Pontifex maximus* (« grand pontonnier »), chargé d'entretenir les pilotis. Le titre est resté. Puis une ville en pierre a été construite par les Étrusques qui ont mis leur citadelle *(arx)* sur le Capitole. La roche Tarpéienne, porte le nom de Tarpéia, jeune fille étrusque qui livra la citadelle aux Sabins (Italiques proche des Latins). *Habitants de Rome.* Au début, 100 familles nobles (latines ou étrusques) possédaient chevaux et terres. Chacun de leur ancêtre éponyme (qui a donné le nom à la famille) est divinisé et fait l'objet d'un culte familial ; il est appelé le père *(pater).* Les descendants des 100 *patres* (pluriel de pater) sont les patriciens. Les patriciens ayant le même ancêtre éponyme forment une *gens* avec un même nom *(nomen gentilicium).* Chaque branche de la *gens* forme une famille ayant sa maison à Rome. L'ensemble de la *gens* possède un domaine à la campagne où sont élevés les chevaux et où vivaient primitivement les plébéiens. Seuls les patriciens ont, au début, des droits civiques (ils forment le Sénat et fournissent les magistrats).

Évolution de la royauté. Le roi (latin ou étrusque, les 2 ethnies ayant fusionné) est d'abord un patricien, élu par l'assemblée du peuple [les 30 *curies,* c'est-à-dire les groupes de guerriers *(co-viria)*]. Il est le chef de l'armée, de la religion, de la justice, du Sénat. Ses insignes sont ceux des divinités : manteau rouge, escorte de licteurs, char. Servius Tullius (578-34) rédige une Constitution, précisant les droits politiques des citoyens ; son gendre et successeur Tarquin le Superbe (534-09) qui veut se conduire en potentat est renversé ; les pouvoirs royaux sont répartis entre plusieurs magistrats, notamment les 2 *« préteurs »* qui deviendront les consuls.

Évolution des plébéiens. Primitivement les plébéiens sont les habitants d'un village d'agriculteurs et d'éleveurs, chargés de l'exploitation d'un domaine gentilice (*plebs ;* en celtique de Bretagne *plou*). Origine : 1°) serviteurs-palefreniers venus avec les Italiotes au XIIe s. ; 2°) Liguriens soumis par Italiotes. Dès la fondation de Rome, des plébéiens vivent intra-muros comme domestiques ou clients (domestiques oisifs) des maisons patriciennes, et comme artisans. Ils n'ont aucun droit civique et pas d'état civil ; mais ils sont libres et ont le droit de posséder. Certains s'enrichissent. En 578 av. J.-C., Servius Tullius décida que les plébéiens riches deviendraient *citoyens* avec les mêmes droits que les patriciens. Cependant, la noblesse restera longtemps indispensable pour réussir une carrière dans la magistrature ; les plébéiens riches qui, à partir du IIIe s., s'appelèrent les « cavaliers » *(equites),* forment plutôt une bourgeoisie d'affaires. En politique, on les appelle « hommes nouveaux » (c.-à-d. sans ancêtre). Le 1er consul plébéien date de 316 av. J.-C.

Esclaves (*servus,* étymologiquement « épargné »). Membres (hommes ou femmes) d'une tribu vaincue militairement et n'ayant pas conclu une soumission rituelle. Voués à l'extermination, les vaincus sont parfois épargnés mais deviennent des objets appartenant à leur vainqueur ; ils sont vendus sur les marchés. Le fils d'une esclave naît esclave (*verna,* mot étrusque). A partir du IIIe s. apr. J.-C., les esclaves sont si nombreux à Rome que la plèbe est dispensée de travailler : on lui distribue des vivres gratuits et on lui offre des jeux de cirque. *Affranchi :* esclave ayant obtenu ou acheté sa liberté : il reste jusqu'à la mort sous le « patronat » de son ancien maître ; mais ses enfants naissent libres et sont assimilés à des plébéiens.

Organes de gouvernement. *Pouvoir exécutif :* magistrats (élus chaque année par les *Comices,* c.-à-d. le peuple romain) ; *p. législatif ou de contrôle* (gouvernement d'assemblée) : Sénat (composé d'anciens magistrats ; les patriciens sont majoritaires). La République s'appelle S.P.Q.R. *(Senatus populusque romanus) :* le Sénat et le Peuple de Rome.

Carrières politiques. Les 2 consuls sont les premiers magistrats. Ils donnent leur nom à l'année (chefs de l'armée, Pts du Sénat et des Comices). Nul ne peut être consul sans avoir été auparavant : *questeur* (responsable des finances), puis *édile* (administrateur municipal), *préteur* (responsable de la justice). Parmi les anciens consuls sont élus (pour 5 ans) 2 censeurs, qui sont chargés de classer les citoyens d'après leur fortune. Le *tribun de la plèbe* (poste créé en 493 av. J.-C.) est chargé de défendre les non-nobles contre le patriciat.

Dictature et « principat ». Le dictateur est un ancien consul investi des pleins pouvoirs (cumulant toutes les magistratures, sauf celles de tribun de la plèbe). Il est désigné par l'un des consuls (tiré au sort) lorsque le Sénat a décrété l'état d'exception (durée de la dictature : 6 mois, renouvelables). *Sous l'empire,* le *« princeps »* [le « premier » (des sénateurs)] est appelé communément l'empereur (*imperator,* c'est-à-dire « général »). *Princeps* restant le titre officiel du chef de l'emp. romain dep. 27 av. J.-C. (Octave Auguste). L'*imperator* est un dictateur à vie, recevant en outre chaque année la charge de tribun de la plèbe, et tous les 5 ans, celle de censeur. Il est également grand pontife et préteur à vie de toutes les provinces. Les autres charges subsistent (consuls, préteurs, questeurs, édiles, sénateurs, nommés par le *princeps* au nombre de 600), mais perdent leurs pouvoirs réels. Les emp. créent de hauts fonctionnaires : préfets du prétoire (armée intérieure et pouvoir exécutif), préfets de l'annone [ravitaillement (mot-à-mot : « récolte annuelle »)] des vigiles (sécurité), de la ville (police).

Italie romaine. Rome conquiert l'Italie entre le Ve et le Ier s. Elle y trouve des villes italiotes, étrusques ou gauloises organisées de la même façon qu'elle : municipes ayant leurs lois, leurs dieux, leurs magistrats et entourés d'une campagne où les nobles ont leurs domaines. Chaque cité conclut avec Rome un traité : les vaincus sont *stipendiaires* (payant un tribut ou *stipendium*), les alliés sont *fédérés,* etc. Il existe aussi des *colonies* fondées par des Romains et considérées comme des annexes de Rome. En 88 av. J.-C. toutes les villes d'Italie réclament le même statut que les colonies romaines, et l'obtiennent (guerre sociale). En 59, le *Rubicon* est désigné comme la frontière de l'Italie assimilée à Rome (tous ceux qui vivent au S. du Rubicon sont « citoyens romains »). En 49, la citoyenneté romaine est accordée aux Gaulois cisalpins (tous ceux qui vivent au S. des Alpes sont « citoyens romains »).

Provinces romaines. A partir de 227 av. J.-C., nom des territoires occupés hors d'Italie [les 2 premiers : Sicile (conquise en 241) et Corse-Sardaigne (conq. en 231)]. Il y en aura 17 (la dernière sera la Mésie (29 av. J.-C.). Chaque province est gouvernée par un préteur élu par les comices romains pour 1 an. Dep. 81 av. J.-C. tous les préteurs doivent être d'anciens magistrats. Les *cités provinciales* comme les anciennes cités it. sont sujettes ou alliées ; leurs habitants peuvent acquérir le titre de citoyens romains, en servant 25 ans *(emeritus)* dans l'armée romaine. A partir de 212 *(édit de Caracalla),* tous les habitants de l'emp. deviennent citoyens. (*Motif :* Caracalla veut pouvoir toucher l'impôt successoral de 1/20 qui frappe les biens des citoyens. *Conséquence :* les provinciaux cessent de s'engager dans l'armée ; il faut faire appel à des mercenaires.)

Évolution de l'Empire. *Création d'un colonat.* Les plébéiens pauvres cessent en fait d'être des citoyens libres. Tout en gardant leurs droits civiques, ils sont attachés à un domaine (public ou privé) et perdent le droit de le quitter ; ils deviendront les *serfs.*

Famille impériale : à partir du IIIe s., le « princeps » (ou emp.) devient en fait un prince, avec des droits héréditaires : les membres de sa famille ont un statut princier et le titre de « très nobles » *(nobilissimi). Ordre sénatorial :* composé des anciens patriciens (et des descendants des anciens magistrats) ; titre : « très illustres » *(clarissimi). Ordre équestre :* composé des riches propriétaires fonciers et hommes d'affaires, titre : « très honorables » *(perfectissimi). Petites gens (humiliores) :* font partie héréditairement d'un artisanat qu'ils n'ont pas le droit de quitter.

Fonction impériale. A partir du IIIe s., l'armée (de métier), notamment celle de Rome et du S. du Rubicon (garde prétorienne), prend l'habitude de désigner l'emp. (depuis Auguste, elle était chargée off. de le nommer chaque année tribun de la plèbe et tous les 5 ans censeur). Après 235, les prétoriens, à Rome, mais aussi de nombreuses légions provinciales nomment « Auguste » (c'est-à-dire emp. à vie) leur G^al. D'où les nombreuses g. civiles entre armées originaires des différentes provinces.

Augustes distingués des Césars. Dioclétien sépare les titres portés par le « princeps » romain : chaque emp. (Auguste) avait à ses côtés un adjoint (César). Le César est souvent le fils de l'Auguste, la dignité impériale devenant une monarchie héréditaire.

---

43 2e triumvirat (Octave prend Occident, **Antoine,** Orient et **Lepidus,** Afrique). **31** Octave bat Antoine et Cléopâtre, reine d'Égypte, à Actium (promontoire rocheux sur la côte grecque).

Période impériale. 27 Octave titré Auguste. **Après J.-C. 9** Varus, chargé de conquérir Germanie (rive dr. du Rhin), écrasé avec ses légions (Teutobourg). **37-41** Caligula, empereur fou (38, nomme son cheval consul). **70** Titus prend Jérusalem. **79** Pompéi détruite par éruption du Vésuve (env. 15 000 †). **Ier s.** Bretagne, Dacie, Assyrie, Mésopotamie occupées.

Bas-Empire. 192 début : l'armée impose ses empereurs, pression des Barbares. **212** édit de *Caracalla :* tous les hommes libres de l'empire deviennent citoyens romains. **225-284** anarchie : division, empire des Gaules (258-273), roy. de Palmyre (260-273), avec reine Zénobie et son fils Voballath. **284-305** Dioclétien rétablit unité, prend un associé. Chacun est *« auguste »* et choisit un héritier, le *« césar »* (293 système de la *tétrarchie*).

Guerres civiles. 305 Dioclétien abdique, 6 emp. revendiquent le titre d'Auguste : Constantin, Sévère, Maximin, Galère, Maxence et Maximien. **307** Maxence exécute Sévère. **308** Constantin exécute Maximien. **311** Galère meurt, est remplacé par Licinius. **312** Constantin tue Maxence. **313** Constantin et Licinius accordent la liberté aux chrétiens (édit de Milan). Licinius tue Maximin, puis Valens, successeur de Maximin ; Constantin tue Martianus, successeur de Valens (323), puis Licinius (324). **324** Constantin fonde une 2e capitale à Constantinople. **361-63** Julien l'Apostat essaie de restaurer paganisme. **381** édit de *Théodose :* catholicisme : rel. d'État. **391** Théodose ferme temples païens. **394** Arcadius et Honorius, fils de Théodose, partagent Empire : l'emp. d'Orient (byzantin) durera jusqu'en 1453.

Bas-Empire d'Occident (395-476). 400 Alaric, roi des Wisigoths, s'installe en Italie. **402** Stilicon bat Alaric à Pollenza. **404** Honorius transfère capitale à Ravenne. **409** Alaric pille Rome, mais Honorius décide de Wisigoths à s'installer en Gaule et Espagne. **423-54** Aetius : dictature militaire maintient « diocèses » d'Italie et Gaule contre envahisseurs, notamment les Huns (451-52). **455** Vandales, appelés d'Afrique par l'imp. Eudoxia, pillent Rome. **476** Romulus Augustule (f. d'Oreste) : empereur, fils d'un mercenaire hérule (germain). Odoacre, chef des Germains Scyres, tue Oreste, chasse Romulus Aug. Fin de l'Empire d'Occident.

Empereurs romains

Dynastie julio-claudienne. 27 av. J.-C. Auguste (63 av. J.-C.-14 apr. J.-C.). **14** apr. J.-C. Tibère (v. 42 av. J.-C.-37 apr. J.-C.), s. f. adopt. **37** Caligula (12-assassiné 41), pet.-nev. de Tibère. **41** Claude (10 av. J.-C.-empoisonné par Agrippine 54), oncle pat. de Caligula. **54** Néron (37-suicide 68), s. f. adopt.

Emp. de la g. civile. 68 Galba (v. 5 av. J.-C.-ass. 69). **69** Othon (32-suicidé 69). Vitellius (15-ass. 69).

Flaviens. 69 Vespasien (9-79). **79** Titus (39-81), s. f. **81** Domitien (51-ass. 96), s. f.

Antonins. 96 Nerva (26-98). **98** Trajan (53-117), s. f. adopt. **117** Hadrien (76-138). **138** Antonin (86-161). **161** Marc Aurèle (121-180) [avec Vérus (Marc Aurèle) jusqu'en 169]. **180** Commode (161-192), f. de Marc Aurèle.

Sévères. 193 Pertinax (126-ass. 193). **193** Julien Ier. Septime Sévère Ier (146-211). **211** Caracalla (188-ass. 217). **217** Macrin (164-218). **218** Héliogabale (204-ass. 222). **222** Alexandre Sév. II (205/8-235).

Anarchie militaire. 235 Maximin Ier (173-238). **238** Gordien Ier (v. 157-238). Balbin (178-ass. 238). Pupien († 238), avec Balbin. Gordien II (v. 192-238). Gordien III (224-244). **244** Philippe l'Arabe (v. 204-ass. 249). **249** Decius (201-251). **251** Gallus (ass. 253). **253** Valérien (exécuté 259 ou 260). **260** Gallien (v. 218-268), s. f. **268** Claude II le Gothique (v. 214-270). **270** Aurélien (v. 214-ass. 275). **275** Florien († 276). Tacite (v. 200-ass. 276). **276** Phobus. **282** Carus († 283). **283** Carin (ass. 285). Numérien (ass. 284), f. de Carus.

Bas-Empire. 284 Dioclétien (245-313) (entre Empire d'Occident et Emp. d'Orient), abdique. **305** Constance Ier Chlore (v. 225-306). **306** Constantin Ier (270/288-337), rétablit unité de l'Emp. **308** Maximin II Daia († 313). **337** Constantin II (317-340). Constant Ier (320-350). Constance II (317-361), règne conjointement. **361** Julien l'Apostat (331-363), neveu de Constantin Ier. **363** Jovien Ier (v. 331-364). **364** Valentinien Ier (321-375). **375** Valentinien II (v. 371-ass. 392). **383** Maxime (ass. 388). Empereur en Gaule et en Espagne. **392** Eugène (usurpateur). **394** Théodose Ier (v. 347-395), gendre de Valentinien Ier. **395** *Partage définitif de l'Empire.*

> **Fin des empereurs romains, de César à Constantin V.** Morts naturellement 37, assassinés 54, empoisonnés 2, expulsés du trône 6, ayant abdiqué 6, enterré vivant 1, suicidés 5, frappés de la foudre 2, morts inconnues 2. Total 115.

Empereurs romains d'Occident

395 Honorius Ier (395-423), fils de Théodose Ier. **425** Valentinien III (419-455), nev. d'Hon. par sa mère Galla Placidia. **455** Maxime Pétrone Ier (v. 395-ass. 455). Avitus († 456). **456** Majorien Ier (assassiné 461). **461** Sévère III († 465). **467** Anthémius, f. de Procope. **472** Olybrius († 472). **473** Glycérius († 480). **474** Julius Nepos. **475** Romulus Augustule (n. v. 461), f. d'Oreste. Déposé par Odoacre. **476** *Invasions barbares.* — ☞ Empereurs romains d'Orient v. Index.

Art romain

Influencé surtout par art étrusque et art grec. Les Grecs ne connaissent que l'architrave pour franchir les vides ; les Étrusques, puis les Romains utilisèrent l'arc. Apogée entre Auguste (de 30 av. J.-C.) et les Antonins (fin du IIe s. ap. J.-C.).

● **Amphithéâtres ou arènes. Allemagne.** *Trèves* (100 ans ap. J.-C.). **Espagne.** *Italica* (206 av. J.-C. ; 40 000 pl.). *Tarragone. Mérida* (Ier s. av. J.-C. ; 14 000 pl.). **Israël.** *Césarée* (22-9 av. J.-C. ; 5 000 pl.). *Beit Chean* (IIe ap. J.-C. ; 8 000 pl.). *Hamat Gader* (1 500 à 2 000 pl.). **Italie.** *Rome :* le Colisée (Ier s. ap. J.-C. ; 187 × 155 m, 57 m de haut à l'extérieur, 49 m à l'intérieur, 527 m de tour, environ 50 000 pl.). *Vérone* (Ier s. ap. J.-C. ; 152 × 128 m, haut. ext. 32 m). *Capoue* (Ier s. ap. J.-C. ; 167 × 137 m). *Pompéi* (130 × 102 m). *Pouzzoles* (69 à 79 ap. J.-C. ; 149 × 116 m, 40 000 pl.). **Tunisie.** *El Djem :* Colisée (148 × 122 m, 60 000 pl.). **Yougoslavie.** *Pula* (31 av. à 14 ap. J.-C. ; 132 × 105 m, haut 32,5 m, 23 000 pl.).

● **Aqueducs. Espagne.** *Ségovie* (813 m ; haut. 28 m, Ier s.). *Tarragone* (Las Ferreras 217 m ; haut 28,7 m, 98-117 ap. J.-C.). *Mérida* (*Los Milagros,* 827 m ; haut. 25 m). **Israël.** *Césarée* (22-9 av. J.-C.). **Italie.** *Rome :* Aqua Marcia (145 av. J.-C.) ; Virgo, A. de Claude (Ier s. ap. J.-C., 60 km, en ruine). **Tunisie.** *Carthage à Zaghouan,* 90 km (76-138 ap. J.-C.). **Turquie.** *Antioche* (Antakya).

● **Arcs. Algérie.** *Timgad :* de Trajan (IIIe s. ap. J.-C.). *Tébessa :* de Caracalla (11 m de côté). *Lambèse* (197-211 ap. J.-C.). *Djémila* (216 ap. J.-C.). **Espagne.** *Bara* (IIe s. ap. J.-C.). *Medinaceli* (haut. 9 m ; IIe s. ap. J.-C.). *Mérida :* arc de Trajan (haut. 13 m). **Italie.** *Rome :* de Titus (81 ap. J.-C.) ; de Septime Sévère (315 ap. J.-C.) ; de Constantin (315 ap. J.-C.) ; de Janus (IIIe s. ap. J.-C.) ; de Drusus (IIe s. ap. J.-C.) ; des Changeurs. *Ancône :* de Trajan. *Bénévent ;* de Trajan. **Maroc.** *Volubilis* (217 ap. J.-C.).

● **Basiliques** (cours de justice, autour du forum). **Algérie.** *Timgad. Tipasa. Djémila.* **Italie.** *Rome :* Æmilia (179, restaurée en 78 av. J.-C.) ; Julia (46 av. J.-C.) Ulpia (112 ap. J.-C.) ; Nova (313) ; Constantin et Maxence (306-313) ; Ste-Marie-Majeure (302). *Pompéi* (100). **Lybie.** *Leptis Magna.* **Maroc.** *Volubilis.*

● **Cirques** (enceintes destinées aux courses de chevaux). **Espagne.** *Mérida* (8 av. J.-C. ; 15 000 pl.). **Italie.** *Rome :* Circus Maximus (645 × 124 m, 190 000 pl., détruit) ; cirque de Maxence (469 × 185 m ext.).

● **Colonnes** (érigées en commémoration des victoires militaires). **Algérie.** *Djémila* (IIe s. ap. J.-C.). **Italie.** *Rome :* de Trajan (114 ap. J.-C. ; haut. 29,8 m, 42 avec soubassement et statue) ; de Marc Aurèle (176 ap. J.-C. ; haut. 29,6 m, 42 avec soubassement et chapiteau) ; de Phokas (608 ap. J.-C. ; haut. 17 m). **Turquie.** *Istanbul :* de Théodose (haut. 15 m).

● **Forums. Algérie.** *Djémila* (IIe et IIIe s. ap. J.-C.) ; *Tipasa : Timgad.* **Italie.** *Rome :* d'Auguste (2 av. J.-C.) ; de Vespasien (Ier ap. J.-C.) ; de Nerva ; de Trajan (terminé en 114 ap. J.-C. par Apollodore de Damas, 280 × 200 m).

● **Palais. Italie.** *Rome :* Palais Impérial au Palatin (Ier s. ap. J.-C.), Curia Julia. *Tivoli :* villa d'Hadrien (127-134 ap. J.-C.). **Yougoslavie.** *Split :* p. de Dioclétien.

● **Ponts. Espagne.** *Alcantara* (IIe s. ap. J.-C. ; restauré ; 188 m long, 54 m haut). *Mérida* (95 av. J.-C. ; 792 m long, 11 m haut). *Salamanque* (IIe s. ap. J.-C. ; 400 m). *Cordoue* (Ier ap. J.-C. ; 240 m). **Italie.** *Rome :* Saint-Angelo (Pons Aelius). *Rimini. St-Martin.*

● **Portes. Allemagne.** *Trèves :* porte Noire (fin IIe s. ap. J.-C.). **Italie.** *Aoste :* porte Decumana (Ier s. ap. J.-C.). *Pérouse ;* porte d'Auguste. *Turin :* porte Palatine (Ier s. ap. J.-C.).

● **Portiques** (bordaient généralement les rues et les places). **Italie.** *Rome :* p. d'Octavie (Ier s. av. J.-C.).

● **Temples. Algérie.** *Timgad :* Capitole (IIe s. ap. J.-C. ; enceinte ; long 90 m, larg. 62 m ; temple : long. 53 m, larg. 23 m ; col. de 14 m de haut). *Djémila* (t. de la famille des Sévères : IIe s. ap. J.-C. ; col. hautes de 8,40 m). **Italie.** *Rome :* t. de Vénus Genitrix (Ier s. av. J.-C.) ; de Mars Ultor (2 ap. J.-C.) ; de Castor et Pollux (6 ap. J.-C., il reste 3 col.) ; de la Concorde (7 à 10 ap. J.-C.) ; de la Fortune virile (ionique tétrastyle et pseudopériptère) ; de Vesta, rond ; de la Paix (80 ap. J.-C.) ; de Vénus et Rome (135 ap. J.-C.) ; Panthéon (27 av. J.-C. à 124, 43 m de haut et de diamètre, rond) ; d'Antonin et Faustina (141 ap. J.-C.) ; de Saturne (320 ap. J.-C., ne restent que 8 col.) ; de Romulus (IVe s. ap. J.-C., rond) ; Dii Consentes (reconstruit en 367 ap. J.-C.). *Ostie :* Capitole. *Pompéi :* Capitole. *Tivoli :* de Vesta (205 ap. J.-C., rond). **Jordanie.** *Pétra* (Ier s. av. J.-C.) ; t. Qasr Firaoun (Ier s.). **Liban.** *Baalbek :* t. de Jupiter (87,75 × 47,70 m) ; de Bacchus (69 × 36 m ; col. de 19 m de haut). **Portugal.** *Evora ;* périptère (IIe s. ap. J.-C.). **Syrie.** *Palmyre :* t. de Bêl (dit autrefois T. du Soleil ; consacré en 32).

● **Théâtres. Algérie.** *Tébessa. Timgad* (IIe s. ap. J.-C.). *Djémila. Tipasa.* **Espagne.** *Mérida* (5 500 pl). *Sagonte* (10 000 pl.). *Acinipo* près de Ronda. **Grèce.** *Athènes ;* odéon d'Hérode Atticus ; d'Agrippine. **Italie.** *Rome ;* théâtres de Pompée, 20 000 pl. ; de Marcellus, achevé en 13 av. J.-C. *Herculanum. Pompéi. Ostie. Fiesole.* **Tunisie.** *Dougga ;* 3 500 pl., diam. 63 m. **Turquie.** *Termessus. Alinda. Aizani Aspendus.*

● **Thermes. Algérie.** *Timgad* (167 ap. J.-C.). **Allemagne.** *Trèves* (IIe s. ap. J.-C.). **Espagne.** *Italica* (v. 120 ap. J.-C.). **Italie.** *Rome :* thermes de Caracalla (206 av. J.-C. ; 120 000 m^2) ; de Dioclétien (306 ; pour 3 000 baigneurs, 140 000 m^2, en ruine) ; de Constantin (détruits). **Libye.** *Leptis Magna (Lebda).* **Maroc.** *Volubilis :* th. de Gallien ; th. du Forum (début du IIe s. ap. J.-C.) ; th. du Nord (fin du IIe s. ap. J.-C.).

● **Tombeaux. Italie.** *Rome :* t. d'Hadrien (château St-Ange, 135 ap. J.-C.) ; de Cestius (Ier s. ap. J.-C., 27 m haut.) ; de Caecilia Metella (fin Ier s. av. J.-C.).

Du Ve au VIIIe siècle

Période germanique (476-774). Odoacre se fait reconnaître « patrice de Rome » par l'emp. d'Orient Zénon. Proclamé roi par ses troupes, il gouverne l'Italie 17 ans (cap. Ravenne). **493** est tué à Ravenne par le roi des Ostrogoths, Théodoric le Grand, à qui Zénon a accordé l'Italie. **498** l'emp. Anastase envoie les insignes impériaux à Théodoric qui fonde un emp. ostrogoth arien. **535-53** reconquête du Gal byzantin Bélisaire vainqueur de Vitigès, roi des Ostrogoths, (540), et du Gal byzantin Narsès, vainqueur de Totila, roi des Ostrogoths, (552) sous Justinien Ier, emp. d'Orient. Ravenne cap. et siège de l'exarque représentant l'emp. **568-72** invasion lombarde ; fondation de duchés lombards, centre Pavie (les papes deviennent « ducs de Rome »). **751** Byzantins chassés de Ravenne par Lombards (gardent Sicile et It. du Sud). **754-56** Pépin le Bref bat Lombards et donne au pape Étienne II l'ancien exarchat de Ravenne (voir Vatican à l'Index). **774** *Charlemagne,* couronné roi des Lombards, confirme donation de Pépin aux Papes. **800** couronné emp. d'Occident et successeur de Constantin. It. divisée en 3 : Lombardie, Église, Sud (byzantin). **888-962** Lombardie devient « roy. d'Italie ». **962** l'emp. Otton Ier fonde l'Emp. romain germanique (« Saint-Empire »), réunissant couronnes d'It. et d'All. **1052** avènement, en Toscane, de la Ctesse Mathilde de Canossa (1046-1115), pupille des papes et protectrice du St-Siège contre les empereurs. Le parti anti-impérial s'appelle « guelfe », du nom du mari de Mathilde, Welf de Bavière. **1116** début de lutte entre papes et emp., au sujet de l'héritage de Mathilde (v. p. 482). **1254** le pape Alexandre IV remplace le « roy. d'Italie » par un « vicariat pontifical » (vicaire : Charles d'Anjou, roi de Naples) ; unité it. presque rétablie. **1294** l'emp. nomme un « vicaire impérial » (le duc de Milan) : unité brisée : États du Nord, Église, Naples-Sicile.

États italiens indépendants

● **États de l'Église.** Voir Religions, p. 482.

● **Étrurie.** Voir ci-dessous, Toscane.

● **Florence.** Voir ci-dessous, Toscane.

● **Gênes :** autrefois aux mis carolingiens d'Este. **1015** conquiert Sardaigne. **1078** la Corse, avec alliance de Pise, puis fonde emp. colonial en Méditerranée (notamment Chypre). En g. (navale) avec Venise jusqu'en 1381. **1296** cède Sardaigne à l'Aragon. **1396-1685** disputée entre Fr. et Esp. (fr. 1396-1409, 1458-64, 1499-1522, 1527-28). **1528-60** Andréa Doria rétablit son indépendance ; gouvernement aristocratique. **1797** République ligurienne. **1805** annexée par France. **1815** par roy. sarde.

● **Lucques : 1342** place commerciale, annexée par Pise. **1370** achète pour 25 000 florins d'or, à l'emp. Charles IV, le statut de ville libre (constitution démocratique). **1556** constitution oligarchique. **1805** agrandie de Piombino, érigée en duché pour Elisa Bonaparte. **1815-47** duché indépendant donné aux Bourbons de Parme, jusqu'à la mort de l'imp. Marie-Louise. **1847** annexée à Parme à la mort de celle-ci (Charles de Lucques devenant Charles II de Parme).

● **Mantoue : 1115** comté lombard devenu souverain à la mort de la comtesse Mathilde. **1328** à la famille des Gonzague, vicaires impériaux. **1432** marquisat. **1530** duché. **1627** extinction des Gonzague ; g. de la succession de Mantoue. **1631** à la famille des Nevers. **1708** extinction des Nevers ; confisqué par l'emp. Léopold Ier (de Habsbourg). **1785** annexé au Milanais (autrichien dep. 1713).

● **Milanais :** Milan, ancienne capitale des Lombards : v. **1100** centre de résistance aux emp. all. (parti guelfe). **1166** Ligue lombarde créée. **1275** le « capitaine » de Milan reconnu par l'emp. **1294** Matteo Visconti, « capitaine » dep. 1287, nommé « vicaire impérial » pour l'It. **XIVe** s. les Visconti conquièrent toute l'ancienne Lombardie et It. centrale jusqu'aux États de l'Église. **1395** l'emp. Venceslas leur reconnaît le titre de duc de M. **1424-47** M., vaincu cède à Venise Bergame et Brescia. **1447** dynastie des Sforza (Francesco Sforza avait épousé Bianca Maria, fille naturelle de Filippo Maria Visconti, duc de 1416 à 1447). **1505** Louis XII de Fr., fils de Valentine Visconti (fille de Gian Galéazzo V., duc de 1385 à 1402), devient duc de M. **1521** Charles Quint rétablit les Sforza. **1535** Sforza éteints : M. à l'empereur. **1556** à l'Esp. (Philippe II). **1714** autrichien ; au XVIIIe s., l'Autr. en cède la moitié à Savoie. **1796** M. capitale de la « République cisalpine ». **1798**-*12-5* 1re apparition du drapeau vert, blanc, rouge.

● **Modène :** marquisat lombard devenu indépendant à la mort de la Cesse Mathilde (1115). **1288** passe à la maison d'Este (ducs de Ferrare). **1453** érigé en duché. **1598** les Este, chassés de Ferrare par le pape Clément VIII, y mettent leur capitale. **1796** annexé à la république cisalpine. **1814** rendu aux Este. **1848** François V, chassé par les carbonari, est rétabli par les Autrichiens.

● **Montferrat : 1040** marquisat souverain. **1305** passe par mariage à la famille des Paléologue (byzantins). **1553** extinction des Paléologue ; passe aux Gonzague, ducs de Mantoue. **1574** érigé en duché (mantouan). **1627** principal enjeu de la g. de succession de Mantoue (convoité par la Savoie, qui en occupe une partie). **1708** extinction des Nevers ; attribué par l'emp. Léopold Ier à la Savoie, alliée de l'Autr. contre Louis XIV.

● **Naples et Sicile : 554** conquis par Byzantins. Récupérés en partie par Lombards et Carolingiens qui créent un « duché de Bénévent », mais laissent côtes et îles aux Grecs. **IXe-XIe s.** Sarrasins enlèvent la S. aux Grecs, et harcèlent It. du S. et États de l'Église.

1016 les papes chargent les Normands de Tancrède de Hauteville d'expulser Sarrasins et Grecs. Le roy. normand de Naples et Sicile devient vassal du St-Siège (il ne fera jamais partie de l'Emp. romain germanique). **1194** Constance, héritière des Hauteville, épouse l'emp. Henri VI de Hohenstaufen ; leur fils, Frédéric II, sera emp. et roi de Naples. **1264** pape Urbain IV attribue Naples et Sicile à Charles d'Anjou, frère de St Louis, qui bat les Hohenstaufen à Bénévent (1266). **1282** *Vêpres siciliennes* (lundi de Pâques *30-3 à fin avril :* env. 8 000 Fr. massacrés) ; le roi Pierre III d'Aragon enlève Sicile aux Angevins. **1435** Alphonse V d'Aragon enlève N. aux Angevins et réunit les 2 roy. (plus Sardaigne, annexée en 1296). **1594-1713** à la Couronne d'Esp. **1631** éruption du Vésuve (800 † à Naples). **1713** Esp. cède Sardaigne et Naples à Autr., Sicile à Amédée II de Piémont-Savoie qui devient roi. **1720** Autr. reçoit Sicile contre Sardaigne (Amédée II devient « roi de Sardaigne »). **1738** tr. de Vienne : N. et S. sont données à une branche cadette des Bourbons d'Esp. (« Roy. des Deux-Siciles »). **1806** Napoléon nomme son frère Joseph roi de Naples ; Sicile échappe à l'occupation fr. **1808-15** Murat roi de Naples (fusillé 13-10-1815). **1815-60** restauration des Bourbons.

Rois des Deux-Siciles de la maison de Bourbon. **1734** Charles (1716-1788), infant d'Esp., roi des Deux-S. (île de Sicile et terre ferme avec Naples) et de Jérusalem, investi par son père Philippe V roi d'Espagne (qui fut roi des D.-S. de 1700 à 1796 ; investi par le pape, car les 2 royaumes sont fiefs pontificaux) le 18-10-1738. Lorsqu'il devient Charles III, roi d'Esp., renonce en faveur de son fils cadet. **1759** Ferdinand IV (Naples) — II (Sicile, 1751-1825) s. fils infant d'Esp. Une loi du 8-12-1816 unifia Sicile et terre ferme à la suite du tr. de Vienne 9-6-1815 ; le numérotage des rois retomba à zéro ; le roi devint : Ferdinand Ier, roi du roy. des D.-S. et de Jérusalem, infant d'Esp. **1825** François Ier (1777-1830), roi, s. f. **1830** Ferdinand II (1810-1859), roi, s. f. **1859** François II (1836-94), roi, son f., chassé par les révolutionnaires de Garibaldi, les Savoie, et un référendum truqué (1861) est exilé sans postérité.

Prétendants. **1894** Alphonse Ier, Cte de Caserte (1841-1934), son fr. **1934** Ferdinand III (25-7-1869-1960), duc de Calabre, son f. A sa mort, le titre de chef de la famille des Deux-S. est revendiqué par des descendants du Pce Charles [1870-1949, 1er fr. de Ferdinand III, ép. 14-2-1901 l'infante Maria de las Mercedes, Pcesse des Asturies (1880-1904), infant d'Esp. et naturalisé esp.], qui renonça à ses droits successoraux en 1900. **1960** Alphonse II (1901-64), son f., prend le titre de duc de Calabre, déclarant nulle la renonciation de son père. Ép. 16-4-1936 Alice de Bourbon, Pcesse de Parme. **1964** Charles Ier, duc de Calabre, s. f. (né 16-1-38) ; Esp., réside à Madrid. Ép. 12-5-65 Anne d'Orléans, fille du Cte de Paris, dont Christine (15-3-66) et Marie Paloma (5-4-67), Pierre, duc de Noto (16-10-68), Inès (20-4-71), Victoria (1976). **1970** Rénier Ier (1883-1973), duc de Castro, officier esp., puis naturalisé français. Ép. 12-9-1923 Pcesse Caroline de Zamosc-Zamoyska (1896-1968). Descendant du Pce Rénier, 2e fr. de Ferdinand III, il proclame irrévocable la renonciation de son frère. **1973** Ferdinand IV, son f. (dit également duc de Calabre), n. 1926, fixé près de Roquebrune-sur-Argens (Var), qui ép. 25-7-49 Chantal de Chevron-Villette (1925) dont 3 enfants : Béatrice (1950), Anne (1957) qui ép. Jacques Cochin et Charles dit duc de Noto (24-2-1963).

Nota. — En 1860, les rois de Sardaigne et les rois des Deux-Siciles étaient les seuls rois régnant en Italie.

● **Parme** : cité indépendante achetée en **1346** par Lucchino Visconti, duc de Milan et annexée au Milanais. **1511** cédée par Milan au St-Siège (Jules II). **1545** érigée en duché de Parme-et-Plaisance (souverain) pour Pierre Louis Farnèse, fils naturel du pape Paul III. **1731** héritée par Élisabeth Farnèse, reine d'Esp., qui la cède à son fils Charles ; quand il devient roi des Deux-Siciles, il le cède à son fr. cadet Philippe de Bourbon (1720-65). **1735** cédée à l'Autriche, en échange de Naples. **1748** rendue aux Bourbons d'Esp. **1802** annexée par Napoléon (duc de Parme : Cambacérès) et la branche de P. reçut le *roy. d'Étrurie* (1801-07). **1814** agrandie de Guastalla, donnée en viager à Marie-Louise, épouse de Napoléon. **1847** rendue aux Bourbons de Parme. **1854** assassinat de Charles II (n. 1823) ; Robert (f. de Ch. III et de Louise de France, sœur du Cte de Chambord), dernier duc.

Chef actuel de la maison de Parme. S.A.R. Charles-Hugues de Bourbon (1930) [f. du Pce Xavier (25-5-1889-7-5-1977) ép. 12-11-27 Madeleine de Bourbon-Busset, devenu duc de Parme à la mort de son neveu, le duc Robert (1909-74), f. du duc Élie (1880-1959), fr. aîné de Xavier]. *Frères et sœurs :* 1re Françoise (1928) ép. Pce Édouard de Lobkowicz citoyen amér. 2e Charles Hugues (1930) chef actuel, ép. la Pcesse Irène des Pays-Bas, d'où Charles (1970). 3e Marie-Thérèse (1933). 4e Cécile (1935). 5e Marie des Neiges (1937). 6e Sixte Henri (1940). V. Espagne (parti carliste).

● **Piémont.** D'abord divisé entre marquisats de Suze, d'Ivrée, de Saluces et de Montferrat. **XIe s.** à la Maison de Savoie. **1418** définitivement rattaché à la Savoie. **1796 à 1814** occupé par Français, forme 5 départements : Doire, Pô, Stura, Sesia et Marengo.

● **Sardaigne. Avant J.-C. IIIe millénaire** habitée par une race venue probablement d'Afrique. **1400/1200** apogée de la civilisation de bronze. Phéniciens y établissent plusieurs comptoirs [Nora, Sulcis, Caralis (Cagliari), Tharros (Torre dé San Giovanni)] ; se heurtent à la concurrence des Phocéens qui fondent Olbia (Terranova). **535** victoire punico-étrusque sur Phocéens ; influence carthaginoise. **259** Romains s'attaquent à l'île. **238** s'en emparent. **27** devient province sénatoriale. **Après J.-C.** province impériale occupée par légions. **IIe/IIIe s.** lieu de déportation. **436** occupée par Vandales. **534** reconquise par Bélisaire. **VIIIe s.** Arabes s'y installent. **1022** Sardes, aidés de Pise et de Gênes, délivrent leur île. **1175** Génois et Pisans tentent de se partager la Sard., les premiers au N., les seconds au S. aidés par l'empereur Frédéric II. **1242** son fils, Enzio, proclamé roi de Sicile. **1284** *bat. navale de La Méloria :* Pise chassée par Génois. **1297** Boniface VIII attribue la souveraineté de la Sard. à l'Aragon. **1325** passe à l'Espagne. **1713** *tr. d'Utrecht :* donnée à l'Autriche. **1720** l'empereur Charles VI l'échange avec duc de Savoie contre Sicile. Ainsi furent constitués les **États sardes** ou **Royaume de Sardaigne,** qui réunissait l'île et les possessions continentales de la maison de Savoie (v. Savoie). Dépouillés de leurs États de terre ferme par la Fr. révol., les rois de Sard., Charles-Emmanuel II et Victor-Emmanuel Ier, se réfugièrent en Sard. où ils résidèrent de 1798 à 1814. **1861** intégrée au nouveau royaume d'Italie.

● **Savoie** : voir Savoie à l'Index. **1713** Royaume. **1720** prend le nom de « sarde » (Savoie-Sardaigne). **1814** annexe Gênes. **1820-21** 31 soulèvements contre Autr. **1848-49** g. du Piémont contre Autr. **1853-56** Piémont participe à la g. de Crimée. **1859-70** unité it. réalisée par Victor-Emmanuel II de Savoie, Cavour (1810-61), Mazzini (1805-72) et Garibaldi (1807-82). **1859** acquiert Lombardie. **1860** Modène, Parme, Toscane, Romagne votent leur rattachement au Piémont. Garibaldi conquiert Sicile et Naples (*expédition des Mille* ou *des Chemises rouges :* 1 098 personnes dont 33 étrangers, troupes de Garibaldi formées de volontaires italiens et internationaux). **1861**-*14-3* V.-E. II roi d'Italie.

Ducs de Savoie. **1416** Amédée VIII (1383-1451), f. d'Amédée VII, Cte de Savoie (1360-91). Créé duc par l'empereur Sigismond Ier. Antipape de 1439 à 1449. **1440** Louis Ier (1413-65), s. f. **1465** Amédée IX (1435-72), s. f. **1472** Philibert Ier (1465-82), s. f. **1482** Charles Ier, s. fr. **1490** Charles II, s. f. **1496** Philippe II (1438 ?-97), f. de Louis Ier. **1497** Philibert II (1480-1504), s. 3e f. **1504** Charles III († 1553), s. fr. **1553** Emmanuel-Philibert (1528-80), s. f. **1580** Charles-Emm. Ier le Grand (1562-1630), s. f. **1630** Victor-Amédée Ier (1587-1637), s. f. **1637** François-Hyacinthe, s. f. **1638** Charles-Emmanuel II (1634-75), s. fr. **1675** Victor-Amédée II (1666-1732), s. f. (roi de Sicile en 1713, tr. d'Utrecht).

Rois de Sardaigne. **1720** Victor-Amédée II (1666-1732), roi de Sardaigne (tr. de Cambrai 1720). Abdique. **1730** Charles-Emman. III (1701-73), s. f. **1773** Victor-Amédée III (1726-96), s. f. **1796** Charles-Emm. IV (1751-1819), s. f. Abdique. **1802** Victor-Emmanuel Ier (1759-1824), 3e f. de V.-Amédée III, abdique 1821. **1821** Charles-Félix-Joseph (1765-1831), 5e f. de V.-Amédée III. **1831** Charles-Albert (1798-1849), Pce de Savoie-Carignan, descendant du 3e f. de Ch.-Emm. Ier. **1849** Victor-Emmanuel II (1820-78), s. f. ép. 1) Adélaïde d'Autriche († 1855), 2) Rosa Vercellana, Ctesse de Mirafiori († 1885).

● **Toscane.** De *Tusci,* autre nom des Étrusques. **IVe s.** province du diocèse d'Italie. **VIe s.** duché lombard. **774** marquisat franc de « Tuscie ». **Xe s.** les marquis mettent leur résidence à Lucques. **1030** héritée par la famille de Canossa (près de Modène) ; fusionnée à Modène, Ferrare, Reggio, Mantoue. **1052** héritée par Ctesse Mathilde (1046-1115), pupille des papes (résidences comtales et papales habituelles : Canossa et Florence). **1115** Ctesse Mathilde lègue ses possessions au St Siège, mais les empereurs allemands refusent de reconnaître la validité de son testament. Les principales cités toscanes accèdent à l'indépendance : Lucques, Pise et Pistoia se rangent dans le camp gibelin, Florence incline vers les guelfes. **1197** Florence, tête de la ligue guelfe (anti-all.) et cité souveraine. **1250** gouvernée par collège de 12 bourgeois. **1251-1343** lutte entre aristocraties guelfe et gibeline. **1284** *bat. de la Méloria :* la T. passe sous l'hégémonie de Florence qui soumet Pistoia (1301), Volterra (1361), Arezzo (1384) et Pise [1405 (achat définitif au duc de Milan 1421)] ; Lucques et Sienne maintiennent leur indépendance (Sienne sera acquise en 1557, échangée à Charles Quint contre Piombino). **XVe et XVIe s.** l'histoire toscane se confond avec celle de la Florence des Médicis : expulsés à 2 reprises (1495/1512 et 1527/30), ils se rétablissent. **1531** Charles-Quint crée pour Alexandre de Médicis le duché de Florence. **1569** prend le nom de *grand-duché de Toscane,* par la faveur du pape Pie V. **1590** création du port de Livourne, pour remplacer Pise ensablé. **1737** extinction des Médicis, grand-duché donné, en compensation de la Lorraine (cédée à Stanislas Leszczyński), à François de Lorraine, époux de Marie-Thérèse. **1745** maison de Habsbourg-Lorraine, nouvelle maison d'Autriche (conserve la Toscane). François Ier (en Toscane, François II) a pour successeur son fils Léopold Ier (1565/90) qui, devenu empereur en 1790, cède la T. à son fils Ferdinand III, chef d'une ligne cadette. **1799** occupée par la Fr., la T. se soulève. **1800** *oct.* à nouveau occupée par les Fr. après leur victoire de Marengo. **1801** érigée en *royaume d'Étrurie* par Bonaparte au profit de Louis Ier (duc de Parme, gendre du roi d'Espagne Charles IV) ; *1803* Louis II, son fils, roi à la mort de son père ; *1807* absorbé dans l'Empire fr., forme 3 départements : Arno, Ombrone, Méditerranée. **1809** Napoléon nomme grande-Dsse de T. sa sœur Élisa Baciocchi. **1814** elle doit se retirer devant Ferdinand III restauré. Grand-duché sous la domination des Habsbourg. **1824** Léopold II. **1859** Ferdinand IV. **1847** s'agrandit du duché de Lucques. **1848** soumis à un despotisme paternaliste, se soulève. **1849** *févr.* République, avec triumvirat (Mazzini, Guerazzi et Montanelli). *Juillet* troupes autrichiennes rétablissent Léopold II. **1859**-*27-4* il doit se réfugier à Vienne. **1860** *mars* gouvernement provisoire vote réunion à Sardaigne.

Grands-ducs de Toscane de la maison de Habsbourg. **1738** François II [empereur François Ier de Lorraine (1708-65), époux de Marie-Thérèse de Habsbourg (1717-80)]. **1765** Léopold Ier, s. f. (puîné) (1745-92), devient empereur en 1790. **1790** Ferdinand III, s. f. (puîné) (1759-1829). **1829** Léopold II (1797-1870), s. f., abdique 1859. **1859** Ferdinand IV, s. f. (1835-1908), exilé en Autriche 1860, maintient ses droits. Ép. 1867 Alice de Bourbon-Parme (1849-1935), dont branche : *Archiduc Pierre-Ferdinand,* s. f., grand-duc de T. (1874-1948), chef de la maison à la mort de son père ; ép. 1900 Marie-Chistine de Bourbon-Naples (1877-1947). *Arch. Godefroy,* gd-duc de T. (n. 1902) ; ép. 1938 Dorothée de Bavière (n. 1920). *Arch. Léopold,* s. f., Pce héritier de T. (n. 1942) ; ép. 1965 Laetitia de Belzunce d'Arenberg (n. 1941) ; sans enf. [les héritiers de l'archiduc Léopold sont ses 4 cousins germains, fils du fr. puîné de son fr., l'archiduc Georges (1905-52)]. *Branches cadettes :* issues de l'arch. Charles Salvator, Pce de Toscane (1830-92) [ép. 1862 Immaculée de Bourbon-Naples (1844-99)], par ses 2 f. Léopold-Salvator (1863-1931) et François-Salvator (1866-1939).

● **Venise** : territoire byzantin. **579** transformé en patriarcat en accueillant patriarche d'Aquilée. **697** élit chef militaire, *dux* ou *doge.* **912** indépendante de Byzance. **982** tr. de Vérone : paie tribut à l'emp. Otton. **1099-1297** principal partenaire des Croisades en Orient. **XIVe s.** possède un emp. en Méditerranée (notamment Eubée, Crète, Morée) ; rivalité contre Gênes. **XVe s.** possède Nord de l'It. jusqu'au Milanais (possessions de Terre Ferme). **Jusqu'en 1699** lutte contre Turquie ; reste le plus souvent neutre dans les g. europ. **1797** détruite par Bonaparte : partagée entre Fr., Autr. et Rép. cisalpine.

● **Royaume d'Italie.** **1861** Victor Emmanuel II devient roi d'It. **1866** acquiert Vénétie. **1867** intervention fr. empêchant Garibaldi de prendre Rome. **1870** *occupation de Rome* qui devient cap. en *1871.* **1885** Massaouah occupée, début de la conquête de l'Érythrée. **1896**-*1-3* défaite d'Adoua, échec de la conquête de l'Abyssinie. **1911-12** conquête sur la Turquie de la Tripolitaine et du Dodécanèse (annexion officielle : *tr. de Sèvres,* 1920). **1913** suffrage universel. **1915**-*23-5*-**1918** participe à la g. contre All. et Autr. [territoires promis par les Alliés pour obtenir l'aide it. : Trentin, Ht-Adige, côtes E. de l'Adriatique, un quart de l'Anatolie turque ; *1917*-24-10 : *Caporetto,* All. battent Luigi Cadorna ; *1918*-28-10 : *Vittorio-Veneto,* Armando Diaz (1861-1928 ; créé duc de la Victoire et maréchal 1924) bat Autr. *1919*-10-3 ; I. reçoit Trentin et Haut-Adige. -*23-3* Mussolini fonde Faisceaux de combat avec les Chemises noires (*effectifs du Parti :* oct. 1919 : 20 000, oct. 1921 : 310 000, 1924 : 790 000, 1931 : 1 000 000). *Sept.* **1919** *à déc.* **1920** Gabriele

L'unité italienne

● **Ambitions de la maison de Savoie.** L'une des plus anciennes familles souveraines d'Europe veut devenir aussi puissante que les Bourbons ou les Habsbourg. Jusqu'au XVIe s., cherche à agrandir ses domaines en Suisse et en France. Au XVIIe s., songe plutôt à la Méditerranée (relevant le titre de rois de Chypre). A partir de 1713, ayant obtenu la dignité royale (rois de Sicile, puis de Sardaigne, 1718), elle projette d'accroître son influence en Italie. Conservatrice (catholique et féodale), elle saura utiliser au XIXe s. l'idéologie unitaire de la gauche.

● **Séquelles de la Révolution française.** De 1796 à 1815, l'It. est aux mains des révolutionnaires puis des bonapartistes français. *1°* Ils y répandent les notions de *nation* et d'*unité nationale,* utilisées en France contre la monarchie capétienne ; en It., elles s'opposent aux dynasties locales, aux Autrichiens et au pape. *2°* Napoléon s'est rendu populaire en It. en y créant une administration de type français (départements et arrondissements ; préfets et sous-préfets), qui a réalisé des réformes efficaces. Pour des raisons de sécurité, il n'a pourtant pas réalisé l'unité it., gardant la péninsule divisée en 3 entités distinctes : département français, roy. d'It. (vice-roi : Eugène de Beauharnais), roy. de Naples (roi : Joachim Murat). Celui-ci tente en 1814-15 de réaliser l'unité it. sous son autorité (mai 1815). Il est vaincu et fusillé en 1815, mais la gauche it. fidèle au souvenir des Bonaparte, compte sur leur appui pour réaliser l'unité. *3° Récupération du carbonarisme par la franc-maçonnerie.* Les carbonari (charbonniers), à l'origine société secrète corporative, regroupant des charbonniers (échappant à la police, vivant dans les forêts), se transformèrent en groupe d'action directe entre 1807 et 1810, dans le roy. de Naples (contre le régime de Murat). Ils basculèrent dans le camp maçonnique, républicain et unitariste, sous l'influence de : Philippe-Michel Buonarroti (1761-1837, franc-maçon, disciple de Gracchus Babœuf, carbon.) et Giuseppe Mazzini (1805-72, avocat génois, en 1827, fondateur à Marseille en 1831 du mouvement *Jeune Italie,* qui supplante le carbonarisme).

Déroulement. *1820-21* émeutes rép. fomentées par carbonari à Naples et au Piémont. *1821*-13-9 pape Pie VII condamne société secrète ; *unité italienne* signifie : fin des États de l'Église. *1821-30* la « charbonnerie » concentre ses efforts sur la France, où elle finit par provoquer la chute des Bourbons. *1831* devenue la « Jeune Italie », elle reprend l'offensive en Italie [*1831* émeutes rép. en It.-Romagne, auxquelles prennent part les 2 Bonaparte, fils du roi Louis (l'aîné, Napoléon-Louis, est tué ; le cadet, Louis-Napoléon, futur Nap. III, se réfugie en Suisse) ; leur appartenance au carbonarisme est probable]. *1834* Mazzini fonde à Genève la Jeune Europe, qui regroupe les mouvements activistes révolutionnaires, notamment en Pologne. *1848-49* actions simultanées (mais non concertées) de la maison de Savoie et des rép. mazzinistes : *1°* Charles-Albert Ier proclame le 4-3-48 un « statut constitutionnel » et déclare la g. à l'Autriche, pour conquérir le « roy. Lombardo-Vénitien », ce qui aurait donné à la Savoie toute l'It. du N. Vaincu à Custozza (18-7-48) puis à Novare (23-3-49) et contraint à abdiquer. *2°* Mazzini prend la tête des révoltés rép. à Naples (mars 48), à Livourne, puis à Rome, où il fonde une rép. (9-3-49) ayant à sa tête un triumvirat : Mazzini, Saffi, Amellini. Ils sont vaincus et chassés par les troupes fr. envoyées par Louis-Nap. Bonaparte, Pt de la Rép. fr. (fin juin 49). Mazzini organise dep. Londres des putschs républicains, qui échouent : Mantoue 1852, Milan 1853, Gênes 1857, Livourne 1857. *1858* Felice Orsini (1819-58, guillotiné), lieutenant de Mazzini, organise de Londres un attentat contre Napoléon III (motifs : *1°* le punir de son intervention à Rome en 1849 ; *2°* lui rappeler ses devoirs de carbonaro : travailler à l'unité it. ; une bombe fait 12 † et 156 bl., N. III indemne se décide à agir pour l'unité it. mais en accord avec la maison de Savoie, et contre les mazzinistes). *1859* Mazzini proteste contre l'alliance franco-piémontaise, négociée par Cavour ; pour lui l'It. unie doit être républicaine, mais ses partisans, notamment Garibaldi, se rallient à Victor-Emmanuel II et Cavour, ce qui leur permet de conquérir (en *1860*) toute l'It. moins le Latium. *1861*-17-3 Victor-Emmanuel II proclamé roi d'It. par « la grâce de Dieu ». *1861-70* N. III (pour rassurer l'électorat catholique) s'oppose à la suppression des États de l'Église et préconise une confédération it., présidée par le pape. Mais Victor-Emmanuel II, installé à Florence, veut Rome pour capitale. Les républicains (hostiles envers le pape) l'appuient. *1870* profitant de la défaite française en face de l'All., Victor-Emmanuel II prend Rome. Il veut fonder une monarchie conservatrice et procatholique, et s'allie aux Autr. (la réconciliation aura lieu en 1929 avec le pape). *1946* les républicains l'emportent sur la maison de Savoie (Humbert II exilé, 2-6-46).

Garibaldi, Giuseppe (1807-82). Né français (Nice). *1815* sarde ; *1826* officier de marine ; *1833* carbon. ; *1834* condamné à mort après émeute à Gênes, il se réfugie en Amérique du S. jusqu'en 1848, y combat contre l'Esp. *1848* combat dans l'armée sarde contre l'Autr. ; battu, il se réfugie en Suisse. *1849* combat contre la Fr. dans les États de l'Église ; battu, réfugié aux U.S.A. jusqu'en 1854. *1854-59* il séjourne à Caprera (île entre Sardaigne et Corse) qu'il a achetée. *1859* combat contre l'Autr., proteste contre la cession de Nice à la Fr. *1860* organise l'expédition des « Mille » qui enlève la Sicile et Naples aux Bourbons ; reconnaît Victor-Emmanuel roi d'It. ; se retire à Caprera ; *1866* campagnes contre l'Autr. et *1867* contre le pape [vaincu à Mentana (3-11)] ; *1870* prend part à la g. franco-allemande, aux côtés des Français à la tête d'un corps de volontaires ; *1871* élu dép. à l'Assemblée nationale fr., invalidé comme Italien, retourne à Caprera ; *1874* reçoit une dotation annuelle de 100 000 lires.

d'Annunzio (1863-1938) occupe Fiume. **1919-20** la g. a traumatisé l'It. (humiliée à Caporetto, elle n'a pas reçu tous les terr. promis, voit l'immigration restreinte), violences politiques et sociales se succèdent. **1920** soutenu par petite bourgeoisie et gros industriels, Mus. organise des expéditions punitives contre dirigeants de gauche (il y aura des milliers de †). *-12-11* reçoit Trieste et Istrie. **1921** création de syndicats fasc. qui briseront les grèves. *Mai* élections, 30 fascistes élus. **1922** *juill.* Mus. exige principaux ministères. *-1-8* grève gén. déclenchée par soc. et brisée en 3 j par fasc. *-24-10* Mus. annonce une marche sur Rome. *-26-10* De Facta, Pt du Conseil démissionne. *-29-10* Mus. Pt du Cons. *-31-10* entrée triomphale des Chemises noires à Rome. **1924** *avril* les fascistes ont 405 s. sur 535. *-10-6* Giacomo Matteoti (n. 1885), dép. socialiste, assassiné par la milice (qui a succédé aux Ch. noires) ; indignée, l'opposition quitte le Parlement, mais Mus. instaure la dictature. **1929**-*11-2* accords du Latran (v. Index). **1936** *mai* conquête Éthiopie. **1936-39** It. aide (troupes et matériel) les franquistes de g. d'Espagne. **1938** *oct.* Ch. des faisceaux et des corporations remplace Ch. des députés. **1939** *avril* Albanie envahie. **1940**-*10-6* g. contre France. *-28-10* Grèce envahie. **1943**-*24-7* le Grand Conseil fasciste (par 19 v. contre 7) exige fin du pouvoir personnel de Mus. *-25-7* Mal Badoglio nommé chef du gouv. le fait arrêter. *-8-9* armistice avec Alliés, déclaration de g. à l'All. *-12-9* Mussolini interné dans hôtel des Abruzzes, délivré par Skorzeny, chef de commando S.S. Mussolini proclame une Rép. social. ital. dont le gouv. protégé par All. s'installe à Salo (lac de Garde). *-13-10* procès des traîtres du Gd Conseil. **1944**-*11-1* Cte Ciano (gendre de Mus.) exécuté. *23-4* attentat tue 33 jeunes recrues S.S. ; en représailles, les All. du colonel S.S. Herbert Kappler fusillent 335 otages aux Fosses ardéatines. **1945**-*27-4* Mussolini et ses ministres arrêtés, min. fusillés le 27, Mussolini exécuté le 28, avec sa compagne Clara Petacci. Leurs corps seront exposés à Turin, pendus par les pieds. **1946**-*2-6* plébiscite pour la République (12 717 923 pour, 10 719 284 contre).

● **République italienne. 1947**-*10-2 tr. de Paris.* It. perd Dodécanèse (archipel, 2 663 km², 120 000 h., cédé à Grèce), Tende et La Brigue (616 km², cédés à Fr.), Dalmatie et Istrie (7 254 km², cédées à Youg.) et ses colonies (concessions de Tiensin, Éthiopie, Somalie, Érythrée, Libye). *Mai* rentrant des U.S.A., De Gasperi forme un gouv. dont les communistes sont exclus. **1948**-*14-7* tentative d'assassinat de Togliatti, chef du P.C.I., par l'étudiant Pallante, qui craignait de le voir entrer au gouv. **1954** *oct.* zone A (ville même) de Trieste transférée à l'It. **1969**-*12-12* attentat à Milan : 16 †, 107 bl. [accusé : Pietro Valpreda (40 a., gauchiste), sera libéré en déc. 72 ; Giovanni Ventura et Franco Freda (extr. droite) inculpés le 30-9-72]. **1972**-*28-2* chambres dissoutes. *-7/8-5* élections. **1973**-*12-5* référendum pour maintien loi sur divorce (59,1 %). **1973** Berlinguer propose une alliance à la D.C. (compromis historique). **1974** *juill.* plan de redressement écon. et fin. *-4-8* attentat néo-fasciste d'Ordre Noir dans l'express Rome-Munich : 12 †, 48 bl. (fin du procès 20-7-83 soldé par un non-lieu). *-3-10* PM Rumor démissionne. 50 j de crise ministérielle. *-22-11* gouv. Moro, faillite de la banque Sindona. **1975** centaines d'attentats, nombreux enlèvements. **1976**-*7-1* chute du gouv. Moro. *-18-1* chef des « Brigades rouges » arrêté. *-19-2* gouv. Moro (D.-C. homogène), démission. *-30-4. Janv.-mars* chute de la lire, scandales (CIA, Lockheed). *-9-6* Francesco Coco, procureur gén. de Gênes, assassiné. *-20-6* él. législ. (P.C. 34,4 % des v., D.-C. 33,8 %). Gouv. Andreotti (D.C.). **1977** *févr.* insurrection étudiante à Rome et Milan (731 000 ét. en It. dont 24 % fréquentent les cours ; 50 % des diplômés de 1976 en chômage). *-25/26-7* programme commun des 6 partis constitutionnels (D.-C., P.C., soc., soc.-dém., rép., libéral). *-30-6* Emilio Rossi, directeur du journal télévisé IG1, blessé aux jambes par B. rouges. **1978**-*16-3* Aldo Moro, Pt du conseil nat. de la D.-C., enlevé par B. rouges (5 escorteurs †) ; les com. entrent dans la majorité gouv. *-9-5* cadavre d'A. Moro (tué 2-5) découvert (assassins arrêtés 14-3-81). *-11/12-6* référendum sur abrogation des lois sur l'ordre public (oui 23,13 %) et financement public des partis (oui 43,7 %), abstention 20 %. *-15-6* Giovanni Leone, Pt de la Rép., soupçonné de fraude fiscale, de spéculation immobilière et de complicité dans le scandale « Lockheed », démissionne. **1979**-*23-10* Alessandro Pertini, Pt de la Rép., déjeune au Vatican avec le pape. **1980**-*2-8* attentat gare de Bologne : 85 †, 203 bl. *-6-8* Marco Affatigato, suspect, arrêté à Nice. *Août* M. Costa, procureur de la Rép., assassiné à Palerme (794e victime de la Mafia en 3 a.). *Nov.* scandale des pétroliers (fraude fiscale de dir. de raffineries, 2 400 milliards de lires en 10 a., 2 000 personnes impliquées). *-23-11* séisme dans le S., 2 688 †, 8 807 bl., 250 000 sinistrés. *-12-12* juge Giovanni d'Urso enlevé par Brig. rouges (libéré 15-1-81). *-26-12* quartier de haute sécurité de la prison de l'Asinara fermé. *-28/29-12* mutinerie à la prison de Trani. **1981**-*5-1* baisse de 70 cm des eaux à Venise (vent d'O., le Garbin). *-4-4* Mario Moretti, chef des Brig. rouges, arrêté. *-17/18-5* 5 référendums proposant : abrogation des lois de févr. 1980 sur avortement (2 réf.), ordre public, port d'arme et prison à perpétuité ; 5 « non » (67,9 à 88,5 % des v.). *-26-5* PM Arnaldo Forlani démissionne [suite du scandale de la loge maçonnique P-2 *(Propaganda due)*]. *-6-7* Giuseppe Taliercio tué par B. rouges parce qu'elles sont boycottées par la presse. *-22-7* Mehmet Ali Agca, auteur de l'attentat contre le pape, condamné à prison à vie. *-3-8* Roberto Pecci, frère d'un brigadiste ayant collaboré avec la police, tué par B. rouges. *Oct.* manif. pacifistes à l'initiative du P.C. *-10-11* rapt de la dépouille de Ste Lucie à Venise. *-17-12* Gal James Lee Dozier, vice-chef d'E.-M. logistique de l'OTAN en Eur. du S., enlevé à Vérone par B. rouges. **1982**-*2-1* Giovanni Senzani, chef des B. rouges, arrêté. *-28-1* Dozier libéré par police à Padoue. *-25-3* jugement des

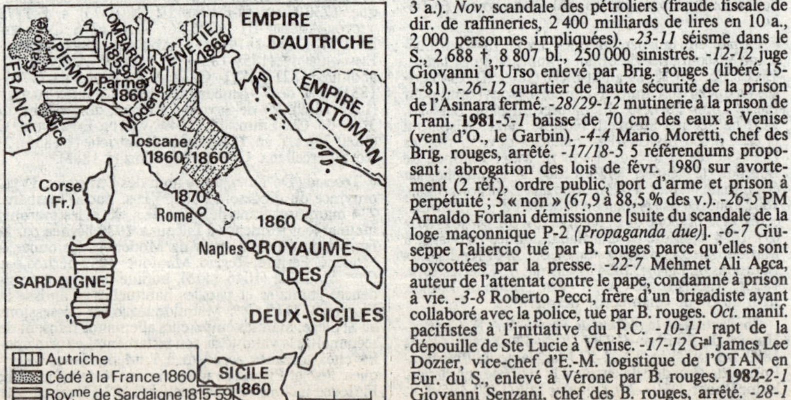

17 responsables de l'enlèvement de Dozier, 2 à 27 ans de prison. *-26-4* mort de Frank Coppola près de Rome. *-30-4* Pio La Torre, dép. communiste, et son chauffeur tués en Sicile par Mafia. *-18-6* Roberto Calvi, P.-D.G. de la banque Ambrosiano, retrouvé pendu à Londres après avoir disparu le 10-6. *-3-9* Gal Alberto Dalla Chiesa (n. 1920), préfet de Palerme dep. 2-4-82 et sa femme Emanuela (n. 1950) assassinés par Mafia. *-13-9* arrestation à Genève de Lucio Gelli, grand maître de la loge P2 (s'évade le 10-8-83). *-9-10* attentat devant synagogue de Rome, 1 †, 36 bl. *Oct.* Pierluigi Paglia, responsable de l'attentat de Bologne, enlevé en Bolivie. **1983**-*24-1* jugement des assassins d'Aldo Moro, 25 réclusions à perpétuité, 7 prisons à vie et diverses autres peines. *5-5* Parlement dissous. *-26/27-6* élect. législ. La démo. chrét. perd 5 % (elle a 32,9 % des voix, le P.C. 29,9 %). *-29-7* assassinat par la Mafia du juge Rocco Chinnici, chef du bur. d'instruction du Parquet à Palerme. *-4-8* Bettino Craxi, prés. du Conseil (1er soc. dep. 46). *-19-11* rapt d'Anna Bulgari (copropriétaire de la joaillerie) et de son fils. *-24-12* libération des Bulgari contre une rançon de 20 millions de F (ravisseurs : 5 bergers sardes arrêtés le 5-1-84). **1984**-*5-1* assassinat de Giuseppe Fava, journaliste spécialiste de la Mafia à Catane. *-15-2* de Leamont Hernt dipl. amér. à Rome. *-11-6* mort de Berlinguer. *-25-9* le banquier Michele Sindona (condamné à 25 a. de prison aux U.S.A.) « prêté » à la justice ital. pour témoigner. *-23-12* attentat train Naples-Milan 15 †, 130 blessés (commandé par Mafia ?). **1985**-*28-3* Ezio Tarantelli, prof. d'économie pol., abattu par Brigades rouges. *-25-4* arrestation à Milan d'un des chefs de la Mafia, Salvatore Enea. *-12-5* élec. aux 15 régions, 86 provinces et 6 567 communes, majorité 58,1 (D.C. 35,1, P.S.I. 13,3), opposition 38,2 (P.C. 30,2). *-1-7* dévaluation de 18,8 %. *-19-7* rupture du barrage de Tesero, 220 †. *-27-12* attentat palest. contre El Al à Fiumicino, 12 †. **1986**-*10-2* L. Conti, ancien maire de Florence, tué par Brigades rouges.

La Mafia

Nom. Pour certains, de l'arabe *mu'afah* protection des faibles. Pour d'autres, du toscan *maffia* : misère. Autre interprétation : en 1800, le roi de Naples, Ferdinand IV, réfugié en Sicile, créa une police parallèle pour contrecarrer un éventuel débarquement français ; il lui aurait donné pour nom les 5 initiales du cri de guerre de 1282 (Morte alla Francia ; Italia anela, « Mort à la France ; c'est le cri de l'Italie »). Souvent appelée l'*Honorable société*.

Origine. 1739 des Calabrais poussés par la famine viennent dévaster les récoltes en Sicile. Les intendants (les *zii* : les oncles) des grandes propriétés constituent l'« Onorata società » pour se défendre. **1783** les Calabrais reviennent (40 000 sont †) puis la société lutte contre l'impôt, la mobilisation, les carbinieri venus du Nord. **XIXe** des Siciliens s'établissent aux U.S.A., corrompent l'administration et instaurent une sté du Crime.

Organisation actuelle. *Sicile* : contrôle de : prod. agr., immobilier, jeux, paris clandestins, contrebande, rapts, vente d'armes, drogue ; avec ramifications : Calabre (*N'dranghetta*). Naples (*Camorra*), U.S.A. *Cosa nostra*).

Bénéfices annuels (en milliards de F) : drogue 37, paris clandestins 20, vols et recels 10, contrebande et jeux 10, faux et contrefaçons 2,2, rapts 1,3, etc.

Lutte récente. 1981. *Législation* : Loi Piola Torre (député com. ass. en 82) qui autorise la *Guardia di Finanza* à enquêter sur l'origine des patrimoines douteux, des enrichissements illicites et même à geler les biens des mafieux présumés. **1979-82** Rivalités de familles de la mafia (Greco, Corllini, Marchese). **1984**-*19/30-9* 366 mandats d'arrêt après révélations de Dom Masiño [Tommaso Bascetta (56 a.) arrêté en mai 83 au Brésil]. *-6-11* Vito Ciancimino, ancien min. dém. chrétien de Palerme, arrêté pour participation à la Mafia. *-12-12,* 150 arrestations. **1986** procès de la Mafia à Palerme : 474 inculpés (121 en fuite).

Politique

• **Statut. Rép. Constit.** 1947. **Pt de la Rép.** élu p. 7 a. par Parlement et 65 délégués régionaux. Nomme le PM et son cabinet qui sont responsables devant le Parlement. **Sénat** 322 m. (1 pour 160 000 h.) élus au suffr. universel p. 5 a. + 2 sénateurs de droit (les anciens Pts de la Rép. Leone et Saragat) et 5 sénateurs à vie, choisis par le chef de l'État : Ferruccio Parri (gauche indép.), Leo Valiani (rép.), Giuseppe Saragat (soc.-dém.), Amintore Fanfani (dém.-chrét.), Cesare Merzagora (ind.). **Ch. des dép.** (1 pour 80 000 h.) élus au suffr. univ. p. 5 a. **Fêtes nationales** : 25 avril (ann. libération), 2 juin (fondation de la Rép.), 4-11 (vict. de 1916).

• **Partis. P. démocrate-chrétien** (D.-C.), f. 1943 par Alcide De Gasperi (1881-1954) ; *Pt* Flaminio Piccoli (n. 1915), démissionne 16-11-84, *secr. gén.* Ciriaco De Mita (1928). *Leaders* Aldo Moro (1916-78), Amintore Fanfani (1908), Benigno Zaccagnini (1912), Paolo Emilio Taviani (1912), Mariano Rumor (1915), Giulio Andreotti (1919), Carlo Donat Cattin (1919), Emilio Colombo (1920), Vittorino Colombo (1925), Antonio Bisaglia (1929). *Adhérents* (1984) 1 350 000. **P. communiste** (P.C.I.), f. 1921 par Palmiro Togliatti (1893-1964). *Secr. gén. n...* Enrico Berlinger (1922-84), Alessandro Natta dep. 84. *Leaders* Luigi Longo (1900-80), Ingrao (1915), Giorgio Amendola (1900-80), Pajetta (1911). *Adhérents 1947* : 2 252 716 ; *59* : 1 053 816 ; *78* : 1 761 297 (dont 40 % d'ouvriers et 428 907 femmes) ; *82* : 1 700 000 communistes, com. régionaux 303 (sur 1 050), principaux 996 (sur 2 824), *85* : 1 568 000. HISTORIQUE : *1921 janv.* formation du P.C. *1926 janv.* IIIe congrès de Lyon, la ligne modérée d'Antonio Gramsci (1891-1937, mort en prison) l'emporte. Au congrès suivant, clandestin en All., Togliatti présente le rapport qu'il dirige : il mène le parti depuis l'arrestation de Gramsci. *1945 juin* Togliatti, min. de la Justice. *1956 déc.* Togliatti déclare : « Le modèle soviét. ne peut et ne doit pas être obligatoire. » Mais le P.C.I. s'aligne sur les positions soviét. dans les événements de Pologne et Hongrie. *1960 nov.* conférence des partis com. à Moscou, le P.C.I. affirme qu'on ne peut appliquer le même modèle à tous les pays. *1964 août* Luigi Longo élu secr. gén. *1968 août* le bur. P.C.I. désapprouve l'intervention en Tchéc. *1969 juin* confér. à Moscou, le P.C.I. refuse de condamner le com. chinois. *Nov.* les gauchistes du groupe Manifesto exclus du parti. *Début 1978* P.C.I. participe au gouv. de 6 régions (Piémont, Ligurie, Émilie, Toscane, Ombrie, Lazio) sur 20, de 49 provinces sur 94, de 39 chefs-lieux de province (dont 21 à direction com.) sur 95, de 870 communes de + de 5 000 h. sur 1 884 et de 1 886 communes de − de 5 000 h. sur 6 089. Il y a entente de programme avec lui dans 8 régions sur 14 et dans 21 provinces sur 45. *1982 janv.* rupture avec Moscou. *1983-22-7* mort de Franco Rodano (1920) théoricien du P.C. et auteur du « compromis hist. » avec la D.C. **P. socialiste** (P.S.I.), f. 1892 par Filippo Turati (1857-1932). *Leaders* Bettino Craxi (24-2-34) (secr. gén.), Enrico Manca (27-11-31), Riccardo Lombardi (16-8-01), Pietro Nenni (9-2-91/1-1-80), Francesco de Martino (n. 1907), Giacomo Mancini (21-4-16). **P. social-démocrate** (P.S.D.I.), f. 1947 par Giuseppe Saragat (19-9-98). *Leaders* Saragat (Pt), Pietro Longo (secr. gén.), Renato Massari, Ruggero Puletti, Franco Nicolazzi (vice-secr.), Ivanka Corti (secr. intern.) 200 000 m. **P. libéral** (P.L.I.), f. 1848 par Cavour ; Giovanni Malagodi (12-10-04) (Pt d'hon.) ; Pt Aldo Bozzi (22-2-09). *Leaders* Valerio Zanone (22-1-36) (secr. gén.), Agostino Bignardi (30-7-21) (secr. gén.), Antonio Patuelli (10-2-51) (vice-secr.), Paolo Battistuzzi (vice secr.), Renato Altissimo (4-10-40), Antonio Patuelli (10-2-51), 153 000 m. **Mouvement social italien-Droite nat.** (M.S.I.-D.N.), f. 26-12-1946 (néo-fasciste). *Secr. gén.* Giorgio Almirante (27-6-14). *Vice-secr. gén.* Franco Maria Servello (3-10-21), 400 000 m., ajoute le 18-1-73 le nom de « Droite nationale ». **P. républicain** (P.R.I.), f. 1897. *Leaders* Oddo Biasini (13-5-17) (secr. gén.), Battaglia, Giovanni Spadolini (secr. pol.) 110 000. **P. sarde d'action,** f. 1920 par Emilio Lussu (4-12-90). **P. pop. sud-tyrolien, Sud Tiroler Volkspartei** (cathol.), souhaite l'autonomie totale pour le groupe ethnique all. dans la province de Bolzano), f. 8-5-1945 par Erich Amonn. **P. radical,** f. 1955. *Pt* Enzo Tortoza dep. 3-11-85 (dénoncé par repentis de la Mafia et emprisonné pour trafic de drogue). *Secr. fédéral* Roberto Cicciomessere (1944). *Autres leaders* Adele Faccio (13-11-20), Jean Fabre (12-9-47, Pt). **P. démocratie prolétaire,** f. 1974 : Massimo Gorla (4-2-33). **Démocratie nationale,** f. 1977 : De Marzio (19-8-10), Mario Tedeschi (9-9-24) (secr. gén.), Giovanni Roberti (3-2-08).

• **Criminalité. Attentats** : *1969 à 80* : 14 000 ; 362 † ; *81* : 849, 26 † ; *82* : 580, 26 †. **Rapts.** *1968* : 2, *75* : 63, *77* : 78, *79* : 80, *82* : 50, *83* : 39, *84* : 17. (Leur rançon a rapporté 1,25 milliard de F, ¼ seulement des disparus ont été retrouvés). *Magistrats assassinés* (de 1967 à avril 1985) 18 dont 5 en Sicile.

• **Prisons.** Capacité 20 000 à 25 000 détenus ; en févr. 83 env. 34 000 détenus.

• **Terroristes. Brigades rouges.** Fondées *1970* par Renato Curcio (n. 1945, docteur en sociologie, arrêté 1976) et sa femme Marguerite Cagol (tuée ensuite) ; *1973* séquestrent le dir. du personnel de la Fiat ; *1974* début des enlèvements (juge Mario Rossi, soumis à « un procès du peuple » le 21-4), puis tirent dans les jambes de cibles « choisies » ou les assassinent (v. Histoire). Plusieurs membres des Brigades rouges ont été arrêtés (dont Carlo Fioroni en 1975, Corrado Aluni le 13-9-78, Prospero Gallinari le 24-4-79).

Prima Linea [f. par Sergio Segio (n. 1956), arrêté 15-1-83 ; leaders Paolo Zambianchi et Liviana Tosi]. En *1979* (11-12) des tueurs de Prima Linea ont blessé 10 cadres en stage à l'école de managers de la Fiat à Turin. *1983-10-12* : fin du procès de 134 membres (enfermés dans des cages pendant l'audience). 9 condamnations à vie, 6 à plus de 30 ans... **Nuclei Armati Rivoluzionari.**

En 1982, 1 190 terroristes ont été arrêtés dont 915 rouges et 275 noirs, 376 restent recherchés.

Rois d'Italie

1861 VICTOR-EMMANUEL II (1820-78). **1878** HUMBERT Ier (1844-1900), s. f., assas. Ép. Marguerite de Savoie (1851-1926). **1900** VICTOR-EMMANUEL III (1869-1947), roi d'Italie et d'Albanie, empereur d'Éthiopie, s. f., abdique. Ép. P^cesse^ Hélène Petrovitch Niegoch de Monténégro (1873-1952).

1946 HUMBERT II (1904-83), ép. 8-1-30 P^cesse^ Marie-Josée de Belgique (4-4-06), f. du roi Albert Ier. *1944 avril* lt-gén. du royaume ; *1946-9-5,* roi ; *-2-6,* plébiscite pour la Rép., s'exile le 7-6 sans abdiquer. La Const. it. lui interdit de rentrer en It. 4 ENFANTS : *Maria-Pia* (24-9-1934) ép. 12-2-1955 P^ce^ Alexandre de Yougoslavie (13-8-24), f. du P^ce^ Paul, réside en France ; *Victor-Emmanuel,* P^ce^ de Naples (12-3-37) ne peut se rendre en It., ép. 7-10-71 Marina Doria, ancienne championne de ski, qui sera titrée P^cesse^ de Naples (1 fils) ; *Marie-Gabrielle* (24-2-40) qui ép. 16-6-69 Robert Zellinger de Balkany (4-8-31, divorcé de Geneviève François-Poncet) ; *Marie-Béatrice* (2-2-43) qui ép. 2-4-70 Luis Lorvalan Reyna Dillon, Argentin. SŒURS : *Yolande* (1-6-1901) ép. 9-4-1923 Cte

Élections des 3/4-6-1979 et 26/27-6-1983

FORMATIONS	% DES SUFFRAGES VALIDÉS				SIÈGES			
	1983		1979		1983		1979	
	Sénat	Chambre	Sénat	Chambre	Sénat	Chambre	Sénat	Chambre
D.C.	32,4	32,9	38,3	38,5	120	225	138	262
P.C.I.	30,8	29,9	31,5	30,4	107	198	109	201
Démocratie prolétarienne	–	1,5	0,1	0,8	–	7	–	–
P.D.U.P.	–	–		1,4	–	–	–	6
Radicaux	1,8	2,2	1,3	3,4	1	11	2	13
P.S.I.	11,4	11,4	10,4	9,8	38	73	32	62
P.S.D.I.	3,8	4,1	4,2	3,8	8	23	9	20
P.R.I.	4,7	5,1	3,4	3	10	29	6	16
P.I.I.	2,7	2,9	2,2	1,5	6	16	2	9
M.S.I.-D.N.	7,3	6,8	5,7	5,9	18	42	13	30
S.V.P.	0,5	0,6	0,5	0,6	3	3	3	4
Divers	4,7	2,2	2,4	0,7	4	3	1	2
TOTAL	100	100	100	100	315	630	315	630

Carlo Calvi, Cte de Bergolo ; *Mafalda* (9-11-02-Buchenwald 29-8-44) ép. 23-9-1925 Pce Philippe de Hesse, landgrave de Hesse ; *Jeanne* (13-11-1907) ép. 25-10-1930 Boris, III roi des Bulgares ; *Marie* (26-12-14) ép. 23-1-39 Pce Louis de Bourbon, Pce de Parme (1899).

Branche des princes de Savoie-Aoste. Issue du Pce Amédée de Savoie [Aoste (1845-90), 1er duc, 2e fils de V.-Emmanuel II, proclamé par les Cortès le 16-11-1870 roi d'Esp. sous le nom d'Amédée Ier, dut abdiquer]. *Duc Amédée* (27-9-43) ép. 22-7-64 Pcesse Claude d'Orléans, fille du Cte de Paris, dont Bianca (1966), Marie-Béatrice (1967), Mafalda (1969).

Titres du roi. Sa Majesté N... roi d'Italie, de Sardaigne, de Chypre, de Jérusalem, d'Arménie, duc de Savoie, Cte de Morians, etc. Portent en exil le titre de Cte de Sarre (château de Val-d'Aoste acheté par V.-Em. II).

Présidents de la République

1946 (28-6) Enrico de Nicola (1877-1959) élu 1er tour par 396 voix ; sans parti. **1948** (11-5) Luigi Einaudi (1874-1961), 4e t. 518 v. (s'opposa au fascisme, émigra en 1936 en Suisse). Libéral. **1955** (29-4) Giovanni Gronchi (1887-1978), 4e t. 658 v. D.-C. **1962** (6-5) Antonio Segni (1891-1972), 9e t. 443 v. Démissionne (raison de santé 6-12-64). D.-C. **1964** (28-12) Giuseppe Saragat (19-9-1898), 21e t. 646 v. P.S.D.I. **1971** (24-12) Giovanni Leone (3-11-1908). D.-C. [élu 23e t. 518 v. sur 996 [Nenni († 1981) 408, Pertini 6, divers 25, bulletins blancs 36, nuls 3]. Au 1er t. (9-12) De Martino (soc.) avait eu 397 v., Fanfani (D.-C.) 384, Malagodi (lib.) 49, Saragat (social-dém.) 45, De Marsanich (M.S.I.) 42], démissionne 15-6-78. **1978** (8-7) Alessandro Pertini (25-9-1896). Soc. Au 16e t. 832 v. sur 995. **1985** (3-7) Francesco Cossiga (26-7-1928) D.-C. élu le 24-6 au 1er tour 752 voix sur 977.

Premiers ministres

● **Royaume d'Italie. 1861**-*17-3* Camillo Benso, Cte de Cavour (1810-61). Ancienne noblesse piémontaise, off. sarde ; *1831* quitte l'armée (idées libérales) ; propriétaire terrien à Cavour ; *1847* fonde journal *Il Risorgimento ; 1848* député ; *1850* min. de l'Agriculture ; *1852* 1er min. ; *1854* confisque biens des couvents ; *1854-55* pour obtenir l'alliance de Napoléon III contre Autr., prend part à la g. de Crimée, et fournit à N., une brillante maîtresse, la comt. de Castiglione ; *1859* parvient à déclencher la g. franco-austro-sarde ; *nov.* démissionne après tr. de Turin qui n'attribue pas Vénétie au roy. sarde ; *1860* rappelé au pouvoir, cède Nice et Savoie à la Fr. [en échange, Nap. III ferme les yeux sur l'annexion des 3 duchés (indépendants) de Parme, Modène, Toscane, et des 3 provinces (pontificales) de Romagne, Marches, Ombrie] ; annexe Naples conquis par Garibaldi [pour s'y rendre, il viole le territoire des États de l'Église, et écrase le Gal français Lamoricière à Castelfidardo (18-9)]. Il étend aux territoires occupés les lois sardes sur les couvents. Meurt à 51 ans (surmenage).

1861. -*12-6* Bettino Cte Ricasoli (1809-80). **62**-*4-3* Urbano, Bon Rattazzi (1808-73). -*9-12* Luigi Farini (1812-66). **63**-*24-3* Marco Minghetti (1818-86). **64**-*23-9* Alf. Gal La Marmora (1804-78). **66**-*17-6* Bettino, Cte Ricasoli (1809-80). **67**-*11-4* Urbano, Bon Rattazzi (1808-73). -*27-10* Luigi Frederico Menabre (1809-96). **69**-*12-12* Giovanni Lanza (1810-82). **73**-*10-8* Marco Minghetti (1818-86). **76**-*25-3* Agostino Depretis (1813-87). **78**-*23-3* Benedetto Cairoli (1825-89). -*18-12* Agostino Depretis (1813-87). **79**-*12-7* Benedetto Cairoli (1825-89). **81**-*28-5* Agostino Depretis (1813-87). **87**-*8-8* Francesco Crispi (1818-1901). **91**-*9-2* Antonio Di Rudini (1839-1908). **92**-*15-5* Giovanni Giolitti (1842-1928). **93**-*10-12* Francesco Crispi. **96**-*10-3* Ant. Di Rudini (1839-1908). **98**-*24-6* Luigi Gal Pelloux (1839-1924).

1900-*24-6* Giuseppe Saracco (1821-1907). **01**-*15-2* G. Zanardelli (1826-1903). **03**-*3-11* Giovanni Giolitti (1842-1928). **05**-*27-3* Alessandro Fortis (1842-1909). **06**-*8-2* Giorgio, Bon Sonnino (1847-1922). -*20-5* Giovanni Giolitti. **09**-*10-12* Giorgio, Bon Sonnino. **10**-*30-3* Luigi Luzzatti (1841-1927). **11**-*27-3* Giovanni Giolitti. **14**-*21-3* Antonio Salandra (1853-1931). **16**-*19-6* Paolo Boselli. **17**-*30-10* Vit. Em. Orlando (1860-1952). **19**-*23-6* Francesco Nitti (1868-1953). **20**-*16-6* Giovanni Giolitti. **21**-*4-7* Ivanoe Bonomi (1873-1952). **22**-*25-2* Luigi De Facta (1861-1930). **1922**-*29-10* **Benito Mussolini** (1883-1945) : fils de forgeron, instituteur. *1902* va en Suisse pour échapper au service mil. *1904* revient le faire. Socialiste. *1914* (nov.) partisan de la g. contre All. et Autr., accusé d'être payé par la France, est exclu par socialistes. *1915* fonde Faisceaux d'action révolut. ; part au front. *1917* blessé et réformé. *1919* fonde Faisceau de combat (socialisme démagogique, ultranationalisme). *1921* député de Milan. *1922-27/29-10* au pouvoir après « marche sur Rome » ; -25-10 pleins pouvoirs votés par Chambre. *1924*-6-4 majorité absolue à Chambre (372 sièges contre 144). *1943*-25-7 écarté du pouvoir, emprisonné sur ordre du roi. **43**-*27-7* **Mal Badoglio** (1871-1956). [-*15-9* **Mussolini** (libéré le 12-9 par parachutistes allem.) fonde la Rép. sociale italienne (fasciste) à Milan ; -*26-4-44* pris par partisans et exécuté sommairement avec sa maîtresse Clara Petacci (n. 1912). Sa femme (Rachele Guidi) est morte le 10-11-79.] **44**-*9-6* Ivanoe Bonomi (1873-1952), Pt du Gouv. provisoire. **45**-*21-6* Feruccio Parri (1890-1981). -*10-12* Alcide De Gasperi (1881-1954), coalition.

République. 1946 — A. De Gasperi. **53**-*17-8* Giuseppe Pella (1902-81), d.c. **54**-*18-1* Amintore Fanfani (1908), d.c. -*10-2* Mario Scelba (1901), coal. **55**-*6-7* Antonio Segni (1891-1972), coal. **57**-*19-5* Adone Zoli (1887-1960), d.c. **58**-*11-7* Amintore Fanfani, coal. **59**-*15-2* Antonio Segni, d.c. **60**-*24-3* Fern. Tambroni (1901-63), d.c. -*26-7* Amintore Fanfani, d.c. **63**-*21-6* Giovanni Leone (3-11-08), d.c. -*4-12* Aldo Moro (1916-assassiné 2-5-78), coal. **68**-*24-6* Giovanni Leone, d.c. **68**-*12-12* Mariano Rumor (16-6-15), d.c. **70**-*6-8* Emilio Colombo (11-4-20), coal. **71**-*17-2* Giulio Andreotti (14-1-19), coal. **73**-*7-7* Mariano Rumor, coal. **74**-*22-11* Aldo Moro, coal. **75**-*19-2* Aldo Moro, d.c. **76**-*30-7* Giulio Andreotti, d.c. **79**-*22-2* Ugo La Malfa (1903-79), rép. -*22-3* Giulio Andreotti, d.c. -*11-8* Francesco Cossiga (26-7-28), d.c. **80**-*18-10* Arnaldo Forlani (8-12-25), d.c. **81**-*30-6* Giovanni Spadolini (21-6-25), rép. 1er P.M. non d.c. dep. 1945. **82**-*16-12* Amintore Fanfani, d.c. 46e gouv. dep. 1946. **83**-*4-8* Bettino Craxi (1934) 1er PM soc. dep. 1945.

Nota. — d.c. : démocrate-chrétien ; coal. : coalition ; rép. : P. républicain.

Provinces et Régions

Provinces. 94 avec préfet nommé par l'État (consiglio regionale), giunta regionale et Pt représentant la prov.

Régions. 20 prévues avec conseil régional (pouvoir lég. et régl.), giunta (exécutif) et Pt de la giunta : 15 *à statut ordinaire, 5 régions autonomes. Superficie et population* (83). *Piémont* 25 399 km² (4 931 064 h.), *Val d'Aoste* 3 262 (113 418), *Ligurie* 5 416 (1 796 381), *Lombardie* 23 851 (8 894 236), *Trentin Ht-Adige* 13 613 (874 534), *Vénétie* 18 634 (4 355 049), *Frioul-Vénétie julienne* 7 845 (1 231 169), *Émilie-Romagne* 22 123 (3 957 346), *Toscane* 22 992 (3 581 742), *Ombrie* 8 456 (810 277), *Marches* 9 694 (1 417 806), *Latium* 17 203 (5 025 158), *Campanie* 13 595 (5 513 462), *Abruzzes* 10 794 (1 225 827), *Molise* 4 438 (329 745), *Pouilles* 19 348 (3 908 484), *Basilicate* 9 992 (612 785), *Calabre* 15 080 (2 078 391), *Sicile* 25 708 (4 957 510) ; pont prévu sur le détroit de Messine (long. 3 300 m, haut. 81 m), *Sardaigne* 24 090 (1 605 410).

Le Mezzogiorno (« le Midi », c.-à-d. le S.) : 6 régions 1/2 (S. du Latium, Abbruzes, Molise, Campanie, Pouilles, Basilicate, Calabre) et 2 régions autonomes (Sardaigne, Sicile). 131 000 km² (43,7 % du territoire) 21 millions d'hab. (37 % de la pop.). Dépend de la *Cassa per il Mezzogiorno*, « Caisse du Midi », créée 1950, chargée de son développement. *Problèmes. 1°) sous-développement :* agriculture peu rentable [coexistence de *microfundia* et de *latifundia*, techniques dépassées. Natalité forte (22 %), exode rural, sous-emploi, courant migratoire vers plaine du Pô]. *2°) difficultés géographiques :* (dep. XVIe s. ; dans l'Antiquité et Moyen Age, vivait en économie fermée, et s'accommodait du cloisonnement régional ; la Sicile exportait du blé par mer). 85 % du terr. montagneux ; climat hostile (sécheresse, pluies dévastatrices). Éloignement des régions écon. fortes (au XIXe s., cabotage remplacé par transport ferroviaire : traversée N.-S. de la Péninsule longue et coûteuse). *Développement planifié :* crédits (venus surtout de la C.E.E.) consacrés : 1°) à la réforme agraire (formation et assistance technique) ; 2°) à la création d'aires industrielles de développement et de noyaux d'industrialisation ; 3°) à l'amélioration des infrastructures : 400 000 ha de la latifundia ont été distribués (prod. agricole doublée en 20 ans), mais la rentabilité ne s'est améliorée que dans les plaines riches et bien situées (pl. de Métaponte, près de Tarente : création de vergers). Dans les régions ingrates, la situation est pire (les transports ont accéléré l'exode rural). Pour l'ensemble, la plus-value agricole est inférieure au total des investissements. *3°)* le tourisme s'est développé mais a entraîné une dégradation des sites. *4°)* l'ind. a profité de la découverte de gaz naturel, de la création de 2 000 km d'autoroutes, de la modernisation des ports. Principales entreprises nées dans le Midi : Montedison (Brindisi), Italsider (sidérurgie) à Tarente et à Gioia Tauro, Alfa Romeo et Olivetti (Naples), Fiat (Bari). Le flot migratoire vers le N. ne s'est pas tari.

Trieste : *1919-20* à l'It. *1945*-1-5 occupée par forces de Tito. -2-5 le commandement allié en It. leur substitue des forces néo-zél. *1946*-3-7 les 4 Grands transfèrent à la Youg. partie du territoire anciennement it. (dont Pola en Istrie et Zara en Dalmatie). *1949*-10-2 terr. libre. Zone A avec ville 223 km², 300 000 h., confiée à It. ; zone B 516 km², 70 000 h., à Youg. à titre provisoire. *1953 nov.* Zone A occupée par Brit. : insurrection contre Gal Winterton. *Dep. 1954*, les 2 zones sont incorporées à chaque pays. L'It. loue à Youg. quais et jetées. La Youg. a concentré son trafic sur Rijeka (Fiume) qui dépasse celui de Trieste.

Économie

P.N.B. ($ par h.). *1983 :* 6 350 ; *84 :* 6 190.

Pop. active. (%, entre parenthèses part du P.N.B. en %) agr. 12,4 (6), ind. 36,5 (38,5), services 50,6 (55), mines 0,5 (0,5). Pop. active (1981) 22 664 000 personnes. *Chômage* (%) *1979 :* 7,7 ; *80 :* 7,6 ; *81 :* 8,3 ; *82 :* 9 ; *83 :* 9,3 ; *84 :* 10,5, *85 :* 11. **Inflation** (%). *77 :* 23 ; *79 :* 14,7 ; *80 :* 21,3 ; *81 :* 19,5 ; *82 :* 16,6 ; *83 :* 14,6, ; *84 :* 10,8, *85 :* 8. **Dette extérieure** (83) env. 50 milliards de $. **Déficit budgétaire** (milliards de lires, 83) 88 479, *prév. 85 :* 10 000. **Travail au noir.** 20 % du P.N.B. 2 500 000 personnes.

Agriculture. *Terres* (milliers de km², 79) arables 94, pâturages 51, arbres fruitiers 29, forêts 63, t. incultes 30, constructions, eaux et divers 31. *Conditions :* peu de plaines, problèmes d'eau (il faut trouver où irriguer), surpopulation des campagnes. *Exploitations :* 1/3 env. des terres (surtout au *mezzogiorno*) est constitué par des *latifundia* (grandes propriétés) de + de 100 ha (7 740 000 ha), 1/3 par des *microfundia* de — de 10 ha (9 600 000 ha répartis en 3 700 000 exploitations). Les 3/4 des exploitations ont — de 5 ha ; 33 % ont — de 1 ha (moy. nationale 6,2 ha). Nombre moyen de parcelles par exploitation 3,65. Métayage en régression (58 % de la sup. en faire-valoir direct). **Forêts.** 7 990 000 m³ (82).

Production (milliers de t, 81) bett. à sucre 10 244 (83), raisin 11 110 (vin 84 750 000 hl), blé 8 585 (83), maïs 6 722 (83), tomates 5 972 (83), olives 3 140, p. de terre 2 613 (83), oranges 2 378 (83), pommes 1 774, pêches 1 532, poires 1 236, orge 1 183 (83), riz 1 030 (83), endives, laitues, radis 868, citrons 889 (83), pastèques 752, melons 739, artichauts 563, oignons 548, choux 536, choux-fleurs 483, poivre 455, avoine 310 (83), carottes 372, potirons 353, fenouil 346, aubergines 321, céleri 144, tabac 141 (83), épinards 107.

Élevage (milliers de têtes 82). Moutons et chèvres 10 316, bovins 9 221, porcs 9 187, chevaux 253, ânes 101, mulets 59. Situé surtout dans montagnes. Bovins à l'O., ovins à l'E. Importe des bovins sur pied de France. **Pêche** (t, 81) mollusques 81 221, crustacés 21 481, poissons 392 261. *Total 1983 :* 414 704 t.

Énergie. Électricité : prod. 190,2 milliards kWh (84) dont pétrole et charbon 51 % (2/3 dans les Alpes) hydroélec. 44 %. **Nucléaire :** 6,6 % [12 centrales prévues : 4 équipées, notamment sur le Pô (Trino Vercellese, Caorso). **Géothermie :** 5 milliards de kWh/an. **Pétrole** (millions de t, 83) *réserves* 109, *prod.* 2,2. **Gaz** (milliards de m³, 84), rés. 172, *prod.* 14. **Mines** (milliers de t, 83) pyrites 646, barytes 174 (81), fluor 164 (81), sulfure 40,8, zinc 81, fer 67,7, plomb 45,5, bauxite 13,1, manganèse 7,2.

Industrie. Structure : 2 millions d'entreprises artisanales ou familiales à côté de trusts internationaux (43 % des salariés sont dans des entr. de + de 1 000 pers.). 52 % de la prod. ind. sont concentrés dans le triangle Turin-Milan-Gênes (58 000 km²). Dynamisme des organismes d'État : E.N.I. pour sources d'énergie [Ente nazionale Idrocarburi, fondé 1953 par *Enrico Mattei* (1906-62)] ; I.R.I. [Istituto per la Ricostruzione industriale (créé par Mussolini en 1933)] pour l'ind. lourde ; E.S.I.M. [(Office de financement de l'ind. manufacturière), regroupant 1 000 entreprises] ; les 3 emploient 700 000 personnes et ont un C.A. d'env. 100 000 milliards de lires ; 55 % des grandes entreprises ital. appartiennent à l'une ou l'autre de ces entités. Main-d'œuvre abondante et qualifiée. Nombreuses possibilités d'implantations côtières. Forte concentration financière [ex. Fiat (automobile), Olivetti (électronique), Pirelli (caoutchouc), Snia Viscosa (textiles synthétiques), Motta (pâtisserie ind.)]. Dep. 1980, faiblesse relative des organisations synd. Quand Fiat décide en oct. 1980 de licencier 23 000 salariés, la C.G.T. veut occuper les usines de Turin, mais les synd. de cadres s'allient avec les ouvriers autonomes et font échouer l'occupation : la C.G.T. doit accepter les licenciements.

Production : métallurgie (création récente, *1950* 3 millions de t d'acier, *1979* 23,9 millions, *1983* : 21,6 millions). Localisée sur côtes (Gênes, Naples, Tarente). Ind. mécaniques (notamment auto. dont Fiat 90 %, 1 575 224 véhicules en 83, 5ᵉ rang mondial). Ind. chimiques (lourde, créée récemment sur les côtes ; légère, notamment textiles artificiels et plastiques, dans grandes villes, 83 : 568 284 t). Ind. alim., cimenteries : 39,2 millions de t en 83.

Transports (km, 83) routes 296 986, chemins de fer 19 817. **Tourisme.** 1ᵉʳ pays touristique eur., 2ᵉ du monde (après U.S.A.) : 8 % du tour. mondial. C.A. 21 milliards de $ par an (7,5 % du P.N.B. it. intérieur). 269 000 firmes : 808 000 employés (7 % de la pop. active), dont hôt. et restauration 590 000. *Visiteurs :* 19 223 990 (84).

Commerce (milliards de lires, 82). *Exportations* 110 602 (83) *dont* mach. et équip. de transp. 31 264, prod. man. de base 22 939, prod. man. divers 22 154, fuel et lubrifiants 6 904, prod. alim. 5 570 (dont fruits et légumes 2 852) *vers* (83) All. féd. 18 331, France 16 253, U.S.A. 8 526, G.-B. 7 019, Suisse 4 578, P.-B. 3 308. *Importations* 122 020 (83) *dont* fuel et lubrifiants 37 242, mach. et équip. de transp. 21 813, prod. alim. 13 684, mat. 1ʳᵉˢ 9 936, prod. chim. 9 287 *de* (83) All. féd. 19 371, France 15 362, U.S.A. 7 245, Arabie Saoudite 5 519 (80), P.-B. 5 941.

Balance commerciale. *Jusqu'en 1972 :* déficit de 600 milliards de lires par an, mais solde positif grâce aux transferts des émigrés (600 milliards) et au tourisme (1 000 milliards), d'où l'expression de « miracle italien ». Dep., importations supérieures aux exportations (faiblesse de la lire, augmentation des besoins, concurrence jap. pour les prod. mécaniques). *1983 :* – 11 465 milliards, *84 :* – 19 206. **Balance des paiements.** *1984* : + 54 milliards de $, *85 :* – 5.

Rang dans le monde (82). 2ᵉ vin, tourisme, 5ᵉ oranges. 10ᵉ maïs. 11ᵉ blé. 14ᵉ gaz nat. 15ᵉ p. de t. 17ᵉ porcins. 18ᵉ céréales.

JAMAÏQUE

Carte p. 848. V. légende p. 787.

Nom. *Xaimaca* (terre des bois et des eaux), nom donné par les Arawaks.

Situation. Ile montagneuse des Grandes Antilles, dans la mer Caraïbe. 10 962 km². *Alt. max.* Blue Mountain Peak 2 344 m. *Côtes* 880 km. *Climat* tropical humide (mer, alizés). *Pluies :* 2 saisons : grosses (oct.), petites (mai) ; 2 200 mm par an. *Température moyenne* 30 °C.

Population. *1911 :* 831 383. *43 :* 1 246 240. *60 :* 1 624 400. *85 :* 2 301 000 h. Origine afr. 78 %, afro-europ. 18 %, divers (chinois, hindous, européens) 4 %. – *de 15 a.* : 45,9 %. + *de 60 a.* : 8,5 %. *Émigration :* 22 296 (83) vers U.S.A., Canada et parfois G.-B. (env. 2 000 000 émigrés). D. 209. *Villes* (82) : *Kingston* (cap.) 690 300, Montego Bay 59 600, Spanish Town 81 400. **Langue off.** Anglais.

Religions. Anglicane *(off.)* 20 %, réformée 55 %, catholique 5 %, à caractère africain 20 % [dont les Rastafariens qui vouent un culte au négus, ex-empereur d'Éthiopie (son nom de règne était Ras Tafari) ; représentant le plus connu : le chanteur Bob Marley († en mai 81) ; prêchent le retour en Afrique ; env. 100 000 personnes].

Histoire. 1494 découverte par Christophe Colomb, peuplée alors d'Indiens Arawaks. **1509-1655** colonie espagnole. **1655-62** col. anglaise. **1838** abolition de l'esclavage. **1865** rébellion. **1907** Kingston détr. par tremblement de terre et incendie. **1962-6-8** indép. **1972-2-3** Michael Manley (20-12-24, P. nat. pop. socialiste), P.M. **1980-28-5** Édouard Seaga P.M., retour à l'économie libérale, crédits amér. pour crise éco. (cours de la bauxite en baisse).

Statut. État m. du Commonwealth. *Const.* de 1962. *Chef de l'État* reine Élisabeth II. *Gouv. gén.* Florizel Augustus Glasspole (n. 25-9-09) dep. 27-5-73, proposé par le PM, nommé par la reine. *PM* Edward Seaga (28-5-30, né U.S.A.), dep. 7-11-80 (parti travailliste). *Sénat* 21 m. désignés par le gouv. général (13 sur avis du PM et 8 du chef de l'opposition). *Assemblée :* 60 m. élus au suffr. universel pour 5 a. **Fêtes nat.** 23 mai (travail), 1ᵉʳ lundi d'août (ind.), 3ᵉ lundi d'oct. (héros nationaux). **Élections du 15-12-83.** P. travailliste 60 s. (le P. nat. pop. a refusé d'y participer).

Économie

P.N.B. (84) 1 534 $ par h. **Pop. active** (%, entre parenthèses part du P.N.B. en %) agr. 21 (7), ind. 26 (33), services 53 (60). *Chômage* (%) *1981 :* 26 ; *82 :* 28 ; 83 : 26,3 ; *84* : 25,4. **Aide.** 2ᵉ bénéficiaire mondial de l'aide américaine par habitant, après Israël. **Inflation** (%). *1980 :* 26,8 ; *81 :* 12,8 ; *82 :* 7,1 ; *83 :* 18,5 ; *84 :* 27,8 ; *85 :* 24,6. **Dettes :** *extérieure* (milliards de $ U.S.). 3,4, *intérieure* 2.

Agriculture. *Terres* (milliers d'ha, 81) arables 205, cultivées en permanence 60, pâturages 205, forêts 305, eaux 16, divers 309. *Production* (milliers de t, 83) canne à sucre 2 286, sucre 205 (84), bananes 23,5, agrumes, piment, coprah, cacao, café. Rhum 122 550 hl (81). **Élevage** (milliers de têtes, 83) volailles 5 000, chèvres 410, porcs 270, bovins 315. **Pêche** (82) 9 000 t.

Mines (millions de t). bauxite (*82 :* 14 ; *84 :* 4,6 ; *85 :* 2,3), gypse 0,2, prod. alumine *85 :* 1,6.

Tourisme. 850 000 vis. (85). En 84, 435 millions de $ U.S. 50 % du P.N.B. 56 % des revenus de l'État, 75 % des emplois.

Commerce (millions de $, 1984-85). *Exportations :* 595,8 *dont* bauxite 77, alumine 228,3, produits alim. 75,9, exp. non traditionnelles et réexport. 196,5, *vers* (83) Amér. du N. 621, G.-B. 272, Trinidad et Tobago 127, Norvège 113. *Importations :* 1 191 *dont* pr. alim. 159,6, pr. de base (dont pétrole et céréales) 720,3, équipements 311,1 *de* (83) Amér. du N. 1 232, Antilles néerlandaises 307, G.-B. 190, Japon 109. Trafic de drogue (Ganja).

Rang dans le monde. 3ᵉ bauxite.

JAPON

Carte p. 922. V. légende p. 787.

☞ Art japonais voir p. 374.

Nom. *Cipango* ou *Cipangu.* Donné par Marco Polo (1254-1324) après un séjour de 25 ans en Chine (1270-95). Son livre de voyage (1301) signale une île de *Cipangu* en face de *Cathay* (la Chine). Déformation du cantonais *Jih pen Kwok* (ch. mandarin *Jypen Khoue* « pays du Jipên », c.-à-d. du Japon) ; vient de formes dialectales jap. (telles que *Hip-hon* ou *Ziphon*) ; jap. classique : *Nip-hon* [aujourd'hui *Nippon* (« soleil levant »)].

Situation. 377 765 km² dont (en %) agr. 14,8, forêts 66,8, landes 0,9, rivières 3,0, routes 2,8, habitats 3,8, divers 7,9. *Largeur max.* 272 km. *Longueur* 3 000 km du N.-E. au S. 3 922 îles forment 95,7 % de la surface totale : *principales : Hokkaido* (ex-Yeso) 83 519 km² au N., *Honshu* (ex-Hondo) 231 051 km² au centre, *Shikoku* 18 804 km², *Kyushu* 42 140 km², *Okinawa* 2 251 km². **Distance de la Corée :** Kitakyushu-Fusan 250 km, Tokyo-Séoul 1 400 km. **Côtes** 33 287,3 km ; au large, près des îles Bonin, fosses d'env. 9 800 m ; prof. de la mer du Japon env. 3 600 m, de la mer Intérieure (entre Honshu et Shikoku) env. 38 m ; *courants* Kuroshiwo (chaud du Japon, direction S.-N. le long de la côte E.) et Oyashio (froid des Kouriles, N.-S. le long de la côte E.). **Relief :** 71 % montagnes ; 532 montagnes dépassent 2 000 m ; alt. max. mont Fuji 3 776 m (volcan dormant, dernière éruption 1707) ; 67 volcans en activité. *Plaines alluviales :* 29 % (la plus importante, Kanto à l'E. de Honshu, occupe 5 % de l'île, couverte de matières volcaniques). Fréquents tremblements de terre.

Revendications. *1643* découvertes des îles *Habomai* et *Shikotan* ainsi que *Kunashiri* et *Etorofu* (Kouriles du S.) par le Holl. Vries, et nommées Terre de la Compagnie et T. des États en 1767, occupées par le J. vers la 2ᵉ moitié du XVIIIᵉ s. *1855-7-2* tr. avec Russie, laisse à celle-ci les Kouriles du N. (au N. d'Etorufu). *1875* le J. cède Sakhaline et Karafuto à la Russie contre les Kouriles du N. (d'Uruppu à Shimushu). *1905* tr. de Portmouth, la Russie cède le S. de Sakhaline au J. *1945* l'U.R.S.S. occupe les terres du N. *1951*-8-9 tr. de San Francisco, le J. renonce au S. de Sakhaline et aux Kouriles. L'U. refuse de ratifier le tr. *1956*-19-10 relations dipl. reprises avec U. Un tr. de paix réglera la question des Ter. du N. : il n'a pas encore été signé et l'U. occupe toujours ceux-ci (10 000 hommes, 40 Mig-23 contrôlent le détroit d'Okhotsk que la flotte sov. devrait emprunter pour passer de Vladivostok et de la mer du J. dans l'océan Pacifique). *Territoires du N.* (4 996 km², 1 600 h. en 1965) comprend les îles du groupe *Habomai* [îlots inhabités, 102 km², Kaigara (la plus proche à 3,7 km du cap Nosappu), Hokkaido], Suisho, Akihuri, Yuri, Shibotsu, Taraku), Shikotan (255 km²), Kunashiri (1 500 km²), Etorufu (3 139 km²). *Ressources :* pêche, bois, élevage, or, argent, soufre, fer, peut-être du pétrole...

☞ **La Chine** revendique les *Senkaku* (Diaoyutai), îles inhabitées entre Okinawa et T'ai-wan, dont les fonds recèleraient du pétrole.

Iles Nansei. *Situation :* 2 196 km². 945 111 h. (70). D. 447 (72 îles, 48 inhabitées, 25 importantes, dont Okinawa 1 057 km², 758 777 h.). *Chef-lieu : Naha* 302 000 h. (83). Annexées par le J. (1874). Adm. par U.S.A., sous contrôle militaire (dep. 1945). Rendues au J. 15-5-1972. 87 bases mil. U.S. (12 % du territoire, 42 000 militaires), « dénucléarisées ». Depuis 1972 retrait des missiles.

Climat. Maritime (pas de saison sèche, presque nulle part moins de 1 000 mm de pluie, mais plus humide à l'O. qu'à l'E.). Facteurs : altitude, latitude (15 °C de différence), courants marins, moussons, *N. de Honshu et Hokkaido :* 3 à 4 m de neige l'hiver, la banquise borde les côtes N. ; *Honshu :* cl. tempéré ; *S. à Shikoku et Kyushu :* cl. subtropical ; mousson du Pacifique l'été (vastes pluies, typhons), mousson sibérienne l'hiver. 4 saisons. Très froid déc. à févr., surtout Hokkaido ; mois le plus chaud : août (21 à 27 °C en moy.) ; pluies juin-juil. (1 460 mm par an à Tokyo) : typhons sept.-oct. venant du S., S.-O. (Micronésie, Taïwan) et s'abattant surtout sur le S. du Japon.

Températures (°C) (moy., max., min.) : Hokkaido (Sapporo) janv. – 5,5°, – 1,4°, – 10,2° ; juil. 20°, 25°, 10° ; Honshu (Tokyo) janv. 3,7°, 9,2°, – 0,9° ; juil. 25,1°, 29,2°, 22° ; Kyushu (Kyushu) janv. 6,6°, 12°, 1,8° ; juill. 26,8°, 31,1°, 23,4.

Végétation. *Forêts.* 68 % de la surface totale ; 168 espèces d'arbres (contre 85 en Europe) : Hokkaido (résineux 70 %) ; Honshu (érables, cyprès, pins) ; Kyushu (chênes verts, camphriers) ; Shikoku (pins, magnolias, bambous nains). Bambou nain prolifique (fléau pour l'agriculture).

Démographie

Population (en millions d'h.). *1721 :* 26 ; *1872 :* 34,8 ; *1920 :* 56 ; *1937 :* 70,63 ; *1959 :* 83,2 ; *1983 :* 119,45 ; *1984 :* 120,02 ; est. *85 :* 120,8. *Perspectives : 1995 :* 125,4 ; *2015 :* 129,5. D. 317,7 (84). – *de 15 a.* 22,5 %, + *de 65 a.* 9,7 %. **Répartition selon les îles** (millions d'h., 83) : Honshu 96,9, Kyushu 12,1, Hokkaido 5,7, Shikoku 3,9, Okinawa 0,95.

Étrangers (1985) 830 000 dont (84) Coréens 674 600, Chinois 63 200, U.S.A. 26 400, Anglais 6 100, Philippins 7 500, Allemands 3 000, Australiens 500, Français 100, Canadiens 2 000.

Natalité (taux ‰). *1870 :* 36. *1939 :* 32. *1977 :* 15,4. *1982 :* 12,6 (*1947* crainte de surpop. *1948* loi de protection eugénique, réaménagée en 1952, libéralisant l'avortement.) *Nombre moyen d'enfants par femme : 1900 :* 5 ; *1947 :* 4 ; *1957 :* 2 ; *1977 :* 1,8. Selon une croyance ancienne, les femmes nées l'année « cheval de feu » [qui revient tous les 60 ans (dernières : 1906-66)] tueraient leur mari ; elles ont donc, ces années-là, moins de chances de se marier.

Mortalité (taux ‰, 83) : 6,2. *Causes de décès* 1° cancer (188 000), 2° mal. cardio-vasc. (165 000 : la consommation de graisses croît). *Suicides* (1983) : 25 200 connus. *Hôpitaux psychiatriques :* 1 845, pour plus de 330 000 malades (5 millions de cadres j. seraient victimes de troubles mentaux et de dépressions nerveuses ; 93 % seraient obsédés par des problèmes de travail ; près de 40 % montrent des tendances suicidaires). **Espérance de vie** (83). Hommes 74, femmes 79.

Caractéristiques physiques (81), à 25 ans : homme 168,6 cm, 63 kg ; femme 155,4 cm, 51,3 kg ; peau mate, yeux bruns, cheveux souvent raides. **Aïnous** (sans doute les premiers h. du Japon) ne sont plus qu'env. 25 000 (sud de Sakhaline et île d'Hokkaido ; teint clair, système pileux très développé ; culte des ours). **Burakumins** (3 000 000) descendent des *etas* (bouchers, équarisseurs, tanneurs déclarés souillés congénitalement car leurs métiers touchaient à la mort et au sang) ; émancipés en 1871, ont longtemps encore été considérés comme parias ; campagne anti-ségrégation dep. quelques années (le mot *Burakumin* est remplacé par *hisabetsu buraku no hitobito).*

Pop. urbaine (82) 76,2 %. **Villes** (millions de pers.)

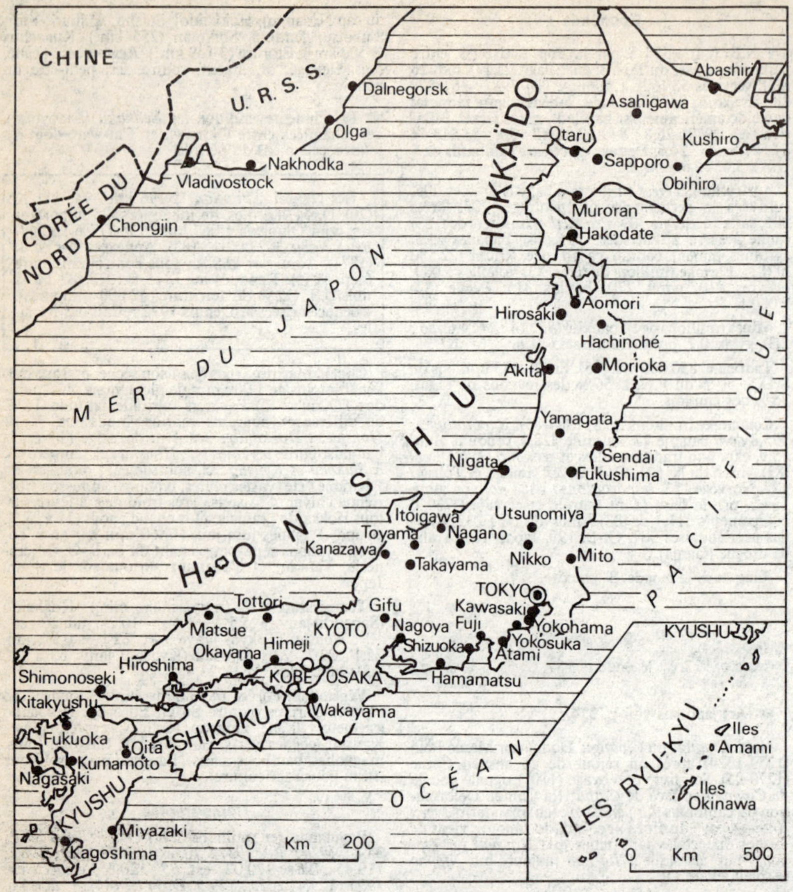

(est. 31-1-84) : Tokyo 8,35 (Grand Tokyo 13), Yokohama 2,9 (à 24 km), Osaka 2,62 (à 515 km), Nagoya 2,1 (à 342 km), Kyoto 1,48 (à 489 km), Sapporo 1,45 (à 1 100 km), Kobé 1,39 (à 565 km), Fukuoka 1,14 (à 1 150 km), Kitakyûshû 1,06 (à 1 089 km), Kawasaki 1,06 (à 21 km), Hiroshima 0,89, Sakaï 0,81, Chiba 0,76.

Mégalopolis. *Kantô* 4 ports (Tokyo, Yokohama, Kawasaki, Chiba). 30 millions d'h. *Nagoya :* affaires et industries (hauts fourneaux, raffineries et usine Toyota) 8 millions d'h. *Kansaï* (Osaka, Kobé) : Kyoto devient une banlieue-dortoir d'Osaka. *Shimonoseki-Kitakyushu-Fukuoka* 3 millions d'h.

Étrangers (31-12-83) 817 000 dont Coréens 674 600, Chinois 63 200, U.S.A. 26 400, Anglais 6 100, Philippins 7 500, Allemands 3 000, Australiens 500, Français 100, Canadiens 2 000.

Japonais à l'étranger (83) : 471 873 dont U.S.A. 132 306, Brésil 130 433, G.-B. 16 567, Argentine 16 041, Canada 14 953, All. féd. 14 708, Singapour 10 287, France 9 391, Hong Kong 8 436, Thaï. 827, Pérou 7 735, Indonésie 7 367, Australie 7 092, Chine 6 919, T'ai-wan 5 196. **Non-J. d'origine j.** 1 200 000.

Langue off. Japonais. Parler altaïque (très proche du coréen, assez voisin du turc). Nombreux termes empruntés au chinois, et écrits en caractères d'origine chinoise. Langue agglutinate (conjugaisons et déclinaisons par agglutination de suffixes).

Religions

Shintoïsme et bouddhisme sont pratiqués simultanément.

Shinto (80). Sanctuaires 92 186, clergé 103 779, fidèles 103 046 565 en 82 (la même personne est souvent enregistrée comme f. du sanctuaire Shinto voisin, et par le temple bouddhique auquel sont liés ses ancêtres). A la fois adoration de la nature, culte, adoration des héros et culte de l'empereur. La croyance en la divinité de l'empereur a duré plusieurs siècles. Elle a été renforcée par le gouvernement Meiji qui, en 1868, redonna le pouvoir à l'empereur, créa une administration shintoïste, et fit du culte shintoïste une institution nationale. Sectes shintoïstes non officielles : 130.

Bouddhisme (79). Sanctuaires 88 028, moines 242 811, *membres* 86 642 598 (82). D'origine indienne, parvint au Japon, via la Chine et la Corée en 538 apr. J.-C., obtint l'appui impérial grâce au P^{ce} Shotoku, régent de 593 à 628. Nouveaux mouvements bouddhistes à partir de 1946 : favorables au bouddhisme laïque, à des activités politiques et sociales ; ex. mouv. **Reiyukai, Rissho-Koseikai, Sokagakkai. Association laïque de l'école orthodoxe de la Nichirén Shôshû** [(fondée 1953 mais N.S. avait été constituée 8-11-1930), regroupe 7 910 000 familles au J. et 1 007 000 membres outre-mer dans 115 pays. *Pt :* Daisaku Ikéda. Eisosuke Akiya (dep. 79), développe le mouvement de la paix, de la culture et de l'éducation basé sur l'idée du bouddhisme de Nichirén-Shôshû « pour la paix mondiale et pour le développement éternel de l'Être humain »]. **Église Tenrikyo** (monothéiste) fondée milieu du XIXe s. par une paysanne mystique, Miki Nakayama (1798-1888). *Tenshokotaijingukyo* (danses). **Association de la Liberté parfaite** [P(erfect) L(iberty) Kyodan]. **Sekaikyuseikyo. Seicho no Iye.**

Christianisme. *Histoire* 1549 introduit par saint François-Xavier (1506-52, jésuite). Fin du XVIe s., banni comme subversif pour l'ordre établi. Milieu du XIXe s., toléré au nom de la liberté religieuse ; installation de missionnaires catholiques français et protestants américains. *Statistiques (83).* Sanctuaires 9 629, clergé 22 347 [dont 3 685 étrangers], membres 1 272 761 dont env. 10 000 « vieux chrétiens » ou « chr. secrets » descendant directement des 1ers convertis du XVIe s.

Catholiques (84). 426 913 dont prêtres 479, religieux jap. 415 (étrangers 944), religieuses jap. 6 074

Hara-kiri (suicide rituel). *Hara* (ventre) et *Kiri* (coupure) étant considérés comme vulgaires, les J. disent *Seppuku*, lecture chinoise des 2 mêmes caractères écrits. Jusqu'en 1868, exécution honorable des officiers et bushi (samouraïs) condamnés à mort. Le seigneur envoyait un billet poli, accompagné d'un poignard richement orné. Le condamné montait sur une natte de paille épaisse (5 cm) à surface lisse recouverte d'une peau tannée ou d'une pièce de drap rouge, dans la cour de la demeure de celui qui avait la garde du condamné, et s'y mettait à mort rituellement. Le poignard ensanglanté était alors envoyé au seigneur. Des nobles se faisaient aussi parfois hara-kiri volontairement pour des raisons surtout patriotiques (mort d'un empereur, défaite militaire, échec politique). On composait un poème d'adieu (jisei no uta) avant de mourir.

(étr. 615) ; institutions d'éducation 892 (élèves 265 132 dont 12 563 cath.), universités 12 (25 586 étudiants dont 1 139 cath.).

Histoire

Période néolithique (culture Jômon **v. 5000-300 av. J.-C.**). **V. 5000** chasse, cueillette, poterie cordée. **660** l'empereur Jimmu fonde la dynastie impériale. **Époque Yayoi (300 av. J.-C. à 300 apr. J.-C.).** Rizicult., usage des métaux ; J. et Corée du S. semblent être un seul royaume. **108 av. J.-C.** Chine prend Corée. **Apr. J.-C. 100** implantations massives de Coréens dans le J. occidental. Contacts avec Chine. Élaboration de la religion naturiste (les *Kami*). **200** l'impératrice Jingo-Kogo prend Corée (en fait v. 360). **285** adoption officielle de l'écriture chinoise (date réelle 405).

Époque Yamato (IIIe s. à 710). V. 300 fin des sacrifices humains. **V. 350** la maison Yamato achève l'unification du J. **V. 391** sériciculture, tissage et sciences chinoises, y compris écriture, pénètrent. **Ve s.** pouvoir des Yamato grandit. **538** (selon les sources chinoises, **552** selon le calendrier j. traditionnel) le bouddhisme arrive ; lutte pour savoir si on peut l'adopter comme religion nationale en plus du shintoïsme (conflit entre 2 clans, *Soga* et *Mononobe*). **562** perte des possessions j. en Corée (province de Mimana). **586** peste. Pour la conjurer, l'empereur Yomei fait le vœu de construire un grand sanctuaire au Bouddha guérisseur, le futur *Horyuji*. **587** les probouddhistes (Soga) triomphent des partisans du Shinto (Mononobe et Nakatomi). **604** le P^{ce} Shotoku publie des injonctions appelées Constitution des 17 articles. **607** Ono-no Imoko en Chine pour s'informer de la civilisation. *Horyuji* construit à Nara (passe pour le plus ancien édifice en bois existant au monde). **645** les Nakatomi, convertis au bouddhisme, mettent fin à la dictature des Soga. **645-50** *réforme de Taika* adoption des institutions de la Chine des T'ang, « nationalisant » les terres. **701** Code de Taiho institué.

Époque Nara (710-794). 710 l'impératrice-régente Genmei fait de Nara la capitale permanente. **741** le gouv. établit des temples dans tout le pays. **743** T'odaiji construit. **770** l'impératrice Shotoku, dernière impératrice régnante, meurt ; bonze Dokyo, qui avait tenté d'usurper le trône, exilé. **Époque Heian (794-1192).** Capitale à Kyoto. L'empereur Kanmu essaie de sauver le gouv. en le séparant de l'influence bouddhique. **805** secte bouddhiste Tendai introduite de Chine. **806** secte Shingon : les 2 soutiennent que chacun possède en soi-même la possibilité de devenir Bouddha (les sectes prédominantes jusqu'alors enseignaient que seule une minorité limitée le pouvait). **857** Fujiwara Yoshifusa (804-872) titré grand chancelier d'Empire (PM). **866** Fujiwara Yoshifusa (804-872) 1er régent *(sessho)* étranger à la famille impériale. **939** Taira et Minamoto commencent à défier la cour impériale, et les samouraïs à exercer une forte influence politique. **941** Fujiwara Sumitomo exécuté pour piraterie. **961** le petit-fils de l'empereur Seiwa (858-876), Tsunemoto, prend le nom de Minamoto Tsunemoto et fonde le clan Minamoto. **1017** Fujiwara-no-Michinaga nommé PM. Famille *Fujiwara* à son apogée. **1086** les *Minamoto*, avec Yoritomo, s'imposent dans l'Est. Le gouv., par des Jokos, ou empereurs en retraite, va amener l'effacement de l'influence des Fujiwara. **1135** les *Taira* battent les pirates dans la mer Intérieure, leur influence augmente. **1156** g. civile (Hogen-no-ran). **1159** *Heiji-no-ran* les Taira battent les Minamoto. **1167** Taira-no-Kiyomori PM. **1175** secte bouddhiste Jodo fondée [chacun est sauvé de ce monde de maux et de souffrances en étant transporté au Jodo (Terre pure) par le Bouddha de la Lumière et de la Vie infinies]. **1180-1185** Minamoto-no-Yoritomo défait les Taira. **1191** doctrine Zen introduite de Chine. **Époque Kamakura (1192-1333). 1192** Minamoto-no-Yoritomo, nommé *shogun* (commandant militaire suprême), établit *shogunat* à Kamakura. **1213** influence des Minamoto s'éteint avec l'assassinat du 3e shogun, celle des Hojo s'étend. **1224** secte Jodo-shinshu (bouddhistes) formée. **1227** Sotoshu, secte Zen, introduite de Chine. **1253** secte bouddhiste Nichiren fondée. **1274 et 1281** échec d'invasions mongoles. **1333** chute des Hojo.

Époque Muromachi (1333-1573). 1334 le régime impérial est restauré. **1335** les *Ashikaga* commencent à défier la cour impériale. **1336** l'emp. Godaigo transfère sa cour à Yoshino dans le S. Un contre-emp. Komyo est proclamé (cour à Kyoto, dans le N.). **1338** Ashikaga Takauji nommé shogun soutient cour du N. **1378** le 3e shogun Ashikaga établit son shogunat dans le quartier Muromachi à Kyoto. **1392** paix entre cours du N. et du S., réunification. **1467-1603** g. civiles chroniques, période des « Royaumes combattants » ou des « Principautés belligérantes » (Sengokujidai). **1483** le 8e shogun Ashikaga fait construire Ginkakuji (Pavillon d'argent). **1543** arrivée de navires portugais dans l'île de Tanegashima. Introduction d'armes à feu europ. **1549**-*15-8* St François-Xavier, missionnaire jésuite espagnol, arrive à Kagoshima. **1571** Nagasaki ouvert au commerce avec l'étranger par le daimyo local, Omura Sumitada (converti au christianisme 1562). **1573** 1re église chrétienne à Kyoto. Oda Nobunaga (1534-82) fait incarcérer le shogun Ashikaga Yoshiaki. Fin du shogunat Ashikaga. **Époque Azuchi-Momoyama (1573-1603). 1580** 150 000 chrétiens. **1582** Edo fondé. **1582-1615** âge d'or art et architecture baroques. **1590** Toyotomi Hideyoshi achève d'unifier le J. **1592** il envahit la Corée avec 160 000 h. Trêve conclue entre J. et armées chin. **1597** 2e expédition en Corée. 26 chrétiens de Nagasaki martyrisés. **1598** Hideyoshi meurt. Retrait de Corée. **1600** Tokugawa Ieyasu triomphe de ses rivaux à Sekigahara ; les daimyo ralliés à lui avant seront appelés *Fudai daimyo* (daimyo héréditaires, dits de l'intérieur), les autres : *Tozama daimyo* (d. de l'extérieur).

Époque Edo (1603-1868). 1603 Tokugawa Ieyasu (1542-1616), nommé shogun par l'empereur, quartier général à Edo, auj. Tokyo. Théâtre *kabuki* fondé par la prêtresse shinto Okuni. **1605** T. Ieyasu transmet son titre de shogun à son 2e fils T. Hidetada qui exercera le pouvoir de 1605 à 1623. **1609** comptoir commercial hollandais dans l'île de Hirado. **1612-19** abolition officielle du servage qui subsiste en fait. **1613** 1er comptoir commercial anglais à Hirado. **1614** persécutions contre chrétiens. **1615** Ieyasu prend château fortifié d'Osaka où les descendants de Toyotomi Hideyoshi intriguaient. Fin de la famille Toyotomi. **1623** Anglais abandonnent leur comptoir d'Hirado. **1624** commerçants esp. expulsés. **1635** le système de *sankinkotai* renforce le contrôle du shogun : féodaux divisés en 2 groupes dont chacun doit se rendre à Edo alternativement tous les 2 ans et y vivre 1 an : christianisme interdit. **1636** décret interdit aux J. d'émigrer. Ceux qui sont installés à l'étranger ne pourront regagner le J. **1637-38** 37 000 paysans chrétiens expulsés. **1638** commerçants portugais (accusés de complicité dans la révolte des paysans chrétiens) expulsés. **1639** entrée des étrangers interdite, seuls Hollandais protestants, et Chinois non chrétiens peuvent continuer le commerce à Nagasaki. **1640** exécution d'envoyés port. venus pour rétablir des relations commerciales. **1657** grand incendie de Edo. **1680** Tsunayoshi, 5e shogun. **1707** éruption du Fuji-Yama. **1720** autorisation d'importer des ouvrages occidentaux sans rapport avec le Christ. **1792** envoyé russe demande l'ouverture de relations comm. ; shogun refuse et renforce déf. des côtes. **1837** révolte Osaka (« émeutes du riz »). **1852** visite des Russes à Shimoda. **1853** *juill.* le commodore amér. *Matthew C. Perry*, avec 4 vaisseaux, presse J. d'ouvrir ses portes au commerce amér., revient en **1854** *mars* avec escadre renforcée : un tr. permet aux Amér. de mouiller à Shimoda et Hakodate ; tr. similaires d'amitié avec G.-B. et Russie. **1856** consul américain, Townsend Harris, à Shimoda. **1858** tr. du 29-7 (avec U.S.A., exterritorialité) ; du *18-8* (P.-Bas) ; *19-8* (Russie) ; *26-8* (G.-B.) ; *9-10* (France) ; commerce avec U.S.A., Russie, P.-Bas, G.-B. et Fr. mettent fin à l'isolement. **1862** 1re ambassade j. en Europe. **1863** J. tirent sur des navires eur. engagés dans le détroit de Shimonoseki. *Août* escadre anglaise détruit Kagoshima, capitale de Satsuma. *Sept.* le shogun fait chasser de Kyoto les partisans de Choshu. **1864** les navires occidentaux (américains, anglais, français et holl.) démantèlent forts de Choshu à Shimonoseki. 1re expédition du shogun contre Choshu. **1865** l'emp. ratifie des tr. signés avec l'étranger. **1866** *mars* accord secret entre Choshu et Satsuma. *Août* 2e expédition du shogun contre clan Choshu. **1867** l'empereur Komei meurt, intronisation de l'empereur Meiji (Mutsuhito). Le 15e shogun, Tokugawa, (Tokugawa Keiki) restitue le pouvoir politique à l'empereur et met fin au shogunat institué en 1192 par Minamoto Yoritomo. Fin du gouv. des Samouraïs.

Théâtre japonais

Nô. Conception religieuse et aristocratique de la vie ; se constitua vers la fin du XIIIe s., unissant 2 traditions : celle de *Kagura*, ou pantomime dansée, et celle des chroniques en vers récitées par les bonzes errants. Le drame nô, dont le protagoniste est couvert d'un masque, était joué, les jours de fête, dans l'enceinte des grands sanctuaires. Ses acteurs étaient protégés par les daimyo et les shoguns et se transmettaient de père en fils les secrets de leur art. Les nô célébraient à l'origine la gloire du temple ou les illustrations de quelque ordre sacerdotal, et développaient les grands thèmes de la prédication bouddhiste. Le nô est un drame bref : il faut en grouper 5, de caractères différents, pour composer un spectacle. L'architecture de la scène procède du dispositif chinois : un quadrilatère à peu près nu, ouvert de 3 côtés entre les pilastres de cèdre qui en marquent les angles. L'art de réciter ou de danser dans le style du nô se pratiquait beaucoup parmi les aristocrates ; les professionnels étaient d'origine plus ou moins obscure.

Kabuki. Fait alterner dialogues, chants et intermèdes de ballet. A emprunté à la fin du XVIIe s. la manière des spectacles de marionnettes. Les pièces que Tchikamatsu (1653-1724) composait pour eux ne diffèrent pas de celles que Takeda Idzumo (1691-1756) fit jouer par des acteurs humains avec des décors et costumes de plus en plus amplifiés. Les mêmes drames passent encore d'un répertoire à l'autre : histoires de conquêtes et de pirateries en 20 actes. Actuellement, répertoire classique (drames historiques et bourgeois) et réaliste (avec intermèdes burlesques).

Autres écoles de théâtre : bugaku, kyôgen, nigyô jôruori.

Époque Meiji (« gouvernement éclairé ») **(1868-1912). 1868**-*3-1* « restauration de l'ancienne monarchie ». *-6-4* l'empereur Meiji jure de respecter l'opinion publique, de développer des relations avec les pays étrangers et d'acquérir la connaissance universelle. Quitte Kyoto (« ville capitale ») pour Edo qui devient Tokyo (« capitale de l'Est »). **1869**-*5-3* les grands clans ou *han* (Satsuma, Choshu, Tosa, Hizen) restituent leurs domaines au trône. *-25-7* les anciens daimyo sont nommés préfets de leurs fiefs. 1re ligne télégraphique (Tokyo-Yokohama). **1870** abolition des castes à 4 niveaux (guerriers, paysans, artisans, marchands) établies par les Tokugawa. Les guerriers entrent dans la noblesse ou deviennent *shizoku* [descendants de samouraïs (soldats)] et les autres deviennent *heimin* (peuple du commun). **1871** division administrative fondée sur domaines féodaux *(han)* abolie, pays divisé en préfectures *(ken)*. Système postal moderne, monnaie nationale créée. L'empereur mange un bœuf mode (donnant ainsi aux J. l'autorisation de manger de la viande). *-2-9* scolarité obligatoire. **1872** 1er chemin de fer : Tokyo-Yokohama. **1873**-*1-1* calendrier grégorien. Nouveau système de poids et mesures. Suppression des mesures d'exclusion frappant chrétiens. Mode des lapins, nouvellement importés. **1874** *mai* expédition de Formose en réponse au massacre de marchands okinawais. Indemnité chinoise. 1er éclairage au gaz à Tokyo. Mode des combats de coqs. **1875**-*14-4 Genro-in*, Sénat créé (supprimé en oct. 1890). **1876**-*26-2* tr. d'amitié avec la Corée. *-28-3* le port du sabre est interdit aux anciens samouraïs. **1877** *févr.-sept.* révolte du clan Satsuma. Université de Tokyo fondée. **1878** Bourse de Tokyo ouverte. **1880** 1ers conseils municipaux. Itagaki fonde parti libéral *(Jiyuto)*. **1884** nouvelle noblesse créée. Mode des sports athlétiques. **1885** 1er gouvernement de Cabinet (Ito Hirobumi). **1887** engouement pour la valse. **1889**-*11-2* Constitution de Meiji, prenant modèle sur la const. prussienne. **1890**-*1-7* 1res élect. générales à la Diète. **1894**-*16-7* tr. de commerce et de navigation Aoki-Kimberley avec G.-B. qui renonce au privilège de l'exterritorialité. *-1-8* g. sino-japonaise. *-22-11* J. prend Port-Arthur. **1895** *-17-4* tr. de Shimonoseki : reçoit Formose, Pescadores et Liao-toung. *-4-12* rend Liao-toung à la Chine après « démarche » de Russie, France et Allemagne. **1897**-*29-3* adopte l'étalon-or. **1900** intervention à Pékin contre les Boxers. **1902**-*30-1* alliance avec G.-B.

1904 G. russo-jap. : CAUSES : 1°) Angl. et J. tentent de limiter l'expansion russe en Extrême-Orient, notamment en Corée et Mandchourie (5-2-1904 : les Russes refusent de renoncer à leur implantation en Corée) ; 2°) la R. espère une victoire facile, qui rehausserа le prestige de la monarchie, menacée par les révolutionnaires. La Fr. alliée de la R., et possédant l'Indochine, peut assurer la victoire r. Mais le 8-4-1904, l'Angl. signe avec elle une convention d'« entente cordiale », laissant espérer aux Fr. une alliance éventuelle contre All. Dès lors, la Fr. opte pour la neutralité dans le conflit r.-jap., refuse de livrer du charbon aux escadres r., et interne les équipages r. réfugiés au Tonkin. DÉCLENCHEMENT : **1904**-*7-2* J. prennent un croiseur r. au large de Inchon (Corée). *-8-2* ils envoient 10 torpilleurs à Port-Arthur attaquer l'escadre par surprise (2 cuirassés, 1 croiseur cuir. coulés). *-10-2* le J. déclare la g. EFFECTIFS SUR TERRE : Russes 135 000 h., Jap. 850 000, dont 150 000 disponibles immédiatement (les R. ont en Europe 1 200 000 soldats de métier, mais le Transsibérien n'est pas achevé et ils doivent faire une partie du trajet à pied) ; SUR MER : 2 escadres r. En Extrême-O. (Port-Arthur ; Vladivostok, bloquée par les glaces) ; en tout : 28 unités, dont 1/3 modernes ; 1 escadre en Baltique (mettra 8 mois pour rejoindre le champ de bataille) ; flotte jap. 50 unités modernes. CHEFS MILITAIRES. *Russie :* 1°) *terre :* am. Eugène Alexeiev (1843-1917), vice-roi d'Extrême-O., révoqué oct. 1904 ; Gal Alexis Kouropatkine (1848-1921) après oct. 1904 (chef de la garnison de Port-Arthur : Anatol Stoessel, 1848-1915). 2°) *mer :* am. Serge Makarov (1848-1904, tué au combat), am. Vitheft (1850-1904, tué au combat) ; *escadre de la Baltique :* amiral Zinoveï-Rodjestvensky (1848-1909). *Japon :* 1°) *terre :* Mal Iwao Oyama (1842-1916). 2°) *mer :* amiral Héihachiro Togo (1847-1934). DÉROULEMENT : *1°) g. terrestre :* les R. hésitent à combattre loin des lignes de chemins de fer, où est stocké l'approvisionnement et où les E.-M. ont leurs trains spéciaux ; dès que les J. font un mouvement tournant menaçant la ligne sur leurs arrières, ils reculent. **1904** *mars* débarquement j. en Corée. *-1-5* victoire j. sur le *Yalu*. *-5-5* déb. j. en Mandchourie et siège de Port-Arthur (déjà bloqué par mer). *-5-9* vict. j. de *Liao-Yang*. *-18-10* du Cha-Ho ; **1905**-*1-1* capitulation de *Port-Arthur*. *-21-2/10-3* vict. j. de *Moukden* (400 000 J. contre 325 000 R.). *2°) g. navale : févr.-mai* opérations autour de Port-Arthur (14-4 le Petropavlovsk est coulé, l'amiral Makarov tué : les troupes j. peuvent être transportées en grand nombre). *-14-8* l'escadre de Vladivostok (am. Jessen) est refoulée lors d'une tentative de sortie. **1905** *mai* arrivée en mer de Chine de Rodjestvensky (il avait canonné en oct. 1904 des bateaux de pêche angl. dans le pas de Calais ; la médiation fr. avait permis de régler l'incident), après avoir été rejoint dans l'O. Indien par l'escadre de la mer Noire. Manquant de charbon, il ne peut rejoindre Vladivostok par le Pacifique et tente de forcer détroit de *Tsoushima*. *-27-5* il est écrasé par Togo (35 nav. perdus sur 38 ; R. prisonnier) ; **tr. de Portsmouth** (5-9-1905), le J. obtient le Liao-Tong, Sud Sakhaline, et liberté d'action en Corée et Mandchourie. **1909**-*26-10* Ito tué par un Coréen. **1910**-*22-8* Corée annexée.

Époque Taisho (1912-26). 1914-18 g. contre l'All., le J. obtient des possessions allem. **1918** *avril à oct.* 22 J. occupe Vladivostok. **1919** *mars-avril* révolte en Corée. **1920** entre à la S.D.N. **1921**-*4-11* PM Haratue. *-25-11* Hiro Hito régent. **1922**-*10-1* † d'Okuma. *Juill.* fondation du P.C. *Oct.* J. renonce au Chan-toung et à Kiao-tcheou. **1923**-*1-9* tremblement de terre à Tokyo (bilan : 99 331 †, 43 476 disparus ; 128 266 maisons détruites, 126 233 partiellement détruites, 447 128 brûlées). **1925**-*21-1* le J. restitue nord de Sakhaline à l'U.R.S.S. *-30-3* suffrage universel masculin. **1926**-*25-12* avènement de l'empereur Showa (Hiro-Hito).

Époque Showa (ou de la paix rayonnante) (dep. 1926). 1927 1er métro à Tokyo. **1928** 1res élections au suffrage universel. **1931** *mars* complot de la Restauration Showa. *-18-9* incident de Mandchourie. **1932** *janv.* débarquement à Shanghai. *-18-2* État de Mandchoukouo créé. *-15-5* PM Inukai tué. **1933**-*24-2* la SDN condamne le J. pour son action en Mandchourie. *-4-3* le J. occupe le Jéhol. *-27-3* quitte SDN. **1934**-*1-3* Pou Yi devient empereur du Manchoukouo. Intervention en Mongolie. **1935** *mai* J. prend Hopei. **1936**-*26-2* putsch à Tokyo : 2 anciens PM (Finances et Justice) et plusieurs off. assassinés. *-25-11* J. signe pacte anti-Komintern. **1937**-*7-7* incident du pont Marco Polo : début de la 2e g. sino-japonaise. *Oct.* J. prend Shanghai. *Déc.* prend Nankin. **1938** *juill.-août* bataille nippo-soviétique à Changkouteng (Mandchoukouo) : échec j. *Oct.* J. prend Canton et Hankéou. **1939** *avril-juill.* combats nippo-sov. au Mandchoukouo : échec j. **1940**-*30-3* gouvernement pro-nippon à Nankin présidé par Wang-Ching-Wei. *Juillet-août* partis politiques dissous. *Oct.* fusion avec Association nationale pour le service du trône ou *Taisei Yokusan-kai. Août-sept.* J. occupe l'Indochine fr. *-27-9 alliance tripartite*, axe Rome-Berlin-Tokyo. **1941**-*13-4* pacte de neutralité nippo-sov. *Juill.* embargo am. sur le commerce j. *Oct.* général Tojo PM. *-8-12 Pearl Harbor*: les J. attaquent la flotte am. *-25-12* J. prend Hong Kong. **1942**-*15-2* J. prend Singapour. *-9-3* prend Java. *Mai* prend Philippines. *-5-5* bataille de la mer de Corail. *-4/5-6* bat. de *Midway* 1ère vict. am. *-7-8* déb. am. à Guadalcanal. **1943** *août* « indép. » de la Birmanie. *Oct.* « indép. » des Philippines. *-20/23-11* bat. de Tarawa (archip. des Marshall). **1944** *juin-juill.* bat. de l'île de Saipan. *-18-7* Tojo démissionne. *-23/24-10* bat. du golfe de Leyte et débarquement am. aux Philippines. *Nov.* 1ers raids aériens sur le J. **1945**-*5-2* les Américains prennent Manille. *-17-3* Iwo Jima pris. *Avril* déb. am. à Okinawa. *-10-3* Tokyo bombardé (de 0 h à 3 h du matin ; 300 avions portant chacun 7 à 8 t de bombes incendiaires, 197 000 † et disparus). *-6-8* à *Hiroshima* 1re bombe at. am., 99 685 † des suites de l'explosion (le commandement amér. calculait qu'il avait encore contre lui 2 500 000 soldats, 11 000 avions, 20 porte-avions géants, 23 cuirassés, 250 sous-marins. Il prévoyait des opérations de l'automne 1945 au printemps 1946, et des centaines de milliers de morts). *-8-8* l'U.R.S.S. déclare g. au J., envahit la Mandchourie. *-9-8* 2e bombe atomique sur Nagasaki (75 000 †). Le J. capitule. *-2-9* MacArthur reçoit la capitulation officielle du J. sur cuirassé *Missouri* en rade de Tokyo. *-15-12* le shintoïsme cesse d'être religion d'État. **1946**-*1-1* l'emp. renonce à son ascendance divine. *-21-10* réforme agraire. **1947** vote des femmes. *Nov.* Tojo, Hirota et des criminels de guerre exécutés. **1950**-*25-6* g. de Corée. *-10-8* une police nationale de réserve de 75 000 h. prend la place des troupes amér. appelées en Corée. **1951**-*8-9 tr. de paix de San Francisco*, signé par 48 pays, entre en vigueur en avril 52. U.S.A. lèvent l'occupation (en vigueur le 28-4-52). **1956**-*19-10* normalisation des relations nippo-sov. *-12-12* J. entre à l'O.N.U. **1958**-*2-5* profanation à Nagasaki du drapeau de la Chine communiste. Rupture des relations commerciales avec Chine. **1960** *mai-juin, Zengakuren* et *Sohyo* organisent des émeutes contre tr. de sécurité avec U.S.A. qui entre en vigueur le 19-6. **1962** accord pour développement des échanges comm. pendant 5 ans. **1963**-*26-7* entre à l'O.C.D.E. **1964** inauguration du *Tokaido*. 1re autoroute *(Meishin)* Nagoya-Kobe (190 km). **1968** *juin* J. récupère îles Bonin. *-21-6* révoltes étudiants (Tokyo). **1969** accord nippo-sov. sur mise en valeur de Sibérie. *-18-1* police reprend université de Tokyo. **1970**-*11-2 Osumi*, 1er satellite japonais. *-28-9* rupture avec T'ai-wan. **1972**-*15-5* U.S.A. restituent Okinawa et retirent leurs armes nucléaires. *-29-9* normalisation des relations avec Chine. **1975** *sept.* plan de relance de l'économie. *Nov.-déc.*, grève « illégale » dans chemins de fer et secteur nationalisé. **1976**-*27-7* Tanaka (ancien PM impliqué dans affaire Lockheed) arrêté [avait reçu 500 millions de yens (env. 8 830 000 F)]. **1978**-*20-5* aérodrome de Narita inauguré, manif. écologiste (4 †, 60 000 bl.). *-23-10* tr. de paix et d'amitié sino-jap. *-29-11* élections, victoire de M. Ohira. **1981** *févr.* visite du pape Jean-Paul II. **1982**-*14/18-4* visite du Pt Mitterrand. **1983**-*12-10* Tanaka condamné (4 ans pris. 500 millions de yens d'amende). *-18-12* élect. législ. (après dissol.) : conservateurs, au pouv. dep. 45, perdent 36 s. et maj. abs., Tanaka réélu. **1984**-*6/8-9* Pt Chun Doo Hwan au J. (1er voyage d'un chef d'État coréen au J.). **1985**-*14/16-7* visite en France du P.M. Y. Nakasone. *-20-10* affrontements à Narita. *-29-11* sabotage ferroviaire : 3 200 trains perturbés (48 extrémistes de gauche arrêtés).

Politique

Statut. Empire. Constit. du 3-11-1946, appliquée 3-5-1947. **Empereur** *(Tenno)*. Symbole de l'État et de l'unité du peuple, il doit ses fonctions à la volonté du peuple, en qui réside le pouvoir souverain (la loi de 1889 disait : l'empire du J. est gouverné par un empereur, successeur à jamais de l'ancêtre divin en ligne direct) ; il n'a pas de pouvoirs de gouvernement, il ne peut exercer que les seules fonctions prévues par la Constitution en matière de représentation de l'État : promulgation des amendements à la Constitution, lois, décrets du Cabinet et traités, convocation de la Diète, dissolution de la Chambre des représentants, proclamation des élections gén. des membres de la Diète, attestation de la nomination et de la révocation des ministres d'État et autres fonctionnaires, en vertu de la loi, ainsi que des pleins pouvoirs et lettres de créances des ambassadeurs et ministres, attestation de l'amnistie, générale ou spéciale, de la commutation de peine, de la grâce et de la réhabilitation, décernement des distinctions honorifiques, attestation des instruments de ratifications et autres documents diplomatiques, dans les conditions prévues par la loi, réception des ambassadeurs et min. étrangers, représentation de l'État aux cérémonies officielles.

Diète. *Ch. des représentants* [511 m. élus pour 4 ans dans 130 circonscriptions (chacune élisant 3 à 5 dép. selon la pop.)] ; *Ch. des conseillers* [252 m. élus pour 6 ans, renouvelables par moitié tous les 3 ans, 100 sont désignés à la proportionnelle selon les résultats des listes des partis, et 152 élus dans 47 circonscriptions préfectorales]. **PM** (obligatoirement un civil) élu par Diète en son sein et responsable devant elle, forme un *cabinet* (20 ministres max., la majorité doit être choisie dans la Diète). Si la Ch. des repr. adopte une motion de censure ou rejette une m. de confiance, le Cabinet doit démissionner, sauf si la Ch. est dissoute dans les 10 j.

Cour suprême (1 Pt nommé par l'emp., juges nommés par le Cabinet) assure le pouvoir judiciaire.

☞ **Défense. 1946.** D'après l'art. 9 de la Constit., le J. renonce à jamais à la guerre en tant que droit souverain de la nation, ou à la menace, ou à l'usage de la force comme moyen de règlement des conflits internationaux. Pour atteindre ce but, il ne sera jamais maintenu de forces terrestres, navales et aériennes, ou autre potentiel de guerre. Le droit de belligérance de l'État ne sera pas reconnu. **Sécurité. 1946-50** assurée par les forces d'occupation des puissances alliées. **Dep. juil. 1950** (g. de Corée), organisation d'une police nat. (75 000 h.) et renforcement des gardes-côtes (18 000 h.). V. à l'Index : Japon, armée. **1960** tr. de coopération mutuelle et de sécurité entre J. et U.S.A. (1960) remplaçant le tr. de 1951 et prévoyant le stationnement de forces amér. au J.

Budget (86). 3 297 milliards de yens (0,97 % du P.N.B. ; 1,5 % avec méthode de calcul OTAN). 1 Jap. consacre 100 $ par an à la défense ; 1 Amér. : + de 1 000 ; 1 Français : 270. Il faut ajouter l'aide écon. stratégique du J. aux pays sensibles : + de 1,2 milliard de $ en 1983, dont 210 millions à la Corée du S. et 1 milliard aux Philippines en 1984.

Fête nat. 29 avril (anniv. de l'emp.). **Drapeau** (disque rouge sur fond blanc) utilisé dep. 1872, appelé Hi-no-Maru (rondeur du soleil), symbole du J. (en japonais « nippon », c'est-à-dire la source du soleil), d'où l'expression *Pays du Soleil Levant.* **Hymne nat. :** Kimigayo (Le règne de notre empereur).

● **Partis. P. libéral démocrate (P.L.D.)**, issu de la fusion, en nov. 1955, du P. libéral et du P. démocrate. Au pouvoir dep. 20 ans (p. de cadres, électorat surtout urbain). 3 645 843 m. (85). Pt Yasuhiro Nakasone. **P. socialiste (P.S.J.)**, f. nov. 1945, 71 000 m. (soutenu par la conf. syndicale Sohyo), implantation urbaine. Pt Ishibashi Masashi. **P. communiste,** f. juill. 1922 (légal 1945). Pt du C.C. Kenji Miyamoto (17-10-08), Pt du Praesidium Fuwa Tetsuzo (26-1-30). 480 000 m. **Komeito** (« p. du gouv. propre »), f. nov. 1964, issu de la secte bouddhiste Sokagakkai (séparé off. dep. 1970), conservateurs déçus par P.L.D. 179 000 m. (84). Pt Yoshikatsu Takeiri (10-1-26), secr. gén. Junya Yano. **P. démocrate-socialiste (P.D.S.)**, f. janv. 1960 après scission de l'aile droite du P.S. Soutenu par confédération synd. Komei. Pt Saraku Ryosaku Sasaki (8-1-15). **Komei,** f. nov. 1964, veut réaliser buts de la Sokagakkai. **Club néo-libéral,** f. juin 1976, dissidents du P. libéral dém., droite conservatrice. Pt Seiichi Tagawa. **P. social-démocrate unifié (P.S.D.U.)** f. mars 1978, dissidents socialistes, soc. libéraux. Repr. Hideo Den. **Extrême-gauche,** *Chukakan* (noyau central) peut mobiliser 5 000 pers., *Sekigum* (Armée Rouge) responsable de l'attentat de Lod (1972, voir Israël).

● **Élections du 18-12-83** (sièges obtenus ; entre parenthèses, sièges détenus lors de la dissolution). **Chambre des représentants :** P.L.D. 250 (284), P.S.I. 112 (107), Komeito 58 (33), P.D.S. 38 (32), P.C. 26 (29), C.N.L. 8 (12), P.S.D.U. 3 (3), sans étiquette 16 (11). *Factions du P.L.D. :* Tanaka 63 (− 2), Suzuki 50 (− 12), Nakasone 42 (− 6), Fukuda 40 (− 6), Komoto 28 (− 2), Nakagawa 7 (+ 1). *Composition des groupes* (après que les sans-étiquettes aient rejoint des partis) : P.L.D. 254, P.S.I. 113, Komeito 54, P.C. 27, C.N.L. 8, P.S.D.A. 3, indép. 3, total 511.

Nota. — Abstentions 32,1 % sur 84 500 000 électeurs (le plus fort % dep. 1945).

Ch. des conseillers : P.L.D. 137 (134), P. soc. 44 (48), Komeito 27 (27), P.C. 14 (12), P. dém.-soc. 12 (11), Nouveau Club lib./Union des soc.-dém. 2 (4), petits groupes 9 (5), sans étiquette 4 (5). Total 249 (3 s. vacants) [246 (6 s. vacants)].

● **Empereurs. (Tennos) :** En 1868, on adopta un seul nom d'ère par règne (auparavant on en changeait selon les événements heureux ou malheureux). Ce système *(gengo)* fut abandonné par la constitution de 1945 (on appelle l'empereur actuel Hiro-Hito et non *Showa*), mais reste une coutume vivace ; les documents civils (acte de naissance, permis de conduire, etc.) sont ainsi datés, le calendrier grégorien n'étant utilisé que pour les événements internationaux. La loi du 12-6-1979 a rendu au gengo son statut légal.

1412 Shoko (1401-28). **28** Go Hanazono (1419-70), ar.-p.-f. de Shoko (1334-98), emp. de 1349 à 1352. **64** Go Tsuchimikado (1442-1500), s. f. **1500** Go Kashiwabara (1469-1526), s. f. **26** Go Nara (1496-1557), s. f. cadet. **57** Ogimachi (1517-93), s. f. **86** Go Yôzei (1571-1617), s. f. **1611** Go Mizuno-O. (1596-1680), s. 3e f. **29** Meisho, impératrice (1623-96), s. fille. **43** Go Komyo (1633-54), 3e f. de Go Mizuno-O. **54** Gosai (1637-85), 7e f. de Go Mizuno-O. **63** Reigen (1654-1732), 18e f. de Go Mizuno-O. **87** Higashiyama (1675-1709), s. f. **1709** Nakamikado (1701-37), s. 5e f. **35** Sakuramachi (1720-50), s. f. **47** Momozono (1742-62), s. f. **62** Go Sakuramachi, impératrice (1740-1813), fille cadette de l'emp. Sakuramachi. **70** Go Momozono (1758-79), s. f. **79** Kokaku (1771-1840), 6e f. de l'a.-p.-f. de l'emp. Higashiyama. **1817** Ninko (1800-46), s. (Mtsu-Hito) 4e f. **46** Komei (1831-66), 4e f. de Ninko. **67** Meiji (Mutsu-Hito) (1852-1912), s. f. cadet. **1912** Taisho (Yoshi-Hito) (1879/1926), s. 3e f. **26** (25-12) Kinjo (Hiro-Hito) (29-4-1901) ép. 1924 Pcesse Kuni, impératrice Nagako (n. 6-3-03), régent dep. 1921 ; héritier : Pce Akihito (23-12-1933) [ép. 10-4-1959 Michiko Shôda (n. 20-10-34) dont Pce Naruhito titré Pce Hironomyia (Pce Hiro) (23-2-1960), Pce Fumihito titré Ayanomiya (Pce Aya) (30-11-1965), Pcesse Sayako titrée Norinomiya (18-4-69)], Pce Hitachi et 4 filles.

● **Premiers ministres. 1945** *oct.* Kijuro Shidehara (1872-1951). **46** *mai* Shigeru Yoshida (1878-1967). **47** *mai* Tetsu Katayama (1887-1978). **48** *mars* Hitoshi Ashida (1887-1959). **48** *oct.* Shigeru Yoshida. **54** *déc.* Ichiro Hatoyoma (1883-1959). **56** *déc.* Tanzan Ishibashi (1884-1973). **57** *févr.* Nobosuké Kishi (1896). **60** *juill.* Hayato Ikeda (1899-1965). **64** *9-11* Eisaku Sato (1901-1975). **72** *5-7* Kakuei Tanaka (1918), P.L.D. **74** *9-12* Takeo Miki (1907), P.L.D. *démissionne.* **76** *24-2* Takeo Fukuda (14-1-05), P.L.D. **78** *7-12* Masayoshi Ohira (1910-80), P.L.D. **80** *12-6* (intérim) Masayoshi Ito (1925). *17-7* Zenko Suzuki (11-1-11), P.L.D. **82**-*26-11.* Yasuhiro Nakasone (n. 1918).

Économie

● **Taux de croissance moy. (%).** *1963-72 :* 10,5 ; *73 :* 10 ; *74 :* 0,6 ; *75 :* 1,5 ; *76 :* 6,5 ; *77 :* 5,4 ; *78 :* 6 ; *79 :* 6 ; *80 :* 4,8 ; *81 :* 2,7 ; *82 :* 3 ; *83 :* 3,3 ; *84 (prévisions) :* 3,7.

● **P.N.B.** (84). *Total* (milliards de $) 1 233 ; *par hab.* 10 280 $. **P.N.B.** (au prix du marché) (milliards de yens, 84). *Total* 284 665 dont dépense nationale 277 824 [dépenses des consommateurs 168 679, dép. courantes de l'État 29 126, formation brute de capital fixe 78 523, variation des stocks 496]. Solde 6 841, des biens et services (exportations) 47 199 *moins :* importations 40 358.

● **Inflation** (%). *1979 :* 3,6 ; *80 :* 8 ; *81 :* 2,9 ; *82 :* 2 ; *83 :* 1,5 ; *84 :* 2,25 ; *85 :* 1,8.

● **Investissements à l'étranger** [milliards de $, au 31-3-84). 61,3 dont Amér. du N. 17,9, Asie 16,4, Amér. lat. 10,7, Europe 7,1, Océanie et Afrique 6,4, Moyen-Orient 2,7 (par an, *en 1985 :* 10). **Investissements étrangers au Japon** (milliards de $, 31-3-84). Total 5,57 dont U.S.A. 2,98, Suisse 0,30, G.-B. 0,27, All. féd. 0,21, Canada 0,11, France 0,11, P.-Bas 0,09, Panama 0,005, Belgique 0,005, autres 1,5.

● **Budget central** (1986-87, en milliards de yens, entre parenthèses milliards de $). 54 088 (env. 267). *Service de la dette* 11 210 (56). *Aide au développement* 612 (3). *Recettes* 40 560 (200). *Investissements et prêts gouvernementaux* 21 753 (95).

Recettes : taxes et timbres 38,5, obligations 11,6, autres 2,3. *Dépenses :* Bons du trésor 10,2, Sécurité sociale 9,5, finances locales 9,6, travaux publics 5,9.

Déficit de l'administration centrale en % du P.N.B. (nominal). *1973 :* 0,6 ; *74 :* 2,1 ; *75 :* 3,9 ; *76 :* 4,2 ; *77 :* 5,2 ; *78 :* 5 ; *79 :* 6 ; *80 :* 6 ; *81 :* 5,1 ; *82 :* 5 ; *83 :* 4,9 ; *84 :* 4,3.

● **Endettement public** (1986-87) : 750 milliards de $ (service de la dette 59 milliards soit 20 % du budget).

● **Pop. active** (% et entre par. part du P.N.B. en %). Agr. 9,7 (3,5), ind. 34 (40), services 55 (56,4), mines 1 (0,5). *Par secteurs* (millions, 83) : 58,56 (dont hommes 35,02) dont primaire 5,31, second. 19,57 (ind. manuf. 14,05, construction 5,41), tertiaire 33,3 (commerce gros et détail 13,13, services 11,22). *Par sta-*

tuts : employeurs, ind., trav. famil. 10,59, salariés 41,76.

Chômage (%) : *1979 :* 2,1 ; *80 :* 2,2 ; *81 :* 2,2 ; *82 :* 2,4 ; *83 :* 2,6 ; *84 :* 2,8 ; *85 :* 2,6 (1 640 000).

Conditions de travail (82). *Congés payés* autorisés moy. 14,4 j (effectivement pris 8,8 j) *H. supplémentaires autorisées :* femmes 6 h par sem., hommes aucune limite ; payées 25 % de +. *Retraite :* 60 ans dans 68 % des entrepr. *Temps de travail par mois : 70 :* 186,6 h (dont h suppl. : 16,7), *75 :* 172 (10,6), *79 :* 176,2 (13,2), *83 :* 174,8 (13,1). *Syndiqués* (% de la main-d'œuvre) : *1955 :* 39,1 : *70 :* 35,4 : *80 :* 30,8 ; *83 :* 29,7 (12 520 000 pers.).

Revenu annuel moyen (1984). Industrie privée, hommes : 153 200 F, femmes : 74 400 F, moyen : 126 200 F.

• **Structure de la consommation** (dépenses en %, en 1980, entre par. 2000). Nourriture 29,3 (22,2), logement 9,5 (11,1), électricité, chauffage 3,9 (3,5), habillement 9,3 (8,3), diverses 48,1 (54,9), santé et soins médicaux 2,6 (3,4), transports et comm. 7,9 (8,3), éducation, culture et loisirs 11,3 (10,0). Autres 26,3 (33,2).

Équipement des ménages (%, 84). T.V. couleurs 99,2, réfrigérateurs 98,7, lave-linge 98,4, aspirateurs 96,7, appareils photo 85,7, machines à coudre 20,2, voitures de tourisme 64,8, chaînes stéréo 58, conditionneurs d'air 49,3, fours à micro-ondes 40,8, clubs de golf 23,7, magnétoscopes 18,7, pianos 17,6.

• **Agriculture. Terres** (milliers d'ha, 81) arables 4 272, cult. en permanence 581, pâturages 589, forêts 25 198 (par endroits touchés à 80 % par les pluies acides). Eaux 128, divers 6 463. **Conditions.** Très petites exploitations (40 % ont − de 50 ares). Agriculture comparable à du jardinage. Souvent mélange de plantes qui fournissent 4 récoltes échelonnées par an. 4 millions de paysans à plein temps. Subventions : 1 337 milliards de yens (5,6 milliards de $) en 1984.

Production. *Riz brun :* 40,3 % des terres cultivées (1982), dont 300 000 ha de terrasses en montagne ; 39 % du revenu des agriculteurs. Rendement : 5,69 t/ha ; prod. 14 250 000 t (84). *Blé* 741 000 t (84), *orge* 394 000 t (84). *Pommes de t.* 3 566 000 t (83) (Hokkaïdo), *patate douce* 1 379 000 t (83) (Kyushu). *Légumes verts* (10 % des terres cultivées), surtout au N. et au N.-E. de Honshu. *Légumineuses :* soja (2 % des t. arables, 238 000 t en 84), cult. traditionnelle, surtout à Honshu (O.), en régression. *Arbres fruitiers* (cult. récente en progression : 7 % des t. cultivées), surtout au S. de Honshu : pommes 1 048 000 t ; mandarines 3 800 000 t. *Betteraves et fourrage* (12 % des t. cultivées). *Tabac* 137 000 t (83). *Cultures arbustives* traditionnelles : thé 102 000 t (84) sur 60 000 ha (S.), mûrier à soie (130 000 ha, 61 000 t en 83), centre-E. de Honshu. *Horticulture.*

% d'indépendance dans les prod. agr. : riz 94, blé 9, orge 17, soja 4, fruits 85, viande 80, lait et prod. laitiers 87, sucre 15. *En calories : 1960 :* 79, *83 :* 52.

• **Élevage** (milliers de têtes, 83). Poulets 307 063, porcs 10 423 (84), bovins 4 682 (84), moutons 21, chèvres 57, chevaux 24.

• **Forêts.** Env. 33 800 000 m³ (83). Reboisement en cours.

• **Pêche.** *Lieux* (%, 82). Haute mer 53,4, hauturière 18,3, côtière 18,2, élevage en eau salée 8,2 ; eau douce : pêche 1,1, élevage 0,8. Les pêcheries sont au N. (Hokkaido) et à l'O. (Honshu). Problèmes de frontières maritimes avec Corée, U.R.S.S., Canada, U.S.A., Australie. *Production* (millions de t, 84) : 11,8 dont Pacifique (82) 10,4, eaux territoriales 0,2, Atlantique 0,1, océan Indien 0,06. *Capture de baleines* (82) 4 855. Poissons et crustacés représentent ¼ de la ration alimentaire.

• **Énergie. Consommation.** Env. 438 millions de TEP dont 80 % importés. *Origine* (%, 84) pétrole 59,7, charbon 17,7, barrages 5,5, gaz 9,1, nucléaire 8,5, divers 0,1 (sources intérieures 8,8, étrangères 19,2). **Perspective** (%, couverture des besoins *1990*). Pétrole 49,1, charbon 19,5, nucléaire 11,3, gaz nat. 11,5, barrages 5,1, divers 3,5.

Le J. cherche à réduire sa consommation d'au moins 3 % et a imaginé de nombreuses mesures (parmi celles-ci : 80 % des stations-service sont fermées le dimanche), pour éviter une utilisation massive des climatiseurs, les fonctionnaires ne sont plus astreints au port de la cravate.

Pétrole. Consommation (milliers de t) *1978 :* 201, *83 :* 163, *84 :* 168,4. **Charbon** (millions de t). *Réserves* 9 000 ; *prod. 37 :* 45,7 ; *80 :* 18 ; *83 :* 17 ; *84 :* 16,6 ; *import. 82 :* 78,5 ; *83 :* 75,1. **Pétrole** (millions de t.) : *prod. 83 :* 0,492 ; *84 :* 0,430 ; *imp. 81 :* 230 ; *82 :* 214,7 ; *83 :* 207,8 ; *84 :* 183,4. **Nucléaire.** *Capacité* (milliers de MW). *1983 :* 17,3 (24 centrales), *85 :* 33 ; *90 :* 60 (soit 27 % de la prod.). **Électricité** (83). *Prod.* 581 milliards de kWh dont nucléaire 16 %, hydraulique 14,5 %. **Gaz.** *Prod.* 2,1 milliards de m³.

• **Mines** (milliers de t, 83). *Zinc* 252,7 (84). *Fer* 175 (84). *Pyrites de fer* 725. *Manganèse* 77. *Quartz* 13 373. *Chaux* 169 780. *Chromite* 8 396 t. *Cuivre* 6 000 t. *Plomb* 48 700 t *(84). Or* 41,7 t (84).

• **Industrie. Caractéristiques.** 1°) *Sont importées : matières premières* (coton, laine, bauxite, caoutchouc, nickel à 100 %, fer à 99,5 %, cuivre à 89,9 %, plomb à 79,7 %, zinc à 64 %, bois à 63,9 %), *sources d'énergie :* gaz (64,9 %), charbon (85,2 %), pétrole (99,8 %), uranium (100 %). *2°) Entreprises géantes (45 %) et ateliers familiaux (55 %).* 98 % ont moins de 100 ouvriers, mais 6 groupes internationaux [*zaibatsus* (cartels)], possèdent, au total, 617 milliers de $. Chiffre annuel prévu pour 1990 : 155 milliards de $, dont 44 en Am. du Nord [3,5 milliards (en 70)]. Groupe *Mitsubishi* (52 milliards de $) ; *Mitsui* (48 milliards) ; gr. *Dal-ichi Kangyo* (C. Itoh, 12 milliards, Kanematsu-Gosho, 12 milliards) ; *banque Fuji* (29 Stés dont Marubeni, 36 milliards) ; *Sumitomo* (25 milliards) ; *banque Sanwa* (39 Stés, dont Nissho-Iwai, 25 milliards). *3°) Bas prix,* dus aux facilités de transport (les navires appartiennent aux zaibatsus) et au bas niveau salarial. *4°) Percée de la robotique industrielle* (1er prod. du monde). Ex. de résultats atteints : Datsun : 2 500 000 voitures avec 24 000 salariés, BMW (All.) : 362 000 avec 43 000. Les ouvriers remplacés par les robots sont reclassés ailleurs (ils ont en général un contrat à vie avec leur firme). *5°) Formation générale de haut niveau* des ouvriers (niveau minimal du recrutement chez Honda : bac. ; le Q.I. moyen des Jap. est le plus élevé du monde).

Localisation : côte (zone ind. de 1 000 km de long sur 10 de large) pour profiter des transports maritimes à bas prix. Unités : aciéries Shin Nittetsu à Muroran ; papier à Hokkaido ; chimie lourde à Kyushu. *Productions industrielles des principales zones* (%, 81) : Tokyo-Yokohama-Chiba (Keihin & Keiyo) 17,6, Osaka-Kobe (Keihanshin) 14, Nagoya (Chukyo) 11,8, N. de la région du Kanto (comprenant Utsunomiya, Mito, Nikko) 11,5, mer Intérieure 7,4, Kitakyushu 2,7. Production de microprocesseurs très dispersée, mais surtout dans Kyushu (surnommé « île de Silicone ») et dans le N. de Honshu.

Production. Automobile (millions) *1981 :* 11,18 véhicules ; *82 :* 10,73 ; *83 :* 11,11 dont 5,67 exportés ; *84 :* 11,47. **Fonte.** 81,5 millions de t (84). **Acier brut** (millions de t) : *1943 :* 7,6 ; *56 :* 11,1 ; *60 :* 22,1 ; *65 :* 41,2 ; *70 :* 93,3 ; *74 :* 114 ; *76 :* 107,4 ; *79 :* 111,4 ; *81 :* 101,7 ; *82 :* 99,5 ; *83 :* 97,2 ; *84 :* 105,58 ; *85 :* 105,25 ; *86* (prév.) : 95. **Chantiers navals.** *Lancement* (millions de t) *1960 :* 1,7 ; *75 :* 18 ; *80 :* 6,2 (dont tankers 3,4), *82 :* 8,9 ; *83 :* 6,5 tjb. *84 :* 9,4 tjb. **Logements** mis en chantier (1983) 1 136 000. *Logement (moyen) :* 4,74 pièces, 88,10 m², salle de b. 88,1 % ; propriétaire 62,3 % ; loyer mensuel 1 625 yens par tatami (tatami = 1,62 m²).

☞ La pègre [11 familles principales, 100 000 Yazukas (membres actifs)] réalise un C.A. de 5 milliards de $.

• **Transports** (km). **Routes** (82) 1 123 030 dont 50,4 % pavées, autoroutes 3 010. **Chemins de fer** 27 029 (82). La *J.N.C.* (Japan National Railways) (dette 195 milliards de $) sera privatisée (7 Stés le 1-4-87). **Parc auto.** (millions) tourisme *73 :* 14,5 ; *83 :* 26,4 ; commerciaux *73 :* 10,5 ; *83 :* 16,2.

Trafic. (83) *passagers* (milliards de km/pass.) ch. de fer nationaux 192,9, privés 128,5 ; autocars 103,4 ; voitures de tourisme 360,7 ; tr. aériens 58,4. Marchandises (milliards de t/km) : fer 27,646 dont nationaux 27,1, route 193,5, mer 192,3, air 2,5. *Flotte march.* (en millions de tjb) 39 (8 666 navires) dont pétroliers 15,4, pétroliers-cargos 1,3, minéraliers 10,6, grumiers 0,9, car-ferries 2, autres transp. spéciaux 1,5, cargo transp. de prod. chim. 0,5, méthaniers 0,8, porte-containers 1,8, cargos ordinaires 2,4, paquebots 1,1, autres navires spécialisés 0,2.

• **Tourisme.** *Visiteurs* (milliers) : *1960 :* 212 ; *70 :* 854 ; *80 :* 1 317 ; *85 :* 2 327 [dont (%) U.S.A. 24, T'aiwan 17,1, Corée 8,7, G.-B. 7,9].

Sites. *Tokyo :* jardin du palais impérial, temple Asakusa Kannon, sanctuaire Meiji Jingu, quartiers commerçants de Ginza, Shibjuku, Shibuya et Ueno ; *Nikko :* temple et pagodes, sanctuaire Toshogu dans la montagne ; *Kamakura :* grand Bouddha en bronze *(Daibutsu) ; Hakone :* parc national au pied du Mt Fuji, lac Ashinoko ; *Kyoto :* foyer de la culture j. traditionnelle, Pavillon d'or, ancien palais impérial et plus de 2 000 monuments historiques ; *Nara :* 1re capitale historique du J., temple Tdaiji, la plus grande construction en bois du monde abritant le plus grand Bouddha en bronze du monde, sanctuaire Kasuga Taisha (milliers de lanternes de pierre et fer) ; *Divers :* Sapporo, Sendai, Yokohama, Osaka, Toba, Okayama, Kurashiki, Hiroshima, Matsuyama, Takamatsu, Beppu, Nagasaki, Miyazaki, Mt Aso. **Touristes j. à l'étranger** (en milliers). *1960 :* 76 ; *70 :* 663 ; *80 :* 3 909 ; *83 :* 4 232 ; *85 :* 4 948. **Balance du tourisme** (milliards de $). *1970 :* − 0,08, *75 :* − 1,11, *80 :* − 3,9, *84 :* − 3,6.

• **Quelques problèmes liés à l'expansion. Avec U.R.S.S.** Le « lobby » de la pêche veut récupérer les îles Kouriles, annexées par l'U.R.S.S. en 1945 ; résultat : l'U.R.S.S. fait des difficultés pour les investissements jap. en Sibérie (1 400 millions de $ depuis 1970) : refus de la concession du gaz de Yakoutie, rejet d'un projet de 3 milliards de $ pour l'oléoduc de Tyoumen. **Avec Asie du S.-E.** le ¼ des investissements j. se fait dans la région (30 % des exportations vers le J.). Le J. est accusé de colonialisme par Asean (Philippines, Thaïlande, Indonésie, Malaisie, Singapour), car il importe les matières premières et n'exporte pas sa technologie. **Avec tiers monde.** Le J. est un des derniers États de l'O.C.D.E. pour l'aide au tiers monde (0,22 % du P.N.B.), étant décidé à ne faire que des investissements rentables. **Avec « zone économique du Pacifique »** (projet de zone écon. avec Australie, U.S.A., N.-Zél., Canada et autres États riverains). Les États industrialisés de cette zone s'effraient de l'expansion écon. du J. (risque d'une mainmise totale sur la région).

• **Commerce extérieur. 1°) Jusqu'à 1979.** *a) Faiblesse par rapport au P.N.B. de 1975 à 79,* les exportations fr. sont égales aux exp. jap. (et même supérieures). *b) Coûts élevés par suite de la surévaluation du yen.* Sa hausse en 1978 avait mis les salaires j. au niveau des s. fr. et am. (contre ¼ des salaires fr., 1/10 des s. am. en 1958). Jusqu'à déc. 1979, la concurrence sur les prix ne joue plus. **2°) A partir de 1980.** *a) Les exportations j. croissent* en vol. de 110 % ; elles atteignent le même % par rapport au P.N.B. qu'en Fr., mais sont le double des export. fr. *b) Le yen baisse :* les coûts salariaux tombent à 60 % des coûts fr. (remontés à 75 % au début 81). **3°) Caractéristiques permanentes.** *a) Imp. faibles* en valeur (matières 1res, énergie, produits alim. bruts, seulement 19 % des produits manufacturés). *b) Protectionnisme « psychologique » :* le consommateur j. se méfie des produits étrangers (d'où l'impossibilité de conclure des accords antiprotectionnistes avec d'autres pays). *c) Commerce triangulaire :* la balance commerciale du J. est déficitaire avec les pays vendeurs de matières 1res (Australie, Malaisie, O.P.E.P.) ; il compense ce déficit en vendant des produits finis aux pays industrialisés (ex. de taux de couverture : P.-B. 5 ; Belgique 3 ; R.F.A. 2,2 ; G.-B. 2,13 ; Fr. 1,6 ; U.S.A. 1,26). *d) Diplomatie commerciale :* le J. effectue env. 8 % des échanges mondiaux ; sa production équivaut à 13 % de la prod. mondiale. Il assure son commerce par des accords d'achats ou de ventes conclus au coup par coup. *Achats :* 80 % des matières premières, 99,8 % du pétrole, 50 % de son alimentation sont importés (la C.E.E. 25 %). *Ventes :* 97 % sont des prod. finis : outillage, navires, automobiles (3 % du marché intérieur fr., mais 42 % de l'Afr. francophone : *1979 :* Arabie Saoudite : *voitures fr.* 1 527, *jap.* 222 000 ; U.S.A. : *voitures fr.* 33 000, *jap.* 2 millions. Importations de voit. étrangères au J. : 60 000, dont 16 000 am.), textiles artificiels et cotonnades, jouets. *Importations :* de riz, diminuent par suite des hauts rendements obtenus en riziculture. *Exportations :* cotonnades concurrencées par celles du tiers monde, en expansion ; produits finis de haute technicité (caméras, téléviseurs, haute-fidélité, optique, électronique). La conquête du marché chinois et l'acquisition des matières premières chin., entreprises à partir de 1973, se sont soldées par des échecs (dénonciation des contrats par la Chine). *e) Avantage économique découlant du statut :* le J. n'a pas le droit de faire la g. ; ses dépenses mil. sont faibles ; les sommes ainsi économisées permettent des investissements productifs. *f) Sujets d'inquiétude :* 1°) baisse de la natalité (dans 20 ans, + de retraités que d'actifs) ; 2°) déficit budgétaire (la dette représente 30 % du P.I.B., contre 7,5 % en 1974) ; 3°) pollution industrielle (la plus grave du monde).

Commerce (milliards de $). **Exportations : 1980 :** 126,7 ; **81 :** 149,5 ; **82 :** 137,6 ; **83 :** 146,9 *dont* prod. alim. et animaux vivants 1,2, boissons et tabac 0,1, mat. brutes non comestibles, carb. non compris 1,2, combust. minéraux, lubrifiants et prod. connexes 0,4, huiles et graisses d'origine animale ou végétale 0,1, articles manuf. 28,9, mach. et mat. de transp. 85,1, articles manuf. divers 21,2, articles et transactions non classés 1,5 *vers* (%) U.S.A. 42,8, Arabie Saoudite 6,7, Corée du S. 6, All. féd. 5,9 Hong Kong 5,3, T'ai-wan 5, G.-B. 5, Chine 5, Singapour 4,5 Australie 4,2 ; **85** : 175,6. *Part des exportations mondiales de certains produits j.* (%, 83). Appareils photos (24 × 36) 84, magnétoscopes 84, montres-bracelets 82, calculatrices 77, fours à micro-ondes 71, combinés téléphoniques 66, motocyclettes 55, TV couleurs 53, piles électriques 31, machines à laver 26, réfrigérateurs 21. **Importations** (milliards de $,) : *1980* : 124,7, *81* : 129,5, *82* : 119,5, *83* : 126,4 *dont* prod. alim. et animaux vivants 14, mat. brutes non comestibles, carb. non compris 18, combust. minéraux, lubrifiants et prod. connexes 59, prod. chim. 7,2, articles manuf. 10,1, mach. et mat. de transp. 9,3, articles manuf. divers 2,4, articles et transactions non classés 2,4 *de* (%) U.S.A. 24,6, Arabie Saoudite 15,6, Indonésie 10,4, Émirats arabes unis 7,8, Australie 6,6, Chine 5, Canada 4,4, Iran 4,2, Corée du S. 3,3, Malaisie 3,1, T'ai-wan 2,6, All. féd. 2,4, G.-B. 1,9, Mexique 1,4, Qatar 1,7, Brésil 1,7, Afr. du S. 1,6, Singapour 1,4, U.R.S.S. 1,4, Suisse 1,4, Philippines 1,3, France 1,3 ; **85** : 129,5. **Excédent commercial** : *1980* : 2,1 ; *81* : 8,8 ; *82* : 18 ; *83* : 20,6 ; *84* : 44,5 ; *85* : 56, *année fiscale 31-3-85 au 31-3-86* : 61,5 (dont avec U.S.A. 43,53, CEE 12,6, Chine 5,6).

Commerce franco-japonais (milliards de $, d'après les stat. franç.). *Imp. franç.* : *1975* : 0,7, *80* : 2,01, *83* : 2,008 (soit 20,9 milliards de F dont chaudières, machines, app. et engins méc. 3,3, voitures autom., tracteurs, cycles et autres véhic. 3,3, instr. de musique, app. d'enregistrement ou de reprod. du son 3, machines et app. électriques, objets à usages électrotechniques 2,9, instr. et app. d'optique, de mesure et médicaux chirurg. 2,4, jouets, jeux, articles pour divertissements et sports 0,6, navigation maritime et fluviale 0,5, fonte et acier 0,5, textiles synth. et artif. continus 0,3). *Exp. franç.* : *1975* : 0,4 ; *80* : 1,1 ; *83* : 1,1 (soit 8,248 milliards de F dont chaudières, machines, app. et engins méc. 0,4, instr. et app. d'optique, de mesure et médicaux chirurg. 0,2, vêtements et accessoires du vêt. en tissus 0,2, fonte et acier 0,19).

1res sociétés exportatrices japonaises (1983) C.A. à l'exportation en milliards de $ U.S. (par rapport au C.A. global en %) : Toyota Motor 9,5 (46), Nissan Motor 8 (55), Honda Motor 5,3 (69), Matsushita Electric 3,9 (34), Mazda 3,7 (65), Nippon Steel 3,6 (32), Hitachi 3,6 (32), Mitsubishi Heavy Ind. 2,8 (35), NEC 2,2 (35), Toshiba 2,2 (25), Sony 2,1 (66), Sanyo Electric 2 (58), Nippon Kokan 2 (35), Kobe Steel 1,9 (37), Mitsubishi Electric 1,9 (28), Sharp 1,8 (57), Kawasaki Steel 1,8 (39), Sumitomo 1,7 (38), Komatsu 1,6 (62), Victor (JVC) 1,6 (68).

Chiffres d'affaires au Japon des 9 Sogo Shosha (maisons de commerce général) (milliards de yen, 83). Total 33 885 dont Mitsubishi 5 453, Mitsui 5 462, C Itoh 5 980, Marubeni 4 126, Sumitomo 5 919, Nissho Iwai 2 754, Tokyo Menka 1 499, Kanematsu-Gosho 1 709, Nichimen 982.

Balance (milliards de $). **Commerciale.** *1984* : + 44,3, *85* : + 56. **Globale** *après ajustement comptable* : *1985* : − 12,3. **Paiements courants.** *1984* : + 35, *85* : + 49,3. **Capitaux à long terme.** *1985* : − 64,8 (du fait d'exportations massives de capitaux : investissements à l'étranger ou en valeurs étrangères, notamment en obligations des U.S.A.).

Aide publique aux pays en voie de développement (milliards de $ 83) : *1981* : 3,7 (0,28 du P.N.B.), *82* : 3 (0,29), *83* : 3,8.

Rang dans le monde (83). 1er pêche. 2e importateur de pétrole. 7e thé. 8e riz. 9e argent. 13e rés. pétrole. 14e porcins. 16e oranges. 17e bois.

JORDANIE

V. légende p. 787.

Situation. Asie. 97 740 km² (en comptant la mer Morte) dont 5 900 km occupés par Israël (720 000 h.). *Côte* : 25 km (golfe d'Akaba). *3 régions* : plateau plat et désertique à l'E. ; partie montagneuse avec 2 plateaux ; fossé descendant jusqu'à 300 m au-dessous de la mer (le Ghor, fossé d'effondrement de la mer Morte).

Climat : méditerranéen sec à l'O. d'Amman, désertique à l'E. 4 saisons. *Pluies* : 400 mm (htes terres), 200 (fossé), − de 50 (désert). *Temp. moy.* : htes terres (7 °C l'hiver à 33 °C l'été), vallée (14 à 40 °C). *Alt. max.* s. du Djebel Rom 1 754 m.

Population. 3 350 000 h. (84) [2 415 000 (1982) en Transjordanie (dont 900 000 réfugiés palestiniens) 1 109 000 en Cisjordanie occupée] dont Arabes, Bédouins, Kurdes circassiens. – *de 15 a.* 51,6 %, *+ de 60 a.* 4 %. D. 34. *Pop. urb.* 55 %. **Villes** (83) : *Amman* 744 000, Zarqa 255 500 (à 23 km), Irbid 131 200 (à 88

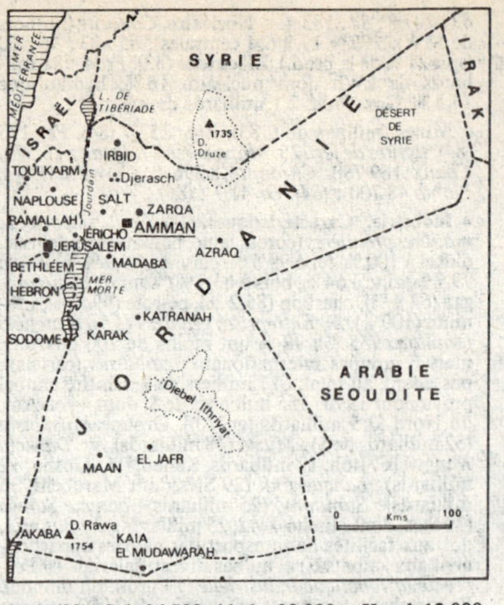

km), (82) : Salt 36 700, Akaba 30 800 et Karak 12 000 (79) [sous l'occup. isr. : Jérusalem 124 643 (88 km) (secteur jord.), Jéricho 67 000 (65 km), Bethléem 58 000 (101 km)]. **Émigration.** 800 000 en 85 dont 325 000 actifs dont 85 % dans les 2 pays du Golfe, All. féd. **Immigration.** 120 000 (84) dont Égyptiens et Pakistanais.

Langue. Arabe *(off.)*, anglais 30 %. **Religions.** Musulmans sunnites 93,6 %, chrétiens 5 % (env. 280 000). Partie de la Terre sainte (*Mt Nebo* : où mourut Moïse, *Jourdain* : où Jésus fut baptisé, *Makaur* : où Hérode fit décapiter Saint Jean-Baptiste).

Histoire. Depuis le XVIIe av. J.-C., pays des Ammonites (Sémites araméens proches des Hébreux), cap. Rabbath Ammon (Amman). **V. 1100** conquis par Séhon, roi des Amorrhéens (Sémites chananéens). **Xe s.** par Hébreux qui installent 3 tribus sur la rive g. du Jourdain : Manassé, Gad et Ruben (plateau de Galaad). Les Ammonites resteront en guerre contre les Hébreux jusqu'en 70 apr. J.-C. **V. 400** Nabatéens (Sémites proches des Hébreux) fondent Pétra. **312** le roi gréco-égyptien Ptolémée II annexe Amman qui est appelée Philadelphie. **105 apr. J.-C.** Trajan annexe le pays, qui devient prov. d'Arabie Pétrée (cap.Pétra). Une voie romaine relie Pétra à Gerasa (actuellement Djerach). **395-620** archevêché byzantin. **620-1100** occupation arabe, désertification. **1100-1150** « Princée » (principauté) chrétienne d'Outre-Jourdain (Pétra devient Val Moïse ; Kérak nommé Pétra). **XVIe s.** contrôle ottoman. **1916** soulèvement contre Turcs grâce au Cel Lawrence (1888-1935). **1920** séparée du mandat de Palestine, devient émirat de Transjordanie avec Abdullah ibn Hussein pour émir. **1924** reçoit région de Maan et d'Akaba (relevant avant du Hedjaz). Indépendance sous mandat brit. (15-5-1923/22-3-1946). **1945**-*22-3* est un des 7 États fondateurs de la Ligue arabe. **1946**-*25-5* émir Adbullah (1880/20-7-1951) couronné roi. **1948**-*14-5* G.-B. renonce au mandat sur Palestine ; g. d'Israël (V. index). La J. incorpore les régions palest. tenues par Légion arabe et devient Roy. hachémite de J. **1950** après élections gén. *(24-4)* annexion définitive de Cisjordanie. **1951**-*20-7* Abdullah assassiné ; son fils Talal († 1972) lui succède. **1952**-*11-8* Talal déposé pour maladie mentale, remplacé par son fils Hussein.

1956-*2-3* Glubb Pacha [Sir John Bagot, Gal angl. (1898-1986)], fondateur de la Légion arabe, renvoyé ; tr. anglo-j. abrogé. **1957** attentat manqué contre roi Hussein. **1958**-*14-2* Féd. arabe avec Irak (dénoncée par Irak en *juill.*). **1967** *juin, g. des 6 j. avec Israël,* qui occupe secteur j. de Jérusalem et Cisj. (200 000 nouveaux réfugiés pal. en J. 10 000 † sur 55 000 soldats engagés). **1970** affrontement entre fedayins et armée j. *Juin et 17-9/6-10* 3 440 †, 10 840 bl. *-13-10* accord Hussein-Yasser Arafat. *Nov.-déc.* affrontements. **1971**-*13-1* accord. *Févr.-mars* affrontements. *Avril* fedayins quittent Amman. *Juill.* les troupes j. les contraignent à abandonner le N. ; plus de résistance armée en J. ; Syrie, Irak et Algérie rompent relations dipl. avec J. *-28-11* Wasfi Tall, PM, assassiné au Caire (par des fed. de Septembre noir). **1972**-*15-3* plan Hussein : « Royaume ar. uni », féd. Pal. et J. ; refus des fed., de pays ar. et d'Israël. **1973** *sept.-oct.* relations dipl. avec Égypte, Syrie, Tunisie et Algérie rétablies. *G. du Kippour* : oct. la J. envoie brigade blindée sur front syrien mais refuse d'ouvrir un 3e front. **1974**-*26-10* sommet de Rabat : O.L.P. seul représentant du peuple pal. Chambre suspendue. **1975**-*11-6* rencontre Hussein-Assad (Pt Syrie). **1978**-*22-9* rencontre Hussein-Arafat (O.L.P.) à Mafraq. **1982** *janv.* des volontaires j. aident Irak contre Iran (brigade Yarmouk). *-1-9* Pt Reagan se prononce pour un autogouvernement des Pal. de Cisjordanie et de la bande de Gaza avec la J. *-6-10* amnistie pour 136 Pal. condamnés en 1970. **1984**-*9-1* reprise vie parlementaire (suspendue 1974). *-9/11-7* Pt Mitterrand en J. *-13-7* accord avec Irak pour construction oléoduc de Haditha (Irak) à Akaba (capacité 500 000 barils/j puis 1 000 000) (mais plus tard l'Irak renonce). *-9/11-10* Pt égyptien Moubarak en J. **1985**-*11-2* accord avec O.L.P. (Voir Index).

Statut. Monarchie islamique. **Roi** Hussein Ier (14-11-35) dep. 11-5-52. Ép. 1° (19-4-55) Dina Aboul Hamid, div. 1957 (dont 1 fille Alia, 13-2-1956, mariée, 1 enfant Hussein) ; 2° (25-5-61) Mouna (Antoinette Avril Gardiner, Anglaise), div. 1972 [Abdullah (30-1-62), Fayçal (11-10-63) ; 2 filles Zein et Aïcha (23-4-68)] ; 3° (26-12-72) Alia Toukhan († 9-2-77) [1 fille Haya (3-5-74), 1 fils Ali (23-12-75)] ; 4° (15-6-78) Noor (avant Lise) Halaby (lumière de Hussein), Amér. (père d'or. liban.) [2 fils Hamzah (1-4-80), Hashem (10-6-81), 1 fille Iman (24-4-83)]. **Pce héritier** Hassan (3e fils de Talal et frère de Hussein n. 1-4-1948) dep. 1-4-65. **PM** Zaïd Rifaï (n. 1936) dep. 4-4-85 (le ministère comprend 11 min. d'origine pal.). **Sénat** 30 m. nommés par le roi. **Chambre des députés** 60 m. dont 30 Palestiniens de Cisjordanie, élus pour 4 a. **Conseil national consultatif** créé 24-4-78, 70 m. nommés par le roi pour 2 ans, dissous en janv. 84. **Partis** dissous. **Élections** : mars 84 (les 1res dep. 1987).

Économie

P.N.B. (84) 2 110 $ par h. **Pop. active** (%, entre parenthèses part du P.N.B. en %). Agr. 18 (6), ind. 22 (24), services 60 (70), mines 4 (3) – 595 000 pers. (+ 325 000 à l'étranger. **Chômage** (85) 6,5. **Inflation** (%). *1980* : 11 ; *81* : 7,7 ; *82* : 7,4 ; *83* : 5 ; *84* : 3,8. **Revenus rapatriés par les émigrés** 1 à 2 milliards de $. **Aide arabe** 84,5 milliards de $. **Dette ext.** 2,2, milliards de $ (84).

Agriculture. *Terres* (milliers d'ha, 81) arables 1 190, cult. 190, pâturages 100, forêts 125, eau 56, divers 8 113. Le désert représente env. 80 % de la superficie. *Production* (milliers de t, 83) blé 130,7 (10 en 84 : sécheresse), tomates 212,3, aubergines 47,8, concombres 53,7, orge 28,2 (50 en 84), lentilles 8,4, citrons 50,3, melons et pastèques 48,4, olives, 45 (84). **Forêts.** 9 000 m³ (83). **Élevage** (milliers de têtes, est. 83). Volailles 30 000, moutons 1 000, chèvres 500, chameaux 15, mulets 5, bovins 40, chevaux 3, ânes 20. Laine. **Pêche.** 17 t (83).

Énergie. Production : 1 milliard de kWh (1984) (à partir du pétrole). Mines. *Phosphates* : réserves 2 milliards de t ; prod. (84) 6 213 000 t. *Potasse* (84) 486 000 t (capacité de production 7 000 000 t). *Schistes bitumineux*, capacité probable env. 50 000 barils/j. Industrie. *Engrais* phosphatés à Akaba (84) 541 000 t. *Prod. alim. Cigarettes. Ciment* (84) 2 026 000 t. **Place financière** depuis la guerre du Liban.

Transports (km). Routes nat. 4 095, chemins de fer 618.

Tourisme. *Visiteurs* : (83) 1 312 000. *Sites.* Amman, Pétra (tombeaux, chapelles funéraires, temples, palais découverts) à 275 km au S. d'Amman, Akaba, Djerach, Madaba (mosaïque), Kerak (forteresse), Mt Nebo, monuments romains, voir Italie p. 916.

Commerce (millions de dinars, 83). *Exportations* 160,8 *dont* phosphates 51,6, fruits et légumes 23,5 *vers* (%) Arabie Saoudite 35,2, Irak 26, Inde 13,7, Syrie 3,5. *Importations* 1 103 *dont* minéraux métalliques 100,7, mach. non élect. 99,3, équip. de transp. 97,4, prod. chim. 68,2, mach. élect. 57,2 *de* Arabie Saoudite 210,9, U.S.A. 131, Japon 102,8, All. féd. 87,7, G.-B. 65,6, Italie 60,2, France 42,3. **Balance.** *83* : − 891, *84* : − 778.

Rang dans le monde (83). 8e phosphate. 10e potasse.

KENYA

Carte p. 927. V. légende p. 787.

Situation. Afrique. 582 646 km² dont eaux intérieures 13 395, parcs nat. 25 335, divers 543 917. *Frontières* 3 146 km : Tanzanie 706, Ouganda 680, Soudan 240, Éthiopie 820, Somalie 700. *Côtes* 608 km. *Alt. max.* Mt Kenya 5 199 m.

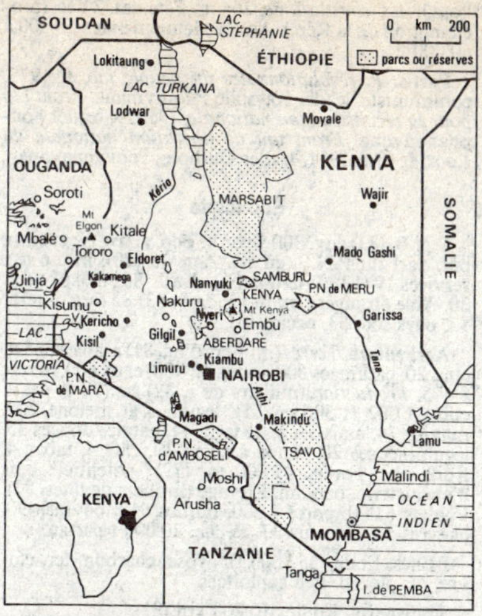

Climat équatorial tempéré par l'alt. Saisons surtout différenciées par la pluie. *Temp. Mois les plus chauds :* déc. à mars ; *les plus frais :* juin à août (15 à 25 °C). *Saison des pluies :* mars à mai (long rains), nov.-déc. (short rains). **Régions :** côte (climat tropical et humide, temp. 28 à 30 °C), plages de sable, cocotiers ; savane (petits buissons épineux, pluies 254 à 508 mm) ; Rift Valley (du lac Turkana, 6 405 km², au N. à l'océan Indien) ; hauts plateaux (la plus riche région agricole, Mts Aberdare et Kenya, pluies 2 032 mm) ; lac Victoria (climat équatorial, pluies 2 032 mm) ; Nord et N.-E. (semi-désert., pluies : 254 mm).

Population. 20 330 000 h. est. 85 dont (79) Africains 15 112 000, Asiatiques 59 000, Européens 50 000, Arabes 39 000, divers 68 000 (*1948 :* 5 406 000, *1962 :* 10 943 000). *Taux de croissance :* 4 % par an. – *de 15 a.* 48,4 %, + *de 60 a.* 5,4 %. D. 34,9. *Groupes ethniques noirs* (%) Kikuyu 20, Luo 15, Kamba 11, Baluya, Masaï, Nandi, Kalenjin. **Villes** (r. 79) : *Nairobi* 827 800 (83) (1 661 m d'alt., 500 km de la côte), Mombasa 342 000 (à 494 km de Nairobi), Nakuru 93 000 (à 156 km), Kisumu 150 000 (à 338 km).

Langues. Swahili *(off. dep. 1974)*, anglais (longtemps l. off.). + de 250 tribus regroupées en 16 groupes ethniques parlent leur propre langue. **Religions.** En % : chrétiens 30 [catholiques : 20 % de la pop., 1 800 prêtre (dont 700 K.), 2 500 religieux], animistes 50, musulmans 7, sectes hindoues 1.

Histoire. Au VIIe s. côte occupée par Arabes. **1498** Vasco de Gama établit à Matindi col. portugaise pendant 2 s. **(XVIe-XVIIe s.)**, chassée par les Arabes après la chute de Fort Jésus à Mombasa. **1888** concession de territoires à la British East African C^o. **1895** transfert à la Couronne brit. **1952**-*20-10*/**1956** *oct.* révolte des Mau-Mau (Sté secrète recrutée parmi les Kikuyus : chacun fait serment de tuer un Blanc au signal convenu) ; + de 13 000 † (Mau-Mau 8 000, Afr. 1 300, civils européens 30, Indiens 19, forces de l'ordre 500). **1960** *mai* formation du KANU. **1963**-*12-12* indépendance. **1964**-*12-12* Rép. **1967** Gal Barre, Pt de la Somalie, renonce à toute revendication sur N.-E. du K. **1975**-*2/3-3* J.M. Kariuki (ancien assistant ministre) assassiné. -*4-3* attentat à Nairobi (27 †, 97 bl.). **1977** *mars* fermeture frontière avec Tanzanie (soutenue par Pékin). **1978**-*22-8* mort du Pt Mzee Jomo Kenyatta (« le javelot flamboyant », 1890-1978). **1978**-*1-1* attentat à l'hôtel Norfolk, 13 †, 86 bl. **1982**-*1-8* coup d'État (aviation) échoue, 200 à 500 †, 3 000 arrestations (le chef, Ochuka, sera pendu le 9-7-85), env. 200 millions de $ de dégâts (mise à sac des magasins de Nairobi). -*3-9* levée du couvre-feu à Nairobi. **1984** *juil.* Pt Arap Moi en Somalie (1re visite d'un chef d'État K. en S.). **1985**-*11/18-8* 43e Congrès eucharistique mondial (le 1er en Afr. Noire).

Statut. Rép. membre du Commonwealth. *Constit.* de 1963, révisée 69. *Pt* (élu pour 5 a. au suffrage univ.) Daniel Toroich Arap Moi (n. sept. 1924) dep. 10-10-78. *Ch. des repr.* élue p. 5 a. 169 m. élus au suffr. universel, 12 désignés par le Pt, 2 membres mandants ex officio. **Parti** *unique* KANU (Kenya African National Union, modéré) f. 1960. **Fêtes nat.** 1er janv., 1er mai (travail), 1er juin (Madaraka Day), 1er j. du Ramadan, 20 oct. (Kenyatta Day), 12 déc. (indép.), 25 et 26 déc.

Économie

P.N.B. ($ par h.) *1982 :* 390, *83 :* 340. **Pop. active** (%, entre parenthèses part du P.N.B. en %). Agr. 76 (33), ind. 10 (22), services 14 (45). **Inflation** (%). *1979 :* 8 ; *80 :* 13,8 ; *81 :* 11,8 ; *82 :* 22,3 ; *83 :* 14,6 ; *84 :* 9,1.

Agriculture. *Terres* (milliers d'ha, 81) arables 1 830, cult. 486, pâturages 3 760, forêts 2 500, eaux 1 340, divers 48 349. *Production* (milliers de t, 83) café 90 (dont 88,6 exp.), thé 112, maïs 2 000 (60 % des terres arables), blé 270, canne à sucre 3 920, pyrèthre 232 (81) (70 % de la prod. mond., util. pour insecticides), riz 28, millet 80, sorgho 180, p. de t. 260, patates douces 355, manioc 660, coton, sisal, fruits. **Forêts** 28 161 000 m³ (82). **Élevage** (millions de têtes, est. 83). Volailles 19, bovins 11,5 chèvres 8, moutons 6,5, chameaux 0,62, porcs 0,1. **Pêche.** 481 100 t (82).

Mines (milliers de t, 80). Sel 27, magnétite 19, or, argent.

Industrie. Produits alimentaires. Raffineries de pétrole.

Transports (km). Routes 50 091, chemins de fer 2 654.

Tourisme. 360 300 vis. (83). Capacité 25 000 lits. *Réserves :* Masaï-Mara (créée 1961, 1 800 km²), Samburu, Olambwe Valley, Maralal. *Parcs nationaux :* Tsavo Est et Ouest (20 800 km²), Amboseli (392 km²), Mont Kenya, Meru, Aberdare (créé en 1949, 450 km²), Nairobi (1947, 117 km²), Mt Elgon, Marsabit. *Lacs :* Victoria, Turkana, Nakuru, Naivasha, Baringo, Bogoria. *Ile :* Lamu (20 mosquées).

Commerce (millions de KES, 83). *Exportations* 11 675 *dont* ciment 386, carbonate de soude 149, café 2 110, thé 1 559, fruits et légumes 767, *vers* G.-B. 1 440, All. féd. 1 218, Ouganda 1 106, P.-Bas 562, Italie 30. *Importations* 17 002 *dont* biens d'équip. et transports 4 843, biens de cons. divers 643, prod. alim. 797 *de* Japon 1 391, G.-B. 2 707, All. féd. 1 510, U.S.A. 1 087, France 560.

Rang dans le monde (83). 5e thé. 15e café.

KIRIBATI (prononcer Kiribas)

Carte p. de garde. V. légende p. 787.

Situation. Pacifique. 717 km². 63 843 h. (est. 85), Micronésiens. *3 groupes d'atolls* (33) *de corail.* Étendue : E.-O. 3 780 km, N.-S. 2 050 km. *16 îles Gilbert :* 295 km² dont Makin 1 419 h., Butaritari 3 149 h., Marakei 2 335 h., Abajang 3 447 h., Tarawa 22 148 h., Maiana 1 688 h., Abemama 411 h., Kuria 803 h., Aranuki 850 h., Nonouti 2 284 h., Tabiteuea 4 157 h., Beru 2 212 h., Nikunau 1 829 h., Onotoa 2 034 h., Tamana 1 349 h., Arorae 1 527 h. *8 îles Phénix :* 55 km², pas de pop. permanente ; Birnie, Rawaki, Enderbury, Canton, Manra, Orona, Mc-Kean, Line. *8 des 11 îles de la Ligne*, 329 km² (les 3 autres dépendant des U.S.A.) dont 3 habitées : Teraina 416 h., Tabuaeran 434 h., Kiitimati 1 265 h. *Une île volcanique : île Océan* ou Banaba, 5 km², 300 h. D. 89. **Capitale :** Tarawa-City 21 191 h. (85). **Langues.** Anglais (off.) 75 %, gilbertais. **Religions.** Catholique, protestante.

Histoire. 1606 découvertes par l'Espagnol *Quiros*, appelées îles du Bon-Voyage. **1892** protectorat brit. **1915** colonie. **1939** 3 îles de l'archipel Phénix (Canton, Enderbury et Hull) passent sous administration américano-brit. **1942** occupation jap., massacre des habitants d'Océan. **1943** Tarawa ravagée par combats. **1945-48** Christmas utilisée par Brit. et Amér. pour expériences nucléaires. **1971**-*31-12*, îles Gilbert, Ellice et Line, séparées du Ht-Commissariat du Pacifique occidental résidant à Honiara (Salomon). **1975**-*7-10*, îles Ellice (Tuvalu) font sécession. **1979**-*12-7* indép. sous le nom actuel.

Statut. République. Membre du Commonwealth. *Const.* du 12-7-79. *Pt* Ieremia Tabai (n. 16-12-50) dep. 12-7-79. *Assemblée* 36 membres dont 1 membre nommé.

Ressources (83). Phosphates (quasi épuisés), noix de coco 90 000 t, coprah 12 000 t, bananes 4 000 t, artisanat. *Pêche* 24 212 t. *Élevage* porcs 10 000, poulets 177 000 (82).

Commerce (millions de $ australiens, 84). *Exp.* 13 *dont* coprah 7, pêche 2,3. *Imp.* 23,4 *dont* prod. alim. 32,3 %, *de* Australie, N.-Zélande, G.-B., Papouasie, Fidji.

KOWEÏT

Carte p. 809. V. légende p. 787.

Nom. De *kout*, petit château. Au XVIIIe s., appelé *Al Qorein* (de *Qarn*, corne).

Situation. Asie. 17 818 km² (y compris la zone neutre 2 300 km²). *Frontières :* Irak 240 km, Arabie S. 255 km. *Côtes :* 290 km. *Long.* max. 198 km, *larg.* max. 167 km. *Alt. max.* 300 m (Jal-Al Zour 145 m). 9 îles dont Faïlaka (12 × 6 km), 5 826 h. (1985). *Distances* (km) : Riad 556, Bagdad 833, Abou Dhabi 872, Damas 1 465, Le Caire 2 129, Sana'a 2 222, Aden 2 741.

Climat. Désertique. *Température :* été 25 à 45 °C ; hiver 8,1 à 18,9 °C ; *records :* 51 °C (le 27-7-78), – 6 °C (le 20-1-64). *Pluies :* 115 mm par an.

Population (en milliers d'h.). *1957 :* 206, *61 :* 322, *65 :* 467, *70 :* 739, *75 :* 995, *80 (rec.)* 1 358, *85 :* 1 695, *87 est. :* 1 869 (dont 780 000 non-Koweïtiens : Irakiens, Jordaniens, Syriens, Libanais, Palestiniens, Égyptiens, Pakistanais, Indiens). – *de 15 a.* 44,4 %, + *de 60 a.* 2,6 %. D. 100,4. *Taux de croissance :* 6,4 %. **Villes** (85) : *Koweït* (cap.) 58 456, Hawalli (à 7,5 km) 145 215, Salimya (à 12 km) 153 220, Farawaniya 68 665, Abraq Kheetan 45 109. **Langue off. :** arabe. **Religion :** islam *(off.)* ; chiites 15 à 30 %.

Histoire. XVIe s. présence côtière portugaise. **XVIIe s.** ville de K. fondée. **1756** cheikh Sabah al-Owel fonde dynastie actuelle. **1896** cheikh Moubarak († 1915), « le Grand », défait tribus rivales à la solde des Turcs. **1899** tr. avec G.-B. : protection et contrôle brit. **1914** protection brit. **1934** concession pétrolière à une Sté anglo-amér. (Kuwait Oil C^o). **1938** découverte du pétrole. **1961**-*19-6 indépendance*. **1976**-*29-8* Const. suspendue. **1981**-*23-2* élections. **1982** *févr.* parlement refuse le droit de vote aux femmes. *Juillet-août* krach boursier (94 milliards de $). **1983**-*12-12* attentats (contre amb. US et Fr. et objectifs civils) 7 †, 60 bl. **1985**-*25-5* contre l'émir. *11-7* contre 2 cafés, par l'Organisation des bridages révolutionnaires arabes (11 †, 89 bl.).

Statut. Monarchie *(cheikhat)* ind. *Constit.* 11-11-1962. *Émir* Cheikh Jaber al-Ahmad al-Sabah (n. 1926) dep. 31-12-77. *P^ce héritier* (dep. 31-1-78) et *PM* (dep. 6-2-78) cheik Saad al-Abdallah al-Salem al-Sabah (n. 1930). *Ass. nat.* 50 m. élus p. 4 a. au suffr. univ. (élec. du 20-2-85, 56 846 électeurs ; peuvent voter ceux qui peuvent prouver que leur famille résidait au K. avant 1920 ; femmes exclues, bédouins 23 s., citadins 21 s., chiites 4 s.) et 12 m. de droit. Pas de partis pol. off., mais des « rassemblements ». 4 *gouvernorats*. **Fête nat. :** 25 février (anniversaire de l'émir Abdallah). **Zone neutre** (4 650 km²), possédée administrativement par Koweït et Arabie Saoudite dep. 1922, partagée en 1966 entre les 2, l'exploitation du pétrole et des autres ressources est assurée conjointement. L'Irak voudrait contrôler les îles de Bubiyan et de Warbak qui commandent l'accès de son port Oum-el-Qasr.

Économie

P.N.B. *1982 :* 19 610 $ par h., *83 :* 18 180. **Pop. active** (%, entre par. part du P.N.B. en %) agr. 2 (1), ind. 30 (26), services 64 (43), mines 4 (30). **Inflation** (%). *1973 :* 13,2 ; *80 :* 6,9 ; *81 :* 7,4 ; *82 :* 7,8 ; *83 :* 4,7 ; *84 :* 1,2. **Aide aux autres pays.** Pays arabes de la « confrontation avec Israël » (millions de $) : *dep. 1978 :* 560/an, *84 :* 330.

Investissements à l'étranger (milliards de $, 1985). 80 (revenus 5,7).

Agriculture. *Terres* (milliers d'ha, 81) arables (150 000 ha cultivables, 1 200 cultivés), pâturages 134, forêts 2, divers 1 645 (désert). *Production (milliers de tonnes 82) :* tomates 16, oignons 4,1, dattes 2,6, melons 1,6. **Élevage** (milliers de têtes, 85). Bovins 23, chameaux 5, moutons 1 819, volailles 18 187, chèvres 18. **Pêche** 5 223 t (85).

Énergie. Pétrole : *Réserves* 9,1 milliards de t (10 % des r. mondiales). *Production* (millions de t, et entre par. ressources en milliards de F) : *1974 :* 148,3 (44,77) ; *75 :* (37,47) ; *77 :* (34,9) ; *78 :* 127 ; *80 :* 81 ; *81 :* 58 (75) ; *82 :* 42 (70) ; *83 :* 54 ; *84 :* 58 ; *85 :* (96) ; *86* (prév.) (72). *Millions de barils/jour :* 1972 : 3,283. *75 :* 2,084. *77 :* 1,968. *79 :* 2,497. *80 :* 1,659. *81 :* 1,126. *82 :* 0,823. *83 :* 1,052. **Gaz :** réserves 990 milliards de m³, prod. (83) 3,4 milliards de m³. **Industrie.** Raffinage, prod. chim. (ammoniaque, urée), dessalement de l'eau de mer (5 usines produisant 536 000 m³/j). **Transports.** *Pont* de 2,4 km (Koweït/Bubiyan). But : créer une ville nouvelle pour désengorger Koweït. Coût 336 millions de F. *Routes* 3 468 km (dont rapides 310). *Voitures* 557 709 en 1986.

Commerce (millions de dinars K, 83). *Exportations* 3 363 *dont* prod. pétroliers 2 837, gaz 100, mach. et équip. de transp. 202 (82) *vers* Japon 611, P.-Bas 328, Taiwan 297, Singapour 201, G.-B. 35. *Importations* 2 149 *dont* mach. et équip. de transp. 946, prod. man. de base 527, prod. man. divers 346 (82), prod. alim. 293 (82) *de* Japon 552, U.S.A. 239, All. féd. 224, G.-B. 154, Italie 138.

Rang dans le monde (83). 2e réserves pétrole. 16e pétrole.

KURDISTAN

V. légende p. 787.

Situation. Asie. 530 000 km^2. N'est pas un État, mais correspond à une identité de race sur un territoire défini (montagnes et hauts plateaux répartis princip. entre Turquie, Iran, Irak, Syrie).

Population (millions). 20 selon des estimations kurdes dont Turquie 10, Iran 6, Irak 3,5, Syrie 0,5, U.R.S.S. 0,1, Liban 0,08. *Tribus* les plus importantes : *Irak* : Baban, Barzani, Hamavend, Herki ; *Iran* : Chichak, Moukri, Ardalan, Djaff, Kerlhour, Lour, Bakhtyar ; *Syrie* : Berazi, Milli, Miran ; *Turquie* : Hakkari, Hartouchi, Zirikan, Djalali, Heyderan.

Langues. Kurdmandji (dialecte septentrional) parlé par les 2/3 ; zaza ; sorani (dialecte méridional) ; lorifaïli parlé par les Lours et les Bakhtyars. **Religions.** Musulmans sunnites, quelques dizaines de milliers de chiites extrémistes « Ali Illahi », 50 000 Yézidis.

Histoire. Les K. descendraient d'une tribu « turan », ou des 2 tribus consanguines, Cirtes et Mardes qui, après la chute de Ninive en **612 av. J.-C.**, vinrent se superposer à des peuplades indo-européennes venues de Russie, parlant des dialectes médiques, à la fin du IIe millénaire. **XIIe s.** après l'apparition des Mongols, les K. se retirent dans leurs montagnes. **XVIe s.** Sélim Ier, sultan des Ottomans, entreprend la conquête du K. **1804** déb. de l'ère des révoltes, les Russes encour. les K. contre la Turquie. **XXe s.** Mouvement séparatiste k. dirigé par le moullah Moustapha Barzani (Irakien, 1904-79) ; lutte en Irak sur env. 35 000 km^2 adossés à la frontière iranienne et turque (env. 1 million d'h.). **1945** rép. indépendante k. à Mahabad. **1972** appui des U.S.A. (16 millions de $ entre août 72 et mars 75) pour contrer la pénétration soviétique dans la rég. k.. **1975**-*6-3* réconciliation Irak-Iran : l'Iran cesse son aide au K. *-30-3.* Barzani se réfugie en Iran, la rébellion s'effondre. **1978** sanglante répression antikurde en Iran. **1980-86** la rébellion reprend.

LAOS

V. carte p. 1 020. V. légende p. 787.

Situation. Asie. 236 800 km^2. *Frontières* 4 351 km (avec Thaïlande 1 635 km, Viêt-nam 1 693, Cambodge 404, Chine 391, Birmanie 228). Seul pays de l'Asie du S.-E. à ne pas avoir de côtes. *Alt. max.* Pou Bia 2 850 m. *Haut Laos* : montagnes, plateaux et quelques vallées, forêts et bambous. *Bas Laos* : plaines du Mékong et de ses affluents, dominées par la Cordillère annamitique, comprenant le Khammouane (plateau calcaire) et les Boloven (plat. volcanique).

Climat : subtrop. au N., trop. au S. Saison sèche (10 à 20 °C) nov.-mars, des pluies (28 à 35 °C) avr.-oct.

Population. 4 300 000 h. 84. Laos (et assimilés) 67 %, Proto-Indochinois 27 %, Hmongs-Miens (chinoisants) 5 %, Tibéto-Birmans 1 %. D. 18. *Villes* (73) : *Vientiane* (cap.) 120 000 (84), Savannakhet 50 690 (à 450 km), Paksé 44 860 (677 km), Louang Prabang (ancienne cap. royale) 44 244 (336 km). **Émigration.** Env. 400 000 (vers Thaïlande) dep. 75.

Langues. *Off.* : laotien (famille thaï) ; *autres* : français, vietnamien, chinois (cantonais), anglais.

Religions. *Off.* : Bouddhisme (90 %) theravadin (Petit Véhicule). Les Proto-Indochinois et Hmongs-Miens sont généralement animistes ou peu christianisés. Les Vietnamiens sont souvent catholiques.

Histoire. **IVe-Ve s.** occupé par des « Proto-Chinois » de langue môn-khmère, venus de Chine. **VIIe-XIe s.** plusieurs roy. môn, dont celui de Srigotapura (Sikhottabong, entre Vientiane et Thakhek) ; roy. indianisés et bouddhisés par l'intermédiaire des roy. môn de Birmanie (Dvaravati). **XIe-XIIIe s.** occupation khmère du centre, construction de routes et d'hôpitaux ; influences religieuse (non bouddhiste) et culturelle peu importantes. **A partir du XIIe s.** des Thaïs animistes, les Laos, venus de Chine, implantent de petites principautés autonomes. Ces principautés (Muong Soua, qui deviendra Louang Prabang, Vientiane, Xieng Khouang, Champassak) vivent dans l'orbite d'Angkor ; les Laos se convertissent au bouddhisme et les Proto-Indochinois (Môn) adoptent la langue lao. **1340-53** le Pce Fa-Ngoum, Pce de Muong Soua, aidé du roi du Camb., réalise l'unité lao [roy. de Lane Xang (pays du Million d'Éléphants)]. **1479** résiste à une attaque de l'emp. d'Ancelle et, v. **1499** à celle du Siam. **1548-55** extension territoriale. **1556** roi de Birmanie prend Chieng Mai. **1560** tr. d'alliance avec Siam : Vientiane cap. **1566** le roi Setlhathirath y installe le Phra Keo, Bouddha d'émeraude. **1574** invasion et tutelle birmane. **XVIIe s.** règne prospère de Souligna Vongsa, visites d'Européens. **1694** querelle de succession. **1707-21** division du *Lane Xang* en 3 royaumes : *Louang Prabang*, *Vientiane* et *Champassak*. Vientiane dure un siècle ; conquis par Siam, détruit, vidé de ses h., Champassak tombe peu à peu sous le protectorat siamois. **1753** Birmans envahissent roy. de Louang Prabang. **1778** suzeraineté siam. **1827** invasion siam. et sac de Vientiane. **1885** occupation partielle siam. **1887** consulat de France à Louang Prabang confié à Auguste Pavie (1847-1925). **1893**-*3-10* Siam reconnaît *protectorat fr. sur le L.* **1907**-*23-3* tr. franco-siam., le L. renonce à la rive droite du Mékong (sauf prov. de Champassak et Sayabouri). **1941** Siam allié du Japon annexe terr. à l'O. du Mékong (tr. de Tokyo). **1945**-*9-3* les Jap. prennent le pouvoir, mouvement d'ind. nat., le *Lao-Issara* (Laos libre fermé). *-3-8* capitulation jap. **1946** exil du gouv. Lao-Issara en Thaïlande. *-17-8 modus vivendi* franco-lao., reconnaissant autonomie interne du L. **1947**-*11-5* monarchie constitutionnelle. **1949**-*19-7* indépendance dans l'Union française. **1950** État associé de l'Union fr. *Néo-Lao-Issara* [« Front des Laos libres » (P.-L.)] (procommuniste) et « Gouv. du *Pathet-Lao* » (« État lao ») fondés. **1953**-*19-4* invasion viêt-minh, à Sam Neua, résistance du P.-L. *-22-10, indép. complète.* **1954**-*21-7* accords de Genève : fin de la g. d'Indochine. Troubles intérieurs. **1957** *nov.* gouv. de coalition. **1958** *févr.* intégration des combattants du P.-L. dans l'armée royale. *Juill.* la droite renverse le gouv. de coalition, arrête les ministres P.-L. **1959** *mai* coup d'État de droite. *-29-10* Sri Savang Vatthana (n. 13-11-07) roi.

1960 *janv.* coup d'État de droite. *-9-8* coup d'É. neutraliste du cap. Kong Lé ; une moitié de l'armée (Gal Phoumi) établit à Savannakhet un comité anti-coup d'État dirigé par Pce Boun Oum (1911-80). **1961** (début) Pce Souvanna Phouma (1901-84) PM et cap. Kong Lé établissent leur P.C. à Khang Khay. *-16-5* conf. des 14 pays à Genève. **1962**-*23-6* (accords du Hin Heup du *8-10-61*), plusieurs forces restent en présence : droite (Gal Phoumi, Pce Boun Oum) ; neutralistes (Pce Souvanna Phouma) ; P.-L. (Pce Souphanouvong, n. 12-7-12, son demi-fr.). *-23-7* accords de Genève consacrant neutralité du L. **1964** fin de la coalition, P.-L. ravitaillé par N.-Viêt. entretient l'insécurité. **1970**-*3-2* com. prennent plaine des Jarres. L. contrôlé en partie à l'Est par le Pce Souphanouvong, procom. et son Néo-Lao Hakxat (NLHX) (Ft patriotique Lao), ancien « P.-L. » ; en partie par le gouv. royal du Pce Souvanna Phouma, soutenu par U.S.A. qui bombardent la zone Pathet-L. et entretiennent 25 000 h. des forces spéciales du Gal Van Pao, + 25 000 Thaïl. et 3 000 mil. Dans le L. « rouge » (contrôlé par NLHX) passe la « piste Ho Chi-minh » (qui permet au N.-Viêt. de ravitailler le S.-Viêt.), tenue par 50 000 N.-Viêt., des irréguliers du P.-L. et une « Armée pop. de Lib. » (f. 20-1-46). **1971**-*8-2* attaque sud-v., appuyée par av. amér., contre cette piste, repoussée par N.-V. **1973**-*21-2* cessez-le-feu (fin des bomb. amér.). *-14-9* nouveau cessez-le-feu. **1974**-*3-4* Souphanouvong rentre à Vientiane. *-5-4* G.P.U.N. (gouv. prov. d'Union nat.) formé. *-10-7* Ass. nat. dissoute. **1975** *mai* P.-L. occupe le S., manif. anti-amér. (évacuation des Amér., fuite des minorités ethniques en Birmanie et Thaïlande). *-23-8* P.-L. prend le pouvoir. *-2-12* G.P.U.N. et comité pol. nat. de coalition dissous ; rép. pop. dém. *-1-12* roi Savang Vatthana (n. 13-11-07) abdique, monarchie abolie. **1977**-*12-3* Vatthana arrêté. Rébellion méo. Intervention viêt. (100 000 à 170 000 h. ?), transferts de pop. 200 000 (?), env. 30 000 fonctionnaires, officiers, petits-bourgeois et intellectuels en camps de concentration, persécution religieuse, 25 000 bonzes défroqués. *-18-7* tr. d'amitié L.-Viêt. **1978** *févr.* centres culturels étrangers fermés. Présence de 30 000 à 60 000 Vietn. 70 000 Chinois expulsés. Pékin rappelle 2 500 techniciens. *-23-8* relations diplom. rompues avec Fr. **1980**-*17-3* Pce Boun Oum (n. 1-12-11) meurt en Fr. **1984**-*11-11* Pce Souvanna Phouma (n. 7-10-01) meurt.

Statut. Rép. démocratique populaire dep. 2-12-75. *Pt* Pce Souphanouvong (n. 12-7-12) dep. 2-12-75. *P.M.* Kaysone Phomvihane (n. 13-12-20) dep. 2-12-75. *Conseil suprême du peuple* (Pt Pce Souphanouvong). *Ass. constituante,* 264 m. **Fête nat.** 2 déc. (proclamation de la Rép.). **Armée vietnamienne** : 50 000 à 60 000 h.

Partis. *P. révolutionnaire du peuple lao,* f. 1975, communiste, leader Kaysone Phomvihane. *Front lao pour la reconstruction nationale,* f. 1979, leader Souphanouvong. *Front uni de libération nationale du Laos,* f. 18-6-1981, leader Outhong Souvannavong.

Économie

P.N.B. (83) env. 300 $ par h. **Pop. active** (% et entre par. part du P.N.B. en %). Agr. 75 (80), ind. 6 (8), services 19 (12). **Inflation** (%). *1980* : 85 ; *81* : 81 ; *85* : 30. **Aide étrangère** (millions de $, 83) 82 (org. intern. 13, pays soc. 53, occid. 16).

Agriculture. *Terres* (milliers d'ha, 81) arables 865, t. cult. 20, pâturages 800, forêts 12 900, eaux 600, divers 8 495. *Production* (milliers de t, 82) riz (70 % des t. cult.) 1 002 (1 500 en 85), légumes et melons 205, manioc 74, maïs 39, p. de terre 44, patates douces 35, légumineuses 20, canne à sucre 30, café 4, tabac 4, fruits, thé. **Forêts.** 41 000 m^3 (79) ; potentiel : bois d'ébénisterie, benjoin. **Élevage** (milliers de têtes, 82). Poulets 6 000, porcs 1 300, buffles 910, bovins 490, chèvres 58, chevaux 37. **Pêche.** 20 000 t par an.

Mines. Étain (352 000 t), gypse, charbon, fer, cuivre, or, plomb. Peu exploitées.

Transports. Routes 10 200 km (81).

Commerce (millions de $ US, 82). *Exportations* 45 *dont* bois, électricité, café, étain *vers* Thaïlande, Malaisie, Singapour, Hong Kong. *Importations* 120 *dont* céréales, mach., prod. pétroliers, biens d'équip. *de* Thaïlande, Japon, Indonésie, U.S.A., France, Singapour.

LESOTHO

Carte p. 788. V. légende p. 787.

Situation. Afrique, enclavé dans la Rép. sud-afr. 30 355 km^2. Plateau volcanique découpé par l'Orange et ses affluents. *Alt. max.* Mt aux Sources 3 299 m. *Alt. min.* 1 381 m. **Climat** tempéré, pluies oct.-avr.

Population. 1 470 000 h. (84) dont 700 000 en Afr. du S. (Sothos ou Basothos 85 %, Nguni 15 %) chassés au XIXe s. par les Boers de leur territoire originel, le Natal. D. 48. Eur. 2 000. **Capitale** : *Maseru* 30 000 h. (84). **Langues** *(off.)*. Anglais, sesotho (l. des Basothos). **Religions (%).** Catholiques 39, prot. 24, anglicans 10, divers 18. Missions cath. et prot. ont alphabétisé le pays à 80 % (taux d'alphabétisation le plus élevé d'Afr. Noire).

Histoire. **1868**-*12-3* protectorat brit. *(Basutoland)*. **1965**-*5-7* Leabua Jonathan (31-10-14) au pouvoir. **1966**-*4-10* indép. dans le Commonwealth. **1970** état d'urgence. Elect. générale : Jonathan garde le pouvoir grâce à un coup d'État, suspend Constitution et réduit pouvoirs du roi. Elect. promises n'auront jamais lieu ; opposition réduite à néant. Mokhehele fonde Armée de libération du L. (L.L.A.) soutenue par Afr. du S. (coups de main et attentats). **1974** tentative d'insurrection. **1981** *sept.* nombreux attentats. **1982** *-9-12* expédition sud-afr. contre bases de l'African National Congress. **1985**-*20-12* attentat de la LLA : 9 exilés sud-afr. assassinés. **1986**-*20-1* coup d'État ; Jonathan renversé par Gal Justin Lekhanya.

Statut. Royaume. Membre du Commonwealth. *Const.* de 1966 suspendue en janv. 1970. *Roi (Motlotlehi)* Moshoeshoe II (2-5-1938) dep. 4-10-66. *Reine régente* Maomato. *Conseil militaire* Gal Justin Lekhanya (47 a.). *Ass.* (60 m.). *Sénat* (33 m. dont 22 chefs et 11 m. nommés par le roi). *Assemblée nationale provisoire* nommée en 1973.

Partis politiques. *Basotho National Party,* f. 1959, leader Leabua Jonathan ; *Basotho Congress Party,* f. 1952, l. Gerard Ramoreboli a animé l'Armée de libération du L. (attentats) ; *Marema Tlou Freedom Party,* f. 1962, vice-Pt Edwin Leanya ; *Lesotho United Democratic Party,* f. 1967, l. Charles Mofeli.

Économie

P.N.B. ($ par hab.). *1982* : 510 ; *83* : 470. **Pop. active** (%, entre parenthèses part du P.N.B. en %). Agr. 80 (23), ind. 6 (20), services 12 (55), mines 2 (2). **Salaires des émigrés** (150 000 trav. en Afr. du S.). Env. 45 % du P.N.B. **Inflation** (%). *1980* : 15,7 ; *81* : 14,9 ; *82* : 9,6 ; *83* : 7,3 ; *84* : 11,6.

Agriculture. *Terres* (milliers d'ha, 81) arables 298, pâturages 2 000, divers 737. *Production* (milliers de t,

83) maïs (40 % des terres cult.) 79, sorgho 31, blé 15, légumineuses 5. **Élevage** (milliers de têtes, 82). Moutons 1 400, volailles 1 000, chèvres 1 000, bovins 600, chevaux 105, ânes 100, porcs 65, mulets 1. **Mines.** Diamants 52 291 carats (81).

Commerce (millions de malotis, 83). *Exportations* 25,8 *dont* (81) diamants 21, mohair 4, laine 3. *Importations* 638,9 *dont* (81) prod. alim. 55, mach. et équip. de transp. 32, vêtements 26, pétrole 15, prod. chim. 13. Partenaire principal : Afr. du S.

LIBAN

V. légende p. 787.

Situation. Asie. 10 452 km². *Long.* 210 km, *larg.* 25 à 60 km. *Côtes* 240 km. *Frontières* avec Syrie 278 km, Israël 79. *Alt. max.* 3 090 m (al-Qurna al-Sawda). Plaines côtières (climat doux et pluvieux en hiver, chaud en été). Haute plaine intérieure de la Bekaa, *alt. 900 m* (steppe traversée de cours d'eau permanents, localement irriguée par sources) entre chaînes du L. et Anti-L. *(alt. 2 600 m).*

Population. 3 100 000 h. 85 (*1922 :* 628 800, chrétiens 330 400, musulmans 229 700, divers 68 700). Français : *1975 :* 10 000, *86 :* 6 000 (dont 80 % ont la double nationalité). D. 296,6. **Émigrés.** 2 163 040 dont U.S.A. 400 311, Brésil 304 819, reste de l'Amér. 313 327, Afr. 98 356, France 16 000 (imm. récente). **Immigration.** 780 000 (Syriens 350 000, Palestiniens 350 000, Européens 30 000). — *de 15 a.* 42,6 %, + *de 65 a.* 5 %. **Villes** (64 % de la pop.) *Beyrouth* (84) 1 100 000 (ville 474 870 ; en 1922 : 95 000 h.), Tripoli (84) 240 000 (à 90 km), Saïda (Sidon) 200 000 (45 km), Zahlé 120 000 (53 km), Jounieh 100 000 (20 km), Jbeil (Byblos) 25 000 (35 km), Tyr 23 000 (85 km), Aley 20 000, Bhamdoun 20 000 (25 km), Baalbeck 14 000 (90 km).

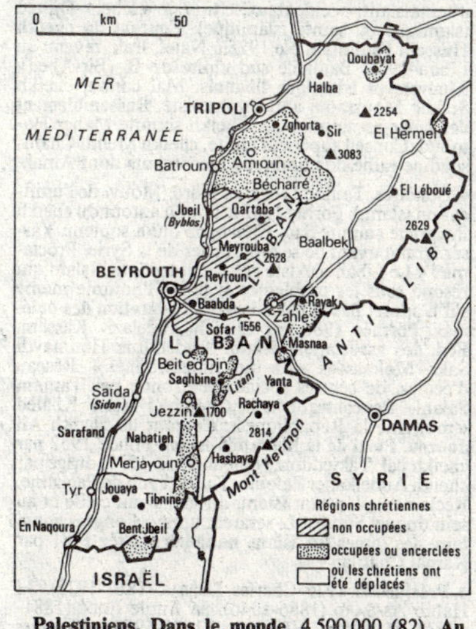

Palestiniens. Dans le monde, 4 500 000 (82). **Au Liban.** *Vague de 1948 :* assistés 300 000 dont *camps* 92 000, *hors camps* 120 000 ; intégrés 100 000 dont naturalisés 50 000. *Vague de 1970 :* 100 000 dont armés 25 000.

Langues. Arabe (*off.* dep. 1943), français, anglais, arménien. *Universités :* maronite (St-Esprit, française, arabe, 2 000 ét.), cath. (St-Joseph, jésuite, française, 5 000 ét.), amér. (4 500 ét.), arabe 12 à 15 000, liban. (arabe et français 35 000 ét.), franç. (jusqu'en 1977).

Religions

Figurent sur les cartes d'identité. **Chrétiens** (51 % 81 : 1 814 000). *Orientaux.* 9 églises, 36 évêques (« Assemblée des patriarches et évêques catholiques du Liban » constituée en 1957). En 1960, plus de 800 prêtres catho., près de 600 religieux ; 3 000 religieuses dans 40 instituts d'origine étrangère et 11 congrégations syro-libanaises. NESTORIENS. ARMÉNIENS arrivés en 1918 (évacuation de la Cilicie par les Fr.) et 1939 (annexion du sandjak d'Alexandrette par Turquie) pour fuir massacres. GRECS ORTHODOXES ou « melkites » (ont rompu avec Rome en 1054, pour Constantinople) 300 000, 11 s. au Parl. SYRIENS ORTHODOXES (jacobites). *Romains.* CHALDÉENS. ARMÉNIENS CATHOLIQUES 24 500, 1 s. au Parl. GRECS CATHOLIQUES 250 000. MARONITES (égl. nat.) (St Maron, 410) 750 000, 30 s. au Parlement et, depuis 1943, présidence de la Rép. *Administration apostolique* Mgr Ibrahim Hélou dep. 26-11-85. SYRIENS CATHOLIQUES. *Protestants.* Église évangélique du Liban constituée au XIXe s. (tendance presbytérienne) 30 000, 1 s. au Parl. **Musulmans** (49 %, est. 76 sans doute sous-estimée : 1 800 000). *Sunnites* 700 000, 20 s. au Parl. *Chiites* 600 000 ou 850 000 (selon leurs propres estimations), 19 s. au Parl. *Druzes* 6 %, établis au Liban depuis le Moyen Age, confession (fondée XIe s. par Darazi, croyance en la réincarnation), 150 000, 6 s. au Parl. **Juifs** 1958 : 6 600 ; après 1968 : 500, la plupart à Beyrouth.

Histoire

Av. J.-C. Civilisation phénicienne. V. 4000 Beyrouth fondée. Sémites établis au pays de Chanaan fondent Byblos (5000), Sidon (3500), Tyr (2750), et colonisent pourtour méditerranéen. Inventent un alphabet à l'origine de la plupart des alphabets actuels (22 signes). **Jusqu'à 333** chaque cité maritime conserve son autonomie malgré les occupations hittite (v. 1200), assyrienne, égyptienne et perse achéménide. **969** Hiram, roi de Tyr. **332** Alexandre le Grand détruit Tyr ; la côte phénicienne devient une annexe des roy. hellénistiques : Syrie des Séleucides au N., Égypte des Lagides au S. **13** province de Phénicie.

Après J.-C. 64 partie de l'emp. romain. **287** divisée en Phénicie maritime (cap. Tyr) et Phénicie ad Libanum [cap. Emèse (Homs)]. **200** f. École de droit de Béryte (Beyrouth fondée), temple du dieu Soleil (Jupiter héliopolitain) à Héliopolis, ancien centre phénicien de Baalbeck. **395** dépend de l'emp. d'Orient (cap. Constantinople), puis de l'emp. byzantin. **410** l'ermite Maron, resté fidèle à Byzance, meurt. **555** séisme à Beyrouth. **635** Arabes prennent Damas. **763** arrivée des Tannoukh. **1096** 1re croisade. **1120** arrivée des Maan. **XIIe s.** fiefs de Terre Sainte : Comté de Tripoli, au N. (1102-1289) avec Tortose et le krak des Chevaliers ; Roy. de Jérusalem, au S. (1099-1291) avec Beyrouth, Sidon, Tyr, château de Beaufort. Maronites se rallient à Rome. **1289** Mamelouks prennent Tripoli. **1320** arrivée des Chehabs. Conquête Otto. **1516-1697** dynastie des émirs druzes Maan. **1516** Fakhredine Ier, émir. **1535** 1res capitulations. **1590** Fakhredine II, émir (1585-1636). **1586** collège maronite de Rome fondé. **1623** bataille d'Anjar. **1697** avènement des Chéhabs. **1749** Beyrouth devient le port du L. **1788** Bechir II Chéhab (1784-1840) émir. Les émirs favorisent le particularisme. **1831** Méhémet Ali envahit le L. **1832** soulèvement quand Méhémet Ali conquiert la Syrie. **1840** révolte contre Méhémet Ali, les Angl. chassent les troupes égyptiennes. Bechir II abdique. **1860** les Druzes massacrent 22 000 chrétiens (75 000 déplacés, 360 villages détruits, 560 églises, 42 couvents, 28 écoles et 29 établ. fr. incendiés). France chargée par les puissances de rétablir l'ordre ; troupes du Gal Beaufort d'Hautpoul débarquent (6 000 marsouins). **1861** autonomie du Petit-L. (Mt Liban) administré par gouv. chrétien (le mutasarrif), assisté d'une ass. **1864** protocole international confirmant l'autonomie du Mont-L. et abolissant féodalité. **1916** intervention fr. (la Turquie étant alliée de l'Allem.). **1920** *tr. de Sèvres,* qui détache L. et Syrie de la Turquie. La Fr. a un mandat de la S.D.N. et proclame le Grand-L. (10 400 km²). **1922** mandat de S.D.N. confirmé. **1926** Constitution (suspendue 1939). **1941**-*26-11* Gal Catroux proclame l'indép. -*7-10* Riad Solh (sunnite) PM. Pacte national. -*23-11 indép. effective. Fin du mandat fr.* **1945**-*22-3* adhère à Ligue arabe. **1946** *mars à déc.* évacuation des troupes fr. **1948-50** la Syrie rompt l'union écono. et douanière. **1953** amélioration des relations avec Syrie. **1958** insurrection contre Pt Chamoun, g. civile entre partisans et adversaires de la R.A.U. (plusieurs centaines de †), débarquement des troupes amér. en juillet, à la demande du Pt Chamoun. *Août* crise dénouée ; Gal Chehab, élu Pt, gouv. de coalition. **1964** Pt Charles Hélou. **1968** réfugiés palestiniens env. 450 000. -*29-12* raid isr. sur aérodrome de Beyrouth (13 avions détruits) ; activités des fedayins pal. entraînent des représailles isr. au L. **1969** *avr.-mai* affrontement armée-Pal. -*3-11* **accord du Caire** ; les féd. pal. peuvent aménager des bases d'entraînement, mais ne peuvent approcher la zone frontalière ni effectuer des raids à partir du L. **1971** *juill.* après combats en Jord. (env. 3 000 fed. †, bases détruites), le L. reste un des seuls pays arabes où les fed. gardent une liberté d'action. **1973**-*10/23-4* à Beyrouth plusieurs responsables pal. assassinés par commandos isr. -*20/23-5* combats entre armée l. et Pal. (dizaines de †). *Nov.-déc.* ratissage isr. près frontière. **1974**-*16-5* attaque is. sur des camps (300 †) en représailles du raid de Maalot (V. Israël). **1975**-*26-2/1-3* affrontements à Saïda civils/milit. -*13-4* chrétiens devant l'église d'Aïn-Remmaneh, mitraillés 4 † ; représailles : tirs sur un car pal. 27 fedayins †.

1re phase de la g. (1975), *armée lib. s'oppose aux Palestiniens.* -*15-5* gouv. Solh démissionne. -*23/25-5* gouv. milit. du Gal Rifaï. -*29-5* gouv. Rachid Karamé. **2e phase (1975),** *milices chrétiennes se battent contre progressistes.* -*28-8/1-9* affrontements à Zahlé (26 †). *Sept.* à Tripoli et Zghorta (+ de 100 †). -*10-9* armée crée zone tampon. -*12/14-9* des Pal. (de Habache et Hawatmeh) tuent des chrétiens (à Beit-Mellat). -*18-9* cessez-le-feu à Beyrouth ; non respecté. -*26-9* trêve à B. -*30-9* combats à B. -*1-11* 12e cessez-le-feu à B. *Mi-nov.* combats à B. ; enlèvements. Échec mission Couve de Murville. *Déc.* combats d'artillerie à B. ; centaines de †. -*5-12,* 4 jeunes chrétiens tués dans montagne. -*6-12* représailles, des phalangistes : tuent 110 mus. à B. -*12-12 samedi noir,* 200 civils mus. exécutés. -*11/12-12* cessez-le-feu ; non respectés. -*28-12* calme à B. **3e phase (1976),** *les Pal. appuient les progressistes. Début* les kataëbs (phalangistes) détruisent camp de la Quarantaine, + de 100 †. Les Pal. prennent Damour, 300 à 500 †. *Janv.* combats à B. : 300 † en une semaine (163 † le 16) ; -*18* Karamé démissionne après échec du 20e cessez-le-feu ; entrée de troupes syriennes ; -*22* Lt Ahmed El Khatib fonde près frontière syr. l'armée du L. arabe ; Syrie garantit cessez-le-f. et domine pouvoir parallèle ; -*24* Karamé PM ; -*27* Pal. s'engagent à respecter souveraineté l. ; -*31* Front de la liberté et de l'homme regroupe droite chrét. *Févr.* plan de réforme du Pt Frangié (égalité des sièges au Parlement entre chrétiens et mus., élection du Pt du conseil par l'Assemblée à la maj. relative, maj. des 2/3 pour votes « vitaux », répartition confessionnelle des présidences maintenue) : *« IIe Rép. libanaise » ;* désertions se multiplient dans l'armée. -*11-3* brigadier-général Aziz Ahdab (mus.) somme Pt Frangié de démissionner : refus ; -*14* vote de défiance du Parlement contre Pt Frangié ; -*15* Syrie s'oppose à l'éviction du Pt par la force : l'Armée de lib. de la Pal. bloque accès du palais prés. (dizaines de †) ; -*21* gauche prend hôtel Holiday Inn. **4e phase (1976),** *forces syr. appuient chrétiens. Avr.-mai* combats armée syr. contre Pal. -*8-5* Elias Sarkis élu Pt. -*12-8* camp pal. (30 000 personnes) de Tall el-Zaatar tombe apr. 52 j. de siège par 7 000 chrétiens ; au moins 2 000 †. -*18-10* accords de Ryad. *26-10* du Caire : Syrie fait endosser par les pays ar. son intervention [les forces syr. deviennent la force ar. de dissuasion (casques verts)]. **5e phase (fin 76-début 77),** *la Syrie avec la Saïka (organ. pal. pro-syr.) appuie dans le Sud les Pal. contre les chr.* -*17-3* Kamal Joumblatt (leader de la gauche) assassiné. *Mars* représailles druzes : 147 chrétiens du Chouf † ; en fait, Joumblatt a été tué par des agents syr. **6e phase (avril 77),** *combats entre Syr. et Pal. du Front du refus. Sept.* l'armée isr. aide milices conservatrices près de Marjayoun. -*9-11* bombardement isr. près de Tyr (60 † à Azziyé). **1978**-*14-3* en représailles d'un attentat pal. (35 †) les Isr. chassent Pal. au-delà du Litani (700 † pal. et lib.). -*19-3* implantation de 4 000 soldats (dont 700 Français) de la F.I.N.U.L. (Force intérimaire des Nations unies au L.). -*21-3* cessez-le-f. dans zone occupée par Isr. (1 500 km²). Combats entre chrétiens et Syr. à Beyrouth (150 †). -*11-4/-13-6* évacuation isr. -*13-6* Tony Frangié, sa femme, sa fille et 30 partisans tués par kataëbs ; représailles : 33 chrétiens de la Bekaa tués à El-Kaa, à l'instigation des Syr. alliés de Frangié. -*31-8* disparition de l'imam Sadr, chef des chiites. **1979**-*18-1* raid isr. au Sud-Lib. -*18-4* Cdt Saad Haddad déclare indép. Sud-L. (800 km², 40 000 h.). Les Pal. bombardent enclaves chrét. du S. (30 000 chr. et 60 000 chiites résistent). **1980** *févr.* affrontements kataëbs et partisans de l'ex-Pt. Frangié soutenu par Syr. -*23-2* fille de Bechir Gemayel tuée (attentat). -*9-4* Isr. établit des positions de défense avancées au Sud-L. après attentat contre kibboutz de Misgav-Am. -**6/9-7 « g. des Chrétiens »** entre milices de Gemayel et de Chamoun. -*9-7* Chamoun capitule, 100 à 200 †, 200 bl. -*10-11* double attentat à B., 10 †, 70 bl. **1981**-*20-4* Isr. bombardent Saida et Tyr. Fedayins lancent roquettes en Haute-Galilée. *Avr.-juin* combats syro-pal. contre Lib. à Zahlé (1-4 au 30-6, 100 †) et à Beyrouth (env. 400 †). -*1-6* Naïm Khader, représentant O.L.P., tué à Bruxelles. *Juill.* raids isr. dans le S. contre bases pal., B. bombardé (700 †). -*23-7* bilan : Liban 500 †, 1 220 bl. ; Isr. 5 †, 40 bl. -*24-7* cessez-le-f. -*4-9* Louis Delamare (n. 12-11-21) ambass. de Fr. à B. assassiné (Syrie mise en cause). *Fin août-début sept.* voitures piégées (1-10 à B., 100 kg de T.N.T., 83 †, 225 bl.). -*15-11* 4 attentats contre bâtiments français à B. revendiqués par Arméniens.

1982-*23-2* 2 voitures piégées, 13 †, 40 bl. -*15-4* 2 diplomates fr. tués. -*24-5* voiture piégée devant amb. de Fr. (10 †, 21 bl.). -*26-5* visite P. Mauroy. -*4-6* après attentat (3-6) contre son ambassadeur en G.-B., Isr. bombarde camps pal. à B. et au Sud-L. (200 †). **-6-6 invasion isr. du L. (opération « Paix en Galilée »).** *-7-6* prend château de Beaufort, Tyr, Hasbaya et Nabatiyeh. *-9-6* à l'E. combats isr.-syr. terrestres et aériens entre 150 avions. *-11-6* cessez-le-f. isr.-syr. *-12-6* c.-le-f. Isr.-Pal. *-13-6* début encerclement B.-O. poursuivi, reprise des tirs isr. *-18-6* Isr. exige départ de B. des Pal. et forces syr. du L. *-25-6* B.-O. bombardé. *-30-6* affrontements druzes-kataëbs : 17 †, 34 bl. *-3-7* encerclement B.-O. *-15-7* refus syrien « définitif » d'accueillir Pal. *-18-7* ultimatum isr. aux Pal. : départ de B.-O. d'ici « moins d'un mois ». *24/28-7* bombardements isr. de B.-O. (247 †, 395 bl.). *-28-7* cessez-le-f. L'O.L.P. quittera B. *-1-8* Isr. prend aéroport. *-12-8* 11e cessez-le-f. *-18-8* gouv. lib. accepte plan Habib (retrait O.L.P. de B. surveillé par force internationale). *-19-8* Isr. accepte plan Habib. *-22-8/-3-9* départ de 15 000 combattants pal. surveillé par force multinationale d'interposition (2 130 soldats dont 800 Fr., 800 Amér., 530 Ital.) dont la mission se terminera le 13-9 (500 000 à 600 000 Pal. restent dans les camps). *-23-8* Bechir Gemayel (n. 10-11-47, avocat, leader des Forces lib.) élu Pt (57 v., 5 blancs, env. 30 abstentions). *-14-9* assassiné (à Ahrafieh, siège des kataëbs, 200 kg de T.N.T., auteur Habib Chartouni, 20 autres †). *-15-9* Isr. entrent à B.-O. *-16/18-9* massacres de Sabra et Chatila par kataëbs. *-21-9* Amine Gemayel (n. 1942, frère cadet de Bechir) élu Pt par 77 v. contre 3 blancs. *-23-9* fin du mandat du Pt Sarkis. *-24-9* force multinationale de sécurité créée (3 300 h. dont 1 200 Amér., 1 100 Fr., 1 000 It.).

> **Bilan de l'opération Paix en Galilée 1982. Pertes syriennes :** 300 chars et unités équipées de T-62 sov. détruits, rampes de lancement dans la Bekâa détruites, 85 Mig abattus (1/4 de l'aviation). **Israéliennes :** *de 82 à 85 :* 615 † (35 000 bl.) dont *été 82 :* 274 †, 23 disp., 1 114 blessés, 1 prisonnier. **Prisonniers faits par Israël :** 149 Syr., 5 000 Pal.
>
> **Bataille de Beyrouth-Ouest** (6-6 au 15-8-83) : 6 775 † [5 675 civils et 1 100 combattants : (45,6 % avaient des cartes de réfugiés pal., 37,2 % Libanais, 10,1 % Syriens et 7 % divers)]. 29 112 blessés (11 448 graves), 11 840 ont – de 15 ans.
>
> **Logements détruits.** *Avant 1982 :* 40 000, *1982-84 :* 72 000.
>
> **Bilan de 1975 à 1986.** *Tués :* 150 000. *Blessés :* 400 000. *Émigrés :* 350 000. *Destructions :* 20 milliards de $. *Perte cumulée de la production et des revenus :* 24 milliards de $. *Baisse du pouvoir d'achat :* – 50 %. *Recul du PIB :* – 5 % par an.

1983 *janv.* affrontements sporadiques. *-5-2* explosion du Centre de recherche pal. à B. (20 †,100 bl.). *Févr.* B.-Est bombardé. *-18-4* attentat à l'amb. amér. de B., 80 †. *Mai-juin* affrontements armés au sein du Fatah (C[el] Abou Moussa). *-17-5* accord lib.-isr. prévoyant retrait des troupes étr. du Lib. *-23-7* front de l'opposition (W. Joumblatt, S. Frangié et R. Karamé). *-4-9* armée isr. quitte le Chouf et se retire sur le fleuve Awali (30 km au S. de Beyrouth). *-6-9* encerclement des chrétiens et occupation druze (Chouf) ; *sept.* 1 200 à 1 500 chrétiens maronites, orthodoxes, melkites massacrés par druzes poussent la pop. chrétienne à quitter le Chouf (145 000 partent), 111 villages rasés, 85 églises chrét. et quelques sanctuaires druzes incendiés. *-31-8* et *15-9* envoi de 1 200 puis 2 000 marines US au large de B. *-7-9* résidence des Pins bombardée, QG de la force fr. (2 †). *-23-10* camion piégé (1 200 kg TNT) contre immeuble US et 300 kg TNT contre le Drakkar » fr. 241 marines †, 58 paras. fr. †. *-24-10* F. Mitterrand à B. *31-10 au 4-11* conférence de réconciliation nat. lib. à Genève. *-4-11* camion piégé contre QG isr. à Tyr (62 † dont 30 Isr.). *-17-11* raid isr. fr. sur Baalbek (caserne d'entraînement des chiites pro-iraniens) 2 †, 5 bl. *-4-12*, 2 avions amér. abattus par batteries syr. *-20-12* 4 000 Pal. encerclés par les f. syr. quittent Tripoli sous protection O.N.U. *-21-12* attentat contre forces fr. (1 soldat †, 16 bl., 14 Lib. †). **1984**-*14-1* C[dt] Saad Haddad (n. 1937) chr. chef de l'Armée du Liban libre meurt. *-4-2* PM Chafic Wazzan démissionne. *-6-2* milices Amal contrôlent B.-O. *-14-2* PSP prend axe Ain-Ksour-Damour, jonction avec miliciens d'Amal. *18-2* Syrie rejette plan en 8 points établi par L., USA et Arabie Saoud. pour résoudre crise lib. *-26-2* marines quittent L. après Brit. et Ital. de la force multinationale, seuls les Fr. restent à B. ; veto soviétique à l'envoi de force O.N.U. à B. *Fin mars* forces fr. évacuées (2 000 h.) relayées par 81 obs. fr. qui dégagent la ligne de démarcation entre le pont de B. et Souk el Gharb. *-5-3* tr. du 17-5-83 avec Israël déclaré nul. *-30-4* Rachid Karamé, sunnite, membre du Front de salut national (opposition) PM, gouv. d'union nat. de 10 membres dont Camille Chamoun, Pierre Gemayel (maronites), Nabih Berri (chiite) et Walid Joumblatt (druze). *-9-7* aéroport de B. rouvert (fermé dep. 6-2). *Août* Tripoli, lutte entre intégristes musul. et pro-syr., 105 †. *-20-8* Pierre Gemayel (père du Pt de la Rép., créateur des Phalanges) † à 79 ans. *-26-9* attentat contre amb. amér. 24 †. *-21-12* att. devant école druze 5 †. **1985**-*16-2* début du retrait isr. (3 étapes jusqu'en oct.). 1/3 des miliciens de l'Armée du Sud désertent. *-19-2* Cdt Rhodes 5e Fr. observateur tué dep. mars 84. Guérilla chiite au Sud L., représailles isr. *Février* attentats (*1-2 :* 8 †, *10-2 :* 6 †, *18-2 :* 5 †, *25-2 :* 7 †). *-4-3* dans mosquée 12 †. *-8-3* voiture piégée à Beyrouth contre chiites *Hezbollashis* (fous de Dieu) 72 †, 256 bl. *-10-3* voiture piégée 12 mil. isr. †. *Mars* plusieurs enlèvements (dont Fr.). Samir Geagea suscite dissidence parmi chrétiens. *Avril* Isr. met en place un couloir chrétien dans le Sud pour protéger ses frontières. Combat mil. chrét./musulm., exode de milliers de chrétiens. *-9-5* Eli Hobeika, chef du comité exécutif des mil. chrét. (avant, Samir Geagea). *Mai* Pal. massacrés à Sabra et Chatila par milices chiites d'Amal (+ de 500 †, 3 000 bl.). Combats druzes/chrét. du Sud-L. : centaines de chrét. †, villages rasés, bétail massacré ; milliers de chrét. fuient. *-21-5* att. dans quartier chrétien de B. (55 †). Cessez-le-f. entre Amal, Front de salut nat. pol. et le Front nat. démocr. ; retour aux positions du 19-5. *-2-8* Amal a fini d'évacuer Sabra et Chatila. *-6-8* Front d'unité nat. (F.U.N.) autour du P. socialiste progressiste (druze) de W. Joumblatt et du mouvement chiite Amal de Nabih Berri : une douzaine de partis ou organisations, notamment P. communiste lib., Baas, P. national social syrien, Conseil pol. de la ville de Saïda. Formé sous égide syr. mouvements rassemblant hostiles aux Kataebs (dont est issu le Pt Amine Gemayel), sauf mouvements chrét. *-17-8* voiture piégée à Antélias (Beyrouth) 54 †, 122 bl. *-30-9* 4 dipl. soviét. enlevés ; 1 est tué (2-10), 3 libérés (30-11). *-15-9/15-10 bat. de Tripoli :* 2 000 h. [intégristes, Rassemblement islamique (chef de file : M.U.I., Mouvement d'unification isl., de Cheikh Saïd Chaabane)] contre 2 500 h. [m. alaouite, P. arabe démocratique liés à Syrie, et 2 autres milices prosyr. le P.S.N.S. (P. social nat. syr.) et P.C.], 300 †. *-19-11* Isr. abat 2 Migs syr. au-dessus du L. *-20/24-11 g. du drapeau* entre chiites et druzes, 65 † à B. *-28-12* accord inter-milices à Damas (10e dep. 1975) : formation « immédiate » d'un nouveau gouv. qui devra, la 1re année, décréter un cessez-le-feu global et immédiat avec appui de la Syr., pour faciliter normalisation interne devant aboutir à réouverture des routes et retour des réfugiés dans leurs villages d'origine ; sécurité assurée par gendarmerie avec unités syr. ; milices dissoutes et désarmées. Nouvelle Constitution : sera fondée sur le « renforcement de l'unité du pays, de son indépendance et de son appartenance arabe ». Le L. sera un État « républ., démocratique et parlementaire », doté d'un système économique « libéral, réglementé et non dirigé ». Représentation parlementaire : part de chrét. et musul. Système confessionnel aboli après période transitoire (dont la fin adoptée par majorité des 2/3 à la 1re Chambre élue, de 55 % dans la 2e législature, absolue dans la 3e). Coordination avec Syr. pour pol. étrangère et relations bilatérales, questions milit., écon., sécurité, éducation et information. Combats 200 †. **1986**-*15-1* Elie Hobeika, chef des Forces lib. (milices chrét. unifiées) évincé. *-21-1* voiture piégée à Beyrouth 20 †. *-10-4* id. 11 †. *-17-4* 3 otages brit. tués (représailles après raid amér. sur Libye). *-7-5* Camille Sontag (84 ans, Fr.) enlevé.

Au 17-4-1986, otages détenus : 8 Français [2 enlevés 22-3-85, 1 (J.-P. Kauffmann enl. 22-5, avec Michel Seurat, exécuté (?) 5-3-86 par Djihad islamique), 4 d'Antenne 2 (enlevés 8-3-86)], 5 Américains (enlevés en 84-85), 1 Irl. (enl. 11-4-86), 1 diplom. sud-cor. (enl. 31-1-86), 1 Italien (enl. 11-9-85).

☞ Env. 8 000 soldats fr. ont servi à tour de rôle à B. appuyés par les marins de la force navale Olifant. *Coût* (millions de F) *1982 :* 100 ; *83 :* est. 600. Il y eut 88 † en 18 mois. En avril 1986, décision de retirer la centaine d'observateurs restants.

Politique

● **Statut.** Rép. *Const.* 23-5-1926 amendée en 27, 29, 43 et 47, *Pt* élu par l'Ass. pour 6 a., non rééligible (toujours maronite). *Assemblée* 99 m. élus au suffr. univ. p. 5 a. [55 pour les chrétiens, 44 pour les musulmans, Pt chiite Hussein Husseini (47 a.) élu 16-10-84 contre Kamal El-Assaad]. *PM* (sunnite) Rachid Karamé (n. 1921), élu 30-4-84. Divisé en 5 *mohafazats.* Les charges de l'État, du gouv., du Parlement, de la fonction publique sont réparties (proportion de 6 pour chrétiens et 5 pour musul.). **Fête nat. :** 22 nov. (Indép. en 1943).

● **Partis** (en général, sur fond d'essence confessionnelle). *Al-Kataeb* (Phalanges), f. 1936 par Pierre Gemayel (1905-84) ; libéral, 70 000 m, devenu parti v. 1964 (ont appelé en 1977 les Syriens pour repousser les Pal. progressistes). *Pt :* Dr. Elie Karamé. *Bloc national,* f. 1943 par l'anc. Pt Émile Eddé ; pour le partage des pouvoirs et contre l'immixtion des milit. dans affaires civiles (leader : Raymond Eddé, n. 15-3-13). *P. national libéral,* f. 1958 par l'anc. Pt Camille Chamoun ; mêmes principes. *P. national social-syrien* (Antoun Saâda) a succédé au *P. populaire syrien* dissous 1962 ; milite pour la reconstruction de la Syrie géographique. *Al-Baas,* f. en Syrie 1940 par Michel Aflak ; doctrine unioniste arabe. *An-Najjadés,* f. 1936 par Adnane Hakim ; unioniste. *Al-Harakiyines Al-Arab,* f. 1948 par Georges Habache (n. 1926) ; proche du marxisme. *P. socialiste progressiste,* f. 1-5-49 par Kamal Joumblatt (1917-77) ; progressisme pacifiste et libéral ; leader Walid Joumblatt, 16 000 m. *Ad-Dastour,* f. 1943 par l'anc. Pt Béchara El-Khoury ; p. de cadres ; leader Michel El-Khoury. *P. communiste libanais,* f. 1924 par Nicolas Chawi (dissous 48 et interdit jusqu'en 71) (leader : Georges Hawi). *Fédération révol. arménienne* (FRA), f. 1890, socialiste. *P. démocrate,* f. 1969 par Joseph Mughaizel, libéralisme social, laïc.

● **Mouvements chiites. Amal.** En arabe à la fois « espoir » et contraction de « détachements de la résistance libanaise ». Nabih Berri. Parti et milice. Issu du mouv. f. 1974 par l'imam d'origine iranienne Moussa Sadr, « disparu » en Libye en 1978. Armement lourd soviétique fourni par Syrie. A chassé l'armée nat. de B.-O. en fév. 1984. **Amal islamique.** Né d'une scission en 1982 d'Hussein Moussaoui. Implanté à Baalbek. Renforts iraniens (700 h. en août 1985). A établi un « État islamique » sous surveillance syr. **Hezbollah.** « Parti de Dieu » lié à Amal islamique. Regroupement des mus. luttant pour un État islamique mondial anti-américain et antisioniste. Responsable de nombreuses exactions antichrétiennes et de plusieurs attentats anti-occidentaux. Utilise le « label » Djihad islamique (g. sainte islamique). **Courant du cheikh Hussein Fadlallah.** Né 1925 à Najef, Irak, revenu au Liban 1966. Banlieue sud chiite de B. (Bir-Abed). **Mouvement islamique libanais.** Mal connu, cheikh Seddik Moussaoui anticommuniste. **Rassemblement des oulémas musulmans.** Cheikh sunnite Maher Hamoud. Conseil supérieur chiite, cheikh Mehdi Chamseddine rallie de nombreux mécontents dont Amal.

● **Sunnites.** Tauhid Liban du Nord (Mouv. de l'unification islam.). Formé 1982 à Tripoli autour du cheikh intégriste sunnite Saïd Chaabane qui a soutenu Yasser Arafat avant de se rapprocher de la Syrie. Proclame : « Le Liban n'existe pas ! Seul compte l'Islam qui résoud tous les problèmes et libère l'homme même s'il n'admet pas le pluralisme. » **Fédération des oulémas.** Formée 1980 par Cheikh Abdelaziz Kassem. **Féd. des associations islam.** Saadeddine Houmaydi Sakr. **Makasseds** « les bien intentionnés ». Réseau d'écoles, de centres sociaux. Patronné par Tamam Salam. **Rencontre islam.** Cheikh Hassan Khaled « mufti de la République ». **Courant du cheikh Ali Jouzou. Parti de la libération islam.** Fondé 1952 par cheikh pal. Takieddine Nabbahi († B. 1977) dirigé par cheikh Abdelkader Zaloum, Kurde venu de Palestine. Réclame : « Un État islam. dirigé par un calife et au sein duquel Syrie et L. seraient unis. » **Congrès populaire des forces lib. islam. nationales.** Créé 1981 par Kamal Chatila.

● **Présidents. 1926** Charles Debbas (1861-1935). **34** Habib As-Saad (1866-1946). **36** Émile Eddé (1881-1943). **41** Alfred Naccache (1887-1978). **43** *mars* Ayoub Tabet (1882-1947) ; *juil.* Pédro Trad (1873-1948). Béchara El-Khoury (1890-1964). **52** Camille Chamoun (1900). **58** Gal Fouad Chehab (1902-73). **64** Charles Hélou (1912). **70** Soleiman Frangié (15-6-10). **76** *23-9* Elias Sarkis (29-7-24). **82** *23-8* Bechir Gemayel (10-11-47/14-9-82). *23-9* Amine Gemayel (1942), son frère cadet.

● **Premiers ministres.** Noms dep. l'indépendance (1943) : Accari Nazem (n. 1902), Chehab Fouad (1902-73), Chehab Khaled (1892-1977), Daouk Ahmad (1893-1979), El-Hoss Selim (n. 1929), Hafez Amine (n. 1926), Karamé Abdulhamid (1890-1947), Karamé Rachid (n. 1921), Munla Saadi (189?-1972), Oueyni Hussein (1900-73), Salam Saeb (n. 1905), Solh Rachid (n. 1926), Solh Riad (1893-1951), Solh Sami (1890-1973), Solh Taqieddine (n. 1909), Yafi Abdallah (n. 1901), Wazzan Chafiq (n. 1925) dep. 25-10-80.

Économie

P.N.B. (83) env. 1 800 $ par h. **Pop. active** (%, entre parenthèses part du P.N.B. en %). Agr. 11 (10), ind. 20 (15), services 69 (75). **Chômage** (%). *1970 :* 8,1 ; *75 :*

15/20 ; *82* : 34 ; *83* : 60. **Inflation (%).** *1975 à 79* : 113 ; *81* : 25. **Balance des paiements** (en millions de $). Avant 1982 excédentaire. *1982* : – 0,9 ; *83* : – 1,3 ; *84* (9 milliards F déficit). Pendant la g. apport d'argent aux diverses factions (Irak, Syrie, Libye, Israël). En 1982 rentrée de capitaux, en 1983 exode. **Dépenses militaires** (84). 44,5 % du budget. **Livre libanaise** (nombre pour 1 $ au 31 déc.). *74* : 2,3 ; *75* : 2,43 ; *76* : 2,93 ; *77* : 3 ; *78* : 3,25 ; *80* : 3,65 ; *82 janv.* : 5,31 ; *déc.* 3,81 ; *83* : 5,49 ; *84* : 8,88 ; *85* : (4 févr.) 15,10.

Agriculture. *Terres* (milliers d'ha, 81) t. arables 240, t. cult. 110, forêts 72, pâturages 10, eaux 17, divers 591. *Production* (milliers de t, 83) citrons 315, raisins 172, tomates 140, p. de t. 136, pommes 130, bett. à sucre 61, olives 20, blé 23, oignons 29, orge, maïs 6, tabac, soie. **Forêts.** Pins et cèdres en cours de reboisement. Il reste quelques centaines de cèdres à Bécharré et dans le Chouf, certains ayant 1 500 ans. **Élevage** (milliers de têtes, est. 83). Poulets 8 000, chèvres 440, moutons 140, bovins 50, porcs 19, ânes 10, mulets 4. **Pêche** (83). 1 400 t.

Mines. Guère exploitées : fer, cuivre, schistes bitumineux, asphalte, phosphates, céramique, sable (pour le verre). **Industrie.** Raffineries de pétrole (Tripoli, Zahrani). Artisanat. Aluminium. **Place financière** en déclin (100 banques en 80). Assurances.

Transports (km). Routes 7 100, chemins de fer 417. **Tourisme** (avant la g. civile). 3 008 391 vis. (74). Monuments romains, voir Italie p. 916.

Commerce (millions de £ libanaises). *Exportations* (83) 2 694 (5 256 en 82) *dont* prod. végétaux 735, métaux précieux 295, m. non précieux 225, text. 192, prod. alim. manufacturés et tabac 98, *vers* Arabie Saoudite 1 293, Syrie 305, Jordanie 193, Koweït 220, Libye 167. *Importations* (79) 10 359 ; *de* (82) Italie 2 446, France 1 661, U.S.A. 1 460, All. féd. 1 222, Suisse 904.

LIBERIA
V. légende p. 787.

Nom. Vient de *liberty.*

Situation. Afrique. 111 369 km². *Côtes* 560 km. *Alt. max.* Mt Nimba 1 513 m. **Climat.** Équatorial, pluies mai à oct. Temp. 21 à 32 ° C, min. 20,4 ° C. Pluviosité moy. à Monrovia 5 588 mm, max. en 24 h 362 mm.

Population. 2 190 000 h. 85 dont 22 ethnies (Kpelle 400 000, Bassa 250 000, Dan 124 000, Kru 121 000, Glebo 115 000, Mano 108 000). (85) 8 à 10 000 Libanais. – *de 15 a.* 40,9 %. 28 % pop. urb. D. 19,7. **Villes.** *Monrovia* 300 000, Buchanan 25 000 (à 151 km). **Langues.** Anglais *(off.)*, dialectes africains. **Religions.** En % : animistes 75, musulmans 15, chrétiens 10.

Histoire. 1816 des philanthropes amér. fondent l'American Colonization Society qui veut créer une « colonie de Noirs libres » en Afrique occidentale. **1822-***7-1* **à 1892** 22 120 immigrés noirs (16 400 du S. des U.S.A. et 5 700 de navires angl. ou amér.). **1847-***26-7* décl. d'indépendance ; il y a alors 6 500 imm. noirs. **1912** réorganisation armée par des officiers noirs amér. **1915** *sept.* soulèvement de la côte Krou (S. du pays), 67 leaders Krou tués. **1926** Firestone s'implante au L. ; des millions d'acres lui sont concédés pour 99 ans, influence des « dix familles ». **1931** affrontements Krou-pouvoir central à Sasstown. **1934** début de production de caoutchouc. **1941** Pt William Tubman (1895-1971). **1943-***8-6* dollar amér. remplace la livre angl. d'Afr. occ. **1944-***27-1* déclaration de g. à l'Axe. *-10-4* membre de O.N.U. **1971-***23-7* William Richard Tolbert (1913-80) Pt. **1971-80** crise (concurrence caoutchouc synthétique, mévente du fer dep. 1961, crise pétrolière). **1979-***14-4* manif. (au moins 32 †, cause : augmentation du riz). **1980-***12-4* coup d'État mil., Pt Tolbert tué par caporal Harrison Pennue (promu colonel, deviendra com. gén. adjoint des forces armées). Constitution suspendue. *-22-4* 13 min. et hauts dignitaires fusillés. **1981-***août* coup d'État échoue. Weh Syen et 3 membres du P.R.C. (Conseil de rédemption du peuple) exécutés. **1983-***nov.* « Complot » du Gal Quiwonkpa, chef de l'armée ; recherché, il s'exile. **1984-***20-7* référendum pour nouvelle const. (en vigueur début 1986). *-26-7* levée de l'interdiction des activités polit. Assemblée nat. interimaire (I.N.A.) après dissolution du P.R.C. *-22-8* incidents à l'université et élimination polit. de 5 anciens membres du P.R.C. dont l'ex-numéro deux du régime, le Gal Podier. **1985-***1-4* tentative d'assass. du Pt Doe échoue. *-18-7* rupture avec U.R.S.S. *-15-10* élect. législatives (l'opposition demande annulation) 519 000 suffrages exprimés. *Pt élu* : Samuel K. Doe 265 000 v. (51,05 %) devant Jackson Doe (L.A.P.) 137 000 (26,39 %), Kpolleh (L.U.P.) 60 000,

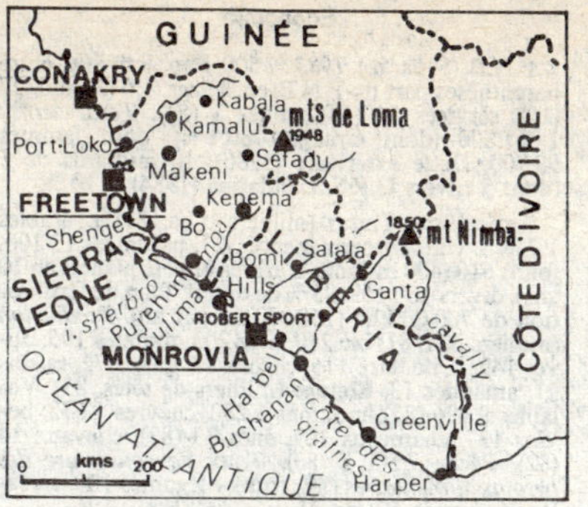

Kesselly (U.P.) 57 000. *Sénat* et entre parenthèses *Ch. des Représentants* : N.D.P.L. 21 s. (45), L.A.P. 3 (3), U.P. 1 (4), L.U.P. 1. *-12-11* putsch manqué du Gal Thomas Quiwonkpa (tué) 1 500 †. **1986** *janv.* régime civil, seconde république prévue.

Statut. Rép. dep. 26-7-1847. *Const.* du 20-7-1984 (avant : 26-7-1847). *Pt et vice-Pt* élus au suffr. univ. p. 6 a. *Ch. des représentants* (64 m. élus p. 6 a.). *Sénat* (26 élus p. 9 a. 2 par comité). *Pt* Gal Samuel Kanyon Doe (n. 1951) dep. 12-4-80 investi 6-1-86. *Conseil pop. de rédemption* légiférant par décrets. **Fêtes nat.** : 12 avril (rédemption), 26 juillet (indépendance).

Principaux partis : *National Democratic Party of Liberia* (N.D.L.P.) M. Doe ; *Liberia Action Party* (L.A.P.) Me Tuan Wreh ; *Unity Party* (U.P.) Dr Edward Kessely ; *Liberian People's Party* (L.P.P.) du Dr Amos Sawyer ; *United People's Party* (U.P.P.) M. Baccus Matthews.

Économie

P.N.B. (83) 473 $ par h. **Pop. active** (% et entre par. part du P.N.B. en %) agr. 60 (34), ind. 15 (30), services 23 (34), mines 15 (30). **Inflation** (%). *1979* : 11,6 ; *80* : 13,8 ; *81* : 8,2 ; *82* : 6,2 ; *83* : 2,7 ; *84* : 1,2 ; *86* : 40 %. **Aide amér.** (millions de $). *79* : 9 ; *82* : 78 ; *85* : 90. **Dette ext.** (milliards de $). *1982* : 0,64 ; *84* : 0,76 (80 % du P.N.B.) ; *86* : 1,2. **Pouvoir d'achat.** *1980-85* : – 40 %.

Agriculture. *Terres* (milliers d'ha, 81) t. arables 126, t. cult. 245, pâturages 240, forêts 3 760, eaux 1 505, divers 5 261. *Production* (milliers de t, 82) manioc 300, riz 250, sucre 155, bananes 78, légumes et melons 71, plantain 32, patates douces 17, café 10, pamplemousses 7, oranges 7, cacao 5. Hévéas (caoutchouc 65 000 t en 83). **Forêts.** 4 505 000 m³ (82).

Élevage (milliers de têtes, 83). Bovins 42, porcs 115, moutons 232, chèvres 233, canards 233 (82), poulets 2 800 (82). **Pêche.** 13 600 t (82).

Mines. *Fer* (réserves 2 milliards de t), prod. (millions de t) *80* : 15,2 ; *83* : 10,1 ; *84* : 11,4. *Diamants 84* : 329 000 carats. *Or 84* : 448 kg. *Baryte, bauxite, manganèse, kyanite.*

Flotte de commerce (pavillon de complaisance) (en millions de tx). *1979* : 80 ; *81* : 75 ; *83* : 67,5 ; *84* : 70,25.

Commerce (millions de $, 83). *Exportations* 429,2 *dont* fer 267, caoutchouc 73, bois 23, café 18, diamants 17, cacao 11, *vers* All. féd. 131, U.S.A. 76, France 30, Belgique 27,5, P.-Bas 27,4. *Importations* 415,3 *dont* biens d'équip. 108, biens de cons. 106, prod. pétroliers 71 *de* U.S.A. 140, All. féd. 48, P.-Bas 40,2, G.-B. 23,7, Japon 22,5.

Rang dans le monde (83). 9ᵉ fer.

LIBYE
V. légende p. 787.

Situation. Afrique. 1 775 500 km². *Frontières* : Égypte 1 080, Algérie 1 000, Tchad 1 000, Tunisie 480, Soudan 380. *Alt. max.* env. 900 m. *Côte* 1 820 km. *Longueur* 2 000 km. En 1974, la L. a déclaré unilatéralement que le golfe de Syrte au S. du parallèle 32° 30' était eaux intérieures l. **Régions.** Plaine côtière (bordée d'une ligne d'oasis), la Djeffara, larg. max. 120 km ; région montagneuse au nord (alt. max. 968 m) ; désert (95 % du territoire) et montagne de l'intérieur (plateau s'élevant à 1 852 m) ; oasis. **Pluies** : – de 200 mm par an pour les 3/4 du pays ; en Cyrénaïque : 500 mm (rares, torrentielles).

Population. 3 960 800 h. (est. 85) (Arabes et Berbères) (*1964* : 1 300 000 h.). – *de 15 a.* 51,4 %, + *de 60 a.* 5,9 %, 72 % de la pop. vivraient en Tripolitaine (353 000 km², cap. Tripoli), 23 % en Cyrénaïque (885 370 km², cap. Benghazi), 5 % dans le Fezzan (665 000 km², cap. Sebha). *Pop. urbaine* 31,6 %, nomades 14,6 %, du Fezzan et du Sahara libyque. D. 2,23. **Villes.** *Tripoli* 980 000, Benghazi 650 000 (à 1 050 km), Zawia 247 628, Misourata 285 000 (210 km), El Beida (cap. politique et administrative de l'ancien régime). [Au 30-6-83, 590 595 travailleurs, dont 53 117 Turcs immigrés, 181 439 Égyptiens, 95 174 Tunisiens, 25 368 Syriens, 23 769 Pakistanais, 23 570 Indiens, 20 609 Roumains, 16 976 Coréens, 16 871 Italiens, 15 269 Thaïlandais, 14 584 Yougoslaves, 12 007 Palestiniens, 10 825 Polonais, 9 053 Jordaniens, 9 043 Bulgares, 8 538 Philippins, 7 494 Russes, 1 544 Français. En 1985 : 549 600 étrangers dont 15 000 Ital. 1 500 Amér. (6 000 à 8 000 dont 2 000 dans les Cies pétrolières selon d'autres sources)]. *Ressortissants de l'Est* (1985) : 60 000 à 70 000. *Conseillers milit. soviétiques* 19 000, *est-allem.* 6 000.

Langues. Arabe *(off.)*, anglais, italien. **Religions.** Musulmans sunnites 97 % (rel. off.), chrétiens 2,5.

Histoire. Siège de comptoirs phéniciens et grecs, conquis par Romains, Vandales, Byzantins et au XVIᵉ par les Turcs ; dynastie des Beni-Mohammed au Fezzan, dépend. de Tripoli, puis ind. **1840** reconquise par Turcs. **1911** *oct.* conquête de Tripoli (4 000 Arabes †). **1912** col. italienne après g. italo-turque. **1915** soulèvement (rép. de Misourata), les Ital. évacuent sauf Tripoli et Homs. **1916** Turcs reviennent, base sous-marine allem. à Misourata. **1932** occupation ital. complète. **1934** prend nom de Libye, après fusion Cyrénaïque, Tripolitaine et Fezzan. **1939** annexée par Italie (env. 500 000 Italiens). **1941** combats anglo-allem. **1942-***23-10* victoire d'El-Alamein, Angl. occupent Cyrénaïque, prennent Tripoli (*23-1-*43), Fezzan (**1941-43**) passe sous contrôle français après occupation par Gal Leclerc. **1951-***24-12* indépendance avec Mohammed Idris El Mahdi Es-Senoussi. **1953-***29-7* tr. d'alliance et d'amitié anglo-l. : droit de stationnement et de libre déplacement des troupes brit. contre redevance. **1954-***9-9* accord avec U.S.A. : prévoit base aérienne de Wheelus Field contre 46 millions de $, payables en 20 ans. **1955-***29-7* tr. d'évacuation : la Fr. évacuera le Fezzan (Gvt Mendès France). **1958-59** découverte de pétrole. **1964** *janv.* rupture du contrat avec U.S.A. pour Wheelus Field. **1967** *juin* G. des 6 j en Israël, émeutes antisionistes.

1969-*1-9* coup d'État dépose Mohammed Idris El Mahdi Es-Senoussi [(1890-1983), roi dep. *24-12-51* (le P[ce] hér. était le P[ce] Hassan Reda n. 1928)], Conseil de commandement de la révol. (CCR) dirigé par Moamar al Kadhafi. *-27-12* union L.-Soudan-Égypte. **1970-***31-3* évacuation des forces angl. d'El-Adem et de Tobrouk. *-11-6* des forces amér. *-22-7* expulsion de 15 000 Italiens. *-27-11* la Syrie rejoint l'union de 1969 (qui ne prendra jamais forme). *-25-12* pacte de Tripoli avec Ég. et Soudan ; la Fr. livrera 116 Mirages à la L. **1971-***17-4* féd. R.A.U., Libye, Syrie approuvée par référendum le *1-9*. **1972-***30-5* parti unique. *-2-8* union avec Ég. décidée (sera effective le 1-9-73). **1973-***15-4* révol. culturelle. *-18-7* marche de l'unité vers Le Caire, arrêtée. *-20-7* les marcheurs rentrés en L. demandent à Kadhafi, qui a démissionné, de reprendre le pouvoir. *-23-8* proclamation de l'union par étapes. *-1-9* union avec Ég. repoussée. Nationalisation à 51 % des Stés pétrolières. *-1-12* rupture de

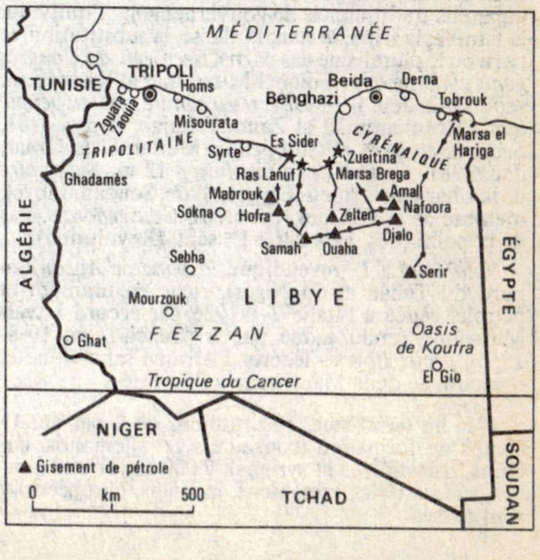

l'union avec Ég. **1974**-*12-1* union avec Tunisie (restée sans suite). -*5-4* Kadhafi se décharge de ses fonctions polit. et adm. au profit du Cdt Jalloud, Pt du conseil des min. *Août* révélation, la L. a livré des Mirages à l'Ég. **1975** complot d'El Mehichi (membre du CCR) : la moitié des m. du CCR en fuite. **1976** *févr.-mars* expulsion de milliers (?) d'Ég. et de Tunis. -*22-3* accords fr.-l. après visite du PM Jalloud en Fr. *(10/12-2)* et de J. Chirac en L. *(20/22-3)*. **1977**-*2-3* CCR supprimé ; le peuple, réuni en congrès pop. de base, prend toutes les décisions, démocratie directe. -*21/24-7* conflit avec Ég. **1977-79** Kadhafi soutient les mus. du « front Moro » (Philippines), les Palest., les « autonomistes » français. **1978** la Fr. livre 32 Mirages Fl. **1979** intervention en Ouganda (2 000 h.), au Tchad. -*1-5* K. demande aux ouvriers du monde d'appliquer les slogans du *Livre vert*, t. 2 : « Associés pas salariés » (autogestion), « La maison à celui qui l'habite » (nationalisation des appartements). -*3-12* ambassade amér. à Tripoli saccagée.

1980-*7-1* rupture avec Fatah. Attaque de Gafsa (v. Tunisie). -*4-2* amb. de Fr. à Tripoli saccagée ; 10 opposants à l'étranger exécutés. 2 000 off. et fonctionnaires arrêtés. -*15-5* échange des billets de banque, on rend 15 000 F par famille, surplus confisqué. -*6-8* rébellion de garnison de Tobrouk. -*1-9* projet fusion avec Syrie. -*14/15-12* intervention au Tchad. **1981** la L. revendique la partie du Golfe de Syrie au sud du parallèle 32°30 (longueur 482 km, largeur max. 278 km) comme eaux intérieures ; les eaux territ. (12 milles soit 22 km) seront comptées au-delà). -*6-1* fusion avec Tchad, création des « États islamiques du Sahel ». *Mars* embargo fr. sur 10 vedettes rapides commandées par la L., liquidation des opposants à l'étranger. -*19-8* 2 F-14 amér. abattent 2 SU-22 1. dans Golfe de Syrie. -*3-11* évacue Tchad. -*7-12* Boeing l. détourné à Zurich ; libéré à Beyrouth *9-12*. **1982**-*7-10* tous les opposants établis à l'étranger doivent rentrer. **1983-84** intervention au Tchad. **1984** retrait du Tchad après accord Dumas-Kadhafi, rupture des relations dipl. en G.-B. (tir depuis l'ambassade de l. à Londres : une femme policier angl. †, 10 bl.). *13-8 tr. d'union arabo-afr. avec Maroc. 12-11* Abdelhamid Bakckouche ancien P.M. d'oct. 67 à oct. 68, opposant tué. **85**-*3-2* voiture piégée à Tripoli 12 †. *Mars* 2 tentatives d'ass. de Kadhafi échouent (70 dissidents exécutés).-*4-6* milliers d'instruments de musique occidentale brûlés, ils « dénaturent culture et héritage arabe authentiques » *Sept.* 30 000 Tunisiens expulsés. -*24-11* Cel Hassan Eskhal (beau-fr. de Kadhafi) opposant tué. U.S.A. et Italie accusent L. de soutenir les terroristes qui ont détourné l'Achille Lauro ; U.S.A. prévoient sanctions économiques. -*27-12* 2 att. contre aéroports (Vienne et Rome 19 †), Reagan accuse L. **1986**-*7-1* Rupture relations écon. amér. avec L. *Février/mars* rapprochement avec Alg. -*24 et 25-3* marine amér. manœuvre dans le Golfe de Syrte. Riposte aux tirs L. (bombardement base de missiles Sam 5 et 4 vedettes), 1 F 111 amér. perdu.

Statut. Nom officiel : Al Jamahiriya (La Populocratie) Arabe Libyenne Populaire Socialiste. Le 12-3-1977, le Congrès général annonce son attachement à la liberté, sa disposition à la défendre sur son propre sol et dans tout lieu de par le monde et sa protection aux opprimés pour la liberté ; son attachement au socialisme pour réaliser la propriété du peuple ; son engagement à la réalisation de l'unité pan-arabe totale ; affirme le processus de la révolution qui progresse continuellement en avant, sous la conduite du penseur révolutionnaire et leader-maître, le colonel Muammar Kadhafi, vers l'autorité populaire complète, pour l'enracinement de la société de liberté et pour obstruer, une fois pour toutes, la voie devant tous les appareils traditionnels de gouvernement ; l'individu, la famille, la tribu, le clan, la classe, la substitution, le parti ou le pluralisme des partis. *Secr. gén. du Congrès général du peuple :* Colonel Muammar al Kadhafi (n. sept. 1942) dep. 1-9-69. *Secr. du comité gén. du peuple* (gouv.) Muhammad al Zanouk Rajab, dep. 7-1-81. *Secr. du congrès gén. du peuple* Muftah Usta Omar, dep. 1981. *Conseil de la révolution* 12 m. *Signataire* de la Charte de Tripoli (Égypte, Syrie, Soudan, Libye), membre de la Féd. des rép. ar. 10 *Gouvernorats.* Pas de p. politiques. **Fête nat. :** 1er sept. (Révolution).

Nota. — La L. revendique *la bande d'Aozou* (au nord du Tchad et du Niger), riche en uranium et pétrole, cédée à l'Italie 7-1-1935 par accord Laval-Mussolini, rendu caduc par tr. franco-l. du 10-8-1955 ; *projet libyen :* fédérer l'Afrique saharienne et musulmane de la Mauritanie à l'Érythrée.

Aide au terrorisme. 100 millions de $ par an. 15 camps de formation (conseillers est-allemands, cubains, palestiniens et syriens). 7 000 terroristes (arabes, sud.-améric., arméniens, japonais, européens) y sont passés.

Économie

P.N.B. ($, par h.). *1983 :* 7 500. **Pop. active** (%, entre parenthèses part du P.N.B. en %) agr. 1,6 (2), ind. 27 (10), services 54 (34), mines 3 (54). *Total actifs :* 1 061 800 (dont étrangers 36,1 %), dont femmes 99 700. **Dette extérieure** (1986). 10 milliards de $ (dont 5 envers U.R.S.S. **Inflation** (1984). + 10 %.

Agriculture. *Terres* (milliers d'ha, 81) t. arables 1 758, t. cult. en permanence 327, pâturages 13 100, forêts 610 (400 millions d'arbres ont été plantés en 10 ans), divers 160 159. 95 % de désert. Plan de fertilisation de 700 000 ha (150 000 ha par an). *Production* (milliers de t, 81) blé 210, orge 203, tomates 195, olives 149, p. de terre 115, citrons 84, dattes 72, raisins 21, amandes 13. **Élevage** (milliers de têtes, 83). Volailles 9 496 (82), moutons 5 280, chèvres 1 672, bovins 137, chameaux 109, ânes 73 (82), chevaux 14 (82). **Pêche** 7 500 t (83). *Taux de couverture des besoins alimentaires (%) :* fruits + légumes 100, céréales 66, viande 60, lait 45.

Énergie. Pétrole. *Découvert* en 1959 à Zelten par Esso. *Réserves :* 2,9 milliards de t (9e rang mondial). *4 Stés principales :* Oasis (40 %), Agip, Occidental, Mobil (Stés à capital mixte et opérant sous la surveillance de la N.O.C., National Oil Cy). *Production* (millions de t et entre par. revenu annuel en milliards de $) : *1977 :* 99 (9) ; *78 :* 95 ; *79 :* 100 ; *80 :* 88 (22) ; *81 :* 55 (15) ; *82 :* 58 (13,9) ; *83 :* 54,5 (11) ; *84 :* 54 (9,8) ; *85 :* (9,3). **Énergie électrique.** Puissance : 3 970 mégawatts. **Gaz**, (milliards de m^3). *Réserves* 570, *production : 1977 :* 20 ; *78 :* 21 ; *79 :* 23 ; *80 :* 18 ; *82 :* 12,1. **Industrie.** Prod. alim., textiles, tapis, tabac.

Transports. Routes macadamisées (km) *1980 :* 10 700, *85* (prév.) : 15 700 (projets : chemin de fer 1 292 km). **Tourisme.** *Sites.* Ruines romaines [Leptis Magna (à 123 km de Tripoli), la ville morte la plus vaste et la mieux conservée du monde ; Sabratha (67 km) + grand théâtre romain du monde ; Tolemaïd (Ptolémaïs ou Cyrène) (50 km de Benghazi)], sites archéol. (Toubrouk et Shehat à 140 km de Benghazi), Soussa (Apollonia), oasis de Ghâdamès Fezzan, citadelles turques (Alhambra à Tripoli). V. Italie p. 916. *Visiteurs (76) :* 144 800.

Commerce (milliards de dinars L). *Exportations* (85) : 5,3 *dont* pétrole et gaz nat. 4,3, pétr. raffiné 0,85, prod. pétrochim. 0,1, chimiques 0,02. Une partie importante du brut est vendue à l'U.R.S.S. en paiement de livraisons de matériel militaire (plusieurs milliards de $ par an) mais est, de fait, livrée aux autres pays auprès desquels Moscou s'est engagé à fournir du brut : Bulgarie, All. de l'E., Yougoslavie, Finlande, etc., qui, pour la plupart, revendent ce brut sur le marché libre européen afin d'obtenir des devises. Clients finals de la L. : Italie (15 % de ses achats totaux de brut), All. féd. (9 %), Espagne (9 %), Grèce (22 %), Suisse (12 %), Autriche (9 %). *Importations :* 4 (dont prod. de transfor. 1,1, intermédiaires 0,9, industrialisés de consommation 0,6, alimentaires pour consommation directe 0,3, divers 1) *de* Italie, All. féd., G.-B., Japon, France.

Déficit de la balance des paiements courants (milliards de $). *1981 :* − 3,9 ; *82 :* − 1,6 ; *83 :* − 1,7 ; *84 :* − 1,5 ; *85* (prév.) : − 2,3.

Rang dans le monde (83). 9e rés. pétrole. 14e pétrole.

LIECHTENSTEIN

Carte p. 984. V. légende p. 787.

Situation. Europe. 160 km^2. *Frontières* 76 km (Suisse 41,1, Autriche 34,9). *Alt. max.* Grauspitz 2 599 m, min. 433 m. Partagé entre montagne et plaine du Rhin. **Climat.** Doux, influence du vent doux du Sud soufflant toute l'année (foehn) ; temp. moy. été : 20-28 °C ; pluies 1 000 à 1 200 mm.

Population. 30 000 (est. 83) dont 36 % d'étrangers. − *de 14 a.* 21,5 %, + *de 65 a.* 9 %. D. 187,5. **Émigration** (83) : 3 042, *vers* Suisse 1 758, Autriche 689, All. féd. 168, France 68, U.S.A. 186. **Immigration** (déc. 83) : 9 541 *de* Suisse 4 261, Autriche 2 115, All. féd. 1 095, Italie 852, Yougoslavie 314, Espagne 162, Grèce 76, divers 676 (non saisonniers). **Villes** (déc. 83) : *Vaduz* 4 896, Schaan 4 619, Balzers 3 420, Triesen 3 055, Eschen 2 690, Mauren 2 637, Triesenberg 2 219, Ruggell 1 241, Grampin 837, Schellenberg 625, Planken 273.

Langues. Allemand *(off.)* ; dialectes alémaniques ; le *walser*, importé par des Valaisans du XIIIe au XVIe s., se parle à Triesenberg. **Religions.** (83) %. Cath. romains 85,5, prot. 8,6, divers 2, sans déclaration 3,9.

Histoire. Formé de la seigneurie de Schellenberg et du comté de Vaduz, qui appartiennent dep. **1699** et **1712** à la maison de Liechtenstein, vassale des Habsbourg, ducs d'Autriche, érigé en principauté immédiate du St Empire le *23-1-***1719** par l'emp. habsbourgeois Charles VI. Princes originaires de la forteresse de Liechtenstein près de Vienne, et connus depuis Hue de L. (1135-56). **1805** le Pce Jean-Joseph, Gal autr., est fait prisonnier par Napoléon à Ulm. Au tr. de Presbourg, la Bavière annexe le Tyrol. Le L., isolé de l'Autr., fait partie de la Confédération du Rhin. Jean-Joseph abdique en faveur de son fils Élisée et continue à servir dans l'armée autr., comme feld-maréchal, puis généralissime. **1815** Jean-Joseph redevient Pce du L., qui fait partie de la Conf. germanique **1815-66** quand l'Autriche est expulsée de la Conf. germ. en 1866, le L. n'a plus de frontière commune avec l'All. **1871** reste en dehors de l'emp. all. (indépendant de fait). Rattaché à la Suisse pour des questions postales en **1921**, douaniers en **1924**. **1924** et **1928** législation sur sociétés domiciliées et privilèges fiscaux. **1971**-*28-2* puis **1973**-*11-2* refus du droit de vote aux femmes (référendum 73 : 2 126 v.c. 1 675 ; 86,01 % de votants). **1976** *août* loi : autorisant les 11 communes à accorder aux femmes le droit de vote et l'éligibilité en matière communale. **1984**-*29-6/1-7* droit de vote accordé aux femmes au niveau national. *26-8* Franz-Joseph II transmet le pouvoir à son fils sans abdiquer. **1986**-*2-2* élect. législat., les femmes votent pour la 1re fois.

Statut. Monarchie héréditaire. *Const.* du 5-10-1921. La seule des principautés relevant autrefois du St Empire romain germanique qui subsiste. Pce Franz-Joseph II (16-8-1906) dep. 26-7-1938 (le 1er monarque établi à demeure au L.). Pce souverain de et à Liechtenstein, duc de Troppau et Jagerndorf, Cte de Rietberg, f. aîné du Pce Aloys de et à L. (1869-1955) et de la Pcesse n. arch. Elisabeth d'Autr. (1878-1960). Succède le 26-7-38 à son oncle le Pce François (1853-1938). Ép. 7-3-43 Ctesse Georgine de Wilczek (24-10-21). 5 *enfants : Jean Adam* (14-2-45) (qui exerce le pouvoir effectif, voir ci-dessus) ép. 30-7-67 Ctesse Marie Aglaé Kinsky (14-4-40) dont Aloïs (11-6-68), Maximilian (16-5-69), Constantin (15-3-72), Tatjana (10-4-73) ; *Philippe* (19-8-46) ép. 11-9-71 Isabelle de l'Arbre de Malander (24-11-48), 3 *enfants :* Alexander (19-5-72), Wenzeslaus (12-5-74), Rudolf (7-9-75) ; *Nicolas* (24-10-47) ép. 20-3-82 Margaretha de Luxembourg (15-5-57) *1 enfant :* Jean (†) ; *Nora* (31-10-50) ; *Venceslas* (19-11-62).

Chef du gouv. Hans Brunhart (28-3-45) dep. le 26-4-78. **Landtag** (15 m. élus au suffr. univ. masculin). **Élections** (2-2-86) : 12 500 élec. Union patriotique 50,21 % des voix, 8 sièges ; P. des citoyens progressistes 7 s. (opposition). **Pas d'armée.** 11 **communes. Fête nat. :** 15 août (anniv. du Pce régnant). **Partis.** FCP. *Parti des citoyens progressistes* (f. 1918, Pt Herbert Batliner). *Union patriotique* (f. 1918, Otto Hasler).

Économie

Agriculture. *Terres* (ha, 83) t. arables 912, pâturages 2 982, pâturages alpins 2 624, forêts 5 450, espaces improductifs et bâtiments 4 040, eaux 160. *Production* (t, 83) maïs d'ensilage 25 000, p. de t. 400, maïs 360 (79), orge 210, avoine 40, blé 160. **Vigne.**

Élevage (84). Bovins 6 260, porcs 3 575, moutons 2 265, chèvres 123, chevaux 165.

Industrie. Métall., mach. et appareils, textiles, céramique, ind. chim. et pharm. (dents artificielles), aliment. Couches minces. Meubles. *Électricité* 83 prod. nationale 52,3 millions kWh ; 66 % de la consommation totale imp. de Suisse. **Transports** (km). Routes 250, ch. de fer 18,5. **Tourisme.** 79 426 vis. (83). **Finance.** Siège d'env. 35 000 Stés (avantages fiscaux). Statistiques commerciales comprises dans celles de la Suisse.

Commerce (millions de F suisses, 83). *Exportations* 919,3 *dont* (%) A.E.L.E. 30,7 (Suisse 22,9), C.E.E. 37,9, divers 31,4.

Rang dans le monde. 1er producteur de dents artificielles, peaux de saucisse synthétiques.

LUXEMBOURG

Carte p. 818. V. légende p. 787.

Nom. Lucilinburhuc, petit château (apparaît en 963).

Situation. Europe. 2 586,36 km^2. *Frontières* 356 km (avec France 73, Allemagne 135, Belgique 148). *Alt. max.* Huldange 559 m, *min.* Wasserbillig 129 m. *Long. max.* 82 km, *larg. max.* 57 km. 2 **Régions naturelles.** L'Oesling au N. (plateau ardennais boisé au climat rude) 828 km², le Gutland (Bon Pays) au S. 1 758 km². **Climat.** *Temp.* moy. (1955-80) janv. 0,7° C, juillet 17,3° C. Climat tempéré. *Pluies* 753,7 mm/an. *Ensoleillement* 1 428 h.

Population. 366 000 h. (85) [*1821* : 134 100, *1871* : 204 000, *1922* : 262 000, *1970* : 339 800]. – *de 15 a.* 19 %, + *de 65 a.* 13,2 %. Taux de fécondité : 1,43 (le + bas du monde). Étrangers (83) 96 700 dont (82) Portugais 29 300, Italiens 22 300, Français 11 900, Allemands 8 900, Belges 7 900, Néerlandais 2 900, divers 12 600. D. 143. *Villes* (82) : *Luxembourg* 78 924 [ancienne forteresse (20 km de souterrains) siège du Secrétariat du Parlement européen, de la Cour de justice, de la Banque européenne d'investissements et de différentes autres administrations communautaires], Esch-sur-Alzette 25 142 (à 18 km, alt. 290 m), Dudelange 14 074, Differdange 8 588, Echternach 4 000 (procession dansante Cillto).

Religions (%). Catholiques 97, protestants 1, juifs 0,2, sans confession et autres 1,8. Le chef de l'État est catholique. Traitements et pensions des ministres des cultes reconnus (cath., prot., juif) sont à la charge de l'État.

Langues. *Luxembourgeois* : langue nationale. *Letzeburgesch* : surtout parlé, dialecte moyen-all., avec de nombreux mots français. *Français* : l. officielle utilisée par les administrations. En matière législative, seuls les textes français font loi (All. : courant dans enseignement et presse).

Histoire. V. 265 apr. J.-C. Gallien fortifie le rocher du Bock, emplacement de L. **963** Sigefroid, Cte de la maison d'Ardenne, achète le fortin de L. à l'abbé de St-Maximin de Trèves et en fait un fief comtal. **1136** le comté passe à la maison de Namur, puis **1247** à celle de Limbourg (8 souv. dont 4 emp. du St Empire) ; les plus illustres : Henri VII (emp. 1308), Jean l'Aveugle (roi de Bohême), Charles IV (qui érige le L. en duché, 1354). Le 3e fils de Charles IV, Jean duc de Goerlitz, n'eut qu'une fille qui porta le duché à son mari Antoine de Bourgogne, duc de Brabant. Veuve et sans appui, elle vendit son duché à Philippe le Bon, duc de Bourgogne en 1441. La ville se révolta, mais en 1443, elle fut surprise la nuit par les Bourguignons. **1443** sous domination des ducs de Bourgogne, réunion aux P.-Bas. esp. **1506** la citadelle de L. devient le plus grand dépôt d'artillerie d'Europe. **1554** explosion des poudres qui détruisit une partie de la ville et incendia l'autre. **1659** sous le règne esp. (Philippe IV), le duché perdit par le tr. des Pyrénées sa partie sud qui revint à la France. **1684** Vauban agrandit la forteresse. **1697**-*20-9 tr. de Ryswick*, retour à l'Esp. **1698**-*28-1* les troupes fr. évacuent la forteresse de L. **1711** à la Bavière. **1713-14** *tr. d'Utrecht, Rastadt et Bade* qui attribuent le L. aux Habsbourg. **1794** *nov. à* **1795**-*1-10* siège de la forteresse par les Fr., capitulation, devient le département fr. des Forêts. **1797** *tr. de Campo Formio*, l'Autriche cède Belgique et Lux. à la France. **1798** introduction de la conscription (insurrection dans les Ardennes). **1814** évacuation fr. **1815**-*3-1 tr. de Vienne* : gd-duché souverain dans Conf. germanique, cédé à titre personnel à Guillaume Ier, roi des P.-Bas ; la ville de L. est forteresse fédérale ; la rive g. de l'Our est cédée à la Prusse. **1831** *tr. des 24 articles* : le L. francophone devient province belge (ratification 1839). **1841** Guillaume II accorde une constitution. **1842** adhésion à l'union douanière allemande (Zollverein, dénoncée le 30-12-1918). **1848** constitution libérale. **1867** *Convention du 21-3* : Napoléon III achète pour 5 millions de florins le L. à Guillaume III. *-1-4* Bismarck refuse de l'évacuer malgré la dissolution de la Conf. germanique en 1866. *-11-5 tr. de Londres* : indépendance et neutralité perpétuelle sous la garantie collective des puissances signataires, départ de la garnison prussienne, démantèlement de la forteresse. **1868** révision de la Constitution. **1890** le duc Adolphe de Nassau succède à Guillaume III, décédé sans descendance mâle.

1914-18 occupation all. **1919** révision constitutionnelle. Droit de vote pour les femmes ; 77,8 % des él. sont pour le maintien de la monarchie. **1921**-*1-5* union économique avec la Belg. (U.E.B.L.) ; un référendum avait donné 60 123 voix pour une union avec la Fr. et 22 252 pour une union avec la Belg. mais à la suite d'un accord secret conclu avec la Belg. le 9-6-1917, la Fr. se désintéresse du L. devant la Belgique. **1940**-*10-5* invasion all., Gde-Dchesse et gouv. partent en exil (France, puis Londres) ; annexion all. de fait. **1944** formation du Benelux. **1945**-*14-4* Gde-Dchesse rentre. **1948** *avr.* abandon de la neutralité (qui avait cessé d'exister en fait dep. 10-5-40). **1949** membre de l'OTAN. **1951** de la C.E.C.A. (L. devient siège provisoire). **1957** de la C.E.E. (L. siège de la Cour de justice des C.E., dep. 68, du secrétariat du Parlement européen, dep. 68, de la Banque eur. d'invest. et de différents services des Communautés dont, dep. 77, la Cour des comptes et le Fonds de coopération monétaire. L'Institut Eurocontrol de la navigation aérienne est à L. mais ne dépend pas de la C.E.E. **1967** abolition du s. militaire. **1982**-*6-3* reconduction pour 10 a. de l'union de 1921. *-5-4* 1re grève gén. dep. 1942. *-9-11* attentat aéroport, radar détruit.

Politique

• **Statut.** Monarchie const. *Constit.* du 17-10-1868 révisée 1919, 48, 56, 72. Le Gd-Duc choisit son gouvernement. *Ch. des Députés* (59 m. élus p. 5 a. 64 m. en juin 84). *Conseil d'État* (21 m.). 3 *districts* (Luxembourg, Grevenmacher, Diekirch), 12 *cantons*, 118 *communes* admin. par un bourgmestre.

• **Partis.** *P. chrétien-social* (P.C.S.), p. catholique de centre-droit, f. janv. 1914 (secr. gén. W. Bourg, Pt Jean Spautz). *P. ouvrier soc. lux.* (P.O.S.L.) f. 1902, Pt Ben Fayot. *P. démocratique* (P.D.), f. 1904 (Pt : Colette Flesch, secr. gén. : Henri Grethen). *P. communiste* (P.C.), né d'une scission avec le P. socialiste au congrès de Differdange (janv. 1921), Sud industriel (René Urbany). **Fête nat.** : 23 juin (anniv. du chef de l'État, célébration officielle).

• **Élections** du 17-6-84 : votants 188 909. Sièges (entre par. résultats 79) : *P. chrétien social* 25 s. (24). *P. ouvrier socialiste lux.* 21 s. (14). *P. démocratique* 14 s. (15). *P. com.* 2 s. (2). *P. social-démocrate* 0 s. (2). *P. des enrôlés de force* 0 s. (1). *P. socialiste indép.* 0 s. (1). *P. vert alternatif* 2 s. (0). Le P. chrétien-social et le P. ouvrier-socialiste luxembourgeois forment actuellement la coalition gouvernementale.

Chefs d'État. La règle de succession écartant les femmes et Guillaume III (n. 1817, roi dep. 1849), roi des P.-Bas, époux en secondes noces d'Emma de Waldeck-et-Pyrmont, étant mort le 23-11-1890 sans enfant mâle (les 3 fils issus du 1er mariage étant décédés av. leur père), le Gd-Duché revint à la branche aînée de la maison de Nassau, descendante de Walram II, Cte de Nassau (v. 1220-v. 1280).

1890 Adolphe de Nassau (1817-1905), f. de Guillaume, duc de Nassau (1792-1839) et de Louise de Saxe-Altenbourg (1794-1825).

1905 Guillaume IV (1852-1912), s. f. Ép. 1893 Marie-Anne de Bragance (1861-1942), infante du Portugal.

1912 Marie-Adélaïde (1894-1924), s. f. Sans alliance. Doit abdiquer (en raison de ses sympathies proallem.).

1919 Charlotte (23-1-1896/9-7-1985), sa sœur. Ép. 6-11-19 Pce Félix de Bourbon, Pce de Parme (28-9-93 † 8-4-1970) 6e enf. du Pce Robert de Bourbon, duc de Parme (1848-1907) et de sa seconde ép. n. Maria-Antonia de Bragance, inf. du Portugal (1862-1959). Le Pce Félix, devenu Pce consort, fut naturalisé Lux. et reçut le titre de Pce de Luxembourg.

1964 (12-11) Jean (5-1-1921), s. f. Ép. 9-4-53 Pcesse Joséphine-Charlotte de Belgique (11-10-27). *5 enfants* : Marie-Astrid [17-2-54, ép. 6-2-82 Christian de Habsbourg, 2 enfants, Marie-Christine (31-7-83), Imré (8-12-85)], Henri Pce héritier de Nassau [16-4-55, ép. 14-2-80 Maria Teresa Mestre (22-3-56), 2 fils, Guillaume (11-11-81), Félix (3-6-84)], Jean (15-5-57), Margaretha [15-5-57, sa jumelle, ép. 20-3-82 Nicolas de Liechtenstein (24-10-47), 1 fille, Maria-Annunciata (12-5-85)], Guillaume (1-5-63). Seul Capétien encore sur le trône, avec Juan Carlos Ier (Espagne).

Titres du Grand-Duc : Son Alt. roy. Jean par la grâce de Dieu, Grand-Duc de Lux., Duc de Nassau, Pce de Bourbon de Parme, Cte Palatin du Rhin, Cte de Sayn, Königstein, Katzenelnbogen et Dietz, Burgrave de Hammerstein, Seigneur de Mahlberg, Wiesbaden, Idstein, Merenberg, de Limbourg et Eppstein.

Du Pce héritier : Son Alt. roy. Henri, Grand-Duc héritier de Luxembourg, Duc héritier de Nassau, Pce de Bourbon de Parme.

• **Présidents du gouvernement. 1945**-*14-11* Pierre Dupong (1885-1953), P.C.S. **53**-*29-12* Joseph Bech (1887-1975), P.C.S. **58**-*29-3* Pierre Frieden († 23-2-59), P.C.S. **59**-*2-3* Pierre Werner (29-12-13), P.C.S. **74**-*19-6* Gaston Thorn (3-9-28), P.D. **79**-*18-7* Pierre Werner, P.C.S. **84**-*17-6* Jacques Santer (18-5-37), P.C.S.

Économie

P.N.B. en $ par hab. *82* : 14 010. *83* : 12 190, *84* : 12 376. **Valeur ajoutée brute aux prix du marché par branche d'activité** (%, 82). Ind. 35,9 (sidérurgie 11,8, constr. 5,9, prod. chim. 0,6), services 60,9, agr. 3,2.

Emploi Total (83) (%, entre par. part du P.N.B. en %). Agr. 4,8 (2,7), ind. 36,5 (34,3), services 58,7 (63). *Chômage* (%). *1983* : 1,6 ; *84* : 1,9 ; 85 : 1,7. *Salariés* (83) : 138 600 dont agr. 1 000, ind. 39 700, constr. 14 500, services 83 400, admin. 17 500, employeurs, indép., aides familiaux 19 900. *Frontaliers* (1984) Français 6 500, Belges 6 700, Allemands 2 300.

Agriculture. *Terres* (ha, 84) : forêts 82 100, cult. 128 092 (dont céréales 35 133, pâturages 70 538, vignes 1 327). *Exploitations* (84) 3 888 de + de 2 ha (moy. 32,81 ha). Tracteurs (84) 9 054, moiss.-batteuses 1 686, presses-ramasseuses 2 818, épandeurs de fumier 3 078. *Production* (centaines de t, 84) maïs 2 903, céréales 1 465, herbe 1 571, fourrage 593. Vins 152 250 hl (84). Bois (84) 336 000 m³.

Élevage (84). Bovins 226 761, volailles 102 895, porcs 70 542, moutons 4 401, chevaux 1 596.

Nota. – L'agr. lux. est excédentaire pour : beurre, vin, viande bovine, poudre de lait écrémé, mais doit importer : fruits, légumes, riz, viande de veau et de porc, fromage, blé.

Industrie (milliers de t, 85). Acier 3 945, fonte 2 754, prod. laminés 3 878, demi-prod. 490, prod. chim., pneu., mat. plastiques, fils synth., engins de génie civil.

Énergie. Hydro-électricité par barrages et pompages sur la Sûre, l'Our et la Moselle. *Prod.* (millions de kWh, 84) prod. brute 905 dont thermique 451, hydro-élec. 454 ; importée 3 801, exportée 370, totale disponible 4 336.

Transports. Routes (84) 5 157 km. Au 1-1-85, 182 131 véhicules venant de (en milliers) All. féd. 71,7, France 45,4, Japon 24,7, Italie 14,7, G.-B. 6,5, U.S.A. 5,4, divers 13,7. Chemins de fer (84) 270 km. **Tourisme** (84) 420 674 vis.

Finances (millions de F L, 85). *État.* Recettes budgétaires 74 000 *dont* r. ordinaires 72 900 (impôts directs 36 100, indirects 26 600), r. extraordinaires 1 100 (dont emprunts et bons du Trésor 1 100). Dépenses budgétaires 73 200 *dont* ordinaires 62 800, extraordinaires 10 400. Balance + 800. *Communes.* (83) Recettes budgétaires 19,6 ; dépenses budgétaires 17,5, balance + 2,1. **Implantations bancaires.** (84) 115 banques, 9 382 employés, 6 288 sociétés holdings. **Inflation** (%). *1981* : 8,1 ; *82* : 9,4 ; *83* : 8,7 ; *84* : 5,6 ; *85* : 4,1.

Commerce (milliards de F L, 84). *Exportations* 145,6 *dont* métaux 70, plastiques 18,5, équip. élect. 13,4, text. 7,6, prod. alim. 3,1 *vers* All. féd. 39,6, Belgique 22,5, France 21,9, P.-Bas 9, G.-B. 7,3, Italie 5,3. *Importations* 160,1 *dont* minéraux 27,9, métaux 26,1, plastiques 13,8 *de* Belgique 59,4, All. féd. 49,2, France 21, P.-Bas 6,2, U.S.A. 4,6, Italie 4,1.

MACAO

Carte p. 836. V. légende p. 787.

Nom. Ao-Men en chinois.

Situation. Asie. 15,515 km². Péninsule chinoise sur l'estuaire de la rivière de Canton. A env. 70 km de Hong Kong (env. 55 mn par jetfoil). Comprend la *ville de Macao* (péninsule 5,422 km², 4 × 1,6 km ; 226 710 h.) et les *îles de Taïpa* (3,478 km², 5 202 h.) et *Coloane* (6,615 km², 1 870 h.) reliées par pont entre Macao et Taïpa, et chaussée de Coloane à Taïpa. *Alt. max.* 99 m. **Climat.** Temp. moyenne 26,6 °C ; humidité 75 à 90 % ; pluies 1 000 à 2 000 mm (mai-sept.). **Saison touristique.** Oct. à déc.

Population. 400 000 h. (86) (en % : Chinois 90, Portugais 3, divers 7). Coloane (port prévu) 1 870. D. 25 781. **Langues.** Chinois, portugais, anglais. **Religions.** Cathol. (10 %), bouddhistes.

Histoire. 1557 donnée au Portugal pour l'aide apportée contre le pirate Chang Tsé Lao. **1887** droits port. reconnus par Chine (les frontières ne seront jamais définies). **1966** *déc.* agitation : mesures contre les Ch. nationalistes, indemnisation des victimes. **1975** *juill.* complot mil. échoue. *-30-12* départ de la garnison port. **1976**-*1-1* création d'une force de sécurité. *-17-2* statut organique accordé par le P. accordant une autonomie interne.

Statut. Territoire portugais. *Const.* statut du 17-2-76. *Gouv.* (nommé par le P. après consultation des autorités locales) Vasco Almeida e Costa. 5 *secrétaires adjoints* nommés par le P. *Conseil supérieur de sécurité* (12 m.). *Ass. législative* 17 députés en poste pour 3 a. (12 élus et 5 nommés). *Conseil consultatif.* Pas de P. pol., mais des associations civiques.

Économie

P.N.B. (84) 2 800 $ par h. **Pop. active.** (% et entre parenthèses part du P.N.B. en %) : ind. et pêcheries

51,3 (35,9), construction 7,9 (7,3), commerce 11,5 (3,4), tourisme 7,2 (23,6), secteur de Finance 1,5 (5,0), autres services 17,7 (18,1), administration publique 2,8 (6,1). **Inflation** (%). *1984 :* 11,1 ; *85 :* 2,1.

Pêche. 6 689 t (85). **Industrie.** Text., confection, explosifs, pétards, feux d'artifice, allumettes, transistors, optique.

Tourisme. 4 % du budget de l'État en 83. 644 861 vis./an dont 163 955 Jap. plus 4 055 633 h. de Hong Kong qui viennent pour la journée (jeu interdit à H. K.). 4 987 303 vis. (82) dont 168 955 Jap., 36 405 Ch., 141 717 Brit., 60 960 Améric., 10 521 Fr. **Jeux.** 5 casinos, 1 course de chevaux att., 1 pelote basque, 1 course de lévriers. *Chiffre d'affaires* 2,5 à 3 milliards de F/an dont 1/3 prélevé par l'État.

Commerce (millions de patacas, 84). *Export.* 7 304 *dont* vêtements 2 114, lainages et autres prod. man. 1 878, linge 226 *vers* (%) Amér. du N. 31,7, C.E.E. 34, Hong Kong 20,1, Chine 5,2. *Import.* 6 383,5 *dont* tissus, laine et coton 613, mach. 553, fuel 277, céramique 48, fruits frais 46, *de* (%) Chine 35,5, Japon 15,2, Hong Kong 11,9, U.S.A. 9,6, C.E.E. 7,2.

MADAGASCAR

V. légende p. 787.

Situation. Ile de l'océan Indien. 587 041 km². *Long.* 1 500 km, *larg. max.* 600 km. *Alt. max.* Tsaratanana 2 885 m. *Côtes :* 5 000 km. **Régions.** *Côte de l'E. :* exposée aux alizés et, en saison chaude, aux cyclones (95 en 40 ans), cl. de type équatorial. Collines, dunes et marécages (temp. 13,2 à 33,4 °C, pluies ann. 3 m). *Hautes terres centrales :* cristallines (de 1 200 à 1 500 m), cl. méditerranéen, temp. moins élevée, parfois 0 °C, moyenne 18,4 °C, pluies 1,20 m. *N.* et *N.-O. :* terrains sédimentaires, saison sèche de plus en plus longue vers le S., saison des pluies déc.-avril correspondant à la mousson (Mahajanga : 2 m de pluies). *S. :* plateaux calcaires et carapace argilosableuse ; très sec (Toliary 0,35 m de pluies). **Faune.** Nombreux lémuriens (maki, mongoz, mococo, vari, aye-aye ; d'où le nom de Lémurie qui fut donné à M.) ; ni singes ni ongulés, carnivores rares.

Population. 10 000 000 h. (*v. 1880* 3 000 000 à 8 000 000, *v. 1900* 3 000 000 à 4 000 000, *1911* 3 104 881 dont 18 000 Fr., *1926* 3 621 342 dont 18 000 Fr., *1951* 4 369 400 dont 51 911 Fr.). Malgaches (en 74) : Mérina ou Hova 1 993 000, Betsimisaraka 1 134 000, Betsileo 920 600, Tsiminety 558 100, Antaisaka 406 468 (en 72), Sakalava 470 156 (en 72), Antandroy 412 500, Tanala 249 418, Antaimoro 222 102, Bara 212 182, Antanosy 155 442, Sihanaka 143 450, Mahafaly 94 918, Makoa 67 749, Bezanozano 45 327. *Castes traditionnelles mérina :* andriana (nobles), hova (h. libres), andevo (serviteurs). **Étrangers** (*vasas* en malgache) (82) env. 50 000 dont 18 000 Français et 700 coopérants (5 000 personnes avec les familles). D. 17,1. **Villes :** *Antananarivo* [la Cité des Mille (Guerriers)] (ex *Tananarive*) (alt. 1 250 à 1 470 m) 1 000 000 (agg.), Antsirabé 100 000, Tamatave (Taomasina) 59 100 (78) (à 370 km), Majunga (Mahajanga) 57 800 (78) (590 km), Fianarantsoa 55 500 (78) (417 km), Diego Suarez (Antsiranana) 48 000 (78) (1 200 km), Tuléar (Toliary) 34 000 (78) (960 km).

Langues. Malgache *(off.)*, français *(off.)*. **Religions** (en %). Animistes 55 (culte des ancêtres ; la *famadihana,* changement de linceul, est l'occasion d'une fête), catholiques 20, protestants 20, musulmans 5.

Histoire. Ier millénaire av. J.-C. peuplée par Africains et Indonésiens. **Moyen Age** arrivée de commerçants musulmans. **1500** découverte par le Port. Diego Diaz. **1527** des marins dieppois abordent. **1642** le Français Pronis fonde au S.-E. Fort-Dauphin et l'île, baptisée île Dauphine, est théoriquement annexée (sous le nom de France orientale). **1674** colons fr. massacrés ; les survivants se réfugient à l'île Bourbon (Réunion). **XVIIe, XIXe s.** de grandes unités se constituent. Le roy. sakalava créé par Andriandahifotsy v. 1660, agrandi par ses fils, englobe le N.-O. Féd. betsimisaraka qui ne survivra pas à la mort de son fondateur Ratsimilaho (1710-54), roy. mérina dont l'unité est réalisée par Andrianampoinimerina (1787-1810) (débordant Ankaratra, N. du Betsileo, pays sihanaka). Son fils Radama Ier (n. 1791, roi de 1810 à 1828) soumet les Betsimisaraka, s'attaque aux Sakalava, conquiert, souvent de façon précaire, les 2/3 de M. S'appuyant sur l'alliance angl., il introduit christianisme, écriture, instruction. Après sa mort, sa femme *Ranavalona Ire* (1790-1861) chasse les missionnaires (1838). **1825** les Fr. chassés de Foulpointe et Fort-Dauphin. **1841** les Fr. prennent Nossi-Bé, tr. de protectorat avec souverains sakalava. **1845** Ranavalona Ire repousse expédition franco-angl. à Tamatave. **1857** les Fr. se retirent dans l'île de Ste-Marie, puis les

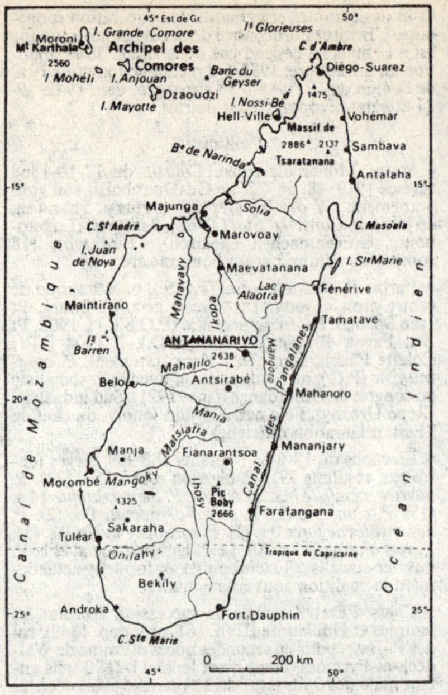

derniers Européens [dont le Fr. Jean Laborde (1806-78) qui avait cru pouvoir aboutir à un protectorat malgré les efforts du missionnaire anglais Ellis]. Surnommée le « Néron femelle », Ranavalona Ire fait exécuter en moy. de 20 000 à 30 000 personnes par an (notamment en 1831, 25 000 Sakalava prisonniers de g., les femmes et les enfants vendus comme esclaves) ; elle rétablit le « jugement de Dieu », obligeant les inculpés à traverser à la nage une rivière à caïmans, autant de fois qu'elle l'ordonne. **1861** *Radama II* (n.v. 1830) étranglé 13-5-1863 sur ordre du parti vieux hova. **1863** *Rasoherina* († 1868, veuve de Radama II, le 27-6-1865) accorde protection aux Anglais. **1868** *Ranavalona II* († 1883) accorde 8-8-68 protection aux Français, mais en 69 se convertit au protestantisme, ce qui renforce ses liens avec Angl. **1883** *Ranavalona III* († 1897). Sous ces 3 dernières reines, *Rainilaiarivony,* P.m. roturier qui les épouse successivement, détient le pouvoir (exilé à Alger 1895). **1878** saisie des biens de Jean Laborde. **1882** cap. de vaisseau Le Timbre prend Ampassimiena. **1883**-*8-2* François de Mahy, député de la Réunion et chef du lobby créole, min. de la Marine dans le ministère Fallières (21-1/16-2), ordonne à l'amiral Pierre de détruire postes merina sur côte N.-O., puis d'occuper Majunga et Tamatave et d'adresser un ultimatum pour exiger cession des territoires au nord du 16e parallèle et reconnaissance du droit de propriété pour les Fr. Pierre meurt en sept. ; l'amiral Galiber lui succède et négocie en nov. A la chambre, l'expédition est approuvée par une très large majorité. **1884** *juill.* Galiber relevé par amiral Miot. **1885**-*10-9* offensive fr. repoussée. *-17-12* tr. de « protectorat » (sans que le mot figure) : Fr. obtient baie de Diego Suarez et indemnité de g. de 10 millions de F. En contrepartie, elle renonce à ses protectorats sur royaumes sakalava et au droit de propriété : la reine est reconnue souveraine de l'île tout entière. Mais Le Myre de Vilers, 1er résident gén., exige que la sécurité des ressortissants fr. soit partout garantie ; cela entraîne pour la reine de ruineuses expéditions de pacification. Des milliers de travailleurs et soldats désertent. L'armée merina s'épuise, l'insécurité gagne. **1890** la G.-B. reconnaît les droits de la Fr. Nouv. g. (Gal Duchesne). **1893-94** anarchie. **1895**-*30-9* prise de Tananarive. **1896**-*18-1* tr. de protectorat non respecté par la reine ; insurrection. *-6-8* annexion par la France. *-30-9 Gallieni,* gouv. gén. (jusqu'en 1905), mate l'insurrection et la reine est déchue (déportée à La Réunion puis à Alger, y meurt en 1917). Création des menaham (1er mouvement nationaliste).

1905 fin de la pacification. Mouvements nationalistes (notamment, complot dit du V.V.S. : Vy, Vato, Sakelika en 1913). **1915-16** arrestation, procès et condamnations de 41 Malgaches, dont Ravoahangy, pour menées anti-fr. **1915-17** mouvement des Sadiavahe, insurrection des Antandroy, Mahafaly et Karimbola du sud de l'île. **1924** condamnés de la V.V.S. amnistiés. **1929** Ralaimongo fait campagne pour l'obtention des droits de citoyen. *-19-5* 1re manif. publique en faveur de l'indép. **1930** action de Ralaimongo, Ravoahangy et Dussac. **1937** droit syndical reconnu partiellement (totalement 1938). **1938** retour des restes de Ranavalona III à Tananarive. **1940** reste fidèle à Pétain. **1942** débarquement britannique. **1945** terr. au sein de l'Union fr. Ravoahangy et Raseta (Restauration de l'indép. malg.) élus députés contre P. dém. de M. **1946** *févr.* création du M.D.R.M. (Mouvement démocratique de la rénovation malg.). *Juill.* création du P.A.D.E.S.M. (P. des déshérités de M.). **1947**-*29-3* insurrection. Une liste dressée en 1950 par districts donne 140 Français, 1 646 Malg. tués par les rebelles, 4 126 Malg. tués en opérations, 5 390 disparus ou morts de misère physiologique. **1957** autonomie interne. **1958**-*14-10* rép. autonome. **1960**-*26-6* indépendance, Pt Philibert Tsiranana (1912-78). **1971** *mars* grève générale étudiants. *Avril* troubles dans le S.-O. soutenus par p. gauchiste Monima (leader Monja Joana, arrêté). Plusieurs centaines de †. *Juill.* Resampa, secr. gén. du P.S.D., 2e vice-Pt du gouv., arrêté pour complot avec U.S.A. **1972**-*30-1* réélection de Tsiranana. *Mai* émeutes, nouveau ministère. *-13-5* pleins pouvoirs au Gal Ramanantsoa. *Juin* amnistie pour révolte d'avr. 71, Resampa libéré. *Août* loi martiale. *-19-9* KIM (mouvement contestataire de mai) demande annulation des accords de coop. avec Fr. et instauration d'une 2e Rép. *-8-10* référendum sur maintien d'un gouv. d'unité nat., dirigé pendant 5 ans par Ramanantsoa (condamné par Tsiranana) : oui 96 %. *Déc.* émeutes. **1973** *févr.* manif. contre malgachisation. *Mars* arrestation de pers. de l'ancien régime, restructuration rurale : *Fokonolony* (gouv. par assemblée du village). *Juin* quitte Zone Franc. **1974** tensions côtiers/Mérinas. *-31-12* putsch Cel Rajaonarison échoue ; mutinerie G.M.P. (groupe mobile de police). **1975**-*25-1* Ramanantsoa dissout cabinet. *-5-2* Col. Richard Ratsimandrava (21-3-31) pleins pouvoirs, *-11-2* est assassiné. *-12-2* Comité nat. de Direction mil., Pt Gal Gilles Andriamahazo. Loi martiale. *-13-2* reddition des mutins. *-21-3*, 297 inculpés dont Tsiranana, Resampa, Cel Rajaonarison. *-17-5,* 260 amnistiés. *-12-6* Tsiranana, Resampa et Rajaonarison acquittés. *-14-6* dissolution du directoire mil. *-15-6* Didier Ratsiraka chef de l'État. *-16-6* nationalisation des banques et Stés d'ass. *-26-8* charte de la Rév. socialiste malagasy. *-31-8* nationalisation du sous-sol. *-21-12* référendum : + de 94,7 % des v. pour Pt Ratsiraka et nouvelle Const. *-30-12* 2e Rép. malgache. **1976**-*11-1* Cel Joel Rakotomalala PM. *-19-3* création de l'AREMA. *-26-6* nationalisation des Stés pétrolières. *-30-7* PM meurt (accident hélicopt.). *-12-8* Justin Rakotoniaina PM. *-20/22-12* affrontements Malgaches-Comoriens à Mahajanga (100 à 1 400 † ?). 15 000 Comoriens rapatriés aux Com. **1977**-*31-7* Pt Cel Désiré Rakatorijaona, PM. **1978**-*29/30-5* affrontements lycéens-policiers, (projet de réforme de l'ens.), 2 †. **1979**-*9-5* Ramanantsoa meurt. **1981**-*3/4-2* manif. lycéens à Antananarivo, 15 †, 18 bl. *-8/9-11* troubles à Antananarivo. **1982** 4 cyclones, île de Nossi-Be détruite à 20 %. *-16-1* c. déjoué, *déc.* complots déjoués. Émeutes dans le N. (siège de commissariats de police) env. 20 †. **1984** *avril* cyclone Kamisy détruit partiellement Antsiranana (anciennement Diego Suarez) et côte N.-O. *Août* pratique du kung-fu interdite. *-5-9* pour protester, les kung-fu incendient anciens locaux du ministère de la Jeunesse et des Sports et donnent assaut à hôtel de police. *-4-12* règlement de comptes contre « T.R.S. » (« jeunes consciencisés », Tanora Tonga aina, hommes de main du pouvoir se livrant à des actes de violence) retranchés au centre d'Antananarivo ; kung-fu aidés par la population ; les forces de l'ordre n'interviennent pas 50 †. **1984-85** influence soviét. et nord-coréenne. **1985**-*31-7/1-8* armée attaque quartier-gén. du kung-fu, 20 † dont chef et 4 militaires, 31 bl.

Statut. Rép. dém. (dep. 21-12-75). *Const.* du 21-12-75. **Pt** (élu pour 7 a. au suffrage universel) capitaine de frégate Didier Ratsiraka (4-11-36) dep. 15-6-75 (confirmé 4-1-76, réélu 7-11-82 avec 80 % des v.). **PM** Lt-col. Désiré Rakotoarijaona (n. 19-6-1934) dep. 31-7-77. **Conseil suprême de la Rév. 6 provinces** (faritany) divisées en Fivondrona, Firaisam-Fokontany et en Fokontany (correspondant aux Fokonolony, communautés villageoises traditionnelles). **Ass. nat.** 143 m. élus au suffrage universel pour 5 a. **Élections du 28-8-83** Rema 116 s., MFM 3, Monima 2. **Fête nat. :** 26 juin (Jour de l'indépendance).

Partis. *Arema* (Avant-garde de la Rév. malgache), Didier Ratsiraka, fondateur en 1976 et secr. gén. *AKFM* ou *Parti du Congrès de l'Indépendance malgache* (Antokony Kongresiny Fahaleovantenani Madagasikara), f. 1958, Pt Pasteur Richard Andriamanjato, secr. gén. Gisèle Rabesahla. *Vonjy-Iray-Tsy-Mikavy*

(Élan pop. pour l'unité nat.), f. 1973, Pt Jérôme Razanabahiny-Marojama. UDECEMA (Union des démocrates-chrétiens malgaches), f. 1976, Pt Norbert Solo Andriamorasata. *Monima* (mouv. nat. pour l'indép. de M.), f. 1958, Pt Monja Jaona (n. v. 1905). *MFM (Mouvement pour le pouvoir prolétarien), f. déc. 1972, Pt Manandafy Rakotonirina. Vondrona Socialista Monima,* f. 1977, dissidents du Monima, Pt Remanandry Jaona.

☞ M. revendique îles Glorieuses, Juan-de-Nova, Europa et Bassas-de-India (à la Fr. dep. 1892, en tout 50 km² + 624 000 km² de zone économique ; en 1975, M. a porté ses eaux terr. à 12 miles et son plateau continental à 200 miles, englobant ces îles).

Économie

P.N.B. ($ par h.). *1982 :* 320 ; *83 :* 290 ; *84 :* 230. **Pop. active** (%, entre parenthèses part du P.N.B. en %) agr. 75 (36), ind. 12 (16), services 13 (48). **Inflation** (%). *1980 :* 18,2 ; *81 :* 30,5 ; *82 :* 31,5 ; *83 :* 20,8. *84 :* 9,8 ; *85 :* 14. **Aide de la France** (aide publique) (en millions de F.) *1981 :* 350 ; *82 :* 615 ; *85 :* 443. **Dette ext.** (85) 2 milliards de $.

Agriculture. *Terres* (milliers d'ha, 81) t. arables 2 550, t. cult. en permanence 495, pâturages 34 000, forêts 13 310, eaux 550, divers 7 799. *Production* (milliers de t, 83) riz 2 210 (85), manioc 2 140 (85), canne à sucre 1 740 (85), bananes 297, maïs 115, patates douces 492, p. de t. 318, sisal 13, noix de coco 80, girofle 14,7 (85), vanille 5,6 (85), café 82,3 (85), letchis 35,3 (85). *Importation* de riz (milliers de t) : *1980 :* 160 ; *81 :* 200 ; *82 :* 280 ; *85 :* 135 ; est. *87 :* 500. Il y a quelques années, M. exportait 100 000 à 130 000 t de riz par an.

Élevage (milliers de têtes, 83). Bovins 10 322, porcins 1 300, moutons 630, chèvres 1 750, poulets 18 000, canards 2 864 (82), dindes 1 556 (82). **Pêche.** 48 000 t (82).

Mines. Fer, bauxite, charbon, chromite 68 660 t. (84), mica, gypse, graphite 13 960 t. (84), sel, quartz, ilménite, granit. **Industrie.** Sucre 85 000 t. (85), coton 81 000 t. (84), papier 10 500 t. (85), chaussures, ciment, conserves de viande, raffinerie de pétrole, artisanat.

Transports (km). Routes 36 590 dont 3 680 bitumées. Ch. de fer 1 035. **Tourisme.** 12 112 vis. (81).

Commerce (milliards de FMG, 82). **Exp.** 200,6 *dont* (85) café 75,8, clous de girofle 27,3, vanille 31,8, crevettes 13,7, graphite 2,7 (82), sucre 5,1, viande 0,9 *vers* (%, 82) France 26,5, U.S.A. 16,7, All. féd. 10,6, Japon 7,2, Espagne 7,5 (80). **Imp.** 207,2 dont biens d'équip. 66,9, énergie 55,6, prod. alim. 30,3, mat. 1res 66,3, biens de consommation 27,8, *de* (%, 82) France 50,6, All. féd. 9,1, Japon 8,4, U.S.A. 8,3, Irak 4,7 (80). **Déficit com.** (milliards FMG). *1985 :* − 6,6. **Balance commerciale** (milliards de FMG). *1981 :* − 54,8 ; *82 :* − 56,6 ; *83 :* − 38,9 ; *84 :* − 16,1 ; *85* (prov.) : − 6,6. **Balance des paiements courants.** *1981 :* − 113 ; *82 :* − 111,7 ; *83 :* − 157,9 ; *84 :* − 157,4 ; *85* (prov.) : − 153,7.

Rang dans le monde (83). 16e café. 13e vanille.

MALAISIE

V. légende p. 787.

Situation. Asie, à 200 km au N. de l'équateur. 330 434 km². *2 régions* (distantes de plus de 600 km) : *M. péninsulaire ou occ.* (de l'isthme de Kra au détroit de Johore) ; *M. or. :* Sarawak et Sabah sur la côte N.-O. de l'île de Bornéo. **Climat.** Équatorial : 26 à 30 °C toute l'année ; pas de saison sèche ; pluies fréquentes et courtes l'après-midi ; vents violents pendant la mousson sur la côte est. 2 moussons/an. Pluies 2 032 à 2 540 mm. Humidité 80 %. **Végétation.** *Forêt tropicale :* + de 70 % du terr., arbres de 35 à 45 m de haut. [diptèrocarpacène (le plus important), changal, palan merbau, kerwing, kapar, meranti, jelutong, kempas]. 15 000 espèces de plantes, 600 arbres. **Faune.** Tigre (surtout), panthère, léopard, éléphant, séladang (bovidé sauvage), tapir, rhinocéros (2 espèces protégées), orang-outang, pélandok (petit cervidé), singe à long nez, musaraigne des arbres, loris lent, tarsier, écureuil, cochon sauvage. Oiseaux : plus de 500 espèces, certains sont migrateurs.

Population. 15 264 000 h. est. 84 dont (%) Malais 54, Chinois 35, Hindous et Pakistanais 11. Réfugiés vietnamiens. D. 46. − *de 15 a. :* 41,5 %, + *de 60 a. :* 5,4 %. **Villes.** *Kuala Lumpur* (cap.) 937 875 h., créée en 1859 (résidence royale). **Langues.** Malais *(off.)* (caractères arabes et latins) ; anglais (l. comm. et industrielle), chinois (cantonais, et dial. hakkas : haïnanais, fou-kienois), l. dravidiennes (tamoul, telugu malayalam), penjabi, hindoustani, gujerati, urdu. **Religion.** Islam *(off.)* ; bouddhisme, hindouisme, taoïsme. 250 000 chrétiens.

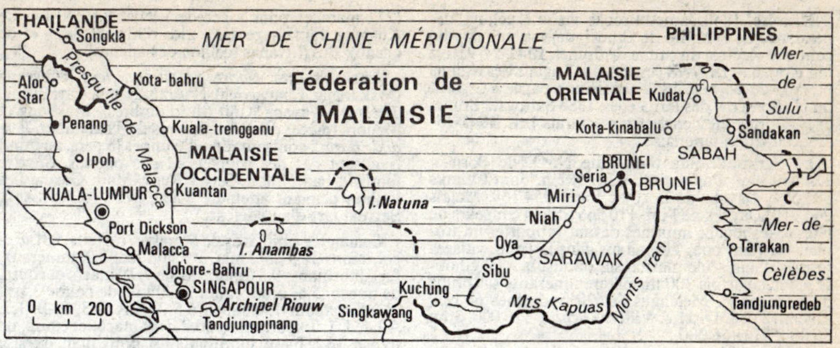

Histoire. 1res sociétés politiquement organisées apparues au N. de la péninsule malaise. **V. 900 av. J.-C.** quelques-unes tombent sous l'influence de l'empire de Sri Vijayan établi à Palambang. **Fin XIIIe s. apr. J.-C.** empires de Majapahit et Thaï supplantent la domination de Sri Vijayan. **1511** le Portugais Alfonso d'Albuquerque prend Malacca. **1641** établissement hollandais. **1786** comptoir brit. à Penang. **1819** Anglais achètent Singapour au sultan de Johore. **1824** échangent Bencoolen (île de Sumatra) contre Malacca (app. aux Holl.). **1826** Penang, Malacca, Singapour forment « Établissements du Détroit ». **XIXe s.** immigration de Chinois venant travailler dans les mines d'étain. **1867** l'adm. des « Établ. du Détroit » est confiée au min. des Colonies. **1874** *tr. de Pangkor :* Anglais prennent les fonctions jusqu'alors dévolues à l'aristocratie malaise (système des « résidents » nommés pour conseiller les sultans). **1876** introduction des hévéas du Brésil. **1895** Perak, Selangor, Négri Sembilan et Pahang constituent États malais fédérés. **1909** Siam reconnaît à G.-B. suzeraineté de Kedah, Perlis, Kelantan, Trengannu qui, en 1914, formeront avec le Johore les États m. non fédérés. **1910** introduction du caout. **1941-*7-11*/1945-*13-9*** occupation jap. **1946** création de l'Organisation nat. pour l'Unité mal. ; Singapour devient colonie de la Couronne ; *avr.* création de l'Union mal. (Malacca, Penang, et 9 États malais). **1948** fin de l'Union et accord pour une Fédération mal. (Féd. de Malaya) accordant plus grande autorité aux États et gouv. locaux. **1948-60** lutte contre communistes. **1957-*31-8*** indépendance de la Féd. de Malaya. **1963** Sabah, Sarawak et Singapour rejoignent la Féd., qui devient la Malaysia. **1965-*9-8*** Singapour la quitte et devient rép. ind. L'Indonésie, opposée à la formation de la M., soutient des guérillas, puis la reconnaît 11-8-66. **1969** *mai* émeutes raciales. **1971-72** guérilla comm. dans le N. **1974** *déc.* affrontements étudiants/policiers. **1975** crise pouvoir central et PM de Sabah (M. Mustapha) ; mouvement autonomiste. *-3-9* attentat à Kuala Lumpur (2 policiers tués, 76 bl.). *-31-10* Mustapha démissionne. **1976** insécurité croissante, comm. en province. Tension ethnique (Malais/Chinois), difficultés écon. (sécheresse). **1978** plus de 50 000 réfugiés vietn. accueillis dep. 1975 ; *août* musulmans, battus aux élections, incendient des temples hindous à Kerling. **1985** *avril* le PSB (p. de l'unité de Sabah) dominé par les chrétiens gagne les élect. *-19-11* émeutes au Kedah, 18 † (dont Ibrahim Mahmoud, chef islamique). **1986** *mars* émeute des musul. au Sabah.

Statut. *Rép. féd.* membre du Commonwealth. 13 États (leurs chefs ou sultans sont chefs religieux). *Constitution* (31-8-57, révisée 3-3-71). *Chef suprême* élu p. 5 a. parmi les chefs d'État de 9 États (les gouverneurs de Malacca, Penang, Sarawak et Sabah n'étant pas éligibles) : Mahmood Iskandar Ibni Al-Marhum, Sultan Ismail sultan de Johore (n. 1933) dep. 25-4-84. *PM* Dr Mohamed Mahathir (n. 1926) dep. 18-7-81. *Sénat (Dewan Negara)* 58 m. (26 élus à raison de 2 par État, 32 nommés par le chef de l'État). *Chambre des représentants (Dewan Ra'ayat)* 154 m. élus pour 5 a. (Malaisie 114, Sabah 16, Sarawak 24). **Fête nat. :** 31 août (indép.).

Élections. *Chambre des représentants du 22-4-82 :* Front national (coalition de 11 partis) 132 s. ; P. de l'Action dém. (f. 1966, Dr Chen Man Hin) 9 s. ; P. islamique Pan-Malaisien (f. 1951, Pt Dato Haji Mohamed Asri Bin Haji Muda) 5 s. ; Indépendants 8 s.

États

Malaisie occidentale (presqu'île de Malacca)

Situation. Extrémité sud de la péninsule de Malacca, 131 587 km² (long. 751 km, larg. 250) traversée du N. au S. par montagne boisée. *Alt. max.* Gunung Tahan 2 190 m. **Climat.** Mousson du N.-E. oct.-févr., S.-O. mi-mai-sept. Temp. diurne 21 à 32 °C.

Population. 12 198 000 h. (83) dont Malais 6 994 000, Chinois 4 142 000, Indiens, divers 71 000. D. 92,6. **Capitale.** *Kuala Lumpur* (cap. de la Féd., territoire fédéral 1-2-74, 244 km²) 937 875 h. (à 394 km de Singapour).

États. Johore : 18 985 km², 1 638 504 h. *Johore Bahru* (capitale) 249 880 h. ; à 366 km de la cap. ; relié à Singapour par un viaduc ; *monuments :* Istana Besar (palais dit « de la Colline sereine »), mosquée Abu Bakar, chutes de Kota Tinggi et Mersing. **Kedah :** 9 425 km², 1 116 140 h. *Alor Star* 71 682 h. ; « bol de riz » de la M. ; villégiature. **Kelantan :** 14 930 km², 893 753 h. *Kota Bahru* 170 559 h. ; centre de culture malaise traditionnelle ; « songkets » (passementeries), « batiks » (étoffes peintes). **Malacca :** 1 650 km², 464 754 h. *Malacca* 88 073 h. à 148 km ; ville la plus ancienne de M. **Negri Sembilan :** 6 643 km², 573 578 h. *Seremban* 136 252 h. ; musée, parc (Lake Gardens), sources d'eau chaude de Pedas ; Port-Dickson, à moins de 30 km, stations balnéaires. **Pahang :** 35 964 km², 798 782 h. *Kuantan* 136 625 h. ; Pekan, ville « royale » à 45 km de Kuantan ; Cameron Highlands, Fraser's Hill, Taman Negara (parc national et réserves d'animaux). **Pulau Penang et Prov. de Wellesley :** 1 033 km², 954 638 h. *Georgetown* 250 578 h., à 321 km ; Tarping ; « Perle de l'Orient » de la M. ; villégiature, plages ; Kek Lok Si [temple du Paradis, « Temple aux Serpents » (serpents vivants, funiculaire)]. **Perak :** 21 005 km², 1 805 198 h. *Ipoh* 300 727 h., à 217 km ; ville « royale » Kuala Kangsar, à 50 km d'Ipoh ; étain dans la vallée de Kinta (plus riches gisements du monde) ; temples dans des grottes ; Pangkor, dans une île à environ 80 km d'Ipoh, villégiature. **Perlis :** 795 km², 148 276 h. *Kangar* 12 956 h. ; Padang Besar. **Selangor :** 8 200 km², 1 515 536 h. *Shah Alam* 24 138 h. ; Klang, ville royale, à 6 km de Shah Alam ; Klang, port le plus important du pays ; Petaling Jaya plus grande « ville-satellite » de M. **Trengganu :** 12 955 km², 540 627 h. *Kuala Trengganu* 186 608 h. ; villages de pêcheurs, productions artisanales.

Ressources. Forêts 71 %, terres arables 29 %. Caoutchouc naturel (1er prod. du monde, prév. 84 : 1 364 000 t), étain (1er prod. du monde, prév. 84 : 39 000 t, 60 % dans le Perak, vallée de Kinta, 30 % dans le Selangor), h. de palme 3 700 000 (1er exp. du monde), bois tropicaux 38 657 000 t, fer, bauxite, ananas 150 000 t, riz 1 818 000 t, thé, coprah (4e du monde).

Malaisie orientale (île de Bornéo)

Situation. *Insulinde :* quart N.-O. (montagneux) de Bornéo : 205 000 km² sur 736 000 (Mt Murud 2 271 m, Mt Kinabulu 4 175 m), bordé d'une plaine côtière alluviale (30 à 60 km de large), plateaux (alt. moy. − de 1 000 m) recouverts par la forêt pluviale (mangrove). **Climat** (équatorial) : Sarawak : mousson N.-E. oct.-févr., pluies du S.-O. avr.-juill. (orages) ; Sabah : mousson du N.-E. oct.-nov. à mars-avr., S.-O. mai-août. Temp. diurne 21 à 32 °C, humidité 80 %. Forêt tropicale 70 %.

Histoire. 1840 James Brooke visite Kuching, dépendance de l'empire de Brunei, déjoue une révolte contre le vice-roi du sultan de Brunei. **1841**-*24-9* il est fait « rajah ». **1877-78** cession aux Anglais des régions N. et E. de Bornéo. **1882** acquisition par la « Cie brit. du N.-Bornéo » des terr. cédés. **1888** Sarawak, Brunei et N.-Bornéo deviennent protectorats brit. **1941**-*16-12* occupation japonaise.

1°) Sarawak. Situation. Côte N.-O. de Bornéo. 124 449 km^2. **Population.** 1 307 582 h. dont Chinois 383 504, Dayaks de la côte : Ibans 354 158, Malais 244 910, Dayaks de l'int. 110 966 (dits « coupeurs de têtes », les jeunes hommes devant rapporter un trophée sanglant pour être admis dans la tribu, villages formés d'une seule maison sur pilotis, la « long-house », long. parfois 300 m, culture itinérante sur brûlis du « ladang »). Melanaus 66 630, indigènes 64 122, divers 12 058. D. 11,4. **Villes.** *Kuching* 120 000, Sibu 86 000, Miri 66 000.

Histoire. Protégé dep. **1888. 1946**-*17-5* colon. de la Couronne. **1963**-*16-9* rejoint la Féd. de Malaisie. **Statut.** *Gouverneur* (Yang Dipertua Negeri) nommé par le Yang di-Pertuan Agong : Datuk Patinggi Abang Muhammed Salahuddin, dep. le 2-4-77. *PM* Haji-Abdul Rahman Yakub. *Conseil suprême* 9 m. *Conseil Negri* 48 m. *Divisions administratives* 5.

Ressources. Bois, sagou (palmier dont est tirée de la farine), caoutchouc, abaca, pêche, poivre. Bauxite, or, phosphates, pétrole. *Tourisme :* musée de Kuching : collections folkloriques de Bornéo.

2°) Sabah (ex-Bornéo du N.). 74 398 km^2. **Population.** 1 116 000 h. dont Kadazans 238 046, Chinois 178 469, Bajaus 109 108, Malais 49 937, Muruts 39 282, indigènes 176 777, divers 189 925. D. 15,1. *Villes : Kota Kinabalu* (ex-Jesselton) 108 725, Tawau 113 708, Sandakan 113 496.

Histoire. 1881-1946 administrée par la British North Borneo Co. Dep. colonie de la Couronne avec l'île de Labuan (75 km^2). **1946**-*15-7* dépend de la G.-B. **1963**-*16-9* rejoint la Féd. de Malaisie sous le nom de Sabah. **Statut.** *Gouverneur* (Yang Dipertua Negeri) nommé par le Yang di-Pertuan Agong : Datuk Mohammad Adrian Robert dep. 26-6-78. *P.M.* Datuk Harris Bin Mohd. Salleh. *Ass. lég.* 48 m., 6 nommés.

Ressources. Pêche. Forêts 80 %. Bois, caoutchouc, pétrole, cuivre, tabac, charbon, fer, or. *Ind.* (installées dep. l'indép.) : cotonnades, chaussures, bière, emballages carton, literie, métal. *Tourisme.*

Économie

P.N.B. (84) 2 010 $ par h. **Croissance** (%). *1984 :* + 2,8 ; *85 :* + 3,5. **Pop. active** (%, entre parenthèses, part du P.N.B. en %) agr. 48 (23), ind. 13 (7), services 34 (47), mines 5 (23). **Inflation** (%). *1980 :* 6,7 ; *81 :* 9,7 ; *82 :* 5,8 ; *83 :* 3,7, *84 :* 3,9. **Déficit budgétaire** 23,3 % du PNB en 83 (le + élevé du monde).

Agriculture. *Terres* (milliers d'ha, 83) t. arables et t. cult. 4 335, pâturages 27, forêts 22 150, eaux 120. *Production* (milliers de t, 83) hévéa (21 800 000 ha plantés) 1 562, huile de palme 3 011, de palmiste 836, de noix de coco 70,5, riz 1 818, coprah 19,4, bananes, ananas, thé, poivre 23,8. Cacao 67,3, tapioca, canne à sucre en développement. **Bois tropicaux.** 51 607 000 m^3 (est. 83). **Élevage** (milliers de têtes, 83). Porcs 2 111, chèvres 350, bovins 600, buffles 300, moutons 66. **Pêche.** 730 300 t (est. 83).

Mines (en milliers de t). Étain 39 (prév. 84) ; contenu dans les sables alluvionnaires en général peu profonds : on utilise des dragues se déplaçant sur des lacs artificiels, ou des pompes), fer 113,7 (83), ilménite 189 (80), bauxite 501,7 (83). Or. **Pétrole :** réserves 380 millions de t, prod. (millions de t) *80 :* 13,1 (24,3 % des exp.) ; *81 :* 18 ; *84 :* 24. **Gaz :** réserves 1 360 milliards de m^3, exploitation prévue en 83. **Industrie.** Caoutchouc, ciment, tabac, alim., électronique.

Transports. Routes (82) 29 934 km. **Tourisme.** 2 873 711 vis. (est. 84). *Monuments :* Mosquée nationale (minaret 75 m ; 48 dômes semblables à ceux de la mosquée de La Mecque ; d. principaux 50 m de diam. en forme d'étoile à 18 pointes). *Sites touristiques. Montagnes :* Cameron Highlands (2 000 m), Fraser's Hill (1 300 m), colline de Penang (830 m), Maxwell Hill (1 450 m ; à 360 km de Kuala Lumpur), Genting Highlands (+ de 1 500 m). *Mer :* Langkawi [archipel de 100 îles, à 40 km d'Alor Star (État du Kedah)], Penang Pangkor, Port Dickson, Ile de Tioman, Ile de Rawa, Ile de Perhentian Tanjong Aru, Santubong (sculptures). *Parcs nationaux :* Templer Park (16 000 ha), Taman Negara (44 000 ha ; Gunong Tahan 2 200 m), Kinabalu (rés. forestière, 87 000 ha), Bako (2 600 ha), Niah, Gunung Mulu. *Curiosités :* grottes de Batu (272 marches pour y accéder), Niah (à 320 km de Kuching, ramassage des « nids d'hirondelles » et de guano), Bukit Nanas (colline des ananas).

Arts et sports. *Danses traditionnelles :* Ronggeng (Mak Inang, Changgong), Hadrah, Zapin, Tari Piring. *Théâtre :* Wayang Kulit (th. d'ombres), Makyong et Menora (pièces de th. originaires de Thaïlande). *Berdikir Barat :* confrontation d'équipes (8 pers. au min.) rivalisant par des couplets et des poésies. *Sports :* football, badminton, Sepak Raga, Main Gasing (les toupies peuvent atteindre 7 kg), Wau (cerf-volant), Bersilat (art d'autodéfense).

Commerce (milliards de $ malais/ringgits, 83). *Exportations* 32,9 *dont* mat. 1res sauf fuel 8,2, minéraux, fuel, lubrifiants 9,3 (dont pétrole 7,7), mach. et équip. de transp. 5,6, prod. chim. 0,3, huile de palme 3 *vers* (83) Singapour 7,4, Japon 6,5, U.S.A. 4,3, P.-B. 1,7, All. féd. 1. *Importations* 30,7 *dont* mach. et équip. de transp. 13,1, fuel et lubrifiants 1,4, prod. man. de base 4,9, prod. alim. 3, prod. chim. 2,4 *de* (83) Japon 7,8, U.S.A. 4,9, Singapour 4,3, Australie 1,3, All. féd. 1,6.

Rang dans le monde (83). 1er caoutchouc, étain, huile de palme. 6e cacao. 10e bois. 14e rés. gaz. nat. 20e bananes. 23e pétrole.

MALAWI

V. carte p. 1028. V. légende p. 787.

Situation. Afrique. 118 484 km^2 (1/4 occupé par le lac Malawi). **Climat :** 3 saisons : froide, mai-août ; chaude, sept.-oct. ; pluies nov.-avril.

Population. 7 060 000 h. (86) [Angonis, Nyanjas (15 %), Chewas (43 %), Tumbukas]. 12 000 Asiates, 7 400 Blancs dont 7 000 Brit. – *de 19 a.* 57 %. 50 a. et + 11 %. D. env. 60. **Taux d'accroissement :** 3,6 % par an. *Population urbaine :* env. 12 %. **Villes** (83) : *Lilongwe* (cap.) 151 000, Blantyre 366 000, Zomba 36 000, Mzuzu 34 000. **Langues.** Anglais *(off.)*, chichewa compris de toute la pop. **Religions.** Animistes 3 000 000, catholiques 1 200 000, protestants 1 200 000, musulmans 700 000 (12 %).

Histoire. 1891-*15-5* protectorat britannique du Nyassaland. **1907** fait partie de l'Afrique centrale brit. **1953-63** constitue une fédération avec les 2 Rhodésies. **1963**-*1-2* autonomie. **1964**-*6-7* indépendance. **1966**-*6-7* république.

Statut. Rép. membre du Commonwealth. 3 *régions*, 24 *districts*. *Pt* élu par le *Parlement :* Dr Hastings Kamuzu Banda (14-5-1906) dep. 6-7-66 (réélu *Pt à vie* le 6-7-71). *Parlement* 101 m. (dont 11 nommés par Pt). *Parti unique :* Malawi Congress Party (M.C.P.), f. en 1959. **Fête nat.** 6 juillet (indép.).

Économie

P.N.B. (84) 200 $ par h. **Pop. active** (% et entre par. part du P.N.B. en %) agr. 86 (43), ind. 5 (20), services 9 (37). **Dette extérieure.** 700 millions US $ (85) soit env. 53 % du P.N.B. **Inflation** (%). *1980 :* 18,3 ; *81 :* 9,6 ; *82 :* 9,8 ; *83 :* 15,4 ; *84* et *85 :* 20.

Agriculture. 36 % du PIB, 90 % des export. *Terres* (milliers d'ha, 82) t. arables 4 500, t. exploitées 4 100, eaux 2 400, forêts 5 600. *Production* (milliers de t, 84) sucre 150, maïs 1 400, coton 32, thé 37,5, arachides 11 (83), tabac 73, noix 10, riz 10, sorgho, p. de terre, manioc, café. **Forêts.** 6 252 000 m^3 (82). **Élevage** (milliers de têtes, 84). Volailles 9 000 (83), bovins 930, chèvres et moutons 800, porcs 220. **Pêche.** 60 000 t (84). **Industries.** Sucre, bière, cigarettes, ciment, textile. **Énergie.** 149 M.g.W. **Tourisme.** 38 000 vis. (83). 1 400 lits.

Commerce (millions de kwachas, 84). *Exportations* 422 *dont* (%) tabac 46, thé 27, sucre 7 *vers* G.-B., All. féd., Zimbabwe, U.S.A., P.-B. *Importations* 411 *dont* fuel diesel, pétrole *de* Afr. du S., G.-B., All. féd., Japon, Zimbabwe.

Rang dans le monde (83). 11e thé.

MALDIVES (Les)

Carte page de garde. V. légende p. 787.

Nom. Autrefois *îles Maldives.*

Situation. Asie. 298 km^2. 12 atolls groupant 1 196 îles, dont 203 habitées, au S.-O. du Deccan, S. des îles Laquedives (longueur 800 km, larg. 131 km), distants de 450 km de la pointe Sud du Deccan. *Alt. max.* 4 m. **Population.** 181 453 h. (85). D. 609. **Capitale :** *Malé* 46 334 (85). **Langue** *(off.)* Maldivien (divéhi). **Religion.** Musulmans sunnites *(off.)*.

Histoire. 1887 protectorat brit. **1887-1948** dépend de la colonie de Ceylan. **1952** rép. **1954-68** restauration du sultanat. **1965**-*27-5* indépendance **1968**-*11-11* rép.

Statut. Rép. *Const.* de 1968. *Pt* (élu p. 4 a.) et *PM* Maumoon Abdul Gayoom (n. 29-12-37) dep. 11-11-78 ; réélu le 11-11-83. *Parlement* (Majilis) 48 m. dont 8 nommés par le Pt et 40 élus p. 5 a. Pas de partis politiques.

Ressources. P.N.B. (84) 400 $ par h. **Pop. active** (% et entre par. part du P.N.B. en %). Agr. 54 (30), ind. 26 (12), services 20 (58). **Agriculture.** *Terres* (milliers d'ha, 81) t. arables 3, pâturages 1, forêts 1, divers 25. *Production* (81) noix de coco 11 173 176 t, coprah, fibres de coco. **Pêche** (84) 38 800 t, bonites, tortues pour les carapaces. **Tourisme.** *Visiteurs : 1972 :* 1 096 ; *84 :* 83 814. **Aide inter. (millions de $).** *1984 :* 10 ; *85 :* 15.

Commerce (millions de $, 84). *Exp.* 17 339 *dont* poisson 9 742. *Imp.* 51 565 *dont* prod. alim. 11 602, prod. intermédiaires et biens d'équipement 18 451, biens man. 12 481, fuel et lubrifiants 6 649, tabac et alcools 2 382.

MALI

V. légende p. 787.

Situation. Afrique 1 240 000 km^2. *Alt. max.* Mt Hombori 1 155 m. Plateaux latéritiques et plaines (N.). **Climat.** 3 zones du N. au S., saharienne (précipitations nulles), sahélienne (100 à 400 mm, steppe), soudanaise (savane, pluies juin à oct. : 700 mm).

Population. 8 210 000 h. (85). 23 ethnies dont Bambaras 1 500 000, Malinkés 200 000, Khassonkés et Djoulas ; Sarakollés 350 000, Songhaïs 300 000, Dogons 250 000, Bozos et Somonos ; Sénoufos 375 000, Bobos 100 000 et Miniankas ; Peuls 600 000, Toucouleurs ; Touaregs 200 000, Maures 60 000 et Arabes (etc.). D. 6,2. **Villes** (76) : *Bamako* 404 022, Mopti 54 000 (à 644 km), Ségou 65 000 (à 236 km), Kayes 45 000 (410 km), Sikasso 47 000 (376 km), Gao 30 714 (1 214 km), San 17 000 (435 km), Tombouctou 20 483 (1 018 km).

Langues. Français *(off.)*, bambara (parlé par 60 % de la pop.), malinké, dialectes. **Religions.** Islam 68 %, animisme 30, christianisme 1.

Histoire. De puissants empires se sont succédé sur le territoire de l'actuel Mali (Ghana VIIe-XIe s., Mali XIIe-XIVe s., Songhaï de Gao XVe-XVIe s.). **1880-95** conquis par Joseph-Simon Gallieni, appelé *Soudan.* **1958**-*24-11* République soudanaise au sein de la Communauté. **1959**-*17-1* fédération du Mali (groupant Soudan et Sénégal). **1960**-*20-6* indépendance. *-20-8* Sénégal se retire. *-22-9* Soudan devient Mali. **1968**-*19-11* Modibo Keita (1915-77, Pt dep. 61) renversé. **1970-74** sécheresse, famine. **1974** *nov.*-**1975** *juin* différends frontaliers entre M. et Burkina, ex-Hte-Volta (160 km^2). **1977**-*8-5* M. Keita meurt en prison (tué ?). **1978** élimination de Cissema Doukara (min. de l'Intérieur). **1980** printemps manif. étudiantes, plusieurs †. **1984-85** sécheresse, famine. **1984**-*17-2* rejoint Union monétaire ouest-afr. (U.M.O.A.) : franc CFA remplace franc malien, instauré 1962 (1 F malien = 2 F CFA). **1985** retour des pluies, *-25-12* conflit frontalier avec Burkina.

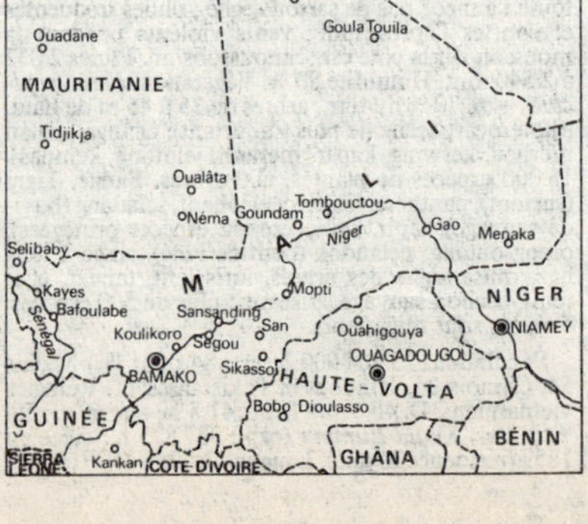

Statut. Rép. *Constit.* du 2-6-74 applicable en 79. *Pt de la Rép.* (élu pour 5 a. suff. univ.). Gal Moussa Traoré (25-9-36) dep. 19-11-68. *Ass. nat.* 82 m. élus pour 4 a. *Parti unique :* Union démocratique du peuple malien (U.D.P.M.), f. mars 1979. **6 régions administratives. Fête nat. :** 22 sept.

Économie

P.N.B. (83) 132 $ par h. **Pop. active** (% et entre par. part du P.N.B. en %) agr. 73 (42), ind. 6 (8), services 20 (48), mines 1 (2).

Aide (milliards de F, 80). France 45, C.E.E. 80. **Salaires des émigrés** en France et Côte-d'Ivoire.

Agriculture. *Terres* (milliers d'ha, 81) t. arables 2 055, t. cult. en permanence 3, pâturages 30 000, forêts 8 760, eaux 2 000, divers 81 182. Crise, sécheresse. Déficit céréalier (*1984 :* 330 000 t, *85 :* 480 000 t). *Production* (milliers de t, 83) millet et sorgho 638, riz 122, canne à sucre 137, arachides 70, coton 43, maïs 70, légumes 235, manioc 70, haricots, patates douces et ignames 64, karité, kapok, gomme, tabac, dah (chanvre), fruits 13. **Forêts.** 4 452 000 m³ (82). **Élevage** (millions de têtes, 83). Volailles 14 (82), moutons 6,4, chèvres 7,5, bovins 5,4, ânes 0,42, chameaux 0,24, chevaux 0,14. **Pêche.** 90 000 t (82).

Mines (81). Or 48 kg, sel 5 000 t, fer. **Industries.** Sucre, huile, cigarettes, boissons, ciment, textile, cuir. **Transports** (km). Routes 14 704, chemins de fer 645. **Tourisme.** 19 900 vis. (76).

Commerce (milliards de F maliens, 82). *Exportations* 95,8 *dont* coton et prod. cot. 37,2, cacahuètes 41,7, animaux vivants (78) 7, céréales (77) 2,8, poissons (78) 0,7 *vers* (70) France 12, Côte-d'Ivoire 9, All. féd. 6,2, G.-B. 4,4, Japon 2,8, Sénégal 0,17. *Importations* 218,4 *dont* (79) mach. et véhic. 25,4, prod. alim. 16,8, chim.-pharmac. 25,4, prod. pétr. 17, mat. de constr. 12, text. 2,6 *de* (80) Côte-d'Iv. 30,3, France 25,3, All. féd. 9, Sénégal 8,6.

Rang dans le monde (81). 6e millet. 16e chameaux.

MALTE ET GOZO

V. légende p. 787.

Nom. Vers 500 av. J.-C. Melite ou Melitaie. Phéniciens : Malta ou Malithah. Puniques : Aunn (bateau) ou Ajnun (poisson, à cause de la forme de l'île). Romains : Malte.

Situation. Europe (Méditerranée, Sicile à 93 km, Afrique à 293 km). 316 km² [*Malte* 246 km², 27 × 14 km, côtes 137 km ; 282 628 h. *Gozo* (à 6 km de Malte, N.-O.) 67,4 km², 14 × 7 km, côtes 43 km. *Comino* 2 km², ni montagnes ni rivières mais collines, champs, ports, baies et plages. Alt. max. 233 m].

Climat : hiver (nov.-avr.) doux (13,7 °C) et humide, été (mai-oct.) chaud et sec (temp. moy. 22,6 °C). Pluies : 559 mm en moy. par an.

Population. 332 000 h. est. 84 (*1901 :* 184 742, *31 :* 241 621) ; D. 1 209. – *de 15 a.* 24,6 %, + *de 65 a.* 8,4 %. *Émigrants* (84) 629 ; *immigrants* 654. **Villes** (83) : *La Valette* 14 013, Sliema 20 071, Victoria (Gozo) 5 522.

Langues. *Off.* Maltais (langue sémitique, d'origine phénicienne, influencée par l'arabe, et ayant adopté de nombreux mots siciliens, anglais et français). Anglais et italien sont également parlés.

Religion. Catholicisme (*off.*). (98 %) 1ers chrétiens d'Europe occ. (naufrage de st Paul dans l'île) 350 églises, 850 prêtres et religieux.

Histoire. 350 av. J.-C. dépendance phénicienne, **600 av. J.-C.** carthaginoise, **218 av. J.-C.** romaine, **870 apr. J.-C.** arabe, **1090** sicilienne, **1530** de l'Ordre de St-Jean-de-Jérusalem. **1565** attaque turque : des milliers de Maltais emmenés comme esclaves. Construction de fortif. sur instruction du Gd maître Jean de La Valette. **1798** dépendance française (après l'escale de Bonaparte voyageant vers Égypte). **1800-**5-9 britannique, **1802** tr. d'Amiens, la G.-B. doit rendre M. à l'Ordre de St-Jean, mais, le *15-6* le Congrès national reconnaît le roi d'Angl. comme souverain. **1816** annexée par G.-B. **1939-45** base navale souvent bombardée, 16 000 t de bombes (2 000 †). **1947** élection : victoire travailliste. **1955** idem. **1956** référendum : 75 % des voix pour intégration à G.-B., beaucoup d'abstentions. **1961-***24-10* autonomie. **1964-***21-9* indépendance. **1974-***13-12* république ; Sir Anthony Mamo (9-1-09), 1er Pt. **1979-***31-3* base brit. évacuée (le loyer annuel était de 60 millions de $).

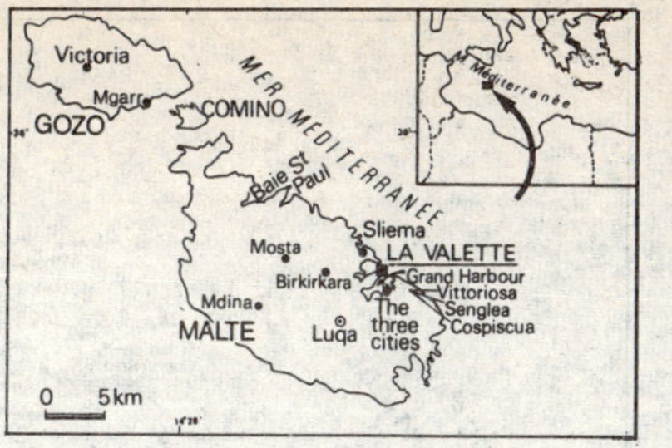

1980-*15-9* accord avec Italie (neutralité de M. garantie au besoin militairement, aide de 16 millions de $ sur 5 a. et prêt de 15 millions). **1981** *oct.* accord avec l'U.R.S.S. qui pourra utiliser anciennes citernes de l'OTAN. **1984-***19-4* 30 000 manif. contre mesures prises à l'encontre de l'ens. rel. et des biens du clergé. *-18-11* tr. de coop. avec Libye, rend caduc accord du 15-9 avec Italie. *-22-12* Dominic Mintoff, PM, démissionne. **1985-***27-4* accord avec le Vatican sur la question scolaire.

Statut. République. *Constit.* de 1964 révisée 13-12-74. Membre du Commonwealth. *Pt* Mlle Agatha Barbara (n. 1922) dep. 16-2-82. *PM* Karmenu Mifsud Bonnici (n. 19-7-33) dep. 24-12-84. *Chambre des repr.* 65 m. (élus pour 5 ans à la représentation proportionnelle). **Fête nat. :** 31 mars (départ des Anglais).

Élections *du 12-12-1981 :* inscrits 238 237, votants 94,64 %. *Travaillistes* (f. 1920, leader D. Mintoff) 49,09 % des v., 34 s. (34 en 76). *Nationalistes* [leader Edward Fenech Adami (n. 7-2-34)] 50,92 % des v., 31 s. (31 en 76).

Économie

P.N.B. (84) 3 410 $ par h. **Pop. active** (% et, entre parenthèses part. du P.N.B. en %) agr. 4,9 (4,6), ind. 36,9 (39,8), services 58,2 (55,6). **Chômage** (84) 9 à 10 %. **Inflation** (%). *1980 :* 15,8 ; *81 :* 11,5 ; *82 :* 5,8 ; *83 :* – 0,9 ; *84 :* – 0,4.

Agriculture. *Terres* (milliers d'ha cultivés, 82/83) céréales et primeurs 6 213, légumes 5 422, fruits 580, fleurs et graines 24. *Production* blé, avoine, p. de terre, haricots, melons, oignons, tomates, citrons, poires, oranges, fleurs. **Élevage** (milliers de têtes, 83). Volailles et lapins 1 124, bovins 13, chèvres 5, moutons 5, ânes, mulets, chevaux. **Pêche.** 992 t (83). **Industrie.** Surtout textile, chaussures, plastiques, mat. élect. 2 332 établissements (84).

Tourisme. *1982 :* 510 956 ; *83 :* 490 812 ; *84 :* 479 747 ; *85 :* 510 000 (est.). Temple de Tarxien, grottes de Ghar Dalam, catacombes de Victoria, grotte Bleue, La Valette, Ta'qali, Mdina.

Commerce (millions de L Malt., 84). *Exportations* 181,4 *dont* vêtements 61,6, mach. et équip. de transp. 40,3, prod. man. de base 19, fuel et lubrifiants 6,4 *vers* All. féd. 56,5, G.-B. 27, Italie 19, Belgique 6, Libye 16,8. *Importations* 330,5 *dont* prod. man. de base 92,5, mach. et équip. de transp. 73, prod. alim. 44, fuel et lubrifiants 42,3 *de* G.-B. 59,5, All. féd. 57, U.S.A. 19,9, P.-Bas 9,3, Japon 3,1, Indonésie 1.

MAROC

Carte p. 937. V. légende p. 787.

Situation. Afrique. 710 850 km². *Alt. max.* Djebel Toubkal 4 165 m. **Régions et climat :** *M. oriental* ou méditerranéen (plateaux, plaines, climat sec, – 200 mm de pluies) ; *M. atlantique* (plaines littorales : étés tempérés, hivers doux ; plateaux et montagnes : Rif, Moyen Atlas, Ht Atlas, temp. allant jusqu'à – 20 °C en haute alt. en hiver, pluies de 800 mm au N. à 400 mm au S.) ; *M. présaharien et saharien* (plateaux et vallées : climat plus sec vers le S.) ; *côtes* 2 983 km, dont Méditerranée 537, Atl. 2 446. **Frontières** *avec :* Algérie 1 350 km, Mauritanie 650 km, Espagne 12,5 km (Ceuta 1, Melilla 11,5).

Population. *1906 :* 4 340 000 à 4 580 000 ; *1926 :* 4 229 146 h. Européens : Français 74 558, étrangers 30 154 ; Marocains musulmans 4 016 883 ; israélites 107 552. *1984* (est.) : 21 465 000 [prévisions (millions) : *2000 :* 36, *2025 :* 60 à 68] musulmans (d'origine berbère, arabe ou soudanaise) 99,95 %, israélites 0,05 %. **Taux** *natalité :* 43 ‰, *mortalité :* 13,4 ‰. – *de 15 a.* 45,5 %, + *de 60 a.* 4,4 %. Étrangers (1981) 112 000 [Français *1926 :* 74 558 ; *1957 :* 310 000 ; *1964 :* 150 549 ; *1975 :* 54 948 ; *1982 :* 37 636 ; Espagnols *1973 :* 28 500]. **Émigration :** France (84) 519 871 [268 772 hommes, 107 387 femmes, 143 712 enf. ; pop. act. 300 000 dont 76 % d'ouvriers non qualifiés], Belgique 60 000, All. féd. 60 000, P.-Bas 50 000, G.-B. 20 000. D. 30,2. **Villes** (83) : *Rabat* (avec Salé) 893 349 (*1926 :* 38 044), Casablanca 2 158 349 (*1926 :* 106 608), Fès 548 206 (*1926 :* 81 172), Marrakech 482 605 (*1926 :* 149 263), Oujda 478 919 (*1926 :* 19 976), Tanger 312 227. **Préfectures et provinces.** Sup. et pop. (en milliers d'h., 84). Pr. de Casablanca : 1 615 km² (2 600) ; Rabat-Salé 1 275 (1 115) ; Prov. de Fès : 5 400 (852) ; Meknès : 3 995 (654) ; Marrakech : 14 775 (1 325) ; Agadir : 5 910 (623) ; Oujda : 20 700 (821) ; Tan-Tan : 17 295 (49) ; Laayoune (82) : 39 360 (113,4) ; Smara (82) : 61 760 (20,4) ; Oued-Eddahab (82) : 50 880 (21,5).

Langues. *Off. :* arabe (65 %) ; *autres :* berbère (33 %), français, espagnol. 76 % d'analphabètes. En 84-85, primaire 2 278 734, secondaire 1 119 688, supérieur 119 920 (plus 30 000 à l'étranger). **Religions.** Musulmans (*off.*, sunnites ; rite malékite) 99,95 % (le roi Hassan II est commandeur des croyants « Amir el-Mouminin ») ; israélites (*1950 :* 300 000 ; *1984 :* 10 000), chrétiens et autres 1 % (en majorité étrangers, catholiques 40 000 baptisés, protestants 2/3 000). *Émigration juive : 1948-57 :* 100 670 émigrés en Israël. *57/22-5-61 :* 10 000 (clandestins), *été 61 à fin 64 :* 130 000 partent légalement dont 100 000 pour Israël.

Histoire. Préhistoire : populations *capsiennes* (Capsa : Gafsa, Tunisie), comme dans tout le Maghreb, et *mouilliennes* (Mouillah : frontière algéro-mar.). **V. 2000 av. J.-C.** colonisation berbère (ou « libyque ») par immigration, ou par évolution des Capsiens (?). **XIe-IIIe s. av. J.-C.** colonisation phénicienne près des côtes : *Liks* (Larache), *Tingi* (Tanger), *Tamuda* (Tétouan). Les Berbères sont proches parents des Ibères qui occupent la péninsule Ibérique. Leur capitale porte un nom ibérique : Volubilis, (Buruberri, le « bourg neuf »), leur roi le plus célèbre est Juda II (**25 av. J.-C.-23 apr. J.-C.**) ; les Romains les appellent « Maures » et les distinguent des Numides (en Algérie), qui parlent la même langue. **40-42 apr. J.-C.** annexion rom. du roy. maure, organisé en Mauritanie tingitane ; associée à la Maur. césaréenne (Cherchell) jusqu'en 285, puis à la Bétique (vicariat d'Hispanie ; cap. Hispalis, Séville), car il n'y a pas de voie terrestre entre les deux Mauritanies. Les Romains n'occupent ni le Rif ni l'Atlas, laissés aux rebelles maures. **281** Volubilis évacuée. **429** invasion vandale en Maur. césaréenne épargne Maur. tingitane, qui reste hispanique sur les côtes et berbère à l'intérieur. **523** Byzantins d'Esp. occupent Tanger et Ceuta, qui deviennent les bases de la lutte contre les Wisigoths. **683** débuts de la conquête arabe. **739** Berbères, bien qu'islamisés, se révoltent. **788** dynastie *idriside* dans le N. **1068-1146** Marrakech fondée par Y. Ibn Tachfine. Ibn Tachfine crée l'Empire *almoravide* qui comprend le sud de l'Esp. **1132-1268** *dynastie almohade ;* l'emp. s'étend jusqu'en Libye.

XIIIe s. morcellement, fin des Almohades ; dynasties *mérinide* [(1270-1465) fondées par Yacoub Ibn Abdelkader et Marini ; 24 souverains d'origine Sijil Massa (Sahara) et maîtres de la Tunisie unifient le Maghreb] et *wattaside* [(1465-1548) 7 souver. (Fez et Tlemcen)]. **XVe s.** Port. puis Esp. occupent ports. **1557-1630** époque saadienne (origine Sakiet-El-Hamra, et région du Draa). G. sainte proclamée par marabouts et dynastie saadienne contre Européens (rupture des relations commerciales, isolement du Maroc). **1578** Al Mansur bat les Portugais à Alcazarquivir. **1591** une armée mar. conquiert boucle du Niger. **1492-1609** reflux d'Andalous et de Morisques d'Esp. **1603** morcellement (après la mort d'Al Mansur). **1640** fondation de la dynastie chérifienne alaouite par Moulay Errachid descendant du cousin du prophète Ali Ibn Taleb (origine Hedjaz). Moulay Ismaïl (1675-1727) récupère Tanger, fonde Meknès. **1631-***17* et *24-9* tr. de voisin. avec Fr.

XVIIIe s. querelles dynastiques, tr. de commerce avec États protestants. **1765** Mogador fondée. **1825-***28-5* tr. avec la Fr. qui obtient la clause de la nation la + favorisée. **1844-***14-8 Isly* Bugeaud bat le sultan, allié d'Abd el-Kader. **1845** *convention de Lalla-Marnia.* **1859** expédition fr. pour contrôler est du pays. *Oct.* invasion esp., Tetouan occupée. **1860-***26-4* paix, Tetouan sera rendu par les Esp. moyennant 100 millions de pesetas (1re échéance 28-12). **1862-***2-5* Tetouan libérée, paiement de la moitié de la rançon. **1880** convention de Madrid accordant à plusieurs puissances le traitement de la nation la plus favorisée. **1904-***8-4* accords fr.-brit. et *-30-10* fr.-esp. : Fr. et Esp. peuvent s'établir au M. **1905** *avril* visite de l'emp. d'All. Guillaume II à Tanger. **1906** *janv. conférence d'Algésiras* (12 puissances eur. et U.S.A.), internationalisation écon. du M. ; droits spéciaux de Fr. et Esp. pour organiser la police des ports. **1907** *mars* massacre de Français, mouvements xénophobes. *-31-7* Lyautey occupe Oujda. *Août* Gal Drude débarque à Casablanca (6 000 h.), commence conquête de la Chaouïa. **1908** G^{al} d'Amade la pacifie. **1911** *mars* soulèvement berbère contre sultan ; assiégé dans Fès, délivré par les Fr. en *mai*. *-1-7* l'All. opposée à l'intervention fr. envoie devant Agadir le *Panther* (bateau de g.). *-4-11 tr. de Berlin*, l'All. reconnaît le protectorat fr., mais reçoit une partie du Congo. *Tr. de protectorat* qui divise le M. en zones d'influences : Tanger (z. internationale), de la Méditerranée au sud de Larache (z. esp.), sud de Larache à Sidi Ifni (z. fr.), Sidi Ifni à Rass Al Abyad (z. esp.). **Superficie occupée par les Fr. (km²) : 1912-***1-1* 88 000, **1914-***1-1* 163 000, **1917-***1-1* 235 000. **1912-***30-3* protectorat fr. accepté par Moulay Hafid. *-28-4* Lyautey (1854-1934), résident. **1914-18** : 5 régiments de tirailleurs mar. combattent en Fr. (34 000 †). **1920 g. du Rif.** *Abd el-Krim* (1882-1963) proclame la g. sainte contre Esp. **1921** bat Gal Sylvestre à Anoual. **1924** les Esp. s'étant retirés sur la côte, il menace Fès et Tanger. Après unification du cdt mil. esp. et fr. (M^{al} Pétain), il est battu et se soumet le *27-5-***1926** [déporté à La Réunion, s'échappera d'un navire le ramenant en Fr. (1947) et mourra en Égypte]. **1923** statut international de Tanger. **1934** soumission des derniers dissidents. Un comité d'action demande l'abolition du protectorat [scission en 1937 : une tendance forme *l'Istiqlal* avec Allal el-Fasi (1943), une autre le *Parti démocratique de l'indép.* (1946)]. **1937** Franco promet l'autonomie au M. esp. **1940-45** l'Esp. occupe Tanger (ville internat.). **1942-***8-11* débarquement allié. **1943** *janv.* conférence de Casablanca (Anfa) (Roosevelt-Churchill).

1944-*11-1* manifeste de l'Istiqlal réclamant l'indép. *-29-1/3-2* émeutes à Rabat, Casablanca, Fès après arrestations de chefs nationalistes. **1946-***2-3* Erik Labonne (résident) s'entoure d'un adversaire du sultan (colonel Lecomte) et d'un ultra (Philippe Boniface). **1947-***9-4 discours de Tanger*, le sultan fait l'apologie de la Ligue arabe et se pose en chef suprême du nationalisme. *-14-5* Gal Juin remplace Labonne. **1950-***10-10/5-11* sultan à Paris. *-26-12* Juin demande au sultan de désavouer l'Istiqlal. Les Berbères du Glaoui, pacha de Marrakech, menacent Rabat et Fès. **1951-***12-2* sultan refuse de désavouer l'Istiqlal. *-19-2* Juin rompt avec lui. *-25-2* sultan (poussé par la Fr.) désavoue l'Istiqlal. *-9-4 pacte de Tanger*, les nationalistes s'engagent à lutter pour l'indép. *-28-8* Gal Guillaume remplace Juin. **1952-***21-3* lettre du sultan au Pt Auriol demandant la révision du protectorat. *-16-10* à l'O.N.U., les U.S.A. soutiennent les nationalistes. *-6/9-12* émeutes à Casablanca (env. 40 †). **1953-***26-2* début de la campagne animée par la Résidence demandant la déposition du sultan. *-14-8 sultan Mohammed V destitué* (refuse d'abdiquer, arrêté, exilé en Corse puis à Madagascar), remplacé par Moulay Ben Arafa. Influence de Si Thami el-Glaoui, pacha de Marrakech. *Sept.* création de *Présence française* (organisation « ultra » animée par 2 médecins radicaux-soc. : Eyraud et Causse). *-24-12* bombe au marché de Casablanca (17 †). **1954-***2-2* 1er attentat contre-terroriste (contre Me Benjelloun). *-20-5* Francis Lacoste, résident. *-30-6* Dr Eyraud assassiné. **1955-***11-6* Jacques Lemaigre-Dubreuil (libéral), assassiné. *-21-6* Gilbert Grandval résident. *-14-7* bombe à Casablanca, nombreuses victimes, entraîne des « ratonnades ». *-21-7* émeutes à Marrakech. *-25-7* à Meknès. *-20-8* à Oued Zem (49 Fr. †), répression, plusieurs centaines de †. *-22-8* Grandval démissionne. *-31-8* Gal Boyer de Latour résident. *-5-11 accords de La Celle-St-Cloud* entre Mohammed V revenu d'exil et la Fr. qui accepte l'indép. *-9-11* Préfet Dubois résident. *-16-11* Mohammed V rentre à Rabat.

1956 fin des protectorats (*-2-3* français, *-7-4* esp.). Indépendance. **1957-***26-8* statut intern. de Tanger aboli (sera port franc *1962*). *Août* Mohammed V prend le titre de roi du M. *Déc.* le M. prend Tilouine (Ifni). **1958** récupération de la province de Tarfaya (sous domination esp.). *Opérations du 1-6-1953 au 31-12-1958. Effectifs engagés* : Français 400 000, Marocains indéterminés. *Morts* : armée de terre : 839 † [dont 531 tués (combat ou attentat), 76 accidents, 232 par maladie, suicide ou noyade] ; de l'air 192 † [dont 66 tués (opérations et accidents aériens), 90 accidents divers, 36 de maladie]. *Blessés des 3 armées* : 5 600. *Disparus* : 109.

1961-*26-2* mort de Mohammed V ; Hassan II, roi. **1962-***nov.* 1re Const. **1965-***29-10* enlèvement à Paris de Mehdi ben Barka (1920-65, secr. de l'Union nat. des forces pop., coordinateur des mouvements rév. du tiers monde). *Oct.* le C^{ol} Dlimi se livre à la justice

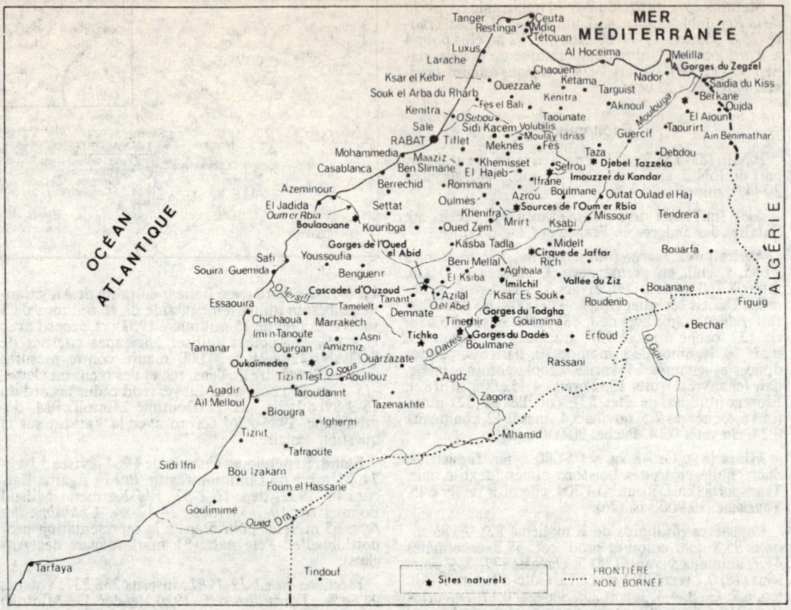

française (acquitté en juin 67). **1969-***4-1* rattachement au M. du territoire d'Ifni (1 920 km², 50 000 h.) concédé en 1860 à l'Esp. qui l'occupa complètement en *1934*, constitution en province esp. en *1958*. **1970** *juill.* 2e Const. **1971-***10-7 coup d'État milit. à Skhirat* échoue (plus de 200 †, dont 138 insurgés ; 2 promotions de l'École milit. royale de sous-off. d'Ahermoumou, dirigées par C^{el} Abadou, Cdt de l'école et Gal Medbouh, chef de la maison milit. du roi impl.). *-13-7* : 10 off. dont 4 généraux fusillés. **1972-***29-2* fin du procès des 1 081 officiers et cadets (affaire de Skhirat) : 1 condamné à mort. *-1-3* référendum pour nouvelle constitut. (oui 98,75 %). *-12-6* fin du conflit algéro-m. *-15-6* accord avec Alg. sur zones contestées de Tindouf Saoura, Tidikilt et Touat (Istiqlal contre l'accord). *-16-8* attentat aérien contre Hassan II : 10 † et 50 bl. sur l'aéroport de Rabat, suicide du Gal Oufkir, min. de la Défense et chef occulte du complot, 11 des 220 inculpés exécutés le *13-1-73*. *-20-9* distribution de 90 000 ha d'anciennes terres de colonisation (24 ha par bénéficiaire). Reprise annoncée de 200 000 ha agr. détenus par des étr. (150 000 par des Fr.) pour les redistribuer. **1973-***3-3* complot déjoué (15 condamnés exécutés le 3-11). *-6-3* eaux territoriales portées à 70 milles. **1974-75** revendications sur Sahara esp. et enclaves de Melilla et Ceuta (V. Index). **1975-***3/6-5* visite du Pt Giscard d'Estaing. Tension avec Esp. et Alg. *-8-6* capture de 45 militaires m. par les Esp. au Sahara occ. *-1-8* : 114 millions de F d'indemnisation aux agriculteurs fr. dépossédés. *-6/9-11 « marche verte » vers le Sahara occ.* : 350 000 volontaires franchissent la frontière et repartent. *-14-11* accord entre Esp., M. et Mauritanie sur Sahara occ. *-28-11* combats avec Polisario. *-11-12* entrée des troupes m. à El-Aïoun (S. occ.). *-18-12* O. Benjelloun, m. de l'U.S.F.P., tué. *Déc.* 30 000 M. expulsés d'Algérie. **1976-***27/29-1* combats alg.-m. au S. occ. (à Amgala) ; repli alg. *-12-2* les M. occupent Mahbès. *-14/15-2* combats à Amgala. *-26-2* Esp. remet ses pouvoirs au M. et à la Mauritanie au S. occ. *-7-3* M. et Mauritanie rompent relations diplom. avec Alg. *Avril* envoi de troupes au Zaïre. **1978-***11-3* accord avec U.R.S.S. coop. t. pour phosphates (3 milliards de $). **1979-***16/17-1* affrontements au S.-E. 600 †, 250 bl. **1980-***2-4* Hassan II rend visite à Jean-Paul II. *-23-5* référendum sur majorité royale de 18 à 16 ans, et la modification du Conseil de régence (oui : 99,71 %). *-20-12* zone maritime portée à 200 milles. **1981-***1-4* attaque du Polisario contre Zag ; pertes m. : 13 †, 20 bl., 10 disp. *-20-6* émeutes à Casablanca, grève générale contre augmentation des prix (66 †, plusieurs centaines de bl., env. 2 000 arrestations). *-26-6* sommet de l'O.U.A. à Nairobi, Hassan II accepte le principe d'un référendum sur l'autodétermination du Sahara. *Juin* achèvement du mur Zag El-Aïoun pour protéger Sahara utile. *-13-10* Polisario attaque Guelta-Zemmour. *-25-11* conf. de la Ligue arabe à Fès, suspendue le 27. **1982-***8-1* Polisario attaque Ras el-Khanfra. *-10-1* attaque Kreybichet. *Févr.* rép. ar. sahraouie admise à l'O.U.A. **1983-***25-1* † du Gal Ahmed Dlimi (n. juillet 31) ; accident de voiture. *-27/29-1* visite du Pt Mitterrand. *-26-2* Hassan II rencontre Pt alg. Chadli. *-2/3/9-9* combats avec Polisario : région de Smara 37 †, 46 bl. *-19-12* gouv. d'Union nat. (6 min. d'État représentant les 6 principaux partis pol.). **1984-***19-1* émeutes dans le N. contre augmentation des prix (29 †, 114 bl., nombreuses arrestations). *-3-3* paysans exonérés d'impôts jusqu'à l'an 2000. *-13-8* tr. d'Union arabo-afr. (Maroc et Libye). *29-8* Pt Mitterrand au M. (visite privée) en part le 31. *-31-8* référendum pour accord M.-Libye (99,97 % pour) ; Pt Mitterrand revient après fermeture des bureaux de vote. Accrochages avec Polisario. *-16-10* (37 Mar. †, 176 Pol. †) ; *-28-11* (14 Mar. †, 144 Pol. †). *-20-12* Polisario, abandonne Mahbès. **1985-***12-1* accrochage avec Polisario (25 Mar. †, 66 Pol. †). *-15-1* fin du 4e mur de défense du Sahara. *-19-8* visite de Jean-Paul II. *-23-10* cessez-le-feu unilatéral au Sahara occid. *-12-11* le M. quitte l'O.U.A. **1986-***3-3* fête du trône (25e anniversaire de l'intronisation du Roi), visite du Roi d'Espagne.

Politique

Statut. Monarchie. *Const.* du 1-3-1972, révisée en 80. *Roi*, chef spirituel et temporel. *Ch. des représentants* élus p. 6 a. (306 m., 2/3 élus au suffr. universel, 1/3 choisis par conseils municipaux et organ. professionnels). *PM* Karim Lamrani (n. 1919) dep. 30-11-83, vice PM : Azzeline Laraki (54 a.) dep. 14-3-86. *Aff. étr.* Abdellatif el Filati dep. 17-2-85. 40 *provinces* divisées en cercles, 2 *wilayas* Grand Casablanca (6 préfectures) et Rabat (3 préf.), 7 *régions économiques* créées 16-6-1971. **Fêtes nat.** : 3 mars (fête du trône), 9 juill. (anniversaire du roi et fête de la jeunesse), 14 août (récupération en 1979 de l'oued Eddahab), 6 nov. (marche verte de 1975), 18 nov. (indép.).

Chefs d'État. *Dynastie des Alaouites* : **1666** MOULAY RACHID (1631-72). **72** MOULAY ISMA'IL (1646-1727), s. fr. **1727** MOULAY 'ABD ALLAH (1694-1757). **57** MUHAMMAD III IBN 'ABD ALLAH († 1790), s. f. **90** MOULAY YAZID (1750-92), s. f. **92** MOULAY SULAYMAN (1760-1822). **1822** MOULAY ABD-AL-RAHMAN (V. 1790-1859). **59** MUHAMMAD IV IBN 'ABD AL-RAHMAN († 1873), s. f. **73** MOULAY HASSAN Ier (1830-94), s. f. **94** MOULAY ABD AL-AZIZ (1878 ou 81-1943), s. f., renversé. **1908** MOULAY HAFID (1875-1937), s. fr. aîné, abdique (12-8-1912). **12** MOULAY YUSUF (1881-1927), s. demi-fr. **27** MUHAMMAD V IBN YUSUF (1909-61) (en berbère Mohammed V ben Youssef), s. f., déposé 20-8-53. **53** MUHAMMAD IBN 'ARAFA (1890-1976), s. cousin, déposé 5-11-1955. **57** MUHAMMAD V, rappelé en 1955, reconnu en 1956 comme sultan, en 1957 comme roi. **61** (26-2, intronisé 3-3) HASSAN II (11-7-29), s. f., roi, 35e descendant du prophète en ligne droite, 17e souverain alaouite. P^{ce} héritier Sidi Mohammed, fils aîné du roi (n. 21-8-1963). *Autres enfants* : Lalla Meryem (26-8-62 ép. sept. 84 Fouad Ibn Abdellatif), Lalla Asmaa (29-9-65), Lalla Hasna (19-11-67), Moulay Rachid (20-6-70).

Nota. – *Moulay :* titre porté par les sultans de la dynastie chérifienne. *Alaouite,* de l'arabe alawi : descendant d'Ali par Hassan son fils. *Chérif* (pl. Chérifs ou Chorfa) : nom donné aux descendants de Mahomet par Ali et Fatima. L'appellation « Sa Majesté impériale le Sultan » fut remplacée le 18-8-1957 par « Sa Majesté le Roi ».

Résidents. 1912 Maréchal HUBERT LYAUTEY (1854-1934). **25** THÉODORE STEEG (1868-1950). **29** LUCIEN SAINT (1867-1938). **33** HENRI PONSOT (n. 1877). **36** MARCEL PEYROUTON. Gal CHARLES NOGUÈS (1876-1971). **43** juin GABRIEL PUAUX (1883-1970). **45**-2-3 ERIK LABONNE (1888-1971). **47**-14-5 Gal JUIN (1888-1967). **51**-28-8 Gal AUGUSTIN GUILLAUME (1895-1983). **54**-20-5 FRANCIS LACOSTE (27-11-1905). **55**-20-6 GILBERT GRANDVAL (1904-81). -31-8 Gal BOYER DE LATOUR (1896-1976). **55**-9-11 Préfet ANDRÉ DUBOIS (8-3-1903), résident puis ambassadeur de Fr.

Partis (dates de fondation), secrétaire général. *Istiqlal,* [1944 par Allal el-Fassi (1910-74)], M'Hamed Boucetta. *Union nat. des forces pop.,* [1959 par Mehdi Ben Barka (1920-65)] Abdallah Ibrahim. *Mouvement pop. constitutionnel démocratique,* scission en 1967 du Mouvement pop., Abdelkrim Al-Khatib. *P. du progrès et du socialisme,* (1974 ancien P.C., créé 1955) Ali Yata. *Union soc. des forces pop.,* (1974, scission de l'U.N.F.P.) Abderrahim Bouabid. *Rassemblement nat. des ind.* (1978) Ahmed Osman. *Mouvement pop.,* (1958, berbère) Mahjoubi Ahardane. *P. nat. démocrate* (1981, scission du R.N.I.) Arsalane Al Jadidi. *P. de l'action,* (1974) Abdallah Senhaji. *P. libéral progressiste* (1974) Akhmouch Ahmed Oulhaj. *P. démocrate de l'ind.* Thami El Ouazzanih. *Union constitutionnelle* (1983) Maâti Bouabid. *P. de l'unité et de la solidarité nat.* (1982, centriste) Mohamed Asmaz. *Organisation de l'action démocratique et pop.* (1983, gauchiste) Mohamed Bensaid.

Nota. – Après le référendum de juill. 1970, Istiqlal et U.N.F.P. constituent une alliance : *« Al Koutlah al Watania »* (Front national). En juill. 72, l'U.N.F.P. se divise en 2 tendances, celle d'Abdallah Ibrahim, proche de l'U.M.T., et celle de la « Commission admin. » d'Abderrahim Bouabid, dite groupe de Rabat ; en 74 devient U.S.F.P. (U. socialiste des forces pop.). P.L.P. (P. libéral progressiste) f. déc. 74. 8-10-78 constitution du Rassemblement nat. des indépendants (R.N.I.) (Pt Ahmed Osman, 141 s. sur 264 au Parlement).

Chambre des représentants. 306 s. dont 204 élus au scrutin direct et 102 au suffr. indirect par conseils locaux, organisations professionnelles et syndicales. **Élections directes du 14-9-84 :** inscrits 7 414 846, votants 4 999 646, participation 67,43 %, suffrages exprimés 4 443 004. *Nombre total de sièges* dont en vote direct entre par. : Union constitutionnelle (centriste moderniste) 83 (56), Rassemblement nat. des ind. 61 (39), Mouvement pop. (centriste, berbérisant) 47 (31), Istiqlal 41 (24), USFP (socialiste) 36 (35), P. nat. démocrate (centriste) 24 (15), Union marocaine du travail (UMT) 5, Confédération démocratique du travail (CDT) 3, Union gén. des travailleurs marocains (UGTM) 2 (2), P. du progrès et du soc. (comm.) 2 (2), Organisat. de l'action démocratique et pop. (gauchiste) 1 (1), P. du centre social 1 (1).

Enseignement. *Primaire* (1984). Inscrits 2 278 734, écoles 3 144, enseignants 750 094. *Secondaire.* Inscrits 1 119 688, classes 23 787, enseignants 51 711. *Universitaire.* 22 instituts et écoles sup., 6 universités. Étudiants 119 920, ét. à l'étranger 30 000. Professeurs 3 146 (81 % de Marocains). Étudiants des instituts et écoles sup. 6 942.

Santé (1984). *Centres de santé et dispensaires* 1 048. *Médecins* (public) 5 258, (privé) 1 971. *Pharmaciens* (public) 63, (privé) 6 713 (1983). *Infirmiers* diplômés (public) 4 424, (privé) 709, brevetés 14 847.

Économie

P.N.B. (84) env. 534 $ par h. **Pop. active** (%, entre parenthèses part du P.N.B. en %) agr. 40 (15), ind. 24 (25), services 31 (54), mines 5 (6). **Inflation** (%). *1980 :* 9,4. *81 :* 12,5. *84 :* 12,5. *82 :* 10,5. *83 :* 12,5. *84 :* 12,5. **Dette extérieure** *85 :* 13 milliards de $ dont 9 envers la France. *Service de la dette :* 55 % des export.

Agriculture. *Terres* (milliers d'ha, 81) t. arables 7 914, t. cult. en permanence 480, pâturages 12 500, forêts 5 195, eaux 25, divers 18 541. *Production* (milliers de t, 84) blé 1 989,5, orge 1 404,6, maïs 264, sorgho 24,6, riz 4,5, fèves 122,3, arachides 35,4, betteraves à sucre 2 525,4, canne à sucre 775, coton 11,5, oranges 309,9, clémentines 243, pomelos (82) 10, citrons (82) 10, légumineuses 123,3, olives 326,7, raisins 229,9. Sécheresse en 80-81. **Forêts.** 14 338 000 m³ (80). Thuya, chêne-liège, cèdre. **Élevage** (milliers de têtes, 84). Poulets 25 000, moutons 11 493, chèvres 4 222, bovins 2 363, chameaux 41. 30 à 40 % des bêtes ont été tuées par la sécheresse. **Pêche.** (84) *côtière :* 368 100 t, *hauturière :* 70 444 t.

Énergie (84). *Charbon* 237 500 t. *Pétrole.* Prod. 47 280 t. *Gaz* 83 millions de m³. *Électr.* 5 649,8 millions de kWh dont centrales hydraul. 351,9, thermiques 5 276,7, apports de tiers 21,2. Le M. ne couvre que 17 % de ses besoins en énergie. *Schistes bitumineux* [réserves 12 milliards de t : 10 à Timahdit (90 km au S.-O. de Meknès) et + d'1 dans la région de Tarfaya (300 km au S.-O. d'Agadir). Timahdit pouvant être exploité en carrière à raison de 30 à 40 millions de t/a., donnerait env. 3 millions de t de pétrole brut].

Mines (milliers de t, 84) : phosphates 21 353 (le M. a quadruplé les prix en 74), manganèse 59,1, plomb 143,9, barytine 425,2, pyrrhotine 76 (81), fluorine 65,9, sel 62,7, fer 164,2, cuivre 63,8. **Industrie.** Engrais, textiles, raffineries de pétrole, ciment, tapis, sucre, conserveries, jus de fruits, cuivre.

Transports (83). *Routiers :* routes revêtues principales 10 448 km, secondaires 8 651 km, tertiaires 38 493 km. Autoroute Rabat-Casablanca. *Ferroviaires :* 1 770 km dont 161 en double voie. *Aériens :* 15 aéroports, 3 386 889 passagers, fret 32 646 t. *Flotte marchande :* 55 navires, capacité 640 000 t. *Ports :* trafic (84) : marchandises (entrées + sorties) 36,8 millions de barils, dont Casablanca 22,9, Safi 6,1, Mohammedia 3,8, Agadir 1,6 ; voyageurs (83) : Tanger 998 338, Casablanca 7 268. *Ports de pêche :* Agadir, Safi, Essaouira (80 % des débarquements) ; *autres ports :* Jorf Lasfar (El Jadida) phosphates, Mohammédia (pétrole), Kénitra et Agadir (agrumes et poissons), Tanger (franc port), Nador (importance accrue avec construction du complexe sidérurgique). **Tourisme.** *Visiteurs* (85) : 1 500 000 étrangers (dont *Français 400 000,* Espagnols 200 000, Anglais 150 000, All. de l'O. 140 000, Amér. 110 000) ; croisiéristes 72 062. *Recettes :* 6 milliards de DH.

Téléphone (83). 201 452 abonnés. Télex 5 120.

Commerce (milliards de dirhams, 84). *Exportations* 19,1 *dont* prod. aliment. 4,3 (dont agrumes 1,1), miniers 5,5 (dont phosphates 4,6), demi-prod. 5,1 (dont acide phosphorique 3,5) *vers France 4,1,* Espagne 1,5, Inde 1,4, All. féd. 1,3, Italie 1,1. *Importations* 34,4 *dont* prod. aliment. 5,8 (dont blé tendre 3,3), énergie et lubrifiants 9 (dont pétrole brut 8,4) *de France 6,3,* U.S.A. 4,3, Arabie Saoud. 4,1, Espagne 3, Irak 2,8, U.R.S.S. 1,4.

Budget. Recettes (en millions de dirhams, 1984) 33 455 dont *ordinaires* 24 361 dont : fiscales 22 499 (impôts directs 6 012, indirects 9 229, droits de douane 4 992, enregistrements et timbres 2 266), autres r. ordinaires 1 862, domaine 64, monopoles et exploitations de l'État 1 068 (dont dividendes de l'Office des phosphates 300), produits divers 560, recettes en atténuation de dépenses 170. *Recettes d'emprunts* 8 068 (emprunts intérieurs 800, empr. extérieurs 7 268). *Fonds de concours* (83) 0. *Annulations de crédits* (83) 50. **Dépenses** 30 356 dont fonctionnement 19 653, charges de la dette 9 448, investissement 10 703. *Coût de la guerre du Sahara.* 2 milliards de $ par an. **Balance des paiements** (en millions de dirhams). *1981 :* – 447,2 ; *82 :* + 1 168,2 ; *83 :* – 529,5 ; *84 :* + 600,2.

Aide française (en millions de F, 1983-85). *Trésor :* 1 929. *Crédits commerciaux garantis :* 5 094. **Rapatriement des salaires des émigrés** (84) : 7 milliards de dirhams (dont 4 de France). 85 : idem.

Rang dans le monde (83). 3e phosphates. 10e oranges. 19e ovins.

MARTINIQUE

V. légende p. 787.

Nom. De saint Martin (découverte le 11 nov., jour de sa fête).

Situation. Ile des Antilles, à 7 500 km de Paris, 3 500 km de New York, 120 km de la Guadeloupe. 1 102 km². *Long.* 65 km, *larg.* 12 à 30 km. *Côtes* 300 km. *Cours d'eau principaux :* La Lézarde 33 km, Rivière du Galion 20 km. *3 zones :* plaines alluvionnaires au centre, montagnes au N., collines basses au S. Montagne Pelée 1 397 m. **Forêt** équatoriale ou savane dans les parties moins humides. **Climat** chaud (moy. 27,3 °C à Fort-de-France) et humide (plus de 2 m de pluies au N.-E., moins d'1 m au S.-O., prolongé) ; *2 saisons* peu tranchées (carême, févr.-avril, sec ; hivernage, juill.-nov.). **Cyclones** les plus dévastateurs : *14-8-1766 :* 440 †, *12-10-1780 :* 9 000 †, *18-8-*

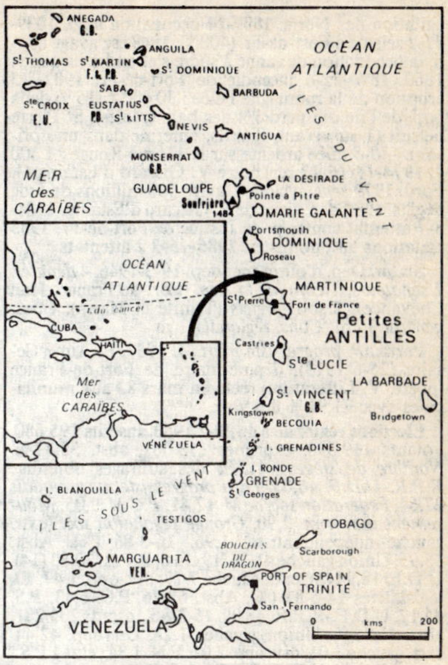

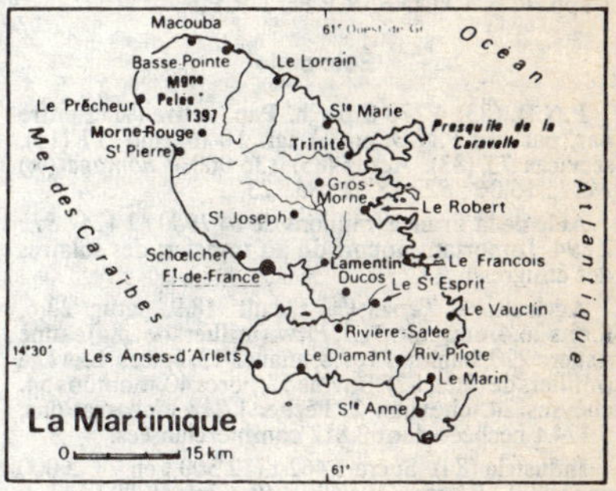

1891 : 700 †, récemment *17-8-1970 :* 44 † (tempête tropicale). Dep. 1635, un cyclone ou une tempête tropicale violente tous les 8 ans, en moy., fréquence max. en sept. (35 %). Après période de calme (1903-50), période agitée depuis 1967.

Population. *1664 :* 4 505 ; *1701 :* 24 298 ; *1789 :* 83 459 ; *1886 :* 174 863 ; *1936 :* 246 712 ; *1946 :* 261 595 ; *1982 :* 328 566 ; *est. 84 :* 329 500. 55 % de – *de 20 ans* (75). En maj. mulâtres et catholiques. Békés (mot Ibo : Blancs créoles) 2 500. **Métropolitains vivant à la M.** 14 000. **Étrangers.** *1984 :* 3 436 (Ile Ste-Lucie 888, Guyana 583). D. 299,4. **Villes :** *Fort-de-France* (chef-lieu) 100 663 h., Lamentin 26 683, Ste-Marie 18 533, Schoelcher 18 107, Le Robert 15 386, Le François 14 404, St-Joseph 11 266, Rivière pilote 11 261, La Trinité 10 330, St-Pierre 6 000 (*1902 :* avant l'éruption 26 000). **Martiniquais en métropole** 100 000. **Déficit migratoire** (départs-entrées) : *1962 :* 1 750 ; *68 :* 5 345 ; *78 :* 6 921 ; *79 :* 5 438 ; *80 :* 2 771 ; *81 :* 5 406. **Naissances :** *1965 :* 10 749 ; *78 :* 5 065 ; *82 :* 5 376.

Histoire. Vers 130 apr. J.-C. établissement des Arawaks, originaires des forêts tropicales d'Am. du Sud, descendants des inventeurs de la culture « saladoïde » (de Saladeros, village près de la côte vénézuélienne) basée sur le manioc amér. **296** éruption volcanique, disparition des Arawaks. **V. 400** arrivée d'autres Ar. expulsés à partir de **600** ou de **700** par les hab. des Caraïbes, issus des mêmes origines ; culture du manioc. **1493**-*11-11* découverte par Christophe Colomb (v. 1451-1506). **1635**-*20-1* début de la colonisation. -*15-9* prise de possession au nom de Louis XIII. **1636** les Fr. de la Cie des Iles d'Amér. exterminent Caraïbes et importent 50 000 esclaves noirs de Guinée, Angola ou Sénégal, pour cultiver canne à sucre et plus tard cacao, café, épices (milieu XVIIIe s.). **1759-62** occupation angl. **1763**-*23-6* naissance de Joséphine Tascher de la Pagerie (1re femme de Napoléon Ier) aux Trois-Ilets. **1790** prise du pouvoir par les planteurs, agitation des Noirs. **1809-14** occupation angl. **1839**

agitation des Noirs. **1809-14** occupation angl. **1839-***11-1* séisme à Fort-de-Fr. (400 †). **1848** esclavage aboli, la production de canne à sucre s'effondre jusque v. 1860. **1890**-*22-6* incendie de Fort-de-Fr. **1902**-*8-5* éruption de la montagne Pelée : 30 000 † (15 % de la pop. de l'île qui perd 3/4 des hab. créoles), St-Pierre détruit (1 survivant, Siparis, enfermé dans une prison). -*30-8* nuée ardente sur le Morne-Rouge : 1 500 †. **1974**-*14/16-12* rencontre V. Giscard d'Estaing-G. Ford. **1979** *sept.* cyclone David, 500 millions de F de dégâts. **1980** *déc.* visite de V. Giscard d'Estaing. **1981**-*3-1* attentat contre p. de Justice de Fort-de-Fr. **1985** agitations autonomistes. **1986**-*15-3* 2 attentats.

Statut. Dép. d'outre-mer dep. 19-3-1946. 4 *députés*, 2 *sénateurs*, 1 *com. de la Rép.* (Fort-de-France, Jean Chevance), 2 *sous-préfets* (Trinité et Marin). *Cons. général* 36 m. *Cons. régional* 41 m.

Partis. *P. progressiste mart.*, f. 1957, Pt Aimé Césaire (25-6-1913), député-maire de Fort-de-France (poète, V. Littérature) réélu en mars 83 aux municipales avec 71,91 % des voix.

Élections régionales du 20-2 1983. Inscrits 195 680, votants 119 598, exprimés 113 061, abst. 38,82 %. *Nombre de sièges* : 41. % des suffrages obtenus : *R.P.R.-U.D.F.* 46,03, *Parti progressiste martiniquais* 27,64, *Fédération soc. de M.* 12,41, *P.C.M.* 9,05, *Mouvement indép. m.* 2,90, *Groupe révolution soc.* (extr. gauche-indépendantiste) 1,96. **16-3-86** (%). Abst. 35,95, Union gauche 41,34 (19 élus), R.P.R. 30,83 (14), U.D.F. 18,94 (8), extr. gauche 7,77, div. opp. 1,47. **Él. législatives 14-6-81** (%). Abst. 63,76, P.C. 6,43, P.S. 44,12, U.D.F.-R.P.R. 48,09. **16-3-86.** Inscrits 205 281, abst. 41,48 %, Union gauche 51,18, Un. opp. 42,44, extr. gauche 3,01, div. opp. 2,01, F.N. 1,34 ; élus 1 P.S., 1 app. P.S., 1 U.D.F.-R.P.R., 1 R.P.R.

Économie

P.N.B. (83) 4 270 $ par h. **Pop. active** (% et entre par. part du P.N.B. en %) agr. 10 (6), ind. 17 (11), services 73 (83). Actifs (85) 136 000. *Chômage* (%) *1981* : 15,06 ; *82* : 18,02 ; *85* : 23.

Aide de la France (millions de F) *1980* : 2 424 ; *81* : 2 894. Important apport dû au transfert des salaires des émigrés.

Agriculture. *Terres* (%) t. cult. 18,9, pâtur. 23,6, forêts 26,4, non cult. 31,1. *Prod.* (milliers de t, 84) canne à sucre 220, bananes 167,8, ananas 13, épices. **Élevage** (milliers de têtes, 82). Bovins 57, porcs 40, moutons 54, chèvres 24, chevaux 2. **Pêche.** 1 218 embarcations, 5 174 t pêchées dont 3 812 commercialisées.

Industrie (84). Sucre 5 462 t (12 500 t en 78, 2 000 en 1982). Rhum (104 600 hl). Ciment 207 142 t. *Pétrole raffiné* : 528 000 t. *Électricité* : 356 millions kWh. **Transports.** Routes 1 618 km. **Tourisme** (83). 158 548 croisiéristes (Fr. 46 %, Amér. 34 %).

Commerce (millions de F, 83). *Exportations* 866,6 *dont* (81) bananes 157,9, rhum 37 *vers* France 662, Guadeloupe 73, Guyane française 31, C.E.E. (81) 93,4. *Importations* 5 577 *dont* (79) prod. alim. 459,4, prod. pétrol. 140,9, autos 123,4, prod. pharmac. 49, engrais 41 *de* France (DOM et TOM) 3 294, C.E.E. (sauf France) 502, Venezuela 418, U.S.A. (80) 168,5.

MAURICE (ILE)

V. légende p. 787.

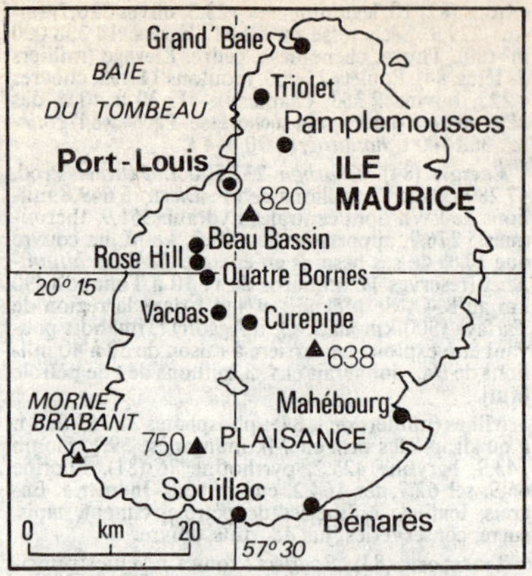

Situation. I. de l'océan Indien à 210 km de la Réunion, 800 de Madagascar, 1 800 de l'Afrique, 4 000 de l'Inde, 5 800 de l'Australie. 1 843 km² (2 040 km² avec dépend.). *Long.* 65 km, larg. 48. Volcanique. *Alt. max.* Piton de la Rivière-Noire 827 m. *Côtes* 280 km. **Régions** : Port-Louis (cap.) et districts de Plaines-Wilhems, Moka, Flacq, Pamplemousses, Rivière du Rempart, Grand-Port, Savanne, Rivière-Noire. **Climat** subtropical, varie suivant l'alt. ; *cyclones* possibles nov.-avril, surtout en janv. et fév. *Temp.* hiver (été en Europe) 13 à 19 °C, été 19 à 25 °C (max. 35 °C en févr.), mois les plus agréables : avril, mai, juin, sept., oct., nov. *Pluies* 5 080 mm (terres exposées aux vents dominants), 1 016 mm (régions basses), surtout janv.-mai. **Faune.** Indigène, en grande partie détruite (il ne resterait que 9 espèces dont des pigeons). *Mammifères* : singe introduit de Ceylan par Portugais en 1528 ; cerf introduit par Hollandais en 1639 ; sanglier, chèvre sauvage provenant de l'Inde ; lièvre, lapin de Java en 1639 ; rat, mangouste introduits en 1900, « tandrac », chauve-souris. *Reptiles* : tortue venant des Seychelles, lézard (10 espèces), caméléon introduit en 1865, couleuvres et serpents (inoffensifs). *Insectes* : 3 000 espèces (60 espèces d'araignées). *Crustacés* : 200 esp. *Mollusques* : 3 000 espèces (2 400 marines).

Population. *1846* : 158 462. *1901* : 371 023. *1944* : 419 185. *1952* : 501 415. *1962* : 681 619. *1972* : 826 199. *1984* : 980 000. *1985* : 1 000 000. – *de 15 a.* 36,3 %, + *de 60 a.* 6,5 %. *Répartition en* % : Hindous 69,1, Mulâtres et Blancs 28,3, Chinois 2,6. D. 532. **Villes** (est. 82) : *Port-Louis* 147 599 h., Beau-Bassin (à 9,4 km), Rose Hill (11,3 km) 87 117, Quatre-Bornes (14,7 km) 56 291, Vacoas (20 km), Phoenix (17,1 km) 55 494, Curepipe (21,9 km) 57 191. *Émigration* : 166 540. *Immigration* : 162 610.

Langues. *Créole* : langue de communication entre diverses ethnies. *Français* : compris par la majorité de la population. *Anglais (off.)* : peu utilisé hors l'administration. *Indien* : bhojpouri, hindi, ourdou, tamil, etc. *Chinois.*

Religions (%). Hindous 51, catholiques 33, musulmans 16 (dont chiites 5 067).

Histoire. Visitée sans doute par les Arabes au M. Age. **1511**-*28-12* découverte par le Port. Domingo Fernandez qui l'appelle Ilha do Cirne. **1598** les Holl. la baptisent Mauricius en l'honneur de Maurice de Nassau (elle est alors déserte). **1638** fondent un établissement (les colons hollandais et leurs esclaves ne dépassèrent jamais 300 personnes). **1710** l'abandonnent au profit du Cap. Ils ont introduit la canne à sucre et le cerf. **1715**-*20-9* le capitaine Guillaume Dufresne prend possession de l'île, aussitôt baptisée « Isle de France ». **1721** 1ers colons. **1722 à 1767** île administrée par la Cie française des Indes. Parmi les gouverneurs de l'île : François Mahé de Labourdonnais (1735-1746) qui réintroduit la canne à sucre. **1767** cédée au Gouvernement royal. Arrivée des cadets de famille. *Quelques noms* : l'intendant Poivre (épices), l'abbé de la Caille, astronome, séjour de Bernardin de Saint-Pierre (1767-1770), visites de La Pérouse. **Période révolutionnaire.** Autonomie. **Consulat et Empire** : harcèlement contre Anglais. **1810**-*août* bataille du Grand Port, seule victoire fr. navale des g. napoléon. -*3-12* Angl. prennent île et s'engagent à respecter langue, lois, coutumes et traditions. **1814**-*15-10* Fr. la cède à G.-B. (tr. de Paris), reprend le nom de Maurice. **1827** anglais, langue off. **1835** abolition esclavage « contre indemnité ». Les émancipés se refusent à travailler en dessous de certains salaires, on a des « coolies » indiens (hindous, musulmans, tamouls). **1958** suffrage universel. **1965** autonomie. **1968**-*12-3* indépendance. **1985**-*15-12* Sir Seewoosagur Ramgoolam, PM de 1968 à 82, puis gouverneur 28-12-83, meurt à 85 ans.

Statut. État membre du Commonwealth, associé à la C.E.E. (code Napoléon conservé). *Chef de l'État* reine Elisabeth II. *Gouv. gén. dep. le 12-3-1968* : *1968* Sir John Rennie, *1969* Sir Leonard Williams, *1974* Sir Raman Osman, *1978* Sir Dayandranath Burrenchobay, *1983* (28-12) Sir Seewoosagur Ramgoolam, *1986* (17-1) Sir Veerasamy Ringadoo. *Ass. législative* (70 m. dont 62 élus). *PM* Anerood Jugnauth (29-3-1930) dep. 15-6-82. **Élections** *du 22-8-83* : M.S.M. 41 s., M.M.M. 19 s, O.P.R. 2. **Fête nat.** : 12 mars (indép.).

Partis. *P. travailliste* (P.T.), f. 1936 par Dr Curé, Emmanuel Anquetil, Pandit Sahadeo, leader Sir Satcam Boolell. *P. maur. social-démocrate* (P.M.S.D.), f. 1955 par Jules Koenig, leader Sir Gaëtan Duval (n. 1932). *Mouv. militant maur.* (M.M.M.), f. 1969 par Paul Bérenger. *Organisation du peuple rodriguais* (O.P.R.), leader Serge Clair. *Mouvement socialiste militant* (M.S.M.), f. 1983 par Anerood Jugnauth, scission du M.M.M. *Rassemblement travailliste mauricien*, leader Beergoonath Ghurburrun.

Dépendances. Rodrigues. A 563 km à l'E., devenue une circonscription de M. 104 km². 33 649 h. (82). **Agalega et St-Brandon.** A 935 km au N. 71 km². 300 h. (80) dont à St-Brandon 50 pêcheurs relevés tous les 6 mois. **Archipel des Chagos.** A 370 km au N.-E. **1965** la G.-B. a détaché 5 îles dépendant de M. (6 îles, Peros Banhos, Salomon, Diego Garcia, Trois Frères). **1973** la G.-B. loue pour 50 ans Diego Garcia aux U.S.A. qui installent une base mil. **1969-73** 1 200 h. de Diego Garcia sont rapatriés à M. **1982** *juill.* accord avec G.-B. sur indemnisation des rapatriés. M. continue à revendiquer ces îles. **Tromelin.** A 556 km au N.-O. Appartient à la France. Revendiqué par M.

Le territoire britannique de l'océan Indien (450 km², 2 000 h.), colonie créée en 1965, comprenant l'archipel des Chagos. Aldabra (célèbre par ses tortues géantes), Farquhar et Desroches, a fait retour aux Seychelles en juin 1976.

Économie

P.N.B. (84) 1 000 $ par h. P.N.B. global (milliards de roupies) : 14,2. **Pop. active** (%, entre parenthèses part du P.N.B. en %) agr. 30 (25), ind. 20 (25), services 50 (50). *Chômage* (%) *1981* : 13 ; *82* : 20 ; *84* : 18 (65 900 chômeurs).

Inflation (%). *1981* : 13,9 % ; *83* : 6 % ; *84* : 7,3 %. **Dette extérieure.** *83* : 543 millions de $; *84* : 7,3 $ par h. Total (y compris tirage FMI) : 7 190 millions de roupies.

Agriculture. *Terres* (milliers d'ha, 81) t. arables 100, t. cult. 7, pâturages 7, forêts 58, eaux 1, divers 13. *Production* (milliers de t, 83) canne à sucre 5 254, sucre 645 (85), thé 31,1, p. de terre 15, oignons 1,6, maïs 3,4 (82), arachides 1,9, safran, fleurs, vanille, tabac 0,8, bananes 7,1. **Forêts.** 29 876 m³ (83).

Élevage (milliers de têtes, 83). Poulets 1 700, bovins 25,4, moutons 4 (82), chèvres 72,6, canards 25 (82). **Pêche.** 3 000 t (84).

Industrie. Sucre, mélasse, rhum, alcool, bière, allumettes. **Tourisme.** *Visiteurs (85)* : 150 000.

Budget (millions de roupies, 84). *Recettes* : 5 193. *Dépenses* : 5 479. Solde : – 286.

Commerce (milliards de roupies, 84). *Exportations* 5,5 *dont* sucre et mélasse 2,6, vêtements et textiles 1,7, thé 0,3 *vers* (%) G.-B. 50,5, *France 17,3. Importations* 6,6 *de* (%) *France 11,6*, Afrique du S. 8,2, G.-B. 7,9, Japon 6,2, Australie 4,2.

Balance commerciale (et des paiements). *1981* : – 1,7 (– 0,4), *82* : – 0,7 (– 0,6), *83* : 0,5 (– 0,55), *84* : – 1 (– 0,3).

Rang dans le monde (82). 11e thé.

MAURITANIE

Carte p. 941. V. légende p. 787.

Situation. Afrique. 1 030 700 km². *Côtes* 600 km. *Frontières* 4 600 km (Mali 2 300, Maroc 1 050, Sénégal 800, Algérie 450). *Alt. max.* Kediet ej-Jill 917 m. 4 *zones* : *vallée du Sénégal* (bonnes terres cult., notamment en mil) ; *région occidentale* (sablonneuse) ; *centrale* montagneuse (oueds avec palmeraies) ; *orientale* (formations dunaires). 90 % de désert. **Climat** chaud et sec, plus tempéré dans zone sahélienne et sur côte (vents alizés) ; 6 ou 7 mois de grosses chaleurs dans vallée du Sénégal. *Pluies* : de juill. à sept., 600 mm au S. ; 63 mm à F'Derick-Zouerate (Fort-Gouraud).

Population. 1 820 000 h. (84). Maures officiellement 70 %, en fait 50 %. Noirs (Toucouleurs 55 %, Peuls 16 %, Ouolofs et Sarakolés 29 %) 20 %. 36 % éleveurs nomades, 64 % cultivateurs sédentaires. Environ 8 000 Eur., dont 4 000 Français. D. 2. **Villes** (77) : *Nouakchott* 450 000 à 500 000 h. (est. 83), Nouadhibou (ex-Port-Étienne) 30 000 (à 410 km), Kaëdi 21 000 (à 300 km), F'Derick-Zouerate (ex-Fort-Gouraud) 18 000 (à 700 km), Atar 17 000 (à 460 km), Rosso 17 000 (à 200 km).

Langues. Arabe *(off.)*, français (l. de travail), toucouleur, sarakolé, pular, soninké, hassanya. **Religion.** Islam (off.) malékites (95 %).

Histoire. Habitée primitivement par des Noirs. Peu à peu envahie par des pasteurs, Berbères, Zénètes et Sanhadjas, et dominée par les Arabes Ma'qil. **XVIIe** et **XVIIIe s.** les Français occupent forts d'Arguin et de Portendick. **1858** émir de Trarza se place sous protectorat fr. après la campagne de Faidherbe. **1903** protectorat. **1920** colonie (rattachée ensuite à l'A.O.F.). Soumise après plusieurs campagnes (conquête

d'Adrar 1908, raid sur Smara 1913). **1957-62** subversion armée, opér. fr.-esp. conjointes. **1958**-*28-11* rép. autonome. **1960**-*28-11* indépendance. Pt Moktar Ould Daddah (n. 25-12-24). **1961**-*27-10* entrée O.N.U. **1969** *sept.* Maroc reconnaît M. (et ses frontières en juin 1970). **1973** *janv.* négociations pour quitter zone franç. *Oct.* membre Ligue arabe. **1974**-*28-11* nationalise MIFERMA (mines de fer). **1975**-*14-11* accord avec Esp. et Maroc sur Sahara occ. -*3/5-12* Pt Ould Daddah en France. -*10/19-12* combats avec Polisario. **1976**-*26-2* prend possession du Sahara occ. qui lui revient. -*7-3* rompt rel. diplom. avec Alg. -*1-5* raid Polisario à Zouerate. **1977**-*23-12* libération de 8 Français enlevés par Polisario à Zouerate (6 le *1-5-76* et 2 le *25-10-77*). **1978**-*25-3* sabotage de la voie ferrée Zouerate-Nouadhibou. -*27-5* lieut.-col. Ahmed Ould Bonceif PM tué (accident avion). -*10-7* Pt Ould Daddah renversé par coup d'État milit. dirigé par Lt-col. Ould Saleck. -*1-10* cessez-le-feu Polisario-M. -*4-10* Pt O. Daddah libéré. Maroc occup. partie du Sahara occ., abandonnée par M. **1979**-*6-4* Col. Ahmed Ould Bousseif P.M. après coup de force. -*31-5* tué accid. d'avion. Lt-col. Ould Louly chef d'état **1980**-*4-1* destitué, remplacé par Lt-col. Khouna Ould Haidalla (n. 1940). -*3-6 cheria* (loi islamique) adoptée. -*5-7* abolition esclavage des Haratine (env. 400 000 Noirs dont 150 000 encore esclaves). **1981**-*16-3* coup d'État mil. (pour lutter contre l'influence Polisario et Libye) ; échec : 4 exécutés, rupture rel. dipl. avec Maroc *26-3*. *Avril* refus union avec Libye. **1982** mise en place des « structures d'Éducation de masse », nouveau parti unique. -*9-2* coup d'État échoue. *Mai* visite Pt Mitterrand. **1984**-*27-2* reconnaît Rép. arabe sahraouie. **1984**-*12-12* Pt Ould Haidalla remplacé.

Statut. Rép. islamique. *Constitution* du 20-5-61, suspendue juill. 1978. *Pt* (nommé par Comité militaire de salut national dep. 5-1-80) et *PM*, dep. 13-12-84 Lt-col. Maaouya Ould Sid'Ahmed Taya (n. 1941). *Ass. nat.* (77 m. élus p. 5 a., dissoute). 9 *régions écon. Parti unique* : P. du peuple mauritanien (P.P.M. ou Hizb Chaab, dissous dep. 78) devenu dep. Alliance pour une Mauritanie démocratique (A.M.D.). **Fête nat.** : 28 novembre.

Économie

P.N.B. (83) 440 $ par h. **Pop. active** (%, entre par. part du P.N.B. en %) agr. 67 (28), ind. 5 (7), services 23 (45), mines 5 (20).

Inflation. *1980* : 10,7 %. *82* : 11 %. *83* : 1 %. *84* : 0 %, avec dévaluation env. 13 %. **Dettes** : 1 400 millions de $. **Aide de la France** (en millions de F). *1983* : 130 ; *84* : 300 [dont assistance technique 100 (300 coopérants dont 105 techniciens), dons 35, aide alimentaire 20, divers 10].

Agriculture. *Terres* (milliers d'ha, 81) t. arables 205, t. cult. en permanence 3, pâturages 39 250, forêts 15 134, eaux 30, divers 48 448. *Production* (milliers de t, est. 83) dattes 11, riz 14, millet et sorgho 20, patates douces 4, maïs 3, arachides 2. En 1983, 2ᵉ année de sécheresse (déficit pluviométrique de 50 à 80 % suivant les régions. **Forêts.** 615 000 m³ (79). **Élevage** (milliers de têtes, est. 83). Bovins 1 500, chèvres 3 000, moutons 5 000, volailles 3 200 (82), chameaux 750, ânes 143, chevaux 15. En raison de la sécheresse, 60 à 80 % des troupeaux nomadisent au Sénégal, Mali, Guinée. **Pêche.** 39 000 t (83). Dep. 1980, zone de 200 milles (potentiel 520 000 t/an). Au moins 1 million de t an pêché illégalement.

Mines. *Fer* (F'Derick, capacité 200 millions de t d'hématites à 63-68 %) 8 000 000 t (83), transporté par le chemin de fer Zouerate-Nouadhibou. *Cuivre* (Ajoujt réouverture 1987). *Gypse. Sel gemme.* **Transports** (km). Routes 8 900 (dont 1 520 bitumées), chemins de fer 691.

Commerce (milliards d'ouguiyas, 83). *Exportations* 16 *dont* poissons 8,8, fer 7,2 *vers* (84) France 11, Espagne (80) 1, Italie, Japon, All. féd., G.-B., Belg.-Lux. *Importations* 12,4 *dont* (80) biens de cons. 6,1, pétr. 2,3 (83), véhic. 0,6, divers 1,8.

Rang dans le monde (83). 14ᵉ fer.

MAYOTTE

Carte p. 934. V. légende p. 787.

Situation. Ile de l'océan Indien. 376 km² (voir Comores). 18 îlots l'entourent (au total 25 km² ; principaux : Dzaoudzi et Pamanzi). *Alt. max.* 660 m.

Population. 67 998 h. (85). D. 178,6. **Étrangers** (84). 2 300 (de Comores 2 000, Mad. 211). **Villes** : *Dzaoudzi*-Labattoir 5 865, Mamutzu 12 026. **Religion.** Musulmans (97 %, islam imprégné de pratiques animistes). **Langues.** 2/3 dialecte bantu principal (mahorais, anjouannais, grand-comorien) ou malgache (sakalave, antalaotsi), 1/3 diverses combinaisons de ceux-là.

Histoire. 1527 reconnue par le Portugais Diego Ribeiro. **1831** conquise par le roi sakalave Adrian-Tsouli de Madagascar. **1841**-*24-4* la vend à la France contre rente annuelle de 1 000 piastres (5 000 F) et l'éducation de ses enfants aux frais du gouvernement fr. à la Réunion. **1843**-*16-2* tr. ratifié par la Fr. De M. l'influence fr. s'étend aux 3 autres îles de la colonie (administrée à partir de Dzaoudzi, chef-lieu de l'archipel jusqu'en 1962). **1886-1912** les 3 autres Comores deviennent protectorat fr., M. reste colonie. **1908**-*9-4* Mayotte et les 3 autres îles rattachées au gouvernement gén. de Madagascar. **1912**-*25-7* loi transformant les protectorats en colonies. **1947** autonomie administrative pour l'archipel des Comores, Dzaoudzi érigé en chef-lieu. **1958** au référ., l'Ass. territoriale des Comores choisit statut de T.O.M., mais, à M., 85 % des votes sont pour celui de D.O.M. (raisons : rancœurs contre anciens sultans d'Anjouan ; hostilité des Sakalaves aux Arabes comoriens). **1968** loi élargissant le régime de l'autonomie interne des Com., Moroni capitale. Les Mahorais contestent cette décision. **1974**-*22-12* vote pour l'indépendance, oui (99 %) dans les 3 îles, non (65 % des votants) à M. **1975**-*6-7* Ahmed Abdallah proclame unilatéralement l'indép. des Comores. -*21-11* « marche verte » des Comoriens (165 pers.) sur M., échec. -*13-12* une loi reconnaît l'indépendance des 3 îles et prévoit 2 nouvelles consultations pour Mayotte. **1976**-*3-2* et -*11-4* vote des Mahorais confirmant référendum de 1974. M. érigée en collectivité territoriale de la Rép. fr. -*8-2* 99,4 % des électeurs mahorais pour le maintien au sein de la Rép. française. -*11-4* 80 % réclament la départementalisation. -*27-12* statut original (mi-T.O.M./mi-D.O.M. et évolutif (après 3 ans, le conseil général pourra demander une consultation pour un statut définitif). **1979**-*22-12* loi prorogeant 5 ans le statut défini en 1976. Tous les ans, l'Ass. gén. de l'O.N.U. réaffirme la souveraineté des Comores sur M. **1982**-*2-12* résolution sur retour de M. aux Comores adoptée par O.N.U. 110 voix contre 1 (France) 22 abstentions. **1984** report du référendum.

Statut. Collectivité territoriale (loi 24-12-1976). *Représentant du gouv.* Guy Dupuis. *Cons. gén.* de 17 m. 1 *député*, 1 *sénateur*. **Élect. législatives** (en %). **14-6-81** : abst. 48,68, P.S. 72,91, U.D.F-R.P.R. 16,33, élu 1 M.R.G. **16-3-86** : inscrits 20 856, abst. 20,23, U.D.F.-C.D.S. 64,55 (1 élu), R.P.R. 33,98, extr. gauche 0,02. **Partis.** *R.P.R.-Fédération de Mayotte*, Secr. M. Mansour Kamardine. *Mouv. pop. mah.*, Pte Zéna M'Dere. *P. pour le rass. dém. des Mahorais.* f. 1978. Pt Saïd Toumbou. *Union dém. mah.*, Pt Maoulida Ahmed. *Front dém.* 1ᵉʳ secr. Youssouf Mousa. *Assoc. pour Mayotte franç.* F. 1984, Pt Didier Beoutis.

Économie. Ylang-ylang (fournit essence pour parfumerie), vanille, cannelle, coprah, café, manioc. Pêche (langoustes, espadons, carangues, mérous, crevettes). Bovins, caprins.

Commerce (millions de F, 84). *Exportations* 7,7 *dont* produits réexportés 4,1, ylang-ylang 1,7, vanille 1,2, café 0,4, cannelle 0,04 *vers France 3*, Comores 3. *Importations* 182,8 *dont* prod. alimentaires divers 43,7, hydrocarbures 34,8, riz 11,4, autres prod. 89,4 *de France 6,7*, C.E.E. 6, Réunion 5, autres 75.

MEXIQUE

Carte p. 942. V. légende p. 787.

Situation. Am. N. 1 958 201 km². *Alt. max.* Citlaltépetl ou Pic d'Orizaba 5 569 m. *Long.* 3 080 km. *Larg. max.* 2 070 km, *min.* 215 km. *Frontières* avec U.S.A. 3 114,7 km, Guatemala 962, Belize 259,2. *Côtes* avec Atlantique 2 756 km, Basse Californie 3 280,5, Pacifique 3 866,5.

Climat. N. (moitié du territoire) : semi-aride à tendance continentale, hivers froids, étés chauds, faibles pluies (500 mm). Façade maritime : tropical humide, pluies abondantes, températures élevées. Centre : haut plateau, pluies abondantes (mai à oct.), sécheresse le reste de l'année, températures modérées.

Population. *1804* : 5 837 000 h. (dont Esp. 1 130 000, autres Européens 70 000, Indiens 2 230 000, Métis 2 400 000, Noirs 7 000) ; *1850* : env. 7 000 000 ; *1873* : 8 280 000 ; *1890* : 11 395 000 ; *1900* : 13 545 000 ; *1910* : 15 115 000 ; *1921* : 14 334 000 ; *1930* : 16 404 000 ; *1940* : 19 653 000 ; *1950* : 25 564 000 ; *1960* : 34 923 000 ; *1970* : 48 381 000 ; *1982* : 73 011 000 ; *1985* : 78 520 000 [accroissement annuel 2,9 % soit 2 000 000 par an, env. 130 000 000 en 2000], dont (%) : Métis d'Esp. ou de Noirs 80, Indiens 10, Blancs (asc. esp.) 10. En 1983, 8 à 9 % d'Indiens dans Centre (Guerrero, Mexico, Puebla, Hidalgo, Veracruz) et le S., S.-E. (Oaxaca, Chiapas, Yucatan). En milliers (est. 1970) : 3 100 Indiens dont Nahuas 800, Mayas du Yucatan 450, Zapotèques 280, Mixtèques 230, Otomis 220, Totonaques 120 ; (est. 1983) 5 000 Indiens. D. 40,1. *Taux* (‰ en 84) mortalité 6 (infantile 53), natalité 32, accroissement 2,6. *Enfants par famille* : 4,63 (79). *Naissances illégitimes* : 40 %. – *de 15 a.* : 46,5 %, + *de 60 a.* : 4,8 %. **Mexicains aux U.S.A.** *1960* : 1 736 000 ; *1982* : env. 2 500 000. **Émigration.** 500 000 à 800 000 clandestins (appelés Braceros ou Wetbacks) y émigrent par an.

Villes (85). *Mexico* 15 667 000 h, Guadalajara 3 256 000, Monterrey 2 658 000 (à 982 km), Nezahualcoyotl 2 331 351 (à 572 km), Tijuana 932 000 (à 2 916 km), Puebla 786 000 (à 137 km), Ciudad Juárez 786 000 (à 1 835 km), León (Gto) 655 809 (80) (à 396 km), Acapulco 638 000, Mexicali 510 554 (80) (à 2 731 km). Chihuahua 406 830 (80), *Pop. urbaine* : 60 %. *Analphabètes* : (80) 9,621 % des + de 15 a. . *Espérance de vie 1940* : 41,5 ans, *50* : 49,7 ; *60* : 58,9 ; *70* : 62,5 ; *84* : 66.

Langues. Espagnol 88,32 % *(off.)* ; indien nahuatl et maya 7 %. **Religions.** Cathol. 97 %, protest. 2 %.

Histoire

Civilisations : Olmèques (golfe de Veracuz, 300 av. J.-C.-300 apr. J.-C.) : techn. avancées (boussoles d'hématite magnétique flottant dans cuve de mercure) ; **Toltèques** (à Tula, Teotihuacán, 300 apr. J.-C.-600 apr. J.-C.) ; **Zapotèques** (à Monte Albán, Mitla, 400-700) ; **Mayas** *classiques* (à Palenque, au Guatemala, au Honduras, 400-850) ; *récents* (au Yucatan, 950-1300) ; **Chichimèques** (à Texcoco, 1300-1500) ; **Aztèques** (à Mexico, 1400-1500). Olmèques et Toltèques ont enseigné aux autres tribus l'architecture urbaine (blocs monolithiques, colonnades, pyramides). Aucune métallurgie avant 900 apr. J.-C. (tout l'outillage est en pierre fine). Pas de gros animaux de trait ; seuls animaux d'élevage : chiens comestibles, dindons. Cultures vivrières sur brûlis (appauvrissement et érosion du sol, à l'origine de la dispersion des Mayas) : maïs, haricots noirs. Connaissances astronomiques très développées. **1325** fondation de Tenochtitlán. **A partir de 1400** (Aztèques), culte à base de sacrifices humains : le cœur est extrait rituellement avec un couteau d'obsidienne. **1519**-*10-7* débarquement de Hernán Cortés (1485-1547) et fondation de Veracruz. -*7-11* entrée des Esp. à Tenochtitlán ; le chef aztèque Moctezuma II (1466-1520, assassiné) est pris ; colonie esp. établie. **1520**-*30-6* déf. des Esp. à Mexico (la Nuit triste). **1521**-*13-8* fin de la résistance mex. avec Cuauhtémoc. **1522**-*15-10* Cortés capitaine général de la Nlle-Espagne. **1523**-*30-8* débarquement des missionnaires (franciscains) et début de l'évangélisation. **1527**-*13-12* création de l'*Audiencia* (tribunal et conseil administratif) de Mexico. **1535**-*17-4* vice-royauté esp. 1ᵉʳ titulaire : Antonio de Mendoza (v. 1490-1552). **1539** imprimerie introduite. **1579** début de la construction de la cathédrale de Mexico. **1810**-*16-9* « cri de l'indépendance », soulèvement fomenté par le curé Miguel Hidalgo (1753-1811, fusillé). -*6-12* Hidalgo abolit l'esclavage. **1812-1815** soulèvement du curé José Maria Morelos (1765/21-12-1815, fusillé). **1813**-*6-11* indépendance proclamée. **1814**-*22-10* Constitution. **1817**-*5-4* débarquement des libéraux esp., commandés par Francisco Javier Mina [(1789-

Art du Mexique précolombien

Préclassique. Sédentarisation v. 2500 av. J.-C. avec découverte et culture du maïs. 1ers temples en dur, le plus souvent ronds. Figurines anthropomorphes de terre cuite (représentant les dieux de la vie quotidienne).

Apparition de la *civilisation olmèque* (État de Tabasco) : figurines de jade, têtes colossales en basalte (thème de l'homme-jaguar, visages à grosses joues et bouche lippue).

Classique. Architecture religieuse colossale (pyramides). Débuts de l'architecture civile. Masques mortuaires en pierre (Teotihuacán).

Civilisation zapotèque : urnes funéraires en céramique surchargées (représentations humaines).

Civilisation maya : stuc et surtout bijoux et masques en jade (pectoral), statuettes en terre cuite peintes de l'île de Jaina (État de Campeche).

Postclassique ancien. *Civilisation toltèque* à Tula. Fresques liées à la guerre, représentation de dieux guerriers. Céramique (peu recherchée). Palais à atlantes et colonnes.

Récent. *Empire aztèque. Civilisation maya* au S. L'architecture aztèque a été détruite par les Espagnols. Sculpture sur pierre (représentations divines, objets liés au sacrifice humain).

Civilisation mixtèque dans la vallée d'Oaxaca : céramique, peinture (manuscrits), travail de l'or.

La plus vieille pyramide : île de la Venta (S.-E. du Mex.), construite par les Olmèques 800 av. J.-C., hauteur 30 m, base 130 m.

Religion précolombienne

Aztèques. **Xipe Totec** : dieu de l'Ouest ; renouveau et végétation ; couleur : rouge. **Huitzilopochtli** : dieu du Sud ; guerre, chasse, soleil, maître du monde ; on lui offre régulièrement des victimes humaines ; couleur : bleu. **Quetzalcoatl** : dieu de l'Est ; vie et jumeaux, planète Vénus, vent, artisanat, inventeur du calendrier ; couleur : blanc. **Tezcatlipoca** : dieu du Nord ; ciel, providence, inventeur du feu ; couleur : noir. **Tlaloc** : dieu de la pluie, de la foudre. **Coatlicue** : déesse de la Terre et mère de Huitzilopochtli. **Xochiquetzal** : fleurs. **Xochipilli** : beauté.

Mayas. **Hunab** : créateur du monde. **Itzamma** : fils de Hunab ; dieu du ciel ; a donné aux Mayas l'écriture, les codex et le calendrier. **Kinch Ahau** : dieu solaire, souvent associé à Itzamma. **Chaak** : dieu de la pluie ; serpentiforme, avec un long nez (son nom est une déformation de l'aztèque *Tlaloc*). **Yumtaax** : dieu du maïs, jeune homme portant des épis dans sa chevelure. **Kukulcan** : dieu du vent (son nom est la déformation de l'aztèque *Quetzalcoatl*). **Ah Puch** : dieu de la mort, avec un crâne décharné et des sonnettes. **Ek Chuah** : dieu de la guerre, toujours associé avec Ah Puch. Tous les phénomènes naturels avaient leurs dieux.

1817) chef de guérilleros esp. (navarrais) contre Français (1808-13), rejoint insurgés mex., tué par Esp. 11-11-1817]. **1821** *févr.* accord d'Iguala entre Iturbide, Gal esp., et Guerrero, chef des insurgés. *-27-9* Iturbide rentre à Mexico. Adoption du drapeau des 3 garanties du plan d'Iguala : religion, indépendance, union sans distinction de races. **1822**-*19-5* le Congrès (réuni par lui) le proclame empereur constitutionnel. *-21-7* couronné. Faveurs accordées à l'Église et mauvaise gestion provoquent opposition du Congrès qu'il renvoie. Soulèvement républicain de Santa Ana. **1823**-*19-3* Iturbide abdique et quitte M. *-16-12* République. **1824**-*19-7* Iturbide, rentré pour reprendre pouvoir, est fusillé *-4-10* constitution de la Rép. (18 États fédérés). **1825**-*15-11* capitulation de la dernière garnison esp. à St-Jean-d'Ulloa. **1829** *juill.-sept.* nouvelle offensive esp. (Gal Isidro Barradas) : échec. **1835**-*7-11* sécession du Texas, noyauté par colons amér. **1837** refus d'indemniser planteurs et industriels français spoliés (notamment un pâtissier de Veracruz). **1838**-*27-11* bombardement fr. de St-Jean-d'Ulloa ou g. des pâtisseries. **1839**-*9-3* tr. de paix franco-mex. **1845**-*16-7 g. avec U.S.A.* après leur annexion du Texas (1-3-45). **1847**-*13-9* défense héroïque de Chapultepec par cadets. *-14-9* Prise de Mexico. **1848**-*2-2 tr. de Guadalupe* : M. cède aux U.S.A., Nouveau M. et Nord de la Californie contre 15 millions de $. **1854**-*1-3* révolution libérale (anticléricale). **1856**-*25-6* aliénation des biens de l'Église. **1857**-*5-2* le M. devient confédération d'États. **1859** législation anticatholique de Benito Juárez, couvents fermés, biens ecclésiastiques confisqués. **1861-67** g. du M. (voir ci-dessous).

Guerre du Mexique

● **Causes. 1852** Gaston de Raousset-Boulbon (1817-54), aventurier, né en Avignon, obtient du M. la concession de la vallée de la Sonora. **1853** il y installe 250 Fr., refuse la nationalité m., conquiert Hermosillo, capitale du Sonora, y installe une colonie fr., mais pris par Pt Santa-Anna, est fusillé. **1855** sa biographie, publiée, répand l'idée d'une colonisation fr. **1859** le banquier suisse Jecker (qui a été commanditaire de Raousset-B.) prête 79 millions de F-or au Pt mexicain Miramon. **1860** Miramon est renversé par Juárez. **1861**-*17-7* le M. suspend le paiement de sa dette. Jecker propose à Morny de faire intervenir la Fr. ; si le Mexique rembourse, Morny toucherait 30 %, soit 26 millions. Morny accepte, donne la nationalité fr. à Jecker, et charge de l'affaire son ami Dubois de Saligny, ministre de Fr. au M. (lui-même porteur d'une grosse somme en bons Jecker). On a dit que Morny ambitionnait pour lui-même la couronne du M. Comme de nombreux Espagnols et Anglais ont aussi des bons, Esp. et Angl. contactés par Dubois de Saligny décident d'intervenir avec la Fr. **1862** Miramon, exilé à La Havane, veut reconquérir le pouvoir, il envoie à l'impératrice Eugénie le Gal Almonte, qui lui explique que les catholiques doivent intervenir contre Juárez, antichrétien. Eugénie se laisse convaincre ; elle trouve un candidat pour le trône dans une famille régnante catholique : Maximilien de Habsbourg, frère de l'emp. d'Autr. François-Joseph. Sa femme, Charlotte (princesse belge), ambitieuse et psychologiquement déséquilibrée, rêve d'un trône. Napoléon III accepte : a) il espère se réconcilier avec l'Autr., humiliée par Solferino et Magenta ; b) il compte avoir une base militaire et politique pour appuyer les Sudistes am. contre les Nordistes (début de la g. de Sécession, 1861) ; c) il songe à un canal transocéanique, par l'isthme de Tehuantépec.

● **Principaux faits. 1861**-*14-12* débarquement esp. à Veracruz ; Fr. et Angl. suivent. **1862**-*9-4* Angl. et Esp. se retirent de l'Alliance ; sous l'influence de l'impératrice Eugénie, la Fr. continue la g. *-5-5* défaite fr. à Puebla. **1863**-*7-6* Gal Forey prend Mexico. **1864** Bazaine, com. en chef. *-10-4* tr. de Miramar : Maximilien d'Autriche reçoit la couronne impériale (offerte par les conservateurs ennemis de Juárez, avec l'accord de Napoléon III). *-12-6* entre à Mexico. **1864-66** politique libérale qui le brouille avec les conservateurs, les guérilleros libéraux de Juárez harcèlent troupes de Bazaine. **1866**-*18-12* Bazaine réembarqué. **1867**-*19-6* Maximilien fusillé, Juárez rétablit la Rép.

1876-*26-11*/**1911**-*25-5* Gal Porfirio Díaz établit un capitalisme autoritaire : restauration écon. avec capitaux privés amér. **1910** révolution (Doroteo Arango, n. 1877, connu sous le nom de Pancho Villa, hors-la-loi qui en 1910 soutiendra Madero et deviendra Gal, sera assassiné par des parents et amis le 23-7-1923). **1911**-*7-7* Madero rétablit régime libéral. *-27-11* interdiction de réélire les Pts de la Rép. et les gouverneurs d'État (4 a. max. d'une magistrature). **1913**-*22-2* Madero assassiné. **1916-17** expédition amér. contre Pancho Villa qui mène une guérilla libérale dans le Chihuahua et fait de fréquentes incursions aux U.S.A. pour se ravitailler. **1917**-*5-2* Constitution de Quérétaro. **1924** lutte contre catholicisme : Pt Calles décide d'appliquer strictement la Const. et de priver de droits civiques cathol. (prêtres et laïcs) parce qu'obéissant à un souverain étranger. Expulsions nonces prêtres et religieux non mex. ; application de l'art. 130 de la Const. (interdisant aux prêtres de critiquer le gouv.) ; interdiction des congrégations enseignantes ; 20 000 églises ferment. **1926** soulèvement des paysans cath. du Jalisco écrasé par aviation. **1927** **1927/1-9-1929** g. de 3 ans des cristeros (soldats du Christ-roi) contre armée mexicaine. **1927**-*9-10* insurrection de Veracruz écrasée. **1928** exécutions de prêtres. *-17-7* assassinat du Gal Obregón attribué aux cath. **1929**-*3-3* soulèvement cath. du Jalisco écrasé en juillet ; culte cath. autorisé, les évêques nommeront les prêtres qui devront être enregistrés par le gouv. (réouverture de la cath. de Mexico le 15-8-30). **1934-39** distribution d'env. 1/3 des terres. **1938**-*18-3* pétrole nationalisé. **1942**-*28-5* le M. déclare la g. à l'Axe. **1960**-*27-9* électricité nationalisée. **1964** Gal de Gaulle au M. **1968** *oct.* émeutes étudiantes avant Jeux olymp. (nuit de Tlaltelolco, + de 100 †). **1974** guérilla des Forces révolut. armées du peuple (F.R.A.P.). *-8-9* combat dans État de Guerrero (paysans : 30 † et 30 bl.). **1979** *janv.* Jean-Paul II au M. *-3-6* au *23-3*, marée noire d'Ixtoc-1 (500 000 t dans la mer, coût 600 millions de F, le Texas demande 2 milliards de F de dommages et intérêts). **1981** *oct.* Pt Mitterrand au M. **1982**-*1-9* nation. des banques. **1983** *mars* dénationalisation partielle des banques. **1984**-*19-11* incendie à Mexico 500 †, 3 000 bl. **1985**-*28-6* peso dévalué de 33 % (1 $ = 300 pesos). *-7-7* élect. législatives. *-19/20-9* séisme à Mexico : 35 000 †, 50 000 bl., + d'1 million de sinistrés (dégâts : 300 millions de $). *-2-11* : 21 policiers tués par trafiquants de drogue. **1986**-*17-3* : 236 des 840 Stés d'État seront privatisées ou mises en liquidation.

Politique

● **Statut.** *Rép. féd.* : 31 États, 1 district fédéral (Mexico). *Constitution* de 1857, révisée en 1917, 29 et 53. *Pt* élu p. 6 a. au suffr. univ. ; non rééligible. *Ch. des députés* 400 m. élus p. 3 a. (300 élus au scrutin majoritaire, 60 à la proportionnelle) (1 p. 200 000 h.). *Sénat* 64 m. élus p. 6 a. (2 par État). **Fête nat.** : 16 sept. (indépendance).

• **Chefs d'État depuis l'indépendance. 1821** Gal Agustín DE ITURBIDE (1783-fusillé 1824), Pt du Conseil de régence, puis empereur Agustín Ier (19-5-1822, abdique 19-3-1823). *Triumvirat :* Gal Nicolas BRAVO (1785-1854) ; Gal Guadalupe VICTORIA (Manuel-Félix Fernandez, 1786-1843) ; Gal Pedro-Celestino NEGRETE [v. 1770-1827 ; il avait 3 « substituts » : Mariano MICHELENA, Miguel DOMINGUEZ (v. 1780-1830), Gal Vicente GUERRERO (1784-1831, fusillé)]. **24** *2e Triumvirat :* Gal Nicolas BRAVO ; Gal Miguel DOMINGUEZ ; Gal Vicente GUERRERO. *3e Triumvirat :* Gal Guadalupe VICTORIA ; Gal Nicolas BRAVO ; Gal Miguel DOMINGUEZ. *Pt de la République :* Gal Guadalupe VICTORIA. **29** *Dictateur* Gal Vicente GUERRERO ; *Pt intérimaire :* José-Maria de BOCANEGRA. *4e Triumvirat :* Lucás ALAMÁN (1792-1853) ; Gal Luis QUINTANAR, Pedro VÉLEZ ; *Pt de la Rép. :* Gal Anastasio BUSTAMENTE [1780-1853 (vice-Pt de GUERRERO)]. **32**-*14-8 Pt intérimaire :* Gal Melchor MURQUIZ (1790-1844) ; *-15-12 Dictateur :* Manuel GÓMEZ-PEDRAZA (1789-1851). **33** *Pt de la Rép. :* Manuel GÓMEZ-PEDRAZA ; Valentin GÓMEZ-FARIAS [1781-1852 (Vice-Pt de GÓMEZ-PEDRAZA)] ; Gal Antonio LÓPEZ DE SANTA-ANNA [1790-1877 (dictateur de fait ; plusieurs alternances avec GÓMEZ-PEDRAZA)]. **35** *Dictateur :* Gal Miguel de BARRAGÁN (1789-1836). **36** *Pt :* José-Justo CORRO. **37** Gal Anastasio BUSTAMENTE. **39**-*18-3 Dictateur :* Gal Antonio LÓPEZ DE SANTA-ANNA ; *-10-7 Pt intérimaire :* Nicolas BRAVO ; *-17-7 Pt :* Gal Anastasio BUSTAMENTE. **41** *Pt intérimaire :* Francisco ECHEVERRIA (1797-1852) ; Gal Nepomuceno ALMOMTE (1804-69). **42** *Dictateur de fait (avec titre présidentiel) :* Gal Antonio LÓPEZ DE SANTA-ANNA ; *Pt intérimaire :* Gal Nicolas BRAVO. **43** *Pt (dictateur de fait) :* Gal Antonio LÓPEZ DE SANTA-ANNA ; *-2-10 Pt « substitut » :* Gal Valentin CANALIZO. **44**-*3-6 Pt :* Gal Antonio LÓPEZ DE SANTA-ANNA ; *sept. Pt non confirmé par le Congrès :* Gal Valentin CANALIZO ; *-10-12 Pt intérimaire :* Gal José-Joaquim HERRERA (1792-1854). **45** *nov. Pt de la Rép. :* Gal José-Joaquim HERRERA. *-30-12 Dictateur :* Gal Mariano PAREDES Y ARCILLAGA (1797-1849). **46**-*2-1 Pt intérimaire :* Gal Mariano PAREDES Y ARCILLAGA ; *-4-8 Pt intérimaire :* Gal Nicolas BRAVO ; José-Mariano de SALAS ; Valentin GÓMEZ-FARIAS. **47** *Dictateur :* Gal Antonio LÓPEZ DE SANTA-ANNA ; *avril Pt intérimaire :* Gal Pedro-Maria ANAYA (1795-1854) ; *mai Pt :* Gal Antonio LÓPEZ DE SANTA-ANNA ; *-13-9 Pt intérimaire :* Manuel DE LA PEÑA Y PEÑA (1789-?). **48**-*30-5 Pt :* Gal José-Joaquim HERRERA (v. ci-dessus). **51** Gal Mariano ARISTA (1802-55). **53** *janv. Pt intérimaire :* Juan-Batista CEBALLOS ; *-7-2* Gal Manuel-Maria LOMBARDINI ; *-20-4 Dictateur à vie :* Gal Antonio LÓPEZ DE SANTA-ANNA (v. ci-dessus). **55** *Pt intérimaire :* Gal Martin CARRERA (1807-?) ; Gal Juan ALVAREZ (1790-1867) ; *Pt « substitut » :* Ignacio COMONFORT (1812-63). **58** *janv. Dictateur :* Gal Félix ZULOAGA (dates inconnues) ; *mai Pt revendiquant la succession de Comonfort (à Veracruz) :* Benito JUAREZ (1806-72) ; *-23-12 Pt intérimaire (à Mexico) :* Gal Miguel MIRAMÓN [1832-67, fusillé (rétablit d'abord Zuloaga, puis est confirmé Pt intérimaire)]. **59** *avril Pt reconnu par les U.S.A. (à Veracruz) :* Benito JUAREZ (v. ci-dessus). **61** *janv. Pt unique :* Benito JUAREZ [v. ci-dessus (entré à Mexico après la vict. de San Miguel 22-12-60)].

1864 MAXIMILIEN (1832-67) (Ferdinand-Joseph de Habsbourg, arch. d'Autriche, frère cadet de l'emp. François-Joseph, fusillé). Empereur. Ép. 1857 Charlotte de Saxe-Cobourg-Gotha et de Belg. (1840-† folle 1927). **67** Benito JUÁREZ. **72** Sebastian LERDO DE TEJADA (1827-89). **76** Gal Porfirio DÍAZ (1828-1915). **G**al Juan N. MENDEZ (1820-94). **77** Gal Porfirio DÍAZ (1828-1915). **80** Gal Manuel GONZÁLEZ (1815-93). **84** Gal Porfirio DÍAZ.

1911-*25-5 Pt intérimaire :* Francisco LEON DE LA BARRA ; *-17-10 Pt :* Francisco MADERO (1873-1913, assas.). **13**-*18-2 Pt intérimaire :* Gal Victoriano HUERTA (v. 1850-1916). **14**-*16-7 Pt intérimaire :* Francisco CARBAJAL ; *-16-8* Gal Eulalio Martin GUTIERREZ ; *sept.* Roque GONZALEZ GARZA ; *-10-10 Pt unique,* reconnu par U.S.A., Brésil, Chili, Bolivie, Uruguay, Guatemala : Venustiano CARRANZA (1859-1920, assas.). **17** *janv. Pt selon la nouvelle constitution :* Venustiano CARRANZA. **20** *janv. 5e Triumvirat :* Gal Alvaro OBREGÓN (1880-1928, assas.), Gal Plutarco Elias CALLES (1877-1945), Adolfo DE LA HUERTA (1881-1955) ; *avril Pt intérimaire :* Adolfo DE LA HUERTA ; *-1-12* Gal Alvaro OBREGÓN. **24**-*1-12* Gal Plutarco Elias CALLES. **28** Emilio PORTES GIL (1891-1958). **30** Pascal ORTIZ RUBIO (1877-1963). **32** Gal Abelardo L. RODRIGUEZ (1890-1967). **34** Gal Lazaro CÁRDENAS (1895-1970). **40** Gal Manuel AVILA CAMACHO (1897-1955). **46** Miguel ALEMÁN VALDÈS (1905-83). **52** Adolfo RUIZ CORTINES (1890-73). **58** Adolfo LÓPEZ MATEOS (1910-69). **64** Gustavo DÍAZ ORDAZ (1911-79). **70** Luis ECHEVERRIA ALVÁREZ (17-1-1922). **76** José LÓPEZ PORTILLO (16-6-20). **82** (1-12) Miguel de la MADRID HURTADO (12-2-34) du P. révolut. instit., élu Pt avec 71,63 % des voix ; entrée en fonction le 1-12-82.

Élections lég. du 7-7-85 : Abstentions 49,46 %, P.R.I. 64,8 % des v., 292 s. ; P.A.N. 16,2 %, 38 s. ; P.A.R.M. 2 s. ; P.S.U.M. 3,6 %, 12 s.

Partis. *PRI (Partido Revolucionario Institucional),* f. 1929 par Calles ; Pt Adolfo Lugo Verduzco ; Secr. gén. Manuel Bartlett. *PAN (P. de Acción Nacional),* f. 1939 ; Pt Pablo Emilio Madero. *PPS (P. Popular Socialista),* f. 1948 par Vicente Lombardo Toledano ; Pt M. Jorge Cruickshank García. *PDM (P. Demócrata Mexicano),* f. 1975 ; Pt Ignacio Gonzales Gollaz. *PSUM (Avant PCM) (P. Socialista Unificado de México),* f. 1981 ; Pt M. Pablo Gómez. *PST (P. Socialista de los Trabajadores),* f. 1975 ; Pt M. Rafael Aguilar Talamantes. *PMT (P. Mexicano de los Trabajadores),* f. 1981 ; Pt Heberto Castillo. *PRT (P. Revolucionario de Trabajadores),* f. 1981 ; Pt Ricardo Pascoe Pierce. *PARM (P. Autentico de la Revolucion Mexicana),* f. 1954 ; Pt Carlos Enrique Cantu Rosas. *PSD (P. Social Demócrata) ;* Pt M. Manuel Moreno Sanchez.

Économie

P.N.B. ($ par h.) *1982 :* 2 740 ; *83 :* 2 240. **Pop. active** (%, entre parenthèses part du P.N.B. en %) agr. 36 (7), ind. 18 (15), services 38 (55), mines 8 (23). *Chômage* (84) : 8,8 à 15 %, sous-employés env. 50 % de la pop. active. **Inflation (%).** *1980 :* 26,4 ; *81 :* 28,6 ; *82 :* 99 ; *83 :* 81 ; *84 :* 59 ; *85 :* 80. **Croissance** (%). *1978 :* 7 ; *79 :* 7,8 ; *80 :* 7,5 ; *82 :* – 2,8 ; *83 :* – 5,3 ; *84 :* + 3,5 ; *85 :* + 3. **Pouvoir d'achat** baisse (%). *1983 :* – 18 ; *84 :* – 9 ; *85 :* – 3 à 5. **Dette extérieure** (milliards de $). *1970 :* 5 ; *86 :* 100. **Avoirs mex. aux U.S.A.** 65 à 120 milliards de $. **Salaires des émigrés** (est. 83). 23 milliards de $. **Investissements étrangers** (milliards de $). *1984 :* 1,44 ; *85 :* 1,87 ; *86 :* 4,33.

Agriculture. *Terres* (milliers d'ha, 81) arables 21 900, t. cultivées 1 550, pâturages 74 499, forêts 47 970, eaux 4 951, divers 46 385. *Production* (milliers de t, 83) canne à sucre 36 500 (84), maïs 14 000 (84), sorgho 6 367, blé 3 697, oranges 1 480, bananes 1 620, tomates 1 090, café 250, coton 535, riz 655, orge 533, patates douces 51, arachides 50, noix de coco 825, coprah 145, sésame 99, avocats 448, citrons 580, raisin 480. **Forêts.** 19 462 m^2 (82).

Élevage (milliers de têtes, 83). Volailles 219 000, bovins 33 873, porcs 18 900, moutons 6 500, chèvres 10 378, chevaux 5 640, mulets 3 619, ânes 2 818. **Pêche.** 972 627 t (83).

Mines. *Pétrole.* Réserves (millions de t) prouvées 8 025, potentielles 35 000 ; *production : 1981 :* 120 ; *82 :* 148 ; *83 :* 149 ; *84 :* 150 ; *revenus pétrole :* 16,7 milliards de $ (1983). *Gaz* (milliards de m^3) : réserves 2 130, prod. *(84)* 30. *Divers* (milliers de t, 83) fer 5 200 (84), sulfate 1 062, zinc 257, cuivre 192 (84), fluor 556, argent 1,9 (*85 :* 2,2), or 6,9 (*85 :* 7,3), plomb 167, antimoine 2,5, mercure, arsenic 3,4, graphite 44,3, molybdène, soufre, opale. Charbon, 7 300 000 t. **Industrie.** Raffinage du pétrole, artisanat.

Transports (km). Routes 212 409, chemins de fer 20 164. **Tourisme.** *Visiteurs :* 4 500 000 (83) dont Amér. 80 %, Canadiens 8, Europ. 7. *Revenu :* 1,7 milliard de $.

Commerce (millions de $ US, prév. 83). *Exportations* 21 399 *dont* pétrole 14 793, crevettes surgelées 2 391, café 384, gaz 350, cuivre 152, dérivés du pétrole 193 *vers* U.S.A. 12 450, Espagne 1 617, Japon 1 512, Brésil 640, All. féd. 269. *Importations :* 8 059 *dont* maïs 634, sorgho 433, machines pompes 189, sucre 188 *de* U.S.A. 4 873, All. féd. 364, Japon 352, Italie 167, Espagne 167.

Balance commerciale (en milliards de $). *1982 :* + 6 ; *83 :* + 13,7 ; *84 :* + 12,8 ; *85 :* 9 (?).

Rang dans le monde (83). 1er argent. 3e café. 4e pétrole, rés. pétrole. 5e oranges, canne à sucre, maïs, soja. 6e porcins. 7e bananes, gaz nat. 8e bovins, rés. gaz nat. 9e cacao. 10e coton. 11e céréales. 12e cuivre, fer. 15e pêche.

MONACO

V. légende p. 787.

Situation. Enclave dans les Alpes-Maritimes. 1,81 km^2 (+ 0,40 km^2 gagné sur la mer). *Frontières :* 4,5 km. *Long.* 3 km, *larg.* 200 à 300 m. *Côtes* 5,16 km. *Alt. max.* chemin des Révoires 161,51 m. **Climat :** temp. moy. en janv. 10,3 °C, pluies 62 j par an en moy.

Population. 30 000 h (est. 83) dont 4 481 nationaux. Étrangers dont *12 655 Français,* 4 457 Italiens, Grecs, Suisses, Brit. D. 16 574. **Villes** (82) : *Monaco* 1 234 h., Monte-Carlo 13 154, La Condamine 12 675. **Langues.** Français *(off.),* monégasque (dialecte ligurien, mots : 70 % ligures, 30 % provençaux, français et italiens), italien. **Religion.** Catholique.

Histoire. Habitat préhistorique (Cromagnon), puis peuplades ligures. Colonie phénicienne, grecque, puis romaine. **1162** possession génoise. **1215** création de la forteresse. **1297** prise par François Grimaldi. **1512** Lucien Grimaldi, seigneur de M., obtient des lettres patentes de Louis XII, alors seigneur de Gênes. **1524** tr. de Burgos et de Tordesillas avec Esp. : protectorat esp. jusqu'en **1641.** 1641 tr. de Péronne : la France reconnaît à Honoré II : Menton, Roquebrune et duché de Valentinois. **1789** Valentinois perdu (nuit du 4 août) et inclus dans la Drôme. **1793** M. réuni à la Fr. Honoré III et sa famille sont emprisonnés ; sa belle-fille, Thérèse de Choiseul-Stainville, condamnée à mort par un trib. révol. est guillotinée le 9 thermidor. **1814** tr. de Paris : les Grimaldi recouvrent M. **1815**-*20-11* tr. de Stupinigi organisant protectorat sarde. **1848** roi de Sardaigne occupe Menton et Roquebrune. **1861**-*2-2* tr. avec Fr. établissant union douanière ; Menton et Roquebrune vendus à la Fr., M. reste indépendant. **1865** modalités de l'application de l'union douanière. **1910** musée océanographique. **1911** 1re Constitution monégasque. **1918** tr. avec Fr. confirmant union douanière et reconnaissant au Pce de M. le droit à une représ. diplomatique internat. **1940** occupation ital. puis **1943** allemande. **1963**-*18-5* nouvelle convention avec Fr. (suppression de privilèges fiscaux des Fr. y vivant dep. le 13-10-1957).

Statut. Principauté indépendante. Sa souveraineté a été confirmée par les signataires du tr. de Versailles (1919) et ceux des accords d'Helsinki (1973). Le traité du 11-6-1918 entre la Fr. et M. décida que la succession à la couronne « par l'effet d'un mariage, d'une adoption ou autrement » ne pourra être dévolue qu'à une personne de nationalité monégasque ou fr. agréée par le Gouv. fr. (cela pour éviter alors l'accession éventuelle de la maison allemande d'Urach Würtemberg). Le 28-6-1919, les États signataires du tr. de Versailles (art. 436) reconnurent avoir pris connaissance du tr. franco-monégasque de 1918.

La succession au trône, revendiquée sur le plan hist. par la maison de Caumont-La Force, ligne cadette masculine issue d'Honoré III de M. (1720-95), n'a plus, du fait de ces textes, de fondement juridique.

Const. du 5-1-1911 ; du 17-12-1962. *Pouvoir législatif* partagé entre le Pce et un *Conseil nat.* (18 m. élus p. 5 a. au suffr. univ. direct). *Exécutif* exercé sous l'autorité du Pce par un *ministre d'État* (Jean Ausseil dep. 16-9-85), haut fonctionnaire français, assisté de 3 conseillers de gouv. (finances et écon., intérieur, trav. publics et aff. sociales). *Conseil communal* élu. *Monnaie* franc français et pièces divisionnaires monégasques. *Police* 200 m. *Archevêché* dépendant du Vatican. **Fête nat.** 19 nov. (fête Pce Rainier III).

Élections du 9-1-83 *au Cons. nat. :* inscrits 3 904, votants 2 930, exprimés 2 846. *Union nat. et démocratique* (Jean-Charles Rey) 18 s.

• **Prince régnant.** Rainier III (n. 31-5-23) dep. 9-5-1949, ancien résistant, termine la g. comme lieutenant à Berlin, croix de guerre, légion d'honneur à titre militaire ; ép. 19-4-56 Grace Patricia Kelly (actrice) (12-11-29, tuée dans un accident de voiture 14-9-82). **3 enfants :** Pcesse Caroline (23-1-57) ép. 1° 28-6-78 Philippe Junot (19-4-40), divorcée 9-10-80 ; 2° 29-12-83 Stephano Casiraghi, 1 enf. : Andrea (8-6-84) ; Pce héritier Albert, marquis des Baux [1] (14-3-58), Pcesse Stéphanie (1-2-65).

Ascendance. Rainier III descend par les femmes de Rainier Ier Grimaldi, amiral de France, seigneur de Cagnes (v. 1267-1314). *Le dernier représentant mâle légitime des Grimaldi,* Antoine Ier (1667-1731), Pce de M., maria en 1715 sa fille Louise Hippolyte (1697-1731) à Jacques-François de Goyon Matignon (1689-1751), Cte de Thorigny, qui prit le nom et les armes des Grimaldi et fut Pce de M. (1731-51). *Ligne éteinte en ligne masculine directe en 1949* avec Louis II.

Arrière-grand-père : Albert Ier (1848-1922) ; *Louis II* son fils (1870-1949) ép. 25-7-1946 Ghislaine Dommanget [(n. 1900) divorcée d'André Brûlé, Pcesse douairière, en 1949 reprit quelque temps son métier d'actrice (dernière apparition sur scène en 1960 dans l'opérette *Rose de Noël*)]. *Charlotte* sa fille [n. 30-8-1898 de Juliette Louvet (1867-1930), morte le 30-9-77 ; reconnue par son père (reconnaissance approuvée et confirmée par Albert Ier le 15-11-11)], titrée Mlle de Valentinois et reconnue apte à succéder au trône. Selon l'usage monégasque, les sujets d'Albert Ier, assemblés dans la cour du palais princier, reconnurent Charlotte comme la fille du Pce Louis, et comme leur Pcesse ; le 30-10-18, Albert Ier modifia les règles de succession au trône ; 16-3-19 en présence du Pt de la Rép. fr., R. Poincaré, et du Pce Louis adoptée par son père ; 20-5-19 duchesse de Valentinois ; 1-8-22 Pcesse héréditaire de M. ; ép. 18-3-20 Cte Pierre de Polignac (24-10-1895/10-11-1964) titré Pce Pierre de M. dont elle divorcera en 1933.

Sœur de Rainier : Pcesse Antoinette [titrée baronne de Massy (ép. 1° 1-12-51 Alexandre Noghes, 3 enfants ; divorce 10-5-54 ; 2° 2-12-61 Jean-Charles Rey ; div. 1974 ; 3° 28-7-83 John Brian Gilpin, † 5-9-83)].

Titres du Pce : Son Altesse sérénissime N, Pce de Monaco, duc de Valentinois [1], Mis des Baux, Cte de Carlades, Bon de Buis, seigneur de St-Rémy, sire de Matignon, Cte de Thorigny, Bon de St-Lô, de la Luthumière et de Hambye, duc d'Estouteville, de Mazarin et de Mayenne, Pce de Château-Porcien, Cte de Ferrette, de Belfort, de Thann et de Rosemont, Bon d'Altkirch, seigneur d'Isenheim, Mis de Chilly, Cte de Longjumeau, Bon de Massy, Mis de Guiscard.

Nota. — (1) Des héraldistes français ont contesté que les Princes de Monaco puissent porter ou disposer des titres ci-dessus (ces titres relevant du droit des titres en France et ne pouvant à leurs yeux se transmettre ni par les femmes ni par bâtardise).

L'hôtel Matignon, résidence du Premier ministre français, porte le nom de la 3e maison régnante, et l'on y voit encore les armoiries des Pces de M. par suite du mariage de la Pcesse Louise Hippolyte avec Jacques-François de Goyon-Matignon en 1715.

Budget (1985). 1 600 millions de F., Recettes (%) 50. *Monopoles :* exploités par l'Etat (tabac, téléphone, timbres, etc.) 15, concédés (Casino, S.B.M. 4,2, Radio Monte-Carlo) 5,9.

Douanes 4,5. *Transactions commerciales* 54. *Bénéfices commerciaux* 4,6. **Tourisme :** 227 844 vis. arrivés dans les hôtels, 717 505 nuitées, 1 020 491 musée océanographique, 596 580 jardin exotique, 87 014 musée national. **Sté des bains de mer** (S.B.M.). Créée en 1863 par Charles III qui en donne pour 50 ans la concession à François Blanc (1816-77). Capital : 72 % détenus par l'État (avant, Onassis principal actionnaire). Possède 2 casinos, 5 hôtels de luxe et la plupart des restaurants de luxe, clubs et piscines de Monte-Carlo.

MONGOLIE

Carte p. 836. V. légende p. 787.

Situation. Asie. 1 565 000 km². Hautes plaines et montagnes. *Alt. moy.* 1 580 m ; *max.* Pic du Mounkh-Khairkhan 4 362 m (Altaï mongol) ; *min.* 552 m. *Frontières :* U.R.S.S. 3 005 km, Chine 4 673 km. Au N. taïga. Au centre steppes et pâturages. Au S. désert de Gobi (1/3 du terr.). Env. 1 500 lacs dont Oubs Nour 3 350 km², Khubsugul 2 620 km² et 4 000 rivières. **Climat** continental (+ 35 °C en été, − 40 °C en hiver), *pluies* 250 mm/an.

Population. 1 870 000 h. (85) dont (%) Khalkas 75,3, Kazakhs 5,2, Derbets 2,9, Bouriates 2,5, étrangers : Russes env. 1,8, autres que les Russes 4,7 (surtout des Chinois). – *de 35 a.* 70 %. D. faible 1,2, mais 3,9 au centre du pays. *Pop. urbaine :* 51,5 (84). **Émigration :** 6 000 étudiants en U.R.S.S. et dans les pays soc. **Immigration :** Russes (en 83, 30 000 techniciens et 5 divisions). Bulgares, Polonais, Hongrois, All. de l'E., Tchèques, Chinois (2 000 à 3 000). **Villes** (84) : *Oulan-Bator* 470 500, Darkhan 63 600 (à 250 km), Tchoibalsan 50 000 (79) (à 500 km), Erdenet 40 500 (à 300 km), Soukhé-Bator. **Langues.** Khalka (*off.*, parlé par 76,2 % de la pop., en lettres cyrilliques dep. 1941), dialectes. **Religion.** Lamaïsme jaune adopté au XVIe s.

Histoire. Tribus d'éleveurs nomades de Sibérie (Haut Amour), proches des Turcs, et peu éloignées des Huns. **1155 (1162** ou **1167)** naissance de Gengis Khan. **1196-1205** unification des Mongols, soumission ou ralliement des peuples de la steppe. **1206** Empire mongol. **1207** début des conquêtes, achèvement du regroupement des peuples turco-mongols (soumission de la Sibérie). **1209** 1re campagne contre les Tangut (Xi Xia). **1211** invasion de la Chine du Nord (Jin) ; destruction de l'Empire des Kara Kitai (Xi Liao). **1215** prise de Pékin (Zhongdu). **1218** conquête du Turkestan oriental. **1219** expédition en Corée. **1219-21** conquête et destruction de l'Empire du Khwarazm, prise et mise à sac de Boukhara, Samarkande, Urgenč, Merv. **1221-23** expédition des généraux mongols Jebe et Sübödei à travers Azerbaïdjan, Géorgie, Crimée, S. de la Russie (défaite des princes russes sur la Kalka), cours de la Volga jusqu'à l'embouchure de la Kama (Khanat bulgare). **1225-27** 2e campagne contre les Tangut, destruction de l'Empire Xi Xia. **1227**-*18-8* Gengis Khan meurt, ses fils se partagent ses domaines et continuent les conquêtes. **1234** conquête de la Chine du N. achevée jusqu'au fleuve Jaune, Empire des Jin détruit. **1235-39** conquête de la Transcaucasie. **1236-38** 1re campagne en Russie (Riazan, Moscou, Vladimir, échec vers Novgorod). **1239-40** 2e campagne (Pereïaslavl, Černigov, Kiev). **1241-42** invasion de Pologne, Hongrie, Moravie. **1244** conquête de la Turquie. **1252** conquête de l'Iran (début) ; début des campagnes contre dynastie chinoise des Song. **1258** Bagdad prise ; soumission définitive de la Corée. **1267-79** destruction finale des Song, Chine soumise totalement. **1274-81** expéditions navales infructueuses sur les côtes japonaises. **1275-93** expéditions visant au ralliement ou à la soumission des roy. d'Asie du S.-E. **1287** Tibet conquis. **1292** Iran conquis. **1293** expédition navale à Java. **1280-1368** unie à la Chine, gouvernée par descendants de Kubilaï. **1368** les Chinois chassent la dynastie m. et fondent la dyn. des Tsing. **XIVe-XVIe s.** les Ming construisent la Grande Muraille pour se protéger des M. (qui dominent les hauts plateaux jusqu'au lac Balkash). **XVIIe-XIXe s.** les princes m. orientaux, dont les États forment la « M. Intérieure » (sinisée), reconnaissent la suzeraineté des empereurs mand. ; les princes de « M. Extérieure » restent indép. ; les Russes conquièrent la Sibérie (au N.-O.). **1911**-*16-12*-**1919** gouv. autonome de Bogdo Gegen. Rejette la domination mandchoue. **1912** les princes de M. Int. se rallient à la Rép. Chinoise. **1913**-*23-10* autonomie reconnue par la Chine. **1915** les princes de M. Ext. signent le *tr. de Kiakhta* avec Russie et Chine, reconnaissant l'indép. de la M. sous protection russe (chef d'État : le Bouddah vivant, Djibdsun Damba Khutukhtu). **1919-21** province autonome chin., après dénonciation par la Chine du tr. de Kiakhta. **1921**-*31-3* indép. *-11-7* révolution dirigée par Soukhé-Bator ; partage des troupeaux et terres, annulation des dettes envers étrangers, monopolisation du com. ext. -5-11 tr. d'amitié avec U.R.S.S., ind. (11-7) **1924**-*26-11* Rép. populaire à la mort du khan Bogdo Gegen. L'U.R.S.S. reconnaît la souveraineté chinoise sur la M., mais celle-ci reste virtuelle en raison de la g. civile en Chine et de la g. sino-jap. **1936** tr. d'assistance avec U.R.S.S. **1946**-*5-1* la Chine doit renoncer à ses droits après plébiscite (20-10) pour l'*indép.* **1961**-*28-10* admise à l'O.N.U. **1962** membre du COMECON.

Statut. Rép. populaire. *Const.* du 6-7-60. *Ass. populaire* (Grand Khural) élue p. 3 a., 370 m., élit un *praesidium* de 11 m. dont le Pt est le chef de l'É. *Pt du Praesidium de l'Ass. pop.* (et 1er secr. du Parti) Jambine Batmounkh (10-3-26) dep. 23-8-84. *PM* Doumaguin Sodnom (14-7-33) dep. 8-84. *Provinces* (aïmaks) divisées en 218 somons et 3 villes. Droit de vote et éligibilité 18 a. Liste unique présentée par le *Parti populaire et révol. mongol* et des organisations syndicales, de jeunesse, de femmes, collectivités d'entreprises (f. mars 1921 par Soukhé-Bator et Tchoibalsan, 76 240 m. en 81). **Fête nat.** 11 juill. (Révolution).

Économie

P.N.B. (83) env. 1 100 $ par h. **Pop. active** (%, entre par. part du P.N.B. en %) agr. 40 (29), ind. 27 (40), services 28 (25), mines 5 (6). 370 000 actifs dont 130 000 bergers. **Inflation :** 84 : 65,5 %.

Agriculture. *Terres* (milliers d'ha, 80) cultivées en céréales 557,5, légumes 9,8, fourrage 136,7. *Production* (t, 84) céréales 586 200, foin 1 197 000, fourrage 350 200 (83), p. de terre 122 900, légumes 34 200. **Élevage** (milliers de têtes, 83). Moutons 14 100, chèvres 4 548, chameaux 578, chevaux 1 959, bovins 2 773. Viande, cuirs, peaux, laine. Élev. nomade ou seminomade.

Mines (84). Charbon et lignite 5 431 600 t, fluor 747 000 t, cuivre, molybdène, wolfram, tungstène, nickel, fer, étain, or, argent, pierres précieuses. **Industrie.** Aluminium, mat. de constr., métallurgie, prod. alim.

Transports. Chemins de fer 1 425 km.

Commerce (millions de roubles, 83). *Exportations* 409 *dont* (%) biens de consom. 13,5, fuel, minéraux, métaux 39,2, mat. 1res pour ind. alim. et prod. pour l'ind. 46,2, matériels 0,8, machines 0,2. *Importations* 622 *dont* (%) mach. et équip. 35,5, fuel, minéraux, métaux 29,6, biens de consom., prod. pour l'ind., prod. alim. et mat. 1res pour l'ind. alim. 10,3, prod. chim. 5,7. *Échanges avec l'U.R.S.S.* (millions de roubles, 81). *Exportations* 248. *Importations* 787.

Rang dans le monde (81). 9e chameaux. (83) 20e ovins.

MONTSERRAT

Carte p. 939. V. légende p. 787.

Situation. Ile de l'archipel Sous-le-Vent (Antilles). 102,6 km² (2/3 montagneuse). *Côtes* 45 km. *Alt. max.* Chance Peak 914 m. **Climat** tropical (pluies déc. à févr. 3 870 mm), ouragans juill.-oct., temp. moy. 28 °C.

Population. 12 073 h. (83). *1981 : – de 15 a.* : 32 %. *+ de 65 a.* : 10. D. 117,6. **Capitale :** *Plymouth* 3 200. **Langue.** Anglais (*off.*). **Religions.** 4 332 anglicans, 4 329 catholiques, 3 249 méthodistes, 1 091 pentecôtistes.

Histoire. 1493 découverte par Christophe Colomb. **1632** colonisée par des Anglais et Irlandais venus de St-Christophe. **1664** arrivée des 1ers esclaves. **1783** possession brit. controversée par la France ; confirmée à la G.-B. par tr. de Versailles. **1816-34** colonie avec Antigua et Barbuda. **1834** abolition de l'esclavage. **1871-1956** partie de la Fédération des Iles Sous-le-Vent. **1956** colonie séparée lors de la dissolution de la Féd. **1958-62** m. de la Fédération des Indes Occidentales. **1967** vote pour rester col. brit.

Statut. Colonie brit. *Const.* du 1-1-1960. *Gouverneur* David Kenneth Hay Dale (7-1-27) dep. 17-4-80, *PM* John A. Osborne dep. 28-11-78. *Conseil exécutif* 7 m. dont 4 élus. *Conseil législatif* 12 m. dont 7 élus. *Élections du* 26-2-83 : P.L.M. (People's Liberation Mov.) 5 s., P.D.P. (People's Democratic Party) 2 s.

Agriculture. *Terres* 4 % cultivés. *Production* oignons, carottes, tomates, p. de terre, citrons, poivre, coton. **Élevage** (milliers de têtes, 83). Volaille 60, ovins 9, bovins 4, porcs 0,4. **Pêche. Tourisme** 24 900 vis. (82).

Commerce (millions de $ EC, 83). *Exportations* 4 *dont* bétail, coton, légumes *vers* Guadeloupe, G.-B., Antigua, Trinité. *Importations* 54 *dont* prod. man., boissons, denrées alim. *de* G.-B., U.S.A., Trinité, Canada, P.-Bas.

MOZAMBIQUE

V. légende p. 787.

Situation. Afrique orientale. 799 380 km². *Côtes* 2 795 km. *Frontières :* 3 980 km, avec Tanzanie 600, Malawi 1 200 (dont lac Nyassa 280), Zambie 400, Zimbabwe 1 150, Afr. du S. 630 Swaziland. *Alt. max.* Mt Binga 2 436 m. *Régions principales :* littoral, plateaux moyens, hauts plateaux, montagnes. **Climat** tropical humide et chaud.

Population. 13 500 000 h. (84) (surtout Africains d'ethnie bantoue, quelques milliers d'Européens, Orientaux et Asiatiques). 800 à 1 000 conseillers des pays de l'Est. D. 17. *– de 15 a.* 45,3 %. 75 % d'analphabètes. **Villes :** *Maputo* (ex-*Lourenço Marquès*) 850 000 (82), Nampula 126 126, Beira 113 770, Lichinga 36 715, Inhambane 26 700. **Étrangers :** en 75 (avant l'indép.) env. 250 000 Européens dont 60 000 soldats portugais. **Émigration.** Ouvriers mineurs en Afr. du S. *1975 :* 118 000 ; *85 :* 44 000. **Langue.** Portugais (*off.*), langues autochtones, bantoves. **Religions** (%). Animisme (66), christianisme (22), islam (11).

Histoire. 1425 fondation de l'État du Monomotapa. **1498** découverte par Vasco de Gama. **1505** colonie port. **1869** abolition de l'esclavage. **1951** province port. **1964** début de guérilla dans le N. **1969** *févr.* assassinat du fondateur et 1er Pt du Frelimo, Eduardo Mondlane, remplacé en nov. par Marcelino Dos Santos et Samora Machel. **1973** *janv.* nouveau statut. **1974**-*7-9* accord Port. Frelimo sur indép. Troubles à Lourenço Marquès 100 †. *-22-10* attentat par rebelles port. 40 †. **1975**-*25-6* indépendance (pertes du Frelimo en 10 ans de g. contre Port. : 2 057 †, 889 bl.). *-17-12* putsch avorté. **1976**-*3-2* habitations, médecine et éducation nationalisées. *-3-3* « état de g. » avec Rhodésie ; M. ferme ses frontières. **1977** *nov.* raid rhod. au M. 1 200 nation. rh. †. **1980** dénationalisation des petits commerces. *-3-4* Marcellino Dos Santos, min. du Plan (n° 2 du régime) pro-soviét., devient secr. du Comité central pour la pol. écon. du Parti. **1981**-*30-1* raid sud-afr. à Maputo contre 3 bases du Congrès nat. afr. (ANC, anti-apartheid). **1982** la R.N.M. étend son influence au Centre. **1983**-*23-5* raid sud-afr. près de Maputo contre l'A.N.C. (64 †). **1984**-*3-4* accord de N'Komati, tr. de non-agression avec Afr. du Sud. **1985** *déc.* reprise de la guérilla.

Statut. Rép. pop. dep. 25-6-75. *Const.* du 25-6-75 rév. en 78. *Pt* Mal Samora Moïses Machel (n. 29-9-33) dep. 25-6-75. *Ass.* 210 m. élus au suffr. indirect.

Parti : Frelimo (Front de lib. du M.) f. 25-5-62 ; le Parti Frelimo marxiste-léniniste a été créé le 3-2-77,

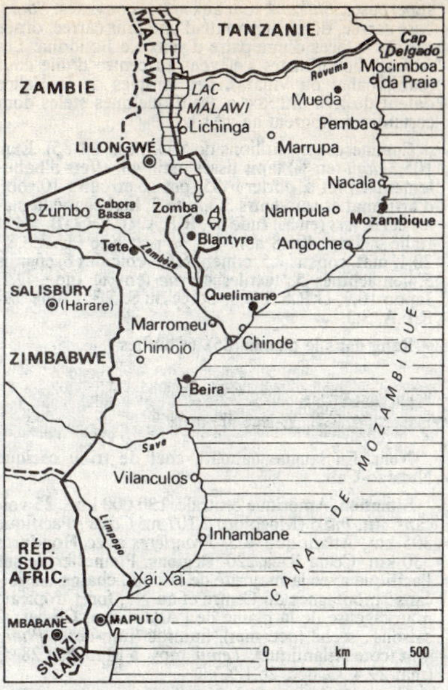

leader Pt Samora Machel. *Opposition :* Resistencia nacional Mocambicana (R.N.M. ou Renamo ; en anglais, M.N.R.) f. nov. 76, Pt Alfonso Dlakama, 8 000 à 12 000 combattants.

Économie

P.N.B. (83) 410 $ par h. **Pop. active** (%, entre par. part du P.N.B. en %) agr. 70 (60), ind. 13 (17), services 16 (21), mines 1 (2).

Agriculture. *Terres* (milliers d'ha, 81) arables 2 850, t. cult. 230, pâturages 44 000, forêts 15 340, eaux 1 750, divers 15 989. *Crises : 1978 :* inondations ; *80/84 :* sécheresse ; *84 :* cyclone, échec des coopératives. *Production* (milliers de t, 82) manioc 1 900, canne à sucre 1 000, noix de coco 400, coton 52, maïs 200, légumineuse 185, sorgho 100, arachides 60, riz 80, noix de cajou 70, coprah 65, thé 15, sisal 4, p. de terre 60, patates douces 45, tabac, haricots, tournesol, millet. **Forêts.** Bois tropicaux (précieux et ind.) 13 726 000 t (82). **Élevage** (milliers de têtes, 82). Poulets 19 000, bovins 1 440, canards 580, chèvres 350, porcs 135, moutons 112, ânes 20. **Pêche.** 36 700 t (80).

Mines. Charbon (450 000 t en 82), pétrole (prospection en cours), tantalite, marbre, p. semi-précieuses, gaz, bauxite, cuivre, sel. **Électricité.** Barrage de Cabora-Bassa sur le Zambèze, construit de 1970 à 1974, prod. 14 milliards de kWh dont une partie est vendue à l'Afr. du S. (réseau de 1 400 km, env. 7 % de la consom.). **Industrie** (milliers de t, 83). Sucre 177,7, mélasse 53, crevettes 8,7, pneus, ciment 261, cajou et dérivés 22,7, charbon.

Transports (km). Routes 26 000 (82), chemins de fer 4 161 (80). Sert d'accès à la mer pour les pays voisins (Zimbabwe).

Commerce (millions de meticais, 83). *Exportations* 5 286 *dont* crevettes 1 253, produits pétroliers 876, coton 684, cajou 647, thé 591, sucre 346 *vers* U.S.A., Portugal, P.-Bas, All. dém., G.-B., Afr. du S., *France*. *Importations* 25 572 *dont* biens en capital 5 740, prod. alim. 5 700, machines 3 942, pétrole 3 692 *de* All. dém., Irak, Afr. du S., Suisse, G.-B., All. féd., Portugal, *France*.

Rang dans le monde (83). 15e thé.

NAMIBIE (Sud-Ouest africain)

Carte p. 788. V. légende p. 787.

Situation. Nord-O. de l'Afr. du S. 824 269 km². *Côtes* 1 250 km. *Frontières :* Angola 1 550 km. **3 régions.** *Namibie* (1/5 du territoire, désertique, 80 à 130 km de large, + hautes dunes du monde), *plateau central* (1/2 de la superficie, 1 000 à 2 000 m d'alt.), *Kalahari* (désert au N. et à l'E.). **Climat.** Pluies S. et O. – de 100 mm par an, Centre 200 à 400 mm, N. et N.-E. + de 400 mm (seules régions de végétation dense).

Population. *1960* (recensement) 516 012 h. ; *76* (r) 732 260 ; *81* (r) 1 033 196 dont Ovambos 506 114, Kavangos 95 055, Blancs 76 430, Héréros 76 296, Damaras 76 179, Namas 48 541, Métis 42 254, Capriviens 38 594, Bochimans 29 443, Basters 25 181, Tswanas 6 706, autres 12 403 ; *84* 1 510 000. D. 1,8. **Villes :** *Windhœk* 104 100 h. (ville noire Katatura), Swakopmund, Lüderitz, Tsumeb. Y compris *Walvis Bay* 1 124 km², 24 500 h. (16 500 Métis, 8 500 Blancs), partie de l'Afr. du S. adm. depuis 1922 comme si elle faisait partie du S.-O. afr., puis le 1-9-77 rattachée à nouveau à l'Afr. du S. **Langues.** Afrikaans, allemand, anglais, l. indigènes.

Histoire. Région peuplée par des Bantous. Principales tribus (90 %) Nasubia et Mafue. **XVIIe-XVIIIe s.** explorations des Européens. **XIXe s.** g. entre tribus. **1878**-*12-3* G.-B. annexe Walvis Bay et des îles le long de la côte (qui sont rattachées à la colonie du Cap). **1884** Allemagne protège les régions acquises par l'All. Adolphe Lüderitz (1834-86), puis étend son domaine. **1898** All. rétablissent la paix entre tribus. **1903-06** révoltes des tribus contre All. (nombreux morts, pertes de bétail). **1908** découverte de diamants près de Lüderitz. **1915** *juill.* conquête par Union sud-afr. à la demande des Alliés. **1919**-*17-2* mandat de la S.D.N. accordé à G.-B. puis à Union s.-a. **1948** 6 députés bl. représentent la N. au Cap. **1949** annexion par Union s.-a. **1966** *oct.* mandat retiré par O.N.U., guérilla (notamment dans bande de *Caprivi*). Opposition. Conv. nat. dirigée par Clemens Kapuuo [chef des tribus Hereros, Pt du NUDO (Organisation dém. de l'unité nat.)] pour un syst. fédéraliste. **1976** ultimatum O.N.U., indép. fixée au *31-12-78*. **1977** *sept.* essai de règlement. SWAPO intensifie guérilla et refuse de négocier. **1978** assassinat du min. de la Santé Owandon, rapt de 119 écoliers vers Angola. *-27-3* Clemens Kapuuo tué. *Mai* riposte sud.-afr. ; SWAPO accepte de négocier. *-4/8-12* élections, Front national de Namibie (FNN) et SWAPO refusent d'y prendre part. Autonomie interne. **1979** *mars* raids sud-afr. contre des camps de SWAPO. *-13-7* apartheid aboli. **1981**-*7/14-1* échec conférence de Genève. *-24-8* et *-1/20-11* raids sud-afr. en Angola contre SWAPO. **1982**-*13-3*, *Août* idem. **1983**-*13-1* Dirk Mudge PM démissionne. *-18-1* Ass. dissoute ; l'Afr. du S. reprend contrôle de l'administration. *Févr.* offensive SWAPO. **1984**-*11-1* SWAPO accepte de négocier avec Afr. du Sud. **1985**-*18-4* Afr. du S. décide de mettre en place gouv. et ass. intérimaire. *-13/14-7* affrontement police SWAPO (10 maquisards et 1 pol. †).

Bilan de la guerre (1982 et entre par. 1981) : Actes insurrectionnels 787 (1 059), soldats sud-afr. † 77 (61), combattants de la SWAPO † 1 268 (1 494), civils † 139 (72). Coût par an (en milliards de F) par l'Afr. du S. : dép. militaires 2,6 à 3,25 ; aide 3,64.

Statut. Régime transitoire. *Administrateur général sud-afr.*, Louis Pienaar. *Cabinet* (8 ministres, 8 min.-adj.) élu par assemblée. *Assemblée nationale* 62 m. nommés par 6 groupements pol. représentés au Gouvernement Transitoire d'Unité Nationale.

Partis nationalistes : SWANU (South West African National Union), Pt Moses Katjiuongua ; SWAPO (South West Africa People's Organization) f. 1960 par Sam Nujoma, env. 150 000 membres (comité exécutif à Dar es-Salaam, en Tanzanie. Combattants : 6 000 à 7 000 dont 4 000 stationnés dans le Sud angolais et 600 à 700 directement engagés. Recrutés surtout chez Ovambos (45 à 50 % de la pop. nam.). Considérée par ONU comme seul représentant authentique du peuple nam. Soutenue par U.R.S.S. et satellites. *Élections du 4 au 8-12-1978 :* électeurs potentiels 443 441, inscrits 412 351, suffrages exprimés 331 055.

Commissaire des Nations Unies : Brajesh Chandra Mishra dep. 1-4-82.

Corps expéditionnaire : S-O africain 13 000 h. de la SADF (South African Defense Force), forces territoriales nam. 10 000 h. *Assistance mili. Sud-afr.* aux civils (secteurs médical, para-médical, scolaire, etc.). *Coût annuel :* 1 milliard de $.

Économie

P.N.B. (83) env. 1 280 $ par h. **Pop. active** (%, entre par. part. du P.N.B. en %) agr. 47 (20), ind. 13 (15), services 25 (25), mines 15 (40). **Dette extérieure** (millions de rands). *1979 :* 28 ; *82 :* 600. **Budget** (milliards de R, 1985-86). *Recettes :* 1,2, *dépenses :* 1,4.

Agriculture. *Terres* (milliers d'ha, 81) arables 655, t. cult. 2, pâturages 52 906, forêts 10 427, eaux 100, divers 18 339. *Production* (milliers de t, 84) maïs 7, légumes 2,5, millet 20, sorgho 0,4, blé 2,2, coton 1,2. En 82, la guerre plus la sécheresse ont entraîné la perte des 4/5 des récoltes. De plus, 1/4 des fermiers blancs sont partis.

Élevage (milliers de têtes, 84). Moutons 2 606, bovins 1 882, chèvres 1 352, volailles 271, ânes 100, porcs 16, chevaux 38. Élevage extensif. Viande (68 000 t en 84) vendue à l'Afr. du S. Cuirs et peaux (moutons Karakul donnant de l'astrakan 810 000), laine 1 848 t. **Pêche.** 361 784 t (83).

Mines (milliers de t, 83). Sel 136, zinc 56, cuivre 52. Uranium 4 900 t (82), la plus grande mine du monde à Rössing. Diamants 963 000 carats (83) dont 90 % valables pour la joaillerie. Plomb (81) 46, argent 103 t, cadmium 49 t, étain 1 381 t. Pétrole (recherches). **Industrie.** Affinage des métaux.

Tourisme. *Visiteurs* (85) : 65 000. **Sites :** désert du Namin (dunes de + de 320 m de haut), Fish River Canyon (161 km), réserve d'Etosha (22 270 km²). **Transports** (km, 85). *Routes :* 41 928 dont 4 388 asphaltées. *Chemins de fer :* 2 340 (écartement 1,065 m).

Commerce (millions de Rand, 83). *Exportations* 925,3. Minerais, diamants, poissons, bétail. *Importations* 915,3.

Rang dans le monde (83). 4e uranium.

NAURU

Carte V. p. de garde. V. légende p. 787.

Situation. Atoll du Pacifique, N.-E. des îles Salomon. 20,9 km². Périmètre 19 km. Alt. max. 70 m. A 2 080 km au N.-E. de l'Australie. **Climat.** Tropical, temp. moy. 24,4 °C à 33,9 °C. Pluies nov.-févr.

Population. 8 421 h. (est. 83) dont (77) 4 174 autochtones, 1 890 originaires d'autres îles, 616 Chinois, 564 Eur. D. 382. *Capitale :* Yaren. **Langues.** Nauruan *(off.)*, anglais. **Religions.** Protestants et catholiques.

Histoire. **1798** découverte par les Brit. **1888** *oct.* annexée par Allemagne. **1914** occupée par Australiens. **1920**-*17-12* sous mandat brit. **1947**-*1-11* adm. commune : Australie, N.-Zél., G.-B. **1968**-*31-1* indépendance.

Statut. *Rép.* (la + petite du monde) membre du Commonwealth. *Pt* Hammer De Roburt (n. 25-9-1922) dep. 11-5-78. *Ass.* 18 m. élus pour 3 a. Aff. étrangères et défense assurées par l'Australie.

Économie (83). *Ressources :* phosphates (1 684 000 t, les gisements seront épuisés en 1992). Ni sources, ni cours d'eau (eau importée d'Australie et de N.-Zélande). Noix de coco 2 000 t, poulets 4 000 (82), porcs 2 000.

NÉPAL

Carte p. 946. V. légende p. 787.

Situation. Asie. 147 181 km². *Frontières* 2 810 km dont Inde 1 625, Chine 1 185. Long. 880 km, larg. 145 à 190 km. **Régions : plaine du Teraï au S.** (200 m en moy., altitude min. 60 m, mousson juin-sept., large 25 à 50 km, 17,5 % de la superficie). **2 chaînes de montagnes parallèles (O.-E.) :** *Siwalik :* 600 à 2 000 m, entrecoupée de vallées ; les *duns ; Mahabharat :* 3 000 m, avec bassins de Katmandou (1 300 m) et Pokhara (900 m). Hiver : nuit + 2 °C, journée 16 à 22 °C. Mai-juin 36 °C. **Plateau central :** *Pahar.* **Himalaya :** 26 °C ; mousson d'été juin-oct., hiver froid mais ensoleillé, *chaîne de l'Himalaya au N.* dans Centre et Est de la ligne de partage des eaux et la frontière. 10 sommets de + de 8 000 m : *Everest 8 848 m,* du nom de George Everest, chef de la Mission cartographique britannique de 1852 (l'un de ses adjoints indiens, Radhanath Shikhadar, établit le premier que le sommet jusque-là appelé « Peak XV » était en réalité le plus élevé de la Terre) ; en népali, **« Sagarmatha »** (le sommet dont la tête touche le ciel) ; en tibétain, **« Chomolungma »** (Déesse-mère du monde) ; *Kanchenjunga 8 586 m, Lhotse 8 516 m, Makalu 8 463 m, Yalung-Kang 8 505 m, Lhotse Shar 8 400 m, Dhaulagiri 8 167 m, Manaslu 8 163 m, Cho-Oyu 8 201, Annapurna I 8 091 m. Région transhimalayenne :* au centre-ouest, chaînes de l'*Annapurna,* du *Dhaulagiri* et du *Kanjiroba,* 25 000 km², à l'abri de la mousson, arides, alt. 3 000 à 4 500 m, peu peuplée. *Cols :* une vingtaine entre 1 800 et 5 700 m dont le *Nangpa-La* (5 711 m), *Gya-La* (5 255 m), *Rasua Ghari* (1 830 m). *Terres :* à – de 1 000 m : 35 % ; 1 000 à 2 000 m : 25 % ; 2 000 à 5 000 m : 30 % ; + de 5 000 m : 10 %.

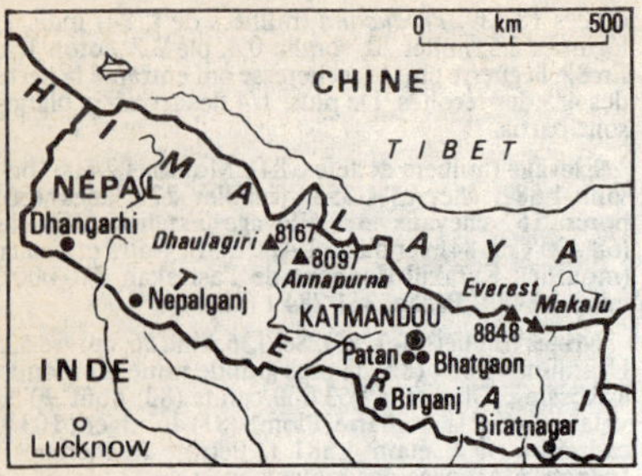

Arbres. *Région tropicale (300-1 000 m)* : plaine et savanes ; jungle domine. *Subtropicale (1 000-2 000 m)* : collines (Siwalik et Mahabharat), châtaigniers, chênes, aulnes. *Tempérée (1 700-3 000 m)* : chênes et châtaigniers, conifères et magnolias, rhododendrons géants (15 m, jusqu'à 4 000 m d'altitude), 34 variétés, fleurissent mars à mai. *Alpine (3 000-5 000 m)* : conifères. *Vers 4 000 m*, limite de la végétation forestière (broussailles), genre bruyère et rhododendrons nains, *berberis* (feuilles rouge vif en automne). **Oiseaux.** 1 000 espèces. Emblème national du Népal : *daphe* (lophophorus impejanus), *fasianidé* inconnu en Europe, vit à + de 3 500 m. *Rapaces* : aigles, éperviers, faucons et vautours ; corvidés, échassiers, passereaux, palmidés et gallinacés. **Mammifères.** 100 espèces. Cervidés, canidés, rongeurs, singes, civettes, moutons et chèvres sauvages, ours et antilopes, porcins et bovins, buffles au pelage noir, zébus et hybrides (sauf en altitude où à partir de 3 000 m domine le yak). Tigres royaux (30), rhinocéros unicornes (300 à 400), ours jongleurs et ours bruns ; ours noirs (féroces, montagne), dauphins d'eau douce, sauriens (2 espèces de crocodiles), reptiles, batraciens. Ont disparu : marco-polo et ibex. *Yéti* (en tibétain, mi-gueu, mi-té ou encore chu-ti) : ses empreintes montrent un pouce (ou un gros orteil) préhensile.

Population. 16 300 000 h. (est. 85) dont Indo-Népalais 5 550 000, Tharu 666 000, Tamang 888 000, Newar 555 000, Magar 500 000, Rai 470 000, Limbu 277 000, Gurung 333 000, Sherpas, Dolpa, Manangba, Loba et ethnies proches des Tibétains 46 000. D. 110,7. Accroissement annuel 2,7 %. – de *20 a.* : 50,49 %, + *de 60 a.* : 3,74 %. **Villes** (81) : *Katmandou* 393 494 h. (district 700 000), Patan 173 000 (à 4 km), Bhadgaon 122 000 (à 13 km), Biratnagar 70 000 (à 250 km). Népalais à l'étranger (Inde, Bhoutan, Birmanie) 2 000 000.

Langues (%). Népali *(off.)* 51, maithili 12, bhojpuri 6, tamang 5,5, awadhi 4,7, tharu 4,3, newari 4, gurung 1,7, sherpa 0,9. Analphabètes 10 millions.

Religions (%). Hindouistes (rel. d'État) 80, bouddhistes 18 (en majorité lamaïstes du vajrayana), musulmans 2.

Histoire. VIIIe-VIe s. av. J.-C. règnes des dynasties Gopal et Ahir, venues du N. de l'Inde et installées dans la Vallée. Apparition des Kirat, guerriers venus du Tibet. **544-556 ou 566 av. J.-C.** naissance de Gautama Siddharta, fils du roi de Kapilavastu, du clan des Cakya, à Rummindei (futur Bouddha historique). Dynastie des Soma (1er roi : Nimisha). **58-57 av. J.-C.** ère Vikram. **500 ap. J.-C.** dynastie des Licchavi. **Fin VIe s.** roi Shiva Dev qui donne sa fille en mariage à son PM Amshuvarman (ethnie noble des Thakuri) qui prend le titre de Maharajadhiraj (roi des rois) puis la place de son souverain. **640** Amshuvarman donne sa fille Brikuti en mariage à Sron Tsan Gampo, roi du Tibet. Brikuti et Weng Ch'en (2e femme de Sron Tsan Gampo) convertissent leur mari au bouddhisme. Elles sont ensuite canonisées sous le nom de Tara blanche (Weng Ch'en) et Tara verte (Brikuti) (fait controversé). **879-880** début de l'ère Nepal Sambat.

1200-1768 dynastie Malla (fondateur : Ari Dev). **1482** roi Yaksha Malla partage son roy. entre 4 de ses 7 enfants (Bhadgaon, Banepa, Katmandou, Patan). **1482-1768** 11 rois Malla se succèdent dans le roy. de Bhadgaon dont Bhupatindra Malla (1692-1722) surnommé le « Louis XIV du Népal ». **V. 1600** unification des royaumes de Patan et Katmandou. **1646** passage à Katmandou des jésuites Grueber et d'Orville. **1768-69** env. 80 principautés unifiées par Prithvi Narayan Shah (1722-75). **1778-85** soumission des Chaubisi, puis annexion de l'O. du pays. **1788-92** conflit avec Tibet. **1814-15** conflit avec la Cie des Indes. **1815**-*28-11 tr. de Seghauly* : partage du Terai, paiement d'indemnités par les Anglais aux Népalais spoliés, installation d'un résident brit. à Katmandou. **1846**-*15/16-9* massacre de Kot. Jung Bahadur Rana (1817-77) au pouvoir comme P.M., rend ce poste héréditaire, prend le titre de Maharajah ; proclame le prince Surendra Bikram Shah régent du royaume. **1850**-*22-1*/**1851**-*8-2* Jung en G.-B. (1re fois qu'un dirigeant n. se rend plus loin que l'Inde). Vient en Fr. du 21-8 au 8-10-1850. **Jusqu'en 1951** la famille Rana se maintient au pouvoir avec le titre de P.M. héréditaire (1885-1951 : 7 PM).

1920 rite du *suttee* aboli (immolation des veuves sur le bûcher de leur mari). **1924** servage aboli. **1925** égalité de tous devant la loi. **1926** 1er hôpital. **1931** un jour férié par semaine le samedi. **1934** tremblement de terre, 20 000 †, 350 000 maisons détruites. **1950**-*6-11* pour reprendre le pouvoir à la famille Rana, le roi Tribhuwan s'enfuit en Inde avec presque toute sa famille. Le P.M. Mohan Shumshere Rana fait proclamer roi un petit-fils du roi, Gyanendra (2 ans). **1951**-*16-2* retour du roi à Katmandou. *18-2* Mohan déchu. **1955-72** règne de Mahendra Bir Bikram Shah (n. 1920). **1958** 1res élections au suffr. univ. à l'Ass. lég. **1974** opération contre les Khampas (env. 4 000 Tibétains) au N.-*14-9* Khay Wangdi chef des Kh. tué. **1979** *mai* troubles et manifestation d'étudiants. **1980**-*2-5* référendum, 54,8 % pour le maintien du Panchayat (système de démocratie). **1981**-*9-5* élections à l'Ass. **1985**-*1-1* adhésion de 70 pays (dont France, U.S.A. sauf U.R.S.S. et Inde) à la proposition faite par le roi le 25-2-75 de proclamer « Népal, une zone de Paix ». -*23-5* manifestation de désobéissance civile : 1 000 arrestations. -*20-6* 5 bombes à Katmandou (7 †, 20 bl.).

Statut. Royaume. *Const.* du 16-12-1962 révisée janv. 67, 15-12-75, 14-12-80. *Roi* Birendra Bir Bikram Shah Dev (28-12-45) dep. 31-1-72, ép. févr. 70 Aishwarya Rajya Laxmi Devi Shah (7-11-49), roi 31-1-72, couronné 24-2-75 (2 garçons, 1 fille). *P.M.* : Marich Man Singh dep. 13-6-86. *Assemblée nationale (Rashtriya Panchayat)* 140 m. dont 28 nommés par le roi et 112 élus au suffr. univ. p. 5 a. *Partis* interdits dep. 1972. 5 régions de développement, 14 zones, 75 districts (dont le Mustang). **Fête nat.** : 28 ou 29 déc. (choisi par les astrologues ; anniv. du roi Birendra). **Calendriers** *utilisés* : *off.* (Bikram Sambhat, an 1 en 57 av. J.-C.), *grégorien* (toléré), *communauté newar* (ère Népali, an 1 en 879 apr. J.-C.), *comm. tibétaines* [calendrier propre, cycles de 60 ans composés de 12 noms d'animaux combinés avec 5 éléments (pas d'an 1].

Le Mustang (du tibétain Mon Tang, « steppe des prières ») district népalais ; étudié en 1952 par Toni Hagen puis en 1965 par Michel Peissel. N'est plus une principauté quasi indépendante. Son rajah Jigme Dorge Trandul jouit d'un certain prestige, mais n'a plus de pouvoir ; il en est de même pour les « rajahs » de Sulliyan, Jajarkot et Bhajang. Cap. *Jomosom*.

Nord interdit aux étrangers. Pays limitrophe du Tibet occupé par la Chine sur 3 côtés ; jusqu'en 1974, des Khampas (Tibétains réfugiés luttant contre les Chinois) parcouraient la région frontalière.

Économie

P.N.B. (84) 140 $ par h. **Pop. active** (%, entre par. part du P.N.B. en %) agr. 94 (61), ind. 3 (5), services 4 (6). **Inflation.** De *1972 à 83* : 13 % par an. *82-83* : 14,2 %. *83-84* : 7 %. *84-85* : 10 %. Aide (millions de roupies 85-86) 4 542 (45,2 % des recettes) dont multilatérale 2 546, bilatérale 1 996. Pays donateurs : Inde 25 %, Japon 16 %, G.-B. 15 %, U.S.A., Chine, R.F.A. 11 %, Suisse 5 %, Canada 1 %.

Agriculture. *Terres* (km², 85) forêts 42 700 (29 % contre 40 % en 1968), t. arides 29 400, t. cult. 26 500, neige, rocs et glace 19 100, pâturages et friches 19 100, eau, routes et zones construites 10 300. *Production* (milliers de t, 85) riz 1 400, maïs 580, canne à sucre 460, blé 450, p. de terre 422, millet 134, graines oléagineuses 83, jute 33, orge 27, tabac 69.

Énergie. *Hydroélectricité.* Potentiel 80 millions de kW, production annuelle 175 000 kW (vendue en partie à l'Inde). **Mines** : magnésite, zinc, plomb, fer, cuivre, mica, magnésium, pierre à chaux, nickel. **Industrie.** Alim., tabac, cuir, ciment.

Transports (km, 85). Routes 6 500 dont asphaltées 2 700, terre 2 800, graviers tassés 1 000. Chemins de fer (marchandises) 98. Téléphériques 42 (capacité 25 t/heure).

Tourisme. *1962* : 6 179, *70* : 45 970. *80* : 122 205 (dont Français 18 081) + 40 692 Indiens, *84* : 117 917 (dont Fr. 12 437) + 58 717 Indiens. Moyenne en % sur 4 années (Indiens exclus) : U.S.A. 13,8, France 12,4, All. féd. 10,7, G.-B. 9,9, Japon 8,1. Meilleure saison oct.-avril. STYLE DES ÉDIFICES : *pagode*, à plusieurs toits superposés. *Shikara*, tour aux arêtes convexes. *Stupa*, base carrée, dôme surmonté d'une tour carrée, ornée sur ses 4 faces d'une paire d'yeux de Bouddha. Les édifices bouddhistes s'élèvent au centre d'une cour (bahi, bahal ou vihara). Les temples de la Vallée datent du XVIIe au XIXe s. (sauf quelques stèles dont certaines remontent au VIe s.).

Commerce (en millions de $ US, est. 84-85). **Exp.** 105,3 *dont* (en %) tapis tissés main 45, effets d'habillement « prêt à porter » 35, peaux et cuirs 10, obj. d'artisanat et souvenirs 3,3, jute 3, herbes médicinales et riz *vers* (en %) Inde 69, R.F.A. 10,5, G.-B. 5,4 et Italie 4. **Imp.** 405,8 *dont* (en %) pétr. (de l'U.R.S.S.) 20,1, mat. constr. 7,5, ciment 6,6, véhicules 6, engrais 5,4, machines 5, textiles 4,9 *de* (en %) Inde 47,1, Japon 10,9, U.R.S.S. 8,3, Corée du S. 5,3, Chine 5,1, R.F.A. 3,3.

Rang dans le monde (85). 6e buffles.

NICARAGUA

Carte p. 890. V. légende p. 787.

Nom. En langue nahuatl, chef de tribu cacique Nicarao-Cali.

Situation. Amérique centrale. 130 000 km². 25 volcans. *Alt. max.* (Mogoton) 2 107 m. *Côtes* : Pacifique 305 km, Atlantique 405. *Frontières* avec Honduras 530 km, Costa Rica 220. **Régions.** Plaine fertile sur Pacifique avec la majorité de la pop., chaîne de volcans ; montagnes du Centre et au N. ; forêt tropicale marécageuse de la plaine de l'Atlantique. **Climat** : 2 saisons : sèche (oct.-mai), humide (juin-oct.). *Pluies* 4 m (côte Atlantique). *Temp.* moy. à Managua 28 °C (mai 29,4 °C, déc. 26,1 °C).

Population. 3 150 000 h. (84). – *de 15 a.* 48,1 %, + *de 60 a.* 4,7 %. En % : Métis 71, Blancs 17, Noirs 9, Indiens 3. Env. 9 000 Cubains (83). D. 24,2. **Villes** (est. 81) : *Managua* 819 679 h., Leon 248 704 (à 88 km), Jinotega 127 159 (160), Granada 113 102 (45), Chinandega 228 573 (123), Masaya 149 015 (25), Matagalpa 220 548 (105). *Mortalité infantile* (83) 90 ‰. *Pop. urbaine* 53,3 %. *Réfugiés aux U.S.A.* (79-83) : 22 000.

Langues. Espagnol *(off.)*, anglais 25 %, miskito et sumo 5 %. Analphabètes 12 % (1983).

Religions. Catholiques 90 %, protestants (baptistes, moraves, mormons) 10 %.

Histoire. 1522 exploration de Gil Gonzalez d'Avila. **1821** indépendance. **1821-39** N. fait partie de la Fédération d'Am. centrale. **1854** l'aventurier Guillaume Walker (1793-1867) essaye de s'emparer du N. **1848-1860** côte des Mosquitos forme roy. autonome sous protectorat brit. (cédé au N. en 1860). **1912-33** occupation amér. **1916** U.S.A. obtiennent l'exclusivité pour construire canal interocéanique pour doubler Panamá. **1927-33** résistance dirigée par Gal Auguste César Sandino (1894, assassiné 16-2-34). **1931** Managua détruite par séisme. **1936**-*8-12* Tacho Somoza Pt (abattu par un sandiniste le 21-9-1956, † le 29), sa fortune s'élevait au moins à 150 millions de $. **1956** Luis son fils, vice-Pt, devient Pt élu **1957**. **1963** René Schick Pt († 66). **1966** Lorenzo Guerrero Pt. **1967** Anastasio Somoza (6-12-1923) dit Tachito, frère de Luis, Pt. **1972** remet pouvoir à junte pour 30 mois. *Sept.* constit. abolie. -*23-12* séisme, Managua détruite 6 000 †, 20 000 bl. ; 800 millions de $ de dons internat. détournés par Somoza. **1974**-*27-12* commando sandiniste prend 17 otages (dont min. des Aff. étr., 4 autres min.), obtient rançon de 5 millions de $ et libération de 20 pris. pol., part en avion à Cuba. **1978**-*10-1* Pedro Joaquim Chamorro, Pt de l'Union démocrate de la libér., directeur de « la Prensa », assassiné. -*12-1* ses obsèques tournent à l'émeute. -*3-2* les sand. attaquent casernes. -*22/28-2* insurrection à Masaya écrasée. -*9-3* Gal Raynoldo Perez Vega, chef d'é.-major de la Garde nat., assassiné. -*20-7* attaque des bâtiments de la Garde nat. à Managua. -*22-8* palais nat. de Managua occupé ; parlementaires pris en otage par sand. (F.S.L.N) dirigés par Cdt Eden Pastora. -*25-8* grève. -*8-9* insurrection en province. -*20-9* Garde nat. reprend Esteli (massacre femmes et enfants) ; exode (16 000 réfugiés au Costa Rica et Honduras). -*7-12* état de siège levé. **1979**-*10-2* assistance mil. amér. supprimée. *Avril* soulèvements à Esteli, Leon. -*4-6* grève gén. -*8-6* soulèv. de Managua. -*17-7* Pt Somoza part pour Miami (fortune de sa famille au Nord : 600 millions de $). Bilan 40 000 †, 150 000 bl., économie ruinée, villes détruites.

Époque sandiniste. 1979-*19-7* arrivée des sand. Francisco Urcuyo Maliano Pt par intérim, nommé *16-7*, démissionne. -*20-7* Junte de Gouv. de Reconstruction nationale (J.G.R.N.) (5 membres : Moises

Hassan, Daniel Ortega, Sergio Ramirez, Violetta Chamorro, Alfonso Robelo). *-24-7* état d'urgence. *-25-7* banques nationalisées. *-21-8* lois fondamentales rétablissant libertés, peine de mort supprimée. *-17-10* Cies d'assur. et *-3-11* ind. minière nation. **1980**-*19-4* Violetta Chamorro et Alfonso Robelo démissionnent, remplacés (21-8) par 2 m. modérés : Rafael Cordoba et Arturo Cruz. *-19-9* Somoza assassiné au Paraguay. **1981**-*23-1* suspension des crédits amér. *-5-3* J.G.R.N. passe à 3 membres : Rafael Cordoba, Sergio Ramirez et Daniel Ortega. *-9-7* Eden Pastora quitte N. *-19-7* loi de réforme agraire. *-30-9* lois d'urgence écon. et sociale. **1982**-*14-1* frontière avec Honduras le long du Rio Coco déclarée zone mil., installation de 8 500 Indiens Miskitos à l'intérieur ; 10 000 Indiens se retrouvent au Honduras sous encadrement somoziste et hond. *-11-3* U.S.A. confirme allocation de 19 millions de $ aux somozistes. *-15-3* état d'urgence, tentative d'invasion des som., 200 †. *mai* visite de Jean-Paul II. *-24-7* 14 paysans torturés puis tués à San Francisco par som. **1983**-*19-7* remise de 200 000 ha aux coopératives et petits propr. *-10-10* port de Corinto bombardé. **1984**-*11-4* C.I.A. suspend minage des ports. *30-5* Pastora blessé. En 1984 sandinistes tués 1 000, civils 600 ; contras (guérilleros de l'opposition) 3 000 †, 1 000 blessés. *-10-12* Père Fernando Cardenal, miss. de la culture, exclu des Jésuites (6-2-85), sera suspendu *a divinis* pour avoir refusé d'abandonner ses fonctions. **1985**-*1-5* U.S.A. décident embargo commercial total. — *13-5* Pt Ortega en Fr.

Statut. Rép. Pt Daniel Ortega Saavedra (n. 11-11-45, élu 4-11-84). *Junte de Gouvernement de Reconstruction nationale* (J.G.R.N.) dep. 1979 : partage pouvoir législatif avec Conseil d'État représentatif des partis, associations et syndicats. *Élections du 4-11-84. Ass. Constituante* (90 s.), % des voix : F.S.L.N. 67, P.C.D. 10, P.L.I. 10, P.P.S.C. 5. Abstentions 20. **Fête nat.** : 19 juillet (anniversaire de la chute de Somoza). **Prisonniers polit.** + de 6 000 (85).

Partis. *Front sandiniste de Libér. nat.* (F.S.L.N.), f. 1961 par Carlos Fonseca, Silvio Mayorga et Tomas Borge. *Mouvement d'action populaire marxiste-lén.* (M.A.P.-M.L.), f. 1972. *P. conservateur démocrate* (P.C.D.), fondé en 1956, issu du P. conservateur, un de ses dirigeants, Rafael Cordoba, est membre de la J.G.R.N. dep. 21-8-80. *P. communiste du N.* (P.C.d.N.). *P. libéral constitutionnaliste* (P.C.L.), n. 1967 d'une scission du P. libéral de Somoza. *P. libéral indépendant* (P.L.I.), f. 1946 par dissidents du P. libéral. *P. social chrétien* (P.S.C.), f. 1956, démo-chrétien. *P. populaire social chrétien* (P.P.S.C.), n. d'une scission du P.S.C. *P. socialiste N.* (P.S.N.), f. 1944, marxiste-lén. *Indiens* (Unité sandiniste de Miskitos, Sumos et Rams). *P. social démocrate*, f. 1980.

Opposition. *A.R.D.E.* (Alliance rév. dém.) : au Costa Rica ; leaders : Alfonso Robelo et Eden Pastora, dit « Cdt Zéro ». *F.N.D.* (Force dém. nicarag.) au Honduras ; leader : Adolfo Calero.

P.I.B. (83) 900 $ par h. **Croissance écon.** (83) 5 %. **Pop. active** (%, entre par. part du P.N.B. en %) agr. 43 (22), ind. 18 (30), services 37 (48), mines 2 (1). **Inflation.** *1980* : 35,3 %. *81* : 88,3. *82* : 24,8. *83* : 31. *84* : 35,7. **Dette extérieure** (fin 83) 3 000 millions de $.

Agriculture. *Terres* (millions d'ha, 1981) arables 1 085, t. cult. 171, pâturages 4 940, forêts 4 480, eaux 1 309, divers 2 459. *Production* (milliers de t, 1982) canne à sucre 2 900, coton 67, café 64 (84 : 50), tabac 2,8, maïs 188, haricots 49, riz 87. *Élevage* (milliers de têtes, 1983) volailles 5, bovins 2,2, porcs 0,5, chevaux 0,3.

Mines. Or et argent (1981) : 35 millions de $. **Industrie.** Huiles, sucre, prod. chimiques, ciment, textile. **Transports** (km). Routes 24 100 (en tout temps 8 150). Chemins de fer 373.

Commerce (millions de $ US, 1983). *Exportations* 440 *dont* sucre 113, café 111, bananes 87, coton 52 *vers* (%) Europe occid. 41,5, U.S.A. 22,7, Amér. centrale 21,5, Amér. latine 3,8, pays soc. 3,5. *Importations* 710 *dont* (%, 79) prod. alim. 35, biens de consommation 27, fuel et lubrifiants 21, biens d'équip. 10 *de* Amér. latine 27, Europe occid. 22,2, U.S.A. 19, Amér. centrale 16,8, pays soc. 11,5.

Rang dans le monde (83). 18e café.

NIGER

V. légende p. 787.

Situation. Afrique. 1 189 000 km² (1 267 000 selon l'O.N.U.). *Frontières* 5 500 km. *Alt. max.* 2 022 m. 3 *régions* naturelles délimitées par les pluies : zone soudanienne ou sud-sahélienne 200 à 300 m d'alt., 800 à

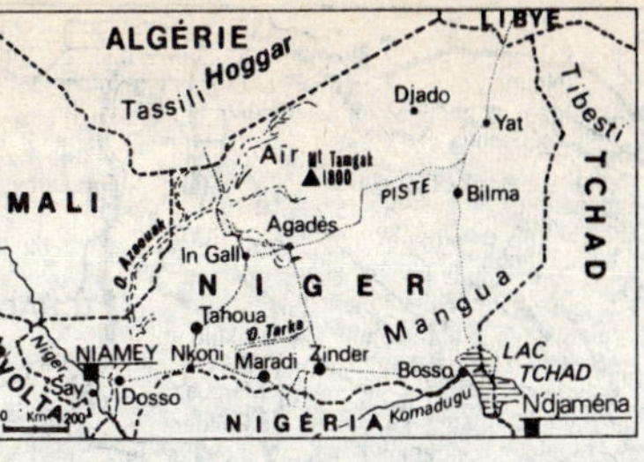

900 mm préc. (autour de Gaya, savane arborée et arbustive), z. sud-sahélienne (750 à 350 mm, cultures) et n.-sahélienne (350 à 200 mm, élevage), z. sahélienne désertique (au N., erg de Ténéré, montagne de l'Aïr), z. fluviale du Niger : env. 500 km, fleuve permanent sauf à de rares exceptions en étiage en mai/juin, quelques rivières affluentes semi-permanentes, et lacs permanents (l. Tchad à la frontière Sud-Est). **Climat** : sahélien (saison sèche oct.-juin, humide juin-oct., max. 46 °C à l'ombre. Désertique au N.). Distance : Cotonou 1 100, Lagos 1 450, Lomé 1 350.

Population. 6 350 000 h. (est. 85). *Ethnies (% 85)* : Haoussas 56, Zarma-Songhai 22, Peulhs 10, Touaregs 8, Kanouris 4. Env. 5 000 Français, dont 400 coopérants (82). D. 5,34. — *de 15 a.* 47 %, + de *60 a.* 4,8 %. **Villes** (82) : *Niamey* 400 000 h., Zinder 74 600, Maradi 58 600, Tahoua 38 800, Agadès 27 000, Arlit 15 000. **Langues.** En % : français *(off.)* 8, haoussa 60, djerma ou songaï 25, tamahek 10 (écr. tifinar), foulfoulde 10, kanouri ou béri-béri 9, toubou, gourmantché. **Religions.** Musulmans 90 %, animistes, chrétiens.

Histoire. 1590 domination marocaine. **1780** Touaregs installent capitale à Agadès. **1891** occupé par Fr. **1901** création du territoire du N. **1920** pacifié. **1922**-*23-10* colonie dans l'A.O.F. **1956** *juin* autonomie interne. **1958**-*18-12* rép. autonome. **1960**-*3-8* indépendance. **1974**-*15-4* coup d'État milit. dépose le Pt Diori Hamani (n. 6-6-16). **1976**-*15-3* échec du coup d'État organisé par Bayère Moussu (exécuté le 21-4-76). **1982**-*19/20-5* visite du Pt Mitterrand. **1983**-*6-10* échec d'un coup de force. *-14-11* gouv. exclusivement civil. **1984**-*14-4* ex-Pt Diori libéré.

Statut. Rép. *Const.* du 8-11-1960 (suspendue dep. avril 74). *Ass. nat.* (50 m. élus pour 5 ans, dissoute en 1974). Partis interdits. *Pt du Conseil militaire suprême* (11 m.) Gal Seyni Kountché (n. 1931) dep. 15-4-74. *P.M.* Hamid Algabid dep. 14-11-83. 7 *départements. 3/4-8-1983* Création Cons. nat. de la Soc. de dév. (rôle d'Assemblée constituante), Mamane Oumarou Nommé Pt par le chef de l'État. **Fête nat.** : 3 août (indép.), 18 déc. (Rép.), 15 avril (coup d'État de 1974).

Économie

P.N.B. ($ par h.) *1982* : 300, *83* : 240. **Pop. active** (% et entre par. part du P.N.B. en %) agr. 70 (31), ind. 5 (10), services 20 (39), mines 5 (20).

Inflation (%). *1981* : 20,8, *82* : 6,6, *83* : 2,5, *84* : 8. **Dette extérieure publique.** 45 milliards de F. (53 après rééchelonnement). **Aide de la France.** 550 milliards de FF. dont 310 de prêts en 83.

Agriculture. *Terres* (milliers d'ha, 81) 126 700 dont arables 3 450, pâturages 9 668, forêt 2 840, eaux 30. *Production* (milliers de t, 83) mil et sorgho 1 680 (85), canne à sucre 140, légumineuses 253, manioc 180, arachides 8,5 (85), oignons 112, riz 55 (85), patates douces 31, coton 5 (85). 1984 : sécheresse.

Élevage (milliers de têtes, 83). Volailles 12 000, chèvres 7 478, bovins 3 539, moutons 3 448, ânes 502, chameaux 415, chevaux 283. Les peaux de chèvres rousses de Maradi après tannage donnent du daim. **Pêche.** 6 800 t (82).

Mines. Uranium (région de l'Aïr) 3 350 t (85). Le prix du kg d'uranium (en milliers F C.F.A. : *74* : 5,4 ; *79-80* : 24,5 ; *81* : 20 ; *82* : 24 ; *83* : 27,5 ; *84* : 24,25 ; *85* : 30). Cassitérite env. 60 t/an. Charbon (Anou, Araren), phosphate, marbre, kaolin, pétrole. **Industrie.** Brasserie, textile, ciment, savon.

Transports. Routes 8 587 km (82) dont 2 910 bitumées, 3 130 en latérite de bonne qualité. **Tourisme.** Régions du Ténéré et de l'Aïr. Parc régional du W.

Commerce (milliards de F C.F.A. 84). *Exportations* 135,5 *dont* uranium 101,4, animaux vivants, cuirs et peaux, légumes, coton égrené, tourteaux d'arachide, viande *vers* (82) France 44, Nigeria 21,2, Italie 4,7, All. féd. 2,5. *Importations* 145,8 *dont* (82) mach. 25,6, prod. pétr. 20,5, céréales 12,5, autom. 11,5, text. 10,3, sel soufre et mat. de constr. 5,8, fer et acier 5,6 *de* France 49,7, Nigeria 18,4, Algérie 10, Bénin 6,4, Pakistan 6,1, U.S.A. 5,1, All. féd. 5, P.-bas 3,8, Japon 3,4, Italie 2,9, C. d'Ivoire 1,5.

Rang dans le monde (83). 5e uranium.

NIGERIA

Carte p. 948. V. légende p. 787.

Situation. Afrique. 923 768 km². *Frontières* : Cameroun 1 500 km, Niger 1 500 km, Bénin 750 km (lac Tchad 95). *Côtes* 800 km (Atlantique). *Régions* : delta du Niger et plaine côtière au S. ; plateaux centraux s'inclinant au N. vers le Niger et le Tchad. *Alt. max.* : Pic Vogel 2 040 m à l'E. **Climat** : tropical humide, temp. élevées max. 40 °C au N. : *pluies* : au S. 2 500 mm, N. et N.-E. 500 mm.

Population. 93 700 000 h. (est. 86) [Haoussas (N.) 32 %, Yorubas (O.) 18 %, Ibos (E.) 18 %]. Env. 140 446 000 h. en 2000. — *de 18 a.* 50 %. D. 101,4. **Villes** : *Lagos* 3 500 000 h. (est.) (nouvelle cap. *Abuja*, installation de 1982 à 1987, à 550 km de Lagos). Ibadan 3 500 000 (est.) (à 89 km), Kano 1 000 000 (701), Ogbomosho 525 000, Kaduna 500 000 (553), Ilorin 425 000, Oshogbo 405 000, Port-Harcourt 400 000 (427), Abeokuta 320 000.

Langues. Anglais *(off.)*, 150 langues locales (haoussa, yoruba, ibo, edo, kanuri, tiv et foulfoulde).

Religions (%). Islamisme 47 (dans le N.), christianisme 34 (dans le S.) (anglicanisme et protestantisme à l'O., catholicisme à l'E.), animisme 19.

Histoire. VIe-IIIe s. av. J.-C. N. (Haoussas) habité par des agriculteurs connaissant fer, étain, art des statuettes (civilisation de Nok) ; Sud (Yorubas et Ibos) sous leur influence. **VIIIe-XIIIe s. apr. J.-C.** montagnes de Bornou (au N.) sont le centre d'un emp. haoussa, musulman, dit emp. de Kanem qui occupe O. et E. du lac Tchad, jusqu'au Soudan. **XIVe s.** l'empire s'effondre, Bornou se transforme en émirat musulman qui rayonne sur Sahara (anéanti par les Peuhls en 1808). **XVe-XVIe s.** les non-musulmans du S., Yorubas et Ibos, fondent 2 roy. : Oyo et Bénin qui ressuscitent la civilisation de Nok. Centre culturel : Ife (statuaire laiton et terre cuite). **1452** Portugais entrent en contact avec Bénin sur les côtes ; **apr. 1500** organisent commerce des esclaves. **1553** Anglais détruisent comptoirs port. et monopolisent traite des Noirs. **1713** abandonné par Port. aux Angl. **XVIIe-XVIIIe s.** roy. yoruba d'Oyo s'étend à l'O. jusqu'au Dahomey et Togo (détruit par Peuhls 1835) ; roy. du Bénin se maintient. **1861-1900** acquisition par Brit. **1914** colonie brit. **1922** élections directes à Lagos et Calabar. **1946, 1951** Constitution. **1953**-*15/19-5* émeute de Kano. **1957** régions Est et Ouest autonomes. **1959** région du N. autonome. **1960**-*1-10* indépendance. **1961**-*1-6* plébiscite N.-Cameroun (ex-brit.), s'intègre au Nig. du N. **1963**-*1-10* Rép. Constitution fédérale. **1964** *déc.* él. fédérales : affrontement N.-S. **1965**-*7-1* Azikiwe, Pt de la Rép., nomme P.M. Sir Abubakar Tafawa Balewa ; révolte tiv réprimée (3 000 †). **1966** 2 coups d'État mil. : *-16-1* putsch Ibo : Gal Ironsi (P.M. A.T. Balewa, Festus Okoté Eboh min. des Finances, Sir Ahmadou Bello et Akintola assassinés) ; *-24-3* régions seront remplacées par des provinces. Partis pol. dissous. Réaction nordiste, des centaines d'Ibos égorgés dans le N. *Fin juin* des centaines de milliers d'Ibos fugitifs regagnent le N. *-28-7* Gal Ironsi assassiné par des nordistes. *-29-7* Gal Yakubu Gowon (n. 19-10-34) P.M. suspend décret d'unification. *Août-sept.-oct.* 30 000 Ibos tués dans le N., plus d'un million fuient vers l'E. **1967**-*4-1* conférence d'Aburi (Ghâna) sur répartition des revenus pétroliers (258 millions de $ en 1966) entre régions prod. et gouv. central : échec. *-25-5* 12 États remplaceront les 4 régions (*N.* : Haoussa Foulani ; *O.* : Yoruba ; *Centre-O.* : Edo ; *E.* : Ibo), les limites de 3 États sont calculées pour empêcher les Ibos de profiter des revenus du pétrole : État des Rivières [(cap. Port-Harcourt) 1 000 000 d'Ijaws et 1 000 000 d'Ibos] produit 63 % du pétrole nig. ; État du S.-E. [(cap. Calabar), 2 500 000 Ibibios et Efiks, 2 000 000 d'Ekois et 8 autres ethnies], le + mal desservi et le + pauvre ; État du Centre-E. [(cap. Enugu) 7 000 000 Ibos], produit 3 % du pétrole nig. *-30-5* Lt-Col. Emeka Ojukwu (n. 1931) proclame ind. de l'E. sous le nom de *Biafra* [(75 000 km², 14 000 000 h. Ibos 2/3, Ibibios, Efiks, Ekors, Ijaws). *Villes* : *Enugu, Port-Harcourt.* Devient rép. ind., reconnue par Côte-d'Ivoire, Gabon, Haïti, Tanzanie, Zambie]. *-6-7* **début de la g. du Biafra.**

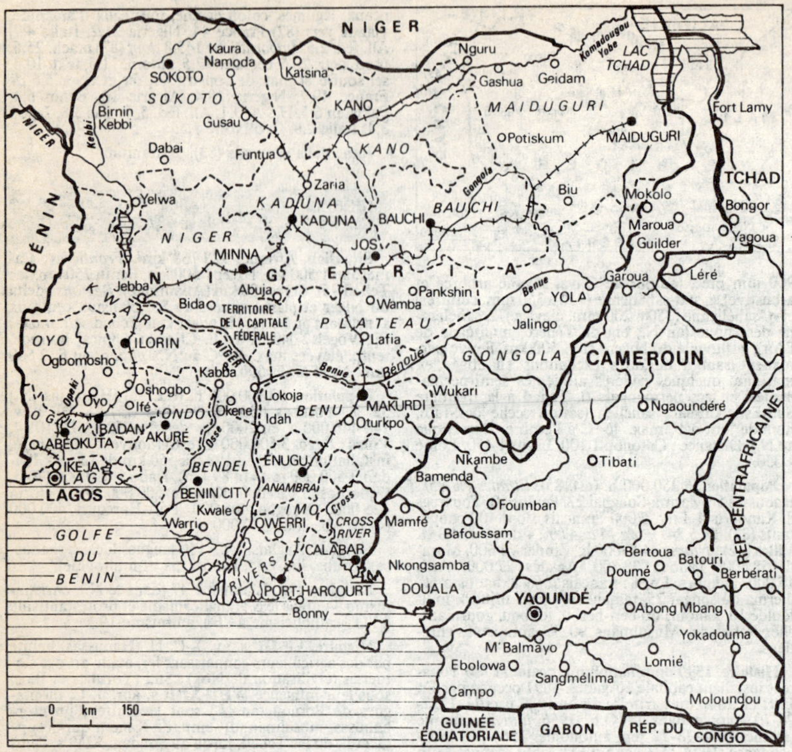

1970-*12-1* capitulation (il y a eu 1 000 000 † dont beaucoup d'enfants morts de faim).

1971 membre de l'O.P.E.P. **1973** *févr.*/**1974** *févr.* agitation étudiante. **1975**-*29-7* Gal Gowon renversé ; Gal Murtala Mohammed (n. 1937, Haoussa, mus.) lui succède. *-6-8* gouv. sous autorité du Conseil mil. sup. *-24/25-11* affrontements dans S.-E. : 13 †, 100 bl., 7 000 sans-abri. **1976**-*3-2* création de 7 nouveaux États. *-12/13-2* coup d'État du Lt-C^el^ Dimka et de jeunes off. : échec ; Pt Mohammed tué. *-14-2* Gal O. Obasanjo Pt. *-11-/12-3* 32 putschistes de févr. exécutés. **1979**-*31-7* avoirs B.P. nationalisés. *-1-10* armée rend pouvoir aux civils. **1980**-*18/30-12* troubles religieux à Kano, affrontements partisans de Mallam Mohammed Marwa avec armée, 4 117 †. **1981**-*10-7* émeutes à Kano. **1982**-*12/17-2* Jean-Paul II au N. *-18-5* C^el^ Emeka Ojukwu, gracié. *Oct.* émeutes de Maduguri, 300 †. **1983**-*17-1* étrangers en situation illégale doivent quitter N. avant 31-1 (2 000 000 partent vers Ghāna 800 000 à 1 000 000, Bénin 200 000 à 500 000, Tchad 700 000, Niger 150 000 à 200 000, Cameroun, Togo). *Août à oct.* élections + de 100 †. *-20-8* él. sénatoriales (Gal Ojukwu anc. Pt du Biafra élu). *-5-12* retour triomphal après 8 ans d'exil du Gal Gowon. *-31-12* Gal Mohammed Buhari renverse gouv. civ. de Shehu Shagari dénoncé comme incapable de lutter contre corruption et crise éco. **1984**-*27-2* au *-5-3* émeutes religieuses à Yola (N.-E.) 1 000 †. *-1-10* Ojukwu libéré. **1985** *Avril-mai* renvoi immigrés illégaux (700 000). *-26-4* émeutes musulmans « Maitatsine » dans N.-E., 11 †. *-20-12* complot milit. déjoué. **1986**-*1-1* N. limitera remboursement de sa dette. *-6-3* officiers comploteurs fusillés.

Statut. Rép. fédérale membre du Commonwealth. *Constit.* du 31-12-83, suspendue 31-12-84. *Pt* assisté d'un *Conseil militaire. Ass.* dissoute dep. 31-12-83. 19 *États.* **Fête nat.** : 1er oct. (proclamation de la Rép. en 1963).

Partis interdits dep. janv. 84 : *P. national du N.,* f. 1978, Pt Adisa Akinloye. *Alliance des P. progressistes,* f. 1982, regroupera : *Grand P. du peuple n.,* f. 1978, Pt Alhaji Waziri Ibrahim ; *P. du peuple n.,* f. 1978, Pt Nnamdi Azikiwe (2 146 183 m. en 80) ; *P. de la rédemption du peuple,* f. 1978, Pt Alhaji Aminu Kano ; *P. de l'unité du N.,* f. 1978, Pt Chef Obafemi Awolowo.

Élections. *Sénat* (7-7-79) : électeurs 48 000 000 (dont 52 % de femmes), Parti nat. du N. 36 s., P. de l'unité 28 s., P. pop. du N. 16 s., P. pop. du grand N. 8 s., P. pour la libération du peuple 7 s. *Chambre des représentants* (14-7-79) : P. nat. 168 s., P. de l'unité 111, P. pop. 78, P. pour la libération 49, P. pop. du grand N. 43. *Présidentielles* (11-8-1979) : 16 844 000 suffr. exprimés, Shagari 5 688 000 v. (33 %), Awolowo 4 916 000 v., Azikiwe 2 822 000 v., Kano 1 732 000 v., Ibrahim 1 686 000 v.

Présidents. 1963 *oct.* Dr Nnamdi Azikiwe. **66** *janv.* Gal J.T. Aguiyi Ironsi ; *août* Gal Yakubu Gowon. **75** *août* Gal Murtala Mohammed. **76**-*14-2* Gal Olusegun Obasanjo (n. 5-3-37). **79**-*1-10* Alhaji Shelhu Shagari (n. 25-4-25). **84**-*1-1* gén. Mohammed Buhari (41 ans). **85**-*27-08* Gal Ibrahim Babangida.

Économie

P.N.B. (84) 559 $ par h. **Pop. active** (%, entre par. part du P.N.B. en %) agr. 50 (23), mines 8 (16), ind. 11 (8), services 31 (39). **Inflation** (%) *1979 :* 11,2, *80 :* 10,4, *81 :* 20,8, *82 :* 20, *83 :* 23,2, *84 :* 40. **Dette extérieure.** 16,8 milliards de $ (84). **Revenus de l'État** (milliards de $). 1983 : 14,9 ; *84 :* 15,4 ; *86 :* 22 à 25 (?).

Agriculture. *Terres* (milliers d'ha, 82) arables 27 900, t. cult. 2 535, pâturages 20 920, forêts 14 300, eaux 1 300, divers 25 400. *Production* (milliers de t, 82) manioc 9 950, racines et tubercules 16 625, sorgho 2 660, millet 2 300, légumineuses 940 (82), plantain 1 420, canne à sucre 1 150, maïs 1 600, arachides 450, cacao 150, caoutchouc 40, huile de palme 710, riz 1 000, noix de coco 90. **Forêts.** 83 187 m³ de bois (82). **Élevage** (milliers de têtes, 83). Volailles 180 000, chèvres 24 000, bovins 12 800, moutons 8 000, porcs 900, ânes 700. **Pêche.** 512 000 t (82).

Mines (milliers de t, 83). Charbon (réserves 650 millions de t) 49,5, étain, colombite (80 % de la prod. mondiale), pierre à chaux, marbre, fer, zinc, or. *Pétrole* (millions de t). Réserves 2 200 ; prod. (entre par. revenus en millions de $) *1979 :* 115 (25), *80 :* 102 (27), *81 :* 73, *82 :* 65 (16 soit 80 % du budget de l'État, 90 % des exportations), *83 :* 62 (12), *84 :* 67 (16) (68,8 % des recettes nigériennes), *85 :* (11 à 12). *Gaz* (milliards de m³). Réserves 1 350 en 84 ; prod. 15.

Industrie. Ciment, tôle, coton, détergents, prod. alim., boissons gazeuses, bière, sucre, montage de voitures (Peugeot, Volkswagen). **Transports** (km). Routes 105 000, chemins de fer 4 195, voies navigables 6 000. **Tourisme.** 113 027 vis. (76).

Commerce (milliards de $, 84). **Exp.** 11,9 *dont* pétrole 95 % *vers* France 2,5, Italie 1,9, U.S.A. 1,6, P.-B. 1,5, All. féd. 1,2, Brésil 0,7, G.-B. 0,4. **Imp.** 9,4 *de* G.-B. 1, France 0,91, U.S.A. 0,57, Japon 0,44, All. féd. 0,41, Italie 0,32, P.-Bas 0,15). Solde commercial (millions de $). *1981 :* − 4,29, *82 :* − 1,2, *83 :* − 0,4, *84 :* + 0,37, *85 :* (prév.) + 3,7.

Rang dans le monde (83). 4e cacao. 8e bois. 11e pétrole. 12e rés. pétrole. 13e rés. gaz nat. 20e bovins. 23e ovins.

NORVÈGE

Carte p. 849. V. légende p. 787.

Nom. Vient de *Nordvegr* (actuellement *Norge*), la route vers le N.

Situation. Europe. 40 % de la Scandinavie. 386 963 km² dont *Norvège* 323 883 et îles *Svalbard* 62 700, *Jan Mayen* 380, *Pierre-Ier* 249,2, *Bouvet* 58,5. *Zone économique* des 200 milles marins : 900 000 km². *Long.* 1 752 km. *Larg.* 6,3 à 430. *Alt. max.* Galdhopiggen 2 469 m, Glittertinden 2 465 m, *moy.* 500 m. *Côtes* 2 650 km (21 347 avec fjords et baies). Périmètre des îles : 35 662 km. *Fjord* le plus long : Sognefjord 204 km, 50 000 îles (dont 2 000 hab.). *Cascades :* nombreuses [Mardalsfossen 297 m (record d'Europe)] ; Voringsfossen (182 m). *Frontières :* 2 542 km dont Suède 1 619, Finlande 727, U.R.S.S. 196. **Régions.** N. (Finnmark) : plateaux et collines peu élevés, fjords profonds. S. : montagnes et vallées. *Nombreux glaciers* (le plus étendu : Jostedalsfossen 496 km²). Nombreux lacs : Mjosa 368 km², Hornindal (prof. 514 m, le plus profond d'Europe). **Soleil de minuit** (disque solaire vu en entier) (au cap Nord : 13-5/29-7 ; période d'obscurité : 18-11/24-1). Hammerfest, *la ville la plus au N. du monde* 70° 39′ 46″ lat. N. ; 23° 48′ longitude E. (7 135 h.). **Temp. moy.** (Oslo) 5,9 °C, mois le plus froid : janv. − 4,7 °C ; le plus chaud : juill. 17,3 °C.

Population. 4 145 845 h. (85) [*1769 :* 723 618, *1801 :* 883 487, *1825 :* 1 051 318, *1900 :* 2 240 032, *1930 :* 2 814 194, *1950 :* 3 278 546, *1960 :* 3 591 234, *1970 :* 3 874 133]. 20 000 Lapons, 10 000 descendants d'émigrés finlandais. − *de 15 a.* 23,5 %, + *de 60 a.* 19,6 %. 80 % ont les yeux bleus et les cheveux blonds. Taille moy. H. 179,2 cm. F. 163. *Immigrants* (1-1-84) 94 443 dont 59 321 Européens, 17 650 Asiatiques, 13 464 Américains, 3 197 Africains. D. 10,7. **Villes** (1-1-85) : *Oslo* (appelé Christiania du XVIIe s. à 1925) 447 351 h., Bergen (à 490 km) 207 416, Trondheim (à 553 km) 134 075 (la + grande église du Moyen Age de Scand.), Stavanger (à 590 km) 94 197, Kristiansand 62 197, Drammer 50 749, Ringerike 26 870, Tromsø 47 753, Skien 46 656, Sandnes 39 678, Ålesund 35 008, Sandefjord 35 011, Bodø 34 013, Fredrikstad 27 125, Narvik 18 865 (port d'embarquement du minerai de fer suédois).

Langues. *Bokmaal* (riksmaal ; c.-à-d. l. administrative ; variété norvégienne du danois ; seule l. off. pendant 400 a. ; 1re l. enseignée à 80/85 %) et *nynorsk* (« nouveau norv. », variété écrite et modernisée du landsmaal, « l. de campagne », héritière du norv. parlé avant la conquête danoise). Les 2 l. sont officielles, mais le nynorsk n'arrive pas à supplanter le riksmaal. On a essayé de créer une 3e l., le *samnorsk* (norv. commun). **Religions** (%). Église de Norvège (rel. d'État) 87,8, autres 3,8, sans 3,2, non désignée 5,2.

Histoire. 800-900 Vikings plus actifs. Petites communautés agricoles norvégiennes s'organisent en régions administratives et militaires. **V. 875** colonies vikings dans les Hébrides, île de Man, Shetland et Orcades, en Angl., Irlande et Normandie. **V. 900** unification du royaume. Bataille de Hafrsfjord. Roi Harald « aux beaux cheveux » 1er souverain à régner en N. **V. 1000** Leiv Eriksson découvre Groenland et Amérique. Conversion au christianisme. Conquise plusieurs fois par Danois. **1030** Olav. Haraldsson, roi, tué par D. à la *bat. de Stiklestad* (canonisé : saint Olav, patron de la N.). Magnus le Bon (1035-47) règne sur le Danemark de 1042 à 1047, monarchie consolidée. **1066** Harald le Sévère (1047-60) perd le D. et meurt à Stanford Bridge ; il cherchait à conquérir l'Angl. (dernière expédition viking). **1130-1240** le double système de l'hérédité et de l'élection au trône conduit aux g. civiles. **1163** Magnus V couronné. L'Église a tout pouvoir de trancher entre les prétendants. **1194** roi Sverre Sigurdsson excommunié. **1217-63** fin des g. civiles. Apogée : Islande et Groenland appartiennent à la couronne de N. Snorri Sturlason écrit la saga des rois de N. **1274-76** Magnus le Législateur promulgue la 1re loi valable pour tout le pays. **1319-60** union personnelle avec Suède. **1349-50** peste noire. **1380** union avec Danemark jusqu'en 1814. **1397** union de Kalmar : Suède (quitte en 1521), Danemark, N. **1468-69** Orcades et Shetland remises au roi d'Écosse. **1563-70** g. 7 Ans. **1807-1814** g. contre Angl. et Suède. Blocus et famine. **1811** 1re université n. **1814** *tr. de Kiel :* Danemark cède N. à Suède. *-17-5* constitution, prince danois élu roi de N. *Juill.-août* g. avec Suède. Le roi renonce au trône et le 1er Storting (parlement) n. approuve union avec Suède (1814-1905). **1837** autonomie communale. **1866-73** émigration : + de 100 000 personnes surtout vers U.S.A. **1884** système parlementaire. **1898** suffrage universel pour hommes.

1900-10 émigration (200 000 pers.). Au total, 880 000 N. vont outre-mer. **1905** tr de Karlstad. *-7-6* dissolution de l'union avec Suède. Indépendance. *12/13-11* réf. (pour le royaume 259 563, pour la rép. 69 264). *-18-11* vote du Storting pour le roi (Carl de Danemark : Haakon VII). **1913** suffrage universel pour femmes. **1914-18** neutre pendant la 1re g. mondiale, sa flotte marchande subit des pertes. **1920** partage de la mer de Barentz avec U.R.S.S. (ratifié en N. le 14-8-1925). **1925** Svalbard sous souveraineté n. **1933** arbitrage de la cour de La Haye, Groenland reste danois. **1940**-*9-4* invasion all. *Juin* gouv. exilé à Londres. *-28-5* Anglo-Fr. prennent Narvik. *-3/7-6* rembarquent pour G.-B. **1942** *févr.* gouv. nazi, P.M. Vidkun Quisling (1887-exécuté oct. 45). **1945**-*8-5* libération. **1952** Conseil nordique (Danemark, Finlande, Islande, Suède). **1971** exploitation pétrole mer du N. **1972 sept.** référendum : contre adhésion au Marché commun (53,9 %). **1973** accord commercial avec C.E.E. **1977**-*1-1* zone économique (pêcheries, expl. du fond marin, forages) 200 milles m. Négociation avec U.R.S.S. sur partage mer de Barentz (seul accès à l'Atlantique non pris par les glaces pour la flotte soviét. de Mourmansk). **1981**-*15-1* manif. contre centrale hydroélectrique sur l'Alta. **1984**-*14/15-5* Pt Mitterrand en N. **1986**-*11-5* dévaluation 12 %.

Statut. Roy. État confessionnel. Const. du 17-5-1814 *(Grunnlov). Parlement,* le *Storting* (157 m. élus p. 4 a.) qui se répartit en 2 sections, le *Lagting* et l'*Odelsting*. Le roi ne peut dissoudre le Parl. 19 *comtés (fylker). P.M.* dep. 9-5-86 Mme Gro Harlem Brundtland (47 ans) travailliste [avant : Kaare Willoch (n. 3-10-28) dep. 14-10-81]. **Fête nat.** : 17 mai (Constit.).

Élections *du 12-09-85.* **%** des voix et entre parenthèses sièges. Travaillistes 40,8 (71), Conservateurs 30,4 (50), Centristes 6,6 (12), Chrétiens populaires 8,3 (16), Libéraux 3,1 (0), Libéraux populaires 0,5 (0), Progrès 3,7 (2), Socialistes de gauche 5,5 (6), Communistes 0,2 (0), Alliance électorale rouge 0,6 (0).

Partis. *P. travailliste :* f. 1887, Gro Harlem Brundtland. *P. conservateur :* f. 1884, Erling Norvik. *P. chrétien-populaire :* f. 1933, Kjell-Magne Bondevik. *P. centriste :* f. 1920, Johan J. Jakobsen. *P. socialiste de gauche :* f. 1975, Theo Koritzinsky. *P. libéral :* f. 1884, Øyvin Bjorvatn. *Alliance électorale rouge :* Jahn Arne Olsen. *P. du Progrès :* f. 1972, Carl I Hagen. *P. libéral populaire :* f. 1972, Oyvind Bjorvatn. *P. communiste :* Hans Kleven.

Rois de Norvège

1814 *17-5* Christian, Pce de Danemark [(1786-1848) petit-fils du roi de Dan. Frédéric II, roi de Dan. 1839] élu roi sous le nom de Christian-Frédéric. Les autres États n'ayant pas reconnu cette élection, une convention (14-8-1814) proclama l'indépendance de la N. en union personnelle avec la Suède (les rois de S. devenant également rois de N.). Union dissoute 7-6-1905 à la demande de la N.

1905 (plébiscite des 12/13-11) Haakon vii (1872-1957), Pce Carl de Danemark, 2e fils du roi de Dan. Frédéric VIII (1843-1912) et fr. de Christian X (1870-1947) roi de Dan., ép. 1896 Pcesse Maud de G.-B. et d'Irl. (1869-1938), f. du roi Édouard VII.

1957 *21-9* Olav V (2-7-1903), Pce Alexander de Dan., s. f. Ép. 21-3-29 Pcesse Martha de Suède (28-03-01/5-4-54), f. du Pce Charles de S. duc de Westrogothie (1861-1951), et sœur d'Astrid de Belgique. *3 enfants : Ragnhild* (9-6-30), ép. 1953 Erling Lorentzen, armateur ; par suite de son mariage, a perdu le prédicat d'Alt. roy. *Astrid* (12-2-32), ép. 12-1-61 Johan Ferner, homme d'affaires ; par suite de son mariage a perdu le prédicat d'Alt. roy. *Harald,* Pce royal (21-2-37), ép. 29-8-68 Sonja Haraldsen (4-7-37). Enfants : Martha Louise (22-9-71) et Haakon Magnus (20-7-73).

Dépendances

● **Iles Svalbard** (Spitzbergen, île Blanche, île du Roi-Charles, île Hope, île aux Ours) [Arctique]. Archipel 62 700 km². *Pop. 1983 :* 4 012 h. dont 2 550 Russes et 12 Polonais, *1985 :* 3 480 dont 1 227 Norv. *Capitale : Longyearbyen.* Histoire : **1194** découvertes par Norv. **XVIIe-XVIIIe s.** rivalité N.-Angl.-Holl. pour chasse à la baleine (chasse ensuite épuisée). **1920**-*9-2* tr. de Paris (41 signataires : droits égaux pour exploration et exploitation des ressources minières de l'archipel, ce qui a permis à l'U.R.S.S. d'y exploiter, comme la N., des mines de charbon dep. les années 30). Souveraineté norv. off. reconnue. **1925**-*14-8* sous la juridiction norv. Ressources : Charbon (prod. en 82 3 gisements norv. 359 003 t et 3 russes 475 403 t).

● **Ile Jan Mayen** (Arctique) rattachée à la N. dep. 27-2-30. 380 km². 36 h. Station radio et météo.

● **Ile Bouvet** (Atl. S.) 58,5 km². Station météo. A 2 500 km du cap de Bonne-Espérance. *1739* découverte Jean Bouvet (Fr.). *1825* occupée par G.-B. *1927* occupée par N. *1930-27-2* déclarée norv.

● **Ile Pierre-Ier** (Antarct.) 249,2 km². *1929* visitée par N. *1931-1-5* déclarée norv. Inhabitée.

● **Terre de la reine Maud** (Antarct.). Entre le 20° O. et le 45° S. *1957* déclarée norv. Inhabitée.

Économie

P.N.B. (84) 13 200 $ par h. **Pop. active** (%, entre parenthèses part du P.N.B. en %) agr. 8 (4), ind. 28,4 (21), services 61,6 (55), mines 2 (20). *Chômage* (%). *1981 :* 2, *82 :* 2,5, *83 :* 3,3, *84 :* 3. **Inflation** (%). *1979 :* 4,9, *80 :* 10,9, *81 :* 10,3, *82 :* 11,5, *83 :* 8,4, *84 :* 6,2, *85 :* 5,75. **Dette extérieure** (milliards de $). *1984 :* 11 ; *85 :* 94.

Agriculture. *Terres* (milliers d'ha, 79) t. arables 937, pâturages 108, forêts 6 660, divers 29 462. *Production* (milliers de t, 83), céréales et pois secs 1 072 (froment 96,8, orge 569,4, avoine 400,7), p. de terre 433,5, betteraves 248,6, fourrages 976,6, foin 2 936, paille 129, fruits 80,2, baies 47,6, légumes 150,4. **Forêts.** 8 158 000 m³ (83). Bois, pâte à papier. **Élevage** (milliers de têtes, 84). Bovins 975,7, chevaux 15,8, porcs 818,1, moutons 2 351, chèvres 100,5, poules pondeuses 4 407. **Pêche** (milliers de t, 83). 2 556 dont capelan 944, cabillaud 274, colin 234, merlan 212, hareng 139, maquereau 142, morue 274 ; crustacés 86 (crevettes 84). En 81 : 725 000 t de poissons préparés et conservés ont été exportées.

Énergie. *Pétrole* (millions de t) : réserves 998 (84) : prod. *1975 :* 9,2, *80 :* 24,4, *81 :* 23,5, *82 :* 24,5, *83 :* 30,5, *85 :* 35 surtout gisement d'Ekofisk exploité dep. 71. *Gaz* (milliards de m³) : réserves 557 ; exportations *1982 :* 24,5 ; *83 :* 24,5 ; *84 :* 26,2. **Divers** (milliers de t, 82) charbon 440, fer 2 582, cuivre 27, zinc 31, molybdène, pyrite, tungstène, antimoine, titane, plomb.

Industrie. Raffineries, aluminium, métallurgie, pétrochimie, chimie, papier, ciment, construction navale, électron., alim.

Transports. *Marine marchande :* au 1-1-85. 1 567 navires (15 914 000 tjb dont tankers 8 384 000), 4e flotte de commerce. *Routes* (km, 83) : 83 377 dont goudronnés 48 374 (82). *Chemins de fer* (km, 83) : 4 242 dont électrifiés 2 443, à double voie 94. **Tourisme** (83). 1 378 638 entrées (touristes venant de pays non nordiques).

Commerce (milliards de couronnes, 84). **Exportations** 154 *dont* (en %) combustibles, lubrifiants, électr. etc. 54,6 (dont pétrole 36,6, gaz 17,4), prod. man. 16,7, mach. et mat. de transp. 11, prod. chim. 6,1, prod. alim. et animaux vivants 5,4 (dont poissons et préparations de poisson 4,1), mat. brut (combustibles exclus) 3,5 *vers* (%) G.-B. et Irlande du N. 36,4, All. féd. 17,4, Suède 9,8, P.-Bas 6,4, U.S.A. 5,1. **Importations** 113,1 *dont* (%) mach. et mat. de transp. 36,8, prod. man. 17,7, prod. divers 14,2, combustibles, lubrifiants, électr. 10,3, mat. brut (combustibles exclus) 7,9, prod. alim. et animaux vivants 5,1 *de* (%) Suède 17,2, All. féd. 14,5, G.-B. et I. du N. 10,3, U.S.A. 9, Danemark 6,4, Finlande, Japon 4,8.

Rang dans le monde (83). 7e pêche. 8e gaz nat. 11e rés. gaz nat. 18e pétrole, 19e rés. pétrole.

NOUVELLE-CALÉDONIE

Carte p. 950. V. légende p. 787.

Nom. Donné par James Cook lors de sa découverte en 1774, en souvenir de son Écosse natale.

Situation. Iles du Pacifique à 20 000 km de la France, 1 700 km de la N.-Zélande, 1 500 km de l'Australie. 19 103 km² (Grande-Terre 16 750 km²; *long.* 400 km ; *larg.* 50 km ; *côtes* 880 km ; *alt. max.* Mont Panié 1 628 m ; *montagne* aux paysages variés, ceinture de récifs-barrières). Au S., île des Pins, au N. archipel de Bélep, au N.-O. îles Loyauté. **Climat** tempéré ou semi-tropical (moy. 20-26 °C) et salubre. *Saison sèche* avril-nov. (parfois coupée de pluies en juillet), *pluvieuse et chaude* déc.-mars (cyclones déc.-avr.) avec parfois de longues sécheresses, *saison fraîche* juin à sept. *Forêt* tropicale humide, *savane* à *niaoulis* (petit eucalyptus).

Population. *1956 :* 68 500. *63 :* 86 500. *69 :* 100 600. *76 :* 133 200. *84 :* 145 368 dont (%) Mélanésiens (Canaques) 43, Européens (Caldoches) 37 (dont 23 % nés en N.-Calédonie), Wallisiens 8, Indonésiens 4, Tahitiens 4, Vietnamiens 2, divers 2. – *de 20 ans :* 47 %. D. 7,8. Les autochtones vivent à Nouméa ou en brousse où les tribus mélanésiennes (54 % de la pop. mél.) disposent de réserves foncières inaliénables (370 000 ha). Les Européens descendent de colons arrivés fin XIXe s. et d'anciens forçats et vivent à Nouméa et sur la côte Ouest (75 %). % *de métropolitains : 1976 :* 41,7, *80 :* 43,3, *prév. 85 :* 44,1. *Emploi* (%) : Mélanésiens : agr. 16,9 %, élevage 0,1. Européens agr. 0,5. *Chômeurs de 15 ans et +* (% en 1983) : 5 (Européens 3,1, Mélanésiens 6,8) .

Répartition : Grande-Terre 127 900, *Iles Loyauté* 15 500, *autres îles* 2 600. A *Nouméa* (%) : Européens 53, Mél. 20, autres 26. *Reste de la Gde-Terre* (%) : Mél. 67, Eur. 24, *Loyauté* (%) : Mél. 98.

Villes (83). *Nouméa,* chef-lieu, 60 112 h. (ag. 85 000), Mont Dore 14 614 (à 10 km), Lifou 8 128, Dumbéa 5 538 (à 15 km), Païta 4 834 (à 30 km), Houaï-Lou 3 995 (à 239 km), Canala 3 842 (à 175 km), Bourail 3 410 (à 168 km), Poindimié 3 644 (à 312 km), Thio 3 019 (à 126 km), Koné 2 919, La Foa 2 094, Koumac 1 405.

Langues. Français *(off.)* ; l. vernaculaires nombreuses (28). **Religions.** Catholiques 60 %, évangélistes 30 %, sectes.

Histoire. **1774**-*4-9* découverte par l'Angl. James Cook. **1788** La Pérouse reconnaît le pays, ses bateaux font naufrage. **1791** Bruni d'Entrecasteaux recherche ces bateaux et explore la côte de N.-Calédonie et les îles. **1827-37** Dumont d'Urville découvre îles Loyauté. **1843** arrivée de missionnaires, Mgr Douarre s'installe à Balade dans le N. Sur le point d'être colonisée par l'Angl. Paddon (établi dans l'île Nou). A la suite du massacre par les indigènes des marins fr. de l'*Alcmène* (nov. 1850), le contre-amiral Febvrier-Despointes prend possession de l'île, qui est rattachée aux Établissements fr. d'Océanie (Tahiti) (24-9-1853), puis devient colonie autonome (18-1-1860). **1864** Tardy de Montravel fixe le chef-lieu dans la baie de Nouméa ; un colon, Higginson, découvre du nickel à Dumbéa. **1868-1946** système des réserves indigènes. **1871** colonie pénitentiaire (île de Nou achetée à Paddon en 1857) ; Transportation, les condamnés arrivent en 1872 île des Pins (les 1ers sont des Arabes déportés après la Révolte d'El Mokrani en 1871) ; supprimée en 1898. **1878** révolte canaque menée par Ataï (200 Blancs et 1 200 Mél. †), les Mél. sont regroupés dans des réserves (370 000 ha). **1894** programme de colonisation agricole ; gouverneur Feillet développe café. **1895** conseil général. **1896** arrivée de travailleurs javanais et hindous. **1922** arriv. des Tonkinois. Révolte. **1940**-*19-10* ralliement à Fr. libre. **1942** base amér. pendant la bataille de la mer de Corail. **1945**-*22-8* création d'un siège de député, droit de vote pour certains autochtones (anciens combattants, pasteurs, chefs coutumiers, moniteurs) soit 1 444 Canaques sur 9 500 él. **1947** installation à Nouméa de la Commission permanente du Pacifique S. **1953** Union calédonienne créée. **1956** devient T.O.M. **1957**-*22-7* autonomie. *-26-7* droit de vote étendu à tous les Canaques. Loi-cadre. Un Mél. (Richard Kamouda) tué par policier (rixe) ; manif. *-6-10* Union cal. gagne él. à Ass. terr. **1958**-*30-10* Ass. terr. dissoute. *-7-12* él. U.C. à la majorité. *-17-12* opte pour statut de T.O.M. **1962**-*9-3* Ass. terr. dissoute. *-Avril* él. majorité U.C. **1963**-*21-12* loi : conseil de gouv. est sous l'autorité du gouv. Boom du nickel. **1969** *Foulards rouges,* étudiants canaques menés par Nidoish Naisseline (1er can. diplômé de l'Ens. supérieur) revendiquent indép. **1972** él. terr. : anti-autonomistes vainqueurs. **1976**-*28-12* loi accordant certaine autonomie. **1977**-*8-12* loi créant 2e siège de dép. **1979**-*24-5* Ass. terr. dissoute. *-Juill.* él., Front indép. 35 % des voix. *-22-8* manif. **1981**-*19-9* Pierre Declercq secr. gén. de l'U.C. tué. *-11-11* 20 000 manif. contre indép. *-9-12* Christian Nucci haut-commissaire de la Rép. *-21-12* réforme foncière et aménagement rural. **1982**-*20-1* loi permettant au gouv. de prendre ordonnances jusqu'au 1-1-83. *Févr.* réforme fiscale. *Juin* Jean-Marie Tjibaou, vice-Pt de l'U.C., vice-Pt du conseil gouv. *-22-7* bagarres à l'Ass. terr. et dans rues de Nouméa. *-5-9* Jacques Lafleur réélu député (91,95 % des v.). **1983**-*10-1* 2 gendarmes † et 4 bl. par Mélanésiens (18 † dans forces de l'ordre dep. mars 82). *-11-5* Méla-

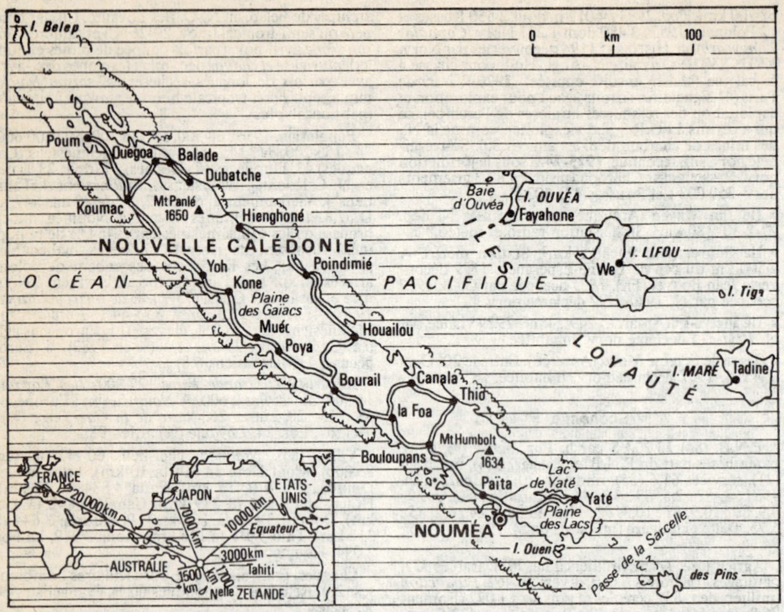

sien tué par Européen. *-23-12* Ass. terr. rejette avant-projet de statut d'autonomie. **1984**-*24-9* Front indép. reconstitué en F.L.N.K.S. annonce intention de créer gouv. provisoire et de boycotter él. terr. *-Oct.* barrages routiers, violences. *-18-11* él. terr. *-20-11* 200 membres du F.L.N.K.S. occupent mairie de Thio. *-22-11* séquestrations du sous-préfet des îles Loyauté. C.R.S. blessés par balles. *-23-11* 4 C.R.S. tués par balles. *-25-11* gouv. indépendantiste provisoire. Pt Jean-Marie Tjibaou. *-30-11* mort d'un Européen et d'un Mélanésien. *-2-12* Edgard Pisani délégué du gouv. pour accélérer processus d'autodétermination. *-5-12* fusillade à Hienghen, 10 membres du F.L.N.K.S. tués. *-31-12* 3 attentats à Nouméa. **1985**-*7-1* plan Pisani : indépendance-association, droit de vote après 3 ans de présence, statut spécial pour Nouméa. Statut de résident privilégié pour ceux refusant nationalité canaque. *-11-1* assassinat d'un Caldoche de 17 ans, émeutes à Nouméa, Eloi Machoro (n. 1945, secr. gén. de l'U.C.) tué dans affrontement avec G.I.G.N., 19 dep. le début des troubles, état d'urgence. *-19-1* Pt Mitterrand en N.-C. *-21-1* mine de Thio saccagée par indépendantistes. *-23-1* état d'urgence prolongé jusqu'au 30-6. *-23-1* sabotage mine de Kouano. *-26-2* 30 000 manif. pour la Fr. *-8-3* major de gendarmerie tué. *-Mars* incendie de classes, jets de pierres, troubles à Thio. *-26-3* Ukeiwé propose partition en longueur de la Grande-Terre. *-8-4* enseignante tuée par pierre. *-11-4* 2 000 manif. à Nouméa. *22-5* Pisani nommé min. chargé de la N.-C. et Fernand Wibaux, délégué du gouv. *24-5* J.-M. Tjibaou, leader du F.L.N.K.S., condamné pour « atteinte à l'intégrité du territoire national » à 1 an de prison avec sursis et 10 000 F d'amende, sur citation directe de Dick Ukeiwé, Pt du gouv. territorial ; appel du parquet. *-20-8* loi sur l'évolution de la N.-C. Promulguée -24-8. *-29-9* élections rég. 60,8 % des votes contre indép. *Majorité au Congrès du ter. et région S. :* R.P.C.R. ; *rég. N., Centre et îles Loyauté :* F.L.N.K.S. *-15-11* N.C. rattaché au min. de l'Int. et décentralisation.

Nota. — Présence militaire et policère : *1983 :* 3 000, *85* (fév.) : 6 000.

● **Statut.** Terr. d'outre-mer depuis 28-12-1956. Dep. loi 23-8-85 et ordonnance 20-9-85, 4 régions administrées par **Conseils de Région** (m. élus au suf. univ. direct). Pts : *Nord* J.-M. Tjibaou, U.C. ; *Centre* Leopold Jorédié, U.C. ; *Loyauté* Yéiwéné ; *Sud* Jean Lèques, R.P.C.R., U.C. Conseil exécutif Haut com. (Fernand Wibaux, délégué du gouv.) et les 4 Pts des Conseils de région. **Congrès** (46 m.). Pt Dick Ukeiwé.

● **Élections. Présidentielles** *2e tour. 1974 :* Mitterrand 50,74 %, *81 :* inscrits 73 086, votants 52 719, exprimés 52 289 dont (%) V. Giscard d'Estaing 65,5, F. Mitterrand 34,5. **Européennes de juin 1984** (%). Abstentions 49,35, Veil 74,64, Le Pen 15,7, Jospin 5,01. **Législatives 14-6-1981** (%). Abst. 40,21, M.R.G. 0,12 des v., divers gauche 37,08, U.D.F.-R.P.R. 61,39 ; élus : 1 app. P.S., 1 app. R.P.R. ; **16-3-1986** (boycotte par le F.L.N.C.) inscrits 90 578, abst. 49,61 %, Union opp. 88,53 des v., extr. gauche 8.99, F.N.-dissident 2,57 ; élus : 1 R.P.R., 1 app. R.P.R. **Conseils de région** (29-9-85) : inscrits 89 775, votants 71 995, exprimés 71 454 dont (%) R.P.C.R. 51,99, F.L.N.K.S. 28,75, F.N. 7,38, L.K.S. 6,43, R.P.C. 1,48. Le vote canaque [indépendantiste à 80 % (F.L.N.K.S. + L.K.S.)], 25 139 v. (35,18 %) pour une communauté mélanésienne de 61 870 membres (42,56 % de la pop. totale dont 52 % ont — de 20 ans). **Nord** (Mélanésiens : 70,40 % du corps électoral) : Indépendantistes (3 listes : F.L.N.K.S., L.K.S., O.P.A.O.) : 68,12 ; Rassemblement Paix et Coutume (R.P.C., mis en place par R.P.C.R.) : 23,33. **Centre** (Mélanésiens 57 %) : Indépendantistes 58,13. **Sud** avec (Nouméa canaques — de 10 %) : Indépendantistes 14. *Iles Loyauté* (Mélanésiens 98 %) : R.P.C.R. 28,05 %.

Congrès : 46 membres dont 25 R.P.C.R., 1 R.P.C. (apparenté R.P.C.R.), 16 F.L.N.K.S., 3 F.N., 1 L.K.S., soit 29 antiséparatistes et 17 indépendantistes. *Nord :* 6 F.L.N.K.S., 2 R.P.C.R., 1 R.P.C. ; *Centre :* 5 F.L.N.K.S., 4 R.P.C.R. ; *Sud :* 17 R.P.C.R., 3 F.N., 1 F.L.N.K.S. ; *Loyauté :* 4 F.L.N.K.S., 2 R.P.C.R., 1 L.K.S.

Assemblée territoriale (18-11-1984, entre parenthèses 1-7-1979) : Inscrits 79 271 (68 289), votants 39 735 (50 521), exprimés 39 296 (50 084), abstentions 49,87 % (26,01 %), le F.L.N.K.S. avait appelé au boycottage. R.P.C.R. 70,87 % (40,23 %) 34 s. (15 s.), Mouv. de libération kanak socialiste 7,33 % 6 s., Front national 6,05 % 1 s., Féd. pour une nouvelle société caléd. 4,44 % (17,82 %) 1 s. (7 s.), Front indépend. (34,42 %) (14 s.).

● **Partis. Front de libération nat. kanak socialiste (F.L.N.K.S.).** [Créé 24-9-1984, Pt J.M. Tjibaou. Coalition indépendantiste rassemblant : *Union calédonienne* (U.C.), f. 1952 par Maurice Lenormand, Pt Roch Pidjot, Vice-Pt Jean-Marie Tjibaou ; *Front uni de libération kanak* (F.U.L.K.), f. 1974, Pt Yann Céléné Uregei ; *Union progressiste mélanésienne* (U.P.M.), f. 1974, Pt André Gopea, Edmond Nekirai ; *P. socialiste kanaky* (P.S.K.), f. 1975 ; *P. de libération kanaque* (Palika), f. 1975]. **P. national cal.**, Pt Georges Chateney. **Rassemblement pour la C. dans la Rép. (R.P.C.R.)**, f. 1978, Pt Jacques Lafleur, [coalition de 5 partis : *Union pour la renaissance de la C.*, f. 1977, Pt Jean-Louis Mir ; *Sociaux démocrates chrétiens-Entente toutes ethnies*, f. 1979, Pt Raymond Mura ; *Rassemblement pour la C. (R.P.C.)*, f. 1977, Pt Jacques Lafleur ; *Rassemblement de la Rép.*, Pt Dick Ukeiwé ; *Mouv. lib. cal.*, f. 1971, Pt Jean Leques]. **P. de Libération kanaque socialiste (L.K.S.)**, Pt Nidoish Naisseline. **P. fédéral kanak d'O.P.A.O.**, Pt Gabriel Paita, Auguste Siapo. **Front calédonien** (F.C.), Pt Claude Sarran.

Dépendances

Beautemps-Beaupré (îles). Inhabitées. **Bélep** (Archipel au N.-O.). 70 km². 551 h. (69). **Chesterfield** (îles). 1 km² à 580 km. Inhabitées. **Huon** (île). 0,13 km² à 290 km N.-O. Inhabitée. Guano. **Hunter** (île). 0,6 km². Inhabitée. **Loyauté** (îles). Archipel à 100 km N.-E. de la N.-C., découvert 1792 par d'Entrecasteaux, 3 îles principales : Ouvéa 160 km², 2 774 h. dont 14 Europ. ; Lifou 1 115 km², 7 585 h. (90 Eur.) ; Maré 820 km², 4 156 h. (26 Eur.). *Population :* mélanésienne. Noix de coco, coprah. **Matthews** (île). 0,54 km². Inhabitée. **Pins** (île des) ou Kounié. 160 km². 50 km au S.-E. de la N.-C. 1 095 h. (78 Eur.). *Chef-lieu : Vao.* Abrita (1872-79) déportés de la Commune, puis condamnés de droit commun. Tourisme. Pêche. **Surprise** (île). 0,6 km². Inhabitée. **Walpole** (île). 1,25 km², à 180 km de Maré. Guano.

Économie

P.I.B. (83) 795 324 F C.F.P. par h. **Pop. active** (%, entre par. part du P.N.B. en %) agr. 35 (5), ind. 20 (15), services 37 (72), mines 8 (8). *Chômage* (%). *81 :* 15, *82 :* 20, *83 :* 6,2. *Impôt sur le revenu :* taux max. 40 %. **Inflation :** *84 :* 8,7 %. **Aide de la France** (milliards de F) *1984 :* 1,7, *85 :* 3.

Agriculture. *Terres.* En 1983-84 2 580 propriétaires possèdent 135 264 ha et 10 167 propriétaires 157 288 ha. *Terres appropriées* 700 000 ha dont 378 000 aux Mélanésiens, *t. domaniales* 1 000 000 ha ; réforme foncière en cours pour redistribuer en 10 ans 100 000 à 150 000 ha au profit des Mél. (qui revendiquent 270 000 ha). *Surfaces utilisées* (ha) céréales 1 602, p. de t. 156, légumes 544, cult. vivrière 4 070, cocotiers 2 144, caféiers 3 642. *Production* (t, 82) fruits 5 900, légumes 3 470, blé 580, maïs 2 062, sorgho 408, café 260, coprah 680. **Forêts.** Bois 9 500 m³.

Élevage (milliers de têtes, 82) chevaux 9, bovins 121, porcs 35, moutons 3, chèvres 8, volailles 470. **Pêche.** 3 506 t (84). Sur 7 000 000 km² de zone de pêche. **Aquaculture.** Crevettes 51,3 t.

Mines. Nickel [découvert 1864, 3e rang mondial, 95 % des exp., 20 % des réserves mondiales ; en 1984 2 850 milliers de t humides de minerai de nickel, 34 800 t de nickel contenu (en 1981, 32 580 de ferronickel et 15 479 de mattes)], chrome (84 152 t de minerai concentré en 1984), manganèse, fer, cobalt (2e prod. mondial), cuivre, giobertite, plomb, zinc.

Transports. Routes 6 272,5 km (85). **Tourisme** (85). 92 892 vis. dont Australie 26 948, France 21 647, Japon 20 652, Nelle-Zélande 10 061.

Commerce (millions de F C.F.P., 85). *Exportations* 43 938 *dont* nickel 31 638 *vers* (%, 78) France 58,7, U.S.A. 20,7, Japon 0,02, Canada 0,7, Australie 5,2, Italie 0,01, divers 14,6. *Importations* 55 931 *dont* prod. minéraux 14 319, prod. alim. 12 130, mat. élec. 5 520, mat. de transp. 7 818, prod. chim. 3 365, text. 2 385 *de* (%) France 45,6, Australie 8,1, U.S.A. 8,3, C.E.E. 8,9, Japon 3,7, Nelle-Zélande 3,1.

Rang dans la monde (81). 2e cobalt. 3e nickel.

NOUVELLE-ZÉLANDE

Carte p. 950. V. légende p. 787.

Nom. Baptisée *Staten Land* par Abel Tasman, devenue *Nieuw Zeeland* au XVIIe siècle. *Aotearoa* en maori.

Situation. Océanie. 268 103 km² (avec les dépendances sauf Tokelau et Ross) dont *Ile du Sud* 152 371 km², 850 500 h. (83 est.), *Ile du Nord* 115 734 km², 2 379 500 h. (83 est.), à 1 600 km au S.-E. de l'Australie. *Côtes* 15 000 km. *Alt. max.* Mt Cook 3 764 m. Relief très montagneux : volcans (Ruapehu 2 797 m) et geysers dans l'île du N., chaîne des Alpes de N.-Z. dans l'I. du S. avec une vingtaine de pics de + de 3 000 m, glaciers (Tasman 29 km²) et fjords (Milford Sound) le long de la côte S.-O. ; nombreux lacs dont Taupo (le + grand, 606 km²) et Manpouri (le + profond, 443 m) ; principal cours d'eau : Waikato 425 km. **Climat** subtropical dans l'extrême N., alpin en montagne, océanique tempéré ailleurs (juillet moy. 5 à 11 °C, janv. 15 à 20 °C). *Pluies :* moy. 600 à 1 500 mm ; + de 2 000 h de soleil/an, sauf dans l'extrême S. *Flore :* nombreuses espèces endémiques, surtout arbres à feuilles persistantes : rimu, totara, matai, miro et kauri.

Population. 3 291 300 h. (est. 85) [*1885 :* 500 000, *1930 :* 1 489 203, *1940 :* 1 640 901, *1950 :* 1 902 883, *1961 :* 2 414 984, *1971 :* 2 862 631, *1981 :* 3 175 737 dont 279 081 Maoris (9 % de la pop., 11,2 % dans l'île

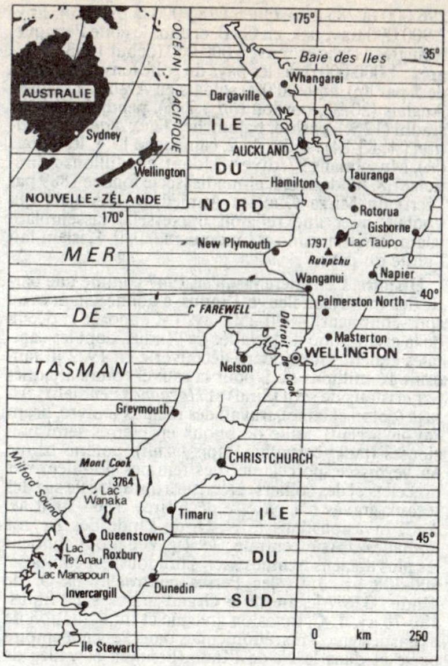

du Nord)]. – *de 20 a.* 36 %, + *de 60 a.* 14 %. D. 12,2, *pop. urbaine* 83,6 %. **Villes** (84) : *Wellington* 318 600 h., Auckland 815 300, Christchurch 289 100, Dunedin 105 300, Hamilton 102 300, Palmerston North 69 100, Tauranga 59 000, Hastings 54 700, Invercargill 51 000, Napiev 52 700, Rotorua 51 000, New Plymouth 45 800, Nelson 44 000, Whangarei 42 500, Wanganui 39 700, Gisborne 32 400, Timaru 28 800.

Langues. Anglais *(off).*, maori. **Religions** (%). Anglicans 25,7, presbyt. 16,5, cath. 14,4, méthodistes 4,7, baptistes 1,6.

Histoire. Dep. 950 migration des Maoris des îles polynésiennes. **1642** découverte par Abel Tasman. **1769-77** explorations par James Cook. **1814** missionnaires anglicans dans baie des Iles. **1839** tentative de colonisation fr. Louis-Philippe crée une Cie nantobordelaise pour coloniser le pays ; le gouv. angl. dépêche le capitaine William Hobson pour prendre les Fr. de vitesse. **1840**-*6-2 tr. de Waitangi* : souveraineté brit., annexion à l'Australie pendant 1 an. **1852** gouv. local, découverte d'or au Coromandel. **1860-70** g. maories. **1876** suppression du système fédéral. **1893** 1er pays à instaurer vote des femmes. **1894** 1er parc national (Tongariro). **1898** loi instituant la retraite-vieillesse (1re au monde). **1907** dominion. **1985**-*11-7* Rainbow Warrior, bateau de Greenpeace, coulé (explosion) (1 †). Après procès, les faux époux Turenge : Cdt Alain Mafart et capitaine (femme) Dominique Prieur condamnés et emprisonnés.

Statut. État m. du Commonwealth. *Gouv. gén.* Très Révérend Sir Paul Reeves dep. 11-85 ; représ. la reine d'Angleterre. *Cons. des min.* (20 m.) nommé par P.M. mais responsable devant Ch. *Ch.* 95 m. [91 Europ., 4 Maoris (les Maoris peuvent voter dans une circonscription européenne ou maorie)], élus p. 3 a. *P.M.* David R. Lange (n. 1942) dep. 24-7-84 (le gouv. comprend 2 Maoris sur 20 min.). **Fête nat.** : 6 février (Waitangi Day).

Partis. *P. travailliste*, f. 1916 (l. David R. Lange). *P. national de N.-Z.* f. 1936 (J.K. Mc Lay avant Sir Robert D. Muldoon, n. 25-9-21). *P. communiste de N.-Z.* (prochinois), 300 m. (l. Victor Wilcox). *P. socialiste unifié* (pro-U.R.S.S.) (l. Gordon H. Andersen). *Values* (écologistes, Janet Roborgh, Mike Ward). *Crédit social*, f. 1954 (l. Bruce C. Beetham). *New Zealand Party*, f. 1983 (l. John Galvin).

Élections *législatives du 14-7-84.* P. travailliste 56 s. P. national 37 s. Crédit social 2 s.

Économie

P.N.B. (84) 10 450 $ NZ par h. **Pop. active** (%, entre parenthèses part du P.NB. en %). Agr. 11 (14), ind. 30 (23), services 53 (60). **Chômage** (%). *1979* : 2, *80* : 2,9, *81* : 4, *82* : 4,3, *84* : 2,1, *85* : 4. **Inflation** (%). *80* : 17,1, *81* : 15,4, *82* : 16, *83* : 7,4, *84* ; 6,1. **Dette extérieure** (85). 12 409 millions de $ NZ.

Agriculture. *Terres* (millions d'ha, 84) arables et pâturages 14,4, forêts 7,3, eaux 0,3, divers 4,8. *Production* (milliers de t, 82-83) blé 301, orge 346, maïs 143, p. de terre 258, pois 77, fruits divers 125. **Forêts.** 2 096 000 m³ (84). 1/4 des forêts sont englobées dans 10 parcs nationaux et de nombreuses réserves qui couvrent 27 878 km² (84).

Élevage (millions de têtes, 83). Moutons 70,2, brebis 50,9, bovins 7,6, vaches laitières 2,1, porcs 0,4, chevaux. *Production* (milliers de t, 83-84). Viande 1 339, laine 364, beurre 255, lait 7 429 millions de litres. **Pêche.** 125 100 t (83).

Énergie. *Charbon* 2 473 500 t (83). *Lignite* 222 000 t. *Pétrole* réserves 20 millions de t, prod. (84) 900 000 t. *Gaz* réserves 155 milliards de m³, prod. (84) 3,1 milliards de m³. *Électricité* (84) 25 855 millions de kWh dont hydraulique 78 %, géothermique 20 %. **Mines** (milliers de t, 83). Chaux 3 436, sables ferrugineux 2 203. Or 301 kg.

Transports (km). Routes 96 648 (84). Chemins de fer 4 273 (84). **Tourisme.** 518 441 vis. (84).

Commerce (millions de $ NZ, 83-84). *Exportations* 8 624 *dont* laine 1 113, viande 705, beurre 562, cuirs et peaux 200, papier 188 *vers* U.S.A. 1 170, Japon 1 062, G.-B. 990, Australie 953, U.R.S.S. 347 (82). *Importations* 9 008 *dont* mach. et équip. élec. 1 884, fuel et lubrifiants 1 215, prod. chim. 958, équip. de transp. 843, fer, acier et métaux non ferreux 572 *de* Australie 1 368, U.S.A. 1 169, Japon 1 166, G.-B. 638, Singapour 395.

Rang dans le monde (83). 4e ovins.

● **Dépendances. Iles Kermadec.** A 1 000 km au N.-E. d'Auckland, 34 km², annexées 1887. 12 h. à la station météorologique. **Iles Tokelau.** A 500 km au N. des îles Samoa. 3 atolls (Atafu, Nukunonu, Fakaofo). 10 km², 1 595 h. (81). D. 129,5. Annexées à N.-Z. en 1948, administrées dep. 1925 par min. des Aff. étrangères (annexées par G.-B. 1916 puis administrées avec îles Gilbert et Ellice). Coprah, fruits. **Ross Dependency** (Antarctique). A 2 300 km au S. de la N.-Z. 414 400 km², glaces. Base scientifique dep. 1957. Env. 12 h. Adm. dep. 1923 par N.-Z. **Campbell** (île). A 600 km au S. de l'île Stewart. 106 km². 10 h. **Chatham** (île). A 850 km à l'E. de Christchurch. 963 km², 751 h. (81). *Ch.-lieu : Owenga.* **Bounty** (îles) (lat. 47°43' S., long. 179° 0,5' O.). A 784 km à l'O. de l'île Stewart. 13 km². Inhabitées. **Snares** (îles). A 104 km au S.-O. de l'île Stewart. 3 km². Inhabitées. **Auckland** (îles). A 400 km au S. de Bluff Harbour. 612 km². Inhabitées. **Antipodes** (îles) (lat. 49°41'S., long. 178°43'O.). A 750 km au S.-E. de l'île Stewart. 10 km². Inhabitées.

● **Pays associés** (autonomie interne mais citoyenneté commune). **Iles Cook.** Polynésie. 236 km², 17 754 h. (81). 15 îles en 2 groupes : au S., Rarotonga (la plus grande 67 km², 9 530 h., volcanique et fertile, alt. max. Mt Te Manga 652 m, avec la cap. : *Avarua,* à 3 000 km au N.-E de la N.-Zélande), Aitutaki 18 km², 2 335 h., Mangaia 52 km², 1 364 h., Atiu 27 km², 1 225 h., Mauke 18 km², 681 h., Mitiaro 22 km², 256 h., Manuae et Takutea ; au N., Penrhyn, Pukapuka, Manihiki, Rakahanga, Nassau, Palmerston et Suwarrow. POPULATION (82) : 17 227 h. D. 75,2. CLIMAT : tropical. Temp. moy. à Rarotonga 22 à 26 °C. Pluies 2 000 mm/an. HISTOIRE : *1773-77* James Cook découvre plusieurs îles du S. *1823* missionnaires anglicans. *1888* protectorat brit. *1901*-11-6 rattachement à N.-Z. *1965*-4-8. autonomie interne. STATUT. Membre du Commonwealth. CHEF DE L'ÉTAT : Reine Elisabeth II. *P.M.* Sir Thomas R.A.H. Davis. *Ass. législative* (22 m. élus au suff. univ.). FÊTE NATIONALE : 4 août (Constitution Day). Agrumes, ananas, nacre, coprah, tomates. TOURISME (84) : 25 600 vis.

Niue (Ile). 259 km². Ile corallienne isolée à 2 640 km au N.-E. d'Auckland. 4 000 h. (84). D. 21. *Cap. : Alofi.* Annexée par la N.-Zélande en 1901. *Autonome* dep. oct. 74. *P.M.* : Robert R. Rex. Coprah. RESSOURCES : coprah, patates douces (kumaras), miel, fruits de la passion, citrons verts.

OMAN, sultanat d'Oman

Carte p. 809. V. légende p. 787.

Nom. Du chef Oman Ben Kahtan (IIe s. apr. J.-C.) qui émigra à Oman après la destruction du barrage Maareb. Jusqu'en 1970, Mascate et Oman.

Situation. Asie. 300 000 km² (y compris les îles de Kuria Muriya 78 km², cédées par la G.-B. à O. le 30-11-67) dont Dhofar 100 000 km². *Frontières* 1 600 km, avec Yémen 300 km, Arabie Saoudite 800, Émirats arabes unis 400 env. *Côtes* : 1 700 km. *Alt. max.* Jabal al-Akhdar (la Montagne verte) 3 075 m. **Climat.** Chaud et sec, temp. extrêmes 13 à 43 °C ; pluies : 100 mm/an. *Terrains* : montagnes (+ 400 m) 45 000 km², plaines côtières inhabitées 9 000 km², oueds et zones désertiques 246 000 km². *Routes* (83) : 3 222 km.

Population. 1 180 000 h. (84). **Travailleurs étrangers** : Indiens 162 500, Pakistanais 41 800, Bengalis 25 800, Égyptiens 7 900, Ceylanais 5 900, Anglais 5 000. *Villes* : Mascate 100 000 h. (agg.), Salalah 50 000 (agg.), Matrah 14 000. D. 3,9.

Langues. *Off.* : arabe, *nationales* : arabe, swahili, farsi, *d'enseignement* : arabe, anglais. **Religions.** Islam (mus. ibadites 75 %, sunnites 25 %).

Histoire. VIIIe s. 1er *imamat* ibadite (Julanda ibn Masud). **IXe s.** création des wilayas. Invasion perse. **1505-1665** domination des ports par les Portugais. **1650** imans Ya'Ariba reprennent Mascate, puis côtes. **1665** prise de Mombassa, départ des Port. **1747** avènement des Al Bû Sa'îd lors de l'expulsion des Perses par Ahmad ibn Sa'îd. Mascate, 1er port commercial du golfe. Expansion omanaise sur la côte. Zanzibar, 2e capitale d'Oman. **1798** 1er tr. avec G.-B. (confirmé en **1891**). **1806-56** sultan Sa'îd ibn Sultân crée la 1re plantation de girofle à Zanzibar. **1856** à sa mort, 2 royaumes indép. : Mascate et Zanzibar. **1890** Zanzibar protectorat brit. **1897** abolition de la traite à Pemba et Zanzibar ; difficultés écon. **1913** restauration de l'*imâmat* ibâdite, shaykh Sâlim ibn Râshid al-Kharûsi élu : scission en 2 États : Mascate et Oman. **1920** tr. de Sib entre sultan Tay mur ibn Faysal souverain sur la côte et l'iman (qui garde à l'intérieur une certaine indépendance). **1924** 1re concession pétrolière. **1949-55** « dispute de Buraymî », ou course aux concessions pétrolières entre compagnies et États. **1957** tentative de restauration de l'*imâmat.* Sultan Sa'îd reprend cependant le contrôle du pays. **1957** Tâlib ibn Ali avec l'Oman Revolutionary Movement (O.R.M.), attaque sultan. Bâni Riyam rejoignent les rebelles. Armée brit. aide sultan. **1963-64** rébellion au Dhofâr. **1965** Dhofâr Liberation Front (D.L.F.), devient **1968** « Popular Front for the Liberation of the Occupied Arabian Gulf » (P.F.L.O.A.G.), soutenu par Yémen du S.**1969** contrôle les 2/3 du Dhofâr. **1970** sultan Sa'îd destitué. *-23-7* son fils Quebous sultan. **1970** « National Democratic Front For the Liberation of Oman and the Arabian Gulf » (N.D.F.L.O.A.G.). Dans le N. attaque de Nizwâ et Izki. **1971-75** offensive du sultan assisté par Iraniens (3 000 h) et Britanniques **1976**-*11-3* cessez-le feu entre Oman et Yémen du S. **1983**-*27-10* établissement de relations diplomatiques avec le Yémen du Sud.

Statut. Monarchie absolue. *Sultan* Qabous Bin Saïd bin Taymour (n. 18-11-42) dep. 24-7-70, fils de Saïd bin Taymour (n. 13-8-10, sultan dep. 10-2-32, déposé). *Ass. consultative* dep. oct. 81 (55 m. nommés). Pas de partis pol.

Fête nat. 18 nov. (date de nais. du sultan d'Oman) (en 1971, célébrée le 23 juill., date de la prise de pouvoir du sultan en 1970).

Économie

P.N.B. (83) 6 240 $ par h. **Pop. active** (%, entre par. part du P.N.B. en %). Agr. 58 (7), ind. 7 (6), services 32 (20), mines 3 (67).

Agriculture. *Terres* (km²) wadi déserts 246 000, montagnes 45 000, plaines côtières habitées 9 000. En 78-79, 41 156 ha cult. *Productions* dattes (par an, env. 50 000 t), luzerne, citrons, oignons, blé, bananes, mangues, tabac, sorgho, patates douces, noix de coco. **Élevage** (milliers de têtes, 84). Chèvres 700, moutons 300, bovins 125, chameaux 78, ânes 23. **Pêche.** 109 000 t (84).

Énergie. Pétrole : *réserves* (84) 3 500 milliards de barils. *Prod.* (millions de barils et entre par. revenus en millions de rials omani) *1970* : 121,3 (44,4), *1975* : 124,6 (373,1), *80* : 103,3 (831,2), *81* : 119,7 (1 125,4), *82* : 1 117,3, *83* : 141,9 (1 187,6), *1986* (prév.) : 600 000 barils/jour. 365 puits en exploitation. *Gaz* réserves faibles, inexploitées. **Mines** : *Cuivre* (expl. dep. 83) 20 000 t.

Transports (km, 83). Routes 21 889 dont 3 222 asphaltés.

Commerce (en millions de R.O., 83). *Exportations* 1 467 *dont* pétrole 1 346,6, limes, dattes, poissons, *réexportation* (%, 82) *vers* Japon 40, Singapour 22, P.-Bas 6,5, All. féd. 6,3, U.S.A. 5,5, France 3,1. *Importations* 1 032 *dont* mach. et équip. transport 396, prod. manuf. 166,8, prod. alim. et animaux 107 *de* Japon 189, G.-B. 160, Émirats arabes 151, U.S.A. 66,4, P.-Bas 28,8, Inde 19,7, France 18,3.

Rang dans le monde (83). 22e pétrole.

OUGANDA

V. légende p. 787.

Situation. Afrique. 241 139 km² (dont 44 081 km² de lacs et de cours d'eau). *Frontières :* 2 500 km env. avec Kenya, Soudan, Zaïre, Rwanda, Tanzanie. *Alt. max.* Margherita Peak (Mt Rwenzori) 5 118 m. **Climat.** Trop., tempéré par l'altitude : Mt Rwenzori (au-dessus de 2 500 m), temp. moy. 7 °C ; sec et chaud au N., temp. moy. 33 °C (extr. 21 °C à 44 °C), saison chaude avr. à nov., pluies faibles ; temp. moy. 20 °C (extr. 33 °C) sur les rives des lacs et au S. de la dépression formée par ceux-ci, pl. abondantes (1 500 mm/an de févr. à avr. et de sept. à oct.). *Faune :* éléphants *1948 :* 92 000 ; *1980 :* 200.

Population. 15 050 000 h. (84) (Gandas 2 500 000, Sogas 944 000, Nyankoles 855 000, Kigas 642 000, Toros 571 000, Itesots 568 000, Langis 500 000, Acholis 466 000, Gis 422 000, Nyoros 348 000). – *de 15 a.* 46,1 %, + *de 60 a.* 5,8 %. **Émigration.** 30 000 au Kenya. **Immigration** (en majorité des réfugiés). Du Rwanda 70 000, Soudan 70 000, Zaïre 35 000. *Européens :* Anglais 700 (7 000 en 72), Italiens 400, Russes 400, Français 115. D. 63. **Villes** (80) : *Kampala* 458 423 h., Bugembe Planning Area 46 884 (à 69 km de la capitale), Jinja 45 060 (96 km), M'Bale 28 039 (à 200 km), Entebbe 21 096 (69) (à 34 km).

Langues. Anglais et kiswahili *(off.)*. Dialectes les plus utilisés : kiganda, kisoga dans la prov. centrale, bunoankole, richiga, rutoro dans l'O. **Religions** (%). Catholiques 35, protestants 30, musulmans 10, animistes 25.

Histoire. 1894 protectorat brit. **1962**-*9-10* indépendance. **1963**-*9-10* nouveau statut : un Pt, une assemblée. **1966**-*22-2* coup d'État du P.M. Obote. -*2-3* le « roi » Pt Mutesa s'enfuit en G.-B. († 1969) ; 700 †. **1967**-*8-9* République, Obote Pt. **1971**-*25-1* Gal Idi Amin Dada (n. 1926, ancien champion de boxe, musulman, deviendra Mal et Pt à vie) renverse Pt Obote, Const. suspendue. Parlement dissous, P. politiques interdits. *Août* 63 000 Asiatiques expulsés. **1972** *juill.* rupture relations dipl. avec Israël, révolte d'exilés échoue. **1974** *mars* coup d'État réprimé. **1975** *avr.* coopérant brit. (Dennis Hills) arrêté ; condamné à mort juin ; libéré juill.-*10-6* attentat contre A. Dada. *Nov.* rupture rel. dipl. avec U.R.S.S. ; centaines d'experts milit. sov. rapatriés. **1976**-*4-7* raid israélien sur Entebbe pour délivrer otages détenus sur aéroport par commando palestinien (et européen) qui a détourné avion d'Air France. -*28-7* G.-B. rompt relations dipl. **1977** *fév.* tribus Langi et Acholi persécutées ; archevêque anglican d'O. et 2 ministres tués (officiellement dans accident). *Juin* l'O. n'est pas invité à la Conférence du Commonwealth. **1978**-*1-11* l'O. envahit Tanzanie (1 800 km²), jusqu'au fleuve Kagera (considéré comme frontière naturelle de l'O.) ; A. Dada invite Nyerere à régler conflit sur ring de boxe... -*28-11* plusieurs milliers de soldats tanz. pénètrent en O. (juin 79, fin du conflit). **1979** *mars* conf. de l'Unité à Moshi (Tanzanie), exilés fondent l'*Uganda National Liberation Front* (U.N.L.F.). -*11-4* libération de Kampala par armée tanz. et U.N.L.F. *Avr.* malgré aide libyenne (2 000 soldats), A. Dada renversé (bilan du régime : env. 200 000 †). -*13-4* Yusuf Lule (1911-85), chef de l'État ; -*20-6* démissionne, remplacé par Godfrey Binaisa (plusieurs † *21-6*). -*17-9* Pt James Matovu †. *Août-oct.* meurtres politiques. **1980**-*13-5* Pt Binaisa destitué par « Commission mil. » présidée par Paulo Muwanga. *Fin mai* retour d'exil d'Obote. *Juill.* famine dans Karamoja -*10/11-12* él. légis. avec U.P.C. -*15-12* Obote Pt. **1981**-*6-2* début de la guérilla de la N.R.A. (Armée nat. de résistance de Museveni). *30-6* départ des derniers soldats tanz. **1982**-*23-2* attaque de casernes à Kampala par maquisards. Représailles (23-2 au 10-4 env. 2 000 tués par armée). **1983** *mai* armée tue 200 civils. **1984**-*28-8* selon Paul Semogerere (dép. au P. démocrate) 300 000 à 500 000 tués dep. 1980 ; selon Eliott Abrams, sous-secr. d'État amér. chargé des Droits de l'homme, 100 000 à 200 000 tués en 3 ans. **1985**-*27-7* Pt Milton Obote déposé (réfugié au Kenya). -*29-7* Tito Okello chef de l'État (ethnie Acholi). **1986**-*25-1* N.R.A. (10 000 h.) prend Kampala. -*8-3* N.R.A. prend Gulu.

Statut. Rép. membre du Commonwealth. *Chef de l'État* Yaveri Museveni dep. 29-1-86. *Constit.* du 8-9-1967 suspendue fév. 1971 (avant, *Fédération de 4 roy. :* Bunyore, Ankole, Toro et terr. de Busoga). *Ass.* 126 m. élus suffr. univ., 10 nommés par Pt, 10 par Ass., 10 représ. de l'armée. **Fête nat.** 9 octobre (indépendance).

Élections. *Lég. des 10/11-12-1980 :* Uganda People's Congress (U.P.C., f. 1960, Milton Obote) 74 s., Parti démocratique (D.P., f. 1953, Paul Ssemogerere) 51 s., Mouvement patriotique oug. (U.P.M., f. 1980, Yoweri Museveni) 1 s.

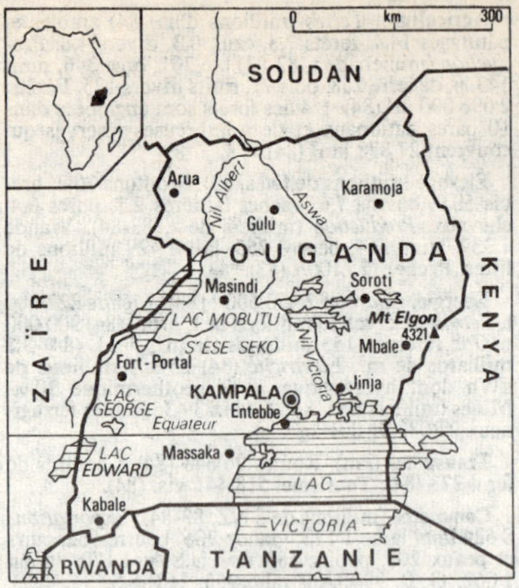

Économie

P.N.B. (83). 220 $ par h. **Pop. active** (%, entre parenthèses part du P.N.B. en %) agr. 80 (82), ind. 5 (4), services 15 (14). **Dette extérieure.** 0,55 milliard de $. **Aide occidentale** (82-84). 1,4 milliard de $.

Agriculture. *Terres* (milliers d'ha, 81) t. arables 4 120, t. cult. 1 640, pâturages 5 000, forêts 6 010, eaux 3 633, divers 3 201. *Production* (milliers de t, 83), plantain 3 400, manioc 1 650, patates douces 760, canne à sucre 700, millet 600, sorgho 470, maïs 450, p. de terre 200, haricots 360, café 192, thé 4, tabac 4. **Forêts.** 25 441 000 m³ (82). **Élevage** (milliers de têtes, 83). Poulets 13 400 (82), bovins 5 100, chèvres 2 170, moutons 1 080, porcs 270. **Pêche.** 166 600 t (81).

Mines. Cuivre, tungstène, étain, béryl, cassitérite. **Industrie.** Alim. (thé, tabac, sucre), ciment, bois. **Transports.** Chemins de fer 1 286 km (82). **Tourisme.** 22 636 vis. (75).

Commerce (millions de shillings, 79). *Exportations* 330 (millions de $ U.S., 83) *dont* café vert 3 207 (83), coton brut 24, thé 12, cuivre 9 *vers* G.-B. 394, U.S.A. 341, Kenya et Tanzanie 311, Japon 219, All. féd. 78. *Importations* (millions de $ U.S., 83) 510 *dont* mach. et équip. de transp. 601, métaux 57, papier 27, fer et acier 15 *de* Kenya et Tanzanie 420, G.-B. 289, Inde 167, All. féd. 139, Italie 99.

Rang dans le monde (83). 7e café. 22e bananes.

PAKISTAN

Carte p. 899. V. légende p. 787.

Nom. Créé 1933 à Cambridge par un étudiant musulman en combinant les lettres des provinces [*P*endjab, *A* pour la province frontalière du N.-O. (à l'époque la province afghane), *K* pour Kashemir, *S* pour Sind, *TAN* fin de Baloutchistan].

Situation. Asie. 803 943 km². *Alt. max.* (Mt Godwin Austin) 8 670 m. *Frontières* 5 355 km, avec Inde 2 380 (dont contestées 820), Afghanistan 1 840 (passage principal : passe de Khaïber, alt. 1 150 m ; larg. 80 km ; dominée par des falaises de 200 à 500 m), Iran 905, Chine 330. **Régions.** *N.W.F.P.* (North West Frontier Province) : plaines du Peshawar et Bannu à l'O. de l'Indus ; plateau érodé du Potvar à l'E., Mts Suleiman, Hindou Kouch (passes de Khaïber, de Bolan) ; *Pendjab :* plaine alluviale fertilisée par irrigation au S. du Potvar ; *Sind* (au S. du Pendjab) : désert irrigué, comprend vallée de l'Indus et désert du Thar ; *Baloutchistan* à l'O. : plateau aride, env. 50 % du Pakistan, 4 332 000 h. (dont Pathans et Brahouis 40 %). *Cap. : Quetta.* Le B. s'étend aussi en Iran et Afghanistan. **Climat** continental, saison froide (13 °C en janv.), moins de 500 mm de pluies par an.

Population. 96 180 000 h. (est. 84) [*1961 :* 49 921 000 ; *1972 :* 64 892 000] dont Pendjab 47 110 000, Sind 19 029 000, N.W.F.P. 11 061 000, Baloutchistan 4 382 000, F.A.T.A. 2 175 000. D. 119. **Villes** (81) : *Islamabad* (fondée en 1961) 340 000 h. (agg. Rawalpindi 928 000), Karachi 5 103 000 [*1901 :* 136 297, *1941 :* 435 887] (à 1 140 km), Lahore 2 922 000 [*1901 :* 202 964, *1941 :* 671 659] (à 270 km), Faisalabad 1 092 000 (à 300 km), Hyderabad 795 000 (à 1 035 km), Multan 730 000 (à 435 km), Gujranwala 597 000, Peshawar 555 000 (à 150 km), Silakot 296 000 (à 285 km), Quetta 285 000 (à 690 km). Env. 2 900 000 trav. pak. en G.-B. et dans le golfe Persique. **Réfugiés.** *Afghans :* env. 3 000 000 (début 1983). **Émigrés :** 1 000 000 dans les pays du golfe (env. 3 millions de $ par an), env. 20 000 soldats en Arabie. **Langues.** Anglais (20 %), ourdou (*off. ;* 7 %), pendjabi (64 %), sindhi (12 %), pashto, baloutche. *Taux d'alphabétisation* (%, 83-84) : villes 45,2, campagne 17,4. **Religions** (%). Musulmans 97, divers 3 [dont, en millions : chrétiens 1,8, hindous 0,8, ahmadis (secte fondée 1889 par l'écrivain Mirza Gholam Ahmed, du Pendjab, qui voulait créer une religion universelle rassemblant islam, christianisme et hindouisme) 0,4]. L'islam fait l'unité du pays.

Histoire. Considéré **jusqu'en 1947** comme une partie des Indes (son fleuve, l'Indus, a donné son nom au sous-continent). 4000-2500 av. J.-C. apogée et déclin de la civilisation de la vallée de l'Indus, dont les capitales étaient Moenjodaro découverte en 1922 [il faudrait 16 millions de $ pour la sauver (murs attaqués par cristaux de sel)] (Sind) et *Harappa* (Pendjab) : tissage (coton et laine), travail des métaux (cuivre, bronze, or, argent), taille de bijoux en pierres semi-précieuses (jade, cornaline, lapis-lazuli), poterie peinte ou vernissée, porcelaine. Les femmes portaient des bracelets et des colliers. L'écriture qui subsiste sur des sceaux gravés n'a pu être déchiffrée. **1500-1000 av. J.-C.** invasion dans le N.-O. de l'Inde des Aryens nomades d'Asie centrale ; le Rig Veda, qui contient les plus anciens hymnes sacrés hindous, est composé. **500-300 av. J.-C.** les Perses contrôlent N.-O. de l'Inde ; **326** Alexandre le Grand arrive sur l'Indus. **180-70 av. J.-C.** invasion grecque et implantation de dynasties gréco-macédoniennes dans l'ancien empire perse et dans le N. de l'Inde (Pendjab et vallée de l'Indus), invasion des Parthes, venus de Perse, puis des Scythes, venus de Bactriane. **200-700** rattaché à Afghanistan où règne dynastie Kushan. **713-1000** arrivée des Arabes et conversion à l'islam. **1000-1200** le Turc Mahmûd de Ghazni conquiert Pendjab et annexe roy. arabe de Sind, mais Mohammed de Ghûr et ses successeurs prennent ses possessions et les annexent à Afghanistan. **1200** annexé au sultanat de Delhi. **1526** à l'emp. des Moghols. **1605** secte militaro-religieuse des Sikhs, ennemie des musulmans, prend pouvoir. **1761-1834** g. entre Sikhs du Pendjab et musulmans afghans. **1845-49** g. des Sikhs contre les Anglais. **1849**-*2-4* le P. (Pendjab et Sind) annexé à Inde angl. **1885** parti du Congrès créé.

1906 musulmans du P. et du Bengale or. (futur Bangladesh) fondent « ligue des Musulmans ». **1930** idée d'un État musulman séparé lancée par poète Muhammad Iqbal (1873-1938). **1940** le « Musbin Ligue » réclame, en cas de départ des Angl., un État musulman indépendant. **1947**-*14-8* séparé de l'Inde, dominion comprenant Baloutchistan, Pendjab, N.W.F.P., Sind, Bengale or. (futur Bangladesh), Pendjab occidental. **Oct. 1947 au 1-1-49** conflit avec Inde pour Cachemire (cessez-le-feu, imposé par O.N.U., territoire disputé entre les 2 pays). **1965**-*22-8* conflit avec Inde. Suspension de l'aide U.S. **1966**-*10-1* accords de Tachkent. **Début 1969** émeutes, menaces de scission. -*25-3* Pt Ayub Khan remet pouvoirs à l'armée. Loi martiale, Gal Yahya Khan Pt. Revendications autonomistes au Sind et au P. oriental. **1970** *déc.* él. ; victoire de la Ligue Awami (auton.) au P. oriental, du People's Pak Party (P.P.P.) d'Ali Bhutto au Sind (18 s. sur 27) et Pendjab (61 sur 82), du National Awami Party (N.A.P.) de Khan Abdal Wali Khan au Baloutchistan (3 sur 4) et dans provinces frontières. **1971**-*25-3* troubles au P. or. *Déc.* g. indo-pak. (v. Bangladesh et Inde). Aide U.S. suspendue. -*16-12* P. capitule à Dacca. -*20-12* Bhutto Pt. P. or. indép. (Bangladesh). **1972**-*30-1* P. quitte Commonwealth (G.-B. ayant reconnu Bangladesh). Réformes (nationalisations, réf. agraire, enseignement). -*2-7* accord de Simla avec Inde. *Été* troubles linguistiques à Karachi, + de 100 †. **1973** nationalisations (banques, assurances, transp. marit.). *Fév.* rébellion du Baloutchistan (tribus mengal et marri) (55 000 Baloutches s'opposent + de 4 ans à 70 000 soldats pak. aidés par Iran : 5 000 Baloutches et 3 000 mil. †) ; échanges de pop. avec Bangladesh, le P., voulant récupérer 70 000 pris. de g. et 20 000 civils détenus en Inde, accepte certains Biharis du Bangl. (musulm. qui avaient fui le Bihar indien lors de la partition de 1947).

1974 *avril* accord avec Inde et Bangl. (reconnu comme État le 22-2). -*24-9* le Hunza (roy. himalay., 100 h.) annexé, intervention de l'armée au Baloutchistan. -*28-12* séisme au N. (5 000 †). **1975** *fév.* arrestation des dirigeants du Parti national awami (N.A.P.), interdit. -*20/21-10* Bhutto en Fr. **1976**-*1-1* adm. directe du Baloutchistan. -*9-4* hiérarchie féodale des Sardars abolie. -*14-5* reprise des relations dipl. avec Inde. **1977**-*11-4* opposition protestant contre truquage des élect. de 1973 appelle à la désobéissance civique. Émeutes. *-5-7* Bhutto P.M. renversé par coup d'État mil. *Déb. juill.* loi martiale. *-28-7* Bhutto libéré, *-17-9* arrêté. *-1-10* élect. ajournées. **1978**-*18-3* Bhutto condamné à mort (accusé d'avoir organisé un attentat pol. en 1974). **1979** *fév.* loi coranique devient loi suprême [adultère puni de mort (lapidation en place publique) pour femmes mariées et faux témoins, 100 coups de fouet pour célibataires, 80 coups pour musulm. consommant de l'alcool, main droite ou pied coupé pour voleurs]. Prêt à intérêt sera supprimé. *-4-4* Bhutto pendu. *Nov.* sac de l'ambassade amér. (6 †). Suspension de l'aide U.S. **1980** 800 000 réfugiés afghans au P. [surtout pachtouns (sémites, sunnites, de langue indo-eur.), leur territoire réparti, dep. 1893, entre Afgh. et P. L'Afgh. réclame un Pachtounistan, entre mer d'Oman, Iran, Afgh. et P.]. *-4-7* 100 000 chiites demandent que certaines mesures de la loi coranique ne leur soient pas appliquées. **1981**-*16-2* attentat à Karachi contre Jean-Paul II (1 †, 2 bl.). *Fév.* campagne de désobéissance civile. *-9-3* entrée de civils au gouv. *Mars* avion détourné, 200 pass. libérés contre lib. de 54 prisonniers pol. ; *-15-6* aide écon. et mil. amér. 3 milliards de $ sur 6 ans. **1983** *mars* agitation religieuse. *Août* agitation dans le Sind pour le rétablissement de la démocratie (200 †). *Sept.-oct.* campagne de désobéissance civile lancée par le M.R.D. (Mouv. pour Rétablissement de la Démo.). **1984**-*19-12* référendum sur islamisation (abstentions 38 %, oui 97,7 % des votants) ouvrant la voie au renouvellement du mandat du Gal Zia Ul Haq pour 5 ans. **1985** Mlle Benazir Bhutto fille du Pt rentre mais doit repartir en exil. **1986**-*10* B. Bhutto revient à Lahore accueillie par des milliers de gens.

Statut. Rép. islamique. *Pt* Gal Mohammed Zia Ul Haq (n. 1924) dep. 16-9-78, *administrateur de la loi martiale* dep. 5-7-77, *chef d'état-major. Constit.* 10-4-73 amendée 74, 75, 76, 77, 78, 79, 80, 81, réinstaurée avec levée loi martiale (30-12-85). *Parlement islamique*, 2 chambres : assemblée nationale : 237 sièges. 20 nommés par le Pt, 217 élus dont 20 réservés à des femmes, 4 à la minorité chrétienne, 4 autres aux hindouistes, 1 aux ahmedias (secte musulmane non reconnue comme telle par le pouvoir) et 1 aux autres minorités (Parsis, Bouddhistes, Sikhs, etc.) ; Sénat : 83 m. (élus par Ass. prov.). *Assemblées régionales* 536 (Pendjab 260, Sind 144, N.W.F.P. 87, Baloutchistan 45). *P.M.* Mohammed Khan Junejo (n. 1953) dep. 28-3-85. **Élections du 25-2-85** *(Assemblée)* : abstentions 47,03 % (en 1977, 44 %) ; **28-2** *élect. des 4 assemblées provinciales.* **Membre** du C.E.N.T.O. (1955-74), de l'O.T.A.S.E. (1954-72).

Fêtes nat. 23 mars (journée du P., adoption de la résolution souhaitant une patrie séparée pour les musulmans du sous-continent), 14 août (indép.).

Partis. *P. populaire pak.* (P.P.P.), f. 1967, gouv., leader Beghum Nusrat Bhutto et sa fille Benazir. *Alliance nat. pak.* (coalition de 9 p. d'opp.), f. 1977. Partis suspendus de juill. 77 à 85. *Mouv. pour la restauration de la démocratie* (M.R.D.). *P. nat. démocrate* (N.D.P.) leader Khan Abdul Wali Khan. *Jamiat Ulema e Islami* leader Falzur Rehman.

Gouverneurs. 1947-*14-8* Quaid i-Azam Muhammed Ali Jinnah (1876-1948), gouv. général. **48**-*14-9* Khawaia Nazimudin. **51**-*19-10* Ghulam Muhammed. **55**-*17-8* Iskander Mirza (n. 13-11-99), gouv. puis Pt (6-10-55). **Présidents. 1958**-*7-10* Gal Muhammed Ayub Khan (1907-74). **69**-*25-3* Gal Yahya Khan (1917-80). **71**-*20-12* Zulfikar Ali Bhutto (1928, condamné à mort et exécuté en 1979). **73**-*14-8* Fazal Elahi Chaudry (n. 1904). **78**-*16-9* Gal Zia Ul Haq (n. 1924).

Économie

P.N.B. (85) 350 $ par h. **Pop. active** (%, entre par. part du P.N.B. en %) agr. 57 (30), ind. 16 (19), services 23 (44), mines 4 (6). **Inflation** (%). *1979* : 11,7, *80* : 10,8, *81* : 13,5, *82* : 7,4, *83* : 7,4, *84* : 7,1. **Dette extérieure.** 9,865 milliards de $ (83). **Transferts des émigrés.** 4 milliards de $ (est. 83). **Aide extérieure.** 1,7 milliard de $ (82-83), 2e bénéficiaire de l'aide de l'O.P.E.P. [main-d'œuvre exportée (mécaniciens, pilotes, cadres tech.) vers p. de l'O.P.E.P.]. 1er bén. de l'aide chinoise. Aide O.C.D.E. (80) 2,2 milliards de F. *Total* : 6,6 % du P.N.B. (80). **Budget militaire.** 44 % du budget total.

Agriculture. *Terres* (milliers d'ha, 81) t. arables 20 040 (2/3 sont irriguées soit 13 500 000 ha), t. cult. 291, pâturages 5 000, forêts 2 800, eaux 2 522, divers 49 741. *Production* (milliers de t, 83-84) canne à sucre 34 502, blé 11 531, riz 3 368, maïs 1 008 ; coton 2 959 000 balles. Sorgho 232, millet 226. **Forêts.** 19 095 000 m^3 (83). Autosuffisance pour riz, sorgho, millet, légumes secs ; déficit en blé les années sèches ; exportation de coton (solde agricole en équilibre). *Conséquences de la sécession du Bangladesh : défavorable :* perte des exp. de jute, 1re source de devises étrangères ; *favorable :* arrêt des livraisons de céréales qui peuvent être exportées en Inde et Afghanistan.

Élevage (milliers de têtes, 82-83). Buffles 12 483, bovins 16 157, chèvres 27 716, moutons 23 531, volailles 90 300, chameaux 900, ânes 2 626, mules 64, chevaux 448. Élevage extensif sur les steppes. **Pêche.** 343 400 t (83).

Mines (milliers de t, 83-84). Chaux 4 043, gypse 313, sel 554, charbon et lignite 1 638, cuivre, marbre, pierres fines, phosphates, chrome, sulfates. *Pétrole.* Réserves 11 millions de t, prod. 900 000 t (84). *Gaz.* Réserves 440 milliards de m^3, prod. 10,5 milliards de m^3 (83). Possibilités d'énergie *hydroélec.* (projet du barrage de Tarbela, sur l'Indus, capacité 2 842 MW, prod. 14 milliards de kWh par an). Projets de *centrales nucléaires* avec aide technologique française (opposition des U.S.A.). **Industrie.** Cuir, filés de coton, artisanat (tapis, matériel sportif). **Transports** (km). Routes 86 500. Chemin de fer 8 815 (80).

Tourisme. *Visiteurs* (83) : 364 995. **Sites archéologiques.** Mohenjô-Daro, Harappa (civilisation de l'Indus, 2500 av. J.-C., v. ci-dessus Histoire), Taxila (vestiges gréco-bouddhiques de Gandhara, 600 av. J.-C.), Mansura (7 apr. J.-C.), vallées de Swat, Kaghan, Kalash, Gilgit, Hunza, villes anciennes de Lahore, Multan, Thatta, Peshawar, Hyderabad.

Commerce (83-84). *Exportations* (millions de roupies) 37 025 *dont* coton 3 897, riz 5 688, art. en coton 4 857, fils et filés de coton 2 930, tapis 2 322, pétrole et dérivés 543, *vers* All. Féd. 4 796, Iran 4 225, Arabie S. 2 929, Émirats arabes 2 826, Japon 3 221, U.S.A. 3 350. *Importations* 76 717 *dont* pétrole et dérivés 19 168, mach. non élec. 10 125, mat. de transport 6 307, fer et acier 3 413, huile végétale 3 670, mach. élec. 3 066, thé 2 566, engrais 1 538 *de* Japon 10 957, Arabie S. 7 596, U.S.A. 8 743, Koweït 6 197, G.-B. 5 115, All. féd. 4 941.

Rang dans le monde (83). 6e coton à graine, canne à sucre. 9e blé. 11e ovins. 12e riz. 14e oranges. 15e bovins. 18e céréales.

PANAMÁ

Carte p. 890. V. légende p. 787.

Situation. Amérique centrale. 77 082 km^2 (dont 1 432 occupés par la zone du canal). Large de 80 à 193 km. *Frontières* avec Colombie 263 km, Costa Rica 245 km. *Côtes :* Atlantique 1 160 km, Pacifique 1 697 km. Plus de 1 000 îles dans la mer des Antilles (dont 332 dans l'archipel de Las Mulatas ou de San Blas) et 495 dans le Pacifique (dont Coiba la plus grande, 494 km^2). *Alt. max.* volcan Baru 3 475 m. **Climat** chaud et humide ; saison sèche janv. à avr. pluies mai à déc., 2 000 mm par an. *Temp. moy.* 27 à 30 °C.

Population. 2 140 000 (84). *– de 15 a.* 43,4 %, *+ de 65 a.* 3,7 %. En % : Métis 62, Noirs 15, Blancs 18, Mulâtres 5. D. 27,7. *Émigration* (82) : 536 200. *Immigration* (82) : 532 200 dont 334 500 vis. **Villes** (82) : Panamá 570 000 h., St-Miguelito 157 063 (80), Colon 80 000 (à 90 km). David 50 000 (à 450 km), **Langue :** Espagnol *(off.).* **Religions** (%) : Catholiques 93, protestants 6.

Histoire. 1501 découvert par Rodrigo de Bastidas. **1513** Vasco Nuñez de Balboa traverse isthme et atteint Pacifique. **1671** pirate Henry Morgan détruit ville de P. **1821** indépendance et réunion avec Colombie. **1855** chemin de fer transisthmique. **1880-89** 1re Cie (française) entreprend canal v. Index, U.S.A. rachètent ses droits (40 000 000 $). **1903**-*3-11* P. indépendant. *-6-11* U.S.A. le reconnaissent. *-18-11* accord Hay-Bunau-Varilla : U.S.A. ont l'usage de la zone limitée aux besoins du canal (100 km sur 16 km, 5 milles de chaque côté, 1 432 km^2), contre 10 000 000 $ et une redevance annuelle de 250 000 $ (portée en 1936 à 430 000 et en 1955 à 1 930 000 $). **1914**-*3-8* ouverture de 79,6 km de voie d'eau. **1915** inauguration du canal. **1920-24** 3e période présidentielle de Belisario Porras. **1931** coup d'État du Mouvement d'action communale. **1947** controverse à propos des bases mil. amér. **1964** émeutes anti-amér., 22 †, 500 bl. **1968**-*11-10* coup d'État, junte provisoire. **1969** *déc.* nouvelle junte présidée par Demetrio Lakas (25-8-1925) investi pour 6 a. **1972**-*11-10* nouv. Constitution. Gal Omar Torrijos († 31-7-81 dans un accident d'avion). **1974** accord de principe sur restitution de la zone du canal à P. **1977**-*7-9 tr. Torrijos-Carter* sur canal : remplace tr. de 1903 ; valable jusqu'en 1999 [P. assurera le contrôle du canal et recouvrera sa souveraineté sur la zone du canal (1 432 km^2 dont 492 km^2 d'eau, le lac Gatun, 57 000 h. dont 27 000 Amér. en 81) sauf 6 bases militaires] ; les U.S.A. peuvent intervenir militairement si P. ne peut assurer la sécurité de la zone. Ratifié à P. par référendum (67 % pour) et aux U.S.A. par Sénat (amendements non acceptés par P.). **1979**-*1-10* entrée en vigueur du tr. P. étend sa souveraineté. Projet d'un 2e canal [98 km de long, 200 à 400 m de large, sans écluses, 30 m de prof., accessible aux navires de 500 000 t (40 000 t actuellement)]. **1983**-*8-1* naissance du groupe (Colombie, Mexique, Venezuela) de Contadora (réunion dans cette île où l'on comptait autrefois les pièces d'or). **1984**-*6-5* élections générales. Nicolas Ardito Barletta (Union nat. démocrate officialiste) élu Pt [1 713 v. de majorité sur 650 000 v.] devant Arnulfo Arias (Alliance dém. d'opp.)], *11-10* en fonction.

Statut. Rép. *Const.* oct. 72 modifiée par référendum du 24-4-83. *Pt et Vice-Pt* élus pour 5 a. au suffrage universel. *Ass. nat. de représentants,* 505 m. élus pour 5 a. *Ass. nationale législative* (17 m. élus, 37 m. nommés). Pt Eric Arturo Delvalle dep. 28-9-85. **Provinces :** 9. **Fête nat. :** 3 nov.

Partis. *P. révolutionnaire démocratique,* f. 1978, Pt Berta Torrijos do Arosemena. *Front populaire large,* f. 1978, Pt Renato Pereira. *P. d'action populaire,* Pt Carlos Ivan Zuniga. *P. du peuple de P.,* f. 1943, Pt Ruben Dario Sousa. *P. démocrate-chrétien,* f. 1960, Pt Ricardo Arias Calderon. *P. libéral,* Pt Roderick Esquivel. *P. panaméiste,* f. 1938, Pt Luis Gaspar Suarez. *P. libéral authentique,* f. 1983, Pt Arnulfo Escalona Rios. *Mouvement libéral rép. nat.,* Pt Cesar Arrocha Graell. *P. panaméiste authentique,* f. 1982, Pt Arnulfo Arias Madrid. *P. nat. du peuple,* f. 1982, Pt Olimpo Saenz. *P. socialiste des travailleurs,* f. 1982, Pt Renan Esquivel. *P. travailliste,* 1982, Pt Carlos Eleta. *P. républicain,* f. 1982, Pt Eric Arturo Delvalle. *P. révolutionnaire des travailleurs,* f. 1983, Pte Josefina Dixon Caton.

Zone libre de Colón. Côte atlantique, zone hors douane : commerce de transit. A contribué au P.I.B. pour 2,15 milliards de $ en 82.

Économie

P.N.B. (84) 1 870 $ par h. **Pop. active** (%, entre parenthèses part du P.N.B. en %). Agr. 27 (10), ind. 18 (21), services 55 (69). *Chômage* env. 10,4 %. **Inflation** (%). *1980* : 13,9 ; *81* : 7,3 ; *82* : env. 20 ; *83* : 5 ; *84* : 3,5 à 5. **Dette extérieure** (85). 5 milliards de $; *84* : 3,7 milliards de $ soit 1 800 $ par h.

Agriculture. *Terres* (milliers d'ha, 81) t. arables 462, t. cult. 118, pâturages 1 161, forêts 4 140, eaux 109, divers 1 718. *Production* (milliers de t, 83-84) canne à sucre 4 705, riz 439, maïs 151. Bananes 35 000 000 de caisses, 6e rang mondial (84). Cacao, citrons, oranges, p. de terre, fruits exotiques. **Élevage** (milliers de têtes, 83) poulets 5 700, bovins 1 456,3, porcs 187. **Pêche.** 148 900 t (83). Exp. de crevettes et de langoustes.

Canal. Redevances des 14 009 bateaux qui le franchissent (82-83) (env. 40 bateaux par j.), *en 83* : 287,4 millions de $ US (dont 70 millions reviennent à P.). v. Index. **Flotte.** Pavillon de complaisance. 38 000 000 tjb. 4e rang mondial en 83. **Industrie.** Conserveries de poissons, sucre, ciment, alcools, cigarettes. **Centre financier** international. Exemptions fiscales ; en 82, 138 banques.

Transports (km). *Routes* 8 861,9 (83). *Chemins de fer* 76. *1981* oléoduc transisthmique ouvert. **Tourisme.** *Visiteurs* (83) : 167 800. *Sites :* « Panamá Viejo », église San José, forts de « Portobelo » et « San Lorenzo », îles Taboga et Contadora (Pacifique à 50 km de Panamá), archipel des Perles, San Blas (Indiens Kunas), Natá, canal de Panamá, lac Madden, Boquete (« la petite Suisse »), Darien (Indiens Chocoes).

Commerce (millions de balboas, 83). *Exportations* 303,5 *dont* bananes 74,9, crevettes 51,3, sucre non raffiné 41,3, dérivés du pétrole 36,3, textile 17,8 *vers* U.S.A. 159,5, All. féd. 17, zone du canal 32,7, Costa Rica 15,2, P.-Bas 0,7. *Importations* 1 266,2 *dont* fuel et lubrifiants 374,5, mach. et équip. de transport 280,8, prod. man. de base 205,8, prod. chim. 148,1, prod. man. divers 110,2 *de* U.S.A. 393, Venezuela 118, Japon 91,2, Costa Rica 33,2, Équateur 106,9.

PAPOUASIE-NOUVELLE-GUINÉE

Carte p. 902. V. légende p. 787.

Nom. Du malais *pupawa,* « crépu ».

Situation. Océanie. 462 840 km^2, 600 îles, 3 328 000 h. (85). D. 7,2. 33 000 Australiens, Européens et Chinois. 1 000 ethnies. *Climat* chaud et humide (moy. min. 22 °C, max. 33 °C). Pluies abondantes sur la côte. **Langues :** 700 env. ; l. vernaculaire : pidgin english. **Religions :** protest. 27 %, cath. 31 %.

Papouasie. 234 498 km^2. Partie S.-E. de la N.-Guinée (sup. totale 845 700 km^2), annexée en 1906. *Alt. max.* Mt Wilhelm 4 706 m. 692 132 h. (71) dont 14 377 (66) non-indigènes. D. 3. *Port Moresby* 150 000 h. (85). **Dépendances :** îles d'Entrecasteaux 40 000 h., Trobriand, Woodlark, archipel des Louisiades.

Nouvelle-Guinée. Dans le quart N.-E. de l'île (dont N.-Guinée proprement dite 180 523 km^2). 240 870 km^2, 1 800 000 h. *Villes* (80) : *Rabaul* 32 000 h., *Lae* 61 617 h., avec **archipel Bismarck** [288 000 h., New Britain (ex-N.-Poméranie) 37 812 km^2, 120 000 h., New Ireland (ex-N.-Mecklembourg) 7 252 km^2, *ch.-lieu : Kairen* 5 000 h., Lavongai (N.-Hanovre) 1 190 km^2, 6 000 h., îles de l'Amirauté 1 717 km^2, île du duc d'York 57 km^2], colonie all. de 1885 à 1914, adm. par l'Austr. en 1921, et **Salomon septentrionales** 10 618 km^2, 134 300 h. (80), moitié méridionale : à l'All. de 1889 à 1914, puis adm. par l'Austr. ; autre moitié, ex-col. brit. également adm. par l'Austr. [dont îles Bougainville 10 000 km^2, 50 000 h. (cuivre), *cap. : Kieta* 2 402 h. ; Bula, Nuguria, Nissan, Kilinailau 18 000 h. ; Tavu, Nukumanu].

Histoire. 1884 protectorat brit. sur le S.-E. **1888** annexé à la couronne brit. **1906** passe sous le contrôle de l'Austr. (revendiqué dep. 1883) ; le N.-E. (N.-Guinée orientale), possession all. dep. le 1er avril 1885. **1914-21** placé sous mandat austr. **1973**-*1-12* autonomie. **1975**-*16-3* Papouasie indépendante. -*12/13-5* émeutes dans les mines de cuivre de Bougainville. -*1-9* Bougainville devient Rép. de Salomon du N. (*16-9* indép. *Oct.* fin de cette sécession).

Statut. État membre du Commonwealth. *Const.* du 16-9-75. *Gouv.* Sir Kingsford Dibela dep. 28-2-83. *P.M.* Michael Somare (n. 1936) dep. 2-8-82. *Ass. lég.* 109 m. élus pour 5 a. au suffr. universel. **Élections lég.** *des 5 et 26-6-82 :* P. Progressiste 12 s., Pangu Pati (gouv.) 41 s., Indépendants, P. uni (oppos.), Papua Besena.

Économie

P.N.B. (83) 790 $ par h. **Pop. active** (%, entre par. part du P.N.B. en %) agr. 82 (35), ind. 6 (9), services 10 (35), mines 4 (21). **Inflation** (%). *1980 :* 12,1 ; *81 :* 8,1 ; *82 :* 5,6 ; *83 :* 7,9 ; *84 :* 10.

Agriculture. *Terres* (%) t. arables 1, forêts 95. *Production* (milliers de t, 83) bananes 964, noix de coco 767, racines et tubercules 588, patates douces 461, légumineuses 262, coprah 138, canne à sucre 320, café 57, cacao 31. **Forêts.** 6 910 000 t (83). **Élevage** (milliers de têtes, 82). Porcs 1 450, poulets 1 270 (82), bovins 134, chèvres 16. **Pêche.** 14 000 t (83). **Mines** (84). Cuivre 164 500 t, argent 47 400 t, or 15 673 kg. **Transports.** Routes 18 500 km (81).

Commerce (millions de kina, 84). *Exportations* 732 *dont* cuivre 298, café 113, bois 61,9, cacao 67,5, coprah 103,7 *vers* Japon 226,9, All. féd. 164,7, Australie 78,2, G.-B. 90,1, Espagne 27. *Importations* 866,8 *dont* mach. et équip. de transport 243,5, fuel et lubrifiants 156,2, prod. alim. 154,7, prod. man. de base 140 *de* Australie 344,8, Japon 135,9, Singapour 102,7, U.S.A. 89,5, G.-B. 30,7.

Rang dans le monde (83). 10e or. 11e cacao. 13e cuivre. 14e bananes.

PARAGUAY

Carte p. 810. V. légende p. 787.

Nom. Dû au fleuve (1 262 km).

Situation. Amérique du S. 406 752 km^2. *Frontières :* 3 484 km, avec Argentine 1 668, Brésil 1 021, Bolivie 795. *Alt. max.* Cerro San Rafael (dans Cordillera de Caaguazu) 850 m. **Région.** *Occidentale :* à 1 600 km de la côte la plus proche, 100 000 h., 246 925 km^2, plane, inhospitalière, sans fleuve, boisée au N., couverte de prairies au S., élevage extensif (continuation du Chaco argentin). Pluies 800 mm/an en moy. *Orientale :* 159 827 km^2, plate ou légèrement vallonnée, affluents du Paraguay et du Paraná, pluies jusqu'à 2 000 mm/an ; forêt partiellement défrichée dominant dans le N. et l'E. *Savane* avec culture intensive et élevage dans le S. **Climat** subtropical, 2 saisons : hiver mars-sept. ; été sept.-mars. Pluies violentes. *Temp. moy.* 22 °C ; max. 40 °C ; min. 0 °C et parfois moins.

Population. 3 000 000 h. (85), en % : Métis (d'origine esp. et guarani) 95, Blancs 3, Indiens 2. D. 7,4 (Chaco 1, P. oriental 11). – *de 15 ans* 43 %, + *de 60 a.* 5,5 %. Env. 40 % d'analphabètes. **Taux de croissance.** 2,9. **Émigration.** 476 000 de 1945 à 71, diminution à partir de 1970, actuellement retours d'Argentine. 1,5 million de Par. vivent à l'étranger, **pop. urbaine :** 40 %. **Villes** (82). *Asunción* 708 000 h. (83), San Lorenzo 74 632, Fernando de la Mora 66 810, Lambaré 61 722, Présidente Stroessner 92 000 (83), Pedro Juan Caballero 39 000 (83), Encarnación 28 800 (83), Conception 24 000 (83). **Langues.** Espagnol (*off.*, 75 %) et guarani (90 %). **Religion.** Catholiques 97 % (religion d'État).

Histoire. 1528-31 exploration de Sébastien Cabot. **1604** établissements jésuites : P. Diego de Torres fonde la « Province de Paraguay » qui englobe Argentine, Chili, Uruguay, Sud Brésil ; au centre 48 « réductions du Paraná, du Gaia et de l'Itatin » (villages d'Indiens convertis, établis notamment pour protéger les Ind. contre les tentatives des colons de les réduire en esclavage). **1639** 26 r. détruites par Brésiliens. Philippe IV autorise les jésuites à armer la pop. **1649** devient un État. **1707** organisation des 30 réductions définitives avec 144 252 h. Les jésuites y sont curés, maires et administrateurs agricoles. **1750** le Brésil annexe 7 réductions (tr. de Madrid entre Esp. et Port.). **1756** victoire des Guaranis sur Port. **1767** fin de la Rép. guarani, expulsion des jésuites, sur l'ordre de Charles III. **1768** suppression de l'ordre des jésuites en Europe ; les missionnaires doivent remettre les villages aux gouverneurs civils du P. **1811**-*14-5* Rép. indép. gouv. par 2 consuls. **1814-40** dictature de José Francia. **1844-62** Carlos Lopez Pt ; essor écon. **1848**-*7-10* décret déclarant les Indiens citoyens à part entière. **1862** Gal Francisco Solano Lopez son fils, Pt. **1865-70** g. contre la Triple-Alliance (Brésil, Uruguay, Argentine). **1870**-*1-3* Pt Lopez tué. Le P. a plus de 300 000 tués (sur 525 000 h., il en reste 221 000 dont 28 764 mâles). **1886** 300 000 h. **1900-54** 30 coups d'État. **1928**-*5-12* P. prend fort bol. de la Vanguardia vers la frontière brésilienne. Bol. riposte en investissant plusieurs garnisons ennemies. **1929** les 2 pays rivaux éditent chacun une série de timbres repoussant les frontières du voisin bien au-delà de son propre territoire. **1932-35** « g. du Chaco » : Bol. 60 000 h. commandés dep. 1926 par le Gal all. Hans Kundt (en 3 a. de g. 250 000 Bol. mobilisés), Paraguay 50 000 h. commandés par le Gal Estigarribia. **1935** *avril* embargo. -*12-6* armistice signé, Chaco partagé [P. récupère partie du Chaco (120 000 km^2)] ; bilan : P. 50 000 †, Bol. 80 000 †. **1938** tr. de paix définitif fixant la frontière. **1945-54** désordres. **1980**-*17-9* Somoza, ex-dictateur nicaraguayen, assassiné à Asunción.

Statut. Rép. *Constit.* du 25-8-1967, révisée 1978. *Pt* (élu p. 5 a. au suff. univ.) Gal Alfredo Stroessner (3-11-12) dep. 15-8-54 (Colorado). *Ch. des Dép.* 60 m. et *Sénat* 30 m. élus suff. univ. dir. p. 5 a. **Fête nat.** 14/15 mai (indép.).

Partis. *A.N.R.* (Asociación Nacional Republicana), f. XIXe s., Pt Juan Ramon Chávez. *P.L.* (P. liberal), f. 1961, Pt Fluvio Celauro. *P.L.R.* (P. liberal radical), f. 1961, Pt Justo Pastor Benítez. *A.N.P.* (Acuerdo nacional paraguayo), f. 1978. *P.L.R.A.* (P. liberal radical auténtico), Pt Dominico Laino. *P.R.F.* (P. revolucionario febrerista).

Économie

P.N.B. (85) 1 705 $ par h. **Pop. active** (%, entre parenthèses part du P.N.B. en %). Agr. 50 (26), ind. 15 (26), services 35 (48). *Chômage* (85) 8,3 %. **Inflation** (%). *1980 :* 22,4 ; *81 :* 14 ; *82 :* 6,8 ; *83 :* 13,4 ; *84 :* 30 ; *85 :* 23 (off.). **Dette.** 1,65 milliard de $ (85). *Taux de croissance (85) :* + 4,3 %.

Agriculture. *Terres* (milliers d'ha, 81) t. arables 1 640, t. cult. 300, pâturages 15 650, forêts 20 550, eaux 945, divers 1 590. *Production* (milliers de t, 82) canne à sucre 2 292, manioc 2 513, soja 849, maïs 619, coton 235,8, blé 98,9, riz 72,6, haricots 46,7, quebracho, maté. **Élevage** (milliers de têtes, 82) bovins 5 600, porcs 1 350, moutons 440, chevaux 330, chèvres 145. **Pêche.** 2 700 t (80).

Hydroélectricité. *Barrage d'Itaipu* construit avec Brésil sur Paraná. 1983 1re des 18 turbines mise en service. 1990 sera le plus puissant b. du monde. Capacité 12 600 MW. Coût 12 milliards de $. Prod. 70 milliards de kWh. *2 barr.* construits avec Argentine sur le Paraná : *Yacireta* et *Corpus*.

Industrie. Alim., conserveries de viande, textile, peaux. **Transports** (km). Routes (80) 15 500 (routes asphaltées : 1 500), chemins de fer 441 (80). **Tourisme.** *Visiteurs* (83) : 147 830.

Commerce (millions de $, 83). *Exportations* (85) 312 *dont* coton 143, soja 144, bois 13, huiles végétales 13, tabac 5, viande 6, café 0,3 *vers* Argentine 32,1, Pays-Bas 38, All. féd. 32, Brésil 56,6, U.S.A. 23,2. *Importations* 478 *dont* moteurs et mach. 107,8, pétrole 120, textiles 39,6, fer et acier 28, véhicules 29, prod. alim. 15 *de* Brésil 136,3, Argentine 90,3, Algérie 65, U.S.A. 30,8, All. féd. 32,3.

Nota. – En 81, contrebande incluse, les imp. représentaient env. 725 millions de $.

Rang dans le monde (81). 13e manioc. 14e palmistes.

PAYS-BAS

Carte p. 818. V. légende p. 787.

Nom. Pays-Bas (traduction de *Nederland*, « basse terre »). **Hollande** (de *Hol-land*, « pays creux », ou plutôt *Holt-land*, « pays du bois »).

Situation. Europe. 41 086 km^2 (dont 4 872 récupérés sur la mer). *Côtes* 1 200 km. *Frontières* 1 080 km, avec All. 584, Belg. 496. *Alt. max.* Vaalserberg 321 m, *min.* Prins Alexanderpolder – 6,7 m (au-dessous du niveau de la mer). 27 % du terr. est au-dessous du niveau de la mer, 60 % de la pop. y vit. *Longueur* 300 km, *largeur* 150 à 200 km. **Climat :** temp. moy. hiver + 2 °C, été 17 °C. *Pluies* 765 mm par an.

Polders. Vers *700 av. J.-C.*, la mer commence à pénétrer à l'intérieur des terres (parcelles de tourbière arrachées par la mer, extraction de la tourbe, du sel par les h.) ; v. *1250 apr. J.-C.* le Zuiderzee atteint ses dim. maximales. *Au XVIIe s.* assèchement de quelques lacs en utilisant l'énergie des moulins à vent (puis au milieu du XIXe s. par des pompages à vapeur) : polder du Haarlemmermeer au S.-O. d'Amsterdam. Dans les îles du S.-O. et du N., on utilisait dep. *XIIIe s.* l'envasement provoqué par flux et reflux de la mer ; une fois les terres dépassant le niveau de la mer, les habitants construisaient une digue. *Au XIXe s.* pour accélérer l'envasement (dans le N. de la Groningue et de la Frise) on construit des digues basses pour que sable et vase puissent se déposer et rester (encore utilisé actuellement). *1927-30*, 1er polder du *Zuiderzee* (le Wieringermeer) asséché, pompes électriques et diesels. *1932* l'Afsluitdijk (digue de fermeture, 32 km) sépare de la mer des Wadden le Zuiderzee [devenu l'IJsselmeer (ou lac d'Yssel)]. *1940-70* 4 sur 5 des grands polders prévus asséchés, 1 650 km^2 (5 %). *1950-87* travaux du Delta, 150 km^2. Autres zones plus petites : le *Lauwerszee* (côte N. entre Frise et Groningue), la *Maasvlakte* (S. de l'embouchure du Nieuwe Waterweg pour l'agrandissement de la zone ind. de Rotterdam-Europort).

Terres conquises (en km^2) : *XIIIe s. :* 350, *XIVe :* 350, *XVe :* 425, *XVIe :* 710, *XVIIe :* 1 120, *XVIIIe :* 500, *XIXe :* 1 170, *1900-86 :* 1 900. Tout l'O. et les zones N. basses (env. 50 % de la sup. des P.-B.) sont constitués par des polders (plusieurs centaines). *Le plus grand* des 5 polders de l'ancien Zuiderzee sera celui de Markerwaard, 403 km^2. La construction de la digue d'enceinte (long. 106 km) a commencé en 1957. *Surface totale de l'étendue d'eau douce (Ijsselmeer) :* 1 262 km^2.

Nota. – Il y a env. 200 « wateringues » (2 600 en 1950) (organismes de droit public dépendant des adm. provinciales chargés de la gestion et du contrôle du régime des eaux, des routes, voies navigables, et de la protection de la nature).

Une campagne a été déclenchée contre l'achèvement du Markerwaard, dont les limons se prêtent mal à l'urbanisation. Pour le Waddensee (1 000 km^2 de laisses), la poldérisation, remise en question, a été abandonnée : 1°) vases et boues découvertes à marée basse sont utiles pour la survie de certaines espèces, notamment les oiseaux de mer ; 2°) les bassins d'eau salée et saumâtre sont utiles (élevage d'huîtres et de moules) [la fermeture de l'Escaut oriental (plan Delta) a été retardée jusqu'en 85 pour permettre la construction d'une vanne laissant les eaux salines pénétrer dans le bassin isolé de la mer].

Démographie

Population. *1829 :* 2 613 298 ; *1900 :* 5 109 000 ; *20 :* 6 865 314 ; *30 :* 7 824 696 ; *40 :* 8 833 977 ; *50 :* 10 026 773 ; *60 :* 11 417 254 ; *70 :* 12 957 621 ; *80 :* 14 091 014 ; *82 :* 14 285 829 ; *83 :* 14 339 551 ; *85 :* 14 453 833 dont – *de 19 ans* 28,3 %, + *de 65 a.* 12 %.

Émigration (84) : 58 854 (vers C.E.E. 20 690, Surinam 1 703, Antilles néerl. 2 638, Afrique 6 473, Asie 5 608, U.S.A. 4 353, Canada 1 106) ; *de 1945 à 1971 :* 476 000 (vers Canada 168 000, Austr. 141 000, U.S.A. 86 000, Afr. du S. 41 000, N.-Zélande 27 000, Brésil 6 000). **Immigration** (84) : 66 907 (dont C.E.E. 21 783, Afrique 9 625, Surinam 3 448, Antilles néerl.

3 862, Asie 9 953, U.S.A. 3 745). **Population étrangère** (1-1-85) : 558 710 dont 111 329 Marocains, 155 579 Turcs, 44 821 Allemands de l'O., 23 619 Belges, 20 702 Espagnols, 20 277 Italiens, 12 232 Yougoslaves, 10 371 Américains, 9 803 Surinamois, 9 621 Indonésiens, 8 750 Chinois, 7 867 Portugais. *Moluquois du S.* [pop. transplantée après l'indép. de l'Indonésie (12 000 anciens militaires amboinais et leurs familles en 1950)] 35 000 env. D. 352 [Hollande N. et S. (« Randstad ») : 971]. **Pop. urb.** (85) : 66 %. **Villes** (agg. 85) : *Amsterdam* 998 130, Rotterdam 1 021 141 (à 75 km), La Haye ('s-Gravenhage siège du gouv.) 671 830 (55 km), Utrecht 504 310 (40 km), Eindhoven 374 974 (120 km), Arnhem 292 802 (100 km), Haarlem 215 309 (20 km), Groningue 206 978 (190 km).

Provinces 1-1-1985	Superf. en km² (1)	Pop. (milliers)	Dens. km²
Groningue	2 335	561,1	240
Frise	3 355	597,6	178
Drenthe	2 654	429,5	162
NORD	8 343	1 588,2	190
Overijssel	3 811	1 044,9	274
Gueldre	5 016	1 745,3	348
Polders mérid. de l'Ijsselmeer ²	974	121,2	124
EST	9 802	2 911,4	297
Hollande sept.	2 668	2 311,6	866
Hollande mérid.	2 905	3 151,3	1 085
Utrecht	1 332	936,1	703
Zélande	1 785	355,4	199
OUEST	8 690	6 754,4	777
Brabant sept.	4 957	2 113,0	426
Limbourg	2 170	1 085,7	500
SUD	7 127	3 198,6	449
TOTAL ³	33 963	14 453,8	426

Nota. — (1) Non compris voies et plans d'eaux de + de 6 m de large. (2) Communes d'Almare, Zeewelde, Dronten et Lelystad et Organisme public des polders méridionaux de l'Ijsselmeer. (3) Y compris personnes sans domicile fixe, inscrits au registre central de la population. Au 1-2-86, 12 provinces dont le Flevoland gagnées sur la mer.

Langues. *Néerlandais (off.)* : dérive de 2 dialectes « thiois », bas-francique (à l'O.) et bas-saxon (à l'E.). Le n. de l'O. (bas-francique) est devenu langue nationale (parlée, écrite et publiée) à partir du XVIe s. ; 21 000 000 néerlandophones dans le monde, dont 4 000 000 en Afr. du Sud (Afrikaanders). *Frison* : avec anglo-saxon et allemand, une des 3 l. du groupe germanique occidental ou westique ; parlé jusqu'au XVe s. des bouches du Rhin à la Baltique, pratiqué par 2,9 % de la pop. (région de Leeuwarden, îles frisonnes occid. et Schleswig dano-allemand).

Religions. (%, est. 84, personnes âgées de 18 a. et +) Catholiques 36,2, protestants (Nederlands Hervormd) 18,1, protestants (réformés) 8,3, autres religions 4,3, sans religion 34,7.

Histoire

Période préromaine. Les Nerviens belges occupent S. de la Meuse ; les Germains frisons occupent E. de l'Yssel jusqu'à l'Ems ; entre les 2, tribu germano-celtique des Bataves occupe l'*Insula Batavorum*. Principales villes : *Lugdunum* (Leyde), *Noviomagus* (Nimègue). **57 av. J.-C.** César atteint Rhin. **15 apr. J.-C.** Drusus franchit Rhin et occupe *Insula Batavorum* jusqu'au lac Flevo (Zuiderzee) ; Bataves deviennent *socii* de l'Emp. romain. **69** ils se soulèvent avec Julius Civilis, puis se soumettent, fournissant à Rome cavaliers et marins. **V. 250 apr. J.-C.** Francs occupent terres des Bataves et fusionnent avec eux. **695** évêché d'Utrecht fondé, christianisation du pays (St Willibrord). **V. 800** Frisons soumis par Charlemagne. **843** partie de Lotharingie (puis de Basse-Lorraine, apr. 954). **954-1406** 11 seigneuries, dont 3 duchés : Brabant, Gueldre, Clèves. **1406** Brabant échoit à la maison de Bourgogne, qui va réunifier le pays. **1473** Charles le Téméraire devient duc de Gueldre ; fixe à Malines capitale des P.-B. **1477** P.-B. séparés de la Bourgogne ; passeront par héritage dans la maison d'Espagne. **1524-38** Charles Quint acquiert Frise et évêché d'Utrecht ; soumet Gueldre révoltée, créant un État unitaire de la Somme à l'Ems (17 provinces). **1530** mouvements *anabaptistes* autour de *Menno Simonis* (1505-61). **1553** *Édit de Marie*, régente condamnant tous les hérétiques à mort. **V. 1540** début du protestantisme ; un de ses chefs est Guillaume de Nassau (le Vieux), seigneur de Breda, dont le fils hérite en **1544** de la principauté d'Orange (Guill. le Taciturne). **1559-65** gouvernés par Marguerite d'Autr., demi-sœur de Philippe II et par le card. de Granvelle, arch. de Malines. **1565** *compromis de Breda* : ligue anti-espagnole des seigneurs néerl. protestants, dirigée par Guill. le Taciturne. **1567-73** g. indécise entre « Gueux » de Guillaume et troupes esp. du duc d'Albe ; répression du duc et du *Conseil des Troubles*. **1571** *synode d'Emden* (Frise) : organisation de l'Église des P.-B. sur le type calviniste. **1573-76** Gal esp. Requesens perd N. des P.-B., notamment Leyde, où protestants fondent une université. **1573-79** Don Juan d'Autr., puis Pce Farnèse reconquièrent Bruxelles, Anvers, Gand. **1573** provinces cath. se séparent des calvinistes, qui forment la Rép. des Provinces-Unies (*Union d'Utrecht*) et renient Philippe II (1581). **1595-1609** g. navale contre colonies esp. et port. Fondation des Iers comptoirs coloniaux holl. en Indonésie et Moluques. **1609** Rép. reconnue par Esp. **1618** *synode de Dordrecht* : condamnation des *Arminiens*, adversaires de la prédestination (calvinistes atténués). **1619** Batavia fondée. **1648** *tr. de Münster* : P.-B. cessent de faire partie de l'Emp. all. **XVIIe** s. nombreux conflits intérieurs : conflit entre Guillaume II et États de Hollande (une des provinces), abolition du stathoudérat (**1667**) par le « Grand pensionnaire » Jan de Witt (assassiné 20-8-1672). **1652-54, 1665-67, 1672-74** g. navales contre Angl. **1672-78** contre L. XIV : g. de Holl., terminée par le *tr. de Nimègue*. **1688** Guillaume III, stathouder, devient roi d'Angl. **1688-97** g. de la Ligue d'Augsbourg.

1701-13 g. de la Succession d'Esp. **1740-48** de la Succession d'Autr. (contre Fr.). **1747** Guillaume IV créé stathouder à titre héréditaire des 7 provinces. **1756** neutres pendant la g. de Sept Ans. **1780-83** alliés de Fr. contre Angl. dans la g. d'Indépendance amér. **1785** Guillaume V doit s'enfuir en Angl. (rétabli par les Prussiens **1787**). **1795** invasion fr., Rép. batave constituée, vassale de la Fr. ; les Angl. prennent Le Cap et Ceylan. **1799**-*27-8* débarquement angl. au Helder (chassés par Brune ; capitulation d'Alkmaar, *18-10*). **1801**-*6-10* référendum sur nouvelle Constitution imposée par Bonaparte [52 000 non, 16 000 oui, 350 000 abstentions (considérées comme des « oui »)] ; 1 corps législatif, 1 conseil de régence de 12 m.]. **1802** Angl. rendent Le Cap pour se concilier la Rép. batave. **1806**-*5-6* création du *roy. de Hollande* (roi : Louis Bonaparte) ; *déc.* adhère au Blocus continental (catastrophe écon. : pratique de la contrebande). **1810**-*9-7* annexée à l'*Emp. fr.* (10 dépts : Ems occ., Frise, Bouche de l'Yssel, Yssel sup., Lippe en partie, Roer, Meuse inf., Bouches du Rhin, Bouches de la Meuse, Zuiderzee). **1815** *Congrès de Vienne*, qui reconnaît le *roy. des P.-B.* **1830** Belg. s'en détache (V. p. 818). **1870-1916** colonisation de l'Indonésie (**1916**, création d'un Parlement). **1914-18** neutre (à partir de mars 1915, les Alliés interd. toute importation pouvant être réexpédiée en All. ; P.-B. livrent aux All. alim. contre du charbon : restrictions alim. aggravées ; 1 million de réfugiés belges). **1940**-*10-5* invasion all. **1941** *févr.* grève générale contre persécutions anti-juives (de nouveau avr.-mai 1943). **1944** grève générale des chemins de fer *3-9* ; répression all. ; échec d'une libération rapide ; bataille d'Arnhem. **Hiver 1944-45** famine (30 000 †). **1945**-*5-5* capitulation all. et retour de la famille royale (exilée à Londres dep. mai 1940). **1948**-*1-1* Benelux (élargi 1958-60). **1949**-*27-12* Indonésie indépendante. **1953**-*1-2* rupture des digues (160 km) ; 160 0000 ha de terres submergés, 50 000 maisons détruites, 1 850 †. **1962**-*15-8* renonce à N.-Guinée néerl. **1965** des provos contestent société bourgeoise et indust. **1974**-*13-9* un commando de l'Armée rouge jap. de 3 m. prend 11 otages à l'amb. de France, dont l'ambassadeur ; obtient un Boeing 707, 300 000 $ et la libération d'un terroriste jap. détenu en Fr. -*2-12* 6 Moluquois attaquent un train près de Beilen ; 56 otages, 3 †. -*14-12* reddition. -*4-12* 7 Mol. attaquent consulat d'Indonésie ; 52 otages, 1 †. -*19-12* reddition. **1975**-*25-1* Surinam indép. **1976** le Pce Bernhard impliqué dans scandale Lockheed, doit démissionner de ses fonctions officielles (inspecteur gén. des Forces armées). -*11-6* 50 otages détenus dans train de Glimmen dep. 19 j par 10 terroristes mol., sont libérés par fusiliers marins (2 otages et 6 terroristes tués). **1978**-*14-3*, 72 otages détenus par Mol. à la préfecture de Drenthe (libérés par fusiliers marins). **1980**-*30-4* reine Beatrix succède à reine Juliana qui abdique. **1981**-*21-11*, 350 000 manifestants à Amsterdam contre armement nucléaire. **1983**-*7-10* ratification fr. du tr. de 1976 (réinjection dans le sous-sol alsacien et non plus dans le Rhin, des déchets salins). -*29-10* 550 000 manif. à La Haye et 100 000 à Amsterdam contre missiles de croisière. **1986**-*28-2* Parlement ratifie (79 v. contre 70) tr. américano-néerl. sur installation de 48 missiles de croisière de l'O.T.A.N. aux P.-B. -*19-3* élect. municipales, 350 000 étrangers admis à voter, poussée socialiste.

Politique

Statut. Roy. formé des P.-B., des Antilles néerl. et de Aruba, régi par le Statut (loi du 29-12-1954) qui prime la Const. *Constitution* 29-3-1814 révisée en 1983 (maj. électorale, liste civile de la reine). *Chef de l'État* : la Reine ; le trône est héréditaire, le souverain inviolable. *États généraux* (Staten-Generaal) : *2e ch.* 150 m. élus au suffr. univ. direct (représ. proportionnelle), *1re ch.* 75 m. élus par États provinciaux pour 4 a. (m. renouvelables par moitié tous les 3 a.). Ministres *responsables* dev. les É. gén., nommés par chef de l'État sur proposition d'un formateur qui devient le plus souvent le chef du gouv. *Conseil d'État* : organe consultatif suprême (Pte, la reine, 1 vice-Pt, 20 m.). **Fête nat.** 30 avr. (jour de la reine).

Capitale. Amsterdam (La Haye étant le siège du gouvernement, de la cour et du corps diplomatique).

Administration locale. Provinces. (12) dirigées par *États provinciaux* (élus au suffr. univ. direct), *députation provinciale, commissaire* de la reine (+ un greffier). **Communes** 774 adm. par conseil municipal élu pour 4 a. au suffr. direct, présidé par bourgmestre [nommé par la couronne pour 6 a., il a voix consultative et est responsable de l'exécution des décisions ; est aussi président du collège du bourgmestre et des échevins (élus pour 4 ans parmi les membres du conseil municipal)]. *1986* mars, droit de vote accordé aux étrangers aux él. municipales.

Élections aux chambres (% des voix et, entre parenthèses, nombre de sièges, par parti). *2e chambre (8-9-1982)* : P.V.D.A. 30,40 % (47 s.), C.D.A. 29,30 (43), V.V.D. 23,10 (36), Dém. 66 4,30 (6), P. soc. pac. 2,30 (3), C.P.N. 1,8 (3), P. réformé 1,9 (3), P.P.R. 1,6 (2), R.P.F. 1,5 (2), G.P.V. 0,8 (1), C.P. 0,8 (1), E.V.P. 0,7 (1), divers 1,50. *1re chambre (3-1981)* : P.V.D.A. (28), C.D.A. (28), V.V.D. (17), Dém. 66 (6), P.C.N. (1), P. réformé (1), P.P.R. (1).

Partis. *Appel démocrate chrétien* (C.D.A.), f. 1973, B. de Vries (29-3-1938). *P. du travail* (P.V.D.A.), f. 1946, J.M. den Uyl (9-8-1919). *P. libéral* (V.V.D.), f. 1948, E.H.T.M. Nijpels (1-4-1950). *Démocrates 66* (D. 66), f. 1966, M.B. Engwirda (2-6-1943). *P. soc. pacifiste* (P.S.P.), f. 1957, Andrée van Es (26-1-1953). *P. communiste* (C.P.N.), f. 1909, Ina Brouwer (11-4-1950). *P. réformé* (S.G.P.), f. 1918, H. van Rossum (14-12-1919). *P. pol. des radicaux* (P.P.R.), f. 1968, M.B.C. Beckers de Bruijn (2-11-1938). *Fédération politique réformiste* (R.P.F.), f. 1975, M. Leerling (11-1-1936). *Union politique nationale réformée* (G.P.V.), f. 1948, G.J. Schutte (24-5-1939).

Souverains

Maison de Bourgogne. 1419 Philippe III le Bon (1396-1467), duc de Bourgogne, ép. Michelle de Valois († 1422), Bonne d'Artois († 1425), Isabelle de Portugal († 1472). **1467** Charles le Téméraire (1433-77), s.f., ép. Catherine de Valois († 1446), Isabelle de Bourbon († 1465), Marguerite d'York († 1503). **1477** Marie (1457-82) sa f., ép. 1477 Maximilien Ier, f. de l'emp. Frédéric III.

Maison de Habsbourg. 1477 Maximilien Ier (1459-1519). **1495** Philippe Ier le Beau (1478-1506), s. f., roi de Castille, mari de Jeanne la Folle (1479-1555). **1506** Charles Quint (roi d'Esp. Charles Ier) (1500-58), abdique, ép. Isabelle de Portugal (1503-39). **1555** Philippe II (1527-98), s. f., roi d'Espagne.

Maison d'Orange-Nassau. Issue de Dedo, Cte de Laurenbourg (1093-1117) ; ses descendants sont Ctes de Nassau au XIIIe s. La maison des P.-Bas descend d'Othon, Cte de Nasau-Siegen, f. cadet de Henri Cte de Nassau († 1251), et la maison grand-ducale de Luxembourg du fils aîné, Walram II de Nassau. Les descendants d'Othon héritent au XVe s. des seigneuries de Lecke et Breda, sont Vtes d'Anvers en 1847, et reçoivent en héritage la principauté d'Orange en France. **1573** Guillaume Ier de Nassau dit le Taciturne (1533-84), 1559 stathouder, assassiné, ép. Anne d'Egmont-Buren, Anne de Saxe, Charlotte de Bourbon († 1582), Louise de Coligny (1555-1620). **1585** Maurice de Nassau (1567-1625) s. f., stadhouder (célibataire). **1625** Frédéric-Henri (1584-1647), s. fr. consanguin (f. de Louise de Coligny), stathouder, ép. Amélia van Solms. **1647** Guillaume II (1626-50), s. f., stadhouder (stathoudérat suspendu de 1650 à 72), ép. Marie Stuart (1631-60), f. de Charles Ier d'Angl.

1653 *Jean de Witt*, grand pensionnaire, assassiné (20-8-1672), ép. Wendela Bicken.

1672 Guillaume III (1650-1702), f. de Guillaume II, stathouder et roi d'Angleterre à partir de 1689, ép. Marie II (1662-94), reine d'Angl. **1702-47** *Oligarchie.* **1747** Guillaume IV (1711-1751), f. de Jean-Guillaume le Frison, Pce d'Orange, stathouder, ép. Anne de Hanovre, f. du roi Georges II d'Angl. (1709-59). **1751** Guillaume V (1748-1806), s. f., stathouder, ép. Frédérique Sophie de Prusse, nièce de Fréd. II.

République batave 1795-1806. Royaume de Hollande. 1806 Louis Bonaparte (1778-1846), abd. **1810** *Annexion à la France.*

Royaume des Pays-Bas. 1815 Guillaume Ier, Gd-duc de Lux. (1772-1843), f. de Guillaume V, ép. 1791 Frédérique Wilhelmine, f. de Frédéric-Guillaume II, abdique (à cause de son remariage avec Henriette d'Oultremont). **1840** Guillaume II, Gd-duc de Lux. (1792-1849), s. f., ép. 1816 Anne Pavlovna, sœur du tsar Alexandre. **1849** Guillaume III, Gd-duc de Lux. (1817-90), s. f., ép. 1° (1839) Sophie de Wurtemberg ; 2° Emma de Waldeck-Pyrmont (1858-1934). **1890** Wilhelmine (1880-1962), s. f. (sous la régence de sa mère 1890-98), abdique 4-9-1948 et prend le titre de Pcesse Wilhelmine des P.-Bas. Ép. 1901 duc Henri de Mecklembourg, Pce consort des P.-B. (1876-1934). **1948** Juliana (30-4-1909), Pcesse d'Orange, s. f. ép. 7-1-37 Pce Bernhard de Lippe-Biesterfeld (29-6-1911) titré Pce des P.-B. avec le prédicat d'Alt. roy. après sa naturalisation néerl., antérieure au mariage, f. du Pce Bernhard de Lippe-Biesterfeld (1872-1934) et de la Pcesse Armgard (1883-1971). Abdique 30-4-80. *4 enfants : Béatrix* v. ci-dessous. *Irène* (5-8-39) ép. 29-4-64, sans le consentement du Parlement comme le prévoit la Const., le Pce Charles-Hugues de Bourbon-Parme ; privée ainsi que ses descendants des droits à la succession au trône ; divorcée 1981, demande annulation de son mariage à Rome ; 4 enf. : Carlos-Javier (27-1-70), Jaime Bernardo et Margarita Maria Beatriz (13-10-72), Maria-Carolina (23-6-74). *Margriet* (19-1-43) ép. 10-1-67 Pieter van Vollenhoven (4-4-39). 4 enf. : Maurits (17-4-68), Bernhard (25-12-69), Pieter-Christiaan Michiel (22-3-72), Floris Frederik Martijn (11-4-75). *Christina* (18-2-47) ép. 28-7-75 Jorge Guillermo, prof. cubain. Enfants : Bernardo (17-6-77), Nicolas (6-7-79), Juliana (8-10-81).

1980 Béatrice (Beatrix) (31-1-38), ép. 10-3-66 Claus Georg von Amsberg, titré Pce des P.-Bas avec le prédicat d'Alt. roy. (6-9-26), f. de Claus von Amsberg et de son ép. née Bonne Gosta Julia von dem Bussche-Haddenhausen ; 3 enf. : Willem Alexander (27-4-67), Johan Friso (25-9-68), Constantijn (11-10-69).

Premiers ministres depuis 1945

1945 *23-2* Willem Schermerhorn (1894-1977). **46** *24-6* Louis Beel (1902-77). **48** *7-8* Willem Drees (5-7-1886). **58** *22-12* Louis Beel. **59** *19-5* Jean-Édouard De Quay (1901-77). **63** *24-7* Victor Marijnen (1917-75). **65** *14-4* Joseph Cals (1914-71). **66** *22-11* Jelle Zijlstra (27-8-18). **67** *5-4* Piet De Jong (3-4-15). **71** *6-7* Barend Biesheuvel (5-4-20). **73** *11-5* Johannes-Marten Den Uyl (9-8-19). **77** *19-12* Andries A.M. Van Agt (2-2-31). **82** *4-11* Rudolphus F.M. Lubbers (7-5-32).

Architecture

Gothique (1200-1500). Abbaye. *Middelburg* salle capitulaire). Châteaux. *Haarzuilen* (reconstr. 1890). *Zuylen* (1300). Églises. *Amsterdam :* Oude Kerk (goth. et ren.). *Bois-le-Duc :* cathédr. reconstruite (1525). *Delft :* Nouvelle Église (1383), Vieille Église (1300). *Dordrecht, Haarlem :* Grande Église. *Utrecht :* cathédrale (1254-1517). Hôtels de ville. *Middelburg* (1512, les Keldermans, beffroi 55 m). *Veere* 1474-77). **Renaissance (1500-1650).** *Amsterdam :* Palais royal, reconstruit apr. incendie de 1618 (1648-55, J. Van Campen et B. Stalpaert), rue de Haarlem. *Delft :* hôtel de ville (beffroi, xive s.). *Haarlem :* marché de la viande (1603, C. de Vriendt). *La Haye :* Mauritshuis (1630), Huis ten Bosch (1645, Pieter Post). *Leeuwarden :* chancellerie (1566-71, B. Jansz). *Leyde :* hôtel de ville (1579). **1750-1830.** *Groningue :* hôtel de ville (1787-1810).

Époque moderne. *Amsterdam :* Bourse (1892-1903, H.P. Berlage), gare (1889, Cuypers, style Renaissance), Rijksmuseum (1876-85, Cuypers), école de plein air (1930, Duiker), orphelinat (1959, Van Eyck). *Haarlem :* cathédrale St-Bavon (1895-1930, J. Cuypers et J. Stuit, style roman). *La Haye :* palais de la Paix (1913, J. Cordonnier), palais des Congrès (1969, Oud). *Hilversum :* H. de ville (Dudok), sanatorium (1937, Bijvoet et Duiker). *Rotterdam :* théâtre (1940, Dudok), hôtel de ville (1914-20, H. Evers), poste (1941, J.-F. Staal), musée Boymans (1935, A. Van der Steur), rue piétonne (1949-53, Van den Broek et Bakema). *Utrecht :* poste (1918-24, H. Van der Velde), maison de Schröder (1924, Rietveld).

Économie

P.N.B. (84) 8 585 $ par h. **Pop. active** (%, entre par. part du P.N.B. en %) agr. 5 (4), mines 6 (11), ind. 22 (22), services 66 (63). *Chômage (%). 1980 :* 5,8 ; *81 :* 9,5 ; *82 :* 10,5 ; *83 :* 15 ; *84 (est.) :* 18 ; *85 :* 17. **Inflation** (%). *1980 :* 7 ; *81 :* 6,7 ; *82 :* 5,7 ; *83 :* 2,7 ; *84 :* 3,2 ; *85 :* 2,3 ; *86* (est.) : 1 à 1,5. **Aide au développement des pays du tiers monde.** *1978 :* 0,82 % du P.N.B., *81 :* 0,92 % ; *84 :* 1,02 % ; *85 :* 0,98.

Agriculture. *Terres* (milliers d'ha, 85) arables 1 063, pâturages 1 342, forêts 297, cours d'eau 337, divers 691. Les terres disponibles pour l'agric. augmentent de 3 000 ha par an. *T. de culture* (%, 85) : 64,5 dont grande cult. 36, pâturages 57,7, horticulture 6,4. *Forêts et t. incultes* 8. *Superficie moy. des exploitations* 15 ha. *Production* (milliers de t, 85) blé 851, seigle 19, orge 197, avoine 58, p. de terre 7 150, bett. à sucre 6 335, lin 36. Cultures maraîchères : laitue, concombre, tomate. *Rendements agricoles.* Les 1ers du monde (blé 70 qx/ha). 2 % des t. agricoles de la C.E.E. et 7,4 % de sa prod. 100 ha de S.A.U. nourrissent 716 personnes (France 162). 136 000 agriculteurs assurent l'alimentation du pays (sauf pour céréales) et 24 % de l'exportation. *% de la prod. agr. en valeur.* Élevage 64, horticulture 24, grande cult. 12.

Élevage (milliers de têtes, prév. 85). Chevaux 45, bovins 5 248, moutons 814, porcs 12 383, poules 89 887. Rendement annuel par vache à lait : 5 300 l. Viande, lait, fromage. **Pêche.** 401 500 t (83). Ports : IJmuiden, Scheveningen, Urk. Harengs (consommation nationale importante), poisson frais et congelé, moules, crevettes (exportés).

Mines. *Gaz naturel* de Groningue dep. 1960, 7e pr. du monde, 2 035 milliards de m³ de réserves totales (au 1-1-84) dont 201 offshore ; prod. (84) 77 (33 % du gaz nat. consommé en Europe occ.) ; consommation 41,3. *Revenus* (milliards de florins) : *1985 :* 23,8 ; *87* (est.) : 13. **Pétrole** (prod. 7,2 % de la consomm. en 84, 6,1 % de la conversion des raffineries). **Houille** (exploitation terminée dep. 1975). **Sel** [saumure dans E. et N.-E., traité à Hengelo (sel) et Delfzijl (soude), prod. 84] 3,67 millions de t. **Marne** (ciment, engrais potassique). **Électricité** surtout thermique (6 % nucléaire en 84), prod. (84) 62,7 Twh.

Industrie. Très concentrée [4 grandes multinationales (Royal Dutch Shell, Unilever, Philips, AKZO)]. Au xviie s. transformation des mat. premières importées : blé, bois, prod. tropicaux et subtropicaux dans les régions de Haarlem, Dordrecht, Zaan. **Régions ind.** : canal de la mer du N. (min. de fer importé), le long du Nieuwe Waterweg (pétrole brut). Groningue et Limbourg méridional : ind. agricoles, chimie. S.-O. (le long de l'Escaut occ.), N.-E. (rivière de l'Ems) en dehors de la Randstad. *Métallurgie* (hauts fourneaux et aciéries de Velsen) avec min. de fer importé. *Electrotechnique* (Eindhoven). **Secteurs** : *constr. navales* (Rotterdam et chantiers de Rijn-Schelde-Verolme, Amsterdam, Flessingue et E. de la prov. de Groningue). *Ind. alim.* : à partir de mat. 1res importées (h. végétale, café, thé, cacao, tabac) ; prod. laitiers (Frise), sucre de betterave (Groningue, Amsterdam, Breda), viande (Oss, rég. de Deventer), volailles (S.-E. de l'Ijsselmeer). *Textile :* rég. trad. de la Twente (Enschede), centre du Brabant (Tilburg, Helmond), fibres synthétiques (Limbourg mér.), confection (Amsterdam, Rotterdam, Groningue, Limbourg méridional).

Transports (km, 84). Routes 97 189, chemins de fer 2 852 dont 1 810 électrifiés.

Port de Rotterdam : 1er port mondial devant Ras Tanura (Arabie S.), Kobe et Yokohama (Japon). 40 km de long. 1,5 % du territoire national. 9 % de la pop. 14 % du P.N.B. Superficie d'eau 2 213 ha. Long. des quais 37 410 m. Hangars et magasins 1 416 950 m². Frigos 280 500 m³. Silos à grains 468 500 t. Marchandises sèches en vrac 15 600 000 t. Tankage 32 280 346 m³. Élévateurs flottants 18, fixés sur quais 23, ponts portiques 20. Grues 322, flottantes 36. Remorqueurs 46. Porte-containers 31. Appontements 14. Reçoit par an (84) 30 000 navires de mer, 180 000 bateaux fluviaux. Escale : 400 lignes de navig. Possède dep. 1872 un débouché artificiel, la Nouvelle Voie maritime (Nieuwe Waterweg), et dep. 1970 des bassins creusés près de la mer du Nord, l'Europort accessible, à des pétroliers de 380 000 t (avec tirant d'eau de 72 pieds). Port sans écluse, sans obstacle de ponts, desservi par un réseau de communications dense et par le Rhin, que les chalands remontent jusqu'à Bâle (Suisse). Sera relié au Danube par le Main quand le canal Rhin-Main-Danube sera terminé. Dispose ainsi d'un hinterland de 165 millions d'h., vivant dans l'une des plus importantes régions ind. du monde. Le transit représente 45 % du trafic. *Principaux produits transportés (84) :* prod. pétroliers : 110 Mt (48 %) dont pétrole brut 78 Mt (34 % du trafic) ; minerais : 38 Mt (16 %) ; céréales et dérivés : 25 Mt (11 %) ; charbon : 14 Mt (7 %) ; prod. chim. 15 Mt (7 %). Plate-forme industrielle : raff. de pétrole [68 millions de t par an (84)], complexe pétroléochimique, sidérurgie.

Tourisme. 2 991 800 vis. (1983).

Commerce (milliards de florins, 85). *Exportations* 225,6 *dont* fuel et lubrifiants 52,2, prod. alim. et animaux vivants 36,8, mach. et équip de transport 38, prod. man. de base 27,6 *vers* All. féd. 67,7, Belg.-Lux. 31,7, *France 23,4*, G.-B. 21,4, Italie 13. *Importations* 215,5 *dont* pétrole et prod. pétroliers 42,7, mach. et équip. de transport 49,6, prod. man de base 31,2, prod. alim. et animaux vivants 23,5 *de* All. féd. 48,2, Belg.-Lux. 26,6, U.S.A. 17,8, G.-B. 21,5, *France 14,5.* **Excédent** (milliards de florins). **Balance des paiements.** *1981 :* 7,8 ; *82 :* 9,8 ; *83 :* 12 ; *84 :* 17,5. **Commerciale.** *84 :* 11,6 ; *85 :* 10,1 (exp. 225,6, imp. 215,5).

Rang dans le monde (83). 3e gaz nat. 10e p. de terre 11e rés. gaz nat. 13e porcins.

PÉROU

Carte p. 844. V. légende p. 787.

Situation. Amérique du S. 1 281 216 km². *Frontières* 7 099 km, avec Brésil 2 822, Équateur 1 528, Colombie 1 506, Bolivie 1 047, Chili 196 ; *côtes* 3 079 km. *Alt. max.* Huascaran 6 768 m. **Régions :** *Costa,* côte aride (150 km au N.) malgré une pluie très fine (garua) de mai à nov., température basse (le courant froid de Humboldt longe la côte) (temp. extrêmes à Lima + 12 °C, + 28 °C). À l'époque de Noël, certaines années, courant d'*El Niño* [l'Enfant (Jésus)], un réchauffement des eaux se produit de l'Équateur au S. du Pérou, faisant fuir les anchois, nombreux dans ces eaux normalement froides. En 1972, El Niño fit chuter le tonnage des pêches d'anchois de 4 millions de t (plus fort tonnage mondial d'alors) à 1,5. El Niño s'accompagne généralement de pluies torrentielles. En 1100, des inondations détruisirent le système de canaux d'irrigation, bâti par la nation chimu. Une famine s'ensuivit et le peuple chimu ne put résister aux conquérants venus du Sud. 11 % de la sup., 35 % de la pop. *Sierra,* montagnes de 6 000 m et hauts plateaux (Puna) de 4 000 m, 25 % de la sup., 55 % de la pop. (« Tache indienne » constituée par l'Ancash, Huancavelica, Ayacucho, Apurimac, Cuzco et Puno et habitée par les Indiens), climat sec. *Selva* (forêts vierges), piémont oriental des Andes et plaines de l'Amazonie, 60 % de la sup., 10 % de la pop. ; climat tropical, humide, pluies déc. à mars. *Puna, hauts plateaux andins* (3 500 à 4 500 m) dans le S. Lac Titicaca entre Pérou et Bolivie, 8 030 km² dont Pérou 4 340, Bolivie 3 690, altitude 3 850 m, prof. 304 m.

Population. 19 700 000 h. (1-1-86) dont (%) Indiens 46, Métis 38, Blancs 15, divers (Asiatiques, Noirs) : Japonais 300 000, Chinois 700 000. D. 15. *– de 15 a.* 43 %, *+ de 60 a.* 5,2 %. *Cholo :* croisement d'un Métis et d'une Indienne, en fait catégorie sociale (Indiens urbanisés et évolués). *Pongo :* Indien serf, jamais rémunéré. *Pop. urb. :* 63 %. *Mortalité infantile :* 90 ‰ (zones indiennes 250 ‰). *Espérance de vie :* 58 ans (62 il y a 10 ans), 45 ans à Cuzco. **Villes.** *Lima* 6 000 000 (500 bidonvilles regroupant 2 500 000 h.), Callao 500 000 (à 30 km, son débouché naturel sur le Pacifique), Arequipa 808 600 (1 030 km), Cuzco 924 800 (1 165 km ; à 3 360 m d'alt.), Trujillo 403 200 (570 km).

Langues. Espagnol, ind. [quechua *(off.)* 40 %, aymara 5 %, langues aborigènes 7 %] [r. *1940* 2 millions parlent quechua (3 millions en 1970). 800 000 bilingues]. **Analphabétisme :** 15 %. **Religion.** Catholiques 95 % *(off.).*

Empire des Incas. Socialiste ; religion fondée sur le culte du Soleil. Architecture civile (taille parfaite des blocs de pierre). Régression artistique. Bois (gobelets), métallurgie (bijoux, outils), vases et petites lames en argent, ponchos. Sites notables : Cuzco, Machu Picchu (aurait servi de position de repli après la conquête esp.), Ollantaitambo, Limatambo, Pachacamac, Sacsahuamán. Tissus de Paracas, céram., orfèvreries. Ignoraient la roue. Avaient peut-être une écriture. Emploi des cordes « quipus » pour la comptabilité.

Histoire. Périodes : archaïque 8000-1250 av. J.-C. agriculture apparaît v. 4000 ; maïs et poterie v. 1500 ; **agricole 1250-800 av. J.-C.** civilisation de Chavin de Huantar (grands édifices, culte du jaguar, céramique noire polie, métallurgie) ; **développement 850 av. J.-C. à 400 apr. J.-C.** civilisation de la péninsule de Paracas (vie urbaine, petits États guerriers, agriculture intensive en terrains irrigués) ; **jusqu'à 900 apr. J.-C. civilisation Mochica (côte N.)** vases, portraits à anse en étrier (2 tons, génér. marron/blanc) ; **civil. Nazca (côte S.)** vases polychromes à motifs zoomorphes ; dragons, poissons, oiseaux et animaux divers ; **période expansionniste 1000** Tiahuanaco, Nazca, Huari : civ. des Indiens Quechuas et Aymaras : tumulus, rectangles tracés au sol de 850 × 110 m (peut-être utilisés pour la mise en place des fils de tissage) ressemblant à des pistes d'atterrissage, configurations au sol (silhouette humaine, animal stylisé) [pour rites religieux et funèbres (?)], céramique, polychrome ; s'éteint v. 1100. **Énigme de Nazca.** La photographie aérienne a permis de repérer des lignes droites de 15 km de long, des dessins en forme d'animaux (singes, poissons, oiseaux) si vastes qu'on ne peut distinguer leurs contours qu'à env, 5 000 m d'altitude. Certains ont vu là des pistes d'atterrissage pour engins insterstellaires, d'autres (Paul Kosoc et Maria Reiche) des repères astronomiques, mais il s'agit plutôt de pierres, destinées à dévider des fils longs de plusieurs dizaines de km. Les civilisations précolombiennes ne connaissaient pas l'usage de la roue, et ne savaient donc pas enrouler les fils. Ils les faisaient passer d'une pierre à l'autre, sur des distances considérables. **Période côtière 1100** : États organisés des *Chimus,* sur côte N. : métallurgie, tissage artistique, céramique noire anthropomorphe ou zoomorphe ; vases en étrier (généralisation de l'usage du moule) et des *Chinchas* sur côte S. **XI**e **s.** 1er empereur inca (titre des emp. régnant sur une confédération de Quechuas et Aymaras) : *Manco Capac I*er. **1532** les Esp. *Francisco Pizarro* (v. 1475-1541) et *Diego de Almagro* (1475-1538) battent le chef inca *Atahualpa* (1500-33) puis son frère *Manco Capac II* († 1544). **1544** création de la *vice-royauté de Lima.* **1548-55** Mendoza (v. 1540-1617) rétablit l'ordre parmi les conquistadores. **1572** Vilcabamba (à 150 km au N.-O. de Machu Picchu) prise par Esp. (dernière cité inca, résista 36 a.). *1780* soulèvement inca (avec Túpac Amaru II † 1781) réprimé. **1821-24** lutte pour indépendance. **1824**-*9-12* victoire d'*Avacucho* sur les Esp. **1836-39** féd. avec Bolivie. **1866** g. avec Esp., flotte esp. de Valparaiso et de Callao bombardée (motifs : *1863* le P. refuse de payer des dettes datant de la g. d'indépendance ; des Esp. sont brutalisés à Talambo ; *1864* une escadre esp. occupe l'archipel des Chinchas ; *1865* alliance P.-Chili). **1866**-*27-4/8-5* Esp. bombardent et bloquent Callao. *-9-5* se retirent aux Philippines. **1879**-*14-8* tr. de paix à Paris. **1879-84** *g. du Pacifique,* P. allié à Bolivie contre Chili, battu, perd Tacna, Arica et Iquique (*tr. d'Ancon* 8-3-1884). **1911** l'Amér. Hiram Bingham découvre le Machu Picchu. **1929** P. récupère Tacna *(tr. de Lima).* **1941** guerre éclair avec Éq. P. reprend 200 000 km^2. (Voir ci-dessous.) **1948** Gal Manuel Odria († 1974) Pt ; assisté par Odristas, persécute « Apristes ». **1950**-*21-5* Cuzco endommagé à 90 % par séisme. **1956** Manuel Prado Pt. **1962**-*18-6* coup d'État du Gal Pérez Godoy. **1963**-*mars* le Gal Lindsey prend le pouvoir. *-28-7 Fernando Belaunde Terry* Pt. Découverte des ruines del Abiseo (Gran Pajaten) du v-vie s. **1964**-*déc.* match de football Argentine-P. L'arbitre refuse un but, émeute, 300 †. Rupture diplomatique entre les 2 pays. **1968**-*3-10* coup d'État mil., Gal Velasco Alvaredo (1910-77) chef d'État. **1969**-*24-6* réforme agraire. **1970**-*31-5* séisme (50 000 †). **1973**-*7-6* adhère au gr. des pays non alignés. *-24-7* rompt rel. diplom. avec France (cause : essais atomiques fr. dans Pacifique). **1975**-*5-2* troubles à Lima (86 †) ; état d'urgence, *-25/30-8 conf. des non-alignés* à Lima. *-29-8* coup d'État mil. : Gal et PM Francisco Morales Bermudez. **1976** *janv.* grèves. *-13-7* état d'urgence. **1977**-*19-7* grève générale (10 †). *-30-8* levée de l'état d'urgence. **1978**-*15-5* troubles (plusieurs †). *-18-6* él. d'une Ass. constituante, présidée par *Victor Haya de la Torre.* **1980**-*18-5* F. Belaunde Terry (AP) élu Pt contre Armando Villanueva (APRA) (les 850 000 Indiens analphabètes votent), début de la guérilla du Sentier Lumineux. **1981-82** incidents frontaliers avec Équateur. Terrorisme [mouvement : *Sentier lumineux,* maoïste, f. 1963 par Abimaël Guzman n. 1931 (camarade Gonzalo) ancien prof. de philo.]. **1982**-*12-10* état d'urgence dans 5 des 7 provinces d'Ayacucho. **1983**-*26-1* massacre de 8 journalistes à Uchuraccay (Ayacucho). *-3-4* : 80 paysans tués par le Sentier lumineux. *-22-8* nouvelle attaque, 42 †. **1983**-*31-4* affrontements dans les Andes 100 †. *-30-5* état d'urgence. *-13-11* élec. munic. (%) APRA 33,13, IU 28,9, AP 17,44, PPC 13,89. **En 1983** selon le min. de l'Intérieur, env. 1 000 attentats [1 955 † (*1982* : 130) dont forces de l'ordre 86 (*82* : 36), civils 430 (*82* : 56), guérilleros 1 439 (*82* : 38)] ; selon l'armée : 6 439 guérilleros †. **1984**-*15-1* incident frontalier avec Équateur. *-22-3* au *7-8* offensive du Sentier lumineux, répression sévère. Au 18-5, en 4 ans, 2 600 † (par guérilla). **1985**-*14-4* Luis Aguilar, député de l'APRA, exécuté par Sentier lum. *Mai* offensive de l'armée contre Sentier lum. + de 20 expl. à Lima ; 4 500 arrestations. *-9-6* explosion palais présidentiel (1 bl.). *-10-7* gouv. d'Ayacucho tué par Sentier lum. *-10-9* : 8 généraux, 118 colonels limogés. *-28-10* M.R.T.A. (Mouv. révol. Tupac Amaru) reprend guérilla urbaine. **1986**-*4-2* attentats à Lima. *-8-2* état d'urgence. *-5-5* Vice-amiral assassiné.

Différend avec Équateur. 1542 les 3 provinces contestées par l'Éq. (Tumbes, Jaën et Maynas) font partie de la vice-royauté du P. **1717** transférées à la vice-roy. de Santa-Fé ou de Nouvelle-Grenade. **1723** gouv. esp. révoque cette décision. **1739** reviennent à la vice-roy. de N.-Grenade. **1784 et 1802** réintégrées à la vice-roy. du P. **1821** ces 3 provinces envoient leurs représentants au Congrès pér. Les 2 États acceptent pour définir leurs limites : le principe de l'« uti possidetis » (conserver les territoires selon les titres et les possessions que les colonies avaient au moment de l'émancipation), et celui de la libre détermination de leurs peuples à s'intégrer à la nation à laquelle ils se sentaient unis par une plus grande affinité et les liens les plus étroits. **1832** tr. ratifié par les 2 parties reconnaissant les possessions exercées à cette date jusqu'à la conclusion d'un arrangement sur les frontières ; toutes les autres négociations échoueront. **1904-10** arbitrage auprès du roi d'Esp. suspendu lorsque l'Éq. sait qu'il sera défavorable ; proposition du P. de recourir à la Cour internationale de justice repoussée. **1941** incidents de frontière : le gouv. éq. provoque le conflit. L'Éq. accuse le P. d'être l'agresseur, or le P. exerçait normalement sa souveraineté sur les 3 prov. réclamées par l'Éq. **1942**-*29-1* protocole souscrit à Rio de Janeiro en présence des représentants de l'Argentine, du Chili, du Brésil et des U.S.A. qui garantirent la bonne exécution du traité. **Dep. 1951** démarcation des limites (sur 1 600 km, 78 km restent à borner).

Statut. Rép. *Constit.* du 12-7-79. *Pt* élu au suffr. univ. dir. p. 5 a. et non rééligible. 12 soulèvements militaires en 30 ans, dont 5 réussis ; 8 Gaux Pts de la Rép. en 18 ans ; sur 4 Pts civils en 30 ans, 1 seul a accompli tout son mandat. *Sénat* 60 m. élus pour 5 a. par les régions. *Chambre des dép.* 180 m. élus au suffr. univ. dir. p. 5 a. Dep. 1980, gouv. constitutionnel. *Pt* Alan Garcia (n. 1948) dep. 23-7-85. *PM* Luis Alva Castro dep. 28-7-85. Avant, Sandro Mariategui dep. 9-4-84. 24 *départ.* divisés en 164 *provinces* (84). **Fête nat.** 28 juill. (indépendance).

Élections présidentielles du 14-4-85. APRA 47 %, IU (Gauche unie) 23 %, PPC, Action populaire 5.

Partis (date de fondation et leader). *Action pop.* (1956) Javier Alva Orlandini, Fernando Belaunde Terry. *Alliance populaire révol. américaine* (APRA), (f. 1924 par Victor Haya de la Torre, † 1979) Alan Garcia dep. oct. 82. *Front national des travailleurs et paysans* (FNTC). *Front ouvrier, paysan, étudiant et pop.* (FOCEP) Genaro Ledesma Izquieta. *Parti populaire chrétien* (PPC) (1966) Luis Bedoya Reyes. *Parti révol. des travailleurs* (PRT) Hugo Blanco. *Union démocratique pop.* (UDP) (1978) Alfonso Barrantes Lingan. *Union de la gauche révol.* (UNIR) Horacio Zevallos. *Unité de la gauche* (UI) Alfonso Barrantes. Rassemble 8 partis dont le P. unifié mariatéguiste (PUM), Union nat. de la gauche révol. (UNIR, prochinois).

Sentier lumineux (Sendero luminoso). *1970* fondé par Abimael Guzman (prof. de sociologie à Ayacucho), dit Pt Gonzalo, proposant de suivre le sentier lumineux des écrits de Jose Carlos Mariategui (1894-1930) qui proposait un retour aux communautés paysannes indiennes incas. *1976* s'affirme maoïste et contre Den Xiaoping, essaiera plusieurs fois de dynamiter l'ambassade de Chine à Lima. *1980-17-5* à Chuschi, un groupe brise l'urne électorale et brûle les listes élec. *-18-5* début de lutte armée. Exécute voleurs de bétail, usuriers, commerçants, métis et propriétaires, puis dirigeants syndicaux qui s'opposent au démantèlement des coopératives ; interdit aux paysans de produire des excédents, ferme les marchés locaux. *1981 (fin)* 600 attentats pour se procurer : fonds dans les banques, armes dans les postes de police et explosifs dans les mines ; assassinat des notables et cadres locaux ; actions spectaculaires (bombes dans le palais présidentiel, coupures répétées de courant dans Lima). *1982-2-3* attaque de la prison d'Ayacucho (300 prisonniers libérés), violences, répression, guérilla s'étend à Huamuco (collabore avec trafiquants de drogue). *1983* exécute hauts fonctionnaires. *Janvier* exécute publiquement 67 « traîtres ». *-18-4* assassine 2 instituteurs devant leurs élèves. *-nov.* coupe les phalanges de ceux qui ont voté aux élec. munic. (et portent une marque de tampon sur le doigt) ; activités en milieu urbain. *1984-20-1* appel à l'armée, état d'urgence dans 10 provinces (sur 146) ; *août* offensive du Sentier 2 000 †. *Effectifs* : 2 000 à 7 000 actifs. *Bilan de 1980 à janv. 85* : 4 500 †, 1 500 disparus, 1 000 emprisonnés.

Économie

P.N.B. *1982* : 1 260 $ par h., *83* : 885. **Pop. active** (%, entre parenthèses part du P.N.B. en %) agr. 35 (8), ind. 12 (20), services 45 (52), mines 8 (20). *Chômage* (83) : 12 % ; sous-emploi 48 %. **Inflation** (%). *1980* : 59,2 ; *81* : 75,4 ; *82* : 64,4 ; *83* : 111,2 ; *84* : 110 ; *85* : 160 ; *86 (avr.)* : 50. **Dette extérieure** (milliards de $) *1980* : 9,6 (56 % du P.I.B.), *85* : 13,9 (80 % du P.I.B.). **Aide** (80) : 2,6 milliards de F.

Agriculture. *Terres cult.* 3 %. *Production* (milliers de t, 83) canne à sucre 6 539, pommes de terre 1 152, maïs 594, riz 790, plantain 450, café 90, coton 104, manioc 326, oignons 86, oranges 88, p. douces 126, orge 70, citrons 34. **Élevage** (milliers de têtes, 83). Poulets 40 000, moutons 14 500, porcs 1 890, chèvres 1 900, bovins 3 204, chevaux 653, ânes 489, mulets 218. **Pêche.** 3 300 000 t (82). Huiles et farines de poisson. **Guano.**

Énergie. *Charbon* : réserves 2 300 000 t. *Pétrole* (millions de t) : réserves 106, production 62,5 : 185 000 barils (85). *Gaz.* **Mines** (milliers de t, 83) : fer 2 873, zinc 576, cuivre 375 (84), plomb 213, argent 1 728 t, or, bismuth, molybdène, tungstène. **Industrie.** Raffineries de pétrole. Transformation des métaux.

Transports (km). Routes 58 685. Chemins de fer (80) 1 628 (voies les plus hautes du monde : jusqu'à 4 829 m). **Tourisme.** 273 324 vis. (83). **Quelques lieux.** Lima (palais du gouv., cathédrale, musées), Arequipa (couvent Sta-Catalina), Cuzco, Machu Picchu, Pachacamac, Nazca (alignements), Sacsahuamán, Pisac, Ollantaitambo, Ica (musée), îles Ballestas ou Guanos, Chinchero (marché), Puno (lac Titicaca).

Commerce (millions de $ US, 83). *Export.* 3 015 *dont* pétrole 544, cuivre 443, argent 391, zinc 307, poisson 79 *vers* U.S.A. 1 221, Japon 395, G.-B. 160, All. féd. 121, Italie 91. *Import.* 2 698 *dont* biens du capital 900, biens de consomm. 218, blé 152, charbon (80) 113, maïs 61 *de* U.S.A. 751, Japon 264, Brésil 106, All. féd. 234.

Rang dans le monde (83). 2e argent, guano. 6e pêche. 8e cuivre. 13e rés. lignite. 14e café. 21e ovins.

PHILIPPINES

Carte p. 958. V. légende p. 787.

Nom. Donné en 1543 par le navigateur esp. Ruy Lopez de Villalobos en l'honneur du futur Philippe II d'Espagne.

Situation. Asie. 300 000 km^2. *Côtes* 17 500 km. Montagneux. *Alt. max.* Mt Apo 2 955 m. **Climat.** *Saisons : sèche* nov.-mai (26,9 à 28,1 °C ; mois les plus chauds avril-mai ; l'été off. est d'avril à juin) ; *humide* juill.-oct. (25,4 à 26,5 °C) ; mois le plus frais : sept. (23,5 °C). *Pluies* : 2 336 mm/an. *Sud du Mindanao,* climat équatorial, pas de saison sèche ; *rég. occ.,* cl. tropical avec une saison sèche de nov. à mars et pluies d'été (Manille 2 280 mm/an) ; *côte orientale,* pluies d'été, mais aussi pluies d'hiver (alizé du N.-E.).

Population. *1799* : 1 502 574 ; *1903* : 7 600 000 ; *81* : 48 900 000 ; *est. 85* : 54 668 000. *90* (proj.) 61 480 000. Majorité d'origine malaise [Negritos env. 30 000, Gonotes env. 150 000 dans les montagnes, Moros (musulmans) env. 150 000, côtes des îles du Sud]. Minorités : Bontoc 57 708, Ifugao 180 000, Buid 36 000, Mandaya 210 000, Talaandig 9 000, T'bolis Tagbanua 60 000, Ubos 5 000, Batangan, Maguindanao 550 000, Maranao 450 000, Badjao, Jama Mapin, Yakun, Taosug, Samal 619 000. En 1971, découverte d'env. 28 Tesadays, peuplade primitive. *– de 15 a.* 42,9 %, *+ de 60 a.* 4,6 %. D. 182,2. **Émigrés.** 1 400 000 (U.S.A., G.-B., All. féd., Italie, 600 000 dans les pays du Golfe dont 150 000 en Arabie Saoudite). **Étrangers** (84). Chinois 23 796, Américains 4 916, Indiens 657, Britanniques 432, Espagnols 219. **Villes** (80). *Manille* 1 626 249 (agg. 7 000 000), *Quezon City* 1 165 990 (cap. légale de 1948 à 1980, à 15 km de Manille), Davao 611 311, Cebu 489 208, Iloilo 244 211. **Iles.** *7 107* dont 2 773 ont un nom. *Principales* : Luçon (104 687,8 km^2, 15 299 790 h. D.

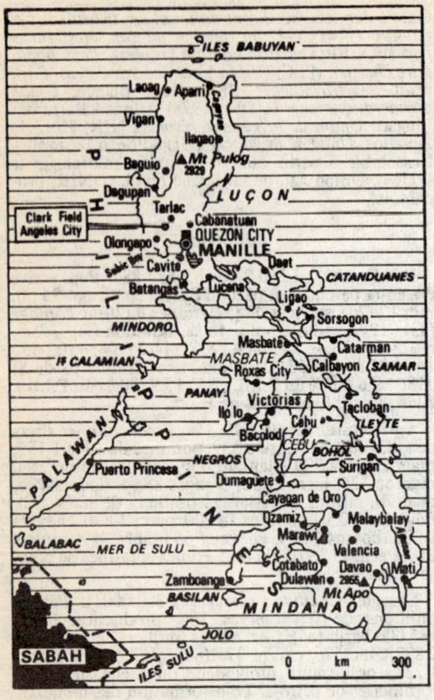

105), Mindanao (94 630,1 km², 5 814 164 h. D. 30), Negros 12 709,9 km², Samar 13 080 km², Panay 11 515 km², Palawan 11 785,1 km², Mindoro 9 735,4 km², Leyte 7 214,4 km², Cebu 4 422 km², Masbate 3 269 km², Bohol 3 864,8 km². Archipel de Jolo 2 618 km².

Langues. 87 langues et dialectes. 3 l. nationales : anglais 40 %, tagalog (base de la l. off. qui s'appellera le philippin) 21 %. *Principaux dialectes parlés comme langue maternelle* (en %, 1980) : visayan (Cebuano) 24,1, tagalog (Filipino) 21, ilocano 11,7, panay hiligan 10,4, bicolano 7,8, visayan (Samar et Leyte) 5,5, pampango 3,2, pangasinan 2,5.

Religions (%). Catholiques romains 85, protestants 3, aglipayans (catholic. phil., fondé par G.G. Aglipay en 1902) 4, Iglesia ni Kristo 2, musulmans 4.

Histoire. Jusqu'au XVIe s., culture autonome ; contacts avec Chine, Inde, Arabie. **1521** découvertes par Magellan. Colonie esp. **1896**-*avril* révolution, *-12-6* indépendance, *-10-12 tr. de Paris :* l'Esp. cède les Ph. aux U.S.A. pour 20 millions de $, l'anglais devient la langue de l'enseignement ; combats pour ind. jusqu'en 1902. **1935** Commonwealth des Ph. (indép. prévue dans les 10 ans). **1941**-*8-12* invasion jap. **1944** débarq. de Mac Arthur à Leyte. Bataille aéronavale de Leyte. **1945** libération, restauration du Commonwealth. **1946**-*4-7 indépendance.* Rép. **1961** Diosaldo Macapagal Pt. **1964** Marcos rejoint parti nationaliste. **1965**-*9-11* Marcos élu Pt (accusé de fraude par Macapagal). **1968**-*1-5* le Muslim Independent Movement (M.I.M.) déclare l'indép. des îles de Sulu, Palawan et Mindanao. **1969** Pt Marcos réélu. **1971**-*24-8* bombe dans meeting libéral, 8 †. *-25-8* habeas corpus suspendu. **1968 à 1972** 480 incidents violents, action des Ilagas (chrétiens) contre musulmans. **1972**-*21-9* loi martiale. *Oct.* rébellion mus. à Mindanao (F.N.L.M. : Front nat. de libération Moro) ; après conf. islamique de Kuala Lumpur, reb. réclament autonomie régionale complète. **1974** reb. prennent île de Jolo (Lupah Sug à 90 % mus.), ville rasée. **1974-75** combats (env. 3 000 †). **1975** *avr.-nov.* reddition de milliers de reb. mus. *Juin* rel. dipl. avec Chine, Marcos à Pékin. **1976** *nov.* référendum sur prolongation de la loi martiale. *-23-09* accord de Tripoli : cessez-le-feu dans le S. [*dep. 1968 :* 50 000 civils et 4 000 mil. †, nombreuses destructions, 1/3 de la pop. moro sinistrée ou déplacée, 200 à 300 000 réfugiés au Sabah (qui jusqu'aux él. de 76 a soutenu le F.N.L.M.)]. **1977**-*25-3* autonomie de 13 provinces du S.-O. *-17-4* référendum en prov. puis création de gouv. rég. autonomes. *Sept.* reprise des combats. *-17-10* le M.N.L.F. tue Gal Bautesta et 32 off. **1980** *mars* attentats (52 † et env. 100 bl.). *Mai* Benigno Aquino (leader du Laban) libéré. *Août-oct.* attentats dans Manille [mouvement « Libération du 6 avril » (chrétien progressiste)]. *Oct.-déc.* procès des dirigeants de l'opposition (pas de verdict). **1981**-*17-1* loi martiale levée (800 peines de mort prononcées par les tribunaux de 72 à 81 mais non appliquées). Pt conserve pouvoirs exceptionnels. *-17/21-2* visite de Jean-Paul II. *-7-4* référendum pour élect. du Pt au suffr. univ. *-16-6* Pt Marcos réélu (88 % des voix, fraudes colossales). **1982**-*févr.-mars* recrudescence de l'activité du F.N.L.M. et de la Nouvelle Armée du Peuple (communiste). *-27-8* complot éventé. **1983**-*21-8* Benigno Aquino (n. 27-11-32) tué à son retour d'exil. *-31-8* manif. pour ses obsèques (2 000 000 pers.). *Oct.-nov.* manif. contre Pt Marcos. **1984**-*14-5* élect. législatives (violences). *-21-8* 500 000 à 900 000 manif. pour anniv. mort Aquino. **1985**-*3-11* Marcos annonce élect. prés. anticipées sous pression des U.S.A. *-11-12 :* 10 min. avant clôture du dépôt des candidatures, Corazon (« Cory ») Aquino (veuve de Benigno) conclut accord avec Salvador Laurel, chef de l'Unido (parti d'opposition), et brigue présidence. **1986**-*7-2* élect. pendant campagne 57 †. *-15-2* Marcos proclamé Pt par 10,8 millions de voix et 9,29 pour C. Aquino. 900 000 manif. à Manille où C. Aquino prône « désobéissance civile ». *-17-2* le « Reform Army Movement » appelle les soldats à refuser tout recours à la force contre civils contestant résultats de l'élect. *-19-2* C. Aquino refuse « toute réconciliation avec Marcos ». *-21-2* elle forme un « cabinet fantôme » ; « La Pravda » écrit que la réélect. de Marcos satisfait le Kremlin. *-22-2* Juan Ponce Enrile (min. de la Défense) et Fidel Ramos (chef d'état-major) se retranchent au min. de la Défense et soutiennent C. Aquino. *-25-2* Marcos et sa famille abandonnent. *-26-2* C. Aquino prête serment. *Mars* libération de 450 prisonniers pol. *-25-3* Const. provisoire, C. Aquino a pleins pouvoirs. *-9-5* cessez-le-feu avec F.N.L.M.

Statut. Rép. *Constit.* prov. du 25-3-86. *Pt* (élu pour 4 a. au suffr. univ.) Cory Aquino (53 ans). Avant : Ferdinand Edralin Marcos (11-9-1917) [sa femme Imelda (n. 1930) fut Miss Manille en 1953, élue min. des Ressources humaines ; son fils Ferdinand junior dit « Bong Bong », sa sœur, Elisabeth Keon Marcos, son beau-fr., Benjamin Romualdez dit « Kokoy » assurent des charges politiques dep. 31-12-65, réélu depuis. Fortune des Marcos : 10 milliards de $ dont 3 aux U.S.A. et 0,8 en Suisse. *Vice-Pt/PM* Salvador Laurel (dep. 26-2-86). *Avant la chute de Marcos : Assemblée nationale* (Batasang Pambansa), 186 m. élus p. 6 a. au suffr. universel. *Élections 14-5-84 :* K.L.B. (mouvement pour la nouvelle société, Pt Ferdinand Marcos), 109 s., Unido 49, Indépendants 8, Laban 6. Nationalistes 4. **Fête nat.** 12 juin (indépendance). **Guérilleros** de la N.A.P. (Nouvelle Armée des Philippines) 16 000 h., fondée par Bernabe Buscayno (Cdt), F.N.L.M. (Front nat. de libération moro). **P.C.** f. 1968 par Jose Maria Sison (enfermé de 1977 à mars 86). **Bases américaines.** Subic Bay, Clark Field.

Économie

P.N.B. ($ par h.). *1983 :* 760. *84 :* 630. **Pop. active** (%, entre par. part du P.N.B. en %) agr. 46 (23), mines 4 (3), ind. 13 (28), services 37 (46). **Chômage** (85) 20 %. *Sous-emploi* (85) 40 %. **Croissance.** *1984 :* – 5,3, *85 :* 3,9. **Inflation** (%). *1981 :* 17,6 ; *82 :* 13 ; *83 :* env. 10 ; *84 :* 50 ; *85 :* 6. **Dette extérieure** (85) : 27,5 milliards de $. **Aide extérieure** (84) 25,6 milliards de $ US. **Évasion de capitaux** (1984-85) 27 milliards de $.

Agriculture. *Terres* (milliers d'ha, 81) arables 7 050, cult. 2 890, pâturages 1 050, forêts 12 100, eaux 183, divers 6 727. *Production* (millions de t, 83) canne à sucre 3,4, riz (Palay, non traité) 7,7, noix de coco et coprah 2,1, bananes 3,7, maïs 3,1, patates douces 0,9, manioc 1,7, légumes 2,2, tabac, abaca, kapok, coton, manguey, ramie, caoutchouc. **Forêts.** 1 222 000 m³ (83). **Élevage** (millions de têtes, 83). Poulets 62, porcs 8, canards 5,4, buffles 2,9, bovins 1,9, chèvres 1,9. **Pêche.** 1 787 700 t (82).

Mines (milliers de t, 83). Charbon 1 020, sel 382, fer 2, chrome 136, nickel 13, cuivre 271 ; or 25 t, argent 56 t. **Pétrole.** Prod. *79 :* 1 200 000 t, *81 :* 250 000 t.

Transports (km). Routes 155 467 (83), ch. de fer 1 027. **Tourisme.** 816 712 vis. (84).

Commerce (millions de $, 85). **Exp.** 4 620 *dont* (84) équip. élect. et électron. 1 274, textiles 600, sucre 307, prod. dérivés de noix de coco 686, bois 194, bananes 122, concentrés de cuivre 115, artisanat 133 *vers* (84) U.S.A. 2 050, Japon 1 042, Singapour 320, Hong Kong 232, G.-B. 225, All. féd. 182. **Imp.** (84) 5 110 *dont* fuel et lubrifiants 1 648, machines 420, équip. élect. 426, céréales 245, prod. chim. 237, mat. de transp. 220 *de* (84) U.S.A. 1 630, Japon 815, Arabie Saoudite 420, Koweït 382, Malaisie 363. **Déficit commercial.** *1984 :* 679, *85 :* 482.

Rang dans le monde (82). 3e bananes. 7e or. 8e café, cuivre. 9e riz. 12e canne à sucre. 13e pêche. 16e bois. 22e porcins.

PITCAIRN (ILES)

Carte p. 962. V. légende p. 787.

Situation. Pacifique. 49 km². *4 îles :* Pitcairn (4,6 km²) et 3 inhabitées (Henderson 31,1 km², Ducie 3,8 km² + 4,4 km² de lagune et Oeno 5,1 km²). À 2 220 km de Tahiti. Falaises de 200 à 300 m.

Population. 61 h. (84). 45 h. (82). D. 11 (Pitcairn uniquement). Pop. issue de 9 mutins du Bounty et de leurs compagnons. *Cap. :* Adamstown. **Langue.** Anglais (mélangé de tahitien). **Religion.** Adventistes du 7e jour dep. 1886, mais la rel. chrétienne (ens. par J. Adams) demeure la base de la vie sociale.

Histoire. Habitées par des Polynésiens à une époque indéterminée (vestiges d'art.). **1767** découverte (déserte) par le navigateur brit. Carteret. **1790**-*23-1* après la mutinerie du « Bounty », 9 mutins anglais, 12 Tahitiennes, un bébé, 6 Noirs y débarquent. **1808** redécouverte par un nav. brit. **1829** John Adams (le chef de la communauté) meurt. **1831** transfert d'habitants à Tahiti (surpopulation), **1832** reviennent. **1838** colonie brit. **1839**-*29-11* rattachée officiellement à la Couronne brit. **1856** nouveau transfert de 194 h. dans l'île de Norfolk. **1858** 16 reviennent et 30 en **1863**. **1897** établissement brit. **1898** sous la juridiction du haut-commissaire pour le Pacifique O. **1902** annexion de Ducie, Oeno, Henderson. **1952** transférée au gouv. des îles Fidji. **1970** *oct.* sous l'autorité d'un gouv. désigné par le haut-comm. de N.-Zélande.

Statut. Colonie brit. *Gouverneur* T. D. O'Leary (ht-commissaire brit. en N.-Zélande). *Magistrat de l'île et Pt du conseil* Ivan Christian (élu pour 3 ans). *Conseil* 10 m. dont 1 ex-officio, 4 élus tous les 25-12, 5 nommés. A conservé son statut et ses « lois » instituées par John Adams ; la répartition des terres est celle établie par Fletcher Christian en 1790. Pas d'impôts. C'est le plus petit groupement humain du monde ayant son propre statut constitutionnel interne.

Économie. Pêche, timbres poste, fruits, légumes, artisanat. *Import.* farine, sucre, conserves, tissus.

POLOGNE

Carte p. 959. V. légende p. 787.

Nom. Tribu slave des Polanes qui habitait l'actuelle Pologne, nommée alors *polé,* « la plaine ».

Situation. Europe. 312 683 km² (388 634 en 1938). *Frontières :* 3 538 km, avec Tchécoslovaquie 1 310, U.R.S.S. 1 244, All. dém. 460. *Côtes :* 524 km (mer Baltique). *Alt. max.* Mt Rysy (Tatry) 2 499 m, moy. 174, min. Raczki Elblaskic – 1,8 m (Voïvodie d'Elblag). Pays de plaines (75 % du terr. en dessous de 200 m d'alt., 20 % de 200 à 500 m, 5 % à + de 800 m). **Régions :** 70 % du sol de type podzolique ou pseudo-podzolique. *Le long de la frontière S. :* montagnes [*à l'E.* Beskides (chaînes des Carpates, anciennes ; alt. 1 400 m) ; une partie des Htes Tatras slovaques (type pyrénéen), à l'extrême S., se trouve en territoire polonais (station hivernale de Zakopane) ; *à l'O.,* monts des Sudètes, chaîne de 300 km environ (hauteurs de Lusace, massif des Géants), anciens (altitude 1 600 m)]. *Au pied des montagnes,* terrasses étagées, couvertes de lœss (plateaux de Lublin à l'E., de Sandomierz au centre, de Silésie à l'O.) : les croupes boisées atteignent 611 m au centre (Mts de la Ste-Croix), 256 m à l'O. (hauteur de Trzebnica), dépression centrale drainée par les grands fleuves [Odra (854 km dont 742 en P.), Vistule (1 047 km)] et leurs affluents (Bug, Warta) dont la direction ancienne était E.-O. (captés ensuite vers le N.)] ; plaines fertiles cultivées en blé, betteraves et pommes de t. [Petite Pologne (S.-E.), Mazovie (centre N.), Grande Pologne et Posnanie (O.)]. *Ceinture baltique :* paysages morainiques (sables, dunes, cailloutis, landes, marais) ; alt. max. 316 m à l'E. de la Vistule (Mazurie) ; 331 m à l'O. (Poméranie). Les vallées de la Vistule et de l'Odra, en direction S.-N., sont encaissées et fertiles. La lande est aux 2/3 boisée en résineux ou convertie en prairies et champs de seigle. **Régions.** Lacs de Poméranie, lacs de Mazurie, Grande Pologne, Mazovie, Silésie, Petite Pologne, région subcarpatique. **Sols :** montagneux 2,21 %, podzoliques 72,5 %, bruns 4,67 %, tcherniozioms (humus) 0,74 %, noirs 1,14 %, marécageux 4,4 %. *Qualité :* très bons 4 %, bons 24/27 %, moyens 55/60 %.

Climat continental, temp. moy. janv. – 3,16 °C, juill. + 18,5 °C (extrêmes : janv. – 27,1 °C, juill. + 35,1 °C), pluies 500 à 600 mm (plaines), + de 800 mm (montagnes). Dans les Carpates, climat de montagne.

Le plus froid : – 42 °C (Nowy Targ). Gel : 25 j au bord de la mer, 60 au N.-E., 130 dans les montagnes.

Lacs. 9 300 de plus de 1 ha (1 % de la superficie, 3 200 km²) dans le N. (Mazurie 2 500), en Poméranie, Gde Pologne, Cujavie et le long du littoral ; *les plus grands :* Sniardwy (113,8 km²), Mamry (104,4 km²) ; *les plus profonds :* Hancza (108 m), Drawsko (79,7 m) ; *120 l. artificiels* (Zegrze 33 km², Goczathowico 32 km², Otmuchowskie 23,5 km², Glebinowskie 22 km², Sołina 21 km²). **Sources** *d'eau minérale.* **Flore.** 2 250 spécimens de plantes capillaires, 630 de mousses, 1 200 de lichens. *13 parcs nationaux* (116 000 ha) et 643 réserves naturelles.

Population. *1946 :* 23 600 000 ; *50 :* 25 000 000 ; *60 :* 29 800 000 ; *70 :* 32 700 000 ; *83 :* 36 571 000. *85 :* 37 200 000. – *de 15 a.* 25 %, *+ de 60 a.* 10 %. *Taille et poids moy. :* hommes 169 cm, 68 kg ; femmes 157 cm, 61 kg. Au 1-1-82, 150 000 à 200 000 Pol. en Occident dont 1/4 avaient demandé l'asile politique. **Par origine.** Polonais 98 %. En 63 : Ukrainiens 180 000, Biélorusses 165 000, Juifs 31 000, Allemands 23 000, Slovaques 21 000, Russes 19 000, Tchèques 12 000, Lituaniens 10 000, Grecs 5 000, Macédoniens 5 000, Tsiganes 12 000, Bohémiens. **Immigration** 900 (82). **Émigration** *1981-83 :* env. 100 000. Du 18-12-81 au 1-2-84 : 1 921 visas d'émigration accordés sur 2 800 demandes. **Polonais à l'étranger** 15 000 000 [U.S.A. 10 000 000, U.R.S.S. 1 167 000, France 1 000 000, Brésil 840 000, Canada 324 000, G.-B. 145 000, All. féd. 132 000, Australie 100 000]. D. 119. **Villes** (84) : *Varsovie* 1 649 100, Lodz 849 400 (à 133 km de la cap.), Cracovie 740 300 (à 294 km), Wroclaw 636 000 (à 348 km), Poznan 574 100 (à 303 km), Gdansk (ex-Dantzig) 467 200 (à 343 km), Szczecin 370 800 (à 516 km), Katowice 363 300 (à 285 km), Bydgoszcz 361 400 (à 161 km), Lublin 324 200 (à 161 km). *Pop. urbaine :* 59,5 %.

Religions. Catholiques 34 843 665 (94,6 % de baptisés, 78 % de pratiquants) : *en 85* séminaristes 8 464 (*79 :* 20 198) (dioc. 5 563, couv. 2 901) ; prêtres 22 381 (dioc. 16 931, couv. 5 450) ; nouvellement ordonnés 964 (dioc. 683, couv. 281) ; séminaires 46 ; égl., chapel. 12 554 ; paroisses 8 663 ; ordres masc. 59, fémin. 102 ; 9 805 moines, 25 333 nonnes ; catéchisation 21 218 points ; catéchistes 15 792. **Protestants** 112 000. **Orthodoxes** 400-600 000. **Polonais cathol.** 30 000. **Mariavites** 25 000. **Méthodistes** 5 000. **Juifs** 2 000 (1939 : 3 500 000).

Histoire

V. 1000 av. J.-C. les Paléoslaves se différencient des Germains et des Celtes entre Vistule, Pripet et Carpates. *Au Ier millénaire* Vislanes, Polanes et Mazoviens remplacent les Germains dans le bassin de la Vistule. **Après J.-C.** Obotrites et Poméraniens (Kachoubes) colonisent les côtes de la Baltique au Ier millénaire. **966** conversion au christianisme de Mieszko Ier, duc des Polanes. **IXe et Xe s.** les Slaves se convertissent. Les Piasts avec Mieszko et son fils Boleslaw Ier Chobry (le Vaillant, couronné roi en **1025**) réunissent P., Saxe, Moravie. **1138** division en duchés. **1226** Konrad Ier, duc de Mazovie, fait venir les Chevaliers teutoniques pour exterminer les Prussiens. **XIVe s.** unité avec Ladislas Ier et Casimir le Grand. **1320** couronnement de Ladislas Ier. **1364** fondation de l'université de Cracovie. **1386** union P. Lituanie (réunies en **1569**). **1410**-*15-7* Grünwald (Tannenberg) : Ladislas Jagellon bat Chevaliers teutoniques. Sigismond II (1548-72) réunit P., Livonie. G. contre Suède, Turquie et Russie. **1413** union P.-Lituanie. **1466** paix de Torun après g. de 13 ans contre Chevaliers teut. **1572** Sigismond Auguste, dernier roi Jagellon meurt. **1573** monarchie élective. **1673** Jean Sobieski (1624-96) bat Turcs à Chocim (Hotin). **1683** les arrête à Vienne et les chasse de Hongrie. **1697**-*26-9* Pce de Conti, élu roi. **1733-38** g. de succession de P. ; à la mort d'Auguste II la Fr. reconnaît Aug. III, candidat d'Autr. et Russie. **1768-72** *Confédération de Bar* (union de patriotes pol.) contre Russie, échec. **1772** *1er partage de la P.* (Autr., Russie et Prusse). **1791**-*3-5* Constitution progressiste. **1793** *2e part.* (Russie et Prusse). **1794** soulèvement de Kosciuszko. **1795** *3e part.* (Prusse, Russie, Autr.). **1807** *tr. de Tilsit.* Création du duché de Varsovie, donné à Frédéric-Auguste, roi de Saxe. **1809** paix avec Autriche à Schönbrunn. **1815** création du *royaume de P.* ou « P. du Congrès » ; autonomie apparente sous domination russe (le tsar étant roi de P.) ; Cracovie devient ville libre.

1830-31 soulèvements empêchant le tsar d'envoyer son armée réprimer la révolution à Paris, autonomie abolie. **1846** Autr. annexe Cracovie. **1848** insurrection de la Grande Pologne. **1863-64** soulèv. antirusse réprimé. **1914** invasion all. **1916**-*5-11* All. et Autr., dans un manifeste commun, proclament l'indép. de la

P. sans préciser ses frontières ni sa Constitution. **1918**-*6-11* formation à Lublin d'un gouv. provisoire pop. [Pt Ignacy Daszynski (socialistes et populistes)]. *-11-11 indépendance. Josef Pilsudski proclame la Rép.* et devient chef de l'État ; capitulation all. à Varsovie. **1919**-*28-6 tr. de Versailles :* la P. est reconnue. **1919-20** g. avec U.R.S.S. **1920** *avr.* tr. de coopération avec Petlioura, chef du nouvel État ukrainien. L'armée p. entre à Kiev et y installe Petlioura. Les Russes repoussent l'armée p. jusqu'à Varsovie et l'a. uk. à Zamosc. Pilsudski aidé de Weygand (conseiller mil. en P.) repousse attaque russe. **1921** nouvelle Constitution. *-18-3 tr. de Riga :* un territoire plus grand que celui délimité par la « Curzon Line » (ligne frontière proposée par G.-B. et imaginée en 1919 par Lord Curzon suivant les rivières Bug et San) est accordé à la P. Galicie et partie de la Hte Silésie lui sont restituées. **1926**-*5* Vincent Witos PM (droite). *-12/14-5* putsch du Mal Pilsudski, 379 †, 920 bl. Élu Pt de la Rép., il démissionne 3 j. après, n'acceptant pas sa fonction ; remplacé par le professeur Ignacy Moscicki jusqu'en sept. 39.

1932 pacte de non-agression avec U.R.S.S. **1934**-*26-1* avec All. **1935** *avr.* Constitution. *-12-5* Pilsudski meurt (cancer). **1938**-*2-10* la P. occupe Teschen (en Tchécosl.) que les Tchèques ont occupé en 1919-20 pendant la g. pol.-soviét. **1939**-*1-9* invasion all. (1 500 000 h. et 2 700 avions contre 750 000 h. et 600 avions). *-17-9* invasion russe qui rejoint les troupes all. *-18-9* le gouv. p. et le Ht-Commandement passent en Roumanie avec quelques unités. *-27-9* Varsovie capitule. *-28-9* All. et U.R.S.S. se partagent la P., All. organise sa zone, annexe une partie, et forme un gouvernement général dans une autre sous son protectorat. U.R.S.S. prend 200 000 km², 13 millions d'h. dont 5 500 000 Pol. ; organise des él. à candidat unique. Les Ass. votent pour le rattachement à la Rép. d'Ukraine et à la Russie blanche. *Oct.* gouv. pol. (en exil, Sikorski) constitué à Paris (émigre en G.-B. en 40). **Hiver 1939/40** déportation d'env. 1 500 000 P. en Russie et Sibérie. **1940** *mars-avril* massacre de 5 000 off. pol. à *Katyn* (près de Smolensk) et 10 000 dans un lieu inconnu, transportés des camps de Starobielsk et Kozielsk, attribué par les Russes aux All., par les All. aux Russes [la thèse all. étant généralement admise aujourd'hui : un rapport de la Croix-Rouge internat. (1943) met en cause les unités spéciales du N.K.V.D. (actuel K.G.B.)]. *Avril-mai* liquidation des camps de prisonniers de g. p. en U.R.S.S. : Kozielsk, Starobielsk, Ostachkov. *Mai-juin* une armée pol. participe à la bataille de France et aux combats de Narwick, et rallie après la G.-B. *Nov.* les All. enferment 450 000 Juifs dans le *ghetto de Varsovie* (100 000 meurent de faim et d'épidémie, 300 000 seront déportés principalement à Treblinka et mourront). **1941**-*22-6* All. attaque Russie et occupe toute la P. *Juillet-août* 1res libérations de prisonniers et de déportés p. en U.R.S.S. **1941** *déc.* accord polono-sov. Sikorski-Staline. **1941-42** formation de l'armée Anders, démarches p. pour retrouver les officiers perdus et les P. retenus dans les camps sov. **1942** naissance du Parti ouvrier p. (P.P.R.). Formation en Russie d'une armée pol. (Gal Anders) qui rejoindra le M.-O. *-14-2* Armée de l'Intérieur (A.K.), 350 000 h. **1943**-*19-4* devant le refus sov., la Croix Rouge intern. renonce à envoyer une commission d'experts à Katyn. *-26-4* Moscou rompt relations dipl. avec P. *-19-4/10-5* ghetto de Varsovie, insurrection des 40 000 survivants : 220 reçoivent une arme ; *-10-5*, 80, s'échappent par les égouts, 50 d'entre eux seront tués les j. suivants ; la plupart des 30 autres mourront au cours de l'insurrection de Varsovie d'août et sept. 1944 ; Marek Edelman (61 ans, cardiologue à Lodz) reste en 1983 le seul survivant. *Mai* division Tadeusz Kosciuszko formée en Russie. *-4-7* le Gal Wladyslaw Sikorski, chef du gouv. pol. en exil, tué (accident d'avion). Mikolajcsyk Pt du gouv. en exil (avant de devenir 2e vice-Pt d'un gouv. d'union pro-soviét. en 1945 à Varsovie). Conseil nat. de l'Unité (R.J.N.) créé. *-26-9* l'Armée rouge reprend la région de Katyn. Ouverture de l'enquête du N.K.V.D. **1944**-*1-1* création du Conseil national du peuple (clandestin, pro-soviétique) et de l'Armée populaire (A.L.). *-21-7* Comité pol. de libération nationale créé à Lublin. *-22-7* Rép. pop. de Pol. *-1-8* insurrect. de Varsovie (63 j), env. 60 000 insurgés, échoue *(3-10)* faute d'aide ext. (l'armée soviét. arrêtant le *1-8* son offensive en direction de Vars.). *-31-12* gouv. provisoire (Osobka Morawski) formé à Lublin par Comité nat. de libération reconnu par U.R.S.S. [différent du gouv. libre de Londres (Stanislas Mikolajczyk) reconnu par U.S.A., France (de Gaulle) et G.-B.]. **1945** Russes prennent Varsovie *(17-1)*, Cracovie *(18-1)*, Poznan *(27-1)*, Torun *(1-2)*, libèrent la P. *(mars).* La g. a fait 6 028 000 † dont 3 000 000 de Juifs morts en camps de concentration. Prisonniers de g. pol. : sur 230 000 faits par l'Armée rouge, 82 000 sont revenus vivants. Civils déportés en camp de travail 1 600 000 dont 600 000 morts de froid et de malnutrition. 2 901 m. du clergé tués par All. *-5-7* Mikolajczyk devient 2e vice-Pt d'un gouv. unifié à Varsovie. *Août* nouvelles frontières : la P. perd 180 000 km², annexés à l'E. par U.R.S.S. en 1939, et reçoit 102 000 km² de l'All. **1945-47** g. civile : tués 22 000 comm., 28 000 opposants. **1946** *janv.* industrie nationalisée. *-30-6* référendum. *-30-9* le tribunal militaire de Nuremberg ne retient pas le meurtre de Katyn à charge contre les criminels de g. nazis. **1947**-*19-1* él. faussées : 9 000 000 de voix au Bloc démocratique (dominé par communistes). Mikolajczyk, ancien PM du gouv. de Londres, s'échappe. *Oct.* 1 500 000 P. rapatriés d'U.R.S.S., 400 000 Ukrainiens rentrent en U.R.S.S. **1948** *déc.* soc. et comm. forment Parti ouvrier polonais unifié. Wladyslaw Gomulka (1905-82, 1er secr. de déc. 45 à juill. 48) limogé, puis expulsé du parti, 1951, et emprisonné (1951 à déc. 1954). *Déc.* 1er secrétaire Boleslaw Bierut. **1952** Constitution. **1953**-*26-9* card. Stefan Wyszynski arrêté. **1956**-*28-6 émeutes de Poznan* (113 †, 300 blessés). Gomulka, réhabilité, élu *21-10* 1er secr. du Parti. *-28-10* card. Wyszynski libéré. 87 % des terres rendues aux petits propriétaires (l'État garde le monopole de la commercialisation des prod. agric.). **1968**-*8-3* émeutes d'étudiants. *-8-4* Pt Ochab (1906, Pt dep. 12-8-64) démissionne.

1970-*7-12 tr. Pol.-All.* sur normalisation de leurs relations. *-15/19-12* émeutes (Gdansk et autres villes) après hausse des prix alim. de 30 %, 45 †, 1 165 bl., 3 000 arrestations, 19 immeubles et 220 magasins incendiés. *-19-12* Gomulka démissionne, Edward Gierek (ancien mineur en France et Belg. 1930) le remplace ; hausse des prix annulée. **1972** Vatican reconnaît frontière Oder-Neisse. *Mars* pénurie alim. *-17/20-6* visite de Giscard d'Estaing. *-28/29-7* du Pt Ford. **1976** *févr.* constitution amendée (rôle dirigeant du Parti et amitié obligatoire avec U.R.S.S.) ; critiques de 59 personnalités et du card. Wyszynski. *-21-3* élections. *-25-6* grèves à Ursus, Zeran, Swierk, Plock, émeutes à Radom après augm. des prix alim. (+ 60 %), hausse annulée. **1977**-*10-11* loi permettant de louer des magasins d'État (boucheries, joailleries, vins et liqueurs) à des personnes privées qui pourront employer 3 ou 4 personnes. Décision de faciliter la vente de terres de l'État à des particuliers (non appliquée). **1978**-*18-10* Jean-Paul II, 1er pape pol. [cardinal Wojtyla (n. 1920), archevêque de Cracovie]. *-6-11* 60e anniversaire gouv. de Lublin. *-11-11* 60e ann. de l'Ind. célébré par l'Église. **1979**-*13-5 :* 900e anniversaire de la mort de Stanislas (symbole de l'affranchissement Église/État). *Juin* visite de Jean-Paul II.

La ligne Oder-Neisse (Odra-Nysa)

Frontière occidentale dep. les accords de Potsdam (tr. entre Pol. et All. dém. 6-7-50 ; entre Pol. et All. féd. 7-12-70). **Silésie :** *1327* passe de la suzeraineté p. à la suzeraineté de l'emp. roi de Bohême, de la dynastie de Luxembourg ; *1748* tr. d'Aix-la-Chapelle, prise aux Habsbourg (successeurs des Lux. sur le trône de Bohême) par Frédéric II, roi de Prusse. **Poméranie** *« propre »* (seule est actuellement pol. la partie orientale de l'ancienne principauté) ; *1180* sous la suzeraineté de l'emp. all. Frédéric Barberousse ; *1231* aux Pces ascaniens de Brandebourg, Duché all. autonome ; *1648* annexée par Frédéric-Guillaume, électeur de Brandebourg et duc de Prusse (sauf Stettin, ville suédoise dans le cadre de l'empire jusqu'en 1720). **Prusse orientale :** *XIIIe s.* conquise par Chevaliers teutoniques sur Prussiens, peuple païen de langue lituanienne ; *1466* paix de Torun : vassale du roi de Pol. jusqu'en 1657 ; *1525* sécularisée ; *1618* duché de Prusse passe aux Hohenzollern du Brandebourg ; *1701* devient royaume. **Poméranie** *ultérieure* ou **Pomérélie :** *1107* détachée de la Poméranie ; attribuée à un duc résidant à Gdansk ; *1295* devient pol. ; *1308* annexée (non occupée) par Chevaliers teutoniques (appelée « Prusse occidentale ») ; *1466* redevient pol. sous le nom de « Prusse royale » ; *1772* Frédéric II l'annexe au 1er partage de la Pol. [sans Dantzig (Gdansk)] ; *1793* Frédéric-Guillaume II annexe Dantzig ; *1807* D. ville libre ; *1813* défendue 11 mois (janv.-déc.) par Gal Rapp ; *1814* la Prusse récupère D. ; *1919* tr. de Versailles : D. ville libre ; *1939* reprise par All. Le reste de la Pomérélie (en gros, le *« corridor polonais »*) fut rendu à la P. en 1919, après 147 ans de domination prussienne.

1980 *févr.* 1re grève aux chantiers navals Lénine à Gdansk. *-11/15-2 :* 8e congrès du Parti (POUP), Edward Babiuch (n. 1927) remplace Piotr Jaroszewicz (PM, exclu du Parti), équipe Gierek renforcée, tension entre Parti, Église et opposition. *Juill.* grèves contre hausses de prix. *-16-8* création d'un comité de grève inter-entreprises. *-16/31-8* grève aux chantiers Lénine de Gdansk. *-24-8* Edward Babiuch PM démissionne, remplacé par Jozef Pinkowski. *-26-8* cardinal Wyszynski lance un appel à la fin de la grève. *-28-8* grèves s'étendent. *-30-8* Gdansk : accord entre M.K.S. de *Lech Walesa* (n. 1943) et le négociateur Jagielski, sur création de syndicats « autogérés ». *-5-9 Stanislaw Kania* 1er secr. *-14-11 :* 1re entrevue Kania et Walesa. *-16-12* monument aux ouvriers de la Baltique tués en 1970 (3 croix d'acier de 42 m de haut et 3 ancres de marine crucifiées, 134 t) inauguré à Gdansk. **1981**-*10 et 24-1* grève pour samedi libre (prévu par accords de Gdansk). *-13-1* Walesa à Rome. *-10-2 Gal Wojciech Jaruzelski* (min. de la Défense) PM. *-28-5* card. Wyszynski meurt. *-1-7* Mgr Jozef Glemp, év. de Warmia (n. 18-12-28), primat de P. *-14/20-7* 9e congrès du POUP, 1 955 délégués. Vote à bulletins secrets. Gierek exclu avec 6 anciens collaborateurs. *-18-7* Kania réélu 1er secr. [(1 311 v. sur 1 939) devant Kazimierz Barcikowski (568 v.)] ; élect. du comité central (200 m.), Jaruzelski obtient le + de v. *-25-7* marche de la faim à Kutno. *-27-7* à Lodz. *-29-7* grève des transports à Varsovie. *-3/5-8* transporteurs bloquent le centre de Varsovie. *-4-8* Jaruzelski crée état-major anticrise. *-15-8* Kania et lui voient Brejnev en Crimée. *-5/10-9* 1re partie du congrès de Solidarité à Gdansk, 912 délégués. *-26-9/7-10* 2e partie : Walesa réélu Pt. *-15-10* accord gouv.-Solidarité sur prix alim. *-18-10* Kania remplacé par Jaruzelski, élu (par 104 v. devant Kania 79) 1er secrét. du POUP, reste PM et min. de la Défense. *-28-10* grève de 1 h contre la répression des syndicalistes. *-4-11* rencontre Glemp-Walesa-Jaruzelski. *-2-12* évacuation par la force de l'école des pompiers de Varsovie occupée dep. 18-11. *-13-12 état de g. proclamé.* Conseil militaire de salut national (Pt Jaruzelski, 15 généraux et 5 colonels), 100 000 interpellations, 5 906 arrêtés dont *Walesa interné* à Varsovie, plusieurs †. *-14-12* grèves, en particulier dans les mines. *-16-12 :* 324 bl. à Gdansk. *-17-12* à Wujek, Silésie, 7 † (ou 66?), 200 en tout en Silésie. *-23-12* armée et police évacuent grévistes des aciéries de Huta-Katowice. *-28-12* fin grève des mineurs de Piast (Silésie). *-30-12* travail oblig. pour hommes de 18 à 45 ans. **1982**-*4-1* zloty dévalué de 71 %, prix augmentent de 300 %. *-26-2* bilan : 6 647 arrêtés (dont 2 552 libérés). *-12-4* 1ère émission de Radio-Solidarnosc. *-28-4* 1 000 libérés dont le Pt de Solidarité rurale. *-1/3 5* manif. pour anniversaire de la Constitution de 1791, affrontements (à Varsovie et dans d'autres villes), 1 372 arrêtés, 27 fonctionnaires bl. et *13-5* manif. à l'appel de Solidarité à Varsovie et en province (1 372 arrestations le *3* et 679 le *13*). *-4-5* troubles à Szczecin, couvre-feu à Varsovie et dans plusieurs voïvodies. *-5-5 :* 597 personnes jugées (amendes pour 356, prison pour 115). *-13-6* manif. à Wroclaw et Cracovie, 238 arrêtés, 23 miliciens bl., barricades. *-14-6* levée du couvre-feu à Szczecin, 257 libérés. *-16-6* troubles à Wroclaw, 85 arrêtés. *-28-6* milliers de manif. à Poznan. *-1-7* levée du couvre-feu à Varsovie. *-21-7 :* 1 227 libérés dont 913 à titre définitif ; 637 restent internés (dont Lech Walesa). Création du Mouvement patriotique de renaissance nationale. *-31-8* manif. dans 66 villes, 5 131 arrêtés dont 1 051 relâchés rapidement, 5 †. *-1/3-9* incidents à Lublin. *-6/9-9* l'Armée patriotique révolutionnaire p. prend 13 otages à l'ambassade de P. à Berne. *-13/15-9* affrontements à Wroclaw. *-8-10* loi sur syndicats. Dissolution des organisations suspendues pendant l'état de g. (donc de Solidarité). Nombreuses grèves. *-10-11* échec d'une grève générale. *-12-11 Walesa libéré,* rentre à Gdansk *14-11*. *-13-12* bilan d'un an d'état de g. selon le gouvernement : 10 131 internés (en reste 317), 15 †. *-31-12 suspension de l'état de g.*, libération des internés sauf 7 responsables de Solidarité ; reste 3 600 emprisonnés dont 700 doivent être graciés. **1983**-*6-1* Mgr Glemp, cardinal. *-16/23-6 visite de Jean-Paul II. Sept.* 23 190 pers. condamnées au travail oblig. (loi sur « parasitisme social » en janv.). *-5-10 Walesa prix Nobel de la paix* (sa femme le recevra pour lui le 10-12). *Déc.* loi permettant d'instituer un « état d'exception » en cas de « calamité naturelle » ou de « menaces contre l'ordre social ». **1984**-*17-6* élect. locales, 40 % d'abstentions. *-20-7* amnistie, 652 libérés. *20-11* la P. quitte l'O.I.T. qui lui reproche ses atteintes à la liberté. **1985**-*7-2* procès à Torun des assassins du père Popieluzko (tué 19-10-84) (1 colonel condamné à 25 ans de prison, 1 capitaine et 2 lieutenants condamnés à 15 et 14 ans). *-4-12* Jaruzelski en Fr., reçu à sa demande par F. Mitterrand. *-7-12* Willy Brandt à Varsovie pour 15e ann. du tr. germ.-pol.

Politique

Statut. Rép. populaire. *Conseil militaire de salut national* (W.R.O.N., 15 m.), dep. 13-12-81. **Const.** du 22-7-1952 (amendée 1954, 57, 60, févr. 76). **Diète** (*Sejm*, 460 membres élus pour 4 ans au suffr. univ. ; 1 pour 60 000 h.). **Électeurs :** 18 ans ; éligibles 21 ans, vote non obligatoire. [**Élections législatives du** 23-3-80 (entre par. % des voix) : POUP 255 s. (55,4), Parti paysan unifié 117 s. (25,4), Parti démocrate 39 s. (8,5), divers 49 s. (10,7). Élections 10-10-85 : votants 78,86 % (66 % selon certains)]. Diète élit le **Conseil d'État** (présidence collégiale de la Rép., 1 Pt, 4 vice-Pts, 1 secrétaire et 11 m.) et le **Cons. des ministres. Pt du Cons. d'État,** chef de l'État : Gal Wojciech Jaruzelski (n. 1923) dep. 6-11-85. **Pt du cons. des ministres** Zbigniew Messner dep. 12-11-85 (avant, Jaruzelski dep. 9-2-81). **Voïvodies** 49 (dont 3 villes autonomes : Varsovie, Lodz, Cracovie). **Fête nat.** 22 juillet (procl. du manif. du Comité p. pour la libération). **Emblème de l'État :** aigle blanc sur fond rouge.

Partis. *P. ouvrier unifié polonais* (POUP), f. 1948, 1er secr. Gal Jaruzelski dep. 18-10-81, 2 167 000 m. en 84 (de juillet 81 à mars 84 perte de 1 000 000 m. env. à cause de démissions et limogeages). *P. uni des paysans* (PPU), f. 1949, Roman Malinowski (n. 26-2-35), 494 000 m. (1-1-86). *P. démocratique*, f. 1939, Witold Miyncrah (n. 1934), 100 900 m. (83). *Mouvement démocratique pour un renouveau national,* f. 1982. *Confédération pour une Pol. indépendante (K.P.N.)*, f. 1979, dénie au P. communiste le monopole de la représentation des opinions et de la détention du pouvoir ; principaux dirigeants arrêtés en sept. 80, condamnés en 82 à 7 ans de prison, libérés après l'amnistie de 84.

Syndicats. Solidarité *(N.S.Z.Z. Solidarnosc).* Indép. autogéré. *1980-22-9* créé. *1981-13-12* suspendu. *1982-8-10* dissous (12 000 000 m., leader Lech Walesa). **Solidarité rurale.** *1981-19-3* créé. *-10-5* sous le nom de Syndicat ind. et autogéré des agriculteurs individuels-Solidarité (NSZZRI-Solidarnosc), leader Jan Kulaj. *-13-12* suspendu. *1982-8-10* dissous. **Union indép. des étudiants** (NSZ). *1981-19-2* reconnue par gouv. (accord de Lodz). *1982 janv.* dissoute. **Comité d'autodéfense social** (KOR). f. 1976 par des intellectuels pour défendre les ouvriers poursuivis après les émeutes de Radom et Ursus. *1981-31-2* dissous. Créent une presse clandestine puis syndicale avec Solidarité.

Nota. — Au 1-1-84, 72 féd. de synd., env. 4 000 000 m. **Prisonniers** au 31-1-86 : 112 936 (dont jeunes de 17 à 21 ans : 12 382, femmes : 4 664) soit 300 détenus pour 100 000 h. (Europe occ., taux moyen : 30 à 100, France : 75). **Détenus pol.** *1983* (13-10) : 310 ; *86* (10-3) : 159 (241 selon l'opposition).

Chefs d'État

● **Dynastie des Piasts. Ducs de Pologne** (titre porté à l'origine par les chefs de l'État polonais de la période préchrétienne). Ziemomysl († 963). **960** Mieszko Ier (v. 922-992), s. f. ; baptisé sur les instances de son ép. Dubrawka de Bohême, il christianisa la Pol. (966).

Rois de Pologne (dignité catholique qui permet l'indépendance de l'État vis-à-vis de l'Empire et le droit de nommer les évêques). **993** Boleslas Ier le Vaillant (967-1025), s. f. **1025** Mieszko II l'Indolent (990-1034), s. f. **1031** Bezprym (986-1031), s. fr. **1034-1038** interrègne. **1038** Casimir Ier le Rénovateur (1016-52), f. de Mieszko II. **1058** Boleslas II le Hardi (v. 1039-81), s. f. (ass. St Stanislas, excomm. et chassé 1079).

Ducs de Pologne (l'excommunication de Boleslas II entraîna la perte de la dignité royale, ses successeurs reprirent le titre de « ducs de Pologne » d'origine). **1080** Ladislas Ier Herman (v. 1043-1102), s. fr. **1102** Zbigniew († 1112), s. fr. (bâtard). **1102** Boleslas III Bouche-Torse (1086-1138), f. de Ladislas Ier.

Ducs de Cracovie (Cracovie étant la capitale, il suffisait de tenir cette ville pour accéder à la fonction suprême dans l'État et la dynastie). **1139** Ladislas II l'Exilé (1105-52), s. f. **1146** Boleslas IV le Crépu (1125-73), s. fr. **1173** Mieszko III le Vieux (1126-1202), s. fr. **1177** Casimir II le Juste (1138-94), s. fr. **1190** Mieszko III le Vieux (2e règne). Casimir II le Juste (2e règne). **1194** Leszek le Blanc (1186-1227). **1198/99** Mieszko III le Vieux (3e règne). **1201** Leszek le Blanc (2e règne). Mieszko III le Vieux (4e règne). **1202** Ladislas III Jambes-Grêles (1161-1231), s. f. Leszek le Blanc (3e règne). **1228** Ladislas III Jambes-Grêles (2e règne). **1229** Konrad Ier (1187-1247), f. de Casimir II. Henri Ier le Barbu (1167-1238), f. de Boleslas le Haut, duc de Silésie (1129-1201), f. de Ladislas II l'Exilé ; ép. Ste Hedwige de Méranie, canon. 1267. **1238** Henri II le Pieux (1191-1241), s. f. **1241** Konrad Ier (2e règne). **1243** Boleslas V le Chaste (1226-89), f. de Leszek le Blanc ; ép. Ste Cunégonde de Hongrie, béat. 1690. **1279** Leszek le Noir (1240-88), f. de Casimir Ier duc de Couïavie (v. 1229-66), lui-même f. de Konrad Ier. **1288** Henri IV le Probe (v. 1257-90), f. d'Henri III duc de Silésie (v. 1229-66), lui-même f. d'Henri II le Pieux.

● **Rois de Pologne** (rétablissement de la dignité royale). **1295** Przemysl II duc de Poznan (1257-96), f. de Przemysl Ier, duc de Poznan (1220-57) (gendre d'Henri II le Pieux), f. de Ladislas duc de Poznan (v. 1190-1239), f. d'Odon duc de Poznan (v. 1141-94), lui-même f. de Mieszko III le Vieux.

Maison royale de Bohême (Piasts indirects) : élue par les bourgeois de Cracovie. **1300** Wenceslas Ier (II de Bohême) (1271-1305), ép. en 1303 Ryxa-Élisabeth de Pologne (1288-1355), f. de Przemysl II. **1305** Wenceslas II (III de Bohême) (1289-1306), s. f.

Rétablissement des Piasts directs : **1305** Ladislas Ier le Bref (1260-1333), fr. de Leszek le Noir ; ép. v. 1293 Hedwige de Gde Pol. (v. 1266-1339), f. de Boleslas duc de Kalicz, ép. de Ste Yolande de Hongrie, béat. 1827, lui-même fr. de Przemysl Ier duc de Poznan. **1333** Casimir III le Grand (1310-70), s. f. ; dans son test. désigna pour succ. 1) Louis Ier roi de Hongrie, s. nev., 2) Casimir IV duc de Slupsk, s. p.-f.

Maison d'Anjou (Capétiens), Piasts en ligne féminine et successeurs à ce titre : **1370** Louis Ier le Grand, roi de Hongrie (1326-82), f. de Charles Ier Robert, roi de Hongrie († 1342), et d'Élisabeth de Pol. (s. de Casimir III le Gd). **1384** Hedwige Ire (1373-99), sa f., ép. 1386 Ladislas Jagellon, Grand-Duc de Lituanie (1351-1434), roi de Pologne avec sa femme 1386.

• **Dynastie Jagellon. Grands-Ducs de Lituanie** (avant 1386) : **1292** Pukuwer († 1296). **1296** Witenes († 1315), s. f. **1316** Gedymin (1275-1341), s. fr. **1341** Jewnut-Twan († 1366), s. f. **1346** Olgierd († 1377), s. f. **1377** Ladislas Jagellon (1351-1434) roi de Pologne, s. f. En 1401, tout en se réservant le titre de Grand-Duc souverain, confie le gouv. de la Lituanie à des Pces de sa famille avec titre de Grand-Duc : **1401** Witold-Alexandre (1352-1430), f. de Kiejstut, duc de Triki († 1382). **1430** Swidrygiello-Boleslas († 1452), fr. de Ladislas. **1432** Sigismond († 1440), fr. de Witowd-Alexandre.

Rois de Pologne-Grands-Ducs de Lituanie : **1386** Ladislas II Jagellon (1351-1434) roi de P. par son mariage (1386), du chef de sa femme, et confirmé par élection. **1434** Ladislas III Jagellon (1424-44) [roi de Hongrie (L. V), 1440] s. f. **1445** Casimir IV (1427-92), s. fr. ; ép. Elisabeth de Habsbourg (desc. du roi Casimir III le Gd par Elis. s. de Casimir IV, duc de Slupsk). **1492** Jean Ier Olbracht (1459-1501), s. f. **1501** Alexandre Ier (1461-1506), s. fr. **1506** Sigismond Ier le Grand (1467-1548), s. fr. **1548** Sigismond II Auguste (1520-72), s. fr.

• **Rois élus.** Principes de droit successoral au trône : il y avait 2 catégories d'héritiers : 1°) *ceux dits « de nécessité »*, fils du prédécesseur ; 2°) *les « hypothétiques »* : filles du prédécesseur, leurs époux, leurs descendances des 2 sexes ; l'ensemble des collatéraux masculins et féminins du prédécesseur égaux entre eux. Le principe de la primogéniture, bien que préférentiel, n'était pas obligatoire. Le prédécesseur pouvait désigner son successeur parmi ses fils et parmi les héritiers dits « hypothétiques ». Le nombre des héritiers « hypothétiques » allant en s'élargissant, les institutions évoluèrent en monarchie élective (cependant on s'attachait à ce que les rois élus soient issus des dynasties Piasts ou Jagellon, excepté pour les rois Jean III, Auguste II et Auguste III).

1573 Henri III de Valois (1551-89), fiancé à Anne Jagellon (1523-96), sœur de Sigismond II Auguste. **1576** Étienne Batory, Pce de Transylvanie (1533-86), ép. 1576 Anne Jagellon (1523-1596), ex-fiancée du roi Henri de Valois. Maison Wasa : **1587** Sigismond III, roi de Suède (1566-1632), f. de Jean III Wasa, roi de Suède (1592) et de Catherine Jagellon (1526-83), ellemême s. de Sigismond II Auguste. **1632** Ladislas IV (1596-1648), s. f. **1648** Jean II Casimir (1609-72), s. fr. Autres maisons : **1669** Michel, Pce Korybut-Wisniowiecki (1640-73), desc. en ligne mâle de Korybut-Dymitri Pce de Nowogrod-Siewierz († 1404), fr. de Ladislas II Jagellon. **1674** Jean III Sobieski (1624-1696). **1697** Auguste II le Fort, Frédéric Auguste Ier él. de Saxe (1670-1733). **1704** Stanislas Ier Leszczynski (1677-1766) descendant en ligne féminine des ducs de Silésie-Raciborz, dyn. des Piasts. **1709** Auguste II le Fort (2e règne) (1670-1733). **1733** Stanislas Ier Leszczynski (2e règne). Auguste III, Frédéric Auguste II él. de Saxe (1696-1763), f. d'Auguste II. **1764** Stanislas II Auguste Poniatowski (1732-1798), desc. du fr. de Ladislas II Jagellon. Promulgua la const. du 3-5-1791 (monarchie héréditaire dans la Mon de Saxe) annulée suite à la conféd. de Targowica (1792), conduite par Stanislas-Félix Cte Potocki. Dernier roi légitime.

• **Duc de Varsovie.** Duché créé par Napoléon Ier. **1807** Frédéric-Auguste Ier, roi de Saxe (1750-1827), p.-f. d'Auguste III.

• **Rois de Pologne.** Royaume créé au Congrès de Vienne, 1815 (jusqu'en nov. 1830). Au profit des tsars de Russie d'Alexandre Ier (1777-1825) à Nicolas II (1868-1918).

• **Conseil de Régence. 1915** Régents : Cardinal Kakowski, Archevêque de Varsovie, Primat de P. (en cas de vacance de la couronne, le Cal Primat est de droit régent) ; pr. Zdzislaw Lubomirski (1865-1941), cousin d'Alexandre II (1876-1966) héritier de la couronne de P ; et J. Ostrowski. Dissous en 1918 à l'arrivée du Mal Pilsudski .

• **République. 1918** Mal Joseph Pilsudski (1867-1935). **1922** Gabriel Narutowicz (1865-assassiné en 1922). Stanislas Wojciechowski (1869-1953) démiss. mai 1926. **1926** Ignace Moscicki (1867-1946), Pt en titre [Mal Joseph Pilsudski, dictateur avec le titre de ministre des Aff. militaires et inspecteur gén. des forces armées] ; démissionnaire après son internement en Roumanie, 29-9-1939.

• **République populaire polonaise. Président. 1947-52** Boleslas Bierut (1892-1956) Pt du Comité de Lublin en 1944. **Présidents du Conseil d'État** (la présidence de la Rép. populaire étant abolie). **1952**-*20-11* Alexandre Zawadzki (1899-1964). **1964**-*12-8* Édouard Ochab (1906). **1968**-*11-4* Mal Marian Spychalski (1906-80). **1970**-*23-12* Joseph Cyrankiewicz (1911). **1972**-*28-3* Henryk Jablonski (27-9-1909). **1985**-*6-11* Gal Wojciech Jaruzelski (6-7-1923).

• **Gouvernement polonais en exil. Président. 1939**-*30-9* Raczkiewicz (1885-1947). Siège à Angers (France) jusqu'au 12-6-1940 ; puis à Londres à partir du 20-6-1940. **1947**-*9-6* Auguste Zaleski (1883-1972). **Dep. 1972** la présidence est revendiquée par 3 personnes.

Économie

• **P.N.B.** (82) 4 124 $ par h. **Pop. active** (% et entre par. part du P.N.B. en %) agr. 31 (15), ind. 39 (60), services 30 (25).

Déficit budgétaire (milliards de zlotys). *1982* : 240 ; *83* : 130 ; *84* : 60 ; *85* : 200. **Inflation (%).** *1979* : 6,7 ; *80* : 10 ; *81* : 25 ; *82* : 30 ; *83* : 25 ; *84* : 16 ; *85* : 15. Dep. quelques années, dans les villes, la demande de biens alim. excède l'offre off. Le gouv. tente d'éponger l'excédent monétaire par une augmentation des prix ou d'autres biais (ex. seuls les détenteurs de devises étrangères peuvent acheter certains biens d'équip. ou prod. alim.). En 82, baisse du niveau de vie d'env. 30 %. **Salaires.** *Augmentation : 1970-1975* : 50 % ; *76-80* : 35 %. Hausse des coûts de production, accompagnée d'une politique désordonnée d'investissements, financée par des emprunts massifs à l'étranger (R.F.A. et U.S.A. surtout).

• **Agriculture. Terres** (milliers d'ha, 82) arables 14 443, vergers 270, prairies 2 520, pâturages 1 550, forêts 8 636, divers 2 849, eaux 815. **Exploitations.** Pas de collectivisation. 3 700 000 exploitations individuelles, sur 76 % des terres. 1 700 000 fermes de – de 5 ha. 284 240 fermes de + de 5 ha. **Production** (milliers de t, 84) blé 6 100, seigle 8 300, orge 4 100, avoine 2 800, bett. à sucre 15 600, p. de terre 37 437, et en 83 : choux 1 222, oignons 411, pommes 1 729, fraises 190, groseilles 164. **Forêt.** Au xIIe s., elle couvrait 37 % des terres. Pins et sapins à 80 %. 8 600 000 m³ (82). 27 % des terres (82).

• **Élevage** (milliers de têtes, 83). Chevaux 1 600, bovins 11 269, porcs 15 587, moutons 4 104, poulets 55 843, canards 3 726, oies 1 764, dindes 584, ruches 2 558. **Pêche** (milliers de t). 757,6 t (83) dont poissons de mer 715, d'eau douce 42,6.

• **Mines. Charbon.** 8e rang dans les réserves mondiales. *Réserves* 45 milliards de t en haute et basse Silésie, bassins de Lublin, prod. (millions de t) *1979* : 201 ; *80* : 193 ; *81* : 163 ; *82* : 189 ; *83* : 191 (dont 35 exportés) ; *84* : 191,6. **Lignite** : réserves 14,8 milliards de t ; prod. (millions de t) *1979* : 38 ; *80* : 36 ; *81* : 35 ; *82* : 37,2 ; *83* : 42,5 ; *84* : 50,3. (Milliers de t) *Fer* 145 (81). *Pétrole* 250 (84). *Sel* 4 326 (83). *Sulfure* 4 999 (83). *Cuivre. Plomb. Magnésite. Nickel. Argent. Zinc. Gaz* 5 200 millions de m³ (84).

• **Industrie** (%) électronique 31, légère 12, énergie 14, chimie, alim., métallurgie.

• **Transports** (km, 82). Routes 254 000, chemins de fer 27 158 dont 7 410 électrifiés. **Tourisme** (83). 2 402 000 vis. dont Tchécoslovaquie 368 000 (514 000 en 71), All. dém. 368 000 (1 522 000 en 81), U.R.S.S. 842 000, All. féd. 227 000, Hongrie 96 000, Suède 44 000.

• **Problèmes économiques. Dette extérieure** (en milliards de $) : *1975* : 6,9 ; *76* : 10,2 ; *77* : 12,8 ; *78* : 17,5 ; *79* : 18 ; *août 80* : 21 ; *avril 81* : 27 ; *mars 82* : 30 ; *84* : 29,4 ; *85* : 31,2. *Service de la dette* (85) 2,5 milliards de $. **Aide** (millions de $) : *alimentaire de la C.E.E.* (déc. 80 et 23-3-81) 358. *Aide de l'U.R.S.S.* (sept. 80) 155 et 260 de crédits sur 10 ans.

Réforme économique. *Tentatives* : réduction de l'inflation, reprise de la production ind. et agricole, fin des gaspillages. Manque de devises étrangères paralyse une partie de l'industrie et de l'agriculture. Il n'y a plus de pièces de rechange ni d'approvisionnement en certaines matières 1res. Abandon du dirigisme économique, autonomie de gestion des entreprises, autogestion dans 6 580 entreprises d'une certaine dimension.

• **Pollution.** 27 régions (sur 49) fortement menacées, 4 au seuil d'une véritable catastrophe écologique (dont Hte Silésie).

Rationnement. *Exemple* (par mois et par personne) : viande et produits carnés 2,5 kg, sucre 1,5 kg, beurre 500 g, lard 500 g, chocolat 100 g, sucreries 250 g, alcools 0,5 l, cigarettes 12 paquets, produits farineux 1 kg, savons : 1 savonnette et détergents 300 g. Essence : 30 à 40 l. Au lieu d'une bouteille de vodka, on peut obtenir au choix : café (100 g), bonbons (500 g), 1 bouteille de vin ou 1 de champagne.

• **Commerce** (millions de zlotys, 83). *Exportations* : 19 060 *dont* électromécanique 449 028, énergie 183 871 (dont charbon 135 072), métallurgie 102 373, prod. chim. 99 985 *vers* U.R.S.S. 330 907, All. féd. 88 330, Tchéc. 55 412, All. dém. 50 661, Hongrie 35 951. *Importations* 970 203 *dont* électromécanique 272 095, énergie 252 148, prod. chim. 131 285, métaux 93 952, prod. ind. légers 62 480 *de* U.R.S.S. 356 990, All. dém. 67 249, All. féd. 65 523, Tchéc. 62 132, G.-B. 34 993.

Rang dans le monde (83). 3e p. de terre ; 4e charbon ; 7e porcins, argent, cuivre ; 8e lignite ; 14e orge ; 16e céréales ; 19e blé.

POLYNÉSIE FRANÇAISE

Carte p. 962. V. légende p. 787.

Situation. Ensemble d'env. 130 îles et atolls du Pacifique. 4 200 km² (3 265 habitables) dispersés sur 4 000 000 km². 5 archipels d'origine volcanique (Société, Marquises, Australes) ou corallienne (Tuamotu, Gambier). *Alt. max.* Mt Orohena 2 237 m. Toutes les îles (sauf les Marquises) ont un récif barrière, coupé de passes. *Zone d'expansion économique* 200 miles (4,5 millions de km²). *Marées* faibles, semi-diurnes, avec influence prépondérante pour la Lune ; à Papeete très faibles (influence du Soleil égale celle de la Lune), les marées des quartiers sont nulles ; à la pleine et à la nouvelle lune : marnage de 20 à 35 cm ; « hautes » mers vers 1 h et 13 h ; autres marées hautes encore plus faibles et à des heures variables.

Climat tropical variant avec les latitudes. Ex. Papeete, moy. 26 °C, mars 28 °C (mois le plus chaud), août 24 °C (mois le plus froid). Humidité relative moyenne : 78 %. *Été* : déc. à avril, *hiver* : juin à oct. Pluies 2 500 à 3 000 mm, surtout déc. à févr. (le moins, juill. à nov.). A 17 500 km de la France, 7 000 de l'Amér., 6 000 de l'Australie. *Cyclones* : 14 importants de 1831 à 1982 dont *févr. 1878* : 117 †, *janv. 1903* : 517 ; *05, 06* : 150 ; *58, 67, 68, 70, 76, 81, 82* Lisa 10-15/12, *83* Nano 23-27/1, Orana Nisha 27-28/2, Reva 8-17/3, Veena 9-14/4, William 12-22/4. Risques par siècle : 1 au N. des Marquises, 1 à 3 des Marquises au N. des Tuamoto, 4 à 8 des Tuamoto aux Gambiers (en passant par Tahiti et Bora-Bora), 30 à 50 des îles Cook aux îles Australes.

Flore. *Fleurs* : tiaré (emblème de Tahiti), hibiscus, bougainvillées, frangipaniers, camélias. *Fruits abondants* : mangues, papayes, avocats, caramboles, corossols, ananas, pamplemousses, oranges. **Faune.** Animaux autochtones : cochon, chien, poulet, rat de cocotier amenés par les 1ers Polynésiens. Le capitaine Cook importa bétail et chats. Ni insectes ni animaux venimeux. **Poissons communs** : thon, dorade.

Population. 166 753 h. (84) dont – *de 20 a.* 53 %. 65,6 % d'or. polynésienne (Maori), tous convertis au christianisme, Européens 11,2 %, Asiatiques 5,4 %, Métis 17,2 %. 2 781 Français d'origine métrop., 5 681 Chinois. D. 39,7. *Age* (83) : – *de 20 ans* : 51,1. *20 à 60* : 44. + *de 60* : 4,9. **Villes** (r. 71). *Papeete* (chef-lieu à Tahiti) 23 496 (83) (agg. Faaa 16 568, Pirae 11 927), Uturoa (île de Raiatea) 2 506. **Langues.** Français (*off.*), tahitien (*off.*). **Religions** (%). Protestants 54, cath. 30, divers 10. Sans religion déclarée 6.

Histoire. 1595 l'Esp. Mandana visite les Marquises. **1605** l'Hispano-Portug. Queiroz traverse les Tuamotu. **1767** Wallis découvre Tahiti qu'il nomme « King George's Island ». **1768** Bougainville la redécouvre, la baptise La « Nouvelle Cythère » et ramène un Tahitien qui accréditera la légende du bon sauvage de Rousseau. **1769, 1773** et **1777** Cook visite Tahiti et certaines îles Sous-le-Vent, Marquises et Australes. **1791** l'amiral Marchand prend possession de plusieurs des îles Marquises au nom du roi de Fr. **Avant**

1793 chaque île a un chef indép. et un gouv. propre. 1793 dynastie des Pomaré. Tahiti et les îles forment les États du protectorat. **1796** Cook, envoyé par la Royal Society de Londres, arrive à Tahiti pour observer le passage de Vénus devant le Soleil. **1797** arrivée des protestants de la Sté missionnaire de Londres, ils baptisent le roi Pomaré II **(1815)** et convertissent une partie de la population. **1836** le missionnaire George Pritchard (1796-1883), qui fait fonction de consul d'Angl., expulse des missionnaires cath. fr. Le cap. de vaisseau Dupetit-Thouars obtient réparation de la reine Pomaré IV (1827-77). **1842**-*9-9* Pomaré ayant sur l'insistance de Pritchard fait du protestantisme la religion officielle, Dupetit-Thouars l'oblige à reconnaître le protectorat fr. **1842** les Marquises deviennent fr. **1843**-*25-3* Louis-Philippe ratifie l'acceptation prov. du protectorat. *-17-4* cap. de vaisseau Bruat nommé gouv. de l'Océanie fr. ; troubles (déposition de la reine, expulsion de Pritchard, retour de la reine) : protectorat rétabli **(1847)**. **1844** protectorat fr. sur les Gambier (annexion 1881). **1880**-*29-6* le roi Pomaré V cède à la Fr. ses droits sur Tahiti. **1888** annexion des îles Sous-le-Vent, **1900** des Australes. **1940**-*1-9* ralliement à la Fr. Libre. **1946** création d'une Ass. représentative des établiss. fr. de l'Océanie, la P. devient TOM. **1956** autonomie. **1958** *nov.* référendum pour rattachement à la Fr. **1963**-*4-2* installation du Centre d'expérimentation du Pacifique (10 000 personnes). **1971** *déc.* création de 44 nouvelles communes (total 48). **1977**-*12-7* autonomie interne. **1982-83** 6 cyclones [1 625 000 sans abri, dégâts 880 millions de FF (16 milliards de CFP), aide de l'État : 64 millions de FF]. **1984** autonomie interne.

Statut. Terr. d'O.-M. dep. 1946. Nouveau statut dep. 6-9-84. *Haut-commissaire de la Rép.*, dépositaire des pouvoirs de l'État (Bernard Gérard) ; *Pt du gouvernement :* Gaston Flosse (n. 24-6-1931, R.P.R.) élu par *Ass. terr.* de 41 conseillers élus au suffr. universel pour 5 a. ; *ministres* choisis par le Pt du gouv. (6 à 10) ; *comité écon. et social* (consultatif 30 m. max.). 5 *subdivisions adm.* 2 *députés*, 1 *sénateur*, 1 *conseiller écon. et social. Élections à l'Ass. terr.* (23-5-82) : Tahoeraa Huiraatira 13 s., Pupu Here Ai'a 6, Ia Mana Te Nunaa 3, Ai'A Api 3, Taatira Polynesia 1, E'A Api 1, Porinesia No Ananahi 1, Pururu Ia Raro Matai 1, Union Marquisienne 1. *Comité d'État-Territoire* dep. août 81. **Élections législatives (en %). 14-6-81** : abst. 42,62 ; P.S. 15,47 ; U.D.F.-R.P.R. 58,01 ; élus : 1 non-inscrit, 1 R.P.R. **16-3-86** : inscrits 103 489 ; abst 26,72 ; R.P.R. 41,12 ; divers opp. 19,16 ; gauche 38,68 ; élus 2 R.P.R.

Partis politiques. *Rassemblement pour la Rép. de Pol. (Tahoeraa Huiraatira)* R.R.P., f. 1958 (Gaston Flosse) ; *Pupu Here Aia*, centriste, f. 1965 (Jean Juventin) ; *Te e'a No Maohi Nui*, f. 1985 (Daniel Millaud), *Pupu Taina*, f. 1976 (Michel Law) ; *Ia Mana Te Nunaa*, f. 1976, indépendantiste (Jacques Drollet). *Entente polynésienne*, f. 1976 (Arthur Chung) ; *Ai'A Api*, centre droit, f. 1981 (Émile Vernaudon) ; *Te Aratia O te Nunsa (Tinomana Ebb)* f. 1984 par les dissidents du Pupu Here Aia.

Subdivisions

Nota. — Population en 1984.

● **5 archipels. 1°) Iles du Vent.** 123 069 h. *Tahiti* 1 042 km², 115 820 h. Montagneuse, plaine côtière étroite, alt. max. mont Orohena 2 237 m et mont Aorai 2 065 m. *Moorea* 132 km², 5 788 h. *Mahetia. Tetiaoro. Tubai Manu.* 3 513 h.

2°) Iles Sous-le-Vent. 19 060 h., 507 km². *Raiatea* à 200 km à l'O. de Tahiti, 240 km², 6 406 h., chef.-lieu Uturoa. *Tahaa* 88 km², 3 751 h. *Huahine* 73 km², 3 877 h. *Bora-Bora* 38 km², 3 238 h. *Maupiti* 13 km², 794 h. Atolls : *Mopelia* 360 ha, *Scilly* (140 ilôts) 400 ha, *Bellinghausen* 280 ha, 28 h., *Tupai* 1 100 ha, 35 h.

Iles du Vent et Sous-le-Vent font partie de l'archipel de la Société (1 647 km²) découvert par Wallis (1767), Bougainville (1768), Cook (1769) qui les nomma du nom de la Royal Society de Londres. Tahiti fut appelée par Wallis *île du roi George III*, puis par Bougainville (1768) *Nouvelle Cythère.*

3°) Archipel des Tuamotu ou **Touamotou.** 11 793 h. (les Pomotus), 774 km². 78 atolls dont *Anaa* 585 h., *Mururoa* (base d'expérimentations nucléaires), *Hao* (soutien logistique du centre d'expérimentation) 1 315 h., *Rangiroa* 75 km², 1 674 h., *Makatea* 21 km², 1 427 h. Terres arides sans sources ni rivières. Plantations de cocotiers. Nacre.

Archipel des Gambier. A 1 700 km de Tahiti. 36 km². Population : *1831 :* 2 141 h., *1902 :* 480, *1911 :* 1 512, *1986 :* 582. 8 îles principales dont Mangareva (580 h., alt. max. Mt Duff 441 m) et une vingtaine d'îlots. Ville : Rikitea. *1572* et *1606* signalé par l'Espagnol Fernandez et Queiroz. *1797* découvertes par le cap. angl. Wilson, qui leur donna le nom de l'amiral angl. Gambier (1756-1833). *1834* des missionnaires cath. s'installent. *1836-25-5* le roi Te-Wapotea solennellement baptisé : prend le nom de Gregorio Maputeo. *1844-16-1* sous protectorat fr. (acte officialisé en 1871). *1881* annexion pour écarter All. *1986* rattaché aux Tuamotu.

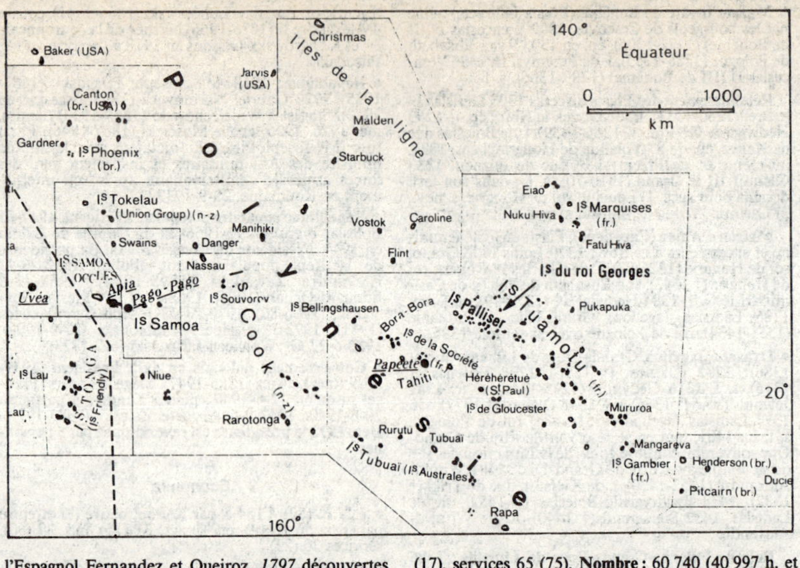

4°) Archipel des Australes ou **Tubuai.** 174 km², 6 283 h. A 600 km de Tahiti, 5 îles volcaniques de 160 à 230 km les unes des autres *(Rimatara* 8 km², 914 h., *Rurutu* 29 km², 1 971 h., *Tubuai* 48 km², 1 741 h., *Raivavae* 16 km², 1 177 h., *Rapa* 40 km², 480 h.), quelques atolls.

5°) Archipel des Marquises. 1 274 km², 6 548 h. ; chef-lieu Taiohae dans Nuku-Hiva. A 1 500 km de Tahiti. 10 îles volcaniques dont *Nuku-Hiva* 482 km², 1 797 h., *Ua-Pou* 1 791 h., *Ua-Uka* 65 km², 476 h., *Hiva-Oa* 150 km², 1 522 h. (où Gauguin est enterré, Mt Keavi 1 260 m), *Tahuata* 555 h., *Fatu-Hiva* 77 km², 407 h.

● **1 dépendance : Clipperton (atoll de)** ou **île de la Passion.** *Situation :* Atoll, à 6 500 km de Tahiti (rattaché administr. à la Polynésie dep. 1936), 1 300 km du Mexique et 2 300 du Guatemala ; plat (alt. max. 29 m), 7 km², long. 3 km, larg. 2 km, circonf. 12 km. *Temp.* moy. 22 à 30 °C, humide. *Pluies* (mai à oct.) tornades. Pêche au thon. Inhabité. La zone de 200 miles qui l'entoure représente 425 220 km².

Histoire. XVIIIe s. Le pirate Clipperton et son équipage parcourent les côtes sud-amér. à bord d'une chaloupe, puis, en 1705, traversent le Pacifique du Mexique à Macao (19 000 km) et découvrent l'île. **1711**-*3-4* Martin de Chassiron et Michel du Bocage la baptisent « île de la Passion ». **1858**-*17-11* annexée par la Fr. **1895** les Amér. tentent d'exploiter le guano. **1897** la Fr. reprend C. mais le Mexique accordant une autorisation d'exploitation se considère souverain. **1906** le Mex. envoie 7 hommes sur l'île avec leur famille (40 pers.) et les oublie. Les Angl. débarquent ; l'exportation du guano reprend. La garnison oubliée par le Mex. est atteinte de scorbut ; le cap. pense trouver du secours auprès d'un bateau qu'il croit apercevoir au large et chavire avec quelques hommes. 1 Noir se déclare roi de C., reste seul avec 4 femmes, il est assassiné par 2 d'entre elles en 1917. Un croiseur amér. venu vérifier l'absence de base ennemie recueille les 4 femmes et leurs enfants le lendemain. **1931**-*31-1* arbitrage du roi d'Italie. C. est reconnu à la Fr. **1936**-*12-6* rattaché au Gouv. de la Polynésie fr. **1942** la Marine U.S. aménage une base aérienne de secours, puis une station radio météo, en 1944. La paix revenue, ils abandonnent les lieux. Le phosphate, seule ressource économique, est épuisé. **1986-88** Norbert Niwes Nirves crée une base pour thoniers.

Économie

P.N.B. (83) 8 190 $ par h. **Pop. active** (%, entre parenthèses, part du P.N.B. en %) agr. 16 (8), ind. 19 (17), services 65 (75). **Nombre :** 60 740 (40 997 h. et 19 743 f.) dont 45 061 dans les îles du Vent (36,6 % de leur population). *En oct. 83,* sur 48 700 inactifs (33 934 Polynésiens et 5 773 Européens) seuls 7 332 étaient rechercheurs d'un emploi (5 413 aux îles du Vent et 1 054 aux îles Sous-le-Vent). Fonctionnaires et assimilés : 22 022 au 30-6-84 (y compris ceux des communes et les contractuels du territoire : 6 000). Traitements en 1982 supérieurs de 29 % à ceux des salariés. **Salariés.** *1962 :* 39 765 ; *83 :* 45 414 ; Administration 18 447, commerce et services 18 020, énergie, industrie, bâtiment 8 254, agriculture, élevage et pêche 694. **Inflation** (%). *1982 :* 14,8. *84 :* 10,9. *85 :* 8. **Finances** (milliards de FCFP). **Concours financiers extérieurs.** *1981 :* 35,2 ; *82 :* 45,4 ; *83 :* 53,7 dont dépenses locales de l'État 42,6, des établissements publics nationaux 6,4 ; prêts 4, contribution État au budget territorial 0,5, versement du FIDES (section terrt.) 0,07, du FED 0,03. **Budget.** *Recettes. 1980 :* 16. *81 :* 19,8. *82 :* 22,9. *83 :* 32,6. *84 :* 36,1. *85 :* 35,9. *Dépenses. 1980 :* 16. *81 :* 19,8. *82 :* 19,5. *83 :* 27. *Investissements* 1985 : 9,3.

Agriculture. *Terres cult.* 19 % (plaines côtières, fond des vallées). *Production* (en milliers de t) : coprah *1981 :* 16 ; *82 :* 19,2 ; *83 :* 11 ; *84 :* 7,4 ; vanille *83 :* 11 t. Café commercialisé (t) *1979 :* 180 ; *82 :* 55 ; *83 :* 117. *Légumes* (t, 83) p. de terre 771, taros 248, patates douces 126, amères 45, tarua 56. *Fruits* (t, 83) ananas 1 679, mangues 253, bananes 163, papayes 67, pamplemousses 67, citrons 48, oranges 39. **Élevage** (83). Bovins 6 700, porcins 33 500, œufs 1,4 millions de douzaines, poulets 423 t. **Pêche** (t, 83) 5 à 7 000 dont 2 039 commercialisés. Sur 5 000 000 km², dep. l'extension le 3-2-78 des eaux territoriales à 200 miles. Surtout dans les lagons (thon) et au large (bonite) ; huîtres nacrières et perlières (les plongeurs descendent jusqu'à + de 40 m). **Aquaculture, perliculture. Forêts** 10 000 ha (plantation annuelle prévue 770 ha). **Phosphates** (Mataïm) prod. possible 10 millions de t/an pendant 10 à 15 ans. **Industrie.** Huileries.

Énergie renouvelable (potentiel). Ensoleillement : 5,3 kWh/m²/jour en moyenne ; potentiel éolien : alizés du S.-E. de 5 à 6 m/s ; biomasse : 50 000 t par an de déchets de coprah ; hydroélectricité : 15 à 20 MW équipables à Tahiti. **Électricité** (85). Vente 193 millions de kWh, 24 879 abonnés à Tahiti.

Présence du C.E.P. (Centre d'expérimentation du Pacifique) et des forces de souveraineté. Dépenses locales (milliards de CFP) *1981 :* 16,8. *82 :* 18,4. *83 :* 27,3 (dont 2/3 par le CEP). *Imp. du CEP* (83) 20,9.

Effectifs militaires et civils des armées et du CEA, mai 1985 : Militaires 5 000 (dont CEP 2 900, Forces de souveraineté 2 100) dont terre : 2 250, mer : 1 850, air : 500, divers : 300. Civils 4 000 (3 200 locaux, 800 métropolitains) répartis entre : armées : 2 200, CEA : 1 200, entreprises associées : 600. En tout 9 000 dont : Tahiti 5 200 (dont 2 400 à terre et 1 000 embarqués) ; Mururoa 3 300 (dont 1 500 militaires) ; Hao 300 (dont 200 milit.). Des renforts civils peuvent être acheminés de métropole vers Mururoa lors des expérimentations.

Tourisme. *Visiteurs : 1984 :* 101 600 (U.S.A. 46 663, France 12 947, Australie 7 950, Can. 6 160, N.-Zélande 4 044, Japon 1 060. *85 :* 124 000. *Revenus* (85). 17 milliards de FCP 8,8 % du P.N.B. *Main-d'œuvre employée* (83) 4 000 (7 % de la pop. active). *Capacité hôtelière 1984 :* 2 359 (lits) 3 étoiles. *1986 (prév.) :* 4 000.

Commerce (en milliards de F C.F.P., 84). *Exportations 5 dont* (en 83) réexportations 3,2, perles de culture 0,7, huile de coprah 0,6, vanille 0,03 (84), nacre 0,02 (84) *vers* (%, 79), France 59, Italie 20, U.S.A. 9, N.-Calédonie 7, Japon 1. *Importations* 85,6 *dont* (en 83) prod. alim. 14,3, mach. et mat. élect. 11,6, mat. de transport 10,6, prod. minéraux 10,5 *de* France 39,9, U.S.A. 11,1, N.-Zélande 4,9, Japon 3,8, autres pays européens 10,3.

PORTUGAL

V. légende p. 787.

Situation. Europe. 91 985 km² dont continent 88 944, Açores 2 247 km², Madère 794. Long. 561 km, larg. max. 218 km. *Alt. max.* Cruz Alta dans le massif de la Serra da Estrela 1 993 m. *Côtes* 832 km (dont 660 km à l'O. et 172 km au S.). Le cap de la Roca (sur la côte O.) est l'extrémité la + occidentale de l'Europe continentale. *Frontières* (les + anciennes d'Europe) avec Esp. 1 215 km. **Régions :** *Nord* (le Tage délimite les 2 rég.) : plateaux et montagnes (alt. de 400 à 900 m), *Sud :* plaines (alt. 160 m) ; à partir d'une étroite bande côtière (sable et falaise) l'alt. augmente vers l'intérieur ; *r. touristiques :* côte Verte, c. d'Argent, les montagnes, c. de Lisbonne, les Llanuras, l'Algarve (c. sud, sables fins, plages abritées, temp. moy. en été 25 °C, en hiver + 15 °C). **Plages connues :** Nazaré, Estoril, Costa da Caparica, Praia da Rocha.

Climat : océanique, mois les + chauds et les + secs : juill.-août (max. 17 à 31 °C, min. 7,5 °C à 13 °C). *Pluies :* N. du Tage 700 mm/an (1 355,8 mm en 77 à Porto), au S. 500 mm/an.

Population. (85) 10 230 000 h. [*1864 :* 4 188 400 ; *1900 :* 5 423 100 ; *1920 :* 6 033 000 ; *1940 :* 7 722 200 ; *1960 :* 9 076 700 ; *1970 :* 9 013 700]. *– de 15 a. :* 27,9 %, *+ de 60 a. :* 14,3 %. D. 111,2. *Villes* (81) : *Lisbonne* 817 637, Porto 330 199 (à 307 km), Amadora 93 683, Setubal 76 812 (40), Coimbra 71 782 (200).

Portugais à l'étranger. 3 000 000 dont France 880 000, Afr. du S. 600 000, Brésil 600 000, U.S.A. 270 000, Canada 240 000, Venezuela 230 000. Entre 1976 et 1985, 140 000 Portugais ont émigré (diminution de la pop. du P. 3 %, 36 % vers U.S.A., 10 % vers France. 60 % des émigr. étaient des h., 90 % avaient – de 45 a.). La plupart venaient des régions les + déshéritées à l'E. d'une ligne passant du district de Vila-Real à Faro (Bragança a perdu 23 % de sa pop., Beja 25 %). Les h. de Madère émigrent vers l'Amérique du S. (Venezuela) ; les h. des Açores vers le Canada. **Rapatriés :** 650 000 (Blancs ou de couleur) des possessions d'outre-mer devenues indépendantes (dont 90 % de l'Angola).

Langues. Portugais *(off).*, français (l'enseign. du fr. est obligatoire dans les lycées), anglais.

Religion. Catholique 89 %. En 86, 30 évêques pour 20 diocèses. *Prêtres* (86) diocésains 3 636, religieux 935. *Grands séminaristes : 1970 :* 666, *78 :* 377, *86 :* 385. *Etudiants dans les ordres religieux : 70 :* 301, *78 :* 146. *Religieuses : 1970 :* 6 005, *78 :* 7 479, *86 :* 7 252. *Pratique religieuse (%) :* Braga 60, Viano do Castelo 50, Porto 35, Lisbonne 11, diocèses du Sud 3 à 8.

Histoire

Antiquité occupé par tribus ibères (Lusitaniens). **Ier s.** province romaine. **Ve-VIe s.** envahi par Vandales, Suèves, Wisigoths. **VIIe s.** par Arabes. **Xe s.** nommé Terra Portucallis, de Portus Calle (nom romain de la ville de Porto). **1094** Henri de Bourgogne reçoit du roi de León une partie du P. **1139** son f. prend le titre de roi du P. **1143** tr. de Zamora, indép. **XVe s.** et **XVIe s.** expéditions coloniales au-delà de l'Équateur, Tanger et Arzila **(1471)**, Le Cap (Diaz **1486-1487**), Indes (Vasco de Gama **1497-99**), Brésil (Cabral **1500**), Chine **(1518)**, Japon **(1542)**. **1578** le roi Sébastien écrasé à Alcar (Maroc) disparaît. **1580-1640** réuni à l'Esp. **1703** tr. de Methuen avec Angl. (le P. accepte l'introduction des laines angl., en échange de l'achat de vin portugais). **1755** tremblement de terre de Lisbonne. **1756-77** Pombal (1699-1782) PM. **1807**-*29-10* tr. franco-espagnol de Fontainebleau prévoyant partage du P. : le N. à Marie-Louise, f. de Charles IV (en échange du roy. d'Étrurie, donné à Elisa Bacciochi), le S. à Godoy, favori de Charles IV, le centre, avec Lisbonne, réservé à Napoléon. *Nov.* l'armée fr. (Junot)

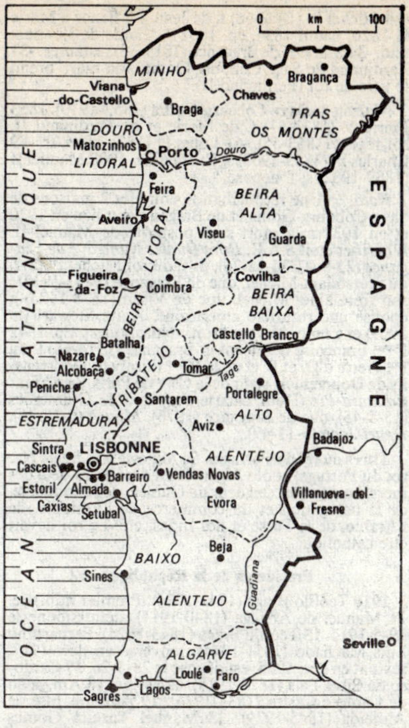

occupe le P., la Cour se réfugie au Brésil. **1808-20** immixtion angl. **1820** la Cour rentre. **1822**-*12-10* indépendance du Brésil.

1910-*5-10* Rép. exil du m. Manuel II jusqu'au 28-5. **1911**-*28-5* Assemblée constituante. *-3-9* constitution. **1915** *mars* Gal Pimenta de Castro dictateur. *-14-5* renversé. **1916**-*9-3* l'Allemagne déclare la g. au P. **1917**-*janv.* départ des 1ers contingents, soulèvement, victoire du germanophile Sidonio Pais : « Nouvelle République ». **1918**-*14-12* Sidonio Pais assassiné. **1921**-*19-10* « Nuits sanglantes » : assassinat de plusieurs personnalités républ. (de **1926** 1910 au 28-5-26, il y a eu 7 Parlements, 9 chefs d'État et + de 50 gouvernements). *-28-5* soulèvement mil. à Braga par le Gal Gomes da Costa qui devient PM en juin. *Juill.* remplacé par le Gal Carmona (coup d'État). Parlement et partis dissous. Presse censurée. **1927**-*7-2* révolution mil. réprimée. **1928** Gal Carmona (candidat unique) élu Pt. *-27-4* Antonio de Oliveira Salazar min. des Finances. **1932**-*5-7* devenu PM, établit une dictature, fonde l'État nouveau et crée l'Union nat. (parti unique : association civique). Rébellions mil. à Nadire et aux Açores. **1933** plébiscite pour Constitution d'un État corporatif. Police de Vigilance et de Défense de l'État (PVDE) créée. **1935** Gal Carmona, candidat unique, réélu Pt. **1936** fondation des Jeunesses p. et de la Légion p. Les Viriatos (volontaires fascistes portugais) participent à la g. d'Espagne (6 000 tués). **1939**-*18-3* tr. de non-agression et d'amitié avec Esp. **1940**-*7-5* concordat avec St-Siège (interdit le divorce). **1942** P. et Espagne créent Bloc péninsulaire. **1943**-*18-8* facilités accordées aux Alliés aux Açores. **1945** l'opposition peut participer aux élections. PIDE (Police Inter. et de Défense de l'État) créée. *-4-5* demi-journée de deuil national lors de la mort de Hitler. **1946** révolte mil. à Porto. Entrée à l'OTAN. Plan Marshall : 51,3 millions de $ au P. **1949** Gal Carmona (Union nationale) réélu Pt. Mesures de sécurité. *-4-4* entrée à l'OTAN. **1950**-*16-1* les terr. d'O.-M. deviennent des prov. d'O.-M. (Angola, Cap-Vert, Macao, Mozambique, St-Thomas et Principe, Guinée et Timor). **1955** entrée à l'ONU. **1956** mesures de sécurité relâchées. **1958** l'amiral Americo Tomas (Union nat.) élu Pt, Gal Humberto Delgado (n. 1906) (opposition) a 25 % des voix. **1959** Const. révisée : Pt élu par un collège (Ass. nat., des représentants des municipalités et des prov. d'O.-M.). **1960** adhère à l'AELE. **1961**-*22-1 :* 70 h. avec cap. Henrique Galvão arraisonnent paquebot Santa-Maria sur côte E. du Brésil (4-2 obtiennent l'asile polit. à Récife). *-2-2* début de la rébellion en Angola. *-17-2* Inde envahit Goa, Damao et Diu. **1962** révolte mil. à Beja. Possessions des Indes perdues. **1963**-*23-4* début de la rébellion en Guinée. **1964**-*25-9* au Mozambique. **1965**-*13-2.* Gal Delgado assassiné en Esp. **1968**-*17-9* Salazar (hémorragie cérébrale) quitte ses fonctions. *-27-9* Marcelo Caetano, PM. L'État social remplace l'E. nouveau. **1969** *nov.* él. à l'Ass. nat. (seuls les candidats de l'Union nat. sont élus). La PIDE devient DGS (Dir. gén. de la Sûreté).

1970-*1-7* le pape reçoit 3 combattants ang. (prenant parti contre le P., il exigera en mai 1971 le rappel des Pères blancs d'A.). *-27-7* Salazar meurt. L'Union nat. devient Action nat. pop. (unique). **Dep. 1971** attentats de l'A.R.A. (Action révolut. armée) et des B.R.A. (Brigades révolut. armées). **1974**-*14-3* Gal Costa Gomes et son adjoint le Gal de Spinola destitués (désaccord sur politique afr.). *-18-3* mutinerie régiment de cavalerie ; échec militaire du M.F.A. (Mouv. des forces armées). *-25-4 coup d'État mil.,* Spinola président de la junte constituée le *26 ;* 6 † ; Pt de la Rép. et PM Marcelo Caetano renversés ; prisonniers pol. libérés, censure abolie. *-6-5* offre de cessez-le-feu aux nationalistes afr. *-15-5* Spinola Pt. Gouv. civil provisoire. Adélino so Palma Carlos (ind.) Pt. *-9-7* démissionne. *-12-7* Vasco Gonçalves PM avec 7 min. milit., Alvaro Cunhal (communiste) et Mario Soares (socialiste). *-30-9* Spinola en désaccord avec M.F.A. et gauche démissionne. *-30-9* Gal Costa Gomes Pt. *-28-10* Conseil sup. du M.F.A. (c. des vingt). **1975**-*21-1* loi sur unicité syndicale (opposition des soc.). *-8-2* pouvoirs législatifs pour junte de salut national. *-11-3* putsch mil. échoue ; Spinola part en Esp. *-12-3* M.F.A. organe sup. de la rév. ; à sa tête, Conseil de la rév. *-13-3* nationalisation des banques, dizaines d'arrestations. *-15-3* Spinola se retire au Brésil. *-18-3* 3 partis suspendus : Dém. chrét. (droite), Mouv. p. la réorganis. du prolétariat (maoïste), Alliance ouvrière et paysanne (marxiste-lénin.). *-25-3* nouveau gouv. : comm., soc. et p. pop. dem. (P.P.D.) restent. *-25-4* él. Ass. const., victoire soc. (37,9 % des voix ; P.P.D. 26,4 ; P.C. 12,5 ; C.D.S. 7,6 ; M.F.A. 7 ; M.D.P./-C.D.E. 4,1. *-21-6* programme d'action pol. du M.F.A. agréé par Conseil de la rév. *Juin-juill.* affaires du journal Republica (opposition soc.-comm.) et de Radio-Renaissance (opposition Église-M.F.A.). *-12-7* min. soc. démis. *-26-7 triumvirat mil.* [Gaux : Costa Gomes, chef de l'État ; Vasco Gonçalves, PM ; Otelo de Carvalho (n. 1936), chef du Copcon]. *Août* agitation anti-comm. dans le N. *-18-8* paysans attaquent siège du P.C. à Porte de Lima : 1 †, 100 blessés ; aux Açores sièges du P.C., du M.D.P. et du M.G.S. incendiés. *-25/26-8* attaque contre siège du P.C. à Leiria ; 2 † par l'armée. *-27-8* des unités du Copcon occupent siège de la 5e div. ; manif. extrême g. à Lisb. *-29-8/-5-9* amiral Pinheiro PM (Gal Gonçalves chef de l'état-major gén.). *-13-9* compromis entre P.S., P.P.D. et P.C. *-19-9* 6e gouv. prov. [4 min. P.S., 2 P.P.D. (centre), 1 P.C., indépendants et militaires]. *-29-9* armée occupe radio et télévision à Lisb. ; les évacue le 1-10. *8-10* manif. (métall. en grève à Lisbonne), mutineries dans l'armée (Porto) contre la « restauration de la discipline ». *Fin oct.* milliers de soldats d'unités « indisciplinées » démobilisés ; opposition entre com. et anti-com. au journal *O Seculo* (Lisbonne). *-6-11-* affrontement ouvriers, agr. pro-com. et propriétaires terriens au N. de Lisb. : 2 †. *-7-11* des paras dynamitent Radio-Renaissance. *-9-11* manif. pour gouv. à Lisb. ; incidents. *-12/14-11* milliers d'ouvriers du bâtiment assiègent Ass. et résidence du PM (hausse des salaires). *-16-11* manif. extr. g. (appui du P.C.) à Lisb. *-20-11* gouv. refuse de travailler et somme Pt de rétablir l'autorité. *-21-11* Gal de Carvalho accepte, puis refuse d'abandonner le command. de la région milit. de Lisb. *-25-11* Conseil de la révol. remplace Carvalho par Gal V. Lourenço ; rébellion de paras à Tancos ; état d'urgence, puis de siège partiel, combats près du palais de Belem ; rebelles arrêtés. *-2-12* état de siège levé. *-12-12* M.F.A. cesse d'exister et reconnaît la supériorité du pouvoir pol. *-27-12* accord constit. signé par M.F.A. et partis.

1976-*1-1* manif. à Porto (3 †, 6 blessés). *-11-1* 10 000 petits et moyens propriétaires et fermiers du N. manif. contre réforme agraire à Braga. *-19-1* Carvalho arrêté. *-21-1* manif. d'extr. g. à Lisb. (1 †, 5 blessés). *-28-1* journal Republica rendu à son adm. « légale ». *-8-2* meeting de droite à Lisbonne (25 000 pers.). *Févr.* pacte constitutionnel : suprématie du pouvoir pol. *-5-3* Carvalho en liberté provisoire. *-2-4* Constitution votée. *-25-4* él. Ass. législative (P.S. 35 % des voix ; P.P.D. 24,35 ; C.D.S. 16 ; P.C. 14,6). *-27-6* Gal Ramalho Eanes élu Pt (60,8 % des voix). *-6-7* Mario Soares PM. *-10-8* Spinola rentre à Lisb. *Sept.* restitution de 600 000 ha à des propr. *-12-12* PS a 32 % des voix aux él. locales. **1977**-*25-2* escudo dévalué de 15 %. *28-3* demande d'adhésion à la C.E.E. *-8-12* chute du gouv. Soares (159 voix contre 100). **1978**-*23-1* Soares PM (gouv. de coalition P.S.-C.D.S.), destitué 27-7. *-28-8/14-9* Alfredo Nobre da

Costa, indépendant, PM. **1980**-*3-1* Francisco Sa Carneiro PM, sans militaires (1re fois dep. 25-4-1974). **1981** sécheresse. *Juin* dénationalisation des banques, assurances, engrais et ciments votée par le Parlement. *-18-7* veto du Conseil de la révolution. *Déc.* Spinola et Costa Gomes nommés maréchaux. **1982**-*1-5* à Porto manif. pro-comm. 2 †, centaines de bl. *Mai* visite de Jean-Paul II. *Juillet* réunion candit. **1983**-*10-4* Islam Sartaoui de l'O.L.P. tué à Lisbonne. *-9-6* Soares PM, allié au P.S.D. centriste. **1985** attentats du F.P. 25 (Forces populaires du 25 avril ; extrême gauche). *-25-6* PM Soares démissionne. *-12-7* Parlement dissous. *-6-10* élect., succès du P.R.D. **1986**-*1-1* adhésion à C.E.E. *-26-1/-16-2* élect., Soares élu Pt.

Politique

Statut : République dém. *Const.* du 21-2-76, votée 2-4-76, révisée 24-9-82. *Pt de la Rép.* élu pour 5 a. au suffr. universel. *As. législative* 250 m. élus pour 4 a. au suffrage universel. **Fêtes nationales.** 10 juin (jour de Camões, dep. env. 1910), 5 oct. (procl. de la Rép.), 1er déc. (indép. recouvrée), 25 avril (jour de la liberté).

Évolution de la composition de l'assemblée (Droite et entre par. Gauche). *Constituante : avril 1975* : 98 (152). *Ass. : déc. 76* : 115 (148) ; *déc. 79* : 128 (122) ; *oct. 80* : 134 (116) ; *25-4-83* : 105 (145).

Partis. *P. social démocrate (P.S.D.)*, f. 1974, Pt Anibal Cavaco Silva, 85 000 m. ; *P. du centre démocr. et social (C.D.S.)*, f. 1974, Pt Adriano Moreira, 100 000 m. ; *P. populaire monarchiste (P.P.M.). Alliance du peuple uni (A.P.U.)*, f. 1979, comprend : *Mouvement démocratique portugais (M.D.P.-C.D.E.)*, f. 1969, Pt José Manuel Tengarrinha ; *P. communiste port. (P.C.P.)*, f. 1921, légalisé 1974, secr. gén. Alvaro Cunhal, 200 753 m. (83). *P. socialiste (P.S.)*, f. 1973, Pt Mario Soarès ; *Union de la gauche socialiste et démocr. (U.E.S.D.)*, f. 1978, Pt Antonio Lopes Cardoso ; *Action sociale démocr. indép. (A.S.D.I.)*, f. 1980, Pt Sousa Franco. *Union démocr. populaire (U.D.P.)*, f. 1974. *P. rénovateur démocr. (P.R.D.)* f. 24-2-1985 par Gal Eanes, Pte Manuela Eanes (sa femme).

Premiers ministres. **1931** Antonio de Oliveira Salazar (1889-1970). **69**-*9-5* Marcello Caetano (1906-80). **74**-*15-5* Adelino da Palma Carlos. *-17-7* Gal Vasco Gonçalves (n. 1921). **75**-*19-9* Amiral Pinheiro de Azevedo (n. 1917). *-23-7* Mario Soarès (n. 1924). **78**-*28-8* Alfredo Nobre da Costa (n. 1927). *-21-11* Mota Pinto (n. 1936). **79**-*31-7* Maria de Lourdes Pintassilgo (10-1-30). **80**-*3-1* Francisco Sà Carneiro (1934, 4-12-80 † dans accident d'avion). *-4-12* Freitas do Amaral (vice P.M.). **81**-*5-1* Francisco Pinto Balsemao (n. 1937), démissionne 20-12-82. **83**-*9-6* Mario Soarès (n. 1924). **85**-*6-11* Anibal Cavaco Silva (n. 1939).

Chefs d'État

Rois

Maison Alphonsine (1128-1385) (capét.). **1128** Alphonse Ier [(1109-85) ; roi 1139]. **-85** Sanche Ier (1154-1211), s.f. **1211** Alphonse II le Gros (1185-1223), s.f. **-23** Sanche II (1207-48), s.f. **-48** Alphonse III (1210-79), s. fr. **-79** Denis Ier (1261-1325) s.f. **1325** Alphonse IV le Brave 1291-1357), s.f. **-57** Pierre Ier [1320-67, s.f. (marié secrètement 1345 à Inès de Castro, assassinée par ordre du roi Alphonse IV 1355 ; reconnue reine à titre posth. 1357)]. **-67** Ferdinand Ier (1345-83), s.f. **-83** Béatrice (v. 1368-v. 1410), s. f., reine de Castille (ép. du roi Jean 1er de C.).

Maison d'Aviz (1385-1590) (capét.). **1385** Jean Ier le Grand (1357-1433). s. demi-fr. **1433** Duarte Ier l'Éloquent (1391-1438), s.f. **-38** Alphonse V l'Africain (1432-81), s. f. **-81** Jean II (1455-95), s.f. **-95** Manuel Ier (1469-1521), s. cous. germ. **1521** Jean III (1502-57), s. f. **-57** Sébastien Ier (1554-78), s. pt.-f. **-78** Henri le Cardinal (1512-80), s.f.

Maison d'Autriche (1580-1640). **1580** Philippe II d'Espagne [Ph. Ier du P. (1527-98)]. **98** Philippe III d'Esp. [II du P. (1578-1621)] s.f. **1621** Philippe IV d'Esp. [III du P. (1605-65)], s.f.

Maison de Bragance (1640-1853) (capét.). **1640** Jean IV (1604-56) duc de Bragance. **-56** Alphonse VI (1643-83) s. f. déposé. **-68** Pierre II (1648-1706) s. fr. Régent (après avoir déposé son frère dont il épouse la femme), puis roi après 1683. **1706** Jean V (1689-1750) s. f. **-50** Joseph Ier Emmanuel (1714-77) s.f. **-76** Marie-Anne de Bourbon (1727-85) sa femme, régente. **-77** Marie Ire de Bragance (1734-1816) s.f. partage le trône avec son mari Pierre III (4e fils de Jean V) (1716-86). Devenue folle, elle abandonne le trône à son f., le futur Jean VI, en 1799. **1816** Jean VI (1767-1826) s.f. **-26** Pierre IV (1798-1834) s.f. abdique (emp. du Brésil Pierre Ier 1822). Marie II de Bragance (1819-53) s. f. **-28** Michel Ier (1802-66) f. de Jean VI, fiancé à Marie II 1826, banni 1834, ép. 1851 Adélaïde de Löwenstein. **-34** Marie II de Bragance (1819-53) restaurée. **-37** Ferdinand de Saxe-Cobourg-Gotha, son mari, prend le titre de roi (Ferdinand II).

Maison de Saxe-Cobourg-Gotha (1853-1910). **1853** Pierre V (1837-61) f. de Marie et de Ferdinand II, roi-régent (1853-55). **-61** Louis Ier (1838-89) s. fr. **-89** Charles Ier (1863-1908) s. f. assassiné. **1908** Manuel II (1889-1932) s. f. déposé.

Nota. — Une réconciliation entre les 2 maisons de Saxe-Cobourg-Gotha et de Bragance eut lieu en 1920 et en 1932 à la mort sans postérité de Manuel II. L'héritier était S.A.R. *Dom Duarte Nuno duc de Bragance* (23-9-07/24-12-76), pt-f. du roi Michel Ier [2e f. du prétendant Michel, duc de Bragance (1853-1927) ; son frère aîné, Michel, duc de Viseu (1878-1923) a épousé une roturière américaine, Anita Stewart (n. 1909) et a renoncé à ses droits dynastiques]. Ép. 1942 Pcesse Françoise d'Orléans et Bragance (1914-68) f. du Pce Pierre d'O. et B. et de la Pcesse Elisabeth Dobrzensky de Dobrzenick, sœur de la Ctesse de Paris, 3 enfants : *Edouard-Pie* (Dom Duarte Pio) duc de Guimarães (15-5-45), duc de Bragance (1976), *Miguel* (3-12-46), *Henri-Jean* (6-11-49).

Titres du roi du Portugal. Sa Majesté très fidèle N... roi du Portugal et des Algarves en deçà et au-delà des mers, en Afrique, seigneur de Guinée, de la conquête, de la navigation et du commerce de l'Éthiopie, de l'Arabie, de la Perse et des Indes, etc. Le roi devait être catholique.

Présidents de la République

1910 Teófilo Braga (1843-1924), Premier ministre. **11** Manuel de Arriaga (1840-1917), démissionne le 29-5-1915. **15** Teófilo Braga (1843-1924). Bernardino Luis Machado (1851-1944), renversé en déc. 1917, revient en déc. 1925, est déposé le 28-5-26. **17** Cardoso da Silva Pais (1872-1918), assassiné. **18** Am. João de Canto e Castro (1834-1924). **19** Antònio José de Almeida (1843-1929). **23** Manuel Texeira Gomes (1860-1941), démissionne 1925. **25** Bernardino Luis Machado, démissionne févr. 1927. **26** Mendes Cabecadas, Gal Gomes da Costa, Mal Oscar Carmona (1869-1951, gouv. prov. du 1-6 au 29-11). **28** Mal Carmona. **51** Mal Craveiro Lopez (1894-1964). **58** Amiral Américo Tomáz (19-11-1894), démissionne 25-4-1974. **74** *15-5* Gal Antonio de Spinola (Mal dep. 1981) (11-4-1910). *30-9* Gal Costa Gomes (30-6-14). **76**-*14-7* Gal Antonio (dos Santos Ramalho) Eanes (25-1-35), élu 27-6-76, réélu 7-12-80 : inscrits 6 920 869, votants 5 840 332 (84,16 %), abstentions 1 140 627 (15,77 %). En % : Eanes (appuyé par PS) 56,4 ; Gal Soares Carneiro (PPD/PSD, CDS) 40,23 ; Cdt Otelo Saraiva de Carvalho (extrême gauche) 1,49 ; Gal Galvao De Melo (indép.) 0,84 ; Col. Pires Veloso (indép.) 0,78 ; Aires Rodrigues (POUS/PST) 0,22. **86**-*9-3* Mario Soares (n. 1924). **Assemblée 1986** [*26-1*, 1er tour : abstentions 24,6 %, Freitas do Amaral, soutenu par C.D.S. et P.S.D., 46 % des v. ; Soares (P.S.) 25,4 ; Salgado Zenha (soc.), soutenu par P.R.D. et P.C., 20,8 ; Lourdes de Pintaselgo (gauche) 7,2. *-16-2*, 2e tour : abstentions 21,7 %, votants 6 000 000, Soares 51,35 %].

Dépendances

Iles de Madère. Atlantique. Découvertes début du xve s. par Port. A 978 km de Lisbonne. Gouvernement autonome (semi-indép.). Ass. locale. 817 km² (50 km × 23 km) : 7 îles dont Madère (740 km², alt. max. Pico Ruivo 1 851 m), Porto Santo (42 km², 3 740 h.), îlots déserts des Désertes et des Sauvages (33 km²). *Population :* 251 352 h. (81) (Blancs d'origine port.). D. 323,9. *Catholiques. Villes : Funchal* 98 113 h. (76). Ressources : maïs, canne à sucre, fruits tropicaux, bananes, p. de terre, vin [*Sercial* (ceps rhénans), *Boal* (c. bourguignons), *Malvoisie* (v. doux), *Verdelho* (demi-sec)], bovins, pêche (conserveries), broderies, articles en osier, tourisme 3 000 000 vis.

Açores. Atlantique. A 1 200 km de Lisbonne, 3 401 km de New York. *Découvertes* par Port. entre 1431 et 1464. Gouv. autonome (semi-indép. dep. 25-7-80). *9 îles* et quelques îlots : San Miguel (750 km², alt. max. Ponta do Pico 2 351 m), Santa Maria (103 km²), Terceira (399 km²), Graciosa (64 km², séisme le 1-1-80), San Jorge (241 km²), Pico (436 km², alt. max. de l'archipel 2 345 m), Flores (152 km²), Corvo (20 km²), Faial (170 km²). Les « caldeiras » (cratères des volcans) forment des lagunes (la plus grande : Caldeira das Sete Cidades, 12 km de périmètre, 70 m de prof.). 3 *districts* autonomes. *Population :* 2 344 km². 257 822 h. (81). D. 107,6. *Catholiques. Villes : Ponta Delgada* (San Miguel) 146 600 h. (79), Angra do Heroismo (Terceira) 77 400, Horta (Faial) 35 800. Ressources : ananas, maïs, tabac, betteraves, thé, laitages, pêche, conserves de poisson, huiles de cachalot, broderies, dentelles, fruits *(Pico)*. Le Front de libération des Açores revendique l'indépendance.

Macao. Voir p. 933.

● **Colonies devenues indépendantes.** Brésil 7-9-1822 ; Goa annexée à l'Inde 14-3-1962 ; Guinée-Bissau 10-4-74 ; Mozambique 25-6-75 ; Cap-Vert 5-7-75 ; São Tomé et Principe 12-7-75 ; Angola 11-11-75 ; Timor annexée à l'Indonésie 17-7-76.

Économie

P.N.B. *1984 :* 1 938 $ par h. **Pop. active** (%, entre parenthèses part du P.N.B. en %). Agr. 25,9 (12), ind. 37,1 (44), services 37 (44). *Chômage* (%) *1981 :* 7,6 ; *82 :* 7,2 ; *83 :* 10,8 ; *84 :* 10,5. **Inflation** *(%)*. *1979 :* 23,8 ; *80 :* 16,6 ; *81 :* 20 ; *82 :* 22,7 ; *83 :* 25,5 ; *84 :* 29,3 ; *85 :* 22. **Dette extérieure** (milliards de $). *1979 :* 6,6 ; *80 :* 7,7 ; *81 :* 10 ; *82 :* 13,5 ; *83* 14,5 ; *84 :* 15,5 ; *85 :* 15,6. **Transferts des émigrés en France** (en milliards de F) : *1977 :* 3,62 ; *78 :* 4,34 ; *79 :* 5,3 ; *80 :* 6,05 ; *81 :* 7,1 ; *82 :* 7,8 ; **dans le monde** *80 :* 12,3 ; *81 :* 15,5 ; *82 :* 17,3. **Balance des paiements** (milliards de $). *1977 :* − 1,5 ; *78 :* − 0,8 ; *79 :* − 0,05 ; *80 :* − 1,25 ; *81 :* − 2,85 ; *82 :* 3,25 ; *83 :* − 1,69 ; *84 :* − 0,4 ; *85 :* − 1.

Agriculture. Terres (milliers d'ha, 81) cult. 585, arables 2 965, pâturages 530, forêts 3 641, eaux 44, divers 1 443. Avant avril 1974, 80 % des propriétés occupaient — de 18,5 % de la surface cultivable ; 1,1 %, plus de la moitié des t. cultivables au S. (latifundia, cult. extensive avec prédominance du blé) ; au N., petite exploitation sur t. irriguées [maïs, vigne, olivier, sylviculture (pins et eucalyptus)]. **Réforme agraire** (loi du 25-4-75) touche 1 300 000 ha (1/4 de la surf. cultivable) 100 000 seront exploités par des coopératives (surtout au S. du Tage). 15 000 ha ont été pris illégalement à leurs propriétaires (en cours de restitution). La loi prévoit l'expropriation des propriétés au rendement de + de 50 000 points [1 000 points correspondent à 1 ha de t. irriguée et 7 de t. non irrig. 50 000 p. peuvent correspondre à 10 ha au N. de Lisbonne et 1 000 dans la rég. de l'Alentejo ; ils devraient donner un revenu de 16 000 F net par an (d'après l'administration fiscale)] soit 80 000 ha (500 000 ha restent à exproprier) ; l'octroi aux expropriés d'un droit de réserve (surf. correspondant à un rendement de 50 000 points). 1/3 de la surf. expropriée actuellement reviendrait aux anciens propriétaires [− de 3 000 pers. (400 familles) concernées]. **Production** (milliers de t, 84) blé 470, avoine 195, orge 135, riz 134, maïs 530, seigle 115, vin (en milliers d'hl) 7 300, p. de terre 1 080, huile d'olive (en milliers d'hl) 450 (est. 85), vins de Madère et Porto, liège (50 % de la prod. mondiale).

Élevage (millions de têtes, 82) volailles 17,5, moutons 5,2 (83), porcs 3,5, bovins 10, chèvres 7,05, ânes 0,2. **Pêche.** 2 465 000 t (84).

Mines (milliers de t, 83). Uranium 0,01, pierre de calcaire 15 650, pyrite de fer 279, marbre 485, anthracite 185, kaolin 73, tungstène 1,9, cuivre 1,7, or, étain. **Électricité** (83). 17,2 milliards de kWh dont 5,1 prod. par hydroélectricité. **Industrie.** Textile, vêtements, chaussures, tricots, prod. alim, tabac, papier, chimie, sidérurgie (acier 498 000 t), cons. navale.

Transports (km, 83). Routes 18 832, chemin de fer 3 614 dont 460 élect. **Tourisme.** (85) 11 691 714 vis. (84) 131 073 lits d'hôtels. Monuments romains, voir Italie, p. 916.

Commerce (milliards d'escudos, 84). *Exportations* 757 *dont* (%) textile et chaussures 33, mat. de transp. et mach. 15, papier, bois, liège 13, prod. alim. 12, prod. chim. 8 *vers* (%) G.-B. 15,4, All. féd. 13,7, France 12,6, U.S.A. 8,8, P.-Bas 5,9. *Importations* 1 134 *dont* (%) pétrole et prod. min. 28, mach. et mat. de transp. 25, prod. alim. 15, prod. chim. 12, textiles, cuir, bois, papier 10 *de* U.S.A. 13,6, All. féd. 10, France 8, Espagne 7,2, G.-B. 6,8.

Rang dans le monde (83). 9e vin.

PUERTO RICO

Carte p. 848. V. légende p. 787.

Nom. Officiel dep. 17-5-1932, avant *Porto Rico* (port riche).

Situation. Grandes Antilles. 4 îles dont 3 petites à 129 km de la Rép. dominicaine et à 74 km à l'O. de St-Thomas. 8 897 km² (160 km sur 55 km). *Côtes* 450 km. *Alt. max.* pic Cerro de la Punta 1 341 m. **Climat** tropical très humide ; 17 °C à 36 °C.

Population. 3 389 686 h. (est. 85). Blancs 80 %, Noirs 20 %. D. 380,9. *Émigrés* 2 000 000 de P.R. aux U.S.A., surtout à New York (le *Barrio :* quartier en espagnol). **Villes** (80) : *San Juan* 432 973, Ponce 188 219, Bayamón 195 965, Mayaguez 95 886. **Langues.** Espagnol, anglais (env. 529 000 bilingues en 70). **Religion.** 85 % cath.

Histoire. Habitée par Indiens Arawaks (clans dirigés par un cacique). **1493**-*19-11* découverte par C. Colomb [nommée « San Juan Bautista » ; Ponce de León débarquant 11 ans plus tard se serait écrié : « Qué puerto rico ! » (quel port riche !) d'où le nom actuel de l'île]. **1508** espagnole. **1511** révolte indigène réprimée par Esp. ; Arawaks décimés et remplacés par des Noirs africains. **XVIe s.** incursions Indiens Caraïbes, pirates français, anglais ou holl. [échecs des Angl. Francis Drake *(1595)*, G. Clifford *(1598)*, du Holl. B. Hendrik *(1625)*]. Centre important de contrebande (surtout à partir de **1736**). **1736** café introduit. **1797** échec de l'Anglais Ralph Abercromby. **1865** libéraux exigent abolition de l'esclavage. **1868**-*sept.* révolte échoue. **1873** esclavage aboli. **1897** autonomie partielle (gouverneur, 2 chambres). **1898** g. hispano-américaine. -*10-12* tr. de Paris, U.S.A. reçoivent P.R. **1900**-*1-5* loi Foraker, fin du contrôle militaire. **1909**-*15-7* « Olmsted Act » laissant au Pt des U.S.A. et au Conseil exécutif de grandes responsabilités. **1917**-*2-3* « Jones Act » : P.R. est terr. américain ; les P.R. ont la citoyenneté amér. **1938** création du Parti pop. démocratique par Luis Muñoz Marin († 1980). **1946** nomination d'un gouv. P.R. Jesus Piñero. **1948**-*2-11* le gouv. est élu par les P.R. (Luis Muñoz Marín). **1950**-*1-11* tentative d'assassinat du Pt Truman par 2 nationalistes p.r. **1952**-*25-7* P.R. État libre associé. **1967**-*23-7* plébiscite, 425 081 (60,5 %) pour statut actuel, 273 315 (38,9 %) p. devenir 51e État U.S., 4 205 (0,6 %) p. indépendance. **1975**-*17-12* projet d'autonomie élargie. **1981**-*10-1* attentat : 9 avions détruits. **1982**-*31-12* attentats à New York des F.A.L.N.

Statut. État libre associé aux U.S.A. *Const.* 25-7-52. *Sénat* (27 m. élus au suff. univ.). *Ch. des représ.* (51 m., élus au suffr. univ.). **Gouverneur** (élu pour 4 a.) Rafael Hernandez Colon dep. 2-1-85. **Pt du Sénat**, élu pour 4 ans au suffr. univ. (Miguel Hernandez Agosto). P.R. est représenté au Congrès par un *Resident Commissioner* élu pour 4 ans. **Élections** *du gouv.* (6-11-84) : P.N.P. 44,5 % ; P.P.D. 47,6 % ; P.I.P. 3,8 % ; P.R.P. 4 %.

Partis. *P. de l'indépendance p.*, f. 1946, Pt Ruben Berrios Martinez. *P. néo-progressiste*, f. 1967, Pt Carlos Romero Barcelo. *P. populaire démocratique*, f. 1939, Pt Rafael Hernandez Colon. *P. socialiste p.*, f. 1971, Pt Carlos Gallisa. *Forces armées de libération nationale*, f. 1974, pour l'indépendance. *P. de Rénovation port.* f. 1983, Pt Hernan Padilla Ramirez.

• **Dépendances.** Iles Mona 40 km², Culebra 28 km², 1 265 h. (80), Vieques 43 km², 7 628 h. (80).

Économie

P.N.B. ($ par h.). *1982 :* 3 720 ; *83 :* 2 890 ; *84 :* 4 200. **Pop. active** (%, entre parenthèses part du P.N.B. en %) agr. 5 (3), mines 0 (0), ind. 24 (38), services 71 (59). *Chômage* (84) 20,3 % de la pop. **Inflation.** *1984 :* 2,5 %.

Agriculture. *Terres* (%) 14,2 arables 1,6 dont cult. 48 (38 pour le café), pâturages 22,42, forêts 25,28. *Production* (milliers de t, 84) sucre 96, café 26 000, tabac 0,85, ananas 43, bananes. Mélasse 44 588 226 l (82). Doit importer 90 % de son alim. **Élevage** (millions de têtes, 84) poulets 6,4, bovins 6,6, porcs 0,2.

Mines. Cuivre, sel, marbre, nickel. **Industrie.** Ciment, électricité, raffineries de pétrole (capacité 14 millions de t), constr. mécan., textile, prod. alim. (rhum). Siège de sociétés (exemptions fiscales). **Tourisme.** (84) 1 496 420 dont 1 127 049 des U.S.A.

Commerce (en milliards de $ US. 83, exportations et entre parenthèses importations). **Avec U.S.A.** prod. chim. 2 986 (1 134), métaux 1 391 (1 032), prod. animaux 972 (1 316), prod. divers 948 (639), prod. textiles 573 (467). **Autres** total 8 521 (8 506) dont Venezuela 31 (401), Japon 20 (426), Iles Vierges 207 (21), Antilles néerlandaises 69 (415), Rép. domin. 175 (86).

QATAR

Carte p. 809. V. légende p. 787.

Situation. Asie (golfe Arabique). 11 437 km². Péninsule. Plat, collines (côte occid.), désert calcaire et sel mélangés de 10 000 km². Petites îles. **Climat.** Frais déc. à mars (env. 20 °C), très chaud et humide mai à sept. (45 °C en juin). *Pluie :* 50 à 70 mm par an.

Population. 290 000 h. (est. 84) (*1953 :* 20 000 h.) dont 20 % de citoyens. *Étrangers :* 85 % de la pop. active, env. 200 000 dont 70 000 Indiens et Pakistanais, 40 000 Iraniens, 20 000 Palestiniens, env. 20 000 Égyptiens, etc. [Pakistanais, Indiens, Iraniens (main-d'œuvre) ; Jordaniens, Soudanais, Anglais (conseillers mil. et serv. de sécurité) ; Palestiniens, Égyptiens (enseignants, administr.)]. D. 25. **Villes** (81) : *cap. Doha* 220 000 h., Oum Saïd 15 000 h. (Bassorah 563 km, Ormuz 498 km). **Langues.** Arabe *(off.)*, anglais. **Religion.** Islam *(off.)* (wahhabites 98 %).

Histoire. Vassal de la Turquie. **1916**-*3-11* protectorat britannique ; gouv. patriarcal jusqu'à l'avènement du cheikh Ahmad bin Ali. **1935** 1re concession pétrolière (Anglo-Iranian Oil Co). **1940** découverte du pétrole. **1949** exploitation. **1953** Shell et Qatar Oil Co (Japon) en concurrence. **1960** cheikh héritier Khalifa Bin Hamad Al-Thani s'impose. **1971**-*1-9* indép. **1972**-*22-2* cheikh Bin Ali (1917-77) destitué par son cousin. **1974** contrôle total du capital des Stés.

Statut. Émirat. *Chef de l'État et PM* cheikh Khalifa Bin Hamad Al-Thani (n. 1932) dep. 22-2-72. *Prince héritier* son fils aîné Cheikh Hamad Bin Khalifa Al-Thani dep. 31-5-77. *Const.* de juill. 70. *Cons. des min.* et *cons. consultatif* (30 m). Pas de partis pol.

Économie. P.N.B. *1984 :* 25 000 $ par h. **Pop. active** (% et entre par. part du P.N.B. en %). Agr. 12 (2), mines 5 (60), ind. 15 (10), services 68 (28).

Agriculture. *Terres cult.* 58 128 m². *Production* de légumes env. 30 000 t par an. **Élevage** (milliers de têtes, 84) chèvres 19,8, moutons 49,9, chameaux 8,2, vaches 5,8. **Pêche** (83) 3 124 t.

Mines. *Pétrole* (millions de t). *Réserves :* 490. *Production, entre parenthèses revenus en millions de $: 1963 :* 9 (59,5), *71 :* 20,2 (197,8), *73 :* 27,3 (397), *79 :* 25 (3 000), *80 :* 23,6 (5 600), *81 :* 19,5, *82 :* 16. *84 :* 20,1. *Gaz :* réserves 1 700 milliards de m³. Prod. (84) 2 150 000 barils. **Industrie.** Pétrochimie, sidérurgie, engrais. Projet d'une usine de liquéfaction de gaz à Ras Laffan. **Transports.** Routes 600 km.

Commerce (millions de $ US, 83). *Exportations* 3 266 *dont* pétrole 2 950, acier 110, polyéthylène 92, engrais 114 *vers* (%, 79) Japon 24, P.-Bas 16, France 13, U.S.A. 7, Thaïlande 6. *Importations* (84) 1 450 *dont* (millions de rial Q, 83) mach. et équip. de transp. 2 331, prod. man. de base 1 151, prod. alim. 704, prod. man. divers 581, prod. chim. 181 *de* (84) Japon 223, G.-B. 169, U.S.A. 105, All. féd. 83, France 62.

Rang dans le monde (83). 5e rés. gaz. nat. 18e rés. pétrole. 25e pétrole.

LA RÉUNION

V. légende p. 787.

Nom. Donné par la Convention à l'île Bourbon en souvenir de la réunion des Marseillais et des gardes nationaux pour l'assaut des Tuileries (10-8-1792), par décret du 23 ventôse an I.

Situation. Ile de l'océan Indien [forme avec l'île Rodrigues et l'île Maurice (à 210 km) l'archipel des *Mascareignes*]. 2 510 km² (72 × 51 km). *Distances :* Paris 9 180, Bombay 4 600, Djibouti 3 680, Johannesburg 2 825, Tananarive 880. *Côtes* 207 km. *Alt. max.* Piton des Neiges 3 069 m ; à l'E., Piton de la Fournaise (2 631 m, au piton Bory encore en activité). Terrain volcanique, relativ. fertile ; roches poreuses et friables. *Principale rivière :* R. de Mât (35 km). **Climat** tropical tempéré, nombreux micro-climats. *Saisons :* chaude et humide (déc.-mars), fraîche (mai-nov.). *Temp.* 18 à 31 °C (côte), 4 à 18 °C (selon l'altitude). **Zones climatiques :** *zone au vent* (côté E. de l'île) modérément chaude, extrêmement humide, pluie + de 5 m ; *sous le vent* (O. de l'île) plus sèche (pluie 0,7 m) et plus chaude. *Cyclones* tropicaux : ils se forment entre nov. et avril. La plupart naissent au N. des Mascareignes, entre îles de Diego Garcia et Seychelles. Ils peuvent alors atteindre la R. par le nord. D'autres se forment sur le canal du Mozambique et atteignent la R. par l'ouest (généralement moins violents) accompagnés de vents violents (dépassant 250 km/h).

Population. *1646 :* 12 h., *1707 :* 734, *17 :* 2 000, *77 :* 35 469, *1804 :* 65 152, *37 :* 110 000, *72 :* 182 700, *87 :* 163 900, *1921 :* 173 190, *41 :* 220 955, *61 :* 349 282, *67 :* 416 525, *74 :* 480 152, *82 :* 515 798. *84 :* 532 057. *85 :* 541 700. *– de 20 a.* 46,2 %, *+ de 60 a.* 7,3 %. **Illettrés** (%). *1967 :* 39, *74 :* 28,4, *82 :* 21,3. **Européens.** 120 000 (descendants de Fr., Angl., All., Holl., Ital.). **Métropolitains.** *1954 :* 1 722, *67 :* 5 667, *74 :* 12 174, *82 :* 21 270 [dits Z'oreilles (le métropolitain, qui comprend mal le créole et fait répéter, passe pour être « dur d'oreille ») ; on dit aussi qu'à l'origine

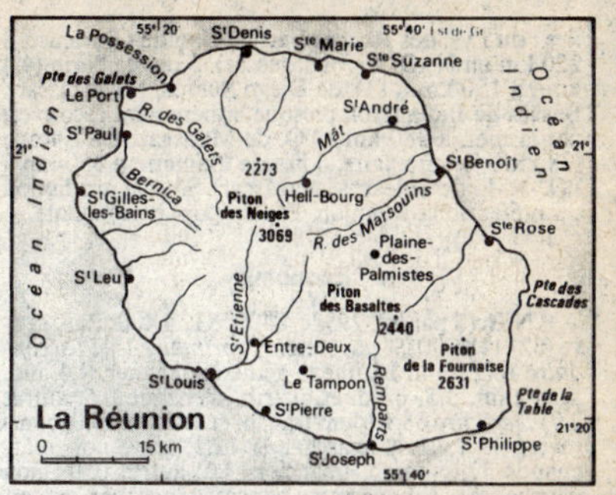

les Z'oreilles étaient des Blancs qui coupaient une oreille à leurs esclaves qui avaient tenté de s'échapper afin de les reconnaître en cas de récidive]. Les descendants des 1ers Européens (« petits Blancs ») étaient pauvres et prolétarisés au début du XXe s. La bourgeoisie créole actuelle est faite de descendants d'émigrants de fin XVIIIe, début XIXe s. **Indiens.** En majorité métis 120 000 (dits Malabars, bien qu'importés de la côte de Coromandel et de Madras, religion tamoule brahmanique). **Chinois.** 20 000 (les 1ers arrivèrent v. 1860). **Indiens musulmans** dits *Z'arabes.* 7 000 (originaires de Bombay et du Goudjerat après 1870), Métis 200 000. D. 215,8. **Taux** (1984, ‰). Fécondité 2,87, natalité 24,4, mortalité 5,7 (dont infantile 11,6). **Espérance de vie.** *1951 :* 50,4 ans, *82 :* 67,9 ans. **Solde migratoire.** *1980 :* – 4 682, *81 :* – 3 725, *82 :* – 1 209, *83 :* + 670, *84 :* – 435. **Réunionnais** [Français de naissance nés à la Réunion et vivant en métropole (1982)]. 74 040 (dont 38 460 arrivés dep. le 1-1-1975). Sur 12 000 jeunes arrivant chaque année sur le marché du travail, 3 000 trouvent un emploi dans l'île, 6 000 viennent en métropole. **Villes** (82) : *St-Denis* 109 068 (chef-lieu), St-Paul 58 410 (à 27 km), St-Pierre 50 082 (86 km), Le Tampon 40 538 (93 km). St-Louis 31 785, St-André 30 075. St-Benoît 23 540. **Langues.** Français *(off.)*, créole. **Religions.** Majorité de cath. ; musulmans ; hindouistes ; boudhistes.

Histoire. **1507** découverte par le Portugais Diego Fernandez Pereira. Visitée par Mascarenhas. **1642**-*sept.* possession française, mais non colonisée, appelée île Bourbon. **1646 et 1654** sert à la déportation de mutins. **1664** concédée à Cie des Indes Orientales. **1665** 1ers colons. **1715** introduction du café. **1719** passe à la Cie fr. des Indes Orientales. **1735-46** Mahé de Labourdonnais gouv. **1764**-*4-8* achetée par la Couronne à la Cie. **1767**-*14-7* rétrocession effective à la Couronne. **1793**-*13-3* appelée île de la Réunion. **1806**-*15-8* Ile Bonaparte. **1810**-*8-7* île Bourbon. **1810/15**-*6-4* occupation brit. **1848**-*9-6* à nouveau île de la Réunion. **1946**-*9-3* DOM. **1980**-*janv.* cyclone Hyacinthe (*du 15 au 27-1 ;* 4 194 mm d'eau sur la plaine des Palmistes : 25 †, 15 disparus, 7 500 sinistrés, destruction des récoltes de géraniums 100 %, vanille et tabac 30 à 50 %). **1981**-*11-12* 30 000 manif. à St-Denis contre régionalisation.

Statut. Dép. français d'outre-mer dep. 19-3-1946. Com. de la Rép. Michel Blangy. *Cons. gén.* 36 m. *Cons. régional* 46 m. 5 *députés*, 2 *sénateurs*. *Région* française dep. le 2-3-73.

Élections législatives *du 16-3-86.* Inscrits 278 193, abst. 25,33 % ; Union de l'oppos. Michel Debré 38,86 % des v. (2 élus) ; P.C. Paul Vergès 29,37 (2 élus) ; divers oppos. 17,07 (1 élu) ; P.S. 13,70 ; div. gauche (1,07) ; FN (1,01) ; div. oppos. (0,85). **Élections régionales** *du 20-2-83.* Inscrits 268 337, votants 200 481, exprimés 197 975, abstentions 25,28 %. *Nombre de sièges :* 45. % de suffrages obtenus : *R.P.R.-U.D.F.* 38,77, *P.C. réunionnais* 32,73, *P.S.* 12,99, *Div. droite* (U.N.I.R.) 10,49, *Dissidents P.S. (Forum soc.)* 2,93, *Dissidents P.S. (R.S.D.)* 2,07. *Du 16-3-1986.* Inscrits 278 761, suffr. 198 082, abst. 25,72 % : Un. opp. 36,78 %, 18 s. P.C. 28,18, 13 s. Div opp. 17,26, 8. P.S. 14,09, 6. F.N. 2,23.

• **Dépendances.** Iles éparses. *Statut :* dépendent du préfet de la R. mais ne constituent pas des dépendances de la R. Les îles éparses sont revendiquées par Madagascar et l'Ile Maurice (importance stratégique, stations météo pour prévoir les cyclones, missions zoologiques, pêche sur 645 000 km²). **Tromelin** (1 km², à 535 km au N. de la Réunion, 600 km de Tamatave (Madagascar), long. 1 500 m et 1 700 m de station météo) porte le nom du chevalier français qui y débarqua en 1776, revendiquée par île Maurice. **Les Glorieuses** (5 km², banc madréporique, long. 16 km. 3

îles : du Lys, des Roches Vertes, Grande Glorieuse, à 220 km au N.-O. de Madagascar). **Juan de Nova** (4,4 km², à 150 km à l'O. de Diégo Suarez, Madagascar). **Bassas de India** (atoll presque entièrement recouvert par la mer, à 380 km à l'O. de Madagascar). **Europa** (28 km², île circulaire, 6 km de diamètre à 350 km à l'O.-N.-E. de Tuléar, Madagascar). Sous la juridiction du préfet de la Réunion. Pas de pop. permanente.

Économie

P.N.B. ($ par h.). *1982* : 4 400, *83* : 4 400. **Pop. active** (82) 118 490 (% par secteur) : *primaire* 14,7 ; *secondaire* 16,2 (dont bâtiment, génie civil et agr. 9,4, ind. agro-alim. 3,5, prod. et distrib. d'énergie 0,6, autres 2,7) ; *tertiaire* 68,4 (dont transp. et télécom. 5,0, commerce 12,1, serv. marchands 12,3, serv. non marchands 37,6, organ. financiers 1,1, autres 0,3) ; non déterminé 0,7. *Répartition par catégories* : agr. exploitants 9 869, salariés agr. 6 382, patrons de l'ind. et du commerce 8 327, prof. libérales, cadres sup. 6 687, cadres moyens 14 448, employés 22 735, ouvriers 32 615, agents de service 14 216, autres 3 211. *Chômage* (%) : *1979* : 30 ; *81* : 25,5 ; *82* : 31,4 ; *85* : 38.

Inflation (%). *1982* : 9,1 ; *83* : 8,2 ; *84* : 7,1. **Aide de la métropole** (84). 4 031 millions de F. **Budget** (millions de F, 84) : *État* 5 685, fonctionnement 5 136 (dont personnel 2 900), investissement 548 (dont subventions directes 302) ; *région* 141,2, fonct. 83, investissements 57 (dont subventions 38) ; *département* 2 062,2, fonct. 1 564 (dont personnel 255), inv. 497 ; *communes* (83) 1 903, fonct. 1 163 (dont personnel 719), inv. 740. *Recettes budgétaires de l'État* 2 228 : fiscales 2 089 (dont impôts sur le revenu 787, les sociétés 249, T.V.A. 702) ; *des coll. locales* : taxes spéciales sur carburants (département) 286, octroi de mer (communes) 552, D.G.F. communes (est.) 369, D.G.F. départ. 146, impôts locaux 420.

Agriculture. *Terres* (ha, 84) : S.A.U. 64 952 (dont canne à sucre 37 860, fruits et vignes 3 860, cult. vivrières et maraîchères 4 120, céréales 2 500, fruits 1 150, jachères 1 340), bois 88 430, landes et friches 62 128, bâtiments 4 090, divers 32 430. *Production* (84) canne à sucre 2 185 600 t, sucre 246 400 t, rhum et alcool de mélasse 92 824 hl, essence de géranium 31,1 t, essence de vétyver 16,4 t, vanille verte 168,2 t, tabac 196,9 t, thé, maïs. **Élevage** (milliers de têtes, 83). Bovins 19,7, caprins 42,9, porcs 71,7. **Pêche** (t, 84). 2 143 (grande pêche 1 629, côtière 468, au large 46). **Industrie.** Sucre, rhum, bâtiment, travaux publics, géothermie, cons. mécaniques. **Électricité** (84) 177 millions de kWh (dont 78,4 % hydraulique, en 82 : 98 %). **Transports.** Routes 2 710 km (83). **Tourisme** (83) 138 930 nuitées.

Commerce (millions de F, 84). *Exportations* 817, *dont* sucre 612, rhum 34, essence de géranium 20,9, mélasse 11, essence de vétyver 13, vanille 10, tabac brut 1,3 *vers* (%, 83) métropole 52,5, Portugal 8, Chine 6,8, Maroc 6,2, Italie 4,8. *Importations* 6 894 *dont* biens équip. 1 730, biens de consom. 1 590, prod. agr. et alim. 1 310, biens intermédiaires 1 110, prod. énergétiques 740, prod. de l'agr., sylvicult. et pêche 410 *de* France 4 475, Bahrein 430, Afr. du Sud 233,7, Italie 232, Japon 173, All. féd. 153, Abou Dhabi 134, Belg.-Lux. 119, Madagascar 101.

ROUMANIE

V. légende p. 787.

Situation. S.-E. de l'Europe. 237 500 km². *Long. max.* (E.-O.) 720 km ; *larg. max.* (S.-N.) 515 km. *Côte* : sur la mer Noire 244 km. *Frontières* : 3 190 km, avec U.R.S.S. 1 325,9, Hongrie 444,8, Yougoslavie 544,3, Bulgarie 631,3. *Lacs* : 3 500 dont 2 300 naturels (Razelm 415 km², Sinoe 171, Golovita 119). *Forêts* 26,6 %. *3 grandes provinces historiques* : *Valachie* (y compris Munténie, Olténie et Dobroudja), *Moldavie* et *Transylvanie* (y compris Banat et Maramures). *Relief* : montagnes 31 % [chaîne des Carpates, formant un arc de 1 000 km de long, au centre : 5 sommets supérieurs à 2 500 m (au S.) ; alt. max. pic Moldoveanu (massif du Fagaras) 2 544 m] ; plateaux 36 % [à l'O. (dans l'arc des Carpates) : pl. de Transylvanie (alt. 400-700 m) ; à l'E. : pl. moldave ; au S.-E. : pl. de la Dobroudja] ; plaines 33 % [à l'O. : une frange de la plaine hongroise ; au S. : longue plaine roumaine entre Carpates et Danube (2 zones : septentrionale : Piémont Gétique ; méridionale : plaine danubienne) ; au N.-E. : pl. moldave]. *Fleuves* (en km, long. en R. et totale) : Danube 1 075 (2 857, delta 5 050 km²), Prut 716 (950), Mureș 768 (803), Olt 737 (737), Siret 596 (706), Ialomita 410 (410), Someș 388 (435). **Climat** continental [tempéré (de transition) à l'O. (faibles infl. océaniques) et au S.-O. (infl. méditer.) ; excessif au N.-E. ; modifications locales dues à l'altitude] : hiver long, printemps très court, été très chaud, automne long, moy. annuelle 9 à 11 °C [hiver : − 3 °C ; été : entre 22 et 24 °C ; minimum absolu − 38,5 °C (à Bod, dépression de Brașov 25-1-1942) ; max. abs. : + 44,5 °C (à Ion Sion, au Bărăgan 10-8-1951)], pluie 359 à 1 346 mm [moy. 637 mm/an (max. : Htes Carpates ; min. : Bărăgan, Danube inférieur)]. **Faune** (variée) : cerfs, chevreuils, sangliers, ours, loups, renards ; espèces rares : pélicans (uniques en Europe), loutres, chamois, coqs de bruyère, lynx.

Population. *1859* : 8 600 000, *1912* : 12 923 600, *30* : 14 280 729, *41* : 16 126 100, *48* : 15 872 624, *56* : 17 489 450, *66* : 19 103 163, *77* : 21 559 910, *82* : 22 477 703, *83* : 22 550 000, *84* (est.) : 22 264 505. En 77, Roumains 89,1 %, Magyars 7,7, Allemands 1,5, Ukrainiens 0,2, Serbes 0,2, Juifs 0,1, Tatars 0,1. − *de 15 a.* 25,4 %, + *de 60 a.* 14,2 %. Dont (77) Hongrois 1 670 568 (en 78, en Transylvanie), Allemands 332 205 (en 78, surtout en Transylvanie), Ukrainiens 51 503, Tziganes 75 696, Russes 17 480, divers 148 447. D. 93,7. **Villes** (84) (agg.) : *Bucarest* 1 961 188, Iasi 310 158 (à 413 km de la cap.), Timisoara 309 258 (à 571 km), Brașov 334 992 (à 175 km), Constanza 318 799 (à 265 km), Cluj-Napoca 299 786 (à 433 km), Galati 286 110 (à 247 km), Craiova 267 474 (à 227 km), Ploiesti 232 462 (à 60 km), Braila 228 035 (à 216 km), Oradea 206 056 (à 585 km), Arad 182 997 (à 632 km), Sibiu 173 115 (à 272 km), Bacau 169 503 (à 287 km), Tirgu Mures 152 258 (à 347 km), Pitesti 151 741 (à 113 km), Baia Mare 131 268 (à 594 km), Satu Mare 125 819 (à 650 km), Buzau 129 510 (à 113 km), Resista 102 564 (à 502 km).

Langues. Roumain *(off.)* (issu du latin parlé dans les prov. rom. de Dacie et Mésie, et ne dérivant pas du parler urbain de Rome, mais de dialectes ruraux italiens). Autres langues : hongrois, allemand.

Religions (%). *Orthodoxes* roumains 82, *catholiques* 10, *protestants* 7, *juifs* 0,9 (32 000 en 1983, 900 000 en 1939 dont 500 000 ont péri dans les provinces cédées à l'U.R.S.S. et la Hongrie en 1939-40). Les cath. sont des latins (1 400 000) dont 700 000 Hongrois de Transylvanie. Les cath. uniates (de rite oriental), qui existaient dep. 1687 en Transylvanie et avaient été reconnus offic. en 1930, ont dû en 1948 rentrer dans l'Égl. orthodoxe. Ils étaient alors 1 600 000.

Histoire. V. 2000 av. J.-C. immigration de tribus de Daces ou Gètes, venues des steppes de la Caspienne ; appartenant au groupe central des Indo-Européens, les Thraco-Illyriens ou Thraco-Cimmériens, qui colonisent Balkans et N. de l'Anatolie. Langue voisine de l'étrusque et de l'albanais moderne. Civilisation empruntée aux Celtes (métallurgie, agriculture) et aux Scythes (cheval). **VII-VIe s.** fondation de colonies grecques sur la mer Noire (Histria, Tomi, Callatis). **V. 300** 1er roi gétodace attesté : Dromichaitès. **70-44** roy. centralisé de Burebista. **101-106 apr. J.-C.** conquête par l'emp. romain Trajan. **106-274** prov. romaine. **IIIe-XIIIe s.** invasions Goths, Huns, Gépides, Avares, Slaves, Tatars, venus du N. et de l'E. Division en États indépendants : Munténie ou Valachie *(1330)*, Moldavie *(1359)* et Transylvanie [conquise par Hongrie : principauté autonome, elle sera ensuite *(1699)* incorporée à l'Autr.-Hongrie jusqu'en *1918*]. *Princes les plus renommés* : **Valachie** : Mircea le Vieux (1386-1418) ; Vlad Tepeș (l'Empaleur 1456-62) ; Michel le Brave (1593-1601), vainqueur des Turcs, qui réalise pour un an (1599-1600) l'unité des 3 principautés. **Moldavie** : Alexandre le Bon (1400-32) ; Étienne le Grand (1457-1504), surnommé le Prince de la Chrétienté ; Ion II l'Arménien (1572-74) ; Dimitri Cantemir (1710-11). **1699** Habsbourg annexent Transylvanie. **1711-1821** en Moldavie, **1716-1821** en Valachie, princes régnants grecs nommés par Turcs (dits Phanariotes : du Phanar, quartier d'Istanbul). **1746** (Valachie) et **1749** (Moldavie) Pce Constantin Mavrocordato libère les serfs. **1828-34** occupation russe. **1848** révolution bourgeoise-démocratique. **1856** Convention de Paris : autonomie des 2 provinces. **1857** esclavage des Tziganes aboli. **1859** union Moldavie et Valachie qui deviennent la R. avec le Pce Alexandre Ioan Cuza, qui abdique sous la pression des boyards (propriétaires terriens hostiles à sa pol. de réformes). **1866** Pce Charles de Hohenzollern-Sigmaringen le remplace. **1877** g. russo-turque. **1878**-*13-7* tr. de Berlin, indépendance (proclamée *9-5-1877*) reconnue ; les R., alliés aux Russes, perdent 3 départ. de la Bessarabie (Cahul, Bolgrad, Ismaïl), gagnent Dobroudja. **1881**-*27-3* Pce Charles devient roi, Carol Ier de R.

1913-*10-7* g. contre Bulgarie ; alliée à Grèce et Serbie, la R. reçoit au tr. de Bucarest un terr. du S. de la Dobroudja. **1916**-*14/27-8* la R. entre en g. ; vaincue par All. puis victorieuse avec l'aide de la Fr. **1919**-*10-9* tr. de St-Germain. **1920**-*4-6* tr. de Trianon : réalise son unité en recevant Bessarabie, Transylvanie (avec Banat), Bukovine. **1920-21** Petite Entente appuyée par Fr. (alliance avec Pol., Tchéc., Youg.). **1923** conquêtes sociales (droit de grève et d'association, mutualisme, suffrage universel masculin). **1924** le P.C. créé 1921 est interdit ; vit au travers des associations telles que le Secours rouge (au max. 1 000 membres et sympathisants jusqu'en 1944). **1934**-*févr.* Entente balkanique (avec Turquie, Grèce, Youg.). **1938**-*févr.* dictature du roi Carol II. **1939** C.Z. Codreanu fondateur de la garde de fer fasciste exécuté. PM Armand Calinescu tué par la garde de fer. **1940**-*26-6* l'U.R.S.S., après ultimatum, occupe Bessarabie (45 650 km²) et Bukovine du N. (10 432 km²) (env. 4 000 000 h.), le roi Carol II cède et ignorant que l'U.R.S.S. agit conformément au protocole secret signé avec l'All. le 23-8-39 laisse faire le rapprochement avec l'All. *-4-7* gouv. Ion Gigurtu, profasciste.

Conquêtes sociales de 1923 abolies. *-30-8* l'All. oblige la R. à céder N. de la Transylvanie à Hongrie. *-6-9* coup d'État du Gal Antonescu (n. 1882), appuyé par Garde de fer : Carol abdique pour son fils Michel. *-7-9* S. de Dobroudja (quadrilatère) cédé à Bulgarie. *-Nov.* la R. adhère au pacte tripartite (All., Italie, Japon). *-Déc.* syndicats interdits. **1941**-*21/23-1* putsch (légionnaires de la Garde de fer) contre Gal Antonescu, 500 lég. exécutés. *-22-6* R. entre en g. contre U.R.S.S., engage 780 000 soldats (350 000 mil. †, 270 000 civils †). **1944** à partir de Stalingrad, Antonescu et l'opposition clandestine cherchent à conclure un armistice séparé ; Stirbei, émissaire de l'opposition, accepte les conditions alliées laissant le libre passage de l'Armée Rouge ; il obtient la garantie des frontières de 1939 et de la démocratie parlementaire selon la Constitution de 1923 et rejoint le camp allié. *-23-8* gouv. d'Union nat. avec sociaux-dém. et comm. Antonescu arrêté (sera exécuté en 1946), la R. se retourne contre l'All., engage 540 000 soldats (170 000 †, + 80 000 † civils). *-12-9* convention d'armistice (à Moscou). *-25-10* libération complète. **1945**-*6-3* après 3 semaines de manif. anticomm. (provoquées par l'installation par la force des communistes dans les mairies et préfectures, et écrasées par l'Armée Rouge), le gouv. est « démissionné » par Vychinsky, min. soviét. des Aff. étrangères et remplacé par un gouv. prosoviét. avec Petru Groza. *-23-3* réforme agraire. **1946**-*19-11* élections (la plupart des bureaux de vote sont tenus par les communistes), la gauche a 79,8 % des voix. **1947**-*10-2 tr. de Paris* : la R. perd Bessarabie, Bukovine du N. cédées à U.R.S.S., Dobroudja du S. à Bulgarie et regagne Transylvanie. *-30-12* roi Michel abdique. Rép. populaire. Communistes et sociaux-dém. forment le Parti ouvrier r. **1948**-*11-6* nationalisation. Économie planifiée, socialisation de l'agr. **1958**-*juin* troupes soviét. se retirent. **1962** socialisation de l'agr. achevée. **1965** P. ouvrier devient P. comm. **Dep. 1945**, la R. développe sa propre industrie. **Dep. 1964** collabore avec tous les pays, quelle que soit leur structure politique. **1968** refuse de participer à l'intervention en Tchécoslovaquie. **1977**-*4-3* séisme : 1 541 † identifiés dont 1 391 à Bucarest. **1981**-*23-8* tentative de prise d'otages pol. *-Déc.* manif. pacifistes contre nucléarisation de l'Europe. **1982**-*22-10* décret : les candidats à l'émigration doivent rembourser frais de leur éducation (*81* : 1 000 000 demandes dont 80 000 venant de la minorité all. ; *82* : 20 000 sorties autorisées). **1983**-*janv.* tentative coup d'État milit., échec. *Juin* taxe à l'émigration supprimée. **1984**-*26-5* canal Danube-mer Noire inauguré.

Statut. Rép. socialiste. *Const.* du 21-8-1965, amendée en mars 74. Une *Grande Assemblée nationale* (369 m. élus pour 5 ans au suffrage universel) élit Conseil d'État, Conseil des ministres ainsi que le *Pt de la Rép.* 40 *départements*, la municipalité de Bucarest 237 *villes*, 2 705 *communes* (13 123 *villages*). *Parti communiste* f. le 8-5-1921, 3 400 000 m. (84). **Fête nat.** : 23 août (libération de 1944).

Élections législatives du 17-3-85. 369 députés. 356 573 électeurs (2,27 %) votent contre les candidats du Front de l'unité et de la démocratie soc. de R.

Chefs d'État

Union des Principautés

1859-66 Alexandre Jean Cuza (1820-73). **1866-81** Pce Carol (voir ci-dessous).

Royaume

Maison de Hohenzollern-Sigmaringen ; séparée depuis le XIIIe s. de la branche Hohenzollern prussienne, elle est sans doute la branche aînée des Hohenzollern. Cath., elle donna des Pces au St-Empire, qui régnèrent jusqu'en 1849 sur les principautés de Hohenzollern-Hechingen et de Hohenzollern-Sigmaringen.

1881 Carol Ier de Hohenzollern-Sigmaringen (1839-1914) Pce depuis 1866. Sans enf. de son mariage (1869) avec Elisabeth de Wied (en littérature : Carmen Sylva, 1843-1916). **1914** Ferdinand Ier (1865-1927) s. nev. Mariage en 1892 avec Marie de Saxe-Cobourg et Gotha, Pcesse de G.-B. et d'Irlande (1875-1938). **27** Michel Ier (25-10-1921) s. pet.-f.. Le 28-12-25 son père Carol avait renoncé au trône et vivait en exil. Michel, âgé de 6 ans, fut roi avec un conseil de régence dirigé par son oncle le Pce Nicolas de Roumanie. **30** Carol II (2-10-1893/4-4-1953) s. père reprend le pouvoir. Sa renonciation est annulée. Michel devient Pce héritier avec les titres de Grand Voïvode de Roumanie, duc d'Alba-Julia. Carol avait épousé 1°) morganatiquement en 1918 Jeanne Constantinovna Lambrino (1898-1953). [Mariage annulé 8-1-1919 dont 1 fils : Mircea de Hohenzollern (8-1-20) appelé Mircea Lambrino jusqu'en 1955; reconnu enfant légitime en 1955 par un tribunal portugais, en 1963 par un trib. fr. ; porte le titre princier de son propre chef, depuis 1959 (non reconnu par Michel Ier) ; 1 fils : Paul de H., n. 13-8-48]. 2°) 10-3-21 Pcesse Hélène de Grèce (1898-1982) f. du roi Constantin Ier, mère du roi Michel (divorce 21-6-1928). Quand Carol devint roi, titrée reine de Roumanie elle dut s'exiler et vécut en France. A terminé sa vie à Florence. 3°) 8-7-47 civilement et 19-8-49 religieusement Magda Lupescu (1902-77) div. du lieutenant Tampeano et dep. 1928 sa compagne. Titrée Pcesse Hélène de Hohenzollern. **40** Michel Ier (25-10-1921) restauré, son père Carol ayant abdiqué ; abdique 30-12-47. Réside en Suisse. Ép. 10-6-48 Pcesse Anne (18-8-23) f. du Pce René de Bourbon, Pce de Parme et de la Pcesse n. Pcesse Marguerite de Danemark. 5 *enfants* : Marguerite (25-3-49), Hélène (17-11-50), Irène (28-2-53), Sophie (28-10-57), Marie (13-7-64).

Nota. — Roi et Pces de la Maison royale devaient être élevés dans la religion orthodoxe orientale.

République

Chefs d'État. 1947 Constantin Parhon (1874-1969) Pt provisoire, puis 1948 de la Grande Ass. nat. **52** Petru Groza (1884-1958) id. **58** Ion Gheorghe Maurer (1902) id. **61** Gheorghe Gheorghiu-Dej (1901-65) Pt du Conseil d'État. **65** Chivu Stoïca (1900-75) id. **67**-*9-12* Nicolae Ceauşescu (26-1-1918) id. puis Pt de la Rép. dep. 28-3-74. Secr. gén. du P.C. dep. 22-3-65. Sa femme Elena est 1er vice-PM dep. 29-3-80. Son fils, Nicu, est Pt de l'Organisation de la jeunesse et ses frères Ilie vice-min. de la Défense, Ion vice-Pt de la Commission du plan.

Premiers ministres. 1961-*mars* Ion Gheorghe Maurer (n. 1902). **73**-*26-3* Manea Manescu (9-8-16) beau-frère de N. Ceausescu. **79**-*30-3* Ilie Verdet (1925) beau-frère de N. Ceausescu. **82**-*21-5* Constantin Dascalescu (1923).

Économie

P.N.B. (84) 2 550 $ par h. **Pop. active** (%, entre parenthèses part du P.N.B. en %) agr. 29 (18), ind. 36 (57), services 35 (25). **Inflation** (%). *1982* : 16 ; *83* : 6,2 ; *84* : 0,2. **Dette extérieure** (milliards de $). *1976* : 2,7 ; *82* : 14 ; *83* : 12 (25 % du P.N.B.). **Part du secteur socialiste** (%) : industrie 99,7 ; forêts 100 ; agriculture (selon la sup. agricole) 90,7 ; transports de voyageurs 100 ; commerce extérieur, banques, assurances 100.

Agriculture. *Terres* (milliers d'ha, 84) arables 9 904,3 cult. 9 715,4 pâturages 4 425,8, forêts 6 337,3, eaux 860,2, divers 1 571,2. *Arables* (%) : céréales à grains 61,1 ; plantes fourragères 13,6 ; pl. industrielles 8,9 ; p. de terre, légumes et melons 6,4 ; légumineuses 1,9. *Irriguées* 2 500 268 ha (84). Propriété privée 800 m² max. 30,7 % des t. agr. appartiennent à l'État. 367 entreprises agr. d'État avec 2 035 142 ha ; 3 784 coopératives agr. de prod. avec 8 994 687 ha ; 574 entr. pour la mécanisation de l'agr. 29,3 % de la pop. active. *Production* (millions de t, 84) : blé 6,9, orge 2, maïs 12, bett. à sucre 6,7, p. de terre 6,5, tournesol 0,9 (83), raisins 2 (83), lin et chanvre 0,2 (83), légumes 5 (83), fruits 2 (83). **Forêts** (83). 23 047 000 m³. **Élevage** (millions de têtes, 84). Volailles 119, moutons 18, porcs 14, bovins 6. **Pêche** (82). 235 700 t.

Énergie (millions de t, 84). *Charbon* : 80 dont lignite 36. *Lignite* : réserves 3,9 milliards de t (14e rang mondial). *Pétrole* : réserves 130, prod. *1981* : 11,6 ; *82* : 11,7 ; *83* : 11,5 ; *84* : 11,5. *Gaz* (milliards de m³, exploitation ind. du méthane dep. 1857) : réserves 120, prod. *83* : 27,7 ; *84* : 40. *Électricité* 71,6 milliards de kWh (84). Crise énergétique : restrictions (éclairage, circulation des voitures particulières). **Mines.** Sel 4 596, fer 1 987. **Industrie** (milliers de t, 83). Acier 14 437 (84), laminés 9 179, fonte 8 190, caoutchouc synthétique 159 (84), aluminium 215 (84), pétrochimie. Tracteurs 77 142, véhicules auto. 195 000 (84) dont tourisme 90 200.

Transports (km, 84). Routes 15 274, chemins de fer 11 106 (électrifiés 2 868). *Principaux ports* : Constanza, Mangalia, Sulina (maritimes) ; Giurgiu, Drobeta-Turnu Severin, Călărasi, Braila, Galati, Tulcea (fluviaux). **Tourisme.** 6 000 000 vis. (83). *Régions touristiques* : Bucarest, littoral de la mer Noire, vallées de la Prahova, de l'Olt, monastères au N. de la Moldavie, delta du Danube, le Maramures, Mts Apuseni, N. de l'Olténie, Transylvanie, Dobroudja, Carpates.

Commerce (millions de lei, 83). *Exportations* 201 900 (84) *dont* textiles 5 949, tracteurs et mat. agr. 6 134, meubles 6 325, mach. et équip. pétrolier 4 604, mach. et équip. élec. 3 438 *vers* U.R.S.S. 30 102, All. féd. 10 799, All. dém. 7 731, Iran 6 126, U.S.A. 6 686. *Importations* 142 886 (84) *dont* équip. énergétique et électrotechnique 2 563, mat. et équip. de transp. 1 704, équip. métallurgique 921, biens pour l'ind. chimique 550 *de* U.R.S.S. 29 015, Iran 9 119, All. dém. 8 093, All. féd. 4 600, U.S.A. 3 611.

Rang dans le monde (83). 6e gaz nat. 7e maïs, p. de terre, lignite. 8e vin. 9e porcins. 16e orge. 18e ovins. 20e céréales, blé.

ROYAUME-UNI

Carte p. 969. V. légende p. 787.

Géographie

Situation. Europe. Archipel de 244 103 km² (dont G.-B. 229 983 ; 3 041 km² eaux intérieures). *Longueur* 960 km, *largeur max.* 480 km. Aucun point du pays n'est à plus de 120 km de la mer ou d'un cours d'eau remonté par la marée. *Alt. max.* Angleterre : Scafell 978 m. Écosse : Ben Nevis 1 342 m. Galles : Snowdon 1 085 m. La G.-B. fut séparée du continent vers 7000 av. J.-C. **Régions. 1°) N.** (au N.-O. d'une ligne Exeter-Newcastle). Massifs très anciens, morcelés en blocs par des effondrements et travaillés par les glaciers (cirques, vallées en auge, firths, profonde pénétration de la mer) ; prolongé vers le N.-O. et le N. par des archipels : Hébrides, Orcades, Shetland. Subdivisé en 3 sous-régions (du N. au S.) : Hautes Terres du N. (Highlands) ; Basses Terres (Lowlands), couloir d'effondrement ; Hautes Terres du S. (Southern Uplands). **2°) O. et S.-O.** Massifs anciens peu élevés : a) dans la moitié N. : chaîne Pennine, orientée N.-S ; b) dans la moitié S. : 2 chaînes orientées E.-O. : Galles, Cornouailles ; c) dépressions entre ces massifs : plaine du Cheshire (entre Pennine et Galles) ; golfe de Bristol (entre Galles et Cornouailles). **3°) E. et S.-E.** Bassin sédimentaire de Londres : terrains secondaires en pente vers l'E. (drainés par la Tamise). 3 sous-régions : plaine argileuse au centre ; côtes calcaires de l'O. (Costwood Hills, jurassiques ; Chiltern Hills, crayeuses) et de l'E. (les Downs crayeuses, qui tombent à pic sur la mer).

Climat. Océanique froid (à la limite des masses d'air polaires). *Heures d'ensoleillement* (moy. annuelle) : N. : 1 000 ; S. : 1 600 ; 200 j de pluies par an. *Temp. moy.* : 4,4 °C en janvier, 15,6 °C en juill. [à Lerwick (Shetland) 4 °C en déc., janv., févr. ; 12 °C en juin, juill., août ; île de Wight, 5 °C en hiver, 16 °C en été]. *Pluies* : 854 mm Angl., îles 1 016 mm (5 080 mm aux Mts Snowdon et Ben Nevis ; 508 mm dans le S.E. de l'Angl.), abondantes automne et hiver. *Endroits les plus chauds* : St-Hélier (Jersey) 11,9 °C (moy. annuelle), Penzance et îles Scilly (Cornouailles) 11,5 °C ; *les plus froids* : Bracmar (Aberdeenshire) 6,5 °C ; *le plus sec* : Stretham (île d'Ely). La côte orientale, abritée des vents d'O. par les montagnes, est légèrement plus « continentale » : gelées hivernales, chaleurs d'été, 550 mm de pluie.

Démographie

Population (en millions). *1750* : 7,5 ; *1801* : 11,9 ; *1811* : 13,4 ; *1821* : 15,5 ; *1841* : 20,2 ; *1861* : 24,5 ; *1871* : 27,4 ; *1901* : 38,2 ; *1911* : 42,1 ; *1921* : 44 ; *1931* : 46 ; *1951* : 50,2 ; *1961* : 52,7 ; *1971* : 55,5 ; *1984* : 56,5. *Pop. urbaine* 85 % (40 % dans des villes de + de 1 000 000 h.) (sans les îles de Man et de la Manche). D. 231. — *de 15 a.* 22,9 %, + *de 60 a.* 19,7 %.

Émigration. De 1820 à 1913 env. 10 000 000 d'h. vers les pays de langue angl. *Moyennes annuelles* : *1913* : 389 000 ; *1920-22* : 219 000 ; *23-30* : 155 000 ; *31-38* : 30 000 ; *47-54* : 143 000 ; *55-79* : 200 000 dont, *vers U.S.A.* (%) : *1912* : 70 ; *19* : 7 ; *23-30* : 74 ; *31-38* : 81 ; *47* : 81 ; *54* : 87. *En 1983* (en milliers) : 185 dont citoyens du Commonwealth 148 (Australie 28, C.E.E. 21, U.S.A. 17, Afrique 9, Afr. du S. 8, Canada 6, N.-Zélande 6), étrangers 37 (U.S.A. 15, C.E.E. 8).

Immigration. Statistiques. *Moyennes annuelles* : *1923-30* : 58 000, *31-38* : 54 000, *47-54* : 66 000. **Nombre total** d'immigrants originaires du Commonwealth et du Pakistan (81) 2 200 000 (4,1 % de la pop. ; 40 % sont nés en G.-B.). *Entrées en 1983* (en milliers) : 202 dont citoyens du Commonwealth 140 (C.E.E. 20, Australie 18, Afrique 18, Bangladesh-Inde-Sri Lanka 13, U.S.A. 11, Canada 6, Nlle-Zélande 6), étrangers 62 (U.S.A. 14, C.E.E. 11). *% des immigrés dans quelques villes* (1982) : Londres 29 [47 % des imm. de couleur. Ils jouissent des mêmes droits que les Brit. : allocations familiales, Séc. soc., égalité de salaire, droit de vote (parfois, priorité pour le logement)], Birmingham 15, Coventry 9,5, Manchester 7,8, Glasgow 2,5. *Étrangers* (en milliers, 83). 3 500 dont 969 d'origine européenne, non Européens Inde 784, Antilles-Guyane 498, Pakistan 353, Chine 101, Afrique 87, Bangladesh 83, Arabes 48, divers 1 388. **Législation.** *1948*, loi spécifie que tout citoyen du

Commonwealth a droit d'entrée en G.-B. (le C. est alors composé principalement d'États blancs) ; devant l'afflux des immigrés de couleur (Antilles, Inde, Pakistan) dep. 1958 (de 1960 à 62, 338 000 imm.) on prend des mesures restrictives : *1962*, loi permettant de limiter l'entrée des ressortissants du C. incapables de subvenir à leurs besoins ou sans emploi assuré ; *1968*, loi étendant le contrôle de l'immigration aux citoyens du R.-U. et de ses colonies sans liens étroits avec lui (d'une manière générale, ceux qui ne sont ni nés, ni naturalisés, ni adoptés, ni inscrits au R.-U. ou dont aucun parent ou grand-parent ne l'a été). *1976*, loi contre la discrimination raciale ; la C.R.E. (Commission pour l'égalité raciale) chargée de veiller à son application est devenue un groupe d'action anti-Blancs et sa suppression a été demandée en juin 1980. *1983* nouvelle loi sur la « nationalité britannique ». Met fin à une tradition selon laquelle la citoyenneté est accordée en fonction du lieu de naissance. Désormais, la filiation prévaut. Introduit 3 catégories de citoyenneté : cit. britannique, cit. des territoires sous administration brit., cit. brit. d'outre-mer. Dans les 2 derniers cas, qui concernent 4 millions de personnes (les h. de Hong-Kong et de Malaisie d'origine chinoise) la nationalité ne confère pas le droit de résider en G.-B.

Natalité. Moy. annuelle (‰ de la pop.) *1861-80* : 35,3 ; *1881-1900* : 31,2 ; *1901-10* : 27,2 ; *10-14* : 24,2 ; *15-19* : 19,4 ; *20-24* : 21,3 ; *25-29* : 17,1 ; *30-34* : 15,3 ; *35-39* : 14,9 ; *40-45* : 15,6 ; *46-50* : 18 ; *51-55* : 15,3 ; *6* : 18,8 ; *74* : 13,3 ; *76* : 12,1 ; *77* : 11,7 ; *78* : 12,3 ; *80* : 13,5 ; *82* : 12,8 ; *83* : 12,8. **Mortalité.** *1851-60* : 23,3 ; *61-70* : 22,5 ; *71-80* : 21 ; *81-90* : 20,1 ; *91-1900* : 18,8 ; *1901-10* : 16 ; *11-20* : 14,8 ; *21-30* : 12,1 ; *31-40* : 12,2 ; *41-45* : 11,8 ; *46-50* : 11,7 ; *51-55* : 11,4 ; *76* : 12,2 ; *80* : 11,8 ; *82* : 11,8 ; *83* : 11,7. **Accroissement** : 0,84 ‰.

Langues. Anglais (*off.* dep. 1399). Brittonique (21 % du P.-de-Galles). Écossais 88 000 (Highlands et rég. côtières de l'O.) (en 64). Au Pays de Galles le « Welsh Language Act » affirma en 1967 l'égalité des l. anglaise et galloise dans la conduite de la justice et des aff. publiques. *En Irlande du N.*, quelques familles parlent le « gaélique » irlandais. Dans l'*île de Man* et la *Cornouailles* le celte n'a plus qu'un intérêt culturel. Dans les *îles anglo-normandes* subsiste un patois normand-français. *A Jersey*, le français est la l. off., mais l'anglais est la langue dominante dep. la 2e G. mondiale. *A Guernesey*, l'anglais est utilisé dans presque toutes les procédures officielles.

Histoire de la langue angl. : VIe-VIIe s. les conquérants anglo-saxons introduisent la langue germanique occidentale (81 % du vocabulaire quotidien est germ.) en G.-B. celtophone. *XIe-XIVe s.* la noblesse normande introduit le dialecte d'oïl normand-picard (important vocabulaire, simplification de la syntaxe, transformation de l'orthographe et de certains sons) ; le clergé introduit des mots savants empruntés au latin. *Après le XVe s.*, anglais moderne : la prononciation se différencie des sons germaniques [multiplication des voyelles (longues, brèves, diphtonguées, entravées, non entravées, accentuées, atones) due aux influences française et celtique (l'accent tonique reste beaucoup plus fort qu'en allemand)]. Fusion des vocabulaires germanique et latino-fr. (des préfixes et suffixes latino-fr. sont adaptés aux racines du vieux fonds saxon). Plus de 100 000 mots non germaniques existent en anglais moderne, mais en dehors des termes courants.

Histoire des langues celtiques : 2 groupes : 1°) *Le goïdel*, introduit en Irlande et en Écosse v. 1700 av. J.-C. et formant un groupe à part (irlandais, mannin, gaélique d'Écosse) ; langue indo-européenne ayant gardé le *kw* primitif (réduit actuellement à k). 2°) *Le brittonique* (cornouaillais et gallois) du même groupe que les langues gauloises (où le *kw* de l'indo-européen est devenu un p). Exporté en Armorique (Bretagne) aux VIe et VIIe s., proche des parlers bretons.

Nota. — Le terme *gaélique* désigne improprement les langues brittoniques, notamment le gallois que les Angl. nomment *welsh*. Le cornouaillais *(cornish)* n'est plus parlé que par quelques centaines de personnes.

Religions. [Membres par communauté estimés en milliers (85)]. Anglicanisme, v. Index. **Chrétiens** 7 323 (36 600) dont *protestants* 5 008 (31 500) : épiscopaliens 2 058 (26 300), presbytériens 1 483 (1 600), méthodistes 485 (1 400), baptistes 226 (600), divers 756 (1 600), *catholiques romains* 2 315 (5 100). **Églises non trinitaires** 349 dont mormons 102, témoins de Jehovah 92, spiritualistes 53, scientologistes 45, christadelphiens 20, scientistes 14, unitariens 9, théosophes 5, divers 9. **Autres religions** 1 524 dont sikhs 175, hindous 140, musulmans 900, juifs 111, Krishna 50, bouddhistes 20, mouvement Ahmadiyya 12, école de la méditation 6, divers 110.

Nota. — *Statistiques cathol.* : *Angleterre* 5 provinces, 21 diocèses, 45 évêques, 2 666 paroisses. *Écosse* 1 province, 8 diocèses, 9 évêques. Pratiquent : 45 % (vont à la messe au moins une fois par mois) ; ne pratiquent pas : 30 %. 66 % des mariages cath. se font avec des non-cath.

Histoire

Période préceltique. Nombreuses colonies d'Ibères venus d'Espagne et de Ligures venus des régions rhénanes ou des côtes S. de la Manche. **1700 av. J.-C.** des Celtes Goidels et Pictes débarquent dans le S.-E. Les Goidels colonisent l'Irlande, puis une de leurs branches, les Scots, occupent l'Écosse ; les Pictes développent en G.-B. la civilisation du Bronze. **Entre 500 et 300 av. J.-C.** les Bretons (civilisation de La Tène) développent l'agriculture ; langue gauloise. Principales tribus : Brigantes (York), Ordovices (Chester), Iceni (Fens), Dobuni (Devon), Domoni (Cornouailles), Cornovii (Galles). **V. 200 av. J.-C.** débarquement de tribus belges : Cantii (Kent), Durotriges (Dorchester), Silures (S.-Gallois), Catalauni (Chiltern Hills), Trinobantes (Colchester). **55 av. J.-C. à 410 apr. J.-C. Période romaine.** César ne fait que 2 raids rapides en *55 et 54 av. J.-C.* (combats contre les Cantii). Conquête systématique **après 43 apr. J.-C.** (Claude). **78-85** gouvernement d'Agricola. **130** mur d'Hadrien (long. 112 km ; de la Tyne à la Salway : rempart continu, avec fossé et forts détachés, au N.). **138** mur d'Antonin [130 km plus au N., de la Forth à la Clyde (58 km), avec 19 forteresses isolées.] **304** martyre de St Alban. *Principales cités* : Eburacum (York), Camulodunum (Colchester), Londinum (Londres), Aquae Sulis (Bath), Venta Belgarum (Winchester), Dubris (Douvres). **430** début des invasions : Angles, Saxons et Jutes se répandent dans l'île à partir des côtes E. et S.-E. **446** dernier appel des Celtes à l'aide romaine (pas de réponse) ; Celtes refoulés vers P.-de-Galles, Cornouailles et Cumberland. *Heptarchie* (7 roy.) : Wessex, Essex, Sussex (Saxons), Kent (Jutes), Estenglie, Mercie, Northumbrie (Angles) unifiés par Egbert. **597** début de l'évangélisation (St Augustin). **1017-42** conquête danoise. **1066** normande par Guillaume le Conquérant (f. de Robert le Diable) après victoire de Hastings. **1152** Aliénor d'Aquitaine (divorce le *21-3-1152* du roi de Fr. Louis VII) ép. Henri II Plantagenêt et lui apporte S.-O. de la Fr. **1170** Thomas Becket, arch. de Canterbury, assassiné par des gentilshommes qui avaient cru comprendre qu'Henri II voulait sa mort. **1171** Irlande conquise. **1189-99** Richard Cœur de Lion participe aux croisades et répudie suzeraineté française. **1199-1216** Jean sans Terre lutte contre Ph. Auguste et perd tous ses terr. au N. de la Loire.

XIIIe-XVe s. disparition graduelle du servage. **1215** *Grande Charte* imposée par seigneurs. **1258** *Provisions d'Oxford* (réformes imposées) ; *tr. de Paris* (le roi d'Angl. redevient vassal du roi de Fr. comme duc de Guyenne). **1261-65** g. d'Henri III contre Simon de Montfort, Cte de Leicester, dont le père Simon IV de M. avait participé à la croisade des Albigeois (tué à Evesham). **1282** le Pays de Galles rattaché au roy. d'Angl. Écosse (avec Robert Bruce) résiste aux Angl. **1314** Bannock-Burn Bruce bat Angl. **1327** Parlement se divise en Ch. des lords et Ch. des communes. **1337-96** *1re période de la g. de Cent Ans* [*1340* vict. nav. de l'Écluse, *1346* de Crécy, *1356* de Poitiers, *1360* tr. de Brétigny récupérant S.-O. fr. (confié au Prince Noir), *1396* Angl. conservent seulement Bayonne et Bordeaux]. **1348-49** *peste noire* tue 1/3 de la pop. (1 500 000 †). **1381-82** soulèv. des Travailleurs (John Ball et Watt Tyler). **1415-53** *2e période de la g. de Cent Ans* [*1415* débarquement à Harfleur, vict. d'Azincourt, *1420* Henri V roi de Fr., *1431* exécution de Jeanne d'Arc, *1453* fin de la g. de Cent Ans, les Angl. gardent Calais (jusqu'en 1558)]. **1455-85** *g. des Deux Roses* (Blanche, maison d'York ; Rouge, de Lancastre) ; triomphe des Lancastre avec Henri VII Tudor. **1483** Richard III d'York fait tuer les enfants d'Édouard IV (Édouard V et Richard).

XVIe s. Institutions des clôtures *(enclosures)* : les pâturages communaux deviennent propriété privée et sont clôturés ; les petits paysans doivent renoncer à l'élevage et n'ont plus que des lopins cultivés (pauvreté générale). **1512-14** g. contre Fr. et Écosse. **1533** rupture d'Henri VIII avec Rome (après son divorce). **1534** *l'Acte de Suprématie* du Parlement retire au pape tout pouvoir religieux. **1536** union complète avec P.-de-Galles, après des siècles de luttes sporadiques (annexion de *1284*) : représentation galloise au Parlement. **1539** *le Bill des 6 articles* destiné à abolir la diversité des opinions permet à Henri VIII de persécuter cath. comme traîtres et protest. comme hérétiques. **1547-53** favorable aux calvinistes, Édouard VI fait publier une révision du Livre de prières *(Prayer-Book)*, **1554** Marie Tudor rétablit catholicisme. **1558-1603** Élisabeth Ire restaure protestantisme. **1560** Écosse adopte réforme calviniste. **1562** *Confession de foi des 39 articles* marquant davantage l'aspect protestant de la doctrine anglicane. **1566** *l'Acte d'Uniformité* exige une exacte *conformité* aux règles liturgiques et ecclésiastiques. **1572** infiltration du presbytérianisme écossais qui devient le *non-conformisme* anglais (surnommé *puritanisme* car il prétend purifier l'Église anglicane des dernières traces de papisme). **1580** introduction du baptisme par des mennonites holl. **1587** Marie Stuart exécutée. **1588** destruction de la flotte esp. (*l'Invincible Armada* : 130 vaisseaux, 10 000 matelots, 19 000 soldats) assurant suprématie et prépondérance maritimes angl.

1600 Cie des Indes orientales fondée. **1603-25** Jacques Ier Stuart réunit en sa personne couronnes d'Angl. et d'Écosse. Agitation croissante des *non-conformistes ; presbytériens* voulant que l'Égl. soit gouvernée par une hiérarchie de corps constitués ; *indépendants* ou *congrégationalistes* insistant sur l'autonomie de la paroisse, société de croyants ; *baptistes* réservant le baptême aux adultes convertis. **1605** découverte de la *Conspiration des poudres* (Guy Fawkes). **1607** 1re implantation coloniale en Virginie. **1620** 1er exode des puritains en Amérique (sur *Mayflower*). **1625** Charles Ier roi. **1637** soulèvement en Écosse. **1642-47** g. civile des *Cavaliers* (partisans du roi) contre *Têtes rondes* (pour le Parlement). **1649-16-2** exécution de Charles Ier. **1649-53** Commonwealth (République) ; Irlandais cath. vaincus à Drogheda *(1649)*. **1653-58** dictature d'Olivier Cromwell († 1658), « Lord Protector », puis de son fils Richard (*sept.* **1658** à *mai* **59**). **1660** restauration des Stuart grâce au Gal Monck (1608-70). Charles II, puis Jacques II restent sous la protection de Louis XIV. **1665** *Grande Peste* (75 000 † sur 460 000 Londoniens). **1666** *Grand Incendie* de Londres (13 200 maisons détruites, 87 églises, cath. St-Paul ; 6 †). **1679** *l'Habeas Corpus* interdit toute arrestation ou détention arbitraire. **1688** Jacques II (roi cath.) se réfugie en Fr., laissant la couronne à son beau-frère protest. **1689** *Déclaration des Droits* fondant définitivement le régime constit. *Édit de Tolérance* (sauf pour cath. et sociniens ou antitrinitariens). **1692** massacre des MacDonald, stuartistes écossais (jacobistes). **1698** création de la 1re société missionnaire protest. : *Society for the Propagation of the Gospel in Foreign Parts.*

1701 loi sur la succession confirmant la succession protest. au trône. **1707** *Acte d'Union* : Angl. et Écosse deviennent un seul roy. **1713**-*11-4 tr. d'Utrecht* l'Angl. acquiert Gibraltar, Minorque, Terre-Neuve et Acadie ; Louis XIV renonce à rétablir Stuart cath. **1714** George électeur de Hanovre, devient roi d'Angl. à 54 ans (il n'apprendra pas l'anglais et résidera surtout au Hanovre). **1739** début de l'organisation des *Églises méthodistes* à la suite du réveil suscité par John et Charles Wesley, Whitefield (ministres anglicans). **1746**-*16-4 Culloden*, défaite de Ch.-Édouard Stuart et de ses partisans écossais indépendantistes. **1752** calendrier grégorien adopté (le 2-9 devient le 14-9, année commune 1-1 et non plus le 25-3). **1763**-*10-2 tr. de Paris*, prépondérance aux Indes et en Amérique. **1779** Ned Ludd aurait détruit des machines à fabriquer des bas en coton [début du luddisme (lutte contre mécanisation ind.), soulèvements entre 1810 et 19]. **1783**-*3-9 tr. de Versailles*, perte des États-Unis. **1787** 1re colonie brit. en Afrique (au Sierra Leone). **1793-1815** g. Angl. contre Fr. **1800**-*15-2* acte d'union avec Irlande : Roy.-Uni créé. **1807** traite des esclaves abolie sous l'impulsion de Wilberforce. **1813** *Bill de Tolérance* pour unitariens (sociniens). **1814** *tr. de Vienne*, Angl. garde Malte, Trinité, Le Cap, Maurice, Ceylan. **1815**-*18-6* vict. de *Waterloo* (Wellington). **1829** *Bill d'émancipation des catholiques.* **1832** réforme électorale : abolition des « bourgs pourris » (circonscriptions où, en vertu de privilèges anciens, les députés étaient élus malgré l'absence presque totale d'électeurs). **1833** *Mouvement d'Oxford* : rapprochement avec doctrines et liturgie romaines ; fondation de l'anglo-catholicisme (Edward Pusey, 1800-82), esclavage aboli dans les colonies brit. **1840** abrogation des *Corn Laws* protectionnistes ; autonomie accordée au Canada. **1853-56** *g. de Crimée* (1re alliance avec Fr. dep. 1685). **1867** réforme élect. donnant droit de vote à la petite bourgeoisie et aux ouvriers aisés. Canada devient le 1er dominion. **1868** fondation du Trades Union Congress. **1876**-*1-5* reine Victoria, impératrice des Indes. Union des non-conformistes angl. et des presbytériens écossais d'Angl. au sein de l'Église presbytérienne d'Angl. (calviniste). **1885** suffrage universel. **Fin XIXe s.** acquisitions coloniales en Afrique. **1899-1902** g. des Boers (Afr. du Sud).

1900 l'Australie devient dominion. **1903** *mai* visite off. d'Édouard VII à Paris. **1904** *Entente cordiale* avec Fr. (dep. 1888). **1907** N.-Zélande dominion. **1910** 2

élections. **1911**-*août* pouvoir de la Ch. des Lords réduit, le roi crée des pairs libéraux. **1914-18** participe à la 1re G. mondiale. **1918-28** femmes obtiennent le droit de vote. **1922** autonomie de l'Irlande, qui reste membre du Commonwealth. **1926** Afr. du S. dominion. *-13-5* grève générale. **1929**-*3-1* crise économique. Sir Oswald Mosley (1898-1981) crée le parti fasciste angl. **1931** *Statut de Westminster* (création du Commonwealth). **1932**-*août* conférence d'Ottawa : constitution de la *zone sterling*. **1939**-*27-4* conscription militaire. **1939-45** participe à la 2e G. mondiale [après la défaite de la France, en juin 1940, Hitler essaie d'obtenir une paix négociée avec G.-B. (projet d'enlever le duc de Windsor). Mais le PM Winston Churchill rejette toute négociation ; le duc de Windsor rejoint les Bahamas, dont il sera gouverneur durant toute la g. *La Bataille d'Angl.* (bat. aérienne, *juill.-nov. 1940*) sera perdue par les All. et le débarquement all. ne pourra avoir lieu]. **1943-48** fondements de l'État-providence (séc. sociale, soins médicaux gratuits...). **1946-50** nationalisations. **1947-48** indépendance de Ceylan, Inde, Pakistan, Birmanie. **1956** expédition anglo-franco-israélienne de Suez contre l'Égypte (Anthony Eden, PM, menacé par U.S.A. d'une vente massive de livres sterling, retire ses troupes après 24 h de combat). **1960-70** décolonisation : 22 pays deviennent indépendants. **1963**-*14-1* veto du Gal de Gaulle à l'adhésion de la G.-B. au Marché commun. *-17-6* John Profumo, min. de la G., démissionne (son nom avait été associé à celui d'une call-girl, Christine Keeler, qui avait des relations avec des diplomates soviét.). **1967** nationalisation partielle de la sidérurgie. *Mai* nouvelle demande d'entrée au Marché com. : rejetée. **1968**-*7-10* Irl. du N., début des troubles. *Nov.* nouvelle demande d'entrée au Marché com. rejetée, v. Index. **1971**-*19/20-5* rencontre Heath-Pompidou à l'Élysée. *-28-10* Communes approuvent principe de l'adhésion au Marché com. : pour 356 (282 conservateurs, 69 travaillistes, 5 libéraux), contre 244 (39 cons., 204 trav., 1 lib.), abstentions 21 (2 cons., 19 trav.). *Immigration Act* (entrée possible des personnes à charge ou ayant liens de parenté avec des immigrés déjà installés). **1972** Env. 30 000 Asiatiques de nat. brit. expulsés d'Ouganda. **1973**-*1-1* entrée dans Marché com. *30-1* droit de s'installer librement en G.-B. étendu aux cit. du Commonwealth « blanc » ayant 1 grand-parent cit. brit. (avant : père ou mère). Terrorisme irl. Troubles écon., sociaux (grèves des mineurs). *Mai* Lord Lambton, sous-secr. à la Défense, et Lord Jellicoe, leader de la Chambre des Lords, démissionnent pour affaire de call-girls. **1974**-*7-2* Parlement dissous. *-10-2* grève gén. des mineurs. *-25-2* élect. : succès trav. (gouv. minoritaire). *-17-6* bombe aux Communes (11 bl.). *-17-7* bombe à la Tour de Londres (1 †, 32 bl.). *-10-10* élect., les trav. gagnent 15 s. mais n'ont que 1 voix de majorité aux Communes. *Oct.-nov.* attentats dans pubs, à Guilford, Woolwich et Birmingham (28 †, 180 bl.). *-25-11* bombes dans 2 gares de Londres (20 bl.). *-Déc.* dans grands magasins, boîtes aux lettres et centraux téléphoniques (dizaines de bl.). *-23-12* bombes chez l'ancien PM, Edward Heath. **1975**-*20-1* abandon du tunnel sous la Manche. *-6-6* référendum sur maintien dans la C.E.E. [oui 34 763 370 (67,2 % des votants), non 16 940 146]. *-11-7* accords gouv.-syndicats sur politique des revenus. *-9-10* bombe à Piccadilly (1 †, 17 bl.). *-23-10* Kensington (1 †). *-12-11* Mayfair (1 †, 15 bl.). *-27-11* éditeur assassiné par l'I.R.A. prov. à Londres. **1976**-*16-3* PM Wilson démissionne. *-5-4* J. Callaghan PM (élu par P. travailliste : 176 v. contre 137 à Michael Foot). **1977** recul trav. aux élect. partielles. *-10-8* la reine en Ulster. **1978**-*3/5-5* élect. locales, avance des conserv. sur trav. : 2 %. *-28-9* bombe sur Grand-Place à Bruxelles contre fanfare milit. brit. (2 bl.). **1979**-*janv.* grèves. *-1-3* référendum pour certaine autonomie [*Galles :* oui 243 048 (11,91 %) ; non 956 330 (46,9 %) ; abstentions 41,2 %. *Écosse :* oui 1 230 937 (32,85 %) ; non 1 153 502 (30,78 %) ; abstentions 36,33 % ; 3 régions ont voté non, 3 ont voté oui]. Il fallait 40 % de oui pour mise en vigueur. *-30-3* député conservateur Airey Neave tué (voiture explose). *-28-3* gouv. trav. renversé par 311 voix contre 310. *-3-5* élect. : victoire conserv. *-27-8* Lord Mountbatten, sa fille Lady Dorene Bradbourne et son petit-fils Timothy tués par bombe sur leur bateau près de l'Eire ; bombe en Irl. du N. 18 soldats †. *-23-10* contrôle des changes aboli (en vigueur dep. 25-8-39). **1980**-*févr.* le gouv. vend des participations (BP notamment). **1981**-*10/12-4* émeutes raciales à Brixton. *-3/14-7* émeutes immigrés et chômeurs à Londres, Liverpool, Leicester, Derby, Manchester, Birmingham, Newcastle, nombreux bl., importants dégâts. *Oct.-nov.* dénationalisation partielle téléphone et pétrole. *-10-10/14-11* 5 attentats à Londres : 3 † et plusieurs bl. **1982**-*2-4* Argentine occupe Falkland, envoi d'une force navale brit. V. Falkland. *-28-5/2-6* visite du pape. *-3-6* S. Argov, ambassadeur d'Israël, blessé dans attentat. *-9-7* M. Fagan pénètre dans la chambre où dort la reine, à Buckingham (acquitté 19-7). *-20-7* 2 attentats I.R.A. : à Hyde Park (voiture piégée) et Regent's Park (bombe sous kiosque à musique) : 8 †, 60 bl. (dont plusieurs militaires). **1983**-*1-1* panique à Londres près de Big Ben, 3 †, 500 bl. *-17-12* attentat I.R.A. devant magasin Harrods à Londres (5 †, 91 bl.). **1984**-*12-10* (I.R.A.) : *bombe* au Grand Hôtel de Brighton au congrès conservateur 4 †, 30 bl. Mme Thatcher en réchappe. *-23 au 26-10* visite du Pt Mitterrand. **1985**-*29-1* l'Université d'Oxford par 738 voix contre 319 refuse le titre de docteur Honoris Causa à Mme Thatcher « à cause des dommages causés par son gouvernement à l'enseignement et à la recherche scientifique ». *-9-9* émeutes à Handworth près de Birmingham, 3 † ; *-28-9* à Brixton ; *-1-10* à Toxteth ; *-6-10* à Tottenham, 1 policier †, 220 bl. *-12-9* expulsion de 25 diplomates soviétiques *-16-9* expulsion de 6 autres. *-31-12* G.-B. se retire de l'U.N.E.S.C.O. **1986**-*janv.* démission de plusieurs ministres, suite de l'affaire Westland (constructeur d'hélicoptistres), *avril* visite du roi d'Espagne ; 320 Libyens sont expulsés.

Politique

Statut. Monarchie constitutionnelle remontant au IXe s. (la plus ancienne du monde). *Pas de Constitution* écrite mais une tradition de lois fondamentales (Gde Charte 1215, lois de 1628, 1700, 1707, 1832, 1911, 1942, 1949).

• **Souverain.** On distingue la personne du souverain et la « Couronne » dont les fonctions sont exercées par le Cabinet, responsable devant le Parlement. Le chef du Cabinet (PM) est traditionnellement le leader du parti de la majorité à la Ch. des Communes.

Actes gouvernementaux exigeant la participation du souverain : adresse lue au Parlement ; prorogation et dissolution de la Ch. des Communes ; octroi de l'assentiment royal aux textes de lois passés par les 2 ch. du Parlement ; nomination à tous les postes importants de l'administration : ministres, juges, officiers, gouverneurs, diplomates et hauts dignitaires de l'Église anglicane ; collation des titres de noblesse, de chevaliers et des autres décorations (la plupart des décorations accordées, le sont sur avis du PM ; quelques-unes sont laissées au choix personnel du souv. : Ordre de la Jarretière, Ordre du Chardon, du mérite et Ordre royal de Victoria). Droit de grâce partielle ou totale pour crimes de droit commun. Le souv. choisit le PM (il doit être le leader du parti ayant la majorité à la Ch. des Communes). Mais lorsqu'il n'y a plus de parti majoritaire ou lorsque le parti maj. n'a pas de leader, le souv. peut prendre tous les avis qu'il désire sur la question. Le souv. peut déclarer les guerres, conclure les traités de paix, reconnaître les États et régimes étrangers, conclure les accords internationaux, annexer ou céder des territoires.

Sauf quelques rares exceptions (par ex. la nomination d'un PM), ces actes ainsi que tous les actes impliquant l'exercice de la « prérogative royale » sont actuellement accomplis par un gouvernement responsable devant le Parlement et peuvent être remis en question pour certaines de leurs dispositions. La loi n'exige pas que le Parlement donne son autorisation avant que les actes soient accomplis, mais il peut changer cette législation et restreindre ou même abolir le droit de prérogative.

Succession à la Couronne. Réglée par une loi de 1701, applicable à l'Écosse en 1707 et aux pays du Commonwealth en 1931 : il n'y a pas d'interrègne entre la mort d'un souverain et l'accession de son héritier. Sont héritiers, par rang d'âge : les fils du souv. ou, s'il n'y a pas de fils, ses filles. Seuls les descendants protestants de la Pcesse Sophie (électrice de Hanovre, petite-f. de Jacques Ier) peuvent accéder au trône. Chaque souverain doit appartenir à l'Égl. anglicane, s'engager à maintenir la religion anglicane en Angleterre et l'Église presbytérienne en Écosse.

Sans cette exclusive anticath., le souverain actuel aurait pu être S.A.R. le Pce Albert de Bavière, chef de la maison royale de Bavière (3-5-1905). *Généalogie : Jacques III* († 1766) f. de J. II (mort en exil). *Charles III* († 1788) f. de J. III, sans postérité légitime. *Henri IX* († 1807) cardinal duc d'York dernier des Stuart, fr. de Ch. III. *Charles-Emmanuel IV* (1751-1819) roi de Sardaigne (1796-1802) (descendant de Henriette, sœur de J. II, ép. de Philippe, duc d'Orléans). *Victor-Emmanuel Ier* (1759-1824), roi de Sard. (1802-21), fr. de Ch.-E. IV. *Marie-Béatrice de Savoie*, sa fille, ép. son oncle François IV, duc de Modène ; archiduc d'Autriche-Este. *François V* († 1875), duc de Modène. *Marie-Thérèse d'Autriche-Este* († 1919), nièce de Fr. V, ép. Louis III, roi de Bavière. *Pce Robert* (Rupprecht) de B. († 1955). *Pce Albert de B.* (n. 3-5-1905). Si l'on considère que la descendance de Marie-Béatrice n'est pas dynaste (car elle avait épousé son oncle) la lignée jacobite s'établirait ainsi : *Marie-Thérèse de Savoie* (1824-79) sœur cadette de Marie-Béatrice, ép. Charles II (Louis II de Bourbon), roi d'Étrurie, duc de Lucques puis duc de Parme. Leur petit-fils *Robert Ier*, duc de Parme (1879-1907). Ses fils, les ducs de Parme : *Henri* (1907-39), *Joseph* (1939-50), *Elie* (1950-59) ; le fils de ce dernier *Robert II* (1959-74), sa sœur *Elisabeth*, Pcesse de Parme (n. 1904), sans alliance.

L'héritier du trône ne peut se marier sans le consentement du souverain et des 2 Chambres du Parlement. Il lui est interdit (loi de 1701) d'épouser une catholique ; comme futur chef de l'Égl. anglicane, il doit également renoncer à épouser une divorcée.

Reine. Elisabeth II. *Titres :* Sa Majesté Elisabeth II par la grâce de Dieu reine du Royaume-Uni de Grande-Bretagne et d'Irlande du Nord et de ses autres royaumes et territoires, chef du Commonwealth, défenseur de la Foi. Depuis 1714, les descendants en ligne mâle du souverain sont appelés Pces et Pcesses de G.-B. et d'Irl. du N. Les enfants et leurs fils sont altesses royales ; les arrière-petits-fils du souverain sont altesses. Ne règne directement que sur Angleterre, Pays de Galles, Écosse. En Irlande du N., dans les petites îles de l'archipel brit. (Man, îles anglo-normandes), dans les monarchies du Commonwealth et dans les « dépendances », les fonctions royales sont assurées par un gouverneur général, ou un gouverneur, un lieutenant-gouverneur, commissaire, administrateur ou résident. Ce représentant est généralement nommé sur la recommandation du pays intéressé. Il agit conformément à la pratique constitutionnelle de ce pays et est entièrement indépendant du gouv. brit. Les autres pays du C. ont chacun leur propre chef d'État.

Cour d'Angleterre. A Buckingham (voir ci-dessous). La reine possède les plus beaux diamants d'Occident, une importante collection d'œuvres d'art dont les 2/3 des dessins de Léonard de Vinci (800 env.). Tous les *cygnes* du pays (autrefois gibier royal) appartiennent à la Cour, sauf, par un privilège accordé en 1473, certains cygnes de la Tamise, qui peuvent appartenir aux corporations des teinturiers et des marchands de vin (les ailes des jeunes cygnes royaux de la Tamise sont rognées au cours d'une cérémonie annuelle).

Les *« poissons du roi »* — esturgeon, dauphin, marsouin et baleine — doivent être offerts en cadeau au souverain s'ils sont pêchés dans les eaux territoriales (pour la baleine, le roi a droit à la tête, la reine à la partie postérieure ; le cas ne s'est jamais produit sous le règne d'Elisabeth II). Cependant, les esturgeons pêchés en amont du London Bridge appartiendraient au lord-maire.

La famille royale coûte env. 35 centimes par an et par habitant. *Liste civile* (en milliers de £) : 5 017 dont 3 850 vont à la reine (85) [la reine dispose en outre des revenus de ses propriétés personnelles et des revenus héréditaires du duché de Lancastre (300 000 £ par an) ; au total 8 millions de £ ; la liste civile était fixée dep. 1937 à 410 000 £ mais une loi de 1952 a permis d'indexer ce montant, et mis au compte du budget de nombreuses dépenses de fonctionnement] ; *reine-mère* 334 ; *Pce Philippe* 186 ; *Pcesse Margaret* 113 ; *Pcesse Anne* 121 ; *Desse de Gl.* 45 ; *Pce André* 20 ; *Pce Edouard* 20 ; *le Duc de Kent* et la *Pcesse Alexandra* ne reçoivent rien mais la reine leur donne personnellement près de 331 000 £. Le *Pce Charles*, héritier du trône, ne reçoit pas d'indemnité mais dispose, en tant que duc de Cornouailles, des revenus (nets d'impôts) de 52 000 ha situés dans le sud-est de l'Angleterre et à Londres (417 000 £).

Résidences royales. *1°) 5 châteaux de la Couronne* entretenus sur le budget public (ministère de l'Environnement) : **Buckingham Palace** (résidence de la reine à Londres depuis 1837, 600 pièces, 1 000 fenêtres, 9 km de corridors ; bât. du XVIIIe s., modifié 1825 ; façade refaite en pierres 1913) ; **Windsor Castle** [résidence principale dep. 850 ans ; construit par Guillaume le Conquérant (1066-87), agrandi XIVe et XVe s., restauré par Georges IV (1820-30)] ; **Holyroodhouse** (résidence officielle de la reine comme souveraine d'Écosse, construite XVIIe s. sur l'emplacement d'une abbaye) ; **St-James Palace** à Londres (résidence officielle de 1698 à 1837, d'où l'expression de « Cour de St-James », en vigueur dans les milieux diplom.) ; **Kensington Palace** à Londres (résidence de la Pcesse Margaret).

2°) 2 châteaux personnels de la reine entretenus sur son budget personnel : **Balmoral** (construit 1855 par le Pce Albert, époux de la reine Victoria) et **Sandringham** (acheté en 1863 par le futur Édouard VII et reconstruit 1871).

● **Gouvernement.** Appelé « Gouvernement de Sa Majesté », car il gouverne le pays au nom de la reine (mais les actes gouvernementaux importants exigent toujours la participation de la reine). La reine doit choisir comme PM le chef de la majorité à la Chambre des Communes (Lord Salisbury fut le dernier PM pris parmi les pairs en 1902). A l'origine la responsabilité du gouv. s'est traduite par d'éventuelles poursuites (le poursuivant était la Chambre des Communes et le juge la Chambre des Lords). Cette procédure d'*impeachment* permettait aux Communes de se débarrasser d'un cabinet avec lequel elle était en conflit, mais elle était lourde et les conséquences graves car à partir de l'Acte d'Établissement, il fut interdit au roi de gracier l'individu condamné à la suite d'une procédure d'*impeachment*. Alors apparut la responsabilité politique. Celui que menaçait la procédure d'*impeachment* pouvait l'esquiver en démissionnant. Ainsi se retiraient Lord Walpole (1742), et Lord North (1782). La pratique devint coutume (la dernière tentative d'accusation, visant Lord Melville, date de 1804). *Origine du Cabinet :* de 1714 à 1830, 4 rois hanovriens se succèdent, parlant mal l'anglais et ne pouvant suivre les débats des min. George III est aveugle et devient fou, George IV est ivrogne et paresseux. L'équipe des min. se détache du roi et siège, en dehors de lui, dans une petite pièce, « le cabinet » qui lui donnera son nom. Les min. sont ensuite reçus par le roi, mais bientôt un seul l'approche. Le cabinet travaille en dehors du monarque. La pratique devient coutume ; en 1837 quand Victoria devient reine, le conseil lui refuse de participer aux délibérations. **Gouvernement** (5-5-1979, remanié le 14-9-81 et le 2-9-85). *PM* Margaret Thatcher (13-10-25). *Intérieur* Douglas Hurd (n. 1930). *Lord chancelier* Lord Hailsham of St Mary Lebone (n. 1907). *Affaires étrangères* Sir Geoffrey Howe (n. 1926). *Chancelier de l'échiquier* (finances) Nigel Lawson (n. 1932). *Industrie* Leon Brittan (n. 1939). *Lord président du conseil* (cons. privé de la reine) Viscount Whitelaw (n. 1918). *Défense* George Younger (n. 1931).

Nota. — Le PM réside 10 Downing Street. Maison donnée à Sir Robert Walpole en 1735 par le roi George II.

● **Parlement. Ch. des Lords (House of Lords)** comprend 1 186 pairs (dont 842 barons, 158 comtes, 104 vicomtes, 28 marquis, 25 ducs, 24 évêques, 3 pairs de sang royal, 2 archevêques). Le dernier repr. irl. est mort en janv. 1961. *Présidée* par le Lord Chancelier. En moy., 270 m. siègent, les j. de grands débats. Ils examinent, amendent si nécessaire les projets de lois renvoyés à la Ch. des Communes et ne peuvent que retarder l'entrée en vigueur des mesures gouvernementales. Le *veto des Lords* a été rendu temporaire en 1911 et limité en 1949 à 2 sessions successives, avec une durée d'un an. Depuis 1911 les Lords n'ont plus de pouvoir sur les projets de lois à caractère financier. En 1961 il a été admis qu'un Lord quitte la Ch. des Lords et se fasse élire aux Communes en renonçant à la pairie ; Sir Alec Douglas Home put ainsi devenir PM.

Ch. des Communes (House of Commons) 650 m. élus au suffr. univ. direct pour 5 ans [Angl. 523, Écosse 72 (sa pop. ne devrait lui donner droit qu'à 57 m.), Galles et Monmouthshire 38 (leur pop. ne devrait leur donner droit qu'à 31 m.), Irl. du N. 17]. *Speaker*, membre de la Chambre proposé par le Gouv. après consultation de l'opposition. Élu au début de chaque nouveau Parlement pour présider la Chambre et faire respecter les règlements. Après son élection, il doit se montrer impartial.

Lois : la plupart sont applicables à la G.-B. ou à tout le Royaume-Uni mais, dans certains cas, on vote, pour l'Angl. et le P.-de-Galles d'une part et l'Écosse d'autre part, des lois séparées qui tiennent compte de la différence des institutions, des coutumes et des conditions. L'Irlande du N. a son propre gouvernement et son parlement qui légifèrent sur les questions relatives aux affaires intérieures (v. p. 973 régime actuel). La Ch. des Communes est fréquemment dissoute avant la fin de son mandat.

Nombre d'électeurs (en millions). *1831 :* 0,435 ; *32 :* (après le Reform Bill) 0,652 ; *66 :* 1 ; *69 :* 2 ; *83 :* 2,6 ; *85 :* 4 ; *1918* (suffrage universel) : 21 ; *17* (l'âge devient le même pour les femmes) : 29.

● **Partis. P. libéral** (à l'origine, parti *whig*, issu des anti-absolutistes protestants du XVIIe s. ; *whiggamore* = maquisard presbytérien d'Écosse). F. 1877. Représente le monde des affaires et défend le libre-échange. A sa gauche, les partisans de réformes électorales et sociales vont devenir les libéraux (à partir de 1815) ; en 1931, il se divise en *Samuelistes* [Sir Herbert Samuel (1870-1963)], qui continuent la tradition libérale, et *Simonistes* [Sir John Simon (1873-1954)], qui abandonnent le libre-échangisme puis rejoignent les Conservateurs. Après 1945, *leaders :* Jo Grimmond (n. 1913), Jeremy Thorpe (n. 1929) et dep. 1976 David Steel (n. 1938). Obtint 6 000 000 de voix en 1974. Forme maintenant une alliance électorale avec le S.A.P. Env. 200 000 m. **P. conservateur** (à l'origine *tory* = maquisard catholique d'Irlande). F. 1870. Représentant à l'origine les propriétaires fonciers, devient en 1830 le parti conservateur, env. 2 000 000 m. *Leaders :* Edward Heath (9-7-1916), dep. 11-2-75 Margaret Thatcher (1925). **P. travailliste** (Labour Party). F. 1900 du Labour Representation Committee et en 1906 du Labour Party, statuts de 1909, soutenu par Trade Unions [6 454 320 m. dont 295 344 m. individuels, 6 160 303 m. affiliés aux syndicats et au mouv. coopératif (1983)]. *Leaders :* Neil Kinnock (28-3-42) dep. 2-10-83 [avant Michael Foot (13-7-1913). **P. communiste.** F. 1920, *Secr. gén. :* Gordon McLennan 15 691 m. **P. social-démocrate** *(S.D.P.)*. F. 26-3-1981, par 7 m. de la Chambre des Communes et 45 pairs. *Pt :* Shirley Williams, env. 50 000 m.

● **Syndicats** (Trade Unions). Affiliés (millions) : *1979 :* 12 ; *84 :* 10. *Taux de syndicalisation* (%). *1969 :* 44 ; *79 :* 54 ; *84 :* 47. Dep. 1906, les synd. sont dans une situation juridique très forte, car ils ne sont pas tenus pour responsables des délits du travail commis par leurs membres. Jusqu'en 1980, ils pouvaient, par ex., mettre des piquets de grève dans les usines étrangères à un conflit du travail, pour paralyser une concurrence gênante (droit supprimé en 1980). Beaucoup les rendent responsables de la ruine de l'industrie brit. 1°) ils se sont opposés à l'adoption des techniques nouvelles entraînant des suppressions d'emplois ; 2°) ils ont déclenché de nombreuses grèves, souvent pour des motifs futiles (*1979 :* 29 millions de journées perdues ; *1980 :* 12 millions) ; 3°) ils empêchent tout licenciement pour faute professionnelle grave, grâce à des recours devant les « tribunaux du travail », qui absolvent les syndiqués. Leur influence politique a décliné en 1981. 4° La grève des charbonnages qui s'est terminée sans que le gouv. cède les a encore plus déconsidérés (51 semaines du 12-3-84 au 3-3-85). *Causes* plan de restructuration pour 1984-85 : réduire la production de 100 à 96 millions de tonnes, supprimer 20 000 emplois par départs volontaires et moyennant de généreuses indemnités de licenciement. La grève n'a jamais été totale (30 000 mineurs de Nottinghamshire ne s'y sont jamais associés). *Coût* (en millions de livres). 2 976 (33 milliards de F) dont subventions aux centrales électriques utilisant des hydrocarbures 1 624, subventions aux charbonnages 733, pertes en impôts non payés par les mineurs 370, police 155, aides sociales aux familles de mineurs 64, pertes de productivité des mineurs ayant continué à travailler 30.

Élections à la Chambre des Communes

Élections	Nombre total des sièges	Conservateurs	Libéraux	Travaillistes	Autres
1931 (27-10)	615	521 (60,5)	37 (7)	52 (30,6)	5 (1,7)
1935 (14-11)	615	432 (53,7)	20 (6,4)	154 (37,9)	9 (2)
1945 (5- 7)	640	213 (39,8)	2 (9)	393 (47,8)	22 (2,8)
1950 (23- 2)	625	298 (43,5) [1]	9 (9,1)	315 (46,4)	3 (1,3)
1951 (25-10)	625	321 (48) [2]	6 (2,5)	295 (48,7)	3 (0,7)
1955 (25- 5)	630	344 (49,8) [2]	6 (2,7)	277 (46,3)	3 (1,2)
1959 (8-10)	630	365 (49,4) [2]	6 (5,9)	258 (43,8)	1 (0,9)
1964 (15-10)	630	303 (43,4) [2]	9 (11,1)	317 (44,2)	1 (1,3)
1966 (31- 3)	630	253 (41,9) [2]	12 (8,5)	363 (47,9)	2 (1,7)
1970 (18- 6) [6]	630 [3]	330 (46,4) [4]	6 (7,5)	288 (43)	6 (3,1)
1974 (28- 2)	635	297 (38,2)	14 (19,3)	301 (37,2)	23 (5,3)
1974 (10-10)	635	277 (35,8)	13 (18,3)	319 (39,3)	26 (6,6)
1979 (3- 5)	635	339 (43,9)	11 (13,8)	268 (36,9) [5]	17 (5,4)
1983 (9- 6)	635	397 (42,4)	23 (24,6)	194 (27,6)	21 (4,6)

Nota. – (1) Y compris lib. nat. (2) Y compris associés. (3) Y compris 1 nat. écossais, 5 ind. et le speaker. (4) Y compris les unionistes d'Ulster. (5) Ulster 10, S.N.P. 2, Plaid Cymru 2, divers 3. (6) Ulster 11.

Armoiries. Depuis Richard Cœur de Lion (v. 1200), elles sont celles des ducs de Normandie : 3 léopards d'or sur champ de gueules (rouge). En 1339, Édouard III (qui revendiquait la couronne de France) écartela son écu avec les fleurs de lys d'or semées sur champ d'azur (réduites à 3, pour imiter les rois de Fr., à partir du XVe s.). A partir de 1603, les armes d'Écosse (un lion de gueules, dans un cadre également de gueules, sur champ d'or) et celles d'Irlande (une lyre d'or sur champ d'azur) sont jointes aux 2 précédentes. Guillaume III y rajoute en 1688 lion et billettes de Nassau. En 1801, on enleva les fleurs de lys de Fr., mais on rajouta un écusson de prétendance avec les armes du Hanovre, que la reine Victoria supprima en 1831. Depuis, les armoiries roy. sont écartelées en 1 et 4 d'Angl., en 2 d'Écosse et en 3 d'Irlande.

Devise. *« Dieu et mon Droit »,* prononcée en 1190 par Richard Cœur de Lion à la bataille de Gisors. L'orthographe correcte serait plutôt « Dieu *est* mon Droit » (les Plantagenêts sont ducs de Normandie « par la grâce de Dieu » et non par concession des rois de Fr.).

Drapeau. Dit Union Jack (à cause du roi Jacques Ier qui l'a dessiné [1]). Superposition des *croix de St-George* (Angleterre, rouge sur fond blanc, adoptée au XIIIe s.), *St-André* (Écosse, blanche sur fond bleu, ajoutée en 1707), *St-Patrick* (Irlande, rouge sur fond blanc, ajoutée en 1801), *Symboles floraux :* rose d'Angleterre, chardon d'Écosse, trèfle d'Irlande, poireau du Pays de Galles.

L'étendard royal, qui indique la présence de la reine dans un bâtiment ou sur un navire, représente les armoiries écartelées des 3 royaumes, sans leurs supports (lion couronné et licorne), sans devise et sans crête (heaume avec couronne royale, surmontée d'un lion couronné).

Nota. – (1) *Autre étymologie :* sur les navires de guerre, il est obligatoirement le pavillon de beaupré (en angl. : *jack*). Seul le bâtiment de l'amiral de la flotte le porte au grand mât. Les autres navires de guerre y arborent « l'enseigne blanc » de la Royal Navy (croix de St-George, avec petit Union Jack, case 1).

Rois et Reines

• **Saxons et Danois. 802** EGBERT (v. 775-839) roi de Wessex puis de toute l'Angleterre. **39** ETHELWULF († 858) s. f. **58** ETHELBALD († 860) s. f. **60** ETHELBERT († 866) 3e f. d'Ethelwulf. **66** ETHELRED I, St († 871) 4e f. d'Ethelwulf. **71** ALFRED LE GRAND (v. 848-901).

901 ÉDOUARD L'ANCIEN († 925) s. f. **25** ATHELSTAN (895-940) s. f. **40** EDMOND Ier (v. 922-assassiné 946) 3e f. d'Édouard l'Ancien. **46** EDRED († 955) 4e f. d'Édouard l'Ancien. **55** EDWY (940-59) f. d'Edmond. **59** EDGAR LE PACIFIQUE (944-75) 2e f. d'Edmond. **75** ÉDOUARD LE MARTYR (963-assassiné 978) s. f. **79** ETHELRED II (968-1016) s. fr.

1016 EDMOND II CÔTES DE FER (v. 988-1017) s. f. **17** [1] CANUTE LE DANOIS (995-1035) par conquête et élection. **35** [1] HAROLD Ier (1017-40) s. f. illégitime (lutte de 1035 à 37 avec Hardicanute) élu. **40** [1] HARDICANUTE (1018-42) f. de Canute. **42** ÉDOUARD LE CONFESSEUR, St (v. 1002/1007-1066) f. d'Ethelred II. **66** HAROLD II (1022 ?-Hastings 1066) s. beau-fr.

Nota. – (1) Danois.

• **Maison de Normandie. 1066** GUILLAUME Ier LE CONQUÉRANT (v. 1027-87) f. illégitime du duc de Normandie Robert Ier et d'Arlette (fille d'un peaussier de Falaise), obtient la couronne par conquête. Ép. Mathilde de Flandres. **87** GUILLAUME II LE ROUX (v. 1056-1100) s. 3e f. **1100** HENRI Ier BEAUCLERC (1068-1135) 4e f. de Guillaume Ier. Ép. Mathilde d'Écosse, Adèle de Louvain. **35** ETIENNE DE BLOIS (1097-1154) 3e f. du Cte de Blois et d'Adèle, f. de Guillaume Ier. Ép. Mathilde de Boulogne.

• **Maison des Plantagenêt. 1154** HENRI II (1133-89) f. de Geoffroy Plantagenêt et de Mathilde, seule f. de Henri Ier. Ép. Éléonore d'Aquitaine. **89** RICHARD Ier CŒUR DE LION (1157-99) s. f. Ép. Bérengère de Navarre. **99** JEAN SANS TERRE (1167-1216) s. fr. 4e f. d'Henri II. Épouse Isabelle de Gloucester, I. d'Angoulême.

• **Maison des Capétiens. 1216-17** LOUIS, f. de Philippe II Auguste (futur Louis VIII), appelé par des barons anglais, occupe le S. de l'Angl. ; sans être sacré roi à Londres, qu'il détenait, se fait prêter serment. La mort de Jean sans Terre († 12-10-1216) et sa défaite à Lincoln lui font regagner la France.

• **Maison des Plantagenêt. 1216** HENRI III (1207-72) s. f. Ép. Éléonore de Provence. **72** ÉDOUARD Ier (1239-1307) s. f. Ép. Éléonore de Castille. **1307** ÉDOUARD II (1284-assass. 1327) s. f. Ép. Isabelle de France. **27** ÉDOUARD III (1312-77) s. f. Ép. Philippa de Hainaut. **77** RICHARD II (1367-1400) f. du Prince Noir (f. aîné d'Édouard III), déposé en 1399. Ép. Anne de Bohême, Isabelle de France.

• **Maison de Lancaster. 1399** HENRI IV (1367-1413) f. de Jean de Gand (4e f. d'Édouard III). Ép. Marie Bohun, Jeanne d'Angleterre. **1413** HENRI V (1387-1422) s. f. Ép. Catherine de Valois. **22** HENRI VI s. f. (1421-assassiné 1471) déposé en 1461, remis sur le trône en 1470. Ép. Marguerite d'Anjou.

• **Maison d'York. 1461-70** et **71-83** ÉDOUARD IV (1442-83) f. de Richard duc d'York, pet.-f. d'Edmond, (5e f. d'Édouard III). Ép. Elisabeth Woodville. **83** ÉDOUARD V (1470-83) s. f. assassiné. RICHARD III (1452-Bosworth 1485, f. de Richard duc d'York, fr. d'Édouard IV. Ép. Anne Neville.

• **Maison des Tudor. 1485** HENRI VII (1457-1509) f. d'Edmond Tudor (f. aîné d'Owen Tudor et de Catherine, veuve de Henri V) ; sa mère, Marguerite de Beaufort, était l'arrière-petite-fille de Jean de Gand. Ép. 1486 Élisabeth d'York. **1509** HENRI VIII (1491-1547) s. f. Épouse 1°) 1509 Catherine d'Aragon (1485-1536) répudiée ; 2°) 1533 Anne Boleyn (v. 1507-36) décapitée ; 3°) 1536 Jane Seymour (1509-37) morte après la naissance de son fils, le futur Édouard VI ; 4°) 1540 Anne de Clèves (1517-57), mariage annulé ; 5°) 1540 Catherine Howard (v. 1522-42) décapitée ; 6°) 1543 Catherine Parr (1512-48) qui se remaria en 1547 à Sir Thomas Seymour. **47** ÉDOUARD VI (1537-53) s. f. (par Jane Seymour). **53** (9 jours) JEANNE GREY (v. 1537-décapitée le 12-2-1554) petite-fille de Marie (la plus jeune sœur de Henri VIII). MARIE Ire TUDOR (1516-58) f. de Henri VIII et de Catherine d'Aragon. Épouse le roi Philippe II d'Espagne. Henri VIII n'ayant pas laissé de descendant légitime, pour l'Église catholique, l'héritière est Marie (Stuart) reine d'Écosse, dauphine de Viennois, puis reine de France. Son mari et elle se titrent roi et reine d'Angleterre et d'Irlande. Elisabeth Ire la fera décapiter. **58** ÉLISABETH Ire (1533-1603) f. d'Henri VIII et d'Anne Boleyn. Non mariée.

• **Maison des Stuart. 1603** JACQUES Ier (1566-1625) (Jacques VI d'Écosse) f. de Marie, reine d'Écosse, pet.-f. de Jacques IV et de Margaret, f. de Henri VII. Ép. Anne de Danemark. **25** CHARLES Ier (1600-décapité le 30-1-1649) s. f. Ép. Henriette-Marie de France.

• **Commonwealth.** Fondé 19-5-1649.

• **Dictature. 1653** OLIVIER CROMWELL (1599-1658) Lord Protector. **58** RICHARD CROMWELL (1626-1712) Lord Protector, s. f., démissionne 1659.

• **Restauration (Stuart). 1660** CHARLES II (1630-85) f. de Charles Ier. Ép. Catherine de Bragance. **85-88** JACQUES II (Jacques VII d'Écosse) (1633-1701), s. fr. Déposé 1688. Réfugié en France 1690. Ép. Anne Hyde, Marie de Modène. Sa descendance revendiqua le trône jusqu'en 1801.

• **Interrègne.** *11-12-***1688***/13-2-***1689.**

• **Maison d'Orange. 1689** GUILLAUME III (1650-1702) f. de Guillaume II P^ce d'Orange et pet.-f. de Charles Ier (stathouder de Hollande depuis 1674).

• **Maison des Stuart. 1689** MARIE II (1662-94), f. aînée de Jacques II et d'Anne Hyde, s'associe son mari, Guillaume III, comme roi corégent. **1702** ANNE (1665-1714) 2e f. de Jacques II. Ép. George P^ce de Danemark.

• **Maison de Hanovre. 1714** GEORGE Ier (1660-1727) f. d'Ernest, électeur de Hanovre et de Sophie, pet.-f. de Jacques Ier. Ép. 1682 sa cousine Sophie Dorothée P^cesse de Zelle (mariage dissous 1694, Sophie soupçonnée d'adultère, recluse jusqu'à sa mort 1726). **27** GEORGE II (1683-1760) s. f. Ép. 1705 Caroline d'Anspach (1683-1737). **60** GEORGE III (1738-1820) pet.-f. de George II. Ép. 1761 Charlotte-Sophie de Mecklembourg-Strelitz. **1820** GEORGE IV (1762 au 26-6-1830) s. f. Ép. 1785 secrètement Marie-Anne Fitzherbert (1756-1837), jeune veuve cath. et officiellement (1795) Caroline de Brunswick (1768-1821) de laquelle il divorça (1820). **30** GUILLAUME IV (Guillaume Ier de Hanovre, II d'Irlande, III d'Écosse) (21-8-1765 au 20-6-1837) s. fr. Ép. 1818 Adélaïde de Saxe-Cobourg-et-Meiningen. **37** VICTORIA (24-5-1819 au 22-1-1901) f. d'Édouard 4e f. de George III. Ép. 1840 le P^ce Albert de Saxe-Cobourg-et-Gotha (1819-61). Eut 4 fils, 5 filles. Le roy. de Hanovre régi par la loi salique se sépare de la G.-B.

• **Maison de Saxe-Cobourg. 1901** ÉDOUARD VII (8-11-1841/1910) s. f. Ép. 1863 Alexandra (6-5-1844/1925), fille aînée du roi Christian IX de Dan.

• **Maison de Windsor.** Depuis le 17-7-1917, les descendants de la reine Victoria qui sont sujets britanniques ne peuvent user de leurs titres allemands et ont adopté le patronyme de Windsor. Un patronyme leur devenait indispensable, George V ayant limité le droit de ses descendants au titre princier (plusieurs d'entre eux s'appellent Lord ou Lady Windsor ; mais les descendants de la reine Élisabeth et du P^ce Philippe ont le patronyme de Windsor-Mountbatten, en vertu d'un acte du 8-2-1960).

1910 GEORGE V (3-6-1865/20-1-1936) s. f. Ép. 1893 Marie de Teck (1867-1953). **36** (20-1) ÉDOUARD VIII (23-6-1894/28-5-1972) s. f. Abdique le 1-12-36. Devient le duc de Windsor. Ép. 3-6-37 au chât. de Candé (Fr.) Bessie Wallis Warfield (1896-1986), et abdique, non parce que sa future femme était roturière (Édouard IV, Henri VIII, et George VI avaient épousé des roturières), mais parce qu'elle avait divorcé 2 fois [1927 du Cte Wittfield Spencer et 1936 (27-10) d'Ernest Aldrich Simpson, ses 2 maris vivant encore], ce qui rendait difficile les relations avec l'Église anglicane. *1-12* GEORGE VI (14-12-1895/6-2-1952) s. fr. Ép. 26-4-1923 Lady Elisabeth Bowes-Lyon des C^tes de Strathmore et Kinghorne (4-8-1900). **52** (6-2) ÉLISABETH II (21-4-26) s. f. Ép. 20-11-47 P^ce Philippe de Grèce et de Danemark (Alt. roy.) dit Philippe Mountbatten (10-6-21) (f. du P^ce André de Grèce et de Danemark et de la P^cesse n. Alice de Battenberg), titré duc d'Edimbourg, Cte de Merioneth et Bon de Greenwich, et créé 22-2-57 P^ce du Roy.-Uni de G.-B. et d'Irlande du Nord (régent éventuel par une loi de 1953), Prince Consort.

Enfants. P^ce *Charles* P^ce de Galles, Cte de Chester, duc de Cornouailles, duc de Rothesay, Cte de Carrick, Bon Renfrew, Lord des Isles et Grand Steward d'Écosse (14-11-48), ép. 29-7-1981 Lady Diana Frances Spencer (1-7-1961), f. d'Edward John 8e Cte Spencer (n. 1924) et de Frances Roche (n. 1936) divorcés (c'est la 1re fois dep. 1659 que le P^ce héritier épouse une Anglaise). 2 enf. : William (21-6-82), Henry (15-9-84) ; P^cesse *Anne* (15-8-50) ép. 14-11-73 lieut. Mark Phillips (1950), 2 enfants : Peter Mark Andrew (15-11-77) ; Zara (15-5-81) ; P^ce *André* (19-2-60) fiancé à Sarah Ferguson (n. 1960) ; P^ce *Édouard* (10-3-64).

Dans l'ordre successoral, les 2 princes puînés sont 4e et 5e, ils passent avant leur sœur et après leurs neveux.

Sœur de la reine. Pcesse *Margaret* (21-8-30) ép. 6-5-1960 Anthony Charles Armstrong-Jones (n. 7-3-30), f. de Ronald Owen Armstrong et de Anne Messel (divorcés en 1934) titré (1961) Cte Snowdon. Divorcée dep. mai 78, 2 enf. : *David* Armstrong-Jones Vte Linley (3-11-61), Lady *Sarah* Armstrong-Jones (1-5-64). Lord Snowdon s'est remarié le 15-12-78 avec sa secrétaire Lucy Lindsay-Hogg, 1 enf.

Autres enfants de George V. **Pcesse Mary** (25-4-97/28-3-1965) ép. (28-2-22) Vte Henri Lascelles, 6e Cte de Harewood (1882-1947), 2 enf. : George (7-2-23), Gerald (21-8-24). *Henry, duc de Gloucester,* Cte d'Ulster, Bon Culloden (31-3-1900/9-6-74) ép. 6-11-35 Lady Alice Montagu-Douglas-Scott (25-12-01). 2 enf. : Pce William (18-12-41/28-8-72) et Pce Richard (26-8-44), ép. 8-7-72 Brigitte Van Deurs [3 enf. : Alexandre (24-10-74), Davina (19-11-77) Rose (1-3-80)]. *Pce George, duc de Kent* (20-12-02 – tué 25-8-42 dans un accident d'avion). Ép. (29-11-34) Pcesse Marina de Grèce et de Danemark (1906-68) f. du Pce Nicolas de G. et de D. et de la Grande-Desse Hélène Wladimirovna de Russie (1882-1957). *3 enf.* : Pce *Edouard* duc de Kent, Cte de St-Andrew, Bon Downpatrick (9-10-35) [ép. 8-6-61 Katharina Arthington Worsley (1933), 3 enf. : George Cte de St-Andrews (28-4-64), Lady Helen Windsor (28-4-64), Lord Nicolas Windsor (25-7-70). Pcesse *Alexandra* (25-12-36) [ép. 24-4-63 l'Honorable Angus Ogilvy (14-9-28) dont 2 enf. : James (29-2-64), Marina (31-7-66)]. Pce *Michel* (4-7-42) [ép. 30-6-78 Bonne Marie-Christine von Reibnitz, 2 enf. : Frederick 6-4-79, Gabriella 23-4-81].

● **Prétendants possibles au trône d'Angleterre.** 1° *Duc Albrecht* de Bavière (n. 1905), héritier des Stuart, en tant que descendant d'Henriette d'Angl., duchesse d'Orléans, sœur des rois Charles et Jacques II (qui fut forcé d'abandonner son trône à la naissance de son fils, le futur « Vieux Prétendant » des catholiques). 2° Pcesse *Élisabeth de Bourbon-Parme* (n. 1904). Également héritière des Stuart et rivale sur ce point du duc de Bavière. Descend de la Pcesse Marie Béatrice de Savoie (1792-1840) qui s'est mariée avec son oncle maternel, le duc François IV de Modène (1775-1846) : mariage invalidé selon le droit anglais, mais celui-ci reconnaît les mariages contractés à l'étranger de façon valide. 3° *Duc de Buccleuch* (n. 1923). Héritier du duc de Monmouth, fils aîné de Charles II. Le roi a refusé d'admettre la légitimité de son mariage avec Lucy Walter, mère de Monmouth (point controversé). 4° *Archiduchesse Robert d'Autriche-Este* (n. 1930). Née Pcesse Margherita de Savoie-Aste, héritière des droits d'Élisabeth, reine de Bohême, fille aînée du roi Jacques Ier. 5° *Lady Kinloss* (n. 1944). A hérité des droits de Jane Grey : descend de la sœur de celle-ci, Catherine, ép. d'Édouard Seymour, Cte de Hertford, transmission conforme au testament de Henri VIII. 6° *Cesse de Loudoun* (n. 1919). Si l'on considère comme illégitimes les enf. nés d'Édouard IV et d'Élisabeth Woodville, les héritiers de Marguerite, Cesse de Salisbury, et des rois Plantagenêts peuvent revendiquer la succession. Le représentant actuel de cette ligne est la Cesse de Loudoun.

● **Souverains nés hors des îles Britanniques.** Guillaume le Conquérant (Falaise-Normandie. 1028). Guillaume le Roux (Normandie entre 1051 et 1060). Étienne de Blois (Blois, v. 1096), Henri II (Le Mans, 1133). Richard II (Bordeaux, 1367). Édouard IV (Rouen, 1442). Guillaume III (La Haye, 1650). George Ier (Osnabrück, 1660). George II (Hanovre, 1683).

● **Règnes les plus longs.** Victoria Ire : 63 ans 7 mois (1837-1901). George III : 59 a. 3 m. (1760-1820). Henri III : 56 a. 1 m (1216-72). Édouard III : 49 a. 9 m. (1327-77). Elisabeth Ire : 44 a. 4 m. (1558-1603). **Les plus courts.** Jane Grey : 9 j. (1553). Édouard V : 77 j. (1483). Édouard VIII : 326 j. (1936).

Premiers ministres

Légende. — Coal. : coalition. Cons. : Conservateur. Labour : Travailliste. L. : Libéral. NG. : National Government. T. : Tory. W. : Whig.

1721 Sir Robert Walpole (1676-1745) W. **42** Cte de Wilmington (1673-1743) W. **43** Henry Pelham (1696-1754) W. **54** Duc de Newcastle (1693-1768) Thomas Pelham W., fr. du précédent. **56** Duc de Devonshire (1720-64) W. **57** Duc de Newcastle (1693-1768) W. **62** Cte de Bute (1713-92) T. **63** George Grenville (1712-70) W. **65** Mis de Rockingham (1730-82) W. **66** Cte de Chatham (1708-78) W., avant, William Pitt l'Aîné. **67** Duc de Grafton (1735-1811) W. **70** Lord North (1732-92) T. **82** Mis de Rockingham W. Cte de Shelburne (1737-1805) W. **83** Duc de Portland (1738-1809) C. William Pitt le Jeune (1759-1806) T.

1801 Henry Addington (1757-1844) T. **04** William Pitt le Jeune T. **06** Lord Grenville (1759-1834) W. **07** Duc de Portland (1738-1809) T. **09** Spencer Perceval (1762-1812) T. **12** Cte de Liverpool (1770-1828) T. **27** George Canning (1770-1827) T. Vte Goderich (1782-1859) T. **28** Duc de Wellington (1769-1852) T. **30** Cte Grey (1764-1845) W. **34** Vte Melbourne (1779-1848) W. Duc de Wellington. Sir Robert Peel (1788-1850) T. **35** Vte Melbourne W. **41** Sir Robert Peel T. **46** Lord Jogn Russell (1792-1878) W. **52** Cte de Derby (1799-1869) T. Cte d'Aberdeen (1784-1860) Peelite. **55** Vte Palmerston (1784-1865) L. **58** Cte de Derby Cons. **59** Cte Palmerston L. **65** Cte Russel, avant Lord John Russel L. **66** Cte de Derby Cons. **68** Benjamin Disraeli (1804-81) Cons. William Ewart Gladstone (1809-98) L. **74** Benjamin Disraeli Cons., devint comte de Beaconsfield en 1876. **80** W. E. Gladstone L. **85** Mis de Salisbury (1830-1903) Cons. **86** W.E. Gladstone L. Mis de Salisbury Cons. **92** W. E. Gladstone L. **74** Cte de Rosebery (1847-1929) L. **95** Mis de Salisbury Cons.

1902 (12-7) Arthur James Balfour (1848-1930) Cons. **05** (5-12) Sir Henry Campbell-Bannerman (1836-1908) L. **08** (5-4) Herbert Henry Asquith (1852-1928) L. puis Coalition (25-5-1915). **16** (7-12) David Llyod George (1863-1945) Coalition. **22** (23-10) Andrew Bonar Law (1858-1923) Cons. **23** (23-Stanley Baldwin (1867-1947) Cons. **24** (22-1) James Ramsay MacDonald (1866-† en mer 1937) Labour. 84-11) Stanley Baldwin Cons. **29** (5-6) J.R. MacDonald Labour. **31** (23-8) J.R. MacDonald NG. **35** (7-6) Stanley Baldwin NG. **37** (28-5) Neville Chamberlain (1869-1940) NG. **40** (10-5) Sir Winston Churchill (1874-1965) NG puis (23-3-45) Cons. **45** (26-7) Clement Attlee (1883-1967) Labour. **51** (26-10) Sir Winston Churchill Cons. **55** (avril) Anthony Eden. **57** (10-1) Harold MacMillan (1894). Cons. Démissionne le 11-10-63 (1984 : créé Cte de Stockton). **63** (18-10) Sir Alec Douglas-Home (1903) Cons. **64** (16-10) Harold Wilson (1916) Labour. **70** (19-6) Edward Heath (1916) Cons. **74** (4-3) Harold Wilson Labour. Démissionne le 15-3-76. **76** (5-4) James Callaghan (27-3-1912) Labour. **79** (4-5) Margaret Thatcher (13-10-1925) Cons.

Churchill, Sir Winston Leonard Spencer (1874-1965). Fils de Lord Randolph Spencer, branche cadette par les femmes des ducs de Marlborough. Mère américaine. **1895** sous-lieutenant de hussard. **1898** combattant à Omdurman. **1899-1900** journaliste, correspondant de g. en Afr. du S. **1900** député (conservateur) aux Communes [considéré comme roturier, le titre de lord de son père (fils de duc) n'est pas héréditaire]. **1911** 1er lord de l'Amirauté. **1915** rendu responsable de l'échec des Dardanelles et forcé de démissionner. **1916** colonel d'infanterie sur le front français. **1917** ministre des Munitions. **1918** min. de la Guerre, **1921** min. des Colonies. **1924-29** chancelier de l'Échiquier. **1940** PM et min. de la Défense. **1941** signe la Charte de l'Atlantique. **1945** à Yalta, tente de s'opposer à la politique russophile de Roosevelt. **1945** échec des conservateurs aux élections : perd le pouvoir. **1945-64** député conservateur (de Wood Ford). **1951** PM. **1953** Prix Nobel de littérature. **1955** démissionne pour raison de santé ; se retire sur la Côte d'azur, où il peint des aquarelles.

Premiers ministres qui furent le plus longtemps en fonction : Mis de Salisbury 13 ans 9 mois (en 3 fois) ; Asquith (1 f.) ; Churchill (2 f.) 8 a. 8 m. ; Wilson 7 a. 9 m. (1 f.) ; Baldwin 6 a. 10 m. (3 f.). **Le moins longtemps :** Bonar Law 1 a. 7 m. (1 f.) ; Douglas-Home 1 a. (1 f.) ; Eden 1 a. 9 m. (1 f.).

Noblesse

Classes. I. La Pairie (peerage). Titres qui la confèrent : duc (duke), marquis (marquess), comte (earl), vicomte (viscount), baron (baron).

Les pairs siègent à la *Chambre des Lords* à titre héréditaire (sauf les pairs barons ou baronesses créés à vie depuis 1958). Depuis son avènement, la reine Élisabeth a créé une dizaine ou plus de nouveaux pairs chaque année, mais elle n'a pas créé de pair héréditaire depuis 1965. En 1969, pour la 1re fois, un Noir (Sir Learie Constantine) a été nommé pair à vie. Depuis 1963, les pairs peuvent renoncer à leur pairie : ils perdent alors leur titre qui passe à leur successeur immédiat, lequel peut alors siéger à la Chambre des Lords. Les aînés des ducs et marquis portent le 2e titre de leur père, titre dit de courtoisie (ex. : le fils du duc de Bedford est Mis de Tavistock). Les autres enfants sont appelés ainsi : Lord Edward, Lady Caroline. Les aînés des Ctes portent le 2e titre de leur père, les autres fils sont appelés l'Honorable John, et les filles Lady Elizabeth... Les enfants des vicomtes et des barons ne portent aucun titre distinct et sont appelés l'Honorable Robert, l'Honorable Mary.

Les fiefs ayant été abolis en 1656-61, leurs possesseurs n'exercent plus de droits territoriaux, fiscaux ou judiciaires sauf sur les duchés de Cornouailles et de Lancaster. Le titre de « Lord of the Manor » suppose des droits sur les terrains publics portant parfois sur quelques m². Ils sont vendus avec la propriété et les archives qui en constatent l'existence. Toutefois le titre de « Seigneur » de Sercq (féminin « Dame » de Sercq), île anglo-normande, est resté attaché à l'exercice de prérogatives seigneuriales féodales, tant judiciaires que fiscales, comme au XVIe s. Il y a eu 325 concessions de titres de 1945 à 1965 dont 180 de baronets (non héréditaires) et 145 héréditaires (earls 5, viscounts 40, barons 100). Dep. 1965, il n'y a eu que 9 concessions de titres héréditaires (tous barons), mais la nouvelle loi sur la pairie (Peerage Act 1958) a permis de créer, entre 1958 et 1983, 374 pairs non héréd., qui ont le droit de siéger à la Chambre des Lords.

II. La Nobility. 1) Baronetcies : les baronets (env. 1220) sont qualifiés de « Sir » (prénom et nom), « Baronet » ou « Bt », titre héréditaire instauré en 1611 pour combler l'écart entre les pairs du royaume et les chevaliers beaucoup plus nombreux. Sous Jacques Ier et Charles Ier ce titre fut parfois vendu (700 livres en 1619, 220 en 1622).

2) Chevaliers (knights). *a) Membres d'un ordre de chevalerie* conféré par la reine (ordre du Bain, de la Jarretière, de St-Michel et St-George, du Chardon, de Victoria) : leur titre n'est pas héréditaire, sauf pour 3 chevaliers héréditaires en Irlande. Ils sont soit Knight Grand Cross, Knight Grand Commander ou Knight Commander. Leur nom est précédé de « Sir » et suivi des initiales indiquant l'ordre auquel ils appartiennent (K.C.B. Knight Commander of the Bath. K.G. Knight of the Garter, V. Index). *b) Knights bachelors :* descendants des anciens chevaliers.

3) Certains chefs de clans des Highlands en Écosse et quelques chefs de famille dont les ancêtres furent souverains sur leur territoire font précéder leur nom du mot « the ». En 1976 il y a 84 membres du « Standing Council of Scottish Chiefs » dont 17 portent le terme « Mac » dans leur patronyme.

Nota. — En 1800, on comptait 50 à 60 000 nobles pour 6 millions d'h.

Nombre de titres. Ducs *royaux* : 4 : ducs d'Edinburgh, de Cornouailles (Charles Pce de Galles), de Gloucester, de Kent. *Autres ducs* : 26 (date de création et titre décerné) : 1868 Abercorn (Irlande). 1701 Argyll (Écosse et R.-U.). 1703 Atholl (Écosse). 1682 Beaufort. 1694 Bedford. 1663 Buccleuch (and Queensberry ; 1706) (Écosse). 1694 Devonshire. 1900 Fife. 1675 Grafton. 1643 Hamilton (Écosse). 1766 Leinster (Irlande). 1719 Manchester. 1702 Marlborough. 1707 Montrose (Écosse). 1756 Newcastle (under Lyme). 1483 Norfolk. 1766 Northumberland. 1716 Portland. 1675 Richmond (and Gordon ; 1876). 1707 Roxburghe (Écosse). 1703 Rutland. 1684 Saint-Albans. 1547 Somerset. 1833 Sutherland. 1814 Wellington. 1874 Westminster. **Marquis :** 32. **Comtes :** 166. **Vicomtes :** 121. **Barons et lords écossais :** 555 (dont 20 non héréd.).

Le titre de **prince** n'existe que dans la famille royale.

Régions

Grande-Bretagne

Angleterre. 130 441 km². *Long. max.* 590 km. *Larg. (base)* 510. Aucun lieu n'est à plus de 125 km de la mer. **Population :** *fin XIe s.* env. 2 000 000, *fin XVIIe s.* 5 500 000 h. *1801* : 8 892 000. *31* : 13 896 000. *61* : 20 066 000. *91* : 29 002 000. *1921* : 37 886 000. *51* : 43 757 000. *83* : 46 845 900. D. 359,1. **Villes** (83) : *Londres* agg. 6 754 500 h., Birmingham 1 012 900 (à 177 km), Leeds 714 000 (à 314 km), Sheffield 542 700 (274 km), Liverpool 502 500 (à 309 km), Bradford 463 900 (325 km), Manchester 457 500 (à 264 km), Bristol 399 300 (187 km), Coventry 315 900 (148 km), Leicester 282 300 (166 km), Newcastle 281 200 (465 km), Nottingham 277 100 (205 km), Hull 269 100 (320 km), Plymouth 255 200 (348 km), Stoke 250 400 (250 km), Southampton 206 300 (126 km), Portsmouth 191 600 (116 km), Canterbury 123 800, York 102 700, Oxford 116 400 (92 km), Cambridge 100 400 (87 km). **Comtés** 45 (ou shires) avec 309 **districts** (découpage de 1974).

Principauté de Galles et Monmouthshire. 20 768 km². **Population :** *1871 :* 1 218 000. *1901 :* 1 714 000, *31 :* 2 158 000, *51 :* 2 172 000, *83 :* 2 807 800. **Villes** (83) : *Cardiff* 279 800 (à 232 km de Londres), Swansea 187 900, Newport 130 200. **Langues** *(off.)*. Anglais et gallois (1re langue pour 70 % de la pop. dans l'O. du pays). Rattaché à la Couronne par l'Acte d'Union de 1535. **Comtés** 8 et **districts** 37. Des lords-lieutenants repr. la reine. **Partis :** principal groupement nationaliste : *Plaid Cymru* (prononcé « plaïd coummri ») « parti nationaliste ».

Écosse. 78 775 km². *Largeur min.* 50 km. **Population :** *1801 :* 1 600 000. *41 :* 2 600 000. *1921 :* 4 840 000. *31 :* 4 829 000. *51 :* 5 096 000. *83 :* 5 150 400. *Émigrés :* 1 850 000 Écossais ont émigré entre 1841 et 1921. 390 000 entre 1921 et 1931. **Langues :** anglais, gaélique, écossais et braid scots (dialecte anglo-écossais des Lowlands ou *lallans*). En 1961, env. 1 079 h. parlaient seul. gaélique et 76 587 gaél. et angl. ; tous les illalandophones sont bilingues. D. 65,4. **Villes** (83) : *Edimbourg* 440 900 (à 629 km de Londres). Glasgow 751 000 (à 642 km de L., 70 km d'Ed.), Aberdeen 214 100. Dundee 174 746 (82). 5 villes nouvelles ont été implantées depuis 1965 dans les Lowlands : Irvine, Cimbernauld, East Kilbride, Glenrothes. Livingstone (groupant plus de 200 000 h.). **Statut.** Le cabinet brit. comprend un secrétaire d'État pour l'Écosse qui coiffe 4 départements (agriculture et pêcheries, éducation, santé, intérieur). Divisée en 33 **comtés** et 200 **districts** (1974), rattachée à l'Angl. par l'Acte d'Union de 1707. *Parti nationaliste écossais* (SNP, Scottish National Party) demande indépendance et possibilité de profiter du tr. d'alliance avec France (1346), voix du SNP : févr. 74 : 21 % (7 dép.), oct. 74 : 30,4 % (11 dép.).

Irlande du Nord (Ulster)

Situation : 14 120 km², frontière 412 km (avec Eire). **Population :** *1983 :* 1 572 700 h. D. 111,4. **Villes** (83) : *Belfast* 322 900, Derry 214 900, Bangor (68) 35 000. **Religions** (%, 1981 et entre par. 1971) cath. 28 (31,4), presbytériens 22,9 (26,7), Church of Ireland 19 (22), méthodistes 4 (4,7), divers 7,6 (5,8), non spécifié 18,5 (9,4). **Statut.** Avant 1972, *gouvernement* dirigé par un *gouverneur* nommé par la reine. Dep. 1972, démission du gouv. Administration directe *(direct rule) :* un secrétariat d'État pour l'Irl. du N. (Northern Ireland Office) assume les fonctions de gouv., en répercutant sur les autres min. brit. les affaires les concernant. *Secr. d'État* pour l'Irl. du N. : Douglas Hurd (n. 1930) dep. 11-9-84 [avant James Prior (dep. sept. 1981)]. 6 **comtés** avec 26 **districts** urbains et 27 ruraux. *Représentées* à Westminster (Ch. des Communes) par 12 m. (10 U.U.U.C., 1 S.D.L.P., 1 indép.). Assemblée d'Ir. du N. 78 m. élus le 20-10-82.

Histoire. XVIIe s. les conflits entre rois Stuart et Parlement prennent en Irl. la forme d'une lutte opposant catholiques et protestants. **1690** Jacques II Stuart battu par Guillaume d'Orange, ses troupes ne peuvent prendre Derry malgré un long siège (2-8), définitivement battu à La Boyne près de Drogheda (12-8) et à Aughrim ; capitule à Limerick. **1770** env. 50 % de la pop. de l'Ulster se compose de colons (protestants appartenant à l'Église établie, et dissidents) ; privés de divers droits civiques, catholiques et dissidents réclament l'indépendance de l'Irl. **1798** soulèvements au N. et au S. échouent. **1800** *loi d'Union* entre Irl. et G.-B., suppression du Parlement indépendant irl. **1803** soulèvement à Dublin échoue. **1829** mouvement de réforme. **1870** séparation de l'Église protest. et de l'État, interprétés comme des victoires accordant des libertés aux cath. **Fin XIXe s.** l'autonomie *(Home Rule)* pour l'Irl. apparaissant possible, la majorité des hab. du N.-E. s'oppose à l'établissement d'un Parlement irl. à Dublin où ils seraient une minorité menacée. **1968**-*16/17-8* émeutes à Londonderry. **1969**-*16/17-8* émeutes : 8 †, 500 blessés. *-20-8* accord Wilson-Chichester Clark (PM d'Irl. du N.) : Londres assume la réalité du pouvoir en Irl. du N. *-30-1* « Bloody Sunday », à Londonderry : 13 †.

Depuis 1969 des forces brit. maintiennent l'ordre [effectif 5 000 à 21 000 h. *1980 à 82* env. 12 000, *1984* 9 000 h. + 7 000 auxiliaires (Ulster Defence Regiment)]. **1972**-*24-3* Irl. administrée directement de Londres à cause des troubles. *-8-3* référendum sur maintien de l'Ulster dans Roy.-Uni : 591 820 pour (57,6 % des inscrits), 6 463 contre, 41,4 % d'abstentions. *Déc. accord de Sunningdale* entre PM brit. et Irl. du S. et chef de l'exécutif de Belfast : prévoit un conseil de l'Irl., formation d'un exécutif avec cath. et protest. en Irl. du N. **1978**-*17-12* 12 civils † dans un restaurant. **1982** *Avr.* plan Prior pour autonomie progressive. *Oct.* élect. à l'Ass. régionale d'Irl. du N. : protestants 47 s., SDLP 14, Sinn Fein (= Nous seuls, aile extrémiste de l'I.R.A. provisoire) 5. *-7-12* attentat à Ballykelly, 18 † (dont 7 soldats), 66 bl. (soldats brit. surtout). **1985**-*28-2* 9 policiers (attaques au mortier d'un commissariat). *-20-5* attentat I.R.A. à Newry, 4 policiers tués. *Mai* élect. locales, Sinn Fein 12 %, P. Unioniste 29 %, P. Unioniste dém. 24 %. *-5-11* accord Londres-Dublin sur l'Ulster : création d'un secrétariat permanent et d'une conférence inter-gouvernementale. **1986**-*23-1* élect. partielles pour remplacer 15 députés unionistes ayant démissionné. *-3-3* grève des protestants.

Troubles récents. De 1978 à 1981, v. Quid 1982. **Bilan.** *1970 à 84 :* 2 400 † civils et milit. dont *1970 :* 25, *71 :* 174, *72 :* 467, *73 :* 250, *74 :* 216, *75 :* 247, *76 :* 297, *77 :* 112, *78 :* 81, *79 :* 113, *81 :* 76, *83 :* 77, *84 :* 64.

Économie. L'Irl. du N., qui reçoit des subsides du reste du R.-U. (2 375 millions de £ en 84), est + prospère que la Rép. d'Irl. Le revenu par h. dans le N. est 25 % + élevé que dans le S. Chômage (86) 21,6 %. En dessous du seuil de pauvreté : 25 %.

Partis politiques : nombre de sièges à Wetsminster (avr. 81) et, entre parenthèses, à l'Assemblée Provinciale d'Ulster (élue à Belfast le 20-10-82) : *P. unioniste official* (O.U.P.) [(f. 1905, protestant, leaders : 1943 B. Brook (Vte Brookeborough, 1952), 1963 T.M. O'Neill, 1964 J. D. Chichester-Clark, 1971 A.B.D. Faulkner, 1974 H. West, 1979, J. Molyneaux) 5 (26)]. *P. unioniste démocrate* D.U.P.) (f. 1955, prot., Dr. Paisley) 3 (21). *P. travailliste et social-démocrate* (S.D.L.P.) (cath., John Hume) 1 (14). *P. de l'Alliance* (f. 1970, intercommunautaire, M. Namier) (10). *Ulster Liberal Party et Ulster Progressive Unionist Party* (protestants modérés) 2 (2). *Indépendant* 0 (0). *Sinn Fein* (f. 1905, branche politique de l'I.R.A. provisoire, Owen Carron 1 (él. du 20-8-81 (5). **Autres organisations** (sont toutes interdites) : extrême droite : *Volunteer Political Party* (protestant extrémiste), s'identifie à son organisation paramilitaire, *l'Ulster Volunteer Force* (f. 1966). Centre : *Unionist Party of Northern Ireland* (U.P.N.I.) (f. 1974, transfuges de l'O.U.P., leader : Ann Dickson). Gauche : *Northern Ireland Labour Party* (f. 1927 associé au Labour brit.), *People's Democracy* (f. 1968, socialiste révolutionnaire). Divers en faveur de l'indépendance : de l'Ile entière réunifiée : l'*Irish Independance Party* (f. 1977, cath. républicain) ; de l'Ulster à part : *New Ulster Political Research Group* (N.U.P.R.G.). **Org. paramilitaire :** *Irish Republican Army*, catholique. Issue des mouv. révol. du XIXe s. et en particulier de la Fraternité rép. irl. f. 1860. Divisée dep. sept. 1969 en 2 tendances : les *Officials* (400 militants, mouvement *Sinn Fein*, dir. Thomas McGiolla, Cathal Goulding et Roy Johnston : installé à Dublin) et les *Provisionnals* (I.R.A. « provisoire », f. 1970) qui ont quitté le Sinn Fein pour reprendre la lutte armée, illégaux (issus de la scission de la section de l'I.R.A. de Belfast). Les 2 tendances combattent ensemble l'armée brit. ; mais les « Officials » veulent créer une « rép. des travailleurs des 32 comtés » (toute l'Irlande), et sont partisans de réformer le Stormont avant de réunifier les 2 Irl. ; les « Provisionnals » accordent la priorité à la lutte armée, veulent la suppression du Stormont et la réunification rapide des 2 Irl. (répartis en cellules composées de 500 militants). L'I.R.A. provisoire recevrait dep. 1969 une aide financière des Américains d'origine irl. sous le couvert d'une aide charitable (dont l'Irish Northern Aid Committee). *Ulster Defence Association* (f. 1972, protestant, légale).

Ile de Man

Situation : 572 km². **Population :** 64 679 h. (81). D. 109. *Cap. :* Douglas 19 944 (81). En 1978, 150 h. parlaient encore le manx. **Statut :** dépendance de la Couronne, n'envoyant pas de députés à la Ch. des Communes. En 1765 son autonomie a été reconnue. *Gouv.* nommé par la reine : Sir Nigel Cecil dep. sept. 80. *Parlement* (Tynwald) composé de deux Chambres : *Conseil législatif* (10 m.) et *House of Keys* (24 m.). La reine est Lord of Man ; son Conseil privé promulgue les lois manuines. Impôt sur le revenu 21,25 % inférieur à celui en vigueur en Angl. Pas de droits de succession. On y pratique encore les châtiments corporels (coups de verge) pour auteurs de violences et voleurs.

Iles Anglo-Normandes

Situation : 194,6 km². **Population :** 131 027 h. (77). Détachées du continent par un mouvement de terrain entre 6500 et 5000 av. J.-C. **Climat** très doux (il ne gèle presque jamais). *Temp. moy. :* année 14,3 °C ; févr. 8,1 °C ; août 20,6 °C ; *max. :* année 36 °C ; févr. 17 °C ; août 36 °C. *Ensoleillement :* 1 915 h par an. **Histoire :** Seule partie du duché de Normandie gardée par Angl. [au tr. de Paris 1258, le roi d'Angl. renonça au duché, mais resta seigneur des îles (que les négociateurs ont oubliées)]. **1284-1468** 7 tentatives fr. de reconquête. **1483-1689** neutralisées, par décret du pape. **1689** base navale angl. **1779/1781** 2 attaques fr. **1799-1800** reçoivent une garnison russe de 17 000 h., commandée par Charles de Viomenil (Gal fr. émigré). **1941-45** occupées par All. **Statut :** *Dépendances* de la Couronne, ne faisant pas partie du Royaume-Uni et n'envoyant pas de députés à la Ch. des Communes. 2 *lieutenants-gouverneurs,* 1 à Jersey, 1 à Guernesey et dépendances (Aurigny, Burhou, Sercq, Herm, Jethou, Lithou), personnages d'apparat nommés par la Couronne d'Angl. *Parlements* (États) à Jersey, à Guernesey et Sercq. Les *chefs de gouv.* sont les 2 *baillis* de Jersey et de Guernesey, nommés par la Couronne, indépendants entre eux ils relèvent séparément du Conseil privé qui promulgue les lois votées par les Parlements. Pas de douane, de droits de succession, ni de T.V.A. Impôt sur le revenu au taux de 20 % par £. *Loi civile* résulte de l'ancienne coutume de Normandie (influencée auj. par le droit anglais) ; l'usage a longtemps prévalu que les 2 baillis aient étudié à l'université de Caen. **Langue :** le français continue d'être employé en diverses occasions officielles, mais il est supplanté par l'anglais, seule langue connue de l'ensemble de la population.

● **Jersey.** 116,2 km². 18 km sur 9. *Côtes* 76 km. 76 050 h. (81). *Chef-lieu : St-Hélier* 35 000 h. *Dépendances :* îles des Minquiers, et les Écrehous disputés entre France et G.-B., attribués à la G.-B. en 1953. **Écrehous** (1203) : Pierre de Preaux, seigneur des Iles de La Manche pour le compte du Roi Jean Sans Terre les donne en franche-aumône aux moines cisterciens de Val-Richer. Seigneurie autonome, 3 à 4 ha de superficie, une dizaine d'habitants, capitale Marmotier. *États :* 12 sénateurs, 12 constables, 29 députés (tous élus au suffr. univ.). *Lieutenant-gouverneur et Cdt en chef* Admiral Sir William Pillar. *Langues :* français (off.), anglais (dominant), jersiais (patois anglo-normand). *Ressources :* pommes de t., primeurs, fleurs, élevage, 2e aéroport d'Angl., sièges de sociétés (avantages fiscaux), tourisme (1 246 355 vis. en 84 dont 279 906 continentaux).

● **Guernesey.** 65 km². 76 000 h. (83). *Chef-lieu : St-Peter Port. Lieutenant-gouv. et Cdt en chef* Sir Alexander Boswell dep. 1985. *États :* bailli, 12 conseillers, 33 députés. 10 représentants des Douzaines, 2 repr. d'Aurigny. *Langue off. :* anglais. *Ressources :* tomates, fleurs.

● **Dépendances de G. Aurigny (Alderney).** 7,9 km². Long. 6 km, larg. 1,8. Env. 2 000 h. (81). *Chef-lieu : Ste-Anne. Pt* J. Kay-Mouat. *États* (9 m.). *Ilots :* **Grand Burhou, Petit Burhou, Ortach.**

Sercq. 5,5 km² (Petite S. 0,9 km², Grande S. 4,2 km²). 420 h. (84). **Histoire : 1565**-*6-8* Élisabeth d'Angl. donna l'île à Sir Helier de Carteret, qui s'engage, lui et ses descendants, à verser une redevance de 50 louis d'or à la Couronne brit. **1730** les Carteret, ruinés, vendent S. à dame Susan Le Pelley (née Le Gros), originaire de Jersey. **1842** ruinés, les Le Pelley cèdent S. à Mme Mary Collins née Allaire, arrière-grand-mère de dame Sybil Hathaway (1884-1974, 21e seigneur, grand-mère du 22e seign. actuel, J.M. Beaumont). *Statut :* seigneurie féodale. *Parlement :* 40 fermiers (tenants) et 12 députés élus, présidé par un sénéchal. *Pas d'impôts :* les 40 « tenants » de l'île doivent 10 % de leurs récoltes et les non-propriétaires 2 j. de corvée par an pour réparer les chemins (ou 30 shillings, soit 20 F). Pas de « voitures à moteur » (sauf tracteurs). Seul le seigneur a le privilège de posséder une chienne (dep. 1689, parce qu'une chienne mordit la main de la petite-fille de Sir Charles de Carteret). Le divorce n'existe pas, ni la criminalité (les habitants sont gendarmes à tour de rôle). Il est interdit, sous peine d'amende, de tirer sur des mouettes (« leurs cris fournissent de précieuses indications sur la présence des rochers aux navigateurs ») et d'élever des pigeons (« ils s'attaquent aux grains de semence »). *Langues :* anglais, dialecte normand français. *Touristes* 40 000 vis. par an.

Brechou (ou île des Marchands). 0,3 km². **Herm.** 1,29 km². Env. 100 h. *Tenant :* A.G. Wood. **Jethou.** 0,18 km². **Lithou.** 0,15 km².

● **Wight.** 381 km². 119 800 h. Ile ne jouissant d'aucune autonomie interne, bien qu'elle forme, elle aussi, une « communauté insulaire » très particulière.

● **Lundy** (dans le canal de Bristol). 4 km². 10 h. résidents. Ile autonome, appartient dep. 1969 au National Trust. **1974**-*1-4* comté distinct : détaché du comté de Hampshire. Refuge de nombreux oiseaux. Pas d'impôts sur les revenus gagnés dans l'île.

Commonwealth

Nom. Terme forgé au XVIIe s. pour traduire le latin *res publica* (avec le sens d'« État ») ; depuis la dictatu-

49 États membres date du statut actuel	Statut	Superficie (en km²)	Population
Antigua (1981)	Monarchie	442	80 000 (84)
Australie (1901) (1931)	Monarchie	7 686 848	15 543 000 (84)
Bahamas (archipel) (1973)	Monarchie	13 939	230 000 (85)
Bangladesh (1971)	République (1972)	143 998	98 660 000 (85)
Barbade (La) (1966)	Monarchie	431	266 000 (84)
Bélize (1981)	Monarchie (1981)	22 965	165 000 (84)
Botswana (1966)	République (1966)	582 000	1 080 000 (84)
Bruneï (1984)	Monarchie indigène		
Canada (1867) (1931)	Monarchie fédérale	9 215 430	25 213 000 (85)
Chypre (1960 et 1961)	République (1960)	9 251	660 000 (84)
Dominique (1978)	République (1978)	750,6	85 000 (84)
Fidji (îles) (1970)	Monarchie	18 376	680 000 (84)
Gambie (1965)	République (1970)	11 295	640 000 (82)
Ghana (1957)	République (1960)	238 537	13 100 000 (84)
Grenade (1974)	Monarchie	314	110 000 (83)
Guyana (1966)	République (1970)	214 969	940 000 (84)
Inde (1947)	Rép. fédérale (1950)	3 276 141	762 200 000 (85)
Jamaïque (1962)	Monarchie	10 962	2 301 400 (85)
Kenya (1963)	République (1964)	582 646	20 330 000 (85)
Kiribati (1979)	République (1979)	717	63 843 000 (85)
Lesotho (1966)	Monarchie indigène	30 355	1 470 000 (84)
Malaisie (1957 puis 1963)	Monarchie élective	330 434	15 264 000 (84)
Malawi (1964)	République (1966)	118 484	7 060 000 (86)
Maldives (îles) (1982) m. spécial (1985)	République (1968)	298	181 453 (85)
Malte (1964)	République (1974)	316	332 000 (84)
Maurice (île) (1968)	Monarchie	1 843	1 000 000 (85)
Nauru (1968) membre spécial	République (1968)	20,9	8 421 (83)
Nigeria (1960)	Rép. fédérale (1963)	923 768	93 700 000 (86)
N.-Zélande (1907) (1931)	Monarchie	268 103	3 291 300 (85)
Ouganda (1962)	République (1967)	241 139	15 050 000 (84)
Papouasie-N.-Guinée (1975)	Monarchie	462 840	3 328 000 (85)
Royaume-Uni Grande-Br.	Royaume		56 500 000 (84)
Saint-Christopher-Nevis (1983)	Monarchie	269,4	44 500 (84)
Sainte-Lucie (1979)	Monarchie	616	126 000 (84)
Saint-Vincent (1979) m. spécial (1985)	Monarchie	389,3	123 000 (84)
Salomon (1978)	Monarchie	27 556	270 000 (85)
Samoa occidentales (1962) (1970)	République (1962)	2 831	162 000 (84)
Seychelles (îles) (1976)	République (1976)	308	64 717 (84)
Sierra Leone (1961)	République (1971)	71 740	3 800 000 (86)
Singapour (1965)	République (1965)	620,2	2 558 000 (85)
Sri Lanka (Ceylan) (1948)	République (1972)	65 610	15 840 000 (84)
Swaziland (Ngwane) (1968)	Monarchie indigène	17 363	630 000 (84)
Tanzanie (1961 et 1963)	République (1962)	945 087	21 060 000 (84)
Tonga (1970)	Monarchie indigène	748	96 448 (84)
Trinité et Tobago (1962)	République (1976)	5 128	1 200 000 (86)
Tuvalu (1978) membre spécial	Monarchie	26	8 229 (85)
Vanuatu (1980)	République (1980)	12 189	130 000 (84)
Zambie (1964)	République (1964)	752 614	6 500 000 (85)
Zimbabwe (1980)	République (1980)	390 759	7 980 000 (84)

États associés et colonies	Statut	Superficie (en km²)	Population
Afrique			
Sainte-Hélène (île)	Colonie	122	5 499 (82)
Amérique			
Anguilla	Colonie	90,6	7 000 (84)
Bermudes	Colonie	53	67 800 (84)
Falkland (îles)	Colonie	12 173	2 100 (82)
Iles Vierges brit.	Colonie	147,5	12 034 (81)
Caïmans (îles)	Colonie	259	20 000 (85)
Montserrat	Colonie	102,6	12 073 (83)
Turks et Caicos (îles)	Colonie	430	7 436 (80)
Antarctique			
Antarctique britannique	Colonie	1 222 480	(1)
Asie			
Hong Kong	Colonie	1 063,43	5 466 900 (86)
Europe			
Gibraltar	Colonie	5,86	28 339 (84)
Océanie			
Pitcairn	Colonie	49	61 (84)

Nota. — (1) Pas de pop. permanente.

Brunei (Asie) a des relations spéciales avec la G.-B. (V. Index), **les îles Cook et Niu** ont un gouv. autonome et sont associées à la Nlle-Zélande.

Ont quitté le Commonwealth : République d'Irlande (1949), Afrique du S. (1961), Pakistan (1972).

N'ont pas rejoint le Commonwealth au moment de l'indépendance : Birmanie et Palestine (1948), Soudan (1956), Somalie brit. (1960 forme avec la Som. ital. la Rép. de Somalie), Cameroun du Sud (1961), Îles Maldives (1963, 1982 juill. deviennent m. spécial), Aden (1967).

---

re de Cromwell (1649-53) prend le sens de « république » : titre officiel des États de Kentucky, Massachusetts, Pennsylvanie, Virginie et de Puerto-Rico. Utilisé en 1900 pour désigner la confédération des États australiens, puis en 1917 une association internationale groupant Royaume-Uni, Canada, Australie, Nouvelle-Zélande, Afrique du Sud et Terre-Neuve (alors dominion jusqu'à la crise de 1933, avant de devenir 10e province canadienne en 1949) et officiellement l'Irl. dans le traité anglo-irlandais de 1921.

Statut. Le statut de Westminster, voté par le Parlement de Londres le 11-12-1931, n'était pas un texte rigide de constitution ; le C. continuait à reposer sur la libre coopération de ses membres. Le droit de sécession n'était même pas évoqué. Lorsque, plus tard, Irlande et Afrique du Sud l'ont revendiqué, il leur a été accordé à l'unanimité. En 1947, la Ch. des Communes décida que le C. pourrait admettre Inde et Pakistan, puis en 1957 les pays d'Afrique. Libre de sa politique intérieure et extérieure, chaque État membre est responsable individuellement de ses obligations internationales. Un système de consultations et de contacts personnels fréquents entre les représentants des gouvernements a permis jusqu'à présent d'éviter l'éclatement. Ces échanges de vues, qui n'ont pas de caractère officiel diplomatique, sont des réunions « familiales » et intimes entre personnes de même langue et de même culture, qui veulent collaborer. Il y a chaque année une rencontre des min. des Finances, et tous les 2 ou 3 ans des rencontres des chefs de gouv., des min. de la Santé, de l'Éducation, de la Justice. La coopération s'étend à des domaines divers : radio et télévision, médecine, échanges de savants, énergie nucléaire, recherche spatiale, commerce ou aide économique bilatérale.

Le Commonwealth comprend : 1°) *une association libre de 49 États indépendants souverains* dont 4 membres : Maldives, Nauru, Tuvalu et St-Vincent ont un statut spécial ; 2°) *1 État associé* (la G.-B. assurant la défense et les Aff. étr.) ; 3°) *quelques territoires* (en majorité des petites îles). La plupart de ces États membres ont des traits constitutionnels communs : ce sont des démocraties parlementaires, leurs lois sont faites avec l'accord d'un Parlement élu démocratiquement et après discussion par ce Parl. Leur gouvernement exécutif est porté au pouvoir par la majorité des membres du Parl. Les ministres doivent être membres du Parl., et sont collectivement responsables des actes du Gouvernement.

Tous les pays du C. reconnaissent la reine Élisabeth II comme chef du C. Elle est chef de l'État pour Antigua, Australie, Bahamas, Barbade, Belize, Canada, Fidji, Grenade, Jamaïque, Maurice, N.-Zélande, Papouasie-N.-Guinée, R.-Uni, St-Kitts, Ste-Lucie, St-Vincent-Grenadines, Salomon, Tuvalu.

☞ Voir tableau ci-dessus.

Production du Commonwealth en % de la production mondiale. Thé 71 [1]. Nickel (minerai) 60 [2]. Étain (minerai) 53 [2]. Bauxite 50 [2]. Zinc (minerai) 35. Riz 29. Plomb (min.) 28. Zinc (métal) 24. Plomb (métal) 23. Sucre (canne) 22. Beurre 22. Manganèse 21. Diamants 16 [3]. Charbon 13 [5]. Blé 11. Pétrole brut 1 [4]. Le degré d'interdépendance économique entre la G.-B. et ses anciennes colonies s'est considérablement réduit au long des années.

Nota. — (1) Sauf Chine et U.R.S.S. (2) Sauf Chine, U.R.S.S., Tchécoslovaquie et Viêt-nam. (3) Sauf U.R.S.S., Chine, Liberia et Indonésie. (4) Sauf Chine. (5) Sauf U.R.S.S.

Économie

P.N.B. (84) 7 690 $ par h. **Pop. active** (% et entre par. part du P.N.B. en %). Agr. 2,7 (2,5), mines 4,4 (10), ind. 30 (23), services 62,9 (64,5). *Au 1-1-85 :* 27 402 000 actifs. Mineurs *1973 :* 600 000, *1983 :* 200 000.

Chômage (%). *1979 :* 5,4 ; *80 :* 6,8 ; *81 :* 10,6 ; *82 :* 12,6 ; *83 :* 12,7 ; *84 :* 12,8 ; *85 :* 13,2 ; *86* (mars) : 13,2.

Inflation (%). *1979 :* 13,4 ; *80 :* 18 ; *81 :* 11,9 ; *82 :* 5,4 ; *83 :* 5,3 ; *84 :* 4,6, *85 :* 5,7, *86* (avril) : 3. **Dette nationale** (en milliers de £). *1802 :* 0,5 ; *1815 :* 0,8 ; *1900 :* 0,6 ; *19 :* 7,4 ; *39 :* 7,1 ; *46 :* 23,6 ; *60 :* 27,7 ; *70 :* 33,1 ; *75 :* 46 ; *79 :* 82,6 ; *80 :* 91,2 ; *81 :* 112,8. **Balance des paiements** (en millions de $). Solde. *1965 :* − 27 ; *70 :* + 776 ; *71 :* + 1 150 ; *72 :* + 208 ; *73 :* − 875 ; *74 :* − 3 307 ; *75 :* − 1 621 ; *76 :* − 842 ; *77 :* − 293 ; *78 :* + 1 032 ; *79 :* − 863 ; *80 :* + 3 206 ; *82 :* + 5 604 ; *83 :* − 35.

Crise économique. Date du début du XXe s. La G.-B. importait des mat. 1res et exportait des prod. manufacturés. De nouveaux pays ind. l'ont supplantée avant qu'elle ait modernisé ses installations ind. Déclin du charbon supplanté par le pétrole importé. Perte de l'Empire (et de débouchés), d'où important chômage, chute de l'ind., hypertrophie du tertiaire et baisse du niveau de vie. Chute des investissements (− 14 % en 1980 ; prévision 1981 : − 20 %), due au crédit trop cher ; 17 % en 1980, 12 % en 1981.

Agriculture. Terres (milliers d'ha, 81) utilisées pour l'agriculture 18 720 (82), dont arables 6 982, pâturages 5 013, pâturages non entretenus 5 021, bosquets 277, divers 211 ; forêts et divers 6 496, eaux 322. L'urbanisation enlève chaque année environ 15 000 ha à l'agriculture (0,2 %). **Régions agricoles :** *montagnes* (Highlands, Cheviot, Centre gallois, chaîne pennine, Dartmoor) : élevage ovin en plein air ; vallées : élevage naisseur de veaux ; embouche : Devon, Leicestershire, Aberdeen. *Produits laitiers :* plaines de l'O., Lowlands écossais. Angl. moyenne (1re ressource agricole angl.) ; œufs : Lancashire, S. gallois ; culture maraîchère : Cornouailles, Devon. *Région de l'E. :* terres arables (plateau de l'E. Angl. 70 %) : orge, blé, p. de terre et betteraves ; dans les régions côtières, de plus en plus souvent remplacés par les légumes (polder du Fen, 1er district légumier) ; conserves de petits pois. Kent : cultures fruitières (houblon, pommiers, framboisiers). Élevage industriel des volailles dans les terres à orge. *Côtes de la Manche :* culture en serre (fleurs, concombres, tomates) ; golfe du Wash : champs de tulipes. EXPLOITATIONS : 258 000 (57 % faire-valoir direct), 296 000 paysans (80 000 à temps partiel), 365 000 salariés (205 000 à temps complet).

Production (millions de t, 84) blé 14,9, orge 10,8, avoine 0,5, p. de terre 7,3, bett. à sucre 9, légumes, pommes, poires, prunes. **% de la consommation** *(couvert par la prod. nat.)* : œufs, lait, porcs et volaille 100, bœuf 75, mouton 55, bacon 35, fromage 40, beurre 8 ; orge, avoine, p. de terre 100, fruits 33, sucre 30, blé 50.

Élevage (millions de têtes, 85). Bovins 12,9, moutons 23,9, porcs 7,7, volailles 129,4.

Pêche. *Production* (milliers de t, 83) 726,1 dont poisson 659 (morue 109, haddock 122, maquereau 174, sole 52, merlan, hareng, pilchard), crustacés 67. *Principaux lieux* : mer du Nord Long Forties 40 %, Dogger Bank 13 % ; mer d'Écosse 15 % ; mer d'Irlande 4 %. *Principaux ports* : Grimsby (200 nav. de grande pêche), Hull (160), Yarmouth, Milford Haven, Aberdeen, Fleetwood. 35 % des prises sont destinées à la conserve ou au surgelé.

Énergie. Charbon : à l'origine, base de l'ind. brit. Représente encore 35 % de l'énergie (record de la C.E.E.). *Principaux bassins* : Clyde, Newcastle, Lancashire, Yorkshire, Cardiff. *Réserves* : 45 milliards de t dont 5 exploitables. *Prod.* (millions de t). *1956* : 220, *72* : 140, *83* : 100, *84* : 51 (grève). *Effectifs* : *1976* : 246 000, *84* : 186 000. *Plan* : réduire la production à 60/70 millions de t, et les effectifs à 100 000. *Prix de revient de la t* (84) 48 £ (charbon importé d'Australie 31, d'Afr. du S. 25). **Pétrole :** gisements en mer du N. *Réserves* : 1,4 milliard de t. *Prod.* (millions de t) *1975* : 1,5, *80* : 79, *81* : 89, *82* : 102, *83* : 115, *84* : 125. *Revenus pétroliers* (milliards de £) : *1985-86* : 11,5, *86-87* : 6. **Gaz :** gisement en mer du N. *Réserves* : 710 milliards de m³. *Prod.* (milliards de m³) *1979* : 39, *80* : 37, *81* : 36, *82* : 37,4, *83* : 40, *84* : 40. **Électricité :** surtout thermique 87 % (*1980* : 285 milliards de kWh ; 4 580 kWh par h.) ; origine thermique (%) charbon 75, nucléaire 17, pétrole 7, hydraulique 11. **Mines :** fer (prod., 84) 84 000 t. *Principales mines* : N.-E., entre Tyne et Tees, East-Midlands, Sheffield-Rotherham, Coventry.

Industrie. Grandes régions : Londres : transformation, articles de luxe (pas de textile) ; Midlands ou Pays Noir : industrie lourde, textile, poterie ; Yorkshire : laine, aciérie ; Lancashire : coton en régression, sidérurgie, chimie ; S.-Gallois : charbon, petite mécanique ; N.-E. : constr. navale, petite industrie ; Centre Écosse : charbon, constr. navale ; *Belfast* : constr. aéronautique. Structures et infrastructures anciennes. **Nationalisations : avant 1945 :** aviation civile, **46 févr. :** banque d'Angl., **juil. :** charbon, électricité, transports terrestres, **48 :** gaz, **51 févr. à 67-22-3 :** sidérurgie (soit 200 entreprises et 90 % du secteur), **75 :** British Leyland, **77 :** ind. aéronautique, chantiers navals, pétrole de la mer du N. **Dénationalisations : 80 :** National Enterprise Board, **81 févr. :** British Aerospace, **oct. :** Cable et Wirless (télécommunications), National Freight Corporation (tr. routiers), British Sugar (raffinage de betteraves), **82 févr. :** Amersham International (isotopes radioactifs), **nov. :** BNOC et Britoil (pétrole), **79 oct. et 83 sept. :** British Petroleum (pétrole et chimie), **83 févr. :** Associated British Ports, British Rail Hotels, International Aeroradio (télécomm. des comp. aériennes), **84 :** Sealink (transp. maritimes), Entreprise Oil (pétrole), Jaguar (autom.), Inmos (circuits intégrés), chantiers navals militaires, British Telecommunications (déc. 84, 51 % du capital, effectifs 240 000 employés, le plus gros employeur, 3 milliards d'actions), **85 :** British Airways, British Gas, aéroports, Rolls-Royce, arsenaux, manufactures d'armes (prévues). *De 1979 à oct. 85* : les privatisations ont rapporté au Trésor 8,5 milliards de £.

Transports. Marchandises transportées par ch. de fer, *1955* : 48 %, *82* : 14 %.

Tourisme. *Visiteurs* (84) : 13 712 000. *Revenus* (84) : 4 502 millions de £. *Monuments les plus visités* (milliers de visiteurs, 84) : ch. de Windsor 2 800 (83), Tour de Londres 2 341, jardins botaniques de Kew 1 084, bains romains et salle des pompes de Bath 931, ch. d'Edimbourg 847, jardins botaniques d'Edimbourg 722, appartements royaux de Windsor 717, Stonehenge 640, ch. de Warwick 564, maison natale de Shakespeare (Stratford-Upon-Avon) 562, palais de Hampton Court 554.

Commerce (milliards de £, 84). *Exportations* 70,5 *dont* mach. et équip. de transp. 21,4, fuel et lubrifiants 15,3, prod. man. de base 10, prod. chim. 8,2, prod. man. divers 6,9, prod. alim. 3,1 *vers* U.S.A. 10,1, All. féd. 7,4, France 7, P.-Bas 6,1, Benelux 3, Suède 2,8. *Importations* 78,7 *dont* mach. et équip. de transp. 23,6, prod. man. de base 13,4, prod. man. divers 9,4, prod. alim. 7,8, fuel et lubrifiants 10,1, prod. chim. 6,3, *de* All. féd. 11, U.S.A. 9,3, P.-Bas 6, France 5,8, Italie 3,8, Japon 3,7, Benelux 3,6.

Rang dans le monde (83). 4ᵉ orge. 5ᵉ gaz nat. 6ᵉ pétrole. 7ᵉ charbon. 8ᵉ ovins. 9ᵉ p. de terre, potasse. 11ᵉ blé. 17ᵉ céréales. 18ᵉ bovins. 19ᵉ pêche.

RWANDA

Carte p. 829, V. légende p. 787.

Situation. Afrique. 26 338 km². *Frontières* avec Ouganda, Tanzanie, Burundi, Zaïre. *Alt. max.* Mt Kalisimbi (volcan, 4 507 m), *moy.* 1 600 m (hauts plateaux). **Climat** équatorial tempéré par l'alt. 18 °C en moy. 4 *saisons* : sèche (mi-déc.-janv.), pluies (févr.-juin), sèche (juin-sept.), pluies (mi-sept.-mi-déc.).

Population. 5 900 000 h. (85) : Bahutus, agriculteurs, 85 % ; Batutsis, pasteurs d'origine nilotique (250 000 ont émigré depuis l'indép.), 10 % ; Batwas, chasseurs pygmoïdes, premiers hab. du pays, 1 %. Pop. urbaine 50 %. D. 224 (la plus forte d'Afrique). *Villes* (84) : *Kigali* 160 000 h., Butare 36 000 (à 136 km), Gisenyi 21 000 (à 179 km).

Langues. Kinyarwanda et français (12 %) *(off.)* ; kiswahili et anglais.

Religions (%). Catholiques 50, animistes 30, protestants 12, musulmans 8.

Histoire. 1890-1916 partie de l'Afr. orientale all. **1922** forme avec Burundi, le Rwanda-Urundi, confié sous mandat à la Belgique (Usumbura capitale). **1925** uni au Congo belge. **1959** *nov.* séparation ; soulèvement des Bahutus contre monarchie féodale batutsi. **1961**-*28-1* renversement du roi (le *Mwami* Kigeli V). *-25-9* Rép. autonome. **1962**-*1-7* indép. **1963** les Batutsis réfugiés dans les pays voisins veulent reconquérir le pouvoir et sont refoulés. **1973** *févr.* incidents raciaux (300 †). *-5-7* coup d'État militaire, Pt Grégoire Kayibamda (1924-76 ; dep. 26-10-61) déposé. **1982** *oct.* arrivée de réfugiés ougandais. *-7-10 visite du Pt Mitterrand.* **1983**-*19-12* réélection du Pt Habyarimana. *-26-12* élection de l'Assemblée législative. **1984**-*8-1* nouveau gouv. *-10-12* passage du Pt Mitterrand. *-20-12* condamn. de M. Gatabazi à 5 a. de prison.

Statut. Rép. *Const* du 17-12-78. *Pt* et *PM* Major-Gᵃˡ Juvénal Habyarimana (n. 8-3-1937) dep. 5-7-73, élu pour 5 a. le 24-12-78, réélu 19-12-83 (99,97 % des voix). *Ass.* 70 m. élus pour 5 a. *Pas de parti* : un Mouvement révolutionnaire national pour le développement (M.R.N.D.), créé 5-7-75. 10 *préfectures.* 143 *communes.* **Fête nat. :** 1ᵉʳ juillet (indépendance).

Économie

P.N.B. (83). 282 $ par h. **Pop. active** (%, entre parenthèses, part du P.N.B. en %) agr. 82 (46), ind. 8 (22), services 10 (32).

Inflation (%) *1980* : 7,2, *81* : 6, *82* : 12, *83* : 6,8, *84* : 5,4. **Aide extérieure** (81). 800 millions de F.

Agriculture. *Terres* (milliers d'ha, 82) arables 705, cult. 256, pâturages 484, forêts 275, eaux 139, divers 775. *Production* (milliers de t, 83) plantain 2 277, manioc 490, patates douces 723, p. de terre 273, café 27, thé 7,1, haricots secs 242, sorgho 235, maïs 95, pois, coton. **Forêts.** 4 816 000 m³ (82).

Pêche. 1 500 t (82). **Élevage** (milliers de têtes, 83). Poulets 1 223, chèvres 1 016, bovins 647, moutons 352, porcs 139.

Mines (t, 83) étain 1 110, tungstène 429, cassitérite 1 526, pyrèthre, colombotantalite, or, wolfram, béryl.

Commerce (millions de F rwandais, 83). *Exportations* 11 706 *dont* café 7 693, thé 1 405, étain 1 324, quinquina 160 *vers* Benelux 1260, P.-Bas 907, Italie 143, France 84, G.-B. 79. *Importations* 25 454 *dont* prod. pétr. 4 848, mach. et outils 2 668, mat. de constr. 2 174, prod. alim. 2 696, mat. de transport 2 501 *de* Kenya 5 428, Benelux 4 406, Japon 3 166, All. féd. 1 841, France 1 320.

SAHARA OCCIDENTAL

V. légende p. 787.

Situation. Afrique. 286 000 km². **Régions :** 1°) *septentrionale* 92 000 km² (Saguia et Hamra), *El-Ayoun* f. 1932, 50 000 h., Smara 7 280 h. 2°) *méridionale* 194 000 km² (Oued Eddahab), *Dakhla* (ex-Villa Cisneros) 5 424 h. Un mur protège le nord du Sahara occ. des incursions du Polisario, abritant 220 000 h. + 120 000 militaires. **Climat :** désertique.

Population : *1984* : 150 000 h. [est. selon le Polisario : 1 000 000 de Sahraouis dont 400 000 h. au N. de la Mauritanie, 250 000 dans la région de Tan-Tan et Tarfaya (80 000 à 100 000 dans des camps de réfugiés mar.)] ; selon rec. esp. de 1974 : 108 000 réfugiés.

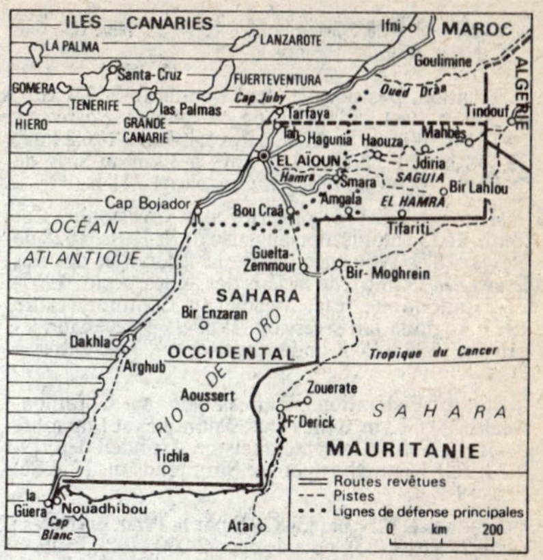

Langues. Espagnol, arabe, dialecte hassaniya.

Religion. Musulmane.

Histoire. 1491 bande côtière, possession esp. **1884-86** Emilio Bonelli occupe le S. (Rio de Oro). **1912**-*27-11* tr. franco-esp. établissant frontière. **1934** Esp. occupe le N. (Saguia el-Hamra). **1957** l'armée esp. recule devant l'armée sahraouie et l'a. marocaine. **1958**-*10-2* armée mar. écrasée par opération franco-esp. *-1-4 accords de Cintra,* les 2 territoires forment une province contrôlée par Esp. qui rétrocède zone de Tarfaya au Maroc sous protectorat esp. **1970**-*17-6* soulèvement à El-Ayoun (préparé par l'Organisation sahraouie de libération du Sahara, créée 1967), échec. **1973**-*10-5* Front Polisario (Front pop. pour la libération du Saguiet El Hamra et Rio de Oro, leader Mohamed Abdelazis), créé. **1974** *juill.* administration interne. *-20-8* Hassan II s'oppose à tout référendum pouvant entraîner l'indép. *-17-9* il saisit la Cour intern. de La Haye. **1975**-*14-10* l'O.N.U. recommande référendum sous son contrôle. *-16-10* la Cour de La Haye favorable à l'autodétermination. *-6/9-11 « marche verte »* mar. (350 000 personnes) au S. occ. *-14-11* accord de Madrid (Esp., Maroc et Maur.) : l'Esp. se retirera le 28-2-76. *-20-11* Alg. dénonce l'accord. *-28-11* entrée officielle des troupes mar. *-3-12* Conseil nat. prov. sahraoui créé à Alger. *-19-12* les Maur. prennent la Guera (plus de 100 †). *-31-12* départ armée esp. **1976**-*11-1* les Maur. entrent à Dakhla. *-19-1* Polisario enlève 2 Français, libérés *27-12*. *-27/29-1* combats Mar.-Alg. à Amgala : Alg. (200 †, 100 prisonniers) se retirent. *Févr.* Maur. contrôle portion du Oued-Eddahab (ex-Rio de Oro) qui lui revient. *-12-2* Mar. occupe Mahbès (capitale du Polisario) ; 50 000 Sahraouis se réfugient en Alg. *-14/15-2* combats à Amgala. *-26-2* départ des Esp. ; S. partagé entre Maroc (au N.) et Maur. (au S.). *-27-2* Rép. arabe sahraouie démocr. créée. *-5-3* PM Mohamed Lamine Ould Ahmed. **1977**-*1-5* raid du Polis. à Zouerate (Maur.), 6 Français enlevés, libérés déc. 78. **1978-79** négociations Mar.-Maur. **1978**-*10-7* coup d'État en Maur., cessez-le-feu avec Poli. *Nov.* 1ʳᵉ rencontre Maroc et Polisario à Bamako. **1979**-*5-8* Maur. reconnaît Poli. et renonce au S. *-11-8* Mar. prend Dakhla. *-14-8* le S. administré auparavant par Maur. devient la province marocaine Oued-Eddahab (ex-Tris-El-Gharbia).

1981 *juin* achèvement d'un mur d'env. 400 km de Zag à El-Ayoun pour protéger Mar. Référendum sur autodétermination (Mar.). *-13-10* Polis. attaque Guelta-Zemmour, que la Maur. évacue le 9-11. **1982**-*25-2* Rép. arabe sahraouie entre à l'O.U.A. (50 pays, dont 26 afr., l'ont reconnue). *-10-7* exploitation des phosphates de Bou-Craa (interrompue dep. 1975-76) reprise par Maroc. *-3/19-7* attaques du Polis. repoussées. *16-10* Mohamed Abdelaziz, Pt de la Rép. **1984** *19-4/10-5* l'armée marocaine construit un 3ᵉ mur de 320 km en bordure du Zag. Hassan II vient à El Aïoun (Laayoune).

Ressources. Orge, ovins, dromadaires, phosphates (réserves 1,7 milliard de t en 73), pêche, pétrole offshore, cuivre, fer.

Pays ayant reconnu la Rép. arabe sahraouie : Afr. 30, Asie 8, Océanie 6, Europe 1 (Yougoslavie), Amér. latine 16 (dont Mexique).

SAINT-CHRISTOPHER (ST-KITTS), NEVIS

Carte p. 939. V. légende p. 787.

Situation. Iles Sous-le-Vent (Antilles). 269,4 km². 44 500 h. (est. 84). D. 165. **Capitale :** *Basseterre* 14 161 h. (80) sur St-Kitts. **2 îles : St-Kitts**, 176,2 km², 32 568 h. (80) ; **Nevis**, 93,2 km², à 3 km au S.-E. de St-Kitts, 10 740 h. (80), *Charlestown* 1 771 h.

Histoire. 1493 découvertes par Christophe Colomb. **1623** colonisation anglaise de St-Kitts, **1628** de Nevis. **1871-1956** membre de la fédération des Iles Leeward, **1958-62** de la féd. des Indes occid. **1967**-*27-2* autonomie, État associé au Commonwealth. **1967** Anguilla fait sécession. **1980**-*19-9* sécession légalisée. **1983**-*19-9* indépendance. -*23-9* entre à l'O.N.U.

Statut. Fédération. État associé au Commonwealth. *Ass.* 13 m. dont 9 élus, 3 nommés et 1 membre de droit. *Gouv.* Clement Athelston Arrindell dep. 19-9-83. *PM* Kenneth Alphonse Simmonds (n. 12-4-36) dep. 19-9-83.

Économie. P.N.B. (83) 820 $ par h. **Prod. agricoles :** sucre 27 761 t (83), noix de coco 2 000 t (82), fruits et légumes 1 423 t (82), coton, mélasse. Sel, homards. **Élevage** (milliers de têtes, 83). Bovins 6, porcs 3, moutons 13, chèvres 11, volailles 13. **Pêche** 1 227 t (83). **Tourisme** (sept. 85) 33 837 vis. **Commerce** (millions de $ EC, 84) *exp.* 39,9 *imp.* 102,6.

SAINTE-HÉLÈNE

Carte (voir planisphère, fin du volume).
V. légende p. 787.

Généralités. Ile de l'Atlantique S. (à l'O. de l'Angola), d'origine volcanique. 122 km². *Alt. max.* Diana's Peak 820 m. **Climat :** doux. **Population :** 5 499 h. (82). D. 43,1. **Chef-lieu** (78) : *Jamestown* 1 862 h. **Langue :** anglais. **Religion :** anglicane.

Histoire. 1502 découverte par le Portugais João da Nova Castella. **1633** annexée par Hollande. **1659** prise par Cie des Indes orientales angl. **1834** cédée à Couronne brit. (après avoir été louée au gouv. pour l'exil de Napoléon du 16-10-1815 au 5-5-1821).

Statut. *Colonie brit. Gouv.* Francis E. Baker. *Conseils exécutif* (7 m. et le gouv.) et *législatif* (12 m. élus, 2 m. de droit et le gouv.).

Économie. Agriculture : bananes, légumes. **Élevage** (81). Bovins 1 046, porcs 666, moutons 1 501, chèvres 1 326, volailles 11 676, ânes 451. **Forêts. Pêche** (82) 453 t. **Commerce** (milliers de £, 81-82). *Imp.* 2 381 (82-83) *dont* prod. alim. 988,7, fuel 220, mach. et équip. de transport 153,9, mat. de constr. 94,2, *exp.* 26,2 *dont* artisanat 6,4. *Partenaires com. :* G.-B., Afr. du S.

Dépendances

Ascension. 88 km². A 1 131 km au N.-O. de Ste-H. 1 535 h. (est. juin 84) dont St-Héléniens 1 008, Brit. 325, Amér. 188. Découverte 1501, le jour de l'Ascension, inhabitée de 1815 à 1922. **1922** annexée par G.-B. *Chef-lieu : Georgetown. Administrateur :* M.T.S. Blick. *Tortues* vertes. Base U.S. Relais de télécommunications.

Tristan da Cunha. 98 km². 315 h. (84). A 2 400 km à l'O. du Cap, 4 000 de Montevideo, 2 120 de Ste-Hélène ; volcanique (Alt. max. 2 060 m). **1506** *mars* découverte par le Portugais Tristão da Cunha. **1816**-*14-8* annexée par G.-B. -*28-11* occupée par garnison de 5 off., 36 sous-off. et soldats, avec leurs familles (par crainte d'un enlèvement de Napoléon). **1821** mort de Napoléon, garnison évacuée, mais 3 militaires y reviennent. **1825** 25 hab. N'ayant pas de femmes, ils font venir des Noires de Ste-Hélène. **1880** 109 h. (métis). **1927** 135. **1938**-*12-1* dépendance de Ste-Hélène. **1961**-*10-10* les 280 h. furent évacués en G.-B. (crainte d'éruption volcanique) puis revinrent (1963-67). Langoustines. *Administrateur :* R. Perry. **Dépendances : Ile Inaccessible** (10 km², pingouins), **Ile Nightingale** (2 km²), **Ile Gough** (91 km²), station météo.

SAINTE-LUCIE

Carte p. 939. V. légende p. 787.

Situation. Ile des Antilles. 616 km². **Population.** 126 000 h. (84) dont (%) Noirs 90,3, Métis 5,5, Indiens 3,2, Blancs 0,8, divers 0,1. – *de 20 a.* 49,6 %, *+ de 60 a.* 7,7 %. D. 205. *Capitale : Castries* 45 000 h. (est. 84)**Langues :** Anglais, patois français (Kweyol). **Religions** (%) catholiques 90,5, anglicans 3,4, adventistes 2,4, baptistes 1,1, méthodistes 0,9, divers 0,1.

Histoire. 1502-*15-6* découverte par Christophe Colomb. **1605-38** établissement anglais. **1650** devient française. **1814** tr. de Paris : cédée par France à G.-B. **1838** esclavage aboli. **1967**-*1-3* État associé au Commonwealth. **1979**-*22-2* indép. **1980-81** troubles politiques. **1983** *sept.* cyclone.

Statut. État m. du Commonwealth. *Const.* du 22-2. *Chef de l'État* reine Elisabeth II. *Gouv.* Sir Allen Montgomery Lewis dep. 14-12-82. *PM* John Compton dep. 7-5-82. *Sénat* 11 m. dont 6 sur avis du PM, 3 sur avis du leader de l'opposition et 2 après consultation d'organismes représentatifs. *Ass.* 17 m. élus pour 5 a. *Élections du 3-5-82 :* U.W.P. 14 s., S.L.P. 2, P.L.P. 1. **Partis.** *P. travailliste St-Lucien* (S.L.P.), f. 1950, Pt Julian R. Hunte. *P. travailliste progressiste* (P.L.P.), f. 1981, Pt George Oldum. *P. uni des travailleurs* (U.W.P.), f. 1964, Pt John Compton.

Ressources. P.N.B. (83) 1 000 $ par h. **Pop. active** (%, entre parenthèses part du P.N.B. en %) agr. 30 (30), ind. 20 (15), services 50 (55). *Chômage* 27 %. **Agriculture.** *Terres* (%) agricoles diverses 35, bois 31, pâturages 15, urbanisées 10, bananes 9. *Production* (milliers de t, 82) bananes 59, mangues 44, noix de coco 34, tubercules 11, coprah 6, ignames, manioc. **Élevage** (milliers de têtes, 83). Bovins 12, porcs 11, moutons 14, chèvres 11, volailles 200. **Pêche** (81) 2 403 t. **Tourisme** (84) : 127 996 vis., 296 millions de F (83). **Aide extérieure** (80) 20 millions de F.

Commerce (millions de $ US, 83). *Exportations* 106,8 *dont* bananes 50, huile de coco 7,6, papier 11,8, vêtements 15,5. *Importations* 288,4.

SAINT-MARIN

Carte p. 914. V. légende p. 787.

Nom. Du diacre Marino qui fonda St-M. en 301.

Situation. Enclave en Italie, à 20 km de Rimini, dans les Apennins. 60,5 km². *Alt. max.* Titano 749 m. *Frontières :* env. 70 km. **Climat** continental (été max. + 30 °C, hiver min. – 10 °C). **Population** 22 361 h. (85) (21 000 citoyens vivent au-dehors : It., Fr., U.S.A., Belg.). D. 370. **Villes** (84) : *San Marino* 4 516 h. Serravalle 7 500 h., Dogana 7 500 h. **Langue :** italien. **Religion d'État :** catholique.

Histoire. 301 fondé par Marino, diacre dalmate. **1000-1100** inst. en commune. V. **1400-50** république. St-M. participe aux g. du côté de Montfeltro et des ducs d'Urbino contre les Malatesta seigneurs de Rimini ; **1463** pape Pie II reconnaît l'autonomie de St-M. **1627** tr. de protection avec St-Siège. **1739-40** le pape Clément II refuse l'annexion de St-M. préparée par le card. Alberoni, légat de Romagne. **1862**-*22-3* tr. de bon voisinage avec It. **1957** 5 conseillers rejoignent l'opposition sociale-dém., le front populaire qui gouvernait dep. 13 ans perd la majorité. Les 2 « capitaines-régents » (socialiste et communiste) dissolvent l'Assemblée. Démocrates-chrétiens et socialistes-démocrates forment un 2e gouv. Intervention discrète des U.S.A. et blocus de l'armée it. dénouent la crise au profit des dém.-chrétiens et soc.-démocrates. **1968** tr. révisé avec It. **1971** retrouve droit de frapper monnaie. -*10-9* suppression des termes « amitié protectrice » dans la Convention it.-St-M. du 31-3-1939.

Statut. Rép. (la plus ancienne et la plus petite du monde). *Const.* d'oct. 1600. *Grand Conseil* (Parlement, 60 m. élus p. 5 a.) qui élit tous les 6 mois 2 capitaines régents, qui exercent le pouvoir exécutif avec le *Congrès d'État* (Gouvernement, 10 m.). *Élections du 29-5-83 :* dém.-chrétiens 26, com. 15, soc. 9, soc. unit. 8, républ. 1, soc.-dém. 1. **Fêtes nat. :** 3 sept. (St Marin), 5 févr. (Ste Agathe).

Économie. P.N.B. (83) 66 700 F par h. Philatélie. Tourisme (3 500 000 vis. en 70). Industrie (text., habill., ciment, cuir, papier, céramique, tuiles, caout. synth.). Union douanière avec l'Italie. Terres arables 6 000 ha., forêts 5 000, causses. Blé, vin.

SAINT-PIERRE-ET-MIQUELON (ILES)

V. légende p. 787.

Généralités. Amérique du N. 242 km². *Côtes* 120 km. Archipel (8 îles) à 25 km de Terre-Neuve. *Alt. max.* 240 m. **Pop.** 6 041 h. (82). D. 24,9. **Climat :** rude (moy. ann. 5,6 °C), vents et humidité, hiver long, froid et enneigé (parfois – 14 °C, – 17 °C) ; printemps froid et brumeux, été court et frais (rarement + 20 °C). *Pluies* 1 400 mm. *Végétation* rabougrie. **Religion :** catholique 99 %. **Langue :** français *(off.)*.

Iles principales. *St-Pierre* (25 km², 5 415 h. en 82), *Langlade* (91 km²) et *Miquelon* (110 km², 626 h. en

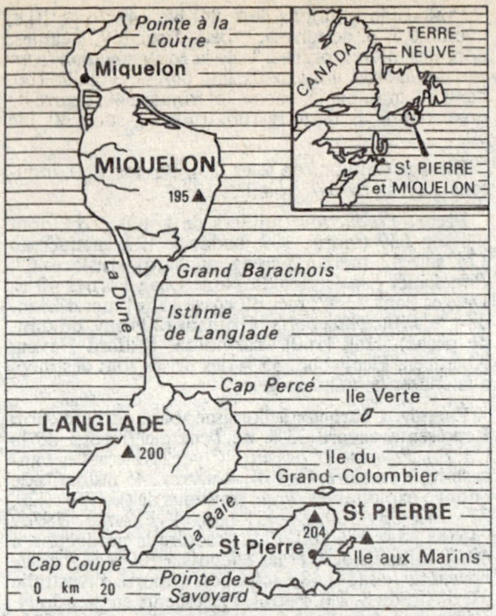

82), à 6 km de St-Pierre. (Langlade et Miquelon sont reliées par un isthme sablonneux de 12 km utilisable en voiture tout terrain.) Plusieurs îlots : *î. aux Marins* 0,50 km², *Grand-Colombier* 0,50 km², *î. aux Vainqueurs* 0,10 km², *î. aux Pigeons* 0,04 km².

Histoire. Appelées îles des Onze Mille Vierges (car découvertes le jour de la fête religieuse du même nom), par le Portug. José Alvarez Faguendez, qui y aborda le *21-10*-**1520** ; puis îles St-Pierre et Miquelon par Jacques Cartier en **1536**. **1604** des pêcheurs fr. fondent un 1er établissement permanent. **1713** cédées à l'Angl. (tr. d'Utrecht). **1763** rendues à la Fr. (tr. de Paris). **1778** réoccupation angl. **1783** rendues à la Fr. (tr. de Versailles). **1793** occupation angl. **1802** restituées à la Fr. **1803** reperdues. **1814**-*14-5* rendues à la Fr. (tr. de Paris). **1941** *déc.* se rallient à la France libre. **1946** territoire d'O.-M. **1972** accord de pêche avec Canada. **1985**-*7-3* Gérard Lefèvre (commissaire de la Rép.) embarqué de force pour Miquelon par ouvriers mécontents.

Statut. Département d'O.-M. dep. 19-7-76 (auparavant TOM, doit être doté d'un statut particulier). *Conseil général* (14 m. élus). 1 *sénateur,* 1 *dép.,* 1 *conseiller écon. et social.*

Économie. P.N.B. (82) 14 200 F par h. **Pop. active** 2 510. *Pêche* (84) artisanale 725 t, industrielle 11 786 t. Usine de transformation et de congélation de poissons, frigorifique de stockage. *Station internation. de quarantaine animale (capacité* 350 *animaux)* (fermée). *Trafic portuaire :* 774 navires, 491 993 tx (83), opérations de transbordement des produits de la pêche 4 772 t (83), entreposage 4 357 t (83). Moutons. *Chômage* (85) 11 %. *Tourisme :* 21 620 vis. (83) dont 1 739 en croisières. *Aide de la France* (81) : 122,2 millions de F.

Commerce (millions de F, 83). *Exportations* 44 569 (prod. locale : morue salée, séchée, filets de poisson congelés, farine de poisson, capelans, déchets) *vers* U.S.A. 37 059, France 6 144, Canada 1 246, Portugal 120. *Importations* 282 260 *de* Canada, France, U.S.A., P.-Bas. G.-B.

SAINT-VINCENT et les GRENADINES

Carte p. 939. V. légende p. 787.

Généralités. Ile des Antilles dont dépendent certaines Grenadines [Bequia, Moustique (achetée vers 1960 par l'Angl. Colin Tenant au gouv. de St-Vincent), Canouan, Mayreau, Prune, Petit-St-V., Union (10 km²)], 389,3 km² dont St-Vincent 344. *Alt. max.* volcan de la Soufrière 1 245 m (1979 éruption, destruction de 70 % de la prod. de bananes). **Climat** tropical chaud. Temp. 20 à 32 °C. *Saison touristique* déc. à mars. **Population.** 123 000 h. (est. 84) (avec dép.), Noirs 65,5 %, Métis 23,5, Indiens 5,5, Blancs 3,5, Amérindiens 2. D. 315,9. *Capitale* (est. 82) : *Kingstown* 24 764 h. **Langue.** Anglais. **Religions.** Chrétiens 56,7 % (protestants 75 %, catholiques 13 %).

Histoire. 1498-*22-1* découverte par C. Colomb. **1783** colonie brit. **1969** *oct.* État associé. **1979**-*27-10* indép. -*5-12* élections : 52 000 inscrits, 32 748 votants (64 %), St-Vincent Labour Party (SVLP, leader R. M. Cato) 11 s., New Democratic Party (NDP, leader James Mitchell) 2 s., Progress Political Party (PPP, leader Ebenezer Joshua) 0 s., United People's Movement (UPM) 0 s., Independant 0 s. *-7-12* tentative de rébellion. **1981**-*29-7* échec d'un coup d'État.

Statut. Rép. ind., État membre du Commonwealth dep. 27-10-79. *Const.* du 27-10-1979. *Chef de l'État* reine Elisabeth II. *Gouv.* Joseph Lambert Eustace dep. 28-2-85. *PM* James Mitchell. *Ass.* 19 m. (13 élus, 6 nommés). **Fête nat.** : 27 oct. (indépendance).

Économie. P.N.B. (84) 950 $ par h. **Pop. active** (%, entre parenthèses part du P.N.B. en %) agr. 42 (40), ind. 10 (10), services 48 (50). **Agriculture.** *Terres cult.* 53 %. *Prod.* (milliers de t, 83) bananes 31 (83), patates douces 1,4, plantain, noix de coco, coprah, cacao, café, marante. **Élevage** (milliers de têtes, 83). Bovins 8, porcs 7, moutons 13, chèvres 4, poulets 153. **Tourisme** (83). 86 350 vis. **Aide** (80). 13 millions de F.

Commerce (millions de $ CO, 82). *Importations* 164,4. *Exportations* 87,3 dont bananes 23,5, et (% en 81) farine 24, igname 4, plantain 3.

SALOMON (ILES)

Carte p. 1018. V. légende p. 787.

Situation. Pacifique (à l'E. de la N.-Guinée). 27 556 km^2. 270 000 h. (est. 85). D. 9,8. [10 grandes îles dont **Guadalcanal** (5 300 km^2, alt. max. Mt Makarakamba 2 330 m) 35 187 h., **Malaita** (4 644 km^2) 50 659 h., **San Cristobal** (4 489 km^2), **New Georgia** (3 199 km^2), **Santa Isabel** (4 644 km^2), **Choiseul** (2 941 km^2), **Shortland** (1 161 km^2), **Mono ou Trésor, Vella Lavella** (3 290 km^2), etc. et 4 groupes de petites îles] dont (%) Mélanésiens 93, Polynésiens 4, Gilbertiens 1, Européens 1. D. 9. *Capitale : Honiara* 20 842 h. (81). *Pop. rurale* 90 %. – *de 15 a.* 48,4 %.

Langues. Anglais *(off.)*, pidgin english, env. 87 langues indigènes. **Religions.** 95 % de chrétiens (anglicans 33 %, catholiques 17 %, évangélistes 17 %, United Church 11 %, adventistes 10 %).

Histoire. 1568 découvertes par Alvaro de Mendana. **1885** conquête allemande. **1893-99** protectorat brit. **1942** occ. jap. *Août* débarquement à Guadalcanal. Marque le début de la contre off. US durant la g. du Pac. **1960** création d'un conseil ex. et lég. **1973** élections (Mamaloni chef du People's Progressive Party devient PM). **1976**-*2-1* autonomie interne. **1978**-*7-7* indépendance.

Statut. Monarchie. Membre du Commonwealth. *Const.* du 7-7-78. *Reine* Elisabeth II. *Gouverneur* Baddeley Devesi (n. 16-10-41) dep. 7-7-78. *PM* (élu parmi les m. du Parlement) Sir Peter Kenilorea dep. 16-11-84. *Chambre* : 38 m. élus pour 4 a.

Économie. P.N.B. (83) 61 $ par h. **Pop. active** (%, entre parenthèses part du P.N.B. en %) agr. 75 (65), ind. 5 (5), services 20 (30). **Inflation** (%). *1982* : 13, *83* : 4,4, *84* : 10. **Aide extérieure** (83). 240 millions de F. **Agriculture.** *Terres cult.* 2 %. *Production* (t, 82), coprah 32 172 (*83* : 19 238), huile de palme 19 238, riz 9 481 (83), cacao 668, noix de coco 220 000, patates douces, ignames. **Élevage** (83). Bovins 23 000, cochons 48 000. Pêche 47 200 t (83). Coquillages, peaux de crocodile. **Forêts. Mines.** Phosphate, bauxite, or, argent. **Tourisme.** 11 113 vis. (83).

Commerce (millions de $ IS, 82). *Exportations* 54,5 *dont* (81) poisson 21,9, bois 14,7, coprah 8, huile de palme 47,5, riz 0,9. *Importations* 58,6 *dont* (81) mach. et équip. de transp. 19,1, prod. man. de base 11,9, lubrif. 15,2, prod. alim. 7, prod. man. divers 5.

SALVADOR (EL)

Carte p. 890. V. légende p. 787.

Nom. Donné en l'honneur du Très Saint Sauveur.

Situation. Am. centrale. 21 393 km^2 dont lacs intérieurs 247 km^2. *Long.* 175/225 km, *larg.* 75/110 km. *Côtes* : 321 km. *Frontières* : avec Honduras 341 km, Guatemala 147. Plaines basses 12 %, le reste est montagneux (90 % du sol d'origine volcanique). **Régions.** Tierra caliente (0 à 800 m) 22 à 28 °C ; t. templada (800-1 200 m) 19 à 22 °C, (1 200-1 800 m) 16 à 19 °C ; t. fria (1 800-2 700 m) 10 à 16 °C. **Climat** : tropical, 1 saison sèche (nov.-avr.) et 1 humide (mai-oct.). Humidité de l'air 71 à 81 %.

Population. 5 850 852 h. (84) (4 820 000 selon O.N.U.) dont (%) Métis 90, Indiens 5, Blancs 5. Age en % : – *de 15 a.* 43, + *de 65 a.* 2,8. D. 278. **Taux** (‰). Natalité 30,5, mortalité 6,9 (dont infantile 43,8). **Villes** (83) : *San Salvador* 1 056 944, Santa Ana 476 843 (à 66 km), San Miguel 155 000 (à 138 km), Zacatecoluca 70 000 (en 79, à 41 km). Analphabètes 57,1 %. **Réfugiés** : env. 400 000, dont du Honduras 40 000, Nicaragua 20 000, Costa Rica 10 000, Belize 1 000. **Langues.** Espagnol *(off.)*, nahuatl, potom (– de 3 %). **Religions.** Catholiques (96 %), d'origine protestante (mormons, témoins de Jéhovah).

Histoire. 1523 conquis par l'Esp. Alvarado. **1821**-*15-9* indép., fait partie de la Féd. d'Amér. centrale jusqu'à sa dissolution en 1839. **1932** révolte paysanne réprimée par Gal Martinez (30 000 †). **1961-64** appartient au Marché commun centraméricain. **1969** *juill.* g. de 5 j avec Honduras (suivant l'expulsion de Salvadoriens vivant au H.). **1970** zone démilitarisée entre S. et Hond. *-25-3* coup d'État du C^{el} Benjamin Mejia échoue (env. 200 †). **1972**-*mai* élect. truquées. *Juin* N. Duarte exilé. **1977**-*20-2* Gal Carlos Humberto Romero élu Pt ; l'opposition dénonce les irrégularités ; 6 † (200 selon l'opposition). **1977-78** luttes sociales ; milices privées. **1979**-*20-1* 5 †. *-1-2* attentat de l'Armée révol. du peuple (E.R.P.), 16 †. *-4-5/1-6* prise en otage de l'ambassadeur de Fr. par le B.P.R. (Bloc pop. révol.). *-15-10* coup d'État milit. Gal C.H. Romero renversé. *-28-11* enlèvement de l'amb. d'Afr. du S. **1980**-*3-1* junte milit. dém.-chrét. *-11-1* Front d'Action pop. unifié (F.A.P.U.), Ligues pop. 28 février (LP-28), B.P.R. et Union démocrat. nat. (U.D.N.) s'unissent. Enlèvement des amb. de Panamá et Costa Rica. *-22-1* commémoration de l'insurrection paysanne de 1932 : 21 † et 120 bl. ; fusillade (env. 67 †). *-5-2* prise d'otages à l'amb. d'Esp. par des paysans. *-6-3* état de siège : réformes agr. [exploitations de + de 500 ha expropriées : représentent 224 083 ha (13,6 % des terres cult.), aux mains de 244 propr. fonciers]. *-7-3* nationalisation banques, café et sucre. *-23-3* Mgr Oscar Romero, archev. de San S., lance un appel aux milit. : un soldat n'est pas obligé d'obéir à un ordre de tuer. *-24-3* Mgr Romero tué par terroristes de droite. *-30-3* obsèques, fusillade (50 †). *-30-10* paix avec Honduras. **1981**-*1-10* offensive gén. de la guérilla, échec. **1982**-*28-3* élect. à l'Ass. constituante, Démocratie chrétienne 24 s., Coalition d'extr. droite du major Roberto d'Aubuisson 36 s. (dont A.RE.NA., Alliance rép. nat. 19 s.). *Déc.* Pt provisoire remplace Pt Jose Napoleon Duarte. **1983**-*6-1* mutinerie du lt-col. Sigfrido Ochoa-Perez dans le N. *Mars* offensive anti-guérilla région de Guazapa. *-6-3* visite de Jean-Paul II. *28-3* élections Constituante (Dém.-chrét. 24 s., A.RE.NA. 19, P. Conciliation nat. 14, Action dém. 2, P. pop. salv. 1). *Déc.* guérilla attaque et prend la caserne El Paraiso (100 soldats †). **1984**-*6-5* élection présidentielle, Duarte élu. *-15-10* à La Palma rencontre Pt Duarte/Guérilla (Guillermo Ungo, Ruben Zamora). *-30-11* 2e rencontre. **1985**-*5-1* Pedro René Yanès conseiller du Pt tué par extrême droite. *-24-10* libération d'Inès Duarte, fille du Pt, 44 j après son enlèvement en échange de guérilleros invalides et 22 prisonniers pol.

Bilan de la guerre : 1980-81 : 33 000 †, *82* : 5 000 †. *83* : 6 900 †, *84* : min. 3 500 †. 350 000 pers. déplacées ; 600 millions de $ de dégâts.

Statut. République. *Const.* du 20-12-83. *Pt* Napoleon Duarte (n. 23-11-26) dep. le 1-6-84. **Fête nat.** : 15 septembre.

Élections 31-3-85. 2 700 000 inscrits, 1 000 000 votants. Démocrates chrétiens 60 % et 33 sièges sur 60, conservateurs 22/25. A.RE.NA. et P.C.N. 37.

Partis. *P. de l'action démocratique* (P.D.A.), f. 1981, Pt René Fortin Magana. *Alliance rép. nationaliste* (A.RE.NA.), f. 1981, Pt major Roberto d'Aubuisson. *P. de conciliation nationale*, f. 1961, Pt Francisco José Guerrero. *P. démocrate-chrétien*, f. 1960, Pt Antonio Moralès Ehrlich, env. 150 000 m. *Parti d'orientation populaire* (P.O.P.), f. 1981, Pt Jose Medrano. *Parti populaire salvadorien*, f. 1966, Pt Francisco Quinonez Avila.

Guérilla. *Front Farabundo Marti de libération nat.*, f. 1980, Pt Guillermo Ungo. Organe de coordination de la guérilla, 20 groupes, 12 000 combattants env. : *Armée révolutionnaire des peuples E.R.P.* (4 000 h. Joaquin Villalobos), *Forces populaires de libération F.P.L.* (3 000 h.), *Forces armées de résistance nationale F.A.R.N.* (2 000 h.), *Parti révolutionnaire des travailleurs d'Amér. centrale P.R.T.C.*, *Forces armées de libération F.A.L.* (nom de guerre P.C.), *Front démocratique révolutionnaire F.D.R.*, regroupe des partis de gauche (tel le Mouv. national rév. de son Pt : M.G. Ungo) des « organisations pop. » liées aux groupes de guérilla des associations, des syndicats, etc. F.M.L.N. et F.D.R. coordonnent en principe leur action avec une Direction révolutionnaire unifiée (D.R.U.).

Nota. – En 1986 : env. 7 000 militaires contre 12 000 guérilleros.

Économie

P.N.B. (84) 690 $ par h. **Pop. active** (%, entre parenthèses part du P.N.B. en %) agr. 50 (24), ind. 18 (18), services 32 (58). *Chômage* 30 %, 40 % de la pop. active est sous-employée.

Inflation (%). *1980* : 17,4 ; *81* : 14,8 ; *82* : 13,8 ; *83* : 15,4 ; *84* : 14,5 ; *85* : 30. **Dette extérieure** (84). 2 milliards de $. **Aide américaine** (millions de $) *1982* écon. 133, milit. 103,67 ; *83* : 175 et 65 ; *84* : 336 et 196 soit 25 % du budget du pays, *85* : 337 et 129.

Agriculture. *Terres* (milliers d'ha, 80) arables 560, cult. 165, pâturages 610, forêts 134, eau 32, divers 603. *Production* (milliers de t. 83/84) café 308, maïs 463, haricots 92, coton 168, riz 58, sucre 532, céréales. **Élevage** (milliers de têtes, 83). Chevaux 89 (82), mulets 23 (82), bovins 147, porcs 155, poulets 5 050 (82). **Pêche** (83). 7 792 t.

Mines. Or, argent, mercure, zinc, sel. **Industrie.** Agro-alimentaire. **Transports** (km). Routes env. 10 000, chemins de fer 602. **Tourisme** (81). 69 111 vis. Plus de visas pour les Français dep. 85.

Commerce (millions de colones, 84 janv.-sept.). *Exportations* 1 393 *dont* café 907, coton 21, sucre 19 *vers* U.S.A. 498, All. féd. 330, Guatemala 225, Japon 81, Costa Rica 48. *Importations* 2 230 (83) *dont* prod. man. 485, prod. chim. 430, mat. prem. et pétrole 318, prod. alim. 244, mach. et équip. de transp. 275 *de* Guatemala 352, U.S.A. 576, Mexique 192, Venezuela 124.

Rang dans le monde (83). 9e café.

SAMOA OCCIDENTALES

Carte p. 962. V. légende p. 755.

Situation. Océanie, au S. des îles Phoenix. 2 831 km^2. 2 îles principales : Sawaii 1 708 km^2 et Upolu 1 123 km^2, et d'autres îles dont Manono, Apolina. *Alt. max.* 1 876 m. **Climat** : temp. moy. 26,3 °C ; *pluies* : 2 852 mm/an.

Population. 162 000 h. (est. 84) dont (%) Polynésiens 88, Métis 10, Européens 2. D. 57. **Capitale** : *Apia* sur Upolu 33 170 h. (81). Importante émigration. **Langues.** Anglais, samoan *(off.)*. **Religions** (%). Protestants 70, catholiques 20.

Histoire. 1722 découvertes par le Hollandais Roggeveen. **1830** évangélisation. **1880-1914** colonie puis protectorat all. **1899** division des Samoa en 2 sphères d'influence : *occ.* infl. all., *orientale* amér. **1920** mandat néo-zélandais. **1962**-*1-1* indép.

Statut. Royaume. État membre du Commonwealth. *Chef d'État* (O le Ao O le Malò) : roi Malietoa Tanumafili II (n. 4-1-1913) dep. 1-1-62. A la mort du roi, la royauté sera abolie et son successeur élu par l'ass. *PM* Tofilau Eti Alesana. *Const.* du 28-10-60. *Ass. lég.* 47 m. [45 élus par les collèges des chefs (*matai* ; total : 11 000 votants) et 2 au suffr. univ., pour 3 a.]. Élections 23-2-85.

Économie. P.N.B. (82) 450 $ par h. **Pop. active** (% et entre par. part du P.N.B. en %) agr. 58 (38), ind. 10 (10), services 32 (52). **Agriculture.** *Terres cult.* 42 %. *Production* (milliers de t, 83) noix de coco 200, coprah 18, cacao 1, bananes 22, taro 37. **Élevage** (milliers de têtes, 83). Porcs 60, bovins 26, chevaux 10, volailles 1 000. **Pêche** (83). 3 820 t. **Tourisme** (83). 36 717 vis. **Inflation** (%). *1980* : 33,1 ; *81* : 20,5 ; *82* : 18,3 ; *83* : 16,5 ; *84* : 11,9. **Aide extérieure** (80). 100 millions de F.

Commerce (millions de talas, 83). *Exportations* 27,4 *dont* prod. alim. 15,5, coprah 1,3, taro et taamu 2,3, cacao 4,6 *vers* U.S.A. 8,5, N-Zélande 6,9, Australie 3,4, All. féd. 2,7. *Importations* 54 *dont* pétrole 13, mach. 8, prod. man. divers 5,2, mat. de transport 6,6, viande 3,3 *de* N-Zélande 20,5, Australie 19,5, Japon 7,8, Fidji 2,8, Chine 1,5.

Nota. – L'achat de pétrole absorbe 99 % du revenu des exportations.

SÃO TOMÉ ET PRINCIPE (ILES DE)

V. légende p. 787.

Situation. Afrique 964 km^2 (dans le golfe de Guinée à 200 km de la côte). 2 îles : *São Tomé* 836 km^2, *Principe* 128 km^2, et quelques îlots. *Alt. max.* Pic de São Tomé 2 024 m. Jungle montagneuse et cultures. **Climat** chaud et humide (temp. moy. 27 °C). **Population.** 120 000 h. (est. 84). D. 124. *Capitale : São Tomé* 25 000 h. (est. 84). **Langue.** Portugais *(off.)*. **Religion.** Catholique (80 %).

Histoire. 1471 découvertes par Pedro Escobar et João Gomes. **1522-1974** Colonie puis T.O.M. portugais. **1973** *mars* création d'une Ass. législative. **1974-**25-11 accord avec le Port. pour l'indép. **1975-**12-7 indép.

Statut. Rép. dém. *Const.* du 15-12-82. *Chef d'État* Pt et PM Manuel Pinto da Costa (n. 1910) dep. 12-7-1975. *Ass.* 40 m. élus pour 4 a. **Fêtes nat. :** 15 sept. (déclaration de l'indépendance), 5 nov. (1er cri d'indépendance).

Économie. P.N.B. (83) 310 $ par h. **Pop. active** (% et entre par. part du P.N.B. en %) agr. 80 (50), ind. 5 (10), services 15 (40).

Agriculture. *Terres cult.* 37 %. *Production* (milliers de t, 83) cacao 3,5 (85 ; en 75, 10) (soit 60 kg par h., record du monde), coprah 5, bananes 3, café, noix de coco 42. **Élevage** (milliers de têtes, 83). Bovins 3, moutons 2, chèvres 4, porcs 3, poulets 100. **Pêche.** 2 700 t (82).

Aide extérieure. U.R.S.S. et Cuba.

SÉNÉGAMBIE

V. légende p. 787.

Origine. 1981-17-12 Confédération créée à la suite de l'intervention sénégalaise en Gambie. **1982-**1-2 entrée en vigueur effective. **1983-**12-1 1er conseil des min. de la confédération.

Statut. *Pt* Abou Diouf, Pt du Sénégal. *Vice-Pt* Sir Dawade Kairaba Jawara, Pt de la Gambie. *Ass. confédérale :* 60 m. dont 20 venant du parlement gambien et 40 du p. sénégalais. Pol. étrangère, défense et sécurité dépendent de la Confédération ; pol. intérieure de chaque État.

Gambie

Situation. Afrique [bande de 350 km le long du fleuve Gambie (larg. 50 km) enclavée dans le Sénégal]. 11 295 km². Forêt et mangrove (cours inf. du fleuve), savane à l'intérieur. **Climat** très chaud surtout févr. à nov. (côtes, plus frais). *Pluies* juin-oct. (1 m), sec de déc.-mai.

Population. 695 886 h. (83) dont Mandingues 42,3 %, Foulas 18,2 %, Ouolofs 9,5 %, Diolas 9 %, Sarakolés 8,7 %, Akous 1 % (descendants des esclaves enlevés aux négriers et installés en G. par la G.-B. après l'abolition de la traite). D. 61,6. **Villes :** *Banjul* (cap., avant 1974 appelée Bathurst) 44 505 h. (83), Serrekunda 68 433, Brikama 9 483, Bakau 14 848 (78), Gunjur 4 700, Sukuta 3 800, Farafeni 3 800, Gambisara 3 600, Salikeni 3 300, Georgetown, Basse, Kerewan, Kaur, Mansakonko.

Langues. Anglais *(off.)* et langues tribales. **Religions** (%). Musulmans 85, animistes 8, protestants 12.

Histoire. 1455 occupation portugaise. **XVe-XVIIIe s.** objet de rivalités européennes (facilités offertes par le fleuve pour la traite, attrait de l'or). **1765** Anglais occupent St-Louis du Sénégal et Gambie et créent prov. de Sénégambie. **1783** tr. de Versailles, Sénégal revient à France. **1808** traite interdite. **1843** colonie de la Couronne ; développement de l'arachide. **1866-88** forme avec Sierra Leone, Côte de l'Or et Lagos Établ. brit. de l'Afr. occid. **1888** colonie et protectorat. **1962** autonomie interne, complète le *4-10*-**1963. 1965-**18-2 indépendance. **1970-**24-10 rép., référendum (suffr. exprimés 120 606 : oui 84 968, non 35 638). **1980-**31-10 intervention sénégalaise pour rétablir l'ordre. **1981-**29-7 coup d'État de Kukoi Samba Sangang. *-30/31-7* intervention sénégalaise. *-2-8* Pt Jawara rentre. *-17-12* création de la confédération de Sénégambie.

Statut. Rép. Membre du Commonwealth. *Const.* du 24-4-70. *Assemblée* (49 m. dont 35 élus au suffr. univ. pour 5 a., 4 choisis par une ass. de chefs, 4 nommés). *Pt* Sir Dawda Kairaba Jawara (n. 16-5-1924) dep. 24-4-70, réélu 6-5-82 avec 72,4 % des v. (était PM dep. 65) (P. progressiste du peuple). *Élections du 4/5-5-82 :* P. du peuple (27), P. de la Convention nationale (3), Indépendants (5).

P.N.B. ($ par h.). *1982 :* 360. *83 :* 290. *84 :* 300. **Pop. active** (%, entre parenthèses part du P.N.B. en %) agr. 70 (35), ind. 5 (10), services 25 (55). **Dette ext. 85 :** 320 millions de $.

Agriculture. 23 % de terres cult. *Production* (milliers de t, 83) arachide 106 (65 % des t. cultivées), riz 19, millet 29, maïs, manioc. **Élevage** (milliers de têtes, 83). Bovins 300, moutons 185, chèvres 194, volailles 300, porcs 12. **Pêche** (82). 9 700 t. **Tourisme** (84). 40 000 vis.

Commerce (millions de dalasis 82-83). *Exportations* 126,9 (83) *dont* prod. de l'arachide, poisson *vers* P.-Bas 22 (80), G.-B., Italie, Belgique, Suisse. *Importations* 304,6 (83) *de* G.-B., Chine, *France,* P.-Bas, All. féd.

Sénégal

Nom. Celui du fl. Sénégal (adj. latin mod. *senegale,* tiré de Zenaga ou Sanhadja, nom des Berbères sahariens).

Situation. Afrique. 196 192 km². *Alt. max.* 581 m. *Côtes :* 700 km. **Régions.** 5 : côtière large 100/120 km ; Casamance au S. de l'enclave de la Gambie, plus humide ; Centre-N. très sec (plaines du Ferlo, brousse très claire à épineux) ; S.-E. plus vallonné ; vallée du Sénégal, longue, étroite, décrue. **Climat :** tropical, saison des pluies, chaude (juill.-oct.) ; saison sèche (nov.-mai). *Temp.* moy. à Dakar : 23,8 °C (janv. 21,1 °C, juil. 27,3 °C).

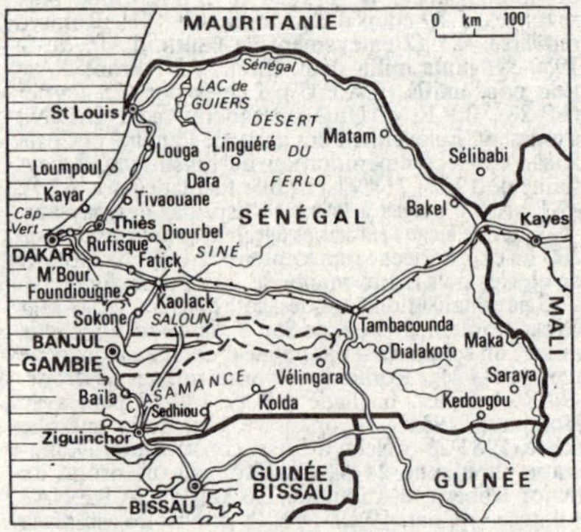

Population. 6 306 759 h. (1-1-85). D. 32. *– de 15 a.* 44,2 %, *+ de 60 a.* 5,3 % en 81. Dont en % (81) : Wolofs 36 (fonctionnaires, instituteurs, cultivateurs, commerçants ; surtout dans les régions de Dakar et du bassin arachidier : Diourbel, Louga), Sérères 19 (agriculteurs, régions de Thiès, Fatick et Kaolack), Toucouleurs 12 (rive gauche du Sénégal entre Podor et Matam), Peuls 10,5 (gardiens de troupeaux, agriculteurs), Mandingues 9, Diolas 9, Bainouks et Balantes 3 (régions de Ziguinchor et Kolda), Lébous (région de Dakar, pêcheurs), Sarakollé, Bambaras, Maures, Bassaris, Coniaguis. **Émigration en France** (1-1-84). 35 000 (en situation régulière). **Immigration.** Guinéens 220 000, Mauritaniens 30 000, Français 18 000 (84), Libanais 15 000. D. 32. **Villes** (ag., 84). *Dakar* 1 000 000, Thiès 160 000 (70 km), Kaolack 120 000 (192 km), Saint Louis 108 000 (264 km), Ziguinchor 100 000 (454 km), Diourbel 73 000.

Langues. Français (off.), wolof (80 %). **Religions** (%). Musulmans 83 (plusieurs confréries : mouridisme, tidjanisme ou Niassene, Khadria, Layenne), catholiques 6, animistes 7.

Histoire. Xe s. siège du roy. de Tekrour ou Tokoror (francisé en Toucouleur). **XIe s.** les Toucouleurs deviennent musulmans. Nar Diabi fonde (dans le Fouta) la dynastie des Mannas, qui après 3 siècles sont renversés par les Tondions, amis vassaux des Mandingues. **XIVe s.** *apogée de l'empire mandingue.* **XVe s.** les roy. sérère et wolof se détachent du Tekrour, d'autres divisions surviennent (**1559** le Cayor quitte l'empire wolof). **1445** le Portugais *Gadamosto* découvre le cap Vert et s'installe à Gorée. **V. 1638** des Français fondent St-Louis et s'installent à Gorée et en Casamance (traite des Noirs et trafic de gomme arabique). **1814** le tr. de Paris accorde à la France le monopole du commerce avec le S. **1854-65** *Faidherbe* soumet l'intérieur (repousse les Maures au N. du fleuve Sénégal et les Toucouleurs d'El Hadj Omar). **1857** Protet fonde Dakar. **1898** conquête achevée. **1903** sécurité établie. **1958-**25-11 Rép. autonome. **1959-**4-8 adhère à Fédération du Mali. **1960-**4-4 accords d'indépendance signés à Paris. *-20-6 indép. en union avec Mali. -20-8 quitte la Féd. du Mali.* **1962-**11-12 coup d'État échoue ; Pt du Conseil Mamadou Dia (n. 1910) arrêté. **1964** dissol. du F.N.S. **1966** U.P.S. parti unique. **1974** *mars* M. Dia libéré. *Août* pluripartisme rétabli. **1976** *déc.* U.P.S. devient P.S. **1978-**26-2 Senghor réélu Pt (82,02 % des v.) contre Abdoulaye Wade (PDS) (17,38 % des v.). **1980-**31-12 *Senghor démissionne, remplacé par Diouf* jusqu'en avril 1983 (expiration du mandat en cours). **1981-**30/31-7 intervention en Gambie sur demande du Pt gambien. *-17-12* création de la confédération de Sénégambie avec Gambie. **1982-**24/25-5 *visite du Pt Mitterrand. Fin juin-début juill.* mise à sac de campements originaires de Guinée-Bissau par des paysans de Casamance : 15 †. *-26-12* manif. à Ziguinchor pour l'indép. de la Casamance. **1983-**27-2 Diouf élu Pt. *mai* Senghor élu à l'Académie française. *-19-12* violents affrontements en Casamance entre indépendantistes et forces de l'ordre (24 †, 80 bl.). **1986-**4-1 jugement de clémence pour les 105 prévenus.

Statut. Rép. présidentielle. *Constit.* 7-3-63, révisée 22-2-70. *Pt* élu p. 5 a., en même temps que les m. de l'Ass. nat., au suffr. univ. *Pt* Abdou Diouf (7-9-35) dep. 1-1-81, réélu 27-2-83. *Ass. nat.* 100 m. élus pour 5 a. (scrutin majoritaire et proportionnel). *Conseil suprême de la magistrature. Cour suprême. 10 régions* (comprenant 30 départements) : Dakar, Ziguinchor, Diourbel, St-Louis, Tambacounda, Kaolack, Thiès, Louga, Fatick, Kolda. **Fête nat.** 4 avril et 1er février (pour la Sénégambie).

Élections. *Présidentielles du 27-2-83 :* inscrits 1 928 257, votants 1 093 244, bulletins nuls 4 169, suffrages exprimés 1 089 075. Abaou Diouf 908 879, Abdoulaye Wade 161 067, Omar Wone 2 146, Mamadou Dia 15 150, Majhmout Diop 1 833. *Législatives du 27-2-83 :* participation 55 %, P.S. 111 sièges, P.D.S. 8, R.N.D. 1.

Partis. *P. socialiste* (PS) (ex-UPS, dep. le congrès de l'UPS de déc. 76), créé 1958, leader A. Diouf. *P. démocratique sén.* (P.D.S.) (opposition libérale), créé 1974, secr. gén. Abdoulaye Wade. *P. africain de l'indépendance* (PAI) (marxiste-léniniste), légalisé août 1976, secr. gén. Majhemouth Diop. *Mouv. républicain sénégalais* (conservateur), créé 1977, leader Boubacar Guèye. *Rassemblement nat. dém.* (RND) créé 1976, légalisé 1981, leader Cheikh Anta Diop. *And Jef* ou *Mouv. révol. pour la dém. nouvelle,* leader Landing Savané. *Mouv. dém. et pop.,* l. Mamadou Dia. *Ligue dém.-Mouv. pour le parti du trav.,* Abdoulaye Bathily. *Union pour la dém. pop.,* l. Hamadine Racine Guissé. *P. pop. sénégalais,* l. Dr Oumar Wone. *Organisation socialiste des travailleurs,* f. 1982, P. Mbaye Bothily. *Ligue communiste des travailleurs,* f, 1982, l. Mahmoud Saleh. *P. africain pour l'indépendance des masses,* f. 1982, l. Aly Niane. *Union dém. sénégalaise,* f. 1985, l. Mamadou Fall. *Union pour la démocratie pop.,* l. Hmédine Racine Guisse.

● **Économie. P.N.B.** ($ par h.). *1982 :* 490. *83 :* 440. *84 :* 320. Pop. active (%, entre parenthèses part du P.N.B. en %) agr. 70 (26), ind. 15 (29), services 15 (45). **Inflation** (%). *1980 :* 8,7. *81 :* 5,9. *82 :* 17,3. *83 :* 11,7. *84 :* 11,8. **Aide française** (83). 1 340 millions de F.

Agriculture. *Terres* (milliers d'ha, 81) arables 5 225, cult. 5, pâturages 5 700, forêts 5 318, eaux 419, divers 2 957. (L'arachide occupe 21 % des terres cult., le millet 15 %.) *Production* (milliers de t, 83) mil-sorgho 600 (84), arachides 750 (84) (1 177 en 75-76), riz paddy 108, maïs 60, coton 36, manioc, canne à sucre, patates douces, légumes. **Élevage** (milliers de têtes, 83). Bovins 2 250, moutons 2 100, chèvres 1 050, porcs 150, chevaux 220, ânes 240, volailles 9 000. **Pêche.** 222 600 t (84). Conserveries. **Mines.** Phosphates de chaux et d'alumine, sel marin, fer (Falémé), pétrole (prospection au large de la Casamance, gisement de Dome-Flore). Tourbe (Saloum, Casamance). Gaz (Diam-Nadio) **Industrie.** Alim. (huileries), filature, tissage, cuir, engrais, pesticides, mat. de construction, ciment. Raffinerie de pétrole à Mbao.

Transports (km). Routes 14 500, chemins de fer 1 186. **Tourisme.** 230 000 vis. (83).

Commerce (millions de F CFA, 83). *Exportations* 206 976 *dont* (%) huile d'arachide 27,6, poisson frais 24,5, phosphates 12,2, pétrole 12 *vers* France 31,7, G.-B. 5,3, Côte-d'Ivoire 4,7, Italie 3,6, R.F.A. 1,9. *Importations* 396 079 *dont* (%) biens intermédiaires 20,6, prod. pétroliers 17,9, riz 16,6, mach. et biens d'équip. 12,9 *de* France 34,1, Nigeria 5,2, All. féd. 4,3, Thaïlande 3, Italie 2.

Rang dans le monde (83). 3e arachides. 7e millet. 11e phosphates.

SEYCHELLES

Carte p. 978. V. légende p. 787.

Situation. Océan Indien. Archipel (+ de 100 îles). A 1 100 km de Madagascar et 1 760 km de Mombasa. 308 km² (443 avec le lagon). *Alt. max.* Morne Seychellois 905 m. *Côtes* 400 km. *Sol :* granite et corail. *Temp.* moy. 29,8 °C. *Pluies* 2 276 mm. Humidité

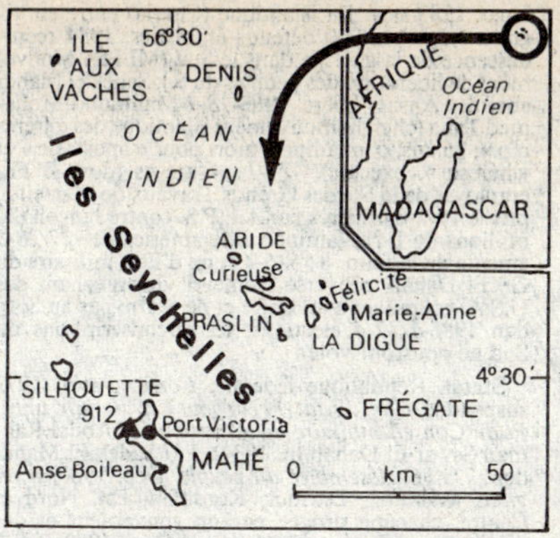

80 %. *Tortues* géantes (1,50 m de haut, 300 kg). *Oiseaux* de mer.

Population (85). 65 711 h. dont plus de 55 800 dans Mahé [majorité de Noirs ou Métis, grands Blancs, vieux Bl., Bl. rouillés, Mulâtres, Indiens (Lascars ou Malabars) 2 %, Chinois]. — *de 20 a.* 49 %, + *de 60 a.* 9 %. D. 142,9. **Villes :** *Port-Victoria* (capitale) [23 000 h. dans Mahé (83)]. 115 îles sur 150 000 km². 46 habitées. *Principales :* Granitiques : 32 îles (Mahé 144 km² ; Praslin 45 km², 4 400 h. ; Silhouette 15 km², 390 h. ; La Digue 15 km², 1 911 h.), Coraliennes 60, Frégate 2 km², 25 h.

Langues (%). Créole 95 *(off.)*, anglais 45 *(off.)*, français 37 *(off.)*. **Religions.** Catholiques 90 %, anglicans 8 %.

Histoire. XVIe s. découvertes par des Portugais. **1742-44** explorées par le Fr. L. Picault ; deviennent « La Bourdonnais ». **1756** propriété de la Cie des Indes ; deviennent « Seychelles ». **1794** occupées par Anglais. **1814** colonie brit. rattachée à Maurice. **1888** création d'un poste d'administrateur. **1897** gouverneur. **1903** *nov.* colonie autonome. **1970** *nov.* Constitution accordant autonomie. **1976** *juin* G.-B. rend îles Aldabra, Farquhar et Desroches qui dépendaient du Terr. brit. de l'océan Indien. **1976**-*29-6* indép. **1977**-*5-6* coup d'État : Pt James Mancham (n. 1939) renversé. **1981**-*25-11* échec d'un coup d'État de 49 mercenaires sud-afr. dirigé par Mike Hoare. **1982**-*17-8* mutinerie échoue, 7 †, 23 bl. **1986**-*29-11* Gérard Hoareau, opposant assass. à Londres.

Statut. Rép. État membre du Commonwealth. *Const.* du 26-3-79. *Pt* France Albert René (n. 16-11-1935) dep. 5-6-77, élu 26-6-79, réélu 17-6-84. *Ass. populaire* 25 m. dont 23 élus (juin 79) et 2 nommés.

Parti politique. *Parti unique :* Front progressiste du peuple, f. 1978 (8 000 adhérents). **Fête nat. :** 5 juin (coup d'État).

• **Économie. P.N.B.** (83, millions) 993 par h. **Pop. active** (%) agr. 11, ind. 26, services 63. **Inflation** (%). *1981 :* 16 ; *82 :* 4 ; *83 :* 8.

Agriculture. *Terres* (milliers d'ha, 81) terres 4, forêts 5, eau 1, divers 17. *Production* (t, 83) noix de coco [le coco de mer (vallée de Mai à Praslin) donne des noix de 30 kg, parfois ressemblant à une anatomie féminine], 30 000 (81), coprah 2 686, bananes 2 000, thé 131, cannelle 877. **Élevage** (têtes, 83) bovins 2 000, porcs 13 000, chèvres 4 000, volailles 130 000 (81). **Pêche** (83) 8 000 t. **Guano.**

Industrie. Bière, cigarettes. **Tourisme.** *Visiteurs : 1984 :* 63 417, *85 :* 72 542.

Commerce (millions de roupies S, 85). *Exportations* 20 *dont* poisson congelé 7,8, coprah 7,5, écorce de cannelle 2,4. *Importations* 719 *dont* équipement et transport 186, produits pétroliers 185, prod. manufacturés 170, prod. alimentaires, boissons, tabacs 119, prod. chim. et autres 59 *de* (hors pétrole) G.-B. 14,7, Italie 9,5, Afr. du Sud 8,9, *France 8,9,* Kenya 4,7.

SIERRA LEONE

Carte p. 931. V. légende p. 787.

Nom. Signifie « montagne du lion » en espagnol *(sierra)* et italien *(léone)*.

Situation. Afrique, au S. de la Guinée. 71 740 km². *Côtes* 644 km. Zone basse au S.-O., plateaux et montagnes à l'intérieur, au N. et à l'E. **Climat :** plus humide au S.-E. (végétation trop., pluies mi-juin-mi-sept.) qu'au N.-E. (savane). *Temp. :* Freetown 23,7 °C à 29,4 °C ; *pluies :* 3 015 mm par an.

Population. 3 800 000 h. (est. 86) dont (%) Mendés 31, Temmés 29,8, Limbas 8,5, Créoles env. 700 000. D. 53. **Villes** (85) : *Freetown* 470 000 à 500 000 h., Koidu 50 000 (81), Bo 50 000, Kenema 40 000, Makeni 30 000.

Langues. Anglais *(off.)*, krio lingua franca, temme, mende, soussou, malinké, foulah, lokko. **Religions** (%). Animistes 30, chrétiens 10, musulmans 60.

Histoire. 1462 Le Portugais Pedro da Cintra débarque sur la côte. **1787** 1ers colons, esclaves amér., de Nlle-Écosse, réfugiés en G.-B. et voulant fonder une *province de la liberté.* **1790** arrivée de *Marrons,* esclaves fuyant Jamaïque. **XIXe s.** arrivée des *recaptives,* esclaves repris par Anglais aux navigateurs fr., esp. et port. continuant la traite (abolie en 1807). **1808** colonie brit. **1961**-*27-4 indép.*, Milton Marguai PM. **1964** *avr.* son frère, Albert Marguai PM. **1967** *mars* élect. lég., succès d'opposants (Siaka Stevens). Putsch : une partie de l'armée (Gal David Lansana) tente de maintenir le PM au pouvoir ; contre coup d'État. *-23-4* Lt-col. Juxon-Smith instaure conseil de réforme militaire. **1968**-*18-4* coup d'État du col. David Bangura ; Siaka Stevens PM. **1971**-*23-3* Siaka Stevens empêche un putsch du Gal Bangura. *-19-4* proclamation de la rép. *-29-6* Gal Bangura exécuté. **1974** *oct.* état d'urgence. **1977**-*31-1* manif. étudiantes.

Statut. Rép. Membre du Commonwealth. *Const. du 13-6-78. Pt* Major-Gal Joseph Saidu Momoh (n. 26-1-37) dep. 28-11-85, élu le 1-10-85 au suffrage univ. 1er *vice-Pt* Francis Minah. *2e vice-Pt* A.B. Kamara. *Chambre des représentants* 104 m. dont 85 élus, 12 chefs et 7 nommés par le Pt. *Élections du 1-5-82 :* nombreuses irrégularités, annulation de 14 résultats entraînant des élec. partielles. *Parti unique dep. juin 78 :* All. People's Congress (A.P.C.), f. 1960, Pt Siaka Stevens. **Fête nat. :** 19 avril (indép.).

Économie

P.N.B. (84) 222 $ par h. **Pop. active** (%, entre parenthèses part du P.N.B. en %) agr. 65 (35), ind. 24 (16), services 11 (49). **Inflation** (%). *1981 :* 23,4 ; *82 :* 26,9 ; *83 :* 68,5 ; *84 :* 66,6 ; *85 :* + de 100. **Aide extérieure** (84). 23 millions de $.

Agriculture. *Terres* (milliers d'ha, 81) arables 1 620, cult. 146, pâturages 2 204, forêts 2 060, eaux 12, divers 1 132. *Production* (milliers de t, 84-85) riz 550, manioc 112, cédrat 70, huile de palme 48, maïs 13, café 18,5, cacao 15 t. Cola 7, tabac, gingembre 2, noix de coco, bananes, millet, caoutchouc. **Forêts** (82). 7 846 000 m³.

Élevage (milliers de têtes, 83). Poulets 4 000, bovins 351, moutons 320, chèvres 168, poulets 4, porcs 42. **Pêche** (82). 65 500 t.

Mines. Diamants 253 000 carats (84). Bauxite 1 239 000 t (84). Rutile 88 000 t (84). Platine, or 19 200 onces (84), fer, chrome.

Commerce (millions de leones, 84). *Exportations* 371 *dont* diamants 128, rutile 59, cacao 58, café 34, bauxite 47 *vers* (%) Belgique 25, P.-Bas 17, G.-B. 12, U.S.A. 9, France 1. *Importations* 418 *dont* prod. pétroliers 163, prod. alim. 63, mach. et mat. de transp. 79, prod. man. 67 *de* (%) Nigeria 36, All. féd. 11, G.-B. 11, Japon 6, France 5, P.-Bas 5, U.S.A. 4.

Rang dans le monde (83). 6e diamants. 9e palmistes.

SINGAPOUR

Carte p. 935. V. légende p. 787.

Situation. Asie 620,2 km². 57 îles dont Singapour (571,6 km², 42 km sur 23 km). *Alt. max.* Bukit Timah Peak 165 m, *côtes* 193,7 km) et petites îles, en malais : Pulau (45,6 km²) dont Tekong 17,92 km², Ubin 10,19 km², Sentosa 3,89 km². Séparées de la Malaisie par le détroit de Johore (larg. 640 m à 914 m).

Climat équatorial chaud et humide (23 à 34 °C). *Saison* relativement sèche mars à août, *mousson* septembre à février. *Pluies :* 2 400 mm.

Population. 2 558 000 h. (85) dont (%) Chinois 76,3, Malais 14,9, Indiens 6,4, divers 2,4. — *de 15 a.* 24,4, + *de 60 a.* 7,7 %. D. 4 124. **Ville :** *Singapour* (80) 1 049 591 h., 97,4 km².

Langues off. Malais, chinois mandarin, tamoul, anglais (obligatoire). **Religions.** Musulmans, bouddhistes, chrétiens, hindouistes.

Histoire. 1819 fondation par Sir Thomas Stamford Raffles, colonie brit. **1942-45** occupation japonaise. **1959**-*3-6* autonomie. **1963**-*16-9* indépendance, adhère à Féd. de la Malaisie. **1965**-*9-8* s'en sépare. *-22-12* république. **1985** *nov.* crise boursière. *-2-12* fermeture de la Bourse.

Statut. Cité-État. *Const.* de 1958. Membre du Commonwealth. *Pt* (élu pour 4 a. par le Parlement) Wee Kim Wee (n. 4-11-15) dep. 2-9-85. *PM* Lee Kuan Yew (16-9-23) dep. 5-6-1959. *Parlement* (79 m. élus pour 5 a. au suffr. univ.). *Élections lég. du 22-12-84 :* P.A.P. (People's Action Party) 77 s., Worker's Party 1 s., Singapore Democratic P. 1 s. **Fête nat. :** 9 août (Indép.).

Économie

P.N.B. (85) 6 500 $ U.S. par h. **Pop. active** (%, entre parenthèses part du P.N.B. en %) agr. 2 (1), ind. 39 (41), services 59 (58). **Chômage** (85) : 6 %. **Inflation** (%). *1980 :* 8,5 ; *81 :* 8,2 ; *82 :* 3,9 ; *83 :* 1,3 ; *84 :* 2,4 ; *85 :* 0,5. **Dette extérieure publique** (85). 301 millions de $ U.S.

Agriculture. *Terres* (km², 85) agglomération 295, agricoles 58,9, forêts 28,6, marécages 18,7. **Élevage** (en millions de têtes, 83). Poulets 31,9, canards 5,6, porcs 0,9. **Pêche** (84). 117 636 t.

Industrie. Microprocesseurs, réparation d'avions, constr. navale, plates-formes de forage, raffinage du pétrole, constr. élec. et mécanique, élec., bois. **Transports** (km, 84) routes 2 597, chemins de fer 26. **Tourisme** (85). 3 000 000 vis. **Place bancaire :** 382 établissements (85).

Commerce (milliards de $ S., 84). *Exportations* 50,2 *dont* prod. pétroliers 13,6, composants électroniques 3,2, radio-T.V. 2,4, agro-alim. 2,2, caoutchouc 1,5, huile de palme 1,5 *vers* U.S.A. 10,6, Malaisie 7,8, Japon 4,7, Hong-Kong 3,2, Thaïlande 2,1. *Importations* 57,8 *dont* pétrole brut 12,8, composants électroniques 3,7, agro-alim. 3,5, pièces détachées d'avions et bateaux 2,7 *de* Japon 9,9, U.S.A. 8,8, Malaisie 8,3, Chine 5, Arabie Saoudite 2.

SOMALIE

Carte p. 880. V. légende p. 787.

Noms. *Terre de Punt ou Pouanit* (Égyptiens), *Terre des Aromates* (Romains), *Barral agiab* (terre des étrangers, Arabes), *Biladu somal* (terre des Somaliens). *Somalie* vient de *soo mal* (« va traire », en somali, pour offrir du lait aux hôtes) ou *zumal* (en arabe, « peuple riche en bétail »).

Situation. Afrique. 638 657 km² (Corne de l'Afrique formée de Somalie ex-ital. 462 539, Somalie ex-brit. 176 118). *Frontières* 2 500 km env. dont Éthiopie 1 540 km, Kenya 700 km, Djibouti 80 km. *Côtes* 3 200 km. *Alt. max.* 2 500 m. Plaine (au S.), haut plateau (500 à 1 000 m), savane, montagne au N.

Climat : chaud et sec, *temp. moy.* à Mogadiscio : janv. 25,6 °C, juill. 26,1 °C, à Berbera : 42 °C de juin à sept. *Pluies :* mars à juin, et sept. à déc., 32 à 50 mm/an dans le S., 410 mm/an à Mogadiscio.

Population. 4 540 000 h. (est. 84) 75 % pop. nomade. D. 8. **Réfugiés.** Env. 700 000 (1983). *Au 1-1-1980* la S. a reçu 1 200 000 réfugiés d'Ogaden (500 000 sont regroupés dans 21 camps, 700 000 errent dans les villes). **Villes :** *Mogadiscio* 600 000 h. (84), Kisimayo 90 000 (à 500 km de la cap.), Hargeisa 90 000 (à 1 400 km), Berbera 70 000 (à 1 350 km, base navale), Merca 62 000, Chisimaie 25 000, Burao, Baidoa.

Langues. Somali, arabe *(off.)*, italien, anglais. **Religions.** Musulmans sunnites (99 %), minorité chiite, 1 500 catholiques (Italiens), animistes.

Histoire. V. 1400 sultanat de Harrar. **V. 1500** Ahmed Ibrahim Gurey, le Gaucher, réorganise le pays et interdit de payer tout tribut au négus d'Abyssinie. **1506** bombardements portugais (Zeilah, Brava, Mogadiscio), Ahmed Gurey tué. **XIXe s.** accords pour partage du terr. somalien en zones d'influence [**1884** Angl.-Ital., **1888** Angl.-Fr. sur la Côte des Somalis, **1889** Éthiopie-It., **1891** Angl.-Ital., **1897** Fr.-Éthiop. Côte fr. des Somalis] ; la Fr. occupe la Côte fr. des Somalis, la G.-B. le N. *(British Somaliland)* et au S. le Jubaland, l'Italie le S. *(Somalia Italiana,* colonie de **1899** adm. par la G.-B. de **1941** à **1949**, confiée sous mandat à l'It. du *1-4-*1950 au *30-6-*1960). **1948** la G.-B. cède à l'Éthiopie Ogaden et la « Reserved Area ». **1954** région du haut et reste de la Res. Area (ce terr. aurait dû se trouver sous administration fiduciaire de l'It. sur mandat de l'ONU). **1960** indép. de l'ex-British Somaliland *(26-6)* et de l'ex-Somalia Italiana *(1-7)* qui fusionnent en rép. de Somalie. **1969** *oct.* Dr Ali Shermake Pt de la Rép. assassiné. *-21-10* coup d'État mil. **1974**-*14-2* adhère à Ligue arabe. **1975** facilités accordées aux Soviétiques à Berbera et dans îles Barjuni ; construction base aérienne à Wanle-Weyn (à 80 km de Mogadiscio). Aide mil. sov. : 130 millions de $ par an. **1976**-*1-7* constitution du P. socialiste révolutionnaire, dissolution du Conseil suprême de la Rév. (créé 21-10-69). **1977** participe à g. de l'Ogaden, mais battue (V. Éthiopie). *Nov.* expulsion des conseillers sov. **1978**-*9-4* coup d'État mil., échec : 20 †. *Oct.* 17 officiers condamnés à mort. **1979** *févr.* l'opposition (Front d'Action Dém. : F.A.D. responsable du coup d'État du 9-4-78) réorganisée en « Front de Salut somalien » (F.S.S.) avec appui éthiopien (2 000 h. : secr. général Mustapha Haaji Nuur). *-23-12* facilités offertes aux Américains à Berbera. **1982** *fév.* troubles à Hargeisa. *-5-7* combats somaliens-éthiopiens en Somalie.

Statut. *Rép.* dém. *Const.* du 25-8-79. *Parti* unique responsable de la gestion du pays : P. socialiste révolutionnaire de Somalie, f. 1976. *Secr. gén. PM* et *Pt de la Rép.* : Gal Mohamed Syaad Barré (n. 1919) (ancien Pt du Cons. suprême de la Rév. dep. 21-10-69). Pt nommé par Comité central et élu pour 6 a. par Ass. 15 *régions,* statut spécial pour Mogadiscio, 64 *districts. Ass. nat.* 171 m. élus pour 5 a. au suff. univ. et 6 nommés. **Fête nat.** : 21 octobre (Révolution).

Opposition. *Front démocratique de salut de la S.* (F.D.S.S.), f. 81 (fusion du Front de salut de la S., Front démocratique de la S.P. des travailleurs som.), Pt Abdullahi Yussuf Ahmad. *Mouvement nat. som.* (S.N.M.), f. 81 à Londres, dans la guérilla dep. 82. Le 8-10-82 F.D.S.S. et S.N.M. ont créé un *Front commun.*

Économie

P.N.B. (83) 250 $ par h. **Pop. active** (%, entre parenthèses part du P.N.B. en %) agr. 82 (40), ind. 8 (10), services 10 (50). **Inflation** (%). *1980 :* 58,8 ; *81 :* 44,4 ; *82 :* 24 ; *83 : 47,1 ; 84 :* 92,2. **Dette extérieure** (fin 82). 1 milliard de $. **Transferts des émigrés dans le Golfe** (80). 850 millions de F (30 % du P.N.B.). **Aide extérieure.** *1982 :* 223 millions de $. *Prév. 83 à 86 :* 100.

Agriculture. *Terres* (milliers d'ha, 83) arables 8 150, pâturages 28 850, forêts 8 800, eaux 1 032, brousse 6 197, divers 26 765. *Production* (milliers de t, 83) canne à sucre 450, sorgho 235, maïs 120, bananes 99, sésame 59,5, fruits, légumes 82, riz 2,8, haricots 6, coton 4, arachides, tabac, kapok. Myrrhe, encens.

Élevage (milliers de têtes, 83). Bovins 4 050, moutons 10 400, chèvres 16 900, chameaux 5 650, ânes 24, mulets 22. Viande, cuirs et peaux. **Pêche.** 7 500 t (82).

Mines. Aucun gisement exploité : fer, plomb, étain, manganèse, lignite, sépiolite, gypse, uranium, thorium. Recherches de pétrole. **Industrie.** Inexistante.

Commerce (millions de shillings S., 83). *Exportations* 1 423 *dont* animaux vivants 1 122, bananes 103, cuirs et peaux 20 *vers* (81) Arabie Saoudite 803, Italie 58, U.R.S.S. (77) 13, G.-B. (77) 8, Yémen (80) 3. *Importations* 2 844 *dont* prod. pétrol. 881, prod. alim. 453, mach et équip. de transp. 211 *de* (81) G.-B. 935, Italie 662, R.F.A. 430, Chine 40.

Rang dans le monde (83). 1er chameaux.

SOUDAN
V. légende p. 787.

Nom. Autrefois appelé *Nubie* (« pays de l'or » en langue indigène).

Situation. Afrique. 2 505 813 km², 1,7 % de la surface terrestre du globe, plus grand pays d'Afr. (8,3 % du continent). *Frontières* (km) : Éthiopie 2 210, Tchad 1 300, Égypte 1 260, Rép. centrafricaine 1 070, Zaïre 660, Ouganda 460, Libye 380, Kenya 240. *Côtes :* 870 km (mer Rouge). *Alt. max.* Mont Kete 3 187 m. **Régions :** N. et E. : désert de Nubie ; centre : plaine du Nil ; O. et S. : plateaux avec montagnes.

Climat : tropical continental, équatorial au S. Températures records : − 2 °C et + 52,5 °C (Khartoum 31 °C en janv., 23 °C en juill.). *Pluies :* 0,1 à 1 500 mm/an (Khartoum 161 mm/an). *Saison touristique :* hiver.

Population. 21 103 000 h. (est. 84). 572 ethnies. En % : Noirs 58, Arabes 33, Éthiopiens 3. D. 8,4. 80 % d'analphabètes. *Réfugiés* (85) 1 300 000 (Éthiopiens, Ougandais, Zaïrois). *Émigrés* 1 000 000 (pays du Golfe et Libye). **Villes** (83) : *Khartoum,* Omdurman et

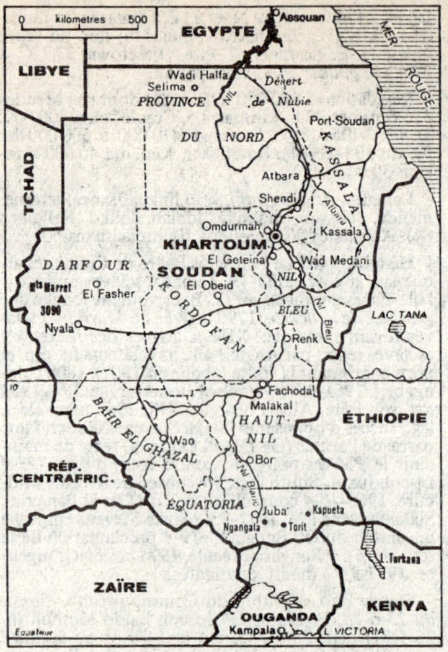

Khartoum North 1 343 651 h., Juba (80) 250 000, Port-Soudan 206 727 (à 1 200 km par route), Fasher (80) 150 000 (à 1 100 km), Wad Medani 141 065 (183 km), El Obeid 140 024 (à 690 km), El Atbara 73 009 (à 326 km par route).

Langues. Arabe *(off.)*, anglais, nilotique, dinka, env. 200 dialectes.

Religions (%). Musulmans sunnites (73), coptes, cathol. et protest. dans le N. christianisés (9) et fétichistes, animistes (18) dans le S.

Histoire. Siège de l'ancien roy. de Nubie et de la civilisation du fer à Méroé, le S. a connu de nombreuses g. intestines. **XIVe s. islamisation. 1820-21** conquête par Mehemet Ali. **1830** Khartoum fondée. **1880** Mohammed Ahmed Ben El Sayed Abdallah († 1885) mystique se proclame mahdi et avec ses Ansars (disciples), s'oppose aux Égyptiens impurs et aux Chrétiens. **1885** prend Kharthoum. **1896-98** expédition anglo-ég. ; affaire de Fachoda (v. Index). **1899** condominium anglo-égyptien. **1914-18** les Anglais se rapprochent des Ansars. Abdel Rahman fils du mahdi devient un fidèle des Anglais. **1924** révolte de la Ligue du drapeau blanc. **1938** tr. anglo-ég. redéfinit condominium. **1941** la confrérie Khatmiya proche des Égyptiens fonde son parti Al Achikka (Frères). **1945** les Ansars fondent le Parti Oumma. **1948** élections législatives organisées par les Britanniques ; Parti Oumma vainqueur, les Archikkas (pour les Ég.) boycottent les élections. **1951** Farouk se proclame roi d'Ég. et du S. **1953** élections : parti Oumma vaincu (22 s. sur 97). **1955** les Ansars s'allient au Parti comm. (f. 1946 comme Mouv. de libér. nat.) ; ils parviennent à imposer l'indépendance. **1956**-*1-1-* Rép. indép. ; g. civile. **1958** coup d'État mil., dictature du M[al] Abboud. **1964** renversé. **1969**-*25-5* coup d'État du Gal Mohammed Gaafar Nemayri (1-1-1930), réélu en avr. 77. **1970**-*9-11* alliance R.A.U., Libye-Soudan. **1971**-*19-7* coup d'État procommuniste du C[el] Hachem el-Atta, échec. Répression anticom. *-12-10* Nemeiry élu Pt. **1972**-*26-2* accord d'Addis-Abeba entre gouv. et C[el] Joseph Lagu (22-11-31), chef de l'Anyanya Liberation Front, mettant fin à la g. dans le Sud menée dep. 19-8-55 par 4 000 000 d'animistes ou christianisés contre les 9 000 000 d'arabophones islamisés du N. (500 000 †). *Juill.* rétablissement des relations dipl. avec U.S.A. Refus d'adhérer à l'Union des rép. arabes. **1973**-*25-1* complot contre Nemeyri découvert. *Mars* 8 terroristes tuent 3 diplomates (ambassadeur et conseiller des U.S.A., chargé d'aff. belge) dans l'amb. saoudienne. **1974**-*20-10* émeutes dans le S. **1975**-*5-9* coup d'État du Lt-C[el] H.H. Osman, échec. **1976**-*3-1* 6 officiers auteurs du coup d'État exécutés. *-2-2 :* 10 autres exécutions. *-2-7* putsch échoue (env. 1 000 †). *-15-7* pacte de défense commune avec Égypte. **1979** *mai* Nemeiry devient maréchal. **1981** *mars* complot : échec. Nombreux raids libyens. **1982** *janv. et déc.* manif. contre hausses de prix. *-2-7* vice-Pt Abdel Magia Khalil démis, remplacé par Joseph Lago. **1983**-*sept.* loi islamique (Charia) entre en vigueur. *-29-9* 13 000 détenus amnistiés. **1984** recrudescence de la guérilla dans le Sud (MLPS : Mouvement de libération des peuples du S.). Sadek el Mahdi chef des Ansars libéré. **1985**-*18-1* Mahmoud Mohamed Taha (chef du mouvement islamique des « frères rép.», 76 ans, condamné à mort pour « apostasie » et « hérésie », exécuté). *-27-1 :* 4 otages (dont 2 Fr., employés de la Sté des Grands Travaux de Marseille) pris le 10-2-84 libérés par A.L.P.S. contre rançon (20 millions de F ?) ; famine ; aide américaine *-27/28-3* émeute de la faim, 8 †. *-6-4* coup d'État militaire du G[al] El Dahab, renverse Nemeyri, qui revenant des U.S.A. est prévenu au Caire et ne rentre pas au Soudan **1986**-*1/12-4* élections, les circonscriptions du Sud ne pourront voter.

Statut. République fédérale. *Const.* d'avril 1973 suspendue. *Chef d'État (Pt élu pour 6 a. au suffr. univ., Pt du Conseil militaire de transition* Gal Abdel Rahman Sewar El Dahab (n. 1934). *PM* Sadek El Mahdi dep. 7-5-86. *Assemblée du peuple.* Dep. 1980, 5 *régions fédérales :* Darfour, Kordofan, Est, Nord et Centre, chacune dirigée par un gouverneur et des ministres nommés par le gouv. Dep. 1982, les 3 régions autonomes du S. (Bahr el-Ghazal, Ht-Nil, Équatoria) ont été dotées de Pts nommés par le Pt fédéral et d'un parlement élu au suffr. univ. **Élections du 26-4-86.** Parti El Oumma (de Sadek El Mahdi) 99 sièges, D.U.P. (Parti dém. unioniste) 63, Front nat. islam. 51. **Fêtes nat.** : 1er janvier (indép.), 25 mai (révolution de 1969).

Guérilla dans le Sud : M.P.L.S. (Mouv. pour la Libération du Sud dir. par le Col. John Garang). *En 1985 :* 425 soldats tués par rebelles ; la guerre coûte 100 millions de $ par an.

Économie

P.N.B. (83) 400 $ par h. **Pop. active** (%, entre parenthèses part du P.N.B. en %) agr. 72 (36), ind. 9 (14), services 18 (50). **Inflation** (%). *1979 :* 30,8 ; *80 :* 25,4 ; *82 :* 40 ; *83 :* 50 ; *84 :* 60. **Dette extérieure.** 10 milliards de $ (mai 86). Important apport des **salaires des émigrés** dans les pays du Golfe.

Agriculture. *Terres* (milliers d'ha, 81) arables 12 390, cult. 55, pâturages 56 000, forêts 48 630, eaux 12 981, divers 120 522. *Production* (milliers de t, 83) sorgho 1 819, canne à sucre 4 000, millet 314, sésame 200, coton 379 (687 en 70), arachides 900, blé 185, manioc 127, dattes 116. Gomme arabique, bananes, mangues. **Élevage** (milliers de têtes, 83). Poulets 30 000, bovins 19 550, moutons 19 500, chèvres 12 900, chameaux 2 500, ânes 688. **Pêche** 29 710 t (82).

Mines. Fer, manganèse, mica blanc, quartz, marbre, cuivre, or, chromite, sel, magnésite. Pétrole dans le Sud : réserves est. 1,5 milliard de t, projet d'un pipe-line de 1 440 km jusqu'à la mer Rouge (terminé en 85), prod. est. 50 000 barils par j.

Industrie. prod. alim., tissage du coton. **Transports** (km). Routes 3 000, chemins de fer 4 786 (83). **Tourisme** (82) 29 000 vis.

Commerce (millions de £ soudanaises, 83). *Exportations* 810,6 *dont* (82) coton 396, sorgho 107, animaux 54, arachides 49, sésame 40 *vers* (82) Italie 36, Japon 31, All. féd. 24, Chine 24, France 23. *Importations* 1760 *dont* (82) pétrole 346, sucre 109, blé 69, fer et acier 36, thé 20 *de* (82) G.-B. 145, U.S.A. 109, All. féd. 67, Égypte 64, France 62.

Rang dans le monde (83). 9e coton. 13e bovins. 15e bois.

SRI LANKA (CEYLAN)
Carte p. 981. V. légende p. 787.

Nom. Primitif : *Sri Lanka* (île resplendissante) ; adopté 22-5-1972. Vers le IIe s. av. J.-C., nom sanskrit *Tamraparni,* « feuille de cuivre » (les Grecs, puis les Romains en ont fait *Taprobane*). *Ceylan* vient du pali *Sinhala* ou *Sihala,* « lion », abréviation de *Sihaladvipa* (« l'île des lions »). Le mot *Sihala* était lui-même tiré de *Sihalabahu,* « le tueur de lions », père de Wijaya, 1er conquérant du pays.

Situation. Asie. Ile tropicale de l'océan Indien. 50 km de l'Inde (détroit de Palk). 65 610 km² (long. max. 435 km, larg. 225). *Côtes :* 1 400 km env. *Alt. max.* Pidurutalagala 2 697 m. **Relief.** *Centre :* montagnes (913 à 2 133 m), plateaux (304 à 936 m), forêts denses. *Littoral :* mangrove. **Climat** tropical, tempéré. *Temp. :* 26,6 à 27,7 °C (1 °C entre le mois le plus chaud et le plus froid, 10 °C entre le matin et le soir). *Soleil :*

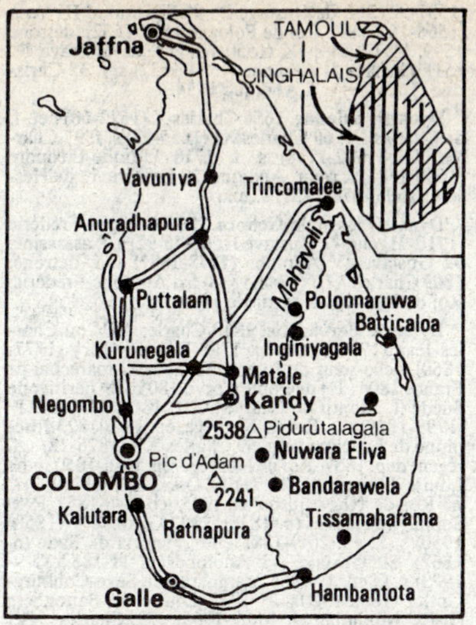

2 900 à 3 100 h/an. *Humidité* relative : 70 % le jour, 90 à 95 % la nuit, 60 % dans les zones les plus sèches. *Pluies :* 3 sortes de moussons, convectionnelles et dépressionnelles (Colombo 2 480 mm/an). *4 saisons :* mousson du S.-O. (mai à sept.), inter-moussons (oct. et nov.), mousson du N.-E. (déc. à fév.), inter-moussons (mars et avril).

Population. *1871 :* 2 400 000. *1911 :* 3 566 001. *1971 :* 12 689 000. *1983 :* 15 416 000. *est. 1984 :* 15 840 000 (*– de 15 a.* : 35,3 %, *+ de 65 a.* : 6,6 %). D. 241. *Au rec. 1981 :* Cinghalais (de *Cingha*, lion) 10 986 000 (73,98 %). Tamouls autochtones 1 872 000 (12,06), immigrés 825 000 (5,56) (T. im. venus au XIXe s., pour les plantations de thé). Musulmans 1 160 000 (7,2), autres 67 000 (0,5). En moy. 2 † par j. par piqûre de serpent. *Émigration :* 892 000 (en France 15 000 Tamouls). **Villes** (83). *Colombo* 1 761 000 h. (agg. 2 800 000 en 77), Jaffna 868 000 (395 km), Galle 844 000 (115 km), Dehiwala-Mount Lavinia 174 000 (81), Kandy 1 154 (115 km) [*alt.* 558 m ; *temp.* moy. 25° C, centre du bouddhisme : Maligawa ou temple de la Dent (relique) ; Fêtes en juill.-août (fresques)].

Langues. Cinghalais *(off.)* 72 %, tamoul 20,5 % (off. dep. 1977) et anglais *(off. dep. 1983)*.

Religions (%, 81). Bouddhistes 69,3, hindouistes 15,46, musulmans 7,64, chrét. 7,49. Les Cinghalais sont bouddhistes, les Tamouls sont hindouistes ou parfois chrétiens, musulmans.

Histoire. VIe s. av. J.-C. colonisée par des h. du N. de l'Inde. **350 av. J.-C.-XIe s. apr. J.-C.** essor puis apogée de la civ. cinghalaise, capitale Anuradhapura. **XIe s.** la population commence à se retrancher vers le S., en raison de l'instabilité politique (invasions sud-indiennes). Capitales successives : Polonnaruwa (XIe-XIIIe s.), Yapahuwa, Dambulla, Kurunegala, Kotte, Gampola et Kandy (XVIe s. 1815). **XVe s.** Kotte capitale. Début de domination europ. **1505** le Port. Francisco de Almeida débarque et domine le pays sauf roy. de Kandy. Catholicisme introduit (5 % de la pop.). **1602** arrivée du capitaine holl. Joris Spilberg. **1658** Holl., grands commerçants : favorisent commerce, construction de canaux, culture de la cannelle. **1796** côtes annexées par Angl. **1802** colonie brit. **1815** roy. de Kandy annexé. **1815** et **45** rébellions contre Brit. **1828** introduction du café, **1867** thé, **1880** cocotier, **1890** caoutchouc, **1948**-*4-2* indépendance (Ceylan état laïque). **1956** État bouddhiste. **1959**-*25-9* PM Salomon Bandaranaïke assassiné. **1960** M. Bandaranaïke PM (1re femme au monde à être PM). **1964** accord avec Inde, en 15 ans 600 000 Tamouls indiens regagneront l'Inde (en fait, de 1964 à 75, 75 000 sont repartis). **1971** avr.-mai insurrection révol. [déclenchée par le Janatha Vimukthi Peramuna (J.V.P.) ou Front de lib. du peuple (chef R. Wijeweera, condamné à la prison à vie 20-12-74)] réprimée. **1972** Républ. de Sri Lanka. Création du L.T.T.E. (Libération Tighers of Tamil Celam). **1975** maire tamoul de Jaffna tué. **1977**-*16-2* levée de l'état d'urgence (en vigueur dep. avril 71). *-19-2* P.C. quitte gouv. *Juill.* défaite électorale de Mme Bandaranaïke, J.R. Jayawardene (conservateur) PM, puis Pt en 78. *Août* affrontements Tamouls-Cinghalais. **1979** *août* Tamouls militent pour le Tamil Eelam (État tamoul). **1980**-*16-10* Mme Bandaranaïke déchue pour 7 a. de ses droits civiques par le Parlement ; droits rendus le 1-1-86. **1981**-*4-6/17-8* état d'urgence. **1982** *août* affrontements à Galle, état d'urgence. **1983** *juill.* affrontements entre Cinghalais et Tamouls (400 †, 79 000 sinistrés). **1984-85** aggravation des violences dans le Nord, plusieurs centaines de †. **1985**-*14-5* pour se venger de la mort de 70 compagnons tués par les forces de sécurité, des Tamouls tuent 148 personnes et en blessent env. 100, en attaquant Anuradhapura. **1985** *sept.* 3 des 5 députés tamouls sont kidnappés. **1986**-*20-4* digue rompue 2 500 †. *-3-5* attentat à Colombo 22 †.

Nota. – De mars 85 à janv. 86 : 2 587 † dans Nord et Est.

Statut. Rép. dém. socialiste dep. 1978. *Constit.* du 7-9-1978. Membre du Commonwealth. *Pt* (élu p. 6 a. au suffr. univ.) Junius Richard Jayawardene (n. 17-9-1906) dep. 4-2-78, réélu 20-10-82 par 52,9 % des voix [avant, William Gopallawa († 1981) gouv. 1962-72, Pt 1972-78]. PM Ranasinghe Premadasa (n. 23-6-1924) dep. 6-2-78. *Ch. des représentants* 168 m. élus p. 6 a. au suffr. univ. et 6 nommés (dernières élections juill. 77 ; référendum du 22-12-83 prolonge le mandat des députés de 6 a.). *Sièges* (déc. 81) : P. national unifié 142, P. tamoul 16, P. de la liberté 8, Congrès des travailleurs de C. 1, vacant 1. *Sénat :* aboli en déc. 71. **Fête nat.** 4 février.

☞ Les Tamouls revendiquent un État tamoul indépendant : l'*Eelam*. En 1985, ils disposent de 6 000 combattants et de 40 000 personnes mobilisables (contre 16 500 soldats gouvernementaux). En avr. 1984, 3 groupes armés sur 5 se réunissent dans le *Front de Libération de l'Eelam Tamoul* (F.L.E.T.),7 de ses responsables tués en sept. 85, en avril 85, un 4e groupe les rejoint. *Organisation de libération de l'Eelam* (O.L.E.T.), f. 1973 par des étudiants, fondateur M. Thangathurai (condamné à mort en 1982, mais tué en prison par ses codétenus). *Tigres libérateurs de l'Eelam tamoul* (T.L.E.T.), leader M. Prabhakaran, 2 000 maquisards. *Front révolutionnaire de libération du peuple de l'Eelam* (F.R.L.P.E.), f. 1981, marxistes. *Organisation révolutionnaire de l'Eelam* (Eros), f. 1975 à Londres par M. Aliathamby Ratnasabathy (économiste marxiste). *Organisation de libération du peuple tamoul de l'Eelam* (O.L.P.T.E.), n'a pas rejoint le front, f. 1980, scission de T.L.E.T., leader M. Ummamaheswaran, marxiste.

Partis. *P. ceylanais pour la liberté* (S.L.F.P.), f. 1951, leader Mme Sirimawo Bandaranaïke (centre gauche). *P. national unifié* (U.N.P.), f. 1947, 1. J. Richard Jayawardene (centre droite). *Lanka Sama Samaja Party* (L.S.S.P.), f. 1935, 1. Bernard Soysa. *P. communiste* (C.P.), f. 1943, 1. K.P. Silva (léniniste). *P. fédéral tamoul* (F.P.), f. 1949, 1. Amirthalingam, forme avec le *Congrès tamoul*, f. 1944, 1. S.R. Kanaganayagam, le *Front uni de libération tamoul* (T.U.L.F.), f. 1972, qui réclame un État tamoul indép. (Eelam). *Ceylon Worker's Congress*, f. 1940, 1. Savumyamoorthy Thondaman. *Janata Vimukti Peramuna*, f. 1971, 1. Rohana Wijeweera. *Democratic Worker's Congress*, f. 1938, 1. Abdul Aziz. *P. du peuple de Sri Lanka*, scission de l'aile gauche du S.L.F.P., f. 1984 1. Vijaga Kumaranatanga.

Économie

P.N.B. (84). 370 $ par h. **Pop. active** (%, entre parenthèses part du P.N.B. en %) agr. 54 (27), ind. 15 (28), services 31 (45). **Inflation** (%). *1980 :* 26,2 ; *81 :* 17,9 ; *82 :* 10,5 ; *83 :* 21 ; *84 :* 18. **Dette extérieure** (84). 2,4 milliards de $. **Salaires des émigrés dans le golfe Persique** (82). Env. 240 millions de $.

Agriculture. *Terres cult.* 30 % (dont riz 38 %, thé 12 %, caoutchouc 18 %). *Production* (milliers de t, 83), riz 2 270 (84), manioc 570, canne à sucre 375, thé 230 (84), hévéa 140 (84), café 13, noix de coco 2 300, patates douces 160. **Élevage** (milliers de têtes, 83). Poulets 6 000, bovins 1 700, chèvres 515, porcs 80, moutons 28, buffles 880. **Pêche** (84) 170 000 t.

Mines. Graphite, mica, sable, silice, quartz, sel, pierres précieuses (Ratnapura), kaolin, fer. **Industrie.** Thé, caoutchouc, sucre, coton, noix de coco, raffinerie de pétrole.

Transports (83). Routes 25 466 km. Chemins de fer 1 453 km. **Tourisme** (83). 225 000 vis. dont 37 000 Français (82). *Sites archéologiques.* Anuradhapura (IIe s. av. J.-C.-VIIe s. apr. J.-C.) : stupas (reliquaires monumentaux) et restes de palais. Aukana : bouddha colossal. Mihintale : stupas. Sigiriya : palais-forteresse et fresques. Polonnaruwa (XIe-XIIe s.) : stupas, restes de palais, statues colossales de Bouddha (gal Vihare). Régions centre-N. et S.-E. : vastes réservoirs d'irrigation antiques.

Commerce (millions de roupies, 84). *Exp.* 36 541 *dont* thé 15 772, caoutchouc 3 301, noix de coco séchée 1 177, pierres précieuses ou semi-précieuses 706, huile de noix de coco 304 *vers* U.S.A. 7 120, Irak 2 632, G.-B. 2 158, All. féd. 1 782, U.R.S.S. 1 637. *Imp.* 46 913 *dont* prod. pétroliers 10 681, mach. et équip. 5 335, blé 2 471, sucre 1 346, riz 197 *de* Japon 7 824, Arabie Saoudite 7 803, U.S.A. 4 177, Inde 2 833, Singapour 2 568, All. féd. 2 236.

Rang dans le monde (83). 3e thé.

SUÈDE

Carte p. 849. V. légende p. 787.

Nom. *Sverige*, « royaume des Suiones », l'une des 3 ethnies primitives ; le souvenir des 2 autres : les Goths (Gota) et les Vénèdes [nom donné à une tribu slave (« Venda »), qu'on retrouve dans Wendes)], s'est perdu au XIIIe s.

Situation. Europe. 448 661 km² (dont 37 155 d'eaux intérieures), *long.* 1 574 km, *larg.* 499 km. *Laponie Sud.* 165 000 km². *Frontières* 2 205 km (avec Norvège 1 619, Finlande 586). *Côtes :* 2 390 km. 96 000 lacs. **Régions :** *N.-O. montagneux*, sommets élevés : Kebnekaise 2 111 m, Saretjakko 2 090, Sulitelma 1 860, vallées glaciaires (Torne, Lulevatten, Hornavan, Storuman) ; *Norrland et Dalécarlie :* plaines et plateaux allant du golfe de Botnie aux monts Kölen, coupés de vallées profondes où les fleuves (älv) ont un cours rapide ; *Svealand et région des grands lacs* (entre la Baltique et le Skagerak) : plaines et lacs (en km²) (Vänern 5 585, Vättern 1 912, Mälaren 1 140) ; *Småland :* plateau, marécages, lacs ; *Scanie et îles* Oeland 1 344 km² et Gotland 3 001 km² ; *littoral* découpé de baies profondes [fjord (bras de mer), vik (baie)]. **Climat :** rude mais influencé par le Gulf Stream qui passe au large des côtes ; temp. moy. janv. – 14 °C (extr. N.) à – 1 °C (S. méridionale), juill. 13 à 17 °C (Stockholm : janv. – 3 °C, juill. 15 à 17 °C. *Pluies* 560 mm. Soleil 1 700 h). **Soleil de minuit** pendant 2 mois env., au-delà du cercle polaire.

Démographie

Population. *1750 :* 1 780 678, *1800 :* 2 347 303, *1850 :* 3 482 541, *1900 :* 5 136 441, *1950 :* 7 041 829, *1982 :* 8 323 033, *1983 :* 8 331 000. *1984 :* 8 359 000. *– de 15 a.* 19,4 %, *+ de 60 a.* 22,1 %. Env. 15 000 Lapons (Norvège 40 000, Finlande 4 000). 90 % vivent dans le N. (Laponie Sud). **Émigration :** *de 1840 à 1910 :* 600 000 ; *1984 :* 22 800. **Étrangers** *vivant en Suède* (84) : 399 000 (+ 400 000 naturalisés) dont 151 000 Finlandais (+ 78 000 naturalisés), 38 000 Yougoslaves, Danois 26 000 (19 000), Norvégiens 25 000 (24 000), Allemands 12 000 (28 000), Turcs 21 000 (400), Grecs 12 000 (700), Polonais 15 000 (6 000), Anglais 9 000 (2 000), Américains 6 000, Chiliens 9 000, Italiens 4 000 (2 000), Asiatiques 4 500, divers 69 000. Les immigrés estoniens sont aujourd'hui citoyens suédois. *1984 :* 31 500 immigrants dont 8 400 nordiques, 17 600 non nordiques (7 700 Asiatiques) et 5 000 Suédois de retours. D. 18,6. *Étrangers en % de la pop. 60 :* 2,5, *70 :* 5,1, *82 :* 5,1. **Villes** (84) : *Stockholm* 650 952 h. (ag. 1 409 048 en 82), Göteborg 424 186 (ag. 695 535) (à 493 km), Malmö 229 380 (ag. 454 131) (625 km), Uppsala 150 579 (90 km), Norrköping 118 064 (165 km), Orebro 117 473 (215 km), Västeras 117 954 (115 km), Linköping 114 681 (208 km), Jönköping 106 899 (338 km), Hälsingborg 103 870 (578 km), Boras 100 184 (531 km), Kiruna 28 645 (83) (1 352 km).

Langues. Suédois *(off.)*. **Religions.** Prot. luthériens 95 %, divers 2 % (cath. 102 000, orthodoxes grecs 35 000, juifs 16 000). L'Égl. luthérienne d'État (instituée en 1527) est religion d'État. Le roi doit professer la doctrine évangélique telle qu'elle est établie et expliquée par la Confession d'Augsbourg.

Histoire

V. 2500 av. J.-C. populations agricoles, néolithiques ; climat chaud et sec. **V. 1400 av. J.-C.** civilisation du Bronze introduite par des germaniques, venus du sud de la Baltique et du Jutland. **V. 1000 av. J.-C.** (âge du fer) certaines tribus germ. du N. (Goths, Vandales, Burgondes) émigrent vers l'Ukraine, sans doute en raison d'un changement climatique. Leurs régions d'origine (Gotland, Vendel, Bornholm) restent encore habitées. **IXe s. apr. J.-C.** Vikings suédois se dirigent de préférence vers : Lettonie, Pologne, Russie. La sous-tribu des Varègues colonise les côtes de la mer Noire. **829 et 853** échecs de tentatives d'évangélisation par St Anschaire, év. de Hambourg. **V. 980** Vikings suédois s'allient aux Danois ; Éric le Victorieux († 994) roi du Danemark et de la Westrogothie suédoise. **1016-35** Knut le Grand, roi chrétien d'Angl. et de Dan., a de nombreux vassaux suédois. **V. 1020** il charge le missionnaire angl. st Sigfrid d'York de christianiser la S. Sigfrid fonde évêché de Wexiow et baptise le roi Olof, fils d'Éric. **XIe-XIIIe s.** g. civile entre descendants d'Éric (Westrogothie) et de Stenkil (Ostrogothie), d'abord païens, puis partisans des missionnaires immigrés contre le prêtre suédois des Ériquistes. **1397-1521** Union de Calmar avec Norv. et Danemark. **1523**-*6-6* Gustave Vasa élu roi, fonde l'Église nationale s. (luthérienne). **1595** *Paix de Teusina.* Narva et Estonie deviennent s. La S. contrôle golfe de Finlande.

1604 royauté héréditaire. **1605** à Kircholm, Polonais battent Suédois. **1617** *tr. de Stolbova :* possession de Estonie, Ingrie et Carélie confirmée à la Suède. **XVIIe s.** Axel Gustafsson Oxenstierna (1583-1654) conseiller du roi. **1634** Const. **1630-35** la S. intervient dans la g. de 30 Ans (1618-48). **1643-45** g. contre Danemark. *Tr. de Brömsebro :* Dan. perd Gotland, Oselec et Halland. **1648** *tr. de Westphalie ;* S. reçoit Poméranie, Stettin, Wismar, Brême, Verden. **1655** Charles X envahit Pologne et Lituanie. **1656** occupe Pologne du roi Jean-Casimir, et attaque Dan. **1657** g. contre Brandebourg. **Début 1658** Charles X occupe Jutland et menace Copenhague. **1658** *mars* médiation franco-hollando-anglaise. *Tr. de Roskilde :* S. gagne Scanie, Bornholm et provinces norvég. du Bohuslän et de Trondheim. **Août** Charles X reprend les armes. **1659** médiation franco-anglo-holl. Pourparlers de Copenhague entre Dan. et S. et d'Oliva avec Pologne, Brandebourg et Autriche. **1660**-*3-5 tr. d'Oliva :* Jean-Casimir de Pologne renonce au trône de S. La S. voit la possession de Poméranie confirmée. *-6-6 tr. de Copenhague :* S. rend Bornholm au Danemark. **1661** *juill. paix de Cardis* entre S. et Russie. S. gagne Livonie. **1672** *tr. franco-s. :* contre Provinces-Unies, visant à fermer la Baltique au commerce holl. **1675** S. battue à Fehrbellin par Grand Électeur de Brandebourg. **1676-79** g. de Scanie. **1692** diète de Verden proteste contre édits de réduction dépouillant barons baltes. Révolte de Reinhold Patkul. **1698** *tr. franco-s.* d'alliance défensive. **1699** *nov.* accord secret russo-danois de Préobrajenkoé contre S. Accord semblable avec Auguste II de Saxe-Pologne et Baltes révoltés.

1700 *été* début de la « guerre du Nord » : S. contre coalisés. Frédéric IV envahit Schleswig-Holstein, dont le duc est un beau-frère de Charles XII et assiège Tœnningen. Ch. XII bat Danois à Copenhague *(8-8)*, Russes à Narva *(30-11)*. **1701-07** Ch. XII conduit campagne de Pologne et Saxe. **1701**-*18-7* bat Saxons à Kockenhusen. **1702** *mai* prend Varsovie. **1702**-*19-6* bat Auguste II à Klissow. **1702** Cheremetiev bat S. à Erestfer et Hummelshof. Apraxine les bat à Ingrishof et Pierre-le-Grand prend Notéborg. Pays baltes ravagés. **1703**-*1-5* à Pultusk en Pologne. Capitulation de Thorn. Stanislas Leszczynski élu roi de Pologne sous pression s. **1704** *août* Stanislas fuit Varsovie. Ch. XII repousse les Saxons au-delà de l'Oder. Pierre-le-Grand prend Narva, Dornat et conquiert Livonie et Estonie. **1705** *nov.* alliance Pologne-S. contre Russie. **1708** *févr.* Ch. XII prend Grodno. *-13-7* S. vainqueurs à Hollosin. Ch. XII marche sur Ukraine pour rejoindre Mazeppa, révolté contre tsar. **1709**-*8-7* à Poltava S. battus. **1709-14** Ch. XII réfugié en Turquie (**1715**-*22-12* rentre en S.). **1709** *oct. tr. de Thorn :* entre Saxe et Russie ; *tr. de Copenhague :* entre Russie et Dan. **1713** tsar prend Helsingfors, les Prussiens Poméranie, Danois Verden, Brême et Wismar. **1717** *tr. d'Amsterdam ;* France puissance médiatrice entre Suède et Russie. **1718** *janv.* congrès russo-s. des îles d'Aland. **1719** *sept. tr. de Stockholm :* avec Hanovre (George Ier d'Angl.) ; S. abandonne Brême et Verden. **1720**-*21 janv. tr. de Stockholm :* Prusse obtient Stettin et Poméranie Occidentale. *Mai* débarquement russe en S., tsar demande médiation de la France. *-9-6 tr. de Stockholm :* avec Dan. **1721**-*18-9 tr. de Nystad :* S. perd Livonie, Estonie, île d'Ösel, Ingrie, partie de Finlande et de Carélie, Vyborg. **1743**-*17-8 tr. d'Åbo :* perte d'une autre partie de Finl. **1751-71** rivalité des factions [les *« Chapeaux »* (avec Ch. XII), 1er parti pol., voulaient la restitution des terr. pris par les Russes, souhaitaient une pol. plus mercantiliste et s'opposaient aux partisans de Horn (les *« Bonnets »*) à qui ils reprochaient une politique digne de « bonnets de nuit »].

1792 Gustave III assassiné, Gustave IV (1792-1809) lutte contre Napoléon, perd reste de Finl. et îles Aland ; est déposé en 1809. Charles XIII son oncle lui succède jusqu'en 1818 ; il prend pour héritier le Mal fr. Bernadotte (élu prince héritier en 1810 sous le nom de Charles-Jean par la Diète : il était populaire en Scandinavie pour avoir été gouverneur du Jutland et des villes hanséatiques en 1808-09). **1809**-*6-6* Const. Cession de Finlande à Russie et fixation des frontières de la S. **1814** intervention contre Nap., puis contre Dan. *Tr. de Kiel :* S. reçoit Norv. du Dan. et renonce à Poméranie. **1905** sécession de Norv. **1909** *août* « grande grève », affrontement entre patronat (SAF) et syndicats (LO), échec pour les synd. ouvriers. **1914-18** reste neutre. **1918-21** suffr. univ. pour hommes et femmes. **1919** journée de travail de 8 h. **1938** accords de Saltsjöbaden entre S.A.F. et L.O. **1939-45** reste neutre. **1967**-*1-9* adopte conduite aut. à droite. **1969** *déc.* grève sauvage des mineurs de Kiruna. **1971** début du Parlement monocaméral (1 chambre). **1976**-*19-9* sociaux-démocrates battus aux élec. Plan d'austérité. **1980**-*23-3* référendum : 58,2 % pour la mise en service d'un maximum de 12 réacteurs nucléaires. *Mai* grève de 1 000 000 de salariés pour le relèvement des salaires. **1981**-*27-10* un sous-marin soviét. s'échoue dans l'archipel Karlskrona. **1982**-*19-9* sociaux-démocrates reprennent le pouvoir. *Oct.* 6 sous-marins russes (?) s'aventurent près de la base mil. de Muskö. *-8-10* dévaluation de 16 %. **1984**-*16/18-5* vis. off. du Pt Mitterrand (1er vis. off. d'un Pt français dep. celle de R. Poincaré en 1914). **1985**-*15-9* élect., les sociaux-dém. gardent le pouvoir. **1986**-*28-2* meurtre du P.M. Olof Palme.

Politique

Statut. Royaume. Pays neutre. *Constitution* du 1-1-75 abrogeant celle de 1809 (la plus ancienne d'Europe) ; réformes partielles réduisant les pouv. du roi dep. 1968-69. Depuis 75 le roi ne désigne plus le *PM* (c'est le Pt du Parlement qui le fait) et ne préside plus le Conseil des m. La responsabilité gouv. repose sur le parti de la majorité au *Parlement* ou *Riksdag* (310 m. élus au suffr. univ. dir. et 39 m. au suffr. proportionnel p. 3 a.). Dep. le 1-1-80, le 1er enfant du roi (fils ou fille) est l'héritier de la couronne (même s'il s'agit d'une fille qui a un frère après elle). 24 *départements.* **Fête nat.** 6 juin (élect. de Gustave Vasa en 1523 et constitution de 1809).

Partis. *P. social-démocrate des travailleurs* (S.A.P.), f. 1889, au pouvoir de 1932 à 1976 et depuis 1982 ; 1 233 166 m. (83) ; Pt Inguar Carlsson. *P. du centre* (Centerpartiet), f. 1910, avant 1957, p. agrarien ; Pt Karin Söder ; 230 000 m. *P. libéral* (Folkpartiet), f. 1902 ; Pt Bengt Westerberg ; 47 000 m. (85). *Rassemblement modéré* (Moderata Samlingspartiet), f. 1904, issu de l'ancienne Organisation nat. de la droite, devenue ensuite le P. conservateur ; 180 000 m. ; Pt Ulf Adelsohn. *P. de gauche communiste* (V.P.K.), f. 1921, 17 500 m. ; Pt Lars Werner. *P. chrétien-démocr.*, f. 1964 ; 27 000 m. ; Pt Alf Svensson.

Élections au Parlement du 15-9-1985. Votants 90 %. % des voix (et nombre de sièges). Sociaux-dém. 44,7 %, 159 s. ; Conservateurs 21,3 %, 76 s. ; Centristes 12,4 %, 44 s. ; Libéraux 14,2 %, 51 s. ; Communistes 5,4 %, 19 s.

Répartition en % des électeurs

Année	*Cons.*	*Libér.*	*Centre*	*Soc.-dém.*	*K.D.S.*	*Comm.*	*Divers*
1932	23,1	12,2	14,1	41,7		8,3	
1940 [1]	18,0	12,0	12,0	53,8		4,2	
1948	12,3	22,8	12,4	46,1		6,3	
1956	17,1	23,8	9,4	44,6		5,0	
1958 [2]	19,5	18,2	12,7	46,2		3,2	
1964	13,7	17,0	13,2	47,3		5,2	3,6
1968	12,9	14,3	15,7	50,1		3,0	4,1
1970	11,5	16,2	19,9	45,3	1,8	4,8	0,5
1973 [3]	14,3	9,4	25,1	43,6	1,8	5,3	0,5
1976	15,6	11,1	24,1	42,7	1,4	4,8	0,4
1979	20,3	10,6	18,1	43,2	1,4	5,6	0,8
1982	23,6	5,9	15,5	45,6	1,9	5,6	3,8
1985	21,3	14,2	12,4	44,7		5,4	1,5

Nota. — (1) Ces élections de 1940, qui avaient lieu pendant la g., furent considérées comme un vote de confiance pour le PM social-démocrate. (2) Les él. de 1958 furent des él. extraordinaires sur la question des pensions après dissolution du Parlement. (3) Depuis 1976, les immigrés peuvent voter aux élections départementales et communales.

Souverains

Dynastie Vasa. 1523 Gustave Ier Vasa (1496-1560). **60** Éric XIV (1533-77) s. f. détrôné 1568. **68** Jean III (1537-92) 2e f. de Gustave Ier. **92** Sigismond III Vasa (1566-1632) s. f. (roi de Pologne 1587-1632), détrôné 1599. **99** Charles IX (1550-1611) f. de Gustave Ier. **1611** Gustave II Adolphe (1594-1632) s. f. **32** Christine (1626-89) s. f. Abdique 1654.

Dynastie palatine. 1654 Charles X (1622-60) pet.-f. de Charles IX. **60** Charles XI (1655-97) s. f. **97** Charles XII (1682-1718) s. f. **1718** Ulrique-Éléonore (1688-1741) s. sœur. Abdique. **20** Frédéric Ier de Hesse-Cassel (1676-1751) s. mari.

Dynastie Holstein-Gottorp. 1751 Adolphe-Frédéric (1710-71) élu. **71** Gustave III (1746-92) s. f. assassiné. **92** Gustave IV Adolphe (1778-1837) s. f. détrôné. **1809** Charles XIII (1748-1818) f. d'Adolphe-Frédéric. Roi de Norvège à partir de 1814.

Dynastie Bernadotte. 1818 Charles XIV ou Charles-Jean (1763-1844) ép. 1798 Désirée Clary (1777-1860), belle-sœur de Joseph Bonaparte ; maréchal de France 1804 ; Pce de Ponte Corvo 1805 ; Pce héritier de Suède (f. adoptif de Charles XIII) 1810. **44** Oscar Ier (1799-1859) s. f. Roi de Norvège, ép. 19-6-1823 Joséphine de Leuchtenberg. **59** Charles XV (1826-72) s. f. régent dep. 1857. Roi de Norvège, ép. 19-6-1850 reine Louise d'Orange (1828-71). **72** Oscar II (1829-1907) s. fr. Roi de Norv. jusqu'en 1905, ép. 6-6-1857 Pcesse Sophie de Nassau (n. 1836). **1907** Gustave V (1858-1950) s. f., ép. 20-9-1881 Pcesse Victoria de Bade (n. 1862). **50** Gustave VI Adolphe (11-11-1882/15-9-1973) s. f., ép. 1° 1905 Marguerite de Saxe-Cobourg-Gotha (1882-1920), 2° 1923 Louise de Battenberg (Lady Mountbatten 1889-1965). **73** Charles XVI Gustave (n. 30-4-46) s. petit-f. Roi de Suède, des Goths et des Vendes, ép. 19-6-76 Silvia Renate Sommerlath (All. n. 23-12-43). *Enfants* Victoria (n. 14-7-77), Charles-Philippe (n. 13-5-1979), Madeleine (n. 10-6-82). Fils de *Gustave-Adolphe duc de Västerbotten* (22-4-06 — † accident d'avion 26-1-47) ép. 1932 Pcesse Sibylle de Saxe-Cobourg-Gotha, duchesse de Saxe (18-1-08 ; † 28-11-72).

Sœurs du roi. *Marguerite* (31-10-34) ép. 30-6-64 John K. Ambler, homme d'affaires brit., *Brigitte* (19-1-37) ép. 30-5-1961 Pce Jean-Georges de Hohenzollern (31-7-32), 6e enfant du Pce Frédéric-Victor de H., chef de la maison princière de H., *Désirée* (2-6-38) ép. 5-6-64 baron Nicolas Silfverschöld (31-5-34), *Christine* (3-8-43) ép. 15-6-74 Tord Magnusson (7-4-1941).

Oncles et tantes du roi. 1°) *Sigvard duc d'Uppland* (7-6-07) titré Cte Bernadotte (5-6-54) et Cte Bernadotte de (af) Wisborg par la Gde-Duchesse de Luxembourg. Par suite de son mariage 1° en 1934 avec Erika Patzeck, div. 1943, puis 2° en 1943 avec Sonia Helina Robbert div. 2e fois, et 3° 1961 avec Gullan Marianne Lindberg (1924), perd ses droits de succession et n'appartient plus à la maison roy. Il a eu de son 2e mar. le Cte *Michel* Sigvard Bernadotte de (af) Wisborg (1944). 2°) *Ingrid* (28-3-10) ép. 24-5-1935 Frédéric IX de Danemark, alors Pce héritier. 3°) *Bertil duc de Halland* (28-2-1912) ép. 7-12-76 Lilian Marie Davies (div. Craig) (n. 30-8-15), actrice galloise. 4°) *Charles-Jean duc de Dalécarlie* titré Cte par la Gde-Duchesse de Luxembourg le 2-7-51 [Cte Charles-Jean Bernadotte *de (af) Wisborg*] (n. 31-10-16). Après son mariage (1946) avec Kerstin Elin Wijkmark (1910), perd ses droits de succession et n'appartient plus à la maison royale.

Premiers ministres (depuis 1932). **1932** Per Albin Hansson (soc.-dém.) **45**-*31-7* Tage Erlander (1901-85, soc.-dém.). **69**-*14-10* Olof Palme (soc.-dém.). **76**-*19-9* Thorbjörn Fälldin (24-4-26, P. du centre). **78**-*18-10* Ola Ullsten (23-6-31, libéral). **79**-*11-10* Thorbjörn Fälldin (24-4-26, P. du centre). **82**-*5-10* Olof Palme (30-1-27, soc.-dém.), réélu. **85**-*15-9* assassiné 28-2-86. **86**-*12-3* Inguar Carlsson (9-11-34, soc.-dém.).

Économie

P.N.B. (84). 11 510 $ par h. **Pop. active** (%, entre parenthèses part du P.N.B. en %) agr. 5,6 (8,5), ind. 30,3 (28,5), services 64,1 (63). 1 325 000 fonctionnaires (32 % de la pop. active). **Chômage** (oct. 85). 2,5 %. Pour des raisons fiscales, 14 % des travaux ne seraient pas déclarés, soit un chiff. d'aff. de 30 à 40 milliards (5 à 8 % du P.N.B.). 100 000 mariages seraient simulés. **Inflation** (%). *1979 :* 7,3 ; *80 :* 13,7 ; *81 :* 12,1 ; *83 :* 8,9 ; *84 :* 8 ; *85 :* 6. **Dette extérieure** (nov. 85). 130 milliards de Couronnes. **Dévaluation.** *1981 :* 10 %, *oct. 82 :* 16 %. **Impôts.** Élevés (jusqu'à 65 % du revenu). **Déficit budgétaire.** *1982-83* 13,1 % du P.N.B., *85-86 :* 7,2 %. **Aide au tiers monde** (85-86). 8 milliards de couronnes. **Inflation** fév. 86 : 0,1 %.

Balance commerciale et, entre parenthèses, des services et transferts (en milliards de SEK). *1981 :* — 1,2

(– 11,8), *82 :* – 5,8 (– 16,7), *83 :* + 10,1 (– 18,3), *84 :* + 24,4 (– 20,1). **Balance des comptes.** *1981 :* – 13,8, *82 :* – 22,5, *83 :* – 8,2, *84 :* + 4,3.

Finances publiques. Budget annuel (en milliards de couronnes, 1985-86). Revenus de l'État 257, frais 244, service de la dette 71, déficit du budget 58. **Dette publique** (en milliards de couronnes, 85-86). Total 577 dont emprunts de l'extérieur 130.

Agriculture. *Terres* (%) : forêts 52,2 t. incultes 29,4, cult. 9,9, eaux 8,5. *Production* (milliers de t, 84) orge 2 765, bett. à sucre 2 530, avoine 1 990, blé 1 795, pommes de t. 1 307, plantes oléifères 373 (83), seigle 251. Bois 50,5 millions de m³ (82-83). La S. exporte 50 % des prod. de l'ind. forestière : pâte à bois.

Élevage (milliers de têtes, 83). Poulets 11 393, porcs 2 670 (84), bovins 1 875 (84), moutons 437, chevaux 51 (81). Animaux à fourrure. Rennes. **Pêche.** (84) 278 500 t.

Mines (milliers de t, 84). Fer (teneur 65 %, la plus grande mine du monde à Kiruna, Laponie) 18 123 (réserves 2,7 milliards de t), pyrites 418, zinc 383, cuivre 354, argent et plomb 119.

Industrie. Ind. méc. (Volvo a produit en 84 386 000 voitures), équip. élec., constr. navales, sidérurgie, ind. du bois, papier et pâte à papier, ind. chim.

Répartition de la propriété des entreprises ind. en % (État, coop. de consommation en italique, privé entre parenthèses ; effectif). Mines : 50, (50) ; 14 000. Métall. et constr. méc. : 3, *1,* (96) ; 497 000. Industries extractives ; carrières, mat. de constr. : (100) ; 34 000. Industries forestières : 3, *2,* (95) ; 185 000. Industries alim. : 4, *8,* (88) ; 71 000. Industries textiles : 1, (99) ; 61 000. Industries chim. : 2, *3,* (95) ; 69 000. Toutes industries : 4, *2,* (94) ; 931 000.

Transports (85, km). Routes 400 000, chemins de fer 12 323 dont 7 595 électrifiés. **Tourisme** (84). 7 354 000 vis.

Commerce (milliards de couronnes, 84). *Exportations* 242,5 *dont* (%) mach. et équip. 26,7, véhicules 13,9, minerai de fer et métaux 9,6, papier carton 9,3, prod. chimiques 6,2, pétrole 5,3, bois 4,2, pulpe de bois 4,7 divers 20,1 *vers* All. féd. 11,6, U.S.A. 11,3, G.-B. 10,2, Norvège 9,2, Danemark 8,3, Finlande 5,8, France 5, P.-Bas 4,8. *Importations* 217,5 *dont* (%) combustibles 19,3, produits alim. et boissons 6,3, *de* All. féd. 17,5, G.-B. 13,6, U.S.A. 8,1, Norvège 7,7, Danemark 6,6, Finlande 6,3, Japon 4,7, P.-Bas 4,3, France 4,3.

Rang dans le monde (83). 9ᵉ bois. 10ᵉ fer. 13ᵉ argent. 15ᵉ orge.

SUISSE

Carte p. 984. V. légende p. 787.

Nom. De Schwyz, un des cantons fondateurs.

Situation. Europe. 41 293,2 km². *Frontières* 1 881,5 km. Enclaves comprises, avec Italie 741,3, France 571,8, All. 362,5, Autr. 164,8, Liechtenstein 41,1. *Long.* N.-S. 220,1 km. *Larg.* E.-O. 348,4 km. *Alt. max.* Pointe Dufour 4 634 m, *min.* Lac Majeur 193 m. *Village le plus élevé* Juf (Gr.) 2 126 m, *le plus bas* Ascona (Ti.) 196 m.

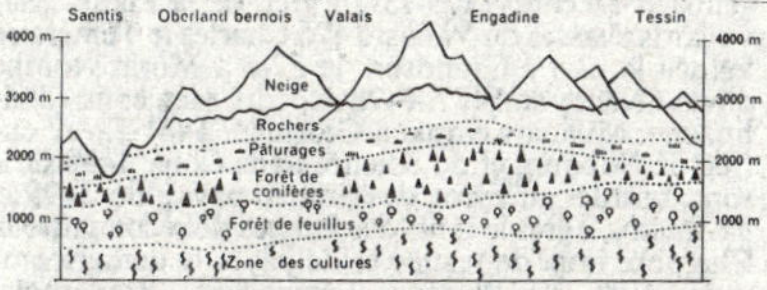

3 grandes régions : *Alpes* (70 %) séparées par vallées du Rhône et du Rhin supérieur, en 2 chaînes : N. (Dents du Midi, Alpes bernoises, des Quatre-Cantons et glaronaises) et S. [Mt Blanc, Alpes valaisanes, tessinoises, groupe de l'Adula prolongé vers l'E. par 2 chaînes de l'Engadine N. et S., de part et d'autre de la vallée de l'Engadine (long. 90 km, larg. 2 km)]. *Jura* (10 %, alt. max. Mt Tendre 1 679 m) : altern. de synclinaux et d'anticlinaux parallèles et réguliers (monts et vaux) coupés par des vallées transversales (combes). *Plateau suisse* (Mittelland, entre Alpes et Jura) : non plissé au N. (dépôt de mollasses du Miocène), plissé au S. (collines préalpines ; altitude maximum Napf 1 408 m). Plus de 1 000 lacs naturels, 50 lacs artificiels, 140 glaciers (1 556 km²) dont les glaciers d'Aletsch 86,76 km², du Gorner 68,86 km², de Friesch 33,06 km².

Climat tempéré ; méditerranéen au S. des Alpes ; semi-méd. avec influence océanique autour du Léman ; continental au N.-E. ; semi-cont. avec infl. océanique au N.-O. La temp. moy. diminue de 0,59° par 100 m d'altitude (1 °C de chaleur moyenne annuelle en moins pour 177 m d'alt.). Une grande partie du territoire peut être classée comme de climat *alpestre.* Le *foehn* venu de l'Adriatique, frais et humide sur les pentes S. des Alpes, devient sec et chaud en redescendant les pentes N., par suite d'un phénomène de compression ; il contribue à élever la température moyenne dans les régions montagneuses de Suisse et d'Autriche. Il souffle en moy. 34 j par an (hiver 9, printemps 11, été 4, automne 10). Voir tableau des températures p. 984.

Démographie

Population. *1600 :* 1 100 000, *1930 :* 4 051 000, *1950 :* 4 694 000, *est. 1984 :* 6 500 000. – *de 15 a.* 19,8 %, + *de 60 a.* 17,2 %. D. 157 (250 en ne tenant compte que du terr. habité de façon permanente). En 1981 : *naissances* 11,5 ‰ ; *décès* 9,3 ‰ ; *mariages* 5,6 ‰ [en *1973 :* Suisse-Suissesse 30 180, Suisse/Étr. 3 797, Étr./Suissesse 2 885, Étr./Étr. 3 906]. *Divorces* (73) 8 030.

Étrangers (84). 932 000 dont (%) Italiens 42,8, Espagnols 11,4, Allemands 8,9, Yougoslaves 6,8, Turcs 5,3, Français 5,1, Autrichiens 3,2, Portugais 2,6, Anglais 1,7, Hollandais 1,2, Amér. et Grecs 1. *1880 :* 211 000 (7,5 %), *1910 :* 552 000 (14,7 %), *30 :* 356 000 (8,7 %), *50 :* 285 000 (6,1 %), *60 :* 585 000 (10,8 %), *64 :* 1 065 000 (16,8 %), *71 :* 1 000 000 (17 %), *83 :* 926 000 (14,5 %), *86 :* 945 000 (14,6 % ; 22,3 % de la pop. active).

Dep. le 20-3-70, la S. n'admet que 40 000 nouveaux immigrants par an (75 000 à 80 000 ouvriers étr. entraient en S. chaque année). Ils ne peuvent pas la 1ʳᵉ année, changer d'employeur sans autorisation (les 2 suivantes, il faut une autorisation pour changer de profession ou de canton). Les immigrants arrivés dep. + de 3 ans (55 % des trav. étrangers) jouissent de la même liberté de mouvement que les trav. s. Les saisonniers ne peuvent pas faire venir leur famille. En 1977, par référendum, les Suisses ont repoussé par 1 183 313 v. contre 492 848 un projet proposant de réduire à 12,5 % la proportion d'étrangers vivant en Suisse. La limitation à 4 000 par an des naturalisations a aussi été rejetée.

Suisses établis à l'étranger (82). 354 232 [dont (75) 161 700 avec double nationalité, 161 500 avec nationalité suisse seulement], dont en Europe 210 566, Amér. 102 204, Afr. 17 698, Australie et Océanie 14 020, Asie 9 744.

Autrefois beaucoup de Suisses servaient comme soldats à l'étranger. Env. 1 000 000 de soldats s. sont morts au combat entre la fin du Moyen Age et les g. napoléoniennes (voir Index). Le roy. des gardes suisses joua un rôle capital au début de la Rév. fr. Des gardes suisses assurent depuis des siècles la protection du Vatican. Le courant d'émigration se poursuivit, plus pacifique jusqu'en 1888 (1850-88, 290 000 S. émigrent). A partir de 1890, le mouvement se renversa.

Villes (83 agg. entre parenthèses). *Berne* 143 847 h. (300 882), Zurich 363 648 (839 939) (à 95 km), Bâle 179 684 (364 976) (67 km), Genève 158 546 (371 677) (127 km), Lausanne 127 057 (254 896), Winterthur 85 944 (107 563), St-Gall 74 166 (123 802), Lucerne 62 130 (157 740), Bienne 53 354 (83 572), Fribourg 36 443 (55 948), Thoune 36 496 (75 083), Neuchâtel 33 321 (65 460), Schaffhouse 34 396 (53 658), Lugano (80) 28 000 (69 100), Zoug (81) 21 900 (52 200).

Langues. 4 langues off. : allemand 65 %, français 18,4 %, italien 9,8 %, romanche 0,8 %, autres 6 %. *Suisses + étrangers* et entre par. Suisses seulement (80) : parlant all. 4 140 901 (3 986 955), français 1 172 002 (1 088 223), italien 622 226 (241 758), romanche 51 128 (52 238), autres 379 203 (53 812).

Nota. – La limite du français et de l'allemand, qui était sur l'Aar au vᵉ s., a reculé sur la Sense au ixᵉ s. (1ʳᵉ poussée germanique), la Sarine au xiiiᵉ s. (2ᵉ poussée), la Thielle au xviiiᵉ s. (3ᵉ poussée). Dans la hte vallée du Rhône, Brigue est devenue germanophone lors de la 1ʳᵉ poussée, Raron et Visp lors de la 2ᵉ, Loèche et Sion (enclave) lors de la 3ᵉ.

On distingue 12 patois *franco-suisses* dont aucun n'est une langue écrite et publiée (sauf pamphlet et satire) et 6 dialectes *germano-suisses* (alémaniques) utilisés, notamment dans la presse quotidienne et hebdomadaire (80 % des Suisses germanophones utilisent couramment un dialecte local). Depuis 1945, une langue suisse alémanique commune, le *Schwyzerdütsch,* s'impose à côté des 6 dialectes locaux.

Le *romanche* est un parler « rhéto-roman » divisé en romanche proprement dit (Grisons) et en *ladin* (Engadine). Les anciennes tribus de la Rhétie étaient en grande partie celtiques et le romanche moderne est une langue celto-latine, avec une phonétique voisine tantôt des langues d'oïl, tantôt des langues d'oc (différente des dialectes italiens de Lombardie). Mais le vocabulaire du romanche est très particulier : il a emprunté de nombreuses racines aux anciens parlers indo-européens des Rhètes (groupe illyrien, proche de l'albanais moderne).

Religions. *Suisses + étrangers dont entre parenth. Suisses* (70) : Protestants 2 991 694 (2 854 727) (48 %), catholiques romains 3 096 654 (2 231 988) (49 %), cathol. chrétiens 20 268 (19 323) (0,3 %), israélites 20 744 (11 977) (0,3 %), autres 140 423 (71 692).

Histoire

V. 12000 av. J.-C. présence de chasseurs magdaléniens [faible densité, sauf dans l'Appenzell, très giboyeux (grottes de Wildkirchli)]. **De 2000 à 1000 av. J.-C.** des Ligures (bûcherons) construisent de nombreux villages sur pilotis (palafittes, dits à tort « cités lacustres »). **Apr. 1000** les Celtes (civ. de Hallstatt, 1ᵉʳ âge du Fer) se mêlent aux Ligures : les guerriers occupent des éperons rocheux fortifiés, leurs serfs, des villages enclos au pied des collines. **500-100** civilisation de *La Tène* (2ᵉ âge du Fer), village s., au bord du lac de Neuchâtel, péage gaulois (tribu des Séquanes). **105 av. J.-C.** les Helvètes chassés du bassin du Main (All.), par les Germains, tentent de s'installer en Aquitaine, à la suite des Cimbres et Teutons. Après la défaite de ceux-ci, se fixent sur le Plateau s. qui prend le nom d'*Helvétie ;* la région du Main est nommée « Désert des Helvètes ». **58 av. J.-C.** les Helvètes quittent la S. pour coloniser la Saintonge ; ils partent 363 000 (?). Battus par César à Bibracte chez les Éduens, ils sont refoulés sur le Plateau s., réduits à 110 000. **57 av. J.-C.-407 apr. J.-C.** période romaine : le Plateau s. forme la cité des Helvetii, cap. Aventicum (Avenches). Au N.-E., cité des Rauraci, cap. Vindonissa (Windisch). Bâle (Basilea) fondée. Au S.-E., dans les montagnes, province celto-illyrienne de Rhétie, cap. Curia (Coire). **381** 1ʳᵉ mention d'un év. suisse, Théodore, év. d'Octodurum (Martigny). **Apr. 407** Alamans occupent Helv. orientale jusqu'à l'Aar (les 2/3). **443** Burgondes installés comme colons en Helv. occidentale (1/3). **496** Francs, maîtres de l'All., battent Alamans et annexent Helv. alémanique à Franconie. **532** roy. des Burgondes annexé à Francie occidentale (reste romanophone). **843** *tr. de Verdun,* Helv. alémanique fait partie du duché d'Alémanie (roy. germ.) ; Burgondie, de la Lotharingie. **888** démembrement de l'Empire carolingien : partie lotharingienne de la S. appartient au roy. de « Bourgogne Transjurane » de Rodolphe, Cᵗᵉ d'Auxerre, puis (933) au roy. d'Arles. **934** Rodolphe II achète roy. d'Arles, et englobe Bourg. Transf. dans roy. de Bourg.-Provence. **1033** emp. Conrad II hérite du roy. de Bourg.-Pr., désormais rattaché à l'Empire germ. **1097** ducs de Zaehringen deviennent recteurs de Bourg. **1191** Berthold V fonde Berne. **1218** extinction des Zaehringen : leurs fiefs bourg. et alémaniques (50 % de la Suisse, du Léman au lac de Constance) passent aux Cᵗᵉˢ de Kybourg, puis, par mariage, aux Habsbourg. Berne, Zurich et Soleure obtiennent l'immédiateté impériale (c.-à-d. le privilège de relever directement de l'emp.) ; Genevois et Bas-Valais sont aux Cᵗᵉˢ de Savoie. **1231** vallée d'Uri reçoit l'immédiateté impériale, échappant à seigneurie des Habsbourg. **1240** emp. Frédéric II accorde immédiateté impériale à Schwyz. **1273** Rodolphe de Habsbourg devient emp. et remet en cause immédiatetés suisses. **1291** alliance perpétuelle des pays d'Uri et Schwyz (immédiats) avec moitié de l'Unterwald (Nidwald), non immédiat, fief des Habsbourg. Plus tard, l'autre moitié de l'Unterwald (Obwald), non immédiat, s'y joint. Combat contre les Habsbourg pour maintenir immédiateté de Schwyz et Uri, et la faire obtenir à Unterwald. **1298** Bernois vainqueurs des vassaux habsbourgeois (notamment milices de Fribourg) à Donnerbühl et près d'Oberwangen ; petite alliance entre Berne, Bienne, Morat et Soleure.

1307-*10-11* épisode de *Guillaume Tell* [milicien condamné par le bailli habsbourgeois Gessler (pour avoir refusé de le saluer) à faire tomber d'un coup de flèche une pomme placée sur la tête de son fils ; même anecdote racontée par les sagas norvégiennes (xiᵉ s.) ; reconnu légendaire, cet épisode a été retiré des manuels d'histoire en 1901]. **1309** l'emp. élu Henri VII de Luxemb. accorde immédiateté à Unterwald (sous forme d'un pseudo-« renouvellement »). **1310**-*14* Schwyzois prennent bailliage autr. d'Einsiedeln.

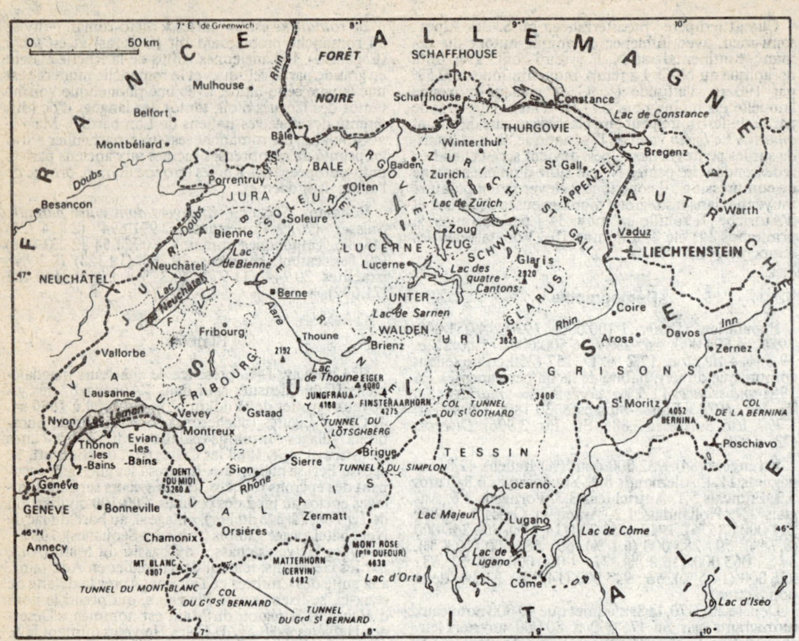

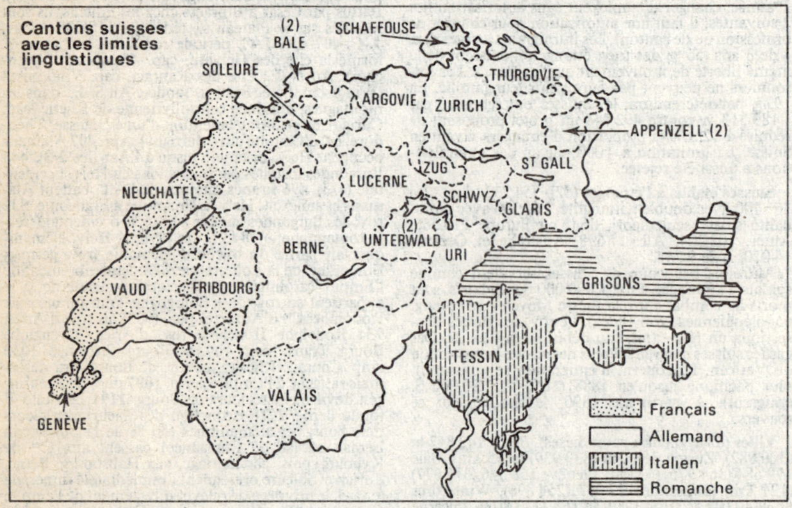

Cantons suisses avec les limites linguistiques

Température de l'air en degrés C (moyennes 1901-60, selon les mois)

	Alt. en m	I	II	III	IV	V	VI	VII	VIII	IX	X	XI	XII	Année
Bâle-Binningue	317	0,2	1,4	5,2	8,9	13,4	16,6	18,4	17,6	14,3	9,2	4,3	1,4	9,2
La Chaux-de-Fonds	990	– 1,7	– 1,1	2,1	5,5	10,4	13,5	15,6	14,9	11,6	6,9	2,3	– 0,5	6,6
St-Gall	664	– 1,6	– 0,6	3,1	6,8	11,5	14,5	16,4	15,8	12,7	7,8	2,8	– 0,3	7,4
Schaffhouse	457	– 1,7	– 0,4	3,8	7,9	12,7	15,7	17,4	16,6	13,3	8,0	3,0	– 0,2	8,0
Zurich MZA	569	– 1,0	0,2	4,2	8,0	12,5	15,5	17,2	16,6	13,5	8,4	3,3	0,2	8,2
Lucerne	498	– 0,9	0,3	4,3	8,2	12,8	16,0	17,8	17,1	13,8	8,5	3,5	0,4	8,5
Berne	572	– 1,1	0,3	4,3	8,4	13,0	16,2	18,0	17,3	14,0	8,6	3,5	0,2	8,6
Genève	430	0,2	1,1	4,9	8,7	13,1	16,5	18,3	17,6	14,3	9,1	4,5	1,5	9,2
Montreux	408	1,0	1,9	5,7	9,5	13,9	17,4	19,3	18,5	15,3	10,1	5,5	2,3	10,0
Zermatt	1 632	– 5,1	– 4,2	– 0,6	2,6	7,1	10,1	11,8	11,4	9,0	4,3	– 0,4	– 4,1	3,5
Engelberg	1 018	– 3,1	– 2,3	1,3	4,8	9,5	12,4	14,1	13,6	10,8	6,1	1,3	– 1,9	5,6
Rigi	1 493	– 2,2	– 2,3	0,1	2,6	7,2	10,1	11,9	11,8	9,6	5,7	1,5	– 1,0	4,6
Santis	2 500	– 8,7	– 8,9	– 7,0	– 4,7	– 0,2	2,8	5,0	5,0	2,9	– 0,6	– 4,8	– 7,4	– 2,2
Jungfrauloch	3 576	– 14,3	– 14,8	– 13,1	– 10,9	– 6,5	– 3,4	– 1,3	– 1,2	– 3,1	– 6,5	– 10,5	– 13,1	– 8,2
Davos	1 588	– 6,3	– 5,2	– 1,7	2,1	6,7	9,9	11,6	11,1	8,1	3,4	– 1,6	– 5,0	2,8
Airolo	1 167	– 2,5	– 1,2	1,5	4,9	9,4	13,0	15,1	14,4	11,3	6,7	1,6	– 1,4	6,1
Lugano	276	2,3	3,6	7,3	11,3	15,5	19,4	21,3	20,8	17,5	12,3	7,1	3,2	11,8

1315-*15-11* victoire des Confédérés à Morgarten. *-9-12* renouvellement de l'alliance (à Brunnen). **1323** 1re alliance de Berne avec Unterwald pour 3 a. **1332**-*7-11* Lucerne entre dans la Confédération. **1339** *g. de Laupen :* la noblesse bourguignonne et Fribourg essaient de freiner l'accroissement de Berne. Ils sont battus par Rodolphe d'Erlach le *21-6*. **1342** Cte de Savoie acquiert Sion ; Ht-Valais reçoit un comte-évêque savoyard. **1343** *« Nuit sanglante »* de Lucerne ; parti des Habsbourg anéanti. **1350** *« Nuit sanglante »* à Zurich. Occupation de Rapperswil par Zurichois. **1351** Zurich, entrée le 1-5 dans la Confédération, assiégée par duc Albert. **1352**-*4-6* Glaris admis avec droits restreints dans la Conf. ; Zoug le *27-6*. **1353**-*6-3* Berne entre dans Conf. comme 8e membre (sans s'allier avec Zurich ni Lucerne). **1354** nouveau siège de Zurich. **1355** *paix de Ratisbonne.* **1367** soulèvement des Grisons contre Cte-évêque de Coire (fondent Ligue de la Maison-Dieu *1367,* transformée en Ligues grisonnes *1395,* élargie *1424*). **1375** les *« Gouglers »,* entrés dans le pays à la suite d'une querelle d'héritage avec l'Autr., sont battus à Buttisholz, Fraubrunnen et Anet. **1382** g. contre les Kybourg : Jean Roth déjoue coup de main contre Soleure. **1383** Bernois assiègent Berthoud et l'achètent aux Kybourg **(1384). 1384-1425** soulèvements dans le Valais contre occupation savoyarde et absolutisme des Ctes-évêques de Sion. Obtention de chartes communales. **1386** *g. de Sempach* [à Sempach (9-7) le duc d'Autriche, Léopold, est tué avec 110 seigneurs suisses pro-habsbourgeois]. Zurichois attaquent Rapperswil, Schwyzois prennent Einsiedeln. **1388** *massacre de Weesen ;* vict. des Glaronnais à Næfels. **1389** paix de 7 a. avec Autr. : transformée en paix de 20 a. en 1394, de 50 a. en 1412, perpétuelle en 1474 : reconnaissance comme État souverain dans l'Emp. de la « Ligue des 8 cantons » (Zurich accepte d'abord l'alliance avec Berne ; puis son maire, Schöno, quitte la Ligue et s'allie avec l'Autriche. *(1393-95),* réintègre la *Ligue (1395).* **1393** *« Convenant de Sempach »,* 1re loi milit. suisse, assurant la protection des civils.

1401-38 *g. d'indép. de l'Appenzell,* alliance avec St-Gall **(1401)** contre le Pce-abbé ; victoire des Appenzellois à Vögelinsegg **(1403). 1403-40** *politique du Gothard :* g. contre duc de Milan et conquête de la Léventine et du Val d'Ossola **(1426)** malgré la déf. d'Abedo **(1422). 1405** *grand incendie de Berne,* Appenzellois vainqueurs au Stoss. **1408** Appenzellois vaincus devant Bregenz ; dissolution de la « Ligue au-dessus du lac ». **1411** tr. de combourgeoisie d'Appenzell avec 7 cantons. **1414-18** concile de Constance met un terme au schisme d'Occident. **1415** Frédéric de Habsbourg, partisan du pape schismatique Jean XXIII, mis au ban de l'Emp. : les confédérés envahissent Argovie autr. **1436** Ligue des Dix Juridictions fondée à Davos (8-6). **1436-50** 1ère g. de Zurich [Alter Krieg, « vieille g. » (par opposition à celles de 1529-31)] : l'héritage du Cte de Toggenbourg oppose Zurich aux autres cantons. Ses troupes sont battues en **1443** à St-Jacques-sur-la-Sihl. **1444** massacre de Greifensee. *-26-8* déf. de St-Jacques-sur-la-Birse : le dauphin (futur Louis XI) appelé par les Autr. au secours de Zurich assiégée, écrase Confédérés, puis signe avec eux une alliance. Zurich délivrée réintègre la Conf. **1450** paix (répartition entre cantons des fiefs Toggenbourg). **1460** profitant de la querelle entre pape et duc Sigismond, les Conf. prennent Thurgovie (annexée **1468**). **1474-77** Berne entraîne Conf. dans g. de Bourgogne. **1474** paix perpétuelle avec Autr. ; bailli Hagenbach exécuté. **1475**-*13-10* vict. de la Planta : Savoyards chassés du Valais. **1476** Charles le Téméraire vaincu le *-2-3* à Grandson, le *22-6* à Morat ; tombe devant Nancy en **1477. 1478** expédit. vict. contre Bellinzone. Milanais battus à Giornico. **1481**-*22-12* entrée de Fribourg et de Soleure dans Conf. **1498** Grisons, hostiles au Tyrol, deviennent pays allié. **1499** *g. de Souabe,* après le refus des Suisses de reconnaître la Chambre imp. de justice et de payer le denier commun. Vict. de Bregenz, Luziensteig, Bruderholz, Schwaderloh, Frastenz, Calven et Dornach. *- 22-9 tr. de Bâle :* les cantons cessent de dépendre des tribunaux et des services fiscaux de l'Emp. (indépendance de fait).

1501 Bâle et Schaffhouse entrent dans la Conf. : neutralité dans la g. d'Italie (entre Frédéric II et Louis XII). **1511** Matthieu Schinner, év. de Sion, conclut une alliance entre pape et Conf. pour chasser Fr. de Milan. **1512** conquête de Milan ; duc Sforza se met sous le protectorat des S. et leur donne Tessin et Valteline. **1513** vict. de Novare. Appenzell devient 13e canton. **1515** la défaite des Suisses à Marignan leur impose une politique de neutralité. **1516** *paix perpétuelle* avec Fr. **1519** Zwingli commence à prêcher à Zurich. **1523** 67 thèses de Zwingli : Réforme introduite à Zurich ; **1524** en Thurgovie, à St-Gall, Bâle, Schaffhouse, Soleure et Berne. **1527** sac de Rome :

mort héroïque de la Garde pontificale suisse. **1528** Berne, Glaris, St-Gall, Schaffhouse adoptent Réforme. **1529** *1re g. de religion* (*g. de Cappel :* paix de compromis entre cath. et zwingliens). **1531** *2e g. de Cappel,* provoquée par Zwingli, réclamant droit de prêcher dans cantons cath. ; mort de Zwingli ; 2e paix nat. (cath. maintiennent leurs positions). **1536** Calvin introduit Réforme à Genève ; Jean-Fr. Nageli conquiert canton de Vaud. **1541** Calvin fonde à Genève un régime politico-religieux d'une grande austérité. **1555** l'Aragonais Michel Servet, antitrinitaire, exécuté. **1569** *tr. de Thonon :* Savoie renonce au Valais. **1584-86** *alliance perpétuelle* (Genève, Berne et Zurich). **1568-***5-10* la *Ligue Borromée,* ou *Ligue d'Or* réunit les 7 cantons cathol. [nom du card. Charles Borromée (1538-84), archev. de Milan, qui avait eu le Tessin sous sa juridiction]. **1597** Appenzell partagé en 2 demi-cantons (Rhodes-Extér. prot., Rh.-Int. cathol.).

1618-48 *g. de Trente Ans.* **1647** « Défensional de Wil », Constitution milit. suisse complétée en 1668. **1648** paix de Westphalie, l'indép. des Cantons vis-à-vis de l'Emp. all. est reconnue juridiquement ; Neuchâtel érigé en principauté souveraine. **1653** *g. des paysans :* Nicolas Leuenberger et Christian Schybli exécutés. **1656** *1re g. de Villmergen :* cantons cath. conservent leurs positions. **1663** alliance de cantons conf. avec Louis XIV. **1685** révocation de l'édit de Nantes : Huguenots affluent.

1707 principauté de Neuchâtel attribuée à la maison de Prusse. **1712** *2e g. de Villmergen* (troubles du Toggenbourg) : influence des cantons prot. ; dans les baillages communs, principe de la parité. **1715** *« Trucklibund » :* alliance des cantons cath. avec Fr. **1721-84** soulèvement contre patriciats : **1721** paysans du Werdenberg contre Glaris ; **1723** Major Davel à Lausanne ; **1740** Pierre Péquignat à Porrentruy ; **1749** « Bürgerlärm » à Berne (Samuel Henzi) ; **1754** en Léventine ; **1781** des paysans fribourgeois (Chenaux). **1729-84** luttes pour le pouvoir à Zoug, Lucerne, Schwyz, Appenzell, Rhodes-Int. **1792** défense de la Garde suisse aux Tuileries. **1794-95** Affaire de Stäfa. Réconciliation avec abbaye de St-Gall. **1797** Pierre Ochs, César de La Harpe et Mengaud travaillent au renvers. de la Conf. Bonaparte occupe Valteline et l'incorpore à la *Rép. cisalpine,* fait occuper l'évêché de Bâle. **1798** Fr. occupent pays de Vaud, Soleure et Fribourg. Dernière diète à Aarau. *-5-3* chute de Berne (Neuenegg, Fraubrunnen, Grauholz) : écroulement de l'ancienne Confédération. **1798-1803** Rép. helvétique (État unitaire) : lutte contre la résistance des cantons montagnards. **1798-***9-9 « Jour d'horreur »* dans le Nidwald. Pestalozzi à Stans. **1799** révoltes contre gouv. helvétique. La S., théâtre des g. européennes.

1802 Gal suisse Andermatt fait bombarder Zurich ; gouv. helvétique expulsé après la *« g. des Bâtons »* (Stecklikrieg). Luttes entre unitaires et fédéralistes. **1803-13** Acte de Médiation : Conférence des 19 cantons. **1804** *G. du Bocken* (troupes féd. contre paysans révoltés d'Affoltern et Horgen). **1810** Napoléon annexe Valais à la Fr. **1812** 8 000 Suisses meurent dans la retraite de Russie (Berezina). **1813** suppression de l'Acte de Médiation. **1814-15** *« Longue Diète de Zurich »* et nouveau pacte fédéral : rétablissement des pouvoirs aristocratiques et de l'ancienne conf. d'États. **1815** *Congrès de Vienne :* Genève, Valais et Neuchâtel entrent dans la Conf. Reconnaissance de la neutralité s. Perte de Valteline, Savoie et val d'Ossola. L'ancien évêché de Bâle intégré au canton de Berne (Jura bernois). **1830** le Mémorial de Küsnacht réclame « la souveraineté populaire par la représentation populaire » : renversement des patriciats [Thurgovie, Zurich (journée d'Uster), St-Gall, Lucerne, Soleure, Schaffhouse, Argovie, Vaud] nouvelles Constitutions libérales. **1831** frères Schnell convoquent l'assemblée pop. de Munsingen ; patriciens bernois cèdent la place à un gouv. libéral. Troubles à Bâle qui se sépare en 2 demi-cantons. **1839** affaire Strauss et putsch de Zurich ; gouv. et Gd Conseil zur. remplacés par des libéraux conserv. **1841** Lucerne se donne une Constitut. conservatrice. Suppression des couvents d'Argovie et expédition de « corps francs » contre Lucerne, alliance des cantons conservateurs. **1844** combat du Trient : le Ht-Valais cons. dirige le canton. Lucerne rappelle les jésuites. **1845** 2e expédition des corps francs contre Lucerne, soutenue par les cantons libéraux (déf. de Malters : 104 †, 1 800 pris.). Alliance de la S. primitive avec Fribourg et Valais. **1847** Diète à Berne : réforme du Pacte fédéral, suppression du Sonderbund, expulsion des jésuites. Gal Henri Dufour (100 000 h.) termine en 26 j la *g. du Sonderbund* contre GalSalis-Soglio [85 000 h. (pertes : fédérales 78 †, 260 bl., séparatistes 24 †, 116 bl.)]. **1848** nouv. Constitut. fédérale acceptée. Soulèvement et victoire des républicains dans la principauté de Neuchâtel. **1856** coup de main royaliste à Neuchâtel ; contre-attaque des rép. La Prusse menace d'entrer en g. ; intervention de Napoléon III. **1857-***26-5* renonciation du roi de Prusse à ses droits (tr. de Paris). **1856-70** mouvements pop. contre libéraux-radicaux (*1856,* Soleure ; *1861-64* Genève, renvers. de la dictature Fazy ; *1864* Bâle-Campagne, où pour la 1re fois le référendum obligatoire et le droit d'initiative sont introduits ; *1867* Zurich ; suivent jusqu'en *1870 :* Thurgovie, Argovie, Soleure, Lucerne, Berne ; plus tard, référendum obligatoire ou facultatif, droit d'initiative et élection directe du gouv. sont également adoptés par autres cantons). **1859** interdiction du service mercenaire. **1860** malgré le tr. de 1564 et les revendications suis., la Savoie est rattachée à la Fr. ; la zone franche est étendue au Chablais et au Faucigny. **1862** accord avec la Fr. sur la vallée des Dappes. **1864-***22-8* 1re *Convention de Genève* (12 États signataires, but : amélioration de la cond. des mil. blessés). **1868** 1re grève en S. (Genève). **1870-71** g. franco-all. : les troupes s. occupent la frontière. Internement de l'armée fr. de Bourbaki (100 000 h.). **1871** à la suite du *Kulturkampf* [ou « combat pour la civilisation », politique anticatholique de Bismarck, en Allemagne, ayant eu des répercussions en Suisse (Berne, Soleure, Genève)], un régime conservateur remplace le gouv. libéral de Lucerne, même chose au Tessin en 1875. **1874** nouvelle Const. féd., favorable à un renforcement de la centralisation, acceptée. **1875** tribunal féd. créé à Lausanne. **1883** fin du *Kulturkampf.* **1890** soulèvement au Tessin contre conservateurs : intervention de la Conf. et introduction du système proportionnel. **1893-95** g. douanière avec Fr. [la Chambre des dép. fr., gagnée au protectionnisme, rejette le tr. de commerce (conclu en juill. 1892) détaxant certains produits s. La S. riposte en surtaxant tous les prod. français].

1909-*11* séparation de l'Égl. et de l'État à Genève et à Bâle-Ville. **1914** 1re g. mond. Mobilisation sous les ordres du Gal Wille. **1919** grève gén. : introduction du système proportionnel pour élect. au Conseil nat. et de la semaine de 48 h dans les entreprises industrielles. **1920** la S. entre dans la S.D.N. [référendum (415 000 oui, 323 000 non)] ; principe de neutralité confirmé par la *déclar. de Londres.* **1921** création de l'Office du travail. **1924** convention arbitrale avec Fr. au sujet des zones franches de Savoie. **1925** fondation de Migros (transformée en coopérative en 1940) par Gottlieb Duttweiler (1888-1962). **1929** adhésion au pacte Kellog : renonciation au recours à la g. **1931** le Tribunal intern. de La Haye soutient la plainte suisse au sujet de la Savoie. **1936** dévaluation du franc s. **1932-***9-11* émeute à Genève : 11 † (la droite avait organisé un meeting contre 2 révolutionnaires genevois : Léon Nicole et Dicker ; les socialistes les attaquent, la police tire ; Nicole est arrêté). **1939** g. mondiale, mobilisation sous les ordres du Gal Guisant (1874-† 8-4-1960). **1940** internement de troupes fr. et polon. **1943** 1er conseiller féd. socialiste : Ernest Nobs. **1945** fin 2e g. mond., démobilisation ; la S. ayant été déçue par la S.D.N. et estimant sa participation incompatible avec son statut de pays neutre, renonce à organiser un référendum sur une entrée éventuelle à l'O.N.U. **1950** adhésion à l'O.E.C.E. **1959** adhésion provisoire au G.A.T.T. **1960** adh. à l'A.E.L.E. Après l'adoption par Vaud en 1959, droit de vote féminin introduit à Neuchâtel et Genève. **1961** adh. à l'O.C.D.E. **1963** adh. au Conseil de l'Europe. **1971-***7-2* référendum pour vote des femmes en matière d'él. et de votation féd. (621 403 oui, 323 596 non) ; Uri, Schwyz, Obwald, Glaris, St-Gall, Appenzell ont eu une majorité de non. *-30/31-10* les femmes votent aux élections lég. *-3-12* référendum sur l'accord de libre-échange pour les prod. ind. avec la C.E.E. : votants 51,2 %, 1 345 047 pour, 509 350 contre. **1972-***22-7* signature des accords avec C.E.E. (*3-12* approuvée par vote). **1974-***20-10* référendum sur projet de loi visant à ramener en 3 a. de 1 million à 500 000 le nombre d'étrangers en S. : double rejet par 1 689 870 voix (65,79 %) contre 878 739 (34,21 %) et les 22 cantons. *Mai* à Zurich, contestation des jeunes (origine : protestation contre une subvention de 150 millions de F à l'Opéra) ; bagarres chaque week-end jusqu'à mars 81. **1977** référendum : projet envisageant de soumettre à référendum les tr. internationaux repoussés ; les Chambres fédérales ont adopté par 976 839 voix contre 504 924 le recours au référendum pour certains tr. importants. **1978-***22-9* création du canton du Jura.

1980 *mars* référendum refusant séparation de l'Église et de l'État. **1981-***5-4* réf. rejetant par 83,8 % de non un projet de réforme du statut des immigrés. *-14-6* projets sur l'égalité entre hommes et femmes et la protection des consommateurs approuvés par référendum. **1982-***6-6* réf. rejetant un projet de loi en faveur des travailleurs étrangers. **1983-***14/16-4* visite du Pt Mitterrand (1re visite off. d'un Pt Fr. dep. Fallières les 15/16-8-1910). **1984-***28-2* réf. 63,8 % contre le projet relatif aux objecteurs de conscience. *-12/17-6* voyage du pape Jean-Paul II. *-Oct.* Elizabeth Kopp (48 ans) 1re femme élue conseillère fédérale par le Conseil national par 124 voix contre 95. **1986-***16-3* référendum, non (1 591 428 contre 511 548) à l'adhésion à l'O.N.U.

Politique

Statut. Rép. État confédératif. **Constitution** de 1848 révisée en 1874. 100 000 électeurs peuvent demander une révision (totale ou partielle) de la Constitution.

Fête nationale : 1er août (serment de Grutli en 1291 : alliance entre les peuples des vallées d'Uri, de Schwyz, d'Unterwald).

Législatif. Assemblée fédérale formée de : *Conseil des États :* 46 m. (2 par canton, 1 par demi-canton) élus au suffr. direct ou par les ass. législatives suivant les cantons. *Conseil national :* 200 députés élus p. 4 a. à la proportionnelle. **Exécutif.** *Conseil fédéral :* 7 m. élus p. 4 a. par les 2 autres Conseils réunis. Ils élisent le Pt pour 1 a., le vice-Pt lui succède. **Élections** (% des voix en 1983) : socialistes 22,8 ; radicaux 23,4 ; dém.-chrétiens 20,2 ; Union démocratique du centre 11,1 ; indépendants 4 ; libéraux 2,8 ; progressistes 2,7 ; évangéliques 2,1 ; P. du travail 0,9 ; autres 3,6. **Sièges à l'Ass. féd.** Conseil national (et c. des États) : démocrates-chrétiens 42 (18) ; radicaux 54 (14) ; socialistes 47 (6) ; Union dém. du centre 23 (5) ; indép. et évangéliques 12 (0) ; libéraux 8 (3) ; Action nationale 5 (0) ; progressistes 5 (0) ; rattachés à aucun groupe 4 (0). *Total* 200 (46).

Neutralité. Depuis Marignan (1515), la S. a cessé de prendre part aux conflits européens, sa *neutralité* a été reconnue par le Congrès de Vienne en 1815. De nombreuses organisations internationales ont établi de ce fait leur siège en Suisse (ex : Comité international de la Croix-Rouge, B.I.T., Office européen des Nations unies, U.P.U., U.I.T., Org. eur. pour la recherche nucléaire, B.R.I.). La S. est membre de l'UNESCO, mais non de l'O.N.U. Le 22-3-1979, elle a fait officiellement connaître son intention d'entrer à l'O.N.U. L'entrée ne pourra avoir lieu qu'après ratification par le Parlement et un référendum.

Référendum. Obligatoire sur le plan fédéral et cantonal pour toute modification constitutionnelle. Facultatif sur le plan féd. en matière législative : il n'a lieu que sur une pétition de 50 000 citoyens actifs ou sur la demande de 8 gouvernements cantonaux. Ils demandent un vote populaire concernant les lois et les arrêts féd.

Présidents depuis 1970

☞ De 1939 à 1970 v. Quid 82 p. 1090 b.

70 Hans Peter Tschudi (1913). **71** Rudolf Gnaegi (1917). **72** Nello Celio (1914). **73** Roger Bonvin (1907). **74** Ernst Brugger (1914). **75** Pierre Graber (1908). **76** Rudolf Gnaegi (1917-85). **77** Kurt Furgler (1924). **78** Willy Ritschard (1918). **79** Hans Hürlimann (1918). **80** Georges-André Chevallaz (1915). **81** Kurt Furgler (1924). **82** Fritz Honegger (1917). **83** Pierre Aubert (1927). **84** Leon Schlumpf. **85** Kurt Furgler (1925). **86** Alphonse Egli (1924) (Vice-Pt Pierre Aubert).

Hymne national suisse

Sur nos monts, quand le soleil
Annonce un brillant réveil,
Et prédit d'un plus beau jour le retour,
Les beautés de la patrie
Parlent à l'âme attendrie ;
Au ciel montent plus joyeux
Les accents d'un cœur pieux.

Lorsqu'un doux rayon du soir
Joue encore dans le bois noir,
Le cœur se sent plus heureux, près de Dieu.
Loin des vains bruits de la plaine,
L'âme en paix est plus sereine ;
Au ciel montent plus joyeux
Les accents d'un cœur pieux.

Lorsque dans la sombre nuit
La foudre éclate avec bruit,
Notre cœur pressent encor le Dieu fort ;
Dans l'orage et la détresse,
Il est notre forteresse.
Offrons-lui des cœurs pieux
Dieu nous bénira des cieux.

Des grands monts vient le secours,
Suisse, espère en Dieu toujours !
Garde la foi des aïeux, vis comme eux !
Sur l'autel de la patrie
Mets tes biens, ton cœur, ta vie !
C'est le trésor précieux
Que Dieu bénira des cieux.

Partis

P. démocrate-chrétien (P.D.C.). *Origine : 1848* les vaincus du Sonderbund, conserv. cathol., ont 8 députés. *1880* Union conservatrice suisse. *1894* P. populaire cathol. *1912-22-4* P. pop. conservateur suisse. *1957 févr.* P. cons. chrétien social. *Déc. 1970* nom actuel. Tous les cantons, sauf Neuchâtel. *Tendance* fédéraliste, chrétienne, sociale. Une aile conservatrice, une progressiste. *Principes :* liberté, solidarité, subsidiarité. *Slogan :* « Famille, emploi, qualité de la vie. » *Pt* Flavio Cotti. *Membres* 65 000 m.

P. radical démocratique (P.R.D.). A joué le rôle principal en 1848. *1878* création de son groupe au parlement fédéral. *1894* parti national rassemblant les partis cantonaux. Implantation nat., sauf en Appenzell Rhodes-Intérieures. Centriste, défenseur des libertés personnelles et de l'économie de marché. *Slogan :* « Les radicaux : du cran et du cœur. » *Pt* Bruno Hunziker. *Membres* 140 000.

P. socialiste suisse (S.). Organisation nat. *1880* Union syndicale suisse. *1888* fondation du parti. *1920-10/12-12* scission du p. (refus d'adhérer à la IIIe Internationale). *Rayonnement* national sauf Nidwald, Appenzell R.-I. *Tendance* démocr. et transformiste. *Slogans :* (suisse) « Le contrepoids », (romand) « Dépassez — voie de gauche. » *Pt* Helmut Hubacher. *Membres* 60 000.

Parti suisse du travail (P.S.T.). *1920* 1re scission du p. socialiste. *1921* mars P. communiste suisse. *1939* 2e scission du P.S.S. au sujet de la polit. soviétique. Interdit par le Conseil fédéral jusqu'en févr. 1945. *1944* oct. fondation du P. *Rayonnement :* Genève, Neuchâtel, Vaud, Jura, Tessin, Bâle. *Tendance :* socialisme scientifique. *Slogan :* « Vivre mieux et autrement. » *Pt* Armand Magnin.

Union démocratique du Centre (U.D.C.). Avant 1971 p. des paysans, artisans et bourgeois (PAB). Aujourd'hui Union dém. du centre (UDC). *Origine :* opposition à la politique de libre-échange. *1897* Union suisse des paysans. *1937* P. suisse des paysans, artisans et bourgeois. *1971* sept. fusionne avec p. démocr. *Rayonnement :* cantons d'Argovie, Appenzell Rh.-Ext., Bâle-Campagne, Berne, Fribourg, Glaris, Grisons, Schaffhouse, Saint-Gall, Schwyz, Thurgovie, Tessin, Vaud, Zurich. *Tendance* pour un État politiquement fort pour la sauvegarde du fédéralisme. *Slogan :* « Moins de théories, des actes. » *Pt* Adolf Ogi. *Membres* 86 000.

Parti libéral suisse (P.L.S.). Successeur de l'Union libérale dém. suisse, f. 1961. Évolue vers le centre, puis la droite au début du xxe s. *Rayonnement :* cantonal (Bâle-Ville, Vaud, Neuchâtel, Genève, Fribourg et Bâle Campagne). *Tendance :* défend le fédéralisme et la liberté d'action individuelle tant au niveau social qu'économique, s'oppose à toute ingérence exagérée de l'État. *Pt* Gilbert Coutau dep. 16-2-85. *Membres* 15 000.

Alliance des indépendants (I.). *Origine : 1925* Gottlieb Duttweiler (1888) fonde la Migros (principes nouveaux de vente directe) et entreprend la défense de son idée au niveau polit. Soutient d'abord les candidats sans parti, favorables à ses thèses, puis fonde son propre mouvement en *1936*. *Rayonnement :* surtout Zurich, Berne, Bâle-Ville-et-Campagne, Appenzell, Soleure, Zoug, Thurgovie, Grisons, Schaffhouse, Lucerne, St-Gall, Argovie, Neuchâtel, Vaud, Genève. *Volonté :* remettre les choses en question dans le cadre des institutions pour l'établiss. d'une démocr. réelle et non seulement formelle. *Slogan :* « Libéral dans la pensée, social dans l'action. » *Pt* Walter Biel. *Membres* 10 000.

Parti évangélique populaire (P.E.P.). Fondé *1919*. *Rayonnement :* Argovie, Bâle, Berne, Schaffhouse, St-Gall, Thurgovie, Zurich. *Objectifs :* indépendant de toute Église particulière, tend à créer une société personnaliste d'inspiration chrétienne. *Secr. gén.* Hans Schoch.

Parti républicain suisse. Fondé 1971 avec le *Parti Vigilance* de Genève (fondé 1964, mouvement civique et patriotique qui entend respecter les valeurs morales dans la vie publique du pays et qui luttera : pour le maintien d'une démocratie fédéraliste et pour la libre entreprise). *Rayonnement :* Argovie, Bâle, Berne, Genève, St-Gall, Thurgovie, Zoug.

Cantons

Liste

Nom abrégé, date d'entrée dans la Ligue ou la Confédération, superficie et population (au 1-1-1983), densité, langue, capitale.

Appenzell [1] (Rhodes-extérieures) (AR 1513) 243,2 km² 48 364 h. D. 198,9. Allemand. *Herisau* 14 160 h. (80). **Appenzell[1] (Rhodes-intérieures)** (AI 1513) 172,1 km² 12 940 h. D. 75,2. Allemand. *Appenzell* 5 300 h. (80). **Argovie (Aargau)** (AG 1803) 1 404,6 km² 459 077 h. D. 326,8. Allemand. *Aarau* 15 788 h. (80).

Bâle-Ville [1] (Basel Stadt) (BS 1501) 37,2 km² 201 242 h. D. 5 409,7. Allemand. *Bâle* 179 684 h. (ag. 364 976). **Bâle-Campagne[1] (Basel Land)** (BL 1501) 428,1 km² 221 203 h. D. 516,7. Allemand. *Liestal* 12 158 h. (80). **Berne (B)** (BE 1353) 6 049,4 km² 919 264 h. D. 152. Allemand et français. *Berne* 143 847 h. (ag. 300 882).

Fribourg (Freibourg) (FR 1481) 1 670 km² 187 608 h. D. 112,3. Allem. et franç. *Fribourg* 36 443 h. (ag. 55 948).

Genève (Genf) (GE 1815) 282,2 km² 355 980 h. D. 1 261,4. Français. *Genève* 158 546 h. (ag. 371 677). **Glaris (Glarus)** (GL 1352) 684,3 km² 36 209 h. D. 52,9. Allemand. *Glaris* 5 800 h. (80). **Grisons (Graubünden)** (GR 1803) 7 105,9 km² 171 044 h. D. 24,1. Allem., ital., rom. *Coire* 32 037 h. (80).

Jura [2] (Jura) (J 1979) 837,5 km² 64 476 h. D. 77. Français. *Delémont* 11 682 h. (80).

Lucerne (Luzern) (LU 1332) 1 492,2 km² 298 741 h. D. 202,2. Allemand. *Lucerne* 62 130 h. (ag. 157 740).

Neuchâtel (Neuenburg) (NE 1815) 796,6 km² 156 074 h. D. 195,9. Français. *Neuchâtel* 33 321 h. (ag. 65 460).

Saint-Gall (St-Gallen) (SG 1803) 2 014,3 km² 394 590 h. D. 195,9. Allemand. *Saint-Gall* 74 166 h. (ag. 123 802). **Schaffhouse (Schaffhausen)** (SH 1501) 298,3 km² 69 759 h. D. 233,9. Allemand. *Schaffhouse* 34 396 (ag. 53 658). **Schwyz** (SZ 1291) 908,2 km² 98 707 h. D. 108,7. Allemand. *Schwyz* 12 100 h. (80). **Soleure (Solothurn)** (SO 1481) 790,6 km² 217 964 h. D. 275,7. Allemand. *Soleure* 15 778 h. (80).

Tessin (Ticino) (TI 1803) 2 810,8 km² 271 254 h. D 96,5 Italien. *Bellinzona* 16 743 h. (80). **Thurgovie (Thurgau)** (TG 1 803) 1 012,7 km² 186 567 h. D. 184,2. Allemand. *Frauenfeld* 18 607 h. (80).

Unterwald[1] Nidwald (NW 1291) 275,8 km² 29 309 h. D. 105,9. Allemand. *Stans* 5 700 h. (80).**Unterwald [1] Obwald** (OW 1291) 490,7 km² 26 686 h. D. 54,4. Allemand. *Sarnen* 7 200 h. (80). **Uri** (UR 1291) 1 076,5 km² 33 679 h. D. 31,3. Allemand. *Altdorf* 8 200 h. (80).

Valais (Wallis) (VS 1815) 5 225,8 km² 224 550 h. D. 43. Français et allemand. *Sion* 22 877 h. (80). **Vaud (Waadt)** (VD 1803) 3 219 km² 532 589 h. D. 165,5. Français. *Lausanne* 127 057 h. (ag. 254 896).

Zoug (Zug) (ZG 1352) 238,6 km² 77 234 h. D. 323,7. Allemand. *Zoug* (80) 21 609 h. (ag. 52 200). **Zurich** (ZH 1351) 1 728,6 km² 1 127 996 h. D. 652,5. Allemand. *Zurich* 363 648 h. (ag. 839 939).

Nota. — (1) 3 cantons sont divisés en demi-cantons : Unterwald (dès les origines) ; Appenzell (dep. 1597, à la suite de la Réforme) ; Bâle (dep. 1833, à la suite d'une g. civile). (2) Détaché du canton de Berne en 1978, à la suite de campagnes menées par les séparatistes francophones depuis 1914. Gouvernement en fonction le 1-1-1979.

Statut

Les 21 cantons et les 6 demi-cantons sont souverains. *La Confédération* assure la sécurité intérieure et extérieure, garantit les constitutions cantonales et entretient des rapports diplomatiques avec les États étrangers. Sont de son ressort : douanes, poste, télégraphe et téléphone, monnaie, régie des poudres et organisation militaire. Elle arme les troupes, crée un droit uniforme (Code des obligations, Code civil, Code pénal), contrôle le trafic et les chemins de fer, l'économie forestière, la chasse, la pêche et l'utilisation des forces hydrauliques. Elle prend les mesures qui s'imposent pour assurer le développement économique du pays (protection de l'agric., par ex.) et le développement de la prospérité générale (assurances sociales, etc.). 5 États (Glaris, les demi-cantons d'Unterwalden, ceux d'Appenzell) conservent l'*Assemblée populaire annuelle* ou *Landsgemeinde*, mais les matières dont elle est saisie sont préparées et délibérées par le Parlement du canton. Dans les autres, le *Grand Conseil* (Grosser Rat, Kantonsrat), élu généralement p. 4 ans, exerce le pouvoir lég., désigne les titulaires de certaines charges et contrôle les actes du gouvernement. Le *Conseil d'État* (Regierungsrat), collège exécutif de 5 à 9 membres, dispose du pouvoir réglementaire et prépare la majorité des projets de loi. Le droit de révocation des autorités (analogue au *recall* amér.) subsiste théoriquement dans une dizaine de cantons, mais il est rarement appliqué ; l'initiative populaire constit. et lég., le référendum lég. (obligatoire dans 16 cantons) et financier figurent dans les Const. locales, qui fixent le nombre des signatures nécessaires pour valider la demande. Les cantons peuvent conclure entre eux des accords ou «concordats» sur des objets précis et limités, avec l'approbation et l'aide de la Confédération (ainsi l'assistance au lieu de domicile en 1960 ; la coordination scolaire entre cantons en 1970).

• **Communes.** 3 006 ; *les plus vastes :* Bagnes (Valais) 282,3 km², Davos (Grisons) 254,2, Zermatt (Valais) 242,9 ; *les plus petites :* Ponte Tresa (Tessin) 0,28 km², Kleingurmels (Frib.) 0,30 km², Roveredo (Tessin) 0,31 et Rivas (Vaud) 0,32 ; *les moins peuplées :* Landarenca (Grisons) et Goumoëns-le-Jux (Vaud) 20 h.

Architecture

Époque romaine. *Augst* (Bâle), *Avenches, Martigny, Windisch.* **Paléochrétienne-préromane.** *Riva San Vitale* (baptistère), *Münster-Müstair* (fresques), *St-Maurice* (fouilles, trésor). **Romane.** Abbayes et prieurés : *Romainmôtier, Payerne, Grandson, St-Pierre-des-Clages, St-Sulpice, St-Ursanne, Spiez, Amsoldingen, Giornico, Schaffhouse* (cloître). Cathédrales : *Bâle, Coire.* Collégiales : *Neuchâtel, Zurich.* Paroissiale : *Zillis* (plafonds peints sur bois).

Époque gothique. Cathédrales et collégiales : *Genève, Lausanne, Fribourg, Sion, Berne.* Abbayes : *Königsfelden* (vitraux), *Wengenetti* (cloître), *Hauterive, Bâle* (Cordeliers). Châteaux : *Chillon, Grandson, Hallwil, Oron, Nyon, Lenzbourg, Kyburg, Bellinzona, Tarasp, Vufflens, Aigle, Thoune, Burgdorf, Champvent.* Hôtels de ville : *Berne, Bâle, Sursee, Zoug.* Ensembles urbains : *Berne, Fribourg, Morat, Lucerne, Stein am Rhein, Werdenberg.*

Époque Renaissance. Cathédrales et collégiales : *Lugano* (façade), *Lucerne.* Église paroissiale ou chapelle : *Stans, Riva San Vitale* (S. Croce). Fortifications : *Schaffhouse, Soleure.*

Époque XVIIe-XVIIIe s. Cathédrales, abbatiales et collégiales : *Arlesheim, Muri, Disentis, Rheinau, St-Urban, Bellelay, St-Katharinental, Einsiedeln, St-Gall, Soleure.* Église des jésuites : *Lucerne, Soleure.* Paroissiale : *Schwyz.* Temples protestants : *Berne* (St-Esprit), *Morges, Genève* (Fusterie). Hôtels de ville : *Zurich, Neuchâtel.* Maisons, palais, maisons de corporations : *Zurich* (Meise), *Bâle* (Blaues et Weisses Haus, Kirschgarten), *Berne* (von Erlach, von Wattenwyl), *Neuchâtel* (du Peyrou), *Genève* (rue des Granges). Châteaux, maisons de campagne : *Berne* (Hindelbank, Thunstetten, etc.) et beaucoup d'autres.

Époque moderne. *Bâle :* École des arts et métiers, Église St-Antoine. *Berne :* gare, cité du Tscharnergut, École des arts et métiers. *Cointrin :* aéroport. *Corseaux :* maison Le Corbusier. *Genève :* maisons Le Corbusier (« Clarté »), cité du Lignon. *Kloten-Zurich :* aéroport. *St-Gall :* université. *Vevey :* bâtiment Nestlé. *Winterthur :* Hôtel de Ville (1868). *Zurich :* université, centre Le Corbusier. *Lausanne :* Laboratoire d'essais de l'école polytechnique fédérale (E.P.E.L.).

Économie

P.N.B. (85) 14 914 $ par h. (1er rang mondial après les pays pétroliers). **Pop. active** (%, entre parenthèses part du P.N.B. en %) agr. 6,7 (4,7), ind. 37,9 (37), services 55,4 (58,3). **Chômage** (%). *1980 :* 0,2 ; *81 :* 0,2 ; *82 :* 0,4 ; *83 :* 0,9 ; *84 :* 1,1 ; *85 :* 1 ; *86* (mars) : 0,8.

Agriculture. *Terres* (milliers d'ha, 85) arables 391, cult. 20, pâturages 1 609, forêts 1 052, eaux 152, divers 905. Sauf pour la région du lac Léman au canton de Schaffhouse, les conditions naturelles conviennent davantage aux fourrages.

Exploitations agricoles : (80) 125 274 *dont — de 1 ha :* 27 094, *1 à 5 ha :* 25 571, *5 à 10 ha :* 20 158, *10 à 20 ha :* 34 638, *20 à 50 ha :* 16 783, *+ de 50 ha :* 1 030). *Production* (milliers de t, 84) pommes de terre 944, bett. à sucre 832 (83), blé 557, orge 311, avoine 53,

Balance des revenus	1981	1982	1983	1984 En millions de francs Recettes	Dépenses	Solde
A. Trafic de marchandises	– 8 120	– 5 710	– 7 870	62 935	71 910	– 8 975
B. Services	6 300	6 600	7 775	17 440	9 170	8 270
Tourisme				9 595	6 590	3 005
Assurances privées				630	10	620
Opérations de commerce en transit				520	–	520
Transport de marchandises				780	45	735
Autres postes				5 915	2 525	3 390
C. Revenus du travail et de capitaux	9 220	9 190	10 085	26 605	14 995	11 610
BALANCES DES BIENS ET DES SERVICES (A + B + C)	7 400	10 080	9 995	106 980	96 075	10 905
D. Transferts unilatéraux	– 1 970	– 2 070	– 1 920	2 160	4 125	– 1 970
BALANCES DES REVENUS (A + B + C + D)	5 430	– 8 010	8 070	109 130	100 200	– 8 930

seigle 21, pommes 260 (83), poires 165 (83), raisin 115 (81). *Vigne* (coteaux ensoleillés du lac Léman, Neuchâtel, Bienne, Zurich, vallées du Rhône, du Rhin) : 0,62 % de la sup. arable et alpestre exploitée, rend. moyen 81 hl de moût/ha.

Forêts. (en %) Jura 18, Préalpes 18, Plateau 23, Alpes 30, S. des Alpes 11 ; forêt publique 70, communes et corpor. de droit pub. 64, f. privée 30, cantons 6. Conifères (surtout sapins) 80, feuillus (hêtre) 20. Bois : 4 200 000 m³ (82). **Élevage** (milliers de têtes, 83) bovins 1 930 (84), poulets 6 133, porcs 2 000 (84), moutons 355, cheval 46. Lait, viande, fromage, beurre, œufs. **Pêche.** 3 900 t (82).

Énergie. *Charbon :* importé d'All. féd. 660 t. *Nucléaire :* centrales atomiques à Beznau I et II, Mühleberg, Gösgen et Leibstadt (en constr.). *Pétrole :* importé par pipe-lines de Gênes, Lavéra et Ferrare ou par voie fluviale, raffineries. Part du pétrole dans la consommation : 66,4 %. *Gaz :* extrait du pétrole ou importé de Hollande par gazoduc, part du gaz dans la consommation : 7,1 %. *Électricité* (prod. 85) : 47,7 milliards de kWh dont hydroélectricité 30,8, 440 usines hydrauliques d'une puissance de 11,4 millions de kWh, nucléaire 17,3.

Industrie. Industrie à forte valeur ajoutée. 33 % exportés. 1°) *Métallurgie de transformation* (machines, équipement él. et élect., matériel scient., instr. de précision, machines-outils, machines text.), dont Zurich est la métropole ; *grandes firmes :* Brown-Boveri, Sulzer, Oerlikon. 2°) *Chimie* (80 % est. export.), notamment à Bâle. *Ciba-Geigy, Hoffmann-La-Roche, Sandoz :* 10 % des médicaments, 15 % des colorants fabriqués dans le monde. 3°) *Horlogerie*, en déclin relatif ; en 1980, env. 46 700 ouvriers (dans le Jura et son Piémont ; à Genève). Concurrence jap. et amér. 4°) *Textile*, au N.-E. : Bâle, St-Gall (capit. broderie), Zurich (text. chim.). 5°) *Agro-alim.* Nestlé.

Beaucoup d'entreprises familiales ou moyennes (70 % occupent – de 50 pers.). Cependant la concentration s'accroît.

Activités financières. 1er rang mondial pour le chiffre d'aff. par hab. 1er centre bancaire du monde. *Capitaux gérés par les banques suisses :* 650 milliards de F.S. Le revenu des capitaux étrangers placés en Suisse est la 1re source de revenu national, avant le tourisme. Entre 1977 et 1980, pour décourager l'afflux des capitaux, le gouv. fédéral a fixé un intérêt négatif. *Origine des fonds :* déficit de la balance des paiements des U.S.A. ; les banques s. contrôlent 30 % du marché des eurodollars ; vente du pétrole par les pays du Proche-Orient ; capitaux fuyant Italie, France [50 000 Français ont des comptes en Suisse (dépôt moyen 600 000)]. Espagne, pays du tiers monde.

Multinationales et holdings : Implantés surtout dans le tiers monde, notamment en Am. latine [Brésil, Argentine, Mexique, et Paraguay (Sté Adela, monopolisant la culture du soja)].

Transports (km, 83). Routes 70 749. Chemin de fer 5001,9 plus 830 de funiculaires et lignes spéciales. *Navigation rhénane.* Bâle [trafic env. 7,1 millions de t (dont entrées 85 %) ; redistribue les marchandises importées]. Grâce au grand canal d'Alsace, la navig. est possible toute l'année.

Nota. – La S. possède une flotte maritime de 355 413 tx (33 pièces) basée principalement à Gênes, Marseille, Rotterdam.

Tourisme (84). *Visiteurs :* 7 281 388. *Nombre de lits :* 277 252 dont par cantons Valais 34 065 ; Grisons 49 201 ; Oberland bernois 27 298 ; Tessin 27 217 ; Vaud 23 229 ; St-Gall 11 859 ; Zurich 17 258 ; Lucerne 11 289 ; Genève 13 314.

Les recettes touristiques représentent 13 % des exportations.

Finances publiques fédérales (millions de F S., 84). *Recettes* 21 196. *Dépenses* 21 644. *Déficit* 448. Dep. 1971, déficits permanents des comptes de la Confédération. 2 fois, le peuple et les cantons ont refusé d'introduire une T.V.A. qui aurait pu équilibrer les comptes. Actuellement les impôts indirects sur la consommation sont prélevés par l'intermédiaire de l'impôt sur le chiffre d'affaires. Pour ne pas augmenter les pouvoirs de l'État fédéral, les Suisses ont bloqué le budget d'aide à la recherche scientifique et rejeté la création d'une police antiterroriste. Malgré le déficit fédéral, le niveau de vie des citoyens est satisfaisant (chômage 1,1 % en 1984 ; charges sociales 30 % du P.N.B. ; pouvoir d'achat en augmentation moyenne de 1,5 %).

Commerce (millions de F S., 85). *Exportations* 60,65 (84) *dont* mach. et appareils 19,3, prod. chim. et pharmaceutiques 12,7, textile 4,3, horlogerie 3,8, alim. 1,9 *vers* (%). All. féd. 13,1, France 5,5, U.S.A. 6,9, Italie 4,9, G.-B. 5,3, autres pays C.E.E 4,7, A.E.L.E. 5,4, reste du monde 20,5. *Importations* 69,02 *dont* mat. 1re et prod. semi-ouvrés 27, biens de consom. 23,1, biens d'équip. 11,8, prod. énergétiques 6,9 *de (%)* All. féd. 22,9, France 8,3, Italie 7,2, U.S.A. 4,4, G.-B. 5,4, autres pays C.E.E. 3,3, A.E.L.E. 5,1, reste du monde 13,8.

Inflation (%). *1980 :* 4 ; *81 :* 6,5 ; *82 :* 5,7 ; *83 :* 2,9 ; *84 :* 2,9 ; *85 :* 3,4 ; *de avril 85 à avril 86 :* 1.

SURINAM
Ancienne **Guyane hollandaise.**
Carte p. 891. V. légende p. 787.

Situation. Amérique du S. 163 265 km². A 400 km de Cayenne. *Frontières :* env. 500 km avec Guyane française.

Climat chaud et humide. *Températures moy. :* sur la côte 27 °C le jour, 23 °C la nuit ; max. sept. 32 °C, min. févr. 22 °C. *Pluies :* 2 200 mm sur la côte, 300 mm à l'intérieur ; max. mai et juin 300 mm par mois. 80 % d'humidité en moy. Ouragans. 4 *saisons* selon la pluviosité : s. assez peu pluvieuse déc. à févr., s. assez sèche févr. à avril, s. des pluies avril à mi-août, saison sèche mi-août à déc.

Population. 370 000 h. (est. 84) dont (%) Hindous 37, Créoles 31, Javanais 15, Noirs 10, Amérindiens 3, Chinois 3, Européens et divers 2. **Émigration** (82) 200 000 S. vers Hollande. D. 2,2. **Capitale :** *Paramaribo* (84) 180 000 h. (à 32 km de la mer).

Langues. Néerlandais *(off.)* ; l. de chaque ethnie, anglais, espagnol, français, chinois, javanais, hindi, sranang tongo.

Religions (71). Hindouistes 11 204, catholiques 70 175, musulmans 74 078, frères év. 51 868, réformés et luthériens 3 911, bouddhistes.

Histoire. 1498 découv. par Espagnols. **1593** Domingo de Vera en fait une possession esp. **1613** installation de 60 Anglais commandés par cap. Marshall. Peu après, installation de Hollandais, de juifs d'Italie et de Hollande. **V. 1640** installation de Noailly et de quelques Français. **1650** Lord Francis Willoughby en fait une possession angl. Développement des plantations et de l'esclavage. **1667** le Holl. Abraham Guynssen prend S. aux Angl. ; tr. de Breda : S. reste holl. (Guyane holl. 1668). **1682** gestion confiée à la Cie des Indes orientales. **1804-26** domination angl. ; redevient colonie holl. (convention de Londres). Révoltes d'esclaves noirs (« Marrons »), qui attaquent les plantations et finissent par se faire reconnaître une autonomie partielle à l'intérieur du pays (leaders : Baron, Bonni, Joli-Cœur) ; leurs descendants (Bushnegroes) constituent des tribus aux mœurs africaines à l'intérieur. **1863**-*1-7* esclavage aboli. **1954** autonomie interne. **1973** *févr.* grèves et troubles politiques. *Oct.* élect. gagnées par l'ind. (N.P.K. et P.N.R.) devant P. hindoustani. **1975** *mai* troubles Créoles-Hindoustanis *-25-11* indép. ; 130 000 Sur. ont quitté le S. pour les P.-Bas avant l'indép. **1980**-*25-2* soulèvement mil. *-31-3* Chin A Sen P.M. *-13-8* coup d'État, les procastristes éliminés de l'équipe dirigeante. *-14-8* Chin A Sen chef d'État et P.M. **1981**-*15-3* coup d'État (Sergent Hawker), échec. **1982**-*4-2* coup d'État mil. Fred Ramdat Misier Pt de la Rép. *-11-3* coup d'État par l'ex-lieutenant Ramboçus, échec. Hawker libéré, sera repris et exécuté. *-31-3* Neyhorst P.M. *-8-12* coup d'État (15 opposants arrêtés). Gouv. démissionne. *-9-12* Pt Bouterse fait exécuter 40 opposants. **1983**-*28-2* Alibux P.M. *-1-11* expulsion des conseillers et diplomates cubains. *-19-12* grève à Suralco (bauxite). **1984**-*9-1* Alibux démissionne.

Statut. Rép. *Const.* du 20-11-75, suspendue dep. 25-2-80. *Ass. constituante :* 31 m. nommés en déc. 84. *Pt* Lt-col. Desi Bouterse dep. 2-8-85. *PM* Wim Udenhout dep. 3-2-84. **Fête nat. :** 25 nov. (indép.).

Économie

P.N.B. (83) 3 520 $ par h. **Pop. active** (%, entre parenthèses part du P.N.B. en %). Agr. 20 (13), ind. 40 (57), services 40 (30). **Inflation** (%). *1980 :* 13,2, *81 :* 8,7, *82 :* 7,3, *83 :* 4,4, *84 :* 3,7. **Aide des Pays-Bas** (75-85) 1,5 milliard de $.

Agriculture. *Terres* (milliers d'ha, 80) arables 40, cult. 12, pâturages 10, forêts 15 530, eaux 180, divers 555. *Production* (milliers de t, 82) riz 280 (92 % des t. cult.), canne à sucre 140, bananes 39, noix de coco, huile de palme, citrons, légumes. **Forêts** (82). 266 000 m³.

Pêche (81). 6 377 t. **Élevage** (milliers de têtes, 83). Bovins 53, chèvres 10, moutons 4, porcs 18, volailles 1 000.

Mines (milliers de t, 83). Bauxite (expl. dep. 1900) 2 641 (5e prod. mondial), alumine 1 084, aluminium 34. **Hydroélectricité** 1,3 milliard de kWh (permet de transformer la bauxite).

Transports (km). Routes 1 335, chemin de fer 120. **Tourisme.** 5 895 vis. (81).

Commerce (millions de $ US, 81). *Exportations* 366 (82) dont (81) alumine 472, bauxite 112, aluminium 87, crevettes 72, riz 63 *vers* (82) (%) U.S.A. 31, P.-Bas 19, Trinité et Tobago 15, Japon 7. *Importations* 453 (83) *dont* (81) (millions de florins surinamiens, 78) mat. 1res 223, biens d'équip. 164, prod. pétroliers 114 *de* (81) (%) Zone caraïbe 29, U.S.A. 28, P.-Bas 9, Japon 7, All. féd. 3.

Rang dans le monde (82). 7e bauxite.

SWAZILAND
Carte p. 788. V. légende p. 787.

Nom. Ancien royaume de *Ngwane.*

Situation. Afrique. 17 363 km². D'O. en E. : haut Veld (1 200-1 300 m), région montagneuse ; moyen Veld (500-700 m), larges vallées ; bas Veld (150-300 m), plaine ; plateau (Lebombo) (500-900 m). **Climat :** plus humide en altitude ; savane des régions basses.

Population. 630 000 h. (est. 84) dont 2,1 % de Blancs. D. 36. *Villes* (83) : *Mbabane* 23 109 h., Manzini 18 818 h. **Langues.** Anglais, swazi *(off.)*, afrikaans, zoulou. **Religions** (%). Chrétiens 77, animistes 23.

Histoire. XVIIIe s. migration des Swazis vers S. du Swaziland actuel. **1881** et **1884** conventions de Pretoria et Londres, décident de l'indép. et des frontières du S. **1894**-*10-12* administration confiée à la Rép. du Transvaal. **1899** début de la g. des Boers, le Transvaal retire ses administrateurs. **1902** la régente demande la protection brit. **1903** droits de la Rép. du Transvaal transférés au gouv. mil. brit. du Transvaal, **1906** au haut commissaire brit. pour le Basutoland et le Bechuanaland. **1922** Sobhuza II roi (n. 22-7-1899) (112 femmes légitimes, env. 600 enfants). **1968**-*6-9* indép. **1967**-*25-4* autonomie. **1982**-*21-8* Sobhuza II meurt après 61 ans de règne. **1982** accord avec Afr. du S. pour accès à la mer (100 000 ha, + env. 800 000 h. de l'ethnie swazi), pas encore mis en application. **1982** † après 60 a. de règne du roi Sobhuza (à 83 ans, il avait eu + de 100 épouses et env. 600 enfants). **1983**-*10-8* la reine Dzeliwe régente, déposée. **1986** *fév.* arrestation du Pce Dlamini.

Statut. Royaume. Membre du Commonwealth. *Const.* du 13-10-78. *Roi* Mswati III prince Makhosetiwe (n. 1968) dep. 25-4-86. *Régente* reine Ntombi Latfwala dep. 10-8-83. *PM* Prince Bhekimpi Alpheus dep. 25-3-83. *Ass.* à base tribale (40 m. élus et 10 nommés). *Sénat* 10 m. élus, 10 m. nommés.

Économie

P.N.B. (83) 890 $ par h. **Pop. active** (%, entre parenthèses part du P.N.B. en %). Agr. 70 (45), ind. 15 (20), services 15 (35). **Inflation** (%). *1980* : 18,7, *81* : 20, *82* : 10,8, *83* : 11,6.

Apport des salaires des émigrés. Environ 20 % du P.N.B.

Agriculture. *Production* (milliers de t, 83) : canne à sucre 3 486, agrumes 79, maïs 45, coton 35, riz. **Forêts** (81). 107 000 m^3. **Élevage** (milliers de têtes, 83). Bovins 700, poulets 620 (82), chèvres 335, moutons 40, porcs 23, ânes 15.

Mines (milliers de t, 81) charbon (réserves 5 milliards de t) 115 (82), fer, amiante (11e rang mondial) 36, or, étain, argent, mica. **Industrie.** Pâte de bois. **Transports** (km) routes 2 750, chemin de fer 316. **Tourisme** (casino) 113 763 vis. (83).

Commerce (millions de Emalangeni, 83). *Exportations* 314,5 *dont* sucre 121,9, pulpe de bois 44,4, abestes 18 (81), fruits en conserve 13 (81), viande 4 (81). *Importations* 580 *dont* (82) mach. et équip. de transp. 122, fuel et lubrifiants 82, prod. man. de base 49, prod. chim. 86, prod. alim. 48. *Partenaires commerciaux :* Afr. du S., G.-B.

Rang dans le monde (83). 15e rés. charbon.

SYRIE

V. légende p. 787.

Situation. Asie. 185 180 km^2. *Frontières* 2 276 km (avec Turquie 808, Irak 592, Jordanie 353, Liban 278, Golan occupé 70). *Côtes* 175 km. *Alt. max.* Mt Hermon 2 814 m. **Régions :** littoral côtier étroit (petites plaines dominées par le Djebel Ansariya) et humide ; fossé étroit. N.-S. du Ghab, arrosé par l'Oronte entre le Djebel Ansariya et le Djebel Zawiya ; plateaux et vallées dans le reste du pays (200 mm de pluies par an) ; steppes ; à l'E. désert (Djezireh au N., Chamiya au S.).

Climat : continental et sec à l'intérieur, maritime et humide sur le littoral, très froid de déc. à avril. Été jusqu'à 45 °C. Saison touristique, automne. Pluies environ 200 mm à Damas.

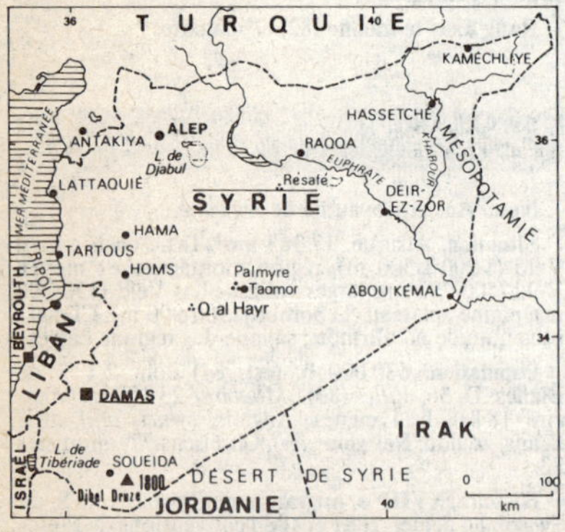

Population. 11 528 098 h. (est. 86). D. 62 [*r. 1970* 6 303 452]. Arabes 88 %. **Minorités :** Kurdes 6,8 %, Arméniens 2,8, Tcherkess 40 000, Assyriens (réfugiés mésopotamiens araméophones) 30 000, Juifs 5 000. D. 52,1. **Émigrés :** 400 000 (surtout dans le Golfe). **Villes** (86) : *Damas* 1 077 581 h., Alep 962 914 (à 362 km), Homs 441 474 (167 km), Lattaquié 188 299 (477 km), Hama 142 887 (214 km). (Damas-Beyrouth 109 km.) **Territoire occupé par Israël :** Golan (1 675 km^2) 9 000 h.

Langues (%). Arabe *(off.)* 90, circassien (tcherkess), arménien 2, araméen.

Religions. *Musulmans :* sunnites 6 850 000 (74 % de la pop.), chiites (12 %, secte alaouite ; région côtière de l'Ansarieh) 550 000 (très influents), druzes 120 000. *Chrétiens non catholiques :* grecs orthodoxes (melkites arabes) 172 783, syriens jacobites 53 000, protestants 15 000, nestoriens 12 000, arméniens grégoriens 11 648. *Catholiques :* melkites cath. 57 344, syriens cath. 32 000, Chaldéens 18 000, arméniens cath. 24 000, maronites 17 000, latins 6 880. *Juifs* 5 000 (40 000 en 1948).

Histoire. 3000-1000 av. J.-C. établissement de peuples sémites : Cananéens, Amorrhéens et Araméens. **2400-2250** royaume d'Ebla (actuelle Tell-Mardikh) ; pop. sémite. **IIe millénaire** la S. est disputée entre Égyptiens et Hittites. **Ier millénaire** la S. est soumise aux Emp. assyrien, babylonien, perse. **VIe s. av. J.-C.,** les Perses fondent une satrapie. **331 av. J.-C.** conquête par Alexandre. **312-05** attribuée à Antigonos, à la mort d'Alexandre. **305** Séleucos Ier Nikator, satrape de Babylonie, annexe Syrie, y installe sa capitale [Antioche, avec comme port Séleucie de Piérie (bouches de l'Oronte)], fonde la dynastie des Séleucides (20 rois en 240 ans : Séleucos I à VII et Antiochos I à XIII). **64 av. J.-C.** Pompée dépose Antiochos XIII, et son rival Philippe, et transforme la S. en province romaine. **395-640** rattachée à Byzance, accueille hérésies chrétiennes antibyzantines : nestorianisme, monophysisme, monothélisme. **611-22** annexée par roi perse Chosroès. **622-40** récupérée par emp. byzantin Héraclius. **640 apr. J.-C.** Byzantins capitulent à Césarée devant Arabes ; libération de la domination byzantine. **661** dynastie omeyyade, Damas fondée capitale de l'Emp. arabe. **IXe s.** morcellement politique. **850-900** reconquête byzantine partielle. **XIIe-XIVe s.** Croisés fondent des principautés franques (Pté d'Antioche et Cté d'Edesse). **XIVe-XVe s.** souveraineté des Mamelouks. **1516-17** invasion turque de Selim Ier. **1799** échec à St-Jean d'Acre de la tentative d'invasion de Bonaparte. **1833** la Turquie cède la S. à l'Égypte de Méhémet Ali, puis **1841** la reprend. **1860** intervention de la France (après massacres des chrétiens). **1916-18** Arabes se révoltent contre l'Empire ottoman ; proclament l'indépendance. Damas devient le centre du mouvement. **1918** constitution du Congrès national et d'un gouv. nat. **1918-19** intervention angl. en Palestine (Gal Allenby) et fr. en S. (Gal Gouraud en exécution de l'accord Sykes Picot). **1920**-*8-3* le Congrès nat. refusant le mandat fr. proclame l'émir Fayçal ben Hussein roi de S. *Juin* intervention de l'armée fr., bataille de Maissaloun, chute de Damas *(25-6)*, départ de Fayçal et de son gouv. Le mandat fr. est imposé. Le *sandjak d'Alexandrette* partie de la wilayat d'Alep : 4 700 km^2, 220 000 h. en 1937 (80 000 Turcs, 90 000 Arabes, 25 000 Arméniens, + Kurdes, Circassiens, divers) a une large autonomie. **1925-27** mouvement insurrectionnel partant du Djebel Druze dirigé par Sultan Pacha el-Atrache (1891-1982). **1932** Méhémet Ali Abed élu Pt de la Rép. **1936** tr. prévoyant indép. après 3 ans. **1939**-*23-6* sandjak d'Alexandrette Iskenderun (province de Hataïs) laissée à Turquie. **1941**-*8-6* intervention des troupes brit. et des forces du Gal Catroux ; Gal Dentz capitule, indép. proclamée. **1945-46** armée brit. oblige les Fr. à évacuer la S., puis part à son tour. **1946**-*17-4* Indépendance complète. **1948** *mai*-**1949** *avr.* g. avec Israël. **1949** 3 coups d'État : Husni Zaim, Sami Hinnawi et Adib Chichakli qui devient Pt de la Rép. *(juill.* **1953***)* puis est exilé *(févr.* **1954***)*. **1955** pacte mil. avec Égypte et Arabie saoudite signé. **1958** *févr.* Rép. ar. unie, la S. s'en sépare *(sept.* **1961***)*. **1963**-*17-4* projet de fédération entre R.A.U., Irak et Syrie abandonné après répression d'un putsch pro-nassérien à Damas *(18-7)*. **1967**-*5/10-6* g. contre Israël qui occupe, puis le Golan.

1970-*27-11* adhère au Pacte de Tripoli : l'alliance Égypte-Libye-Soudan. **1971**-*17-4* membre de l'Union des Rép. arabes. **1972**-*4-3* assassinat à Tripoli (Liban) du Gal Amran, anc. min. syr. de la Défense, opposant au régime. **1973** *févr.* émeutes relig. et pol. ; g. contre Israël, V. p. 911. *Sept.* réconciliation avec Jordanie (sommet du Caire Assad-Hussein). **1973**-*6-10* g. contre Israël, libération de Kuneita. **1975** *avril* différend avec Irak (utilisation des eaux de l'Euphrate). **1976**-*21-1* intervention au Liban (V. Liban). *-4-10* Pt Sadate chef de l'U.R.A. (Syrie, Libye et Égypte), féd. tripartite approuvée par référendum *1-9-71* ; Le Caire cap. (ses inst. n'ont jamais eu d'existence réelle, à la suite des divergences entre Ég. et Libye). *-1-6* intervention au Liban **1978**-*10-2* S. et Irak se réconcilient contre Égypte. *-24-10* visite du Pt Assad à Bagdad. *-26-10* charte commune. **1980** env. 2 000 conseillers soviétiques (dont 800 techniciens pour barrage sur l'Euphrate). *-29-1* attentat à l'amb. de Syrie à Paris (1 † et 8 bl.). *Juin* capitaine Ibrahim Youssef, « cerveau » du massacre de l'école d'artillerie d'Alep le *16-6-79* (60 officiers †) tué. *-26-6* attentat manqué contre Pt Assad. *-21-7* Salah Eddin Bitar (n. 1912), ancien PM assassiné à Paris. *-7-8* reddition d'env. 300 frères mus. **1981** *avr.* incidents avec frères musulmans à Hama. *-3-9* explosion d'une voiture piégée à Damas (20 † et 50 bl.). *-4-9* assassinat de L. Delamare, amb. de Fr. au Liban (par services secrets syriens ?). *-29-11* idem (60 † et 135 bl.) *Nov.* élections législatives, pour la 1re fois. Pas d'élus communistes. **1982**-*2/17-2*. Complot de 150 officiers sunnites, répression (10 000 à 25 000 †), destruction de la ville d'Hama, 500 millions de $ de dégâts. *Mars alliance nat. pour la libération de la Syrie* (Frères musulmans et Front islamique) pour lutter contre régime. *-8-4* fermeture frontière avec Irak. *-10-4* fermeture oléoduc Kirkouk-Banias (Irak-Syrie). *-6-6* g. du Liban (v. Liban) ; pertes (80 avions, 20 batteries missiles sol-air, 200 chars). **1984** *mars* visite du Pt lib. Gemayel, abrogation de l'accord israélo-lib. *Juin-nov.* exil « forcé » de Rifaat el Assad, frère du Pt. *-26/28-11* Pt Mitterrand en S. **1985**-*28-12* accord de Damas avec les milices libanaises (Chiites, Druzes, Chrétiens). **1986**-*6-4* attentats 140 †.

Nota. — L'*armée syrienne* comprenait, en 1983, 230 000 h. dont 25 000 au Liban et env. 50 000 m. des brigades de défense du Cel Rifaat el-Assad chargés de la défense du régime. 7 000 chars (dont des T62 et T72), 54 batteries de missiles sol-air, 7 000 soldats soviét.

Statut. Rép. Démocratie pop. socialiste. *Const.* du 31-1-73, soumise à référendum le 12-3-73 (votants 88,9 %, oui 97,6 %). *Pt* (islamique élu pour 7 ans par référendum sur proposition de l'Ass.) Hafez el-Assad (n. mars 1930, Alaouite) dep. 12-3-71, réélu 10-2-85 (99,97 %). 3 vice-Pts. *PM* Abdelraouf Kassem dep. 16-1-80. *Conseil du peuple* 195 m. élus p. 4 a. au suffr. univ. 13 *mohafazats* (préfectures). **Élections** (10-2-1986) : F.N.P. 57, Baas 129, P.C. 9. **Partis.** *Front national progressiste,* f. 1972, Pt Hafez el-Assad, regroupe : *P. socialiste arabe baath,* f. 1947, Pt Hafez el-Assad ; *Union socialiste arabe syrienne,* Pt Ismaïl Cadi ; *Mouvement socialiste unioniste,* Pt Fayez Ismaïl ; *P. socialiste arabe,* Pt Abdel Ghani Kannout ; *P. communiste de Syrie,* secr.-gén. Khalid Bagdash. **Fête nat.** 17 avril (départ des Français en 1946).

Économie

P.N.B. (84) 1 794 $ par h. **Pop. active** (%, entre parenthèses part du P.N.B. en %) agr. 33 (19), ind. 31 (30), services 36 (51). **Inflation** (%). *1980 :* 19, *81 :* 18,4, *82 :* 14,3, *84 :* 9,2 (off.), 18 (est.). **Aide extérieure** (84). 1,5 milliard de $. *Aide arabe* (1973-83) : 10 milliards de $. **Dette extérieure.** (84) 3 milliards de $.

Agriculture. *Terres* (milliers d'ha, 84) pâturages 8 317, cult. 6 169, forêts 498, eaux 113, incultes 3 334. Le barrage de Tapka sur l'Euphrate permettra d'irriguer 640 000 ha. *Production* (milliers de t, 83) : blé 1 068, orge 303, bett. à sucre 850 (82), p. de terre 321, tomates 727, olives 471 (82), raisin 409 (82), coton 450, oignons 136, lentilles 135, riz, lentilles, tabac 13,3. Roseraies. **Élevage** (milliers de têtes, 84). Bovins 736, poulets 15 186, moutons 12 693, chèvres 1 060.

Énergie. *Pétrole* (millions de t) réserves 270, prod. *82 :* 8,2 ; *83 :* 8,3 ; *84 :* 8,5. *Gaz* (milliards de m^3) réserves 42, prod. *1984 :* 1,2. **Mines** (milliers de t, 83) phosphates 1 500 (84), sel 88, marbre, gypse, lignite, asphalte.

Industrie. Raffineries de pétrole, cuir, cuivre, textile, tapis, agro-alim., métallugie, B.T.P. **Transports** (km). Routes 22 632 (83), chemin de fer 2 027. Oléoducs venant de Syrie, d'Irak et d'Ar. saoudite. **Tourisme.** (84). 281 000 vis. dont Iran 55 %. *Sites touristiques.* Damas (mosquée des Omeyyades, tombeau de Saladin, palais Azem, chapelle de Ste-Honorine, Bab Charki, fenêtre de St-Paul, souks), krak des Chevaliers, Palmyre, Bosra (ruines), châteaux de Marqab et de Saladin, Ugarit (1er alphabet du monde), Basilique St-Siméon.

Commerce (millions de L.S., 84). *Exportations* 7 300 *dont* pétrole 4 599, textile 1 146, coton 1 073, fruits et légumes 387, phosphates 104 *vers* Roumanie 2 044, Italie 1 460, France 876, U.R.S.S. 339. *Importations* 16 200 *dont* pétrole 5 346, biens man. 3 078, mach. et mat. de transp. 2 916, prod. alim. 2 851, *de* Iran 3 661, Libye 1 231, All. féd. 939, France 826.

Rang dans le monde (83). 11e coton.

TANZANIE
V. légende p. 787.

Nom. De *Tanganyika* et *Zanzibar*.

Situation. Afrique. 945 087 km² (dont 2 643 km² pour Zanzibar et Pemba). *Alt. max.* Mt Kilimandjaro 5 895 m. *Lacs* Victoria et Tanganyika. **Climat :** très humide (côte et îles, 23 à 28 °C), chaud et sec (plat. central), semi-tempéré (montagnes). Grosses pluies avril-mai, petites oct.-nov. *Saisons :* chaude et sèche (janv.-mars), fraîche et sèche (juin-sept.).

Population. 21 060 000 h. (est. 84). Bantous 95 %, Sukumas 2 000 000, Chaggas, Makondes et Hayas 350 000, Masaïs 60 000. — *de 15 a.* 44 %, + *de 65 a.* 4,7 %. D. 22,3. **Divisions :** *Tanganyika* 937 063 km², 17 492 000 h. (79). Afr. 98 %. D. 18,6. *Zanzibar* 1 658 km² et *Pemba* 985 km², 490 000 h. (79). D. 185,3. **Régions :** Dodoma 971 845, Arusha 934 904, Kilimandjaro 910 823, Tanga 1 031 018, Morogoro 938 736, Dar es-Salaam 870 020, Zanzibar 270 736, Pemba 207 919, Mwanza 1 443 907. **Villes** (78) : *Dar es-Salaam* (cap. ; en 1990 cap. transférée à Dodoma) 1 000 000 h. (85), Mwanza 170 883, Tanga 143 878 (à 568 km), Zanzibar 90 000 (72 km), Arusha 88 155 (841 km), Moshi 32 000 (763 km).

Langues. *Off. :* swahili (langue nat.), anglais (2e langue). **Religions** (%). Musulmans (sunnites, chaféites, ismaéliens) 33 ; chrétiens (cath. et prot.) 40 ; animistes 23.

Histoire. VIIIe s. arrivée d'Arabes d'Oman. **XIe s.** arrivée de Persans. **1000-1500** culture swahili sur la côte. **XVIe s.** installation portugaise sur la côte. **1828** l'imam d'Oman Sayyid Said installe sa capitale à Zanzibar. **XIXe s.** traite des esclaves très développée. **1890** protect. brit. sur Z., reconnu par Fr. (contre Madagascar) et All. (contre Héligoland).

Tanganyika : 1885-1919 terr. de l'Afr. orientale all. **1919** mandat brit. **1954** formation du parti Tanganyika African National Union. **1961**-*9-12* indép. **1962**-*9-12* républ.

Zanzibar et Pemba : 1856 sultanat indépendant. **1890** sous protectorat brit. **1963**-*10-12* indép. **1964**-*12-1* sultan de T. *(26-4)* renversé, T. et Z. forment Rép. unie (appelée Tanzanie le *29-10*). **1967** déclaration d'*Arusha :* socialisme, rôle prédominant des collectivités rurales (ujamaas) [1970-75 construction du « Tanzam » (entre T. et Zambie), 1 859 km, 2 000 ponts et viaducs, 19 tunnels, 147 gares ; travaux effectués par 15 000 Chinois et 40 000 Afr.]. **1972**-*7-4* vice-Pt Cheikh Karumé (67 ans) assassiné. **1978** *nov.* invasion ougandaise. **1979** *mars* l'armée t. pénètre en Oug. (coût de la g. 500 milliards de $). **1981** *mai* se retire d'Ouganda. **1983** *janv.* complot, env. 600 militaires et 1 000 civils arrêtés.

Statut. Rép. membre du Commonwealth. *Const.* d'avril 77. *Pt* élu au suffr. univ. pour 5 ans. *Ass. nat.* 238 m. dont 111 élus pour 5 a. *Pt* Ali Hassan Mwinyi (n. 1925, musulman) élu le 27-10-85. *Vice-Pt et PM* Joseph Warioba. *Pt de Zanzibar* Idris Abdul Wakil élu le 13-10-85. 21 *régions* (dont 3 à Zanzibar).

Parti unique. *Chama Cha Mapinduzi* (C.C.M., parti de la révolution) f. 5-2-77, issu de l'Afro-Shirazi Party (A.S.P.) (Zanzibar) et de la TANU (Tanganyika African National Union), *Pt* J.K. Nyerere, *vice-Pt* Ali Hassan Mwinyi ; démissionne le 29-1-84. **Fête nat.** 26 avril (Union du Tanganyika et de Zanzibar).

Économie

P.N.B. (83) 213 $ par h. **Pop. active** (% et entre par. part du P.N.B. en %) agr. 83 (52), mines 1 (1), ind. 5 (14), services 11 (33). **Inflation** (%). *1980 :* 30,2 ; *81 :* 25,6 ; *82 :* 28,9 ; *83 :* 27,1 ; *84 :* 35,8. **Dette extérieure** (83). 2 milliards de $. **Aide** (millions de F, 85) *civile* (prév.) 267, *mil.* 50 ; américaine civile 1984 : 290, mil. 50.

Agriculture. *Terres* (milliers d'ha, 79) arables 4 110, cult. 1 030, forêts 42 260, pâturages 35 000, eaux 5 905, divers 6 204. *Production* (milliers de t, 83) : manioc 6 800, café 48, canne à sucre 1 320, maïs 2 000, mangues 182, patates 150, coton 109, sorgho 220, sisal 82, plantain 820, bananes 820, noix de coco 320, coprah, riz 400, millet 150, thé, cajou, tabac, pyrèthre. **Forêts** (82). 38 747 000 m³. **Élevage** (milliers de têtes, 83). Bovins 13 446, poulets 19 000, moutons 4 020, chèvres 6 031, canards 3 000, ânes 167. **Pêche** (82). 226 000 t.

Énergie. *Charbon* (gisements importants, pas expl.). **Mines.** Fer, diamants, or, sel gemme, kaolin, étain, gypse, pierres semi-précieuses, écume de mer.

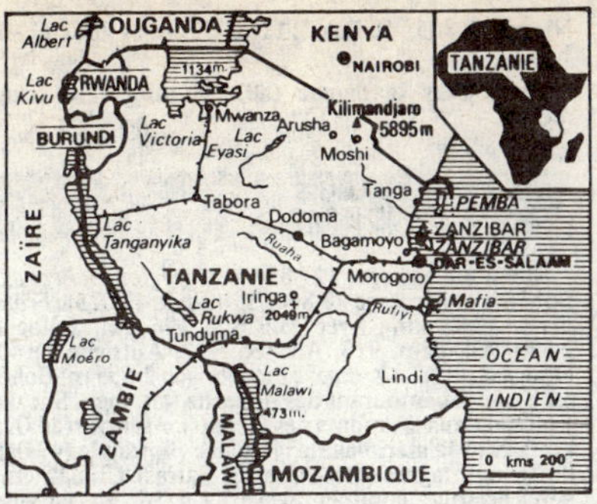

Transports. Routes 45 631 km (80). Chemins de fer 2 480 km (77). **Tourisme** (82). 71 000 vis.

Commerce (millions de shillings T, 82). *Exportations* 3 900 (83) *dont* café 1 200, coton 356, girofle 312 (83), sisal 191, diamants 187 (81) *vers* (83) All. féd. 698, G.-B. 544, P.-Bas 310, Italie 216, Japon 177, Hong Kong 108. *Importations* 8 900 (83) *dont* fuel 2 743, mach. 2 731, prod. chim. 968, aliments et bétail vivant 857, mat. de transport 813 *de* (83) G.-B. 1 190, All. féd. 1 087, Japon 966, P.-Bas 432.

Rang dans le monde (83). 13e bois. 16e bananes. 17e bovins.

TCHAD
V. légende p. 787.

Nom. Du lac que les explorateurs arabes appelaient *Lû sad* ou *Chad*.

Situation. Afrique. 1 284 000 km². *Frontières* 5 200 km env. ; avec Libye 1 000 km, Soudan 1 200, Rép. centrafricaine 1 000, Cameroun 800, Nigeria 200, Niger 1 250. *Alt.* max. Tibesti 3 415 m. 3 **Zones climatiques :** *désert* au N. 500 000 km², 250 000 h., *Sahel* au centre (région de N'Djamena) 1 500 000 h., *savane* soudanaise au S. à régime tropical semi-humide 400 000 km², 2 000 000 h. *Pluies* 20 mm au N., 300 à 800 au centre (15 juin-fin oct.), 800 à 1 200 (juin-15 nov.) au S. Dep. 1968, le désert a progressé de 50 à 70 km ; la partie N. du lac Tchad est sèche. **Port le plus proche :** Douala au Cameroun (1 600 km).

Population. 4 900 000 h. (est. 84). *Islamisés :* (Blancs) 1 500 000. Étr. 44 453 (68), dont 38 195 d'or. afr., 5 664 Eur. *En 85 :* 1 000 Fr. (*70 :* 6 500), 5 000 Européens, Libanais, Syriens. D. 3,8. **Villes** (79) : *N'Djamena* (la ville où l'on se repose) (ex-Fort-Lamy) 303 000 h., Moundou 66 000, Sahr (Fort-Archambault) 65 000 (à 476 km), Abéché 54 000 (756 km).

Nota. — Toubous : guerriers musulmans. *Saras :* cultivateurs ou fonctionnaires, animistes ou cath.

Langues. 169 langues et plusieurs dialectes, français *(off.)*, arabe *(off.)* (population blanche), dazaga, tedaga. **Religions** (%). Musulmans 44 (dans le Dar-el-Islam au N.), animistes 33, chrétiens 33 (Dar-es-Soudan au S.).

Histoire. IVe s. av. J.-C. au XVIIe apr. J.-C. civilisation Sao. **VIIIe s.** empires : *Kanem-Bornou* (fondé *800*, apogée XIIIe s.) autour du lac Tchad ; *Baguirmi* (Tchad central XVIIe-XIXe s. ; devient vassal du Ouaddaï en **1870**) ; *Ouaddaï* (**XVIIe au XXe s.**, battu par les Fr. en **1909** à l'Est) ; *Bornou* (rôle important au XIVe s., XVe s. souverain Bornouan représenté au Kanem par l'alifa Mao). **XIe-XIXe s.** islamisation. **1886-96** le Soudanais Rabbah (n. 1845) prend le Sud. **1897** Émile Gentil, explorateur fr., part au T. 1er tr. de protect. avec Gaourang, sultan de Baguirmi. **1900**-*22-4* Kousseri, Cdt Lamy bat Rabbah († tous les 2). *-5-9* création du T., protectorat fr. **1902** rattaché à l'Afr. équat. fr. **1906** incorporé à l'Oubangui-Chari. **1909** *juin* l'Ouaddaï se rend à la Fr. (sultan Doud-mourra). **1913** à Faya, Cel Largeau bat khalife Achmed ech-Cherif. **1916** soumission du Borkou-Ennedi-Tibesti. **1920** sous administration civile. **1922**-*26-8* colonie. **1928** introduction du coton. **1935**-*7-1* rectification de frontière avec Libye (alors italienne), en vertu des promesses faites à Londres, en avril 1915, pour la décider à entrer dans la guerre ; l'It. obtient la bande d'Aozou (114 000 km² dont les oasis de Aozou, Yebbi Souma, Guezenti et Ouri), la Fr. conserve les oasis de Wour, Bardaï, Tekro et les salines de Gouro. Mussolini, insatisfait, refuse d'occuper les territoires cédés. **1940** *juil.* ralliement à la F. Libre, gouv. Félix Éboué (Cayenne 1884-1944). **1946** Gabriel Lisette fonde P.P.T. (P.P.T.), **1956** loi-cadre élargit pouvoirs de l'Ass. terr. **1957** création de Conseils du gouv. **1958**-*28-11* Rép. **1959** élections lég. : P.P.T. vainqueur. **1960**-*11-8* indép. **1962** 1 seul parti autorisé (P.P.T.). **1963** *sept.* répression dans la capitale, env. 100 †. **1964** les Fr. évacuent le B.E.T. (Borkou-Ennedi-Tibesti). **1965** *janv.* le N. (580 000 km²) contrôlé par l'armée fr. passe sous administration t. *-27-10* rébellion (région du Guéra et du Tibesti). *-10-11* paysans luttent contre Sudistes. **1966**-*22-6* création au Soudan du Front de lib. nat. [Frolinat avec Ibrahim Abatcha, qui sera livré par ses soldats contre 3 millions de CFA et tué en 68, et Dr Abba Siddick (n. v. 1922)]. **1968** *févr.* interv. mil. fr. contre rébellion.

1971 *août* coup d'État, échec ; le T. rompt ses relations dipl. avec Libye. **1972** *févr.* reprise des relations. *Août* Soudan n'aide plus les rebelles. *Sept.* fin de l'intervention directe fr. [au total, 39 militaires fr., 200 mil. et 400 civils tchadiens, 2 000 « rebelles » tués dep. le début de l'intervention, qui a coûté env. 10 milliards de F CFA (200 000 000 F).] *-28-8* Outel Bono (opposant) tué à Paris. *Oct.* combats : + de 140 †. **1973** Libye occupe bande d'Aozou (N.). **1974**-*21-4* Françoise Claustre, ethnologue fr., Dr Steawens (All., libéré 11-6-74 contre 4 milliards de F), sa femme († de ses blessures), Marc Combe (s'évadera 23-5-75) enlevés par rebelles Toubous (chef Hissène Habré). Persécution des chrétiens refusant l'initiation aux rites du Yondo. **1975**-*12-4* le Cdt Galopin, négociateur, envoyé à la demande du gouv. tchadien, exécuté par rebelles. *-13-4* coup d'État Gal Malloum, Pt Tombalbaye tué. *Sept.* la Fr. accepte de payer 10 millions de F pour F. Claustre ; le gouv. t. proteste. *-25-9* partie de la rançon remise à H. Habré, mais celui-ci exige des armes. *-27-9* le T. reproche à la Fr. d'avoir cédé aux exigences d'H. Habré et demande départ des troupes fr. *Oct.* elles évacuent Sahr. **1976**-*5/6-3* visite de J. Chirac : « réconciliation ». *-13-4* attentat contre Malloum, échec. *-18-10* Habré se sépare de son adjoint Goukouni Oueddeï (chef coutumier, dernier fils du *Derdeï*) qu'il estime trop proche de la Libye ; retour progressif des troupes fr. **1977** Frolinat contrôle Centre et E. ; Goukouni, soutenu par Libye, tient le Tibesti ; Habré, dans l'E., garde quelques hommes (et la rançon de F. Claustre). *-30-1* F. et Pierre Claustre (prisonnier dep. août 75) libérés par Frolinat. *-1-4* coup d'État, échec. *-20-6* offensive du Frolinat dans le N. La Fr. appuie Malloum. **1978**-*18-1* enlèvement d'un Fr. et d'un Suisse (libérés en *avr.*). *Févr.* Frolinat prend Faya Largeau. Intervention fr. *Août* affrontements au sein du Frolinat (30 † à Faya Largeau). *-29-8* Habré, *PM* du gouv. de « réconciliation nat. », ne veut pas intégrer son armée du N. (F.A.N. : 1 000 h. dans l'armée nat. (A.N.T. : 4 000 h.). **1979** *févr.* combats à N'Djamena F.A.N.-A.N.T. ; intervention fr. pour évacuer 3 700 Fr. *-10/11-2* gouv. de réconciliation nat. *-15-2* Habré contrôle capitale. *Mars* Sudistes et F.A.T. (Malloum), se réfugient au S. (Moundou et Sahr). Affrontements ethniques et religieux (625 †).

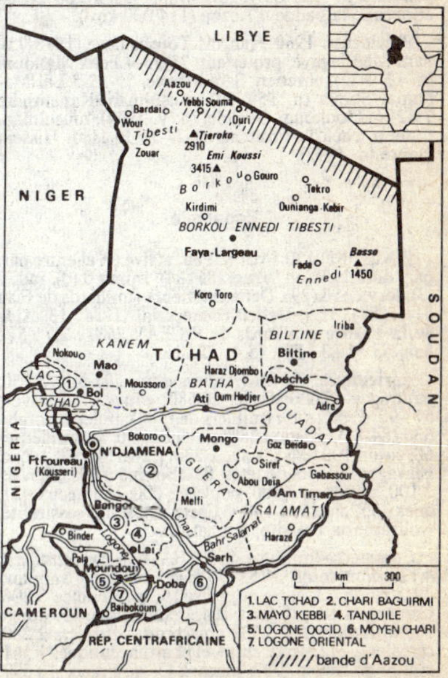

-14-3 accord de Kano (Nigeria) (sauf Frolinat du Dr Abba Siddick) pour un « cessez-le-feu et la réconciliation ». Malloum et Habré démissionnent. *-23-3* Goukouni Oueddeï Pt du Conseil d'État provisoire. Intervention libyenne et nigérienne. Massacres (10 000 † ?). *-21-8* accord de Lagos entre 11 factions.

1980 *févr.* il reste 1 200 mil. fr. ; *mars* reprise des combats. F.A.N. contre coalition des Forces armées pop. (Goukouni, Forces armées t. du Cel Kamougué et Front d'action commune d'Ahmat Acyl). *-26-4* Goukouni démet Habré *-17-5* fin de l'évacuation fr. *-15-6* accord de défense Libye-Goukouni. *-6-12* offensive contre Habré. *-14-12* Habré s'enfuit au Cameroun (80 000 réfugiés). Intervention lib. : 5 000 mil. dont 3 500 l. et 1 500 membres de la Légion islamique (mercenaires), env. 150 experts est-allem., des Cubains et des mercenaires ital. *-15-12* victoire de Goukouni. **1981**-*6-1* accord de fusion T.-Libye. *-14-1* résolution de Lomé, 12 pays afr. la condamnent. *-3-11* départ des Lib. (alors 10 000 h.). *Nov.* envoi (décidé les 10/11-2 à Nairobi par l'O.U.A.), d'une force interafricaine (4 000 h. du Zaïre, Nigeria, Sénégal), mission se terminant le *30-6-82*. *Déc.* offensive des F.A.N. d'Habré. **1982** *févr.* ont reconquis 2/3 du pays. *-28-2* cessez-le-feu. *-7-6* F.A.N. prennent N'Djamena. *-22-6* Oueddeï, ex-Pt, obtient l'asile en Algérie. *-19-7* mort d'Ahmat Acyl (soutien de Libye). *-4-9* F.A.N. du S. reprennent le pays tenu par le Cel Abdelkader Kamougué (chef des F.A.T.). **1983**-*mai* combats dans le N. *-24-6* les forces de G. Goukouni reprennent Faya-Largeau aidées des Libyens. *-30-7* troupes gouv. reprennent Faya. L'aviation lib. bombarde la ville. *-10-8* troupes gouv. évacuent Faya. Opération *Manta :* 314 milit. fr. envoyés à N'Djamena. *-28-8* 8 avions de combat (Jaguar et Mirage) soutiennent les 3 000 h. des forces fr. **1984** *janv.* forces fr. s'installent dans une « zone rouge » à la hauteur du 15e parallèle. *-25-1* un Jaguar fr. abattu (1 †) et un Mirage touché. *-7-4* 9 paras fr. tués (imprudence). *-16-9* accord fr.-libyen sur leur retrait simultané. *Nov.* les Lib. ne se retirent pas comme convenu. *-10-11* départ des derniers éléments de la force Manta (*Bilan :* 13 †, plusieurs bl.). **1984-85** rébellion dans le Sud (les Codos). **1985**-*1-4* rencontre avortée Habré/Goukouni à Bamako. *Situation au 1-4 :* troupes lib. 5 000 h. dans le Nord, GUNT 4 000 h., A.N.L. opposition. **1985** *nov.* multiplication des ralliements à H. Habré. **1986**-*10-2* offensive du Gunt et des Libyens au S. du 16e parallèle. *-17-3* bilan des combats dep. 10-2, selon les FANT, 235 † du GUNT et 2 Libyens, destruction du PC de la légion islamique, 186 prisonniers dont 5 libyens. Récupération de 200 véhicules. *-16-2* raid de 11 Jaguar fr. pour détruire piste d'aviation d'Ouadi-Doum contrôlée par Lybie. *-17-2* raid d'1 Tupolev, 22 Libyens sur piste d'aviation de N'Djamena.

Statut. Rép. *Const.* provisoire du 28-9-82. *Conseil d'État provisoire* dep. 19-6-82 [Pt (Hissène Habré), 18 commissaires et 12 vice-commissaires]. 5 *inspections territoriales.* 14 *préfectures.* **Fête nat.** 11 août (indépendance). — La Libye revendique le nord du Tchad et occupe la bande d'Aozou (114 000 km²).

Présidents. 1960 François Tombalbaye (1918-75), Sara Madjingaye, protestant. **75**-*13-4* Félix Malloum (n. 13-9-32), chrétien, Sara Mbaye. **79**-*23-3* Lol Mahamat Shoua (n. 15-6-39), musulman, Kanembou. **79**-*29-4* Goukouni Oueddeï (n. v. 1944), musulman, toubou, chef du Frolinat. **82**-*21-10* El Hadj Hissein Habré (n. 1942).

Économie

P.N.B. (82) 130 $ par h. **Pop. active** (% et entre par. part du P.N.B. en %) agr. 85 (64), mines 0 (0), ind. 7 (7), services 8 (29). **Dette extérieure** (milliards de F au 31-12-84). 31,9, **Déficit commercial.** *1984 :* 13. **Aide de la France** (milliards de F CFA). *1981 :* 2,7 ; *82 :* 8,6 ; *83 :* 12,3 ; *84 :* 15,4 ; *85 :* 17.

Agriculture. *Terres* (milliers d'ha, 79) cult. 3 150, pâturages 45 000, forêts 20 580, eaux 2 480, divers 57 190. *Production* (milliers de t, 83) millet et sorgho 630 (84-85), manioc 250, arachides 80, légumineuses 60, coton 100 (84-85), sucre 230, riz 15 (84-85), tabac. **Élevage** (milliers de têtes, 83). Bovins 3 600, chèvres 2 100, moutons 2 300, poulets 3 000, chameaux 421, ânes 255, chevaux 150. **Mines.** Uranium, cassitérite, wolfram, or, bauxite, fer, natron.

Commerce (millions de F CFA, 83). *Exportations :* 4 120 *dont* coton 3 753 (70 % des recettes), animaux 49, viande 23, cuirs et peaux 16, *vers* France 3 806, Cameroun 106, Nigeria 104, Centrafrique 35, Congo 9. *Importations :* 13 539 *dont* prod. pétroliers 2 280, céréales 2 272, prod. chim. et pharmaceutiques 1 561, équip. de transp. 987, mach. 843, *de* France 10 597, Nigeria 2 805, P.-Bas 2 116, U.S.A. 1 786, G.-B. 1 542.

Rang dans le monde (80). 9e millet. 10e chameaux.

TCHÉCOSLOVAQUIE

Carte p. 991. V. légende p. 787.

Situation. Europe. 127 896 km² (*régions tchèques :* Bohême et Moravie 78 864, *Slovaquie* 49 025). *Frontières* 3 472 km ; avec U.R.S.S. 196 km, Pologne 2 620, All. dém. 918, All. féd. 712, Autriche 1 140, Hongrie 1 358. *Alt. max. :* pic Gerlach 2 655 m. **Bohême :** massifs entourant des plateaux (alt. max. Snezka 1 602 m dans les monts des Géants). *Moravie* (26 095 km²). **Silésie méridionale :** bassins. **Slovaquie** (49 016 km²) : montagnes (htes et basses Tatras). **Climat** tempéré presque continental : − 1,6 °C en janvier, +21,1 °C en juill. (Bratislava). *Pluies :* 400 mm à 1 700 mm dans les montagnes. *Été* froid et pluvieux (si vents d'O.), sec et chaud (si vents d'E.).

Population. 15 460 000 h. (84) dont (%, 80). Tchèques 64,3, Slovaques 30,5, Hongrois 3,8, Allemands 0,4, Polonais 0,4, Ukrainiens et Russes 0,4. D. 120,5. **Villes** (83) : *Prague* 1 185 693 h., Bratislava (cap. de la Slovaquie) 394 644, Brno 378 372, Ostrava 323 459, Kosice 210 729, Plzen 173 421.

Langues (%). Tchèque 66,2, slovaque 18, hongrois 3,1, allemand 1,2, ukrainien 0,6, polonais 0,6.

Religions (%). Catholiques 77, Église nat. tchèque 8, protestants 7, grecs orthodoxes 0,5, juifs 0,3, divers 7. *1950 :* 1 910 religieux, 10 660 religieuses. *1975 :* 593 et 4 931.

Histoire

IVe s. av. J.-C. invasions celtes, puis des mercenaires germaniques et des Quades. **VIe s.** duché slave (tchèque). **IXe s.** Grande Moravie, État unifié. **Xe s.** conquête magyare. Déplacement du duché vers l'ouest. **722-1306** *dyn. prémyslide :* mort de st Wenceslas, Ottokar II (1253-78) domine Autriche et Styrie. **XVe s. av. J.-C.** invasion des Celtes (Boïens), civilisation d'Unetice (bronze). **IIe s. av. J.-C.** ils sont chassés par les Marcomans (Germains occ.) et se réfugient en Bavière (Boiaria). **IVe s. ap. J.-C.** Marcomans remplacés par Quades (Germains orientaux). **Ve s.** les Tchèques occupent Bohême et Moravie. **VIe s.** duché slave (tch.). **627-662** Samo crée un État slave indépendant. **IXe s.** Grande Moravie, État unifié et chrétien (converti par St Cyrille et Méthode 863-885). **Xe s.** Magyars conquièrent la Slovaquie. Déplacement du duché vers l'ouest. **722-1306** *dyn. prémyslide :* St Wenceslas (935). Bretislav (1027-55) rattache Moravie à la Bohême. Ottokar II (1253-78) domine Autriche et Styrie. **1310-47** *dyn. des Luxembourg* (4 rois de 1310 à 1437) : Jean de Lux. (1310-Crécy 46) annexe Silésie. *Charles IV emp.* (1346-78). *Sigismond* (1419-37). Luttes religieuses (Jan Hus 1369 - supplicié 1415 ; bataille de Lipany 1436). **Jusqu'en 1471** insurrection contre noblesse et bourgeoisie en majorité all. *Georges de Podiebrady* (1457-71), partisan des hussites, élu r. de Bohême. *Dynastie des Jagellons* (polonaise ; 2 rois de 1471 à 1526) : *Ladislas II J.*, fils du r. de Pologne (1471-1516). *Louis II J.* meurt à Mohacs (1516-1526). **1526** la couronne de Bohême passe aux Habsbourg avec Ferdinand Ier, qui a épousé Anna Jagellon. **1618** *défenestration de Prague* [de 2 officiers (scripteurs) de l'empereur] : début de *la g. de Trente Ans.* **1620**-*8-11* bat. de *la Montagne Blanche ;* Tchèques vaincus, la Bohême sera province de l'emp. d'Autriche et soumise à une recatholicisation [de 90 % de protestants à moins de 10 % ; émigr. des nobles vers l'All. ; des intellectuels, notamment Coménius (1592-1670), vers les P.-B.].

1915 Thomas Masaryk, chef de la résistance anti-autr., crée gouv. t. en exil à Paris (secr. gén. : Édouard Benès). **1917** recrute armée t. dans les camps de prisonniers autr. en Sibérie. **1918**-*28-10* indépendance (pop. en % : Tchèques et Slovaques 65,5, All. 23,4, Hongrois 5,7, Ukrainiens 3,4, d'origine juive 1,3, Polonais 0,6). **1919** a sous mandat l'Ukraine subcarpathique. **1920**-*14-8* création de la « Petite Entente », avec le soutien de la France [alliance avec Youg. (adh. de Roumanie juin 1921, tr. de non-agression avec U.R.S.S. *4-7*-**1933**, défection yougosl. **1936**)]. **1935** alliance avec U.R.S.S. **1938**-*29-7* territoire sudète habité par des All. cédé à l'All. apr. Munich (30 000 km², 3 000 000 h.). *-1-10* Pologne prend Teschen (1 270 km², 28 600 h.). *-6-10* Slovaquie autonome (PM Mr Joseph Tiso). *-8-10* Ruthénie autonome renommée Ukraine subcarpathique. *-2-11* Slovaquie du S. et S. de l'Ukraine sub. cédés à Hongrie. **1939**-*15-3* invasion all. : Bohême et Moravie deviennent des protectorats all. (Von Neurath protecteur), Slovaquie constituée en État (plus tard assimilé), Mgr Tiso Pt (14-3-39). Ukraine sub. occupée par Hongrois. Constitution d'un gouvernement t. à Londres (Pt Benès). **1942**-*27-5* gouverneur all. Reinhardt Heydrich (n. 1904) blessé par les partisans meurt *4-6* de ses blessures. *-10-6* massacre des h. de Lidice (184 h. tués, 235 f. déportées). **1945** la T. récupère les Sudètes en expulsant les h. (d'origine all.) ; 240 000 S. seraient morts (selon les All.) dans les camps. *Avr.* cabinet Fierlinger, fusion du gouv. Benès émigré à Londres en juillet 1940 et du mouv. émigré en U.R.S.S., 4 partis t. représentés (socialiste, social-démocrate, communiste, populiste) et 2 p. slov. (dém., com.). *-5-5* soulèvement de Prague 4 j avant l'arrivée de l'Armée rouge. *Juin* Pologne restitue Teschen. *-29-6* Ruthénie sub. (confiée en mandat en 1919) cédée à U.R.S.S. (env. 750 000 h.). **1946**-*26-5* élections ; com. 38 % des voix (114 s. sur 300). Gouv. de coalition [com. Klement Gottwald (1896-1953)]. **1948**-*13-2* les min. social. nat. et pop. demandent au min. de l'Intér. (com.) d'annuler la nomination de 8 commissaires de pol. com. *-17-2* les com. font pression sur les démocrates (mouvements de masse). *-20-2* les min. non com. (sauf les sociaux démocr. Jan Masaryk, Aff. étr., et le Gal Svoboda) démissionnent, pensant que le Pt de la Rép. Benès les soutiendrait. *-25-2 Coup de Prague :* Benès accepte leur démission et approuve la composition d'un nouveau gouv. Gottwald en maj. com. Jan Masaryk reste min. des Aff. étr. mais il tombe d'une fenêtre le *-9-3* (suicide ?). *-9-5* nouvelle Const. *-30-5* élections : la liste gouv. unique obtient 89 % des voix. *-7-6* Benès démissionne. *-14-6* Gottwald Pt. **1949**-*1-1* 1er plan quinquennal. *Juin* pour détruire l'influence de l'Égl. cath. (archevêque Mgr Beran), le gouv. fonde comité d'action cath. *-20-6* pape excommunie supporters des com.

1950 nombreux procès [3 types : ennemis du peuple ; nationalistes slovaques (Clementis, Husak) ; agents du sionisme (Slansky)]. 12 exécutions, dont (**1952**-*3-12*) : vice-Pt, PM Slansky, min. des Aff. étr. Vladimir Clementis. **1953**-*14-3* Gottwald † ; le PM A. Zapotocky devient Pt et William Siroky devient PM. *-7-8* émeutes contre réforme monétaire. **1957**-*17-11* Zapotocky †. *-13-11* Novotny Pt. **1961** difficultés écon., recherche d'un système de planification (accepté 1966). **1962** Slansky et Clementis réhabilités ; Barak, min. de l'Int. incarcéré (accusé d'avoir tenté de libéraliser régime). Restes de Gottwald seront transférés hors du monastère de Prague. **1968**-*5-1* Alexandre Dubcek (Slov.) remplace Novotny comme 1er secr. du P.C. *-22-3* Novotny démissionne de la présidence sur ordre de l'Ass. nat. *-6-4* Gal Ludvick Svoboda élu Pt, Oldrich Cernik PM : *« printemps de Prague »*, nouveau programme envisagé, plus libéral. *-30-5/30-6* manœuvres du Pacte de Varsovie, dernières troupes sov. partent le *3-8*. *Juill.* pression sov. sur Dubcek pour restreindre tendances libérales. *-29-7* Politburo sov. arrive à Cierna. *-9/11-8* visite de Tito et *15-8* de Ceausescu (Pt roumain) pour soutenir Dubcek. *-21-8* les membres du comité central et du gouv. arrêtés et emmenés à Moscou ; intervention des troupes étrangères (20 000 puis 650 000 Sov., Pol., Hongr., All. de l'Est, Bulg.). Les représentants des 5 États du tr. de Varsovie constatent que la « contre-révolution » en T. menace le rég. soc. et qu'il est impossible de résoudre le problème en ayant seulement recours aux moyens pol. [Sur 90 P.C. du monde, 11 approuvent U.R.S.S. (U.R.S.S., Pol., Hongr., All. dém., Bulg., N.-Viêt-nam, Corée du N., Mongolie, Colombie, Chili, Syrie) le P.C.F. désapprouve]. *-27-8* Dubcek et Pt Svoboda se rendent à Moscou pour obtenir la libération des ministres prisonniers, en échange de concessions : stationnement « temporaire » en T. des troupes russes, annulation de plusieurs réformes. *-13-3* censure préventive. *-16-10* signature d'un accord sur stationnement des troupes étr. **1969**-*1-1* la T. devient État fédéral (sigle C.S.S.T.) regroupant État slov. et État t. (Bohême et Moravie). *-8-1* Smrkovsky s'efface devant un Slov., Peter Colotka, pour la présidence du Parlement féd. *-16-1* Jan Palach (étudiant, 21 ans), s'immole par le feu sur place Venceslas pour protester contre occupation sov. *19-1* obsèques. *25-1* manif. d'unité nationale. Un autre étudiant, Jan Zajic, s'immole par le feu. *-21-3* 1re victoire de l'équipe t. sur U.R.S.S. aux championnats du monde de hockey sur glace à Stockholm, explosion de joie. *-28-3* 2e vict. : enthousiasme (à Prague, le bureau de l'Aéroflot est mis à sac). *-6-4* présidium du P.C. « blanchit » 10 anciens dirigeants accusés de collaboration et de trahison dep. l'intervention : Bilak, Barbirek, Kolder, Piller, Rigo, Svestka, Lenard, Kapek, Indra et Jakes. *-17-4* comité central du P.C. remplace Dubcek par Husak comme 1er secr. *-15-5* interdiction définitive de « Listy » et de « Reporter » et suspension d'autres

Tchécoslovaquie après Munich (30-9-1938/15-3-1939)

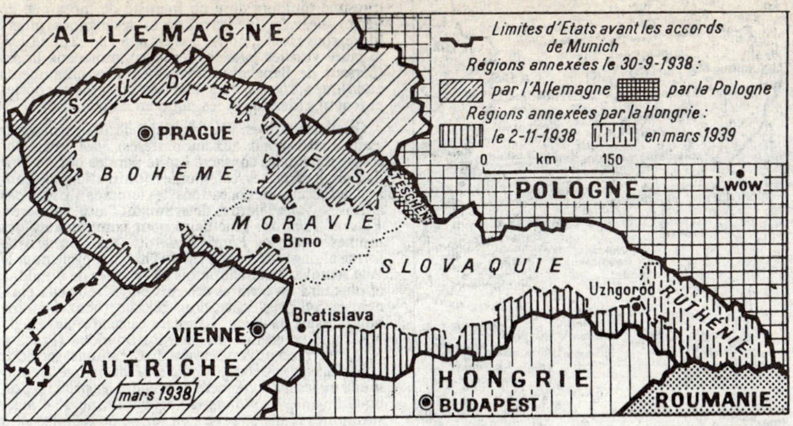

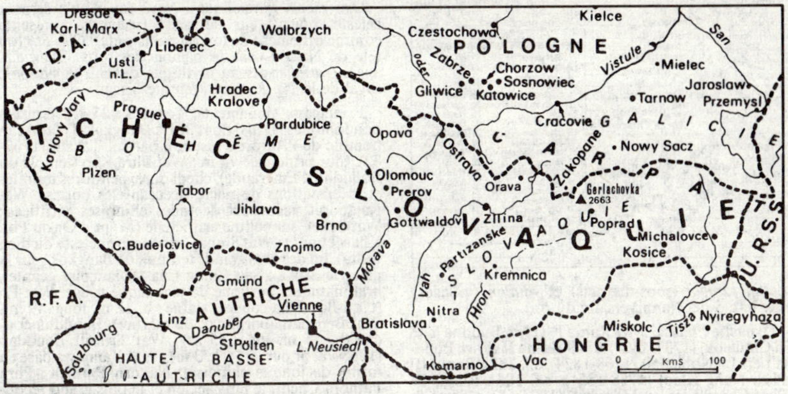

publications. *-3-6* Lubomir Strougal, Pt du bureau du P.C. pour Bohême et Moravie, devient off. le dauphin de Husak. *-19 au 21-8* manif. lors du 1er anniv. de l'intervention : 4 †, 424 blessés et 2 174 arrestations en Bohême et Moravie. *-22-8* 1re arrestation pol., champion d'échecs Ludek Pachman. *-3-9* présidium du P.C. slov. annule sa résolution d'août 1968 condamnant intervention étr. Tous les organes du P.C. feront de même. *-25-9* comité central révoque Dubcek de la prés. du Parlement (et l'exclut du présidium) ; Josef Smrkovsky, de la prés. de la Ch. du Peuple (et l'exclut du comité central avec 9 autres, 19 démissionnent). Épuration du parti. *-9-10* interdiction des voyages en Occident et Youg. *-16-10* épuration au Parlement, qui proroge ses pouvoirs jusqu'en janv. 1971. *-15-12* Dubcek amb. à Ankara. *-17-12* Smrkovsky démissionne. Parlement proroge une partie des lois d'exception, en créant des délits « contre l'écon. soc. », etc., permettant de sanctionner n'importe quoi. Réfugiés t. dep. l'inter. sov. 50 000 [12 000 admis en Suisse, 7 300 au Canada, 8 000 en All. féd. (v. Quid 1971, p. 863)].

1970-*28-1* Strougal remplace Cernik comme PM. *-26-6* Dubcek exclu du P.C. **1975**-*12/14-11* Strougal en France : accord de coop. écon. (p. 10 ans). **1977**-*5-1* 242 intellectuels signent la *« Charte 1977 »*, « afin de permettre à tous les T. de travailler et de vivre comme des êtres humains » [rédacteur : Jean Patocka, créateur du cercle philosophique de Prague (1907-77, mort au cours d'un interrogatoire policier)]. **1979**-*11-2* Iaroslav Sabata, porte-parole de la « Charte », emprisonné. **1980**-*13-1* Jiri Lederer, journaliste, signataire de la Charte 77, libéré après 3 ans de prison († 12-10-83 en exil). *Juill.* condamnation de Rudolf Battek, m. du Vons (Comité de défense des personnes injustement poursuivies) et porte-parole de la Charte 77, à 7 ans de prison. **1982** hausse des prix prévue. *-29-1* accord T.-G.-B.-U.S.A. prévoyant restitution de 18,5 t d'or volées par nazis et récupérées par alliés en échange de l'indemnisation des émigrés t. en G.-B. et U.S.A. **1983**-*21-7* L. Lis porte-parole de la Charte 77 condamné à 14 mois de prison. *-27-10* manif. de soutien à l'implantation de missiles soviét. en T.

Politique

Statut. Rép. socialiste. *Const.* du 11-7-1960 amendée en 68, 71 et 75. Fédération de 2 Rép. nationales : Bohême-Moravie et Slovaquie dep. 1-1-69. *Assemblée fédérale* (2 Ch.) : Ch. du peuple, 200 m, et Ch. des nations, 150 m. élus pour 5 ans ; élit le *Pt* pour 5 a. Celui-ci désigne le Pt du gouvernement responsable devant l'Ass. Chaque Rép. nationale a un conseil nat. élu pour 5 a. : Cons. tch. 200 députés, slovaque 150. Droit de vote à 18 ans, éligibilité à 21 ans. *Pt du gouv. féd.* Lubomir Strougal (19-10-24) dep. 3-1-74. *Parti communiste*, f. 1921, 1 500 000 m. (80). Entre 1968 et sept. 1975, 462 000 exclus. *Secr. gén.* Gustav Husák, succède le 18-4-69 à Alexandre Dubcek (n. 1921). *Pt du gouv. tchèque* Joseph Korcak (17-12-21) ; *slovaque* Peter Colotka (10-1-25). Occupation sov. env. 120 000 h. **Fête nat.** 9 mai.

Présidents de la République. 1918-*14-10* Tomás Masaryk (1850-1937). **-35** *18-12* Edvard Beneš (1884-1948). **-38** *30-11* Emil Hácha (1872- † 10-5-1945 en prison). **-45** *avril* Edvard Beneš, démissionne 7-6-48, meurt 3-9. **-48** *14-6* Klement Gottwald (1896-1953). **53** *21-3* Antonín Zápotocky (1884-1957). **-57** *13-11* Antonín Novotny (1904-1975). **-68** *6-4* Ludvík Svoboda (1895-1979). **-75** *29-5* Gustáv Husák (10-1-1913).

Économie

P.N.B. (84) 6 330 $ par h. **Pop. active** (% et entre par part du P.N.B. en %) agr. 10 (12), mines 3 (3), ind. 46 (55), services 41 (30). **Inflation** (%). *1980* : 2,9 ; *81* : 0,8 ; *82* : 0,8 ; *83* : 0,9 ; *84* : 0,9. **Dette extérieure** (83). 3,91 milliards de $.

Agriculture. *Terres* (milliers d'ha, 82) agricoles 6 843 (arables 4 809, jardins 12, vignes 47, pâturages 1 672), forêts 4 584, étangs 53. *Production* (milliers de t, 84) blé 6 170, orge 3 677, seigle 710, maïs 940, bett. à sucre 7 500, p. de terre 3 978, raisin 275 (82), lin 84 (82), houblon 13 (82), tabac 6 (82), navette 178 (82), fruits et légumes. **Forêts** (82). 4 959 000 m³. **Élevage** (milliers de têtes, 83). Bovins 5 190 (84), porcs 7 070 (84), moutons 990, chevaux 44, poulets 49 200. **Pêche** (82). 18 021 t.

Énergie. *Charbon* (milliards de t, 84) : réserves 11, prod. 0,027 ; lignite (réserves 9,8). *Électricité* : nucléaire (milliards de kWh) *1980* : 5,3 ; *85* : 15. **Mines** (82, milliers de t). Fer 1 861, magnésite 672, zinc 13 857, cuivre 26,980. **Industrie.** Métallurgie très développée, acier, aluminium, prod. alim., bière, ciment, textile, chaussures, voitures, cristalleries (Bohême), bijoux en verre, céramique, chimie.

Transports (km). Routes 73 881 (82). Chemins de fer 13 142 (83). **Tourisme.** 12 471 210 vis. (82).

Commerce (millions de Kcs, 83). *Exportations* 107 822 *dont* mach. et équip. de transp. 58 861, prod. de cons. 17 392, fuel et mat. 1res 15 321, prod. chim. 6 308, mat. 1res végétales et animales 4 265, prod. alim. 3 111, mat. de construction 2 564 *vers* U.R.S.S. 43 421, All. dém. 9 315, Pologne 7 327, Hongrie 5 523, All. féd. 4 928, Youg. 4 428. *Importations* 103 012 *dont* fuel et mat. 1res 42 330, mach. et équip. de transp. 34 225, prod. chim. 7 466, prod. alim. 6 323, mat. 1res végétales et animales 6 178, prod. de cons. 5 787, mat. de construction 703 *de* U.R.S.S. 47 574, All. dém. 10 635, Pologne 6 411, Hongrie 5 146, All. féd. 4 659, Youg. 4 365.

Rang dans le monde (83). 4e lignite. 8e réserves de lignite. 11e réserves de charbon. 12e orge. 14e p. de terre. 15e blé.

THAÏLANDE

Carte p. 992. V. légende p. 787.

● **Nom.** *Siam* (employé officiellement de 1856 au 24-6-1939 et de 1945 à 1946). *Muang Thai*, nom populaire, est encore usité.

● **Situation.** Asie. 513 115 km². *Frontières* 3 720 km dont Cambodge 600 km, Laos 1 200, Birmanie 1 500, Malaisie 420. *Longueur* 1 700 km. *Larg. max.* 770. *Alt. max.* Dir Inthanon 2 590 m. *Côtes* 2 613 km (golfe de Thaïlande 1 874, océan Indien 739). 5 *régions* : plaine de la Chao Phya orientée N.-S. comprenant le bassin de Bangkok et la plaine sup. de la Ménam ; chaîne continentale, bordant la Th. à l'O., orientée N.-S. ; plateau de Korat ; régions côtières du S.-E. ; péninsule de Malaisie. + *longue rivière* : Moon River 675 km. **Climat** : tropical humide. 3 *saisons* : chaude (mars-mai), pluvieuse (juin-oct.), fraîche (nov.-févr.). *Temp.* moy. 25 à 30 °C. *Pluies* 500 mm (Korat) à 3 000 mm (péninsule de Mal.).

● **Population.** *1911* : 8 266 000 ; *19* : 9 207 000 ; *29* : 11 506 000 ; *56* : 20 095 000 ; *85* : 50 400 000 h. – *de 15 a.* : 38,5 %, + *de 60 a.* : 6,6 %. D. 98,2. Thaïlandais 94 %, Chinois 4 %, divers 2 %. il y avait des Chinois longtemps avant la fondation du 1er roy. thaï ; venant du S., commerçants, ils s'établirent dans les villes côtières. Le roi Mongkut pendant la 2e moitié du XIXe s. encouragea l'immigration de commerçants chinois. *Ethnies* : *Thaïs* [Thaï, Thaï Korat, Lao (Yuan, Kao, Wieng, Poan, Song), Shan ou Ngio, Lu, Putai, Yaw, Yuai, Sanam] ; *Mon-Khmers* (Sakai, Lawa de Chiang Mai, Kamuk ou Puteung, Chaobon, Chawang, So, Saek, Kaleung, Ka Brao, Ka Hinhao, Sui ou Kui, Khmer, Mon, Annamite) ; *Chinois* ; *Tibéto-Birmans* [Lahu (Musser), Akna (Ee-Kor), Lisu (Lisor), Karen (Karian), Méo (Maeo), Yao, Tin ou Ka-Tin, Kha Tong Leung (Phi Tong Leung), Lawa de Kanchanaburi] ; *Negritos* (Semang) ; *Austronésiens* [Malay, Chao Nam (gitans de la mer)]. **Réfugiés** (vietnam. et cambodg.). *1975-82* 583 668. **Capitale** : *Bangkok* 5 478 983 h. (83) [nom usuel : Phra Nakhon « ville capitale » ; nom officiel : Krungthep Maha Nakorn). **Provinces** (*chefs-lieux et pop.*) : Nakhon Ratchasima 1 861 907 (à 265 km), Ubon Ratchathani 1 498 922 (à 967 km), Udon Thani 1 400 730 (à 728 km), Khon Kean 1 231 330 (à 618 km), Nakhon Si Thammarat 1 211 181 (à 845 km), Chiang Mai 1 139 537 (à 900 km au N. de Bangkok, alt. 310 m), Buriram 1 094 430, Srisaket 1 046 989, Roi Et 1 034 234.

● **Langues.** Thaï (*off*), chinois, malais, anglais (l. d'affaires). **Religions** (%). Bouddhistes Theravâda (rel. *off.*) 94, musulmans 4, chrétiens 1,5, divers 0,5. 150 000 moines (bikkhus). Les jeunes gens passent au min. 3 mois comme moines (samaneras).

● **Histoire.** Pénétration lente des Thaïs venus du Yunnan vers la péninsule indochinoise au commencement de l'ère chrétienne ; *Chiengsaen* (cap. f. XIIe s.), puis *Sukhotai* (1238-1378, annexion par le roi Boramaraja d'Ayutthaya), période d'*Ayutthaya* (fondée 1350 par un Pce de U-Thong, 1350-1767). **1578**

Birmans chassés du Siam. **1605** arrivée des Holl. à Ayutthaya. **1608** échanges d'ambassadeurs : Port., Malacca, P.-Bas. **1612** arrivée des Angl. à Ayutthaya. **1613** fondation du 1er comptoir holl. **1634** 1re amb. du Japon. **1662** *arrivée des missionnaires français.* **1684** *amb. siamois à la cour de Louis XIV.* **1685-87** *amb. fr. à Ayutthaya.* **1687** garnisons fr. à Bangkok et Mergui. **1688** soulèvement xénophobe (pendant XVIe, XVIIe, XVIIIe s.). **1767**-*7-4* conquête et destruction d'Ayutthaya par Birmans. **1767-82** interrègne. Gal Taksin chasse Birmans et gouverne depuis Thonburi, comme roi du Siam. **1782** Gal Chao Phya Chakri bat Cambodgiens. **Dep. 1782** roy. du Siam : Bangkok capitale. **1851-68** modernisation. Tr. d'amitié et de commerce avec : G.-B **1855**, U.S.A. **1856**, Fr. **1856**, etc. **1852** G.-B. annexe partie de la Birmanie. **1882** F. conquiert Annam. **1888** Siam cède des territoires à la Fr., au N.-E. du Laos, puis **1893** cède toute la rive gauche du Mékong (Luang Prabang). **1896** *reconnaît protectorat Fr. sur Cambodge.* Accord franco-angl. reconnaissant intégrité du Siam. **1905-07** cède d'autres territoires prov. de Battambang, de Siémréap (Cambodge). Cède à G.-B. en Malaisie, États de Kelantan, Trenganu, Kedah et Pérak. **1917** se joint aux Alliés dans la g. **1932**-*24-6* coup d'État de Pridi Bhanomyong (1901-83) (fin de la monarchie absolue). **1935** roi Prajadhipok (1925-35) abdique en faveur de son neveu Ananda Mahidol. **1940** *sept.* **1941** *mars conflit avec Fr. qui cède partie du Cambodge.* **1941**-*8-12* occupation jap., la Th. déclare g. à G.-B et U.S.A. mouvement de résistance thaï libre organisé contre Jap. (dirigé par Pridi Bhanomyong). **1943**-*25-10 pont de la rivière Kwaï* inauguré, principal ouvrage d'art du chemin de fer de la mort [construit par les Jap. dans des conditions très dures (40 000 †)]. **1945** fin de la g. **1946**-*1-1* abandon des territoires cédés par la Fr. -*9-6* Ananda Mahidol tué accidentellement, son frère Bhumibol Adulyadej (n. 5-12-27) lui succède. **1947**-*9-11* gouv. renversé et remplacé par des civils conservateurs. **1948** Mal Pibul Songgram redevient PM et établit dictature mil. **1949** *févr.* coup d'État, échec. **1951** Constitution de 1932 restaurée. **1958** *oct.* Gal Sarit Dhanarat élu forme gouv. de droite avec Gal Thanom Kittikachorn (n. 1911), PM adjoint. **1959** Const. provisoire. **1963**-*9-12* mort du Gal Sarit ; Kittikachorn PM. **1968**-*20-6* nouvelle Const. **1971**-*7-11* Constit. suspendue, loi martiale. **1973**-*13-10* émeutes à Bangkok (100 †), Mal Kittikachorn démissionne et s'enfuit. **1974** *juill.* émeutes à Bangkok (plusieurs dizaines de †) ; état d'urgence. **1975** *janv.* él. législ. : droite milit. 40 % des sièges, civile 35 %, centre-gauche 11 %, gauche 9 %. -*17-1* réforme agraire (maïs). Retrait partiel des troupes amér. Violence (manif., meurtres). -*28-2* secr. gén. du P. soc., B. Punyodhaya tué. *1-4* él., Seni Pramot (n. 26-5-05) PM. -*20-7* départ du dernier soldat amér. (7 bases aériennes U.S. et env. 44 406 h. étaient installés en Th.). -*17-8* Mal Prapass, rentré d'exil, expulsé vers T'ai-wan. -*19-9* Mal Thanom rentre et se fait bonze. -*24-9* Seni Pramot PM. -*29-9* étudiants exigent départ du Mal Thanom. -*6-10* la droite attaque l'université Thammasat (41 †, 3 000 ét. arrêtés). Coup d'État mil. (le roi a donné son accord tacite à l'amiral Sagnad, min. de la Déf.) soutenu par le *Krating Daeng* [(Buffles sauvages rouges), organisation paramil. constituée dep. déc. 1974, regroupant étudiants des collèges et centres techn. contre l'extrême g. Parlement dissous. Junte mil. **1977** *janv.* raids des Khmers rouges à la frontière ; Mal Prapass rentre. Lutte contre musulm. du S. -*26-3* coup d'État manqué du Gal Chalard Hiranyasiri (exécuté 21-4) ; Gal Arun Thavatsin tué. *Oct.* coup d'État du Gal Kriangsak Chomanan qui démissionne en déc.

1980 *janv.* rébellion com. dans le S. recule. -*3-3* Gal Prem Tinsulanond (n. 1920) PM. *Oct.* **80-mars 81** ralliement d'intellectuels (3 000 à 5 000) ayant pris le maquis en oct. 76 aux côtés du P.C. -*31-3* détournement d'un avion à Bangkok par 5 Indonésiens (tués). -*1-4* coup d'État mil., Prem T. démissionne, son adjoint Gal Sant Chitpatima (n. 1921) le remplace. -*2-4* Prem et famille royale se réfugient dans le N.-E. *3-4* Prem reprend le pouvoir. *Mai* 180 000 Khmers expulsés (30 000 vers U.S.A., 104 000 rapatriés au Cambodge, 76 000 vivant le long de la frontière et non considérés comme des réfugiés). Accès interdit aux *boat-people.* **1982** *avr.* 15 000 Laotiens expulsés. -*17/30-12* : 64 000 Khmers transférés vers la frontière du Cambodge pour être expulsés. **1983**-*6-1* la France décide d'accueillir 5 500 réfugiés. *Févr.* reddition d'env. 1 000 guérilleros communistes. **1985**-*9-9* putsch avorté.

● **Statut.** Royaume. *PM* Gal Prem Tinsulanonda (n. 26-8-20) dep. 3-3-80. *Const.* du 22-12-78, (13e dep. 1932), révisée 21-4-83. *Ass.* 324 m. élus au suffr. univ. *Sénat* 243 m. nommés par le gouv. *73 changwad* (provinces) avec un *gouverneur,* divisées en *amphur* (districts), *tambol* (sous-districts) et *muban* (villages). **Fête nat.** 5 déc. (anniversaire du roi).

Dynastie Chakri. 1782 Rama Ier (Phra Buddha Yod Fa Chulalok) (1737-1809). **1809** Rama II (Phra Buddha Lert La Nobhalai) (1768-1824), s.f. **1824** Rama III (Phra Nang Klao) (1788-1851), s.f. **1851** Rama IV (Phra Chom Klao ou Mongkut) (1804-68), s. demi-fr. **1868** Rama V. (Phra Chula Chom Klao ou Chulalongkorn) (1853-1910). **1910** Rama VI (Vajiradudh) (1881-1925). **1925** Rama VII (Phra Pok Klao ou Prajadhipok) (1893-1941), s. fr., abdique. **1935** Rama VIII (Ananda Mahidol) (1926-46), s. neveu, mort accidentelle. **1946** (9-6) Rama IX (Bhumibol Adulyadej) s. fr. (5-12-27), ép. 28-4-50 Pcesse Sirikit Kitiyakara. *4 enf. :* Pcesse Ubol Ratana 5-4-51, Pce (héritier) Vajiralongkorn 28-7-52 (ép. 3-1-77 Somsawali Kitiyakara), Pcesse Maya Chakri Sirindhorn 2-4-55, Pcesse Chulabhorn 4-7-57.

Élections à l'Ass. du 18-4-83. P. d'action sociale 92 s., Chart Thaï P. 73, Democratic P. 56, National Démocratic P. 15, Prachakorn Thaï 36, Pracha Rasdr 31, Siam Democratic P. 18, Indépend. 24, divers 10.

Partis. *Chart Thai Party* (P. de la nation thaïe), Pt Pramarn Adireksan. *Democrat P.,* f. 1946, Pt Pichai Rattakul. *National Democracy P.,* f. 1981, Pt Kriangsak Chomanan. *New Force P.* f. 1974, Pt Suthep Wongkamhang. *Pracha Rasdr,* Pt Sira Pattamakom. *Prachakorn Thai* (P. des citoyens t.), Pt Samak Sundaravej. *Social Action P.,* Pt Kukrit Pramoj. *Liberal P.* Pt Seraniphorm Kamalas. *Democratic Labour P.* Pt Seri Suchatapakal. *Mass P.* f. 1985, Pt Somsak Phakhipho. *Pra chaseri* Pt Wattana Khieovimol. *Pra cha thai P.* Pt Thawee Kraikupt. *Progress P.* Pt Uthai Pimchaichon. *Saha Chart* Pt Pattana Payaknithi. *Siam Democratic P.* Pt Shirdsak Sanvieses. *Thai People's P.* f. 1979, Pt Somwong Sarasart.

Architecture

Principales périodes. *Môn (Dvaravati)* (VIe ou VIIe-XIe), *Srivijaya* (VIIIe-XIIIe), *Lopburi* (XIe-XIIIe), *Chiengsaen* (v. XIe-XVIIIe), *U-tong* (v. XIIe-XVe), *Sukhotai* (XIIIe-XIVe), *Ayudhya* (XIVe-XVIIIe), *Bangkok* (fin XVIIIe-début XXe).

L'architecture est inspirée au début par la culture indienne mais les Thaïs se servirent de matériaux différents, ce qui entraîna la création de nouveaux styles.

Matériaux employés. Bois : charpentes, décoration (presque toujours doré ou incrusté de mosaïque de verre) ; *mosaïque* de verre : décor des pignons, piliers (doré, rouge foncé, noir) ; *feuilles d'or : porcelaine,* terre cuite vitrifiée (anciens temples), morceaux brisés (période de Bangkok) : revêtement des monuments en briques ; *stuc :* portes, fenêtres, etc. ; *laque :* portes et fenêtres (dessins dorés, fond en laque noire).

Quelques termes. *Wat :* groupe de bâtiments religieux (correspond aux monastères). *Bot* (ou *Ubosoth*) : sanctuaire consacré limité par des bornes, utilisé pour certaines cérémonies (ordination de bonzes...). En certaines occasions, les femmes n'y sont pas admises. *Sima :* bornes déterminant l'aire consacrée. *Viharn (Vihara) :* sanctuaire pour communauté des moines. *Stupa ou Phra Chedi* (dit aussi *Prang* si de forme allongée dérivée du style khmer comme pour le Wat Arun) : abritait autrefois les reliques de Bouddha et plus tard les cendres des rois et des religieux éminents. *Kuti :* résidence d'un bikkhu (bonze, moine bouddhiste). *Mondop :* bâtiment carré abritant en général une empreinte du pied du Bouddha (Prabat). *Sala :* pavillon ouvert servant aux réunions, sermons et parfois à des débats. *Sala Kan Parian :* pièce commune où les laïcs viennent apprendre les principes du bouddhisme. *Ho Rakhang :* beffroi formé de 4 mâts surmontés d'une structure en forme de temple.

Ornements symboliques. *Naya* (ou *Nak*) : serpent céleste, pourvoyeur de pluie (souvent représenté comme ornement de toit ou balustrade). *Cho Far* (ou tête de Naga) : orne le pignon des toits. *Thevada :* ange. *Garuda :* oiseau mythique devenu le symbole royal de la Th. *Kinaree :* femme-oiseau.

Principaux monuments. Temples : 23 474 temples bouddhiques *(Wats)* dont 381 à **Bangkok.** [Wat Arun (temple de l'Aurore), restauré par roi Taksin (1767-82), tour principale 74 m ; Wat Phra Keo (temple du Bouddha d'Emeraude), chédi doré, peintures murales et incrustations de nacre décorant les portes ; Wat Rajabopit, recouvert de tuiles chinoises vitrifiées ; Wat Saket, sur colline artificielle (Mont d'Or ou Phu Khao Thong) ; Wat Suthat (monastère céleste du dieu Indra), un des plus grands temples de Bangkok ; sur la place le Si-Kak Sao Ching Cha (Balançoire géante), brahmanique, portique de teck laqué rouge. Wat Po (t. du Bouddha couché, statue : h. 12 m, long. 49 m). Wat Benchamaborpitr (t. de marbre), Bouddha couché (h. 15 m, long. 43 m) ; Wat Trimitr Bouddah (1238-78, or pur, 5,5 t, h. 3 m) ; Wat Yannawa base en forme de jonque chinoise]. **Nakorn Pathom :** Phra Pathom Chedt, le plus ancien et le plus grand recouvert de faïence dorée (h. 115 m) ; **Chiengmai :** Wat Phra That Doi Suthep, XIVe et XVIe s. à 1 050 m d'alt., surmonté d'un chédi de 22 m ; Wat Suan Dork (Jardin de Fleurs) ; Wat Phra Singh ; **Lop Buri :** Wat Phra Sri Ratana Maha That, monastère (XIIe) ; **Sukhothai :** Wat Sra Sri, Wat Phra Badh Noi ; Wat Chetupon ; **Nakhon Si Thammarat :** Wat Mahathat Xe s., chédi, flèche en or massif (400 kg)., h. 78 m ; **Ayutthaya.**

Triangle d'or

Confins de la Birmanie, Thaïlande, Laos. *Production d'opium* 600 t (Birmanie 450 à 500 t, Th. 40 à 60 t, Laos 40 à 50 t) soit 60 t d'héroïne. *Intoxiqués* 600 000 (81). *Peines prévues pour les trafiquants* transportant 1 à 25 g : 10 à 20 ans de prison ; au-dessus, perpétuité ou la mort.

Palais. Bangkok : Grand Palais ou P. royal ; P. Dusit (devenu P. de l'Ass. nat.) ; P. Suan Pakkad ; P. Petchaburi. **Lop Buri :** P. Naraï. **Ayutthaya :** P. Chandrakasem.

Économie

P.N.B. (84) 806 $ par h. **Pop. active** (% et entre par. part du P.N.B. en %) agr. 72 (22), mines 3 (1), ind. 10 (27), services 15 (50). Sans emploi 1 400 000. **Inflation** (%). *1980 :* 19,7 ; *81 :* 12,7 ; *82 :* 5,3 ; *83 :* 3,8 ; *84 :* 0,9. **Dette extérieure** (milliards de $). *81 :* 4,9 ; *82 :* 6.

Agriculture. *Terres* (arables 16 515, cult. 1 785, pâturages 308, forêts 15 280, eaux 223, divers 17 289). *Production* (milliers de t, 83) canne à sucre 24 407, manioc 17 000, riz (49 % des t.) 18 535, maïs 3 552, bananes 2 035, ananas 1 439, caoutchouc 570, patates douces 355, sorgho 327, haricots 283, kenaf et jute 234, coton 87, coprah 56. **Forêts** (83). 930 000 m³. **Élevage** (milliers de têtes, 83). Poulets 65 000, canards 14 000, buffles 6 150, bovins 4 600, porcs 3 800, chevaux 19. Env. 13 000 éléphants. **Pêche** (83). 2 250 000 t.

Mines (milliers de t, 83). Étain 27, charbon 1 866, fer 40, manganèse 6, plomb 49. Gaz naturel réserves 300 milliards de m^3, prod. (est. 82) 1,5 milliard de m^3. Pétrole. **Industries.** Agro-alim., textile, sucre, ciment.

Transports (km, 82). Routes 44 200, chemins de fer 3 825. **Tourisme** (84). 2 346 709 vis.

Commerce (milliards de bath, 84). *Exportations* 146 *dont* prod. alim. 73, prod. man. de base 26, mat. 1res sans fuel 16, mach. et équip. de transp. 8, boissons et tabac 1,8 *vers* Japon 22, U.S.A. 21, P.-Bas 15, Singapour 11, Hong Kong 7. *Importations* 236 *dont* mach. et équip. de transp. 68, fuel et lubrifiants 57, prod. man. de base 39, prod. chim. 31 *de* Japon 64, U.S.A. 29, Arabie Saoudite 24, Singapour 14, Malaisie 12.

Rang dans le monde (83). 4e bananes, étain. 5e riz. 10e canne à sucre. 11e bois. 12e pêche. 15e céréales. 16e maïs.

TOGO

Carte p. 883. V. légende p. 787.

Situation. Afrique. 56 785 km^2. *long.* 600 km. *Larg.* 50 à 150 km. *Frontières* 1 700 km ; côtes 50 km (érosion très importante, recul de 140 m par endroit en 6 ans). *Alt. max.* Mt Agou 984 m. *Régions :* maritime, plateaux, centrale, Kara, savanes. **Climat :** 3 *régions : N.* (sécheresse nov.-avril), *centre* (transition), *S.* (2 saisons de pluies mars-juin et oct.).

Population. 2 820 000 h. (est. 84) — *de 15 a.* 49,8 %, + *de 60 a.* 5,6 %. En % (81) : Ewés 21,65 ; Kabiés (cabrais) 13,35 ; Ouatchis 10,70 ; Kotokolis 5,93 ; Minas 5,87 ; Mobas 4,89 ; Lossos 4,51 ; Gourmas 3,95 ; Akpossos. D. 50. **Villes** (81) : *Lomé* 369 926 h., Sokodé 48 098 (à 350 km), Lama-Kara 28 480 (428 km), Kpalimé 27 669 (121 km), Atakpamé 24 377 (167 km), Tsévié 20 247 (35 km), Bassar 17 764, Dapango 17 476 (662 km), Aného 14 272 (45 km), Vogan 11 087. **Langues.** Français *(off.)*, langues nat. (ewé, kabié). **Religions** (%). Animistes 46, catholiques 28, musulmans 17, protestants 9.

Histoire. 1884-*5-7* colonie allemande, explorée par Nachtigal. **1894-1914** protectorat all. **1897-1900** pacification. **1914**-*26-8* occupation franco-angl. **1919**-*19-7* mandat confié à France (Togo fr., 55 000 km^2) et G.-B. (Togoland, 30 000 km^2). **1933**-*24/25-1* émeutes à Lomé et en province causées par fiscalité. **1956**-*26-6* fin du mandat angl. -*30-8* T. fr. devient rép. autonome **1957** T. brit., après plébiscite, intégré à la Côte de l'Or (Ghana) ; peuple Ewé se trouve ainsi divisé. **1960**-*27-4* indépendance. **1963**-*13-1* Pt Sylvanus Olympio (1902-63) tué. -*15-5* Nicolas Grunitsky élu Pt. **1967**-*13-1* renversé par militaires († 1969). **1974**-*2-2* nationalisation de mines de phosphate. **1979**-*30-12* Constitution (référendum 1 293 872 pour, 1 693 non) ; Pt Eyadema réélu ; él. lég. 96 % des voix à la liste de 67 membres du R.P.T. **1980**-*13-1* proclamation de la IIIe Rép. **1982**-*23-9* frontière avec Ghana fermée pour faire cesser contrebande de café et cacao. **1983**-*13-1* visite du Pt Mitterrand (un complot aurait dû éclater le même jour). **1985**-*4-12* attentat politique, 1 † et 2 bl.

Statut. Rép. *Const.* du 30-12-79. *Pt* (élu pour 7 a. au suffr. univ.) Gal Gnassingbe Eyadema (26-12-37), dep. 14-1-67. *Ass.* 67 m. élus pour 5 a. au suffr. univ. 5 *régions adm.* 21 *préfectures. Parti* unique : Rassemblement du peuple togolais (R.P.T.) f. 1969. **Fêtes nat.** 27 avril (indép.), 13 janv. (libération), 24 janv. (libération écon.).

Économie

P.N.B. (84) 244 $ par h. **Pop. active** (% et entre par. part du P.N.B. en %) agr. 67 (27), mines 5 (10), ind. 10 (15), services 18 (48). **Inflation** (%). *1983 :* 15-18 ; *84 :* 11 ; *est. 85 :* 8. **Dette extérieure** (milliards de F CFA). *1975 :* 41 ; *78 :* 211 ; *83 :* 200 ; *84 :* 320,5.

Agriculture. *Production* (milliers de t, 83) manioc 400, maïs 141, millet et sorgho 125, coton 50 (84), riz 15, arachides 38, café 7 (84), cacao 12 (84), ignames 550, palmistes. **Élevage** (milliers de têtes, 82). Volailles 3 150, moutons et chèvres 1 585, porcs 360, bovins 230. **Pêche.** 14 530 t (82).

Mines. Phosphates 2 440 000 t en 85, prod. en baisse ; fer, marbre. **Industrie.** Ciment, prod. alim., boissons. **Transports** (km, 82). Routes 7 850, chemins de fer 525. **Tourisme** (84). 150 000 vis. *Sites :* Lomé, Boulomde, Nattingou, Ketao, Kabié, Fazao, Kpalimé, Tamberma.

Commerce (milliards de F CFA, 84). *Exportations* 83,5 *dont* phosphates 41, cacao 21, coton 7,4, café 3, clinker 2,6 *vers* P.-Bas 19,3, France 17,6, Youg. 6,9, All. féd. 5,5, U.R.S.S. 5. *Importations.* 118,4 *dont* (82) agro-alim. 35, textiles 22,4, énergie 15,1, mach. 8,8, mat. de transport 7,9 *de* France 38,2, P.-Bas 12,1, Côte-d'Ivoire 8,4, All. féd. 8,1, G.-B. 6,6.

Rang dans le monde (83). 10e cacao.

TONGA ou DES AMIS (ILES)

Carte v. page de garde. V. légende p. 787.

Situation. Polynésie, 650 km à l'E. des îles Fidji. 748 km^2. 172 îles et îlots dont 36 habités. 3 groupes d'îles : Tongatapu (île princ. : + de 50 % de la pop.), Ha'apai, Vava'u. Volcans actifs de 106 à 1 033 m (Mt Kao).

Population. 96 448 h. (85). D. 129. — *de 15 a.* 44,4 %. *Émigrés :* 20 % de la pop. **Capitale :** *Nuku'Alofa* 27 740 h. (85). **Religions.** Méthodistes et catholiques.

Histoire. Pop. originaire de Samoa (v. xe s.). **1643** contacts avec Hollande (Tasman). **1767** arrivée de l'Angl. Wallis, suivi par Cook. **1797** arrivée de missionnaires de la London Missionary Society. **Début XIXe s.** g. civiles. **1834** conversion de Taufa'Ahau (futur roi George Tupou Ier) au christianisme (méthodiste). L'Égl. méthodiste s'impose face à minorité cath. (missionnaires fr.). **1890** protectorat angl. **1958** autonomie. **1970**-*4-6* indépendance.

Statut. Royaume membre du Commonwealth. *Const.* de 1875. *Roi* Taufa'Ahau Tupou IV (4-7-18) dep. 16-12-1965. *PM* Pce Fatafehi Tu'lpelehake (7-1-22) dep. 16-12-65. *Ass. législative* (24 m. dont 2 gouv., speaker, 7 min., 7 nobles, 7 él. du peuple).

Nota. — *Tabou* vient du polynésien *tapu* (sacré).

Économie. P.N.B. (83) 800 $ par h. **Pop. active** (% et entre par. part du P.N.B. en %) agr. 68 (25), mines 0 (0), ind. 5 (10), services 27 (65). **Aide extérieure** (surtout G.-B.) 140 millions de F (83), soit 22 % du P.N.B. **Agriculture.** *Terres cult.* 79 %. *Production* (milliers de t, 83) noix de coco 55, coprah 6, patates douces 81, manioc 15, bananes 3, oranges 3, tomates 1. **Élevage** (milliers de têtes, 84). Porcs 67, chevaux 9, bovins 8, chèvres 11, volailles 131. **Pêche** (84) 1 055 t. **Tourisme** (84) 84 679 vis. (26 % du P.N.B.). **Timbres-poste :** 8 % des revenus gouv.

Commerce (millions de $ Tonga, 84). *Exportations* 9,9 dont noix de coco, melons, vanille *vers* N.-Zélande 5,9, Australie 2. *Importations* 46,6 *dont* prod. alim. 10,9, prod. man. de base 9,3, fuel et lubrifiants 6,5, mach. et équip. de transp. 6,3, mat. 1res sauf fuel 2,9 *de* N.-Zélande 17,5, Australie 11,1, Singapour 2,6, U.S.A. 2,5, Fidji 2,3.

TRINITÉ ET TOBAGO

Carte p. 939. V. légende p. 787.

Situation. Iles des Antilles à 40 km l'une de l'autre. 5 128 km^2. *Alt. max.* Mt El Tucuche 940 m. *Climat* tropical ; saison sèche de janv. à mai, humide de juin à déc., temp. moy. 26 °C. **Trinité** 4 828 km^2 (80 km du N. au S., 48 d'E. en O.). **Tobago** 300 km^2 (41 km × 12). **23 petites îles** dont Petite Tobago 1 km^2, Monos 4,1, Chacachacare 3,9, Gaspareе 1,3, Huevos 0,8.

Population. 1 200 000 h. (86) dont (%) descendants d'Africains 40,8, Indiens 40,7, Métis 16,3, Chinois 5, Blancs 0,9 ; — *de 20 a. :* 45 %. D. 229. *Trinité* 1 155 000 h. *Tobago* 45 000 h. **Villes** (85) : *Port of Spain* (cap.) 47 300, San Fernando 34 300, Arima 11 700. **Langues.** Anglais *(off.)*, dialectes hindis, patois français dans certaines régions. **Religions** (%). Catholiques 33,6, hindous 25, anglicans 15, musulmans 5,9, presbytériens 3,9, divers 16,6.

Histoire. Trinité. 1498 découv. par C. Colomb. **XVIe s.** occupée par Esp. **1797** conquise par Anglais. **1802** tr. d'Amiens leur concède l'île. **Tobago. 1632** colonisée par Holl. (Nieuwe Walcheren). **1717** saccagée et laissée déserte par Esp. **1737** occupée par Angl. **1748** neutre. **1762** conquise par Angl. **1834** esclavage aboli. **1958**-*3-11*/**1962**-*31-5* membre de l'O.E.A. -*31-8* indépendance. **1976**-*1-8* Rép., m. du CARICOM.

Statut. Rép. Membre du Commonwealth. *Const.* du 1-8-1976. *Sénat* 31 m. nommés (Pt 9, PM 16, opposition 6). *Ass.* 36 m. élus p. 5 ans. *Pt de la Rép.* Ellis Emmanuel Clarke (28-12-17) dep. le 31-1-73 (gouv. puis Pt). *PM* George Michael Chambers, (4-10-28) dep. 10-3-81. **Fête nat.** 31 août (indép.).

Élect. à l'Assemblée (9-11-81). People's National Movement 26 sièges, Tr. and Tobago National Alliance 10 sièges.

Partis. *People's National Movement* (P. nat. du peuple, f. en 1956), leader George Chambers. *United Labour Front Opposition* (Front Uni du travail, f. en 1976), leader Basdeo Panday. *Democratic Action Congress* (f. 1971), leader Arthur-Napoléon-Raymond Robinson. *Org. for National Reconstruction* (f. 1980), leader Karl Hudson-Philipps. *Tapia House Movement* (f. v. 1979), leader Lloyd Best. *National Alliance for Reconstruction* (f. en 1986) regroupe partis d'opp., leader N.A.R. Robinson.

● **Économie. P.N.B** (84) 7 166 $ par h. **Pop. active** (% et entre par. part du P.N.B. en %) agr. 10 (2), mines 5 (35), services 51 (46), ind. 34 (17). *Chômage* (83) 10 %. **Inflation** (%). *1981 :* 12,5, *82 :* 15, *83 :* 16,7, *84 :* 13,3.

Agriculture. *Terres cult.* 31 %. *Production* (milliers de t, janv.-juin 85), sucre brut 81, noix de coco et coprah 3,1, cacao 1,1, café 2, tabac, agrumes 6. Rhum. **Mines** (84). Pétrole (millions de t) réserves 74, production 8. Gaz (milliards de m^3) réserves 395, production 2,5. Asphalte. **Industrie.** Raffinage du pétrole. Ammoniaque, ciment, acier, engrais, métaux. **Tourisme** (84) 191 470 vis.

Commerce (milliards de $ U.S., 84). *Exportations* 2,1 *dont* (%) prod. pétroliers 81, engrais azotés 8 *vers* (%) U.S.A. 56, C.E.E. 14, Caricom 10. *Importations* 1,9 *dont* (%) biens intermédiaires 46, de cons. 30, d'équip. 24 *de* (%) U.S.A. 37, C.E.E. 20, Caricom 7, Canada 7.

TUNISIE

Carte p. 994. V. légende p. 787.

Situation. Afrique. 163 610 km^2. *Alt. max.* 1 544 m (Djebel Chambi), *moy.* 300 m. *Long.* 1 200 km. *Larg.* 280 km. *Côtes :* 1 250 km. *Frontières* avec Libye (480 km), Algérie (1 050 km). **Régions :** *N.,* plaines de la Medjerda (25 000 km^2) entre montagnes de Kroumirie et collines des Mogods d'une part, la « Dorsale tunisienne » d'autre part (climat méditerranéen ; entre 400 et 1 534 mm pluie à Ain Draham) ; *centre,* hautes steppes et basses steppes (climat continental chaud ; entre 150 et 400 mm pluie) ; *S.,* plaine côtière de la Djeffara et plateau du Dahar (climat saharien, semi-désertique, 300 mm de pluie). **Températures.** Tunis, hiver 11 °C, été 26 °C ; Djerba, hiver 12 °C, été 28 °C.

Population. 6 966 173 h. (84). 12 500 *Français* dont femmes fr. de Tunisiens 40 %, coopérants 25 %, cadres et tech. du secteur privé 20 %, autres 15 % [*1880 :* 708 ; *91 :* 10 030 ; *1901 :* 24 201 ; *11 :* 46 044 ; *26 :* 71 020 ; *57 :* 180 440]. 88 082 *Italiens* [*1881 :* 11 000 ; *1931 :* 91 000 ; *1951 :* 84 000]. D. 42,6. — *de 20 a.* 60 %, + *de 60 a.* 5,8 %. [*Début du xxe s.* 1 904 551 h. dont Européens 148 476 (Français 46 044, It. 88 082, Maltais 11 300, Grecs 696, Esp. 587, divers 1 767), indigènes 1 756 075 (musulmans 1 706 830, israélites 49 245)]. *Émigration :* 350 000 dont *France 220 000,* Libye 80 000 (été 1985, la Libye expulse 22 000 immigrés et leurs familles), All. féd. 19 000, Italie 16 000, Algérie 10 000, Suisse 2 500. **Gouvernorats** (84). Béja 274 706, Bizerte 394 670, Gabès 245 016, Gafsa 235 723, Jendouba 359 425, Kairouan 421 607, Kassérine 297 959, Le Kef 247 672, Mahdia 270 435, Médenine 295 889, Monastir 278 478, Nabeul 461 405, Sfax 577 992, Sidi Bouzid 288 528, Siliana 222 038, Sousse 322 491, Tunis N. 944 130, Tunis S. 205 907. **Villes** (84). *Tunis* 556 654 h. *1911 :* 170 369 dont 17 875 Français, 75 000 musulmans, 26 500 juifs, 5 986 Anglo-Maltais, 45 237 It., 1 381 Européens. Sfax 231 911 (à 269 km), Bizerte 94 509 (64 km), Djerba 92 269, Gabès 92 259 (364 km), Sousse 83 509 (141 km), Kairouan 72 254 (157 km), Gafsa 60 870 (400 km), Béja 46 708. Accroissement dém. 2,3 % par an. Échelle de revenus *1966 :* 1 à 36, *80 :* 1 à 45. En 25 ans, la consommation par hab. a augmenté de 210 %.

Langues. Arabe *(off.)*, français (parlé). Dans quelques villages (Jebel, Matmata, Sud de Djerba), le berbère est conservé mais la pop. est bilingue.

Religions. Islamique (*off.,* le chef de l'État doit être musulman, 85 % de rite malékite, 15 % de rite hanéfite) ; catholiques 13 000 (en 1956, 60 000), juifs env. 4 000 dans la région de Djerba (en 1956, 57 792).

Enseignement (83-84) : primaire 1 210 645 élèves, secondaire 378 349, supérieur 34 077 + 8 000 (en France). **Santé** (82) : 3 194 personnel médical, 14 622 personnel para- et juxta-médical, 14 071 lits.

Histoire

Période préromaine : Av. J.-C. jusqu'au XIVe s. habitée par les Capsiens (Capsa = Gafsa, « mangeurs d'escargots »). **XIVe s.** Phéniciens fondent Utique qui, avec Hippone (Algérie), est leur plus important comptoir africain. **814** Carthage (*Kart hadschath :* la « ville neuve ») fondée. **574** Tyr en Phénicie détruite ; Carthage devient capitale du monde phénicien ou punique (Afrique du N. et Espagne) ; g. navales contre Grecs notamment Phocéens de Marseille (victoire d'une flotte étrusco-carth. à Aléria, Corse, 536 av. J.-C.). **264-146** *g. puniques* contre Rome (v. Italie) avec Hamilcar *(v. 290-228),* Hannibal son fils *(247-183),* Hasdrubal frère d'Hannibal († 207). PÉRIODE ROMAINE. **146** Carthage rasée par Scipion Émilien ; son territoire devient la province d'Afrique (cap. Utique). **122** Carth. reconstruite (Colonia Junonia). **46** César bat Pompée à *Thapsus* (Moknine) : la prov. d'Afrique agrandie, à l'O., de la moitié de la Numidie, à l'E. du littoral libyen. **14** Carth. redevient cap. **Apr. J.-C. 37 :** 2 capitales : Carthage (prov. Proconsulaire) ; Hadrumète [Sousse (prov. bizacienne)]. **Dep. 220** métropole chrétienne (Tertullien, St Cyprien). **314** Église schismatique des Donatistes fondée. BAS-EMPIRE. **429-533** invasion des Vandales (Ariens) qui favorisent Donatistes. **533-647** occupation byzantine (Bélisaire) ; opposition à l'intérieur du pays. PÉRIODE ARABE. **647** débuts de l'invasion arabe. **670** Kairouan, ville sainte, fondée par Okba ibn Nafi. **698** chute de Carthage. Islamisation et arabisation ; le dernier évêque chrétien est Cyriaque **(1073). 702** échec de la résistance berbère animée par Dihia la Kahena dans l'Aurès alg., les monts des Nementcha et ceux de Tebessa, et un peu dans les Matmata. **800-909** *dyn. des Aghlabides* (Kairouan) : apogée de la civ. isl. **910-73** *dyn. des Fatimides* (cap. : Mahdyia). **1045** rupture avec le califat fatimide du Caire. **1050-57** Arabes hillaliens, venus d'Égypte (200 000), éliminent dynastie berbère et colonisent le pays. **1159** Normands de Sicile vaincus par Abd el-Moumen, sultan almohade du Maroc qui conquiert la T. (Ifrika). **1228-1574** *dyn. Hafside* à Tunis [**1268** Charles d'Anjou, roi de Sicile, en g. contre Hafsides. **1270** St Louis meurt devant Tunis (8e croisade). **1526-73** Hafsides, soutenus par Esp. luttent contre Turcs. **1573** Don Juan d'Autriche prend Tunis]. PÉRIODE TURQUE. **1574** conquête turque. **1577** *1er consul français.* **1590** les *Janissaires* (du Turc, Yeni Tcheri, nouvelle milice, d'origine chrétienne convertis à l'islam) installent un dey secondé par un bey. Les deys gouvernent de 1598 à 1630 (accueil des Andalous 1609-12) ; les beys de 1631 à 1702. **1705** Hussayn ben Ali fonde le beylicat héréditaire *(dyn. hussaynite régnera jusqu'en 1957).* **XVIIIe-XIXe s.** conquête de l'intérieur. **1741-42** *g. contre la Fr.* (reprise de Tabarka et du cap Nègre). **1756** les Algériens saccagent Tunis. **1769-70** *g. contre la Fr.* (à cause de l'annexion de la Corse). **1846** abolition de l'esclavage. **1861** Constitution. **1860-73** mauvaise gestion du PM Mustapha Khaznadar (chassé *1873*). **1873-77** Kheredine, meilleur gestionnaire, le remplace. **1878** *congrès de Berlin, l'Angleterre laisse à la France le champ libre en T.* contre la reconnaissance de son bail à Chypre.

Période française : 1881-*12-5 tr. du Bardo* complété et précisé par *tr. de La Marsa (8-2-1883)* : **protectorat fr. 1883** mouvement bourgeois de Tunis veut résister aux Français. **1907** création du *Parti révolutionnaire t.* (Jeunes Tunisiens ; leader : Ali Bach Hamba). **1909-10** naturalisation des Juifs. **1911-*7-11*** affaire du cimetière de Jellaz (lieu vénéré que l'adm. milit. voulait immatriculer), incidents sanglants ; état de siège jusqu'en *1921.* **1920** création du *Destour* (parti libéral constitutionnel). **1923** Turquie renonce à ses droits. Loi sur la naturalisation. **1924** création d'une C.G.T. t. (interdite 1926). **1930** congrès eucharistique de Tunis. **1934-*2-3*** congrès de Ksar Hellal, Bourguiba fonde Néo-Destour, sera arrêté sept. 1934, libéré 1936, arrêté avril 1938 p. 5 ans. **1942** *nov.*-**1943** *mai* occupation all., campagne de Tunisie ; Moncef bey remplacé par Lamine bey (à cause de son nationalisme, exilé en France où il mourut). **1943-*24-8*** Gal Charles Mast (1889-1977) résident. **1946** congrès clandestin ; tous les courants nation. réclament l'indép. **1947** Mons résident, quelques réformes libérales. À Sfax 29 grévistes tués. **1949** *juin* projet de constitution néo-destourien. **1950-*10-6*** R. Schuman parle d'indép. *-22-11 :* 7 grévistes tués à Enfidaville. **1951** réformes : meilleure représentation t. dans la fonction publique. *-7-11* mémorandum du PM Chenik sur autonomie interne. *-15-12* R. Schuman répond : « La participation des Français de T. au fonctionnement des institutions pol. ne peut être écartée... Les rapports futurs de 2 pays ne peuvent être fondés que sur la reconnaissance du caractère définitif du lien qui les unit. » *-21-12* Néo-Destour, U.G.T.T. appellent à

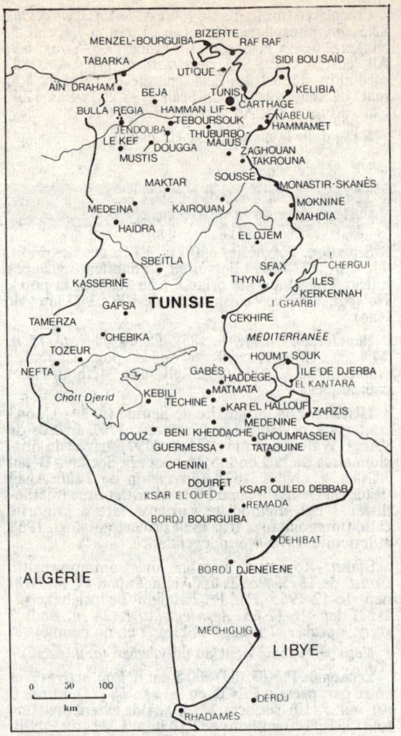

une grève générale de 3 j. **1952-*18-1*** Bourguiba arrêté. Incidents dans le Sahel. *-28-1/1-2* ratissage au cap Bon (200 †). *-25-3* gouv. Chenik arrêté, envoyé dans le S. *-28-3* Salaheddine Bacouche PM. *-1-8* bey puis conseil des 40 refusent plan de réformes fr. La *Main rouge,* formée de colons, tente par des attentats d'étouffer la révolte. *-5-12* Farhat Hached (syndicaliste) assassiné par la *Main rouge. -15-12* grève du sceau du bey de Tunis. **1953** attentats terroristes, représailles de la Main rouge (Hedi Chaker tué *sept.*). **1954-*4-3*** programme de réformes repoussé par national. Les fellaghas (env. 2 500 en groupes mobiles de 15 à 30) entretiennent l'insécurité. *-21-5* Bourguiba transféré à Groix. *-17-6* min. Mohamed Salah Mzali démissionne, *-31-7* Mendès France, Pt du Conseil, accompagné du M^al Juin et de Christian Fouchet proclame à Carthage principe de l'autonomie interne. *Juin* rébellion (Salah ben Youssef, instigateur). *Déc.* fellaghas désarmés. **1955-*1-6*** Bourguiba rentre à Tunis. *-3-6* autonomie interne ; Salah ben Youssef exclu du Parti destourien, veut continuer lutte armée pour l'indép. totale : terrorisme.

Opérations en Tunisie (du 1-1-1952 au 31-12-1957). **Effectifs.** *Engagés* français 250 000. **Morts.** *Armée de terre :* 199 † [dont 80 tués (combat ou attentat), 119 par maladie, suicide, noyade]. *De l'air :* 47 † [dont 13 tués (opérations et accidents aériens), 26 accidents divers, 8 de maladie].

Indépendance : 1956-*20-3* indépendance. *-28-7* Ben Youssef se réfugie au Caire. *Août* él. 95 % des voix (598 000 v.) vont au Front nat. par le Destour. *-11-4* Bourguiba Pt du Conseil. *-11-8* polygamie et droit de répudiation interdits. **1957-*1-6*** Bourguiba demande départ des troupes fr. *-25-7* bey destitué ; *Rép.* **1958-*8-2*** l'armée fr. bombarde Sakhiet-sidi-Youssef (75 †, 80 blessés, réfugiés algériens). **1961-*25-7*** conflit fr.-tun. à Bizerte, la T. ayant tenté un coup de force pour accélérer l'évacuation de la base par les Fr. (en 3 j, 1 000 Tunis. et 30 Fr. tués). *-30-9* 1er accord avec Fr. **1962** *août* reprise des relations dipl. avec Fr. **1963-*15-10*** Fr. évacuent Bizerte. **1964-*12-5*** loi nationalisant 400 000 ha appartenant à des étrangers (270 000 à des Fr.). Fr. suspend aide fin. et dénonce convention de 1959. **1968** Fr. rétablit aide fin. **1970** accord avec Algérie, la frontière tracée en pointillé sur les cartes depuis 1929 (de Bir-Romane à Fort-Saint) partage la nappe pétrolifère d'El-Borma, qu'exploitait la T. dep. 4 ans. *Mars* Ben Salah arrêté (ancien min. de l'écon., partisan du collectivisme), condamné *24-5* à 10 ans de trav. forcés, évadé le *5-2-73.* **1972-*27/30-6*** Bourguiba en Fr. **1974-*12-1*** Bourguiba et Kadhafi signent à Djerba projet de fusion T.-Libye (prévu par référendum, mais repoussé plusieurs fois). *-14-1* Chatti min. des Aff. étr. (remplace Masmoudi, artisan de la fusion). *-5/24-8 :* 202 accusés de complot devant Cour de Sûreté de l'Ét. *Déc.* gouv. refuse d'organiser référ. sur union avec Libye. **1975-*4-10*** Cour de Sûreté condamne opposants (prison). *-7/8-11* visite du Pt Giscard d'Estaing. **1976-*21-3 :*** 3 Libyens accusés d'avoir voulu tuer Bourguiba et PM arrêtés. Tension avec Libye. **1978-*26/27-1*** émeutes (50 à 100 †), arrestations de syndicalistes. *Oct.* procès de 30 synd. (dont Habib Achour, ancien secr. gén. de l'U.G.T.T., condamné à 10 ans de trav. forcés). **1980-*26/27-1 :*** 300 Tun. armés en Libye attaquent Gafsa. *-30-1 :* 3 bâtiments de g. fr. croisent dans le golfe de Gabès ; *mars* procès des conjurés de Gafsa (13 pendus le 12-4). *-23-4* M. M'zali PM [succède à Hedi Nouira (n. 5-4-11), PM dep. 9-2-72, victime en février d'une hémorragie cérébrale]. *-10-11* Bourguiba gracie la plupart des syndicalistes condamnés après les émeutes du 26-1-78. **1982-*23/27-2*** visite du Pt Kadhafi. **1983-*19-3*** tr. d'amitié avec Algérie. **1984-*3-1*** émeutes ; « révolte du pain » dans le centre (Kasserine) et dans le Sud (Gafsa, Gabès) 99 †, 938 blessés. *-16-6* Driss Guiga, min. de l'Intérieur, jugé responsable des émeutes, condamné à 10 ans de travaux forcés et à 5 ans de prison avec confusion de peines. *-19-6* le Pt gracie 8 condamnés à mort pour les émeutes du pain. **1985-*12-5*** élec. municipales dans les 245 communes ; participation 92 %, boycott de l'opposition ; 3 450 cand. (dont 418 femmes) présentés par le P.S.D. élus. *-20-8* Libye expulse 253 Tunisiens accusés d'espionnage. *-26-9* rupture des relations diplomatiques avec Libye.

Politique

Statut. Rép. État islamique. *Const.* du 1-6-1959. *Ass. nat.* 136 m. élus p. 5 a. au suffr. univ. 23 *gouvernorats régionaux* divisés en *délégations, communes* et *cheikhats.* **Pt** (élu p. 5 a., au suffr. univ.) Habib Bourguiba (3-8-03) dep. 25-7-57 [ép. 1° en 1927 Mathilde Lorrain († 1976) div. en 1961, 2° Wassila Ben Ammar], réélu 59, 64, 69, 74, Pt à vie dep. 18-3-75 (par 99,85 % des suffr. expr.). **PM** Mohamed M'zali (n. 23-12-25) dep. 23-4-80. **Conseiller** *spécial auprès du Pt de la Rép.* Habib Bourguiba junior (n. 9-4-27). **Fêtes nat. :** 20 mars (indépendance), 1er juin (retour du Pt Bourguiba), 25 juill. (proclamation de la République).

Élections lég. du 1-11-81. Inscrits 2 321 031, votants 1 962 127. Front national (P.S.D. et U.G.T.T.) 136 s. (94,6 % des voix), M.D.S. 3,28 %, M.U.P. 0,81 %, P.C.T. 0,78 %, Indépendants 0,35 %. Il faut au moins 5 % des voix pour être représenté.

Partis. *P. socialiste destourien* [(P.S.D.) Destour : Constitution en arabe, référence à celle de 1861], f. 2-3-1934 par Bourguiba sous le nom de Néo-Destour, change de nom en oct. 1964, directeur Hédi Baccouche (n. 15-1-30) dep. 12-3-84. Dep. 19-11-83, autorisation de 2 partis d'opposition : *Mouv. des dém. soc.* (M.D.S.), leader Ahmed Mestiri. *Mouv. de l'unité pop.* (M.U.P.), f. Ahmed Ben Salah, 1973, leader Mohamed Ben Hadj Amor. *Rassemblement soc. tunisien* (R.S.T.) f. 1983, leader Nejib Chebbi. *P. communiste tun.* (P.C.T.), interdit 1963, autorisé 18-7-81, secr. gén. Mohamed Harmel. **Syndicats :** *Union gén. des trav. tun.* (U.G.T.T.), secr. gén. Ismaïl Lajeri, élu 30-4-86. *U.N.T.T.* créé 19-2-1984, secr. gén. Abdellaziz Bouraoui.

Beys depuis 1705. 1705 Husseïn ibn Ali. **1735** Ali Pacha. **1756** Mohammed. **1759** Ali. **1782** Hammouda. **1814** Othman ; Mahmoud Pacha. **1824** Husseïn. **1835** Mustapha Pacha. **1837** Ahmed Pacha. **1855** M'hammed. **1859** Es-Sadoq. **1882** Ali. **1902** El-Hadi. **1906** En-Nasr. **1922** El-Habib. **1929** Ahmed Pacha. **1942** El-Moncef (mort 1949 à Pau, exil). **1943** El-Amina (ou Lamine Bey Pacha, ou Lamine Ier) (1881-1962, † à Tunis), il eut droit au titre de « Monseigneur » jusqu'à sa mort.

Résidents. 1881 (oct.) ROUSTAN, Th. (1833-1906). **1882** (nov.) CAMBON, Paul (1843-1924). **1886** (nov.) MASSICAULT, Justin (1838-92). 1892 (nov.) ROUVIER, Charles (1849-1915). **1894** (nov.) MILLET, René (1849-1919). **1901** (déc.) PICHON, Stephen (1857-933). **1907** (janv.) ALAPETITE, Gabriel (1854-1932). **1918** (nov.) FLANDIN, Étienne (1853-1922). **1920** (déc.) SAINT, Lucien (1867-1938). **1929** (janv.) MANCERON, François (1872-1937). **1933** (juill.) PEYROUTON, Marcel (1887-n.c.). **1936** (mars) GUILLON, Armand (1880-n.c.). **1938** (nov.) LABONNE, Erik (1888-n.c.). **1940** (3-6) PEYROUTON, Marcel (1887-n.c.). **1940** (26-7) ESTEVA, amiral Jean-Pierre (1880-1951). **1943** (24-8)

Mast, Gal Charles (1889-1977). **1947** (21-2) Mons, Jean (1906-n.c.). **1950** (31-5) Périllier, Louis (1900-86). **1951** (24-12) Hautecloque, Jean Cte de (1893). **1953** (26-9) Voizard, Pierre (1896-n.c.). **1954** (30-7) Boyer de la Tour, Gal Pierre (1896-1976). **1955** Ht-commissaire Boyer de la Tour, Gal Pierre.

Économie

P.N.B. par h. ($). *1960* : 230 ; *70* : 380 ; *80* : 1 310 ; *84* : 1 080. 27,5 % des ménages vivent en dessous du seuil de pauvreté. **Pop. active** (% et part du P.N.B. en %) agr. 35 (15), mines 5 (24), ind. 27 (16), services 33 (45). *Chômage* (84) 25 % (env. 30 % des jeunes). **Inflation** (%) *1979* : 7,8 ; *80* : 10 ; *81* : 8,9 ; *82* : 13,7 ; *83* : 8,9 ; *84* : 8,5. **Dette extérieure** (85) 3 370 millions de dinars (49,2 % du P.N.B.). Important apport du **salaire des émigrés** (France, Libye) 2,7 milliards de F en 83. Charges de remboursement représentaient 24,1 % des recettes en devises en 85.

Agriculture. *Terres* (milliers d'ha) productives 8 120 dont forêts et élevage extensif 3 800. Le secteur coop. et étatique conserve env. 450 000 ha de terres fertiles. *Production* (milliers de t, 85) céréales 2 067, olives 525, tomates 360 (83), melons 210 (83), orge 303 (83), p. de terre 140 (83), poivre 130 (83), agrumes 196, tabac, artichauts, amandes 52, dattes 60, alpha, seigle, raisin de table 50, r. de cuve 70. Vigne (milliers d'hl) *1965* : 1 850 ; *81* : 745.

Élevage (milliers de têtes, 85). Moutons 3 450, chèvres 620, chevaux et ânes 258, bovins 354, chameaux. **Pêche** (85) 80 000 t. Conserves, crustacés. Autosuffisance alim. 60 %.

Mines (milliers de t, 85). Phosphates de chaux, gisements à Gafsa, Kalaa-Djerda, Sehib 4 800. Pétrole, gisements au S. en mer près de Djerba, réserves 231 000, prod. 5 300. Gaz, gisements : Cap Bon, El Borma, îles Kerkennah, Zarzis, réserves 160 milliards de m³, prod. 4 milliards de m³ (83). Fer 306 (m. de t.), sel 406 (82), zinc 10, plomb 6,5, mercure.

Industrie. Automobile, textile, vêtements, cuir, ciment, prod. alim., vin, huile d'olive 105 000 t (85), artisanat (tapis, orfèvrerie), métallurgie, pétrochimie.

Transports (km). Routes 23 695 (81), chemins de fer 2 136 (83). Gazoduc Algérie-Italie passant à travers la T. inauguré 18-5-1983 [T. touche des redevances de 5,25 % des quantités transportées, soit en 1983 : 21,4 millions de $ (*1986* : 102)]. 5 aérodromes internationaux : Tunis-Carthage, Skanes-Monastir, Djerba-Zarzis, Tozeur-Nefta, Sfax. **Tourisme** (84). *Visiteurs* : 1 438 872 dont Français 344 119, Algériens 255 783, All. 230 165, Libyens 169 982, Angl. 82 346, Italiens 64 348, Moyen-Orientaux 49 906, Scandinaves 40 411, Suisses 38 229, Belges 32 367, Hollandais 30 590, Autrichiens 28 144, Esp. 12 862, Américains 11 232, Marocains 7 774, Africains 5 534, Youg. 3 046, Canadiens 3 042, Luxemb. 810, divers 28 182. *Lits* : 83 659. *Monuments romains,* voir Italie p. 916. *Complexe de Tabarka.* Projeté au N.-O. (frontière alg.) : 10 000 lits, 6e aéroport intern., marina (réalisation tuniso-saoudienne).

Commerce (en millions de dinars, 83). *Exportations* 1 263 *dont* prod. pétroliers 547, vêtements 171, engrais 116, acide phosphorique 91, phosphates 26 *vers* France 297, Italie 199, All. féd. 144, P.-Bas 28,6, Libye 28,5. *Importations* 2 109 *dont* mach. 273, prod. pétroliers 152, mat. de transp. 132, fer et acier 132, mat. électrique 130 *de* France 535, Italie 298, All. féd. 243, Grèce 112, Espagne 96.

Rang dans le monde (83). 5e phosphate.

Contentieux franco-tunisien

Porte sur biens immob. fr. construits ou acquis avant indép. (12 000) et sur le déblocage des 200 millions de F appartenant à des Fr. ayant quitté la T. La T. souhaite que le rachat s'effectue dans le cadre de la coop. (octroi de crédits spéciaux fr. à long terme). *Évaluation* : 120 millions de F (base 1956) mais divergences sur l'actualisation de cette somme (la T. parle d'un coefficient 2, la France 3).

Tunisiens en France

1916 : 10 000 recrutés d'office, *1946* : 3 200, *1954* : 4 800, *1975* : 139 735, *1983* : 219 000 (dont 21 500 en infraction ont vu régulariser leur situation). *Répartition (%)* : O.S. 40, ouvr. qualifiés 30, cadres et techniciens 5, commerçants 6 000 (dont 3 500 en région parisienne) dont 90 % du Sud de la T. (Djerba, Gabès, Tataouine...).

TURKS ET CAIQUES (ILES)

Carte p. 848. V. légende p. 787.

Nom. *Turks* : cactus dont la fleur ressemble à un fez turc. *Caiques* : de l'espagnol *ilôt*.

Situation. Amérique, au S.-E. des îles Bahamas, 150 km au N. de la Rép. dominicaine. 430 km² (30 îles dont 8 habitées). *Alt. max.* 48 m. *Côtes* 35 km.

Population. 7 436 h. (80) dont 90 % de descendants d'Africains. D. 17. **Langues** : anglais, créole français (Haïtiens) 5 %. **Religions** : anglicans, baptistes, méthodistes, catholiques. **Capitale** *Cockburn Town* sur Grand Turk, 3 146 h.

Histoire. 1512 découvertes par Juan Ponce de León. **1670** cédées par Esp. à G.-B. **1838** abolition de l'esclavage. **1776** agent brit. résident. **1873-1965** annexées à la Jamaïque. **1965-73** annexées à la Grande Bahamas. **1973** colonie séparée. **1985**-*6-3* le PM Norman Saunders arrêté avec son min. du Commerce à Miami pour trafic de drogue.

Statut. colonie brit. avec gouv. particulier. *Const.* de sept. 76. *Conseil législ.* (11 m. élus pour 4 a.) et *exécutif* (8 m. élus ou nommés). *Gouverneur* Christopher Turner Obe.

Économie. P.N.B. (82) 2 500 F par h. Place financière. Pêche. Tourisme 14 000 vis. (84). **Commerce** ($ US, 83-84). *Exportations* 2 953 561 (langoustes, crustacés, poissons, coquillages). *Importations* 26 318 927 (prod. alim., prod. man., boissons, tabac, textiles). **Budget** (83-84) dépenses 10 382 826 US $, recettes 8 614 808 US $. **Aide ext.** : 1 997 757 US $.

TURQUIE

Carte p. 996. V. légende p. 787.

Situation. Europe et Asie. 779 452 km² (*1910*, 2 969 500 km² ; *1939* 762 736 km²) dont Thrace 23 764, Anatolie 755 688. *Longueur max.* 1 565 km ; *largeur moy.* 550 km. *Côtes* : 8 372 km dont Égée 2 805, Méditerranée 1 577, m. Noire 1 695, Marmara 927. *Frontières* : 2 753 km dont Syrie 877, U.R.S.S. 610, Iran 454, Irak 331, Bulgarie 269, Grèce 212. *Lacs* : 9 423 km² dont Van 1 713 km², Tuz Gölu 1 642, Beysehir 650, Egridir 486, Iznik 303. *Alt. max.* : Mt Agri (Ararat) 5 165 m. *Alt. moy.* : 1 131 m (terres au-dessus de 500 m : 80 %).

6 zones. *T. septentrionale* (côte mer Noire), plis et dépressions (660 à 3 500 m), pluies 879 mm/an. Sur la côte, hiver doux, été tempéré (Sinope : janv. 7,1 °C, août 21,2 °C), forêts, arbres fruitiers. *Des détroits* (Dardanelles, Bosphore) transition avec ← *Zones égéenne et méditerranéenne* (côte sur la Méditerr.), plaines riches au S., été très chaud et sec (27,6 °C en juill., max. 40 °C), bananiers, canne à sucre. *Taurus* (montagne + de 3 500 m). *Anatolie int.,* plateaux de 800 à 1 500 m, bassins de 100 à 300 m, massifs, été chaud et sec, hiver rude (400 mm pluie). *Turquie orientale,* zone montagneuse, suivant l'altitude : été très chaud et hiver rude (moy. hivernale : 0 °C, − 10 °C ; pluies 500 à 1 000 mm).

Fleuves principaux (km) : Kizilirmak (Halys) 1 182, Sakarya (Sagaris) 824, Seyhan (Sarus) 560. **Iles** : Gökçeada 279 km², Marmara 117 [archipel : îles d'Avsa, Ekinik, Koyun, Pasalimani ; autres îles de la m. de Marmara : Imrali ; archipel des Princes (îles de Burgaz, Büyük, Heybeli, Kinali, Sedef) : tourisme de luxe au S.-E. d'Istanbul], Bocaada 40, Uzunada 25, Alibey 23. **Tremblements de terre.** De 1925 à 1976 : 23. 91,4 % du terr. turc se trouvent en zones sismiques où sont concentrés 98,3 % des centres ind., 91,6 % des barrages. Liés à l'activité du réseau de failles qui constitue la *cicatrice anatolienne.* Peu avaient une magnitude égale ou supérieure à 7,11, une m. de 6 à 6,9 et 3 de 5,6 à 5,9. A *Erzincan* (1939), 40 000 †, *Niksar-Erbaa* (1942) 3 000 †, *Tosya-Ladik* (1943) 5 000 †, *Bolu-Gerede* (1944) 2 831 †, *Varto* (1957) 2 394 †, *Varto* (1966) 2 934 †, *Lice* (1975) 2 385 †, *Erzurum* (1983) 1 330 †.

Population. 51 000 000 h. (est. 85). D. 65,4 [Asie (Anatolie) 36 423 964 h. (75). D. 41. Europe (Thrace) 3 773 705 h. (75). D. 56,7]. (*1910* 24 millions, dont Europe 6,5, Asie et Afrique 17,5 ; *1914* : 18,5 ; *1927* : 13,6 ; *1940* : 17,8 ; *1950* : 20,9 ; *1960* : 27,7 ; *1970* : 35,6). *Taux de natalité* 2,5 ‰. *Croissance moyenne* 2,3 % par an (doublement tous les 20 ans). — *de 14 a.* 38,5 %, + *de 60 a.* 6,6 %. *Ruraux* 53 % (25 millions, dont propriété nulle 3 ; propr. inférieure à 3 ha 16) ; *citadins* 47 %. *Exode rural moyen* 3 % annuel. *Analphabètes* 24 %. *Ethnies* (%) Turcs 90, Kurdes 7, Arabes 1,2, Circassiens, Grecs, Arméniens, Géorgiens, Lazes (Caucasiens), Juifs. *Bases américaines* : env. 6 000 Amér. **Travailleurs émigrés** (83-84). All. féd. 1 600 000 (avec familles), France 154 863, Libye 56 000, Autriche 75 000, Arabie Saoudite 124 000. Belgique 71 271, P.-Bas 156 000.

Villes (oct. 80) : *Ankara* 2 854 689 (*1910* : 30 000 ; *1927* : 74 784 ; *1928* : 107 641 ; *1955* : 435 000), Istanbul 4 741 890 [(à 438 km) *1912* : 1 125 000 ; *1927* : 673 000 ; *1940* : 793 949 (superficie : vieille ville 22,5 km² ; territoire municipal 240 km² ; agglomération 362 km²)], Izmir (Smyrne) 1 976 763 (à 595 km), Adana 1 485 743 (486 km), Bursa (Brousse) 1 148 492 (427 km), Samsun 1 008 113 (417 km), Zongouldak 954 512 (268 km), Gaziantep 374 290 (697 km), Eskischir 309 431 (236 km), Kayseri 281 320 (328 km), Erzurum (Erzeroum) 190 241 (924 km), Konya 1 562 139 (262 km), Trabzon (Trébizonde) 108 403 (798 km), Antioche 66 400 (79) (679 km), Pergame 32 000 (79) (600 km).

Langue off. Turc. **Religions.** Musulmans 98 %. Istanbul est le siège du patriarcat œcuménique. *Statistiques* (r. 1965) : orthodoxes 73 725, grégoriens 69 526, juifs 38 267, catholiques 25 883, protestants 25 853, chrétiens (autres sectes) 14 768.

Histoire

Avant J.-C. civilisations connaissent agriculture dep. 6500, cuivre 4300, bronze 2800 (fouilles d'Hacilar : objets de 7000 à 5400 av. J.-C.) ; *Çatal Hoyuk* (les plus anciennes fresques du monde et la plus ancienne agg. connue), *Tell Halaf* (3800-3500), *Troie Ier* (fondée v. 3300). **Apr. 3000** invasions indo-europ. : *Hattiens* ou *Protohittites* (v. 3000), qui adoptent civilisation assyrienne entre *1905* et *1775* ; *Hittites* **(apr. 1775),** capitales Hattousha, puis Koushshar (cap. du roy. de Mourshil Ier, conquérant d'Alep et Babylone **v. 1600**), puis de nouveau Hattousha [cap. de l'Emp. hittite de Shouppiloulouma Ier **(v. 1380-44)** et de Mourshil II **(v. 1344-10)** titré Grand Hatti] ; occupent Cappadoce et régions continentales de l'E. anatolien ; créent la civilisation du fer **v. 1400,** qui leur confère suprématie militaire. *Proto-illyriens archaïques* **(à partir de 2200)** occupent régions occid., aux bords des mers Égée et Méditerranée, seront appelés en **1190** *« Peuples de la Mer »* : Dardaniens (sur les Dardanelles) ; Teucres, sous-tribu des Dardaniens, en Troade (fondent **v. 1850** la ville de l'Iliade, Troie VI) ; Briges en Phrygie ; Sardes en Lydie (vallée du Pactole où vivra le roi Crésus) ; Mésiens en Mysie ; Pélasges et Tyrséniens (cap. Tyrsa) sur côtes S. et dans les îles. **V. 1250** les « Peuples de la Mer », qui ont adopté les civilisations crétoise, égéenne et mycénienne (bronze, commerce maritime), détruisent l'emp. hittite, adoptent l'armement en fer et partent à la conquête du monde méditerranéen. *A la même époque,* des Mycéniens détruisent Troie VI (voir Grèce). **XIe au VIIe s.** Asie Mineure : *Occident* : roy. thraco-illyriens (Phrygie, Lydie, Lycie, Pamphilie, Mysie), de plus en plus soumis à l'influence culturelle grecque ; *centre et E.* : petits roy. « néo-hittites », sous influence assyrienne ; *extrême E.* : roy. *urartu* (Anatoliens antérieurs aux Hittites) qui devient une puissance importante avec civilisation particulière ; résiste victorieusement aux Assyriens, mais est détruit par l'emp. mède (indo-eur. du groupe partho-scythe) Cyaxare **v. 610.** Remplacé par Arménie (voir ci-dessous). **582** Cyaxare partage Anatolie avec Lydiens (frontière : fleuve Hayls). **551** Cyrus II, roi perse, prend l'emp. mède ; incorpore toute l'Asie Mineure, y compris territoires hellénisés de l'O., dont il fait la IIIe satrapie de l'emp. *Achéménide* (que les Grecs appellent emp. *Mède*). **494** révolte des Grecs d'Asie Mineure (chef : Aristagoras, roi de Milet), matée par Perses ; Milétiens déportés sur le Tigre. **492-77** *g. médiques* : Perses chassés d'Europe, gardent Asie Mineure. **334** conquête macédonienne d'Alexandre, victorieux à Granique, Issos **(333)** et Arbelles **(331).** A sa mort, rivalités ; 4 roy. hellénistiques : Cappadoce, Pont, Bithynie et Pergame, qu'Attale III lègue à Rome en **133. 123-63** g. de Rome contre Mithridate VII, roi du Pont, qui conquiert Cappadoce et Bithynie, mais est vaincu à Chéronée par Sylla en **86.** Pompée en **68,** César, qui bat Pharnace en **47,** puis Auguste affermissent la puissance romaine.

Après J.-C. puissance romaine consolidée par Hadrien (117-138), Marc Aurèle (161-180), Carus, qui repousse les Perses Sassanides (v. 276-293). Après période d'anarchie, Constantin transfère la capitale de l'empire à Byzance (inaugurée *11-5*-**330**).

395-610 *Période prébyzantine* : l'Asie Mineure (entièrement hellénisée) est le bastion de l'empire romain d'Orient ; résiste aux Slaves (en Europe) et Perses (emp. sassanide, Asie). **610** Héraclius, 1er grand

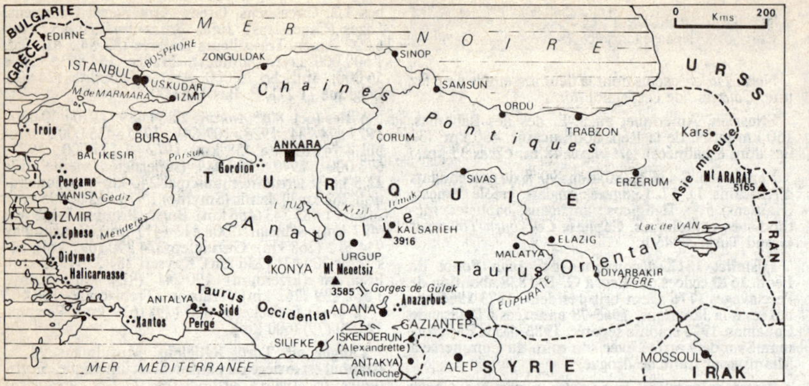

Principauté d'Antioche

Avant J.-C. **300**-*22-5* Antioikeia fondée par Seleucos, héritier d'Alexandre le Grand. **300-64** cap. du roy. hellénistique des Séleucides. **64** métropole de Syrie romaine (300 000 hab.). *Apr. J.-C.* **341** métropole patriarcale de l'Orient chrétien (église arienne, opposée à Rome). **526** séisme, 250 000 †. **VIIe-Xe s.** occupée par Arabes. **969-1084** réoccupée par Byzantins. **1084-98** occupée par Turcs Seldjoukides. **1098**-*3-6* conquise par croisés francs : principauté chrétienne. **1159** reconnaît suzeraineté byzantine. **V. 1200** fusionne avec roy. de Petite Arménie (Pce : Raymond Rouben, franco-arménien). **1268** conquise par Mameloukes ; reste dans l'emp. turc jusqu'en 1920 (devient une bourgade de 6 000 h.). **1920-39** sous le mandat fr. **1939** rendue à Turquie avec sandjak d'Alexandrette. Les 3 dignitaires ecclésiastiques chrétiens portent le titre de « patriarche d'Antioche » (catholique, orthodoxe, jacobite), résident à Beyrouth, Damas, Le Caire. *Sandjak* (préfecture) *d'Alexandrette* (Iskenderun, 5 570 km² à la frontière de la Syrie et de la Turquie). Contient la métropole d'Antioche. **1921**-*8-8* mandat français, une administration particulière (mutassarif et délégué du haut-commissaire) est prévue. **1923**-*23-3* rattachée à l'État d'Alep. **1925** à l'État de Syrie. **1937** *nov.* nouvelle loi fondamentale. **1938** transformée en république du Hatay. **1939**-*23-6* cédée par France à Turquie.

empereur byzantin. Son rival est l'empereur sassanide Khosroès. **628** triomphe d'Héraclius, mais les 2 emp. se retrouvent épuisés devant l'Islam. Les Arabes prennent Syrie **634-636**, Égypte byzantine **639-43**, bloquent Constantinople **676-77** et **717-18**, et envahissent plusieurs fois Cappadoce. **867 à 1056** Byzance repousse Arabes et étend son contrôle en Syrie. **V. 1037** Tugrul Bey fonde empire seldjoukide (tribu turque) en Iran, effectue de nombreuses incursions en Asie byz. **1071**-*26-10* désastre byz. de *Manzikert* (Malazgirt) ; Turcs colonisent les 2/3 E. de l'Asie Mineure. **1077** Gazi Souleïman fonde royaume Seldjoukide d'Anatolie.

Croisades : **1096** cr. de Pierre l'Ermite écrasée. **1097** cr. des chevaliers : Byzance reprend Nicée, Bithynie et Ionie ; rivalité avec Francs pour territoires reconquis ; s'allie temporairement aux Turcs. Kiliç Arslan II (1155-92), prince de Konya, prend titre de sultan. **1176** Manuel Comnène battu par Kiliç Arslan.

Empereurs romains d'Orient (Byzance)

Dynastie des Constantins. 306 Constantin Ier (Occident 270/288-307). **337** Constance II (317-61) avec Constantin II (317-340) et Constant Ier (320-50) Occident. **361** Julien l'Apostat (331-63) (Occident).

Jovien. 363 Jovien (v. 331-64).

Valentiniens. 364 Valentinien Ier (321-75). **364** Valens, son fr., associé à l'Empire (328-378). **375** Gratien (359-83) (Occident), f. de Valentinien.

Théodosiens. 379 Théodose Ier le Grand (v. 347-95). **408** Théodose II le Jeune (401-50), s. f. **450** Marcien (v. 391-457).

Dynastie de Thrace. 457 Léon Ier (411-474). **474** Léon II, s. pet.-f. **474** Zénon l'Isaurien (v. 426-91), 1er époux d'Ariadne, f. de Léon Ier. **491** Anastase Ier (v. 430-518), 2e époux d'Ariadne.

Justiniens. 518 Justin Ier (v. 450-527). **527** Justinien Ier le Grand (482-565). Collabore avec Justin Ier dep. 518. **565** Justin II († 578), s. nev. **578** Tibère II († 582). **582** Maurice (v. 539-602), s. gendre. Décapité avec s. f.

Phocas. 602 Phocas (usurpateur) († 610), mis à mort par la foule.

Héraclides. 610 Héraclius Ier (v. 575-641). **641** Constantin III Héraclius (612-41), s.f. **641** Héraclius II Héracleonas (618-45). **641** Constant II Héraclius (630-68), s. nev. **668** Constantin IV Pogonat (654-85). **685** Justinien II Rhinotmète (669-711). **695** Léonce (usurpateur). **698** Tibère III († 705), usurpateur exécuté par Justinien II. **705** Justinien II (669-711), restauré. **711** Philippique Bardanès, renversé par les militaires. **713** Anastase II († 716). **716-717** Théodose III († 722).

Isauriens. 717 Léon III l'Isaurien (v. 675-741). **740** Constantin Copronyme (718-75), s. f. **775** Léon IV le Khazar (750-80), s. f. **780** Constantin VI (771-805), s. f. détrôné (797) par sa mère. **797** Irène (752-803), sa mère. **802** Nicéphore Ier, usurpateur († 811), assassiné à la tête de son armée. **811** Staurace († 811), s. f. associé dep. 803. **811** Michel Ier Rangabé († après 840), époux de Procapia, f. de Nicéphore Ier. **813** Léon V l'Arménien († 820). **820** Michel II le Bègue († 829). **829** Théophile, s. f. († 842). **842** Michel III l'Ivrogne (838-67), assassiné par Basile Ier.

Macédoniens. 867 Basile Ier (v. 812-86). **886** Léon VI le Sage (866-912), f. de Michel III. **912** Alexandre (886-913), s. fr., associé dep. 871. **912-59** Constantin VII Porphyrogénète (905-59), s. f. **920-44** Romain Ier Lécapène († 944), usurpateur associé en 919 à s. beau-père. **944-46** Constantin, s. fr., appelé par certains historiens Constantin VIII, associé au trône de Constantin II. **959** Romain II (939-63), s. pet.-f. **963** Basile II le Bulgaroctone (957-1025) avec : Nicéphore II Phocas (913-69) emp. 963-69, Jean Ier Tzimiskès (925-76) emp. 969-76, empoisonné. **1025** Constantin VIII associé dep. 961 (v. 960-1028). **1028** Théodora (995? -1056) et Zoé Porphyrogénète (978-1050), s. filles, associées. Zoé évince Théodora et gouverne avec : Romain III Argyre (v. 970-1034), son 1er mari (1028-34), qu'elle assassine, Michel IV le Paphlagonien, s. 2e mari (1034-41), Michel V le Calfat, nev. de Michel IV, adopté par Zoé (1041-42), Constantin IX Monomaque, s. 3e mari (1042-55). **1055** Théodora (995?-1056) associée dep. 1042, Sœur de Zoé. **1056-57** Michel VI Stratiokos († 1059), s. f., renversé.

Comnène. 1057 Isaac Ier Comnène (v.1005?-1061). Abdique.

Doukas. 1059 Constantin X Doukas (1007-67). **1067** Eudoxie, sa veuve, qui ép. 1068 Romain IV Diogène, général († 1071). **1067-78** Constantin, le plus jeune fr. de Michel VII, associé à son trône et appelé par certains historiens Constantin XII. **1071** Michel VII Doukas, f. de Constantin X.

Usurpateur. 1078 Nicéphore III Botoniate († après 1081), général élu par ses troupes révoltées contre Michel VII, relégué dans un couvent par Alexis Comnène.

Comnènes. 1081 Alexis Ier (1048-1118). **1118** Jean II (1088-1143), s. f. **1143** Manuel Ier (v. 1122-80), s. f. **1180** Alexis II (1167-83), s. f. étranglé. **1183** Andronic Ier (1122-85) tué.

Anges. 1185 Isaac II (v. 1155-1204) détrôné. **1195** Alexis III († 1210), s. fr. **1203** Isaac II (1155-1204) et s. f. Alexis IV (v. 1182-1204), assassinés par Alexis V, gendre d'Alexis III.

Doukas. 1204 Alexis V Murzuphle, usurpateur.

Empires latin et grec

1204 Croisés (4e croisade) prennent Constantinople (empire). Des Comnènes se réfugient à Trébizonde et fondent une dynastie qui dure jusqu'en *1461*. Théodore Lascaris, époux d'Anne Lange, fille d'Alexis III, s'allie au sultan turc d'Icone et fonde État byzantin en Lydie et Phrygie, avec Nicée comme capitale jusqu'à la reprise de Constantinople *25-7*-**1261** par Michel Paléologue. **1268** l'emp. latin d'Orient qui ne comprend que Constantinople et sa banlieue et la Thrace européenne, s'écroule après la prise d'Antioche.

Empereurs latins

1204 Baudouin Ier, Cte de Flandre (1171 vaincu et fait prisonnier par les Bulgares, alliés des Byzantins en 1205 ; on perd sa trace à ce moment ; il serait retourné en Flandres, où sa fille Jeanne, héritière du comté, refusa de le reconnaître). **1206-16** Henri Ier l'Hainaut s. fr. **1217** Pierre de Courtenay (v. 1167-1217), s. beau-fr. (ép. Yolande de Flandre et Hainaut). **1221** Robert Ier de Courtenay († 1228), s. f. **1228-61** Baudouin II de Courtenay (1217-73), s. f. Sa femme, l'impératrice Marie, marquise de Namur, vendit le marquisat de Namur en 1263 à Gui de Dampierre, fils de Marguerite de Flandres. Les droits à la couronne latine de C. auraient donc passé aux Dampierre, marquis de Namur : 7 tenants du titre jusqu'à Jean-Thierry ou Jean III, seigneur de Winendale (marquis de Namur en 1418, † 1429). En 1421, celui-ci vendit son marquisat à Philippe le Bon, duc de Bourgogne, par lequel les droits passent à la monarchie espagnole. Néanmoins, Philippe, seigneur de Duy, fils naturel de Jean-Thierry et de Cécile de Savoie, est considéré parfois comme le véritable héritier de ces droits (ses descendants portent le titre de vicomte d'Elzée et de baron de Jonqueret).

Empereurs grecs de Nicée

1204 Théodore Ier Lascaris [couronné 1206 par Michel Autorianius († 1222). **1222** Jean III Doukas Vatatzès (1193-1254), s. gendre. **1254** Théodore II Doukas Lascaris (1222-58), s. f. **1258** Jean IV Doukas Lascaris (v. 1250-61), s. f. **1258-61** régence de Michel Paléologue.

Empereurs grecs de Constantinople

Paléologues. 1261 Michel VIII P. (1224-82). **1282** Andronic II (1258-1332), s. f., avec de 1295 à 1320, Michel IX Paléologue (1277-20), s. f. **1328** Andronic III (1295-1341), f. de Michel IX. **1341-54** Jean V. (1332-91), s. f.

Cantacuzène. 1345-55 Jean VI (v. 1293-1383), usurpateur.

Paléologues. 1355-76 Jean V, restauré. **1376** Andronic IV (1348-85), s. f. **1379-91** Jean V, restauré. **1391** Manuel II (1348-1425), s. oncle, associé à Jean V s. père, avec, de 1399 à 1402, Jean VII. **1399-1402** Jean VII (1366-1420), f. d'Andronic IV, usurpateur. **1425** Jean VIII (1390-1448), f. de Manuel II. **1448** Constantin XI Dragasès (1405-53), s. fr. **1453** *Fin de l'Empire.*

Les Ottomans

1290 les Ottomans supplantent les Seldjoukides avec Osman (dyn. des Osmanlis). **1354** début de la conquête des Balkans. **1357** Soliman prend Gallipoli ; Kossovo : bat Bulgares, Serbes et Bosniaques et prend Andrinople. **V. 1370** *janissaires* (Geni Seri, « nouvelle troupe ») créés par Mourad Ier. **1402**-*20-7* Ankara : Tamerlan bat Bajazet Ier. Rivalités entre émirats turcs. **1430** Mourad II prend Salonique, bat Polonais à Varna et Hongrois à Kossovo (**1448**). **1453** Mehmet II prend Constantinople et en **1461** Trébizonde. Apogée de l'emp. ottoman avec *Bajazet II* (1481-1512) et *Soliman le Magnifique* (1520-66) ; prise de Bagdad, échec devant Vienne, annexion d'Algérie et Tunisie (Barberousse). **1517** conquête de l'Égypte. **1522** de Rhodes. **1533** de Bagdad. **1538** de Préveza : Barberousse bat flotte de Charles Quint et de ses alliés. **1541** Transylvanie soumise. **1571**-*15-8* Famagouste prise (conquête de Chypre) ; *-7-10 Lépante :* Don Juan d'Autriche bat flotte de Selim II. Chypre conquise. **1595** Mehmet III prend le pouvoir en faisant tuer ses

19 frères. **1623-40** prise de : Azerbaïdjan, Géorgie, Mésopotamie, puis Crète (débarquement turc *1645*, capitulation de Candie *1669*, évacuation totale par les Vénitiens *1710*). **1656-1710** la famille des Koprülü détient la charge de grand vizir. **1681** échec devant *Vienne*, sauvée par Jean Sobiesky. **1687** *Mohacs :* Charles V de Lorraine (1643-90) bat T. qui perd Hongrie. **1699** *tr. de Karlowitz* avec Autriche, Russie, Pologne et Venise : T. renonce à Hongrie, Transylvanie, Ukraine, Azov. **1718** Ahmed III perd Belgrade, Albanie, Dalmatie, Herzégovine. **1768-74** g. russo-turque. **1774** *tr. de Kutchuk-Kaïnardji :* Abdul Hamid laisse à Russie droit de libre commerce en mer Noire ; Crimée séparée de l'emp. ottoman. **1788-92** g. russo-turque. **1792** *tr. de Jassy :* territoire du Danube et Crimée perdus. **1812** *tr. de Bucarest*, T. cède Bessarabie à Russie puis garde Crimée. **1821** soulèvement grec (V. Grèce). **1826** Janissaires supprimés. **1827**-*20-10 Navarin :* flotte t. détruite par flotte internationale (Fr., G.-B., Russie). **1828** *avril* g. russo-t. **1829**-*14-9 tr. d'Andrinople :* fin de la g. russo-t. ; Grèce indépendante. **1830** Serbie autonome. **1832-40** g. avec Mehmet Ali qui s'est imposé en Égypte et vient de Syrie. **1853-56** *g. de Crimée*. T. alliée à France. **1856**-*30-3 tr. de Paris*, indépendance t. garantie. **1861** Liban autonome. **1866** création des « Jeunes Turcs ». **1877** g. russo-t. [250 000 R. contre 135 000 T. dans les Balkans ; 70 000 R. contre 70 000 T. en Anatolie orientale]. *Juill.-déc.* résistance t. à Plevna (30 000 R. †). *-18-11* Russes prennent Kars (2 500 R. †, 5 000 T. †, 10 000 pris). **1878**-*9-1 Senova* R. battent T. (36 000 T. pris). **1878**-*3-3 tr. de San Stefano :* principauté bulgare vassale créée ; Russie annexe Kars, Batoum, Ardahan. *-13-7 tr. de Berlin :* Serbie et Roumanie indépendantes, Bulgarie et Roumélie orientale autonomes, promesse à la Grèce d'aménagement frontalier en Thessalie ; Bosnie et Herzégovine passent sous administration autrichienne mais restent sous domination ottomane.

1908 *juill.* révolte des Jeunes Turcs réclamant Const. de 1876 ; Autriche annexe Bosnie-Herzégovine. **1909** « Sté d'union et de progrès » renverse Abdul Hamid. Bulgarie indépendante. **1911-12** *g. italo-turque*, Tripolitaine perdue. **1912** *1re g. balkanique : -17-10* Bulgarie, Serbie, Grèce décl. g. à Turquie. *-5-11* bat. de Monastir (contre Serbes), 20 000 T. tués. **1913**-*13-3* Grecs prennent Janina, 30 000 T. prisonniers. *-26-3* Bulgares, Serbes prennent Andrinople, 60 000 T. prisonniers, 9 500 alliés †. *-30-5 tr. de Londres :* T. abandonne possessions europ., sauf presqu'îles de Chatalja et Gallipoli. *2e g. balkanique* entre Bulg., Serbie. T. en profite et réoccupe Andrinople. **1914**-*31-10* alliée à l'All., entre en g. Angl. prennent Bassorah. **1915** *mars* Angl. et Fr. déb. aux Dardanelles, mais doivent évacuer en août. Enver Pacha et un certain nombre de « jeunes turcs » (nationalistes d'inspiration laïque) « pan-touraniens » (pour la restauration de l'empire des steppes) se détournent des Balkans, et s'orientent vers est du Caucase et Asie centrale. Les Arméniens peuvent constituer un obstacle : national (ils ne sont pas Turcs), religieux (ils sont chrétiens) et milit. (certains servent dans l'armée tsariste). **1915-18** des centaines de milliers d'Arméniens de T. massacrés. **1918**-*30-10* armistice de Moudros. Occupation alliée. **1919-22** *g. d'indépendance.* **1920** Rép. arménienne (V. ci-dessous Arménie). *-23-4* une Ass. nat. délègue ses pouvoirs à un conseil des min. présidé par Mustafa Kemal. *-10-8 tr. de Sèvres :* T. perd Syrie, Palestine, Arabie, Irak, Chypre ; des États kurde et arménien et la division de l'Anatolie en zones d'influence (Fr., It., G.-B.) sont prévus ; Smyrne est donnée aux Grecs qui revendiquent toute l'Anatolie occ. et attaquent T. **1921**-*31-3* à *Inönü*, Ismet Pacha bat Grecs (il prendra le nom d'Ismet Inönü).

République

1922-*1-11* sultanat aboli. Mehmet VI garde quelque temps le titre de calife (remplaçant ou vicaire sur la terre du Prophète aux yeux des sunnites), son cousin Abdul Mejid lui succède après son départ en exil. **1923**-*juin/août* triomphe kémaliste. *-24-7 tr. de Lausanne :* Grèce éliminée d'Asie Mineure. Il n'est plus question d'Arménie ni de Kurdistan. *-13-8* élec. victoire des kémalistes. *-29-10* Rép. Mustafa Kemal élu Pt., Ismet Inönü PM. **1923-38** Kemal, avec parti unique (P. rép. du peuple), modernise la T., écrase séparatisme kurde et réaction intégriste religieuse. **1924**-*3-3* califat aboli. *-30-4* Constitution. **1925**-*13-2/15-4* 1re grande révolte au Kurdistan turc, capture de son chef Cheikh Saïd. *-25-11* loi impose aux Turcs port du chapeau (*shapaka*), interdit port du *fez* ou *tarbouch*. **1927**-*19-6* loi autorisant le transfert des Kurdes vers l'O. de la T. **1928** *avril* l'islam ne sera plus religion d'État. Alphabet latin phonétique adopté.

Empire ottoman en 1914

● **Statut.** Empire créé par Othan ou Osman, émir d'une tribu de Turcs orgouz (venue d'Asie centrale avec les Seldjoukides, et fixée en Anatolie sur le fleuve Sakarya, dans la région de Sögüt). Formait une monarchie absolue et théocratique. Le *sultan* ou padichah prenait aussi les titres religieux de *khalife* et de *Commandeur des croyants (Emir el-Mouminin)*. Pour les affaires politiques, il était assisté du *Grand Vizir* ou *Sadr Azam*, faisant fonction de PM, et pour les affaires religieuses, du *Cheikh ul-Islam*. A côté, constituant avec eux la Sublime Porte, des ministres se répartissaient les divers services. L'Empire était divisé en *vilayets* ou provinces gouvernées par des valis nommés par le sultan. Les vilayets se divisaient en *sandjaks* administrés par des *moutesarrifs* nommés par le sultan. Quelques sandjaks, à cause de leur importance ou pour des raisons pol. (Liban, Jérusalem, ...) étaient autonomes et relevaient directement du pouvoir central. L'armée comprenait 900 000 h. dont 350 000 dans le *Nizam* ou armée active, 300 000 dans la territoriale ou *Rédif*, et 250 000 dans la réserve de la territoriale ou *Moustahfiz*. Tout musulman faisait un service de 3 ans, mais pouvait se racheter au bout de 5 mois contre paiement de 30 livres turques ; chrétiens et juifs étaient exemptés mais payaient une taxe.

● **Possessions directes.** 2 775 880 km^2, 22 600 000 h. dont **vilayets d'Europe**, 175 880 km^2, 5 800 000 h. *Kossovo, Monastir, Scutari, Janina, Salonique, Andrinople* et partie du vil. de Constantinople (cap. de l'empire, env. 873 000 h.) ; **vil. d'Asie**, 1 800 000 km^2, 16 000 h. [Asie Mineure (503 608 km^2, 19 230 000 h.), *Anatolie or.* (187 000 km^2, 2 472 400 h.), *Syrie et Mésopotamie* (543 300 km^2, 4 667 900 h. dont Liban et Syrie), Arabie du Nord, act. Jordanie (450 000 km^2, 1 050 000 h.)] ; *Tripolitaine* 800 000 km^2, 800 000 h.

● **Territoires unis par un lien de vassalité.** 3 500 245 km^2, 19 555 000 h. dont *Bulgarie* et *Roumélie or.* (unies dep. 1886, 96 660 km^2, 3 310 000 h.), *Bosnie-Herzégovine* et partie de *Novi-Bazar* (administrées par Autriche-Hongrie dep. tr. de Berlin et lui appartenant en fait, 58 500 km^2, 1 568 999 h.). *Crète* (autonome dep. 1898 sous un Pce grec, 8 614 km^2, 294 000 h.), *Samos* (const. dep. 1852, gouvernée par un Pce fonctionnaire ottoman, 471 km^2, 49 000 h.), *Égypte* (autonome dep. 1871, 1 036 000 km^2, 9 734 h.), *Hedjaz*, actuelle Arabie Saoudite (2 300 000 km^2, 1 000 000 h.). *Turquie* d'Europe.

Sultans. 1299 Osman Ier (1258-1324).

1324 Orhan (1288-1360). **1362** Mourad Ier (v. 1326-89). **1389** Bajazet Ier (Bayazid Ier) (1357-1403), s. f.

1413 Mehmet Ier (1387-1421), s. fr. **1421** Mourad II (v. 1402-51). **1451** Mehmet II (1432-81). **1481** Bajazet II (1452-1512), s. f., abdique.

1512 Selim Ier le Cruel (1470-1520), s. f. **1520** Soliman Ier le Magnifique (1495-1566). **1566** Selim II (1524-74). **1574** Mourad III (1546-95). **1595** Mehmet III (1566-1603), assassiné.

1603 Ahmed Ier (1590-1617), f. de Selim II. **1617** Mustafa Ier (1591-1639), s. f. déposé 1618. **1618** Osman II (v. 1604-22), déposé, étranglé sur ordre de Mourad IV. **1622** Mustafa Ier (1591-1639), déposé une 2e fois, étranglé sur ordre de Mourad . **1623** Mourad (v. 1609-40). **1640** Ibrahim (1615-48), s. fr., déposé et empoisonné. **1648** Mehmet IV (1642-93), déposé. **1687** Soliman II (1642-91), s. fr. déposé. **1691** Ahmed II (1643-95), s. fr. **1695** Mustafa II (1664-1704), s. nev., f. de Mehmet IV, forcé d'abdiquer.

1703 Ahmed III (1673-1736) s. fr., déposé. **1730** Mahmoud Ier (1696-1754) s. nev., abdique. **1754** Osman III (1699-1757), f. de Mustafa II. **1757** Mustafa III (1717-74). **1774** Abdülhamid Ier (1725-89). **1789** Selim III (1761-1808), déposé et tué par Mustafa IV. **1807** Mustafa IV (1779-1808).

1808 Mahmoud II (1785-1839). **1839** Abdülmecit Ier (1823-61). **1861** Abdülaziz (1830-76), abdique, assassiné. **1876** Mourad V (1840-1904), s. nev., déposé. **1876** Abdülhamid II le Rouge (1842-1918), déposé.

1909 Mehmet V Resat (1844-1918), s. f. **1918** Mehmet VI Vahdettin (1861-1926), s. nev., abdique en 1922. Son cousin Abdülmecit II (1868-1944), fils de Abdülaziz, sera calife de 1922 à 1924 : après la suppression du califat (1924) il vivra en exil à Paris.

1930-*10-9* chute de la Rép. kurde de l'Arafat établie par Ihsan Nouri à la frontière iranienne, répression et déportation en masse. **1934** les femmes obtiennent le droit de vote. **1936** *Convention de Montreux :* T. assure la défense des Dardanelles. **1937**-*5-9* écrasement de la révolte de Dersim au Kurdistan. **1938**-*10-11* Kemal †. Ismet Inönü lui succède (1938-50). **1939**-*23-6* Fr. cède sandjak d'Alexandrette (Hatay). **1941**-*18-6* tr. d'amitié avec Allemagne ; la T. reste neutre dans la guerre. **1945**-*23-2* T. déclare g. à All. et Japon sans y prendre de part active. *Déc.* création du parti démocrate. Nouveaux partis pol. autorisés. **1946** *juillet* 1er scrutin direct et secret aux élect. législatives ; entrée du P. démocrate au Parlement. **1948** *avril* adhésion à l'O.E.C.E. (future O.C.D.E.). **1950** *mai* élect., le Parti démocrate (dissidents du P.R.P.) a 53,6 % des voix (le P.R.P. 40 %) ; troubles en province. Celal Bayar Pt (1950-60), PM Adnan Menderes (appartient au P. démocrate, plus libéral en matière écon. et religieuse, il rétablit l'appel à la prière en arabe). **1954**-*25-2* des blocs de glace venus du Danube (temp. – 2 ºC à – 6 ºC à Istanbul) obstruent l'entrée du Bosphore et permettent sa traversée à pied (1re fois dep. 1 000 ans). **1950-60** abolition d'interdictions d'Ataturk, dans le domaine religieux ; appel aux capitaux étrangers, intégration plus étroite dans le camp occidental. **1955**-*févr.* pacte de Bagdad (devenu CENTO en 1958) réunissant T., Iran, Pakistan, G.-B., U.S.A. **1957**-*oct.* élect. anticipées, le P. démocrate garde la majorité. L'opposition se durcit, manif. à Istanbul, heurts entre communautés gr. et t. *Déc.* le Parlement réduit les droits de l'opposition. Lois répressives. **1960**-*27-5* armée (Gal Gürsel) prend pouvoir. P. démocrate dissous. **1961**-*13-7* Const. adoptée par référendum accordant droit de grève, liberté d'expression, réunion, association. *-17-9* Menderes (ex-PM) et 2 autres min. exécutés, Celal Bayar emprisonné à vie. Puis amnistie générale. *-20-11* Ismet Inönü : gouv. de coalition. **1962**-*22-2* coup d'État, échec. **1962** *sept.* accord d'association avec C.E.E. **1963**-*21-5* putsch des off. de l'École de g. écrasé à Ankara. **1965**-*10-10* él. : Süleyman Demirel (Pt du P. de la justice), PM. **1970** crises, bagarres. *Juin* été 1980 ?

1975-*31-3* gouv. de coalition Demirel après 6 mois de crise. *Juin* attaques armées extrême droite contre progressistes. *-26-7* arrêt du fonctionnement des bases U.S. (25 bases, 8 000 soldats), en réplique à embargo sur armes. *Sept.* affrontements (étud. de gauche et de droite). *-27-9* incidents entre soldats t. et Kurdes : 7 † dont 6 T. *-24-10* amb. turc et son chauffeur assassinés à Paris par A.S.A.L.A. **1976**-*13-10* cours de sûreté de l'État créées 1973 supprimées (avaient jugé 3 244 personnes). *Nov.* univ. d'Ankara et Istanbul fermées. **1977**-*1-5* manif. (40 † à Istanbul). *-5-6* majorité de droite aux él. **1978**-*2-1* Ecevit PM. Nombreuses arrestations. *-9-10* réouverture bases amér. *-24-12* affrontements à Karamanmaras entre Alevis (chiites) et sunnites (100 à 200 †). *-26-12* état de siège. **1979**-*14-10* él. partielles : P.R.P. perd 11 s. au Sénat. *-24-10* Ecevit démissionne. Demirel PM. *Déc.* état de siège maintenu dans 19 des 67 provinces. *-22-12* attaché de presse turc tué à Paris par A.S.A.L.A. **1980**-*27-1* livre t. dévaluée de 33 %. Augmentation des prix de 30 à 200 %, taxe à l'importation ramenée de 25 % à 1 %. *-8/11-2* soulèvement à Izmir ; 1 000 gauchistes internés. *-21-3* 1er tour des él. prés., Koruturk maintenu. *-12-9* coup d'État mil. (Gal Kenan Evren) (2 000 tués dep. 1-1-80). Constit. de 1961 abolie. *-26-9* Selluk Bakkalbasi, attaché d'amb., blessé à Boulogne-Billancourt par A.S.A.L.A. *-9-11* attentat au consulat t. de Strasbourg par A.S.A.L.A. et Parti des trav. kurdes. **1981**-*4-3* Resat Morali, conseiller social de l'amb. t. à Paris, tué par A.S.A.L.A. *-19-8* procès de 594 militants du P. d'action nation. (extrême droite) et de leur chef l'ancien vice-PM Alpaslan Türkes. *-24-9* prise d'otages au consulat de T. à Paris par A.S.A.L.A., 1 †, 3 bl. *-16-10* partis dissous. *-3-11* Ecevit, ancien PM, condamné à 4 mois de prison ferme pour avoir critiqué le régime. **1982** *Janv.* le parlement européen suspend relations avec T., Conseil de l'Eur. condamne régime milit. et atteintes aux libertés. *Juin* dépôt de bilan du 1er groupe bancaire privé, la banque Kastelli ; *6-7* Ecevit, ex-PM, condamné à 2 mois 27 j de prison pour une interview au journal allemand *Der Spiegel*. *14-7* le vice-PM, Turgut Ozal, démissionne. *17-7* projet de Constitution. *Oct.* plus de 26 000 détenus pol. *-7-11* référendum sur Constitution, oui 91 % (95 % de votants). **1983** *Mars* levée de l'interdiction de créer des partis pol., les anciens partis sont interdits ainsi que toute activité pol. à leurs dirigeants pendant 10 ans, interdiction des références au marxisme, à une religion ou à l'extrême droite. *-7-3* coup de grisou (Zongouldak) 100 †, 89 bl. *Mai* opération milit. contre Kurdes en Irak. *-6-11* élect. lég. *-13-12* Turgut Ozal forme 47e gouv. t. **1984** *Mars* levée de l'état de siège dans 13 provinces. *Mai* la T. retrouve son droit de vote au Conseil de l'Eur. *Août-oct.* guérilla au Kurdistan. *-3-12* pont sur le Bosphore vendu au public : 43 500 certificats d'une valeur de 10 milliards de livres turques (env. 200 millions de F). **1985** *Bilan au 21-1 :* il y a eu 28 exécutions en 4 ans. Sur 41 952 jugés par les tribunaux milit. 8 627 purgeaient des peines dans des établissements pénitentiaires civils. Les procès de 6 170 autres (dont 550 suspects jugés en prévenus libres) étaient en cours. 27 000 auraient été acquittés ou auraient purgé leurs peines. *Juin* le barrage de Keban sur l'Euphrate [25 % de l'énergie élect. t. est vendu 40 milliards de livres (880 millions de F)]. *-19-7* levée de l'état de siège dans 6 départements et de l'état d'urgence dans 6 autres. *Juil.* 106 peines de mort requises contre 469 militants du P. des travailleurs kurdes.

Violence politique. *Bilan de l'état de siège* (28-12-78/31-12-82). 23 059 incarcérations dont 630 en garde à vue, 15 205 en cours de jugement, 7 224 condamnés. 55,7 % des détenus sont dits d'extrême gauche, 12,2 d'extrême droite, 19,6 séparatistes, 12,5 indéterminés.

En juil. 85, il restait 35 000 détenus pol. 47 000 dossiers ayant été jugés (1 400 restaient à juger). Il y eut sur 459 condamnations à mort, 27 exécutions.

Bilan de l'état-major général. **Incidents 78** *(26-12)-79 (11-9)* : 9 052, **79-80** : 23 841, **80-81** : 5 789, **81-82** : 1 170. **Attaques ou affrontements armés** *78-79* : 2 080 ; *79-80* : 7 010 ; *80-81* : 630 ; *81-82* : 132. **Tués** : *78-79* : civils 869, m. des forces de sécurité 29, terroristes 37 ; *79-80* : c. 2 677, m. 135, t. 109 ; *80-81* : c. 227, m. 55, t. 174 ; *81-82* : c. 63, m. 18, t. 44. **Terroristes arrêtés** : *80-81* : 43 140, *81-82* : 13 346.

Politique

Statut. Rép. *Const.* approuvée par référendum (91,5 %) 7-11-82. *Pt de la Rép.* élu pour 7 a. par l'Ass. nat. *Conseil du Pt* comprend 4 m. du Conseil nat. de sécurité (commandants des 3 armes et de la gendarmerie). *Ass. nat.* 400 m. élus pour 5 a. au suffrage univ. 67 *vilayets* gouv. par un vali. *Loi civile* celle du Code civil suisse (dep. 1926) : monogamie théoriquement obligatoire, mais la tradition islamique (4 épouses) se maintient parfois chez les notables ruraux. **Fête nat.** : 29 oct. (jour de la Rép.).

Élections lég. du 6-11-83 : P.M.P. 7 823 827 voix (45,1 %) 212 s., P.P. 5 227 698 voix (30,5 %) 117 s., P.D.N 4 032 046 (23,2 %) 71 s. Participation : 92,27 %.

Élections locales du 25-3-84. (Voix en %) P.M.P. 41,5, P.S.D. 22,9, P. de la juste voie 13,7, P.P. 8,7, P.D.N. 7, P. du bien-être 4,7.

Partis politiques. Dissous dep. 16-10-81 (V. Quid 1982 p. 1102), reconstitués en 1983. *P. de la mère patrie* (P.M.P.) droite libérale f. 16-5-83. Leader Turgut Ozal (P.M.). Aydin Guven Gurkan. *P. de la démocratie nationaliste* (P.D.N.), centre droit, f. 1983, leader Ulka Soylemezoglu. *P. de la juste voix* (droite libérale), f. 1983, leader Yildirim Avei. (Les 2 derniers partis n'ont pu participer aux élec. lég. mais aux élec. municipales du 25-3-84.) *P. de la gauche dém.* f. 1985. *P. populiste social.dém.* f. 1985, fusion du *P. populiste* (f. 1983, Centre gauche, leader M. Gurkan) et du *P. de la social-démocratie* (S.O.D.E.P. f. 1983, leader Erdal Inonu), leader M. Gurkan.

Présidents. 1923-*29-10* Gal Mustafa Kemal Atatürk (Père de tous les Turcs) dit le *ghazi* (en arabe, victorieux) (1881-1938). **38**-*11-11* Gal Ismet Inönü (Ismet Pacha) (1884-1973). **50**-*22-5* Gal Celal Bayar (1884), déposé. **60**-*26-10* Gal Cemal Gürsel (1895-1966). **66**-*29-3* Gal Cevdet Sunay (1900). **73**-*6-4* Gal Fahri Koruturk (1903). **80**-*12-9* Gal Kenan Évren (1918).

Premiers ministres : Régime du parti unique (P.R.P.). 1923 (29-10) Ismet Inönü (1884-1973), **24** (nov.) Fethi Okyar, **25** (mars) Ismet Inönü, **37** (nov.) Celal Bayar (n. 1884), **39** (janv.) Refik Saydani, **42** (juill.) Sükrü Saracoglu (1887-1953). **Régime du pluripartisme. 46** (août) Recep Peker, **47** (oct.) Hasan Saka (P.R.P.), **49** (janv.) Semsettin Günaltay (P.R.P.), **50** (mai) Adnan Menderes (1899-1961, exécuté), **60** (mai) Gal Cemal Gürsel (1895-1966), Junte militaire, **61** (nov.) Ismet Inönü (P.R.P.), **65** (févr.) Süleyman Demirel (n. 1924), dissident du P.J., **71** (mars) Nihat Erim (n. 1912), populiste, **72** (mai) Ferit Melen (n. 1906), droite, **73** (nov.) Naim Talü (n. 1919), Indép., **74** (25-1) Bülent Ecevit (28-5-24), (coalition P.R.P.-P.S.N.), **74** (déc.) Sadi Irmak (n. 1901 indép.), **75** (mars) Bülent Ecevit (coalition), **77** (1-8) Suleyman Demirel (coal. P.J.), **78** (17-1) Bülent Ecevit (coal. P.R.P.), **79** (25-11) Suleyman Demirel (coal. P.J.), **80** (21-9) amiral Bülent Ulusu (n. 1923). **83** (13-12) Turgut Ozal (n. 1927).

Problème des détroits. Le régime juridique des détroits turcs *Bosphore* (relie mer Noire à mer de Marmara, long. 4 km, larg. min. 760 m, max. 3 500 m ; dep. 1973 pont de 1 074 m), *Dardanelles* (long. 65 km, larg. min. 1 375 m, max. 8 275 m) a subi des modifications. Le problème est devenu international à la fin du XVIIIe s. (Russie riveraine de la mer Noire). 3 régimes différents : *1°) Tr. de Kutchuk-Kaïnardji (1774)*, la Russie obtient le libre passage des navires de commerce. *2°) Tr. d'Andrinople (1829)*, la R. obtient l'extension de ce droit de passage aux navires de commerce de toutes nationalités. *3°) Tr. d'Unkiar-Skelessi (1833)*, la R. obtient de la Turquie de fermer le détroit aux navires de g. étrangers. *La Convention de Lausanne (1923)* sera une extension de ce dernier tr. : liberté de passage, neutralisation, internationalisation (seule réserve : interdiction des nav. de g. étrangers). *Convention de Montreux (20-7-1936)*, signée par France, G.-B., Japon, Turquie, U.R.S.S., Yougoslavie, Grèce, Roumanie et Bulgarie [les U.S.A. ont signé à Ouchy (Suisse) un accord séparé avec la Turquie], a confié (juillet 1936) la garde des Dardanelles et du Bosphore à la T. : Dardanelles, mer de Marmara et Bosphore sont ouverts constamment aux navires de g. de surface (sauf porte-avions) des puissances riveraines de la mer Noire, sauf si ces puissances sont belligérantes, et aux navires marchands de tous les pays à l'exception de ceux qui sont en guerre avec la T. Ils sont aussi ouverts à un tonnage déterminé des flottes des autres puissances si elles ne sont pas belligérantes et si la T. reste neutre.

Les navires sont classés par catégories : les sous-marins doivent transiter de jour et en surface et les canons, par ex., ne peuvent pas dépasser 203 mm. Un État en guerre n'a pas le droit de faire franchir à ses navires la mer de Marmara qui donne accès à la mer Noire, sauf dans le cas d'une assistance prêtée à un État victime d'une agression en vertu d'un traité d'assistance mutuelle engageant la T. et conclu dans le cadre du pacte de la S.D.N.

Accord secret de Potsdam (2-8-1945) : U.S.A., U.R.S.S., G.-B. décident une nouvelle procédure (les Soviet. avançant que les interdictions de Montreux ne pouvaient jouer pour les navires allant de la mer Noire à la Méditerranée). *En 1956* (mission Chepilov au Caire), l'U.R.S.S. déclare appliquer les accords de Potsdam. Pas de révision de la réglementation dep. ces accords.

Problème de la mer Égée. V. page 887.

Problème de Chypre. *Position turque :* C. doit être un État indépendant fédéral, où les 2 communautés gr. et t. vivront en paix, chacune dans un secteur formant un territoire homogène ; le gouv. fédéral ne doit disposer que de pouvoirs limités, et tenir compte de la sécurité des populations.

Position cypriote grecque : voir Chypre, p. 843.

Économie

P.N.B. (84) 995 $ par h. **Pop. active** (% et entre par. part du P.N.B. en %) agr. 60 (21), mines 3 (2), ind. 15 (27), services 23 (50). *Chômage* (%) *1979* : 12 ; *80* : 18 ; *81* : 16,5 ; *82* : 20 ; *83* : 19,4.

Inflation (%). *1979* : 63,9 ; *80* : 107,3 ; *81* : 36,8 ; *82* : 27,09 ; *83* : 27,5 ; *84* : 54. **Dette extérieure** (juil. 85) 20 milliards de $. **Transferts des émigrés** (milliards de $). *1980* : 2,1 ; *81* : 2,5 ; *82* : 2,2 ; *83* : 1,6 ; *84* : 1,8. **Balance des paiements** (millions de $). *1980* : – 154 ; *81* : – 277 ; *82* : + 220 ; *83* : – 140. **Balance commerciale** (milliards de $). *1980* : – 5 ; *81* : – 4,2 ; *82* : + 3,1 ; *83* : – 3,5.

Agriculture. *Terres* (milliers d'ha, 80) surfaces cult. 24 568 (en 81 24 900 et 8 400 en jachère), forêts 20 199, vignes, jardins, vergers 3 911. *Production* (milliers de t, 84) blé 17 200, bett. à sucre 12 000, orge 6 500, tomates 3 400, raisins 3 300, melons 4 600, p. de terre 3 200, pommes 1 900, oranges 730, thé 569, riz 168, coton 582, tabac 202, fruits secs (noisettes, amandes, figues, raisins, pistaches), maïs 1 500, seigle. Opium. **Forêts.** 4 117 000 m3 (83). **Élevage** (milliers de têtes, 83). Poulets 60 435, moutons 48 707, chèvres 13 615, bovins 14 099, ânes 1 208, chevaux 703, chèvres angoras 3 117, buffles 785, dindes 3 162, mulets 269. **Pêche** (83). 567 300 t.

Mines (milliers de t, 84). Pétrole 2 086, lignite 23 586 (83), charbon 7 103, fer 3 819, uranium, manganèse, sulfure, antimoine, chrome, zinc, borax, soufre, écume de mer, asphalte. **Industrie.** 250 organismes étatisés : complexes sidérurgiques, banques, textiles, bières, etc. (12 % des investissements globaux, 50 % des investiss. industr.) ; déficit : 85 milliards de L.T. ; fonctionnement des usines 30 à 40 % de leur capacité : acier, textiles, tapis, cuivre, boissons alcoolisées, tabac, sucre.

Transports (km, 83). Routes 60 954, chemins de fer 10 144 dont 464 élec. **Tourisme** 2 117 094 vis. (84). Monuments romains, voir Italie p. 916 ; grecs, voir Grèce p. 885.

Commerce (millions de $ US, 84). *Exp.* 7 133 *dont* prod. ind. 5 144 (textiles 707, vêtements de cuir 400), prod. agricoles 1 749 (fruits et légumes 659, animaux 343), prod. minéraux 239 *vers* All. féd. 1 280, Irak 935, Iran 751, Italie 501, U.S.A. 368. *Imp.* 10 757 *dont* fuel 3 622, mach. 2 190, médicaments et teintures 1 026, fer et acier 861, véhicules 517 *de* Iran 1 548, All. féd. 1 172, U.S.A. 1 073, Irak 944, Libye 661.

Nota. — Important commerce clandestin (par camions depuis Syrie et Irak ; par bateaux depuis les îles grecques) : café, thé, cigarettes étrangères, or. La drogue est exportée (échangée contre les armes utilisées par les terroristes).

Rang dans le monde (83). 5e ovins. 7e coton. 8e thé, blé, orge. 11e oranges. 12e céréales, réserves de lignite. 14e bovins. 15e p. de terre, lignite.

Arménie

Situation. Région à cheval sur Turquie, U.R.S.S. et Iran. Hauts plateaux, montagnes (Alpes pontiques, Caucase, Taurus) et plaines. *Alt. max.* mont Ararat (5 172 m). *Fleuves* coulant vers des dépressions et non vers la mer (endoréisme). *Climat* continental.

Origine. *Biblique.* Les A. descendraient d'Haïk, arrière-petit-fils de Noé. *Ourartienne.* Les Ourartous et les Arméniens auraient la même origine. *Thracophrygienne.* Seraient d'origine balkanique et auraient émigré en Anatolie orientale au VIe siècle av. J.-C. *Sud-caucasienne.* Seraient apparentés par leur race et leur culture aux peuples du Sud-Caucase. *Touranienne.* Certains historiens soulignent les ressemblances de langue et de culture entre les Arméniens et les tribus turques et azéries du Caucase.

Diaspora. *1914* 4 470 000. *1981 nov.* 6 400 000 dont U.R.S.S. (rép. d'Arménie) 2 770 000, Amér. du N. 600 000 (U.S.A. 500 000, Canada 100 000, Mexique moins de 2 000), Proche-Orient 630 000 (Iran 220 000, Liban 170 000, Syrie 120 000, Turquie 80 000), Europe 420 000 (France 300 000 surtout S.-E. et Marseille), Amér. du S. 160 000 (Argentine 80 000, Uruguay 50 000, Brésil 30 000), Australie 40 000, Afrique 19 000. Déficit actuel de la pop. : 6 000 000 pers. **Langue.** Arménien.

Histoire. Av. J.-C. 610 parmi les vassaux de l'emp. mède Cyaxare qui détruit le royaume Urartu, se trouve une tribu thraco-illyrienne, les Haïkans (fondateur mythique : Haïk). Fixés par Cyaxare dans les montagnes de l'Urartu ; adoptent civilisation locale (anatolienne), fondent nation arménienne. **480** vassaux de Xerxès, combattent à Marathon contre Grecs. **334-190** nation autonome dans l'emp. d'Alexandre, puis l'État hellénistique des Séleucides. **322-215** 1re dynastie Oronte Ier. **190** le Gal grec Artaxias proclame l'indépendance de l'A. appelée Artaxata (haut bassin du fleuve Araxe). **V. 80** Tigrane le Grand (95-54), descendant d'Artaxias, conquiert rives de la Caspienne et prend titre de « roi des rois » ; capitale Tigranocerta. **69** protectorat romain. **Apr. J.-C. 114-117** province romaine (cap. Artaxata). **V. 135** Hadrien rétablit autonomie. **287** alliance entre roi d'A. Tiridate III et Romains contre Perses Sassanides. **IVe s.** christianisée par St Grégoire l'Illuminateur. **301** christianisme, religion officielle. **387** A. coupée en 2 : O. (Arsace II) reste byzantin, E. ou Persarménie (cap. Dwin) annexée par Perse. **405** Mesrob Matchots (361-440 Persarménien) invente l'alphabet. **411** 1er texte en langue a. publié. **VIe s.** adopte monophysisme (rompt avec Byzance). [Pendant son indépendance, l'A. a une sup.

de 250 000 km², de la Cilicie à l'est de l'Iran et au Caucase ; 10 à 15 millions d'h.]

654 les A. choisissent protectorat arabe contre Byzance. **IXe s.** dynastie nationale des Bagratides. **1022** annexion à Byzance. **1071** invasion turque et exode des A. **1137-1375** un royaume arm. de Cilicie ou Petite Arménie, allié des croisés de Terre sainte et de Chypre, se maintient au bord de la Méditerranée (détruit par Mamelouks en 1375 ; dernier roi : Léon VI de Lusignan). **XVIIe s.** Ottomans dominent Grande Arménie et Perses en récupèrent partie est. **1828** N. de l'A. perse annexé par Russie (tr. de Turmantchaï). **1877-78** g. russo-turque ; pop. des régions de Bayazid, Diadin, Alachkert exterminées. **1878**-*3-3 tr. de San Stefano : Turcs promettent autonomie* et cèdent Kars et Ardahan aux Russes. *Juill.* tr. de Berlin : autonomie écartée. **1878-94** pol. de désarménisation de la Turquie. **1890** *juin* 1re révolte à Erzurum : env. 100 † ; émeutes à Istanbul. **1890** f. au Caucase du comité Tasnaksutian qui veut fédérer les mouvements. **1892-93** émeutes à Kayseri, Yozgat, Corum et Merzifon. **1894** insurrection et massacres du Sasoun. **1895** troubles à Istanbul. **1894-96** massacres par les Turcs (25-12-95 3 000 A. brûlés dans la cath. d'Ourfa ; env. 300 000 †, 50 000 conversions forcées). 1re émigration. **1895** attaque de la Sublime Porte. **1895-96** manif. hentchak de Bab Ali. **1895** *juil.* révolte à Zeytoun. Massacres en Arm. occ., soulèvement de Van, Dachnak prennent la Banque Ottomane à Istanbul. **1904** 2e émeute du Sasoun. **1904** tentative d'assassinat du sultan Abdulhamid II. **1905-06** g. arméno-tartare en Transcaucasie. **1909** massacres d'Adana (20 000 †). **1914** l'A. a env. 5 860 000 h. [Turquie 3 788 000, Russie 2 072 000] dont 3 211 000 chrétiens, 2 308 000 musulmans, 341 000 de relig. diverses. **1915** *janv.* les soldats arméniens servant dans l'armée (250 000) sont désarmés et beaucoup sont fusillés. *Avr.* révolte de Van. *-24/25-4* début de la déportation des A. Intellectuels et notables (650) de Constantinople arrêtés ; déportation d'A., meurtres en cours de route *selon les A.* 1 200 000 à 1 500 000 †, env. 2 000 000 départs ; *selon les T.* 300 000 † conditions climatiques, déplacement réalisé dans de mauvaises conditions, actes de vengeance. *Pop. arm.* sources officielles françaises (Livre jaune fr., 1893-1897) : 1 555 000 ; sources britanniques (Annuaire de 1917) : 1 056 000 ; sources T. : 1 295 000 dont 120 000 A. d'Istanbul ou d'Anatolie occid. Pour le « Tribunal des peuples » qui a siégé à la Sorbonne (Paris) du 13 au 16-4-84 : les Arméniens ont été victimes d'un génocide (le rapport estime les survivants, compte tenu des réfugiés de Russie, à 600 000 sur une pop. de 1 800 000 en 1914). *-27-5* publication d'une loi favorisant l'extermination. *Mai-juil.* A. des vil. orientaux exterminés. **1917** *déc.* formation du corps a., puis armistice russo-turc. **1918** *févr.* reprise des hostilités avec les T. *Avr.* le gouv. du Seim déclare la g. à la T. ; proclamation de la Rép. fédérative de Transcaucasie. *Mai* fédération éclate en 3 rép. dont chacune proclame son indép. : Azerbaïdjan, Géorgie, Arménie. *-24-5* victoire a. de Sardarabad. *-28-5* la Rép. indép. d'A. (9 000 km², cap. Erevan) revendique un territoire de 67 000 km². *-4-6* tr. de paix arméno-turc. La T. (vaincue avec son alliée All.) reconnaît l'A. *Déc.* conflit arméno-géorgien ; les T. évacuent la Cilicie. **1919** T. cède à K. les provinces de Kars et d'Ardahan. *Avr.* conflit a.-tatar ; blocus de la rép. a. ; début de l'arrivée des secours amér. *Janv.-nov.* 20 000 A. rapatriés en Cilicie. **1919-75** les A. s'organisent notamment sur le plan religieux (patriarcat d'Antelias au Liban). **1920**-*28-1* Conseil supérieur allié reconnaît les 3 rép. d'A. (85 000 km²), Géorgie, Azerbaïdjan. *-31-5* Sénat amér. refuse le mandat sur l'A. *-10-8* tr. de Sèvres reconnaît l'A. comme un État libre et indép. (Wilson, pt des U.S.A., arbitre, fixe les limites du nouvel État). A. dirigée par F.R.A. (Daschnagtzoutioum) majoritaire, se dote d'une const. T. rejette le tr. *-23-9* invasion de la rép. a. par l'armée turque. *-15-11* la S.D.N. rejette la demande d'admission de la rép. a. *-2/3-12* A. cède devant les assauts conjugués des forces kémalistes et russes. Kars et Ardahan sont reconquis par T. (tr. arménoturc d'Alexandropol). Occupation d'Erevan par l'Armée rouge. Proclamation de la rép. soc. soviét. d'A. (29 800 km², 2 200 000 h., cap. Erevan). **1921** *oct.* tr. de Kars entre les 3 Rép. transcaucasiennes soviétisées et la T. fixant les frontières actuelles. Accord francoturc d'Ankara : la Fr. abandonne la Cilicie. **1922** *mai* offensive contre les Grecs. Abandon de Smyrne. **1923**-*24-7* tr. de Lausanne abrogeant tr. de Sèvres. **1946** Staline invite les émigrés à regagner leur pays. **1965**-*24-4* cinquantenaire du génocide. Manif. dans la Diaspora et à Erevan. **1975**-*79* des commandos a. abattent des diplomates turcs (12 †). **1979**-*15-3* la commission des Droits de l'Homme de l'O.N.U. est saisie de la question a. (vote négatif, sur intervention de la T.). **1980**-*24-4* anniversaire des massacres de 1915, manif. dans le monde entier (notamment à Paris et Marseille). **1983**-*20/24-7* 2e congrès mond. a. à Lausanne (60 ans après tr.). Demande au gouv. t. de « reconnaître la réalité du génocide, prologue à l'ouverture d'un dialogue en vue de régler la question a. », invite U.R.S.S. et Rép. soc. soviét. d'A. à soutenir les efforts de la diaspora a. **1984**-*1-2* les 4 Arméniens qui avaient investi le 24-9-81 le consulat t. à Paris (1 †, 1 bl.) condamnés à 7 ans de réclusion. **1985**-*29-8* rapport voté à l'O.N.U. sur le crime de génocide (commission des Droits de l'Homme).

Organisations. 3 PARTIS NATIONAUX : *Hintchak* (prosoviét.) ; *Ramgavar* (libéral, non marxiste mais reconnaissant l'A. soviét. comme partie de l'A.) ; *Dachnak* (pour une A. libre, indépendante et réunifiée) appelée aussi *Fédération révolutionnaire arménienne* (F.R.A.) créée en 1890 à Tiflis (pro. occid.). ORGANISATIONS CLANDESTINES : *Armée secrète arménienne de libération de l'A.* (A.S.A.L.A.) f. 20-1-75 siège à Beyrouth jusqu'en 1982 (« Indépendante de toute org. et parti a. Lutte pour la libération de l'A. sur une base révol. et anti-impérialiste »), leader Hagop Hagopian. *Comité de défense de la cause a.* (C.D.C.A.) f. 1965. *Commando des justiciers du génocide a.* (C.J.G.A.) f. en août 75, affilié à la F.R.A. *Armée révolutionnaire a.* (A.R.A.) f. en juillet 83.

Position turque sur le problème arménien. Sous l'Empire ottoman, la minorité a. vécut 6 siècles dans une liberté et une prospérité qu'elle n'avait pas connues jusqu'alors. Puis la situation se détériore à partir de la 2e moitié du XIXe s. Les puissances occidentales (France, G.-B., All., U.S.A. ainsi que l'U.R.S.S.) voulurent démembrer l'Empire ottoman. But : semer la discorde parmi les minorités chrétiennes. Ils se servirent ainsi des A., les incitèrent à s'insurger contre l'Empire ottoman en leur promettant la création d'un « État » a. sous leur protection, sans tenir compte du fait que ceux-ci étaient en minorité dans toutes les provinces ottomanes. Au début, les missionnaires des collèges d'Istanbul, Trabzon, Beyrouth, puis toutes les églises et écoles appartenant à des A. tinrent lieu de quartiers généraux et de dépôts de munitions. Les consulats des puissances servirent de centres de propagande. Des comités terroristes comme Hintchak et Dachnak entraînés et équipés à l'étranger agirent. En *1914*, des bandes a. se constituèrent au-delà de la frontière turco-russe. Ces bandes se signalèrent par des massacres à Van, Mus, Bitlis, Erzurum, Erzincan, Kars, Hakkari, Maras, Adana, Urfa et attaquèrent les arrières de l'armée turque. Le tsar Nicolas II remercia même le comité a. de Van (avril 1915) pour son aide. Dans le journal a. *Gotchnak* (mai 1915), les A. se vantèrent de n'avoir laissé que 1 500 Turcs à Van (430 000 h.). A cette époque, les Turcs se battant sur le front de Galicie, des Dardanelles, d'Erzurum, de Palestine et d'Irak, les bandes a. avaient les mains presque libres. Le gouv. turc décidera ensuite de déporter les A. vers le Sud, le gouv. t. rejette le chiffre de 1 500 000 †. Argument : la pop. a. n'excédait pas à l'époque 1 294 551 pers. 700 000 avaient quitté la T., 180 000 étant restées sur place, le nombre de † est au max. 300 000.

Attentats récents commis par l'A.S.L.A. (Armée secrète pour la libération de l'Arménie) et les « Justiciers du génocide arménien ». **1973**-*27-1* consul de T. et son adjoint tués à Santa-Barbara (Californie) par Kourken Yenabrian (78 ans). **1975**-*22-10* ambassadeur de T. à Vienne. -24-10 amb. t. à Paris (Ismail Erez). **1977**-*9-7* amb. t. auprès du Vatican. **1978**-*2-6* l'épouse de l'amb. t. en Espagne. **1979**-*12-10* fils de l'amb. t. à La Haye (27 ans). **1981**-*4-3* : 2 diplomates t. à Paris. **1982**-*4-5* Orhan Gunduz à Boston, par commando arménien. *-7-8* attaque de l'aéroport d'Ankara, 7 †, 63 bl. *-27-8* conseiller mil. de l'amb. de T. à Ottawa. **1983**-*28-2* à Paris contre agence de voyage turque, 1 †. *-9-3* amb. t. à Belgrade (meurt 12-3). *-14-7* attaché adm. à amb. t. à Bruxelles. *-16-6* Gd Bazar d'Istanbul, 2 †. *-15-7* bombe devant comptoir d'enregistrement des lignes aériennes t. à Orly (8 †, 63 bl.). *-27-7* Lisbonne, 7 † dont l'épouse de l'amb. t. ; 5 Arméniens de l'A.R.A. (Armée révol. arm.) tués en déposant les bombes. **1984**-*20-6* attaché commercial par l'A.R.A. (42e victime des extrémistes arm. dep. 1973 dont 31 dipl. tués à l'étranger).

☞ Voir aussi France p. 621.

TUVALU (ILES)

Carte page de garde. V. légende p. 787.

Situation. Milieu Pacifique. 26 km² (anciennes îles Ellice). 9 atolls coraliens dont 8 habités. 580 km de long. Eaux territoriales 1,3 million km². **Population.** 8 229 h. (85). 2 000 travaillent à l'étranger (Nauru, Kiribati). *Capitale : Funafuti* 1 000 h. Fangasale (centre adm.). D. 316,5.

Histoire. 1568 Pendana (Espagnol) découvre archipel. **XIXe s.** fournit main-d'œuvre pour mines du Pacifique, d'Australie et d'Amér. du S. ; missionnaires protestants. **1877** sous juridiction britannique. **1892** protectorat brit. **1916** rattachées aux îles Gilbert (voisines). **1972** typhon. **1974** référendum pour séparation. **1976**-*1-1* séparation effective. **1977** autonomie interne ; prennent le nom actuel (« Huit unis ensemble »). **1978**-*1-10* indépendance.

Statut. État membre du Commonwealth. *Const.* du 1-10-78. *Ass.* 12 m. élus pour 4 a. au suffr. univ. *Chef de l'État* reine Elisabeth II. *PM* Tomasi Puapua dep. sept. 81. *Gouverneur* Sir Fiatau Penitala (n. 23-7-11) dep. 1-10-78.

Économie. *P.N.B.* (83) 4 300 F par h. Noix de coco, coprah, fruits et légumes. Pêche. Timbres. Devises des émigrés travaillant dans mines de phosphates (îles Gilbert et Nauru). *Aide de G.-B.* (6 millions de £ pour 3 ans).

U.R.S.S. (Union des Républiques socialistes soviétiques)

Carte p. 1001. V. légende p. 787.

Géographie

● **Situation.** 22 402 200 km², env. 1/6 des terres habitées (16 831 000 en Asie et 5 571 000 en Europe) y compris mer Blanche 90 000 km² et mer d'Azov 37 300 km². Env. 15 % des terres émergées. 8 980 km d'E. en O. 4 490 km du N. au S.

Frontières : + de 60 000 km (1 fois 1/2 circonférence terr.) ; avec Finlande 1 269 km, Norvège 156, Pologne 1 000, Tchécoslovaquie 110, Hongrie 215, Roumanie 800, Turquie 560, Iran 2 675, Afghanistan 2 000, Chine 4 800, Mongolie 3 200, Corée 50. **Littoral** (y compris les îles) 106 360 km. **Alt.** *max.* : pic du Communisme (Pamir) 7 495 m, *min.* : dépression de Karaghé − 132 m (rive E. de la mer Caspienne).

● **Régions naturelles. 1°) Baltique** (N.-O. de la partie européenne). *Climat* continental tempéré. Relief glaciaire avec collines par endroits, plateau de hauteur moyenne. Forêts et prairies ; champs de seigle, prés, bois. **2°) Plaine russe** de l'océan Glacial Arctique aux contreforts du *Caucase* et de la frontière O. à l'Oural. Relief uniforme : faibles élévations, plaines étendues, vallées fluviales très ouvertes. Occupées par la prairie depuis le quaternaire, les plaines du Centre-O. et du S.-E. (Ukraine, ou moyen) ont une couche d'humus de 11 m d'épaisseur : terre noire ou *tchernoziom*, bonne pour betterave et blé ; plus au N. : seigle, pommes de t., prés, bois. *Climat* continental. *Temp.* variant (selon la latitude) de − 22 °C à − 11 °C (hiver) et de + 10 °C à + 25 °C (été). Toundra, taïga (résineux) et forêts de bouleaux au N., steppes et régions semi-désertiques au S. **3°) Chaînes carpato-caucasiennes.** Le cèdre domine au Caucase, le sapin dans les Carpates ; paysage méditerranéen en Crimée. Montagnes du *Caucase* : Elbrouz 5 633 m, Kazbek 5 047 m ; de *Crimée* : Roman Koch 1 545 m ; des *Carpates* : Mt Goberia 2 061 m. **4°) Oural** (« ceinture », en turc) et **Nouvelle-Zemble.** Chaînes de montagnes peu élevées de la N.-Zemble à Mougodjar. Du N. au S., *climat* arctique, puis climat des steppes moins rigoureux graduellement. L'Oural est couvert de résineux au N., de bouleaux au S. **5°) Kazakhstan.** Élevé. Steppes à absinthe, avec rares graminées, déserts et semi-déserts plus au S. ; avec champs de coton dans les vallées irriguées (la rive O. de la Caspienne est plus humide : coton, élevage, cultures tropicales). Climat continental prononcé. **6°) Plaine d'Asie centrale.** Au S. et à l'E. demi-cercle des chaînes de montagnes. *Climat* continental sec et chaud. Déserts. **7°) Montagnes d'Asie centrale.** Tian-Chan, Altaï, Pamir (pic Pobieda 7 439 m) (pâturages d'été jusqu'à 5 000 m). **8°) Dépression de Sibérie occidentale** entre Oural et Ienisseï. Relief plat. Vallées des grands fleuves. *Climat* : intermédiaire entre tempéré-continental et continental prononcé. Alternance de zones allant de la toundra aux steppes. Nombreux lacs, marécages vers le N. ; culture industrielle des céréales (blé, maïs), de la pomme de t., betterave, tournesol en bordure du Kazakhstan. **9°) Sibérie centrale.** Entre Ienisseï et montagnes de la Sibérie N.-E. Montagnes du Saïan (alt. max. 2 122 m), vallées inondées, plateaux, dépression du lac Baïkal, séparée des régions du Pacifique par les Mts Iablonovyi. *Climat* continental prononcé. Pergélisol au N. du cercle polaire ; taïga plus au S., avec zones de défrichement. **10°) Montagnes de Sibérie méridionale.** Altaï, Salaïr, Salny, Alatau du Kouznetsk, etc. *Climat* rigoureux. Hivers très froids et longs. **11°) Sibérie du N.-E.** Entre cours inférieur de la Lena et détroit de Behring. Chaînes de montagnes et plateaux. *Climat* polaire ; la taïga persiste au Kamtchatka, grâce à un adoucissement dû à l'océan Pacifique (moy. de janvier : de − 36 °C à − 50 °C). **12°) Extrême-Orient.** Côtes du Pacifique jusqu'à Vladivostok et bassin de l'Amour. Montagnes, volcans en activité. Culture industrielle du soja dans les vallées. Pêcheries à Sakhaline.

● **Climat.** Pour 50 % du terr. climat tempéré continental. *Temp. moy. janv. :* Ouest − 4 °C, r. centre et partie europ. − 10 °C, Baïkal et Extrême-Orient − 16 °C, Sib. occ. − 20 °C (parfois − 45), Sib. or. − 20 à − 40 °C (dépressions près de Verkhoïansk et Oïmiakon parfois − 48 à − 68), Extrême-Nord − 30 °C pendant la nuit polaire (4 mois), S. de la Turkménie 0 °C. *Juill. :* centre de la partie eur. 18 °C, Sib. et Extrême-Orient 16 °C, Yakoutie et Kamtchatka 12 °C, Extrême-Nord 4, sud de Turkménie 32. **Pluies** (mm) : partie eur. 500, Sib. 300, Asie centrale 100 à 200, Transcaucasie occ. + de 3 000, montagnes env. 3 200. La merzlota (sol gelé en profondeur) occupe plus de 10 000 000 km^2 (toundra de la partie eur. et moitié de la Sib. occ. et presque toute la Sib. or.). **Zones subtropicales :** littoral mer Noire, Crimée et Caucase ; S. de Caspienne et Asie centrale ; flore riche dans régions humides (Kolchide, Lenkoran).

● **Flore.** Env. 20 000 variétés de plantes. **Forêts :** 769,8 millions d'ha (34,4 % du territoire), réserves de bois env. 81,8 milliards de m^3 (1er prod. et exp. de bois). Essences : chêne, bouleau, sapin, pin, tilleul, peuplier, tremble, cèdre, mélèze, hêtre, charme, érable. **Faune.** Env. 300 mammifères, 750 oiseaux, 140 reptiles, 30 amphibiens, 1 400 poissons. **Au nord :** morse, veau marin, phoque, loutre de mer, ours blanc, mouette, eider ; **toundra :** lemming, renne, lièvre, loup, glouton, hermine, perdrix, oie, canard, rat musqué ; **taïga :** élan, cerf, zibeline, écureuil, lynx, ours, coq de bruyère, gelinotte, petit tétras, pic, hibou ; **forêts feuillues :** chevreuil, cerf, aurochs, vison, martre, serpents, canard, oie, rossignol, loriot, pic ; **d'Extrême-Orient :** tigre, panthère, sanglier, ours, cerf ; **steppes :** zisel, lièvre, renard, gerboise, rat de blé, outarde, alouette, aigle, serpents ; **déserts :** gerboise, zisel, antilope, coulan, outarde, corbeau, varan, tortue. **Ont une importance économique :** *Chasse :* zibeline, écureuil, rat musqué, renard, renard bleu, taupe, martre, hermine, cerf, sanglier, chevreuil, loup, ours. *Pêche :* esturgeon et salmonidés ; crabe du Kamtchatka (80 % de la prod. mondiale des conserves).

● **Réserves.** V. Quid 1984, p. 1 197 b.

● **Cours d'eau.** 3 000 000. *Longueur totale :* env. 9 600 000 km. *Les plus importants :* Ob (5 410 km), Ienisseï, Lena, Amour, Volga (3 530 km). Débit total 4 714 km^3. *Fleuves navigables :* voir p. 1017 c.

Lacs. 2 800 000. *Surface totale :* 490 000 km^2 [en excluant les 2 mers intérieures : Caspienne (371 000 km^2) et Aral (66 500 km^2)]. 14 lacs ont plus de 1 000 km^2, 30 000 plus d'un km^2. *Lac Baïkal* [31 685 km^2, long. 636 km, larg. moy. 46 km (le + prof. du monde 1 620 m), 20 % des réserves mondiales d'eau douce (potable), 80 % des réserves sov. ; contient 1 300 espèces préhistoriques, dont 70 % inconnues ailleurs (notamment le *golomiaka,* qui supporte la pression de 1 700 m d'eau, mais se dissout près de la surface) ; alimenté par 336 rivières, a un seul déversoir : l'Angara (7 000 m^3/s, alimentant la centrale hydro-électrique d'Irkoutsk)], *Issyk-Koul* (6 280 km^2, 1 609 m au-dessus du niveau de la mer), *Sevan* (1 360 km^2, 1 905 m), *Balkhach* (18 300 km^2), *Ladoga* (17 700 km^2), *Onega* (9 720 km^2), *Taïmyr* (4 560 km^2), *Khanda* (4 190 km^2), *Tchoudsko-Pskovskoie* (3 550 km^2).

Irrigation. Env. 1 000 retenues d'eau de + de 1 000 000 m^3 et 150 de + de 100 000 000 m^3. *Irkoutsk* avec lac Baïkal (Angara) 31 685 km^2 (48,5 km^3), *Svir* supérieur avec lac Onega (Svir) 9 930 (260), *Kouibychev* (Volga) 6 448 (58), *Boukhtarma* (Irtych) avec lac Zaïssan 5 500 (53), *Bratsk* (Angara) 5 470 (169,3), *Rybinsk* (Volga) 4 580 (25,4), *Volgograd* (Volga) 3 117 (31,5), *Tsymliansk* (Don) 2 700 (23,9), *Krementchoug* (Dniepr) 2 250 (13,5), *Kakhovka* (Dniepr) 2 155 (18,2), *Krasnoïarsk* (Ienisseï) 2 000 (73,3).

Régime. La majeure partie de l'eau circule au printemps et se gaspille en inondations ; projets de transférer l'eau excédentaire du N. et de Sibérie vers Volga, mer Caspienne, Kazakhstan et mer d'Aral abandonnés en 1986.

Démographie

Env. 100 nationalités dont une majorité de Slaves. Répartition très inégale (densité faible dans le N. ou l'Asie centrale). Très grande mobilité des personnes. Croissance tardive mais rapide de la pop. urbaine (env. 60 % actuellement).

Population (en millions). *1800 :* 35,5 ; *1850 :* 68,5 ; *1897 :* 126,9 (1er rec. national) ; *1913 :* 159,2 ; *40 :* 194,1 ; *50 :* 181,7 ; *59 :* 208,8 ; *70 :* 241,7 ; *80 :* 264,5 ; *81 :* 267,7 ; *82 :* 268,8 ; *83 :* 272,5 ; *84 :* 275 ; *85 (1-7) :* 277,4 ; *an 2000 (prév.) :* 320. *Nationalités (1979) :* Russes 137,4, Ukrainiens 42,3, Ouzbeks 12,5, Biélorusses 9,5, Kazakhs 6,6, Tatars 6,3, Azerbaïdjanais 5,5, Arméniens 4,2, Géorgiens 3,6, Moldaves 3, Tadjiks 2,9, Lituaniens 2,9, Turkmènes 2, Allemands 1,9, Kirghizes 1,9, Juifs 1,8, Tchouvaches 1,75, Lettons 1,439, Bachkires 1,37, Moraves 1,2, Polonais 1,15, Estoniens 1. *Nationalités de − de 1 million de pers. (1979) :* 70 dont Outches 2 600, Saames 1 900, Oudéghes 1 600, Esquimaux 1 500, Itelmènes 1 400, Orotches 1 200, Kètes 1 100, Nganassans 900, Ioukaguirs 800, Tofalars 800, Aléoutes 500, Neguidaliens 500. *Le % de Russes diminue : 1970 :* 53,4 % de la pop. ; *79 :* 52,4. **Répartition (%) :** hommes 46,8, femmes 53,2. **Ages** (1980) : − de 15 a. : 27,4 % (18 % en 1913), + de 60 a. : 12,7 % (19 000 centenaires). **Taux d'accroissement** (en 20 ans) : Russes 20 %, Kirghizes 97, Turkmènes 102, Ouzbeks 107. **Natalité :** 1,85 %, max. 3,78 % (Tadjikistan), min. 1,37 % (Lettonie). **Mortalité infantile** (‰) : *1971 :* 22,9 ; *74 :* 28 ; *81 :* 36. **Espérance de vie :** *1897 :* 32 ans ; *1931 :* 47 ; *72 :* h. 64, f. 79 ; *80 :* h. 63, f. 74, *82 :* h. 61,9, f. 73,5. **Pop. urbaine :** 64,8 %. **Famines.** *1918-22 :* 5 000 000 † ; *1932-34 :* 6 000 000 †.

Émigration : *1918-20* pers. de toutes conditions et une partie de l'Armée blanche (145 673 pers. partirent avec le Gal Wrangel le 11-11-1920) ; à peine 1/10 des évêques et 0,5 % des prêtres partirent. Il y avait au total 1 000 000 émigrés en 1931 [dont *71 928 en France* ayant un passeport Nansen, mais beaucoup vivaient clandestinement ou partaient pour l'Amérique, les pays balkaniques (Yougoslavie), Constantinople, l'Angleterre, la Belgique]. *1945* « personnes déplacées », prisonniers de guerre, déportés (env. 500 000) ; il y avait, en 1950, *en France, 75 000 imm. russes dont 30 000 nouveaux. 1970-77* intellectuels contestataires ; juifs : *1961-77,* env. 154 000. *78 :* 28 864 ; *79 :* 51 333 (dont 60 % vers U.S.A.) ; *80 :* 21 472 ; *81 :* 9 448 ; *82 :* 2 692 ; *83 :* 1 314 ; *84 :* 908 ; *85 :* 1 140. Entre oct. 72 et avril 73, les émigrés devaient payer une taxe selon leur niveau d'instruction [ex. : diplômés de l'Institut des Sc. humaines 4 500 roubles (+ de 5 000 $), docteur ès-Sciences 19 400].

Densité. 12,3 h./km^2. *Russie d'Europe :* région de Moscou + de 100, Ukraine du S. et région de Kiev + de 80, Moldavie, Géorgie et Azerbaïdjan + de 100, reste de la Russie d'Europe 25 à 70. *Au-delà de l'Oural :* peuplement discontinu sauf le long du Transsibérien jusqu'au Kouzbass, 10 à 50. *Asie centrale :* oasis, régions de Piedmont, vallées fluviales parfois + de 200. *Reste de l'U.R.S.S. :* − de 5.

Villes (en milliers d'hab., 1-1-84). *Moscou* 8 546, Leningrad (ex-St-Pétersbourg et Petrograd) 4 832, Kiev 2 411, Tachkent 1 985, Bakou 1 661, Kharkov 1 536, Minsk 1 442, Gorki (ex-Nijni-Novgorod) 1 392, Novosibirsk 1 386, Sverdlovsk (ex-Ikaterinburg) 1 288, Kouibychev 1 251, Dniepropetrovsk 1 140, Tbilissi (Tiflis) 1 140, Erevan 1 114, Odessa 1 113, Omsk 1 094, Tcheliabinsk 1 086, Donetsk 1 064, Perm 1 049, Oufa 1 048, Alma-Ata 1 046, Kazan 1 039, Rostov-sur-le-Don 983, Volgograd (ex-Tsaritsyne, puis de 1925 à 61 Stalingrad) 969, Saratov 894, Riga 875. **Distances de Moscou.** Bakou 2 472 km, Minsk 747, Tachkent 3 330, Tbilissi 2 390, Kiev 856. **Nombre d'aggl.** 228 de 100 000 à 500 000 h., 29 de 500 000 à 1 million et 22 de + d'1 million.

Langues. Env. 162. *Slaves :* russe [off. ; en 1979, l. maternelle de 153 500 000 personnes dont 137 200 000 Russes et 16 300 000 d'autres nationalités ; 2e l. de 61 300 000 pers. ; parlent couramment : 82 % de la pop. tot. (76 % en 1970), 62 % de la pop. non russe (49 % en 70)], ukrainien, biélorusse. *Baltes :* lituanien, letton. *Romane :* moldave. *Langues iraniennes :* tadjik, ossète. *Arménienne. Indienne :* tzigane. *Germanique :* yiddish. *Caucasiennes :* géorgien, abkhaze, abazin, adyghée, kabarda-tcherkess, tchétchène, ingouche, avar, lesghien. *Turques :* tchouvache, azerbaïdjanais, turkmène, gagaouz, kazakh, kara-kalpake, tatar, bachkire, outzbek, altaï, kirghiz, touvin, yakoute, khakasse. *Ouraliennes :* estonien, carélien, live, erzian, mokchan, marii, oudmourte, komi, komi-permiak, khanty, nénéts, mansi. *Mongoles :* bouriate, kalmouk. *Toungouss-mandchoues :* évenk, évène, néguidal, nanaï, oudyghée. *Paléo-asiatiques :* tchoukote, koriak, itelmène, esquimau, aléoute.

Chaque Rép. fédérée a sa langue off. *Langues indo-européennes : 3 slaves :* russe, biélorusse, ukrainien ; *2 balto-slaves :* letton, lituanien ; *1 latine :* moldave ; *2 irano-arméniennes :* arménien, tadjik ; *5 l. turco-mongoles :* azerbaïdjanais, kazakh, kirghiz, ouzbek, turkmène ; *1 l. finno-ougrienne :* estonien ; *1 l. asianique :* géorgien. En outre, de nombreuses « régions autonomes » (oblast) utilisent des parlers locaux.

Allemands de la Volga. *1764-1773 :* appelés dans la région de la basse Volga (gouvernements de Saratov et de Samara) par Catherine II (Pcesse all. d'Anhalt-Zerbst, ép. du tsar Pierre III). *1914 :* sont 60 000, *1921 :* 75 000 émigrent aux U.S.A., *1924 :* forment une république [28 212 km^2 ; 587 700 h dont (%) All. 66,5, Russes 20,4, Ukrainiens 11,9]. *Cap. :* Engels (avant Pokrowsk). *1941 :* déportés, république dissoute. *1964* (29-8) réhabilités par décret.

Alphabet cyrillique. Créé au IXe s., à partir des majuscules de l'alphabet grec par St Cyrille. L'al. plus ancien, glagolithique (du vieux slavon *glagol,* « verbe »), avait été créé pour certains dialectes slaves, à partir des minuscules grecques ; encore utilisé par les catholiques dalmates pour leurs livres liturgiques ; les rois de France prêtaient serment, à Reims, sur un évangile en caractères gl., attribué à saint Jérôme. Seules 18 majuscules grecques ont passé telles quelles dans l'al. russe (+ le *phi,* adopté comme un *f).* Les 17 autres caractères cyrilliques sont d'anciennes lettres glagolitiques, plus ou moins déformées. Au XVIIIe s., Pierre le Grand imposa une réforme de l'al. civil, désormais distinct de celui de l'Église.

Аа	Бб	Вв	Гг	Дд	Ее	Жж	Зз	Ии	Й
a	b	h,v	ghé	d	yé	jé	zé	i	i
(Ii)	Kk	Лл	Мм	Нн	Оо	Пп	Рр	Сс	
i	k	l	m	n	o	p	r	s	
Тт	Уу	Фф	Хх	Цц	Чч	Шш	Щщ		
t	ou	f	ka	tsé	tché	cha	chtcha		
Ъъ	Ьь	Ыы	(Ѣѣ)	Э	Юю	Яя	(Ѳѳ)	Ѵѵ	
(dur)	(mou)	y	yat	é	you	ya	f	i	

Religions. L'art. 52 de la Const. garantit la liberté de conscience. **Orthodoxes** (18 %) 30 à 50 millions. *Prêtres : 1914 :* 117 000 (77 000 églises ; 1 000 monastères, 95 000 moines) ; *1917 :* 77 676 ; *54 :* 20 000 à 30 000 ; *61 :* 8 252 ; *74 :* 5 994 pour 7 500 églises (v. Index). **Arméniens, Grégoriens, Protestants** 1 500 000 ; **Catholiques, Musulmans** [47 000 000 (18,5 %) 88 % sunnites, chiites 400 000, ismailiens 100 000, bahaïs 50 000, yézidis 25/50 000] ; prév. an 2000 : 66/75 000 000 (22 à 24 % de la pop. totale) ; env. 200 mosquées ouvertes. **Juifs.** *Nombre : 1897 :* 5 200 000, *1904-16 :* 1 100 000 partent pour U.S.A., 24 000 pour Palestine fuyant les pogroms (60 000 †), *39 :* 3 000 000, *40 :* 5 235 000 avec partie Pologne et Pays Baltes annexés. *41-45 :* 3 200 000 tués par les All. (dont 200 000 au combat), *85 :* 2 à 3 000 000 dont 380 000 ont demandé à partir. *Émigration : 1968 :* 265 000 quittent l'U. (année record) ; *1979 :* 51 333 ; *81 :* 9 443 ; *82 :* 2 692 ; *83 :* 1 314 ; *84 :* 904. La mention *juif* figure obligatoirement sur les passeports. *Langue : Yiddish,* parlé par 19,6 % des Juifs sov. qui le déclarent comme langue maternelle ou 2e l. ; n'est plus enseigné (sauf dep. 1980 au Birobidjan « État autonome juif »). *Synagogues : 1926 :* 1 103 ; *1980 :* 91 (dont env. 60 en activité). *Moscou :* 2 pour env. 250 000 J. ; *Karkov :* 0 pour 75 000 J. *Enseignement rabbinique : Yeshiva* (éc. sup. rabbinique) à Moscou : aucun rabbin n'en est sorti dep. sa réouverture en 1974. *Dep. 1948,* il n'existe plus d'école ou l'enseignement soit donné dans une langue j. bien que la Constitution sov. garantisse l'ens. « dans la langue maternelle ». Aucun des actes de la vie juive ne peut avoir lieu : circoncision, barmitsva, mariage religieux ou enterrement. Il n'existe plus de cimetières juifs. *Croyants (%) : 1920-30 :* 80 ; *35 :* 50 ; *78 :* 15 à 20 (chez les adultes, diminution d'env. 1 % par an) ; *80 :* 2 à 3 pour les − de 20 ans, 8 de 20 à 30 ans. Enfermés pour des raisons religieuses : de 300 à plusieurs dizaines de milliers de pers. (selon les sources).

Histoire

Protohistoire : v. 4000 av. J.-C. steppes de la Russie du S., du Dniepr au Ht Ienisseï, occupées par Indo-Européens qui créent civilisation de Kurgan (russe :

« tertre ») : aristocratie militaire occupant les buttes fortifiées ; villages d'agriculteurs dans les plaines, élevage du cheval. **V. 2000 av. J.-C.** cavaliers indo-européens conquièrent vaste domaine de l'Iran à l'Atlantique ; les steppes au N. de la Caspienne restent occupées par une de leur tribu, les *Cimmériens.* **V. 1000 av. J.-C.** les *Scythes,* Indo-Européens de la moyenne Volga, conquièrent domaine cimmérien et créent empire cimméro-scythe qui durera jusqu'au IIIe s. apr. J.-C. (détruit par les *Huns,* venus de Sibérie centrale) ; *à la même époque* tribus indo-eur. des *Slaves* (agriculteurs) se différencient des Celtes et Germains entre Carpates, Vistule et Pripet. Pendant 1 500 ans, progresseront lentement dans le bassin du Dniepr. Les communautés villageoises (*mirs,* « terre » ou « paix ») possèdent les terres réparties tous les 3 ans entre les familles de cultivateurs (chacune néanmoins possède un lopin inaliénable). **200-375** steppes scythiques traversées par les *Goths* (Germains) venus de Baltique ; ils laissent le terrain aux nomades sibériens *Huns,* puis *Avars* et *Khazars* qui conquièrent les plaines de la mer Noire à l'Oural. **Conquête slave : du Ve au VIIIe s.** les *Slaves Polians* occupent l'Ukraine ; les *Severians,* le haut Donetz ; les *Radimitches,* la Biélorussie [autres tribus du même groupe (« Slaves orientaux ») : Drevlians, Slovènes, Krivitches, Dregovitches, Viatitches, Ouglitches, Tivériens] ; ils fondent des villes : Kiev, Beloozero, Novgorod, Ladoga, Polotsk, Smolensk. **IXe s.** Novgorod et Kiev sont organisées en principautés militaires par des *Normands* venus de Suède. 1er prince normand de Novgorod : *Rjurik* [(date légendaire 862), il a donné son nom à la Russie, Rurikia] ; 1er prince normand de Kiévie : Oleg (v. 900) ; il unifie les 2 principautés, créant la voie commerciale Baltique-Byzance par le Dniepr et s'emparant de Byz. en 907 (accord commercial 911). **940-44** nouvelles g. contre Byz., menées par Igor, successeur d'Oleg. **988** Vladimir, Gd-Pce de Kiévie, est converti au christianisme (oriental) par des missionnaires byz. **XIe s.** colonisation intensive (90 fondations de villes) ; Sté féodale régie par un code, la « vérité russe ». **1040** Anne, fille du Gd-Pce Iaroslav, épouse roi de Fr. Henri Ier. Nombreuses g. contre nomades sibériens, notamment Pétchénègues et Polovtses. **1054** Kiévie se sépare de Rome avec Byzance ; s'étend de mer Noire au lac Onega. **Fin XIe s.** se désagrège en plusieurs États féodaux, notamment Rép. féodale de Novgorod (au N.) ; le plus puissant est Rostov-Souzdal [Russie centrale (apogée avec Iouri Dolgorouki, 1115-57, qui fonde Moscou en 1147)]. **1157** Andrei Bogolioubski, Pce de Rostov-Souzdal, met sa capitale à Vladimir (Pté de Vladimir-Souzdal).

1200 fusion des Ptés de Vladimir et de Galicie. **1223** invasion des Mongols de Gengis Khan qui battent les Russes sur la rivière Kalka. **1237-42** invasion du khan Batou. **1240** Mongols, commandés par le fils de Gengis Khan, le khan Batou, pillent Vladimir, Moscou, Kiev. Kiévie disparaît, remplacée au N.-O. par Moscovie qui lutte contre Mongols venus d'Ukraine et catholiques romains venus de Baltique. *-15-7* Pce Alexandre de Novgorod bat Suédois sur Neva d'où son surnom de *Nevski.* **1242**-*5-4* bat Chevaliers teutoniques sur la glace du lac Peïpous. Mongols créent l'État de la *Horde d'Or* dans la basse Volga et font payer tribut à tous les princes russes. Ils décernent le titre de Prince de toutes les Russies au prince de leur choix. **1250** rôle de Moscou grandit (capitale à partir de 1300). **1328** Ivan Ier Kalita obtient des Mongols titre de Gd-Pce. **1380**-*8-9* son petit-fils, le Pce Dmitri, bat l'empereur mongol Mamaï à Koulikovo, mais est battu à son tour (1382). **1389-1425** Vassili II, 1er Gd-Pce couronné sans l'autorisation des Mongols. **1480** Ivan III unifie la R. ; allié au khan de Crimée, il bat la *Horde d'Or* et prend Novgorod. **1497** code rural, autorisant les paysans à changer de domaine, dans la semaine du 19 au 26 nov. **1534-84** *Ivan IV le Terrible* lutte contre Tatars de Khazan (construction de la ligne fortifiée Kalouga-Toula-Zaraïsk), boïars (grands seigneurs russes), chevaliers Porte-glaives et Polonais ; conquiert Sibérie (**1556** Astrakhan) : les colons r. y pratiquent une forme plus ancienne du *mir,* due aux immenses réserves de terrain ; chaque famille choisit librement chaque année les champs qu'elle veut cultiver. **1550** création des *Streltsy,* corps d'arquebusiers, servant de gardes au tsar. **1565** cr. des *opritchinas* (territoires gouvernés milit., où les gardes du corps pouvaient confisquer les terres des boïars). **1580** crise du servage : de nombreux villages r. sont devenus la propriété d'un noble *(barine)* ; les paysans doivent lui payer des redevances en nature *(barchtchina)* ou en argent *(obrok)* ; **après 1581,** certaines années, ils ne peuvent quitter librement le domaine. **1603-12** *Temps des Troubles :* invasion pol. (**1610** Moscou pris, libéré 27-10-1612), succession de tsars éphémères, révoltes pop. (la plus importante, conduite par le marchand Minine et le Pce Pojarski, libère le pays). **1607** le code des lois de Basile Chouïski (Oulojenié) interdit aux maîtres de libérer leurs serfs. **1613** *févr.* les boïars élisent un des leurs, *Michel Romanov,* comme souverain. **1654** conquête de l'Ukraine sur les Pol. **1667-71** révolte armée des paysans (Stéphan Razine). **1682** les *Streltsy,* devenus un corps de prétoriens, aspirent à jouer un rôle politique. **1682-1725** règne de *Pierre le Grand.* **1698** les *Streltsy* sont dissous par Pierre le Gd, qui crée une armée nationale permanente. **1700-21** g. du N. de Pierre le Gd. **1725-27** Catherine Ire, influence du Pce Mentchikov (Alexandre Danilovitch, 1672-1729). **1730-40** Anne [favori : Ernest Johann von Bühren, dit *Biron* (1690-1772), qu'elle fait duc de Courlande]. **1732** rend les provinces de la Caspienne aux Turcs et annexe l'Alaska. **1734** contrôle l'Ukraine. **1741-62** Elisabeth traite avec Suède. **1743** reçoit partie de la Finlande. **1760** prend part à la g. de Sept Ans et occupe Berlin. **1762-96** règne de *Catherine II.*

A partir de 1763 C. II attire en Russie 27 000 All., en leur promettant immunité fiscale et dispense de service armé. Création de petites ind. : métall. ouralienne (au bois), centres textiles de Moscou, Ivanovo, Vladimir ; transformation de la fonte anglaise à St-Pétersbourg (n'évolue pas jusqu'en 1830). **1768-74** C. lutte contre Turcs, vict. navale de Tchesma, et leur prend la Crimée (annexion définitive : *1770).* **1772** *1er partage de la Pol.* **1773-75** révolte de *Pougatchev* (cosaque du Don, ayant soulevé les serfs ; exécuté 21-1-75). **1775** *2e partage de la P..* **1795** *3e partage* et disparition de l'État pol. **1796** Paul Ier entre dans la coalition contre la France [**1799** vict. de Souvorov à Novi *(15-8)* ; déf. de Souvorov *(23-9)* et Korsakov *(27-9)* à Zurich]. **1801**-*23-3* Paul Ier, violent et fou, assassiné par des officiers dont le Pce Yaschvill. **1803** édit sur les libres laboureurs (permission aux boïars de vendre des terres aux paysans). **1804-13** g. contre l'Iran (*tr. de Gulistan, 1813* Azerbaïdjan du N. et Daghestan annexés). **1805-07** Alexandre Ier s'allie à Autriche puis Prusse contre Napoléon [**1805**-*2-12* déf. d'*Austerlitz* ; **1807**-*7-2* demi-vict. d'Eylau ; *14-6*- déf. de Friedland. *-7-7 tr. de Tilsitt*]. **1808-09** Al. Ier s'allie à Fr. contre Angl. et Suède, enlevant Finlande aux S. (*tr. de Fredrikshavn*, 17-9-09). **1812**-*28-5 tr. de Bucarest* : les Turcs abandonnent l'alliance avec Napoléon ; *-23-6* la Grande Armée de Nap. (600 000 h.) franchit le Niémen. *-7-9* bataille de *Borodino*, 28 000 † chez les Fr. et + de 45 000 chez les Russes. *-14-9/19-10* les Fr. occupent Moscou. *-28/29-11* défaite fr. à la Bérézina. **1825**-*14-12* révolte des officiers « décembristes » réprimée. **A partir de 1826** : fréquents soulèvements des serfs [*1826-29* : 85 ; *1830-34* : 60 ; *1835-39* : 78 ; *1840-44* : 138 ; *1845-49* : 207 ; *1850-54* : 141 ; *1855-61* : 474 (notamment dans le bassin de Moscou, vers Kiev, et Kherson)]. *Causes* : esclavage total, même sur le plan judiciaire [depuis 1767, les serfs ne peuvent faire appel au tsar contre la justice seigneuriale (peines prononcées : knout, prison, déportation) ; dep. 1800 env., ils peuvent être vendus ou hypothéqués comme du bétail : en cas de faillite, ils sont vendus d'office ; les oukases de 1833 et 1841, interdisant de vendre les parents sans les enfants, sont souvent tournés]. **1829** *tr. d'Andrinople* avec Turquie ouvrant les détroits et libérant la Grèce. **1831** insurrection pol. réprimée. **1833**-*8-6 tr. d'Unkiar-Skelessi* signé par Orlov avec la Porte, dépendance de la Turquie vis-à-vis de la Russie. **V. 1835** modernisation de l'industrie textile (200 000 ouvriers dont 90 000 dans l'ind. cotonnière) ; adoption à Moscou de la teinture chimique des laines (famille Goutchov) ; création de l'ind. sucrière ukrainienne (les ouvr. sont dits serfs de possession ; juridiquement libres, mais ne peuvent pas quitter leurs usines). Mais la métallurgie stagne (2,5 fois moins que la Fr., 10 fois moins que la G.-B.) ; le charbon est peu exploité (50 000 t contre 67 000 t en G.-B.). *Causes* : insuffisance du marché (pauvreté des masses), dépenses militaires excessives, indifférence des autorités, insuffisance des banques. **1834-59** *soulèvement du Daghestan* [*chef rebelle* : Samuel Chamil (1797-1871) ; vaincu à Gunib (1859)]. **1848** la R. aide l'Autr. contre Hongr. **1853-56** g. de Crimée (voir ci-dessous).

Guerre de Crimée (1854-55)

Causes. *a) lointaines.* Désir de l'Angl. de contrer les ambitions russes au Caucase et au Moyen-Orient ; désir de Nap. III de remporter des victoires contre les coalisés de **1815** (en s'alliant avec les uns contre les autres) ; désir de l'Église cath. de ne pas perdre le protectorat des chrétiens de Turquie, que le tsar orthodoxe cherche à acquérir. *b) immédiates.* 1° **1853**-*9/14-1* gaffe diplomatique de Nicolas Ier ; il parle à l'ambassadeur anglais Sir Hamilton Seymour de la Turquie comme d'un « homme malade » dont il faut se partager l'héritage : l'Angl. est prête à sauver l'empire turc, même par les armes. 2° **1853** *févr.* sur les conseils de l'ambassadeur anglais Redcliffe, le sultan repousse une ambassade de Mentchikoff venu lui réclamer le protectorat des orthodoxes de Turquie (10 millions d'h.). 3° **1853**-*20-3* Nap. III persuade les Anglais d'envoyer une escadre fr.-angl. en mer Égée : Mentchikoff quitte Constantinople en lançant un ultimatum. 4° **1853**-*3-7* les Russes occupent les principautés roumaines (ils ont contre eux les Autrichiens, alliés aux Prussiens, qui essayent en vain de les convaincre de reculer).

Causes de la défaite russe. *1°) Infériorité maritime de la Russie.* Angl. et Fr. : 2 premières puissances maritimes du monde, peuvent attaquer la R. par toutes les mers à la fois. **1854**-*22-4* bombardement d'Odessa, puis des ports r. du Caucase ; *-16-8* débarquement aux îles Aaland (Baltique), destruction de Bomarsund. **1855** bombardement de Sveaborg (Baltique), Sovoletski (mer Blanche), des arsenaux de Petropavlosk et des forts de l'Amour (mer d'Okhotsk). *2°) Hostilité de toute l'Europe.* Les Autrichiens, sans déclarer la g. à la R., mais avec l'appui de la Prusse, occupent les « principautés danubiennes » (roumaines), que les R. évacuent après le débarquement anglo-fr. en Crimée. *3°) Désorganisation de l'armée et de la marine russes.* Les forces anglo-fr. sont plus disciplinées, mieux équipées, mieux encadrées (défaite terrestre de l'Alma, *20-9-***54** : sabordage de l'escadre russe en rade de Sébastopol, *octobre* **54**). **A partir de nov. 54** les Russes se réorganisent, grâce à l'ingénieur Todtleben et aux équipages de la flotte (15 000 h.), servant comme artilleurs de forteresse. *4°) Réveil de l'opposition en Russie.* Les défaites de l'Alma (devant les Anglo-Fr.) et de Silistrie (devant les Turcs) déchaînent une violente opposition contre le régime tsariste : nombreux pamphlets anonymes, qui démoralisent le tsar Nicolas Ier (qui meurt le *2-3-*1855). *5°) Difficultés logistiques des Russes.* Ils ont à lutter à l'extrémité de leur territoire, et les distances sont énormes (l'armée de terre se déplace à pied : un convoi maritime fr. venu de Marseille arrive à Sébastopol avant un régiment r. parti à pied d'Odessa). *6°) Crise financière en Russie.* Après l'évacuation de Sébastopol par Alexandre II (*8-9-***1855**), les R. annoncent leur volonté de résister à outrance au N. de la Crimée, mais les caisses sont vides (les banques payent en papier ; le public refuse la monnaie-papier du gouvernement). *7°) Menace d'intervention suédoise.* **1855**-*21-11* la Suède signe avec la Fr. un tr. qui laisse prévoir une offensive combinée en Baltique. Alexandre II craint un débarquement à St-Pétersbourg. 8°) *Compensation d'amour-propre en Arménie.* Les R. prennent Kars après un long siège ; **1855**-*21-11* le Gal russe Mouraviev oblige l'Angais Williams à capituler. Alexandre II présente ce succès comme une revanche de Sébastopol, lui permettant d'ouvrir des négociations. Kars sera rendu aux Turcs contre des conditions de paix avantageuses (aucune cession de territoire).

1858 recensement : 22,7 millions de Russes vivent dans le servage (42 %), 20 050 000 paysans libres (dans les mirs), 20 173 000 serfs de domaines privés, 2 019 000 serfs des domaines impériaux (1 500 000 serfs sont domestiques chez leurs propriétaires). **1861**-*19-2* abolition du servage ; influence de Dimitri Alexeievitch, Cte Milioutine (1816-1912). Création des *zemstvos* (assemblées régionales) et distribution aux serfs libérés de lopins de terre (réforme mal appliquée : les lopins sont petits et chers ; 500 000 moujiks en acquièrent et y vivent dans la pauvreté ; 300 000 restent sur les domaines seigneuriaux comme domestiques agricoles). **1863** insurrection pol. **1866** extension aux 18 000 000 anciens serfs des domaines de la Couronne de la loi agraire de 1861. **1867** *Alaska vendu aux U.S.A.* pour 7 200 000 **$**. **1869** création à St-Pétersbourg du 1er cercle révolut. **1875** annexion de Sakhaline. **1876** création de la société terroriste *Zemlia i Volia.* **1878**-*3-3 tr. de San Stefano* avec Turquie, puis *13-7 de Berlin* avec puissances europ. reconnaissant l'influence r. au Caucase, Turkestan et sur l'Amour. Acquisition de Kars, Batoum et de la Bessarabie. Michel Tarielovitch Tainov, comte Loris Melikov (1826-88), min. libéral, prépare des réformes. **1881** création de l'*Okhrana* (« défense »), police politique tsariste. **1891** *tr. commercial avec Fr.* (signé en juin 1893), avec un tarif douanier protectionniste ; construction du *Transsibérien* (achevé en 1917). **1892-1903** Witte développe l'économie [**1897** libre circulation de l'or ; **1900** rattrapage du niveau fr. pour charbon, fonte, acier, construction méc. (prod. ind. sextuplée entre 1860 et 1900)] (PM oct. 1905, disgrâcié en 1906). **1900** Lénine crée le journal marxiste clandestin *Iskra*, « l'Étincelle ». **1904** *févr.* g. russo-jap. (V. ci-dessous). *-28-7* PM Viatcheslav Plehve assassiné.

Guerre russo-japonaise (1904-05)

Causes. *a) lointaines.* 1°) désir de l'Angleterre d'affaiblir la Russie en Asie. N'ayant aucun allié asiatique militairement valable en Perse et Asie centrale, elle mise sur le Japon en Extrême-Orient, et s'allie avec lui par traité en 1902. 2°) rivalité russo-jap. en Chine du N.-O. : les R. veulent annexer la Mandchourie (avec Port-Arthur), qui leur permet de faire aboutir le Transsibérien dans une mer non gelée en hiver ; les Jap. cherchent à annexer la Corée. *b) proches.* 1°) l'Angl., pour isoler la R., signe avec la Fr. le 30-4-1904 un accord naval l'empêchant d'aider les R. en Extrême-Orient. Malgré l'alliance fr.-russe, les forces fr. d'Indochine ne feront rien pour empêcher la victoire jap., ce qui pousse le J. à attaquer. 2°) le PM russe Plehve est convaincu que la g. contre le J. sera « courte et victorieuse », ce qui renforcera le prestige du régime tsariste. 3°) le secr. d'État russe Bezobrazoff, chargé des questions d'Extrême-Orient, est en même temps dir. de la Sté Bezobrazoff qui exploite forêts, mines et chemins de fer de Mandchourie. Il refuse d'exécuter l'accord russo-jap. de 1902, prévoyant l'évacuation de la Mandchourie par les R., de la Corée du N. par les J.

Déroulement. **1904**-*26-1* le J. remet une note à Moscou, réclamant l'évacuation de la Mandchourie (pas de réponse) ; *-8-2* l'amiral jap. Togo Heihachiro (1847-1934) attaque par surprise Port-Arthur ; coule 7 navires r. et bloque la rade ; *févr.-mai* attaque générale des J. contre la péninsule de Kouang Tong, pour isoler Port-Arthur du gros des forces terrestres r. *Commandant en chef* : Mal Oyama Iulao (1842-1916). Hésitations du commandement r. : 1°) amiral Alexeiev veut sauver Port-Arthur en forçant le goulet de Kouang Tong ; 2°) Gal Kouropatkine (1848-1925), ministre de la g., puis Cdt en chef veut se replier au N. de la Mandchourie pour attendre des renforts, et reconquérir ensuite le terrain. Les J. ont l'initiative et refoulent les R. Victoires jap. : **1904**-*14-6* Wafangou ; *26-8/3-9* Leao Yang ; *-10/8-10* Cha-ho ; *-15-10* les Russes décident d'envoyer par Le Cap et l'océan Indien leur escadre de la Baltique [amiral Rodjestvenski (1848-1909)], rejointe en route par l'escadre de la mer Noire, pour débloquer Port-Arthur ; mais elle va mettre 8 mois à faire la traversée et Port-Arthur capitule le *2-1-***1905**. Victoires jap. sur terre : Moukden *(20-2/9-3)*, la plus grande bataille rangée du xxe s. en dehors des g. mondiales [(310 000 R. contre 310 000 J.). Front de 65 km ; pertes : R. 100 000, J. 70 000]. Les R. se retirent en bon ordre, à 100 km au N. de Moukden. Navale : Tsoushima *27-5-***1905**. L'escadre de la Baltique est attaquée par surprise dès son arrivée dans la mer de Chine par l'amiral Togo sur 8 navires de lignes, 8 croiseurs et 9 torpilleurs, seuls échappent 1 croiseur et 2 torpilleurs (réfugiés à Vladivostok ; 3 torpilleurs internés à Manille).

Conclusion. Médiation américaine (menée par le président Théodore Roosevelt), suivie du *tr. de Portsmouth 23-8-***1905**) : la Russie cède P.-Arthur et partie de Sakhaline.

Conséquences. 1°) *1re victoire des Asiatiques sur les Eur.* (les Anglais ont pavoisé lors de la victoire de leurs alliés j. à Tsoushima, mais elle est le début de la fin de la suprématie blanche en Asie). La victoire de Moukden est la 1re bataille en rase campagne gagnée par une armée jaune contre une armée blanche. 2°) *Détérioration de l'alliance fr.-r.* : tombés dans le piège de l'accord naval angl., les Fr. ont laissé battre leurs alliés, alors que l'escadre fr. d'Indochine aurait facilement débloqué Port-Arthur. Guillaume II, qui a soutenu les R. à cause de ses idées sur le « péril jaune », passe pour le meilleur ami du tsar. Les Fr., pour maintenir l'alliance r., doivent se racheter : ils souscrivent un emprunt de 2 milliards 1/2 de F-or, soutiennent le régime tsariste lors du « dimanche rouge » et de la révolution de 1905. 3°) Le régime tsariste, ébranlé par la défaite, tombe dans la répression féroce (Raspoutine devient tout-puissant).

A l'époque les contemporains n'ont pas compris l'importance de cette g. : 1°) *Tactique et stratégique* : tranchée, fil de fer barbelé, mitrailleuse, gros effectifs ont renouvelé l'art de la guerre. Les All. ont tenu compte de cet enseignement (qu'ils ont fait passer à l'armée turque qui battra Bulgares à Andrinople en 1913). Les Fr. l'ont ignoré. 2°) *Diplomatique* : les Fr. n'ont pas su voir que la défaite r. venait de la corruption et de la désorganisation de l'administration tsariste. L'état-major all. l'a compris, et a perdu sa crainte du « rouleau compresseur r. » ; il envisage avec plus de confiance une g. sur 2 fronts, jugeant l'armée r. incapable de l'attaquer efficacement pendant sa campagne contre la Fr. 3°) *Pour Anglais et Américains* la défaite du tsar est un coup d'arrêt à l'expansion r. en Extrême-Orient. Ils sont persuadés qu'ils vont profiter eux-mêmes de la victoire jap. (le J. ayant été, croient-ils, un instrument entre leurs mains). Ils ne sont pas conscients du sentiment triomphal éprouvé par le peuple et surtout les militaires jap.

1905-*8-1 « dimanche rouge »* à St-Pétersbourg, manif. ouvrière conduite par le moine *Gapone* (agent secret de la police), l'armée tue 1 000 pers., 5 000 blessés (3 millions d'ouvriers font grève pour protester). *-4-2* gd-duc Serge assassiné [(gouv. de Moscou, cousin germain d'Alexandre III), n. 1857]. *-14/25-6* révolte du cuirassé *Potemkine* à Odessa. *Déc.* soulèvement réprimé, notamment à Vladivostok. *-7-12* grève générale à Moscou. *-9/19-12* insurrection armée à Moscou. **1906**-*9-11* les paysans pourront quitter leur communauté agricole. **1911**-*14-9* Stolypine assassiné au théâtre devant l'Empereur et la Cour. **1912**-*4-4* massacre des ouvriers en grève des mines d'or de la Lena. *-22-4* 1er numéro de la *Pravda.* **1914**-*19-7* déclaration de g. de l'All. (v. p. 603).

Fin de la Russie tsariste

● **Réformes en Russie de 1905 à 1913. Causes.** Concessions faites à l'opposition : l'intelligentsia réclame des institutions de type occidental ; les ouvriers réclament la propriété collective de leurs usines, les paysans le partage des terres. **1904** *nov.* le tsar autorise un congrès de Zemstvos (états généraux des seigneurs et des paysans). **1905**-*3-3* il charge le min. de l'Intérieur de créer une Assemblée représentative. *-30-10* loi électorale organisant la *Douma* [mot médiéval : conseil du souverain (mot à mot : pensée)]. **1906**-*10-5*

1re Douma [ass. consultative élue ; elle prétend continuer les anciens Zemskii Sobor (états généraux), supprimés sous Pierre le Grand]. Les K.D. (cadets) libéraux sont en majorité, grève générale à Moscou réprimée dans le sang (décembre). **1907**-*5-3 2e Douma*, conflit avec Stolypine, PM, dissolution. *Nov. 3e Douma* réactionnaire s'appuie sur Stolypine (auteur d'une réforme agr.) qui est assassiné (18-9-1911) ; réorganisation de l'armée, reconstruction de la flotte ; refonte de l'administration ; statut des peuples allogènes. **1912** *4e Douma*, empêchée d'agir par l'état de guerre. **1917** *févr.* elle prend contact avec ouvriers et soldats des soviets ; réclame l'abdication de Nicolas II, mais est aussitôt après éliminée par les bolcheviks.

● **État politique de la Russie avant 1914.** Les *Doumas* sont élues au suffrage restreint, et la composition du corps électoral peut être modifiée par décret. Le tsar reste souverain absolu, et gouverne au moyen d'un puissant corps de fonctionnaires, surnommés les *tchinovniki* (les « hommes du tchin » : le tchin était le tableau d'avancement qui divisait le corps des fonctionnaires en rangs hiérarchiques). **Principaux groupes politiques :** *Bund*, parti social-démocrate ouvrier juif ; *Cent-Noirs*, extrême droite (terme provenant de la sotnia cosaque, groupe militaire) ; *K.D.*, constitutionnels démocrates ; *Narodniki*, populistes (narod : peuple) ; *Octobristes*, modérés, partisans de la charte d'octobre 1905 ; *S.D.*, socialistes démocrates (m. du P.O.S.D.R., Parti ouvrier soc. dém. russe), divisés en bolcheviks et mencheviks dep. 1903 ; *S.R.*, socialistes révolutionnaires ; *Zemlia i volia*, gr. terroriste issu des narodniki. **Principaux groupes sociaux-ruraux :** *batrak*, ouvrier agricole ; *biedniak*, paysan pauvre ; *koulak*, paysan riche ; *seriednak*, exploitant moyen ; **urbains :** *koupet*, riche marchand ; *koustar*, artisan ; *mechtchanin*, cat. intermédiaire, marchand-artisan. **Principales divisions administratives :** *goubernija*, « gouvernement » ; *ouezd*, « district » ; *volost*, « canton ». **Exécutions.** De 1821 à 1906 : 997 criminels et 194 prisonniers polit. (de 1917 à 1923, 1 861 568 opposants seront fusillés).

● **Corruption des cadres nationaux.** La R. a 3 budgets : 1°) *ordinaire*, publié off. pour influencer les prêteurs étrangers, mais inappliqué. 2°) *extraordinaire*, en progression (12 % de dépenses productives sur 7 milliards annuels) ; en déficit dep. 1880 (1911 : dette nationale : 9 milliards de roubles). 3°) *« administratif »*, alimenté par les emprunts contractés en Fr., sert aux dépenses de la Cour et au maintien de l'ordre (les emprunts faits en Fr. ne sont garantis que par la signature des ministres).

● **Rôle de l'alliance française.** Par la promesse de mettre l'armée r. à la disposition de la Fr. dans une g. fr.-all. (reconquête de l'Alsace-Lorraine), la R. obtient le droit d'emprunter sur le marché financier l'argent dont elle a besoin pour son budget « administratif ». En principe, l'or fr. alimente dépenses militaires et infrastructure stratégique (ch. de fer biélorusses et polonais). En fait, le coulage est tel dans l'armée r. que son sous-équipement lui enlève une grande part de sa valeur : les off. (d'origine noble en majorité) se répartissent le budget de l'armement et de l'entretien.

● **Rôle de Raspoutine.** Paysan sibérien (Grégoire Yefimovitch 1872-1916) surnommé le Starets (« le saint »), souvent considéré comme un moine (il appartenait à une des nombreuses sectes mystiques florissant en Russie, sans être religieux). Il avait un pouvoir de magnétiseur-guérisseur, et 2 fois (1907, 1908), il sauva la vie du tsarévitch Alexis (1904-18), hémophile et atteint d'hémorragies internes infectées à l'issue certainement mortelle. La tsarine Alexandra lui vouait une confiance absolue et l'avait comme directeur de conscience, malgré ses orgies et ses débauches, connues de tous, auxquelles il mêlait des dames de la haute société de St-Pétersbourg. Il influençait également le tsar en matière politique (intervenant notamment dans les nominations de fonctionnaires). Doué d'une vive intuition, il s'opposa à la g. de 1914, estimant qu'elle se terminerait tragiquement pour la Russie impériale. Il passa dès lors pour un agent de l'Allemagne, et fut objet de plusieurs attentats. 1916, il recommande au tsar de se montrer plus souvent aux troupes, de préparer la paix, de décider une réforme agraire favorable aux paysans, d'être plus tolérant à l'égard des Juifs, des nationalités (notamment les Tatars) et des musulmans. La haine du peuple pour Raspoutine a contribué au discrédit de la famille impériale. *1916-30-12* abattu à coups de revolver par le prince Youssoupof, le grand-duc Dimitri Pavlovitch, le député d'extrême droite Pourichkevitch (une tentative d'empoisonnement ayant échoué). Son corps jeté dans la Neva fut repêché 3 j plus tard. Youssoupof se réfugia en 1919 en France, où il mourut en 1969.

Les deux révolutions russes de 1917

● **Révolution de février 1917** (mars d'après le calendrier grégorien). Causes lointaines. 1°) *Inadaptation du régime autocratique aux nouvelles conditions sociales :* la création de la *Douma* en 1905 n'a pas permis aux nouvelles forces sociales : paysannat, prolétariat urbain, intelligentsia libérale, de se faire représenter. Le régime électoral favorise l'aristocratie terrienne (absentéisme : les grands seigneurs, richissimes, vivent à l'étranger). 2°) *Faiblesse de Nicolas II.* Il est indifférent aux problèmes politiques (ex. quand on lui annonce le désastre naval de Tsoushima en 1905, il n'interrompt pas sa partie de tennis). 3°) *Méfiance des aristocrates envers le tsar.* A cause de la présence de Raspoutine (voir ci-dessus), haï et méprisé.

Causes proches. 1°) *La g. et les défaites.* La g. a permis de juguler l'opposition (arrestation des 5 députés bolcheviks de la Douma), mais déconsidère les chefs milit. incapables de résister aux Allemands (seul Broussiloff, en 1916, fait figure de vainqueur, mais ses succès sont sans lendemain). En nov. 1916, Milioukov (K.D.) tente de faire donner à son parti la responsabilité de l'effort de g. ; les chefs mil. complotent pour l'élimination de Nicolas II (avec l'aide des industriels). 2°) *La famine et la misère.* Elles sont dues à la baisse de la prod. agricole (10 millions de paysans mobilisés), à la désorganisation des transports (voies ferrées réquisitionnées). Les villes ne sont plus ravitaillées, les prix triplent. 3°) *Généralisation des grèves.* A partir de janv. 1917, les ouvriers réclament une adaptation des salaires au coût de la vie, notamment à Petrograd (usines Poutiloff, tramways) ; les bolcheviks encadrent les grèves et organisent des manif. de femmes contre la pénurie.

Déroulement. *-8-3* défilés de femmes et d'ouvriers sans travail criant : « du pain, à bas la g. » ; *-9-3* grève quasi générale (drapeaux rouges ; cris « à bas l'autocratie ; vive la Rép. ») ; *-10/12-3* le tsar envoie la troupe contre les manif. : elle obéit mal ; *-12-3* les régiments de la garde fraternisent avec les insurgés, entraînant toute la garnison de Petrograd. *Prise de l'arsenal et du Palais d'Hiver.* A 18 h 30, démission du gouv. Galitzine ; les insurgés maîtres de la ville. *-13-3* formation de 2 gouv. provisoires : 1°) la Douma constitue un comité provisoire à majorité K.D. (*Pt :* Pce Lvov ; *Aff. étr. :* Milioukov ; *Justice :* Kerenski). Régime souhaité ; monarchie parlementaire ; 2°) un Soviet, imité de celui de 1905, élu par ouvriers et soldats, s'installe à Petrograd et réclame une rép. socialiste. *-14-3* le tsar dissout la Douma, et son comité provisoire fusionne avec le Soviet. *-15-3* une délégation du comité se rend près du tsar à Pskov, exigeant son abdication. Nicolas abdique en faveur de son fr. Michel, qui refuse. Une Rép. de fait s'est installée.

● **Révolution d'Octobre 1917** (novembre, d'après le calendrier grégorien). **Causes lointaines.** 1°) *Le Gouv. provisoire* rép. est paralysé par la désagrégation de l'administration ; par l'agitation autonomiste (notamment en Ukraine) ; par l'opposition entre ses membres modérés et extrémistes. Décide la poursuite de la g. (impopulaire) et en compensation décrète l'amnistie générale (libération des agitateurs bolcheviks). Les problèmes pol. et sociaux sont renvoyés à plus tard (théoriquement en décembre : élection d'une Constituante). 2°) *Les Soviets* s'installent partout (révocation de fonctionnaires, distribution des terres aux paysans, occupation des usines, prise du commandement par les hommes de troupe). *-16-6* 1er Congrès panrusse des Soviets (s'arroge le pouvoir souverain et désigne un comité exécutif).

Causes proches. 1°) *Action de Lénine* (rentré à Petrograd le *17-4*, en profitant de l'amnistie générale : les Allemands l'ont autorisé à passer de Suisse en Suède, d'où il est venu par chemin de fer). *-18-4* Lénine rejette toute collaboration avec le gouv. provisoire. Dans son programme *(« thèses d'avril »)*, il exige la nationalisation des banques, le contrôle ouvrier sur les usines, la terre aux paysans, la paix immédiate, le transfert du pouvoir aux Soviets [plan d'opération : insurrection armée renversant le gouv. provisoire (*-16-7* échec d'une 1re tentative ; le Gal Kornilov dégage Petrograd ; Lénine s'enfuit en Finlande)]. 2°) *Affaiblissement du gouvernement provisoire.* Après l'échec du putsch du *16-7*, les ministres K.D. se retirent ; Kerenski, chef du gouv., est combattu à la fois par Kornilov (échec d'un putsch d'extrême droite, *15-9*) et les ouvriers (gagnés au bolchevisme). 3°) *Action de Trotski.* Élu Pt du Soviet de Petrograd le *6-10-1917*. Il entreprend le noyautage des Soviets par les bolcheviks, pour avoir la majorité au IIe Congrès panrusse convoqué pour nov. Il crée une milice révolutionnaire, la *Garde Rouge* (recrutée parmi les ouvriers), et il contrôle la garnison grâce au C.M.R. (comité militaire révol.).

Déroulement. 1917-*23-10* Lénine revient de Finlande et décide avec Trotski de déclencher l'insurrection le *6-11*, veille de la réunion du IIe Congrès panrusse des Soviets (où les bolcheviks doivent normalement être majoritaires). Trotski s'assure l'appui de la garnison en lui faisant croire que Kerenski veut l'envoyer au front. Nuit du *6/7-11 :* Garde Rouge et unités de la garnison, sous la direction du C.M.R., s'emparent des édifices publics (gares, centraux télégraphique et électrique, ministères, etc.). La population ne participe pas à l'action. *-7-11* à 18 h, *bombardement du Palais d'Hiver* par l'*Aurora*, venu de Cronstadt. Kerenski s'enfuit, à 20 h 40. Réunion du IIe Congrès panrusse des Soviets (majorité bolchevik : 390 sièges sur 650). Il désigne un Conseil des commissaires du peuple (Sovnarkom), entièrement bolchevik (*Pt :* Lénine ; *Aff. étr. :* Trotski ; *Nationalités :* Staline). Décrets sur : *-8-11* la paix (immédiate et inconditionnelle, offerte à tous les belligérants), et la terre (distributions aux paysans, accomplies par les Soviets au cours de l'été, homologuées). *-14-11* le pouvoir ouvrier (les Soviets d'entreprises reçoivent l'autorité de gestion). *-15-11* les nationalités allogènes (obtiennent l'autodétermination). *-20-11* la garantie de la liberté de culte aux musulmans. *Fin nov. et déc.* les grandes villes sont enlevées à l'administration menchevik par les mêmes moyens qu'à Petrograd (coups de main des gardes rouges et des garnisons bolchevisées, ex. : à Moscou, action de Boukharine). *-15-12 armistice avec empires centraux.* **1918** *début janv. élections à l'Ass. constituante,* majorité menchevik (il n'y a que 2 500 bolcheviks en Russie). *-18-1* dissolution de l'Ass. (elle a siégé 1 j) ; création de la *police* politique *(Tchéka)*, suppression de la presse d'opposition. *8-2-* démobilisation décidée. *18-2* les All. rompent l'armistice et reprennent la marche sur Petrograd. *-1-3* les pourparlers reprennent à *Brest-Litovsk*. *-5-3* accord, les Sov. acceptent de céder Pologne, Ukraine, Russie blanche, Pays baltes, Finlande, Géorgie, Arménie). *-12-4* le *gouv. Lénine* (dictatorial) s'installe à Moscou et prend le nom de *Politburo* (5 membres : Lénine, Trotski, Staline, Kamenev, Boukharine). *Juillet* exécution à Iekaterinbourg du tsar, de la tsarine et des enfants impériaux ; à Perm, du grand-duc Michel, frère du tsar. *Juill.-août* révolte des opposants d'extrême gauche. *-30-8* Fanny Roid Kaplan (socialiste révolutionnaire) blesse grièvement Lénine. *Septembre* les S.R. sont liquidés par les léninistes.

Guerre civile de 1918-22

● **Causes. a) Opposition tsariste. Gal Antoine Denikine** (1872-1947), commandant en chef sous Kerenski, participe au putsch manqué de Kornilov ; puis commande *l'armée blanche d'Ukraine* [formée à Novorossiisk, armée par les Anglo-Fr. (matériel payé par des envois de blé russe en Fr.)], et avance jusqu'à 300 km de Moscou ; battu, il fusionne ses troupes avec celles de Wrangel. **Amiral Alexandre Koltchak** (1874-1920), chef de la flotte impériale de mer Noire. Le 18-11-1918, prend le titre de *régent*, installe un gouv. antirévolutionnaire à Omsk (Sibérie occid.) et prend le commandement suprême des armées blanches. Maître de la Sibérie et de l'O. de l'Oural jusqu'à la Volga. Ayant dû battre en retraite, il est pris par les Rouges à Irkoutsk et exécuté. **Gal Laurent Kornilov** (1870-1918). Après son putsch manqué contre Kerenski (9-9-1917), tué au combat à Krasnodar en Ukraine (13-4-1918). **Gal Nicolas Ioudenitch** (1862-1933), généralissime sur le front de Turquie. Rejoint les côtes baltes sur un navire anglais et s'avance en juin 1919 jusqu'aux faubourgs de Petrograd. Abandonné par les Anglais, il part pour l'exil. **Gal Pierre Wrangel** (1878-1928), commande l'armée d'Ukraine en 1919-20 (victoires sur le Dniepr et au Kouban). Abandonné par les Français, se rembarque en nov. 1920. **b) Opposition populaire.** Surtout en Sibérie, hostile au pouvoir central (Koltchak aurait gagné la partie s'il avait proclamé l'indépendance de la Sibérie et s'il n'avait pas tenté de reconquérir la R. d'Europe). Les Cosaques, religieux et monarchistes, fournissent des unités combattantes. **c) Action des Tchèques.** Ils ont une « légion » de 45 000 h. en Sibérie. **d) Intervention des Alliés** qui voient dans les Sov. des alliés des All. (exception : quand les pourparlers de Brest-Litovsk sont rompus, momentanément du 18 au 26-2-1918, les Fr.-Anglais acceptent de fournir vivres et munitions à Lénine). **1918**-*11-3* (8 j. après Brest-Litovsk), les Angl. débarquent à Mourmansk ; *-20-7* rompent avec le gouv. sov., favorisant la création de l'armée Denikine, qui s'engage à reprendre l'Ukraine aux All. ; *-2-8* occupent Arkhangelsk ; *-13-8* débarquent à Bakou, Am. pénètrent en Sibérie ; *-25-10* blocus des côtes déclaré. A partir de nov. les Alliés ne voient plus dans les Sov.

des partisans de l'All. (ils déclarent nulle la paix de Brest-Litovsk et les annexions austro-all. et turques), mais leur reprochent leur messianisme révolutionnaire. Ils craignent notamment que les communistes r. prennent en main le communisme all. *-20-11* une flotte fr.-angl. pénètre en mer Noire ; en déc., les Fr. débarquent à Odessa. Dès lors, les Alliés envisagent de constituer des protectorats dont ils contrôleraient les richesses économiques : les Anglais convoitent les pétroles de Bakou et les pêcheries des mers polaires ; les Fr. espèrent récupérer l'Ukraine, appuyée au S. sur la Crimée occupée, et au N.-O. sur la Pologne alliée (les richesses de l'Ukraine serviraient de gage aux emprunts r. de l'avant-guerre) ; les Jap. espèrent coloniser l'Extrême-Orient r. et la Sibérie. Impérialismes secondaires : les Polonais en Ukraine ; les Turcs en Turkestan (action d'Enver Pacha), les All. dans les pays baltes (tentatives pour créer des États baltiques indépendants, mais germanisés). **e) Forces centrifuges.** En principe, Lénine accorde aux populations allogènes de l'empire le droit à l'autodétermination. Celles-ci veulent s'émanciper de Moscou pour adopter des régimes non socialistes et indépendants. Font dissidence : Finlande, Estonie, Lituanie, Russie blanche, Ukraine, Crimée, Géorgie, Arménie, Azerbaïdjan qui se rallient aux armées blanches.

● **Déroulement. 1918**-*21-1* Trotski crée l'Armée rouge ; *mai-juin* divisée en 12 armées locales de 8 000 à 15 000 h. (sauf la Xe armée : 40 000 h., 240 canons, 13 trains blindés) tient tête à l'armée cosaque du Don (ataman Krasnov) à peu près aussi forte et aux 2 armées du Caucase septentrional (100 000 h.) ; total des troupes ralliées aux Blancs 1 million d'h. ; *déc.* la Xe Armée réoccupe le bas Dniepr et s'avance sur le Don jusqu'à Rostov. **1919** *juin-août* avec l'aide de la flotte Fr.-Angl., l'armée blanche de Denikine prend Kertch, puis Odessa. *Sept.* Trotski réunit 189 000 h. contre lui. *Déc.* les Angl. exigent de Denikine la reconnaissance des États polonais et roumain (agrandi de la Bessarabie ex-russe). *Mai* Denikine, ne peut établir la liaison avec Koltchak, sur la Volga. *Juin* les Rouges reprennent Oufa à Koltchak. *Août* Koltchak est écrasé et rejeté derrière l'Oural. *Sept.* les Angl. évacuent Arkhangelsk. *-21-10* Ioudenitch battu devant Petrograd. *-15-11* Koltchak perd Omsk. **1920**-*1-1* Trotsky déclenche une contre-offensive contre Denikine. *-15-1* Koltchak démissionne. *-16-1* levée du blocus par les Alliés. *-2-2* Koltchak pris et fusillé à Irkoutsk. Wrangel remplace Denikine. *Mai-juin* Pol. occupent Kiev (du 7-5 au 11-6) mais sont rejetés (armistice de Riga le 12-10). *-17-6* Wrangel écrase la XIIe Armée Rouge à Mélitopol. *-14-10* est battu à Nikopol. *Oct.* le baron Ungern-Sternberg, successeur de Koltchak en Sibérie, se réfugie avec son armée en Mongolie (il y proclame un empire indépendant). **1921**-*28-2/8-3* soulèvement des marins de Cronstadt qui réclament le retour aux sources du pouvoir soviétique et rejettent la dictature ; écrasé par l'Armée rouge (Trotski et Toukhatchevski) [épuration pol. (social-révol. de d., de g. et mencheviks)]. *Juin* Ungern-Sternberg vaincu par une Armée Rouge et fusillé. *-29-10* proclamation à Tchita (Sibérie orientale) d'une Rép. d'Extrême-Orient (pro-sov.) ; *nov.* les Rouges forcent les lignes de Perekop et conquièrent la Crimée ; l'armée Wrangel (130 000 h.) évacuée sur Constantinople par la flotte anglo-fr. **1922**-*14-11 l'Armée Rouge réoccupe Vladivostok,* la Rép. de Tchita est rattachée à la Russie sov. La Mongolie extérieure devient un protectorat.

● **Causes de la défaite des Blancs. a) Corruption des cadres.** Négligence, paresse, goût de la *dolce vita*. En Sibérie, à l'arrivée de Koltchak, il y avait 196 états-majors sans troupes. De nombreux régiments blancs comptaient 2 ou 3 officiers pour 1 seul homme. Une grande partie du matériel fourni par les Alliés était revendue au marché noir, et en fin de compte, rachetée par les Rouges. **b) Trahison des Tchèques de Sibérie.** Anciens prisonniers de g. autrichiens, réarmés contre l'Autr. ils avaient rejoint Koltchak après la paix de Brest-Litovsk, les All. ayant exigé qu'ils leur soient livrés. Pris en main par une mission militaire française (Gal Janin), ils devaient être le noyau de la reconquête de la Russie d'Europe, à partir de l'Oural. Mais le gouv. tchèque (Bénès) leur interdit d'agir contre les Rouges. Ils s'organisent donc en « grandes compagnies », occupant la ligne du Transsibérien, et accaparant le matériel ferroviaire (qui transporte leur butin). Ils se replient lentement (4 ans) vers Vladivostok, négociant leur retraite avec les Rouges : ce sont les Tchèques qui arrêtent Koltchak à Irkoutsk et le livrent aux Bolcheviks. **c) Mésentente entre les Alliés.** Chacun des Alliés cherche à profiter de la g. civile pour favoriser ses propres intérêts : les Anglais poussent en avant Koltchak qui leur a promis des avantages en Oural et au Caucase. Le G^al^ français Janin décide de soutenir Koltchak en nov. 1918 par l'armée

La NEP

En russe *Novaïa Ekonomitcheskaia Politika* (Nouvelle Politique économique).

Définition. Décidée par Lénine le *16-3*-**1921**, après les désordres de févr. 1921 (notamment la mutinerie de Cronstadt, qui réclamait : liberté de parole et de presse ; élection des soviets au scrutin secret ; liberté d'action pour socialistes, anarchistes, syndicats ; libération des détenus politiques ; liberté de production pour les artisans non employeurs ; supression des réquisitions ; égalité du rationnement).

Causes. 1°) *le Comité central craint que la révolte des marins n'entraîne la paysannerie,* excédée par les prélèvements (quadruplés entre 1917 et 1920). 2°) *la révolution vient d'échouer en All. :* Lénine, qui, pendant 2 ans, avait compté sur l'adhésion au bolchevisme d'une All. hautement industrialisée, comprend qu'il ne peut plus compter sur les biens d'équipement all. ; il faut donc faire prendre patience au peuple.

Déroulement. 1°) *21-3-21, loi supprimant le prélèvement automatique* des récoltes [total des prélèvements de céréales prévus pour 1921 : 240 millions de pouds (contre 423 en 1920), le reste pourra être vendu par les prod. qui auront le droit de se procurer eux-mêmes les produits dont ils ont besoin]. 2°) *autres mesures éc. :* les entreprises de l'État sont tenues à une gestion capitaliste (investissements, bénéfices) ; certaines propriétés agr. de l'État sont cédées à bail ; la circulation monétaire redevient libre ; la monnaie est stabilisée par l'émission de *tchernovetz* (10 roubles-or) et roubles du trésor (1 rouble-or, équivalant à 50 milliards de r. papier). 3°) *mesures sociales :* l'outillage collectivisé est rendu aux paysans, les entreprises de – de 10 ouvriers (avec force motrice), 20 (sans force motrice) sont dénationalisées ; retour à la hiérarchie des salaires ; autorisation de créer de nouvelles entreprises privées ; 4°) *accords avec l'étranger.* Lénine décide de faire venir en R. des techniciens étrangers, il passe des accords commerciaux avec l'All. (Rapallo 16-4-22), avec paiements stipulés en tchernovetz (un accord analogue signé avec l'Angl. se heurte au veto américain).

Résultats. 1922, la production agricole remonte à l'indice 100 (*1913 :* 100) et la prod. ind. à l'indice 50 ; les prix agr. baissent ; au contraire, l'État maintient des prix ind. élevés, pour pouvoir investir (« crise des ciseaux »).

Conséquences sociales. Naissance d'une classe sociale de petite et moyenne bourgeoisie : ruraux (koulaks, ou gros paysans) ; citadins (nepmen, ou petits patrons).

Seuls certains occidentaux (notamment Lloyd George) ont cru que la NEP prouvait le pragmatisme de L. : avec l'expérience du pouvoir, il deviendrait un politicien de la vieille école. En R., comme dans les partis communistes étrangers, on a compris généralement que la NEP était un simple repli tactique dans la marche vers la Révolution mondiale (reculer pour mieux sauter).

L'U.R.S.S. après Lénine

1°) Application des idées léniniennes, ☞ Léninisme, p. 768 :

– *établissement d'un parti au pouvoir dictatorial,* capable de structurer le prolétariat (maintien du Guépéou devenu le N.K.V.D. ; identification du parti et de l'État ; nomination aux postes clefs d'exécutants disciplinés) ;

– *poursuite de la lutte révol. à l'étranger* (la IIIe Internationale a permis à de nombreux partis communistes locaux de prendre le pouvoir et de créer des États marxistes) ;

– *collectivisation et socialisation de l'économie* (le XVe congrès du P.C., en déc. 1927, a mis fin à la NEP). La propriété privée des moyens de production est abolie, la terre devient propriété de l'État (la *« dékoulakisation »* de 1930 élimine 8 millions de propriétaires moyens, déportés ou exécutés), ainsi que forêts, mines, usines, banques ; un secteur privé [exploitations collectives (coopératives) ou privées et individuelles, paysannes ou artisanales, fondées sur le travail personnel] subsiste ; la propriété privée édifiée avec les revenus du travail est possible. Les 3 plans quinquennaux (1928-41) qui aboutissent à stabiliser une économie socialiste veulent mettre en exploitation le continent soviétique, en vertu d'un plan établi, et non pour la recherche du profit individuel.

2°) Divergences entre léninisme et stalinisme. a) **L'État stalinien** *est resté fidèle au panrussisme tsariste.* Bien que géorgien, Staline n'a guère appliqué les idées libérales de Lénine en matière de nationalités. Il a favorisé la russification de l'U.R.S.S. (emploi généralisé du r. comme langue de travail, implantation de R., Biélorusses, Ukrainiens dans les États allogènes). b) *La coexistence pacifique est surtout conçue comme favorable à la défense nationale :* l'U.R.S.S. doit jouer des rivalités entre ses adversaires pour accroître sa propre puissance (et aider les nations com. à accroître la leur). c) *Le stalinisme est moins favorable aux Juifs que le léninisme.* Lénine, d'accord avec Trotski, voyait dans les Juifs un élément international, utile pour le triomphe d'une société socialiste mondiale. Staline voit dans les Juifs une nationalité à part, peu assimilable : les Juifs sont éliminés : Trotski, Kamenev, Zinoviev, Radek, Joffe, Frounze, etc. d) *Le culte de la « personnalité » :* Lénine avait pris parti, de son vivant, pour Trotski, contre Staline et, dans son « testament », il s'est montré nettement antistalinien. Pour les trotskistes, Staline a fait dévier la révolution vers une dictature réactionnaire n'ayant plus rien à voir avec le socialisme (réponse des staliniens : vivant à l'époque des fascismes, Staline a pu triompher de Hitler et de Mussolini en les battant sur leur propre terrain ; Trotski aurait perdu la partie contre eux et aurait amené la ruine du socialisme en voulant défendre à tout prix la non-personnalité du pouvoir dirigeant). e) *Banalisation du « communisme de guerre ».* La terreur policière (Tchéka, Guépéou) et la mise en veilleuse des droits de l'homme étaient pour Lénine une nécessité momentanée, à laquelle on ne devait avoir recours que dans des circonstances exceptionnelles, pour empêcher l'échec de la révolution. Pour Staline, au contraire, le respect des droits de l'homme n'est pas une valeur en soi. La suppression des libertés fondamentales de l'individu peut être envisagée sans limite de temps. f) *L'idéologie internationaliste est mise en veilleuse.* L'U.R.S.S. stalinienne a créé une sorte de ligue d'États communistes, étroitement solidaires, mais fidèles aux patriotismes locaux. La mentalité internationaliste est mal vue : c'est le capitalisme qui n'a pas de patrie (l'épithète « multinational », quasi synonyme d'« international », a pris un sens péjoratif).

jap. (inutilisée) qui aurait été transportée par le Transsibérien jusqu'à l'Oural. Wilson met son veto, craignant de voir les Jap. s'incruster en Extrême-Orient russe. Les Anglais ont gêné l'action de Denikine, puis de Wrangel, car ils voyaient en eux des créatures de l'état-major fr. (projet d'un protectorat fr. en Ukraine et Russie du S.) ; ils ont abandonné Ioudenitch, pour ne pas favoriser l'établissement des All. dans les pays baltes, etc. **d) Habileté diplomatique des Soviets.** Ils ont compris qu'il fallait faire des concessions aux nouveaux États, pour les amener à se retirer de la lutte ; ils ont accordé l'indépendance ou fait d'importantes concessions territoriales à : Finlande, Estonie, Lettonie, Lituanie, Pologne, Roumanie, États transcaucasiens, Extrême-Orient, Boutchara. Une fois la paix rétablie, ils ont récupéré les territoires abandonnés en Asie (les concessions faites en Europe seront reprises en 1940 et 1944). **e) Valeur militaire de l'Armée rouge.** Les combattants sont motivés : ouvriers communistes formant la Garde rouge ; paysans décidés à acquérir des terres ; les officiers, anciens sous-off. ou soldats, espèrent monter en grade, malgré leur roture (ce qui était impossible dans l'armée tsariste). Trotsky se révèle un bon chef de g. : sens de l'organisation, volonté de vaincre, intelligence stratégique. **f) Affaiblissement de l'esprit de croisade anticommuniste.** Vers 1921-22, les nations occid. craignent de passer pour réactionnaires si elles luttent contre le bolchevisme [effet d'une propagande habilement menée auprès des mouvements ouvriers occid. par le Komintern (créé mars 1919)]. Épisode marquant : *la mutinerie de 3 navires* (le Jean Bart, le Waldeck-Rousseau, la Justice) *fr. de la mer Noire,* menée par le leader com. André Marty (1886-1956) le 20-4-1919. L'escadre fr. doit être ramenée à Toulon, ce qui a affaibli les armées blanches de Denikine.

● **Conséquences de la guerre civile. a) Renforcement de l'État dictatorial.** Le 30-12-1922, création de l'U.R.S.S., comprenant les territoires reconquis depuis la fin de la g. civile : Turkestan, Sibérie occidentale, Biélorussie, Ukraine, Fédération transcaucasienne. La Constitution (promulguée 31-1-1924) reprend les grands traits de la const. de l'État russe de juillet 1918 : Congrès des Soviets souverain ; comité exécutif central de 2 chambres (Conseil de l'Union et Conseil des nationalités). [Praesidium de 21 membres élu par le conseil exécutif, chef d'État collectif, aux pouvoirs illimités ; désignant notamment le Politburo (composition du Politburo en 1924, après la mort de Lénine : Trotski, Zinoviev, Kamenev, Staline, Tomski, Boukharine.)] *La Tchéka* est remplacée le 6-2-1922 par l'*O. Guépéou,* qui, par le moyen des tribunaux révol., liquide l'opposition S.R., et tient en main l'administration de chaque rép. fédérée ; il ne dépend que de son chef, à Moscou [1922-24 : Dzerjinski, dir. adjoint Beria (22 ans)]. Il arrive à faire du parti com. officiel un parti unique. **b) Expansion du communisme à l'extérieur.** La IIIe Internationale réunie à Moscou en août 1920 dicte *21 conditions* aux partis nationaux qui la composeront, notamment : discipline rigide, alignement sur les positions du Komintern, refus des compromis, promotion de la Révolution, soutien à l'U.R.S.S. Trotski fera de l'expansion du communisme à l'extérieur l'objectif n° 1 de l'U.R.S.S. Il se heurtera à Staline (partisan du repliement provisoire sur l'U.R.S.S.) et sera éliminé. **c) Difficultés économiques.** Lénine a dû improviser : répartition socialiste (le dirigisme étatique tolère provisoirement la petite entreprise privée) ; — travail obligatoire avec égalité des salaires ; — nationalisation des banques, du commerce extérieur, des transports et des entreprises utilisant + de 5 ouvriers (avec force motrice) ou + de 10 (sans force motrice) ; — réquisition des récoltes (on laisse à chaque famille paysanne de quoi se nourrir pendant 1 an) ; — cours forcé de la monnaie (en 1923, 1 rouble-or vaudra 50 milliards de roubles-papier, inflation comparable à celle de l'Allemagne. Réaction de défense des populations : les ouvriers travaillent au ralenti ; les paysans ne produisent plus que pour leurs besoins (leurs surplus étant réquisitionnés pratiquement pour rien) ; niveau de la production 1921 (1913 : indice 100) : industrie 18 ; agriculture 65. La famine de 1921 nécessite l'intervention du comité Nansen (1 million †). Les révol. non bolcheviks déclenchent des émeutes. **d) Morts dues à la révolution.** Selon le démographe Maksudov, il y aurait eu, *entre 1918 et 1928,* 10 300 000 † [g. civile, répression, famine et grandes contagions favorisées par les troubles (typhus, etc.)]. *1933-34* 7 500 000 (famine provoquée par la collectivisation, exécutions et déportations au « goulag » ou ailleurs). *De 1939 à 45 :* militaires 7 500 000 † ; civils 8 000 000 †, 9 000 000 à 11 000 000 d'exécutions et déportations (nationalités allogènes, anciens prisonniers de guerre, etc.). *Total pour 40 ans :* 42 300 000 (60 selon d'autres auteurs).

1922-23 Léon Trotski et Staline s'opposent sur « l'exportation de la révolution et la politique économique » ; la *troïka* (attelage à 3 chevaux, au fig. : triumvirat) : Staline, Kamenev, Zinoviev (« 1re tr. », la 2e étant celle de *1926*). *-27-3/2-4* XIe Congrès nomme Staline secrétaire général du parti. *-16-4* accord de *Rapallo* relations diplom. entre Russie et Allemagne rétablies. *-30-12 fondation de l'U.R.S.S.* (réunion de rép. de Russie, rép. d'Ukraine, rép. de Biélorussie et Féd. transcaucasienne comprenant les rép. auton. de Géorgie, Azerbaïdjan et Arménie).

1924-*21-1 Lénine meurt.* *-31-1* 1re Const. de l'U.R.S.S. *-2-2* relations diplomatiques avec G.-B., puis avec It., Autriche, Norvège, Suède, Chine, Danemark, Mexique [avec la France le *28-10* (gouvernement Herriot)]. **1925**-*15-1* Trotski cesse d'être commissaire à la Guerre. *-10-4* Tsaritsyne devient Stalingrad. *-24-4* tr. de neutralité et de non agression entre Allemagne et U.R.S.S. **1926** *oct.* Trotski exclu du Bureau politique [il forme avec Lev Borissovitch Rosenfeld, dit Kamenev (1883-1936, fusillé), et Grigori Ievseïevitch Zinoviev (1883-1936, fusillé) une *troïka* d'opposition]. **1927** le Code pénal définit comme « contre-révol. » toute action ou toute « inaction » tendant à l'affaiblissement du pouvoir. **1927**-*12-5* rupture des relations anglo-soviétiques. *-Déc. Trotski est éliminé ;* trop populaire pour être exécuté, il est d'abord déporté à Alma-Ata (Kazakhstan), puis expulsé en Turquie (*févr.* **1929**).

1928 *1er plan quinquennal* pour l'industrie lourde (adopté au congrès des Soviets de 1929). **1929**-*21-6* un arrêté « sur les mesures relatives à la consolidation du système kolkhozien » marque le début de la collectivisation forcée. **1930** disgrâce de Rykov et de Boukharine, dékoulakisation : les paysans riches (ou *koulaks*) sont dépossédés. École primaire obligatoire. **1932**-*29-11 pacte de non-agression franco-sov.* **1933**-*16-11* établissement de relations diplom. avec U.S.A.

1933-34 15 millions de paysans chassés de leurs terres, déportés en Sibérie, 6 millions de † (1 000 000 d'exécutés et famine en Ukraine). Famine (5 à 6 000 000 †). **1934**-*18-9* entrée à la S.D.N. *-1-12* Serghei Mironovitch Kostrikov, dit Kirov (n. 1886 ; membre du Politburo et proche collab. de Staline) assassiné par Leonid Nicolaïev. Coupables non découverts, mais prétexte à des épurations sanglantes et massives ; plusieurs milliers de fusillés sans jugement ; sur 139 membres et suppléants du comité central, 98 sont « liquidés ». *-27-10* le N.K.V.D. a toute autorité sur les camps de travail et les institutions de tr. correctif. *2e plan quinquennal.*

1935-*7-4* une loi prévoit la condamnation à mort des enfants à partir de 12 ans. *-2-5 tr. d'assistance mutuelle franco-sov.* (Pierre Laval). **1936**-*19/24-8* procès du « centre-terrorisme-trotskiste-zinovievien » (c.-à-d. la « troïka oppositionnelle »). Principaux accusés (dont Kamenev et Zinoviev) condamnés à mort. *-5-12* Constitution approuvée par un congrès extraordinaire. **1937-38** arrêtés 7 000 000, exécutés 1 000 000, décédés dans les prisons et camps 2 000 000. **1937**-*23/30-1* procès du « centre antisoviétique trotskiste » : parmi les accusés et condamnés : Piatakov, Radek. *-16-6* exécution du M[al] Mikhaïl Nikolaïevitch *Toukhatchevski* (n. 1893) et de nom-

État de l'U.R.S.S. en 1940

● **Population** *en 1913 et, entre parenthèses, 1937* (en %) : *urbanisation :* 18 (33). *Population active :* secteur primaire 75 (56) ; secondaire 9 (24) ; tertiaire 16 (20). *Niveau de vie :* pouvoir d'achat des salaires + 10 % par rapport à 1913, mais de façon inégale (cadres, membres du parti, techniciens bénéficiant de prestations diverses) ; développement de l'instruction primaire (ens. sec. et supérieur encore peu dispensé : 1,4 million d'élèves).

● **Économie. Croissance dep. 1913 (en %). Production agricole :** 57 (céréales 32, betteraves sucrières 98, coton 281). **Industrielle :** 714. **Biens de cons. :** en retard.

Causes du progrès. Formation de cadres techniques. Aide étrangère : plus de 20 000 techniciens et spécialistes étrangers (All., Amér.). *Rationalisation* du travail avec les *oudarniks* (ouvriers de choc), émules de l'ouvrier mineur Stakhanov qui, en 345 minutes le 31-8-1935, abattit 102 t de charbon [soit 14 fois la norme (7 t.)].

Agriculture. *La collectivisation agricole* est pratiquement achevée. **Production** *en millions de t* (en 1913 et 1940) : *céréales* 80 (96) ; *betterave à sucre* 10 (21) ; *coton* 0,7 (2,3) ; *bovins* (M. de têtes) 60 (60) ; *surfaces cultivées* (millions d'ha) 105 (137).

Industrie. Production (en millions de t en 1913 et 1940) : *charbon* 29 (166) ; *pétrole* 9 (31) ; *électricité* (milliards de kWh) 2 (48) ; *acier* 4 (19). *L'ind. du caoutchouc* — à peu près inexistante jusqu'en 1928 — couvre 50 % des besoins [plantes à latex acclimatées (saphys, glaïeul du Mexique) et c. synthétique].

Transports. Fluviaux. Réseau amélioré par les canaux Baltique-mer Blanche, ouvert en 1933, Moskova-Volga achevé en 1937 faisant de Moscou un grand port fluvial. **Voies ferrées :** le Transsibérien entre Omsk et Tcheliabinsk est doublé puis triplé ; les liaisons de Moscou et Léningrad avec le Donbass-Arkhangelsk-Moscou sont doublées, les lignes Moscou-Kharkov reconstruites ; sont réalisés le Turksib, les lignes Oural-Kouznetz, Karaganda-Balkach et Oural-Karaganda ; enfin, une ligne est projetée pour unir Baïkal au Pacifique.

Place de l'U.R.S.S. 3e puissance industrielle du monde (2e d'Europe) sans avoir aliéné son indépendance au pofit de créanciers étrangers, mais le niveau par habitant est très bas. 2e puissance pour : fer, pétrole, or ; 3e pour : énergie électrique (40 milliards de kWh en 1938 contre 2,5 en 1928), fonte, acier, coton ; la 4e pour : houille, moteurs d'automobile. Commerce et industrie privée sont éliminés. **Dans le commerce mondial :** *1932 :* 2,3 % ; *37 :* 1,3 % [0,8 % de la prod. nationale est disponible pour l'exportation (11,6 en 1913), les produits manuf. représentent 68,1 % des export. *1909-12 :* 29,4 %. Les imp. de matières 1ères s'accroissent. Le rouble a été dévalué de 80 %.

● **Situation militaire.** *Effectifs* (1940) : 151 divisions d'inf., 32 de cav., 38 brigades motor., 4 flottes et 3 flottilles (mais la marine est très en retard). Mais les *purges de 1937* ont désorganisé l'armée. Si les effectifs sont restés stables (1 750 000 h.), l'encadrement a été décapité. Il reste 2 maréchaux sur 5 ; 2 gén. d'armée sur 15 ; 28 de corps d'armée sur 85 ; 85 de division sur 195 ; 186 de brigade sur 406. Les cadres nommés après la purge manquent d'expérience en 1940, notamment dans la coordination entre les différentes armes et dans la logistique (transports utilisant presque exclusivement la voie ferrée ; pas de moyens motorisés). En déc. 1939 l'U.R.S.S. ne peut pas aligner contre la Finl. plus de 9 div., d'où son échec contre une armée 12 fois inférieure en nombre (les All. en ont tiré la conclusion de la nullité mil. de l'U., ce qui était faux). Modernisation des usines d'armement (créées v. 1930 par les All.) : *artillerie* (la meilleure du monde) : obusiers de 203 mm, canon antiaérien de 76 mm, antichar de 45 mm ; artillerie lourde à longue portée ; fusées (batteries lance-roquettes légères ou Katiouchka, uniques au monde) ; *blindés* (1941) 20 000 : 6 types dont le T 34 avec un canon de 76 mm (le meilleur char du monde, 115 ex. en 1940, 1 475 en 1941) ; *avions :* 12 000 [dont Yak et Iliouchine (production 4 400 par an)] ; *parachutistes :* brigades de 1 000 h. chacune.

État de l'U.R.S.S. en 1945

● **Destructions dues à la g.** 1 710 villes, 70 000 villages, 65 000 km de voies ferrées, 1 135 mines de charbon (production : 130 millions de t) ; 7 millions de chevaux, 17 millions de bêtes à cornes, etc. 25 millions de sans-abri. *Retard du programme de développement :* 9 ans. *Valeur totale* des destructions (30 % des richesses nationales) : 2 milliards 560 millions de roubles, soit 7 années de travail (supérieures aux pertes de 1914-21). **Pertes en hommes.** 20 000 000 morts dont militaires 7 000 000.

● **Agrandissements territoriaux. Territoires acquis dep. 1939** (en km², entre par. pop. 1939 en milliers). 682 809 (22 751) dont provinces finlandaises 44 158 (498), prov. polonaises 178 705 (11 000), prov. roumaines : Bessarabie 44 288 (3 200) et Bukovine septentrionale 10 437 (500). États baltes : Estonie 47 396 (1 122), Lettonie 65 784 (1 951) et Lituanie 55 683 (2 957), Tannou-Touva 165 756 (65), Prusse orientale 11 655 (300), Tchécoslovaquie (Ruthénie) 12 742 (725). Sud de Sakhaline 36 001 (415) et îles Kouriles 10 204 (18) perdues en 1905.

A Yalta, l'U. a obtenu la reconnaissance des agrandissements de 1940 (Finlande, Roumanie), plus la Pologne orientale et la Bukovine. L'U. essaie d'annexer une partie de l'Iran (S. de l'Azerbaïdjan), mais doit y renoncer. Elle étend, en revanche, son influence sur les États « satellites », Pologne, Hongrie, Tchéc., Roumanie, Bulgarie, et (plus tard) All. de l'E., dont économies et armées sont intégrées aux siennes.

Déportations de nationalités. All. de la Volga 380 000 (dont env. 50 % meurent en route), Karatchaïs 75 000, Kalmouks 124 000, Tchétchènes 408 000, Ingouches 92 000, Balkhass 43 000, Tatars de Crimée 300 000. Ils sont remplacés par des Slaves (Biélorusses, Russes, Ukrainiens).

Ont été rétablis dans leurs régions : 1 957 Tchétchènes, 1 960 Ingouches, 1 958 Kalmouks — Karachaïs — Balkass.

Dans les États baltes, expulsés : *1941 :* 170 000, *1943 :* 400 000 Lituaniens, *1948-49 :* 150 000 Lettons, *1949 :* 35 000 Estoniens.

Nota. — 900 000 ont combattu du côté de l'Allemagne : 110 000 Turkmènes, 110 000 Caucasiens, 35 000 Tatars, 82 000 Cosaques, 27 000 Lituaniens, 3 divisions S.S. de Lettons, 2 autres d'Estoniens, 1 de Biélorusses, 2 escadrons de Kalmouks, 300 000 soldats du Gal Vlassov et 220 000 Ukrainiens.

États baltes

1939 *sept.-oct.* l'U. oblige Lettonie, Estonie et Lituanie à signer des traités d'assistance donnant toutes facilités à son armée. **1940**-*15-6* exige leur occupation totale par l'Armée rouge, la démission immédiate de leur gouv. Les opposants sont éliminés. **1944** *juin* les All. installent d'éphémères gouv. puis réintégration dans l'U. Les cathol. (Lituanie) sont persécutés. **1945** le sort des 3 baltes n'est pas précisé à Yalta. Longtemps, les rép. baltes seront interdites aux étrangers.

breux chefs de l'Armée rouge (4 maréchaux sur 5, 75 m. du conseil militaire sur 80, 14 gén. d'armée sur 16, 60 de corps d'armée sur 67, 136 de division sur 199, 221 de brigade sur 397, les 8 amiraux, les 11 commissaires politiques d'armée, 35 000 officiers supérieurs et subalternes). *Raison :* provocation montée à l'aide de faux documents par les services secrets hitlériens (dans le but de décapiter l'Armée Rouge) et dont le Pt tchèque Benès s'était fait involontairement le complice. **1938**-*2/13-3* procès du « bloc antisoviétique des droitiers et trotskistes ». Parmi les accusés et condamnés : Boukharine, Rykov (ancien chef du gouv.). Épuration des cadres techniques et administratifs (déportés en camps 20 000 000). *Juill.-août* agression jap. repoussée près du lac Khassa.

1939-*23-8 pacte de non-agression germano-sov.* (8 j av. la g. de Pol.). *-17-9* Armée rouge entre en Pologne. *-27-9* partage de la Pol. avec l'All. (Ukraine et Biélorussie pol. réunies aux R.S.S. de même nom). *30-11-39/12-4-40* **g.** de Finlande (qui perd Carélie et partie de la Laponie) ; U.R.S.S. exclue de S.D.N.

1940-*26-6* après ultimatum, la Roumanie cède à l'U. Bessarabie (45 650 km²) et Bukovine (10 432 km²). *-14/15-6* occupation des pays baltes incorporés à l'U. **1941**-*6-5* Staline (secr. du parti) devient chef du gouv. *-22-6 invasion all.* (V. g. germano-r. p. 612). *-30-6* formation d'un Comité d'État à la Déf. (chef : Staline). *-28-8 :* 800 000 All. de R. (dont 400 000 de la Rép. all. de la Volga) sont déportés au Kazakhstan. **1941-42** 1 360 grandes entreprises ind. (10 millions d'ouvriers) sont déplacées vers Oural, Volga, Sibérie. **1943** *oct.* à **1944** *juin* Staline déporte 1 000 000 de Tchétchènes, Ingouches, Karatchaïs, Balkars, Kalmouks, Tartares [la rép. tartare de Crimée (qui avait collaboré avec All.) est supprimée, et 300 000 Tartares sont installés en Ouzbékistan]. *-8-8* l'U. (48 h après Hiroshima) déclare la g. au Japon qui capitule le *2-9*.

1945 libération, M[al] Joukov (1896-1974) reçoit la capitulation all. Le Gal Vlassov (1900-46) qui avait lutté avec les All. se rend avec 3 divisions, 18 000 h. le *7-5-45* à la 3e armée amér., mais est livré à l'U.R.S.S. et pendu en 1946. De 1945 à 1947 les Occidentaux livrent 2 000 000 de réfugiés soviétiques à l'U.R.S.S. (dont la *France 102 481*).

1948-*20-6* début du blocus de Berlin. *-28-6* la *Youg. est exclue du Kominform.* **1949**-*25-1* création du *Comecon* (voir p. 780). *-11-5* fin du blocus de Berlin. *-14-7* 1re bombe atomique sov. **1950**-*14-2* tr. d'amitié sino-sov. **1952**-*5/14-10* au XIXe Congrès, Staline prépare un important remaniement de la direction du parti. **1953**-*13-1 complot des médecins* [visant Beria : il aurait constitué une équipe de 9 méd. (dont 6 juifs, associés à « la juiverie internationale ») chargés de faire mourir discrètement les personnalités sov. ; ils auraient tué Chtcherbakov en 1945 et Jdanov en 1948]. *-5-3 Staline meurt.*

1953-*5-3 Malenkov* chef du gouvernement. *-9-3* enterrement de Staline (10 à 500 † étouffés). *-28-3* décret d'amnistie (les méd. du « complot des blouses blanches » sont libérés) ; révision du Code pénal. *-10-7* Beria arrêté (exécuté 23-12-53). *-20-8* communiqué sur l'expérimentation de la bombe H. *-3-9 Khrouchtchev,* 1er secrétaire, critique la politique agricole stalinienne. 1953-58 *Boulganine* Pt du Conseil en 55, puis à la Défense. **1954**-*17-8* décret sur mise en valeur des terres vierges. **1955**-*8-2* Boulganine remplace Malenkov à la présidence du gouvernement. *-14-5 pacte de Varsovie. -26-5/2-6* Khrouchtchev à Belgrade. **1956**-*14/25-2 XXe Congrès,* dans son rapport secret, Khrouchtchev dénonce fautes et crimes de Staline (motivation de la « déstalinisation » : absoudre les compagnons de Staline qui lui succèdent au pouvoir). *-22-10* l'U. accepte le retour de Gomulka à la tête du P.C. polonais. *-4-11 intervention armée à Budapest.* **1957**-*22/29-6* le comité central exclut les membres du « groupe antiparti » Molotov, Malenkov, Kaganovitch, etc.) qui ont voulu destituer Khrouchtchev. *-4-10 1er spoutnik. -15-10* accord atomique secret entre U. et Chine. *-27-10* le mar. Joukov cesse d'être min. de la Défense ; sera exclu de la direction du parti. **1958**-*1-3* Khrouchtchev remplace Boulganine à la direction du gouv. [Politique de *déstalinisation ;* suppression des livraisons obligatoires à l'État ; parcs de MTS (stations de machines et tracteurs) vendus aux kolkhozes ; défrichement des terres vierges : création de 105 sovnarkhozes (mai 1957), conseils écon. régionaux, puis de 17 grandes régions ind. (60) ; plan de 7 ans (1959-65)]. *-31-3* l'U. suspend les essais nucléaires. *-4-11* Khrouchtchev demande la révision du statut de Berlin-O. qui devrait être transformé en « ville libre ». **1961**-*12-4 vol de Gagarine dans l'espace. -3-6* rencontre Khrouchtchev-Kennedy à Vienne. *-17/31-10 XXIIe Congrès :* reprise des attaques contre Staline. Différend avec Albanie et Chine rendu public. Rupture avec Alb. qui accuse l'U. de révisionnisme et *début de la crise sino-sov.* **1962** *oct.-nov. affaire de Cuba* (retrait des fusées sov.). *Réconciliation avec Tito.* **1963**-*13-5* l'espion Oleg Penkovski, fusillé. *-5-8 pacte de Moscou* (avec G.-B., U.S.A. et la plupart des nations sauf Fr. et Chine) interdisant expériences nucléaires (sauf souterraines).

1964-*14-10* Khrouchtchev remplacé par *Brejnev* (1er secr.) et *Kossyguine* (PM). Réforme des entreprises ; des stimulants écon. (bénéfices) sont substitués à certaines méthodes de gestion. **1965** suppression des sovnarkhozes, créés en 1957-58 (de Sovietnarodnoie khozaistvo, Conseil de l'économie régionale) gérant l'économie d'une région, les ministères industriels sectoriels étant reconstitués. **1966**-*14-2* écrivains contestataires André Siniavski et Youri Daniel condamnés à 7 et 5 a. de trav. forcés. *Mars XXIIIe Congrès* consacre les changements décidés lors de la chute de Khrouchtchev. Brejnev, secrétaire gén. du comité central. *Sept.* comité central approuve réforme de Kossyguine qui accroît les pouvoirs des gestionnaires. **1967** *juin* rencontre Johnson-Kossyguine à Glassboro (New Jersey, U.S.A.). **1968**-*20/21-8 intervention en Tchéc.* **1969** *mars* incidents avec Chinois sur l'Oussouri. L'U. envisage un bombardement nucléaire des installations nucléaires chinoises. **1970**-*12-8 tr. avec All. féd. de non-recours à la force. Déc.* procès à Leningrad de 9 citoyens juifs coupables d'avoir voulu détourner un avion de l'Aeroflot, 2 condamnés à mort ; peines commuées en 15 a. de détention. **1971**-*5-1* Vladimir Boukovski (contestataire) condamné à 7 a. de privation de liberté. *Déc.* soutien à l'Inde et au Bangladesh contre Pakistan. **1972**-*23/30-5* Nixon à Moscou. Accords U. et U.S.A. : partiel sur la limitation des armements stratégiques (acc. Salt) ; pour éviter les incidents entre navires de g. en haute mer ; sur une expérience spatiale commune en 1975 ; de coop. médicale, scient., technologique ; tr. maritime ouvrant 40 ports d'U. et des U.S.A. aux cargos de chacun des pays ; contrat de livraison à l'U. de 750 millions de £ de céréales et règlement des dettes de g. sov. aux U.S.A. (commerce entre les 2 pays passera de 200 millions à 2 milliards de $ par an) ; *prévisions :* achat de 20 millions de m³ par an de gaz naturel sov. pour 25 ans, à partir de 1980. *-17-7* l'Égypte expulse les R. **1974** *févr.* décret spécial du Soviet suprême : Soljenitsyne, arrêté le *12-2,* expulsé le *23-2* d'U. [1er citoyen sov. à être expulsé depuis Trotski, conduit en févr. 1929 à la frontière ukr. ; d'autres Sov. hors d'U. ont été privés de leur citoyenneté par décret du Soviet suprême, ex. : Valery Tarsis, écrivain (1966), Valery Chalidze, physicien (1972), Jaurès Medvedev, biologiste (1973), Svetlana Allilouyeva, fille de Staline (1970), revenue en U. en 1984]. *-9-6* reprise (après 56 a.) des relations dipl. avec Portugal. *-26-6* Gal Grigorenko (interné dep. 5 a. dans une clinique psychiatrique) libéré. *-27-6/3-7* Nixon à Moscou, aucun accord sur armements. *-23-11* à Vladivostok, accord de principe Brejnev-Ford sur les armements.

1975-*15-1* dénonciation du tr. de com. signé en 72 avec U.S.A.. *Août* la revue *Kommunist* condamne les P.C. qui ne s'opposent pas au maoïsme. *-8-11* mutinerie sur le destroyer Storojevoï (50 tués par l'aviation). *-12-11* refus de visa pour A. Sakharov qui ne peut recevoir son prix Nobel à Oslo. *-12-12* S. Kovaliev, biologiste, condamné à 7 a. de camp à régime sévère et à 3 a. d'exil. *-17-12 :* 4 artistes dissidents autorisés à quitter l'U. *Déc.* controverses entre Pravda et Humanité à propos des camps de travail en U. **1976**-*11-1* Leonid Pliouchtch (mathématicien) autorisé à quitter l'U. après 3 a. d'hôpital psychiatrique arrive à Paris. *Janv.* pénurie de pain (récolte de céréales 1975 : 140 millions de t au lieu de 215 prévus). *-20/23-1* visite de Kissinger : accord de principe sur limitation des arm. stratég. offensifs (Salt). *-24-2/-25-3 XXVe Congrès* (débat entre U. et eurocommunistes). *-10-3* E. Neizvestny (sculpteur) quitte l'U. *Nov.* Trofim Lyssenko, biologiste, meurt à 79 ans. *-18-12* Vladimir Boukovski échangé contre le Chilien Luis Corvalan. **1977**-*4-6* nouvelle Const., adoptée *7-10. -16-6* Podgorny destitué ; Brejnev le remplace. Intervention en Angola et Éthiopie. *-13-11* la Somalie expulse les R. **1978**-*10 et 15-3* le Gal Grigorenko et le musicien Rostropovitch privés de la nationalité sov. *-10-7* procès d'Alexandre Guinzbourg et d'Anatoli Chtcharansky. *-16-7* Fiodor Davidovitch Koulakov (n. 2-2-18, membre du bureau pol. et secrétaire du comité central du PC) meurt. *Sept.* Alexandre Zinoviev, philosophe, qui avait obtenu le 6-8 le droit de se rendre pour un an à l'univ. de Munich, déchu de la nat. sov. **1979**-*31-1 :* 3 dissidents arméniens accusés d'avoir commis un attentat dans le métro sont fusillés. *-27-4 :* 5 dissidents (Guinzbourg, Kouznetsov, Dymchitz, Moroz et Vins) échangés contre 2 espions (Enger, Tcheriviev) condamnés aux U.S.A. *-27-5* les Juifs d'U.R.S.S. sont autorisés à émigrer. *-Déc. intervention militaire en Afghanistan.*

1980-*4-1* embargo américain sur les livraisons de céréales. *-22-1* A. Sakharov en exil à Gorki. *-19-7* Jeux Olympiques. *-10-11* l'historien Andreï Amalrik (n. 1938) † en Espagne dans un accident de voiture. **1981**-*24-4* embargo américain sur les livraisons de céréales levé. *-23/25-10* émeutes à Ordjonikidze (Ossétie du N.). *Nov.* émeutes au Caucase. *-22-11/8-12* grève de la faim d'Andreï et Elena Sakharov pour que leur belle-fille Lisa Alexziva puisse aller retrouver aux U.S.A. son mari Alexeï Semionov (fils d'un 1er mariage de Elena S.). *-1-12* arrêt de travail d'1/2 h à Tallin (Estonie) à l'appel du Front nat. et démocratique de l'Union soviét. (demande le rappel des troupes d'Afghanistan, la non-ingérence en Pologne, la fin des exportations alim. en particulier vers Cuba, la libération des détenus pol., la diminution de la durée du service milit.). **1982**-*26-1* Mikhail Andreevitch Souslov (n. 1903), m. du bureau pol. et idéologue du parti, meurt. *-15-6* A. Gromyko annonce que l'U.R.S.S. s'engage à ne pas utiliser en premier l'arme nucléaire. *-10-11 Brejnev meurt,* Andropov lui succède. **1983** *janv.* Andropov annonce la lutte contre parasitisme et absentéisme. *-5-4 :* 47 diplomates sov. expulsés de France. *5-6* naufrage d'un bateau sur la Volga, env. 170 †. *-1-9* Boeing Sud Coréen abattu : 269 †. **1984**-*2-1 Iouri Andropov meurt. -13-2* Constantin Tchernenko élu secr. gén. du comité central du P.C. *-11-4* Tchernenko élu Pt du Praesidium du Soviet suprême. *-8-5* l'U. annonce qu'elle boycotte les J.O. de Los Angeles. *Maj* Juan Carlos Ier en U. (1er voyage off. d'un chef d'État esp. en U.). *13-5* explosion dans la base navale de Severomorsk (mer de Barents), env. 200 † et 200 bl. Missiles détruits [580 des 900 missiles SA N-1 et SA N-3, 320 des 400 SS N-3 et SS N-12, stock complet des 80 missiles sol-sol SS N-22, opérationnel depuis 1983, un certain nombre de SA N-6 et SA N-7, et des SS N-19]. Incendie dure 5 jours. *20/-23-6 visite du Pt Mitterrand. Juill.* Molotov, min. des Aff. étrangers de Staline en disgrâce dep. 1957, réadmis dans le PC à 94 ans. *-2-10* fin du vol spatial de 237 j. de 3 cosmonautes. *-3-11* le Praesidium du Soviet suprême permet à Svetlana Staline de rentrer en U. (après 17 ans d'exil volontaire), elle retrouve sa nationalité qui est aussi accordée à sa fille Olga. *Mi-déc.* explosion dans une usine travaillant pour la défense en Sibérie, plusieurs centaines de †. *-19-12* M[al] Oustinov, min. de la Défense meurt. *-22-12* M[al] Sokolov min. de la Défense. **1985**-*10-3 Constantin Tchernenko meurt. Gorbatchev lui succède. 17-5* mesures contre l'alcoolisme (vente après 14 h, âge min. 21 ans, amendes). *-2-6* selon le colloque « le Goulag aujourd'hui » il y aurait en U.R.S.S. 2 000 camps, 4 millions de détenus et 20 000 † par an. *-2-7* Andreï Gromyko (n. 1909) élu Pt du Présidium du Soviet Suprême ; remplacé comme min. des Aff. étrangères par Édouard Chevarnadze (n. 1928) qui entre au Politburo dont Grigori Romanov est évincé. *-2/5-10 visite de A. Gorbatchev à Paris. -7-12* départ d'Elena Bonner (femme de Sakharov) pour se faire soigner aux U.S.A. **1986**-*11-2* échange d'espions contre Anatoli Chtcharanski (n. 1948) qui émigre en Israël. *-25-2* XXVIIe congrès du P.C. *-25-4* accident nucléaire à la centrale de Tchernobyl (V. Index).

☞ **Méfaits de l'alcoolisme.** La vodka tue chaque année 1 million de Soviétiques. Consommation moyenne 5 l par an et par hab. en 1952, 30 l en 1983. 1 Soviétique sur 6 naît débile ou atteint d'une tare héréditaire due à l'alcoolisme. L'alcoolisme est à l'origine de 85 % des meurtres, viols, actes de banditisme et vols. Il y eut en 1980 « 40 millions d'alcooliques et d'ivrognes » officiellement fichés...

Politique extérieure

Grands traits de la politique russe

De 1825 à 1917. Idéologie conservatrice. Nicolas Ier. 1825 dès le 1er j de son règne, écrase la révolution des *décembristes,* et défend l'autocratie. Crée la classe des bourgeois-notables ; ajourne l'affranchissement des serfs ; nomme le général Prolassof administrateur du St-Synode de l'Église. Crée un cordon sanitaire policier et douanier pour isoler la R. de l'Europe ; refuse de relier les chemins de fer r. au réseau européen ; crée des enseignements secondaire et supérieur entièrement r., pour éviter le recours aux maîtres étrangers. Interdit de quitter la R. pour plus de 5 ans (nobles) ou 3 (roturiers). Remplace l'enseignement de la philo. dans les universités, par la théologie. Renforce la censure : seul journal non inquiété : *le Moscovite* (organe des *slavophiles ;* — programme à l'extérieur : coopération des peuples slaves ; dans l'empire : unité de la culture r.). **Alexandre II** est plus libéral. **1861**-

10-2 affranchit les serfs (23 millions sur 42 millions de R.). **1862-65** libéralise le système judiciaire (débats publics, jury d'assises, juges d'instruction, tribunaux d'arrondissement remplacent la justice seigneuriale, cours d'appel, etc.). **1881** accorde une *Constitution*, est assassiné le jour où le texte est donné à l'imprimerie. **Alexandre III**, son fils, revient, par réaction, à l'autocratie (sous l'influence du Gal Ignatief). **1882** loi sur la presse. **1887** limitation de l'accès aux universités. **1889** création des chefs de canton remplaçant assemblées locales de serfs affranchis.

Soutien aux États conservateurs. Nicolas Ier est l'allié de Charles X de 1827 à 1830 (opérations contre Turquie) ; il s'oppose à Louis-Philippe, considéré comme un chef révolutionnaire (l'apparition du drapeau tricolore sur l'ambassade de Fr. à Varsovie a déclenché le mouvement pol. de 1830-31), l'empêche d'annexer la Belgique 1832, décrète un deuil officiel de 21 j lors de la mort de Charles X (1836). En 1848 il sauve la monarchie autr. des libéraux germanophones et nationalistes hongrois ; impose le statu quo de 1815 ; il sauve aussi la monarchie prussienne. Il la croyait conservatrice, alors qu'elle était protestante, anticatholique, décidée à remplacer la Confédération de 1815, conservatrice, par un empire novateur, empêchant une coalition d'États conservateurs de lui casser les reins. En **1849** il prend parti pour Napoléon III, à cause de son conservatisme clérical (écrasement de la révol. romaine ; destruction de la IIe Rép. fr.). **Après 1855** la victoire franco-anglo-turco-piémontaise de Crimée et l'humiliant *tr. de Paris* (1856) le conduisent à ne s'intéresser qu'à l'expansion russe par tous les moyens : le choix des alliés eur. ne dépend plus du conservatisme de leur gouvernement mais de leur utilité dans l'expansionnisme r.

Expansionnisme. Au XVIIIe s. pour Pierre le Grand et Catherine II, l'empire r. ne doit pas cesser de s'agrandir, s'il ne veut pas rétrograder. Au XIXe s. principaux objectifs : a) **Constantinople et les Détroits** (en r., Constantinople se dit *Tsarigrad*, « la ville des tsars ») ; b) **Europe orientale** : constitution d'une double fédération, qui serait sous la protection de la R. : α) *féd. des nations slaves* [Polonais (catholiques), Tchèques (protestants), Bulgares, Serbes (orthodoxes), Bosniaques (musulmans), Croates (catholiques), etc.] ; les Slaves sont dans l'ensemble russophiles, sauf les Pol., antirusses ; β) *féd. des nations orthodoxes*, quelle que soit leur race : Roumains (latins), Grecs ; ethnies balkaniques diverses (surtout slaves) ; églises arabes du Proche-Orient ; c) **Régions caspiennes.** Depuis le tr. de *Tourkman-tchaï* (22-2-1828), les R. ont progressé en Géorgie, Arménie, Azerbaïdjan jusqu'à l'Araxe. Il leur faudrait conquérir l'Iran (ou l'Afghan.) pour accéder au golfe Persique ; d) **Asie centrale** : s'agrandir aux dépens des nomades asiatiques ; e) **Extrême-Orient** : acquérir des provinces maritimes, au littoral dégagé des glaces, pour accéder au Pacifique.

Politique vis-à-vis des différents États (avr. 1917)

Angleterre. Nicolas Ier la considère comme un adversaire pour des raisons relig. et pol. (libéralisme, protestantisme, accord avec les libéraux fr.). **A partir de 1841**, elle est la principale rivale à l'expansion r. vers Méditerranée et mers chaudes de l'Asie. L'Angl. veut : 1) empêcher le démembrement de la Turquie, qui livrerait à la flotte r. Constantinople et l'accès vers la Méditerranée ; 2) écarter les R. de Perse et d'Afghanistan, d'où ils pourraient couper ses communications avec l'Inde ; 3) empêcher leur hégémonie en Extrême-Orient. Elle ne fera la g. qu'une fois (g. de Crimée, avec l'alliance fr. et turque 1854-55, v. p. 1002 a), mais s'opposera à la R. par tous les moyens jusqu'à 1914 (voir plus loin). **1895** l'Angl. impose à la R. une frontière laissant à l'Afghanistan une bande de 20 km de large le long du fleuve Oxus (ainsi, pas de frontières communes R.-Inde). **1896** les R. obtiennent la concession d'une voie ferrée en Perse de la Caspienne au golfe Persique, et le monopole des nav. de g. en Caspienne ; ils créent la *Banque des prêts de Perse* qui leur assure la maîtrise financière de l'État persan. L'Angl. se fait attribuer les recettes douanières des ports du golfe Persique. **1896** *affaire du Transchinois* : Nicolas II veut organiser à partir du Moukden et de Port-Arthur un réseau ferré lui assurant le monopole du commerce chinois. Il constitue une Sté r.-fr. puis une Sté r.-belge. L'Angl. fait donner par la Chine la concession aux Américains. **1904-05** l'Angl. entreprend de faire battre la R. par le Japon. Elle détache la Fr. de la R. (car l'escadre fr. d'Extrême-Orient est supérieure à la marine jap.), en signant le 8-8-1904 avec la Fr. un accord naval. **1907**-*31-8* accord naval anglo-r. : l'Angl. appuie la R. contre l'All. (son réarmement naval voulu par Guillaume II en fait l'ennemi n° 1). **1914** *août* l'Angl. laisse les 2 cuirassés all. *Goeben* et *Breslau* rejoindre la mer Noire et renforcer la flotte turque. **1915** elle monte (avec les Fr.) l'opération des Dardanelles, pour occuper Constantinople et renégocier sa remise à la R., puis abandonne l'attaque des Dardanelles alors que la résistance turque est à bout (manque de munitions). **1916** l'Angl. reconnaît à la R. le droit d'annexer Constantinople.

Autriche. Jusqu'en 1848 cette puiss. conservatrice est une alliée privilégiée [intervention armée pour sauver François-Joseph (1848-49)]. Mais en **1854** l'Autr. s'oppose à l'annexion des principautés roumaines par la R. [elle voudrait acquérir le bassin du Danube jusqu'à la mer Noire, alors que les R. suivent un axe N.-S. d'Odessa vers la mer Égée (de cette rivalité naîtra la g. de 1914-18)]. *-20-4* l'Autr. s'allie avec la Prusse : la R. doit renoncer à l'annexion des principautés ; *juin*, la Turquie autorise l'Autr. à les occuper provisoirement jusqu'à la fin de la g. Pressée par les Anglo-fr. d'entrer en g. contre la R., elle reste neutre (2-12-1854) et adhère seulement à leurs propositions de paix. La R., dès lors, soutient ses sujets slaves et orthodoxes en perpétuelle rébellion. **1856** (congrès de Paris), l'Autr. s'oppose à la réunion en un seul État des 2 principautés roumaines (voulue par la R.). **1878** (congrès de Berlin), l'Autr. s'allie à l'Angl. et obtient d'occuper la Bosnie-Herzégovine, ce qui fait d'elle une puissance balkanique (ennemie de la Serbie pro-r.) et sera la cause directe de la g. de 1914. **A partir de 1880**, les pangermanistes autr. mènent la même politique expansionniste que les All., alliés aux Hongrois, anti-r., anti-roumains, anti-serbes. Il n'y a plus d'accord possible avec la R. **1914** l'armée russe porte ses coups les plus violents contre l'Autr. (1 328 000 prisonniers autr. en 3 ans).

France. 1830-49 elle est d'abord une ennemie, car libérale sous Louis-Philippe et républicaine en 1848-49. **1849-54** avec Napoléon III, la Fr. redevient conservatrice et Nicolas Ier lui accorde sa sympathie. Mais N. III s'allie à Angl. et Turquie (g. de Crimée **1854-55**). **1870-71** par ressentiment, Alexandre II laisse écraser la Fr. par la Prusse. **A partir de 1881**, l'alliance fr. devient indispensable au tsar pour des raisons financières : pour la Fr., le « rouleau compresseur r. » permettra de vaincre l'All. et de récupérer l'Alsace-Lorraine. Les Fr. investirent ainsi 16 milliards de F-or en R. jusqu'à 1911 ; mais l'or fr. profite essentiellement au commerce all., les R. achetant leurs biens d'équipement en All. (les révolut. r. jugent la Fr. complice des excès tsaristes ; *1917* ils refuseront de rembourser l'argent prêté, le considérant entaché de crimes contre les droits de l'homme). **1911** *déc.* après avoir aidé la Fr. à s'installer au Maroc, Nicolas II réclame aux Fr. de prendre position en faveur de l'occupation par la R. du Bosphore et des Dardanelles. La Fr., réticente (par crainte de l'Angl.), ne cédera qu'en 1915, une fois la Turquie entrée en g. aux côtés de l'All.

Prusse. Indifférence tant que l'All. se désintéresse de la question d'Orient. *A partir de 1879*, quand Bismarck satisfait de victoires à l'O., a joué la carte autrichienne (expansion du germanisme vers le bas Danube et la Turquie), la Pr. devient une ennemie en puissance (exception : en Pol., la prussianisation est bien vue, elle affaiblit le polonisme). **1863**-*8-3* convention avec Bismarck pour réprimer militairement la subversion pol. russo-all. **1875** querelle Gortchakoff-Bismarck [Bismarck voudrait attaquer la Fr. (simple bluff). Gortchakoff le hait et le méprise ; Alexandre III interdit à Bismarck de menacer la Fr.]. **1878** *tr. de Berlin*, Bismarck se rapproche de l'Angl. après les victoires r. sur la Turquie, et fait annuler le tr. de San Stefano, avantageux pour les R. **1881** à partir d'Alexandre III l'All. est considérée comme une ennemie en puissance, comme l'Autr., d'où rapprochement avec la Fr. Cependant, Nicolas II et Guillaume II étaient amis et parents (cousins germains par alliance, la tsarine étant cousine germaine de G. II). **1905**-*24-7* à Björkö Guillaume arrache à Nicolas un tr. d'alliance défensive, séparant la R. de la Fr. hostile à l'All., mais le ministre russe Lansdorf le fait annuler. D'ailleurs, à cette époque, les « pangermanistes » all. songeaient à enlever à la R. les plaines à blé de l'Ukraine (« Drang nach Osten » : marche vers l'E.).

Turquie. La R. cherche à conquérir Constantinople et les détroits (accès vers la Méditerranée). **1676** 1re g. de conquête. **1687-1792** 6e g. : avance du Donetz au Dniestr et au Caucase. **1798-1806** alliance militaire (unique) ; les escadres r. franchissent librement les détroits et conquièrent les bases françaises de l'Adriatique. **1806-12** 8e g. : la R. atteint le Danube (annexion de la Bessarabie 1812), mais perd l'Adriatique. **1828-29** offensive r. : Balkans (Andrinople pris) et Arménie (Kars et Ezzeroum pris, marche sur Trébizonde) ; **1829**-*14-7 tr. d'Andrinople* ; la R. annexe bouches du Danube et littoral oriental de la mer Noire jusqu'à la baie de St-Nicolas. **1833**-*8-7 tr. secret d'Unkiar-Skelessi* : alliance défensive et offensive pendant 8 ans ; en échange, la T. ferme les Dardanelles à tout navire de g. étranger. **1841**-*13-7* l'Angl. intervient pour substituer le *tr. de Londres* à celui d'Unkiar-Skelessi. Une garantie internationale remplace le protectorat r. : détroits neutralisés et interdits à tout navire de g. **1853-56** Mentchikoff réclame le protectorat des orthodoxes de T. (10 millions d'h.) ; le sultan est soutenu par l'Angl. et la Fr. (qui avait le protectorat des chrétiens de Terre Sainte dep. 1740). **1853**-*4-11* la T. déclare la g. et grâce à la victoire fr.-angl. de Sébastopol, s'en tire aux moindres frais : les principautés roumaines sont placées sous le protectorat de l'Europe ; la mer Noire est démilitarisée (avantage pour la T.). **1877-78** g. déclarée par la R., par suite de représailles t. contre les orthodoxes des Balkans (Bulgares, Serbes, Monténégrins). Conquête de Bulgarie et Thrace. Prise de San Stefano, près de Constantinople, mais l'arrivée d'une escadre angl. dans la mer de Marmara sauve Constantinople ; *tr. de San Stefano*, les R. sont spoliés de leur victoire ; leurs alliés roumains, bulgares, serbes et monténégrins obtiennent quelques satisfactions. **1878-1912** g. contre les Turcs par États (balkaniques) interposés, qui arrachent des concessions aux T., et finiront par les chasser des Balkans. Mais les R. les avertissent : Constantinople est un domaine réservé aux tsars. **Après 1913** les manœuvres r. pour enlever Constantinople sont, en fait, dirigées contre l'Autr. : le tsar sait qu'il ne pourra réussir qu'à la faveur d'une g. europ. **1914-16** la R. en g. obtient des Angl. et Fr. la cession de Const. L'Angl. a cédé, par crainte d'une défection r. La défaite r. de 1917-18 empêche la réalisation du projet russe.

Protection des petits pays. Outre les États slaves et orthodoxes d'Eur. (voir ci-dessus), la R. s'est intéressée à l'*Éthiopie* (assimilant les coptes à des orthodoxes). **1889** un aventurier russe, Achinoff, tente avec des mercenaires de conquérir l'Éthiopie ; il échoue, mais laisse de nombreux missionnaires. **1893** les Églises orthodoxes et éth. signent des accords de coopération (en 1900 le G[al] russe Léontéoff sera nommé gouverneur gén. des possessions équatoriales de l'Éthiopie). **1898** lors de l'affaire de Fachoda, R. d'Éthiopie collaborent avec Fr. du Soudan ; mais la Fr. recule devant la g., et la R. n'insiste pas.

Politique soviétique

Responsables de la diplomatie : 1917-18 Trotski. **1918** *mars*-**30** Georges Vassilevitch Tchitcherine (1872-1936). **1930-39** Litvinov. (Wallach Finkelstein) (1876-1951). **1939-45** Molotov (Viatcheslav Skriabine, n. 1890). **Guerre contre les puissances capitalistes. 1917** *nov.* Lénine proclame le décret sur la paix, l'idéal révolutionnaire étant incompatible avec l'état de g. Mais les All. refusent de mettre fin aux hostilités sans conditions : lançant une offensive contre Petrograd, ils obligent les bolcheviks à signer un tr. classique de puissance militairement vaincue (Brest-Litovsk, *3-3*-**1918**). Trotski forge l'Armée rouge qui, après l'effondrement austro-all. de nov. 1918, mènera la g. contre les Alliés, antibolchevistes et protecteurs des tsaristes, ou Russes blancs. **1918-20** l'Angl. mène de nombreuses opérations en mer Noire contre les bolcheviks et occupe la Géorgie (afin de contrôler les champs pétrolifères du Caucase). **1919** s'oppose à la remise de Constantinople aux Grecs (la France, v. après). Les bolcheviks reconquièrent les parties r. de l'U., mais doivent faire de lourdes concessions (Finlande, Pays baltes, Pologne orientale, Roumanie). Ces territoires, détachés, forment un « cordon sanitaire » entre l'Europe capitaliste et l'U. Leur reconquête sera un des 1ers objectifs de l'U. Après la g. r.-turque de 1919-22, la R. fait des concession en Arménie. Au XXe s., la question de Const. est moins importante pour l'U. [progrès de la navigation dans les autres mers (Baltique, océan Glacial, Pacifique) ; régime plus libéral des Détroits]. **Concessions aux capitalistes.** Tchitcherine entreprend de rétablir les relations commerciales entre U. et nations capitalistes. Motif : a) la nouvelle politique éc. (NEP) a besoin d'investissement étrangers. 95 % de la structure industrielle ont bénéficié d'une assistance directe entre les 2 guerres. En 1931 les U.S.A. exportent 60 % de leurs machines vers l'U.R.S.S., et en 1932 la G.-B. 80 %. Sans les transferts occidentaux de techniques, d'usines clés en main et de spécialistes, les grands travaux staliniens n'auraient pu être réalisés ; les aciéries de Magnitogorsk (1er complexe mondial du genre) ont été fournies par MacKee Corporation, le barrage hydro-électrique du Dniepr avait comme maître d'œuvre Hugh Cooper, les raffineries du 2e Bakou furent construites par l'Universal Oil Products, la Badger Corporation et la Lummus Company, les Am. construisirent le barrage de Dnieprostroï. b) l'Armée rouge a besoin de la technologie militaire all. (après l'accord de Rapallo le 16-4-1922 avec l'All. : les R. permettent aux All. d'utiliser des terrains de manœuvre en Russie).

Expansionnisme révolutionnaire. Le *Komintern* soutient les révolutionnaires de tous les pays, notamment en Chine, Indochine, Mexique, aussi les relations pol. avec les États occid. restent tendues malgré les bonnes relations commerciales et financières.

Rapprochement apparent avec les démocraties (1934-36). Staline prend apparemment parti contre Hitler (mais la coopération mil. entre Wehrmacht et Armée rouge n'est pas interrompue). **1934** l'U. entre à la S.D.N. **1935** accord limité avec la Fr. (Pierre Laval), *mai* accord avec la Tchéc. (aide mil. sov. reste subordonnée à l'accord de Roum. et Pol.). **1936** accord secret avec la Fr. pour faire passer des armes à l'Espagne rép. **1939** la victoire de Franco persuade Staline que les démocraties sont incapables de résister au fascisme.

Préparation de la 2e g. mondiale (1936-41). Hitler veut conquérir la R. **1936** Staline, manœuvré par les services secrets nazis, anéantit les cadres de l'Armée rouge (affaire Toukhatchevski). *-25-11* Hitler signe avec le Japon puis avec l'Italie (*6-11*-**1937**) le *pacte anti-Komintern.* Staline l'interprète comme une manœuvre de propagande pour mobiliser en faveur de l'All. l'idéologie antibolchevique (en fait, le Jap. n'a pas soutenu Hitler contre l'U. en *juin 1941,* et Mussolini a fait très peu ; seule la Hongrie, ayant adhéré en *avril 1939,* a pris le pacte au sérieux). **1939** Molotov (révolutionnaire réaliste) remplace Litvinov (tendances occidentales) : Staline croit à la g. mondiale entre puissances « capitalistes ». Occasion pour l'U. de renforcer la puissance sov. **1939**-*23-8* le *pacte germano-sov.* est un pas dans cette direction [Staline veut récupérer les territoires perdus en 1920-23 (objectif atteint entre sept. 1939 et oct. 1940) et refaire son armée désorganisée par les grandes purges de 1936]. **1941**-*22-6* agression hitlérienne, l'U. ne cherche qu'à résister, avec l'aide des Alliés.

Expansionnisme soviétique après 1944. Staline estime possible de vastes annexions en Europe et en Extrême-Orient, et organise une Europe centrale com. soumise à son influence. L'aide aux mouvements révolutionnaires dans le tiers monde (Viêtnam, Cuba, Afrique) devient très active, sauf dans la zone atlantique, où les accords de Yalta ont reconnu la suprématie amér. (abandon de la révol. portugaise, *1974*). Coût de l'établissement en Éthiopie d'un régime marxiste-léniniste 3 milliards de $; fournitures d'armes aux pays africains, 7 milliards de $; entretien de Cuba 6 millions de $/j (en 1979).

Guerre froide (1946-63)

● **Origine. 1946**-*5-3-* à Fulton (Missouri) Churchill parle de « rideau de fer » (fermeture des frontières entre États satellites et Europe occid.). **1947**-*12-3* Truman proclame sa « doctrine » (à propos des visées sov. sur Grèce et Turquie) promettant une aide écon. et mil. à tout pays menacé par l'U. *Avr.* conférence sur l'All. à Moscou, échec : les zones d'occupation occid. et sov. restent séparées ; aucune paix définitive en vue. *Mai,* com. exclus des gouv. fr. et it.

● **Du plan Marshall à la g. de Corée. 1947**-*5-7* le Gal américain Marshall met au point son plan de sauvetage des pays européens ; la Chine de Tchang Kaï-Chek semble perdue ; les Am. veulent conserver l'aide prévue par la doctrine Truman aux États eur., y compris l'Allemagne ; ils espèrent attirer les pays de l'E., par l'espoir d'une aide écon. *-2-7* les pays de l'E. refusent. *-5-10* l'U. crée le *Kominform,* remplaçant le Komintern (créé 1919, dissous 1943) et chargé de coordonner, en politique extérieure, l'action des États et des partis communistes.

1948 *févr.* la Tchéc. tente de quitter le camp du « rideau de fer », mais un coup d'État policier procomm. *(« coup de Prague »)* la remet dans le camp sov. Les Occidentaux décident, en compensation, de relever l'All. de l'O. Riposte sov. : *blocus de Berlin* (juin 1948/mai 1949). Les Occid. ravitaillent B. par avion. *Juin* la Youg. quitte le bloc sov., sans rejoindre le bloc occidental (titisme = non-engagement).

1949 *avr.* création de l'OTAN. *Mai/oct.* proclamation de 2 États all. : occidental (R.F.A.), communiste (R.D.A.). *Sept.* les comm. achèvent la conquête de la Ch. 1re bombe atomique sov. Les Russes mettent au pas l'armée polonaise (le Mal Rokossovski, Mal sov. d'or. pol., ministre de la Défense en Pol.).

● **De la g. de Corée à la conférence de Genève (1950-53). 1950** g. de Corée (Staline veut tester la volonté de résistance am.). L'O.N.U. soutient la C. du S, la g. froide semble dégénérer en g. mondiale. Mais l'U. sait que Truman n'interviendra pas contre elle si l'U. ne prend pas part directement au conflit : elle n'envoie pas de troupes et remporte un succès moral. **1953**-*5-3* Staline meurt. La tension mondiale diminue : *juill.* armistice en Corée. *12-8* 1re bombe thermo-nucléaire sov. **1954** *oct.* les Fr. rejettent la CED, d'où réarmement de l'All. occ. **1955** *mai : pacte de Varsovie* (alliance mil. des pays de l'E.) *Juill.* R. et Am. se rencontrent à Genève ; ils n'aboutissent à aucun accord sur le désarmement mondial, mais la tension diminue du seul fait de la conférence.

● **Effets de l'« esprit de Genève » (1956-63). 1956** *févr.* Khrouchtchev proclame la déstalinisation au XXe Congrès du Parti. *Oct.-nov.* les Hongrois se révoltent contre l'U. ; au même moment les Fr. (mollement soutenus par les Angl.) ont attaqué le canal de Suez pour faire tomber Nasser. L'U. exige le retrait des Franco-Brit. Fr. accepte de remplir cette exigence et laisse l'U. écraser la révolte hongroise. Le prestige de Khrouchtchev est renforcé. **1957**-*4-10* lancement du spoutnik. L'équilibre pol. et écon. semble rétabli entre les 2 « Super-grands » et la g. froide perd sa raison d'être. **1958** conférence de Genève sur l'arrêt des essais nucléaires. **1959** rencontre Eisenhower-Khrouchtchev. **1960** *mai* Khrouchtchev lance la doctrine de la « *coexistence pacifique* » et accepte une conf. à 4 à Paris [mais un U2, avion espion am. (pilote Garry Powers) ayant été abattu en U., il quitte la conf.]. **1961** *août* construction du mur de Berlin pour empêcher les All. de l'Est d'émigrer en All. féd. **1962** les R. installent des fusées à Cuba, mais les retirent dès le 1er ultimatum de Kennedy (oct.) (les Amér. retirent leurs fusées de Turquie ?). **1962-63** rupture entre U. et Chine. **1963** *juill.* renonçant à la g. froide voulue par la Chine, l'U. signe avec U.S.A. *l'accord de Moscou* sur l'arrêt des essais nucléaires. Le rapprochement entre Fr. et Chine crée une sorte de 3e force, niant la bipolarisation du globe.

Relations franco-soviétiques

Après la Révolution de 1917 la Fr. tentera de récupérer ses investissements en R. En 1918-20 avec l'aide de la Pol. francophile, et s'appuyant sur ses bases navales d'Odessa et de Crimée, elle protège le gouv. dictatorial du chef cosaque Petlioura en Ukraine, qui reconnaît pratiquement son protectorat et lui accorde la mainmise sur l'ind. du Donetz comme garantie de la dette contractée par les tsars. La défaite de Petlioura consacre la liquidation des avoirs fr. en R. **Après 1921,** les bolcheviks joueront contre la Fr. la carte all.

1924-*28-10 la Fr. reconnaît l'U.* **1932**-*29-11 pacte de non-agression.* **1934**-*5-12* tr. sur l'intéressement mutuel dans la conclusion d'un pacte régional oriental. **1935**-*2-5 pacte d'assistance mutuelle Staline-Laval.* **1941**-*30-6* relations dipl. rompues par Vichy. *-26-9 l'U. reconnaît le Gal de Gaulle chef de la Fr. libre.* **1944**-*2/10-12 visite du Gal de G., tr. d'alliance et d'assistance mutuelle pour 20 a.* **1955**-*7-5* l'U. dénonce le pacte ; cause : ratification fr. des accords de Paris avec l'All. féd. **1956**-*6-11* tension à propos de Suez. **1960**-*23-11/3-12 Khrouchtchev à Paris,* accord économique. **1964**-*30-10* accord commercial pour 1965-69. **1966**-*20-6/1-7 visite du Gal de G. à Moscou.* **1969**-*26-5* accord écon. pour 5 a. **1970**-*6/7-10* visite du Pt Pompidou. **1971**-*25/30-10* Brejnev en Fr. **1973**-*10-7* programme décennal de l'approfondissement de la coop. écon. et ind. *-23-7* scient. et techn. **1974**-*12/13-3* rencontre Pompidou-Brejnev à Pitsounda (Géorgie). *Déc.* sommet Giscard-Brejnev à Rambouillet. **1975**-*19/24-3* visite de J. Chirac. *-14/18-10* visite du Pt Giscard d'Estaing ; rencontres périodiques au sommet prévues ; 5 contrats écon. (2 455 millions de F.) **1976**-*16-7* accord sur l'arme nucléaire. **1977** déclaration sur la détente. **1980** *mai* rencontre Brejnev-Giscard d'Estaing à Varsovie. **1981**-*10-5* Mitterrand élu Pt a dans son programme de tout faire pour inciter l'U. à retirer ses troupes d'Afghanistan. **1982** contrat d'achat de gaz sov. **1983**-*5-4* expulsion de 47 dipl. sov. **1984** *juin Pt Mitterrand en U.R.S.S.* **1985** *oct.* visite de Gorbatchev à Paris.

Politique intérieure

● **Statut fédéral.** L'U.R.S.S. (fondée 30-12-1922) « est un *État multinational fédéral uni,* constitué selon le principe du fédéralisme socialiste, par suite de la libre autodétermination des nations et de l'association librement consentie des Républiques socialistes soviétiques égales en droits » (art. 70), et comprend *15 rép. fédérées souveraines.* **Républiques fédérées.** Chacune a sa Constitution (établie sur la base de la Constit. de l'U. et qui tient compte de ses particularités nationales) ; possède ses organes supérieurs du pouvoir d'État : Soviet suprême, Présidium du Soviet suprême, Conseil des min., cour suprême, soviets des députés, des travailleurs et leurs comités exécutifs, législation civile et criminelle, du travail, de la famille, hymne, drapeau, armes et capitale. Chacune a le droit d'entrer en relations directes avec un État étranger, de signer des accords, d'échanger des représentants diplomatiques et consulaires, de sortir librement de l'U. Certaines rép. féd. comprennent des rép. autonomes. **Républiques autonomes** (20 dont R.S.F.S.R. 16, Géorgie 2, Ouzbékistan et Azerbaïdjan 1) Chacune est une formation politique qui fait partie intégrante de la Rép. fédérée (elle possède une Constitution et des organes supérieurs du pouvoir [Soviet suprême (1 seule chambre élue pour 5 ans), Conseil des ministres]. Son territoire ne peut être modifié sans son consentement. **Régions autonomes** (8 dont R.S.F.S.R. 5, Géorgie 1, Azerbaïdjan 1, Tadjikistan 1). Formations nationales et territoriales qui bénéficient de l'autonomie administrative. Le Soviet des députés des travailleurs de la région autonome en est l'organe du pouvoir d'État. **Districts autonomes** (13 dont R.S.F.S.R. 10, Géorgie 1, Azerbaïdjan 1, Tadjikistan 1). Réservés aux minorités.

● **Fêtes nationales :** 7-8 nov. (révolution d'Octobre) ; 9 mai (jour de la victoire) ; 7 oct. (jour de la Constit.).

● **Constitution de l'U.R.S.S. du 7-10-1977** (modifiant celle du 5-12-1936) (9 divisions, 21 chapitres, 174 articles). « État socialiste du peuple entier » (art. 1). L'*État socialiste,* au cours de son développement, traverse *2 étapes historiques :* **1°) passage du capitalisme au socialisme** jusqu'à la victoire totale et définitive de ce dernier ; l'État soc. est alors un État de *dictature du prolétariat,* forme particulière selon Lénine de l'alliance des ouvriers et des paysans conclue en vue de renverser complètement le capital et d'instaurer et de consolider le soc. La classe ouvrière en tant que classe la plus avancée et politiquement la mieux organisée joue le rôle dirigeant. **2°) après la victoire définitive du socialisme,** réalisée en U., l'État est devenu un État du peuple tout entier exprimant la volonté et les intérêts de l'ensemble du peuple soviétique, et non plus les intérêts et la volonté d'une classe déterminée. L'État agit en fonction de l'idéal communiste : le libre développement de chacun est la condition du libre développement de tous. « Tout le pouvoir appartient au peuple » qui « exerce le pouvoir d'État par l'intermédiaire des Soviets des députés du peuple, qui constituent la base politique de l'U.R.S.S. Tous les autres organes d'État sont soumis au contrôle des Soviets... et responsables devant eux » (art. 2). « L'organisation et l'activité de l'État... se conforment au principe du centralisme démocratique : tous les organes du pouvoir d'État... sont élus et doivent rendre compte de leur activité au peuple, les décisions des organes supérieurs sont exécutoires pour les organes inférieurs » (art. 3). « Les questions les plus importantes de la vie de l'État sont soumises à la discussion populaire ainsi qu'au référendum » (art. 5). « L'orientation fondamentale du développement du système politique... est l'approfondissement continu de la démocratie socialiste. »

Propriété : La *base économique* de la société soviétique est la propriété socialiste des moyens de production. 1° *propriété socialiste,* appartient au peuple en entier (terre, richesses du sous-sol, forêts, eaux, principaux moyens de production, ind. du bâtiment et agricoles, banques, moyens de transport et de communication, institutions scientif. et culturelles, biens des entreprises commerciales, services communaux, la majeure partie des fonds locatifs urbains et autres entrepr. organisées par l'État, les autres biens nécessaires à la réalisation des tâches de l'État) ; 2° *propriété kolkhozienne,* coopérative (machines, bâtiments, entreprises et bétail collectif, production) qui appartient aux diverses collectivités de travailleurs (seuls les membres de la coopérative ont le droit de la gérer). *Propriété personnelle,* basée sur les revenus issus du travail ; terre remise aux kolkhozes en jouissance perpétuelle et gratuite. *Peuvent être propriété personnelle* les objets d'usage, de commodité et de consommation personnelle, les biens de l'économie domestique auxiliaire, une maison d'habitation, et les épargnes venant du travail. La propriété personnelle des citoyens et le droit d'en hériter sont protégés par l'État. Les citoyens peuvent avoir en jouissance des lots de terre qui leur sont accordés selon les modalités établies par la loi pour pratiquer l'économie auxiliaire (incluant bétail et volaille), le jardinage et la culture potagère, ainsi que pour construire des habitations individuelles. Les biens en propriété personnelle ou donnés en jouissance aux citoyens ne doivent pas être utilisés pour en tirer des revenus ne provenant pas de leur travail, ni au préjudice des intérêts de la société (art. 13). La loi autorise les métiers individuels artisanaux, agricoles et de service, qui se basent sur le travail accompli personnellement par leur possesseur, sans exploitation du travail d'autrui.

Économie. Dirigée sur la base des plans d'État. **Droits et libertés du citoyen :** droit au travail, le *travail consciencieux* est un devoir pour tous les citoyens (*autres devoirs :* respect de la Constitution et des lois, de la propriété socialiste, d'autrui, des nationalités et ethnies, de la nature, sauvegarde des intérêts de l'État, service militaire, éducation des enfants, internationalisme) ; le principe : « De chacun selon ses capacités, à chacun selon son travail » est réalisé. Droits au repos, à l'instruction, à bénéficier des acquis de la culture ; liberté de création scientifique, technique et artistique ; droit de participer à la gestion des affaires de l'État et des organisations socio-politiques, de faire des suggestions et des critiques aux organes de l'État et des organisations sociales ; liberté d'expression, de presse, de réunion, de meeting, de défilé et de manifestation dans la rue ; droit de se grouper en organisations sociales ; liberté de conscience ; égalité de l'homme et de la femme, et droit aux allocations familiales ; inviolabilité de la personne, du domicile et de la correspondance ; droit à la protection de la justice, de porter plainte contre les fonctionnaires. *Les libertés doivent s'exercer dans l'intérêt des travailleurs et afin de consolider le régime socialiste, et seule l'éducation communiste est reconnue.*

● **Siège du pouvoir.** *Kremlin (cité).* Partie la plus ancienne de Moscou ; sur une colline, triangle irrégulier de 27,5 ha, ceinturé de murs de 2 250 m (épaisseur 3,5 à 6,5 m), 20 tours (1485-95) ; au XVIIe s., tours exécutées sous forme de tentes et galeries. Étoiles de rubis placées au sommet de 5 des tours (1937). *Tour du Sauveur* (avec l'étoile de 3,75 m de diamètre) 71 m., *t. de la Trinité* 80 m. *Clocher « Ivan-le-Grand »* (1505-08), surélevé en 1600, haut. 81 m. *Cath. :* de l'Assomption (1475-79), l'Annonciation (1484-89), l'Archange-St-Michel (1505-08), des 12 Apôtres (1484-89) ; Palais à Facettes (env. 500 m^2, 1487-91), Palais de Terem (1635-36), des Amuseurs (1651-52), Arsenal (1702-36), des Armures (1844-51), Conseil des min. de l'U. (ancien Sénat 1776-87), Grand Palais avec les salles Gueorguievski, Vladimirski et autres (1839-49), Palais des Congrès (1959-61), Mausolée de Lénine, tombe d'un Soldat inconnu. Le long du mur, tombes, urnes avec les cendres des personnalités sov. et étrangères en vue, fosses communes des morts d'oct. 1917 et de la g. civile.

● **Parlement de l'U.R.S.S. Soviet (Conseil) suprême** env. 1 500 m. élus pour 5 a. : **Soviet de l'Union** (750 m. élus par circonscription selon la population, 1 pour 360 000 hab. ; s'occupe des intérêts généraux) et **S. des Nationalités** (32 dép. par Rép. féd., 11 par Rép. aut., 5 par région aut., 1 par district autonome, soit 750 m., exprime les particularismes).

Élections au suffrage univ., égal et direct, et au scrutin secret. Droit de vote et éligibilité à partir de 18 ans (Soviet suprême à 18 ans). *Élections du 4-3-84 :* 184 006 373 électeurs (99,99 % des inscrits). Élus : 1 071 communistes et 428 sans parti ; 492 femmes ; 527 travailleurs manuels ; 242 kolkhoziens.

Chaque député doit rendre compte aux électeurs de son travail et du travail du Soviet des députés des travailleurs. Les électeurs peuvent révoquer le député avant le terme de son mandat.

Compétences : sont du ressort exclusif du S. suprême : Constitution, admission de nouvelles rép., ratification de la formation de nouvelles rép. et régions autonomes, formation du Conseil des min., approbation des plans d'État de développement éc. et social, du budget d'État, élection de la Cour suprême, nomination du procureur général. Les 2 chambres ont des droits égaux, sont élues le même jour pour une durée identique.

Présidium du Soviet suprême. Élu à la séance commune des 2 chambres avec son Pt (chef de l'État), son 1er vice-Pt, 15 adjoints (un pour chaque rép. féd.), le secr. du Présidium et 21 m. Il y a 32 commissions (16 dans chaque chambre) comptant 1 140 dép. Le Soviet suprême lui délègue entre les sessions (2 par an) l'exercice du pouvoir exécutif. Lois adoptées à la simple majorité des voix ou par référendum organisé sur sa décision.

Élections du 24-2-1980 *(10e législature). Soviets suprêmes des rép. fédérées et autonomes :* 6 730 dép. (R.S.F.S.R. 975, Estonie 285) dont ouvriers 33,2 %, kolkhoziens 17,4 % ; communistes et stagiaires du parti 67,2 %, sans parti 32,8 % [femmes 35,9 %, – de 30 ans 19,9 %. 63,2 % ont été élus pour la 1re fois]. 3 460 députés élus aux Soviets suprêmes des rép. autonomes : ouvriers 37,5 %, kolkhoziens 13 % ; communistes et stagiaires du parti 63,3 %, sans-parti 36,7 % [femmes 39,9 %, – de 30 ans 22,9 %. 66,2 % ont été élus pour la 1re fois].

● **Soviets locaux. Nombre :** 5 000. **Élections du 20-6-82.** 2 288 885 députés (ouvriers 44,3 %, kolkhoziens 24,9, femmes 50,1, – de 30 ans 34, sans-parti 57,2).

● **Conseil des ministres** (appelé Conseil des Commissaires du peuple avant le 16-3-46) assure l'exécutif, responsable devant le Soviet suprême, ou, entre les sessions, devant le Présidium du Soviet suprême. 109 m. en 80. *Composition* fixée par le Soviet suprême ou son Présidium : *Présidium du C. des M. :* 14 m., Pt, 1ers Vice-Pts, Vice-Pts ; *membres :* 32 min. fédéraux, 30 fédéraux-républicains, 18 Pts de comités d'État, Pts des Conseils des min. des républiques fédérées, dirigeants d'administration.

● **Parti communiste de l'Union soviétique (P.C.U.S.).** Fondé 1903 par Lénine. **Membres :** *1917 janv. :* 23 600, *avril :* 100 000, *août :* 240 000, *oct. :* 350 000, *39 :* 2 300 000. *52 :* 6 700 000 ; *66 :* 12 500 000 ; *84 :* 18 443 521 dont (%) ouvriers 44,4, kolkhoziens 12,2, intellectuels 43,4. Femmes 27,9. *Niveau d'études* (%, 82) secondaire 39,2, supérieur 25,1, supérieur écourté 3,5, secondaire écourté 19,7, primaire 13,6.

Le P.C.U.S. rassemble 14 P.C. des républiques soviétiques, 6 organisations de Parti régionales, 150 organisations de P. départementales, 4 384 organisations de P. urbaines et d'arrondissement, et plus de 141 cellules de base constituées selon l'appartenance aux unités de production. Un bureau ou un comité sont élus au scrutin secret à chaque niveau. **Adhésion.** Dep. 1966, il faut avoir 23 ans et être parrainé par un membre depuis plus de 5 ans dans le parti. Les – de 23 ans adhèrent d'abord aux Komsomols. **Rôle.** « Force qui dirige et oriente la société soviétique, c'est le noyau de son système politique, des organismes d'État et des organisations sociales. Existe pour le peuple et au service du peuple » (art. 6). Seul parti légal.

Organes suprêmes. Congrès qui se réunit au moins une fois tous les 5 a. (XXVIIe : 1986 ; v. liste des congrès dans Quid 1982, p. 1115 c), env. 5 000 participants. Le congrès élit pour 5 a. à bulletin secret **Comité central** (307 m., 151 m. suppléants, dirige toute l'activité du parti, réunions plénières 2 fois/an), **Commission de révision** (75 m.), **Bureau politique ou Politburo** (12 m.). Il dirige les travaux du parti entre les plénums du Comité central (au moins 2 fois par an). Politburo et secrétariat se réunissent chaque semaine. Sur 307 m. *50 à 60 a. :* 117 ; *60 à 70 a. :* 91 ; *+ de 70 a. :* 32. Gorbatchev (1931), secr. du C.C. ; Ryjkov, Pt du conseil des min., Aliev (1923) et Gromyko (1909), le 1er vice-Pt du conseil des min. ; Chtcherbitski (1918) et Kounaev (1911), chefs du Parti en Ukraine et au Kazakhstan ; Solomentsev (1913), Pt du comité de contrôle du Parti ; Vorotnikov (1926), chef du gouv. de la féd. de Russie, Zaikov (1923), secr. à Leningrad ; Ligatchev, idéologie. 5 m. suppléants : Sliounkov (1929), 1er secr. de Biélorussie, Soloeviev (1925), 1er secr. à Leningrad ; Tchebrikov (1923), Pt du KGB ; Chevarnadze (1928), chef du Parti en Géorgie, min. des Aff. étr. **Secrétariat du Politburo** (11 m.) : *Secr. gén.* (élu à main levée) : *1922-4-4* Joseph Staline (1879-1953). *1953-13-11* Nikita Khrouchtchev (1894-1971). *1964-14-10* Leonid Brejnev (1906-82). *1982-12-11* Youri Andropov (1914-83). *1984-13-2* Constantin Tchernenko (1911-85). *1985-11-3* Mikhaïl Gorbatchev (n. 2-3-1931 à Privolnoïe, territoire de Stavropol), 1971 membre du Comité central, 1978 membre du Politburo.

Nota. – Le Secr. du Parti n'est pas responsable devant le Soviet suprême, mais ne peut modifier le Bureau polit., ni lui imposer une nouvelle polit. Sur 27 personnalités qui ont siégé au Politburo de 1917 à oct. 1962, 15 au moins ont péri de mort violente (assassinat, exécution, suicide). Le limogeage de Khrouchtchev en 1964 fut le 1er à se dérouler de manière non sanglante (K. s'est retiré jusqu'à sa mort dans sa datcha).

On appelle *apparatchik* les membres permanents du Parti (400 000 à 500 000 salariés à temps complet) et *nomenklatura* toute l'élite officielle, politique, administrative ou intellectuelle dont la nomination à ces postes dépend du Parti, du syndicat ou des Soviets (leur liste constitue une nomenclature).

Organe du Comité Central du P.C.U.S. : la *« Pravda »* (« vérité », f. 1912, tirage env. 11 000 000 ex.). Journaux du C.C. : *« Sovietskaïa Rossia », « Sotsialistitcheskaïa industria », « Selskaïa jizn », « Sovietskaïa koultoura »,* l'hebdomadaire *« Ekonomitcheskaïa gazeta ». « Kommunist »* revue théorique politique du C.C. (1 000 000 ex.). Revues : *« Aguitator », « Partiïnaïa jizn », « Polititcheskoïé samoobrazovanié ».* Sont du ressort du C.C. les Éditions *« Pravda »,* les *« Éditions de littérature politique »,* les Éditions *« Plakat ».* Les C.C. des partis com. des rép. fédérées ont leurs propres éditions et publications.

● **Union des jeunesses communistes léninistes de l'U.R.S.S. ou Komsomols** (Koummounistitcheskyi Soyouz Molodioji). 41 700 000 m. (82). *Fondée* 1918, regroupe les jeunes de 14 à 28 ans.

● **Syndicats.** Groupent (82) 131 200 000 ouvriers, kolkhoziens, employés et ét. (env. 99 %). 731 000 organis. de base groupées en 31 synd. sectoriels (ex. synd. de l'automobile). 91 605 organis. synd. kolkhoziennes et sovkhoziennes groupent 28 000 000 de syndiqués. Congrès par branche tous les 5 a. (XVIIe a eu lieu en 1982). Dans l'intervalle, le Conseil central des synd. sov. (C.C.S.S., Pt A. Chibaev) assure la direction. Les syndicats ont le droit d'initiative législative, gèrent la sécurité sociale, le contrôle de l'application de la législation du travail et de la sécurité du travail. Les *comités d'entreprise* (690 000 en 75) signent chaque année des conventions collectives avec l'administration. *Organe central : Troud* (12 000 000 ex.), revue : *Syndicats soviétiques* (525 000 ex.).

Soviétiques expulsés pour activités indésirables

Du Bangladesh : *1983 :* 33 diplomates. **Bolivie :** *72* (avr.) : 49. **Chine :** *74 :* 3 dipl. **Colombie :** *72* (août) : 8. **Danemark :** *83* (févr.) : 1. **Égypte :** *72 :* 17 000 experts. *81 :* l'ambassadeur, 249 dipl. et conseillers divers. **Espagne :** *dep. 1977 :* 14. **France :** *65* (févr.) : directeur de l'Aéroflot à Paris. *70 :* 5 dipl. *73 :* attaché de l'air adjoint. *77* (11-2) : 1 fonctionnaire de l'U.N.E.S.C.O. *78 :* attaché militaire adjoint. *80* (9-2) : 1 membre du consulat, 1 consul à Marseille. *83* (5-4) : 47 dipl. *86* (1-2) : 4 dipl. **G.-B. :** *71* (sept.) : 105 dipl. et fonctionnaires sur 500 ; *de 72 à 84 :* 9 autres ; *85* (avril) : 5 dipl. (sept.) 25. **Grenade :** *83 :* 49 dipl. **Iran :** *83 :* 18. **Italie :** *82 :* 2 dipl. **Pays-Bas :** *81* (avr.) : correspondant de Tass. **Portugal :** *82 :* 7. **Suisse :** *83* (début) : 3. **U.S.A. :** *77 :* correspondant de Tass. *78 :* 3 dipl. **Zaïre :** *63 :* toute l'ambassade (15 pers.).

Nota. – L'ambassade soviétique à Paris se compose de 650 personnes dont 180 officiers des services secrets. Le nombre de diplomates russes à l'O.N.U. devra être réduit de 275 à 170 au 1-4-88 à la demande des U.S.A.

Opposition

● **Opposition intellectuelle** (*samizdat :* « auto-édition » d'œuvres clandestines, mot forgé par analogie avec la Gossizdat, « édition d'État »). Œuvres littéraires (souvent médiocres), rapports politiques, scient., sociologiques, histor. ; traductions d'auteurs étr. interdits officiellement. Tirages limités, mais les exemplaires circulent de la main à la main. *Principaux centres de diffusion :* les universités de Moscou et Leningrad. Le KGB intervient ponctuellement, voulant éviter les procès, mal vus par l'opinion.

● **Goulag** [de Glawnoje OUprawlenie LAGerej (direction principale des camps de travail forcé). Les camps ont été créés en 1918 pour bourgeois, opposants, antibolchéviques, et v. 1928 pour les paysans hostiles à la collectivisation des terres et les victimes des purges. D'abord établis dans les îles Solovki (mer Blanche), d'où l'expression « l'Archipel du Goulag » de l'écrivain Soljenitsyne, les camps sont maintenant situés en majorité en Russie d'Europe, et le long de la voie ferrée Baïkal-Amour, en Extrême-Orient soviet. Certains sont réservés aux femmes (elles gardent avec elles leurs enfants jusqu'à 2 ans). Certains regroupent les enfants d'âge scolaire, les adolescents (10 ou 14 ans à 18 ans). Les personnes sont affectées à des travaux publics, miniers, agricoles. Selon Amnesty international, *de 1975 à 83 :* 200 internements psychiatriques politiques.

Nombre de détenus (en millions) : *1930 :* 1,5. *33 :* 3,5. *36 :* 6,5. *38 :* 11,5. *41 :* 13,5. *85 :* 4 (2 000 camps, 200 000 † par an).

☞ Les tribunaux prononcent environ 100 condamnations à mort chaque année. Certaines frappent des dirigeants accusés de corruption.

Services de renseignements

● **K.G.B.** (Komitet Gosudarstvennoy Bezopasnosti, comité pour la sécurité de l'État). Service de renseignements installé dans l'édifice de la Loubianka, place Dzerjinski. Existe dep. 1917 sous différents noms : *Tchéka* ou *Vétchéka* (Tcherezyvytchainaja Komissija, commission extraordinaire panrusse pour la lutte contre la contre-révolution et le sabotage), f. 20-12-1917, chef Felix Dzerjinski jusqu'en 1926 ; *G.P.U.* ou *Guépéou* (Gosudarstvennoe polititcheskoe upravlenie, administration politique de l'État), f. 1-3-1922, directeur adjoint Béria (22 ans) ; *O.G.P.U.* à partir de 1923 ; *N.K.V.D.* (Narodnij kommissariat vnutrennykh del, Commissariat du peuple aux Affaires intérieures), f. juill. 1934 ; *M.V.D.* (Ministerio vnutrennykh del, ministère de l'Intérieur), f. 1945 ; *K.G.B.* dep. 13-3-1953. S'occupe de la sécurité intérieure et extérieure de l'U.R.S.S. 6 directions : centre de formation des cadres, garde-frontières, police secrète, technique, contre-espionnage et étranger (dont section D : désinformation). Env. 700 000 agents, 6 000 000 correspondants, 70 % des diplomates travaillent pour le K.G.B. Directeur : maréchal Victor Tchebrikov (n. 1923) dep. 17-12-82.

• **V.K.P.** (Voïenno-Promychlennaïa Komissia, commission du praesidium du conseil des ministres pour les questions d'industr. militaire). Pt Leonid Smirnov, vice-Pt du conseil des min. Centralise et redistribue sous forme de missions l'espionnage scientifique et technologique de l'U. Technologie occidentale acquise par espionnage (%) : américaine 61,5, ouest-all. 10,5, française 8, britannique 7,5, japonaise 3.

• **G.R.U.** (Service de renseignement et d'action militaire). Renseignement scientifique, technique et technologique. Env. 30 000 agents dont 4 000 officiers en U.R.S.S. et dans les pays de l'Est, ou en service extérieur. Contrôle les *Spetsnaz* (unités d'élite pour les actions de commandos, terrorisme et sabotage).

Nota. — Russes, Biélorusses et Ukrainiens représentent 80 % des membres du P.C. et 82 % des membres du Politburo.

Chefs d'État

Ancienne Russie

• **Princes de Novgorod et de Kiev. 862** Rurik (ou Riourik) Ier (v. 800-74) f. de Haffdarne margr. de Frise. **874** Igor s. f. († 891). **879** Helgi ou Oleg Ier cousin germain de Rurik Ier († 880). **882** Helgi ou Oleg II (912) s. f.

• **Grands-ducs de Kiev. 912** Igor II (v. 875-945) nev. de Helgi II ?, tué. **945** Sviatoslav Ier (v. 936-72) s. f., tué. **973** Iaropolk Ier (951-80) s. f., tué. **980** Vladimir Ier (saint) (v. 956-1015) s. fr. **1017** Sviatopolk Ier (980-1019) f. de Iaropolk Ier. **19** Iaroslav le Sage (978-1054) f. de Vladimir. **54** Iziaslav Ier s. f. (1025-78), détrôné. **69** Venceslas s. nev. († 1101), détrôné. **69** Iziaslav Ier, restauré. **73** Sviatoslav II s. fr. (1027-76), tué. **75** Iziaslav Ier, restauré. **78** Vsevolod Ier (1030-93) fr. d'Iaroslav Ier. **93** Sviatopolk II (1050-1113) f. d'Iziaslav Ier. **1113** Vladimir II Monomaque (1053-1125) f. de Vsevolod. **25** Mstislav Ier Harald (1076-1132) s. f. **32** Iaropolk II (1082-1139) s. fr. **39** Viatcheslav Ier (v. 1083-1146) s. fr. **39** Vsevolod II (v. 1085-1146) pt-f. de Sviatoslav II. **46** Igor III s. fr., détrôné puis tué (1147). **46** Iziaslav II (1100-54) f. de Mstislav, détrôné. **49** Georges Ier Dolgorouki (1090-1157) f. de Vladimir II. **50** Iziaslav II. **50** Georges Ier Dolgorouki, restauré. De sa mort (1157) à 1249, 22 grands-ducs, dont 11 chassés et rappelés plusieurs fois, se succédèrent à la tête du grand-duché de Kiev. La suprématie revint vers cette époque aux grands-ducs (puis grands-princes) de Vladimir dont :

• **Grands-ducs puis grands-princes de Vladimir. 1157** André Ier (v. 1110-1174) f. de Georges Ier. **75** Iaropolk († 1196) s. nev. **75** Michel Ier (1151-76) fr. d'André. **76** Vsevolod III (1176-1212). **1212-17** *Anarchie de la « Grande Nichée ».* **17** Constantin Ier (1185-1218) f. de Vsevolod III. **18** Georges II (1189-1238) s. fr., tué. **38** Iaroslav II (1190-1246) s. fr. **46** Sviatoslav II (1196-1258) s. fr., déposé. **48** Michel II († 1249) f. de Iaroslav II, tué. **49** André II (1222-64) s. fr. **52** Alexandre Ier dit Nevski (1220-63) f. de Iaroslav II. **63** Iaroslav III (v. 1230-71) s. fr. **72** Vassili Ier (1236-76) s. fr. **76** Dmitri Ier (v. 1254-94) f. d'Alexandre Nevski. **94** André III (v. 1255-1304) s. fr. **1304** Michel II (1271-1319) f. de Iaroslav III, tué. **19** Dmitri II (1299-1325) f. de Michel III. **27** Alexandre II (1301-39) s. fr. (dernier grand-duc de Vladimir).

• **Grands-princes de Moscou. 1317** Georges III (1281-1325) petit-f. d'Alexandre Nevski [f. de Daniel (1261-1308), Pce de Perciaslav, 4e f. d'Alexandre]. **25** Ivan Ier Kalita (« à la Bourse ») (v. 1304-41) s. fr. **41** Siméon l'Orgueilleux (1316-53) s. f. **53** Ivan II le Doux (1326-59) s. fr. **59** Dmitri III l'Usurpateur (1323-89) f. de Constantin de Souzdal. **63** Dmitri IV Donskoï (1350-89) f. d'Ivan II. **89** Vassili II (1371-1425) s. f. **1425** Vassili III l'Aveugle (1415-62) s. f. **33** Georges IV l'Usurpateur (1374-1434) s. oncle. **34** Vassili III, restauré. **62** Ivan III le Grand (1440-1505) s. f.

• **Grand-prince de Russie. 1505** Vassili IV (1479-1533) s. f. **33.** Ivan IV le Terrible s. f. qui suit.

Tsars

1547 Ivan IV le Terrible (1530-84) le titre de tsar lui est accordé par le Sénat.

1584 Fédor Ier (1557-98) s. f.

Le Temps des Troubles

1598 Boris Godounov (1551-1605) s. beau-fr., élu tsar. **1605** Fédor II (1589-1605) s. f., tué par les nobles. **1605** Dmitri V (1580-1606), imposteur, tué. **1606-10** Vassili V Chouiski (1553-1612), descendant de Rurik, déchu. **1607-10** Dimitri (André Nagii) († 1610), tsar de Touchino, ép. Marina Mniszech, veuve de Dmitri V. **11** Ivan le Petit Brigand (1607-11) s. f., pendu. **11** 3e faux Dmitri (le moine Sidone) († 1612, empalé). **11** Interrègne.

Dynastie des Romanov

1613 Michel III Romanov (1596-1645) f. du patriarche Philarète, petit-nev. de la tsarine Anastasie, ép. d'Ivan IV ; élu par les nobles ; ép. 1626 Eudoxie Streeschnev (1608-45).

1645 Alexis (1629-76) s. f., ép. 1°) 1648 Marie Miloslawski (1629-69), 2°) 1671 Nathalie Narichkine (1651-94).

1676 Fédor III (1661-82), ép. 1°) 1680 Agraphia Grouschewski (1665-81), 2°) 1682 Marfa Apraxin (1664-1716).

1682 Ivan V (1666-96) s. fr., déposé, ép. 1684 Praskovia Soltykov (1664-1723).

1682 Pierre Ier le Grand (1672-1725) s. demi-fr., f. d'Alexis, ép. 1°) 1689 Eudoxie Lapoukine (1672-1731), 2°) 1707 Marthe Skovronska, dite Catherine (1682-1727), tsarine 1725. En 1682, à 10 ans, il est associé au trône de son demi-frère Ivan V, mais écarté par sa demi-sœur *Sophie, régente*, qui le confine dans le faubourg « allemand » de Moscou. Passe sa jeunesse au milieu des étrangers, notamment le Genevois Francis Lefort (1656-99) et l'Écossais Patrick Gordon (1635-99) qui l'initient, tous deux, au métier d'officier [doué d'une force colossale (il mesurait 2 m)]. 1688 (à 17 ans) il renverse Sophie (qui sera enfermée dans un couvent) et Ivan et prend le pouvoir.

Projets politiques : 1°) accroître la puissance éc. et mil. de la R. par l'occidentalisation ; 2°) utiliser cette puissance pour agrandir le territoire. *Réalisations :* 1°) *L'occidentalisation : 1er voyage en Europe (1697-98).* But : se former aux techniques modernes : travaille comme charpentier aux chantiers navals d'Amsterdam ; fait des stages aux laboratoires de Londres ; visite académies et musées (Angl., Hollande, All.) ; à Vienne, essaye d'entraîner l'empereur Léopold à une croisade contre les Turcs. 2°) *Réformes politiques et sociales : 1698* dissout le corps d'armée des *Strelty* (arquebusiers), opposés à toute réforme ; prend des mesures brutales contre les traditionalistes russes (notamment interdit le port de la barbe chez les nobles, maniant lui-même les ciseaux, impose l'usage du tabac et le calendrier julien). *1700* supprime le patriarcat, faisant administrer les biens de l'Église par des fonctionnaires laïcs (d'où sa réputation d'impie, cause de nombreuses révoltes). *1703* fonde St-Pétersbourg. *1711* crée un Sénat, remplaçant la Douma des Boïars. Protection accordée à la classe des marchands ; les bourgeois riches sont admis à l'anoblissement ; les nobles sont invités à servir comme militaires ou comme administrateurs. *Politique militaire (1701-21) :* constamment en g. contre les révoltés de l'intérieur ou les étrangers (Suédois, Turcs), combat comme soldat ou officier subalterne, sous les ordres de ses généraux. *1711* évite d'être capturé par les Turcs grâce à sa femme Catherine (la future Catherine Ire), qui corrompt le grand vizir. *1716-17* voyage officiel en Europe occidentale (notamment rend visite à Louis XV enfant à Versailles). *1718* fait torturer à mort son fils le tsarévitch Alexis, chef de l'opposition religieuse et traditionaliste. *1721* titre d'empereur conféré par le Sénat. *1725* crée l'Académie des Sciences de St-Pétersbourg. Meurt quelques jours après, usé par la débauche. *Bilan :* administration centralisée (corps de fonctionnaires), flotte militaire (29 navires basés à St-Pétersbourg), armée de 130 000 h., industrie minière de l'Oural (centre : Ekaterinburg, créé en 1721 ; 86 usines métallurgiques), 15 fabriques de draps, 14 de cuir, 15 de laine, 9 de soie, 6 de coton, scieries, poudreries, verreries.

1725 Catherine Ire (1684-1727) f. de Jean Rabe ou de Samuel Skovronski, 2e ép. de Pierre le Grand (avait épousé, en 1703, le soldat prussien Kruse, † déporté en Sibérie apr. 1710).

1727 Pierre II (1715-30) p.-f. de P. le Grand.

1730 Anne f. d'Ivan V (1693-1740), ép. Frédéric-Guillaume, duc de Courlande (1692-1711).

> **Titres du tsar**
>
> Sa Majesté N..., empereur et autocrate de toutes les Russies, tsar de Moscou, Kiev, Vladimir, Novgorod, Kazan, Astrakhan, de Pologne, de Sibérie, de la Chersonèse taurique, de Géorgie, etc.
>
> **Chef actuel de la maison impériale**
>
> **Vladimir** Kirillovitch (17-8-17) f. du grand-duc Cyrille (1876-1938) (petit-f. d'Alexandre II et cousin germain de Nicolas II), et de la Gde-Desse Victoria Féodorovna n. Pcesse Victoria de Saxe-Cobourg et Gotha (1876-1938), chef de la maison après la mort de Nicolas II. Ép. 15-8-48 Pcesse Leonide Georgievna Bagration-Moukhransky (23-9-14) f. du Pce Georges A. B.-M., veuve en 1res noces de Summer Moore Kirby ; 1 fille Marie (23-12-53), ép. le 22-9-76 François-Guillaume de Hohenzollern, Pce de Prusse (3-9-43), qui par décret du grand-duc Vladimir Kirillovitch a été admis dans la maison impériale de Russie comme grand-duc Michel Pavlovitch avec qualification d'Altesse impériale ; 1 fils Georges (14-3-81).
>
> *Nota.* — Son père fut exclu de la succession par Nicolas II pour avoir épousé en 1905, malgré son interdiction, l'épouse divorcée du frère de l'impératrice.
>
> **Sœurs.** *Marie* (1907-51) ép. 1925 Charles, Pce de Leiningen (1898-1946) ; *Kyra* (1909) ép. 1938 Pce Louis-Ferdinand de Prusse (V. Index).

1740 Ivan VI (1740-74) fils de la grande-duchesse Anna Leopoldovna (f. de Catherine Ire) et d'Antoine Ulrich de Brunswick, petit-nev. d'Anne, détrôné, emprisonné à partir de 1756. Étranglé par 2 officiers d'Élisabeth.

1741 Élisabeth (1709-62) f. de P. le Grand et Cath. Ire, ép. 1742 Alexis Razoumosky (1709-71).

1762 (janv.-juin) **Pierre III** (1728-62) f. d'Anna (1708-28), sœur d'Élisabeth, et mariée à Charles-Frédérique, duc de Holstein-Gottorp [maison issue d'Egilmar, Cte d'Aldenbuch († 1090), qui posséda les duchés de Schleswig et de Holstein et dont une branche a donné la maison royale de Danemark, puis celles de Grèce et de Norvège], son véritable père aurait été Saltykoff, gentilhomme de la cour. Épouse en 1745 Catherine (qui suit).

1762 Catherine II la Grande (1729-96) f. de Christian Auguste, Pce d'Anhalt-Zerbst, et de Jeanne de Holstein. Appelée Sophie-Augusta-Frédérique d'Anhalt-Zerbst (son nom Catherine lui a été donné lors de son baptême orthodoxe en 1744). Fille d'un prince au service de la Prusse, est élevée à la française par des huguenots. *1743* choisie par l'imp. Élisabeth comme fiancée du Pce héritier Pierre, dont elle est la cousine germaine (sa mère était Pcesse de Holstein). *1745* sacrée à la cathédrale de Moscou. En réaction contre son mari allemand et prussophile, apprend le russe et se pose en défenseur de l'orthodoxie. Prend de nombreux amants et reste sans rapports avec son mari (le futur tsar Paul Ier n'était sans doute pas le fils de Pierre). *Principaux favoris : Stanislas-Auguste Poniatowski* (1763-1813), *Grégoire Orlov* (1734-1783), *Grégoire Alexandrovitch, Pce Potemkine* (1739-1791), *Platon Alexandrovitch, Pce Zubov* (1767-1817). *1762-9-7* pour éviter la répudiation justifiée par ses adultères, renverse (avec l'aide de la garde, dont 2 officiers, les fr. Orlov, sont ses amants) Pierre III qui sera étranglé. *1762-96* règne en « despote éclairé », protégeant les « philosophes » fr. comme Voltaire et Diderot. *1764* sécularise les biens de l'Église (2 millions de paysans deviennent serfs de l'État). *1785 avril* transforme la Russie en État nobiliaire (publication de la Charte de la noblesse). *1787* voyage officiel dans la « Nouvelle Russie » (terres enlevées aux Turcs). *1790* prend parti contre la révolution fr. et mène une politique réactionnaire (condamnation de l'écrivain libéral Radichtchev).

1796 Paul Ier (1754-1801) s. f. et officiellement celui de Pierre III, ép. 1°) 1773 Pcesse de Hesse-Darmstadt

(1755-76), 2°) 1776 Pcesse Dorothée de Wurtemberg (1759-1828), fou, assassiné par des officiers.

1801 Alexandre Ier (1777-1825) s. f., ép. Élisabeth, Pcesse de Bade (1779-1826). – Fils de Paul Ier : élevé à la française par le colonel suisse La Harpe (idées libérales). *1801*-23-/24-3 prend part à la conjuration qui assassine son père (il voulait sans doute éviter l'exécution, mais a eu la main forcée par Pahlen). *1801-12* période libérale : donne le droit de remontrance au Sénat, permet la libération des serfs (1803 ; total. des serfs rachetés jusqu'en 1858 : 1,5 %), encourage le projet Speranski de constitution avec Parlement élu ; s'allie avec Napoléon en *1807*, malgré les traditionalistes. *1812* reprend la g. contre l'Empire fr. et mène une politique autocratique. *V. 1814*, sous l'influence d'une mystique, Barbara Juliane von Vietlinghoff, baronne de Krüdener (1764-1824), se convertit à une sorte de protestantisme méthodiste (Sté biblique). *1818* affranchit les serfs des provinces baltes. *1820* revient à une politique antirévol. (à l'extérieur : Ste Alliance ; à l'intérieur : déportation sans jugement des serfs en Sibérie). *1825* déclaré mort au cours d'un voyage en Crimée. *1826* sa tombe, ouverte, est retrouvée vide (le tsar se serait retiré pour vivre en ermite sous le nom de Fédor Kousmistch).

1825 Nicolas Ier (1796-1855) s. fr., ép. 1817 Charlotte de Prusse (1798-1860).

1855 Alexandre II (1818-81) s. f., ép. 1°) 1841 Marie Alexandrovna, 2°) 1880 Pcesse Dolgorouki (1847-1922), assassiné par Russakov.

1881 Alexandre III (1845-94) s. f., ép. 1866 Marie Féodorovna, Pcesse Dagmar de Danemark (1847-1928).

1894-1917 Nicolas II (1868-1918) s. f., ép. 1894 Alexandra Féodorovna, Pcesse Alix de Hesse (1872-1918). Éduqué à la fr. (notamment par Gustave Lanson). Caractère faible et indécis, est subjugué par sa femme (qui, à partir de 1905, fait appel à un pseudo-guérisseur, Raspoutine, pour lui confier le tsarévitch Alexis, atteint d'hémophilie ; Raspoutine subjugue la famille impériale, se présentant à la tsarine comme l'envoyé de Dieu). *1905* se laisse convaincre par son ministre Witte d'accorder un régime constitutionnel. *1906-11* laisse gouverner son favori Piotr Stolypine. *1911* après l'assassinat de Stolypine (18-9), mène une politique violemment réactionnaire. *1912* décidé à intervenir militairement en Europe, pour restaurer le prestige de la Russie (éprouve néanmoins une vive affection pour son cousin germain Guillaume II et cherche à éviter la g. avec l'All.). *1914-15* laisse le commandement au gd-duc Nicolas. *1915-17* destitue Nicolas et prend lui-même le commandement, mais se révèle incapable. *1917*-15-3 abdique, sans tenter de résister, en faveur de son fr. Michel (qui refuse la couronne). *1918*-16/17-7 massacré avec toute sa famille à Iekaterinbourg [une de ses filles, Anastasia, aurait été sauvée et ne serait autre que Mme Anderson ; reconnue par certains membres de la famille impériale ou certains proches, elle a été désavouée par d'autres et n'a pu faire reconnaître ses droits (1er procès en 1938, 2e en 1957 à Hambourg, 3e 1967 appel perdu. Le 18-2-69, le trib. féd. de Karlsruhe a rejeté le pourvoi en cassation) ; mariée en 1969 au Dr Manachan, morte le 12-2-84].

Gouvernement provisoire

1917-*15-3* **Pce Lvov,** Georges (1861-1925). Ancienne noblesse ; gouverneur de Toula jusqu'en 1905, puis député à la Douma (aile droite du *kadet,* parti constitutionnel libéral). *1914-17* responsable de la santé militaire, se rend très populaire. *1917*-14-3 élu PM ; évincé par Kerenski au bout de 2 mois, démissionne le 25-7. Prisonnier des bolcheviks, s'échappe, se réfugie à Neuilly.

1917-*5-8* **Kerenski,** Alexandre (1881-1970). Avocat à Petrograd, élu 1912 député à la Douma (officiellement socialiste, mais en réalité membre du Parti socialiste révolutionnaire clandestin) ; remarqué comme orateur de gauche. Min. de la Justice dans le ministère Lvov (14-3) ; prend le portefeuille de la Guerre (avec tous les pouvoirs) le 5-5, et monte l'offensive Broussilov en juin. -25-7 Pt du Conseil (pouvoirs dictatoriaux) ; attaqué par la droite (Kornilov) et la gauche (Lénine) ; chassé par la rév. d'octobre (exil en Europe, puis aux U.S.A. 1940-70). Crée en 1949 une Union pour la libération du peuple russe.

Russie soviétique (U.R.S.S.)

Présidents du Présidium du Soviet suprême

1917 Sverdlov, Jacques (1885-1919). Militant révolutionnaire depuis *1901* (Parti social-démocrate), plusieurs fois déporté en Sibérie, rallié à Lénine en *1912*. Chef du mouvement bolchevik en Oural, y prend le pouvoir avant la rév. d'octobre. *1917-21-11*. Pt du comité exécutif central à Moscou. Juillet *1918* fait approuver par le peuple le massacre de la famille impériale. *1924* son nom est donné à Iekaterinbourg où avait eu lieu ce massacre (Sverdlovsk).

1937 Kalinine, Michel (1875-1946). Fils de paysans, ouvrier dans une usine de munitions ; membre du Parti social-démocrate depuis *1898*. *1899* : 10 mois de prison. *1904-05* déporté en Sibérie. *1908-13* banni de Petrograd, ouvrier-paysan à Tver. *1913* condamné à la déportation, évadé, clandestin à Petrograd. *1917* combattant de la rév. d'octobre. *1919* membre du comité central. *1930* membre du conseil de la police soviétique.

1946 Chvernik, Nicolas (1888-1970). Né à Petrograd, membre du parti clandestin local en *1905*. Chargé de l'agitation à Toula et à Samara ; plusieurs fois en prison et exilé. *1917* leader nat. des ouvriers des ateliers d'artillerie. *1921-23* Pt du comité des syndicats de la métallurgie du Donetz. *1923* membre du Présidium, commissaire du peuple (R.S.F.S.R.) pour l'Inspection ouvrière et paysanne. *1942* Pt de la commission d'enquête sur les crimes de guerre nazis. *1953* élu à Vienne vice-Pt de la féd. mondiale des syndicats.

1953-*6-3* **Vorochilov,** Clément (1881-1969). Fils d'un cheminot ukrainien. *1897* ouvrier mineur à 16 ans. *1903* membre du Parti social-démocrate, se lie avec Lénine au congrès de Stockholm. *1907-14* prison et déportation. *1917* chargé par Lénine du commandement militaire de l'Ukraine. *1918* adjoint de Staline pour la défense de Tsaritsyn. *1919* membre du conseil de la guerre et du Politburo. *1920* Gal. *1921* membre du comité central. *1935* Mal (le 1er de l'Union soviétique). *1937* épure l'armée. *1940* vaincu en Finlande, destitué. *1941* commandant du front du N. *1945* négociateur des armistices finlandais et hongrois ; gouverneur de Hongrie.

1960-*7-5* **Brejnev,** Leonid (1906-82). Fils d'ouvriers métallurgistes ukrainiens. *1923* entre au Komsomol. *1931* membre du parti. 1935 ingénieur métallurgiste. *1938* secrétaire du comité régional de Dniepropetrovsk. *1944-45* général de brigade (direction politique de l'armée). *1946* 1er secrétaire du comité régional de Zaporojié. *1947* de Dniepropetrovsk. *1950* 1er secrétaire en Moldavie (met fin à l'agitation pro-roumaine). *1952* membre du comité central du parti. *1953* disgracié à la mort de Staline (envoyé au Kazakhstan). *1956* réintégré par le XXe congrès. *1957* membre titulaire du Présidium. *1960* remplace Vorochilov comme Pt. *1964* laisse son poste à Mikoyan et travaille à la chute de Khrouchtchev (le remplace comme 1er secr. général du parti) ; -14-10 « secr. gén. du comité central du P.C. », titre qui n'avait pas été attribué dep. la mort de Staline. *1973*-1-5 prix Lénine de la Paix. *1976*-8-5 maréchal ; -19-12 héros de l'U. sov. *1977*-16-6 remplace Nikolaï Podgorny à la tête du Présidium suprême (fonction cumulée avec le secr. gén., par suite d'une modification de la Constitution). *1979* prix Lénine de littérature. *1982*-10-11 inhumé dans le mur d'enceinte du Kremlin.

1964-*17-5* **Mikoyan,** Anastase (1895-1978). Arménien. *1908* au séminaire. *1913* révolutionnaire dans la clandestinité à Bakou. *1918* arrêté en Arménie par les Anglais, évite de justesse l'exécution. *1922* au comité central. *1926* suppléant au bureau politique (titularisé 1934). *1927* commissaire du peuple au Commerce (nombreux voyages d'études à l'étranger). *1956* un des leaders de la déstalinisation. *1957* tente de liquider Khrouchtchev (échec). *1962* en mission à Cuba (rapprochement avec Fidel Castro).

1965-*9-12* **Podgorny,** Nikolaï (1903-83). Fils d'un métallurgiste ukrainien. *1918* ouvrier, membre du Komsomol. *1930* membre du parti, étudiant à l'université ouvrière de Kiev. 1931 ingénieur. *1939* commissaire du peuple à l'Alimentation (R.S. d'Ukraine). *1945* représentant de l'Ukraine au conseil des ministres. *1950* 2e secrétaire du parti (Ukraine). *1957* 1er secr. du parti (Ukraine). *1958* suppléant au bureau politique. *1960* titularisé ; fait parti des khrouchtchéviens. *1964* renverse Khrouchtchev ; en rivalité avec Brejnev et Kossyguine pour le secrétariat gén. du parti. *1965* renonce au secr. gén., accepte la présidence. *1977* destitué.

1977-*16-6* **Mal Brejnev,** Leonid (1906-82). Voir plus haut.

1982-*10-11* **Kouznetsov,** Vassili (1er vice-Pt dep. 7-10-77) intérim.

1983-*16-6* **Andropov,** Youri (15-6-14/9-2-84). Père cheminot. Télégraphiste, projectionniste, technicien en navigation fluviale. *1939* entre au parti. *1940-44* envoyé par Staline en Carélie. *1953-56* ambassadeur en Hongrie. *1957* chef de section au comité central. *1961* élu au C.C. *1962* secr. du C.C. *1967 mai-1982-24-5* Pt du K.G.B. *1967 juin* m. du Politburo (suppléant). *1973 avril* m. du Politburo. *1982-24-5* m. du secrétariat du C.C., remplace Souslov. *-12-11* secr. gén. du parti. *-23-11* m. du Présidium du Soviet suprême.

1984-*12-4* **Tchernenko,** Constantin (24-9-11/10-3-85). *1929* chef de service de la propagande des komsomols. *1930* volontaire dans l'armée rouge. *1933* garde-frontières. *1943* études à l'école sup. des organisateurs du Parti. *1945* secr. du comité du Parti de Penza. *1948* chef du département de propagande et d'agitation du C.C. du Parti de Moldavie. *1956* chef du secrétariat du service de l'Agitprop. *1960* à la tête du secrétariat du présidium du Soviet suprême. *1965* chef du service général du Comité central. *1966 à 1971* membre suppléant du C.C. *1971 mars* membre du C.C. *1976 mars* secrétaire du C.C. *1977* suppléant au Politburo. *1978* député au Soviet suprême.

1985-*2-7* **Gromyko,** Andrei (18-7-1909). *1943* ambassadeur aux U.S.A. *1946* à l'ONU. *1949* 1er vice-min. des Aff. étr. *1952* amb. à Londres. *1953* 1er vice-min. des Aff. étr. *1957* min. Aff. étr. *1973* membre du Politburo. *1983* 1er vice-Pt du gouv.

Présidents du Conseil des ministres

1917 Lénine, Vladimir Illitch Oulianov dit l'Étincelle (10-4-1870/21-1-1924). D'une famille de bourgeoisie anoblie. *1894* instructeur dans les cercles ouvriers. *1895 juill.-août* contacts en Suisse avec le groupe de Plekhanov ; *nov.* création de « l'Union de lutte pour la libération de la classe ouvrière » ; -21-12 arrêté. *1897* déporté à Chouchenskoïe (Sibérie), il est rejoint par sa mère et par Nadège Kroupskaïa [(1869-1939) ; ép. 22-7-98]. *1900*-10-2 libéré ; -28-7 quitte la Russie, *1902* exil à Londres, travaille au British Museum. *1905 avr.* convoque à Londres le congrès du parti ouvrier (les mencheviks l'emportent). *1908-12* exil à Paris (4, rue Marie-Rose, XIVe). *1911* ouvre une école du parti à Longjumeau. *1912-14* séjour à Cracovie (Pologne autrichienne). *1914-17* en Suisse (conférence de Zimmerwald 1915 ; de Kienthal 1916). *1917*-16-4 autorisé par les All. à traverser l'All., -25-10 (c.-à-d. -7-11) rédige *l'appel aux citoyens de Russie* et renverse le régime tsariste ; *déc.* création de la Tchéka. *1918*-30-8 blessé dans un attentat (balle dans le cou). *1921* tombe malade (artériosclérose), se retire aux env. de Moscou. *1923*-6-3 rupture avec Staline (incident entre Staline et Nadège Kr.) ; -9-3 attaque d'apoplexie : demeure aphasique jusqu'à sa mort. *Œuvres :* Matérialisme et Empiriocriticisme (1909), l'Impérialisme, stade suprême du capitalisme (1917), l'État et la Révolution (1917), Manifeste aux ouvriers du monde (1921), Testament (1922).

1922 Rykov Alexis (1881-1938, exécuté). Militant révolutionnaire à Saratov ; arrêté en *1902* (troubles du 1er mai) ; de nouveau en action en *1905*. *1917* collaborateur de Lénine. *1918* directeur du ravitaillement de Moscou. *1921* vice-Pt du Conseil des commissaires du peuple. *1924* succède à Lénine comme Pt. *1930* accusé de déviationnisme de droite, fait son autocritique. *1936* compris dans la purge des procès de Moscou avec Boukharine.

1930 Molotov, Viatcheslav Skriabine (dit) (9-3-1890). Origine bourgeoise (cousin du compositeur Scriabine). Étudiant à l'école polytechnique de Petrograd. *1906* militant révol. clandestin sous le nom de Molotov « marteau ». Plusieurs déportations en Sibérie ; collaborateur de Staline à la *Pravda*. *1917* m. du comité rév. de Petrograd, 2e secr. du parti. *1930-41* succède à Rykov comme chef du gouv. *1939* prend portefeuille des Aff. étr. (signature du traité germano-sov. 23-8-1939). *1941* vice-Pt sous la présidence de Staline. *1949-53* laisse les Aff. étr. à Vychinsky. *1956* les laisse à Chepilov. *1957* éloigné en Mongolie (ambassadeur). *1964* exclu du parti.

1941-*7-5* **Staline,** Joseph Djougatchvili (dit) du mot russe *stal* (acier) (Géorgie 21-12-1879/5-3-1953), ép. Nadejda Allilouïeva (suicide 1932), dont Svetlana (aux U.S.A. apr. 67, autorisée 11-84 à revenir s'installer en U. avec sa fille), Jacob († 1945 sur le front, aviateur), Vassili († 1962 ; eut 1 fils, Vassili, † nov. 72). *1889* agitateur à Tiflis (Géorgie). *1903-11* déporté (3 fois) en Sibérie et évadé. *1911-17* 4e déportation. *1917* libéré par la révolution, rédacteur en chef de la *Pravda*. *1917-22* commissaire du peuple aux Nationalités. *1922* secr. gén. du Parti. *1924* chef du triumvirat ou « Troïka » avec Zinoviev (1883-1936, exécuté) et Kamenev (1883-1936, exécuté). *1941* commissaire à la Guerre ; Pt du Conseil des commissaires du peuple. *1943* maréchal sov. *1953*-5-3 meurt d'une

Léon Trotski (1879-1940). Leiba Bronstein, dit Lev Davidovitch. Origine bourgeoise et juive. *1898* (19 ans) déporté en Sibérie. *1902* s'évade, et vit en Angleterre avec un faux passeport au nom de Trotski. *1905* rentré en Russie, arrêté, déporté, de nouveau évadé. *1905-17* en exil en Suisse, France, Espagne, U.S.A. *1917 juill.* rejoint Lénine à Petrograd ; *oct.* min. des Aff. étr. *1918-25* commissaire à la G., vainqueur des armées blanches. *1924 oct.* publie *les Leçons d'octobre*, pamphlet antistalinien. *1925 janv.* écarté du ministère de la G. *1926* chassé du Politburo. *1927* exclu du parti. *1928 janv.* relégué au Kazakhstan. *1929 janv.* exclu d'U.R.S.S. *1929-33* exilé en Turquie, *1933-35* en France (expulsé par Laval). *1937-40* au Mexique [*1938* y fonde la IVe Intern. (Trotski Pt) ; *1940-21-8* y est assassiné par un agent stalinien espagnol Ramon Mercader del Rio (pseudonyme Jacques Monard ou Jacson n. 1904, libéré 1960).

hémorragie cérébrale (certains ont parlé d'assassinat par des proches redoutant une nouvelle purge).

1953-*6-3* **Malenkov,** Georges (n. 8-1-1902). Combattant de l'Armée rouge en *1918-20.* 1920 étudiant à l'école technique de Moscou. *1932* secr. particulier de Staline. *1935-38* responsable des purges des procès de Moscou. *1941-45* chargé de la production aérienne (grosse efficacité). *1946* membre du Politburo, 2e secr. du parti. *1952* membre du comité central du parti. *1953* succède à Staline comme Pt du conseil des ministres. *1955* renversé par Khrouchtchev. *1957* exclu du Présidium, puis du parti.

1955-*8-2* **Mal Boulganine,** Nicolas (1895-1975). Ingénieur, entre au parti en *1917. 1917-22* chef de la police secrète. *1922-27* membre du conseil supérieur de l'éducation. *1938* directeur de la Banque d'État. *1939* membre du comité central. *1941* responsable civil de la défense de Moscou. *1941* Gal de division. *1944* Gal d'armée. *1947* Mal, min. des Armées. *1949* remplacé par Vassilevski, devient vice-Pt du Conseil des ministres (ami très influent de Staline). *1953* forme une « troïka » à la mort de Staline, avec Malenkov et Molotov. *1955* en conflit avec Khrouchtchev. *1958* accusé d'activités antiparti, limogé (Pt du conseil provincial de Stavropol). *1960* retraite à Moscou.

1958-*27-3* **Khrouchtchev,** Nikita (1894/11-9-1971). Fils d'un mineur ukrainien, travaille comme mineur dès son enfance ; apprend à lire v. 20 ans. *1918* membre du P.C. *1929* étudiant à l'Académie de Moscou. *1932* secrétaire du Comité du parti (région de Moscou). *1938-49* secr. P.C. ukrainien (*1939* membre du Politburo). *1949* secr. du Comité central du parti. *1953* remplace Malenkov comme 1er secr. *1954-64* ouverture sur l'étranger (nombreux voyages). *1964* renversé par Brejnev, se retire dans une datcha, près de Moscou. Ses Mémoires, parus en Occident juste avant sa mort, sont d'une authenticité contestable.

1964-*15-10* **Kossyguine,** Alexis (1904-81). *1919* volontaire dans l'Armée rouge à 15 ans. Ingénieur textile. *1927* adhère au parti. *1938* maire de Leningrad. *1939* commissaire de l'Industrie textile. *1948-53* membre du Politburo. *1960* vice-1er min. de Khrouchtchev. *1964* remplace Khr. comme 1er min. *1980-22-10* démissionne.

1980-*23-10* **Tikhonov,** Nicolas (n. 1905). Ukrainien, m. du parti dep. *1940.* Ingénieur métallurgiste. Ministre. M. du Politburo dep. *27-11-79.*

Noblesse russe

● **Origine.** *Dvorianstvo* (noblesse territoriale) constituée des descendants des anciens compagnons des Pces Varègues d'origine normande, IXe s., des chefs militaires venus de Pologne, Lituanie, Hongrie, All., Italie avec leurs armées, des Begs tartares vaincus par les Russes et passés au service de la Moscovie, et de quelques Russes purs (commerçants, artisans, et surtout agriculteurs).

Les nobles ou *dvorianes* recevaient du Pce des domaines ou *pomestias* et devaient en retour des contingents en cas de guerre. Ils ne portaient pas de titres sauf celui de Pce dans les familles des maisons régnantes inféodées par les Pces de Moscou (ex. Bariatinsky, Galitzine, Dolgorouky, Gortchakoff), mais ce titre ne leur donnait aucun privilège. Certaines familles formaient autour du trône une oligarchie ; les *boyards* (dignité non héréditaire).

Les grands Pces puis les tsars choisissaient leurs épouses dans les familles des Pces boyards ou dvorianes. Pierre le Grand recruta dans le *dvorianstvo* la plupart des jeunes qu'il envoya à l'étranger. Il ne nomma plus de boyards (le dernier, le Pce Ivan Troubetzkoy, mourut en 1750). Ayant établi une nouvelle échelle fondée sur les services rendus à l'État, il se forma autour du trône une caste de courtisans et de fonctionnaires. Pour récompenser certains, le tsar demanda des brevets de titres étrangers à l'Empereur d'All. (St-Empire) ; ex. baron, comte, prince.

● **Titres. Maison impériale.** *Titres portés* (ukase des 2/14-7-1886). **Grand-duc :** titre réservé aux fils, filles, frères et sœurs du tsar, à leurs petits-fils et petites-filles, avec traitement d'*Altesse Impériale.* **Prince :** titre porté sous la dénomination de Pce de Russie avec le traitement d'*Altesse* par les arrière-petits-enfants des tsars et le fils aîné de chaque arrière-petit-fils. Ce même titre avec le traitement d'Altesse Sérénissime était reconnu à tous les autres descendants du sang impérial dans la ligne masculine, sous réserve d'être issus d'un mariage égal en naissance, et non d'un mariage morganatique. Le titre de prince se transmettant en Russie à tous les membres de la famille, il y avait au moins 2 000 princes *(Kniaz).*

Autres familles titrées. Prince. *Avant Pierre le Grand,* 20 à 30 principautés médiévales et de nombreuses principautés grandes ou petites. En 1911, sur 19 familles de cette ancienne noblesse, 11 étaient issues de boyards. *A partir de Pierre le Grand,* titre donné pour services rendus (1er Pce, Menchikov 1705). **Comte.** Conféré à partir de Pierre le Grand (en 1706) parfois à de puissantes familles nobles non princières (anciens boyards). Ex. Cheremetief (1er titre en 1706), Golovine, Tolstoï, Apraxine. **Baron.** Conféré à partir de Pierre le Grand. Rarement donné à des Russes (1er titré, Chavirov 1717). Surtout donné à des étrangers [banquiers, industriels (Dimsdale, médecin de Catherine II et de Paul Ier)] et même à des Juifs de haut mérite, ce que critiquait la noblesse balte en Russie, issue des descendants des chevaliers teutoniques.

☞ Il n'y eut pas de titres russes de duc, marquis, vicomte.

● **Noblesse non titrée.** La noblesse dite héréditaire remontait, pour quelques familles, à l'époque des premiers souverains qui régnèrent sur la Russie. Elle comptait de grands noms, souvent d'origine boyarde, tels que les Cheremetiev qui n'étaient pas tous comtes, les Narychkine d'où était issue la mère de Pierre le Grand, les Golovine, les Pouchkine. Les vieilles familles non titrées, illustres surtout par l'ancienneté, étaient nombreuses.

● **Noblesse administrative.** Le *Tchin* comprenait un certain nombre de rangs. Le *katalogos* des rangs fut importé en 1472 lors du mariage de Sophie Paléologue (venue de Byzance) et d'Ivan IV, et transformé par Pierre le Grand en *Table des rangs.* Un étudiant figurait au 14e rang, un lieutenant et un secrétaire du gouvernement au 12e, un colonel ou un conseiller de collège au 6e, un général ou un conseiller privé au 2e, le feld maréchal et le chancelier de l'Empire au 1er. On était vraiment considéré comme noble à partir du 8e rang. Cela représentait environ 200 000 personnes. Le père de Lénine y figurait comme directeur de collège. Chaque rang avait son traitement : Votre Haute Excellence, Votre Haute Origine, Votre Haute Noblesse, Votre Noblesse, etc.

● **Classification de la noblesse.** La législation nobiliaire subit des modifications à chaque changement de règne. Cependant, le statut de Catherine II du 21-4-1785 resta en vigueur jusqu'en 1917. Les nobles étaient divisés en 6 groupes, inscrits distinctement dans le registre généalogique de la noblesse, tenu dans chaque province russe, sous l'autorité d'un *maréchal de la noblesse,* assisté de députés élus de la province. 1re, noblesse récente (anoblie par lettres patentes ou décrets), 2e, n. militaire, 3e, n. acquise dans les services civils, 4e, n. étrangère, 5e, n. titrée (princes, comtes, barons créés par lettres patentes), 6e, « n. ancienne » constituée par les n. pouvant prouver la possession de l'état noble avant 1685, c'est-à-dire les anciens nobles dont les ancêtres avaient été inscrits sur le registre de velours rouge institué par Ivan III, et continué par Ivan IV, de 1462 à 1533.

● **Nombre de nobles.** *1762 :* 560 000 pour 21 millions d'habitants ; *1795 :* 600 000 après les 3 partages de la Pologne, avec l'incorporation d'une partie de la noblesse polonaise ; *1917 :* 1 900 000. **Familles titrées.** Env. 850 [dont 250 portant le titre de prince (1/6 issu de Rurik ou de Guedimine ; beaucoup d'origine géorgienne), 300 comtes, 250 barons, 1 duc, 4 marquis].

Nota. — Les titres ont été abrogés dep. le 25-11-1917. Cependant A.N. Tolstoï (1883-1945), écrivain rallié au régime, fut toujours désigné, même par Staline, comme « Comte Tolstoï ». Les grands ducs décernèrent quelques titres en exil.

Républiques socialistes soviétiques fédérées

☞ Au 1-1-84, l'U.R.S.S. se composait de 15 républiques divisées en 129 territoires et régions eux-mêmes divisés en 3 213 districts, 2 138 villes et 3 937 zones urbaines (41 963 districts ruraux regroupent les villages), incluant 20 républiques autonomes, 8 régions autonomes et 10 districts autonomes.

Nota. — Les Républiques marquées d'un astérisque (*) sont celles dont l'appartenance à l'U.R.S.S., n'est pas reconnue par les puissances étrangères. Pop. au 1-1-1984.

République socialiste fédérative soviétique de Russie (Moscou) (R.S.F.S.R.)

Généralités. *Fondée* 7-11-1917, unie à l'U.R.S.S. 30-12-1922, superficie : 17 075 400 km² (76 % de la surf. totale de l'U.R.S.S.), population : 142 108 000 h. 82,8 % de la pop. Plus de 100 nationalités et ethnies dont (en 79) : Russes 82,6 %, Tatars 3,6 %, Ukrainiens 2,7 %, Tchouvaches 1,2 %. **Capitale :** *Moscou* 8 546 000 h. *Divisions :* 16 R.S.S.A. (Rép. socialistes soviétiques autonomes), 5 régions autonomes, 6 territoires, 49 régions, 10 districts autonomes, 1 805 villes, 2 065 bourgs.

Régions

Moscou et sa région. *Fondée* au XIIe s. sur la rive élevée (gauche) de la Moskova, groupée autour du Kremlin, d'abord château féodal, puis ensemble de palais et de cathédrales. Les boulevards concentriques correspondent aux anciens remparts. Depuis le XIXe s., s'agrandit : vers le N. et N.-O. (habitations), S.-O. (quartier universitaire), E. et S.-E. (industries) ; actuellement, le long des grands axes à l'intérieur d'un cercle d'environ 20 km de rayon constitué par une autoroute circulaire. *Ressources énergétiques :* charbon de Toula, utilisé en partie sur place pour l'électricité thermique et l'ind. chimique ; usines hydro-électriques de la haute Volga ; pétrole du Nouveau Bakou et gaz naturel amenés par conduites. *Facilités des communications terrestres et fluviales :* la Moskova, affluent de l'Oka, elle-même tributaire de la Volga, relie Moscou à la région ind. de Gorki. Moscou est aussi reliée directement à la haute Volga par un canal moderne. Ind. légères diverses créées dès la fin du XIXe s. *Ind. textile* travaillant : lin des régions baltes, laine des steppes, coton du Turkestan ; textiles artificiels, répandus aussi au N. et au N.-E. de M. jusqu'à la Volga (à Ivanovo, Iaroslavl et Kalinine). *Ind. mécanique* (outillage, matériel ferroviaire, auto.) à Moscou, dans vallée de l'Oka (Riazan), bassin de Toula et villes de la Volga : Gorki (confluent de l'Oka et de la Volga, très ancien centre commercial). *Ind. chimique* (30 % de l'U.R.S.S.) lourde sur le bassin de Toula et à Moscou (engrais) ; de transformation (produits pharm.) plus dispersée.

N.-O. et Leningrad. *Leningrad* fondée par Pierre le Grand, en 1703, sur la Neva : ancienne capitale politique (palais XVIIIe s.) ; centre industriel : bois, textile (lin), aluminium, constr. méc. ; port maritime, le plus actif de l'U.R.S.S., 2e ville du pays (4 832 000 h]. *Bas plateaux* (alt. max. : 350 m) et *plaines* marquées par l'empreinte glaciaire : vastes marais et nombreux lacs reliant haute Volga à Baltique et Leningrad, ellemême reliée à la mer Blanche. *Climat* continental avec influences atlantiques : amplitudes thermiques plus faibles et précipitations plus abondantes. *Zones de végétation :* au nord du 60e parallèle (lat. de Leningrad), forêt sauf un liséré de toundra en bordure de l'océan Arctique ; au sud du 60e parallèle, forêt entaillée de clairières, de plus en plus nombreuses et vastes, cultures alimentaires adaptées au climat humide et froid et à la médiocrité des sols forestiers : pommes de t., seigle ; lin 2/3 du total mondial ; bovins surtout près des agglomérations. *Groupements administratifs :* républiques baltes [annexées dep. guerre de 1939-45 : Lituanie (Vilnius), Lettonie (Riga), Estonie (Tallinn)] ; Biélorussie (Minsk) ; rép. de Russie, à l'E. et au N. comprenant aussi le N. de l'ancienne Prusse orientale allemande [avec Kaliningrad (ancienne Kœnigsberg), annexée en 1945 (le S.-Est polonais)].

Oural. Montagne peu élevée (n'atteignant pas 1 700 m), aisément pénétrable (larges dépressions transversales). *Villes principales :* Magnitogorsk (fondée 1928) 4 210 000 h., Sverdlovsk 1 288 000, Tcheliabinsk 1 086 000. Rôle important grâce aux *ressources énergétiques :* charbon près de Sverdlovsk, pétrole à l'O. entre Perm et Oufa (surnommé le « 2e Bakou »), énormes ressources hydro-électriques ; *minérales :* or, cuivre, manganèse, nickel, zinc, fer surtout dans le S. entre Tcheliabinsk et Magnitogorsk, (tout près se dresse la Magnitnaïa, « montagne aimantée »). *Ind. ancienne :* forges établies depuis Pierre le Grand : les produits (armes, outillage, quincaillerie) étaient vendus dans les grandes foires de R. d'Europe : Kazan, Nijni-Novgorod (aujourd'hui Gorki). *Développée pendant la g.de 1939-45,* la R. d'Europe étant alors en partie occupée : ind. lourde, fonte et acier, à partir du minerai de l'Oural et du charbon amené d'autres régions : combinat *Oural-Kouzbass,* trop vaste (environ 2 000 km entre fer et charbon) supplanté auj. par le combinat *Oural-Karaganda.* On utilise aussi de plus en plus le charbon de l'Oural lui-même ; *constr. méc. :* matériel ferroviaire, tracteurs, machines-outils, armement, dans l'Oural : Nijni-Taguil, Sverdlovsk, Tcheliabinsk, qui assurent de 30 à 40 % des ind. méc. ; *ind. chimique :* utilisant les sous-produits de la métallurgie (Magnitogorsk) et les gisements de potasse et de phosphates du bassin de la Kama (région de Perm).

Kamtchatka. 31 000 km². *Capitale Pallana,* petit port de pêche sur la mer d'Okhotsk. *Histoire : 1697* découvert par 60 cosaques agissant pour le compte d'un négociant en fourrures d'Irkoutsk, Vladimir Atlasov. *1701* rattaché à l'empire r. par Pierre le Grand [les indigènes (Kamtchadales), surmontant leurs rivalités, résistèrent 30 ans]. Il en subsiste environ 10 000 : 3 000 Selcups et 6 000 Koriaks, éleveurs de rennes et pêcheurs groupés dans le district national des Koriaks, au N.

Ile de Sakhaline. 76 000 km². 948 km de long, du N. au S. Latitudes comparables à la France et à l'Irlande mais climat sibérien (toundra, rennes). 700 000 h. *Cap. Loujno Sakhalinsk* (10 417 km de Moscou, 100 000 h.). *Histoire : 1643* le Hollandais de Vries la découvre et la prend pour une presqu'île. *1782* La Pérouse l'identifie comme île. *1805* explorée par les R. *1856* par les Jap. (au S.) ; entièrement r. (le Jap. cède le S. contre les Kouriles). *1875* annexée à la Russie. *1905* les Jap. reprennent le S. (jusqu'au 50ᵉ parallèle). *1945* attribuée entièrement à l'U., ainsi que les Kouriles par l'accord de Yalta.

Régions arctiques. Environ 1/5 de l'U., climat continental : hiver long, très rude (– 47 °C en janvier à Verkhoïansk) ; été très court, précipitations médiocres, de plus en plus faibles vers l'E. La région autour de Mourmansk, au N.-O., bénéficie de l'influence adoucissante de la dérive nord-atlantique (prolongement du Gulf Stream). Sol perpétuellement gelé en profondeur (la *merzlota,* à l'O. de l'Oural, au-delà du cercle polaire), à l'E., beaucoup plus loin vers le S. Obstruction des embouchures des cours d'eau (gigantesques débâcles dans le cours moyen). Toundra : limitée par le cercle polaire à l'O. de l'Oural, s'élargit progressivement vers l'E. ; au-delà de la Lena, s'étend sur toute la Sib. or. et le Kamtchatka, entre océan Arctique, océan Pacifique et mer d'Okhotsk. Élevage nomade du renne. *Mines :* nickel, presqu'île de Kola (région de Mourmansk), nickel et cuivre (Norilsk, delta du Ienisseï), métaux précieux de la vallée de la Lena (région de Iakoutsk), fer (presqu'île de Kola), houille (bassin de Vorkouta), lignite (vallée moyenne de la Lena) et houille (Toungouska, affluent de droite du Ienisseï). *Difficultés :* approvisionnement alimentaire (en dépit des progrès de l'agriculture arctique), relations difficiles, par chemins de fer (3 lignes en Europe, aboutissant à Mourmansk, Arkhangelsk et Vorkouta), voie d'eau en été, mer (« voie maritime du Nord », 13 000 km d'Arkhangelsk à Vladivostok), avion. *Villes* rares ; Mourmansk 412 000 h., Arkhangelsk 403 000 h.

Sibérie. Généralités. *Population (en millions) : 1926 :* 6,5 ; *59 :* 17 ; *70 :* 25 (pour la 1ʳᵉ fois, plus de 10 % de l'U.) ; *83 :* 29,6. 12 800 000 km² (57 % de l'U.R.S.S.) sur 8 000 km de l'Oural au Pacifique et 3 000 km de l'Arctique à la Chine. *Transports :* hélicoptères, avions, ferroviaires (voies construites sur pieux de béton de 12 m de haut, enfoncés dans le sol gelé). **Ressources.** 58,7 % des réserves mondiales de pétrole, 41 % du fer, 88 % du manganèse, 54 % de la potasse, 25 % du bois. Par rapport à l'U.R.S.S., elle contient 60 % de son cuivre, 90 % de ses réserves de charbon, 80 % de ses ressources hydro-élec. *Production* (82, et entre par. est. 90) : pétrole 353 (1 000) millions de t, gaz 231 (1 000) milliards de m³. On estime pourtant que les richesses minières et énergétiques ne pourront pas être exploitées sans une colonisation agricole avancée, permettant un peuplement dense. *Agriculture :* 30 millions d'ha ont été défrichés entre 1955 et 1977. Mais le rendement des nouvelles cultures reste insuffisant (4 h 1/2 de travail pour 1 quintal de blé, contre 1 h aux U.S.A.). Obstacles principaux : le climat (7 mois de gel) ; les distances, la rareté des habitants (densité de 2,3 par km²) ; la pauvreté des sols (tchernoziom 10 % de la superficie ; sols marécageux, sablonneux, siliceux et montagneux 90 %).

Actions entreprises : utilisation massive des engrais ; mise en culture du désert, notamment Kazakhstan (irrigation, lutte contre l'érosion due aux vents ; utilisation de machines spéciales travaillant le sol sans ôter la couche végétale) ; création d'une agriculture polaire (serres chauffées et éclairées) ; peuplement systématique (d'abord forcé, puis encouragé par des primes et appels au patriotisme ; la plupart des points d'implantation en Sibérie sont tenus par des jeunes ; avantage : dynamisme accru ; inconvénient : instabilité, forte proportion de départs).

Ouverture d'une ligne de navigation polaire (convois précédés d'un brise-glace ; ouverture du port de Norilsk à l'embouchure du Ienisseï, permettant l'acheminement du matériel lourd par la m. de Barentz). Transports par gazoducs, oléoducs. L'aménagement d'un réseau de transports efficace (et par conséquent l'exploitation de la Sib.) dépasse les forces de l'U. (aides extérieures possibles : capitaux américains, techniciens japonais, main-d'œuvre chinoise).

Républiques autonomes de la R.S.F.S.R.

Bachkirie (*Oufa* 1 048 000 h.). 143 600 km². 3 841 000 h. (annexée 1557, rép. aut. 23-3-1919).

Bouriatie (*Ulan-Udé* 329 000). 351 300 km². 986 000 h. (cédée par la Chine : tr. de Nerchinski 1689 et Kyakhta 1727, f. le 1-3-1920, rep. aut. 30-5-1923).

Carélie (*Petrozavodsk* 251 000). 172 400 km². 768 000 h. (annexée à la Russie, f. 8-6-1920 en tant que commune de travail, rép. aut. 25-7-1923).

Daghestan (*Makhatchkala* 293 000) 50 300 km². 1 717 000 h. (cédée par la Perse 1723, rép. aut. 20-1-1921).

Iakoutie (*Iakoutsk* 165 000 en 82). 3 103 200 km². 965 000 h. (conquise au XVIIᵉ s., rép. aut. 27-4-1922).

Kabardino-Balkare (Rép.) (*Naltchik* 222 000). 12 500 km². 709 000 h. [annexée 1557, région aut. des Kabardes ou Kabardins (Tcherkesses orientaux) 1-9-21, région aut. de Kabardino-Balkarie 1922, rép. aut. 5-12-1936].

Kalmoukie (*Elista* 76 000 en 82). 75 900 km². 315 000 h. (dominée par les Russes au déb. du XVIIᵉ s., région aut. 4-11-1920, rép. aut. 20-10-1935).

Komis (Rép. des) (*Syktyvkar* 209 000). 415 900 km². 1 197 000 h. (annexée XIVᵉ s., rép. aut. 22-7-1921).

Mariis (Rép. des) (*Iochkar Ola* 227 000). 23 200 km². 722 000 h. (annexée 1552, rép. aut. 4-11-1920).

Mordovie (*Saransk* 301 000). 26 200 km². 972 000 h. (occ. par les Russes au XVIᵉ s., région aut. 10-1-1930, rép. aut. 20-12-1934).

Ossétie du Nord (*Ordjonikidze* 300 000). 8 000 km². 610 000 h. (annexée au XVIIIᵉ s., rép. aut. 4-3-1918, rép. aut. des Montagnes 20-1-1921, région aut. 7-1-1924, rép. aut. 5-12-1936).

Oudmourtie (*Ijevsk* 587 000 en 82). 42 100 km². 1 549 000 h. (annexée aux XVᵉ et XVIᵉ s., région aut. de Votsk dep. 1932, rép. aut. 28-12-1934).

Tatarie (*Kazan* 1 039 000). 68 000 km². 3 489 000 h. (conquise en 1552, région aut. 27-5-20). Les Tatars dits « T. de la Volga » sont 1 536 000, soit 1/4 de la pop. tatare d'U.R.S.S. (5 931 000). Autres groupes importants : T. d'Astrakhan (divisés en Koundroffs et Karagachs) et T. de Crimée. [Ont constitué jusqu'au 26-6-44 la Rép. aut. de Crimée, créée 13-10-21, faisant partie de la R.S.F. d'Ukraine ; mais ayant collaboré avec All. et Roumains (1941-44), ils ont été déportés et leur rép. a été supprimée. Leur territoire, incorporé directement à la R.S.F. d'Ukraine, a été repeuplé de R. et d'Ukrainiens. Actuellement, vivant en Ouzbékistan (574 000) et Kazakhie (288 000)], ils ne sont pas reconnus comme « Tatars », mais comme « citoyens ayant autrefois habité la Crimée ». Musulmans, ils ont gardé des attaches avec les Turcs (autrefois maîtres de la Crimée). Piliers de l'opposition islamique en Asie centrale, ils revendiquent leur retour dans leur province d'origine.]

Tchétcheno-Ingoutchie (*Grozny* 389 000). 19 300 km². 1 203 000 h. (conquise 1850-60, région aut. des Tchétchènes 30-11-1922, région aut. d'Ingouchie 7-7-1924, région aut. de T.-I. 15-1-1934, rép. aut. 5-12-1936).

Tchouvachie (*Tchéboksary* 378 000), 18 300 km². 1 313 000 h. (dom. par les Russes en 1552, région aut. 14-6-1920, rép. aut. 21-4-1925).

Touva (*Kyzyl* 180 000). 170 500 km². 276 000 h. (protectorat russe en 1914, rép. populaire de Tahnou-Touva 14-8-21, rép. pop. de Touva 1926, région aut. 13-10-1944, rép. aut. 10-10-1961).

Régions autonomes de la R.S.F.S.R.

Adyghes (*Maikop* 134 000 en 82). 7 600 km². 413 000 h. (établie 27-7-1922).

Gorno Altaïsk (*Gorno Altaïsk* 40 000 en 76). 92 600 km². 177 000 h. (ét. 1-6-1922, région Oirot, rebaptisée 7-1-1948).

Juive (*Birobidjan* 73 000 en 82). 36 000 km². 200 000 h. (dont 128 000 Russes, 15 000 Juifs en 70, 10 000 en 80, 14 000 Ukrainiens. Ét. 7-5-34). **Histoire :** *1934*-7-5 créée pour utiliser, en faveur de l'Extrême-Orient soviétique, l'esprit « pionnier » des sionistes. 20 000 Juifs d'U. occidentale s'installèrent au B. entre 1934 et 1937. *1936*-29-8 décret créant un territoire nat. juif. Le yiddish était langue officielle à égalité avec le r. *1945-48,* l'immigration reprit [survivants des persécutions nazies (max. de la population juive *1948 :* 30 000)]. *1948* mesures antisémites de Staline (notamment abolition de la culture yiddish en B.), la population décroît. *1983* campagne pour inciter à l'émigration dans cette région.

Karatchevo-Tcherkess (*Tcherkess* 96 000 en 82). 14 100 km². 380 000 h. (établie 12-1-1922).

Khakass (*Abakan* 140 000 en 82). 61 900 km². 523 000 h. (établie 20-10-1930).

Districts autonomes de la R.S.F.S.R.
(Pop. en 1980)

Aguinski-Bourlatski (*Aguinskoïé* 8 000). Fondé 26-9-1937. Partie de la région de Tchita. 19 000 km² 69 000 h. (1978).

Komis-Permiaks (*Koudymkar* 26 000). Fondé 26-2-1925. Région de Perm. 32 900 km². 177 000 h. (1978).

Koriakz (D.A. des) (*Palana* 3 000). Fondé 10-12-1930. Région de Kamtchatka. 301 500 km². 36 000 h. (1978).

Nénetz (D.A. des) (*Narian-Mar* 17 000). Fondé 15-7-1929. Région d'Arkhangelsk, comprend îles Kolgouïev et Vaïgacth. 176 700 km². 44 000 h. (1978).

Taïmyr (*Dolgano-Nénetz, Doudinka* 20 000). Fondé 10-12-1930. Terr. de Krasnoïarsk. 862 100 km². 44 000 h. (1978).

Oust-Ordynski Bouriatski (*Oust-Ordynski* 11 000). Fondé 26-9-1937. Région d'Irkoutsk. 22 400 km². 130 000 h. (1978).

Khanty et Mansis (D.A. des) (*Khanty-Mansiisk* 25 000). Fondé 10-12-1930. Région de Tioumène. 523 100 km². 498 000 h. (1978).

Tchoutchkes (D.A. des) (*Anadyr* 8 000). Fondé 10-12-1930. Région de Magadan. 737 700 km². 129 000 h. (1978).

Evenks (D.A. des) (*Toura* 4 000). Fondé 10-12-1930. Terr. de Krasnoïarsk. 767 600 km². 15 000 h. (1978).

Iamalo-Nénetz (D.A. des) (*Salékharde* 23 000). Fondé 10-12-1930. Région de Tiouméne. 750 300 km². 144 000 h. (1978).

Arménie (A.S.S.R.)

Généralités. 29 800 km². 3 263 000 h. (en % Arméniens 88,6, Azerbaïdjanais 5,3, Russes 2,3, Kurdes 1,7). *Cap. Erevan* (1 114 000). D. 3,3.

Économie : métall. non ferreuse, ind. chim., élec., textile, cuirs et peaux, vins, conserveries.

Histoire (V. Arménie turque p. 998). **1828** tr. de Kurmantscha avec la Perse, laissant à la Russie l'A. perse, avec Erevan et Echmiadzin (27 000 km²), incorporée à la prov. de Transcaucasie. Les A. de Turquie (pour 1/3 env.) constituent un parti pro-russe, voyant dans le protectorat russe (et dans l'annexion à la Transcaucasie) le meilleur moyen de protéger la chrétienté a. contre les Musulmans (au cours du XIXᵉ s., 150 000 A. se réfugient en Russie, dont 40 000 en Géorgie russe). **1853-55** et **1877-78** g. russo-turque : l'A. russe atteint 455 000 km² (Kars annexé 1878). **1914**-*4-11* offensive r. en A. turque (120 000 A. servent dans l'armée r.). Conquête du lac de Van. **1915-16** conquête de l'A. turque (Van, Bitlis, Erzeroum). **1917**-*20-9 l'A., y compris les territoires récemment conquis se proclame partie de la Rép. fédérale de Transcaucasie, fondée à Tiflis.* **1918**-*3-3* tr. de Brest-

Litovsk : les All. exigent la restitution aux Turcs des terr. conquis en 1914-16, et des provinces annexées en 1877-78 (Kars) ; *-13-4* la rép. de Transcaucasie déclare la g. à la T., pour empêcher l'occupation de l'A. ; *-26-5* elle se disloque : une « rép. d'Erevan » (arménienne) continue seule la g. contre les T. ; *-4-6* tr. arméno-turc de Batoum : la rép. d'Erevan accepte les frontières d'avant 1877 (Kars cédé à Turquie). *-28-7* les Anglais débarquent à Bakou, mais doivent rembarquer, les A. ayant refusé leur collaboration. *-30-10* défaite des T. (armistice de Moudros) ; les Alliés rétablissent la frontière de 1878 (Kars à l'A.) et occupent les ports de Géorgie. **1919** *nov.* les Soviétiques s'allient aux T. kémalistes contre les 3 rép. de Transcaucasie. **1920** *avr.* les Sov. réoccupent l'Azerbaïdjan, isolant la rép. d'Erevan ; *sept.-nov.* les kémalistes conquièrent la rép. d'Erevan et y installent un gouv. à Erevan ; les non-communistes se replient à Karabakh (enclave a. en Azerbaïdjan) ; *-29-11* soulèvement pop. contre Turcs, proclamation de la Rép. soc. sov. d'A. *-2-12* le chef du gouv. com., Khatizian, signe à Tarnapol un tr. de paix avec les kémalistes : l'A. libre reconnaît les frontières de 1878-1914 (rend Kars ; réduite à 34 000 km²). **1921**-*6-3 tr. de Moscou* entre Soviétiques et kémalistes : la frontière est reconnue ; *-13-10* tr. arméno-t. de Kars : confirmation de la frontière de Tarnopol. **1922**-*1-3* fait partie de la R.S.F.S.T. *-30-12* la Transcaucasie devient une rép. de l'U.R.S.S. **1923**-*24-7 tr. de Lausanne* : la frontière a.-t. reconnue par la S.D.N. **1936**-*5-12 dissolution de la Transcaucasie* : l'A. (réduite à 29 800 km²) devient une rép. sov. fédérée (la zone arménophone de Karabakh devient un *oblast* autonome azerbaïdjanais). **1946-48** retour d'env. 100 000 A. rescapés des massacres de Turquie.

Pays du Caucase

Situation. Chaîne jeune d'âge alpin formée surtout de calcaires (alt. 5 633 m. à Elbrouz), boisée, avec alpages sur hautes pentes et vastes champs de neige sur sommets. Séparée, par les montagnes, l'Arménie, profonde dépression longitudinale. A l'O., la *Géorgie*, climat subtropical, riches cultures (vignes, thé, canne à sucre, maïs). A l'E., l'*Azerbaïdjan* plus sec (irrigation pour la culture du coton). Occupé par les R. au XIXᵉ s. dans un but politique (pénétration en Perse et mainmise sur l'Empire ottoman). Azerbaïdjan, Arménie, Géorgie de 1922 à 1924 constitué la rép. de Transcaucasie.

Ressources : pétrole découvert 1863. 2 gisements : au S. Bakou, qui se prolonge jusqu'aux abords de Tbilissi (Tiflis), à l'intérieur ; au N. Grosny et Maïkop. Longtemps 1ᵉʳ producteur de pétrole de l'U. (80 % en 1928). Actuellement, fournit env. 10 %. Des oléoducs vont au port de Batoum sur la mer Noire (transport vers Odessa et exportation). D'autres atteignent Rostov. *Plomb. Zinc. Manganèse. Tungstène. Molybdène. Cuivre* (Arménie). *Hydro-électricité. Houille* près de la mer Noire. *Industrie* métallurgie lourde (non ferreux), ind. légères.

Le chemin de fer transcaspien franchit par ferry-boat la mer Caspienne entre Krasnovodsk et Bakou, d'où la voie ferrée remonte vers le Nord.

Principales villes (84) : Bakou 1 661 000 h., Tbilissi (Tiflis) 1 140 000, Erevan 1 114 000.

Azerbaïdjan (Azerb. S.S.R.)

Généralités. 86 600 km². 6 498 000 h. (en % Azerbaïdjanais 78,1, Russes 7,9, Arméniens 7,9). La plus forte natalité d'U.R.S.S. *Cap. Bakou* (1 661 000). D. 6,5.

Économie. Pétrole (30 millions de t dont 15 sous-marines), gaz naturel, fer, alunites, sel gemme, mat. de construction, raffineries, constr. méc., ind. chimique, électrotechnique, verre, porcelaine, faïence, bois, raisins (1 400 000 t en 80), céréales, fruits, thé, coton (850 000 t en 80).

Histoire. Jusqu'en 1806, fait partie, avec l'Azerbaïdjan iranien, de *l'Albanie* (en arabe *Arran*), peuplée dep. le XIIIᵉ s. de Turcs Seldjoukides,, chiites. **1806** Alexandre Iᵉʳ conquiert sur la Perse la région de Bakou. **1813** Bakou annexée, devient capitale d'un gouv. **XIXᵉ s.** exploitation du pétrole ; construction des chemins de fer Bakou-Tiflis-Batoum et Bakou-Stavropol. **1917** *mars* indépendance (à Bakou, un gouv., dirigé par l'Arménien Stepan Shaumian, fait sécession et reste uni aux bolcheviks russes) ; *-20-9* les séparatistes s'unissent à A. et Géorgie en une *Féd. de Transcaucasie.* **1918**-*4-6* alliance avec Turquie contre com. de Bakou ; -27-8/14-9 les Anglais occupent Bakou puis sont forcés de se réembarquer. *-17-9* Fath Ali Khan Khoysky occupe Bakou et y établit le gouv. de la rép. d'Azerbaïdjan ; *-7-12* élections, victoire des sociaux-démocrates. **1920**-*5-1* reconnu *de facto* par les Alliés ; *-27-4* conquis par l'Armée rouge ; *-20-4* proclamation de la *rép. sov. de l'A.* **1920**-*1-2* 1ᵉʳ congrès du parti com. a. **1922**-*12-3* partie de la *Rép. sov. de Transcaucasie. -30-12 rép. fédérée.*

1 région autonome dep. 7-7-1923 : **Nagorny Karabakh.** 4 400 km². 168 000 h. Arméniens 89 %. *Cap.* Stepanakert. (35 000 en 76).

1 rép. autonome. dep. 9-2-1924. **Nakhitchévan** (*Nakhitchévan* 37 000 h. en 76). 5 500 km². 262 000 h. Annexée par la Russie le 28-4-1828, enclavée dans la République arménienne.

Biélorussie (B.S.S.R.)

Nom signifiant Russie Blanche, c'est-à-dire Russie occidentale (le blanc étant, chez les Slaves, le symbole de l'O.). Appelée *Russie Blanche* jusqu'en 1939, les noms de Biélorussie et de Biélorusse s'imposent car il y avait confusion entre les *Blancs-Russiens*, ses habitants, et les *Russes blancs* (réfugiés politiques antisoviétiques). 207 600 km². 9 878 000 h. (dont, en %, Biélorusses 79,4, Polonais 4,2, Ukrainiens 2,4, Russes 11,9, Juifs 1,4). *Cap.* Minsk (1 442 000). D. 9,9. Rép. soc. sov. 1-1-19 ; fait partie de l'U.R.S.S. dep. 30-12-22 ; 6 provinces. **Économie :** tourbe, sel gemme, potassium, pétrole, phosphorite, mat. de constr., houille, lignite, schiste ; constr. méc., usinage des métaux, automobiles, céréales, bett. à sucre, p. de terre, légumes, viande, lait, œufs.

Estonie (E.S.S.R.)

Généralités. 45 100 km². 800 îles dans la Baltique. 1 519 000 h. (en % Estoniens 64,7, Russes 27,9, Ukrainiens 2,5, Biélorusses 1,6). *Cap.* Tallinn (458 000). D. 1,5. **Économie :** schistes bitumineux (3/5 de l'extraction soviétique), énergie élec., papier, ind. alim. (beurre, viande, poisson), engrais, textile, conserves, lait, œufs. **Forêts : 38 % du territ.**

Histoire. IIᵉ s. av. J.-C. peuplée par des Finno-Ougriens proches des Finlandais que Tacite appelle *Aesti*, les Estes. **1030** demeurés païens, ils repoussent une croisade russe menée par le Pᶜᵉ Yaroslav. **1180** début de la christianisation par les Germano-Danois. **1202** fondation des chevaliers porte-glaives ; **1219** prise de la cap. rebaptisée Tallinn : Taani Linn (château danois) ; **1237** fusion des porte-glaives et de l'Ordre teutonique ; **1290** conquête achevée. **1346** l'Ordre teutonique se rachète de la vassalité danoise (devient o. souverain). **1410**-*15-7* battu à Tannenberg, devient vassal du roi de Pologne. **XVIᵉ s.** les chevaliers se convertissent en masse au luthéranisme, et se transforment en aristocratie terrienne protestante (germanophone), les « barons baltes ». **1558** Ivan le Terrible conquiert Narva. **1561-81** le pays est conquis par les luthériens suédois, qui chassent les R. de Narva. **XVIIᵉ s.** province suédoise. **1709** Poltava : les R. battent les Suédois et conq. l'E. **1721** paix de *Nystad* : la Suède cède l'E. aux Russes. **XVIIIᵉ-XIXᵉ s.** prov. r., la noblesse reste de culture germanique ; les serfs sont de langue estonienne. **1917** les libéraux r. accordent l'*autonomie* aux Est. ; *oct.* ceux-ci proclament l'indép. (contre les bolcheviks). **1918**-*28-1* ils appellent à l'aide l'armée all. ; *-12-4* ils offrent la couronne estonienne à l'emp. Guillaume II ; *-11-11* à la suite de la défaite de l'Allem., ils proclament une rép. indépendante ; *-28-11* invasion sov. ; *-12-12* intervention d'une escadre britannique. **1919-20** intervention décisive des volontaires all. de Rüdiger von der Goltz. **1920**-*2-2 tr. de Tartu* avec l'U.R.S.S. : indépend. reconnue. **1920-40** rép. estonienne (dictature du Gᵃˡ Pats dep. 1933). **1940**-*16-6* ultimatum sov. (en vertu de l'accord Molotov-Ribbentrop du 23-8-39) : instauration d'un régime com. ; *-21-7* le gouv. com. demande son rattachement à l'U.R.S.S. *-6-8 adhère à l'U.R.S.S.* **1941-44** partie de *l'Ostland*, administrée par l'armée all. **1944**-*22-9* réoccupation par l'Armée rouge. **1950** *avr.* le gouv. de la rép. sov. est destitué pour « déviation nationaliste ».

Géorgie (G.S.S.R.)

Généralités. 69 700 km². 5 171 000 h. [en % Géorgiens 68,8, Arméniens 9, Russes 7,4, Azerbaïdjanais 5,1, Ossètes 3,2, Abkhaz 1,7, Grecs, Juifs (28 000). Adjars, Kurdes, Ukrainiens]. *Cap.* Tbilissi (Tiflis) (1 140 000). D. 5,2.

Histoire. Antiquité connue sous le nom d'Ibérie (langue asiatique, d'origine inconnue). **300 av. J.-C. à 265 apr. J.-C.** conquise par Perses arsacides. **IIIᵉ-VIIIᵉ s.** par Sassanides. **311** christianisée (Ste Nino, martyre 330, patronne de Géorgie). **787** indépendance sous la dynastie nationale des Bagration. **1184-1212** apogée sous la reine Thamar. **1386** conquise par Tamerlan. **1407-42** par les Turcs ottomans. **1615** conversion des rois à l'islam et souveraineté de la Perse. **1783** protectorat russe. **1795** sac de Tiflis par Persans. **1799** le dernier roi, Georges XII, cède les droits de la couronne au tsar Paul Iᵉʳ. **XIXᵉ s.** partie du gouv. de Transcaucasie (garde sa culture, avec des écrivains de langue nationale). **1801** *annexée à Russie*, église rattachée au synode russe. **1917**-*20-9* union avec A. et Azerbaïdjan au sein de la *féd. de Transcaucasie.* **1918**-*26-5* féd. dissoute. *-27-12* occupation anglaise. **1920**-*15-1* indép. reconnue, par les Alliés ; *-7-5* par les Sov. *-4-6* Anglais réembarquent. **1921**-*27-1* invasion sov. ; *-22-2* alliance turco-sov. ; *-25-2* proclamation d'une *rép. sov. à Tiflis ; -16-3 tr. de partage turco-sov. à Moscou :* U.R.S.S. reçoit Batoum ; Turquie garde Artvin et Ardahan. **1922**-*12-3* partie de la *rép. sov. de Transcaucasie.* **1924**-*27-8* insurrection nationale, organisée par Kaikhosro Cholokashvihi (échec ; 3 000 †, 130 000 Géorgiens déportés en Sibérie). **1936**-*5-12* dissolution de la Transcaucasie : forme une *rép. membre direct de l'Union.* **Économie.** Ind. minière (manganèse), engrais, ind. du cuir, papier, énergie hydraulique, constr. méc. ; cultures subtropicales, vignobles et vergers (27 % de la surf. cultivée), thé, élevage.

2 Rép. autonomes : Abkhasie 8 600 km². 522 000 h. *Cap.* Sukumi (120 000 en 82). Anc. Colchis, protect. russe 1810, rép. sov. 4-3-21, fait partie de la G. dep. 16-12-21. **Adjarie** (*Batumi* 126 000 en 81). 3 000 km². 375 000 h. Annexée par la R. en 1878, rép. aut. 16-7-21.

1 prov. aut. : Ossétie du Sud 3 900 km². 98 000 h. *Cap.* Tskhinvali (34 000 en 76). Ann. apr. g. entre Russes et Turcs (1768-74), rég. aut. 20-4-22.

Kazakhstan (Kaz. S.S.R.)

Généralités. 2 717 300 km². 15 654 000 h. (en % Russes 40,8, Kazakhs 36, Ukrainiens 6,1). *Cap.* Alma-Ata (1 046 000). D. 15,6. 19 régions. **Histoire. 1920**-*26-8* Rép. soc. de Kirghizie. 1925 nommé Kazakhstan. 1936 -5-12 adhère à l'U.R.S.S. **Économie.** + de 90 minéraux utiles (fer, cuivre, plomb, zinc, charbon, pétrole, phosphorites, mat. de constr) ; engrais, ind. du cuir ; élevage ; 3ᵉ prod. de céréales de l'U., coton, riz, bett. à sucre, vignobles et vergers sur les contreforts des montagnes. Centre spatial de Baikonout.

Kirghizie (Kirg. S.S.R.)

Généralités. 198 500 km². 3 875 000 h. (en % Kirghizes 47,9, Russes 25,9, Ouzbeks 12,1, Ukrainiens 3,1, Ouïgours, Kazakhs, Tadjiks, Allemands de la Volga, déportés en 1941). *Cap.* Frounzé (590 000). D. 3,9. 3 *régions.* **Histoire. 1870** annexée. **1924-14-10** région aut. de Kara-Kirghizie. **1925-25-5** de Kirghizie. **1926-1-2** rép. aut. rép. soc. **1936**-*5-12* adhère à l'U.R.S.S. **Économie.** Mercure, antimoine, houille, pétrole, gaz naturel, plomb, zinc ; moutons, chevaux de race, bétail à cornes, arboriculture fruitière, viticulture, plantes industrielles (kénaf, chanvre méridional, pavot médicinal), coton (210 000 t par an), céréales (1 300 000 t par an).

Lettonie (Let. S.S.R.)

Généralités. 63 700 km². 2 589 000 h. (en % Lettons 53,7, Russes 32,8, Biélorusses 4,5, Polonais 2,5, Ukrainiens 2,7). *Cap.* Riga (875 000). D. 2,6. **Économie.** Chimie et pétrochimie, ind. du livre, constr. méc., usinage des métaux, constr. navales ; élevage de vaches à lait, céréales, p. de terre.

Histoire. IXᵉ s. occupée par des Indo-Européens, les *Latgals* ou *Latviens* (d'où le 2ᵉ nom de la Lettonie : Latvie). Langue proche du lituanien. Colonisation et christianisation : voir Estonie. **1561** divisée en 2 parties : Courlande, duché autonome, et Livonie, intégrée à la Pologne. **1581** Riga annexée à la Pologne. **1621** conquise par Suédois. **1762** Russie annexe Livonie au 1ᵉʳ partage de la Pol. **1795** R. annexe Courlande (3ᵉ partage). **XIXᵉ s.** les 2 prov., devenues r., sont administrées par des gouverneurs nommés par le tsar (presque tous des barons baltes). **1861** loi agraire permettant à quelque paysans lettons d'accéder à la propriété. **1915** 355 000 paysans lettons déportés en R. lors de l'offensive all. **1917** *mars* autonomie proclamée à Riga ; *-3-9* Riga occupée par All. **1918** *avr.*

barons baltes offrent la couronne de Courlande à Guillaume II ; *-18-11* indép. (rép. de Lettonie). **1919** 3 occupations de Riga par les bolcheviks. **1919-20** reconquête par des troupes hétéroclites (« Russes blancs », All., Anglais, volontaires lettons, Polonais). **1920**-*11-8 tr. de Riga* : l'U.R.S.S. reconnaît l'indép. **1936** dictature du Gal Ulmanis. **1940**-*21-7* rép. soc. *-5-8* incorporation à l'U.R.S.S.

Lituanie (Li.S.S.R.) *

Généralités. 65 200 km². 3 539 000 h. (en % Lituaniens 80, Russes 8,9, Polonais 7,3, Biélorusses 1,7, Ukrainiens, Juifs). *Cap.* Vilnius (Vilna) (535 000). D. 3,5. **Économie.** Tourbe, ambre ; viande, lait, lin, bett. à sucre, pomme de t. ; ind. chim., métallurgie, c. navales, engrais, papier.

Histoire. Nation baltique (indo-europ.). Résiste aux chevaliers teutoniques et demeure païenne jusqu'au XVIe s. **1315** Gedimine fonde la dynastie des Jagellon, qui crée une puissante principauté lit. [conquiert Biélorussie et Ukraine jusqu'à la Crimée ; capitale Vilna (Vilnius), fondée 1323]. **1386** Jagellon ép. la reine de Pol., accepte le baptême catholique et unit Pol. et L. **1440** les 2 couronnes fusionnent en une seule. Langue off. : biélorussien jusqu'au XVIe s., puis pol. **1565** *Union de Brest* : les orthodoxes de L. deviennent des catholiques « uniates », rattachés à Rome. **1654** conquis par tsar Alexis Romanov. **1667** tr. d'Androussovo : Smolensk cédé aux R. **1772-93** *rattachée à la R.* (1er et 2e partages de la Pol.). **1839** Uniates forcés de redevenir orthodoxes. **1840** code r. remplace code l. **1880** naissance d'une intelligentsia lituanophone. **1915**-*8-9* Vilna pris par All. **1917**-*22-9* ils organisent un congrès qui réclame la restauration d'un royaume. **1918**-*11-7* la couronne de Lit. est offerte à Guillaume d'Urach (duc de Wurtemberg, de la branche cath.). *-2-11* Guillaume refuse, la L. *devient rép.* **1919**-*5-1* l'Armée rouge prend Vilna : le gouv. se replie à Kaunas : *-20-4* les Pol. de Pilsudski prennent Vilna, qui est annexée à la Pologne. **1921-23** querelle polono-lit. sur Vilna. **1923-32** la S.D.N. tranche en faveur de la Pol. ; la L. refuse de reconnaître sa décision. **1939**-*21-3* Hitler prend Memel (Klaipeda) ; *-10-10* les R. rendent Vilna à la L. en échange de bases mil. **1940**-*15-6* gouv. com., et occupation par l'Armée rouge. *-21-7* rép. soc. *-3-8* adhère à l'U.R.S.S. **1941-44** fait partie de l'*Ostland* hitlérien (installation de 4 700 familles de colons all.). **1944**-*13-7* reconquête sov. : 80 000 Lit. se replient en All. **1945-49** env. 200 000 Lit. déportés en Sibérie.

Moldavie (A.M.S.S.R.)

Généralités. 33 700 km². 4 083 000 h. [en % Moldaves 63,9, Ukrainiens 14,2, Russes 12,8, Gagaouzes 3,5 (turcophones chrétiens)]. *Cap.* Kichinev (605 000). D. 4,1. **Langues.** Moldave (off., roumain écrit en caractères cyrilliques), gagaouze (turc non osmanli, écrit en caractères grecs). **Histoire. 1367-1944** appelée Bessarabie (Bessarab, dynastie moldave). **XVe s.** conquête turque (unie à province moldave tributaire). **1812** conquête russe (tr. de Bucarest). **1856** partition (N. : russe ; S. : moldave). **1878** tout entière russe. **1918** tout entière roumaine. **1924**-*12-10* rép. autonome. **1940**-*2-8* cédée à U.R.S.S. ; nouvelle partition [N. + N.E. (ex. rép. autonome de M., dépendant de l'Ukraine dep. 1924) : Rép. féd. ; S. : ukrainien]. **Économie.** Ind. alim., constr. d'app. de précision, de machines, articles de bonneterie, chaussures ; raisin, tournesol, plantes à parfum, élevage.

Ouzbékistan (Uzb.S.S.R.)

Généralités. 447 000 km². 17 496 000 h. (en % Ouzbeks 68,7, Russes 10,8, Tatars 4,2, Kazakhs 4, Tadjiks 3,9, Karakalpacks 1,9, Coréens 1,1). *Cap.* Tachkent (1 985 000). D. 17,5. **Histoire. 1868** reconnaît la suzeraineté de la Russie. **1924**-27-10 Rép. socialiste.

Économie. Pétrole, gaz naturel, cuivre, minerais polymétalliques, or, bauxite, kaolin, charbon, gypse, marbre, potassium ; soufre, sables ; sel ; principal prod. de coton de l'U. ; élevage (astrakan).

1 rép. autonome : Karakalpackie. 165 600 km². 1 041 000 h. *Cap.* Nukus (123 000 en 82). *10 prov* Rép. aut. 20-3-32, partie de l'O. dep. 5-12-36.

Tadjikistan (Tad.S.S.R.)

Généralités. 143 100 km². 4 366 000 h. (en % Tadjiks 56,2, Ouzbeks 23, Russes 11,9). *Cap.* Douchanbé (539 000). D. 4,4. **Histoire. 1917** rég. sov. procl. dans les régions sept. **1924**-14-10 rép. soc. **1929**-16-10 adhère à l'U.R.S.S.

Économie. Charbon, gaz, pétrole, plomb, zinc, aluminium, sel gemme, sources minérales ; ind. légères, alim., enrichissement des métaux ; coton, sériciculture, arboriculture fruitière, céréales.

1 région autonome : Gorno-Badakhchan. 63 700 km². 140 000 h. (en 82). *Cap.* Khorog (15 000 en 76). Région dep. 2-1-25.

Turkménie (Turk.S.S.R.)

13 prov. 488 000 km². 3 123 000 h. (en % Turkmènes 68,4, Russes 12,6, Ouzbeks 8,5, Kazakhs 2,9). *Cap.* Achkhabad (347 000). D. 3,1. **Histoire.** Sous contrôle russe dep. **1860-80. 1918-24** rattachée à la Rép. autonome du Turkestan. **1924**-*27-10* Rép. soc. **1941**-*28-4* à la suite de l'avance des All., un décret supprime la Rép. autonome soviétique des All. de la Volga et ordonne le transfert au-delà de l'Oural de 700 000 citoyens sov. d'origine all., dont les familles étaient fixées depuis le XVIIIe s. **Économie.** Pétrole, gaz, mirabilite ; transf. des métaux, ind. du gaz, chim., pétrochimie, constr. méc. ; cotonnades, soie ; principale cult. coton (1 178 000 t en 82).

Ukraine (Ukr. S.S.R.)

Généralités. 25 provinces. 603 700 km². 50 681 000 h. (en % Ukrainiens 73,6, Russes 21,1, Juifs 1,3, Biélorusses 0,8, Polonais 0,5 Moldaves 0,6, Bulgares 0,5, Hongrois).

Villes. Kiev 2 411 000 h. *cap. Kharkov,* surtout industriel, 1 536 000 h. ; Dniepropetrovsk 1 140 000 h., Donetsk 1 064 000 h. (bassin houiller), Odessa 1 113 000 h. et Rostov 983 000 h. (ports maritimes et centres ind.). D. 50,7. 2 massifs anciens, très usés, mais qui obligent Dniepr et Don à de longs détours. Hiver doux (– 6° à Kiev, – 3° à Odessa, contre – 10° à Moscou en janvier), étés chauds (respectivement 19°, 22° et 17°). Prairies (terres noires fertiles).

Économie. Cultures. Grande région du blé avant 1914 (exportation par Odessa et Rostov). 1/40e de la superficie de l'U. mais 1/5e de la pop. Cultures nouv. : fourrages artificiels, coton. Fournit les 2/3 du sucre et du maïs, 1/4 des p. de terre, 1/5 du blé et possède 1/3 des porcs et 1/4 des bovins de l'U. **Industrie.** Concentrée dans le *Donbass* (bassin du Donetz), affluent du Don ; en russe *Donetzkii basseïn* (abrégé en Donbass), principale région minière et ind. de l'U., située en majeure partie en Ukraine or. Fait partie de la région éc. Don-Dniepr (21 000 km², 20 millions d'hab.), avec le district de Rostov (R.F.S.R.). Peuplé presque entièrement de R. et de russophones. *Charbon* : prod. (1975) : 200 millions de t, *électricité* : 236 milliards de kWh (20 % de la prod. sov.), *fer* (Krivoï Rog), *manganèse* (Nikopol), *mercure.* Sidérurgie et métallurgie des non-ferreux (zinc, mercure, titane, zirconium). Métallurgie lourde ou de transformation, ind. chimique. **Transports.** Réseau ferré dense et grandes voies navigables (liaison avec Moscou par le canal Don-Volga).

Histoire. IXe au XIIIe s. principauté slave (capitale Kiev). **1341** détruite par une invasion tartare. **XIVe-XVIe s.** conquise par Lituaniens. **1596** passe au roy. de Pol. (forme une Église uniate, dépendante de Rome). **1635** révolte des cosaques orthodoxes, mercenaires des Pol. **1648** alliés aux Tartares, ils battent les Pol. à Jovti Vody et à Korsoun. **1652** vaincus, ils appellent à l'aide le tsar de Moscou, Alexis Mikhaïlovitch. **1667** tr. r.-pol. de Andruszov : l'U. de l'E. (rive g. du Dniepr) devient Pté autonome des cosaques, sous le protectorat des tsars. **1708** Mazeppa, chef des cosaques, se fait reconnaître indépendant par Charles XII de Suède. **1709** défaite des Suédois à Poltava, les cosaques redeviennent vassaux. **1772** 1er partage de la Pol. : la région de Lvow devient autr. **1775** 2e partage : Catherine II annexe la majeure partie de l'U. et supprime l'autonomie des cosaques à l'E. du Dniepr (leur terre est divisée en 3 gouv.). **XIXe s.** résistance culturelle à la russification [centre à Lvow (zone autr.)]. **1914** *sept.* les R. prennent Lvow. U. unie et russifiée. **1917**-*25-12* rép. U. autonome antisoviétique, la Rada à Kiev (à Kharkov, les Rouges fondent un autre gouvernement u. prosoviétique). **1918**-*9-2* tr. séparé de la Rada U. avec All. et Autr. à Brest-Litovsk : *-24-4* proclamation de l'indép. sous l'autorité de l'*Hetman* des cosaques *Pavlo Skoropadsky.* **1919** *mai-sept.* le Gal blanc Denikine contrôle l'U. (prend Kiev, -1-9) ; *déc.* Denikine battu ; *-20-12* les Rouges reprennent Kiev ; *-28-12* Rakovsky, chef des com. u., signe avec Lénine l'union de l'U. et de la Russie. **1920**-*22-4* Petlioura, chef des U. anticom., s'allie avec Mal pol. Pilsudski ; *-6-5* ils reprennent Kiev. **1920-21** défaite pol., Pilsudski abandonne Petlioura. **1921**-*18-3 tr. de Riga* entre Pol. et les 2 gouv. com. de Russie et d'U. : en échange de la Podolie et de la Volhynie, la Pol. reconnaît l'U. sov. Le chef des U. anticommunistes Andryi Livitsky forme un gouv. en exil à Paris (replié à Munich en 1945). **1922**-*30-12* l'U. devient rép. féd. de l'U.R.S.S. (l'ukrainien est l'unique langue off.). **1928** fin de l'autonomie culturelle (le russe devient langue off.). **1939**-*17-3* annexion à l'U. des provinces reprises à la Pol. **1941**-*30-6* les All. proclament à Lvow la restauration de l'État u. (promesse non tenue, l'U. est déclarée en déc. 1941 « pays colonial »). **1945**-*29-6* la Tchéc. cède la Russie subcarpatique à l'U. ; *-16-8* la Pol. confirme la frontière du 17-3-39. **1946** les indépendantistes u. déclenchent une g. civile (contre U.R.S.S. et Pologne) ; ils seront vaincus en 1950, mais combats continueront jusqu'en 1952 (pertes polono-sov. 100 000 †). **1947**-*10-2* la Roumanie abandonne à l'U. Nord-Bukovine et Bessarabie. **1953** le poste clé de 1er secrétaire du P.C. u. est confié pour la 1re fois à un U. (Kirichenko) [dep. 1925, tous étaient R., notamment Khrouchtchev (1938 à 1949)] ; de nombreuses organisations u. antisov. sont fondées aux U.S.A., Canada, Allemagne. **1954** l'U. entre à l'U.N.E.S.C.O.

Nota. — Ukraine et Biélorussie ont toujours un siège à l'O.N.U. (voir au chapitre Politique, page 770).

Économie de l'U.R.S.S.

Données globales

2e puissance écon. mondiale après les U.S.A.

P.N.B. (83) 5 500 $ par h. (est.). **Pop. active** (%, entre parenthèses part du P.N.B. en %) agr. 15 (15), ind. 39 (45), services 46 (30).

Emploi (millions, 83). 116 dont ind. 37,8, agr. 12,1, construction 11,3, transp. 10,7, commerce 9,9, éducation 9,5, santé-sports-assistance sociale 6,5, services communaux et logement 4,6, science 4,4, fonctionnaires d'État, des coopératives et des organismes publics 2,6, communication 1,6, emplois productifs divers 1,5, culture 1,3, crédit-assurances 0,68, forêts 0,46.

L'alcoolisme très répandu entraîne une baisse de 10 % de la prod. ind.

Chômage. Censé ne pas exister. Il y a 500 000 « parasites et vagabonds ».

Dette extérieure (fin 86). 10 milliards de $.

Agriculture, pêche, forêts

● **Terres** (millions d'ha, 76). Disponibles 2 200, cultivables 606 (dont arables 227, pâturages 329,2, foin 42,8). 60 % des t. labourées se trouvent dans la zone d'agriculture « risquée » (la zone risquée n'est que de 1 % aux U.S.A) [le sol est trop humide dans les Rép. baltes, en Biélorussie, dans les rég. centrales de la R.S.F.S.R. ; par contre l'Ukraine, les rég. de la Volga, du Kazakhstan (principales rég. productrices de l'U.R.S.S.) sont très sèches (parfois tous les 3 ou 4 ans elles souffrent d'une grande sécheresse) ; sur 40 % des labours : – de 400 mm de précipitations par an]. *Surface totale des terres dotées d'un réseau d'assèchement et des terres irriguées* (en millions d'ha) : *1985* : 36,3 (20,8 irrigués, 15,5 asséchés).

● **Formes d'exploitation.** En 1981 : 25 900 kolkhozes (+ 400 ko. de pêche) et 21 600 sovkhozes. *Surface exploitée* (1980, en millions d'ha) kolkhozes 175,3, sovkhozes 372,5, jardins privés 3,7. *Élevage* (%). Bovins : ko. 43,2, so. 35,8, j. p. 21. Porcs : ko. 43,2, so. 34,5, j. p. 22,3. Moutons : ko. 36, so. 46,5, j. p. 17,5.

Kolkhozes (*kollektivnoïé khozaïstvo,* exploitations collectives ou coopératives) : créées en 1922. Disposent de la terre qui appartient à l'État et leur est concédée gratuitement et à perpétuité, possèdent instruments de production (bâtiments, machines...) et bétail ; gérées par un bureau élu par leurs membres. Ceux-ci, rémunérés selon travail et qualification professionnelle, peuvent posséder individuellement maison, jardin, enclos, porcherie, basse-cour. Un ko. moyen a : 6 500 ha dont 3 600 ha labourés, 4 600 bêtes, 41 tracteurs, 11 moissonneuses, 19 camions. Les ko. fournissent env. 60 % des prod. agricoles.

Sovkhozes (*sovietskoïé khozaïstvo*) : exploitations agricoles appartenant à l'État (terre, moyens de production). Directeur nommé par l'État. Un s. moyen a 16 300 ha dont 5 300 ha labourés, 6 200 bêtes, 57 tracteurs, 18 moissonneuses, 25 camions.

Jardins privés. Kolkhoziens, ouvriers et employés des sovkhozes disposent de terrains individuels (0,5 ha en moy.) prélevés sur les fonds des kolkhozes et sovkhozes (8 100 000 ha au total). Ils peuvent vendre le surplus de leur prod. au cours du marché ou par l'intermédiaire de la coop. de consommation, le *tsentrosoyouz.*

Nota. — Le gouv. autorise les citadins à exploiter des lopins avec au max. 20 poulets, 5 lapins et 5 ruches. Dans les associations de « cultures de vergers », les membres travaillent le week-end et se partagent les revenus. Contrats entre secteurs indiv. et secteur coop. Les ko. et so. confient des animaux à engraisser à des expl. indiv.

• **Parc** (en milliers, tracteurs, et entre par. moissonneuses-batteuses). *1940* : 531 (182) ; *60* : 1 122 (497) ; *70* : 1 977 (623) ; *80* : 2 562 (722) ; *84* : 2 735 (815).

• **Production** (millions de t, 84). Blé 76 (22 % des t. cult.), seigle 10,5, orge 42, avoine 15, maïs 13, millet 2, riz 2,5, bett. à sucre 74, p. de terre 85,3, coton 7,7, lin 0,4 (83), tournesol 5, pois secs 5,2 (82), sorgho 0,1 (82), légumineuses diverses 1,2 (82), raisin 7,3 (82), thé 0,15, tabac 0,35, légumes et melons 28,3 (81), fruits (sauf melons) 15 (81).

Part des diverses catégories d'exploitations (kolkhozes, sovkhozes, parcelles invididuelles) dans la production des principaux produits agricoles (en %). Céréales : K 52, S 47, P 1 ; coton K 70, S 30 ; betterave à sucre K 90, S 10 ; tournesol K 75, S 23, P 2 ; légumes K 28, S 43, P 29 ; viande K 34, S 37, P 29 ; œufs K 8, S 58, P 34.

Production de céréales (millions de t). **1913** : 92,4, **65** : 149 (pour une population qui a augmenté de 36,4 % depuis 1913), **73** : 220, **75** : 140 (215 prévus par le plan, importations 12,3), **76** : 223,8 (imp. 19,2), **77** : 195,7 (imp. 12), **78** : 238 (imp. 18), **79** : 179 (imp. 31), **80** : 189,2 (imp. 34,5), **81** : 170 à 175 (imp. 40 dont 18 des U.S.A.), **82** : 180 (imp. 46 dont 15,3 des U.S.A.) ; récolte prévue par le plan 238, **83** : 190 (imp. 35,3), **84** : 170 (imp. 50 ?), **85** : 190 (37), **86 (est.)** : 190.

Déficit. Causes probables : insuffisance des investissements, priorité accordée à l'industrie lourde ; prélèvements de l'État, fixation arbitraire des prix d'achat de la production. Semences de qualité médiocre, mécanisation insuffisante (mauvaises pièces de rechange, 60 % du matériel inemployé), manque d'engrais, récolte souvent mal dirigée (25 % reste sur place), stockage déficient (parfois 40 % de la récolte se détériore), distribution mal coordonnée.

Par un accord de troc (blé américain contre pétrole), les U.S.A. s'étaient engagés à livrer à l'U., durant 5 ans (oct. 1976/30-9-82), de 6 à 8 millions de t de céréales annuellement. En août 1983, U.S.A. et U.R.S.S. ont signé un nouvel accord céréalier pour 5 ans. L'U.R.S.S. peut acheter, sans autorisation particulière du gouv. amér., un min. 6 à 9 millions de t.

Programme agricole. *Part d'invest. dans l'agr.* par rapport au tot. des invest. dans l'éco. (entre parenthèses en milliards de roubles). *1961-65* : 20 % (48), *76-80* : 27 (171), *86-90 (prév.)* : 33,35. *Fourniture d'engrais minéraux à l'agr.* (en millions de t). *1913* : 0,18 ; *50* : 5,3 ; *83* : 22,8 ; *85* : 26,5 ; *90* : 30/32 [prod. (82) : 11,9].

• **Élevage. Cheptel** (millions de têtes). **1913** : bovins 58, porcins 23, moutons 90, chevaux 33. **51** : b. 59, p. 27, m. 108, c. 15,4. **61** : b. 82, p. 67, m. 137. **82** : total puis secteur coop. (entre parenthèses) et secteur privé. 123 en 82 dont vaches laitières 43,3 (30,1), 13,2 ; porcins 77,8 en 85 (56,6), 14 en 82 ; moutons 151,8 en 85 (110), 25,6 en 82 ; **83** : volailles 1 044, chèvres 6,3, chevaux 5,5 (82), rennes domestiques 2,5 (81), ânes 0,4 (82), buffles 0,3 (82), chameaux 0,2 (82). **Production** (millions de t, 84). **Viande** 17,4, lait 98,4, laine 0,46, beurre 1,6, margarine 1,5, sucre 7,8. Le manque de fourrages a décimé le cheptel et entraîné des restrictions de viande (800 g par mois par hab. dans certaines villes).

• **Pêche. Lieux** : 47 000 km de côtes + pêche dans les eaux internationales. **Flotte** la plus importante du monde (50 % du tonnage) représentant 22 % des bateaux de pêche mondiaux et 80 % des navires frigorifiques et usines. En 1981, 3 870 bateaux de pêche, 600 navires-usines et de transport de poisson, 260 bateaux scientifiques soit 7 200 000 tx.

Quantités pêchées (millions de t). *1938* : 2 ; *60* : 3 ; *80* : 8,9 ; *82* : 9,956 dont Arctique et Atlantique 3,853, Pacifique 4,678, eaux intérieures 0,803, Méditerranée et mer Noire 0,45, océan Indien 0,170 ; *84* : 10,5. *Prise de baleines* 3 881 (82).

• **Consommation** (1984, par habitant par an, en kg, entre parenthèses, norme recommandée par la diététique). Viande 60 (82), lait 317 (405), œufs (unités) 256 (292), poisson 17,5 (18,2), sucre 44,3 (40), légumes et cucurbitacées 103 (146), fruits et baies 45 (113), pain 135 (110).

• **Forêts.** 49,6 % de la superficie. Prod. de bois d'œuvre sans stockage des kolkhoses 280 000 000 m³ (84).

Mines

• **Fer. Réserves** considérables, accessibles, bien situées (60 % en Europe assez près des gisements de charbon). **Production** (millions de t de fer contenu et entre par. % du total mondial). *1913* : 4,7 ; *46* : 11,2 (15) ; *55* : 41,7 (24) ; *70* : 106 (25,2) ; *80* : 147,5 (27,7) ; *81* : 145,9 (28,5) ; *82* : 131,9 ; *83* : 132,4 ; *84* : 135. **Gisements.** *Krivoï-Rog* (minerai riche assez profond, superficiel assez pauvre, avec une teneur de 30 à 40 %, 1/3 de la prod.). Anomalie magnétique de Koursk (exploitée dep. 1959, minerai assez profond). Ile de *Kertch* (sert à la sidérurgie locale sur le littoral de la mer d'Azov). *Carélie* et *Kola* (pour l'usine de Tcherepovetz). *Azerbaïdjan* (pour la sidérurgie de Roustavi en Géorgie). *Oural,* minerai à faible teneur, petits gisements, parfois associés à des métaux non ferreux comme vanadium, chrome ; épuisement progressif des minerais les plus riches (magnétites de Magnitogorsk). *Kazakhstan* (Temirtau), *Altaï, Monts Saian et Angara* alimentent la sidérurgie du Kouzbass.

• **Autres minerais. Bauxite.** Leningrad (Tikhvin), Oural, Sibérie, Kazakhstan. **Cuivre.** Oural (Sverdlovsk, Tchéliabinsk, Orenburg), Kazakhstan (lac Balkach), Ouzbékistan, Arménie, Oudokan (près du lac Naïkal). **Plomb et zinc.** Oural, Caucase, monts Altaï, monts Iablonovoï, Kazakhstan. **Manganèse.** Ukraine (Nikopol), Géorgie (Tchiatura), Oural, Sibérie, Extrême-Orient. 37,5 % des rés. mondiales. **Nickel.** Péninsule de Kola, Sibérie centrale. **Or et diamants.** Yakoutie. Ventes d'or (81) env. 350 t, 16 % des réserves mondiales. **Chrome, magnésium, titane, nickel.** Oural, Kazakhstan (Khrom-Taou). **Apatites.** Presqu'île de Kola (1er gisement mondial). **Phosphorites.** Bassin de la Kama-Viatka et Kazakhstan. 50 % des rés. mondiales. **Sels potassiques.** Lvov, Haute-Kama. 1res rés. du monde (33 %). **Soufre.** Kouibychev, Oural, Asie centrale. **Sel.** Rives de la Caspienne. **Sel gemme.** Oural, Berezniki.

Énergie

• **Charbon. Réserves** (milliards de t) charbon 1 720 (68 % du monde), lignite 6 790 (58). **Production** (millions de t, charbon et entre par. lignite). *1913* : 28 (1) ; *28* : 32 (3) ; *29* : 41 ; *40* : 140 (26) ; *50* : 187 (74) ; *60* : 380 (130) ; *70* : 433 (145) ; *81* : 485 (160) ; *82* : 718 (2 confondus) ; *83* : 557 (160) ; *84* : 484 (157) ; *85 (prév.)* : 775. **Gisements** Occidentaux fournissent : *1940* : 72 % de la prod., *60* : 64 % ; *80* : 42 %. *Donbass* fournit en moy. 225 millions de t par an. *Toula,* en déclin, alimente des centrales thermiques. *Vorkouta* fournit du coke aux hauts fourneaux de Tcherepovets et de l'Oural. Petits gisements géorgiens : 2 millions de t. Orientaux (Oural compris) représentent l'avenir. 90 houillères à ciel ouvert (40 % de la prod. tot.). Prix de revient de l'extraction 4 à 5 fois moins cher. *Kouzbass* haut pouvoir calorifique, faible prix de revient, 45 % de la prod. (155-160 millions de t) sont exportés. *Oural* gisements dispersés, faible pouvoir calorifique, peu cokéfiable. *Karaganda* prod. env. 48 millions de t. *Gisements de l'avenir.* Ekibastouz en exploitation, cendreux et médiocre, 67 millions de t (en 80), 90 (en 85). Kansk-Atchinsk, en projet 8 centrales thermiques de 8 400 MW. Yakoutie du S. réserves importantes dont 98 % cokéfiable. *Gisements divers.* Intérêt local. Destinés à la cons. intérieure. Sakhaline, Bouréia, Tcheremkovo, Tchita.

• **Électricité. Production** (milliards de kWh). *1913* : 2 ; *28* : 5 ; *32* : 13,5 ; *38* : 36,2 ; *40* : 48,3 ; *45* : 43,3 ; *50* : 91,2 ; *55* : 170 ; *60* : 292 ; *70* : 741 ; *78* : 1 202 ; *80* : 1 294 ; *81* : 1 326 ; *82* : 1 367 (dont nucléaire 100) ; *83* : 1 416 (dont n. 115) ; *84* : 1 493 (dont n. 131) ; *85* (est.) : 1 555. **Consommation** (%). Ind. 61, transports 7,5, particuliers 6. **Centrales.** Thermiques classiques. Capacité installée (80) 212 000 MW. Localisation sur les gisements de lignite (Toula, Ekibastuz), tourbe (Biélorussie, Pays baltes), charbon (Donbass, Oural, Kouzbass, Tcheremkovo), hydrocarbures ou près des oléoducs, près des centres de consommation. Hydro-électriques. Potentiel comparable à celui des U.S.A. 1/10 actuellement utilisé. 2/3 du potentiel en Sibérie et Extrême-Orient. *En Europe,* équipement du Dniepr (6 centrales, 12 milliards de kWh), Don, Volga (7 centrales, 40 milliards de kWh), Kama (4 centrales dont 2 en projet). Importantes possibilités en Transcaucasie (prod. actuelle 15 milliards de kWh). *En Asie,* Ob et Irtych (2 centrales), Ienisseï (2 centrales, puissance installée 6 millions de kWh), Angara (3 centrales, 14 millions de kWh) ; Léna, Amour et affluents ne sont pas utilisés. *En Asie centrale,* centrales sur le Piémont ou dans les hautes vallées (Nourek). Nucléaires. 1re centrale entrée en service près de Moscou, à Obnins, en 1954. Puissance théorique (1985) 40 000 MW. L'uranium vient du Turkestan.

Nota. — Le transport de l'électricité pose des problèmes à cause de l'importance des distances, pertes en ligne de 8 à 15 % de la prod. 80 % des ressources énergétiques sont situées à l'est de l'Oural alors que la partie europ. en consomme 80 %.

• **Gaz. Réserves** *prouvées* 39,6 milliards de m³ soit 43 % des rés. mondiales. **Production** (milliards de m³ et entre par. en % de la prod. européenne sans l'Oural). *1929* : 2,3 ; *55* : 9 (90) ; *60* : 11,5 (93,5) ; *65* : 28 (82) ; *70* : 198 (70) ; *75* : 269 (64) ; *80* : 435 ; *81* : 465 ; *82* : 501 ; *83* : 536 ; *84* : 587 ; *85* : 643. **Gisements.** 50 % des terres de l'U.R.S.S. ont des potentialités. G. occidentaux, au pied du Caucase, *Stavropol* (dep. 1949) et *Krasnodar* (dep. 1956) 9 % de la prod. 2e Bakou, le gaz accompagne le pétrole vers Volgograd et Oufa, 8 % de la prod. Ukraine, g. de Datchava et Chebelinka, 18 % de la prod. G. orientaux et Oural, en Sibérie occidentale gisements considérables de *Berezovo, Tioumen, Medvezdye* (1974), *Urengoï* (1978), *Yambourg,* + de 60 % des réserves soviétiques dont 6 000 milliards de m³ à Urengoï. Exploitation difficile à cause de l'épaisseur du permafrost (partie du sous-sol gelée en permanence ; en russe, *merzlota*). Asie centrale. G. d'*Ouzbekistan* (Gazli-Moubarek) et *Turkménie* (Dauletabad, 1974, 61 milliards de m³ en 79) représentent 20 % de la prod. S. de l'Oural, Orenburg (1974, réserves 2 000 milliards de m³) 10 % de la prod. Yakoutie (réserves 800 milliards de m³) pas encore exploité. **Consommation.** 30 % des besoins énergétiques soviétiques. **Gazoducs.** (En km) *1971* : 70 000 ; *80* : 135 000. Le gazoduc Sojuz (Orenburg-Europe orientale, 2 677 km) en service dep. 79 permet d'exp. 2,8 milliards de m³ de gaz à chaque pays du C.A.E.M. par an (sauf Roumanie 1,5). **Exportations.** 60 milliards de m³ vers 33 pays de l'E. et 27 d'Europe occidentale en 81. Le contrat Russie nº 6 organise la coopération entre l'Europe (dont la France) et l'U.R.S.S., les pays importateurs devant fournir tubes, compresseurs pour construire un gazoduc d'Urengoï en Sibérie (gisement de Jamal) à la frontière tchèque soit env. 5 000 km (ouverture 1985-86). En 1986-88, le Japon pourrait importer du gaz par Sakhaline.

• **Pétrole. Réserves** *potentielles* 8,5 milliards de t, *prouvées* 10. **Production** (millions de t et entre par. en % de la prod. mondiale). *1928* : 11,6 ; *29* : 13 ; *42* : 22 ; *45* : 19,4 ; *50* : 38 (8), *55* : 70,8 (9,2), *60* : 148 (13,6), *65* : 243 (15,6), *70* : 353 (15,2), *75* : 490,8 (18,1), *78* : 572,5 (18,5), *80* : 603 (18,7), *81* : 604 (env. 21), *82* : 613, *83* : 616, *84* : 613, *85* : 594, *86 (est.)* : 617. **Gisements.** Bakou découvert en 1873. *En 1913,* 4 gisements (Bakou, Grosnyi, Maïkop et Emba) fournissent env. 25 % de la prod. mondiale, mais ils sont dominés par des intérêts étrangers (Shell, Nobmazout). *Après 1917,* pétrole délaissé au profit du charbon. *Dep. 1950,* en expansion constante. 1er pays prod. dep. 1974. *Perspectives actuelles :* les gisements découverts avant 1930 (Bakou, Grosnyi, Maïkop) sont en voie d'épuisement. *2e Bakou,* en exploitation dep. 1940 groupe 3 bassins (au N., Perm, au centre Tartarie et Bachkirie, au S., champs de Kouibychev, Saratov, Volgograd, Orenburg), mais dep. 1950 leur prod. décline. *Gisements moyens récents :* Biélorussie env. 10 millions de t, Ukraine 13, Asie centrale et Kazakhstan (Mangychlak) découverts en 1963, 40 millions de t. *Sibérie occidentale et 3e Bakou,* représentent env. 40 champs le long de l'Irtych, de la Chanda et de l'Ob (gisements principaux Chaïm-Surgut, Fjodorovak et Samotlor 143 millions de t), prod. dep. 1965, actuellement 48 % de la prod. soviétique. *Arctique,* exploration de la mer de Barents et de Kara, env. 21 millions de t par an. Le plateau continental (6 millions de km²) offre 70 % de chances d'y trouver des hydrocarbures. *Gisement secondaire,* Sakhaline. **Consommation** *intérieure.* Elle progresse malgré les campagnes d'économies d'énergie. Pétrole : 37 % des besoins. 483,5 millions de t en 84. **Exportations.** 156 millions de t en 79. Surtout vers les pays de l'Est par les oléoducs Drujba (amitié) branches N. et S. Expor-

Production en milliers de t (1983), entre parenthèses en 80 en % de la prod. mondiale (métal contenu sauf bauxite) et, entre crochets, prod. métallurgique. *Bauxite* 4 600 (7) [2 420 (15)]. *Chrome* 3 400 (21,6). *Cuivre* 1 030 (14,5) [1 150 (14,5)]. *Manganèse* 3 100 (33). *Nickel* 170 (21,4) [170 (25)]. *Plomb* 435 (16) [780 (14,3)]. *Zinc* 805 (16,1) [1 060 (17,2)].

tations vers l'O.C.D.E. : 56 millions de t en 79 soit 6 à 7 milliards de $; vers le tiers monde : 14 millions de t en 79 soit 7 milliards de $. **Oléoducs.** (En km) *1965 :* 27 000 ; *70 :* 35 000 ; *81 :* 70 800. *Oléoducs* vers régions consommatrices : Bakou relié à Ukraine et Moscou ; « 2ᵉ Bakou » à Irkoutsk, Moscou, Pologne, All. dém. (centre de raffinage de Schwedt) et Tchécoslovaquie. **Raffinage.** Capacité insuffisante. 253 millions de t en 79 (13,1 % de la capacité mondiale).

Industrie

• **Métallurgie. Acier** (millions de t) : *1913 :* 5 ; *30 :* 6 ; *39 :* 17 ; *46 :* 13,3 ; *50 :* 26,5 ; *55 :* 45,2 ; *60 :* 67 ; *65 :* 85 ; *70 :* 120 ; *79 :* 149 ; *80 :* 148 ; *81 :* 149 ; *82 :* 147 ; *83 :* 153 ; *84 :* 154. **Non-ferreux :** importante. Dispersion géographique et rôle grandissant de la partie asiatique de l'Union. **Métallurgie lourde :** combinats (v. Index). **Principaux centres :** *Donbass-Krivoï-Rog*, reconstruit après la g., + du 1/3 de l'acier (env. 30 millions de t). *Oural-Kouzbass*, créé 1927. Les distances (2 000 km) rendant difficile le fonctionnement, ce combinat s'est morcelé, Magnitogorsk utilisant davantage le charbon de l'Oural, et le Kouzbass utilisant un gisement de fer découvert au pied de l'Altaï (dissous 1960), après la découverte du charbon de Karaganda). *Oural-Karaganda :* fer de l'Oural et charbon de Karaganda (1 200 km). Combinats moins importants à Moscou et en Asie (Irkoutsk-Tcheremkovo : Extrême-Orient). **Métallurgie de transformation :** *Moscou, Leningrad* et *Donbass-Krivoï-Rog*, centres anciens fabriquant surtout matériel ferroviaire et automobile, machines textiles et armes. *Vallée de la Volga* (Gorki et Kazan au N., Saratov et Volgograd au S.) : autos, tracteurs, machines-outils. *Oural* (Nijni-Taguil, Sverdlovsk, Tcheliabinsk) : outillage, armes, autos. *Turkestan* (Tachkent) : machines agric. *Sibérie* (Novosibirsk, Irkoutsk et centres du Kouzbass) : outillage, matériel agricole et ferroviaire. **Électro-ménager et biens de consommation :** ind. récente (créée plan de 7 ans, 1959-65) : insuffisante dans beaucoup de domaines. **Com. ext. :** L'U. doit importer certains matériels (locomotives él. fr., machines-outils allemandes, etc.), mais exporte vers Europe et certains pays d'Asie.

• **Textile.** Lin, coton, laine, soie. Avant 1914 : région centrale de la R. d'Eur., autour de Moscou. Depuis 1919 : textiles bruts se développent : lin (terrains humides de Biélorussie) ; laine (steppes asiatiques) ; coton [irrigation en Turkestan et Ferghana (haute vallée du Syr-Daria)]. Électrification des anciennes régions manuf., notamment Leningrad et Moscou (avec env., notamment Ivanovo), qui travaillent lin de Biélorussie, coton du Turkestan, laine des steppes. *Centres nouveaux* en Turkestan (« combinats » cotonniers, notamment à Tachkent), Biélorussie (Vitebsk) et rép. baltes (lin). Textiles artif. surtout en Eur. (Moscou, Leningrad, Kiev). Depuis 1945 bonneterie, confection restent localisées de préférence en Eur. (majorité des consommateurs).

• **Industrie chimique :** 2ᵉ du monde après les U.S.A. (en millions de t, 84) engrais minéraux à 100 % 30,8, pesticides 0,58, soude caustique 3, acide sulfurique 25,3, fibres et fils chimiques 1,4, pneus (unités) 63,7, détergents synthétiques 1,1, papier 5,9, ciment 130.

• **Construction mécanique.** 2ᵉ du monde après les U.S.A. En 75, 232 000 machines-outils produites. Utilise plus de 115 000 chaînes automatisées et 18 500 ensembles de transferts. **Machines énergétiques et électrotechniques.** Puissance totale des turbines fabriquées : 17 300 000 kW en 1982 ; générateurs pour turbines en 81 : 13 900 000 kW ; moteurs élec. à courant alternatif en 81 : 53 200 000 kW. **Construction de matériel roulant :** locomotives élec. et diesels 7,3 millions de CV. **Ind. automobile** (prod. totale et entre par. voitures de tourisme, en milliers) *1929 :* (8) ; *46 :* 74,7 (5) ; *55 :* 445,3 (107,8) ; *65 :* 616,3 (201,2) ; *75 :* 1 964 (1 201) ; *79 :* 2 173 (1 314) ; *84 :* 2 200 (1 300). **Moissonneuses-batteuses** (84) : 118 000. **Deux-roues** (en millions) : *motocyclettes et scooters :* 1,2, *bicyclettes, vélomoteurs et cyclomoteurs :* 5,5 (81). **Téléviseurs** (en milliers) : *1955 :* 495 ; *60 :* 1 726 ; *65 :* 3 655 ; *70 :* 6 682 ; *79 :* 7 271 ; *81 :* 9 000 dont 3 600 couleur ; *84 :* 8 224. **Réfrigérateurs** (en milliers) : *1955 :* 151 ; *60 :* 529 ; *65 :* 1 675 ; *70 :* 4 140 ; *79 :* 5 954 ; *81 :* 5 700. **Machines à laver** (en milliers) : *1955 :* 87 ; *60 :* 895 ; *65 :* 3 430 ; *70 :* 5 243 ; *79 :* 3 661 ; *81 :* 4 500 ; *84 :* 4 110.

• **Armement.** Voir Index.

• **Taux d'équipement des ménages** (1982, en %) : TV 91, TV couleur 27, radio 90, magnétophone 30, téléphone 7,5 ; (en milliers) abonnés au réseau câblé 1, micro-ordinateurs 2, télex 50.

Quelques précisions

• **Plans quinquennaux** *(piatilietka).* Élaborés par branches, régions écon., rép. Fixent les chiffres de base de la prod. et les orientations de l'essor écon. Discutés et adoptés aux congrès du Parti. Les projets de plan des rép. sont soumis au Comité du Plan d'État (Gosplan) du Conseil des min. de l'U. Les *1ᵉʳ* (1929-32) et *2ᵉ* (1933-37) plans ont été exécutés avant terme, le *3ᵉ* (1938-42) a été stoppé par la guerre.

Objectifs du 11ᵉ plan (1981-85). Prod. annuelle en millions de t (sauf indications contraires) : viande 17-17,5, lait 97-99, céréales 238-243, betteraves à sucre 100-103, tournesol 6,8, coton 9,2-9,3, légumes 29,4, fruits 11,5, laine 170-180, œufs 72 milliards de pièces, pétrole 620-645, gaz 600-640 milliards de m³, électricité 1 550-1 600 milliards de kWh, houille 770-800, engrais 150-155, ciment 140-142, logements 107 millions de m².

Selon le Gosplan, la croissance ind. devait être en 82 de 2,8 % (prévisions 4,7 %), on l'estimait pour 83 à 3,2 %. En 82, le revenu nat. avait crû de 2 % (prévisions 3 %). En 83, les salaires ouvriers devaient augmenter de 1,9 %, les kolkhoziens 2,1 %.

Objectifs du 12ᵉ plan (1986-90). *Augmentation* (en %) : revenu national 19 à 22 ; par tête 15 ; productivité du travail 20 à 23 ; production agricole annuelle 14 à 16 %. *En millions de t. :* céréales 250-255 ; pétrole 630-640 ; charbon 780-800 ; viande 21 ; gaz 835 (850 milliards de m³). Électricité 1 860 milliards de kwh. Logements 565 (570 millions de m²).

• **Budget de l'État.** Composé du budget fédéral (env. 57 % du b. de l'U.R.S.S.), des b. des rép. fédérales et autonomes et des b. locaux. *Projet de budget 1985* (milliards de roubles). *Recettes* dont économie socialiste 360, prélèvements sur la population 31,5. *Dépenses* dont écon. nationale 223,3, mesures socioculturelles 123,9 (éducation recherche, culture 49,2, santé, éducation physique 17,2, assurance sociale 57,5), défense 19,063, gestion 2,9.

• **Prix.** Théoriquement, l'inflation n'existe pas (à une hausse d'un produit correspond la baisse d'un autre), mais les produits nouveaux n'interviennent pas dans l'indice des prix. La baisse concerne souvent des produits désuets ou introuvables. Pour la 1ʳᵉ fois en juill. 79, les prod. de luxe ont augmenté de 50 %, les voitures de 18 %, les meubles importés de 30 %, les restaurants et cafés de 25 à 30 %, mais il n'y a pas eu de baisse sur les articles démodés. *En 1984 :* – 3,4 %.

• **Salaires mensuels** (Roubles, 85). Cadres techniques 220,8 (83), ouvriers et employés 190, kolkhoziens 150. Allocations diverses (85) : 530 roubles par hab. *Impôts :* en moy. 8,7 % du budget annuel d'une famille d'ouvrier ou d'employé.

• **Stakhanovisme** [du nom de son promoteur Alexei Stakhanov (1906-77) qui appliqua une nouvelle technologie du travail : il réussit à extraire 102 t de houille (la norme étant de 7 t) et fit extraire 227 t à une équipe de mineurs qui appliqua ses méthodes]. Encouragé par Staline, le st. a été critiqué par les dirigeants syndicaux (principales objections : nouvelle exploitation ouvrière, constitution d'une classe d'ouvriers privilégiés, priorité donnée au rendement quantitatif contre le qualitatif). La sanglante épuration des cadres syndicaux entre 1936 et 1938 s'explique en partie par le rejet de la doctrine.

• **Difficultés économiques.** *Causes.* Prod. agricole trop soumise au climat. Progression des dépenses militaires. Endettement croissant vis-à-vis de l'Occident. Accroissement du coût des mat. 1ʳᵉˢ à cause de la mise en valeur des terres orientales. Mauvais fonctionnement du système. Problèmes des entreprises, de la planification. **Productivité** – 30 % par rapport à l'Occident. *Causes :* absentéisme élevé, alcoolisme, mobilité élevée (1/5ᵉ des ouvriers changent d'emploi chaque année, durée moy. pour trouver un nouveau travail 20 à 25 j.), mauvais entretien des machines (insuffisance des pièces détachées ; part excessive du matériel en réparation) ; ruptures de stocks fréquentes ; mauvaises habitudes de gestion (les directeurs déclarent une faible productivité pour disposer de plus de personnel) ; pertes et vols très importants dans les entreprises ; retard considérable en informatique ; manque d'ouvriers qualifiés ; cadres non motivés. *Réformes* en 1979 pour instituer des primes allant jusqu'à 50 % du salaire pour récompenser les initiatives ; renforcement de la responsabilité et de la discipline (méthode Zlobin : expérience de 1979 dans la brigade de Nicolas Zlobin qui s'engage à faire un travail dans certains délais, à un coût déterminé, parfaitement fini ; en échange elle est autonome et se partage les salaires et les primes).

Coût de l'« Empire ». Environ 3,5 % du P.N.B. par an.

Conseillers militaires et civils (1984-85). Soviétiques, Cubains *C*, et Allemands de l'Est *A*. *Amérique latine :* Cuba 12 000 ; Nicaragua 50, *C* 3 200 ; Pérou 175, *C* 10. *Afrique :* Angola 700, *C* 8 000, *A* 450 ; Congo 850, *C* 950, *A* 15 ; Éthiopie 2 400, *C* 5 900, *A* 550 ; Mali 635, *A* 20 ; Madagascar 370, *C* 55 ; Mozambique 500, *C* 1 000, *A* 100. *Moyen-Orient et Afrique du N. :* Algérie *C* 170, *A* 250 ; Irak 8 000, *C* 2 200, *A* 160 ; Libye 2 300, *C* 3 000 ; Yémen du N. 475 ; Y. du S. 2 500, *C* 800, *A* 325 ; Syrie 4 000, *C* 5, *A* 210. *Asie :* Afghanistan 105 000, *C* 100 ; Inde 1 550.

Transports

• **Trafic intérieur. Marchandises** (milliards de t/km, *84*) : 7 700 *dont* ferroviaire 3 641, fluvial 265, automobile 138, oléoduc 1 370, gazoduc 997. *1913 :* 114 ; *40 :* 484 ; *68 :* 3 422 ; *81 :* 6 307. *Millions de t, 84 :* ferroviaire 3 910, fluvial 619, automobile 6 356, oléoduc 648. **Passagers** (84) : 991 milliards de passagers-km.

• **Aviation.** *Réseau* 811 000 km (83) de lignes dont 208 000 internationales (80). 140 aéroports. 109 millions de passagers (83). 2 500 vols intérieurs par jour.

• **Chemins de fer.** *Réseau* (milliers de km) *1913 :* 69,7 ; *40 :* 100 ; *84 :* 143,6 dont 46,8 électrifiés. Densité assez forte en Europe (3/4 des voies), Pays baltes, Biélorussie, Ukraine, Moldavie 26 à 40 km pour 1 000 km², Centre et Volga 16 à 26 km pour 1 000 km². En Asie, densité faible, 0,9 à 15 km² pour 1 000 km². Nombreuses lignes à voie unique. 45 700 km électrifiés en 82, dont le Transsibérien entre Moscou et Irkoutsk (en 85, électricité jusqu'à Khabarovsk). *Matériel* (prod., 1981) locomotives diesel 3 730 000 CV, électriques 3 500 000 CV, wagons 61 000. *Vitesse* faible (km/h) trains de marchandises *1971 :* 33,8. *81 :* 31 ; de voyageurs 60 à 80 en moy., 160 sur Moscou-Leningrad (bientôt 200). **Transsibérien.** 1891 début de la construction. Moscou-Vladivostok, 7 600 km, 96 stations, électrifié sur 5 000 km, diesel du Baïkal au Pacifique, 2 voies, 1/6 du trafic soviétique, 9 % du trafic mondial, fréquence : vers l'Est, 1 train toutes les 5 mn, vers l'Ouest, 1 tous les 1/4 d'h. (20 trains de voyageurs par jour à Irkoutsk). Moyenne de chaque train, 4 500 t. Embranchements principaux : Novossibirsk vers Turkestan ; Irkoutsk vers Pékin (Transmongolien ; à Tchita vers le Mandchoukouo et Port-Arthur). Un *Transsibérien du Sud* ou *Yousib* double la voie principale sur 4 000 km en Sibérie. Le *B.A.M.* (Baïkal-Amour-Magistral) ou Transsibérien du Nord *(Sevsib)* a été commencé en 1959 pour doubler le Transsibérien oriental et relier Ust-Kut à Komsomolsk, 3 145 km ; en 1982, reste 1 300 km à construire ; sept. 84 ouverture du Daïkal-Amour, fin prévue en 1985. **Transcaspien** (de Moscou à Tachkent avec traversée de la mer Caspienne entre Bakou et Krasnovodsk). **Transsteppique** (ou Transaralien). **Turksib** [du Turkestan (Tachkent) à la Sibérie (Novossibirsk)].

• **Transports fluviaux. Réseau navigable** 550 000 dont 140 000 km exploités dont 20 700 de canaux artificiels. *En Sibérie,* fleuves facilement navigables (Ienisseï 3 400 km, Ob 3 600, Léna 4 100, Irtych 3 700, Amour 2 800, Angara 1 500), mais l'embâcle dure 180 à 240 jours. *En Europe,* fleuves bien aménagés et reliés entre eux par le système des 5 mers (Caspienne, Azov, mer Noire, mer Blanche, Baltique) ; 63 écluses, passage de navires de 3 000 t et 3,50 m de tirant d'eau, comprend : lac Onega, canal de la mer Blanche, voie Leningrad-lac Onega, canal Volga-Baltique (490 km), Volga moyenne (2 350 km), basse Volga (600 km), canal Volga-Don, partie navigable du Don (480 km), canal Moscou-haute Volga (320 km), navigable 6 à 7 mois par an (la Volga est accessible en hiver grâce à des brise-glace), assure environ les 2/3 du trafic, intérêt militaire (possibilité de faire transiter de la Baltique à la mer Noire de petits navires en 18 j). Dniepr est accessible jusqu'à Kiev à des bateaux de 3 500 t, 2e transversale en direction de la Pologne. *Projets*. Canal de l'Ob à l'Ienisseï pour relier le lac Baïkal à l'Irtych. **Parc.** 15 000 bateaux de marchandises (14 000 000 t).

• **T. maritimes. Cabotage,** surtout en mer Noire, mers Caspienne et Baltique (des brise-glace maintiennent la voie ouverte pendant 3 mois l'été). **Flotte marchande** (milliers de tonneaux) *1955 :* 2 500 ; *60 :* 3 400 ; *70 :* 14 800 ; *80 :* 23 450. 2/3 des bateaux ont – de 10 ans. Beaucoup de nav. récents, souvent achetés à l'étranger (Pologne, R.D.A., pays scandinaves, C.E.E., Japon). Peu de grosses unités, car l'U.R.S.S. n'a pas de grands ports en eau profonde. *Ports* mal équipés. 2 peuvent recevoir des bateaux de 100 000 t de port en lourd (Klajpeda sur la Baltique et Novorossijsk en mer Noire), capacité de chargement et déchargement insuffisante. Saturation au-dessus de 28 millions de t par an.

• **Routes. Réseau** (82) 1 382 300 km dont 977 000 revêtus. **Trafic** sur de petites distances, en moy. 8 km (880 pour les ch. de fer). **Parc** camions insuffisant (prod. : 900 000 camions par an), véhicules spécialisés (citernes, bennes) trop peu nombreux, voitures de tourisme env. 3 500 000.

Commerce extérieur

Évolution. *Avant 1914* exportation de matières 1ères vers Eur., de prod. man. vers Asie, importation de machines, café, vins, etc. *A partir de 1917*, autarcie (à peu près complète en 1932). *1945 à 1960* (g. froide), aide au tiers monde, utilise Comecon. *Après 1960*, échanges par contrats bilatéraux avec Eur., Japon et (1972) U.S.A. (en général : produits bruts contre biens d'équipement de technologie avancée). Simultanément, décroissance du commerce avec Comecon qui ne peut fournir ces produits, et avec tiers monde qui n'a que des produits bruts (souvent concurrentiels) et ne peut payer en devises fortes. Les exp. représentent 8 à 9 % de la prod. nette. Exporte par an par habitant (v. 1982) : 950 F (All. féd. 10 000, France 6 400, G.-B. 5 500, Japon 3 800, U.S.A. 2 900).

Montant (milliards de roubles, exp. et entre par. imp.). *1938 :* 0,2 (0,3), *50 :* 1,6 (1,3), *60 :* 5 (5), *70 :* 11,5 (10,5), *80 :* 49,6 (44,4), *81 :* 57,1 (52,6), *82 :* 63,2 (56,4), *83 :* 67,9 (59,6), *84 :* 74,4 (65,3).

Calculé en devises convertibles, le commerce extérieur est déficitaire : en *82 :* – 4 milliards de $; *83 :* – 1,5 ; *84 :* 2,1 ; *85* (9 premiers mois) : 3,2 surtout en raison de la mévente du pétrole.

Le rouble n'étant pas une monnaie convertible, l'U.R.S.S. règle en or (elle est le 2e producteur). Elle en a ainsi vendu 300 t par an vers le milieu des années 70 et 150 t en 1984.

Balance des paiements courants (en milliers de $) *82 :* + 4,43, *83 :* + 4,71, *84 :* + 4,17.

Part des pays socialistes. Exp. 54 % (imp. 55 %), capitalistes 30 (33). Pays en voie de développement 16 (12). L'U.R.S.S. fait payer le brut qu'elle livre à un prix qui suit, avec un certain décalage, les cours mondiaux et achète à ses voisins les mach., équip. ou prod. man. à des niveaux qui ne sont pas revalorisés dans les mêmes proportions. *1974 à 1982 :* l'U.R.S.S. accumule des « créances stériles » : 15 milliards de $ pour le commerce avec l'Europe et l'Est (25 milliards env. avec l'ensemble du C.A.E.M.). Cependant, par le seul jeu des prix, l'U.R.S.S. paraît gagnante. L'U.R.S.S. a toujours fait appel à la technologie occidentale. Au cours des années 20, les U.S.A., l'All., l'It. et la France ont fourni l'essentiel des importations sov. en machines et en matériel.

Avec les pays socialistes (milliards de roubles, 85). **Exp.** 86,5. **Imp.** 42. **Valeur des échanges** All. dém. 15,2, Tchécosl. 13,4, Bulgarie 12,4, Pologne 12, Hongrie 9,4, Youg. 6, Cuba 7,9, Roumanie 4,2, Chine 1,6, Mongolie 1,5, Viêt-nam 1,4, Corée du N. 1.

Avec la France (balance import-export, en millions de F). *1979 :* + 913, *80 :* – 4 649, *81 :* – 8 425, *82 :* – 8 499, *83 :* – 4 292, *84 :* – 5 211, *85 (janv.-août) :* – 1 447.

Détail (millions de roubles, 83). **Exp.** 67 891 (74 384 en 84) *dont* pétrole 28 216, mach., équip. et moyens de transp. 10 136, marchandises roulées (1 672, acier 329, étain 40, fer 33, *vers* All. dém. 6 797, Tchécosl. 5 871, Bulgarie 5 510, Pologne 5 274, Hongrie 4 058, All. féd. 3 772, Cuba 3 399, Italie 2 998, Youg. 2 671, Finlande 2 483. **Imp.** 59 585 (65 327 en 84) dont mach. et équip. 22 747, marchandises roulées 1 362, étain 35, fer 2,6, fourrures 2,5, *de* All. dém. 6 595, Tchécosl. 5 420, Bulgarie 5 053, Pologne 4 786, Hongrie 4 007, All. féd. 3 249, Cuba 2 693, Finlande 2 690, Youg. 2 324, Japon 2 175.

Le marché soc. absorbe 58 % (84) des échanges com. ext. de l'U.R.S.S. : *exp.* 160 millions de t de pétrole, 90 milliards de m^3 de gaz et 64 milliards de kWh d'élect. *Imp.* (81 à 85, en milliards de roubles) : biens d'équipement 60, biens de grande consommation 40. La balance commerciale est excédentaire avec pays socialistes et du tiers monde, mais déficitaire avec pays occidentaux.

Organisation. *Monopole d'État*. Les échanges s'effectuent obligatoirement par des centrales spécialisées. Les étrangers n'ont pas de contacts directs avec leurs « clients » sov. *Planification*. L'U.R.S.S. imp. les biens dont elle manque pour réaliser ses plans et les paie par des exportations en principe au moins équivalentes. Exp. et imp. se font en grande partie par terre avec démocraties populaires et États contigus, et par mer avec les pays éloignés. Balance avec la France (84) : 5,2 milliards de F de déficit.

Rang dans le monde (83). 1er p. de terre, orge, blé, ovins, pétrole, gaz, fer, potasse, réserves de charbon, lignite et gaz. 2e bois, coton, bovins, porcins, pêche, cuivre, lignite, phosphates, or. 3e céréales, vin, argent, charbon, réserves de pétrole. 4e maïs, thé.

URUGUAY

Carte p. 810. V. légende p. 787.

Situation. Amérique du S. 176 215 km^2. *Frontières* 2 120 km (avec Brésil 985, Argentine 500). *Côtes :* 670 km (sur l'Atlantique 220, les Rio de la Plata et Uruguay 450). *Alt. max.* (Sierra de las Animas) 513,6 m. **Climat** tempéré, très venteux. Forte humidité. *Temp.* moy. hiver (juin-sept.) 11 à 15 °C, été (déc.-mars) 20 à 26 °C. *Pluies* irrégulières de 1 200 mm/an en moy.

Population. 2 990 000 h. (est. 84) dont (82) Blancs 85 %, Métis 10 %, Mulâtres 5 %. D. 17. – *de 15 a.* 27 %, + *de 60 a.* 14,3 %. Personnes nées à l'étranger (en milliers) 135,1 dont Argentine 19,3, Brésil 15,3, Amér. latine 4,6, Espagne 45,1, Italie 22,7, Europe 24,2, divers 4,4. **Émigration :** + de 500 000 h. vivent à l'étranger (Argentine, Brésil, Australie, Canada, U.S.A., Espagne et France). **Immigration** : essentiellement européenne (Espagne, Italie, Allemagne, France). **Villes** (75) : *Montevideo* 1 298 546 (80), Salto 71 000 (498 km), Paysandu 61 000 (379 km), Las Piedras 53 000 (20 km). *Stations balnéaires* de Punta del Este (à 140 km), La Paloma (à 220 km).

Langues. Espagnol *(off.)* (français et anglais enseignés). **Religions.** Catholiques 66 % (pas de rel. d'État), israélites 2 %, protestants 2 %.

Histoire. 1516 découvert par Juan Diaz de Solis (Esp. † 1516), soumis par les Esp. **1519** expédition de Magellan. **1527** Sébastian Gaboto (Vénitien 1476-1557) construit un fort à l'embouchure du Rio San Salvador. **1574** Juan Ortiz fonde San Salvador (auj. Dolores). **1624** jésuites fondent Santo Domingo de Soriano et commencent la colonisation. **1680-1778** rivalités Port. et Esp. **1726** Esp. fondent Montevideo. **1750** *tr. de Madrid :* ils reçoivent l'U. contre l'abandon des limites du tr. de Tordesillas (1494), qui leur attribuait les terres à l'O. d'une ligne N.-S. passant à 370 lieues des îles du Cap-Vert. **1776** création de la vice-royauté du Rio de la Plata dont fait partie l'U. **1806-07** installation des Anglais à Montevideo (l'Esp. alliée de Napoléon, ayant perdu sa flotte à Trafalgar, 1805). **1811** *Las Piedras* victoire de José Artigas et des partisans de l'indép. **1814** Artigas chasse Esp. **1816** invasion portugaise. **1821** annexion au Brésil de la bande orientale. **1825**-*25-8 indép.* **1827** g. contre Brésil. **1830**-*18-7* Rép. **1835-39** g. civile entre *Colorados* (Rivera) et *Blancos* (Oribe). **1842-51** g. contre Argentine avec aide de la G.-B. et de la Fr. **1865-70** alliance avec Arg. et Brésil contre Paraguay. **1904** apaisement des luttes intérieures. **1958** les Blancos battent aux él. les Colorados (au pouvoir dep. 90 a.). **1913-33** et **1952-66** le Pt est remplacé par un gouv. collectif. Action révolutionnaire du M.L.N. (Mouv. de libération nationale) *Tupamaros* (du chef inca rebelle Tupac Amaru) animé par de jeunes intellectuels contre l'oligarchie et l'impérialisme nord-amér., dep. 1963 (opérations armées). **1967** retour au rég. présidentiel, Pt Oscar D. Gestido, puis à sa mort Jorge Pacheco. **1971** consul du Brésil enlevé (libéré contre rançon en février), conseiller américain de la police u. (exécuté), ambassadeur brit. Geoffrey Jackson enlevé. **1972** attentats, répression militaire et écrasement des Tupamaros (*-1-9 Raul Sendic*, leur chef, arrêté). *Juan Maria Bordaberry Pt.* **1973** *févr.* l'armée prend le pouvoir mais garde le Pt Bordaberry (accusé en mars d'avoir vendu secrèt. 20 % des réserves d'or du pays). *-27-6* Parlement dissous, remplacé par Conseil d'État (25 m.) ; milit. renforcent leur pouvoir. *Oct.* intervention mil. à l'université qui passe sous contrôle de l'État. *-9-11* partis et syndicats interdits. **1974**-*19-12* attaché mil. u. abattu à Paris par Tupamaros. **1976** *janv.* arrestations, tortures de prison. pol. *-12-6* Pt Bordaberry déposé par junte, Alberto Demicheli, vice-Pt, assume la présidence (12-6). *-14-6* Aparicio Mendez désigné Pt pour 5 a. **1980** libération du pianiste Miguel Angel Estrella. *-30-11* référendum constitutionnel, 57,81 % de non. **1981**-*1-9 Gén. Gregorio Alvarez* (n. 26-11-25) élu Pt par Conseil de la Nation (c. d'État de 35 m. et junte des officiers généraux). **1982**-*28-11* élec. pour désigner dans les 3 partis autorisés des chefs de partis et des candidats aux élec. présidentielles, victoire de l'opposition. **1983**-*25-8* concert de casseroles et manif. de 2 000 pers. *-27-11 :* 300 000 pers. à Montevideo manif. pour retour à « la démocratie exclusive ». **1984**-*mars* Gal L. Seregni, leader de l'Union de la gauche (Frente amplio) libéré. *-16-6* Wilson Ferreira Aldunate (leader blanco) arrêté le j. où il rentre après 10 a. d'exil, libéré le 30-11. *-25-11* élections, *Pt : Julio Maria Sanguinetti* (n. 1936, Colorado) par 744 999 voix, devant Alberto Zumaran (Blanco) (634 166 v.), José Crottogini (Frente Amplio) (393 949 v.) ; *Sénat* et entre parenthèses *Chambre :* Colorado (libéral), 13 (41), Blanco (nation. centre gauche) 12 (35), Frente Amplio (gauche) 6 (21), Union Civica 2. **1985**-*11-2* Gal Alvarez démissionne. *-15-2* Parlement entre en fonction. *-1-3* 1er gouv. civil dep. 11 ans. *-8-3* amnistie. *-14-3* libération des détenus pol.

Statut. Rép. *Const.* de 1971. *Pt* Julio Maria Sanguinetti (n. 1936) dep. 1-3-85 (élu 25-11-84). *Sénat* 30 m. et *Ch. des députés* 99 m. élus pour 5 a. au suffr. universel. 19 *départements*. **Partis.** *P. colorado*, modéré libéral, Pt Enrique Tarigo. *P. blanco*, nationaliste, Pt Wilson Ferreira Aldunate. *Union civica*, social-chrétien. *Frente amplio*, gauche. **Fêtes nat.** 19 avril (débarquement des partisans de l'Indép.) ; 18 mai (bataille de Las Piedras) ; 19 juin (naissance de José Artigas) ; 18 juillet (j. de la Constit.) ; 25 août (indép.) ; 12 oct. (découverte de l'Amérique).

Nota. — Pays de naissance de Lautréamont, Jules Laforgue, Jules Supervielle.

Économie

P.N.B. (84) 1 645 $ par hab. **Pop. active** (% et entre par. part du P.N.B. en %) agr. 11 (8), ind. 32 (33), services 57 (59). *Chômage 85 :* 13,05 %. **Inflation** (%). *1980 :* 63,5 ; *81 :* 34,1 ; *82 :* 19 ; *83 :* 51,5, *84 :* 66,6, *85 :* 83. **Dette extérieure** (milliards de $) *1981 :* 3,1 ; *82 :* 4 ; *83 :* 4,6 ; *85* (1-10) : 4,8.

Agriculture. *Terres* (milliers d'ha, 1981) cultivables 15 400 dont pâturages 12 350, t. cultivées 1 750 ; forêts (83) 0,7. *Production* (milliers de t, 83) blé 450 (84), riz 340 (84), p. de terre 160, sorgho 106, maïs 103, avoine 40, orge 90, bett. à sucre 377, canne à sucre 495, lin 6.

Élevage (millions de têtes, 84). Moutons 20,4 (83), bovins 9,4, chevaux 0,53 (83), porcs 0,45. Viande de bœuf 111 000 t (81). Laine. **Pêche** 144 100 t (84).

Mines. Granit, marbre, chaux, dolomite, sable, argile, gravier, pierres semi-précieuses. Électricité hydraulique. **Industrie.** Alim., text., cuir, caoutchouc, chimie, ciment.

Transports (km, 83). Routes 9 813, chemins de fer 3 000. **Tourisme.** *Visiteurs : 1982 :* 221 553, *83 :* 269 071.

Commerce (millions de $ U.S., 84). *Exportations* 928,9 *dont* textiles 281, prod. alim. 229, cuirs et peaux 146, prod. végétaux 129, prod. chim. 30, *vers* Brésil 144, U.S.A. 123, Argentine 88, All. féd. 79, Iran 49. *Importations* 785,8 *dont* prod. minéraux 292, prod. chim. 113, mat. électrique 94, prod. végétaux 47, mat. plastiques 47 *de* Brésil 135, Nigeria 113, Argentine 88, Iran 78, U.S.A. 65.

Rang dans le monde (83). 13e ovins.

VANUATU

Carte p. 1119. V. légende p. 787.

Nom. Anciennes Nouvelles-Hébrides. Dep. 30-7-1980, *Vanuatu*, l'île qui s'élève au-dessus de la mer.

Situation. Archipel du Pacifique. 12 189 km^2, env. 80 îlots et îles s'étendant sur 800 km [N.-Calédonie à 540 km, Auckland (N.-Zél.) 2 250, Sydney (Austr.) 2 550, Tahiti 4 500, Paris 21 000]. Sol d'origine volcanique, et corallienne dans les parties basses. *Alt. max.*

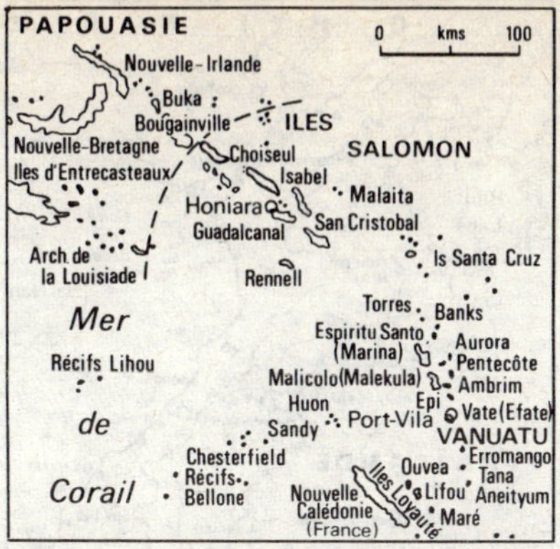

Mt Tabwemassana (Santo) 1 879 m. Certains volcans encore actifs (Lopévi, Yasour à Tanna, Bembow, Marum à Ambrym). **Climat** tropical, janv.-juin chaud et pluvieux, juin-déc. relativ. sec et frais. *Temp.* 15 à 34 °C. *Pluies* : env. 2,30 m par an.

Population. 130 000 h. (84) : Mélanésiens 94 %, Européens 2 %, env. 2 000 Français. – *de 15 a.* 57 %, + *de 65 a.* 3 %. 105 600 Mélanésiens, hommes de la côte, souvent chrétiens, et quelques noyaux de l'int. des îles (small nambas et big nambas), 690 Asiatiques, 1 470 originaires du Pacifique (Tahitiens, Wallisiens, Futuniens, autochtones néo-calédoniens, Fidjiens, Gilbertains), plus de 2 500 Eur. D. 10,7. **Villes** (79) : *Port-Vila* (dans l'île de Vate) 14 797, Luganville (Santo) 4 935.

Langues *(off.)*. Français (40 %), anglais, bichlamar (déformation de l'anglais), 130 dialectes locaux. **Religions.** Dans la pop. chrétienne : catholiques 18 %, protestants 68 %, animistes 15 %. A Tanna, culte de John Frum.

Histoire. Hab. originaires Mélanésiens *(Canaques)* apparentés aux Papous, auxquels se sont ajoutés des Polynésiens, des Tonga et des Samoa. **1606**-*1-5* le Port. Fernandez de Queiros découvre l'I. d'Espiritu-Santo. **1768** Bougainville passe entre Santo et Mallicolo et découvre Pentecôte, Aoba et Maewo, qu'il appelle les *Grandes Cyclades*. **1774** Cook établit la 1re carte des N.-H. D'autres navigateurs les ont reconnues : Lapérouse **(1788)**, d'Entrecasteaux **(1793)**, le Cap. Bligh, aux Banks **(1793)**, Dumont d'Urville **(1828)**, Belcher et Markham. **XIXe s.** fréquentées par baleiniers, acheteurs de santal et recruteurs de main-d'œuvre, qui ont maille à partir avec autochtones et missionnaires qui commencent à s'installer **à partir de 1828. 1887**-*16-11* Fr. et Brit. instituent une Commission navale mixte constituée par Cdts et officiers des navires de g. faisant régulièrement campagne aux N.-H. **1906**-*27-2 Convention de Londres*, ratifiée le *20-10*. **1911**-*6-8* protocole franco-brit., ratifié le *18-3*-**1922**, reconnaissant les N.-H. « territoire d'influence commune », placées sous un *régime de condominium*. **1954**-*28-3* pourparlers franco-brit. d'Honiara : les hab. de l'archipel participeront aux affaires publiques. **1957**-*4-4 Conseil consultatif* créé. **1975**-*18-1* application des réformes. -*20-8* élections communales. -*10-11* él. législatives ; vict. du National Party (1976 devenu Vanuaaku Pati) ; mais les él. annulées pour fraude, le Nat. Party refuse de participer à la vie pol. -*27-12* déclaration unilatérale d'ind. de l'île d'Espiritu-Santo par Jimmy Stevens (n. 1922) du mouvement Fédération Nagriamel. -*30-12* refus de l'ind. par Fr. et G.-B. **1976** *juin* création d'un conseil coutumier (Malfatu Mauri). **1977** *févr.* boycott de l'ass. par élus du V.A.P. -*29-11* él. de 2 ass. [le V.A.P. ne présente pas de candidats ; le parti modéré (francophone et cath.) remporte tous les sièges], V.A.P. crée un gouv. pop. provisoire. **1978**-*11-1* 1er gouv. autonome (*Pt :* George Kalsakau, modéré) ; -*5-4* trêve entre les 2 partis ; -*22-12* gouv. d'union nat. (*Pt :* Gérard Leymang, prêtre cath., modéré). **1979**-*19-9 projet de const. approuvé*. -*14-11* él. au Parlement (V.A.P. 26 s., divers 13 s.) ; -*29-11* gouv. du pasteur anglican Walter Lini ; modérés portent plainte (en vain) pour fraude électorale. *Nov. tentative de sécession des îles francophones de Santo et Tana* avec J. Stevens. **1980**-*30-4* négociations angloph. échouent et francoph. -*28-5* des francoph. dirigés par J. Stevens prennent Luganville, cap. de Santo. -*31-5* Brit. et angloph. de Santo sont évacués sur Vaté. -*2-6* Lini fait réoccuper Tana. -*3-6* la Fr. s'oppose à une réoccupation de Santo, tout en approuvant l'indépendance. -*5-6* J. Stevens forme un gouv. à Santo. -*11-6* manif. francophiles à Tana, † du député Alexis Yulou, 25 bl. -*24-7* un contingent mil. fr.-brit. doit rétablir l'ordre. -*30-7* indép. -*12-8* expulsion de 24 Fr. et 2 Austr. -*18-8* arrivée à Santo d'un contingent mil. de Papouasie-Nlle-G. après départ de la force fr.-angl. -*31-8* J. Stevens arrêté, fin de la sécession de Santo. 2 274 arrestations dont 760 à Santo. **1981**-*2-2* expulsion de l'amb. de Fr. *Oct.* retour. **1983**-*10-3* débarquement temporaire sur îles Matthew et Hunter (inhabitées, appartenant à la France et rattachées à la Nlle-Calédonie, importantes à cause de la zone des 200 miles).

Statut. Rép. Membre du Commonwealth. *Const.* du 30-7-80. *Pt* (élu pour 5 a. par un collège électoral composé de l'ass. et des Pt des conseils régionaux) George Ati Sokomanu (n. 1938) dep. 30-7-80, démissionne le 17-2-84. Pt par interim F. Timakata. *P.M.* pasteur Walter Hadye Lini (n. 1943) élu en nov. 79 (réélu le 21-11-83).

Partis. *Vanuaaku Pati* (V.A.P., P. de notre terre, f. 1972, anglophone et protestant, ex-New Hebridean Culture Association devenue en 1971 New Hebrides National Party). *Pt* Walter Lini, *Vice-Pt* Fred Timakata. *Union des communautés néo-hébr.* (U.C.N.H.), forme dep. févr. 1977 le Tan Union ; f. févr. 1974 par des Fr. et des Mélanésiens francophones. *Pt* Jean-Marie Léyé. *Nagriamel* (contraction de Nagaria et de Namuele, noms coutumiers), f. 1960 (d'abord mouv. rural et agr.). *Natatok Efate* (Natifs de Vaté), f. 1977, *Pt* George Kalsakau (influence à l'île de Vaté et îles env.). *Manh* (mouv. autonomiste des N.-H.), f. 1975. *Vanuaaku Independant Alliance P. (V.I.A.P.)*, f. 1982, *Pt* Thomas Seru. *Union des P. modérés*, *Pt* M. Boulekone. *Élec. du 2-11-83* V.A.P. 56 % des voix (24 s.), U.M.P. 44 % (12 s.), Nagriamel 2,8 (1 s.), Namaki Anté 2,6 (1 s.), F. Mélanésien 2,3 (1 s.), V.I.A.P. 3,9 (0 s.).

Circonscriptions administratives
(du nord-ouest au sud-est)

1° Iles du Nord : *Groupe des Torres* (Iles de Hiu, Toga, Lo, Tegua) 98 km², 400 h. *Groupe des Banks* (Iles Vanua Lava, Mota Lava, Gaua ou Santa Maria, Mota, Mere Lava, Ureparapara) 722 km², 3 059 h. *Santo* (ou Tierra Australia del Espiritu-Santo) 3 712 km², 6 300 h. (île principale, chef-lieu : Luganville). *Malo* 180 km², 837 h. *Aoré* 57,5 km², 339 h. *Aoba* 383 km², 5 614 h. *Maewo* (ou Aurora) 270 km², 898 h.

2° Iles du Centre (2e Subdivision) : *Mallicolo* 2 060 km², 10 900 h., Lamap (chef-lieu). *Ambrym* 663 km², 3 670 h. *Pentecôte* 439 km², 4 876 h. *Paama* 33 km², 2 582 h. *Lopévi* 30 km², non habitée.

3° Iles du Centre (1re Subdivision) : *Vaté* 1 076 km², 14 000 h. *Épi* 455 km², 1 300 h. *Shepherds (Tongoa, Emaé, Tongariki, Ewose, Makura, Matasso, Buninga ; Nguna ; Pélé ; Mau ; Leleppa ; Mosso.*

4° Iles du Sud : *Erromango* 975 km². *Tanna* 550 km², 8 241 h. Autres îles : *Aniwa* 19 km², 198 h. *Futuna* 12 km², 375 h. *Anatom* 145 km², 246 h.

Économie

P.N.B. (83) 666 $ par h. **Pop. active** (%, entre parenthèses part du P.N.B. en %) agr. 80 (25), ind. 0 (0), services 20 (75). **Aide ext.** (83) 270 millions de F.

Agriculture. *Terres* (milliers d'ha) cult. 95, forêts 16. *Production* (milliers de t) noix de coco 260 (83), coprah 48 (84), café, cacao, arachide. **Élevage** (milliers de têtes, 83). Bovins 100, porcs 70, chèvres 8, volailles 158. **Pêche** (83) 2 470 t. **Mines.** Prod. de manganèse arrêtée dep. 79, pouzzolane. **Transports.** Routes 1 000 km. **Tourisme** (84) 31 615 vis. **Place financière.**

Commerce (millions de vatu, 84). *Exportations* 4 300 *dont* coprah 2 643, poisson 710, cacao 134, bois 148, viande 142, *vers* (%) P.-Bas 37, Belgique 22, Japon 13, France 10. *Importations* 6 631 *dont* (82) prod. de cons. 1 156, aliments bovins 1 143, carburants 624, prod. ind. 84 *de* (%) Australie 35, Japon 13, N.-Zélande 10.

VENEZUELA

Carte p. 844. V. lég. p. 787.

Nom. Petite Venise, donné par Americo Vespucci en souvenir de Venise, que lui rappelaient les maisons lacustres du lac de Maracaïbo.

Situation. Amérique du S. 916 700 km². *Alt. max.* pic Bolivar 5 007 m. *Côtes :* 2 816 km. *Lac de Maracaïbo :* 14 000 km². *Frontières :* 4 793 km ; avec Colombie 2 050, Brésil 2 000, Guyane 743. **Climat, régions** : *côtière* du N.-O. : température élevée, sèche, palmiers, cactus géants. *Montagneuse :* cordillère de Merida (alt. max. Pico Bolivar 5 007 m) : humide, plus froid ; chaîne côtière : sec et ensoleillé. *Plaine* (llanos) : bassin de l'Orénoque, climat tropical en saison sèche, savanes, forêt-galerie. *Guyane :* chaud, humide, tempéré sur les plateaux (alt. 2 500 m), forêts, savanes. *4 zones de climat* selon l'altitude (chaude, tempérée, fraîche, froide). *Temp.* moy. à Caracas : juin à oct. 17 à 30 °C, nov. à mai 12 à 25 °C. De 600 à 2 000 m d'alt. : 10 à 25 °C. *Saisons :* sèche nov. à avril, pluies mai à oct.

Nota. – Le V. revendique 161 000 km² de la Rép. de Guyane (ex. G. brit.) enlevés par la G.-B. à la fin du XIXe s.

Population. *1800 :* 780 000 ; *50 :* 1 366 470 ; *1920 :* 2 411 952 ; *50 :* 5 034 838 ; *71 :* 10 721 522 ; *85 :* 18 552 000 dont (%) Métis 69, Blancs 20, Noirs 9, Indiens 2. – *de 15 a.* 42,8 %, + *de 60 a.* 4,8 %. D. 20,2. **Immigration** : Colombiens + d'1 000 000, Espagnols 300/350 000, Italiens 250 000, Portugais 220 000. **Population urbaine** (85). 84 %. **Villes** (84) : *Caracas* 4 100 000, Valencia 1 100 000 (158 km), Maracaïbo 937 000 (706 km), Barquisimeto 800 000 (453 km), Maracay 400 000 (109 km), San Cristobal 300 000 (816 km), Ciudad Guyana 210 000, Cabimas 180 000, Ciudad Bolivar 180 000 (599 km), Cumana 160 000 (408 km).

Langues. Espagnol (anglais : l. des affaires ; français : dans les classes cultivées). **Religions.** Catholiques 94,8 %, protestants 1 %, juifs 1 %.

Histoire. Période précolombienne. Peuplement de Caraïbes et d'Arawaks. **1498** découvert par C. Colomb à son 3e voyage. **1499** Alonso de Ojeda avec Vespucci explorent la région de Maracaïbo. **1528** Charles Quint confie la colonisation à des banquiers augsbourgeois, les Welser. **1529-47** gouvernement all. **1546** expédition esp., depuis la N.-Grenade (Colombie) ; fin du régime de monopole all. **1560** rattaché au Pérou. **1567**-*25-7* Diego de Losada fonde la ville de Santiago de León de Caracas. **1731** création d'une capitainerie générale du Venezuela. **1777** rattachement à la capitainerie générale du V. des prov. de Cumaná, Maracaïbo, Guayana, et des îles de Trinidad et Margarita, détachées de la vice-royauté de Bogotá. **1810**-*19-4* autorités coloniales esp. déposées par les notables de Caracas. **1811**-*5-7* indép. **1812** Francisco Miranda (1752-1816) vaincu par les Esp. qui rétablissent leur pouvoir. **1819** *déc.* uni à N.-Grenade (Colombie) et Équateur, le V. s'en sépare en *1830*. **1821**-*24-6 bataille des Carabobo :* Esp. battus par Simon Bolivar (24-7-1783/17-12-1830) ; indépendance. **1861-70** g. civiles. **1908-35** dictature de Gomez. **1935-58** dictatures militaires. **1958**-*23-1* rég. démocratique présidentiel. **1958-69** P. de l'action démocratique au pouvoir (Prs Rómulo Bétancourt, Raul Léoni). **1969-73** P. social-chrétien au pouvoir avec le Pt Rafael Caldera. **1973**-*9-12* Carlos Andrés Pérez (Action dém.) élu Pt. **1975**-*1-1* nationalisation des mines de fer. -*29-8* de l'ind. pétrolière. **1978**-*3-12* élections législatives et présidentielle (victoire du C.O.P.E.I.). **1980**-*24-12* début de l'expulsion des 300 000 étrangers en situation illégale (env. 90 % de Colombiens). **1983**-*18-2* contrôle de changes avec parités multiples (dévaluation implicite). -*23-2* bolivar dévalué de 74 %. -*4-12* Jaime Lusinchi (Action dém.) élu Pt.

Statut. Rép. féd. 9 *régions administratives*. 20 *États*, 1 *district fédéral*, 2 *territoires*, 72 *îles* (dépendances féd.). *Const.* du 23-1-61. *Pt* élu au suffr. univ. pour 5 a. *Sénat* (47 m.) et *Chambre des députés* (200 m.) élus au suffr. univ. pour 5 a. **Fête nat.** : 5 juil. (indép. 1811).

Partis. *Action dém.* (A.D.) f. 1941 par R. Bétancourt († 9-81), socialiste et nationaliste ; Gonzalo Barrios. *Com. d'org. pol. des élect. indép.* (C.O.P.E.I.) f. 1946 ; démocrate-chrétien ; Rafael Caldera, Luis Herrera Campins. *Mouvement vers le socialisme* (M.A.S.) f. 1971 ; Teodoro Petkoff. *Mouvement électoral du peuple* (M.E.P.) f. 1967 ; Luis Beltran Figueroa. *Parti communiste du V.* (P.C.V.) f. 1931 (1 % des suffr. en 1973 ; Gustavo Machado). *Union républicaine démocratique* (U.R.D.) f. 1945 (Jovito Villalba). *Mouv. d'intégration nat.* (M.I.N.) voir 1977. Gonzalo Perez Hernandez. *Mouv. de la Gauche révolutionnaire* (M.I.R.) voir 1960. Moises Moleiro. *Nouvelle alternative.* Voir 1982, José Vincenté Rangel. *Opinion nat.* (O.P.I.N.A.) voir 1961, Pedro Luis Blanco Penalver.

Élections législatives du 4-12-83. Inscrits 7 777 892, votants 87,75 %. A.D. 49,9 % (109 députés, 27 sénateurs). C.O.P.E.I. 28,68 % (60 dép., 16 sén.). M.A.S. 5,75 % (10 dép., 2 sén.). U.R.D. (8 dép.,

2 sén.). O.P.I.N.A. (3 dép.). M.I.R. (2 dép.). P.C.V. (2 dép.). M.I.N. (1 dép.). N.A. (1 dép.).

Présidents depuis 1945. 45 (20-10) Rómulo BÉTANCOURT (22-2-08). **48** (15-2) Rómulo GALLEGOS (1884-1969), avr. *1952* (nov.) Perez JIMENEZ (1914), dictateur. *1952* (3-12)-*1958* (14-11) Perez JIMENEZ. **59** (13-2) Rómulo BÉTANCOURT. **64** (11-3) Raul LEONI (1905/5-7-72). **69** (11-3) Rafael CALDERA (24-1-16). **74** (12-3) Carlos Andrés PÉREZ (17-10-22). **79** (12-3) Luis HERRERA CAMPINS (4-5-25). **84** (2-2) Jaime LUSINCHI (27-5-24, soc.-dém.).

Économie

P.N.B. (85) 1 500 $ par h. **Pop. active** (%, entre parenthèses part du P.N.B. en %) agr. 15 (6), ind. 30 (42), services 55 (52). *Chômage* (83) 13 %, (85) 14 %. **Inflation** (%). *1980* : 21,6 ; *81* : 16 ; *82* : 9,8 ; *83* : 6,4 ; *84* : 18,32. **Dette ext.** (85) 33 milliards de $.

Agriculture. *Terres* **(%)** forêts 39, pâturages 19,6, cult. 7,6. 2,2 % des familles rurales possèdent 89 % des terres cult., 61,5 %, 11 % des t. ; 11 % n'ont pas de t. *Production* (milliers de t, 84) canne à sucre 5 132 (83), bananes 944 (83), riz 449, maïs 485, manioc 365 (83), oranges 384 (83), p. de terre 238 (83), tomates 130 (83), noix de coco 161 (83), café 69, cacao 14, sésame 51 (83), tabac 14, épices, coton 15. **Élevage** (milliers de têtes, 84). Bovins 12 283, porcs 2 985, chèvres 1 322 (83), moutons 412 (83). **Pêche** (84) 259 600 t. Perles.

Énergie. Pétrole (millions de t) *réserves* 2 900 dans la ceinture de l'Orénoque, *production 1981* : 115, *82* : 100, *84* : 95,5. 14,9 milliards de $ de rev. en 84, 9/10 e des recettes d'exp. **Gaz** (milliards de m³). *Réserves* 1 400 *prod.* (84) 20,5. **Mines.** *Fer* 8,3 millions de t. (84). *Or, diamants, cuivre, nickel, bismuth, vanadium, bauxite, manganèse. Bitume,* réserves 300 milliards de t dans la région de d'Orénoque. **Industrie.** Raffinerie, chimie, engrais, électricité, prod. alim., ciment, métallurgie, cuir, mécanique.

Transports (km) routes 62 098 (83) dont 20 000 revêtus, chemins de fer 400. Le 1-2-83, inauguration du métro de Caracas, 7 km, 8 stations, mars ouverture du 2ᵉ tronçon, fin en 1990, 56 km, 55 stations. **Tourisme** (84). 436 800 vis.

Commerce (milliards de $ US). *Exportations* (83) : 14,9 fer, café, cacao, aluminium, or, diamants, prod. mét. *vers* (%, 80) : U.S.A. 28,, Antilles néerl. 24, Canada 9. *Importations* (83) 5,5 *de* (%, 80) U.S.A. 48, Japon 8, All. féd. 7.

Rang dans le monde (83). 8ᵉ pétrole. 9ᵉ réserves de pétrole. 11ᵉ fer. 12ᵉ gaz. 14ᵉ réserves de gaz. 15ᵉ bananes. 19ᵉ oranges. 20ᵉ café.

ILES VIERGES BRITANNIQUES

Carte v. page de garde. V. légende p. 787.

Situation. Iles des Petites Antilles. A 80,5 km à l'E. de Puerto Rico. 40 îles dont 16 habitées. 153 km². Toutes volcaniques et élevées sauf Anegada qui est plate et corallienne. **Climat** subtropical. peu de pluies, fortes chaleurs, atténuées par les alizés.

Population (84). 11 710 h. (majorité noire) dont (83) Tortola (54,39 km²) 9 119, Anegada (38,85 km²) 164, Virgin Gorda (21,37 km²) 1 412, Jost Van Dykes (2 îles, 9,07 km²) 134, autres îles 156. D. 77. *Capitale : Road Town* sur Tortola 3 976 h. (80). **Langue.** Anglais. **Religion.** Méthodistes, anglicans, catholiques, divers.

Histoire. 1493 découverte par C. Colomb. **1648** établissement hollandais. **1660** ét. anglais. **1774** constitution. **1816** colonie rattachée à St-Christophe, Nevis et Anguilla. **1834** abolition de l'esclavage. **1867** nouvelle association instituée. **1871** partie de la Fédération des îles Leeward. **1950** introduction d'un gouv. représentatif. **1956** quitte la Féd., devient colonie. **1967** nouvelle const. amendée en **77.**

Statut. Colonie brit. *Const.* de 1977. *Gouv.* David Robert Barwick. *Min. principal* Cyril Brantford Romney. *Conseil législatif* 9 m. élus pour 4 a., 1 d'office et 1 « speaker » élu en dehors du conseil. *Conseil exécutif* gouv., 1 m. d'office (procureur gén.), min. principal et 3 min.

Économie. P.N.B. (83) 4 276 $ par h. Élevage. Pêche. **Tourisme** (84). 161 625 vis. **Commerce** (milliers de $ US). **Exp.** (82) 1 065,9 *dont* poisson, gravier, sable, fruits et légumes *vers* îles Vierges U.S. **Imp.** (82) 58 545,8 *dont* mat. de construction, prod. alim., mach., moteurs *de* U.S.A. et G.-B., pétrole *de* Trinité.

VIÊT-NAM

V. légende p. 787.

Définitions. Indochine, ensemble colonial français comprenant Viêt-nam, Cambodge, Laos, n'existe plus depuis 1954. **Viêt-bac** ou « Grand Nord », région mitoyenne de la Chine qui servit de base au Viêtminh. **Viêt-cong** mouvement nationaliste et paracommuniste du Sud. **Viêt-minh** abréviation de Viêtnam Doc Lap Dong Minh (Ligue pour l'indépendance du Viêt-nam). **Viêt-nam** ou « Sud au-delà », pays s'étendant du S. de la Chine aux bouches du Mékong, de 1954 à 75 : 2 Viêt-nam (N. et S.) de chaque côté du 17ᵉ parallèle. *Annam* ou « Sud Pacifié », nom donné par les Chinois au Viêt-nam, repris par les Français pour désigner le centre du Viêt-nam (Nord : Tonkin ; Centre : Annam ; Sud : Cochinchine).

Situation. Asie du S.-E. 331 688 km² (plusieurs milliers d'îles). *Frontières :* avec Laos 1 650 km, Chine 1 150 km, Cambodge 930 km. *Côtes :* 3 260 km. Relief : varié, formé aux 3/4 de montagnes et de plateaux. *Archipels :* Paracels (occupés par les Chinois dep. 1974), Spratley (pétrole). *Long. :* 1 650 km, *larg. :* 600 km (min. 50 km). **Nord** (ancien V. du N.) : 158 750 km². *Alt. max. :* pic Fan Si Pan (Hoang Liên Son) 3 143 m. 23 000 km² de plaines dominées par des montagnes. **Climat** : tropical (mousson), avec saison fraîche (mousson du N.-E. : déc.-mars ; 16-17 °C) ; *temp. moy. :* à Hanoi 23,5°C (janv. 16,3 °C, juill. 29,9 °C) ; *taux d'humidité* (en %) : 84 à Hanoi. **Sud** (ancien V. du Sud) : 170 906 km². *Alt. max. :* plateau du Lang Biang 2 267 m. *Plaines côtières du Centre V.-N.* (Trung Bô) : dominées par la cordillère Truong Son (4 m de pluies dans arrière-pays de Nha Trang), forêt tropicale sur le versant maritime, forêts et savanes sur le versant intérieur. *Hts plateaux du Centre. Plaine du S. V.-N.* (Nam Bô) : plaines et delta du Mékong, rizières, hévéas. **Climat** de mousson : sec nov.-avril, humide mai-oct. ; temp. 28 à 36 °C ; *pluies :* 1 678 mm/an à Hanoi.

Cours d'eau : 41 000 km de fleuves, 3 100 km de canaux. Fleuve rouge (510 km au V.), débit 122,1 milliards de m³ par an, apporte 80 millions de m³ d'alluvions par an, le delta gagne chaque année 100 m sur la mer ; affluents : Da (543 km), Lô (277 km), Gâm (210 km), Chay (306 km), le Day (bras) (241 km) ; Thai Binh, formé de 3 grandes rivières : Câu (290 km), Thuong (156 km), Luc Nam (178 km) ; Ky Cung (230 km), Ma (426 km), Ca (379 km), Gianh (155 km), Bên Hai (66 km), Thu Bôn (102 km) ; Da Rang ou Ba (290 km), Dong Nai (500 km) et le Mékong (4 220 km dont 220 km au V.) qui prend sa source au Tibet, se jette dans la mer en 9 branches (Cuu Long : 9 dragons), son delta avance tous les ans de 60 à 100 m dans la mer. Les deltas forment des plaines fertiles.

Principales plaines : Hâu Giang 3 354 000 ha, Tiên Giang 2 241 000 ha, delta du fleuve Rouge et du Thai Binh 1 500 000 ha, Thanh-hoa et Nghê Tinh 680 000 ha, Trung Bô méridional 610 000 ha, plaine des Joncs 585 000 ha, Binh Tri Thiên 200 000 ha.

Faune : 1 000 espèces d'oiseaux, 800 esp. de mammifères.

Population. En millions *1901 :* 13 ; *21 :* 15,6 ; *31 :* 17,7 ; *36 :* 19 ; *43 :* 22,6 dont Bàc Bô (Tonkin) 9,8, Trung Bô (Annam) 7,2, Nam Bô (Cochinchine) 5,6 ; *55 :* 27,2 (Nord 13,6, Sud 13,6), *60 :* 31,6 ; *74 :* 46,2, *76 :* 49,9 ; *79 :* 52,7 (Nord 27,4, Sud 25,3) ; *83 :* 57,1 ; *85* (est.) : 61,5. **Croissance démogr.** 2,4 % par an. 54 Ethnies dont Viêt 85 % (plaines et ag. urbaines). **Minorités ethniques** (dans hautes et moyennes régions, en 1976) : Tay 742 000, Khmer 651 000, Thaï 631 000, Muong 618 000, Nung 472 000, H'mong 349 000, Dao 294 000, Gia Rai 163 000, E-dê 142 000, Ba Na 78 000, Cham 65 000, Co Ho 63 000, Rê 57 000, San Diu 53 000, Sodang 53 000. D. 185 (1 000 dans les deltas). – *de 15 a. :* 42,5 %. **Villes** (84) : *Hanoi* 4 000 000 h. (2 139 km²), 4 arrondissements, 11 districts ; 286 communes rurales ; Hô Chi Minh-Ville (Saigon) 3 563 900 h. en 85 (à 1 738 km, 2 029 km²), 21 districts ; Haiphong 1 397 000 h. (1 503 km²), villes administrées directement par le gouv.) ; Da Nang 350 000 ; et (78) Nam Dinh 220 000, Nha Trang 216 227, Qui Nhon 213 757, Huê 209 043.

Réfugiés indochinois. Env. *3 000 000* de personnes ont fui l'Indochine dep. 1975, soit env. 5 % de la pop. totale (2 % de la pop. du V.-Nord, 10 % de celle du Laos, 25 à 30 % de celle du Cambodge). Beaucoup (450 000 ?) se sont noyés ou ont été massacrés par des pirates aux frontières khmères-thaïes. Le H.C.R. a recensé 1 102 793 réfugiés accueillis entre 1975 et fin fév. 83 dans les pays de 1ᵉʳ accueil (dont Thaïlande 631 475, Malaisie 200 692, Hong Kong 105 563, Indonésie 90 356, Philippines 32 478, Singapour 25 577, Japon 7 555, Macao 7 097). 276 000 Vietnamiens d'origine chinoise, accueillis en Chine. Env. 950 000 ont été réinstallés dans les pays tiers : U.S.A. 571 000, *France 97 175*, Canada 95 589, Australie 92 633, All. féd. 22 475, G.-B. 16 562. Autres pays ayant accueilli moins de 10 000 réfugiés chacun : Argentine, Autriche, Belgique, Brésil, Danemark, Espagne, Finlande, Grèce, Islande, Irlande, Israël, Italie, Luxembourg, P.-Bas, N.-Zélande, Norvège, Paraguay, Suède et Suisse.

Langues. L. vietnamienne, l. de la majorité viêt (ou kinh) *(off.)*, chinois, anglais, russe, français, l. des minorités ethniques. **Religions.** Bouddhistes, catholiques (5 % de la pop.), caodaïstes.

Provinces (Du N. au S.) (pop. 84) : *Lai Châu* 17 068 km² (terrains montagneux 90 %). 378 200 h. (Thaï 63,2 %. Viêt, Meo, Dao...), bois, oranges, pavot ; *Son La* 14 468 km² (forêts et montagnes), 562 100 h. (Thaï 61,4 %, Viêt 17,2 %, Meo 10 %), gomme laque ; *Hoang Liên Son* 14 852 km², 865 600 h. (Viêt 39 %), prod. forestiers, plantes médicinales, apatite ; *Ha Tuyên* 13 631 km², 880 800 h., thé, prod. forestiers ; *Cao Bang* 8 445 km² (terr. montagneux 35 %), 540 400 h. (Nung, Thaï, Viêt, Dao, Meo), bananes, anis, tabac, bauxite ; *Bac Thaï* 6 494 km² (71,9 % montagneux), 903 000 h. (Viêt 64 %, Thaï, Nung, Dao, San diu, San chi), thé, fer, acier ; *Ha Son Binh* 5 978 km² (59 % de forêts), 1 704 800 h., prod. forestiers, soie ; *Ha Bac* 4 609 km² (41,8 % de forêts), 1 891 700 h. (Viêt en maj.), thé, ananas, pamplemousses, laque ; *Hai Hung* 2 555 km², 2 396 300 h., phosphates, marbre, fer, quartz, plaines fertiles (riz) ; *Quang Ninh* 5 938 km², 811 500 h., houille, pêche, forêts ; *Thaï Binh* 1 495 km², 1 652 900 h., riz ; *Ha Nam Ninh* 3 763 km², 3 060 900 h., ind. textile, alim. ; *Thanh Hoa* 11 138 km², 2 779 500 h. (Viêt 85,9 %), chrome, artisanat, plantations de cannelle ; *Nghe Tinh* 22 502 km², 3 397 700 h. (Viêt 92,6 %), ind. du bois, poisson ; *Binh Tri Thien* 18 340 km², 2 020 500 h., poisson ; *Quang Nam-Da Nang* 11 989 km², 1 678 300 h., or, plomb, cuivre, zinc ; *Nghia Binh* 11 900 km², 2 355 000 h., noix de coco, cannelle, sel ; *Phu Khanh* 9 801 km², 1 332 300 h., riz, sucre de canne, corail ; *Gia Lai-Kontum* 25 536 km², 692 100 h., prod. forestiers ; *Dac Lac* 19 800 km², 544 000 h., café, caoutchouc nat. ; *Lam Dong* 9 933 km², 487 300 h., fruits, légumes, thé ; *Thuân Hai* 11 374 km², 1 084 600 h., forêts, élevage, pêche ; *Dông Nai* 7 578 km², 1 501 700 h., tabac, café, caoutchouc ; *Sông Bé* 9 859 km², 731 200 h., caoutchouc (34 % de la sup. du c. planté en Ind.) ; *Tây Ninh* 4 030 km², 758 100 h., caoutchouc ; *Long An* 4 355 km², 1 081 200 h., agriculture et pêche ; *Bên Tre* 2 225 km^{2}, 1 163 600 h., riz, cocotiers ; *Tiên Giang* 2 377 km^{2}, 1 388 300 h., riz (1re des prov. du V.), pêche, fruits ; *Hâu Giang* 6 126 km^{2}, 2 495 200 h., agriculture et élevage ; *Cuu Long* 3 851 km^{2}, 1 685 600 h., riz (90 % de la prov.), élevage ; *Dong Thap* 3 391 km^{2}, 1 311 100 h., agriculture et pêche ; *Kiên Giang* 6 358 km^{2}, 1 122 000 h., riz, fruits, pêche ; *An Giang* 3 493 km^{2}, 1 761 600 h., agriculture et élevage (bovins), pêche ; *Minh Hai* 9 697 km^{2}, 1 549 500 h., forêts (dont mangrove), riz, pêche ; *Vin Phu* 4 626 km^{2}, 1 656 300 h.

Histoire

Peuplement très ancien (500 000 a.). Un *Homo sapiens vietnamensis* a vécu au paléolithique à Yen Bai et à Ninh Binh. **Age du bronze.** Civilisation de Dông Son (Tonkin) qui rayonne dans tout le S.-E. asiatique et le Pacifique. **2000-258 av. J.-C.** royaume de Van Lang (15 tribus austro-asiatiques mettent en valeur le delta du fleuve Rouge). **258-214 av. J.-C.** roy. d'Au Lac (aristocratie militaire). **IIIe s. av. J.-C.** fin des roy. austro-asiatiques : au N., occupation chinoise et constitution de l'ethnie vietnamienne ; au S., fondation d'un roy. indien, le *Champa*, qui résistera au Nord-V.-N. jusqu'au xviiie s. **939** victoire de Bach Dang, quasi-indépendance des rois vietnamiens (investiture par emp. chinois et paiement d'un tribut symbolique). *Domination chinoise :* iiie s. av. J.-C.-xe s. apr. J.-C. *Invasions chinoises :* xie s. (Song), xiiie s. (Mongols), xve s. (Ming), xviiie s. (Tsing). La résistance aux agressions étrangères consolide le Viêt. **Dynasties** Dinh **968-90,** Lê antérieurs **980-1009,** Ly **1009-1225,** Trân **1225-1413**, occupation chinoise. Dynastie des Lê postérieurs **1427-1527** et **1533-1789**. **Du Ier-XVIIIe s. : 40** insurrection des 2 sœurs Trung, **544** ins. de Ly Nam Dê, **939** de Ngô Quyên, **1075** de Ly Thuong Kiêt, **1257-88** de Trân, de Hung Dao, **1418-27** de Lê Loi et Nguyên Trai, **1789** de Quang Trung qui a pu en même temps réunifier le pays divisé par une longue g. de sécession Trinh-Nguyên (xviie-xviiie s.). **1802-20** Nguyên Anh (Gia Long) fonde la dynastie des Nguyên. **1820-41** Minh Mang († 21-1-1841) persécute les chrétiens qui se soulèvent (Cochinchine 1833-36), impose son protectorat au Cambodge (1834). **1841-47** Thieu Tri.

1848-83 Tu Duc, la Fr. intervient pour protéger ses missions et s'assurer des débouchés, attaque Da Nang. **1858** occupe Saigon. **1859** attaque Hanoi. **1873 et 1883** finit par imposer un protectorat. **1884** (au Tonkin ont été tués Francis Garnier le 21-12-1873 par les Pavillons noirs, et Henri Rivière le 19-5-1883). *-11-5* 1er tr. de Tien-Tsin que reconnaît la Chine une 1re fois, mais les combats reprennent **1885**-*28-3* Fr. battus à Langson, puis la Chine renonce à nouveau (2e *tr. de Tien-Tsin* le *9-6)* **1886** Paul Bert (1833-86), gouverneur de l'Annam et du Tonkin, fait du Tonkin une vice-royauté. **1887** *création de l'Union indochinoise.* **1908** révolte du De Tham († 1913) au Tonkin. **1930**-*3-2 conférence de Kowloon* où Hô Chi Minh fonde le P.C. indochinois. *-9/10-2* soulèvement de 2 Cies de tirailleurs du Tonkin (Yên Bai) réprimé, plusieurs †. *-14-2* attentat à Mao Khé et troubles en Cochinchine. **1930** *mai*/**1931** *sept.* émeutes agraires provoquées par le P.C.I. **1932** Bao Dai emp. d'Annam. **1935**-*27/31-3* congrès du P.C. à Macao. **1940** (25 millions d'hab., 40 000 Fr.). *Sept.* occupation jap. limitée (le Gal Catroux, qui a demandé l'appui de la G.-B. et des U.S.A., a été remplacé par l'amiral Decoux, qui a dû autoriser l'installation de bases jap., tandis que le Siam obtenait des terr. au Cambodge et au Laos).

1941 *Juil. protocole Darlan-Kato* la France accorde au Japon l'utilisation d'aérodromes et le stationnement de troupes sur tout le territoire. Par des conventions économiques, le J. se voit reconnaître le statut de la nation la plus favorisée et octroyer des fournitures de riz et de matières premières. L'Indochine est ainsi englobée dans la sphère de coprospérité de la Grande Asie orientale sous hégémonie jap. Le J. s'engage à respecter la souveraineté française. *Sept.* Hô Chi Minh fonde le Viêt-minh (front pour l'indépendance). **1944**-*22-12* création de l'Armée de libération. **1945**-*9-3* les Jap. attaquent les garnisons fr. stationnées en Indochine, occupent toute l'Indoch. et proclament l'indépendance du Viêt-nam *(11-3)*, la domination fr. s'étant estompée du fait de l'occup. jap., les Amér. cherchent des remplaçants pour obtenir des renseignements sur la situation pol. et milit. de la région (l'A.G.A.S., service U.S. chargé de secourir les pilotes abattus en Indoch. est en relation avec le Viêt-minh). *-27-4* Hô-Chi Minh rencontre en Chine le c^{dt} A. Patti [amér. chargé des opérations dans le N. de l'Indoch. fr. à la tête de l'O.S.S. (Office of Strategic Services, précurseur de la C.I.A.) contre le régime colonial fr.]. *Juin-juill.* l'équipe amér. du c^{dt} Allison K. Thomas, baptisée Deer Team, parachutée en zone v. Pendant 4 semaines, elle initie 200 combattants v. au maniement des armes amér. *-15-8* capitulation jap., l'Indoch. est occupée au N. du 16e parallèle par la Chine, au S. par les Brit. (selon accords de Québec 1943 et Potsdam 1945). Hô-Chi Minh convoque Convention. nat. ; celle-ci, impressionnée par la photo dédicacée de C. Chennault (c^{dt} de l'escadrille des Tigres volants), la présence des Amér. et les armes qu'ils ont distribuées, élit un gouv. prov. dont Hô Chi Minh prend la tête. Le bruit court que les U.S.A. soutiennent le Viêt-minh (le Deer Team accompagne les soldats du Gal Giap jusqu'à Hanoi). *-16-8* l'amiral Thierry d'Argenlieu nommé ht-c. pour rétablir souveraineté fr. *-19-8* révolution à Hanoi. *-20-8* le Viêt-minh prend Hanoi. *-25-8* Bao Dai abdique. *-2-9* Rép. démocratique du V. fondée. *-22-9* les Fr. reprennent Saigon. *-12-9* arrivée des premières troupes fr. avec le Gal Leclerc qui peu à peu reprennent le pays (évacuation chinoise). **1946**-*6-1* élection de la 1re Ass. nationale de la Rép. dém. du V.-N. Hô Chi Minh élu Pt de la Rép. accepte *(6-3)* que le V. soit, avec Cambodge et Laos, 1 des 3 États associés de la Fédér. ind., partie de l'Union fr., mais il réclame la Cochinchine. La Fr. refuse et promet seulement un référendum sur cette question (*conf. de Fontainebleau 6-7/10-9 ;* Hô Chi Minh en visite off. à Paris le *22-6*, réembarque à Toulon le *19-9*).

• **Hauts-commissaires en Indochine. 1945**-*29-8* Thierry d'Argenlieu, Amiral Georges (1889-1964). **47**-*5-3* Bollaert, Émile (1890-1978). **48**-*20-10* Pignon, Léon (1908-1976). **50**-*6-12* De Lattre de Tassigny, Gal Jean (1889-1952). **52**-*1-4* Letourneau, Jean (1907). **53**-*3-7* Dejean, Maurice (1899).

• **Commandants en chef. 1945**-*18-8* Leclerc, Gal Philippe de Hautecloque dit (1902-47). **46**-*14-7* Valluy, Gal Jean (1889-1970). **48**-*7-5* Blaizot, G^{al}. **49**-*6-8* Carpentier, Gal Marcel (1895). **50**-*6-12* De Lattre de Tassigny, Gal Jean (1889-1952). **52**-*6-1* Salan, Gal Raoul (1899-1984). **53**-*8-5* Navarre, Gal Henri (1898). **54**-*17-6* Ély, Gal Paul (1897-1975).

• **Bao Dai.** N. : 22-10-1913, f. de l'emp. Khaï Dinh. *1925* (12 ans) emp., *jusqu'en 1932* élevé en Fr. *1933-35* règne à Hué, occidentalisant l'Annam. *1945*-3-11 se rallie aux Jap. ; *-25-8* s'enfuit à Hong Kong. *1949* rappelé sur le trône par les Fr., vit surtout à Cannes (enrichi par le trafic des piastres). **1955**-*25-10* déclaré déchu.

• **Hô Chi Minh.** Nguyên Ai Quoc [(1890-1969) ; le pseudonyme *Hô Chi Minh,* « à la volonté éclairée », date de 1941]. Fils de magistrat révoqué par l'administration coloniale fr. **1911-17** photographe en Fr., membre du Parti socialiste. **1920** au congrès de Tours, passe au P.C. **1923-25** travaille au Komintern de Moscou. **1925-27** en mission secrète en Chine. **1927-30** au Siam. **1930-31** emprisonné par les Angl. à Hong Kong. **1931-40** missions secrètes du Komintern, notamment en Chine. **1941** *sept.* fonde au V.-N. dans le Viêt-bac la Ligue révol. pour l'indépendance du V.-N. (Viêt-nam dôc lâp Dông minh, abrégé : Viêt-minh). **1942-45** lutte contre le Jap. **1945**-*9-3* les Jap. renversent l'administration coloniale fr. *-21-8* abdication de Bao Dai. *-2-9* Hô Chi Minh proclame l'indép. et la naissance de la Rép. démocratique du Viêt-nam. **1946**-*6-3* reconnu par la Fr. chef de la Rép. dém. du Viêt-nam ; *-19-12* engage la lutte armée contre la Fr. **1954**-*20-7* accords de Genève : chef de l'État communiste au N. du 17e parallèle. **1959** engage la lutte armée contre la présence amér.

Guerre d'Indochine

• **Déroulement. 1946**-*24-11* bombardement fr. de Haiphong (les Fr. veulent contrôler la ville). *-19-12* coup de force viêt-minh à Hanoi et dans d'autres garnisons : début de la g. d'Ind. Hô et Giap se réfugient dans les montagnes du N. **1947**-*12-5* Hô Chi Minh repousse les conditions fr. d'armistice. La guérilla continue au Tonkin. *-27-8* la Fr. décide de négocier avec Bao Dai. *-10-9* le haut-commissaire en Indoch., Bollaert, offre au V., C. et L. la liberté « dans les limites qu'impose l'appartenance de ces territoires à l'Union fr. ». *-7-10* défaite fr. à Sông Lô (Viêt-Bac). *-6/7-12 entretiens, en baie d'Along,* entre Bollaert et Bao Dai. **1948**-*5-6 accords de la baie d'Along.* La Fr. accorde à l'emp. Bao Dai la reconnaissance de l'indép. du V., le droit à l'unité des trois KY (Tonkin, Annam, Cochinchine) et le statut d'État associé. **1949** *sept.* conférence de Pau fixant les modalités de transfert des pouvoirs de la Fr. aux « États associés » d'Indochine (V. unifié, Cambodge, Laos). *-30-12* accords fr.-v. accordant au V., État associé, l'autonomie interne. **1950**-*16-1* la Chine reconnaît Hô Chi Minh et l'aide. *-29-1* Ass. nat. ratifie les accords conclus avec V., L. et C. par 401 voix contre 193. *-30-6* 1re livraison de matériel de g. am. à l'armée fr. d'Indoch. *-3-10* l'armée fr. évacue Cao Bang ; désastre fr., + de 3 000 pr. *-19-10* évacue Lang Son (sans détruire les stocks). *-6-12* gén. *de Lattre de Tassigny* haut-commissaire de Fr. en Indoch. et c^{dt} sup. des troupes. *-30-12* convention mil. fr.-v. : l'armée v. est placée sous l'autorité de Bao Dai. **1951**-*13/17-1* bataille de Vin-Yen, Giap perd 6 000 † et 500 prisonniers (l'aviation fr. utilise pour la 1re fois le napalm). *-24-9* de Lattre obtient aux U.S.A. un accroissement de l'aide mil. am. *-14-10/10-12* contre-offensive de De Lattre, échec à Hoâ Binh. *-13-11* les Fr.-V. prennent Hoâ Binh. **1952**-*11-1* de Lattre †. *-24-2* les Fr.-V. évacuent Hoâ Binh. *-12-4* gén. Salan c^{dt} en chef. *Oct.* offensive v. au Tonkin. **1953** *janv.* off. en Annam. *Avr.* au Laos. *-8-5* gén. *Navarre* com. en chef. *-13-8* les tr. fr. abandonnent le camp retranché de Na-san. *-17-10* Bao Dai fait adopter par un Congrès national une motion demandant l'ind. « totale ». *-22-10* « tr. d'amitié et d'association entre Fr. et Laos » (devient indépendant au sein de l'Union fr.). *-20-11* Diên Biên Phu devient un camp retranché. *-10-12* les Fr.-V. évacuent Lai-Chau. *-25-12* offensive v. au Laos atteint le Mékong. **1954**-*13-3* début de l'offensive v.-minh contre Diên Biên Phu. PERTES : *françaises :* sur env 16 000 h. il y eut env. 1 600 †, 1 600 disparus, 4 800 blessés et 8 000 prisonniers (dont 3 900 seulement furent restitués après le cessez-le-feu). *Viêt-minh :* sur 40 000 h. (+ de 20 000 de maintenance) il y eut 10 000 †. *-26-4* ouverture de la conférence de Genève sur la Corée et l'Indoch. *-28-4* « déclaration reconnaissant l'indép. totale du V. et sa souveraineté pleine et entière ». *-7-5* chute de Diên Biên Phu (garnison : 16 200 h.). *-23-6* entretiens Mendès France-Chou En-lai à Berne. *-26-4/21-7 Conf. de Genève :* cessation des hostilités ; le pays est coupé en 2 zones de part et d'autre du 17e parallèle (proche du mur de Dông Hoi construit en 1631 pour séparer les Nguyên des Trinh) ; dans les 300 j les forces fr. se regrouperont au S. ; les Viêt-minh au N. Laos et Cambodge sont neutralisés. Indépendance, unité, souveraineté du V.-N. sont reconnues. Des él. générales sont prévues en 1956 pour unifier les 2 zones (mais ces él. n'eurent pas lieu) ; la R.D.V. s'installe au N. du 17e parall. **1955**-*13-5* troupes fr. évacuent V.-N. N. *-23-10* Bao Dai déposé par référendum (98 % votent contre lui) ; Ngô Dinh Diêm (cathol.) Pt de la Rép. **1956**-*28-4* troupes fr. évacuent définitivement du V.-N. Sud (Saigon). *-26-10* le V.S. se retire de l'Union et adopte une Constitution : aide américaine.

• **Bilan. Forces françaises et vietnamiennes. C.E.F.E.O.** (Corps expéditionnaire français d'Extrême-Orient). *1946 :* 70 000 ; *48 :* 120 000 ; *50 :* 160 000, *51 :* 200 000 [dont (en %), Français 30, légionnaires 10, N.-Africains 17, originaires d'Afr. noire 10, Indochinois 33], + 50 000 supplétifs. 190 000 h. (armée de terre 175 000, aviation 10 000, marine 5 000) dont 69 000 Français. 53 000 autochtones, 30 000 Nord-Africains, 18 000 Noirs, 20 000 légionnaires, secondés par 55 000 supplétifs. Total en *mai 1954 :* 470 000 h. dont 225 000 autochtones (150 000 réguliers et 50 000 supplétifs vietnamiens, 15 000 Laotiens, 10 000 Cambodgiens). 250 avions, de 11 à 20 hélicoptères dont 5 en service en même temps.

Forces viêt-minh (au 1-1-1954) 375 000 (150 000 réguliers, 150 000 miliciens, 75 000 régionaux).

Nota. — De 1945 à 1954 : 20 800 mil. (Français, lég. N.-Africains et Africains) ont été prisonniers du Viêt-minh.

Dépenses militaires [en milliards d'AF (courants)]. *1945 :* 3,2 ; *51 :* 308. **Aide américaine** (en milliards d'AF). *1952 :* 196 (dont 86 en matériel), *53 :* 269 (119), *54 :* 475 (200), soit en 3 ans 940 milliards (dont 405 en matériel et 535 en $). De 1951 à 1954 l'aide amér. a représenté 80 % du coût de la guerre. Les 535 milliards en devises fortes ont constitué un apport important pour la maintenance et la relance de la vie économique fr.

Pertes militaires. Françaises (tués et, entre parenthèses, blessés. *Source :* J.O. 12-1-55). Autochtones réguliers du corps expéditionnaire 27 700 (21 200). Français métropolitains 20 700 (22 000). Autochtones réguliers des armées des États associés 17 600 (12 100). Africains et Nord-Africains 15 200 (13 900). Légionnaires 11 600 (7 200). Environ 8 000 soldats français prisonniers ne furent jamais rendus. **Viêt-minh.** 500 000 tués (?).

Pertes civiles. De 800 000 à 2 millions selon les évaluations.

Guerre du Viêt-nam (4-8-1964 au 27-1-1973)

● **Déroulement 1960**-*20-12* constitution d'un Front national de libération soutenu par le V. Nord et en lutte armée contre le régime de Saigon, surnommé Viêt-cong («communistes vietnamiens»), ayant pour leaders Nguyên Huu Tho (avocat), Huynh Tân Phat (progressiste), Trân Buu Kiêm, Mme Nguyên Thi Binh (communistes), etc. **1961**-*19-10* état d'urgence. *31-3* raids amér. au N. du 20e parallèle arrêtés. *-25-11* reprise des raids. **1963** les bonzes lancent leur campagne contre Diem *-8-5* répression d'une manif. bouddhiste (9 †). Le gouv. accuse les Viêt-congs. *Mai-juin* le Pt et son entourage cath. (surtout son fr. Nhu et sa b.-sœur) persécutent bouddhistes et opposants. *-11-6* le bonze Quang Duc s'immole par le feu. *Juill.* pression amér. sur Diem pour élargir les bases du régime. *Sept.-oct.* préparatifs de complot (Gal Duong-Van-Minh). *-1-11* coup d'État renversant Ngô Dinh Diêm (tué avec son frère Ngô Dinh Nhu le 2-11). **1964**-*30-1* les Gaux Nguyên Khanh et Trân Thiên Khiêm renversent la junte dirigée par le Gal Duong Van Minh. *-2/5-8 incident du golfe du Tonkin* : des membres de l'armée pop. du N.-V. tirent sur 2 destroyers amér. : prétexte pour l'intervention amér. *-4/5-8* début des raids amér. au S. *-26-10* retour du pouvoir civil. *-1-11* dissolution de l'Ass. nat. élue le *27-9-63*. **1965**-*27-1* Gal Nguyên Kanh reprend le pouvoir. *-5-2* début des bomb. quotidiens amér. au N. *-21-2* Gal Trân Van Minh commandant en chef. *-6-3* 1er contingent de marines amér., à Da Nang. *-18-6* 1er raid des bomb. B-52. *-20-6* Directoire mil. Gal Nguyên Van Thiêu (Pt) et Gal Nguyên Cao Ky (PM). **1966**-*29-6* 1er bomb. de dépôts de carburants, à Hanoi et Haiphong. *-11-9* él. de 117 dép. pour une Ass. constituante. **1967**-*3-9* él. législ. *-22-10* él. sénatoriale. **1968**-*20-1* au *8-4* siège de Khé-Sanh, vict. U.S. *-31-1 offensive du Têt* : principales villes investies, mais la pop. ne se rallie pas aux révolut. *-31-3* arrêt des raids amér. au N. du 20e parallèle. *-11-8* reprise. *-25-11* cessation. **1969**-*25-1* ouverture de négociations à Paris. *Juin* Mme Nguyên Thi Binh, min. des Aff. étr. du Gouv. rév. provisoire du F.N.L. *-3-9* mort d'Hô Chi Minh. **1970** *mars* réforme agraire (1 003 325 ha distrib. de 3-70 à 3-73). **1971**-*26-9* él. lég. *-3-10* él. prés. *-26/31-11* bomb. massifs au V. Nord. **1972** *avr.* début de l'offensive des forces armées de libération. *-9-5* les U.S.A. minent le port d'Haiphong. *-18/30-12* raids massifs : 40 000 t de bombes sur Hanoi ; 1 318 †, 1 261 blessés n.-viets. *-30-12* fin des bomb. amér. au N. du 17e parallèle. **1973**-*15-1* cessation de tout bomb. et minage au V.-N. *-27-1 accords de paix de Paris* par les 4 parties [Viêt-nam N., F.N.L. (puis en juin 69 G.R.P.), U.S.A., Saigon], les 4 participants à la conférence de Genève de 1954 (Chine, France, G.-B., U.R.S.S.), les 4 m. de la commission de contrôle : Canada, Hongrie, Indonésie, Pologne en présence du secr. gén. de l'O.N.U. Autodétermination de la pop., réunification sont prévues sous le contrôle de commissions milit. mixtes et d'une commission internat. *-28-1* cessez-le-feu prévu, non respecté. *Févr.* violents accrochages. *-28-3* retrait complet des troupes amér. ; derniers prisonniers amér. relâchés.

● **Bilan. 1°) Forces en présence. Viêt-nam-Sud** : au 15-10-72, **Viêt-nam S.** 1 100 000 h. (dont 520 000 combattants endivisionnés) ; **U.S.A.** 34 000 h. (dont 10 300 de l'U.S. Air Force) [*1961* printemps : 400 conseillers ; fin de l'année : 15 000 ; *63* (fin) : 16 000 ; *64,* 15 juill. : 125 000, déc. : 185 000 ; *66* déc. : 390 000 ; *67* déc. : 510 000 ; *68* déc. : 580 000 ; *69* (déb.) : 549 000 ; *72* févr. : 133 700] ; *Corée du S.* 39 000 h. Le dernier soldat amér. a quitté le Viêt-nam du S. le 28-3-73. Au 1-2-1968 ils avaient 2 900 avions, 2 560 hélicoptères, 850 tanks, 2 590 mortiers, 1 375 canons. Les Américains disposaient de plus du double des forces françaises pour un territoire 6 fois moins étendu, et la supériorité numérique était de 74 % sur l'adversaire (pour les Français, de 31 %). *Australie* 6 500, *Thaïlande* 2 500, *Philippines* 2 000, *N.-Zélande* 400. **Viêt-cong et Viêt-nam Nord : F.N.L. (Viêt-cong)** 80 000 dont 35 000 combattants (?) ; **Viêt-nam N.** 165 000 combattants (?). 65 avions (au N.), 20 tanks ?, 3 000 mortiers, 420 canons.

2°) Pertes. Vietnamiens du Sud. *Militaires* : 200 000 tués et 500 000 blessés (dont, en 1969, 24 000 tués et + de 100 000 blessés et disparus). *Civils* : (de 1965 à avril 1973) 450 000 tués et 1 000 000 blessés, 12 millions de pers. ont été déplacées. Selon les U.S.A., de 1968 à fin 1972 : 48 511 incidents «terroristes» auraient fait dans la pop. civile 24 218 † et 53 468 bl. 37 556 personnes (dont 13 752 en 1972) auraient été enlevées.

U.S.A. *Militaires* : (du 1-1-61 au 27-1-73) 153 329 blessés et 46 572 tués [*1961-62* : 42 ; *63* : 78 ; *64* : 147 ; *65* : 1 369 ; *66* : 5 008 ; *67* : 9 377 ; *68* : 14 589 ; *69* : 19 414 ; *70* : 4 221 ; *71* : 1 381 ; *72* : 300 ; *73* : 219], morts pour d'autres causes 10 390.

Viêt-cong et Viêt-nam-Nord. *Militaires* : 737 000 tués (selon les U.S.A.) dont 157 000 en 1969. *Civils* : (de 1965 à 73) 50 000 tués et 100 000 blessés.

Cambodge. *Militaires* : 10 000 tués et 20 000 blessés, *civils* : 150 000 tués et 300 000 blessés. 8 millions (soit 50 % de la pop.) de réfugiés.

Laos. *Militaires* : 40 000 tués et 80 000 blessés. *Civils* : 50 000 tués et 100 000 blessés. 1 million (soit 1/3 de la pop.) de réfugiés. Le Laos aurait reçu 2,5 millions de t de bombes de mai 1964 à février 1973 (sur la route ravitaillant le Viêt-nam).

3°) Coût de la guerre. *Dépenses des U.S.A.* au V. Sud : 108 milliards de $ (aide écon. non comprise). *Aide de l'U.R.S.S.* au V. Nord : 1,66 milliard, *de la Chine* 0,67 milliard de $.

4°) Dégâts. De 1965 à 1971, 6 300 000 t de bombes ont été déversées sur l'Indochine [V. du N. 600 000, V. du S. 4 000 000, le reste sur la piste Hô Chi Minh (Laos) et au Cambodge], et 7 000 000 t de munitions par bombardements terrestres et navals, presque tous sur le V. du S., qui aurait reçu 1 000 377 t de bombes par an (l'Europe de 1939 à 1945 avait reçu 1 540 000 t). Selon le S.I.P.R.I. (Institut international de recherches sur la paix, Stockholm), 372 000 t de napalm ont été déversées au Viêt-nam entre 1961 et 1972 (14 000 pendant la guerre de 1939-45, 32 000 pendant celle de Corée). 1/3 de la pop. à reloger, 60 % de la pop. s.-v. déplacée, 25 % de Laotiens et Khmers ; plus de centres ind., ni de communications. *Au Sud,* destruction des villages entraînant l'urbanisation forcée de 10 millions de personnes. 10 000 000 ha cult. et 5 000 000 ha de forêts touchés par les bombes ; 1 500 000 buffles et bœufs † ; 9 000 hameaux du S. touchés (sur 15 000).

Réunification

1974 : 151 disputes avec Chine qui revendique les archipels des Hoang Sa (Paracels), Truong Sa (Spratley) [depuis toujours rattachés administrativement au terr. vietnamien]. Combats (2 j). *-6-8* Pt Nixon démissionne, le Congrès amér. supprime les crédits au V.-S. [aide amér. en millions de $: *1972-73* : 1 614 ; *73-74* : 1 026 ; *74-75* : 700 ; l'armée s.-v. qui atteignait 710 000 h. (dont 130 000 déserteurs du N. récupérés en 1973) voit sa puissance de frappe réduite de 60 %]. *-28-8* violente offensive F.N.L. près de Hué. Les Chinois occupent les îles Paracels. **1975** *janv.* Gal Tra (chef des maquisards au S. de 51 à 75) avec l'appui du secrét. gén. du P.C.V. Le Duan, surmontant les hésitations de l'état-major (qui prévoyait la grande offensive pour 1976) ordonne de prendre la prov. de Phuoc-long. *-6/8-1* le G.R.P. (Gouv. révol. prov.) occupe celle-ci. *-9-3* Gal Tra convainc l'état-major d'attaquer Banmethuot (principale ville du S. des Hauts-Plateaux) ; offensive du G.R.P. aidée des forces n.-v. sur les Hauts-Plateaux (Banmethuot, Kontum, Pleiku) qui ouvre la route de Saigon. *-17/22-3* l'armée du V.-S. abandonne Hauts-Plateaux (1/5e du V.-S.), exode massif. *-27-3* Hué prise ; le Gal Ky forme à Saigon un «Comité pour le Salut national». *-29-3 chute de Da Nang. -1-4* abandon de Qui Nhon et de Nha Trang ; plus de 50 % du terr. contrôlés par G.R.P. *-8-4* un pilote s.-v. bombarde le palais présidentiel à Saigon. *-21-4* Pt Thiêu démissionne. 44 nav. U.S. évacuent les Amér. et env. 70 000 V. *-27-4* Gal Minh investi des pleins pouvoirs. Offre de négociations, G.R.P. refuse. *-29-4* évacuation des derniers américains. *-30-4 capitulation, occupation de Saigon* rebaptisée Hô Chi Minh-Ville ; la Ch. cesse son aide mil.

1975 *juin* banque unique (autres banques supprimées). Une partie de la pop. de Saigon regagne les campagnes. À Saigon on comptait, en 1975, 200 000 prostituées, 150 000 drogués, 200 000 policiers. Apparition de maquis. *-15/17-7* les 2 Viêt-nam posent leur candidature à l'O.N.U. *-2-10* veto des U.S.A. *-9-11* réunification des 2 V. décidée : sera précédée par des él. générales et le vote d'une Const. par la nouvelle Ass. *-13/21-11* confér. nat. sur la réunification. **1976**-*21-1* le pouvoir civil remplace milit. *-12/13-2* affrontement à Saigon dans une église : 3 † dont 2 dissidents. *-15-2* démantèlement d'un 2e réseau de dissidents (à Biên-Hoà). *-25-4* él. d'une Ass. nat. par le V.-N. et S. *-2-7 fondation de la Rép. socialiste. Déc.* IVe congrès du P.C.V. Les prochinois sont exclus du Comité central. Troubles à la frontière chin. **1975-77** inflation de 800 %, camps de rééducation. Tentative de mise en culture de terres nouvelles. **1977** opposition bouddhiste. *Avr.* visite du P.M. Pham Van Dong en Fr. **1978** *g. avec Cambodge. -25-3* grandes entreprises privées abolies au V.-S. *Mai* tension avec Chine (expulsion de milliers de Ch.). *-27-6* V.-N. rejoint COMECON. *-3-7* la Ch. interrompt son aide et rappelle ses experts. *-25-8* incidents de frontière (10 Ch. tués). *-17-10* Thich Thien Minh (dirigeant bouddhiste arrêté 13-4) meurt en prison. *Oct.* inondations (500 000 ha). *-3-11* tr. de coop. sov.-v. *-15-12* d'après Pékin il y a eu 1 100 incidents de frontière en 78. **1979**-*7-1 le FUNSK soutenu par l'armée v. entre au Cambodge, prise de Phnom-Penh. -17-2* invasion ch. (600 000 h.) pour contrer l'invasion du Cambodge par le V.-N. *-5/16-3* retrait des troupes ch. (tués ou blessés 50 000 V., 60 000 Ch.).

1980 200 000 soldats v. au Cambodge (voir p. 829). *-23-7* lancement de Soyouz 37 avec un cosmonaute v., Pham-Tuan. **1981**-*26-4* él. législatives. *-7-5* incidents de frontière avec Chine (300 †). **1982** *juill.* le V. construit un mur de 200 km à la frontière camb. pour éviter les infiltrations. **Fin 82** tentative de soulèvement militaire (?). **1983**-*16/17-4* les Chinois bombardent les positions viet. **1984** *déc.* exécution de Tran Van Ba (39 ans, de nationalité fr., non reconnue officiellement à Paris), Le Quoc Quan (43 a.), Ho Thai Bach (58 a.) accusés d'avoir voulu organiser une résistance armée.

Politique

Statut. Rép. socialiste. *Const.* du 18-12-80. *Pt du Conseil d'État* (élu pour 4 a. par l'Ass. nat.) Truong Chinh (n. 1907) dep. 4-7-81. *P.M.* (élu par l'Ass. nat.) Pham Van Dong (1-3-1906) dep. 76 (avant P.M. du V.-N. dep. 20-9-55). *Ass. nat.* 496 m. élus pour 4 a. au suffr. universel. 3 villes, 36 provinces, 1 région spéciale.

Fête nat. : 2 septembre.

Parti communiste du V.-N. f. 1976, 1 727 784 m. *Secr. gén.* Lê Duan (n. 1908) dep. 10-9-60. [Avant P.C. d'Indochine (f. févr. 1930 par Hô Chi Minh à Hong Kong), puis P. des travailleurs du V.-N.] *Comité central* 117 m. *Politburo* 14 m. **Camps de rééducation.** Créés en 1975. Selon Amnesty International, *de 1975 à 1982* : 40 000 personnes y sont passées et 10 000 à 15 000 y restent détenues. En févr. 83, env. 100 000 prisonniers pol. *En 85* (16-3) : selon le V.-N. 7 000 détenus en rééducation.

Économie

P.N.B. (83) 101 $ par h. **Pop. active** (% et entre par. part du P.N.B. en %) agr. 70 (45), mines 2 (5), ind. 8 (25), services 20 (25). **Inflation** (%). *1980* : 30 ; *81* : 50 ; *84* : 100 ; *85* : 400. **Dette extérieure** (milliards de $, 83). 6. **Aide extérieure.** Très importante jusqu'en 79 (invasion du Cambodge). Aide de l'U.R.S.S. (82) estimée à 10 à 15 % du P.N.B. Pour rembourser ses dettes, le V.-N. envoie des travailleurs dans les pays de l'Est (env. 150 000 dont 32 000 sur le chantier du gazoduc sibérien), colis de l'étranger.

Agriculture. *Terres* (milliers d'ha, 81) arables 5 650, cult. 465, pâturages 4 870, forêts 10 280, eaux 420, divers 11 271. *Production* (milliers de t, 82) riz 18 200 (85) insuffisante, manioc 2 700, canne à sucre 4 600, maïs 420, patates douces 1 700, fruits 3 083, légumes 2 839, thé, hévéa. **Aide céréalière** (millions de t). *1979* : 3 ; *80* : 2,5 ; *81* : 1,5. **Élevage** (milliers de têtes, 83). Bovins 2 000, buffles 2 390, porcs 10 785, poulets 50 000, canards 27 000, chèvres 200, chevaux 140. **Pêche** (83). 710 000 t.

Ration théorique. 13,5 kg de féculents dont 1 kg de riz par mois et par pers. ; en réalité pénurie alimentaire.

Énergie. Charbon : *prod. 82* : 6 100 000 t, *réserves* plusieurs milliards de t. **Pétrole et gaz** (en mer). **Électricité** : 3,47 milliards de $. **Mines** : phosphates (500 000 t en 82), sel, tourbe, fer, chrome, étain, titane, cuivre, plomb, zinc, manganèse, or, mercure, uranium, thorium, bauxite.

Transports. (80) voies ferrées 3 216 km, routes carrossables 347 243 km, v. fluviales 10 783 km, v. maritimes 2 700 km, env. 30 aérodromes. Le Transvietnamien relie Hanoi à Hô Chi Minh-Ville.

Commerce *Exportations* 430 (millions de $ U.S., 82) *dont* broderies et artisanat, objets en jonc et en bambou, bois de charpente 60 000 m³, fruits 34 000 t *vers* U.R.S.S., Japon, Singapour, Hong Kong. *Importations* 838 (millions de $ U.S., 82) dont blé et farine de blé 127 000 t, engrais chim. 956 000 t, laine 142 t, mach. agricoles, pneus 142 000 paires *de* U.R.S.S., Japon, Australie, Hong Kong, France, Suède.

Rang dans le monde (83). 7e riz. 11e bananes. 12e porcins. 18e bois, pêche.

WALLIS ET FUTUNA (îles)

Carte v. page de garde. V. légende p. 787.

Situation. *Pacifique Sud.* 274 km². A 2 100 km au N.-E. de la N.-Calédonie, 4 600 km de Papeete, 4 800 km d'Honolulu, 19 000 km de Paris. *Liaisons :* maritime mensuelle de Nouméa, aérienne 1 fois par semaine avec Nouméa via Nandi (Fidji), et 3 entre Wallis et Futuna. **Climat.** Chaud et humide, *temp. moy.* 26,6 °C. Hygrométrie 80 %. *Pluies* 2 500 à 3 000 mm par an. Zone de formation de cyclones. **Flore.** Fougères arborescentes, manguiers, cocotiers, pandanus, arbres à pain, bananiers, citronniers, orangers, tarot, manioc, tubercules, ananas, ignames. **Faune.** Terrestre peu diversifiée, perruches, martins-pêcheurs, pigeons, râles, roussettes.

Population. 12 408 h. dont Wallis 8 084 et Futuna 4 324. Polynésiens (83). *Émigration* en N.-Calédonie et à Vanuatu : env. 11 000. D. 45. *Taux de croissance* 4 %. *Chef-lieu : Mata-Utu* (sur Uvéa) 813 h. **Religion.** Catholique à 100 % (évêché à Lano).

2 archipels. Wallis : *Uvéa* (159 km², île volcanique, 96 km², alt. max. mont Lulu 142 m, 80 % ne dépassent pas 40 m d'alt., lacs de cratères dont le + grand est le lac Lalo-Lalo, pas de cours d'eau) ; 22 îlots d'origine volcanique ou madréporique situés sur le récif ou dans le lagon ; *récif corallien* à 304 km du rivage, 1 seule passe Honikulu au sud, 3 passes accessibles aux pirogues. **Futuna :** à 200 km de Wallis, appelée aussi îles de Horn, 115 km². Plusieurs îles dont *Futuna* (64 km², île volcanique, alt. max. Mt Puke 850 m, côte escarpée, plaine côtière de 100 à 200 m, nombreuses sources) et *Alofi* (51 km² au S.-E., à 2 km, montagneuse, alt. max. Mt Bougainville 400 m, côte N. récifs, côte S. abrupte).

Histoire. XIIe siècle. Colonisation de Wallis par hab. de Tonga. **1616** les Hollandais Lemaire et G. Schouten découvrent Futuna et Alofi qu'ils appellent îles de Horn. **1767** l'Anglais Samuel Wallis découvre Wallis. **1837** arrivée des pères maristes, 1res missions, érigent une théocratie (le père Chanel martyrisé en 1841 sera canonisé en 1964). **1887** protectorat fr. à Wallis. **1888** à Futuna. **1887**-*27-11* rattaché au gouv. de N.-Calédonie. **1909** *juin* décret organisant l'administration française. **1942-46** occupation amér. **1959**-*22-12* référendum pour statut de T.O.M. : 94,12 % de oui. **1961**-*29-7* érigé en T.O.M.

Statut. Territoire d'Outre-Mer français. *Administrateur supérieur* Bernard Lesterlin dep. déc. 85. *Conseil territorial,* consultatif, 6 m. [3 de droit (*Pt* roi de Wallis, *Vice-Pt* 2 rois de Futuna) et 3 nommés par l'administrateur sup.]. *Ass. territoriale* 20 m. élus pour 5 a. au suffrage univ. à la proportionnelle (élections du 21-3-1982 : RPR 12, UDF 7, PS 1), *Pt* Petelo Takatai. *1 député* Benjamin Brial, *1 sénateur* Sosefo Makapé Papillo. *1 cons. écon. et social* Gaston Lutui.

Administration. 3 circonscriptions (Uvéa, Alo, Sigave) dont les limites recouvrent celles des royaumes. **Organisation coutumière. 3 royaumes : Uvéa :** sur Wallis ; roi Lavelua élu par les familles royales (société divisée en roturiers, familles nobles ou aliki et familles royales) ; 3 districts (Hihifo, Hahake et Mua) dirigés par des *faipules* (chefs de district) ; districts divisés en 20 villages dirigés par des chefs de village. **Sigave :** sur Futuna ; roi Muni Lagikula ; 6 villages. **Alo :** sur Futuna ; comprend l'île d'Alofi ; roi Petelo Fakatanlavelua ; 6 villages ; les rois de Sigave et d'Alo ont 5 ministres, des chefs de village, un chef de cérémonie, un chef de la police.

Économie. P.N.B. (82) 8 500 F par h. **Agriculture.** 80 % de la pop. active. 25 % des terres cult. *Production* (milliers de t, est. 81) bananes 4,3, fruits de l'arbre à pain 4,4, taro 1,7, kapé 1, manioc 2,4, ignames 0,5, ananas, mangues, noix de coco (2 500 000 unités), trocat (1,5 t). **Élevage.** Porcs 20 000, chevaux 75, bovins 50, volailles 32 000. **Pêche.** Accord avec Japon et Corée pour la pêche dans la zone des 200 milles. Barracudas, carangues, tazards, langoustes thonidés. *1983 :* 21 millions de F. **Aide** (82) : 55 millions de F. Salaires des émigrés.

Commerce (millions de F. CFP, 83). *Exportations* 0,15 *dont* trocat 1,5 t. *Importations* 951 *dont* (t) farine 450, sucre 279, viande 245, riz 203.

YÉMEN (NORD)

(République arabe du Yémen)

Carte page 809. V. légende p. 787.

Nom. Yémen signifie la « droite » car le pays est situé à la droite de la « Kaaba », pierre noire sacrée de La Mecque.

Situation. Asie (Moyen-Orient). 200 000 km². *Alt. max. :* Djebel Nabi Shuayb 3 760 m (point culminant de la péninsule arabique). *Régions :* en bordure de la mer Rouge, plaine côtière, la Tihama ; moyens plateaux ; hauts plateaux au centre (basalte, granite, gneiss) ; zones volcaniques au centre et au N.-O. de Sanaa (dernière coulée connue 1256). **Climat** tempéré au centre, désertique sur la Tihama et sur les plateaux de l'E. *Saisons :* petite s. des pluies mars-avr., pluies importantes de juin à sept. (Taiz 610 mm en moy. par an, Ibb 1 000, Sanaa 300, Tihama 100 à 200). *Temp. max.* et *min. :* Sanaa 28 °C, − 5 °C ; Taiz 32 °C, 15 °C ; Tihama (moy. an.) été 32 °C, hiver 23 °C.

Population. 6 660 000 h. (84). D. 33,3. 87 % d'analphabètes. *Émigration* (80) 1 500 000 (1 040 000 en A. Saoudite). Travailleurs étrangers 80 000 (dont 25 000 instituteurs et prof. égyptiens, 3 000 occidentaux, 3 000 Chinois). **Villes** (81). *Sanaa* (2 200 m d'alt.) 350 000 h. (83), Taiz 119 572 (à 250 km), Hodeidah 126 386 (à 226 km), Dhamar 39 195, Ibb 34 289 (à 150 km). **Langue.** Arabe *(off.).* **Religions.** Musulmans zaïdites (50 % dans le N.) et chaféites (50 % dans le S.).

Histoire. Du XVe s. au IIe s. av. J.-C. 5 roy. : Maïn, Saba, Qataban, Aoussane, Hadramut. **V. 100 av. J.-C.** fusionne avec les Himyarites, de religion judaïque. **120 apr. J.-C.** 1re rupture du barrage de Mareb. **IVe s. apr. J.-C.** occupation éthiopienne. Pénétration du christianisme et du judaïsme. **525 à 575** domination abyssine. **575 à 628** occupation sassanide. **628** islamisation. **893** dynastie zaïdite constituée à Saadah. **1173** invasion du Y. par les troupes de Saladin. **1232-1454** dynastie des Banî Rassul. **1515-29** conquête du Y. par les Égyptiens. **1538-1630** occupation turque. **1630** indépendance. **1849-1918** occupation turque. **1904** l'imam Yahya se révolte contre l'occupant turc. **1911** *tr. de Daan :* la Turquie reconnaît *l'indép. du Y.* **1934** cession de la prov. d'Assir (env. 80 000 km²) à l'A. Saoudite. **1945** adhère à la Ligue arabe. **1947** membre de l'O.N.U. **1948** *févr.* imam Yahya assassiné ; règne de l'imam Ahmad qui lui succède. **1949** 50 000 Juifs partent pour Israël. **1958**-*8-2* s'associe à la R.A.U. : « États-Unis arabes », union dissoute le 26-12-61. **1962**-*26-9 proclamation de la Rép.* L'imam Mansour déposé (chef religieux zaïdite et temporel), soutenu par l'A. Saoudite, entretient une lutte armée contre les rép. soutenus par 70 000 Égyp. **1965**-*24-8* accord, Ég. et Arabie retirent leur concours (août 1967). **1967**-*5-11* Pt Sallal (zaïdite) renversé ; Conseil nat. rép. présidé par Abdel Rahman El Iriani (chaféite) ; le G^al Al-Amri PM. **1970** *mars* fin de la g. civile. **1971** *sept.* Al-Amri exilé. **1972** *renvoi des experts russes* (avant, jusqu'à 2 000 Chinois et 1 000 russes). *Juill. reprise relations dipl. avec U.S.A.* et aide écon. amér. De 150 000 à 300 000 réfugiés du S. au N., regroupés pour former Front national uni du S.-Y. (Pt Mekkaoui, anticommuniste). *Sept.* combats entre les 2 Y. *-28-11* accord sur fusion du N. et S. **1973**-*30-5* Cheikh Osman assassiné, lutte contre des révolut. **1974**-*13-6* coup d'État mil. pro-saoudien. Cadi Abdel Rahman El Iriani renversé, remplacé par lieut.-col. Ibrahim Al Hamdi. Const. suspendue, parti unique dissous (Union yém.). *Juill.* Mohsen El Aïni PM. **1975**-*16-1* démis. *-25-1* nouveau gouv. *-22-10* Conseil consultatif et Ass. nationale dissous. **1977**-*11-10* Lt-col. Ibrahim Al Hamdi (n. v. 1940), chef de l'État dep. 13-6-74, assassiné.**1978**-*24-6* Pt Ahmed Hussein al-Ghachemi tué (mallette piégée). *Oct.* tentative de coup d'État. **1979** *févr.* g. avec Y. du S. *-4-3* cessez-le-feu, retrait des troupes du Y. du S. *-7-3* reprise des combats. *-9-3* U.S.A. accorde 300 millions de $ de matériel mil. *-21-3* retrait des troupes. *Avr.* plan de réunification avec Y. du S. **1980** *aide mil. soviét.* **1981** *août* exécution de 12 officiers qui auraient tenté un coup d'État. **1982**-*3-4 :* 5e cessez-le-feu dep. 1981. *Mai* le F.N.D. renonce à l'action armée. *-13-12* séisme dans région de Dhamar (3 000 †, 400 000 à 500 000 sans-abris).

Statut. Rép. islamique. *Const.* provisoire du 19-6-74. *Pt de la Rép., secrét. gén. du congrès gén. pop., Cdt en chef des forces armées* col. Ali Abdallah Saleh (n. 1942) dep. 17-7-78. *PM* Abdulaziz Abdulghani dep. 12-11-83. *Conseil consultatif* 20 m. *Congrès général du peuple* 1 000 m. dont 700 élus en août 82. *Partis* interdits. **Fête nat.** 26 sept. (chute de l'imanat).

Économie

P.N.B. (83) 510 $ par h. **Pop. active** (%, entre parenthèses part du P.N.B. en %) agr. 70 (26), ind. 12 (17), services 18 (57). **Inflation** (est. 85). 55 %. **Transfert des salaires des travailleurs émigrés** dans les pays du Golfe (82) 1,12 milliard de $. **Aide** (Arabie Saoudite). 3,1 milliards de F (82). **Dette extérieure** (85). 6 milliards de $ US dont 40 % à U.R.S.S., 34,5 % aux pays du golfe.

Agriculture. *Terres cult.* 14 % (dont 68 % en sorgho). *Production* (milliers de t, 83) sorgho 248, p. de terre 140, légumes 285, maïs 32, légumineuses 15, orge 10, blé 27, café 4 (moka), coton 5, raisin, tabac, gât (plante narcotique). **Élevage** (milliers de têtes, 83). Chèvres 7 500, moutons 3 150, ânes 740, volailles 4 000, bovins 950, chameaux 108. **Pêche** (83). 12 200 t.

Mines (recherches en cours, non exploitées). Nickel, fer, cobalt, pétrole (potentiel 20 millions t/an), marbre, zinc, cuivre. Sel. **Industrie.** Peu développée à cause du manque de main-d'œuvre dû à l'émigration, du manque d'investissements, et du fait que les Yéménites sont + commerçants qu'industriels. Prod. alim., prod. chim., électricité, textile, ciment. **Transports** (km, 82). Routes 2 031, pistes 13 500. **Tourisme** (82). 45 708 vis.

Commerce (millions de rials, 82). **Exp.** 0,01 *dont* coton, peaux. **Imp.** 1,77 *dont* prod. alim., équip. transp., prod. man. de Japon, Arabie S., France, All. féd., Italie, Singapour, Chine. Contrebande avec Arabie S. env. 1 milliard de $ an.

Rang dans le monde (80). 13e ânes. 14e caprins.

YÉMEN (SUD)

(Rép. démocratique populaire du Yémen)

Carte p. 809. V. légende p. 787.

Situation. Asie. 336 869 km². 6 gouvernorats. Le 1er comprend Aden et sa périphérie, plus les îles du pays (Socotra, Abd-Al-Kuri et Périm). Les autres se succèdent d'ouest en est. *Côtes :* 1 200 km (de Ras-Murad à l'Oman). *Alt. max. :* 2 000 m. Plateau granitique et volcanique s'élevant d'E. en O. ; plaine côtière étroite au S. et à l'O. ; vallée intérieure (Wadi Hadramaout). **Climat.** Chaud, aride sur la côte, plus frais à l'intérieur et en alt. *Températures moyennes* à Aden : janv. 22 à 29 °C, juin 29 à 36 °C, chaud et humide mai-oct. (max. 41 °C).

Population (est. 84). 2 230 000 h. Yéménites (75 %), faibles communautés somal. (8 %), ind. (11 %), pakist. D. 6,6. **Villes.** *Aden* 343 000 (est. 80 y compris Mansourah et Sheik Othman). Mukalla 100 000, Seiyun. *Émigration :* + de 2 millions (Indonésie, Koweit, Arabie Saoudite, Yémen du N., Éthiopie, Somalie, G.-B., U.S.A.). Avant 1986 il y avait entre 4 000 et 5 000 conseillers civils et mil. sov. et env. 2 000 Cubains et All. de l'E. **Langues.** Arabe *(off.),* + 6 langues sud-arabiques dont Mehri (6e gouvernorat) et Soqotri (île de Socotra). **Religions.** Musulmans chaféites (91 %), chrétiens (4 %), hindous (3,5 %).

Histoire. On distinguait la *colonie d'Aden* annexée le *19-1*-**1839** par l'Angl. (194 km², plus dépendances : île de *Périm* 13 km², occupée en **1857**, île de *Kamaran* 22 km², prise aux Turcs **1915**, îles de *Kouria* et *Mouria* 28 km²), le *protectorat d'Aden* (287 490 km²) divisé en pr. or. et pr. occid. (dont 6 émirats furent en **1959** le noyau de la *Féd. des émirats ar. du S.,* qui devint la *Féd. d'Ar. du S.* le *4-4*-**62**). Les *17 États* (Lahej, Aqrabi, Aden, Haushabi, Alawi, Dalha, Muflahi, Shaïb, Ht-Yafa, Bas-Yafa, Fadhli, Audhali, Dathina, Beihan, Haut-Aulaqi, Bas-Aulaqi, Wahidi) formant la Féd. d'Ar. du S. (58 016 km², 820 000 h.) ont fusionné avec les *3 États* [État Qu'aiti de Shihr et Mulkalla, État Kathiri de Sai'un et le sultanat Mahri de Qishn et Socotra (3 625 km², 6 000 h.)] qui formaient le pr. d'Aden or. (229 667 km², 326 000 h.). **1963** insurrection contre la présence brit. **1967**-*30-11 indépendance.* **1969**-*22-6* Pt Qahtan as-Shaabi (n. 1921), Pt dep. 30-11-67, remplacé par un *Conseil de la Présidence de la Rép.* de 5 m. **1978**-*27-6* Salem Rubayya Ali (Pt du Conseil dep. *22-6*-**69**) exécuté, remplacé par Abdel Fatah Ismaïl. **1979** *févr.* g. avec Y. du N. *Avr.* plan de réunification avec Y. du N. **1981**-*16-2* tir de 2 roquettes contre l'ambassade y. à Paris. **1982** *mars* inondations, 482 †, 1 milliard de $ de dégâts. **1985** 3e congrès du PC. **1986**-*13-1* coup d'État. *-24-1* Pt Ali Nasser Mohamed. *-16/24-1 :* 6 832 étrangers évacués par mer. *-25-1* rébellion des partisans du Pt déchu. *Févr.* g. civile env. 13 000 † dont ancien Pt Abdel Fattah Isurail (1978-80).

Statut. Rép. démocr. et pop. dep. 30-11-70. *Const.* promulguée le 30-12-70. *Pt du Conseil présidentiel* Haydar Abou Bakr El Attas dep. 8-2-86. *PM* Yassine Said Noomane dep. 8-2-86. *Conseil suprême du peuple* (provisoire) 120 m. représentant les 20 émirats soumis autrefois à la G.-B. *6 gouvernorats.* **Fêtes nat.** 14 oct. (1963 : 1re étincelle de la Révol.) et 30 nov. (indép.). A l'indépendance, le N.L.F. (Front nat. de lib., f. 28-7-63) l'a emporté sur le FLOSY (Front de la lib. du Sud-Yémen occupé, f. mai 1966) et s'est mué en *Parti socialiste yém.* (marxiste-léniniste) f. oct. 78.

Économie

P.N.B. (84) 500 $ par h. **Pop. active** (%, entre parenthèses part du P.N.B. en %) agr. 43 (13), ind. 22 (27), services 35 (60). **Aide** (83). 42,3 millions de $ (*80 :* 26 % du P.N.B.). **Base navale** utilisée par l'U.R.S.S. ; officiellement, « facilités portuaires ». **Transfert des salaires des émigrés dans le Golfe** (83) 440,4 millions de $.

Agriculture. *Terres cult.* 0,8 % des t., soit env. 1 000 km² (cultivables env. 2 000 km²). Uniquement les oasis et le fond des vallées. *Production* (milliers de t, 83) millet 80, blé 15, coton 10, sésame 4, orge 2, café. **Élevage** (milliers de têtes, 83). Chèvres 1 350, moutons 1 000, ânes 170, bovins 120, chameaux 100. **Pêche.** (83) 74 200 t.

Mines. Sel. **Industrie.** Raffineries de pétrole à Aden, conserveries de poisson.

Commerce (millions de $ U.S., 83). **Exportations** 40,2 *dont* prod. pétroliers, prod. alim., coton *vers* (82) France 180, G.-B. 42, Italie 20, All. féd. 20, Japon 16. **Importations** 768,1 *dont* pétrole 165, équip. de transp., prod. alim. *de* (82) Japon 98, U.S.A. 67, Italie 61, Australie 42, P.-Bas 39.

YOUGOSLAVIE

V. légende p. 787.

Nom. Apparaît au XIXᵉ s., calqué sur le mot *südslawisch* (slave du S.) créé par les linguistes pour les pop. des Alpes à la mer Noire.

Situation. Europe. 255 804 km². *Frontières :* 2 969 km dont Hongrie 623, Roumanie 557, Bulgarie 536, Albanie 465, Autriche 324, Grèce 262, Italie 202. *Relief :* 70 % du territoire dépasse 200 m d'alt. Montagnes au S. de la Save et du Danube, au N.-O. au S.-E. *Alt. max.* Mt Triglav 2 864 m. Plaines au N. en bordure du Danube, de la Drave, de la Save et de la Tisza. Chaîne dinarique le long de l'Adriatique. *Côtes :* 2 092 km (610 km à vol d'oiseau). 1 269 *îles :* Krk 409,9 km², Cres 404,3 km², Brac 394,6 km², Hvar 299,7 km², Pag 284,6 km², Korcula 276 km². *Lacs* 300 dont 6 ont plus de 10 km² de sup. *Cours d'eau* 1 850 de plus de 10 km de long représentant 118 000 km (3 bassins : Adriatique 20 %, mer Égée 10 %, mer Noire 70 %). Danube : 588 km en Youg. (sur 2 857 km), navigable sur toute sa longueur. Save : 945 km, la plus longue rivière de Y., affluent le plus important du Danube, nav. sur 583 km. **Climat** méditerranéen, continental et montagneux.

Population. 23 236 000 h. (est. 85). D. 90,8. En 1981, Serbes 36,3 %, Croates 19,7 %, Musulmans 8,9 %, Slovènes 7,8 %, Albanais 7,7 %, Macédoniens 6,0 %, Monténégrins 2,5 %, Hongrois 1,9 %. Autres ethnies (Turcs, Roms, Valaques, Ruthènes, Ukrainiens, Slovaques, Bulgares, Roumains, Tchèques, Italiens) moins de 1 % chacune. 2 919 réfugiés des pays de l'Est en Y. en 83 dont 1 830 Roumains. Se sont déclarés Yougoslaves 5,4 %. **Pop. urb.** (81) 46,5 %. **Villes** (81) : *Belgrade* 1 087 915, Zagreb 649 586 (à 382 km), Skopje 408 143 (436 km), Sarajevo 319 017 (318 km), Ljubljana 224 817 (522 km), Novi Sad 170 020 (74 km), Split 169 322 (605 km), Rijeka 159 433 (571 km), Titograd 132 290 (450 km), Priština 108 083 (358 km).

Yougoslaves trav. à l'étranger (81). 625 069 (+ 249 899 femmes et enfants) dont 24 % de Croatie, 22 % de Bosnie-Herzégovine, 9 % de Macédoine et 36,5 % de Serbie. En All. 413 503, Autriche 82 957, Australie 40 168, *France* 36 982. Une loi exonère partiellement ou totalement d'impôts et de droits de douane ceux qui rentrent avec machines ou outils pour installer un atelier, un café ou un restaurant.

Émigration yougoslave aux XIXᵉ et XXᵉ s. 1 500 000 émigrés y. vivent dep. 1945 à l'étranger, dont **Amér. du N.** 1 050 000, **Amér. centrale** 15 000, **Amér. du S.** 260 000, **Australie-N.-Zélande** 30 000, **Asie** 20 000, **Afrique** 9 000, **Europe** 200 000. Ils proviennent de Croatie 840 000, Slovénie 350 000, Serbie et Vojvodine 160 000, Bosnie-Herzégovine 50 000, Macédoine 40 000, Monténégro 30 000.

Langues. Toutes égales dans la Constitution. Serbo-croate (la + répandue), slovène et macédonien sont à égalité. Except. la langue de l'armée de commandement et d'instruction militaire est le serbo-croate.

Religions (est.). Orthodoxes 8 000 000, 36 % (150 à 200 monastères) ; catholiques 29 %, 6 500 000 ; musulmans 14 %, 3 000 000 (env. 2 000 mosquées) ; protestants 1 %. Athées 4 500 000, 20 %. La Constitution garantit le libre exercice des cultes.

Histoire

Illyrie. Xᵉ s. av. J.-C. habité par Illyriens (région Dinarique), Pannoniens (région Danubienne). **VIIᵉ s.** relations avec monde grec. **IVᵉ s.** début de colonisation de l'Adriatique par Grecs. **XIIᵉ-IVᵉ s. av. J.-C.** formation de plusieurs roy. illyriens. **385** le roi ill. *Bardylis unifie le pays.* **IIIᵉ s.** les corsaires ill. font la g. de course contre les navires romains dans l'Adriatique. **219** conquête de l'Ill. par Rome. **168** organisation de la 1ʳᵉ province ill. **35 av. J.-C.** *prov. romaine* (la langue ill. disparaît, sauf en Albanie). **284 apr. J.-C.** coupée en 2 : Ill. occid. (dep. de Rome) à l'O. de la Drina ; Ill. or. (dépendant de Salonique, puis **après 330** de Constantinople) à l'E. de la Drina. **VIᵉ s. et VIIᵉ s.** invasion des Slaves et des Avars, puis Serbes et Croates ; ils adoptent l'alphabet latin à l'O., l'alphabet glacolique puis cyrillique à l'E. (V. Hist. des républiques). **Yougoslavie. 1918**-*29-10 indép.* des terr. slovènes, croates et serbes de l'Autriche-Hongrie ; *-1-12* incluse dans le *roy. des Serbes, Croates et Slovènes* (les Monténégrins étant assimilés à des Serbes, ce que certains n'admettent pas) ; l'élément serbe est politiquement dominant (95 % des hauts fonctionnaires) ; *-1-12* proclamation officielle. **1919**-*25-2* réforme agraire. **1920-21** *Petite Entente* avec Tchéc. et Roumanie contre Hongrie (qui voulait la révision des tr. de Trianon et St-Germain). **1927** tr. avec France. **1928**-*8-8* Stjepan Raditch (n. 1871) victime d'un attentat au Parlement. **1929** un député de Zagreb, *Ante Pavelitch* (1889-1956), anime à l'étranger l'*Oustacha*, organisation terroriste qui lutte contre l'unification de la Y. et assassinera le roi Alexandre de Y. à Marseille (9-10-34). *-6-1* Constit. suspendue, gouvernement autoritaire. *-3-10* adoption du nom Y. **1934** tr. commerce avec All. Entente avec Grèce, Roumanie, Turquie. *-9-10* régence du Pᶜᵉ Paul (1893-1976). **1937** *mars* entente avec Bulg. et Italie. **1941**-*25-3* le gouvernement, sous la menace, traite avec Hitler, mais est renversé 2 j après et le roi Pierre prend le pouvoir. Pᶜᵉ Paul destitué. *-6-4 Y. envahie par All., Ital., Hongr., Bulg. -17-4* capitulation, gouv. et roi s'exilent à Londres ; Y. est démembrée. *-7-7* soulèvement en Serbie. *-13-7* Monténégro. *-21-7* Slovénie. *-26-7* Croatie. *-27-7* Bosnie-H. *-11-10* Macédoine. *-10-4* création d'un État croate libre (satellite de l'All. et de l'It.) qui annexe Bosnie, Herzégovine, Srijem et donne la Dalmatie à l'It. [Ante Pavelitch († 28-12-1959 en Espagne), revenu d'Italie, en est le chef (poglavnik) avec les Oustachis]. Massacres de Serbes en Croatie. Le duc de Spolète, neveu du roi Victor-Em. d'Italie, est choisi comme roi, mais ne vient pas. Rivalités de 2 groupes résistants : Tito (com.) et le Gᵃˡ Draja Mihailovic (nommé le 9-1-42 par le gouv. royal y. en exil) avec ses tchetniks (bandes : qui concluent parfois des accords locaux avec All. et Ital. contre les communistes).

1942-*26/27-11* création de l'AVNOJ (Conseil antifasciste de lib. nat. de la Y.). **1943**-*29-11* 2ᵉ session de l'AVNOJ qui transforme le comité nat. en gouv. prov. dirigé par Tito (malgré l'opposition de Staline), décide que le nouv. État sera édifié sur une base fédérative et abolit la monarchie. **1944**-*28-11/-1-12* conf. de Téhéran, reconnaissance de l'armée de lib. nat. y. comme armée alliée, arrêt du soutien aux royalistes et à Mihailovic. **1945**-*7-3 gouv. de Tito reconnu par les Alliés.* [La g. a fait 1 700 000 tués dont env. 50 % dans des luttes fratricides. En 1941, il y avait 80 000 partisans, 1944, 800 000. Ils tuèrent env. 450 000 ennemis ; plus de 300 villages de 300 à 7 000 h. furent rasés et leurs h. fusillés ; l'épuration (1945-50) a fait 300 000 victimes croates (dont 1 000 prêtres cathol.), 70 000 Allem., 12 000 Slovènes, 6 000 Monténégrins, 3 000 Serbes.] *Juill.* exécution de nombreux chefs de Tchetniks dont D. Mihailovic. *-29-11 référendum pour la Rép.* et contre la royauté. **1947**-10-3 *tr. de Paris,* l'Ital. cède à la Y. l'Istrie (presque entière), Zadar (Zara) et l'île de Lastovo (Lagosta). **1948** *rupture avec Moscou,* la Y. est expulsée du Kominform. **1950** début de l'autogestion. **1953** Tito reçu à Londres. **1954**-*5-10* après agrément entre Y., Ital., U.S.A. et G.-B., la Y. reçoit la zone B (525 km² au sud de la ville) du terr. de Trieste (73 500 h.) qu'elle administrait dep. 1945. La zone a été divisée entre Slovénie et Croatie. **1955** *Boulganine et Khrouchtchev à Belgrade.* **1956** *juin, Tito à Moscou* (1ʳᵉ visite dep. 1948). **1968** mouvements étudiants dans universités, la Y. condamne l'intervention sov. en Tchéc. **1971** lutte contre centralisme, se transforme en mouvements nationalistes surtout en Croatie. *-12-12* démission des dirigeants de la Ligue com. croate opposée au centralisme. **1972** *oct.* campagne d'épuration idéologique. Démission de la ligue des communistes serbes (tendances libéralistes). **1974**-*22-9 :* 32 m. d'un groupe « kominformiste » pro-sov. condamnés à la prison. **1975** (4ᵉ) condamnation de l'écrivain M. Mihajlov (à 7 ans de prison). 200 arrestations (nationalistes, irrédentistes, staliniens ou « kominformistes »). **1976**-*12-1* reprise des livraisons d'armes U.S. (arrêtées dep. 15 ans). *Févr.* procès à huis clos de Dusan Brkitch (ex-vice-Pt du gouv. de Croatie) et de 3 personnes accusées de « kominformisme ». *-7-2* vice-consul y. assassiné à Francfort. *Mars* procès contre une trentaine de « kominformistes » (il y a env. 4 000 Youg. « kom » en U.R.S.S.). *-28-8* Yvan Tuksor (secr. de l'Union fédéraliste croate) abattu à Nice. *-14-9* détournement d'un Boeing 727 de la TWA sur la ligne New York-Chicago par un commando de nationalistes croates. *6/7-12 visite du Pt Giscard d'Estaing.* **1977**-*21-1* Djemal Bjeditch (n. 1917), chef du gouv. fédéral, tué (accident d'avion). **1978** le fisc surveille le sect. privé. **1979**-*10-2* mort d'Edvard Kardelj (n. 1910), « dauphin » de Tito. *Avr.* tremblement de terre, 200 †, 80 000 sans-abris.

1980-*4-5 Tito meurt ; -5/15-5* intérim de Lazare Kolichevski (n. 1914). *Juin* dinar dévalué de 30 %. *-24/25-6* visite de Carter. **1981** intervention du F.M.I.-*25-2* accord écon. avec C.E.E. *-11-3/4-4* émeutes au Kosovo (prov. aut. serbe) : les irrédentistes albanais veulent devenir une 7e rép. dans la fédération (puis se rattache à l'Albanie), 9 † dont 8 étudiants et 1 milicien, 257 bl., 660 condamnations. **1982**-*1/2-4* émeutes à Pristina (Kossovo). *-16-6* une femme, Milka Planinc (n. 1925) PM. *-26/29-6* 2e congrès de la Ligue des communistes. *Oct.* dinar dévalué de 20 % ; plan de stabilisation à long terme du F.M.I. **1984** *févr.* Jeux olymp. d'hiver à Sarajevo.

☞ De 1980 à 1983, 2 200 arrestations pour délits politiques recensés par Amnesty (+ de 500 par an).

Statut. Rép. socialiste fédérative comprenant 6 rép. soc. et 2 prov. soc. dans le cadre de la Rép. de Serbie. *Const.* du 21-2-74 révisée le 9-6-81. PRINCIPES : socialisme, démocratie, travail librement associé et autogestion. Représentation par des délégations (et non des délégués). *Assemblée youg. : Conseil fédéral* (220 délégués, élus pour 4 a., 30 par rép. et 20 par province ; définit la politique int. et ext., adopte les lois, le budget...). *Conseil des rép. et des provinces* (88 délégués, élus pour 4 a., 12 par rép., 8 par prov. ; adopte le plan social, s'occupe de l'économie, des finances...). *Présidence de la République*, collégiale, 8 m. représentant les rép. ou prov. élus pour 5 a. Pt du praesidium de la L.C.Y. (Ligue des communistes de Y.) de par sa fonction membre de la présidence (élu pour 1 a. parmi les 8). *Vice-Pt de la Prés.* élu pour 1 a. parmi les 8, devient Pt intérimaire en cas de mort du Pt. *Conseil exécutif fédéral* élu pour 4 a. par les 2 conseils de l'Ass. dont il est l'organe exécutif. Tous les moyens de prod., les mines et autres richesses sont propriété sociale. Seule exception, les prop. agricoles individuelles (10 ha de t. arable max. sauf en montagne) et ateliers d'artisanat privés. Chaque citoyen peut être propriétaire d'un appartement ou immeuble d'habitation jusqu'à la limite qui empêche l'exploitation d'autrui. Droit de vote à 18 ans. *Pt de la présidence collective* Sinan Hasani du 15-5-86 au 15-5-87. *Pt du conseil exécutif* (PM) Branko Mikulic (n. 1928) dep. 15-5-86 pour 4 ans [avant Mme Milka Planinc (n. 1925) dep. 16-5-82]. **Ligue des communistes de Y.** f. avril 1919. *Pt du praesidium* (23 m. du comité central, 163 m.). Vidoje Zarkovic. *Secr.* Nikola Stojanovic. 2 117 083 m. (juin 82).

Fêtes nat. : 1er janv., 1er mai, 4 juill. (jour du combattant), 29 nov. (fête de la Rép.).

Josip Broz, dit Tito (1892-1980). 7e enf. de Franjo Broz, paysan croate. Apprenti, puis ouvrier d'usine. *1914* combattant dans l'armée austro-hongroise (fait prisonnier par les Russes le 25-3-1915). *1917-20* combattant dans l'Armée rouge. *1919* adhère à la section youg. du PC soviétique. *1923-28* agent du PC (clandestin) en Y. *1928-34*, 5 ans de prison en Y. *1934-36* au Komintern à Moscou. *1936-37* organise des brigades intern. pendant la g. d'Espagne (en 1934 prend Tito comme pseudonyme). *Fin 37* chef du P.C. clandestin de Y. *1941* chef des partisans comm. contre les forces de l'Axe. *1943 nov.* maréchal. *1944*-25-5 échappe à un raid allemand, se réfugie dans l'île de Vis. *Août* accord avec Churchill. *1945 mars* chargé de former le ministère par le Conseil de Régence. *-29-11* proclame la Rép. *1948*-29-6 rupture avec Moscou (communisme national). *1953*-14-1 Pt de la Rép. *1974 mai* Pt à vie. *1980*-4-5 meurt après 4 mois d'agonie.

Chef de la maison royale (Karageorgevitch) : Mgr le Pce Héritier (titre officiel) Alexandre de Youg. (n. 27-7-45). Fils unique du roi Pierre II (1923-70) et de la reine Alexandra n. Pcesse de Grèce (25-3-21), f. d'Alexandre Ier, roi des Hellènes (1893-1920). Ép. (1972) Pcesse Maria da Gloria d'Orléans-Bragance (n. 12-12-46), dont Pce Pierre (5-2-80), Pce Philippe et Pce Alexandre, jumeaux (15-1-81). Réside aux U.S.A.

Pierre II fut proclamé roi le 9-10-34 sous une régence de 3 membres (R. Stankovitch, I. Pétrovitch et Paul Karageorgevitch, son oncle, qui le 27-3-43 se proclama Pce régent. Pierre II émigre en G.-B. Il dénoncera le pacte avec l'All. Il ne put rentrer en 1945, mais ne renonça jamais à ses droits. Résida plusieurs années en Fr.

Frères de Pierre II : Tomislav (9-1-1928) ép. 6-6-1957 Pcesse Margravine Marguerite de Bade, puis 1982 Linde Bonnay ; *André* (28-6-1929) ép. 2-8-1956 Pcesse Christine de Hesse (10-1-1933), puis Pcesse Kira de Leiningen (1930).

Républiques

● **Bosnie-Herzégovine.** 51 129 km2 (dont Herzégovine 9 119), 4 523 000 h. (est. 85) dont (1981, %) : Musulmans 39,5, Serbes 32, Croates 18,4, Youg. 7,9, divers 2,2. *Alt. max. :* Mt Maglic 2 386 m. *Cap. : Sarajevo* 319 017 h. (81). **Ressources.** 85 % des rés. de minerai de fer de la Y., plus de 40 % des rés. de charbon et de lignite, 100 % du sel gemme, plomb, zinc, manganèse, bauxite, baryte, rés. hydro-énergétique 16 milliards de kWh (25 % de la Y.). Forêts 2 384 000 ha (26 % des sup. boisées de la Y., 33 % de la masse de bois). En 1984, a participé pour 14,7 % des exp. youg. ; 12,6 % du revenu nat. de la Y. **Tourisme.** Parcs naturels de Kozara (3 375 ha) et Sutjeska (17 250 ha). Sarajevo, Mostar, montagnes Jahorina, Bjelasnica. Stations thermales : Banja Vrucica, Ilidza, Guber, Fojnica, Kiseljak, Laktasi.

Bosnie. VIIe s. peuplée de Slaves. **Xe s.** début d'organisation d'État. **948** soumise par le Grand Zupan (préfet) de Serbie, Caslav Klonimirović, avec l'aide des Byzantins ses suzerains. **960** réincluse et annexée par Michel Kresimir II. **991** domination bulgare. **1018** byzantine. **1042** réunie au roy. croate par Étienne Ier. **Fin Xe s.-1250** hérésie bogomile ; 33 « Djed » ou papes bogomiles reconnus par les Bogomiles byzantins *(1110)*, les cathares de France *(1222)*, d'Italie. **Début XIIe s.** indép. ; gouvernée par des Ban (chef). **1138** province de Hongrie-Croatie. **1167-80** domination byzantine. **1180** vassale de Hongrie-Croatie, mais autonome en fait, y. par des Ban (ban kulin). **1299** possession des princes croates Subic de Bribir. **1322** vassale de Hongrie-Croatie. **1377** le Ban Turtko Kotromanic couronné roi des Serbes et de la B. **1463** conquête turque, islamisation. Le sultan Mehmed II garantit la liberté de confession aux catholiques du sandjakat de Bosnie. A partir de **1516** persécutions sporadiques. **1878** occupation mil. par Autr.-Hongrie. **1908** annexion par A.-H. qui ne réunit pas la Bosnie-Herzégovine. **1914**-*28-6* attentat de Sarajevo. **1918**-*26-10* indép. des territoires slovènes, croates et serbes de l'Autr.-Hongrie. Le « Conseil national » de Zagreb décrète l'union des Serbes, Croates, Slovènes : 1er gouvernement national de B.-H.

Herzégovine. VIIe s. peuplée de Slaves. **IXe s.** principautés (Zeta, Raska). **1322-1463** inclus dans Bosnie. **1391-1482** gouverné par ducs croates indépendants Kosatcha. **1448** duc Étienne Vouktchitch Kosatcha intitulé « *Herzog* » (« Herceg » en croate) par l'empereur germanique Frédéric III. Territoires (*Terre du Herceg* ou *Hercegovina*) : actuelle Herzégovine, S.-E. et S.-O. de Bosnie actuelle, Dalmatie centrale jusqu'à Kotor, N. du Monténégro actuel, S.-O. de la Serbie actuelle (17 000 km2). **1470-82** conquête turque ; sandjakat d'H. inclus au pachalouk de Bosnie en **1580**. **1832-51** autonome dans l'empire turc (pachalouk) gouverné par le vizir Ali-pacha Stotchevitch. **1875-78** insurrection chrétienne. **1878** Pljevlja (Pliè-vlia) et Prijepolje (Priyèpoliè) incorporés au sandjakat de Novi Pazar, Niksic (Nikchitch), Piva et Banjani (Baniani) au Monténégro ; occupée puis annexée avec Bosnie **1908** par A.-H.

● **Croatie.** 56 538 km2, 4 662 000 h. (est. 85) dont (1971, %) : Croates 75,1, Serbes 11,5, Youg. 8,2, divers 5,2. *Cap. : Zagreb* 649 586 h. (81). Alt. max. Dinara 1 831 m. **Ressources.** Vins, huile d'olive, pétrole au N., constructions navales à Pula, Rijeka et Split, ind. chimique, pharmaceutique, plastiques, colorants, carbones et alliages de fer. En 1984, a participé pour 23,3 % des exportations de la Y., 25,3 % du revenu national. **Tourisme.** Le long de la côte : lacs de Plitvice (20 000 ha), Risnjak (3 014 ha), Kornati (26 200 ha). *Parcs naturels :* Brijuni (2 700 ha), Mljet (3 100 ha), Paklenica (3 617 ha).

Histoire. 626 Croates (ou Horvats : en vieux perse « alliés ») s'installent ; ce seraient des Iraniens (1re mention 520 av. J.-C.) émigrés au N. de la mer Noire (Ier s. av. J.-C.), puis en Europe centrale, y fondant l'État de Cr. Blanche autour de Cracovie (Horvat) où ils se slavisent (les monts Carpates portent aussi leur nom) (IVe-Ve s.), conquièrent et colonisent les prov. romaines de Pannonie, Dalmatie, Illyrique Norique (Autriche du S., Slovénie, Croatie, Bosnie-H., Monténégro du S. actuels), occupées par Avars. L'empereur Héraclius Ier leur attribue les terres conquises (Avars rejetés au N. du Danube). **V. 800** 1re principauté du S. (1er *knez* ou prince dont le nom est connu, Vicheslav), puis 2e au N. Formation de 4 États associés : Croatie Carinthienne (743), Pannonienne (897), Dalmate (siège du souverain suprême), Illyrique (appelé C. Rouge, 753), s'étendant du Semmering (Autriche) à l'Albanie du S. (Vlorë, la Dhrina), et de la Carinthie occid. à l'Istrie et aux fleuves Mur, Drave et Danube. **VIIe-VIIIe s.** alliés indép. de Byzance. **626-1097** dynasties nationales Kloukas-Trpimirovitch, Domagoyevitch, Svatchitch. Notamment Tipimir Ier (845-64), Tomislav [910-28 (roi vers 925)] et Étienne Drzislav (969-95), roi de Croatie et Dalmatie (988). **630-880** christianisation. **799** *Lovran (Istrie)* le margrave franc Eric, tentant de conquérir la C. Dalmate, vaincu et tué par duc Vicheslav. **803-878** suzeraineté franque (nominale 830) sur la C. littorale. **806-817** g. entre Croates, alliés aux Francs, et Byzantins : nouvelle frontière (Albanie du N. : sur le Drim). **819-23** soulèvement du knez Pce Ljudevit, contre domination étrangère, échec. **Milieu du IXe s.** consolidation de la principauté croate de Dalmatie (villes côtières et îles restent au pouvoir de Byzance). **V. 878** émancipation du pouvoir franc, brève suprématie de Byzance. Essor de la Croatie Dalmate sous le knez ou Pce Branimir et surtout sous Tomislav (roi à partir de **925**) qui refoule assaillants bulgares, expulse Hongrois de C. Pannonienne et obtient contrôle de partie byzantine de Dalmatie. **1000** conquise par Venise en conflit avec C. dep. milieu du IXe s. (menaçait leur navigation sur Adriatique). **1060** Byzance confie administration de Dalmatie au roi Pierre Krešimir. **1097** dernier souverain national Pierre Svačić tué (bataille contre Hongrois). **1102** union personnelle entre roy. de C.-Dalmatie et Hongrie *(Pacta Conventa)*. C. gouvernée par Ban (vice-roi) et à partir de **1273** Sabor (Parlement de patriciens). **1242** *Vict. de Grobnitchko Poliè :* les princes croates Fridik Ier et Bartoul III de Krk refoulent le Khan tartare Batou (chef de la Horde d'Or) qui a conquis Moldavie, Hongrie, Bulgarie. **1301-86**, **1397-1408** maison d'Anjou de Naples. **1409** Venise achète Dalmatie au dernier roi angevin. **1526** Mohač. *Déf. de Mohač :* les Turcs détruisent armée hongroise et détachements croates. Hongrie et C. acceptent Habsbourg d'Autriche comme souverains. Turcs conquièrent la plus grande partie du territoire hongrois-croate. **1593** sont définitivement arrêtés à la bataille de Sisak. **1573** révolte paysanne (20 000) en C. et Slovénie ; échec, nombreux insurgés †. **1664-70** complot de nobles croates et hongrois (pour renverser les Habsbourg) échoue, chefs décapités dont Ban de C. **1699** *tr. de Karlowitz :* la Hongrie reprend la C. qui forme avec la Dalmatie non vénitienne et l'Esclavonie le « roy. triunitaire » ou roy. d'Illyrie. **1797** Autr. annexe Dalmatie vénitienne. **1806-13** *« Provinces illyriennes » françaises* avec le littoral dalmate ex-vénitien et, à partir de 1809, la C. méridionale (gouverneur : Marmont, duc de Raguse). **1813** retour à l'Autriche. **1848** mouvements révolutionnaires en C. ; abolition du servage, guerre avec Hongrie. **1867** compromis austro-hongrois (monarchie bicéphale) : C. et Esclavonie (43 000 km2) font partie du roy. de H. ; Dalm. et îles (12 000 km2), de l'emp. d'A. **1868** compromis *(nagodba)* hongr.-c. : C. et Escl. ont une autonomie restreinte au sein du roy. hongr. Dalm., au contraire, n'a aucune autonomie [XIIe région militaire autr. (bande littorale et îles : long. 600 km ; larg. max. 50 km)]. **1871** Eugène Kvaternik proclame un gouv. nat. mais est tué dans l'insurrection. **1918**-*29-10* Parlement Cr. proclame l'*indép. de la vice-royauté de Cr. ; nov.* occupation ital. ; *-1-12* englobée dans *roy. des Serbes, Croates et Slovènes*. Frontières modifiées : Dalmatie autr. élargie et répartie entre 4 territoires (dont le N.-O. à l'Italie). **1945** reconstitution de la Dalm. ex-autr. et annexion à la rép. croate.

Actuellement les indépendantistes croates veulent un État croate indépendant comprenant les territoires ethniques et hist. croates ; ont des liens avec des Croates émigrés aux U.S.A. (800 000 Croates dans Ohio et Illinois). Attentats revendiqués par téléphone, tracts. **1962** attentats contre consulats y. (cons. de Bad Godesberg, 3 blessés). **1966** (cons. de Stuttgart). **1968** bombe au club y. de Paris (1 †, 19 bl.). **1971** ambassadeur à Stockholm tué. **1975**-*13-1* groupe « Jeune Armée croate » revendique l'attentat d'Orly ; *-29-3* vice-consul assassiné à Lyon. **1966-80** assassinat de 31 indépendantistes croates et de Serbes anticommunistes (65 † en 20 ans).

● **Macédoine.** 25 713 km2, 2 053 000 h. (est. 85) dont (81, %) : Macédoniens 67, Albanais 19,8, Turcs 4,5,

Serbes 2,3, Roms 2,3, Youg. 0,7, *Cap. : Skopje* 408 143 h. (81). **Climat** : continental, modéré, influence méditerranéenne par la vallée du Vardar. Montagnes, forêts, plaines fertiles. *Alt. max.* : Golem Korab 2 753 m. **Ressources.** Primeurs et prod. fruitière de qualité, tabac, coton, pavot, riz, tournesol, betterave à sucre. Ovins, bovins et volailles. Fer, plomb, zinc, nickel, molybdène, wolfram, mercure, or. Aciéries de Skopje, ind. chimique. Participe pour 5,2 % des exp. de la Y. en 1984, 5,7 % du revenu national. **Tourisme.** Lac d'Ohrid, Sar Planina (montagne de Sara). Parcs naturels de Maurovo (65 600 ha), Galicica (23 000 ha).

Histoire. Ancien roy. fondé au **VII**^{e} **s. av. J.-C.** Peuple d'origine indo-eur. (apparenté aux Grecs et aux Illyriens) sous la dynastie hellénisée des Argeades. **338** Philippe II établit son hégémonie sur Grecs. **168 apr. J.-C.** incorporé à l'Emp. romain après défaite de *Pydna*. Partie de l'Emp. d'Orient (cap. Salonique), puis de l'Emp. byzantin. **518** tribus slaves (chtokaviens èkaviens), originaires de la région du Dniepr, commencent à envahir Illyrie orientale ; occupent zone de Sar Planica, du Pinde à Ohrid et Salonique. **806** khan des Bulgares Krum commence conquête de la M. **IX**^{e}**-X**^{e} **s.** Bulgares conquièrent successivement N., O., S. de la M. sous les règnes de Presiam (836-852), Boris (853-889), Siméon (893-927) ; slavisation des Bulgares. **863** Cyrille et Méthode traduisent les livres saints en macédonien. **865** évangélisation (liturgie byzantine). **976-1014** État macédonien sous l'empereur Samuel : Zahumlje Bosnie, Dukla et Raška jusqu'à l'Épire et Thrace, capitale : Ohrid. **1018-1258** conquête byzantine. **1282** Ouroch II, roi de Serbie, conquiert M. centrale, dont Skopje, jusqu'à la Bregalnica, et Poreč, Kicevo et Debar en M. occid. **1355** empire serbe éclate : prince Voukachine règne sur N. et Centre de la M., les Déanovitch sur M. orientale. **1371** *Maritsa :* Turcs battent Voukachine, la M. devient vassale des Turcs (*1392* prise de Skopje). **XV**^{e} **au XIX**^{e} **s.** répartie entre le vilayet de Monastir (peuplement slave et turc) et celui de Salonique (peuplement grec). **1689-90** insurrection menée par Karpos, matée. **1878** *tr. de San Stefano* attribue M. à la Bulgarie. Le congrès de Berlin projette une M. autonome sous suzeraineté turque ; insurrection déclenchée par cette décision sans suite. **1903**-*2-8/2-11* insurrection de Ilinden (vilayet de Monastir), 30 000 combattants contre 200 000 Turcs ; insurgés 1 000 †, Turcs 5 328 †, répression turque : 200 villages rasés, 4 866 †, plus les victimes des combats. **1912**-*8-10* /**1913**-*30-5* 1re g. balkanique : Bulgarie, Serbie, Grèce, Monténégro (648 000 h.) enlèvent Sandjakat de Novi Bazar, Kosovo et M. à la Turquie (368 000 h.) ; la Serbie demande la révision du traité. **1913**-*29-6/29-9* 2e g. balkanique : Serbie, Grèce, Roumanie, Monténégro, Turquie battent Bulgarie (tr. de paix turco-bulgare 29-9). *-10-8 tr. de Bucarest :* 19 000 km^{2} de la M. annexés par Grèce, 16 000 par Serbie, 4 000 par Bulgarie. **1915** les Alliés proposent la M. à la Bulgarie contre son entrée en g. à leurs côtés. *-20-10* la Bulg. entre en g. contre les Alliés, et prend M. « serbe ». **1919** *tr. de Neuilly :* la Bulgarie perd région de Strumica (Stroumitsa) au profit Serbes, Croates, Slovènes. **1919-24** en M. égéenne, la Grèce évacue 50 000 Macédoniens vers Turquie et 30 000 vers Bulgarie et installe des Grecs à leur place. **1941-44** occupation [M. « yougoslave » et E. de la M. égéenne par Bulgarie, O. par Italie (inclus à l'Albanie), centre de la M. égéenne par All.]. **1945** autonomie.

● **Monténégro.** 13 812 km^{2}. Montagnes, profonds canyons et vallées ; golfe des Bouches de Kotor très découpé. *Alt. max.* Durmitor 2 522 m. **Climat** méditerranéen sur littoral et en bordure du lac Skadar (391 km^{2}, le plus grand des Balkans) et du cours inférieur des rivières Moraca et Zeta ; au N. rég. montagneuse, cl. continental. 630 000 h. (est. 85) dont (1981, en %) Monténégrins 68,5, Musulmans 13,4, Serbes 3,3, Albanais 6,5, Croates 1,2, Youg. 5,3. *Cap. : Titograd* 96 074 h. (81). **Ressources.** Sup. agricoles 530 000 ha dont 56 000 ha cultivables ; tabac, agrumes, oliviers, vignes, élevage. Bauxite, plomb, zinc, charbon, bois. Participait pour 1,7 % aux exp. de la Y. en 1983 ; part du revenu national 2 % en 82. **Tourisme.** Parcs naturels de Biogradska Gora (3 400 ha), Durmitor (3 300 ha), Lovcen (2 000 ha). Littoral. Montagne Durmitor.

Histoire. Antiquité tribus illyriennes (Dioclèens, Labéates, Autoriates, etc.). **III**^{e} **et II**^{e} **s. av. J.-C.** État illyrien (Risan, Scodra). **168** au pouvoir de Rome. **297** réorganisation de Dioclétien, fait partie de la Dalmatie supérieure (Prévalitane), puis, après la dislocation de l'Empire, de l'Empire d'Orient puis de Byzance. **Fin VI**^{e}**-début VII**^{e} **s.** Slaves s'installent en Duklja (Dioclée). **XI**^{e} **s.** Duklja (Zeta) va de la Bojana et des Prokletije jusqu'à la Piva et Risan, et confine au N.-E. à la Raška. **970-1016** knez ou P^{ce} Vladimir ; l'empereur Samuel de Macédoine envahit la Zeta, qu'il annexe à Byzance. **1035** 1re insurrection contre Byzance sous Vojislav (échec). **1042** 2e ins. (victoire et extension de l'État de Zeta). Sous P^{ce} Bodin (1092-1101), l'évêché de Bar devient archevêché. **1189** le souverain de Serbie Stefan Némanya annexe la Zeta à la Raška [début de la domination serbe (jusqu'à **1366**)]. **1296** 1re mention de la Crna Gora (Tserna Gora) ou Montagne Noire, désignant originellement le territoire allant de Niksic et de Grahovo au lac de Skadar, et de l'est de Kotor à Danilov Grad, d'où Monténégro. **1360-1421** après éclatement de l'empire serbe, dynastie des Balchitch (issus des nobles français « des Baux ») en Zeta [dans le N. (1402) et S. (1385) de l'Albanie]. **1421-39** despotat de Serbie annexe Zeta. **1439-99** dynastie orthodoxe des Tsernoyevitch régnant en Zeta, mention fréquente du « Monténégro ». **1482** Zeta vassale des Turcs. **1484** Cettigné fondée. **1499** perd son indépendance. **1514-1697** jouit d'une certaine autonomie. Danilo Pétrovitch Niégoch élu prince-évêque ; les neveux succèdent aux oncles jusqu'en 1860. **1711** alliance des princes-évêques Niégouche et du tsar (Pierre le Grand) contre Turcs (subside annuel de 1 000 ducats). **1852** Danilo II Niégoch renonce à l'épiscopat et se proclame P^{ce} séculier. Repousse invasion turque. **1853** invasion t. arrêtée par Autrichiens. **1858** Danilo battu par T., bataille de Grahovo. **1859** frontières délimitées par commission eur. **1862** Omer Pacha conquiert le M. ; arrêté par intervention eur. **1876** Nicolas Ier Niégoche attaque les T. (victoires 1876-78). **1878** *tr. de Berlin : indép. reconnue par Turquie* avec débouchés sur Adriatique. **1910** P^{ce} Nicolas de M. qui a marié ses 4 filles dans les maisons royales d'Europe (notamment Italie, 1880) devient roi (août). **1914** entrée en g. côté serbe. **1916** conquis par Autrichiens, le roi se retire en Fr. **1918**-*13-11* Assemblée m. pour renverser la dynastie Pétrovitch Niégoch et *incorporation du M. au roy. de Serbie* en présence des troupes serbes. **1919**-*7-1* combat entre partisans de l'indép. et pro-serbes ; général français Venel met fin au combat et arrête indépendantistes. **1922** le M. reçoit golfe de Kotor, province du royaume triunitaire croate.

Chef de la maison royale (Pétrovitch Niégoch) : S.A.R. P^{ce} Nicolas de Monténégro (24-7-1944), f. du P^{ce} Michel (1908-86) et de Geneviève Prigent (n. 1919 ; ép. 1941 ; div. 1949) ; arr.-p.-f. du roi Nicolas Ier. Épouse France Navarro (27-1-50) dont Altinaï (28-10-77) et Boris (20-1-80). Vit en France.

● **Serbie.** 88 361 km^{2} dont 55 968 pour la République, sans les prov. autonomes. Partie centrale des Balkans. *Alt. max.* Djerovica 2 656 m. *Cours d'eau* 52 000 km (le bassin du Danube occupe 84 % de la sup. totale de la S.). 9 492 000 h. (est. 85), dont (1981, %) : Serbes 66,4, Albanais 14, Youg. 4,7, Hongrois 4,2, Musulmans 2,3, Croates 1,6, Monténégrins 1,6. **Cap.** : *Belgrade* 1 087 915 h. (81). **Ressources.** Fournit 48,5 % de la valeur de la prod. agricole de la Y. (maïs 66 %, blé 60 %, betterave sucrière 73 %) ; 50 % des surfaces cultivables de la Y., 45 % des rés. y. de plomb, zinc, 96 % des rés. de magnésite, 40 % des rés. d'antimoine, 50 % du charbon, 31 % des rés. de gaz naturel, 27 % de l'énergie hydroélectrique, les plus grands gisements de cuivre. *Tourisme :* monastères, rapides de la Drina, ville de Belgrade, montagne de Zlatibor. Parcs naturels de Derdap (82 000 ha), Tara (22 000 ha), Kopaonik (12 000 ha), Fruska Gora (22 460 ha). 37,7 % du revenu national en totalité. 34,4 % des exportations youg. en 84.

Histoire. Ier **s. apr. J.-C.** 1re mention des Serbes, installés N.-O. du Caucase, [ils seraient des Asianiques (non indo-européens), ayant parlé une langue alarodienne (du groupe vannique, près du lac de Van)]. **Fin IV**^{e} **s.** s'installent en Saxe, entre fleuves Elbe et Saale, y fondent un État. **VII**^{e}**-VIII**^{e} **s.** Serbes ou Sorabes de Saxe, vassaux du roi des Francs. **638** une partie s'installe en Thessalie (635), puis entre Drina, Lepenica, Piva et Lipljan, le Lab et le massif Rudnik ; suzeraineté byzantine. **IX**^{e} **s.** union tribale devient principauté de Ras (Raša, Raška), entre le Lim et la montagne Rudnik, s'étend au cours de luttes, contre Byzance et Bulgares. **1168-1371** dynastie Némanyitch. **1180** après mort de l'empereur byzantin Emmanuel Comnène, indép. **Fin XII**^{e} **s.** extensions sous le règne de Stefan Némanyia (1168-96) : Zéta, Pirot, Kosovo. **1346** Stefan Douchan couronné « empereur des Serbes et des Grecs » ; 1re puissance des Balkans. **1389** *Champs de Kosovo* victoire turque malgré renforts bosniaques, croates et mort du sultan Murat Ier : Serbie vassale des Turcs. **1392** Turcs soumettent principauté de Vuk Brankovitch (Kosovo). **1459** chute du Despotat, dernier État serbe. **1521** conquête de Belgrade par les Turcs. **1718-39** occupation autrichienne dans le N. **1787-91** insurrection serbe soutenue par troupes austro-russes. **1791** *paix de Svistovo* conclue par Autr., puis Russie ; *paix de Iassy* avec Turquie ; insurgés amnistiés. **1804-13** soulèvement contre janissaires turcs en Choumadiya, dirigé par un marchand de porcs Djordje Pétrovitch dénommé Kara-Djordje (Georges le Noir) (1752-1817). **1808-11** conflits entre chefs serbes. **1812** *tr. de Bucarest :* Russie cesse de soutenir militairement insurgés (chute de Belgrade 1813). **1815-17** insurrection, dirigée par un autre marchand de porcs Miloch Obrenovitch (1823-68), rival de Kara-Djordje (auteur de la mort de son demi-frère). Après négociations, Miloch obtient large autonomie de S. (ports d'armes, impôts, justice) comprenant 4 « nahiya » (districts). **1817** Kara-Djordje rentre en S., Miloch le fait tuer et envoie sa tête au sultan (24-7). **1830** *tr. russo-turc d'Andrinople :* Miloch prince héréditaire sous suzeraineté turque. **1835** 1re Constitution. **1839** en conflit avec la Skoupchtina (Assemblée), Miloch abdique. **1842** Michel Obrenovitch renversé par Alexandre Karadjordjevitch, s'appuyant sur Autriche, lui-même renversé **1859** par M. Obrenovitch (assassiné *1868*). **1876** *Congrès de Berlin :* reconnaît *indépendance S.* ; S. acquiert territoires (Nis, Pirot) ; influence autr. croissante. **1882**-*6-3* M. Obrenovitch, roi de S. **1885-86** g. contre Bulgarie : *Slivnitsa* S. battue, paix sans pertes territoriales. **1892** Alexandre Obrenovitch renverse régence et abroge Const. de 1889. **1903**-*10-6* Alexandre et son épouse Draga tués par des ultranationalistes de la « Main Noire » soutenant les Karadjordjevitch. *-15-6* Pierre Ier Karadjordjevitch, roi de S., s'appuie sur Russie. **1912** *1re g. balkanique :* Serbie, Bulgarie, Monténégro et Grèce contre Turquie. **1913** *2e g. balk. :* Serbie, Monténégro, Grèce, Turquie et Roumanie contre Bulgarie. *-10-8 tr. de Bucarest :* Serbie annexe Kosovo, Metohija, N. et Centre de Macédoine. **1914**-*28-6* la « Main Noire », dirigée par le colonel Dragoutine Dimitriyevitch-Apis, chef du service de renseignements du haut état-major serbe, mêlée à l'*attentat de Sarajevo*. *-28-7* Autriche-Hongrie déclare la g. à Serbie (soutenue par Monténégro et Russie). *-24-9* victoire serbe sur la Tser. *-8-12* vict. de Roudnik. *-15-12* reprise de Belgrade. **1915**-*15-12* Allem., Autr. et Bulg. battent la Serbie ; retraite des troupes et du gouvernement serbes vers Corfou. **1918** *royaume des Serbes, Croates et Slovènes.*

Provinces autonomes. Kosovo 10 887 km^{2}, 1 816 000 h. (est. 85) dont (en 81, %) : Albanais 77,4, Serbes 13,2, Monténégrins 1,7, musulmans 3,7, Roms, Turcs 0,8. *L. off. :* albanais et serbo-croate. *Cap. : Pristina* 108 083 h. (81). Taux de croissance dém. des Alb. 25,2 ‰ (moy. youg. 7,1 ‰ en 84).

Ressources : région la plus pauvre de Y., record du chômage y. (40 000 Alb. ont émigré pour travailler en Europe occ.). Agr. arriérée, sup. agr. 570 000 ha dont 60 % de terres cult. et 34 % de pâturages. Blé, maïs, seigle, orge, avoine, tournesol, bett. à sucre, élevage de bovins et ovins. Peu d'ind. de transf. Mat. 1res : nickel, zinc, plomb, cadmium, bauxite, chrome, manganèse. 2 % du rev. nat. de la Y. en 84 et 2 % des exp. y. en 84.

Histoire. IIIe **s. après J.-C.** Un des 1ers lieux d'établissement des Alb. descendants d'Illyriens ou de Thraces. **1346** cœur de la Serbie médiévale où résidait, à Pec, le patriarche de l'Église orth. serbe (1346-1463 et 1557-1766). **1389** domination turque. **1880** 1er gouv. provisoire alb. **1918** intégré à la Y. **1914-39** polit. d'assimilation et d'émigration forcée ; résistance armée alb. **1966** fin de la pol. répressive (destitution de Rankovitch, vice pt y. et min. des Aff. intérieures). **1968** Alb. réclament statut de Rép. fédérée. **1981**-*13-3/4-4* émeutes, 9 † dont 8 étudiants et un milicien, 257 bl., 660 arrestations. **1982**-*1/2-4* émeutes à Pristina. **1986** *avril* manif.

Vojvodine 21 506 km^{2}, 2 031 000 h. (est. 85) dont (en 81, en %) : Serbes 54,4, Hongrois 18,9, Yougoslaves 8,2, Croates 5,4, Slovaques 3,4, Roumains 2,3, Monténégrins 2,1, Ruthènes 0,9, divers 4,4. 24 nationalités. *Cap. : Novi Sad* 170 020 h. (81) *Langues off. :* serbocroate, hongrois, slovaque, roumain, ruthène. *Ressources* (83) : terres cultivables 1 622 000 ha dont 655 000 ha socialisés. Blé, maïs, bett. à sucre, tournesol, houblon, p. de terre, luzerne, tabac, élevage porcin et bovin. En 1984, 10,9 % du revenu nat. de la Y. et 8,6 % des exp. en 1984.

● **Slovénie.** 20 251 km^{2}. *Alt. max. :* Triglav 2 864 m. 1 876 000 h. (est. 85) dont (81, en %) : Slovènes 90,5, Croates 2,9, Serbes 2,2, Musulmans 0,7, Hongrois 0,5, Italiens 0,1. **Cap.** : *Ljubljana* 224 817 h. (82). **Ressources.** Agriculture 18 % de la pop. Élevage, fruits, vignes. Ind. électrique, chimique, caoutchouc, papier, métaux, alim. En 1984, 16,5 % du revenu nat. de la Y. et 20,5 % des exp. *Tourisme :* littoral, lacs Bled et Bohinj, Pohorje, Kranjska gora. Parcs naturels : Triglav (80 000 ha).

Histoire. Fin VIe-début VIIe s. Slovènes occupent Alpes orientales, entre Danube moyen et golfe de Trieste. **VIIe s.** raids en Bavière, N. de l'Italie et Istrie. **VIIIe s.** chefs nationaux (Knez) sous suzeraineté bavaroise. **VIIIe-Xe s.** christianisation par évêché de Salzbourg et patriarcat d'Aquilée. **788** Carinthie incorporée avec Bavière au royaume franc. Maintient des souverains nationaux jusqu'en **820. 907-955** domination hongroise. **955-1260** inclus dans l'Empire all. **XIe-XVe s.** division en duchés et comtés (Styrie, Carinthie, Carniole) gouvernés par patriarches d'Aquilée et dynasties allemandes : Babenberg, Andechs-Meran, Spanheim, Sanneck comtes de Cilli, comtes de Goritz. Réunis peu à peu par les Habsbourg, sauf Frioul et Istrie, qui sont conquis par Venise. **XVe-XVIIe s.** colonisation all. **1809-13** *partie des provinces illyriennes françaises :* Slovènes s'appuient sur Fr. contre culture all. **1813** retour à l'Autriche. **1814 :** 2 provinces autr., capitales Laybach (Ljubljana) et Trieste. **1918**-*29-10* indép. des territoires slovènes, croates et serbes de l'Autr.-Hongrie. *-3-11* Goritsa, Gradiska, Istrie et Trieste, Carniole du S.-O. occupés par Italiens, Britanniques, Français. *-1-12* incluse dans le roy. des Serbes, Croates, Slovènes. **1919**-*12-8* reçoit région du Prekomurje (« au-delà de la Mura »). *-10-9 tr. de St-Germain :* vallée de Mezica et Jezersko en Carinthie inclus avec le S. de la Styrie dans le roy. des Serbes, Croates, Slovènes. **1920**-*13-10* plébiscite en Carinthie du S.-E. (Slaves 70 %, Allemands 30 %) : 59,14 % votent pour union à Autriche. *-12-11 tr. de Rapallo :* anciens comtés de Goritsa et Gradiska, Trieste et S.-O. de la Carniole cédés à l'Italie. **1947**-*10-2 tr. de paix italo-youg. de Paris :* partie de la Vénétie Julienne et de l'Istrie (N. inclus à la Slovénie, Sud à la Croatie) reviennent à Y. (zone B en 1954).

Économie

P.N.B. *1982 :* 3 100 $; *83 :* 2 570 $ par h. **Pop. active** (% et entre par. part du P.N.B. en %) agr. 28 (13), ind. 35 (40), services 37 (47). *Chômage* (%). *1979 :* 13,8 ; *80 :* 13,6 ; *82 :* 14,5, *83 :* 14,7, *84 :* 15,9. **Inflation** (%). *1980 :* 30 ; *81 :* 41 ; *82 :* 32 ; *83 :* 41 ; *84 :* 53 ; *85 :* 80.

Agriculture. *Terres* (milliers d'ha, 84) agricoles 14 254 dont cult. 9 858, pâturages 6 378. Forêts 9 278. 80 % du sol appartient à la propriété privée. *Production* (milliers de t, 84) : blé 5 595, maïs 11 293 (32 % des t. arables), seigle 81, tabac 77, chanvre 37, bett. à sucre 6 792, p. de terre 2 457, tournesol 154, raisins 1 416, prunes 145, pommes 584. *Forêts* 22 599 000 m³ (84). **Élevage** (milliers de têtes, 85). Chevaux 438, bovins 5 199, moutons 7 678, porcs 8 673, volailles 70 453. **Pêche** (t, 84). Poissons d'eau douce 25 098, de mer 48 407, coquillages 1 941. **Chasse** (83-84). Cerfs 6 789, biches 55 000, chamois 2 354, ours 158, sangliers 13 048, lièvres 345 000.

Énergie (milliers de t, 84). **Lignite.** *Réserves* 7 026, *prod.* 65 072. **Pétrole.** *Réserves* 39 952, *prod.* 4 044. **Gaz.** 1 998 millions de m³. **Électricité.** Projet abandonné de centrale à Bijli Breg. Un barrage menacerait le canyon de la Tara (le plus profond du monde, à 1 300 m, après celui du Colorado). 73 000 Kwh. **Mines** (milliers de t, 84). Fer 5 321, cuivre 25 279, plomb et zinc 4 634, bauxite 3 347, chrome, mercure, antimoine, manganèse, sel, baryte, argent, or. **Industrie.** Alumine (1 135 000 t, 84), ciment, acier, mat. d'équip., prod. chimiques, mat. de construction, métaux de base, papier, textile, prod. alim., cigarettes. En 83 : 9 800 entreprises employant 2 424 260 salariés et produisant 1 350 852 millions de dinars.

Transports (km, 84). Chemins de fer 9 279 dont 3 462 électrifiés, routes 116 602. **Tourisme.** 1,3 milliard de $ (82), 1,15 milliard de $ (83). *Visiteurs* (84) : 7 224 000 dont All. féd. 2 145 000, Italie 959 000, Autriche 627 000.

Commerce (millions de $, 84). **Exp.** 10 254 *dont* mach. mat. élect., mat. transp. 3 178, prod. man. 9 760, prod. chim. 995, prod. alim. 877, prod. bruts 483 *vers* U.R.S.S. 2 797, Italie 941, All. féd. 892, Tchécoslovaquie 551, R.D.A. 402. **Imp.** 11 996 *dont* pétrole 2 222, mach., mat. élect., mat. de transport 2 653, prod. chim. 1 756, prod. bruts 1 423, prod. alim. 402, prod. man. 11 224 *de* U.R.S.S. 1 964, All. féd. 1 587, Italie 964, Tchécoslovaquie 656, G.-B. 227.

Balance commerciale (en milliards de $). *1979 :* – 7,2 ; *80 :* – 6,1 ; *81 :* 4,3 ; *82 :* – 2,8 ; *83 :* – 2,1 ; *84 :* – 1,7 ; *85 :* – 1,5. **Transferts et envois de fonds des travailleurs émigrés.** *1981 :* 2,06 ; *82 :* 1,27 ; *83 :* 1,17. **Dette extérieure** (85). 20 milliards de $.

Rang dans le monde (83). 5e lignite. 6e maïs, réserves de lignite. 10e vin. 20e porcs.

ZAÏRE

V. légende p. 787.

Nom. D'origine portugaise, désignait au XVIe s. le fleuve Congo. Indépendant sous le nom de Congo, prend le nom de Zaïre [En kikongo, *nzadi :* fleuve (déformation du mot)] le 27-10-1971.

Situation. Afrique. 2 344 885 km². *Alt. max.* 5 119 m (Pic Marguerite, Mts Ruwenzori). *Frontières* 9 165 km (moins de 40 km sur la mer). Bassin du Zaïre (Congo) ; plateaux à l'O., au S. et à l'E. **Climat** *équatorial* au centre [humide, chaleur uniforme (25 °C minimum), pluies réparties toute l'année (1 500 à 2 000 mm/an)] ; *tropical humide* au N. et au S. [à Kinshasa, alternance de saisons sèches (4 m. en tout) et humides ; à Lubumbashi, 6 m. de sécheresse relative] ; *d'altitude* à l'E. ; *océanique* à l'embouchure du Zaïre. *Temp.* max. 26 à 28 °C. Forêt humide (48 %), savanes, zone équatoriale. Le fleuve *Zaïre* (long. 4 800 km, débit 40 000 m³/s) forme avec ses affluents 14 000 km de voies navigables.

Population. 31 150 000 h. (85) dont Bantous 15 000 000, Soudanais ou Nilotiques 3 000 000, 100 000 Pygmées, 60 groupes ethniques. Env. 880 000 étrangers en 74 dont 400 000 Angolais et 300 000 Rwandais. La Rép. comprend Kinshasa (capitale) et 8 *régions* (pop. en 1981 et dens. entre parenthèses) : Bandundu 4 119 524 (13,9). Équateur 3 418 296 (8,4), Kasaï occ. 2 935 036 (18,6), Kasaï or. 2 336 951 (13,8), Shaba (ex-Katanga) 3 823 172 (7,7), Kivu 4 713 761 (18,4), Bas-Zaïre (ex-Congo central) 1 921 524 (35), Haut-Zaïre (ex-Province or.) 4 541 655 (9), Kinshasa-Ville 2 338 246 (234,6). D. 13. *Pop. urb.* 30,3 %. **Villes** (1976) : *Kinshasa* (ex-Léopoldville) 3 000 000 (est. 84), Kananga 704 211, Lubumbashi (ex-Elisabethville, à 2 403 km par voie fer.) 451 332, Mbuji Mayi 382 632, Kisangani (ex-Stanleyville, à 1 734 km par fleuve) 339 210, Bukavu 209 051, Kikwit 172 450, Likasi (ex-Jadotville) 162 396, Matadi 143 598 (à 366 km par voie fer.), Mbandaka 134 495. Il y avait 88 913 Belges avant l'indépendance (40 000 en 1974).

Langues. Français *(off.)* ; nationales véhiculaires : swahili, tshiluba, lingala, kikongo ; il y a plus de 400 dialectes. **Religions.** Catholiques 14 341 691 (85) et 342 763 catéchumènes (85), protestants 8 000 000, kimbanguistes (Église du Christ fondée en 1921 par Simon Kimbangu) 700 000, animistes 1 000 000, musulmans 300 000 (1,25 %).

Histoire. 1874-78 exploré par Stanley (1841-1904) pour son propre compte, puis pour celui de l'Association intern. africaine fondée sous l'impulsion du roi Léopold II de Belg. Le 17-11-1879, reconnu comme l'État ind. du Congo au *Congrès de Berlin* (1884-85). Léopold II en fut le souverain à titre personnel. **1908**-*14-11* devient *C. belge*, colonie de la Belg. **1959**-*4-1* émeutes à Léopoldville, 42 † et 250 bl. *-13-1* le roi admet l'indép. **1960**-*29-1* conférence de la Table ronde de b.-cong. *-10/18-5* Parlement belge vote loi fondamentale du futur État. *-30-6 indép.*, confusion après départ des cadres b. ; g. civile. **1960**-*11-7* à **1963**-*15-1* **Katanga** [Pt *Moïse Tschombé* (n. 1919)] se proclame indép. ; non reconnu, entre au sein du C. après intervention armée de l'O.N.U. **1961**-*12-2* PM *Patrice Lumumba* (n. 1925), leader du Mouv. nat. c., qui avait demandé l'intervention de l'O.N.U., est assassiné. **1960** *août*-**1962** *sept.* Albert Kalondji se proclame emp. des Balubas et chef de l'État autonome du sud Kasaï. **1964**-*10-7* Tschombé, rappelé après la reprise des révoltes, forme un gouv. de coalition. *-7-9* Christophe Gbenye instaure une république populaire à Stanleyville, soumise en *avr.* **1965.** Tschombé renvoyé *13-10* ; *24-11* Pt Kasavubu (1913-69) et PM Evariste Kimba renversés par coup d'État du Gal Mobutu. **1966**-*2-6* Kimba et 3 anciens min. pendus. **1967**-*30-6* Tschombé kidnappé dans un avion privé et incarcéré en Algérie, où il meurt (29-6-69). **1970**-*31-10* 1re élection présid. : Mobutu élu. **1972** *janv.* conflit avec catholiques, expulsion du cardinal Malula. *Mai* Mobutu refuse présidence à vie. **1973** nationalisation des grandes entreprises. **1974** *nov.* nationalisation des petites et moyennes entr. **1975** soutient FNLA en Angola. *Juin* complot déjoué. *Août* fermeture de la ligne Lubumbashi-Lobito [2 000 km (1 300 en Angola), transportant prod. miniers du Shaba (30 % du cuivre exp., 80 % du mat. lourd imp.)] *-7/9-8* visite du Pt Giscard d'Estaing. **1976** *janv.* Corée du N. retire env. 100 instructeurs milit. **1977** *mars* g. au

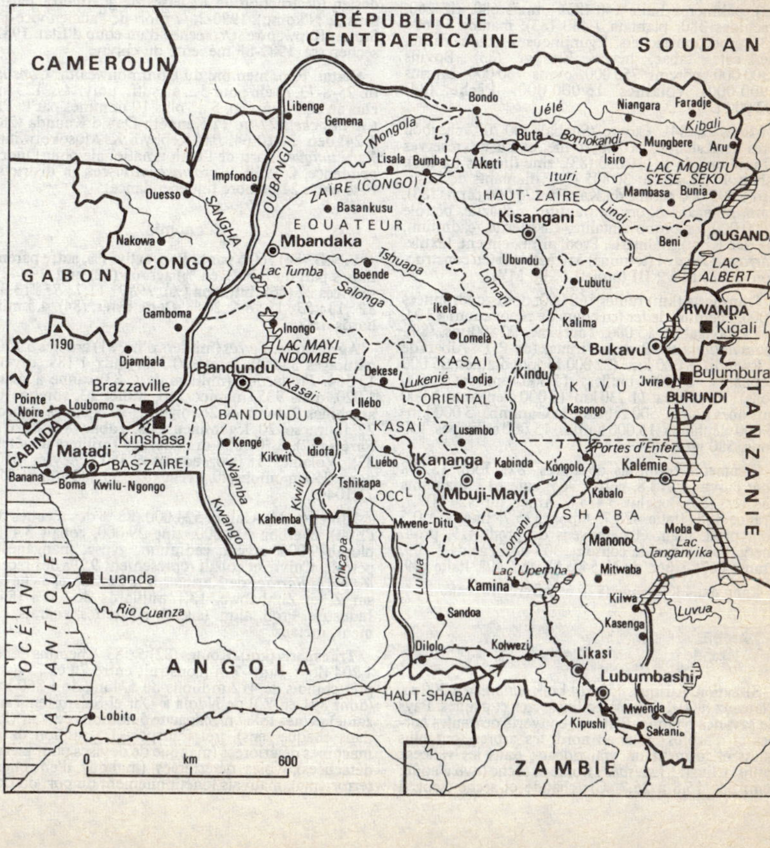

Shaba (ex-Katanga), *avr.* soutien marocain (transport sur des Transall français) ; 219 † (soldats 2 †, 250 à 300 rebelles †) mais Shaba repris. **1978** *févr.* complot déjoué, 13 exécutions. *-11-5 :* 4 000 rebelles (anciens gendarmes katangais) venus d'Angola assiègent **Kolwezi** au Shaba ; des Europ. ont été massacrés. Parachutistes fr. du 2e REP (Légion) lâchés sur K. (700 z. †, 91 étrangers †, 5 para. fr. †, 1 belge †). *-21-5* Eur. rapatriés en Europe. *Juin* force inter-afr. (Maroc, Gabon, Sénégal, C.-d'Iv., Togo). *-15-7* chemin de fer de Benguela (fermé août 75) rouvert. *-19/20-8* rencontre officielle Mobutu et Pt angolais Neto à Kinshasa. **1979**-*30-6* les Z. relèvent la force inter-afr. **1980** *avr. visite du pape.* **1981** *avr.* démission du PM Nguza Karl I Bond. **1982** *oct.* sommet franco-afr. à Kinshasa. **1984**-*1-12 Pt Mitterrand au Z.*

Statut. Rép. démocratique. *Const.* du 24-6-74, révisée 78, 80 et 81. *Pt* (élu pour 7 a. au suffr. univ.) du Congrès, du Comité central, du Bureau pol., du Comité exécutif et du Conseil exéc. Maréchal Mobutu Sese Seko Kuku Nbgendu Wa Za Banga (le coq qui chante victoire, le guerrier qui va de conquête en conquête sans que l'on puisse l'arrêter) (n. 14-10-30) dep. 24-11-65. *Ass.* élue pour 5 a. au suffr. univ. (310 m., élus en sept. 82). *PM* Kengo Wa Dondo (n. 1935) dep. 5-11-82. *Parti politique unique :* Mouvement populaire de la révolution f. 1967 dont tout Zaïrois est membre de droit. **Fêtes nat.** 30 juin (indépendance, 1960), 24 nov. (anniversaire du nouveau régime, 1965), 4 janv. (j. des Martyrs de l'Indépendance), 24 juin (j. du poisson), 14 oct. (j. de la jeunesse), 27 oct. [j. des Trois Z (pays-monnaie-fleuve)], 17 nov. (Fête anniv. des Forces armées z.).

Économie

P.N.B. ($ par h.). *1982 :* 180 ; *83 :* 160 ; *84 :* 137. **Pop. active** (%, entre parenthèses part du P.N.B. en %) agr. 70 (32), ind. 15 (23), services 15 (45). **Inflation** (%). *1979 :* 87,7 ; *80 :* 42,1 ; *81 :* 34,9, *82 :* 37,2 ; *83 :* 100 ; *84 :* 20. **Dette extérieure** (milliards de $). *Fin 1983 :* 4,1 ; *fin 84 :* 3,8 ; *fin 85 :* 4,4. **Dévaluation** (10-9-83) 99,5 %.

Agriculture. *Terres* (milliers d'ha, 80) arables 5 800, cult. 552, pâturages 9 221, forêts 177 280, eaux 7 781, divers 33 907. *Production* (milliers de t, est. 84) manioc (30 % des t. cult.) 14 600 (83), canne à sucre 740 (83), palmier à huile 140 (83), maïs 680, riz 260, arachides 380, plantain 1 480 (83), manioc 14 600 (83), prod. maraîchers, légumineuses, coton, cacao, thé, café, tabac, hévéa. **Élevage** (83). Bovins 1 300 000, porcins 750 000, ovins 760 000, caprins 2 900 000, volailles 16 000 000. **Pêche** (84) 102 000 t.

Mines (t, 84). Cuivre (Shaba) 500 700, charbon (près de Kalémie, ex-Albertville, et Luena, réserves 60 millions de t) 110 000 (83), zinc (lingots 62 400), cobalt 9 100, argent 30 805 (83), diamants de Lubilash 5 593 000 carats, du Kasaï 6 175 000 carats (83), étain, manganèse, or, wolframite, monazite, pétrole 1 400 000, colombo-tantalite, cassitérite, cadmium, gaz (lac Kivu). **Industrie.** Prod. alim., ciment, textile. *Barrage d'Inga :* I (terminé) 350 MW ; II (en construction) 1 272 MW ; III (projet) 1 200 MW.

Transports (km) routes 160 000, dont goudronnées 3 000, chemins de fer (en cours de rénovation) 4 104, voies navigables 15 000. **Tourisme.** 90 800 vis. (80). *Parcs nationaux :* P. de la Virunga (ex-P. Pce Albert de la Rwindi), 8 000 km² (22 000 hippopotames, 35 000 éléphants, 20 000 buffles, 15 000 antilopes, 500 lions) ; l'Upemba, 11 730 km² (3 000 éléphants, 1 000 antilopes noires, 500 zèbres) ; la Garamba, 5 000 km² (5 000 éléphants, 15 000 buffles, 15 000 antilopes, 150 lions, 580 girafes).

Commerce (millions de zaïres, 82). **Exp.** 13 208 *dont* cuivre 6 213,8, cobalt 965, café 617, diamants 434 *vers* (80) Benelux 3 415,8, Amér. du N. 1 009,7, France 488, Italie 428,7, Japon 375,7. **Imp.** 2 750,5 *dont* prod. man. 607, moyens de prod. 419, prod. énerg. 353, biens de consom. 303 *de* Benelux 1 109, France 667, Amér. du N. 540, All. féd. 402, Italie 149.

Rang dans le monde (82). 6e cuivre. 18e café.

ZAMBIE
V. légende p. 787.

Situation. Afrique. 752 614 km². *Alt. max.* 2 300 m. Plateaux (900-1 500 m), collines, lacs et plaines. Pays de savanes typique. Plateaux couverts de hautes herbes et d'arbres ; plus au nord, les arbres sont plus hauts et forment un vrai rideau ; dans les vallées : taillis. **Climat :** *3 saisons :* froide et sèche (mai à août ; temp. de 15,6 à 26,7 °C) ; chaude et sèche (sept. à

nov.) ; chaude et pluvieuse (déc. à avr.). Pour ces 2 saisons, *temp.* 26,7 à 32,2 °C. *Pluies :* + 1 270 mm par an au nord, entre 508 et 762 mm au sud, pouvant commencer en oct. et se terminer en mars.

Population. 6 500 000 h. (est. 85) (58 000 Eur. et Asiatiques ; *au r. de 1969 :* 43 390 Eur., 10 785 Asiatiques). D. 8,6. – *de 15 a.* 46,5 %, + *de 60 ans* 4,1 %. Croissance de la pop. par an : *1961-71 :* 2,8 % ; *1971-81 :* 3,2 % ; *83 :* 3,1 % ; *85 :* 3,4 %. **Immigration :** Zimbabwe, Malawi, G.-B., Asie (les personnes qui immigrent viennent temporairement, souvent sous contrat). *Pop. urb.* 45 % (84). **Villes** (80) : *Lusaka* env. 700 000 (83), Kitwé-Nkana 341 000 (à 359 km), Ndola 323 000 (321 km). **Langues.** Anglais *(off.)*, dialectes (bemba, nyanja tonga, lozi, lunda). **Religions.** Chrétiens 21 %, animistes, quelques musulmans.

Histoire. 1890 1ers colons. Territ. brit. de Rhodésie du N. **1899-1924** administré par British South Africa Co. **1964**-*24-10 indépendance,* prend nom de Zambie. **1973** *janv.* Rhodésie ferme frontière avec Z. (qui aide des guerilleros de Rh.). **1975**-*23-3* arrestation des dirigeants (50) du Zanu (Union nat. africaine Zimbabwe). **1978** grève de 300 techniciens blancs de « la ceinture de cuivre », qui protestent contre crimes organisés par des hindous de la secte des Thugs, « les étrangleurs du Bengale », et exécutés par des Noirs. *Oct.* réouverture de la frontière avec Rhodésie ; raid rhodésien (destruction de 12 bases de guérilleros partisans de N'komo). **1980**-*26-1* mort de l'ancien vice-Pt Simon Kapwepwe. *Oct.* échec d'un coup d'État. **1982** sécheresse. **1982-85** mévente du cuivre.

Statut. Rép. membre du Commonwealth. *Constit.* du 25-8-73. *Pt* élu pour 5 a. au suffr. univ. *Ass.* 125 m. élus au suffr. univ. p. 5 a., plus 10 nommés par le Pt. *Ch. des chefs* 27 m. *Pt* Kenneth David Kaunda (28-4-24) dep. 24-10-64. *PM* Kebby S.K. Musokotwane. *Parti unique :* Parti de l'Union nationale pour l'indépendance, f. 1959. 9 *provinces* divisées en districts. **Fête nat. :** 24 octobre (indépendance).

Économie

P.N.B. (84) 360 $ par h. **Pop. active** (%, entre parenthèses part du P.N.B. en %) agr. 65 (12), ind. 13 (42), services 22 (46). **Inflation** (%). *1980 :* 11,7 ; *81 :* 13,9 ; *82 :* 13 ; *83 :* 18 ; *84 :* 20 %. **Dette extér.** (84). 4,5 milliards de $.

Agriculture. *Terres* (milliers d'ha, 81) arables 5 150, pâturages 35 000, forêts 20 350, eaux 1 189, divers 13 564. *Production* (milliers de t, 83) canne à sucre 1 020, maïs 935, manioc 210, millet 13, sorgho 10, arachides 9, tomates 26, oignons 22, patates douces 22, tournesol 20, légumineuses 7. Tabac (84) 2 620 t. **Forêts** (82). 5 707 000 m³. **Élevage** (milliers de têtes, 83). Volailles 18 000, bovins 2 380, chèvres 350, porcs 250, moutons 40. **Pêche** (82). 55 888 t *(prév. 85 :* 71 104 t).

Mines (t, 84). Cuivre 523 000 (88 % des recettes de l'État), charbon 511 000, zinc 29 000, cobalt 3 470, plomb 9 000, argent, cadmium, gypse, manganèse, pétrole. Cuivre et cobalt représentent 95 % des recettes publ. *Barrage* de Kariba sur le Zambèze, à cheval sur Z. et Zimbabwe, 13,1 milliards de kWh (84). **Industrie.** Prod. alim. (sucre), cigarettes, engrais, ciment, métaux.

Transports (km). Routes (82) 5 583. Chemins de fer 1 204 dont Tam-Zam [construit entre 70 et 75 avec prêt chinois de 412 millions de $, long de 1 860 km (dont 891 en Z.)] de Ndola à Dar el-Salam (en Tanzanie) ; voies 1,067 m, capacité 5 millions de t/an (2,5 dans chaque sens), fret transport 1,5 million de t ; machines détériorées (manque de devises pour pièces détachées), voies détériorées (manque d'entretien, terrorisme), mauvais fonctionnement du port de Dar el-Salam (par lequel s'effectue 55 % du commerce z.). **Tourisme** 146 554 (81).

Commerce (millions de D.T.S., 84). *Exportations* 817 *dont* cuivre 668, cobalt 73, zinc 26, plomb 4 *vers* (%, 83) C.E.E. 38,2, Japon 18,3, U.S.A. 2,6 (81). *Importations* 706 *dont* pétrole 138, maïs 5 *de* (%, 83) C.E.E. 21,6, Japon 13,4 (81), U.S.A. 8,2 (81).

Rang dans le monde (83). 5e cuivre.

ZIMBABWE
Carte p. 1029. V. légende p. 787.

Nom. Maison de pierre ou forteresse. Site archéologique au S.-E. du pays, ancienne cap. d'un Empire. Avant, *Rhodésie* (de Cecil Rhodes qui fonda la British South Africa Company) ; apparaît en 1923 lors de la dissolution de celle-ci.

Situation. Afrique (entre les fleuves de Zambèze et de Limpopo). 390 759 km². *Alt. max.* Mt Inyangani 2 592 m, *min.* 162 m, *moy.* 1 430 m. *Frontières :* Mozambique 1 200 km, Zambie 900, Botswana 800, Afr. du S. 200. **Climat :** mois les plus chauds et les plus pluvieux : nov. à févr. ; les plus frais : mi-mai à mi-août. A Harare, *temp. moy.* annuelle 17 à 19 °C, *pluies* 831 mm.

Population. *1890 :* 500 000 ; *1962 :* 4 100 000 ; *70 :* 5 130 000 ; *74 :* 5 900 000 ; *82 :* 7 850 000 ; *85 :* 8 170 000. *Européens 1975 :* 275 000 (dont nés en Rhodésie 93 000, venus d'Europe 6 700, d'Afr. du S. 50 000, de pays devenus indép. 13 000), *81 :* 190 000 ; *83 :* 130 000 ; *85 :* 100 à 140 000. *Métis* (1978) 23 600, *Indiens* (1978) 10 500. D. 20,9. **Villes** [82 (et 78)] *Harare* ex-Salisbury 656 000 [(alt. 1 480 m) (Eur. 117 500, Afr. 480 000, Asiat. 4 800, Métis 8 000)], Bulawayo 413 800 [à 441 km (Eur. 52 000, Afr. 294 000, Asiat. 3 000, Métis 9 000)], Gweru 78 900 (Afr. 58 000, Eur. 8 800), Mutare 69 600 [à 262 km (Eur. 9 100, Afr. 51 000)], Kadoma 44 600 (à 142 km), Kwekwe 47 600 (à 214 km). **Immigration et émigration :** *1955-75 :* *im.* 224 000, *ém.* 176 207, solde + 48 193. *1975-80 :* *ém.* 81 728, *im.* 40 548, solde – 41 180. *1981 :* – de 20 000 Européens. *83 :* 19 076 (7 000 arrivants). **Langues.** Anglais, shona 70,8 %, ndebele 15,8 %. **Religions** (%). Anglicans 36, cath. 15, presbyt. 12, méth. 9, animistes.

Histoire. V. 10 000 av. J.-C. peuples de « Bushmen » du désert de Kalahari. Des Bantous (du S. du Soudan et du bassin du Congo) repoussent Bushmen vers désert. **1817** Mzilikazi († 1868), Gal du roi zoulou Shaka, fonde v. 1840 roy. du Matabele. **1855**-*15-11* missionnaire anglais *David Livingstone* (1813-73) découvre chutes Victoria. **1859** Robert et John Moffat fondent 1er établissement permanent européen (mission Inyati). **1868** Adam Renders découvre ruines de Zimbabwe. **1888** Lobengula roi des Matabele. **1890**-*12-9* des pionniers, partis de Kimberley le *6-5,* atteignent le site de Harare. Administré par British South Africa Company. **1891**-*9-5* protectorat brit. sur Bechuanaland, Matabeleland et Mashonaland. **1893**-*9-6* g. contre Matabele. **1894** Lobengula meurt. **1895** Mashonaland et Matabeleland appelés Rhodésie. **1896**-*9-7* rébellion du Mashonaland. **1923** *autonomie* (Rhodésie du S.). **1953**-*15-12 féd. avec Rh. du N. et Nyassaland.* **1960** barrage de Kariba inauguré. **1963**-*31-12* féd. avec Nyassaland dissoute. **1964**-*14-6* Ian Smith PM. **1965**-*11-11 déclare indép. contre volonté de la G.-B.* qui désire des droits politiques plus importants pour les Afr. Embargo organisé par G.-B. et sanctions de l'O.N.U., mais soutient Afr. du S. et Portugal. **1966**-*9-5/25-8* négociations à Londres. **1967**-*22-4 ne reconnaît plus d'allégeance envers G.-B.* **1969**-*20-6* référendum. **1970**-*2-3 rép.* *-16-4* Clifford Dupont Pt († 28-6-78). Régime foncier : « zones blanches » (pénétration facile, près des grandes villes) et « zones noires », ou terres tribales (accès interdit aux étrangers sans autorisation du gouv.). **1971**-*24-11* accord anglo-r. ; commission d'enquête (Lord Pearce). **1972** 1re insurrection armée. **1973**-*10-1* frontière avec Zambie fermée, réouverte *4-2.* **1974**-*12-12* libération des dirigeants nationalistes. **1975** *juin* combats à Harare entre membres du ZAPU et du ZANU. *-25-8* 1re conf. constitutionnelle entre Noirs et Blancs (sur le Zambèze). *-15-12* nouvelle conf. **1976** *janv.-mars* guérilla accrue. *-14-1* John Whrathall († 31-8-78) Pt. *-3-3* le Mozambique ferme frontières. *-5-3* I. Smith rompt négociations avec J. Nkomo. *-22-3* Callaghan (PM brit.) dit qu'un accord anglo-r. est subordonné à l'accession des Noirs au pouvoir dans les 2 ans. *-27-4* Kissinger annonce des mesures contre Rh. si elle n'accepte pas les propositions brit. *-9-8* raid. rh. contre un camp de réfugiés à Nyazonia (Moz. : + de 300 †). *-28-10/14-12* conf. à Genève pour un gouv. de transition ; ajournée sine die, 2 des 6 ministres noirs du cabinet

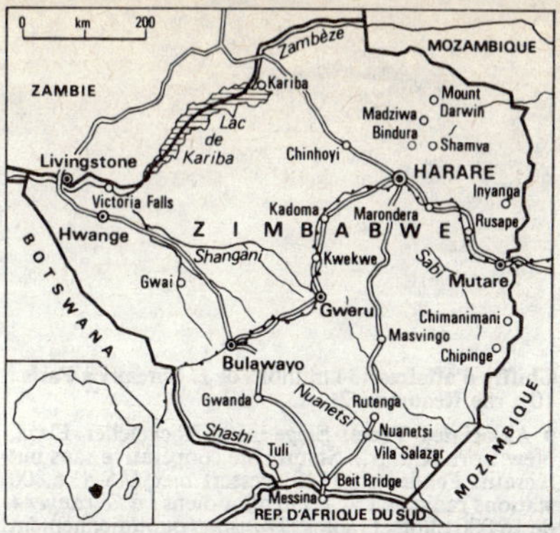

Smith quittent le gouv. et forment le ZUPO. **1977**-*-24-1* Smith rejette plan brit. *-22-1* Chitepo 2e vice-Pt du Conseil national afr. assassiné à Lusaka (colis piégé). *-30/31-1* 400 écoliers afr. enlevés par des maquisards à Tuli. *Févr.* massacre de 4 religieuses et de 4 pères jésuites à Musami par ZANU. *-6-8* attentat (11† et 60 blessés) à Salisbury. **1978**-*3-3* accord entre Smith et 3 modérés [Ndabaningi Sithole (aile intérieure de l'A.N.C.), Jeremiah Chirau (ZUPO), l'évêque Abel Muzorewa (U.A.N.C. : Conseil nat. afr. unifié)]. Accord rejeté par O.N.U. et dir. du Front patriotique (ZAPU et ZANU). *-20-3* Gouv. de transition, Smith reste PM. *Juin* 8 missionnaires brit. et leurs 4 enf. massacrés. *-3-9* Viscount d'Air Rh. abattu par missile de Nkoma, 48 † (dont 10 massacrés). *Oct.* raid en Zambie et Moz. (1 560 †).

1979-*31-1* 84,4 % des Blancs approuvent const. *-2-2* abolition des lois raciales. *-12-2* un missile Sam-7 abat un Viscount d'Air Rh. (59 †). *-22-6* raid en Angola (160 †). *-28-2* dissolution du Parlement. *-17-21/4 1res él. suffr. univ.* sous contrôle d'étrangers pour les 72 m. noirs. *-28-5* Josiah Gumede (Noir Ndebele n. 1920) élu Pt par Sénat et Ass. *-1-6* A. Muzorewa PM, gouv. d'union nat. Smith min. sans portefeuille. *-19-7* l'armée tue 183 « auxiliaires afr. » qui refusaient d'être transférés après avoir été accusés d'intimidation vis-à-vis de la pop. *-5-8 accords de Lusaka*. *-10-9* début de la conf. de Londres (gouv. brit., rh., Front patr.). *-22-11* Muzorewa accepte plan brit. *-5-12* idem pour rebelles. *-11-12* dissolution du parlement. *-12-12* la Rh. *redevient (provisoirement) colonie brit.* ; gouv. Lord Soames ; Pt Gumede lui transmet ses pouvoirs. *-21-12 accord final de Londres* entre Lord Carrington, Muzorewa, Nkomo, Mugabe. *-21-12* O.N.U. lève sanctions éco. *-23-12* réouverture des frontières avec Zambie et Moz. *-26-12* mort accidentelle du Gal Josiah Tongogara, chef. mil. de la guérilla. *-28-12* début du cessez-le-feu. **1980**-*10-2* attentat manqué contre Mugabe. *-18-4* indép. *-31-7* des manif. abattent la statue de Cecil Rhodes à Salisbury. *-5-8* Edgar Tekere, min. du Travail arrêté pour meurtre d'un fermier blanc. *-17-9* révocation du Gal Peter Walls. *-9/10-11* affrontements à Bulawayo entre partis Zanla et Zipra, 38 †, 300 bl. **1981**-*11/14-2* affrontements, 300 †, 700 bl. *-8/9-8* arrivée de 600 instructeurs coréens. *-16-12* attentat contre siège de la ZANU à Salisbury, 6 †, 150 bl. **1982**-*17-2* J. Nkomo éliminé du gouv. assigné à résidence. *-24-6* mitraillage de demeure du PM Mugabe. *Juill.* couvre-feu. *-26-7* sabotage de 12 avions à Thornhill. **1983** *févr.* 3 000 personnes (Ndebele de Nkomo) tuées au Matabeleland. *-8-3* Nkomo réfugié au Botswana, puis G.-B. *-16-8* rentre à Harare. *-31-10* évêque Muzorewa, ancien PM, arrêté. **1984**-*4-9* Muzorewa libéré. **1985** troubles au Matabeleland.

Bilan de la guérilla de 1972 au 30-11-79. 14 469 † (dont forces de sécurité en service 1 013, hors service 143, civils blancs 473, Noirs 7 548, terroristes 10 273). 5 000 † en 78 et 7 300 † en 79. *Conséquences écon.* : les Tribal Trust Lands sont ruinés ; des maladies comme la malaria réapparaissent ; nombreux réfugiés au Mozambique ; de janv. 78 à août 79, 30 % du bétail de la pop. africaine est mort.

Statut. République dep. 18-4-1980. Membre du Commonwealth. *Const.* du 29-11-69. *Pt* Révérend Canaan Banana (Ndebele, n. 5-3-1936) dep. 18-4-80, élu pour 6 a. par Parlement. *PM* Robert Gabriel Mugabe (n. 14-4-28) dep. 12-3-80. *Assemblée* : 100 s. dont 20 réservés aux Blancs (y compris Métis et Asiatiques) jusqu'en 1987. *Sénat* 40 m. dont 10 élus par députés blancs, 14 par dép. noirs, 10 chefs élus par Conseil national des chefs de Rh. et 6 nommés par le Pt sur recommandation du PM.

Élections à l'Assemblée *du 1/4-7-85*. 80 s. réservés aux Noirs : ZANU (p. gouv. de R. Mugabe) 63 s. (57 en 1980), ZAPU (de J. Nkomo), 15 (20 en 1980, pasteur N. Sithole 1, reste à pourvoir 1 ; 20 s. réservés aux Blancs : Alliance conservatrice de I. Smith 15, indépendants 5.

Partis. Européens : *Front républicain*, f. 1962, leader Ian Smith (n. 8-4-19). *Rhodesia Party*, f. 1972. **Partis noirs** : *UANC (United African Council)*, f. 1971, leader l'évêque méthodiste Abel Muzorewa (Shona n. 14-4-25), démissionne 12-11-85. *ZDP (Zimbabwe Democratic Party)*, f. 1979, scission de l'UANC, leader James Chikerema. *ZANU (Zimbabwe African National Union)*, f. 1977, leader Reverend Sithole (n. 21-7-20) en exil à Londres. *ZUPO (Zimbabwe United People's Organization)*, f. 1976, leader chef Jeremiah Chirau (Ndabaningi). *UNFP (United National Federal Party)*, f. 1978, leader chef Kayisa Ndiweni (n. 16-7-16). *ZAPU (Zimbabwe African People's Union)*, f. 1963, leader Joshua Nkomo (Ndebele, n. 1917), branche militaire [*ZIPRA (Zimbabwe People's Revolutionary Army)*] opérait à partir de la Zambie. *ZANU (PF) [Zimbabwe African National Union – Patriotic Front]* : regroupe ethnie shona ; leader Robert Mugabe, PM. La branche militaire [*ZANLA (Zimbabwe African National Liberation Army)*] doit normalement être intégrée à l'armée régulière nationale (nombreux insoumis).

Économie

P.N.B. ($ par h.) *1982* : 850 ; *83* : 740 ; *84* : 550. **Pop. active** (%, entre parenthèses part du P.N.B. en %) agr. 45 (20), ind. 25 (35), services 30 (45). **Inflation** (en %). *1980* : 5,4 ; *81* : 13,9 ; *82* : 10,7 ; *83* : 23 ; *84* : 18 ; *85* : 9 ; *86 est.* : 16. **Aide.** 510 millions de F (2,5 % du P.N.B. en 80). **Dette extérieure** (85) 2,1 milliards de $.

Agriculture. *Terres* (milliers d'ha, 81) arables 2 678, cult. 78, pâturages 4 856, forêts 23 810, eaux 391, divers 7 323. *Production* (milliers de t, 84) canne à sucre 3 940, maïs 3 000, millet 190, blé 120 (83), sorgho 131, arachides 70, tabac 118. Sécheresse en 82-84, redressement de la prod. en 85. 4 400 C.F.U. (fermiers commerciaux dont env. 100 Noirs) cultivent 13 millions d'ha (en 80, 5 200 C.F.U.). 850 000 fermiers africains traditionnels cultivent 16 millions d'ha. **Forêts** (82). 198 000 m³.

Élevage (milliers de têtes, 83). Bovins 5 350, moutons 455, porcs 192, chèvres 1 000 (83), volailles 9 000 (83). 35 000 éléphants.

Énergie. Charbon (millions de t, 83) : *réserves* 8 300, *prod.* 3,3. **Mines** (milliers de t, 84) : chrome 236, abeste 153 (83), cuivre 23,1, nickel 11,1, cobalt, or, argent, cuivre, bauxite, fer, amiante, lithium. Barrage de Kariba (voir Zambie). **Industrie**. Prod. alim., textile, tabac.

Transports (km). Routes 85 789, chemins de fer (83) 3 394. **Tourisme. Visiteurs** : *1983* : 298 040 (dont 160 000 Afr. S.). *Sites* : chutes Victoria sur le Zambèze (parc national), ruines de Zimbabwe, Inyanga, Khami, Dhlo Dhlo, Nalatale, Nyahokwe ; lac artificiel de Kariba (sur le Zambèze, un des + grands lacs artif.) ; parc Wankie 13 030 km².

Terres réservées (Land Tenure Act partageant le terr. en 2 parties égales entre pop. blanche et noire, aboli en 79) : Africains 181 940 km² dont Tribal Trust Land (maintenu) 162 240 ; Blancs 181 596 km² dont General Land 156 297 ; terres nationales 26 708 km².

Commerce (millions de $ Z, 83). **Exp.** 981 *dont* prod. man. 289,8, tabac 196, mat. 1res (sauf fuel) 167, prod. alim. 141 *vers* Afr. du S. 172, G.-B. 104, U.S.A. 60, All. féd. 60, Japon 56. **Imp.** 1 081 *dont* mach. et équip. de transport 439, pétrole 178, prod. man. 157, prod. chim. 125 *de* Afr. du S. 238, G.-B. 106, U.S.A. 95, All. féd. 72, Japon 46.

Rang dans le monde (83). 11e or. 14e rés. charbon.

Nom des dirigeants

Algérie : Zaïm. *Allemagne* : Chancelier (PM), Führer (guide, nom donné à Hitler). *Arabie* : Émir, Cheikh. *Buganda* : Kabaka (roi). *Burundi* : Mwami. *Égypte* : Raïs. *Espagne* : Caudillo (Franco). *Éthiopie* : Négus, Ras. *Inde* : Rajah. *Irlande* : Taoiseach (Pt), Sean O'Loinsigh (PM), Tanaiste (PM adjt.). *Italie* : Duce (guide, Mussolini). *Japon* : Tenno (empereur). *Luxembourg* : Grand-duc. *Malaisie* : Yan di Pertuan Agong. *Samoa occid.* : Ole Ao Ole Malo. *Turquie* : Sultan, Ghazi (Ataturk).

Devises de quelques pays

Afghanistan : Dieu, Roi, Patrie (avant 1980).
Afrique du Sud : Ex unitate vires (L'union fait la force).
Albanie : Prolétaires de tous les pays, unissez vous.
Algérie : La révolution par le peuple et pour le peuple.
Allemagne féd. : Einigkeit und Recht und Freiheit (Unité, Droit et Liberté).
Andorre : Virtus Unita Fortior (L'union fait la force). Touche-moi si tu oses (devise sur le blason).
Antilles néerlandaises : A libertate unanimus (D'accord sur la liberté).
Arabie saoudite : Il n'y a de dieu qu'Allah, Mohammed est son prophète.
Autriche : Ancienne devise des Habsbourg : A.E.I.O.U. [Austriae est imperare orbi universo (latin), et Alles Erbreich ist Oesterreich untertan (allemand) : La souveraineté universelle revient à l'Autriche]. Plus de devise actuellement.
Bahamas : Expulsis piratis restituta commercia (Les pirates chassés, le commerce restauré). Onward, Upward, Forward Together (Maintenir, croître et progresser ensemble).
Barbades : Pride and Industry (Fierté et Travail).
Belgique : L'union fait la force.
Belize : Sub Umbra Flores (Les fleurs éclosent à l'ombre).
Bénin : Fraternité, Justice, Travail.
Bermudes : Quo fata ferunt (Sur les voies du destin).
Birmanie : Le bonheur se trouve dans une vie harmonieusement disciplinée.
Bolivie : Dieu, Honneur, Patrie.
Botswana : Let there be rain (Que tombent les pluies).
Brésil : Ordem e Progresso (Ordre et Progrès).
Burkina-Faso : La Patrie ou la mort ? Nous vaincrons (avant, Hte-Volta : Unité, Travail, Justice).
Burundi : Unité, Travail, Progrès.
Caïmans : Établies par Dieu sur les flots.
Cameroun : Paix, Travail, Patrie.
Canada : A mari usque ad mare (D'un océan à l'autre). Québec : Je me souviens (emblème : le lys).

☞ Suite p. 1063 et voir Index.

Journaux

Statistiques

• **Journaux les plus vieux. Allemagne.** 1609 : *Relation aller fürnemmen und Gedenk wüdigen Historien.* 1616 : *Frankfurter Oberpostamtszeitung.* 1645 : *Post och Inrikes Tidningar* f. par l'Académie royale des lettres de Suède. 1660 : *Leipziger Zeitung* (1er quotidien). **Angleterre.** 1621 : *Weekley News.* 1625 : *Mercurius Britannicus.* 1702 : *Daily* courant (quotidien). **Belgique.** 1605 : *Nieuwe Tydingen* (disparu). **Chine** : *Tching Pao,* paru de 400 à 1934. **Espagne.** 1641 : *Gaceta Semanal.* **Italie.** A Rome : *Acta Diurna Populi Romani* (journal gravé sur des tablettes). 1640 : *Gazzetta Pubblica.* **Suède.** 1624 : *Hermes Gothicus.* **Suisse.** 1610 : *Ordinari Wochenzeitung.* **France.** 1650 : *La Muse historique.* 1631 (janvier) : *Les Nouvelles ordinaires de divers endroits* : absorbées par *la Gazette* de Théophraste Renaudot (fondée le 30 mai 1631) qui devint *la Gazette de France* en 1762 et cessa de paraître en 1915. Tirage moyen au XVIIe s. : 1 200 ex., au XVIIIe s. : 12 000. 1777 (1-1) : *le Journal de Paris* (quotidien).

• **Journaux publiés sans interruption depuis le plus longtemps. Angleterre :** *Berrow's Worcester Journal* (fondé 1690 et hebdomadaire depuis 1709) et pour les quotidiens *le Lloyd's List* (fondé 1734). Le *Times* a pour origine le *Daily Universal Register,* journal fondé 1-1-1785 (titre actuel depuis 1788). **France :** *Journal de la Corse* (fondé 1814, encore tiré à 4 900 exemplaires). **Suède :** *Post och Inrikes Tidningar* (fondé 1645).

• **Journaux les plus lourds.** Record, le *New York Times* du 13-11-1977 : avait 1 036 pages et pesait 3,741 kg.

• **Journaux les plus grands.** *The Nantucket Inquirer and Mirror* (hebdo. américain) : 76 × 56 cm. *The Constellation,* imprimé par Georges Roberts aux États-Unis le 4-7-1859, mesurait 180 × 89 cm.

• **Journaux les plus petits.** Le *Diario di Roma* (1829) mesurait 9 × 11 cm et le *Daily Banner* de Roseberg aux États-Unis 7,6 × 9,5 cm. *Le Petit Format* (Apt, Vaucluse) 7,5 × 10,5 cm.

• **Tirages les plus forts. Quotidiens.** Nombre d'exemplaires : ALL. FÉD. (1984) : *Bild Zeitung* 5 885 000 (1985).

ANGLETERRE : *Sun* 4 150 191.

CHINE : *Le Quotidien de l'Armée de Libération* 100 000 000.

ÉTATS-UNIS : *Wall Street Journal* 2 082 000.

FRANCE : *Dépêche du Midi 898 000 ; France-Soir* 428 944. Le 1er journal à avoir atteint un million d'ex. fut le *Petit Journal* en 1886 (5 c.).

JAPON (1-4-1985) : *Yomiuri Shimbun* 13 968 082 (matin 9 053 196, soir 4 914 886), *Asahi Shimbun* 11 986 000 (matin 7 455 000, soir 4 531 000) [1].

U.R.S.S. : *Trud* 15 400 000 ; *Pravda* 10 700 000 [1], *Komsomolskaïa Pravda* 10 000 000 [1], *Izvestia* 8 600 000 [1].

Périodiques. International : le mensuel *Reader's Digest* (28 000 000 exemplaires en 39 éditions internationales, éditées en 16 langues, f. 1922). **En France** 1 021 297.

Nationaux. ANGLETERRE : *The News of the World,* journal du dimanche 5 103 000 (1985). ÉTATS-UNIS : *Reader's Digest,* mensuel 18 299 000. FRANCE (diffusion) : hebdo. : *Télé 7 jours* 3 000 000 (n° de Noël 1984 : 3 490 000 ex., record absolu) et *Télé Poche* 2 150 000 ; mensuel : *Modes et Travaux* 1 500 000. JAPON : *Iye ho Hikari* 1 200 000. U.R.S.S. : *Rabonitza* 13 300 000 [1].

Nota. — (1) 1983.

Agences de presse

Généralités

Nombre. Env. 120 agences nationales dans le monde. Les 5 plus grandes touchent environ 99,8 % de la population mondiale.

Définition juridique en France (ordonnance du 2-11-1945 et loi du 19-10-70). Organismes privés qui fournissent aux journaux et périodiques des articles, informations, reportages, photographies et autres éléments de rédaction, et dont ils tirent leurs principales ressources.

Les agences de presse peuvent donc vendre leurs services à d'autres organismes dans la mesure où la majeure partie de leur chiffre d'affaires est réalisée avec la presse. Il leur est interdit de faire « toute forme de publicité en faveur des tiers » et de « fournir gratuitement des éléments de rédaction aux journaux et périodiques ».

Principales agences

• **Agence France-Presse. Siège :** Paris, 13, place de la Bourse, 2e. **Fondée** le 30-9-1944, elle reprit le service de nouvelles de l'Agence Havas *fondée* en 1835 par Charles Havas (1785-1858). **Statut** (loi du 10-1-1957 et décret du 9-3-1957) : « organisme autonome doté de la personnalité civile et dont le fonctionnement est assuré suivant les règles commerciales ». **Pt-dir. gén.** élu par le Conseil d'administration en dehors de ses membres, pour 3 ans (renouvelables), et par 12 voix au moins aux 3 premiers tours. **Pt** de 1954 à avril 75, Jean Marin (Yves Morvan, n. 24-2-1909). 13-6-75, Claude Roussel (n. 7-2-1919). 29-5-78, Roger Bouzinac (28-7-1920). 8-10-79, Henri Pigeat (13-11-1939). **Conseil d'administration :** 8 représentants des directeurs de quotidiens désignés par leurs organisations (par suite d'un accord entre elles, la Féd. nat. de la Presse franç. en désigne 5 et le Synd. nat. de la Presse quotidienne régionale 3 ; l'un de ces délégués est obligatoirement vice-Pt), 2 pour radio et télévision nommés par le PM (porte-parole du Gouv.), 3 pour services publics usagers de l'Agence (1 désigné par le PM, 1 par le min. des Aff. étrangères, 1 par le min. de l'Écon. et des Finances), 2 pour élus du personnel de l'agence (1 journaliste et 1 non-journ.). **Personnel :** 980 journalistes permanents, 1 782 correspondants pigistes, 287 cadres et ouvriers de transmission, 766 cadres et employés de presse. **Budget :** 780 millions de F (1986). **Clientèle :** diffuse dans plus de 150 pays et territoires 1 million de mots par j et 30 000 photos par an. **Principaux services :** généraux d'actualité par téléscripteurs 24 h sur 24, en 6 langues (fr., angl., espagnol, arabe, portugais, all.), photographique national et internat., écon., sportif, télématique (4 banques de données AGORA), audio (services texte et sonores) et vidéo. **Implantation :** 112 bureaux dans le monde. A travers sa propre clientèle directe et les 99 agences nationales abonnées, elle sert env. 7 000 journaux, 2 500 radios et 400 TV. Clientèle non-média : env. 2 000.

• **Agence Reuter. Siège :** Reuters Holding PLC, 85, Fleet Street, Londres (G.-B.). **Fondée** en 1851 par Paul-Julius Reuter (All. ; 1816-99, ancien collaborateur d'Havas). **Statut :** cotée à la Bourse de Londres et New York. Distribue informations générales, financières, politiques et économiques. *Employés* 5 500 à plein temps dont 730 journalistes, 2 000 ingénieurs et techniciens. Plus de 1 000 reporters à mi-temps. **Services** *généraux* (par téléscripteurs) dans 158 pays, en anglais, français, allemand, arabe et espagnol ; *économiques* (par terminaux d'ordinateurs et par téléscripteurs) dans 112 pays. 72 000 terminaux au 31-12-85. **Chiffre d'affaires** 434 millions de £. **Bureaux à Paris :** 101, rue Réaumur, 2e.

• **Associated Press. Siège :** 50, Rockefeller Plaza, New York (U.S.A.). **Statut :** Sté coopérative sans but lucratif. **Fondée** en 1848, dessert *aux U.S.A.* 6 800 stations radio et TV, 1 500 quotidiens ; *à l'étranger* + de 15 000 quot. et radios. *Transmet* quotidiennement plusieurs millions de mots. Services dans 7 langues. Bureaux et correspondants dans tous les pays sauf ceux où la presse occidentale n'est pas tolérée. **Budget** *annuel :* 221 millions de dollars (1986). **Effectifs :** 2 850 personnes. *Dir.* Louis D. Boccardi dep. 1985. *Affilié :* AP-Dow Jones, informations écon. et financières en anglais (plus de 1 500 abonnés dans le monde). **Bureaux à Paris :** 162, rue du Fg-St-Honoré, 8e.

• **United Press International. Siège :** 1400, Eye Street, Washington, N.W. 20 005 (U.S.A.). **Fondée** en mai 1958 de la fusion de l'International News Service, fondé en 1909 par le groupe Hearst, et de l'United Press Association fondée le 21-6-1907. Appartenait à Scripps-Howard ; achetée en 1982 par Media News Corporation. Services d'informations mondiales, Services photographiques mondiaux. **Bureaux à Paris :** 2, rue des Italiens, 9e. United Features Syndicate et autres affiliés. **Service audio :** 4 840 abonnés aux U.S.A., 2 900 stations radio, 940 stations télévision, 800 abonnés particuliers. 179 bureaux aux U.S.A., 52 à l'étranger. 1 500 journalistes à temps plein, plusieurs milliers de pigistes. 13 millions de mots par jour. **C.A. annuel :** 320 millions de F.

• **Agence Tass (Telegrafnoe agentstvo sovietskogo soïouza). Siège :** Tverskoï bulvar 10, Moscou (U.R.S.S.). **Fondée** 1-12-1917. Dir. gén. désigné par le Conseil des min. *Bureaux* ou *correspondants* dans plus de 100 pays (1986).

Quelques autres agences

Albanie. Agence télégr. alb. (A.T.A.). **Algérie.** Algérie Presse Service (A.P.S.). **Allemagne démocratique (All. de l'Est)** (Berlin). Allgemeiner Deutscher Nachrichtendienst (A.D.N.). **Allemagne fédérale (Ouest)** (Hambourg). Deutsche Presse Agentur (DPA), Bonn (DDP), Vereinigter Wirtschaftsdienst (vwd, Eschborn). Deutscher Depeschen Dienst GmbH. **Autriche.** Austria Presse Agentur (A.P.A.). **Belgique.** Agence Belga. Agence Day. Centre d'information de Presse (C.I.P.). **Bulgarie.** Bulgarska Telegrama Agentzia (B.T.A.). **Chine.** Chine nouvelle. **Danemark,** Ritzaus Bureau (R.B.). **Espagne.** Agencia Efe. Agencia Mencheta (inf. sportives principalement). Agencia Logos (inf. catholiques, accord avec la Radio du Vatican). Central Prensa. Colpisa. Europa Prensa. Euskadi Prensa. Iberia Prensa. Multiprensa. **États-Unis.** Central News of America (New York). Central Press Association (Cleveland). Dow Jones and Co. Inc. (New York), publie 3 journaux. Jewish Telegraphic Agency Inc. (New York). Newspaper Enterprise Association Inc. (Cleveland). North America Newspaper Alliance (New York). **Finlande.** Oy Suomen Tietotoimisto (S.T.T.). **France.** Agence centrale Presse (A.C.P.) (f. en 1951) : informe en nouvelles nationales et intern. la presse de province, les tél. nat. et rég., quelques radios nat. et périphériques, + de 50 radios locales ; 250 correspondants ; accord avec l'agence Reuter dep. 1972, avec l'agence U.P.I. en 1985. Agence générale d'informations (f. en 1980, succède à l'ag. Aigles f. 1967). Agra Presse. Opéra Mundi. Presse Service. Sté Générale de Presse. Agence Libération (f. juin 1971 par M. Clavel et J.-P. Sartre). **Grande-Bretagne.** Press Association (P.A.). Exchange Telegraph Company (EXTEL). **Grèce.** Agence d'Athènes (A.A.). **Hongrie.** Magyar Tavirati Iroda (M.T.I.). **Israël.** Agency of Associated Israeli Press. Jewish Telegraphic Agency. Mednews Agency. World Zionist Organization Press Service. **Italie.** Agenzia Nationale Stampa Associata (A.N.S.A.). **Japon.** Kyodo News Service. Jiji Press Service. **Maroc.** Maghreb Arabe Presse (M.A.P.). **Norvège.** Norsk Telegrambyraa.

Norsk Presse Service A/5. **Pays-Bas.** Algemeen Nederlandsch Press-bureau (A.N.P.). **Pologne.** Polska Agencia Prasowa (P.A.P.). Polska Agencja Interpress. **Portugal.** Agencia Noticiosa Portuguesa (A.N.O.P.). A. Europeia de Impresa Lda (A.E.I.). A. Literaria Imprensa e Promoçoes Lda. A. de Representacoes Dias da Sila Lda (A.O.S.). A. universal de Impresa Lda (Unipress). **Roumanie.** Agerpress. **Suède.** Tidningarnas Telegrambyra (T.T.). Svenska Nyketsbyran Svensk. Internationella Pressbyran (S.I.P.). **Suisse.** Agence télégraphique suisse (A.T.S.). **Tchécoslovaquie.** Ceskoslovenska Tiskova Kancelar (C.T.K.). **Tunisie.** Tunis Afrique Presse (T.A.P.). **Turquie.** Anadolu Ajansi (A.A.) (1920) : informations en turc, anglais, français et allemand ; 300 journalistes ; 15 bureaux. Akdeniz Haber Ajansi (Akajans). Ankara Ajansi (A.N.K.A.). Türk Haberler Ajansi (T.H.A.). Hürriyet Haber Ajansi (H.H.A.). **U.R.S.S.** Agentstvo Petchati Novosti (A.P.N.). Fondée en 1961. **Vatican.** Agence Fides. **Yougoslavie.** Tanyug (Telegrafska Agencija Nova Yugoslavija), Belgrade. UPA (Ujesnikova Press Agencija), Zagreb.

Agences de photos françaises

A.C.R. (Cie des Reporters-Viva). *Fondée* 1982 par les reporters de la Cie des Reporters (« features », texte et photos) et de Viva (phot. d'illustration). Reportages publiés dans 15 pays d'Europe. *C.A. 1984 :* 2 millions de F.

Gamma. *Fondée* 1967. 1 500 photographes collaborent. Reportages d'actualité 75 %. 45 bureaux à l'étranger. *C.A.* 25 000 000 F.

Magnum. *Fondée* 1947 par Henri Cartier-Bresson, Robert Capa, George Rodger, David Seymour. Coopérative internat. dont les 30 membres actuels sont propriétaires. Grands reportages d'actualité, report. photos industriels et pour l'édition. 1 bureau à Paris, 1 à New York, représentations dans le monde entier.

Norma. *Fondée* 1975. Ventes à l'étranger 60 %. 5 photographes. *C.A* 360 000 F.

Sipa Press. *Fondée* 1973 par Goksin Sipahioglu. Bureaux de production : Paris, Los Angeles. Reportages d'actualité et de show-business. 35 photographes à Paris, 1 200 correspondants à l'étranger. Diffusion dans 45 pays. *C.A. 1985 :* 50 millions de F dont 70 % à l'export. *Adresse :* 14, rue Roquépine, Paris 8e.

Sygma. *Fondée* 1973 par Hubert Henrotte (16-6-1934). 50 photographes exclusifs et 150 correspondants. Bureaux à New York, Los Angeles et Londres. Reportages d'actualité 40 %, ventes à l'étranger 60 %. *C.A. 1985 :* 65 000 000 F. *Adresse :* 74 bis, rue Lauriston, 75116 Paris.

Presse étrangère

Légende. Quot. : quotidien. Tirage (en milliers). Date de fondation et tendances.

Afrique du Sud

● **Groupes.** *Argus :* The Star, The Daily News, The Argus, Diamond Field Advertizer. *Quot. :* Kimbuley, Natal Mercury, Pretoria News, Sunday Tribune, Post, Ilanga, The Cape Herald. *SAAN :* Business Day, The Cape Times, Sunday Times, Sunday Express, Financial Mail (la SAAN détient aussi la majorité dans Eastern Province Newspaper Limited : Eastern Province Herald, Evening Post, Week-End Post). *Quotidiens indépendants :* Daily Dispatch, Natal Witness.

● **Quot.** *Star* (1887) 191 *Business Day* (1975) 26. *Argus* (1857) 96. *Daily News* (1878) 88. *Die Burger* 71. *Cape Times* 64.

● **Hebdo.** *Sunday Times* 491. *Rapport* 400. *Huisgenoot* 453. *Sunday Tribune* 118. *W/E Argus* 114.

Albanie

● **Quot. Tirana :** *Zeri i Popullit* (La Voix du Peuple) (1942) 105. *Bashkimi* (Unité) (1943) 30.

Algérie

● **Quot. Alger :** *El Moudjahid* [2] (1962) 310. *El Chaab* [1] (1962) 80. *Horizons 2000* [2] (1985). *El Massa* [1] (1985). **Constantine :** *An-Nasr* [1] (1963) 45. **Oran :** *El Djoumhouria* (1963) 20.

● **Hebdo. Alger :** *Algérie-Actualité* (1965) [2] 150. *Revue-Africaine* [2] 14. *El-Asr* [1] 21. *Révolution et Travail* [2] 10. *El-Moudjahid* [1]. *L'Unité* [1]. *El-Mountakhab* [1] (1986). *El-Fellah oua Thaoura* [1]. **Constantine :** *El-Hadef* [2] 100.

● **Mens. Alger :** *Alouane* [1] 84. *Amal* [1] 24. *El Djazairia. Africa 1 Sport* [2] (1985). *Afric/ECO* [2] (1985). *Actualité-Économie* [2] (1986). *Alger-Réalités* [1]. *Ethakafa* [1]. *Revue 1er Novembre. Al Açala. Rissala. Publications de l'APS.*

Nota. — (1) En arabe. (2) En français et en arabe.

Allemagne démocratique (RDA)

● **Quot. Berlin :** *Junge Welt* (1947) 1 238. *Neues Deutschland* (1946) 1 089. *Tribüne* (1945) 407. *Berliner Zeitung* (1945) 370. *BZ am Abend* (1949) 197. *Deusches Sportecho* (1947) 183. *Neue Zeit* (1945) 94. *Bauern-Echo* (1948) 91. *National-Zeitung* (1948) 54. *Der Morgen* (1945) 52. **Cottbus :** *Lausitzer Rundschau* (1951) 277. **Dresde :** *Sächsische Zeitung* (1945) 548. *Sächsisches Tageblatt* (1946) 64. *Die Union* (1945) 61. *Sächsische Neueste Nachrichten* (1950) 29. **Erfurt :** *Das Volk* (1946) 386. *Thüringische Landeszeitung* (1945) 62. *Thüringer Neueste Nachrichten* (1951) 31. *Thüringer Tageblatt* (1945) 31. **Frankfurt-sur-Oder :** *Neuer Tag* (1946) 196. **Gera :** *Volkswacht* (1946) 230. **Halle :** *Freiheit* (1946) 568. **Karl-Marx-Stadt :** *Freie Presse* (1963) 646. **Leipzig :** *Leipziger Volkszeitung* (1894) 471. *Mitteldeutsche Neueste Nachrichten* (1951) 20. **Magdebourg :** *Volksstimme* (1946) 437. **Neubrandenbourg :** *Freie Erde* (1945) 191. **Potsdam :** *Märkische Volksstimme* (1890) 324. *Brandenburgische Neueste Nachrichten* (1951) 22. *Märkische Union* (1945) 4. **Rostock :** *Ostsee-Zeitung* (1952) 281. *Norddeutsche Neueste Nachrichten* (1954) 34. *Der Demokrat* (1945) 18. **Schwerin :** *Schweriner Volkszeitung* (1946) 192. *Norddeutsche Zeitung* (1946) 22. **Suhl :** *Freies Wort* (1945) 170.

Hebdo. Berlin : *FF-Dabei* (1969) 1 484. *Wochenpost* (1954) 1 252. *Für Dich* (1963) 940. *NBI-Die Zeit im Bild* (1945) 763. *Eulenspiegel* (1954) 461. *Freie Welt* (1954) 333. *Neue Deutsche Bauernzeitung* (1958) 225.

● **Mens. Berlin :** *Das Magazin* (1954) 567. *Neues Leben* (1952) 541. *Horizont* (1968) 130.

Allemagne fédérale (RFA)

● **Groupes. Axel Springer Verlag AG** (fondé par Axel Springer 1912/22-9-1985). *Chiffre d'affaires* (en millions de marks) *1984* 2,4. *Bénéfices de groupes : 1984* 29,2, *1985* 38,2. Berlin, *6 quot. :* Die Welt, Hamburger Abendblatt, Bild, Berliner Morgenpost, Elmsnormer Nachrichten. B.Z. *2 j. du dimanche :* Welt am Sonntag, Bild am Sonntag. *Plusieurs mag. :* Hörzu, Funk Uhr, Journal für die Frau, Bild der Frau, Bildwoche, Auto-Bild, Weltkunst, Antiquitäten-Zeitung. *Maisons d'édition :* Verlag Ullstein GmbH (Ullstein Buchverlag, Propyläen Verlag, Ullstein Taschenbuchverlag).

Süddeutscher Verlag (Dir. Dr Jörn Könke, Günther Viertler, Klaus Wagner, Manfred Winterbach), Süddeutsche Zeitung 356.

Jahreszeiten-Verlag GmbH (Inn. Thomas Ganske), Für Sie, Für Sie Spezial, Petra, Zuhause, Vital, Selber Machen, Architektur + Wohnen, Feinschmecker, Charme, Unser Kind, Schöner Reisen.

Heinrich Bauer Verlag (Inn. Heinz Bauer), TV Hören und Sehen, Neue Revue, Neue Post, Das Neue Blatt, Praline, Quick, Bravo, Fernsehwoche, Tina, Playboy, Wochenend, Bella, Neue Mode, Mikado, Auto Zeitung, Selbst ist der Mann, Motorrad Reisen Sport, Das Neue.

Burda GmbH (Inn. Franz Burda, Frieder Burda, Dr Hubert Burda), Bunte, Bild + Funk, Freizeit Revue, Freundin, Das Haus, Meine Familie + Ich, Mein Schöner Garten, Pan, Ambiente, Architectural Digest, Kreative Frau, Kochen + Geniessen, Maxi, Chancen.

Gruner und Jahr GmbH & Co KG (Inn. Bertelsmann AG, Constanze-Verlag, John Jahr KG), Stern, Geo, Art, Brigitte, Schöner Wohnen, Häuser, Nicole, Capital, Impulse, Essen + Trinken, P.M., YPS, Eltern Prima.

Bertelsmann. Groupe détenu en mars 1986 à 98 % par la famille Mohn. 1er groupe médiatique europ. *Chiffre d'affaires* (en milliards de marks) *1984* 6,72, *1985* 7,44. *Bénéfices : 1984* 0,29, *1985* 0,37. *Chiffre d'aff. édition :* 1,14, *imprimerie-industrie :* 1,56, *filiale magazine Gruner und Jahr :* 2,35. *Filiale en France :* Prisma-Presse (Géo, Prima, Femmes actuelles et Télé-Loisirs). Voir Index.

● **Quot.** (tirage vendu, 1985). **Augsbourg :** *Augsburger Allgemeine* (1945) 343. **Berlin :** *B.Z.* (1877) 307, *Berliner Morgenpost* (1898) 185. **Bonn :** *Die Welt* (1946) 256. **Cologne :** *Kölner Express* (1964) 307, *Kölner Stadt-Anzeiger* (1876) 265. **Dortmund :** *Ruhr-Nachrichten* (1949) 251. **Düsseldorf :** *Rheinische Post* (1946) 394, *Express* 130. **Essen :** *WAZ / Westfälische Rundschau* (Zeitungsgruppe WAZ : WAZ + NRZ + WR + WP) (1946) 1 227. **Francfort/Main :** *Frankfurter Allgemeine* (1949) 327, *Frankfurter Rundschau* 192. **Hambourg :** *Hamburger Abendblatt* (1948) 285, *Bild* (1952) 5 885, *Hamburger Morgenpost* 113. **Hanovre :** *Hannoversche Allgemeine Zeitung* (1949) 537. **Ludwigshafen :** *Die Rheinpfalz* (1945) 245. **Munich :** *Süddeutsche Zeitung* (1945) 356. *Abendzeitung* (1948) 261. *Münchener Merkur* (1946-69) 167. **Nüremberg :** *Nürnberger Nachrichten* (1945) 340. **Stuttgart :** *Stuttgarter Zeitung* (1945) et *Stuttgarter Nachrichten* 536.

● **Hebdo.** (tirage vendu, 1984). **Hambourg :** *Die Zeit* (1946) 433. *Welt am Sonntag* (1948) 324. **Stuttgart :** *Sonntag Aktuell* 848.

● **Périodiques** (tirage vendu, 1985). *ADAC Motorwelt* 7 751, *Hörzu* 3 424, *Bild der Frau* 2 959, *Das Haus* 2 646, *Fernsehwoche* 2 376, *TV Hören und Sehen* 2 375, *Funk Uhr* 2 306, *Neue Post* 1 626, *Tina* 1 570, *Freizeit Revue* 1 531, *Stern* 1 431, *Burda Moden* 1 360, *Bildwoche* 1 303, *Das Beste* 1 240, *Bravo* 1 212, *Brigitte* 1 202, *Das Neue Blatt* 1 142, *Bunte* 1 110, *Neue Revue* 1 086, *Bild + Funk* 1 026, *Gong* 1 005, *Die Aktuelle* 941, *Der Spiegel* 927, *Für Sie* 921, *Freudin* 862, *Quick* 852, *Frau im Spiegel* 811, *Meine Familie & Ich* 790, *Neue Mode* 651, *Bella* 630, *ACE Lenkrad* 542, *Das Goldene Blatt* 532, *Auto Motor und Sport* 514, *Petra* 514, *Geo* 509, *Leben & Erziehen* 502, *Journal für die Frau* 486, *Eltern* 454, *Playboy* 452, *Cosmopolitan* 440, *Neue Welt* 423, *Carina* 416, *Frau im Leben* 334, *Nicole* 332, *Lut* 309, *Echo der Frau* 299, *Frau aktuell* 268, *Motor & Reise* 268, *7 Tage* 268, *Essen & Trinken* 267, *Capital* 255, *Das Motorrad* 203, *Selbst* 202, *Frau mit Herz* 185, *Gute Fahrt* 182, *D M* 162, *Hobby* 156, *Auto Zeitung* 133, *Wirtschaftswoche* 119, *Mot* 118, *Penthouse* 36, *Auto-Bild.*

Autriche

● **Quot. Vienne :** *Kronen-Zeitung* (1900, ind.) 856 (1 358 dim.), *Kurier* (1954, ind.) 641 (689 dim.), *Arbeiter-Zeitung* (1899, soc.) 71, *Die Presse* (1848, ind.) 57 (76 sam.). *Volksstimme* (1945, communiste) 41 (75 dim.). **Graz :** *Kleine Zeitung* (1904, ind.) 243, *Neue Zeit* (1945, soc.) 80. **Salzbourg :** *Salzburger Nachrichten* (1945, ind.) 64 (103 sam.). **Linz :** *Oberösterreichische Nachrichten* (1865, ind.) 94 (136 sam.). **Innsbruck :** *Tiroler Tageszeitung* (1945, ind.) 90 (102 sam.). **Bregenz :** *Vorarlberger Nachrichten* (1945, ind.) 60 (62 sam.). **Klagenfurt :** *Kärntner Tageszeitung* (1945, soc.) 85.

Belgique

Source : Assoc. belge des éditeurs de journaux (20, rue Belliard, 1040 Bruxelles).

24 entreprises de presse, 39 titres de journaux (dont édités en français 23, néerlandais 15, allemand 1). *Tirage total quot. :* 2 196 (dont quot. authentifiés par le C.I.M. 1 767, non authentifiés par le C.I.M. 429). *Investissements publicitaires dans les quot. belges :* 6 129 millions de FB (1984). *C.A. des entreprises de presse quotidienne :* 16 467 millions de FB (1984).

● **Titres. Anvers :** *Gazet Van Antwerpen, De Lloyd/Lloyd Anversois, De Nieuwe Gazet, De Financieel Ekonomische Tijd.* **Arlon :** *L'Avenir du Luxembourg.* **Bruxelles :** *La Cité, La Dernière Heure / Les Sports, Le Drapeau Rouge, L'Écho de la Bourse, Het Laatste Nieuws, La Lanterne, La Libre Belgique/Gazette de Liège, De Nieuwe Gids, Le Soir, De Standaard/Het Nieuwsblad.* **Charleroi :** *La Nouvelle Gazette, Le Rappel, Le Journal et Indépendance, Le Peuple.* **Eupen :** *Grenz-Echo.* **Gand :** *De Gentenaar, Het Volk, De Morgen, Vooruit, De Antwerpse Morgen.* **Hasselt :** *Het Belang van Limburg.* **La Louvière :** *L'Écho du Centre.* **Liège :** *La Meuse, La Wallonie.* **Malines :** *Gazet van Mechelen.* **Mons :** *Le Journal de Mons, La Province.* **Namur :** *Vers l'Avenir.* **Tournai :**

L'Avenir du Tournaisis, Le Courrier de l'Escaut. **Verviers :** *Le Courrier, Le Jour.*

● **Tirage des principaux groupes** (1984). *De Standaard* + Het Nieuwsblad + De Gentenaar (359). *Het Laatste Nieuws* + De Nieuwe Gazet (306). *Le Soir* (220), La Meuse + La Lanterne (130), La Nouvelle Gazette + La Province (77). *Het Volk* + De Nieuwe Gids (203). *Gazet van Antwerpen* + Gazet van Mechelen (184). *La Dernière Heure/Les Sports* + L'Avenir du Tournaisis (100)[1]. La Libre Belgique/Gazette de Liège (90)[1]. *Vers l'Avenir* + Le Courrier + Le Courrier de l'Escaut + L'Avenir du Luxembourg (126). *Het Belang van Limburg* (97). *De Morgen* + Vooruit (44). *Le Rappel*, L'Écho du Centre, le Journal de Mons (35)[1]. *La Wallonie (48)*[1], *Le Peuple* + Le Journal et Indépendance (27)[1]. *L'Écho de la Bourse* (30)[1]. *La Cité* 20[1]. *Le Jour* 18[1]. *Le Drapeau Rouge* 15[1]. *De Financieel-Ekonomische Tijd* 20. *Grenz-Echo* 13[1]. *De Lloyd/Lloyd Anversois* 10[1].

● **Hebdo.** (tirage contrôlé). **Flamands :** *Kerk en Leven* 810, *Libelle* (fr. + fl.) 301[1], *De Bond* 317, *Zondagnieuws* 111, *Story* 180[1], *Humo* 235[1], *TV Ekspres / TV Strip Zie Magazine* 196[1], *Het Rijk der Vrouw* + Ons Volk 207, *Kwik* 91, *Flair* 230[1], *Panorama* 89[1], *Sport'80/Le Sportif 80* 80, *Zondagsblad* 92[1], *Knack* 97[1], *Het Beste uit Reader's Digest* 142, *De Post* 85, *Teveblad* 180[1], *Het Wekelijks Nieuws* 56[1], *Brugsch Handelsblad* 40[1], *De Weekbode-De Zeewacht* 80[1], *Topics* 56[1], *Het Vrije Waasland* 20[1], *De Voorpost* 23[1], *De Torhoutse Bode* 16[1], *De Rode Vaan* 12[1], *Vlaams Weekblad* 36[1], *Trends* 32[1]. **Francophones :** *Dimanche* 576, *Télémoustique* 208[1], *Femmes d'Aujourd'hui* + Chez Nous 186, *Le Ligueur* 133, *Sélection du Reader's Digest* 166, *Le Soir Illustré* 119, *Pourquoi Pas ?* 78, *Bonne Soirée* 71[1], *Télépro* 126, *L'Événement* 30[1], *Le Marché De Markt* 32[1], *Dimanche-Presse* 10[1], *Trends/Tendances* 20[1], *Le Courrier* 15[1], *La Semaine d'Anvers* 10[1], *Le Courrier de Gand* 17[1], *Le Courrier du Littoral et de Bruges* 11[1], *Le Vif/L'Express* 65[1].

Nota. — (1) Tirage non contrôlé.

Brésil

● **Quot.** *O Dia* (1951) 218 (dim. 355). *Folha de São Paulo* (1921) 158. *Estado de São Paulo* 189 (dim. 370). *Globo* 212 (dim. 402). **Hebdo.** *Veja* 527. *Manchete* 175. *Isto E* 122. **Bimensuel.** *Exame* 54. **Mens.** *Claudia* 265. *Playboy* 190. *4 Rodas* 162.

Bulgarie

Sofia : *Rabotnitchesko Delo* (Œuvre ouvrière 1927) 850. *Otetchestven Front* (Front de la Patrie 1942, 2 éd. par jour) 280. *Trud* (Travail 1946) 295. *Narodna Madezh* (Jeunesse populaire 1944) 230. *Zemedelsko Zname* (Drapeau agrarien 1902) 176. *Kooperativno Selo* (Village coopératif 1951) 195. *Vetcherni Novini* (Informations du soir 1951) 122.

Canada

Moyenne des exemplaires vendus.

● **Quot. de langue française** (janv. 1984). **Chicoutimi :** *Le Quotidien du Saguenay* 29. **Granby :** *La Voix de l'Est* 12. **Montréal :** *Le Journal de Montréal* 311. *La Presse* 244. *Le Devoir* 38. **Ottawa :** *Le Droit* 43. **Québec :** *Le Soleil* 135. *Le Journal de Québec* 100. **Sherbrooke :** *La Tribune* 39. **Trois-Rivières :** *Le Nouvelliste* 51.

● **Quot. de langue anglaise** (janv. 1984). **Calgary :** *Calg. Herald* 173. *Calg. Sun* 75. **Edmonton :** *Edm. Journal* 253. *Edm. Sun* 83. **Halifax :** *Chronicle Herald & The Mail Star* 137. **Hamilton :** *The Spectator* 146. **London :** *Free Press* 127. **Montréal :** *The Gazette* 236. **Ottawa :** *The Citizen* 203. **Toronto :** *Star & Sunday Star* 598. *Globe and Mail* 312. *Toronto Sun & Sunday Sun* 343. **Vancouver :** *Vanc. Sun* 290. *The Province* 161. **Winnipeg :** *Winn. Free Press* 210.

● **Périodiques de l. anglaise** (mars 1983). *Châtelaine* 1 094. *TV Guide* 844. *Starweek Magazine* 811. *Quest* 712 (sept. 83). *Maclean's* 650 (fév. 83). *Financial Post* 197. **Française :** *Châtelaine* 299. *L'Actualité* 248 (juin 83).

Danemark

Copenhague (tirage contrôlé, janvier 1986). *Ekstra Bladet* (1904, libéral) 248. *B.T.* (1916, ind.-conservateur) 214. *Politiken* (1884, libéral) 158 (229 dim.). *Berlingske Tidende* (1749, ind.-conservateur) 130 (203 dim.). *Groupe Aktuelt* (1872, soc.-dém.) 56 (112 dim.).

Égypte

● **Quot. Le Caire :** *Al Akhbar* (1952, ind.) 748. *Al Ahram* (1875, ind.) 8 000 000. *Al Gomhouria* (La République) (1953) 650 000. *Le Journal d'Égypte* (1950, français) 72 000. *Phos* (1896) 20 000. *Le Progrès égyptien* (1890, français) 19 000. *The Egyptian Gazette* (1880) 32 000. *Misr* (1977, parti socialiste arabe). *Al Missa* 105 000. *Maya* (parti national démocratique) 350 000.

● **Périodiques.** Hebdo : *Akhbar el-Yom* 1 031 800. *Al Mussawar* 162 000. *Akher Saa* 250 000. *Al Kawakeb* (cinéma) 38 500. *Al Ahrar* (parti libéral socialiste-opposition droite), *Al Ahali* (opposition de gauche). *May* (parti nat. démocrate). Bimensuel (économique) : *Al Ahram al-Iqtisadi* 35 000. Mensuels : *Al Doctor* 30 000. *Al Magalla al Ziraia* 30 000. *El Cinema wal Nas. Ma Revue.*

Espagne

● **Groupes. Medios de Comunicación Social del Estado** [ancien Prensa del Movimiento (phalangiste) ; revenu à l'exploitation privée en 1984 : 28 *quot.* du matin. Principaux : Levante (Valencia), Alerta (Santander). *Chaîne de radio :* Radiocadena.

Prensa Española. Monarchiste. *Quotidien* A.B.C. (Madrid et Séville), *Zeta, Diez y seis, Prysa.*

● **Quot.** (tirage vendu, 1984). **Madrid :** *El Pais* (1976) 333. *Ya* (1935, ind. cath. droite) 104. *A.B.C.* (1905, mon., cath., ind.) 144. *As* (1967, sport) 136. *El Alcázar* (1936, droite phalang.) 91. *Diario-16* (dr. lib.) 129. **Barcelone :** *La Vanguardia* (1881, dr. lib., ind.) 189. *El Periódico* (1979) 126. *Avui* (1976, cath. ind.) 38. *El Correo Catalán* (1876, dr. ind.) 30. *El Mundo Deportivo* (1904, sports) 39. *Dicen* (1952, sports) 25. *Foto Sport* (1979) 46. **Bilbao :** *El Correo español-El Pueblo vasco* (1937, droite) 94. *Deia* (cons.) 50. *La Gaceta del Norte* (1901, ind.) 38. **Oviedo :** *La Nueva España* (1937) 33.

● **Hebdo** (1983). *Cambio 16*, 165. *Interviú* 432. *Hola* 500. *Lecturas* 414. *Diez Minutos* 422. *Semana* (1942) 329. *Tiempo* 250. *La Revista* 400. *Dinero* (économique) 100.

● **Mens.** (1983). *Conocer* 150. *Muy interesante* 165. *Natura. Penthouse* 73. *Playboy.*

États-Unis

Source : Audit Bureau of Circulations.

● **Groupes. News Corporation** (Pt Rupert Murdoch). Chiffre d'affaires 1984 : 2,1 milliards de dollars. Possède aux USA *The New York Post, The Chicago-Sun Times, The Boston Liberal, The News*, a racheté 6 stations de télévision ; en Grande-Bretagne, *Times, Sun* et *News of the World.* En Australie, il contrôle *14 journaux* dont *The Australian*, possède aussi *4 maisons d'édition* en Australie et en Grande-Bretagne, et *1 maison d'édition de disques*, plus des participations dans l'agence Reuter, l'édition électronique, la chaîne Sky Channel, le transport aérien. **Newhouse Newspapers Group.** New York (Pt Samuel Newhouse) possède *20 journaux* dont le New Yorker (dep. mars 1985). **Time Inc.** New York (Pt James A. Linen) : Time éd. des U.S.A., Sports Illustrated, Fortune, Money, People, Washington Star. **Gannett :** 85 quotidiens rég., 12 hebdo., 6 stations de télé., 16 radios. **Knight-Ridder :** 29 journaux.

● **Quot.** Tirage moyen de la semaine sauf les samedis (en milliers) et, entre parenthèses, tir. du dimanche (période de 6 mois finissant le 31-3-1985). **New York :** *Wall Street Journal* 1 990. *News* 1 391 (1 774). *N.Y. Times* 1 013 (1 624). *N.Y. Post* 901. **Chicago :** *Tribune* 776 (1 166). *Sun Times* 639 (691). **Boston :** *Globe* 511 (803). *Herald* 368 (309). *Christian Science Monitor* 151. **Los Angeles :** *Times* 1 070 (1 332). *Herald Examiner* 237 (214). **Philadelphie :** *Inquirer* 520 (1 012). *News* 284. **San Francisco :** *Examiner and Chronicle* 707 (717). *Chronicle* 555. *Examiner* 152. **Washington :** *Post* 771 (1 066).

Nombre de quotidiens. 1945 : 1 749, *au 1-1-85 :* 1 699. Sur 1 500 grandes villes, 45 ont plusieurs journaux (en *1910 :* 689). Il ne reste à New York que 3 quotidiens traditionnels (2 le matin, 1 le soir) et les journaux de quartier atteignant parfois de gros tirages.

● **Périodiques.** En milliers (période de 6 mois finissant le 31-12-1985). *Reader's Digest* 17 657[1], créé 1922, en 1986 : 16 200. *TV Guide* 16 899[3]. *National Geographic Magazine* 10 549[1]. *Better Homes and Gardens* 8 061. *Family Circle* 6 662[1]. *McCall's* 6 312[1]. *Woman's Day* 6 194[1]. *Ladies Home Journal* 5 235[1]. *Good House-Keeping* 5 157[1]. *Time* 4 603[2] (fondé en 1923). *Playboy* 4 151[1] (avant 7 000). *Redbook Magazine* 4 094[1]. *Penthouse* 3 173 (avant 6 000). *Newsweek* 3 058[1] (fondé en 1933). *U.S. News and World Report* 2 084[2]. *Popular Science Monthly* 1 816[1]. *Parent's Magazine* 1 730[1]. *True Story* 1 523[1]. *Vogue* 1 179[1]. *Fortune* 725.

Nota. — (1) Mensuel. (2) Hebdomadaire. (3) Bihebdomadaire.

Look, magazine créé en 1937, a disparu le 19-10-1971. Son tirage était passé de 2 500 000 ex. en 1946 à plus de 7 500 000. Il a disparu par manque de publicité, bien qu'il eut abaissé son tirage à 6 500 000 et diminué ses tarifs publicitaires, calculés d'après la diffusion. *Life* (créé en 1936 par Henry Luce) a cessé de paraître fin 1972. Chaque numéro était vendu audessous du prix de revient, les budgets publicitaires ayant diminué (une page couleur coûtant 64 000 $, soit 320 000 F, beaucoup d'annonceurs préféraient se payer 1 mn de télévision). On avait réduit le tirage de 8,5 à 5,5 millions.

Finlande

● **Quot.** *Helsingin Sanomat* (1904, indép.) 427 (501 dim.). *Aamulehti* (1881, conserv.) 140 (144 dim.). *Turun Sanomat* (1905, indép.) 131 (139 dim.). *Ilta-Sanomat* (1932, indép.) 184. *Uusi Suomi* (1847, indép.) 91 (96 dim.). *Savon Sanomat* (1907, centre) 84.

● **Périodiques.** *Seura* 312, *Aku Ankka* 297, *Apu* 311, *Valitut Palat* 316, *Kotiliesi* 216, *Hymy* 194.

Grande-Bretagne

Principaux groupes. Associated Newspapers Holdings (Pt Viscount Rothermere) : *2 quot. :* Daily Mail (nat.), participation 50 % The Standard, *14 quot. prov., 28 hebdo.* (dont Mail on Sunday, nat.).

Guardian and Manchester Evening News plc (Pt P.W. Gibbings) : *2 quot. :* The Guardian (nat.). Manchester Evening News, *1 hebdo. :* Guardian Weekly.

Mirror Group Newspapers Ltd (Pt : Robert Maxwell) : Cie privée, ancienne filiale de Reed International ; *3 quot. :* Daily Mirror (nat.), Sporting Life (nat.), Daily Record (écossais) ; *3 hebdo. :* The People (nat.), Sunday Mirror (nat.), Sunday Mail (écossais) + j. de provinces dont Daily Record.

News Group Newspapers (Pt Rupert Murdoch) : *2 quot. :* Sun (nat.), Post (nat. prévue fin 1985) ; *1 hebdo. :* News of the World (nat.). **Times Newspapers.** *1 quot. :* Times ; *1 hebdo. :* Sunday Times.

Pearson Longman plc (Pt Viscount Cowdray) : *1 quot. :* Financial Times (nat.). *11 quot. prov., 34 hebdo, 29 quot. gratuits.*

United Newspapers plc (Pt David R. Stevens). *4 quot. :* Daily Express, The Star, Yorkshire Post, Morning Telegraph ; *7 quot. du soir ; 1 hebdo. :* Sunday Express ; *51 hebdo. prov. payants ; 32 hebdo. prov. gratuits ;* 113 magazines dont 36 mensuels publiés aux USA. A racheté en 1985 le groupe Express (Daily Express, Daily Star et Sunday Express) créé par Lord Beaverbrook (1879-1964) qui avait été racheté en 1977 par Lord Matthews, Pt de Fleet Holdings.

Telegraph Newspaper Trust (Pt Conrad Black) : *1 quot. :* The Daily Telegraph (nat.). *1 hebdo. :* The Sunday Telegraph (nat.).

● **Principaux journaux.** Moyenne des tirages vendus (juillet-déc. 1985). Entre parenthèses date de fondation. (*Source :* A.B.C.).

Quotidiens. Londres. Matin : *The Sun*[1] (1964) 4 125. *Daily Mirror*[1] (1903) 3 033 (5 000 en 1966). *Daily Express*[1] (1900) 1 902. *Daily Mail*[1] (1896) 1 815 (2 687 en 1961). *The Daily Telegraph*[1] (1855) 1 202 (1 250 en 1961). *Daily Star* (1978) 1 455. *The Guardian*[3] (1821) 487 (235 en 1961). *The Times*[1] (1785) 478 (437 en 1939). *Financial Times*[1] (1888) 234. *Sporting Life* (1859) 67. *Morning Star* (1930, commun., ex-*Daily Worker*) (1984) 4 465. *Today* (1986) n.c. **Soir :** *London Standard*[1] (1827) 486.

Journaux du dimanche. *News of the World*[1] (1843) 5 103. *Sunday Mirror*[1] (1915) 3 009. *Sunday People*[1] (1881) 2 962. *Sunday Express*[1] (1918) 2 449. *Sunday*

Times 1 251. *Mail on Sunday* 1 631. *Telegraph*[1] (1961) 686. *The Observer*[1] (1791) 736.

Périodiques. *TV et Radio :* Radio Times[5] (1923) 3 224, TV Times (1968) 3 166. *Féminins :* Woman's Weekly[4,5] (1911) 1 338. Woman's Own[1,5] (1932) 1 098. Woman[5] (1937) 1 068. Woman's Realm[1,5] (1958) 629. Woman & Home[6] (1926) 569. Family Circle[1,6] (1964) 569. Living[6] (1967) 390. Cosmopolitan[2,6] (1972) 391. Living (1967) 390. Good Housekeeping (1922) 352. Woman's Journal (1977) 229. Woman's World (1977) 212. She (1955) 211. Harper's and Queen[6] (1929) 102. Slimmer 100. *Divers :* Smash Hits 516. Contact 379[7]. Week-end (1904) 359[7]. Mayfair (1966) 341[7]. Fiesta 324[7]. Look In 262. Economist[5] (1843) 253[7]. Homes and Gardens (1919) 194. Ideal Home 191. Shoot (1969) 141. Your Computer 154[7]. House & Garden[6] (1920) 136. Motor Cycle News 131. British Farmer & Stockbreader 124[7]. Parents 105[7]. Punch (1841) 81[7]. New Scientist (1956) 81[7].

Journaux quotidiens d'information générale, en 1982

Pays	Nombre de titres	exemplaires pour 1 000 hab.	Tirages (en milliers)
All. féd.	359	408	25 103[2]
Belgique	26	224	2 204
Canada	120	226	5 570
Danemark	47	356	1 821
Espagne	104	79	2 978
France	*90*	*191*	*10 332*
G.-B.	113	421	23 472
Italie	79	82	4 632
Japon	154	575	68 142
Norvège	85	483	1 986
P.-Bas[2]	82	322	4 610
Pologne	42	218	7 902
Suède	114	524	4 363
Suisse	90	381	2 465
U.R.S.S.	722	405	109 306
U.S.A.	1 710	269	62 415

Source : U.N.E.S.C.O. 1985.

Nota. — Aucun journal n'est directement possédé par un parti. (1) Indépendant. (2) Conservateur. (3) Libéral. (4) Le *Daily-Sketch* a fusionné avec le *Daily Mail* le 11-5-1971. (5) Hebdomadaire. (6) Mensuel. (7) 1984.

Le *Times* est reparu le 12-11-79 après 50 semaines de suspension. Le conflit a coûté 30 millions de £ à l'entreprise, mais elle estime avoir obtenu en contrepartie une augmentation de productivité de 30 %.

Grèce

• **Quot.** *Ethnos Nea* Soir (gauche), *Apoyematini* (droite) (de 80 000 à 110 000 ex.). *Matin Rizospastis* (P. com.) 25 000, *Aghi* (P. com. de l'intérieur) 5 000, *Kathemerini* (indép.) 20 000, *Acropolis* (modéré) 25 000. **Hebdo** *Vimo* (libéral) 80 000.

Hongrie

• **Quot. Budapest :** *Népszabadaság* (1942, Liberté du peuple) 700. *Népszava* (1873, Voix du peuple) 305. *Népsport* (1945, Sport des masses) 290. *Esti Hirlap* (1956, Journal du soir) 180. *Magyar Nemzet* (1938, Nation hongroise) 110. *Magyar Hirlap* (1968, Journal hongrois) 63.

• **Hebdo.** *Szabad Föld* (1945) 550, *Magyarország* (1964) 190. *Uj Tükör* (1964) 100. *Elet ès Irodalom* (1957) 60. *Nök Lapja* (1949) 1 000. *Ludas Matyi* (1945) 365.

Inde

• **Principaux groupes. Times of India Group** (Times of India, Evening News of India, Navbharat Times, Maharashtra Times, périodiques...) ; **Indian Express Group** (Indian Express, Loksatta, Dinamani Andhra Prabha Illustraded Weekly) ; **Hindustan Times Group** (Hindustan Times, Hindustan Times Evening News, Hindustan Times Kanpar Supplement, Leader...) ; **Ananda Bazar Patrika Group** (Ananda, Bazar Patrika, Business Standard, Hindustan Standard, Sunday...).

• **Quot. Delhi :** *Navbharat Times* (1947, Hindi) 400. *Hindustan Times* (1923) 268. *Times of India* (anglais) 200. **Vijayawada :** *Indian Express*[1] 352. **Madras :** *The Hindu* (1878, anglais) 401. *Daily Thanthi* (1942, tamil) 331. **Calcutta :** *Ananda Bazar Patrika* (1922, bengali) 406. *Statesman* (1875, anglais) 223. *Amrita Bazar Patrika* (1868, anglais) 142.

Nota. — (1) A Dehli et Chandigarh.

Irlande

• **Quot.** (janv. à juin 1985). **Dublin :** *Irish Independent* (1905) 159. *Evening Press* (1954) 133. *Evening Herald* (1891, ind.) 124. *Irish Press* (1931) 89. *Irish Times* (1859) 85. *Cork Examiner* (1841) 60.

• **Hebdo.** (janv. à juin 1985). *Sunday World* 339. *Sunday Press* (1949, ind.) 266. *Sunday Independent* (1906) 236. *Sunday Tribune* (1983) 95.

Israël

Nota. — La plupart des journaux sont en hébreu, les autres sont en arabe, anglais, français, polonais, hongrois, allemand.

• **Quot.** *Yedioth Aharonoth* 180. *Ma'ariv* 147 (1948, ind.). *Ha'aretz* 55 (1918). *Davar* 39 (1925). *Jerusalem Post* 30 (1932). *Viata Noastra* 30 (1950). *Al-Hamishmar* 25 (1943). *Letzte Nyess* 23 (1949). *Uj Kelet* 20 (1918). *Israël Nachrichten* 20. *Nowinyi Kurier* 15 (1952). *Hamodia* 8 (1964). *Le Journal d'Israël* 10 (1971). *Hatzofeh* 16 (1938). *Sha'ar* 6 (1964).

Italie

• **Quot.** (tirage moyen par jour en 1984). **Bari :** *La Gazzetta del Mezzogiorno* (1921) 109. **Bologne :** *Il Resto del Carlino* (1855, ind.) 315. **Florence :** *La Nazione* (1859) 298. **Gênes :** *Il Secolo XIX* (1886) 176. **Livourne :** *Il Tirreno* (1877) 100. **Milan :** *La Gazzetta dello sport* (1896) 725. *Il Corriere della Sera* (1876, ind.) 614. *Il Giorno* (1956) 290. *Il Sole 24 Ore* (1865, financ., ind.) 214. *Il Giornale Nuovo* (1974) 269. *La Notte* (1951) 125. *Avvenire* (1968, cath.) 125. **Naples :** *Il Mattino* (1891) 179. **Palerme :** *Il Giornale di Sicilia* (1860) 77[1]. **Rome :** *Il Corriere dello Sport-Stadio* (1924) 484. *La Repubblica* (1976) 446. *Il Messaggero* (1878, ind.) 326. *L'Unità* (1924, comm.) 298. *Il Tempo* (1944, ind.) 197. *Il Manifesto* (1971) 58. *Avanti !* (1896, soc.) 53. *Il Popolo* (1944, dém.-chrét.) 46. **Turin :** *La Stampa* (1868, ind.) 539. *Tuttosport* (1945) 157. *Stampa Sera* (1868, ind.) 139. **Trieste :** *Il Piccolo* 66[1]. **Venise :** *Il Gazzettino* (1887, ind.) 149. **Vérone :** *L'Arena* 57[1].

• **Périodiques (moyenne 1-5-85 au 30-4-86). Milan :** *Famiglia Cristiana* (1930) 1 172. *Gente* (1957) 807. *Oggi* (1945) 654. *Grazia* 431. *Novella 2 000* 423. *Panorama* 409. *La Domenica del Corriere* 288. *Amica* (1962) 255. *L'Europeo* 174. *Epoca* (1950) 155. *Il Mondo* 95. **Rome :** *TV Sorrisi e canzoni* (1952) 2 021. *L'Espresso* (1955) 308 (1984).

Nota. — (1) Au 31-5-1985.

Japon

• **Quot.** Édition du matin et entre parenthèses du soir (en milliers, janv.-juin 1985). *Yomiuri Shimbun* (1874) 8 853 (4 790). *Asahi Sh.* (1879) 7 534 (4 574). *Mainichi Sh.* (1872) 4 204 (2 233). *Chunichi Sh.* (1942) 2 877 (1 436), mars 85. *Nihon Keizai Sh.* (1876) 2 126 (1 260). *Sankei Sh.* (1933) 2 001 (1 077). *Hokkaido Sh.* (1942) 1 068 (797). *Nishi-Nihon Sh.* (1877) 791 (220).

Tirage total des quotidiens (1985) 4 823 ex. (180 quotidiens, soit 1,25 journal par ménage), y compris les quot. sportifs, vente au numéro négligeable (6,9 %). Les journaux sont livrés à domicile, matin et soir, par des agences de distribution locales. La livraison des 2 éditions est comprise dans le prix de l'abonnement mensuel. Surface accordée à la publicité : 41,8 % (le port à domicile ne peut pas être appliqué à des quot. ayant plus de 50 % de surface publ.).

• **Hebdo. et périodiques** (en milliers, janv.-juin 1985). *Iye no Hikari* 1 133. *Shukan Post* 895. *Josei Jishin* 797. *Weekly Playboy* 777. *Josei Seven* 700. *Shukan Gendai* 674. *Shukan Hoseki* 633.

Liban

• **Quot. Beyrouth :** *An-Nahar* (1933, ind.) 85. *Al-Anwar* (1959) 75. *Al-Amal* (1939) 45. *Al Bairaq* (1911) 3. *Daily Star* (1952) 19. *Sada Lubnan* (1951) 25. *L'Orient-Le Jour* (1942, fusion 1971, français) 23. *Al-Jarida* (1953, ind.) 23. *Al Kifah al Arabi* (1974, pol., socialiste). *An-Nida,* (1959, com.) 10.

Luxembourg

• **Quot. en allemand :** *Luxemburger Wort*[1] (1848, chrét.-soc.) 80. *Tageblatt*[1] (1927, soc.) 24. *Letzeburger Journal* (1945, lib.) 14. *Zeitung v. Letzeburger Vollek* (1946, comm.) 9 ; **en français :** éditions lux. du *Républicain lorrain* (1963, imprimé à Metz) 17.

Tot. quot. : tirage par jour (1983) : 0,1.

Nota. — Sauf pour le *Luxemburger Wort* et le *Tageblatt*, ces tirages ne sont pas officiellement contrôlés. (1) Nombreuses rubriques en l. française, des pages culturelles sont rédigées essentiellement en français.

Maroc

• **Quot. En arabe :** *Al Anbaa* (1970, gouvernemental) 20. *Al Alam* (1946, P.I.[1]) 45. *Al Mithaq Al Watani* (1977, R.N.I.[2]) 20. *Al Bayane* (1975, P.P.S.[3]) 10. *Al Ittihad Al Ichtiraki* (mai 1983, U.S.F.P.[4]) 30. *Rissalat Al Oumma* (mai 1983, U.C.[5]) 20. *Annibal Addimocrati* (1984-PND[5]) 4. **En français :** *Maroc-Soir* (1971, progouv.) 40. *Le Matin du Sahara* (1971, progouv.) 50. *L'Opinion* (1965, P.I.[1]) 40. *Al Maghrib* (1977, R.N.I.[2]) 25. *Al Bayane* (1975, P.P.S.[3]) 10.

• **Hebdo. En arabe :** *Anoual* (1983, O.A.D.P.[6]) 2. *Al Haraka* (1977, M.P.[7]) 2. *Al Ousboue Al Maghribi* (1984, U.C.[5]) 5. *Al Kawaliss* (1984, satirique) 5. *Attahaddi* (1982, satirique) 5. *Al Ittihad Al Watani Lilkouat Ach-Chaabia* (1973, U.N.P.F.[8]) 2. *Ar-Riyada* (mai 1983, sports) 2. **En français :** *L'Authentique* (1983, M.P.[7]) 3. *Maroc-Magazine* (1971, progouv.) 3. *Le Message de la Nation* (1983, U.C.[5]) 15. *Le Contact maghrébin* (1983, gauche) 2. *Acte* (avril 1985, médecine et pharmacie) 5.

• **Mensuels. En arabe :** *Al-Alam Assiyassi* (1982, P.I.[1]) 3. *Al-Assas* (1980, gauche) 3. *8 Mars* (1983, O.A.D.P.[6]) 2. *Al Majalla Assihiya* (1976, médecine) 2. *Al Maghrib Al Jadid* (1981, progouv.) 2. *Daâwat Al Hak* (1975, religion) 3. **En français :** *Al-Assas* (1977, gauche) 3. *Lamalif* (mars 1966, indépendant) 5. *Sports et loisirs* (1982) 2. *La Revue économique BDD* (1980, bulletin des décideurs) 2. *Tennis-sports et culture* (1986) 2.

Nota. — (1) Parti de l'Istiqlal. (2) Rassemblement Nat. des Indépendants. (3) Parti du Progrès et du Socialisme. (4) Union Socialiste des Forces Populaires. (5) L'Union Constitutionnelle. (6) Organisation de l'Action Démocratique et Populaire. (7) Mouvement Populaire. (8) Union Nat. des Forces Populaires.

Norvège

• **Quot. Oslo :** *Verdens Gang* (1945) 291. *Aftenposten* (1860, cons.) 239 (matin) 171 (soir). *Dagbladet* (1869, lib.) 176. *Arbeiderbladet* (1884, trav.) 57. **Bergen :** *Bergens Tidende* (1868, lib.) 96. **Trondheim :** *Adresseavisen* (1767, cons.) 85. **Stavanger :** *Stavanger Aftenblad* (1893, lib.) 65.

Pays-Bas

• **Quot. Amsterdam :** *De Telegraaf* (1897, ind.)[2] 688. *De Volkskrant* (Journal du Peuple, 1920)[2] 271. *Het Parool* (1940, ind.)[1] 134. *De Courant Nieuws van de Dag* (1923)[1] 57. *Trouw* (1943, calviniste)[2] 123. **La Haye :** *Haagsche Courant/Het Binnenhof* (1883, ind.)[1] 182. **Rotterdam :** *Algemeen Dagblad* (1946, ind.)[2] 381. *Het Vrije Volk* (1900)[1] 197. *NRC Handelsblad* (1970, ind.)[1] (Nieuwe Rotterdamse Courant 1844, Algemeen Handelsblad 1828) 178.

Nota. — (1) Soir. (2) Matin.

• **Périodiques.** *Kampioen* 2 108. *Avro-Bode* 895. *Margriet* 600. *Libelle* 737. *Varagids* 495. *Het Beste* 391. *Donald Duck* 405. *Marion* 219. *Eppo* 118. *Elseviers Magazine* 128. *Vrij Nederland* (H) 109. *Elseviers Weekblad* 143. *Nieuwe Revue* 186. *Pano* 297. *Knip* 209. *Mikrogids* 325. *NCRV-gids* 485. *Ouders* 139. *Privé* 675. *Story* 565. *Studio* 317. *Tina* 185. *Tip* 219. *Tros Kompas* 825. *Viva* 143. *Voetbal International* 180. *VPRO-gids* 141. *Weekend* 135. *VT Wonen* 111.

Pologne

• **Quot. Varsovie :** *Trybuna Ludu* (1948) 700, *Zycie Warszawy* (1944) 300, *Dziennik Ludowy* (1945) 215,

Rzeczpospolita (1982) 229, *Sztandar Mlodych* (1950) 208, *Kurier Polski* (1957) 189, *Slowo Powszechne* (1947) 74, *Zolnierz Wolności* (1943) 157. **Katowice :** *Trybuna Robotnicza* (1945) 596. **Lodz :** *Glos Robotniczy* (1945) 232. **Bydgoszcz :** *Gazeta Pomorska* (1948) 234. **Poznań :** *Gazeta Poznańska* (1948) 218. **Cracovie :** *Gazeta Krakowska* (1949) 202. **Gdańsk :** *Glos Wybrzeza* (1948) 173. **Szczecin :** *Glos Szczeciński* (1947) 129.

● **Hebdo. Varsovie :** *Przyjaciólka* (1948) 2 000, *Kobieta i Zycie* (1946) 691, *Swierszczyk* (1946) 699, *Polityka* (1957) 358, *Perspektywy* (1969) 198, *Szpilki* (1935) 82, *Tu i Teraz* (1982) 30. **Katowice :** *Panorama* (1954) 436. **Cracovie :** *Przekrój* (1945) 550, *Tygodnik Powszechny* (1945) 80, *Zycie Literackie* (1951) 50.

Portugal

● **Quot. Lisbonne. Matin :** *Diário de Noticias* [1] (1865) 59. *O Diário* (1976) 40. *O Dia* (1975) 46. *Correio da Manhã* (1979) 78. **Soir :** *Diário Popular* [1] (1942) 62. *A Capital* [1] (1968) 45. *Diário de Lisboa* [1] (1921) 42. *A Tarde* (1979) 32. **Porto. Matin :** *Jornal de Noticias* [1] (1888) 79. *O Comércio do Porto* [1] (1854) 54. *O Primerio de Janeiro* (1868) 40. *Jogo* (sport).

● **Périodiques. Hebdo. :** *O Tempo* (1974) 72. *Expresso* (1973) 90. *O Jornal* (1975) 80. *O Semanário* (1984) 59. *Tal el qual* (1980) 84. *Gran Reportagem* (1984). *Sete* (1978) 72. *O Diabo* (1977) 50. 3 × sem. : *A Bola* (sport) 150. *Gazeta dos desportos* (1984) 25. *Record* (sport) 37. **Bimens. :** *Bulletin de l'ACP* 80. *Africa-Jornal* (1984) 25. *Jornal de Letras* (1981) 24.

Nota. — (1) Avec une intervention de l'État depuis la nationalisation des banques en 1975.

Roumanie

● **Quot. Bucarest :** *Scînteia* (1931, com.) 1 600. *România Liberà* (1943) 450. *Sportul* (1945) 500. *Scînteia tineretului* (1944) 300. *Informatia Bucurestiului* (1953) 250. *Előre* (1947, en hongr.) 85. *Neuer Weg* (1949, en all.) 33.

● **Hebdo. Bucarest :** *Flacăra* (1952) 350. *Lumea* (1960) 120. *Lumea* (édition internationale) 21. *Actualités roumaines* (angl. et fr.) 20.

Suède

● **Quot. Stockholm :** *Expressen* (1944, lib.) 552. *Dagens Nyheter* (1864, lib.) 400. *Aftonbladet* (1830, dém.) 343. *Svenska Dagbladet* (1884, cons.) 225. **Goteborg :** *Göteborgs Posten* (1958, lib.) 285. **Malmö :** *Sydsvenska Dagbladet* (1848, indépendant lib.) 113. *Arbetet* (1887, dém., dimanche) 82.

● **Hebdo.** *Aret Runt* (1946) 343. *Hemmets Journal* 314. *Hemmets Veckotidning* 285.

Suisse

● **Quot. francophones. Bienne :** *Journal du Jura/Tribune Jurassienne* (1864, indép.) 14. **Délémont :** *Le Démocrate* (1877, indép.) 17. **Fribourg :** *La Liberté* (1871, ind.-chrét.) 33. **Genève :** *La Suisse* (1898, ind.) 67 (semaine), 99 (éd. dimanche). *Tribune de Genève* (1879, ind.) 63. *Journal de Genève* (1826, lib.) 19. **La Chaux-de-Fonds :** *L'Impartial* (1880, ind.) 30. **Lausanne :** *24 heures* (1762, ind.) 93. *Le Matin* (1893, ind.) 47 (semaine), 126 (dimanche). *Gazette de Lausanne* (1798, lib.) 19. **Neuchâtel :** *FAN Feuille d'Avis de Neuchâtel* (1738, ind.) 36. **Sion :** *Nouvelliste et Feuilles d'Avis du Valais* (1960, ind., chr.) 42 [5].

> *Vente de la presse française en Suisse* (en 84) : France-Dimanche 20. Ici-Paris 12. Le Monde 4 (dont 1 000 abonnements). Le Figaro, L'Aurore 4. France-Soir 1.

● **Autres quot. En allemand. Aarau :** *Aargauer Tagblatt* (1849, rad.) 55 [5]. *Badener Tagblatt* (1849, ind.) 37. **Bâle :** *Basler Zeitung* [1977 ; fusion du National Zeitung (1842) et du Basler Nachrichten (1845)] 113. **Berne :** *Berner Zeitung* [fusion du Berner Nachrichten et du Berner Tagblatt (1888, ind.)] 119. *Der Bund* (1850, ind. lib.) 62. **Bienne :** *Bieler Tagblatt Seeländer Bote* (1850, ind.) 32. **Brigue :** *Walliser Bote* (1840, cons.) 22 [5]. **Coire :** *Bündner Zeitung* (1876, ind.) 38 [5]. **Frauenfeld :** *Thurgauer Zeitung* (1798, bourg. lib.) 23. **Liestal :** *Baselland-schaftliche Zeitung* (1832, bourgeois, ind.) 18. **Lucerne :** *Luzerner Neueste Nachrichten* (1897, ind.) 55. *Vaterland* (1833, chrét.-dém.) + *Luzerner Tagblatt* (1852, ind. lib.) 76. **St-Gall :** *St-Galler Tagblatt* (1838, bourg. lib.) 57. *Die Ostschweiz* (1874, chrét.-dém.) 29. **Schaffhouse :** *Schaffhauser Nachrichten* (1862, bourgeois) 23. **Solothurn :** *Solothurner Zeitung* (1907, rad.-dém.) 45. **Spiez :** *Berner Oberländer* (1897, bourgeois) 19. **Stäfa :** *Zürichsee-Zeitung* (1845, rad.) édition totale 29. **Wetzikon :** *Der Zürcher Oberländer* (1961, rad.-dém.) 30 [5]. **Winterthur :** *Der Landbote* (1836, indép.) 39 [5]. **Zurich :** *Blick* (1959, ind.) 380 [5]. *Tages Anzeiger* (1893, ind.) 260. *Neue Zürcher Zeitung* (1780, rad.) 137 [5].

En italien. Lugano : *Corriere del Ticino* (1891, ind.) 32 [3]. *Giornale del Popolo* (1916, cath.) 20.

● **Périodiques et journaux spécialisés.** *Touring*, édit. allem. [4] (1896) 685, édit. fr. [4] (1936) 271. *Touring* [3] (1957), édit. ital. 64. *Schweizerische Beobachter* [3] (1927) 467. *Trente Jours* [1] (1949) 444. *Das Gelbe Heft* (anc.) 215. *Schweizer Familie* [4] (1894) 308. *Schweizer Illustrierte* [4] (1911) 224. *Télé* [4] (1978) 285. *TR7* [4] (1973) 164. *Das Beste* [1] (1948) 344. *Meyers Modeblatt* [4] (1924) 200. *Glückpost* (anc. Schweiz. Allgem. Volkszeitung [4] 1885) 167. *L'Illustré* [4] (1921) 140. *Radio TV Je vois tout* [4] (1923) 112. *Junior* [1] (1951) 191. *Annabelle/Femina* (fusion) (1930) [4] 114. *Weltwoche* (1933) 93 [3]. *Leben + Glauben* [4] (1926) 86. *Orella* [1] (1939) 103. *Sport* [2] (1926) 88. *Brigitte* (1969) édit. pour la Suisse 88. *La Femme d'aujourd'hui* (1924) 51. *Sonntag* [4] (1920) 71. *Tip* [4] (1938) 50. *Schweizer Jugend* [4] (1924) 71. *Illustrazione Ticinese* (1929) 87 [1]. *Maky* (anc. *Tim/Rataplan*), édit. allem. [1] 78. *Selection* [1] (1947) 82. *Automobil Revue/Revue automobile* [4] (1905). *Maky/Rataplan* [4] (1981) (anc. *Tim/Rataplan* [1] 1954) édit. fr. 12. *Zuriwoche* [4] (1983) 346.

Nota. — (1) Mensuel. (2) 3 par semaine. (3) 2 ou 3 par mois. (4) Hebdomadaire. (5) En 1985.

Nombre de titres : 261 quotidiens. Env. 2 000 périodiques. 174 feuilles officielles ou f. d'annonces, 60 titres grand public.

Syrie

● **Quot. Damas :** *Al Baath* (Renaissance) 40. *Al Thawrah al Ziraia* (1965, agr.) 7. *Al Jamahir al Arabia* 10. **Alep :** *Al Shabab* 9.

Tchécoslovaquie

Tirage moyen, 1983.

● **Quot. Prague :** *Rudé Pravo* (1920, la Justice rouge) 950. *Zemedelské Noviny* (1945, Jour d'agr.) 342. *Práce* (1945, Travail) 317. *Mlada Fronta* (1945, Front de la jeunesse) 239. *Svobodné Slovo* (1907, Parole libre) 228. *Lidová Demokracie* (1945, Dém. pop.) 217. **Bratislava :** *Pravda* (1920, comm.) 330.

Tunisie

● **Quot. Tunis. Matin :** *La Presse de Tunisie* (1936, fr.) 40. *Assabah* (1951, ar., politique) 80. *L'Action* (1932, fr.) 50. *Al Amal* (1934, ar.). 50. *Le Temps* (1975, fr.) 30.

● **Périodiques.** *Ach-Chaâb* (1963, ar.) 15. *Biladi* (1974, ar.). 90. *Le Sport* (1965, fr.). 20. *Dialogue* (1974, fr.) 50. *Tunis-Hebdo* (1973, fr.) 40. *Al-Oumma* (1977, ar.) 8. *El-Bayane* (1977, ar.) 100. *Ar-Rai* (1977, ar.) 20. *Démocratie* (1978, fr.) 5. *Le Phare* (1980, fr.) 8. *Al-Moustaqbal* (1980, ar). 20.

Turquie

● **Quot. Ankara :** *Baris* (1971) 180. *Adalet* (1962) 174. *T. Daily News* (1961, angl.) 8. **Istanbul :** *Günaydin* (1968) 300. *Hürriyet* (1948) 767. *Tercüman* (1961) 225. *Milliyet* (1950) 210. *Cumhuriyet* (1924) 90. *Günes* (1982) 290. *Bulvar* (1982) 130. **Izmir :** *Yeni Asir* (1895) 110. *Ticaret* (1942) 7. *Raport* (1949) 9.

● **Périodiques** (total 135). *Nokta* (1983) 17. *Yanki* (1970) 12. *Girgir* (1976, satirique) 500.

● **Radio-Télévision.** (I.R.T.) 1963. 16 stations en Turquie. « La voix de la Turquie fait des émissions en 14 langues. »

● **Agences d'Information et de Presse.**

U.R.S.S.

● **Quot. Moscou :** *Pravda* (Vérité) (1912) 10 700 org. du Comité central P.C.U.S. *Komsomolskaïa Pravda* (1925) 10 000 org. du Comité central de la jeunesse communiste. *Selskaïa Jizn* (Vie à la campagne) (1918) 9 000. *Izvestia* (Nouvelles) (1917) 7 000 org. du Présidium du Soviet Suprême. *Trud* (Travail) (1921) 13 500 org. du Conseil central des Syndicats. *Sovietski Sport* (1924) 3 500. *Krasnaïa Zvezda* (1924) 2 400 org. du ministère de la Défense.

● **Périodiques.** *Rabotnitsa* (1914, Travailleuse) 13 000. *Krestyanka* (1922, Paysanne) 6 500. *Krokodil* (1922, tri-mensuel satirique, éd. par Pravda) 5 850. *Mourzilka* (1924, pour les enfants) 5 800. *Literatournaïa Gazeta* (1929) 2 600, hebdo, org. de la Direction des écrivains. *Ogoniok* (Étincelle, 1923) 2 100. *Sovietsky Soyouz* (1930) 2 000. *Pionèr* (1924, pour les enfants) 1 600, *Sovietskaïa Jenchina* (Femme soviét., 1945, mens.) 1 500.

Vatican

● **Quot.** *Osservatore Romano* (1861) 40.

● **Hebdo.** en italien (1947), en français (1949), anglais (1968), espagnol (1969), portugais (1969), allemand (1970). **Mensuel** en polonais (1980).

Yougoslavie

● **Quot. Belgrade :** *Vecernje Novosti* (1953) 373. *Politika* (1904) 277. *Politika ekspres* (1963) 273. *Sport* (1945) 140. *Borba* (1922, soc.) 49. **Ljubljana :** *Delo* (1944) 108. *Sjubljanski dnevnik* (1951) 80. **Novi Sad :** *Dnevnik* (1942) 54. *Magyar* BZO (1943) 30. **Pristina :** *Rilindja* (1945) 48. *Jedinstvo* (1944) 5. **Sarajevo :** *Osloboctenje* (1942) 85. *Vecernje novine* (1964) 77. **Skopje :** *Vecer* (1963) 38. *Nova Makedonya* (1944) 29. **Titograd :** *Pobjeda* (1944) 24. **Zagreb :** *Vecernji list* (1960) 367. *Vjesnik* (1940) 100. *Sportske novosti* (1945) 179.

La presse en France

☞ Voir l'historique dans Quid 1982 p. 1154.

Quelques règles

☞ V. aussi loi du 12-9-1984 (p. 1036).

Clause de conscience. Tout journaliste peut quitter, avec indemnité, un journal lorsqu'un changement notable dans le caractère ou l'orientation de la publication est de nature à porter atteinte à son honneur, sa réputation et ses intérêts moraux.

Délits de presse [2]. Peuvent être poursuivis ceux qui, par des écrits, des affiches, des films ou des discours, auront appelé à commettre un crime ou un délit (provocation, qu'elle soit ou non suivie d'effet). Il faut un lien direct entre la provocation et le délit ou le crime qui peuvent éventuellement être commis par des tiers ; la discussion publique des actes politiques du Pt de la Rép. est autorisée et s'arrête là où commence l'offense au chef d'État. Le ministre est libre de poursuivre qui il veut.

Dépôts. Administratif [2]. 10 ex. (quotidiens), 6 (hebdomadaires, bi-hebdomadaires et tri-hebdomadaires), 4 (publications mensuelles) au service juridique et technique de l'information (69, rue de Varenne, Paris) et à la préfecture ou à la sous-préfecture (autres départements). **Judiciaire.** 2 ex. au parquet du tribunal de grande instance. *Publ. pour la jeunesse :* 5 ex. au min. de la Justice. **Légal** [1]. 4 ex. à la Bibliothèque nationale, 1 au min. de l'Intérieur (publication éditée à Paris), ou à la préfecture (en dehors de Paris) [en outre, pour *l'imprimeur :* 2 exemplaires à la Bibliothèque nationale (si ses ateliers sont à Paris ou dans la région parisienne) ou à la bibliothèque municipale habilitée (autres départements)].

Directeur [2]. Doit être Français, majeur et ne pas être privé de ses droits civiques.

Nota. — (1) Loi du 21-6-1943, décrets du 21-11-1960 et 16-1-1982. (2) Loi du 29-7-1981.

Droit de réponse [2]. Si l'on est mis en cause par un article, on peut répondre dans le journal. Le directeur doit insérer cette réponse dans les 3 j de sa réception ou, s'il ne s'agit pas d'un quotidien, dans le numéro suivant. Cette insertion gratuite peut atteindre la longueur de l'article auquel elle répond, avec un maximum de 200 lignes. Elle ne doit contenir aucun terme contraire à la loi, aux bonnes mœurs ou à l'honneur du journaliste qui a écrit l'article.

Le refus injustifié d'insertion est un délit passible d'amende et éventuellement de dommages et intérêts.

Liberté de la presse. Inscrite dans la Constitution et la Déclaration universelle des droits de l'homme. Fait partie du droit constitutionnel positif français ; le préambule de la Constitution de 1958 réaffirme les principes de la Déclaration des droits de 1789 et ceux de la loi de 1881 sur la liberté de la Presse. Comporte le droit de publier ce que l'on veut. Mais *on doit publier : 1° mentions obligatoires* dans chaque numéro : nom du directeur, de la publication, nom et adresse de l'imprimeur, tirage, etc. 2° *insertions :* résultent de jugements rendus par les tribunaux, ou de l'application du droit de réponse ; n'interviennent que de manière ponctuelle. La censure et l'exigence d'un cautionnement sont prohibées.

Pressions externes. *Juridiques* (saisies, poursuites judiciaires, blocage avant distribution) ; *fiscales* (menace de modifier le régime fiscal du journaliste de manière défavorable) ; *financières* [amendes, préjudices des saisies, retrait des contrats de publicité d'État (Loterie nationale, emprunts, bons du Trésor, P.T.T.), ou du secteur nationalisé, refus de facilités bancaires] ; *professionnelles* (raréfaction des informations, interdiction d'accès à certaines sources) ; *flatteuses* (décorations, invitations, sollicitations).

Publications dangereuses. Le min. de l'Intérieur peut, pour « des publ. de toute nature présentant un danger pour la jeunesse », en raison de leur caractère licencieux ou pornographique ou de la place faite au crime ou à la violence, interdire : la vente aux − de 18 ans, l'exposition à la vue du public ou la publicité dans les journaux, par affiches ou tracts.

Publications étrangères. Le min. de l'Intérieur peut interdire la circulation et la diffusion de journaux et livres étrangers (ou les faire saisir) ; les écrits « de provenance étrangère » rédigés en français et publiés en France.

Régime fiscal. Exonération de la taxe professionnelle. Dep. le 1-1-1982, les entr. de presse sont assujetties à la T.V.A. (sauf pour les publ. éditées par des assoc. et n'ayant pas un numéro de commission paritaire des publ. et agences de presse).

Responsabilité. *Juridique :* délits de presse. *Morale :* relève surtout de la conscience et de l'honneur du journaliste et de la morale professionnelle (déontologie). À l'intérieur du journal, le directeur, qui peut avoir à répondre de tout ce qu'il imprime, a le droit de s'opposer à certaines insertions dont il estime ne pouvoir porter le fardeau. Le directeur de la publication et le journaliste sont responsables de leurs écrits.

Saisie. *S. administrative* (justifiée par la nécessité du maintien de l'ordre public) ; *s. dans le cadre de poursuites pénales ; s. pour la défense d'intérêts privés* (contrefaçon, atteinte à l'intimité de la vie privée).

En cas d'infraction par voie de presse, une saisie judiciaire (sur 4 exemplaires) peut être ordonnée par le juge d'instruction si le dépôt légal n'a pas été effectué.

On peut saisir des écrits considérés comme dangereux, au-delà de 4 ex., même si le dépôt légal a été effectué : écrits attentatoires à la moralité publique, publications anarchistes, publ. contenant des « provocations » au vol, au meurtre, au pillage ou aux violences contre les personnes, incitant les militaires à la désobéissance.

En matière de crimes et de délits contre la sûreté de l'État et s'il y a urgence, en matière de saisie, les préfets ont les mêmes pouvoirs qu'un juge d'instruction.

Vente sur la voie publique. Colportage, vente ou distribution sur la voie publique des journaux, livres, brochures et tracts, sont libres. Les colporteurs professionnels doivent faire une déclaration préalable à la préfecture (vente dans le cadre d'un département), sous-préfecture (arrondissement), mairie (commune). Ils reçoivent un récépissé. Préfet ou maire peuvent interdire la vente et la distribution en certains endroits. À Paris, un arrêté du 5-2-1929 et une ordonnance du 8-11-1948 les interdisent notamment près des établissements scolaires et des églises, et aux abords immédiats des marchés. Sont également interdites les ventes en groupe et les ventes immobiles qui provoquent des attroupements et gênent la circulation.

Comptes d'exploitation de quelques journaux

• **Quotidien (moyenne).** CHARGES. COÛT DE PRODUCTION. RÉDACTION. *Frais de rédaction* env. 20 % des charges. *Frais de documentation et d'agence* 2 à 3 %. *Services administratifs et commerciaux* env. 14 % (France-Soir 12 %, Le Figaro 14 %, quot. de province 11 %).

MATÉRIELS. *Amortissement des équipements* 3 à 5 % des coûts de production. Papiers 25 à 30 %. Fabrication. *Salaires* 30 % des coûts de production. Cette charge importante est due à la complexité des opérations (composition, clicherie, photogravure, impression, rotative) et à la puissance du Syndicat du Livre qui, défendant l'intérêt de ses syndiqués, entraîne une limitation de la productivité et le maintien des effectifs en surnombre.

COÛT DE DISTRIBUTION. 6 à 10 % des charges (30 à 50 % du prix de vente du journal).

PRODUITS. VENTES. Env. 50 % des recettes. Par tradition, le prix de vente du quotidien est bas pour être accessible à tous. La presse assume là une fonction de service public. PUBLICITÉ. Env. 50 % des recettes (*en 1983 :* Le Figaro 66 %, L'Humanité 12 %, Le Monde 56,8 %). La publicité qui va à la presse représente env. 23 % des dépenses publicitaires en France (Paris 6 % ; province 17 %). Un numéro du *Pèlerin :* 86 pages, 550 000 exemplaires, consomme 140 t de papier ; par an : 6 000 t (production de 2 000 à 3 000 ha de forêt).

• **Le Monde et Le Monde publicité** (en millions de francs), 1986. **Produits d'exploitation** 786 dont *Le Monde quotidien :* Vente au numéro 312, Abonnements 73, Publicité 340, Produits divers 4,2. *Publications annexes :* 57. **Charges d'exploitation** 731 dont *Le Monde quotidien :* Commissions de vente 149, Affranchissements, abonnements 19, Commissions publicité 62, Papier et encre 79, Masse salariale 285, Frais de fonctionnement 84. *Publications annexes :* 53. **Excédent brut d'exploitation** 55. Frais financiers 5. **MBA courante** 50. Amortissements 12,5, Provisions 2,5. **Résultat courant d'exploitation** 35. **Charges exceptionnelles.** Coût de réorganisation (3), Amortiss. et provisions exception. (5). **Résultat** *avant impôt 27 (Impôt sur les sociétés 12, net 15).*

Chiffres d'affaires (en millions de F). *1982* 717,6, *83* 768,7, *84* 759,4 dont Le Monde 708,7 (dont ventes 311,8, abonnements 70, publicité 321,2) ; Sélection hebdomadaire 5,3 ; Weekly sélection 0,45 ; Le Monde diplomatique 11,2 ; Le Monde des philatélistes 6,1 ; Le Monde − Dossiers et documents 15,7 ; Le Monde de l'éducation 11,1 ; Divers 0,862. TOTAL 759,4.

• **Le Point (1984).** *Produits (hors taxes), en millions de F :* 343,9 dont diffusion 152, publicité 187,4, divers 4,3.

Charges d'exploitation : 327,4 dont personnel 64,3, papier et impression 101,9, achats et services extérieurs 141,3.

Exploitation : 19 836 977 F (1983).

☞ Voir également la loi du 12-9-1984, page 1036.

Statistiques générales

Budget

Aides de l'État (1986, en millions de F). **Directe** 171,69. *Concerne* allégement des charges supportées par les journaux à raison des communications téléph. des correspondants de presse (fac-similés inclus) 19,02 ; transports ferroviaires (remboursement à la S.N.C.F. des réductions de tarifs accordées à la presse) 110,25 ; fonds d'aide à l'expansion de la presse fr. à l'étranger 27,66 ; fonds d'aide aux journaux à faible capacité publicitaire (financement par une taxe spécifique prélevée sur les ressources de la publicité radiotélé.) 14,77 (en 1985 ont été aidés : La Croix, l'Humanité, Libération, Le Matin de Paris, Présent). **Indirectes** 5 891. Télégrammes de presse et liaisons téléphoniques (moins-values de recettes pour le budget annexe des P.T.T.) 2,2 en 1983 (n'est plus évaluée depuis) ; tarifs postaux préférentiels 4 010 ; taux réduit de T.V.A. (quotidien 2,1 %, périodique 4 %) 998 ; régime spécial des provisions pour investissements (article 39 bis du Code général des impôts) 400 ; exonération de la taxe professionnelle 483.

Dépenses des Français. 7 Français sur 10 dépensent 3 F par j pour acheter un quotidien. *1* sur *7*, 8 F chaque semaine pour un hebdo. d'informations générales. *1* sur *2* achète toutes les semaines un périodique. C'est-à-dire 1 % de la consommation des ménages (en 1980), 19 kg de papier annuellement par personne (47,5 par Américain).

Prix de revient d'un exemplaire quotidien, entre parenthèses d'un ex. hebdomadaire, en italique d'un ex. périodique, en 1982 en F. 2,35 (2,18) *2,89* dont : achat de papier 0,48 (0,44) *0,48 ;* frais d'impression 0,74 (0,65) *1,03 ;* autres frais (salaires et diffusion) 1,13 (1,09) *1,38.*

Recettes. Chiffre d'affaires (en %, 1982). Recettes des ventes et, entre parenthèses, recettes de la publicité. *Quotidiens d'information générale et politique :* Paris : matin 57 (43), soir 56 (44) ; province : total 61 (39). *Magazines illustrés d'information générale et politique :* 54 (46). *Presse d'inf. gén. et pol. locale :* h. 42 (58), m. 54 (46). *Périodiques « grand public » :* 65 (35) [dont Presse féminine 64 (36), Presse des jeunes 94 (6)]. *Périodiques « techniques et professionnels »* 52 (48).

Titres et tirages

Titres publiés. Nombre global. 15 300 du quotidien d'information générale à la revue semestrielle. 10 733 inscrits à la Commission paritaire des publications et agences de presse, représentant 13 milliards de F de chiffre d'affaires brut de vente en 1983 (hebdo. 4,8, quotidiens 4,5, périodiques 3,3).

Nombre par genre (pour les publications appartenant à Presse Éditeur) (1983). *Légende :* a. : autres, h. : hebdomadaire, m. : mensuel, q. : quotidien, t. : trimestriel. Total 2902 dont : *Presse d'information générale et politique nationale* 88 dont Information générale et politique 16 (q. 11, h. 3, m. 2), Opinion 42 (h. 20, m. 15, t. 7), Magazines illustrés d'information 7 (h. 5, m. 2). *Presse d'information générale et politique locale* 470 dont Information générale et politique-opinion 373 (q. 106, h. 258, m. 9). Magazines régionaux 25 (h. 2, m. 18, t. 5, a. 9), Annonces judiciaires et légales 72 (h. 72). *Presse spécialisée « Grand public »* 1 239 dont Presse T.V. spectacles 32 (h. 24, m. 8). Bande dessinée 151 (h. 4, m. 69, t. 75, a. 3). Presse de maison et décoration 22 (h. 1, m. 11, t. 10). Presse familiale et sociale 33 (h. 3, m. 25, t. 5). Presse à sensation (périodiques porno. n.c.) 19 (h. 7, m. 9, t. 3). Presse masculine 11 (h. 1, m. 9, t. 1). Presse féminine et p. du cœur 49 (h. 12, m. 29, t. 6, a. 1). Presse des jeunes 20 (h. 4, m. 13, t. 3). Presse culturelle 48 (m. 30, t. 17, a. 1). Presse des loisirs 267 (h. 3, m. 172, t. 90, a. 2). Presse économique 77 (q. 2, h. 5, m. 7, t. 3). Presse sportive 78 (q. 3, h. 16, m. 48, t. 8, a. 2). Presse de vulgarisation scientifique et technique 12 (m. 10, t. 2), Petites annonces 473 (h. 33, m. 130, t. 9, a. 3), divers 7 (m. 6, t. 1). *Presse spécialisée technique et professionnelle* 1 123 dont agriculture, sylviculture et pêche 137 (q. 1, h. 54, m. 68, t. 13, a. 1). Industrie agricole et alimentaire 44 (q. 2, h. 7, m. 29, t. 6). Production et distribution d'énergie 20 (q. 1, h. 1, m. 13, t. 5). Location et crédit-bail immobilier 13 (m. 8, t. 5). Industrie des biens intermédiaires 40 (h. 2, m. 26, t. 12), Industrie des biens d'équipement 53 (h. 3, m. 31, t. 19). Industrie des biens de consommation courante 66 (h. 6, m. 34, t. 25, a. 1). Assurances 8 (h. 1, m. 6, t. 1). Organismes financiers et boursiers 10 (q. 6, m. 1, a. 1). Industrie de mise en œuvre du bâtiment, génie civil et agricole 50 (h. 4, m. 25, t. 21). Transports et télécommunications 31 (q. 1, h. 5, m. 20, t. 3, a. 3). Services non marchands 121 (h. 3, m. 31, t. 75, a. 12). Commerce 61 (h. 4, m. 45, t. 21), Services marchands 260 (q. 1, h. 26, m. 129, t. 79, a. 1).

Exemplaires produits par an (en millions et entre parenthèses quotidiens). *1965 :* 7 089 (3 946). *1975 :* 6 933 (3 515). *1978 :* 7 348 (3 631). *1981 :* 7 651. *1982 :* 8 081. *1983 :* 7 704 (3 370).

Papier consommé en 1983 (en milliers de t). Information générale et politique nat. 214, Inform. gén. et pol. locale 367, sous-ensemble 581, Périodiques « grand public » 484, Périodiques techniques et professionnels 52, sous-ensemble 536.

Distribution

• **Moyenne de diffusion (% en 1983).** Numéro, abonnement, service gratuit. *Total :* N° 56 [1], A. 23 [1]. *Quotidiens nationaux* (Paris) N° 58 (matin 59,3, soir 58,4), A. 14,4 (matin 13,4, soir 16,6), S.G. 4,2 (matin 3,7,

L'ordonnance du 26-8-1944 sur la presse et l'Affaire Hersant

• **Ordonnance.** *Buts :* garantir la transparence dans la propriété et les ressources financières des entreprises de presse, protéger le pluralisme des opinions en empêchant une concentration des quotidiens entre les mains d'une même Sté. *Principales dispositions :* 1) Le propriétaire réel d'un journal (détenteur de la majorité des actions) doit être le directeur responsable de la publication. 2) Interdiction de diriger plus d'un quotidien. 3) L'utilisation d'un prête-nom, autorisée dans les Stés commerciales de droit commun, constitue un délit lorsqu'il s'agit d'entreprises de presse (cette pratique illicite visant à tourner l'interdiction de posséder plusieurs quotidiens). *Sanctions prévues :* 2 000 à 2 millions de F d'amende et 6 j à 6 mois de prison si le directeur n'est pas le propriétaire ; 3 mois à 2 ans de prison en cas de recours à un prête-nom.

• **Affaire Hersant.** *Origine :* dépôt d'une plainte contre Robert Hersant pour infraction à l'ordonnance, par 4 syndicats de journalistes (S.N.J., C.F.D.T., C.G.T., F.O.), en mars 1977. *Motifs :* 1) Robert Hersant est actionnaire unique de la Socpresse, Sté qui est actionnaire majoritaire de plusieurs Stés éditant des quotidiens (le Figaro, France-Soir, Paris-Normandie, Nord-Matin, Nord-Éclair, le Havre-Presse, Centre-Presse, la N[elle] République des Pyrénées, le Berry républicain, l'Éclair, la Liberté du Morbihan, France-Antilles) et plusieurs hebdomadaires (le Courrier de l'Eure, etc.) ; 2) la plupart de ces journaux ont un directeur autre que Robert Hersant (celui-ci à l'époque P.-D.G. de la Sté du Figaro, cédera sa place en 1979 à A. Audinot).

Évolution : plusieurs inculpations : de Robert Hersant le 29-9-1978, puis de plusieurs collaborateurs (ses 2 fils, Jacques et Michel, M. Chenailler, R. Leprêtre), enfin de A. Audinot le 20-9-1982.

Thèses en présence. *Thèse de R. Hersant :* l'ordonnance ne s'applique qu'aux personnes physiques (le texte emploie le mot « personne » sans donner d'autre précision) ; donc une Sté (la Socpresse), personne morale, peut détenir la majorité du cap. d'un journal sans que son patron soit dir. de celui-ci ; c'est le droit commun des Stés commerciales qui s'applique et le dir. du journal peut être un gérant, un actionnaire minoritaire, etc.

Thèse des syndicats de journalistes : le mot « personne » ne peut être pris dans un sens restrictif (personne physique) étant donné l'esprit de l'ordonnance et le but qu'elle recherchait (v. ci-dessus) ; patron « de fait » des titres qu'il possède, R. Hersant est donc en infraction.

Pratique ou application de l'ordonnance depuis 1944. L'ordonnance n'a jamais été appliquée dans son esprit. Dès sept. 44, le ministère de l'Information (dirigé par P.-H. Teitgen) a considéré que l'obligation pour un actionnaire majoritaire de diriger sa publication ne concernait que les personnes physiques. Depuis cette date, de nombreuses concentrations — contraires à l'esprit de l'ordonnance — ont eu lieu dans la presse, par ex. en province. En outre, le nouveau statut des entreprises de presse annoncé par la loi du 28-6-1947 n'a jamais été adopté.

Loi du 12-9-1984 sur le pluralisme et la transparence de la presse

Principales dispositions *(le Conseil constitutionnel a supprimé certaines d'entre elles ; voir ci-dessous). Information des lecteurs :* toutes les publications régulières (jusqu'aux mensuelles) doivent dans chaque numéro donner les renseignements essentiels sur leurs propriétaires et dirigeants et sur leur tirage, une fois par an publier leurs comptes, la liste des 10 principaux actionnaires et celle de l'ensemble des journaux appartenant à la même entreprise qu'eux. Les publications d'information politique et générale doivent publier les ventes ou promesses de ventes de plus de 20 % des actions d'une entreprise de presse dans un délai d'un mois. *Connaissance des actionnaires :* pour les publications d'information politique et générale paraissant au moins une fois par mois, les actions de toutes les Stés possédant directement ou indirectement au moins 20 % du capital d'une entreprise de presse doivent être nominatives ; interdiction du prête-nom ; toute cession d'actions doit être approuvée par le conseil d'administration de la Sté. *Actionnaires étrangers :* ne peuvent, sauf si ils sont citoyens de la C.E.E., posséder plus de 20 % du capital d'une entreprise de presse (sauf s'il s'agit de publications destinées à des communautés étrangères en France). *Droit des journalistes :* tout quotidien doit, 1 an après sa création, comporter son équipe rédactionnelle permanente composée de journalistes profes. en nombre suffisant « pour garantir l'autonomie de conception » du journal. *Limite à la concentration :* aucun groupe de presse ne peut posséder des quotidiens nationaux dont la diffusion totale dépasserait 15 % de la diffusion globale de ces quotidiens (*le Parisien libéré* n'est pas considéré comme un quotidien national), un groupe de presse de province ne pourra contrôler plus de 15 % de la diffusion des quotidiens édités en dehors de Paris sur tout le territoire nat., pour le groupe implanté à la fois à Paris et en province, plafond de 10 % de la diffusion nat. et de 10 % de la diffusion régionale (R. Hersant, qui contrôle 14 % de la diffusion des quotidiens régionaux et 35 % de celle des quotidiens nationaux, aura 24 mois pour se mettre en conformité avec la loi). *Commission pour la transparence et le pluralisme :* veille à l'application de la loi ; 6 membres nommés [1] (par le Pt de la République, le Pt du Sénat, le Pt de l'Assemblée nat., le vice-Pt du Conseil d'État, le 1er Pt de la Cour de cassation, le 1er Pt de la Cour des comptes) pour 6 ans non renouvelables ; les entreprises et les administrations doivent lui fournir tous les renseignements nécessaires (pouvoirs d'investigation sous contrôle de l'autorité judiciaire) ; décisions susceptibles d'appel devant le Conseil d'État (qui suspendra leur application tant qu'il ne se sera pas prononcé) ; si les « mesures nécessaires » au respect de la loi qu'elle a prescrites ne sont pas appliquées dans un délai d'au moins 6 mois, elle saisit la justice (suspension automatique des aides de l'État). *Sanctions pénales* (en cas de non-application de la loi par les tribunaux) : financière (amendes de 6 000 à 40 000 F), interdiction (provisoire, définitive si récidive) de diriger ou d'administrer une entreprise de presse. *Décision du Conseil constitutionnel du 11-10-1984* (saisi par l'opposition). Déclare la loi du 12-9 conforme à la Constitution, mais annule pour inconstitutionnalité les dispositions sur les amendes prévues pour défaut d'insertion concernant une cession ou une promesse de cession de parts au moins égale à 20 % du capital (art. 28), sur sa rétroactivité [2] (2e alinéa de l'article 13 qui permettait d'appliquer la loi aux situations antérieures de 12 mois à celle-ci) et sur les pouvoirs coercitifs de la commission (articles 18, 19 et 20 qui donnaient à celle-ci un pouvoir de décision exécutoire) ; rétablit des articles de l'ordonnance du 26-8-1944 qui avaient été supprimés par l'article 40 de la loi (annulé). *Situation du groupe Hersant.* Celui-ci est épargné, mais R. Hersant et 17 autres personnes restent inculpés au titre de l'ordonnance de 1944 (v. ci-dessus).

Nota. — (1) Pt nommé le 24-02-85 : Henri Caillavet (13-2-14). (2) Reconnaît 4 principes : droit pour gouv. de légiférer sur la presse, spécificité des entreprises de presse, transparence nécessaire de celles-ci, valeur constitutionnelle du pluralisme des quotidiens.

Le Conseil estime que si le législateur qui organise l'exercice d'une liberté publique a le droit « d'adopter pour l'avenir des règles plus rigoureuses que celles qui étaient auparavant en vigueur, il ne peut, s'agissant de situations existantes intéressant une liberté publique, les remettre en cause que dans 2 hypothèses : celle où ces situations auraient été illégalement acquises ; celle où leur remise en cause serait réellement nécessaire pour assurer les réalisations de l'objectif constitutionnel poursuivi ». Or, la situation existante des entreprises éventuellement concernées « s'est constituée sous l'empire d'une législation ne comportant pas de tels plafonds ».

soir 8) ; *Magazines illustrés* N° 43,2, A. 37,7, S.G. 3,2 ; *Presse locale :* quot. (7e jour) N° 78,1, A. 6,9, S.G. 2, hebdo. N° 62,7, A. 6,9, S.G. 2 ; *Périodiques « Grand public »* N° 56 [1], A. 21 [1], S.G. 2 [1] ; *Périodiques « techniques et professionnels »* N° 4, A. 66, S.G. 20. *Presse des jeunes :* N° 22, A. 65, S.G. 4, enfants 25, adolescents N° 71, A 5, S.G. 1.

Nota. — (1) Hors périodiques gratuits d'annonces.

Paris-Surface (20 arr. de Paris et 31 localités de la proche banlieue, soit 3 700 000 personnes, les abonnés ne sont pas compris) 21 au 26-1-85 : France-Soir 146 000, Le Figaro 102 000, Le Parisien 83 000, Le Monde 81 000, Libération 51 000, L'Équipe 32 000, Paris-Turf 23 000, Le Matin 19 000, Le Quotidien 16 000, L'Humanité 13 000, La Tribune 11 000, Herald Tribune 7 000, Les Échos 5 000, La Croix 1 000.

• **Frais de distribution :** quotidiens de province 30 à 40 % du prix de vente, Paris 40 à 50 % (Le Monde 55 %).

• **Vente par abonnement.** La plupart des quotidiens gèrent eux-mêmes leurs abonnés. Les périodiques font souvent appel à une entreprise de messagerie, la Sté Presse-Routage.

% des abonnements dans les ventes totales (1981). Express 68,1, Le Matin de Paris 41,8, Le Figaro 20,6, Le Monde 21,6, Paris-Match 14,5

• **Portage à domicile.** Largement utilisé pour les quotidiens aux U.S.A., G.-B., All. féd., peu en France sauf dans certaines régions du Nord, de l'Ouest et de l'Est (en Alsace : il représente 80 % de la diffusion des quotidiens). A Paris, seul le Parisien libéré utilise ce procédé.

• **Vente au numéro.** Env. 4 000 points de vente, boutiques, kiosques spécialisés (290 à Paris, concessionnaires de la ville), crieurs. Pour prévoir les fluctuations de la vente, les journaux doivent livrer un surplus d'exemplaires dans la plupart des points de vente. Pour les quotidiens, les conditions météorologiques peuvent créer des variations importantes.

Les marchands de journaux (env. 3 500 dép. centraux) n'achètent pas les ex. qui leur sont fournis mais en sont dépositaires. Ils perçoivent un % sur ceux qu'ils ont écoulés (détaillants 23 %, grossistes 27 à 28 %). Les exemplaires invendus (en moy. 13,9 % pour les quotidiens) sont envoyés et facturés aux éditeurs.

• **Messageries de presse.** Assurent : tri, groupage, transport, distribution aux principaux points de vente et gestion (facturation, statistiques, centralisation du produit de la vente, collecte des invendus). Pour les *quotidiens de province,* sauf pour Lyon où existe un organisme coopératif, « les Messageries lyonnaises de Presse », chaque entreprise assure directement, par l'intermédiaire de ses camions et de ses motos, la distribution de sa marchandise.

• **Nouvelles Messageries de la Presse Parisienne** (111, rue Réaumur, Paris 2e) créées par la loi du 2-4-1947 et associant 5 coop. de presse (majoritaires) et la Sté Hachette (49 %). Diffuse vers 40 000 points de vente en France et à l'étranger env. 2 000 titres français, 600 étrangers. Sa filiale, la Sté d'Agence et de Diffusion, assure la distribution dans les 20 plus grandes villes de France. La *Librairie Hachette* est concessionnaire de points de vente de journaux et de librairie dans les gares, les stations du métropolitain, les aéroports, etc.

Principaux groupes de journaux

Classement en 1983

Selon la diffusion totale payée (en milliers d'ex.). Hachette 8 026. Éditions Mondiales 5 179. Hersant 4 027. Filipacchi 3 491. Bayard Presse 2 067. Prisma Presse 1 583. Éditions du Hennin 1 415. Marie-Claire Album 1 297. Philippe Amaury 1 164. La Vie Catholique 1 053.

Selon le nombre d'actes d'achat (nombre total d'ex. de journaux vendus par an, en millions). Hersant 479. Hachette 315. Philippe Amaury 247. Éditions Mondiales 209. Le Monde 123. Filipacchi 101. Bayard Presse 76. Perdriel 64. Éditions du Hennin 50. La Vie Catholique 43.

Depuis 1951, la presse française a subi une forte *concentration.* [**Causes :** *Augmentation du prix de vente* qui conduit de 1951 à 62 les journaux départementaux (tirage de 2 000 à 100 000 ex.) à se regrouper. *Adoption du couplage publicitaire* (à partir de 1963). *Financement de matériel moderne* (à partir de 1966). *Réduction des recettes publicitaires* au profit de la Télévision.]

Liste

Bayard-Presse (anciennement Maison de la Bonne Presse, fondée en 1873). *Pt du Directoire :* Bernard Porte. PRESSE : *Quot. :* La Croix (créée en 1873). *Revues adultes :* Pèlerin-Magazine (f. 1873), Notre Temps, Les Jeux de Notre Temps, Les Pages de l'Événement, Medias Pouvoirs, Panorama. *Jeunes :* Pomme d'Api, Les Belles Histoires, Astrapi, J'aime lire, Okapi, Je bouquine, Phosphore. *Religieuses :* La Foi aujourd'hui, La Documentation catholique, Le Monde de la Bible, Signes d'aujourd'hui, Points de Repère, Vermeil. *Hors-Séries :* Almanach du Pèlerin, Guide de la retraite, Guide de la santé, Tout sur la télé. ÉDITION : Le Centurion et Distribution de livres : Sofedis. ACTIVITÉS INDUSTRIELLES (Impression, Expédition, Routage) : B.M.I., B.R.P., S.C.I.A. INFORMATIQUES : B.S.I., Quantics. D'INGÉNIERIE ÉDITORIALE : Médiane. AUDIOVISUELLES : Bayard Productions.

Breteuil. *Dir. :* M. Michel de Breteuil (6-12-1926). Journaux d'Afrique : Afrique Industrie Infrastructures, Amina, Annuaire de la Défense africaine, Afrique Agriculture, Bingo, Afrique défense, African Défence Journal.

C.E.P. (Compagnie européenne de publication). f. en 1976 par rapprochement d'Usine Publications (f. 1891) et Cie Fr. d'éditions C.F.E. (f. 1946). *Pt-Dir. gén. :* Christian Bregou (19-11-1941).

3 GRANDS DOMAINES D'ACTIVITÉ. **C.E.P. Information :** Presse économique et professionnelle. Une soixantaine de titres dont L'Usine Nouvelle, Tertiel, Le Moniteur des travaux publics et du bâtiment, Industries & Techniques, Agro-Industries, Mesures, Caractère, Pétrole Informations International, Le Répertoire des voyages, La Gazette des Communes, 01 Informatique, L'Ordinateur individuel. Organisation de nombreux salons et congrès internationaux dont : Salon international des techniques d'emballage et du conditionnement, de la Manutention, des Techniques Papetières et Graphiques, du Tourisme et des Voyages. **C.E.P. Magazines :** Presse spécialisée dans le domaine de la maison et de la photo : Maison Française, Maison Individuelle, Photomagazine. Participation de 45 % dans Le Nouvel Économiste. **Groupe Larousse :** Édition de livres, jeux et logiciels. *Librairie Nathan :* Livres scolaires, pratiques, techniques, Livres pour la jeunesse, Beaux Livres. *VIFI International :* Logiciels éducatifs, de jeux, d'aide à la scolarité, d'aide à l'entreprise et à la formation. *Jeux Nathan. Jeux Laffont. Kiddicraft. Librairie Larousse :* Encyclopédies, dictionnaires.

Condé Nast. *U.S.A. Pt :* S.I. Newhouse Jr. Vogue, House & Garden, Glamour, Mademoiselle, Bride's, Self, GQ, Vanity Fair, Gourmet. *Europe Pt :* Daniel Salem (29-1-1925). *Londres :* Vogue, House & Garden, Brides & Setting up Home, Tatler, The World of Interiors. *Paris :* Vogue, Vogue Hommes, Vogue Sport, Maison & Jardin, Vogue Décoration, Automobiles classiques. *Milan :* Vogue, l'Uomo Vogue, Casa Vogue, Uomo Mare, Vogue Bambini, Lei, Per Lui, Vogue Pelle, Vogue Bellezza, Vanity. *Munich :* Vogue, Männer Vogue.

Dargaud. *Dir. :* Georges Dargaud (25-4-1911). *Pér. :* Pilote, Rustica, L'Automobile, Charlie Mensuel.

Dassault. *Rédacteur en chef :* Victor Franco (12-3-1930) [avant Marcel Dassault (1892-1986)]. *Périodique :* Jours de France.

Dauphiné libéré. *Pt d'Honneur :* Louis Richerot (18-8-1898). *Pt du Conseil de surveillance :* Gautier Audinot. *Pt du directoire :* Xavier Ellie. *Dir. politique :* Jacqueline Line Reix-Richerot. *Quot. :* Le Dauphiné libéré (Grenoble), Loire-Matin/La Dépêche (St-Étienne), Lyon-Matin (Lyon), Le Quotidien Rhônes-Alpes, Vaucluse-Matin (Avignon). *Hebdo. :* Le Dauphiné libéré Dimanche (Grenoble), Loire-Matin (St-Étienne), Lyon Matin (Lyon), Vaucluse-Matin (Avignon).

Del Duca (Publications Éditions mondiales). *Fondateur :* Cino del Duca (1899-1967). *Pt d'honneur :* Mme Simone Cino del Duca (18-7-1912, P.-D.G. de 1967 à 1980). *P.-D.G. :* Antoine de Clermont-Tonnerre (18-6-1941). *Activité Presse :* Télé-Poche, Nous Deux, Intimité, Tricot Poche, Idées Mode, Tilt, majorité des capitaux dans Modes et Travaux (dep. 1979) et dans Diapason (dep. 1983), participation dans Marie-France et Points de Vue (dep. 1984). *Activité audiovisuelle :* R.C.V., Revcom Films, Revcom Télévision, H.E.M. (en participation avec Hachette). *Activité Édition :* Menges, Générique. Librairie Del Duca : 26, bd des Italiens, 75009 Paris.

Nota. — Modes de Paris a été cédé au groupe Éditions du Hennin en 1984.

Dupuy. *Dir. :* Jacques Dupuy (7-10-1910) (*P.-D.G. :* Sté Excelsior-Publications). *Mensuels :* Science et Vie, L'Action automobile et touristique, S. Vie Micro (S.V.M.), S. Vie Économie (S.V.E.). *Bimestriels :* Jeux et Stratégie, Casus Belli. *Annuel :* Guide de camping et de caravaning.

Éditions du Hennin. Filiale française de la Sté belge Femmes d'aujourd'hui (S.A.F.A.), lancée en nov. 1984 par la S.A.F.A., la Soc. de publications économiques, féminines et familiales (S.O.P.E.F.F.), qui appartient à Mme Francine Amaury (elle édite notamment *Marie-France*) et les Éditions mondiales. Objectif : constituer le 1er groupe de presse féminine en France devant les groupes Hachette-Filipacchi (*7 Jours madame, Femme*) et Bertelsmann (*Prima, Femme actuelle*). Au 31-12-84, les pertes cumulées des journaux étaient de 43 millions de F. En sept. 1985, les Éditions mondiales ont cédé leurs parts et retirent *Nous Deux et Intimité. Périodiques :* Femmes d'aujourd'hui, Modes de Paris, Femme pratique, Chez Nous, La Dépêche, Mode Grand Public, La Dépêche Mode Professionnelle. Département encyclopédies (vente par courtage).

Éditions France-Libre. *P.-D.G. :* Roger Alexandre. *Quot. :* Paris-Turf. *Hebdo. :* Dimanche-Turf.

Expansion (Groupe) *P.-D.G. :* Jean-Louis Servan-Schreiber (31-10-1937). *Quot. :* La Lettre de l'Expansion quotidienne, *Hebdo. :* Gestion sociale, *Bimensuel :* l'Expansion, *Mensuel :* l'Entreprise, *Bimestriel :* Architecture d'aujourd'hui, *Trimestriel :* Harvard l'Expansion, *Annuel :* l'Expansion-voyages.

Maison d'éditions : L'Expansion-Hachette-J.-C. Lattès (Publications économiques internationales, P.E.I.) (publications pour les exportateurs).

Produits hors presse : Biennal : l'Annuaire du pouvoir. Agendas, articles de bureau, conférenciers, répertoires. Biannuel : L'Exemplaire (catalogue de vente par correspondance des dirigeants). *Journées d'information :* Forum de L'Expansion. *Réunions mensuelles :* Club de conjoncture. *L'Institut de L'Expansion :* séminaires, sessions de formation, méthode Templus sur la maîtrise du temps, formations sur les transformations industrielles avec sessions inter- et intra-entreprises

Répartition du capital (1985) : Jean-Louis Servan-Schreiber 59 % ; Banque privée de gestion fin. 19 % ; Jean Boissonnat 7 % ; Hubert Ziesenïss 6 % ; divers 9 %.

Express (Groupe). Le 16-3-1977, le Groupe Générale Occidentale a racheté pour 31 millions de F 45 % des actions de L'Express, puis après d'autres achats, elle a acquis le contrôle de 99,8 % des actions. *Hebdo. :* L'Express France, l'Express Paris, l'Express international, le Vif/Express. *Mensuel :* Lire. *P.-D.G. :* Jimmy Goldsmith (26-2-1923). *Dir. gén. :* Tom Sebestyen (8-3-27).

Chiffre d'aff. (H.T. en millions de F) *1983* 434, *1984* 514. *Bénéfice* de l'hebdo avant impôts *1984* 16. *1983* 3 (en quasi-totalité absorbé par le lancement de l'*Express-Paris* et l'amortissement de l'investissement dans le groupe (« Lire », n'a pas encore trouvé son point d'équilibre). La presse représente 2 % des investissements de la Générale Occidentale.

Filipacchi. *Dir. :* Daniel Filipacchi (12-1-1928), Franck Ténot (31-10-1925). *Pér. :* Paris Match (f. 1949, racheté 1976 par le groupe), Pariscope (1968), Lui (1963), Newlook (1983), Penthouse (fév. 1985), Union (1983), Photo (1967), Écho des savanes (1982), O.K., Age Tendre (1964), Salut (1962), Podium Hit (1972), Girls (1980), Femme (nov. 1984), Jazz magazine (1954), Les Grands Écrivains (janv. 1984), Poster, Top. *Autres activités :* radios libres, télématique, édition.

Fleurus presse (Union des Œuvres cath. de France). *Pt.* Michel Normand (12-7-1925). *Dir. gén.* Gérard Quittard (26-2-46). *Hebdo. :* Fripounet, Perlin. *Bimens. :* Triolo. *Mens. :* Mag'Jeunes. Comprend aussi la Centrale Saint-Jacques. L'U.O.C. a vendu au groupe Ampère ses parts dans les éditions Fleurus fondées en 1944.

Franpresse (contrôle le holding Aurore S.A.). *Pt :* Pierre Janrot. L'Aurore.

Gicquel. *P.-D.G. :* Hervé Gicquel (24-10-1958). *Hebdo. :* La Lettre du comptant, Bulletin des étrangères et des mines.

Hachette (créé en 1826). *Pt-dir. gén. :* Jean-Luc Lagardère (10-2-28). *Vice-Pt :* Daniel Filipacchi (12-1-28). *Vice-Pt-dir. gén. :* Yves Sabouret (15-4-36). Hachette est un groupe de création et de communication multimédias, de dimension internationale, qui édite et distribue des livres, des journaux, des programmes de télévision, de cinéma, de micro-informatique. *C.A. consolidé 1984 :* 12 milliards de F dont en % : International (distribution presse) 27,3 ; édition livres 24,5, presse : 24,5 ; Détail (magasins) 18,2.

Capital de la Sté mère Hachette en % : Marlis 51,5, Cie financière Rothschild 5, actions dans le public 40,5, salariés 3. Le holding Marlis est détenu par : MM. Floirat et Lagardère 33, Multi-Médias-Beaujon (M.M.B.), anciens actifs de Matra 20, Groupe Filipacchi 20, Crédit lyonnais 27.

ACTIVITÉ « LIVRE » : *Littérature générale :* Hachette-Littérature, Hachette-Guides bleus, B.F.B., Fayard, Grasset-Fasquelle, Lattès, Le Chêne, Mazarine, Stock, Trévise. *Grande Diffusion :* Hachette-Jeunesse, C.I.L., Dupuis, Harlequin, Librairie des Champs-Élysées, L.G.F. (Livre de Poche), Marabout, Media 1000, Édition no 1, I.B.P, *Hachette Classiques (livres scolaires) :* Classiques, Édicef, Édifra, Édiframo, L.P.C. *Vente directe :* Le Livre de Paris. *Filiales étrangères :* 9 filiales (Amér. du N., latine, Japon).

ACTIVITÉ « PRESSE » : *Édi 7 :* Télé 7 Jours, Elle, Journal du Dimanche, France-Dimanche, Week-End, Parents, Vital, Télé 7 Jeux, Mots Mystérieux, Prévention Santé. *Édi-Monde :* 7 Jours Madame, Confidences, Guide Cuisine, Journal de Mickey et Publications Walt Disney, Première, Onze. *Groupe Loisirs :* Tennis magazine, Neptune Yachting, Planche magazine, Ski magazine, Actualité Hippique, Vidéo 7, Micro V.O., Téléguide, T.V. Couleur, Naut'Argus, Plus. *Sté Écho Républicain :* Écho Républicain de Chartres. Participations dans le Groupe Media et dans le Groupe Parisien libéré. Elle-U.S.A., Elle-Grande-Bretagne, Vital italien, Téléprogramme (Espagne).

FILIALES : *Biblio Club de France et Cie* (ex. C.E.L.I.V.) : vente de livres en solde. *Grasset et Fasquelle :* romans, essais, livres pour la jeunesse. *Jean-Claude Lattès :* romans, ouvrages historiques, musiques et musiciens, cinéma. *Édition no 1 :* grand public. *Stock :* romans, livres pratiques, essais. *Arthème Fayard :* collections historiques, religieuses et sociales, romans. *Librairie générale française :* Livre de poche. *Le Livre de Paris :* vente en gros, détail de marchandises diverses (livres, publications, disques, matériel audiovisuel, etc.). *Éditions classiques d'expression française (E.D.I.C.E.F.) :* livres pour p. francophones. *Nouvelles Éditions Marabout :* livres, guides tour. et régions, jeunesse.

DISTRIBUTION DU LIVRE : Centre de distribution du livre de Maurepas, 16 centres régionaux.

INTERNATIONAL DISTRIBUTION PRESSE : 15 filiales en Europe et Amérique du Nord.

VENTE AU DÉTAIL : réseau de 900 points de vente sur les concessions S.N.C.F., R.A.T.P., aéroports, magasins Nuggets, Magasin H. Micro Informatique, multistore Hachette Opéra et 12 points de vente en « duty free » dans les aéroports du Mexique.

ACTIVITÉS INDUSTRIELLES : informatique éditoriale : I.O.T.A., K.A.P.P.A. Offset : Brodard et Taupin, Brodard Graphique, Arts graphiques modernes. Hélio : Imprimerie Hélio-Corbeil, Sté des encres de Choisy. Impression en continu : Formeurop-Lavauzelle, I.M.C.O., Frontère-Dudognon.

ACTIVITÉS AUDIOVISUELLES : *Hachette seul :* Hachette première : production cinématographique ; Télé-Hachette : production télévisuelle ; Channel 80 : production et prestations vidéo ; Vision 7 : presse-audiovisuel ; Hachette média câble : études et prestations pour les réseaux câblés ; Canal J (simple département de la société) : programme pour enfants destiné aux réseaux câblés (diffusé à Cergy-Pontoise). *En participation.* Astral-Hachette inc. (50 %) : coproductions au Canada ; Centre audiovisuel Monaco (Caudim, 50 %) : prestations et production vidéo ; Ediciel (50 %) : production de logiciels ; Communication service (33 %) prestations câble et nouveaux médias ; Hachette-Éditions mondiales (50 %) : production audiovisuelle ; Pathé (42 %) : cinéma ; Dupuis (24 %) : édition et audiovisuel ; Compagnie luxembourgeoise de télédiffusion (8 %) : multimédias ; Europe 1 (44 %, 54 % en voix) : multimédias.

Le 4-3-1986, la Sofirad a cédé à Hachette pour 500 millions de F sa participation dans Europe 1 (34,19 % du capital, 47 % des droits de vote qui ajoutés aux 10,1 % d'actions d'Europe détenus par la Sté Sce Multi-Médias Beaujon donne à Hachette le contrôle d'Europe 1).

DISTRIBUTION DE PRESSE. Hachette détient une participation minoritaire de 49 % dans le N.M.P.P.

Hersant. *P.-D.G. :* Robert Hersant (31-20-1920). 344 512 exemplaires pour les journaux du groupe Progrès. 119 877 pour l'Union. M. Hersant contrôle 26,4 % de la presse quotidienne régionale (sur 6 443 000 au total), et 38 % de la presse quotidienne nationale (sur 2 022 000 au total).

Diffusion en 1984, et entre parenthèses, % d'évolution par rapport à 1979 avant le rachat du Progrès de Lyon et la location-gérance de l'Union de Reims en 1986 : PÉRIODIQUES : France-Soir Magazine 491 716 (− 7,9), Le Dauphiné libéré-Dimanche 426 232 (+ 14,4), l'Auto-Journal 296 308 (− 3,9), La Pêche et les Poissons 106 515 (+ 13,4), Sport Auto 102 496 (+ 1,8), Revue nationale de la chasse 95 933 (− 6,9), Bateaux 72 616 (+ 1,9), Le Pays d'Auge 16 001 (− 5,4), L'Action républicaine 10 412 (− 6,7), Le Courrier de l'Eure 10 339 (− 33), La Renaissance-le-Bessin 7 411 (− 7,5), Le Journal d'Elbeuf 6 970 (− 6,9), Les Nouvelles de Falaise 5 730 (− 11,2), La Voix du Bocage 5 702 (− 7,6).

QUOTIDIENS : Le Figaro-L'Aurore (racheté en 1975) 366 172 (+ 17,1), France-Soir (racheté 45 millions de F avec les imprimeries) 405 378 (− 11,9), Le Dauphiné libéré [1] 361 623 (+ 10,1), Paris-Normandie 131 180 (− 9), Paris-Turf-Dimanche Turf 124 044 (− 8,8), Nord-Éclair 91 893 (+ 1,6), Presse-Océan 82 518 (+ 3,1), Nord-Matin 73 798 (− 7,5), Le Havre libre (détenu à 49 %) 28 785 (− 9,4), Loire-Matin-La Dépêche 23 743 (+ 82,7), Le Journal quot. Rhône-Alpes 20 607 (− 2), l'Éclair 20 230 (− 18,9), Le Havre Presse 18 095 (+ 3,3), Centre Presse (Poitiers) [2] 14 420 (+ 3), La Liberté du Morbihan 10 567 (− 31,7), Le Figaro Magazine [3] 640 757 (+ 32,5).

Nota. — (1) Y compris Vaucluse-Matin, Lyon-Matin, Lyon-Matin-Dimanche. (2) Centre-Presse s'est séparé de Centre-Presse (Rodez) vendu au Midi libre en 1981 (diffusion 1982 prise en référence : 12 905). (3) Diffusion totale intégrée à celle du Figaro : France-Antilles env. 50 000 ex. ; évolution Nord-Matin référence année 1980.

Chiffre d'affaires du groupe (1982) : env. 4 milliards de F : Effectifs : 10 000 à temps complet.

Le groupe a pris le contrôle, fin 1984, de 3 journaux belges : le Rappel (Charleroi), l'Écho du Centre (La Louvière) et la Province (Mons). Hersant est aussi administrateur du quotidien bruxellois le Soir. Le groupe détient en outre 10 % du Midi libre, l'Indicateur Bertrand, Votre Tricot, Chevaux et Cavaliers, Carrières et Emplois, France-Amérique (diffusé aux U.S.A.), 25 000 ex., etc. Il contrôle plus de 30 radios locales par l'intermédiaire de ses journaux ou de l'Agence française de communication. Il prépare aussi une chaîne de télévision à l'échelle européenne (T.V.E.).

GROUPE DU PROGRÈS : *Quotidiens* : Le Progrès et son édition stéphanoise ; Le Progrès-La Tribune. *Diffusion* (1984) : 297 208 ex. ; l'Espoir 16 310 ; Dijon 35 874, le Progrès-Dimanche et Centre-Dimanche 376 000, les Dépêches-Dimanche 28 500, le trihebdomadaire l'Indépendant de Louhans 6 310. Au total, 38 éditions couvrent Côte-d'Or (3 éditions), Rhône (10), S.-et-L. (6), Ain (4), Allier (1), Isère (3), Jura (3), Loire et Hte-Loire (8). Possède sa propre imprimerie, une agence de publicité (la Maison de la Petite annonce), une régie publicitaire interne (S2P), un centre serveur télématique (Médias Progrès) et une radio locale privée (Radio-Lyon). *Effectifs* : 1 250 salariés. *Chiffre d'affaires* : non communiqué, 54,4 % vient de la vente en kiosques, 36,2 % de la publicité et 9,4 % des abonnements.

Périodiques : Votre Tricot, La Layette, La Bonne Cuisine, Market, Champion, Points de vente, L'Ami des Jardins.

Agence de presse (A.G.P.I.), *Agence de publicité* (Publi-Print), *Centre d'impression offset* (Paris-Print) comprenant 79 groupes de rotatives et 7 sorties, capacité de tirage 1 250 000 journaux/j, avec 8 centres de traitement par fac-similés (Toulouse, Caen, Marseille-Vitrolles, Nantes, Nancy, Lyon, Roubaix, Poitiers).

L'Humanité. *Dir.* : Roland Leroy (4-5-1926). *Quot.* : L'Humanité (organe central du Parti communiste français). *Hebdo.* : Humanité Dimanche. *Périodique* : Almanach de l'Humanité. Voir plus loin la presse communiste.

Méaulle. 11 hebdo. (Hauts-de-Seine, Yvelines, Eure, Orne, Calvados). *Tirage total* : 135 000 (Courrier des Hts-de-S., Yvelines, Mantes, Éveil Normand, de Pont-Audemer, de Lisieux, Côte Normande, Impartial des Andelys, Journal de l'Orne, Réveil Normand, Orne Hebdo.). *Pt* : Bernard Méaulle (28-9-1941).

Média S.A. (Groupe). *Dir.* : Élisabeth Lefèbvre. créé en 1975. *Mens.* : Jacinte, Enfants magazine, Vingt Ans. Biba.

Philippe Amaury. *Quotidiens* : Le Parisien libéré (fondé le 21-8-1944), L'Équipe (f. févr. 1946 et, dep. 1965, contrôlé à 97 % par Le Parisien libéré), Le Maine-Libre (Le Mans, f. le 8-8-1944), Le Courrier de l'Ouest (Angers). *Hebdomadaire* : Liberté Dimanche (Rouen). *Périodiques sportifs* : L'Équipe-magazine, France-Football. *P.-D.G.* : M. Philippe Amaury (6-3-1940) dep. le 18-11-83.

Le Groupe Amaury (Émilien Amaury, 5-3-1909, Pt du Parisien libéré à partir de 1966, décédé accidentellement le 2-1-77) comprenait, outre le secteur Presse, la S.A.R.L. Office de publicité générale (O.P.G.), qui contrôle la Sté de publication économique féminine et familiale (S.O.P.E.F.F.), éditeur de Point de Vue-Images du Monde (hebdo.) et de Marie-France (mens.). La S.A. détient 32 % du capital de la S.O.P.E.F.F. Depuis novembre 1983, groupe partagé entre : pour les quotidiens, M. Philippe Amaury, et pour l'O.P.G. et les publications S.O.P.E.F.F., Melle Francine Amaury.

Principaux actionnaires : M. Philippe Amaury (62,1 %) et Groupe « Hachette » (36,4 %).

Nota. — La direction du Parisien libéré est entrée en conflit le 3-3-1975 avec la Fédération française des travailleurs du livre C.G.T. Renonçant à exploiter ses installations parisiennes, elle a utilisé un réseau de fac-similés et 3 imprimeries régionales à St-Ouen, Chartres et Amiens (168 personnes au lieu de 550 à Paris).

Elle a organisé, pendant le conflit, son propre réseau de distribution. Après l'accord du 16-8-1977, distribution reprise par les N.M.P.P. Sa diffusion O.J.D. est tombée de 785 734 en 1974 à 360 213 en 1977. La recette de publicité de 44 millions de F en 73 à 23 millions en 75. Le 16-8-77, au bout de 29 mois, un accord entre le Syndicat du livre, la direction du Parisien libéré et le ministère du Travail a été signé. La quasi-totalité des travailleurs de la presse parisienne acceptèrent de verser 10 % de leur salaire aux 450 ouvriers licenciés.

Le Parisien libéré organise avec L'Équipe le Tour de France.

Prouvost. Dirigé par Évelyne Prouvost, petite-fille de Jean Prouvost (1885-1978). *Mens.* : Marie-Claire, La Maison de Marie-Claire, 100 Idées, Cosmopolitan, Marie-Claire bis, Cuisine et Vins de France.

Sebdo-Le Point. Contrôlé à 51 % par Cinépar depuis le 15-3-1985 (principal actionnaire Nicolas Seydoux). *Filiales* : Éditions culturelles et musicales, téléconsulte (banque de données juridiques). *Hebdo.* : Le Point. *Mensuel* : Vie publique. *P.-D.G.* : Jacques Duquesne (18-3-1930).

Société générale de Presse. *P.-D.G.* : Georges Bérard-Quélin (25-9-1917). *Quot.* : Correspondance économique, Correspondance de la Presse, Correspondance de la Publicité, Index, Bulletin quotidien. *Hebdo.* : Bilans hebdomadaires, Actualités économiques, Documents et Informations parlementaires, La Lettre financière, Énergie, Électrique-Électronique, Mécanique, Transports, Lettre d'Allemagne, Textiles-Habillement, Hommes d'aujourd'hui et de demain, Europe Afrique-Service, Europe-Service. *55 services de documentation* (ab. annuels comprenant : volumes et mises à jour régulières, service de renseignements par tél. : politique, économie, administration, presse et information publicité, C.E.E., etc.

Spécial Dernière. Filiale de la Sté Ici Paris. *Hebdo.* : Spécial Dernière.

Télé-Star. Filiale à 100 % de la Compagnie luxembourgeoise de télédiffusion. *Hebdo.* : Télé-Star. *Pt* : Claude Darcey.

Tesson. *Pt* : Philippe Tesson (1-3-1928). *Quot.* : Le Quotidien de Paris (créé 1974), Quotidien du Médecin (créé 1971), Quotidien du Pharmacien (créé 1985).

Valmonde & Cie C.F.J. *P.-D.G.* : Raymond Bourgine (9-3-1925). *Mens.* : Le Spectacle du monde/Réalités-Perspectives, le Bien Commun. *Hebdo.* : Valeurs actuelles.

Ventillard. *Pt* : J.-P. Ventillard (22-12-1934). *Pér.* : Audio Magazine, Électronique Applications, Électronique Pratique, Haut-Parleur, Hifi Stéréo, Micro-Systèmes, Radio Plans-Électronique Loisirs, Sono, Système D, Almanach Vermot, Le Hérisson.

Vie catholique (publications de la). *Pt* : Michel Houssin (5-7-1921). Stés éditoriales : Malesherbes-Publications. *P.-D.G.* : André Schafter (29-5-1924). *Hebdo* : La Vie. *Pér.* : Actualités religieuses dans le monde, Croissance des jeunes nations, Image du mois, Prier, Télérama. *P.-D.G.* : Michel Houssin. *Hebdo* : Télérama. S.E.B.A.M. *P.-D.G.* : Jacques Bayet (2-10-38). *Mens.* : Pratique. *Pér.* : Le Monde de la mer. Publications historiques. *P.-D.G.* : Philippe Boitel (7-9-34). *Mens.* : Notre Histoire. Comprend aussi : Presse-Informatique, Édi-Informatique, Malesherbes-Photo-Composition, V + (inspection des ventes), Publicat, La Procure, Desclée de Brower.

Winkler. En liquidation dep. la mort de Paul Winkler (7-7-1898/23-9-1982).

Nota. — Plusieurs groupes se partagent parfois les participations d'un même journal.

Périodiques de l'État. *Nombre* : 2 500 dont min. de la Défense 38, services du 1er ministre 34, P.T.T. 26, Éducation 25. *Coût de fabrication* (en millions de F, 1980) : 182 dont Économie-Budget 40, Défense 37, P.T.T. 22, Éducation 21, services du 1er ministre (y compris Doc. française) 13.

La presse communiste

A la Libération, le parti éditait 19 quotidiens de province (soit 1 840 000 ex. chaque jour). En *1951* : 13 (960 000 ex.), *1958* : 4 (200 000 ex.). *Jusqu'en 1953*, le P.C. a disposé d'un 2e quotidien national : Ce Soir : 478 000 ex. en 1947 ; le quotidien Libération (animé par Emmanuel d'Astier de La Vigerie) défendait des positions proches de celles du P.C. En *1947* : la presse communiste représentait 16 % de la presse nationale, en *1977* : 2,5 %, en *1983*, 5 % de la diffusion française.

4 quotidiens : L'Humanité (organe central), L'Écho du Centre (Limoges), La Liberté (Lille), La Marseillaise (Marseille) [à la Libération 2 quot. à Paris (Ce Soir a disparu), 17 en province].

4 hebdomadaires nationaux : Humanité Dimanche, France Nouvelle, Action, Avant-garde-Hebdo (pour les jeunes). Destiné aux agriculteurs, La Terre.

4 mensuels nationaux : Les Cahiers du Communisme, La Nouvelle Critique, Économie et Politique, France-U.R.S.S.

Divers : env. 150 hebdo, régionaux et locaux. Nombreux organes périodiques des fédérations et des sections. Bulletins municipaux publiés par les mairies communistes. Certains ont présenté le P.C.F. comme le 1er magnat de la presse française en disant qu'il avait 500 titres, en comptant les publications d'organisations proches du P.C., tels La Vie Ouvrière (organe de la C.G.T.), les journaux du S.N.E.S. et de l'U.N.E.F., ou encore Heures Claires (mensuel de l'Union des femmes françaises), les éditions Vaillant (dont publications pour enfants notamment Pif-Gadget), les éditions Miroir-Sprint (Miroir du football, Miroir du cyclisme, Miroir du rugby et Mondial), Logement et Famille, Le Réveil des combattants. Cette assimilation est contestée par les animateurs de ces journaux.

Nota. — La souscription annuelle pour la presse lancée par le P.C. en automne 1984 a rapporté 12 299 000 F (dont 6 652 775 F pour *L'Humanité* et *Révolution*, 2 800 000 F *La Liberté*, 1 853 126 F *La Marseillaise*, 993 189 F *L'Écho du Centre*).

La presse juive en France

L'Arche. *Fondé* 1957 ; *mensuel*, 30 000 ex. (15 000 ab.) **L'A.T.J.** *Fondé* 1971 ; bulletin de l'Agence télégraphique juive, seul *quotidien* juif de langue française (4 000 ab.). **Information Juive.** *Fondé* 1948 Alger : *mensuel* 12 000 (6 000 ab.). **Presse Nouvelle Hebdo (P.N.H.).** Magazine progressiste juif. **La Terre retrouvée.** *Fondé* 1926. **Tribune Juive.** *Fondé* 1968 ; *hebdomadaire* 15 000 (8 000).

Publications gratuites

Quelques dates. *1963* : 1er hebdo. *1973* : f. en S.N.P.G. *1981* : adhésion au Bureau de vérification de la publicité. *1982* : f. du C.D.P.G. (organisme de constat de la distribution des périodiques gratuits. **Nombre** : env. 523 publ. dont 250 hebdo. d'annonces, sans information (tirage global env. 40 millions d'ex.) ; 325 titres appartenant au Syndicat national des éditeurs de périodiques gratuits, 103, rue St-Denis, 75001 Paris (dont 75 au groupe Havas et 74 au groupe Comareg). D'autres relèvent d'agences de publicité, ou d'entreprises indépendantes. **Périodicité** hebdo. (la plus courante) ou bimens. **Employés** : 40 000, y compris ouvriers d'imprimerie et des services de distribution. **Petites annonces.** 350 000 par sem. **Recettes** (millions de F) *1980* : 0,7. *85* : 2 100.

Périodiques

Diffusion

- **Périodiques les plus diffusés en 1983-84** (source O.J.D.). Télé 7 Jours 2 821 585, Télé-Poche 1 819 140, Télé-Star 1 379 464, Modes et Travaux

1 357 081, Prima 1 321 998, Femmes d'aujourd'hui 1 057 896, Sélection 984 840, Paris-Match 888 590, Nous-Deux 823 397, Notre Temps 770 787, France-Dimanche 693 380, Figaro Magazine 640 757, Marie-Claire 599 362, Chasseur Français 566 488, L'Express 517 157, Intimité 509 622, France-Soir Magazine 491 716, Télérama 487 858, Le Particulier 478 295, Art et Décoration 451 443, Le Pèlerin 455 862, Action Automobile 431 490, Marie-France 430 843, Jours de France 424 605.

• **Périodiques par secteurs. Agricoles.** La France Agricole 247 934, La Terre 212 858, L'Agriculteur du Sud-Est 141 628, Agri-Sept 100 479, Paysan Breton 73 170, Cultivar 64 581.

Audiovisuels. Télé 7 Jours 2 821 585, Télé-Poche 1 819 140, Télé-Star 1 379 464, Télérama 487 858, Super-Télé 388 243, Première 364 298, Télé-Guide 192 391, Télé-Magazine 273 958, Télé-Journal 152 248, Vidéo 7 132 425, Télé Ciné Vidéo 97 695, Micro-Systèmes 73 274, Individuel 85 506, L'Ordinateur Zéro 1 Informatique 40 175.

Économiques et sociaux. F.O. Magazine 724 570, Le Particulier 478 215, L'Expansion 171 004, Cadres et Maîtrise 126 362, Le Nouvel Économiste 117 090, La Vie Française L'Opinion 105 247, Mieux Vivre 76 974, L'Usine Nouvelle 55 507.

Enfants (en millions d'ex.). *1956 :* 166 (dont presse pour les petits 4), *1974 :* 137 (petits 18), *1984 :* 87,7 (petits 11,5, spécialisés 5,9, enfants et préadolescents 70,3).

Féminins. Modes et Travaux 1 357 081, Prima 1 321 998, F Magazine 1 082 085, Femmes d'aujourd'hui 1 057 896, Nous-Deux 823 397, Marie-Claire 599 362, Intimité 509 622, Jours de France 424 605, Marie-France 430 843, Elle 395 007, Confidences 355 009, Cosmopolitan 294 060, Biba 270 350, Bonne Soirée 234 637, Femme Pratique 201 151, Ma Maison-Mon Ouvrage 153 125, La Bonne Cuisine 120 637, Votre Beauté 119 279, Vogue 70 121, Jardin des Modes 37 404.

Maison. Art et Décoration 451 443, Votre Maison 387 245, Rustica 240 272, Mon Jardin et Ma Maison 216 206, Le Journal de la Maison 208 366, La Maison de Marie-Claire 200 801, Bricolage Tout Faire 118 000, Plaisirs de la Maison 101 717, Maison et Jardin 89 477, La Maison Française 91 866.

Opinions. L'Express 517 157, Le Nouvel Observateur 364 313 [1], Le Point 329 658, Minute 146 137, Valeurs Actuelles 99 553 [1], Hebdo T.C. 30 105 [2], L'Homme Nouveau 29 592, Réforme 9 800 [3].

Nota. — (1) 1983. (2) 1969. (3) 1980.

Sports et Loisirs. *Auto-Moto :* L'Action Automobile 431 490, Auto-Moto 330 063 [1], Auto-Journal 305 010, L'Automobile 238 877, Échappement 147 436 [1], Sports-Auto 95 078 [1], Moto-Journal 73 277, Moto-Revue 70 318 ; *Bateau :* Bateaux 71 842, Les Cahiers du Yachting 36 095 [1] ; *Hippisme :* Dimanche Turf 115 921 [1] ; *Autres sports :* Onze 224 807, France-Football 152 814, Mondial 152 668, Miroir du cyclisme 90 273, Tennis de France 73 581, La Voix des sports 73 550, Tennis magazine 61 784, Ski Flash magazine 30 094.

Nota. — (1) 1983.

• **Titres les plus lus** (1984). Nombre de lecteurs en milliers (entre parenthèses lecteurs réguliers). Télé 7 Jours 10 467 (8 903). Modes et Travaux 7 024 (4 221). Télé Poche 6 641 (5 569). Paris Match 4 983 (2 493). Art et Décoration 4 704 (1 155). Sélection 4 370 (3 179). Télé-Star 3 880 (3 466). Marie-Claire 3 773 (1 603). Marie-France 3 608 (1 570). Jours de France 3 488 (1 590). Télé 7 Jeux 3 475 (1 810). Prima 3 430 (2 381). Parents 3 235 (1 689). Science et Vie 3 061 (1 527). Géo 2 905 (1 697). Chasseur Français 2 784 (1 922). Auto-Moto 2 534 (1 589). VSD 2 488 (1 560). Femmes d'aujourd'hui 2 399 (1 747). Elle 2 388 (1 168). Nous-Deux 2 377 (1 886). L'Express 2 364 (1 470). France-Dimanche 2 336 (1 673). Le Pèlerin 2 308 (1 941). Action Automobile 2 285 (1 473).

• **Pages. Nombre de pages de quelques hebdomadaires** *(semaine du 3 au 9-5-1986).* L'Express 190, Jours de France 122, Le Point 138, Paris Match 142, Le Figaro Magazine 182, Le Nouvel Observateur 110, Valeurs Actuelles 72.

• **Périodiques politiques** (assimilés fiscalement aux quotidiens). *1978, 28-4 :* Le Canard Enchaîné, l'Express, France Nouvelle, l'Humanité Dimanche, Minute, Le Nouvel Observateur, Le Point, Réforme, Syndicalisme Hebdo C.F.D.T., Témoignage Chrétien, Tribune Socialiste, Valeurs Actuelles, La Vie Ouvrière-C.G.T. *27-10 :* Le Nouvel Économiste, Charlie Hebdo, Jeune Afrique, La Sélection Hebdomadaire du monde. *1979, 26-4 :* Le Pèlerin, La Vie, Paris Match. *Publications non habilitées pour périodicité insuffisante :* Le Courrier du Parlement, Heures Claires, Afrique-Asie, l'Économiste du tiers monde ; *faute de consacrer en moyenne plus du tiers de leur surface rédactionnelle à l'actualité politique :* France Catholique Ecclesia, Le Hérisson, La Terre, La Vie Française, VSD ; *parce qu'elle répond principalement aux préoccupations d'une catégorie particulière de lecteurs :* La Lettre de l'Expansion.

Quotidiens

• **Histoire récente.** Création de quotidiens d'information générale. Elle s'est heurtée le plus souvent, depuis 30 ans, à l'échec : à Paris, Le Temps de Paris (avril 1957), Les Débats de ce Temps (1958), 24 heures (5-10-1965), l'Imprévu (1975, 11 numéros), J'informe (17-12-1977, 77 numéros), Paris ce Soir (du 7-1 au 31-1-1985). *Ont disparu en 1972 :* Paris Jour, *74 :* Combat ; *78 :* L'Aurore a été absorbé par Le Figaro.

Par contre, le lancement de certains journaux a été réussi : Le Quotidien de Paris (74-78) ; Le Quotidien du Peuple (75) ; L'Humanité Rouge (75) ; Rouge (76) ; Le Matin de Paris (76).

• **Évolution globale.** L'élévation du niveau culturel du public, l'augmentation du nombre de cadres, d'étudiants, se sont, dans un 1er temps, traduits par le recul général des titres populaires au profit des journaux plus élaborés (2 328 883 ex. diffusés en 1970, 1 499 010 en 1983, soit − 62 %). La diminution du nombre des quotidiens s'est traduite par une dépolitisation très marquée : rares sont les titres qui affichent des opinions très tranchées.

Les lecteurs de quotidiens apprécient moins les informations partisanes, quelles que soient leurs idées : la diffusion de *La Nation*, disparu aujourd'hui, a toujours été faible, le tirage de *L'Humanité* est très au-dessous de l'effectif des électeurs du P.C.

• **Nombre de quotidiens France entière.** *1874 :* 219, *1882 :* 342, *1914 :* 299, *1938 :* 206, *1946 :* 206, *1950 :* 142, *1955 :* 129, *1960 :* 111, *1965 :* 106, *1975 :* 86, *1978 :* 157 (inform. générales et politiques) dont 77 du matin, 13 du soir, 15 bulletins quot., 90 quot. d'inform. gén., édités par 86 entreprises (11 à Paris, 75 en prov.). Il y a 5 quot. étrangers. *1983 :* 136. **Pour 1 000 h.** *1832 :* 3. *70 :* 36. *1914 :* 244. *39 :* 261. *46 :* 370. *52 :* 218. *72 :* 221. *74 :* 216. *75 :* 200.

A Paris : *1874 :* 40, *82 :* 90, *92 :* 79, *1914 :* 57, *38 :* 31, *46 :* 32, *50 :* 16, *55 :* 13, *60 :* 13, *65 :* 13, *70 :* 13, *75 :* 11, *78 :* 10, *81 :* 10, *83 :* 9 (matin 7, soir 2).

• **Tirage moyen total au numéro (en milliers) et, entre parenthèses, nombre de quot.** (non compris les quot. spécialisés).

Paris. *1815 :* 34 (8). *31-32 :* 85 (17). *46 :* 153 (33). *63 :* 210 (16). *67 :* 763 (dont 560 pour la petite presse politique à 5 centimes) (21). *70 :* 1 070 (36). *80 :* 2 000 (60). *1914 :* 5 500 (80). *39 :* 5 500 (31). *46 :* 5 950 (28). *52 :* 3 412 (14). *72 :* 3 877 (11). *75 :* 3 116 (11). *78 :* 2 999 (10). *81 :* 2 791 (10). *83 :* diffusion 2 080 (9) [lecteurs 7 510 000].

Province. *1831-32 :* 20 (32). *67 :* 200 (57). *70 :* 350 (100). *80 :* 750 (190). *85 :* 1 000 (250). *1914 :* 4 000 (242). *39 :* 5 500 (175). *46 :* 9 165 (175). *52 :* 6 188 (117). *72 :* 7 498 (78). *73 :* 7 506 (75). *74 :* 7 509 (73). *75 :* 7 374 (75). *76 :* 7 372. *77 :* 7 463. *78 :* 7 492. *83 :* 7 517 (80).

• **Diffusion. Quotidiens les plus diffusés** *(diffusion totale en 1984, source : O.J.D.).* Ouest France 723 691. France-Soir 405 338. La Voix du Nord 374 228. Le Figaro 366 172. Le Dauphiné libéré 361 226. Le Monde 357 117. Sud-Ouest 356 989. Le Parisien libéré 339 271. Le Progrès 288 946. La Nouvelle République du Centre-Ouest 270 887. Nice Matin 259 006. La Montagne 252 457. L'Est Républicain 252 383. La Dépêche du Midi 247 533. L'Équipe 241 917. Les Dernières Nouvelles d'Alsace 218 636. Le Républicain lorrain 200 011. Le Midi Libre 189 283. Le Télégramme de Brest 175 272. Le Provençal 161 003. Paris Normandie 129 030. L'Alsace 125 345. Paris Turf 123 872. L'Union 117 812. L'Humanité 117 005.

Années de meilleure diffusion (de 1962 à 1984). France Soir : *1961* (1 101 167 ex.), Le Parisien libéré : *1973* (785 734), Le Monde : *1979* (445 370), Le Figaro : *1969* (434 077), L'Aurore : *1963* (368 753), Le Matin de Paris : *1981* (178 847), L'Humanité : *1968* (160 695), La Croix : *1970* (132 927), Libération : *1983* (95 000), Le Quotidien de Paris : *1981* (78 000).

Répartition de la diffusion en 1984. % d'abonnements, en italique % de ventes au n°, entre parenthèses % d'ex. gratuits. La Croix 87,3 ; *5,5* (7,2). Le Figaro 20,6 ; *76,4* (3). France-Soir 1,2 ; *90,7* (8,1). Le Monde 21,6 ; *76,7* (1,7). Le Parisien libéré 7,4 ; *88,8* (3,8) en 1983.

• **Pages. Nombre de pages moyen.** *1900 :* 4. *44 :* 2. *50 :* 8. *60 :* 15,8. *70 :* 18,7. *76 :* 17,2. *86 :* 34.

• **Prix de vente (le plus courant).** 0,15 F (1875) ; 0,05 F (1900) ; 0,07 F (1914) ; 0,20 F (1920) ; 0,25 F (1925) ; 0,30 F (1926) ; 0,40 F (1937) ; 0,50 F (1938) ; 0,75 F (1-1-1941) ; 1 F (1-5-1941) ; 2 AF (23-8-44) ; 1,5 AF (14-1-45) ; 2 AF (12-6-45) ; 4 AF (26-6-46) ; 5 AF (26-10-47) ; 6 AF (6-7-48) ; 7 AF (21-10-48) ; 8 AF (16-12-48) ; 10 AF (22-5-50) ; 12 AF (12-3-51) ; 15 AF (3-10-51) ; 20 AF (9-12-57) ; 25 AF (2-2-59) ; 0,30 F (1-8-63) ; 0,40 F (1-10-67) ; 0,50 F (13-6-68) ; 0,70 F (1-3-72) ; 0,80 F (27-12-73) ; 0,90 F (10-5-74) ; 1 F (1-8-74, province) ; 1,20 F (2-5-75, oct. 75) ; 1,30 F (16-2-77 ou 1-3-77) ; 1,60 F (4-78) ; 2,20 F (3-80) ; 2,50 F (7-80) ; 2,80 F (3 à 5-81) ; 3 F (7-81) ; 3,50 F (1-82) ; 3,60 F (1-83) ; 4 F (1-84) ; 4,20 F (1-85) ; 4,50 F (5-86).

Prix moyen de l'abonnement annuel d'un quotidien (en nombre d'heures de travail d'un manœuvre de province, d'après Jean Fourastié). *1795 :* 600, *1834 :* 421, *1836 :* 205, *1851 :* 210, *1871 :* 164, *1889 :* 96, *1910 :* 73, *1921 :* 27,5, *1936 :* 20,1, *1939 :* 26,8, *1944 :* 35,6, *1950 :* 26,8, *1955 :* 25,3, *1962 :* 23, *1974 :* 29. Figaro pour un smicard. *1983 :* 52, *86 :* 61,4.

Principaux titres

☞ Cette liste donne en italique le *tirage* (nombre d'exemplaires imprimés) ou, en caractères ordinaires, la *diffusion* (total des ventes nettes au numéro, des abonnements payants et des services gratuits permanents). En 1984 ou pour la période juillet 84/juillet 85, sauf spécification contraire.

Lorsque ces données ont été fournies par l'O.J.D. (Office de justification du tirage), le titre est suivi d'un astérique.

Légende. f. : fondé en. A : annuel. np : diffusion non payée. ab : abonnements. BH : bihebdo. BM : bimensuel. BMT : bimestriel. H : hebdo. M : mensuel. Q : quotidien. SMT : semestriel. T : trimestriel. TH : trihebdo.

Source : Tarif Média, Guide des supports publicitaires de France (4 numéros annuels), 61, av. Victor-Hugo, 75116 Paris, et journaux.

Quotidiens de Paris

Affiches parisiennes 10 800.
Agefi (Agence économique et financière) *f.* 1911. *1983 : 18 600.*
Aurore (L') * 156 128 (79) ab. 18 280 np. 3 496. *1942 f.* par Robert Lazurick († 1968) et sa femme Francine, s'installe dans les anciens locaux de l'Œuvre à la Libération. *1948* (6-7) absorbe la France libre. *1951* Marcel Boussac († 1980) contrôle 74,3 % du capital, R. Lazurick reste gérant statutaire. *1978* (6-7) Boussac vend à Franpress le holding Aurore SA qui contrôle L'Aurore et Paris-Turf. *1984* (1-9) le groupe Hersant en devient officiellement propriétaire. *Dif. : 1960 :* 355 257. *65 :* 347 705. *70 :* 301 577. *72 :* 301 417. *77 :* 268 839. *78 :* 217 989. *81 :* 125 000. *82 :* 53 000. *83 :* 35 000.
Combat Socialiste a cessé de paraître le 10-7-81.
Correspondance de la presse (La) *3 200.*
Correspondance de la publicité (La) *3 000.*
Correspondance économique (La) *3 800.*
Cote Desfossés * *f.* 1825, 18 850 np. 309.
Croix (La) * 113 028 np. 8 186 ab. 98 660 *f.* en 1883. *Diffusion : 1960 :* 88 917. *65 :* 114 296. *70 :* 132 927. *76 :* 121 925. *80 :* 118 817. *83 :* 125 920. *84 :* 104 842 (ex. vendus). *Déficit d'expl.* (en millions de F) : *1977 :* 2,1. *79 :* 5,1. *80 :* 9. *82 :* 6,9. *83 :* 8,5. *84 :* 9,3.
Échos (Les) * *f.* 1908. *1959 :* 34 777. *67 :* 44 585. *75 :* 54 285. *81 :* 60 931. *84 :* 72 992 (np. 10 107, ab. 50 077).
Équipe (L') * *f.* 1944. *Diffusion 1960 :* 197 508. *67 :* 227 352. *76 :* 211 854. *81 :* 240 142. *82 :* 223 234. *83 :* 236 851. *84 :* 241 917.
Europe Journal (chinois) 25 000.
Figaro (Le) * *f. 1854* par Jean Cartier de Villemessant (1812-79). *1866* devient quotidien (le plus ancien de Paris). *1969* apogée. *1975* juill. vendu par Jean

Prouvost à Robert Hersant. *1977* (6-6) Raymond Aron (dir. politique) et Jean d'Ormesson (dir. général) le quittent. *Diffusion : 1960 :* 390 943. *65 :* 412 294. *69 :* 439 000 (tirage 538 000). *70 :* 429 714. *72 :* 408 842. *76 :* 347 379. *77 :* 327 158. *79 :* 311 926. *81 :* 336 030. *82 :* 343 736. *83 :* 361 206 *84 :* 366 172 (np. 10 865, ab. 75 582).
France-Soir * *f.* 8-11-1944. Prend la suite du journal clandestin *Défense de la France*. Contrôlé par le groupe Hachette dep. 1946. *1972* (21-4) mort de Pierre Lazareff. *1976* (juin) vendu à la Sté Presse-Alliance (Robert Hersant) et dirigé par Paul Winkler. *Diffusion : 1960 :* 1 115 783. *67 :* 1 019 060. *70 :* 868 927. *71 :* 792 000. *72 :* 724 182. *76 :* 530 276. *77 :* 510 637. *80 :* 433 432. *81 :* 429 944. *82 :* 410 679. *83 :* 418 830. *84 :* 405 338 (np. 33 117 ab. 5 000). *Tirage : de 1956 à 1958 :* env. 1 400 000. *67 :* 1 347 150. *75 :* 843 886. *81 :* 569 268.
Humanité (L') * *f.* 1904 par Jean Jaurès. *1939*-26-8 interdite. Devient clandestine jusqu'en 1944. *Diff. : 1946 :* 400 000. *60 :* 142 962. *65 :* 148 721. *67 :* 160 695. *72 :* 150 686. *74 :* 151 000. *75 :* 151 387. *76 :* 155 149. *78 :* 150 161. *79 :* 137 103. *80 :* 142 560. *81 :* 1542 293. *82 :* 140 956. *83 :* 118 710. *84 :* 117 005 (np. 4 083).
International Herald Tribune * 164 639 np. 29 027.
Journal Officiel repris depuis 1880 en régie directe par l'État, 60 000 (Débats parlementaires : Ass. nat. 10 000, Sénat 8 000/9 000). Subvention de l'État (en millions de F) : *1983 :* 96, *1985 :* 36 (budget 441).
Journal des pharmacies et des laboratoires * *f.* 1985, 24 522.
Libération *f.* avril 1973 ; s'est sabordé le 21-2-81, a reparu le 13-5-81. *Diff. :* 1974 : 20 000. *75 :* 16 580. *76 :* 23 500. *77 :* 27 990. *78 :* 33 500. *80 :* 41 619. *81 :* 53 282. *82 :* 54 803. *84 :* 116 682 (np. 3 112). *85 :* 138 536. *1985* février : racheté par Max Théret, cofondateur de la FNAC. Avril : Max Gallo directeur, départ de 38 journalistes. *1986 :* J.-F. Pertus, vice-P.-D.G. de l'agence publicitaire D.D.R.B., nommé P.-D.G. apporte 27 millions de F.
Matin (Le) *f.* 1-3-1977. *77 :* 104 743. *80 :* 162 049. *81 :* 178 352. *82 :* 175 708. *83 :* 170 094. *84 :* 140 163 (np. 14 961, ab. 58 650).
Monde (Le) * *f.* déc. 1944. *Diffusion : 1946 :* 110 000. *58 :* 164 355. *60 :* 166 910. *65 :* 230 012. *67 :* 294 722. *69 :* 354 643. *72 :* 360 006. *76 :* 439 937. *77 :* 428 857. *78 :* 437 815. *79 :* 445 970. *80 :* 426 183. *81 :* 439 124. *82 :* 400 168. *83 :* 385 084. *84 :* 357 117 (np. 6 185, ab. 77 150). *Records de tirage : 1978, 21-3 :* 976 786 (él. lég. 2e tour), *14-3 :* 972 009 (1er tour), *1974, 6-5 :* 919 814 (él. prés. 1er tour), *20-5 :* 902 642 (2e tour).
Nouveau Journal (Le) 48 000 (82). A cessé de paraître en 1984.
Panorama. Du médecin *46 000.* **Tiercé** de 65 000 à 80 000.
Parisien libéré (Le) * *f.* 1944. *1960* se régionalise. *Mars 1975* à *juill. 1977* conflit avec les ouvriers de l'imprimerie. *1977* (2-1) mort d'Émilien Amaury. *Diffusion : 1960 :* 756 775. *65 :* 743 564. *74 :* 785 734. *76 :* 359 112. *77 :* 360 213. *79 :* 351 747. *82 :* 337 428. *83 :* 340 741. *84 :* 339 271 (np. 10 612).
Paris-Turf * 123 872.
Pratique médicale quotidienne (La) 55 000.
Quotidien du Médecin (Le) * *f.* 1971. 59 248.
Quotidien du Pharmacien (Le) *f.* 1985 n.c.
Quotidien de Paris (Le) *f.* 4-1-1974, suspendu du 28-6-78 au 29-11-79. *Diff. : 1975 :* 20 000. *77 :* 110 000. *78 :* 15 000. *79 :* 40 000. *80 :* 45 000. *82 :* 65 000. *83* et *84 :* 80 000. *Tirage :* 120 000.
Tribune de l'économie (La) *f.* 15-1-1985 (remplace Le Nouveau Journal).

☞ Périodiques, voir p. 1040 et suivantes.

Quotidiens de province

Action Républicaine (L') * BH 10 301.
Aisne Nouvelle (L') * TH. 29 347.
Alsace (L') * Q (Mulhouse) a absorbé le 1-1-1966 Le Nouveau Rhin français. *1961 :* 93 040. *82 :* 128 010. *83 :* 126 441. *84 :* 125 345. **Du lundi (L')** * H *1963 :* 67 963. *82 :* 72 407. *84 :* 69 977.
Ardennais (L') * Q (Charleville) *1961 :* 28 291. *75 :* 31 096. *83 :* 29 470. *84 :* 28 186.
Berry Républicain * Q (Bourges) *1961 :* 40 726. *82 :* 41 170. *83 :* 38 640. *84 :* 37 736. Vendu au groupe Hersant, puis 29-12-81 racheté par Centre France.
Bien Public (Le) * Q (Dijon) *f.* 1868 *1961 :* 36 654. *82 :* 51 456. *83 :* 53 360. *84 :* 53 383.
Centre Presse * Q (Poitiers) *1960 :* 89 622. *71 :* 124 264. *81 :* 77 108. *82 :* 12 908 (le 13-2-82 supprime 6 éditions). *83 :* 13 990. *84 :* 15 206.
Centre Presse Aveyron (Rodez) Q * 24 770 (np. 1 135).
Charente Libre * Q (Angoulême) *1962 :* 28 240. *83 :* 39 246. *84 :* 38 618.
Courrier (Le) cauchois * *1982 : 48 042,* 43 124. *83 :* 42 569. *84 :* 42 589. **De Bourg-en-Bresse** *7 833.* **De l'Oise** (Amiens) Q 11 739. **De l'Ouest** * Q (Angers) *1961 :* 90 589. *82 :* 113 103. *83 :* 110 931 (np. 3 639). *84 :* 107 725. **Picard-Picardie Matin** * Q Amiens *1960 :* 68 414. *75 :* 89 095. *79 :* 81 050 (avec C. de l'Oise). *82 :* 64 977. *83 :* 65 550. *84 :* 63 803 (ab. 19 299).
Courrier de Saône-et-Loire (Le) * Q (Chalon-sur-Saône) *1960 :* 21 086. *82 :* 45 608. *83 :* 45 637. *84 :* 46 021.
Dauphiné libéré (Le) * Q (Grenoble) *1960 :* 329 809. *67 :* 406 003. *76 :* 332 794. *83 :* 375 151. *83 :* 380 955. *84 :* 361 226 (np. 9 694). **Dimanche** 426 687.
Dépêche (La) du Midi * Q (Toulouse) *f.* 1870. *1960 :* 248 699. *67 :* 289 491. *70 :* 274 210. *82 :* 253 451. *83 :* 249 766. *84 :* 247 533 (np. 8 553). **De Tahiti** *12 000.*
Dépêches (Les) du Centre-Est * Q (Dijon) 34 030. **Du Doubs (Les)** v. Est Républicain.
Dernières Nouvelles d'Alsace * Q (Strasbourg) *1961* 134 928. *82 :* 218 619. *83 :* 219 413. *84 :* 218 636 (np. 5 973).
Dernières Nouvelles du lundi (Les) * H *1960 :* 62 349. *82 :* 123 583. *83 :* 123 648. *84 :* 124 153.
Dordogne libre (La) * Q 3 439.
Écho du Centre (L') Q (Limoges) 58 068 (84). **Dordogne (L')** 11 041. **Républicain (L')** Q 31 817 (np. 1 405 ab. 16 349). [*1961 :* 21 174].
Éclair (L') * Q (Nantes) a des pages communes avec Presse-Océan *83 :* 21 014. *84 :* 20 230 (np. 3 552).
Éclaireur brayon (L') *6 000* à *8 000.*
Éclair-Pyrénées * Q (Pau) 9 801.
Espoir (L') * Q (St-Étienne) contrôlé par le Progrès de Lyon dep. *1963 :* 31 151, *83 :* 16 984. *84 :* 15 654.
Est (L') Éclair * Q (Troyes) 29 872 (np. 1 456 ab. 16 941). **Républicain** * *f.* 1889 *1960 :* 218 657. *82 :* 255 116. *83 :* 311 870. *84 :* 252 383 (np. 7 684). **Dimanche** 315 767.
Éveil de la Haute-Loire (L') * Q (Le Puy) 13 367. **Dimanche** H *13 119.*
France (La) * Q (Bordeaux) *1960 :* 100 305. *68 :* 38 468. *76 :* 16 621. *82 :* 11 991. *83 :* 10 890. *84 :* 10 270.
France Antilles Q 50 000.
Gazette provençale (La) (Avignon) 7 360 – *8 000.*
Groupe Rhône-Alpes * 426 532.
Haute-Marne libérée (La) * Q (Chaumont) *1967 :* 20 986. *83 :* 15 337. *84 :* 15 055.
Havre (Le) libre * Q 28 268. **Presse** * Q 17 958.
Indépendant (L') * *f.* 1950 Q (Perpignan) *1963 :* 62 131. *82 :* 74 601. *83 :* 74 117. *84 :* 73 610. **Du Louhannais et du Jura (L')** * TH 6 020.
Informateur corse (L') Q (Bastia) *5 200.*
Informations dieppoises * BH 17 690.
Journal (Le) * Q (Lyon) 19 543. **Du Centre** * Q (Nevers) *1961 :* 39 270. *83 :* 38 553. *84 :* 37 834 (ab. 16 416). **De la Corse** Q *4 900.* **De l'Île de la Réunion** Q 26 500. **Rhône-Alpes** * *f.* 1977 21 592.
Journée vinicole (La) Q *12 000.*
Libération Champagne * Q (Troyes) 21 074 (np. 1 182).
Liberté Q (Lille) *f.* 1944 *103 350.* **Dimanche** * H *122 986.* **De l'Est (La)** * Q (Épinal) 31 319 (ab. 8 119). **De l'Est Dimanche** * 27 410. **Du Morbihan (La)** * Q (Lorient) 10 567.
Loire-Matin-La Dépêche (St-Étienne) * Q 23 743.
Lyon Matin (avant le 5-5-80, Dernière heure lyonnaise) Q 47 118.
Madagascar Matin Q 18 000.
Maine Libre (Le) * Q *1960 :* 48 321. *82 :* 57 062. *83 :* 56 927. *84 :* 57 278.
Manche Libre (La) * H *1964 :* 47 000. *82 :* 64 085 (np. 2 877). *84 :* 63 713.
Marchés agricoles * Q 12 901, ab. 11 675.
Marseillaise (La) 124 180 *146 406.* **Du Berry** Q 11 880. **Du Languedoc** Q 48 786 *61 536.* **« Var »** Q 24 725 *29 650.*
Méridional-La France (Le) * Q (Marseille) *f.* 1914. 334 054. *1960 :* 83 397. *67 :* 108 813. *80 :* 57 196. *82 :* 64 831. *83 :* 72 688. *84 :* 72 750. **Dimanche (Le)** H 62 663 (np. 2 758).
Midi Libre * Q (Montpellier) *f.* 1944. *1960 :* 161 900. *83 :* 194 838. *84 :* 189 283. **Dimanche** * H 219 239.
Montagne (La) * Q (Clermont-Ferrand) *f.* 1919. *1960 :* 149 246. *67 :* 223 583. *75 :* 255 645. *82 :* 256 447. *83 :* 257 390. *84 :* 252 457 (np. 8 305). **Dimanche (La)** * 210 741 (np. 1 660).
Montagne Noire (La) Q (Mazamet) 1 900.
Narodowiec Q *12 000.*
Nice-Matin * Q *1960 :* 161 900. *82 :* 261 926. *83 :* 262 234. *84 :* 259 006 (np. 9 036). **Dimanche** 243 853.
Nord-Éclair * Q (Roubaix) *f.* 1944. *1963 :* 73 307. *70 :* 100 832. *82 :* 91 329. *83 :* 90 843. *84 :* 91 892.
Nord Littoral * Q (Calais) *f.* 1944. *70 :* 17 500. *82 :* 10 888. *83 :* 10 353. *84 :* 9 819.
Nord-Matin * Q (Lille) *f.* 1944. *75 :* 108 019. *82 :* 76 034. *83 :* 74 168. *84 :* 73 798.
Nouvel Alsacien (Le) * Q *1961 :* 32 722. *82 :* 21 851. *83 :* 18 384. *84 :* 15 245.
Nouvelle République du Centre-Ouest (La) * Q (Tours) *1961 :* 238 176. *82 :* 280 910. *83 :* 277 572. *84 :* 270 887 (np. 7 763). **Des Pyrénées (La)** * Q (Tarbes) 17 765.
Nouvelles calédoniennes Q *12 500.*
Ouest France * Q (Rennes) *f.* 1944. *1944 :* 277 000. *61 :* 535 179. *70 :* 623 174. *82 :* 707 661. *83 :* 720 738. *84 :* 723 691 (np. 12 610).
Paris-Normandie * Q (Rouen) *1961 :* 137 044. *70 :* 160 533. *82 :* 134 848. *83 :* 132 484. *84 :* 129 030.
Petit Bastiais (Le) Q *4 000.*
Petit Bleu du Lot-et-Garonne (Le) * Q (Agen) *1982 :* 12 217. *84 :* 12 408.
Populaire du Centre (Le) * Q (Limoges) *f.* 1905. 56 493.
Presse de la Manche (La) * Q (Cherbourg) 27 605.
Presse Océan * Q (Nantes) *1960 :* 73 327. *83 :* 83 775. *84 :* 82 517 (np. 4 336).
Progrès (Le) * Q (Lyon) *f.* 1859. *1961 :* 354 896. *67 :* 460 227. *80 :* 347 526. *82 :* 300 085. *83 :* 302 474. *84 :* 288 946 (np. 20 261). **Dimanche** * H 165 915 (np. 6 834).
Provençal (Le) * Q (Marseille) *f.* 1944. *1961 :* 193 534. *67 :* 307 950. *75 :* 181 977. *82 :* 168 016. *83 :* 158 439. *84 :* 161 003. **Dimanche (Le)** * H 159 715 (np. 5 858). **Le Soir** * Q (Marseille) *1961 :* 44 146. *82 :* 20 158. *83 :* 18 985. *84 :* 17 499.
Quotidien de la Réunion (Le) Q *24 000.*
Républicain lorrain (Le) * Q (Metz) *f.* 1919. *1961 :* 166 898. *67 :* 225 795. *82 :* 202 037. *83 :* 200 560 (np. 8 285, ab. 146 254). **Lundi Matin** 166 497 (np. 7 309).
République (La) du Centre * Q (Orléans) *1961 :* 56 704. *75 :* 74 318. *83 :* 68 676. *84 :* 67 144. **Des Pyrénées** * Q (Pau) *1963 :* 18 758. *82 :* 28 300. *83 :* 28 354. *84 :* 27 972.
Sénonais Libéré BH *5 000.*
Soleil du Sénégal Q *35 000.*
Sud-Ouest * Q (Bordeaux) *f.* 1944 (prend la suite de La Petite Gironde fondée 1872). *1959 :* 301 756. *70 :* 374 768. *82 :* 365 045. *83 :* 365 147. *84 :* 356 989 (np. 11 623).
Télégramme de Brest et de l'Ouest (Le) * Q (Morlaix) *1961 :* 111 699. *82 :* 172 220. *83 :* 175 110. *84 :* 175 272 (ab. 23 956).
Tribune (La) * St-Étienne. Le Progrès l'a racheté en 1963.
Union (L') * (Reims) *1961 :* 139 201. *70 :* 152 720. *82 :* 127 637. *83 :* 120 874. *84 :* 117 812 (np. 5 251).
Var Matin-République * Q (Toulon) *1960 :* 34 925, *82 :* 82 186. *83 :* 81 510. *84 :* 80 604 (np. 2 501).
Vaucluse Matin * Q Édition du Dauphiné libéré 10 948. **Dimanche** 12 676.
Voix du Nord (La) * Q *f.* 1941. *1961 :* 336 614. *67 :* 399 539. *83 :* 372 180. *84 :* 374 228 (np. 9 158), ab. 17 776.
Yonne républicaine * Q (Auxerre) 41 606 (ab. 22 426).

Périodiques

A (Le) BM 12 000 – *15 000.*
Abbeville libre H *20 000.*
A.B.C.D. M *6 000.*
A.B.C. Décor M *1965 :* 47 746. *84 :* 50 000. **Des voyageurs** M 12 000 – *20 000.*
Abeille (Épinal) H *12 960.*
Abeille de France et l'Apiculteur (L') M 35 000 ab. 32 000.
Achats et Entretien * M 12 308.
Action agricole picarde * H 10 224. **De Touraine** * H 6 056. **Du Tarn-et-Garonne** * BM 13 793.
Action (L') automobile et touristique * M *f.* 1934 *1960 :* 441 773. *84 :* 431 490, ab. 331 947. **Nice-Côte d'Azur (L')** M *15 000.* **Poétique** T *2 000.* **Sociale et Santé** BMT *70 000* à *150 000.* **Vétérinaire (L')** H *5 000.*
Action commerciale M 15 000.
Action guns M 45 500.
Activités (« le News » des Gdes Écoles) 4 nos/an + 1 spécial 49 000.
Actua Ciné * M 502 667.
Actualité chimique (L') * M *1982 :* 3 418. **Hippique Hebdo** H 5 000 – *8 000.* **Juridique** * M 6 607. **Des Quincailliers de France** M *8 000.*

Actualité religieuse dans le monde (L') M 30 000.
Actualités économiques H 3 000. Pharmaceutiques (Les) M 16 200.
Actuel f. nov. 1979. M 1979 : 174 524. 81 : 311 584. 82 : 246 705. 83 : 225 275. 84 : 216 410.
Aéroports Magazine * M 7 082.
Affiches H 27 500. D'Alsace et de Lorraine (Les) BH 12 000. De Grenoble et du Dauphiné * H 10 851.
Africa M 64 766.
Afrique Agriculture M 8 634. Magazine M 120 000. Asie * BM 116 461. Automobile BMT 22 000. Industrie BM 10 328. Littéraire et artistique T 2 500.
Agriculteur De l'Aisne * H 8 707. D'Anjou * M 12 945. De la Dordogne * H 17 793. Du Loir-et-Cher * BM 8 645. Normand * H 32 031. Provençal * H 10 791. Du Sud-Est (L') * BM 141 628.
Agriculture * M 8 081 ab. 6 203. Magazine M 60 000 – 100 000. De la Nièvre * H 7 543. Du Pas-de-Calais * H 30 213. Des Pyrénées-Orientales H 15 000. 44 M 24 700 – 26 500. Et vie T n.c. Sarthoise * H 16 014.
Agrisept * f. 1964, issu du Foyer Rural f. 1936. H 100 479.
Agrisud-Magazine M 20 000. Agromais M 10 500.
Agro-première M 35 000 – 38 000.
Ain agricole * H 13 775.
Air Actualités M 30 000. Et Cosmos * H 10 810 ab. 7 137. Fan * M 16 404.
Aix Hebdo H 78 659. Sept H 70 000.
Allier magazine M 55 000 ab. 10 000.
Allobroges (Les) (Isère) M 60 000.
Allô Paris H 31 596. Sambre H 99 670.
Almanach de l'aventure et du voyage (L') SMT 60 000 – 90 000.
Al Mostakbal * H (arabe) 62 932.
Alpi-rando * M 32 357.
Alsace automobile (L') f. 1927 * M 54 019 ab. 53 813.
Alternatives économiques * M 8 611.
Al Watan al-arabi * H (arabe) 83 385.
Ami Des foyers chrétiens (Moselle) H 20 250. Des jardins et de la maison * M 1962 : 72 100. 82 : 138 923. 83 : 156 716. 84 : 162 610 ab. 95 355. Du charcutier, du boucher et du salaisonnier M 2 300 ab. 2 100. Du peuple * H 58 626. 1960 : 102 398.
Amina BM 92 770.
Amphitryon T 9 000.
Amputé de guerre M 15 000.
Ancien d'Algérie (L') * M 327 856.
Angevins de Paris (Les) T 10 000.
Animaux mag. BMT 70 000 ab. 66 000.
Anjou agricole * H 12 832. Économique M 9 000.
An Nahar Arabe et International * H 46 701 (80).
Annecy catholique M 40 000.
Année bateaux (L') 6 n^os/an 32 000.
Annonces (Les) H 5 000 – 10 000 ab. 500. Du Bateau M 30 000. Quartier (Montrouge) H 710 000.
A.P.A.V.E. * T 12 564.
Après Bac (L') BMT 100 000 130 000.
Aquarama BMT 18 927.
Aquitaine Sports M 25 000.
Arabscop M 50 000.
Arboriculture fruitière (L') * M 4 037.
Arche (L') M n.c.
Archéologia M 41 000 ab. 22 000.
Architectes M 15 000 – 20 000.
Architecture *. D'aujourd'hui (L') * BMT 25 791 (83). Intérieure-Créé 6 n^os/an * 18 875.
Argus (L') H 20 000 ab. 19 000. De l'automobile et des locomotions (L') H 168 820. De la miniature M 4 500. Des collectivités (L') M 12 000. Du fonds de commerce et de l'industrie BMT 25 000.
Armée et défense BMT 22 900 – 23 000.
Armées d'aujourd'hui * M 83 81 678.
Armes International M 48 000.
Armor Magazine M 40 000.
Art et Curiosité T 5 000 – 5 500. Et décoration * BMT 451 443 1960 : 37 181. Et Poésie T 4 000 ab. 3 000.
Art vivant (L') M 50 000.
Artistes et Variétés-Revue de l'accordéoniste 8 n^os/an 22 000 ab. 17 500.
Arts et Manufactures * M 10 808. Et Métiers * M 18 707.
Art vivant M 50 000.
As * M 819 432. As 36 (Châteauroux) H 54 000.
Aspects de la France H 35 000.
Astral M 60 000 ab. 12 000.
Astres M 80 500 – 110 000 ab. 20 000.
A suivre * M 55 806.
Atlas M 250 000.
Atout (Reims) H 137 000.
Aube Contact BM 78 250. Nouvelle H 31 000.
Aude Informations H 53 255.
Audio journal (L') T 15 000 ab. 14 000.
Aurore paysanne (L') BM 11 000.
Auto Défense f. 1981 BMT 130 000 ab. 30 000. Expertise * BMT 15 174. Hebdo * f. 1976 H 57 396. Journal * f. 1950 BM 296 308 ab. 93 370. Moto * M 270 429. Moto Rétro * M 47 786. RCM M 32 000. Service M 14 500 ab. 14 000. Stéréo M 50 000. Verte * M 61 141. Volt * M 6 659.
Autogestion l'Alternative H 6 000.
Automarques BMT 10 000.
Automobile (L') * M f. 1946 1965 : 161 406. 84 : 239 102 ab. 43 607. Et tourisme T 6 200.
Automobilisme ardennais (L') T 10 500.
Automobiliste (L') T f. 1966. 18 000 ab. 4 000.
Autre Journal (L') H f. 1984 (avec Les Nouvelles littéraires). Monde (L') M 35 000 ab. 6 000.
Auvergnat de Paris (L') * H 16 231 ab. 12 279.
Auvergne agricole * H 10 665. Magazine M 5 950.
Avant-garde M n.c. Scène Opéra 12 n^os/an 9 000 ab. 6 000.
Avenir agricole de l'Ardèche * H 6 940. De la Côte d'Azur H 11 000. De la Mayenne * H 13 519. Et viticole aquitain BM 9 200 à 40 000. Hebdo H 30 000. Du Pas-de-Calais * H 24 160. Et santé * 13 250.
Aviasport-Aviation générale * M 10 760.
Aviation 2 000 M 25 000. Magazine international * BM 15 314 ab. 4 595.
Aviculteur (L') M 6 300.
Azur et or SMT ab. 12 000.
Bacchus international BMT 10 000.
Balafon BMT 80 000.
Bancs d'essai du tourisme (Les) M 10 000.
Banque * M 18 485 ab. 17 123.
Barème des coefficients M 25 000.
Basket-ball 11 n^os/an 15 000.
Bateaux * M 1970 : 43 162. 84 : 72 616 ab. 25 362.
Bâtiment artisanal (Le) * M 100 829.
Bâtiment-Entretien BMT 10 500.
Batirama M 26 424.
Beaux-Arts magazine * M 42 935.
Berger allemand (Le) M 10 000 ab. 8 000.
Best * M 93 996.
Betteravier français (Le) M 55 200.
BIBA * f. 1980 M 270 350.
Bien-Être et Santé * 8 n^os/an 232 536.
Bijoutier (Le) * M 4 352.
Bilans hebdomadaires H 3 400.
Bingo M 111 480.
Biofutur M 9 500.
Bip-41 * H 40 710.
Bois 2000 T 12 000.
Bois national (Le) H n.c.
Boisson Restauration Actualités M 60 000.
Boissons de France M 7 000.
Bon cultivateur de l'Est (Le) M 3 900.
Bonheur-La Revue des familles * M 1 651 523 1960 : 475 082.
Bonjour 91 H 350 000.
Bonne cuisine à la portée de tous (La) * BMT 120 637. Soirées-Télé * H 1960 : 608 246. 84 : 234 637. Table et tourisme BMT 55 000 ab. 54 500.
Bordeaux BM 125 000. Madame M 25 000 – 25 000.
Boucherie française (La) M 34 000.
Bouilleur de France (Le) T 30 000 ab. 23 000.
Boulangerie française (La) BM 4 500.
Boulangerie Rhône-Alpes (La) BM 10 000.
Boulanger-Pâtissier (Le) M 16 000.
Bourbonnais Hebdo H 24 800.
Boutiques de France * BM 12 929 (83).
Bresle et Vimeu libres 15 000.
Bretagne à Paris (La) * H 9 567 (80). Économique (La) 6 n^os/an 75 000.
Bricolage-service * M 5 743.
Bridgerama M 5 000 ab. 5 000.
Bridgeur (Le) * M 18 095 ab. 16 916.
B.T.P. Magazine 8 n^os/an 15 000.
Bulle Magazine M 100 000.
Bulletin De l'Afrique noire H 3 000. De l'Antiquaire et du Brocanteur M 5 500. De l'Association générale des médecins de France * M 63 289 – 64 000. D'information de l'ordre des experts comptables M 20 500. Des Métiers et de l'Artisanat (Le) M 23 000. Officiel d'annonces des Domaines BM 36 000 ab. 35 000. Semences * T 26 111.
Bureau et Informatique 6 n^os/an 21 666.
Bureaux de France * 4 n^os/an 10 000.
Cadres C.F.D.T. 5 n^os/an 27 000.
Cadres et dirigeants des P.M.E. BMT 60 000.
Cadres et Maîtrise * M 1962 : 44 320. 84 : 126 362.
Caducée (Le) * M 13 000.
Cadutique M 15 000.
Cafetier-restaurateur parisien (Le) M 15 000 ab. 12 500.
Cahiers de Bibliographie thérapeutique française * M 19 710. De l'Épargne M 30 000. Du Cinéma M 30 000 – 45 000. Du communisme M n.c. Des Ingénieurs agronomes M 8 200 – 8 500. De L.A.D.A.P.T. T 6 500 – 6 500. De la puéricultrice T 6 000. De Système « D » * BMT 40 927 ab. 4 410. Techniques du bâtiment * M 13 911.
Camaraderie 4 n^os/an. 35 000 ab.
Caméra international T 12 000.
Ça m'intéresse * f. 1981. M 281 435.
Camions magazine * M 30 009.
Camping-car (Le) * 7 n^os/an 56 005. Et Motor-homes * 7 n^os/an 30 223 (82).
Canal BMT 12 500.
Canal 51 H 129 207.
Canard enchaîné (Le) f. 1916. H 1946 : 536 436. 50 : 145 650. 55 : 120 915. 60 : 282 014. 70 : 450 000. 82 : 441 729. 83 : 412 608. 84 387 000. 85 : 350 000 [records 72 janv. : 580 000 (feuille d'impôts de Chaban Delmas) sept. : 750 000 (affaire Aranda) 79 oct. : 850 000 (suicide de Boulin), 650 000 (diamants de Bokassa) 80 : 900 000 (après tél. de Bokassa)]. 81 : 2e tour de l'élection présid. 1 229 574 (record). Déficit. 1983 : 3,2 millions de F. 84 : – 3,6. 85 : – 4 (?).
Canoe Kayak magazine BMT 15 000.
Caravanier (Le) * 7 n^os/an 94 764.
Caractère * BM 6 513.
Carillon 03 (Le) H 28 à 43 000. 17 H 62 408. 23 H 21 000. 33 H 204 750. 45 H 100 000. 58 H 68 000. 72 H 125 000. Tours H 89 883.
Carotte moderne BMT 10 000.
Carrefour des métiers * M 22 500.
Carrousel BMT 56 000 – 67 000.
Cartes postales et collections BMT 17 000 ab. 9 000.
Casse-tête magazine BMT 20 000.
Casse-tête spécial poche BMT 31 000 – 45 700.
C.E.C. T 30 000 ab. 19 000.
Censuré M 40 000 – 39 400.
Cent blagues M 60 000 ab. 350. Idées * M 272 776. 1975 : 168 055.
Centrale des particuliers H 67 638.
Centre économique M 10 000. Ouest Football H 10 000.
C.F.D.T. Magazine M 115 230 (+ en févr. spécial impôts 320 000).
C.F.L. (le Corset de France et la lingerie) T 9 000.
Cette semaine H 71 000.
Challenge 8 n^os/an 38 000 – 40 000.
Champigny notre ville M 30 000.
Chanson magazine M 60 000 – 95 000.
Chantiers coopératifs * M 7 423. De France 10 n^os/an 15 000. Du Cardinal T 50 000.
Charcuterie et Gastronomie (La) M 26 000 ab. 22 500.
Charentais annonces H 75 662.
Charente-magazine M 8 500.
Charlie * M 53 603.
Charme M 40 241.
Charpente-Menuiserie-Parquets * M 83 : 6 853.
Chasseur français * M f. 1885. 84 : 566 488. 1930 : 400 000. 1963 : 778 281. De l'Est T 39 000. D'images * M 83 : 87 136.
Chaud-Froid-Plomberie * M 9 920 ab. 4 791.
Chausser * H 4 465.
Cheminées Magazine T 37 118 (82).
Cheminot retraité (Le) * M 119 085.
Cheval Magazine * M 77 878 ab. 33 963.
Chèvre (La) BMT 5 500.
Chiens de France M 30 000.
Chirurgien-dentiste de France (Le) * H 23 155.
Chouan (La Roche-sur-Yon) H 61 000.
Christianisme au vingtième siècle (Le) H 4 000 ab. 3 800.
Chronique du transporteur M 13 000. Républicaine * H 16 357.
Cibles M 55 000.
Ciel et Espace BMT 20 235 ab. 7 134.
Cimaise BMT n.c.
Cinéma. De France V. Film français. M 16 500. 84 M 28 000 ab. 11 500. 56 annonces (Lorient) 67 147.
Cinéma 9 M 16 500.
Cinématographe M 15 000.
Circuler BMT 40 000.
Circus * M 48 006.
City M 41 000 – 55 000.
Clair Foyer * M 356 045 1960 : 245 913.
Clefs d'or (Les) T 7 500.
Club maison T 10 000.
C.N.A.C. magazine BMT 70 000 ab. 63 000.
C.N.P.F.-La revue des entreprises M 30 000.
Cœur et santé T 20 000 (éd. médicale) 50 000 (éd. pub.).
Cogito BMT 51 000 – 72 000.
Coiffeur de France (Le) * M 26 068.
Coiffure International * BMT 69 968.
Coiffure de Paris (La) * M 59 521.
Collectionneur français (Le) M 18 000 ab. 7 000.
Collectivités express * BM 19 073.
Cols bleus * H 19 491 ab. 17 533.

Combat pour la paix 8 nos/an *8 000* ab. 6 000.
Comédie Française * M 9 828.
Commerce Et Industrie M 41 000 — *42 000*. **Forain** BM *25 000* ab. 20 000.
Commerces M *34 500*.
Comité d'entreprise services T 38 100.
Communes de France * M 12 319.
Communication et Langages T 5 600 ab. 4 200.
Communiquez ! M 11 500, tirages spéciaux *20 000*.
Compact M *35 000*.
Compus BMT 38 000 à 43 000.
Computer design M américain 100 059, international 18 215.
Concours médical * H 56 163.
Confidences-Femme moderne * H *71 :* 280 767. *84 :* 355 009.
Confiserie (La) * 8 nos/an 2 520.
Connaissance. Des Arts * M 40 810 ab. 33 577. **De la chasse** * M 39 128. **De la pêche** * M 39 137. **Des hommes** 5 nos/an 12 500. **Du Rail** M *8 500*. **Du Pays d'Oc** BMT 17 500 — *20 000*.
Conseils par des notaires BM *70 000*.
Constructions neuves et anciennes M. n.c.
Consultation (La) BM 15 000.
Contact M (franco-allemand) *3 000*. (Rouen) T *13 000*. **59** H 274 325. **R.A.T.P.** T *40 000*.
Contacts A.V.A. * BMT 1 036 344.
Coopérateur de France (Le) * M *1960 :* 959 850. *82 :* 690 630.
Correspondance municipale M *5 000* ab. 3 000.
Corrèze magazine M 4 225.
Corto M *100 000*.
Cosmopolitan * M *1974 :* 159 752. *82 :* 282 277. *84 :* 294 060. **Hommes** *f.* 1982 SMT *425 000*.
Cote. Des Antiquités M *10 000* ab. 6 900. **Des Arts** M *5 000* ab. 1 800. **Desfossés** * *f.* 1825, 18 226.
Courir M *10 000* ab. 7 000.
Courrier. De la chambre de commerce et d'industrie de Paris M *250 000*. **De l'Eure** * H 10 004. **De Mantes** * H 8 610. **De Paimbœuf** * H 13 929. **Du Loiret** * H 7 744. **Du meuble** * **(Le)** H 10 519. **Français** H 162 400. **De la Mayenne** * H 32 608. **Des employés d'immeuble** M 22 000. **Des Yvelines** * H 12 468. **Indépendant** * H 8 880. **Mutualiste** T *50 000*. **De la nature** BMT 9 788 ab. 8 945. **Du Parlement** H 25 000 — *30 000*. **Savoyard** H *9 575*.
Course au large BMT *20 000*.
Courses et Élevage BMT 8 500 — *9 300* ab. 5 500. **De Marseille et du Sud-Est (Les)** BH *15 000*.
C.R.A. infos BM *29 700*.
Crapouillot (Le) 6 nos/an 45 000 — *60 000*.
Création * M 10 508.
Créez M *80 000*.
Crémerie française (La) M *7 000*.
Creuse agricole BM *12 000*.
Creuset, La Voix des Cadres (Le) v. Cadres et Maîtrise.
Crochet d'Or * BMT 34 071 np. 150.
Croissance des jeunes nations M 30 000 — *32 000*.
Croix. Du Nord Magazine (La) * H (Lille) *1984* 15 438 *1969 :* 30 084. **Du Midi** H 63 100. **Jurassienne** * H 18 368.
Cuisine et vins de France M * 50 842 ab. 31 757.
Cultivar * M 64 581 ab. 37 603.
Cuniculture BMT 4 500 à 5 500 ab. 4 200.
Cryptogrilles M *65 000*.
Cycle (Le) M *60 000* ab. 11 000.
Cyclotourisme M *75 000*.
Danse et Patinage BMT *8 000*.
Danser M 17 000.
Débitant de tabac (Le) M *6 500* ab. 5 800.
Décideurs Rhône-Alpes H *435 000*.
Décision Informatique BM *30 000*.
Décoration internationale M 50 000.
Défense nationale M *9 500* ab. 7 800. **Paysanne du Lot** * BM 15 870.
Défis M *70 000*.
Demeure historique (La) T *5 000* ab. 3 500.
Demeures et châteaux en France 5 nos/an 25 850 — 29 200.
Démocrate vernonnais H 9 726.
D.E.P. 93 H 550 000.
Départements et Communes * M 25 755.
Dépêche (La) * H (Évreux) 25 163 *1962 :* 24 805. **D'Auvergne** BH *5 600*. **De l'Aube** *80 000*. **Commerciale et agricole** H *15 000*. **Industrielle, commerciale et agricole** M *32 000*. **Meusienne** H *28 560*. **Mode** 9 nos/an *23 000* (professionnel). **Mode** * M 129 301. **De Paris** H *32 000*. **De Provence** H *5 000*. **Du Val-d'Oise** M 210 000. **Vétérinaire** * H 7 653.
De Visu T 10 000 — *12 000*.
Diapason-Harmonie * M 33 903.
Différences M *f.* 1981 *20 000*.
Dimanche H et M 175 000. **Midi** H *20 000*. **Turf** * H 115 921. **En paroisse** M *17 000*.
Diogène T *3 500*.
Dirigeant * M 3 979.
D.I.S.C. BMT *30 000*.
Distance BMT *110 000*.
Dix-huit (Bourges) H *31 000*.
DN Télévision H 235 000.
Documentation catholique BM *30 000* ab. 27 637.
Organique H 12 000. **Par l'image** M 90 000.
Documents Éleveur 5 nos/an 17 500 à 23 000. **Et informations parlementaires** H *2 000*.
Droguerie-Couleurs-Ménage M 8 000. **Française** M *8 500*.
Droit et Liberté M *12 000* ab. 10 000.
Droit maritime français (Le) M 12 000.
Drop international M 85 000 — *150 000*.
Dunkerque 2000 H 93 000.
Dynasteurs M 100 000.
Échappement, * M *f.* 1968. *1972 :* 61 163. *84 :* 175 037 ab. 13 884.
Écho (L') Cergy-Pontoise H *10 000*. **De la presse et de la publicité** H *f.* 1945 8 200 *8 500*. **De l'Armor et de l'Argoat** * H 12 798. **De la timbrologie (L')** * M 27 886 ab. 17 699. **De l'ouest** H 19 000. **D'Enghien-Montmorency** H *63 800*. **Des concierges** M *15 000*. **Des dépositaires et des libraires** M 6 636 *7 300*. **Des savanes** * M 158 426. **Touristique** H *8 300*.
Échochim * 10 nos/an 15 400.
Éclaireur (L') * H 10 877. **Des coiffeurs** * BM 13 448. **Du Gâtinais et du Centre** * H 28 624 *1962 :* 23 383.
Éclats de rire T *60 000* ab. 13 000.
École. Libératrice * H 251 329. **Maternelle française** M *36 000*. **Et la Nation** M 90 000 ab. 78 000. **Des Parents** M *16 000* ab. 13 000.
Écologie M *50 000*.
Économie et comptabilité * T 4 117. **Et politique** M 15 000 à 20 000.
Economist (The) H monde : 278 417.
Écran Fantastique (L') M *55 000* — 30 000.
Écrits de Paris M 20 000 ab. 10 000.
Éducation. Enfantine M 80 000. **Et Informatique** BMT 18 500. **Musicale** 10 nos/an 6 480 ab. 5 360. **Physique et Sport** BMT 26 000 ab. 25 000.
Égérie golf BM 10 000.
Église aujourd'hui M n.c.
Électro-négoce M 6 200 — *7 000*.
Électronique Actualités * H *83 :* 12 541. **Applications** * *f.* 1977 6 nos/an 26 467 ab. 10 289. **Industrielle** * 8 200 ab. 5 410. **Pratique** * *f.* 1950 M 73 869.
Élektor M *68 000* — 53 500.
Éléments pour la civilisation européenne BMT *16 000*.
Élevage 2000 M 40 000. **Ovin** M *9 700* ab. 7 690.
Éleveur De France BMT gr. 50 000. **De lapins** 5 nos/an 4 200.
Elle * H *f.* 1965. *1960 :* 653 303. *81 :* 393 973. *82 :* 436 670. *83 :* 410 909. *84 :* 395 007.
Élu aujourd'hui M ab. 34 500. **Local** M 16 500 — *17 500*.
Emballage-Digest M 11 000.
Emballages * 10 nos/an 8 869.
Encyclopédie médico-chirurgicale * BMT 64 313.
Énergie fluide * M 4 229.
Enfance et la Mode (L') T n.c.
Enfant (L') D'abord M *30 000* ab. 19 500. **Du 1er âge** A 600 000.
Enfants Magazine * M *f.* 1976. 153 515.
Enseignement public (L') * M 442 807 *1971 :* 497 548.
Ensemble M *15 000*.
Entreprendre BMT *80 000* — 60 000.
Entreprise V. Nouvel Économiste.
Entreprise (L') *f.* mai 1985 M 60 000 (86).
Entreprises agricoles * M 27 642.
Éperon (L') M V. Information Hippique.
Épicerie française (L') * H 14 709.
EPS 1 5 nos/an *21 000* ab. 20 000.
Équipée (L') 5 nos/an *15 000*.
Équipe Magazine * H 264 547 (83).
Ère nouvelle (L') M *15 000*.
Espoir * H (Tours) 15 654.
Esprit *f.* 1932 M *10 000*. **De Vie-L'Ami du Clergé** H 18 000 ab. 12 000.
Essentiel médical (L') BM *30 000*.
Essor (St-Étienne) H 25 000. **De la Gendarmerie nationale (L')** M *33 000*. **Du Limousin** BM *18 000*. **Savoyard** * H 28 298.
Est agricole et viticole * H 18 864.
Estampille (L') M 35 000 ab. 13 900.
Est-télé-flash H 100 000.
Étiquette (L') 2 nos/an 50 000 (ab.).
Étoile d'Amour M 33 028.
Études M *f.* 1856. *11 000* ab. 9 000. **Et Sports sous-marins** BMT *55 000* ab. 44 500.
Étudiant * **(L')** *f.* 1975 M 56 689.
Étudiants commerce M 6 500 — *7 000*.
Eure (L') agricole * H 6 177. **Inter Annonces** H (Évreux) *110 000*.
Europe M *7 000*. **Échecs** M *30 000* ab. 7 000. **En formation** T 1 800 à 2 000. **Outre-mer** M 16 000 — *17 000*.
Éveil De Lisieux * H 11 009. **De Nanterre** H *24 000*. **De Pont-Audemer** * H 10 897. **Normand** * H 14 949.
Événement du Jeudi (L') * *f.* 1984 1er numéro 25 000. 3e 160 000. *1985* 105 715 (np. 1 352).
Évolution pharmaceutique (L') M n.c.
Exécutif M 39 000 — *40 000*.
Expansion (L') * BM *f.* 1967. *1968 :* 86 392. *83 :* 169 342. *84 :* 171 004. **Voyages (L')** *f.* 1981 3 nos/an 165 000 — *180 000*.
Expert-automobile (L') * M 15 398.
Exploitant agricole de Saône-et-Loire * H 16 507. **Familial (L')** BM ab. 74 786.
Exportation Magazine (L') M 12 000.
Express (L') 1er numéro 15-5-1953 (supplément hebdo. des Échos, appartient aux Servan-Schreiber) ; vente en 1977 à J. Goldsmith 60 millions de F. * H *1959 :* 138 180. *72 :* 614 101. *82 :* 479 000. *83 :* 513 041. *84 :* 517 157 ab. 352 153. *85 :* 519 000.
Facettes M ab. 3 800.
Faditt (Le) A 79 313.
Faire face * M 54 020 np. 23 874.
Famille chrétienne H 50 000. **Du Cheminot (La)** M *30 000*. **Et Développement** T *40 000* ab. 3 500.
Fanauto (Le) M 24 000. **Fana de l'Aviation (Le)** M 29 000.
Fan Mag. T 40 000 *120 000*.
Feeling M 62 756, diffusion ensemble des 7 titres 316 786.
Femme. Femme *f.* 1984 M 1er sem. (24-4) *130 000* (succède à F. Magazine *f.* 1978 * M 222 491. *81 :* 543 416. *82 :* 222 491). **Actuelle** * *f.* 1984 H 1 082 085. **Pratique** * M *1961 :* 274 419. *82 :* 237 531. *83 :* 215 083. *84 :* 201 151.
Femmes d'aujourd'hui * H *1968 :* 868 735. *82 :* 561 307. *84 :* 1 057 896.
Fer de Lance * 6 nos/an 36 988.
Fiction M 15 000.
Figaro Magazine (Le) * H 623 267. *84 :* 640 757.
Filière viande M *10 500*.
Film français (Le) H 13 750.
Films et Documents BMT *83 :* 6 000 — *6 800* ab. 4 400.
First star 10 nos/an *150 000*.
Flash. 88 H 68 000 + 25 000.
Fleurs de France * M 4 758.
Flight International H 50 040 (79).
Fluvial 6 nos/an *35 000*.
F.O.E.V.E.N. T *10 000*.
Foi aujourd'hui (La) M *40 000*.
F.O. Magazine * M *1965 :* 263 283. *82 :* 668 637. *83 :* 605 667. *84 :* 724 570. **Paris-Ile-de-France** M *40 000*.
Football sélection M *60 000*.
Forêt privée (La) BMT *5 000*.
Forêts de France * 10 nos/an 10 217. **Et action forestière** * 10 nos/an 10 576 (82).
Forum gestion T *30 000*.
Foulées M *60 000* — 45 000 ab. 10 000.
Français (Les). D'A.F.N. et d'Outre-Mer BM 15 000. **Du monde** BMT 10 000 ab. 8 500.
France Agricole * H 247 934. *1960 :* 100 284. **Alimentaire** * BM 25 441 (81). **Auto** M 25 000. **Aviation** 9 nos/an *47 900* ab. 42 900. **Carrières** M 36 000 ab. 33 000. **Catholique-Ecclesia** *25 000*. **Céréales** M *35 000*. **Cycliste** BM 35 000 ab. 25 000. **Dimanche** * H *1971 :* 1 062 268 — *1 401 396* np. 4 836. *83 :* 682 602. *84 :* 693 380 np. 4 263 ab. 30 468. **Élevage** M *83 :* 35 000. **Football** * H *1959 :* 114 269. *84 :* 158 553 ab. 17 245. **Golf** M *24 000*, nos spéciaux *47 000*. **Horizon-Le Cri du rapatrié** ab. 25 000. **Horlogère (La)** * M 7 404. **Industries** M. 35 000 (82). **Magazine. Médecine** M 25 000. **Moto** M *21 000*. **Pays arabes** M *30* à *45 000*. **Pêche** M *6 850*. **Pharmacie** M *5 000*. **Routiers** * 88 228 ab. 23 958. **Soir Magazine** * H 491 716. **Sports** BA *8 500*. **Tabac** M 25 000. **Tennis de Table** M *11 500*. **U.R.S.S. magazine** M 85 000.
Franchise Magazine *f.* 1982 M *50 000*.
Frères d'armes BMT *15 000*.
Frêt aérien international BMT *15 000*.
Fruits et Abeilles M *15 300*.
Full-Intimité-Nous Deux * H 1 333 019.
Futuribles M *3 000* min.
G.A.B. (Grandes Annonces Bisontines) H 73 503.
Gai-Pied *f.* 1979. H *39 000* 28 000.
Gain (Le) M *25 000*.
Galerie des Arts M 23 000.
GAP (Groupe Avant-Première) * 12 nos/an 12 186.
Gault-Millau * M 147 628 ab. 26 680.
Gazette de la Manche * 17 237. **De la Région du Nord** * TH 13 137. **De l'Hôtel Drouot** H *37 800* ab. 21 000. **Des Armes** M *55 000* (79). **Des communes et du personnel communal (La)** * BM 16 964. **Du**

palais (La) TH 25 000. Du Val d'Oise * H 10 291 (81). Hôtelière (La) * M 5 729 ab. 5 501. Médicale H 35 000.
Gé-magazine - la Généalogie aujourd'hui M 10 000.
Généraliste (Le) BH 43 500.
Géo * f. 1959 M 418 881.
G.-I. Gay International M 30 000 – 50 000.
Glacier français (Le) M 5 000.
Golden M 40 000.
Golf européen M 28 000 ab. 19 000. Magazine TM 15 000.
Graineterie moderne (La) M 8 000.
Grand froid M 11 000.
Grands Reportages * M 83 : 77 613.
Gratannonces 94 H 710 000.
Greffier municipal (Le) T 7 000 ab. 6 000.
Grenoble magazine 5 nos/an 35 000.
Groupement de l'immobilier BMT 25 000 – 30 000.
Groupe Rhône-Alpes M 426 532.
Guide (Le). De l'enfant A 200 000. Du Comité d'Entreprise M 48 000. Suisse 78 142 (82). Cuisine M 400 000 – 330 000. Pratique de l'entrepreneur * BMT 60 987.
Guidor A 18 000.
Guitare et claviers * M 83 : 30 754 –60 000.
Gyn echos BM 20 000.
Gyn obs. BM 20 000.
H la revue de l'habitat social M 10 000.
Haga T 2 000.
Hard-Rock magazine M 112 000.
Harmonie v. Diapason.
Harper's Bazaar Fce BMT 80 000.
Harvard-L'Expansion T 9 000.
Haut Anjou * H 14 640. Parleur * M f. 1926. 68 532 ab. 13 884.
H.D. 14 (Caen) H 14 300.
Hebdo De la Blanchisserie-Teinturerie H 8 500. Clermont H 83 : 109 311. Cuir * H 7 002.
Hebdo Dijon H 115 000. Hebdogiciel * H 45 013. Gironde H 178 177. Grenoble H 144 355 (83). Lyon H 365 621 (83). Saint-Étienne H 134 173 (83).
Hérisson-Marius-L'Épatant (Le) f. 1937 H 130 000.
Hifi stéréo vidéo loisirs * M 27 020 ab. 3 220.
Hispania M 11 000.
Histoire (L') * M 58 661 ab. 32 868.
Historama * M (fusion 1984 avec Histoire Magazine) 83 : 69 405.
Historia * M 1959 : 290 248. 81 : 131 054. 83 : 106 167. 84 : 104 097 ab. 45 691.
Historiens et Géographes BMT 11 000.
Homéopathie française BMT 2 500.
Homme nouveau (L') * BM 29 592 ab. 24 902 1971 : 20 930. N° 1 * M 763 861 ab. 201 230.
Hommes. Et Commerce BMT 7 693. Volants M 20 000.
Homophonie n.c. 20 000.
Horizon 59 * BM 24 917.
Horoscope M 170 000 1960 : 102 250.
Horticulture française (L') M 5 400.
Hospitalier (L') 6 nos/an 5 000.
Hospitalisation nouvelle M 5 000. Privée M 6 500.
Hôtelier (L') M 6 000 ab. 5 500.
Hôtellerie (L') * H 60 339.
Humanité d'Alsace et de Lorraine H 90 000. Dimanche (L') H 1960 : 460 141. 68 : 415 557.
Icare * T 7 790.
Ici FM H 40 000. Paris * H 372 386 np. 3 572 ab. 4 113 1960 : 705 718 – 816 347.
Ile-de-France cycliste H 17 000.
Il Magazine * M 41 903 (83).
IL 62 (Boulogne) 64 283.
Immobilier (L') M 20 000. Sarthois H 140 000.
Immunologie française T 30 000.
Impact (Longwy) H 38 000. Impact internat M 28 000.
Impartial (Les Andelys) * 12 671. (Romans) H 15 000.
Implantations Entreprises M 30 000.
Imprimerie française M 89 000. Nouvelle * M 2 315.
Inconnu (L') M 40 000.
Index SVP H 15 000.
Indicateur Bertrand BM n.c. Guiot M 25 000. Lagrange M 20 000.
Industrie hôtelière (L') * M 51 261 ab. 42 193.
Industries alimentaires et agricoles M 7 181 – 8 000. Des céréales * BMT 1 412. Mécaniques * BM 6 860. Techniques * 27 nos/an 39 623.
Infirmière française (L') M 6 500.
Infirmiers libéraux de France M 17 000.
Info 2000 (Douai) H 83 000.
Infochèque Bâtiment 2 nos/an 20 000.
Informateur immobilier (Caen) M 40 000.
Information Agricole * M 12 877. Débat (Nantes) H 80 000. Dentaire * H 15 336 – 15 000. Diététique T 3 500. Entreprise M 19 500. Géographique 5 nos/an 2 812. Hippique M 48 000 ab. 12 000. Historique * 5 nos/an 3 500. Immobilière * M 129 202. Juive M 11 000. Littéraire BMT 5 000. Municipale M 35 000. Pilote M 45 000. Pratique du Bâtiment v. Chantiers de France. 62 H 80 000. Du véhicule M 15 000 – 15 300.
Informations agricoles H 15 400 – 17 000. Catholiques internationales * M 32 000. Chimie * M 4 709. Fleuristes BMT 11 500. Laitières H 15 500 – ab. 3 500. Notariales pour tous T 20 000. Ufolep-Usep M 32 500.
Informatique magazineM 92 000.
Infos-expos M 45 000 – 55 000.
Ingénieur Constructeur ETP (L') M 6 500.
Ingénieurs Aujourd'hui M 49 000. Et cadres de France BMT 110 545.
Instrumentation systèmes * M 8 757.
Intellect BMT 40 000 – 60 000.
Inter auto M 10 000.
Interavia M 45 222.
Inter-Banlieue-Ouest BMT 348 000. Sud H 200 000. 59 (Lille) H 158 731.
Intérêt de l'Anjou BMT 25 000. Européen BMT 77 300.
Inter-forain BM 27 420 ab. 22 760.
Intermédiaire des chercheurs et des curieux (L') f. 1864. Suspendu mai 1940 à avril 1941.
Intimité * H 1959 : 588 706. 80 : 633 345. 83 : 570 500. 84 : 509 622.
Intramuros M 12 000.
IP 78 (Versailles) H 371 657.
Investir * f. 1974 H 62 899. Magazine T 100 000.
Ivoire Dimanche H 75 000.
Jacinthe * M 143 050.
Jardin. Du cheminot * BMT 122 377. Des modes * M 1980 : 89 581. 82 : 52 096. 83 : 45 362. 84 : 37 404. Familial de France (Le) BMT 24 500 – 25 000.
Jardineries-Région jardin * M 8 453.
Jardins de France * M 10 753.
Jaune et la Rouge (La) * M 12 330.
Jazz Hot M 18 000. Jazz Magazine M 18 500 – 24 000.
Jeune Afrique * f. 1960 H 1972 : 40 000. 81 : 100 267. 82 : 92 038. 84 : 84 328. Économie f. 1981 1984 : 17 103. Magazine f 1983 1984 : 66 648.
Jeunes (Les) M ab. 18 000. Agriculteurs M 30 000.
Jeux D'Afrique M 80 000. De l'Esprit BMT 80 000. Et Jouets * M 6 422. Et stratégie * BMT 94 035.
Jic (Narbonne) H 40 937.
Jill 5 nos/an 38 500.
Job pratique magazine BMT 85 000 ab. 15 385.
Jogging international * M 35 391.
Journal (Le). De l'Automobile BM 12 000. La Chirurgie * 10 nos/an 3 750 De Doullens H 5 600. La fonction commerciale H 80 000. De la formation continue BM 21 000. De Gien * H 20 299. International de médecine M 25 000. Du jeune praticien Décadaire 22 000. La confédération musicale de France 8 nos/an 20 000. La formation continue BM 21 000. La maison * M 1970 : 46 994. 84 : 208 366 ab. 73 824. La marine marchande H 12 000. L'amateur d'Art M 20 000. La Paix-Pax Christi (Le) M 5 000 ab. 4 500. La Sologne T 17 000. Elbeuf * BH 6 863. 24 000 ab. 15 000. Lunéville H 2 000. Mamers H 5 000. Millau * H 5 984. Montpellier * H 6 833. L'Orne * H 8 080. Des Agrégés M 8 000. Architectes T 16 000. Combattants H ab. 19 306. Communes M 7 000 ab. 5 500. Finances H f. 1867. 53 500 – 60 000 ab. 32 300. Instituteurs M 90 000. Maires * M 14 175 ab. 11 360. Maraîcher et fruitier M 3 500. Ménagères (Mulhouse) H 18 000. Notaires et des avocats BM 6 000. Oiseaux M 6 000. Mots croisés H 39 000 – 21 000. Du Bâtiment et des travaux publics * H 83 : 9 638. Chasseur M ab. 5 000. Dimanche H 340 585 np. 9 603 [1960 : 582 132]. Fermier et du métayer M n.c. Parlement BM 11 000. Patissier M 9500. Robotique M 10 000. Textile * H 14 421.
Jours de France * H 1961 : 385 235. 72 : 622 300. 81 : 520 425. 82 : 541 846. 83 : 505 209. 84 : 424 605.
Judo 10 nos/an 52 000 ab. 27 000.
Karaté M 60 000.
Jules M 50 000.
Kinésithérapie actualité * H 9 370.
Kol-al-arab H 90 000.
Kouakou 6 nos/an 425 000.
Kyrn M 26 500.
Lalu M 10 500 (par mois).
Langue française T 3 500.
Laser magazine M 60 000.
Lauréat (Le) M 30 000.
Lectures françaises M 6 000 ab. 4 500.
LED M 70 000.
Led-Micro M 60 000.
Lettre (La). Du médecin H 18 000. De la prévention BM 25 000.
Liaisons sociales * M 83 : 33 509.
Liberté Dimanche * H 42 717 1960 : 31 635. L'Homme de Bronze H 14 000. De Normandie * H 14 630. De l'Yonne H 7 500.
Lido M 32 351.
Lien horticole H 14 000. Professionnel (Le) M 50 000.
Lignes privées T 35 000.
Lions international * M 29 589.
Lire * M 125 070 (81) 1976 : 103 014.
Littérature T 3 500.
Livres de France M 6 500 (ab.). Hebdo H 8 000 (ab.).
Locations et ventes H n.c.
Loco-revue M 29 600 ab. 10 600.
Logement et famille * M 141 230.
Logigcam BMT 50 000.
Logistiques magazine M 8 000.
Loisirs. Et Nature M 5 000. Magazine * 30 000. Nautiques M 52 000. Santé 5 nos/an 70 000 ab. 60 000.
Losange (Le) M 41 000 (ab.).
Lot-et-Garonne rural M 18 000.
Lozère nouvelle * H 20 832.
L.S.A. * H 21 614.
Lu M 85 000.
Lui M f. 1963. 1964 : 131 466. 80 : 466 864. 82 : 438 590. 83 : 444 304. 84 : 366 653.
Lyon Poche * H 13 406
Machine moderne * M 7 291.
Machine-Outil * M 10 000.
Machines production * tous les 10 jours. 83 : 10 387.
Madame Figaro H.
Magazine. De la Discothèque M 12 500. Hebdo H f. 15-4-1983, disparaît janv. 1985. 150 000 (84). Littéraire f. 1967 M 64 000 – 70 000.
Maille (La) T 2 000.
Maintenance M 11 700 – 12 000.
Mairies de France BMT 16 000 – 17 000.
Maison Bricolages M 180 000. De Marie-Claire * M 1973 : 369 885. 84 : 200 801. De Rustica * M 60 : 129 169. 82 : 215 454. 83 : 226 853. 84 : 240 272 ab. 197 442. Et Jardin * M 89 477 ab. 24 645 1960 : 48 424. Française * M 91 866 ab. 38 433. 1964 : 56 981. Individuelle * 9 nos/an 135 672 ab. 30 246. Et Décors BMT (Bretagne) 17 775 (82). (Méditerranée) 20 553 (82). Du Sud-Ouest * BMT 14 593 (82). De France M 35 000. Et Loisirs M 194 102. Et Travaux * BMT 223 105.
Ma Maison, mon ouvrage * M 1960 : 326 926. 82 : 151 313. 83 : 154 320. 84 : 153 125.
Marchand Forain (Le) M 24 000 ab. 17 040.
Marché du Bateau M 30 000.
Marchés agricoles * Q 12 901. Tropicaux et méditerranéens H 18 000.
Mariages * T.
Marianne M 25 000.
Marie-Claire * M f. 1965. 1960 : 1 021 298. 81 : 531 661. 82 : 543 989. 83 : 548 120. 84 : 599 362 ab. 14 061. Bis SM 370 000.
Marie-France * M f. 1955. 1960 : 646 067. 79 : 524 796. 83 : 489 270. 84 : 430 843 ab. 152 801.
Marin (Le) * H 17 453.
Marine T 11 500.
Marius H f. 1924. v. Hérisson.
Market * 17 nos/an 27 995.
Marmite (La) M 20 000.
Marne (La) (Meaux) * H 30 167 1970 : 16 855.
Marseillaise de l'Essonne H 25 000. 77 H 28 000.
Marseille-Sept H 305 873.
Mass 67 (Strasbourg) H 156 954.
Maxi-Basket M 80 000 ab. 10 000.
Maximots BMT 40 000 – 80 000.
Médaille militaire (La) T 87 000.
Médecin de France (Le) * H 36 274.
Médecine Actuelle * M 25 237 ab. 15052. Beauté * M. 83 : 78 277. Cardio-Vasculaire M 40 000. De groupe * BMT 13 610 – 14 000. Naturelle T 50 000 ab. 9 800. Praticienne * H 34 453 (81). Tropicale T 6 000.
Médecines douces * f. 1981 M 79 008 Nouvelles f. 1985 60 000.
Médecins des hôpitaux publics BMT 9 500.
Médias * H f. 1980 9 713.
Médiator de l'Ouest BM 15 000.
Médica gestion BM 25 000.
Méga Hertz M 40 000 – 40 000 ab. 3 000.
Meilleur (Le) H 450 000 – 580 000.
Méridional-La France (Le) * H 72 750 1961 : 85 397.
Mères célibataires de France T 60 000 ab. 48 000.
Messager H 49 900.
Messages du Secours catholique * M 1960 : 435 867. 82 : 934 510.
Mesures, régulation, automatisme * BM 10 775.
Métal Magazine M 52 000.
Métal aventure T 72 000.
Métal hurlant * M. 83 : 69 693.

Métiers graphiques v. Caractère.
Métro M 80 000.
Métropolis * T 5 000.
Micro Magazine M 9 000. Ordinateurs M 65 000. 7 * M 51 000. Systèmes * 73 274 ab. 26 623. Micro V.O. M 125 000.
Midi-Auto-Moto * M f. 1936. 83 : 21 515 ab. 17 260. Hebdos H 50 000. Mutualité T 42 000 ab. 40 000. Olympique Rugby France H 150 000.
Mieux-Vivre * f. 1979 M 76 974.
Migrations * M 46 240.
Mikado * M 50 107.
1901 Journal des associations M 7 000.
Minéraux et fossiles M 8 500.
Mineurs de France M 51 000.
Minis et micros * BM 10 691.
Minitel magazine BMT 100 000.
Minute * H 206 246. 1962 : 33 976. 78 : 188 084. 81 : 148 472. 83 : 169 519. 84 : 146 137.
Miroir (Le) Du Centre 34 260. Du Cyclisme * M 83 : 87 536 ab. 16 196.
Missi * T 50 000.
M.O.C.I. Commerce International * H 14 658.
Modèle Magazine * M 25 135. Réduit d'avion M 18 000 ab. 2 100. Réduit du bateau M 18 000 ab. 3 000.
Modélisme-clap BMT 10 500, ab. 5 200.
Modes de Paris * Et Travaux * M f. 1919. 1960 : 1 041 095. 80 : 1 472 193. 83 : 1 379 115 ab. 224 606. 84 : 1 357 081 ab. 222 588.
Monde Diplomatique * M 89 128 ab. 17 173. De l'Éducation * M 80 955. De la Bible BMT 10 000. De la Mer (Le) * BMT 29 583. De la Musique * M 30 103. De la Moto * M 36 575. Des Philatélistes * M 38 097 ab. 17 911. Du Tennis M 105 000. Et minéraux BMT 24 000 ab. 7 000. Et vie BM 11 000. Informatique * H 22 506. Sélection hebdomadaire (Le) H 25 949 ab. 19 122.
Mondial * M 83 : 141 989 ab. 8 829. Marathon T 4 000-6 000.
Moniteur automobile BM 45 000. Du commerce et de l'industrie (Le) BM 20 000. Des pharmacies et des laboratoires (Le) * H 39 054 ab. 33 298. Professionnel de l'électricité (Le) * M 3 438. Des travaux publics et du bâtiment (Le) * H 76 805 ab. 71 033. Des ventes (Le) TH 9 100 ab. 7 300. Vinicole (Le) BM 16 000 ab. 10 000.
Mon jardin et ma maison * 1962 : 83 604. 84 : 216 206 ab. 114 687.
Montagne et Alpinisme (La) 4 nos/an 60 000.
Montagnes magazine M 60 000.
Monte Carlo M 34 884.
Monuments historiques BMT 15 000 ab. 6 000.
Moto Crampons M 80 000. Flash M 55 000 80 000. Journal * H 70 063. Revue * H 1973 : 71 483. 76 : 88 571. 83 : 65 030. 1 M 70 000. Verte * M 92 525.
Motorisation et technique agricole * M 48 171.
Mots Croisés De Guy Hachette BMT 12 000. De poche BMT 46 000. Détente régal BMT 48 000. Récréatifs BMT 23 000. Visuels M 30 000. Voyage BMT 36 000.
Mots Décroisés M 35 000 – 70 000. En zigzag M 85 000. Imbriqués M 40 000. Mêlés M 40 000. Mêlés géants BMT 32 000.
Motus BMT 41 000.
Multicoques magazine BMT 18 500.
Multi-médias magazine M 8 000.
Musées et Collections publiques T 1 800 ab. 1 500.
Mutu (La) BMT 402 000 – 372 283.
Mutualiste R.A.T.P. (Le) T 70 000.
Mutualité 10 nos/an 355 000 ab. 353 907.
Nantes-Expansion H 157 356. Inter-Service BM 155 000.
Natation M 12 000.
Naut'Argus T 35 000.
Navires, Ports et Chantiers M 13 000.
Négoce M 10 500-11 000.
Neige Magazine (La) T 100 000.
Néo-Restauration Hôtellerie * M 11 615.
Neptune – Yachting M n.c.
Neuilly-Journal Indépendant M 30 000.
New Look * M 410 616.
Nice-Matin Dimanche * H 243 853.
Nitro * M f. 1981. 45 248.
Nord Automobile f. 1925 M ab. 50 000. Dauphiné H 47 000. Hebdo Éclair H 257 000.
Normandie Actualités V. Ouest Actualités. Magazine M 10 000, ab. 5 000.
Nos Maisons familiales de vacances T 55 000.
Notre Flamme M 10 000. Histoire M 26 000 ab. 16 500. Temps * M f. 1969. 1969 : 85 821. 83 : 651 505. 84 : 770 787 ab. 477 743. Terre M 30 000.
Nous BMT 12 000. Deux * f. 14-5-1947 H 1960 : 1 303 819. 80 : 946 676. 83 : 878 486. 84 : 823 397.
Nouveau (Le) Caravaning * 10 nos/an 45 421. Clarté 7 nos/an 95 000. Détective H 259 108.
Nouveaux Cahiers (Les) T 3 000.
Nouvel Économiste * f. 1975 (regroupe Entreprise et Les Informations) 1976 : 127 679. 83 : 116 063. 84 : 117 090. Équipement du Foyer (Le) M 10 000 ab. 5 000. Observateur (Le) Héritier de l'Observateur f. 1950 et repris en 1964 par Claude Perdriel * H 1966 : 69 301. 80 : 373 055. 82 : 381 047. 83 : 368 672, 84 : 364 313.
Nouvelle École T 8 000. Famille éducatrice * M 1960 : 750 897. 84 : 870 797. Revue Pédagogique M 56 000. Revue du son M 40 000. Voix de l'Est H 15 900.
Nouvelles (Les) littéraires 1922-71 publiées par Larousse). 1970 contrôlées par R. Minguet. 1975 reprises par Ph. Tesson. 1983 vendues 2,5 millions de F à Ramsay, suspendues juin 84, devenues l'Autre Journal. 1985 : achetées par la Fnac, redevient le 5-12-85 les Nouvelles. De Bordeaux et du Sud-Ouest H 42 000. De Bretagne * H 4 480. De Falaise * BH 5 579. De France M 25 000. De la Bigorre H 22 000. De la boulangerie BM 40 000. De la Charente H 25 000. De la Nièvre H 19 500. De Loire-Atlantique H 30 000. Des Ardennes H 15 500. Du Pays Messin T 70 000. Du 16e M 80 000. Du Tarn H 20 100. Du Tarn-et-Garonne H 16 300. Du Val-de-Marne H 50 000. Esthétiques M 13 500. Hebdo H 35 000. Nouvelles 78 H * 255 418.
N.R. Services (Tours) H 75 000.
Numismatique et Change M 13 500.
Objectif Et Action mutualistes * M 470 746. Formation BMT 10 000. Sud * T (Provence Magazine) 12 356 (79).
Objectifs croissance T 35 000.
Océans * M 30 460.
Œil (L') M 35 000 – 40 000 ab. 13 000.
Office des prix du bâtiment * T 17 222 ab. 3 897.
Officiel De la Coiffure T 28 272. De la Corsèterie T 1 500. De la Couture et de la Mode de Paris 10 nos/an 54 000. De l'Artisanat Rural 6 nos/an 10 000. De la Sage-femme 10 nos/an 5 000. De l'Automobile * BM 17 793. Des comités d'entreprise et services sociaux M 50 000. Des métiers de la chaussure BMT 5 000. Des papetiers spécialistes M 4 300 – 5 000. Des Spectacles * 231 707 – 185 460. Des Textiles T 10 000 ab. 6 600. Des Transporteurs * H 25 841. Du cycle et du motocycle BM 13 500. Du Prêt-à-porter T 10 000 ab. 6 700. Hommes f. 1977. 7 nos/an 42 000.
Oise Avenir H 18 000. Informations économiques M 11 500. Libérée Dimanche * H (Beauvais) 58 985.
Olympia (L') M 15 000.
Onze * M 1975 : 406 078. 84 : 211 159.
O.P. Magazine M 15 000.
Opéra international M 30 000.
Option auto BMT 80 000.
Options * BM 45 878.
Ordi M 26 000.
Ordinateur (L') Individuel * M 85 506. Personnel M 44 410.
Orne combattante * 14 657.
Orphelinat (L') * M 106 528 ab. 99 262.
Or vert (L') * M 36 339
Os à Moelle BMT 100 000.
Ouest Annonces BM 200 000.
Pack-Info BM 9 000.
Pac Man M 70 000.
Pag (Nancy) H 90 000.
Panorama aujourd'hui * M 1960 : 167 512. 84 : 84 076.
Papetier De France * M 12 369 ab. 5 678. Libraire (Le) * M 6 121.
Papier, carton et cellulose * 10 nos/an 2 771.
Paradoxes T 7 200 – 8 000.
Parents * M 1969 : 235 991. 84 : 345 611. D'élèves 4 nos/an 85 000.
Paris Aux Cent Villages * M 50 000. Boum Boum H 340 000. Chamonix 5 nos/an 11 000. Côte d'Azur BM 7 000 – 7 000 (82). Dayori M 38 000. Le Magazine M 140 000-200 000. Match * f. 1949 par Jean Prouvost, racheté en 1976 par Daniel Filipacchi H 1959 : 1 448 299 – 1 656 647. 78 : 693 278. 80 : 836 257. 81 : 919 223. 82 : 926 650. 83 : 928 007 ab. 122 102. 84 : 888 590 ab. 128 851. Nord-Oise 80 000. Paname H 520 000. Programme M gr. 30 000. Projet T 15 000. 15e M 89 000. Reporter (The) M 40 000. Saint-Germain magazine 2 à 3 nos/mois 35 000. 16e M 40 000. Service information M 25 000. Table M 67 000. Tel M 80 000.
Pariser Luft BMT 30 000.
Paroles et Musique M 50 000.
Particulier (Le) * f. 1949 ; 22 nos/an 1960 : 134 360. 82 : 426 622. 84 : 478 295 ab. 472 311.
Particulier à Particulier (De) H 65 000.
Passeport M 25 000.
Passerelle (La) n.c.
Password 4 nos/an 20 500 – 21 500.
Passion M 55 000.
Pâtisserie française illustrée (La) M 16 500.
Pâtre * M 12 227 ab. 10 455.
Patriote Côte d'Azur H 55 000.
Patronat M 28 000.
Patrons M 25 000.
Pause Mots croisés M 44 000.
Pavé dans la mare (Le) M 60 000.
Paysage actualités * M 9 758 (81).
Paysan Breton * H 73 170. D'Auvergne H * 10 486. De Haute-Garonne M 15 000 – 13 200. D'Ille-et-Vilaine / Agri Coopé * H 20 832. Du Haut-Rhin * H 8 136. Du Midi H 32 000. Nantais * BM 6 437. Savoyard BM 8 500. Vosgien * BM. 83 : 4 904.
Pays D'Auge * BH 15 689. Breton M 65 000. Cognac M 8 000. Dauphinois H 50 000. Roannais * H 39 408.
Pêche et les Poissons * M 106 515 ab. 34 485. Maritime M 5 000.
Pêcheur de France * M 78 960.
Pêcheurs sportifs BMT 7 500.
Pèlerin-Magazine (Le) (le Pèlerin jusqu'au 5-10-84) f. 1873 H 1960 : 554 600. 84 : 445 862 ab. 379 280.
Pensée (La) f. 1939 BMT 4 000 – 5 000 ab. 2 500.
Penthouse M 150 000.
P.H.M.-revue horticole M 12 500.
Périgord-Magazine M 6 500.
Périphérie Publicité H 1 986 000.
Perspectives Agricoles M 13 100 – 13 800. Immobilières * BMT 10 392. Spatiales T 13 928.
Petit Meunier H 15 000. Quimperois H 67 280.
Pétrole informations * M 5 605.
Peuple libre (Le) * H (Valence) 11 694.
Pharmacie mondiale M 15 000. Sans frontière BMT 20 000.
Pharmacien de France (Le) * BM 18 136.
Philatélie M 20 000. Française M 21 500 ab. 21 000.
Phosphore * M 63 139 ab. 42 537.
Phot'Argus * BMT 14 233.
Photo * M 1969 : 60 871. 81 : 204 349. 82 : 208 230. 83 : 228 021. 84 : 191 908. Magazine * M 70 128. Pratique f. 1981 M 80 000. Reporter * M 83 : 83 832. Revue * M 79 358.
Photographe (Le) * M 11 052.
Photographie M 11 400.
Photologie * BMT 15 696.
Physic M 120 000 – 170 000.
Phytoma * M 11 493.
Pic * M 11 374.
Pigeon voyageur de Fce BM 3 000.
Pile ou face BMT 32 000.
Pilota BM 10 000.
Piscines T 30 000 à 40 000.
Plaisir de la maison * M 101 717 1965 : 28 692.
Plaisirs de la chasse M 45 000, De la pêche M 40 000. Du cinéma BMT 25 000. Équestres BMT 20 000 ab. 5 000.
Planche Magazine * M 32 870. No 1 T 70 000.
Plantes et Beauté BMT 35 000. Et médecine BMT 30 000.
Plastiques et Environnement T 30 000. Flash M 6 450. Modernes et Élastomères * M 6 309.
Playboy * M (f. U.S.A. 1953). 1974 : 205 885. 82 : 168 916. 83 : 144 749.
Plein air et culture T ab. 30 000.
Pleine forme BMT 60 000.
PME-PMI magazine T 30 000.
Poésie I BMT 16 000 – 18 000.
Poids lourds M 83 : 12 000.
Point (Le) f. 25-9-1972 * H 1972-73 : 163 910. 76 : 221 788. 81 : 309 818. 82 : 327 780. 83 : 328 859. 84 : 329 658.
Point de vue – Images du monde * H 1960 : 163 779. 82 : 418 076. 83 : 401 624. 84 : 378 110.
Point économique (Le) BMT 25 000.
Points de vente * BM 19 541.
Politique étrangère T 4 500. Internationale f. 1978 M n.c.
Pomme de terre fr. (La) * BMT 7 541 ab. 7 102.
Pom's BMT 13 000.
Porc Magazine * M 7 405.
Porphyre * M 12 337.
Porsche Club T 8 000.
Pour La danse M 25 000 ab. 7 000. La science * M 51 188 ab. 26 213. L'enfant vers l'homme M 275 000 ab. 225 000. Nos jardins * BMT 867 405 1961 : 782 849.
Pourquoi ? M 53 700.
Praticien (Le) H 45 000.
Praticiens et 3e âge M 20 000 ab. 9 000.
Pratique * M 150 878. Le Pratique de l'Automobile M 70 000.
Pratique médicale (La) * H 20 582.
Première * M 1976 : 139 101. 82 : 217 936. 84 : 364 298.

Premier sourire A 750 000.
Présence Énergie M 15 000. De l'enseignement agricole privé * BMT 39 124. Montpellier M 125 000.
Presse d'Armor * H 5 617. Française (La) H 36 000 ab. payants 29 500. Médicale (La) * 43 nos en 1986 25 518.
Prévention routière BM 1960 : 108 119. 81 : 314 830. Prévention Routière dans l'Entreprise * BMT 52 526.
Prévention, Santé * M 104 697.
Prévisions H 22 000 ab. 7 000.
Prima M * f. 1982. 1 321 998.
Producteur agricole français (Le) * BM 80 192.
Production laitière moderne * M 19 636.
Professionnel (Le) * M 12 185.
Professions du Sud-Est M 30 000.
Profils médico-sociaux * H 25 000.
Progrès Agricole et viticole (Le) M 16 500 – 18 500.
Pro Immo. M 60 000.
Projet BMT 4 500 – 4 000.
Promofluid * M 9 594.
Promotion immobilière BMT 7 500.
Propos utiles aux médecins H 12 500 – 13 000.
Propriété agricole (La) * 11 nos/an 22 005.
Prospective et Santé T 10 000.
Provence Agricole Libérée H 11 200. Sept (Marignane) H 35 000.
Psychologie * M 83 : 50 879 ab. 25 768.
P'tit Basque H 74 563. Périgourdin H 71 813.
P.T.T. Syndicaliste M 58 158.
Publi-Aveyron H 45 000. 62 H 108 593. Toulouse H 235 000.
Publival (Orléans) H 104 941.
Q.I. Jeux et Tests M 60 000.
Q.S.O. Magazine M 30 000.
Quarante (Le) (Mont-de-Marsan) H 68 486.
4 × 4 Magazine f. 1981 M 80 000.
Quatre saisons du jardinage (Les) BMT 23 000 ab. 19 500.
91 Annonces H 225 000.
84 (Le) (Avignon) H 99 800.
95 Val-d'Oise (Le) H 211 227.
93 Actualités H 125 000.
Question de T 6 500 ab. 3 000.
Quid * A 462 186.
Quincaillerie moderne (La) M 8 000.
Quinzaine Littéraire f. 1966 BM 30 000 – 40 500 ab. 10 500. Universitaire (La) BM 20 000.
Racing M 17 000 – 17 000.
Radio C.B. Magazine M 50 000.
Radio-plans f. 1933 * M 57 266 ab. 13 561. R.E.F. M 11 000 ab. 10 500.
Rail Miniature flash M 21 500 – 22 500 ab. 6 500. International M 21 000.
Randonnée * 5 nos/an 7 962.
Randonnées équestres BMT 20 000.
RCM M 35 000.
Réalité des faits et leur analyse (La) M 30 000. Familiales BM 21 000.
Recherche (La) * f. 1970 M 88 709 ab. 54 379. Et Architecture T 7 600.
Récréation Jeunesse BMT 45 000.
Réforme H 9 800 – 11 500 (80).
Régional de Cosne * H 82 : 8 677.
Regard sur la Loire H 32 000. Sur l'Eure H 20 000. Sur le Jura H 15 600.
Relais M 135 000.
Relations 3 nos/an 150 000.
Relations humaines BMT 8 000.
Renaissance-Le Bessin * BH 7 253. Du Val-d'Oise H 30 000.
Rencontres sous le signe de la langue fr. BMT 10 000.
Rennes Pub hebdo H 151 465.
Renouveau * H 15 301.
Répertoire des voyages (Le) 10 nos/an 8 400.
Républicain (Le) * H (Évry) 48 296. Du Lot-et-Garonne * H 10 228.
République * (Melun) 44 855.
Responsables M 6 000.
Ressources * M 12 946.
Retraité militaire M 45 000.
Réveil De Mauriac H 6 900. Des Combattants M 90 000. Du Vivarais et de la Vallée du Rhône H 19 000. La Presse rurale BH 2 500 – 3 000. Normand * H 14 133.
Revenu français (Le) * M 110 128 ab. 100 890.
Révolution f. 1980 H 150 000 ab. 52 000.
Revue Aérospatiale M 70 000. Avicole M 9 000 ab. 7 500. Chien 2000 * M 49 408 ab. 17 718. De L'Art T 3 000 – 3 000. Automobile médicale * BMT 15 937. De l'utilisateur de l'I.B.M. PC M 40 000. La Cavalerie blindée T 5 000. La France libre T 9 500 ab. 9 000. La Mercerie, nouveautés ; 5 nos/an 12 000. L'Ameublement * M 8 540. L'Entreprise * V. Entreprise et formation permanente. L'Habitat français * M 28 341. L'Infirmière * BM 47 733. L'Ordre des vétérinaires T 8 500. Médecine vétérinaire M 2 700 ab. 2 200. Pédiatrie M 6 000. Collectivités locales T 7 500 ab. 4 800. Comités d'Entreprise T 50 000. Communes et des établissements publics * M 25 973. Deux Mondes f. 1829 M 50 000. Ingénieurs et techniciens eur. T 10 000 (82). Oenologues T 15 000. Tabacs * BMT 12 590. Berger allemand BMT 9 000. Camion * M 18 278. Cinéma * M 34 655. C.N.P.F. M 28 000. Jeune médecin BM 18 000. Louvre et des musées de France BMT 13 000 – 13 000. Marché commun M 4 000. Palais de la Découverte M 11 000 ab. 7 000. Praticien * 6 nos/mois 83 : 59 185. Vinicole internationale * M 10 073. Vins de France BMT 30 000. Fiduciaire M 180 000 ab. 131 154. Générale de l'hôtellerie, de la gastronomie et du tourisme M 20 000. Générale Nucléaire * BMT 83 : 5 336. Hospitalière de France (La) M 5 500 ab. 5 300. Immobilière de l'Est M 10 000. Internationale de défense M 35 476. Internationale de pédiatrie M 5 700. Laitière française * M 6 167. Maritime M 5 000. Moto technique T 15 000 – 15 000. Nationale de la chasse * M 95 932 ab. 41 263. Plain-pied BM 20 000. Parlementaire M n.c. Politique et parlementaire BMT 5 000.
Revue française de comptabilité M 27 000. De diététique T 5 500. De généalogie BMT 15 000. Française des télécommunications T 40 000. Française d'apiculture M 30 000 ab. 25 000.
Revue technique Automobile * M 25 015 ab. 23 285. Des hôtels et des restaurants M 23 000. Du bâtiment et des constructions industrielles * BMT 3 552.
R.I.A. * M 2 722.
Risques f. déc. 84 BMT 15 000.
Rivarol H 30 000.
Riviera M 37 365.
Rock & Folk * M 109 955.
Rock news M 150 000.
Rotarien (Le) * M 33 081.
Rouerguat * H 83 : 4 063.
Rouergue hebdo (Le) H 15 500.
Rouge et or * T 23 409.
Routiers (Les) M 45 000 ab. 42 000 (82).
Rugby M 100 000.
Rungis Actualités BM 30 000.
Rustica * H ab. 184 865 ; 1960 : 129 169. 83 : 226 853. 84 : 254 540 ab. 197 442.
Safari Chasse et Pêche BMT 38 420.
Saint-Hubert (Le) * M 25 000.
Saisons de la danse (Les) M n.c.
Samouraï f. 1982 M 35 000.
Sans intermédiaire H 35 000. Frontière H 40 000.
Santé et Sport BMT 20 000.
Santé magazine * f. 1976 M 276 273.
Sapeur pompier (Le) M 56 000.
Sarthe nouvelle H 40 000.
Sauvagine et sa chasse (La) * M 26 692 ab. 23 906.
Savoirs informatiques M 20 000 – 30 000.
Schtroumpf BMT 12 000.
Science et Agriculture T 52 000. Et Avenir * f. 1947 M 1960 : 77 016. 61 : 77 016. 84 : 115 460 ab. 83 369. Et techniques M 35 000. No 1 BMT 150 000. Et Vie * f. 1913 M 1959 : 193 249. 84 : 360 025 ab. 171 007. Et Vie économie * f. 1984 M 136 854. Et Vie-micro * M 120 854.
Scrabblerama M 3 800 ab. 3 200.
Sécurité civile industrielle M 30 500.
Sélection du Reader's Digest * f. 1947 M 1959 : 1 183 692. 78 : 1 096 872. 81 : 1 132 392. 84 : 984 840 ab. 889 076.
Semaine dans le Loiret H 10 000. De la Coiffure (La) M 10 500 – 11 000 ab. 10 000. Des hôpitaux (La) H 16 500. Juridique H 28 000. De Paris-Pariscope (Une) * 117 316. Provence * H 15 125.
Semences et progrès T 12 500.
Semeur Hebdo H * 13 935.
7 à Paris H 47 000 – 60 000.
7 Jours Madame * f. 1984 H 423 403.
Service 2000 * T 8 189. Public information M 150 000.
Show magazine M 11 000 – 12 000.
Signature * M 84 577.
Sillon des Landes et des Pyrénées H 20 217. Limousin * M 39 832 ab. 39 172.
Silver Star M 70 000.
Ski-Magazine * M 83 : 30 094. Français 5 nos/an 65 000 ab. 52 000.
S.N.E.P. M 12 000.
S.N.E.S.U.P. BM 11 000.
Soft et micro f. 1984 M 100 000.
Soins BM 29 500 – 30 000.
60 (Le) H 78 867.
71 (Le) (Mâcon) H 52 321.
69 (Le) H 414 392.
74 (Le) (Éd. d'Annecy) H 69 362.
76 hebdo Spécial H 169 552.
73 Contact (Le) H 75 178.
Son-Magazine M 50 000.
Sono * f. 1976 * M 27 952 ab. 4 617.
Sonovision HM 14 000 – 15 000.
Sortir à Montpellier H 15 000.
Souder * 6 nos/an 1 952.
Souvenir français T 25 000. Napoléonien * BMT 3 000.
Spécial Bricolage M 15 000. 50 Nord H 50 000. Dernière * H 1970 : 169 378. 71 : 163 578. 80 : 358 364. 82 : 297 055. 83 : 268 555. 84 : 217 755. Jardin * BMT 50 374. Karting M 6 000. Moto f. 1980 M 50 000. Motoculteurs et Tondeuses à gazon 9 nos/an 6 000. Santé M 146 000. Scies à moteur et accessoires 9 nos/an 6 000. 27 H 25 000.
Spectacle infos T 60 000. Du Monde-Réalités (Le) * f. 1962 M 1962 : 22 636. 82 : 112 633. 83 : 113 000. 84 : 94 055.
Spelunca T 8 500 ab. 7 000.
Sport (Le) Dans la cité T 18 000 ab. 12 500. De l'esprit bouquet BMT 42 000. Et plein air M 70 000.
Sport-Auto * f. 1961 M 1961 : 16 928. 84 : 102 496 ab. 10 435.
Sprint International M 150 000.
Starfix * M 83 : 61 014.
Stations Santé BMT 20 000. Vacances SMT 52 000 – 50 203.
Stéréo automobile BMT 24 000 – 45 000.
Stratégies * H 10 532 ab. 7 822.
Structures décoratives BMT V. Bureaux de France.
Su M 70 000 (ab.).
Sucrerie française (La) * M 688 ab. 563.
Sudestasie BMT 20 000.
Sud-Ouest Dimanche * H 278 061.
Super Cuisine M 110 000.
Super Télé * H 1980 : 323 565. 82 : 413 834. 83 : 404 210. 84 : 388 243.
S.V.I.P. annonces H 43 313.
Syndicalisme C.F.T.C. M 200 000. Fonction publique BMT 30 000. Hebdo C.F.D.T. H 36 000.
Syndicaliste (Le) BMT 30 000. Forain BM 25 200.
Syndicat agricole * H 17 652.
Synthèse médicale H 25 000.
Système D * f. 1924 M 163 271 ab. 49 387.
Tabagisme T 4 500 ab. 3 500.
T.A.M. (Terre-Air-Mer) * M 161 892.
Tarif Média 5 nos/an 3 387 ab. 2 391.
Tarn libre * H 22 793.
Technicien du film (Le) M 17 540.
Techniques et Architecture * BMT 16 064. Hospitalières 10 nos/an 7 000 ab. 6 300.
Télé Ciné vidéo * M 97 695. Gratuit Amiens 78 000. Guide H 1977 : 103 316. 82 : 310 537. 83 : 257 061. 84 : 192 391. Hebdo 359 474. Hebdo (Brest) H 82 384. Journal * H 1975 : 155 178. 82 : 202 177. 83 : 172 026. 84 : 152 248 ab. 46 702. K 7 H 68 000. – 105 000. Magazine * H 1959 : 218 206. 65 : 280 929. 82 : 162 757. 83 : 194 090. 84 : 273 958. Plus cuisine H 100 000. Poche * H 1965 : 832 452. 80 : 1 875 638. 82 : 1 842 252. 83 : 1 811 787. 84 : 1 819 140. Poche Jeux M 180 000. 7 Jeux * M 477 038. 7 Jours * f. 1960. 1960 : 204 122. 63 : 870 000. 70 : 2 500 000. 80 : 694 844. 82 : 2 710 575 – 3 011 575. 83 : 2 709 850. 84 : 2 821 585. Star * f. 1976 M 1977 : 365 795. 81 : 542 406. 82 : 1 040 897. 83 : 1 289 644. 84 : 1 379 464. Stop H (Rennes) 106 259. Télé de A à Z * H 436 472. Télé 2 H 1982 : 174 362. 83 : 260 420. Télex 57 (Metz) H 85 000. Télérama H 1959 : 67 259. 82 : 429 666. 83 : 466 304 ab. 237 685.
Témoignage chrétien H 65 000 ab. 36 000.
Tempo Médical 32 nos/an * 31 879.
Temps des poètes (Le) T 5 000. Micro M 47 000 – 30 000. modernes (Les) f. 1945 M 4 500. Réel * M 14 370. Retrouvé (Le) * 207 782 ab. 197 450.
Tennis De France * M 83 : 73 581 ab. 40 408. Info BM 25 000. Magazine * M 57 644.
Terrains M 12 000 – 15 000.
Terre (La) * H 1960 : 140 511. 81 : 238 796. 82 : 230 008. 83 : 230 520. 84 : 212 858. De chez nous (Besançon) H 6 885. De Provence BMT 15 000. Vivaroise * H 10 752.
Tertiel M 50 000.
Textile-Art T 6 800.
Thalassa M 40 000.
Théophile M 18 000.
Théorie et pratique thérapeutiques M 35 000.
Tilt BM 22 000. Tilt Microloisirs * M 55 748
Timbroscopie * M. 42 463.
Time France H 68 000 (85).
Tir à l'arc (Le) 8 nos/an 20 000.
TN * M 5 342.
Toi et moi M 32 396.
Tom et Jerry M 80 000.
Tonus (médical) * BH 44 449. Dentaire * BM 13 766.

Toulon 7 H *89 660.*
Tourhebdo H *8 200.*
Tourisme et Travail * 10 nos/an 183 770.
Tout Le tricot M 78 000. **Prévoir** * M 60 024 – *64 000.*
Toute la broderie – Tous les ouvrages M *65 000* ab. 25 000. **L'alimentation** M 13 000. **L'électronique** * M *82 : 7 474* ab. 5 772.
Toutes les nouvelles * H 61 258. (4 éditeurs : Essonne, Hts-de-Seine, Yvelines). **De l'hôtellerie et du tourisme** M *20 000* ab. 19 000.
T.P.G. * BM 6 601.
Tracteurs et Machines Agricoles M 12 000.
Traditions BMT *15 000* – 12 000.
Transaction T *22 000.*
Transports Actualités * BM 10 375.
Travailleur Catalan H 14 660. **De la Somme** H *38 915.* **De l'enseignement technique** M *40 000* ab. 38 000. **Du sous-sol (Le)** BM *83 000.*
Travail social actualités H *10 000.*
Travaux agricoles M *5 000.* **Communaux** * 6 nos/an 5 803. **Publics** T *7 500.* **Publics et Bâtiment du Midi** * H 23 023.
Trégor (Le) * H 18 456.
Treize (Le) (Arles) H 33 150. (Marseille) 349 655. **Magazine** 10 nos/an *30 000.*
Tremplin BMT 68 000 – *85 000.*
30 Hebdo (Le) H 94 874. **Millions d'amis** * M *f.* 1978 112 002.
32 H 30 073.
38 H 152 620. **Rhône-Vallée (Le)** H 71 830.
34 H 130 227.
31 H 270 000.
36 000 communes 6 nos/an *12 000.*
Tribune * M 100 000. **Des Assurances (La)** BM *13 500* ab. 13 000. **Des Mineurs (La)** H *78 000.* **Des Professionnels de l'agriculture moderne** M 65 000. **Gaulliste** BMT *38 000.* **Juive** H *83 : 15 000* ab. 11 800. **Libre des V.R.P.** * M *83* : 31 619. **Médicale** H 26 783. **Montélimar** * H 23 352. **Régionale** (Issy-les-M.) M *20 000.*
Tricot Prestige 7 nos/an *60 000* à *65 000.* **Sélection** * *83* : 57 957.
Tricots chics pour vous 10 nos/an *55 000* à *60 000.*
Triomphe BMT 36 000 – *70 000.*
Trouvailles * BMT 24 445 ab. 5 166.
T.V. Couleur H 197 922. **Vidéo Jaquettes** M *109 000* – 86 000.
U.L.M. Mag. * BMT 8 465.
Uniformes BMT 17 000.
Union M 345 000 – *410 000.* **Agricole** *H 12 047. **Paysanne** (Tulle) BM 13 850.
Unité (L') H *42 000.*
Univers du vivant (L') M *120 000* (français) *150 000* (anglais).
Université Autonome 10 nos/an *15 000.* **Syndicaliste (L')** * H 102 693.
U.N.S.S.-Le sport scolaire T *52 000.*
Up' magazine T 60 000.
Urbanisme BMT * 8 608.
Usine nouvelle (L') H 11 nos/an. *1971* : 60 150. *83* : 55 507 ab. 43 661.
Val 18 H 76 098.
Val-d'Oise magazine H *60 000.*
Valeurs Actuelles H *f.* 1966 (avant : Finance). *1967* : 72 417. *73* : 125 190. *79* : 127 688. *82* : 112 907. *83* : 105 922 (dont 20 554 gratuits). *84* : 99 553.
Var Information (Le) * BH n.c.
Vaucluse agricole * H 6 938. **Hebdo** H 90 000.
Vécu M 120 000.
Veillées (Les) H 66 849 (79). *Créé* le 5-11-1877 sous le titre *Les Veillées des Chaumières* [1961 : 80 640].
Vélo * M 40 658.
Vendée agricole H *19 000.*
Vénerie T *6 500.*
Vertical BMT *30 000.*
Vêtir * 5 nos/an 3 876 (82).
Vidéo 7 * *fondé* juill. 81 **M** * 132 425.
Vidiason SMT *1 500.*
Vie (La) * BM *1959* : 477 159. *83* : 324 878. *84* : 326 700 ab. 270 476. **Agricole et coopérative** (Nice) M 15 600. **Au soleil** 6 nos/an *50 000* ab. 12 000. **Charentaise** * H 10 965. **Claire** M 20 000. **Collective** * M 6 217. **Communale et départementale** * M 16 997 ab. 11 702. **Corrézienne** H *15 000.* **De l'Auto** * H 27 158. **De la boucherie** M 12 500. **De la boulangerie, pâtisserie, confiserie** * M 13 000. **De l'électricité, électro-ménager, radio, TV** * M 60 000. **Des bêtes – Des métiers** M 110 000. **Horlogerie, bijouterie, orfèvrerie, joaillerie** * M 8 000. **Maçonnerie, travaux publics** * M *17 000.* **Menuiserie, ameublement** M *16 000.* **Économique (La)** H *20 000.* **Naturelle (La)** M *15 000* à *17 000* ab. 12 900. **Du rail (La)** * H 271 614 ab. 262 609. **Et santé** * M 52 118. **Française – L'Opinion** * H *f.* 1945 ; 105 247 ab. 96 402. **Judiciaire** H 16 000 – *17 500.* **Médicale** * Décadaire *27 000.* **Mutualiste** * M 929 033. **Ouvrière** H *83 : 228 000.* **Publique** * M 13 090. **Quercynoise** H 10 500. **Spirituelle** BMT *4 500* ab. 3 650.
Vieilles maisons françaises * BMT 19 637.
Vienne rurale * H 10 567.
Vigneron du Midi (Le) M *16 000.*
Villages des bords de Marne * 3 193 (83).
Ville de Paris M *3 000* (82).
Villefranchois * H 9 785.
Vingt ans * 119 692.
25 Contact (Le) (Besançon) H 72 850.
21 Dijon Annonces H 114 394.
26 Drôme (Le) H 89 794.
Visemot M 39 000.
Vital * M 202 422.
Viti-technique * M 21 846 ab. 10 917.
Vivre M *42 000.* **A Lyon** M *250 000.* **A Metz** M gr. 53 500. **A Strasbourg** M gr. *115 000.* **Nu magazine** 6 nos/an *60 000.*
Vocable * BM 97 130 ab. 41 647.
Vogue * M *1950* : 24 508. *81* : 65 424. *83* : 71 710 ab. 8 394. *84* : 70 121 ab. 7 984. **Hommes** * *créé* 1972-76 M 45 011.
Voies ferrées BMT *20 000.*
Voile magazine BMT *50 000.*
Voiles et voiliers * M 62 671 ab. 20 071.
Voix – Le Bocage * BH 5 582. **Du Cantal** H *12 000.* **De France** 6 nos/an ab. 34 968. **De la coiffure française** T *20 000.* **De la Terre** BM 15 100. **De l'Ain** * H 23 522. **De l'Est** H *15 600.* **Des Bêtes (La)** BMT *45 000.* **Des cadres de la fonction publique** BMT 10 000. **Des communes, des départements et des régions** M ab. 26 500. **Des employés et cadres** 10 nos/an *125 000.* **Des parents** * 5 nos/an 261 428 ab. 254 837. *1971* : 525 382. **Du retraité** M *25 000* ab. 18 180. **Des sous-officiers** M 29 000. **Des sports** * H 66 842 ab. 2 301. **Du cheminot ancien combattant** T *83 : 13 000.* **Du combattant** * M 271 675. **Du peuple** H 22 600. **Du Sancerrois** * H 7 004. **Populaire** H *24 000.*
Vol libre magazine * M 9 615.
Volonté de l'industrie, du commerce * M 59 745. **Paysanne de l'Aveyron** * H 13 305. **Paysanne du Gers** * BM 19 350.
Votre Beauté * M *1961* : 60 147. *84* : 119 279 ab. 25 982. – *140 000.* **Maison** * BMT *1966* : 38 272. *84* : 387 245. **Ordinateur** M *90 000* (déc. 84).
Vouloir *f.* 1981 T *30 000.*
Vous et votre avenir * M 106 808.
Voyageur représentant (Le) T *58 000.*
VSD * *f.* 1977 H 314 750. **Jeux** T *80 000* nº d'été *150 000.*
Vu M *15 000.*
Week-end * H *83* : 177 316. *1963* : 127 788.
Wind * M 42 998 ab. 6 461.
Yonne agricole H *8 750.*
08 - Ardennes H *99 000.*
06 - (Le) (Nice) H 134 355.
06 - Antibes H 56 654.
01 (Le) H 56 419. **01 Digest** A 40 000 (édition 1987). **01 Informatique-hebdo** * H 40 175. **Mensuel** * M 22 466.
Zoom * BMT 40 243 (82).

Presse pour les jeunes

Argonaute (L') M *f.* 1983. 60 000.
Astrapi * BM *f.* 1978. 109 212 ab. 80 091.
Attack M 135 000.
Battler Britton M 135 000.
Belles Histoires de Pomme d'Api *79* : 55 000. *83* : 62 875.
Best * M 93 996.
Buck John M 135 000.
Cap levant M *7 000* ab. 7 000.
Cinq As M 35 000.
Équipée (L') 5 nos/an 15 000.
Filles Magazine BMT *200 000.*
Fripounet * H *f.* 1946. *1961* : 134 139. *76* : 170 886. *79* : 140 442. *82* : 120 044. *83* : 107 655 ab. 92 012. *84* : 91 819 ab. 92 012.
Garry M 35 000.
Girls * H *f.* 1980. 142 402.
Guide de France M ab. 15 000.
Jacinte * M *f.* 1975. 143 050.
J'aime lire *f.* 1977. *1982* : 134 000. *83* : 129 077.
Je Bouquine *f.* 1984. M *65 000.*
Jeunes (Les) BM ab. 18 000.
Jeux de poche des jeunes M 55 000.
Journal de Barbie (Le) M *120 000.* **Spécial J. de B.** M *60 000.* **De « Gigi »** M 80 000. **Spécial G.** M *60 000.* **De Mickey** H *f.* 1936. *1963* : 375 233. *81* : 379 672. *82* : 365 114. *83* : 332 920. *84* : 316 016 ab. 72 927. **De Nounours** M *f.* 1965. *45 000.*
Kit Carson M 35 000.
Loisirs Jeunes H 9 800.
Mag'Jeunes M *100 000.*
Maîtres de l'Univers M *80 000*, **spécial M de l'U.** M *60 000.*
Nouveau Clarté (Le) 7 nos/an *95 000.*
O.K. Age Tendre * H *f.* 1964. *1964* : 267 942. *80* : 251 021. *83* : 283 469. *84* : 262 734.
Okapi * BM *f.* 1971. *1973* : 91 752. *81* : 86 075. *83* : 84 760 ab. 65 426. *84* : 82 104 ab. 63 978.
Panache M 35 000.
Perlin H *f.* 1956. *100 000.*
Petites canailles (Les) M *70 000.*
Phosphore * M *f.* 1981. 63 139 ab. 42 537.
Picsou-Magazine * M *f.* 1972. *1972* : 312 181. *83* : 363 391 ab. 29 244. *84* : 318 346 ab. 28 084.
Pif gadget * H *1971* : 334 080. *81* : 400 034. *83* : 365 150. *84* : 364 313. **Poche** *f.* 1962. M *200 000.*
Pilote * M *1962* : 126 796. *82* : 68 008. *83* : 55 395. *84* : 52 125.
Piranha *f.* 1985.
Podium HIT * M *f.* 1972. *1973* : 225 992. *82* : 240 578. *83* : 289 255. *84* : 320 063.
Pomme d'Api * M *f.* 1966. *1977* : 155 273. *84* : 163 538 ab. 102 470.
Rangers M 35 000.
Rapaces M 35 000.
Routes nouvelles 5 nos/an 5 000.
Salut * BM *f.* 1962 (Salut les copains). M *1962* : 493 290. *72* : 742 169. *79* : 229 217. *82* : 196 388. *83* : 229 864. *84* : 236 696. Record : 1 million d'ex. pour le mariage de Sylvie Vartan et Johnny Hallyday.
Scouts 6 nos/an *100 000.*
Spidey M *65 000.*
Spirou * H *f.* 1936. *1960* : 99 256. *82* : 72 195. *83* : 66 766. *84* : 46 773.
Strange M *f.* 1970. 125 000.
Textone M 35 000.
Tintin * H *f.* 1948. *1959* : 187 373. *77* : 105 558. *81* : 54 249. *82* : 46 088. *83* : 52 119. *84* : 36 304.
Tobbogan * M *f.* 1982. 107 413.
Triolo BM *100 000.*
Vingt Ans M *f.* 1960. *1965* : 76 048. *82* : 123 559. *83* : 120 454. *84* : 119 692.
X 13 M 35 000.
Winnie l'Ourson *f.* 1985 : 128 000.

Principaux journaux d'entreprise

● **Source.** Union des journaux et journalistes d'entreprise de France (U.J.J.E.F.), 5, av. de l'Opéra, 75001 Paris. *Dir. adm., rédacteur en chef de « Entrepresse » ;* Michel Rose. *Pt :* Jean-Pierre Herry-Galiane.

● **Statistiques.** 650 publications couvrant 500 entreprises et 12 000 000 de lecteurs par mois pour 5 000 000 d'ex.

Ministère des P.T.T. 380 000, Houillères bassin-N. 165 000, Renault 100 000, E.D.F. 90 000, Renault Véhicules Industriels C.R.V.I. 83 000, Télécommunications 80 000, S.N.C.F. 77 000, Peugeot 73 000, R.A.T.P. 72 000, Citroën 70 000, Assistance publique Paris 70 000, Bayer Phytochim 65 000, Le Refuge Formation 60 000, Michelin 57 000, Butagaz 50 000, I.B.M. 50 000, Groupe Malakoff 50 000, Société Générale 50 000, Creusot-Loire 50 000, S.N.I.A.S. 47 000, Totalgaz 46 000, Fédération Crédit Agricole 42 000, Total CFD 41 000, Houillères Centre-Midi 40 000, Usinor 35 000, A.S.A.C. 30 000, C.E.A. 30 000, B.S.N. Gervais Danone 30 000, Préfecture de Police 30 000, S.E.I.T.A. 30 000, C.P.A.M.R.P. 26 000, Air France 25 000, Nouvelles Galeries 25 000, Avions Marcel Dassault-Breguet Aviation 22 000, U.A.P. 20 000, Vallourec 18 000, Hachette 10 000, Télémécanique 10 000, Wagons-lits 10 000.

Fédération française des travailleurs du livre C.G.T., 263, rue de Paris, 93100 Montreuil. Créée en 1881 (les ouvriers du livre ont, dès le XVIe s., formé une élite car ils devaient savoir lire et écrire ; ils ont toujours eu une tradition corporatiste, les maîtres imprimeurs étant de petits artisans), regroupe 220 syndicats des travailleurs du livre (imprimerie de labeur et de presse, édition, reliure-brochure, sérigraphie, reprographie).

En 1905, elle obtint l'instauration du *label*, apposé sur tous les imprimés exécutés dans les ateliers dont tout le personnel technique adhère à la fédération. Les ouvriers du livre obtinrent souvent des conditions de travail enviables par rapport aux autres corporations du métier, notamment la limitation à 6 h des horaires journaliers en presse. Regroupe plus de 90 % des salariés des imprimeries de journaux quotidiens, gérant de fait l'emploi dans les quotidiens de Paris.

Synd. nat. des employés et cadres de Presse d'édition et de Publicité C.G.T.F.D., 3, rue du Château-d'Eau, Paris (10e) ; secr. gén. Jacques Girod.

Journalistes

• **Statistiques.** La presse emploie en France 90 000 personnes, dont au 1-1-85 : 20 152 journalistes professionnels [dont 5 570 femmes (en *1960* : 8 092 dont 1 161 f. *1970* : 11 493 dont 2 177 f. *1980* : 16 619 dont 3 833 f.) et env. 38 000 personnes pour la distribution. *Age* (en %) : *jusqu'à 30 a.* : 15,7, *31 à 35 a.* : 23,2, *36 à 45 a.* : 29,8, *46 a. et +* : 28,6. *Études* (en %) : primaires 17,9 ; sec. 15,1 ; sup. 66,2 (38 en 1966), n.c. 0,8].

Cartes de journalistes attribuées (1985, entre parenthèses, nombre de femmes). C. titulaires 14 109 (3 667) ; C. stagiaires 2 285 (1 007) ; C. pigistes 1 408 (612) ; Stagiaires pigistes 580 (278) ; Reporters : photographes 723 (37) ; Photographes pigistes 518 (47) ; Dessinateurs 40 ; Dessinateurs pigistes 123 (11) ; Cameramen et presse filmée 341 (8) ; Cameramen et presse filmée pigistes 16 ; Sténographes-rédacteurs 293 (257) ; Pigistes 8 (8) ; Rédacteurs réviseurs 107 (46) ; Traducteurs 76 (39) ; Bénéficiaires de l'art. R 761-14 ; 699 (180) (dont 170 de 55 à 60 ans et 284 de + de 60 a.). Directeurs (anciens journalistes) 423 (45). *Total 21 749 (6 242).*

Cartes honoraires attribuées au 31-12-1983 : 2 172 ; en *1984* : 137 ; en *1985* : 164.

Nota. — La carte de presse officielle d'identité des journalistes professionnels a été créée par la loi du 29-3-1935. Attribuée par une commission paritaire de 32 membres, 16 directeurs de journaux (dont 8 suppléants) et 16 journalistes professionnels (dont 8 suppl.). Une commission d'appel examine les cas litigieux.

• **Syndicats de journalistes.** *Synd. national des journalistes*, 33, rue du Louvre, Paris (2e) (env. 2 500 adh.), autonome, fondé en 1918. *1er secr. gén.* : Lilian Crouail. *Union synd. des journalistes français C.F.D.T.*, 43, rue du Fbg-Montmartre, Paris (9e), f. en 1886. *Secr. gal* : Jean Delbecchi. *Synd. nat. des journalistes C.G.T.*, 50, rue Édouard-Pailleron, Paris (19e), f. en 1934. *Secr. gén.* : Gérard Gatinot. *Synd. général des journalistes C.G.T.-F.O.*, 8, rue de Hanovre, Paris (2e), f. en 1948. *Pt* : Dominique Brocard ; *secr. gén.* : François Boussel. *Synd. des journalistes C.G.C.*, 30, rue Gramont, Paris (2e), f. en 1972. *Pt* : Françoise Varenne. *Synd. chrétien des journalistes (C.F.T.C.)*, 13, rue des Écluses-St-Martin, Paris (10e), f. en 1972. *Pt* : Guy Lambert.

Nota. — A côté de ces syndicats, il existe différentes associations. *L'Union nationale des Syndicats de Journalistes (U.N.S.J.)* : fondée 1966 regroupe le S.N.J., l'U.S.J.F.-C.F.D.T. et le S.N.J.-C.G.T. ; le S.G.F.-F.O. l'a quitté en févr. 1983 à la suite de la « mainmise » du livre C.G.T. sur le journal *l'Union* de Reims.

Presse de langue française

• **Presse francophone.** D'après l'Union culturelle et technique de langue française, elle représente 1 343 quotidiens et périodiques, publiés dans 59 pays étrangers, dont Suisse 252, Canada 180, Belgique 160, Maroc 16, U.S.A. 15, Algérie 9, Sénégal 9, Italie 8, Roumanie 8, Israël 7, Pologne 7, Luxembourg 6, Égypte 5, Albanie 4, All. 4, Côte-d'Ivoire 4, G.-B. 4, Hongrie 4, Tchécoslovaquie 4, Danemark 3, Liban 3, Madagascar 3, Zaïre 3, Chine 2, Cuba 2, Grèce 2, Iles Seychelles 2, Japon 2, Tchad 2, U.R.S.S. 2, Autriche 1, Cameroun 1, Portugal 1, Venezuela 1, Youg. 1.

• **Presse française globale. Exportations globales en millions de F** (1983). *Total* 1 364,8 dont *vers* C.E.E. 594,9 (dont quotidiens 269,3, périodiques 305,2, autres 20,3), Zone Franc 185,5 (dont quot. 150,8, périod. 20,8 autres 13,9), autres pays 584,3 (dont quot. 346,6, périod. 109,9, autres 127,9).

Exportations de quelques publications (en 1983). Le Monde 90 000 (20 % des ventes) [2]. Figaro 25 000 [1]. France-Soir 18 600 [3]. Paris Match 25 % de la diffusion [2]. Express International 108 719 (21 %). Elle 14 % [1]. Marie-Claire 20 % [3]. Officiel de la Couture 51 %. Science et Vie 18 %.

Nota. — (1) 1980. (2) 1981. (3) 1982. (4) 1984. *Source* : Unipresse (Union pour l'expansion de la presse française dans le monde).

☞ Voir également :
— la liste des journaux étrangers par pays, pages 1031 et suivantes ;
— la liste des principaux groupes de journaux français, pages 1037 et 1038.

Publicité

Sources des statistiques : IREP, Secodip, AACP, UDA, Advertising Age.

Annonceurs

Personne ou entreprise qui prend la décision de l'action publicitaire et en assume la responsabilité et la charge financière.

En France

Dépenses publicitaires des annonceurs (frais de production compris) en 1984, en millions de F. 34 900 dont *grands médias* (sans les petites annonces) 21 030 (60 %), presse 10 710 (31), télévision 4 240 (12), publicité extérieure [2] 3 235 (9), radio 2 315 (6,5), cinéma 530 (1,5). *Autres actions publicitaires et promotionnelles* 13 930 (40). Promotion (échantillonnage, couponing, objets publicitaires, cadeaux, primes, remises promotionnelles, concours) 6 265 (18). Pub. directe et édition d'imprimés pub. 3 390 (9,5). Pub. sur le lieu de vente 2 060 (6). Expositions, foires, salons, congrès 615 (2). Insertions dans annuaires, programmes 185 (0,5). Sponsoring sportif et culturel, mécénat 1 235 (3,5). Autres 120 (0,5). *Source* : IREP.

Nota. — (1) Sans les petites annonces. (2) Affichage sous toutes ses formes.

Dépenses pub. par tête en F. *1975* : 199. *80* : 379. *81* : 430. *82* : 502. *83* : 565. *84* : 635. Les dép. pub. représentent 0,9 % du P.I.B. et 1,28 % de la consommation des ménages. *Source* : IREP (le marché publicitaire français 1985-86).

Taille des budgets (en millions de F, en 1985) des 17 374 entreprises ayant eu une manifestation publicitaire (*Source* : SECODIP). *0 à 1* : 13 966, *1 à 5* : 1 692, *5 à 10* : 362, *10 à 20* : 226, *20 à 30* : 107, *30 à 50* : 67, *+ de 50* : 86.

En 1981, 17 % des annonceurs ont effectué 90 % des dépenses publicitaires.

Premiers annonceurs pluri-média (5 grands médias, en millions de F, 1983). Renault Automobiles 357, Procter et Gamble 226, Sopad 197, Colgate Palmolive 188, Ford France 165, Citroën 148, Lever 145, Peugeot Automobiles 144, Hachette 138, General Motor France 131, Conforama 130, Darty 112, But Magasin 109, Gervais Danone 106, Philips S.A. 102, Fiat Automobiles 97, S.N.C.F. 96, Volkswagen France 91. *Source* : SECODIP.

En 1983, les 10 premiers groupes d'annonceurs représentaient 14,4 % de la publicité cumulée des 5 médias (presse 7,9 %, radio 14,5, affichage 17,3, T.V. 27,5, cinéma 28,5).

Campagnes d'information du gouvernement. 1983 142 MF (31 campagnes). **1984** 105 (35 camp.).

Part du coût de la publicité dans le prix des produits (en % du prix de vente T.T.C., en 1981). Automobile 1, produit de lessive 6.

Investissements publicitaires des secteurs interdits à la télévision publique en France (en millions de F, 1983). Distribution 2 400, édition 1 800, alcools 660, immobilier 540, tourisme 520, tabacs 160, bijoux 100, margarines 40, serv. divers 240.

Dans le monde

Annonceurs principaux aux U.S.A. (Budget magazines + radio + TV + affichage, en millions de $, en 1984) (*Source* : Advertising Age). Procter & Gamble Co. 872. General Motors Corp. 763,8. Sears, Roebuck & Co. 746,9. Beatrice Cos. 680. R.J. Reynolds Industries 678,2. Philip Morris Inc. 570,4. American Telephone & Telegraph 563,2. Ford Motor Co. 559,4. K mart Corp. 554,4. McDonald's Corp. 480. J.C. Penney Co. 460. General Foods Corp. 450. Warner-Lambert Co. 440. Ralston Purina Co. 428,6. PepsiCo Inc. 428,2. American Home Products 412. Unilever U.S. 395,7. International Business Machines 376. Anheuser-Busch Cos. 364,4. Coca-Cola Co. 343,3.

Agences de publicité

En France

Principaux groupes. *C.A. et produit brut en millions de F, et entre parenthèses : part de marché du PB en % en 1985.* Eurocom 7 172 — 1 073 (18,35) dont Groupe Bélier 2 681 — 402 (6,88), Groupe HCM 1 567 — 235 (4,02), Groupe Ecom/Univas 1 348 — 202 (3,46), Groupe Polaris 1 279 — 192 (3,28), Groupe Agences Spécialisées 298 — 42 (0,72) ; SGGMD 5 450 — 480 (8,21), RSCG 2 804 — 421 (7,19), Publicis Conseil 2 883 — 417,8 (7,15), Interplans 2 350 — 340 (estim.) (5,82), Y & R France 1 507 — 226 (3,87), FCA & B 1 267,3 — 190 (3,25), Homsy Delafossé/Odic 1 200 — 160 (2,74), DDB Communication 950 — 142,4 (2,44), Boulet Dru Dupuy Petit 9 947 — 142 (2,43), Saatchi & Saatchi Compton France 844 — 139,9 (2,39), Ogilvy Groupe 885 — 135 (2,31), France CCPM-Groupe Lintas 855,46 — 126,28 (2,16), FCB France 780 — 116,43 (1,99), France Communication 610 — 92 (1,57), J. Walter Thomson France 570 — 90 (1,54), Ted Bates 575 — 76 (1,30), ACE Communication S.A. 570 — 72 (1,23), Entente Delacroix 420,695 — 63 (1,08).

Spécialisation des agences par média (en millions de F en 1984). Affichage : Publicis Conseil 326,8. R.S.C. ET G 170,3. Mc Cann-Erickson 101,6. Impact 82,7. HCM 82. F.C.A. 81,2. Young et Rubicam S.A. 71,9. Oscar-Intermarco 55,5. Mandarine 54,2. Créateurs Conseil Associés 52. **Cinéma** : Futurs (AACP) 70,8. Euro/J. Walter Thompson Lyon 57. Publicis Conseil 46,7. Young et Rubicam S.A. 46,5. HCM 41. R.S.C. ET G 40. DDB 33,9. Dupuy Saatchi et Saatchi Compton 23,5. Ecom/Univas 20,6. **Presse** : HCM 724,6. Publicis Conseil 498. R.S.C. ET G 360,7. DDB 304,9. Young et Rubicam S.A. 219,9. Lintas 176,6. TBWA 167,3. Dupuy Saatchi et Saatchi Compton 164,5. Mc Cann-Erickson 159,8. Oscar-Intermarco 149,4. Ecom / Univas 144,7. J. Walter Thompson 135. Ogilvy and mather 134,4. F.C.A. 126,9. Futurs 113,3. **Radio** : Publicis Conseil 295,7. HCM 191,4. Mc Cann-Erickson 122,3. Young et Rubicam S.A. 118,4. Créateurs Conseil Associés 100. Ecom / Univas 98,2. J. Walter Thompson 94,9. R.S.C. ET G 90,2. Synergie, Kenyon, Eckhart 88. Oscar-Intermarco 85,4. **Télévision** : Young et Rubicam S.A. 389,2. R.S.C. ET G 340,7. Lintas 333,6. HCM 273,5. DDB 237,2. Publicis Conseil 233,4. Ecom / Univas 227,4. Dupuy Saatchi et Saatchi Compton 197,4. Futurs 179,4. Ogilvy and mather 176,4. F.C.A. 157,3. Oscar-Intermarco 136,6. Grey 134,2. Bazaine / D.F.S. 109,2. F.C.B. 105,4.

Dans le monde

Principales agences (marges brutes en 1984 en millions de $). Young & Rubicam 480,1. Ted Bates Worldwide 424,4. Ogilvy & Mather International 421. J. Walter Thompson Co. 405,8. BBDO International 340. Saatchi & Saatchi Compton Worldwide 337,5. McCann-Erickson Worldwide 325,2. Foote, Cone & Belding Communications 268,5. Leo Burnett Co. 253,5. Grey Advertising 224,2. Doyle Dane Bernbach International 218,3. D'Arcy MacManus Masius Worldwide 198,6. SSC & B : Lintas Worldwide 182,9. Benton & Bowles 159,4. Marschalk Campbell-Ewald Worldwide 140,3. Needham Harper Worldwide 114,7. Dancer Fitzgerald Sample 110,4. N W Ayer 104,7. *Effectifs* : Young & Rubicam 8 418. Ted Bates 5 345. Ogilvy 7 428. J. Walter Thompson 8 174.

Organismes professionnels

AACP (Association des agences conseils de publicité). *Fondée* 1972. Regroupe 150 agences. *Adresse* : 40, bd Malesherbes, 75008 Paris.

BVP (Bureau de vérification de la publicité). *Fondé* 1935. *Adhérents* 1 100 (organisations professionnelles, annonceurs, agences de pub., supports et régies). *Missions* : conseil auprès de ses adhérents, contrôle après diffusion du message pub. *Origines* : service d'observation de la publicité, demandé des concurrents ou des consommateurs. Il prend toute mesure lui paraissant propre à faire cesser les manquements à la législation et à l'autodiscipline. Il n'attribue ni label de conformité, ni visa ou garantie sur un message. *Dossiers traités* (1985) : 3 600 : 631 avis défavorables prononcés, 420 pub. modifiées, 50 pub. ont cessé de paraître après décision du BVP. *Adresse* : 5, rue Jean-Mermoz, 75008 Paris.

CESP (Centre d'étude des supports de publicité). Association *fondée* 1956. *Adhérents* : 240 (ag. de publicité, annonceurs, supports de publicité). Mène des sondages d'audience périodiques sur la presse auprès d'env. 15 000 personnes de + de 15 ans (11 quot. de Paris, 77 quot. de province et 18 quot. du 7e jour, 45 hebd., 72 mensuels, 3 bimensuels, 6 bimestriels), la radio, la télévision, le cinéma et l'affichage. *Adresse* : 32, av. Georges-Mandel, 75116 Paris.

FNP (Fédération nationale de la publicité). *Regroupe :* Association des Agences conseils en pub. (A.A.C.P.), Féd. nat. de l'information médicale (F.N.I.M.), Synd. nat. des graphistes (S.N.G.), Union des chambres synd. fr. d'affichage et de pub. extérieure (U.P.E.), Synd. nat. des régies de pub. presse (S.N.R.P.P.), Synd. nat. de la pub. cinématographique, radiophonique et télévisée (S.N.P.C.R.T.), Annuaires, Télématique et Communication (A.T.C.), Synd. nat. de la pub. sur le lieu de vente (S.N.P.L.V.), Chambre synd. nat. des Installateurs de stands et d'expositions.

IREP (Institut de recherches et d'études publicitaires). *Fondé* 1957, compte 170 entreprises adhérentes (agences, annonceurs, médias, organismes d'études et des universitaires). *Pt :* Jean Mauduit, 62, rue La Boétie, 75008 Paris.

OJD (Office de justification de la diffusion). *Fondé* 1922 par Charles Maillard. Association tripartite : Féd. de la presse française, Union des annonceurs, Féd. nationale de la pub. *Objet :* contrôler tirage et diffusion des publications qui se soumettent volontairement à son contrôle.

Adhérents : 1 042 dont presse 866 (soit 85 % de la diffusion totale de la presse), publicitaires 95, annonceurs 36, C.H.C.P. (contrôle hors commission paritaire) 28, m. associés 15.

UDA (Union des annonceurs). Représente + de 1 millier d'entreprises, env. les 3/4 des dépenses de pub. et de promotion faites en France.

Médias

Statistiques globales

● **Dans le monde. Investissements par média en 1984** (en millions de la monnaie nationale). *All. féd.* 15 083,5 (dont en % presse 67,1, pub. directe 11,7, TV 9, annuaires 4,9, radio 3,5, cinéma 0,8). *Angleterre* 4 055 (presse 63,1, TV 30,7, pub. extér. 3,7, radio 2,1, cinéma 0,4). *Belgique* 28 179 (presse 60,3, pub. dir. 16,8, pub. extér. 11,9, TV 9,7, cinéma 1,2, radio 0,1). *Italie* 3 200 (presse 42,5, TV 47,8, pub. extér. 5,5, radio 3,9, cinéma 0,3). *P.-Bas* 5 809 (presse 52, pub. dir. 35,8, pub. extér. 5,5, TV et radio 6,4, cinéma 0,3). *U.S.A.* 88 080 (presse 35,3, TV 22,6, radio 6,6, pub. extér. 1).

● **En France : médias privilégiés en %, en 1984.** *Légende :* C : cinéma, P : publicité, PLV : publicité sur le lieu de vente, Pr : presse, R : radio, T : télévision. *Alimentation, boissons.* Grands médias 52, dont T 20,5, Pr 12, P ext. 9,5, R 7,5, C 2,5 ; autres actions 48, dont promotions 35,5, PLV 3,5, P directe, éditions d'imprimés publicitaires 3.

Culture, loisirs, distractions. Grands médias 65, dont Pr 22, T 12, P ext. 11,5, R 7,5, C 1 ; autres actions 35, dont P directe, édit. d'impr. pub. 12, promotions 8,5, PLV 7.

Distribution. Grands médias 55, dont Pr 28,5, P ext. 13,5, R 12, T 0,5, C 0,5 ; autres actions 45, dont P. directe, édit. d'impr. pub. 32, promotions 6, PLV 5,5.

Équipement et entretien de la maison. Grands médias 59, dont Pr 22, T 18,5, R 11,5, P ext. 6,5, C 0,5 ; autres actions 41, dont promotions 27, P directe, édit. d'impr. pub. 7, PLV 3.

Habillement. Grands médias 65, dont Pr 35, P ext. 16, T 8,5, R 3, C 2,5 ; autres actions 35, dont PLV 10,5, promotions 8, P directe, éditions d'imprimés publicitaires 7.

Hygiène beauté. Grands médias 54, dont Pr 24, T 20, R 6,5, P ext. 2, C 1,5 ; autres actions 46, dont promotions 29, PLV 14,5, P directe, édit. d'impr. pub. 1.

Services. Grands médias 58, dont Pr 35,5, T 7,5, R 7, P ext. 6, C 2 ; autres actions 42, dont P. directe, édit. d'impr. pub. 19, promotions 8,5, PLV 2.

Transports, communications, tourisme. Grands médias 69, dont Pr 35,5, R 15,5, P ext. 10, T 6,5, C 1,5 ; autres actions 31, dont promotions 12, directe, édit. d'impr. pub. 6, PLV 3,5.

Recettes publicitaires des grands médias (en milliards de F). *1980 :* 13,34 (dont Presse *8*, TV *1*,9). *82 :* 18 (P 10,4, TV 2,9). *84 :* 22,6 (P 12,6, TV 3,9). *85 :* 25 [P 13,7, quotidiens Paris 1,56 (dont petites annonces 46 % en 1984), régionaux 3,92 (pet. ann. 21,5 % en 1984), magazine 4,59, autres 3,66, TV 4,6, affiches 3,4, radio 2,3, ciné 0,48]. *90* (prév.) : 26,6 (P 13,9, TV 6,5, aff. 3,5, radio 2,1, ciné 0,5).

Répartition des recettes publicitaires [1]

Source : IREP : le Marché publicitaire français 1985/86.

Recettes pub. (en %)	1976	1980	1983	1984	1985
Presse [2]	62,5	60	56	56	55
Quotidiens	30	27	24	22,5	22
Périodiques	32,5	33	32	33,5	33
Télévision	14	14,5	18	17,5	18
Pub. extér. [3]	13	14	15	15,5	15
Radio	9	10	9	9	10
Cinéma	1,5	1,5	2	2	2
TOTAL	100	100	100	100	100

Nota. — (1) Hors taxes, dégressifs déduits, y compris commissions d'agences et rémunérations de régie s'il y a lieu. (2) Petites annonces et publicité locale comprise. (3) Affichage sous toutes ses formes.

Affichage

Réglementation

☞ La loi du 29-7-1881 sur la liberté de la presse évoque l'affichage dans son article 15, mais protège les panneaux réservés à l'affichage admin. et non les murs des propriétés privées. Un propriétaire qui peint sur son mur « défense d'afficher loi du 29-7-1881 » n'est donc pas protégé. Il peut seulement arracher ou faire arracher toute affiche, même officielle, apposée contre son gré.

L'affichage est réglementé par la loi du 21-12-1979 et ses décrets d'appl. du 21-11-1980. Décret du 11-2-1976 : réglemente les publicités visibles des voies ouvertes à la circulation publique.

Hors des agglomérations. La publicité par affichage, panneau-réclame, peintures ou dispositifs quelconques est interdite... à l'exception des pub. autorisées près des centres commerciaux et ind., des centres artisanaux et des groupements d'habitation et à l'exception des affiches ne dépassant pas 1,50 m² et constituant la présignalisation des hôtels, restaurants, garages et postes de distribution des carburants.

Les bâtiments spécialement construits pour la publicité sont, en principe, interdits. Pourtant, des « portatifs spéciaux » ont été installés un peu partout le long des routes et la jurisprudence les a admis. On a essayé, depuis 1965, la dissuasion par une taxe sur les « portatifs », à la campagne et dans les communes de moins de 10 000 h. (4 000 F par m² tous les 2 ans pour les emplacements visibles de la voie publique). Aucun panneau publicitaire n'est autorisé à moins de 40 m de part et d'autre des autoroutes.

Dans les agglomérations. Il est interdit : de faire de la publicité sur les toitures et au-dessus de la ligne de base de celles-ci, devant les fenêtres, baies ou devantures des immeubles bâtis, d'installer un dispositif sur un mur ou une palissade pour en augmenter les dimensions en vue de la publicité, d'établir ou d'agencer une construction quelconque pour servir principalement à la publicité, à l'exception de celles établies par les municipalités avec l'approbation préfectorale. Aux emplacements non interdits, les affiches, panneaux réclames, peintures et autres procédés de pub. doivent affecter une forme régulière sans découpage ni silhouette. Ils ne peuvent excéder 16 m², ou dépasser 7,50 m au-dessus du sol.

Toute publicité est interdite sur les monuments historiques ou inscrits à l'inventaire supplémentaire, les monuments naturels, et dans les sites classés, inscrits ou protégés, les édifices et monuments qui, bien que non classés et non inscrits, présentent un caractère artistique, esthétique ou pittoresque, ainsi que dans les sites urbains, les ensembles architecturaux et les perspectives monumentales ou autres, les parties d'immeubles bâtis ou non situées à moins de 100 m des monuments historiques ou naturels classés, des sites classés ou protégés, des édifices ou sites urbains énumérés ci-dessus et qui se trouvent dans un même champ de vision que ces monuments ou sites, les parties d'immeubles bâtis ou non situées à moins de 100 m des monuments et des sites inscrits à l'inventaire ou des sites se trouvant dans un même champ de vision lorsque ces derniers figurent sur une liste spéciale établie dans chaque département par la commission des monuments naturels et des sites et approuvée par le préfet. Aux emplacements et lieux où elle n'est pas prohibée, la publicité extérieure peut cependant être interdite ou réglementée par un groupe de travail composé d'élus municipaux et de représentants de l'Administration, sur tout ou partie du territoire de chaque commune.

Toute infraction sera punie d'une amende de 50 à 10 000 F. En cas de récidive, l'amende pourra être portée à 15 000 F. Le préfet peut en outre ordonner, dès la constatation, la suppression immédiate.

On ne peut afficher aux endroits réservés à l'affichage administratif ni arracher des affiches officielles. L'affichage clandestin est puni d'une amende et, dans certains cas, d'une peine de prison. L'afficheur est seul considéré comme responsable.

Si une affiche est diffamatoire ou appelle à commettre certains crimes contre les personnes, les biens ou la sûreté de l'État, les peines prévues par la loi de 1881 peuvent s'appliquer à l'auteur de l'affiche ou, à son défaut, à l'imprimeur. Si aucun n'est connu, l'afficheur peut être poursuivi. Toutefois, si la provocation à commettre les crimes susmentionnés a été directement suivie d'effet, les auteurs de l'affiche tombent, en application des règles de la complicité, sous le coup des dispositions du Code pénal réprimant ces infractions. L'autorité investie des pouvoirs de police (maire ou préfet) peut faire procéder à des lacérations d'affiches, mais la jurisprudence n'en admet la légalité que si, vu l'urgence, elles sont nécessaires pour prévenir ou faire cesser les troubles graves de l'ordre public provoqués par la nature des affiches.

On risque 1 mois à 2 ans de prison pour toute « dégradation de monuments, statues et autres objets destinés à l'utilité ou à la décoration publiques ». Si l'inscription peut être effacée sans laisser de traces, il n'y a plus délit, mais simple contravention jugée par le tribunal de police.

Affichage politique. Interdit sur papier blanc (réservé aux affiches officielles) et tricolore (bleu, blanc, rouge, s'il s'agit d'affiches électorales).

Affichage d'images contraires à la décence. Puni de 600 à 1 200 F d'amende et d'un max. de 8 j de prison. Voir Quid 1983, p. 906.

Décrets d'application de la loi du 21-12-1979. 1981 *17-2* taxes communales sur l'affichage. **1982** *24-2* enseignes et préenseignes ; *25-2* publicités des associations sans but lucratif et affichage d'opinion ; *-13-8* commission départementale compétente en matière de sites.

Tarifs à Paris (H.T. en milliers de F)

Affichage mural. *Le panneau de 12 m²* (4 × 3) : av. de la Grande-Armée (éclairé) : 35 (5 j) ; du Maréchal-Juin 22 (10 j) ; Porte Maillot 22 (10 j) ; Porte Dauphine 15 (10 j) ; rues passantes (Port-Royal, Saint-Germain) 15 (10 j) ; bon emplacement quartier 5 (10 j) ; bon emplacement banlieue 930 (10 j) ; *réseaux :* 470 à 510 pour 200 panneaux (10 j) à Paris ; 395 à 415 pour 425 panneaux en banlieue (10 j).

Mur peint publicitaire (interdit dep. 1943, ré-autorisé en 1980) : 80 à 250 par an (suivant surface du mur et situation).

Autobus. *Arrière :* 2 250 arrières pendant une semaine : 501 F. *Côtés extérieurs :* vendus par sem., ensemble de 2 500 côtés gauches 618, 2 000 côtés droits 310.

Métro. Parmi les possibilités offertes. *Prix pour 2 semaines :* 1 000 panneaux couloirs : 250 ; 200 panneaux quais : 290. *Pour 1 semaine :* oriflamme double face dans la totalité des voitures : 175.

Publicités lumineuses. Prix annuel : *Toits et murs aveugles :* Paris et périphériques : 180 à 350 (jusqu'à 500 pour des emplacements de prestige) ; province : 100 à 150. *Balcons :* centre ville, de 100 à 140 ; Opéra, Champs-Élysées, Madeleine 250 à 500.

Tarifs en province (en F H.T.)

Affichage dans les rues. Emplacements vendus à l'unité, ou en réseaux. Prix moyen H.T. (comprenant location de l'emplacement, pose et entretien des affiches) pour 2 semaines, le panneau de 12 m² : *unité urbaine de + de 100 000 h. :* 735 à 4 725 F le panneau ; *50 000 à 100 000 h. :* 500 à 1 575 F ; *20 000 à 50 000 h. :* 400 à 1 250 F ; *10 000 à 20 000 h. :* 300 à 800 F.

Pour assurer une telle couverture et une bonne répartition du message, il faut prévoir : *Unité urbaine de 10 000 à 20 000 h. :* 16 à 20 emplacements ; *20 000 à 50 000 h. :* 21 à 29 : *50 000 à 100 000 h. :* 42 à 54 ; *100 000 à 200 000 h. :* 55 à 65 ; *200 000 à 300 000 h. :* 55 à 63 ; *300 000 à 500 000 h. :* 67 à 81 ; *500 000 à 900 000 h. :* 82 à 114.

Affichage routier. *Panneaux type longue conservation* (prix plaque incluse, pour 3 ans) : *1,50 m² :* 3 100 F ; *3 m² :* 3 700 ; *5 m² :* 4 900 ; *9 m² :* 9 500 ; *12 m² :* 14 500 ; *16 m² :* 20 400 ; *éclairé :* 43 000 ; *translucide :* 65 000. *Temporaire :* réseaux de 9 m² vendus au mois : prix du panneau 130 à 330 F suivant périodes.

Réseaux de 12 m^2. Réseaux de 16 m^2 mensuels : prix du panneau 300 à 650 F suivant la période. Réseaux panneaux translucides vendus au mois pour Paris 50 px 200 000 F H.T. (technique comprise).

Autobus. 100 agglomérations ont équipé les autobus d'emplacements pub. normalisés vendus en totalité ou réseau par réseau. Population touchée : 21 millions d'h. *Côtés extérieurs* (flancs gauches, format 275 × 68 cm) : environ 11 500 emplacements. 1 sem. 2 300 000 F environ.

Métro. Pub. France Bus : Lyon (3 lignes, 21 stations). Réseaux *Traboules* : 120 emplacements (format 120 × 174 cm), 2 semaines : 84 000 F. Pub. Métro Bus : Marseille (2 lignes, 21 stations). Réseau : 100 faces (format 120 × 174 cm), 2 semaines : 65 000 F.

Aéroports (en milliers de F, 1985). *De Paris* (Orly et Roissy) : vitrines ou caissons lumineux, suivant dimensions et situation 25 à 50 ; emplacements exceptionnels 60 à 250 ; sphères écran de CDG 1 500 ; vidéo Orly-Ouest 100 par mois ; extérieurs 150 à 300 par an ; réseau aéroplans : 100 par mois. *Internationaux* (Nice, Marseille, Toulouse, Bordeaux, Strasbourg, Lille, Nantes, Lourdes) : 10 à 35. *Grands aéroports de province* (Grenoble, Toulon, Biarritz, Perpignan, Brest, Nîmes, St-Étienne, etc.) : 7 à 15. *Autres* : 3 à 6.

Aérienne (publicité)

Prix en F (TPS de 18,60 % en sus) :

Banderoles et panneaux remorqués (à env. 100 km/h), prix de l'heure : 2 000 F.

Écriture dans le ciel (employée pour la 1re fois par Citroën en 1923). N'est plus utilisée maintenant. Elle se pratiquait à 4 000 m d'alt. par des avions équipés de générateurs de fumée, zone de lisibilité du sol : diamètre de 50 km (hauteur des majuscules : 900 à 800 m, longueur d'un mot de 7 maj. : env. 6 km).

Films publicitaires

Prix d'un film. De 15 à 40 m (1 min = 27,40 m) : 250 000 à 800 000 F.

Distribution. Unité de vente : le contact spectateur, mètre/semaine. Tarif (1-1-1986) : pour 1 m de film pendant une semaine de projection oct./nov./déc. : 0,01489. Juil./août : 0,00891. Juin/sept. : 0,01273. Exemple : *film de 15 m* (30"), diffusé une semaine dans les 2 579 salles publicitaires Médiavision de France : 633 820 F [circuit A (943 salles) 270 672 F].

Investissements totaux (1983). 455 millions de F dans l'ind. cinémat. fr., 1 400 nouveaux films produits (soit l'équivalent de 71 longs métrages, c.-à-d. 48 % de la production fr.), 2 600 rôles, 29 000 j de travail.

Presse

Les tarifs tiennent compte de l'audience et de la nature de la publication, de l'emplacement dans le journal, de la forme du placard (surface, illustration, couleur), de la fréquence de publication de l'annonce, etc. Certains sont sujets à révision, compte tenu des variations de tirage, des mois, des tarifs spéciaux pour campagne de masse.

Certains journaux n'acceptent pas de publicité, ex. : *Le Canard enchaîné, Charlie Hebdo, Que choisir ?, 50 millions de consommateurs.* D'autres refusent la publicité de certains produits (ex. : *Sélection* pour les cigarettes).

Chiffre d'affaires publicitaire
(en millions de F, 1984)

Magazines ayant réalisé + de 100 millions de F de chiffre d'affaires publicitaires (1984, millions de F) : L'Express 469,4, Télé 7 Jours 385,4, Figaro Magazine 303, Paris Match [1] 301,8, Elle [1] 285, Le Point 277,3, Figaro Madame 195, Télé-Poche [1] 171,3, L'Expansion 163,6, Marie-Claire [1] 162,3, VSD 160,8, Télé Star 151,3, Jours de France [1] 142,1, Nouvel Observateur 125,4, Prima 122,9, Marie-France 109, Modes et Travaux 104,7.

Nota. — (1) Éditions parisiennes comprises. *Source* : SECODIP.

Part de la publicité dans la presse. Représente env. 30 à 60 % des recettes totales de la presse.

Part des recettes publicitaires dans le chiffre d'affaires (en %). *Quotidiens* : Le Figaro 65,6 [5], Le Monde 56,75 [7], Le Matin 44,5 [5], France-Soir 43 [6], Le Progrès 40 [4] La Croix 13 [3], L'Humanité 12 [7]. *Magazines* (qui ne peuvent, d'après la loi, avoir plus de 2/3 de publicité pour bénéficier de la suppression de la T.V.A.) : Télé 7 Jours 29, Paris Match 35 [8], Marie-Claire 73 [3], Le Point 54 [8], L'Express 66 [8], Elle 54, Usine Nouvelle 85, France-Dimanche 4,2 [3].

Surface consacrée à la publicité. (%). *Quotidiens* : Le Figaro 50 [4], Les Échos 48 [5], Le Monde 37,33 [7], L'Aurore 30 [1], L'Équipe 23 [1], La Croix 12 [7], L'Humanité 11 [2].

Nota. — (1) 1977. (2) 1978. (3) 1979. (4) 1980. (5) 1981. (6) 1982. (7) 1983. (8) 1984.

Prix de la page

En milliers de F, H.T. en 1986.

Quotidiens. *La Croix* 31,2 (recto), 26,5 (verso). *L'Équipe* 78,8 (p. intérieures), 136,6 (lundi). *Le Figaro* 174 (p. int.). *France-Soir* 182 (p. recto). *L'Humanité* 36,8 F (au mm, p. int.). *Herald Tribune* 216,2. *Libération* 42 (p. int.). *Le Matin de Paris* 49 (p. recto). *Médiasud* 40 F (au mm info. gén.). *Le Monde* 139 (p. int.). *Ouest France* 81 F (au mm en semaine). *Le Parisien Libéré* 38 F (tarif au mm, p. recto). *Le Quotidien de Paris* 31,5 (p. recto). *Sud-Ouest* 59 F (tarif au mm). *Le Progrès* 46 F (p. int. au mm). *Voix du Nord* 32,50 F (au mm, p. int. info. générales).

Page la plus chère. Page 4 de couverture en quadrichromie du magazine américain *Parade* (tirage 21 millions/semaine) : 1 194 240 F en mai 1982.

Périodiques. Prix d'une page, format utile, noir et blanc (1er chiffre) ; en 4 couleurs (entre parenthèses), et dos de couverture (3e chiffre).

Chasseur français 43 700 (75 000) 82 000. *Connaissance des Arts* 14 500 (21 700) 27 200. *Elle* 53 700 (93 476) 135 000. *L'Expansion* 47 700 (69 700) 99 700. *L'Express* 62 700 (109 000) 183 000. *France-Dimanche* 64 300 (90 000). *Historia* 21 400 (32 300) 42 600. *L'Humanité Dimanche* 30,80 (tarif au mm). *Intimité* 60 300 (92 200) 122. *Journal de la Maison* 25 270 (40 340) 44 300. *Jours de France* 50 000 (96 000) 135 000. *Lui* 51 200 (82 200) 138 700. *Marie-Claire* 63 600 (108 600) 155 000. *Marie-France* 53 900 (101 200) 145 000. *Modes et Travaux* 95 000 (143 000). *Le Nouvel Observateur* 51 000 (83 000) 127 000. *Paris Match* 77 100 (128 700) 217 000. *Le Point* 48 000 (85 000) 135 000. *Salut* 26 500 (36 000) 44 400. *Science et Vie* 33 500 (49 500) 64 000. *Sélection* 61 000 (104 000). *Spectacle du Monde* 29 200 (36 600) 54 500. *Télé-poche* 78 000 (135 500) 168 500. *Télé 7 jours* 113 300 (203 000) 291 300. *Usine Nouvelle* 19 900 (34 300) 40 000. *La Vie* 29 500 (43 200) 53 000.

Presse des jeunes, en 1985. Prix p. noire et entre parenthèses p. quadrich. *A Suivre* 10 500 (15 800). *Échappement* 18 700 (28 000). *Girls* 16 500 (26 200). *OK!* 23 500 (37 500). *Pilote* 11 830 (17 930). *Podium* 27 200 (37 500). *Rock and Folk* 18 000 (28 000).

Bottin mondain (1985, en F). Débuts de chapitres : 14 435 (noir), 18 375 (quadri) ; corps de chapitres : 10 635 (noir), 10 085 (quadri) ; 1/2 page : 6 045 (noir), 9 045 (quadri) ; 1/4 page : 3 280 (noir).

Radio

● **Statistiques globales** : avec 484 010 messages diffusés en 85, les périphériques ont réalisé un C.A. brut (en MF) de 4 153,44 F (+ 1,5 % 85/84) dont Europe 1 : 1 682,42 (40,5 % du total), RTL 1 632,51 (39,4), RMC 792,76 (17,9) et Sud-Radio 91,76 (2,2). Essentiellement dans les secteurs suivants (en % du C.A. brut) : Édition/Information 15. Transport/Automobile 13. Ameublement-Décoration 11. Alimentation 9. Distribution 8. Culture-Loisirs 8. Boissons 7.

Radio locales : C.A. d'env. 500 stations (en MF) : estimations 85 : 395 MF (source : A.A.C.P.).

● **Formes diverses** : *Communiqués* (textes courts en général) 30 s et 120 mots au max. *Minutes publicitaires, concerts entrecoupés de publicité, programmes sponsorisés.*

Pour éviter la saturation, le temps accordé à la publicité est limité (ex. sur RTL, pas plus de 6 minutes 30 s de publicité par ½ h).

Tarifs H.T. (en milliers de F, 1986). **Publicité de messages de marques.** *30 s en semaine* selon l'heure.

Europe 1. *5.30/6* : 1. *6/6.30* : 8,3. *6.30/7* : 16,5. *7/9* : 29,5. *9/12* : 15,4. *12/13* : 20. *13/13.30* : 17,5. *13.30/14* : 11. *14/16* : 3. *16/18* : 5. *18/20* : 9,2. *20/22.30* : 1. *22.30/23* : 1,5. *23/24* : 0,5.

France-Inter. Avant *6* : 0,5. *6/6.30* : 2,8. *6.30/7* : 12. *7/8.45* : 22. *8.45/9.30* : 14. *9.30/12.30* : 75. *12.30/14* : 11,5. *14/18.30* : 13. *18.30/20* : 45. *20/22* : 1. *Apr.* : 0,5.

Monte-Carlo. *5/6* : 0,8. *6/6.30* : 4. *6.30/8.30* : 13,5. *8.30/12* : 12. *12/13.30* : 6,0. *13.30/16* : 2,5. *16/19.30* : 3,5. *19.30/24* : 0,5. *Majoration d'été* (30-6 au 31-8-86) + 20 %.

Radio France International. (1986) *Avant 7.30* : 3. *7.30/9* : 2,4. *9/12* : 1,3. *12/14* : 1,8. *14/17* : 1,2. *17/19* : 2,5. *19/21* : 3. *Après 21* : 1.

Radio-Luxembourg (R.T.L.). *5/6* : 0,5. *6/6.30* : 4,9. *6.30/7* : 19,4. *7/9* : 35,9. *9/10* : 26,5. *10/11* : 20,9. *11/13* : 26,5. *13/13.30* : 16,8. *13.30/14* : 9,2. *14/16.30* : 4,6. *16.30/18.30* : 12,5. *18.30/20* : 5,2. *20/23* : 1. *23/24* : 0,5.

Sud-Radio. *6/6.30* : 0,4. *6.30/7* : 1. *7/9* : 3. *9/11* : 2,7. *11/13.30* : 2,3. *13.30/17* : 1. *17/19.30* : 1,5. *19.30/21* : 0,45. *21/23* : 2,5.

Télévision

Comparaisons internationales

Durée max. en min., de la publicité par jour sur les télévisions nationales. All. féd. : *Z.D.F.* 20, *A.R.D.* 20. **Autriche** : *O.R.F. 1* 20. **Belg./Lux.** : *R.T.L.* 68. **Canada.** 12 min/h (pour toutes les stations). **Espagne** : *T.V.E. 1* 57, *T.V.E. 2* 42. **Finlande** : *M.T.V. 1* 16, *M.T.V. 2* 9. **France** : *T.F. 1* 18, *A. 2* 18, *F.R. 3* (*à partir du 1-1-83*) 18. **G.-B.** : *I.T.V.* 90, *4e ch.* 50. **Grèce** : *E.R.T.* 35, *Y.E.N.E.D.* 75. **Irlande** : *R.T.E. 1* 58, *R.T.E. 2* 25. **Italie** : *R.A.I. 1* 28, *R.A.I. 2* 28 (durée max. de la pub. sur les 2 ch. : 15 % de la durée des émissions), *T.V. privée* 15 %/h. **P.-Bas** : *P.-Bas 1* 15, *P.-Bas 2* 15. **Portugal** : *R.T.P. 1* 90, *R.T.P. 2* 45. **Suisse** : *S.R.G. (all.)* 23, *S.R.G. (ital.)* 23, *S.R.G. (franç.)* 23.

Pas de publicité : Belgique (pub. commerciale interdite sur R.T.B.F.), **G.-B.** (B.B.C.), **Japon** (N.H.K.), U.R.S.S.

Coût de la publicité à la télévision aux U.S.A. *Message de 30 s sur un grand réseau* : 70 000 à 270 000 $, moyenne 118 840 (CBS 120 700, NBC 118 100, ABC 117 700), *sur une T.V. indépendante* : de 10 à 15 000 $. **Message radio** 1 $ (petites villes) à 300 $ ou +.

Publicité « télé » en France
Formes

Publicité « compensée » [collective pour des groupes de produits ou certains organismes officiels (Loterie nationale, Caisse d'épargne, etc.) d'abord admise].

Pub. de marques introduite sur la *1re chaîne* 1968 (1-10), *2e ch.* 1971 (1-1), *3e ch.* 1983 (1-1). Tous les secteurs économiques sont admis à l'antenne : *sauf* SECTEURS NON AUTORISÉS (au 1-3-86) : tabac, alcool, édition littéraire, édition musicale, cinéma, spectacle vivant, presse, distribution.

Taxe sur la pub. télévisée. Du 1-1-82 au 1-1-1984 (except. œuvres reconnues d'utilité publique) : 10 à 420 F par message ; produit estimé : 70 millions de F, pour financer l'aide conjoncturelle aux quotidiens nationaux aux faibles ressources publicitaires.

Temps moyen (par jour) de diffusion de publicité (marque + collective) sur TF1 et sur A2. *1975* : 10'26" et 10'21", *79* : 18'15" et 18'18", *81* : 18'55" et 18'08", *82* : 17'50" et 16'04", *83* : 23'02" et 23'34". *84* : 25'01" et 25'15" (*FR3* : 8'54").

Durée des messages en semaine. TF1 et FR3 : 6, 7, 8, 9, 10, 15, 20, 30, 45, 60. **A2** : 3, 8, 15, 20, 30, 45, 60.

% des recettes de pub. dans les ressources totales de TF1 et A2. 1978 : 61 et 53 ; *1981* : 54 et 49,7 ; *1982* : 55.9 et 50.1 ; *1983* : 55,6 et 50,5 (FR3 12,3).

Chiffre d'affaires (en milliers de F, 1984). TF1 : 1 416,70 (dont pub. collective 108,90). **A2** : 1 335,49 (120,31). **FR3** : 374,60 (35,71).

Régie française de publicité. *Créée* le 31-1-1969. Assure régie et contrôle de la publicité sur l'antenne. *Capital* 5 000 000 F (51 % à l'État, 13,5 % à la SOFIRAD, 35 % répartis entre l'Union des annonceurs, la Féd. de la publicité fr., l'Institut nat. de la consommation, la Féd. nat. de la presse, la Conf. de la presse française).

La RFP a délégué ses activités de régisseur pour la publicité de marques sur TF1 et A2, tout en en conservant le contrôle, à des filiales RFP/TF1 et RFP/A2 (capital RFP 49,5 %, SNTF1 ou SNA2 48 %, divers 2,5 %) et, RFP/FR3 et FR3-P.

Premiers annonceurs (% des recettes en 1984). **RFP/TF1** : Colgate Palmolive 3,5. Procter & Gamble

3. Sopad 2,9. Lever 2,6. Lesieur Cotelle 1,7. **RFP/A2 :** Unilever 5,7. BSN Gervais Danone 4,7. Sopad Nestlé 4,3. L'Oréal 3,3. Procter & Gamble 3. **RFP/FR3 :** Colgate Palmolive 3,9. Lever 3,4. Procter & Gamble 3,1. Sopad Nestlé 2,9. Unisabi 1,8.

Tarifs H.T.

(En milliers de F, en 1986.) Publicité de marques. Messages, selon les heures, exemples de 60 s et entre parenthèses de 6 s.

TF1 *(semaine). 12/12.15 :* 89,3 (10,6). *12.30/12.45 :* 109,2 (12,9). *12.45/13 :* 159,6 (18,9). *18/18.15 :* 83,6 (9,9). *18.30/18.45 :* 114 (13,5). *19/19.15 :* 152 (18). *19.30/19.45 :* 243,2 (28,8). *20/20.15 :* 374,1 (44,3). *20.15/20.30 :* 463,6 (54,9). *21.45/22* (mar., mercr., jeu.) : 138,7 (16,4). *22/22.15* (lun., vend., sam.) : 190 (22,5). *22.30/22.45* (mercr.) : 190 (22,5). *23/23.15 :* 95 (11,2). *Dimanche. 12/12.15 :* 99,7 (11,8). *12.45/13 :* 142,5 (16,9). *13.30/13.45 :* 262,2 (31). *14/14.15 :* 121,6 (14,4). *15.45/16 :* 93,1 (11). *16.30/16.45 :* 111,1 (13,1). *17.30/17.45 :* 111,1 (13,1). *18/18.15 :* 133 (15,7). *19/19.15 :* 161,5 (19,1). *19.45/20 :* 216,6 (25,6). *20.30/20.45 :* 532 (63). *22/22.15 :* 131,1 (15,5). *23/23.15 :* 46,5 (5,5).

Antenne 2 *(semaine). 12/12.15 :* 62,1 (3,8). *12.45/13 :* 120,2 (7,3). *13.30/13.45 :* 65,3 (4). *18.30/18.45 :* 106 (6,5). *18.45/19 :* 141,3 (8,6). *19/19.15 :* 207,7 (12,7). *19.30/19.45 :* 298,6 (18,2). *19.45/20 :* 380,3 (23,2). *20.30/20.45 :* 405,9 (24,8). *21.45/22 :* 206,8 (12,6). *23/23.15* (vend.) : 237,4 (14,5). *23.30/23.45* (lun., mar., mercr., jeu.) : 54 (3,3). *Dimanche. 12.45/13 :* 116,5 (7,1). *13.15/13.30 :* 236,7 (14,5). *14.15/14.30 :* 351 (21,5). *15.15/15.30 :* 339,8 (20,8). *16/16.15 :* 132,8 (8,1). *16.45/17 :* 138,6 (8,5). *18.30/18.45 :* 106 (6,5). *18.45/19 :* 135,5 (8,3). *19.45/20 :* 380,3 (23,2). *20.30/20.45 :* 405,9 (24,8). *22.30/22.45 :* 206,8 (12,6). *23.30/23.45 :* 54 (3).

FR3 *(semaine). 17.30/17.45* (lun.) : 66,5 (7,9). *20/20.15 :* 180,5 (21,4). *20.30/20.45 :* 285 (33,7). *21.30/21.45* (mercr. et vend.) : 95 (11,2). *22/22.15 :* 171 (20,2). *22.30/22.45* (sauf mar.) : 66,5 (7,9). *22.45/23* (mar.) : 95 (11,2). *Dimanche. 10/10.15 :* 57 (6,7). *16.30/16.45 :* 57 (6,7). *18.30/18.45 :* 57 (6,7). *19.15/19.30 :* 76 (9). *20/20.15 :* 114 (13,5). *20.30/20.45 :* 76 (9). *22/22.15 :* 38 (4,5). *22.30/22.45 :* 95 (11,2).

Abattements tarifaires. *Exemples :* Antenne 2 : août – *30 %*. 20 au 31-12, 1/1, 1/5, 8/5, 14/7, 15/8, 1/11 – *25 %*. Juillet, 2 au 10-1 – *20 %*. 1 au 28-2 – *10 de majoration*. Oct., nov. + 10 %. Emplacement préférentiel + 10 %.

RTL-Télévision (1986). *Exemples de tarifs :* messages (30 s) vidéo ou filmés. Prix de location de l'antenne (hors frais de réalisation des spots publicitaires). En semaine, *écran de 21 h 30 :* 11 000 (en MF) et *écran de 21 h 45 :* le samedi 4 500 et le dimanche 5 000.

Publicité directe

Si l'on utilise un fichier-adresses, le coût d'envoi du message publicitaire (achat d'adresse, confection de la lettre, routage, manutention) peut dépasser 1 F. Aussi préfère-t-on souvent, pour contacter des millions de consommateurs, distribuer le message par immeuble, sans mettre d'adresse. Il n'existe d'ailleurs pas de fichier de plus de 4 millions d'adresses commercialement exploitable. Seules la radio-télévision nationale et l'EDF possèdent des fichiers plus vastes (jusqu'à 12 millions de noms), mais ces fichiers ne sont pas négociables.

Radiodiffusion et télévision dans le monde

Technique

Radiodiffusion

● **Ondes.** Vitesse de propagation : env. 300 000 km/s. **Réflexion.** Les ondes se réfléchissent sur les couches ionisées de l'atmosphère : couches D (à 75 km d'altitude) et E (à 100 km) le jour seulement ; couche F entre 150 et 400 km de jour et de nuit. *O. très longues ou VLF (very low frequency) et longues ou LF (low frequency) :* se réfléchissent sur la couche la plus basse. *O. moyennes (MF : medium frequency) :* ne se réfléchissent pas le jour, seule l'o. de surface est utilisée ; la nuit, se réfléchissent sur la couche F, leur portée croît considérablement. *O. courtes (HF : high frequency) :* se réfléchissent de jour et de nuit sur la couche F. *O. métriques (VHF : very high frequency), décimétriques (UHF : ultra high frequency) et centimétriques (SHF : super high frequency) :* traversent l'ionosphère sans se réfléchir.

Fréquence (en kilohertz) et **longueur d'onde** (en mètres). *Radiodiffusion :* grandes ondes 100 à 375 kHz, *3 000 à 800 m* ; petites 375 à 3 000, *800 à 100 m*. *Radiodiffusion et communications radiotéléphoniques :* O. courtes 3 000 à 30 000 kHz, *100 à 10 m*. *Télévision :* 30 000 à 300 000 kHz, *10 à 1 m*. *Télévision et radar :* 300 000 à 3 000 000 kHz, *1 à 0,1 m*. *Radar et communications téléphoniques interurbaines* 3 000 000 à 30 000 000 kHz, *0,10 à 0,01 m*.

Bandes de fréquence attribuées à la télévision. Le Plan de Stockholm (1952) : *I* 7,31 à 4,41 m, 41 à 68 MHz ; *II* 1,85 à 1,39 m (162 à 216 MHz). Plan de 1961 : *IV/V* 63,8 à 31,2 cm (470 à 960 MHz). La gamme des ondes centimétriques est utilisée aujourd'hui par les satellites de télécommunication régionaux ou transcontinentaux. En 1977, l'UIT a planifié la bande 11,7 à 12,5 GH pour la radiodiffusion par satellite dans les régions I (Eur. et Afr.) et II (Asie).

● **Réseaux.** Ondes métriques, décimétriques ou centimétriques se propageant uniquement en ligne directe (il n'y a pas de réflexion sur la couche ionisée de l'atmosphère), le récepteur doit être « en vue » de l'émetteur, 2 réseaux ont été mis sur pied :

I. Réseau hertzien terrestre. Les émetteurs sont placés dans les endroits les plus élevés possible pour étendre au maximum leur portée (ex. : Pic du Midi de Bigorre 2 888 m, Puy de Dôme 1 465 m, Aiguille du Midi 3 842 m). *Émetteurs en service au 1-7-82 : Réseau I :* 64 émetteurs, 1 555 réémetteurs ; *I bis :* 112 ém., 1 900 réém. ; *II :* 112 ém., 2 300 réém. ; *III :* 116 ém., 1 875 réém. Au total, 59 000 km de voies hertziennes.

Le centre des Buttes-Chaumont (à Paris) assure la coordination.

II. Liaisons par satellites : 1re génération. Les satellites sont utilisés comme réflecteurs d'ondes. Ils ne peuvent assurer les liaisons qu'à temps partiel au moment où ils sont en visibilité simultanée des stations à relier. Ils nécessitent au sol des installations coûteuses et un personnel très qualifié (la puissance des signaux d'un satellite recueillis par les stations au sol est d'environ 1 millionième de 1 millionième de watt). **18-12-58** *Score* (U.S.A.), altitude 185 à 1 492 km. **12-8-60** *Echo I* (U.S.A.), 598 à 1 691 km. **4-10-60** *Courrier IB* (U.S.A.). **10-7-62** *Telstar* (U.S.A.), 952 à 5 634 km, spécialisé dans le relais des télécommunications à large bande [des images envoyées d'Andover (U.S.A.) relayées par Telstar sont reçues en France à Pleumeur-Bodou]. **23-7-62** 1re retransmission de programmes en « Mondovision ». **16-4-64** 1re transmission en direct Japon-France (et une trentaine d'autres pays) par *Relay* (alt. 1 323 à 7 433 km) au moment où il survole la Mandchourie.

Nombre : + de 100 stations au sol : *All. féd.* 3 (Raisting). *Angleterre* 2 (Goonhilly Downs). *Brésil* 1 (Rio de Janeiro). *Canada* 4. *France* 5 (dont 1 propriété de TDF, pour le satellite « Symphonie », Pleumeur-Bodou). *Italie* 4 (Fucino). *Japon* 4. *Puerto Rico* 1. *Suède* 2. *Trinidad* 1. *U.S.A.* 32 + 1 à bord du *Kingport*, etc.

2e génération. Ces satellites permettront des relations permanentes. L'U.R.S.S., avec les Molnyia, en a lancé plusieurs. Ils sont placés dep. 1965 sur la même orbite (460 à 40 000 km) ; il y en a toujours un dans la bonne position pour relayer les communications. Sat. *synchrones* et *géostationnaires* américains placés dep. 1963 sur une orbite telle (alt. 35 786 km, rayon 42 164 km) qu'ils mettent pour tourner autour de la Terre le même temps que met celle-ci à tourner sur elle-même : 23 h 56' 4". Pour un observateur situé sur Terre, ils apparaissent immobiles dans le ciel. **1963-64** 3 *Syncom* (*I* lancé : *14-2-63*, *II : 27-7-63*, *III : 9-4-64*) assurent en oct. 1964 la retransmission en direct aux U.S.A. des J.O. de Tokyo, puis par bande enregistrée en Europe. Le **6-4-65** *Early Bird*, placé au-dessus de l'Atlantique, a permis des liaisons commerciales régulières entre France et U.S.A. **1975** *Radouga*, sat. synchrone soviétique.

3e génération. Les émissions peuvent être captées directement par des récepteurs individuels ou communautaires dotés d'un dispositif particulier. **30-5-74** *A.T.S. 6* (U.S.A.) a servi un an à des expériences de tél. éducative vers l'Inde. Arrêt 1979. **17-1-76** *C.T.S.* (Hermes) (Canada) programmes expérimentaux en direction du Canada et des U.S.A. Arrêt 1978. **1974** *Symphonie 1* et *2*, lancés *18-12-74* et *26-8-74* programme expérimental de télécommunications ; construits par 3 Stés all. (MBB, Siemens, AEG Telefunken) et 3 Stés fr. (Thomson CSF, SAT, SNIAS). Exploitation arrêtée.

● **Émetteur.** *Sources sonores :* disques, magnétophones, microphones (le son ou onde acoustique est transformé en impulsion électrique de très faible énergie dans un microphone). Modulation d'amplitude (l'impulsion modifie la hauteur de l'onde électromagnétique porteuse). *Procédés d'émission :* mod. de fréquence : elle modifie son nombre d'oscillations par seconde). Un circuit oscillant (formé d'un condensateur et d'une bobine), en résonance avec l'onde qui le parcourt, diffuse l'onde par l'antenne. Un transistor ou un tube à vide compense les pertes d'énergie et permet un fonctionnement permanent.

● **Récepteur.** Son antenne capte les ondes émises. En modifiant les caractéristiques d'un circuit oscillant, on fait varier la fréquence (et la longueur d'onde) du courant électrique de résonance et on sélectionne ainsi les ondes d'une station émettrice. Puis le circuit de démodulation sépare les oscillations de fréquences audibles, des ondes porteuses à haute fréquence. L'amplificateur (transistor ou tube) alimenté par la tension du secteur augmente l'amplitude des ondes audibles. Le haut-parleur transforme les oscillations électromagnétiques en sons.

● **Transistor.** Voir semi-conducteurs p. 222.

Télévision

● **Caméra.** Elle possède un tube à rayons cathodiques sensible à la lumière : quand il est frappé par des photons, des électrons sont émis et pénètrent dans le tube. Quand un élément de la surface du tube est très éclairé, sa charge électrique devient plus positive que celle du reste de la surface, puisqu'il perd davantage d'électrons ; la caméra fournit ainsi une *copie électrique* de la scène qu'elle photographie. Cette copie est ensuite *analysée :* le faisceau d'électrons émis passe à travers 2 systèmes de plaques disposées perpendiculairement à l'intérieur du tube. Le 1er système déplace le faisceau de gauche à droite, le 2e de haut en bas. La surface du tube est balayée 25 fois par seconde.

● **Canal.** Équivalent, pour la télévision, de la longueur d'ondes de la radio. Caractérise l'ensemble des ondes électromagnétiques qui « portent » l'émission venant d'une station. L'écart entre les fréquences détermine la largeur du spectre hertzien occupé par le canal.

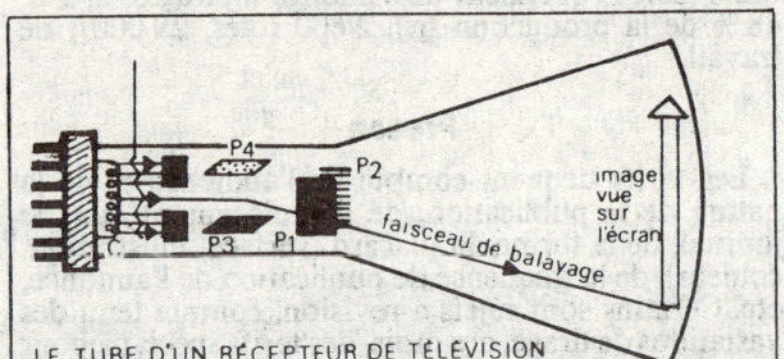

LE TUBE D'UN RÉCEPTEUR DE TÉLÉVISION

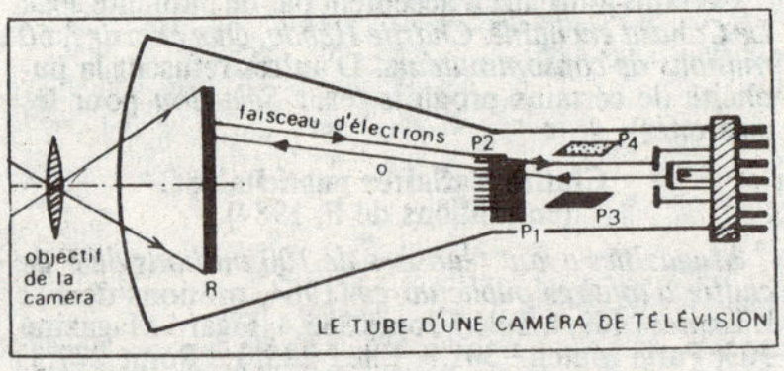

LE TUBE D'UNE CAMÉRA DE TÉLÉVISION

● **Émetteurs.** Après avoir été amplifié, le message électrique fourni par la caméra transmis aux émetteurs disséminés sur le territoire est émis sur une onde porteuse, qui se propage en ligne droite à partir de l'émetteur, et peut être capté par les récepteurs dont l'antenne est braquée sur cet émetteur. *Portée* maximale théorique d'un émetteur : hauteur de l'antenne en mètres et, en italique, portée en km : 10 *15* ; 100 *47,5* ; 300 *82* ; 500 *106* ; 1 000 *150* (limitée de plus par le relief).

● **Magnétoscope grand public.** Permet l'enregistrement et la lecture sur une cassette (ruban magnétique) des images captées par une caméra ou à partir d'une émission télé (image et son) puis de les faire passer sur un téléviseur. Principe semblable à celui d'un magnétophone (synonyme : *ampex*). 3 standards en 1982 : Video Home System (VHS) mis au point par JVC (Matshushita, Jap.), 70 % du marché mondial, commercialisation en Fr. par Thomson (75 % des ventes). Betamax (Sony, Jap.) 15 % ; V 2 000 (Philips) 5 %. *Prév. 1984 :* un nouveau standard mondial, le « 8 mm », utiliserait la même minicassette sur toutes les marques des ap. futurs (incompatible avec les ap. actuels).

Appareils vendus en France : 1977 : 6 000, *78 :* 30 000, *79 :* 86 000, *80 :* 144 000, *81 :* 260 000, *82 :* 665 000, *83 :* 480 000. *Parc 1982 :* 1 100 000 *(tx d'équipement* 5,6 %). *85 :* 2 800 000 (14 %). *Prix des magnétoscopes, grand public : 1977 :* 10 000, *78 :* 7 500, *80 :* 5 500, *83 :* 4 550 à 10 500. *86 :* 5 500 à 12 000.

• **Multiplex.** Émission (radio ou TV) réalisée depuis plusieurs lieux différents, reliés à la station émettrice par câble téléphonique ou ondes hertziennes.

• **Récepteur.** Il reconstitue l'image de la scène photographiée par la caméra, à partir des signaux hertziens captés par l'antenne qui lui est associée. Cette reconstitution s'opère dans le tube image. Les électrons sont projetés vers la face interne du tube par un filament chauffé : le canon à électrons. Ce flux d'électrons modulé par le signal TV reçu est focalisé en un faisceau qui balaye l'écran fluorescent au moment même où un faisceau balaye la surface du tube de la caméra dans le studio. Le balayage rapide de l'écran produit une image constituée de petits points. Le faisceau de balayage parcourt la surface de l'écran 25 fois par seconde. Un *point explorateur* part de A et se déplace de gauche à droite en suivant un trajet presque horizontal ; parvenu en B, il est descendu d'une hauteur égale à son diamètre ; il revient alors à gauche de l'écran en A' et repart vers B'... et ainsi de suite. Parvenu en Bn, au coin inférieur droit de l'écran, le point saute en A et repart à nouveau vers B. Les trajets tels que BA' et BnA sont extrêmement rapides et invisibles. Les trajets tels que AB sont appelés des « lignes ».

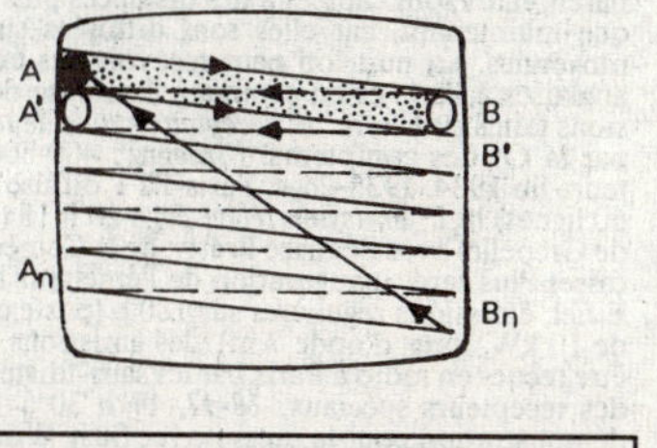

Définition. Nombre de lignes sur l'écran. *France 1939 :* 455 l., *1945 :* 441 l. (matériel installé par les Allemands rue Cognacq-Jay), *1948 :* 819 l. La Belgique opte pour un double réseau (625 et 819). Les autres pays, sauf la G.-B. qui avait un 405 l., adoptèrent officiellement le 625. La France trouvant l'image supérieure préfère le 819 lignes, surtout pour la réception collective sur moyen ou grand écran (l'usage des récepteurs individuels était alors peu répandu du fait du coût élevé des appareils). On pensait aussi qu'une définition plus élevée rendrait plus facile ultérieurement l'adoption de la couleur. L'adoption du 819 l. protégeait la France contre une concurrence commerciale étrangère, mais l'isolait : ainsi les lampes de balayage horizontal, conçues et fabriquées à l'étranger pour le 625 l., étaient mal adaptées pour le 819 l. et les frontaliers devaient acheter des récepteurs spéciaux pour recevoir les programmes étrangers. *1952 :* apparurent les 1ers convertisseurs capables de modifier la définition. *Après 1960 :* l'inconvénient du 819 l., qui exige une plus grande largeur de bande passante, grandit (les bandes I et III attribuées à la télévision contiennent 6 émetteurs en 625 l. contre 2 en 819). *1961 :* en raison de l'encombrement des ondes, on ne put utiliser pour la 2e chaîne la 2e bande réservée dans les ondes métriques (V.H.F.) et on adopta les ondes décimétriques (U.H.F.). Ce fut l'occasion de se rallier au standard européen de 625 l. *1983 :* la *duplication* (coexistence des 819 et 625 l.) est aujourd'hui terminée et tous les récepteurs sont compatibles avec la norme 625 l., les émissions en 819 lignes sont arrêtées.

Télévision haute définition. Projet japonais : 1 125 l. [(fréquence 60 demi-images par seconde, format de l'écran rapport 5/3 (au lieu de 4/3)].

Écrans les plus grands du monde (système suisse) : 40 m². *Les plus petites montres avec téléviseur incorporé :* 2,5 cm de côté, écrans à cristaux liquides de 2,5 × 1,7 cm avec près de 31 920 cellules, 50 g (circuit équivalent à 100 000 transistors).

• **Régie de studio.** Tour de contrôle concentrant les appareils de commande d'un studio ou d'un car de reportage. De la régie, le réalisateur choisit les images provenant des différentes caméras.

• **Régie finale.** Installation recevant toutes les sources d'images (émissions toutes faites : régie de studio, magnétoscopes, télécinéma, car de reportage, etc.) et chargée de les enchaîner pour fabriquer le programme envoyé sur les émetteurs.

• **Stéréovision.** Mis au point en 1964 par le Tchécoslovaque Vladimir Novotny. Procédé en relief anaglyphe (qui permet d'éviter la modification des équipements, notamment des récepteurs) : superposition, sur un même support de film, de 2 images d'un couple stéréoscopique légèrement décalées et colorées avec 2 teintes opposées (par ex. bleu et rouge). En regardant ces images avec des lunettes munies de verres de mêmes couleurs, le verre rouge (œil droit) laisse passer la lumière rouge et arrête la lumière bleue. Il voit donc les lignes de l'image bleue en noir (absence de lumière), alors que l'image rouge est éclaircie et se fond dans la lumière rouge : elle n'est plus visible (sauf si ses traits sont sur fond sombre). Le verre bleu (œil gauche) laisse passer la lumière bleue et arrête la lumière rouge. Il voit donc les lignes de l'image rouge en noir, alors que l'image bleue est éclaircie et se fond dans la lumière bleue : elle n'est plus visible. Chaque œil ne voit donc qu'une image. Pour que le cerveau reconstitue le relief, il faut donc que ces images représentent le sujet sous les 2 angles de vue propres à chaque œil, avec un espace entre eux de 6 à 7 cm. On utilise donc, lors de la prise de vue, une caméra spéciale équipée de 2 objectifs, 2 caméras dont les axes optiques sont séparés de 6 à 7 cm, les films étant ensuite superposés lors du tirage de la pellicule en laboratoire. 2 inconvénients : netteté imparfaite, effacement partiel de détails que l'œil ne peut reconstituer parfaitement ; fatigue des spectateurs.

Expériences en France : sur FR3 les 19-10 et 2-11-1982 (relief souvent absent, images floues et fatigantes pour la vision).

• **Télévision en couleurs.** Fondée sur l'analyse *trichrome* des images : 3 images « primaires » (rouge R, verte V et bleue B) sont formées à partir de l'image à transmettre par l'interposition de filtres colorés et, à la réception, la superposition des 3 images primaires reconstitue l'image d'origine. Ex. de technologie possible : dans un récepteur de télévision en couleurs, 3 canons à électrons projettent 3 faisceaux dont chacun reconstitue l'une des images primaires R, B, V. Pour que ces 3 images se superposent parfaitement, on interpose un « masque » percé de 200 000 petits trous à travers lesquels les 3 faisceaux d'électrons vont frapper sur l'écran 3 petits points correspondant chacun à l'une des couleurs primaires.

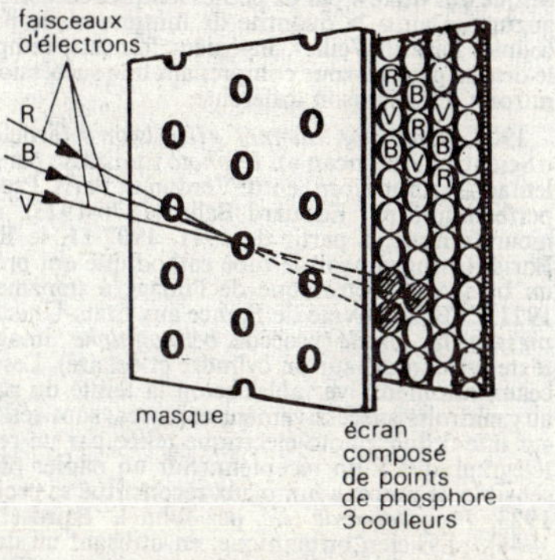

Compatibilité. Chaque signal correspondant à l'une des couleurs primaires est transformé en un signal donnant une image en noir et blanc *(luminance)* et en deux signaux de couleurs *(chrominance)* superposés à cette image, invisibles sur un récepteur noir et blanc.

NTSC (National Television System Committee). Procédé américain. Fait transporter simultanément sur la même onde sous-porteuse les 2 signaux de chrominance correspondant à un élément d'image, imposant ainsi à la sous-porteuse une double modulation combinée d'amplitude et de phase.

PAL (Phase Alternative Line). Procédé allemand, améliorant le système NTSC. Il repose aussi sur la transmission simultanée du signal de luminance par l'onde porteuse et des 2 signaux de chrominance par la sous-porteuse.

SECAM (« séquentiellement et à mémoire »). Procédé français dû à Henri de France (1911-86), mis au point par la Cie française de télévision (filiale de la CSF et de St-Gobain). Présenté officiellement en décembre 1959. Repose sur la transmission simultanée du signal de luminance par l'onde porteuse et d'un seul signal de chrominance par la sous-porteuse, l'autre étant transmis, après, séquentiellement (ces signaux de différence de couleurs sont nommés D_r (Y-R) et D_b (Y-B), Y = Luminance, R = Rouge, B = Bleu). Le signal transmis est en mémoire et est réutilisé au moment où parvient le signal suivant de façon à disposer sur chaque ligne de chacun des 2 signaux de chrominance. Le procédé Secam de « balayage alterné » n'impose à la sous-porteuse que la modulation de fréquence, entraîne une plus grande stabilité de l'image et un meilleur rendu des couleurs, ne provoque aucun risque d'interférences entre les divers signaux, et permet l'utilisation sans modifications des équipements d'émission, de relais et d'enregistrement du noir et blanc.

Pays ayant adopté le SECAM : France, All. dém., Arabie Saoudite, Bulgarie, C.-d'Ivoire, Cuba, Égypte, Grèce, Haïti, Hongrie, Irak, Iran, Liban, Luxembourg, Maroc, Monaco, Pologne, Tchécoslovaquie, Tunisie, U.R.S.S., Zaïre ; **le PAL :** Afrique du S., Albanie, Algérie, All. féd., Australie, Belg., Brésil, Danemark, Esp., G.-B., Italie, Lux., Norv., P.-Bas, Suède, Suisse, Youg. ; **le NTSC :** Canada, Mexique, Japon (NTSC modifié), U.S.A.

Nota. — La France touche 0,75 % du prix usine pour chaque récepteur SECAM vendu (env. 15 millions de F par an). De plus il y a des brevets SECAM dans le procédé PAL et la France touche 1/3 des royalties (15 millions de F par an). Le SECAM est utilisé aux U.S.A. pour les cassettes.

• **Télévision numérique.** Le récepteur traite les informations reçues des stations en une succession de chiffres (0 ou 1) avant de les transformer en image. *Avantages :* meilleure image (suppression du moiré et du papillottement), maintenue nette en permanence (effets du vieillissement du tube automatiquement compensés) ; manipulation possible de l'image (la télécommande permet d'arrêter l'image, de faire un zoom sur un détail de celle-ci, d'insérer une 2e image d'une autre chaîne, en fenêtre) ; son stéréo ; émissions bilingues (après la mise en place des satellites) ; suppression de 500 des 600 composants du récepteur.

• **Vidéo.** Procédé qui permet de transmettre à l'émetteur les images recueillies par une caméra électronique. Permet la réalisation d'émission en direct ou l'enregistrement sur bande magnétique. *Camescopes :* caméras vidéo à magnétoscope incorporé. En vente depuis 1983-84. Env. 10 kg. Prix est. : 8 000 à 9 000 F. *Caméras vidéo* en Fr. (1982) : 150 000 (tx d'équipement 0,8 %).

• **Vidéoclubs.** *1980* 500, *83* 4 000. Location de films vidéo contre caution annuelle et prix de location.

• **Vidéodisque.** Permet de faire passer sur un téléviseur des images préenregistrées sur disque. *1927 :* J.-L. Baird expérimente le stockage de signaux vidéo sur un gramophone avec un disque 78 tours reproduisant une image de 30 lignes à 30 périodes/seconde. (Estim. 83) tx d'équipement 0,5 %. *1980-82 :* après l'annonce de plusieurs firmes de lancer le vidéodisque à grande échelle, les ventes s'effondrent provisoirement pour des raisons techniques et commerciales. *En 1982 :* 3 standards : Philips (Laservision), RCA (Sélectavision), JVC-VHD ne fonctionnant que sur téléviseur N.T.S.C. américain. *Prix :* lecteur de vidéodisque de 4 000 à 20 000 F ; disque moy. 220 F.

• **Vidéotransmission.** Moyen de communication collective permettant de faire participer au même événement et en direct des spectateurs situés en divers points du territoire dans des salles équipées d'écrans géants. La transmission des images et des sons est assurée par les réseaux hertziens terrestres ou par satellite. Établie bilatéralement elle peut permettre aux participants de dialoguer avec les auteurs du message ou entre eux.

☞ Voir le tableau « nombre de récepteurs de radio et de télévision dans le monde », page 1055 c.

Histoire

Radiodiffusion

● **Technique. 1890**, le Français Édouard Branly (1844-1940, physicien et médecin) invente et construit le 1er radioconducteur (tube rempli de limaille de fer mis en circuit avec un galvanomètre et une pile). **1894**, Branly imagine la 1re antenne. **1896** *mars*, l'ingénieur russe Alexandre Popov (1859-1906) met au point l'antenne et, avec un mât 18 m, transmet sur 250 m le 1er message sans fil en morse. *2-6* l'Italien Marconi (1874-1937) s'installe en G.-B. et dépose le 1er brevet d'un appareil de T.S.F. Il effectue des liaisons sur 3 km puis en **1897** sur 13 km (mars) et 20 km (juillet) entre 2 navires de guerre italiens. Eugène Ducretet construit le 1er app. TSF français. **1898**, Lord Kelvin transmet les 1ers radiogrammes entre 2 stations Marconi installées à l'île de Wight et à Bournemouth (G.-B.) éloignées de 23 km. **1898**-*26-10*, le Français Eugène Ducretet (1844-1915) établit une liaison télégraphique entre la tour Eiffel et le Panthéon (soit 4 km) avec un équipement dérivé de celui de Popov. **1899**-*28-3*, Marconi établit la 1re liaison radio au-dessus de la Manche, grâce à 2 stations d'essai (Douvres et Wimereux). **1899**-*28-3*, liaison radiotélégraphique entre South Foreland (G.-B.) et Wimereux (France) sur 50 km.

1900, 1re station commerciale d'émission en Allemagne. **1901**, la Sté française de télégraphie et de téléphonie sans fil fondée sous la présidence technique de Branly. *12-12*, 1re liaison transatlantique entre Poldhu en Cornouailles et Terre-Neuve par Marconi. **1902** *févr.*, des messages émis de Poldhu sont reçus à bord du bateau Philadelphia à 2 500 km. **1903**, sous l'impulsion du capitaine Ferrié (1868-1932), création du poste de la tour Eiffel avec le concours de l'Observatoire de Paris. **1907**, invention du tube à vide par l'Américain Lee de Forest ; en amplifiant les ondes hertziennes, il permettra la radiophonie puis d'autres perfectionnements. **1907** *oct.*, 1re liaison commerciale régulière transatlantique entre Clifden (en Irlande) et Glace Bay (à Terre-Neuve) ; long. 3 650 m. **1909**, *1er sauvetage maritime grâce à un message TSF* (collision « République - Florida », 760 rescapés). **1910**, Dunwoody et Pickard (U.S.A.) inventent le poste à galène. **1912**-*14-4*, les appels radio du paquebot *Titanic* alertent le *Carpathia* et permettent de sauver 703 personnes. Depuis, installation radio et écoute obligatoire des SOS à bord des bateaux. **1920**, programmes quotidiens d'information et de musique en G.-B. (Marconi-Company), env. 300 auditeurs (récepteurs à galène). U.S.A. apparition des stations radio. *2-11* à la station KDKA (Westinghouse Cy), Pittsburgh (U.S.A.), un bulletin quotidien d'information annonce l'élection du Pt Harding. 1res émissions radio en U.R.S.S. **1921** *février*, 1ers essais à Radio-Tour Eiffel avec capitaine Ferrié. *Mars*, foire de Paris où pour la 1re fois des récepteurs radiodiffusion sont exposés. *22-6*, diffusion d'un concert donné à la salle des ingénieurs civils. *Déc.*, 1res transmissions par radio à partir de la tour Eiffel [longueur d'ondes 2 650 m, puissance 900 W (6 lampes de 150 W), 2 h de programme par j entre 17 h et 19 h]. **1925**, U.S.A., Pt Hoover utilise la radio pour sa campagne élect. **1933**, 1ers postes miniatures (Pigmy). **1938**-*30-10* sur les ondes de la C.B.S., U.S.A., Orson Welles, 23 ans, déclenche la panique en annonçant un débarquement de martiens.

● **Monopole en France. xve s.** (2e moitié), création du monopole des postes par Louis XI. **1793**-*23-7*, monopole des télégraphes malgré la déclaration des droits de l'Homme (art. 11). **1837**, lois du 2 et 6 mai instaurent le monopole des transmissions télégraphiques. **Jusqu'en 1919**, les émissions privées de messages radiophoniques seront interdites, la radio étant une arme de guerre. **1922**-*8-11*, création de Radio-Paris, station privée (exploitée par la Cie fr. de radiophonie, à Levallois puis à Clichy). **1923**-*30-6*, loi donnant aux PTT la tutelle de la radio. Radio-PTT commence ses émissions régulières [1re station sur ondes moy. (450 m)]. **1924**, « Radiola » émet un journal régulier, de la tour Eiffel. **1925**, postes privés régionaux. **1928**-*19-3*, loi admettant 14 postes privés (stations confirmées) : Poste parisien, Radio-Agen, Radio-Béziers, Radio-Bordeaux-Sud-Ouest, Radio-Juan-les-Pins, Radio-LL, Radio-Lyon, Radio-Mont-de-Marsan, Radio-Montpellier, Radio-Nîmes, Radio-Toulouse, Radio-Vitus, Radio-Paris, Radio-Normandie (légal. en 1933). **1929**, *1re publicité à la radio* en France. **1933**, *redevance radio* annuelle instaurée. **1935**-*13-2*, institution du Conseil sup. de la radio. **1937**, 1ers statuts d'une Radio fr. Réseau de 3 postes nationaux à Paris et 18 régionaux. **1938**-*17-10*, arrêté sur le droit de contrôle politique de l'État sur la radio. **1939**-*29-7*, Radio (avant tutelle des PTT) devient autonome, rattachée directement au Pt du Conseil. **1940**-*1-1* et **1942**-*7-11*, lois instaurent monopole d'État sur radio et télé. **1945**, ordonnance nationalise radios privées. **1946**, organisation provisoire de la Radio et de la Télé. 4 réseaux complémentaires. Paris-Inter (France I), Fr. II (régional), Fr. III (culturel national), Fr. IV (haute fidélité).

Nota. — Radio en France avant 1939, voir Quid 1982 p 1174.

Télévision

1817, Jons Jacob Berzelius (1779-1848), chimiste suédois, découvre la propriété du sélénium d'augmenter ou diminuer sa résistivité selon l'éclairement reçu. **1843**, essais de transmission entre Londres et Portsmouth par télégraphe automatique de l'Anglais Alexander Bain (1810-77). Essais abandonnés faute de synchronisation entre émetteur et récepteur. **1847**, travaux de l'Allemand Karl Braun sur les rayons et l'oscillographe cathodique annonçant l'analyse électronique de l'image. **1848**, synchronisation réussie par l'Américain Bakewell en enroulant feuille de départ et d'arrivée par des cylindres tournant à vitesse constante. **1856**, France, l'abbé florentin Giovanni Caselli (1815-91) réalise un système semblable (pantélégraphe) qui sera utilisé par la transmission de dessins et lettres (sur les lignes du télégraphe électrique) en 1866 entre Paris et Lyon, puis prolongé entre Lyon et Marseille. **1873**, 2 télégraphistes anglais, May et Smith, confirment les travaux de Berzelius sur le sélénium. **1875**, Carey, physicien américain, propose d'utiliser le sélénium pour la transmission des images à distance. **1878**, idée reprise par le Français Constantin Senlecq (1842-1934) qui fait paraître, dans la revue « la Lumière électrique », un article sur le « téléctroscope ». Il expose la théorie d'un appareil qui ne sera jamais réalisé (en 1877, il avait réussi à transmettre une image avec un télégraphe autographique), mais dont les principes sont ceux des 1ers appareils de télévision mécanique : l'image est projetée sur une multitude de petits grains sensibilisés au sélénium, puis analysée point par point par un commutateur tournant. L'appareil est relié à un récepteur composé de minuscules petites lampes, chacune d'entre elles étant reliée à un des grains de sélénium. A la réception du signal, la lampe brille d'autant plus que le grain correspondant a été plus violemment éclairé. **1880**, Maurice Leblanc (1857-1923, physicien français) propose de projeter sur l'image un rayon lumineux mobile, 1er pas vers la technique du *flying spot* mise au point, utilisée ensuite dans les appareils de télécinéma (transformation de l'image film en image télévision). **1884**, Paul Nipkow (1860-1940), ingénieur allemand, réalise un disque analyseur d'images qui sera utilisé du début à 1939, pour la télé. V. Quid 1983 p. 912. **1887**, Heinrich Hertz (1857-94), physicien allemand, démontre que les rayons ultraviolets de la lumière provoquent une émission de charges électriques négatives par certains métaux : découverte des électrons (expliqués par Albert Einstein en 1905). **1898**, Marcel Brillouin, physicien français, remplace les trous du disque de Nipkow par de petites lentilles encastrées et augmente ainsi la quantité de lumière reçue par la cellule. Lazare Weiller, ingénieur français, remplace le disque par une roue comprenant une succession de miroirs d'inclinaison différente.

1907, *apparition du mot « télévision »* (article du « Scientific American »). *1re photo* transmise par l'Allemand Arthur Korn, entre Verdun et Paris. Procédé perfectionné par Edouard Belin (1876-1923), ingénieur français, à partir de 1911. **1907-11**, le Russe Boris Rosing conçoit le tube cathodique qui prévoit un balayage électronique de l'image à transmettre. **1921**, E. Belin envoie de France aux États-Unis le *1er message fac-similé* (procédé, *bélinographe :* image ou texte est enroulé sur un cylindre et éclairé). Les pinceaux lumineux, variables selon la teinte du papier aux endroits successivement explorés, sont réfléchis sur une cellule photo-électrique reliée par un réseau télégraphique à un récepteur. Sur un papier photosensible, le pinceau lumineux reconstitue se projette. **1923**, *1er système de télé.* par John L. Baird (1888-1946), physicien britannique, en utilisant un disque de Nipkow à l'émission et, à la réception, un amplificateur à lampes et, pour moduler la lumière, un obturateur électromagnétique. Définition de la 1re image transmise par 18 lignes. *Déc.*, *iconoscope*, 1er tube électronique analyseur d'images, par Wladimir K. Zworykin (1889-1982), élève de Rosing, émigré aux U.S.A., réalisé pour la Cie Westinghouse (brevet en 1923, démonstration publique, 18-11-1929). Ce tube permet les hautes définitions et constitue le vrai départ de la télé. **1924**, Charles Jenkins (1867-1934), Américain, crée une *lampe au néon à cathode plate* qui permet de mieux suivre les variations du courant-lumière. **1925**, Baird intègre la lampe de Jenkins à son appareil et fait ses 1res démonstrations publiques en oct. **1926**-*27-1*, naissance off. de la télé. Baird, à la Royal Institution, transmet l'image d'une figure humaine d'une pièce à l'autre. Baird fonde la *1re Sté de télévision*, la Baird Television Cy. **1928** *juillet*, *1ers essais de tél. en couleurs* (G.-B. par Baird). Baird réussit à transmettre la 1re image tél. par-dessus l'Atlantique (longueur d'ondes 35 m). **1929**, Baird atteint une définition de 30 lignes pour des émissions expérimentales de la B.B.C. (ondes moy. de 363 m ; puissance 1,5 kW). B. construit le *1er type de récepteur*, le Télévisor. 1ers essais de tél. à 50 lignes entre New York et Washington (380 km) par la Bell Telegraph and Telephone. *8-3*, *1res émissions régulières de 30 lignes* en Allemagne (par la Deutsche Reichpost). *1er appareil français avec lampe au néon et disque de Nipkow :* René Barthélemy (1889-1954) et ses collaborateurs Strelkoff et Marius Lamblot.

1930 *juillet*, retransmission d'une pièce de Pirandello. **1931**-*14-4*, *1re transmission à distance* par Barthélemy entre studio de Montrouge et École sup. d'électricité de Malakoff ; définition 30 lignes ; réception sur écran de 40 × 30 cm. Henri de France (1911-86), ingénieur français, fonde au Havre la Cie gén. de télévision et met au point des appareils à 60 lignes. *3-6*, *1er reportage en plein air* (G.-B., Baird). **1932**, *1er réseau de tél. français :* Paris-Télévision, Barthélemy utilise l'émetteur de Paris-PTT. Émissions expérimentales de 30 lignes le jeudi de 15 à 16 h à partir de déc. ; tous les j (sauf dimanche) à 8 h 15 ou 14 h 15 (30 à 45 min) à partir de janv. ; long. d'onde 441 m, puissance 0,8 kW ; env. 30 destinataires. *1re émission expérimentale de télé. électronique* à New York. **1933**-*24-12*, fête à l'hôtel Majestic pour E. Branly, émission de télé. du poste PTT. **1934**-*25-4*, démonstration publique de télé. parlant dans l'auditorium du Poste parisien (Champs-Élysées). *9-9*, *1re séance de cirque télévisé à 16 h 30*. **1934** *juin*, *1re prise de vues en plein air en France* dans les jardins voisins du ministère du Commerce. Ces 1res émissions sont reçues par quelques personnes qui ont bricolé elles-mêmes leur appareil, mais sont captées à des distances plus grandes que maintenant, car elles sont diffusées sur ondes moyennes. La nuit, on peut recevoir des émissions anglaises à Paris et on captera à Toulouse des émissions faites au Havre. *1er récepteur public de télévision* par la Cie des compteurs, *l'Integra ;* 400-500 récepteurs fin 1934. **1935**-*26-4*, Paris-PTT diffuse (caméra 60 lignes) la *1re émission télévisée*, à 20 h 15 (103, rue de Grenelle) avec Béatrice Bretty, de la Comédie française. Plus tard, inauguration de l'émetteur à la tour Eiffel, émissions régulières sur 180 l. (poste émetteur de 10 kW, long. d'onde 7 m) ; les émissions peuvent être reçues en radio à Paris par les sans-filistes payant des récepteurs spéciaux. *18-11*, 17 h 30 à 19 h 30, démonstration pour la presse, avec Susy Wincker (1re speakerine, dep. juin 1935) (caméra 180 lignes). Expériences à Toulouse (oct.), Strasbourg (nov.) et Limoges (déc.). **1936**, station de télévision d'Alexandra-Palace à Londres (BDC) ; 2 standards, Baird (240 l.), Marconi (405 l.). Jusqu'au *2-11*, *1res émissions régulières de télé. électronique*. Allemagne, pendant 16 j, 150 000 spectateurs assisteront en direct aux compétitions des J.O. de Berlin. **1937**-*4-1*, *émissions régulières* de télé. en Fr., émetteur de 25 kW (semaine de 11 h à 11 h 30, 20 h à 20 h 30) ; dimanche 17 h 30 à 19 h 30. **1938**, émissions régulières en 445 l. de la tour Eiffel (long. d'onde 6 m, puiss. 30 kW). **1939** *janv.*, émetteur renforcé de la tour Eiffel. Puiss. max. 45 km (normale 30 km). **1940** *juin*, émetteur détruit avant l'arrivée des Allemands ; foire internationale de New York. *30-4*, émissions publiques régulières.

1941, début des émissions régulières aux U.S.A. à partir de l'Empire State Building. **1943**, *1er journal télévisé* à Schenectady (U.S.A.). Les Allemands remettent l'émetteur de la tour Eiffel en état (441 l.). **1944**, émissions d'avril à août ; env. 1 000 récepteurs les reçoivent dont 500 dans les hôpitaux où sont soignés les blessés allemands ; programme de 10 h à 24 h. *1er système de télé. en couleurs* par John L. Baird. **1945**, l'émetteur de la tour Eiffel de 441 l. assure à nouveau les émissions. **1946**, 1 h par j (16 h 30 à 17 h 30) et soirée mardi et vendredi. *17-12*, 1er bulletin météo en Fr. **1948**-*20-11*, l'arrêt Mitterrand (min. de l'Information) fixe le standard fr. à 819 l. ; mais l'émetteur à 441 l. doit poursuivre ses émissions jusqu'en 1958 (il sera détruit par un incendie le 31-1-56). **1949**-*25-5*, 2 speakerines recrutées sur concours, Jacqueline Joubert et Arlette Accart. *29-6*, Pierre Sabbagh présente le *1er journal télévisé*. *30-7*, taxe sur les récepteurs : 3 000 AF (6 000 dans lieux publics). *Oct.* 1re émission pour enfants (magicien Télévisius). *9-10*, 1re messe des dimanches (à 18 h). *15-12*, 2e émetteur de TV sur 819 l.

1950-*10-4*, l'émetteur de tél. de Lille en service, de façon provisoire. **1951**-*26-6*, 1re émission publique de télé. couleurs (CBS à New York). En Fr., 2e studio : st. I de la rue Cognacq-Jay, rénové. **1952**-*14-2*, relais hertzien, Paris-Lille. *9-7*, mise en service du convertisseur de définition qui permet aux récepteurs 441 l. de recevoir émissions extérieures et reportages en direct comme sur 819 l. **1953**-*2-6*, couronnement de la reine d'Angl. en direct en Fr. *2-11* émetteur de Strasbourg en service. *25-12*, relais assurent sa liaison avec Paris. Début de la « Séquence du spectateur » (record de longévité en Fr.). **1954**, Eurovision. *11-5*, 1re retransmission en Fr. par relais mobiles (de Tours à Paris) sur grand écran (théâtre du Palais de Chaillot). *13-6*, 1re retransmission en direct des 24 h du Mans. **1956**-*2-1*, 1res élections lég. en direct. *2/3-11*, l'émetteur de 441 l. de la t. Eiffel incendié ne sera pas réparé ; échange des appareils en 441 l. (remise de 500 AF). **1957**-*16-6*, 1res images en direct du fond de la mer (Cdt Cousteau). **1962**, 1re liaison régulière Amérique-Europe avec le satellite Telstar. **1963**-*16-5*, émetteur expérimental parisien de la 2e chaîne diffuse programme couleurs, sur canal 22, puissance 100 kW. *21-12*, début officiel de la 2e ch. en noir et blanc sur 625 l. **1966**, *févr.*, retransmission des J.O. de Grenoble, en direct dans 32 pays ; + de 600 millions de téléspectateurs. **1967**-*1-10*, début officiel de la couleur. **1972**-*31-12*, en Fr., 3e chaîne sur 625 l. **1976**-*1-1*, 1re chaîne diffuse la couleur. **1983**, le 819 l. de la bande VHF est couvert par Canal Plus en 625 l.

Nota. — Télévision en France avant 1939, v. Quid 1982 p. 1175.

Stations locales privées

Historique. A l'origine, les *radio-pirates* étaient des stations dont les émetteurs situés en mer au-delà de la limite des eaux territoriales échappaient aux contrôles technique, juridique et financier des gouvernements des pays vers lesquels ils diffusaient. La 1re, *Radio-Veronica*, entra en action en avril 1960, à bord du navire *Veronica*, au large des côtes hollandaises, à la hauteur de La Haye. Une dizaine d'autres stations suivirent, presque toutes au large des côtes anglaises. *Radio-Caroline*, créée en 1964, fut pendant 4 ans et 8 mois la st. p. la plus écoutée. Elle touchait de 28 à 50 millions d'auditeurs. Le 15-8-67, à la suite de plaintes répétées de 9 pays du Conseil de l'Europe, dont la France, un décret du Parlement britannique les mettait hors la loi.

Tentatives. 1re station fondée en déc. 1965 à bord du bateau *Cheeta*, au large de Malmoe, par la Sté *Radio-Dyd*, qui exploitait depuis 1961 une station de radio en ondes métriques. **France** : *1973 à 1977*, Vallerague (Gard) recevant mal les images des ch. nationales, eut son propre émetteur. *1981* : essais à Lyon (canal 22), à Paris XIIIe (Captain Vidéo). *1983 févr.* : « Antenne I » qui voulait émettre entre minuit et 3-4 h. **Belgique** : *Télé contact* dep. oct. 1980. **Italie** : *1976*-23-7 : légalisation des stations locales « libres ». *1982* : 1 208 stations privées, 60 % des Ital. choisissent en priorité la 1re ch. (R.A.I. *1*), 45 % les stations privées, en 2e choix 35,6 la R.A.I. *2*, 1,9 la R.A.I. *3*, à vocation régionale.

Coût d'un émetteur : 6 000 à 8 000 F.

Organisation

● **Allemagne féd.** Pas de monopole d'État. **Télévision.** 3 ch. (625 l.) *1re* et *3e ch.* : appartiennent à ARD (Arbeitsgemeinschaft der offentlichrechtlichen Rundfunkanstalten der Bundesrepublik Deutschland/Communauté de travail des établissements publics de radio-télévision de l'All. féd.), 98,93 % de la pop. desservie au 15-7-1982 ; personnel 18 610 (radio + télé). *2e ch.* : appartient à ZDF (Zweites Deutsches Fernsehen/Établissement public), 98,6 % de la pop. desservie ; personnel 3 663. Système couleur PAL (25-8-1967). *3e ch.* : 98,07 % de la pop. desservie. Depuis le 1-12-1984 programme par satellite 3SAT produit en commun par ZDF/ORF et SRG. *1re chaîne privée dep. le 2-1-1985* : Sat 1 (propr. : A. Springer et consortium de 165 éditeurs de journaux) ; utilise satellite et câbles ; émet 12 h par jour.

Radio. *Stations* : *9 régionales* : Bavière, Hesse, Nord, Brême, Sarre, Berlin, Sud, Sud-Ouest, Ouest, *2 fédérales* : Deutschlandfunk (émissions vers les 2 États all. et étranger européen), Deutsche Welle (étranger, surtout l'outre-Mer) ; la *station RIAS-Berlin* est une institution américaine.

L'État n'intervient pas. Les Länder sont compétents pour la législation intéressant les stations de l'ARD, le ZDF et les stations privées. Organes de contrôle propres aux différents offices où sont représentés des grands groupements : syndicats, églises, partis, chambres de commerce, chambres professionnelles, etc. Quelques offices sont sous la surveillance de l'exécutif. Les stations fédérales connaissent les mêmes organes de contrôle mais dépendent financièrement du budget fédéral.

Publicité : à la télé (spots 7 à 60 s, t. total autorisé max. 20 mn/j et à la radio 5 à 10 mn/h). *Récepteurs* (au 31-12-1985) : radio 25 482 878 ; télé 22 704 715 dont couleurs 84,5 %.

● **Belgique.** Pas de monopole d'État. 2 établissements publics (B.R.T. et R.T.B.F.) jouissant d'un monopole technique de diffusion hertzienne (jusqu'en 1983).

B.R.T. (Belgische Radio en Televisie). Effectifs 2 500 pers. Émissions en néerlandais. *Radio* : 4 ch. de radio ondes ultra-courtes (FM), 3 ch. ondes moyennes, réseaux émetteurs radio AM 4, FM 14. Pop. desservie 94,2 %. Émissions mondiales en ondes courtes. *TV.* : en 625 lignes, système PAL, 1re ch. (mise en service le 31-10-53) émettant tous les jours, 2e ch. (26-4-77) émettant 5 jours par sem. Population desservie 1re ch. 100,0 %, 2e ch. 99,2 %. Télé-émetteurs 9, réémetteurs 3.

R.T.B.F. (Radio Télévision belge de la Communauté française). Effectifs 2 500 personnes. Émissions en français. *Radio* : 3 chaînes de radio ultra-courtes (FM) 1 ch. ondes moy. Réseaux émetteurs radio AM-4, FM-19. *TV* : en 625 lignes, système PAL. 1re ch., mise en service en 1953, émettant tous les jours. Pop. desservie 100 %. 2e ch., mise en service le 26-4-1977, population desservie : 92 %, émettant 5 jours par semaine.

Licences (1-1-1985). Radio 4 557 615 (dont radio résidence 2 712 297, sur véhicule 1 870 464) ; TV 2 983 186 (dont noir et blanc 752 539, couleur 2 230 647). Pub. non commerciale (messages généraux autorisés) à la R.T.B.F. Pas de pub. à la B.R.T.

Production (BBT) 1984. Radio 28 979 h (dont programmes nationaux 18 023 h, progr. régionaux 10 956 h) ; TV 3 734 h.

● **Chine. Télévision.** *Créée* en 1958. Monopole d'État (C.C.T.V.) : 3 chaînes nat. (1 pour Pékin, 2 pour tout le pays). Env. 50 stations émettrices locales. 1er sat. lancé en 1986. **Publicité.** 2 % du temps de diffusion.

● **Eurovision.** *Fondée* 1954. Structure d'échange de programmes de télé entre les membres de l'Union européenne de radiodiffusion (UER). Coordination technique des transmissions assurée par le centre de contrôle Eurovision (EVC), à Bruxelles. *Réseau* (début 1985) 396 395 km de circuits vision (389 855 par faisceaux hertziens et 6 540 par câbles) + voies vision dans les systèmes de satellites géostationnaires. Dessert plus de 25 463 émetteurs et réémetteurs qui diffusent 61 programmes dans 32 pays et atteignent env. 120,5 millions de récept. *Auditoire potentiel* max. : 521 millions de personnes.

● **France.** V. page 1055.

● **Grande-Bretagne. Télévision.** *4 ch.* couleurs (405 l. jusqu'à 1986, et 625 l.). *BBC 2* (commencée 1964, couleurs dep. 67) et *BBC 1* (couleurs dep. 1969, aussi en 405 l. mono. dep. 1936) ; *ITV* (couleurs dep. 1969, en 405 l. mono. dep. 1955) ; système PAL. Dep. nov. 1982, *4e ch.* La BBC a fondé le 1er service couleurs régulier d'Europe en 1967. Personnel de la BBC 29 624 env. (au 31-3-85). *Écoute moy.* annuelle par tête et par semaine : 24 h 30 TV, 8 h 38 radio. *Licences* : 18 715 937 (dont 2 896 263 noir et blanc et 15 819 674 couleurs) (au 31-3-85).

Radio. BBC (service public créé 1922) : 4 ch. nationales, 3 services régionaux, 48 stations locales (dont 2 dans les îles anglo-normandes, pour la BBC). IBA : 48 stations locales.

Publicité. Maxi autorisé : télé 7 mn/h, radio 9 min/h. BBC : pas de pub.

● **Italie. Télévision.** *3 ch.* 625 l. Pop. desservie en 1984 *RAI 1* : 99,2 % ; *RAI 2* : 98,9 % ; *RAI 3* : 72,5 % (programmes régionaux), 78,5 % (programmes nationaux). Une sentence de la Cour constitutionnelle de juillet 1981 (no 148) a confirmé la légalité du monopole d'État en matière de service télévisé à l'échelon national. Les TV ne peuvent diffuser des émissions en direct (ni reportages sur des événements ayant lieu en It., ni journaux télévisés) ; la publicité ne doit pas dépasser 15 % du temps d'antenne. La faculté d'émettre à l'échelon régional est reconnue à l'initiative privée. **Radios et télévisions privées** (estim., 1984). Radio 4 000, TV 750. *Principaux réseaux de T.V. privés* : Canal 5, Italia 1 et Rete 4 (Groupe S. Berlusconi), Rete A, Euro TV : 29 à 45 % de l'audience selon les systèmes de mesure.

Projet de loi de janv. 1985 : autorise les réseaux nat. privés avec interconnection des émetteurs ; concessions de 12 ans, contrôle par une « commission nat. de garantie », impossibilité pour un propr. de posséder + du 1/3 des réseaux nat., 40 % des films devront être nat. ou europ., publ. limitée à 16 % du temps d'antenne hebdo. et à 12 minutes par heure (pour la RAI, le quota est fixé annuellement).

● **Japon. Télévision.** *7 ch.* (à Tokyo) : NHK 2 ch. publiques et autonomes, financées uniquement par les redevances ; serv. général. dep. 1953, serv. éducatif dep. 1959 ; 5 privées. Système (NTSC).

Projets (1984 et 1986) : 8 canaux de TV directement reliés par satellite d'émission, autorisé au niveau national. En janv. 1984 puis en févr. 1986 furent lancés le 1er et le 2e satellites DBS utilisables qui fourniront à NHK les 2 canaux pour la diff. de ses progr. Écoute moy. par jour (1985) : 3 h 15 mn (lundi à samedi), 3 h 50 mn (dimanche).

● **Luxembourg. Télévision.** *1 ch.* RTL-Télévision (625 l. ; systèmes couleurs SECAM/PAL. V. page 1051). ZONE DE RÉCEPTION : Gd-Duché de Luxembourg (360 000 h.) ; *Belgique* : réception par ondes hertziennes (province du Luxembourg, partiellement prov. de Liège et de Namur) ; par câble [prov. de Liège : Brabant Wallon, Grd-Bruxelles ; prov. de Namur : Hainaut (partiellement), Flandre orientale (partiellement), Flandre occ. ; prov. d'Anvers]. *France* : Meuse, Moselle et Meurthe-et-Moselle, puis Ardennes, Bas-Rhin, Marne, Vosges ; *All. féd.* : Palatinat et Sarre (Sarrebruck, Kaisers-Lautern), par câble, en *Autriche*. AUDITOIRE : 6 750 500 téléspectateurs en 1985 dont 80 % en Belgique, 16 % en France, 4 % au Luxembourg. RTL-TV a le même statut que la radio. En France et en Belgique francophone, RTL-TV a 45 % des parts du marché sur 4 ch. (sur 30 1/4 d'h d'émissions : de 11 h 45 à 13 h 15 et de 17 h à 23 h). ÉCOUTE MOYENNE : Lorraine : 2 h 28 mn par j. Belgique : 2 h 36 mn par j.

● **Monaco, Télé-Monte-Carlo.** Appartient à la Sté spéciale d'entreprise qui exploite la concession de télévision attribuée à Radio-Monte-Carlo par l'État monégasque depuis novembre 1954. *Répartition du capital* : Sté Europe no 1 Communication 30 %, Radio Monte-Carlo 30 %, État monégasque 40 %. *Pt délégué* : Jean-Louis Médecin. *Dir. gén.* : Gérard Eymery. **Chaîne 1** en français : de nov. 1954 à nov. 1984 : Canal 10 VHF ; dep. nov. 1984 : Canal 8 VHF (en couleurs dep. 1974), et dep. Canal 30 UHF couleurs Secam. Dep. le 15-10-1984, TDF relaie TMC à Toulon et à Marseille (2 émetteurs de 20 et 2 kW). *Réception* : grand Toulon (de Cassis à Hyères), B.-du-Rh. et frontières du Gard, de l'Hérault et des Alpes-de-Hte-Pr. *Auditoire potentiel* : 3 500 000 personnes. *Programme* : 8 h env. **Chaîne 2** : dep. 1974. PAL (canal 35 UHF) couleurs dep. 1978. *Réception* : Monaco, Alpes-M., Italie (Ligurie, Piémont, Lombardie, Vénétie, Émilie, Romagne, Toscane, Lazio). *Programme* : 8 h env. *Ressources* : publicité (pas de redevance, ni de licence).

● **Pays-Bas.** Association privée. *Télévision* : *2 ch.* (625 l.) Nederland I, II. *Système PAL* couleurs dep. 1967. *Radio* : 5 ch. : Hilversum I, II, II, IV, V. Pop. desservie 100 %. *Programmes* produits par NOS (Fondation néerl. de radio-télé.) et 8 organisations de radio-télé. *Personnel* : env. 5 500. *Écoute moyenne par j nov. 1983* : 186 mn ; *regard moyen par j* : 110 mn.

● **Suisse.** *Sté suisse de radiodiffusion et télévision (SSR).* Sté de droit privé bénéficiant d'une concession du Conseil fédéral. Chargée du service des programmes de la radio et de la télé. *PAL* couleurs dep. 1968. Reçoit 70 % des recettes venant des taxes (les PTT, responsables techniques, reçoivent les 30 % restants). *Taxes* radio 87 F par an ; TV 174 F. *Publicité* autorisée 23 mn par j ouvrable, à la télévision seulement.

L'organisation professionnelle : composition : Direction gén. (siège à Berne) ; Radio und Fernsehen der deutschen und der rätoromanischen Schweiz (s. à Zurich) ; Radio-Télévision Suisse Romande (s. à Lausanne) ; Radiotelevisione della Svizzera italiana (s. à Lugano) ; Radio Suisse Intern. et Télédiffusion (s. à Berne).

Au 1-8-1985 : 1 276 émetteurs (et réémetteurs TV), 5 ondes moy. radio 282. FM radio, 12 ondes courtes. Population desservie 99,5 %.

● **U.R.S.S. Télévision** : *Moscou* : 4 ch. (la 1re ch. nationale + 4 doubles, la 2e ch. nat. + 4 doubles, la 3e ch. est destinée aux hab. de Moscou, la 4e émet des programmes éducatifs). *Leningrad* : 3 ch. (la 1re et la 2e ch. nat., la 3e ch. est destinée aux hab. de Leningrad). 625 lignes, 116 studios de télé régionaux. Chaque république possède sa propre ch. qui diffuse les programmes TV en langue de la rép. (45 langues). Près de 120 émetteurs puissants ordinaires, près de 4 000 relais, 90 stations « Orbita », plus de 3 000 récepteurs compacts puissants, des systèmes de télédiffusion « Écran » et « Moscou » pour les régions éloignées. La télédiffusion depuis Moscou s'effectue sur 13 canaux. *1re ch.* : captée par + de 246 millions de téléspectateurs (90 % de la pop.); *2e ch.* : + de 130 millions de télésp. (48 % de la pop. ; fonctionne dep. 1-1-1982). *Diffusion* : + de 3 700 h/jour (télé. centrale : en moy. 151,1 h/jour). Les programmes de télé. centrale sont transmis en couleur (système SECAM dep. 1967). Publicité : 30 mn par jour.

• **U.S.A. Télévision** (fin 1985) : stations 1 584 dont 316 non commerciales (la plupart subv. par le gouvern.). N'importe qui peut en principe construire une station TV et diffuser une émission. Aucune station ne peut être contrôlée directement à + de 20 % par des intérêts étrangers. Les propriétaires de stations doivent être agréés par une agence gouvern. Dep. avril 1985, un propriétaire peut contrôler au max. 24 stations de radio (12 à ondes moyennes et 12 en FM) et 12 stations de T.V. (7 auparavant). *Distribution par câble* : des villes entières bénéficient d'antennes communes CATV (Cable Television) pouvant supporter jusqu'à 76 chaînes à la fois (couvre 46,2 % du terr.). *Pay-TV* (dep. 1975) : diffusion par 6 chaînes de films à 27 millions d'abonnés (sur 35 millions disposant du câble). *Projets* : autorisation des TV de faible puissance (env. 5 000 en 1984) ; 14 TV par satellite.

Réseaux : 3 grands (ABC [1], 213 stations ; CBS, 203 ; NBC, 205), 20 régionaux, 247 stations locales indépendantes.

Foyers possédant la TV : env. 86,53 millions (98,1 % de la pop.) ; 57 % de la pop. a + d'un appareil, 77,7 millions ont la TV couleurs. *Audience* : env. 1/3 des postes sont allumés pendant la journée, env. 2/3 le soir. Chaque réseau a env. 7 millions d'auditeurs par j, 20 millions par soirée. 95 % peuvent recevoir 5 stations ou + ; 61 % : 9 ou + ; 3 % : 20 ou +. Un adulte passe en moy. 3 h 16 mn devant la TV.

Radio (févr. 1986) : 10 632 *stations* (dont 1 393 non commerciales). *Récepteurs* 490 millions (128 millions hors foyer). Un foyer possède en moyenne 5,5 postes de radio. 95 % des autos ont la radio. 16 millions de personnes utilisent un walkman.

Nota. — (1) Racheté en mars 85 pour 3 milliards de $ par Capital Cities.

Radios « libres » émettant vers les pays de l'Est

Radio Free Europe (RFE) s'adresse aux citoyens d'Europe centrale et orientale, et *Radio Liberty* (RL) à ceux de l'U.R.S.S. Organismes privés, financés par les U.S.A. (budget voté par le Congrès), émettant de Munich (All. féd.). Stations occidentales les plus écoutées en Europe orientale (par sem. en millions d'auditeurs : RL 15 ; RFE 38).

Budget global : 108,6 millions de $ en 1984-85. En février 1981, attentat contre RFE, 8 blessés. *Brouillage des émissions par l'U.R.S.S.* : 2 075 stations de brouillage, 5 000 techniciens, coût annuel : 300 millions de $.

Radio-amateurs

Service « amateur ». Après autorisation, les amateurs peuvent se livrer à des recherches (à titre personnel et sans intérêt pécuniaire) concernant l'exploitation : télégraphie, téléphonie, fac-similé, télétype, télévision et transmission de données, sur 21 bandes de fréquences entre 1,810 MHz et 250 GHz. Ils disposent de répéteurs VHF (144 MHz) et UHF (430 MHz) et de satellites (3 américains, 4 soviétiques et 1 français).

Licences. Décernées après contrôle des connaissances dans un centre PTT, présentées sur minitel par un serveur. Correction et instantanée (10 questions sur la réglementation, 30 q. sur la technique). La connaissance du langage morse permet l'accès aux bandes de fréquences décamétriques (HF). *Classes de licences* : *novices*, à partir de 13 ans, classes A et B ; *amateurs*, à partir de 16 ans, classes C, D et E. *Puissance dissipée* : c. A et B : 20 w ; c. C, D et E : 100 w, E, sur bandes HF 250 w.

Taxes (1-3-86) : droits d'examen : 160 F ; taxe de licence : individuelle 150 F, opérateurs supplémentaires 20 F.

Nombre de radio-amateurs. MONDE : env. 2 000 000 (U.S.A. 330 000, Japon 100 000). FRANCE : *1925* : 255, *1939* : 650, *1950* : 3 000, *1960* : 4 000, *1970* : 6 000, *1980* : 11 000, *1982* : 12 939, *1983* 13 050, *1984* : 12 937, *1985* : 13 239.

1re liaison. Avril 1922, le Français M. Deloy (« 8 AB ») réussit plusieurs liaisons bilatérales avec l'Angleterre ; 1re liaison avec l'Amérique en 1923.

Canaux banalisés (CB)

Définition. Émetteurs-récepteurs fonctionnant sur les canaux banalisés, dits postes CB, destinés à des communications à courte distance. Fréquences collectives de la bande 26,960 à 27,410 MHz.

Réglementation CB. Licences délivrées par ACTEL. Les appareils doivent être homologués par les PTT ou conformes à un type homologué. Ils doivent notamment être portatifs, fixes ou mobiles ; fonctionner sur, au max., 40 fréquences préréglées avec un espacement de 10 kHz entre canaux de fréquences adjacents ; émettre en modulation de fréquence et/ou en modulation d'amplitude (double bande latérale et/ou bande latérale unique) avec une puissance max. de 4 W en crête de modulation quel que soit le type de modulation. Cette puissance correspond à 4 W de puissance de la porteuse en modulation de fréquence ; 1 W de p. de la porteuse en modulation d'amplitude double bande latérale ; 4 W de p. en crête en bande latérale unique, cette puissance étant mesurée selon les méthodes préconisées par le CCIR, soit avec 2 oscillations sinusoïdales modulantes : 2 W de p. moyenne, soit avec un texte lu d'une voix égale : 0,4 W de p. moyenne.

Il est interdit d'utiliser des amplificateurs de puissance. L'utilisation d'antennes directives de gain inférieur à 6 dB est autorisée.

Coût : autorisation valable 5 ans (170 F pour 5 ans). La licence peut être annulée ou révoquée à tout moment, sans indemnité.

Code CB. Issu du code Q utilisé dans les services radio-maritimes et aériens. *QQR* : appel de détresse. *QRA* : situation de la station (en fixe). Domicile. *QRB* : distance entre stations. *QRD* : route suivie. *QRG* : fréquence. *QRK* : visibilité, qualité des signaux. Rapport d'écoute. *QRL* : occupé. *QRM* : brouillage. Tout ce qui empêche de moduler : *QRM-pro* (travail professionnel) ; *QRMgastro* (repas) ; *QRM22* (police) ; *QRMbleu* (policier) ; *QRMrouge* (gendarme), etc. *QRN* : parasites atmosphériques. *QRO* : puissant, grand, fort (signal). Par extension abusive : chic, sympa, serviable... *QRP* : faible, petit (signal). Par extension. *QRPP* : très petit, enfant (*QR-Pépette* : petite fille). *QRQ* : plus vite (parlez QRQ). *QRS* : plus lentement (parlez QRS). *QRT* : cessez les émissions : « je passe QRT » (se conjugue). *QRU* : plus rien à dire. *QRV* : prêt.

Expressions. *Boîte à images* : radar routier. *Break* : signale que l'on désire prendre part à une conversation (QSO) en cours. *Copier* : entendre, recevoir une émission. *Galette* : sélecteur de canaux. *Gastroliquides* : boisson, apéritif. *Gastro* : repas. *Glouglou* : boisson. *Mike* : microphone (prononcer "maïke"). *Moduler* : émettre. *Moustacher* : émetteur qui « bave » sur les canaux adjacents ou émission BLU qui passe en MA. *Om* : homme (par extension : opérateur CB). *Pastille* : micro. *Push-pull* : voiture. *P-P 2 roues* : moto. *P-P mille pattes* : camion, routier. *Radio* : degré d'intelligibilité. *Rateau* : antenne directive. *Roger* : prononcer "rodgeur", compris. *Santiago* : indication de l'aiguille du Smètre, de 0 à 9. *Skip* : saut dans une transmission, distance entre 2 points éloignés. *Stand-by* : attente sur canal d'appel ou tout autre canal. *Sucette* : micro. *Tonton* : amplificateur linéaire (interdit !). *Tonton Victor* : TV. *QRM Tonton Victor* : parasites TV. *Visu* : rencontre physique. *Vitamines* : watts, d'où « boîte à vitamines » : amplificateur linéaire. *Whisky* : watts. *XYL* : femme de l'opérateur. *YL* : opératrice CB.

« **P.P.L.** », *postes de petites liaisons* (talkie-walkie, jouet). Puissance max. 5 milliwatts, ne sont pas taxés, mais doivent être homologués.

Licence de télécommande de modèles réduits. Délivrée par les P.T.T. pour une période de 5 ans. *Coût* : 170 F. *Réglementation* : 26,815 MHz à 26,905 MHz : TMR (tous types de modèles réduits) ; 41,000 à 41,100 : réservé à l'aéromodélisme ; 41,100 à 41,200 : TMR ; 72,000 à 72,500 : TMR ; 144,000 à 145,000 : TMR ; 436,000 à 437,000 : TMR.

Nota. — La puissance alimentation d'une station pour la télécommande de modèles réduits est limitée à 5 watts.

Radiocommunications avec mobiles terrestres

• **Réseaux publics. Téléphone de voiture automatique,** (Thomson C.S.F.). Dep. 1973. *Bandes : 150 MHz* (Lille, Strasbourg, Lyon, Marseille, Nice, Toulouse, Bordeaux, Rouen, Caen), capacité : 10 000 abonnés) ; *450 MHz* dep. 1983 à Paris, dep. 1985 à Lyon, Marseille et Nice, capacité : 3 500 abonnés. Ce système, actuellement saturé, ne permet pas de communiquer en dehors des zones urbaines précitées. **Radiocom 2000,** ouvert fin 1985, étendu à 85 % du territoire d'ici 1990. *Capacité globale* : 300 000 mobiles. *Services offerts* : téléphone de voiture et réseaux d'entreprise (avec accès possible au réseau téléphonique). *Bandes* : 400 MHz (couverture nationale), 200 MHz (en renfort à Paris, Lyon et Marseille). *Terminaux mobiles* : **EUROSIGNAL.** Service d'appel de personnes couvrant France, Allemagne et Suisse. *Récepteurs* (fin 1985) : 65 000. Le récepteur sonore peut transmettre 4 signaux lumineux et un bip.

• **Réseaux privés** : 30 000 bilatéraux, avec env. 200 000 mobiles qui utilisent des fréquences conseillées par l'administration. Utilisés par des groupes fermés d'utilisateurs (taxis, ambulances, sociétés de services, etc.) ; ne permettent pas l'accès au réseau téléphonique ; limités à une couverture de 30 km.

• **Postes téléphoniques sans cordon.** *Puissance* 2 mW. *Norme max.* : AFNOR NF C 98-220 obligatoire. *Fréquences* : sens fixe vers mobile : 26,5 MHz ; sens mobile vers fixe : 41,5 MHz.

☞ **Renseignements** : DTRE (Direction des Télécommunications des réseaux extérieurs). Dir. des Radiocommunications avec les mobiles (RCM), 246, rue de Bercy, 75584 Paris Cedex 12.

Télédistribution

• **Allemagne féd.** La Bundespost va investir 3 milliards de F par an dans un plan de câblage devant raccorder 7,5 millions de foyers d'ici 1987. Foyers câblés (fin 1985) : 4,9 millions. Construction de 2 usines de fibres optiques.

• **Belgique.** *1960-68* : 1ers réseaux. *Fin 1985* : 2 850 000 abonnés (90 % des téléspectateurs). *Programmes.* Télé : 14 à 17 et radio FM : 15 à 20 (venant de pays voisins ou de satellites). *L'Union professionnelle de radio et télédistribution* groupe l'ensemble des Stés de télédistribution.

• **Canada.** 941 Stés dont 550 env. assurent des émissions communautaires. *Abonnés.* De quelques centaines à 370 000. Au total 5 542 012 ab. (76,8 % des foyers). En 1985, 8 grands réseaux de télé payante et de services spécialisés (875 000 ab. soit 15 % des foyers).

• **États-Unis.** *1983* : env. 5 800 réseaux (Community Antennas Television) appartenant à des sociétés privées distribuant dans 12 000 agglom. 10 programmes en moyenne (possibilité technique jusqu'à 12 à 60 pr.) à 25 millions de foyers. Abonnement annuel : env. 90 $. La National Cable Television Association (NCTA) représente les réseaux.

• **France** Voir p. 1059.

• **Grande-Bretagne.** *1984* : env. 6 % de la pop. de la G.-B. desservie par câble. *1986* Satellite UNISAT annulé. Nouveaux projets à l'étude.

• **Italie.** *1975* : la télévision par câble est autorisée dans des zones de moins de 150 000 h., mais il n'existe encore aucun projet.

• **Japon.** *1985* : 38 221 systèmes, 4 266 030 abonnés.

• **Pays-Bas.** *Nov. 1983* : env. 70 % des foyers desservis.

• **Suisse.** *1986* : env. 50 % des foyers desservis. Expériences de programmes locaux dep. 1972.

Principaux prix et festivals de télévision

Dans le monde

Prix décernés par des pays ou des associations étrangères auxquels participe la France.

Prix Italia. *Créé* par Gian Franco Zaffrani, dir. de la RAI, en 1948. Chaque année en sept. en Italie. Prix décernés : Italia : œuvre musicale, œuvre dramatique ; de la RAI ; de la Presse ital. Concours élargi à la Télévision en 1957 : œuvres dramatiques, documentaires et musicales.

Rose d'or de Montreux (Suisse). *Créée* 1961 chaque année, début mai, 26e Rose d'or de Montreux : *Concours* par émissions de music-hall, variétés, musique légère, jazz, pop « personality shows », humour. Ouvert aux télévisions nationales et aux producteurs indépendants. *Prix :* Rose d'or, d'argent, de bronze, d'or des indépendants. *Jury :* international (1 juré par organisme participant au concours, j. des indépendants, j. de la presse internationale). *Palmarès concours officiel 86 :* Rose d'or : « Pen and Teller Go Public » (CPB-Washington). R. d'argent : « Ça arrive souvent sans qu'on s'y attende » (All. ZDF). R. de bronze : « Hilde ? on TV ? » (Norv. NRK). *Prix spécial producteurs indépendants :* « USA for Africa, the Story of We Are the World » (HBO New York). Prix de la Presse : « Bingo » (Finlande YLE). *Mention spéciale de la Presse :* « Pen and Teller Go Public ».

Festival de Monte-Carlo. *Créé* en 1961. Chaque année, début févr. *Prix : Nymphes d'or. Autres prix :* prix Amade, UNDA, de la Croix-Rouge monégasque, de SAS le Prince Rainier, de la Critique internationale (magazines de télévision).

Prix Louis-Philippe Kammans. *Créé* 1974. *Décerné* par les organismes membres de la Communauté des télév. francophones : *S.S.R.* (Sté suisse) ; *R.T.B.* (belge) ; *S.R.C.* (Canada) ; *TF1 ; A2 ; FR3.* Récompenses dramatiques en français. *1980 :* A2 Le Mécréant (Jean L'Hote). *1981 :* RTBF Mini trip (Jean-Pierre Joassin). *1982 :* RTBF Le coup de bol (J.-A. Lacour). *1983 :* pas de concours. *1984 :* pas de prix décerné.

Prix Futura. *Créé* 1982. *Couronne* une œuvre scientifique. En avril, à Berlin, tous les 2 ans.

International Enmy's Awards. Chaque année à New York, décembre. Couronne des films télév., arts populaires, documentaires.

Prix ONDAS. *Créé* 1954. Décerné par la Sté esp. de radiodiffusion (SER) et dep. 1983 par l'Union européenne de radiodiffusion (UER). 2 jurys attribuent les prix : 1er jury : national, 2e jury : international. Chaque année à Barcelone. *Prix :* personnalités de la radio et télév., meilleure émission régulière de télév.

En France

Albert-Ollivier - Fondation de France. *Créé* 1963. Abandonné 1975. Repris 1978 sous son nom actuel par la Fondation de France. Récompense une émission de fiction, en français, produite par l'une des 3 Stés de programme ou coproduite majoritairement par elle, spécialement conçue et écrite pour la télé. ou adaptée d'une œuvre préexistante. *Montant :* 40 000 F à partager entre auteur et réalisateur. *1976-77* Nina Companeez (Tom et Julie). *1978* Maurice Failevic (Le Franc-tireur). *1979* Pierre Cardinal (Mazarin : le roi est mort, vive le roi). *1980* Maurice Frydland (Le Moustique, réalisé par M. Honorin). *1981* J.-J. et Joëlle Goron (Le Boulanger de Suresnes). *1982* Cl. Santelli (« L'Épreuve » de Marivaux). *1983* Jacques Doillon (« Monsieur Abel » TF1) (mention spéciale « Les Mouettes sur la Saône » réalisé par Jean Sagols, FR3). *1984* Pierre Cardinal (« Le Dialogue des carmélites » de Georges Bernanos A2) mention spéciale Bernard Choquet (« Gaspard de la Meije » FR3). *1985* Peter Kassovitz (« Mariage blanc » FR3).

Prix de la Fondation de France-Michel Pomey. Récompense une œuvre de fiction en plusieurs épisodes, en langue française, produite par l'une des 3 sociétés de programme ou coproduite majoritairement par elle, spécialement conçue et écrite pour la télévision ou adaptée pour la télévision d'une œuvre préexistante. *Montant :* 40 000 F. *1984* Nina Companeez (« Deux amies d'enfance » A2). *1985* Jean Chapeau (« Le regard dans le miroir » TF1).

Prix de la Fondation de France. Documentaires et reportages. *Créé* en 1973. Récompense une émission (ou 1 série) tendant à favoriser la communication et la connaissance, à l'exclusion de toute œuvre de fiction. *Montant :* 40 000 F. *Palmarès : 1973* J.-C. Bergeret (Le Partage, dans la série « A la découverte des Français »). *74-76* non décerné. *77* Pascale Breugnot et Bernard Bouthier (Sylviane, ta mère t'appelle ; TF1). *1978* Stellio Lorenzi (2e partie de « J'accuse ») du film Zola ou la Conscience humaine. *79* Lazare Iglesis (La Petite Fadette ; TF1), Pierre Jordan (Marie Marquet : En somme je n'ai que 76 ans ; FR3). *1980* Michel Honorin (French Confection ; FR3). *1981* non décerné. *1982* ex aequo : Roland Portiche (Le Langage des Chefs) ; Marianne Lamour (Le Chantier de la Baie James) dans la série les « Grands Travaux » magazine de Bernard Soulier et Jean Labib. *1983* Richard Rein (« Séduit et abandonné », dans la série « Mœurs en direct » de Pascale Breugnot, A2). *1984* Ph. Alfonsi, Maurice Dugwson et Françoise Prébois (9-8-1945 : « Pétain en procès » dans la série « Histoire d'un jour »). *1985* José Varela, Frédéric Vassor (« Mourir à fond la caisse ») dans l'émission Carte de presse. A2.

Prix de l'Association française des critiques et informateurs de télévision. *Créé* 1950 (meilleur réalisateur et meilleure émission de l'année).

7 d'or de Télé-7 Jours. *Décernés* dep. 1975 par la rédaction de Télé-7 Jours et en fonction du courrier des lecteurs. *Palmarès* (1985). *Meilleurs : présentateur du journal télévisé :* Christine Ockrent ; *animateur :* Bernard Pivot ; *journaliste :* François de Closets ; *speakerine :* Evelyne Dhéliat ; *comédien :* Michel Bouquet ; *comédienne :* Suzanne Flon ; *auteur :* Jean L'Hote ; *musique :* Maurice Jarre ; *téléfilm :* Jacques le fataliste et son maître : *feuilleton ou série :* « Des grives aux loups » ; *journaliste sportif :* Gérard Holtz ; *émission de variétés :* « Les enfants du rock » ; *producteur de télé :* Bernard Pivot ; *réalisateur de direct :* Maurice Dugowson ; *de fiction :* Claude Santelli ; *émission pour la jeunesse :* « Disney Channel » ; *jeu télévisé :* « La chasse aux trésors » ; *magazine d'actualité ou débat :* « 7 sur 7 » ; *culturel ou artistique :* Apostrophes » ; *documentaire :* « L'équipe Cousteau en Amazonie » ; *spot publicitaire :* Citroën ; *Super 7 d'or :* Christine Ockrent.

Kangourous d'or de Télé Poche. Décernés dep. 1976 à 20 lauréats annuels choisis parmi les artistes, journalistes, animateurs et producteurs de radio et télévision par un jury composé de lecteurs et de rédacteurs de Télé Poche.

Prix Jean-d'Arcy. *Créés* en avril 1984 par TF1 en hommage au fondateur de l'Eurovision. Décernés pour la 1re fois le 24-12-1984 (prix 1985).

Statistiques Émissions

Nombre d'heures d'émission

Heures d'émission en 1982. (a) gouvernemental, (b) public, (c) commercial, (d) total, (e) non précisé. *Source :* Unesco 1985.

Radiodiffusion. All. dém. 49 257 [a.8] All. féd. n.c. Argentine 164 427 [e,5]. Autriche 36 852 [b.3]. Belgique 49 175 [b.8] Bermudes 40 560 [e.5]. Brésil 5 180 084 [d.7] Canada 22 744 [e,3]. Chypre 12 836 [b.8]. Corée du S. 372 321 [d.3]. Danemark 14 909 [d.7] Égypte 47 924 [a.1]. Espagne 40 460 [b.8]. Fidji 12 592 [b.1]. Finlande 17 535 [b.8]. *France 129 953* [b.7]. G.-B. 278 745 [b.1]. Grèce 22 286 [b.3]. Hong Kong 63 329 [d.7] Hongrie 23 603 [a.8] Inde 460 450 [a.3]. Indonésie 266 708 [a.7] Israël 34 281 [b.8]. Italie 48 412 [b.8] Japon 448 921 [d.7] Liban 36 513 [e,6]. Malaisie 79 161 [a.3]. Monaco 14 091 [b.7] N.-Zélande 371 540 [5]. Pérou 1 389 528 [d.3]. Philippines 3 949 560 [d.7] Pologne 44 253 [a.8] Portugal 37 669 [b.7]. Singapour 33 336 [a.8] Sri Lanka 34 609 [a.8] Suède 19 112 [b.1]. Suisse 35 844 [b.3]. Tchécoslovaquie 42 975 [a.8] Turquie 81 057 [b.8] Uruguay 678 165 [d.7] Yougoslavie 385 399 [b.8].

Télévision. All. dém. 7 962 [a.8] All. féd. 9 219 [e.1]. Argentine 145 220 [e,5]. Autriche 5 766 [e.1]. Belgique 8 756 [b.8] Brésil 284 128 [d,3]. Canada 759 743 [d.7]. Chili 4 025 [e,4]. Corée du S. 24 854 [d,3]. Cuba 10 096 [a.8] Danemark 2 486 [a.7] Égypte 6 604 [a,1]. Espagne 6 497 [b.8]. Équateur 27 787 [e,5]. Finlande 4 507 [d.8] *France 30 461* [b,7]. G.-B. 17 377 [b,1]. Grèce 3 177 [b,3]. Hong Kong 24 068 [d.7] Inde 21 960 [a.7] Irlande 5 445 [b.7] Italie 19 257 [b.8] Japon 599 204 [d.7] Koweit 5 315 [a.8] Libye 3 326 [e,1]. Luxembourg 2 470 [e,1]. Maroc 2 576 [a,1]. Monaco 1 742 [c.7] Norvège 2 414 [b.7] Pakistan 2 924 [a.8]. P.-Bas 4 514 [b,1]. Philippines 376 246 [d.7] Pologne 8 115 [a.8] Portugal 3 332 [b.7] Roumanie 5 490 [a.7] Suède 4 691 [b.7] Suisse 8 948 [b,3]. Tchécoslovaquie 9 650 [a.8] Turquie 1 811 [b.8] U.S.A. 4 869 206 [c,3]. Yougoslavie 22 734 [b.8]

Nota. — (1) 1979. (2) 1978. (3) 1977. (4) 1975. (5) 1974. (6) 1973. (7) 1981. (8) 1983.

Monde

Production (en milliers, en 1982). *Source :* ONU.

Radio-récepteurs. Hong Kong 48 262. Japon 14 318. U.S.A. 11 024 [1]. U.R.S.S. 8 906. Corée du S. 4 143. All. féd. 2 864. *France 2 733.* Pol. 2 175. Belg. 2 246. Inde 1 563. Italie 1 540 [3]. All. dém. 900. Indonésie 1 110. Mexique 663. G.-B. 430. Canada 733 [2]. Brésil 759 [3]. Roumanie 599. Tchéc. 310. Espagne 363 [3]. *Monde 141 945.*

Téléviseurs. Japon 12 796. U.S.A. 9 500 [1]. U.R.S.S. 8 345. All. féd. 4 201. Corée du S. 6 819. G.-B. 2 274. *France 2 155.* Italie 1 719. Brésil 2 353. Pol. 576. Mexique 788. Turquie 389. Espagne 631 [3]. Canada 321 [1]. Australie 377. Indonésie 730. Roumanie 412. Tchéc. 391. Youg. 489. Hongrie 351. Portugal 596. *Monde 70 234.*

Nota. — (1) 1979. (2) 1978. (3) 1976.

☞ **France.** En 1984. **Radio-récepteurs.** Livraisons 526 000 + 1 828 000 autoradios. *Exp.* 376 000 + 1 175 000. *Imp.* 6 392 000 + 1 347 000. **Téléviseurs.** *Noir et blanc :* livraisons 322 000 (en 1968 : 1 407 068). *Exp.* 12 000. *Imp.* 230 000. *Couleurs :* livraisons 1 687 000 (en 1960 : 57 134, 1973 : 580 661). *Exp.* 121 000. *Imp.* 584 000.

Taux (en %) d'équipement des ménages en 1984 : téléviseurs 93 dont TV couleurs 71,4.

Nombre de récepteurs de radio et de télévision

1983	Récepteurs TV			Récepteurs radio	
	Total (milliers)	Pour 100 h	Couleurs (milliers)	Total (milliers)	Pour 100 h
Algérie	1 325	6,5	–	4 400	21,5
All. féd.	22 132	36	10 500 [2]	24 604	40,1
Autriche	2 348	31,1	–	4 000	53
Belgique	2 981	30,3	850 [2]	4 617	46,8
Chine	7 000	7	–	70 000	67
Danemark	1 889	36,9	900 [1]	2 005	39,2
Espagne	9 850	25,8	900 [1]	10 900	28,5
États-Unis	185 300	79	–	479 000	204,3
Finlande	2 100	43,2	450 [1]	4 800	98,7
France	*20 500*	*37,5*	*4 500* [1]	*47 000*	*86*
G.-B.	27 000	47,9	11 000 [1]	56 000	99,3
Grèce	1 700	17,3	–	4 000	40,6
Irlande	838	23,9	160 [1]	1 600	45,6
Italie	13 831	24,3	750 [1]	14 213	25
Libye	220	6,6	–	380	18,5
Luxembourg	93	25,5	–	196	53,7
Malte	100	26,5	–	150	39,8
Maroc	860	3,9	9 [1]	3 600	16,3
Monaco	18	66,7	–	10	35,2
Norvège	1 316	31,9	460 [1]	1 700	41,2
Pakistan	1 100	12	–	7 000	7,8
P.-Bas	4 454	31	2 550 [1]	4 630	32,2
Portugal	1 500	15,1	–	1 700	17,1
Suède	3 245	39	2 050 [1]	7 150	85,8
Suisse	2 450	37,8	600 [1]	2 358	36,4
Tunisie	370	5,4	3 [1]	1 124	16,3
Turquie	5 600	11,8	–	5 800	12,3
U.R.S.S.	84 000	30,8	–	140 000	51,4
Yougoslavie	4 618	20,3	400 [1]	5 419	23,8

Nota. — (1) 1977. (2) 1976. — *Source :* UNESCO 1985.

Organisation en France (radiodiffusion et télévision)

Organismes gouvernementaux

Quelques dates

1959-*4-2*, la RTF devient *Office de radio-diffusion télévision française (ORTF),* établissement public de l'État à caractère industriel et commercial, doté d'un budget autonome. **1963**-*20-10*, les programmes nationaux de radio sont diffusés sur 4 « chaînes » : Paris-Inter (France I), programme régional (FR. II), national (FR. III) et haute fidélité (Fr. IV). **1964**, fin du système radio mis en place à la Libération. Disparition des émetteurs à vocation régionale. Création de France-Inter, France-Culture, France-Musique. **1972**, loi du 3-7 distingue le service public national de radio-télévision (monopole d'État) de l'Établissement public (ORTF) auquel ce service est confié. **1974**-*7-8*, suppression de l'ORTF et réorganisation. Loi votée 28-7-74 par Ass. nat. [*pour* 290 voix ; *contre* 183 (dont 105 PS, 74 PC, 4 non-inscrits)] et par Sénat (*pour* 180, *contre* 87, *abst.* 7). **1982**-*29-7*, réorganisation. *Le monopole de programme* n'existe plus : l'État peut concéder des autorisations de programme, par l'intermédiaire de la Haute Autorité de la communication audiovisuelle pour les radios locales privées, ou par des concessions de service public accordées par le gouvernement pour l'accès aux satellites et aux réseaux hertziens de télévision. Diffusion maintenue. **1986** lancement de chaînes privées 5 et 6, avril privatisation de TF1 annoncée.

Institutions de la communication audiovisuelle

Délégation parlementaire pour la communication audiovisuelle

Contrôle la gestion des organismes de radio et de télé. nationale. Peut être consultée ou rendre des avis de sa propre initiative dans les domaines concernés par la loi. L'est obligatoirement sur les décrets modifiant les cahiers des charges des organismes du service public de la radio-télévision.

Haute Autorité de la communication audiovisuelle

Siège : 100, Av. Raymond-Poincaré, 75016 Paris. *Créée* 29-7-1982 (loi sur la communication audiovisuelle). **Composition :** 9 membres. 65 ans au max. (3 nommés par Pt de la Rép., 3 par Pt de l'Ass. nat., 3 par Pt du Sénat) pour 9 ans (mandat non renouvelable). Renouvellement par tiers tous les 3 ans. Pt nommé par Pt de la Rép. *Nommés dep. le 22-8-1982 par le Pt de la Rép. :* Pte Michèle Cotta (n. 15-6-1937), nommée pour 6 ans, Paul Guimard (n. 3-3-1921) p. 9 a., M. Forni (n. 1924) p. 9 a. ; *par le Pt du Sénat :* Gabriel de Broglie (n. 21-4-1931) p. 6 a., Jean Autin (n. 31-12-1921) p. 9 a. ; *par le Pt de l'Ass. nat. :* Gilbert Comte, p. 9 a., Daniel Karlin (n. 1941) p. 6 a., Marc Paillet (n. 15-10-1918) p. 9 a. Raymond Castans (5-9-20). Les membres ne peuvent être révoqués. Leur fonction est incompatible avec tout mandat électif, toute fonction publique et toute activité professionnelle permanente rémunérée. S'ils sont fonctionnaires, ils sont détachés pour la durée de leur mandat. Ils ne peuvent, directement ou indirectement, exercer des fonctions, ni détenir des participations dans une entreprise liée au secteur de l'audiovisuel, de la presse ou de la publicité. Ils ne peuvent prendre aucune position publique sur les questions concernant des décisions ou des actes ou même des recommandations de la Hte Autorité. *Salaire :* 30 000 F par mois (env.).

Budget. *1984 :* 12,8 millions (personnel 8,1, autres 4,7), *1985 :* 13,4 (personnel 8,5, autres 4,9). *1986 :* 14,1 (personnel 9, autres 5,1).

Rôle. « Garantit l'indépendance du service public de la radiodiffusion sonore et de la télé. Veille au respect des missions du service public (par ses recommandations), pluralisme et équilibre dans les programmes ; à la personne humaine, égalité entre femmes et hommes, protection des enfants et adolescents. *Elle est attentive :* à la défense de la langue française ; promotion des langues et des cultures régionales ; adaptation des conditions de diffusion des programmes de télé. aux difficultés particulières des sourds et des malentendants. *Elle fixe, par ses décisions les :* règles concernant le droit de réplique aux communications du gouvernement ; conditions de production, de programmation et de diffusion des émissions relatives aux campagnes électorales et à l'expression directe des diverses familles de croyance et de pensée, des assemblées parlementaires, des partis politiques et des groupes parlementaires.

Elle détermine les : modalités de mise en œuvre du droit de réponse et donne son avis (public et motivé) sur les cahiers des charges. Chaque année, elle adresse au Pt de la Rép. et au Parlement un rapport sur l'exécution de ses recommandations et des cahiers des charges ainsi que sur la qualité des programmes. Les conflits relatifs à la liberté de conscience et de création opposant les organismes du service public à leurs collaborateurs peuvent lui être soumis aux fins de conciliation (excepté pour les journalistes, rattachés à la convention collective nationale de la presse). Elle veille à ce que les sociétés respectent les principes déontologiques régissant le contenu de la communication publicitaire. *Elle nomme* des administrateurs dans les conseils d'administration des établissements publics et des Stés, et parmi eux les Pts des Stés de radio et de télé. Elle organise la représentation de l'ensemble des Stés et établissements des Stés du service public dans les organismes internationaux.

Elle délivre les autorisations en matière de services locaux de radio-diffusion par voie hertzienne, de radiotélévision par câble et de service locaux de télévision hertzienne.

Nota. — A l'occasion de la mise en place des réseaux câblés de vidéo-communication par les collectivités locales, la Hte Autorité délivre les autorisations globales, après avis de la commission Galabert. Après 1986, les services de communication interactive ne seront soumis qu'à une simple déclaration (les autres programmes seront encore contrôlés par la Hte Autorité).

Conseil national de la communication audiovisuelle

Rôle consultatif auprès de la Hte Autorité et du Gouv. *Membres :* une cinquantaine, nommés pour 3 ans, représentant associations, entreprises ou organisations prof. concernées par l'audiovisuel.

Organisation nationale du service public de la radiodiffusion sonore et de la télévision

● **Établissement public de diffusion. T.D.F. (Télédiffusion de France)** 21-27, rue Barbès, 92120 Montrouge. Établissement public à caractère industriel et commercial doté de l'autonomie administrative et financière, chargé d'assurer la diffusion en France vers l'étranger, par tous procédés de télécommunications, des programmes du service public de la radiodiffusion sonore et de la télé. Gère env. 9 000 émetteurs et réémetteurs de télévision, assure la diffusion de TF1, A2, FR3, Canal Plus, la Cinq, TV6 et Télé Monte-Carlo dans la région de Marseille. Les radios locales privées (R.L.P.) dont la puissance dépasse les 500 watts doivent se soumettre à l'inspection technique de T.D.F. T.D.F. a la maîtrise des régies finales des chaînes françaises. Ses seuls techniciens peuvent, à leur gré, couper le « robinet » d'images. T.D.F est chargé de l'« embrouillage » des signaux de Canal Plus. Émet des magazines de télétexte, Antiope, mis au point à partir de 1976. Antiope propose le sous-titrage d'émissions, un service de dépêches et un service kiosque. Actuellement placé sous la tutelle du ministre des P.T.T. et du ministre de la Communication. *Pt :* Claude Contamine (29-8-29) dep. 9-4-86 ; *Dir. gén. :* Pascal Machuel. *Effectifs* (31-12-1985) : 3 997.

Sociétés nationales de radiodiffusion sonore et de télévision

● **Radio France.** 116, avenue du Pt-Kennedy, 75786 Paris Cedex 16. Chargée de la conception et de la programmation des émissions du service public national de la radiodiffusion. *P.-D.G. :* Jean-Noël Jeanneney (2-4-42) ; *Dir. gén.* Jean Izard (2-12-29) ; *Dir. de l'Information :* Jean-Pierre Farkas (1-1-1933).

Ressources : la redevance. *Personnel* (1986) : 3 199 collaborateurs sous contrat permanent. *Moyens techniques : Paris :* 45 studios de production dont 5 salles ouvertes au public, 5 régies mobiles de prise de son, 35 cabines de post-production, 35 voitures équipées (enregistrement et transmission), plusieurs centres de production en province. *Moyens financiers :* part du produit de la redevance répartie annuellement entre les organismes par le ministre compétent. *Programmes :* France-Inter, FIP, France-Culture, Fr.-Musique, R. 7, R. Bleue (v. Stations régionales).

Dep. la loi du 29-7-1982, Radio France est responsable de l'ensemble des activités de radiodiffusion sonore du service public, excepté la radio d'outre-mer confiée à la Sté de radiodiffusion et de télévision pour l'outre-mer RFO. Activités radio de FR3 (France Régions 3), personnels et installations techniques des 10 stations FIP de province lui ont été transférés.

● **Radio France Internationale.** Société nationale, filiale de Radio France (53,75 % du capital). Assure des émissions en direct, en français et en langues étrangères vers Afrique, Océan Indien, Amér. du N. et latine, Eur. de l'E. et des émissions à destination des immigrés vivant en France. Possède 25 émetteurs de + de 100 kW (BBC 80, Deutsche Welle 26), diffuse en langue nat. 21 h par jour (BBC 28, DW 24) et en l. étrangères 13 h en 7 langues (BBC 103 en 37 l., DW 60 en 34 l.).

Assure des actions de coopér. et le service d'une agence de presse spécialisée sur le tiers monde MFI (Medias France Intercontinents) créée le 1-5-82.

Nota. — En févr. 1985, entrée en service du 1er centre français d'émissions en ondes courtes hors métropole, à Montsinéry (Guyane). Les 3 émetteurs (500 kW) couvrent l'ensemble de l'Amér. latine et des Caraïbes. *Coût :* 131 millions de F.

● **France-Inter.** *Émetteurs : ondes longues* 1 à Allouis (Cher), (2 000 kW) ; *ondes moyennes* 15 émetteurs à modulation d'amplitude (3 131 kW) ; *à modulation de fréquence* 96 émetteurs (335 kW) et 121 réémetteurs (1,38 kW). *Programme* 24 h sur 24 sur grandes ondes (1 829 m-164 kHZ) ainsi qu'en modulation de fréquence et sur ondes moyennes. Émissions régionales en MF jumelées avec réseau B.

FIP (France-Inter-Paris). *Émetteurs* ondes moy. 2 (14 kW), à mod. de fréq. 19 (18,5 kW). 11 *programmes* de 14 h par j (7 h à 21 h) ; musique ininterrompue avec 3 à 4 mn d'infor. nationales et locales par h : *FI Paris* (5-1-71). *FI Marseille* (13-4-72). *FI Metz* (15-5-72). *FI Reims* (15-6-72). *FI Bordeaux* (14-10-72). *FI Lyon* (21-11-72). *FI Côte d'Azur* (30-6-73). *FI Lille* (2-7-73). *FI Toulouse* (20-12-73). *FI Loire-Atlantique* (17-4-74). *FI Strasbourg* (1-4-78). *FI Tours* (1985).

● **France-Culture.** *Émetteurs* à modulation d'amplitude, 20 (3 057 kW), 100 émetteurs (350 kW) et 124 réémetteurs à mod. de fréquence (1,39 kW). *Programme* 17 h par j (7 à 24 h). *Directeur* (3-5-84) : Jean-Marie Borzeix (n. 1-8-41).

● **France-Musique.** Émetteurs 91 (346,5 kW), réémetteurs 150 (2,06 kW) à modulation de fréquence. *Programme* en stéréo, diffusé 24 h chaque jour sauf mardi de 0 h à 6 h.

● **Radio-bleue.** Radio « inter-générations » émettant sur le réseau B ondes moyennes du lundi au samedi (8 h à 12 h).

● **Radio 7.** Radio thématique destinée aux jeunes de la région parisienne.

● **20 stations locales :** *17 départementales ou « de pays » :* Fréquence Nord, Radio Mayenne, Radio Seine-et-Marne, Radio Berry Sud, Radio Vaucluse, Radio Bretagne Ouest, Radio la Creuse, Radio Côte d'Azur, Radio Périgord, Radio Belfort, Radio Puy-de-Dôme, Radio Landes, Radio Drôme, Radio Isère, Radio Bordeaux Gironde, Radio Corse FM et Radio France Hérault ; *3 métr. :* Radio France Nancy, Radio France Lyon, Radio France Toulouse. 19 programmes décentralisés à vocation régionale, diffusés par décrochage sur le réseau B (et ondes moyennes relayant France-Culture, R.F.I. et France-Inter pour certaines émissions) et en modulation de fréquence. Émissions scolaires et universitaires : diffusées sur réseau B, en ondes moyennes. Sorbonne Radio France : programme diffusé sur l'émetteur de Paris Romainville (312 m). Voir Index : radio éducative.

● **Autres radios.** Programmes décentralisés diffusés par décrochage sur le réseau mod. de fréquence de France-Inter ou sur ondes moyennes à partir de 32 centres répartis sur l'ensemble du territoire (activités radiophoniques précédemment exercées par FR3) : Strasbourg, Bordeaux, Pau, Bayonne, Dijon, Besançon, Rennes, Vannes, Brest, Caen, Cherbourg, Limoges, Orléans, Grenoble, Mulhouse, Tours, Bourges, Montpellier, Nîmes, Perpignan, Nancy, Reims, Toulouse, Amiens, Rouen, Marseille, Nice, Ajaccio, Lyon, Clermont-Ferrand, Colmar.

Coût de cette décentralisation radiophonique. Pour une centaine d'unités : 2 milliards de F (1982).

> **Maison de Radio France.** 116, avenue du Pt-Kennedy, 75016 Paris. *Architecte* Henry Bernard. *Coût :* 250 millions de F (1963). *Superficie :* terrain 4 ha, maison 2 ha. *Couronne extérieure :* circonférence 500 m, haut. 36 m, plancher 106 000 m², façade aluminium 27 400 m², couloirs 11 km. *Tour :* haut. 63 m, étages 22, section 32 × 14 m. *Chauffage et climatisation* par centrale thermodynamique, utilisant l'eau d'un forage profond de 550 m. *Studios :* radiodiffusion 58, télévision *101* (100 places) et *102* (850 pl.), d'enregistrement *103* pouvant accueillir un grand orchestre, grand auditorium *104* (1 000 pl.). *Occupation :* Radio-France (propriétaire) ; divers locataires (FR3, R.F.I., S.F.P., I.N.A., etc.).

● **TF1.** 15, rue Cognacq-Jay, 75330 Paris Cedex 07. *P-D.G. :* Hervé Bourges (2-5-33) ; *Dir. gén. délégué :* Michel Astorg (22-4-28) ; *Dir. de la rédaction :* Alain Denvers ; *Dir. de la programmation :* Pascal Josephe (20-11-54) ; *Dir. délégué aux Rel. publiques :* Yann Cotten (20-1-41).

Administration et Programmes : 17, rue de l'Arrivée, 75737 Paris Cedex 15. *Capital social* 100 000 F. Le cahier des charges stipule que le Pt et le conseil d'adm. s'engagent devant la collectivité nationale tout entière à : veiller, par la diversité et la qualité de leurs programmes, à l'accès du plus grand nombre à toutes les formes de la culture ; provoquer, par l'information et le débat, l'échange des idées indispensables au fonctionnement des institutions démocratiques ; relayer et amplifier l'effort accompli pour l'éducation et la formation. *Effectifs* (1-1-86) : 1 385. **Diffusion :** en 819 l. noir et blanc sur le réseau VHF, en 625 l. couleurs sur le nouveau réseau UHF inauguré le 1-1-76 et dont la couverture nationale est assurée dep. juill. 1981, en 625 l. couleurs sur le réseau

FR3 dep. le 1-9-75, à midi et l'après-midi, jusqu'au démarrage de ses propres émissions : 18 h ou 18 h 35. **Population atteinte** *(au 1-1-81)* : réseau 1 (noir et blanc 819 l.) 99 %, 1 bis (couleurs 625 l.) 90 %. **Émetteurs** : principaux 77, réémetteurs 2 201.

• **Antenne 2 (A2).** 22 av. Montaigne, 75387 Paris Cedex 08. Production de programmes. *P.-D.G.* : Jean Drucker (12-8-41) ; *Dir. gén.* : Henri Perez ; *Dir. de Cabinet* : Laurent Levi-Strauss. *Effectifs* (1-1-86) : 1 368. **Diffusion** : en couleurs en 625 l. UHF (au 1-1-81 population atteinte 99 %). **Émetteurs** : principaux 113, réémetteurs 2 706.

• **FR3.** 116, avenue du Pt-Kennedy, 75790 Paris Cedex 16. Production de programmes. Assure la coordination : *Dir. gén.* : Janine Langlois-Glandier, *Dir. gén. délégué* : René Han (n. 1930), *Dir. admin. et financier* : Claude Norek, *Dir. techn.* : Michel Trelluyer (n. 4-2-34). *Effectifs* (1-1-86) : 3 374.

Stations régionales : Strasbourg (Alsace), Bordeaux (Aquitaine), Dijon et Besançon (Bourgogne, Franche-Comté), Rennes, Nantes, Le Mans (Bretagne, Pays de la Loire), Limoges, Poitiers (Limousin-Poitou-Charentes), Nancy, Reims (Lorraine, Champagne-Ardennes), Toulouse, Montpellier (Midi-Pyrénées, Languedoc-Roussillon), Lille, Amiens (Nord-Pas-de-Calais-Picardie), Caen, Rouen (Normandie), Paris, Orléans (Paris, Ile-de-France, Centre), Marseille, Nice, Ajaccio (Provence, Alpes, Côte d'Azur, Corse), Lyon, Clermont-Ferrand, Grenoble (Rhônes-Alpes, Auvergne).

FR3 ne peut diffuser plus de 4 h par jour en moyenne du programme national de télévision ; peut consacrer plus du 1/7 du temps total à la programmation de films (4 par sem. au moins) ; doit réserver des temps d'antenne à des émissions consacrées à l'expression directe des diverses familles de croyance et de pensée (5 quarts d'heure par sem.). (« Liberté 3 »).

L'utilisation du réseau hertzien par la radio et la télé en France

Contrôlé par TDF (v. p. 1056). 2 gammes d'ondes : U.H.F. (TF1, A2, FR3) et V.H.F. (Canal Plus). 58 canaux théoriquement utilisables (48 sur U.H.F., 10 sur V.H.F.). + de 6 000 émetteurs et réémetteurs. Une partie de ces canaux pourrait être libérée si un grand nombre d'émetteurs n'était plus monopolisé pour atteindre l'ensemble du territoire (cas actuel) ou si les chaînes nat. étaient diffusées par satellite (près des 3/4 des canaux deviendraient disponibles, seuls les programmes régionaux de FR3 étant diffusés par eux). Actuellement, dans ces conditions, 80 chaînes privées ne pourraient être diffusées que localement.

Les télés du matin

France. *TF1* : dep. sept. 1984 (« Bonjour la France ») le samedi et le dimanche de 8 h, à 9 h. *A2* : dep. le 10-1-1985 (« Télématin ») de 6 h 45 à 8 h 45. *FR3* : plusieurs émissions en 1984 et 1985. *Canal-Plus* : dep. le 5-11-1984 (« 7/9 »).

Audience totale : (sondage SOFRÈS-Télé-7 jours du 15/20-2-1985) : 8 % des Français regardent la télé du matin (65 % écoutent la radio, 23 % lisent le journal) et 20 % se sont déjà branchés sur l'un des programmes ; 12 % disent qu'ils regarderaient la télé du matin s'ils avaient un poste dans la pièce où ils prennent leur petit déjeuner.

Grande-Bretagne. *BBC 1* : dep. le 18-1-1985 (« Breakfast Time »), de 6 h 50 à 9 h 20 ; 1 500 000 téléspectateurs. *ITV* (TV/AM) : dep. févr. 1983 (« Good Morning Britain »), de 6 h 25 à 9 h 25 ; 2 200 000 téléspectateurs.

U.S.A. Inaugurée par la NBC en 1952 (« Today »). Audience : ABC 5,5 %, NBC 4,4, CBS 3,4.

• **Sté nat. de radio et de télévision pour l'outre-mer** : filiale de Radio France et FR3. Coordonne Stés régionales de radio et de télévision d'outre-mer. Conçoit des programmes mis à la disposition des stations régionales. *Pt* : René Mahé (24-6-26).

Stations : St-Pierre-et-Miquelon, Guadeloupe, Martinique, Guyane, N.-Calédonie, Polynésie, La Réunion. **Diffusion** : en couleurs : 1976 La Réunion ; 1977 Martinique, Guadeloupe, Guyane ; 1978 N.-Calédonie, Polynésie, St-Pierre-et-Miquelon. 2 chaînes à la Réunion (1983), en Martinique et en Guadeloupe (déc. 84). **Programmes** : chaque station diffuse en moyenne 49 h 05 par semaine soit + de 17 812 h par an pour les DOM-TOM. Les informations représentent env. 20 % du programme ; l'information nationale et intern. est acheminée en images par satellite [*Intelsat 4AF1* : O. Atlantique : Martinique, Guyane (+ Afrique). *4F8* : O. Pacifique (via O. Indien. *Intelsat 4F1*), N.-Calédonie ; *Symphonie* : La Réunion ; *Télécom 1* remplace *Intelsat* dep. déc. 84].

• **S.F.P. (Sté française de production)** : 36, rue des Alouettes, 75935 Paris. Production d'œuvres et de documents audiovisuels. *P.-D.G.* : Bertrand Labrusse (7-6-31) ; *Dir. gén.* : François Lemoine ; Francis Brun-Buisson (31-5-47).

Sté anonyme, le capital doit être détenu majoritairement par des organismes publics. Réalise des productions en film et en vidéo (télévision, cinéma, publicité, films d'entreprise), vidéotransmission fournit des prestations de toute nature, effectue des études d'ingénierie. Fabrique annuellement env. 2 000 h de programmes dont la moitié env. en production. *Production totale* dont commandes passées par les Stés de programmes : *1984* : 1 155 h 49 mn dont (*TF1* 701 h 03 mn, *A2* 435 h 06 mn, *FR3* 9 h 19 mn, autres 10 h 21 mn). **Effectifs** (1986) : 2 515. Voir Quid 1983, p. 915.

• **Institut national de la communication audiovisuelle (I.N.A.)** : Tour Gamma A, 193-197, rue de Bercy, 75012 Paris. Chargé de la recherche et de la formation dans le domaine de l'audiovisuel. *Pt* : Jacques Pomonti. *Effectifs* (7-2-84) : 949.

Activités : *conservation des archives audiovisuelles.* L'I.N.A. est propriétaire (5 ans après la diffusion à l'antenne) de : 32 ans d'archives TV (1949-1981), soit 500 000 émissions ou sujets d'actualité ou 250 000 h de programmes. 37 ans d'archives sonores et radiophoniques (1945-81), soit 450 000 disques d'enregistrement direct, 600 000 bandes magnétiques (ou 400 000 h d'enregistrement) ; 30 ans d'actualités cinématographiques (1939-1969) soit 12 000 sujets ou 400 h de documents. *Formation professionnelle* (stages) : 70 000 jours stagiaires en 1984. *Recherche* : études sur l'évolution des réseaux et systèmes de communication (câble, satellite, applications de la télématique, radio-télévision, interactivité), sur la programmation et les publics. Recherche-Image, production expérimentale, synthèse d'image bi- et tri-dimensionnelle. Coordination du Plan Image. *Production* : d'après le cahier des charges, 60 h au minimum de production obligatoire de l'Institut (30 h sur son initiative, 30 h sur commandes des Stés) ; émissions pour le compte d'organismes publics.

Budget (en 1986, en millions de F). De fonctionnement. *Dépenses* : 421,2 dont charges de personnel permanent 196, services extérieurs 72, dotations aux amortissements 52,2, autres charges de personnel 43,2, autres services extérieurs 24,5, achats 14,6, impôts, taxes et versements assimilés 8,6, charges exceptionnelles 2, dotations aux provisions 5, autres charges de gestion courante 2,5, charges financières 0,4. *Recettes* : 421,2 dont contributions forfaitaires 175,4, redevance 105,6, recettes commerciales 40,7, formation professionnelle des organismes publics de radio-TV 29,5, production immobilisée 27,2, commandes de programmes 19,8, services rendus aux administrations 21, autres produits 1,7, prod. financiers 0,5.

Satellites TV européens. Sky-Channel (Grande-Bretagne) et **Sat-1** (All. féd.) distribuent des programmes aux abonnés [1]. **Eutelsat-1-F3 (ECS-3)** : lancement prévu en août par Ariane (15ᵉ tir). Rejoindre Eutelsat-1-F1 (ex-ECS-1, sat. de TV lancé par Ariane le 16-6-83) et Eutelsat-1-F2 (ex-ECS-2, sat. de service P.T.T.). Eutelsat (organisme européen de télécom. par satellites, v. astronautique, p. 53) disposera de 22 canaux dont 2 réservés à l'Eurovision ; 13 pays candidats à leur utilisation (France, All. féd., Turquie...).

Nota. — (1) On peut capter en France leurs émissions grâce à une antenne spéciale avec l'autorisation (accord tacite) des pouvoirs publics (ex. : hôtel Méridien et magasin F.N.A.C. à Paris).

Satellites de télévision directe TDF 1 et 2 de la 5ᵉ chaîne. *Destinés* à diffuser plusieurs programmes de télévision (4 pour TDF 1) sur la plus grande partie de l'Europe occid. *Dates de lancement prévues. TDF 1* : 7-7-1986 (par Ariane 2) ; *TDF 2* : début 1988. *Commercialisation. TDF 1* : début octobre 1986. *Sté d'exploitation prévue.* Actionnaires 1/3 de capitaux publics (État français), 2/3 de capitaux privés (fr. et éventuellement européens). *Équipements.* Sur les satellites : tubes à ondes progressives (TOP), commandés à Thomson. Pour la réception : norme « D-2 Mac Paquets » (aptes à fonctionner aussi au début en Pal-Secam). *Durée de vie* : 7 à 10 ans. *Coût de TDF 1 (est. en 1983)* : 1 055 millions de F pour la phase préopérationnelle, + 1 200 à 1 400 millions pour la phase opérationnelle. *La 5ᵉ chaîne.* Dans son 1ᵉʳ rapport (avril 1985), P. Desgraupes propose une chaîne de création (dramatiques, feuilletons, retransmissions en direct de grands événements artistiques et culturels), employant 300 personnes avec un budget de 1 200 millions de F.

Organisation décentralisée

Stés régionales de radio sonore. Filiales de la nationale de radio sonore, chargées de la gestion des stations locales.

Stations locales (du service public). Conçoivent et programment les émissions du service public ; ont le droit de diffuser 3 fois par jour les bulletins de France-Inter. Dep. janv. 85, messages de publicité collective d'intérêt général. Créées par Radio France. Radio Berry Sud (Châteauroux, 23-4-82). R. Vaucluse (Avignon, 29-6-82). R. Bretagne Ouest (Quimper, 3-8-82). R. La Creuse (Guéret, 5-9-82). R. Côte d'Azur (Nice, 19-10-82). R. Périgord (Périgueux, 26-10-82), R. Belfort (Belfort, 14-12-82). R. Puy-de-Dôme (Clermont-Ferrand, 19-4-83). R. Landes (Mont-de-Marsan, 17-5-83). R. Drôme (Valence, 18-7-83). 7 nouvelles stations en 1985 : Radio France-Pau/Béarn (Pau), Pays basque (Bayonne), Alsace (Strasbourg), Provence (Marseille), Picardie (Amiens), Loire-Océan (Nantes), Besançon. *Audience* : 4 à 24 %. *Effectifs* (moyenne) 20 permanents, 80 à 120 pigistes. *Coût unitaire* (en millions de F) : investissement (payé avec l'aide des collectivités locales) 3,5 ; fonctionnement annuel (versé par Radio France) 8.

Le sénateur Cluzel a calculé que si l'expérience était étendue à 90 départements, elle aboutirait à une charge annuelle supplémentaire de l'ordre de 750 millions de F en 1983, compte non tenu de l'investissement (env. 250 millions de F). Il s'est demandé s'il était utile de créer ces stations sur fonds publics alors que les radios libres (env. 800 à fin 84) rendent à moindres frais des services similaires.

Stés régionales de télévision. La loi du 29-7-1982 a prévu pour 1986 : 12 Stés régionales de télévision. 1 Sté a été créée dans le Nord-P.-de-C. en 1983, 2 autres le seront en Lorraine et en Aquitaine en 1984. *Coûts* (en millions de F) investissements (TDF) et fonctionnement : *1983* : 220, *84* : 245.

Stés régionales de radio et de télévision d'outre-mer. Chargées de la conception et de la programmation d'émissions du service public.

Ateliers de création décentralisés. *2 créés* en 1985 à Strasbourg et Nice. Assistance aux radios décentralisées pour la création (feuilletons, concerts, dramatiques).

Action extérieure du service public de la radiodiffusion sonore

Sté filiale de la Sté nationale de programme de radio, assure conception et programmation des émissions de radio du service public destinées à la diffusion internationale. *P.-D. G.* : Jean-Noël Jeanneney ; *Dir. gén.* : Fouad Ben Halla.

Effectifs de la R.T.F. *(au 1-1-1986)*. *TDF* : 3 997. *FR3* : 3 374. *Radio France* : 3 199. *S.F.P.* : 2 515. *TF1* : 1 385. *Antenne 2* : 1 368. *I.N.A.* : 949. *Total* : 16 187 (*1981* : 15 598, *1984* : 17 660).

4ᵉ chaîne : « Canal Plus ». Mise en service 4-11-1984. *Statut.* Sté privée ayant une concession de service public pour 12 ans. *Capital initial* : 150 millions de F (Havas 42,14 %, Sté Générale 20, Cⁱᵉ gén. des eaux 15, Guy Merlin 10...).

Fin déc. 1985, le capital est porté de 150 à 300 millions de F par incorporation d'avances consenties par les actionnaires l'hiver 1984-85. En janv. 86, augmentation de capital de 300 à 450 MF. Havas ne souscrivant pas à l'augmentation, sa participation passe de 42 à 37,7 %. Perrier entre dans le capital pour 5 %. En mars 1986, Havas réduit sa participation à 25 % en vendant une partie de ses actions à SGGMD, centrale d'achat d'espace de Gilbert Gross, 3 % à la Sté anglaise Granada (du groupe privé audiovisuel I.T.V. Granada), 2 % à la Cie financière St-Germain, (actionnaire majoritaire des éditions Masson spécialisées dans la presse médicale). *Répartition du capital au 6-3-1986.* Havas 25, Cie Gᵃˡ des eaux 15,65. L'Oréal 10,41. Sté Générale 10. Garantie mutuelle des fonctionnaires 5,21, un ensemble de banques (12,5 %), solde : divers fonds communs de placement et groupes de presse régionaux associés. *Pt* : André

Rousselet. *Cahier des charges* publié le 14-3-86 au J.O. Seules obligations de service public à respecter : ordre public, bonnes mœurs, objectivité, équilibre des familles de pensée, droit de réponse. *Programmes :* 1/4 des ressources obligatoirement consacrées au cinéma ; pas de quotas pour les programmes français télévisuels. Parrainage publicitaire avec exclusivité du mécénat attribuée à Havas. *Horaires :* de 7 h à 3 h du matin (148 h par semaine). *Programmes :* 6 films différents par semaine, rediffusés chacun 6 fois ; 10 flashes d'information par jour ; feuilletons, téléfilms, séries, spectacles, sports. *Effectifs :* 267 (total prévu : 375). *Zones desservies. Fin 1974 :* 50 % de la pop. (rég. par., Nord.-Pic., Rhône-Alpes, rég. médit.). *1985-14-6 :* 65 %, *1-9 :* 80 %, *1-11 :* 87 % (47 millions d'hab.), fin 1987 (prév.) 90 %. *Caractéristiques techniques.* Utilise les anciens réseaux qui transmettent les signaux de la 1re chaîne en noir et blanc et en 819 l. dans la bande de fréquence VHF (ondes métriques), mais émissions en 625 l. *Coût de la remise en état des émetteurs, réémetteurs de réseau :* 300 millions de F. *Équipement antenne collective :* 2 500 F ; *individuelle :* 550 F. *Abonnement :* 120 F/par mois (140 F dep. le 19-1-85) + 420 F de garantie pour le décodeur. *Budget. 1984-85 :* 770 millions de F. *Déficit* (millions de F). *1984 :* 164 ; *85 :* 530. *Modification en 1985.* Durée des émissions, visibles sans décodeur, portée de 1 h 55 à 4 h par jour, accueil de la publicité commerciale. **Abonnés.** *1984-10-11 :* 200 189. *1985-1-1 :* 245 000. *5-3 :* 275 000. *3-5 :* 300 000. *30-9 :* 500 000. *1986 mai :* 1 000 000.

SOFIRAD

Créée 7-11-1942. **Capital :** 176 400 000 F détenu à 99 % par le Trésor public gérant des participations de l'État français dans les postes privés de radio et de télévision en France et à l'étranger. **Participation :** détient 83 % de Radio Monte-Carlo [et par son intermédiaire : 55 % de la Somera (v. p. 1061), 99,99 % de Radio des Vallées d'Andorre, 70 % de Sud-Radio-Services, 13,5 % de la R.F.P. Le 4-3-1986, a vendu à Hachette sa participation à Europe 1 (34,19 %). Possède aussi directement ou indirectement des participations dans la Sté marocaine Radio Méditerranée Internationale (RMI) qui exploite la station Medi I, dans la Sté gabonaise qui gère la station Africa n° 1 et dans la Sté gérant la station Radio Caraïbes Internationale (RCI). Télécompagnie (contrôlée à 100 %), Cie européenne de radio-diffusion et de télévision (99,6 %), Régie n° 1 (50 %) et Télé-Monte-Carlo (35 %), à l'étranger 53 % de la Cie libanaise de télévision. **P.-D.G.** (nommé pour 3 ans par le Conseil des min.) : Gérard Unger (dep. 21-12-84). *Recettes (1985) :* 70 748 845 F (dont Europe 1 et RMC 17 401 000). *Charges :* 62 223 541 F. *Bénéfices :* 8 525 000 F (*1983 :* 10 000 000, *1984 :* 10/15 000 000).

Budget de la R.T.F.

Ressources

• **Ressources globales de la R.T.F.** (S.F.P. exclue, 1986). 13 518,4 millions de F dont (en %) : redevance : 55,5, publicité de marque : 24,4, concours de l'État : 0,5, emprunts : 3,9, Société de commercialisation du satellite : 4,8, Régie française des espaces : 0,4, publicité collective : 1,9, recettes commerciales : 6,2, services rendus aux administrations : 0,5, commandes de programmes : 0,2, stocks de programmes : 0,1, produits financiers : 0,1, recettes diverses : 1,5.

• **Redevance. Assujettis.** Due par tout possesseur (achat, prêt, cadeau) d'un récepteur de télévision ou d'un appareil d'enregistrement et de reproduction des images et du son en télévision (magnétoscope).

En cas de non-paiement dans les 2 mois, majoration de 30 %. Si l'on se sépare de son appareil sans le remplacer, formuler auprès du Centre régional une demande de résiliation de compte.

Personnes exemptées : peuvent être exonérées, sous réserve de ne pas être assujetties aux impôts sur le revenu et sur les grandes fortunes : 1°) les personnes âgées d'au − 60 ans au 1-1 de l'année de mise en recouvrement de la redevance, qui vivent soit seules, soit avec leur conjoint et le cas échéant avec des personnes à charge (c.-à-d. comprises dans la détermination du quotient familial de leur imposition sur le revenu) ou non imposables ; 2°) mutilés et invalides civils ou militaires atteints d'une infirmité ou d'une invalidité les empêchant de subvenir par leur travail aux nécessités de l'existence, qui vivent soit seuls, soit avec leur conjoint et le cas échéant avec des personnes à charge, des personnes non passibles de l'impôt sur le revenu, avec une tierce personne chargée d'une assistance permanente.

En fait, l'exonération est consentie aux invalides titulaires d'une carte d'invalidité au taux d'au moins 80 %, ou d'un titre de pension de 2e ou de 3e catégorie de la Séc. soc. ou d'un régime assimilé, ou de l'allocation aux adultes handicapés, ou d'une pension ou allocation assortie de la majoration pour aide d'une tierce personne.

Comptes (au 31-12-85). *Téléviseurs* noir et blanc 4 778 109 (dont 180 574 payants), couleurs 12 301 719 (1 498 482). *Magnétoscopes* 398 596 (7 401) *Télé (noir et blanc)/magnétoscope* 34 962 (4 788). *Télé couleurs/magnétoscope* 835 721 (37 823). *Total* 18 349 107 (2 729 068).

Télévision

Comptes ouverts télévision			
1950	297	1968	8 336 000
1951	3 794	1969	9 278 000
1952	10 558	1970	10 153 000
1953	24 209	1971	11 008 000
1954	59 971	1972	11 655 000
1955	125 088	1973	12 279 000
1956	260 508	1974	13 017 000
1957	442 433	1975	13 632 026
1958	683 229	1976	14 161 804
1959	988 594	1977	14 693 156
1960	1 368 145	1978	14 973 393
1961	1 901 946	1979	15 523 600
1962	2 554 821	1980	15 862 965
1963	3 426 839	1981	16 192 264
1964	4 400 278	1982	16 959 232
1965	5 414 276	1983	17 413 686 [2]
1966	6 489 014	1984	17 962 600 [1-3]
1967	7 471 992	1985	18 349 107

Nota. − (1) Dont tél. couleurs 11 339 957, magnétoscopes 750 792.
(2) Dont 419 279 comptes magnétoscopes.
(3) Dont 928 723 comptes magnétoscopes.

Exonérations répartition (au 30-6-1985). Nombre : 2 586 041 [dont (en %) : personnes âgées : − 87,09, invalides : − 12,23, établissements hospitaliers : − 0,68], montant 1 170,4 millions de F. *Fraudeurs* env. 12 %.

Montant de la redevance. Téléviseurs noir et blanc et, entre parenthèses, couleurs : *1980 :* 221 (331) ; *81 :* 238 (358) ; *82 :* 280 (424) ; *83 :* 311 (471) ; *84* (1-1) : 331 (502) ; *85* (1-1) : 346 (526) ; *86* (1-1) : 356 (541). **Magnétoscopes :** dep. *1-1-1983 :* 471 ; *84* (1-1) : 612 ; *85* (1-1) : 641. *86* (1-1) : 659.

Recettes (1986, millions de F) : 8 434 dont frais de recouvrement : 410 [(dont dépenses de personnel : 220,53, de fonctionnement : 189,5, dont affranchissement PTT : 89,4), dépenses informatiques : 30,08].

Répartition annuelle faite par le min. délégué et soumise à l'approbation du Parlement (loi de Finances) en fonction de certains critères [ex. pour l'I.N.A. en fonction de son projet de budget, de l'évolution de son activité, de ses ressources propres, de l'effort qu'il a consenti en faveur de la création, de ses obligations de service public (cahier des charges)].

Pour les chaînes en fonction du volume d'écoute mesuré par le nombre d'auditeurs ou de spectateurs par heure pour l'ensemble des programmes de chaque Sté. On tient compte de la variation du volume d'écoute d'une année sur l'autre dans la limite de 10 % en plus ou en moins.

Et de la qualité des programmes : une notation est établie par une Commission de la qualité (membres choisis par le Prem. min.), des sondages sur la qualité sont réalisés périodiquement par le Centre d'études d'opinion. Le service d'observation des pr. vérifie le respect par les Stés de leurs obligations, notamment en ce qui concerne la pub. clandestine.

Parts des ressources de redevances dans le budget (en 1986, en %). Exploitation et, entre parenthèses, équipement. *TDF :* 5,6 (9,3), dont programme éducatif et culturel 100. *Radio-France :* 95,6 (11,9). *RFI :* 96,7. *TF1 :* 34,4 (60,1). *A2 :* 36,3 (20,2). *FR3 :* 78,4 (47,6). *RFO :* 92,9 (41,7). *SFP :* (53,6). *INA :* 27,4 (26,4). *FMI :* (92). **Ressources de publicité de marque.** Montant (en millions de F) **1982 :** 2 053,6 dont *TF1 :* 1 095, *A2 :* 930, *FR3 :* 28,6. **1986 :** 3 302 dont *TF1 :* 1 443, *A2 :* 1 394,3, *FR3 :* 429,7, *RFO :* 35.

Part dans le budget d'exploitation (1986, en %). *TF1 :* 59,2. *A2 :* 57,2. *FR3 :* 16,4. *RFO :* 6,1. *Ensemble :* 40,9.

Budget (1986). Budget de fonctionnement et, entre parenthèses, budget d'équipement (en millions de F). *TDF :* 2 867,8 (2 100). *Radio-France :* 1 851,1 (82,9). *RFI :* 359,4 (3,3). *TF1 :* 2 438,5 (62,1). *A2 :* 2 436,7 (37,6). *FR3 :* 2 612,3 (242,4). *RFO :* 576,5 (42,2). *SFP :* 1 390,3 (161,8). *INA :* 385 (59). *FMI :* 71,6 (16,3).

Budget des organismes

En millions de F (1985).

• **TF1.** *Recettes :* 2 324,1 (dont redevance 829,3 ; pub. de marque 1 337, collective 93,7 ; recettes commerciales 3 ; prod. financiers 1 ; services rendus aux administr. 7 ; recettes diverses 53,1). *Dépenses :* 2 324,1 [dont info. 352,1 ; programmes 1 309,4 (création 965,9, cinéma 132,6, autres programmes 93, versements aux Stés d'auteurs 98,2, autres dépenses liées aux programmes 19,7) ; diffusion 463,4 ; contributions obligatoires 68,6 ; formation prof. 13,5, action sociale 20,9 ; affaires commerciales 3,5 ; fonctionnement général 69,4 ; provisions et réserves 23,3].

• **A2.** *Recettes :* 2 312,2 (dont redevance 971,7 ; pub. de marque 1 222, collective 76,5 ; prod. financiers 5 ; recettes diverses 37). *Dépenses :* 2 312,2 [dont info. 379,1 ; programmes 1 265,3 (dont création 955,1, cinéma 96,2, autres programmes 70,6, versements aux Stés d'auteurs 101,5, autres dépenses liées aux programmes 41,9) ; diffusion 479,3 ; contributions obligatoires 74,1 ; formation prof. 5,9 ; action sociale 15,2 ; affaires commerciales 7,9 ; fonction. général et serv. communs 70,4 ; provisions et réserves 15].

• **FR3.** *Recettes :* 2 381,1 (dont redevance 1 884,9 ; pub. de marque 374,7, collective 43 ; recettes commerciales 15,4 ; services rendus aux administr. 5,5 ; prod. financiers 6 ; recettes diverses 38,1 ; accroissement de la valeur des stocks de programmes 13,5). *Dépenses :* 2 381,1 [dont info 578,3 ; programme régional 326,9 (dont création 228,7, cinéma 16,6, autres programmes 30, autres dépenses liées aux programmes 51,6) ; programme national 689,1 (dont création 355,5, cinéma 156,4, autres programmes 32,6, versements aux Stés d'auteurs 10,48, autres dépenses liées aux programmes 39,8) ; diffusion 415,3 ; contributions obligatoires 92,9 ; formation prof. 29,5 ; action sociale 37,1 ; affaires commerciales 15,7 ; fonctionnement général et services communs 196,3].

• **Radio France.** *Recettes :* 1 741,9 (dont redevance 1 642,4 ; pub. collective 26,5 ; services rendus aux administr. 11 ; prod. financiers 5,5 ; recettes diverses 56,5). *Dépenses :* 1 741,9 [dont info. 128,3 ; programmes 961,7 (dont programmes nationaux 575,1 (France-Inter 135,7, France-Culture 135,4, programmes musicaux 129,3, orchestres 134,5, F.I.P. 10,6, F.I.R. et radios thématiques 29,6), progr. décentralisés 312,3, versements aux Stés d'auteurs 73,8) ; diffusion 351,6 ; contributions obligatoires 48 ; formation prof. 13,3 ; action sociale 30,3 ; affaires commerciales et autres activités 31,7 ; activité immobilière 66,5 ; fonctionnement général et services communs 105 ; provisions 5,5].

• **S.F.P. Budget de fonctionnement.** *Recettes :* 1 390,3 (dont contributions internes des organismes de radio-télévision 1 261,9 ; recettes commerciales 105 ; rec. diverses 23,4). *Dépenses :* 1 390,3 [dont moyens de production et de fabrication 1 205,2 ; contributions obligatoires 23,3 ; formation prof. 24,7 ; action sociale 30 ; affaires commerciales 10 ; fonctionnement général et services communs 85,2 ; provisions 11].

Sommes à verser à TDF (en millions de F, en 1986). *TF1 :* 513,6, *A2 :* 519,5, *FR3 :* 455, *RFO :* 112,2, *Radio-France :* 369,7, *Radio Fr. Intern. :* 124,4, les sommes demandées à la « *5* » ont été réduites en *1986 :* à 51,8 ; *87 :* 71,8 ; *88 :* 91,8 et *après :* 111,3.

Abattement d'antenne de 25 % (1986 à 1991) sur 1 449 émetteurs, 950 permettront aux téléspectateurs de recevoir la « 5 » sans toucher à leurs antennes, 499 nouveaux seront nécessaires dans d'autres zones comme Lyon, Grenoble, ou Dunkerque. Il faudra effectuer dans un « certain nombre de cas, la réorientation de l'antenne existante ou l'acquisition d'une nouvelle antenne » pour les particuliers. « Abattement de non-sécurisation de 17,5 » de 1986 à 1988, car en cas de panne, il n'y aura pas d'émetteurs de secours disponibles, abattement d' « effet physique de montée en charge » : 40 m. de F en 1986.

Audience (moyenne 19 h 30-23 h 30). Semaine du 20-2-1986 au 26-2 (en %) : *TF1 :* 35, *A2 :* 33, *FR3 :* 12, *C+ :* 7, *La 5 :* 13. *Total :* 100.

• **I.N.A.** *Dépenses :* 375,4 (dont archives 81,3 ; formation prof. 75 ; recherche 105,4 ; développement, action commerciale et relations extérieures 24,7 ; contributions obligatoires 5,7 ; action sociale 12,5 ; fonctionnement général et services communs 38 ; provisions et amortissements des prod. immobilisées 32,8).

Prix de revient d'émissions

• **Émissions produites. Coût horaire** (en milliers de F, 1984). *De quelques productions :* Formule 1 1 209. La Belle vie 890. Le Jeu de la vérité 750. Champions 486. Droit de réponse 307. La bouteille à la mer 225. *Par type d'émission (en moyenne) sur* TF1. Fiction 2 560, musique 726, retransmissions théâtrales 627, documentaires et magazines de soirée 505, divertissements et jeux 509, info. et sports 285 [1], jeunesse 262 [1], après-midi (plateau et documentaires d'après-midi) 210, émissions religieuses 182.

Coût d'une minute (en F). Informations. 1 663 (toutes charges comprises) sur Canal Plus contre (budgets alloués dans la loi de finances 1985) [1] 10 663 sur TF1, 9 891 sur A2 et 9 769 sur FR3 ; 154 pour une intervention du P.M. (prix de la diffusion). **Autres émissions. Sur TF1 :** 33 000 à 66 000 [Cocorico-coboy Collaro 15 000, documentaire du Cdt Cousteau 11 000, « Histoire à la Une » 10 500, théâtre de P. Sabbagh 8 000, après-midi de Bertho 1 500, retransmissions de concerts, matchs de tennis et football (internationaux) 1 000]. **Sur Antenne 2 :** « Champs-Élysées » de M. Drucker 29 400, « Grand Échiquier » de J. Chancel 20 000. **Sur FR3 :** théâtre 660, documentaire 9 500, fiction 21 600. **Cinéma.** A partir de 2 000 (pour une version originale). *Ex.* (sur FR3) : Rio Bravo (montré 5 fois) 4 000, la Grande Vadrouille 9 000, la Boum 22 000, le Grand Blond avec une chaussure noire + de 30 000. *Moyenne :* 7 758 sur TF1, 6 700 sur A2, 7 666 sur FR3, 4 370 sur Canal Plus (L'As des As : 25 000).

Nota. — (1) Sans compter les dépenses de personnel et de matériel.

Coût global des émissions de variétés (en 1984, en milliers de F). Grand Échiquier [2] 1 567, Carnaval [1] 1 550, l'Académie des bas arts [1] 1 550, Salut les Mickeys [1] 1 200, Champs-Élysées [2] 1 118. **Émissions depuis 1983 :** Vive la crise [2] 1 565, Histoire à la Une [1] 1 210, Psy Show [2] 652, Cocorico-coboy [1] 230, Résistances [2] 209, Étoiles et Toiles [1] 175, Branches Musique [1] 135, Théâtre de Bouvard [2] 93,5, A nous deux [2] 28, Téléforme [1] 27.

Nota. — (1) TF1. (2) A2.

• **Émissions louées par la TV** *(contre droits de retransmission).* **Films de cinéma** (vieux de 3 a. et +, except. les films coproduits par les Stés de programme). *Nombre de films passés en 1974* 440. *1975* 469. *1976* 517 (TF1 150, A2 127, FR3 240). *1984 :* 485 (TF1 142, A2 130, FR3 213 dont 99 étrangers). Sur les 3 000 films français produits entre 1934 et 1958, 300 au plus présentent aujourd'hui un niveau artistique acceptable.

Droit de diffusion. En moyenne : *1974* 75 000 F, *1975* 150 000 F, *1980* 1re diffusion 500 000 à 2 000 000 F, 2e 200 000 à 600 000 F.

Séries américaines. de 50 000 F à 200 000 F/h + *doublage.* Le doublage d'une dramatique d'1 h 30 coûte env. 100 000 F.

Production

Programmes diffusés (1984) 11 370 h 22 mn (*TF1* 4 670 h 40 mn, *A2* 4 653 h 37 mn, *FR3* 2 046 h 05 mn), dont fiction 2 457, information 2 005, documentaires 2 081, divertissement et musique 1 808, Prix de revient à l'heure du programme diffusé 470 000 F (en 1981).

Nombre d'heures d'antenne (1983). Radio France / France-Inter 8 500. France-Culture 6 205. France-Musique 6 947. FIP 5 110. Radio 7 8 760. R. Bleue 1 252. Fréquence Nord 6 665. R. Mayenne 6 205. R. Seine-et-Marne 6 518. R. Berry Sud 4 265. R. Vaucluse 3 415. R. Bretagne-Ouest 2 567. R. La Creuse 2 057. R. Côte d'Azur 1 342. R. Périgord 1 130. R. Belfort 313. RFI 14 580. Émissions scolaires et universitaires 1 132.

Notation des 3 Stés de programme (1981). *Par sondage de qualité auprès du public :* TF1 10,2 ; A2 10,6 ; FR3 9,5.

Producteurs ayant produit le plus d'émissions en heures de programme 1984. TF1 : Patrick Sabatier. Jean Bertho. Christophe Izard. Michel Polac. Claude Pierrard. Stéphane Collaro.

A2 : Jacques Martin, Armand Jamot, Jacques Chancel, Bernard Pivot, Michel Drucker.

Reprises à la télévision. % des reprises *en 1981 :* BBC1 (G.-B.) 26, BBC2 29, All. féd. 16,3, Italie 16,52, TF1 10,3.

Part de certaines émissions dans les programmes (1982). **TF1 :** *rediffusions :* volume horaire 426 h 21 (47,3 %, fiction 3 %) ; *films (L.M.)* 210 h 10 (5,87) ; *séries d'origine amér.* 62 h 01 (3,2). **A2 :** *rediffusions* 220 h (43,8) ; *films* 113 h (5,69) ; *séries (origine amér.)* 170 h 08 (4,48). **FR3 :** production interne 47,1 % ; achats 29,8 % ; coproduction, façonnage 5,5 %.

Rediffusions (% du volume global en 1980 et, entre parenthèses, en 1982). *TF1 :* 9,1 (10,2), *A2 :* 11,2 (14,2), *FR3 :* 5,7 (11,9). **Films rediffusés** (en 1983). *Total* 286 sur 475 soit 60,2 % (1980 : 64,6 %) sur *TF1 :* 90 sur 144 (62,5 %), *A2 :* 66 sur 121 (54,5), *FR3 :* 130 sur 210 (61,9).

Émissions sportives (en 1984). *TF1 :* 8,4 % du total (dont nombre d'heures de programmes 393). *A2 :* 11,4 (dont 531).

Origine des émissions par pays. *Prod. nationales :* 83 % ; *programmes importés :* 17 % (dont U.S.A. 58,42 %, All. féd. 9,96, Suisse 9,39, G.-B. 4,30, Hongrie 2,39, U.R.S.S. 2,36, autres 13,18). **Selon le type d'émission** (en %). Films 47, fiction 33, sportives 15.

Évolution de la part de la création française dans les programmes. En 1982 et *1984* (du 1-1 au 28-2), en %. Part de la 1re diffusion dans le total de la production de fiction française. TF1 : 66, *43 ;* A2 : 77, *73,5 ;* FR3 : 59, *100 ;* total 69, *61.* Part des prod. françaises dans le total (prod. françaises et étrangères) : TF1 : 51, *48,5 ;* A2 : 51,5, *40 ;* FR3 : 100, *70 ;* total 59, *46,5.*

Télédistribution

Quelques dates

1881 Clément Ader lance à Paris le « théâtrophone » (réseau téléphonique reliant des théâtres aux abonnés du téléphone). **1922** formule utilisée pour diffuser les programmes de Radio-Paris. **1945** le monopole de la radiotélévision interdit pratiquement toute initiative privée de transmission des images par fil. Quelques cas tolérés, ex. : H.L.M. des Hauts-du-Lièvre à Nancy (réseau frontalier à Willer-Thur en Alsace qui diffuse 9 programmes), Flaine (Hte-Savoie), Montigny-lès-Metz (Moselle). **1972**-*2-3* création de la SFT (Sté française de télédistribution, filiale de TDF, Sté mixte, capital : 2 millions de F, financée pour moitié par ORTF et PTT) qui doit faire 7 expériences : Metz, Grenoble, Créteil, Rennes, Chamonix, Nice et Cergy-Pontoise [chacune dominée par un certain type d'utilisation du câble (enseignement, informations municipales, etc.) sauf à Rennes où l'expérience revêt tous les aspects]. **1977**-*28-9* décrets réaffirmant le monopole de TDF (héritier de l'ORTF) pour la réalisation et la propriété des réseaux câblés qui doivent être exclusivement réservés à la distribution du service national de la radiotélévision diffusé par voie hertzienne (et évent. à des programmes étrangers). **1982** projet d'équiper 1 400 000 foyers d'ici 1986, puis 1 million par an (v. ci-dessous) ; investissements prévus : 50 milliards de F en 20 ans. Réseaux à structure en étoile réalisés en fibres optiques prévus (1984 : Lille : 50 familles, accès à 15 canaux) ; à Biarritz : 1 500 foyers ont le visiophone. Les PTT se chargent de la maîtrise de l'ouvrage, de l'exploitation technique et sont propriétaires des réseaux. Les collectivités locales créent des Stés locales d'exploitation commerciale regroupant des personnes privées ou publiques, notamment (TDF), qui sera responsable de l'équipement et de l'exploitation des têtes de réseaux. Ces Stés locales feront, pour les programmes, appel à des producteurs privés et publics (cahier des charges fixé par la loi sur la communication audiovisuelle du 29-7 à respecter). **1983**-*20-1* 1re convention des villes câblées, Télécâble 83 (organisée par le syndicat communautaire d'aménagement de Marne-la-Vallée et la Féd. de l'audiovisuel indépendant). **1984** *loi du 1-8 :* les organismes chargés d'exploiter les services locaux de radio-télévision par câble devront être des Stés d'économie mixte locales (régime de la loi du 7-7-1983). Est défini comme local (exploitation autorisée par la Haute Autorité, v. p. 1056) le service dont le réseau n'excède pas 60 km et 2 dép. **1985**-*12-2* protocole d'accord entre P.T.T. et Toulon (et Lavalette) ; 30 000 prises prévues. *-12-3* 1re convention (avec engagement ferme) entre P.T.T. et une ville, Rennes, pour un réseau câblé. *-25-3* protocole d'accord entre P.T.T. et Marseille. *Mars* Montpellier commande des prises pour tous les foyers.

Plan câble français en 1985-86

Premières villes du plan câble. *Cergy-Pontoise,* (18-12-85) ; 11 chaînes, 110 F p. mois ; Biarritz, (10-1-86), 12 chaînes, 55 F p. mois. Suivront Paris, Montpellier, Mantes, Rennes, etc. 20 villes ont commandé un réseau aux P.T.T., 60 ont engagé des études. *Foyers raccordables : fin 1986 :* 1 000 000 ; *1990 :* 6 300 000 (soit 18 000 000 d'hab.).

Plan câble : lois du 29-7-1982, du 1-1-84 et décrets janvier 85. Les villes prennent l'initiative de se câbler, et mettent en place des stés d'exploitation (SLEC). Les réseaux ont une programmation et une production locale. Les anciens réseaux de télédistrib. (Metz, Nice, Dunkerque, etc.) continuent à fonctionner.

Technique : la tête de réseau reçoit les programmes (satellite, hertzien, locaux). Ils sont acheminés par un réseau de transport — coaxial, fibre optique — jusqu'aux immeubles (prises raccordables). L'usager est raccordé s'il s'abonne. *Mission TV Câble : Pt :* Bernard Schreiner. *Créée* déc. 83 pour favoriser le développement du plan câble. *Offre* 3 000 h. de programmes réunies ou produites pour les réseaux ; 6 chaînes « thématiques » (information : Gamma TV-AFP-Le Monde, musique : STV, Jeunes : Canal J-Hachette, cinéma : Canal 01-MK2, module local : Canal Service, télévisions du monde : TVM).

Plan de câblage de Paris. *1°) 1982* (phase expérimentale) : raccordement de 10 000 foyers, 6 chaînes de télé. (3 ch. nat., 2 ch. étr. francoph., 1 progr. municip.), plusieurs ch. de radio hifi ; coût : 80 à 100 millions de F. *2°) 1985* (phase pilote) 2e convention Télécâble 84 (mars 1984) organisée à Évry par la Mission TV Câble et la SCA Ville Nouvelle : raccordement de 46 000 foyers, 9 chaînes de télé. (3 ch. nat., 2 ch. étr. francoph., 1 progr. municip.), plusieurs chaînes de radio hifi. *3°) 1986* extension du réseau (50 000 prises par an). *Financement :* par PTT ? *Caractéristiques :* fibres optiques, rayonnement en étoile des réseaux à partir des centres de production, réseaux interactifs.

Fibre optique

Principe : Associée à une structure de réseaux en étoile permet l'« interactivité » (questions-réponses), connection à des médiathèques (choix de films, d'émissions, de cours...), d'utiliser les services de la télématique (rens. administratifs, horaires de transport, réservations, vente par correspondance). **1985,** réseau expérimental à Biarritz. **Au 1-1-86,** 1 000 abonnés, accès à 12 chaînes. **1986-89,** 2e réseau installé à Montpellier. **V. 1990,** la fibre optique (silice) transportera conversations téléphoniques et images animées (réseaux hertziens actuels) ; ces câbles seront reliés à des équipements collectifs captant les signaux des satellites. Un 1er satellite sera lancé par la France.

Postes privés

Postes périphériques

Europe 1

Origine. Le 27-6-1952, le gouvernement sarrois transféra le monopole d'exploitation de la radio-télévision à une Sté d'État, la *Sté sarroise de radiodiffusion,* en précisant dans les statuts que les associés ne pourraient être que la France (30 %) et la Sarre (70 %). Cette Sté accorda à son tour à une nouvelle Cie, la *Sté sarroise de télévision,* fondée par Charles Michelson, la concession pour 50 ans d'un émetteur TV et d'un émetteur radio de 400 kW en territoire sarrois. Michelson, Roumain d'origine, en France depuis 1930, avait obtenu en 1939 du gouv. français la concession de l'exploitation d'un émetteur à Tanger, projet que la guerre avait empêché d'aboutir. Après la guerre, faisant valoir ses droits à une compensation, il obtint en 1949 une option pour la concession de l'exploitation de la télévision à Monte-Carlo et fonda la Sté anonyme *Images et Son* et la *Sté sarroise de télévision* dont il a fait une filiale d'*Images et Son.*

En 1954, *Images et Son* a pour principaux actionnaires : *RBV Radio-Industrie* (450 millions de F) ; *Cie Thomson-Houston* (100) ; *Sté monégasque de Banque et Métaux précieux* (550) ; *le Trésor Princier* (50) (Michelson s'est progressivement retiré du groupe en cédant ses parts à *RBV* et à la *Sté monégasque*). En 1955, la *RBV* ayant déposé son bilan en sept., Sylvain Floirat, P.-D.G. des établissements *Breguet,* constitue en oct. la *Sté d'exploitation, de constructions, d'outillage et d'électronique* (au capital de 50 millions de F), pour poursuivre les activités de *RBV Radio-Industrie*. Il entre ainsi à *Images et Son* dont il devient Pt du cons. d'adm. en 1957. Le capital est alors réparti entre lui (35 %), *RBV Radio-Industrie*, en règlement judiciaire (34 %), *Thomson-Houston* (10 %) et des petits porteurs. Le 1-1-57 la Sarre redevient allemande. En 1959, le juge commissaire qui s'occupe du règlement judiciaire de la *RBV Radio-Industrie* autorise la cession à la *SOFIRAD* pour 1 200 millions de F des 42 944 actions *Images et Son* qui figurent à son actif. En 1962, le capital de *Images et Son* est de 15 millions de F réparti ainsi : *SOFIRAD* 35 % des actions (+ de 46 % des voix) ; *Groupe Floirat* 35 % (31 % des voix) ; *Principauté de Monaco* 5,5 % (3,5 % des voix) ; *Thomson-Houston* 2 % (1,65 % des voix) ; + 15 % de petits porteurs. Le 17-3-64 : introduction à la cote officielle de la Bourse des actions de la Sté Images et Son-Europe N° 1 au capital de 18 millions de F (720 000 actions de 25 F).

Europe 1 Communication. *Capital* 144 320 000 F. *Répartition* au 28-03-1986 (en %) : Sté HOLPA (Groupe Hachette) 34,19 (voix 45,79). Sté centrale d'études Marcel Dassault 20,01. M.M.B. 10,01, Principauté de Monaco 4,91. Autres actionnaires 30,88. **Chiffre d'affaires consolidé du groupe,** (du 01-10-84 au 30-09-85, en millions de F, hors taxes). 1 445,4 dont [bénéfice net d'Europe 1 Communication : 63, part dans les bénéfices nets après impôt du groupe (et hors dividendes inter-groupe) : 85,3]. *Conseil d'administration* : Administrateur, Pt d'honneur : Sylvain Floirat (n. 28-9-1899), Pt délégué : Frank Tenot (n. 31-10-1925), Vice-Pt délégué, dir. gén. : Jacques Lehn (n. 15-7-1944), Administrateur, Dir. gén. : Jacques Abergel (n. 19-8-1935). **Régie publicitaire. Régie n° 1 :** Régie publ. radio dont Europe 1 Communication détient le capital à parts égales avec Publicis. *Dir. gén.* : Jean-Yves Laneurie, *Dir. délégué* : Jean-Robert Parturier. **Régie Soleil :** Régie publ. télévision. **Fréquence service régie :** Régie publ. F.M.

Filiales et participations. *C.E.R.T.* Cie européenne de radio. et de télé. (ex-Sté sarroise de télévision, titulaire de la concession du gouvernement sarrois ; confirmée en 1964), (All. féd.), émetteur radio. *Europe 1-Télécompagnie* (réalise les programmes), *Sté spéciale d'entreprise* (exploite la station de Télé-Monte-Carlo), *Promotion et spectacles d'Europe 1* (campagnes publicitaires), *Cie française de télévision* (diffusion du SECAM), *Europe 1-Immobilier* (gère les immeubles), *Top N° 1* (product. télév., cinéma, spectacles), *Tremplin* (éditions musicales). *Financière Numéro Un* (holding financier de groupe, Affichage Giraudy dont les actionnaires sont : Groupe Europe 1 50 %, Publicis 25 %, divers 25 %). « La 5 » (6 %).

Sous-filiales : *Édition n° 1* (ouvrages de librairie), *Le Nouvel Économiste* (revue économique), *Télé ciné-vidéo* (revue vidéo), *Fréquence service* (programmes radio), *Top télé* (« Les Grands Écrivains »). *AUDIOPAR* — Holding de contrôle de U.G.C.-D.A. (droits cinématographiques).

Émissions célèbres restées très longtemps à l'antenne d'Europe 1. *Bonjour Monsieur le Maire* : 6 h à 7 h (P. Bonte, années 60 à oct. 1984). *J.-L. Lafont* : 17 h à 19 h (Mozik 1972, Basket 1977, Hit Parade 1981), de 1972 à avr. 1984. *F. Diwo* : 21 h 30 à 23 h (Disco 1 000, Disco Danse, Chlorophyle, Programme Secret), de 1976 à 1981.

Émissions et animateurs qui ont marqué Europe 1. *Daniel Filipacchi* : Salut les Copains 1960 à 1968 (17 h à 19 h). *Maurice Biraud et Anne Pérez* : 1964 à 1968 (9 h à 12 h). *Michel Lancelot* : Campus 1968 à 1972 (20 h à 22 h). *Gérard Klein* : Mélodie Parade 1974 à 1975 (10 h à 12 h).

Émissions et animateurs les plus populaires (mars 1985). *Pierre Bellemare* : dep. 1972 (12 h à 13 h). *Déjeuner Show* (suivi de « Il y a sûrement quelque chose à faire », 1973 à 1975) : 1972. *20 millions cash* : 1975. *Le Sisco* : 1978. *Le Tricolore* : 1981. *Tous pour un* : 1982. *La Grande Corbeille* : dep. 1983. *C. Barbier* : dep. 1972. *La nuit est à nous* : 1972 (22 h 30 à 1 h 00). *Barbier de Nuit* : 1980 (23 h à 1 h).

Temps réservé à la publicité (en heures). *1978* : 983 ; *79* : 1 099 ; *80* : 1 202 ; *81* : 1 118 ; *82* : 1 174 ; *83* : 1 198 ; *84* : 1 198 ; *85* : 1 083.

Tarif moyen pour un message de 30" d'Europe 1 (en F). *Janvier 1971* : 2 605, *mai 1975* : 3 619, *janv. 1980* : 6 705, *janv. 1981* : 7 545, *oct. 1981* : 8 571, *nov. 1982* : 9 042, *oct. 1983* : 9 315, *modulation avril 1983* : 9 316, *oct. 1984* : 9 869. *Oct. 1985* : (lundi, jeudi, vendredi) 10 962.

Émetteur sur le plateau de Felsberg en Sarre. Grandes ondes (1 648 m). **Puissance** de 2 000 kW, fréquence 182 kHz.

Fréquences. 1955-*1-1* à 6 h 30, 1re émission expérimentale (fréquence 240 kHz). A 7 h, il faut stopper, la fréquence est celle du radiophare de l'aéroport de Genève. *2-1*, 1re émission régulière lancée sur 250 kHz mais la Finlande se plaint de brouillage. Europe 1 passe à 245 kHz. Mais le Danemark proteste : c'est la fréquence de son émetteur de Kalundborg, puis la Norvège s'émeut. *5-1* Eur. 1 doit suspendre ses émissions. *10-1* elle passe à 238 kHz, mais Radio-Luxembourg qui est à 233 est brouillée. Eur. 1 accusée de contrevenir à la Convention de Copenhague (1948) qui avait prévu que la Sarre ne pourrait pas disposer d'un émetteur ondes longues, rétorque que Radio-Lux. n'est pas lui-même signataire de cette convention et qu'elle émet sur une longueur d'ondes qui lui a toujours été refusée. *19-1* les émissions cessent ; pendant 3 mois la station disparaît ou réapparaît selon les circonstances. *3-4* Europe 1 reprend sur 180 kHz (1 667 m G.O.). **1975** *nov.* la Conf. internationale de Genève de l'U.I.T. attribue à la France pour *Europe 1* 182 kHz avec une puissance apparente rayonnée de 38 décibels dans l'axe de 222°.

Programmes. *Semaine* : de 5 h du matin à 2 h du matin. *Samedi et dimanche* : 24 h sur 24.

Zone d'écoute. France, G.-B., littoral d'Afrique du N., Belgique et Suisse. **Auditoire Europe 1** (base cumul 1984/85). 15 452 000 Français ont l'habitude d'écouter Europe 1. *A. quotidien* : 6 941 000 l'écoutent presque chaque jour. *A. instantané* : 784 000 Fr. en moy. sont à l'écoute d'Europe 1 à chaque instant entre 5 h et 24 h. *A. exclusif* : 4 026 000 n'écoutent chaque jour qu'Europe 1.

Couverture régionale d'Europe 1 (% de l'audience d'Europe 1 par rapport à l'audience des stations de radio commerciales dans les régions). *Bretagne* 76, *Alsace* 53. *Rhône-Alpes* 43.

Radio Adour Navarre (Radio des Pays de l'Adour)

Fondée le 1-7-1978. **Émet** depuis l'un des émetteurs des Radios populaires espagnoles, à Saint-Sébastien, sur 100 MHz en modulation de fréquence. **Émissions :** de 6 h à 24 h en français, basque et gascon. **Écoute :** Pyrénées-Atl., Landes. 500 000 auditeurs potentiels. **Studios,** 48, quai des Corsaires, 64100 Bayonne. **Régie publicitaire.** Publimedia, BP 20, 64002 Pau Cedex.

Radio Andorre

Créée en 1935 par Jacques Trémoulet, pionnier de la radiodiffusion privée en France où il avait édifié un groupe contrôlant plus de 10 stations dont Radio Toulouse, première grande station commerciale française, née dans les années vingt, et Radio Ile-de-France qu'il fit dynamiter à l'arrivée des troupes allemandes en 1940.

En accord avec les propriétaires et les exploitants de la station, le Conseil général des Vallées d'Andorre devait reprendre Radio Andorre en 1981. Mais les coprinces n'ayant pu s'entendre sur les conditions de diffusion en direction des pays voisins, Radio Andorre a dû arrêter ses émissions le 5-11-1981.

Radio Antilles

Siège. Montserrat. Émissions diffusées de Montserrat sur 930 et 740 kHz et de St-Vincent sur 1 450 kHz. **Programmes français** couvrent La Guadeloupe, La Martinique et dépendances ; *Anglais* couvrent l'ensemble des petites Antilles anglophones. **Régie publicitaire :** Midi-Media, 16, rue de Passy, 75016 Paris.

Radio-Télé-Luxembourg (RTL)

● **Origine.** *Créée* 1931. A bénéficié du gouvernement du Luxembourg d'une concession de 25 ans, prorogée jusqu'en 1995.

1re émission radio 12-1-1932, *télévisée* 23-1-1955. Appartient à la CLT (Cie lux. de télédiffusion), S.A., capital de 1 200 000 000 de F lux. divisé en 1 066 680 parts sociales sans valeur nominale dont 746 676 parts nominatives (leur cession n'est permise que si le gouv. lux. n'exerce pas le droit de veto et si le conseil d'adm. de la CLT donne son agrément) et 320 004 parts au porteur librement accessibles.

Principaux porteurs de parts en 1986 : Audiofina 54,6 % (groupe Bruxelles-Lambert, Havas, IP, Compagnie financière, Schlumberger 12,3 %, Paribas 10,3, Moët-Hennessy 8,2, divers 14,8 %).

● **CLT, Chiffre d'affaires brut (1985) :** 1,58 milliard de F. *Pt du cons. d'adm.* Pierre Werner, *administrateur délégué* Jacques Rigaud, *vice-président-directeur général* Gaston Thorn, *administrateur-directeur général* Gust Graas, *directeur général adjoint* Jules Felten.

● **Programmes radio de RTL. 1°) RTL-France,** sur ondes longues (1 271 m) 24 heures sur 24. Un câble loué au PTT relie les studios du 22, rue Bayard (Paris 8e) à l'émetteur situé au Luxembourg.

Audience. En 1985, RTL a été en tête des 3 sondages annuels du CESP avec 8 891 000 auditeurs quotidiens (moyenne des 3 vagues) et une durée d'écoute de 2 h 40 mn par auditeur et par jour. Par rapport à l'ensemble des stations, RTL a 30 % de part de marché et 50 % des radios périphériques.

RTL ondes longues est géré et exploité par 3 filiales : **a) Ediradio :** *Pt administrateur délégué de la C.L.T.* : Jacques Rigaud (2-2-32). *Vice-Pt gén.* : Rémy Sauter (15-4-45). *Dir. gén. des programmes* (informations et variétés) : Philippe Labro (n. 27-8-1936). S'occupe de la gestion de la station et de la partie « Programmes ». *Effectif* : 263. (1982). **b) Information et diffusion :** *Cogérants* : Raymond Castans et Rémy Sauter. *Dir. de la rédaction* : Alexandre Baloud. Regroupe journalistes et secteurs de l'information. *Effectifs* : 104 (1982). **c) SCP** *(Société commerciale de promotion et de publicité)* : *Pt* : Raymond Castans. *Dir. gén.* : Jean Félix. Assure promotion et communication des activités de RTL-France. *Effectifs* : 25 (1984).

2°) Programmes radio allemand sur la bande FM (88,9 MHz et 97 MHz), sur ondes courtes (49,26 m/6090 KHz) et ondes moyennes (1 440 KHz) tous les jours de 5 h 30 à 1 h. *Audience quotidienne* : 4 050 000. *Dir. prog.* : Dr Helmut Thoma.

3°) Programmes radio anglais, « RTL 208 », tous les soirs de 19 h à 3 h sur ondes moy. (208 m). *Audience quot.* : 2 millions. **« RTL Community »,** émission en anglais diffusée en modulation de fréquence (92,5 MHz) sur le Luxembourg de 14 h à 17 h 30. *Dir. prog.* : Maurice Vass.

4°) Programmes radio luxembourgeois (FM Canal 18, 92,5 MHz). En luxembourgeois : écouté par 80 % de la population du Lux. Émissions hebdomadaires (3 h par semaine) en italien, espagnol, yougoslave et portugais destinées aux immigrés au Luxembourg.

Programmes télévision de RTL. 1°) RTL-Télévision : programme émis depuis le Luxembourg à destination de la Belgique, de l'Est de la France et du Luxembourg. Diffusion d'émissions en découplé. De 17 à 20 h, l'antenne propose sur ses 2 canaux des programmes quasiment identiques mais valorisés de façon différente, selon des horaires propres aux habitudes de vie des 2 publics français et belge. Sur le canal 27, un programme présenté par 2 animateurs belges préparé en partie à Bruxelles est diffusé sur la Belgique francophone. Parallèlement, sur le canal 21, un programme français est présenté aux Lorrains par 2 Lorrains. A partir de 20 h, un même programme est diffusé sur les 2 canaux. *Audience* : 148 minutes par téléspectateur par jour moyen, 40 et 50 % en Belgique et dans l'Est de la France (6,75 millions de téléspectateurs pour Belgique, France et Luxembourg), chaîne la plus regardée dans les régions où elle peut être captée. *Directeur des programmes* : Jean Stock. *Effectifs* : 250 personnes (Luxembourg, Bruxelles et Paris). **2°) RTL Plus :** programme en allemand, émis depuis le 2-1-1984 et capté surtout en Sarre et Rhénanie-Palatinat. *Audience régulière* 540 000, potentielle théorique 1 840 000. *Dir. des programmes* : Dr Helmut Thoma. *Effectifs* : 70 personnes. **3°) Hei elei, kuck elei :** programme diffusé entre 13 et 15 h le dimanche et destiné au Luxembourg en langue luxembourgeoise. *Audience* : 120 000 par dimanche.

Émetteurs radios. Luxembourg : *Beidweiler*, ondes longues, 1 271 m, 2 000 kW pour RTL-France ; *Junglinster*, ondes courtes, 49,26 m, 250/500 kW pour le programme allemand ; *Marnach*, ondes moy. 208 m, 600/1 200 kW pour programmes allemand et anglais ; *Hosingen*, modulation de fréquence, canal 6, 88,9 MHz, 100 kW et canal 33, 97 MHz, 100 kW pour le programme allemand ; modulation de fréquence canal 18, 92,5 MHz, 50 kW pour le programme luxembourgeois et « RTL Community ».

Émetteurs télévision. *Dudelange* au Luxembourg ; *canal 7*, 100 kW (10 kW pour le son), couleurs PAL, pour RTL plus ; *canal 21*, 1 000 kW (100 kW pour le son) couleurs SECAM, pour RTL Télévision France ; *canal 27*, 1 000 kW (100 kW pour le son) couleurs PAL pour RTL Télévision Belgique.

Principales filiales de la CLT. *Ediradio* (production des programmes-radio de RTL-France) ; *VCF* (production et postproduction d'émissions de télévision) ; *Télé Union Paris* (production de programmes radio et télévision) ; *RTL Productions* (production de spots publicitaires et de vidéo-clips) ; *Paris-Studio-Billancourt* (production cinématographique) ; *International Films Production* (production cinématographique, production de téléfilms et télésuites) ; *DIC* (production de dessins animés) ; *Hamster Productions* (production de téléfilms) ; *Télé-Star* (magazine de programmes de télévision) ; *RMI* (éditions musicales) ; *RTL Édition* (édition littéraire).

Radio Monte-Carlo

Origine. *Créée* le 20-3-1942. **1943** la Sofira prend une participation de 50 %, le reste étant partagé entre des capitaux allemands (la Sté Inter Radio) et italiens. *17-7* 1res émissions. **1944** août, après le départ des Allemands, les émissions s'arrêtent. **1945** (début) la part de la Sofira (qui devient la Sofirad) passe de 50 à 83 %, le reste est attribué au trésor monégasque. *23-6* les émissions reprennent. **Conseil d'adm.** : 18 membres (12 français, 6 monégasques). Pt nommé sur proposition du prince de Monaco. **Effectifs** (1986) : 570 (statutaires ou au contrat) : Monte-Carlo 408, Paris 115, Régions 47. **Directeurs généraux** : *1944* Robert Schick, *1962* Jean Gondre, *1964* Jean Béliard, *1966* Jacques Maziol, *1973* Henri Dolbois, *1977* Frédéric de la Panouse, *1978* Michel Bassi, *1982* Jean-Claude Héberlé (3-2-1935), *1985* Jean-Pierre Hoss (6-6-1946). *Dir. de cabinet du Dir. gal* : Jacques Taquet. *Pt délégué du conseil d'admin.* : César-Charles Solamito (29-8-1914). *Dir. des services techniques, adjoint au dir. gén.* : Lucien Allavena. **Capital** : 42 millions de F (83,34 % détenus par la Sofirad et 16,66 % par l'État princier). *Participations de R.M.C. (en %, 1984)* : Technisonor : 38,28 ; Somera 55 (T.D.F. en détient 45) ; R.M.C. Audiovisuel : 80 (Sofirad en détient 20) ; France Animation : 3,97 ; C.I.R.T. : 20 ; Éditions musicales Train Bleu : 50 (Technisonor en détient 50) ; Télé Monte-Carlo : 30 (Europe 1, Image et Son : 30, Principauté de Monaco 40). Nouvelles participations : Gestival : 10 ; Éditions Radio Monte-Carlo : 50 (Édit. Flammarion en détient 50) ; Parafrance : 10.

RMC, concessionnaire exclusif de la Radiodiffusion sonore et visuelle, a confié l'exploitation de la TV à Télé-Monte-Carlo (v. p. 1053). *1984-85* : 509,8 millions de F. Émissions ondes courtes et ondes moyennes TWR 5,3 %, RMC Italie (ondes moyennes) 3,4 %, productions 7,5 %, RMC France (ondes longues) 83,8 %.

Émission. *Ondes longues* (1 400 m, 218 kHz) ; *moyennes* (205 m, 1 467 kHz) ; *modulation de fréquence* (98,5 MHz et 98,9 MHz) ; RMC Côte d'Azur (90,3 MHz, 95,4 MHz) ; RMC Rock (93,5 MHz, 93,8 MHz) ; RMC Classique (102,7 MHz, 102,9 MHz) ; RMC Ondes courtes (programme « T.W.R. » d'émissions religieuses). Ondes moyennes et ondes courtes toutes langues (Europe, Moyen-Orient, Afrique du Nord).

Émetteur de 2 000 kW à Roumoules (Alpes-de-Hte-Prov.) dep. le 15-10-74.

Écoute. Jour : *ondes longues* : au sud d'une ligne Nantes-Dijon ; *moyennes* : S.-E. France et Italie ; *modulation de fréquence* : Alpes-Mar., Var, partie B.-du-Rhône.

Nuit : *longues* : France entière ; *moyennes* : jusqu'à 3 000 km autour de Monaco ; *courtes* : jour et nuit jusqu'à 4 000 km autour de Monaco.

Auditeurs (1985) : 8 164 000 (20,3 %) dont 4 082 000 « réguliers » (10,1 %). *Audience cumulée* : aud. quotidiens 2 952 000 (7,3 %) dont 2 827 000 habitent dans les 3 UDA Sud (20,5%). *Aud. en quart d'heure moyen* : 368 000 à chaque instant de 5 h à 24 h (0,9 %) dont 361 000 dans les 3 UDA Sud (2,6 %).

Durée d'écoute moyenne par auditeur : 142 mn, dont 2 270 000 n'écoutent que RMC, soit 70 % d'auditeurs « exclusifs ».

Radio Monte-Carlo Chypre (243 m, ondes moyennes, 1 233 kHz). Émissions quotidiennes réalisées à M.-C., en arabe 80 %, en français 20 %. Émetteur de 600 kW à Chypre (cap Greco) ; atteignent Égypte, Liban, Syrie, Irak, Arabie Saoudite, Koweït, une partie de la Syrie et quelques pays d'Afrique noire.

Radio Monte-Carlo Italie (428 m, ondes moyennes, 701 kHz). *Créée* 1966. Émetteur de 1 200 kW.

Sud-Radio

Origine. **1951** accord Puiggros-Sofirad (voir R.-Andorre, Quid 1982, p. 1179 c et 1180 a). **1958** accord de l'évêque d'Urgel, coprince d'And., pour des émissions quot. de 2 h, exclusivement réservées à de la musique ininterrompue. *18-9* « Andorre-Radio » commence à émettre de 12 à 14 h et, contre la décision de l'évêque, de 19 à 23 h. Le Conseil des Vallées, mécontent, démissionne. **1960** *27-10* Puiggros se retire de l'affaire, Andorre-Radio devient Andorradio. *Nov.* le Conseil le reconnaît. **1962**-*22-10* devient Radio des Vallées, Andorre 1, et exploite la station sous le nom de Sud-Radio. **1981**-*6-11* le Conseil des Vallées ferme l'émetteur de Sud-Radio en Andorre ; *15-11* reprise des émissions sans messages publicitaires mais installation à Muret (Hte-G.) par TDF ; **capital** 14,8 millions de F (la Sofirad en détient 99,99 %). **1983**-*16-3* émissions reprises dep. le pic Blanc en Andorre.

Émetteur. Ondes moyennes (366 m, 819 kHz), Pic Blanc en Andorre (alt. 2 700 m). Émetteur de grande puissance (900 kW, le plus haut du monde).

Radios locales privées

Quelques dates. France : **1926**-*28-12*, décret-loi répartissant les « postes privés radioélectriques et les stations émettrices de radiodiffusion » sous l'autorité du ministre des P.T.T. en 3 postes nationaux et 18 postes régionaux. Le gouvernement autorisa des postes privés (Radio-Paris, Radiola, Radio-Vitus, Radio L.L., Poste parisien). **1942**-*7-11*, loi de Vichy réorganise la radio et l'autorise à prendre des participations dans les postes privés ainsi placés sous tutelle de l'État. **1944**-*22-6*, ordonnance crée une Direction de la Radiodiffusion. **1945**-*23-3* met sous séquestre les postes ayant « collaboré », et supprime les postes privés. **1972**-*3-7*, loi limitant les dérogations au monopole de radio à 4 cas : les programmes destinés *« à des publics déterminés »*, les émissions en circuit fermé *« dans des enceintes privées »*, les expériences de recherche scientifique et les cas où *« l'intérêt de la défense nationale ou de la sécurité publique »* est en jeu. **1974**-*8-7*, loi déléguant le monopole d'État à Télédiffusion de France. **1978**-*28-7*, loi édictant que « toute personne qui viole le monopole sera punie d'un emprisonnement d'un mois à un an et d'une amende de 10 000 F à 100 000 F ou de l'une de ces 2 peines seulement. **1975-81** (Radio active, Radio verte), les stations pirates se multiplient, T.D.F. se défendant par un brouillage systématique. **1981**-*9-11*, une loi a autorisé la dérogation au monopole d'État de la radiodiffusion pour 3 ans ou +, renouvelables. La station doit annoncer « autant que possible tous les quarts d'heure » son nom et sa fréquence d'émission (art. 4), « diffusion répétitive de programmes enregistrés » et « retransmission simultanée en différé de programmes d'une autre station » sont interdites (art. 5). 80 % des programmes doivent être « propres » à la station et durer au moins 24 h par semaine (art. 6). Il ne peut y avoir de publicité. Au-dessus de 500 W, T.D.F. doit assurer les émissions. Respect du cahier des charges soumis au contrôle de T.D.F. Sur 21 membres de la commission de répartition des fréquences, 16 membres sont choisis sur présentation d'un ministre. **1982**-*29-7*, nouvelle loi sur la communication audiovisuelle (v. ci-dessous). **1984**-*1-8*, loi autorisant la publicité. *-12-11*, fin de la période de tolérance sur les conditions d'émission annoncée par la Haute Autorité de l'audiovisuel. *-4-12*, 3 décrets d'application de la loi du 1-8. 6 stations (N.R.J., 95,2, Radio-Solidarité, Radio-Libertaire, T.9.F.93, la Voix du Lézard) suspendues par la Haute Autorité pour avoir émis à + de 500 watts (décisions publ. au J.O. le 9-12). *-8-12* 50 000 manif. protestent à Paris contre ces sanctions. *Déc.*, la Haute Autorité renonce à faire appliquer les sanctions, bien que des contrevenants continuent à émettre. **1985**-*11-1*, convention entre T.D.F. et N.R.J. : T.D.F. diffusera N.R.J. (qui émettait à 40 kW). *-20-2* N.R.J. dénonce cet accord pour mauvaise qualité technique de la diffusion. *-31-1* l'Agence française de communication (groupe Hersant) dépose devant le Conseil d'État un recours pour excès de pouvoir contre l'obligation faite aux radios locales privées d'inclure dans leurs programmes propres leurs bulletins d'information. *-4/11-3* procès intenté par Radio France et T.D.F. à Radio Solidarité et 95,2 pour « troubles causés sur la modulation de fréquence » ; un expert est chargé d'étudier si la plainte est fondée. *Juillet* : fermeture de Radio Gilda (née 1981). *-19-9* Radio France. Loire Océan compromet l'audition de Radio-Alouette (500 000 auditeurs). *Oct.* plusieurs stations abandonnent le label N.R.J.

Réglementation (lois des 29-7-1982 et 1-8-1984) et 1ers décrets d'application

Demande de dérogation. Accordée pour 3 ans, renouvelable par délégation du min. de la Communication. Le dossier de demande doit comprendre : un budget prévisionnel d'exploitation et d'investissement, des renseignements sur le but principal des émissions, la composition des programmes, le lieu d'implantation, les caractéristiques techniques de l'installation (émetteur et antenne). *Membres de la commission* chargée d'étudier les dossiers : 1 m. du Conseil d'État, 2 députés et 2 sénateurs désignés par leurs assemblées, 3 représentants de la presse écrite nationale et régionale, 5 représentants des demandeurs et titulaires de dérogation, 3 représentants de l'État, 1 représentant de l'établ. public de diffusion, 1 repr. de la Sté nat. de radiodiffusion, 3 repr. d'associations culturelles et d'éducation populaire.

La demande de dérogation est examinée dans les 6 mois qui suivent la réception du dossier par le min. de la Com. ; elle est rejetée s'il n'y a pas eu de réponse au bout de ce délai. Elle est accordée en tenant compte des contraintes de la planification des fréquences, de la nécessité de protéger la qualité de la réception des émissions des services publics et autres émissions autorisées et du plan de développement des radios décentralisées de services publics ; les radios doivent assurer l'expression libre et pluraliste des idées et courants d'opinion. Le service d'observation des programmes peut contrôler le respect des dispositions du cahier des charges relatives aux programmes à tout moment et un enregistrement du programme diffusé par la station au cours des 15 derniers jours peut lui être remis.

Nota. — Jusqu'en oct. 1984, la Haute Autorité a attribué 1 010 fréquences à 1 204 associations dans 97 dép., et signifié 215 refus sur 2 759 demandes (de nombreuses associations ont été regroupées sur une même fréquence).

Obligations. *Mise en service.* Les programmes doivent être diffusés dans les 2 mois à partir de la date de dérogation, et l'établ. public de diffusion doit en être informé au moins 15 j avant la mise en service de l'émetteur.

Programme. La station doit être identifiée autant que possible tous les ¼ d'h par des annonces périodiques du nom de la radio et de sa fréquence d'émission. Le programme est conçu par le personnel de la station et composé par lui ou sous contrôle ; peut comprendre des enregistrements phonographiques du commerce, mais la diffusion répétitive de programmes enregistrés, retransmission simultanée ou différée de programmes d'une autre station et la diffusion de programmes conçus par des prestataires de services ou composés sous leur contrôle sont interdites. La station doit comporter au min. 80 % de programme propre réparti de manière équilibrée sur tous les jours de la semaine ; sur une même fréquence, ceux-ci doivent durer au moins 84 h/semaine. Les programmes d'information doivent être conçus par la station : interdiction de s'adresser à des agences d'informations sonores (loi du 1-8-1984). *Publicité* : interdite (loi du 29-7-1982), puis autorisée (loi du 1-8-1984). Conditions : doit être clairement annoncée et identifiée comme telle ; le service à un annonceur ne peut dépasser 10 % des recettes annuelles d'exploitation.

Quelques chiffres. *Source* : enquête de 2 associations (Banque de programmes et Communication par les gens) sur 250 stations (été 1984). **Statut** : commercial 40 %, associatif sans publicité 29, associatif avec publicité 13, associatif mixte 19. **Activités** : musicale 35 %, informative 24,2, généraliste 21,4, culturelle 20,6. 65 % diversifient leurs activités : 38 % offrent diverses prestations (animation, sonorisation...), 30 % organisent des manifestations (spectacles, concerts, conférences), 17 % éditent un journal, 17 % ont des activités audiovisuelles (vidéo, télévision hertzienne). **Budget** (annuel, en millions de F) : — *0,1* 16 %, *0,1 à 0,3* 42 %, *0,3 à 0,5* 15 %, *0,5 à 1* 13 %, + *de 1* 14 %. **Rayon d'émission** (%) — *de 15 km* : 10, *15 à 30* : 64, + *de 30* : 26. **Collaborateurs** : 60 000 ; en ont — *de 5* : 1 % des stations, *5 à 15* : 6 %, *16 à 30* : 26 %, *31 à 50* : 27 %, *51 à 100* : 33 %, *101 à 150* : 5 %. **Salariés** 2 600 (moyenne : 2 par stations) ; n'ont aucun salarié : 48 % des stations, *1 ou 2* : 25, *3 à 5* : 14, *6 à 10* : 10, + *de 10* : 3. **Public : cat. socio-prof.** : étudiants et lycéens 64 %, employés 35, cadres et prof. libérales 28, ménagères 28, commerçants et artisans 26, ouvriers 20, agriculteurs 10, retraités 8 ; *âge* : — *18-25 ans* : 49 %, *25-35* : 28, — *de 18* : 12, *35-45* : 8, *45-55* : 2, + *de 55* : 1.

Nota. — *Province.* Dans la plupart des départements de 2 radios (exemple : Cantal, Creuse, Gers, Lot) à plusieurs dizaines (ex. : Alpes-M., Finistère, Isère, Nord, Rhône, etc.).

Obligations techniques. *Stabilité en fréquence :* doit être meilleure que 2 kilohertz ; *niveaux de puissance maximaux tolérés des rayonnements non essentiels,* mesurés à la sortie de l'émetteur : 80 décibels au-dessous de la puissance de l'émetteur à 1 milliwatt max. (émetteurs de puissance sup. à 25 watts) ; 40 décibels à 25 microwatts (puissance inférieure ou égale à 25 watts). *Rayon d'émission max. :* 30 km. *Excursion max. de fréquence :* 75 kilohertz. T.D.F. contrôle le respect des dispositions techniques et assure la diffusion des programmes quand l'émetteur de la station a une puissance normale de + de 900 watts. *Sanctions.* Si non respect de ces normes : amende de 6 000 à 500 000 F ; suspension de 6 mois max., suppression des moyens d'exploitation.

Budget. *Subventions publiques.* Pour les radios renonçant à la publicité : subvention d'installation (100 000 F max.) par fréquence et subvention annuelle de fonctionnement inversement proportionnelle aux recettes globales de chaque station. *Organisme financier :* Fonds de soutien à l'expression radiophonique locale. *Ressources :* taxe additionnelle sur le C.A. de la publicité à la radio-télévision (collectée auprès des régies). *Organisation :* commission d'attribution instantanée le 23-2-1983, composée paritairement de représentants des régies publicitaires de radio-télévision et de représentants des associations de « radios libres ». *Budget moyen :* v. ci-dessus.

Audience cumulée (France-Musique, -Culture, Radio bleue, FIP, Sud-Radio, radios locales privées). Nombre d'auditeurs ayant écouté au moins 1 fois dans la journée (moyenne lundi-vendredi) en janv. 83 : 8 251 000, soit 20,9 % (oct. 82 : 6 952 000, soit 17,7 %).

Télévisions privées

Quelques dates

Avant 1985. *Réglementation :* une autorisation est nécessaire. Systèmes autorisés : télévision monochromes, 405 ou 625 lignes ou compatibles de tél. couleurs entre 1 250 et 1 260 MHz. Bandes 434,5-440 MHz et 1 250-1 260 MHz. Les amateurs ne doivent causer aucun brouillage aux stations officielles fonctionnant dans ces bandes, sous peine d'interdiction.

Puissance fournie limitée à 70 watts au moment où la puissance HF émise est maximale. Antennes utilisées dans la mesure du possible, à polarisation verticale dans la bande 1 250-1 260 MHz.

Évolution récente. 1984-*30-11* J. Chirac demande au P.M. l'autorisation de créer à Paris 3 programmes par voie hertzienne. **1985**-*4-1* le Pt de la Rép. déclare être « pour la liberté » mais « le problème est de savoir, comment l'organiser ». -*10-1* G. Fillioud, secr. d'État aux Techniques de la Communication, propose la création de 2 réseaux nat. contrôlés par des éditeurs de programmes privés ; chaque réseau aurait pour base un groupe de presse, une Sté de production et de distribution et un groupe publicitaire. -*11-1* ordonnance de non-lieu d'un juge d'instruction du Trib. de Paris en faveur de Éric Féry et Michel Fiszbin responsable des émissions de la TV privée Antenne 1, inculpés d'usage de fréquence radio-électrique non autorisée ; l'ordonnance se fonde sur la constatation d'une antinomie entre les notions de concession et d'autorisation (une ordonnance de non-lieu du même juge en faveur de J.-L. Bessis, animateur de Canal 5, le 29-8-84, avait été infirmée par la chambre d'accusation qui avait ordonné le renvoi du prévenu devant le trib. correctionnel). -*14-1* R. Hersant annonce la « création immédiate » avec différents partenaires de TVE (Teleurop), qui émettrait de 6 h à 24 h, avec 4 h quot. de programmes mises à la disposition de stations régionales et locales ; *dir. gén. :* Philippe Ramond. -*20-2* création d'une Sté « TV-Publicis-Europe 1 » (50-50 % des cap.) en vue d'un système de tél. nat. privée. -*4-3* 225 demandes d'attribution de fréquence adressées à la Haute Autorité dep. janvier (Ile-de-Fr. 40, Rhône-Alpes 14, Provence-Côte d'Azur 11, Midi-Pyrénées 11, Pays de la Loire 8, Aquitaine 1). -*20-5* publication du rapport Bredin sur les nouvelles télévisions hertziennes, commandé à *Jean-Denis Bredin* le 14-1-1985 par L. Fabius, remis officiellement le 20-5-1985. *Principales recommandations. Création de 2 chaînes nationales privées* et, à l'intérieur de ces réseaux, grâce à un découpage horaire de *stations locales privées situées dans 62 « zones de desserte »* (dont 54 dans les agglomérations de + de 100 000 h.). *Conditions techniques :* réaménagement des réseaux permettant de dégager des fréquences mal utilisées (340 millions de F d'inv. env.). *Horaires :* chaînes nat. : de 19 h 30 à 9 h du matin ; stations locales privées : dans la journée, avec un min. d'émissions de 10 à 30 h par semaine (utilisées en « décrochage »). *Régime des stations locales :* création soumise à l'autorisation préalable de la Haute Autorité (critères : indépendance du projet, intérêt de la grille, professionnalisme, etc.), valable 5 ans ; monopole de diffusion de T.D.F. *Publicité :* autorisée sur les chaînes nat. et locales (régime uniforme proposé pour les TV publiques et privées), ouverture à la publicité de certains secteurs (distribution, immobilier...). -*20-12* les propriétaires de sites ou d'édifices élevés ne pourront pas s'opposer à l'installation, « sur leur toit, terrasses ou superstructures », de moyens d'émission par voie hertzienne, décidée par l'établissement public de diffusion, qui conserve le monopole de diffusion sur le territoire français.

L'opposition combattra cet amendement jugé par elle destiné à empêcher la ville de Paris de disposer comme elle l'entend de la tour Eiffel lorsqu'entreront dans les faits les télévisions régionales. **1986**-*16-3* télés locales accèdent aux nouveaux secteurs publicitaires et peuvent interrompre par des spots le cours des programmes. Grille, délais et le quota de programmation des films sont alignés sur ceux en vigueur dans le service public. Le nombre de longs métrages diffusés par an est limité à 150. Pour la programmation d'œuvres audiovisuelles, un minimum de 50 % d'œuvres d'expression française est fixé. Chaque télévision locale doit diffuser un programme original (d'env. 1 h au minimum) conçu ou composé par chaque station, sa durée devra et pourra recourir « directement ou indirectement » à un même fournisseur de programmes commun à plusieurs stations pour plus de 50 % de la durée de sa programmation.

5e chaîne (« la 5 »)

Début : 20-2-1985. **Statut.** Chaîne privée concessionnaire pour 18 ans. Émet sur canal 30 à Paris. **Capital :** Finninvest 40 %, S.E.P.C. 60 % (dont en % Chargeurs S.A. 52, Heljer 11, Europe 1 10, Française de communication 7,5, M.S.C. 10, R.M.C. 5, Quercynnoise de participation 4, l'Événement du Jeudi 0,5). *P.-D.G. :* Jérôme Seydoux, 52 ans [(P.-D.G. des Chargeurs S.A. 12 milliards de F. Chiffr. d'aff. en 1984 ; avions (Cie UTA), bateaux (Union navale, croisière Paquet), éponges Spontex, films plastiques, etc.] *Vice P.-D.G. :* Silvio Berlusconi, 49 ans [P.-D.G. de Fininvest, Sté holding qui contrôle notamment 3 réseaux de télévision privée en Italie : (Italia Uno, Rette 4, Canale 5). Avec ses autres activités, l'immobilier notamment, son groupe réalise un chiffre d'aff. cumulé de 20 milliards de F]. *Directeur du marketing et de la publicité :* Christophe Riboud, 36 ans (P.-D.G. de l'I.F.O.P., fils de Jean Riboud, † le 22-10-85). *Directeur financier :* Claude Bassot, 46 ans [ancien dir. financier de la Laitière de Picardie (groupe Chargeurs).

Programmes. 4 h. *Recettes publicitaires prévues : 1986 :* 150 à 300 millions de F (tarif de promotion 60 000 F pour un message de 30″ diffusé 4 fois). *Réception :* au début souvent difficile, les antennes de la région parisienne étant calibrées pour les canaux 21 à 29 (tour Eiffel Canal 22 (A2), 25 (TF1), 28 (FR3). *Cinéma délais de programmation :* 2 ans jusqu'en 1990 puis mêmes règles que le service public. *Quotas :* 25 % films français en moyenne sur 5 ans, au bout de 5 ans, mêmes règles que le service public. *Grille :* mêmes règles que pour le service public, mais films autorisés samedis et dimanches matin. *Nombre de films :* pas de règle. *Contributions financières :* 1,5 % des ressources affecté au compte de soutien cinéma. *Programmes français :* 30 % au bout de 3 ans, 50 % au bout de 5 ans. 50 % du budget des programmes pour l'achat de programmes français au bout de 5 ans. *Production propre :* 250 de production originale minimale par an dès la 3e année. 500 h dès la 4e. *Contributions financières :* 3 % des ressources prélevés pour le compte de soutien aux industries de programme. *Informations :* facultatives. *Couverture du territoire :* 28 millions d'hab. en 1 an, à terme 70 à 80 % du territoire.

6e chaîne (TV 6)

Début : 22-2-1986. **Statut.** Émet sur Canal 33 à Paris. Chaîne privée concessionnaire pour 18 ans. **Capital :** Sté générale de gestion, de distribution et de marketing de Gilbert Gross. Env. 200 millions de F. [répartis entre Publicis (25 %), Gaumont (25 %), NRJ (18 %), Gross (12 %) ; 20 % équipe de direction de la chaîne ; personnes privées et Stés d'édition musicale. *P.-D.G.* Maurice Lévy (Pt de Publicité Conseil). Christian Fechner (producteur de films). *Couverture du territoire* (1-3-1986) : 7,6 millions d'h. (au 31-12 : 18 ; à terme : 25). *Déficit prévu :* 300 à 400 millions de F en 3 ans. *Frais de fonctionnement :* 300 millions de F par an. *Publicité* autorisée.

Programme. *Délais de programmation cinéma :* Règles service public (3 ans ou 2 ans si le film est coproduit par la chaîne). *Quotas :* règles service public (50 % de films CEE, 60 % de films français). *Grille :* mêmes règles que pour le service public, mais films autorisés samedis et dimanches matin. *Nombre de films :* 150. *Contributions financières :* 1,5 % des ressources affecté au compte de soutien cinéma. *Programmes français* pour l'achat de programmes français au bout de « 3 ans ». Production propre : 1re année 350 h, 3e 500 h ; *vidéoclips :* 1re année 100, 3e 150. *Contributions financières :* 3 % des ressources pour le compte de soutien, 20 % des bénéfices affectés au financement d'œuvres de création. *Informations :* facultatives.

☞ Pour la 5e et 6e ch., modifications des statuts et programmes envisagées après le 16-3-1986.

Audience

Sondage C.E.S.P. en %	Juin 1984	Juin 1985	Décembre 1985	Mars 1986
TF1	46,5	51,2	62,8	66,3
A2	55,8	57,9	55,6	64,7
FR3	32,2	29,8	19,9	27,4
France-Inter	13,5	14,7	16,3	15,1
RTL	23,6	21,5	22,2	19,3
Europe 1	17,6	16,4	19,1	18,4
RMC	7,8	7,1	8,1	6,9
Autres stations	21,8	23,6	28,6	30,9

Radio (avril). *Audience moyenne cumulée en %* (nombre d'auditeurs ayant écouté au moins une fois dans la journée, entre le lundi et le vendredi) : 75,6. *Radios locales privées :* 23,9. *RTL :* 22,1. *Radio-France :* 20,6 (dont France-Inter 16,7). *Europe 1 :* 18,8. *RMC :* 7,6.

Télévision (semaine du 28 avril au 4 mai). *Antenne 2 :* 40 %. *TF 1 :* 39. *FR 3 :* 11. *Canal Plus :* 4. *« 5 » :* 5. *Autres chaînes* (TV6, TMC, RTL Télévision) : 3.

Télévisions

2 Français sur 3 regardent la télé. tous les jours ; soit en tout 15,6 h en moyenne par semaine. [*H.* 14 h, *F.* 17 h. ; *15-24 a.* 12,7 h, + de 60 a. 21,4 h. *Parisiens* 8,8 h, *ruraux* 14,6 h. *Villes moyennes* 16 h. *Titulaires du bac ou d'un diplôme d'études supérieures* 9,6 h, *personnes sans diplôme* 19,8 h]. Le plus souvent, ils regardent le journal télévisé (en %) sur : *TF1* 52, *A2* 27, *FR3* 6.

● **Émissions.** *Regardent souvent ou de temps en temps (en %).* Films de cinéma 87, émissions sur la nature ou la vie des animaux 84, music-hall, variétés 71, émis. sur la vie dans d'autres pays 60, dramatiques et téléfilms 59, émis. sportives 49, émis. sur la vie quotidienne des Français 49, débats, face-à-face de personnalités politiques 48, reportages sur des problèmes politiques, économiques et sociaux 47, pièce de théâtre 45, émis. scientifiques 43, émis. sur l'histoire 40, émis. sur la littérature ou sur les écrivains 39, émis. sur les métiers d'art tels que poterie, ébénisterie, orfèvrerie 28, opérettes 27, concerts de musique classique 22, ballets classiques ou modernes 21, émis. sur la peinture, la sculpture, l'architecture, les monuments 20, concerts de musique pop, folk, de rock ou de jazz 17, opéra 12.

Les femmes déclarent regarder souvent ou de temps en temps (%) : les émissions consacrées à la littérature et aux écrivains 57, pièces de théâtre 59, émissions médicales 59, concerts de musique classique 61, opérettes 64, ballets classiques ou modernes 68.

Les hommes regardent (%) : émissions scientifiques non médicales 52, reportages sur les problèmes politiques, économiques et sociaux 52, débat et face-à-face 53, concerts de musique pop, folk, de rock ou de jazz 53, émissions sportives 66.

Les jeunes de 15-24 ans regardent : surtout les concerts pop, folk, rock ou de jazz (48 %).

● **Durée d'écoute sur un jour.** (moy. lundi à vendredi) en 1984 sur 100 Français de 15 a. et +. *Regardent moins d'1 h :* 22 % des Français, *1 à 2 h :* 12 %, *2 à*

3 h : 23 %, *3 à 4 h :* 11 %, *4 à 5 h :* 22 %, *+ de 5 h :* 11 %.

Audience cumulée. Français de 15 a. et + ayant regardé la télé au — une fois pendant la journée (moy. de la semaine). 1984 : 74,5 % (29 718 000) de 15 a. et +, *TF1* 48,4 % (19 306 760), *A2* 53,5 % (21 341 150), *FR3* 22 % (8 775 000). *Durée moy. d'écoute par j :* 186 mn (*TF1* 110, *A2* 118, *FR3* 76).

Durée d'écoute (en mn), par individu, pour un jour moyen de semaine (du lundi au vendredi), sur l'ensemble des Français de + de 15 ans, et, entre parenthèses, possesseurs de téléviseurs de 15 ans et +. *1964 :* 55 (134), *68 :* 90 (138), *69 :* 107 (153), *70 :* 126 (165), *71 :* 119 (148), *72 :* 116 (138), *73 :* 121 (141), 76 : 132 (142), *77 :* 121, *78 :* 122, *79 :* 119, *80 :* 124, *81 :* 132(*TF1* 54, *A2* 49, *FR3* 26).

1984 : (moyenne du lundi au dimanche 138 mn) *TF1 :* 54, *A2 :* 63, *FR3 :* 18, autres : 30. *Selon les jours :* lundi à vendredi 130, samedi 140, dimanche 176.

Évolution (en milliers). En mars 1985 et, entre parenthèses, en oct. 1984. *TV en général* 34 292 (33 086) + 3,65 %, *A2* 24 838 (24 148) + 2,85, *TF1* 24 479 (21 190) + 15,52, *FR3* 12 381 (11 596) + 6,76.

• **Audience des enfants. Durée d'écoute.** *Selon les jours de la semaine :* lundi, mardi, jeudi, vendredi l h 15, mercredi, samedi, dimanche 2 h 25. *Saisons :* automne 2 h 06, vacances de Noël 3 h 42, printemps 1 h 10. + l'enfant grandit plus il regarde la tél. Moyenne générale hebdomadaire 1 h 49.

Nombre. *En moyenne de 8 à 14 ans, les enfants regardent la tél. :* tous les jours 43 %, presque tous les jours 46, 1 ou 2 fois par semaine 10, — ou jamais 1.

Audience en France et à l'étranger. % de téléspectateurs regardant la télévision : — *de 1 h par jour Fr. 13,* All. féd. 12, G.-B. 3 ; *de 1 à 3 h Fr. 57,* All. féd. 62, G.-B. 38 ; *de 3 à 5 h Fr. 25,* All. féd. 21, G.-B. 35 ; *de 5 à 6 h Fr. 3,* All. féd. 3, G.-B. 12 ; *+ de 6 h Fr. 2,* All. féd. 2, G.-B. 12.

Les Français et leur télé

Place du poste (en %). Salle de séjour 53, salle à manger 27, cuisine 12, autre 8. **Position et place du téléspectateur** (en %) : assis 79, fauteuil 34, canapé 26, chaise 19, allongé 11, dans un lit 10, sur la moquette 1, ne se prononcent pas 10. **A partir de quelle heure ?** avant 19 h : 24, entre 19 h et 19 h 30 : 17, entre 19 h 30 et 20 h : 19, entre 20 h et 20 h 30 : 30, après 20 h 30 : 10.

Téléviseurs loués. 400 000 dont *Locatel* 200 000. *Viséa* 50 000. *Novatel-Granada* 40 000.

Audience de quelques émissions (sur 100 foyers équipés et, entre parenthèses, sur 100 individus de 15 a. et + (1982). *Coupe du monde de football (8-7-82) : All.-Fr. 1re mi-temps :* 48 (41), *2e : 54 (38) ; finale (11-7-82) : All.-Ital. 1re mi-temps : 38 (35), 2e :* 47 (40). *Films :* la Femme flic (5-1-82) 72 (60), L'Emmerdeur (10-10) 66 (58), Police Python 357 (28-11) 65 (55), Cousin cousine (18-1) 65 (42), Adieu poulet (28-2) 65 (55). *Émissions régulières* (moy. du 8-11 au 19-12) : Film du dimanche soir 56 (46), Champs Élysées 47 (42), Dallas 40 (33), Droit de réponse 12 (11), Apostrophe 11 (11).

Types d'émissions les plus regardées : 1) fiction, 2) musique et variétés, 3) information, 4) sport, 5) documentaire, 6) pour la jeunesse.

Types d'émissions qui plaisent le plus : 1) sport, 2) musique et variétés, 3) pour la jeunesse, 4) documentaire, 5) information, 6) fiction.

Nota. — Une pièce de théâtre est vue un samedi soir par 15 millions de spectateurs en France ; il faudrait 30 ans de succès ininterrompu dans une grande salle parisienne pour toucher pareil auditoire. Un film du dimanche soir devrait « tourner » 10 ans pour atteindre le même public.

Un événement international comme les obsèques de Winston Churchill à Londres en janvier 1965 a été vu par 350 millions de personnes dans le monde, le lancement d'Apollo 11 vers la Lune le 16-7-69 par 528 millions, la récupération d'Apollo 13 le 17-4-1970 par 600 millions, les jeux Olympiques de 1972 et 1976, la visite du pape Jean-Paul II en Irlande (26-9-79) par 1 milliard.

Associations de téléspectateurs

Télé-Liberté 10, rue de Lancry, 75010 Paris. **Féd. nat. des téléspect. et ANTV 77** (Thérèse Gendebien Ladoucette) 8, rue de Bourgogne, 75007 Paris (ou 22, rue St-Dominique). **Assoc. pour une télévision de libre expression (ATELE)** (Jacques Baumel) 139, av. de Villiers, 75017 Paris. **Assoc. des téléspectateurs et auditeurs** (ATA). B.P. 1019, 66010 Perpignan Cedex. **Comité de défense des téléspect. du XIXe**, 43, rue des Solitaires, 75019 Paris. **Télé-Vérité**, 43, rue Royale, 77300 Fontainebleau.

Radiodiffusion

• **Réception.** *Modulation d'amplitude :* sur 100 % du territoire, *fréquence : 95 %.*

• **Équipement.** 1983 : 98,7 % des foyers français possèdent une radio (78,9 % des postes à modulation de fréquence).

• **Écoute.** 72 % des Français de + de 15 a. écoutent la radio tous les jours ou presque ; 17 % moins régulièrement et 10 % jamais ou presque. *Durée moy. d'écoute par semaine :* 15,8 h, *5 h :* 18 %, *9 h :* 20 %, *10 à 19 h :* 22 %, *+ de 20 h :* 28 %. *Les femmes :* 18,1 h, *inactives de — de 60 ans :* 21,9 h, *25 à 59 ans :* 16,8 h, *petits commerçants et artisans :* 20 h. *Les O.S., manœuvres et personnel de service :* 17,4 h.

71 % recherchent un genre d'émission particulier et 39 % l'écoutent « un peu pour tout ». A la fin de 1981, 24 % entendaient occasionnellement des radios locales ou « radios libres ». 3 % seulement déclaraient les éviter. *Les plus nombreux à les écouter :* Parisiens 57 %, banlieusards 44 %, élèves et étudiants 54 %, cadres supérieurs et professions libérales 40 %, cadres moyens 35 %, célibataires 38 % et, plus généralement, les jeunes (36 % des 15-24 ans).

Écoutes les plus importantes : 6 h 45-9 h et 12 h 30-13 h. Les jeunes écoutent davantage la radio que les adultes (68 % de 15/24 ans, contre 60 % de 54/64). Les hommes sont plus assidus que les femmes, les Parisiens que les ruraux, les cadres moyens et supérieurs que les employés, les ouvriers, les petits patrons, les agriculteurs et les inactifs.

Durée d'écoute totale sur 5 j (lundi au vendredi). *1982 : écoutent moins de 5 h :* 39 % des Français, *5 à 10 h :* 25 %, *10 à 15 h :* 15 %, *15 à 20 h :* 6 %, *20 à 25 h :* 3 %, *+ de 25 h :* 11 %.

Durée moy. en minutes (du lundi au dimanche, écoute quotidienne totale/foyer) : *1950 :* 220, *80 :* 91, *82 :* 90, *83 :* 88. *1984 :* 84. Du lundi au vendredi 91, samedi 78, dimanche 60.

Durée d'écoute quotidienne par auditeur (personne ayant écouté au moins une fois dans la journée) ; moy. du lundi au dimanche en minutes (1984) : 149. *RTL* 141, *RMC* 117, *Europe 1* 103, *France-Inter* 92.

Audience cumulée (pers. ayant écouté la radio au — 1/4 d'heure pendant la journée. Moyenne lundi à dimanche). *1977 :* 60,1 % ; *78 :* 60 ; *79 :* 62,1 ; *80 :* 58,6 ; *81 :* 60,7 ; *82 :* 58,6 ; *83 :* 57,2 ; *84 :* 57.

Sondage CESP réalisé du 12-4 au 15-5-85 auprès de 4 407 personnes de 15 ans et + (entre parenthèses résultats 1984 à la même époque). RTL 21,5 (23,5), Europe 1 16,4 (17,6), RMC 7,1 (7,8), France Inter 14,7 (13,5), autres radios (radios privées, stations locales de Radio-France, France-Culture, France-Musique, FIP, Sud-Radio) 23,6 (21,6).

Sondage IPSOS en Ile-de-France, réalisé la 2e quinzaine d'avril 1985 auprès de 2 000 personnes de 12 ans et +. RTL 30,7 % (2 607 000), Europe 1 26,3, NRJ 21,8, France Inter 20,9, RFM 4,7, France-Musique 4,3, FIP 3,6, Hit-FM 3,5, 95,2 3,4, Radio-Montmartre 2,9, Radios locales — de 1,5.

Il n'y a de véritable concurrence entre les 3 principales stations de grande écoute (Europe 1, France-Inter et Radio-Luxembourg) que dans les régions où les conditions de réception sont comparables (ex. : la région parisienne).

Le Nord et le Nord-Est sont les régions d'écoute privilégiées pour RTL ; l'Est, pour Europe 1. France-Inter domine au sud de la Loire (son infrastructure régionalisée lui permet d'offrir un « confort » d'écoute maximal).

Part des radios locales privées (%). *1981 :* 4,6 ; *82 :* 11,4 ; *83 :* 16,9 ; *84 :* 18.

Il existe encore en France env. 3 250 zones d'ombre (ex. : vallées encaissées) où les faisceaux hertziens ne parviennent pas. Il faudrait pour y remédier 2 050 installations locales.

Devises de quelques pays

☞ Suite de la page 1029.

Centrafricaine (Rép.) : Unité, Dignité, Travail, et Zo Kwe Zo (Un homme est un homme, en sango).
Chili : Por la razón o la fuerza (Par la raison ou la force).
Chine nationaliste (Formose) : Fermeté dans la dignité et dynamisme dans l'indépendance.
Colombie : Libertad y Orden (Liberté et Ordre).
Congo (Rép. pop. du) : Travail, Démocratie, Paix.
Côte-d'Ivoire : Union, Discipline, Travail.
Cuba : Patria o Muerte, Venceremos (La Patrie ou la mort, nous vaincrons).
Danemark : Pas de devise. Chaque souverain a la sienne. Celle de la reine Margrethe II est : L'aide de Dieu, l'amour du peuple, la grandeur du Danemark.
Dominicaine (République) : Dios, Patria, Libertad (Dieu, Patrie, Liberté).
Égypte : (avant la révolution) La justice prime la force ; (à la révolution) Unité, Discipline, Travail ; (plus tard) Science et Foi ; (depuis février 1972) Silence et Patience, Liberté, Socialisme, Unité.
El Salvador : Dieu, Union et Liberté.
Équateur : Dieu, Patrie et Liberté.
Espagne : Una, Grande, Libre.
États-Unis : Devise du grand sceau : E pluribus unum (latin) ; Out of many, one (anglais) : Tous ensemble ne font qu'Un. Devise nationale : In God we trust : En Dieu notre confiance.
Éthiopie : *Av. 1974 :* l'Éth. tend les mains vers le Seigneur (pour le pays). Lion vainqueur de la tribu de Juda (pour la dynastie). *Dep. 1974 :* Etiopia Tikdem (Éth. d'abord).
Falkland : To remain a British colony (Demeurer une colonie britannique).
Fidji : Crains Dieu et honore la reine.
France : Liberté, Égalité, Fraternité. (État français 1940-44 : Travail, Famille, Patrie.)
Gabon : dev. de la Rép. : Union, Travail, Justice. Dev. du Pt : Dialogue, Tolérance, Paix.
Gambie : Progrès, Paix, Prospérité.
Ghana : Freedom and Justice (Liberté et Justice).
Grande-Bretagne : Dieu et mon droit (en français).
Grèce : Ma force, c'est l'amour de mon peuple. La liberté ou la mort.
Grenade : Clarior e tenebris (La clarté suit les ténèbres).
Guatemala : Liberté — 15 septembre 1821.
Guyane française : Fert Aurum Industria (Le travail crée la richesse).
Haïti : Liberté, Égalité, Fraternité. L'union fait la force.
Honduras : Libre, Souveraine, Indépendante.
Hongrie : Tout le pouvoir est au peuple.
Inde : La vérité l'emportera.
Indonésie : Bhinneka tunggal ika (Unité dans la diversité).
Irak : Une seule nation arabe, avec une mission éternelle. Unité, Liberté, Socialisme.
Iran : Dieu, Roi, Patrie (avant 1980).
Islande : La nation est construite sur la loi.
Israël : Devise officieuse : Résurrection.
Jamaïque : Out of many, one people (Plusieurs races, un seul peuple).
Jordanie (Royaume hachémite) : Construisons notre pays, et servons notre nation. Allah, al Watan, al Malik (Dieu, la Patrie, le Roi).
Kenya : Harambee (En avant tous ensemble).

☞ Suite : voir Index.

l'Humanité

ORGANE CENTRAL DU PARTI COMMUNISTE FRANÇAIS

HUMANITE DIMANCHE

« L'HUMANITE », organe central du PCF

Quotidien, 5, rue du Faubourg-Poissonnière, PARIS (9e). Téléphone : 42-46-82-69.
Directeur : Roland LEROY. Fondateur : Jean JAURES.
Rédacteur en chef : Claude CABANES.
Tirage OJD 1985 : 163.302 exemplaires
Catégorie de lecteurs : 64,9 % d'hommes,
35,1 % de femmes.

L'« HUMANITE DIMANCHE », hebdomadaire central du PCF

Tirage diffusion 1985 : 201.040 exemplaires.
Directeur : Roland LEROY.
Rédacteur en chef : François HILSUM.

L'« HUMANITE DIMANCHE MAGAZINE »,

mensuel paraissant chaque premier week- end du mois. Diffusé avec l'« Humanité Dimanche »

(Publicité)

QUOTIDIENNEMENT UNE VUE IMPRENABLE SUR L'ACTUALITE

Vivez les temps forts de l'actualité française et internationale dans un journal fort.
Depuis six ans, **le Quotidien** *dit avec force ce qu'il pense sur la politique, les affaires, la culture et il n'a pas l'intention d'être plus complaisant demain qu'il ne l'était hier.*
Chaque matin, **le Quotidien de Paris.** *Forcément.*

LE QUOTIDIEN
DE PARIS

(Publicité)

Les secrets de l'Oncle Sam vendus 35.000 dollars

L'EST RÉPUBLICAIN

MERCREDI 4 JUIN 1986

LORRAINE

3,60 F

LA RENAISSANCE à TOUL 7 et 8 juin 86

LA FETE DE L'ANNEE !

Méhaignerie annonce la sauvegarde de 40.000 emplois et 100.000 constructions neuves d'ici 1990

La relance du logement

Avec l'épreuve de philosophie

Jour J pour le bac ce matin

LES NUMEROS DU JOUR EN PAGE INFORMATIONS GENERALES

SOMMAIRE

LE TEMPS

L'EST RÉPUBLICAIN
rue Théophraste-Renaudot
Houdemont, 54180 Heillecourt
Téléphone 83.56.80.54
O.J.D. 1985 (au 31-12-85)

Tirage	284 055
Diffusion	254 308

L'Est Républicain dimanche
O.J.D. 1985 (au 31-12-85)

Tirage	363 934
Diffusion	321 299

4 500 points de vente

Fondé en 1889 — le numéro 1 tiré à 1 200 exemplaires porte la date du 5 mai — « L'Est Républicain » est un des titres les plus anciens de la presse française

En une vingtaine d'années, il étend sa zone de diffusion à toute la Meurthe-et-Moselle et la Meuse (26 500 exemplaires en 1913) puis à la Haute-Saône, au Territoire de Belfort et aux Vosges

Le cap des 100 000 exemplaires est franchi en 1927

« L'Est Républicain » cessa ses activités pendant toute la durée de l'Occupation et il est de ce fait un des très rares quotidiens français autorisé à reparaître sous son titre à la Libération

Il poursuit alors son extension en direction de la Haute-Marne et la Franche-Comté et atteint les 200 000 exemplaires en 1951

Sa zone de diffusion

Au travers de ses 16 éditions elle couvre 8 départements : Meurthe-et-Moselle, Meuse, Vosges, Haute-Marne, Marne, Haute-Saône, Doubs et Territoire de Belfort.

Le groupe France-Est avec L'Ardennais, La Haute-Marne Libérée, L'Est Eclair, Libération Champagne, touche également la région Champagne-Ardenne.

Un quotidien complet

« L'Est Républicain » traite, chaque jour, de la façon la plus complète, grâce à ses 239 journalistes répartis entre 30 villes de sa zone de diffusion et à ses 1.100 correspondants, l'actualité sous toutes ses formes : politique, économique, sociale, sportive, etc., et à tous les niveaux : mondial, national, régional et local.

En plus de l'information-service qu'il donne ponctuellement dans toutes ses rubriques, « L'Est Républicain » offre quotidiennement à ses lecteurs une page *« Vivre aujourd'hui »* axée sur un grand thème : les loisirs, la maison, la famille, les livres, l'automobile, le tourisme, les spectacles.

« L'Est Républicain Dimanche » outre les rubriques du quotidien, présente chaque semaine :

- Un supplément en couleurs *« Magazine Dimanche »* panorama de l'actualité et de l'évasion
- Avec tous les programmes de télévision de la semaine
- Des pages jeux et le tiercé

Un rôle économique irremplaçable

« L'Est Républicain » met à la disposition de ses annonceurs une structure commerciale complète et efficace avec ses représentants, ses concepteurs, ses dessinateurs-maquettistes, ses photographes, etc

Grâce à la Publicité Moderne, une de ses filiales, il peut assurer des campagnes associant d'autres médias, affiches, radio, télévision, etc. dans toute la France et à l'étranger

- La publicité régionale est reçue au siège et dans toutes les agences
- La publicité extrarégionale est traitée pour l'ensemble du groupe par

Régie Presse
7, rue de Montessuy, 75332 Paris cedex, téléphone 45 55 91 71

D'autres services

Filiale de « L'Est Républicain » et implanté comme lui dans tout l'est de la France, « L'Est Voyages » étudie, pour les groupes et les particuliers, tous les projets de voyages ou de séjours de vacances.

Agence agréée, « L'Est Voyages » est le correspondant de toutes les grandes compagnies et de toutes les sociétés spécialisées. « L'Est Républicain » offre également les services de ses autres filiales

———

Photogravure
1. LA PHOTOGRAVURE NANCEIENNE
rue Théophraste-Renaudot
Houdemont, 54180 Heillecourt
Téléphone 83.56.44.12.
Paris : 24, rue du 4-Septembre
Téléphone 47.42.51.00
2. EUROSCANN S.A.
15, rue du Professeur-Leriche, Metz
Téléphone 87.30.21.01.
3. BOURGOGNE PHOTOGRAVURE
1, rue Champeau, 21000 Dijon
Téléphone 80.71.36.63.
4. G.C.O.
69, rue Victor-Hugo, 93100 Montreuil-sous-Bois
Téléphone 42.68.07.19.
Photocomposition
1. FOTOSTIL
5 bis, place des Vosges, Nancy
Téléphone 83.35.09.08.
2. COMPOGRAFIC 2000
18, faubourg de France, Belfort
Téléphone 84.22.46.72.

(Publicité)

Midi Libre

1er Quotidien d'Information du Languedoc-Roussillon

Midi Libre, quotidien régional diffusé dans les six départements de la région Languedoc-Roussillon (Hérault, Gard, Lozère, Aude, Pyrénées Orientales et Aveyron).
Siège : Mas de Grille, 34430 St-Jean-de-Védas. Tél : 67.42.00.44. Adresse postale 34063 Montpellier Cédex.
Président Directeur Général : Maurice Bujon. Directeur Général : Claude Bujon. Directeur : Jean-Dominique Pretet.
Rédacteur en Chef : Paul Katz.

Constitué dès août 1944, au lendemain de la Libération, par une équipe de résistants autour de son fondateur Armand Labin (dit Jacques Bellon), qui en assura la présidence jusqu'en 1956, Midi Libre a vu son tirage, ses investissements intellectuels et matériels et son audience croître régulièrement depuis quarante ans. Il rayonne aujourd'hui sur une région pilote, en pleine expansion industrielle et touristique, avec un tirage de 220.000 exemplaires quotidiens et une diffusion de 200.000. Il dispose de 24 agences ou bureaux principaux, et de quelque 2.000 informateurs ; il exerce en outre une fonction d'animation économique et sportive illustrée par le soutien qu'il apporte à différentes manifestations, et à l'organisation du Grand Prix Midi Libre, qui est devenu l'une des plus importantes épreuves cyclistes françaises.

Parallèlement, Midi Libre, depuis 30 ans et tout particulièrement au cours de ces dernières années, a mis en train un important programme de modernisation qui le place en tête de la presse nationale.

L'aménagement spectaculaire du littoral méditerranéen, l'expansion continue de l'Université, la facilité et la multiplicité des relations routières, ferroviaires ou aériennes avec la capitale ont à la fois créé des devoirs et offert une chance exceptionnelle à Midi Libre, qui dispose pour ses chroniques, tribunes libres ou rubriques diverses, des plus éminentes signatures nationales ou régionales parmi lesquelles on relève Max Favalelli, Paul Guth, Jean Cau, etc.

D'autre part, grâce à ses "tribunes libres", très ouvertes, ses lecteurs peuvent connaître les analyses des plus grands noms politiques.

Dans un Languedoc-Roussillon dont la courbe démographique et le pouvoir d'achat ne cessent de croître, où, d'autre part, les nouvelles cités de vacances, La Grande Motte, Port-Barcarès, Port-Camargue, Port-Leucate, Le Cap-d'Agde, sans oublier les pôles plus traditionnels d'attraction que sont pour les estivants : Collioure, Canet-Plage, Argelès-sur-Mer, Palavas, Le Grau-du-Roi, Valras, ont créé une clientèle importante pour le journal durant les mois d'été. (Midi Libre améliore son score de vente de quelque 30.000 numéros chaque jour en juillet et août), les annonceurs, en utilisant le support privilégié qu'est Midi Libre, ont la certitude de toucher des "cibles" de plus en plus nombreuses et réceptives.

(Publicité)

(Publicité)

Soyez " incollable " sur

la Nouvelle République

DU CENTRE-OUEST

Le quotidien régional " LA NOUVELLE REPUBLIQUE DU CENTRE-OUEST " a été créé dans la clandestinité (ses premiers numéros datent de 1943) et parut au grand jour le 1er septembre 1944. Il est l'œuvre d'une équipe de résistants dirigée par Jean MEUNIER, président de C.D.L. clandestin d'Indre-et-Loire, ancien ministre S.F.I.O., ancien député-maire de Tours, décédé le 26 juillet 1975 et Pierre ARCHAMBAULT (président de la Confédération de la Presse Française).

Statut : " La Nouvelle République " est une société anonyme à participation ouvrière. Son capital (14.425.740 F) est détenu pour un tiers par le personnel et pour deux tiers par des actionnaires extérieurs (nul ne pouvant en posséder plus de 1,25 %).

Directoire : Président, Jacques Saint-Cricq ; Jean-Louis Forest ; Marcel Lelion.

Secrétaire général : David Bohbot.

Rédacteur en chef : Guy Bonnet.

Direction commerciale, publicité, ventes, développement : David Bohbot.

Effectif : plus de 900 personnes, dont 200 journalistes.

Diffusion : 271.303 (contrôle O.J.D. 1985) : 1/3 par abonnements postaux, 1/3 par points de vente, 1/3 par porteurs à domicile.

Publicité : " Régions-Communication ", 127, avenue Charles-de-Gaulle, 92200 Neuilly-sur-Seine. Tél. (1) 47.58.97.50 et toutes succursales de l'agence Havas.

" La Nouvelle République " est aussi un groupe de communication :

Télématique : " La Nouvelle République " développe avec des partenaires régionaux (Chambres de Commerce et d'Industrie, plusieurs municipalités, etc.) et nationaux (Direction générale des Télécommunications, etc.), une expérience télématique. Son centre serveur " Circé " compte plus de 40.000 pages-écrans d'informations régionales et nationales très diverses. " Circé ", 36.15.91.77, CIRC 1, 2 ou 3.

Radio : la " N.R. " est un partenaire actif de la radio locale " Radio Méga Tours " et a créé, avec l'agence Havas, la société C.R.C.O. (Communication radio Centre-ouest) chargée d'assurer la régie publicitaire des radios locales.

" La Nouvelle République " est membre de la société " Pluricommunication " qui a pour objet l'étude de faisabilité des télévisions locales.

" La Nouvelle République " s'est également associée à d'autres partenaires et diversifie ainsi ses publications : trimestriels régionaux, hebdomadaire et journaux d'annonces gratuits. Les " Editions Nouvelle République " proposent divers ouvrages à caractère régional.

ZONE GÉOGRAPHIQUE

Siège : 4 à 18, rue de la Préfecture, 37048 Tours Cedex. Tél. 47.61.81.46 - Télex 750.693 F.

Huit directions départementales :

BERRY :

Cher : 7, avenue Jean-Jaurès, 18022 **BOURGES,** tél. 48.24.28.51.
Indre : 57, rue Ledru-Rollin, 36000 **CHATEAUROUX,** tél. 54.22.10.20

POITOU

Deux-Sèvres : 9, avenue de la République, 79000 **NIORT,** tél. 49.28.05.21.
Vienne : 68, rue Gambetta, 86000 **POITIERS,** tél. 49.41.28.28.

VAL DE LOIRE :

Indre-et-Loire : 5, rue Emile-Zola, 37048 **TOURS,** tél. 47.66.47.47.
Loir-et-Cher : 10, rue Denis-Papin, 41000 **BLOIS,** tél. 54.78.86.61.
Loiret : 7, rue du Colombier, B.P. 1127. 45001 **ORLEANS,** Tél. 38.54.01.00
Maine-et-Loire : 2, place Sainte-Croix, B.P. 2127, 49021 **ANGERS,** tél. 41.88.43.81.

Rédaction parisienne :

17, rue de la Banque, 75002 **PARIS,** tél. (1) 42.96.99.39.

QUELQUES CHIFFRES

— 6e quotidien régional.
— 10e quotidien national.
— Nombre de points de vente : 4.000.
— Nombre de correspondants : 3.000.
— Nombre de porteurs de journaux à domicile : 350.
— Nombre d'éditions : 12 à 19.
— Pagination moyenne : 21 pages.
— Nombre de pages différentes fabriquées en moyenne chaque nuit : 94.
— Vitesse du papier sur les rotatives : 30 km/h.
— Vitesse d'impression : 45.000 exemplaires/heure par rotative.
— Quantité de papier utilisée chaque nuit : mises bout à bout, les pages couvriraient la distance Tours-Leningrad (2.500 km).
— Quantité d'encre utilisée chaque nuit : 720 kg.
— Heure de sortie de la première édition : 23 h 30.
— Heure de sortie de la dernière édition : 4 h 30.
— Nombre de signes fabriqués par jour par informatique : 2,5 millions.
— Kilométrage des lignes téléphoniques spécialisées : 2.000 km.
— Kilométrage effectué chaque nuit par les véhicules de livraison de journaux : 3.000 km.

(Publicité)

DANS LE SERVICE DE CARDIOLOGIE DU PROFESSEUR LE TAC

Première mondiale au C.H.U. de Rouen

paris normandie ROUEN et AGGLOMERATION

JEUDI 16 JANVIER 1986 * * * 3,80 F Nº 12.727

THIERRY SABINE ET DANIEL BALAVOINE TUÉS DANS L'HELICOPTERE TRAGIQUE (CINQ MORTS)

Une des dernières photos de Thierry Sabine prise, il y a quelques jours, lors de l'étape de Tamanrasset. L'hélicoptère d'Antenne 2 venait d'être plaqué au sol après avoir été déséquilibré par une rafale de vent... Déjà ! (A.F.P.)

La malédiction du "Dakar"

Il a 25 ans et s'appelle Jean-Michel Vincent

Loto : refaire sa vie avec 4,5 millions...

Jean-Michel manifeste sa joie auprès de sa fiancée Catherine et de la petite Morgane âgée de 7 mois

Comme nous l'annoncions dans notre précédente édition, le jeune et sympathique étourdi, heureux gagnant des 4 millions et demi (ou presque) de francs, a enfin été retrouvé grâce à notre journal qui diffusait samedi dernier un appel désespéré auprès des amateurs de Loto.

Le 27 novembre dernier, au bar-tabac de M. et Mme Simon, dans le quartier du Ramponneau à Fécamp, on annonçait la nouvelle : le billet multiple à 14 F, rapportant 444 millions de centimes avec ses six numéros (4 - 6 - 14 - 20 - 28 - 43) avait bien été validé chez eux pour le tirage nº 548. Les jours et les semaines défilent mais personne ne se manifeste dans aucun centre de paiement et aucun nom ne figure sur le billet. Interrogation incompréhensible pour M. Simon et les responsables du Loto au Havre. Que faire ? Rien n'est possible jusqu'à ce que paraisse cet article dans nos colonnes, le 11 janvier dernier. Le même matin, un jeune habitant de Saint-Léonard (dans le canton de Fécamp) achète notre journal pour connaître les résultats du Loto sportif, une passion venant s'ajouter aux tentations du Loto national.

O. GRADEAU

Hidalgo : oui à Tapie et peut-être aussi à l'O.M.

Michel Hidalgo, directeur technique national du football français, a annoncé hier après-midi dans un communiqué qu'il était prêt à quitter la Fédération française de football (F.F.F.) pour l'Olympique de Marseille. « Je dis oui à Bernard Tapie et peut-être à l'O.M., car nous voulons travailler pour savoir si nos conceptions et nos exigences seront acceptées par l'O.M. et par son environnement tout entier ». Michel Hidalgo, qui restera directeur technique national jusqu'à la fin de la saison, avait été sollicité par l'industriel Bernard Tapie, qui avait émis comme condition à sa reprise en mains de l'O.M. la venue de l'ancien sélectionneur national.

(Pages sportives)

NAMUR

LES ELBEUVIENS SONT VENUS TEMOIGNER AU PROCES DES TUEURS

EVRY

Curty accuse à nouveau Knobelspiess

paris normandie

19, place du Général-de-Gaulle, 76000 Rouen. Tél. 35-88-45-88.

Bureau de Paris : 62, rue du Louvre, 75081 Paris Cedex. Tél. 42-33-44-00.

Président-Directeur général et Directeur de la publication : Jean Allard.

Codirecteur de la publication, Rédacteur en chef responsable de la rédaction : Marc Rouzier.

Paris-Normandie, quotidien régional, diffuse chaque jour 160 000 exemplaires environ. Il dispose d'un jeu de dix éditions et couvre la Seine-Maritime, l'Eure et la partie ouest du département des Yvelines, sous la forme de 2 éditions, Paris-Mantes et Paris-Poissy. Édité à Rouen, le journal a des agences au Havre, à Évreux, à Mantes, à Poissy et dans une vingtaine d'autres villes. Il possède une rédaction et un service de publicité à Paris. Au total, 600 personnes collaborent en permanence à l'entreprise, dont 90 journalistes professionnels — au siège et dans vingt-trois secteurs — qu'assistent 500 correspondants.

Chercher, choisir, traiter l'information régionale et locale, voilà la tâche première des journalistes de *Paris-Normandie.* Ce faisant, ils contribuent à une prise de conscience et à une animation régionales.

Mais — et cette mission est également essentielle — ils s'efforcent de donner, le plus clairement, le plus honnêtement possible, une relation vivante des événements internationaux et nationaux qui se déroulent sur les plans politique, économique, social, scientifique, culturel et des loisirs.

Les articles de fond apportent les éléments de réflexion sur les grandes questions d'actualités ; *Paris-Normandie* publie régulièrement des enquêtes et des reportages. Ses pages spéciales s'échelonnent tout au long de la semaine.

Le lundi : un cahier jaune consacré au sport et une page haute fréquence qui présente les nouveautés hi-fi et vidéo.

Le mardi : une page féminine, très proche de la vie de chaque jour.

le mercredi : une page consacrée aux problèmes économiques et sociaux de la région.

Le jeudi : une page agricole, enracinée dans la vie régionale.

Le vendredi : une page littéraire dans laquelle les lettres normandes sont très présentes.

Le samedi : une page « Loisirs Week-end ».

Les sports, les courses, la télévision, la radio constituent des chapitres permanents. De multiples rubriques s'insèrent dans le tissu du journal : courrier de Marie-Malone, automobile, conseils culinaires, bricolage, mots croisés, roman-feuilleton, bandes dessinées, etc.

Le tirage de *Paris-Normandie* en 1985 va, suivant les jours, de 160 000 à 170 000 exemplaires dont 34 000 abonnés.

Les régions desservies (en %) sont :

— Seine-Maritime : Rouen et Région 48,31. Le Havre et Seine-Maritime 24.

— Eure, Yvelines et Val-d'Oise 27,38.

— Étranger 0,31.

Quelques chiffres complémentaires : *Paris-Normandie* alimente 3 500 points de vente ; 27 camions et camionnettes parcourent avant l'aube 4 000 km, marquant plus de 1 100 arrêts.

Cette esquisse serait incomplète si n'était pas évoquée la publicité, qui occupe le tiers de la surface du journal et qui constitue à elle seule 40 % de ses recettes.

(Publicité)

le Provençal ... et les suppléments

LE SOIR

VAR matin RÉPUBLIQUE

LE CARNET DU SKIEUR
L'HABITAT
Féminin MASCULIN
LOTO SPORTS
LE GUIDE DE L'ETE
SPORTS
SPECTACLES
SUD AFFAIRES la vie des entreprises et de leurs hommes
TOURISME
VOYAGES
TELE
SUD MAISONS LE NOUVEAU MENSUEL DE LA MAISON INDIVIDUELLE
SUD SANTE

"Le Provençal"

Né le 23 août 1944 dans les combats de la libération, "Le Provençal" a été le premier journal en Europe à intégrer les procédés informatiques dans son système de fabrication et d'expédition qui est désormais l'un des plus modernes du monde.

La composition est entièrement informatisée, l'impression est assurée, depuis 1981 par 3 rotatives offset Goss Métroliner et les expéditions, informatisées également offrent les possibilités d'encartage sur la totalité du tirage.

Depuis 1983, "Le Provençal" a développé une politique de suppléments à périodicité variable (hebdo, mensuel, bi-mensuel) qui viennent enrichir la matière rédactionnelle de ses 12 éditions - "Le Provençal", qui fait partie du groupe des 16 grands quotidiens régionaux, a été le premier journal français à lancer "Le Bingo".

Le groupe "Le Provençal" est constitué de 4 titres :

"Le Provençal" "Le Soir": Président-directeur général : M. André POITEVIN.

Directeur de la rédaction : Jean-René LAPLAYNE.

"Var-Matin-République" : Président-directeur général : Christian de BARBARIN.

Rédacteur en chef : Dominique PONS.

" Le Méridional " : Président-Directeur général : René MERLE.

Rédacteur en chef : Laurent GILARDINO.

La zone de diffusion couvre les départements des Alpes-de-Haute-Provence, des Bouches-du-Rhône, de la Corse, du Var et du Vaucluse. La diffusion du groupe a dépassé en 1985 400 000 exemplaires.

3.000 correspondants locaux et les agences internationales (AFP, ACP, UPI) assurent une couverture complète de l'information qui fait du groupe "Le Provençal", le numéro 1 de l'information en Provence, offrant ainsi aux annonceurs une audience très forte dans une région à pouvoir d'achat élevé.

"Le Provençal" : B.P. 100 - 13316 Marseille Cedex 15 - Tél. (91) 84.45.45

Publicité Régie locale : EUROSUD, P.D.G. Christian POITEVIN, (même adresse, même téléphone).

Annonces classées, numéro direct (91) 95.95.95.

Régie Nationale : Régie Presse Médiasud, 7,rue de Montessuy, 75332 Paris Cedex 07. Tél. 555.91.71.

Possibilités techniques : quadrichromies, encartage, couponning.

(Publicité)

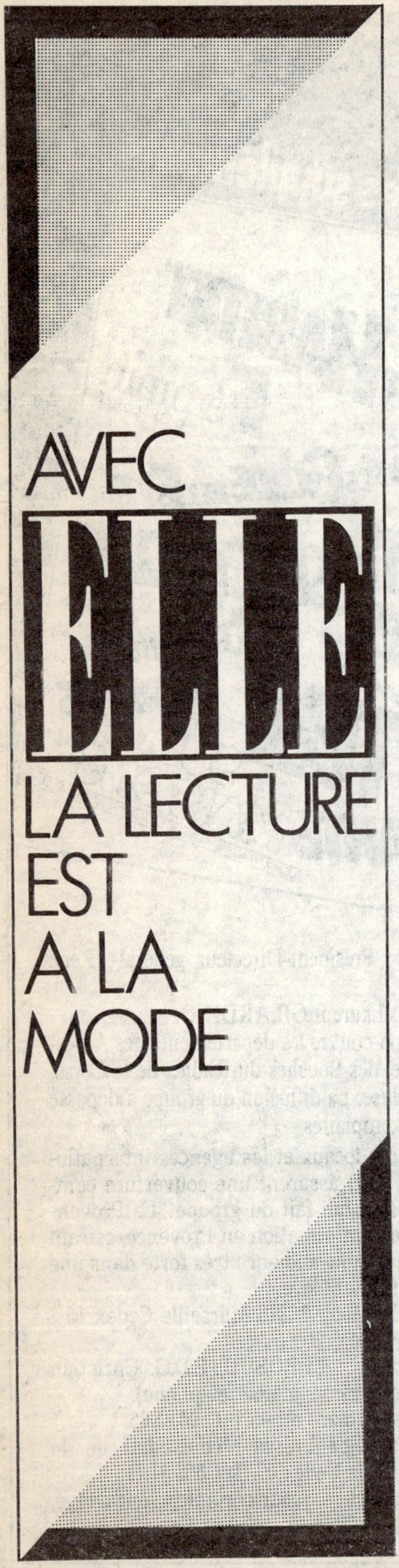

(Publicité)

GRAND RÉGIONAL INDÉPENDANT
68e année - No 46
Fondateur Victor DEMANGE
3, rue de Saint-Eloy METZ WOIPPY
Tél. 87 33 22 00
Adresse postale B.P. 89 57014 METZ CEDEX 1
PRIX : 4,00 F
ÉDITION DE METZ - METZ 8

vendredi 28 MARS 1986

Le Républicain Lorrain

EST-JOURNAL

LA PLUS FORTE DIFFUSION DE LORRAINE

HISTORIQUE

« Le Républicain Lorrain » a été fondé en juin 1919, à Metz, par Victor Demange. La Lorraine émergeait alors tout juste de l'annexion de 1871-1918 et le journal y fit vite sa place. En 1939, il occupait le premier rang parmi les quotidiens mosellans.

A l'entrée des Allemands dans sa ville, en 1940, Victor Demange donne l'ordre de saborder son journal qui ne parut pas pendant toute la guerre. Aussi, « Le Républicain Lorrain » fut-il l'un des très rares quotidiens français autorisés à reparaître sous son titre, le 1er février 1945.

A partir de cette date, le quotidien étend sa diffusion à l'ensemble de la région lorraine, où il gagne la prépondérance sur les autres titres. « Le Républicain Lorrain » est en effet le journal dont le tirage sur la Lorraine est le plus important. En 1961 est lancée une édition à l'intention du Grand-Duché de Luxembourg : actuellement, « Le Républicain Lorrain » y représente le seul quotidien de langue française et le second journal du pays.

Victor Demange étant décédé en 1971, son journal continue à être la propriété de sa famille qui en assure aussi la gestion. Sa fille, Marguerite Puhl-Demange, est actuellement la directrice de la publication. Indépendant de tout parti politique et de toute attache financière, « Le Républicain Lorrain » se veut, avant tout, représentatif de la population qui le lit.

DIFFUSION

Contrôlé par l'Office de Justification de la Diffusion, le tirage moyen du « Républicain Lorrain » s'établit pour l'année 1984 à 216.016 exemplaires, sa diffusion à 200.415 exemplaires.

On estime que chaque numéro est lu, en moyenne, par 3,2 personnes.

« Le Républicain Lorrain » est réparti entre quatorze éditions locales qui couvrent les départements lorrains (Moselle et Meurthe-et-Moselle) et le Grand-Duché de Luxembourg. Deux de ces éditions sont bilingues (français-allemand), elles portent le titre : « France Journal » et représentent environ 7 % de la diffusion totale.

Une part importante de la vente du « Républicain Lorrain » est représentée par des abonnements : 65 % de la diffusion se fait, en effet, par abonnés par porteur à domicile et 10 % par abonnés poste, les 25 % restants représentant la vente au numéro. Au total, 2.000 points de vente diffusent « Le Républicain Lorrain ».

RÉDACTION

La confection du « Républicain Lorrain » est assurée par un effectif de 180 journalistes professionnels répartis entre le siège du journal à Metz et ses 20 rédactions détachées. Les informations de chaque localité sont fournies par un réseau de plusieurs milliers de correspondants établis dans toutes les villes et tous les villages de la zone de diffusion du journal.

Chaque numéro comprend 30 à 48 pages, dont 6 à 14 consacrées aux informations locales ; 3 à 5 aux nouvelles régionales ; 3 à 5 aux sports nationaux et régionaux ; 4 à 6 aux informations générales, nationales et internationales ; 3 à 6 aux rubriques de télévision, radio, courses, Bourse, renseignements pratiques, courriers des lecteurs, feuilleton, bandes dessinées.

En outre, « Le Républicain Lorrain » publie quatre suppléments hebdomadaires, encartés dans le journal.

- **« 7 Hebdo » :** huit pages de lectures variées pour le dimanche, avec des rubriques spécialisées (lettres, arts, musique, cinéma, tourisme, etc.) et des reportages réalisés par ses rédacteurs.
- Un **TV Progamme** de 12 pages grand format, le mercredi, permettant d'obtenir 24 pages demi-format de lecture variée.
- **« L'Ampli »** le jeudi : l'actualité des spectacles et des loisirs : cinéma, théâtre, variétés, concerts, conférences, expositions et des rubriques auto-moto, vidéo, disques.
- **Un supplément sportif** de 8 à 12 pages, le lundi matin, relatant les compétitions de la veille.

Un effort particulier sur la partie magazine du journal, réalisée dans sa quasi-totalité par l'équipe de journalistes du « Républicain Lorrain ».

ÉQUIPEMENT TECHNIQUE

« Le Républicain Lorrain », imprimé en offset depuis mars 1979, est à présent totalement implanté dans son nouveau siège social situé dans la banlieue proche de Metz.

La reproduction photographique en quadrichromie est utilisée tant pour la partie rédactionnelle que pour la partie publicité.

La composition, le montage électronique des pages et la reproduction des photos noir et blanc sont assurés par des caméras et photocomposeuses à laser.

L'effectif technique est de 360 personnes. Le journal consomme en moyenne 1.550 tonnes de papier et 24 tonnes d'encre par mois.

PUBLICITÉ

Le recueil et la conception de la publicité sont assurés par les services du journal. Une régie de publicité nationale est installée 3, rue de Rigny à Paris (Journaux de l'Est associés).

Les recettes publicitaires représentent environ 55 % des revenus du journal, 45 % sont le produit de la vente. Les variations saisonnières du marché publicitaire sont importantes.

700.000 lecteurs lorrains et luxembourgeois lisent chaque jour « Le Républicain Lorrain ».

Fondé le 15 janvier 1950, l'Auto-Journal paraît le 1er et le 15 de chaque mois sur format 234 x 300 mm. Abondamment illustré, il comporte de nombreuses pages en quadrichromie. Diffusion : 296 308 exemplaires (OJD) pour l'année 1984. L'album catalogue « Spécial Salon » du 1er septembre, document exceptionnel, est tiré à 550.000 exemplaires.

Ce magazine a pour objet d'informer ses lecteurs de façon rigoureuse, pratique et complète dans tous les domaines touchant à l'automobile et au tourisme. Ses bancs d'essai et d'accessoires, imités ici et là, donnent un portrait détaillé de tous les nouveaux modèles français et étrangers. Etayées par des mesures effectuées avec un matériel moderne, ces analyses permettent à l'acheteur éventuel de prendre une décision en connaissance de cause au vu des qualités et des défauts d'un modèle.

La compétence et l'indépendance dont n'a cessé de faire preuve l'Auto-Journal depuis sa création lui valent l'estime et la confiance de ses lecteurs et celle de tous les spécialistes. Cette indépendance se manifeste par la sévérité de certains de ses jugements comme par les informations exceptionnelles que ce magazine met un point d'honneur à publier.

Les nouveaux modèles que lancent les constructeurs français et étrangers ont presque toujours été présentés en exclusivité avec des mois, voire des années d'avance, dans ses colonnes.

Dans le domaine de l'information pratique, l'Auto-Journal a multiplié les initiatives concrètes. Ainsi il est seul à faire paraître chaque année plusieurs bancs d'essai de 75 000 km portant sur les nouveaux modèles les plus diffusés en France. Cette épreuve d'endurance au terme de laquelle la voiture est disséquée est la plus instructive de toutes celles jamais réalisées.

D'autre part, l'Auto-Journal publie chaque année un document sans équivalent qui est utilisé par un nombre croissant d'entreprises et de particuliers : le prix de revient kilomètrique d'une voiture établi par une commission de spécialistes pour environ 80 modèles français et étrangers, en fonction du kilomètrage annuel et des années d'utilisation.

En dehors des essais, des études, des informations, des reportages, l'Auto-Journal consacre dans chaque numéro plusieurs chroniques aux loisirs. La principale d'entre elles est réservée à l'étude d'une région ou d'une ville touristique, d'une station de sports d'hiver (avec examen des pistes), d'un pays étranger ; les hôtels, les restaurants, les prestations y sont jugés avec la netteté dont font preuve les enquêteurs du journal. La caravane, le motonautisme, la photographie sont également traités par des spécialistes.

Le public de l'Auto-Journal, aussi varié (il comprend des médecins, des ingénieurs, des enseignants à côté de professionnels de l'automobile, de techniciens, de représentants) qu'exigeant, trouve dans ce bimensuel vivant et coloré, mais rigoureux, autant d'informations utiles que d'ouvertures sur le monde.

Président du Comité de Rédaction :
Jacques HERSANT
Directeur Général : Georges BRUTELLE
Directeur de la rédaction :
Gilles GUERITHAULT

43, boulevard Barbès, 75018 PARIS
Téléphone : 42.57.11.88

(Publicité)

L'ENSEIGNEMENT PUBLIC

Mensuel (durant la période scolaire : 8 numéros par an).

Publié depuis la Libération par la Fédération générale de l'Enseignement (F.G.E.), devenue en 1946 la Fédération de l'Éducation nationale (F.E.N.).

Chaque numéro comprend un éditorial du secrétaire général consacré à l'actualité sociale et syndicale et une série de rubriques consacrées aux divers aspects de l'activité de la F.E.N. (pages économiques et sociales, problèmes corporatifs, pédagogiques, défense des libertés, de la laïcité, problèmes de la jeunesse, etc.). Des dossiers sur un thème donné sont parfois encartés dans le numéro.

Format : 21 × 29,7. Impression : noir avec couleur d'accompagnement et jaquette de couverture spéciale quadri. Abondantes illustrations.

Impression offset par cahier de 32 pages tiré sur rotatives.

Le journal, préparé lors des réunions de l'exécutif fédéral national, est contrôlé par le rédacteur en chef (le secrétaire général de la F.E.N.) et réalisé sous la responsabilité du secrétaire de rédaction (responsable des publications) qui fait partie de l'équipe des secrétaires nationaux de la F.E.N., une assistante de rédaction et un maquettiste-illustrateur.

— Directeur de la publication : Robert Micheau, trésorier général de la F.E.N.
— Rédacteur en chef : Jacques Pommatau, secrétaire général de la F.E.N.
— Secrétaire de rédaction : Jean Lambotin.
— Maquettes et illustrations : Pierre Dizier.
— Photo-composition-impression : Avenir Graphique.

Tirage : numéro de décembre 1985 : 450 000 exemplaires ; audience 816 000 (enquête C.E.S.P.).

Le journal est expédié à tous les adhérents de la F.E.N., l'abonnement étant inclus dans la cotisation.

(Publicité)

LE CHASSEUR FRANÇAIS

Le Chasseur Français.
14, rue Jean-Rey - 75015 Paris

Mensuel. 12 N^{os} par an.

Format. 255 mm x 184 mm.

Abonnement.
1 an : 110 F - 3 ans : 320 F.
Le numéro : 11 F.

100 pages de rédaction, chaque mois.

Fondé en 1885, le Chasseur Français a récemment fêté son Centenaire. C'est un magazine complet.

Il traite de la plupart des activités de plein air : chasse, pêche, jardinage, sport, etc...

Il parle chaque mois de la nature, de la faune, de la flore, etc...

Il aborde des sujets d'ordre pratique, comme la maison, l'automobile, le droit, la santé, l'éducation des enfants, etc...

Environ 120 collaborateurs participent, chaque mois, à la rédaction du Chasseur Français ; chaque article est rédigé par un spécialiste.

La diffusion du Chasseur Français atteint 565.000 exemplaires, dont plus de 400.000 abonnés.

Ce dernier chiffre prouve le réel attachement des lecteurs à leur journal.

Le Chasseur Français se définit comme la revue d'intérêt général et de délassement, comme le grand magazine de toutes les activités de plein air et de loisirs.

Enfin, n'oublions pas les fameuses annonces du Chasseur Français (immobilier, voitures d'occasion, mariages, animaux), qui jouissent d'une incomparable réputation de sérieux, d'efficacité et de très haut rendement.

Avec plus de 2.700.000 lecteurs, le Chasseur Français se classe parmi le groupe de tête des grands supports publicitaires nationaux.

CHAQUE MOIS

Plus de 2.700.000 lecteurs

FORCE OUVRIERE hebdo

Un journal au service des salariés

Directeur : André Bergeron.
Rédaction : 198, avenue du Maine, 75014 Paris. Tél. : 45.40.67.32.
Publicité : Département publicité de la C.G.T.-F.O., 198, avenue du Maine, 75014 Paris. Tél. : 45.39.22.03.
Abonnement : 50 F par an.

Force Ouvrière a succédé en décembre 1945 à Résistance Ouvrière, fondé sous l'occupation.

Devenu en 1948 l'organe officiel de la C.G.T.-F.O., après la scission syndicale, Force Ouvrière a connu d'importantes modifications en 1964. L'hebdomadaire poursuit depuis cette date son existence propre ; le mensuel a gardé le titre Force Ouvrière, tous les deux sous la direction d'André Bergeron, secrétaire général de la G.G.T.-F.O.

Chaque semaine, Force Ouvrière hebdo présente l'activité syndicale et sociale, des enquêtes et des reportages sur le monde du travail, des informations internationales, mais aussi des rubriques « Juridiques », « Consommateurs », « Retraités », « Loisirs », permanentes (Cinéma, télé, automobile, moto ou bateau, santé, bricolage, etc.).

Force Ouvrière Magazine — Tirage O.J.D. — 700 000 exemplaires — servi à la grande majorité des adhérents de F.O. reflète les activités et les positions de Force Ouvrière, mais il se présente comme un magazine mensuel complet qui s'efforce de répondre aux préoccupations quotidiennes de l'ensemble de la famille.

Son tirage en fait incontestablement le premier des mensuels syndicaux et sociaux.

ABONNEZ-VOUS
chaque semaine
dans votre boîte à lettre pour
50 F
par an
recevez
FORCE OUVRIERE hebdo

Chèque à l'ordre de la CGT-FO.
198, avenue du Maine
75014 Paris

clair foyer
famille magazine

Chaque mois : des conseils, du tonus, du bon sens, des idées, des services, des découvertes, de l'évasion... pour réussir sa vie de femme, d'épouse et de mère.

Clair Foyer aborde concrètement tout ce qui touche la vie familiale :

- **vie du couple,** psychologie et éducation des **enfants,** orientation scolaire et professionnelle, relations parents-enfants ;
- **conseils pratiques** sur tous les aspects de la vie quotidienne : cuisine, tricot, décoration de la maison, jardin, bricolage et également droits sociaux, démarches administratives, défense du consommateur, etc.

Dans chaque numéro, aussi, des rubriques pour être en forme et bien **dans sa peau :** mode, beauté, diététique, gym, pour **réussir ses loisirs :** livres, disques, cinéma, adresses de vacances.

Clair Foyer permet encore de rester en **contact permanent avec le monde** qui nous entoure, de comprendre tout ce qui s'y passe, de découvrir d'autres gens, d'autres lieux, à travers ses enquêtes et reportages.

Et pour le prix de l'abonnement mensuel, un treizième numéro : **le spécial cuisine de *Clair Foyer,*** dont la réputation n'est plus à faire !

***Clair Foyer* édite également deux hors série** par an (en avril et octobre), sur des thèmes pratiques de la vie familiale. Déjà parus : « Jeunes couples : on s'installe », « Votre santé », « Tout pour réussir vos loisirs », « Vous et l'administration », « Les travaux du jardin mois par mois », « 2 500 trucs pratiques », « Guide tricot », « Cuisiner moderne », « Hygiène Beauté », « Spécial Maternité ».

Mensuel - format : 225 × 295 - prix du nº : 12,80 F
Abonnement 1 an (13 numéros) : 168 F
21, rue du Faubourg-Saint-Antoine, 75550 Paris cedex 11
Tél. : 43.07.59.63

(Publicité)

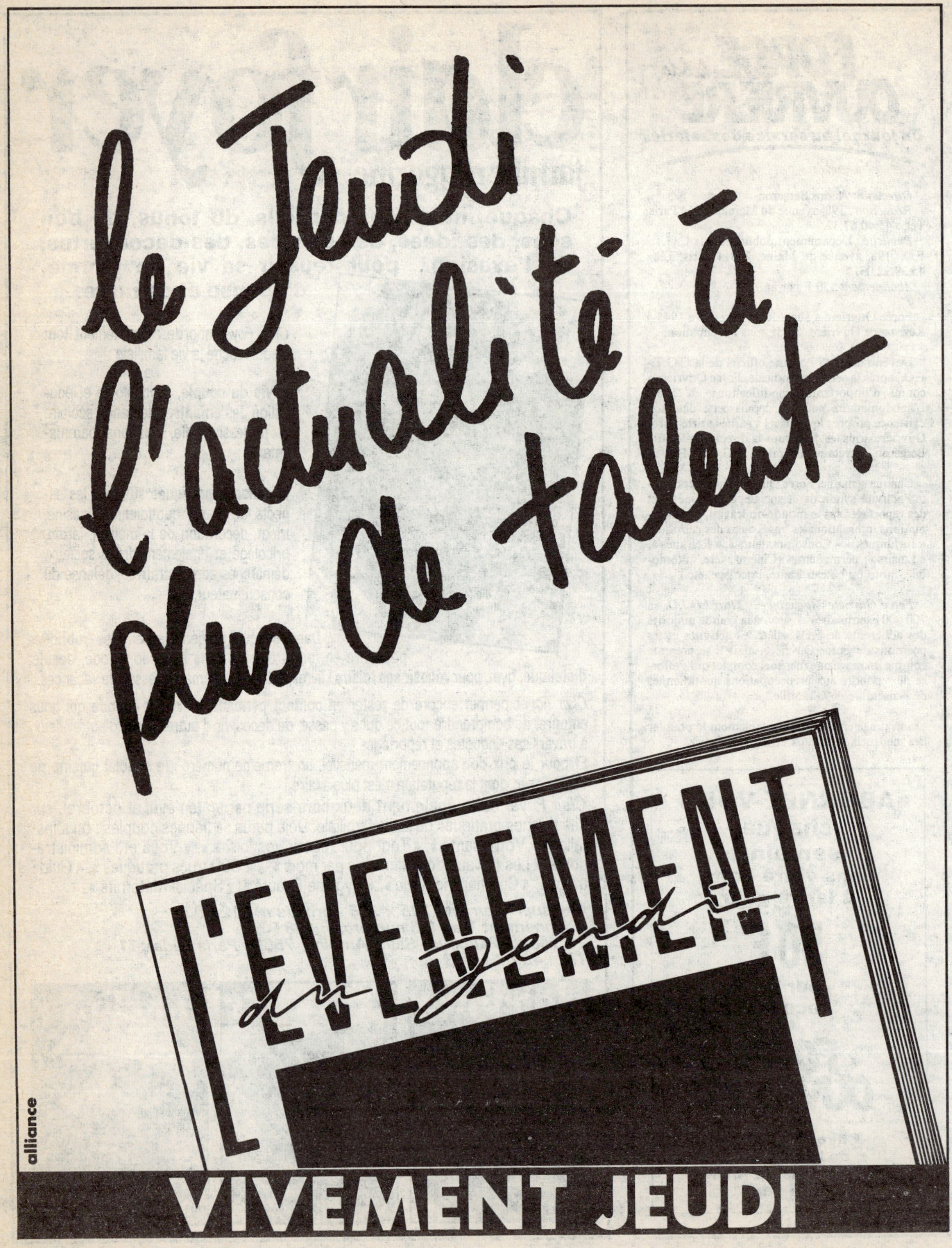
le Jeudi
l'actualité a
plus de talent.
L'EVENEMENT du Jeudi
VIVEMENT JEUDI
alliance

(Publicité)

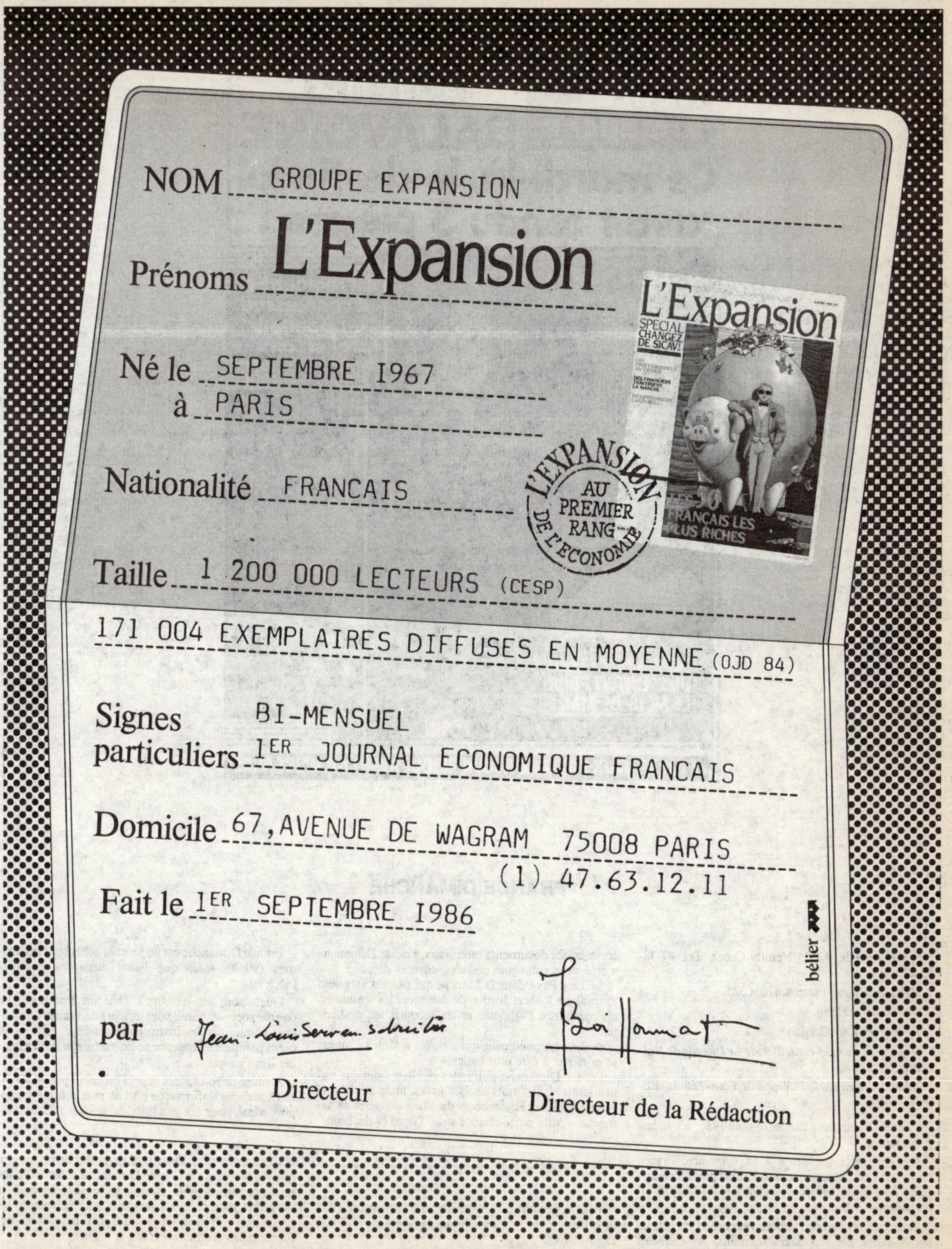
NOM GROUPE EXPANSION
Prénoms L'Expansion
Né le SEPTEMBRE 1967
à PARIS
Nationalité FRANCAIS
Taille 1 200 000 LECTEURS (CESP)
171 004 EXEMPLAIRES DIFFUSES EN MOYENNE (OJD 84)
Signes particuliers BI-MENSUEL
1ER JOURNAL ECONOMIQUE FRANCAIS
Domicile 67, AVENUE DE WAGRAM 75008 PARIS
(1) 47.63.12.11
Fait le 1ER SEPTEMBRE 1986
par
Directeur
Directeur de la Rédaction
L'Expansion
SPECIAL CHANGEZ DE SICAV!
FRANÇAIS LES PLUS RICHES
L'EXPANSION AU PREMIER RANG DE L'ECONOMIE
bélier

(Publicité)

LA MORT LE FRAPPE EN PLEINE GLOIRE À 33 ANS

France Dimanche 6,50 F 40 FB

DANIEL BALAVOINE

Ce mardi-là, le destin lui avait tendu 3 pièges !

A 33 ans, la vie le comblait. Son dernier disque « L'Aziza » — émouvant cri d'amour à la femme de son cœur — était un énorme succès. C'est l'heure qu'a choisie la mort pour lui donner rendez-vous.

Au moment où il connaissait un bonheur total en amour

Après lui avoir donné un fils en 1984, sa compagne (à g.) portait un deuxième bébé. Et puis, par trois étranges concours de circonstances, Daniel s'est retrouvé dans un hélicoptère au-dessus du désert...

'CORINNE ATTEND UN 2e ENFANT POUR LE MOIS DE MAI...

Cette année, Daniel n'avait pas voulu concourir dans le Paris-Dakar. Un rallye trop périlleux pour lui qui serait bientôt 2 fois papa.

Lire p. 2 et 3

Et dire que c'était son baptême de l'air en hélicoptère ! Daniel avait peur en avion. Mais, encouragé par Thierry Sabine, il avait voulu découvrir du ciel la splendeur du désert africain.

...ET JE NE VEUX PRENDRE AUCUN RISQUE AVANT SA NAISSANCE'

FRANCE DIMANCHE

6, rue Ancelle, 92525 Neuilly Cedex. Tél. 47-38-43-21.

Hebdomadaire : Format 470 × 325.

Impression : Hélio.

Directeur : Guy Goujon.

Rédacteur en chef-conseiller de la Direction : Voldemar Lestienne.

Rédacteurs en chef : Philippe de Font-Réaulx, Robert Madjar.

France Dimanche a fêté, le 1er août 1986, ses 40 ans d'existence.

Journal « très parisien » à sa naissance, France Dimanche est devenu un grand journal populaire parce qu'il ne se contente pas de distraire ses lecteurs : il les défend.

Outre ses révélations sur les vedettes et les grands personnages, ses reportages humains, ses enquêtes sociales, ses documents mondiaux, France Dimanche a créé deux rubriques célèbres, copiées depuis :

— Le « Pavé dans la Mare », qui permet au grand journaliste Robert Justice de dénoncer les scandales, de combattre l'injustice et de secourir les déshérités.

— La page médicale, qui aide les femmes à mieux se porter et à être plus belles.

France Dimanche publie les meilleurs dessins humoristiques, les mots croisés et les mots fléchés de Max Favalelli, l'horoscope de Mme Soleil et la fameuse « grille porte-chance » du Tiercé et du Loto.

***

Pour la période du 1er janvier au 31 décembre 1985 la diffusion de France Dimanche a été de 720 000 exemplaires.

France Dimanche est un journal acheté par les femmes (90 %), mais que lisent aussi les hommes (46,5 %).

Quels sont ses lecteurs ? Tous les Français... La courbe socio-culturelle des lecteurs de France Dimanche, établie par les Instituts de sondage, est exactement parallèle à la courbe socio-culturelle de l'ensemble des Français.

A cause de son succès auprès du grand public, France Dimanche s'affirme de plus en plus comme le support idéal pour les produits de grande consommation.

Une récente étude de la Secodip (Société Études de la Consommation, Distribution, et Publicité) montre que les lectrices de France Dimanche achètent, dans une proportion d'au moins 15 % supérieure à la moyenne nationale, les produits d'alimentation, les produits d'entretien, les produits de toilette et de parfumerie, les produits textiles.

(Publicité)

LA VIE À DEUX

LE HÉRISSON

N° 2080 DU 27 FÉVRIER AU 5 MARS 1986 ISSN 0750-0521 – 6F –

COMME AU TIERCÉ: LE COUPLE EST GAGNANT

UN récent sondage de la Sofres, où les Français jugent leur conjoint, indique qu'ils se reprochent surtout d'être «toujours en train de râler». Mais rassurons-nous, dans cette course au bonheur, comme au tiercé, «le couple... est gagnant !»

NOS PAGES SERVICE

S.O.S SANTÉ PAGE 29

MIEUX VIVRE PAGE 30

CONSOMMATEURS A VOS MARQUES PAGE 31

ENFIN LE CRIME PAIE !

A l'époque d'un certain Latude et autres Monte-Cristo, l'univers carcéral devait, par principe, faire office de repoussoir. Mais nous sommes, paraît-il, au temps des «prisons-palaces». Avis aux amateurs !

PAGES 16-17

SUISSE : 2,00 FS — ESPAGNE : 120 PTAS — BELGIQUE : 40 FB — LUXEMBOURG : 42 FL — TUNISIE : 635 MIL.

T 1848-2080-6 F

LE HÉRISSON

2 à 12, rue de Bellevue, 75019 Paris.
Tél. : 42.00.33.05.
Télex : PGV 230 472 F.
Hebdomadaire. Format 360 × 280.

Le Hérisson a 50 ans, mais il est toujours jeune et dynamique. Son premier numéro porte la date du 11 décembre 1936. Les fondateurs de l'hebdomadaire : Georges Ventillard et Albert de Baillien-court, en suspendirent la publication pendant la durée de la guerre. Dès la Libération, le journal reparut. Sur papier vert : ses fondateurs voulaient ainsi affirmer une vocation humoristique.

L'actuel P.D.G., Jean-Pierre Ventillard, est resté très attaché à la couleur de l'optimisme. Il a, par contre, décidé d'adopter, au début d'avril 1976, le format tabloïd, facilitant le maniement d'un hebdomadaire lu fréquemment dans les transports publics.

Actuellement, *le Hérisson* paraît sur quarante pages. Il est structuré à partir de quatre centres d'intérêt : le dessin humoristique, l'actualité sous toutes ses formes, le reportage populaire et distrayant et les rubriques.

1) Le dessin humoristique est naturellement le support principal du journal. Toutes les études réalisées sur les motivations d'achat du titre, autant que l'abondant courrier des lecteurs, prouvent qu'une importante surface de dessins humoristiques est attendue.

Le rédacteur en chef, Alain Moreuil, s'est attaché à constituer une équipe de dessinateurs homogène, n'hésitant pas, lorsque l'occasion s'en présente, à faire appel à de nouveaux talents. Parmi les maîtres du genre, on peut citer : Jeanky, Hoviv, Jac Faure, Pierre, Harvec, Gondot, Piédoue, Giraud... sans compter bon nombre d'autres humoristes dont certains ont acquis une audience nationale, grâce au *Hérisson*.

2) L'actualité sous toutes ses formes, à commencer par l'actualité politique traitée de manière satirique. Une place particulière est consacrée aux nouveautés dans le domaine du spectacle grâce à la rubrique de Bernard Serre.

3) Le reportage populaire et distrayant. Chaque auteur a sa manière. Mina et André Guillois, par exemple, n'hésitent pas à aborder le sujet le plus périlleux et à y trouver un prétexte au rire. Chaque semaine, *le Hérisson* présente plusieurs reportages avec illustrations sur une double page.

4) Les rubriques. Il faut distinguer les chroniques et les pages spéciales.

a) Chronique : Jean Granier, André Baudry et Georges Vittel ont leur public. Ils perpétuent, dans l'hebdomadaire, l'esprit chansonnier.

b) Pages spéciales : santé, mieux-vivre, consommateurs, bricolage, animaux, insolite, télévision et jeux. Les pages « santé » et « mieux vivre » bénéficient d'une très large audience, comme en témoigne l'important courrier qu'elles suscitent.

(Publicité)

40e ANNIVERSAIRE

HISTORIA

LA PREMIÈRE REVUE D'HISTOIRE

Chaque mois, la joie de redécouvrir l'histoire à travers des récits vivants, documentés et abondamment illustrés, signés des meilleurs historiens : Alain Decaux de l'Académie française, Pierre Miquel, Jean d'Ormesson de l'Académie française, Jean Tulard... Depuis 40 ans, HISTORIA est la revue de la culture pour le plaisir.

NUMÉROS SPÉCIAUX

4 fois par an

Derniers numéros parus :

1944 : L'été le plus long.
Automne 1944 : L'étau se resserre.
1945 : La chute du IIIe Reich.
1945 : L'été de l'apocalypse.
Après-guerre : Année Zéro.
Les guerres de religion.
Les grandes découvertes.

Editeur : TALLANDIER, 61, rue de la Tombe-Issoire - 75677 PARIS Cedex 14
Périodicité : mensuelle, plus 4 numéros spéciaux par an. Format 16,5 × 23,7 cm
Prix du numéro : HISTORIA mensuel 15 F - HISTORIA Spécial 18 F
Directeur-Fondateur : Christian Melchior-Bonnet
Directeur de la publication :
Jacques Jourquin

(Publicité)

Un grand magazine d'informations et de variétés

ICI PARIS révèle, ICI PARIS informe, ICI PARIS raconte... Tel est le rôle que s'est fixé dans sa nouvelle formule l'un des plus grands hebdomadaires français, le seul à offrir des pages en couleur dans un format de demi-quotidien. Ses enquêtes, ses documents, ses reportages sont attendus avec impatience par des centaines de milliers de lecteurs qui y trouvent aussi leurs distractions favorites : les mots croisés, les mots fléchés, les jeux et les meilleurs dessins humoristiques.

Journal de grande diffusion, ICI PARIS, avec son procédé d'impression, en héliogravure et son taux de pénétration de 6,2 est un support privilégié pour tous les produits de consommation courante.

ISSN 0249-6054

M1873-2104-6,00 F

La cellulite vaincue par le froid LIRE EN P.10

ici Paris

LION-VIERGE

Jean Rignac vous dit tout sur 1986

LIRE EN PAGES 30-31

LIRE EN PAGE 4

Le cri d'angoisse des parents de Chantal Nobel

IL PARAIT LOIN LE TEMPS OU CHANTAL PASSAIT D HEUREUX WEEK-ENDS DANS LA MAISON NORMANDE DE SES PARENTS. M ET MME LOISEL (A DROITE) CEUX-CI SONT BIEN SEULS AUJOURD HUI. QUAND RETROUVERONT-ILS LA VEDETTE, TOUJOURS EN REEDUCATION A HYERES, DANS LE MIDI ?

Pourquoi ne peuvent-ils plus voir leur fille?

INSTITUT HELIO-MAR DE LA CÔTE D'AZUR

INCROYABLE !

ILs ont appris son mariage par les journaux

29 rue Galilée 75782 Paris Cedex 16 Tél 47 23 78 77

ici Paris

29, rue Galilée
75116 PARIS

● Président-directeur général :
Louis BALAYÉ

● Directeur :
Jean-Michel PEDRAZZANI

● Rédacteur en chef adjoint :
Claude FAR

● Rédacteur en chef technique :
Dominique PACAUD

(Publicité)

LE GROUPE JEUNE AFRIQUE

Leaders de la presse francophone
en Afrique et au Moyen-Orient,
les 4 titres du groupe
atteignent

PLUS DE
2 MILLIONS DE LECTEURS
PAR SEMAINE

PUBLICITE ET ABONNEMENT : **DIFCOM**. 3, RUE ROQUEPINE. 75008 PARIS. TEL. : 42.65.69.30

LE GROUPE JEUNE AFRIQUE

51, avenue des Ternes. 75017 Paris. Tél. : 47.66.52.42

(Publicité)

MAISON ET LOISIRS

Le magazine des loisirs de la maison, du bricolage, du jardinage et de la décoration

1461, avenue du Cateau
59342 CAMBRAI CEDEX
Tél. 27.83.99.00

Rédacteur en chef :
Régis Boulant
Directeur de publication :
Emile Virel
Tirage O-J-D 1985 : 198.000 Audience 1985 : 624.000 lecteurs.
Publicité :
Maison et Loisirs - Nicole Andrieu - 41, rue Ybry - 92200 NEUILLY-SUR-SEINE - Tél. 47.58.12.40
Maison et Loisirs - Annie Béguin - 1461, avenue du Cateau - 59342 CAMBRAI CEDEX - Tél. 27.83.99.00

(Publicité)

LE JOURNAL DE LA
maison

LE GRAND MAGAZINE FRANÇAIS DE LA DÉCORATION

- Pour découvrir chaque mois des meubles, des idées, des prix, des adresses
- Pour être informé de toutes les nouveautés, pour bien choisir l'équipement de votre maison
- Pour vous aider à mieux réaliser vos idées et vos projets

LE JOURNAL DE LA MAISON
20, rue de Billancourt
92100 BOULOGNE

magazine littéraire

Tous les mois un dossier consacré à un auteur ou à un mouvement d'idées et l'actualité littéraire en France et à l'étranger

- ☐ Nathalie Sarraute
- ☐ Raymond Aron
- ☐ Jean Cocteau
- ☐ Sciences humaines : la crise
- ☐ George Orwell
- ☐ Blaise Cendrars
- ☐ Diderot
- ☐ Vienne, l'aube du XXᵉ siècle
- ☐ Antonin Artaud
- ☐ Foucault
- ☐ Géopolitique et stratégie
- ☐ La littérature et le mal
- ☐ Proust, autour de la recherche
- ☐ Raymond Chandler
- ☐ Fernand Braudel
- ☐ 60 ans de surréalisme
- ☐ Victor Hugo
- ☐ François Mauriac
- ☐ Les enjeux de la biologie
- ☐ Venise des écrivains
- ☐ Michaux
- ☐ La littérature et l'exil
- ☐ Henry James
- ☐ Lévi-Strauss
- ☐ Les littératures du Nord
- ☐ Dix ans de philosophie en France
- ☐ Michel Tournier

Exemplaire gratuit sur demande

magazine littéraire

40, rue des Saints-Pères, 75007 PARIS · Tél. 45.44.14.51

INVESTIR

16, rue de la Banque, 75002 Paris. Tél. 42-96-14-51.

— Pour ceux qui veulent protéger leur argent et le faire fructifier.

— Pour ceux qui veulent des jugements sur la situation économique et des conseils pratiques dans la conduite de leurs affaires ou de leur vie quotidienne.

Investir, chaque samedi, vous est indispensable.

***

Chaque semaine, *Investir :*

— fait le point sur la conjoncture économique en France et à l'étranger, sur les faits significatifs de la politique internationale ;

— analyse l'évolution des grands secteurs industriels, publie des interviews et des tables rondes ;

— explique les mouvements qui agitent les marchés de l'or et des changes ;

— présente un panorama complet de la Bourse et donne des conseils précis sur le choix des titres avec le « Banc d'essai des valeurs » et le « Club Investir » (club d'investissement témoin) ;

— commente la tenue des places financières internationales, donne des informations sur la vie des affaires ;

— examine les différentes formules de placements : de la Caisse d'Épargne, dépôts bancaires, prêts hypothécaires, à l'immobilier et aux valeurs refuges comme les pièces d'or ou les œuvres d'art.

De plus, chaque trimestre, *Investir-Magazine,* supplément de 150 pages à l'hebdomadaire, apporte aux épargnants actifs une réponse complète et pratique sur tous les sujets importants concernant leurs investissements et leur gestion personnelle.

Investir est un journal indépendant des groupes industriels et financiers. Il présente, en effet, l'originalité suivante : 40 % de son capital est détenu directement par son personnel.

Prix du nº : 11 F.

Prix abonnement : 6 mois, 260 F ; 1 an, 420 F.

***

(Publicité)

MARIE-FRANCE

114, Champs-Élysées, 75008 Paris.

Mensuel. Format 233 × 308.

Gérant : Maurice Brébart ; Dir. gén. adjoint : M. Guy Bechtel ; Réd. en chef : Mme Danielle Bott. Responsable de la maquette : M. Alain Doignon.

Le premier numéro parut le 18 novembre 1944. Marie-France fut hebdomadaire jusqu'en mars 1956, puis devint mensuel avec un très grand succès. Marie-France n'est pas un magazine de mode mais, ainsi que l'exprime d'ailleurs son slogan, se veut « un vrai journal au féminin ».

Certes on y trouvera les rubriques habituelles à tout magazine féminin : mode, beauté, tricots, patrons, ouvrages, cuisine, décoration. Mais la place la plus importante est consacrée à des enquêtes, des articles psychologiques, des interviews de personnalités, des reportages artistiques et touristiques, bref à tout ce qui concourt à traduire une vision complète de l'univers féminin moderne et du monde en général, tant au plan social et économique qu'à celui de l'art, de la culture et des loisirs.

Marie-France n'oublie pas pour autant les aspects de la vie quotidienne : c'est ainsi qu'il consacre chaque mois des articles au « pratique » (décoration, cuisine, etc.) et qu'il publie régulièrement de nombreuses rubriques destinées à faciliter la vie familiale et socio-professionnelle des lectrices.

Enfin Marie-France a toujours porté une grande attention à la vie des différentes régions de France, qui font chacune à tour de rôle l'objet de nombreux reportages publiés dans plusieurs numéros successifs.

Tirage : 581 837 exemplaires. *Diffusion :* 455 631 exemplaires (contrôle O.J.D. du 26 juin 1985). Marie-France a la particularité, parmi les magazines de son type, d'avoir de très nombreux abonnés : environ 150 000.

Public : Marie-France, comme de nombreux autres titres de première importance, fait étudier annuellement son audience par le Centre d'Études des Supports de la Publicité, ce qui permet de connaître la composition de son public.

Chaque numéro de Marie-France touche 3 632 000 personnes dont 2 931 000 femmes. Cela veut dire que sur 1 000 Françaises 138 lisent Marie-France.

Les lectrices appartiennent principalement aux catégories socio-professionnelles les plus élevées. Ainsi, sur 1 000 Françaises cadres supérieurs, 190 lisent Marie-France. Sur 1 000 Françaises cadres moyens, 221 lisent Marie-France. On peut donc dire que ce magazine touche plus d'une femme cadre sur 5. De même, Marie-France touche une Française sur 5 ayant fait des études supérieures.

Notons enfin que 51,9 % des lectrices se trouvent à Paris ou dans des villes de plus de 100 000 habitants : c'est une clientèle essentiellement urbaine.

(Publicité)

" GROUPE MEDIA " :

DES MAGAZINES DE QUALITE POUR DES LECTRICES DE QUALITE

Constitué pour le lancement de Jacinte en 1975, le Groupe Media s'est fixé pour objectif de publier des magazines de qualité destinés au public des jeunes femmes et des jeunes filles. En créant, en 1980, le mensuel Biba, cette jeune entreprise de presse, a réussi, en l'espace de 5 ans, à conquérir la première place sur le marché de la presse féminine des 15-30 ans.

Jacinte

Lancé en octobre 1975, Jacinte a constitué une véritable révolution dans la presse dite « des jeunes ». En fait, Jacinte est le premier magazine féminin jeune, rompant délibérément avec le style de la presse « yé-yé » des années 60.

En effet, dans Jacinte, on ne conte ni vie de vedettes, ni histoires d'amour, Jacinte est un magazine pratique, véritable reflet des préoccupations des jeunes filles et des jeunes femmes d'aujourd'hui. La meilleure preuve de l'adéquation de Jacinte avec les centres d'intérêt de son public est l'immense succès que ce nouveau magazine a rencontré dès son lancement, succès qui ne se dément pas après dix ans d'existence et qui le situe en bonne place parmi les premiers magazines français de qualité, avec une diffusion moyenne contrôlée par l'O.J.D. de 143 000 exemplaires.

Jacinte paraît le 25 de chaque mois, douze fois par an. Il est vendu 11 F.

Enfants Magazine

Lancé en septembre 1976, Enfant Magazine est un véritable guide pour les jeunes mères et les jeunes parents.

A l'image de Jacinte, il vise un public de qualité, soucieux de s'informer de tout ce qui a trait à leurs enfants, sans souci du spectaculaire, du marginal et du sensationnel.

Qu'il s'agisse de périnatalité, de santé, de pédagogie, de psychologie, Enfants Magazine traite de tous ces sujets avec la rigueur des spécialistes, agrémentée de la fraîcheur du ton journalistique.

Enfants Magazine, qui s'intéresse d'abord à l'enfant, n'en oublie pas pour autant la jeune maman en tant que femme. Il l'aide à rester belle avant et après l'accouchement, l'aide à s'organiser, à connaître ses droits et tous les services qui peuvent lui faciliter la vie.

20 ans dont la diffusion O.J.D. est d'environ 153 515 exemplaires paraît le 15 de chaque mois. Il est vendu 11 F.

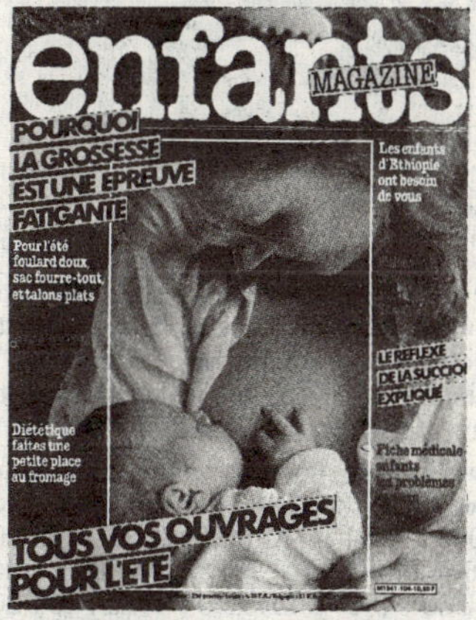

20 ans

Racheté en février 1977 aux éditions Filipacchi, 20 ans est le complément naturel de Jacinte, alors qu'il était son principal concurrent.

La mise en place d'une équipe rédactionnelle nouvelle a permis, en septembre 1977 de relancer ce mensuel sur un axe nouveau et sur le thème : « si ce n'est pas à la mode ce n'est pas dans 20 ans ». C'est tout dire de ce qui différencie 20 ans de Jacinte. Plus sophistiqué, plus à l'avant-garde, 20 ans s'adresse donc à une catégorie de jeunes filles et de jeunes femmes un peu plus âgées que Jacinte. Il a ainsi un lectorat plus important de jeunes qui sont déjà engagées dans la vie professionnelle.

20 ans traite essentiellement de mode, de beauté, de décoration, mais aussi de livres, de disques, de cinéma, de psychologie et de métiers.

Enfants Magazine dont la diffusion O.J.D. est de 120 000 exemplaires paraît le 22 de chaque mois au prix de 11 F.

Biba

Féminin généraliste, traitant de tous les centres d'intérêt féminins Biba, lancé en janvier 1980, est le magazine des femmes qui n'ont pas de temps à perdre.

Lancé dans le cadre d'une filiale de publications Groupes Media, Groupes Media Associés, Biba est le fruit d'un constat : en dix ans le nombre de femmes qui travaillent est passé de 28 % de la population féminine à 42 %. Dans la catégorie des femmes de 20 à 35 ans, deux femmes sur trois exercent une activité professionnelle.

Il n'était dès lors plus possible de s'adresser de la même façon à ces femmes qu'à celles qui restaient à la maison. Il fallait prendre en compte leurs goût, leurs aspirations, leurs désirs, mais aussi leurs contraintes et adapter tous les sujets qui intéressent les femmes à ces nouveaux impératifs.

C'est ce qu'a réussi Biba, avec un contrôle de diffusion O.J.D. à 270 350 ex. qui le situe au niveau de diffusion des plus grands magazines. Biba est en vente le 20 de chaque mois. Il est vendu 11 F.

(Publicité)

MINUTE

Le 6 avril 1962 a paru le premier numéro de « Minute », hebdomadaire édité par la société anonyme « Editions Parisiennes Associées », siège actuel : 34, rue Jean-Jaurès, 92800 Puteaux, fondée par Jean-François Devay qui venait de quitter « Paris-Presse ».

Né le 15 octobre 1925 à Lyon, ancien élève de l'Institut des sciences politiques, ce brillant journaliste avait, dans la Résistance, dirigé le journal clandestin « Nouvelle Jeunesse », organe des jeunes chrétiens combattants, et pris une part active à la libération de Paris, activités qui lui avaient valu la Médaille militaire de la Résistance et la croix de Guerre. La Médaille militaire lui fut retirée en août 1965 à la suite d'une des nombreuses condamnations de « Minute », retrait qui souleva l'indignation dans l'opinion.

Le tirage de lancement était de cent mille exemplaires.

Les débuts de « Minute » furent difficiles. Dès septembre 1962, il fut l'objet d'une première poursuite. Cette plainte du ministère de l'Intérieur ne sera que la première d'une longue série. Le 2 décembre 1963, première également d'une autre série noire : attentat contre le siège du journal dont les bureaux furent incendiés.

Créé à l'origine contre la politique algérienne du général de Gaulle, « Minute » deviendra, au fil des années, l'hebdomadaire de l'opposition nationale, dénonçant impitoyablement les fripouilles et les incapables gravitant autour du pouvoir.

Les procès pleuvent. Dans le numéro spécial publié à l'occasion de la parution du numéro 500 (novembre 1971), « Minute » se flatte d'être le journal le plus condamné de France... dont quinze fois pour offense au chef de l'Etat.

De nombreux lecteurs envoient spontanément des fonds pour payer les amendes infligées... ce qui aboutit à une condamnation

Plus que trois mois à tenir
BONNE ANNÉE !
minute
Alors qu'on ouvre une mosquée par semaine en France
Notre reporter clandestin a vu...
LES CHRÉTIENS PERSÉCUTÉS EN ALGÉRIE
• Des prêtres assassinés
• Des fidèles torturés
• Des églises souillées
• Des cimetières profanés

de plus en avril 1968 pour « souscription par voie de presse en vue de payer des amendes ». Malgré ces coups répétés, « Minute » ne sombre pas, comme on s'y attendait. Les amendes sont payées, le ton du journal reste le même et le tirage augmente.

La diffusion moyenne annuelle par numéro monte : 1962 : 31 100 exemplaires ; 1963 : 69 000 ; 1964 : 105 000 ; 1965 : 135 000 ; 1966 : 140 000 ; 1967 : 144 000 ; 1968 : 134 500 ; 1969 : 151 000 ; 1970 : 134 300 ; 1971 : 147 200 ; 1972 : 167 700...

A la question : « D'où vient l'argent ? », la réponse du journal est : « De nos lecteurs et abonnés et d'annonces publicitaires strictement limitées pour laisser au journal son indépendance. »

Le 25 juillet 1971, Jean-François Devay meurt à l'âge de quarante-six ans et laisse un éditorial posthume : « (...) Je viens de mourir, puisque vous lisez ce dernier éditorial. (...) C'est bien moi qui ai fondé « Minute » et ce geste a été la fierté de ma vie publique. (...) J'ai choisi au printemps 1962 la cause perdue de l'honneur de mon pays. (...) Je transmets aux hommes de « Minute » un gouvernail libre, à eux de tenir. »

Selon son vœu, son ami Jean Boizeau, né à Nevers le 17 juillet 1918, ancien de Sciences politiques, directeur adjoint et membre du comité directeur de « Minute » depuis le premier numéro, le remplace comme président-directeur général de « Minute » et du « Crapouillot ». Sa carrière précédente s'était déroulée à « L'Aurore ».

La tâche de Jean Boizeau va être ingrate. L'affaire algérienne s'oublie ; de Gaulle n'est plus aux affaires ; des reclassements politiques s'opèrent. La position de « Minute », journal d'opposition de droite, est difficile à tenir sous Pompidou puis sous Giscard.

Lorsque le 10 octobre 1980 Jean Boizeau succombe à son tour, après neuf ans de combat, il a réussi à conserver intacte l'image de « Minute ». Quarante-huit heures avant sa mort, suivant l'exemple de Jean-François Devay, il a désigné son successeur : Jean-Claude Goudeau, né à Paris le 5 juin 1935, ancien collaborateur de « L'Aurore », lui aussi, qui devient directeur général de « Minute » et du « Crapouillot ».

L'arrivée de la gauche au pouvoir en mai 1981 fait de « Minute » le seul grand hebdomadaire d'opposition nationale. Les ventes s'en ressentent aussitôt.

D'une moyenne annuelle par numéro en 1980 de 114 500, la diffusion passe à 159 350 en 1981 et à 206 246 en 1982, record absolu depuis la création du journal.

« Minute » n'a jamais poursuivi une politique de recherche intensive des abonnements. Ils suivent néanmoins la progression des ventes passant en quelques mois de 10 000 à 20 000.

Depuis 1967, le groupe « Minute » s'est renforcé en ressuscitant « Le Crapouillot », célèbre revue non conformiste fondée par Jean Galtier-Boissière.

« Le Crapouillot » paraît six fois par an (22 F). Ses numéros, pamphlets de haute tenue, constituent chaque fois un événement. Parmi les derniers parus, citons : « L'anthologie du pamphlet », « Les monstres », « Mitterrand très secret », « Les fascistes », « Les juifs », « L'épuration », « Les morts mystérieuses ».

(Publicité)

modes et travaux

Le premier magazine féminin.

En 1919, Édouard Boucherit eut l'idée de créer un magazine de mode doublé d'un magazine pratique ; Modes et travaux était né... Et depuis, le journal n'a cessé de grandir. Aujourd'hui, il dépasse le million d'exemplaires.

En 1981, Modes et travaux change de direction. Philippe Chopin devient Président Directeur Général et Dominique Roche, Rédactrice en chef, Anne-Marie Quazza, Directrice de la publicité. Sous l'impulsion de cette nouvelle équipe, Modes et travaux renforce sa position de premier magazine féminin français.

La diffusion moyenne mensuelle est de 1 357 081 exemplaires (OJD 1984). 1 357 081 exemplaires, cela signifie que chaque mois, environ 6 millions de lectrices (une femme sur quatre) lisent Modes et travaux.

Ces six millions de femmes appartiennent à tous les milieux et se répartissent dans toutes les catégories d'âge, de revenus, de profession, de niveau d'études selon des proportions égales à celles de la population française. Elles partagent une même passion : Modes et travaux qui fait vivre leurs mains. Ceci prouve, s'il fallait le démontrer que l'attrait pour la couture, le tricot ou la cuisine n'a rien à voir avec l'argent ou la culture.

Modes et travaux, c'est le magazine du "Réaliser soi-même", c'est une mine d'idées et de conseils au service de celles qui créent avec leurs mains.

Avec dans chaque numéro de nombreux modèles de couture, de tricots et d'ouvrages, avec des rubriques pratiques sur la cuisine, la beauté, la décoration, le jardinage... Modes et travaux donne la parole aux mains.

Modes et travaux
10, rue de la Pépinière,
75008 Paris.
Tél. 45.22.78.05.

DUPUY-SAATCHI & SAATCHI COMPTON

(Publicité)

Pèlerin
MAGAZINE

Créé en juillet 1873, **Le Pèlerin** était alors imprimé en noir et blanc sur papier très fin et il informait des pèlerinages (horaires, histoires...).

Dès 1877, son format augmente. Il devient un hebdomadaire d'opinion et d'information générale.

C'est en 1889 qu'apparaît pour la première fois la photo, avec timidité et maladresse encore. Le 1er mars 1896, il est un des premiers dans la presse à utiliser la couleur.

En 1933, **Le Pèlerin** devient l'hebdomadaire grand public qu'il est aujourd'hui.

Entre 1940 et 1945, il cesse de paraître. C'est *Le Foyer* qui reprend l'essentiel de son contenu.

Après 1956, **Le Pèlerin** connaît successivement des transformations importantes. Il est au rendez-vous des progrès techniques rapides qui marquent l'époque actuelle: passage de l'impression typo à l'impression offset, installation d'une imprimerie performante à Montrouge, mise en pages entièrement rénovée qui donne une importance accrue à l'actualité, aux problèmes économiques et sociaux, à l'éducation, aux loisirs, ainsi qu'aux programmes commentés de la radio et de la télévision.

Octobre 1984: Le Pèlerin devient **Pèlerin-Magazine,** il est désormais daté du vendredi; la couleur envahit tout, maquette et présentation sont profondément remaniées. Son nouveau look en fait un magazine très actuel.

Pèlerin-Magazine se présente désormais comme:

- L'hebdomadaire catholique grand public pour comprendre le monde et mieux vivre le quotidien.
- Pour le sérieux, le choix et la diversité de ses informations, par ses articles courts et variés, ses enquêtes, ses guides pratiques, par son langage clair, accessible à tous, il est un lieu privilégié d'échange et de dialogue.
- Véritable magazine familial, il porte un regard chaleureux, positif et réconciliant sur l'événement et tout ce qui fait la vie des femmes et des hommes d'aujourd'hui.
- Pour un public dont la télévision est le moyen d'information et de loisir prioritaire, **Pèlerin-Magazine** s'affirme comme le complément écrit supplémentaire, indispensable.

Aux brefs commentaires des événements, s'ajoutent des reportages, des enquêtes, des pages culturelles et distrayantes (livres, cinéma, théâtres, bandes dessinées, dessins humoristiques, jeux), des rubriques familiales (éducation, vie au foyer, mode, cuisine, décoration, bricolage). Le programme commenté des émissions de radio et 32 pages de télévision voisinent avec un abondant courrier des lecteurs et de nombreuses petites annonces à leur service.

Ses lecteurs, d'après l'enquête du C.E.S.P. (Centre d'Études de Supports de Publicité) de 1985, sont au nombre de 2 039 000 dont 806 000 hommes et 1 234 000 femmes.

Avec ses 450 000 exemplaires diffusés chaque semaine, **Pèlerin-Magazine** est le deuxième hebdomadaire d'information générale par sa diffusion en France.

PÈLERIN MAGAZINE

Hebdomadaire.
3, rue Bayard, 75393 Paris Cedex 08.
Tél.: (1) 45.62.51.51.
Le numéro: 11 F.
Abonnement 1 an: 486 F.

Directeur de la publication:
Bernard Porte.

Directeur délégué: Emile Perrot.

Rédacteur en chef:
Henri de Grandmaison.

Diffusion:
Dominique Guiraud.

Publicité:
89, rue La Boétie, 75008 Paris.
Tél.: (1) 42.25.64.30.

(Publicité)

notre temps

Le magazine de la retraite.

Magazine mensuel fondé le 15 avril 1968, édité par Bayard-Presse : 4e mensuel français.

Directeur de publication : Guy Baudrillart.

Rédacteur en chef : Marcel Biard.

Directeur de la diffusion : Gilles de Courtivron.

Format 205 x 280 mm - 108 pages - Impression offset.

O.J.D. 85 : 850 000 exemplaires.

Notre Temps est un mensuel de grande diffusion au service du 3e âge. Il s'adresse aux retraités, mais aussi à l'ensemble des hommes et des femmes qui pensent à leur retraite et la préparent.
Il remplit auprès d'eux un double objectif : les aider à assumer leur âge en leur donnant une image valorisante d'eux-mêmes et en leur apportant les informations et les services dont ils ont besoin à cette période de la vie. En effet, chaque numéro de **Notre Temps** comporte un dossier sur les droits des retraités (Sécurité Sociale, Notaire...).
Notre temps, c'est aussi une présence, la chaleur d'une amitié qui viennent combler les longs moments de solitude.
Chaque article, confié à un spécialiste, est conçu et rédigé pour répondre aux goûts et aux besoins de lecteurs de plus de 55 ans.
Dans chaque numéro : un abondant courrier, des articles sur les droits et la condition sociale de ses lecteurs, des conseils pour garder bonne santé et bon moral, une mine d'idées pratiques, des reportages, des histoires, de l'humour.

En vente chez les marchands de journaux.
Promotions et abonnements :
Annie Collot - Notre Temps, 3, rue Bayard, 75393 Paris Cedex 08. Tél. : 45.62.51.51.

Poésie 1

La revue de poche de la poésie contemporaine

Découvrez, avec le regard des poètes, le monde d'aujourd'hui

PIERRE EMMANUEL
Poésie 1 : C'est la plus ouverte des revues de poésie, la seule attentive par définition à tout ce qui se passe dans l'ensemble du domaine de langue française. Les auteurs qu'elle présente y figurent avec un choix d'œuvres suffisant à donner d'eux une idée correspondant à l'essentiel de leur ambition.

MAX POL FOUCHET
Aucune entreprise plus courageuse ne fut tentée en faveur de la poésie. Aucune ne répondait mieux à un profond besoin. Grâce à Poésie 1, nous avons le sentiment que la poésie vit et fait partie de notre vie. En face du monde moderne et de l'indifférence de la plupart, c'était un défi. C'est maintenant une réussite.

Numéro sur demande (joindre 16 F)
Éditions Saint-Germain-des-Prés — Poésie 1
68, rue du Cherche-Midi, 75006 Paris.
Tél. 42.22.71.20

POUR LA SCIENCE

8, rue Férou - 75006 PARIS - 46-34.09.12

Directeur : Max BROSSOLET
Rédacteur en chef : Philippe BOULANGER
Directeur commercial et administratif : Claude DORSEMAINE

Mensuel. Abonnement 1 an : 265 F
Prix du numéro : 27 F

Créé en 1977 POUR LA SCIENCE est l'édition française de SCIENTIFIC AMERICAN, la revue scientifique la plus lue dans le monde :

- douze numéros par an dont un numéro spécial consacré à un thème unique.
- huit grands articles chaque mois : sept issus de SCIENTIFIC AMERICAN et un article conçu par un chercheur de langue française.
- sept rubriques régulières : " Science et Société ", " Histoire des sciences ", " Jeux mathématiques ", " Récréations informatiques ", " Expériences d'amateurs ", " Livres " et " Auteurs et Bibliographie ".

La qualité première de POUR LA SCIENCE réside sans doute dans sa parfaite clarté rédactionnelle. C'est ainsi que chaque article est conçu, structuré et rédigé pour être entièrement lu et compris par le lecteur non spécialiste. Une présentation élégante agrémente la lecture de POUR LA SCIENCE : photos, dessins, tableaux et graphiques contribuent à la compréhension des articles.

*

POUR LA SCIENCE édite également deux collections de livres : La Bibliothèque POUR LA SCIENCE et L'UNIVERS DES SCIENCES. Parmi leurs plus grands succès : Le Cerveau, Hérédité et Manipulations génétiques, La Dérive des continents, Les Sociétés animales, Les Jeux mathématiques de Martin Gardner. Dans la nouvelle collection L'UNIVERS DES SCIENCES : Les Puissances de dix, Le Son musical, La Diversité des hommes, Le Monde des particules.

*

(Publicité)

POINT DE VUE IMAGES DU MONDE

L'hebdomadaire de l'actualité heureuse et princière

Paraissant le vendredi : format 34 cm × 26,5 cm.

116 *bis*, Champs-Élysées, Paris.

Directeur général, fondateur, Directeur de la publication : Mr Charles Giron.

***

L'histoire de *Point de Vue* est celle d'un magazine qui, sans concours financier et sans aucun lancement promotionnel, est parvenu, année après année, à se hisser au premier rang des grands périodiques illustrés français de classe internationale.

Les contrôles de sa diffusion (O.J.D.) en témoignent éloquemment :

	Tirage	*Diffusion*
1955	195 797	136 521
1965	237 623	185 847
1975	409 027	312 271
1985	490 303	358 349

Sa réussite trouve son explication dans une formule originale qui le classe à part de tous ses concurrents. Celle-ci réside dans un choix délibéré des événements pour ne retenir que ceux qui sont d'une « actualité heureuse » à la fois récréative, distrayante et instructive pour ses lecteurs.

***

Hebdomadaire de la vie heureuse, il l'est aussi de l'actualité princière dont il s'est fait le spécialiste et avec un tel succès que, dans le monde de la presse, *Point de Vue* est surnommé et reconnu comme « le journal des princesses ».

Disposant d'une documentation photographique exceptionnelle, d'un vaste réseau de correspondants, d'une équipe rédactionnelle spécialisée et surtout ayant acquis une notoriété et une considération incontestées, *Point de Vue* rend compte chaque semaine de tous les événements grands et petits du monde des cours royales, des familles princières et du Gotha international.

Les événements touchant les altesses et les princesses de notre époque prolongent et sont, avec des personnages différents, ceux qui ont été retenus par l'Histoire et gardent en effet pour nos contemporains le même intérêt et le même attrait. Le sort heureux ou triste des princesses modernes trouve le même écho pour un même public. Et le prince Charles et la princesse Caroline passionnent autant que Bérénice et Louise de La Vallière. La devise de *Point de Vue* est celle de Racine : « Il faut plaire et toucher. » Éternels conflits des devoirs et des passions.

***

Mais, si le sujet « Princesses » est en quelque sorte, par sa couverture (couleur), la vitrine de *Point de Vue*, l'ensemble du numéro est riche des grands thèmes d'un intérêt général : l'histoire, la santé, les bêtes, l'humour, etc.

• L'Histoire y est traitée avec un soin particulier ; soit d'une manière romancée avec les célèbres « Battements de cœur » d'André Castelot, soit d'une façon à la fois documentaire et anecdotique : citons quelques grands sujets : les grandes Familles de France, les Rois de France ne divorcent jamais, l'Histoire des 40 Fauteuils de l'Académie, les Ambassades et Ambassadeurs, l'Histoire des Chansons Populaires, les Hommes d'esprit, les Mots historiques, l'Histoire des Devises, des Ordres et Décorations, etc.

• Les Pages Santé et Bêtes connaissent également un intérêt soutenu.

— Pour la Santé, « La chronique de l'Espoir » où les Drs Vachet et Bessuges répondent régulièrement aux questions des lecteurs de *Point de Vue*.

— Pour le monde animal, « Les Simples Histoires de Bêtes » par Trémolin ; et Zoo-Service par le Dr Verron, Président d'honneur du Conseil National de la Protection Animale.

• Quant à l'Humour, par le texte, l'image ou le dessin, il apporte une note de distraction sans jamais tomber dans le vulgaire ou le mauvais goût. Les dessinateurs de renom : Faizant, Effel, Trez, Peynet, Gus en sont les meilleures références.

• Enfin, *Point de Vue* contient, outre un problème de bridge (Le Dentu) et un mot croisé « sélectionné » (La Ferté), plusieurs petits jeux récréatifs et amusants.

Tous ces sujets se retrouvent régulièrement selon un rigoureux classement et dans une mise en pages très soignée permettant une lecture facile.

Bref, il est reconnu que chaque numéro permet de nombreuses heures d'une lecture agréable et enrichissante qui dépasse le côté éphémère des magazines hebdomadaires.

***

Avant tout, *Point de Vue*, sur toutes ses pages et dans toutes ses rubriques, entend maintenir un rigoureux niveau de tenue et de bon ton. Ainsi s'explique qu'il réunisse l'approbation et la fidélité des publics les plus divers et même les plus exigeants.

Il refuse donc sans complaisance les sujets d'actualité qui accablent un public déjà saturé par tous les stress de la vie moderne ; il s'interdit le sensationnel comme le scandaleux ; il refuse le médiocre ; il laisse à d'autres les prises de position tranchées, les contestations permanentes et les mises en accusation systématiques.

Point de Vue entend, au contraire, offrir à ses lecteurs un reflet rigoureusement authentique mais plus tonifiant, plus souriant de la vie moderne. Il puise pour cela dans les richesses d'exemples et de traditions qu'ont accumulé 2 000 ans de notre histoire, et dont l'actualité n'est jamais qu'un nouvel épisode.

***

Deux singularités de la publication méritent d'être soulignées.

— La première est dans la place exceptionnelle faite à l'image photographique, tenue à *Point de Vue* pour le véritable langage moderne. Chaque numéro contient une moyenne de plus de 150 photos de toute nature : illustration, actualité, émotion, humour, etc.

Et ces photos assemblées avec un art consommé de la mise en pages donnent à la publication une variété et une unité rédactionnelles qu'on ne trouve qu'à *Point de Vue*.

Point de Vue est même le seul à réserver régulièrement aux photos d'une qualité exceptionnelle sa double page centrale sous la rubrique : « Le salon permanent de l'image » où sont publiées régulièrement les plus belles reproductions des grands maîtres de l'art photographique.

— La seconde — sans précédent — réside dans la place extrêmement réduite, réservée volontairement aux annonces publicitaires ; alors que tant de magazines se transforment en catalogues où le lecteur se perd, *Point de Vue réserve pratiquement au contenu rédactionnel la totalité de sa pagination.*

***

Le respect et la considération du lecteur sont pour *Point de Vue* la règle absolue et lui valent une constance de fidélité qui force l'admiration et l'envie de tous ses concurrents.

Point de Vue peut être mis *entre toutes les mains.*

Point de Vue intéresse *tous les âges* et *toutes les classes* de la société.

Point de Vue est l'hebdomadaire de la famille par excellence.

Enfin, *Point de Vue*, pour être *à la portée de toutes les bourses*, s'impose un prix de vente qui fait de lui, et de loin, *le moins cher* de tous les grands magazines d'actualité.

(Publicité)

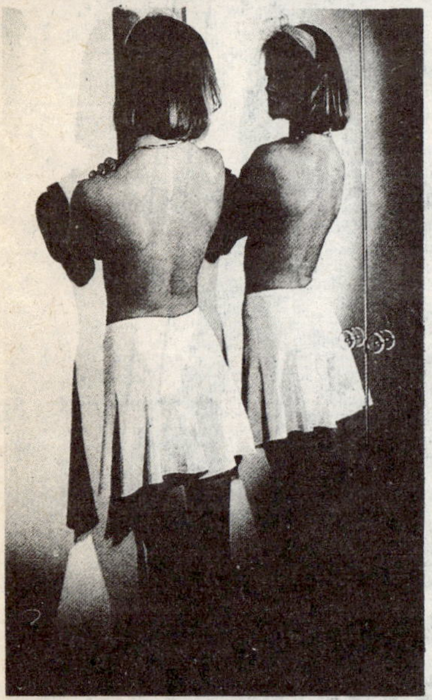

SANTE

LE SPECTACLE DU MONDE-RÉALITÉS-PERSPECTIVES

Mensuel d'actualités internationales, paraissant le 10 de chaque mois.

Format : 225 × 285 mm. *Impression :* offset.

14, rue d'Uzès, 75002 Paris. Tél. 42-33-21-84. C.C.P. : Paris 18.584.58.

Codirecteurs de la publication : Raymond Bourgine et Jeanine Grand-Bourgine.

Rédaction en chef : Raymond Bourgine, François Broche.

Publicité : Valmonde Presse, 1, rue Georges-Berger, 75017 Paris. Tél. : 47-66-04-06. Jean-Gabriel Lambert, Président-Directeur général.

L'originalité du « Spectacle du Monde-Réalités-Perspectives » est d'être un mensuel d'actualité. L'angle de vue cependant n'est pas celui de l'hebdomadaire. Les rédacteurs du « Spectacle du Monde-Réalités-Perspectives » ont pour tâche de faire voir et de faire comprendre les événements nationaux et internationaux susceptibles d'avoir le plus de répercussion dans les mois ou les années qui viennent.

Politiquement, « Le Spectacle du Monde-Réalités-Perspectives » ne peut pas être considéré comme une revue engagée. Elle essaie cependant d'échapper au psittacisme contemporain et aux engouements de la mode, de faire un tri sérieux entre l'innovation et les faux-semblants.

La dernière attestation de contrôle faite par un commissaire aux comptes-expert comptable fait apparaître une moyenne de tirage de 87 504 exemplaires pour l'année 1985.

« Le Spectacle du Monde-Réalités-Perspectives » participe aux enquêtes générales du Centre d'Études des Supports de Publicité (C.E.S.P.). La dernière enquête a évalué à 645 000 le nombre des lecteurs de la revue.

Toujours selon les travaux du C.E.S.P., l'audience se répartit à égalité entre les hommes (49,6 %) et les femmes (50,4 %). Chiffre significatif : 40,9 % des lecteurs sont : affaire cadre supérieur et cadre moyen.

« Le Spectacle du Monde-Réalités-Perspectives » est publié par Valmonde et Cie, Compagnie Française de Journaux. En 1985, le chiffre d'affaires du groupe Valmonde a été de quelque 150 millions dans lequel la part du « Spectacle du Monde-Réalités-Perspectives » est d'environ 15 %.

(Publicité)

SYSTEME D

DES IDEES PLEIN LES PAGES

Il y a 60 ans naissait SYSTEME D. D'abord hebdomadaire, il est devenu rapidement l'un des premiers mensuels de Bricolage ayant comme particularité de donner des idées concrètes à ses lecteurs sur les mille et une façons de se dépanner, au besoin en récupérant tout ou partie d'un objet. Mais aussi, et c'est là une des forces de SYSTEME D, de créer et fabriquer en adoptant les techniques les plus professionnelles.

Depuis sa création, il n'a jamais cessé de promouvoir le "Faites-le vous-même", en proposant à ses lecteurs des solutions efficaces à tous leurs problèmes de Bricolage et en aidant à améliorer leur vie de tous les jours.

Son actuel P.D.G., Jean-Pierre Ventillard, a décidé en 1983, de faire paraître tout en quadri et ainsi de donner plus d'importance à la photo et aux illustrations.

Depuis 1982, le Rédacteur en Chef, Michel Visconte, s'efforce d'ouvrir plus largement ses pages à l'aménagement de la Maison pour rendre le mensuel plus accessible à tous, en lui gardant sa spécificité. Une grande place est donnée chaque mois à l'actualité du bricolage et de la maison, ainsi que du jardin dont les huit pages sont particulièrement fournies pour informer au maximum les possesseurs de jardins ou de balcons.

La structure générale de SYSTEME D repose sur 12 rubriques constantes, animées par une équipe de journalistes parfaitement rompus aux techniques de l'équipement, de l'aménagement et de la décoration.

De nouveaux collaborateurs viennent régulièrement compléter cette équipe, en traitant des sujets ponctuels tels que l'isolation, l'humidité ou le travail du bois.

Des fiches techniques paraissent régulièrement pour faire découvrir les vertus du travail manuel. Elles sont publiées particulièrement à l'attention des élèves des E.M.T.

SYSTEME D
2 à 12, rue de Bellevue - 75019 PARIS
Téléphone : 200.33.05
Télex : PGV 230 472 F

Mensuel

(Publicité)

UN MAGAZINE TOUT EN COULEUR

LE PLUS FORT DYNAMISME DE LA PRESSE TÉLÉ DANS LE COMMERCE MODERNE

Un grand format pour un petit prix

Des programmes clairs et pratiques

Une équipe de journalistes spécialistes de la T.V. et du spectacle

des enquêtes, des reportages, des jeux pour tous.

LE GRAND MAGAZINE TELE EN LIBRE-SERVICE

88, rue du Château - 92600 ASNIERES
Telex : 612 797 - Membre inscrit à l'O.J.D.

Pratique
42, rue du Louvre 75001 Paris

Mensuel — 21 × 27,2 ; 10 numéros par an dont 2 numéros spéciaux.
Revue spécialisée dans l'aménagement, l'entretien et la décoration de la maison.
Editeur : Sté SEBAM.
Directeur délégué, directeur de la rédaction : J.-P. Renau
Directeur Publicité : J.-P. Oudart
Le numéro : 15 F.
Abonnement : 1 an 135 F (Etranger : 165 F).
Abonnement avec 2 hors-série : 175 F.

Dans chacun de ses numéros, la revue **Pratique** apporte un ensemble d'articles faciles à lire, complets et largement illustrés, à tous ceux qui veulent aménager, décorer, entretenir leur maison.
Pratique met l'accent, d'une manière générale, sur tout ce que l'on peut faire soi-même chez soi : outillage, techniques, astuces sont largement explicités.
Une longue rubrique « Vie quotidienne » fait le point des matériels et matériaux nouveaux pour la maison, le bricolage et le jardin.
Côté aménagement et décoration, **Pratique** sélectionne, gestes et descriptions à l'appui, avec dessins et photos de montage, les travaux faciles à réaliser soi-même et susceptibles d'apporter une touche originale dans la maison.
L'entretien, la réparation, le dépannage ont également largement droit de cité dans **Pratique**.

Pour compléter ce tour d'horizon mensuel, **Pratique** édite des hors-série : ainsi ont été publiés « Les revêtements muraux », « Les cheminées », « Les maisons individuelles ».

(Publicité)

MUSIQUE
CINEMA
TELEVISION
RADIO
LIVRES

Télérama:

le guide culturel complet pour cadres éclairés.

Télérama. Chaque semaine, 70 journalistes offrent ce qu'il y a de meilleur à la télé, au cinéma, en musique, à la radio, au théâtre et en livres à 2 millions de lecteurs.

Avec 496.000 exemplaires diffusés et 50 % de lecteurs de moins de 35 ans, Télérama est vraiment le guide culturel complet pour cadres éclairés, le seul News de l'audiovisuel en somme.

Télérama 129, bd Malesherbes 75017 Paris

MARIE

(Publicité)

l'unité

L'hebdomadaire du Parti socialiste
12, cité Malesherbes,
75009 Paris
Tél. : 48.78.40.73

Hebdomadaire fondé en janvier 1972
Paraissant le vendredi
Directeur politique : Claude ESTIER
Rédactrice en chef et
directrice de publication : Nicole CHAILLOT

Prix de vente : 8 F
Abonnement de six mois : 210 F
Abonnement pour un an : 310 F

PRODUCTEUR AGRICOLE FRANÇAIS

Organe officiel de l'Association générale des producteurs de blé, de l'Association générale des producteurs de maïs et de l'Institut technique des céréales et des fourrages. Edité par la Société « Les Editions et Publications Agricoles Françaises », 8, avenue du Président-Wilson, 75116 Paris - Tél. : 47-23-55-13. Rédaction : 3, rue des Frères-Périer - 75116 Paris - Tél. : 47-23-36-02.

Directeur de la publication : Pierre Mordillat.

Directeur adjoint : Emile Maquet.

Rédacteur en chef : J.-C. Leroy.

Bimensuel fondé en 1925.
Format 300 x 235 - Impression offset.

Publicité : PROREGIE - Henri Gasnier, 28, rue Bayard, 75008 Paris
Tél. : 47-23-72-98.

Diffusion : 81 000 exemplaires

Répartition géographique :
Nord 4,38 % - Bassin parisien Ouest 23,50 %, - Bassin parisien Est 24,11 % - Région parisienne 4,45 % - Est 6,24 % - Sud-Est 8,03 % - Sud-Ouest 12,47 % - Ouest 13,79 % - Méditerranée-Corse 2,68 % - Etranger 0,35 %.

Prix du numéro : 10,50 F

Abonnement 1 an :
France : 130 F
Etranger : 200 F

(Publicité)

VALEURS ACTUELLES

14, rue d'Uzès, 75002 Paris. Tél. 42-33-21-84.

Codirecteurs responsables de la publication : Raymond Bourgine et François d'Orcival.

Directeurs Généraux : François Baude, Jean-Gabriel Lambert.

Rédaction en chef :

Responsable de la Rédaction : François d'Orcival.

Directeur de la Rédaction : Philippe Durupt.

Rédacteurs en chef : Politique : Yann Clerc. *Technique :* Christian Malcros. *Politique étrangère :* Michel Gurfinkiel.

Chef des Informations : Frédéric Pons.

Rédaction :

Politique : Yann Clerc, Jacques Broyelle, Éric Branca, Martine Orange, Pierre-Étienne Pagès, Frédéric Pons.

Finances : Philippe Durupt, Guillaume de Truchis, Marie-Laetitia Bonavita, Michel Kempinski, Thierry Altwin.

Chroniqueurs : Raymond Bourgine, Jacques Ferry.

Affaires étrangères : Jean Grandmougin, Michel Gurfinkiel, Philippe Krasnopolski, Renée Pierre-Gosset. *Chroniqueur :* Édouard Sablier.

Correspondants : John Rees *(New York),* Jacques Olivier *(Washington),* Marie-Françoise Golinsky *(Londres),* Marc Leroy-Beaulieu *(Bonn),* Piero Sampieri *(Rome),* Luis de Velasco *(Madrid),* Jean Pappas *(Athènes).*

Enquêtes : Frédéric Barrault, Gilles Mermoz, Michel De Jaeghere, André Bloch *(automobile),* Philippe Bornet *(médecine),* Vladimir Boukirine *(justice),* Jean-Marie Darbignau *(Église).*

Les arts : Maurice Cottaz et Didier Romand *(ventes). Les livres :* Frédéric Valloire, Éric Deschodt. *Les spectacles :* Michel Mourlet et Norbert Multeau *(théâtre et cinéma),* Luc Seyral *(télévision),* Jacqueline Thuilleux *(danse). Chronique :* Jean Tulard.

Secrétariat de rédaction et mise en pages : Charles Chatelin, Jean Viger, Michael Feld, Christine Sangerma.

Révision : Daniel Paire, Jean Monnerot-Dumaine, Dominique Vautier.

Illustration : Monique Grand *(chef de service),* Francine Leveau, Marc Gantier, Daniel Cande, Caroline Kraffe de Laubarède.

Documentation : Martine Lesur *(finances),* Anita Corthier, Marie-Hélène Daumail, Odile Betremieux, Laurence de Roux.

Publicité : Valmonde Presse
1, rue Georges-Berger, 75017 Paris. Tél. : 47-66-04-06

Président-directeur général :
Jean-Gabriel Lambert.

Publicité commerciale :
Directeur : Jean-Jacques Schardner.

Communication financière et institutionnelle :
Directeurs : Gisèle Bourgine, Pierre Robinot.

Né, en 1966, de la transformation de l'hebdomadaire économique et financier « Finance », « Valeurs Actuelles » est ce que l'on appelle aux États-Unis un « news magazine ». Chaque semaine, il passe au crible l'actualité française et étrangère et il exprime dans ses éditoriaux une opinion personnelle. Moins développée que par le passé, la section financière reste importante par rapport aux autres hebdomadaires.

Le dernier contrôle du commissaire aux comptes-expert comptable a fait apparaître une diffusion de 98 434 exemplaires pour l'année 1985. Le nombre moyen des abonnés, pour cette période, était de 86 106. Le tirage par numéro est de 109 468 exemplaires.

En 1984, « Valeurs Actuelles » a participé à l'enquête générale « presse » du Centre d'Études des Supports de Publicité (C.E.S.P.). Cette étude a fait apparaître un chiffre de lecteurs de la dernière période de 522 000 dont 60 % d'hommes et 40 % de femmes.

« Valeurs Actuelles » est publié par Valmonde et Cie, Compagnie Française de Journaux – Société en commandite par actions au capital de 3 600 000 francs, également éditrice d'un mensuel, « Le Spectacle du Monde-Réalités-Perspectives ». En 1985, le groupe Valmonde a réalisé un chiffre d'affaires consolidé de près de 150 millions, dans lequel la part de « Valeurs Actuelles » est d'environ 50 %.

Les recettes publicitaires représentent environ 35 % du chiffre d'affaires de « Valeurs Actuelles ».

Le capital de Valmonde et Cie C.F.J. est détenu par M. Bourgine, majoritaire, et par des cadres de la société. L'entreprise est indépendante de tout groupe financier et de toute formation politique.

(Publicité)

la vie

hebdomadaire chrétien d'actualité

163, boulevard Malesherbes, 75017 Paris
Tél. : 47.66.01.86

Directeur de la publication :
André SCHAFTER.

Directeur de la rédaction :
José de BROUCKER.

Rédacteur en chef :
Jean-Philippe CAUDRON,
Geneviève LAPLAGNE,
Jean-Claude PETIT.

Rédacteur en chef technique :
Dominique MOBAILLY.

Secrétaire général : Georges ROBIN.

Directeur du développement :
Alain des MAZERY

"La Vie" est éditée par "Malesherbes Publications" S.A. dont le Président-Directeur Général est André SCHAFTER et qui appartient au groupe des "Publications de la Vie Catholique" dont le Président-Directeur Général est Michel HOUSSIN.

PUBLICITÉ

Publicat - 17, boulevard Poissonnière, 75002 Paris - Tél. : 42.61.51.26.

Données techniques

- De format 225 x 288 mm, "La Vie" est tirée en offset, en quadrichromie.
- Le prix au numéro est de 11 F et celui de l'abonnement annuel en France est de 456 F (en juin 86).

Qu'est-ce-que "La Vie" ?

- Le premier numéro de "La Vie Catholique illustrée" paraît le 8 juillet 1945. Le journal prend rapidement de l'essor. Il s'appelle "La Vie Catholique" en 1968, puis "La Vie", "Hebdomadaire chrétien d'actualité" en 1976.
- La "Vie" tient une place spécifique dans la presse française :

– **Journal d'opinion,** cet hebdomadaire catholique est ouvert au dialogue avec tous les hommes de bonne volonté ; il accorde une place particulière au combat pour les droits de l'homme.

– **Journal d'enquêtes et de grands reportages,** il privilégie la recherche de l'information sur le terrain ; c'est un des rares journaux français à posséder encore une équipe de grands reporters, avec Aimé SAVARD et Jacques HOUZEL.

– **Journal chrétien,** il publie chaque semaine l'Evangile et son commentaire, des chroniques sur la transmission de la foi aux jeunes et aux enfants, des informations sur la vie des croyants et des communautés chétiennes en France et dans le monde.

– **Journal de dialogue,** il organise des débats sur les grands problèmes de notre temps, et entretient avec ses lecteurs un courrier vivant et animé.

- "La Vie" offre à ses lecteurs une excellente qualité de **reproduction photographique :** elle leur parvient à plat, sous enveloppe plastique, afin de préserver la beauté des documents.
- "La Vie" est un hebdomadaire national **de grande diffusion,** qui compte près de 300.000 abonnés, et dont une cinquantaine de milliers d'exemplaires sont diffusés soit par les N.M.P.P., soit par des comités paroissiaux de presse et diffuseurs bénévoles.

Le public de "La Vie"

D'après l'enquête réalisée en 1985 par le C.E.S.P. " La Vie " est lue par 1 701 000 personnes, dont 61,1 % de femmes et 38,9 % d'hommes.

" La Vie " a un public jeune : 32 % de ses lecteurs sont âgés de 15 à 34 ans.

Géographiquement, ce lectorat se répartit de la façon suivante : Région parisienne : 12,4 % ; Nord : 7,9 % ; Est : 11,3 % ; Bassin parisien Est : 7,1 % ; Bassin parisien Ouest : 9,5 % ; Ouest : 18 % ; Sud-Ouest : 8,9 % ; Sud-Est : 17,6 % ; Méditerranée : 7,3 %.

(Publicité)

Quid de

Tous les deux mois, vous trouverez dans chaque numéro :

Un choix exclusif de maisons individuelles (pas celles des catalogues prêtes à porter). Non, des constructions personnalisées, toutes régions.

Des reportages de décoration intérieure, anciens et contemporains, qu'ils résultent d'union heureuse ou du choix de partis pris délibérés : de style ? Moderne ?

Des rubriques permanentes sur l'équipement, l'aménagement, la rénovation, le jardin.

Des informations de pointe réservées à Votre Maison donc à la vôtre.

Organe de la Fédération des Parents d'Élèves de l'Enseignement Public (P.E.E.P.)

Bimestriel
91, bd Berthier
Paris 75017

une formule magazine :

des parents au service des parents

Directeur :
Jean-Marie SCHLÉRET

401 200 ex.
O.J.D.

(Publicité)

● **POMME D'API.** De 3 à 7 ans. Mensuel.
Editeur: Bayard Presse. Directeur délégué: Y. Beccaria. Directrice de la rédaction: M.-J. Beccaria.
Des **histoires** à raconter, des **images** à regarder, **des jeux**, des découpages et un supplément pour les parents.
POMME D'API, le petit journal qui fait jouer l'imagination.
Diffusion (O.J.D. 84): 163500 ex.
Abonnement annuel: 230 F.

● **LES BELLES HISTOIRES.** De 4 à 7 ans. Mensuel.
Editeur: Bayard Presse. Directeur délégué: Y. Beccaria. Directrice de la rédaction: M.-J. Beccaria.
La 1re collection d'histoires pour tout-petits créées par **les meilleurs auteurs et illustrateurs.** La qualité de l'édition et le rythme de parution d'un périodique. En supplément, à chaque numéro, un cahier de jeux à détacher.
LES BELLES HISTOIRES: le plaisir de raconter, la magie des images.
Diffusion: 65000 ex.
Abonnement annuel: 290 F

● **ASTRAPI.** De 7 à 10 ans. Bimensuel.
Editeur: Bayard Presse. Directeur délégué: Y. Beccaria. Directrice de publication: M.-J. Beccaria.
ASTRAPI répond aux mille et une curiosités des enfants.
ASTRAPI fourmille de **récits**, de **jeux**, d'idées, d'activités, de **BD**, de pages sur les animaux, l'histoire, la nature, la géographie, le monde moderne.
En plus, à chaque numéro, l'Astrapan surprise!
ASTRAPI, tout pour comprendre en s'amusant.
Diffusion (O.J.D 84): 109212 ex.
Abonnement annuel: 398 F.

● **J'AIME LIRE.** De 7 à 10 ans. Mensuel.
Editeur: Bayard Presse. Directeur délégué: Y. Beccaria. Directrice de la rédaction: M.-J. Beccaria. Rédactrice en chef: J. Kergueno.
Chaque numéro offre **une histoire très illustrée** adaptée aux enfants qui commencent à lire. Egalement des **jeux** et une **BD complète.**
J'AIME LIRE, un drôle de petit livre qui donne le goût de lire.
Diffusion: 130000 ex.
Abonnement annuel: 273 F.

● **OKAPI.** De 10 à 14 ans. Bimensuel.
Editeur: Bayard Presse. Directeur délégué: Y. Beccaria. Directrice de la rédaction: A-M De Besombes. Rédacteur en chef: C. Raison.
La grande aventure de la connaissance en **24 dossiers complets et passionnants** à collectionner. Dans chaque numéro, des reportages, des débats, les grands événements d'hier et d'aujourd'hui en BD, des questions pratiques.
OKAPI, **c'est le monde à dévorer!**
Diffusion (O.J.D. 84): 82104 ex.
Abonnement annuel: 418 F.

● **JE BOUQUINE.** De 10 à 14 ans. Mensuel. 120 pages.
Editeur: Bayard Presse. Directeur délégué: Y. Beccaria. Directrice de la rédaction: A-M De Besombes.
Une collection de 12 **romans inédits** signés par de grands écrivains d'aujourd'hui. Egalement, dans chaque numéro, un dossier sur **une grande œuvre de la littérature classique,** un guide pratique pour choisir des livres, des jeux.
Avec JE BOUQUINE, lire c'est gagné!
Abonnement annuel: 385 F.

● **PHOSPHORE.** de 14 à 18 ans. Mensuel. 80 pages.
Editeur: Bayard Presse. Directeur délégué: Y. Beccaria. Directrice de la publication: A-M De Besombes. Rédactrice en chef: M. Poncet.
Dans chaque numéro **un grand dossier documentation,** des fiches, des rubriques **"avenirs", sciences et techniques,** un service orientation, de l'humour, des enquêtes et des reportages **sur la vie des lycéens.** Egalement **un guide complet** de l'actualité et des loisirs du mois.
Diffusion (O.J.D. 84): 63139 ex.
Abonnement annuel: 385 F.

Bayard Presse: 3, rue Bayard, 75393 Paris Cedex 08. Diffusion par abonnement et chez les marchands de journaux.

LAISSEZ VOS ENFANTS DEVORER PIRANHA

le journal qui dévore les jeunes

Tous les mois, un roman complet, un dossier, un portrait, une revue de presse, des jeux de rôle inédits en France. Des B.D. complètes et belles... Des critiques sur les derniers livres, films, émissions T.V., expos et théâtres. Des nouvelles, des poésies et des jeux.
Piranha est une revue mensuelle (10 numéros par an) richement présentée et illustrée, pour que la lecture devienne un plaisir. Piranha, le mensuel qui vous dévore, est édité par Gallimard-Jeunesse et Télérama.
Il est en vente chez les principaux libraires et par abonnements.

PIRANHA
30, rue de l'Université
75006 PARIS

(Publicité)

FLEURUS-PRESSE
des journaux passionnants pour tous les enfants et les jeunes

FLEURUS-PRESSE — 31, rue de Fleurus — 75296 PARIS CEDEX 06

PERLIN
Hebdomadaire de 16 pages pour les enfants de 4 à 8 ans
Lancé en octobre 1956 sous le titre PERLIN ET PINPIN
Impression : offset
Tirage : 72.000 ex.
Un journal pour aider les enfants à faire leurs premiers pas dans la lecture... pour jouer, créer, découvrir, grandir.
Une entrée active et joyeuse dans le monde des grands.

FRIPOUNET
Hebdomadaire de 24 pages pour les enfants de 8 à 11 ans.
Lancé en novembre 1945 sous le titre FRIPOUNET ET MARISETTE
Impression : offset
Tirage : 125.000 exemplaires.
- Des héros pour rire, admirer
- Des reportages passionnants, des documentaires pour découvrir, s'informer.
- Des jeux pour se détendre.
- Des amis à rencontrer pour s'exprimer.

FRIPOUNET, des idées plein la tête... et un cœur gros comme ça !

TRIOLO
Bimensuel de 48 pages pour les jeunes de 11 à 15 ans.
Issu du journal COEURS VAILLANTS lancé en décembre 1929.
Impression : offset
Tirage : 55.000 exemplaires.
Un magazine de loisirs pour se détendre.
Un magazine où les dossiers aident à comprendre, à découvrir les autres, la vie, soi-même.
TRIOLO, un magazine pour être bien avec soi et être bien avec les autres garçons et filles.

MAG'JEUNES
Mensuel de 68 pages pour les jeunes à partir de 15 ans.
Lancé en octobre 1983
Impression : offset
Tirage : 40.000 ex.
- TOUT pour s'informer... et se faire sa propre opinion,
- TOUT pour vivre à plein, personnellement et avec les autres de manière responsable,

L'U.O.C.F. / FLEURUS-PRESSE est une association au service des enfants et des jeunes et de tous ceux qui sont en responsabilité auprès d'eux.
Elle édite trois journaux pour les enfants en collaboration avec l'Action Catholique des Enfants PERLIN, FRIPOUNET, TRIOLO et un magazine pour les jeunes : MAG'JEUNES
Directeur des publications : Michel NORMAND
Tél. (1) 45.49.30.31 — Publicité au journal

(Publicité)

(Publicité)

(Publicité)

Femmes

Généralités

Place. Les femmes représentent 50 % de la population adulte mondiale et 1/3 de la main-d'œuvre officielle. Elles accomplissent près des 2/3 de l'ensemble des heures de travail, ne reçoivent que 1/10e du revenu mondial et possèdent moins de 1 % de la propriété mondiale. Dans le tiers monde, le nombre de femmes illettrées atteint 40 % (hommes 20 %).

Activités. Dans la communauté européenne, le taux des femmes actives de 15 à 64 ans est passé de 44 % en 1970 à 50 % en 1982 (dans le même temps, ce taux régressait pour les hommes de 90 % à 84 %).

Au début des années 1970, les femmes avaient tendance à se retirer du marché du travail au moment où elles avaient des enfants en bas âge, et à rechercher un travail à partir de 35 ans. Cette tendance a disparu aujourd'hui.

Record de fécondité. 2 femmes ont eu 69 enfants en 27 couches ; une Russe († 1872), Mme Fiodor Vassilef, et une Autrichienne († 1911 à 56 ans), Mme Bernard Scheinberg. Les deux ont eu 4 fois des quadruplés, 7 fois des triplés et 16 fois des jumeaux. Bernard Scheinberg se remaria et eut 18 enfants de sa 2e femme.

Actuellement, 50 % des mères, dans les pays riches, mettent leur dernier enfant au monde avant 30 ans. Lorsqu'il a 10 ans, elles ne dépassent pas la quarantaine et ont encore plus de 35 ans à vivre, étant donné l'allongement de la vie.

La plus jeune grand-mère. Une Noire musulmane du Nigeria, Mum-zi, concubine du chef de Calabar, mit au monde à 8 ans et 4 mois une fille qui fut mère à son tour à 8 ans. Elle fut donc grand-mère à 17 ans.

Grandes différences d'âge au mariage. On peut citer Lucile de CHATEAUBRIAND (1764-1804), qui épousa à 32 ans Monsieur de Caud, de 37 ans son aîné, qui mourut un an après leur mariage. Le roi Philippe VI de Valois épousa en secondes noces, à 56 ans, Blanche de NAVARRE qui avait 19 ans, Diane de POITIERS (1499-1566) était la maîtresse d'Henri II (il avait 20 ans de moins). Laure de BERNY (1777-1836), mère de 9 enfants, devint en 1822, à 45 ans, la maîtresse de Balzac qui avait 23 ans.

Mutilations sexuelles. 75 millions de fillettes et de femmes en sont victimes dans le monde. Ces pratiques qu'aucune religion, aucune législation nationale n'impose, se développent dans le monde arabe et en Afrique noire où l'on avance des motifs moraux, hygiéniques, sociaux et esthétiques. Effets les plus fréquents : hémorragie (décès possibles), cicatrisation dure et douloureuse, infections chroniques et complications obstétriques entraînant la stérilité, perturbation de la sexualité allant jusqu'à la frigidité.

Femmes à plateaux. *Femmes djingés (Tchad) :* dans la tribu Saras-Djingés (sud du lac Tchad), les femmes portent 2 petits bouquets de feuilles soutenus par une ficelle à la taille.

L'homme choisit sa fiancée très jeune, souvent une fillette de 4 ou 5 ans, parfois un nourrisson ; entre 5 et 10 ans, il perfore ses lèvres puis y dispose des plateaux dont il augmentera le diamètre jusqu'à 7 cm pour la lèvre supérieure, 17 cm pour la lèvre inférieure (parfois 24 cm).

Esclaves. Des centaines de femmes sont encore vendues comme esclaves en Inde, dans la région de Dholpur-Morena.

L'Église catholique et les femmes

En 1965, dans un des textes de Vatican II (la Constitution pastorale sur l'Église *Gaudium et Spes*), l'Église catholique a condamné toute forme de discrimination. Mais le canon 1024 du nouveau code réserve le « pouvoir de l'ordre » (diacre, prêtre, évêque) aux hommes et les femmes ne jouissent pas des pleins droits et devoirs des laïcs [le lectorat et l'acolytat (canon 230) sont réservés explicitement aux hommes]. Le canon 517 prévoit d'accorder des charges aux femmes « par suppléance ». Ex. être juges et assesseurs dans les tribunaux ecclésiastiques. Mais le canon 129 renforce le pouvoir clérical (« seuls les membres ordonnés sont habilités au pouvoir de juridiction ») et précise que les laïcs peuvent coopérer à l'exercice de ce même pouvoir, selon la norme du droit.

Les femmes en France

Statistiques

• **Nombre de femmes.** 26 millions de femmes (dont 12 980 000 en âge de procréer), soit 51,30 % de la population.

Espérance de vie : femme 77 ans, homme 70 ans.

Vie génitale féminine (au XXe s. et, entre parenthèses, au XIXe s.) Âge des 1res règles 13 (18), de la ménopause 53 (45), nombre de grossesses 1,8 (10), nombre de mois d'allaitement par enfant 4 (20), cycles stériles possibles 200 (50).

Nombre d'enfants. Au XVIIIe s. en France, sur 1 000 filles nées vivantes, 440 parvenaient à l'âge moyen du mariage, 220 à 50 ans. Ces 220 avaient en moyenne 6 à 7 enfants nés vivants ; les Françaises mouraient, en moyenne, à 50 ans, après avoir mis au monde de 6 à 10 enfants, dont seulement 3 ou 4 survivaient ; en 1975, 975 filles sur 1 000 parvenaient à l'âge du mariage et près de 900 dépassaient 60 ans. Il suffit que ces 900 femmes aient en moy. 2,05 enfants pour que la population soit stable.

Vie moyenne du couple. Passée de 18 ans au XVIIIe s. à 45 ans en 1975.

• **Femmes seules (1981).** 8 913 000 dont : 3 442 000 veuves, 2 938 000 célibataires. A Paris, 78 % vivent seules, 57 % ont – de 30 ans, 30 % entre 30 et 40 a., 42 % ont 1 enfant, 25 % 2 enf., 19 % 3 enf., 11 % 4 enf. et +.

Célibataires (1982). 5 424 120 dont *15-29 ans :* 3 997 700 ; *30-39 :* 445 560 ; *40-49 :* 208 360 ; *50-59 :* 247 760 ; *60-69 :* 185 880 ; *70-79 :* 202 040 ; *80-89 :* 117 640 ; *90 et + :* 19 180.

Taux de célibataires (en %, à partir de 15 a.) : hommes 26,4, femmes 22,4.

Mères célibataires. *Nombre :* 135 000 (en 1983). Il y a 50 000 naissances illégitimes en France par an, 40 % des mères ont – de 30 ans. Mieux aidées et comprises qu'auparavant, les mères célibataires, quel que soit leur âge, ne cherchent plus à « régulariser » leur situation à tout prix. Les mères célibataires de 2 enfants sont nombreuses.

Divorcées (1982) : 858 780 dont *15-29 ans :* 94 580 ; *30-39 :* 239 240 ; *40-49 :* 73 140 ; *50-59 :* 152 720 ; *60-69 :* 97 880 ; *70-79 :* 73 280 ; *80-89 :* 25 060 ; *90 et + :* 2 780.

Mères divorcées : 353 289 (en 1981) soit + de 140 % par rapport à 1975.

Veuves (1982) : 3 217 454 dont *15-29 ans :* 10 866 ; *30-39 :* 43 089 ; *40-49 :* 122 576 ; *50-59 :* 378 756 ; *60-69 :* 644 705 ; *70-79 :* 1 149 957 ; *80-89 :* 750 408 ; *90 et + :* 117 097.

60 % des veuves de moins de 65 ans travaillent, contre 35 % des femmes mariées, 7 % n'ont pas d'enfants. Le nombre important des veuves civiles s'explique par la plus grande longévité (rang dans le monde : U.R.S.S., Finlande, France) et par la surmortalité masculine.

Veuves de guerre. Env. 230 000 dont *g. de 1914 :* 79 349, *1939-45 : Indochine, Afrique du N. :* (y compris victimes civiles et hors guerre) 150 470.

• **Travail. Nombre de femmes actives** (1986) : 10 128 000, soit 39,2 % de la pop. active totale (en 1975, 43 % des actifs), 15 % travaillent à temps partiel, 28 % par intérim.

• **Droits des veuves. Allocation Assedic de solidarité.** Les femmes seules depuis moins de 5 ans peuvent y prétendre si ressources inférieures à 7 452 F par mois (au 1-1-85).

Assurances décès du régime général de la Séc. soc. Permet à la famille d'un assuré social de faire face aux frais entraînés par le décès. Montant : 90 fois le salaire journalier de l'assuré décédé (min. 973,20 F, max. 24 330 F). Un mois pour faire la demande. Non soumis à l'impôt sur le revenu. Pas de saisie possible.

Assurance maladie-maternité. Le conjoint survivant bénéficiant des prestations comme ayant droit de l'assuré décédé est couvert pendant un an à partir de la date du décès (prolongation jusqu'à ce que le dernier enfant à charge ait 3 ans), ensuite il doit être assuré personnellement (activité professionnelle ou assurance volontaire).

Prestations familiales. Perçues pendant un an. Inclues : allocation de parent isolé et allocation d'orphelin.

Pension de réversion. 52 % de la pension de vieillesse obtenue par le conjoint décédé sous condition de ressources et d'âge.

PEUVENT CUMULER : *v. d'anciens combattants mutilés* titulaires d'une pension de victime de g. de 85 à 100 % et les *v. de mutilés* titulaires d'une pension de – de 85 %, à condition que le mari soit décédé des suites de l'invalidité pour laquelle il était pensionné. En outre, les v. des mutilés, victimes militaires de la guerre, invalides entre 60 et 80 %, décédés d'une affection sans relation avec l'invalidité pensionnée touchent la pension au taux dit de réversion. *Pension mensuelle* quel que soit le grade du disparu (au 1-1-1984) : – *de 40 ans :* 2 011,91 F, + *de 40 :* 2 170,42 F, et + *de 57 :* 2 682,58 F (sous certaines conditions de ressources). *Taux de réversion : 134,125 F.*

• **Veuves de guerre** (droits spécifiques pouvant se cumuler avec les droits des v. civiles). V. de « Morts pour la France » et d'anciens combattants mutilés, titulaires d'une pension de victime de guerre de *85 à 100 %* et de mutilés titulaires d'une pension de – *de 85 %* à condition que le mari soit décédé des suites de l'invalidité pour laquelle il était pensionné, touchent une pension *de guerre au taux normal :* (– de 40 ans) : 2 245 F et (+ de 40 ans) : 2 422 F, ou au taux dit *spécial* (+ de 57 ans ou avant pour les grands malades, et, *sous conditions de ressources) :* 2 994 F, de mutilés au taux de *60 % à 80 %, édrédés d'une affection sans relation avec l'invalidité pensionnée touchent une pension de veuve de guerre au taux dit* de réversion : 1 497 F.

Répartition en % (1982) : employées 28,5, ouvrières 20,5, cadres moyens 16,7, personnels de service 13,6, patrons de l'industrie et du commerce 7,8, agricultrices exploitantes 7,2, professions libérales et cadres supérieurs 5, salariées agricoles 0,6.

Secteurs où elles sont largement majoritaires : personnels de service 80 %, pers. médico-social 83 %, éducation nationale 62 % ; *minoritaires* : contremaîtres et agents de maîtrise 6 %, policiers et militaires 5 %, chauffeurs 2 %, ingénieurs 6 %.

Taux d'actives (% de femmes actives par rapport au total des femmes). *1901* : 42,1, *54* : 38,3, *80* : 44,7, *avr. 84* : 39,2, [oct. 81 + de 15 ans : 44,9, de 25 à 55 ans : 67 % ; f. mariées : 62,3, sans enfant (conjointes ou vivant seules) : 73,7, avec 1 enfant : 73,6, 2 enf. : 64,1, 3 enf. ou + : 37,1].

En 1979, les femmes représentaient 46 % de la pop. agricole totale. Elles étaient 2 088 000 dont : 116 000 chefs d'exploit. (6 %) ; 954 000 épouses (46 %) ; 987 000 membres de la famille (47 %) : surtout filles et brus ; salariées (1 %). En 1981, 10 % des exploit. agric. étaient dirigées par des femmes.

Travail à temps partiel (1985) en % par rapport à l'ensemble des actives : 21,8. **Intérimaires** (mars 1983) : 43 455.

Chômage : en mai 86, les femmes représentaient 48,80 % des chômeurs (alors qu'elles représentaient 42,64 % de la pop. active). 52,42 % des chômeurs de longue durée étaient des femmes.

Temps libre dont dispose une femme par jour en minutes. Mère travaillant et, entre parenthèses, inactive : 165 (210) dont télévision 55 mn. (85 mn.), sorties 30 (30), conversation 25 (30), lecture 20 (15).

Femme au foyer. Salaire. Dans une famille moyenne de 4 personnes, la femme au foyer travaille près de 500 h par mois. Dont : *cuisine* 90 h par mois (soit au prix du SMIC un salaire d'env. 2 393 F), *ménage* 104 h (2 765 F), *soins de santé et d'hygiène* 60 (1 595 F), *couture* 24 h (638 F), *gestion du budget familial et divers* 40 h (1 064 F). Total : 8 455 F.

Grandes écoles. Nombre de femmes élèves par rapport aux hommes (en %, 1983-84) : École de la magistrature 50, HEC 30, ESSEC 31, Éc. nationale vétérinaire (Maisons-Alfort) 30,7, ENSET (électricité et technique) 26, ENA 20, ENSPTT (administrateurs) 20, ENS des Télécom. (ingénieurs) 12, Éc. des Mines 10, Éc. nat. des Ponts et Chaussées 10, Éc. Centrale 10, Éc. Polytechnique 7, ENSAM (arts et métiers) 2.

Harcèlement sexuel. Sondage réalisé pour Biba (octobre 1985) par l'institut Quotas, entre le 19 et le 29-7-85, auprès de 958 femmes. 36 % disent avoir subi des avances ou des sollicitations d'ordre sexuel sur leur lieu de travail ; 56 % de celles-ci précisent que les sollicitations étaient assorties de promesses (engagement, avancement...) et 26 % ont été victimes de menaces diverses.

☞ Le budget du ministère des droits de la Femme s'élevait en 1986 à 128,7 millions de F, soit 0,012 % du budget général.

Mouvements et organismes

☞ Le mot féminisme est apparu en 1837 en français.

Association et entraide des veuves et orphelins de guerre (AEVOG), 18, rue de Vézelay, 75008 Paris.

Association nationale des mères célibataires de France, 135, bd de Sébastopol, 75002 Paris.

Association des centres d'accueil de femmes seules, 6, av. Général-Balfourier, 75016 Paris.

Centre féminin d'études et d'information (C.F.E.I. Femme Avenir), 6, cité Martignac, 75007 Paris. *Créé* 1965, 30 000 membres. *Pt* : Christiane Papon. *But* : information et formation pour une meilleure participation des femmes à la vie politique, économique, culturelle et sociale, et la défense de leurs droits.

Centre international de culture populaire (C.I.C.P.), 14, rue Nanteuil 75015 Paris.

Centre national d'information sur les droits des femmes (C.N.I.D.F.), BP 470-08, 75366 Paris Cedex 08. Assoc. loi 1901. *Secr. gén.* : Françoise Michaud.

Choisir, 102, rue St-Dominique, 75007 Paris. *Créé* 1971 pour l'avortement, la contraception et l'information sexuelle. A étendu son activité : toutes formes de discrimination envers la femme, lutte contre le viol. *Adhérents* : 10 000 (femmes et hommes).

Fédération syndicale des familles monoparentales (ex. Femmes chefs de famille). 53, rue Riquet, 75019 Paris. 49 associations. Regroupe les parents seuls (femmes ou hommes veufs, divorcés, séparés, mères et pères célibataires).

Fédération des associations de veuves chefs de famille (F.A.V.E.C.), 28, place St-Georges, 75009 Paris. 630 permanences.

Ligue du droit des femmes, 54, av. de Choisy, 75013 Paris. *Née* 1974 d'une scission du M.L.F. Était présidée par Simone de Beauvoir († 1986), dep. Pte Anne Zelensky. Milite pour une loi anti-sexiste, lutte contre le sexisme sous toutes ses formes : manuels scolaires, publicité, travail.

Mouvement de libération des femmes (M.L.F.), 12, rue de la Chaise, 75007 Paris. *Créé* 1968. Lutter pour indépendance économique, politique, érotique, culturelle des femmes, contre mysoginie. *Publications* : le Torchon brûle (1971-73), le Quotidien des femmes (1974-76), Des Femmes en mouvement (1979-82) (hebdo). *Maison d'édition* : Des Femmes, 6 rue de Mézières, 75006 Paris. *Librairie* : Des Femmes, 74, rue de Seine, 75006 Paris.

Mouvement pour la liberté de l'avortement et de la contraception (M.L.A.C.), 8, cité Prost, 75011 Paris. *Créé* 1973. Lutte pour la liberté et le remboursement de l'avortement et de la contraception, y compris pour les mineures.

Parti féministe unifié, 55, rue St-Antoine, 75004 Paris.

Prix Cognacq-Jay. *Créé* 1920 par Ernest Cognacq (1839-1928), fondateur de la Samaritaine, et sa femme née Marie-Louise Jay (1838-1925) ; récompense les familles méritantes de 9 enf. vivants et plus (un prix par départ.), de 5 enf. au moins (200 prix).

S.O.S. femmes alternative, 54, av. de Choisy, 75013 Paris. *Association* issue de la Ligue du droit des femmes. *But* : dénoncer les violences faites aux femmes, lutter contre le sexisme. A créé le *1er centre pour femmes battues* en France (Centre Flora-Tristan, 142, av. de Verdun, 92320 Châtillon-sous-Bagneux).

Union féminine civique et sociale (U.F.C.S.), 6, rue Béranger, 75003 Paris. Mouvement féminin d'éducation permanente et organisation de consommateurs. *Créée* 1925. Regroupe 14 000 femmes, 500 équipes de travail, dont 160 équipes « Consommation ». Organise des stages de préformation professionnelle et de remise à niveau en calcul et orthographe. *Publications : Dialoguer* (bimestriel, 12 000 ex.), *Cahiers d'Éducation civique* (trim. Flashes).

Union des femmes françaises (U.F.F.), 146, rue du Faubourg-Poissonnière, Paris 10e. *Origine* : comités féminins de la Résistance. *Créée* 1945. *Adhérentes* : 190 000. 3 500 comités locaux. Mouvement féministe indépendant, œuvrant pour la promotion des femmes et l'amélioration de leurs conditions d'existence.

U.C.T.E.H. (Union contre le trafic des êtres humains), 92, bd de Port-Royal, 75005 Paris.

Que pensent-elles ?

Source : sondage Figaro-Sofres (janvier 1984).

65 % des femmes pensent que, malgré quelques progrès, la condition des femmes pose toujours beaucoup de problèmes en France.

Pour améliorer leur condition, 47 % pensent qu'il faudrait réduire l'écart actuel entre les salaires féminins et masculins, 34 % augmenter le nombre des crèches et des garderies, 60 % développer le travail à temps partiel, 28 % réprimer plus sévèrement le viol et les agressions sexuelles, 9 % développer l'information sur la contraception, 1 % aucune de ces mesures, 3 % sans opinion.

Être mère est pour 38 % indispensable pour le bonheur, 52 % souhaitable, 9 % pas vraiment souhaitable, 1 % sans opinion.

81 % pensent que le *développement de la contraception* a beaucoup amélioré la condition des femmes.

10 % pensent que pour le *bonheur d'une femme, travailler* est quelque chose d'indispensable, 49 % souhaitable, 29 % de pas vraiment nécessaire, 8 % de pas souhaitable. Les raisons les + importantes sont : pour 20 % le désir de réussite professionnelle, 50 % le désir d'avoir son indépendance, 15 % la volonté d'être à égalité avec les hommes, 39 % le désir de s'exprimer et de s'épanouir, 36 % la volonté de ne pas s'occuper seulement des tâches ménagères ou familiales, 43 % le désir de rencontrer d'autres personnes, d'avoir des amis, des collègues.

63 % (56 % des hommes) verraient favorablement une femme devenir *présidente de la République* dans les prochaines années, 18 % y seraient opposées.

Prostitution

• **Dans le monde. Enfants.** Selon l'UNICEF (Organisation des Nations unies pour l'enfance), en 1982, 2 millions d'enfants auraient été victimes d'une exploitation sexuelle, dont 600 000 aux États-Unis.

• **En France. Nombre de prostituées** (estimations). 15 000 à 30 000 professionnelles (dont 95 % aux mains de 15 000 proxénètes), 60 000 occasionnelles. Environ 200 prostituées s'en sortent chaque année (soit 1 sur 100).

En 1979, env. 4 200 Françaises se prostituaient à l'étranger (3 000 en Belgique, 800 à 1 000 en All. féd., 200 en Côte-d'Ivoire et au Sénégal, 100 en Hollande).

1 homme sur 10 a eu ses premiers rapports sexuels avec une prostituée, et 33 % des Français de plus de 20 ans ont avoué avoir fait cette « expérience ». Selon la police, il y aurait au moins 45 000 passes par jour à Paris. 35 à 40 % du proxénétisme a lieu à Paris.

• **Répression.** La prostitution n'est ni interdite ni réglementée en France, la répression ne peut être que locale, momentanée et parfois illégale.

Peines encourues. *Racolage* : attitude de nature à provoquer la débauche, sans gestes ni paroles ni écrits (par ex. prostituées dans la rue, debout dans une attitude provocante). Amendes de 80 à 160 F. *Proxénétisme* : emprisonnement de 6 mois à 2 ans et amende de 10 000 à 200 000 F (2 à 10 ans et 20 000 à 250 000 F s'il s'agit d'une mineure ou si la femme a agi sous la contrainte). *Proxénétisme en studios* : 2 à 10 ans, amendes et fermeture de tout ou partie de l'établissement.

En 1980, il y a eu 1 185 affaires (1 026 souteneurs et 159 hôteliers impliqués) ; 1 498 inculpés (1 254 proxénètes, 244 hôteliers) ; 47 160 procès-verbaux pour racolage en région parisienne.

• **Maladies vénériennes** (1976, origine de la maladie). *Syphilis* : prostituées 98, rapports libres 579, rapports conjugaux 190. *Gonococcies* : prostituées 1 133, rapports libres 11 937, rapports conjugaux 288.

Chiffre d'affaires de la prostitution. Env. 10 milliards de F. Une professionnelle peut gagner en moyenne 30 000 F par mois à Paris, call-girl jusqu'à 200 000 F. Les proxénètes en studio (env. 1 300 en France) reçoivent env. 100 F par client.

☞ La *chandelle* stationne. La *marcheuse* fait les cent pas sur une portion de trottoir. L'*échassière* attend sur un tabouret de bar, l'*entraîneuse* dans le bar. La *zonarde* ou *bucolique* travaille dans les bois et les parcs. La *serveuse montante* de certaines auberges est inscrite à la Sécurité sociale. Pour toutes celles-ci, le prix de la passe varie entre 60 et 300 F.

Les *amazones* draguent au volant, les *call-girls* se font appeler par téléphone, les *michetonneuses* se font racoler aux terrasses de café, les *caravelles* fréquentent palaces et aérogares. L'*étoile filante* arrondit ses fins de mois. Tarif de 600 à 3 000 F pour une nuit.

Viol

En France. On estime à 35 000 le nombre de viols par an. 1 600 font l'objet d'une plainte, 200 d'une condamnation en cour d'assises. La police interpelle env. 2 500 violeurs par an, mais elle estime que 88 % des victimes préfèrent se taire.

Peines encourues. Réclusion criminelle de 5 à 10 ans (loi du 23-12-80) avec possibilité d'augmenter la peine en cas de circonstances aggravantes (10 à 20 ans). Réclusion à perpétuité (art. 333 du Code pénal, loi du 13-5-1863) : viol commis sur une adolescente de moins de 15 ans (même si le coupable ignorait son âge), s'il s'agit du père, du grand-père, du tuteur, du concubin de la mère, de l'instituteur ou du patron de la victime, bref de tous ceux qui ont une autorité sur elle. Il en est de même lorsque le violeur est un fonctionnaire ou un ministre du culte (même s'il ne connaissait pas la victime) ou en cas de viol commis par 2 personnes ou plus. Droit pour certaines associations de se porter partie civile, et pour le parquet d'ordonner la publication de l'arrêt de condamnation dans la presse ou sur les panneaux officiels du lieu de résidence. Publicité des débats sauf si la victime s'y oppose.

Moyens de contrainte reconnus. Violences physiques (coups, séquestration, menaces d'une arme) et morales (menaces policières, médecins profitant d'un examen gynécologique pour se livrer à des attouchements non justifiés par une nécessité professionnelle), recours aux aphrodisiaques, à l'alcool, aux méthodes hypnotiques.

Les femmes et la politique

Quelques dates

• **A Rome,** la femme pouvait parler au Forum.

• **Au Moyen Age,** peu de distinction, du point de vue du droit féodal, entre la femme et l'homme seigneur de fief. Sous le pape Innocent IX, droit électoral pour tous les majeurs de 14 ans, hommes et femmes. *En France,* les femmes titulaires d'un fief peuvent désigner un mandataire ; celui-ci vote pour elles lors de l'élection des députés aux états généraux. Avant Philippe le Bel, certaines bourgeoises auraient participé à l'élection du tiers état. Certaines femmes ont été régentes (dont Mme de Sévigné qui a siégé aux états de Bretagne). *En Angleterre,* certaines femmes de grandes familles seront représentées au Parlement et exerceront des fonctions de juge de paix jusqu'au début du XVIIIe s. **XVIIIe, 1793** la Convention supprime sociétés et clubs de femmes.

A partir du XIXe, les femmes reconquirent leur droit politique (droit de vote).

XIXe-XXe, France 1804 code Napoléon, la célibataire jouit en théorie de la plénitude de ses capacités civiles, la femme mariée et ses biens sont sous la tutelle du mari, le testament est le seul acte qu'elle peut rédiger sans son autorisation. **1842** *loi du 30-11* autorise les femmes à devenir dentistes et médecins. **1848** la Constituante interdit aux femmes d'assister aux réunions politiques. **1881** *loi du 9-4* la femme peut se faire ouvrir un livret de Caisse d'épargne sans l'assistance de son mari et retirer sans l'autorisation de son mari les sommes inscrites au livret. **1884** *loi du 27-7* rétablit le divorce et déclare que l'adultère de l'homme ou de la femme aura la même sanction. **1893** *loi du 6-2* accorde à la femme séparée de corps la pleine capacité civile. **1896** *loi du 20-6* en cas de désaccord pour le mariage de leurs enfants, entre époux divorcés ou séparés de corps, l'avis des 2 époux a valeur égale. **1897** *loi du 7-12* la femme peut être témoin dans les actes civils ou notariés. **1900** *loi du 1-12* les f. licenciées en droit peuvent prêter serment d'avocat et exercer la profession. **1907** *loi du 13-7* la femme mariée administre les produits de son travail et ses économies et en jouit quel que soit son régime matrimonial. **1938** *loi du 18-2* et **1942** *loi du 22-9* abolition de la puissance maritale et, théoriquement, de l'incapacité de la femme mariée. **1944** *ordonnance du 21-4* prévoit le vote des femmes ; elles voteront pour la 1re fois le 29-4-45 aux élections municipales, puis les 23 et 30-11-45 aux cantonales (39 conseillères générales furent élues) et le 21-10-45 pour élire l'Assemblée constituante. **1965** *loi du 13-7* réformant les régimes matrimoniaux, accroissant de façon sensible l'indépendance de l'épouse. V. Index. **1974** 1re femme candidate à la présidence de la République : Arlette Laguiller. **1982** *loi du 10-7* amélioration du statut des conjoints d'artisan, qui définit les droits professionnels et sociaux des femmes en leur permettant de choisir entre les statuts de collaboratrice, associée, salariée du conjoint ou chef d'entreprise ; *loi du 31-12* remboursement de l'interruption volontaire de grossesse. **1983** *loi du 13-7* sur l'égalité professionnelle, qui interdit toute descrimination en raison du sexe dans la vie professionnelle des salariés, et précise qu'en cas de litige, le juge chargé de l'affaire peut, avant de décider une sanction pénale, obliger l'employeur à prendre des mesures visant à faire disparaître les inégalités. **1984** *loi du 22-12* recouvrement des pensions alimentaires impayées par les organismes débiteurs des prestations familiales ; reconnaissance de l'égalité des époux dans les régimes matrimoniaux et pour l'administration des biens des enfants.

Étranger. 1863 Suède : droit d'élire le conseil municipal. **1865** Finlande : même droit. **1869** Wyoming (U.S.A.) : él. locales (11 États des U.S.A. suivront avant 1914). **1893** N.-Zélande : él. législatives. **1902** Australie : él. lég. **1906** Finlande : él. lég. **1907** Norvège : él. lég. pour les femmes payant l'impôt. **1913** pour toutes (mais elles étaient éligibles à l'Assemblée nat. depuis 1911). **1915** Danemark : él. lég. **1918** G.-B. : él. lég. (à partir de 30 ans, les femmes pouvaient déjà voter avec certaines restrictions lors des él. municipales dep. 1860). Pologne, Canada (sur le plan fédéral ; sur le plan provincial, le Manitoba fut la 1re province à l'admettre, en janv. 1916, les 2 dernières furent Terre-Neuve, avril 1925, et Québec, avril 1940). **De 1919 à 1971** él. lég. **1919** Islande, Allemagne, P.-Bas. **1920** Autriche. **1921** Tchécoslovaquie. **1925** Hongrie. **1930** Afr. du S. **1931** Espagne, Portugal. **1935** Roumanie. **1945** Italie. **1946** Albanie. **1947** Yougoslavie. **1949** Bulgarie, Belgique. **1952** Grèce. **1971** Suisse. **1985** *du 10 au 26-7* Nairobi (Kenya) une Conférence internationale des Nations unies a réuni 10 000 femmes du monde entier pour faire le bilan de la décennie de la femme inaugurée à Mexico en 1975. *24-10* Islande : grève des femmes. 25 000 femmes manifestent pour commémorer l'anniversaire du *24-10-1975* (l'ensemble des salariées islandaises avaient cessé le travail et 40 000 femmes avaient manifesté à Reykjavik).

Femmes élues

Dans le monde

Parlement. *% des parlementaires femmes :* U.R.S.S. 28. Suède 21. Danemark 26. Autriche (assemblée nat.) 9,8, (conseil féd.) 16 à 21 (dep. 1970). Pays-Bas 5,35. All. féd. 5,6. G.-B. 4,3. U.S.A. 3,9. Luxembourg 3,75. Italie 2,9. Belgique 2,9. Irlande 2,9. *France 5,72* (voir 1975).

G.-B., élections de février 1974 : 143 candidates (record absolu), 23 députés (28 en 1964) dont 9 P. conservateur, 13 P. travailliste, 1 divers.

Belgique, élections de mars 1974 : 13 députés (6 avant). Nov. 81 : 13 députés, 21 sénateurs.

U.R.S.S. % de femmes dans les soviets (1975). S. locaux des députés travailleurs 48,1. S. suprêmes des R.S.S.A. 39,1. S. suprêmes des Rép. fédérées 35,4. S. suprême de l'U.R.S.S. 31,3 (1974).

Chine, au Xe Congrès du P.C.C. (en 1973) plus de 20 % des délégués étaient des femmes ; celles-ci représentent 12 % des membres et membres suppléants du Comité central.

U.S.A. Dep. 1950, jamais plus de 4 % de femmes à la Chambre des représentants. Au Sénat, 1 femme sur 100 sénateurs. Localement, les femmes détiennent 9 postes de secr. d'État, 4 de lieutenant-gouverneur, 1 de juge en chef de la Cour suprême (Californie).

Nota. — Le 1er parti politique féminin, le P.F.U. (Belgique), a été fondé en 1972 par Claire Bihin-Jourdan (47 ans) ; il n'a aucune représentation au parlement belge.

% des femmes au Conseil de l'Europe. Chambre basse à la dernière élection. Suède 27,8 (97/349)[5], Norvège 25,8 (40/155)[7], Danemark 23,4 (42/179)[5], P.-Bas 16,7 (25/150)[8], Suisse 10,5 (21/200)[5], Autriche 9,8 (18/183)[5], Portugal 9,2 (23/250)[8], All. féd. 8,7 (45/519)[6], Italie 8,2 (52/630)[5], Belgique 7,5 (16/212)[4], Luxembourg 6,7 (4/59)[5], Espagne 5,4 (19/350)[5], *France 5,3 (26/491)*[7], Islande 5 (3/60)[8], Irlande 4,8 (8/166)[9], Grèce 3,7 (11/300)[7], G.-B. 3,1 (20/635)[5], Chypre 2,8 (1/35)[7], Turquie 0,9 (4/450)[3]. **Chambre basse en juin 1982 :** Suède 29,2 (102/349), Luxembourg 10,2 (6/59), Italie 8,4 (53/630), Irlande 8,4 (nov. 82), *France 5,9 (29/491),* Belgique 5,6 (12/212). **Chambre haute en juin 1982 :** P.-Bas 22,7 (17/75), Autriche 20,6 (12/58), Belgique 11,6 (21/182), Irlande 11,6 (7/60), G.-B. 7,5 (61/817), Suisse 6,5 (3/46), All. féd. 4,4 (2/45), Italie 4,1 (13/315), *France 3,2 (10/305),* Espagne 2,9 (6/208), Turquie 2 (3/150)[3]. **Assemblée locale ou municipale :** Suède 29,8[6], Norvège 22,8[5], Danemark 18[4], G.-B. 16[2], Suisse 14,3[4], P.-Bas 15,5[8], Islande 12[8], All. féd. 11,4[5], *France 8,4*[3], Italie 8,3[1], Espagne 7,8[8], Chypre 1,3[8].

Nota. — (1) 1975. (2) 1976. (3) 1977. (4) 1978. (5) 1979. (6) 1980. (7) 1981. (8) 1982. (9) 1982 (février).

En France

Les femmes représentent 53 % du corps électoral.

• Depuis 1951, l'abstentionnisme des femmes est supérieur à celui des hommes de 7 à 13 %. 2 fois les femmes ont été aussi nombreuses que les hommes à voter : référendum de 1958 et présidentielle de 1965.

• Sous la Ve Rép., l'électorat gaulliste se composait d'une majorité constante de femmes (en moy. 55 %), l'U.D.R. ayant récupéré une large partie des voix du M.R.P. et de la droite classique. Le % des gaullistes s'accroît 3 fois plus chez les électrices que chez les électeurs après 50 ans.

En 1965, 35 % des femmes ont voté pour Mitterrand (51 % des hommes). En 1981, aux él. lég., 54 % ont voté pour la gauche (58 % des hommes).

• Peu de femmes sont inscrites à un parti. Très peu sont militantes.

Femmes responsables de partis politiques (en %, juin 1982) : *Parti communiste :* adhérentes 36, comité central 21, bureau pol. 18, secrétariat 17 ; *P. socialiste :* adh. 21, comité directeur 18, bureau exécutif 15, secrétariat 14 ; *P. républicain :* adh. 40, comité nat. 32, bureau pol. 20, secrétariat 6 ; *RPR :* adh. 43, comité central 8, conseil pol. 8, commission exécutive 8.

Assemblée européenne (1984). Sur 81 dép. français, 17 femmes (4 P.C., 6 P.S., 4 U.D.F., 3 R.P.R.). Dép. allemands 16 f., britanniques 12 f. Le groupe socialiste a le plus d'élues (27 femmes sur 132).

Assemblée nationale. Candidates (en % des candidats) : **1946** 13,9. **51** 11. **56** 3,47. **58** 2,27 (64 candidates sur 2 809). **62** 2,44 (53 c. sur 2 172). **67** 2,92 (64 c. sur 2 190). **68** 3,3 (75 c. sur 2 265). **73** 6,6 (200 c. sur 3 023). **78** 16 (684 c. sur 4 266). **86** 33 (1 728 c sur 6 925). **Élues : 45** 33 élues. **46** juin 30. nov. 42. **51** 22. **56** 22. **58** 6 sur 465 (+ 2 pour les dép. algériens) (1,72 %). **62** 8 sur 465 dép. (1,72 %). **67** 9 sur 470 (1,91 %). **68** 8 sur 470 (1,70 %). **73** 8 sur 473 (1,69 %). **78** 17 sur 491 (3,7 %). **81** 28 sur 491 (5,29 %) (20 PS, 4 PC, 1 UDF, 3 RPR). **82** 25 sur 495 (5 %). **86** 33 sur 577 (5,72 %).

Conseil économique et social. Nommées : 54-59 3 sur 200 (1,5 %). **74-79** 7 sur 200 (3,5 %). **79-84** 16 sur 200 (8 %). **84-89** 23 sur 230 (10 %).

Conseils généraux. Élues (entre parenthèses % par rapport aux sièges à pourvoir) : **58** 12 (0,8 %). **61** 16 (1,1). **64** 17 (1,1). **67** 40 (2,3). **70** 22 (1,4). **73** 53 (2,7). **76** 41 (2,3). **Juill. 82** 154 (4,2). **84** 158.

Conseils municipaux. Élues (% entre parenthèses) : **59** 11 246 (2,4). **65** 11 145 (2,3). **71** 20 684 (4,4). **77** 38 852 (8,4). **83** 70 854 (14,08) (communes de — *de 3 500 h. :* 12,87, *3 500 à 9 000 :* 21,05, *9 000 à 30 000 :* 22,02, + *de 30 000 :* 22,76).

Conseil de la République, puis Sénat. Candidates : 59 33. **62** 9. **68** 17. **71** 9. **74** 12. 77 40. **80** 23. **83** 21. **Élues : 46** 21. **48** 12. **51** 9. **55** 9. **58** 6. **59** 5. **62** 3. **68** 2. **71** 0. **74** 0. 77 4. **82** 10 sur 307 sén. (1,7 %). **83** 9 sur 317 (5 PC, 3 PS, 1 radical).

Maires. Élues (% entre parenthèses) : **59** 381 (1). **65** 421 (1,1). **71** 677 (1,8). **77** 1 018 (2,3 sur 36 441 maires). **Juill. 82** 1 147 (3,1). **84** 1 451.

Nota. — Une loi électorale votée en juillet 1982 prévoyait un quota d'au moins 25 % de candidats du même sexe sur les listes aux élections municipales, dans les communes de + de 3 500 h., mais le Conseil constitutionnel a rejeté ce principe de quota. Depuis le 15-3-1983, les femmes représentent près de 22 % des élus dans les communes de + de 3 500 h.

Hautes responsabilités

A l'étranger

Reines (en 1984) : Danemark, Pays-Bas, G.-B. **Vice-reine :** Jeanne Sauvé (n. 26-4-1922, 62 ans), gouverneur général du Canada le 14-5-84. **Présidentes de la République :** *Argentine :* Maria Estela MARTINEZ dite Isabel PERÓN (4-2-1931) en 1974-75 ; *Bolivie :* Lidia GUEILER (Pte intérim.) (16-11-79 au 19-07-80) ; *Islande :* Vigdis FINGBOGADOTTIN (élue au suffrage universel en sept. 1980) ; *Malte :* Mlle Agatha BARBARA (n. 1922) depuis 16-02-82 ; **vice-présidente :** *Chine* en 1949 : Mme SUN YAT-SEN. **Premiers ministres :** *Centrafrique :* Elisabeth DOMINTREN (75/76) ; *Dominique :* Mary Eugénie CHARLES (n. 1919) dep. 21-07-80 ; *Inde :* Indira GANDHI (1917-84) de 1966 à 1977 et 1980 à 1984 ; *Israël :* Golda MEIR (1898-1979) de 1969 à 1974 ; *Norvège :* Gro Harlem BRUNDTLAND dep. févr. 1981 ; *Portugal :* Maria de Lourdes PINTASILGO (n. 1930) 7-07-79 au 3-01-80 ; *Royaume-Uni :* Margaret THATCHER (n. 1925) dep. 5-05-79 ; *St-Marin :* Maria ANGÉLINI capitaine régent en 81 ; *Sri Lanka :* Sirimavo BANDARANAIKE (n. 17-04-16) de 70 à 77 ; *Yougoslavie :* Milka PLANINC (n. 1924) dep. 15-05-82. **Présidente du gouvernement fédéral** (Yougoslavie) : Mme Milka Planintz (n. 1924) dep. 16-6-1982. **Gouverneurs d'États** (aux U.S.A.) : Mme Dixy LEE RAY (dém.) (3-9-1914) État de Washington en 1976, Mme Ella GRASSON (dém.) Connecticut en 1974. **Vice-présidentes d'assemblée :** en All. féd., Anne-Marie RENGER (7-10-1919) v.-Pte du Bundestag (déc. 72) ; en Pologne, Halina SKIB (10-1-1921) vice-Pte de la Diète. **Femmes ministres,** plusieurs pays en ont eu.

En 1983, il y avait 7 femmes sur les 187 ministres (comptées par les pays de la C.E.E.), soit 8,5 %, et 16 sur les 222 secrétaires et sous-secrétaires d'État. *Gouvernement :* le Danemark détenait le record de participation féminine avec 19 % de femmes.

Pouvoirs détenus par des femmes (en %, en 1983). **Diplomates :** G.-B. 19,8, Irlande 16, *France 14,* All. féd. 11,2, Danemark 10,2, Grèce 5,9, P.-Bas 5,4, Luxembourg 5,2, Italie 5, Belgique 4,6. **Magistrats :** *France 31,2,* Lux. 27,2, P.-B. 20, Belg. 15,2, All. 14,4, It. 10,8, Irl. 8,4, Gr. 4,1. **Ministres :** Dan. 19,04, P.-B. 13,33, *Fr. 13,04,* Lux. 11,11, Irl. 6,86, Belg. 6,66, All.

6,25, G.-B. 4,76, Gr. 4,54, It. 3,33. **Parlementaires :** Dan. 23,48, P.-B. 20,88, Lux. 10,17, All. 9,92, Irl. 8,84, Belg. 8,62. It. 6,56, G.-B. 5,37, *Fr. 4,77*, Gr. 4,33. **Parl. européen :** Dan. 25, Belg. 25, *Fr. 22,2*, P.-B. 20, Lux. 16,7, All. 14,8, G.-B. 13,6, It. 12,3, Gr. 8,3, Irl. 6,7. **Prof. facultés :** *Fr. 8,7*, All. 4,5, G.-B. 3,3, Gr. 2,6, P.-B. 2,5, Irl. 1,4. **Syndicats (directeurs) :** *Fr. 28,2*, It. 14, Irl. 11, All. 8,2.

Nota. — Ambassadeurs : France 4, G.-B. 3, Danemark et Allemagne 2, Belgique, Irlande et P.-Bas 1, Grèce et Italie 0.

En France

● **IIIe République :** en 1936, 3 femmes avaient été *sous-secrétaires d'État* dans le ministère Blum ; *Recherche scientifique :* Irène Joliot-Curie (1897-1956), savante ; *Éducation nationale :* Suzanne Brunschvig, présidente de l'Union pour le suffrage des femmes ; *Enfance :* Suzanne Lacore (1875-1977), institutrice.

● **IVe République.** *1re femme ministre :* Mme Poinso-Chapuis (1901-81) min. de la Santé publique dans le gouv. Schuman en 1947. *Sous-secrétaire d'État* (Jeunesse et Sports) : Mme Andrée Viénot (n.c.) (1946-49, gouv. Bidault et Blum).

Puis, pendant 10 ans, il n'y eut plus en France de femmes membres du gouvernement.

● **Ve République. De 1958 à mai 1981. Secrétaires d'État :** *Affaires algér. :* Nafissa Sid Cara (18-4-10) ; *Éducation nat. :* Marie-Hélène Dienesch (3-4-14) du 31-5 au 10-7-68 ; *Affaires sociales :* M.-H. Dienesch du 12-7-68 au 20-6-69 ; *Action soc. et Réadaptation :* M.-H. Dienesch du 22-6-69 au 5-7-72 ; *auprès du min. de la Santé :* M.-H. Dienesch du 6-2 au 27-5-72 ; Hélène Missoffe (15-6-27) du 30-3-77 au 31-3-78 ; *Enseignement préscolaire :* Annie Lesur (28-3-26) du 8-6-74 au 11-1-76 ; *Réforme pénitentiaire :* Dr Hélène Dorlhac (4-10-35) du 8-6-74 au 25-8-76 ; *Condition féminine :* Françoise Giroud (21-9-16) du 16-7-74 au 25-8-76 ; *Affaires culturelles :* Françoise Giroud du 27-8-76 au 30-3-77 ; *Universités :* Alice Saunier-Seité (26-4-25) du 12-1-76 à avril 78 ; *Consommation :* Christiane Scrivener (1-9-25) du 12-1-76 à avril 78 ; *Chargée de l'emploi des femmes :* Nicole Pasquier (19-11-30) du 12-1-78 à juin 82 ; *Justice,* puis *Santé,* puis *min. de la Cond. féminine :* Monique Pelletier (25-7-26) du 12-1-78 à juin 81. **Ministres :** *Santé :* Simone Veil (13-7-27) du 24-5-74 (de la Santé et du Travail dep. avr. 78) au 4-7-1979. *Universités :* Alice Saunier-Seité d'avr. 1978 à juin 81.

Depuis mai 1981. Ministre d'État : *Solidarité nat. :* Nicole Questiaux (19-12-30) du 22-5-81 au 22-3-83. **Ministres :** *Affaires sociales et solidarité nat. :* Georgina Dufoix (5-2-42) du 19-7-84 au 7-12-84 + *porte-parole du gouv.* du 7-12-84 au 20-3-86. *Agriculture :* Édith Cresson (27-1-34) du 22-5-81 au 22-3-83. *Commerce extérieur :* Édith Cresson du 22-3-83 au 20-3-86. *Consommation :* Catherine Lalumière (3-8-35) du 23-6-81 au 22-3-83. *Environnement :* Huguette Bouchardeau (1-6-35) du 19-7-84 au 20-3-86. **Min. déléguées :** *Droits de la Femme :* Yvette Roudy (10-4-29) 22-5-81 au 20-3-86. *Santé et Famille :* Michèle Barzach dep. 20-3-86. *Temps libre, Jeunesse et Sports :* Edwige Avice (13-4-45) du 22-5-81 au 19-7-84. **Secrétaires d'État :** *Affaires européennes :* Catherine Lalumière du 7-12-84 au 20-3-86. *Auprès du min. de la Défense :* Edwige Avice du 19-7-84 au 20-3-86. *Consommation :* Catherine Lalumière du 22-3-83 au 7-12-84. *Enseignement :* Michèle Alliot-Marie (10-9-46) dep. 20-3-86. *Environnement :* Huguette Bouchardeau du 22-3-83 au 19-7-84. *Famille :* Georgina Dufoix du 22-5-81 au 19-7-84. *Fonction publique :* Catherine Lalumière du 22-2-81 au 23-6-81. *Formation prof. :* Nicole Catala (2-2-36) dep. 20-3-86. *Francophonie :* Lucette Michaux-Chevry (5-3-29) dep. 20-3-86.

Grands corps. Il y a des femmes au *Conseil d'État,* à *la Cour de cassation,* à *la Cour des comptes,* 2 au *Conseil supérieur de la Magistrature* (dep. 2-3-1973), 4 à *l'Inspection générale des Finances,* 6 avocates au *Conseil d'État* et à *la Cour de cassation,* aucune femme au *Conseil constitutionnel.*

Quelques femmes célèbres

☞ En 1975, Françoise Giroud, secrétaire d'État à la Condition féminine, disait que la femme sera « vraiment l'égale de l'homme le jour où, à un poste important, on désignera une femme incompétente ».

● **Académiciennes. Académie française.** Bien qu'aucun texte n'eût interdit l'entrée des femmes, la 1re ne fut élue qu'en 1980 (Marguerite Yourcenar). 7 femmes avaient posé leur candidature : dont le 19-1-1893 *Pauline Savari* (romancière) qui brigua la succession d'Ernest Renan. L'Académie, « considérant alors que ses traditions ne lui permettaient pas l'examen de cette question », était passée à l'ordre du jour. En 1908, la *Ctesse de Champion* posa sa candidature au siège de François Coppée. En 1970, *Françoise Parturier* obtint 1 voix. En 1983, la *Dchesse Edmée de La Rochefoucauld* a obtenu 10 voix (le Pt Senghor a été élu).

Académie des beaux-arts. A choisi comme membre associé la reine *Elisabeth de Belgique* et *Mme Florence J. Gould* comme correspondante.

Académie Goncourt. *Judith Gautier* (1850-1917), fille du poète Théophile Gautier, élue 28-10-1910. *Colette* (1873-1954), élue 4-5-1945. *Françoise Mallet-Joris* (1930), élue 8-12-1970.

Académie des inscriptions et belles-lettres. A élu en 1975 *Jacqueline de Romilly. Mlle Claire Préaux,* papyrologue, est correspondante.

Académie des sciences. Après avoir préféré successivement Edouard Branly à *Mme Curie* en 1911, Eugène Darmois (1951), Francis Perrin (1953) et Georges Chaudron (1954) à *Irène Joliot-Curie,* a fini par élire en 1962 une physicienne, *Mme Marguerite Perey,* comme correspondante (1909-75). *Mme Marianne Grunberg Manago* (née 6-1-21 Leningrad) élue dans la section biologie le 1-3-82 avait été la 2e correspondante (31-10-77). *Mme Y. Choquet-Bruhat* (29-12-23) a été élue dans la section mécanique le 14-5-79. *Mme Nicole Le Douarin* (n. 28-8-30), 4e correspondante (4-2-80), a été élue dans la section biologie animale le 15-2-81.

Académie des sciences morales et politiques. 1969-24-11 *Mme Louise Weiss* a été battue (17 voix contre 21 à M. Pierre-Olivier Lapie). En mars 1971, *Mme Suzanne Bastid* (15-8-1906) a été élue dans la section de législation, droit public et jurisprudence. Son mari, Paul Bastid, était déjà membre de cette Académie.

Académie nationale de médecine. Seule femme membre titulaire, *Mme Thérèse Bertrand-Fontaine* (n. 1895) élue 1969.

Académie vétérinaire. 1er f. membre titulaire, *Mme Dhennin-Balssa* dep. 1979.

● **Barbe (femmes à barbe célèbres).** La reine d'Égypte *Hatshepsout. Sainte Wilgeforte* d'après la tradition. *Marguerite d'Autriche* duchesse de Parme (1522-86). *Barbara Ulserin* (d'Augsbourg, née en 1633). *Madeleine Ventura* des Abruzzes (xviie s.). *Marie-Madeleine Lefort* (Française, née en 1799). *Julia Pastrana* (née à Mexico en 1832). *Clémentine Delait,* de Thaon-les-Vosges (1865-1939).

● **Cantatrice ayant eu une longue carrière.** Adelina Patti (1843-1919), Italienne. Soprano léger, chanta plus de 60 ans.

● **Comédienne (jeune).** Mlle George (1787-1867), la plus jeune à jouer Clytemnestre à la Comédie-Française (en 1802, à 15 ans), fut la maîtresse de 2 empereurs : Napoléon Ier (de 1802-08) et le tsar Alexandre (1808).

● **Criminelles.** Locuste, Romaine, tua l'empereur Claude avec des champignons puis empoisonna Britannicus. Agrippine, la mère de Néron. Ctesse Erzébet Bathory (v. 1570-1614), Hongroise, torturait et égorgeait les jeunes filles (de 60 à 600, selon les sources). Marie-Madeleine d'Aubray, marquise de Brinvilliers (1630-76), Française. Bella Poulsdatter Sorensen Gunness (1859-1908), Américaine (16 assassinats + 12 victimes possibles). Violette Nozières et Marie Capelle (V. justice).

● **Éducatrice.** Maria Montessori (1870-1952), Italienne. *1re femme médecin d'Italie (1894).* Renouvela l'éducation des enfants de 3 à 6 ans.

● **Espionnes.** Thérèse Lachman, marquise de Païva, puis comtesse de Donnersmarck, danseuse et aventurière d'origine russe (1819-84) ; lionne du Second Empire, elle servit d'agent de renseignements au profit de Bismarck. Louise de Bettignies, Française, morte en déportation (1880-1918). Virginia Oldoini, comtesse Verasis di Castiglione (1837-99), Italienne qui séduisit Napoléon III pour le compte de l'Italie. Mata Hari (Margareta Gertruida Zelle) (1876-1917, fusillée), Hollandaise. Marthe Richard, Française (1889).

● **Féministes. France :** Olympe de Gouges (1748-guillotinée 1793) écrit en 1791 la Déclaration des droits de la femme et de la citoyenne. En 1789, elle proclamait : « Les femmes montent à l'échafaud, elles doivent avoir le droit de monter à la tribune. » Flora Tristan (1803-44), grand-mère du peintre Gauguin. Pauline Roland (1805-52). Marie Deraismes (1828-94). Clémentine Royer (1830-1902). Hariette Marlineau. Maria Vérone (1874-1938). Louise Weiss (1893-1983). Eugénie Niboyet (née 1804). **En G.-B. :** Annie Besant (1847-1933), Anglaise. Mrs Pankhurst née Emmeline Goulden (1858-1928), de Manchester, crée en 1903 l'Union féminine sociale et politique ; les membres de cette société, appelées les suffragettes, ont milité de façon spectaculaire pour le vote des femmes (ont obtenu gain de cause en 1918). Mairead Corrigan et Betty Williams (Irl. du N.).

● **Femmes de lettres** Voir Quid 1982 p. 1613.

● **Femmes d'affaires.** Madame Boucicaut (1816-1887), Française, épouse du fondateur du Bon Marché. Jacqueline Baudrier (1922), P.-D.G. de Radio-France. Marie Brizard (1714-1801), Française qui lança une anisette. Mme Cino del Duca (1912), éditeur. Nicole-Barbe Ponsardin, veuve Clicquot (1777-1866), qui fonda une Sté de champagne. Marthe Hanau (1885-1935), Française, directrice de journaux ; elle donna son nom à un scandale. Francine Gomez (n. 1932), directrice de Waterman. Yvonne Foinant (n. 1892), maître de forges. Marguerite Laroche-Navarron (n. 1909), directrice de laboratoires pharmaceutiques.

● **Femme fidèle.** Juliette Drouet (1806-83) pendant 50 ans la maîtresse de V. Hugo (à partir de 1833) ; elle lui écrivit 17 000 lettres.

● **Fondatrices de religion.** Mary Baker Eddy (1821-1910), Américaine, fondatrice de la Science chrétienne. Nakayama Miki, Japonaise ; elle créa une nouvelle religion, le Tenri-Kyô.

● **Grandes (femmes les plus).** Jane Bunford (26-7-1895/1-4-1922, G.-B.) : 2,31 m (1,98 m à 13 ans). Zeng Jinlian (26-5-1964, Chine) : 2,40 m, 147 kg (2,17 m à 13 ans).

● **Héroïnes.** Berthe Albrecht (1895-1943), Française, héroïne de la Résistance, morte en prison. Marie de Barbançon (fin du xvie s.), protestante qui défendit son château contre les troupes royales. Renée Bordereau (1770-1828), héroïne de la chouannerie. Edith Louisa Cavell (1865-1915), infirmière anglaise, exécutée par les Allemands, inhumée à Norwich. Charlotte Corday (1768-93) qui, par patriotisme, assassina Marat et fut guillotinée. Christine de Lalaing, princesse d'Épinoy, héroïne belge du xvie siècle. Éponine (79 après J.-C.), héroïne gauloise qui, pour ne pas survivre à son mari Sabinus, insulta l'empereur et fut suppliciée. Jeanne Laisné dite Hachette (n. v. 1454), héroïne française. Jeanne d'Arc (1412-31), héroïne française [ses parents et frères furent anoblis avec pouvoir pour les f. de conf. la noblesse à leurs enfants]. Philis de La Tour du Pin de la Charce (1645-1703), héroïne dauphinoise qui appela aux armes ses vassaux pour repousser l'armée d'Amédée, duc de Savoie (1692). Émilienne Moreau (n. 1898), décorée de la Légion d'honneur et de la Croix de guerre à 17 ans. Florence Nightingale (1820-1910), fondatrice en Angl. du corps des infirmières militaires. Gabrielle Petit (1893-1916), héroïne belge.

● **Inspiratrices.** De nombreux artistes (poètes ou prosateurs, musiciens...) ont rendu célèbre le nom d'une ou de plusieurs femmes qui les ont influencés dans la création de leur œuvre.

Écrivains étrangers. *Catulle :* Lesbia Clodia (Ier s. apr. J.-C.). *Dante :* Béatrice Portinari (v. 1265-90). *Pétrarque :* Laure de Noves (v. 1308-?). *Milton :* Catherine Woodcock (v. 1640-57). *Gœthe :* Frédérique Brion, Minna Herzled, Lily Schonemann, etc.

Écrivains français. *Jaufré Rudel :* Odierne, comtesse de Tripoli (xiie s.). *Joachim du Bellay :* La « Viole », Olive de Sévigné (v. 1525-?). *Ronsard :* Cassandre Salviati (v. 1530-?). *Molière :* Armande Béjart (1642-1700). *Racine :* « La Champmeslé », Marie Desmares (1642-98). *Rousseau :* Mme de Warens (1700-62), Mme d'Épinay (1726-83), Mme d'Houdetot (1739-1813). *Voltaire :* Marquise du Chatelet (Émilie de Breteuil 1706-49). *Diderot :* Sophie Volland (1725-84). *Chateaubriand :* Mme Récamier (Julie Bernard, 1777-1849), Pauline de Beaumont (1768-1803). *Lamartine :* « Elvire » (Julie Charles, née Bouchard des Hérettes, 1784-1817). *Benjamin Constant :* Charlotte de Hardenberg (1771-1827). *Dumas fils :* Marie Duplessis (1824-47) (La Dame aux camélias). *Vigny :* Marie Dorval (1798-1849). *Victor Hugo :* Juliette Drouet (1806-83). *Gérard de Nerval :* Jenny Colon (1814-42). *Auguste Comte :* Clotilde de Vaux (1815-46). *Anatole France :* Mme de Caillavet (1844-1910). *Maurice Maeterlinck :* Georgette Leblanc (1870-1932). *Louis Aragon :* Elsa Triolet (Elsa Kazan, 1896-1970).

Inversement, plusieurs poétesses célèbres ont puisé leur inspiration dans l'amour d'un homme, notamment : *Louise Labé* chante son amour pour Olivier de Magny (1529-61) ; *Marceline Desbordes-Valmore* pour Olivier Henri de La Touche (1785-1851).

Musiciens. *Wagner :* Mathilde Wesendonck (1828-1902).

● **Inventrices.** Marie, sœur légendaire de Moïse. Alchimiste, invente le bain-marie. Marie Brizard (Française, 1714-1801). Lance la liqueur à la cour de Versailles, liqueur que l'on conservera sous ce nom. La Camargo [Marie-Anne de Cupis de Camargo, dite] (Française, 1710-70). Elle innove à l'Opéra l'usage des « collants », alors des espèces de caleçons. Antoinette Nording (Suédoise). Lança, en 1847, l'eau de Cologne. Julia Bernères invente les 1res mouches artificielles pour la pêche. Marie Harel, née Fontaine (Française, 1761-1813), invente le camembert. Mme Mirckel invente la première allumette à friction. Myrfrena Van Benshoton invente le dé à coudre. Annie Jump Cannon (Américaine, 1863-1941). Fonde la classification des spectres stellaires, classe près de 600 000 étoiles. Marie Maté. Invente le télescope marin que perfectionnera sa fille.

● **Mère cruelle.** Irène, impératrice d'Orient de 780 à 790 et de 792 à 802 ; elle fit aveugler son fils pour gouverner seule.

● **Militaires.** Marie Schellinck (Gand, 1757-1840) s'engage à 35 ans dans l'armée française, sous-lieutenant en 1806. Geneviève Premoy (née 1660-début XVIIIe s.) dite la Dragonne. Lieutenant de cavalerie. Se fit connaître sous Louis XIV sous le nom de chevalier de Balthasar. Pe-Mei-Huang. Sans doute la seule femme de notre époque à avoir capturé des navires de guerre. Pendant la 2e Guerre mondiale, combattit dans la baie d'Along. Polina Nedyalkova (1916), général de brigade dans l'armée bulgare depuis janvier 1975.

● **Mode.** Elisabeth Arden (1891-1966 aux U.S.A.). Coco Chanel (1883-1971). Jeanne Lanvin (1867-1946). Nina Ricci (1883-1970). Héléna Rubinstein (1872-1965). Elsa Schiaparelli (1896-1973).

● **Morts tragiques (femmes qui eurent des).** La reine d'Austrasie, Brunehaut (v. 534-613), attachée par les cheveux, un pied et un bras à la queue d'un cheval indompté. Elle fut déchiquetée. Eléonora Dori, dite Galigaï (v. 1576-1617), femme de Concini, décapitée comme sorcière. La princesse de Lamballe (1749-92), massacrée par la foule. Sa tête fut promenée au bout d'une pique sous les fenêtres de Marie-Antoinette et son corps déchiqueté fut en partie mangé par la foule. Olympe de Gouges a été guillotinée en 1793 pour avoir dit « les femmes doivent avoir droit à la tribune, puisqu'elles ont droit à l'échafaud ». Elisabeth (1837-1898), impératrice d'Autriche (Sissi), assassinée à Genève. Isadora Duncan (1878-1927), danseuse étranglée par l'écharpe qu'elle portait, qui se prit dans les rayons d'une roue au cours d'une promenade en auto. Ginette Neveu, violoniste (1919-49), morte dans un accident d'aviation aux Açores. Emily Wilding Davidson (35 ans), suffragette, se jette au Derby d'Epsom (1913) au-devant du cheval Anmer portant les couleurs du roi. Elle mourra le 14-6 des suites de ses blessures. Sharon Tate assassinée (1979).

● **Musiciennes compositrices.** (Voir aussi à l'Index virtuoses, chanteuses.) Louise Bertin (1805-77). Lily Boulanger (1893-1918) (1re qui obtint le grand prix de Rome de composition, 1913). Cécile Chaminade (1861-1944). Gabrielle Ferrari (1806-1921). Augusta Holmès (1847-1903) auteur du « Cher Petit Oreiller ». Elisabeth Jacquet (1664-1729).

● **Peintres.** *Françaises.* Louise Abbema (1858-1927). Marie Benoit (1768-1826). Rosa Bonheur (1822-1899). Elisabeth Cheron (1648-1711). Lucie Cousturier (1876-1925). Sonia Delaunay (1885, or. russe). Eva Gonzalès (1849-1883). Louise Hervieu (1878-1954). Nélie Jacquemart (1840-1912). Adélaïde Labille-Guiard (1749-1803). Marie Laurencin (1885-1956). Berthe Morisot (1841-1895). Séraphine Louis, dite Séraphine (1864-1934). Elisabeth Vigée-Lebrun (1755-1842). Suzanne Valadon (1867-1938). *Étrangères.* Vanessa Bell (1879-1961), Angl. Maria Blanchard (1881-1932), Esp. Anne Bonnet (1908-60), Belge. Mary Cassatt (1845-1927), Amér. Marthe Guillain (1890-1974), Belge. Angelica Kauffmann (1741-1807), Suisse. Judith Leyster (1609-60), Holl. Bridget Riley (1931), Angl. Rachel Ruysch (1664-1750), Holl. Sophie Taeuber-Arp (1889-1943), Suisse. Maria Helena Vieira da Silva (1908), Port.

● **Prix Nobel. Paix. 1905** Bertha Kinsky, Bonne von Suttner (1843-1914), Allemande. **31** Jane Addams (1860-1944), Américaine. **46** Emily Greene Balch (1867-1951). **76** Mairead Corrigan et Betty Williams (Irl. du N.). **79** Mère Térésa (Inde). **Littérature. 1909** Selma Lagerlöf (1858-1940), Suéd. **26** Grazia Deledda (1871-1936), Italienne. **28** Sigrid Undset (1882-1949), Norvégienne. **38** Pearl Buck (1892), Américaine. **45** Gabriela Mistral (1889-1957), Chilienne. **66** Nelly Sachs (Berlin 1891-1970), Israélienne. **Physique ou chimie. 1903** H. Becquerel, Pierre Curie, Marie Curie, née Sklodowska (1867-1934), Française d'origine polonaise ; en **11** (chimie). **35** Irène Joliot-Curie (1897-1956), Française. **63** Marie Goeppert-Mayer (1906-72), Allemande. **Physiologie et médecine. 1947** Gerty Cori (1896-1957), avec Karl Cori (1896) ; tous 2 devinrent Américains en 1932.

1re femme 2 fois prix Nobel, Marie Curie : 1904 Physique (avec son mari et Becquerel), 1912 Chimie.

● **Révolutionnaires. Allemagne :** Rosa Luxemburg (Pologne russe, 1870-Berlin, 1919). **Espagne :** La Pasionaria (Dolorès Ibarruri, n. 1895, Espagnole), héroïne de la guerre civile de 1936-39. **États-Unis :** Angela Davis (n. 26-1-1944), militante pour l'accession des Noirs américains à leurs droits. **France :** Mme Roland (1754-93). Anne-Josèphe Terwagne, dite Theroigne de Méricourt (Belgique, 1762-Paris, 1817), surnommée la « Belle Liégeoise » ou la « Furie de la Gironde », morte folle. Louise Michel, dite la Vierge rouge (1830-1905), héroïne de la Commune. **U.R.S.S. :** Vera Figner (1852-1942). Nadeja Kroupskaia (1869-1939), compagne de Lénine. Sofia Perovskaia (1853-81), fille du gouverneur de Saint-Pétersbourg ; elle participa à l'attentat manqué contre le train impérial ; condamnée à mort, elle fut pendue.

● **Saintes.** % de femmes parmi les saints canonisés par l'Église catholique : 10 % jusqu'au début du XXe siècle ; 43 % depuis. Parmi les saintes : 14 mères de famille, 32 veuves, plusieurs centaines de religieuses, de martyres, de vierges.

● **Savantes.** Marie Agnesi (1718-1799), Italienne, mathématicienne. Gertrude Bell (1868-1926), Anglaise, archéologue. A. de Byron, Ctesse Lovelace (1815-1852), Anglaise, math. Marie Curie (1867-1934) et sa fille Irène, Fr., v. ci-dessus Prix Nobel. Jeanne Dieulafoy (1851-1916), Fr., archéologue, qui portait un costume d'homme. Sophie Germain (1776-1831), Fr., math. Caroline Herschell, Hanovrienne (1750-1848), décrivit 3 nébuleuses. Sophie Kowalevski (1850-1891), Russe, math. Margaret Mead (1901), Amér., ethnologue. Lise Mettner (1878-1908), Autr., physicienne. Maria Mitchell (1818-89), Amér., découvrit une comète. Emmy Noether (1882-1936), Russe, math. Pauline Ramart, née Lucas (1880-1953), Fr., chimiste. Mary Fairfax Sommerville (1780-1872), Anglaise, math. Sheila Wildnall, Amér. Pte du Massachussetts Institute of Technology de Cambridge (U.S.A.).

Au C.N.R.S., il y avait, en 1984, 2 882 femmes sur 9 651 chercheurs.

● **Scandaleuse (femme la plus) (?).** Angélique d'Estrées (sœur de Gabrielle), abbesse de Maubuisson, mère de 12 bâtards de pères différents ; il fallut l'expulser de son couvent par la force armée en 1618.

● **Sculpteurs.** Camille Claudel (1864-1943). Marie-Anne Colloi (1748-1831). Marie d'Orléans, fille de Louis-Philippe, duchesse de Wurtemberg (1813-39).

● **Sportives. Alpinistes :** Lucy Walkert (1835-1916). Marie Paillon (1848-1936). Fanny Bullock-Workman (1839-1925) qui monta sur le Kun (7 085 m en 1906). Gertrude Bell (1869-1926). Claude Kogan (1919-59).

Aviatrices : Adrienne Bolland (1896-1975) a été la 1re femme à franchir la cordillère des Andes. Jacqueline Drouet épouse de Paul Auriol fils du Pt de la Rép. Vincent Auriol (n. 5-2-1917). Maryse Bastié (1898-1952), qui franchit l'Atlantique Sud, 1re femme commandeur de la Légion d'honneur à titre militaire. Hélène Boucher (1908-34), morte à l'entraînement alors qu'elle détenait 7 records mondiaux. Suzanne Bernard, 1re femme victime de l'aviation, à 18 ans. Amélia Earhart (1898-1937), Américaine. (En 1933, Eugénie Eichenwald est la 1re femme commandant de bord.) Jeanne Garnerin (1775-1847), 1re femme à tenter et à réussir une descente en parachute. Maryse Hilsz (1901-1946), parachutiste d'exhibition, puis pilote. Amy Mollisson née Johnson (1908-41) : en 1933, avec son mari, le capitaine Mollisson, elle sera la 1re à réussir la traversée aérienne de l'Atlantique sans escale, d'est en ouest. Yvonne Pope, Anglaise, la 1re qui ait obtenu la qualification de pilote de ligne. Gaby Morlay (1897-1964), 1re à avoir passé son brevet de pilote de dirigeable. Mme Peltier, 1re f. à voler en aéroplane. Raymonde de La Roche (1886-1910), 1re femme à recevoir, en mars 1910, son brevet de pilote. Marie Marvingt (1875-1963), pilote, établit le 1er record officiel de durée et de distance en avion. En 1903, elle réussit l'ascension des Grands Charmoz et du Grépon en une même journée. En 1905, elle conduit une locomotive, des bateaux à vapeur et fait en canoë Paris-Coblence. Accomplit à bicyclette un Nancy-Naples. En mer, elle nage 20 km. Elle remporte 20 premiers prix de ski, de luge, de bobsleigh, de patinage... et manie fleuret, épée et sabre. A cheval, elle est la 1re de son temps à accomplir le saut périlleux au galop. Elle enlève les palmes de 1er tireur du ministère de la Guerre et se révèle de première force au tir au pigeon. Elle marche 57 km dans la même journée, dont 2 ascensions de rochers. Elle parle 5 langues, plus l'espéranto. Elle reçoit un 1er prix comme cordon-bleu. Elle meurt à 88 ans.

Équitation : Isabelle Henin, 1re femme jockey, a battu à Paris, sur le plat, Lester Piggott au Prix de Santeuil (1 350 m) à St-Cloud.

Tauromachie : Conchita Cintron (Péruvienne n. 1922), 1re à être descendue dans l'arène, 550 combats, a mis à mort 350 taureaux. Clarita Montez, en mars 1965, 1re femme autorisée, en Espagne, à combattre un taureau à pied (elle a 19 ans).

Jeux olympiques d'été : Wilma Rudolph *(athlétisme).* Noire américaine, 1re championne olympique à avoir commencé par marcher avec des appareils, étant à moitié infirme, puis à avoir obtenu un jour 3 médailles d'or aux J.O. (1960). Vera Caslavska *(gymnastique,* Tchéc. n. 3-5-1942), gagna 3 médailles d'or aux J.O. de Tokyo (1964), et 4 (dont 2 partagées) aux J.O. de 1968. Shane Gould *(natation),* Austr. n. 23-11-1956, battit 11 rec. du monde entre 1971 et 1973 et gagna 3 méd. d'or à Munich en 1972. Nadia Comaneci *(gymnastique),* Roum. n. 12-11-1961, gagna 3 méd. d'or et 2 d'arg. aux J.O. de Montréal 1976 (la 1re gymnaste ayant obtenu des notes 10 en concours et 20 en finale) et encore 2 méd. d'or et 2 d'arg. à Moscou 1980, bien qu'elle ait grandi de 5 cm et grossi de 7 kg. Cornelia Ender *(natation),* All. dém. n. 25-10-1958, battit 22 records du monde et gagna 4 méd. d'or et 1 d'argent aux J.O. de Montréal 1976.

Jeux olympiques d'hiver : les sœurs Goitschel, Fr. *(ski alpin) :* Christine (n. 29-6-1944), méd. d'or en slalom spécial (devant sa sœur) et méd. d'arg. en géant aux J.O. d'Innsbruck 1964 ; Marielle (n. 28-9-1945), méd. d'or en slalom géant en 1964 (devant sa sœur), méd. d'argent en spécial, et encore méd. d'or en spécial aux J.O. de Grenoble 1968.

Voyageuses : Jeanne Dieulafoy (1851-1916), Française. Alexandra David-Néel (1868-1969). Rose de Freycinet (1794-1832), Française, suivit son mari autour du monde. Ida Pfeiffer (1797-1858). Lady Stanhope (1776-1889), Anglaise. Alexandra Tinné (1839-69), Hollandaise.

Couronnement d'une reine morte

Inès de Castro, épouse du roi Pierre Ier du Portugal, fut couronnée reine après sa mort. Son époux la chérissait ; elle fut assassinée en 1354 sur ordre de son beau-père, le roi Alphonse IV, qui voulait marier autrement le Pce héritier. Celui-ci monta sur le trône 3 ans plus tard. Il ordonna qu'on retire le squelette du tombeau et qu'on le place, revêtu des ornements du sacre, sur un trône somptueux. Inès fut alors couronnée « reine du Portugal » selon toutes les formes officielles : une des mains était fixée au sceptre, et sur la paume de l'autre on avait posé le globe d'or symbolique. Tous les courtisans vinrent lui prêter hommage comme si elle avait été en vie.

Quelques « premières »

En France

1767-69 *1re femme à naviguer autour du monde,* Jeanne Baret (sur le bateau de Bougainville). **1784** *1re effectuant un vol en ballon libre,* Mme Thible. **1815** *1re parachutiste* Elisa Garnerim. **1849** *1re se présentant aux élections.* **1851** *1re décorée de la Légion d'honneur,* Angélique Duchemin (1772-1859). **1858** *1re licenciée ès sciences,* Mlle Chenu. **1861** *1re bachelière,* Julie Daubié (1824-74), institutrice de 37 ans. Licenciée en lettres en *1871.* **1869** *1re reçue pharmacienne,* Mlle Doumergue. **1870** *1res* diplômées de la Fac. de médecine : 2 étrangères : miss Garret (1870), miss Putman (1871). **1875** Madeleine Brès soutient sa thèse à la Fac. de médecine. **1885** *1res autorisées* par Millerand, min. du Commerce, *à entrer comme dactylographes dans les services d'État. 1er docteur en sciences géographiques,* Dorothéa Klumpke. *1re agrégée des sciences,* Mlle Borniker. **1892** *1re à passer le concours de l'assistance médicale de Paris,* Madeleine Pelletier. **1896** *1re metteur en scène* Alice Guy (future Mme Herbert Blatché) avec la Fée aux choux. 1er film à scène. **1897** *1re docteur en droit,* Jeanne Chauvin (1862-1926). *1re titulaire du permis de conduire automobile,* la duchesse d'Uzès.

1900 *1re inscrite au Barreau,* Jeanne Chauvin (1862-1926). **1905** *1re agrégée de philosophie,* Mlle Baudry. **1906** *1er professeur titulaire de la chaire de physique générale à la Sorbonne,* Marie Curie. *1re admissible à l'École normale supérieure,* Mlle Robert. *1re chartiste,* Mlle Aclocque. **1907** *1re élue au Conseil des prud'hommes,* Mlle Jousselin, secrétaire du syndicat des couturières-lingères. Juin, *2 1res femmes cochères* à Paris. **1908** *1re élève de l'École des Chartes,* Mlle Ocloque. *1re à plaider en cour d'assises,* Maria Vérone, avocate. **1910** *1re à l'Académie Goncourt,* Judith Gautier (1850-1917). **1911** *1re à la villa Médicis,* Lucienne Heuvelmans (n. 1885). *1er grand prix de Rome de sculpture,* Mlle Heuvelmans. **1912** *1re nommée officiellement astronome,* Mme Edmée Chandon. **1913** *1er grand prix de Rome de musique,* Lili Boulanger (19 ans). **1914** *1re docteur ès lettres,* Mlle Jeanne Duportal. *1re doctoresse en philosophie,* Léontine Zanta. **1918** *1re femme dipl. de l'Institut agronomique.* **1919** *1re dipl. de l'École des Mines de St-Étienne,* Mlle Schrameck. **1921** *1re femme prof. de la faculté* (Grenoble). **1922** *1re femme à l'Académie de médecine,* Marie Curie (1817-1934). **1923** *1re femme lieutenant de louveterie,* duchesse d'Uzès. **1924** *1re dipl. de l'École supérieure d'aéronautique,* Mlle Fradis. **1927** *1er major de la promotion de l'Institut agronomique,* Pcesse d'Annam, Nhu May. **1929** *1er grand prix de Rome de peinture,* Mlle Pauvert.

1930 *1re « médecin des hôpitaux de Paris »,* Mme Bertrand-Fontaine (le concours avait été ouvert aux femmes pour la 1re fois en 1927). *1er chef d'orchestre,* Jane Évrard (n. 1891). **1931** *1re vétérinaire.* **1932** *1er conseiller d'ambassade,* Suzanne Borel (qui épousera le 28-12-45 G. Bidault). **1932** *1re course de jockeys femmes à Maisons-Laffitte.* **1935** *1res assistantes de police.* **1936** *1res secrétaires d'État,* Irène Joliot-Curie (1897-1956), Suzanne Brunschvig, (n. Lacore, 1875-1977). *1re avocate élue secrétaire de la Conférence du stage,* Lucienne Scheid. **1945** *1re admise à un Conseil de l'ordre,* Mme Blanchard-Pavie (Le Mans). **1947** *1er ministre,* Mme Germaine Poinso-Chapuis (1901-81). **1948** *1er huissier, notaire, garde champêtre.* **1949** *1re femme pasteur de l'Église réformée de France,* Elisabeth Schmidt († 14-3-1986 à 77 ans). **1950** *1re admise au Conseil de l'ordre des avocats de Paris,* Lucile Tinayre. **1953** *1er grand off. de la Légion d'honneur,* maréchale Lyautey, Colette. *1ers auditeurs au Cons. d'État,* Mlles Trial et Griffon. **1955** *1er percepteur.*

1959. *1re titulaire d'une chaire à la Faculté de médecine de Paris,* Jeanne Lévy. **1967** *1er consul général,* Marcelle Campana (à Toronto). *1er pilote de ligne,* Danielle Decure (1942). **1968** *1re doyenne de Faculté* (Lettres et Sc. humaines de Brest), Alice Saunier-Seïté (26-4-1925). **1969** *1er major de l'E.N.A.,* Mlle Chandernagor (19-6-45). *1er membre titulaire de l'Académie nationale de médecine,* Mme Thérèse Bertrand-Fontaine (15-10-95). Fut aussi le *1er médecin des hôpitaux de Paris* (en 1930).

1972 *1er président du Conseil municipal de Paris.* Nicole de Hauteclocque (10-3-13). *1re ambassadrice,* Marcelle Campana (à Panama) ; depuis furent nommées Mlle M.-H. Dienesch, au Luxembourg, Mlle Christiane Malitchenko (n. 6-12-24), en Bulgarie. *1er officier des haras,* Nicole Gerrer. *1re reçue major à Polytechnique,* Anne Chopinet, 18 ans. *1er major du concours étranger,* Thu Thuy Ta, Vietnamienne, 19 ans. **1973** *1res reçues à H.E.C.,* dont le major, Florence Cayla. *1re à l'École nationale de la marine marchande,* Alix Daujat, cours de capitaine de 1re classe. *1er recteur,* Alice Saunier-Seïté (26-4-25. *1re doyenne de faculté* en 1968). *1er Pt d'un tribunal administratif,* Mme Marcelle Pipien. **1974** *1re au Collège de France,* Jacqueline de Romilly (26-3-13). *1er inspecteur des finances,* Nicole Briat en 76, *1er sous-préfet,* Florence Hugedot. *1re au Conseil d'État,* Françoise Jurgensen (Chandernagor). *1re admise dans le Corps des mines,* Anne Chopinet. **1975** *1er Pt de chambre à la cour d'appel,* Mme Suzanne Challe. *1er conseiller à la Cour d'appel de Paris,* Mme Marie-Amélie Perraudin. **1976** *1er général* (armée de l'air) Valérie André (21-4-1922) le 21-4. *1er commissaire de police.* *1er avocat au Conseil d'État et à la Cour de cassation,* Martine Luc-Thaler (32 ans). *1er membre du Conseil supérieur de la Magistrature,* Mme Denise Rémuzon. **1977** *1er commissaire-priseur (à Paris),* Mme Chantal Pescheteau-Badin. *1er élève-officier de la Marine nationale.* *1re femme Pte d'un conseil départemental de l'Ordre des médecins,* Mme Aline Marcelli-Barge (55 ans) Paris. Mlle Claude Lemale (n. 1954). **1978** *1res élèves à St-Cyr-Coëtquidan.* *1re Pte de cour d'appel,* Mme Suzanne Challe à Nîmes. *1ers gardiens de la paix.* *1re conductrice de métro,* Marie-Jeanne Vignière à Lyon. **1979** *1er membre de l'Académie des sciences,* Mme Yvonne Choquet-Bruhat (29-12-1923). *1er membre de l'Académie vétérinaire,* Mme Dhennin-Balssa. *1er officier d'administration de la Marine,* Mme Anne-Marie Guerder. *1er administrateur des affaires maritimes et 1re à embarquer sur un navire de la marine nat. pour une longue croisière :* Claude Lemale. *1re conseiller-maire à la Cour des comptes :* Yvette Chassagne.

1980 *1re arbitre de rugby,* Arlette Bouvier. *1er capitaine des sapeurs-pompiers,* Micheline Colin, médecin. *1re élue à l'Acad. fr.,* Marguerite Yourcenar. **1981** *1er procureur général près d'une cour d'appel,* Nicole Pradain. *1er préfet :* Yvette Chassagne (n. 28-3-1922). **1982** *1re conductrice de métro à Paris :* Yvonne Brucker. **1983** *1re femme officier embarquée* sur un bâtiment de guerre de la marine nationale, le porte-hélicoptères « Jeanne d'Arc », Dominique Roux (33 ans). *1re admission au prytanée militaire de La Flèche,* Sandrine Mathieu (16 ans). *12-12, 1re femme 1er président de la Cour de cassation,* Simone Rozès (n. 29-3-1920). 2 femmes admises à Saint-Cyr. **1984** *1re femme admise au Cadre Noir,* Florence Labran (30 ans). (1-4) *1re femme gagnant une course à tiercé,* Darie Boutboul. **1985** *1re femme Pte de section du Conseil d'État,* Suzanne Grévisse. *1re femme pilote de l'armée,* Isabelle Boussaert (22 ans), *1er femme agent de change,* Sylvie Girardet de Longevialle (Lyon).

A l'étranger

1849 *1re reçue docteur en médecine,* Miss Elizabeth Blackwell. **1865** *1re femme amér. exécutée* (pendue) après une condamnation régulière : Mary Eugénie Surrat (n. 1818).

1907 *1res députés :* 19 femmes en Finlande (des intellectuelles, 1 sage-femme, 1 cuisinière). *1re réalisatrice de films,* Loïs Weber (The Merchant of Venice). **1913** *1er député aux U.S.A.,* Nena Jolidon-Croake. **1923** *1re femme ministre* (sans portefeuille), Mrs Mary Ellen Smith (Canada). **1924** *1er ambassadeur,* Alexandra Kollontaï (1872-1952), Soviétique nommée au Danemark. *1re femme sous-secrétaire d'État* en Europe, Miss M. Bondfield (sous-secrétaire parlementaire au ministère des Mines). G.-B. cabinet MacDonald. *1re femme ministre* en Europe (Instruction publique), Nina Bang (Danemark). **1925** *1re femme gouverneur d'État* (Wyoming, U.S.A.). **1949** *1er ambassadeur accueillie en France,* Miss Cynthia Mackenzie (N.-Zél.) **1960** *1er ministre :* Sirimavo Bandaranaike (Sri Lanka). **1963** *1re dans l'espace,* Valentina Terechkowa (U.R.S.S.). **1967** *1re femme à traverser le Pacifique en solitaire,* Mrs Sharon (en 74 j 17 h). **1972** *1er rabbin aux U.S.A.,* Sully Priesand. *1er vicaire épiscopal (dans les temps modernes),* Mère Marie-Antoine Azcune appartenant à la Compagnie de Marie (Brésil). *1re femme des neiges connue* (ayant la tête d'un singe et des mains trois fois plus grandes que celles d'un être humain ordinaire) tuée au Tibet. **1975** *1re au sommet de l'Everest,* la Japonaise Junko Tabaï. **1977** *1re Noire ministre aux U.S.A. (ministre du Logement puis Santé et Éducation)* Patricia Harris († 23-03-85 à 60 a.). **1979** *1re Présidente de la Chambre des députés italienne :* Leonilde Jotti. **1981** *1re à la Cour suprême américaine :* Sandra O'Connor. **1982** *1er ministre au Brésil :* M. Figueiredo Ferraz. *1er gouverneur civil de province* (Espagne). *1er membre de la Cour suprême* (Canada).

Noblesse

Blason

Origine des armoiries. Dès l'Antiquité, des décors à thèmes militaires ornent les « armes » [latin *arma,* désignant l'équipement défensif, notamment le bouclier (l'éq. complet se dit : *arma telaque*)] : les boucliers des hoplites étaient souvent décorés d'emblèmes de cités ou d'emblèmes individuels. Au XIIe s., les 1res armoiries apparaissent en Europe : seules, jusqu'à cette époque, les enseignes permettaient de reconnaître un groupe de combattants (le chevalier armé n'était pas reconnaissable). Ni les décors de boucliers représentés dans la Tapisserie de la reine Mathilde, ni ceux mentionnés dans la Chanson de Roland ne peuvent être considérés comme des armoiries : ils ne suivaient aucune règle et n'étaient pas héréditaires. Les décors des boucliers ne sont devenus des armoiries que lorsqu'ils se sont fixés et sont devenus héréditaires (vers 1130). Vers 1250, l'usage des armoiries s'était étendu à presque toute la noblesse : de marques distinctives, militaires, elles devinrent familiales et les 1ers sceaux frappés d'armoiries apparaissent [l'usage d'armoiries s'étend aux non-combattants (femmes, clercs, villes, et au XIIIe s. à l'ensemble de la société sans distinction de classe) et la décoration perd de son caractère exclusivement militaire]. **Emblèmes :** les plus anciens furent des animaux (lion, dragon, aigle) stylisés, mais beaucoup comportaient un champ plain (dit *table d'attente,* destinée à recevoir des figures rappelant une action d'éclat, souvent portée par un jeune chevalier).

Droit de porter des armoiries en France. Si les familles titrées ou issues de la noblesse possèdent toutes des armoiries, beaucoup de non-nobles (bourgeois, artisans, ecclésiastiques, corporations) avaient fait enregistrer (tantôt volontairement, tantôt obligatoirement) leurs armoiries à la suite de l'édit de 1696, pris dans un but fiscal, pour donner des ressources au royaume épuisé par les guerres ; de 1696 à 1709, 116 944 personnes (dont env. 80 000 non nobles), 2 171 villages, 934 villes, 28 généralités furent enregistrées (les enregistrements cessèrent en 1709 ; ils ont rapporté 5 800 000 livres au Trésor royal). Ces enregistrements sont conservés au Cabinet des Titres de la Bibliothèque nationale dans 55 tomes in-folio manuscrits. Les armoiries des familles non nobles n'étaient pas timbrées (c'est-à-dire non surmontées d'une couronne ou d'un casque). De nos jours le blason, étant « le nom dessiné et colorié », jouit de la même protection que le nom. *Chacun peut prendre les armoiries de son choix sous réserve des droits des tiers, c'est-à-dire à condition de ne pas reproduire les armes d'une autre famille qui les possède déjà.* Les tribunaux civils sont compétents pour statuer sur les litiges relatifs aux usurpations d'armoirie. On peut faire protéger son blason en déposant son dessin à l'Office de la propriété artistique et industrielle : la protection et l'exclusivité du dessin entraînent celles du blason qu'il figure. Les personnes morales ne peuvent prendre d'armoiries qu'avec accord de l'État (ord. de Louis XVIII).

Signes caractéristiques et représentations

● **Émaux : Métaux.** *Or* (couleur jaune) : points multipliés. *Argent* (blanc) : blanc simple.

Couleurs. *Azur* (bleu) : lignes horizontales. *Gueules* (rouge) : lignes verticales. *Sable* (noir) : lignes horizontales et verticales croisées. *Sinople* (vert) : diagonales de dextre à senestre de l'écu, de haut en bas. *Pourpre* (violet) : diagonales de senestre à dextre de l'écu. *Couleurs de carnation* (couleur humaine) *et au naturel* (animaux, fruits, fleurs, etc.). En G.-B., en outre, *orangé :* verticales croisées par des diagonales de senestre à dextre.

Fourrures. *Hermine :* fond d'argent parsemé de mouchetures de sable. *Contre-hermine :* fond de sable et mouchetures d'argent. *Vair :* petites pièces d'argent et d'azur en forme de cloche posées alternativement. *Contre-vair :* mêmes pièces, mais opposées entre elles par la pointe et par la base.

• **Manteaux.** *Origine :* les tentes d'armes qui servaient à l'exposition des armes des souverains ou grands seigneurs lors des tournois. Utilisés comme toile de fond des armoiries par les souverains, princes, ducs et pairs et leur famille à partir du XVIIe s. Armoriés à l'extérieur, doublés d'hermine, sortent d'une couronne placée très haut (le chancelier et le président aux Parlements les portaient non armoriés).

• **Cris et devises.** Le cri se met au-dessus de la coiffure ; la devise au-dessous des armes, sous un listel. Le cri figurant sur les armes est toujours le « cri de guerre », réservé à la branche aînée (voir encadré ci-contre). La devise était à l'origine un emblème (le corps) associé à une légende explicative (l'âme). Ex. les Corsard : une licorne (corps) avec la devise *Sans venin* (allusion à la corne qui blesse sans envenimer). Il existe des devises sans emblèmes ou sans sentences (badges anglais).

Cri d'armes

A partir du Xe s., les familles nobles avaient un cri traditionnel, pour animer leurs hommes d'armes au combat, et pour se faire connaître dans les batailles ou dans les tournois. Seuls les aînés poussaient le « cri de guerre », par ex. : Vicomtes de Melun : A moi Melun ! Marquis, puis comtes de Flandres : Flandres au lion ! Les cadets modifiaient légèrement les formules. Outre le cri de guerre, il y avait **7 cris rituels :** *1o invocation* (Montmorency : Dieu aide !) ; *2o résolution* (Dieu le veut !) ; *3o exhortation* (A la rescousse !) ; *4o défi* (Sires de Chauvigny : Chevaliers pleuvent !) ; *5o terreur* (Sires de Bar : Au feu ! ; Sires de Guise : Place à la bannière !) ; *6o événement*, c.-à-d. allusion à un fait anecdotique (Sires de Prie : Cant l'oiseau !, c.-à-d. « que l'oiseau chante », allusion à une victoire remportée dans un bois où chantaient les oiseaux) ; *7o ralliement* [maison royale de France : Montjoye Saint-Denis, c.-à-d. « Monegeois de St-Denis », hommes du « moinage » (monastère) de St-Denis (dont les rois étaient *avoués*)].

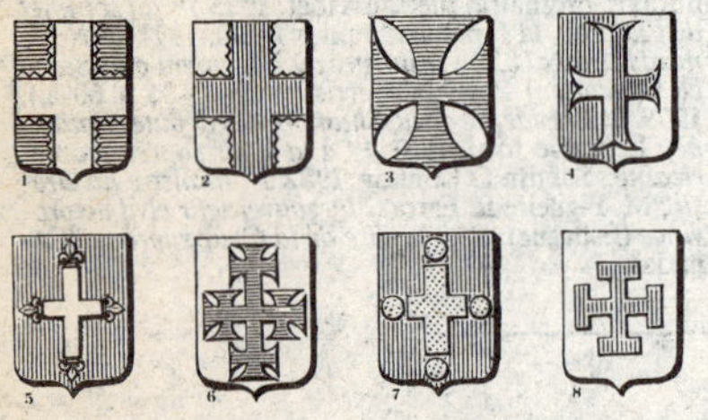

Croix usitées : 1 Endentée. 2 Engrêlée. 3 Pattée. 4 De l'un en l'autre. 5 Fleurdelisée. 6 Recroisetée. 7 Pommetée. 8 Potencée.

Couleurs : 1 Azur. 2 Gueules. 3 Sable. 4 Sinople. 5 Pourpre.

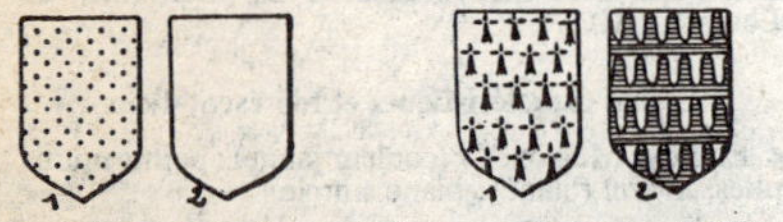

Métaux : 1 Or. 2 Argent. *Fourrures :* 1 Hermine. 2 Vair.

• **Brisures.** En principe, seul le chef de famille porte les armes pleines ; les cadets et même le fils aîné (jusqu'à l'héritage) doivent briser leurs armes, soit par changement des couleurs, des charges, augmentation ou diminution ou disposition différente des meubles ou ajout de certaines figures (brisures) dont le lambel (à 3 pendants, porté en chef, très répandu en France), la cotice et la bordure dentelée ou engrêlée. Les bâtards brisaient souvent d'une barre ou par réduction des armes de leur père dans une petite partie de l'écu. Depuis le XVIIe s., l'usage des brisures a disparu (sauf pour la maison royale).

• **Timbres.** Constitués par les coiffures surmontant l'écu : couronnes, cimiers, heaumes, drapeaux, etc. (privilège théorique de la noblesse, mais les familles bourgeoises eurent aussi des armes timbrées). Les couronnes sont apparues aux XVIe et XVIIe s. (existaient auparavant seulement pour les souverains). Napoléon remplaça les couronnes par des toques (le mortier ou toque plate était l'insigne des magistrats avant 1789). En Angleterre sont réservées aux lords ; en Allemagne, Belgique, les barons portent une couronne (à 7 perles) ; les princes du Saint-Empire, du pape, russes, portent une couronne fermée remplie d'un bonnet doublé d'hermine. Le heaume n'est pas représenté en Angleterre.

• **Insignes de dignité ou de fonction.** Beaucoup de dignités civiles, militaires ou ecclésiastiques se marquent traditionnellement par des ornements extérieurs du blason. *Connétable :* 2 épées hautes et nues (l'épée de connétable) flanquant l'écu, tenues par des mains qui sortent d'un nuage. *Maréchal de France :* 2 bâtons de maréchal passés en sautoir derrière l'écu. *Amiral de France :* 2 ancres passées en sautoir derrière l'écu. *Vice-amiral :* 1 ancre posée en pal derrière l'écu. *Grand chambellan :* 2 clés d'or passées en sautoir derrière l'écu. *Chancelier de France :* 2 masses d'armes d'or passées en sautoir derrière l'écu. *Grand veneur :* 2 cors de chasse flanquant l'écu.

Noblesse française

Régime juridique

Noblesse

• **Sous l'Ancien Régime,** le *noble* se définit ainsi selon Henri Jougla de Morenas († 1958) : Le noble a seul droit de se qualifier d'écuyer, de chevalier, de porter l'épée et de timbrer ses armoiries ; il a préséance sur tous les roturiers, est seul capable de porter les titres de baron, vicomte, etc. Il est exempt de taille, de banalité, de corvée ; il partage noblement ses biens, est exempt du logement des gens de guerre, n'est pas sous la juridiction des prévôts. Il peut être jugé par la Grand-Chambre du Parlement. Il ne peut sans déroger faire de commerce (sauf le commerce maritime) ni exercer un métier (sauf celui des armes, de membre d'une Cour souveraine, d'avocat, de notaire à Paris, de verrier, de métallurgiste). Il doit servir le roi quand celui-ci convoque son ban et son arrière-ban.

☞ **Noble homme.** D'après l'article 2 de l'arrêt du Conseil d'État du roi, du 4-6-1668, la qualité de *noble homme,* prise dans des contrats, avant et dep. 1560, ne peut établir une *possession de noblesse.* Mais d'après l'article 4 d'un autre arrêt du Conseil, du 15-5-1703, « outre les qualités d'écuyer et de chevalier, celle de *noble* est une qualification de noblesse dans les provinces de Flandre, Hainaut, Artois, Franche-Comté, Lyonnais, Dauphiné, Provence, Languedoc et Roussillon, et dans l'étendue des parlements de Toulouse, Bordeaux et Paris ».

Celle de *noble homme* est pareillement qualification *noble,* mais pour la Normandie seulement.

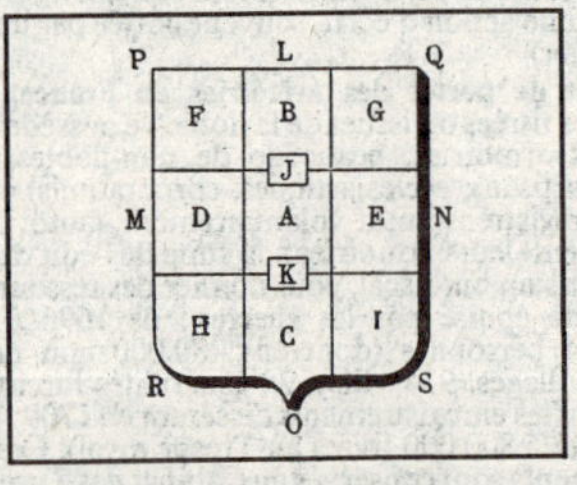

Noms des régions de l'écu

A Cœur. B Chef. C Pointe. D Flan dextre. E Flanc senestre. F Canton dextre du chef. G Canton senestre du chef. H Canton dextre de la pointe. I Canton senestre de la pointe. J Lieu d'honneur. K Nombril. L Bord du chef. M Bord ou côté dextre. N Bord ou côté senestre. O Bord de la pointe. P Angle dextre du chef. Q Angle senestre du chef. R Angle dextre de la pointe. S Angle senestre de la pointe.

On dit aussi : FBG Chef. HCI Pointe. FDH Flanc dextre. GEI Flanc senestre.

Particule (de, du, de la, des). Elle servait, avant la Révolution, à désigner la terre possédée à titre de seigneurie par un noble ou celle possédée par un roturier, ou celle acquise en propriété, ou plus fréquemment le lieu d'origine. Elle n'a jamais impliqué la noblesse. Un anobli n'avait pas « droit » à la particule et d'innombrables roturiers la possédaient. Elle attestait l'origine ou la propriété ou sous-entendait parfois « seigneur de » ou « sieur de » (ce qui n'implique pas nécessairement la noblesse puisque, depuis l'ordonnance de 1579, un roturier pouvait acheter des fiefs et en devenir le seigneur sans devenir noble) ; il s'est créé ainsi une caste de « personnes vivant noblement », c.-à-d. des roturiers, gros propriétaires terriens.

Quartiers de noblesse. Ils correspondent au nombre d'auteurs nobles à un degré déterminé (père et mère nobles = 2 quartiers ; grands-parents = 4 ; arrière-grands-parents = 8, etc.).

• **Régime actuel. Noblesse.** En vertu de la Constitution de 1958 (et de la Déclaration des Droits de l'homme et du citoyen du 26-8-1789 reprise par la Constitution), il ne peut exister en France ni nobles, ni noblesse, ni qualité nobiliaire, et même ni titres ou autres distinctions attachées à la naissance [*Constitution de 1958 (art. 2) :* « La France est une République indivisible, laïque, démocratique et sociale. Elle assure l'égalité devant la loi de tous les citoyens sans distinction d'origine, de race ou de religion. Elle respecte toutes les croyances. » *Déclaration des Droits de 1789 (art. 1er) :* « Les hommes naissent et demeurent libres et égaux en droits ; les distinctions sociales ne peuvent être fondées que sur l'utilité commune. »]

Par contre, on peut se dire *d'ascendance noble ou titrée.* C'est ce qu'a autorisé le décret du 29-7-1967 de reconnaissance d'utilité publique de l'Association d'entraide de la noblesse française (A.N.F.) en approuvant ses statuts, en particulier l'article 3 qui demande au candidat de justifier qu'il est issu en ligne masculine d'un auteur pourvu de la noblesse acquise et transmissible. Cela équivaut seulement à perpétuer un souvenir, comme le font par exemple les descendants des combattants français de la guerre d'Indépendance des États-Unis (Sté des Cincinnati), ou les descendants des Français libres de 1940-43 (Association des Français libres).

Titres

Statut. Si la loi française ne reconnaît pas juridiquement la noblesse, elle reconnaît les titres nobiliaires (qu'elle n'appelle d'ailleurs pas nobiliaires). Il subsiste un certain nombre de titres authentiques dont la jurisprudence admet encore la survivance en tant que compléments du nom. Leur existence est légale, puisque, dernière en date, la loi de finances du 27-12-1968 fixe à 2 000 F les droits de vérification de ces titres par arrêté du garde des Sceaux.

Nota. — Constitutionnellement, aucune disposition n'interdit au Pt de la Rép. de conférer un titre ou de régulariser un titre imparfait. Toutefois, il est d'usage de parler en ce cas de « titre » et non pas de « titre de noblesse », car l'art. 259 du Code pénal en vigueur sur l'usurpation des titres a volontairement omis de préciser « de noblesse », cette qualité n'étant plus accordée de nos jours. La jurisprudence des cours et tribunaux en matière de titres reconnaît que le titre régulier est une distinction héréditaire qui aide à distinguer les membres d'une même famille (seul le chef de famille ayant, en règle générale, droit au titre) sans porter atteinte à l'égalité des citoyens. Il aurait été question de conférer au maréchal Joffre le titre de « duc de la Marne »...

Decrescendo des titres. Une ordonnance du 25-8-1817, *ne visant que la pairie,* avait autorisé le fils d'un duc et pair à porter le titre de marquis, celui d'un marquis et pair, le titre de comte, celui d'un comte et pair, le titre de vicomte, celui d'un baron et pair, le titre de chevalier. Cette « déclinaison » disparut légalement avec l'abolition de la pairie héréditaire en 1832. Constamment pratiquée pourtant de nos jours pour *tous* les titres, et non seulement les titres de l'ancienne pairie, elle ne repose plus sur aucun fondement juridique.

• **Contentieux actuel des titres. Compétence administrative.** Seule l'autorité administrative (Sceau de France au min. de la Justice) est compétente pour vérifier la validité du titre, et le reconnaître par un arrêté du garde des Sceaux, moyennant paiement d'un droit de sceau. Le refus du ministre peut être déféré au Tribunal administratif avec possibilité d'appel devant le Conseil d'État.

Compétence judiciaire. Le titre étant un accessoire du nom, destiné à honorer celui auquel il a été conféré, les tribunaux judiciaires peuvent statuer sur les litiges portant sur la propriété des titres à condition que le litige ne porte pas sur la validité, l'interprétation, le sens ou la portée des actes ayant conféré ou confirmé le titre, sinon la question relève de la compétence administrative.

Droit pénal. L'usage d'un titre auprès des autorités publiques ou sur les actes qui leur sont soumis (état civil, procédure devant les tribunaux, actes notariés...), sans droit et en vue de s'attribuer une distinction honorifique, est sanctionné par l'art. 259, § 3 du Code pénal (rarement appliqué). Le titre est indivisible et ne repose que sur une seule tête. Il est imprescriptible et il n'y a plus de dérogeance.

Investitures. La collation (équivalent à la création de titres nouveaux) est incompatible avec un régime républicain. L'État se borne à reconnaître les titres anciens par arrêté du garde des Sceaux, ministre de la Justice, portant « vérification d'investiture ». Le titre vérifié peut alors figurer dans les actes de l'état civil de l'intéressé ainsi que dans les documents officiels établis à partir de ces actes : carte d'identité et passeport notamment. Un droit de sceau de 2 000 F est perçu. Le même titre doit faire l'objet d'un nouvel arrêté de vérification au décès du titulaire précédemment investi.

L'*investiture* (c.-à-d. la remise officielle et actuelle du titre à l'impétrant) n'est pas obligatoire et le non-accomplissement de cette formalité (qui n'enlève rien à l'authenticité du titre) interdit seulement de le faire figurer sur des actes publics. Au Moyen Âge, l'*investiture* consistait en la remise d'un objet symbolisant la faveur reçue (ex. : une motte de terre symbolisait le fief). Sous l'Ancien Régime, on remettait les insignes d'une dignité (couronne comtale, tortil de baron, etc.). La remise du chapeau cardinalice par le Pt de la République est une survivance de cette coutume.

Les titres impériaux puis, par extension, les titres d'Ancien Régime étaient transmissibles *par adoption*, sous condition expresse d'une autorisation *préalable* du souverain. Cette autorisation n'est plus actuellement accordée.

Familles nobles (nombre)

Familles subsistantes

• **Nombre de familles nobles. 1789** env. 17 000 familles.

Actuellement env. 3 500 authentiques, et au moins 10 000 d'apparence noble (par le port de particules, de noms de terres, etc.). La durée moyenne d'une famille est de 350 années.

Selon Régis Valette, dans son « Catalogue de la noblesse contemporaine », 3 508 familles dont le principe de noblesse paraissait valable subsistaient au 1-7-1977, ainsi réparties : **Ancien Régime** 3 019. *Noblesse d'extraction* 1 469 (dont extr. chevaleresque 316, ancienne extr. 544, extr. simple 609). *Anoblissement par lettres patentes* 626 (dont 519 par l. de noblesse et 107 par l. de confirmation). *Anobliss. par charges* 828 (dont 382 conseillers secrétaires du roi). *Anobliss. par fonctions* 192 (dont 82 capitouls-magistrats municipaux de Toulouse). Étrangers reconnus 39. Divers 57. **Empire** 200 (il n'y eut que des titres et aucun anoblissement). **Restauration** 222 (titres et anoblissement par lettres). **Louis-Philippe** 13 (titres). **Second Empire** 31 (titres). **Noblesse de Savoie** (1800-60) 8 reconnus en France (par l'effet du traité de Turin rattachant la Savoie à la France en 1860).

Selon MM. de Séreville et de Saint-Simon dans leur « Dictionnaire de la noblesse française » 5 033 familles nobles subsistaient en 1900, 4 057 en 1975 [Ancien Régime 3 494, extraction 1 600 (dont chevaleresque 365, ancienne 434) ; par l. patentes 640 ; par charges 1 010 (sceau du roi 441, noblesse municipale 224, autres charges 345) ; divers (Savoie, Comtat Venaissin, étrangers reconnus) 1 244].

Un certain décalage vient de ce que des familles titrées (chevaliers d'Empire) n'ont pas constitué de majorat avant 1835 (formalité nécessaire pour l'hérédité du titre) et que certains auteurs ne les considèrent pas ainsi comme anoblies héréditairement si le bénéficiaire du titre est décédé avant 1835.

• **Noms d'apparence nobiliaire.** Il y avait, d'après une étude faite sur le Bottin mondain en 1973, 7 000 à 8 000 noms d'apparence nobiliaire (or il faut compter env. 0,6 % d'extinction des noms par an). Chaque année, env. 6 autorisations de porter une particule par addition de nom (quand la famille est éteinte ou en extinction) sont données par décret du 1er ministre (6 en *1975*, 1 en *76*, 8 en *77*, 7 en *78*, 7 en *79*, 2 *fin août 80*). Les porteurs de nom d'apparence ne sont pas tous nobles (1 sur 3 seulement) : 9 familles nobles sur 10 ont un nom comportant une particule (sont généralement sans partic. celles de la noblesse dite d'Empire, et quelques familles d'Ancien Régime).

D'après des sondages effectués sur l'ouvrage de Chasot de Nantigny (publié en 1751) et une liste parue dans l'Annuaire de la noblesse française (en 1857) concernant les concessions de titres réguliers, c'est-à-dire « érection de telle terre en fief de dignité sous le titre de... », par lettres patentes enregistrées et vérifiées, on aboutit, en dehors des ducs, aux % suivants, *avant 1789* : marquis env. 60 % des titres réguliers, comtes 20 %, vicomtes 8, barons 12. *XIXe s.* : marquis réguliers 18 %, comtes 25, vicomtes 5, barons 52, le reste concernant le titre de chevalier rarement régularisé et très peu porté.

Classification d'après la source de noblesse

Noblesse d'Ancien Régime

• **1° Familles d'extraction (noblesse immémoriale).** Familles qui furent toujours réputées et tenues pour nobles, sans que l'on puisse trouver trace qu'aucun souverain ne leur ait jamais accordé la noblesse.

Classifications intermédiaires : *noblesse féodale* (familles connues à partir du XIe s.), *chevaleresque* (prouvées dès avant le XIVe s.). 1 469 familles subsistent. La noblesse de ces familles n'était admise que dans la mesure où le souverain les « maintenait » dans leur état de noblesse et privilèges afférents par un acte d'autorité. Louis XIV, voulant dresser le catalogue des nobles du royaume, prescrivit, dès 1666, à ses intendants de vérifier les titres des privilégiés ; la preuve centenaire suffisait. Ces « grandes recherches » furent le fondement juridique de presque toute la noblesse d'extraction (la 1re recherche fut faite sous Louis XI).

Nota. — On distingue aussi la **noblesse utérine ou coutumière,** c.-à-d. anoblie par le ventre (la mère). Autorisé à la suite de combats qui décimèrent la noblesse (en 841 à Fontenoy-en-Puisaye, dit une tradition légendaire), très étendu en France, cet usage ne fut conservé en Bourgogne que jusqu'en 1750. Dans la Lorraine et le Barrois, il fut expressément reconnu et conservé légalement lors de leur rattachement à la France en 1766, et maintenu jusqu'à la Révolution. Les cas connus sont très rares.

• **2° Familles anoblies par lettres patentes. 1re lettre d'an. connue :** délivrée par Philippe le Hardi en 1270 à son argentier Raoul (Ph. le Hardi anoblit par la suite son barbier, Pierre Labrosse) ; puis l. d'a. pour Gilles de Concevreux en 1285 (Philippe le Bel), et Jean de Taillefontaine en 1290. Ph. le Long en 1320 anoblit son argentier Geoffroy Floriac ; en 1345, Jean, régent du royaume, anoblit son cuisinier, Jean de Gencourt. Ceci devint une grâce courante (et payante) au XIVe s. L'an. par lettres subsistera jusqu'en 1830. À partir de 1339 (sous Philippe de Valois), les lettres d'an. devaient être visées par la Cour des comptes, et plus tard devaient être enregistrées au Parlement et à la Cour des aides. Les an. par lettres ont été très nombreux : souvent à l'occasion d'événements affectant la famille royale (sacre, mariage, baptême) ou d'événements politiques (alliances, traités, victoires).

Noblesse vénale ou de finances. Constituée par les anoblis par lettres vendues par les rois (pour renflouer leur trésorerie) : *1564* : 12 lettres ; *1568* : 30 ; *1576-77* : 1 000 ; *1592* : 40 ; *1594* : 10 ; *1609* : 10 ; *1645* : 50 ; *1696* : 500 ; *1702* : 400 ; *1711* : 100. Sous Louis XIV, les besoins du Trésor amèneront la chancellerie royale à adresser des lettres de noblesse « en blanc » aux intendants pour être vendues 6 600 livres, mais destinées cependant à des personnes jugées aptes par leurs mérites et leurs services. Par périodes, les an. par lettres étaient révoqués en bloc, quitte à payer une 2e fois les droits, ce qui advint le plus souvent lors de crises économiques. [*1593* révocation des anoblissements faits depuis le décès du roi Henri III († 1589). Les an. redeviennent taillables. *1598* annulation de tous les an. dep. 1578 ; *1640* annulation de tous ceux accordés dep. 1610 ; *1664* annulation de tous les an. octroyés depuis 1614 en Normandie, dep. 1611 dans tout le reste du royaume ; *1715* de tous ceux accordés dep. 1696. En *1556*, les an. durent payer la confirmation de leur noblesse 1 500 livres ; en *1713* : 2 000 livres ; en *1715* : 6 000.]

• **3° Familles anoblies par charges et par fonctions. Charges de judicature et de chancellerie.** Certaines anoblissaient leurs titulaires ; la noblesse ainsi acquise devenait héréditaire après 20 ans d'exercice de la charge pendant 1 ou généralement 2 générations, la mort en charge dispensant des 20 ans. Ces privilèges d'an. furent accordés, puis repris, ensuite rétablis, en tout ou en partie, avec ou sans effet rétroactif. Mais ces charges ne créèrent pas autant de nouvelles familles nobles, parce que certaines Cours ne recevaient que des nobles (Parlements de Paris, Besançon, Nancy et Rennes ; Chambres des comptes de Bar et de Nancy), et parce qu'un bon tiers d'entre elles étaient exercées par des personnes déjà nobles.

Nombre de charges anoblissantes *(à la fin de 1789)*, 4 160 : Conseil d'État 46, Requêtes 80, Grande et Petite Chancelleries 848 (382 subsistaient en 1977 selon Régis Valette), Grand Conseil 66 (8 subsistaient), Parlements et Conseils supérieurs 1 272 (92 subs.), Chambres des comptes 756 et Cour des aides 191 (81 subs.), Cour des monnaies 39 (6 subs.), Bureau des finances 769 (56 subs.), Présidiaux (Paris-Châtelet et Marseille) 93.

Fonctions universitaires : docteurs en droit d'Avignon.

Noblesse municipale (dite de cloche), dont les charges ont été supprimées par le décret du 14-12-1789. 16 municipalités ont joui de la noblesse aux corps de ville : *Poitiers* (1372), *La Rochelle* (1373), *Toulouse* (1420), *Niort* (1461), *St-Jean-d'Angély* (1481), *Le Mans* (1482) pour leur fidélité au roi pendant la guerre de Cent Ans ; *Angers* (1475) pour sa fidélité au roi pendant les troubles de la Ligue du bien public ; *Tours* (1462) en raison de l'attachement que lui portait Louis XI ; *Bourges* (1474), *Lyon* (1495), non seulement pour leur fidélité mais à titre d'encouragement économique ; *Arras* (1481) pour des raisons politiques, économiques et démographiques ; *Angoulême* (1507) et *Nantes* (1560) également pour leur fidélité ; *Issoudun* (1651) et *Cognac* (1651) pour fidélité pendant la Fronde ; *Paris* en 1706.

Association d'entraide de la noblesse française (A.N.F.). *Fondée* en 1932 et reconnue d'utilité publique le 29-7-1967. *Adresse* : 9, rue Richepanse, Paris 8e. *Pt* : Pce Guy de Polignac, *1er Vice-Pt* : Duc de Lorge, *2e Vice-pt* : Bon Hubert de Turckheim. *Secr. gén.* : Cte Jean de Bodinat. *Archiviste et Pt de la Commission des Preuves* : Bon Durye. *Familles représentées.* Au 1-1-1986, 1 925 familles étaient représentées à l'A.N.F., mais 80 familles s'étant éteintes depuis 1932, le nombre de familles représentées serait d'environ 1 801. Env. 4 000 membres.

De plus en plus, la vraie noblesse s'adresse à l'A.N.F. pour authentifier sa qualité (il reste environ 1 650 familles nobles non représentées à l'A.N.F.).

Citoyens de Perpignan *(immatriculés de 1449 à 1785)*. Bourgeois nommés par lettres du souverain ou élus par le conseil de la cité et inscrits au livre de la matricule de la ville. La reine Marie, épouse d'Alphonse IV d'Aragon, accorda le 18-8-1449 la chevalerie et la noblesse transmissible à ces citoyens [env. 2 citoyens furent anoblis chaque année par 9 notables et 5 consuls qui avaient ainsi le droit de conférer la noblesse ; le souverain pouvait aussi accorder la noblesse directement par lettre (Charles Quint le fit en 1542 pour Jacques Antich Triniach)]. 22 citoyens furent ainsi nommés de 1659 à 1763. Ces privilèges furent maintenus par les rois de France depuis le traité de Péronne (1461) jusqu'à 1789. 8 familles en descendent actuellement.

Noblesse militaire. L'édit de nov. 1750 accorda la nobl. héréditaire à tous les officiers généraux non nobles alors en service, et décida que la 3e génération consécutive d'officiers, dans le grade de capitaine au moins, et décorée de l'Ordre de St-Louis, ou morte au service, serait anoblie de plein droit. Il y avait peu d'officiers roturiers sinon dans les grades subalternes. 11 familles subsistent.

Autres sources de noblesse

Noblesse d'Empire. Nom impropre : il ne s'agissait pas d'anoblissement. Seuls des « titres impériaux », n'honorant qu'une personne par génération — c'est-à-dire le titulaire — étaient conférés.

N. de la Restauration. En 1814, l'article 71 de la Charte disposa : « La noblesse ancienne reprend ses titres, la nouvelle conserve les siens. Le roi fait des nobles à volonté, mais il ne leur accorde que des rangs et des honneurs sans aucune exemption des charges de la société. »

N. du IIe Empire. Napoléon III n'anoblit pas mais accorda la particule à 34 personnes et conféra ou régularisa des titres.

N. papale. Env. 400 familles françaises ont été anoblies par le Saint-Siège entre 1820 et 1920.

N. étrangère. 39 familles subsistent en France.

Les plus anciennes familles de France

Nous donnons ci-dessous une liste de familles nobles dont il existe des descendants directs du nom avec la *date de filiation continue prouvée la plus reculée* (parfois date où le nom apparaît cité pour la 1re fois, puis celle à partir de laquelle la filiation noble est prouvée).

Pour plusieurs familles, comme les Harcourt, Rohan, Polignac, La Rochefoucauld, Maillé, Toulouse-Lautrec, Lévis-Mirepoix, Gramont, etc., la tradition peut remonter plus haut, mais nous signalons la date d'un premier document sûr. On peut, pour d'autres, remonter plus haut que la date indiquée, mais sans certitude ou avec la présence de roturiers.

Attention : cette liste, qui n'est pas exhaustive (notamment pour les familles bretonnes et de l'Est), *est donnée sous toute réserve.*

IXe siècle. Les Capétiens (début IXe ; certain 852).

Xe siècle. Harcourt 966. Rochechouart-Mortemart 980 (ou avant).

XIe siècle. La Rochefoucauld 1019. Tyrel (de Poix) citée en 1030. Caumont la Force 1040. Mailly-Nesle 1050. Montesquiou-Fezensac 1050. Choiseul-Praslin 1060. Maillé de la Tour Landry 1069. Clermont (devenu Clermont-Tonnerre) 1080. Castellane 1089.

XIIe siècle. Rohan-Rohan (Autriche) 1100. Gontaut-Biron 1124 (citée en 926). Blonay 1134. Châteauneuf-Randon 1135. Arenberg (Maison de Ligne, St Empire et France) 1142 (connue avant). Viry 1160. Scorraille 1168. Sparre (Suède et France) 1170. Tournebu 1170. Wall 1171. Ligniville 1172. Walsh-Serrant (Angl.-Anjou) 1174. La Roche Aymon 1179. Lévis-Mirepoix 1180. Faucigny-Lucinge (Savoie) 1180 (branche Faucigny 981). Villeneuve (Languedoc) 1182. Prunelé 1191. Beauffort (issus de Thouars) 1198.

XIIIe siècle. Cosnac 1200. La Fare 1200 (citée 1168). Bauffremont 1202 (citée 1090). Polignac-Chalençon 1205 (citée 1062). Riencourt 1206, Gouyon-Matignon 1209. Reinach (Foussemagne, Werth, Hirtzbach) 1210. Regnauld de la Sourdière 1213. Sabran-Ponteves 1213 (citée 1064), Ginestous 1215. Crussol d'Uzès 1215 (citée 1190). Quatrebarbes 1218. Menthon 1219. Argouges 1223. Rasilly 1223. Noailles 1225. Mostuejouls 1225. St-Phalle 1230 (cité 1171). Waldner de Freudstein 1235. France (en Bretagne) 1239 (?). Villeneuve (Trans, Flayosc, Bargemon, Esclapon) 1240. Talleyrand-Périgord 1245 (connue avant) éteint dans les mâles en 1968. Foucher de Brandois 1245. Briey 1247. Bouillé 1251. Des Roys d'Eschandelys 1253. La Moussaye 1253. Carbonnières 1254. Vogüé 1256. La Panouse 1257. Wangen de Géroldseck aux Vosges 1257. Reich de Reichenstein 1258. Tournemire 1259. Granges de Surgères 1261. Dufort-Civrac de Lorge 1262 (citée 1093). La Porte aux Loups 1262. Curières de Castelnau 1264. Levezou de Vésins 1264. Beauvau-Craon 1265 (Foulques, le premier Beauvau mentionné, branche cadette probable des 1ers comtes d'Anjou, est mort à Angers en 1009). Lubersac 1267. Rohan-Chabot (Chabot citée 1040, devenu Rohan-Chabot en 1645). Gourcy 1270. Menou 1272. Belsunce 1273. Andlau 1274. La Rochelambert 1274. Schauenburg 1276. Chérisey 1276. Roffignac 1276. Budes de Guébriant 1276. Cadoine de Cabriac 1279. Perusse des Cars 1281. Ludre-Frolois 1282. Croix 1285. Montrichard 1285. Abzac 1287. Loubens de Verdalle 1287. Albon 1288 (connue 1140). Noé 1288. Rivoire de la Batie 1288. Esclaibes 1290. Kerret 1290. Laguiche 1296. Foucauld 1298. Galard 1300 (citée 1065). Gramont (Comminges) 1300 (citée 1003). La Grandière 1300.

XIVe siècle. La liste s'allonge mais, sauf exceptions, on se limitera à citer les familles ayant prouvé leur ancienneté pour être admises aux Honneurs de la Cour :

1301-1350. Boisgelin 1302. Lameth 1302. Du Merle 1302. Sade 1302. Rodez-Bénavent 1307. Montalembert 1311. d'Aux de Lescout 1312. Carbonnel de Canisy 1313, Yzarn de Freissinet de Valady 1313. Adhémar (Panat, Cransac, Lantagnac) 1313 (citée en 1095). Damas 1315 (citée 1247). Charry 1316. Chasteignier 1318. d'Arces 1322. Beaumont d'Autichamp 1322. Saint-Pern 1330. Raincourt 1331. Drée 1332. du Authier 1334. Rouvroy de Saint-Simon 1334. Grammont 1335. Mühlenheim-Rechberg 1337. d'Albignac 1339. Chastellux 1339. d'Andigné 1340. Hauteclocque 1340. Lavaulx 1340. Grasse 1341. Dillon 1343. Mauléon-Narbonne 1343 (citée 1209). Lesquen 1346. Pechpeyrou-Comminges de Guitaut 1346. Hurault de Vibraye 1349.

1350-99 Lestrange 1351. Chabannes 1352 (citée 1170). d'Espinay-Saint-Luc 1352. Montault 1352. Forges de Parny 1353. Croy 1354. Chaumont-Quitry 1359. Houdetot 1360. Chauveron 1361. La Croix de Castries 1362 (charge anoblissante en 1487). Lambilly 1362. Sartiges 1362. Hoffelize 1363. Bonneval 1365 (citée 1055). Joussineau de Tourdonnet 1366. Orléans 1366. La Laurencie 1367. Le Vicomte de Blangy 1367. Chevigné 1370. Gibon 1370. d'Amphernet de Pontbelçanger 1371. Coëtlogon 1371. Lasteyrie 1371. Grouchy 1371. Méherenc de Saint-Pierre 1372. Voyer d'Argenson 1374. Kerouartz 1375. Malet (La Jorie) 1375. Prévost de Sansac de Traversay 1375. Rougé 1375. Nettancourt-Vaubécourt 1376. Boisbaudry 1377. Pierre de Bernis 1378. Vincens de Causans 1378. Boberil 1379. des Monstiers-Mérinville 1379. Kergorlay 1380. La Roche-Saint-André 1380. Luppé 1380. Monspey 1380. Montecler 1380. Sesmaisons 1380. Moy 1384. Tinteniac 1385. Freslon de la Freslonnière 1386. Pluvié 1386. Vanssay 1386. Autier de La Rochebriant 1388. Robien 1389. Audiffret et Audiffret-Pasquier 1390. Blacas 1390. Dion 1390. Quengo de Tonquédec 1390. Toulouse-Lautrec 1390. Caupenne 1391. Liniers 1391. d'Astorg 1392. Certaines 1392. Isle de Beaucheine 1392. La Rivière du Pré d'Auge 1392. Zorn de Bulach 1393. Chaunac-Lanzac 1393. Frotier (La Messelière, La Coste-Messelière, Bagneux) 1393. Penfentenyo 1393. Roquefeuil 1393. Broglie 1394. Thy 1394. Virieu 1394. La Cropte de Chantérac 1395. La Garde de Saignes 1397. La Forest-Divonne 1398. Navailles 1399. La Bourdonnaye 1400. du Pontavice 1400. Vassinhac d'Imécourt 1400.

Nota. — Cossé-Brissac (le nom apparut en 1180, achète Brissac en 1492, comte en 1560, duc 1611 et pair).

Titres

☞ La plupart des nobles authentiques portent un titre choisi dans la hiérarchie nobiliaire pour affirmer leur noblesse en face des non-nobles ; le plus souvent le titre, assumé par eux, n'a pas été conféré régulièrement par une autorité souveraine. Voir p. 1122.

Depuis 1975, le Pt de la Rép. a supprimé toute mention de titres, même authentiques, dans les réceptions de l'Élysée, mis à part certains titres royaux ou impériaux (Cte de Paris, Pce Napoléon).

Sortes de titres

● **Titres authentiques.** Seuls susceptibles d'être reconnus par le Sceau de France (min. de la Justice) en vertu d'un arrêté d'investiture pour les titres conférés par les Chefs de l'État en France : *avant 1789* (de lettres patentes enregistrées en parlement et vérifiées par les cours souveraines, Cour des comptes, Cour des aides...) ; *de 1806 à 1814* (lettres patentes impériales de Napoléon Ier moyennant constitution d'un majorat qui seul pouvait en assurer la transmission héréditaire, obligation supprimée en 1835) ; *de 1814 à févr. 1824* (lettres patentes) ; *de 1824 à 1835* (avec obligation de constitution de majorats, sauf pour les lettres de noblesse qui ne furent plus délivrées après août 1830) ; *de 1835 à 1870,* sauf entre le *29-2-1848* et le *24-1-1852* (lettres patentes) ; *de 1871 à 1877* (décrets du Chef de l'État).

● **Titres réguliers.** Titres authentiques dont les bénéficiaires ont omis de demander l'investiture.

● **Titres de courtoisie.** Titres dont les preuves sont insuffisantes ou qui ont été transmis irrégulièrement. Avant 1789, l'expression, au sens strict, s'entendait pour les personnes qui, ayant fait leurs preuves pour les *Honneurs de la Cour* (c.-à-d. noblesse prouvée avant 1400, alliances de marque et importance des services rendus, avec aussi l'agrément royal qui pouvait dispenser des familles de l'une de ces 3 conditions), étaient présentées au roi et à la famille royale avec un titre assumé par elles, voire choisi par elles. Seul le titre de duc avait un usage strictement réglementé puisque les ducs héréditaires siégeaient au Parlement. Le roi acceptait aussi, sans les reconnaître par des patentes scellées et enregistrées, des titres portés chez des familles d'ancienne noblesse, le plus souvent ducales. Aux XIXe et XXe s., on a jugé que l'appellation d'un noble avec un titre de courtoisie dans des documents publics (même dans des contrats de mariage signés par le roi) n'entraînait pas pour les familles honorées de cette appellation titrée, le droit au titre vis-à-vis du Sceau de France. Au XIXe s., l'expression « titre de courtoisie » s'étendit à tout titre porté par une famille noble mais non susceptible d'être reconnu par le Sceau de France.

● **Titres irréguliers.** Autres t. français non reconnus par le Sceau, ni susceptibles de l'être, ni issus des Honneurs de la Cour. Ils peuvent être portés par des familles d'ancienne et illustre noblesse non titrée comme par des familles usurpant la qualité nobiliaire en plus des titres qu'elles se donnent et qui sont sans fondement juridique.

● **Titres étrangers.** Pour être authentiques, doivent être conférés par une autorité souveraine (sont donc exclus les titres conférés par des princes dont la famille n'est plus régnante). Considérés comme une distinction héréditaire ou personnelle (selon les dispositions de l'acte étr. conférant le titre). En France ils ne peuvent ni conférer la qualité de noble à celui qui ne la possède pas, ni être considérés comme titres réguliers pour un noble qui les reçoit.

Sous l'Ancien Régime comme au XIXe s., il a toujours été nécessaire, pour porter un titre étranger en France, d'obtenir une autorisation du souverain, moyennant de nouvelles lettres patentes enregistrées, ou un décret (au XIXe s.). Avant 1859, les titres purent être reconnus personnellement ou héréditairement (un texte de 1819 non publié, mais quelquefois appliqué, exigeait l'autorisation du Roi pour porter un titre étranger). Après le décret du 5-3-1859, les titres furent simplement autorisés personnellement (et fort rarement).

Titres étrangers reconnus ou autorisés en France de 1830 à 1984. 1) Avant le décret de 1859, par Louis-Philippe : Bon Henrion (titre du Pape, 1838), Cte Lurde (titre du Pape, 1839, héréditairement), Cte de Bourguignon (Sardaigne, 1839, hérédit.), Cte de Fürstenstein (Westphalie, 1812, rec. 1839), Cte Reiset (titre du pape Grégoire XVI, 1842, rec. héréd. 1842), Bon Heeckeren (P.-Bas, 1847), duc de Santa Isabela (Bresson, Espagne, rec. 1847), titre de duc (Espagne) reconnu pour M. de Walsh Serrant en 1838 (il décéda en 1842, sans postérité masculine). 9 titres étr. reconnus en 18 ans (2 ducs, 5 comtes, 2 barons). Il n'y eut aucune reconnaissance entre 1848 et 1859. **2) Depuis le décret du 5-3-1859** (toujours en vigueur) disposant que les titres étr. ne seraient reconnus en France que pour raisons graves et exceptionnelles : 27 titres de 1859 à 1978 (1 prince, 1 duc, 2 marquis, 20 comtes, 2 barons, 1 chevalier) dont : Pce de Sagan (Prusse, Talleyrand-Périgord, 1859), Casy, Cecille, Janvier de la Motte (Cte, titre du Pape, 1859), Glot, Rostolan (Cte, titre du Pape, 1860), Tresvaux de Berteux (Cte, titre conféré par Grégoire XVI, 1845, aut. 1861), Mis d'Iranda d'Arcangues (Espagne 1764, aut. 1862), Livio (chevalier, Bavière 1812, aut. 1864), de Boigne (Cte, Italie, aut. 1865), d'Adelsward (Bon, Suède, aut. 1866), Armand (Cte, titre du Pape, 1868), Lemesre de Pas, de Lanet, Vaysse de Rainneville (Mis), Le Goazre de Toulgoët-Treanna, Carmoy (5 titres de Cte du Pape, aut. 1874), Franque et de Franqueville (Cte, titre du Pape, aut. 1875), Espivent de la Villesboinet, de Fresne, Despous, Despous de Paul, Niel, Maillères veuve Niel (5 titres de Cte et 1 de Ctesse, du Pape, aut. 1877), Bon de Malsabrier (Morin) (Rép. de Saint-Marin, 1877), Cte Lefebvre Pigneaux de Béhaine (du Pape, aut. 1893), duc de San Fernando Luis avec grandesse d'Espagne (Lévis-Mirepoix, 24-8-1961).

Titres sous l'Ancien Régime

Sous la monarchie, l'ancienneté de la noblesse, les illustrations et les alliances d'une famille pesaient plus qu'un titre. Ainsi les Montmorency (1ers barons chrétiens) étaient de plus grands seigneurs que bien des marquis du royaume. *Gentilhomme* n'était pas un titre, mais une qualité donnée au noble d'origine et non à l'anobli (d'où expression « le Roi peut faire un noble et non faire un gentilhomme »). Tout roturier acquéreur d'une seigneurie s'en qualifiait *seigneur ;* mais si la terre était une baronnie, un comté, etc., il ne pouvait se qualifier que *seigneur de la baronnie de X...,* et non *baron de X...* ou *comte de Y...*

Hiérarchie

Écuyer ou damoiseau. Noble d'ancienne souche ou d'anoblissement récent (à l'origine, damoiseau = jeune noble).

Chevalier. Noble de race plus ancienne, ou anobli possédant une charge ou une fonction importante.

Banneret. Chevalier possédant assez de biens pour lever une bannière (c.-à-d. grouper sous son autorité plusieurs chevaliers).

Bâtards. Ceux reconnus des rois naissaient princes, ceux des princes naissaient gentilshommes ; les bâtards des gentilshommes ont été considérés comme nobles jusqu'en 1604. Une ordonnance d'Henri IV les a privés en principe de ce privilège, mais dans de nombreuses provinces, la coutume est restée la plus forte pendant encore plusieurs générations.

Chevaux de Lorraine. Nom donné en Lorraine à 2 groupes d'ancienne et illustre chevalerie. (*Grands chevaux :* du Châtelet, Ligniville, Haraucourt et Lenoncourt ; *petits :* 8 à 16 familles, notamment Bassompierre, Beauvau, Raigecourt, Choiseul, Custine, Gourcy, Briey, Haussonville, Ludre, Mitry.) *Origine de l'appellation.* Au XVIIe s. mode (venant d'Italie) de souliers à talons très élevés dénommés grands chevaux. Au début du XVIIIe s., par comparaison à ces souliers, l'usage se prit de désigner ainsi les grandes familles de Lorraine qui fréquentaient la cour de Lunéville et dont le rang social était élevé.

Honneurs de la Cour. 942 familles avaient été admises aux Honneurs de la Cour (privilège de monter une fois dans des carrosses du roi après avoir été présenté à la famille royale) au XVIIIe s. (entre 1715 et 1790), sur preuves de l'ancienneté de leur noblesse (datant d'avant 1400), de l'illustration de leurs services et de leurs alliances, avec l'agrément du roi, seul maître d'accepter ou d'écarter les admissions. 300 de ces familles subsistent (dont 204 sont membres de l'A.N.F.).

Nombre théorique de nos ancêtres. *2e génération* (nos parents) : 2. *3e :* 4. *4e :* 8. *5e :* 16. *6e :* 32. *7e :* 64. *8e :* 128. *9e :* 256. *10e :* 512. *11e :* 1 024... *17e :* 65 536, etc. Si les alliances ne réduisaient pas la progression géométrique du nombre des aïeux, chacun aurait eu 32 aïeux sous Louis XVI, 32 768 sous François Ier, et 16 777 276 sous St Louis (soit le double de la population de cette époque. Mais le nombre réel est différent en raison des unions consanguines : ainsi Charlemagne se retrouve *4 200 000 fois* l'ancêtre du Cte de Paris, St Louis *plus de 84 000 fois*, Henri IV *81 fois*. A la 14e génération, le Cte de Paris n'aurait que 546 ancêtres au lieu de 8 192. Charlemagne en aurait eu plus de 20 000 000 de descendants vivant actuellement (souvent par le biais d'enfants naturels) ; ce chiffre pouvant doubler en une génération.

Salle des Croisades à Versailles (1839). Désireux de ne créer que peu de titres nouveaux, mais soucieux de se concilier l'ancienne noblesse, Louis-Philippe, en restaurant le château de Versailles pour célébrer les gloires de la France, décida en 1839 de conserver des salles aux chevaliers croisés. Les familles issues des nobles ayant participé aux Croisades du XIe au XIIIe s. cherchèrent à se faire inscrire pour y figurer. Leur inscription constituait une sorte d'enregistrement de leur noblesse immémoriale. Le problème des preuves se posa. Alors apparut en 1842 la « Collection Courtois » avec des pièces du cabinet Le Tellier. Près de 200 documents furent acquis à prix d'or.

Dans les études publiées en 1954, 1956 et 1974, MM. Michel Fleury et Robert H. Bautier ont démontré la fausseté de ces documents. Fort bien imités (sous Louis-Philippe), ils se vendaient 500 F or à l'époque (contrats d'emprunts faits par les croisés à des marchands italiens, procurations passées en Terre sainte, quittances de chevaliers ou d'écuyers pour leur solde). 738 noms furent ainsi inscrits (316 en 1840, 347 entre 1840 et 1843, 75 ensuite). 200 noms y figurent à tort. 219 familles inscrites subsistent actuellement (mais en 1926 le Bon de Woelmont estimait devoir ramener ce chiffre à 160). *Dates d'inscriptions filiatives* la plus ancienne 1096, les plus récentes 1365 et 1521.

Baron. A l'origine, chez les Francs, fonctionnaire royal (au-dessous du comte), chargé de percevoir les amendes. Le mot est passé en latin avec le sens de « guerrier, homme libre » et également de « mercenaire ». Le chef de la maison de Montmorency portait de temps immémorial le titre de « premier baron chrétien » (du duché de France, avant 987, et non du royaume de France). Cette désignation est unique dans le droit français des titres nobiliaires.

Vidame. Du latin *vice domini*, désignait aux XIIe et XIIIe s. le seigneur chargé de la défense des biens temporels d'un évêché (Amiens, Beauvais, Cambrai, Châlons, Chartres, Laon, Le Mans, Meaux, Reims, Rouen, Senlis, Sens ; le roi de France, en qualité de comte du Vexin, était vidame de l'abbaye de Saint-Denis) ou d'une abbaye (dit avoué : charge donnée à de hauts barons). En outre, le vidame devait conduire à l'ost les troupes de l'évêché et protéger la maison épiscopale après la mort de l'évêque. Il avait le droit de prélever certaines redevances sur les habitants. A partir du XVe s., son rôle se réduit en corollaire de l'accroissement du pouvoir royal et communal.

Vicomte. A l'origine, remplaçait le comte dans les villes secondaires d'une province (chefs-lieux d'un *pagus*). Ils s'affranchirent de l'autorité comtale au Xe s. (Narbonne, Nîmes, Albi), et devinrent de hauts barons au XIe s. (Melun, Bourges, Thouars).

Comte. A l'origine, dignitaire chargé de l'administration d'une province (à partir du Xe s., il possédait souvent des droits régaliens).

Marquis. A l'origine, chargé de la défense des provinces frontières (marches). Il a rang sur le comte (sauf au Moyen Age où il est son égal).

Duc. A l'origine, chef militaire et administrateur. Titre donné ensuite aux comtes et marquis les plus importants. On distinguait en 1789 : les *ducs et pairs* (43) possesseurs de fiefs érigés en duché-pairie (à condition que la terre rapporte 8 000 écus de rente) relevant uniquement du Parlement de Paris (ex. : Uzès, Luynes, Fronsac, Mortemart, Noailles, Clermont-Tonnerre, Choiseul) ; *ducs non pairs* (15) : titre héréditaire décerné par le roi et enregistré par le Parlement (ex. : Chevreuse, Broglie, Polignac) ; *ducs à brevets d'honneur* (16) : titre non héréditaire ni enregistré (ex. : Lauzun, Croy, Castries, Mailly...). Tous étaient dits « cousins du Roi », comme les cardinaux et les maréchaux.

A l'époque de St Louis, un duché comprenait 4 comtés ; un comté 4 baronnies ou vicomtés ; une baronnie 4 châtellenies ; une châtellenie plusieurs clochers à fiefs. Sous Louis XIV, un comté comprenait une douzaine de sous-fiefs. L'importance des seigneuries était très différente de l'une à l'autre (elles étaient très nombreuses et plus petites dans les provinces qui dépendaient du Parlement de Paris).

En 1582, Henri III fixa ainsi *l'assiette territoriale* devant servir de *support* aux titres : *duché :* il devait produire un revenu annuel de 8 000 écus (les terres érigées en duchés-pairies présentaient, pour leurs habitants, l'avantage de relever directement du Parlement, les dispensant ainsi de parcourir les degrés de juridictions intermédiaires) ; *marquisat :* 3 baronnies et 3 châtellenies ou 2 baronnies et 6 châtellenies ; *comté :* 2 baronnies et 3 châtellenies ou 1 baronnie et 6 châtellenies ; *baronnie :* 3 châtellenies unies ensemble.

1 Empereur. 2 Roi. 3 Prince. 4 Duc. 5 Marquis. 6 Comte. 7 Comte sous l'Empire. 8 Vicomte. 9 Baron.

Les Français créés **Grands d'Espagne** partageaient en France les honneurs des ducs en vertu de l'édit du 21-8-1774 (il fut appliqué en août 1961 par décret rendu en faveur du duc de Lévis-Mirepoix).

Prince. Il n'y avait, en droit, de princes que les princes de sang ou les princes étrangers. Toutefois, quelques seigneuries étaient fondées sur des **alleux** (terres **allodiales,** du francique *allod,* « propriété complète », franches et libres de toute suzeraineté depuis un temps immémorial). Ces **alleux** se situaient à la limite de plusieurs provinces (ainsi Bidache, à la limite de la Gascogne, du Béarn et de la Basse-Navarre). Dans le Nord, entre St-Amand et la mer, beaucoup de parcelles de terre n'étaient pas soumises au régime féodal. Il s'agissait sans doute de biens qui n'avaient pas été conquis lors de l'invasion franque, ni distribués, et de là, non soumis à la féodalité jusqu'en 1789. Parfois les possesseurs d'alleux se groupèrent pour défendre leurs intérêts (les Estimaux, dans le N.). Le Franc-Alleu, petit pays du N., a des règles coutumières encore en 1789. Ces terres (il y en avait des centaines dans le N.) ne constituèrent généralement pas des principautés, car elles étaient le plus souvent exiguës (un simple champ). Mais pour d'autres, leurs seigneurs prirent la dénomination de prince (du latin *princeps, primum,* « premier », et *capere,* « occuper, prendre place »). Cette épithète fut portée dans des familles d'ancienne noblesse à qui leur haut rang assura la tolérance du roi, qui leur confirma parfois la possession. Le roi, qui ne créa jamais de titre de prince (en réalité synonyme de seigneur), érigea par lettres patentes des terres en principautés (Joinville, Martigues, Lambesc, Guéménée, Soubise). Ce titre n'avait pas d'existence juridique en France, et lorsqu'il figurait comme tel attaché à une « terre », le Parlement, lors de l'enregistrement des patentes royales, ne le mentionnait pas.

Parmi les quelque 31 seigneuries dont les possesseurs prétendirent avoir le droit de porter la qualification de prince, aucune n'a jamais fait l'objet de lettres d'érection sous cette dignité qui n'était qu'un *qualificatif brillant,* une *épithète illustre* mais aussi une *vaine étiquette* (sauf pour quelques familles étrangères), le roi ne voulant pas porter préjudice à ses droits de souveraineté.

L'acquéreur roturier d'une terre noble qualifiée de principauté pouvait donc se titrer directement *prince de X (nom de cette terre).*

Seul Napoléon Ier créa des titres de princes, mais à la Restauration, si Louis XVIII et Charles X acceptèrent dans l'expositif des lettres patentes de titres de pairs de France de faire figurer, par courtoisie et à la demande des familles, cette qualification de prince, jamais en revanche elle ne figura dans le dispositif proprement dit de ces lettres.

Titres de ducs

Seuls sont indiqués ici les titres encore portés actuellement. Date du titre (entre parenthèses, nom de famille s'il diffère).

1572 UZÈS (de Crussol). 1588 MONTBAZON (de Rohan), pair 1595. 1598 CROY. 1611 LUYNES (d'Albert), pair 1619. 1620 BRISSAC (de Cossé), pair. 1622 LA ROCHEFOUCAULD, pair 1769. 1648 ROHAN (de Rohan Chabot), pair 1652. 1648 GRAMONT, pair 1663. 1650 MORTEMART (de Rochechouart), pair 1663. 1660 ORLÉANS. 1661 CHARTRES (d'Orléans). 1661 VALOIS (d'Orléans). 1663 NOAILLES, pair 1663. 1667 CHEVREUSE (d'Albert de Luynes). 1672 NEMOURS (d'Orléans). 1690 MONTPENSIER, (d'Orléans). 1700 HARCOURT, pair 1710. 1715 VALENTINOIS (Grimaldi), titre devenu monégasque. 1737 AYEN (de Noailles). 1742 BROGLIE (de Broglie), pair 1815. 1755 CLERMONT-TONNERRE, pair 1775. 1762 PRASLIN (de Choiseul), pair. 1773 LORGE (de Durfort-Civrac), pair 1815. 1780 POLIGNAC (Chalençon), pair 1815. 1784 MAILLÉ, pair 1815. 1787 LA FORCE (de Caumont).

Certains ducs ayant plusieurs duchés avaient parfois reçu l'autorisation de faire porter par leur fils le titre de duc : CHEVREUSE, 1692, aîné du duc de Luynes. GUICHE, 1700, aîné du duc de Gramont. AYEN, 1737, aîné du duc de Noailles. LESPARRE, 1739, cadet de Gramont. LIANCOURT, 1758, aîné des La Rochefoucauld. La Maison de Rohan, titulaire des duchés de Montbazon (1588), de Bouillon (par héritage reconnu en 1816) et des titres princiers de Guéménée et de Rochefort (1728), etc., est fixée en Autriche.

Ducs à Brevet et Grands d'Espagne français du XVIIIe s.

1° Appelés à la pairie depuis 1814 avec le titre héréditaire de duc. *Subsistent : Noailles de Mouchy,* grandesse 1712 ; *Chalais,* 1713 (subsiste par transmission chez les Galard de Brassac de Béarn, par confirmation de la grandesse, en Espagne, en 1883, et cédule royale en 1904) ; *Castries,* duc à brevet 1784, duc-pair 1817, éteint 1886, et relevé ; *Cossé,* duc à brevet non héréditaire 1756, 1774, 1784, duc-pair 1817 (duc de Brissac et pair de France 1611). *Eteints : Caylus* (Robert de Lignerac), duc à brevet 1783, duc-pair 1818, éteint 1905, grandesse d'Espagne et titre ducal transmis par cédules espagnoles de 1893 au Cte de Rougé, et de 1963 à la Ctesse de Dampierre.

2° Autres Grands d'Espagne. *Subsistent : Croy-Dülmen,* grandesse 1528 par Charles Quint, duc, souverain médiatisé ; *Valentinois,* duché-pairie 1642 pour Honoré II P^ce^ de Monaco, puis nouvelle érection des terres en duché-pairie 1716, transmission à Honoré III et extinction dans les mâles 9-6-1949 avec la mort de Louis II de Monaco, titre devenu monégasque pour sa fille, créée D^esse^ de Valentinois en 1920 ; grandesse conférée par Philippe V ; *Doudeauville* (La Rochefoucauld), grandesse 1782 ; *Beauvau Craon,* grandesse 1727 ; *Vogüé*, grandesse 1724 conférée au maréchal duc de Villars, puis léguée en 1777 au Cte de Vogüé ; *La Mothe-Houdancourt*, 1722, grandesse confirmée 1824 par Ferdinand VII pour M. de Walsh-Serrant, transmissible selon le droit espagnol par réhabilitation éventuelle ; *Saint-Priest* (Guignard), duc d'Almazan 1830 avec grandesse ; *San Fernando Luis*, 1816 (au duc de Lévis-Mirepoix, reconnu France 1961). *Éteints :* Duc de *Serent*, grand. 1799, éteint 1822 ; duc d'*Esclignac* (Preyssac-Fimarcon), grandesse 1787 + 1868 ; *Brancas*, grandesse 1730 + 1852 ; *Narbonne-Pelet*, 1789, ét. 1901 (les Narbonne-Lara s'éteignirent en 1916) ; *Crillon*, grandesse 1782 + 1870 ; *Saint-Simon* (Rouvroy), Mlle de St-Simon, Ctesse de Rasse, obtint en Espagne en 1803 confirmation de la grandesse conférée en 1722 au duc de Saint-Simon, le mémorialiste, puis transmise en 1751 par son testament.

Nota. – La grandesse héréditaire étant transmissible par les femmes, une grandesse peut toujours être réhabilitée en Espagne s'il existe encore des descendants de celui qui la vit conférer. Cependant la réhabilitation est à la fois un droit et une grâce du roi d'Espagne qui ne l'accorde que si le postulant actuel a rendu d'éminents services à l'Espagne.

Qualifications de princes qui furent ou sont portées en France

Amblise (Champagne). Sirerie possédée avec la qualification de prince par la maison d'Anglure. **Amboise.** Titre porté par Louis d'Amboise (1392-1469), qui était P^{ce} de Talmont. **Andorre.** Voir Index. **Anet.** Sirerie, près de Dreux, aux ducs de Vendôme. **Antibes** (Provence). Attestée 960, passée aux Grimaldi et, par succession, à la Maison de Grasse. **Arenberg.** Maison médiatisée en Allemagne. En 1815, titre de duc pour le chef de la Maison (devenue française par lettres de grande naturalisation de Charles X), puis pair de France. Tous ses représentants portent en France le titre de P^{ce} et P^{cesse} d'Arenberg. **Assier.** Aux Uzès.

Beauveau-Craon (St Empire 1775) admis sous ce titre aux honneurs de la Cour. **Bédeille** (Béarn). Souveraineté territoriale à la Maison d'Albret passée en 1692 à Charles de Lorraine, comte de Marsan, qui ne disparut qu'en 1790. **Bidache et Barnache.** Aux confins du Labourd, de la Guyenne et de la basse Navarre ; franc-alleu de temps immémorial possédé par les Gramont qui, y exerçant leur souveraineté sans partage, s'en qualifièrent princes souverains en 1570, ce que parfois le roi leur contesta... Cette situation dura jusqu'en 1790 et ne fut même jamais régularisée ensuite. **Bouillon.** Titre *ducal* (St Empire) lié à partir de 1520 au titre princier de Sedan (créé par François Ier en faveur de Robert II de La Marck). **Bourbon.** La qualification de prince est de droit, avec parfois des désignations différentes, dans la descendance des Capétiens.

Carency (Artois). Terre ayant appartenu à des Bourbons dont les descendants par les femmes se titrèrent P^{ce} de Carency (les La Vauguyon, Bauffremont, etc.). **Carignan.** Près de Sedan ; donnée en 1661 au comte de Soissons par Louis XIV qui érigea cette terre en duché en 1662, mais ses possesseurs continuèrent à s'en qualifier princes. **Céreste.** Titre porté par le frère du duc de Brancas, au XIXe s. **Chabanais** (Angoumois). Attestée 980 ; d'abord comté, puis principauté (XVIe s.), et enfin marquisat. **Chalais** (Périgord). Terre entrée dans la maison de Talleyrand par mariage après 1321. Ses possesseurs portèrent le titre de prince. **Charleville.** Bâtie en 1609 par Charles de Gonzague, duc de Nevers et de Mantoue ; passa ensuite aux Condé. **Châteauneuf-sur-le-Rhône.** Titre attaché à l'évêché de Viviers. Attesté 1718. **Château Porcien** (Champagne). Seigneurie du comté de Ste-Ménehould érigée en principauté (1551) pour les Croy, elle passa aux ducs de Nevers puis à Mazarin, aux Richelieu et au P^{ce} de Monaco. **Château Renaud** (Hainaut). Érigée en comté (1470) par le duc de Bourgogne pour Jean de Croy, dont le petit-fils fut créé prince du Saint Empire. Passée par alliance à la Maison de Ligne, puis d'Hénin-Liétard (éteint 1806 – titre princier relevé par la branche cadette de la Maison de Riquet de Caraman). Titre belge : prince de Caraman Chimay 1824. **Chatelaillon** (Char.-Mar.). **Commercy** (Lorraine). Souveraineté, propriété des Maisons de Nassau-Sarrebruck puis Gondi et Lorraine. **Condé** (Hainaut). Possédée par une branche cadette des Bourbon (éteint 1830). Le duc d'Aumale, neveu et filleul du dernier P^{ce} de Condé, qui fut son légataire universel, ne releva pas le titre. **Conti** (Picardie, Somme). Une branche cadette de la Maison de Bourbon-Condé acquit cette terre par le mariage de Louis Ier de Condé en 1551, mais le titre de prince de Conti fut porté pour la 1re fois par son fils François de Bourbon (1558-1614). Il s'éteignit à la mort de Louis François II (13-3-1814). **Courtenay.** Seigneurie qui n'était plus dans la Maison des Courtenay quand ils se titrèrent P^{ces} au XVIIe s., ce que le roi n'admit jamais ; les Bauffremont prirent le nom de Bauffremont-Courtenay au XIXe s. dans une branche cadette devenue aînée.

Delain (Franche-Comté). Sous Charles Quint, Jean de Goux, dit de Rupt, se qualifia souverain de Delain, terre passée aux Clermont d'Amboise. **Denain.** Titre attaché à l'évêché d'Arras. Attesté 1718. **Déols** (Berry). Les anciens seigneurs s'appelaient « princes de la principauté déolaise » (éteinte sous Philippe Auguste). **Dombes.** Cette principauté souveraine, véritable État formé d'un débris du royaume de Bourgogne, fut possédée par les Montpensier, puis rattachée à la couronne en 1762. **Donzère** (Dauphiné). Les évêques de Viviers portèrent le titre de princes de Donzère et de Châteauneuf.

Elbeuf. Qualification de prince portée par les cadets des ducs de ce nom. **Embrun.** Titre attaché à l'évêché. Attesté 1718. **Épinoy** (Artois). Châtellenie de la Maison de Melun en 1327, érigée en comté par lettres patentes de Louis XII (1514) en faveur de François de Melun qui en fut créé prince par Charles Quint. Passée aux Rohan-Soubise (1724). **Espinoy.** Aux Vaudémont (Lorraine) cité par Saint-Simon en 1720.

Fénétrange. Seigneurie libre et immédiate de l'Empire, partagée en 1469 en 2 coseigneuries passant aux Saarwerden et aux Croy-Havré. Aux Polignac en 1789. **Foucarmont.** Cité par Semonville en 1858.

Grenoble. Titre attaché à l'évêché. **Grimberghe.** Titre porté dans la Maison de Luynes. **Guéménée** (Bretagne). Érigée en principauté en 1547 pour Louis, comte de Montbazon.

Harcourt. Jean VII († 1452) était qualifié de prince d'H. **Henrichemont** (Boisbelle-en-Berry devenu Henrichemont sous Henri IV). Franc-alleu de temps immémorial acheté par Sully aux Gonzague, cette principauté souveraine ne fut rattachée définitivement à la France qu'en 1791.

Isenghien et Masmines. A Maximilien de Gand dit Villain, par lettres patentes de Philippe II du 29-5-1582. **Isle-sur-Montréal.** Qualification princière portée dans la Maison de Mailly-Nesle.

Joinville (Champagne). Possédée par les sires de Joinville (dont le chroniqueur de St Louis), principauté de la Maison de Lorraine (9-5-1552), Joinville devint, par succession, un bien patrimonial de la Maison d'Orléans (et non un apanage).

Lamballe (Bretagne). Duché en 1695 pour le comte de Toulouse, légitimé de France. Qualification de prince de Lamballe pour ses possesseurs. **Lambesc** (Provence). Principauté priv. érigée par le roi de France Cte de Provence. Quelques membres de la Maison de Lorraine portèrent le titre de prince. **La Roche-sur-Yon** (Vendée). Simple seigneurie entrée dans la Maison de Bourbon (1454) et dont les possesseurs assumèrent la qualification princière. **Léon** (Bretagne). Les plus anciens seigneurs se qualifiaient comtes ou vicomtes, puis, acquise par les Rohan, cette terre appelée principauté passa aux Rohan-Chabot. **Lillebonne.** Cité par Saint-Simon (f. Espinoy) en 1720. **Linchamps.** Cité par Semonville en 1858. **Listenois.** Qualification princière des Bauffremont (1762). **Lixin.** Qualification princière portée dans la Maison de Lorraine. **Longjumeau** (Ile-de-France). Baronnie de coutume possédée par les Lusignan (rois de Chypre) puis par la Maison de France ; passée par mariage dans la branche aînée des barons de Gaillard, agrandie par mariage, devenue le nom patronymique de la famille. Lettres patentes de François Ier (1521) pour sa demi-sœur (naturelle) reconnaissant pour elle et ses enfants les désignations de prince et princesse. Contestée. **Lorraine.** Duché créé en 895 (Maison attestée depuis 1048). 8 pairies furent instituées en France, au bénéfice de ses différentes branches. Définitivement réunie à la France en 1766. L'actuelle Maison impériale et royale de Habsbourg-Lorraine en est issue depuis 1736. La qualification de prince était inhérente aux membres de cette famille autrefois souveraine. **Lure.** L'abbé était P^{ce} du St Empire dep. 1232. **Lurs.** Titre porté par les év. de Sisteron. **Luxe** (Basse-Navarre). Comté souverain passé par dot, en 1593, aux Montmorency-Boutteville.

Marnay. Porté par les Bauffremont. P^{ce} du St Empire. **Marsillac** (Angoumois). Cette terre échut en dot à Gui de La Rochefoucauld dont l'arrière-arrière-petit-fils François, mort en 1533, fut le premier à être qualifié de P^{ce} de Marsillac. **Martigues** (Provence). Terre vicomtale érigée, par Henri III en 1582, en principauté pour Marie de Luxembourg, elle passa aux Bourbon-Condé puis par acquisition au maréchal de Villars. Revendue aux Gallifet (1772). **Maubuisson** (Yvelines). Qualification portée par les Rohan. **Metz.** L'év. était P^{ce} du St Empire. **Meurs.** Principauté de la Maison de Croy. **Monaco** (V. États). **Montauban** (Ille-et-Vilaine). Qualification portée par les Rohan. **Montcornet** (Aisne). Charles Armand, duc de Mazarin, l'acquit en 1666, en même temps que Château-Porcien ; passée dans la Maison de Monaco. **Mondragon.** Titre attaché à l'évêché. Attesté 1718. **Montlaux.** A la famille de Créquy. **Mortagne** (Saintonge). Quelques seigneurs en ont été qualifiés princes (1487). Cette terre passa des Cœtivy aux La Trémoïlle, Gouyon-Matignon et Richelieu. **Murbach.** L'abbé était P^{ce} du St Empire (titre réuni à celui de Lure 1554).

Nice. L'évêque de Nice (ville non française en 1789) bénéficiait d'un titre de prince reporté sur une autre localité.

Orange (Dauphiné). Cette ville et principauté enclavée dans la Provence passa en 1173 à la Maison des Baux, en 1388 à celle de Chalon, puis à celle de Nassau jusqu'à Guillaume-Henri de Nassau, prince d'Orange, stathouder de Hollande, décédé sans postérité en 1702. Louis XIV, après avoir autorisé en 1706 Louis de Mailly-Nesle, héritier de la maison de Chalon, à se qualifier prince d'Orange, réunit Orange à la Couronne et la donna en 1712 à Louis-Armand de Bourbon-Conti.

Phalsbourg. Qualification princière portée dans la Maison de Lorraine. **Poix** (Picardie). Les 1ers seigneurs de cette terre se qualifièrent de princes (1159-1236). Ils étaient issus de la Maison de Tyrel et cette seigneurie ainsi qualifiée passa à la Maison de Créquy, puis fut érigée en duché-pairie (1652) et acquise par les Noailles. Lettres pat. de principauté en 1765. **Pons.** Qualification princière portée dans la Maison d'Albret, passée à celle de Lorraine.

Rache (Artois). Aux Berghes St-Winocq. Principauté 1682. **Raucoux.** Fief souverain en Luxembourg, aux ducs de Bouillon. **Revel.** Portée par les Broglie (1759). **Rochefort.** A la Maison de Rohan.

Salon. Titre attaché à l'archevêché d'Arles. Attesté 1718. **Sayans** (Vivarais). Chef-lieu d'une viguerie avec château, dont les ducs d'Uzès et les évêques de Valence se qualifièrent quelquefois de princes (vraisemblablement en raison de leur suzeraineté en « paréage », comme, encore, de nos jours, l'Andorre). **Sedan, Jametz, Raucourt.** Principauté composée de 32 paroisses, qui fut abandonnée au profit du roi Louis XIII le 15-9-1642 par le duc souverain de Bouillon (Frédéric Maurice de La Tour d'Auvergne), frère aîné de Turenne, et complice de Cinq-Mars (exécuté pour avoir comploté contre le roi). Cet abandon lui sauva la vie. En mai 1647, Frédéric Maurice, demeuré duc de Bouillon, réclame la restitution de sa principauté (échec). Le 20-3-1651, il consent à sa cession définitive, en échange du duché d'Albret. Ses descendants ont fait passer le titre princier sur leur vicomté de Turenne (voir ci-dessous). **Sieviers** (aux Lannes de Montebello). Principauté faisant partie de la dotation de l'évêché de Cracovie (Pologne) et incluse dans la dotation accordée par Napoléon Ier au maréchal Lannes, par décret du 30-6-1807. Bien que le majorat n'ait pas été constitué, le titre de prince de Siéviers a été parfois utilisé dans cette famille. **Solre.** Titre princier par diplôme espagnol (1677) pour le lieutenant général de Croy au service de la France. **Soubise.** Sur la Charente, en Saintonge, d'abord seigneurie en 1218 avec Guillaume l'Archevêque, de Parthenay et de Soubise. Titre de prince en 1667 pour les Rohan [qui s'ajoute pour cette famille à ceux de prince de Léon (XVIe siècle et 1603), Rochefort (1728) et Guéménée (1570)]. **Strasbourg.** Titre attaché à l'évêché. Attesté 1718.

Talmont. Louis de La Trémoïlle reçut Talmont lors de son mariage en 1446 avec Marguerite d'Amboise et se qualifia prince de Talmont ainsi que ses descendants. **Tancarville** (Normandie). De même que ci-dessus mais dans la famille de Montmorency. **Tarentaise.** Titre princier en Savoie porté par les évêques de Moutiers. **Tarente** (Naples). François de La Trémoïlle, arrière-petit-fils de Louis Ier, reçut ce titre de prince de Tarente, en même temps que les prétentions au royaume de Naples, en 1521, par son mariage avec Anne de Laval, héritière de sa mère Charlotte d'Aragon. Titre reconnu en 1651 par Louis XIV pour les aînés et dignité princière pour tous les mâles. Le dernier titulaire fut Louis Jean (1910-33), 12e duc de La Trémoïlle, 13e duc de Thouars, 13e prince de Tarente, 17e prince de Talmont. **Tingry** (Picardie). Qualification portée dans la Maison d'Albret, puis de Luxembourg par érection de la baronnie de Tingry, Hesdigneul et Hucqueliers, par lettres patentes d'Henri III de janvier 1587. **Tonnay-Charente** (Saintonge). A la Maison de Rochechouart (depuis le XIIIe siècle) qui en porta le titre à partir de 1591. **Tourrette.** Un des fiefs de l'évêché d'Apt qui bénéficia d'immunités accordées par la reine Jeanne en 1355. **Turenne.** Vicomté souveraine passée aux La Tour d'Auvergne, qui furent un temps simultanément ducs de Bouillon et Pces de Sedan, comprend une centaine de paroisses dans les dép. actuels de Corrèze et Dordogne, avec droit de frapper monnaie. Avant 1700, les vicomtes de Turenne prirent la qualification de Pces de Turenne.

Vaudémont. A la Maison de Lorraine 1812 ? **Venise.** Titre accordé par Napoléon Ier le 12-12-1807 à son fils adoptif Eugène de Beauharnais, vice-roi d'Italie le 7-6-1805. Semble éteint lors du congrès de Vienne (1814-15). **Vergagne.** Aux cadets de la Maison de Mancini. **Vivarais.** Cité par Semonville.

Yvetot. Franc-alleu isolé dans le pays de Caux, attesté pour la 1re fois en 1024, dont les seigneurs portaient souvent le titre de « roi » ; composé des 3 paroisses d'Yvetot, de Sainte-Marie-des-Champs, de Saint-Clair et d'une partie de celle d'Écalle-d'Aix, bénéficiant de tous les privilèges de souveraineté jusque sous Henri II (1551). Dès lors, tout en conservant pour leur royaume de larges immunités et exemptions fiscales, ses possesseurs sous Louis XIV se qualifièrent de princes et princesses. Intégré à la nation française le 18-11-1789. Le titre d'honneur et de dignité de prince d'Yvetot (qui fut donc, longtemps, une souveraineté étrangère dans le royaume de France) est passé de nos jours chez les Vigneral (famille issue de l'ancienne maison régnante sur Yvetot). Porté par le Mis d'Albon.

Sous la Révolution

Le 23-6-1790, Louis XVI promulgua un décret disposant que la noblesse héréditaire était pour toujours abolie. L'insertion des titres dans les actes fut interdite le 16-10-1791 et, le 17-6-1792, on ordonna de brûler les papiers concernant chevalerie et noblesse.

Titres sous le Premier Empire

● **Nombre de titres accordés :** 2 191 (princes 7, ducs 33, comtes 251, barons 1 516, chevaliers 385). Seuls subsistent actuellement de 234 à 239 titres du Premier Empire + 66 personnes dont l'ascendant fut décoré du titre de chevalier. D'après Campardon, il y aurait eu 3 263 « anoblissements » (soit 1 chef de famille pour 10 000 citoyens en 1814 contre 7 pour 10 000 en 1789). 59 % sont des militaires, 22 % des hauts fonctionnaires, 17 % des notables.

☞ **Grandes dignités.** *Créées* en 1804, archichancelier (Cambacérès), architrésorier (Lebrun), connétable (Louis Bonaparte), grand amiral (Murat), grand électeur (Joseph Bonaparte) et 18 maréchaux d'Empire sauf Brune (qui deviendra pair de France pendant les Cent-Jours) et Jourdan (qui sera anobli par Louis XVIII le 1-1-1815 ; on a dit à tort que Napoléon l'avait fait duc de Fleurus).

● **Titres de la famille impériale.** Prince et princesse, traitement d'Altesse impériale.

● **Titres accordés avec souveraineté, pris sur les territoires acquis ou conquis. Rois.** *Naples :* Joseph Bonaparte (30-3-1806) puis Murat. *Hollande :* Louis Bonaparte (5-6-1806). *Westphalie :* Jérôme Bonaparte (1807). **Autres titres.** *Grand-duc de Clèves et de Berg* 1806 à Murat, 1808 au fils aîné de Louis roi de Hollande. *Grande-duchesse de Toscane* 1808 Elisa Bonaparte. *Pce souverain de Neufchâtel et duc de Valengin :* Berthier (1806). *Pce souverain de Bénévent :* 5-6-1806 Talleyrand (c'était alors une enclave du St-Siège dans le royaume de Naples). *Pce souverain de Ponte Corvo* 5-6-1806 Bernadotte [il restitua son État à Napoléon en 1810 en devenant prince héritier de Suède ; Ponte Corvo passa à Murat, roi de Naples, le 5-12-1812]. *Principauté et duché de Guastalla* 1806 Pauline Bonaparte qui les rétrocéda aussitôt à Napoléon en n'en conservant que le titre.

Tous ces titres avec souveraineté seront « abdiqués » au congrès de Vienne en 1815, et leurs titulaires les perdirent lors de la remise en ordre de l'Europe et des restitutions des divers pays souverains à leurs monarques légitimes (par ex. : Neuchâtel et Valengin restitués à la Prusse, Bénévent et Ponte Corvo au Saint-Siège, etc.). Seul Talleyrand réussit à conserver une partie des revenus de son ancienne principauté de Bénévent après 1815.

● **Titres accordés sans souveraineté. Duchés, grands fiefs :** *attribués en dehors de la famille impériale et des grands dignitaires.* Le 20-3-1806, Napoléon avait institué, hors de France (pour ne pas manquer à son serment du 13-7-1804, lors de la distribution des 1res croix de la Légion d'honneur, de combattre toute entreprise qui tendrait à rétablir le régime féodal), mais sous son autorité, des duchés grands fiefs qui furent attribués ultérieurement aux maréchaux et hauts fonctionnaires de l'Empire en 1808-09. Ces duchés n'impliquaient aucun pouvoir féodal, mais une part des revenus de ces territoires formait le majorat obligatoire de chaque titre.

Autres titres. Des titres dits décoratifs (assimilables à des décorations) étaient accordés à titre personnel. Ils pouvaient devenir héréditaires après autorisation donnée sur constitution d'un *majorat* (bien inaliénable attaché au titre et transmissible avec lui, de mâle en mâle par ordre de primogéniture. Il était exigé pour un duc 200 000 F de revenus, comte 30 000, baron 15 000, chevalier 3 000. L'abrogation de cette condition le 12-5-1835 bénéficia aux titres de l'Empire et aussi de la Restauration pour les titulaires qui, ayant négligé d'accomplir cette formalité entre 1808 et 1835, étaient encore en vie à cette dernière date). Seuls 15 % des bénéficiaires constituèrent un majorat, formalité onéreuse et qui nécessitait 10 étapes de procédure. Les titres de l'Empire (prince, titre de « victoire », duc, comte, baron, chevalier) furent pour 59 % d'origine non noble.

Titres de fonction. Étaient automatiquement : *princes* les grands dignitaires (et *ducs* leurs fils aînés après constitution d'un majorat) ; *comtes* les ministres, sénateurs, conseillers d'État à vie, pts du Corps législatif, archevêques ; *barons* diverses fonctions publ. au niveau départemental (Pt de cour de cassation, procureurs gén., évêques, maires des 37 bonnes villes assistant au sacre, cons. d'État, préfets).

Légion d'honneur. Aux termes de l'art. II du décret du 1-3-1808 et des textes qui l'ont complété sous le Ier Empire, les membres de la Légion d'honneur, à quelque grade qu'ils appartiennent dans l'Ordre, ont droit au titre de *Chevalier.* L'ordonnance du 8-10-1814 dispose, dans son art. II, que « lorsque l'aïeul, le fils et le petit-fils auront successivement été membres de la Légion d'honneur et auront obtenu des lettres patentes (supprimées depuis lors), le petit-fils sera noble de droit et transmettra la noblesse à toute sa descendance ».

L'Association des honneurs héréditaires, A.H.H., 32, sentier de l'Aubépine, 67000 Strasbourg, *fondée* 1967, regroupe les familles françaises remplissant ces conditions.

Ducs

Légende : é = éteint.

● **Duchés souverains.** Guastalla (Pauline Bonaparte) créé dans les états de Parme et Plaisance ; Bénévent (Talleyrand) ; Ponte Corvo (Bernadotte) créés dans les États du Pape (voir plus haut).

● **Duchés grands fiefs (non souverains) créés hors de France. Duchés de l'Empire :** créés hors de France, Napoléon ayant prêté serment contre la féodalité lors de son sacre d'Empereur des Français. **13 dans le royaume d'Italie :** Dalmatie (Mal Soult) é 1857 ; Istrie (Mal Bessières) é 1856 ; Frioul (Gal Duroc) é 1813 ; Cadore (Contre-amiral Nompère de Champagny) é 1893 relevé ; Bellune (Mal Victor) é 1853 ; Conegliano (Mal Moncey) é 1842 ; Trévise (Mal Mortier) é 1912, relevé, é 1946 ; Feltre (Gal Clarke) ; Bassano (pour Maret, ministre) é 1906 ; Vicence (Gal Caulaincourt) é 1896 ; Padoue (Gal Arrigh de Casanova) é 1888 ; Rovigo (Gal Savary) é 1872 ; *le duché de* Massa di Carrara (détaché de l'Italie le 1-5-1806 et rattaché à la Pté de Lucques) fut accordé en 1809 au grand juge Régnier é 1962.

4 dans le royaume de Naples : Gaëte (Gaudin, min. des Finances) é 1841 ; Otrante [1] (Fouché) ; Reggio (Mal Oudinot) é 1956 ; Tarente (Mal Mac Donald) é 1912. **3 dans les états de Parme et Plaisance :** Parme (Cambacérès, archichancelier) é 1824 ; Plaisance (Lebrun, architrésorier) é 1926 ; Guastalla (pour Pauline Bonaparte ; quand elle eut renoncé à sa souveraineté, vie non héréditaire).

● **Ducs portant des titres de victoires.** *1805* Elchingen (Mal Ney) é 1969 ; *1807* Dantzig (Mal Lefebvre) é 1820 ; *1808* Abrantès (Gal Junot ; é 1813, réservé aux Le Ray, 1869) ; Auerstaldt [1] (Mal Davout é 1853, réservé aux descendants de Charles d'Avout, fr. cadet du Mal) ; Castiglione [1] (Mal Augereau) ; Montebello [1] (Mal Lannes) ; Raguse (Mal Marmont) é 1816 ; Rivoli [1] (Mal Masséna) ; Valmy (Mal Kellermann) é 1868 ; *1813* Albufera [1] (Mal Suchet) ; Wagram (Mal Berthier) é 1918.

● **Autres titres.** Ducs de Lodi (titre italien accordé en 1807 à François Melzi d'Ezril) ; de Lita (en Lombardie) ; Decrès (amiral Decrès, min. de la Marine) é 1820 ; d'Arenberg [1] (titre de duc de l'Empire conféré en 1811 au duc régnant d'Arenberg, en Allemagne, lors de l'annexion de son duché à l'Empire français) ; de Salm-Kyburg (même remarque que pour Arenberg) ; duchesse de Frioul (Hortense Duroc en 1813 à la mort de son mari) é 1829 ; duchesse de Navarre, créé le 9-4-1810 pour l'impératrice Joséphine après son divorce, titre passé aux Beauharnais-Leuchtenberg, éteint en France dep. un arrêt du 10-8-1858.

Nota. – (1) Titre subsistant.

Princes

4 titres fondés sur des victoires : Pces d'Eckmühl (Davout) é 1853, d'Essling (Masséna), de la Moskowa (Ney) é 1969, de Wagram (Berthier) é 1918, sans compter les membres de la famille impériale. Berthier, Davout et Masséna reçurent respectivement, par décret du 15-9-1809, les châteaux de Chambord, Brühl (Prusse rhénane) et Thouars, appartenant à la Légion d'honneur, érigés en principautés du nom de leur titre de victoire.

Titres sous Louis XVIII et Charles X

Titres accordés. Au total *2 130* dont *Duc* avec lettres patentes enregistrées 19 (9 ducs à brevet et Grands d'Espagne français du XVIIIe s. avaient été appelés à la pairie depuis 1814, celle-ci étant héréditaire). *Marquis* 44. *Comte* 205. *Vicomte* 214. *Baron* 779. *Nobles* (lettres d'anoblissement) 726. *Confirmations de noblesse* 141.

Ducs. *10 subsistent actuellement : 1817* Sabran (relevé 1828 par son neveu, marquis de Pontevès ; d'où la Maison de Sabran-Pontevès) ; Talleyrand (de Talleyrand-Périgord ; la veuve porte le titre) ; Doudeauville (br. cadette de La Rochefoucauld) et Croy ; *1818* Bauffremont (de Bauffremont) ; *1822* Decazes ; *1824* Blacas d'Aulps ; *1828* Arenberg ; *1830* Des Cars (Pérusse) avril 1830, patentes de juillet 1830, non scellées du fait de la révolution de Juillet. *Éteints :* Avaray (Bésiade) 1818 (é 1943). Caderousse (Grammont) 1825 (é 1865). Caraman (Riquet de), ordonnance 10-5-1830, sans patentes ultérieures, confirmé par Napoléon III 1869 ; le bénéficiaire décéda sans postérité en 1919, titre relevé. Castries 1817 (é 1886), titre relevé. Caylus (Lignerac) 1818 [é 1905, retransmis ensuite selon la loi espagnole par cédule d'Alphonse XIII de 1843 et soumis (1976) à la procédure de succession en ligne fém. en Espagne]. Crillon 1817 (é 1870). Damas-Crux 1818 (é 1846). Damas d'Antigny 1825 (é 1827), titre personnel. Fezensac (Montesquiou) 1812 (é 1913). La Chastre 1815 (é 1824), ordonnance sans patentes. La Vauguyon (de Quelen) 1818 (é 1837). Montmorency [plusieurs pairies conférées : 1817 duc-pair pour Mathieu Jean de Montmorency, cousin du précédent, réinstitué 1864 dans la famille des Talleyrand (é 1951)]. Narbonne Pelet 1817 (é 1901). Rauzan (Chastellux) 1819 (titre personnel, relevé). Richelieu (Chapelle de Jumilhac) 1822 (é 1952). Rivière 1825 (é 1890). Tascher 1818 (é 1901), relevé.

Titres sous Louis-Philippe

Titres accordés. 118 (66 créations, 52 régularisations, confirmations et autorisations).

Ducs. 3 titres *créés :* Pasquier (Audiffret) 1845, devenu Audiffret-Pasquier en 1862. Isly (maréchal Bugeaud) 1845, é vers 1865. Montmorot 1847 (à Fernand Muñoz, époux de la reine Marie-Christine, veuve de Ferdinand VII), é 1873. *Régularisés :* Choiseul (Marmier) 1839 [gendre du duc de Choiseul-Stainville (1760-1838)], é 1947. *Étrangers espagnols reconnus :* Walsh-Serrant 1838. Santa Isabela (Bresson) 1847. **Marquis** 0. **Comtes** 17 créés (9 subsistent), 10 confirmés, 2 n'eurent pas leurs patentes, 1 (Bourbon-Conti) « ajourné par le roi », 5 étrangers autorisés : 3 pontificaux (1 personnel), 1 Sarde, 1 de Westphalie. **Vicomtes** 7 confirmés dont 3 personnels. **Barons** 46 créés dont 4 personnels (13 subsistent), confirmés 23, étrangers reconnus 2 (1 pontifical, 1 des Pays-Bas). **Chevalier** 1 confirmé à titre personnel.

5 familles titrées sous Louis-Philippe subsisteraient de nos jours.

Titres sous le Second Empire

Titres. Créés 43, régularisés 227. **Ducs :** *4 créés :* Malakoff (Mal Pélissier) *1856,* éteint 1864. Magenta (Mal de Mac-Mahon) *1859,* é. Morny *1863,* éteint 1943. Persigny (Fialin) *1863,* éteint 1885. *14 régularisés :* Plaisance (Maillé de la Tour Landry, éteint 1926). Parme (Cambacérès, éteint). Elchingen (Ney, éteint en 1973). Dalberg (Tascher), éteint 1901, relevé par les Tascher de la Pagerie. Gadagne (Galléan) éteint. Caraman (Riquet, Napoléon III régularise en 1869 le titre du 1er duc de 1830 pour le petit-fils mais celui-ci

Pairs de France

Ancien Régime. Issus de l'Institution coutumière apparue vers 1200 qui persista jusqu'en 1789, ils bénéficient de privilèges judiciaires et honorifiques, notamment au sacre des rois. De 1200 à 1789, on a dénombré 7 pairies ecclésiastiques et 152 fiefs principaux érigés en pairie (ce qui fait avec les érections successives de certains fiefs 306 pairies ayant existé sous l'Ancien Régime). Le 4-8-1789 il existait 66 pairies : 4 princes de sang, 62 pairies (possédées par 48 personnes) dont 7 ecclésiastiques, 55 laïques (17 possédées par des princes capétiens, 4 par des princes étrangers, 34 par 33 membres de l'aristocratie). *En 1980,* subsistent encore 15 pairies d'Ancien Régime dont 5 *capétiennes* représentées par le comte de Paris (Orléans, Valois, Chartres, Nemours, Montpensier) et 10 ayant encore 1 représentant : Uzès, Montbazon (Rohan), Brissac, Luynes, Gramont, Rohan, Mortemart, Noailles, Harcourt, Clermont-Tonnerre (Fitz-James s'est éteint en 1967).

Cent-Jours. Acte additionnel aux Constitutions de l'Empire (22-4-1815), institua une Chambre des Pairs, pairs par droit de naissance (8 membres de la famille impériale) et 114 pairs nommés, héréditaires, dont 29 étaient issus des 147 pairs déjà nommés par Louis XVIII, les 85 autres étant : 12 anciens sénateurs, 5 maréchaux, 39 lieutenants généraux et 4 ducs civils d'Empire, 1 ancien conventionnel régicide, 14 notables fidèles à Napoléon Ier et 10 représentants de l'ancienne noblesse, presque tous déjà titrés de nouveau par l'empereur. Ces 114 pairs, nommés le 2-6-1815, siégèrent 15 fois et se dispersèrent le 7-7-1815. 65 sur 114 furent rappelés par Louis XVIII, 1 par Charles X, 24 par Louis-Philippe, et 1 par succession. Il n'existait pas de titres spéciaux liés à cette pairie éphémère.

Sous Louis XVIII, Charles X et Louis-Philippe (jusqu'en 1832). Furent créées 434 pairies (118 confirmations dans la fonction par Louis XVIII, 39 réintégrations, 182 nominations nouvelles ; 95 par Charles X : 1 réintégration et 94 nominations nouvelles). Il y eut des barons, vicomtes, comtes, marquis et ducs-pairs. 309 furent instituées à titre héréditaire et 125 à titre viager par Louis XVIII, Charles X et Louis-Philippe (avant l'abolition de l'hérédité de la pairie) (dont 92 ecclésiastiques). 162 pairies sont considérées comme ayant eu le caractère héréditaire (lié à la délivrance des patentes et à l'institution des majorats). Tous ces pairs de France étaient nobles et titrés (titres héréditaires s'ils avaient accompli, entre 1814 et 1831/35, les formalités, ou sinon viagers).

Sous Louis-Philippe. L'hérédité de la pairie fut abolie le 29-12-1831 à effet du 8-1-1832. A son avènement, 81 pairs laïques furent exclus (80 de Charles X, 1 de Louis XVIII : Polignac). Le *dernier pair de France* (prince du sang, pair-né n'ayant pas siégé vu son jeune âge) mourut le 28-8-1922 : Gaston d'Orléans, comte d'Eu, petit-fils de Louis-Philippe. Env. 235 familles subsistent actuellement, issues d'un ascendant anobli ou titré par la Restauration.

mourut célibataire en 1919). Chatellerault (ayant-droit actuel : Douglas Hamilton, duc d'Hamilton, duché étant passé par une femme, en cette Maison, avant 1711 ; la branche est éteinte mais, avec ce système, l'actuel duc d'Hamilton semble effectif duc de Chatellerault). Otrante (Fouché, actuellement porté en Suède). Auerstaedt (d'Avout ou Davout, duché du maréchal en 1808, conféré à un cadet de cadet non issu du maréchal). Feltre (Goyon). Abrantès (Le Ray, duché du Gal Junot en 1808, conféré à un descendant par une femme). Audiffret-Pasquier. Montmorency (Talleyrand-Périgord), créé en 1864, éteint 1951. Montmorot (conféré 1862 à un cadet du duc Muñoz, officier de la Légion étrangère, par transmission du titre paternel ; é 1863 ; relevé par les Muñoz d'Espagne). **Marquis** : 4 confirmés, 44 rég., 1 titre étranger. **Comtes** : 19 créés, 64 rég. 7 titres étr. **Vicomtes** : 4 créés, 14 rég. **Barons** : 16 créés, 61 rég. **Chevaliers** : 22 rég. et enregistrés, 1 titre étr. autorisé.

Titres sous la IIIe République

Particules. Mac-Mahon en accorda 3 en 1874, 1877 et 1878, par décrets personnels (en dehors de la procédure normale de la loi de Germinal an XI sur les changements et modifications de noms toujours en vigueur).

Régularisation de titres. *Jusqu'en 1877,* Mac-Mahon confirma des titres acceptés le 1-8-1870 par le Conseil du Sceau (Mis des Roys), autorisa une adoption (Bon Évain Pavée de Vandeuvre, 1873), une clause de réversion (Mis Rolland Dalon, 1874), confirma une possession de fait (Mis Carbonnier de Marzac 1874, Cte de Martimprey 1874, Mis de Vassinhac d'Imécourt 1877). Après 1877, il y eut 2 régularisations : Cte Regnault de Savigny de Moncorps, 1883 ; Mis de St-Brisson (Ranst de Berchem), 1908.

Du 4-3-1872 au 13-12-1984, 401 investitures de titres de noblesse ont été vérifiées, dont 184 depuis 1908 (ducs 47, princes 2, marquis 27, comtes 39, vicomtes 8, barons 61).

Titres d'origine étrangère
(titres portés en France)

• **Princes du Saint Empire. 1576** et **1674** Arenberg (prince et duc, reconnu en 1827). **1722** Beauvau-Craon (reconnu en Fr. en 1755) pair 1815. **1734** Looz-Corswarem (prince et duc). **1742** Croy (reconnu en Fr. en 1768). **1757** Marnay (Bauffremont, reconnu en Fr. en 1757). **1759** Broglie (reconnu en Fr. en 1818). **1774** Montbarrey [accordé par l'emp. François Ier au brigadier gal Alexandre de Saint-Mauris, Cte de M. (1732-96), min. de la Guerre de Louis XVI (1777-80). Son fils aîné (guill. 1794) a porté le titre de Pce de Saint-Mauris]. **1816** Bouillon (duc pour le Pce de Rohan, duc de Montbazon).

• **Grandesses d'Espagne. Ducs. 1782** Doudeauville (La Rochefoucauld). **1816** San Fernando Luis (Lévis-Mirepoix, autorisé en France en 1961). Antoine, baron de Lévis-Mirepoix (1884-1981) avait été investi du duché de San Fernando Luis par décret du 10-7-1916, comme descendant d'Anne Adrien Pierre de Montmorency-Laval, duc de Laval, ambassadeur en Espagne, fait duc de San Fernando Luis (diplôme 7-2-1816). **1893** Caylus (Rougé, titre concédé en 1742, transmis en 1770 aux Lignerac et reporté, éteint en 1954 en France mais transmis légalement par les femmes en Espagne où il est reconnu en 1963). Mme Jeanne Rous de la Mazelière, dame Philippe de Dampierre (n. 5-11-1917) a été autorisée à relever le titre par décret du 16-7-1981, ayant hérité ce duché de la famille de Rougé.

Princes. 1713 Robech (Lévis-Mirepoix, venu des Montmorency par mariage en 1906 avec Marie de Cossé-Brissac) [1]. **1904** Chalais (de Galard de Brassac de Béarn, titre attribué aux Talleyrand en 1714 et reporté).

• **Saint-Siège. Ducs. 1669** Galléan de Gadagne (éteint 1940). **1725** Crillon (Berton des Balbes, éteint 1870). **1822** Montboissier de Beaufort Canillac (éteint 1910). **1824** Canino (Bonaparte, éteint 1924). **1831** Stacpoole (restaurateur de St-Paul-hors-les-murs, naturalisé Français, créé vicomte par Louis XVIII). **1869** Rarécourt (de la Vallée de Pimodan) [1]. **1875** Achéry (éteint 1923). **1875** Renart de Fuchsamberg (éteint 1881). **1893** Loubat (éteint 1927) ; Henry de Nissole (éteint 1927). **1898** Astraudo (éteint 1944). San Lorenzo (Dampierre, reconnu en Espagne en 1903) [1]. Fery d'Esclands (éteint 1969). **1899** La Salle (Rochemaure, éteint 1945). **1900** Warren (éteint 1926). **1908** Ravèse (Rohan-Chabot, éteint 1964). **1909** Vandières [1] (Desrousseaux).

Princes. 1820 Polignac (reconnu en Fr. en 1822). **1823** Clermont-Tonnerre (confirmé en 1911). **1847** Montholon-Sémonville (éteint 1951). **1853** La Tour d'Auvergne-Lauraguais (reconnu en Fr. en 1869). Titre attribué aux Latour de Saint-Paulet (originaires du Languedoc et qui ne portent le nom d'Auvergne que depuis le début du xixe s.), contesté par une branche cadette des La Tour d'Auvergne portant ce nom depuis le xviiie s. **1951** Dentelin (Le Salle). Mérode, Pce de et Pce de Rubempré (roi des P.-Bas 15-10-1823) habitués en France.

Titres pontificaux concédés à des Français *dep. le xvie s.* 577 : princes 13 (dont 5 héréditaires), ducs 28 (14 hér.), marquis 82 (30 hér.), comtes 429 (64 hér.), vicomte 1 (hér.), barons 24 (3 hér.) ; plus 9 anoblissements, soit 585 distinctions (126 hér.) ; 116 ont été conférés entre le xvie s. et 1804, 417 au xixe s., 52 au xxe s., à 223 familles françaises déjà nobles et 343 familles bourgeoises (mais seuls 22 titres romains furent reconnus en France de 1830 à 1877 ; il n'y a plus eu de reconnaissance depuis 1877), d'après M. Labarre de Raillicourt. **Décernés avant 1804** : 116, *1804 à 1900* : 418, *1900 à 1963* (plus de concessions à partir de janvier 1964) : 52, dans 576 familles (233 nobles, 343 bourgeoises).

Autriche. Pce Poniatowski (1764) [1], Pce de Blacas (1838). Pce de Rohan, Pce en Autriche 27-11-1808. Croy (Picardie, 1207). Duc 1598, rec. 1768 en France ; Pce du St Empire 1742, rec. en France 1742, 1768 et 4-6-1814. **Bavière.** Pce de La Rochefoucauld-Montbel (1909), Pce de Polignac (1938). **Belgique.** Pce de Chimay (Riquet) (roi des Pays-Bas, 1824) et de Caraman (Riquet) (roi des Belges, 1856). **Danemark.** Duc de Glücksbierg (Decazes, 1818, reconnu en Fr. en 1818). **Espagne.** Duc de Caylus (Rougé, 1817, éteint 1954). Duc d'Estrées et Vallombrosa (assumé en 1898 dans la famille de La Rochefoucauld Doudeauville, éteint en 1907). Duc de La Mothe Houdancourt (créé en 1722 dans la famille de Cossé-Brissac, éteint en France dès 1842). Duc de Mouchy (Noailles, 1867, reconnu en 1914). **Géorgie.** Pce Amilakvari, Pce Bagration, Pce Dadiani. **Hainaut** (xve s.). Ligne, Pce d'Epinoy et du St Empire 1592 ; Pce de Ligne 20-3-1601 ; d'Amblise 20-4-1608 (P.-Bas), duc belge. **Pays-Bas.** Pce de Béthune Hesdigneul (1781). **Pologne.** Pce Sapieha (Rozanski, 1512). **Prusse.** Sagan (Talleyrand, créé en 1846, éteint en 1968). **Roumanie.** Pce de Brancovan (Bessarabie). Pce Stourdza (Moldavie). **Russie.** Pce Galitzine (1841). **Sardaigne.** Duc de Vallombrosa (Manca, 1715). **Sicile.** Duc de Bisaccia [transféré en 1851 par le roi Ferdinand II après le mariage en 1807 du duc de Doudeauville (1785-1864) avec Élisabeth de Montmorency-Laval, éteint en 1968, porté dans la famille de La Rochefoucauld-Doudeauville (duchesse douairière vivante)] [1]. Duc de Dino (créé en 1817, éteint en 1968 dans la famille de Talleyrand). Duc Pozzo di Borgo (créé en 1852).

Nota. — (1) Non reconnu en France.

Titres de courtoisie

Arenberg. Duc pair (1827). Le 1er duc n'a pas retiré ses patentes pour raisons politiques. **Beuvron** (1784, duc à brevet non héréd.). Famille d'Harcourt. **Cadore.** Duc 1809 (é 1893). Nompère de Champagny. **Caraman** (de Riquet). Duc pair par ordonnance du 10-5-1830 sans être suivie des lettres patentes. Duc confirmé par Napoléon III 1869, en faveur du frère du bisaïeul du duc actuel, † 1919 célibataire. **Castries.** Duc à brevet le 24-1-1784 avec promesse de duché héréditaire, duc-pair héréditaire le 31-5-1817, avec faculté de transmettre par la ligne collatérale. Le titre s'éteignit en ligne directe le 19-4-1886 et une autre ligne n'ayant pas d'ancêtre commun se saisit du titre de duc. **Chaulnes et Picquigny** (Chaulnes 1621, é 1793). Titres appartenant à la maison d'Albert de Luynes. Le double titre de : duc de Luynes et duc de Chevreuse, s'explique, car après la mort de Charles d'Albert de Luynes, favori de Louis XIII, créé duc de Luynes en 1619, sa veuve Marie de Rohan se remaria à Claude de Lorraine. Après la mort (sans postérité) en 1657 de ce 2e mari, duc de Chevreuse, Marie de Rohan eut le duché de Chevreuse qu'elle donna à Charles (aîné de son 1er mariage). Honoré, frère de Charles, épousa en 1620 l'héritière du comté de Chaulnes, à charge de prendre les noms, titres et armes de cette maison, érigée ensuite en duché-pairie en 1621. La maison d'Albert possédait aussi le duché non pairie de Picquigny (1695). Seule la souche des ducs de Luynes et Chevreuse subsiste et porte alternativement l'un de ces deux titres.

Dalmatie (Soult duc, 1808). Relevé par la famille Reille en 1911. **Dedeyan** (Arménie, maison Arzonni). Titre accepté par l'Office français des réfugiés et apatrides le 16-12-1953, comme princes en Sionnie 1867, reconnus par Napoléon III (sans doute de reconnaissance enregistrée ?). **Des Cars** (Pérusse). Duc héréditaire créé le 11-4-1830, mais la révolution de 1830 empêcha que les lettres fussent scellées. **Estissac.** Duc héréditaire par lettres d'août 1758. Cédé par ordonnance royale en 1839 à un La Rochefoucauld ; cette ordonnance du 2-7-1840 ne fut pas suivie des lettres patentes (obligatoires pour sa transmission) qui ne furent pas réclamées par le bénéficiaire. **Faucigny-Lucinge.** Sardaigne 1729 [issu des comtes souverains de Faucigny (souveraineté passée en 1234 à la Savoie)]. Reconnu en France en 1829 par Charles X sans qu'il y ait eu constitution de majorat puis lettres patentes.

Grasse des princes d'Antibes. Présentation sous ce nom en 1764, 1766. Origine : Provence xe s., selon le dossier de la Cour. **Guiche.** Le titre de duc (brevet du 16-1-1780) ne paraît pas héréditaire. Porté dep. traditionnellement par le fils aîné de Gramont. **La Roche Guyon** : La Rochefoucauld (duc 1679, é 1762). Titre relevé au xixe s. sans lettre de confirmation, par Alfred de La Rochefoucauld (1819-83), et porté par ses descendants. **La Tour d'Auvergne** (prince). Leur qualification de prince français ne peut se soutenir. Par contre leur titre est pontifical (1853). Les La Tour d'Auvergne, vicomtes de Sedan, ducs de Bouillon, princes de Sedan, sont éteints. **Lesparre** (duc à brevet, 1739). Famille de Gramont, relevé par une branche quand le titre s'éteignit en 1931. **Lévis-Mirepoix.**

Duc, de 1723, éteint en 1734. Par contre le titre espagnol de duc de San Fernando Luis a été reconnu en France par décret du 24-8-1961. **Longueval.** Prince autrichien 1-6-1688. N'est plus porté depuis 1703 mais non éteint.

Montesquiou. Duc-pair le 30-4-1821, confirmé le 5-2-1832. Éteint en 1913, relevé sans collation par une autre branche. **Poix** (1729). Titre espagnol donné à Ph. de Noailles, G. d'Espagne. **Rauzan Duras** (Chastellux). Duc, 1819 brevet, duc-pair 1825, mais pas de lettres patentes. **Tascher de La Pagerie.** Duc 1818, puis réversion 1833, confirmation 1859, éteint 1901, relevé « proprio motu » ensuite. **Tonnay-Charente** (prince 1591). Pour le fils aîné du duc de Mortemart (Rochechouart Mortemart). Le titre de duc de Vivonne (brevet 1668) fut parfois porté, mais seul le titre de Tonnay-Charente est inscrit à l'A.N.F. **Walsh-Serrant** (duc de La Mothe-Houdancourt 1830). Titre espagnol, reconnu en France en 1838, en faveur d'Olivier-Louis de W.-S. à l'occasion de son mariage avec Elise d'Héricy, descendante des La Mothe-Houdancourt, héritière d'une grandesse d'Espagne donnant droit au titre ducal. Sans postérité masculine, ce titre s'est éteint en 1842. Le titre de duc de Walsh-Serrant a été relevé en France par un porteur du nom. La Grandesse demeure actuellement vacante en Espagne.

Statistiques des titres

Étienne de Séréville et Fernand de Saint-Simon ont dénombré en France en 1977 : 36 titres de ducs régulièrement portés par 33 maisons ou familles ; en effet, 3 titres se confondent : Ayen avec Noailles, Chevreuse avec Luynes, Liancourt avec La Rochefoucauld. Sur les 36 ducs, il y avait 29 ducs et pairs (dont : 15 de l'Ancien Régime, 6 ducs de l'Ancien Régime, devenus ducs et pairs sous la Restauration, 8 ducs et pairs créés par la Restauration, 7 ducs qui n'étaient pas pairs du Ier et IIe Empire).

Régis Valette dans son catalogue de la noblesse française contemporaine (éditions Robert Laffont, 1977) relève 182 titres de l'Ancien Régime qui subsistent (duc 20, marquis 99, comte 33, vicomte 2, baron 28) et 632 du XIXe s. (duc 12, marquis 47, comte 160, vicomte 35, baron 378), soit au total 814 titres réguliers. **Labarre de Raillicourt** a publié un livre sur les titres pontificaux (1962).

Titres portés en France

Titres (1980-84)	Titres fr. réguliers subsistants (dont Ancien Régime)	Titres pontificaux subsistants attachés à des Fr.
Ducs	40[1] (21)	14
Princes	1[2] (0[3])	5
Marquis	146 (99)	30
Comtes	193 (33)	64
Vicomtes	37 (2)	1
Barons	406 (28)	3
Total	823 (183)	117

Nota. — (1) Authentiques et susceptibles d'être investis au Sceau de France, ou réguliers mais lettres patentes non retirées du fait des événements de 1830, etc. (2) Le décès en 1974 du duc de Rivoli, prince d'Essling, entraîne le maintien pour son fils, né en 1950, du dernier titre de « victoire », avec la dénomination légale de Prince, qui n'existait légalement ni sous l'Ancien Régime ni sous les autres régimes au XIXe s. (3) Pas de titre de prince authentique (enregistré au Parlement) sous l'Ancien Régime.

Duchés (d'après Séréville)

Abrantès (1808-70, Le Ray). *Albufera*[1] (1813, Suchet). *Audiffret-Pasquier* (1862, Audiffret). *Auerstaedt* (1808-64/65, Davout). *Ayen*[1] (1737, Noailles). *Bauffremont*[1] (1818). *Blacas*[1] (1821). *Brissac*[1] (1611-20, Cossé). *Broglie*[1] (1742). *Chevreuse*[1] (1667-98, Albert de Luynes). *Clermont-Tonnerre*[1] (1775). *Croy* (1598-1788). *Decazes*[1] (1820). *Doudeauville*[1] (1817, La Rochefoucauld). *Feltre* (1809-64, Goyon). *Gramont*[1] (1648-63). *Harcourt*[1] (1700-01). *La Force*[1] (1637-84/87/88, Caumont). *La Rochefoucauld*[1] (1622-1758). *Liancourt*[1] (1758, La Rochefoucauld). *Lorge*[1] (1773, Durfort). *Luynes*[1] (1619, Albert). *Magenta* (1859, Mac-Mahon). *Maillé*[1] (1784, Maillé de La Tour Landry). *Montbazon*[1] (1588-94/99, Rohan-Rohan). *Montebello* (1808, Lannes). *Mortemart*[1] (1650-63, Rochechouart). *Noailles*[1] (1663). *Otrante* (1809, Fouché). *Poix*[1,2] (1817, Noailles). *Polignac*[1] (1780). *Praslin*[1] (1762, Choiseul). *Rivoli*[3] (1808, Masséna). *Rohan*[1] (1648-52, Rohan-Chabot). *Sabran*[1] (1825-29, Pontevès). *Uzès*[1] (1572, Crussol).

Nota. — (1) Lettres patentes. (2) En 1817 L. XVIII décida que le fils aîné du duc de Mouchy (branche cadette des Noailles) serait duc comme le fils aîné des ducs de Noailles (qui portait le titre de duc d'Ayen). Les fils aînés ont choisi de s'appeller « prince-duc » de Poix (ce qui ne figure pas dans les L.P.). (3) Le 5e duc de Rivoli, Victor-André, 7e P[ce] d'Essling (n. 1950) est par certains considéré comme le seul porteur d'un titre princier authentique en Fr., étant le seul descendant en ligne directe d'un des 4 maréchaux de Napoléon, créés P[ce] avec un titre de victoire (voir p. 1127 c). On admet néanmoins que les P[ces] Murat, dont le titre est d'autre origine (souverains étrangers), peuvent être considérés comme des princes français authentiques, à cause de la reconnaissance de leur titre en 1853.

Noblesse étrangère

Allemagne fédérale (v. aussi à l'Index). Env. 50 000 personnes d'origine noble dont 8 000 à 10 000 portent des noms de famille différents. *Titres* (hormis les titres souverains encore portés dans les maisons encore régnantes en novembre 1918) : *Herzog* (duc), *Fürst* (prince chef de la famille), *Prinz* (qualité princière ou titre), *Graf* (comte), *Baron* [baron (seulement pour la noblesse d'origine étrangère : le titre allemand correspondant est *Freiherr*)], *Ritter* (chevalier), *Edler* (noble). La particule *von* n'est pas toujours nobiliaire : dans l'All. du N. et de l'O., beaucoup de familles bourgeoises la portent devant un nom de lieu (qui est celui de leur origine). Le titre fait partie du nom mais tous les « traitements » de Kgl Hoheit (Altesse Royale), de Durchlaucht (Altesse Sérénissime), de Erlaucht (Monseigneur) ont été supprimés. Le nom des terres nobles accolé au patronyme est considéré par la loi comme faisant partie du nom de famille, par exemple Kress von Kressenstein. Le titre nobiliaire hérité fait partie de ce nom, par exemple le nom de famille est Graf (Gräfin) von Spee ; il passe aussi dans les lignes féminines et aux enfants naturels des filles. Un « trafic d'adoptions » s'est développé (moyennant finances) car le titre fait partie du nom.

Amérique latine (titres hispano-américains de l'Amérique espagnole). Les rois d'Espagne anoblirent et titrèrent les principaux conquistadores (dont Pizarre et ses treize compagnons). Le premier titré fut Fernand Cortès, au Mexique, le 6-7-1529, comme marquis de la Vallée d'Oaxaca. Christophe Colomb fut « amiral des Indes » et son fils devint duc de Veragua et Mis de la Jamaïque en 1537, etc. La concession des titres augmenta avec le temps. Rien qu'au Pérou il y eut 8 titres créés sous Philippe IV, 21 sous Charles II, et davantage ensuite. Charles IV fut amené à fixer de nombreuses conditions pour les nouvelles titulatures (noblesse préalable, alliances notables, services éminents, jouissance de revenus suffisants, etc.). La descendance de l'empereur Moctezuma fut titrée (V. Mexique). Ces titres étaient concédés par le roi, ou plus rarement par les vice-rois, mais c'étaient des titres « bénéficiés » accordés en vertu de donations pécuniaires (30 000 pesos). Ils étaient enregistrés, indifféremment, par la Chambre des Indes ou celle de Castille. Le mariage des titrés nécessitait l'autorisation royale à partir de 1788. Il fut aussi décidé que l'on ne pouvait accéder à un titre de comte ou de marquis sans avoir été préalablement titré vicomte, et alors on payait deux fois les droits. Après la perte de l'empire colonial espagnol, subsistèrent Cuba, Porto Rico et les Philippines. Même après leur indépendance, Alphonse XIII accorda encore des titres à des citoyens des ex-colonies en raison des services rendus par eux à l'Espagne. Ces titres sont comptés dans les statistiques. V. : Argentine, Chili, Colombie, Cuba, Équateur, Guatemala, Mexique, Panamá, Pérou, Philippines, Porto Rico, Rép. Dominicaine (ex.-St-Domingue), Venezuela.

Tous les titres concédés restent valables en Espagne mais ne sont pas reconnus en Amér. latine (certains États n'eurent jamais de titres conférés : Bolivie, Costa Rica, Équateur, Honduras, Nicaragua, Paraguay, Salvador, Uruguay).

États continuant à conférer noblesse et titres : Royaume-Uni (avec Canada, Australie, Nlle-Zélande), Liechtenstein, Belgique.

États conférant des titres sans conférer la noblesse : Espagne, Luxembourg, Monaco.

États reconnaissant la noblesse et les titres sans les conférer : Danemark, Finlande, Ordre de Malte, P.-Bas, St-Marin (n'en confère plus dep. une loi de 1983), Saint-Siège (n'en confère plus dep. 1964), Suède.

États reconnaissant les titres sans les conférer : Irlande, Sri Lanka.

États ayant abrogé les titres, mais les reconnaissant comme : partie du nom : Allemagne (féd. et dém.), Cuba (dans une certaine mesure) ; *faisant figurer le prédicat du titre dans le nom patronyme :* Italie (pour les titres existant avant le régime fasciste, 1922).

États ayant abrogé les titres mais les tolérant : Autriche, Birmanie, États d'Amérique latine, États-Unis, Grèce, Inde, Indonésie, Islande, Norvège, Pakistan, Philippines, Porto Rico, Suisse, Tchécoslovaquie.

États ayant abrogé titres et noblesse et les prohibant : Albanie, Bulgarie, Hongrie, Mexique, Norvège, Pologne, Roumanie, U.R.S.S., Venezuela.

États où, constitutionnellement, il n'y a ni noblesse ni titres : Grèce, Roumanie, Tchécoslovaquie, Yougoslavie.

Pays ou États possédant des listes officielles : Belgique, Danemark, Espagne (noblesse titrée), Finlande, Hongrie (av. 1945), Irlande, Malte, P.-Bas, R.-Uni (sauf Écosse), Suède.

Pays ou États ayant des associations ou ouvrages semi-officiels : Allemagne, Autriche, Italie. Pays Baltes, Portugal.

Pays ou États ayant des ouvrages ou listes exhaustives : Albanie (E Bey Vlora), Luxembourg (Loutsch), Liechtenstein (G. Wilhelm), Pologne (uniquement noblesse titrée Konarski).

Les autres États, sans reconnaître les titres, en tolèrent souvent l'usage.

Andorre. Seuls existent les titres liés à leur fonction et pour la durée de celle-ci : « princep sobira » ou « coprince épiscopal » pour l'évêque d'Urgel, et « coprince français » pour le Pt de la Rép. française. Noblesse abrogée de facto au XVIIIe s., mais rien n'empêche d'inclure des titres dans les actes de baptême, mariage, sépulture (seuls actes d'état civil existant en Andorre). 1 titre andorran subsiste toujours : Areny, baron de Plandolit.

Argentine. 4 titres conférés par l'Espagne (1675/1809) : 3 marquis, 1 comte. Port des titres interdit.

Autriche. Usage des titres et de la particule *von* interdit dans tous les actes officiels (loi du 3-4-1919). L'archiduc d'Autriche, Otto, n'est en Autriche que « Otto Habsbourg-Lothringen ». *Titres : Erzherzog* (archiduc) conféré pour la 1re fois en 1453 par l'empereur du St Empire. *Grossherzog* (grand-duc) pour le souverain de Toscane (qui dépendait de la maison de Habsbourg jusqu'en 1859) et qui fut conféré pour la 1re fois par le pape à Cosme de Médicis, alors duc de Florence. *Fürst* (prince) pour un prince régnant (tel encore le P[ce] régnant de Liechtenstein) et pour un membre d'une maison antérieurement souveraine. *Prinz* quand aucune souveraineté territoriale ne s'y attache ou comme « qualité » pour les membres de maisons dynastiques, sauf pour la maison d'Autriche dont les membres dynastes portent le titre d'archiduc (archiduchesse). *Graf* (comte). *Freiherr* (baron). *Ritter* (chevalier). Les titres du St Empire étaient reconnus en Autriche qui fut jusqu'en 1806 un État du Saint Empire dont le chef de la maison de Habsbourg était l'empereur. Ils sont acceptés dans la vie privée mais interdits comme tous les autres titres depuis 1919. Aux titres autrichiens s'ajoutèrent ceux de la Galice lors de son incorporation à l'Autriche, et dont les titres anciens (comte et baron) furent reconnus, ainsi que ceux de la partie de la Pologne annexée à la fin du XVIIIe s.

Les titres suivants de « prince » furent conférés directement par l'empereur d'Autriche : Clary et Aldringen (1767 et 1905), Collalto (1822), Dietrichstein (1868), Hanau (Hesse et Autriche 1853), Hohenberg (1900) et titre de duchesse (pers. 1900) pour l'épouse morganatique de l'archiduc héritier François-Ferdinand (assassinés tous deux à Sarajevo en 1914), Kinsky (Bohême 1746), Lynar (1807), Lieven (St Empire 1779 et Autriche 1846), Rohan (titre français reconnu comme prince en Autriche 1808), Starhemberg (Saint Empire et Autriche 1765), Thun et Hohenstein (1911), Weikersheim (1911).

Des titres autrichiens de prince avaient été accordés en Hongrie (éteints aujourd'hui) : Perenyi, Kohary, Rakoczi et Grassalkovich (V. Hongrie).

Quelques titres de prince émanant de la Pologne furent aussi reconnus en Autriche : Radziwill (St Empire 1544, Pologne 1564, Autriche 1784-1883, puis Russie également), Sangusko (Pologne 1569, Autriche

1785), Poniatowski (Pologne 1764, Autriche 1850). *Noblesse :* comprenait l'ordre des seigneurs *(Herrenstand)* qui exerçaient tous les pouvoirs locaux, et celui des chevaliers *(Ritterstand).* Pour entrer dans le « Herrenstand », il fallait être homme de qualité dans le « Ritterstand », avoir conclu une alliance très notable et payer 2 080 florins. Il y avait 4 ordres en tout (outre ces 2 ordres nobiliaires) avec le clergé et les villes libres.

Abolition de la noblesse le 3-4-1919 et interdiction du port de la particule et des armoiries et de son usage dans les textes officiels le 19-4-1919.

Belgique. La Constitution stipule qu'aucun privilège ne peut être attaché à la noblesse ; elle n'a qu'un caractère honorifique. Appartiennent à la nobl. officielle du Royaume les descendants légitimes de ceux dont la noblesse ou les titres ont été reconnus ou concédés de 1815 à 1830 par le roi Guillaume Ier des P.-Bas et, après 1830, par le roi des Belges, ainsi que ceux qui, eux-mêmes, ont levé des lettres patentes nobiliaires.

Lorsque le territoire belge fut incorporé aux P.-Bas en 1815, la noblesse y avait perdu toute existence légale ; en effet, après l'annexion de la Belgique à la France, le décret de l'Assemblée nationale française de juin 1790, abolissant la noblesse, entra en vigueur dans le pays dès sa publication en novembre 1795.

Hiérarchie (disposition du 12-12-1838) : *Prince, duc, marquis, comte, vicomte, baron, chevalier.* Les non-titrés ont droit au titre d'*écuyer* (en néerlandais : *jonkheer* pour les hommes, *jonkvrouw* pour les femmes). Tous ceux qui font partie de la noblesse ont droit, en français, à la qualification de messire (sans correspondant pour les femmes), en néerlandais à celle de Hoogwelgeboren Heer ou Hoogwelgeboren Vrouw, et Hooggeboren Heer ou Hooggeboren Vrouw, s'ils ont un titre de vicomte ou un titre supérieur.

Depuis 1814, 1 349 familles ont fait l'objet de reconnaissance ou d'anoblissement : 760 reconnues avant 1795 (date de l'application des lois françaises abolissant la noblesse), dont 358 éteintes ; 11 titrées par Napoléon, dont 5 éteintes ; 37 an. par Guillaume Ier, dont 23 ét. ; 476 an. par les souverains belges depuis 1831, dont 110 ét. (243 personnes an. dep. 1951, début du règne de Baudouin Ier). En 1976, 889 familles nobles subsistaient (dont 400 antérieures à 1789) : 9 princières, 5 ducales, 10 ayant titre de marquis, 83 de comte, 33 de vicomte, 282 de baron, 93 de chevalier, les autres ayant titre d'écuyer. En 1984, 24 nouvelles faveurs nobiliaires ont été accordées, dont 22 anoblissements et 2 promotions dans la hiérarchie nobiliaire.

Familles princières belges : d'Arenberg (St Empire 1576) ; Bernadotte : Pce et duc de Ponte Corvo (1806), Pce héréditaire de Suède et Norvège (1810), titre personnel de Pce concédé en Belgique en 1938 ; de Béthune Hesdigneul (1781, éteint 1976) ; de Croy, Pce de Solre (1677) et du St Empire (1742) ; Habsbourg-Lorraine (St Empire 1274, admission en Belgique en 1978) ; de Ligne (St Empire 1601) ; de Lobkowicz (St Empire 1624, admission en Belgique en 1958) ; de Looz-Corswarem (1825 ; l'aîné est duc : 1734) ; de Merode, confirmation des titres de Pce de Rubempré et d'Everberg (1823), Pce de Grimberghe (1842), titre de Pce de Merode à tous (1930) ; de Riquet de Caraman Chimay (incorporé dans la noblesse belge 1824, avec le titre de Pce de Chimay).

Familles ducales belges : Arenberg (duc d'Arschot pour l'aîné, en 1612 ; titre avec souveraineté St Empire 1644), Croy (idem St Empire 1598), Looz-Corswarem [duc 1734, titre des P.-Bas autrichiens, avec souveraineté en St Empire (Rheina-Wolbeck) en 1803], Ursel (duc 1716, titre des P.-Bas autrichiens, autorisé en Belgique 1884), Beaufort-Spontin (Pce et duc, 1782, aux P.-Bas autrichiens, Pce du St Empire en 1783).

Brésil. 3 titres de duc octroyés par l'Empire, dont 2 à une descendance naturelle de l'emp., ainsi que des titres de marquis, comte, vicomte et baron. Le titre de Pce était réservé aux membres de la famille impériale. Quoique sans réglementation officielle, les titres sont utilisés dans la vie sociale.

Bulgarie. Seule la famille royale possédait un titre : Pce de Tyrnowo pour l'héritier, Pce de Widin et Preslaw ensuite.

Centrafricain (ex-Empire). Bokassa Ier a donné le titre de prince (ou princesse) à son oncle maternel Ambroise Denguiade, à sa sœur Catherine Ghagalama, à ses enfants (une trentaine) : Jean-Bedel (prince héritier), Georges, Jean-Charles, Charlemagne, Saint-Cyr, Nicaise, Nicole, Martine, etc.

Chili. 21 titres conférés par l'Espagne (1 duc, 11 marquis, 7 comtes, 1 vicomte, 1 baron) ne sont plus off. reconnus, mais toujours en usage.

Colombie. 7 titres conférés par l'Espagne : 5 marquis, 2 comtes. Ils ne sont plus portés.

Cuba. 100 titres conférés par l'Espagne : 57 marquis, 48 comtes, 4 vicomtes. Dans certains cas, le titre peut devenir patronyme.

Danemark. Une nouvelle noblesse fut instituée par décret du roi Christian V le 25-5-1671 avec les seuls titres de comte et de baron. 31 domaines furent alors érigés en comtés et baronnies, selon leur importance, mais 11 seulement appartenaient à des Danois, les autres étaient à des familles d'origine allemande. Le titre de *comte* est porté par le chef de famille, son fils aîné et sa fille aînée (si elle est née la première), les autres ayant le titre de baron ou baronne, sauf quelques rares exceptions prévues par décret et accordant le titre à tous les membres de la famille. Le titre de *baron* par contre est porté par toute la famille (sauf Berner et Hambro, où le titre n'est porté que par le chef de famille). Le titre de *prince* est réservé à la famille royale (création du titre de Pce de Dan. en 1967 pour Henri de Laborde de Monpezat quand il épousa la Pcesse Margrethe de Dan., reine en 1972).

Nombre de titres. Duc 1 (Decazes af Glucksbierg) titre français 1822 et danois 1818. *Landgrave* 1 (Blücher af Altona) reconnu en 1818. *Comte* 56 plus 16 titres de « Cte de Rosenborg » accordés à des membres de la famille royale en certaines circonstances (mariage morganatique). *Nobles sans titre* env. 3 000. Depuis 1849 aucune concession de titre ou de noblesse n'est intervenue, excepté dans la famille régnante, mais seulement des autorisations de transmission, confirmation et reconnaissance héréditaire de noblesse et de titres (une centaine environ). En 1953, il subsistait encore 208 familles titrées dont 56 à l'étranger et 152 au Danemark.

Dominicaine (République). Après l'arbitrage rendu en 1538 par Diego Colon (fils de Christophe Colomb) en faveur de son neveu Luis Colon, celui-ci reçut le 16-3-1557, outre certains avantages (V. Panamá), le titre de « duc de la Vega de la Isla de Santo Domingo » (aujourd'hui Rép. Dominicaine) pour avoir renoncé également à certains de ses droits. Ce titre fut uni à celui de duc de Veragua (V. Panama). Quand ce pays revint sous l'autorité de l'Espagne, de 1861 à 1865, furent concédés les 2 titres de duc de la Torre (1862) et Mis de las Carreras.

Égypte. Noblesse abolie le 30-7-1952.

Équateur. 6 titres conférés par l'Espagne : 5 marquis, 1 comte.

Espagne. Jusqu'au 14-4-1931 (départ d'Alphonse XIII), la noblesse comprenait :

1. *La noblesse non titrée (hidalguía).* La plus nombreuse, bien que n'ayant pas perdu son caractère juridique propre défini pour la 1re fois par Alphonse X le Sage dans ses « Partidas » (2°, titre XXI, loi 3) : « L'hidalguía est la noblesse qui vient aux individus par leur lignage » ; était hidalgo qui pouvait prouver la noblesse de son père et de son grand-père. Elle n'est cependant plus recensée dans les municipalités depuis 1836. Au 15-10-1982, env. 5 000 personnes étaient groupées dans l'« Asociación de hidalgos a fuero de España » instituée en 1955, reconnue d'utilité publique par le Conseil des ministres espagnol du 1-4-1967. Elle patronne de nombreuses œuvres sociales. Le Gal Franco (1892-1975), chef de l'État, en faisait partie ainsi que le prince d'Espagne, devenu depuis le roi Juan Carlos Ier. Cette institution rassemble également les personnes pouvant prouver leur hidalguía (noblesse) en remontant leur filiation à l'époque où de nombreux territoires appartenaient à la couronne d'Espagne (Flandre, Hainaut, royaume des Deux-Siciles, Amérique centrale et du Sud, etc.). Les personnes occupant de hautes fonctions entraînant l'hidalguía selon les statuts en vigueur jusqu'en 1835 (ex. magistrat du Tribunal suprême, conseiller d'État...) peuvent y entrer ainsi que celles qui ont été décorées d'ordres entraînant concession de noblesse (O. de Charles III...).

2. *La noblesse titrée. Hiérarchie :* duc, marquis, comte, vicomte, baron, seigneur. Les membres de la famille royale, enfants ou petits-enfants du roi ou du prince des Asturies (l'héritier du trône), s'appellent *infants* ou *infantes.* Le titre de prince n'a été accordé que deux fois hors de la maison royale et à titre non héréditaire (Godoy, Pce de la Paix ; Espartero, Pce de Vergara). Depuis 1972, le petit-fils d'Alphonse XIII est autorisé à porter le titre de duc de Cadix avec le traitement d'Altesse royale.

3. *Les Grands d'Espagne.* Instituée par Charles Quint en 1520, répartie jusqu'en 1874 en 3 classes, la grandesse offre le privilège de passer devant tout autre noble quel que soit son titre, de rester couvert devant le roi du chapeau adéquat, d'occuper certaines charges et l'appellation de « cousin ». Auj., seule la noblesse titrée et la grandesse sont reconnues (elles furent abolies du 1-6-1931 au début 1936).

Depuis le 4-5-1948, une loi a rétabli la légalité des « titres du royaume ». De 1948 au 25-11-1975 ont été créés : 1 prince (le « prince d'Espagne » en 1969, devenu le roi Juan Carlos Ier), 5 ducs, 16 marquis, 14 comtes, 1 baron, 4 grandesses et 1 titre de « señora (dame) de Meiras » pour la veuve du général Franco, ainsi qu'un traitement d'Altesse royale en 1972 pour Alphonse de Bourbon Dampierre, fils de Don Jaime, duc de Ségovie († 1975), lui-même fils d'Alphonse XIII et l'aîné des Capétiens – soit 42 créations de 1948 au 1-1-1977. *Au 1-1-1983* on comptait 2 titres de la maison royale créés ; 394 titres avec la grandesse d'Espagne (146 ducs, 138 marquis, 99 comtes, 1 vicomte, 2 barons, 3 seigneurs dont 1 titre de « dame ») ; 5 grandesses sans titre, et 2 198 titres du royaume sans grandesse (1 135 marquis, 774 comtes, 131 vicomtes, 155 barons) ; 2 dignités : grand amiral des Indes, amiral d'Aragon ; 1 privilège. Soit 2 592 titres auxquels s'ajoutent 52 titres étrangers autorisés et portés par des Espagnols (la plupart pontificaux), et 60 titres étrangers auxquels des Espagnols ont succédé et qui sont en cours de régularisation. Le roi Juan Carlos a créé les titres suivants : *1975* duchesse fille de Franco ; *1976* Mis de Arias Navarro avec grandesse d'Espagne en faveur du Pt du Gouvernement lorsqu'il quitta ses fonctions, Cte de Rodriguez de Valcarcel pour le Pt des Cortès et Pt du Conseil ; *1977* Ctesse pour la veuve d'Antonio Iturmendi, Pt des Cortès ; Duc pour Torcuatro Fernandez Muranda, Pt des Cortès. Le 21-1-1977, le Pce Don Philippe de Bourbon et de Grèce, héritier de la couronne, a reçu du roi Juan Carlos, son père, sur proposition du Gouvernement, le titre et la dénomination de Pce des Asturies à laquelle correspondent les titres et dénominations de Pce de Gérone et de Viana, duc de Montblanch, Cte de Cervera et Seigneur de Balaguer ; *1981* duc de Suares (Adolfo Suares, ancien P.M.) ; duchesse de Soria (Marguerite de Bourbon, sa sœur) ; Mis de Salobreña (Andrès Segovia), Mis de Bradomin (Carlos Luis de Valle Inclan, en mémoire de Ramon del Valle Inclan, homme de lettres) ; Cte de Villacieros ; *1982* Mis de Pubol (Salvador Dali) ; *1983* 1 grandesse pour Mis de Valenzuela de Tahuarda. *Titre de « Seigneur ».* On a critiqué, sur le plan juridique nobiliaire, la concession du titre de « Dame » de Meiras à la veuve du Gal Franco, sans nier la prérogative royale. Une instance est en cours devant les tribunaux pour solliciter le droit au titre de « Seigneur », hérité légalement.

Cumul des titres. Un titre ne se perdant jamais, tant qu'un descendant par le sang subsiste en ligne masculine ou féminine, le cumul est légal si les formalités de succession au droit au titre ont été accomplies. Ainsi la 18e duchesse d'Albe, Doña Maria del Rosario Cayetana Fitz-James Stuart y Sylva, est 8 fois duchesse, 1 fois comtesse, duchesse (d'Olivarès) avec Grandesse d'Espagne, 3 fois marquise avec Gr., 10 fois marquise sans Gr., 10 fois comtesse avec Gr., condestable de Navarre avec Gr., 10 fois comtesse sans Gr., 1 fois vicomtesse. La duchesse de Medinacelli est 6 fois duchesse (avec Gr. car son titre ducal s'accompagne de la Grandesse d'Espagne, comtesse 1 fois avec Gr., 10 fois marquise, 17 fois comtesse, 4 fois vicomtesse).

États-Unis. Titres interdits pour tout fonctionnaire (art. VI du 15-11-1777 et Constitution du 17-4-1787). Tout étranger demandant sa naturalisation doit renoncer sous serment à ses titres et appartenance à la noblesse. Avant 1777, quelques titres ont été accordés, dont certains à des Indiens (Pocahontas), et, depuis, certains titres pontificaux. La Société des descendants du *Mayflower* a établi la généalogie des 162 passagers du bateau qui arriva le 11 nov. 1620 à Plymouth. Par ailleurs, il existe, publiée en 1976, une liste des 184 premières familles des U.S.A. : Astor, Du Pont de Nemours, Ford, Getty, Gould, Grosvenor, Guggenheim, Hearst (Randolf), Hugues (Howard), Kennedy, Rockefeller, Roosevelt, Taft, Vanderbilt, Warren, Washington.

Éthiopie. *Titres nobiliaires :* Pce, Pcesse, duc, duchesse, dans 10 familles environ ; les titres de Pce, Pcesse donnés aux pers. de sang royal sont abolis (21-3-75). *Titres honorifiques* (acc. aussi à des étr.) 10 000 personnes environ (appellations : bitoded, etc.).

Finlande. Depuis le 22-11-1918 la noblesse est considérée comme corporation autonome. La Constitution du 17-7-1919 interdit la création de titres. Étaient inscrites à la maison de la noblesse de Finl. le 1-1-1983 : 7 familles comtales (dans 5 d'entre elles, le titre appartient à tous les membres ; dans 2, il se transmet de fils aîné à fils aîné, celui-ci portant le titre dès sa naissance, de sorte qu'il peut exister en même temps 2 ou 3 personnes portant le titre) ; 32 familles baronniales dont tous les membres portent le titre ;

131 familles nobles. En outre : 3 familles baronniales et 20 familles nobles expatriées.

Géorgie, Mingrélie, etc. *Géorgie :* Royaume indépendant jusqu'en 1801 avec la dynastie des Bagration (remontant au IXe s.). Le tsar de Russie reconnut le titre de prince (knias) aux membres de l'ancienne dynastie ainsi qu'à d'autres familles géorgiennes très anciennes, Amilakvari entre autres, et également aux descendants des divers princes régnants de *Mingrélie* [(Dadian) indép. jusqu'en 1801], *Svanétie* [(Dadechkeliani) indép. jusqu'en 1858], d'*Imerétie* (indép. jusqu'en 1801), etc.

Grèce. La Constitution de 1844 interdit de porter un titre mais de nombreuses familles grecques, telles les Roma, les Metaxas, les Capodistria, jouissent de titres étrangers réguliers.

Guatemala. Titres conférés par l'Espagne : 2 marquis.

Haïti. A connu 3 souverains : Jean-Jacques Dessaline (1758-1806), empereur (1804-1806). Henry Christophe (1767-1820), roi sous le nom de Henry Ier (1811-20), institua le 5-4-1811 une noblesse héréditaire titrée (6 princes, 8 ducs, 1 marquis, 18 comtes, 34 barons, 7 chevaliers), titres qui ne survécurent pas au régime. Faustin Soulouque (1782-1867), empereur (1848-55). Titres de Faustin Ier (1849-1859). 4 princes d'Empire, 59 ducs, 90 comtes, 2 marquises, 30 chevalières, 215 barons, 349 chevaliers.

Hongrie. Le terme *Nobilis* est utilisé au XIe s ; un anoblissement connu en 1430. Le 1er Cte héréditaire est créé en 1453, le 1er baron en 1506. Une noblesse est concédée en 1825. En 1873, 1 titre de marquis (Csaky-Pallavicini de Körösszeg et Adorjan), en 1911, 3 titres de Pce (Festetics de Tolna, Lonyay de Nagy-Lonya et Vasaosnameny et Batthyany de Nemet-Ujvar). On peut citer également d'autres titres de Pces mais conférés par l'Autriche et éteints de nos jours : Perenyi, Kohary, Rakoczi et Grassalkovitch. Ces titres ainsi créés ne portaient que sur le nom patronymique sans assiette territoriale. En 1784 la noblesse comptait 416 000 personnes (pour 9 millions d'hab.). *Dernier titre concédé*, le 17-10-1918, aux Ungar (militaire). *1918*, il y avait 325 titres sans hiérarchie nobiliaire. Les titres ont été abrogés et interdits par la loi du 14-1-1947.

Inde. Voir à l'Index.

Italie. *Titres : prince, duc, marquis, comte, vicomte, baron, noble, patricien, chevalier* et quelques titres anciens de *seigneur* et de *coseigneur*.

Le royaume d'Italie ne s'étant formé qu'en 1861, les titres italiens comprennent également ceux conférés autrefois par le St Empire, l'Autriche (pour la Lombardie), la France (sous Napoléon Ier), les rois de Naples, Sicile, Sardaigne, les grands-ducs de Toscane et de Milan, les ducs de Modène, Parme et Lucques, les doges de Venise et de Gênes, etc., et aussi par les villes (surtout pour le titre de patricien). Les titres des États pontificaux et ceux de Saint-Marin sont étrangers, mais nombre d'entre eux sont portés en Italie.

Les titres étaient soit conférés aux descendants masculins ou à toute la descendance masculine et féminine, soit limités à la primogéniture, ou personnels (très rarement). Un seul titre pouvait ainsi être porté par toute la descendance et dans plusieurs branches. 10 000 à 12 000 titres figuraient dans le répertoire officiel de la noblesse italienne (1921 et 1931), dans l'Elenco Ufficiale della Nobilità Italiana (publié par la Présidence du Conseil), et dans la Consulta Araldica chargée d'établir ce répertoire. A cette époque, 70 000 demandes avaient été reçues.

Nombre de titres subsistant. Évaluation en 1976. Prince 260. *Duc* 226. *Marquis* 518. *Comte* 931. *Vicomte* 5. *Baron* 368. *Chevalier* 29. *Seigneur* 114. *Coseigneur* 5. *En 1936 : Marquis* 366. *Comte* 672. *Vicomte* 2. *Baron* 233. *Chevalier* 28. *Noble* 68. *Seigneur* 89. *Coseigneur* 68. Nombreux *patriciens.* S'y ajoutent, portés par les ducs et princes, env. 110 titres de *marquis*, 60 de *comte*, 65 de *baron*, 25 de *chevalier* et 25 de *seigneur.*

Concessions de 1936-1943 : Duc 1. *Prince* 1. *Marquis* 13. *Comte* 82. *Vicomte* 3. *Baron* 19. *Par Umberto II* [comme lieutenant-général puis comme roi d'Italie (mai-juin 1946) et en exil (titres de Savoie appelés parfois « titres humbertins »)] : *Prince* 7. *Duc* 4. *Marquis* 29 (dont 2 personnels). *Comte* 117. *Baron* 51. *Chevalier* 1. *Noble* 2.

Beaucoup de familles portent de nombreux titres. Le Pce Aldobrandini est 1 fois prince, 1 fois duc, marquis (du St Empire), 1 fois comte, 1 fois noble, 2 fois patricien, 14 fois seigneur ; le prince Chigi est prince (du St Empire), 3 fois prince, 2 fois duc, 1 fois marquis, 3 fois noble, 2 fois patricien. C'est ainsi qu'il subsiste, en 1978, et portant de nombreux titres, env. *111 familles princières et 91 familles ducales.* La Constitution de 1947 ne reconnaît pas officiellement les titres nobiliaires mais maintient le prédicat des titres conférés avant l'arrivée du fascisme (28-10-1922). Dans la vie courante l'usage des titres s'est maintenu. La loi n'a pas changé la situation des titres pontificaux ou de St-Marin.

Japon. La restauration du pouvoir impérial par l'empereur Meiji en 1868 (qui abolit le shogunat, système des « maires du palais » qui exerçaient tout le pouvoir) entraîna, en 1871, la suppression des grandes seigneuries (daïmiats) et les 276 daïmios reçurent des indemnités. La noblesse impériale réorganisée en 1884 subsista jusqu'à la Constitution de 1947 qui supprima la noblesse, les titres et la Chambre des pairs. Outre les titres de prince, réservés aux membres de la famille impériale, et qui subsistent toujours, les chefs des principales familles « daïmio » avaient reçu des titres de prince, marquis, comte, vicomte et baron.

Selon la Constitution (abrogée) du 11-2-1889, le Tenno (chef) de la dynastie partageait l'exercice du pouvoir avec une Chambre des pairs comprenant 328 membres [les membres masculins majeurs de la famille impériale (12), les princes et marquis d'au moins 25 ans, 120 délégués de comtes, vicomtes et barons de l'Empire ayant 25 ans, élus pour 7 ans, 113 membres (min. 30 ans) nommés à vie par l'empereur et 45 (min. 30 ans) élus pour 7 ans par les 15 m. (habitants masculins de chaque district les plus imposés)], et une Chambre des députés.

Familles subsistant en 1974 : chef de famille portant le titre de : *Prince* 11, *Duc* 16, *Marquis* 36, *Comte* 91. Le titre de *baron* était uniquement réservé aux militaires, diplomates ou fonctionnaires pour services rendus.

Liechtenstein. Pas de titres de duc sauf parmi ceux portés par le souverain (duc de Troppau et Jägersdorf). Depuis 1662 ces princes ont conféré : 12 *anoblissements* (particule « von » toujours nobiliaire), 1 titre de *chevalier* (Ritter) (1723), 7 de *baron* (Freiherr), 5 de *comte* (Graf) (tel le titre de Cte de Bendern, localité de la principauté).

Luxembourg. Titre de *grand-duc* ou *grande-duchesse* appartenant au souverain. Qualifications de Pce ou Pcesse pour les membres de la maison régnante. Depuis le XIXe s. (indép.), pas d'octroi de titres, sauf aux princes étrangers qui, par suite d'un mariage inégal en naissance ont, à l'étranger, perdu leurs droits (ex. : comte de Viborg à des dynasties de Suède).

Malte (île de). En Angleterre, les Maltais titrés ont droit au traitement « Most noble ». **(Ordre de)** Les titres de l'O. souverain de Malte, qui régna sur l'île jusqu'en 1798, furent reconnus par le gouv. britannique (jusqu'en 1716 : 1 confirmation de noblesse, 1 rénovation ; de 1719 à 1796 : 5 marquis, 5 Ctes, 9 barons). Aucune concession de titres n'a lieu de nos jours.

Mexique. Depuis 1521 ont été accordés 3 titres de duc (Atrisco 1708, Moctezuma de Tultengo 1865, Regla 1858 comme issu de la famille de l'empereur Moctezuma, le titulaire étant né au Mexique en 1818), 45 de marquis, 42 de comte, 3 de vicomte, 1 de baron et 3 de seigneur (uniques sur le continent américain) : *Atrisco*, en 1708 avec le duché du même nom, à José Sarmiento de Valladares, comte-consort de Moctezuma, vice-roi et capitaine général de la Nouvelle-Espagne ; vallée d'1 lieue ½ de large, située dans la province de Tlaxcala (juridiction de Guajoncingo) à 5 lieues au S. de Los Angeles, peuplée d'Indiens, et d'une grande fertilité. *Tecamachalco*, avec (entre 1571 et 1574) 3 930 vassaux et un petit monastère (pour Rodrigue de Vivero). *Tula*, seigneurie unie au comté de Moctezuma, vicomté de Ilucan.

Le 13-12-1627, Pedro Tesifon Moctezuma de la Cueva, arrière-petit-fils de l'empereur Moctezuma II et de l'impératrice Miahuajochitl, fut créé Cte de Moctezuma après avoir été créé Vte de Ilucan le 24-2-1627. Ce titre reçut la grandesse d'Espagne le 13-5-1766, puis fut élevé à la dignité de duc le 11-10-1865 en faveur de Fernando Moctezuma, tandis que le titre de Mis de Moctezuma était créé pour Alonso Holgaso Moctezuma le 29-4-1864. Ces 2 titres sont légalement portés en Espagne actuellement. L'empereur Iturbide, en 1822-23, conféra des titres à sa famille que l'emp. Maximilien (1864-67) reconnut, en adoptant comme successeur un fils d'Iturbide.

Parmi les titres de marquis, Fernand Cortes, en revenant en Espagne, reçut (outre le titre d'« Amiral de la Mer du Sud ») le titre de « Mis de la Vallée d'Oaxaca » (6-7-1529) dont Charles Quint lui assura la possession inaliénable et territoriale pour lui et ses descendants.

Selon la loi du 31-1-1917, la noblesse n'est pas reconnue et le Mexicain acceptant un titre étranger perd sa nationalité ou sa citoyenneté.

Monaco. Au XIXe s. : 2 marquis, 1 comte, 1 baron, 1 titre *ducal* créé en 1920 pour Charlotte de Monaco (Desse de Valentinois ; création selon le droit monégasque, le Valentinois et les Baux étant cependant des fiefs français). Peu de titres conférés ; uniquement pour la famille régnante.

Monténégro. Titres d'*archiduc, duc, marquis, comte,* conférés entre 1697 et 1852 avant l'indépendance. Danilo Ier conféra quelques titres de *baron* et Nicolas Ier accorda des titres de duc, marquis, comte, baron à des étrangers et aussi en 1920 quand il était en exil.

Norvège. La Constitution du 17-5-1814 interdit la création de titres nobiliaires qui sont abolis en 1821. En 1958, une quarantaine de familles de l'ancienne noblesse antérieure à 1821 subsistaient.

Panamá. 4 titres concédés (1 duc, 2 marquis, 1 comte), dont 3 dans la descendance de C. Colomb. Duc de Veraguas concédé le 19-1-1537 à Diego Colon, fils de Cristobal Colon (Christophe Colomb) comme suite à la demande d'exécution, présentée par Diego Colon à Charles Quint, des promesses faites à son père en 1492 par les rois catholiques. Après l'arbitrage d'une commission présidée par le cardinal Loaysa, confesseur de l'Empereur, la province de Veraguas (découverte par Colomb lors de son 4e voyage), située entre l'actuel Costa Rica et Panamá, fut concédée au fils de Christophe Colomb avec le titre de duc, la prééminence de la dignité d'amiral et 10 000 ducats de rente perpétuelle sur la maison des Indes. Elle fit retour au domaine royal après une transaction au milieu du XVIe s. ; la famille Colomb conserva le titre ducal et la rente ainsi que le titre de Mis de la Jamaïque concédé en 1537.

Pays-Bas. Au Moyen Age, seul subsistait le titre de chevalier (Ridder) à l'époque où les Pays-Bas étaient gouvernés par de hauts seigneurs féodaux dont les Ctes de Hollande et de Zélande, les ducs de Gueldre et de Brabant et les évêques d'Utrecht. Le Limbourg actuel relevait des ducs de Gueldre et de Clèves et de l'évêque de Liège. La Frise resta indépendante jusqu'à Charles Quint. Sous les Habsbourg, des titres (de droit espagnol) furent conférés ; sous la République, quelques titres de princes étrangers ; sous Louis-Napoléon (1806-10), quelques titres également. Napoléon Ier, lors de l'annexion des Pays-Bas en 1810-13, conféra quelques titres. Il existait aussi des titres conférés par les ducs de Bourgogne et les empereurs germaniques. En 1813, au retour de la maison d'Orange avec Guillaume Ier, les familles féodales subsistantes obtinrent le titre ou de *baron*, ou de *jonkheer* (écuyer). Le titre de *comte* fut concédé à ceux qui avaient assisté le roi dans la fondation du royaume et à des officiers qui s'étaient fait remarquer lors des guerres coloniales ou ailleurs.

Les titres incorporés en 1815 lors de l'union des P.-Bas avec la Belgique s'élèvent actuellement à env. 447 : *Marquis* 1 (de Heusden a conféré le Poer Trench en 1815). *Comte* 22. *Baron* 118. *Chevalier* 5. *Jonkheer* (écuyer) les autres. Le titre de *Pce des P.-Bas* fut concédé en 1966 à Claus von Amsberg lors de son mariage le 10-3-1966 avec la Pcesse héritière Béatrix, comme ce fut le cas avec les époux des reines Wilhelmina et Juliana.

Pérou. François Pizarre, conquistador du Pérou, reçut de Charles Quint, à son retour en Espagne en 1537, un titre sans dénomination propre, avec 20 000 vassaux dans la région d'Altabillos et fut désigné comme « Mis d'Altabillos ». Son arrière-petit-fils, Juan Fernando Pizarro, fut le 8-1-1631 titré Mis de la Conquista. 112 titres furent conférés par l'Espagne : 58 *marquis*, 53 *comtes*, 1 *vicomte.*

Philippines. 8 titres avaient été conférés par l'Espagne : 2 *marquis*, 5 *comtes*, 1 *vicomte.*

Pologne. Avant 1420 existait la Szlachta, noblesse constituée des magnats et propriétaires fonciers représentant env. 10 % de la pop., qui bénéficiait d'une égalité de droits entre ses membres et était hostile aux titres héréditaires. Seule la hiérarchie des fonctions assurait une distinction entre les nobles dans cette monarchie élective. Le plus élevé des honneurs était la noblesse et il n'y avait rien au-dessus. Même le roi élu ne pouvait rien contre cette égalité.

L'Union de Lublin entre la Pologne et la Lituanie (1569) entraîna l'incorporation des qualifications de prince chez les anciennes familles dynastiques des deux États. Mais les 3 partages de la Pologne (1772, 1792, 1795) entre Russie, Prusse et Autriche entraînèrent la concession de titres à des membres de la noblesse pour se les attacher, selon le régime propre à chaque État copartageant. On a estimé à 725 000 le nombre des nobles en 1760 pour 7 millions d'hab. avant les partages.

Titres. Aucun ne fut conféré par les rois de P. mais par des puissances étrangères : Autriche, France (1er

Emp.), Italie, Prusse, St Empire, Saxe, Russie. Il y avait 286 familles titrées. *Princes* : 18 familles dont 10 d'origine dynastique, soit 2 descendants des P^ces qui régnèrent en Lituanie avant le XIVe s. (Giedroyc, Sanguszko), 5 issues de Rurik (dont Massalski, Oginski), 3 issues de Guedymine (dont Czartoryski) et 8 qui avaient obtenu leurs titres princiers [1 du pape, 4 du St Empire (dont Jablonowski, Radziwill, Lubomirski), 2 de la Diète de Pologne (Sapieha, Poniatowski), 1 du tsar de Russie]. 8 autres familles d'origine dynastique appauvries avaient abandonné leur qualification de P^ce. *Marquis* 2 : Umiastowski, Wielopolski, C^tes du St Empire avec confirmation du titre de Mis par Alexandre II en 1879. *Comtes* 196 : du St Empire et de l'Autriche 104, Prusse et Allemagne 41, royaume de P. 19 (1815-30), Pape 17, Russie 9, Saxe 4, Italie 2. *Vicomte* 1 : Verny-Geraud, autorisé en 1824 à porter son titre. *Barons* 37 : Autriche 19, de Napoléon Ier 13, roy. de P. 3, Prusse 1, Saxe-Cobourg-Gotha 1. *Chevaliers* 41 de Napoléon Ier entre le 15-3-1810 et le 16-8-1813, mais comme 8 obtinrent des titres de baron ou de comte, il en reste 33.

D'après la Constit. du 21-3-1921 la Pologne ne reconnaît « aucun privilège héréditaire ou de classe, aucune armoirie, titres de noblesse ou autre... ». La nouvelle Constitution du 23-3-1935 abroge ce texte. Actuellement noblesse et titres sont abolis.

Porto Rico. 6 titres avaient été conférés par l'Espagne : 3 *marquis*, 3 *comtes*. Titres interdits, mais tolérés mondainement.

Portugal. Seuls sont reconnus les titres conférés sous l'ancienne monarchie (jusqu'en 1910), en petit nombre. Actuellement un Conseil de la noblesse autorisé par le prétendant au trône Dom Duarte de Bragance († 1977) constitue, non officiellement, le seul organisme en matière de titres, dont l'usage privé n'était pas interdit, voire toléré parfois, dans des décrets officiels, sans que cela ne constitue ni une règle ni un droit.

Titres : Duc 3 (Cadaval, Palmela, Lafões). *Marquis* 32. *Comte* 101. *Vicomte* 71. *Baron* 10. *Seigneur* 1 (actuellement la Dame de Casa Solar do Paço de Pombiero). Qualification de *chevalier* tombée en désuétude.

Roumanie. Jusqu'au début du XVIIe s., la Moldavie est régie par des Voïvodes de la dynastie des Musat et la Valachie par ceux de la dynastie des Basarab. Les trônes sont ensuite électifs. Il existait une noblesse de fait : familles de grands boyards, d'origine autochtone ou phanariote (venant du Phanar, quartier de Constantinople), se définissant par les hautes fonctions exercées dans le gouv. des 2 principautés. Bien que les Constitutions de 1866 et de 1923 eussent, en principe, interdit les titres, l'usage reconnaissait la qualité princière à certaines de ces familles, dont : Bibesco, Brancovan, Callimaky, Cantacuzène, Ghika, Mavrocordato, Moruzi, Rosetti, Soutzo, Stirbey, Stourdza. Liste des familles autochtones : Balaceanu, Baleanu, Bals, Bogdan, Campineanu, Catargi, Filipescu, Florescu, Golescu, Gradisteanu, Grecianu, Manu, Vacarescu. L'héritier du trône portait le titre de Grand Voïvode d'Alba Julia.

Royaume-Uni. Voir à l'Index.

Russie. Voir à l'Index.

Saint Empire. Voir Allemagne à l'Index.

Saint-Marin. Le Conseil grand et général a concédé des titres de 1621 à 1907, puis de 1928 à 1978 : *duc, marquis, comte, vicomte, baron, patricien* et *noble*. Il y a eu de 1861 à 1977 : 177 titres conférés [1 princesse (Pallavicini, en 1961), 12 ducs, 19 marquis, 76 comtes, 4 vicomtes, 39 barons, 1 prédicat, 5 patriciens, 20 nobles (dont 73 héréditaires et seulement 3 personnels conférés entre 1960 et 77)]. Dernier titre : 1976 (au comte François Porteu de la Morandière). Depuis le 29-12-1983, la concession des nouveaux titres est interdite.

Suède. Noblesse et titres sont reconnus. Les titres furent institués par Erik XIV en 1561 qui créa 3 titres de comte et 9 de baron. La maison des Nobles *(Riddarhus)* instituée en 1626 par Gustave Adolphe avait « classé » la noblesse. Supprimée comme chambre haute en 1866, elle subsiste comme organisme représentatif de la noblesse suédoise ; Brahe fut le 1er comte de Suède et Oxenstiern le 1er baron de Suède. 200 familles britanniques entrèrent dans la noblesse, dont 44 d'origine anglo-écossaise. *Duc* : le titre de Fouché (duc d'Otrante) est le seul titre de duc autorisé en Suède. *Comte :* porté par le chef de nom et d'armes et par ses héritiers en primogéniture mâle. *Baron :* porté par tous les descendants mâles du titre. Les filles non mariées des comtes et barons portent le titre de comtesse ou baronne avant leur prénom. *Nombre en 1980 :* comtes 47, barons 129, familles nobles sans titres 455.

Tchécoslovaquie. Abrogation de la noblesse et des titres (loi du 10-12-1918). Quelques titres de P^ces furent concédés dans le royaume de Bohême, tel celui de P^ce Kinsky (1746) porté encore en Europe.

Turquie. Noblesse et port des titres abolis et interdits (Constitution du 10-1-1945).

Vatican. La concession des titres nobiliaires n'entraîne pas le droit de bourgeoisie à la Cité du Vatican. L'anoblissement héréditaire fut aboli le 11-11-1931 et le port de titres nobiliaires interdit aux évêques le 12-5-1951. *Titres : prince, duc, marquis, comte* (le plus fréquent), *vicomte* (un seul cas), *baron* et l'anoblissement. Les titres ont été délivrés plus souvent « ad personam » et rarement héréditairement, et fort peu à des femmes (si le titre était héréditaire, le fils aîné de la bénéficiaire devait en demander confirmation). Les principales concessions furent faites à des Fr., des Italiens, des Espagnols. Les concessions depuis 1929 (création de l'État du Vatican) sont très rares [1 comte en 1932, 1 marquis (Pacelli) en 1929, 1 prince en 1961]. Le pape Paul VI a fait savoir dans une allocution du 13-1-1964 qu'il n'y aurait plus de concession de titres.

Venezuela. 8 titres conférés par l'Espagne : *Marquis* 6. *Comte* 1. *Vicomte* 1.

Yougoslavie. Conformément à la Constitution de 1921, il n'y eut jamais de noblesse, titrée ou non, ni de titres nobiliaires conférés à des étrangers. Seuls les membres de la famille royale étaient (et sont) princes (ou princesses) de Yougoslavie.

Ordres et Décorations

Ordres de l'ancienne chrétienté

Ordres religieux militaires. *Origine.* La croisade — c.-à-d. la défense, sous le signe de la Croix — de la chrétienté dans les domaines spirituels et temporels contre l'hégémonie des Infidèles, a donné naissance à 2 catégories d'ordres : ceux des grandes croisades internationales comme les 5 ordres ibériques (Alcantara, Calatrava, St-Jacques de l'Épée, Montesa, Avis) qui furent d'abord militaires. Ces milices, levées pour repousser les Maures, obtinrent du pape bénédictions, approbations et règles, et de leur souverain des donations permettant d'ériger des établissements religieux où l'on remerciait Dieu, la Vierge et les saints ayant permis les victoires. Après le départ de l'envahisseur, certains de ces ordres devinrent des communautés religieuses et/ou hospitalières. Plus tard sécularisés et rattachés à la couronne, ils ne furent plus que des corps de distinction et leurs insignes devinrent souvent de simples « décorations ».

Ordres de Terre sainte. Dès le VIe s. des chrétiens d'Europe se rendaient en pèlerinage aux Lieux saints. Certains y restèrent et fondèrent de petites communautés religieuses pour accueillir, nourrir et soigner d'autres pèlerins ou la population locale. Ainsi, Godefroy de Bouillon entrant à Jérusalem en 1099 y trouva les frères de l'hôpital St-Jean. Les croisades suscitèrent de nombreuses fondations de ce genre qui reçurent du pape bénédictions, bulles d'approbation et règles. Certaines (Hospitaliers de St-Jean) organisèrent des milices privées pour assurer la sécurité du pays. Strictement religieuses au départ, ces communautés devinrent mixtes, comprenant des religieux voués aux tâches hospitalières, et des chevaliers avec leurs servants d'armes, qui affrontaient l'ennemi. Après le retrait des chrétiens du Levant, la plupart de ces ordres disparurent. 5, les plus importants, ont survécu. On peut supposer que les frères religieux étaient obligatoirement revêtus de la robe de leur état et de leur congrégation, frappée de l'insigne, robe qu'ils protégeaient sans doute d'un scapulaire de toile pour donner les soins aux malades et vaquer aux tâches domestiques.

Les frères militaires, afin de se reconnaître dans les mêlées, revêtaient sur le haubert un survêtement de tissu distinctif. Les chevaliers templiers avaient une cotte d'armes blanche frappée d'une croix rouge. Les chevaliers hospitaliers portaient une soubreveste rouge à la croix latine blanche.

Vœu de chasteté. Les religieux-soldats des ordres militaires sont, jusqu'au XIIIe s., tenus aux vœux de chasteté, pauvreté, obéissance, qui sont obligatoires dans les ordres religieux. Leur règle est souvent celle de st Benoît, modifiée spécialement pour eux par st Bernard (1128). Celle de st Augustin fut adoptée par les teutoniques et les frères du St-Sépulcre et de St-Lazare.

Les Ordres militaires des Lieux saints

Généralités. Les 2 plus importants (souvent rivaux) ont été le *Temple* et l'*Hôpital* (St-Jean). Subsistent aujourd'hui 2 ordres à vocation internationale : les Hospitaliers de St-Jean (Ordre souverain de Malte), et les frères du St-Sépulcre (Ordre équestre du Saint-Sépulcre de Jérusalem) et les frères de Ste-Marie des Teutoniques, ces derniers constituant une communauté religieuse germanique (voir p. 1134 b).

Ordres internationaux

L'Ordre souverain de Malte et l'Ordre équestre du St-Sépulcre sont reconnus par le St-Siège et dans le monde entier, notamment par la Grande Chancellerie de la Légion d'honneur. Celle-ci reconnaît également, pour des raisons historiques, le Grand Bailliage de Brandebourg de l'Ordre de St-Jean de l'Hôpital de Jérusalem (voir p. 1133 c).

Ordre souverain de Malte

Nom. Ordre souverain militaire et hospitalier de St-Jean de Jérusalem, de Rhodes et de Malte, ou Ordre souverain de Malte.

Origine. Dès la fin du IXe s. existaient à Jérusalem une église et un couvent placés sous le patronage de saint Jean, où des moines venus d'Italie donnaient des soins aux pèlerins chrétiens et aux malades de toutes confessions. Quand Godefroy de Bouillon (1re croisade) entra à Jérusalem en 1099, l'Ordre existait déjà sous l'autorité de frère Gérard (probablement né à Martigues en Provence ?), ultérieurement béatifié. L'Ordre fut approuvé par le pape Pascal II en 1113.

Après la mort de frère Gérard (env. 1120), son successeur, Raymond du Puy (premier qualifié maître de l'Ordre), compléta le caractère originel de l'institution qui devint également militaire par l'organisation d'une milice privée.

L'Ordre était divisé en régions, dites **langues** : Provence, Auvergne, France, Italie, Aragon-Navarre, Castille-León-Portugal, Angleterre et Allemagne. Le chef de chaque langue portait le titre de *pilier*.

Les Hospitaliers, chassés par les Ottomans en même temps que les Croisés, s'établirent successivement à Chypre (1291), puis à Rhodes (1309) et à Malte (1530) que Charles Quint leur avait donné en fief. L'Ordre resta souverain de l'île jusqu'à sa capitulation devant Bonaparte en 1798.

L'empereur Paul Ier de Russie, offrant asile à quelques chevaliers ne pouvant regagner leur pays d'origine, s'institua « protecteur » de l'Ordre. Le 27-10-1798, les chevaliers exilés à St-Pétersbourg le proclamèrent « grand maître » mais cette élévation à la grande maîtrise d'un orthodoxe (donc schismatique), marié et n'ayant jamais appartenu à l'Ordre (il était seulement décoré, en tant que monarque ami, de la grand-croix d'honneur), n'était ni constitutionnellement ni canoniquement valide, et Pie VI refusa de reconnaître cette élection. Le tsar Alexandre Ier, qui avait saisi l'irrégularité de la situation et ne souhaitait pas la prolonger, édicta le 16-3-1801, 4 j après son accession au trône, que l'Ordre devait élire son grand maître selon ses statuts et usages antiques.

L'Ordre fut souvent un novateur. *1er service hospitalier :* un hospice international à Jérusalem pouvant recevoir plus de 1 000 malades à la fois (fin du XIe s.). *1er drapeau :* avant que la notion d'emblème national existât, l'Ordre avait fait approuver par le pape Innocent II, en 1130, un oriflamme rouge à croix blanche que l'on doit considérer comme le 1er drapeau. *1re armée permanente. 1re école navale. 1re retraite du combattant. 1re souveraineté internationale :* l'Ordre a été très tôt une monarchie élective et constitutionnelle fortement hiérarchisée dont les membres étaient recrutés parmi de nombreuses nations (France, Italie, Espagne, G.-B., Allemagne). Cette puissance souveraine possédait un territoire, une population, une autorité responsable, une armée, le droit de battre monnaie et d'entretenir des relations diplomatiques avec d'autres nations par des ambassadeurs accrédités [jusqu'à son départ de Malte en 1798, l'Ordre entretenait 4 ambassades : auprès du pape, de l'empereur des Romains roi de Germanie (Autriche), du roi de France et du roi d'Espagne ; il en aurait eu auprès du roi d'Angleterre si Henri VIII n'avait pas dissous et spolié l'Ordre dans ses États en 1540]. Dès son installation à Rhodes, en 1309 ou 1310, l'Ordre fut considéré sans conteste comme souverain.

Comme on ne pouvait convoquer une assemblée générale des membres de l'Ordre, il fut convenu qu'il serait proposé au pape de choisir, pour cette unique fois, un grand maître parmi les candidats déjà élus par chacun des prieurés de l'Ordre. Le 9-2-1803, Pie VII choisit le candidat élu par le prieuré de Russie, le bailli Jean-Baptiste Tommasi, qui devenait ainsi légitimement le 73e chef suprême de l'Ordre. En 1801, l'ordre s'était installé définitivement en Italie.

Entre-temps, l'Angleterre avait ravi Malte aux Français, en nov. 1800, mais le traité d'Amiens (1802), signé par le représentant du consul Bonaparte et par les Alliés, avait confirmé les droits de l'Ordre sur l'île et ses dépendances. Les hostilités ayant repris entre Fr. et G.-B., celle-ci n'appliqua pas les clauses du tr. Le nouveau Grand Maître Tommasi s'installa donc en Sicile, y attendant la possibilité de recouvrer son territoire. En 1814, le tr. de Paris entérina une situation de fait en reconnaissant à la G.-B. la possession de Malte, décision confirmée par les tr. suivants, bien que l'Ordre spolié n'ait jamais renoncé à sa souveraineté ainsi bafouée.

Statut. A Malte, l'Ordre était le vassal du roi des Deux-Siciles, lui-même vassal du pape. De nos jours, Ordre souverain, personnalité juridique de droit international, il possède dans Rome un territoire de quelques ha [2 parties : villa Malta, sur l'Aventin (ancien bien des Templiers, donné à St-Jean en 1312 et devenu siège du grand prieuré de Rome), également résidence des ambassadeurs auprès du Quirinal et du Vatican ; palais de la via Condotti, siège du grand Magistère et du gouvernement bénéficiant de l'exterritorialité]. Il bat monnaie (non reconnue en France) émet des timbres (il y a un surintendant des postes magistrales et de la monnaie ; les timbres sont valables pour la correspondance avec 15 pays : Argentine, Bénin, Chili, Côte d'Ivoire, Cuba, Équateur, Guatemala, Liberia, Nicaragua, Philippines, Portugal, Salvador, Somalie, Togo, Uruguay et à Rome entre les 2 propriétés de l'Ordre). Est reconnu comme État souverain par 47 nations avec lesquelles il entretient des relations diplomatiques (ambassades ou légations). Il a également des représentants auprès de la France et de la Belgique, des délégués officiels en All. féd., en Suisse, au Luxembourg et à Monaco ainsi que des représentants auprès des institutions internationales : Conseil de l'Europe à Strasbourg, UNESCO, Haut Commissariat des Nations unies pour les réfugiés, Comité international de la Croix-Rouge, Organisation mondiale de la santé (O.M.S.), Comité intergouvernemental pour les migrations européennes, tous à Genève.

Prince et Grand Maître. Aux termes des constitutions, toujours élu parmi les chevaliers religieux (profès) par le Conseil Complet d'État de l'Ordre. En raison du caractère religieux de l'Ordre, cette élection est soumise à l'approbation pontificale. Le grand maître Pierre d'Aubusson fut fait cardinal après le siège, victorieusement soutenu de Rhodes en 1480. Hugues de Verdalle (grand maître de 1581 à 1598) fut également cardinal. Depuis 1630, le grand maître jouit des honneurs cardinalices d'où le prédicat d'Altesse Éminentissime, mais il n'a jamais à prendre rang avec les cardinaux. Il ne participe ni aux conclaves, ni aux conciles, ni à aucune des assemblées du Sacré Collège. Lorsqu'il se rend au Vatican, il y est reçu en qualité de chef d'État souverain. Le 77e est Son Altesse Éminentissime Frá Angelo de Mojana di Cologna, élu le 8-5-1962. Il est assisté du Souverain Conseil, véritable gouvernement.

Drapeau. De gueules à la croix d'argent. **Emblème.** Croix blanche à 8 pointes dite « de Malte ».

Distinction. *Pro merito melitensi* (mérite de l'Ordre), croix 5 cl. et médaille 3 cl.

Membres dans le monde. 10 000 (France 420). 3 classes : 1) *Chevaliers de justice et chapelains conventuels, profès de vœux de religion.* 2) *Chev. d'obédience et donats de justice* (promettent de tendre à la perfection de la vie chrétienne). 3) *Ceux qui ne font ni vœu de religion ni promesses,* divisés en 6 branches : chev. et dames d'honneur et de dévotion ; chapelains conventuels « ad honorem » ; chev. et dames de grâce et de dévotion ; chapelains magistraux ; chev. et dames de grâce magistrale ; donats de dévotion. L'Ordre n'est plus spécifiquement *aristocratique.* La catégorie de « grâce magistrale » (aucun principe de noblesse requis) constitue plus de 60 % des effectifs.

Activités. Par le truchement des Œuvres hospitalières (reconnues en France d'utilité publique en 1928), de ses associations nationales, l'Ordre, retrouvant ainsi sa destination originelle, se consacre essentiellement aux malades et principalement, par tradition, aux lépreux. Ses léproseries, hôpitaux, dispensaires, centres de rééducation, services d'ambulances, etc., sont répandus dans le monde entier (pavillon de Malte de l'hôpital St-Louis à Paris). Il est également présent avec ses équipes médicales et d'urgence en tout lieu où son action humanitaire peut aider les victimes de guerres ou de cataclysmes, auxquelles il apporte, par quantités considérables, médicaments, vivres, abris, vêtements.

En France. *Représentant officiel auprès de la France :* bailli Cte Géraud Michel de Pierredon (n. 22-4-16). *Prés. Ass. Fr. :* bailli Pce Guy de Polignac (29-4-05). *Adresse :* Représentation officielle, Ass. fr. et Œuvres hospitalières fr., 92, rue du Ranelagh, 75016 Paris.

Ordres de Saint-Jean

• **Grand Bailliage de Brandebourg de l'Ordre des Chevaliers de Saint-Jean de l'Hôpital de Jérusalem,** *Ordre protestant autonome issu de l'Ordre souverain et militaire des hospitaliers de Saint-Jean de Jérusalem au XVIe siècle. Vers 1250* le grand prieuré d'Allemagne des Hospitaliers de St-Jean de Jér. englobant bailliage de Brandebourg, Bohême, Hongrie et Dacie se constitue. *1332,* les chevaliers se donnent un chef local, le *Maître et Grand Bailli (Herrenmeister). 1382,* le Gd Maître de l'Ordre (alors à Rhodes), Jean-Ferdinand de Heredia, accepte l'élection du *Grand Bailli* sous réserve de l'approbation, toujours consentie, du Gd Prieur d'Allemagne. *A la Réforme,* 7 des 13 commanderies du gd bailliage embrassent la confession nouvelle. *1555* le tr. d'Augsbourg, établissant la tolérance religieuse, les reconnaît. *1648,* le tr. de Westphalie règle la situation du grand bailliage, vis-à-vis du grand magistère installé à Malte depuis 1530. Le grand bailliage acquiert sa liberté moyennant une redevance de 2 500 florins d'or, reporte son allégeance sur les margraves de Brandebourg et prend la dénomination d'*Ordre évangélique de St-Jean* ou *Johanniter Orden,* qui, par la suite, choisira ses maîtres parmi les princes de la maison de Hohenzollern. *1810,* Frédéric-Guillaume III, roi de Prusse, sécularise l'Ordre, confisque ses biens, supprime la dignité de *Grand Bailli. 1812,* il institue l'*Ordre royal prussien de St-Jean,* plus connu sous le nom de *St-Jean de Prusse,* dont il s'intitule grand protecteur. *1852,* Fréd. Guill. IV rétablit l'*Ordre évangélique* selon la structure du grand bailliage de Brandebourg dont le *maître et Grand Bailli,* élu par les chevaliers reçus avant la sécularisation, fut le prince Charles de Prusse, frère du roi. Depuis leur fondation, les commanderies française, finlandaise, hongroise (actuellement en exil) et helvétique sont restées attachées au bailliage de Brandebourg, faute de pouvoir reporter leur allégeance sur un prince national de confession réformée. *Maître et Grand Bailli :* Pce Guillaume-Charles de Prusse. *Commanderie française :* 5, rue Roquépine, 75008 Paris. Commandeur : Bertrand de Bary. *Décoration :* Croix de Mérite (2 cl.).

Le grand bailliage de Brandebourg a donné naissance à 2 rameaux nationaux :

• **Johanniterorden i Sverige.** *1170,* Valdemar Ier de Danemark fonde un gd prieuré englobant les pays scandinaves. *A la Réforme,* les commanderies du prieuré sont confisquées et les chevaliers suédois se rattachent au gd bailliage de Brandebourg. *1920,* ils forment une commanderie nat. *1945,* le roi de Suède devient le *haut protecteur* héréditaire et nomme le *Kommendör* (Commandeur), actuellement le Gal Frederick Löwenhielm.

• **Johanniter Orden in Nederland.** *1909,* les chevaliers néerlandais, jusqu'alors membres du gd bailliage de Brandebourg, fondent une commanderie nationale. 1946, elle reporte son allégeance sur le souverain (alors la reine Wilhelmine) qui nomme le *Landcommandeur,* actuellement le Pce Bernard des P.-Bas.

• **Grand Priory of the British Realm of the most venerable Order of the Hospital of St-John of Jerusalem** ou **The Order of St-John.** *1540,* le gd prieuré d'Angleterre est supprimé par Henri VIII. *1557,* rétabli par Marie Ire. *1560,* spolié par Élisabeth Ire qui le met en sommeil sans l'abolir. *1827,* les chevaliers anglicans élisent un gd prieur et veulent reconstituer un ordre de leur confession. *1888,* Victoria octroie une charte royale au gd prieuré qui prend sa dénomination actuelle et fait acte d'allégeance à la reine qui devient *chef souverain (Sovereign Head)* par des liens personnels et non d'État. Depuis, tous les monarques britanniques portent ce titre et confèrent la dignité de *Gd Prieur (Lord Prior)* à un membre de la maison royale, actuellement le duc de Gloucester. The Order of St-John est représenté auprès de l'Ordre souverain de Malte par un officier de liaison.

Alliance des ordres de chevalerie des Hospitaliers de St-Jean de Jérusalem. Créé en *1961* par les 4 ordres non catholiques cités ci-dessus. En sont également membres les 4 commanderies non allemandes du gd bailliage de Brandebourg. *Siège* à Berne. Comme l'Ordre souverain de Malte, a accrédité un délégué officiel auprès des hautes institutions internationales de Genève.

Ce sont là les 4 seuls ordres qui, issus de la même souche, peuvent, avec l'Ordre souverain de Malte (catholique), se prévaloir du vocable de St-Jean de Jérusalem. Ils jouissent de la reconnaissance officielle des États dans lesquels ils existent.

Ordre équestre du Saint-Sépulcre de Jérusalem (1099)

Origine. *1099* fondé à Jérusalem, par Godefroy de Bouillon, chargé d'assurer la garde et la prière au St-Sépulcre. Les chevaliers, auxquels Baudouin Ier donna leurs premiers règlements en 1103, assistaient les clercs de la milice du St-Sépulcre (ultérieurement chanoines) et étaient comme eux soumis à l'autorité du patriarche latin de Jérusalem dont ils adoptèrent la croix pour signe distinctif. *1291* après la disparition du royaume latin de Jérusalem, les chevaliers se replièrent dans leur pays d'origine, puis allèrent de nouveau se faire adouber à Jérusalem, sur le tombeau du Christ, par le Custode de Terre sainte rétabli en 1336.

Tout au long de son histoire, l'Ordre s'emploie à œuvrer pour la propagation de la foi, à faciliter les pèlerinages aux Lieux saints et à maintenir la présence catholique en Terre-Sainte. *1847* rétablissement du patriarcat de Jérusalem, le pape Pie IX dote l'Ordre de nouveaux statuts et le donne comme soutien à ce patriarcat. Il autorise les chevaliers à se faire adouber dans leurs pays d'origine. Le patriarche devient alors « Recteur de l'Administration de l'Ordre ». Par la suite, Pie X, Benoît XV et Pie XI assument la grande maîtrise de l'Ordre, avant qu'elle ne soit confiée en 1939 à un cardinal.

Emblème. Le blason de Jérusalem : croix potencée cantonnée de 4 croisettes, mais d'émail rouge pour rappeler les 5 plaies du Christ.

Organisation. Grand magistère. *Grand Maître :* S. Em. le cardinal de Fürstenberg. *Grand Prieur :* Sa Béatitude Mgr Beltritti, patriarche latin de Jérusalem. *Assesseur :* Mgr del Gallo di Roccagiovine. *Gouverneur général :* Pce Massimo Lancellotti. *Lieutenances* dans 31 pays. *Chevaliers et dames* 12 000. **En France :** Lieutenant de France : Gal Cte Louis d'Harcourt (n. 2-5-1922), 400 chevaliers et dames, 14 délégations régionales.

Buts et activités. Accroître, au sein de ses membres, la pratique de la vie chrétienne par des pèlerinages, retraites et recollections notamment à Paris : l'église St-Leu, St-Gilles, égl. capitulaire de l'Ordre dep. 1780. Encourager conservation et propagation de la foi en Terre sainte en y soutenant les droits de l'Égl. catholique en contribuant aux œuvres du patriarcat latin de Jérusalem [l'Ordre entretient en Terre sainte 52 paroisses, des écoles (14 000 élèves), des crèches, des dispensaires, le séminaire de Beit Jala qui forme 70 séminaristes par an]. La lieutenance de France entretient la crèche de l'hôpital fr. de Bethléem et a en charge la paroisse de Taybeh (ancienne Ephrem de la Bible) où elle a implanté une maison des pèlerins, un centre de soins et 2 écoles.

Ordre du Temple

Origine. *1119*, Hugues de Payns et 10 compagnons fondent une maison dans l'enceinte du Temple. Ils en deviennent les gardiens et, à Jérusalem, en tirent leur dénomination et adoptent la règle de st Augustin. *1128* communauté approuvée par st Bernard et confirmée au concile de Troyes par le pape Honorius II. Les Templiers participent aux luttes de Terre sainte. Ils s'enrichissent dans le commerce des produits orientaux et les affaires bancaires (ils gèrent les finances des Croisés). *1291 à 1300*, ils se replient en France où ils possèdent de nombreux châteaux et commanderies (biens fonciers administrés par un commandeur). Leur maison mère est le Temple de Paris où réside le Grand Maître. *1307*, 13-10 le roi Philippe le Bel, inquiet de leur puissance, fait arrêter tous les Templiers de son royaume et les fait condamner comme hérétiques (c.-à-d. coupables de « l'hérésie sodomite »). Ceux qui « avouent » sous la torture sont condamnés à la prison ; ceux qui nient sont brûlés comme relaps. *1312*, le pape déclare l'Ordre dissous et attribue ses biens aux Hospitaliers de St-Jean.

Allemagne

• **Ordre teutonique.** Il a été fondé par Frédéric de Souabe après la constitution, par des croisés bourgeois de Brême et de Lübeck, d'un hôpital de campagne en 1190 pendant le siège de St-Jean-d'Acre. Devenu ordre équestre en 1198 (membres : chevaliers.)

Origine. V. *1128* un marchand et sa femme venus de Brême en pèlerinage à Jérusalem y édifièrent, sous la dénomination de Ste-Marie, une chapelle et un hospice pour les pèlerins et croisés, malades ou blessés, d'origine et de langue germanique. Une confrérie s'organisa avec des religieux et des croisés sous le nom de Frères hospitaliers de Ste-Marie-des-Allemands à Jérusalem, qui adopta la règle de st Augustin et fut placée, par bulle du pape Célestin II (déc. 1143) sous la dépendance du maître des Hospitaliers de St-Jean. Après la chute de Jérusalem (1187), la capitale du royaume franc se trouvait repliée à Acre, les Teutoniques prirent leur indépendance et obtinrent en 1196 du pape Célestin III une bulle confirmant leur communauté. Devenu ordre militaire en 1198 (membres : chevaliers, prêtres, frères et sœurs servants). Colonisa l'Europe de l'Est vers 1234-1300. Siège de l'Ordre, *1190* à St-Jean-d'Acre. *1291*, Venise. *1309* Marienbourg. Battu à Tannenberg (1410) par les Lituaniens et les Polonais, l'Ordre perdit la Prusse occidentale en 1466, puis tous ses territoires de l'Est (1525) et se retira en Allemagne. *1809* dissous par Napoléon. *1834* rétabli par l'empereur Ferdinand Ier d'Autr. *1929* il redevient un ordre religieux.

Organisation. *Grand Maître :* Père Ildefons Paüler (9-11-03), réélu pour 6 ans en 1982. *Prêtres* et *frères* servants 67, *sœurs* servantes 367, *chevaliers* honoraires 12, *marians* (n'exerçant pas de responsabilités et ne prenant pas d'engagement) 475.

Portugal

• **Ordre du Christ.** Fondé au Portugal en *1317*, regroupe sous le nom de « Chevaliers du Christ » ou « Ordre du Christ » les Templiers ibériques (et d'autres) qui ne furent jamais inquiétés. Ordre sécularisé en 1789.

France, Italie

• **Ordre de Saint-Lazare.** Entre *1099* et *1187* à Jérusalem, les Lazaristes furent des frères hospitaliers s'occupant particulièrement des lépreux, d'où l'invocation de st Lazare, patron de ces malades. *1187* (chute de Jérusalem) : devient militaire. *1256* sur pied d'égalité avec les autres Grands Ordres. *1291* replié en France à Boigny, près d'Orléans (fief acquis en 1154, érigé en baronnie en 1288). Autre fief à Paris (St-Lazare), château avec léproserie (acquis en 1150 ; a donné son nom à ce quartier). *Italie :* branche indépendante, à Capoue, relevant directement du pape. *1608* dissolution des 2 branches (v. Ancien Régime, ci-après).

Décorations et ordres français

Ancien Régime

Ordres de chevalerie

• **Ordre des chevaliers de la noble maison de St-Ouen (ou chevaliers de l'Étoile).** *Créé* par Jean le Bon en 1351, il disparut dès le règne de Charles V, pour des raisons inconnues, mais sûrement pas — contrairement à la légende — pour avoir été trop distribué.

• **Ordre de la Cosse de Genêt.** On ignore tout de sa création (par Charles VI ?) et de sa disparition.

• **Ordre de St-Michel.** *Créé* par Louis XI le 1-8-1469 pour répliquer à la fondation de l'Ordre bourguignon de la Toison d'or. Nombre de membres limité à 36 « gentilshommes de nom et d'armes ». *Siège* (théorique) : abbaye du Mont-St-Michel (transféré ensuite à la Ste-Chapelle de Vincennes, puis, par Louis XIV, aux Cordeliers de Paris). *Tenue rituelle :* cape blanche, scapulaire cramoisi avec capuchon. *Obligations religieuses :* office quotidien de st Michel, chapitre des coulpes aux réunions de l'O. (on s'accuse publiquement des manquements à la règle). Serment de fidélité irrévocable liant les chevaliers au grand maître et à la couronne de France. *Évolution après 1560 :* le chiffre limite de 36 membres est abandonné ; l'O. est conféré à de nombreux courtisans parfois non combattants. Comme il est ainsi dévalorisé, Henri III crée, en 1578, l'O. du St-Esprit, qui sélectionne 100 de ses membres. En 1661-65, Louis XIV décide de limiter également à 100 les chevaliers de St-Michel non décorés du St-Esprit et le destine peu à peu (non officiellement) à honorer également artistes et savants, préalablement anoblis. Il remplace l'insigne primitif (un collier composé de coquilles reliées par des « lacs d'amour » auquel était suspendu un médaillon représentant st Michel terrassant le dragon) par un grand cordon noir auquel est suspendue une croix de Malte centrée de l'image de l'Archange. Aboli par la Révolution, continué en émigration, rétabli sous la Restauration mais pour les seuls civils, supprimé en 1830.

☞ Les *phalères romaines* sont à l'origine des médailles : plaques de bronze rondes, fixées sur les cuirasses, elles pouvaient être remplacées par des colliers (torques), des javelots d'honneur ou des bracelets. Elles ornèrent aussi les enseignes des centuries. Les Romains avaient emprunté cette coutume aux Grecs (couronnes) et aux Égyptiens (colliers).

• **Ordre du St-Esprit.** *Créé* par Henri III le 31-12-1578 (après la dévalorisation de l'O. de St-Michel). *Membres :* 100 gentilshommes français (c.-à-d. nobles depuis au moins 3 générations paternelles). *Office à réciter quotidiennement :* celui du St-Esprit. *Costume :* manteau noir brodé de flammes d'or et habit complet de draps d'argent. Collier formé de 29 maillons plats quadrangulaires, où alternent des H couronnés, des trophées et des fleurs de lys entourant les flammes d'émail rouge. *Insigne :* croix d'or à 8 pointes pommetées émaillées vert et blanc, cantonnée de fl. de lys et portant au centre, à l'avers la colombe, au revers le médaillon de st Michel. Les jours ordinaires, cette croix était portée suspendue à un cordon bleu, d'où le surnom de « cordons-bleus ». *Plaque* pailletée cousue sur l'habit, représentant la colombe. L'effigie de st Michel figure au verso de la croix du St-Esprit [les ecclésiastiques n'ont pas st Michel : commandeurs de l'Ordre du St-Esprit (la colombe des 2 côtés de la croix)] et les membres de l'O. du St-Esprit s'intitulent « chevaliers des O. du Roi » car ils ont toujours les 2 titres. Au contraire, les membres du seul O. de St-Michel se disent « chevaliers de l'O. du Roi ». Aboli par la Révol., continué en émigration, rétabli sous la Restauration jusqu'en 1830.

• **Ordre de St-Lazare et N.-D. du Mont-Carmel.** Henri IV voulant donner au pape des gages de la sincérité de sa conversion créa en 1608 l'O. de N.-D. du Mont-Carmel qu'il unit à la branche française de l'O. de St-Lazare moribond (replié en France en 1291) et attribua les biens de ce dernier au nouvel O., portant la double dénomination. Le pape avait attribué de son côté les biens italiens de St-Lazare à l'O. savoyard de St-Maurice. Les nouveaux chevaliers (100) étaient tenus à la récitation du rosaire. Ils portaient le scapulaire du Carmel avec croix verte à 8 pointes : croix centrée, d'un côté, de la Vierge à l'Enfant et de l'autre, de Lazare, suspendu à un cordon vert. Théoriquement militaire, l'Ordre comprendra souvent des officiers civils (principalement des diplomates) de la haute noblesse. Le roi, souverain chef et protecteur, nomme le Gd Maître (au XVIIIe s. un prince du sang) qui n'est reconnu par le pape qu'en tant que Grand Maître de N.-D. du Mt-Carmel.

Supprimé par la Révolution, l'Ordre fut rétabli par la Restauration jusqu'en 1830, mais ne reconstitua ni sa grande maîtrise ni son administration et ne nomma pas de nouveaux chevaliers. On le laissa s'éteindre, ainsi que l'avait déjà désiré Louis XVI.

Vers 1910, un O. de St-Lazare vit le jour et prétendit continuer l'ancien. Cette continuation fut considérée comme abusive par le Vatican, par la République italienne et par la Rép. française. Les membres de ce groupement n'ont en fait constitué qu'une *association*, régie par la loi de 1901, et dépourvue des caractéristiques voulues pour être considérée comme un authentique ordre de chevalerie d'une lignée historiquement démontrée, légitime et continue depuis les croisades.

Ce nouvel ordre a pour *protecteur spirituel* S.B. Maximos V, patriarche grec melkite catholique d'Antioche, Alexandrie et Jérusalem. En 1967, l'administration française destitua le 45e Gd Maître espagnol don Francisco de Bourbon-Séville (1912, Gd Maître dep. 1952) et élut 46e Gd Maître Charles duc de Nemours (1905-70), qui fut déposé en 1969, et le duc de Brissac fut élu 47e Gd Maître. En 1980, abandonnant la dénomination d'« Ordre », il dota de nouveaux statuts son association qui prit le titre d'*Hospitaliers de St-Lazare*.

Groupement dissident : le duc de Nemours n'avait pas accepté sa déposition de 1969. Il entendit conserver sa gde maîtrise et nomma coadjuteur le Pce Michel d'Orléans (n. 1941, fils du Cte de Paris). A la mort du duc, le 10-3-70, le Pce Michel d'Orléans assura l'intérim ; le 22-5-73, don Francisco de Bourbon-Séville redevint Gd Maître. Le Pce Michel d'Orléans quitta ce groupement en 1976. Le groupement (siège à Malte) a créé une association déclarée à Strasbourg, ce qui ne vaut que pour l'Alsace et non pour l'ensemble du territoire français.

• **Ordre de Cincinnatus.** Ordre américain reconnu par la monarchie française. Attribué pour des services militaires, il n'était pas cependant un ordre de mérite, car il était transmissible héréditairement. Il n'était pas non plus, en principe, un ordre de chevalerie, les U.S.A. ne reconnaissant pas la noblesse. Mais, à l'échelon français, il a été attribué à des officiers supérieurs et généraux de l'armée ou de la marine, appartenant tous à la noblesse. Juridiquement, il ne pouvait pas être considéré comme un ordre national, Washington n'étant pas chef d'État lorsqu'il le fonda, mais comme une association héréditaire se prévalant d'un insigne distinctif qui ne peut être considéré comme une décoration. Le nombre des 1ers titulaires fr. a été évalué à 370 par le Bon de Contenson, à 362 par l'Amér. Asa Brid-Gardner. Certains officiers français ayant servi dans l'armée américaine ont été admis dans la branche française de l'Ordre. *Textes officiels de la monarchie reconnaissant l'Ordre américain comme « 1er ordre étranger »* (l'insigne se portant après la croix de St-Louis) : lettres de Louis XVI du 8-8-1784, confirmées par une lettre du 12-12-1789, au vice-amiral Cte Jean-Baptiste d'Estaing (1729-94, guillotiné), *1er Pt de la branche française*, par le Cte César-Henri de la Luzerne (1737-89), ministre de la Marine et frère d'Anne-César, Mis de la Luzerne (1741-91), membre fondateur de l'Ordre.

• **Ordres royaux repris.** Depuis la disparition de la monarchie, plusieurs prétendants au trône de France se sont considérés comme chefs souverains des ordres royaux. Le *Cte de Chambord* (Henri V) porta l'insigne du St-Esprit et donna une croix de St-Louis à son neveu le Cte de Bardi. Le *duc d'Orléans* (Philippe VIII) décerna le St-Esprit à de proches parents : Ferdinand Ier, roi des Bulgares, les ducs de Montpensier et de Vendôme, et Manoel II, roi du Portugal. De leur côté, 3 aînés de la maison royale d'Espagne, devenue branche aînée des Bourbons à la mort du Cte de Chambord, se sont tenus pour Grands Maîtres des ordres royaux français. *Don Carlos, duc de Madrid* (1847-1919) fit (en ayant hérité des colliers du St-Esprit déposés à Frohsdorf), en tant que Charles XI, plusieurs chevaliers français. Son fils *don Jaime, duc de Madrid* (1870-1931), en tant que Jacques Ier, duc d'Anjou, fit de même (dont les Pces Paul de Yougoslavie et Xavier de Bourbon-Parme, duc de Parme, en 1927). Le fils aîné du roi Alphonse XIII, *don Jaime, duc de Ségovie* (1908-75), en tant que Jacques Henri VI, duc d'Anjou (V. Index), a nommé 4 chevaliers du St-Esprit (ses 2 fils et les ducs de Bauffremont et de Polignac) et 4 de St-Michel (1972). Son propre fils, *duc d'Anjou et de Cadix* (n. 1936), a confirmé les nominations qui n'avaient pu être faites en règle et fait de nouvelles nominations.

Ni la république française ni la monarchie espagnole entre autres ne reconnaissent ces ordres, disparus légalement en 1830.

Ordres de mérite

• **Ordre de St-Louis.** *Créé* par Louis XIV en 1693, pour les officiers français cathol. ayant servi 10 ans dans l'armée royale et dispensés de preuves de noblesse. *3 classes :* chevalier, commandeur et grand-croix. *Croix :* de Malte blanche et or avec fl. de lys aux angles ; au centre un médaillon avec à l'avers l'effigie de St-Louis, au revers une épée passée dans une couronne de lauriers entourée de la devise. Ruban rouge feu. Chevaliers et commandeurs la portent sur la poitrine, les grands-croix sur la hanche gauche, pendue à l'écharpe et accompagnée d'une plaque pailletée portant St-Louis. *Devise :* « Bellicae Virtutis praemium ». *L'office liturgique* prescrit en principe était celui de la Couronne d'épines ; mais, en fait, la seule obligation religieuse (peu suivie) était l'assistance à la messe de St-Louis le 25 août. Sous Louis XV, la réception dans l'Ordre est le plus souvent déléguée à un haut dignitaire. Le port illégal (1er cas en 1749) entraîne : dégradation et perte de la noblesse, 20 ans de prison pour un noble ; les galères pour un roturier. En 1750, l'Ordre de St-Louis fut assimilé à une charge anoblissante : après 3 générations de titulaires, une famille est anoblie par lettres patentes. De 1790 à 92, toujours réservé aux officiers, il est maintenu sous le nom de *Décoration militaire.* Continue à être conféré en émigration. Rétabli en 1814, aboli en 1830 mais porté (sans fleur de lys) par les titulaires pendant la monarchie de Juillet et sous Napoléon III.

• **Mérite militaire.** *Créé* par Louis XV le 10-3-1759, pour les officiers protestants étrangers servant dans l'armée royale et se trouvant dans l'impossibilité de recevoir l'O. de St-Louis (Suisses, All., Suédois). Ce n'était pas un ordre mais une institution, sans Gd Maître. Il conférait à ses titulaires les mêmes avantages que la Croix de St-Louis (titre de chevalier, pension, anoblissement après 3 générations). Il y avait 2 grands-croix et 4 commandeurs (chevaliers en nombre illimité). *Croix :* de St-Louis mais avec des médaillons différents (avers : épée en pal entourée de la devise ; revers : couronne de lauriers). *Ruban :* gris-bleu. *Devise :* « Pro virtute bellica » (Pour le courage militaire). Plaque avec une couronne de laurier pour les Grands-Croix.

Supprimé à la Révolution et rétabli à la Restauration, il fut depuis le 28-11-1814 attribué aux off. protestants, même de nationalité française (1er titulaire fr. : marquis de Ségur-Bouzeli). Le ruban est alors de la même couleur rouge feu que la croix de St-Louis. Aboli en 1830, mais porté sous les mêmes réserves que l'O. de St-Louis.

Les filles de nombreux chevaliers de St-Louis furent élevées à la maison de St-Louis fondée par Mme de Maintenon à St-Cyr. Après la Révolution, les filles des off. protestants furent élevées aux frais de l'O. de St-Louis dans des institutions protestantes.

Société des Cincinnati. Ordre héréditaire, institué en 1783, et dont les statuts ont été rédigés par le Gal Henry Knox (1750-1806), chef de l'école militaire de West Point, qui en devient le secrétaire général (1785-90), puis le Vice-Pt gén. (1805). *Premier Pt gén.* (1783-99) : Georges Washington (1732-99). *But :* regrouper les officiers anciens combattants de la guerre d'Indépendance américaine, puis leurs descendants (culte du souvenir, aide sociale) ; conserver intacts les droits et libertés de l'individu, maintenir entre les États l'union et l'honneur national à l'exemple de Lucius Quintius Cincinnatus, héros de l'Antiquité classique qui, ayant commandé 2 fois en chef l'infanterie romaine (en 459 et 437 av. J.-C.) avec le titre de *dictator,* reprit après la victoire son métier de laboureur. Il était prévu au début que la qualité de membre se transmettrait de mâle en mâle par primogéniture, mais dès 1784, la transmission par les femmes héritières fut admise en cas d'extinction de ligne masculine. *Organisation :* dans chacun des 12 premiers États de l'Union (New Hampshire, Massachusetts, Rhode Island, Connecticut, New York, New Jersey, Pennsylvanie, Delaware, Maryland, Virginie, Caroline du Sud, Georgie) et en France (depuis le 18-12-1783), existe une « branche » dirigée par un Pt, un Vice-Pt et un comité, chargés notamment de reconnaître les titres d'un candidat à la succession d'un membre héréditaire, qui est ensuite élu par les membres de l'Ordre.

Insigne : dessiné par le major Pierre L'Enfant (1754-1825 ; 1er secr. français) ; aigle d'or amér. avec ruban bleu clair bordé de blanc et rosette : l'aigle à tête blanche *(bald eagle)* a servi de modèle à celui de l'écusson des U.S.A. ; il porte un médaillon à fond bleu avec Cincinnatus à sa charrue. Sous l'Ancien Régime, il se portait immédiatement après la Croix de St-Louis. La Gde Chancellerie en autorise le port en France, à condition qu'il soit épinglé sur le revers droit, le ruban étant remplacé par une rosette. Le Pt gén. reçoit l'aigle orné de diamants qui avait été offert en 1783 à Washington par la marine fr. Depuis 1977, il y a à Washington un Vice-Pt gén. fr. *Siège social :* Sté gén. représentant les 14 Stés d'État : résidence Anderson House (Washington D.C.), qui abrite également le musée de la société.

Branche française de la « Société des Cincinnati ». Elle n'est ouverte qu'aux descendants (représentants, par primogéniture, de chaque famille) des généraux, des colonels ou capitaines de vaisseaux et des officiers morts à la guerre ou blessés au combat. A la chute de la monarchie, elle a été « mise en sommeil » *(rendered dormant).* Le dernier Français d'origine mourut en 1854. Les sociétés américaines continuaient leur existence pendant que les Français restaient inactifs. Après la guerre de 1914-18 ils ressuscitèrent la branche française en se constituant (4-7-1925) en association suivant la loi de 1901. Déclarée 1-7-1930, reconnue d'utilité publique par décret 20-7-1976.

Siège : 9, av. F.-D.-Roosevelt. *Pts* dep. 1930 duc de Broglie (Maurice), duc de Lévis-Mirepoix, duc de Castries. *Secr. gén. :* baron Le Mauff de Kergal. *Membres :* 195 titulaires (héréditaires) et 22 honoraires choisis *intuitu personae* (à titre personnel et sans hérédité). Le duc d'Anjou et de Cadix est membre d'honneur dep. 23-6-1983 et m. titulaire dep. 19-10-1983 comme représentant Louis XVI. Le Cte de Paris est m. titulaire représentant son aïeul le duc de Chartres.

Fils de la Révolution américaine. 52, av. des Champs-Élysées, Paris 8e. Association fondée en 1926. Branche fr. de la National Society of the Sons of the American Revolution (fondée en 1879). Ouverte à l'ensemble des descendants des combattants de la guerre d'indépendance américaine. *Buts :* conserver le souvenir des combattants de la guerre d'indépendance amér., favoriser les relations cordiales entre leurs descendants, encourager les recherches historiques, maintenir les liens d'amitié entre France et U.S.A. *Insigne :* Croix surmontée d'un aigle ; rosette bleue, blanche, chamois. *Pt d'honneur :* l'amb. des États-Unis. *Pt :* Cte René de Chambrun (23-8-06). *Secr. gén. :* Jean Pougeard du Limbert. *Membres :* 300.

Filles de la Révolution américaine. 47 *bis,* bd des Invalides, 75007 Paris. Branche française de la National Society of the Daughters of the Revolution (N.S.D.A.R.), fondée aux U.S.A. en 1890, regroupant les descendantes directes des combattants de la g. d'Indépendance : env. 250 000 dans le monde. *Activités :* service hospitalier, dirige 4 écoles dont une pour enfants d'origine indienne, bourses d'études, quêtes de fonds à usage patriotique (200 millions de dollars pendant la 2e G. mondiale). *Branche française* fondée en 1934, pour encourager l'amitié franco-amér., par la Ctesse de Chilly, née Joséphine Mumford, et Mrs. T. Bates Batcheller, sous le nom de chapitre Rochambeau. *Membres :* 110. *Droit d'entrée :* 350 F. *Cotisation annuelle :* 220 F. *Régentes de France :* Mme Ph. Merveilleux du Vignaux. *Vice-régentes :* Mme de Coudekerque et Ctesse B. Celier. Les charges de régente sont exercées 2 ans. La commémoration (4 juill.) à la statue de Rochambeau est organisée par les Filles de la Révolution américaine.

Autres distinctions

• **Médaille des pilotes.** *Créée* par Louis XIV (1683) en faveur des matelots et pilotes, elle n'est pas dans la tradition des ordres mais dans celle des phalères romains : médaille à l'effigie de Louis XIV.

• **Médaillon de vétérance.** *Créé* par Louis XV le 16-4-1771, pour les soldats et bas-officiers ayant servi 24 ans sous les drapeaux (double ou triple médaillon pour 48 ou 72 ans de service). Un modèle spécial pour les marins est créé le 25-12-1774. Beaucoup d'officiers la portèrent après la disparition de l'ordre de St-Louis dont ils étaient titulaires.

Période révolutionnaire

• **Insigne des vainqueurs de la Bastille. Losange** pour les Gardes françaises. **Couronne murale** pour les citoyens bourgeois ayant pris part à l'assaut de la Bastille. **Ruban** *portant la mention* brodée d'or « Trésor de la Ville sauvé et conservé le 5 décembre 1789 » pour les hommes du bataillon de Belleville.

Consulat et Empire

• **Consulat. Armes d'honneur.** De 1800 à 1802, Bonaparte fit attribuer aux soldats ayant accompli des faits d'armes 1 854 (?) récompenses : 784 fusils d'infanterie ou fusils de dragons ; 151 mousquetons ; 94 carabines ; 429 sabres d'infanterie ou de cavalerie ; 241 grenades d'or (entourées d'un losange doré et placées sur fond de velours noir pour être portées sur le baudrier ou sur le bras gauche) ; 44 haches d'abordage en argent doré (portées sur le baudrier ou sur la poitrine à hauteur du troisième bouton) ; 6 haches de sapeur ; 39 baguettes de tambour ; 13 trompettes ; 53 (sans indication). Les bénéficiaires de ces récompenses furent automatiquement admis dans la Légion d'hon. accompagnée d'une plaque pailletée portant St-Louis.

Légion d'honneur. Voir ci-après. Décorations contemporaines.

• **Empire. Décorations créées dans le royaume d'Italie :** *Ordre de la Couronne de fer* (1805). Attribué aux sujets italiens de Napoléon, couronné roi d'Italie et aux fonctionnaires français de la vice-royauté.

Dans les territoires annexés : *Ordre de la Réunion* (1811), civil et militaire. Décerné aux Français et aux membres d'ordres étrangers, supprimé lors des annexions à l'Empire français.

Projet non réalisé : l'*Ordre des 3 Toisons d'or.* En 1809, après la conquête de Vienne (siège de la Toison d'or autrichienne), qui survenait 5 mois après la conquête de Madrid (siège de la Toison d'or espagnole), Napoléon décida de créer un ordre impérial [sur lequel figuraient 3 toisons d'or (les 2 précédentes, plus la française)] réservé aux héros les plus exceptionnels de son armée (certains étaient désignés par élection de leurs régiments) : 100 grands chevaliers, 400 commandeurs et 1 000 chevaliers, ainsi qu'aux drapeaux des régiments ayant pris part aux 8 plus grandes batailles d'Ulm à Wagram. Un décret du 15-8-1809 nomma un grand chancelier (le général Andreossy) et un grand trésorier (le comte Schimmel-Penning). Mais devant la désapprobation des titulaires de la Légion d'honneur, qui craignaient que leur décoration ne fût dévalorisée, Napoléon renonça à conférer son nouvel ordre, et le 27-9-1813, en prononça la dissolution et réunit sa datation à celle de la Légion d'honneur.

Restauration

Décoration du Lys. *Créée* le 26-4-1814 (fleur de lys ; ruban blanc) pour les membres de la Garde nationale de Paris, ralliée à Louis XVIII. Répandue largement par la suite et dévaluée. Chaque département reçut un ruban d'une couleur distinctive.

Brassard de Bordeaux. Accordé le 12-3-1814 aux gardes d'honneur du duc d'Angoulême ayant débarqué à Bordeaux. Large pièce de soie portée en brassard, du coude à l'épaule gauche. Décoration remplacée ensuite par un médaillon en or et émaux blanc et vert.

Décoration du siège de Lyon. *Créée* en 1814 pour les vétérans du siège de Lyon (1793) : à l'origine, la même que le Lys, avec un ruban amarante.

Médaillon de Gand. *Créé* le 17-5-1815 pour les jeunes Parisiens (étudiants en droit et étudiants en médecine) ayant servi Louis XVIII à Gand. Ruban bleu et blanc.

Croix d'honneur de la duchesse de Berry. Même insigne que les « croix du Lys ». *Créée* par la duchesse de Berry à Dieppe, en 1814, pour les dames nobles lui ayant fourni une escorte à cheval.

Croix de la Fidélité. *Créée* en 1816 pour la Garde nationale de Paris. Destinée à remplacer le Lys distribué à quiconque le demandait et même à des enfants (Charles de Cazals reçut son brevet à 2 ans).

Médaille de l'Instruction primaire. Appelée médaille des Instituteurs. *Créée* le 15-6-1818, pour les maîtres d'école ayant une certaine ancienneté. Toujours en vigueur. Elle palliait pour eux les « Palmes académiques » réservées à l'ens. supérieur et qui ne devinrent « décoration » que sous Napoléon III.

Monarchie de Juillet

Croix de Juillet. *Créée* le 13-12-1830 pour récompenser les émeutiers des « Trois Glorieuses » (étoile à 5 branches, surmontée d'une couronne murale avec au centre un coq gaulois ; ruban bleu, liseré rouge).

Médaille de Juillet. Donnée aux émeutiers n'ayant pas obtenu la croix ; de ce fait, appelée « médaille des Mécontents » ; en argent.

Décorations contemporaines

Prescriptions

Toute décoration qui n'est pas conférée par une puissance souveraine est déclarée illégalement et abusivement obtenue. Nul Français ne peut accepter et porter une décoration étrangère sans y être autorisé par un décret du grand chancelier de la Légion d'honneur. Depuis le décret du 4-12-1981, le fait de créer et de remettre une décoration de fantaisie constitue un délit relevant de l'art. R. 171 du Code de la Légion d'honneur. Celui de porter une décoration étrangère qui n'aurait pas été conférée par une puissance souveraine relève de l'art R. 173.

Amendes de 600 à 1 200 F. Peines d'emprisonnement pouvant aller jusqu'à 10 j avec sursis.

Ordre dans lequel les décorations doivent être portées. Un rang de préséance est fixé, par décret, pour : Légion d'honneur, Croix de la Libération, Médaille militaire, Ordre national du Mérite.

Pour les autres, l'usage établi prévaut : récompenses pour faits de guerre et activités patriotiques (Croix de guerre 1914-18, 1939-45, Théâtres des opérations extérieures, Valeur militaire, Médaille de la Résistance, etc.) ; récompenses pour actes de dévouement, anciens ordres coloniaux ; ordres ministériels : Palmes académiques, Mérite agricole, Mérite maritime. Croix et médailles commémoratives, médailles d'honneur décernées par le Gouvernement, selon l'ordre chronologique de leur création ; décorations étrangères dont le port a été autorisé par le Grand Chancelier de la Légion d'honneur.

Légion d'honneur

• **Origine.** *Créée* par Bonaparte, Premier Consul, le 19 mai 1802, pour récompenser les mérites civils et militaires en temps de paix ou de guerre. Sous le Consulat, puis l'Empire, du 24-9-1803 au 6-4-1814, ont été élevés aux *dignités* de Grand Aigle (créée en 1805, sous le nom de Grande Décoration ; appelée Grand Cordon le 28-3-1816, puis Grand-Croix en 1830) : 64 ; de Grand Officier : 137 ; aux *grades* de commandeur (appelé Commandant jusqu'au 28-3-1816) : 649 ; d'Officier : 3 069 ; de Chevalier (appelé Légionnaire jusqu'en 1808) : 32 906.

Nom. Faux-sens sur le participe latin *honoratus,* « honoré », c.-à-d. soldat romain titulaire d'un insigne honorifique (phalère, bracelet, etc.). Il aurait fallu dire : Légion des honneurs (au pluriel). Traduction du latin *Legio honoratorum conscripta,* « Légion composée de soldats décorés ». Bonaparte souhaitait composer un corps de soldats vétérans et de partisans politiques, qui aurait encadré les populations civiles. Sa *légion* groupait primitivement 16 grands officiers, chacun à la tête d'une *cohorte* régionale (regroupant 5 à 7 départements) ; les commandants étaient les chefs des légionnaires pour chaque département, les officiers pour chaque arrondissement. Chaque cohorte avait à sa disposition une rente de 200 000 francs en biens nationaux plus un hospice réservé aux légionnaires (ancien couvent nationalisé). Cette organisation est tombée en désuétude dès 1808, les légionnaires devenant des *chevaliers* (c.-à-d. les dignitaires d'un « Ordre » dans la tradition nobiliaire).

• **Insigne. Description.** Étoile blanche à 5 doubles pointes, entourée d'une ceinture de feuillage vert (branche de chêne et de laurier) surmontée d'une couronne ovale mi-chêne mi-laurier. *Médaillon :* face : profil de la République [1] avec légende « République française » ; revers : 1 drapeau et 1 étendard tricolores croisés ; légende « Honneur et Patrie ». *Ruban :* rouge inspiré du rouge feu de l'O. de St-Louis.

Nota. — *Ier et IIe Empire :* profil de Napoléon, couronne impériale. *1816-48 :* profil d'Henri IV, couronne royale. *IIe République :* profil de Bonaparte, feuillages républicains.

Port. Chevaliers et officiers portent la croix sur la gauche de la poitrine, attachée à un ruban moiré rouge, orné d'une rosette pour les off. Les commandeurs la portent en sautoir avec un ruban plus large. Les gds off. portent la croix d'off. et une plaque en argent. Les gds-croix portent une croix de grand modèle tenue par un ruban rouge moiré, porté en écharpe de l'épaule droite à la hanche gauche et une plaque en vermeil. En costume de ville ou en petite tenue, pour les militaires, la croix est remplacée par : un ruban rouge (chevaliers), rosette rouge (off.), rosette rouge sur demi-nœud argent (commandeurs), argent et or (gds off.), or (gds-croix).

Collier. Le gd maître de l'O. a pour signe distinctif un collier d'or ; l'actuel a été réalisé en 1953 par les artistes Arbus, décorateur, et Stubes, ferronnier. Poids : 1 kg (or massif), est porté uniquement le jour de l'entrée en fonction du Pt de la Rép. (qui devient en même temps gd maître de l'O.). Les Pts Giscard d'Estaing et Mitterrand n'ont fait que regarder le collier que leur présentait le représentant du gd chancelier. Il est formé de 16 maillons, portant chacun un médaillon rectangulaire avec figures symboliques représentant l'Armée (infanterie, chars, etc.) et la Civilisation française (agriculture, sciences, etc.). La croix est suspendue à un monogramme HP (Honneur et Patrie). Le précédent collier, conservé au Musée de la Légion d'honneur, est de 1881.

• **Organisation. Grand maître :** Pt de la Rép. **Gd chancelier :** choisi parmi les gds-croix, nommé par décret du Pt de la Rép. pour un mandat (renouvelable) de 6 ans (dep. 1975) ; il assure l'administration de l'O. ; il présente au gd maître rapports et projets concernant Légion d'h., Médaille militaire et décor. étrangères. Il est obligatoirement consulté sur les questions de principe concernant les décorations fr. sauf l'O. de la Libération et la Médaille de la Résistance. Il autorise par arrêté l'acceptation et le port de décorations étrangères par des Français.

Grande Chancellerie. Administration centrale autonome (son budget est un budget annexe rattaché pour ordre au ministère de la Justice). *Derniers gds chanceliers : 1954* Gal Georges Catroux (1877-1969) ; *1969* Amiral Georges Cabanier (1906-76) ; *1975* Gal Alain de Boissieu (n. 5-7-1914, gendre du Gal de Gaulle), qui démissionna en 1981 pour protester contre l'élection de F. Mitterrand à la présidence de la Rép. et pour ne pas avoir à lui remettre personnellement le collier de Grand Maître de l'O. ; *1981,* 4-6 Gal Briard (n. 23-7-1918).

Conseil de l'Ordre. Il assiste le gd chancelier ; tous les grades sont représentés (16 m. nommés par le Pt de la Rép.).

Nominations et promotions. Faites par décret signé du Pt de la République, rendu sur rapport du Premier ministre et du ministre intéressé, et visé pour exécution par le gd chancelier, qui est chargé de la centralisation des propositions des différents ministres pour soumission au conseil de l'Ordre. Admissions et avancements sont prononcés dans la limite de contingents fixés par décret du Pt de la République pour 3 ans. Certaines nominations et promotions à titre militaire peuvent intervenir « hors contingents ».

3 grades : Chevalier, Officier, Commandeur. **2 dignités :** Grand Officier et Grand-Croix. Nul Français ne peut accéder à un grade supérieur s'il n'est pas déjà titulaire du grade inférieur, à l'exclusion du nouveau Pt de la Rép. qui est automatiquement élevé à la dignité de grand-croix.

Conditions exigées en temps de paix. *Pour être nommé chevalier :* 20 ans de services publics ou 25 ans d'activités professionnelles assortis, dans l'un et l'autre cas, de mérites éminents.

Pour être promu officier, il faut être chevalier depuis 8 ans ; *commandeur,* officier *depuis 5 ans. Pour être élevé à la dignité de grand officier,* commandeur depuis 3 ans ; *grand-croix,* grand officier depuis 3 ans. Ces délais ne s'appliquent pas aux promotions pour services exceptionnels. Les services de guerre et certains services militaires peuvent donner droit à des bonifications dans le calcul des annuités.

Nul ne peut se prévaloir d'un grade ou d'une dignité dans la Légion d'honneur, ni en porter les insignes, rubans ou rosettes avant sa réception dans ce grade ou cette dignité. Le nouveau promu est « reçu » par un parrain (qu'il est généralement invité à proposer lui-même) qui doit être titulaire, dans la Légion d'honneur, d'un grade au moins égal au sien.

Les membres de la Légion d'honneur peuvent mentionner leur titre sur leur carte de visite mais non en faire usage pour des motifs commerciaux (ni l'inscrire en tête d'un papier à lettre commercial). Quiconque, dans un établissement commercial, ind. ou financier, fait figurer le nom d'un membre de la Légion d'honneur dans une publicité pour l'entreprise, est punissable de 1 à 6 mois de prison et d'une amende de 2 000 à 10 000 F.

Nota. — Un décret du 28-10-1870 voulait réserver à l'ordre un caractère militaire, mais la loi du 25-7-1873 abrogea le décret.

Décorations à titre posthume. Depuis le décret no 62-1472 du 28-11-1962 abrogeant notamment le décret du 1-10-1918, il n'est plus prévu d'attribuer de distinctions dans la Légion d'honneur à titre posthume (Napoléon entendait d'ailleurs réserver la Légion d'honneur à l'élite vivante de la Nation).

Droits de chancellerie. Chevalier 20 F, Officier 32, Commandeur 48, Grand Officier 72, Grand-Croix 100.

• **Honneurs héréditaires.** D'après les *art. 11 et 12 du décret du 1-3-1808,* les membres de la Légion d'honneur portent le titre de chevalier ; ce titre est transmissible à la descendance directe légitime, de mâle en mâle, par ordre de progéniture, de celui qui en aurait été revêtu et qui justifierait d'un revenu net de 3 000 F au moins. *L'art. 22 du décret du 3-3-1810* limite la transmissibilité à l'aîné de ceux qui auraient réuni une dotation au titre de chevalier, et à la charge d'obtenir confirmation jusqu'à la 3e génération sans pourvoir au sort du titre des chevaliers non dotés.

Ordonnance du 8-10-1814, art. 1 : ordonne de continuer à expédier des lettres patentes conférant le titre personnel de chevalier et des armoiries aux membres de la Légion d'honneur qui se retireront à cet effet devant le chancelier de France et qui justifieront d'un revenu net de 3 000 F au moins, en biens immeubles situés en France ; *art. 2 :* lorsque l'aïeul, le fils et le petit-fils auront été successivement membres de la Légion d'honneur et auront obtenu des lettres patentes conformément à l'art. 1, le petit-fils sera noble de droit et transmettra la noblesse à toute sa descendance.

Cette ordonnance devint caduque dès que la monarchie de juillet 1830 cessa de délivrer des lettres patentes de chevalier et qu'il ne fut plus demandé la justification du « revenu de 3 000 F au moins ». En outre, rares furent sans doute les familles susceptibles d'avoir en 26 ans (entre 1804 et 1830) 3 générations successives de légionnaires. Depuis l'instauration de la République, les « honneurs héréditaires », c'est-à-dire des privilèges, étaient contraires à l'esprit et à la lettre de la constitution. Le garde des Sceaux ne délivre plus de lettres patentes.

• **Privilèges.** Légionnaires comme médaillés militaires ont droit aux honneurs militaires à leurs obsèques. Le règlement prévoit l'importance du détachement (avec le nombre d'off. et de sous-off. et désignation de leur grade) avec ou sans musique, avec ou sans drapeau selon le grade du défunt.

Leur décoration est mentionnée sur les registres de l'état civil. Quand la décoration est attribuée avant la réception de l'acte, elle peut aussi être portée. Ex. : sur l'acte de décès, sur l'acte de mariage si le (ou la) marié(e) a la Légion d'honneur avant le mariage, mais jamais sur l'acte de naissance. Les militaires (non officiers) décorés ont droit au salut de la part des militaires de même grade non décorés (en théorie), les sentinelles à la porte des casernes rendent les honneurs aux personnes décorées de la Légion d'honneur (privilège tombé en désuétude).

Le *privilège de juridiction* dont jouissaient les grands-croix et grands officiers a été supprimé avant 1939 (ils n'étaient pas jugés par les cours correctionnelles mais seulement par les cours d'appel).

• **Traitements.** Fixés sous le IIe Empire (décret des 22 et 25 janv. 1852) ; réservés aux décorés à titre militaire : Chevaliers 250 F, Officiers 500 F, Commandeurs 1 000 F, Grands Officiers 2 000 F, Grands-Croix 3 000 F (en 1852, le salaire annuel d'un ouvrier agricole était de 105 F). En 1985 leur montant (fixé le 1-1-1982), en principe réservé aux militaires, est de : Chevaliers 40 F par an, Officiers 60 F, Commandeurs 80 F, Grands Officiers 160 F et Grands-Croix 240 F. Bénéficiaires d'un traitement au 31-8-1985 : médaillés militaires 457 347, membres de la Légion d'honneur : 129 027 (dont Grand Croix 35, Grands Officiers 350, Commandeurs 3 471, Officiers 20 691, Chevaliers 104 480). *Coût annuel des traitements :* 19 500 000 F (dont Grand Croix 8 400 F, Grands Officiers 56 000 F, Commandeurs 277 680 F, Officiers 1 241 460 F, Chevaliers 4 179 200 F, Médaillés militaires 13 720 410 F.

Nota. — Les traitements ne se cumulent pas avec ceux de la Médaille militaire.

Premiers comédiens décorés. Comédiens professeurs au Conservatoire : Philoctès Régnier (1807-85) le 5-8-1872, Edmond Got (1822-1901) le 4-8-1881, Louis Delaunay (1826-1903) le 4-5-1882. **1er comédien non professeur :** Mounet-Sully (1841-1916), chevalier en 1889, officier en 1910.

Premières femmes décorées. Selon une légende, Napoléon Ier aurait décoré, le 20-6-1808 Marie-Jeanne Schellinck (25-7-1757/1-9-1840), sous-lieutenant de 52 ans. Selon une 2e légende, démentie par le Gd Chancelier Mac Donald, la 1re légionnaire aurait été Virginie Ghesquière, engagée volontaire au 27e de ligne et héroïne de la campagne du Portugal. Mais en fait la 1re femme décorée, fut Marie-Angélique Duchemin veuve Brulon [20-1-1772/13-7-1859, combattante des armées de la République ; pensionnaire des Invalides dep. le 14-12-1798 (réformée en juin 1798) ; nommée sous-lieutenant en 1822, avec 7 campagnes et 3 blessures ; retraitée aux Invalides]. Reçut la croix du prince président Louis-Napoléon, le 15-8-1851.

Mme Abricot de Ragis, femme du maire d'Oizon, dans le Cher, qui avait résisté à des malfaiteurs venus pour détruire les registres de la commune, fut décorée en 1852.

Sœur Rosalie-Jeanne-Marie Rendu, 1re religieuse décorée, en 1853. Sœur Hélène, de l'hospice de la Ferté-sous-Jouarre ; la supérieure des Filles de la Charité de l'hôpital gén. de la Grave-Toulouse ; Jeanne-Claire Massin, ancienne sup. de l'Hôtel-Dieu de Compiègne ; Mathurine-Foise Fourchon, ancienne cantinière en Afr.

En dehors des héroïnes de guerre, il y eut Rosa Bonheur, 1re femme artiste à être décorée, en 1865 [fait unique, elle sera décorée par une femme non décorée (l'Impératrice)], et à devenir off., en 1895 ; en 1886 Mme Dieulafoy, et, en 1888, Marie Laurent, comédienne, parce qu'elle venait de fonder l'orphelinat des Arts ; en 1906, Julia Bartet, 1re à titre de comédienne ; en 1914 Sarah Bernhardt, tragédienne. Le 14-12-1900, Mme de Rosthern, femme du chargé d'affaires d'Autriche-Hongrie à Pékin, fut la 1re décorée à titre étranger.

En 1914, il y avait environ 110 femmes chevalières de la Légion d'honneur. En 1938, 3 000.

Anna de Noailles (la 1re en 1931), Louise de Vilmorin, Yvonne Sarcey, Mme P. Dupuy, Colette, Marguerite Long, Maryse Bastié (1re à titre militaire) ont été *Commandeurs.* La maréchale Lyautey et Colette (en 1953), Louise Weiss (en 1974), le général Valérie André (1981) ont été nommées *Gds Officiers.* Seules quelques souveraines étrangères ont été *Gds-Croix.*

Premiers saints décorés. Jean-Marie Vianney, curé d'Ars, décoré le 15-8-1855. Il porta une fois sa croix : sur son cercueil, le 6-8-1859. Le bienheureux Eugène de Mazenod (1782-1861), évêque de Marseille, avait reçu la Légion d'honneur en tant qu'évêque. Le père Daniel Brottier (1876-1936), de la congrégation du St-Esprit, béatifié le 25-11-1984 (missionnaire au Sénégal, fondateur de l'Association des Anciens Combattants, directeur de l'œuvre des Orphelins d'Auteuil).

Parmi ceux qui ont refusé d'être décorés. *Ier Empire :* le maréchal de Rochambeau, La Fayette (« pour éviter le ridicule »), l'amiral Truguet, le poète Népomucène Lemercier. Le maréchal Augereau, républicain convaincu, refusa de répondre à l'appel de son nom lors de la remise des insignes en 1804.

Monarchie de Juillet : le chimiste Raspail, dont le nom fut cependant inscrit sur les registres de l'O. (Son fils, Camille, refusa également la croix sous Nap.III). Berryer, Montalembert, le chansonnier Béranger, Lamennais, Berlioz (on lui offrait la Légion d'honneur à la place de 3 000 F promis par le ministre de l'Intérieur pour son *Requiem*). Sainte-Beuve refusa la croix en 1837, mais l'accepta sous l'Empire. Gérard de Nerval l'aurait refusée, notamment pour éviter des frais de costume.

Second Empire : George Sand (elle craignait « d'avoir l'air d'une vieille cantinière »), Littré, Barbey d'Aurevilly, Francisque Sarcey, Paul de Kock, le sénateur Scheurer-Kestner (pour « rester dans la tradition républicaine »), Nadar, Gustave Courbet, Daumier (par modestie).

IIIe République : M. Sénard, Pt de l'Assemblée Constituante de 1848, qui avait déjà refusé la croix sous Louis-Philippe, Maupassant, Eugène Le Roy, auteur de « Jacquou le Croquant », la romancière Marcelle Tinayre (elle l'estimait déplacée pour une femme), le peintre Monet.

Radiation, exclusion ou suspension. *Les fautes contre l'honneur* (condamnation en matière criminelle, correctionnelle ou de police, fautes graves contre la discipline pour les militaires, la faillite pour les commerçants) peuvent entraîner la radiation. L'exclusion de l'Ordre ou la suspension à temps des droits et prérogatives attachés à la décoration peuvent être décidées en cas de condamnation ou de faute contre l'honneur.

Effectifs	Au 30-5-85	Objectifs décrétés
Grands-Croix	67	75
Grands Officiers	455	250
Commandeurs	5 652	1 250
Officiers	45 318	10 000
Chevaliers	185 686	113 425
Total	*237 208*	*125 000*

Contingents annuels normaux (du 1-1-1982 au 31-12-84) à titre civil et militaire, armée active et, entre parenthèses, personnels d'origine militaire n'appartenant pas à l'armée active : Gds-Croix 2-1 (1), Gds Off. 8-7 (1), Commandeurs 47-66 (16), Off. 350-240 (100), Chevaliers 1 060-630 (250).

• **Maisons d'éducation de la Légion d'honneur.** Réservées aux filles, petites-filles, sœurs et nièces d'un Légionnaire à titre français. Il y a 800 places gratuites et 110 pl. payantes. Dep. 1945, les plus jeunes de 12 à 15 ans sont à la maison des *Loges* (St-Germain-en-Laye), les plus grandes, à celle de *St-Denis* (à l'origine, les Loges étaient réservées aux filles de sous-officiers ; St-Denis aux filles d'off.). Les pensionnaires sont recrutées par concours, préférence étant donnée aux filles de Légionnaires morts pour la France. En principe, seule une enfant par famille a droit à la gratuité, mais il y a des exceptions en faveur des orphelines de guerre et des enfants de familles nombreuses.

Ordre de la Libération

Origine. Ordre national *institué* par une ordonnance du général de Gaulle prise à Brazzaville le 16-11-1940 pour récompenser personnes ou collectivités militaires et civiles qui se sont signalées d'une manière exceptionnelle dans l'œuvre de libération de la France et de son Empire. Il n'est plus attribué depuis le 23-1-1946 [excepté au roi George VI (à titre posthume) le 4-4-1960 et à Winston Churchill le 18-6-1958].

Insigne. Écu de bronze chargé d'un glaive sur lequel est posé une croix de Lorraine. *Devise : Patriam servando victoriam tulit* (En défendant la Patrie, il a remporté la victoire). *Ruban :* vert rayé de noir.

Statut. Le général de Gaulle fut l'unique Grand Maître. *Chancelier* (dep. la création) : amiral Georges Thierry d'Argenlieu (1889-1964), démissionna ; *1958* général Joseph Ingold (4-4-1894), démissionna ; *1962* ambassadeur Claude Hettier de Boislambert (1906-86), démissionna ; *1978* gén. d'armée Jean Simon (30-4-1912). *Conseil de l'ordre :* chargé de la discipline. *Grade :* un seul : « Compagnon de la Libération » (tradition de l'Ordre du St-Esprit, qui était défini comme une compagnie, même si ses membres portaient le titre de chevaliers).

Membres. Nombre : il y eut 1 059 Compagnons de la Libération dont 239 nommés à titre posthume (378 étaient encore en vie au *30-6-1984*) ; *6 femmes* ont été nommées (toutes décédées) : Berthie Albrecht (1889-1943), Laure Diebold (1915-65), Emilienne Evrard (1898-1971), Marie Hackin (1905-41), Marcelle Henry (1895-1945), Simone Michel-Lévy (1906-45) ; *5 localités :* Grenoble, Ile de Sein, Nantes, Paris, Vassieux-en-Vercors ; *18 unités combattantes* de l'air, de mer et de terre. *Le plus jeune décoré :* Mathurin Henrio dit Barrioz (16-4-1929, résistant mort à 14 ans sous la torture le 10-2-1944 à Baud, Morbihan).

Quelques compagnons célèbres : maréchaux Jean de Lattre de Tassigny (1889-1952), Philippe Leclerc (1902-47) et Pierre Kœnig (1898-1970), généraux Georges Catroux (1877-1969), René-Marie-Edgar de Larminat (1895-1962, suicidé), Joseph de Monsabert (1887-1981), Alain de Boissieu (1914), Jean Simon (1912), Jacques Massu (1908), Antoine Béthouard (1889-1982), Pierre Billotte (1906), Jacques Chaban-Delmas (1915) ; colonel Pierre de Chevigné (1909), Pierre Messmer (1916) ; Georges Bidault (1899-1973), Maurice Bourgès-Maunoury (1914), René Pleven (1901), Gaston Palewski (1901), Achille Peretti (1911-83), Maurice Schumann (1911), Eugène Claudius-Petit (1907), René Cassin (1887-1976), Louis Armand (1905-71), Jacques Baumel (1918), Robert Galley (1921), André Malraux (1905-76), Romain Gary (1914-80, suicidé), Dominique Ponchardier (1917), Pierre Clostermann (1921). Jean-Moulin (1899-1943), Pierre Brossolette (1902-43, à titre posthume).

Médaille militaire

Origine. *Instituée* par le décret du 22-1-1852, abrogé et remplacé par le décret du 28-11-1962. Récompense les militaires et assimilés non officiers ; ne constitue pas un « ordre ». Les noms des titulaires figurent sur des contrôles détenus et mis à jour par la Grande Chancellerie de la Légion d'honneur.

Pour la rendre populaire auprès des hommes de troupe, qui la considéraient comme une Légion d'honneur au rabais, Napoléon III (qui la portait ainsi que le pce impérial) décida le 13-6-1852 qu'elle serait concédée aux maréchaux de France (les 1res furent concédées aux maréchaux Reille et Vaillant le 10-5-1852) et aux généraux Gds-Croix de la Légion d'h. qui, en temps de guerre, ont exercé un commandement en chef devant l'ennemi, ou qui ont rendu des services exceptionnels (ex. : Gal Weygand). Depuis 1888, peut être donnée à des généraux de corps d'armée ; depuis 1909 à des inspecteurs généraux. Décernée au maréchal Tito et à Sir Winston Churchill ; refusée par le Gal de Gaulle. Le général Koenig avait gagné sa Médaille militaire comme aspirant sur le champ de bataille (décret du 8-9-1918). Le général de brigade Amanrich, admis à la retraite et rayé des cadres en 1914, s'engagea pour la durée de la guerre comme simple soldat et en cette qualité gagna la Médaille.

Traitement. 30 F par an (dep. le 1-1-1982).

Statistiques. *Médailles accordées* aux combattants des guerres de *1870-71, 1914-18, 1939-45 :* 1 million (dont 64 000 pour 1870-71) dont 4 700 à des femmes. *De 1952 à 1961 :* 157 officiers gén. dont 33 amiraux ou vice-amiraux (*de 1852-69 :* 31 gén., 11 amiraux. *1870-1913 :* 35 gén., 12 am. *1914-38 :* 35 gén., 6 am. *1939-61 :* 23 gén., 4 am.). **Effectifs** (au 30-6-1984). 554 904.

Ordre national du Mérite

Origine. *Institué* par décret du 3-12-1963.

Organisation. *Grand Maître :* Pt de la République. *Chancelier :* Grand Chancelier de la Légion d'honneur. *3 grades :* Chevalier, Officier, Commandeur ; *2 dignités :* Grand Officier, Grand-Croix.

Insigne. *Étoile :* à 6 branches doubles émaillées de bleu. Le centre est entouré de feuilles de laurier entrecroisées. Avec effigie de la Rép. avec l'exergue « République française ». Revers : 2 drapeaux tricolores avec l'inscription « Ordre national du Mérite » et la date « 3 décembre 1963 » (Chevaliers : argent ; Officiers et Commandeurs : or). *Ruban :* moiré bleu de Fr.

Effectifs (au 31-5-85). Gds-Croix 126. Gds Officiers 364. Commandeurs 5 243. Officiers 28 479. Chevaliers 122 424. *Total 156 636.*

Contingents (période 1-1-85 au 31-12-87) à titre civil (et entre parenthèses à titre militaire). Gds-Croix 6 (5), Gds Off. 12 (12), Commandeurs 182 (122), Officiers 972 (648), Chevaliers 3 705 (2 470).

Autres décorations militaires

Croix de guerre 1914-18, des T.O.E. (Territoires d'opérations extérieures) 1939-45. *Instituées* par les lois du 8-4-1915 et du 30-4-1921, et le décret-loi du 26-9-1939, commémorent les citations à l'ordre de l'armée, du corps d'armée, de la division, de la brigade et du régiment.

L'idée de créer une Croix de guerre peut être attribuée à Maurice Barrès qui, dès novembre 1914, en réclama l'institution. Le lt-colonel Driant, son ami, soutint ce projet devant la Chambre des députés le 8-2-1915.

Quand la Légion d'honneur ou la Médaille militaire sont conférées, pour faits de guerre, avec une citation parue au Journal officiel, la Croix de guerre est attribuée automatiquement avec ces décorations. *Insigne :* croix pattée en bronze du module de 37 mm avec, entre les branches, deux épées croisées. A l'avers, une tête de République, au bonnet phrygien ornée d'une couronne de laurier, avec en exergue

Association nationale des Croix de guerre et de la Valeur militaire. *Fondée* en 1919. Président : Gal Chevalier de Lauzières. Rassemble les personnes décorées des Croix de guerre 14-18, 39-45, des T.O.E., et de la Croix de la Valeur militaire ; ainsi que les villes et les communes citées au cours des 2 guerres 14-18 et 39-45. *Siège social :* Hôtel des Invalides (Cour d'honneur, esc. H.) 4, bd des Invalides, Paris 7e.

« R.F. ». Il porte au revers l'inscription « 1914-1918 » ou « 1939-1945 » ou « T.O.E. ». *Ruban (1914-18) :* vert, avec liséré rouge à chaque bord en comptant 5 bandes rouges de 1,5 mm ; *T.O.E. :* bleu clair, encadré de 2 bandes rouges ; *1939-45 :* rouge, à 4 bandes verticales vertes. Cette décoration ayant été distribuée en mai-juin 1940, le gouvernement de l'État français institua en juil. une commission de révision des attributions de la Croix de guerre. Par décret du 28-3-1941, les croix « maintenues » reçurent un nouveau ruban, vert à 5 raies et liserés noirs. Une ordonnance du Gouvernement provisoire rétablit le ruban rouge à 4 bandes vertes le 7-1-1944.

Chaque *citation* comporte une étoile (citation à l'ordre du régiment et de la brigade : *étoile de bronze ;* de la division : *d'argent ;* du corps d'armée : *de vermeil*) ou une *palme de bronze* (cit. à l'ordre de l'armée). Une *palme d'argent* peut remplacer 5 palmes de bronze.

Cartes délivrées (au 31-12-83) : 4 424 366.

Nota. — La *Croix de guerre des T.O.E.* avait été créée pour les opérations militaires qui avaient suivi la 1re Guerre mondiale, entre 1918 et 1921, c.-à-d. Levant (Palestine-Syrie), Orient (Constantinople), Maroc, Afrique Équatoriale française, Afrique Occidentale française, mission militaire aux Pays Baltes, Hte-Silésie, Pologne, Tchécoslovaquie, U.R.S.S., Hongrie, Roumanie. La loi du 30-4-1921 prévoyait son extension à d'autres théâtres d'opérations. Ont été considérées notamment comme T.O.E. les opérations en Extrême-Orient, à Madagascar, en Corée et en Méditerranée orientale.

Croix de la Valeur militaire. D'abord dénommée « Médaille de la Valeur militaire ». *Instituée le* 11-4-1956, à l'occasion des opérations en A.F.N., pour récompenser les militaires qui ont accompli des actions d'éclat au cours ou à l'occasion d'opérations de sécurité ou de maintien de l'ordre. Elle peut être attribuée, exceptionnellement, au personnel non militaire. Décernée jusqu'au 1-1-1963 pour les faits antérieurs au 1-7-1962 accomplis en Afrique du N., elle continue à être attribuée par décisions particulières pour les opérations de sécurité ou de maintien de l'ordre qui se sont déroulées ou se déroulent dans certains pays (Zaïre, Tchad, Djibouti, Mauritanie, Liban, Sinaï). Elle est avec *étoile de bronze* (citation à l'ordre du régiment ou de la brigade), *étoile d'argent* (division), *étoile de vermeil* (corps d'armée), *palme de bronze* (armée). *Ruban :* écarlate, coupé de trois raies blanches, une large, au centre, et deux étroites, au bord.

Médaille de la Résistance française. *Gérée* par la Chancellerie de l'Ordre de la Libération. *Créée* par le général de Gaulle, par les ordonnances des 9-2-1943 et 7-1-1944, pour « reconnaître les actes remarquables de foi et de courage qui, en France, dans l'Empire et à l'étranger, auront contribué à la résistance du peuple français contre l'ennemi et contre ses complices depuis le 18-6-1940 ». Une ordonnance du 2-11-1945 a créé la médaille avec rosette. *Médaille* en bronze portant à l'avers une croix de Lorraine avec l'exergue « 18 juin 1940 », et au revers l'exergue « Patria non immemor ». *Ruban :* rayé et bordé rouge sur fond noir. *Attribution.* Bilan *au 31-3-47 :* 42 902 sans rosette et 4 345 avec rosette (hommes et femmes) ; 17 103 à titre posthume au 5-10-1981 ; 53 à des collectivités (16 avec rosette, 17 sans). N'est plus attribuée depuis le 31-3-1947 (décret du 16-1-1947) sauf en ce qui concerne les morts de la Résistance.

Mérite militaire. *Créé* par la loi du 22-3-1957 pour remplacer la Croix des Services militaires volontaires et sanctionner, en temps de paix, les activités volontaires des cadres réservistes dans l'instruction des réserves et la préparation de la défense nationale, ainsi que des cadres actifs participant à l'instruction des réserves en dehors de leur emploi habituel. Supprimé depuis le 1-1-1964. *3 grades :* Chevalier, Officier, Commandeur. *Ruban :* milieu rouge, encadré de bandes bleu roi de même largeur et liséré blanc. *Rosette* pour les Officiers. Rosette sur galon argent pour les Commandeurs. *Nombre de croix décernées :* Commandeurs 1 299 ; Officiers 3 223 ; Chevaliers 10 080.

Médaille des Services militaires volontaires. *Créée* par décret du 13-3-1975 pour récompenser les services particulièrement honorables accomplis par les militaires n'appartenant pas à l'armée active, au titre de l'information, de l'instruction et du perfectionnement des réserves, du recrutement, de la préparation militaire ainsi que l'activité au sein des associations. *3 échelons :* Bronze, Argent, Or. *Insigne :* en bronze, argent ou or du module de 32 mm environ, présente à l'avers un profil de la République, au revers l'inscription « Services Militaires Volontaires ». *Ruban :* couleur bleu outremer partagé par une bande médiane rouge foncé du tiers de la largeur, pour la médaille de Bronze ; agrémenté d'un liséré blanc de 3 mm pour la médaille d'Argent ; avec rosette aux mêmes couleurs que la médaille d'Argent pour celle d'Or. *Nombre de méd. attribuées dep. sa création au 3-5-1985 :* or 900 ; argent 3 993 ; bronze 10 965. *Total 15 858.*

Médaille de la Gendarmerie nationale. *Créée* par décret du 5-9-1949. Décernée aux officiers et sous-officiers de la Gend. nat. cités à l'ordre de la Gend. Peut aussi être décernée, sans citation, à des personnes qui ont rendu à la Gend. des services importants ou qui, par leur aide particulièrement méritoire à l'occasion de ses missions spéciales, se sont acquis des titres à sa reconnaissance. *Ruban :* bande centrale jaune, bordée de deux liserés blancs, et encadrée de deux bandes bleu gendarme bordées à l'extérieur d'un liséré rouge vif. Grenade en bronze pour chaque citation à l'ordre de la Gend. *Nombre de méd. décernées au 1-1-1986 :* 1 132 aux personnels de la gend., dont 567 à titre posthume ; 46 à des personnes étrangères à la Gend., dont 9 à titre posth. Femmes décorées : 3.

Croix du Combattant. *Créée* par la loi du 28-6-1930 et le décret du 24-8-1930, peut être portée par tous les titulaires de la carte du comb. *Délivrée* par l'Off. nat. des Anc. Comb., les bénéficiaires se procurent la médaille eux-mêmes. *Ruban :* bleu, coupé de bandes rouges. *Cartes délivrées (au 1-1-1984) : g. 1914-18 et T.O.E.* 4 424 370, *g. 1939-45 :* 2 477 029, *Indochine et Corée* 144 649, *A.F.N.* 696 987.

Croix du Combattant volontaire 1914-1918. *Créée* par la loi du 4-7-1935. *Délivrée* par le min. des Armées. *Ruban :* vert avec au milieu une bande rouge et à chaque bord une bande jaune. Aucune demande n'était plus acceptée depuis le 1-1-1952, mais la forclusion a été levée par décret du 21-9-1976. *Croix délivrées au 1-11-83 :* 10 066 (hommes et femmes).

Croix du Combattant volontaire 1939-1945. *Créée* par la loi du 4-2-1953 (décret d'application du 19-11-1955 et instruction du 18-11-1956). *Attribuée* aux militaires engagés volontaires pendant la guerre 1939-1945 ayant appartenu à une unité combattante homologuée. Aucune demande n'était plus acceptée depuis le 31-12-1970, mais la forclusion a été levée par décret du 21-9-76. La loi du 4-2-53 a été abrogée par décret n° 81-844 du 8-9-81 créant une Croix du Combattant volontaire, dont le ruban est orné d'une barrette en métal blanc portant l'indication de la campagne ou de l'opération pour laquelle l'ayant-droit s'est engagé volontairement : barettes « Guerre 1939-45 », « Indochine », « Corée » (dossiers en cours d'instruction pour ces derniers) T.O.E, « A.F.N. ». *Cartes délivrées (au 31-12-84) :* g. 1939-45, 2 477 029 ; Indochine et Corée, 144 649 ; A.F.N. 696 987.

Croix du Combattant volontaire de la Résistance. *Créée* par la loi du 15-4-1954. Relève du ministère des Anciens Combattants. Peut être *portée* par tous ceux qui possèdent la carte du même nom dont l'attribution a été prévue en faveur de ceux qui ont appartenu, pendant 3 mois au moins avant le 6-6-1944, dans une zone occupée par l'ennemi, soit aux Forces françaises de l'intérieur, soit à une formation homologuée des Forces françaises combattantes, soit à une organisation de résistance régulièrement homologuée, soit encore sous certaines conditions aux Forces françaises libres. *Ruban :* noir, avec sur le bord une bande rouge et 4 bandes vertes au centre. *Cartes délivrées (au 1-1-86) :* 254 028.

Médaille des Évadés. *Créée* par la loi du 20-8-1926. Peuvent y prétendre les évadés militaires et civils des 2 guerres. L'évasion doit avoir été accomplie avec franchissement clandestin et périlleux d'un front ou d'une frontière. Les évadés de France (g. 1939-45) doivent en outre s'être engagés dans une unité combattante. *Attribuée* par le min. des Armées après avis d'une commission nommée par le min. des Anciens Comb. pour les évadés civils, nommée par le min. des Armées pour les autres catégories. *Ruban :* vert, trois raies orange. *Médailles décernées :* environ 7 300 (après la guerre de 1914-18) et 37 548 (après celle de 1939-45). Le décret n° 81-1156 du 28-12-1981 (J.O. du 31-12-1981) a levé, sans condition de délai, la forclusion frappant les demandes d'attribution.

Médaille de la Déportation et de l'Internement pour faits de résistance. *Créée* par la loi du 6-8-1948. Elle peut être *portée* par tous les titulaires de la carte de déporté ou d'interné résistant, et par les internés ou déportés résistants de la guerre 1914-18. *Ruban :* bordé d'un liséré rouge et coupé de bandes bleues et blanches, verticales pour les déportés, diagonales pour les autres, et comprenant une barrette métallique portant l'inscription 1914-18 pour les intéressés. *Cartes délivrées :* 74 864 au 31-1-1985 (forclusion dep. le 1-1-1967 ; levée le 6-8-75).

Médaille de la Déportation et de l'Internement (politique). *Créée* par la loi du 9-9-1948. *Attribuée* à tout porteur de la carte de déporté ou interné politique de l'une ou l'autre guerre. *Ruban :* semblable à celui de la médaille précédente, mais bordé d'un liséré jaune. *Cartes délivrées :* 116 977 au 31-1-1985 (forclusion dep. le 1-1-1967 ; levée le 6-8-75).

Médaille des Prisonniers civils déportés et Otages de la guerre 1914-18. *Créée* par la loi du 14-3-1936 pour les victimes de l'invasion de la g. 1914-18 et *délivrée* par le ministère des Anciens Combattants. *Ruban :* rouge, bordé d'un liséré vert et coupé d'une bande bleue entourée de deux bandes blanches. *Médailles accordées :* 10 431 (forclusion dep. 1-2-58).

Médaille du Patriote résistant à l'occupation des départements du Rhin et de la Moselle incarcéré en camps spéciaux. *Portée* par les titulaires de la carte du « patriote proscrit et contraint à résidence forcée en pays ennemi ». Peut être attribuée aux Français du Haut-Rhin, Bas-Rhin et Moselle qui, en raison de leur attachement à la France, ont été arrêtés et contraints par l'ennemi à quitter le territoire national pour être internés dans des camps surveillés (au moins trois mois, sans évasion, blessure ou maladie). *Délivrée par le ministère des Anciens Combattants. Ruban :* soie verte, partagé en son milieu par une bande noire, et bordé de part et d'autre d'un liséré tricolore. *Médailles décernées :* 11 908 au 31-1-1985 (forclusion dep. le 1-1-1968 ; levée le 6-8-1975).

Villes décorées

Croix des mayeurs. Décoration accordée à Péronne, en 1537, et St-Quentin, en 1746, qui ne fut pas ajoutée à leurs armoiries municipales, mais portée par leur maire, d'où son nom.

Légion d'honneur. Au total *67* villes, dont 64 françaises, ont été décorées. Depuis 1962, les villes ne peuvent plus recevoir la Légion d'honneur. **Avant 1914 :** 16 villes. Pour résistance à l'invasion de 1814 : Chalon-sur-Saône, Tournus et St-Jean-de-Losne furent décorées le 22-5-1815 (puis Roanne en 1864) ; 5 villes après la guerre de 1870 : Châteaudun (oct. 1877), Belfort (avr. 1896), Rambervilliers (avr. 1896), Saint-Quentin (juin 1897), Dijon (mai 1899) ; 7 villes de 1900 à 1913 pour un ensemble de faits historiques les concernant : Bazeilles, Paris, Lille, Valenciennes, Landrecies, St-Dizier, Péronne. **Depuis 1914 :** Verdun (12-9-1916), Béthune, Bitche, Reims, Dunkerque, Phalsbourg, Strasbourg, Arras, Lens, Douai, Longwy, Cambrai, Bapaume, Nancy, Metz, Soissons, Thionville, Noyon, Château-Thierry, Montdidier, Nomeny, Badonviller, Gerbeviller, Audun-le-Roman, Longuyon, Pont-à-Mousson, Albert, Calais, Boulogne, Brest, Caen, Falaise, Évreux, St-Malo, St-Lô, Abbeville, Amiens, Lorient, Ascq, Argentan, Lyon, Étobon, Beauvais, Le Havre, Rouen, Oradour-sur-Glane, St-Dié, St-Nazaire.

3 villes étrangères ont été décorées pendant la guerre de 1914-18 : Liège (7-8-1914), Belgrade et Luxembourg.

Croix de guerre. 2 952 villes françaises, réparties en 18 départements, ont été décorées pour leur attitude pendant la 1re Guerre mondiale (la 1re fut Dunkerque en oct. 1917 ; la 2e Thann en janv. 1919 ; à la fin de 1919, il y avait 26 villes décorées ; la liste a été close en 1926). 1 585 villes françaises, réparties en 86 départements, ont été décorées à l'issue de la 2e Guerre mondiale La Croix de guerre 1939-45, contrairement à celle de 1914-18, n'est pas toujours avec palmes : elle comporte des étoiles de citations en bronze, argent, vermeil. 209 villes ont reçu les 2 Croix de guerre. Le département de l'Aisne est celui qui a le plus de villes ou communes décorées : 726. Verdun est la ville la plus décorée de France, avec 26 décorations. Lille et Douai ont eu la Légion d'honneur et les 2 Croix de guerre.

Croix de la Libération. 5 villes : île de Sein, Grenoble, Nantes, Paris, Vassieux-en-Vercors.

Médaille de la France libérée. *Créée* par décret du 12-9-1947 pour commémorer la Libération de la France. *Décernée* aux « ressortissants français ou alliés qui ont apporté une contribution notable à cette libération ». *Délivrée* par le ministère des Anciens Combattants. *Ruban :* couleur de l'arc-en-ciel, violet au centre et rouge sur les bords. *Médailles décernées :* 13 469 (forclusion 7-7-1957).

Médaille de la Fidélité française. *Créée* par la loi du 3-7-1922 en faveur des Alsaciens-Lorrains emprisonnés ou déportés par les Allemands au cours des 48 dernières années (antérieurement à 1918) pour leur attachement à la France. Cette médaille n'est plus attribuée. Il n'existe aucune statistique des médailles délivrées. *Ruban :* tricolore avec agrafe portant l'inscription « Fidélité ».

Insigne du Réfractaire. *Créé* par arrêté du 21-10-63. Peut être porté par tous les titulaires de la carte de réfractaire. *Ruban :* jaune orangé avec 6 raies rouges. *Cartes délivrées :* 99 497 au 1-1-1985 (forclusion dep. le 1-1-1967 ; levée le 6-8-75).

Nota. — En application du décret du 6-8-1975, les victimes de g. qui n'ont pu faire reconnaître dans les délais réglementaires leurs titres (déporté ou interné de la Résistance, déporté ou interné pol., combattant volontaire de la Résistance, réfractaire, personne contrainte au travail en pays ennemi ou en territoire étranger ou français occupé par l'ennemi, patriote résistant à l'occupation des départements du Rhin et de la Moselle) peuvent à nouveau le faire si elles remplissent les conditions exigées par les statuts.

Médaille de la Défense nationale. *Créée* par décret du 21-4-1982. Récompense les services particulièrement honorables rendus par les militaires à l'occasion de leur participation aux activités opérationnelles ou de préparation opérationnelle des armées, notamment les manœuvres, exercices, services en campagne, ainsi que les interventions au profit des populations. *3 échelons :* bronze, argent, or.

Médailles commémoratives

Statut. Elles commémorent une action militaire, campagne, bataille, occupation, etc., et peuvent être portées par ceux qui ont pris part à cette action. Le droit de porter la médaille est justifié par une pièce quelconque : livret militaire, état signalétique, attestation du chef de corps, etc.

Origine. Les médailles commémoratives destinées à marquer le souvenir d'un événement historique (couronnement, victoire, fondation d'une institution), et non faites pour être portées sur les personnes, existent depuis l'Antiquité, et ont recommencé à se multiplier depuis la Renaissance, notamment sous le règne de Louis XIV, qui a fondé spécialement pour leur création l'*Académie des inscriptions et médailles* (1663, future Ac. des inscriptions et belles lettres). Les médailles commémoratives d'une campagne militaire, distribuées à tous les hommes de troupe inscrits aux contrôles pendant la durée de cette campagne, et faites pour être portées au bout d'un ruban de couleur(s) distinctive(s), ont été créées en Angleterre au début du XIXe s.

Antécédent au Moyen Age (?)

En 1451 (fin de la guerre de Cent Ans), Charles VII fait frapper une médaille commémorative pour célébrer *l'Expulsion des Anglais* de son royaume. Certains numismates considèrent cette médaille comme la première décoration française, car il semble qu'elle ait été distribuée à d'anciens combattants, qui l'auraient portée sur eux au bout d'un cordon, comme à l'époque moderne.

Monarchie de Juillet

M. de Juillet. *Instituée* par ordonnance du 31-5-1831 en faveur des citoyens qui s'étaient distingués pendant les Trois Glorieuses.

M. de Mazagran. *Créée* le 11-3-1840 pour les 123 officiers, sous-officiers et hommes de troupe de la 10e Cie du 1er bataillon d'inf. légère d'Afrique. M. non portable mais qui fut nantie ultérieurement d'une bélière et d'un ruban tricolore.

Second Empire

M. de Ste-Hélène (12-8-1857). Attribuée à tous les vétérans des guerres de 1792 à 1815. Décoration officielle, destinée à remplacer les nombreux insignes des associations privées, tels que les **Débris de la Grande Armée.** Il y eut env. 500 000 décorés en France et à l'étranger. En 1869, une pension de 250 F était versée à 16 000 survivants.

M. d'Italie (11-8-1859). Attribuée aux militaires ayant pris part aux batailles de Montebello, Palestro, Turbigo, Magenta, Marignan, Solferino.

M. de Chine (23-1-1861). Portant au revers les noms des batailles de Takou, Chang Kia Wou, Palikao, Pékin. Le ruban porte tissés les 2 idéogrammes signifiant « Peking ». Reprise sous la IIIe République (15-4-1902) pour les membres de l'expédition de 1900-01.

M. du Mexique (23-8-1863). Ruban orné d'un motif tissé représentant l'aigle mexicain posé sur une croix de St André dévorant un serpent. Commémore les campagnes de 1862-67 : Cumbres, Carro-Borrejo, San Lorenzo, Puebla, Mexico.

Nota. — Napoléon III a autorisé les militaires français à porter les médailles commémoratives existant dans les armées étrangères pour les campagnes auxquelles l'armée française avait participé. Telles sont : les m. anglaises de Crimée (1856) et de la Baltique (1856) ; la m. turque de Crimée (1867) ; les m. pontificales de Rome (1849), Castelfidardo (1860), Mentana (1867) ; la m. sarde de Solferino (1859).

IIIe République

Méd. de 1870-71. *Créée* pour les vétérans de la g. franco-allem. le 9-11-1911, avec une agrafe en argent pour les volontaires. *Ruban :* vert et noir.

Campagnes coloniales : *Tonkin* 1883-85 (loi du 16-12-1885 ; 97 300 titulaires) ; *Madagascar* 1883-86 (31-7-1886), 1895 (15-1-1896) ; en tout 52 000 tit. ; *Chine* (1902 ; 33 900 tit.) ; *Dahomey* 1892 (24-11-1892 ; 12 171 tit.) ; *Maroc* 1909 (22-7-1909 ; 63 200 tit.).

M. coloniale puis d'Outre-Mer. Avec agrafe, *créée* par la loi du 26-7-1893 pour récompenser les services militaires dans les colonies, résultant de la participation à des opérations de guerre, dans une colonie ou un pays sous protectorat. Sans agrafe, accordée aussi aux militaires ayant un certain nombre d'années de service dans les territoires d'Outre-Mer. *Ruban :* bleu ciel. coupé de trois bandes blanches ; barrettes portant la désignation des campagnes. *Attribuée* à 209 000 militaires.

Méd. du Maroc. *Créée* par la loi du 22-7-1909. *Ruban :* vert coupé par 3 raies blanches.

Méd. commémorative de la Grande Guerre (1914-18). *Créée* le 23-6-1920, pour tous les mobilisés. Les mobilisés combattants ont exigé une distinction spéciale (voir p. 1138 b, Croix du combattant). *Ruban :* rayé rouge et blanc.

Méd. interalliée dite Méd. de la Victoire (1914-18). *Créée* le 24-1-1919 par le M^al^ Foch. Peut être portée par les militaires combattants de toutes les armées alliées. *Ruban :* couleur arc-en-ciel.

Méd. de Syrie-Cilicie. *Créée :* par la loi du 18-7-1922.

Méd. des Dardanelles. *Créée* par la loi du 15-6-1926 pour les vétérans de Gallipoli (1915). *Méd. :* avec en exergue *Dardanelles. Ruban :* coupé de 11 raies verticales blanches et vert foncé alterné.

Méd. d'Orient. *Créée* par la loi du 15-6-1926 pour les vétérans de Salonique (1916-18). *Méd. :* avec en exergue *Orient. Ruban :* bleu avec 3 raies verticales jaunes.

IVe et Ve Républiques

M. commémorative de la guerre 1939-45. *Ruban :* bleu et vert entre deux liserés rouges.

M. c. des Services volontaires dans la France libre. *Créée* par décret du 4-4-1946, elle définit la qualité de « Français libre » ; décernée à tous ceux qui ont servi effectivement et volontairement la Fr. libre, entre le 18-6-1940 et le 3-6-43 (création du C.F.L.N. de Gaulle-Giraud) ou entre le 3-6-1943 et le 1-8-43 pour les Forces armées (fusion des armées de Gaulle et Giraud). *Insigne :* croix de Lorraine d'argent. *Ruban :* bleu de France coupé de rayures obliques rouges. *Médailles attribuées :* 42 000 (env. 40 000 bénéficiaires éventuels ne se sont pas fait connaître ou ont disparu sans que leurs descendants aient fait des demandes à titre posthume).

M. c. de la Campagne d'Italie. *Ruban :* rayé rouge clair et blanc.

M. c. de la Campagne d'Indochine. *Créée* par décret du 1-8-1953. Peut être *portée* par tous les militaires qui ont participé pendant au moins 90 jours à la campagne d'Indochine (sauf blessures ou citations). *Ruban :* bandes vertes et jaunes bordées d'un liséré vert.

M. c. française des Opérations de l'Organisation des Nations unies en Corée. *Créée* par décret du 8-1-1952 pour les militaires qui ont séjourné au moins deux mois en Corée à l'occasion des opérations (ce délai n'est pas exigé des militaires blessés ou cités au cours de leur séjour en Corée). *Ruban :* composé des couleurs de l'O.N.U., encadrées de deux bandes tricolores.

M. c. des Opérations en Moyen-Orient. *Attribuée* aux militaires ayant participé entre le 1-9-1956 et le 22-12-1956 (inclus) aux opérations qui se sont déroulées entre les parallèles 20° et 36° et les méridiens 24° E et 40° E (opérations de Suez), et aux non-militaires, dans les mêmes conditions, notamment aux équipages des navires marchands et des appareils de l'aviation commerciale. *Ruban :* bleu, coupé par trois raies jaunes, avec agrafe « Moyen-Orient ».

M. c. des Opérations de sécurité et de maintien de l'ordre. *Créée* par décret du 11-1-1958, abrogeant celui du 12-10-1956 créant cette m.c. pour le maintien de l'ordre en A.F.N. Peut être *portée* par les militaires des armées de terre, de mer et de l'air, qui ont participé pendant au moins 90 j (sauf blessures ou décorations de la Valeur militaire), dans une formation régulière ou supplétive, aux opérations de sécurité et de maintien de l'ordre : Tunisie, du 1-1-1952 au 5-5-1958 ; Maroc, du 1-6-1953 au 5-5-1958 ; Algérie, du 31-10-1954 au 1-7-1964 ; Mauritanie, du 10-1-1957 au 1-1-1960 ; Sahara, du 28-6-1961 au 1-7-1964. *Ruban :* une raie centrale bleue encadrée d'une raie rouge et blanche, et bordé de rouge.

Fourragères et aiguillettes

Insignes honorifiques collectifs portés sur les uniformes et consistant en une tresse de couleur, terminée soit par un seul ferret (fourragère), soit par 2 ferrets (aiguillettes).

Aiguillettes (déformation d'aiguillées). A l'origine, lacet réunissant les pièces d'armure. Aujourd'hui, ornement réservé aux officiers d'état-major, aux aides de camp, et aux gendarmes de la Garde républicaine de Paris. Se portent attachées à l'épaule droite et au 1er bouton de la tunique. Les aiguillettes de la Garde rép. (rouges pour gardes, d'or pour officiers et gradés) se portent à gauche.

Fourragères. Cordes à fourrages portées par les dragons autrichiens autour de l'épaule gauche et adoptées par les hussards et les artilleurs de Napoléon. Supprimées de l'uniforme en 1870, les fourragères ont reparu après la circulaire ministérielle du 21-4-1916, comme insignes de distinctions honorifiques permanentes, accordées définitivement à une unité militaire (attribuées de droit à tous les hommes faisant partie de l'unité décorée). On les porte attachées à la patte d'épaule, passant sous et sur le bras gauche. Destinées à rappeler les actions d'éclat de certains régiments et unités formant corps cités à l'Ordre de l'Armée. La fourragère est tressée *aux couleurs du ruban : de la Croix de guerre* pour les régiments ou unités ayant 2 ou 3 citations à l'Ordre de l'Armée ; *Médaille militaire* (4 ou 5 cit.) ; *Légion d'honneur* (6, 7 ou 8 cit.) ; *Lég. d'honn. et Croix de g.* (9, 10, 11 cit.) ; *Lég. d'honn. et Méd. mil.* (12, 13 ou 14 cit.). **Régiments décorés.** Les drapeaux des régiments « à fourragère » portent sur la cravate les rubans des décorations correspondantes, avec étoiles et palmes des citations. La coutume de décorer les drapeaux remonte à Napoléon III, qui, en juin et juil. 1859 (campagne d'Italie), décora les drapeaux du 2e zouave et du 76e d'infanterie. Autres régiments décorés par Napoléon III (1859-65) : 5 ; par la IIIe Rép. avant la g. de 1914-18 (1880-1913) : 7.

☞ La cordelière de soie rouge à 1 ferret, portée par les policiers parisiens sur leur tenue de gala, n'est pas une fourragère. En effet, le drapeau des gardiens de la paix a été décoré de la Légion d'honneur en août 1944, mais le nombre de ses citations est insuffisant pour donner droit au port de la fourragère militaire. Par ailleurs, en tenue de cérémonie, certains personnels de la Gendarmerie nationale portent à l'épaule gauche une aiguillette de soie blanche à ferrets d'argent, dont l'existence remonte à l'ordonnance du 16-3-1720 sur la subordination et la discipline des nouvelles maréchaussées.

☞ Voir également :
— la liste des décorations et ordres étrangers, page 1141 et suivantes.

Autres décorations

Ordres

Ordre des Palmes académiques. En 1808, Napoléon Ier institua des titres (titulaire, officier de l'Université, off. des Académies) destinés à récompenser les services rendus à l'Enseignement par les « gradés fonctionnaires de l'Université », matérialisés par une double palme brodée sur la robe professorale. Les décorés recevaient le titre d'*Officier d'Académie*, puis d'*Officier de l'Université*. En 1850, le prince-président Louis-Napoléon Bonaparte la transforma en une véritable décoration, dont les titulaires sont appelés *Officiers de l'Instruction publique*. Toutefois l'ordre ne fut créé que le 4-10-1955 ; il est appelé officieusement la Légion violette. *Insigne :* 2 branches de palmier et d'olivier d'émail violet formant une couronne allongée. *Ruban :* violet. *3 grades :* Chevalier, Officier, Commandeur. *Nominations et promotions :* à l'occasion du 1er janvier et du 14 juillet. *Contingent annuel (1983, 1-1) :* 1 340 chevaliers, 670 officiers, 35 commandeurs ; *14-7 :* 5 930 chev., 2 965 off., 205 comm. Quelques décorations hors contingent peuvent être attribuées à des étrangers. *Age min. :* 35 ans. *Ancienneté :* 15 ans de services rendus à l'Education nationale pour le grade de chevalier ; 5 ans dans le grade inférieur pour être nommé officier ou commandeur (des dérogations sont prévues).

Ordre du Mérite agricole (dit le « poireau »). *Créé* le 7-7-1883 par Jules Méline, ministre de l'Agriculture, pour pallier l'insuffisance des contingents de Légion d'honneur. Destiné à récompenser tous ceux qui contribuent au développement de l'agriculture et à ses progrès. *Age* minimal 30 ans, et au moins 15 ans de services rendus à l'agriculture. *3 grades :* chevalier (1883), officier (18-6-1887), commandeur (3-8-1900). *Promotion* au grade supérieur : 5 ans d'ancienneté dans le grade immédiatement inférieur. *Étoile* à 6 rais blancs reliés par une couronne de maïs et de blé. Au centre, médaillon doré à l'effigie de Cérès. *Ruban :* vert à bords rouges. *Contingent annuel :* 60 commandeurs, 800 officiers, 4 200 chevaliers. *Médailles attribuées dep. 1883 :* env. 430 000 dont com. 4 100, off. 62 000. La *1re femme nommée* Chevalier fut Mme Millet-Robinet, auteur d'ouvrages d'économie rurale. Pasteur fut décoré en reconnaissance de ses travaux sur la vigne et le vin.

Ordre du Mérite maritime. *Créé* le 9-2-1930. *Age* min. 30 ans et 15 ans de services rendus. *3 grades. Contingent annuel :* 9 com., 75 off., 260 chev. Croix attribuées dep. la création de l'O. : environ 460 commandeurs, 4 800 off. et 11 000 chevaliers. *Étoile* en forme de rose des vents à 16 branches, sur laquelle est appliquée une ancre. *Ruban :* bleu outremer avec 2 liserés verts.

Ordre des Arts et des Lettres. *Institué* par décret du 2-5-1957, modifié notamment par celui du 29-9-1975. Destiné à récompenser les personnes qui se sont distinguées (par leurs créations dans le domaine artistique ou littéraire, ou par la contribution qu'elles ont apportée au rayonnement des arts et des lettres en France et dans le monde). *Age minimum :* 30 ans. Le Conseil de l'Ordre, présidé par le min. de la Culture, est composé des directeurs gén., directeurs et chefs de service du min., de personnalités éminentes des milieux artistiques et littéraires, et d'un membre du Conseil de la Légion d'honneur. Il donne son avis sur les nominations et promotions, et veille à l'observation des statuts et règlements de l'Ordre. *3 grades. Contingent annuel :* 20 Commandeurs, 60 Off., 200 Chevaliers. *Insigne :* 8 lyres stylisées entrelacées : le motif central, à l'avers, comporte le monogramme « A.L. » entrelacé, et au revers une effigie de la République entourée de l'inscription « Ordre des Arts et des Lettres ». Chevalier : ruban vert foncé à 4 raies blanches ; Off. : vermeil, même ruban, avec rosette verte et blanche ; Commandeur : or, suspendu par une cravate verte rayée de blanc.

Médailles

Médailles pour actes de courage et de dévouement. *Créées* en 1818-20 par Louis XVIII, comme médailles non portables (pour les marins), en souvenir des médailles des pilotes créées par Louis XVI en 1693. Rendues portables par décret de Louis-Philippe (12-4-1831). Les *préfets par délégation du min. de l'Intérieur* décernent des récompenses (environ 400 par an) pour des traits de courage et de dévouement accomplis hors des eaux maritimes : Lettre de félicitations, Mention honorable, Médailles de bronze, d'argent de 2e cl., de 1re cl., de vermeil et d'or.

Le *ministre de la Défense* (Marine) et le *ministre des Transports* (Marine marchande) attribuent des distinctions à l'occasion d'actes de dévouement et de sauvetage suivant les risques courus : Lettre de félicitations, Mention honorable, Médailles d'honneur, de bronze, d'argent de 2e classe, de 1re cl., vermeil, or de 2e cl., de 1re cl. En 1980 (au 30-10), ont été décernées 4 méd. d'or, 2 d'argent de 1re classe, 7 de 2e cl., 15 méd. de bronze, 9 insignes de satisfaction.

Marine : récompensant les actes accomplis dans les eaux maritimes par les militaires de la Marine nat. en activité de service, ou à terre dans l'enceinte d'un arsenal de la Marine, et en règle générale dans tout établissement de la Marine, par du personnel militaire ou civil en service, ayant eu pour objet de porter secours à un bâtiment de la Marine nat. ou un appareil de l'Aéronautique navale, quelle que soit la qualité de la personne à récompenser. *En 1982 :* 11 médailles de bronze et 1 d'argent de 1re cl. *Marine marchande :* actes accomplis en mer ou en rivière, dans les eaux soumises au régime des Affaires maritimes, lorsque ces actes ne relèvent pas de la compétence de la Marine nat. *Ruban :* tricolore de 3 cm de large bandes verticales et égales (avec ancre dorée pour les médailles d'or, rouge pour les autres).

Médaille des Épidémies. *Créée* le 31-3-1885 après l'épidémie de 1884 pour récompenser les personnes qui se sont particulièrement signalées par leur dévouement pendant des maladies épidémiques.

Médaille d'Honneur des Affaires étrangères. *Créée* le 6-7-1887, pour récompenser les actes de courage et de dévouement accomplis par des Français en territoire étranger (vermeil, argent ou bronze).

Médaille d'honneur des marins du Commerce et de la Pêche. *Créée* le 14-12-1901. 2 promotions par an (mars et septembre). Les marins comptant 300 mois de navigation, et dont les bons et loyaux services ont été reconnus, peuvent, sur la proposition des directeurs des Affaires maritimes, recevoir du ministre chargé de la Mer un diplôme d'honneur et une médaille d'argent. *Nombre de médailles attribuées :* env. 300 par an.

Médailles d'honneur des personnels civils du ministère de la Défense. *Attributions (1983) :* 411 « Échelon or » dont au titre de l'Armée de terre 263, de la marine 68, de l'Armée de l'air 80. Les échelons « Bronze », « Argent » et « Vermeil » de la méd. sont désormais décernés par les autorités locales.

Médaille de la Famille française. *Créée* le 26-5-1920 pour encourager la natalité, après les pertes en vies humaines de la guerre 1914-1918. *Conférée* aux mères qui ont élevé de nombreux enfants dans les sentiments d'honneur, d'amour du travail, du foyer et de la conscience de leurs devoirs sociaux et patriotiques. *3 modèles :* bronze (mères qui ont ou ont eu 5, 6 ou 7 enfants légitimes simultanément vivants) ; d'argent (8 ou 9 enf.) ; d'or (10 enf. ou plus).

Les enfants adoptés sous certaines conditions comptent comme les enfants légitimes. Les enfants morts pour la France comptent comme des enfants vivants. Les veuves de guerre non remariées, mères de 3 enfants légitimes vivants (dont l'un au moins était, au décès de leur mari, âgé de moins de 5 ans), peuvent prétendre à la médaille de bronze.

Demandes ou propositions doivent être déposées à la mairie de la résidence habituelle ; après avis de la commission départementale de la médaille, le préfet confère l'insigne. Les médailles sont remises chaque année à l'occasion de la fête des Mères. Médaille : à l'avers les mots « Famille française » et le buste d'une mère portant un enfant ; au revers « République française, la patrie reconnaissante ». *Insigne :* nœud de ruban composé d'une bande médiane vert lumière, entre 2 bandes rouge ponceau ; méd. d'argent : rosette, même ruban traversé verticalement d'une bande verte ; méd. d'or : cette rosette repose sur un pan.

Médaille de l'Aéronautique. *Créée* le 14-2-1945. Récompense la valeur professionnelle du personnel civil et militaire, navigant ou non navigant relevant du ministère de la Défense et du ministère des Transports ainsi que les mérites des citoyens qui se sont distingués dans le développement de l'aviation civile ou militaire. *Contingent annuel :* 275 médailles. *Total des médailles attribuées au 1-3-85 :* 13 806.

Médailles décernées. **Dep. 1921 :** 918 945 (dont bronze 665 730, argent 168 090, or 85 135) au 1-1-1980. **En 1980 :** 6 477 (dont bronze 4 602, argent 1 110, or 765).

Médailles d'Honneur. *Des P.T.T.* (le 22-3-1882, bronze et argent, et le 1-12-1913, or) ; *de la Police française* (30-4-1903 ; argent, avec étoile en argent sur le ruban pour acte exceptionnel, env. 2 000 par an) ; *des Sapeurs-Pompiers* (12-12-1934, argent, vermeil et or pour l'ancienneté ; argent et vermeil avec rosette pour acte exceptionnel ; 5 000 à 7 000 par an) ; *départementale et communale* (9 000 à 12 000 par an) ; *de la Jeunesse et des Sports* (4-5-1929, sous le nom de M. H. de l'Éducation physique) ; *du Travail* (16-7-1886, m. de vermeil 18-10-1913) ; *de l'Enseignement du 1er degré* (loi du 30-10-1886, confirmant la médaille créée par Louis XVIII) ; *agricole* (arrêté du 31-12-1883, pour les ouvriers agr., 15 par an) ; *des Douanes* (décr. du 14-6-1894 ; 100 d'entre elles ont récompensé des douaniers résistants) ; *des Eaux et Forêts* appelée aussi *médaille forestière* (15-5-1883) ; *des Contributions indirectes* (29-12-1897, attribuée en fin de carrière) ; *des Travaux publics* (1-5-1897) ; *des Chemins de fer* (13-8-1913) ; *des Stés musicales et chorales* (24-7-1924) ; *de la Mutualité* (1852, attribuée par le min. des Aff. sociales) ; *de l'Administration pénitentiaire* (6-7-1896) ; *des Syndicats professionnels* (14-2-1933).

Nota. — La méd. départementale et communale et la méd. des sapeurs-pompiers ont été déconcentrées au profit des préfets depuis le 1-1-1969.

- **Tarifs de décorations.** En F, au 15-3-86 (T.V.A. incluse). Modèle ordonnance (or : o ; argent : a ; bronze : b ; vermeil : v).

Médailles commémoratives : 275 a (Chine et Maroc), 76 b argenté : campagne d'Italie.

Croix de guerre : 54 b. Médaille militaire : 275 a. Méd. des services mil. volontaires : 290 v, 220 a, 54 b.

Grands Ordres. *O. de la Légion d'honneur :* Chevalier 820 a, légende v ; 1 180 a, lég. o ; Off. 935 v, lég. v ; 1 190 v, lég. o ; Commandeur 1 840 v ; Croix Gd-Croix 2 350 v ; Gd-Off. plaque 2 760 a ; Gd-Croix plaque 3 000 v. *O. nat. du Mérite :* Chevalier 820 a ; Off. 935 v ; Commandeur 1 840 v ; Croix Gd-Croix 2 350 v ; Gd-Off. plaque 2 760 a ; Gd-Croix plaque 3 000 v.

Palmes académiques (ordre des) : Chevalier 320 a ; Off. 365 v ; Commandeur 1 250 v.

- **Droits de chancellerie.** Somme à payer lors de l'admission dans un ordre pour couvrir les frais d'inscription. Ne sont perçus que pour les ordres nationaux (Légion d'honneur, Ordre du Mérite) et les ordres étrangers qui n'ont pas été reçus pour fait de guerre.

Ordres, décorations et médailles supprimés

Francisque. Décoration créée par l'arrêté du 26-5-1941 et la loi du 16-10-1941, pour récompenser les services rendus à l'État fr. ou au M. Pétain. Accordée par un *Conseil de la Francisque*, présidé par le Grand Chancelier de la Légion d'honneur (décret du 1-8-1942) et composé de 12 membres désignés par le chef de l'État. Le titulaire de cette décoration prêtait ce serment : *« Je fais don de ma personne au maréchal Pétain comme il a fait don de la sienne à la France. Je m'engage à servir ses disciplines et à rester fidèle à sa personne et à son œuvre. »* Il devait *« présenter des garanties morales incontestées et remplir deux des conditions ci-après :* a) *Avant la guerre, avoir pratiqué une action nationale et sociale, et conforme aux principes de la Révolution nationale ;* b) *Manifester depuis la guerre un attachement actif à l'œuvre et à la personne du Maréchal ;* c) *Avoir de brillants états de services militaires ou civiques. »* Env. 5 000 personnes furent décorées, nombre d'entre eux ont accédé (sous la IVe et la Ve République) à des postes en vue, ex. François Mitterrand (Pt de la République).

Ordres de mérite divers. Depuis le 1er janv. 1966, les grades d'un certain nombre d'ordres ont cessé d'être attribués. Il s'agissait d'ordres de mérite décernés par différents ministères, et servant à récompenser des fonctionnaires d'un rang plus élevé que ceux qui reçoivent généralement les médailles d'honneur ministérielles (voir ci-contre). La création de l'ordre national du Mérite (1963) avait rendu inutile ce foisonnement d'ordres ministériels particuliers : *ordre de la Santé publique* (créé par décret 18-2-1938 remplaçant les méd. d'honneur de l'Assistance publique, de l'hygiène publ. et de la protection des enfants du 1er âge, ruban bleu) ; *du Mérite commercial* (créé 27-5-1939, ruban gris, argent et or) ; *du Mérite artisanal* (créé 1-6-1948, ruban gris, argent et bleu roi) ; *du Mérite touristique* (créé 27-5-1949, ruban bleu azur, vert, or, rouge) ; *du Mérite combattant* (créé 14-9-1953, ruban vert foncé et jaune d'or) ; *du Mérite pos-*

tal (créé 14-11-1953, ruban jaune d'or et noir) ; *de l'Économie nationale* (créé 6-1-1954, ruban safran) ; *du Mérite social* (créé 25-10-1936, se substituant aux méd. de la mutualité, de la prévoyance et des assurances sociales) ; *du Mérite sportif ; du Mérite du travail ; du Mérite militaire ; du Mérite civil du min. de l'Intérieur ; du Mérite saharien.*

Médaille de la Reconnaissance française. *Instituée* par décret du 13-7-1917 et reprise par celui du 14-9-1945. Destinée aux personnes ou aux collectivités qui se sont distinguées par leur dévouement à la cause française au cours des guerres 1914-1918 et 1939-1945 (en dehors de toute activité à caractère militaire). *3 échelons :* médaille de vermeil ou de 1re classe ; m. d'argent ou de 2e classe ; m. de bronze ou de 3e classe. *Ruban :* blanc à liséré tricolore (avec rosette pour la m. de vermeil). N'est plus attribuée depuis le 14-2-1959. *Méd. attribuées :* env. 15 000.

Anciens ordres coloniaux français

Ordre royal du Cambodge (8-2-1864). Homologué ordre colonial le 12-1-1897. 5 classes.

Ordre du Dragon d'Annam (14-3-1886). Homologué ordre colonial le 10-5-1896. 5 cl.

Ordre du Nichan el Anouar (14-10-1887). *Fondé* par le sultan de Tadjourah (territoire de Djibouti). Homologué ordre colonial le 10-5-1896. 5 cl.

Ordre de l'Étoile Noire (30-8-1892). *Fondé* par le roi Toffa de Porto-Novo (Bénin). Homologué ordre colonial le 10-5-1896. 5 cl.

Ordre de l'Étoile d'Anjouan (30-8-1892). *Fondé* par Saïd Mohammed, sultan d'Anjouan (Comores). Homologué ordre colonial le 1-5-1897. 5 cl.

Ordres tunisien et marocain. Nichan Iftikhar (Tunisie). *Créé* par le bey Mustafa le 20-5-1835. Ruban jaune à 2 bandes rouges. **Ouissam Alaouïte** (Maroc). *Créé* par un dahir du sultan Moulay Youssef et du général Lyautey le 15-5-1913. Ruban orange clair, liséré blanc.

Le *Ouissam hafidien,* supprimé le 15-5-1913 par le dahir qui créait le *Ouissam Alaouïte,* avait un ruban rouge à bandes blanches. Pendant la période des protectorats, ces ordres servaient à la France de « décoration musulmane » : ils étaient fréquemment remis à des personnalités ayant rendu service à la France en pays islamiques.

Décorations et ordres étrangers (liste non limitative)

• **Allemagne. Pour le mérite.** *Créé* 1667 sous le nom d'ordre de la Générosité. En 1740, il devient l'ordre du Mérite. Pas décerné depuis 1918. **Croix de Fer.** *Créée* 1813 par Frédéric-Guillaume III. 2 classes et une Grand-Croix, décernée seulement 19 fois (la dernière fut décernée à Gœring). En 1939, Hitler ajouta la Ritter Kreuz (croix de chevalier). **Pour le Mérite (Friedensklasse).** *Créé* 1842 par Frédéric-Guillaume IV de Prusse. Réservé aux savants, hommes de lettres, peintres, sculpteurs et musiciens. Continue à être décerné par un conseil privé non étatique. **Ordre du Mérite de l'Aigle allemand.** *Fondé* 1937 pour les étrangers. 6 classes. **Deutsches Kreuz.** La + haute décoration décernée par Hitler pendant la guerre. 2 classes. **Croix du Mérite militaire.** Instituée pendant la Seconde Guerre mondiale. **Ordre du Mérite de la République fédér. d'Allem.** [1]. *Créé* 1951. 8 classes.

Nota. — (1) Seul décerné actuellement par la République fédérale.

• **Autriche. Décoration d'honneur pour le Mérite.** *Créée* 1952. 6 groupes. **Décoration d'honneur pour la Science et l'Art.** *Créée* 1955. 1 classe. Réservée à 36 Autrichiens et 36 étrangers. **Croix d'honneur pour la Science et l'Art.** *Créée* 1956. 2 classes. **Insigne d'honneur pour services rendus pour la libération de l'Autr.** *Créé* 1956.

• **Belgique. Ordre de Léopold.** *Créé* 11-7-1832. 5 classes : Chevalier, Off., Commandeur, Gd Off., Gd Cordon. *Ruban :* ponceau. **Décoration civique.** *Créée* 21-7-1867. 2 classes pour ancienneté et pour actions d'éclat. **Croix militaire.** *Créée* 11-2-1885. 2 classes. **Ordre de l'Étoile africaine.** *Créé* 30-12-1888 par Léopold II pour services rendus au Congo. 5 classes et méd. (or, argent, bronze). N'est plus conféré depuis 1960. **O. royal du Lion.** *Créé* 9-4-1891 pour services rendus au Congo. 5 classes et médailles (or, argent, bronze). N'est plus conféré depuis 1962. **O. de la Couronne.** *Créé* 15-10-1897 et complété le 25-6-1898. 5 classes : Chevalier, Officier, Commandeur, Gd Officier, Gd-Croix et, en outre, des palmes (or, argent), des médailles (or, argent, bronze). **O. de Léopold II.** *Créé* 24-8-1900. 5 classes : Chevalier, Officier, Commandeur, Gd Officier, Gd-Croix et des médailles (or, argent, bronze). **Décoration militaire.** *Créée* 15-9-1902, renouvelée en 1952. 2 classes (1 pour ancienneté, 1 pour mérites spéciaux). **Croix de guerre.** 1914-18. *Créée* 25-10-1915. N'est plus conférée dep. 1952. **C. de guerre.** 1940. *Créée* 20-7-1941.

• **Croix-Rouge internationale. Médaille Henry Dunant.** *Créée* en 1965 pour récompenser les services exceptionnels de ses membres, ou les actes de grand dévouement à la cause de la Croix-Rouge. Attribuée en principe tous les 2 ans à 5 personnes au max. Dep. sa création à 1984 : 39 médailles décernées dont 12 à titre posthume. Cette médaille est la plus haute décoration mondiale de la Croix-Rouge. **Méd. Florence Nightingale.** *Instituée* en 1912 en mémoire de cette Anglaise (1820-1910) qui se dévoua pendant la guerre de Crimée. Destinée aux infirmières et aux auxiliaires volontaires, membres actifs ou collaboratrices régulières de leur sté nat. de la Croix-Rouge ou du Croissant-Rouge, ou d'une institution de soins médicaux ou infirmiers affiliés à celle-ci. Attribuée tous les 2 ans selon un contingent limité à 36 (de 1912 à 1982) et à 50 depuis 1982. De 1920 à 85 a été décernée à 927 infirmières et auxiliaires qui se sont distinguées d'une façon exceptionnelle par leur dévouement en temps de paix ou de guerre.

• **Danemark. Ordre de l'Éléphant.** *Fondé* 1462. Rétabli 1693 par Christian V. Classe unique. Réservé aux chefs d'États et Pces ; 1 ou 2 Danois en font partie. **O. du Dannebrog.** *Fondé* 1671. 6 classes et Croix d'honneur.

• **Deux-Siciles (Ordres royaux des). Ordre constantinien de St-Georges.** Selon la légende, Constantin, empereur de Byzance, aurait créé en 312 une Milice constantine de St-Georges, réformée en 1190 par l'empereur Ange Comnène. L'o. date en réalité du XVIe s. En 1697, Ange-André Flave Comnène, dernier descendant des fondateurs, en céda à Jean-François Farnèse, duc de Parme, la grande maîtrise, qui au XVIIIe s. revint aux Bourbons de la branche des Deux-Siciles. **O. de St-Janvier.** *Fondé* 1738 par le roi Charles (futur Charles III d'Espagne).

Nota. — 2 princes appartenant à 2 branches des Bourbon des Deux-Siciles issues d'Alphonse, Cte de Caserte (1841-1934), revendiquent la prétendance au trône et la grande maîtrise de ces ordres que chacun s'attribue. Le duc d'Anjou, le Cte de Barcelone, le roi d'Esp., le duc de Parme Robert II, etc. ont reconnu Charles, duc de Calabre (n. 1940) pour Gd Maître. De plus, Marie-Louise, archiduchesse d'Autr., ex-impér. des Français, devenue duchesse de Parme, se déclara Grande Maîtresse du Constantinien. En fait, elle fonda un nouvel ordre en 1816, qui fut repris à sa mort par Charles-Louis II Ferdinand de Bourbon, duc de Parme en 1847. Certains princes de Bourbon-Parme le portent.

• **Eire (Irlande). An Bonn Seirbhise 1917-21** (Médaille du service 1917-1921). *Créée* 1941 pour récompenser les services actifs pendant la guerre de Libération. Donnée surtout aux anciens combattants de l'I.R.A. **An Bonn Mileata Calmachta** (Médaille militaire pour la vaillance). *Créée* 1944 pour reconnaître une vaillance exceptionnelle dans les missions non offensives. Décernée aux membres des groupes de défense, aux aumôniers et aux infirmières de l'armée. 3 classes. **An Bonn 1916** (Médaille de 1916). *Créée* 1961 pour les membres de l'insurrection de 1916. Décernée principalement aux anciens combattants de l'I.R.A.

• **Espagne. Ordre royal de Charles III.** *Créé* 1771 par Charles III. 5 classes. Encore décerné. **O. de St-Herménégilde.** *Créé* 1814 par Ferdinand VII pour le mérite militaire. 3 classes. **O. militaire de St-Ferdinand.** *Créé* 1811 par Cortez. 5 classes. **O. royal américain d'Isabelle la Catholique.** *Créé* 1815 par Ferdinand VII. 4, puis 5 classes. **O. de Marie-Christine.** *Créé* 1890 par Alphonse XIII. 3 classes. **O. du Mérite militaire.** *Créé* 1864 par Isabelle II. 2 divisions de 4 classes. **O. du Mérite naval.** *Créé* 1806. 2 divisions de 4 classes. **O. civil d'Alphonse XII.** *Créé* 1902. 4 classes. Remplacé par l'ordre d'Alph. X. **O. de Marie-Louise.** *Créé* 1792 par Charles IV. Réservé aux dames. Décerné par le Cte de Barcelone. Ne semble plus devoir être attribué (9 pers. en font partie). **O. de Bienfaisance.** *Créé* 1856 par Isabelle II. **Yugo y Flechas** (Joug et flèches). *Créé* 1937 par Franco. 5 classes. **O. d'Alphonse X le Sage.** *Créé* 1939. 3 classes. Donné par l'Éducation nationale. **O. de Cisneros. O. de saint Raymond de Peñafort.** *Créé* 1944. 5 classes. **O. du Maroc espagnol. Ordres de Mehdania, de Hassania, d'Afrique.**

4 grands ordres chevaleresques (St-Jacques, Calatrava, Alcantara, Montesa). Il n'y a plus de nominations dep. 1931 sans l'accord du pape, leur chef naturel (car religieux). On a laissé ces organisations devenir de simples associations et le roi d'E. n'a plus voulu se considérer grand maître ; les nominations nouvelles sont donc illégales.

• **États-Unis. Medal of honor.** Appelée ordinairement médaille du Congrès, car elle a été instituée par

La Toison d'or

Origine. Créée en 1430 par Philippe le Bon, duc de Bourgogne (Voir ordres de l'ancienne chrétienté p. 1094). La souveraineté de l'ordre, propriété héréditaire de cette maison, était, à défaut d'héritier mâle, destinée à l'époux de l'héritière. La grande maîtrise passa donc aux Habsbourg par mariage, en 1477, de Marie, fille de Charles le Téméraire dernier duc, avec l'empereur Maximilien d'Autriche, pour arriver de nos jours à l'archiduc Othon (V. Index). En 1504, par le mariage de Jeanne la Folle avec l'archiduc Philippe Ier, l'Espagne passa à la maison de Habsbourg. Charles Quint légua la grande maîtrise de l'ordre avec le trône d'Espagne à son fils Philippe II, alors que son frère héritait des États d'Autriche. En 1700, le dernier Habsbourg d'Espagne, Charles II, institua comme héritier son petit-neveu Philippe de France, duc d'Anjou, petit-fils de Louis XIV, qui devint Philippe V (désignation qui causa la guerre de Succession d'Espagne). Philippe V soutenait que la Toison d'or était attachée à sa couronne. En 1712, le chef de la Maison d'Autriche réclama l'O. avec la couronne d'Esp., mit la main sur le trésor qui fut apporté à Vienne (où il se trouve toujours) et s'affirma dès lors chef souverain. Depuis 1701 il y a donc eu 2 ordres de la Toison d'or (langue officielle : le français), conférés l'un par le souverain d'Autriche, et l'autre par le souverain d'Espagne, chacun contestant la légitimité de l'autre. *Chevaliers reçus entre 1430 et 1700 : 618.*

Ordre de la branche autrichienne. Il a conservé les statuts de création : rituel d'admission avec adoubement par l'épée et serment solennel. Depuis la fin de la monarchie (1918), l'empereur Charles Ier (1887-1922), puis son fils, Othon de Hab., chefs souverains, ont continué à conférer l'ordre. Cet ordre autrichien a été reconnu souverain comme personnalité juridique de droit international par la Rép. autrichienne (décret du 8-9-1953, par confusion avec les anciens ordres de religieux-soldats qui ont possédé jadis des territoires souverains).

Ordre de la branche espagnole. Seul reconnu par la France, devenu ordre royal à caractère civil, décrets de 1847 et 1851, décerné même à des non-catholiques [souverains et princes de : Russie, G.-B. (aussi à Wellington), Allemagne, Japon, Turquie ; et à des non-nobles : Pts de la Rép. française : Gaston Doumergue (protestant)]. Après la chute de la monarchie (1931) et jusqu'à sa mort, Alphonse XIII (1886-1941) ne fit aucune nomination. Depuis 1951, son fils le Cte de Barcelone (V. Index), chef de la maison royale d'Espagne, l'a conféré à 6 personnes de sang royal. Après la renonciation du Cte à ses droits, le roi Juan Carlos a nommé 4 Espagnols. *Deux dérogations* à la charte de fondation bourguignonne s'étaient produites au XIXe s. : le chef souverain a été une femme (Isabelle II) de 1833 à 1868 ; puis un roi élu par les Cortès (Amédée Ier), de 1871 à 73.

Insigne. Commun aux 2 branches ; collier d'or composé d'une succession de « briquets » alternant avec des pierres environnées de flammes, auquel est appendue une dépouille de bélier d'or. Sauf dans les cérémonies d'apparat, il est porté attaché à un ruban de moire rouge en sautoir au col.

Nota. — Revenant sur ses renonciations (1933, 1943, 1949), don Jaime, duc de Ségovie (V. Index), fils aîné d'Alphonse XIII, se proclama (Paris 1963) chef de la Toison d'or. Pas de liste des bénéficiaires.

Les ducs de Bauffremont et de Polignac, titulaires aussi de l'ordre du St-Esprit de ce prince, en portent l'insigne. Les 3 cosmonautes américains Borman, Lovell et Anders ont été nommés sur simple télégramme.

le Congrès américain en déc. 1851 pour la Marine, en juill. 1852 pour l'Armée de terre. Décernée à un très petit nombre de combattants, par un vote du Congrès, elle est la plus prestigieuse des décorations américaines. *Insigne :* étoile blanche, ceinte de feuillage, portant l'effigie de l'Union. *Devise :* valor ; *ruban :* bleu ciel, avec étoiles blanches. **Distinguished Service Cross** (2-1-1918). **Navy-Air Force Cross** (Navy 4-2-1919, Air Force 6-7-1910). **Distinguished Service Medal** (Army 2-1-1918, Navy-Marine Corps 4-2-1919, Air Force 6-7-1966, remplace l'Army Distinguished Service Order Personal Air Force). **Silver Star** (8-8-1932 : inspirée par les étoiles de citations sur la Croix de guerre française ; accordée aux combattants cités à l'ordre du jour, mais non décorés ; 20 000 ont été attribuées rétroactivement au titre de la guerre hispano-américaine ; Navy 7-8-1942). **Legion of Merit** (20-7-1942, attribuée aux citoyens non américains ; 4 grades : chief com., com., off., légionnaire). **Distinguished Flying Cross** (2-7-1926). **Soldier's-Airman's-Navy-Marine Corps Medal** (Army 2-7-1926, Navy-Marine Corps 7-8-1942, Coast Guard 1951, Air 6-7-1960). **Bronze Star** (4-2-1944). **Air Medal** (11-5-1942). **Joint Service Commendation Medal. Army-Navy-Marine-Air Force Commendation Medal** (Army 1954, Navy-Marine, Coast Guard 26-8-1947, Air Force 28-3-1958). **Purple Heart** (1782, par G. Washington). **Presidential Medal of Freedom** (1957, plus haute décoration décernée en temps de paix).

Nota. — Décorations militaires, à l'exception de la Presidential Medal of Freedom (décernée par le Pt aux civils et aux milit.).

• **Europe. Croix du Combattant.** *Créée* 1966 sous le patronage du Parlement européen de Strasbourg, dans le cadre de la Confédération européenne qui regroupe indistinctement tous les anciens combattants dans quelque camp qu'ils aient pris part aux 2 grands conflits mondiaux.

• **Grande-Bretagne. L'Ordre très honorable de la Jarretière.** *Fondé* 1348 par Édouard III d'Angleterre. *Membres :* Souveraine la Reine, 2 chevaliers royaux (duc d'Édimbourg, Pce de Galles), 2 dames (la reine-mère Elisabeth, la princesse Juliana des Pays-Bas), 24 chevaliers compagnons, 7 « extra knights » (dont les rois Léopold et Baudouin de Belgique, le roi de Norvège, l'empereur du Japon et le gd-duc de Luxembourg). *Devise :* « Honi soit qui mal y pense ». *Ruban* bleu, « Jarretière ». **L'O. très ancien, très noble du Chardon** (au titre du royaume d'Écosse). *Fondé* 1687 par Jacques II. Il comprend la reine, la reine-mère, 2 chevaliers royaux, le roi de Norvège et 16 chevaliers écossais. *Devise :* « Nemo me impune lacessit » (Personne ne me provoque impunément). Ruban vert. **L'O. très illustre de St-Patrick** (au titre du royaume d'Irlande). *Fondé* 1788. *Devise :* « Qui pourra nous séparer ? » Ruban bleu ciel. Plus décerné depuis 1934. Le dernier chevalier fut le duc de Gloucester († 1974). **L'O. très honorable du Bain** [1]. *Fondé* 1399 et repris en 1725, il comprend un ordre civil et un ordre militaire, chacun à 3 classes : Knight Grand Cross (G.C.B.), Knight Commander (K.C.B.), Companion (C.B.). Gd Maître : Pce de Galles (dep. 1975). *Ruban* cramoisi. **L'O. du Mérite** (O.M.). *Fondé* 1902. 24 membres. *Ruban* bleu et cramoisi. **L'O. très éminent de l'Étoile des Indes** [1]. *Fondé* 1861. Il n'est plus conféré depuis 1947. Knight Grand Commander (G.C.S.I.), Knight Commander (K.C.S.I.), Companion (C.S.I.). *Ruban* bleu clair à bord blanc. **L'O. très distingué de St-Michel et St-George** [1]. *Fondé* 1818 par le régent (plus tard Georges IV). Récompense principalement les services rendus dans les Affaires étrangères et le Commonwealth. Knight ou Dame Grand Cross (G.C.M.G.), Knight Commander ou Dame (K.C.M.G. ou D.C.M.G.), Companion (C.M.G.). Gd Maître : duc de Kent (dep. 1967). *Ruban* bleu avec centre écarlate. **L'O. très éminent de l'Empire des Indes.** *Fondé* 1877. Plus conféré depuis 1947. Knight Grand Commander (G.C.I.E.), Knight Commander (K.C.I.E.), Companion (C.I.E.). **L'O. royal de Victoria.** *Fondé* 1896. 5 classes : Knight ou Dame Grand Cross (G.C.V.O.), Knight ou Dame Commander (K.C.V.O. ou D.C.V.O.), Commander (C.V.O.), Membre 4e ou 5e classe (M.V.O.). Gd Maître : reine-mère Elisabeth (dep. 1937). *Ruban* bleu à bords rouge et blanc. **The Imperial Service Order.** *Fondé* 1902 par Édouard VII. 1 seule classe : Companion. **O. très excellent du « British Empire ».** *Fondé* 1917. Knight ou Dame Grand Cross (G.C.B.E.), Knight ou Dame Commander (K.B.E. ou D.B.E.), Commander (C.B.E.), Officer (O.B.E.), Member (M.B.E.). Gd Maître : duc d'Édimbourg (dep. 1953). **Distinguished Service Order** (D.S.O.). *Fondé* 1880 pour les officiers. **L'O. des Compagnons d'honneur** (C.H.). *Fondé* 1917. 1 classe. 65 membres. **Victoria Cross** (V.C.). *Fondée* 1856. *Ruban* cramoisi. 1 346 accordées entre 1856 et 1945 ; aucune depuis. **Military Cross** (M.C.). *Fondée* 1914. **George Cross** (G.C.). *Fondée* 1940. *Ruban* bleu foncé. **Distinguished Flying Cross** (D.F.C.). *Fondée* 1918 pour les officiers de la Royal Air Force. **Distinguished Service Cross** (D.S.C.).

Nota. — (1) La Reine en est souveraine.

• **Grèce. Ordre du Rédempteur.** *Créé* 1833. 5 classes. **O. de l'Honneur.** *Créé* 1975. 5 classes. **O. royal du Phœnix.** *Créé* 1926. 5 classes. **O. de la Bienfaisance.** *Créé* 1948. 5 classes.

Nota. — Ordres qui ne sont plus décernés : O. royal de Georges Ier (créé en 1915, 5 cl.), *O. de St-Georges et St-Constantin* (pour les membres masculins de la famille royale, 5 cl.), *O. de Ste-Olga et Ste-Sophie* (pour les membres féminins de la famille royale, 4 cl.).

• **Islande. Ordre du Faucon islandais.** *Fondé* 1921. 4 classes. Seul ordre islandais.

• **Israël. Ot Ha Hagvoura,** Médaille pour l'héroïsme. **Ot Hakomeniout.** Médaille de la Liberté. **Magen Yeroushalaim.** Médaille de la Défense de Jérusalem. **Insigne du Palmah.** Pour les membres antérieurs à 1947.

• **Italie. Ordres de la République. Ordre du Mérite de la République italienne.** *Créé* 1951. 5 classes et un Grand Cordon. **O. de l'Étoile de la Solidarité italienne.** *Créé* 1951. 3 classes.

Ordres royaux. Ordre suprême de l'Annonciade (Annunziata). *Créé* 1363 par Amédée VI, Cte de Savoie, sous le nom d'ordre du Collier ou du Lac d'Amour. Renouvelé en 1518 par Charles III, duc de Savoie, sous sa dénomination actuelle. Composé d'une classe unique de chevaliers (15 à la fondation, puis 20 et en nombre illimité à partir du XVIIIe s.). En 1859, Victor-Emmanuel II, roi d'It., modifia les statuts, et réserva l'ordre aux chefs d'État et personnages de marque, même non catholiques ou non nobles. **O. des Saints Maurice et Lazare.** *Ordre de St-Maurice* créé en 1434 par Amédée VIII, 1er duc de Savoie, renouvelé en 1572 et uni à la branche savoyarde de *St-Lazare* (V. O. de St-Lazare et du Mt-Carmel, p. 1096). 5 classes. **O. militaire de Savoie.** *Créé* 1815. 5 classes. Repris après 1943 avec la dénomination « ordre du Mérite militaire d'Ital. ». **O. civil de Savoie.** *Créé* 1831. Était limité à 70 chevaliers de classe unique. **O. de la Couronne d'Italie.** *Créé* 1868 par Victor-Emmanuel II, roi d'It. 5 classes.

(Ces ordres dynastiques sont toujours conférés par leur Grand Maître le roi Humbert II, en tant que chef de la maison royale de Savoie.)

• **Japon. Ordre Suprême du Chrysanthème.** Collier, supérieur du Gd Cordon, *créé* en 1888 (remis depuis à 61 personnes : dont empereur, membres de la famille impériale, chefs d'État étrangers et hommes d'État qui se sont distingués au service du pays. Shigeru Yoshsda, ancien PM († 1967), fut le seul Japonais décoré. Grand Cordon créé en 1872. **O. du Soleil Levant,** donné à des hommes ayant rendu des services méritoires à l'État. *Créé* en 1875. La *1re classe* comprend 2 titres : « O. du Soleil Levant » et « O. du Soleil Levant avec Fleurs de Paulownia ». *Créé* en 1888 et ayant la préséance. 8 classes, les 6 premières comprenant le soleil levant avec feuilles de paulownia. Les 7e et 8e avec seulement les feuilles de paulownia. **O. de la Précieuse Couronne,** *créé* en 1888, décerné à des femmes. 8 classes. **O. du Trésor Sacré,** *créé* en 1888, remis à des hommes ayant rendu de louables services. Et dep. 1919, aussi à des femmes. 8 classes. **O. de la Culture.** Créé en 1937, remis à des personnes qui se sont distinguées dans les domaines de la science, littérature, peinture, sculpture, architecture, musique ou théâtre. 1 classe. **Médailles d'honneur. Coupes d'argent et de bois.** Décernées pour des services méritoires. **O. de la Vertu militaire (O. du Milan d'Or).** 7 classes. Fondé 1890, a été aboli en 1945.

• **Luxembourg. Ordre du Lion d'or.** Ordre de la maison de Nassau, commun avec l'ordre du même nom des P.-Bas : v. P.-Bas. 1 classe. Très rarement décerné. **O. de la Couronne de chêne.** *Créé* 1841. 5 classes ; méd. de mérite. **O. du Mérite civil et militaire d'Adolphe de Nassau.** *Créé* 1858. Huit grades ; plusieurs croix et médailles de mérite. **O. de la Résistance.** *Créé* 1946. Deux classes ; méd. de mérite. **O. du Mérite du Grand-Duché de L.** *Créé* 1961. 5 classes et 1 méd. de vermeil. **Médaille de la Reconnaissance nationale.** *Créée* 1968.

Il existe en outre 3 décor. militaires.

• **Monaco. Ordre de St-Charles** (1858). 5 classes. En 1984 : 754 chevaliers, 473 officiers, 282 commandeurs, 116 grands officiers, 78 grand-croix. **O. de la Couronne** (1960). 5 classes. **O. des Grimaldi** (1954). 5 classes. En 1984 : 147 chevaliers, 93 officiers, 61 commandeurs, 31 grands officiers, 36 grand-croix. **O. du Mérite culturel** (1952). 3 classes. *En 1984 : 269 chevaliers, 107 officiers, 87 commandeurs.*

• **Norvège. Ordre royal de St-Olav.** *Fondé* 1847 par Oscar Ier. 6 classes.

• **Organisation des Nations unies. Médaille de Corée.** *Créée* 12-12-1950. **Méd. des Forces d'urgence de l'ONU.** *Créée* 30-11-1957 pour les militaires qui ont patrouillé le long de la frontière israélo-égyptienne. **Méd. des Nations unies.** *Créée* 30-7-1959.

Médaille Nansen. Instituée en 1954, décernée par le haut commissaire des Nations unies pour les réfugiés, normalement une fois par an à une personne ou organisation qui s'est distinguée par des services exceptionnels rendus à la cause des réfugiés. Depuis 1979, conjuguée avec la remise d'un prix d'un max. de 50 000 $ destiné à la mise en œuvre par le lauréat ou par son intermédiaire d'un projet d'aide aux réfugiés, choisi de concert avec le Haut Commissariat.

• **Pays-Bas. Ordre militaire de Guillaume.** *Créé* 30-4-1815 par Guillaume Ier. Quatre classes. Réservé aux civils et militaires de tous grades pour leur action devant l'ennemi. **O. du Lion des Pays-Bas.** *Créé* 29-9-1815 par Guillaume Ier. Trois classes. Récompense services civils, œuvres scientifiques ou artistiques. **O. d'Orange-Nassau.** *Créé* 4-4-1892 par la régente Emma. Cinq classes. Pour services rendus. **O. du Lion d'or de la maison de Nassau.** *Créé* 29-1-1858, rétabli le 20-7-1905. 1 classe (Grand-Croix). Octroyé aux chefs d'État. Ordre commun aux maisons néerlandaise et luxembourgeoise. L'octroi dépend de l'initiative personnelle de Sa Majesté la reine, sans ingérence du gouvernement (elle demande le consentement du grand-duc du Luxembourg). **O. de la Maison d'Orange.** *Créé* 19-3-1905. 5 classes. L'octroi dépend de l'initiative personnelle de Sa Majesté la reine, sans ingérence du gouvernement.

• **Pologne. Ordres royaux. Ordre de l'Aigle blanc.** *Fondé* 1325 par le roi Ladislas Ier le Bref ; réorganisé en 1705 par le roi Auguste II, transformé en ordre impérial russe après le partage de la Pologne (1815). En 1921, avec la création de la Rép. polonaise, l'ordre redevient polonais. **O. de St-Stanislas.** *Fondé* 1765 par le roi Stanislas II (une branche créée en Russie après le Congrès de Vienne). **O. de la Vertu militaire.** *Créé* 1792. Repris en 1919. 5 classes. Récompense la bravoure sur les champs de bataille.

République. Ordre des Bâtisseurs de la République populaire de Pologne. *Créé* 1949. La plus haute distinction décernée en Pologne. 1 seule classe. **O. de la Polonia Restituta.** *Créé* 1921. 5 classes. Pour services civils de tous ordres. **O. de la Croix de Grunwald.** *Créé* 1944 Militaire. 3 classes. **O. du Drapeau du Travail.** *Créé* 1949. 2 classes. **O. du Mérite de la République populaire de Pologne.** *Créé* 1974. 5 classes.

• **Portugal. Ordre militaire de St-Benoît-d'Aviz.** Introduit d'Espagne en 1162 comme un ordre militaire religieux. Sécularisé en 1789 par la reine Marie. 5 classes. **O. de St-Jacques de l'Épée.** Introduit d'Espagne en 1177. Sécularisé en 1789. Décerné dep. 1862 comme un ordre de mérite pour la science, l'art et la littérature. 5 classes. **O. militaire du Christ.** *Établi* 1319 (conjointement avec le pape Jean XXII). Devient ordre portugais en 1522 et sécularisé en 1789. 5 classes. **O. militaire de la Tour et de l'Épée.** *Fondé* 1459 par Alphonse V et réintroduit en 1808 et en 1832. Mérite civil et militaire. 5 classes. **O. de l'Empire.** *Créé* 1932. 5 classes. **O. de l'Infant Henri le Navigateur. O. de mérites civils (Bienfaisance, Instruction publique, Mérite agricole et industriel), O. de la Liberté, O. de Camœns.**

• **Saint-Siège. Ordre du Christ.** Attribué par les papes comme distinction honorifique, même pour les non-nobles. Réorganisé en 1905, très rarement décerné (chefs d'État, hommes d'État prééminents). Une classe : chevalier. Un seul protestant le reçut (Bismarck en 1884, après la fin du Kulturkampf). **O. de l'Éperon d'or** (et de la Milice dorée). Décerné depuis 1539 et sans doute avant. Changé en 1841 en ordre de St-Sylvestre. Réinstitué en 1905. Une classe : chevalier. **O. de Pie.** *Créé* 1847 par Pie IX, réorganisé en 1905 et 1907. 4 classes (Grand-Collier, Grand-Croix conférant jusqu'en 1939 héréditairement la noblesse, Commandeur conférant la noblesse personnelle, Chevalier). **O. de St-Grégoire le Grand.** *Créé* 1831 par Grégoire XVI pour récompenser les citoyens fidèles et les troupes autrichiennes qui défendirent le St-Siège. Réorganisé en 1905. 2 divisions (civile et militaire), chacune de 3 classes (Grand-Croix, Commandeur, Chevalier). **O. de St-Sylvestre.** *Créé* 1841 par Grégoire XVI en mémoire de son fondateur présumé (Sylvestre Ier, 314-335). Remplaça l'Ordre de l'Éperon d'or. Réorganisé en 1905 comme Ordre du Mérite. **Croix d'honneur « Pro Ecclesia et Pontifice »**. *Instituée* en 1888 et médaille « Benemerenti ».

La Rose d'or. Distinction honorifique (orfèvrerie de grand prix) faite par les papes à des étrangers de haut rang (en majorité des souverains). Selon une coutume ancienne (1050), on bénissait une rose au cours de la messe du Laetare (IVe dimanche de Carême). Le pape remettait traditionnellement cette rose à un étranger de passage à Rome, qu'il voulait honorer. Au cours des siècles, la rose est devenue un bijou d'or émaillé, avec un rubis au centre ; elle a parfois atteint un poids et une valeur considérables. Par ex., pour le Dauphin, fils de Louis XIV : 8 livres d'or. Depuis le XVIIIe s., les envois de roses se sont fait surtout à des dames : reine Marie Leczinska (France) 1736 ; reine Marie-Thérèse d'Autriche 1739 ; archiduchesse Marie-Christine (Autr.) 1776 ; Marie-Caroline de Naples 1791 ; impératrice Caroline-Auguste d'Autr. 1825 ; Marie-Christine de Sardaigne 1825 ; Anne d'Autr. 1836 ; Marie de Portugal 1842 ; duchesse Marie-Adélaïde de Savoie 1849 ; impér. Eugénie (France) 1856 ; Sophie de Bavière, reine de Naples 1860 ; Isabelle II (Esp.) 1868 ; Marie-Christine d'Autr., régente d'Esp. 1886 ; Doña Isabel (Brésil) 1888 ; Amélie de Portugal 1892 ; Marie-Henriette de Belg. 1893 (la plus grande de toutes : 40 cm de haut) ; Victoire-Eugénie d'Esp. 1923 ; Élisabeth de Belgique 1925 ; Charlotte de Luxembourg 1956.

● **Suède.** Ces ordres ne sont plus décernés qu'à des étrangers. **O. des Séraphins.** *Fondé* 1335 par Magnus IV, rénové en 1748 par Frédéric Ier. Une classe. Rarement décerné. **O. de l'Épée.** *Fondé* 1748. Cinq classes. Militaire. **O. de l'Étoile polaire.** *Fondé* 1748 pour les mérites civils. 4 classes. **O. de Vasa.** *Fondé* 1772 pour services rendus à l'industrie nat. 5 classes. **O. de Charles XIII.** *Fondé* 1811 pour les francs-maçons de haut grade. 1 classe.

● **Tchécoslovaquie. Ordre militaire du Lion blanc pour la victoire.** *Créé* 1945. 2 classes. **O. du Lion blanc.** *Créé* 1922 pour les étrangers. 3 classes. **O. de Klement Gottiwald. O. de l'Étendard rouge. O. de l'Étoile rouge du travail. O. de Jan Zizka de Trochnova.** *Créé* 1946 pour les officiers. 3 classes. **O. du Février « Victorieux ». O. du Travail. O. du Mérite pour l'édification de la Patrie socialiste. O. de la Croix de Guerre.**

● **Turquie. Istiklal Madalyasi** (Médaille de l'Indépendance). Créée en 1920 par Ataturk pour reconnaître les services exceptionnels rendus pendant la guerre d'indépendance (1919-22). En bronze, attachée à un ruban triangulaire. Jusqu'en 1934, les rubans étaient de 4 couleurs différentes. Unifiés en 1934 (rouge). Seule décoration de la République, elle n'est plus conférée, mais son port est autorisé pour les descendants par ordre de primogéniture.

● **U.R.S.S. Ordre de Lénine.** La plus haute récompense. Instauré le 6-4-1930. Décerné par le président du Soviet suprême de l'U.R.S.S. à certains citoyens soviétiques et étrangers, des collectivités, des institutions, des entreprises et organisations sociales de l'U.R.S.S. pour mérites particuliers dans l'édification du socialisme. Peut être décerné à ceux qui ont déjà eu la plus haute distinction, le titre de **Héros de l'Union soviétique** et de **Héros du Travail socialiste.** Frappé d'un portrait en médaillon de Lénine. Au milieu, buste en relief de Lénine. En or, s'épingle sur l'habit à l'aide d'une forme à cinq côtés couverte d'un ruban de soie moirée. **Drapeau rouge du travail.** *Créé* 7-9-1928. **Étoile rouge.** *Créée* 6-4-1930. **O. de la Guerre patriotique.** Créé le 20-5-1942. 2 degrés. Première des décorations soviétiques créées pour honorer la 2e Guerre mondiale. **O. de Souvorov.** *Créé* 29-7-1942. **O. de Koutouzov.** *Créé* 29-7-1942 : 1re et 2e classes ; 3e classe : *créé* le 8-2-1943. **O. d'Alexandre Nevski.** *Créé* 29-7-1942. **O. de Bogdam Khmelnitski.** *Créé* 10-10-1943. **O. de la Victoire.** *Créé* 8-11-1943. Considérée officiellement aujourd'hui par l'encyclopédie militaire soviétique comme la plus haute décoration militaire. Décerné à 4 étrangers : Gal Dwight Eisenhower, M^{al} Montgomery, M^{al} Tito, ex-roi Michel de Roumanie. **O. de la Gloire.** *Créé* 8-11-1943. **O. d'Ouchakov.** *Créé* 3-3-1944. **O. de Nakhimov.** *Créé* 3-3-1944. **O. de la Gloire au Travail.** *Instauré* 18-1-1973. 3 degrés. Récompense les salariés de l'industrie, des transports, de la construction et de l'agriculture ainsi que les paysans coopérateurs « pour un travail de longue durée, de grand rendement et d'abnégation dans une seule entreprise, organisation, kolkhoze ou sovkhoze ». **Vétéran du travail.** *Créé* 18-1-1973. Pour récompenser « un travail consciencieux et de longue durée dans l'économie nationale, la culture, l'éducation, la santé, les établissements d'État et les organisations sociales ». **Insigne d'honneur.** *Créé* 25-11-1935. **« Mère héroïque ».** *Créé* 8-7-1944. Pour les mères de famille nombreuse. **« Gloire maternelle ».** 3 classes. *Créé* 8-7-1944. Pour les mères de famille nombreuse.

Combien y a-t-il de héros de l'Union soviétique ?

Institué le 16-4-1934, 13 000 personnes l'ont reçu dont une centaine de femmes (24 pour leur lutte partisane). L'ont reçu à l'occasion de la guerre de 1939-45 : 11 500 combattants dont 104 ont été décorés de 2 médailles de l'« Étoile d'Or », 1 de 4 méd. (le M^{al} Joukov). 20 étrangers ont été titrés dont 5 Français (4 pilotes de « Normandie-Niémen » : Marcel Albert, Roland de La Poype, Jacques André, Marcel Lefèvre, et le cosmonaute Jean-Loup Chrétien, en temps de paix).

On remet au héros : l'Ordre de Lénine, décoration suprême de l'U.R.S.S. ; la médaille de l'« Étoile d'Or » ; le diplôme du Présidium du Soviet Suprême de l'U.R.S.S. Si un héros accomplit un autre exploit héroïque qui vaut le titre de « Héros de l'Union Soviétique », il est décoré de l'Ordre de Lénine et de la 2e médaille de l'« Étoile d'Or ». On érige dans la localité où il naquit son buste en bronze.

Les « Héros » jouissent des facilités suivantes : pension à titre personnel, remise de 50 % sur le loyer, déplacement gratuit une fois par an (1re classe, aller et retour) jusqu'à n'importe quel point de l'U.R.S.S. et par n'importe quel moyen de transport, transports urbains gratuits, octroi annuel d'un bon de séjour gratuit dans une maison de cure ou de repos, entrée prioritaire dans les établissements culturels et récréatifs, réalisation prioritaire des services courants.

● **Russie impériale. Ordre de St-André.** *Créé* 1698 par Pierre le Grand pour les souverains et les nobles ; entraînant l'appartenance aux ordres de l'Aigle blanc, St-Alexandre Nevski, Ste-Anne et St-Stanislas. 1 classe. Rarement conféré par le Gd Duc Wladimir, chef de la famille impériale russe. **O. de l'Aigle blanc.** *Créé* 1765. 3 classes. **O. de St-Georges.** *Créé* 1769 par Catherine II pour bravoure devant l'ennemi. 4 classes. Il était le plus prisé. **O. de St-Vladimir.** *Créé* 1782. Au début ordre civil, puis après la guerre de Crimée, également militaire. 4 classes. **O. de Ste-Catherine.** *Créé* 1714 par Pierre le Grand pour les dames. 2 classes.

Franc-maçonnerie

Généralités

Origines. Les « Old Charges », documents corporatifs anglais établis du XIIIe au XVIIIe siècle, donnent à la Maçonnerie « de métier » ou « opérative » des origines légendaires, bibliques et antiques. Par la suite, les Maçons ont fait intervenir les mystères anciens, les traditions égyptiennes et grecques, les Croisés ou les Templiers.

L'histoire de la Franc-Maçonnerie se divise en 3 périodes : a) *période opérative* des constructeurs des cathédrales médiévales ; b) *période de transition* (XVIe et XVIIe s.) ; c) *période spéculative* (on appelait « maçons spéculatifs » ou « gentilshommes maçons » les maçons non opératifs, c.-à-d. les membres des loges maçonniques qui n'étaient pas des artisans de la maçonnerie), née en 1717 avec la fondation de la Grande Loge de Londres (révérend Dr Désaguliers ; devenue ensuite Gde Loge d'Angleterre, de caractère largement interconfessionnel), suivie par les Constitutions d'Anderson (1723). Cette période se poursuit de nos jours.

Le passage de la période opérative aux suivantes s'est fait grâce au phénomène de *« l'acceptation »*, qui a amené, dans les groupements ou « loges » des constructeurs britanniques, des notables n'appartenant pas au « métier ». Au début du XVIIIe s., celles-ci avaient perdu tout caractère professionnel et n'en conservaient plus que les symboles.

Relations avec les Templiers. Une légende tenace, constamment réfutée par les historiens de la Franc-Maçonnerie, fait de l'Ordre écossais un rameau secret de l'Ordre du Temple, dissous par le pape Clément V le 13-4-1312. Un religieux, Humbert Blanc, réfugié en Angleterre, y aurait perpétué les traditions des Templiers. De 1808 à 1830, un illuminé, Raymond de Fabré-Palaprat (1775-1838), reconstitua un pseudo « Ordre du Temple » dont il se proclama Grand Maître. Un petit nombre de francs-maçons le rejoignirent, convaincus de l'origine commune des 2 institutions. Autre franc-maçon, convaincu de l'origine « templière » de leur Ordre : Charles-Louis Cadet-Gassicourt (1769-1821). En fait, la prétendue origine templière est une fable. L'histoire scientifique en a fait justice.

Extension. *1711* Irlande, *1725* ou *1726* France [seigneurs anglais émigrés fidèles à la cause des Stuarts, tels les Gds Maîtres Philippe, duc de Wharton (1698-1731), et Charles Radclyffe, Cte de Derwentwater (1693, décapité en 1746)], 1733 Massachusetts, 1738 Allemagne, 1756 Pays-Bas, 1779 Russie...

Symbolisme. 3 « Grandes Lumières » : le Volume de la Loi Sacrée, l'Équerre et le Compas ; nombreux symboles : sceau de Salomon, delta lumineux, maillet, ciseau, levier, règle, niveau, etc. Ces symboles, ainsi que « les colonnes du Temple », la lettre G dans l'Étoile flamboyante, la connaissance de la légende de Hiram, sont les supports de la progression dans la connaissance de l'*initié*. La symbolique a pénétré v. 1700 par le canal des « acceptés » qui amenèrent celle des hermétistes et de la Kabbale : elle s'imposa progressivement. Le terme « Volume de la Loi Sacrée » n'est apparu qu'au XXe s.

Age symbolique ou grade. Dans certains Rites, notamment le Rite Écossais ancien et accepté, les membres de l'Ordre ont un grade, auquel correspond un âge, dont le chiffre est purement symbolique (33 grades en tout) : *1* Apprenti : 3 ans. *2* Compagnon : 5 a. *3* Maître : 7 a. et plus. *4* Maître secret : 3 fois 27 a. accomplis. *5* Maître parfait : 1 a. pour ouvrir les Travaux, 7 a. pour fermer les travaux. *6* Secrétaire intime : 10 a., le double de 5. *7* Prévôt et Juge : 14 a., le double de 7. *8* Intendant des bâtiments : 3 fois 9 a. *9* Maire Élu des Neuf : 21 a. accomplis, le triple de 7. *10* Illustre Élu des Quinze : 25 a. accomplis, 5 fois 5. *11* Sublime Chevalier Élu : 27 a. *12* Grand Maître Architecte : 45 a., 5 fois le carré de 3. *13* Royale Arche : 63 a. accomplis, 7 fois le carré de 3. *14* Grand Élu parfait et Sublime Maçon : 27 a. accomplis. *15* Chevalier d'Orient ou de l'Épée : 70 a. *16* Prince de Jérusalem : 25 a. accomplis. *17* Chevalier d'Orient et d'Occident : pas d'âge. *18* Chevalier Rose-Croix : 33 a. *19* Grand Pontife ou Sublime Écossais : pas d'âge. *20* Vénérable Grand Maître de toutes les loges régulières : pas d'âge. *21* Noachite : pas d'âge. *22* Chevalier Royal-Hache : pas d'âge. *23* Chef du Tabernacle : pas d'âge. *24* Prince du Tabernacle : pas d'âge. *25* Chevalier du Serpent d'Airain : pas d'âge. *26* Écossais trinitaire : 81 a. *27* Grand Commandeur du Temple : pas d'âge. *28* Chevalier du Soleil : pas d'âge. *29* Grand Écossais de Saint-André : 81 a. *30* Chevalier Kadosch (hébreu *saint*) : 1 siècle et plus. *31* Grand Inquisiteur Commandeur : pas d'âge. *32* Chevalier (Sublime Prince) du Royal Secret : pas d'âge. *33* Souverain Grand Inspecteur général : 33 a. accomplis.

Nota. – L'âge d'admission réel est celui de la majorité civile. Les dispenses ne sont que très rarement accordées.

Signes de reconnaissance. Pour se reconnaître entre eux, les Maçons se font un certain nombre de signes rituels, qui diffèrent selon les grades. Le plus célèbre de tous est le signe de détresse, que l'on fait en cas de danger de mort.

Tablier. Ancienne tenue de travail des maçons (opératifs), devenue tenue rituelle, utilisée au cours des réunions. La décoration varie selon les grades (les apprentis ont un tablier blanc sans broderies).

Organisation. Groupement en *Loges* autonomes, dirigées par un Pt élu (le Vénérable) et un collège d'Officiers, surveillant, orateur, expert, secrétaire, trésorier, etc., dont les fonctions varient selon les Rites. Le regroupement de ces Loges au niveau d'un pays est une *Obédience* dite « Grande Loge » (Fédération de Loges) ou « Grand Orient » (Fédération de Rites), dirigée par un Grand Maître, des grands officiers et un conseil. Une Grande Loge ou un Grand Orient seuls peuvent pratiquer plusieurs *Rites* [principaux : r. Émulation, r. Écossais rectifié, r. Écossais ancien et accepté, r. d'York (U.S.A.), r. Suédois, r. Français, r. de Memphis Misraïm, presque disparu, etc.]. Un Rite (sauf le r. Émulation) comprend, en plus des 3 premiers grades (apprenti, compagnon, maître), dits « gr. symboliques » ou « gr. bleus », un certain nombre de « hauts gr. » ou « gr. de perfection » à l'origine variée. Au rite Écossais ancien et accepté, le nombre de ces grades ou degrés est de 33. La maçonnerie de Marques anglaise a plusieurs loges en France (elle se recrute au sein de la G.L.N.F.).

Situation actuelle. U.S.A. : env. 4 000 000 d'adhérents (de nombreux Pts ont été francs-maçons. Ex. : Washington, F.D. Roosevelt, Truman, Gerald Ford). G.-B. 1 000 000 (le Gd Maître de la Gde Loge d'Angl. est le duc de Kent). Europe occidentale : après avoir souffert des régimes nazi et fasciste — sauf en Suisse et Suède —, elle s'est relevée notamment en France, Belgique, Pays-Bas, Norvège, Allemagne, Italie, Autriche et Portugal. Développement en Inde et au Japon, Philippines, Hong Kong, Formose, Liban et Israël. En Amér. du Sud, les Maçons sont nombreux et influents, mais très divisés par des querelles de Rites et des options politiques. Elle a disparu en U.R.S.S., dans les démocraties pop. (sauf à Cuba). En Espagne, le Grand Orient esp., interdit par Franco, est autorisé maintenant. En pays d'Islam et en Afrique noire, la situation est instable. En Iran, la Franc-Maçonnerie a été proscrite depuis la chute du Shah.

Obédiences françaises actuelles

● **Grand Orient de France.** *Fondé* en 1773. **Grands Maîtres** (dep. 1944) : Arthur Groussier (1930-40 et 44-45), ancien vice-Pt de la Chambre des députés, ancien secr. gén. adjoint de la S.F.I.O. ; Francis Viaud (1945-48, 49-52 et 1953-56) ; Louis Bonnard (1948-49) ; Paul Chevallier (1952-53) ; Marcel Ravel (1956-58 et 59-62) ; Robert Richard (1958-59) ; Jacques Mitterrand (1962-64 et 69-71), conseiller de l'Union française de 1947 à 58 (Union progressiste) ; Paul Anxionnaz (1964-65 et 66-69), ancien ministre, ancien député de la Marne (1946-51 et 56-58), secr. gén. du parti radical de 1945 à 48 ; Alexandre Chevalier (1965-66) ; Fred Zeller (1971-73) ; Jean-Pierre Prouteau (1973-75), secr. d'État chargé des P.M.I. ; Serge Behar (1975-77) ; Michel Baroin (n. 1930) (1977-79) ; Roger Leray (n.c.) (1979-81) ; Paul Gourdot (20-8-30) dep. sept. 1981. **Conseil de l'ordre** : 33 membres, élu par les loges locales et renouvelé chaque année par tiers. **Membres** : 30 000. **Loges** : 500. **Adresse** : 16, rue Cadet, Paris 9e.

● **Grande Loge de France.** *Fondée* 1894. **Grands Maîtres** (dep. 1944) : Jacques Dumesnil de Gramont (1938-40, 44-48 et 50-52) ; Georges Chadirat (1948-50) ; Louis Doignon (1952-55, 1961-63) ; Antonio Coen (1955-56) ; Richard Dupuy (n. 1914, † 1985) (1956-57, 58-61, 63-65, 66-69, 71-73 et 75-77) ; Georges Hazan (1957-58) ; Pierre-Simon (1969-71, 1973-75) ; Georges Marcou (n. 17-2-1923) (1977-78 et 1981-83) ; Michel de Just (n. 1934) (1978-81) ; Henri Tort-Nougès (n. 1921) (1983-84) ; Jean Verdun (n. 21-3-31) dep. 14-9-85. **Membres** : 14 800. **Loges** : 350. Pratique du Rite Écossais ancien et accepté. **Adresse** : 8, rue Puteaux, Paris 75017.

● **Grande Loge nationale française** dite **Bineau** (G.L.N.F.). *Fondée* 1913 par Édouard de Ribaucourt (1865-1936) sous le nom de Grande Loge nationale indépendante et régulière (*régulière* signifie : reconnue par la « Masonry » anglo-saxonne). Nom actuel depuis oct. 1948. Au cours des récentes années, a essaimé en Afrique noire francophone, avec prédominance du Rite Émulation. **Grands Maîtres** (dep. 1913) : E. de Ribaucourt, 1919 C. Barrois, 1929 H. de Mondehare, 1933 G. Jollois, 1938 M. Vivrel, 1947 P. Chéret, 1958 E. Van Hecke, 1971 A.-L. Derosières (1905-82). **Membres** : 6 200. **Loges** : 280. Au sein de l'Obédience figure un *grand chapitre de l'Arche royale pour la France*, en plein développement. **Adresse** : 65, bd Bineau, Neuilly.

● **Grande Loge féminine de France.** *Fondée* 1945. **Gde Maîtresse** : Nicole Pinard dep. sept. 1984. **Membres** : 6 200 femmes. **Loges** : 157 (France, Togo, océan Indien, Amérique). **Adresse** : G.L.F.F., 101, rue de Charonne, Paris 75011.

● **Grande Loge Traditionnelle et Symbolique** (ex-Grande Loge nationale française Opéra). 235, rue du Fg-St-Martin, 75010 Paris. *Créée* 1958 par des dissidents de la G.L.N.F., en désaccord avec la non-reconnaissance des autres obédiences françaises. Obédience travaillant de façon traditionnelle et spiritualiste. **Gd Maître** : Étienne Taddei. **Loges** : 83. **Membres** : 1 600. En relation avec les Gdes Loges et Gds Orients de France et d'Europe non inféodés à la Gde Loge Unie d'Angleterre. **Rites** : principalement écossais rectifié, quelques loges pratiquent le r. Émulation et le r. Français traditionnel.

● **Droit humain.** *Ordre maçonnique mixte international. Fondé* 1893 par une féministe française, Maria Deraismes (1828-94), et Georges Martin (1844-1916) ; présent dans 50 pays. **Adresse** : 5, rue Jules-Breton, 75013 Paris. **Fédération française** : **Loges** : 210. **Gd Commandeur** : Marc Grosjean. **Pt du Conseil national** : Mme Marie-Josephe Gut. **Membres** : + de 9 000. **Adresse** : 49, bd de Port-Royal, 75013 Paris.

● **Grande Loge indépendante et souveraine des rites unis** (G.L.I.S.R.U.). *Fondée* 1976. **Rites pratiqués** : français traditionnel, anglais ancien et émulation. Écossais rectifié, et **Rite** : écossais ancien et accepté, Memphis & Misraïm, opératif de Salomon. **Loges** : 40 (masc., fém. ou mixtes). **Membres** : 1 000. **Adresse** : B.P. 1404, 59015 Lille Cedex.

● **Grande Loge Œcuménique d'Orient et d'Occident.** *Fondée* 1976. **Membres** : appartenant aux « 3 grands groupes religieux monothéistes : chrétien, israélite, musulman ». 1 123 au 30-11-1985. *Armoiries* : Étoile de David (noire), Croix latine (rouge), Croissant musulman (vert) entrelacés de rameaux d'olivier (Paix) et de laurier (Victoire). *Devise* : Dieu, Amour, Tous Frères. **Loges** et **triangles** en France, Afrique, Belg., Suisse, R.F.A. **Adresse** : Le Gallion, avenue du Port-de-Plaisance, Toulon (Var).

● **Grande Loge Œcuménique féminine d'Orient et d'Occident.** *Créée* 1980. **Gde Maîtresse** J. Chastagnon. **Adresse** : 10, rue Ernest-Renan, 83000 Toulon.

● **Grande Loge Mixte Universelle.** *Fondée* 1973 par Raymond Jalu. **Membres** : 400. **Loges** : 17. **Adresse** : 10, rue Saulnier, 75009 Paris. **Rites pratiqués** : français, écossais ancien et accepté. Attachement à l'idéal laïque.

La Franc-maçonnerie et l'Église catholique

Au XVIIIe s. La *Maçonnerie spéculative anglaise*, créée par des membres du clergé protestant, excluait, dès 1723, athées et libertins. Elle considère toujours que la présence de la Bible sur l'autel et l'obligation de prêter serment sur le Livre saint [la croyance au « Grand Architecte de l'Univers » (expression non biblique, désignant le Dieu Créateur) et en sa volonté révélée] sont le « landmark » (« borne », marque distinctive) de la Maçonnerie. En pays musulman, aux Indes ou en Extrême-Orient, les protestants peuvent prêter serment sur le livre sacré de leur confession. Les diverses Églises issues de la Réforme, certaines Églises orthodoxes, le judaïsme, plusieurs sectes islamiques, les religions d'Extrême-Orient ont admis cet aspect libéral et humaniste interconfessionnel, mais l'Église catholique a entretenu avec la F.-M. de sérieuses querelles, aujourd'hui closes. **1738** 1re bulle papale contre les F.-M. (*In Eminenti* de Clément XII) en raison du secret de leurs assemblées et « pour d'autres motifs justes et raisonnables de Nous connus ». Selon Alec Mellor (n. 1907), ces motifs n'étaient pas d'ordre doctrinal (car l'ordre ne fut pas condamné comme hérétique), mais de nature politico-religieuse, le Saint-Siège protégeant la dynastie des Stuarts, détrônée et réfugiée à Rome, mais ne voulant pas détacher les Écossais du Nord, partisans des Stuarts quoique protestants, du prétendant Charles-Édouard (qui préparait le débarquement de 1745 et qui aurait restauré le catholicisme en Angl.). M.-P. Chevallier, au contraire, pense que le pape a craint de voir dans la Maçonnerie une résurgence des hérésies du siècle précédent (jansénisme et quiétisme). La bulle n'ayant pas été enregistrée par le Parlement de Paris ne fut pas applicable en France, mais rendit la vie maçonnique précaire en Espagne, au Portugal, en Amérique latine et dans les États italiens. **1751** bulle *Providas* de Benoît XIV, aussi peu explicite (mais il est douteux que les idées du XVIIIe s. et la philosophie des « Lumières » soient visées car l'offensive antireligieuse des encyclopédistes n'était pas déclenchée). **1776** Pie VI condamne les idées du XVIIIe s. (bulle *Inscrutabili*), la F.-M. n'est pas nommée.

XIXe. 1821 encyclique *Ecclesiam* de Pie VII. **1873** enc. *Et si multa* de Pie IX, condamnant moins la Maçonnerie que les *Carbonari* et autres sectes politiques secrètes qui noyautaient les Loges. **1877** après la Belgique, la Hongrie et divers pays d'Amér. du S., le Grand Orient de Fr. décida de supprimer de la Constitution l'article 1er imposant la croyance en Dieu et en l'immortalité de l'âme. La porte est laissée ouverte aux spiritualistes, grâce à une clause stipulant : « La Maçonnerie n'exclut personne pour ses croyances. » Néanmoins, la rupture devint alors définitive entre Français et Anglo-Saxons (elle restera toujours moins nette entre la « Masonry » et les Obédiences continentales ou sud-amér. qui ont eu pourtant les mêmes problèmes). **1884** encyclique *Humanum genus* de Léon XIII reprochant à la Maçonnerie l'anticléricalisme militant, le positivisme et le rationalisme adoptés officiellement par le Grand Orient de France (voir ci-contre). Cette enc. s'expliquant aussi par les tendances de la Maçonnerie italienne de l'époque, visant à détruire le pouvoir temporel des papes, et escomptant la destruction à plus ou moins longue échéance du catholicisme lui-même.

☞ En raison des condamnations de l'Église, la Maçonnerie prend souvent, en pays catholique, des formes différentes de la « Masonry » britannique : un certain mysticisme ésotérique, plus ou moins orthodoxe, s'y est introduit au XVIIIe s. et s'y maintiendra parfois avec ce caractère « catholique » de certains grades (Écossais Trinitaires par exemple) dans lequel certains ont voulu voir, à tort, la main des jésuites. A l'inverse, dès 1750, il y a sur le continent une Maçonnerie inspirée par l'Aufklärung allemande (philosophie des Lumières ou anti-obscurantisme) de Christian Thomasius (1655-1728), qui deviendra libérale et « nationale » au XIXe s. Ainsi la Maçonnerie sud-américaine jouera un rôle important dans les guerres d'indépendance, bien des Maçons italiens seront des apôtres de l'Unité italienne, les loges tchèques et hongroises joueront un rôle capital dans la renaissance de leur pays.

XXe s. 1904-05 *Affaire des fiches* : l'état-major du min. de la Guerre (Gal Louis André) demande aux loges locales du Grand Orient de ficher les officiers allant régulièrement à la messe. 25 000 fiches établies ; un employé des loges les communiqua au *Figaro* qui les publia le 27-10-1904. André dut démissionner et 35 députés F.-M. se désolidarisèrent du ministère Combes (les loges avaient violé les statuts de l'ordre en travaillant pour un organisme d'État). **1913** des F.-M. français [Édouard de Ribaucourt (1865-1936) et ses compagnons] fondent la *Grande Loge nationale indépendante et régulière* (devenue en 1948 la *Grande Loge nationale française*). Ce sera la seule Obédience franç. reconnue par la Grande Loge d'Angl. et par là, *ipso facto*, par le bloc que constituent dans le monde les 6 millions de Maçons reconnus comme « réguliers » par elle. **1974** le 11-9 la Sacrée Congrégation de la doctrine de la foi (ex. St-Office), sous la signature du cardinal Seper, dit que le canon 2 335 du Code du droit canon qui interdit aux catholiques, sous peine d'excommunication, de faire partie de la F.-M. ou autres associations du même genre, ne viserait que les catholiques faisant partie d'associations agissant contre l'Église, ce qui n'est pas explicitement le cas de la « Masonry » anglo-saxonne, ni de la G.L.N.F. Cependant, il resta toujours interdit aux clercs, religieux et membres des instituts séculiers, de faire partie d'une association maçonnique quelle qu'elle fut, sauf dispense individuelle délivrée par l'évêque du lieu. **1983**-*26-11* la Congrégation pour la doctrine de la foi rappelle l'interdiction pour les cath. de s'inscrire dans une loge, ceux qui s'y inscrivent « sont en état de péché grave et ne peuvent accéder à la sainte communion ». **1985**-*22-2* cette interdiction est à nouveau rappelée dans l'Osservatore Romano.

Autres adversaires de la Maçonnerie

Pamphlétaires du XVIIIe siècle. En Angleterre, de 1717 à 1730, paraissent plusieurs libelles antimaçonniques, appelés *exposures* (divulgations). Reproches

Quelques Maçons célèbres. G.-B. : les rois Edouard VII, George VI, Edouard VIII, Winston Churchill, Sir Walter Scott, Rudyard Kipling, Cecil Rhodes, Wellington. **France :** Montesquieu, Voltaire, Houdon, Greuze, La Fayette, Jean-Paul Marat, Philippe Égalité, Joseph, Lucien, Louis et Jérôme Bonaparte, Murat, Masséna, Soult, Ney, Mac Donald, Guizot, Victor Schœlcher, Rossini, Meyerbeer, les Vernet, Gambetta, Joffre, Félix Faure, Combes, Ferry, Littré, Brisson, Stéphane Mallarmé, Camille Chautemps, Pierre Brossolette, Paul Ramadier. **Autriche et Hongrie :** l'empereur François, Mozart, Haydn, Liszt, Kossuth. **Allemagne :** Frédéric le Grand, les empereurs Guillaume Ier et Frédéric II, Gœthe, Lessing, Schiller, Richter, Stein, Hardenberg, Blücher. **Italie :** Garibaldi, Daniel Manin, Crispi. **Espagne :** Aranda, Riego, Argüelles. **Finlande :** Sibelius. **Amérique latine :** l'empereur dom Pedro Ier du Brésil, Miranda, Bolivar, San Martin, O'Higgins, J. Marti, S. Allende. **U.S.A. :** Washington, Franklin, les deux Roosevelt, Truman, Lindbergh (son avion, le *Spirit of St-Louis*, portait le nom de sa loge), Aldrin, etc.

Contrairement à la légende, Danton, Napoléon, Pie IX, Lord Baden Powell, le Dr Zamenhof n'ont pas été membres de l'ordre. L'appartenance de Beethoven, Rameau, Condorcet (il était membre de la Sté Olympique composée uniquement de Maçons), Mirabeau, Robespierre et du marquis de Sade reste discutée.

principaux : ivrognerie, homosexualité (à cause de l'exclusion des femmes), papisme (à cause de la grande maîtrise du duc de Norfolk qui était catholique, en 1729-30). Des processions burlesques sont organisées à Londres avec des ornements maçonniques pour ridiculiser les francs-maçons. En France, de 1742 à la Révolution, les antimaçons sont surtout membres du parti antiphilosophique. Après 1797, ils sont antirévolutionnaires. Reproche principal : les francs-maçons ont ourdi la Révolution [notamment, le pamphlet de l'abbé jésuite Augustin de Barruel (1741-1820), *Mémoires pour servir à l'histoire du jacobinisme*, publié à Londres en 1797].

Pamphlétaires du XIXe siècle. *Anglophobes :* dénoncent la collusion de la franc-maçonnerie et de l'Intelligence Service ; *antisémites :* soulignent les ressemblances entre la symbolique maçonnique et celle du Temple de Jérusalem ; *ésotéristes :* cherchent à démontrer le caractère luciférien de la Maçonnerie [Satan (Lucifer, l'Ange de lumière) serait adoré par les hauts grades, les grades inférieurs n'en sauraient rien]. L'ordre maçonnique doit réparer l'injustice et la condamnation de Lucifer. Pour d'autres, les Francs-Maçons se livraient à des messes noires et des cérémonies sacrilèges. Pamphlet principal : *les Mystères de la Franc-Maçonnerie dévoilés* de Gabriel Jogand Pagès, dit Léo Taxil (1854-1907), qui prétendait détenir ses informations de Diana Vaughan, ex-grande prêtresse du palladisme [haute-maçonnerie luciférienne ; le chef du culte palladiste était l'Américain Albert Pike (33e degré), le diable lui apparaissant chaque vendredi à 15 heures]. En avril 1897, Léo Taxil dévoila son imposture.

Pamphlétaires du XXe siècle. Reprennent les grands thèmes du XIXe s., mais développent surtout celui de l'arrivisme et du « copinage » maçonniques. Principal écrivain : Roger Mennevée (1885-1973) ; principal historien : Bernard Fay, *la Franc-Maçonnerie française et la préparation de la Révolution* (thèse : les idées révolutionnaires sont les idées maçonniques) ; principal organisme : Ligue française antimaçonnique, fondée en 1910 par Paul Copin Albancelli (1851-1939). Le régime de Vichy (1940-44) interdit la Maçonnerie et confisque ses biens.

☞ **Bibliographie.** *Pierre Chevallier :* Histoire de la F.-M. franç. (Fayard). *Bernard Jones :* Freemasons guide and compendium (Harrap). *Daniel Ligou :* Constitutions d'Anderson (Lauzeray International), Dict. universel de la F.M. *Alec Mellor :* les Mythes maçonniques (Payot), Dict. de la F.-M. et des f.-m., les Grands Problèmes de la F.-M., la Grande Loge nat. franç. (Belfond). *Pierre Fontaine :* Être un franc-maçon.

Ordre de la Rose-Croix A.M.O.R.C.

Nom. A.M.O.R.C. signifie Ancien et Mystique Ordre de la Rose-Croix. **Symbole.** Croix ayant une rose rouge au centre. **But.** Organisation fraternelle mondiale (non religieuse et non sectaire) ouverte aux hommes et femmes, sans distinction de races ou de religions. Se consacre à la recherche, l'étude et l'application pratique des lois naturelles et spirituelles. Enseigner la manière de vivre en harmonie avec les forces créatives et constructives du cosmos pour acquérir bonheur, paix, et parvenir à la connaissance.

Traditions. L'ordre actuel se présente comme héritier de nombreux groupes secrets ayant porté le nom de Rose-Croix dans les siècles précédents [H. Spencer Lewis (Américain) avait fait en 1909 le voyage de Toulouse pour être initié aux traditions rosicruciennes]. Leur enseignement (proposé à la réflexion) est inspiré par la Kabbale juive, la gnose néoplatonicienne d'Alexandre et le mysticisme érémitique du type essénien. Certains de leurs symboles sont plus anciens encore, et remontent aux cultes pharaoniques. Le premier document écrit mentionnant la Rose-Croix est la *Fama Fraternitatis*, imprimée à Londres en 1614, qui se réfère au diacre allemand du XIVe s., Christian Rosencreuz. Les Rosicruciens actuels considèrent Rosencreuz comme un personnage fictif, symbolisant leur ordre tout entier. Au XVIIIe s., et peut-être avant, la Rose-Croix était liée d'assez près à la franc-maçonnerie et l'un des grades maçonniques porté encore aujourd'hui est « chevalier de la Rose-Croix ».

Principaux personnages considérés par les Rosicruciens actuels comme des membres des anciens cycles de la Rose-Croix : Francis Bacon chancelier (1561-1626), Cte de St-Germain (1707?-84), Louis-Claude de St-Martin, dit le Philosophe Inconnu (1743-1803), qui est à l'origine de l'Ordre martiniste traditionnel, toujours existant au sein de l'A.M.O.R.C., Cte de Cagliostro (Joseph Balsamo, 1743-95), Napoléon Ier, B. de Krüdener (1764-1824), Claude Debussy (1862-1918), Erik Satie (1866-1925), etc.

Organisation actuelle : *Chef mondial de l'ordre* (Imperator) : l'Américain Ralph Maxwell Lewis, fils du fondateur du cycle moderne. Il préside la *Grande Loge Suprême* dirigée par un comité directeur (4 Amér., 1 Français : Raymond Bernard, légat suprême pour l'Europe). Au-dessous viennent *9 Grandes Loges* (1 par grande langue internationale : française, allemande, angl., portugaise, japonaise, esp., ital., holl., nordique). *Grand Maître des pays de langue française :* Christian Bernard (n. 1951), dep. août 1977. *« Organismes subordonnés »* [selon le nombre de membres : Loges (60), Chapitres (40), Pronaoï (30) du grec *pronaos*, « avant-temple »]. Activités. L'ordre opère selon des cycles actifs et inactifs de 108 ans (depuis 1909 phase active) : musée d'antiquités égyptiennes, planétarium, laboratoires de recherches (biologie, astronomie, psychologie, sciences historiques), bibliothèques, universités et temples fraternels dans tous les pays. **Siège** *général* Grande Loge Suprême : Rosicrucian Park, San José, Californie, U.S.A. *Pays de langue fr. :* Château d'Omonville, Le Tremblay, 27110 Le Neubourg. *Centre culturel* et *Salons de la Rose-Croix* (peintures, sculptures, etc.) ainsi que *Radio 3* (radio locale émettant sur 88,2 MHz) : 199 bis, rue St-Martin, 75003 Paris. *Centre de réflexion et de méditation :* Château de Tanay, St-Didier-de-Formans, 01600 Trévoux. **Membres** *en France :* 165 000.

Compagnonnage

Ensemble de sociétés regroupant des ouvriers d'élite et existant dans plusieurs corps de métiers, notamment ceux du bâtiment (coffreurs, tailleurs de pierre, charpentiers). Elles possèdent leurs rites, comme le hiéronyme (surnom comme *Louis-le-Charolais* ou *Manceau-la-Fermeté*), les épreuves (les cérémonies d'admission avec des formules incantatoires), les tribunaux intérieurs, les signes de reconnaissance. Elles organisent des concours de *chefs-d'œuvre* et, pour les jeunes, un *Tour de France* de formation professionnelle, comportant nécessairement un séjour dans certaines villes, dites villes *de devoir* ou *de boîte*. Tous les compagnons possèdent un passeport secret nommé le « cheval » ou l'« arriat », plié de façon rituelle et ne devant être montré à personne, sinon aux autres compagnons (il est brûlé sur le cercueil d'un compagnon défunt).

Le compagnonnage moderne représente pour certains ce qu'était la Maçonnerie « opérative » avant de devenir la « franc-maçonnerie » ou Maçonnerie « spéculative », composée essentiellement de membres honoraires, non ouvriers. Attesté depuis 1360, il est plus ancien que la Maçonnerie (les premières loges sont du XVIIe s.). Néanmoins, de nombreux historiens contestent que le compagnonnage ait été à l'origine de la F.-M. moderne. Ils estiment au contraire que les compagnons formaient d'abord des sociétés purement professionnelles dont le souci était la conquête (par népotisme) de la « maîtrise » permettant d'exercer un métier, au sein de corporations très fermées. Obligés à agir secrètement, ils auraient copié, au cours des XVIIIe et XIXe s., les attitudes et les rites des F.-M. Il est possible aussi que *compagnons* et *F.-M.* aient puisé à une même source très ancienne certains de leurs symboles communs : Salomon, Hiram, le Temple, etc.

Cercles et clubs

☞ Ces listes ne sont pas limitatives.

Cercles

Automobile-Club de France. 6, pl. de la Concorde, Paris 75008. Cercle *fondé* le 12-11-1895 par le Mis de Dion, le Bon de Zuylen de Nyevelt et M. Paul Meyan. *Admission :* par parrainage. 2 100 m. Toutes activités automobiles. *Cotisation annuelle :* 5 100 F. *Pt :* Jean Panhard (n. 1913). *Pt d'honneur :* Jean Richard-Deshais (n. 1895).

Cercle de l'Union interalliée. 33, faubourg St-Honoré, Paris 75008. *Fondé* 1917 par le Cte Marc de Beaumont et le Mal Foch pour accueillir les officiers des armées alliées de passage à Paris. L'Association fut maintenue après la guerre pour créer entre les peuples des rapprochements nécessaires au maintien de la paix. *Admission :* par parrainage. *Cotisation :* 6 000 F (+ abonnement sportif éventuel 4 400 F : piscine, solarium, squash, gymnastique, yoga, self-défense, aérobic). *Membres :* 2 500. *Pt :* Cte Jean de Beaumont (n. 13-1-1904) dep. 1975.

Cercle militaire (Cercle national des armées). 8, place Saint-Augustin, Paris 75008 (cet immeuble fut construit en 1927 par Le Maresquier). *Fondé* 1887. *Pt :* Gal de Barry (18-6-1922), gouverneur militaire de Paris.

Jockey Club. 2, rue Rabelais, Paris 75008. *Fondé* 1834 par la Sté d'encouragement pour l'amélioration des races de chevaux en France. S'installa 2, rue du Helder, se déplaça plusieurs fois ensuite avant de se fixer en 1863 rue Scribe et en 1924 rue Rabelais. Cercle de tradition. Réservé aux hommes. Caractère aristocratique. *Admission :* présentation par 2 parrains au suffrage des membres permanents (1 vote contraire annule 5 votes favorables : il faut donc recueillir 80 % des voix pour être élu). *Membres permanents :* env. 1 000. *Pt :* duc d'Estissac (n. 20-8-1917) dep. le 28-3-1985. Le 1er fut Lord Seymour.

Nouveau Cercle de l'union. 33, fg St-Honoré, Paris 75008. *Né* de la fusion du Nouveau Cercle et du Cercle de l'Union, le 27-6-1983. **Co-Pts :** le duc de Castries, de l'Ac. fr. (né 1908), ex-Pt du Cercle de L'Union, et le Cte Arnold de Waresquiel (n. 9-1-1917), ex-Pt du Nouveau Cercle. **Origines du Nouveau Cercle :** 1835 fondation du Cercle agricole (surnommé « la Pomme de Terre ») ; 1916 fusion avec le Cercle de la rue Royale, prend le nom de Nouveau Cercle de la rue Royale ; 1946 fusion avec l'Union artistique. *Sièges successifs :* hôtel de Nesles (2, rue de Beaune), hôtel 288, bd St-Germain (construit spécialement sous le IIe Empire) ; 33, fg St-Honoré, Paris 75008 (à l'Interallié) dep. 1979. **O. du Cercle de l'Union :** fondé 1828 à l'instigation du Pce de Talleyrand, pour grouper à Paris une élite française et étrangère. Les membres permanents font partie de la Sté d'Histoire générale et d'Histoire diplomatique. Attribution d'un prix littéraire annuel. *Admission :* par parrainage, acceptation et vote (1 vote contraire annule 6 votes favorables). *Cotisation :* 6 000 F. *Membres :* env. 450.

The Travellers. 25, Champs-Élysées, 75008 Paris (hôtel de la Païva). Cercle privé, de rayonnement international. *Fondé* 1903. Statutairement composé de 35 % d'Américains, 25 % Anglais, 25 % Français, 15 % autres nationalités. *Admission :* 2 parrains, dont un au moins de la même nationalité que le candidat. *Élection :* soumise à un comité (un Pt, 2 vice-Pts et 15 m.). *Membres :* 850. *Pt :* Claude Foussier (n. 19-4-1925) dep. 29-9-1983.

Le Bottin mondain

Créé en 1903 par la société Didot-Bottin pour recenser les abonnés au téléphone qui n'étaient en général à l'époque que des « gens du monde ». Paraît chaque année (sauf de 1915 à 1919, 1940, 1941, 1944 et 1945). De 1947 à 1949, il fut divisé en 2 volumes (Tout Paris et Toute la France) qui ont fusionné en 1950. Ayant racheté en 1937 « l'Annuaire des châteaux », en 1939 « le Tout Paris » et en 1950 le « High Life », le Bottin mondain est devenu le seul annuaire national de la « bonne société ». Comporte 44 000 inscriptions. Les nouveaux inscrits sont en majorité descendants des personnes déjà mentionnées. *Renseignements donnés :* nom de famille, titre, prénom, décorations, diplômes, cercles et clubs, possession d'une automobile (de 1911 à 1943), d'un hôtel particulier (de 1911 à 1965), et depuis 1903 d'un yacht, d'un avion, d'une écurie de course ou d'un équipage de chasse à courre, nom de jeune fille de l'épouse, prénom et date de naissance des enfants, nom d'épouse des filles mariées. *Renseignements utiles :* gouvernement, ambassades, bienséance, cultes, plans de théâtres, saison lyrique, plan de Paris, etc. *Tirage : 1949 :* 5 000, *1986 :* 20 000. *Pagination* (et entre parenthèses pour la liste mondaine) : *1903 :* 1 586 (1 046), *1986 :* 1 646 (1 196). *Prix éd. 1987 :* 515 F.

Clubs

☞ Clubs politiques, V. à l'Index.

Ambassador Club International. *Fondé* à Berne 1956. Club de contacts international. Clubs locaux composés d'un membre par profession se réunissant au minimum 1 fois par mois. *Affiliés :* 2 500 dans 140 clubs dans 10 pays d'Europe et 4 pays d'Outre-Mer, T'ai-wan, Philippines, U.S.A., Afr. du S. *Pt international :* Dr Arno Meier ; *français :* Bernard Vettier. *Secrétariat général :* Arthur Carl Bisegger, CH-5402 Baden-BP 2027.

Club 41 français. *Siège* chez M. Jean Camus, 1, rue des Troënes, 59610 Fourmies. *Fondé* en 1961 en France. Anciens tablers et leurs amis âgés de + de 40 ans. France : 150 clubs, 3 000 m.

Excalibur International. *Créé* 1922 en Californie. *France :* introduit en 1968 et connu en France sous le nom de « Table ronde ». Club de service international, réservé à des hommes d'affaires, dirigeants et responsables ; apolitique. *Clubs locaux* (1 repas commun hebdomadaire), limités chacun à 128 membres, 2 au plus par profession. *Adresse :* B.P. 501, Lyon (Rhône), av. du Val-de-Saône, 69 Santhonay-Camp.

Jeune Chambre économique française. 10, rue de Louvois, Paris 75002. Affiliée à la *Jeune Chambre internationale,* créée 1915 par Henri Giessembier sous le nom d'« Association pour le progrès civique ». Nom actuel dep. 1944. *Membres* (1985) : 500 000 (dans 75 pays). En France la *J.C.E.F.,* fondée en 1952 par l'éditeur Yvon Chotard (n. 1920), et reconnue d'utilité publique le 10-6-1976, compte au 1-9-85 300 jeunes chambres locales et 25 % de femmes. *Age moyen :* 33 ans. *Cotisation annuelle :* 300 à 800 F. *Buts :* promouvoir l'étude, favoriser la compréhension et susciter la solution des problèmes économiques, sociaux et culturels parmi les responsables de moins de 40 ans ; développer les qualités individuelles de ses membres ; favoriser le développement économique et la compréhension entre les peuples. *Pt :* Charles Gandia du 1-9-1985 au 31-8-1986.

Kiwanis Clubs. *Bureau européen :* 153 Dufourstrasse, CH 8008 Zurich. *Nom* venant d'une langue indienne « Nunc Kee-wannis » (expression de soi-même). *Fondé* 1915 aux U.S.A. (Detroit) par Joe Prance et Allen Browne. Apolitique et philanthropique. *Membres :* 313 700 (dirigeants ou cadres supérieurs). *Clubs :* 8 200. *Kiwanis International-Europe. Fondé* le 9-6-1968 à Zurich. *Devise :* « Nous construisons. » 626 clubs affiliés dans 20 pays. *Membres :* 17 555 (France 163 clubs, 4 074 membres).

Lions International. 295, rue St-Jacques, 75005 Paris. *1er club* créé aux U.S.A. 1917 par Melvin Jones (1879-1961) ; en France (Paris) 1948 par Doumé Casalonga. LIONS signifie « Liberty Intelligence Our Nations Safety » (Liberté et compréhension sont la sauvegarde de nos nations). Association d'hommes choisis parmi les plus représentatifs de chacune des professions et responsables au niveau le plus élevé. Le Lion est un homme qui « cultive l'amitié et est animé du désir de servir ». *But :* services à la communauté. *Réunions :* 2 fois par mois, débats animés par des conférenciers. *Recrutement* par cooptation, le candidat devant être parrainé par 2 membres. Clubs (au 1-1-86) : 37 500 groupant 1 355 000 *membres* (dans 159 pays) [en France, 900 clubs ; 28 500 *m.* dont médecins et pharmaciens 19,50 % ; P.-D.G. direct. commerciaux et techniques 17,52 ; ind. et chefs d'entreprise 16,35 ; avocats, notaires, hauts fonctionnaires 12,09 ; ingénieurs, experts, cadres supérieurs 9,51 ; banquiers, assureurs, promoteurs immobiliers 8,92 ; architectes, décorateurs 2,45 ; admin. de Sté 2,40 ; hôteliers, restaurateurs 1,10 ; divers (*commerçants, exploitants agr., rentiers,* etc.) 12,16]. *Cotisation :* 800 F par an. *Pt international :* Joseph Wroblewski (U.S.A.).

Clubs de Lionnes. *En France :* 40 [1er créé 1976 à Biot (A.-M.) par Mme Jeanine Coldefy].

Léo clubs. *En France :* 65. Créés par les Lions pour les jeunes de valeur de 17 à 25 ans. Chaque club a son président.

Maxim's Business Club (M.B.C.). 3, rue Royale, Paris 75008. *Fondé* 1968 par Paul Dupuy, Patrick Guerrand-Hermès, Jean Poniatowski et André-Pierre Tarbès. Club d'hommes d'affaires. *Réunions :* au restaurant Maxim's, 3, rue Royale, Paris. *Membres :* 1 100 en 1986. *Cotisation annuelle :* 2 400 F en 1986. *Droit d'entrée :* 4 000 F (plus de 30 ans), 3 000 F (moins de 30 ans). *Secr. gén. :* Nicole Frey.

Mensa. *Fondée* en 1945 à Oxford par l'avocat R. Berril et le Dr Ware. *Mensa* (latin *table*) symbolise la table ronde où tous sont assis sans ordre de préséance. Les candidats doivent subir un examen démontrant un niveau d'intelligence supérieur à celui de 98 % de la population (soit un Q.I. de 132 sur l'échelle Stanford-Binet, ou de 148 sur celle de Catell).

Activités : séminaires et congrès ; S.I.G. (Special Interest Groups) rassemblant les membres intéressés par le même sujet ; S.I.G.H.T. (service d'hospitalité et d'accueil ; questionnaires nationaux et internationaux pour recueillir l'opinion des membres sur certains problèmes).

Mensa peut ainsi proposer à des chercheurs ou des enquêteurs des résultats obtenus auprès d'une population de niveau intellectuel élevé. *Membres* (1982) : + de 70 000 dans env. 80 pays (dont U.S.A. 50 000, G.-B. 5 000, Canada 1 600, Australie 780, France 650, Autriche 450, P.-Bas 300, Finlande 270, N.-Zélande 260, Belgique 250, Japon 250, All. féd. 150, Inde 110, Norvège 110, îes Anglo-Normandes 100, Israël 75, Malaisie 70, Italie 50, Suisse 50, Espagne 25, Côte-d'Ivoire 10). **Mensa France.** 18 bis, rue Violet, 75015 Paris. *Pt :* Henri Delekta à l'origine de la création de l'A.N.P.E.S. (Association nat. pour les enfants surdoués) et de l'A.L.R.E.P. (Association Languedoc-Roussillon pour les enfants précoces).

Rotary Club. 40, bd Émile-Augier, Paris 75116. Club international *fondé* par Paul Harris réunissant des hommes d'affaires et des représentants des professions libérales (ex. à Paris, déjeuner hebdomadaire suivi d'une conférence). Le 1er Club (Chicago) tint sa 1re réunion le 23-2-1905 et fut dénommé Rotary, car au début les membres se réunissaient par rotation dans leurs bureaux d'affaires. *Programme :* 1) Développement des relations personnelles d'amitié entre ses membres en vue de leur fournir des occasions de servir l'intérêt général. 2) Observation des règles morales de haute probité et de délicatesse dans l'exercice de toute profession ; reconnaissance de la dignité de toute occupation utile ; effort pour honorer sa profession et en élever le niveau, de manière à mieux servir la société. 3) Application, par tout rotarien, de l'idéal de servir, dans sa vie personnelle, professionnelle et sociale. 4) Compréhension mutuelle internationale, bonne volonté et amour de la paix, en créant et en entretenant à travers le monde des relations cordiales entre les représentants des diverses professions, unis dans l'idéal de « servir ». *Clubs* (au 1-7-84) : 20 680 dans le monde (735 en France). *Rotariens :* 950 000 dans le monde (28 000 en Fr.). *Pt du Rotary Club de Paris :* Claude Amoudru.

Innerwheel. Groupe les femmes de rotariens. *Membres :* 70 000 dans le monde.

Rotaract. *Créé* à Paris en 1968 pour des jeunes de 18 à 28 ans (enfants de rotariens ou non, recrutement par cooptation). Programme, buts comparables ; rencontres entre jeunes « pouvant être appelés à des postes de responsabilité ». Juridiquement indépendant du Rotary. *Clubs* 4 534 (Fr. 81). *Membres* 90 000 (Fr. 1 600) dans 78 pays.

Soroptimist (du latin : sœurs les meilleures). 4, rue Charles-Dickens, 75016 Paris. *Fondé* 1921 à Oakland (U.S.A.) ; en France 1924. *Buts :* maintenir un haut niveau de moralité dans les affaires, la profession et dans la vie en général ; promouvoir les droits de l'homme et défendre la condition de la femme ; développer le sens de l'amitié et le sentiment d'unité entre soroptimistes de tous les pays ; maintenir vivant l'esprit de service et de compréhension humaine ; contribuer à la détente internationale et à l'amitié universelle. *Clubs dans le monde :* + de 2 400 dans 76 pays, 79 000 *membres. En France :* 94 clubs, 3 000 m. *Pte* (France) : Jeannine Dubois.

Table Ronde française. 18, rue Berthollet, 75005 Paris. *Créée* 1926 par Louis Marchesi, membre du Rotary Club de Norwich (G.-B.), et, en France, en 1950 par Lucien Paradis. Rassemble des jeunes hommes de — de 40 ans, de professions différentes, « pour promouvoir les plus hautes valeurs morales, professionnelles et civiques, et favoriser l'entente, la compréhension et la paix internationales, par l'amitié, la tolérance et la solidarité ». En 1985, 310 clubs et 5 500 membres. 2 réunions par mois (dîners suivis d'une conférence). Recrutement par parrainage. *Membre du Woco* (World Council des Young Men's Service Clubs) qui regroupe les clubs des Tables Rondes de 40 pays, ainsi que les clubs : Active 20-30 International (U.S.A.), Apex (Australie), Kinsmen Clubs (Canada), Junior Executive Council Clubs, J.E.C.C. (Japon) et Sable Clubs (Afr. du S.).

Zonta international. c/o Madame Perrin, 6, rue de la Pépinière, 75008 Paris. *Créé* 1919 aux U.S.A. Organisation internationale de service groupant des femmes responsables du monde entier, souhaitant faire usage de leurs capacités et des expériences qu'elles ont acquises pour contribuer à la solution des problèmes de l'heure. *Membres :* 33 000 ; répartis dans plus de 900 clubs dans 50 pays. *Pte* du Zonta club, Paris 1 : Monique Bouton.

Clubs sportifs

Cercle du Bois de Boulogne (Tir aux pigeons). *Adresse :* Route de l'Étoile, Paris 75016. *Créé* en 1875. *Droit d'entrée :* individuel 17 000 F, famille 28 600 F. *Cotisation annuelle* (piscine incluse) : ménage 3 400 F (— de 30 ans : 1 700), individuel 2 400 F. Utilise 1 terrain appartenant à la ville de Paris mais concédé par le conseil municipal à l'Association pour l'encouragement des tirs en France (loyer annuel proportionnel aux cotisations payées). 2 fosses de tir (olympique et universelle). *Activités sportives :* tir (fosse universelle et olympique, skeet, électrocibles), piscine, tennis, patinage. *Membres :* 1 500. *Pt :* Cte Gérard de Gouvion St-Cyr dep. 1983.

Club international du Lys. B.P. 11, 60260 Lamorlaye. *Fondé* en 1964. *Superficie :* 126 ha. *Activités :* golf (36 trous), tennis (30 courts), piscine (50 × 50 m), centre équestre (manège olympique, 40 boxes), nursery, village d'enfants, rugby, bridge, volley-ball, gymnastique. *Cotisation annuelle :* golf : couple 15 300 F ; enfant 3 100 F. Tennis : couple 8 200 ; enfant 3 100. *Membres :* 1 600 (650 familles). *Pt :* Pierre Roque dep. le 29-1-77. *Directeur :* Francis Marchal.

Golf de Saint-Cloud, Parc de Buzenval, 92380 Garches. *Fondé* en 1911 par M. Cachard. Admission par parrainage. *Cotisation annuelle* en F (1985) : membres actifs : 6 700 (ménage 11 800). *Membres :* env. 2 000. *Pt :* Daniel Viney. *Dir. :* François Kerjean.

Golf de Saint-Nom-La-Bretèche, 78860 Yvelines. *Fondé* le 3-10-1957 par Daniel Féau. Golf par actions : Driving-range, pitching-green, chipping-green, putting-green. 2 parcours de championnat SSS 72 (Bleu 6 095 m, record 62, détenu par Ramón Sota, Open de France 1965 ; Rouge 6 138 m, record 64, détenu par Sandy Lyle, Open de France 1982). *Cotisation annuelle* en F (1986) : membres actifs : 7 500 (ménage 12 750); semainiers: 6 100 (ménage 10 400); juniors (3 à 25 ans): 1 900, 2 650 ou 3 750; non-joueurs: 3 000. *Membres*: 1 600. *Pt*: Paul Lambert (n. 21-12-1925); *dir.*: Pce Patrice Galitzine.

Polo de Paris. Bois de Boulogne, Paris 75016. Pelouse de Bagatelle (8 ha). *Fondé* en 1892 par le Vte de La Rochefoucauld. *Sports*: tennis (17 courts), polo, équitation, piscine, practice de golf. *Admission* par parrainage. *Pts successifs*: *1905* Marquis de Ganay; *1921* Duc de Doudeauville; *1940* Duc Decazes; *1950* Bon J. de Nervo; *1975* Bon Élie de Rothschild (n. 29-5-1917); *1983* Gal du Temple de Rougemont (n. 10-6-1910); *1985* Bon Michel Petiet (n. 4-12-1919). *Membres*: 6 000. *Famille 1892* 112, *1984* 2 500. *Droit d'entrée*: 20 000 F. *Cotisation annuelle*: moins de 3 500 F.

Racing Club de France. *Fondé* en 1882 sur l'initiative d'élèves du lycée Condorcet qui, dep. 1880, pratiquaient la course à pied dans la « grande salle » de la gare St-Lazare. Rejoints par des élèves des lycées Monge et Rollin, ils créèrent au printemps 1882 le Racing Club et obtinrent de la ville de Paris l'autorisation d'utiliser chaque dimanche un terrain voisin du Tir aux pigeons au bois de Boulogne. En 1885, le Racing devient le Racing Club de France et, en 1886, obtint de la ville la concession de la Croix-Catelan au bois de Boulogne. *Membres*: *1882*: 48, *1885*: 139, *1895*: 520, *1905*: 1 200, *1914*: 2 200, *1925*: 5 000, *1939*: 9 000, *1955*: 15 000, *1965*: 20 000, *1984*: 20 800, *1985*: 21 000, *1986*: 19 939 (y compris sections sportives, golf et divers). *Siège social*: 5, rue Éblé, Paris 75007. 2 piscines de 25 m (9 lignes d'eau), 3 courts de tennis couverts, basket-ball, badminton, volley-ball, escrime (13 pistes), tatami (312 m²), sauna (4 douches).

La Croix-Catelan: bois de Boulogne, Paris 75016 (7,2 ha). 24 courts de tennis terre battue, 25 en « dur », piscines de 50 m (10 lignes d'eau), 33 m (5 lignes d'eau), piste en herbe (480 m), parcours de décathlon, pelouse de culture physique, 4 courts de volley, 2 saunas, 57 douches. *Stade de Colombes*: 12, rue François-Fabert, 92700 Colombes (18 ha). Stade olympique, piste et aires de concours en tartan, piste couverte en cendrée, salle de musculation, gymnase (15 × 70 m), 13 terrains de foot, 4 de rugby, 1 de basket en « quick ». *Golf de la Boulie*: Pont Colbert, 78 Versailles (106 ha). 2 parcours de 18 trous, 1 parcours (9 trous), 1 practice, 2 puttings, 2 terrains de rugby, 4 de hockey (dont 1 en synthétique), 6 courts de tennis terre battue, 1 en « dur ». *Tennis Saussure*: 154, rue de Saussure, 75017 Paris, 3 courts couverts. En 1986, droit d'entrée et cotisation: *Croix Catelan* 11 600 F (ménage 17 500); cotisation annuelle avec tennis 4 900, piscine seule 3 500. *Golf de la Boulie* 28 000 (ménage 40 000); cotisation annuelle 8 600 (ménage 13 900). *1985-86* sections sportives: juniors 175 F, seniors 350 F. *Pt*: Alain Danet (n. 24-6-1931) depuis le 20-12-1984.

Société équestre de l'Étrier. Route de Madrid aux Lacs, Bois de Boulogne, Paris 75016. *Fondé* 1895 par le duc de Cossé-Brissac. *Activités*: club hippique, concours de dressage et de sauts d'obstacles nationaux, enseignement. *Admission*: par parrainage, avoir 2 parrains membres du Cercle depuis au moins 1 an. *Droit d'entrée*: 630 F + supplément selon catégorie de membre choisie. *Cotisation annuelle*: 630 F. *Adhérents*: 830. *Pt*: Vicomte Aymard de Jourdan. (Stage de perfectionnement de 9 mois, niveau compétition, ouvert aussi aux non-membres de l'Étrier).

Stade français. *Sièges successifs*: rue Louis-le-Grand; 56, rue Saint-Lazare, Paris 75009; actuellement, 2, rue du Commandant-Guilbaud, Paris 75016. *Fondé* 1880 sous le nom de Sté de Gymnastique du Lycée St-Louis; nom actuel dep. 13-12-1883. Ses membres commencent par pratiquer la course à pied au Luxembourg et aux Tuileries avant d'obtenir la concession d'une piste et d'un tennis couverts au Champ-de-Mars, sur les vestiges de l'Exposition univ. de 1889. Cofondateur en 1887 de l'U.S.F.C.P. Dedet, Géo André, Rigoulot, Paoli, Lesieur, Jaureguy, Lacoste, Sera Martin, Ladoumègue, G. Drut, Lewden, El Mabrouk, Oestermeyer, Dujardin ont appartenu au Stade Français. *Membres*: *1883*: 34, *85*: 120, *95*: 372, *1914*: 1 483, *35*: 3 000, *74*: 6 000, *80*: 8 000, *84*: 9 680. *Installations Centre sportif Géo André*: 4 tennis couverts, 6 squash, judo (300 m²), salle de 1 600 m² (basket, hockey, handball, tennis, volley); *La Faisanderie*: parc de St-Cloud, 10 ha, 36 tennis, piscine (25 × 20), rugby, hockey. *Haras Lupin*: Vaucresson, 27 ha, practice de golf, terrains football 5, rugby 3, hockey 3. Sports loisirs: *Tennis*: droits d'admission 2 625 à 5 800 F selon âge; cotisation annuelle 1 890 à 3 940 F; *squash*: droit d'adm. 950 F; cotis. an. 1 905 F et formule tickets (carnet ou individuel) 360 F et 720 F; *Golf practice*: admission 400 à 750 F, seau de balle 10 F. Sports compétition: *Athlétisme, basket, football, hockey sur gazon, judo, natation, rugby, tennis, squash, volley-ball*: selon sports et âges: admission 90 F, cotis. an. 240 à 830 F. *Pt*: François Kosciusko Morizet (n. 1940) dep. 1980.

Yacht Club de France. 6, rue Galilée, Paris 75016. *Fondé* 1867 sous les auspices du ministre de la Marine, l'amiral Rigault de Genouilly. Reconnu comme établissement d'utilité publique en 1914. *But*: concourir au développement de la navigation de plaisance sous toutes ses formes. *Activités*: accorde des prix ou son patronage aux sociétés nautiques; organise: rallyes voile et moteur, régates et chaque hiver des cours de navigation; patronne courses et manifestations d'encouragement à la plaisance; participe aux travaux des commissions techniques et administratives chargées d'examiner, sur le plan national, les problèmes de la navigation de plaisance; met ses locaux à la disposition des clubs nautiques pour leurs réunions, accorde des secours aux marins nécessiteux et à leurs familles. *Admission*: présentation par 2 parrains déjà membres, admission par le conseil d'adm. *Membres titulaires*: 750. *Flotte*: 558 yachts, 366 à voile, 132 à moteur. *Pt*: Philippe Manset (n. 27-2-1915).

Confréries gastronomiques

Académie des Gastronomes. *Fondée* 1928 par Curnonsky (Maurice Sailland, 1872-1956). Réunit certaines personnalités réputées pour leurs connaissances gastronomiques. *Membres* 40 (recrutés par cooptation) et au max. 10 m. libres. *Activités*: 1 déjeuner (hommes) par mois chez Maxim's, 1 dîner (avec les femmes) par mois, 2 grands dîners par an (habillés). *Pt*: M. Laurens-Frings dep. 1981. *Édite* un dictionnaire et des ouvrages ayant trait à l'art culinaire. *Siège*: 23, rue d'Artois, 75008 Paris.

Cercle des Gourmettes. *Fondé* 1929 par Mme Ettlinger († 1957), épouse d'un membre du Club des Cent. *But*: développ. de la gastronomie française. *Membres*: 50. *Pt*: Marie-Andrée Thiault dep. 25-10-83. *Adresse*: 160, rue de l'Université, Paris 75007.

Chevaliers du Tastevin (confrérie des). *Pt*: Guy Faiveley. 21700 Nuits-St-Georges.

Club des Cent. *Fondé* 1912 par Louis Forest. Déjeuner le jeudi. Manifestations à travers la France. *Membres*: 100. *Pt*: Maurice Letulle dep. 1984. *Adresse*: 31, rue de Penthièvre, Paris 75008.

Club gastronomique Prosper-Montagné. *Fondé* 1949 par les amis de Prosper Montagné (1865-1948), créateur des cuisines centrales des armées françaises et écrivain gastr. (directeur du Larousse gastr.). *But*: défendre la gastr. française et développer les grands établissements d'art culinaire. *Prix culinaire* annuel Prosper-Montagné. *Concours du meilleur écailler* et *coupe Léon Beyer* pour vitesse d'ouverture et présentation de 100 huîtres et présentation d'un plateau de fruits de mer. *Diplôme de maîtrise et panonceaux* de « Maison de qualité » décerné aux établissements dignes par leur loyauté, leurs efforts et la valeur de leurs produits ou de leur cuisine. A fondé l'*Ordre de St-Fortunat* (patron des gastronomes). *Secrétariat*: 45, rue St-Roch, 75001 Paris. *Pt*: André Vrinat.

Usages

Correspondance

On distingue *l'appel* utilisé au début d'une phrase (ex. Sire, Monseigneur, Monsieur l'Ambassadeur); le *traitement*, titre utilisé dans le corps d'une phrase à la place du pronom (il ou elle) quand on utilise la 3e personne (ex. Votre Majesté, Votre Excellence). On ne l'utilise pas à la 2e personne, ainsi il ne faut pas dire: « Comment allez-vous, Excellence ? » mais: « Comment allez-vous, Monsieur l'Ambassadeur ? », mais: « Monsieur l'Ambassadeur, comment va Votre Excellence ? »

Nota. — On n'abrège pas, en France, les appellations et les titres.

Formules particulières

Académicien. *Appel*: Maître. *Enveloppe*: Maître X... *En-tête*: Maître, Cher Maître.

Ambassadeur. *Appel*: Monsieur l'Ambassadeur. *Envel.*: à Son Excellence Monsieur X... (ou Monsieur le Comte...), Ambassadeur de...; S.-E. Monsieur X..., Ambassadeur de... et Madame X; ou S.E. Monsieur l'Ambassadeur et Madame X. *En-tête*: Monsieur l'Ambassadeur. *Traitement dans la lettre*: Votre Excellence. *Fin*: Veuillez agréer, Monsieur.., les assurances de ma (très) haute considération. Une femme terminera: Recevez (ou acceptez), Monsieur, l'expression de mes sentiments distingués. **Épouse d'ambassadeur.** *Appel*: Madame. *Traitement*: Votre Excellence.

Archevêque et Évêque. *Appel*: Monseigneur. *Envel.*: Son Excellence Monseigneur X... Évêque de V... ou Son Excellence Monseigneur X... Auxiliaire de Son Éminence le Cardinal Archevêque de Z. *En-tête*: Monseigneur. *Dans la lettre*: Votre Excellence. *Fin*: Daigne Votre Excellence recevoir mon plus profond respect... L'assurance de ma plus haute considération (ou très, ou plus, respectueuse considération). Depuis 1967, l'usage s'est instauré de dire Père au lieu d'Excellence (appellation qui date de Pie XI, auparavant on disait Sa Grandeur).

Avocat. *Envel.*: Maître X... *En-tête*: Maître, Cher Maître, Monsieur le Bâtonnier.

Cardinal. *Envel.*: Son Éminence Révérendissime Monseigneur le Cardinal X..., Archevêque de... (ou Évêque); ou Son Éminence le Cardinal X. *Appel, en-tête*: Éminentissime Seigneur ou Éminence. *Dans la lettre*: Votre Éminence. *Fin*: Daigne, Éminentissime Seigneur, Votre Éminence agréer l'hommage de mon profond respect. Une femme dira: Je prie Votre Éminence d'accepter l'expression de mes sentiments de profond respect. Depuis 1967, l'usage s'est instauré de dire seulement Monsieur le Cardinal.

Clergé. *Envel.*: Pour un curé: Monsieur X..., Monsieur l'abbé X... (ou le chanoine X...), curé de Ste-Clotilde. Monsieur le chanoine X... curé archiprêtre de St-Vincent. Pour un vicaire: Monsieur l'Abbé X... *Début de lettre*: Monsieur le Curé, Monsieur l'Abbé. *Fin*: Agréez ou Recevez, Monsieur, l'assurance de ma considération distinguée (ou de mes sentiments très respectueux).

Commissaire-priseur. *Appel*: Maître.

Député. *Envel.*: Monsieur X... député de... *En-tête*: Monsieur le député.

Écrivain célèbre. *Envel.*: Maître. *En-tête*: Maître, Cher Maître.

Évêque. V. Archevêque.

Grand-duc de Luxembourg. *Appel*: Monseigneur. *Envel.*: A son Altesse Royale le... *Traitement*: Votre Altesse Royale. *Fin.*: Voir Rois.

Grande Duchesse. *Envel.*: A son Altesse le... *Appel*: Madame. *Traitement*: Votre Altesse Royale. *Fin*: Daigne Votre Altesse Royale agréer l'hommage de mon profond respect.

Grand maître de l'Ordre souverain de Malte. *Envel.*: A Son Altesse Éminentissime, Monseigneur le Grand Maître de... *Appel*: Éminentissime Seigneur.

Traitement : Votre Altesse Éminentissime. *Fin :* Voir Rois.

Magistrature. *Envel. :* Monsieur X... Premier Président de la Cour des comptes. Monsieur le Conseiller. Monsieur le Professeur. *En-tête :* Monsieur le Premier Président... *Fin :* Veuillez agréer, Monsieur le..., les assurances de ma haute considération ou de ma considération la plus distinguée (ou très distinguée).

Maire. *Envel. :* Monsieur X... Maire de... *En-tête :* Monsieur le Maire.

Militaire. *Appel :* Monsieur le Maréchal, Mon Général. *Envel :* Colonel X..., Colonel et Madame X..., Colonel et Baronne de X... *En-tête :* A un Maréchal : Monsieur le Maréchal, sinon, mon Général, mon Colonel, etc. *A un marin :* Amiral ; aux officiers supérieurs : Commandant. Pour les autres grades : Monsieur (Les dames écriront Monsieur jusqu'au grade de capitaine ; au-dessus, elles diront : Commandant, Colonel, Général ou Monsieur le Maréchal). *Épouse :* Madame la Maréchale, sinon : Madame.

Ministre plénipotentiaire. *Envel. :* Monsieur X... (ou titre nobiliaire), Ministre plénipotentiaire. Monsieur le Ministre et la Comtesse de X... *En-tête :* Monsieur le Ministre.

Ministre. *Envel. :* Son Excellence, Monsieur (Madame)... Ministre de... *Appel. En-tête :* Monsieur (Madame) le Ministre (min. de la Justice : Monsieur le Garde des Sceaux). *Fin :* Veuillez agréer, Monsieur (Madame) le Ministre, l'assurance de ma haute considération. **Ancien ministre.** *Envel. :* Monsieur... *En-tête :* Monsieur le Ministre. *Appel :* Monsieur le Ministre.

Nobles. *Envel.* (nobles titrés qui ne sont pas de sang royal) : Le Prince de X..., Madame la Princesse de X..., Prince et Princesse de X..., Monsieur le Duc et Madame la Duchesse de X..., Marquis et Marquise de X..., Madame la Comtesse de Y..., Vicomte de X... Pour une femme titrée, il est plus courtois de faire précéder le titre de Madame.

Dans le corps de la lettre à un duc : Monsieur le Duc (Madame la Duchesse), à un Prince (non de sang royal) : Prince (Princesse), simplement Monsieur ou Madame (sans le titre) ; pour un général titré : Général Comte de — et Comtesse de, sinon Colonel X et Comtesse de...

En Angleterre. Duc. Appel : Monsieur le Duc ; autres pairs : Mylord ; knight : Sir. *Envel. : Duc :* His Grace the Duke of... ; *Marquis :* His Worship the Marquis of... ; *Earl, Viscount :* titre suivi du nom ; *Baron :* Lord, Lady. *Baronet, knight :* Sir ; *Bourgeois :* John Smith Esq. (c.-à-d. Esquire), Mrs Smith.

Nonce du Pape. *Envel. :* Son Excellence Monseigneur X... Nonce apostolique auprès du Gouvernement de la République. *En-tête :* Monsieur le Nonce, ou Monseigneur.

Notaire. *Appel :* Maître.

Officier ministériel. *Envel. :* Maître X... *En-tête :* Maître, Cher Maître.

Pape. *Envel. :* A Sa Sainteté le Pape X... Pour *les catholiques, commencer la lettre :* Très Saint-Père, humblement prosterné aux pieds de Votre Sainteté et implorant la faveur de la bénédiction apostolique..., puis exposer la requête. *Fin de la lettre :* Et que Dieu... avec des points de suspension. Pour les *non-catholiques :* utiliser la même formule finale que pour un souverain temporel, en donnant appel et traitement appropriés.

Pasteur. *Envel.* et *en-tête :* Monsieur le Pasteur...

Patriarche œcuménique de Constantinople. *Appel :* Très Saint-Père. *Traitement :* Votre Sainteté. *Envel. :* A Sa Sainteté le Patriarche Dimitrios. *Fin :* Daigne, Très Saint-Père, Votre Sainteté agréer l'hommage de mes sentiments de très profond respect.

Patriarche (autre). *Appel :* Monseigneur. *Traitement :* Votre Béatitude (pour les patriarches cardinaux : Votre Béatitude Éminentissime). *Envel. :* A Sa Béatitude Monseigneur X..., Patriarche de... *Fin :* Daigne Votre Béatitude agréer l'expression de ma très respectueuse considération.

Personne non titrée : Monsieur X..., Madame X... Pour une femme mariée, les prénom et nom de son mari seront précédés de Madame. Pour une femme divorcée : Madame suivi du prénom et du nom de jeune fille. S'il s'agit d'une femme exerçant une profession, il est préférable d'écrire le titre au masculin : Madame Jeanne Dupont, avocat à la Cour. *En-tête :* D'un homme à une femme : Madame, de préférence à Chère Madame. A un autre homme : Monsieur ou Cher Monsieur.

Préfet, sous-préfet. *Envel. :* Monsieur X..., Préfet de... ; Sous-Préfet de... *Appel :* Monsieur le Préfet (le Sous-Préfet).

Prélat. *Appel :* Monseigneur. *Envel. :* Monseigneur, suivi du titre, s'il y a lieu : Monseigneur X, Doyen de la Faculté catholique de... *Fin :* Daignez agréer, Monseigneur, mes sentiments très respectueux (ou l'assurance de ma haute considération).

Premier ministre. *Envel. :* Son Excellence M... Premier Ministre. *En-tête :* Monsieur le Premier Ministre. *Fin :* Veuillez agréer, Monsieur le Premier Ministre, l'assurance de ma haute (ou très respectueuse) considération. *Appel :* Monsieur le Premier Ministre.

Ancien Premier ministre. *En-tête, fin* et *appel :* idem.

Président de la République. France. *Appel :* Monsieur le Président. *Envel. :* Monsieur le Président de la République. *En-tête :* Monsieur le Président de la République. *Fin :* Daignez agréer, Monsieur le Président de la République, l'hommage de mon profond respect (ou l'expression de ma très haute considération). **Étranger.** *Appel :* Son Excellence Monsieur le Président. *Traitement :* Votre Excellence.

Président du Conseil (ancien). *Appel, en-tête :* Monsieur le Président. *Fin :* v. Premier ministre.

Président, directeur ou administrateur de société. Les membres de la Sté peuvent écrire en tête : Monsieur le Président, Monsieur l'Administrateur, le Directeur, etc.

Prétendant au trône. *Appel :* Monseigneur. *Traitement :* le Prince. *Envel. :* A Monseigneur le Comte de (ou le Duc selon son titre). *Fin :* J'ai l'honneur de me déclarer, Monseigneur, du Prince le très dévoué et obéissant serviteur (ou Daigne, Monseigneur, le Prince agréer l'expression de ma très respectueuse considération). **Son épouse :** *Appel :* Madame. *Traitement :* la Princesse.

Prince et Princesse de maison souveraine. *Appel :* Monseigneur ou Madame. *Traitement :* Votre Altesse (Impériale, Royale ou Sérénissime). *Envel. :* A Son Altesse (Impériale, Royale ou Sérénissime). Monseigneur (ou Madame) le Prince (ou la Princesse X) (prénom) de... Le titre peut être en abrégé : S.A.R., S.A.S., S.A., LL.AA.RR. (Leurs Altesses Royales) sauf pour les princes de sang royal. *Fin :* Daigne, Monseigneur, Votre Altesse agréer l'hommage de mon profond et respectueux dévouement.

Prince souverain. *Envel. :* Son Altesse Impériale (ou Royale ou Sérénissime) le Prince X..., Madame la Princesse X... Leurs Altesses Impériales (ou Royales ou Sérénissimes) le Prince et la Princesse de X. Le titre peut être en abrégé : S.A.R., S.A.S., S.A., LL.AA.RR. (Leurs Altesses Royales), sauf pour les princes du sang. *Dans la lettre :* Employer la 3e personne avec Monseigneur ou Madame, votre Altesse (Impériale ou Royale ou Sérénissime). *Fin :* Je prie Votre Altesse (Impériale ou Royale ou Sérénissime) d'agréer l'assurance de ma (plus) respectueuse considération (ou de mon profond respect, ou l'hommage de mon respect, pour une Princesse). Les dames peuvent terminer : Je suis, Monseigneur (ou j'ai l'honneur d'être, Madame), de Votre Altesse Impériale (ou Royale) la très respectueusement dévouée. Pour les Princes de Liechtenstein et de Monaco : Altesse Sérénissime.

Professeur de faculté. Monsieur le Professeur.

Rabbin. *Envel.* et *en-tête :* Monsieur le Grand Rabbin ou Monsieur le Rabbin. *Fin :* Veuillez agréer l'expression de mes sentiments très respectueux.

Religieux. Supérieur. *Abbé mitré :* Au Révérendissime Père X... abbé de... *Chartreux :* Révérend Père. *Directeur de Collège religieux :* Monsieur le Supérieur. *Frère des Écoles chrétiennes :* Supérieur général. *Frère prêcheur :* Préposé général. *Jésuite :* Préposé général. *Lazariste :* Monsieur. *Oratorien :* Supérieur général. *Sulpicien :* Monsieur le Supérieur. *Trappiste :* Abbé général.

Supérieur d'un couvent ou Religieux Profès : *Envel. :* Révérend Père X... *En-tête :* Mon Révérend Père. *Fin :* Veuillez agréer, mon très Révérend Père, mon plus profond respect (ou mes respectueux sentiments).

Frère. *Envel. :* Le Très Honoré Frère X... (ou le Très Cher Frère). *En-tête :* Très Honoré Frère (ou Très Cher Frère). *Fin :* Veuillez agréer, mon Frère (ou mon très Honoré Frère), mes respectueux sentiments.

Religieuse. Supérieure d'un ordre. *Envel. :* Madame la Supérieure Générale des Sœurs. *En-tête :* Madame. *Fin :* Je vous prie d'agréer, Madame, l'hommage de mon profond respect.

Autre religieuse. *Envel. :* Révérendissime Mère Abbesse (ou Révérende Mère X... ou Sœur X...). *En-tête :* Ma Révérende Mère (ou Ma Sœur). *Fin :* Veuillez agréer, ma Révérende Mère (ou ma Sœur), mes respectueux sentiments.

Roi, reine, empereur, impératrice. *Envel. :* A Sa Majesté (Impériale et Royale pour un Empereur) le Roi de (ou l'Empereur). *En-tête* (appel) : Sire. *Dans la lettre* (traitement) : employer la 3e personne avec Votre Majesté. *Fin :* C'est avec un profond respect que j'ai l'honneur de me déclarer, Sire, de Votre Majesté le (la) très humble et obéissant serviteur. Je prie Sa Majesté d'agréer l'assurance de ma très respectueuse considération.

Secrétaire d'État. *Envel. :* Monsieur X..., Secrétaire d'État aux (Beaux-Arts) et Madame X... *Fin :* v. Ministre.

Sénateur. Voir député. *Envel. :* Voir cas particuliers ci-dessous sinon : Monsieur X..., Madame X... (certains continuent à répéter sur 2 lignes Monsieur Monsieur X. On ajoute souvent le titre sous le nom, ex. : Monsieur X Ministre de... — Ancien ministre — Ministre plénipotentiaire — Président de... — de l'Académie Française — membre de l'Institut — Préfet du... — Préfet honoraire. Pour les femmes ayant un poste officiel, on met en général sa profession au masculin ex. : Madame X avocat à la Cour.

Formules de fin de lettre

Entre égaux. *Si vous entretenez déjà des rapports :* Veuillez trouver ici l'assurance de mon amitié (l'assurance de ma cordiale sympathie). Je vous adresse mon meilleur souvenir. Veuillez recevoir l'expression de mes meilleurs souvenirs.

Si vous ne vous connaissez que peu ou pas du tout : Veuillez recevoir, Monsieur, l'assurance de ma considération distinguée ; de mes sentiments les meilleurs ; l'expression de mes sentiments distingués.

A un supérieur. Je vous prie d'agréer, Monsieur, l'assurance de mon profond respect. Veuillez agréer, Monsieur, l'assurance de mon profond respect. Daignez agréer, Monsieur, l'expression de mes respectueux sentiments. Veuillez recevoir, Monsieur, l'expression de mes respectueux sentiments. Veuillez croire, Monsieur, à mon entier dévouement.

A une dame. Veuillez agréer (ou recevoir), Madame, mes respectueux hommages.

A une jeune fille que l'on ne connaît pas. Veuillez recevoir, Mademoiselle, l'expression de mes respectueux sentiments.

Dans la conversation

Armée. *Entre militaires, d'inférieur à supérieur :* Mon Général, Mon Capitaine, Mon Lieutenant. Pour les aspirants : Mon Lieutenant. Adjudant de Cavalerie : Mon Lieutenant.

De supérieur à inférieur : Capitaine, Lieutenant (sans le *« mon »*).

De civils à militaires : Mon Général, Mon Colonel, Mon Commandant. Pratiquement, les civils ne donnent leur grade aux militaires qu'à partir de commandant. A un lieutenant-colonel, on dit Mon Colonel. *Femme de militaire :* Maréchale : Madame la Maréchale ; sinon, Madame.

Femme exerçant une fonction officielle : Madame l'Ambassadeur, Madame le Ministre (le Député, le Président, le Docteur, etc.).

Artiste réputé. Maître.

Corps diplomatique. *Ambassadeur :* Excellence, Monsieur l'Ambassadeur. *Ministre plénipotentiaire :* Monsieur le Ministre. *Consul :* Monsieur le Consul.

Ecclésiastique. *Pape :* Très Saint-Père. *Cardinal :* Éminence. *Évêque :* Excellence. *Prélat :* Monseigneur. *Curé :* Monsieur le Curé, Monsieur le Doyen, Monsieur le Chanoine (suivant les cas). *Général d'un Ordre :* Mon Révérendissime Père, Monsieur l'Abbé, Mon Père (religieux, prêtre), Mon Frère (religieux non prêtre). *Supérieure d'un Ordre :* Ma Mère ou Ma Sœur. *Religieuse :* Ma Mère ou Ma Sœur. *Pasteur, rabbin :* Monsieur le Pasteur, Monsieur le (Grand) Rabbin.

Homme de loi (avocat, avoué, notaire, huissier, agréé). Maître ou cher Maître.

Marine. *De civil à marin :* Amiral, Contre-Amiral et Vice-Amiral, dire Amiral. Capitaine de vaisseau, de frégate, de corvette, dire Commandant. Lieutenant de vaisseau, dire Capitaine. Enseigne de vaisseau, dire Lieutenant. On dira Commandant, à leur bord, aux lieutenants de vaisseau et enseignes, s'ils commandent un bâtiment.

Personnes titrées. *Empereur ou roi :* Sire, Votre Majesté. *Impératrice ou reine :* Madame. *Prince de Monaco :* Monseigneur. *Princes du sang :* Monseigneur, Votre Altesse Royale (ou Impériale). *Princesses du sang :* Madame, Votre Altesse Royale ou Impériale. *Duc et duchesse :* Monsieur le Duc et Madame la Duchesse. *Prince et princesse :* Prince, Princesse. Le titre ne se donne pas aux autres gens titrés.

Nota. — Les ducs français ont en France la préséance sur les princes des maisons souveraines.

Président de la République, du Sénat, de la Chambre, du Conseil. Monsieur le Président.

Professeur de l'Enseignement supérieur. Monsieur le Professeur, Maître.

Autres fonctions publiques. Les personnes appartenant au même corps de l'État donnent le titre, ex. : Monsieur le Premier Président, Monsieur le Conseiller. Les autres donnent le titre suivant les circonstances. Ex. : Monsieur le Préfet. Ministre ou ancien ministre : Monsieur le Ministre.

Ordres de préséances

Ordre officiel

Fixé par le décret du 16 juin 1907, modifié le 2 décembre 1958.

Ci-dessous : ordre de préséances en vigueur (avec quelques modifications).

Quand les corps et les autorités sont convoqués ensemble par acte du Gouvernement

• **I. A Paris. 1.** Pt de la République. **2.** Premier ministre. **3.** Pt du Sénat. **4.** Pt de l'Assemblée nationale. **5.** Gouvernement. **6.** Assemblée nat. **7.** Sénat. **8.** Conseil constitutionnel. **9.** Conseil d'État. **10.** Conseil économique et social. **11.** Grand Chancelier de la Légion d'honneur et Conseil de l'Ordre. **12.** Chancelier de l'Ordre de la Libération et Conseil de l'Ordre. **13.** Cour de cassation. **14.** Conseil sup. de la magistrature. **15.** Cour des comptes. **16.** Conseil sup. de la Guerre. **17.** Conseil sup. de la Marine. **18.** Institut de France. **19.** Conseil sup. de l'Instruction publique. **20.** Préfet de la région Ile-de-Fr. accompagné du Secrétaire général de la Préfecture. Préfet de police accompagné du Secrétaire général de la Préfect. de police (depuis la réorganisation de la région parisienne, Préfet de Paris). **21.** Conseil mun. de Paris. **22.** Gouverneur mil. de Paris. Gén. de division commandant le corps d'armée des troupes coloniales. **23.** Cour d'appel. **24.** Cour de sûreté de l'État. **25.** Général de div. commandant sup. de la Défense et du Camp retranché de Paris. **26.** Vice-Recteur de l'Académie de Paris et Conseil de l'Université. **27.** Académie de médecine. **28.** Délégations des fonctionnaires sup., des conseils sup., des Comités consultatifs et des états-majors des min. de la Guerre et de la Marine d'après l'ordre suivant des ministères : Justice, Relations extérieures, Intérieur, Finances, Guerre, Éducation nat., Beaux-Arts, Cultes, Travaux publics, Postes et Télécommunications, Commerce et Industrie, Agriculture, Colonies, Travail ; Gouverneur et sous-gouv. de la Banque de Fr., Gouverneur et sous-gouv. du Crédit foncier, Directeur gén. et sous-directeurs de la Caisse des Dépôts et Consignations prennent rang avec la délégation du min. des Finances. **29.** Trib. administratif de Paris. **30.** Trib. de grande instance de la Seine. **31.** Trib. de commerce. **32.** Chambre de comm. **33.** Corps académique. **34.** Maires des arrondissements de Paris. **35.** Délégations des établissements d'ens. supérieur. **36.** État-Major du Gouvernement milit. de Paris, du corps d'armée des troupes coloniales, état-major du Com. supérieur de la Défense et du camp retranché de Paris, gén. de brigade com. le département et son état-major, délégation des corps d'officiers de troupes et de services. **37.** Juges de paix de Paris. **38.** Délégation des fonctionnaires sup. de la préfecture de la Seine et de la préf. de police. Commissaires de police. **39.** Délégation des Conseils de prud'hommes. **40.** Délégation des avocats au Conseil d'État, à la Cour de cassation. **41.** Délégation des référendaires aux Sceaux de France. **42.** Députation des avocats près la Cour d'appel ; **43.** près le Tribunal de 1re instance ; **44.** des notaires ; **45.** des agents de change ; **46.** des commissaires-priseurs ; **47.** des huissiers ; **48.** des courtiers d'assurances maritimes.

• **II. Dans les départements. 1.** Préfet accompagné du Secrétaire gén. de Préfecture. **2.** Députés et sénateurs. **3.** Conseil général du département. **4.** Généraux de division chargés d'inspecter un ou plusieurs corps d'armée ou d'en diriger les manœuvres, vice-amiraux chargés d'inspecter une ou plusieurs escadres ou d'en diriger les manœuvres. **5.** Gén. de division commandant le corps d'armée ou de la région, ou vice-amiral, préfet maritime, vice-amiraux commandants d'escadre. **6.** Grand-Croix et Grands Officiers de la Légion d'honneur convoqués. **6 bis.** Compagnons de la Libération convoqués. **7.** Cour d'appel. **8.** Gén. de division en service actif dans la place. **9.** Recteur et Conseil de l'Université et, dans les villes où il n'y a pas d'univ., Corps académique. **10.** Pt de la Cour d'assises. **11.** Gén. de brigade, contre-amiraux en service dans la place, contre-amiraux commandant une division navale. **12.** Sous-préfets. **13.** Tribunal administratif. **14.** Maire et Conseil municipal. **15.** Tribunal de 1re instance, juges de paix. **16.** Tribunal de commerce. **17.** Chambre de comm., Chambre consultative des Arts et Manufactures. **18.** Corps académique dans les villes où il n'y a pas d'université, ou quand le recteur n'est pas présent. **19.** État-major du corps d'armée ou de la région, état-major de la préfecture maritime. **20.** État-major de la division, du commandement supérieur d'un groupe de places fortes, de la subdivision ou de la brigade, de la majorité générale de la Marine. **21.** Fonctionnaires des ministères, professeurs des établissements d'ens. sup., états-majors et corps d'officiers de troupe et de services, d'après l'ordre des ministères fixé dans l'article 1er, par. 1, n° 28, et l'ordre établi par les arrêtés ministériels. **22.** Conseil des prud'hommes. **23.** Délégations des Comités et Conseils constitués à la Préfecture ; **24.** des établissements publics nat., départ. et communaux. **25.** Commissaires de police. **26.** Avocats près la Cour d'appel. **27.** Avocats près le tribunal de 1re instance. **28.** Notaires. **29.** Agents de change. **30.** Commissaires-priseurs. **31.** Huissiers. **32.** Députations des courtiers d'assurances mar. et des courtiers interprètes et conducteurs de navires. **33.** Délégation des employés de la sous-préfecture ; **34.** des employés de la mairie et des services municipaux. **35.** Députation des Stés de Secours mutuels. **36.** Délégation des sapeurs-pompiers.

Lorsque les autorités, dans les cérémonies publiques, sont convoquées individuellement

• **I. A Paris. 1.** Pt de la Rép. **2.** Premier ministre. **3.** Pt du Sénat. **4.** Pt de l'Ass. nat. **5.** Membres du gouvernement [1]. **6.** Pt du Conseil constitutionnel. **7.** Vice-Pt du Conseil d'État. **8.** Pt du Cons. écon. et social. **9.** Grand chancelier de la Légion d'honneur. **10.** Chancelier de l'Ordre de la Libération. **11.** 1er Pt de la Cour de cassation et procureur gén. de cette Cour. **12.** 1er Pt de la Cour des comptes et procureur gén. de cette même Cour. **13.** Préfet (Commissaire de la Rép.) de la région Ile-de-Fr., Préfet de Paris, Préfet de police. **14.** Maire de Paris. **15.** Gouverneur mil. de Paris, commandant la 1re région mil. **16.** 1er Pt de la Cour d'appel et procureur gén. de cette même Cour. **17.** Gén. de division commandant la place de Paris, adjoint au gouverneur mil. **18.** Recteur de l'académie de Paris. **19.** Secrétaires gén. des préfectures de police et de Paris. **20.** Pt du trib. de grande instance de Paris. **21.** Pt du trib. de comm. **22.** Pt de la Chambre de commerce.

• **II. Dans les départements. 1.** Préfet (commissaire de la Rép.). **2.** Députés et sénateurs. **3.** Pt du Conseil gén. du dép. **4.** Gén. de division commandant la région mil. **5.** Vice-amiral, préfet maritime. **6.** Vice-amiraux commandants en chef d'escadre. **7.** Grands-Croix et Grands-Officiers de la Légion d'honneur convoqués. **8.** Division mil., gén. de div. pourvus d'un commandement actif, le vice-amiral commandant en sous-ordre. **9.** 1er Pt de la Cour d'appel et proc. gén. de cette même Cour. **10.** Recteur. **11.** Pt de la Cour d'assises. **12.** Gén. de brigade pourvus d'un commandement actif, major gén. de la Marine, contre-amiraux commandant une division navale. **12 bis.** En Alsace-Lorraine : Évêque, Pt directoire de la confession d'Augsbourg, Pt du synode de l'Église réformée d'Als.-Lor., Pt du Consistoire israélite. **13.** Secr. gén. de la préfecture, sous-préfets, Pt du tribunal administratif. **14.** Maire. **15.** Pt du tribunal de grande instance et procureur de la Rép. près ce même tribunal. **16.** Pt du tribunal de commerce. **17.** Pt de la Chambre de comm. **18.** Pt de la Chambre d'agr., Pt de la Chambre des métiers. **19.** Commandant d'armes, lorsqu'il est officier supérieur.

Nota. — (1) L'ordre des ministres est celui de la composition du gouvernement publiée au Journal officiel ; les min. d'État viennent en tête et les secrétaires d'État après les ministres.

Préséances à table

Autorités religieuses : dans beaucoup de familles, le ministre du culte (même un simple prêtre) est mis à la 1re place. **Autorités étrangères :** chefs d'État, représentants des maisons souveraines, ambassadeurs en poste (ordre d'après leur prise de fonction, sauf pour le nonce qui passe avant tous les autres), simples étrangers méritant des égards particuliers ou invités pour la 1re fois. **Noblesse :** chefs de familles ayant régné sur la France, sinon seuls princes et ducs ont droit à une place particulière. **Anciens Pts d'assemblée, chefs de gouvernement, ministres, hauts fonctionnaires :** en principe immédiatement après leurs homologues en activité. A rang égal, fonctionnaires et officiers sont placés par ordre d'ancienneté.

☞ *Attention :* dans les dîners privés ou semi-officiels, on tient compte de l'âge, de la notoriété [militaire, scientifique, artistique, littéraire, économique (responsables de grandes Stés)]. Les présidents de table peuvent être au centre (à la française) ou en bout de table (à l'anglaise).

Banquet de dames

L'enseignement dans le monde

Il y a en 1985 env. 31,7 % (estim.) de la population mondiale (1 milliard 527 millions) d'âge scolaire (5 à 19 ans), contre 32,9 % en 1980, et 29 % en 2000 (estim.).

Comparaisons

Dépenses publiques consacrées à l'enseignement. En % du P.N.B. 1983. Nlle-Calédonie 11,9 [1]. Suède 8,5. Suisse 5 [4]. Norvège 7. Israël 7,8 [1]. Algérie 4,5 [4]. Canada 7,2. C.-d'Ivoire 8,4 [3]. P.-Bas 7,7 [4]. Maroc 7,5. Irlande 7,3 [4]. Danemark 6,9 [2]. U.S.A. 6,8 [1]. Congo 6 [1]. Bulgarie 6,6. U.R.S.S. 6,6. Cuba 6,3 [4]. Belg. 6,2. Syrie 5,9. Japon 5,7 [4]. Gambie 6 [1]. Autriche 6. Australie 5,9 [1]. Finlande 5,9 [4]. Tchécosl. 5,1. *France 5,1* [2]. Hongrie 5,8. Italie 5 [3]. All. féd. 4,6 [4]. Portugal 4,7 [1]. Sénégal 4,6 [1]. Égypte 4,1. Yougosl. 4,3 [4]. Tunisie 4,5. Brésil 3,2. Argentine 2,5 [4]. Inde 3,2 [4]. Roumanie 2,3. Espagne 2,6 [3]. Grèce 2,2 [3]. Pakistan 2. Ouganda 1,8. Haïti 1,1.

Nota. — (1) 1981. (2) 1980. (3) 1979. (4) 1982. (5) 1984.

Enseignement public et privé. Répartition des effectifs scolaires et universitaires (en %). Danemark 100. All. féd. : public 98 (privé 2). Suisse 98 (2). Tunisie 97,8 (2,2). Maroc 94,8 (5,2). G.-B. 91 (9). Italie 91 (9). Autriche 90 (10). Luxembourg 90 (10). *France 84,6 (15,4).* Espagne 66 (34). Belgique 41,2 (58,8). P.-Bas 28 (72). Japon 24,7 (75,3).

Équivalence des diplômes. Il est difficile d'établir une liste d'un pays à l'autre, étant donné les différences des programmes et des niveaux. Certains accords ont pu néanmoins être passés entre la France et plusieurs pays. D'autres sont encore à l'étude. Pour les équivalences franco-anglaises, le B.A. (Bachelor of Arts) correspond à la licence, le M.A. (Master of Arts) au doctorat, et le Ph. D. (Philosophiae Doctor) au doctorat d'État.

Horaires hebdomadaires (fin du primaire). Danemark 30. All. féd. 28. *France 27.* P.-Bas 26. Belg. 22. Irlande 20.

Illettrés

Définition. L'UNESCO définit comme *illettrée* (ou *analphabète*) une personne incapable de lire et d'écrire, en le comprenant, un exposé simple et bref de faits en rapport avec sa vie quotidienne.

Statistiques. Vers 1950, 44 % des adultes et 52 % des enfants du monde étaient analphabètes ; en 1970, 32 % de la pop. mondiale, soit 780 millions ; en 1980, 814 millions (28,9 % de la pop., 60 % sont des femmes) et 130 millions d'enfants non scolarisés ; en 1990 (estim.) 884 millions (25,7 %). Sur 198 pays, 97 ont un taux d'analphabétisme supérieur à 50 %, dont 17 de 80 à 85, 6 de 85 à 90, 17 de 90 à 95 et 21 de 95 à 99. Un taux de 2 à 3 % est considéré comme normal [U.R.S.S. 0,2 (1979), U.S.A. 0,5 (1979), Hongrie 1,1 (1980), Japon 2,2 (1970)].

Variations. Le % des illettrés varie :

1° Selon l'âge. Ainsi au *Maroc* (1971) 81,4 pour les plus de 65 ans, 60,2 pour les 10-14 ans ; *Martinique* (1967) 42,4 pour les plus de 65 ans, 1,4 pour les 15-19 ans ; *Grèce* (1971) 41,4 pour les plus de 65 ans, 1,4 pour les 10-14 ans.

2° Selon le sexe. Le % est en général beaucoup plus élevé chez les femmes. Ex. (chez les plus de 15 ans, 1985) : *Rép. centrafricaine,* hommes 46,7 (femmes 71,4). *Mali* 77,1 (89). *Cameroun* 31,6 (55,3). *Maroc* 55,2 (78,3). *Bolivie* 16,2 (34,9). *Pérou* 8,5 (21,8). *Afghanistan* 61,1 (92,2). *Yémen (Rép. dém.)* 73,1 (96,9). *Inde* 42,8 (71,1). *Népal* 61,3 (88,1). *Syrie* 24,1 (56,7). *Grèce* 2,9 (12,2). Toutefois : *Botswana* 27,4 (30,5). *Seychelles* 44,4 (40,2 [4]). *Jamaïque* 4,4 (3,5 [3]). *Ste-Lucie* 19,2 (17,6 [3]).

% d'analphabètes chez les plus de 15 ans (1985). *Europe :* Albanie [2] 28,5. Bulgarie 9,4. Espagne 5,6. Grèce 7,7. Italie 3. Portugal 16. Roumanie 11,4. Yougoslavie 8,8. P.-Bas env. 4. G.-B. + de 2. *France 0,8* [nombre : 400 000 excepté immigrés ; en fait, selon le rapport Legrand, sur 24 élèves entrant en 6e, 4 sont presque illettrés et 10 n'ont pas le niveau moyen du cycle élémentaire ; selon les statistiques du min. de la Défense sur le niveau scolaire des jeunes appelés, 24 % savent à peine lire et écrire]. Europe entière : 4 à 6 % de la pop.

D.O.M. : Guadeloupe 16,8 [1]. Guyane 8,4 [10]. Martinique 12,2 [1]. Réunion 37,1 [1].

Reste du monde : Afrique du Sud (Bantous) 43. Algérie 50,4. Argentine 4,5. Brésil 22,3. Cambodge 63,9 [5]. Chili 11 [10]. Chine 30,7. Chypre 11 [13]. Congo 37,1. Costa Rica 6,4. Égypte 55,5. Équateur 17,6. Gabon 38,4. Honduras 40,5. Inde 56,5. Indonésie 25,9. Irak 75,8. Iran 49,2. Israël 4,9. Jamaïque 3,9 [10]. Japon 2,2. Jordanie 25. Liberia 65. Maroc 66,9. Mexique 9,7. Mongolie 4,6. Nicaragua 42,5 [9]. Niger 86,1. Ouganda 42,7. Pakistan 70,4. Panamá 11,8. Paraguay 11,8. Pérou 15,2. Philippines 14,3. Rép. dominicaine 22,7. Salvador 27,9. Sénégal 71,9. Soudan 85,3. Syrie 40. Thaïlande 9. Tunisie 45,8. Turquie 31,2. U.R.S.S. [6] 0,2. Uruguay 6,1 [8]. U.S.A. [11,7] 0,5. Venezuela 13,1.

Nota. — (1) 1967. (2) 9 ans et +. (3) 10 a. et +. (4) 14 a. et +. (5) 1962. (6) de 9 à 50 ans. (7) Selon une étude de l'université du Texas, 20 % de la pop. adulte amér. est incapable de lire et écrire correctement, 40 % des jeunes de 17 a. seraient des illettrés fonctionnels incapables de comprendre le sens des phrases simples de la vie quotidienne. (8) 1975. (9) 1971. (10) 1970. (11) 1979. (12) 1978. (13) 1976. (14) 1973. (15) 1974. (16) 1981. (17) 1982. (18) 1980.

Obligation de l'enseignement

Pour beaucoup de pays, le problème le plus urgent consiste à disposer d'un nombre suffisant d'écoles pour tous les enfants, l'existence d'une loi sur la scolarité obligatoire n'ayant qu'un intérêt théorique s'il n'existe pas une école à une distance raisonnable de leur domicile.

L'enseignement est obligatoire dans tous les pays sauf : *Afrique* [1] : Botswana, Cameroun occ., Côte-d'Ivoire, Djibouti, Éthiopie, Gambie, Kenya, Malawi, Ouganda, Sierra Leone, Zambie. *Amérique du Nord :* Antilles néerlandaises. *Asie* [1] : Arabie Saoudite, Bhoutan, Liban, Maldives, Oman, Pakistan, Qatar, Singapour. *Océanie :* Fidji, N.-Guinée, Salomon britanniques, Samoa occid, Vanuatu.

Nota. — (1) Non connu pour certains États.

Limites de l'âge scolaire obligatoire. Afr. du Sud 7-16 ; Algérie 6-15 ; All. dém. 6-16 ; All. féd. 6-15 ; Argentine 6-14 ; Bahreïn 6-15 ; Brésil 7-14 ; Canada 6-16 ; Comores 7-15 ; Congo 6-16 ; Danemark 7-16 ; Espagne 6-15 ; États-Unis 6-16 ; *France 6-16 ;* G.-B. 5-16 ; Inde 6-11 ; Israël 5-15 ; Italie 6-13 ; Japon 6-15 ; Luxembourg 6-15 ; Mali 6-15 ; Népal 6-11 (pour éc. anglaise) ; P.-Bas 6-16 ; Suède 7-16 ; Finlande 7-16 ; Togo 6-12 ; U.R.S.S. 7-17.

Vacances scolaires

Jours de classe et (entre par.) j. de vacances.

Allemagne. 174 (226), début de l'année scolaire 1er sept. [dates et longueur de chaque période de vacances variables suivant les États, ex. en 1981-82 : *Rhénanie du Nord-Westphalie* Pâques 3 sem., été 6 sem. (15-7/28-8), automne 9 j, Noël 14 j ; *Bavière* Pâques 2 sem., Pentecôte 15 j, été 6 sem. (29-7/13-9), Noël 20 j]. **Autriche.** Enseign. scolaire 14,5 semaines (été 9 sem.), univ. 16 sem. (été 12 sem.). **Espagne.** 220, début de l'année scolaire 15 septembre (Noël 2 sem., Pâques 10 j, été 8 sem.). **Danemark** 200 (été 45 j., automne 1 sem., Noël 1 sem., Pâques 1 sem. + j. de fête). **Finlande.** Vacances d'hiver 2 sem., d'été 10 sem. **France.** *1er et 2e degrés.* 116 (208). Voir p. 1156 b. **Grèce.** Scolaire 174, universitaire 195. **Israël.** *École élém.* 1-7/31-8 ; *second.* 21-6/31-8 + 5 ou 6 semaines variables selon religions. **Italie.** 215, début de l'année scolaire 1er sept. ; a. univ. 1er nov. (été 2 mois, Noël 15 j, Pâques 5, fêtes religieuses 19). **Japon.** 240 (été 45 j.). **Maroc.** 1er trimestre 16 j, 2e trim. 15 j., 3e trim. 2 j. Vac. d'été 2 mois 1/2. **P.-Bas** 182. **Royaume-Uni.** 200, début de l'année scolaire septembre (Noël 3 semaines, Pâques 2 semaines, été 6 semaines). **Tunisie.** 13-6/15-9 + fêtes. **U.S.A.** 180 (été 3 mois). **U.R.S.S.** 2 mois (juillet, août).

Étudiants

Nombre total dans le monde : env. 55 millions.

☞ Voir également le nombre d'étudiants par pays et par discipline, le taux de scolarisation dans l'enseignement supérieur à l'étranger, le nombre d'étudiants et de diplômés du 3e cycle dans le monde, tableau p. 1151.

Enseignants dans le monde en 1983

Pays	Préscolaire		1er Degré		2e Degré		3e Degré	
	Total	Femmes	Total	Femmes	Total	Femmes	Total	Femmes
Allemagne démocratique	65 252	65 252	171 381 [12]	117 823 [12]	n.c.	n.c.	41 385 [12]	13 584 [12]
Allemagne fédérale	109 559 [7]	107 931 [7]	140 365	110 529	307 179	121 823 [1]	177 146	n.c.
Angleterre	1 704 [8]	1 704 [8]	245 000 [12]	192 000 [12]	329 720 [10]	160 805 [10]	63 000 [12]	n.c.
Belgique	17 821	17 740	45 261	27 775	107 678	54 163	18 021	7 362
Canada	17 100 [2]	17 100 [2]	142 283	94 737	130 551	59 456	58 375	10 019
Espagne	37 343 [12]	35 666 [12]	214 391 [9]	125 260 [9]	143 312 [12]	66 201 [12]	45 689 [12]	10 995 [12]
États-Unis	n.c.	n.c.	1 352 000 [12]	n.c.	2 390 000 [12]	n.c.	391 594 [12]	105 545 [12]
France	*81 977* [12]	*69 687* [12]	*206 198* [12]	*119 648* [12]	*318 452* [12]	*174 315* [12]	*41 905* [2]	*n.c.*
Italie	107 799 [12]	79 363 [4]	276 716 [12]	242 589 [12]	532 264 [12]	316 596 [12]	48 787	n.c.
Luxembourg	413 [12]	408 [12]	1 685 [12]	859 [12]	2 020	417 [8]	236 [12]	18 [3]
Pays-Bas	22 286	22 160	57 293	27 371	55 919 [10]	14 936 [10]	13 000 [8,11]	1 190 [8,11]
U.R.S.S.	1 170 000	730 723 [6]	2 338 000	1 653 000 [1]	n.c.	n.c.	375 600	118 298 [6]

Nota. — (1) 1980. (2) 1979. (3) 1978. (4) 1977. (5) 1976. (6) 1975. (7) 1974. (8) 1973. (9) 1981. (10) Ens. gén. uniquement. (11) Universités et établ. équivalents uniquement. (12) 1982.

Étudiants et diplômés de 3e cycle dans le monde en 1983 (*Source :* UNESCO)

	Total étudiants	*Total diplômés année (en nota)*	*Répartition des diplômés par discipline*				
			Lettres, Éduc., Beaux-Arts	*Droit, Sc. soc.*	*Sciences exactes et natur.*	*Sc. de l'ingénieur et agric., Transport et communications*	*Sciences médicales*
Afghanistan	19 652 [1]	2 989 [1]	1 212 [1]	301 [1]	153 [1]	741 [1]	355 [1]
Afr. du Sud	98 577	7 558 [14]	3 875 [7]	1 766 [7]	311 [7]	716 [7]	464 [7]
Albanie	19 670	3 800 [1]	1 030 [1]	600 [1]	150 [1]	1 620 [1]	300 [1]
Algérie	95 867 [1]	9 584 [1]	2 897 [1]	1 948 [1]	794 [1]	1 386 [1]	2 091 [1]
All. dém.	403 388 [1]	114 317 [2]	16 871 [2]	5 597 [2]	2 121 [2]	21 974 [2]	18 454 [2]
All. féd.	1 405 478 [1]	203 829 [2]	39 519 [2]	31 845 [2]	9 914 [2]	23 842 [2]	53 981 [2]
Argentine	550 556	23 991 [6]	7 745 [6]	6 537 [6]	617 [6]	3 028 [2]	5 882 [6]
Australie	349 243	34 890	20 884	1 874	2 803	2 210	1 808
Autriche	157 560	9 516 [1]	2 533 [1]	2 394 [1]	816 [1]	1 116 [1]	1 629 [1]
Belgique	219 591 [1]	18 135 [1]	5 108 [1]	3 120 [1]	2 268 [1]	2 109 [1]	3 160 [1]
Bénin	6 302 [1]	834 [4]	187 [4]	452 [4]	32 [4]	64 [4]	77 [4]
Brésil	1 436 287 [1]	241 066 [1]	81 978 [1]	43 856 [1]	10 878 [1]	29 636 [1]	21 658 [1]
Bulgarie	98 612	20 185 [1]	7 196 [1]	488 [1]	1 359 [1]	5 889 [1]	2 319 [1]
Cambodge	9 988 [11]	790 [11]	231 [11]	168 [11]	56 [11]	203 [11]	115 [11]
Cameroun	10 185 [1a]	1 804 [2]	653 [2]	779 [2]	162 [2]	66 [2]	121 [2]
Canada	1 041 447	179 081	43 319	27 472	14 287	23 312	17 765
Chili	121 138 [1]	16 815 [1]	5 553 [1]	2 757	1 469 [1]	3 728 [1]	2 669 [1]
Chine	1 237 394	339 325	110 504	3 176	26 035	127 341	56 417
Congo	7 255 [3]	1 291 [3]	826 [3]	257 [3]	81 [3]	34 [3]	38 [3]
Côte-d'Ivoire	18 732 [2]	6 016 [5]	2 375 [5]	2 088 [5]	677 [5]	–	876 [5]
Danemark	110 731 [1]	18 265 [2]	7 411 [2]	1 013 [2]	359 [2]	2 403 [2]	3 884 [2]
Égypte	589 899 [1a]	90 184 [1]	25 411 [1]	9 915 [1]	4 367 [1]	16 854 [1]	10 610 [1]
Espagne	731 053 [1]	86 503 [1]	32 769 [1]	17 764 [1]	5 842 [1]	6 168 [1]	17 024 [1]
Finlande	119 982	24 736 [1]	3 825 [1]	1 354 [1]	1 686 [1]	6 713 [1]	4 725 [1]
France	*1 179 268* [1]	*269 841* [2]	*80 371* [2]	*54 509* [2]	*39 603* [2]	*18 906* [2]	*26 705* [2]
Gabon	1 663 [4]	609 [1]	247 [1]	92 [1]	80 [1]	64 [1]	34 [1]
Ghāna	7 981 [2]	2 212 [2]	810 [2]	327 [2]	305 [2]	352 [2]	148 [2]
Grèce	121 116 [3]	24 649 [3]	4 810 [3]	4 380 [3]	2 671 [3]	4 810 [3]	3 606 [3]
Guinée	13 182 [1]	3 750 [1]	231 [1]	–	315 [1]	2 441 [1]	202 [1]
Hongrie	99 865	25 570	11 972	1 971	636	4 138	2 410
Inde	5 345 580 [4]	1 095 682 [5]	127 785 [5]	538 013 [5]	165 263 [5]	39 603 [5]	21 020 [5]
Iran	151 333	5 793 [1]	617 [1]	319 [1]	271 [1]	1 450 [1]	2 392 [1]
Irlande	59 824 [2]	8 674 [2]	3 630 [2]	672 [2]	1 165 [2]	1 089 [2]	921 [2]
Israël	99 283	10 654	3 201	3 208	1 528	1 846	871
Italie	1 120 342	85 943 [1]	18 205 [1]	17 618 [1]	8 789 [1]	9 437 [1]	26 834 [1]
Japon	2 409 983	569 386 [1]	180 935 [1]	166 042 [1]	13 954 [1]	108 776 [1]	28 143 [1]
Jordanie	23 862	4 118	1 815	88	664	377	115
Kenya	22 157	2 503 [2]	943 [2]	744 [2]	274 [2]	291 [2]	177 [2]
Laos	4 885	741 [1]	741 [1]	– [1]	– [1]	– [1]	– [1]
Liban	73 052 [1]	6 662 [1]	1 857 [1]	1 570 [1]	590 [1]	688 [1]	498 [1]
Libye	15 267 [4]	2 256 [5]	861 [5]	845 [5]	162 [5]	377 [5]	11 [5]
Luxembourg	982	77 [10]	77 [10]	–	–	–	–
Malaisie occ.	68 687 [1]	7 277 [1]	1 094 [1]	2 059 [1]	2 057 [1]	1 194 [1]	289 [1]
Mali	1 631 [3]	420 [3]	23 [3]	– [3]	–	176 [3]	37 [3]
Maroc	99 637 [a]	7 975 [1]	4 030 [1]	2 120 [1]	936 [1]	112 [1]	777 [1]
Mexique	939 513	96 572 [1]	6 541 [1]	16 490 [1]	2 902 [1]	27 410 [1]	19 761 [1]
Nigeria	70 395 [3]	17 215 [2]	7 701 [2]	3 527 [2]	1 889 [2]	1 650 [2]	1 157 [2]
Norvège	82 511 [2]	22 822 [8]	9 439 [8]	4 264 [8]	60 [8]	3 654 [8]	2 545 [8]
N.-Zélande	86 666	11 536 [1]	5 177 [1]	591 [1]	1 676 [1]	1 554 [1]	654 [1]
Pakistan	156 558 [4]	37 488 [4]	22 943 [4]	2 728 [4]	4 403 [4]	2 741 [4]	2 695 [4]
P.-Bas	379 047 [1]	55 998 [2]	22 212 [2]	10 132 [2]	1 283 [2]	10 391 [2]	7 150 [2]
Pérou	306 353 [3]	10 449 [1]	2 172 [1]	1 652 [1]	231 [1]	1 735 [1]	2 177 [1]
Pologne	475 816	122 204 [1]	26 085 [1]	4 130 [1]	3 751 [1]	34 081 [1]	17 169 [1]
Portugal	81 325 [2]	10 942 [3]	3 843 [3]	1 752 [3]	37 [3]	1 478 [3]	2 251 [3]
Réunion	2 326 [2]	296 [5]	94 [7]	131 [7]	27 [7]	–	–
Roumanie	174 042	37 834 [4]	4 869 [4]	6 820 [4]	2 530 [4]	19 890 [4]	3 447 [4]
Roy.-Uni	848 000	164 301 [2]	42 447 [2]	24 617 [2]	28 632 [2]	34 652 [2]	9 434 [2]
– Angl. et Galles	546 944 [9]	139 146 [10]	66 347 [10]	23 889 [10]	20 423 [10]	23 005 [10]	5 173 [10]
– Irlande du N.	14 665 [9]	5 675 [10]	2 062 [10]	401 [10]	586 [10]	459 [10]	167 [10]
– Écosse	75 472 [9]	20 092 [10]	8 921 [10]	4 686 [10]	2 848 [5]	2 554 [10]	1 083 [10]
Sénégal	11 809	1 955	531	601	142	64	152
Suède	216 412	40 734 [4]	13 478 [4]	5 637 [4]	1 238 [5]	7 283 [4]	10 130 [4]
Suisse	95 661	8 620 [4]	2 049 [4]	2 439 [4]	1 336 [4]	846 [4]	1 768 [4]
Syrie	139 041 [2]	14 469 [2]	2 641 [2]	1 944 [2]	1 261 [2]	5 141 [2]	1 766 [2]
Tchécoslovaquie	181 524	37 800 [1]	6 942 [1]	2 081 [1]	949 [1]	20 398 [1]	2 378 [1]
Tunisie	34 077 [1]	4 938 [1]	1 117 [1]	300 [1]	432 [1]	1 005 [1]	886 [1]
Turquie	335 080	36 871 [1]	12 235 [1]	3 700 [1]	1 662 [1]	9 842 [1]	4 126 [1]
U.R.S.S. [1]	5 315 200 [1]	849 500 [1]	281 700 [1]	69 600 [1]	–	435 600 [1]	62 600 [1]
U.S.A.	12 371 672 [2]	1 787 798 [2]	353 268 [2]	208 528 [2]	138 335 [2]	137 677 [2]	164 562 [2]
Venezuela	349 773 [1]	20 121 [1]	5 853 [1]	2 120 [1]	508 [1]	5 425 [1]	2 391 [1]
Viêt-nam	114 701 [3]	29 167 [4]	15 645 [4]	3 888 [4]	1 215 [4]	4 294 [4]	2 231 [4]
Yougoslavie	375 393	58 799 [1]	12 729 [1]	19 145 [1]	2 254 [1]	14 883 [1]	5 385 [1]
Zaïre	31 643	2 489 [10]	796 [9]	720 [9]	556 [10]	556 [10]	151 [10]

Nota. – (1) 1982. (2) 1981. (3) 1980. (4) 1979. (5) 1978. (6) 1977. (7) 1976. (8) 1975. (9) 1974. (10) 1973. (11) 1972. a : Univ. ou établiss. équiv. seulement.

☞ Voir également : le nombre d'étudiants étrangers en France (répartition par disciplines, pays d'origine), page 1168 ;
– le tableau des effectifs des étudiants inscrits au 1-1-1985 dans les universités en France, page 1167.

Taux de scolarisation dans l'enseignement supérieur pour 1 000 habitants

	1960	1970	1983
États-Unis	25,9	41,4	53,6 [1]
Canada	19,3	29,9	41,7
P.-Bas	9,5	17,7	26,5 [1]
Suède	10,3	17,6	27
Israël	n.c.	18,7	27,5
All. dém.	n.c.	17,7	24,2 [1]
All. féd.	n.c.	8,3	22,9 [1]
Belgique	8	12,9	22,9
France	*7,8*	*15,8*	*22,5*
Japon	n.c.	17,4	20,3
U.R.S.S.	n.c.	18,8	19,5
Italie	5,5	12,8	19,8
G.-B.	8,7	10,8	15,7 [1]
Suisse	n.c.	8,2	15,2

Nota. – (1) 1982.
Source : Unesco.

Étudiants à l'étranger

Nombre d'étudiants étrangers inscrits dans chaque pays en 1983 et, entre parenthèses, étudiants du pays inscrits à l'étranger à des dates variables (sur 45 pays considérés).

Afrique. Égypte 17 062 [1] (13 651). Sénégal 2 433 (3 380). Côte-d'Ivoire 2 039 [2] (4 144). Algérie 1 084 [1] (13 573). Maroc 1 834 (27 766). Tunisie 1 042 [1] (10 206). Nigeria 325 [2] (23 909). Soudan 247 [2] (11 565).

Amériques. U.S.A. 326 299 [2] (20 195). Canada 35 365 (14 782). Brésil 10 829 [1] (6 167). Argentine 7 882 [3] (3 028). Cuba 2 733 [1] (2 292). Guatemala 1 017 [3] (740). Panamá 805 (2 226). Honduras 726 (1 137).

U.R.S.S. 62 942 [3] (1 465).

Asie. Liban 29 480 [1] (13 687). Arabie Saoudite 17 275 [1] (9 779). Inde 14 710 [3] (13 263). Japon 9 523 (15 485). Turquie 5 524 (16 103). Philippines 5 091 [2] (3 799). Singapour 3 992 (5 035). Koweït 3 612 (3 715). Pakistan 2 229 [3] (4 841).

Europe. *France 130 244 (10 404).* All. féd. 71 393 [1] (18 569). Roy.-Uni 42 267 (14 239). Italie 29 221 [1] (13 719). Roumanie 42 267 (676). Suisse 16 277 (3 974). Autriche 13 943 (4 634). Belgique 12 528 (3 138). Saint-Siège 8 239 [1]. All. dém. 7 987 [1] (937). Yougoslavie 6 694 (3 706). Bulgarie 5 459 (704). P.-Bas 4 634 [1] (5 116). Tchécoslovaquie 3 868 (1 338). Danemark 3 055 [1] (1 055). Irlande 2 914 [2] (1 573).

Océanie. Australie 10 797 (2 488). N.-Zélande 2 265 (1 072).

Nota. – (1) 1982. (2) 1981. (3) 1980.

☞ **Universités étrangères,** voir Quid 1985, page 1058.

L'enseignement primaire et secondaire en France

Source : mini de l'Éducation nationale.

Quelques dates

Fin du Moyen Age (surtout dans les villes marchandes). Naissance de la scolarisation. *« Petites écoles »,* apprenant à lire, écrire, compter en langue vernaculaire, tenues par des « régents », souvent mixtes malgré l'interdiction de l'Église ; *écoles pratiques,* formant au métier d'écrivain public ; *manécanteries,* éducation vocale, apprentissage de la lecture et de l'écriture ; *écoles « techniques »* (ou empiriques), organisées par des particuliers, artisans, etc.

XVIe s. à partir du concile de Trente, *écoles de charité* destinées aux pauvres dans certaines paroisses urbaines. **XVIe et XVIIe s.** essor de l'école urbaine et rurale, création des *éc. religieuses* tenues par les curés, des *collèges* tenus par les congrégations. **Jusqu'au XIXe s.** liée à la scolarisation, alphabétisation de la France : très avancée au nord d'une ligne Saint-Malo-Genève (80 à 90 % des hommes, 75 % des femmes savent écrire leur nom en Normandie) ; en dessous de cette ligne, la majorité ne sait ni lire ni écrire).

1791 *(lois des 3 et 14-9),* **1792** *(décret du 12-12),* **1793** *(décrets des 15-9 et 21-10) :* dessinent les grandes lignes des 3 degrés d'enseign. (primaire, secondaire, supérieur).

1802 *(1-5 ; loi du 11 floréal an X),* **1808** *(décret du 17-3) :* créent l'Université nouvelle (d'État). La Fr. est divisée en Académies. En fait, le primaire reste aux mains de l'Église, le secondaire et le supérieur passent sous le contrôle de l'État. **1833 (28-6)** *Loi Guizot :* donne aux communes les moyens de satisfaire leur obligation (loi du 29-2-1816) de pourvoir à l'instruction primaire ; aux chefs-lieux d'arrondissement une éc. primaire sup. ; aux chefs-lieux de départements une éc. normale d'instituteurs.

1850 (15-3) *Loi Falloux :* affirme la liberté de l'enseign. ; l'Église a encore un droit de regard ; oblige les communes de 800 hab. et + à entretenir une éc. primaire de filles. **1867 (30-10)** Victor Duruy étend cette obligation aux communes de 500 hab. (34 a. de retard sur les garçons) ; crée des cours publics pour jeunes filles. **1879 (9-8)** Loi obligeant les départ. à entretenir une école normale d'institutrices. **1880 (21-12)** *Loi Camille Sée :* organise l'enseign. secondaire féminin. **1881 (16-6), 1882 (28-8)** *Loi Ferry :* instruction primaire obligatoire, l'éc. publique devenant neutre et gratuite. Charge des commissions municipales scolaires de contrôler l'assiduité. **1886 (30-10)** *Loi Goblet :* laïcise le personnel enseignant et décide de l'organisation de l'enseign. primaire. **1889 (18-7).** Les instituteurs deviennent des fonctionnaires d'État. **1890 (8-8)** Enseign. secondaire moderne créé.

1912 (10-5) *Arrêt Bouteyre* du Conseil d'État. Les ecclésiastiques sont exclus de l'enseign. public. **1919 (25-7)** *Loi Astier* sur l'enseign. technique. **1930 (12-3)** Gratuité de l'enseignement secondaire en 6e (étendue au secondaire en 1930-32). **1936 (9-8)** *Réforme de Jean Zay :* réorganisation de l'enseign . du 1er degré pour que les mieux doués puissent passer dans le 2e degré, puis le supérieur ; prolongation de la scolarité de 1 an.

1946 *Dans la Constitution :* égal accès pour tous à la culture. **1947 (19-6)** *Rapport de la Commission Langevin-Wallon :* prolongation de la scolarité obligatoire par paliers jusqu'à 18 ans ; prise en charge par l'école de la formation professionnelle à partir de 15 a. ; 3 cycles : 6-11 a. primaire, 11-15 a. orientation, 15-18 a. détermination ; enseignement supérieur : 2 années d'études préuniversitaires, 2 de licence, grandes écoles ou écoles d'application. Ce plan ne fut pas retenu. **1956 (3/4-6)** *Projet Billières :* constitution d'éc. moyennes d'orientation : scolarité de 2 ans, collaboration de maîtres de divers degrés, établissements ni primaires ni secondaires. Projet enterré en juillet 1957. **1959 (6-1)** *Décret : réforme Berthoin :* scolarité obligatoire jusqu'à 16 ans ; création d'un cycle d'observation (6e-5e), nouvelles dénominations pour les établissements : C.E.T., C.E.G., lycées, lycées techniques. **1963 (8-8)** *Décret :* porte de 2 à 4 ans le cycle d'observation et d'orientation ; 1er cycle du second degré (6e-5e-4e-3e) s'organise dans les C.E.S. ; après la 3e, cycle long : lycées, 3 voies (littéraire, scientifique ou technique), ou cycle court : sections industrielle, commerciale et administrative, donne C.A.P. ou B.E.P.

1975 (11-7) Loi Haby. PRINCIPAUX POINTS. *Extension du réseau des classes maternelles.* En 1980, 100 % des enf. de 4 à 6 ans sont accueillis. Un effort particulier est fait pour le milieu rural.

Un soin particulier entoure l'*apprentissage* de la lecture, de l'écriture et du calcul (abandon de tout redoublement du cours préparatoire).

Institution d'un tronc commun de formation, de l'école primaire jusqu'à la sortie du collège (du cours préparatoire à la cl. de 3e). Aucun système de « filière » ne subsiste au collège (cl. de 6e, 5e, 4e, 3e) ; disparition des cl. de 3e aménagées.

Sur prescription des commissions d'éducation spéciale, les enfants qui connaissent des difficultés graves sont accueillis dans des *S.E.S. (Sections d'éducation spécialisée).*

L'enseignement est personnalisé par : *des actions de soutien :* les maîtres doivent prêter une attention particulière aux élèves en difficulté dans 3 matières essentielles (français, mathématiques, langue vivante) ; et *des activités d'approfondissement :* consistent en des travaux variés accomplis de manière autonome par les enfants sous le contrôle des professeurs.

Gratuité de l'enseignement. Prêt à tous les élèves des collèges de tous les manuels scolaires (réalisé *1977-78* pour 6e, *78-79* 5e, *79-80* 4e, *80-81* 3e, *81-82* 2e, *82-83* 1re). Prise en charge progressive des frais de transport (ramassage scolaire) par l'État et collectivités locales.

> **Grands principes**
>
> **Liberté de l'enseignement :** permet la coexistence d'un système public d'enseignement et d'établissements privés pouvant bénéficier de l'aide de l'État et soumis à un contrôle. **Instruction obligatoire** pour tous les enfants, jusqu'à 16 ans. **Laïcité :** l'enseignement public est neutre en matière de religion, de philosophie, de politique. **Gratuité :** sauf droits d'inscription dans les Universités. **Collation des grades et diplômes réservée à l'État :** examens publics ouverts à tous les élèves. **Garantie d'égalité d'accès à l'instruction pour tous les enfants :** l'enseignement public relève de l'autorité directe du ministre de l'Éducation qui assure la responsabilité de l'organisation et du contrôle de l'éducation à tous les niveaux.
>
> **Exceptions :** l'enseignement agricole relève du ministère de l'Agriculture ; divers départements ministériels (ministère de la Défense, de la Justice, de l'Industrie, etc.) assurent la responsabilité d'établissements spécialisés et de grandes écoles ; le ministère à la Jeunesse et aux Sports couvre les activités relevant de l'éducation populaire, des loisirs, de la jeunesse, des sports.
>
> La loi relative à l'éducation s'applique à tous les établ. d'enseignement publics et privés sous contrat (90 % des établ. d'enseign. privé), ainsi qu'aux établ. d'enseign. français à l'étranger.
>
> *Bas-Rhin, Haut-Rhin* et *Moselle,* annexés par l'Allemagne de 1871 à 1918, ont gardé le statut scolaire remontant à la loi Falloux de 1850. L'enseignement religieux (2 h par semaine) fait partie de l'horaire normal. Il est donné par des instituteurs volontaires. Les enfants peuvent s'en faire dispenser à la demande de leurs parents. 4 confessions sont reconnues : Église catholique, Égl. réformée d'Alsace et de Lorraine. Égl. de la confession d'Augsbourg (luthérienne) et confession israélite.

PROGRAMMES. *Collèges :* 24 h d'enseign. (6e, 5e) ; 24 h 30 (4e, 3e) ; tronc commun sur la base de 24 él. par cl. et d'1 h par él. au-dessus de 24 él. Comprend : français, math., langue viv. étrangère, histoire-géo., économie, éduc. civique, sc. expérimentales, éduc. artistique, éduc. manuelle et technique, éduc. physique et sportive. A partir de la 4e, les familles choisissent en outre, librement, 1 ou 2 options parmi les suivantes : latin, grec, 2e langue vivante, option technologique, langue vivante renforcée.

Lycées : en seconde et en 1re, culture générale commune en lettres et math., sciences humaines (histoire, géographie, initiation à l'étude des faits économiques et sociaux contemporains), sciences expérimentales (physique, chimie, technologie et biologie), langue étrangère, activités physiques et sportives ; philosophie en cl. terminale. Orientation facilitée par une gamme étendue d'options. La dernière année de l'enseignement secondaire est consacrée à l'apprentissage d'un nombre plus restreint de disciplines, choisies par les jeunes eux-mêmes.

Baccalauréat. Voir p. 1168.

Formations professionnelles. Celles qui mènent aux C.A.P. et B.E.P. sont assurées dans les lycées d'ens. professionnel (LEP) qui remplacent les collèges d'enseignement technique (C.E.T.).

Dans les écoles primaires et dans les collèges, une *éducation spéciale* est donnée aux handicapés, dans des structures d'accueil aménagées.

Vie scolaire. Élection de délégués dans chaque classe des collèges et des lycées. *Participation* des élèves au fonctionnement de la classe et de l'établissement ; exercice de la responsabilité par l'élève dans le choix des options complémentaires et des voies de l'orientation.

Recherche par tous les moyens de la *coopération entre l'école et les familles.*

Dates d'application de la réforme : 1977-78 : cours préparatoire et cl. de 6e ; *1978-79 :* cycle élém. 1re année (CE1) et 5e ; *1979-80 :* CE2 et 4e ; *1980-81 :* 1re année du cycle moyen (CM1) et 3e ; *1981-82 :* 2e année (CM2) et 2e ; *1982-83 :* 1re ; *1983-84 :* terminale.

1983-93. Réforme de l'enseign. (collèges, lycées, enseign. sup.). Élaborée à partir du constat de plusieurs rapports sur l'enseign. Voir encadré page suivante.

Dates d'application de la réforme. Échelonnée sur plusieurs années. **1983-84.** COLLÈGES : 130 c. volontaires ont expérimenté tout ou partie des propositions du rapport Legrand, notamment la structuration des 6e et 5e en groupes de niveau. Élaboration d'un « projet d'établissement » ayant pour objectif l'accueil dans le cycle d'observation et un effort d'attention aux CPPN et CPA. Élaboration de projets pédagogiques d'équipe avec autonomie de l'établ. pour le choix des méthodes et initiatives. Action pédagogique de sensibilisation au tiers monde (30 établ. volontaires).

Répartition selon les forces. Les classes d'un même niveau, 6e et 5e, sont fondues dans un ensemble de 78 à 104 él. de toutes forces contenant des divisions de 26 él. max., soit de même force pour les maths, la langue vivante et 1/3 de l'horaire de français, soit toutes forces confondues pour les autres disciplines. La constitution de ces groupes de forces équivalentes nécessite 1 mois pour le français et les maths, 3 pour la langue vivante. En 4e et 3e même organisation de l'enseign. du tronc commun par groupes homogènes avec éventail plus large d'options.

Plus de redoublement. Les capacités ne sont plus évaluées par addition de notes mais par constat d'une progression et de l'atteinte du but pédagogique défini par les programmes scolaires. A la fin de la 4e, il y a un bilan de l'él. avant la 3e, qui reste un palier de sélect. Les classes de CPPN (classes préprofessionnelles de niveau) et les LEP seront à terme supprimés, les LEP se transformant en lycée d'enseign. général favorisant les passerelles avec l'enseign. long. Horaires des cours : allégement à terme (50 mn au lieu d'1 h). *Nouvelles matières.* Programme prévu d'enseign. des technologies modernes de la 6e à la terminale, heures plus nombreuses pour les arts et sports, décloisonnement des disciplines. *Tutorat.* Exercé par le tuteur (professeur documentaliste ou conseiller d'éducation) sur un petit groupe de 12 à 15 él. d'une même division pour leur enseigner une méthodologie de travail, leur conseiller une gestion de leur temps, servir d'intermédiaire entre autres enseignants et d'interlocuteur privilégié auprès des parents.

LYCÉES : retour de l'enseign. des sc. nat. et enseign. obligatoire de la philosophie en terminales F5, G6, F7, F7'. Création d'une 1re G commune avant les bacs G1, G2, G3.

Rentrée 1986. ÉCOLES : Priorité donnée à l'accueil des enfants de 3 et 2 ans. COLLÈGES : mise en application des nouveaux programmes en 6e. Mise en place de nouvelles classes de 4e technologiques dans le cadre de la rénovation de la formation au BEP et au CAP. LYCÉE : mise en place du baccalauréat professionnel. Ouverture de l'option informatique à toutes les sections de la classe de 1re.

Éducation maternelle

Origine. *Créée* par décret du 18-1-1887. *Donnée* aux enfants de 2 ans (s'ils sont propres) à 6 ans dans écoles maternelles ou cl. enfantines mixtes annexées à des éc. primaires. *Effectif max.* 35 él. par classe.

Inscriptions. En juin précédant la rentrée scolaire. Fournir : fiche d'état civil ou livret de famille ; certificat du médecin de famille ; carnet de santé attestant les vaccinations obligatoires ; certificat d'inscription délivré par le maire indiquant l'école que l'enfant fréquentera [s'adresser à la mairie de la commune de résidence des parents (ou arrondissement pour Paris) avec une preuve du domicile]. On peut demander un autre secteur scolaire au maire de la commune d'accueil (milieu rural), à la directrice de l'éc. sollicitée (villes), dans la limite des places disponibles de l'éc. demandée.

S'il n'y a pas d'éc. maternelle, les enfants de 5 ans peuvent être admis dans une section maternelle de l'éc. élémentaire (sections enfantines).

Scolarité. *Petite section* (2 à 4 ans) ; *moyenne* (4 à 5 a.) : éd. corporelle, activités manuelles ; *grande s.* (5 à 6 a.) : transition avec cours préparatoire de l'éc. élémentaire (préparation à la lecture, écriture, math.), éd. manuelle (dessin, peinture, poterie, céramique, confection de masques et marionnettes, etc.). Il n'y a pas de redoublement.

Enseignement primaire

Généralités. *Donné* dans les écoles mixtes. Commun à tous les enfants. *Inscriptions :* juin précédant la rentrée. *Pièces à fournir :* voir éd. maternelle. *Dérogations :* pour les enfants ayant 5 ans avant le 1-9 de l'année civile en cours. Les parents peuvent demander leur inscription en présentant un dossier à l'inspecteur départemental de l'éd. avant la fin du 2e trimestre ; en cas de refus, les parents peuvent recourir à

Rapport Schwartz sur l'état de l'enseignement et de la recherche scientifique en France en 1981. A la question : *la lutte contre les inégalités sociales et l'échec scolaire a-t-elle été au centre des préoccupations des différentes réformes ?*

École élémentaire : progression des redoublements depuis 1977, nombreux él. âgés aboutissant dans les classes préprofessionnelles de niveau (CPPN) et cl. prép. à l'apprentissage (CPA). A la fin de l'enseign. primaire, 15 à 20 % d'enfants d'une classe d'âge ne disposent pas des capacités d'apprentissage de base (lecture, écriture, calcul) et seulement 25 % des effectifs poursuivent des études jusqu'au bac.

Collège : le système des options aboutit à une orientation sans formation véritablement générale de base à tous ; alourdissement du taux de redoublements à partir de la 5e (nombreux enfants orientés vers les CPPN, CPA, SES, LEP) ; 50 % d'enfants d'ouvriers dans les SES et LEP.

Lycée : sélection par les maths, absence de rénovation des enseign. dep. 20 ans (sauf physique).

Personnels : recrutements massifs de personnels de 1er et 2e degré dep. 30 ans peu ou mal qualifiés. Classes hétérogènes, corporatisme des syndicats. 200 000 jeunes sortent du système éducatif sans aucune formation profess.

Université : ne s'est pas adaptée à la vie professionnelle ; distribution généreuse de diplômes sans valeur sur le marché du travail.

Propositions : préconise une véritable autonomie (financière et de recrutement).

Rapport Legrand sur les collèges du 6-1-1983 (prof. à l'univ. de Strasbourg). Pour une réduction des inégalités sociales dans l'échec scolaire (rôle important de l'enseign. élémentaire et préélém.), prendre en compte la diversité des élèves, rééquilibrer les activités, mettre en place des moyens institutionnels nouveaux, notamment le renforcement de la formation continue des enseignants et la rénovation de l'enseign. technique (voir ci-dessous). Centrer l'action pédagogique sur l'élève pris individuellement, chercher à éveiller ses potentialités personnelles et faire appel à sa responsabilité.

Une mise en place des principales mesures était prévue à la rentrée 1983 dans les collèges volontaires (voir p. 1152).

Rapport de la Commission Prost de nov. 1983 : les lycées et leurs études au seuil du XXIe s. Changements dep. 1959. Croissance des effectifs, intégration des LEGT et des LEP dans un système scolaire plus cohérent, démocratisation inégale dans les diverses sections. **Changements nécessaires.** *Objectifs :* 80 % des jeunes, au lieu de 65 % actuellement doivent achever un 2e cycle long ou court en 1993. Augmenter le taux de scolarisation dans les académies à % le + faible. Respecter la diversité des élèves et rendre une certaine autonomie pédagogique aux lycées dans le contexte de la régionalisation, avec coordination au niveau supérieur par des « bassins de formation ». Unification et réforme des moyens et ressources d'enseignement (réforme de la répartition de la taxe d'apprentissage proposée). Diminution de l'horaire hebdomadaire des cours pour renforcer le travail personnel des él., travail le samedi matin et tout le mois de juin (mesures à prendre concernant les conseils de classe, procédures d'orientation, examens). Constitution d'équipes pédagogiques volontaires avec contrat entre elles et les él. Adaptation meilleure et plus rapide de l'enseignement aux changements technologiques. Orientation plus continue et dédramatisée. Aménagement technique du baccalauréat pour éviter sa complexité et sa lourdeur. Proposition d'une formation à la recherche en éducation dans les concours de recrutement actuels.

Les propositions du Collège de France pour l'enseignement de l'avenir. Rapport remis au Pt de la Rép. le 27-3-1985. *9 principes :* unité de la science et pluralité des cultures, diversification des formes d'excellence, multiplication des chances, unité dans et par le pluralisme, révision périodique des savoirs enseignés, unification des savoirs transmis, éducation ininterrompue et alternée, usage des techniques modernes de diffusion, ouverture dans et par l'autonomie.

Quelques objectifs et moyens. Autonomie réelle pour les organismes d'enseignement (d'abord dans le sup., puis dans le secondaire) : garantie par la pluralité des sources de fin. (subventions de l'État, des régions et municipalités, de fondations privées, contrats avec l'État ou les Stés publiques ou privées...), s'exerçant dans tous les domaines (création d'enseignements, recrutement des maîtres, collation des grades, régulation des flux d'étudiants...). Rôle de l'État : assurer à tous les conditions institutionnelles de l'acquisition du minimum culturel commun en offrant des avantages financiers (bourses valables dans tous les établ. pour les étudiants démunis, subventions et avantages divers pour les établ. accueillant les étudiants les plus défavorisés...), en veillant à la qualité pédagogique des institutions d'enseignement fondamental (de la maternelle à la 3e incluse), en contribuant à la formation des maîtres, à la définition et à l'évaluation de leurs pratiques pédagogiques (révisions des programmes, fourniture de manuels, offre de messages éducatifs grâce à une chaîne de télévision culturelle...). Instances d'évaluation de la qualité des maîtres et des institutions : composées en parties de personnes étrangères au corps considéré, désignées pour une durée limitée (5 ans au max.), tenant compte de multiples critères (efficacité pédagogique...). Aménagement du temps scolaire en liaison avec les partenaires éducatifs locaux. Mise en place de nouveaux conseils d'école.

Plan de rénovation de l'enseign. technique court. 3 axes : accueillir plus et mieux, lutter contre la sélection par l'échec et les abandons en cours d'études, transformer progressivement les contenus pédagogiques et améliorer les moyens : augmentation du montant des bourses de + de 250 F par mois en moy., augmentation des capacités d'accueil des établ., développement d'expériences pédagogiques dans une centaine de LEP « pilotes » ; moyens pédagogiques accrus pour la *préparation du CAP* (contrôle continu des connaissances dans 200 établ. volontaires, expérience d'orientation active permettant la découverte en 4e préparatoire des caractéristiques de plusieurs spécialités professionnelles, *séquences éducatives en entreprises* avec suivi pédagogique, aide spécifique) ; moyens accrus pour l'*électronique* dans les lycées techniques (LT) (le nombre d'étudiants dans cette discipline devrait augmenter de 50 % par an) ; soutien psycho-pédagogique aux él. des SES (sections d'éducation spécialisée) en essayant l'insertion progressive en LEP. Création de postes d'enseignants. Alloc. spéciale pour la rénovation du parc de machines-outils des établissements.

Formation professionnelle. *Plan jeunes : 16-18 ans :* organisation de 100 000 stages avec mobilisation des réseaux information et orientation (CIO), des services et personnels de la formation continue (DAFCO, CFC, GRETA) pour l'insertion dans la vie professionnelle après sortie du système scolaire.

18-25 ans : maintenir en formation des jeunes n'ayant pas acquis encore une qualification suffisante pour se placer sur le marché du travail, offrir à ceux qui se trouvent en situation d'échec scolaire l'occasion de compléter leur formation et si possible trouver un emploi : augmentation du nombre des bacheliers (titulaires du BTn), formations complémentaires proposées aux titulaires des diplômes (CAP, BEP, BTn, BT) pour un accès plus facile à l'emploi, augmentation du nombre de classes passerelles pour passer d'un CAP ou BEP à un BTn ou BT.

Informatique à l'école. *Objectifs et réalisations du IXe Plan :* 1 000 000 de micro-ordinateurs dans le système scolaire, 100 000 enseignants formés. **Coût :** 2 milliards de F.

Équipement : 1983 : 12 000 machines, *1984 :* 35 000, *1985 :* 160 000 dont 123 000 nouvelles [dont Thomson 96 040 micros familiaux (24 000 TO 7-70 et 72 046 MO 5), Exelvision 9 000 EXL 100, Bull 4 436 BM 30 et 1 500 Micral 90 20, SMT-Goupil 4 704 Goupil 3 PC, Logabax (filiale d'Olivetti) 2 044 Personna 1 600, Léanord 1 000 Sil'z 16, Matra 480 Max 20 ; 2 000 micros professionnels commandés à des fournisseurs étrangers : IBM (700 IBM PC), Zénith (700 dont 150 construits en France par CSEE), Xérox (100 machines françaises achetées à Normerel), Triumph Adler (200 machines), Ogip (100 BM 30 achetés à Bull), Victor (100 machines)].

---

l'inspecteur d'académie qui statue en dernier ressort après avis d'une commission nommée par le recteur. Les familles peuvent aussi assurer elles-mêmes la scolarité obligatoire de leur enfant sur déclaration au maire et à l'inspecteur d'académie.

Durée : 5 ans (6 à 11 ans). A la fin du cycle moyen, l'élève accède *de droit*, s'il a atteint les objectifs de ce cycle, à la 1re année du collège.

Nota. — Alors que les devoirs écrits à la maison sont interdits dep. 1956, en 1982, 99 % des instituteurs en donnaient ; durée du travail demandé (devoirs et leçons) : 1/4 d'h — 1/2 h, puis 1/2 h — 1 h (cours moyen).

Cycle préparatoire (CP). Apprentissage de la lecture, écriture, calcul. Entrée à 6 ans (dispenses pour les enfants ayant eu 5 a. avant le 1er sept.) ; correspond à la 1re année de l'école primaire (ancienne 11e). Les enfants qui, à l'issue du CP, n'ont pas atteint les objectifs de ce cycle, pourront prolonger, sans redoubler, leur apprentissage de la lecture, de l'écriture et du calcul, en CE 1. *Effectif max.* 25 élèves par cl.

Cycle élémentaire (CE). 7 à 9 ans, réparti en 2 ans : CE 1 et CE 2 ; correspond à la 2e et à la 3e année d'école primaire (anciennes 10e et 9e).

Cycle moyen (CM). 9 à 11 ans. Réparti sur 2 ans : CM 1 et CM 2 ; correspond aux 2 dernières années de l'école primaire (anciennes 8e et 7e).

Passage en 6e : tous les élèves de CM 2 entrent de droit en 1re année des collèges sur proposition du maître de cette classe, et s'ils ont atteint les objectifs assignés à la scolarité primaire (en général à 11 ans et au maximum. 12 ans, la dispense d'âge n'étant plus nécessaire).

Le maître de CM 2 ou l'équipe éducative de l'éc. peut proposer le redoublement (on peut faire un appel devant une commission départ. présidée par l'Inspection académique). L'admission dans une 6e d'ens. publ. des él. issus d'une éc. privée est soumise à la décision d'une comm. départ. d'homologation (établ. sous contrat) ou au résultat d'un examen d'admission (établ. sans contrat).

● **Horaires :** Durée hebdomadaire 27 h. Voir tableau ci-contre.

Classes de découvertes. Enseignement du 1er degré *(1984-85) :* Établ. publics : 246 500 élèves partis pour au moins 10 j. (4,3 % des effectifs). Établ. privés : 33 600 élèves (3,5 %).

Établissements publics selon le type de classe : montagne (altitude > 1 000 m) 69,9 ; mer 18 ; campagne 10,7 ; ville 0,1 ; étranger 0,4 ; autres (ex. : initiation à la danse, théâtre, informatique et vidéo, spéléologie, vendanges, séjour sur péniche, équitation...) 0,9.

Durée des séjours : *Moyenne* 16,9 j. *Élèves partis (%) :* 4,3 dont préélémentaire 0,4 ; C.P. 1,7 ; CE1 2 ; CE2 3,1 ; CM1 10,6 ; CM2 3,4 ; classes à plusieurs cours 3,4 ; initiation-adaptation 13,5 ; enseignement spécial 9,5.

Disciplines	Cours prépararatoire	CE1 CE2	Cours moyen
Français	10 h	9 h 8 h	8 h
Mathématiques	6 h	6 h	6 h
Sciences et techn.	2 h	2 h 3 h	3 h
Histoire et géographie	1 h	2 h	2 h
Éducation civique	1 h	1 h	1 h
Éducation artistique :			
– Éd. musicale	1 h	1 h	1 h
– Arts plastiques	1 h	1 h	1 h
Éd. phys. et sportive	5 h	5 h	5 h

Certificat d'études primaires *(CEP),* qui couronnait la fin des études primaires pour les élèves n'entrant pas dans le secondaire, est tombé en désuétude du fait de la prolongation de la scolarité jusqu'à 16 ans et de l'entrée de tous les enfants au collège (6e). Il n'est plus exigé pour les concours administratifs de fonctionnaires de la catégorie D (sauf exception, ex. agent de bureau). Il existe aussi un certificat d'études primaires (CEP) pour adultes.

Les *classes de fin d'études (FE)* des écoles primaires accueillant les enfants de 12 à 14 ans et préparant au CEP ont disparu pour des raisons analogues.

Nota. — Pour certaines activités pédagogiques, des groupes d'élèves de 2 ou plusieurs classes peuvent être institués. Des actions de soutien, de pédagogie appropriée, des *classes* ou des *groupes d'aide pédagogique* sont organisés en faveur des élèves qui éprouvent des difficultés particulières. Les écoles peuvent organiser des services d'accueil en dehors des heures scolaires, financés par les collectivités locales, ou par des associations privées.

Communauté scolaire. Elle comprend :

— *Le conseil des maîtres* (ensemble des enseignants affectés à l'école) donnant son avis sur l'organisation des services et sur les problèmes touchant à la vie de l'éc., 2 à 5 m.

— *Le comité des parents* (élu par les parents), à parité avec les maîtres, consulté sur les questions relatives à la vie de l'école.

— *Le conseil d'école* (réunissant conseil des maîtres, comité des parents, psychologue scolaire, rééducateur, médecin scolaire et assistante sociale) établit le règlement intérieur de l'éc. et décide de l'organisation d'actions de soutien au profit des élèves.

Élections de parents d'élèves (1985-86)

Comités de parents (primaire). En % en 1985 et entre parenthèses en 1984. **Voix** : FCPE [1] 44,42 (46,29). PEEP [2] 11,39 (11,63). FNA-PEEP [4] 0,22 (0,32). UNAAPE [3] 1,56 (1,40). Listes d'Union 9,57 (9,57). Divers 32,88 (30,75). **Sièges** : FCPE [1] 40,03 (39,03). PEEP [2] 9,08 (8,03). FNA-PEEP [4] 0,19 (0,24). UNAAPE [3] 1,26 (1,02). Listes d'Union 8,58 (9,50). Divers 28,84 (30,75).

— *L'équipe éducative* (composée des : directeur, maîtres, parents concernés, psychologue scolaire, rééducateur, médecin scolaire, assistante sociale) assure la meilleure adaptation possible de l'enseign. à la situation particulière de chaque élève. Équipes pédagogiques constituées par l'ensemble des professeurs prenant certaines décisions ponctuelles.

GAPP (Groupe d'aide psychopédagogique) : équipes constituées par 3 instituteurs spécialisés ; psychologue scolaire, rééducateur psychomoteur et psychopédagogique, chargés de recevoir les enfants envoyés par les instituteurs pour des consultations extérieures à la classe.

Méthode Freinet

(Institut coopératif de l'école moderne). Mouvement pédagogique. 1ère école fondée en 1920 par Elise († 1983) et Célestin Freinet (1896-1966) à Vence. Stimule la créativité chez les él., en les incitant à prendre une part de responsabilité dans la vie de l'école ; les maîtres doivent travailler en équipe, en pratiquant une pédagogie individualisée ; les parents sont associés à la gestion.

Enseignement secondaire

Collège

Remplace le collège d'ens. secondaire (CES), le collège d'ens. général (CEG) et le 1er cycle du lycée. *Durée des études* : 4 ans, sanctionnées par un brevet des collèges. 2 *cycles* : *c. d'observation* (6e-5e) où 8 disciplines obligatoires sont enseignées ; *c. d'orientation* (4e-3e) avec au moins une matière à option en plus.

Structures. *Conseil des professeurs* : étudie chaque trimestre le cas de chaque élève et établit des propositions qui sont ensuite examinées par le *conseil de classe*. Les familles choisissent l'ens. à option suivi au cours du cycle d'orientation et décident éventuellement des redoublements de la 1re année d'un cycle (6e et 4e). *Redoublements* : à la fin de 5e et 3e, le conseil des professeurs prend en compte les vœux de la famille pour proposer la poursuite des études ou le redoublement de l'él. S'il y a désaccord, la famille peut faire appel devant une commission ad hoc, ou décider que l'él. subira un examen (en 6e et en 4e, le redoublement ne peut intervenir qu'à la demande de la famille).

Autonomie pédagogique. Notamment dans l'organisation des classes en groupes, l'emploi de contingents d'heures d'ens. mises à leur dispos., choix de sujets d'ens. spécifiques et d'activités facultatives. *Actions de soutien* en français, math., 1re langue vivante pour les élèves en difficulté (1 h pour chacun) ; activités d'approfondissement dans les mêmes matières pour les élèves qui manifestent un goût particulier pour ces matières ; classes à effectif réduit pour él. ayant des lacunes graves ; diversification des modalités d'aide pédagogique en fonction des situations particulières. *Contenus d'enseign. nouveaux* (éduc. manuelle et technique [1], sc. physiques dès la 6e) ou *rénovés* (en part. l'éduc. artistique qui intègre notamment le dessin et la musique).

Nota. — (1) Remplacée progressivement à partir de 1985 par l'ens. de la technologie : électronique, mécanique et automatisme, gestion et bureautique.

Tronc commun. Français 5 h. Math. 3 h (4e et 3e : 4 h). Langue viv. étrangère 3 h. Histoire, géographie, économie, éd. civique 3 h. Sc. expérimentales 3 h. Éduc. artistique [1] 2 h. Éduc. manuelle et technique 2 h (4e et 3e : 1 h 30). Éduc. physique et sportive 3 h.

Nota. — (1) Possibilité de choisir entre musique et arts plastiques en 4e et 3e.

Horaires particuliers 6e et 5e : possibilité d'ajouter en français, math., langue viv., 3 h d'enseign. de soutien et des activités d'approfondissement généralement dans les centres de doc. et d'information (CDI) des établissements. **4e et 3e** : 2 ou 3 h supplémentaires obligat. d'un enseign. optionnel : latin, grec, 2e langue vivante, option technol. (3 h), 1re langue viv. renforcée (2 h) ; les él. peuvent aussi choisir dans ces matières une 2e option facultative ; actions de soutien prévues en français, math., langues vivantes, et intégrées à l'horaire normal de la classe, s'exerçant sous forme de pédagogie différenciée adaptée aux besoins de l'élève.

Brevet des collèges. *Épreuves écrites* : français (3 h), noté sur 80 points (3 exercices : questions de vocabulaire, grammaire et compréhension à partir d'un texte ; rédaction ; dictée) ; mathématiques (2 h) sur 80 points (travaux numériques et géométriques) ; histoire et géo (2 h) sur 40 points. *Éducation physique* : 40 points. *Autres disciplines* : seront prises en compte d'après les résultats de l'année portés sur une fiche scolaire (langues viv., sc. physiques et sc. naturelles). *Admissibilité* : il faut obtenir 100 points sur 200 pour les 3 épr. écrites et la moyenne pour l'ensemble des résultats.

Le *brevet des collèges* ne conditionnera pas le passage en classe de seconde ou en cl. de *Brevet d'études professionnelles*. Il s'agit d'un examen de contrôle destiné à vérifier que les objectifs assignés à la scolarité en collège ont bien été atteints.

Poursuite des études en 2e ou en LP. En tenant compte des vœux de la famille, le conseil de classe propose la poursuite des études de l'élève ou le redoublement. Si les parents ne sont pas d'accord, ils peuvent faire appel devant une commission ou par voie d'examen. La famille est informée de la décision d'affectation faite en fonction des décisions d'orientation (orientation vers une 2e de lycée ou vers un LP) et des possibilités d'accueil de la carte scolaire. Si l'élève veut passer d'un établ. privé sous contrat à un établissement public, il doit, au préalable, être admis à entrer en 2e cycle (cette orientation doit être confirmée par une commission d'homologation). L'affectation se fait en fonction des capacités d'accueil. Si l'élève vient d'un établ. privé hors contrat, il doit passer un examen.

Système de notation : *1er degré* : *A* ou *I* : excellent ou satisfaisant. *B* ou *II* : bien ou satisfaisant. *C* ou *III* : moyen ou insuffisant. *D* ou *IV* : médiocre ou insuffisant. *E* ou *V* : faible ou très insuffisant. *2e degré* : alphabétique (A, B, C, D, E) ou numérique (0 à 20), au choix de l'établissement.

Lycée

Enseignement général long (en 3 ans). *Classes* : 2e dite *de détermination*, commune à tous les él. (y compris ceux se destinant aux bac. de techn. ou à certains brevets de techn., non compris les 2e spécifiques préparant 24 brevets de techniciens, et à la 1re F 11 et bac. technique de musique). Malgré un tronc de matières communes, les options technologiques et les classes à options générales restent bien distinctes. *Baccalauréat* : conclut la *classe terminale* (l'épreuve de français est subie par anticipation en fin de 1re).

● **Classe de 2e.** Matières fondamentales communes : possibilité d'un horaire maximal et, entre parenthèses, minimal (dep. la rentrée 1983). Français 5 h (4 h). Histoire, instruction civique, géographie, instruction civique 4 h (3 h). Langue viv. I, 3 h (2 h 30). Math. 4 h (3 h). Sc. physiques 3 h 30 (3 h). Sc. nat. 2 h (2 h). Éduc. physique et sportive 2 h (3 h).

Enseign. optionnels obligatoires : technologie ind. 11 h. Sc. et techn. de laboratoire 11 h. Sc. médico-sociales 11 h. Arts appliqués 11 h ou initiation économique et sociale 2 h et au choix Grec 3 h. Latin 3 h. Langue vivante II 3 h. Latin-grec grand débutant 5 h. Langue viv. II grand débutant 5 h. Gestion 5 h. Techn. 3 h. Enseign. artistique (arts plastiques ou musique) 4 h. Activités sportives spécialisées 3 h. 5 options technol. nécessaires pour passer en 1re et terminales E et F ou initiation économique et sociale + option au choix.

Enseign. optionnels complémentaires (facultatifs). Enseign. optionnels ci-dessus. Langue viv. III 3 h. Enseign. art. (arts plastiques ou musique) 2 h. Préparation à la vie sociale et familiale 1 h. Dactylogr. 2 h. Enseign. manuel et technique 2 h.

Nota. — Sections ayant un régime spécifique : BTn F 11 et F 11' et 23 BT sur 45.

Passage en 1re. Les él. peuvent choisir leur orientation : bac. de techn., brevet de techn. (accès de certaines spécialités réservé aux él. ayant suivi l'enseign. optionnel correspondant), bac. de l'enseign. du 2e degré (A, B, C, D, E).

● **Classe de 1re** (effectif max. 40 él.) et **terminale** (effectif max. 40 él., 35 si possible).

1res et terminales A. 3 séries : *A1* : Lettres-Sciences (2 langues). *A2* : Lettres et Langues (3 langues viv.). *A3* : Lettres et Arts (musique ou arts plastiques et architecture). Études sup. possibles : litt., artist., écon. et juridiques.

Éducation musicale et arts plastiques. Depuis 1983, création de centres de formation pédagogique pour musiciens intervenant en milieu scolaire, dans une dizaine de villes. Des professionnels de l'art (« intervenants-associés ») forment les instituteurs pour les options du DEUG 1er degré. Classes « de patrimoine » et « arc-en-ciel » (en relation avec les écoles d'art) sont développées permettant des sessions continues de sensibilisation artistique. Nombre de postes aux CAPES et agrégation d'enseignements artistiques maintenu à un haut niveau. Création d'ateliers d'arts plastiques dans 200 collèges (3 h pour les élèves volontaires de 4e et 3e). Extension des chorales et ensembles instrumentaux. Ouverture de nouvelles sections A3 dans les lycées dont 2 arts plastiques et 2 éducation musicale. Ouverture de 3 nouvelles sections conduisant au bac de technicien en arts appliqués (BTn F12). Ouverture de classes de prép. d'un diplôme sup. d'école de niveau post-BTS dans les 4 écoles d'arts appliqués de Paris. Création expérimentale d'une douzaine d'options en théâtre et expression dramatique, puis d'options cinéma et audiovisuel.

Éducation physique et sportive. Le déficit horaire national d'éd. phys. et sportive dans l'enseign. du 2e degré a été réduit de moitié par la création de postes d'enseignants en 1982. Création d'une inspection générale pour l'éd. physique et sportive, et d'une inspection pédagogique régionale dans toutes les académies. Création de l'agrégation Éd. phys. et sportive depuis 1983 (30 postes). Pour les jeunes espoirs sportifs, ouverture de : *sections nationales et interrégionales* (1er et 2e cycles) qui accueillent les él. d'un niveau sportif déjà confirmé pour leur permettre de suivre régulièr. un entraînement intensif ; *sections sports-études promotionnelles* : pour les jeunes dont la vocation sportive est affirmée, et souhaitant accéder aux sections interrégionales ou nationales.

B : Économique et sociale : études sup. jur., écon. et commerciales.

S (remplace C et D) : ét. sup. de math. et physiques, CPGE, ét. sup. médic., agronomie, sc. nat.

D' : sciences agricoles, créée en 1969 et préparée dans les lycées agricoles. Voir encadré p. 1155.

E : mathématiques et techniques ; débouchés nombreux : facultés des sciences, classes préparatoires aux grandes écoles, IUT, écoles d'architecture.

Horaires de 1re. *Français A* : 5 heures, *B* : 4, *C* : 4. *Maths A1* : 5, *A2, A3* : 2, *P* : 5, *C* : 6. *Hist.-géo. A, B, C* : 4. *Sc. physiques A1, B1, C* : 5. *Sc. nat. A, B* : 2, *C* : 2,5. *Sc. écon. et sociales C* : 4. *Langue vivante A1, B, C* : 3. *Éduc. physique et sportive A, B, C* : 2.

Enseign. à options obligatoires. **A1** : 3 heures : soit latin ou grec, ou langue vivante 2. **A2** : 3 + 3 : soit latin-grec ou latin + LV 2 ou grec + LV 2 ou LV 2 + LV 3. **A3** : 4 : éduc. musicale ou arts plastiques et architecture, + 3 : latin ou grec + LV 2. **B** : 3 : latin ou grec + LV 2.

• **Terminale.** *Philosophie : A* : 8 heures, *B* : 5, *C, D* : 3. *Math.* : *1re S, A2, A3* : 2, *B* : 5, *C* ; 9, *D* : 6, *E* : 9. *Hist.-géo.* : *A, B* : 4, *C, D* : 3. *Langue vivante 1 : A, B* : 3, *C, D* : 2. *Sc. physiques : C, D, E* : 5. *Sc. nat.* : *C* : 2, *D* : 5. *Sc. écono.* : *B* : 5. *Éduc. physique* : *A, B, C, D* : 2.

Enseign. à options obligatoires. **A1** : 3 heures : soit latin ou grec ou LV 2. **A2** : 3 + 3 : soit latin + grec ou latin + LV 2 ou grec + LV 2 ou LV 2 + LV 3. **A3** : 3 : latin ou grec ou LV 2, + 4 : éduc. musicale ou arts plastiques et architecture. **B** : 3 : soit latin ou grec ou LV 2.

• **Enseignement technique.** Assure, après la 2e, la formation des techniciens en 2 a. (formation plus spécialisée dans un domaine professionnel précis que le bac. de technicien) et prépare à l'exercice d'une activité prof. du niveau IV de technicien. *Sanction :*

Brevet de technicien (B.T.) (67 spécialités). 3 catégories : B.T. industriel (T1) ; tertiaire ; artistique.

Baccalauréat de technicien. *Industriel F* : 14 options : *F1* (constr. mécanique), *F2* (électronique), *F3* (électrotechnique), *F4* (génie civil), *F5* (physique), *F6* (chimie), *F7* (biochimie), *F7'* (biologie), *F8* (sc. médico-sociales), *F9* (énergie et équipement), *F10* (microtechnique), *F11* (musique), *F11'* (danse), *F12* (arts appliqués) : a débuté en 1re à la rentrée 1983. *Accès aux sections* : pour les élèves ayant suivi en 2e enseign. (optionnel) technologique spécialisé : *F1, 2, 3, 4, 9, 10* : techn. ind. *F 5, 6, 7, 7'* : sc. et techno. de labo. *F8* : sc. médico-sociales. *F11, 11'* : enseign. de la 2e spécifique. *F12* (arts plastiques) arts appliqués.

Secteur tertiaire. *G1* (techn. administratives), *G2* (quantitatives de gestion), *G3* (commerciales). Permet de poursuivre des études juridiques, économiques, commerciales ou administratives (dans les facultés ou IUT). *1re G* commune aux 3 terminales avec enseign. de gestion complémentaire, s'il n'y a pas eu d'option gestion en 2e de détermination. *Informatique H* : créé en 1969, préparé dans quelques lycées, permet de poursuivre des études scientifiques (toutes sections de facultés des sciences), juridiques, économiques ou commerciales. Orientation à l'issue de la 2e de détermination (anglais obligatoire).

Nota. — Des écoles ou sections spéciales d'enseignement professionnel forment des techniciens supérieurs au cours d'études dont le programme et la durée varient avec la spécialité enseignée.

Horaires de 1re G. *Français* 3 heures. *Connaissance du monde contemporain* 2. *Langue vivante I* 3. *Maths* 1,5. *Éduc. physique et sportive* 2. *Économie générale d'entreprise, droit* 6. *Méthodes administratives et commerciales* 2. *Techniques quantitatives de gestion* 3. *Outils et techniques de communication* 3. *Travaux d'application et d'informatique* (trav. dirigés) 3. *Options* : expression 2, maths 2.

Lycée professionnel (nom des LP, lycées d'enseign. prof. dep. le 1-12-85). Des séquences éducatives sont organisées dans les entreprises (110 000 él. concernés en 1981-82). Certains LP assurent des enseignements complémentaires au CAP et au BEP. Sanction : examen et délivrance d'une mention complémentaire.

a) En 2 ans, Brevet d'études professionnelles (BEP). *Créé* 1969 pour les élèves sortant de 3e. BEP types (secteurs industriel, économique, commercial, administratif, social). Les meilleurs élèves sortant des cl. de BEP peuvent avoir accès aux cl. de 1re des lycées techniques pour préparer en 2 ans un bac. de tech. (BTn) ou un brevet de tech. (BT). *Classes d'adaptation* destinées à faciliter le passage du 2e cycle court au 2e cycle long pour les meilleurs élèves titulaires du BEP. L'entrée dans ces classes est décidée après étude du dossier du candidat.

b) En 3 ans, Certificat d'aptitude professionnelle (CAP). Pour les élèves surtout des CAP, il sanctionne l'acquisition de la technologie de base d'un métier donné (ouvrier ou employé qualifié). Il existe 309 CAP nationaux, 39 départementaux. Après, le Brevet professionnel (BP) peut sanctionner une formation professionnelle acquise par la pratique du métier. Il existe 72 BP nationaux, 4 BP départementaux. Certains CAP sont préparés également en 2 ans après la classe de 3e de collège. Les titulaires du CAP peuvent entrer dans une 2e spéciale pour poursuivre des études technol. longues conduisant en 3 ans au BT, éventuellement au BTn.

Classes préprofessionnelles de niveau (CPPN), classes préparatoires à l'apprentissage (CPA). Maintenues provisoirement. Accueillent les élèves ayant 14 ans en fin de 5e et qui n'ont pas encore atteint le niveau scolaire pour entrer en 1re année de CAP dans un LP. Ils suivent une initiation technologique dans certains domaines professionnels (1 an s'ils ont 15 ans, 2 s'ils en ont 14).

Répartition des apprentis par groupe de formation (public et privé 1984-85) France (sans T.O.M.) : 213 480, dont : Agr., élevage, forestage 35. Pêche, navigation maritime et fluviale 68. Mines et carrières, travail des pierres 302. Génie civil, travaux publics, topographie 188. Construction en bât. 9 959. Couverture, plomberie, chauffage 8 708. Peinture en bât., peinture ind. 7 843. Prod. et 1re transformation des métaux 44. Forge, chaudronnerie, constr. métalliques 10 636. Mécanique gén. et de précision, travail sur mach.-out., automatisme 25 893. Électricité, électrotech., électromécanique 9 136. Électronique 1 027. Verre et céramique 352. Photographie, ind. graphiques 2 045. Papier et carton (fabrication, transformation) 85. Chimie, physique, biochimie, biologie, prod. chimique 2. Boulangerie, pâtisserie 24 481. Abattage, travail des viandes 17 445. Autres spécialités de l'alimentation (transformation-préparation) 15 405. Textiles 572. Habillement, travail des étoffes 1 987. Tr. des cuirs et peaux 492. Tr. du bois 12 658. Conducteurs d'engins terrestres 74. Autres formations des secteurs primaire et secondaire 33. Dessinateurs du bât. et des travaux publics 269. Dessinateurs ind. 18. Techniques administr. ou juridiques appliquées 261. Secrétariat, dactylo., sténo. 125. Tech. financières ou comptables, mécanographie comptable 445. Traitement électromécanique et électronique de l'infor. (?). Commerce et distribution 25 063. Arts et arts appliqués, esthétique ind. 832. Santé, secteur paramédical, services sociaux 6 458. Soins personnels 23 020. Services dans hôtellerie et collectivités 7 419. Préformation, formations générales à finalité prof. 81. Autres formations 19.

CPPN. Implantées dans collèges ou LP. Enseignement à plein temps. *Horaires :* découverte du milieu social et professionnel et bancs d'essai (de fabrication, du bâtiment, de l'habillement, des collectivités, des services, dans les usines, ateliers...) (12 h), exploitation et préparation des activités précédentes et mise à niveau dans les domaines expression et communication (6 h), math. et sciences (6 h), éducation physique et sportive (3 h). *Après la 1re année :* l'élève peut pré-

Enseignement agricole

Cycle court (LEP). *Certificat d'aptitude professionnelle agricole (CAPA)* : formation des travailleurs de la production agricole ; en 3 ans à partir de la 5e, ou en 2 ans d'apprentissage dans un centre de formation d'apprentis ; *Brevet d'études professionnelles agricoles (BEPA)* : préparation à la gestion des exploitations agr. à partir de la 3e en 2 ans.

Cycle long (lycées agricoles) : à partir de la 3e, en 3 ans : *Brevet de technicien agricole (BTA)* : préparation aux fonctions d'exploitation agr. et de cadres moyens dans les domaines techniques, technico-commerciaux, administratifs ; enseignement réparti en modules (6 modules de base + 3 ou 4 modules de secteur : production, commercialisation, transformation) ; sanction : contrôle continu 50 %, examen 50 %. *Bac. « sciences agronomiques et techniques » (série D')* permettant l'accès aux IUT, universités, classes prépa. aux grandes écoles (enseign. sup. agrono. ou vétérinaire).

Cycle supérieur. *Brevets de technicien sup. agr. (B.T.S.A.)* : formation d'exploitants agr., chefs d'entreprises, ingénieurs, cadres d'industries, sociétés para-agr., organisations prof. agr.

Classes préparatoires à l'enseign. sup. agr. et vétérinaire. Voir p. 1172.

Enseignement privé (60 % des él.). **A temps plein** : Le C.N.E.A.P. (Conseil national de l'enseign. agricole privé) regroupe 300 établ. catholiques d'enseign. à temps plein et 43 000 élèves et étudiants, de la 4e aux élèves ingénieurs, 4 000 professeurs, 2 000 personnels d'éducation, d'administration et de services. Il représente plus de 50 % du secteur privé. Chaque établ. dirigé par un chef d'établ. repose sur une association familiale de gestion (familles, professionnels de l'agriculture et personnes portant intérêt à l'établ.). Budget total des établissements : 1 milliard de F dont 0,5 vient de l'État. **En alternance** l'él. est tour à tour dans un établ. d'enseign. et dans l'exploitation familiale ; établ. de l'union nat. des maisons familiales rurales d'éducation et d'orientation (40,4 % des él.).

Sauf exception, l'enseign. agr. relève du min. de l'Agriculture.

☞ **Au 1-1-1986** mise en place de la régionalisation, création des établ. publics locaux (E.P.L.).

Enseignement spécialisé

Pour enfants et adolescents gênés dans leur scolarité par des difficultés ou des troubles variés (psychol., affectifs, caractériels, etc.) ou handicapés. *Inscriptions :* aux commissions d'éd. spécial. dans chaque département : celles-ci peuvent être saisies par les parents ou des personnes s'occupant des enfants. Adresses données par l'inspection d'académie ou la dir. dép. des affaires sanitaires et sociales. *Accueil : 1er degré :* classes spécialisées dans les éc. maternelles et élémentaires, établ. scolaires spécialisés. *2e :* sections d'éducation spécialisée (SES) et classes-ateliers (CA) dans les collèges ; éc. nat. de perfectionnement (ENP). D'autre part, dépendent du ministère de la Santé et de la Solidarité nationale, les établ. médicaux et médico-éducatifs, et les établ. socio-éducatifs. Effectifs. Voir p. 1163.

Apprentissage

Formation pratique des jeunes de 16 à 20 ans (15 ans pour les él. ayant terminé la 3e) dans une entreprise par un maître d'apprentissage, complétée par une formation théorique et générale de 360 h au moins dans un **Centre de formation d'apprentis** (CFA) (niveau 3e d'un collège), Établ. conventionnés et contrôlés par l'État. Depuis le 1-6-1983, la région met en œuvre les actions d'apprentissage (l'État garde la responsabilité de la pédagogie). Dep. 1983 et 1984, mesures nouvelles concernant la pédagogie, la relation entreprises-CFA, la formation des enseignants. *Inscriptions :* s'adresser à l'ANPE, aux services académiques de l'inspection de l'apprentissage, au rectorat de l'éd., à l'ingénieur général d'agronomie (agric.), aux chambres d'agr., de commerce, de métiers selon la formation envisagée, aux centres d'information et d'orientation, aux chambres syndicales pour trouver un maître d'apprentissage ; **contrat d'apprentissage** (de 1 à 3 ans), après avis d'orientation, délivré par les CIO (centres d'information et d'orientation), et un certificat médical d'embauche signés par le maître d'appr., le représentant légal du jeune et l'apprenti. L'apprenti est un jeune travailleur et perçoit un salaire minimal pour le temps consacré aux activités pédagogiques du centre de formation d'apprentis [1er semestre : 15 % du SMIC, 2e sem. 25 %, 3e sem. 35 %, 4e sem. 45 %, 3e année 60 % ; à partir de 18 a., les % sont majorés de 10 points].

Sanction : diplôme de l'enseign. technique, généralement CAP (certif. d'aptitude prof.), CAPA (cert. d'apt. prof. agricole), brevet de compagnon (Ht-Rhin, Bas-Rhin et Moselle) : EFAA (certificat de compagnon dans les autres départements).

Effectifs des centres de formation d'apprentis (public et privé 1984-85) : 226 964 (France sans T.O.M.) dont 213 480 apprentis et 13 484 en cl. préparatoire à l'apprentissage. *Jeunes 16 ans :* 9 %, *17 a. :* 10,2 % (dont 13,3 des garçons de 16 ans et 15 des g. de 17 ans).

Formations suivies : mécanique, commerce et distribution, boulangerie et pâtisserie, soins personnels.

Effectif total d'apprentis. *1984-85* : (dont filles, entre parenthèses) : *1re année* : 103 490 (27 265), *2e a.* : 106 292 (27 224), *3e a.* : 3 698 (1 288).

Effectif des CPA relevant du ministère de l'Éducation nationale. *1984-85* : 67 875 dont CPA de collèges ou LP 54 391, CPA de CFA 13 484.

Origine des apprentis (en %) 1re année : CPA. : 38 ; cl. de 3e : 22,2 ; CAP ou BEP de LP : 8,8 ; 4e : 8 ; SES 4,2 ; 5e : 3,8. **2e a.** : appr. de 1re année 86,4 ; redoublants 10,1 ; CAP ou BEP de LP 1,8. **3e a.** : 2e année 89,6 ; redoublants 7,3.

Effectifs selon les organismes gestionnaires des CFA. (Cours oraux + cours par correspondance) (en %) : organismes privés 39,2, chambres des métiers 37,6, établ. publics d'enseign. 8,7, chambres de commerce et d'ind. 8, municipalités 5,5, conventions nationales 1.

Age des apprentis (1983-84, en %) (cours oraux + cours par correspondance) : 100 jeunes gens dont *17 a* : 41,2 ; *16 a* : 36,2 ; *18 a* : 15,8 ; *19 a* : 3,5 ; *15 a* : 2,1 ; *20 a et +* : 1,2.

parer un CAP en 3 ans s'il a 14 ans avant la fin de l'année civile, ou un CAPA (agricole), ou entrer en 2e année ou dans un CPA. *Après la 2e année :* il peut entrer en apprentissage pour préparer un CAP ou directement dans la vie professionnelle.

CPA. Implantées dans les collèges, LP ou centres de formation d'apprentis (CFA). Enseignement alterné (30 h de cours dans l'établ. scolaire et 30 h de stage en entreprise). *Après 1 an,* l'élève peut effectuer une 2e année de CPA ou de CPPN s'il a 15 ans ; il pourra, s'il a 16 ans, entrer en apprentissage pour préparer un CAP ou entrer dans la vie professionnelle.

Certificat d'études professionnelles (CEP). Préparé dans quelques LP, sanctionne une formation courte (1 an), pour les plus de 15 ans, permet d'occuper un emploi d'ouvrier ou d'employé spécialisé.

Certificat de formation générale. Les jeunes sortis du système scolaire sans diplôme peuvent l'obtenir. 1 épreuve orale et 2 écrites (français et math.). Les jeunes qui ont bénéficié de formation alternée (plan 16-18 ans) ne passent que l'épreuve orale avec un dossier de stage. S'ils passent un diplôme technique professionnel, ils sont dispensés des unités de contrôle niveau I.

Nota. — A la rentrée 1984, un nouvel enseignement technologique a commencé à remplacer l'ens. manuel et technique (EMT) dans + de 200 établissements en rénovation ; centré sur l'informatique, l'électronique et la gestion.

Vie scolaire

Collèges et lycées

• **Direction.** Collèges et lycées sont des établ. publics nationaux d'enseignement, dirigés par un *proviseur* pour les lycées, un *principal* pour les collèges, et aidés dans leur mission par un conseil d'établissement et sur le plan pédagogique par divers conseils.

• **Conseil d'administration.** *Membres :* le chef d'établ. (Pt) ; 5 représentants de l'administration ; 7 repr. élus des personnels d'enseign. et d'éducation ; 3 repr. élus des parents ; 5 repr. élus des élèves dans les lycées, 3 dans les collèges ; 5 personnalités locales. *Rôle :* vote le budget, le règlement intérieur de l'établ. ; donne tous avis et présente toutes suggestions au chef d'établ. sur le fonctionnement pédagogique de l'établ. et de la communauté scolaire. Peut siéger comme conseil de discipline.

Élections de parents d'élèves (1984-85)

Comités de parents (secondaire). En % en 1985 et entre parenthèses en 1984. **Voix** FCPE [1] 56,44 (56,7). PEEP [2] 31,05 (31). FNA-PEEP [4] 0,47 (0,6). UNAAPE [1] 2,32 (2,5). Listes d'Union 1,43 (1,8). Divers 8,23 (7,4).

Sièges. FCPE [1] 58,64. PEEP [2] 24,93. FNA-PEEP [4] 0,42. UNAAPE [3] 1,92. Listes d'Union 2,41. Divers 11.

Taux de participation aux conseils d'établissement 1984-85 : 35 % (1983-84 : 36 %).

Nota. — (1) *FCPE :* Féd. des conseils de parents d'él. des écoles publiques. (2) *PEEP :* Féd. des parents d'él. de l'ens. public. (3) *UNAAPE :* Union nat. des Associations autonomes de parents d'él. (4) *FNA-PEEP :* Féd. nat. des assoc. de parents d'él. de l'ens. public.

• **Conseil des professeurs.** Réuni tous les trimestres sous la présidence du chef d'établ. pour examiner le comportement scolaire de chaque élève et le guider dans son orientation.

• **Conseil de classe.** Réuni sous la présidence du chef d'établ. ou de son représentant. *Membres :* personnel enseignant de la classe ; 2 délégués des parents ; 2 dél. d'él. de la cl. ; et, s'ils ont eu à connaître le cas personnel d'un ou plus. él. de la cl. : le conseiller principal ou d'éducation, le cons. d'orientation ; le médecin de santé scolaire, l'assistante sociale, l'infirmière. *Rôle :* examine des questions pédagogiques intéressant la vie de la classe, et les résultats des travaux du conseil des professeurs.

• **Équipe éducative.** Responsable de chaque élève, composée de l'élève, de ses professeurs et de ses parents. Concertation nécessaire pour permettre une information réciproque et le bon déroulement de la scolarité.

• **Équipe pédagogique.** Groupe de professeurs responsables d'une classe de LEP avec coordination permanente des enseignements disciplinaires pour aider les él. en difficulté.

• **PACTE.** Projet d'activités éducatives et culturelles qui se substituent aux « 10 % ». A l'initiative des enseignants (audiovisuel, expression dramatique, développement de l'expression orale et écrite, développement de la connaissance de l'environnement et du patrimoine local).

• **PAE** (Projets d'actions éducatives). *But :* moyen de lutte contre l'échec scolaire et les inégalités sociales et culturelles, dans une perspective de plus grande autonomie des établ., à l'initiative des élèves : activités interdisciplinaires, culturelles, socioculturelles scientifiques, cadre de vie... Introduits dep. janvier 1983 dans les éc. maternelles et élémentaires (environnement, arts, bibliothèques, lecture). En 1982-83, 69 % des établ. publics du 2e degré ont présenté au moins un projet dont : *de type 1* (développement d'une ouverture de l'enseign., de l'interdisciplinarité) 45 %, *de type 2* (développement hors enseign. d'activités éducatives, par ex. soutien aux él. en difficulté) 28 %, de *type 3* (amélioration du cadre de vie scolaire) 27 %.

Vacances scolaires En 1986-1987

Nombre de jours de vacances. *1800 :* 50 jours (*grandes vacances* 31-7/20-9). *1891 :* 81 j. (*dont grandes vacances* 31-7/1-10). *1912 :* 75 j. (14-7/1-10). *1939 :* 75 j (15-7/1-10). *1965 :* 113 j (1-7/17-9 ou 10-7/27-9). *1976 :* 120 j (30-6/14-9). *1982 :* 108 j (29-6/9-9).

C'est en 1972 que l'on a fixé au mercredi l'après-midi libre (au lieu du jeudi après-midi). La décision du samedi entier libre appartient aux établissements (pour les classes secondaires).

Rentrée. 3 sept. **Toussaint.** *Zones 1 et 2 :* 25-10 au 6-11. **Noël.** *Zones 1 et 2 :* 20-12-au 5-1 [1]. **Hiver.** *Zone 1 :* 14-2 au 2-3. *Zone 2 :* 21-2 au 9-3. **Printemps.** *Zone 1 :* 11-4 au 27-4. *Zone 2 :* 18-4 au 4-5 [2]. **Été.** *Zones 1 et 2 :* 30-6 au 3-9.

Nota. — Pour les congés normaux, le 1er j indiqué est le dernier j de classe et le 2e est celui de la rentrée. Le j de vacances supplémentaires dit « jour du maire » peut s'ajouter aux vacances fixées par les calendriers scolaires.

Zone 1 : Paris-Créteil-Versailles, Bordeaux, Caen, Clermont-Ferrand, Grenoble, Montpellier, Nancy-Metz, Nantes, Nice, Rennes. *Zone 2 :* Aix-Marseille, Amiens, Besançon, Dijon, Lille, Limoges, Lyon, Orléans-Tours, Poitiers, Reims, Rouen, Strasbourg, Toulouse. Corse, Antilles, Guyane, Réunion, St-Pierre-et-Miquelon : dates fixées par le recteur.

Nota. — Les élèves de Paris-Créteil-Versailles rentrent le mardi 6-1 au matin et ont classe le mercredi 7-1. Il y a classe en zone 1 les mercredis 29-4 et 6-5-87, et en zone 2 les mercredis 6 et 27-5-87.

L'enseignement supérieur en France

Quelques dates

Moyen Age. Les universités sont des institutions autonomes, à statut propre, bénéficiant de privilèges (collation des grades), rassemblant tous les étudiants et maîtres, étudiant toutes les disciplines. Similaires aux corporations, elles sont divisées en facultés spécialisées : théologie (discipline prééminente) ; arts (lettres et sciences) ; droit (surtout droit canon) ; médecine. *Direction :* doyen et recteurs élus.

1793 (15-9). Décret de la Convention supprimant les universités. **1806 (10-5).** Création de l'Univ. impériale précisée par le décret du 17-3-1808. 5 ordres : théologie, droit, médecine, sciences (math. et physiques), lettres. Univ. d'État, elle a le monopole de l'enseign. Composée « d'autant d'académies qu'il y a de cours d'appel » (27). Les facultés sont des organismes d'État directement administrés par le pouvoir central qui désigne leurs doyens. **1850 (15-3).** *Loi Falloux :* supprime l'Univ. de France (héritière de l'Univ. impériale) et la remplace par l'*Instruction publique.* Prévoit une académie par département. **1854 (14-6).** Division de la France en 16 *circonscriptions académiques.* **1855 (25-7).** Création des *facultés.* **1885 (25-7).** Création du *Conseil général des Facultés* pour rapprocher ces établ. **(28-12).** Décret fixant l'organisation des facultés. **1893 (28-4)** Attribution de la personnalité civile au corps formé par la réunion de plusieurs facultés de l'État dans un même ressort académique. **1896 (10-7).** Les corps de faculté prennent le nom d'*universités.*

1920 (31-7). Un décret précise et élargit les règles de constitution des univ. et crée les *instituts* en complément des facultés et des universités. **1965.** Ouverture des *IUT.* **1966 (22-6).** *Décret sur les facultés :* 1er cycle de 2 ans : diplôme DUES ou DUEL. 2e cycle : court, 1 an, licence ; long, 2 ans, maîtrise. 3e cycle : doctorat. Les IUT assurent en 2 ans la préparation du DUT.

1968 (12-11). *Loi d'orientation.* GRANDES LIGNES : *autonomie administrative :* Unités d'enseignement et de recherche (UER) et universités sont administrées par un conseil élu et dirigées par des directeurs et par un président, eux-mêmes élus. *Pédagogique :* elles déterminent programmes, modalités d'enseignement et procédés de vérification des connaissances. *Financière :* l'établissement autonome dispose librement des dotations budgétaires affectées par l'État et de ses ressources d'origine publique ou privée.

Participation. Au niveau de : *la gestion* dans le cadre des organismes élus où se trouvent tous ceux qui prennent part à la vie de l'univ. (essentiellement conseils d'UER et conseils d'univ.) ; *l'organisation de l'enseignement* au sein des mêmes conseils ; *la vie régionale et nationale* par la présence, dans les organismes de gestion et les différents conseils, de personnalités du monde extérieur, et la multiplication des relations avec les communautés locales et régionales, avec le monde économique et social, et avec les autres universités (notamment européennes et francophones).

Pluridisciplinarité. Cherchée dans le regroupement des UER, le remodelage des universités : contacts entre disciplines, nouvelles formations, définition de nouveaux diplômes nationaux.

1984 (26-1). Réforme de l'enseign. supérieur. *But :* mieux adapter les études sup. au marché de l'emploi et au développement de la recherche. Les études demeurent divisées en 3 cycles. Aucune sélection n'est instituée et tous les bacheliers peuvent s'inscrire au 1er cycle (except. cl. préparatoires aux grandes éc., IUT, médecine, pharmacie). Le 2e cycle est ouvert aux diplômés du 1er cycle ; une sélection peut être instituée à l'entrée de filières à finalité professionnelle. *3e cycle :* formation à la recherche. *Diplômes :* nationaux, obtenus en fonction des résultats des contrôles des connaissances (continus ou terminaux). *Modifications du fonctionnement et de la vie interne des établ. Date d'application :* rentrée 1984 (pour env. 20 établ. volontaires) à 1986.

Organismes consultatifs nationaux

Conseil supérieur de l'Éducation nationale. *Origine* (1808) : Conseil de l'Université, présidé par un Grand Maître nommé par l'Empereur. C. royal de l'Instruction publique (1815) ou C. royal de l'Université (1845), puis C. supérieur de l'Instr. publ. (1850), et C. impérial de l'Instr. publ. (1852-70), à nouveau C. sup. de l'Instr. publ. (lois de 1873 et 1880), puis C. sup. de l'Ens. publ. (ord. du 26-4-1945), C. sup. de l'Éd. nat. (lois du 6-4 et du 18-5-1946). *Rôle :* donne son avis au ministre sur différentes questions concernant l'Éducation nationale ; organe juridictionnel d'intérêt national ; organe juridictionnel d'appel compétent pour les affaires admin. et surtout disciplinaires (maîtres et étudiants) : ses arrêts sont seulement susceptibles de recours en cassation devant le Conseil d'État.

Conseil supérieur provisoire des universités (CSPU). Mis en place en 1982-83 pour remplacer le Conseil sup. des corps univ.

Conseil national de l'enseignement supérieur et de la recherche (CNESER), sorte de « parlement » de l'ens. sup. *Présidé* par le ministre de l'Éduc. nat. *Membres :* 90 (54 repr. des univ. et des établ. publics indépendants des univ. ; 6 repr. des autres établ. publics d'enseign. sup. ; 30 repr. des grands intérêts nationaux). *Rôle :* consultatif au niveau le plus élevé, prépare la planification de l'ens. sup. et de la recherche, obligatoirement consulté sur la répartition des crédits, se prononce sur les conditions d'obtention des diplômes nationaux.

Conférence des présidents. Rôle consultatif important ; composée de tous les Pts et présidée de droit par le ministre, avec un premier vice-président « tournant » ; se réunit une fois par mois.

Assemblée générale des directeurs des établissements délivrant le diplôme d'ingénieur. Réunit les directeurs des écoles d'ingénieurs et d'autres établissements comme le CNAM et les INSA. *4 missions :* définition d'une politique de délivrance des diplômes d'ingénieurs ; admission sur titre dans ces établissements des diplômés des 1er et 2e cycles des univ. ; délivrance des diplômes d'ing. au titre de la formation continue ; accueil d'étudiants étrangers.

Universités et établissements assimilés

Généralités

Définition. Les univ., écoles, instituts, éc. normales sup. sont des établissements publics à caractère scientifique, culturel et professionnel, jouissant de la personnalité morale et de l'autonomie pédagogique, financière et administrative. Elles sont composées d'unités de formation et de recherche (UFR) qui remplacent les unités d'enseign. et de recherche (UER). Elles assument l'ensemble des activités exercées antérieurement à leur création par les universités et les facultés et, sous réserve des dérogations prononcées par décret, par les anciens instituts de faculté et d'université.

« Une ou plusieurs univ. peuvent être créées dans chaque académie.

« Les univ. sont pluridisciplinaires et doivent associer autant que possible les arts et les lettres aux sciences et aux techn. pour permettre à l'étudiant de choisir dès le 1er cycle, dans des conditions propres à chaque université, plusieurs disciplines, et dès le 2e cycle favoriser la recherche interdisciplinaire ».

Les universités ont pour interlocuteur officiel la Direction générale des enseignements supérieurs et de la recherche au sein du ministère de l'Éducation nationale depuis mai 1981 (de juin 1974 à janv. 1978, secrétariat d'État aux Universités, janv. 1978 à mai 1981, ministère des Universités).

Nombre *(1984) :* universités 70 [Paris 13, province 57, centre universitaire 1 (Avignon)].

Instituts nationaux polytechniques (INP) 3 : Grenoble, Nancy et Toulouse (groupent des écoles nationales supérieures d'ingénieurs, anciennement instituts d'université).

Établissements publics à caractère scientifique et culturel (indépendants des univ.) 3 : Institut d'études politiques de Paris, Observatoire de Paris, École des hautes études en sc. sociales. Soit au total 77 établ. publics à caractère scientifique et culturel soumis à la loi d'orientation de l'enseignement supérieur.

Organisation des universités

Conseil d'administration. Détient pouvoir de décision et d'exécution, vote le budget, détermine la politique de l'établ., répartit entre les différentes unités pédagogiques et les services communs (bibliothèques, gymnases, administration) emplois et ressources alloués par le ministère. *Nombre de membres :* 30 à 60, élus au suffrage direct pour 4 ans, sauf les représentants étudiants, élus pour 2 ans. *Composition :* enseignants et chercheurs 40 à 45 %, représentants étudiants 20 à 25 %, personnalités extérieures 20 à 30 % (responsables économiques régionaux, syndicalistes, représentants des collectivités locales, etc.), représentants du personnel administratif et technique 10 à 15 %. *Pt de l'univ. :* él. pour 5 ans par les membres des 3 conseils. Il dirige l'univ. et les 3 conseils, et a autorité sur l'ensemble des personnels, responsable du maintien de l'ordre. *Gestion de l'univ. :* secr. gén. nommé par le min. de l'Éduc. nat. sur proposition du président.

Conseil scientifique. *Mission :* définir la politique et les programmes de recherche. *Composition :* enseignants et chercheurs 30 à 40 %, représentants étudiants de 3e sycle, 7,5 à 12,5 %, personnalités extérieures 10 à 30 %. Rôle surtout consultatif.

Conseil des études et de la vie universitaire. Étudiants env. 40 %. Rôle : représentation au CA des orientations pédagogiques et toute mesure visant à favoriser l'orientation des étudiants ou à améliorer leurs conditions de vie et de travail.

Budget des universités. Celles-ci devront progressivement déterminer des objectifs planifiés (nombre et qualité des formations dispensées, création d'enseignements, projets de recherche) au lieu de recevoir chaque année du ministère une enveloppe budgétaire fixée selon des normes préétablies.

Les universités sont encouragées à trouver des « ressources propres » (rentabilisation par ex. des activités de recherche et de formation continue, collecte de la taxe d'apprentissage).

En avril, RPR et UDF ont déposé une proposition de loi destinée à se substituer à la loi Savary sur l'enseign. supérieur.

Au 10-4-1986 : 56 universités sur 74 avaient adopté des statuts conformes à la loi Savary ayant fait l'objet d'un arrêté ministériel. 30 les avaient adoptés à la majorité qualifiée des 2/3 ; 19 n'avaient pas tout à fait atteint le quorum des 2/3, mais le ministère avait cependant approuvé les statuts ; 7 avaient eu leurs statuts acceptés par le ministère sous réserve de modifications d'1 ou 2 articles. Pour 2 univ., l'arrêté instituant les statuts était signé mais non publié ; pour 4, les arrêtés étaient prêts mais non encore signés. Au total, 62 univ. appliquaient (ou étaient en passe d'appliquer) les dispositions de la loi Savary modifiant composition et mode d'élection des instances universitaires. 12 avaient refusé : 7 avaient adressé des statuts non conformes à la loi (Nantes, Montpellier-I, Nancy-I, Lyon-III, Rennes-I, Paris-V et Bordeaux-II) et 5 n'avaient transmis aucune proposition (Aix-Marseille II et III, Amiens, Paris-IV et IX).

UFR

Définition. Chaque univ. groupe des unités de formation et de recherche (UFR) qui ont remplacé les UER (Unités d'enseign. et de recherche).

3 CATÉGORIES : *UFR de droit commun ; UFR soumises à un régime particulier* par la loi elle-même (UFR médicales) ; *UFR dites à dérogation* assumant les missions d'anciens instituts de faculté ou d'univ. et soumises par décret à des règles particulières. Dans les 3 catégories d'UFR peuvent se trouver des UFR ayant reçu le statut d'établ. public à caractère scientifique, culturel et professionnel (Instituts d'études politiques de province, certaines écoles nat. sup d'ingénieurs et unités d'enseignement médical). De plus, les univ. peuvent comporter certains départements. De même, elles peuvent correspondre *à d'anciennes facultés* (droit, sciences), *à des disciplines* (anglais, droit public), *à des thèmes d'enseignement* (science de l'environnement, sc. de la société...) ou *à des niveaux d'étude* (1er cycle, 3e cycle, dominante recherche).

Nombre d'UFR (1-1-1984). 755.

Gestion. Chaque UFR est gérée par un Conseil élu par 6 *collèges électoraux* pour 5 ans. (En %) professeurs 24,3, maîtres-ass. 9,3, ass. 5,5, étudiants 30,9, membres du personnel non enseignant 7,9, personnes extérieures choisies par le Conseil en raison de leur compétence 18,1, chercheurs 4,5. 80 % des présidents d'universités appartiennent au Parti socialiste ou communiste.

Ce Conseil détermine les statuts de l'UFR, ses structures internes et ses liens avec d'autres universités ou parties d'université, assure la gestion de l'UFR sur le plan pédagogique (programmes de recherches, méthodes), élit le directeur de l'UFR. Par délibérations de leurs conseils approuvées par le conseil de l'université, plusieurs UFR peuvent créer des services communs.

Départements d'enseignement. Délivrent des *unités de valeur* qui seront intégrées dans les diplômes délivrés par l'université, selon des modalités qu'elle définit.

Contrôle des connaissances. Examens périodiques et terminaux, et par un contrôle continu. Le ministère de l'Éduc. nat. après avis du Conseil national de l'enseignement sup. et de la recherche détermine leurs modalités principales. Par dérogation décidée dans les mêmes conditions, l'acquisition des connaissances peut être appréciée par l'une de ces 2 méthodes seulement.

Les titres de *docteur* sont conférés après la soutenance d'une thèse ou la présentation en soutenance d'un ensemble de travaux originaux.

Les autres modalités du contrôle des connaissances sont déterminées, dans le respect de la loi d'orientation de l'enseignement sup. et des règlements en vigueur, par les établ. publics d'enseign. et de recherche et les UFR qu'ils regroupent.

Cycles d'enseignement

1er cycle (2 ans)

Sanction DEUG. *Diplôme d'études universitaires générales (DEUG)* substitué, depuis le 3-3-1973, au Dipl. universitaire d'études littéraires (DUEL), au Dipl. univ. d'ét. scientifiques (DUES) (créé en 1966), au Dipl. d'études juridiques générales et au Dipl. d'études économiques générales.

Dep. la réforme de l'enseignement sup. (loi du 26-1-1984), mise en place progressive de DEUG « rénovés » comprenant une période d'orientation de durée variable (jusqu'à 1 semestre) qui permet à l'étudiant de choisir sa discipline dominante.

Objectifs du DEUG. Acquisition de méthodes de travail intellectuel, initiation à plusieurs disciplines, obtention d'une bonne formation générale. *Inscriptions :* 3 i. annuelles au max. (2 en 1re année, 1 en 2e ou 1 en 1re, 2 en 2e). Exceptionnellement, 1 inscription supplémentaire peut être autorisée par le Pt de l'université.

Matières étudiées : obligatoires ; optionnelles (choisies et réparties par le Conseil de l'université) ; libres, (choisies par les étudiants). Étude des langues vivantes dans toutes les filières.

Contrôle des connaissances et des aptitudes par des examens périodiques ou terminaux et un contrôle continu.

Mentions : droit ; sciences écon. ; sciences humaines (5 sections : philosophie, psychologie, sociologie, histoire, géographie) ; *lettres et arts* (6 sect. : lettres, lettres et civilisations étrangères, langues étr. appliquées, arts plastiques, musique, histoire des arts) ; *sciences* (2 sect. : sc. des structures et de la matière, sc. de la nature et de la vie) ; *math. appliquées et sciences sociales ; administration économique et sociale ; sciences et techniques des activités physiques et sportives ; théologie* (2 sect. : catholique, protestante).

DEUST *(Diplôme d'études universitaires scientifiques et techniques).* Dipl. à finalité professionnelle. Créé par la loi du 20-1-1984 pour permettre à l'étudiant d'acquérir les connaissances et méthodes nécessaires à la fois à une entrée dans la vie active et à une éventuelle poursuite de reprise d'études sup.

Enseignement technique supérieur

Sections de techniciens supérieurs (STS). Formation dans certains lycées techniques, lycées agricoles ou établ. de même niveau en vue de carrières précises (ind. graphique, gestion hôtelière, secr. de direction, trilingue...). Conduit à des emplois de cadre moyen. *Durée :* 2 a. après le bac ou le bac de technicien, 3 a. pour BTS de prothésiste, orthésiste et podo-orthésiste, et diplôme de conseiller en écon. sociale et fam. *Sanction :* BTS (Brevet de technicien supérieur) permettant de s'inscrire en 2e cycle des facultés de sciences, de lettres ou de droit. Admission sur examen, sur titre ou concours, avec ou sans le bac, selon les spécialités.

Sections de techniciens supérieurs (1984-85) : 105 101 dont établ. publics dépendant du min. de l'Éduc. nat. : 54 848 (48,3 % de filles), d'autres ministères (Agriculture principalement) : 4 968 (21,6) ; établ. privés : 45 285 (62,4).

Élèves selon le type de formation (en %). Secteur tertiaire 14,6, secondaire 10,2, primaire 9,4. Sections de techniciens sup. implantées pour la plupart dans lycées techniques et agricoles, préparant au BTS, diplôme de niveau III obtenu en 2 ans, sauf pour BTS de podo-orthopédiste, Santé et diplôme de Conseiller en économie sociale et familiale, qui durent 3 ans.

Origine scolaire des élèves entrant en 1re année (1984-85). *Bacc. d'enseign. gén. obtenu en 84 : A* 11,8, *B* 10,4, *C* 2,9, *D* 9,5, *D'* 1,1, *E* 1,7. *Bacc. et brevet technicien obtenu en 83 : F* 20,6, *G* 18,6, *BT* 6,7, *H* 1. *Autres diplômes :* 15,7.

Origine socio-professionnelle des élèves (1984-85, en %). Agriculteurs 9,3. Artisans 5,9. Commerçants 5,8. Chefs d'entreprise 3,3. Prof. libérales 4,1. Cadres fonction publ. 3,5. Prof., prof. scient. et art. 3,4. Cadres d'entreprise 10,4. Instit. et assimilés 2,0. Prof. interm. Santé et fonc. publ. 4,2. Prof. interm. Adm. et Comm. des entr. 4,7. Techniciens 5,9. Contremaîtr. et ag. maîtr. 6,2. Employés 11,5. Ouvriers 11,1. Retraités 5,5. Autres et DASS 3,2.

Instituts universitaires de technologie (IUT). *Créés* 1966, donnent dans les UER d'université une formation de technicien supérieur (niveau III), moins spécialisés que les STS. *Nombre :* 80 IUT et 297 départements correspondant à une spécialité. *Sanction :* diplôme universitaire de technol. (DUT). 21 676 attribués en 1983.

Corps enseignant : ens. d'univ. ou du secondaire et technique, chercheurs des universités, professionnels (15 % en 1980). *Conseils d'admin. :* composés des représentants des employeurs, salariés, enseignants, diplômés et ministères concernés ; 1/3 viennent de l'extérieur de l'univ. *Commissions pédagogiques :* composées de représentants des professions et des formations, revoient régulièrement les formations en fonction des évolutions technol. et socio-économique.

Durée : Cycle normal. 2 ans (après le bac). 35 h par semaine (cours, travaux pratiques et dirigés). Chaque département organise les 2 années d'études en fonction des centres d'intérêt primordiaux du secteur concerné. *Admission :* après examen du dossier par un jury et entretien ; sans bac, sur examen spécial et dans la limite de 10 % des places disponibles. *Passage en 2e année :* prononcé par le chef d'établissement. Un stage dans une entreprise ou un organisme public est obligatoire pour obtenir le diplôme en fin de scolarité. *Redoublement :* autorisé une seule année.

Cycle spécial : 1 an. Pour les titulaires du DEUG, DEJG, DEEG, etc. ; les diplômés des IUT ou d'un BTS peuvent, après 3 ans de vie professionnelle, entrer dans une formation conduisant au diplôme d'ingénieur : cycle préparatoire de 6 à 8 mois, en restant dans leur emploi, ou un cycle terminal d'une année à plein temps dans une école.

Liste des IUT

(Chiffres romains : université, arabes : IUT).

1. Biologie appliquée, *options : — analyses biologiques et biochimiques :* Angers, Brest, Caen, Clermont-Ferrand, Créteil, Dijon, Lille I, Lyon, Montpellier, Quimper, La Rochelle, Tours ; *— industries alim. et biologiques :* Caen, Dijon, Lille I, Nancy I, Quimper, La Rochelle, Strasbourg I ; *— diététique :* Créteil, Lille I, Lyon I, Montpellier, Nancy I, Tours ; *— agronomie :* Angers, Clermont-Ferrand, Lyon I, Nancy I, Perpignan ; *— génie de l'environnement :* Brest, Tours ; *— industries agro-alimentaire :* Brest, Créteil, Montpellier, Perpignan, Rouen.

2. Carrières de l'information, *options : — documentation :* Besançon, Bordeaux B, Grenoble II, Nancy II, Paris, Strasbourg, Toulouse III, Tours ; *— communication* (publicité-relations publiques) : Besançon, Bordeaux B, Dijon, Grenoble II, Nancy II, Paris, Strasbourg, Toulouse III, Tours.

3. Carrières juridiques et judiciaires : Colmar, Grenoble II, Lille II, Rouen, Villetaneuse (Paris).

4. Carrières sociales, *options : — éducateurs spécialisés :* Grenoble 2, Lille III ; *— animateurs socioculturels :* Bordeaux, Grenoble 2, Lille III, Tours ; *— assistants sociaux :* Grenoble 2.

5. Chimie : Besançon, Béthune, Grenoble 1, Lille 1, Lyon 1, Le Mans, Marseille, Montpellier, Orléans, Orsay, Poitiers, Rennes, Rouen, Strasbourg ; *option : — sc. des matériaux :* Grenoble I, Besançon.

6. Génie chimique : Nancy, St-Nazaire, Toulouse.

7. Génie civil, *options : — travaux publics et bâtiment :* Amiens, Bordeaux, Lyon I, Nancy I, Rennes, St-Nazaire, Strasbourg, Toulouse ; *— génie climatique et équipement du bâtiment :* Amiens, Lyon (IUT 1), Rennes, Strasbourg, Toulouse III, Ville-d'Avray.

8. Génie électrique, *options : — électronique :* Angers, Annecy, Belfort, Béthune, Bordeaux IUT A, Brest, Cachan (2 départements), Calais, Grenoble I, Le Creusot, Lille, Nancy I, Nantes, Marseille, Montpellier, Mulhouse, Nice, Poitiers, Rennes, Rouen, St-Étienne, Toulouse, Troyes, Ville-d'Avray ; *— électrotechnique :* Béthune, Belfort, Le Havre, Lyon IUT 2, Montluçon, Montpellier, Poitiers, Ville-d'Avray ; *— automatique :* Angers, Annecy, Béthune, Brest, Bordeaux, Cachan, Calais, Évry (Créteil), Grenoble IUT 1, Lille, Le Creusot, Le Havre, Lyon IUT 2, Montluçon, Montpellier, Mulhouse, Nancy, Nantes, Nice, Poitiers, Rennes, St-Étienne, Toulouse, Troyes, Ville-d'Avray.

9. Génie mécanique et productique : Aix, Amiens, Angoulême, Annecy, Belfort, Besançon, Béthune, Bordeaux, Bourges, Brest, Cachan (Paris), Le Creusot, Dijon, Grenoble 1, Lille 1, Limoges, Lyon 2, Metz, Montluçon, Mulhouse, Nancy I, Nantes, Nîmes, Orléans, Poitiers, Reims, Rennes, St-Denis, St-Étienne, Toulon, Toulouse, Troyes, Valenciennes, Ville-d'Avray (Paris).

10. Génie thermique et énergie : Belfort, Grenoble, Lorient, Longwy, Poitiers, Ville-d'Avray.

11. Gestion des entreprises et des administrations, *options : — administration :* Amiens, Besançon, Caen, Grenoble IUT 2, Le Havre, Metz, Orléans, St-Denis, Valence ; *— gestion appliquée aux petites et moyennes organisations :* Angers, Bayonne (IUT des Pays de l'Adour), Brest, Clermont-Ferrand, Le Mans, Lille I, Limoges, Lyon I, Montpellier, Nancy, Nantes, Nice, Perpignan, Poitiers, Rennes, Rodez (IUT de Toulouse), St-Denis, St-Étienne, Sceaux (2 départ.), Tarbes, Toulon, Toulouse, Tours, Valenciennes, Vannes, Villetaneuse ; — finances, comptabilité : Aix, Amiens, Angers, Bayonne (IUT des Pays de l'Adour), Besançon, Bourges, Brest, Caen, Clermont-Ferrand, Corte, Dijon, Grenoble IUT 2, Lille, Limoges, Le Havre, Le Mans, Lyon IUT 1, Marseille, Montpellier, Metz, Mulhouse, Nancy II IUT, Nantes, Nice, Orléans, Paris V, Perpignan, Poitiers, Quimper, Rennes, Rodez (IUT de Toulouse), St-Denis, St-Étienne, Sceaux (2 départ.), Tarbes, Toulon, Toulouse, Tours, Troyes, Valence (IUT 2 de Grenoble), Valenciennes, Vannes, Villetaneuse ; *— personnel :* Aix, Amiens, Angers, Besançon, Bourges, Caen, Le Havre, Le Mans, Lille IUT 1, Metz, Montpellier, Mulhouse, Nantes, Nice, Poitiers, St-Denis, Strasbourg, Tours, Valenciennes.

12. Hygiène et sécurité, *options : — hygiène et sécurité du travail, — hygiène et séc. publiques :* Aix, Bordeaux, Marseille, Mulhouse, Lorient, St-Denis.

13. Informatique : Aix, Belfort, Bordeaux A, Calais, Clermont-Ferrand, Dijon, Grenoble II, Le Havre, Lannion, La Rochelle, Lille 1, Limoges Lyon 1, Metz, Montpellier, Nancy II, Nantes, Nice, Orléans, Orsay, Paris, Reims, Strasbourg, Toulouse, Villetaneuse.

14. Maintenance industrielle : Perpignan, St-Denis, St-Nazaire, Strasbourg, Tarbes, Valenciennes.

15. Mesures physiques, *options : — techniques instrumentales :* Bordeaux, Caen, Calais, Clermont-Ferrand, Créteil, Le Creusot, Lille I, Limoges, Metz, Orsay, St-Denis, St-Nazaire, Toulouse III ; *— mesures et contrôles physico-chimiques :* Bordeaux, Caen, Calais, Clermont-Ferrand, Créteil, Limoges, Metz, Orsay, Toulouse.

16. Statistiques, études économiques, et techniques quantitatives de gestion : Grenoble, Paris, Vannes.

17. Techniques de commercialisation : Aix, Amiens, Annecy, Bordeaux A, Caen, Colmar, Créteil, Dunkerque, Épinal, Grenoble 2, Le Havre, Lille II, Limoges, Lyon II, Metz, Montluçon, Montpellier, Nancy II, Nice, Paris, Périgueux. Quimper, La Rochelle, St-Denis, St-Étienne, St-Nazaire, Sceaux, Toulon, Toulouse, Tours, Troyes, Valence, Valenciennes

18. Transport et logistique : Aix, Évry, Lille III, Quimper.

☞ Effectifs IUT. Voir page 1166.

2e cycle

Formation scientifique de haut niveau. *1re année :* licence, *2e :* maîtrise. *Définition :* licences et maîtrises portent une dénomination nationale (proposée par l'établ. qui doit rendre compte du contenu et de l'objectif de l'enseignement). Le min. de l'Éduc. nat. publie chaque année les dénominations nationales en vigueur.

Licence. Diplôme terminal. Formation portant sur les éléments fondamentaux d'une discipline ou d'un groupe de disciplines, une formation interdisciplinaire, ou une formation ayant un objectif professionnel. *Durée :* 1 an (350 h à 550 h).

Maîtrise. Sanctionne une formation scientifique fondamentale ou scient. et technologique à objectif professionnel. Peuvent y accéder : les licenciés. *Durée :* 1 an (350 h à 550 h).

Maîtrises particulières (tronc commun en 2 ans). **Sanctionnées** après 2 a. de 2e cycle par le dipl. de maîtrise : m. de méthodes informatiques appliquées à la gestion (MIAGE) ; m. de sc. et techniques (MST), créées 1971 (connaissances scient. et processus techniques de production et distribution de biens et services) ; m. de sc. de gestion (MSG).

Le « Magistère »

Nouveau diplôme de l'ens. sup. Créé févr. 1985. Filière intégrée de 3 années après le 1er cycle un., à haut niveau, à encadrement accentué et à vocation notamment professionnelle. Délivré par des établ. accrédités par l'Ed. nat. Bénéficie ensuite d'une « protection analogue à celle du titre d'ingénieur ».

3e cycle (arrêté du 16-5-1974)

Doctorat d'État. Sanctionne (en droit, sc. écon., sc. de gestion, sc. pol., sc., lettres et sc. humaines, théologie cath., théol. protestante) la reconnaissance par un jury de l'aptitude du candidat à mettre en œuvre une recherche originale de haut niveau sous le contrôle d'un directeur de recherches. *Durée :* le candidat dispose normalement de 5 ans pour soutenir sa thèse. Au-delà, il doit obtenir un nouvel agrément du directeur de recherches et déposer à nouveau un sujet. *Niveau requis :* diplôme niveau maîtrise ou titre équivalent. Les universités peuvent exiger des titres supplémentaires dans les disciplines juridiques et écon. ; il faut en plus un DEA ou un DESS de la spécialité.

Doctorat de 3e cycle. Doit permettre au candidat de faire la preuve de son aptitude à la recherche. *Durée :* 2 ou 3 ans ; 1re a. sanctionnée par un DEA (diplôme d'ét. approfondies) qui comprend des enseignements théoriques et une initiation aux techniques de recherche à temps complet.

Diplôme de docteur ingénieur. Préparation réservée aux ingénieurs diplômés. *Organisée* sur le même modèle que le doctorat de 3e cycle. *Durée :* 3 ans. 1re a. sanctionnée par un DEA (dipl. d'ét. approfondies) + 2 ans oblig. pour préparer la thèse.

Diplôme d'études supér. spécialisées (DESS). *Créé* 1974. Doit permettre aux ét. d'entrer, après la maîtrise, plus directement dans la vie professionnelle. *Durée :* 1 an, enseign. et stage dans le monde prof.

● **Réforme du 3e cycle** (arrêté du 5-7-1984). Création d'un nouveau doctorat unique qui se substitue au doctorat d'État, de 3e cycle et au dipl. de docteur ingén. *Durée :* de 3 à 5 a. (DEA compris). *Objectifs :* faire du doctorat un dipl. reconnu par les organ. publics et les entreprises publiques et privées ; harmoniser le système fr. avec ceux des pays développés.

Médecine

Centres hospitaliers universitaires (CHU). *Créés* 1958 pour rapprocher l'Univ. de l'hôpital. Résultent d'une convention entre les UER médicales et les hôpitaux. Le personnel méd. d'encadrement employé à plein temps a une mission de soins, d'enseign. et de recherche. Tous les étudiants font leurs ét. dans les UER et dans le cadre des CHU où ils reçoivent une formation théorique et pratique. *Durée :* 7 ans. *Accessible* aux tit. du bac toutes séries, mais les séries scient. (D et surtout C) offrent plus de chances de succès. *Nombre :* 25 en province, 11 à Paris.

1er cycle d'études médicales (PCEM). 2 ans. 1re année commune à médecine et à chirurgie dentaire ; sélection (concours) en fonction de la capacité de formation des CHU et des besoins de la population (diminution des effectifs d'env. 10 % par an à partir de 1980).

2e cycle (DCEM). *Durée :* 4 ans ; *1re a. :* formation médicale générale, initiation aux fonctions hospitalières ; *3 autres a. :* pathologie et thérapeutique, formation théorique et clinique. *A partir de la 2e a.,* participation à l'activité hospitalière pendant 6 semestres. Dès le 5e semestre du 2e cycle, les étud. (appelés ét. hospitaliers) sont rémunérés. **Fin du 2e cycle :** stage interné d'1 an dans les hôpitaux, examens de clinique.

3e cycle : thèse pour le diplôme d'État de docteur en médecine (généraliste) et/ou certificats d'ét. spéciale (1 à 4 ans) ou internat (3 à 5 a.). **Fin du 3e cycle :** thèse et diplôme de docteur en médecine spécialisée.

Pharmacie

1er cycle. 1 an sanctionné par un concours (nombre de places fixé chaque année). 2 inscriptions seulement autorisées sauf dérogation exceptionnelle. **2e cycle.** 4 ans : 3 de form. générale et 1 de spécialisation. Enseign. théorique, pratique et dirigé. *3 stages :* officinal, (2 mois au début de la 2e année) ; hospitalier (2 mois en 4e a.) ; spécialisé (5 mois en 5e a). *3 options :* officine et pharmacie hospitalière, biologie, industrie. Chacune des 4 a. d'ét. est sanctionnée par un contrôle des connaissances avec 2 sessions par an. *Diplôme d'État* de docteur en pharm. (fin de 5e a.), une option au choix : industrie, officine, pharmacie. Soutenance d'une thèse après validation de l'examen de 5e a.

3e cycle. Réforme dep. la loi du 23-12-1982, entrée en application progressive : *1-10-1984 :* filières longues du 3e cycle (année d'ét. hospitalo-univ. pour les ét. de 5e année admissibles à l'internat, préparation dans le cadre de l'internat de spécialisation en pharmacie pour les internes nommés au 1-10-1984) ; *1-10-1985 :* filières courtes [1re a. d'ét. hospitalo-univ. (5e a. d'ét.)] ; *1-10-1986 :* 2e a. : stages professionnels (6e a. d'ét.).

Chirurgie dentaire (odontologie)

2e cycle. 4 ans après le PCEM. *Enseignements :* théorique, pratique, dirigé, clinique, 1re a. commune avec la 1re a. de médecine (PCEM 1). Sont exclus définitivement les candidats ayant subi 4 échecs à l'examen de fin de 2e a. *Examens d'admission en 3e, 4e, 5e a. :* contrôle des connaissances chaque a. Formation clinique et pratique : en 3e, 4e et 5e a. dans des services de consultations et traitements dent. *Sanction :* diplôme d'État de docteur en chirurgie dent.

3e cycle. *Doctorats* en sc. odontologiques (3e cycle) réservés aux titulaires du diplôme d'État de docteur en chirurgie dentaire ou en médecine. *Durée :* 2 ans pendant lesquels les candidats doivent acquérir 2 cert. d'ét. sup. de ch. dent. parmi ceux-ci : groupe A : biologie de la bouche (2 options), technologie des matériaux employés en art dent. Groupe B : prothèse dent. (4 options), orthopédie dento-faciale, odontologie conservatrice, parodontologie, odontologie chirurgicale, od. légale, pédodontie-prévention. Le candidat soutient une thèse de 3e cycle après obtention des 2 CES.

DERSO. (Diplôme d'études et de recherches en sciences odontologiques). Préparation en 2 ans réservée aux titulaires du diplôme d'État de docteur en chirurgie dentaire.

Doctorat d'État en odontologie. Institué 10-4-1980. Réservé aux titulaires du DERSO après rédaction d'une thèse.

Académies en 1985

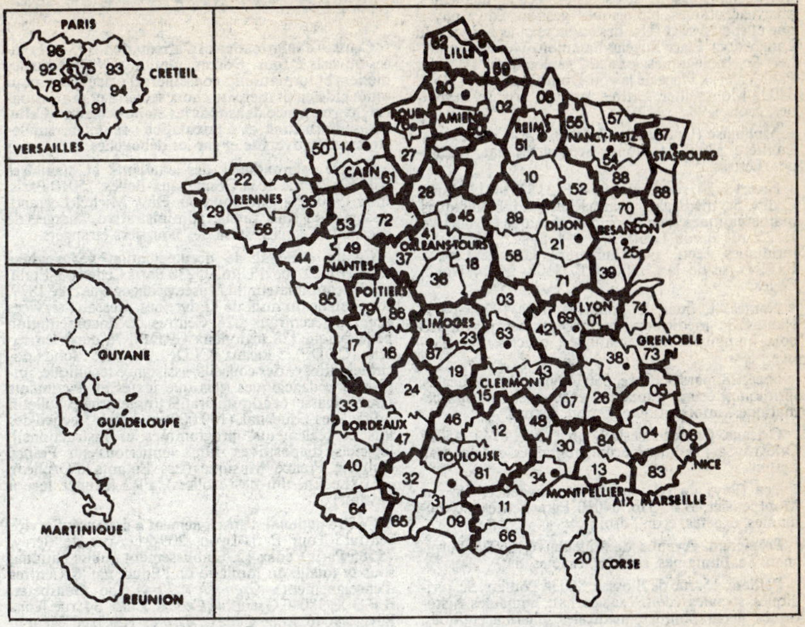

Universités (adresse et spécialisation)

Paris, Versailles et Créteil

L'Académie de Paris a été, à partir du 1-2-1972, réorganisée en 3 ac. : [*Paris, Versailles* (Yv., Hts-de-S., Essonne, Val-d'O.) et *Créteil* (Seine-St-Denis, Val-de-M., Seine-et-M.)] dirigées chacune par un recteur et coordonnées par un comité des recteurs, présidé par le recteur de l'Académie de Paris.

Paris 1 (Panthéon-Sorbonne). 12, place du Panthéon, Paris-5e. Sc. écon., humaines, juridiques, pol., langues.

Paris 2 (Droit-économie et sciences sociales). 12, place du Panthéon, Paris-5e. Sciences juridiques, administratives, pol., historiques et de l'information.

Paris 3 (Sorbonne-Nouvelle). 17, rue de la Sorbonne, Paris-5e. Langues, lettres et civilisations du monde moderne.

Paris 4 (Paris-Sorbonne). 1, rue Victor-Cousin, Paris-5e. Civilisations, langues, littératures et arts.

Paris 5 (René-Descartes). 12, rue de l'École-de-Médecine, Paris-6e. Sciences bio-médicales, psychol. et sociales. Technologie. Éd. physique et sportive.

Paris 6 (Pierre-et-Marie-Curie). 4, place Jussieu, 75230 Paris Cedex 05. Sc. exactes, sc. appliquées, bio. et médicales.

Paris 7. 2, place Jussieu, Paris-5e. Sc. exactes, bio., médicales et humaines, lettres.

Paris 8 (Paris-Vincennes). 2, rue de la Liberté, 93526 St-Denis Cedex 02. Sc. humaines en liaison avec les enseignements scientifiques et techniques. Seule université où actuellement on peut entrer sans avoir le bac en justifiant de 3 ans d'activité salariée (non bachelier) ou être mère de famille et avoir élevé un enfant de moins de 3 ans.

Paris 9 (Paris-Dauphine). Place De-Lattre-de-Tassigny, Paris-16e. Sc. de la gestion, écon. Informatique. Math. appliquées.

Paris 10 (Paris-Nanterre). 2, rue de Rouen et 200, av. de la République, 92000 Nanterre. Sc. juridiques, écon., humaines. Technologie. Lettres. Éduc. physique et sportive.

Paris 11 (Paris-Sud). Centre scientifique, 15, rue Georges-Clemenceau, 91405 Orsay. Sc. exactes, nat., médicales, pharmaceutiques, juridiques, écon. Technologie.

Paris 12 (Paris-Val-de-Marne). Av. du Général-de-Gaulle, 94010 Créteil. Sc. de l'environnement, juridiques, bio-médicales et humaines. Lettres.

Paris 13 (Paris-Nord). Avenue J.-B.-Clément, 93430 Villetaneuse. Sc. exactes, juridiques, médicales, humaines. Lettres.

Paris I.E.P. 27, rue St-Guillaume, 75341 Paris Cedex 07. Sc. politiques.

Province

Aix-Marseille I. 3, place Victor-Hugo, 13331 Marseille Cedex 03, et 29, av. Robert-Schumann, 13621 Aix-en-Provence. *Aix :* histoire, lettres, sc. humaines. *Marseille :* math., sc. exactes et nat. **II.** 58, bd Charles-Livon, 13007 Marseille. Sc. écon., pharmacie, médecine, odontologie, sc. sociales. Géographie. Éducation physique et sportive. **III.** 3, av. Robert-Schuman, 13628 Aix-en-Provence. Droit, écon., sc., sc. pol. et écon., gestion.

Amiens (Un. de Picardie). Campus, rue Salomon-Mahlangu, 80025 Amiens Cedex. Droit, sc. pol. et écon., exactes et nat., humaines, lettres, médecine et pharmacie.

Angers. 30, rue des Arènes, B.P. 3532, 49035 Angers Cedex. Sc. juridiques, écon, humaines, médicales, pharmaceutiques, exactes, nat. Lettres, Tourisme.

Antilles-Guyane. Bd Légitimus, B.P. 771, 97173 Pointe-à-Pitre (Guadeloupe). Lettres, sc. humaines, exactes, nat, juridiques, écon., médicales.

Avignon. 35, rue Joseph-Vernet, 84000 Avignon. Lettres, sc. humaines, exactes et nat.

Besançon. 30, av. de l'Observatoire, 25030 Besançon Cedex. Lettres, sc. humaines, écon., juridiques, exactes, nat., médicales et pharmaceutiques. Éduc. physique et sportive.

Bordeaux I. 351, cours de la Libération, 33405 Talence. Sc. juridiques, écon., exactes et nat., gestion, aménagement du territoire. **II.** 146, rue Léo-Saignat, 33076 Bordeaux. Sc. méd., pharmaceutiques, sociales, humaines, langues, informatique, éduc. physique et sport. **III.** Domaine universitaire, 33405 Talence. Lettres, arts, langues, philo., histoire, géographie, techniques d'expression et de communication, environnement.

Brest (Un. de Bretagne occidentale). Rue des Archives, B.P. 137, 29269 Brest. Sc. méd., exactes, nat., sociales, juridiques, écon., de la mer.

Caen. Esplanade de la Paix, 14032 Caen. Droit, sc. écon., pol., humaines, pharmaceutiques, médicales, langues, histoire, sc. de la terre et environnement. Éduc. physique et sportive.

Chambéry. Domaine universitaire de Jacob-Bellecombette, BP 1104, 73011 Chambéry Cedex. Sc. exactes, lettres, droit A.E.S., langues étrangères.

Clermont-Ferrand I. 49, bd Gergovia, B.P. 32, 63005 Clermont-Ferrand. Sc. juridiques, pol. écon., médecine, pharmacie, odontologie. **II.** 34, av. Carnot, B.P. 185, 63006 Clermont-Ferrand. Sc., lettres, sc. humaines, exactes et nat. Éduc. physique et sportive.

Compiègne (Un. de technologie). Centre Benjamin-Franklin, rue Roger-Couttolenc, B.P. 233, 60206 Compiègne. Technologie, génies biologique, chimique et mécanique. Sc. et techniques.

Corse (Corte). 7, av. Jean-Nicoli, B.P. 24, 20250 Corte. Sc. nat, humaines. Droit.

Dijon. Campus universitaire de Montmuzard, bd Gabriel, B.P. 138, 21004 Dijon. Sc. juridiques, pol., écon., humaines, exactes, nat., médicales, pharmaceutiques, lettres, langues. Éduc. physique et sport.

Grenoble I (Un. scientifique et médicale). Domaine universitaire, B.P. 68, 38402 St-Martin-d'Hères. Sc. biologiques, médicales, pharmaceutiques, exactes, nat. Éduc. physique et sportive. **II** (Un. des sciences sociales). Domaine un. St-Martin-d'Hères. Sc. juridiques, pol., écon., humaines, histoire, histoire des arts, urbanisme, lettres, gestion. **III** (Un. des langues et lettres). Domaine un. St-Martin-d'Hères. Lettres, langues, communication. **INP.** 46, av. Félix-Viallet, 38031 Grenoble.

Le Havre. 19, rue Théodore-Maillard, B.P. 1123, 76063 Le Havre. Sc. écon., gestion, géographie écon. et pol., langues étr. Affaires maritimes et commerce international en projet.

Lille I (Sciences et techniques). Domaine universitaire scientifique 59555 Villeneuve-d'Ascq Cedex. Sc. écon., sociales, exactes, biologiques, nat., agricoles. Géographie. **II** (droit et santé). 42, rue Paul-Duez, 59045 Lille. Sc. médicales, pharmaceutiques, du travail, juridiques. Éduc. physique et sportive. **III** (littéraire et juridique). B.P. 149, 59653 Villeneuve-d'Ascq. Histoire, langues modernes et anciennes, sc. humaines, exactes, statistiques, archéologie, techniques de réadaptation.

Limoges. Allée André-Maurois, 87065 Limoges. Sc. médicales, pharmaceutiques, juridiques, écon., humaines, exactes, nat. Lettres.

Lyon I (Un. Claude-Bernard). 86, rue Pasteur, 69365 Lyon. Sc. exactes, nat., médicales, pharmaceutiques, biologiques. Éduc. physique et sportive. **II.** 86, rue Pasteur, 69365 Lyon. Sc. de l'Antiquité, juridiques, écon., pol., humaines, sociologiques, ethnologiques, gestion, langues. Lettres. **III** (Un. Jean-Moulin). 1, rue de l'Université, 69329 Lyon. Droit, gestion, langues, lettres, sc. humaines.

Maine. Route de Laval, 72017 Le Mans. Sc. exactes, nat., humaines, juridiques, écon. Lettres.

Metz. Ile du Saulcy, B.P. 794, 57012 Metz. Lettres, sc. humaines, exactes, nat., juridiques, langues.

Montpellier I. 5, bd Henri-IV, B.P. 1017, 34006 Montpellier. Droit, sc. sociales, écon., médicales, pharmaceutiques, biologiques, gestion. Éduc. physique et sportive. **II** (Un. des sciences et techniques du Languedoc). Place Eugène-Bataillon, 34060 Montpellier. Sc. biologiques, exactes, géologiques. **III** (Un. Paul-Valéry). Place de la voie Domitienne, B.P. 5043, 34032 Montpellier. Lettres, langues, arts, sc. humaines, écon.

Mulhouse (Un. de Hte-Alsace). 2, rue des Frères-Lumière, 68093 Mulhouse. Sc. exactes, nat., humaines. Lettres.

Nancy I. 24, rue Lionnois, B.P. 3153, 54013 Nancy Cedex. Sc. médicales, pharmaceutiques, biologiques, mathématiques, exactes. Éduc. physique et sportive. **II.** 25, rue Baron-Louis, B.P. 454, 54001. Nancy. Sc. juridiques, écon., pol., humaines, langues. Lettres. **INP.** Porte de la Graffe. B.P. 3308, 54014 Nancy Cedex.

Nantes. 1, quai de Tourville, B.P. 1026, 44035 Nantes. Sc. médicales, pharmaceutiques, juridiques, pol., humaines, mathématiques, exactes, nat. Lettres.

Nice. 28, parc Valrose, 06034 Nice. Sc. médicales, juridiques, écon., humaines, exactes et nat., mathématiques, informatique, gestion. Lettres.

Orléans. Château de la Source, B.P. 6749, 45067 Orléans. Sc. juridiques, écon., humaines, exactes, nat. Lettres.

Pau (Pays de l'Adour). Villa Lawrence, 68, rue Montpensier, B.P. 576, 64010 Pau. Lettres, sc. humaines, exactes, écon., droit.

Perpignan. Avenue de Villeneuve, 66025 Perpignan. Sc. humaines, sociales, exactes, nat.

Poitiers. 15, rue de Blossac, 86034 Poitiers, Sc. juridiques, sociales, écon., exactes, nat., humaines, historiques, géographiques, médicales, pharmaceutiques, langues, lettres. Éduc. physique et sportive.

Reims. 23, rue Boulard, 51100 Reims. Droit, sc. écon., humaines, exactes, nat., médicales, pharmaceutiques. Lettres.

Rennes I. 2, rue du Thabor, 35000 Rennes. Sc. juridiques, écon., biologiques, humaines, exactes, médicales, gestion. **II** (Un. de Haute-Bretagne). 6, av. Gaston-Berger, 35043 Rennes. Langues, lettres, sc. historiques, pol., humaines, éduc.

Réunion. 12, av. de la Victoire, 97489 Saint-Denis-de-la-Réunion. Sc. juridiques, écon., pol., humaines. Lettres. Sc. exactes et nat., arts.

Rouen. 1, rue Thomas-Becket, 76130 Mont-Saint-Aignan. Sc. médicales, pharmaceutiques, juridiques, écon., humaines, exactes, nat. Lettres.

Saint-Étienne. 34, rue Francis-Baulier, 42023 Saint-Étienne, Droit, sc. exactes, nat., humaines, écon., médicales. Lettres, arts plastiques.

Savoie (Chambéry). Centre universitaire de Savoie. Route de l'Église-Jacob, Bellecombette, 73011 Chambéry. Sc. exactes, nat., humaines, sociales. Lettres. Droit.

Strasbourg I (Un. Louis-Pasteur). 4, rue Blaise-Pascal, 67070 Strasbourg. Sc. médicales, pharmaceutiques, mathématiques, exactes, écon., géogr. **II** (Un. des sciences humaines). 22, rue Descartes, 67084 Strasbourg. Sc. historiques, sociales, humaines, lettres, théologie. Éduc. physique et sport. **III** (Un. des sciences juridiques, politiques et sociales). 3, place d'Athènes, 67084 Strasbourg Cedex. Sc. juridiques, pol., sociales, écon. Technologie. Journalisme. Institut du travail. Techniques de l'information.

Toulon et du Var. Avenue de l'Université, 83230 La Garde. Sc. juridiques, écon., techniques, exactes.

Toulouse I (sciences sociales). Place Anatole-France, 31042 Toulouse. Sc. écon., juridiques, mathématiques, langues, informatique. **II** (Toulouse le Mirail). 5, allée Antonio-Machado, 31058 Toulouse. Sc. sociales, pol., écon., historiques, géogr., lettres, sc. exactes et nat., langues. **III** (Un. Paul-Sabatier). 118, route de Narbonne, 31062 Toulouse. Langues, lettres, informatique, gestion, sc. exactes, écon., médicales, pharmaceutiques. **INP.** Place des Hauts-Murats, 31006 Toulouse Cedex.

Tours (Un. François-Rabelais). 3, rue des Tanneurs, 37041 Tours. Sc. médicales, pharmaceutiques, exactes, nat., juridiques, écon., langues, lettres, gestion.

Valenciennes et du Hainaut-Cambrésis. Le Mont-Houy, 59326 Valenciennes. Sciences exactes, naturelles, humaines et artistiques. Spécialité audiovisuelle.

Organismes divers

Centres d'information et d'orientation. 595 en France, ouverts à tous. Documentation ONISEP sur les métiers et formations ; conseillers d'orientation pour toute aide en matière de choix scolaire et professionnel ; permanence dans tous les établ. scolaires. **Cellules d'information et d'orientation :** renseign. sur les études en université et sur les débouchés.

Centre international des étudiants et stagiaires (CIES). 28, rue de la Grange-aux-Belles, 75010 Paris. *Créé* 1960. *Pt :* Chr. Joudiou. Dir. : Michel Legrand. Association sous tutelle administrative, chargée de l'accueil et de la gestion des boursiers étrangers.

Centre national de documentation pédagogique (CNDP). 29, rue d'Ulm, 75230 Paris Cedex 05. Établ. public continuateur du Musée pédagogique *créé* 1879, sous tutelle du min. de l'Éduc. nat. *Réseau :* services généraux, centraux ; 28 Centres de documentation pédagogique (28 régionaux CRDP), 76 départementaux (CDDP), 5 locaux (CLDP). Propose : fonds documentaires et des conseils, assistance technique, imprimés pédagogiques (tels que textes et documents pour la classe) et administratifs [(notamment bulletin officiel de l'Éduc. nat. (100 000 ex.) hebdo, recueil des lois et règlements, programmes et instructions)], logiciels, diapositives, films, émissions sur France Culture, France Musique (Les Enfants d'Orphée), TF1 (Le Chemin des écoliers), FR3 (France face à l'avenir).

Centre national d'enseignement à distance. Service central : Tour Paris-Lyon, 209-211, rue de Bercy, 75585 Paris Cedex 12. Établissement public national sous la tutelle du ministre de l'Éduc. nat. 7 Centres d'enseignement : *Grenoble :* 39-41, bd Gambetta, B.P. 3 X, 38040 Grenoble Cedex ; *Lille :* 34, rue Jean-Bart, 59046 Lille Cedex ; *Lyon :* 100, rue Hénon, 69316 Lyon Cedex 4. *Rennes :* 7, rue du Clos-Courtel, 35050 Rennes ; *Rouen :* BP n° 3022 X, 76041 Rouen Cedex ; *Toulouse :* 3, allée Antonio-Machado, 31051 Toulouse Cedex ; *Vanves :* 60, bd du Lycée, 92171 Vanves Cedex. Assure : les formations scolaires (cours préparatoire à la terminale) ; enseign. technol. et profess. ; CAP, BEP, BP, bac. de technicien, BTS, BP ; certaines formations univ. conduisant au DEUG ; prépar. à la capacité en droit ; prépar. aux concours de recrutement relevant du min. de l'Éduc. nat. (carrières admin. et de l'enseign.) ; concours admin. et techn. d'autres départements ministériels : Travail, Défense, PTT, Sécurité publique, etc. ; autres formations : SNCF, métiers sportifs, professions paramédicales et sociales ; études comptables supérieures ; biotechnologies ; actions de formation continue et de promotion sociale, dans le cadre de conventions avec des organismes publics ou privés. *Nombre d'élèves* (1985) : 220 000 (malades, éloignés, engagés dans la vie professionnelle, militaires, etc.), dont env. 31 000 scolaires. *Enseignants :* 2 000, personnels administratifs et techniques 1 000. Collaboration avec les éc. françaises à l'étranger et les établ. d'enseign. des DOM-TOM. *Droit d'inscription scolaire annuel* (1985, Fr. métr.) : 241 à 600 F.

Enseign. privé par correspondance. Chambre syndicale nat. de l'enseign. privé à distance. 1, rue Thénard, 75005 Paris. Représente env. 200 établ. et 400 000 élèves.

Centre national des œuvres universitaires et scolaires (CNOUS). 69, Quai d'Orsay, 75007 Paris. Établ. public créé 1955. Mission : favoriser l'amélioration des conditions de vie et de travail des étudiants. 28 Centres régionaux (1 par académie), 12 locaux, 25 antennes, dans différents domaines : logement des étudiants en résidences universitaires (102 537 places) ou en HLM (9 371 logements). Restauration universitaire (70 300 000 repas ou prestations équivalentes). Service social (entretiens avec des assistantes sociales, aide matérielle ponctuelle par le Fonds de solidarité universitaire). Service de liaison étudiants-entreprises (stages, visites d'entreprises, emplois). Animation socioculturelle et de loisirs en liaison avec l'OTU (Office du tourisme universitaire). Accueil des étudiants étrangers boursiers et gestion de leurs bourses. Budget (en millions de F) : CNOUS : 1 265, CROUS : 2 237. Conseil d'administration du CNOUS et des CROUS : représentation paritaire administration/étudiants. *Étudiants bénéficiaires* (1985) : 845 772.

> Les universités ne bénéficient pas de franchise leur permettant d'accueillir des manifestations non autorisées par les pouvoirs publics.

Institut national de recherche en éducation et formation (INREF). 29, rue d'Ulm, 75005 Paris. Établissement public sous la tutelle du ministère de l'Éducation nationale. *Administré* par un Conseil d'adm. (34 m.), un directeur. Un Conseil scientifique (15 à 18 m.) est présidé par le Pt du Conseil d'admin. *Publications :* Revue française de pédagogie, Histoire de l'éducation, Étapes de la recherche (trimestriel), Repères. Collections : Rencontres pédagogiques, rapports de recherche.

Office national d'information sur les enseignements et les professions (ONISEP). 46-50, rue Albert, 75013 Paris, 75635 Paris Cedex 13. Établ. public national à caractère administratif, sous tutelle du min. de l'Éduc. nat., en liaison avec universités, administrations, professions et organismes intéressés. Mission : élaborer et mettre à la disposition des utilisateurs la documentation nécessaire à l'information et à l'orientation par une meilleure connaissance des moyens d'éducation et des activités prof., contribuer aux études et recherches relatives à la connaissance des activités prof. et de leur évolution et à la communication des informations relatives à l'insertion prof., et participer à la formation du personnel d'information et d'orientation. 28 délégations régionales (1 par académie) placées sous tutelle du recteur.

Radio et télévision éducatives

Utilisées par plusieurs institutions : Centre nat. de documentation pédagogique (min. de l'Éducation), 22 univ. env. (enseign. sup.), « Télé Promotion rurale » (min. de l'Agriculture).

Centre audio-visuel de l'ENS de St-Cloud (CAV). Produit une partie des émissions universitaires télévisées et des émissions pour le compte du Conseil de l'ordre des médecins (formation post-universitaire des méd.). Émissions d'une 1/2 h tous les 15 j sur la 2e chaîne nationale.

Télé-enseignement universitaire. Dispensé par certaines universités (enseign. supérieurs de 1er et 2e cycles : disciplines littéraires, sc. humaines, langues, administration écon. et soc., sc. jur., sc. écon., sc. phys., maths, sciences des structures et de la matière, histoire de l'art).

Radio (5 h hebdomadaires pendant 21 sem.), *télévision régionale FR 3* (environ 40 émissions d'une 1/2 h par an), cours enregistrés sur cassettes sonores, cours écrits, devoirs et exercices, regroupements périodiques d'étudiants.

Radio-Sorbonne diffuse 30 h de cours par radio chaque semaine les lundi, mardi, mercredi, jeudi et vendredi pendant 20 sem., souvent en direct des amphithéâtres des universités litt. de Paris (cours de licence et d'agrégation). Au sein du min. de l'Éducation nat. (Direction des enseignements supérieurs), le bureau des Techniques nouvelles d'enseign. coordonne les enseignements universitaires à distance.

ONISEP. Participe à l'expérience Télétel (voir Index). Met à la disposition des usagers possédant un minitel des informations sur les métiers, la scolarité et les concours administratifs.

Universités du 3e âge

Origine. 1973, 1re univ. créée à Toulouse sur l'initiative du Pr Pierre Vellas. Le modèle français a été imité dans de nombreux pays : Belgique, Suisse, Pologne, Espagne, Italie, G.-B., Canada, U.S.A., All. féd., Suède, etc. **But :** sortir les personnes âgées de leur isolement par la pratique d'activités culturelles, physiques et artisanales (yoga, gymnastique, histoire régionale, langues étrangères, économie politique, reliure, dessin, voyages). **Conditions :** aucune (pas de diplômes exigés). **Frais d'inscription :** 100 F et + par an, réduits de moitié pour personnes aux faibles ressources. Éducateurs, moniteurs et assistants le plus souvent bénévoles.

Universités du 3e âge (1-1-85). Aix-Marseille *I* Centre St-Charles, 3, place Victor-Hugo, 13331 Cedex 3. *III* 3, av. Robert-Schuman, 13621. **Amiens** Logis du Roy, Passage du Logis du Roy, 80000. **Angers** C.H.U. 49036 Cedex. **Besançon** 30, av. de l'Observatoire, 25030 Cedex. **Bordeaux** Maison des sciences de l'homme, Esplanade des Antilles, Domaine Univ., 33405 Talence. **Brest** Univ. de Bretagne occidentale, 20 av. Le Gorgeu, 29200. **Caen** Univ. de Caen, Esplanade de la Paix, 14032. **Chambéry** 27, rue Marcoz, 73011 Cedex. **Dijon** Fac. des sciences, 6, bd Gabriel, 21000. **Grenoble** Univ. des Sc. sociales, 5, rue de la Liberté, 38000. **Lille** *II* hôpital René-Suynghedauw, rue du 8-Mai-1945, 59034 Cedex. **Luchon** Univ. d'été (mai à oct.), Ét. thermal, cours Quinconces, 31100. **Lyon** *II* 86, rue Pasteur, 69365 Cedex 02. **Le Mans** route de Laval, B.P. 535, 72017 Cedex. **Montpellier** *III* route de Mende, B.P. 5043, 34032. **Nancy** *I et II* bd des Aiguillettes, B.P. 140, 54037. **Nantes** 1, quai de Tourville, B.P. 1026, 44035 Cedex. **Nice** 28, parc Valrose, 06034. **Orléans** château de la Source, B.P. 6057, 45017. **Paris** *IV* Univ. Inter-âge, Grand Palais, Perron Alexandre III, Cours de la Reine, 75008. 56 000 inscrits en 1981-82. *V* (cycle d'été en liaison avec la Mairie de Paris), 12, rue de l'École-de-Médecine, 75270 Cedex 06. *VI*, 4, place Jussieu, 75230 Cedex 05. *X*, 200, av. de la République, 92000 Nanterre. *XII*, Univ. Paris Val-de-Marne, av. du Gal-de-Gaulle, 94000 Créteil. *Institut catholique*, 21, rue d'Assas, 75006. **Pau** Univ. de Pau, av. Poplawski, 64000. **Perpignan** Univ. du 3e Age, Formation continue, av. de Villeneuve, 66000. **Reims** 13, rue Hincmar, 51120. **Rennes** *I*, 2, rue du Thabor, B.P. 826, 35010 Cedex. *II* 6, av. Gaston-Berger, 35043 Cedex. **St-Etienne** 1, rue de la Convention, 42100 Cedex. **Strasbourg** *I* 4, rue Blaise-Pascal, B.P. 1032, 67070 Cedex. **Toulouse** *I* place Anatole-France, 31042 Cedex. **Tours** Maison des Fontaines, 10, rue Léo-Delibes, 37200. **Versailles** 1 *bis*, rue Borquis-Desbordes, 78000.

Il existe une *Association Internationale des Universités du 3e Age*. Siège : Un. des Sc. soc., place Anatole-France, 31042 Toulouse Cedex.

Universités d'été

Origine. *1982 :* 1re univ. d'été à Marseille-Luminy. **Nombre en 1984 :** 68 universités.

Fondation de la Vocation

Créée *15-3-1960*, par Marcel Bleustein-Blanchet, Pt de « Publicis », reconnue d'utilité publique dep. le 18-9-1973. **Organisation.** Membres bienfaiteurs, donateurs, souscripteurs ; jury (35 m. dont 3 académiciens, 3 prix Nobel, 4 professeurs au Collège de France, 3 m. de l'Institut et de nombreuses personnalités incarnant la réussite de la vocation dans le domaine des sciences, arts, lettres, musique) ; jury du prix littéraire de la V. (10 m. critiques littér., écrivains, lauréats de la Fondation de la V.) ; jury du prix de Poésie (7 m. poètes, écrivains, journalistes) ; comité de sélection. **Secrétariat :** 60, av. Victor-Hugo, 75116 Paris.

Décerne chaque année 27 bourses de 20 000 F chacune, dont une réservée pour le prix littéraire de la Vocation (attribuée à un jeune auteur de 18 à 30 a. d'expression française, ayant déjà été publié en France) ; et une pour le prix de Poésie (attribuée à un poète de 18 à 30 ans, les manuscrits sont pris en considération). **Conditions.** Age min. 18 ans, et max. 30 a. ; être Français, ressentir une authentique vocation dont on a fait la preuve par des débuts de réalisation.

Lauréats. (1960-85, 26 promotions) 682 dont aéronautique 25, agriculture 29, artisanat 73, arts plastiques 58, divers 69, enseign.-études 29, littérature 16, médecine 55, musique 86, nature 25, photographie-cinéma 32, rééducation 24, sciences 115, spectacles-théâtre 19, sports 20.

Cours par correspondance

Origine. *1850* l'Anglais Isaac Pitman crée des cours par correspondance en sténo et comptabilité.

Législation (France, loi du 12-7-1971). Inscriptions. *Le démarchage pour provoquer la souscription d'un contrat d'enseignement est strictement interdit au domicile des particuliers ou sur les lieux de travail. Le contrat de souscription à un cours ne peut se former que par correspondance et ne peut être signé qu'après 6 jours francs* (à compter du lendemain du j. de sa réception). *Au moment de l'inscription, il ne peut être réglé plus de 30 % du prix de l'enseignement,* fournitures non comprises. Si l'enseignement s'étend sur plus d'un an, les 30 % sont calculés sur le prix de la 1re année en cours.

Interruption. *Si, pour une cause indépendante de sa volonté, l'élève ne peut plus suivre les cours,* lui-même ou son représentant légal (père, mère ou tuteur) peut demander la résiliation du contrat qui, dans ce cas, doit être obtenue sans donner lieu à indemnité. Dans tous les cas, pendant 3 mois à compter de la date d'entrée en vigueur du contrat, le souscripteur (l'élève ou son représentant) peut se libérer de son engagement avec l'école, c'est-à-dire arrêter ses cours (sans donner de justification) moyennant le versement d'une indemnité (max. 30 % du prix total de l'enseignement, fournitures non comprises). Les sommes déjà versées peuvent être retenues à concurrence de cette limite (fournitures non comprises).

A peine de nullité, le contrat doit reproduire les dispositions de l'art. 9 de la loi du 12-7-71, préciser les conditions dans lesquelles l'enseignement sera donné à l'élève : il doit y être annexé le plan d'études avec des indications sur le niveau des connaissances préalables nécessaires, sur celui des études, leur durée moyenne et les emplois auxquels elles préparent.

Aucune école privée par correspondance n'est agréée officiellement par l'État. Un institut peut préparer à un *diplôme,* mais ne peut en délivrer. L'école peut délivrer des *certificats de scolarité* qui n'engagent qu'elle.

Nombre d'élèves. Env. 500 000 personnes, en majorité de 18 à 30 a. dont 200 000 au CNEC, 300 000 dans des organismes privés.

Renseignements. *Chambre syndicale nationale de l'enseignement privé à distance :* 1, rue Thénard, 75005 Paris.

Budget

Éducation nationale

Données générales

Montant en millions de francs courants et rapports, en %, entre ce budget et le produit intérieur brut, et le budget total (non compris pensions civiles)

	Montant	P.I.B.	Budget
1976	54 272	3,2	18,5
1978	73 058	3,4	18,3
1980	92 452	3,4	17,6
1981	106 273	3,4	17,2
1982	124 909	3,5	15,8
1983	141 447	3,6	16,0
1984	151 943	3,5	16,2
1985	158 833,9	3,5	16
1986	162 005,9	3,3	15,7

Comparaisons avec l'étranger. Voir p. 1150.

Répartition (1986, en %). Par programmes des dépenses ordinaires et crédits de paiement du min. de l'Éducation nat. *Enseignement des écoles :* 27,1 dont pré-élémentaire 5,9, élémentaire 13,3, spécial 1er degré public 1,8, privé 3,9, action sociale 0,1, formation des instituteurs 2,1. *Enseign. secondaire :* 52,2 dont collèges 20,4, lycées 18,4, privé 8,5, action sociale 3,8, formation des personnels collèges et lycées 1,1. *Enseign. universitaire :* 12,8 dont universités 7,7, enseign. technol. 1,9, recherche et grands établ. 0,9, action sociale 1,8, formation des personnels 0,3. *Programmes de soutien :* 7,9 dont administration 3,3, éducation physique et sportive 2,3, orientation 1,2, recherche, documentation 0,6, formation permanente 0,3. *Évolution du budget.* Voir Quid 1982, p. 1322.

Par nature de charges. Rémunération des personnels 91,8 ; autres charges 2,4 ; subventions 3,3 ; capital 2,4.

Coût de l'éducation (en milliards de F.). *En 1982 :* 245,4 (9 % du P.I.B.), soit par habitant : *France métropolitaine* env. 4 500 F. Dont État : 170,1 (69,2 %) (Min. de l'Éduc. nat. 153,1, autres min. 17), collectivités locales 35,7 (14,5 %), entreprises 13,6 (5,5 %), ménages 25,5 (10,4 %). D.O.M.-T.O.M. 7,28. Étranger 3,34. *Total 256.5.*

Dépenses particulières

• **Enseignement public. Rémunération des personnels et matériels.** *Pers. d'enseign. et de direction :* État. *Pers. administratifs et de service. 1er degré :* communes. *2e degré :* État. *Fonctionnement, matériel : 1er degré :* communes. *2e degré :* établ. nationalisés : État 2/3, communes 1/3 ; établ. d'État : État.

Dépenses d'investissement. *1er degré :* communes avec subventions du départ. financées sur crédits du budget de l'État. *2e d. : acquisitions de terrains :* communes avec subventions de l'État ; *travaux :* communes avec subventions de l'État ; exceptionnellement État (DOM-TOM, opérations de caractère national) ; *équip. en matériel :* État. *Universités :* État.

• **Enseignement privé. Sous contrat. Personnel enseignant.** État. *Autres personnels et fonctionnement matériel :* — classes sous contrat d'association : 1er degré : communes ; 2e d. : État (forfait d'externat) ; — sous contrat simple : familles. **Privé hors contrat :** à la charge des familles sauf exception.

Crédits d'État pour l'enseign. privé (budget 1985, en millions de F). Rémunération des personnels enseignants 16 746,2. Forfait d'externat et manuels scolaires 2 225. Autres subventions 151,4. Transports scolaires 23. Allocation de scolarité 60,9. Bourses et secours d'études 247,9. *Total* 19 454,4.

Dépenses communes
(enseignement public et privé)

Bourses. Enseignement supérieur et 2e degré : à la charge de l'État. Crédits inscrits au titre des bourses nat. d'études du 2e degré (budget 1985) : 2 502 millions de F. Dans certains cas, les collectivités locales peuvent accorder des bourses scolaires aux élèves du 2e degré.

Transports scolaires (1984). *Dépenses* 2 648 900 000 F dont part (en %) : État 62,2 (1 214 F par élève), collectivités loc. et familles 35. *Élèves bénéficiant de l'aide :* 2 200 000, soit 20 % des élèves des enseign. élémentaire et 2e degré. En 1981-82, la gratuité était réalisée dans 31 départements.

Nota. — Dep. le 1-9-1984, les transports scolaires relèvent de la compétence quasi exclusive des collectivités locales.

Coût de la rentrée scolaire (1985-86). Selon la Confédération syndicale des familles (CSF). En 6e : *1 370,45 F,* en 4e : *1 389,25 F,* en 2e : *1 810,90 F.* En 2e, option technologie *3 284,90 F.*

Coût unitaire par élève (en F, 1986). Enseignement public. Pré-élémentaire 4 380, élémentaire 5 831, spécial 1er degré 18 884, collèges 10 968, spécial collèges 17 034, lycées 16 923, LP 15 325, apprentissage 11 727 (1983), enseign. post-bac 16 720. **Privé.** 1er degré 6 487, 2e degré 12 334.

Bourses d'études

Montant des bourses (1985-86)

Enseignement secondaire. Parts unitaires variant selon ressources et charges des familles (2 à 6 pour les collèges, 3 à 10 pour les lycées). *Taux de la part* (1985-86) collèges 168,30 F, lycées 225 F.

Taux moyen annuel estimé : 1er cycle : 640 F ; 2e cycle court : 2 185 F et prime à la qualification de 2 811 F ; 2e cycle long général : 1 665 F ; 2e cycle long tech. : 2 185 F. Prime d'équipement pour 1res années de section industrielle : 700 F. Primes à la qualification pour les élèves préparant un C.A.P., un B.E.P., une mention ou une formation complémentaires à l'un de ces diplômes : 2 811 F. *Nombre de boursiers* estimé pour 1985-86 : 1 593 000 (29 % des él. du 2e degré). Depuis le 1-1-85, les conditions d'octroi de bourses nationales relatives au cursus scolaire ont été considérablement élargies.

Enseignement supérieur. Les ressources familiales sont réparties en 9 tranches correspondant à 9 échelons de bourse attribués en fonction du plafond des ressources.

Taux trimestriel normal et, entre parenthèses, après service national en F, 1985-86 : 1er échelon : 3 690 (4 878). *2e :* 4 878 (6 084). *3e :* 6 084 (7 308). *4e :* 7 308 (8 352). *5e :* 8 352 (9 378). *6e :* 9 378 (10 440). *7e :* 10 440 (11 466). *8e :* 11 466 (12 744). *9e :* 12 744 (13 698). *B. de type licence :* 13 698 (14 670) : *B. de service public* 12 744 (13 698). *1ère année d'ét. de 3e cycle :* 13 698 (14 670). *Agrégation :* 14 670 (15 624).

Les bourses sont accordées aux Français et à certains étrangers (réfugiés, ressortissants d'un pays membre de la CEE dont les parents travaillent ou ont travaillé en France, étrangers résidant en France depuis au moins 2 ans ainsi que leur famille) qui suivent des études sup. ouvrant droit à cette aide.

Conditions d'attribution

Aux élèves (français ou étrangers) du 2e degré et aux étudiants de l'enseign. public ou privé habilité à recevoir des boursiers nationaux, situé en Fr. métr. ou dans un départ. d'outre-mer. *Critères :* ressources et charges des familles, définies annuellement par un barème national, revu annuellement. Le plafond des ressources au-dessous duquel une bourse peut être accordée varie en fonction du nombre de ces points.

La famille des enfants originaires d'un pays hors CEE doit résider en Fr. ou dans un départ. d'outre-mer.

Points de charge. *2e degré.* Famille avec 1 enfant à charge 9 points, pour le 2e à charge 1, chacun des 3e et 4e 2, à partir du 5e 3, candidat boursier déjà scolarisé en 2e cycle ou y accédant à la rentrée suivante 1, accédant à un LEP au cours de la scolarité du 1er cycle 1, pupille de la Nation ou justifiant de la protection particulière 1, père ou mère élevant seul 1 ou plusieurs enfants 3, père et mère tous 2 salariés 1, conjoint en longue maladie ou en congé de longue durée 1, enfant au foyer infirme permanent sans droit à l'allocation d'éducation spéciale 2, ascendant à charge au foyer atteint d'une infirmité ou d'une maladie grave 1, candidat boursier dont le domicile est dans une commune rurale de − de 2 000 h. sans établissement du 2e degré 1.

Plafond des ressources imposables (1986-87). Points de charge 2e degré et entre parenthèses ens. sup.[1] *9 :* 37 350 (59 700). *10 :* 41 500 (66 200). *11 :* 45 650 (73 100). *12 :* 49 800 (79 600). *13 :* 53 950 (86 300). *14 :* 58 100 (93 100). *15 :* 62 250 (99 700). *16 :* 66 400 (106 300). *17 :* 70 550 (113 100). *18 :* 74 700 (119 600). *19 :* 78 850 (126 400). *20 :* 83 000 (133 100). *21 :* 87 150 (139 700). *22 :* 91 300 (146 300). *23 :* 83 380 (143 100). *24 :* 83 380 (149 200). *25 :* 83 380 (155 500). *26 :* 83 380 (161 700).

Nota. — (1) 1er échelon.

Enseign. supérieur. Famille avec 1 enfant à charge (l'enfant est évidemment l'étudiant candidat boursier) 9, candidat b. pupille de la nation ou bénéficiaire d'une protection particulière 1, candidat b. dont le domicile habituel est éloigné de plus de 30 km de la ville universitaire 2, père ou mère élevant seul(e) un ou plusieurs enfants 2, père, mère ou conjoint en longue maladie ou en congé de longue durée ou atteint d'une invalidité d'au moins 80 % 1, pour chaque enfant à charge à partir du 2e 1, pour chaque enfant étudiant dans l'enseignement sup. à l'exclusion du candidat boursier 2, enfant atteint d'une incapacité permanente (non pris en charge à 100 % dans un internat) 2, ascendant à charge au foyer, atteint d'une infirmité grave ou d'une affection de longue durée ou atteint d'une invalidité d'au moins 80 % 1, candidat b. souffrant d'un handicap physique nécessitant l'aide d'un tiers 1, étudiants venant des DOM qui doivent poursuivre leurs études en métropole 1, père ou mère tous 2 salariés 1, candidat marié dont les ressources du conjoint sont prises en compte 1, pour chaque enfant à charge du candidat 1.

Autres possibilités pour les ét. non boursiers français. Prêts d'honneur, remboursables sans intérêt 10 a. après la fin des études.

En cas de graves problèmes financiers, une aide peut être accordée sur les crédits du Fonds de solidarité étudiante. S'adresser à l'assistante sociale du CROUS.

Statistiques (1984-85)

2e degré

Nombre de boursiers (public et, en italique, privé, France métr.). **1er cycle :** 743 944, *106 854.* **CPPN-CPA :** 62 858, *8 644.* **2e cycle long :** 155 915, *27 403.* **2e cycle court :** 263 225, *40 194.* **Total :** 1 225 942, *183 095.* **% par rapport à l'ensemble des élèves :** 34,5, *17,7.*

Origine socio-professionnelle des boursiers (public + privé), en %. Ouvriers 48,9. Non-actifs 21,3. Employés 8,8. Agriculteurs exploitants 5,8. Personnels de service 5,9. Salariés agricoles 3,4. Patrons industrie et commerce 1,9. Cadres moyens 0,7. Prof. libérales, cadres sup. 0,1. Autres catégories 0,6.

Part. Répartition en % (public + privé). *2 :* 34,8 ; *3 :* 6,2 ; *4 :* 6,5 ; *5 :* 9,9 ; *6 :* 8,2 ; *7 :* 2,1 ; *8 :* 4,2 ; *9 :* 1,9 ; *10 :* 3,2. *11 :* 2,7. *12 :* 4,7. *13 :* 2,3. *14 :* 0,4. *15 :* 0,3. *16 :* 2,4. *17 :* 0,03. *18 :* 2,3. *20 à 27 :* 7,6.

Enseignement supérieur

Nombre de boursiers (public et privé) par catégorie d'établ., en %. Universités publiques 75,5, sections de techn. sup. 14,8, écol. préparatoires aux grandes éc. 3,3, éc. d'ingénieurs 3,3, autres éc. 2, fac. privées 0,7, CPAG (centres de prép. à l'administration gén.) 0,4.

Répartition par type d'aide financière (Fr. sans T.O.M.). 148 558 b. accordées dont étrangers 5 592. En % : *1er échelon* 4,4, *2e* 3,7, *3e* 5,2, *4e* 4,7, *5e* 8,2, *6e* 5,6, *7e* 11,3, *8e* 5,9, *9e avec ou sans compl.* 42,1, *service public* 0,6, *alloc. études 1re année* 3,6, *agrégation* 0,8, *prêts d'honneur* 1,9, *alloc. recherche* 2,2.

Origine socio-professionnelle des boursiers (public + privé), en %. Ouvriers 22,7. Employés 21,5. Personnel non actif, retraités, sans profession 18,4. Cadres moyens 7,8. Patrons, ind. commerçants, artisans 4,8, professions libérales, cadres sup. 2,7, personnel de service 2,7, agr. exploitants 1,9, salariés agr. 0,8, autres catégories (artistes, armée, sportifs) 1,8, indéterminés 5.

Effectifs scolaires

Source : Service de la prévision, des statistiques et de l'évaluation (Vanves).

Effectifs totaux

Population scolaire et universitaire

Total (public et privé) et % par rapport à la population totale (Fr. métr.)

1906	6 500 000	16,55	1968	11 656 000	23,55
1936	6 390 000	15,25	1970	12 130 000	24,00
1946	6 043 000	14,91	1975	13 160 000	25,01
1956	8 072 000	18,58	1980	13 450 230	25,04
1960	9 501 000	20,89	1983	13 364 218	24,6
1964	10 604 000	21,95	1985	13 856 000	25,16

Taux de préscolarisation. Selon l'âge, % d'enfants préscolarisés en 1985-86 (entre par. : ens. public). *2 ans :* 31,5 (27,1). *3 :* 93,8 (81,6). *4 :* 101 (88). *5 :* 100 (87,1).

Nombre d'apprentis dans les Centres de formation d'apprentis (CFA)

En 1983-84, Fr. métr. + DOM (public et privé). Garçons et, entre parenthèses, filles. *Municipalités* 8 066 (4 455), *chambres de commerce et d'ind.* 9 917 (7 080), *ch. des métiers* 63 229 (19 704), *organismes privés* 72 184 (17 389), *établ. publics d'enseign.* 13 556 (6 955), *conventions nationales* 2 435 (169). **Total** 169 383 (55 752).

Enseignement 1er et 2e degré (1985-86, France métr.)

Enseignement du 1er degré

Écoles maternelles et, entre parenthèses, éc. primaires et d'enseign. spécial. Public. *Pré-élémentaire* 1 885 264 (348 714). *Élémentaire* 1 291 (3 411 823) dont CP 1 291 (725 530), CE1 (674 782). CE2 (666 385). CM1 (661 531). CM2 (683 595). Adaptation 510 (13 930). Initiation 82 (5 226). Ens. spécial 176 (69 162). *Total 1 887 323 (3 848 855).*

Privé. *Pré-élémentaire* 35 513 (293 973). *Élémentaire* 135 (614 053) dont CP 135 (119 032), CE 1 (115 680), CE 2 (118 578), CM 1 (122 790), CM 2 (137 973). *Initiation et adaptation* (2 008). *Ens. spécial* (4 469). **Total 35 648 (914 503).**

Enseignement du 2e degré

Total, et entre parenthèses, % de filles, Fr. métr.

Public

1er cycle. 2 526 724 (51,3) dont *6e :* 722 066 (48,5). *5e :* 756 985 (49,7). *4e :* 531 342 (53,7). *3e :* 516 391 (54,9). *CPPN :* 74 842 (41,3). *CPA :* 49 883 (33).

2e cycle. Court. 631 627 (43,5) dont *CEP* (1 an) : 2 572 (59,3). *CAP* (3 ans) : 339 411 (36,7). *CAP* (2 ans) : 14 452 (31,4). *BEP* (2 ans) : 1 275 192 (52,3).

Long. 927 233 (55) dont 2e : 334 886 (55). 1re : 298 865 (54,5). Terminale : 293 482 (55,7) [prépa. au bac général 182 088 (58), au bac techn. 102 866 (54)], professionnel long (BT) 8 528 (23).

Classes T et T' et préparations diverses. 1 169 (65,4).

Total 2e degré. 4 210 309 (50,5).

Privé

1er cycle. 687 528 (48,1) dont *6e :* 181 036 (46,7). *5e :* 185 975 (47,3). *4e :* 153 177 (49,7). *3e :* 150 155 (50,9). *CCPN :* 13 501 (35,6). *CPA :* 3 684 (27,1).

2e cycle Court. 189 872 (59,6) dont *CEP* (1 an) : 1 050 (72,9). *CAP* (3 ans) : 85 699 (57,3). *CAP* (2 ans) : 15 043 (63,2). *BEP* (2 ans) : 88 083 (61).

2e cycle Long. 283 841 (55,1) dont *2e :* 98 107 (54,4), *1er :* 93 312 (55,4), *terminale :* 92 422 (55,6), [prépa. au bac général 64 072 (53,7), au bac techn. 26 626 (60,3), prof. long (BT) 1 724 (53)].

Classes TT', et prépa. diverses. 1 880 (54).

Total 2e degré. 1 161 244 (51,7).

Effectifs dans le privé 1985-86

ACADÉMIES	1er degré	% priv. publ.	2e degré	% priv. publ.
AIX-MARSEILLE	25 749		46 250	19,9
Réunion	8 726		3 578	5,2
AMIENS	19 190		25 830	14,3
ANTILLES-GUYANE	9 838		8 709	8,3
BESANÇON	11 913		17 508	15,6
BORDEAUX	31 785		47 158	19,2
CAEN	30 795		31 833	23,5
CLERMONT-FERRAND	24 292		31 688	25,6
CORSE	1 126		1 726	8,4
CRÉTEIL	25 154		42 092	12,8
DIJON	13 875		19 991	13
GRENOBLE	42 688		52 121	20,8
LILLE	98 687		96 811	22,3
LIMOGES	4 163		6 875	10,9
LYON	57 599		72 453	27
MONTPELLIER	26 082		31 940	18
NANCY-METZ	18 632		37 900	16
NANTES	156 562		125 791	40,6
NICE	13 640		20 458	15,4
ORLÉANS-TOURS	26 676		33 373	15,6
PARIS	37 563		68 127	37,2
POITIERS	25 145		25 713	17,3
REIMS	14 881		20 706	15
RENNES	138 378		129 648	44,6
ROUEN	19 132		27 096	15,6
STRASBOURG	8 407		18 281	12,4
TOULOUSE	35 588		43 637	20,7
VERSAILLES	42 449		73 951	16,5
France Total (sauf T.O.M.)	**960 715**		**1 161 244**	**21**
dont Fr. métr.	950 151		1 148 957	21,4

Élèves parvenant en terminale : 34,1 % des élèves entrés en 6e en 1972-73-74 (dont garçons 28,3, filles 39,8 ; enfants d'enseignants 79,4, enfants de salariés agricoles 15).

L'admission en terminale dépend des résultats antérieurs, en particulier du déroulement de la scolarité primaire, des choix des élèves ou des familles lors des phases d'orientation (différents chez les garçons et les filles et dans chaque groupe social).

Élèves des catégories sociales « favorisées » (enseignants, cadres supérieurs et professions libérales, industriels et gros commerçants, cadres moyens) et, entre parenthèses, « défavorisées » [ouvriers (moins contremaîtres), personnels de service, salariés agricoles, non actifs et divers] en %. Effectif des entrants en 6e : 21,1 (44,7), admis en terminale : 39,2 (25,7) [dont admis en terminale C : 61,9 (13,4)]. 55,1 % des élèves qui avaient eu une scolarité primaire « normale » sont parvenus en cl. terminale, 10,7 % pour ceux qui avaient redoublé au moins une classe, 5,4 % pour les élèves qui avaient redoublé le cours préparatoire. 39,8 % des garçons n'ont pas redoublé de classe de l'entrée en 6e jusqu'en terminale comprise, filles 49,7 %.

Plus le redoublement s'est produit tôt dans l'enseignement primaire, plus faible est le taux d'admission en terminale.

Filière suivie en terminale. Section A, B, C, ou D. *Catégorie « favorisée » :* admis en terminale 78,6 % des élèves ; *« moyenne » :* 56,4 ; *« défavorisée » :* 48,7.

Sections A, B, C ou D : filles 66,8 % garçons 57,9 %.

Répartition des élèves (enseignement général). Élèves c. « favorisées », entre parenthèses, c. « défavorisées ». *Section A :* garçons 12,3, filles 33 (garçons 18,4, filles 41) ; *B :* G. 18,9, F. 20,8 (G. 26,3, F. 27,5) ; *C :* G. 35,1, F. 17,6 (G. 23,6, F. 9,2) ; *D :* G. 33,7, F. 28,6 (G. 31,7, F. 22,4).

☞ Effectifs scolaires dans l'enseignement agricole, voir p. 1163.

Élèves étrangers

Public et privé, 1983-84. 1er degré 706 269, soit 10,4 % [dont Nord-Africains (Algérie, Maroc, Tunisie) 53,7 %, Portugais 20,1, Turcs 6, autres Africains 4,6, Sud-Est asiatique 4,3, Espagnols 3,6, Italiens 2,6, Yougoslaves 1,4, autres pays du Marché commun 0,9, divers 2,8]. **2e degré [1] 355 994**, soit 6,7 % (dont Nord-Afr. 42,8 %, Portugais 23,9, Espagnols 7,7, Italiens 6,2, Sud-Est asiatique 4,4, autres Africains 4,2, Turcs 3,3, autres pays du Marché commun 1,8, Yougoslaves 1,4, divers 3,6).

% par rapport au nombre total d'élèves. *1er degré* + de 15 % : Paris 26,2 % ; Créteil 21,2 ; Lyon 18 ; Versailles 17,3. – de 3 % : Caen, Nantes, Rennes. *2e degré [1]* : + de 7 % : Paris, Créteil, Versailles, Lyon, Strasbourg ; – de 1 % : Rennes.

% par niveau public et entre par. privé : *1er degré* : Préélémentaire 11 (2,2) ; C.P.-C.M.2 11,7 (2,5) ; Initiation 88 (2,2) ; Adaptation 24,4 (49,7) ; Perfectionnement 18,7 (4,4). *2e degré* 1er cycle 7,6 (2) ; C.P.P.N.-C.P.A. 12,7 (5,1) ; 2e cycle court 10,2 (51) ; 2e c. long 4 (2,6) ; Ens. spécial 16,9 (2,4).

Nota. – (1) Ens. spécial exclu.

Enseignement spécial (1984-85, France métr.)

Total 333 092 él. dont dans SES (sections d'éduc. spécialisées) et classes-ateliers 115 545, établ. médico-éducatifs 96 263, classes spéciales en éc. maternelles et primaires (anciennes cl. annexées) 72 913, établ. médicaux 19 652, établ. socio-éduc. 12 324, ENP 11 834, établ. scolaires spécialisés 4 452.

Par types de handicaps : aveugles 1 269, amblyopes 2 503, sourds 6 561, malentendants 2 248, infirmes moteurs cérébraux non polyhandicapés graves 4 622, autres hand. moteurs 6 351, déficients somatiques (autres déficients physiques) 9 758 ; polyhandicapés graves 4 973 ; déficients mentaux non polyhandicapés graves 240 003 ; placés pour raisons sociales 20 867, troubles du caractère et du comportement 23 057, troubles psychiatriques graves 10 880.

Enseignement agricole (1983-84, France métr.)

Enseignement public donné dans 88 lycées agréés, 102 lycées d'enseignement professionnel agricole, 8 écoles spécialisées, 59 centres de formation professionnelle agricole **Privé reconnu** : 439 maisons familiales (enseignement par alternance pour une majorité d'enseignement professionnel court), 357 établissements à temps plein.

Ens. public 51 134 [court 24 055 (dont 7 337 filles), long 21 155 (5 287 f.), supér. 5 924 (1 351 f.)]. **Privé reconnu** 75 979 [court 63 539 (32 791 f.), long 9 759 (2 413 f.), supér. 2 681 (610 f.)]. **Technique agricole (public et privé reconnu)** 127 113 [court 87 594 (40 128 f.), long 30 914 (7 700 f.), supér. 8 605 (1 961 f.)].

Mode d'hébergement

Public (2e degré, 1983-84). 4 252 136 él. dont (%) : *externes* 42,9 (lycées 37, collèges 47,9, LEP 29,6) ; *1/2 pensionnaires* 57,1 (lycées 51,1, collèges 50,9, LEP 51,7) ; *internes* 5,6 (lycées 11,4, collèges 0,8, LEP 18,3) ; autres 0,3.

Privé (2e degré, 1983-84). 1 088 506 él. dont (%) : *externes* 39,2 (lycées 41,6, collèges 32, LEP 50,4) ; *1/2 pensionnaires* 47,2 (lycées 36,5, collèges 55,3, LEP 33,7) ; *internes* 10,7 (lycées 15,3, collèges 8,1, LEP 13,1) ; autres 4,8.

Tarif des internats (en F, par an, 1983-84). Public 3 000 à 6 900. Privé 9 500 (sous contrat) à 24 000 (hors contrat).

Nombre d'élèves par classe

Nombre moyen d'élèves par classe ou division (1984-85), Fr. métr. Public, en italique, privé. **1er degré** : cl. maternelles (éc. maternelles) 28,8, *29,3* ; cours préparatoires 21,5, *22,8* ; élémentaires (CP à CM 2) 23,4, *25,1* ; classes à plusieurs cours 19,4, *21,7* ; cl. uniques 14,9, *14,3* ; initiation 10,9, *14,3* ; cl. spéciales 11,2, *11,5* ; adaptation-perfectionnement 10,4, *12,3*. **2e degré** : *1er cycle* 24,0, *25,3* dont *6e* 24,4, *25,8*, *5e* 24,4, *25,8*, *4e* 24,4, *25,1*, *3e* 24,4, *25,2*, *CPPN* 17,2, *17,8*, *CPA* 19,6, *18,5* ; *2e cycle court* 24,8 *22,4* dont *CEP* 15,0, *17,0*, *CAP 3 ans* 24,4, *21,5*, *CAP 2 ans*, BEP 25,4, *23,2* ; *2e cycle long* 29,4, *24,3* dont *2e* 31,8, *28,6*, *1re* 28,3, *23,1*, *terminale* 28,0, *22,0*.

Nombre de redoublants, en %, en 1983-84 (public + privé) *CP* 11,4. *CE 1* 7,7 [1]. *CE 2* 7,3 [1]. *CM 1* 8,3 [1]. *CM 2* 8,6. *6e* 11,4. *5e* 14,4. *4e* 8,1. *3e* 12,5. *2e* 16,6. *1re* 6,8. *T* 20,7. *CAP 1* 5,5. *CAP 2* 3,7. *CAP 3* 10,1. *BEP 1* 7. *BEP 2* 10,3.

Nota. – (1) 80-81.

Seuils de dédoublement des classes. L'effectif de référence pour la constitution des classes est de 24 élèves. Néanmoins, à la rentrée 1982-83, il restait des classes de plus de 29 él. : lycées publ. 37,9 %, priv. 14,6 %, LEP publ. 22,8 %, priv. 13,2 %.

Nota. – Pour le second degré, en réalité, les enseignants ont un nombre plus important d'élèves.

Seuil de fermeture d'écoles rurales à cl. unique. Depuis le 13-1-1982, les classes de – de 9 él. sont maintenues [avant, en cas de fermeture : les élèves étaient regroupés dans l'école d'un village central dotée de classes de tous les niveaux ou, dans chaque village, une seule classe de niveau homogène était maintenue (l'ensemble des classes dispersées constituant une école intercommunale)].

Enseignement des langues

Langues vivantes

Obligatoires. 1re langue obligatoire à partir de la 6e ; la 2e en option à partir de la 4e ou de la 2e ; la 3e, en option en 2e et 1re, obligatoire en terminale A5. **Principales langues** étudiées : anglais, allemand, espagnol, italien. Sur 59 121 élèves du 2e degré étudiant d'autres langues env. 45,4 % étudient le russe (3 millions de Sov. apprennent le français, 30 000 Français apprennent le russe), 19,8 % le portugais, 16,7 % l'arabe, 7,2 % l'hébreu moderne, 3,9 % le chinois, autres 7,3.

% d'élèves étudiant une 1re langue vivante (1984-85). Public et entre parenthèses privé. *1er cycle* : anglais 83,2 (91,8), all. 14,2 (7,6), espagnol 1,6 (0,6), italien 0,2, autres 0,8. *2e cycle long* : anglais 80,1 (90,3), all. 17,2 (7,6), espagnol 1,8 (1,6), italien 0,4 (0,2), autres 0,5 (0,3). *2e cycle court* : anglais 89,9 (92,3), all. 6,6 (4,4), espagnol 2,8 (2,7), italien 0,4 (0,2), autres 0,3 (0,4).

% d'élèves étudiant une 2e langue vivante (1984-85). Public et entre parenthèses privé. *1er cycle* (à partir de la 4e) : espagnol 45,4 (55,7), all. 26,9 (31,2), anglais 19,7 (9,8), italien 6,9 (2,6), autres 1,1 (0,7). *2e cycle long* : espagnol 37,9 (48,4), all. 34,4 (37,1), anglais 21,8 (10,1), italien 5,4 (3,1), autres 1,5 (1,3). *Court* : espagnol 33,7 (39,3), all. 25,6 (11,6), anglais 9,3 (13,5), italien 0,4 (5,8).

Langues mortes

Nombre d'élèves étudiant le latin et le grec dans le 2e degré (1984-85). Public + privé (dont entre parenthèses, privé).

	Latin		Grec	
	Garçons	Filles	Garçons	Filles
4e	74 090 (19 433)	102 332 (25 037)	4 703 (1 119)	6 412 (1 447)
3e	63 452 (16 157)	91 919 (22 509)	4 136 (1 015)	5 739 (1 288)
2e	26 832 (8 152)	44 381 (11 993)	3 249 (958)	5 443 (1 324)
1re	13 316 (4 030)	24 539 (6 819)	1 923 (653)	3 394 (881)
Term.	9 010 (2 827)	19 769 (5 532)	1 374 (449)	2 942 (801)

Langues régionales

Nombre d'élèves du 2e degré étudiant une langue régionale (1983-84). *Total* 21 898 (public 66,7 %, privé 33,2 %). *Occitan* 10 647 (pu. 73,5, pr. 26,4). *Breton* 3 756 (pu. 16,4, pr. 83,5). *Basque* 1 867 (pu. 42,4, pr. 57,5). *Catalan* 2 576 (pu. 97,2, pr. 2,7). *Corse* 2 982 (pu. 93,6, pr. 6,3).

Académies d'enseignement. Occitan : Aix, Bordeaux, Clermont, Limoges, Montpellier, Nice, Toulouse ; *breton* : Nantes, Paris, Rennes, Versailles ; *corse* : Aix, Corse, Nice ; *catalan* : Montpellier ; *basque* : Aix, Bordeaux ; *alsacien* : Strasbourg.

Les langues régionales (basque, breton, catalan, occitan) peuvent être étudiées depuis la loi Deixonne du 11-1-1951 ; le corse peut être étudié depuis 1974 (décret Fontanet).

Enseignement des « langues et cultures d'origine » (1er degré 1984-85, public)

Effectifs d'enfants de la nationalité inscrits dans les écoles, entre parenthèses nombre d'élèves dans les enseignements intégrés aux horaires scolaires, et en italique nombre d'élèves dans les enseignements hors des horaires scolaires. *Total* 98 556 (70 360) 45 119 dont **arabe** algérien 34 555 (27 289) *4 077*, marocain 7 411 (3 813) *4 029*, tunisien 6 027 (3 639) *3 459*, **espagnol** 2 295 (494) *436*, **italien** 4 942 (10 335) *1 500*, **portugais** 31 016 (16 881) *19 323*, **turc** 11 926 (7 802) *7 018*.

Établissements

☞ En Fr. métropolitaine, 1984-85. Établissements publics et entre parenthèses privés.

Établissements du 1er degré

Nombre d'établissements. *Éc. maternelles* 16 995 (382). *Éc. élémentaires* 48 605 (6 223) dont à plusieurs classes 32 328 (5 942), à classe unique 10 054 (281). *Écoles d'enseignement spécial* 111 (14). **Total 59 488 (6 619).**

Nombre de classes. *Classes maternelles et enfantines* 73 070 (10 428). *Classes élémentaires* (CP à CM2) 162 293 (26 606). *Cl. d'initiation et d'adaptation* 1 976 (166). *Cl. d'enseign. spécial* 6 762 (41). **Total 244 101 (37 241).**

Établissements du 2e degré

Nombre d'établissements. *Lycées* 1 134 (1 175). *Collèges* (ou éc. 1er cycle) 4 776 (1 805) (ou C.C.) (42). *LEP* (ou éc. tech. 2e cycle court) 1 352 (900). **Total 7 262 (3 922).**

Nombre de classes. *1er cycle* 103 530 (25 581). *CPPN-CPA [1]* 8 366 (983). *2e cycle court [1]* 26 104 (8 456). *2e cycle long [1]* 31 857 (12 395). **Total 169 857 (47 415).**

Nota. – (1) Les demi-divisions sont comprises pour une unité.

Formation professionnelle

☞ Voir aussi à l'Index.

Organismes publics

Association pour la formation professionnelle des adultes (AFPA). 13, place de Villiers, 93108 Montreuil Cedex. En 1986 : Demandeurs de formation 436 000, accueillis par des psychologues du travail. Stagiaires 100 000, recevant une formation (+ de 300 métiers) dans l'un des 130 centres (55 millions d'heures/stagiaires). Les stages rémunérés sont ouverts aux adultes qu'ils soient sous contrat de travail (en congé individuel de formation ou envoyés par leur entreprise) ou demandeurs d'emploi.

Établissements du ministère de l'Éducation nationale. *GRETA* (Groupements d'établ. pour la formation continue) : 382 regroupant 5 760 établ. s. *Proposent* : stages d'initiation, perfectionnement ou promotion professionnels (conçus en fonction des problèmes spécifiques des entreprises et des salariés) ; préparations aux diplômes professionnels nationaux (CAP, BP, BTS) dans le cadre de la promotion sociale, souvent préparés en partie sur le temps de travail, suivant les nouvelles modalités du système d'obtention de diplôme par unités capitalisables ; stages pour publics prioritaires, ouverts aux jeunes sans qualification, demandeurs d'emploi, travailleurs migrants, femmes souhaitant la réinsertion dans la vie professionnelle.

Activités coordonnées dans chaque académie par la DAFCO (Délégation académique à la formation continue) et au niveau national par le Service de formation continue, intégré à la Direction des lycées.

Nombre de stagiaires (1984) : 363 100 participants aux sessions de formation dont actions financées par les entreprises (1 %) 44 %, l'État et collect. locales 56 % (dont stages jeunes 16-18 a. 30 %, 18-25 a. 7,2 %, demandeurs d'emploi 20,4 %, migrants 7,4 %).

Centres de formation continue des universités. 127 000 stagiaires et 16,5 millions d'heures stagiaires dans 78 univ. ou centres univ. ; grandes écoles ou établ. d'enseign. supérieur.

Conservatoire national des arts et métiers et ses centres associés (CNAM). V. p. 1178.

Centre national d'enseign. à distance (CNED). V. p. 1161.

Agence nationale pour le développement de l'éduc. permanente (ADEP). Tour Franklin, Paris la Défense. (Ne fait pas de formation directe.)

Centres académiques de formation continue (CAFOC). Forment des conseillers en formation continue et des formateurs des organismes de formation publics ou privés ou des entreprises. *Nombre :* 27.

Bilan de la formation prof. *Actifs ayant participé à des actions de formation* en 1984 *3 451 000* (1 sur 6, 1,96 % des salariés d'entreprise) dont financées par l'État 855 000, régions 320 000, entreprises 2 276 000, fonds d'assurance-formation 326 000. *Heures par stagiaire* (moyenne) : 120 h. *Budget* (en milliards de F) : entreprises 18,8, État 10,6, régions 2,5.

Nota. — Depuis le 21-9-1982, les employés des entreprises de moins de 10 salariés, adhérentes à une organisation professionnelle membre d'une conféd. patronale signataire de l'accord, ont droit au *congé-formation ;* les entreprises doivent verser 0,10 % de la masse des salaires (1983) ; le coût pour le salarié doit être minime. Dep. le 1-6-1983, les régions ont compétence pour définir et financer des programmes de formation et d'apprentissage (loi du 7-1-1983).

Campagne pour la formation prof. des jeunes. *Mesures spécifiques* en vue de leur insertion sociale et professionnelle à partir de 1982 (résultats 1984-85) : *Jeunes 16-18 ans :* 91 900, *18-25 :* 38 700. Contrat emploi-formation : 58 301, emploi-adaptation : 15 383. Jeunes volontaires (min. de la Jeunesse et des Sports) : 12 000. *Mesures nouvelles* à partir d'oct. 1984 (résultats au 31-7-1985) : Contrat de qualification : 460, d'adaptation : 4 269. Stages d'initiation à la vie professionnelle : 19 552. Travaux d'utilité collective (T.U.C.) : 160 750 (au 30-6-1985). *Apprentissage :* 218 385 (en 1983-84 hors agriculture).

Répartition, par groupe de métiers préparés, des élèves scolarisés en vue d'une qualification du niveau V, IV et III (1984-85)

Formations	Niveau V				Niveau IV		Niveau III	
Groupes de métiers	en 2 ans		en 3 ans					
	Public	Privé	Public	Privé	Public	Privé	Public	Privé
Agriculture, élevage, forestage	364	–	624	33	60	–	–	2 237
Pêche, navigation maritime et fluviale	–	–	177	–	–	–	–	–
Mines et carrières	226	–	1 041	18	–	–	42	–
Génie civil, T.P., topographie	999	82	317	–	3 812	496	3 385	180
Construction en bâtiment	2 614	239	10 082	147	–	–	604	125
Couverture, plomberie, chauffage	2 068	171	10 598	138	841	–	368	–
Peinture en bâtiment, industrielle	615	191	5 786	155	79	–	–	–
Production et 1re transformation métaux	436	3	342	3	366	–	270	–
Forge, chaudronnerie, constructions métalliques	5 034	431	29 428	2 188	2 302	25	2 638	150
Mécanique générale et de précision	31 055	5 702	95 547	12 975	23 326	2 247	16 303	832
Électricité, électrotech., électroméc.	35 000	6 952	19 547	4 705	17 977	2 719	12 284	350
Électronique	5 353	2 918	656	587	7 932	1 871	2 929	1 204
Verre et céramique	270	89	694	6	160	–	349	399
Photo, industries graphiques	1 253	634	980	591	479	184	414	67
Papier, carton	86	27	265	103	70	–	–	–
Chimie, physique, biochimie	850	91	76	–	7 309	2 074	10 063	1 461
Boulangerie, pâtisserie	108	82	960	263	–	–	–	–
Abattage, travail des viandes	28	105	83	–	–	–	–	–
Autres spécialités alimentation	2 484	746	6 411	1 071	54	–	62	–
Textiles	144	43	2 359	235	155	–	344	64
Habillement, travail étoffes	6 935	1 673	32 451	6 710	1 211	254	157	84
Cuirs et peaux	146	60	761	113	117	–	73	25
Travail du bois	4 347	889	22 291	3 026	1 976	110	215	54
Conducteurs engins terrestres	2 034	612	828	415	–	–	–	–
Autres formations : secteurs secondaire et primaire	1 494	160	216	5	–	12	609	–
Dessinateurs bâtiments, T.P.	3 221	534	–	65	590	260	–	–
Dessinateurs industriels	4 376	1 051	996	310	–	–	–	–
Formations générales, sciences et techn. industrielles (Bac. E.)	–	–	–	–	14 102	1 163	–	–
Total formation secteurs primaire et secondaire	111 540	23 485	243 516	33 862	82 918	11 415	51 109	7 212
Organisation travail, gestion, contrôle prod.	–	–	–	–	393	200	1 055	–
Techniques administratives et juridiques	3 058	660	25	–	–	–	1 315	–
Secrétariat, dactylographie, sténographie	38 046	17 432	5 664	3 609	19 945	5 353	11 837	10 384
Techniques financières ou comptables	43 503	18 414	12 699	5 134	25 516	7 092	19 747	6 847
Traitement électronique information	35 307	14 212	27	–	2 265	1 445	7 609	5 347
Commerce et distribution	18 906	5 962	25 630	12 408	12 298	3 863	11 676	7 664
Information, documentation, relations publ.	–	–	–	–	862	1 765	2 823	5 402
Enseignement, animation	–	–	–	–	–	–	1 002	–
Arts et arts appliqués	479	110	549	1 061	2 692	174	1 077	61
Santé, section paramédicale, services sociaux	18 609	10 450	18	304	13 697	7 077	574	–
Soins personnels	1 681	5 584	2 014	2 276	–	–	80	71
Hôtellerie et collectivités	7 370	1 812	27 682	12 146	3 042	594	1 443	299
Arts ménagers	–	–	–	–	–	–	1 538	1 768
Surveillance, sécurité	–	–	–	–	–	–	–	–
Formations aux fonctions d'encadrement	–	–	–	–	–	–	–	–
Formations littéraires et linguistiques	–	–	–	–	–	–	135	230
Formations générales économiques (1re année com. CAP et BAC B)	–	1 566	21 532	11 854	139 168	50 020	–	–
Préformation	–	124	6 146	942	–	–	–	–
Autres formations	23	–	1 299	–	–	–	485	–
Total formations tertiaires	166 982	76 326	103 285	49 734	219 878	77 583	62 396	38 073
ENSEMBLE	278 522	99 811	346 801	83 596	302 796	88 998	113 505	45 285

Enseignement privé

Quelques dates

XIIIe au XVIe s. : la notion d'enseignement « privé » n'existe pas : l'enseignement est ecclésiastique, et l'Égl. n'est pas séparée de l'État monarchique. **XVIe-XVIIe s. :** jusqu'à la révocation de l'édit de Nantes (1685), les Protestants ont des établ. scolaires et universitaires (académies) qui échappent au contrôle de l'Église. **1685-1791 :** l'Égl. catholique (non séparée de la monarchie) a le contrôle de toute l'éducation, dont une grande partie est entre les mains des congrégations enseignantes. **1791 :** suppression des congrégations : les enseignants sont autorisés à faire la classe à titre personnel (en touchant une pension de l'État). **1793** *oct. : décret Lakanal : « l'enseign. est libre... tout citoyen a le droit d'ouvrir une école et d'enseigner... muni d'un certificat de civisme et de bonnes mœurs. »* **1795** *août :* la Constitution du Directoire reconnaît la liberté d'enseign. **1808 :** dans l'Univ. napoléonienne, l'enseign. primaire (communal) n'est pas réglementé. Des collèges secondaires privés existent à côté des lycées d'État. **1824**-*8-4 :* une ordonnance met en place un support juridique pour les établ. privés qui place l'enseign. primaire sous la responsabilité des évêques et des congrégations. **1833 :** la *loi Guizot* établit un régime scolaire assez libéral, surtout pour le primaire. **1850 :** la *loi Falloux* établit dans l'ens. primaire et secondaire le principe de la liberté et associe l'Église au contrôle de l'éducation : les établ. congréganistes se développent. **1875 :** *liberté étendue* à l'ens. sup. A partir de *mai 1877*, les républicains combattent l'Église et l'éduc. religieuse. **1882 :** *laïcisation* des programmes, gratuité et obligation de l'instruction ; l'instruction morale et civique remplace l'enseign. religieux. **1886 :** *« dans les écoles publiques de tout ordre, enseignement exclusivement confié à un personnel laïque. »* Cependant, en vertu du principe de neutralité, l'enseign. religieux reste un droit des élèves et des familles, à condition qu'il soit organisé en dehors des h de classes et des édifices scolaires. **1904 :** *interdiction des congrégations enseignantes* (en 1912, on ne comptera plus que 27 écoles congréganistes, contre 13 000 en 1880). **1905 :** *séparation* de l'Église et de l'État. **1919 :** *loi Astier :* liberté de l'enseign. technique. **1929 :** *loi Herriot :* gratuité pour les élèves des lycées ; les établ. religieux connaissent de graves difficultés financières, n'étant pas subventionnés par l'État. **1931**-*10-3 :* la Chambre des députés vote à l'unanimité des 414 votants l'article 50 de la Loi de Finances du 31-3 accordant la gratuité de l'enseignement secondaire public (classe de 5e), « sous réserve du maintien de la liberté de l'enseignement qui est l'une des lois fondamentales de la République ». Le Conseil constitutionnel s'est récemment référé à ce vote pour affirmer le principe constitutionnel de la liberté de l'enseign.

Nota. — Les votants de 1931 avaient approuvé, par plusieurs scrutins, le refus des dégrèvements fiscaux compensateurs pour les familles confiant leurs enfants à l'enseignement privé (438 députés contre les dégrèvements et 121 pour).

1940-*10-7 :* loi accordant les pleins pouvoirs au maréchal Pétain (tous les élus intervenant en faveur de l'enseignement catholique ont voté pour). Sur les 80 parlementaires ayant voté contre, 66 appartiennent au « bloc laïque » (ex-communistes, SFIO, gauche démocratique, radicaux-socialistes). **1941**-*2-11 :* acte (dit loi) du gouv. de Vichy accordant des subventions aux écoles privées. **1945**-*28-3 :* à l'Assemblée consultative, Georges Cogniot, le rapporteur communiste de la commission de l'Éducation nationale, demande avant leur suppression définitive la réduction de ces subventions pour l'année scolaire en cours. Gaston Tessier (syndicaliste CFTC), demandant au contraire leur augmentation, n'obtient que 49 voix contre 128. *-2-11* l'acte est abrogé par le gouv. du général de Gaulle. **1951**-*17-6 :* élections défavorables à la gauche, le « front laïque » devient minoritaire. *-21-9* loi étendant le bénéfice des bourses aux élèves de l'enseignement privé votée par 361 voix contre 236 ; le texte a été adopté grâce à l'union des groupes du centre et de la droite (MRP, RGR, RPF, indépendants, paysans). Les laïques regroupent communistes, socialistes et quelques radicaux ou progressistes. *-28-9* loi *Barangé*, créant une allocation scolaire pour toutes les familles quelle que soit l'école choisie, votée par 313 voix contre 255. Les 2 lois donnent lieu à des débats fleuves de 10 j chacun. **1959**-*31-12* : loi *Debré*. Après la démission d'André Boulloche, ministre de l'Éducation nationale, la loi, défendue par le Premier ministre, M. Debré, en personne, est adoptée par 427 voix, 71 contre et 18 abstentions volontaires. L'opposition se réduit aux communistes, socialistes et quelques radicaux (Arthur Conte, Félix Gaillard, Maurice Faure). **1960** : l'ensemble des partis de gauche donnent leur accord au serment que le Comité national d'action laïque (CNAL) leur avait demandé de prêter d'abroger la loi Debré. **1971**-*1-7* : loi facilitant notamment la transformation des contrats simples en contrats d'association, votée par 376 voix contre 92. *Principaux opposants* : Gaston Defferre, Michel Rocard, François Mitterrand, Roland Leroy. Certains réformateurs se prononcent contre le texte (J.-J. Servan-Schreiber) et d'autres pour (Pierre Sudreau, Michel Durafour). **1977**-*28-6* : loi *Guermeur* votée par 292 voix contre 184, après avoir été présentée à 7 h du matin, à la fin d'une nuit de débats, et avoir été déclarée irrecevable dans tous ses articles sauf 1 par le bureau de la Commission des Finances. *Principaux opposants* : François Mitterrand, Pierre Mauroy, Louis Mermaz, Gaston Defferre, André Chandernagor, Georges Fillioud, Marcel Franceschi, André Labarrère, etc. **1981**-*30-9* : Gaston Defferre et Alain Savary demandent aux préfets de ne pas inscrire d'office les crédits municipaux destinés aux écoles primaires privées sous contrat. **1982**-*25-1* : début des consultations d'Alain Savary, ministre de l'Éducation nationale. *-24-4* l'UNAPEL réunit 100 000 personnes à Pantin. *-9-5* discours au Bourget de Pierre Mauroy devant 250 000 personnes réunies par le CNAL. *-4-8* A. Savary annonce que la réflexion portera aussi sur l'enseignement public. Mais le CNAL réagit négativement et A. Savary abandonne cette idée. *Novembre et décembre* : l'enseignement catholique manifeste à Paris contre le refus d'autoriser l'ouverture d'un centre de formation des maîtres à Amiens. Manifestation aussi à Brest, Nantes, Pontivy, etc., contre des municipalités socialistes hostiles au paiement de crédits.

1er échange de propositions (fin 1982 - début 1983). *Plan Savary (20-12-1982)*. Ces propositions prônent « l'insertion du secteur privé au sein du service public d'enseignement » à partir de la transformation des écoles libres en EIP (établissements d'intérêt public). A. Savary propose comme modèle les « groupements d'intérêt public » prévus dans la loi Chevènement sur la recherche et assurant une prédominance de l'État sur l'initiative privée.

Ces propositions annoncent aussi des contraintes sur 2 points : a) La carte scolaire : « Les types de formation et les enseignements assurés dans les établissements feraient l'objet d'une carte qui serait arrêtée par les autorités académiques, après une procédure de concertation. Pour bénéficier d'une aide publique, les initiatives privées devraient s'insérer dans cette carte. » *b)* La transformation en emplois des crédits qui, actuellement, assurent leur rétribution dans le cadre des contrats, permettrait d'assurer leur intégration sur des emplois et leur affectation aux EIP.

Réponse de l'enseignement catholique du 10-1-1983 : le Comité national de l'enseignement catholique propose de négocier « une harmonisation des rapports État-école privée accompagnée de garanties pour l'autonomie des établissements, la liberté de choix des familles et des personnels, la liberté de constitution d'un projet éducatif ».

Attente de 1983 : A. Savary ouvre une phase de « contacts confidentiels » avec notamment les représentants de l'enseignement catholique, dont le chanoine Paul Guiberteau, secrétaire général de l'Enseign. catholique, et Pierre Daniel (Pt de l'UNAPEL). *-21-4* A. Savary demande par circulaire aux préfets et aux recteurs de la rigueur dans l'octroi de l'aide aux écoles privées sous contrat. Il décide d'accorder des moyens « limitatifs », et non plus « évolutifs », à ces écoles. Les nouveaux postes d'enseignants ne dépasseront pas 500 ; l'augmentation du « forfait d'externat » (subventions de l'État au secondaire sous contrat) sera fixée à 6,8 %. Le Père Guiberteau conteste les bases de calcul du ministre. *-26-6* Rassemblement de 20 000 maîtres et directeurs de l'enseignement catholique à Reuilly (région parisienne). *-12-7* A. Savary clôt la phase de contacts confidentiels. *-2-9* P. Mauroy lance un appel à la titularisation de 15 000 maîtres volontaires. *-23-9* Mot d'ordre de grève, pour l'intégration de la FEP-CFDT (Fédération de l'enseignement privé) suivi par 12 500 enseignants (sur 120 000).

2e échange de propositions (fin 1983 - début 1984). *18-10-1983*, nouveau plan de Savary. Le CNAL refuse. L'enseignement catholique accepte de discuter en partie. *-29-12* le Conseil constitutionnel annule les dispositions budgétaires de titularisation. **1984**-*13-1, nouveau plan Savary*. Reprend les notions d'EIP et de carte scolaire. Avance l'idée d'une décentralisation du financement. Pour les enseignants, dans le cadre des EIP, titularise-fonctionnarise « sur place » des maîtres volontaires rémunérés sur des échelles de titulaires ou auxiliaires. Un contrat de droit public sera offert aux non-volontaires.

Contre-propositions de l'enseignement catholique. -5-2 l'enseignement catholique accepte de discuter sur la carte scolaire et la décentralisation. Il rejette les visées unificatrices du gouv. à propos de la situation des enseignants et des EIP. Il propose une nouvelle structure : le « groupement public d'intérêt éducatif (GPIE), ayant pour objet de collecter les fonds publics affectés au fonctionnement de ces établissements (privés associés par contrat au service public) et de les répartir entre eux ». Il serait administré par les représentants légaux signataires des contrats de chacun des établ. qu'il regroupe ; 2 personnalités qualifiées désignées par le préfet, selon les cas, ou 2 représentants des municipalités ou 2 conseillers généraux ou 2 c. régionaux. Ces contre-propositions de l'enseign. catholique ne sont pas retenues.

☞ La gauche entre 1879 et 1981 a toujours soutenu que l'État ne peut subventionner un enseignement confessionnel sans contrevenir à la laïcité. Avec le projet Savary (1983-84) qui inscrit le principe de l'aide publique à l'enseignement privé, la gauche abandonne la maxime qui résumait depuis un siècle sa doctrine : « A école publique, fonds publics ; à école privée, fonds privés. »

Manifestations. Du comité d'action laïque (CNAL) organisée le 25-4-1984. Elle espérait rassembler au niveau national 2 millions de personnes. Le score fut inférieur (ex. : env. 16 000 personnes à Marseille, 30 000 à Lille ; à Paris, 600 000 selon le CNAL, 200 000 pour l'*Agence France-Presse*, 81 000 à 99 000 pour *Le Matin*, 75 000 pour la préfecture de police). **Catholiques. 1984**-*22-1* Bordeaux 70 000 ; *-29-1* Lyon 160 000 ; *-18-2* Rennes 300 000 ; *-25-2* Lille 350 000 ; *-4-3* Versailles 600 000 à 800 000 ; *-24-6* Paris 1 000 000 à 1 400 000 (1 800 000 selon le secr. de l'ens. privé), la plus importante démonstration de masse vue depuis 1968.

Retrait du projet de loi annoncé par le Pt de la Rép. *12-7-84*. *Déclaration du 29-8* : les mesures de J.-P. Chevènement : 1°) affirme les principes du service public, garant de l'intérêt général : mêmes règles budgétaires pour les établ. d'ens. public et privé (crédits limitatifs pour ceux-ci) ; créations de classes nouvelles conformes aux prévisions des cartes et schémas de formation des départ. et régions ; retour aux règles de la loi du 31-12-59 pour la nomination des maîtres de l'ens. privé (art. 1 et 4 de la loi Guermeur du 25-11-74 abrogés) : maîtres nommés en accord avec le chef d'établ. ; possibilité pour l'État de créer des établ. d'enseign. public là où il n'en existe pas (établ. transférés ensuite aux collectivités locales) ; 2°) adapte les rapports entre établ. d'enseign. privé et les pouvoirs publics aux règles nouvelles de la décentralisation : accord des communes pour les nouveaux contrats d'association dont la réalisation interviendra sur décision de l'État et seulement si les conditions prévues pour la conclusion des contrats ne sont plus remplies (maintien des contrats simples) ; dépenses de fonctionnement matériel des établ. sous contrat d'association : pour les collèges et lycées à la charge des départ. et régions (avec compensation par l'État), pour les écoles à la charge des communes (qui peuvent s'en acquitter en nature, retour à la loi Debré) ; concertation entre les représentants élus et les établ. d'enseign. privé : collectivités dans les organes votant le budget, commissions de concertations (représentants des collectivités territoriales et des établ. privés et personnes choisies par l'État compétentes pour les conditions d'instruction, de jonction et d'exécution des contrats et l'utilisation des fonds publics).

Lois votées : art. 119 de la loi de finances pour 1985 et loi du 25-1-85 modifiant les rapports entre l'État et les collectivités territoriales. Modifications apportées par le Conseil constitutionnel (déclarations de non-conformité à la Constitution), saisi par des sénateurs : délibération du 29-12-84 sur l'art. 119 de la loi de fin. : annule la possibilité prévue pour l'État de créer exceptionnellement des établ. d'enseign. public et de les transférer ensuite aux collectivités territoriales ; délibération du 18-1-1985 sur l'art. 18 de la loi complémentaire de décentralisation : supprime l'accord obligatoire des communes pour les nouveaux contrats d'association (pour les classes du 1er degré).

1985-*21-3 1res mesures d'application*. 3 circulaires précisent la procédure des crédits budgétaires limitatifs (le nombre de créations de postes du privé rémunérés par l'État est calculé en proportion de celui de la création de postes, pour l'enseign. public) et les nouveaux rapports entre municipalités et écoles élémentaires sous contrat avec l'État (accords financiers à l'amiable entre municipalités voisines pour les élèves ne résidant pas dans la commune de l'école privée, possibilité pour le commissaire de la Rép. d'obliger une commune à ouvrir une classe privée sous contrat, seulement en cas de « raisons impérieuses au regard des critères du besoin scolaire »...).

Statistiques

Part de l'enseign. privé. Assure la formation de 19,9 % des élèves ; *universitaire* 5 %. Voir p. 1163.

% de l'enseign. cathol. dans l'enseign. privé : 1er degré 98,2, 2e 93 dont 1er cycle 96, 2e cycle court 70, 2e cycle long 86. En 1984-85, l'État lui versait 18,1 milliards de F (10,8 % du budget du min. de l'Éd.).

Nombre d'établissements. Voir p. 1163.

Nombre d'élèves (1985-86) et, entre parenthèses, **% par rapport à l'enseignement public** (Fr. métr.). *1er degré* 929 890 dont pré-élémentaire 321 149, élémentaire (CP à CM2) 602 100, enseign. spécial 4 640, initiation 144, adaptation 2 079. *2e degré* 1 052 903 (25,79) dont 1er cycle (collèges) 639 072 (25,29), CPPN-CPA 16 068 (12,88), 2e cycle court (LP) 137 959 (21,84), 2e cycle long (avec TT') (lycées) 244 471 (26,37).

Nota. — Sous contrat d'association 93 %, sous contrat simple 0,1 %, hors contrat 6,9 %.

Coût des établissements pour les parents (à Paris par trimestre) : *primaire* : 150 à 300 F ; *1er cycle* : 300 à 450 ; *2e cycle* : 450 à 1 500. *Établissements sans contrat* : 5 000. Des réductions sont souvent consenties.

☞ Voir les sections Effectifs et Établissements p. 1162 et 1163.

Le système des contrats

Depuis la loi Debré du 31-12-1959, les établissements ont le choix entre :

1° L'intégration à l'enseignement public (seules quelques écoles d'entreprise y ont eu recours et fixent elles-mêmes leurs tarifs). **2° Le statu quo** (les établissements « hors contrat » ne bénéficient d'aucune aide financière de l'État). **3° Le « contrat simple »** (l'État rémunère les maîtres, mais ne participe pas aux frais de fonctionnement des écoles ; en contrepartie, l'école s'engage à respecter les normes établies par l'État sur la qualification des maîtres, l'effectif des classes et sur l'organisation générale de l'enseignement). **4° Le « contrat d'association »** [les maîtres sont payés par l'État, qui participe aussi aux dépenses de fonctionnement ; restent à la charge des familles : investissements et dépenses concernant culte, instruction religieuse, internat et 1/2 pension, les établissements doivent se conformer aux règles en vigueur dans l'enseignement public (ex. : les horaires)].

La loi du 1-6-1971 (modifiant celle du 31-12-1959) « pérennisait » le régime de contrat simple pour le 1er degré, mais avait prévu son remplacement progressif dans le 2e degré par le contrat d'association à partir de 1979-80.

Établissements privés non catholiques

Établissements israélites. En principe, le culte mosaïque considère que l'instruction religieuse se fait essentiellement dans la famille, en dehors de l'école. Des établ. se sont ouverts quand il a fallu accueillir et adapter à une vie nouvelle des communautés isr. qui avaient quitté leur pays d'origine (Alsaciens après 1870, juifs russes ou polonais au début xxe). *Effectifs* : env. 11 500.

Alliance israélite universelle. *Née* en 1860. Établ. 37, élèves 15 644 dont Israël 7 958, Canada 2 697, Iran 1 664, Maroc 1 280, Belgique 600, *France 591* [2 établ. du 2e degré, École normale (créée en 1868 à Paris, 257 élèves formés en 4 ans)], Syrie 409, Espagne 275.

Établissements protestants. Spécialisés dans l'internat (avec cours ouverts aux externes). Filles 4 (+ 1 foyer de lycéennes) ; garçons 2 (+ 1 foyer) ; mixtes 5. Orphelinats, rééducation, enfance inadaptée 42. Infirmières 7.

Établissements laïcs privés. Env. 400 000 él., 2 000 établ., 16 000 enseignants. Régis par les lois du 30-10-1886 (pour le primaire), du 15-03-1850 (secondaire) et du 25-7-1919 (technique). La majorité sont en nom propre et totalement dépendants du directeur qui les ont créés, qui les gèrent et les développent. La quasi-totalité sont « hors contrat », ne reçoivent aucune aide directe de l'État, gardent une relative liberté et autonomie pédagogique.

Enseignement supérieur

Effectifs

	Total étudiants	dont étudiantes		Total étudiants	dont étudiantes
1900	29 377	942	1969	616 000	280 000
1910	41 044	3 830	1970	682 500	294 000
1920	49 931	3 954	1975	811 258	386 000
1930	78 674	20 193	1979	857 509	420 575
1945	123 313	40 211	1980	861 882	n.c.
1950	139 593	47 260	1981	889 543	n.c.
1960	214 672	85 910	1982	913 973	n.c.
1963	308 189	129 847	1984	952 634	n.c.
1967	565 654	212 673	1986	985 000	n.c.

Age des étudiants français (et étrangers). *Hommes + femmes* (%, en 1983-84). *17 ans et –* : 0,02. *18* : 1,2. *19* : 8,8. *20* : 12,9. *21* : 12,5. *22* : 10,2. *23* : 8,5. *24* : 7,1. *25* : 6,3. *26* : 5,1. *27* : 4,3. *28* : 3,5. *29* : 2,9. *30* : 2,4. *31* : 1,7. *32-36* : 5,7. *37-41* : 2,5. *42 et +* : 2,1. **Femmes :** *avant 17 ans* : 0,02. *17* : 1,5. *18* : 10,9. *19* : 14,6. *20* : 13,3. *21* : 10,5. *22* : 8,8. *23* : 7,2. *24* : 5,9. *25* : 4,7. *26* : 3,7. *27* : 2,9. *28* : 2,3. *29* : 1,9. *30* : 1,6. *31* : 1,4. *32-36* : 4,7. *37-41* : 2,2. *42 et +* : 2,0. **Hommes :** *avant 17 ans* : 0,01. *17* : 0,9. *18* : 6,7. *19* : 11,2. *20* : 11,7. *21* : 9,8. *22* : 8,3. *23* : 7,0. *24* : 6,7. *25* : 5,7. *26* : 4,9. *27* : 4,2. *28* : 3,6. *29* : 3,0. *30* : 2,5. *31* : 2,1. *32-36* : 6,7. *37-41* : 2,7. *42 et +* : 2,2.

Répartition par discipline en % de 1950 à 1983

	1950-51	1960-61	1965-66	1980-81	1983-84
Droit, sc. écon. [2]	29,7	17,0	21,0	22,3	23,9
Lettres et sc. hum. [4]	25	31,1	33,1	30,7	30,2
Sciences [3]	19,9	33,1	27,3	16,2	17,4
Médec. et dent.	19,7	14,7	15,3	16,9	16,0
Pharmacie	5,7	4,1	3,3	4,3	3,9
IUT				6,2	6,0
MASS et AES [1] et pluri-disciplinaire				2,6	2,5
Total	*100*	*100*	*100*	*100*	*100*

Nota. – (1) MASS (math. appliquées aux sciences sociales) et AES (administration économique et sociale). (2) Avec IEP de Paris. (3) Avec INP et ENSI (ét. d'ingénieurs). (4) Avec DEUG enseign. 1er degré.

IUT par spécialités (1984-85 et, entre parenthèses, promotion supérieure du travail). **Secteur secondaire** 32 765 (2 116) dont biologie appliquée 2 562 (91), chimie 2 223 (105), génie chimique 402 (7), g. civil 2 673 (41), g. électrique 7 839 (622), g. mécanique 6 848 (223), g. thermique 762 (3), hygiène et sécurité 609 (21), informatique 5 570 (892), mesures physiques 2 884 (111), maintenance industrielle 393. **Secteur tertiaire** 25 892 (1 539) dont gestion des entreprises et administrations 12 451 (828), carrières de l'information 1 996 (117), c. juridiques et judiciaires 1 315, c. sociales 1 002 (262), statistiques 710, techniques de commercialisation 7 933 (332), transport logistique 485. **Total général :** 58 657 dont 1re année 32 927, 2e 24 449, 2e spéciale 1 281.

Origine des étudiants (1983-84)

Données globales [% d'étudiants (Hommes + Femmes)]. Agriculteurs 4,5, salariés agricoles 0,7, patrons ind. et commerce 9,0, prof. libérales et cadres supérieurs 28,8, c. moyens 16,2, employés 7,9, ouvriers 11,9, personnel de service 1,1, autres catégories 7,7, sans prof. 3,6, non-réponse 8,7 %.

Discipline choisie *selon la catégorie socio-professionnelle du père (en %).* **Agriculteurs :** Lettres 26,4. Sciences 19,7. Droit 12,9. Médecine 12,4. Pharmacie 4,6. Dentaire 0,7. Sciences éco. 11,3. IUT 10,0. Pluridisciplinaires 2,0. **Ouvriers agricoles.** Lettres 34,7. Sciences 17,0. Sciences éco. 9,9. Droit 9,5. Médecine 13,3. Pharmacie 6,5. Dentaire 1,2. IUT 6,4. Pluridisciplinaires 1,4. **Patrons de l'industrie et du commerce.** Lettres 28,9. Sciences 16,6. Sciences éco. 10,6. Droit 13,9. Médecine 14,8. Pharmacie 4,8. Dentaire 1,4. IUT 6,9. Pluridisciplinaires 2,1. **Professions libérales.** Lettres 25,4. Sciences 16,5. Sciences éco. 8,6. Droit 15,1. Médecine 21,3. Pharmacie 5,5. Dentaire 1,8. IUT 3,9. Pluridisciplinaires 1,9. **Cadres moyens.** Lettres 28,7. Sciences 18,2. Sciences éco. 9,6. Droit 13,6. Médecine 14,1. Pharmacie 3,9. Dentaire 1,1. IUT 7,7. Pluridisciplinaires 3,1. **Employés.** Lettres 32,8. Droit 15,9. Sciences 15,6. Sciences éco. 11,4. Médecine 10,6. Pharmacie 2,8. Dentaire 0,9. IUT 7,4. Pluridisciplinaires 2,5. **Ouvriers.** Lettres 32,7. Droit 14,0. Sciences 17,9. Sciences éco. 10,2. Médecine 8,8. Pharmacie 2,4. Dentaire 0,5. IUT 11,1. Pluridisciplinaires 2,2. **Personnel de service.** Lettres 34,2. Droit 14,8. Sciences 13,3. Sciences éco. 10,5. Médecine 11,4. Pharmacie 3,8. Dentaire 1,0. IUT 8,8. Pluridisciplinaires 2,2.

Effectifs des étudiants inscrits dans les universités [1] au 1-1-1985 (filières traditionnelles et autres formations)

DISCIPLINES DOMINANTES	FILIERES TRADITIONNELLES (1er cycle non rénové)					AUTRES FORMATIONS (1er cycle non rénové)						TOTAL GENERAL
	1er cycle	dont 1ères inscrip.	2e cycle	3e cycle	Total	Capacité	Niveau 1er cycle	dont 1ères inscrip.	Niveau 2e cycle	Au delà du 2e cycle	Total	
Droit et science politique	51 740	20 727	27 436	13 728	92 904	20 839	5 378	1 766	7 588	4 056	37 861	130 765
Sciences économiques et gestion	22 274	9 143	14 413	12 123	48 810	—	3 000	1 303	3 953	2 291	9 244	58 054
Administration Economique et Sociale (A.E.S.)	15 413	6 550	6 236	—	21 649	—	—	—	—	—	—	21 649
Mathématiques appliquées et sciences sociales (M.A.S.S.)	2 483	1 020	438	135	3 056	—	—	—	—	—	—	3 056
Lettres (1)	114 349	41 415	91 194	29 698	235 241	—	14 810	6 147	4 199	9 869	28 878	264 119
DEUG enseignement du 1er degré	9 574	2 892	—	—	9 574	—	—	—	—	—	—	9 574
Sciences et informatique	43 457	16 145	37 019	35 301	115 777	—	2 449	328	2 651	2 843	7 943	123 720
Sciences et techniques	—	—	7 887	—	7 887	—	—	—	—	412	412	8 299
Sciences Total	43 457	16 145	44 906	35 301	123 664	—	2 449	328	2 651	3 255	8 355	132 019
Etudes d'ingénieur	—	—	—	—	—	—	279	172	9 374	363	10 016	10 016
Médecine	29 895	12 974	46 479	48 365	124 739	—	4 720	1 034	867	5 861	11 448	136 187
Pharmacie	10 394	5 669	17 678	7 614	35 686	—	204	55	33	218	455	36 141
Odontologie	—	—	8 240	2 885	11 125	—	—	—	—	73	73	11 198
S.T.A.P.S. (2)	3 642	1 111	2 919	201	6 762	—	10	3	413	995	1 418	8 180
Instituts universitaires de technologie	59 824	27 324	—	—	59 824	—	—	—	—	—	—	59 824
TOTAL 1er cycle non rénové	363 045	144 970	259 939	150 050	773 034	20 839	30 850	10 808	29 078	26 981	107 748	880 782
1er cycle rénové	71 852	52 586	—	—	71 852	—	—	—	—	—	—	71 852
TOTAL	434 897	197 556	259 939	150 050	844 886	20 839	30 850	10 808	29 078	26 981	107 748	952 634

Nota. – (1) Y compris l'Institut des langues et civilisations orientales. (2) Sciences et techniques des activités physiques et sportives.

Effectifs des étudiants inscrits au 1-1-1985 (toutes catégories confondues)

Universités	Droit	Sc. éco.	AES	Lettres	Ens. 1er degré	MASS	Sciences	Études d'ingénieur	Médecine	Pharm.	Odontologie	STAPS	IUT	Total	Nouveau 1er cycle	Total général
Aix I	–	–	–	10 747	261	61	3 012	–	–	–	–	–	–	14 081	1 114	15 195
Aix II	–	799	371	666	–	94	2 270	–	9 039	2 554	538	502	1 154	17 987	822	18 809
Aix III	7 545	1 520	943	726	–	94	1 965	208	–	–	–	–	836	13 837	652	14 489
Avignon	–	–	–	1 347	–	–	225	–	–	–	–	–	–	1 572	632	2 204
Amiens	1 006	817	–	2 698	230	–	1 678	–	1 834	681	–	–	1 176	10 120	517	10 637
Compiègne	–	–	–	–	–	–	904	977	–	–	–	–	–	1 881	–	1 881
Antilles-Guyane	1 728	686	–	1 588	88	–	145	–	–	–	–	–	–	4 235	970	5 205
Besançon	1 481	406	428	2 916	251	12	1 614	316	2 313	552	–	271	1 524	12 084	1 605	13 689
Bordeaux I	6 452	2 424	1 329	–	–	–	5 934	344	–	–	–	–	1 505	17 988	–	17 988
Bordeaux II	–	–	–	2 968	–	233	722	–	7 495	1 585	833	518	–	14 354	–	14 354
Bordeaux III	–	–	–	9 101	225	–	98	–	–	–	–	–	579	10 003	–	10 003
Pau	2 031	800	–	1 516	126	49	972	–	–	–	–	–	275	5 769	1 486	7 255
Caen	1 693	1 505	519	5 281	166	–	1 442	282	1 462	860	–	429	892	14 531	921	15 452
Clermont I	2 358	1 391	–	–	–	–	–	–	1 937	860	345	–	945	7 836	12	7 848
Clermont II	–	–	–	4 021	125	–	2 105	148	–	–	–	331	524	7 254	1 447	8 701
Corse	509	137	–	326	20	–	193	–	–	–	–	–	94	1 279	–	1 279
Paris VIII	1 025	934	956	14 097	–	24	1 473	–	–	–	–	–	–	18 509	3 751	22 260
Paris XII	2 787	1 720	1 312	2 238	185	–	1 082	–	2 985	–	–	–	1 051	13 360	96	13 456
Paris XIII	1 775	1 097	496	2 638	–	–	1 667	202	1 434	–	–	–	2 361	11 670	605	12 275
Dijon	1 918	572	419	4 530	331	–	2 734	131	1 729	717	–	308	1 347	14 736	1 634	16 370
Grenoble I	–	–	–	361	247	–	3 828	27	2 908	1 034	–	588	1 387	10 380	1 337	11 717
Grenoble II	3 971	2 450	672	2 440	–	318	145	–	–	–	–	–	2 069	12 065	–	12 065
Grenoble III	–	–	–	3 363	–	–	69	–	–	–	–	–	–	3 432	1 208	4 640
Chambéry	424	–	186	1 074	71	–	826	–	–	–	–	–	457	3 038	314	3 352
I.N.P.	–	–	–	–	–	–	835	1 826	–	–	–	–	–	2 661	–	2 661
Lille I	–	1 624	–	614	361	–	6 263	130	–	–	–	–	2 493	11 485	4 186	15 671
Lille II	5 198	–	532	–	–	–	–	–	6 903	2 255	704	608	372	16 572	–	16 572
Lille III	–	–	972	10 414	623	97	–	–	–	–	–	–	392	12 498	112	12 610
Valenciennes	1 076	–	–	759	118	–	719	141	–	–	–	–	922	3 735	561	4 296
Limoges	1 633	451	430	1 770	91	–	1 061	–	1 556	580	–	–	1 068	8 640	677	9 317
Lyon I	–	–	–	–	–	153	4 936	205	9 491	2 586	867	550	2 513	21 301	1 598	22 899
Lyon II	1 227	1 137	528	9 480	367	–	28	–	–	–	–	–	–	12 767	2 768	15 535
Lyon III	5 017	1 438	877	3 416	60	30	373	–	–	–	–	–	–	11 211	1 512	12 723
Saint-Étienne	1 200	591	554	2 128	17	–	1 025	–	1 319	–	–	–	1 040	7 874	50	7 924
Montpellier I	5 063	1 275	205	–	–	–	61	–	5 956	3 235	698	342	–	16 835	1 621	18 456
Montpellier II	96	–	–	–	–	–	5 914	152	–	–	–	–	1 940	8 102	911	9 013
Montpellier III	–	41	489	6 199	214	15	–	–	319	–	–	–	–	7 277	3 047	10 324
Perpignan	893	373	–	1 126	25	–	679	–	–	–	–	–	359	3 455	–	3 455
Nancy I	–	–	–	–	155	–	4 545	289	5 501	1 308	528	333	1 293	13 952	–	13 952
Nancy II	2 197	1 648	475	4 875	129	–	114	–	–	–	–	–	1 096	10 534	118	10 652
Metz	1 050	190	572	2 886	262	–	988	–	–	–	–	–	1 045	6 993	632	7 625
I.N.P.	–	–	–	–	–	–	818	1 178	–	–	–	–	–	1 996	–	1 996
Nantes	2 340	772	–	5 451	348	–	1 619	493	2 694	1 083	678	–	1 612	17 090	1 996	19 086
Angers	905	441	679	1 776	337	74	873	–	2 113	535	–	–	651	8 384	311	8 695
Le Mans	902	593	369	1 311	144	–	493	–	–	–	–	–	648	4 460	396	4 856
Nice	3 608	1 572	393	5 696	272	–	2 109	–	2 099	–	328	318	1 094	17 489	1 440	18 929
Toulon	958	262	82	–	–	–	509	–	–	–	–	–	866	2 677	359	3 036
Orléans	956	435	217	1 575	116	–	1 863	313	–	–	–	–	1 160	6 635	940	7 575
Tours	1 686	668	664	3 798	145	–	873	–	2 846	1 183	–	–	1 182	13 045	1 771	14 816
Paris I	9 066	6 469	333	10 166	625	203	744	–	–	–	–	–	–	27 606	3 072	30 678
Paris II	12 201	2 603	562	515	–	–	–	–	–	–	–	–	–	15 881	–	15 881
Paris III	–	–	–	14 117	–	–	54	–	–	–	–	–	–	14 171	1 272	15 443
I.N.A.L.C.O.	–	–	–	7 929	–	–	–	–	–	–	–	–	–	7 929	–	7 929
Paris IV	–	–	–	20 102	–	–	–	–	–	–	–	–	–	20 102	100	20 202
Paris V	3 027	47	–	5 490	89	238	187	–	16 471	4 171	1 912	906	1 390	33 928	1 080	35 008
Paris VI	–	–	–	–	–	–	17 703	287	13 194	–	12	–	–	31 196	220	31 416
Paris VII	–	–	436	11 645	–	416	7 733	–	7 853	–	1 481	–	–	29 564	–	29 564
Paris IX	119	4 370	–	33	–	250	690	–	–	–	–	–	–	5 462	147	5 609
I.E.P.	3 744	1 079	–	–	–	–	–	–	–	–	–	–	–	4 823	–	4 823
Observ. de Paris	–	–	–	–	–	–	33	–	–	–	–	–	–	33	–	33
Poitiers	2 474	1 009	910	3 810	193	–	2 202	313	1 315	540	–	254	1 647	14 667	909	15 576
Reims	2 516	1 110	–	3 016	393	–	807	–	2 077	985	456	–	2 087	13 447	743	14 240
Rennes I	3 218	1 366	917	153	216	70	5 034	127	3 298	1 112	480	–	1 864	17 855	–	17 855
Rennes II	–	–	574	6 525	215	5	–	–	–	–	–	330	551	8 200	3 748	11 948
Brest	805	205	517	990	193	–	1 738	–	1 143	–	86	–	1 786	7 463	2 166	9 629
La Réunion	871	298	–	1 296	163	–	367	–	–	–	–	–	–	2 995	–	2 995
Rouen	2 370	1 044	–	4 835	194	–	1 413	–	2 471	769	–	–	584	13 680	812	14 492
Le Havre	75	–	328	–	–	–	324	–	–	–	–	–	1 238	1 965	–	1 965
Strasbourg I	–	699	–	1 825	–	132	3 997	311	5 097	1 135	559	–	44	13 799	635	14 434
Strasbourg II	–	–	–	8 200	186	–	–	–	–	–	–	343	–	8 729	–	8 729
Strasbourg III	3 593	409	–	76	–	–	–	–	–	–	–	–	806	4 884	928	5 812
Mulhouse	–	42	–	982	–	–	698	152	–	–	–	–	1 185	3 059	334	3 393
Toulouse I	4 400	3 261	776	–	–	–	76	–	–	–	–	–	–	8 513	3 939	12 452
Toulouse II	–	–	–	13 174	367	266	–	–	–	–	–	–	213	14 020	842	14 862
Toulouse III	–	–	–	–	–	–	8 154	–	6 302	1 896	693	540	3 075	20 660	2 095	22 755
I.N.P.	–	–	–	–	–	–	829	1 400	–	–	–	–	–	2 229	–	2 229
Paris X	6 010	3 274	627	11 324	509	222	–	–	–	–	–	412	536	22 914	2 147	25 061
Paris XI	3 568	–	–	–	121	–	7 435	64	3 033	3 925	–	297	2 896	21 339	2 484	23 823
Total	*130 765*	*58 054*	*21 649*	*264 119*	*9 574*	*3 056*	*132 019*	*10 016*	*136 187*	*36 141*	*11 198*	*8 180*	*59 824*	*880 782*	*71 852*	*952 634*

Étudiants étrangers en France

Nombre total (1983). 128 350 dont (%) Paris-Créteil-Versailles 41,7 %, Toulouse 5, Lyon 5,5, Aix-Marseille 4,5, Montpellier 4,7, Strasbourg 4,2, Grenoble 4.

% des étrangers *sur l'ensemble des étudiants :* 13,8 dont *1er cycle + capacité :* 12,1, *2e cycle :* 13,2, *3e cycle :* 37,9.

Répartition par disciplines (1983-84). *Lettres* 46 445 (36,2 %). *Sciences* (y compris ét. ingénieurs) 30 112 (23,5 %). *Sc. économiques* 16 166 (12,6 %). *Droit* 13 817 (10,8 %). *Méd.* 13 593 (10,6 %). *Pharm.* 3 806 (3 %). *IUT* 2 667 (2,1 %). *Pluridisciplinaire* (MASS, AES, UER, EPS) 856 (0,7 %). *Odontologie* 888 (0,7 %).

Pays d'origine (83-84). *Afrique* 74 101 dont Maroc 24 496, Algérie 10 652, Tunisie 8 158, Cameroun 4 255, Côte-d'Ivoire 3 031, Madagascar 4 007. *Europe* 21 970 dont Grèce 3 749, All. féd. 3 311, G.-B. 2 277, Espagne 2 578, Portugal 2 004. *Asie* 19 528 dont Iran 5 253, Liban 4 065, Syrie 2 589, Viêt-nam 1 016. *Amérique* 11 120 dont U.S.A. 3 719, Brésil 1 184. *Océanie* 153. *Autres* 1 322.

Étudiants étrangers bénéficiaires des œuvres universitaires et recensés par le CROUS (1983). Total 98 973 dont boursiers du gouv. français 10 631 ; boursiers des gouv. étrangers 24 472 ; non-boursiers 63 870.

Élections universitaires

Conseil des UER (1983-84). *Taux de participation : Répartition des sièges :* Ile-de-France 19,79 %, province 28,86 %. UNEF Solidarité 18,04 %, UNEF ID 17,13 %, CNEF 4,76 %, CLEF 2,74 %, UNI 5,44 %, DILCOR 10,47 %, INDEP 37,16 %, PSA 1,01 %.

CROUS (1985). Bénéficiaires des œuvres 845 772, nombre de votants 89 079, suffrages exprimés 85 263, taux de participation 12,41 %. Suffrages exprimés par liste, en %, et entre parenthèses, nombre de sièges. UNEF-FRUF-UGE 32,24 % (65), UNEF-ID-FERUF 29,02 % (70), CELF 12,66 % (28), UNI 7,14 % (12), divers 18,94 % (49). *Prochaines élections :* 1985-86.

Universités libres

Formations universitaires prises en compte : préparations aux diplômes nationaux délivrés par les établ. univ. publics (DEUG, licence, maîtrise) et enseign. universitaires ne préparant pas à des diplômes d'État, mais à des diplômes d'univ. délivrés par les facultés. Les effectifs des écoles rattachées aux instituts catholiques ne sont pas pris en compte. *Les établ. univ. privés* peuvent passer des conventions avec les universités publiques permettant à leurs étudiants d'obtenir des diplômes nationaux. Ils ne doivent alors s'inscrire qu'aux seuls examens de l'univ. avec laquelle l'établ. privé a passé une convention. 7 établ. univ. privés ont signé, avec une univ. publique, une convention (ne concernant que certaines disciplines). L'Institut catholique de Paris a le plus grand nombre de disciplines conventionnées (majorité en Lettres). Pour les étudiants des établ. qui n'ont pas passé de convention, le min. de l'Éduc. nat. organise chaque année et pour chaque établ., des jurys d'examen habilités à délivrer des diplômes nationaux. Dans tous les cas, les étudiants des établ. univ. privés n'ont pas à prendre d'inscription dans une univ. publique. Ces étudiants ne sont jamais pris en compte dans les enquêtes qui recensent les effectifs des univ. publiques, à moins d'y suivre par ailleurs un autre enseignement.

Étudiants de l'enseignement universitaire privé (en 1984-85). 17 646 dont Instituts catholiques 15 694 (dont en % : Paris 29,3, Lyon 20,8, Lille 20, Angers 19,6, Toulouse 10,2), établ. de théologie protestante 374, facultés libres de droit 1 226, établ. de lettres et sciences humaines 352.

Étudiants étrangers (au 10-12-84) : 3 758 dont établ. catho. 3 578, établ. de théologie protestante 23, fac. libres de droit 128, établ. de lettres et sciences humaines 29.

Principales universités (entre parenthèses effectifs globaux). **Aix-en-Provence :** *Fac. libre de théologie réformée,* 33, av. Jules-Ferry, 13100 *(65).* **Angers :** *Univ. cath. de l'Ouest,* 3, place André-Leroy, B.P. 808, 49005 (théologie, lettres, histoire, lang. vivantes, psychologie, math., éd. physique et sportive ; éc. sup. d'électronique, de commerce, de chimie) *(4 250).* **Lille :** *Féd. univ. et polytechnique,* 60, bd Vauban, 59 046 Cedex [lettres, sc. humaines, droit/sc. éco., sc., médecine ; diplômes nationaux préparés (Lille II et III, Paris II), 28 éc. d'ingénieurs et d'instituts spécialisés, théologie] *(9 500).* **Lyon :** *Inst. catholique,* 25, rue du Plat, 69002 Lyon (droit, lettres, sc., philo. et théol., divers instituts spécialisés) *(4 950).* **Paris :** *Institut catholique de Paris,* 21, rue d'Assas, 75270 Cedex 06 (sc. religieuses, lettres, divers instituts et écoles, bibl.-doc., interprétariat, éc. d'ingénieurs) *(15 000 ét.* dont ⅓ d'étrangers ; *750 enseignants* dont 100 prêtres et religieux) ; Fac. libre de philosophie comparée, 70, av. Denfert-Rochereau, 75014 *(230) ; Fac. libre et cogérée d'économie et de droit (FACO),* 115, rue N.-D.-des-Champs, 75006 *(300) ; Institut protestant de théologie,* 83, bd Arago, 75014 Paris : secrétariat : 13, rue Louis-Perrier, 34000 Montpellier *(300).* **Toulouse :** *Inst. cathol.,* 31, rue de la Fonderie, 31068 Cedex (sc. religieuses, lettres, sc., écoles professionnelles) *(5 230).* **Valence :** *Fac. libre de droit de Valence,* 12, rue Louis-Gallet, 26000 [prépare au DEUG de droit et à la capacité en droit (Dipl. d'État) (intégrée par décret à l'Univ. de Grenoble II)] *(700).*

Diplômes. Facultés, écoles ou instituts privés préparent à des *diplômes propres,* reconnus officiellement par l'État ou la Commission des titres d'ingénieurs ; *diplômes d'État* pour formations paramédicales et sociales (D.E.) ou formations courtes (B.T.S. par ex.) ; *diplômes universitaires* passés : devant une université publique en cas de convention ; ou un jury ministériel.

Examens et diplômes

Niveau d'instruction des Français

% des personnes de 10 ans et + sachant lire et écrire dans la population générale. *1901 :* sexe masc. 86,5-fém. 86,6 ; *1931 :* 95,2-94,3 ; *1946 :* 96,9-96,6.

% des époux et épouses sachant signer à leur mariage. *1686-90 :* 29-14, *1786-90 :* 47-27, *1816-20 :* 54,3-34,4, *1869 :* 76-63, *1890 :* 92-86, *1900 :* 95-94, *1910 :* 97,9-96,8, *1930 :* 99,3-99,1.

Analphabétisme en France (examen des jeunes recrues de l'armée). *1981 :* 0,79 %. Sur 420 000 appelés du contingent (en 1985), on comptait env. 1 000 analphabètes, 15 000 illettrés peu ou pas du tout autonomes (incapables de faire les 4 opérations ou une simple dictée) et 14 000 ayant oublié les notions acquises au cours de leur scolarité.

Niveau général. Malgré la croissance des effectifs, le nombre des sujets très brillants n'a pas augmenté. Le niveau des lauréats du concours général, des majors des plus hautes écoles (Normale, Polytechnique) et des plus brillants concours (internat de médecine, grand corps de l'État) ne s'est pas amélioré de façon très nette. Depuis 1900, le nombre des « premiers sujets » est resté constant, environ 300 par année, celui des « seconds sujets » est passé de 300 à 2 000.

En 1900, il y avait un « premier sujet » et un « second sujet » sur 20 bacheliers ; en 1985, un « premier sujet » et 30 « seconds sujets » sur 120 bacheliers.

Dans une classe d'âge, 73 % des élèves n'ont jamais le bac (90 % des él. japonais obtiennent le diplôme de fin d'études [*1960 :* moins de 50 % accédaient au collège, 40 % n'avaient pas le certificat d'études. *1983 :* 9 él. sur 10 sont admis en 6e].

Sorties du système éducatif par niveau de formation (1983). *VI :* sorties du 1er cycle, du 2e degré (6e, 5e, 4e) et des formations pré-professionnelles en un an (CEP, CPPN et CPA) 37 300 ; *V bis :* sorties de 3e et des classes du 2e cycle court avant l'année terminale 50 000 ; *V :* sorties de l'année terminale des cycles courts prof. et abandons de la scolarité du 2e cycle long avant la cl. terminale 381 500 ; (*1982 :* 378 700 dont 13 900 sortants se réorientent vers l'apprentissage, 27 % des autres sont apprentis, un peu moins de la moitié possèdent un CAP ; 26 000 élèves sortants de l'agriculture dont 66,7 % diplômés CAPA mais surtout BEPA, et 2 400 él. sortants des formations de la santé dont 2 384 auxiliaires puéricultrices diplômées) ; *IV :* sorties des cl. terminales du 2e cycle long et abandons des scolarisations post-bac. avant d'atteindre niveau III : 153 600 (82 000 à la sortie des terminales dont 40,5 % diplômés des bac. et brevets techniques ou dipl. prof. de la santé ; 73 600 en cours d'ét. sup.) ; *III :* sorties avec un dipl. de niveau bac + 2 a. (DUT, BTS, instituteurs, DEUG, écoles de santé, etc.) 76 900 (*1982 :* 82 200 dont 64,6 % d'abandons du 1er cycle d'ens. universitaire, 41,8 % d'abandons de l'ens. technologique des IUT et STS ; la part des sortants sans dipl. des STS : 46,7 %, des IUT : 19,6 %) ; *II + I :* sorties avec un dipl. de 2e ou 3e cycle univ., ou un dipl. de grande école : 90 600. *Total* 791 900 (dont 30,4 % à différents niveaux de l'enseignement sup.).

Nombre de diplômés à l'entrée de la vie active en 1979 et entre parenthèses **en 1973, en %.** *Sans diplôme* 27 (36). *BEPC* 10 (13). *CAP-BEP* 29 (21). *Bac général* 10 (10) ; *de technicien* 4 (3). *Diplôme des formations sup.* courtes 13 (11) ; longues 7 (6).

% de bacheliers dans les différentes catégories socio-professionnelles (1982). Agriculteurs 4 % des effectifs ; artisans 11, professions libérales 90, cadres de la fonction publique 80, professeurs et professions scientifiques 85, instituteurs et assimilés 83, techniciens 44, contremaîtres et agents de maîtrise 18, employés administratifs d'entreprise 23, employés de commerce 8, personnel des services directs aux particuliers 3, ouvriers qualifiés de type industriel 3, ouvriers non qualifiés de type industriel 2, ouvriers agricoles 3, chômeurs n'ayant jamais travaillé 11.

Enseignement technique

Niveau V (ouvriers qualifiés). CAP *nationaux :* 313 spécialités différentes ; *départementaux :* 33 métiers ou options. **Brevet d'études professionnelles (BEP) :** 69 spécialités, env. 80 % des candidats au BEP passent en même temps les épreuves du CAP.

Niveau IV (maîtrise et techniciens). Brevet professionnel (BP) : recherché souvent par des titulaires d'un CAP ou BEP, exerçant déjà un métier et pouvant obtenir, après une préparation extra-scolaire de 2 ou 3 ans, une formation spécialisée complémentaire dans le cadre de la promotion sociale. *BP nationaux :* 69 spécialités ; *départementaux :* 1 spécialité. **Brevet de technicien (BT) :** 69 spécialités et options, en fin de classe terminale d'une formation professionnelle du 2e cycle long. **Bac de technicien** (voir p. 1170).

Niveau III (techniciens supérieurs). Brevet de techn. sup. (BTS) : après le bac et 2 ans d'études générales et techniques. 124 spécialités ou options. **Diplôme universitaire de technologie (DUT)** (voir p. 1157 c).

Examens (1982). Candidats présentés et entre parenthèses admis (Fr. sans TOM, public + privé). *CAP nationaux :* 461 391 (264 047 : 57,25 %) ; *départementaux :* 974 (622). *BEP :* 156 405 (100 041 : 63,96 %). *BP nationaux :* 32 155 (12 337 : 38,37 %) ; *départementaux :* 3 (1). *BT :* 9 301 (6 031 : 64,84 %). *BTS :* 38 503 (21 530 : 55,92 %).

Baccalauréat

Histoire

Moyen Age : le mot vieux-provençal et dialectal espagnol *bacalar* désigne une figue-fleur et par analogie un jeune paysan (langue d'oïl : bachelier). On appelait « bacheliers » les jeunes clercs admis à l'essai dans les chapitres de chanoines. **XVIe s.,** cet état est réservé aux maîtres ès arts (reçus à la déterminance après 2 ans d'études de logique). Les baccalaureati sont admis à préparer la licence, et le baccalauréat (baccalaureatus) devient le temps d'étude nécessaire pour être licencié (2 autres années). **1808** *(17-3)* Napoléon rétablit la maîtrise ès arts et lui donne le nom de baccalauréat qui devient un grade universitaire (5 b. : lettres, sciences, médecine, droit, théologie). **1808-21** purement littéraire et oral (explication d'un auteur latin ou grec). **1821** questions de math. et physique (oral). **1830** épreuve écrite (soit composition, soit version) ; questions sur les syllogismes obligatoires à l'oral. **1840** version latine obligatoire et éliminatoire ; auteurs français au programme de l'oral. **1852** écrit : version latine, composition latine ou française ; oral : logique, histoire-géographie, arithmétique, géométrie, physique élémentaire. **1857** la composition est obligatoirement en latin. **1864** *(27-11)* décret Duruy : composition philosophique à l'écrit ; oral non précisé sur les matières enseignées. **1874** 2 séries d'épreuves : 1°) version latine et composition latine ; 2°) composition philosophique (en français) et version de langue vivante. **1880** les 2 séries sont nommées rhétorique et philosophie (1° version latine, composition française, thème de langue vivante ; 2° composition philosophique, composition scientifique). **1896** création du b. classique et du b. moderne (2 langues vivantes au lieu du latin). **1902** section A (latin-grec), B (latin-langues), C (latin-sciences), D (sciences-langues vivan-

Résultats du baccalauréat d'enseignement général
1984-85 — France sans TOM — Public + Privé

Séries et options		Présentés		Admis						% admis sur présentés		Certificat de fin d'études secondaires	
				Au 1er groupe d'épreuves		Au 2e groupe d'épreuves		Total admis					
		Total	dont J. F.	Total	dont J. F.	Total	dont J. F.	Total	dont J. F.	Total	dont J. F.	Total	dont J. F.
Série A	A 1 — Lettres - Sciences	26 971	20 703	11 340	8 841	6 172	4 793	17 512	13 634	64,9	65,9	3 149	2 438
	A 2 — Lettres - Langues	36 357	30 428	18 511	15 624	8 089	6 762	26 600	22 386	73,2	73,6	4 840	4 059
	A 3 — Lettres - Arts	4 018	2 900	1 639	1 162	953	697	2 592	1 859	64,5	64,1	578	438
	Total Série A	67 346	54 031	31 490	25 627	15 214	12 252	46 704	37 879	69,3	70,1	8 567	6 935
Série B — Économique et social		65 273	39 351	24 817	15 354	15 564	9 430	40 381	24 784	61,9	63,0	9 480	5 979
Série C — Math. et sc. physiques		44 736	15 283	24 768	8 756	8 748	3 210	33 516	11 966	74,9	78,3	3 849	1 231
Série D — Math. et sc. de la nature		64 073	32 858	29 264	15 734	14 138	7 506	43 402	23 240	67,7	70,7	7 262	3 678
Série D′ — Sc. agronomiques et tech.		1 773	539	764	208	370	112	1 134	320	64,0	59,4	339	111
Série E — Sc. et techniques		8 016	445	3 512	167	1 915	113	5 427	280	67,7	62,9	1 088	55
Baccalauréat expérimental		171	106	70	41	41	27	111	68	64,9	64,2	10	7
Total France métropolitaine		251 217	142 507	114 615	65 846	55 949	32 623	170 564	98 469	67,9	69,1	30 605	17 996

Répartition académique des candidats présentés et admis aux différentes séries du baccalauréat d'enseignement général
1985 — France sans TOM — Public + Privé

Académies	Nombre de candidats par série														% admis sur prés.
	Série A		Série B		Série C		Série D		Série D′		Série E		Toutes séries		
	Prés.	Admis	Prés.	Admis	Prés.	Admis	Prés.	Admis	Prés.	Admis	Prés.	Admis	Prés.	Admis	
Aix-Marseille	3 511	2 411	3 248	1 889	2 008	1 624	3 349	2 108	30	13	389	253	12 535	8 298	66,2
Amiens	1 710	1 101	2 037	1 195	1 076	761	1 656	1 145	211	109	230	126	6 920	4 437	64,1
Antilles-Guyane	962	573	591	335	198	148	563	367	—	—	34	20	2 348	1 443	61,5
Besançon	1 293	946	939	599	862	645	1 269	863	—	—	186	137	4 549	3 190	70,1
Bordeaux	3 864	2 646	2 277	1 399	1 966	1 552	3 349	2 186	109	66	374	239	11 939	8 088	67,7
Caen	1 692	1 073	1 321	782	829	612	1 619	1 061	28	23	154	127	5 643	3 678	65,2
St-Pierre-et-Miquelon	6	6	8	3	—	—	6	5	—	—	—	—	20	14	70,0
Clermont-Ferrand	1 594	1 148	1 500	1 064	983	761	1 656	1 137	87	60	152	102	5 972	4 272	71,5
Corse	380	263	259	141	200	131	301	180	—	—	10	8	1 150	723	62,9
Créteil	3 503	2 412	4 014	2 337	2 292	1 534	3 228	2 016	—	—	338	202	13 375	8 501	63,6
Dijon	1 917	1 301	1 438	921	1 083	794	1 385	926	50	34	334	258	6 207	4 234	68,2
Grenoble	3 604	2 543	2 718	1 730	2 150	1 534	3 386	2 356	50	42	442	329	12 350	8 534	69,1
Lille	4 126	2 555	3 997	2 151	2 951	2 133	4 166	2 929	—	—	641	447	15 881	10 215	64,3
Limoges	890	558	721	340	504	403	817	559	27	8	129	94	3 088	1 962	63,5
Lyon	3 091	2 235	3 774	2 324	2 490	1 879	3 191	2 282	86	54	454	329	13 086	9 103	69,6
Montpellier	2 837	1·919	2 221	1 218	1 498	1 196	2 289	1 579	61	44	314	200	9 220	6 156	66,8
Nancy-Metz	2 672	1 937	1 962	1 288	1 720	1 299	2 320	1 611	84	37	391	242	9 149	6 414	70,1
Nantes	3 542	2 429	2 953	1 854	1 958	1 536	3 405	2 378	163	118	377	248	12 398	8 563	69,1
Nice	2 145	1 471	2 339	1 288	1 396	1 003	1 778	1 044	35	23	275	183	7 968	5 012	62,9
Orléans-Tours	2 531	1 676	1 992	1 285	1 468	1 182	2 173	1 573	113	72	288	202	8 565	5 990	69,9
Paris	4 530	2 966	5 201	3 266	3 940	2 661	4 402	2 663	—	—	299	183	18 372	11 739	63,9
Poitiers	1 860	1 331	1 429	903	1 124	889	1 582	1 154	57	30	244	172	6 296	4 479	71,1
Reims	1 476	1 050	1 415	806	1 027	745	1 437	920	60	46	268	140	5 683	3 707	65,2
Rennes	3 153	2 320	3 383	2 224	2 408	1 987	3 631	2 634	279	176	470	371	13 324	9 712	72,9
La Réunion	484	245	445	208	210	174	404	245	—	—	66	40	1 609	912	56,7
Rouen	1 529	1 086	2 080	1 282	925	667	1 411	951	43	28	135	97	6 123	4 111	67,1
Strasbourg	1 506	1 168	1 178	875	1 280	1 004	1 543	1 185	47	36	282	196	5 836	4 464	76,5
Toulouse	3 349	2 490	2 998	2 018	1 966	1 531	3 188	2 205	153	115	395	252	12 049	8 611	71,5
Versailles	4 041	3 669	7 879	5 202	4 632	3 453	5 542	3 757	—	—	445	290	23 539	16 371	69,5
Total France sans TOM	68 792	47 522	66 309	40 924	45 144	33 838	65 040	44 014	1 773	1 134	8 116	5 487	255 174	172 919	67,8
dont France Métro.	67 346	46 704	65 273	40 481	44 736	33 516	64 073	43 402	1 773	1 134	8 016	5 427	251 217	170 564	67,9

tes). **1925** A (latin-grec), A′ (latin sans grec), B (français, 2 langues vivantes). **1945** création d'un b. technique. **1963** suppression des 2 parties, 1 seule série (l'ancienne 2e partie) ; options : philosophie, sciences expérimentales, math., technique, sciences économiques ; examen probatoire. **1965** suppression de l'examen probatoire. **1969** épreuve de français anticipée en 1re année. **1983** les mentions sont supprimées. **1984** les mentions sont rétablies.

Statistiques

• **Nombre de bacheliers. 1809 :** 32. **1850 :** 4 147 (ès Lettres ou Philosophie 3 279, ès Sciences 868). **1900 :** *2e partie* 5 717 (Philosophie 4 537, Mathématiques 1 180). **1914 :** *1re partie* 9 635 ; *2e* 7 733 (Phil. 4 773, Math. 2 960). **1930 :** *1re partie :* 17 012 (A 3 121, A′ 8 147, Latin-Sc. 1 422, B 4 322) ; *2e partie :* 15 566 (Phil. 11 413, Math. 4 153). **1939 :** *1re partie :* 33 104 (A 10 053, A′ 14 737, B 8 314) ; *2e partie :* 23 977 (Phil. 16 573, Math. 7 404). **1950 :** *1re partie :* 40 333 (A 6 210, B 9 094, C 6 927, M 16 239, T 1 863) ; *2e partie :* 32 362 (Phil. 17 186, Sc. 6 747, Math. 7 474, Math. et Techn. 955). **1960 :** *1re partie :* 88 335 (A 4 983, A′ 1 277, B 14 752, C 12 807, M 27 281, M′ 21 327, T 5 385, T′ 523) ; *2e partie :* 56 278 (Phil. 23 344, Sciences ex. 15 434, Math. 17 061, Math. et Techn. 248, Techn. écon. 191).

• **Candidats.** % de filles (en *A* 78,9, *B* 62,9, *C* 36,2, *D* 54,8, *D′* 31,4, *E* 5,1, expérimental 58,9).

Répartition par âge des élèves de terminale (1982-83, public). *1968 et après :* 11, *67 :* 95, *66 :* 4 574, *65 :* 29 990, *64 :* 32 761, *63 :* 17 502, *62 :* 4 167, *61 :* 846, *60 :* 853. **Total :** 260 494.

Origine de l'enseignement (1985) (en % sur le nombre de présentés). *Public* 72,7 (E 91,2, 77,8), *privé* 25 (D' 32,8, B 28,4), *candidats individuels* 2,3 ; sur le nombre d'admis : public 70,1, *privé* 64,6, *c. individuels* 27,9.

• **Admis.** *Ensemble des admis :* 66. *Directement au 1er groupe d'épreuves* (au moins 10 de moyenne) : 110 836 (séries A 28 589, B 22 885, C 22 054, D 32 104, D′ 964, E 3 641. Bac expérimental 599).

Admis au 2e groupe d'épreuves (note entre 8 et 10 au 1er gr., au moins égale à 10 au 2e groupe) : 63 525.

Taux selon les académies. % *les plus élevés et les plus faibles,* voir tableau ci-dessus.

• **Certificat de fin d'études secondaires** (non-admis au bac ayant obtenu entre 8 et 10), 24 791.

Bonnes notes. En 1983, à Paris, sur 19 608 candidats, à l'épreuve anticipée de français, 7 ont obtenu 19 sur 20 à l'écrit (23 à l'oral), 30 ont obtenu 18 sur 20 à l'écrit (118 à l'oral), 84 ont obtenu 17 sur 20 à l'écrit (249 à l'oral), 210 ont obtenu 16 sur 20 à l'écrit (636 à l'oral), 382 ont obtenu 15 sur 20 à l'écrit (1 116 à l'oral).

% des candidats selon les notes obtenues ; 15 sur 20 et + et, entre parenthèses, 15 à 10 sur 20. **Écrit :** *A1 :* 4 % (34 %), *A2 :* 4 (27), *A3 :* 2 (26), *B :* 2 (32), *E :* 1 (21), *S :* 5 (39). **Oral :** *A1 :* 10 (58), *A2 :* 10 (58), *A3 :* 7 (46), *B :* 9 (59), *E :* 5 (64), *S :* 14 (58).

% de bacheliers par génération. 1850 garçons 1,3 ; **70** 1,9 ; **80** 2 ; **90** 2,2 ; **1900** 1,8 ; **10** garçons 2-filles 0,02 ; **20** 2,8-0,4 ; **30** 3,9-1,2 ; **40** 5,6-2,9 ; **50** 5,9-4,4 ; **55** 8-6,7 ; **60** 12,6-12,4 ; **65** 11,6-11,8 ; **68** 18,5-20,8 ; **70** 18,5-21,5 ; **75** 22,2-29,9 ; **79** 25,33 ; **83** 27,9 ; **vers 2000** (prév.) 57.

Résultats des examens du baccalauréat de technicien, année 1984-85
(France sans TOM — Public + Privé)

Secteur	Séries et options	Présentés		Admis						% admis sur présentés		Certificat de fin d'études secondaires	
				Au 1er groupe d'épreuves		Au 2e groupe d'épreuves		Total admis					
		Total	dont J. F.	Total	dont J. F.	Total	dont J. F.	Total	dont J. F.	Total	dont J. F.	Total	dont J. F.
Secteur industriel	F 1 — Construction mécanique	12 279	378	5 945	144	1 997	66	7 942	210	64,7	55,6	1 869	69
	F 2 — Électronique	5 018	191	2 596	72	1 142	43	3 738	115	74,5	60,2	274	18
	F 3 — Électrotechnique	12 149	294	6 003	117	1 929	59	7 932	176	65,3	59,9	1 689	45
	F 4 — Génie civil	1 616	185	718	68	357	41	1 075	109	66,5	58,9	203	29
	F 5 — Physique	337	100	186	43	67	25	253	68	75,1	68,0	18	4
	F 6 — Chimie	1 246	537	550	200	365	173	915	373	73,4	69,5	38	20
	F 7 — Biochimie	1 599	1 112	717	473	370	274	1 087	747	68,0	67,2	145	101
	F 7′ — Biologie	1 299	966	582	401	256	206	838	607	64,5	62,8	186	145
	F 9 — Équipement tech. du bâtiment	463	42	195	12	85	8	280	20	60,5	47,6	54	9
	F 10 A — Microtech. option appareillage	690	57	300	19	152	10	452	29	65,5	50,9	83	8
	F 10 B — Microtech. option optique	25	12	12	5	5	3	17	8	68,0	66,7	5	2
	F 10 — Microtechnique	47	11	20	3	9	1	29	4	61,7	36,4	9	3
	Total secteur industriel	36 768	3 885	17 824	1 557	6 734	909	24 558	2 466	66,8	63,5	4 573	453
Secteur tertiaire	F 8 — Sciences médico-sociales	11 161	10 992	5 714	5 635	2 390	2 362	8 104	7 997	72,6	72,8	1 571	1 551
	F 11 — Musique	275	157	252	146	13	8	265	154	96,4	98,1	4	1
	F 11′ — Danse	45	41	38	35	6	5	44	40	97,8	97,6	1	1
	F 12 — Arts plastiques	270	186	169	116	39	21	208	137	77,0	73,7	30	23
	G 1 — Techniques administratives	25 561	24 688	11 855	11 468	5 712	5 489	17 567	16 957	68,7	68,7	4 440	4 330
	G 2 — Tech. quantitatives de gestion	33 260	20 107	14 665	8 959	6 290	3 783	20 955	12 742	63,0	63,4	3 687	2 384
	G 3 — Techniques commerciales	15 978	8 725	5 530	3 001	3 973	2 111	9 503	5 112	59,5	58,6	2 444	1 428
	Total série G	74 799	53 520	32 050	23 428	15 975	11 383	48 025	34 811	64,2	65,0	10 571	8 142
	H — Techniques informatiques	1 900	704	1 075	421	207	74	1 282	495	67,5	70,3	278	107
	Total secteur tertiaire	88 450	65 600	39 298	29 781	18 630	13 853	57 928	43 634	65,5	66,5	12 455	9 825
Total France métro.		125 218	69 485	57 122	31 338	25 364	14 762	82 486	46 100	65,9	66,3	17 028	10 278

Répartition des candidats présentés et admis aux différentes séries du baccalauréat de technicien, année 1984-85
(France sans TOM — Public + Privé)

Académies	Nombre de candidats par série														% admis sur prés.
	Secteur industriel F1 à F7′ + F9 + F10		Sciences médico-sociales F8		Musique Danse F11 - F11′		Arts plastiques F12		Secteur économique G1 - G2 - G3		Informatique H		Toutes séries		
	Prés.	Admis	Prés.	Admis	Prés.	Admis	Prés.	Admis	Prés.	Admis	Prés.	Admis	Prés.	Admis	
Aix-Marseille	1 468	973	574	392	11	10	21	17	3 526	2 104	68	35	5 668	3 531	62,3
Amiens	1 152	726	425	337	—	—	—	—	2 446	1 474	20	20	4 043	2 557	63,2
Antilles-Guyane	447	229	242	159	—	—	—	—	2 183	1 122	7	5	2 879	1 515	52,6
Besançon	965	708	198	161	17	16	—	—	1 334	874	33	30	2 547	1 789	70,2
Bordeaux	1 545	1 031	381	259	10	10	—	—	3 075	2 060	27	25	5 038	3 385	67,2
Caen	814	541	233	154	—	—	—	—	1 659	1 205	25	22	2 731	1 922	70,4
Clermont-Ferrand	865	560	286	225	—	—	—	—	1 497	1 019	42	35	2 690	1 839	68,4
Corse	76	28	72	51	—	—	—	—	320	135	—	—	468	214	45,7
Créteil [1]	2 273	1 389	640	471	25	24	1	—	4 625	2 753	107	62	7 671	4 699	61,3
Dijon	1 195	825	323	261	8	8	—	—	1 940	1 383	64	56	3 530	2 533	71,8
Grenoble	1 947	1 384	408	290	11	11	—	—	3 504	2 399	50	44	5 920	4 128	69,7
Lille	3 310	2 086	1 336	912	44	40	49	26	6 246	3 691	203	148	11 188	6 903	61,7
Limoges	654	427	125	92	—	—	—	—	785	490	56	44	1 620	1 053	65,0
Lyon	1 649	1 167	612	433	20	18	27	23	3 916	2 391	70	48	6 294	4 080	64,8
Montpellier	1 153	781	330	241	3	3	—	—	2 700	1 475	27	17	4 213	2 517	59,7
Nancy-Metz	2 130	1 411	575	408	26	26	—	—	3 070	2 095	116	74	5 917	4 014	67,8
Nantes	1 717	1 290	592	441	12	12	—	—	3 858	2 641	141	92	6 320	4 476	70,8
Nice	754	496	208	155	24	24	—	—	2 407	1 339	31	17	3 424	2 031	59,3
Orléans-Tours	1 259	846	277	201	—	—	24	22	2 543	1 782	99	64	4 202	2 915	69,4
Paris [1]	1 450	862	389	277	33	32	82	64	3 078	1 895	189	73	5 221	3 203	61,3
Poitiers	956	633	268	190	—	—	15	12	2 091	1 355	50	39	3 380	2 229	65,9
Reims	802	493	317	251	10	9	—	—	1 747	1 135	27	17	2 903	1 905	65,6
Rennes	2 119	1 464	694	475	12	12	—	—	4 598	3 189	113	94	7 536	5 234	69,5
La Réunion	304	158	221	128	—	—	—	—	1 119	598	25	20	1 669	904	54,2
Rouen	1 198	798	298	205	12	12	—	—	2 334	1 450	67	47	3 909	2 512	64,3
Strasbourg	1 318	957	474	361	9	9	—	—	1 804	1 357	74	56	3 679	2 740	74,5
Toulouse	1 657	1 150	520	370	13	13	25	20	3 371	2 140	56	48	5 642	3 741	66,3
Versailles [1]	2 342	1 532	606	491	20	20	26	24	6 325	4 194	145	75	9 464	6 336	66,9
Total sans TOM	37 519	24 945	11 624	8 391	320	309	270	208	78 101	49 745	1 932	1 307	129 766	84 905	65,4
dont France Métro	36 768	24 558	11 161	8 104	320	309	270	208	74 799	48 025	1 900	1 282	125 218	82 486	65,9

Nota. — Paris, Créteil, Versailles sont regroupées.

% de bacheliers admis

% admis	1970	1975	1980	1983	1985
A	38,5	24,9	17,9	18,8	18,3
B	6,7	10,3	13,9	15,9	15,9
C	12,8	15	13	12,8	13,3
D, D′	21,5	23	21,6	20,8	17,6
E	3,2	2,6	0,3	2,4	2,2
F	6,6	9,3	9,5	12,2	13,2
G	10,4	15,3	17,6	17,4	19
H	0,03	0,2	0,2	0,3	0,5
Total	*100*	*100*	*100*	*100*	*100*

Organisation en 1986

Épreuves en 2 groupes : *1er :* épreuves écrites et orales (matières obligatoires) ; *2e :* épreuves orales au choix du candidat.

Épreuve d'éd. physique et sportive : obligatoire dans le 1er groupe d'épreuves ; si la note est sup. à 10, elle compte dans le total des notes des épreuves du 1er groupe. Sinon, elle entre en déduction du total de ces points, sauf s'il y a attestation d'assiduité et d'application aux cours d'EP du chef d'établissement.

Épreuves facultatives : dessin, musique, éd. ménagère, langues vivantes étrangères et régionales, travail manuel (mécanique ou menuiserie) : seuls les points au-dessus de 10 entrent en ligne de compte.

Séries et options. *Série A (Philo-lettres) :* A1 (latin, grec) ; A2 (latin, langues) ; A3 (latin-math.) ; A4 (langues, math.) ; A5 (langues) ; A6 (éduc. musicale) ; A7 (arts plastiques). *Série B* (Économique et social). *Série C* (Math. et sciences physiques). *Série D* (Math. et Sciences de la nature). *Série D′* (Sc. agronom. et Technique). *Série E* (Sciences et Technique). *Série F1 à 10* (Industriel), *F8* (Médiço-social), *11 et 11′* (Musique et danse). *Série G1 à 3* (Économie). *Série H* (Informatique).

Coefficients des disciplines selon les séries. Épreuves du 1er groupe. ÉCRIT. **Français** (en 1re ; 4 h) : *A1* 3, *A2* 3, *A3* 3, *B* 3, *C* 2, *D* 2, *D′* 2, *E* 2. **Philo** (4 h) : *A1* 5, *A2* 5, *A3* 5, *B* 3, *C* 2, *D* 2, *D′* 2, *E* 2. **Math.** (4 h) : *A1* 4 (3 h), *B* (3 h) 3, *C* 5, *D* 4, *E* 5. **Hist./géo.** (3 h 30) : *A1* 3, *A2* 3, *A3* 3, *B* 3, *C* 2, *D* 2, *D′* 2. **Langue** (3 h) : *A1* (LV ou ancienne) 3, *A2* (LV I) 4, *A3* (LV ou ancienne) 3, *B* (LV I) 3. LV 2 ou LV 3 ou langue ancienne : *A2* 3. **Enseign. artistique** (3 h) : *A3* 3. **Sciences éco. et sociales** (3 h) : *B* 4. **Sc. physiques** (3 h) : *C* 5, *D* 4, *D′* 3, *E* 4. **Sc. nat.** (3 h) : *C* 2, *D* 4. **Sc. biologiques** (3 h) : *D′* 4. **Construction mécanique** (4 h) : *E* 4. ORAL. **LV ou ancienne non choisie à l'écrit :** *A1* 3, *A2* 3, *A3* 3, *B* 3, *C* 3, *D* 3, *D′* 3, *E* 3. **Math. :** *A2* 2, *A3* 2. **Enseign. artistique :** *A3* 3. **Sc. écon. :** *D′* 3. **Sc. agron. :** *D′* 5. **Technique pratique :** *E* 3.

3 cas peuvent se présenter : *l'élève a eu : 1) moins de 8 de moyenne au 1er gr. :* il est ajourné. Il peut demander un certificat de fin d'études secondaires au directeur de l'académie, ou redoubler ; *2) entre 8 et 10 :* il doit passer les épreuves du 2e groupe ; il est reçu si la moyenne générale des 1er et 2e gr. est au moins égale à 10 ; *3) 10 ou + :* il est définitivement admis.

Quelques personnalités n'ayant pas eu leur bac. Général Bigeard, Sacha Guitry, Georges Marchais, Antoine Pinay, Pierre Bérégovoy, Marcel Bleustein-Blanchet, Sylvain Floirat, Alain Perrin (P.-D.G. de Cartier-International), Alain Delon, Gérard Depardieu, Sheila.

Baccalauréat de technicien (1984)

☞ V. Évolution dans Quid 1982, p. 1334.

Certificat de fin d'études secondaires mention BTn (candidats non admis ayant au moins 8 de moyenne). 14 138.

Origine de l'enseignement (en % sur le nombre de présentés). *Public* 80,9, *privé* 17,9, *promotion sociale* 1,2. Sur le nombre d'admis : *public* 60,2, *privé* 65,1, *promotion sociale* 46,6.

Répartition académique des candidats présentés et admis (1984, en %). *Les plus forts et les plus faibles :* voir tableau ci-dessus.

Coût du bac (1982-83) 171 000 F soit 224,10 F par candidat. **Salaire des enseignants du jury** (1983). Correcteurs de philo. ou de français : 7,78 F/copie ; autres disciplines : 6,22 F/copie ; oral : 155,47 F pour 4 h.

« Surdoués ». Il y aurait 1 enfant surdoué pour 10 000 enfants venant de toutes les classes de la société. Les surdoués se manifestent par un développement prématuré du langage, de la lecture (33 % savent lire avant 5 ans), une curiosité inlassable, une grande capacité d'assimilation. Il y a aussi les surdoués *créatifs* (plus difficiles à dépister).

Bégaiement. *Statistiques :* touche dans les 3/4 des cas les petits garçons. Apparaît vers 3 ans, 50 % des bégaiements apparaissent avant 5 ans, 80 % avant 7 ans.

Origine : physiologique et psychologique, avec peut-être une prédisposition héréditaire (on trouve 6 à 7 fois plus de cas de bégaiement dans les familles de bègues que dans les autres), il a des causes variées et souvent associées : déficit moteur, dominance latérale, gaucherie contrariée (exceptionnellement), retard d'élaboration du langage (chez 50 %), problèmes psychologiques (troubles émotionnels, anxiété, critiques familiales, problèmes conflictuels avec la mère, taquineries de camarades) transformant en un « bégaiement vrai » ce qui, au départ, n'était qu'un « bégaiement primaire » appelé normalement à disparaître. La crainte des moqueries des camarades qui imitent le petit bègue entraîne un repli sur soi et des frustrations.

Traitements proposés : parmi + de 300 méthodes, on peut retenir 3 catégories : la *psychothérapie* qui ne modifie pas le bégaiement à elle seule mais est indispensable à un bon résultat ; les *techniques psychomotrices :* rééducation respiratoire, relaxation, etc. ; les *techniques orthophoniques :* rééducation du langage, conduisant à une « régulation vocale ». Enfin, de façon temporaire, une *thérapeutique médicamenteuse* peut être associée.

Dyslexie. 5 à 10 % des enfants d'âge scolaire (2 fois plus de garçons que de filles) sont atteints de dyslexie, 10 à 20 % rencontrent des difficultés temporaires dues à une immaturité du cerveau, à une méthode de lecture mal adaptée (ex. : la méthode globale telle qu'elle fut présentée à ses débuts), à des troubles psycho-affectifs... *Troubles associés* (troubles de la structuration spatiale, retard de langage, troubles affectifs) et retards dans d'autres étapes de la vie scolaire (apprentissage de l'orthographe, du calcul, etc.). Avant 7 ou 8 ans, il semble difficile de faire un diagnostic correct. Le dépistage précoce, suivi d'une rééducation appropriée, permet de transformer le comportement de l'enfant : il perd son sentiment de culpabilité, clarifie sa pensée, découvre parfois le goût de l'effort intellectuel.

Palmarès des préparations au bac 1985

Source : SPRESE.

% de réussite par académies. *Bac. d'enseignement général :* Strasbourg 76,7, Rennes 73, Toulouse 71,7, Clermont 70,9, Poitiers 70,5, Nancy-Metz 70,2, Besançon 70,1, Grenoble 69,5, Versailles 69,5, Lyon 69,3, Orléans 69,3, Nantes 69,1, Dijon 68,4, Bordeaux 67,6, Rouen 67,3, Aix-Marseille 66,4, Montpellier 66, Reims 65,4, Caen 65,3, Lille 65,2, Paris 64,2, Créteil 64,1, Limoges 64, Amiens 63,3, Nice 63,2, Corse 61,8. *Bac. de technicien :* Strasbourg 74,5, Dijon 71,7, Besançon 70,9, Nantes 70,7, Caen 70,4, Orléans 70,1, Rennes 69,6, Nancy-Metz 68,6, Grenoble 68,3, Clermont 67,9, Poitiers 65,9, Toulouse 65,7, Bordeaux 65,4, Limoges 65,3, Reims 65,1, Rouen 64,5, Lyon 64,3, Amiens 63,3, Aix-Marseille 61,8, Paris 61,3, Nice 59,8, Lille 60,9, Montpellier 56,6.

Concours général

Origine. *Fondé* 1744 par l'université de Paris grâce au legs de l'abbé Louis Le Gendre († 1734), *1re distribution des prix* à la Sorbonne le 23-8-1747. Remis en vigueur par le consul Bonaparte le 23 Fructidor an XI. Supprimé 1906, rétabli en 1921. **Organisé** par le min. de l'Éducation nat., le min. des Aff. étr., les ambassades de Fr. à l'étr., les rectorats et les insp. d'académies. *Correction :* un jury national pour chaque matière délibère à Paris. *Remise des prix :* cérémonie en juillet. Ouvert aux meilleurs élèves de 1re et de terminale de l'enseignement général public, qui sont inscrits par un professeur.

Candidats. *1978 :* 3 700, *79 :* 3 461, *80 :* 3 735, *81 :* 4 122, *82 :* 4 002, *83 :* 4 388, *84 :* 5 717, *85 :* 4 274, *86 :* 4518, 181 ont obtenu un prix ou accessit (117 garçons, 64 filles) dont 84 de la région parisienne ; lycée Louis-le-Grand (Paris) 13, lycée Henri-IV et École de Chimie de Paris 6.

Épreuves. Elles ont lieu soit en avril, soit en mai (il y a un centre pour chaque département) : **classes de 1re.** *Sect. A, B, E :* Composition fr., all., angl., arabe, esp., it., russe, portugais ; *A, B :* Hist. ou géo., version latine, thème latin, vers. grecque ; *B :* Sc. écon. et soc. ; *F1, F2, F3 :* Constr. ; *A, B, C, D, E, F8 :* Musique. **Terminales.** *Sections A, B, C, D, E :* Comp. fr. ; *A, B, C, D, E :* Philosophie ; *D :* Sc. nat. ; *C, E :* Math. ; *C, D, E :* Physique ; *B :* Sc. écon. et soc. ; *E :* Constr. ; *A, B, C, D, E, F8 :* Musique ; *A, B, C, D :* Histoire ou géographie ; *F, H :* technologie ; *G1, G2, G3 :* économie générale ou économie et organisation de l'entreprise. **1res et terminales.** Dessin.

Diplômes des facultés

Diplômes d'ingénieurs délivrés en 1982 (public + privé). 12 113 dont : dans les éc. publiques dépendant du min. de l'Éduc. nat. 5 935 ; d'autres min. 3 058 ; éc. privées 2 674 ; CNAM 466.

Étudiants obtenant leur diplôme sur 100 inscrits en 1re année

	niveau DEUG	niveau maîtrise	Doctorat médecine
Lettres	60	40	
Droit	55	45	
Sciences éco.	50	40	
Sciences	47	30	
Médecine	40		35

Prévisions de sortie de diplômés en 1985. Lettres, droit, sciences humaines 19 800, IUT DEUG 25 600, écoles diverses 20 000, écoles d'ingénieurs 12 000, médecine pharmacie dentaire 11 650, Sciences éco., écoles de gestion 10 500, Sciences 7 900.

Diplômes	1900	1930	1955	1960	1976	1983
Droit						
Licence	1 475	1 931	3 271	1 943	7 610	9 148
Doct. d'État [2]	494	363	245	126	132	189
CAPA [3]						n.c.
Lettres						
Licence						19 416
Maîtrise	430	1 048	2 176	3 622	10 881	10 143
Doct. d'État	16	57	79	37	159	314
Médecine						
Doct. d'État	1 126	1 076	2 337	2 242	8 245	7 957
Ch. dent.	105	473	504	606	2 754	1 736
Sage-fem.	379	435	866	230	392	n.c.
Pharmacie	614	682	847	1 085	2 878	3 065
Sciences						
Licence						8 850
Maîtrise [1]	254	836	1 594	4 618	6 619	7 402
Doct. d'État	37	73	242	293	1 130	1 089

Nota. — (1) Maîtrise (4 a. d'études) à partir de *1977 :* 7 436 ; *1978 :* 4 845. (2) Nouveau régime compris. (3) Certif. d'aptitude à la prof. d'avocat.

☞ Voir aussi Quid 1983, p. 1408 c.

Sort des étudiants du 1er cycle (1975-80). *Sciences :* quittent le 1er cycle pour d'autres ét. sup. 39 %, continuent en 2e cycle 34 %, abandons et échecs 27 %. *Lettres et sc. humaines :* q. 21, c. 34, a. 37. *Droit et sc. écon. :* q. 22, c. 39, a. 39.

Grandes Écoles

Généralités

L'enseign. sup. français comprend, à côté des univ., des grandes écoles publiques souvent indépendantes. Elles peuvent dépendre de ministères variés : ex. Polytechnique dépend du min. des Armées, les écoles des Mines du m. de l'Industrie, l'Éc. des télécommunications du min. des PTT, les éc. d'agriculture du min. de l'Agriculture. Parmi les grandes écoles placées sous l'autorité du min. de l'Éducation, seule une minorité est liée aux univ. : éc. normales sup., éc.

nationales sup. d'ingénieurs (ENSI), etc. Les autres leur sont étrangères. Il en résulte une certaine concurrence. A côté des éc. publ., existent de nombreuses éc. privées. En 1980-81, 161 éc. délivraient des diplômes d'ingénieur dont 7 non rattachées aux univ.

Nombre d'écoles, entre parenthèses d'élèves, et en *italique* diplômés (1980-81). Total général 306 (96 726) *23 365* dont : **ingénieurs** 161 (41 848) *12 244* [éc. habilitées 155 dont 114 publiques, 41 privées, 35 dépendant de l'Université (40 273) *11 978*, non habilitées 7 (1 575) *266*] ; **éc. de commerce** 70 (17 278) *4 961* ; **total autres grandes écoles** 81 (37 600) *6 160* dont : instituts d'ét. politiques 7 (6 108) *1 116*, éc. de la fonction publique 21 (3 612) *2 038*, éc. normales sup. 5 (2 823) *pas de diplômes*, éc. artistiques 33 (20 773) *1 990*, éc. vétérinaires 4 (1 937) *363*, éc. de la marine march. 3 (893) *190*.

% des femmes dans les principales grandes écoles. ESCP 37, ESSEC et HEC 30, Télécom. 10, ENSTA 8 à 10, Mines Nancy 9, Mines St-Étienne 9, Ponts et Chaussées 8, Supélec 7, Centrale 6, Polytechnique 5, Mines Paris 5.

Effectifs des él. en études d'ingénieurs (1983-84). *40 412* dans 162 établ. dont 55 % dans 73 établ. publics dépendant du min. de l'Éduc. nat., 22 % dans 48 éc. publiques relevant d'un autre min., 23 % dans 41 éc. privées.

Répartition par spécialités (en %, 1983-84). Sans spécialité dominante 34. Électricité et électron.-télécom. 18,4. Mécanique-métallurgie 13,8. Agriculture et ind. alimentaire 12,4. Physique, chimie 7,6. Construction et T.P., mines, géologie 6,8. Défense 2,3. Aéronautique 1,9. Textile 0,8. Diverses 2.

Abréviations. Admis : Ad. Admission : Adm. Admission parallèle : Adm. p. Admission sur titre : Adm. sur t. Agrégation : Agrég. Annuel, année : An. Architecture : Archi. Baccalauréat : Bac. Candidat : Ca. Concours : C. Classe : Cl. Cycle : Cy. Diplôme, diplômé : Dipl. Durée des études en années : An. Droits universitaires [1] : D.u. École : Éc. Économie : Éco. Effectifs : Eff. Élève : Él. Enseignement : Ens. Études, étudiant : Ét. Externe : Ext. Faculté : Fac. Frais de scolarité annuels : Frais. Ingénieur : Ing. Interne : Int. Licence : Lic. Maîtrise : Maîtr. National : Nat. Polytechnique : Polytechn. ou X. Préparation : Prépa. Promotion : Promo. Spécial : Spé. Supérieur : Sup. Titre : T. Titulaire : Tit. Université : Univ. *Sources* : Questionnaire aux Écoles et Dossiers de l'Étudiant.

Nota. — (1) Montant (1986-87) : 450 F.

Classes préparatoires

• **Aux grandes écoles scientifiques. Mathématiques supérieures** (Maths sup. ou hypotaupe). *Durée des études :* 2 a. minimum. *Cl. de type M et P.* M : math. prépondérantes. P : physique et chimie. 1re année commune aux cl. de type M et P. En cas de non-admission dans la cl. supérieure, le niveau maths sup. permet de se présenter à quelques concours (ECAM, ESME, Sudria, quelques éc. du Nord, Mines de Douai et d'Alès).

Mathématiques spéciales (Maths spé. ou taupe). 2e année d'études. 4 types : M, M', P, P'. Les cl. de type M et M' sont à dominante math., M' ayant un programme renforcé préparant à Polytechnique et aux éc. normales sup. Les cl. de type P et P' sont à dominante physique-chimie. P' a un programme renforcé.

Mathématiques supérieures et spéciales techniques (dites T'). Préparent à un c. spé. (1 ou 2 places) dans certaines grandes éc.

Argot des prépa. *Bikhas :* retriplant une 1re sup. *Bizuths :* prépa. HEC n'ayant jamais redoublé. *Carrés :* redoublant prépa. HEC. *Cubes :* triplant prépa. HEC. *PS ou khâgne :* 1re sup. *Khâgneux :* él. de khâgne, appelés aussi kharrés s'ils n'ont pas redoublé la 1re sup. *Khubes :* él. ayant redoublé la cl. de 1re sup. *LS ou hypokhâgne :* cl. de lettres sup. *Hypokhâgneux :* él. d'hypokhâgne. *Hypotaupe :* cl. de math. sup. *Prépa. Agro :* cl. prépa. aux éc. agron. *Prépa. HEC :* cl. prépa. au haut enseign. commercial. On l'appelle aussi *épice*. *Prépa. Véto :* cl. prépa. aux éc. nat. vétérinaires. *Taupe :* cl. de maths spé. *Taupins :* élèves de maths spé. appelés aussi 3/2 ; redoublants : 5/2, triplants : 7/2.

Cl. de type C. Préparent aux grandes éc. agronomiques. Biologie et géologie prépondérantes. 1re a. : biol., maths sup. (bio-maths sup.), 2e : biol., maths spéciales (bio-maths spé.).

Cl. de type T. Préparent au concours commun des éc. d'arts et métiers. 1re a. : cl. de maths sup. technologiques. 2e a. : maths spé. technologiques.

Cl. techniques. Depuis le décret du 30-7-1959, les titulaires d'un bac E (math. et techniques) peuvent préparer les C. des éc. d'ingénieurs dans les cl. maths sup. et maths spé. « techniques » des lycées Franklin-Roosevelt à Reims et La Martinière à Lyon.

Cl. de type TA, TB, TC. Concernent les bacheliers F. *Cl. de type TA :* électricité, mécanique, automatique (F1, F2, F3, F4, F9, F10). *TB :* chimie (F5, F6, F7, F8). *TB' :* biologie. *TC :* gestion, comptabilité (haut enseign. commercial) (bac G, H). Cl. préparatoires aux éc. nat. d'ingénieurs des travaux agricoles (ENITA), à l'éc. des Htes études commerciales (HEC), aux éc. vétérinaires, à la section C de l'ENSET.

• **Littéraires.** Préparent surtout à l'entrée dans les éc. normales sup., section lettres : en 1re a. : cl. de lettres sup., en 2e a. : cl. de 1re sup. ; il existe également des préparations en 2 a. à l'éc. des Chartes et à l'éc. spéciale militaire de St-Cyr (lettres).

• **Préparations diverses.** Préparent en 1 a. aux éc. nat. de la marine marchande, ou à certains C. de recrutement de professeurs spécialisés.

Effectifs

Total en 1984-85 (établ. publics et privés) : 46 258 (15 023 filles) dont :

• **Classes préparatoires aux grandes écoles scientifiques.** *Cl. de type M et P* 19 341 (50 %) dont *1re a.* (maths sup.) 9 364, *2e a.* (maths spéciales) 9 977. *Cl. de type C Biologie* 3 653 (9,5 %) dont *1re a.* 2 243, *2e a.* 1 410. *Autres préparations scientifiques* 15 632 (40,5 %) dont *1re a.* : maths sup. technologiques T 2 096, technol. et maths sup. (TA, TB, TB') 491, maths sup. techn. 160, écoles nat. vétérinaires (1 an) 1 586, HEC 1 an et technol. HEC 7 631, ENSET (1re a. et prépa. en 1 an) 724 ; *2e a.* : maths spéciales technologiques T 1 971, technol. HEC TC 173, maths spé., techn. 104, technol. et maths spé. (TA, TB, TB') 371, ENSET 325. *Total cl. scientifiques* 38 626 (83,5 % du total des eff.).

• **Cl. préparatoires littéraires.** *1re année :* lettres sup. (ENS) 4 019 ; Chartes 101 ; St-Cyr 286. *2e a. :* 1re sup. (ENS) 2 682 ; Groupe S 117 ; Chartes 83 ; St-Cyr 296. *Total cl. littéraires* 7 584 (16,5 %) dont *1re a.* 4 406, *2e a.* 3 178.

• **Prépa. diverses.** Marine marchande (1 an) 48.

Origine des élèves

• **Origine des él. des cl. prépar. en 1982-83.** En 1re a., 59,9 % des él. ont obtenu leur bac dans la série C, 12,6 % dans la série A, 5,2 % série B, 10,1 % série D et D', 7,3 % série E, 2 % série F, 0,8 % série G, 0,2 % avaient leur brevet de techn.

• **Répartition des élèves selon les catégories socio-professionnelles (du chef de famille) les plus représentées** (en % 1984-85). *Préparations M et P :* cadres d'entreprise 23,8, professeurs, prof. sc. et art. 12,2. *TA, TB, TB', TC :* ouvriers 13, cadres d'entr. 11,3. *Prépa. à ENSET :* professeurs, prof. sc. et art. 13,7, cadres d'entr. 13,3. *Autres classes scientifiques :* cadres d'entr. 23,5, prof. libérales 10,2. *Cl. littéraires :* professeurs, prof. sc. et art. 15,4, cadres d'entr. 14,4. *Prépa. Marine Marchande :* cadres d'entr. 22,9, cadres de la fonct. publique 12,5. **Total** : cadres d'entr. 21,5, professeurs, prof. sc. et art. 12,1, prof. libérales 9,2, cadres de la fonction publique 7, employés 6, techniciens 4,7, prof. inter-adm. et comm. 4,5, prof. inter-santé et fonc. pub. 4, ouvriers 4, instituteurs et assimilés 3,9 commerçants 3,9, retraités 3,5, chefs d'entr. 3,5, agriculteurs 3,4.

Admis par rapport aux inscrits (%, en 1985)

Source : *Monde de l'éducation.*

Polytechnique (M', P'). Louis-le-Grand [1] 33,5, Prytanée militaire [3] 33, Poincaré [11] 33, Ste-Geneviève [2] 26, Pasteur [7] 26, Chateaubriand [9] 25, Carnot [15] 25, Blaise-Pascal [12] 21,5, C.-Guérin [23] 20, Corneille [19] 19, Champollion [5] 18,5, Le Parc [4] 17,5, Condorcet [1] 17, Thiers [13] 16, Henri-IV [1] 15.

Centrale Paris (M, M', P, P'). Pasteur [7] 43,5, Louis-le-Grand [1] 34, Prytanée militaire [3] 30, Ste-Geneviève [2] 29,5, Masséna [16] 20, Hoche [2] 19, Chateaubriand [9] 17, Henri-IV [1] 16,5, Condorcet [1] 16, Corneille [19] 14, Le Parc [4] 14, Kléber [6] 13,5, Carnot [15] 12,5, Pothier [20] 12, Descartes [26] 12.

Mines-Ponts (P'). Louis-le-Grand [1] 66, Pasteur [7] 61,5, Hoche [2] 47,5, Ste-Geneviève [2] 45, Kerichen [29] 42,5, Fabert [28] 42,5, Corneille [19] 41,5, Chateaubriand [9] 40,5, Poincaré [11] 39, Le Parc [4] 38,5, Kléber [6] 36,5, Descartes [26] 35, Fénelon [1] 34, Masséna [16] 34, Roosevelt [10] 28.

Mines-Ponts (M). Prytanée militaire [3] 83, Pasteur [7] 60,5, Pothier [20] 48,5, Masséna [16] 48, Ste-Geneviève [2] 46,5, P.-de-Fermat [17] 43, Chateaubriand [9] 42,5, Hoche [2] 42, Condorcet [1] 40, Louis-le-Grand [1] 39, C.-Guérin [23] 39, Poincaré [11] 38, Henri-IV [1] 35,5, Kléber [6] 32, La Martinière [4] 31.

Supélec (M, M', P, P'). Prytanée militaire [3] 60, Pasteur [7] 52, Louis-le-Grand [1] 42,5, Ste-Geneviève [2] 40, Masséna [16] 37, Pothier [20] 34, Chateaubriand [9] 32,5, Condorcet [1] 28, Corneille [19] 26, Kléber [6] 25,5 Le Parc [4] 24,5 Henri-IV [1] 22,5, C.-Guérin [23] 20,5, Descartes [26] 20, Carnot [15] 18,5.

Agro. Ste-Geneviève [2] 82, Henri-IV [1] 78,5, Hoche [2] 75, Corneille [19] 68, Masséna [16] 60, Poincaré [11] 60, François-Ier [24] 51, Faidherbe [18] 48,5, La Martinière [4] 48,5, P.-de-Fermat [17] 48,5, Le Parc [4] 48, Janson-de-S. [1] 46,5, L.-Thuillier [25] 46, Chateaubriand [9] 45, Lakanal [22] 45.

Véto. Berthelot [27] 61,5, Clemenceau [8] 48,5, Cours Nadaud [1] 42,5, Malherbe [14] 41, Poincaré [11] 38, Hoche [2] 38, Thiers [13] 35,5, Lakanal [22] 35, G.-St-Hilaire [1] 34,5, Le Parc [4] 32,5, Faidherbe [18] 32.

HEC. Ipésup [1] 48,5, Prépasup. [1] 47, Louis-le-Grand [1] 26, Taone [21] 25, Henri-IV [1] 23, Corneille [19] 22, Hoche [2] 21, Carnot [1] 20, P.-de-Fermat [17] 15, Ste-Geneviève [2] 15, Carnot [15] 13, Janson-de-S. [1] 13.

ESSEC. Prépasup. [1] 52,5, Ipésup [1] 48,5, Louis-le-Grand [1] 29, P.-de-Fermat [17] 27,5, Carnot [1] 25,5, Ste-Geneviève [2] 23, Henri-IV [1] 23, Le Parc [4] 21, Janson-de-S. [1] 20,5, Hoche [2] 20.

Nota. — (1) Paris. (2) Versailles. (3) La Flèche. (4) Lyon. (5) Grenoble. (6) Strasbourg. (7) Neuilly. (8) Nantes. (9) Rennes. (10) Reims. (11) Nancy. (12) Clermont. (13) Marseille. (14) Caen. (15) Dijon. (16) Nice. (17) Toulouse. (18) Lille. (19) Rouen. (20) Orléans. (21) Tahiti. (22) Sceaux. (23) Poitiers. (24) Fontainebleau. (25) Amiens. (26) Tours. (27) St-Maur. (28) Metz. (29) Brest.

Écoles des grands concours traditionnels

Polytechnique

• **École Polytechnique (dite « l'X »).** 91128, Palaiseau (de la création à 1976 : rue de la Montagne-Ste-Geneviève, 75005 Paris). École relevant du min. de la Défense.

Fondée le 11-3-1794 (École centrale des travaux publics, puis le 1-9-1795 changement de nom en celui d'École Polytechnique) par Gaspard Monge (1746-1818), puis Lazare Carnot (1753-1823).

But : donner à ses élèves une culture scientifique et générale les rendant aptes à occuper, après formation spécialisée, des emplois de haute qualification ou de responsabilité à caractère scientifique, technique ou économique dans les corps civils et militaires de l'État et dans les services publics et de façon plus générale dans l'ensemble des activités de la Nation.

Effectifs. 1 046 dont 53 étr. et 86 femmes, en 1986. Les jeunes filles sont admises depuis 1972. *C. Places offertes* (1986) : 272 M', 58 P', Adm. p. ENSAM, T', TA : 10 ; non fixées pour les étrangers (niveau au moins égal à celui du dernier Français admis). *Admis 1985* (M'-P') 367 (dont 31 à titre étranger) sur 2 041 ca. Français. An. 3 (1 de form. milit. + 2). Âge limite d'adm. moins de 22 ans au 1er janv. Être physiquement apte au service militaire.

☞ Dans le cadre de l'effort national pour accroître le nombre d'ingénieurs, l'effectif des promotions passera progressivement de 330 à 450 élèves en 1991.

Statut des élèves français. Officiers de réserve servant en situation d'activité, perçoivent par mois une solde de 2 200 F env. la 1re année, 6 100 F env. la 2e, 7 500 F la 3e. A la sortie de l'école, les élèves n'ayant pas demandé un corps civil ou militaire de l'État sont astreints au remboursement des frais de scolarité : 222 000 pour la promotion 83, sauf s'ils acquièrent une formation complémentaire agréée (ex. : 2 ans dans une éc. d'application : ENSAE, ENSTA, Mines, Ponts, Télécom., etc., ou doctorats).

Quelques élèves illustres. *Pts de la République :* Sadi Carnot, Albert Lebrun, Valéry Giscard d'Estaing. *Maréchaux et amiraux de France :* J.B. Philibert Vaillant, Adolphe Niel, amiral de France Rigault de Genouilly, Edmond Le Bœuf, P.J. François Bosquet, M.J. Maunoury, Joseph Joffre, Ferdinand Foch, Émile Fayolle. *Scientifiques, industriels, divers :* Louis Poinsot, Louis-Joseph Gay-Lussac, Denis Poisson, François Arago, Augustin Fresnel, Augustin Cauchy, Antoine Becquerel, Michel Chasles, Auguste Comte, Joseph Gratry, Joseph Liouville, Urbain Le Verrier, Gal Louis Faidherbe, Charles Hermite, Camille Jordan, Fulgence Bienvenüe, Henri Poincaré, Édouard Estaunié, Marcel Prévost, Jacques Rouche, Bon Ernest Seillière, Gal Gustave Ferrie, Jean Becquerel, André Citroën, Raoul Dautry, Jacques Rueff, Jean Borotra, Louis Armand.

Débouchés de l'X en 1984. Corps de l'État 155 : Mines 11, Ponts et Chaussées 25, Télécom. 30, Ing. géographes 2, Gén. rural Eaux et Forêts 10, INSEE 10, Assurances 2, Météorologie 2, Aviation civile 3, Instr. de mesure 2, Armement 52, ENA 2. Autres voies 157 dont 45 dans la recherche. Total 338 dont 26 étrangers.

Concours commun Centrale-Supélec

☞ *1985 :* 7 530 cand. (programmes M, P', TA), regroupe 5 éc. publiques et 2 éc. privées (Supélec, ESO).

● **Éc. centrale des arts et manufactures de Paris (E.C.P., École Centrale de Paris, dite « Piston, Centrale »).** Grande Voie des Vignes, Châtenay-Malabry (92). *Créée* 1829 par Jean-Baptiste Dumas (1800-84), Lavallée (1797-1873), Péclet (1793-1867) et Olivier (1793-1853). *But :* former des ing. de haute culture gén. et scientifique susceptibles de tenir des postes de responsabilité dans toutes les branches de l'ind. et les grands services publics. *Eff.* 1 070 (f. 8,4 %). *C. comm. Places offertes et, entre parenthèses, inscrits au concours. 1870 :* 156 (374). *1900 :* 217 (707). *1930 :* 240 (1 100). *1952 :* 210 (1 748). *1960 :* 275 (2 444). *1970 :* 288 (4 350). *1979 :* 305 (7 048). *1980 :* 305 (6 856). *1981 :* 305 (6 945). *1983 :* 311 (7 057). *1984 :* 304 (7 144). *1985 :* 304 (7 530). C. spé. T' 5 pl. *Adm. p.* en 1re a. : DEST 6 pl. 1 ad., sur titres pour étrangers 5 places 1 ad. ; 2e a., sur t. maîtrise ès sciences, (85) 118 ca. 18 ad. ; ingénieur diplômé 12 ca. 0 ad. ; 3e a. préparation d'un diplôme de spécialisation pour les tit. d'un dipl. d'ing. ou t. équivalent. Possibilité de préparer un DEA et de poursuivre une thèse de doctorat au Centre de recherches de l'École (78) 49 ad. *Délai d'admission* (en %). Bac + 2 ans et, entre parenthèses, bac + 3. *1912 :* 40 (41). *1968 :* 25 (75). *1977 :* 50 (50). *Dipl. 1985 :* 352. *An.* 3. *Frais* 450 F. *Élèves illustres :* Aristide Bergès, Louis Blériot, Francis Bouygues, Henri de Dion, Maurice Donnay, Gustave Eiffel, Jacques Fougerolle, Robert Galley, Yvon Gattaz, Xavier Karcher, Pierre Latécoère, Georges Leclanché, Émile Levassor, Jacques Maisonrouge, André Michelin, Antoine Muraccioli (dit Antoine), René Panhard, Gérard Pélisson, Robert Peugeot, Boris Vian, Antoine Yvon-Villarceau.

● **Éc. centrale de Lyon.** 36, avenue Guy-de-Collongue, B.P. 163, 69131 Écully Cedex. *Créée* en 1857. *But :* v. Centrale Paris. *Eff.* 662 (f. 12 %). *C. comm. 1984 :* 174 ad., c. spé. T' 16 ad. *Adm. p.* 1re a. sur c. comm. ENSI pour tit. DEUG 6 ad. ; sur t. pour tit. DEST 0 ad. ; sur t. pour audit. étr. 4 ad. ; en 2e a. pour tit. maîtr. ès sc. ou DEST 8 ad. Possibilité de préparer un DEA et de poursuivre une thèse de doctorat d'ing. *Dipl. 85 :* 209. *An.* 3. *Frais* 350 F. *Élève illustre :* Paul-Émile Victor.

● **Éc. sup. d'électricité (ESE, dite « Supélec »).** Plateau du Moulon, 91190 Gif-sur-Yvette. *Fondée* 1894. *But :* donner un ens. de haut niveau dans le domaine de l'électricité, électron., électrotechn., radio-élec., automatique, informatique. 3 années d'études. *Eff. 1985-86 :* 1 000 (f. 9 %). C. com. en *1985* 199 places. *Adm. p.* 1re a. sur dossier + entretien pour les tit. d'un DUT génie électrique 55 ca. 33 ad., 2e a. sur dossier pour tit. maît. physique, les ing., EEA, MST, MAF 458 ca. 140 ad. *Dipl. 85* 360. *An.* 3. *Frais* d.u. + 312 F ; boursiers de l'Éd. nat. gratuit. *Enseign. postscolaire :* en réseaux informatiques sur titre 44 ca. 19 ad. *Formation continue :* perfectionnement technique, langues vivantes, formations à la demande, demandeurs d'emploi. Dipl. d'ingénieur d'ESE ou dipl. de spécialisation (pour ad. en 3e a., enseign. postscolaire et demandeurs d'emploi).

● **Éc. sup. d'optique (ESO, dite « Supoptic »).** Institut d'optique, bâtiment 503, Plateau du Moulon, Centre universitaire, B.P. 43, 91406 Orsay Cedex. *Créée* 1920 au sein de l'Institut d'optique par Charles Fabry (1867-1945). *But :* former des ing. physiciens, orientés vers l'optique moderne et appelés à exercer dans la recherche, l'industrie de l'optique, de l'optoélectronique, des télécom., de l'informatique, de la recherche spatiale et du génie biologique médical. *Eff.* 145 (f. 17 %). C. comm. *1985* 33 ad. sur 5 734. + 5 ad. C. spécial. 1 ad. sur titres DUT (3 pl.). 2e a. sur titres : dipl. ing. 3 ad., maîtr. phys. 10 ad. *Frais* 1re a. 900 F, 2e et 3e a. 1 100 F. *Élèves illustres :* Albert Arnulf, Maurice Françon, André Maréchal, Pierre Angénieux.

● **Institut industriel du Nord (I.D.N.).** Domaine scient., B.P. 48, 59651 Villeneuve-d'Ascq Cedex. *Créée* 1872. *But :* former des ingénieurs généralistes de haut niveau. *Adm. p.* 1re a., sur C. commun, M, P' (160 pl.). TA (2 pl.). C. spécial T' (2 pl.). C. étranger : 2 pl. ; sur tit. pour BTS, DUT (10 pl.) ; C. ENSI : 10 pl. ; 2e a. sur titres pour les tit. maîtr. ou dipl. équiv. (10 pl.) ; 3e. tit. dipl. ing. ou équiv. (auditeurs libres) ; prépa. au dipl. d'ing. par la voie de la formation continue. *Frais* 1 455 F ; 3e a. tit. dipl. ing. ou équiv. (auditeurs libres) ; prépa. au dipl. d'ing. par la vie de Formation continue.

● **Inst. d'informatique d'entreprise (I.I.E.).** 18, allée Jean-Rostand, BP 77 91002 Évry Cedex. *Créé* 1968. *Eff.* 225 (f. 95 %, étr. 5 %). C. comm. M et P' 59 pl. pour 4 600 ca. *Adm. p.* 1re a. c. spé. pour tit. DUT informatique 10 pl. pour 150 ca. comm. ENSI pour tit. DEUG A 5 pl. pour 50 ca. 2e a. sur t. pour ing. dipl. ou maîtr. ès sciences 2 ad., 40 ca. *An.* 3. *Frais* 945 F.

Concours commun Mines-Ponts

☞ 6 538 cand. en 1985 (programmes M et P' de math. spé.), 8 éc., dont 6 gérées par un min. technique formant des ing. civils pour l'industrie (an. 3), des ing. fonctionnaires, sauf ENSMIN-ENSMSE (recrutement sur titre en 2e a.).

● **Éc. nat. des Ponts et Chaussées (ENPC, dite « les Ponts »).** 28, rue des Sts-Pères, 75007 Paris. *Fondée* 14-2-1747 par Daniel Trudaine, intendant du Commerce et des Finances. *But :* former des ingénieurs du corps interministériel des Ponts et Chaussées et des ingénieurs civils en matière de génie civil, génie industriel, génie et aménagement urbain, informatique et math. appliquées, ingénierie économie gestion. *Eff.* 325 (f. 10 %) en 1985 (1re a. 77, 2e 121, 3e 198) ; *en 1985 :* 6 588 ca. au C. commun, 69 reçus à l'ENPC. *Adm. p.* 2e a. sur dossier + entretien pour diplômés de l'X, IENS, éc. d'ing. ou tit. maîtrises ès sc. 171 ca. 32 ad. *Frais* 420 F. *Élèves illustres :* Gaspard Riche de Prony, Jean-Baptiste Biot, Augustin Fresnel, Augustin Cauchy, Henri Becquerel, Fulgence Bienvenüe, Bernardin de St-Pierre, Sadi Carnot, Le Troquer, Philippe Lebon, Christian Beullac, Guy Béart.

● **Éc. nat. de la statistique et de l'administration économique (ENSAE).** Voir. p. 1182.

● **Éc. nat. sup. de l'aéronautique et de l'espace (ENSAE, dite « Sup'Aéro »).** 10, avenue Édouard-Belin, 31055 Toulouse Cedex. *Créée* 1909 par le colonel Jean-Baptiste Roche (1861-1954). *But :* former des ingénieurs de haut niveau destinés aux industries utilisant des techniques de pointe (secteur aérospatial en particulier). École d'application, « Air-Engins » pour les ingénieurs de l'armement issus de Polytechnique. *Eff. : 605* (f. 10 %). Adm. 1re a. C. *1985 :* M 67, P' 36, TA 1, C. spé. 3 ; 2e a. : sur titres et polytechniciens (éc. d'application). *Dipl. 85 :* 152. *An.* 3. *Frais* 330 F. *Élèves illustres :* Badin, Potez, Meyer et Samuel Gourevitch, Marcel Dassault, Jean Bertin Satre, Coanda, Claisse.

● **École nat. sup. des mines de Paris (ENSM, dite « Mines de Paris »).** 60, bd St-Michel, 75006 Paris, annexes à Évry, Fontainebleau, Sophia-Antipolis. *Fondée* 19-3-1783 par Balthasard-Georges Sage (1740-1824), chimiste et minéralogiste. *But :* former des cadres sup. pour l'industrie et l'administration. *Eff.* 250 (plus 51 ing. él. des Mines, plus 335 él. chercheurs). *C. 1985 :* 49 ad. en M', 23 en P', 3 Ens. Techn., 1 T.A. *Adm. p.* 1re a. sur C. commun env. 120 ca. (72 adm.), sur C. spéc. Ens. techn. (3 adm.) ; 1re a. sur titres (DEUG A, DUES, DUT) (0 adm.) ; 2e a. sur titres pour anciens polytechn., tit. d'une maîtrise ès sciences ou tit. d'un DEST (23 adm.). *An. 3. Frais* 1 345 F. *Élèves illustres :* Émile Clapeyron, Victor Regnault, Henri Sainte-Claire Deville, Pierre Martin, Charles de Freycinet, Henri Poincaré, Alfred Capus, Albert Lebrun, François de Wendel, Aimé Lepercq (1889-1944), Louis Armand (1905-71).

● **Éc. nat. sup. des mines de Nancy (EMN, dite « Mines Nancy »).** Parc de Saurupt, 54042 Nancy Cedex. *Eff.* 216. *C.* en *1985 :* 37 reçus en M, 33 en P'. *Adm. p.* 1re a. sur C. spécial pour ens. tech. (2) ; 1re a. sur titre pour tit. d'un DEUG (2) ; 2e a. sur titre pour tit. d'une maîtrise (6), d'un BTS + 3 a. d'activités professionnelles (1). *Dipl. 85 :* 76. *An.* 3. *Frais* 1 150 F.

● **Éc. nat. sup. des mines de St-Étienne (ENSMSE, dite « Mines St-Étienne »).** 158, cours Fauriel, 42023 St-Étienne Cedex 2. *Créée* en 1816 par Beaunier (1779-1835). *Eff.* en 1re a. 71 (f. 14 %) répartis en *1985 :* 40 reçus en M, 28 en P'. *Adm. p.* 2e a. pour tit. maîtr. 4 ad. env. 230 ca. *Dipl. 84* 67. *An.* 3. *Frais* d.u..

● **Éc. nat. sup. de techniques avancées (ENSTA, dite « Techniques avancées »).** 32, bd Victor, 75015 Paris. *Créée* en 1970. *But :* former des ing. généralistes pour les industries maritimes, nucléaires, chimiques, électroniques, de la mécanique et des biens d'équipement. *Eff.* 379 (f. 14 %). *Adm. p.* 1re a. (85) 71 ad. sur programme M-P'-TA ; 2e a. ca. sur titres (85) 52 polytechniciens, 0 ing., 9 tit. maîtr. ès sciences. *An.* 3. *Dipl. 85 :* 130. *Frais* 330 F.

● **Éc. nat. sup. des télécommunications (ENST, dite « Sup. Télécom. Paris »).** 46, rue Barrault, 75634 Paris Cedex 13. *Créée* 1942 (succède à l'École supérieure de télégraphie créée 1878). *But :* former des cadres supérieurs des télécommunications et techniques connexes (électronique, informatique, audiovisuel, etc.). *Eff.* 600 (f. 11 %). *C.* com. en *1984* 69 reçus, option M 46, option P' 20, TA 1 (C. spécial 2). *Adm. p.* 2e a. : corps télécom. : X 30, Normale Sup. 6, C. Int. 3. Sur titres : X 24, maîtrise ès sciences 24, étr. 15 pl. *Dipl. 84* 180. An. 3. *Frais* 900 F. *Élèves illustres :* Léon Thévenin, Édouard Estaunié, Pierre Schaeffer, Louis Leprince-Ringuet.

● **École nationale supérieure des télécommunications de Bretagne (ENST Br., dite « Sup. Télécom Bretagne »).** B.P. 856, 29285 Brest Cedex. *Fondée* 1977. *Eff. :* 280 (f. 12 %). *Adm. C. commun :* 23 ad. (M), 32 ad. (P'), 0 ad. (TA). *Adm. p.* 2e a. : X, ing., maître ès sciences : 24 pl., étrangers : 2. *Adm.* fonctionnaires étr. (après cycle spécial d'adaptation) en 2e année : 10 pl. *Adm.* filière promotionnelle : DUT-BTS, 3 ans d'expérience industrielle : sur dossier au cycle prépa. (1 a.), puis par examen au cycle ing. (entrée en 2e a.). *An.* 3. *Dipl. 85 :* 79. *Frais* 900 F.

ENSA (Écoles nationales supérieures agronomiques)

☞ Forment des ingénieurs de conception, concours commun A pour élèves maths spé., biologie. 1 420 ca. en 1985, 502 reçus dont INA 172, ENSAIA 66, ENSAM 82, ENSAR 90, ENSAT 36, ENSIA A 55. Concours B 601 ca., 102 ad. (dont INA 21).

Inst. nat. agronomique Paris-Grignon (INA, dit « Agro »). 16, rue Claude-Bernard, 75005 Paris. Installé à Versailles en 1848. Supprimé en 1852. *Nouvel INA* créé le 9-8-1876 par Eugène Tisserand. 1-1-1972 fusion de l'INA « Agro » avec l'ENSA de Grignon. *But :* former des ingénieurs pour toutes carrières du secteur agro-alimentaire. *Adm. p.* C. commun ouvert aux cand. issus des cl. prép., C. spécial (B) aux tit. de DEUG A ou B avec mention AB min., C. spécial (C) aux tit. de BTSA et de DUT, C. spécial aux maîtres ès sciences. *Eff.* 673 (f. 42 %). *An.* 3. *Frais* 1 100 F.

Éc. nat. sup. agronomique de Montpellier (ENSAM). 9, place Viala, 34060 Montpellier Cedex. *Créée* 1872. *Eff.* 400 (f. 36 %). *But :* former des ingénieurs de conception pour secteur agronomique et agro-alimentaire. *An.* 3. *Adm.* en 1re a. : C commun A pour cl. prépa. (82), C. spécial B pour DEUG A et B (11), C. spécial C pour B.T.S.A. et D.U.T. (4) ; en 2e a. : C. spécial pour m. ès sciences (5) ; en 3e cycle pour étudiants étr. (50). *Frais* 1 100 F.

Éc. nat. sup. agronomique de Rennes (ENSAR). 65, rue de St-Brieuc, 35042 Rennes Cedex. *Créée* 1830. *Eff.* 368 dont 71 él. ingénieurs. *Adm. :* C. commun A pour ca. des prépa. C ou D, C. spécial B pour tit. de DEUG A ou B avec mention AB minimum (6 ad.), C. spécial C pour tit. du BTSA ou DUT (3 ad.). En 2e a. sur titre pour tit. d'une maîtrise ès sc. *Adm. 1985 :* C. commun A 90, B 7, C 2, sur titre (maître ès sc.) 118 demandes, 8 adm. *Dipl. 1984* 80. *Frais* 1 053.

Éc. nat. sup. agronomique de Toulouse (ENSAT). 145, avenue de Muret, 31076 Toulouse Cedex. *Créée* 1948. *Eff.* 211 + 3e cycle (200). *Adm.* p. C. commun (A) ouvert aux cand. issus des cl. prép. (36) ; C. spécial (B) pour tit. d'un DEUG (mention AB) (28) ; C. spécial (C.) pour tit. BTSA, DUT (3) ; 2e a., admission sur titre pour les tit. d'une maîtrise (14). *Frais* 1 000 F.

Éc. nat. sup. d'agronomie et des industries alimentaires de Nancy (ENSAIA). 2, av. de la Forêt-de-Haye, 54500 Vandœuvre-lès-Nancy. *Fondée* 1970.

Eff. 374 (f. 30 %). *C.* A 66 ad., C. B 33 ad., C. C 3 ad. *Adm.* sur t. dossier + entretien en 2e a. pour tit. maîtr. 230 ca. 40 ad. *Dipl. 85* 101. *An.* 3 *Frais* 1 150 F.

Éc. nat. sup. des industries agricoles et alimentaires (ENSIA). 1, avenue des Olympiades, 91305 Massy. *Créée* 1893. *Eff.* 300 (f. 30 %). *C.* A 55 ad., B 3 ad., C 4 ad. ; sur t. concours. *An.* 3. *Frais* 1 000 F.

Éc. nat. d'ing. des travaux des eaux et forêts (ENITEF, dite « Éc. des Barres »). Domaine des Barres, 45290 Nogent-sur-Vernisson. *Créée* 1884. *Eff.* 95 (f. 30 %). *C.* A 12 fonctionnaires + 7 civils. *Dipl. 85 :* 32. *An.* 3. *Frais* 660 F.

Éc. nat. sup. de biologie appliquée à la nutrition et à l'alimentation (ENSBANA). Bd Gabriel, Campus universitaire, 21100 Dijon. *Créée* 1962. *Eff.* 150. *C.* A 26 ad., B 23 ad. 128 ca. ; en 1re a. sur t. 3 ad. sur 8 ; en 2e a. sur t. 8 ad. sur 68. *An.* 3. *Frais* 1 040 F.

ENITA (Éc. nat. d'ing. des travaux agricoles)

☞ Forment en 3 a. des ing., des techn. en 85. C. comm. pour tit. bac scient. (C. P^1) + 1 a. prépa. (435 ca. 146 ad.), tit. BTAG (C. P^2) + 1 a. prépa. (44 ca. 12 ad.), tit. BTSA-DUT (C. P^3) (173 ca. 20 ad.). Tit. (C. S^2) DEUG/Sciences. B et admissib. VETO (197 ca. 30 ad.) et (C. S^1) admissib. ENSA (42 ca. 13 ad.).

ENITA (Bordeaux). 1, cours du Général-de-Gaulle, 33170 Gradignan. *Créée* 1962. *Eff.* 150 (f. 30 %). C. P^1 30 ad., P^2 3 ad., P^3 5, S^1 2 ad., S^2 5 ad. ; *Dipl. 85 :* 49. *An.* 3. *Frais* 402 F. Poss. prépa. 1 a. C.E.S. Chef projet informatique appliq. au développement.

ENITA (Clermont-Ferrand-Marmilhat). 63370 Lempdes Marmilhat. Créée en 1984. *Eff.* 43 (f. 30 %). C. P^1 28 ad., P^2 3 ad., P^3 4, S^1 5 ad., S^2 6 ad. *An.* 3. *Frais* 345 F.

ENITA (Dijon-Quetigny). 21, bd Olivier-de-Serres, B.P. 48, 21802 Quetigny Cedex. *Créée* 1967. *Eff.* 150 (f. 30 %). C. P^1 et P^2 36 ad., P^3 4. C. S^1 2, S^2 5. *An.* 3. *Frais* 450 F.

ENITA (H). Option horticulture. Rue Le Nôtre, 49045 Angers Cedex. *Créée* 1971. *Eff.* 137 (f. 39,5 %). *C* P^1 29 ad., P^2 2 ad., P^3 5, S^1 2, S^2 5. *Dipl. 85 :* 38. *An.* 3. *Frais* 440 F.

Éc. nat. d'ing. des techniques des industries agricoles et alimentaires (ENITIAA). Domaine de la Géraudière, 44072 Nantes Cedex. *Créée* 1973. *Eff.* 124 (f. 43 %). *C.* 1986 P^1 20 ad., S^1 6, S^2 8. *Dipl. 85 :* 34. *An.* 3. *Frais* 440 F.

Inst. nat. de promotion sup. agricole (INPSA). Rue des Champs-Prévois, 21100 Dijon. *Créé* 1966. *Eff.* 70 (f. 2 %). *Adm.* C. pour tit. BTS agric., BTS ou DUT agro. alimentaire, expérience profess. agric. ou paraagric. ou agro-alim. et 5 a. pour non-tit. BTS A ou DUT A, et plus de 25 a. 1985 300 ca. 70 ad. *An.* 2 à temps plein ou 4,5 a. à temps partiel. *Frais :* gratuit pour les demandeurs d'emploi. Rémunération par l'employeur ou par l'État au titre du congé individuel de formation.

ENSI (Écoles nat. sup. d'ingénieurs)

☞ Nées de l'union des instituts d'université avec des éc. d'ing. en 1969, 29 ENSI + ESCIL + EFPG. *Adm. :* prép. 2 a. Impossibilité de se présenter plus de 3 fois. *Concours régionaux :* C. groupes Nord et Sud pour maths spé. P et TB, C. groupe Centre pour P' et TB. C. (1984). *Chimie Nord :* option P 1 193 ca. 130 ad. 1re liste et 495 classés ; option TB, 12 ca. 0 ad. *Chimie Sud :* option P, 1 623 ca., 193 ad. 1re liste et 631 classés ; option TB, 16 ca. 6 ad. *Chimie Centre :* option P' 2 339 ca. 135 ad. 1re liste et 634 classés ; option TB, 16 ca. 2 ad. *C. national :* sur programme maths spé. M, P et TA, organisé par le min. de l'Éduc. nat. pour 19 éc. hors chimie (19) ; C. M 4 116 ca., 649 ad. 1re liste, 1 566 classés C. P 3 500 ca. 661 ad. 1re liste, 1 781 classés, C. TA 278 ca. 57 ad. 1re liste, 106 classés. Recrutement des tit. du DEUG en 1re année par C. nat., C. régionaux ou particuliers.

ENSI chimie Nord

Éc. nat. sup. de chimie de Lille (ENSCL). Centre universitaire scientifique, B.P. 108, 59652 Villeneuve-d'Ascq. *Créée* 1894. *Eff.* 143 (f. 29 %). *1985-86* 67 pl. 1re a. C. commun ad. 38. *Adm. p.* sur C. spé. pour tit. DEUG A 48 ca. 5 ad. *Adm. p.* sur C. spé. pour tit. DEUG B (C. commun avec l'INAPG) 25 ca. 1 ad. Sur t. DUT 50 ca., 10 ad. ; 2e a. sur t. maîtr. ès sc. 35 ca. 2 ad. *Dipl. 85 :* 40. *An.* 3. *Frais* d.U. ; bourses et prêts d'honneur possibles.

Éc. nat. sup. de chimie de Mulhouse (ENSCMU). 3, rue Alfred-Werner, 68093 Mulhouse Cedex. *Créée* 1822. *Eff.* 109 (f. 31 %). *C.* comm. *1985/86* 26 ad. *Adm. p.* 1re a. sur C. DEUG A 14 ad. ; sur t. 1re a. DUT chimie, BTS chimie 4 ad. 2e a. maîtr. chimie ou chimie-physique 30 ca. 3 ad. *Dipl. 85* 29. *An.* 3. *Frais* env. 866 F, + 350 F frais de labo.

Éc. nat. sup. de chimie de Rennes (ENSCR). Av. du Gal Leclerc, 35000 Rennes Beaulieu. *Créée* 1919. *Eff.* 123 (f. 30 %). *C.* comm. *1985* 18 ad. *Adm. p.* 1re a. C. DEUG A 45 ca. 15 ad. ; sur t. pour tit. DUT chimie 69 ca. 10 ad. 2e a. sur t. tit. maîtr. chimie ou phys.-chimie 55 ca. 3 ad. *Dipl. 84* 36. *An.* 3. *Frais* 400 F.

Éc. nat. sup. de chimie de Strasbourg (ENSCS). 1, rue Blaise-Pascal, 67008 Strasbourg Cedex. *Créée* 1919. *Eff.* 117 (f. 30 %). *C.* comm. *1985 :* 35 ad. sur 1 188 ca. C. DEUG *1985* 5 ad. sur 63 ca. *Adm.* sur t. 1re a. 8 ad. (2 DUT-1 BTS-5 étr. s. conv.) sur 101 ca. Ad. sur t. 2e a. Néant. *Dipl. 85* 43. *An.* 3. *Frais* 800 F.

ENSI chimie Sud

Éc. nat. sup. de chimie et de physique de Bordeaux (ENSCPB). 351, cours de la Libération, 33405 Talence Cedex. *Créée* 1891. *Eff.* 129 (f. 24 %). *C.* comm. *1985* 31 ad. *Adm. p.* C. + DEUG 11 ad. sur 30 ca. 1re a. Sur t. pour tit. DUT, BTS, ou lic. 61 ca. 12 ad. *Dipl. 85* 41. *An.* 3. *Frais* 293 F.

Éc. nat. sup. de chimie de Clermont-Ferrand (ENSCCF). Complexe scientifique des Cézeaux, B.P. 71, 63170 Aubière. *Créée* 1911. *Eff.* 131 (f. 32 %). *C.* comm. *1985* 26 ad. C. spé. pour tit. DEUG A 9 ad. 1re a. sur t. pour titulaire d'un DUT chimie, mesures physiques ou génie chimique sur t. + dossier 5 ad. sur 91 ca. 2e a. sur t. pour tit. maîtrise chimie ou chimie-physique sur t. + dossier 2 ad. sur 39 ca. *Dipl. 85* 22. *An.* 3. *Frais* 830 F.

Éc. nat. sup. de chimie de Montpellier (ENCSM). 8, rue de l'École-Normale, 34075 Montpellier Cedex. *Créée* 1907. *Eff.* 128 (f. 30 %). *C.* commun *1985 :* 47 ad. sur C. spécial pour titulaire d'un DEUG A, *1985 :* 5 ad. *Adm. p.* 1re a. sur t. pour titulaire d'un DUT ou BTS chimie 2 ad. *Adm. p.* 2e a. sur dossier pour tit. maîtrise chimie 2 ad. *Dipl. 1985 :* 60. *An.* 3. *Frais* d.u. *Élève illustre :* A.J. Balard.

Éc. nat. sup. de chimie de Toulouse (ENSCT). 118, route de Narbonne, 31077. *Créée* 1906. *Eff.* 219 (f. 35 %). *1985 Adm.* prépa. sur dossier pour bac C ou E 95 ca. 17 ad., 2e a. pour DEUG spé. 3 ad. *C.* comm. *1985 :* 68 ad. *Adm. p.* 1re a. sur C. pour tit. DEUG A 13 ad. 75 ca., pour tit. DUT 3 ad. sur 42 ca. 2e a. pour tit. maîtrise 47 ca. 8 ad. pour ing. dipl. des autres éc. *Dipl. 85* 60. *An.* 3 + 2 a. prépa. *Frais* d.u.

Éc. sup. de chimie industrielle de Lyon (ESCIL). 43, bd du 11-Novembre, B.P. 2077, 69616 Villeurbanne Cedex. *Créée* 1883. *Eff.* 200 (f. 25 %). *C.* comm. 45 pl. 45 ad. *1985-86. Adm. p.* 1re a. sur dossier pour tit. DEUG A et B ou DUT 2e a. pour tit. maîtrise ès sciences 1 ad. *Dipl. 85* 52. *An.* 3. *Frais* 9 800 F.

ENSI chimie Centre

Éc. nat. sup. de chimie de Paris (ENSCP). 11, rue Pierre-et-Marie-Curie, 75231 Paris Cedex 05. *Créée* 1896. *Eff. 1985-86* 175 (f. 32 %). *Adm. p.* 1re a. sur C. ENSI de chimie du groupe centre P' 48 ad. sur 2 339, TB 0 ad. sur 16. C. spé. T' 1 ad. C. commun nat. DEUG A 3 ad. sur 1 576. Sur titres 3 ad. ; 2e a. sur t. avec maîtr. 9 ad. sur 49. *Dipl. 85* 47. *An.* 3. *Frais* 330 F.

Éc. nat. sup. des industries chimiques de Nancy (ENSIC). 1, rue Granville, 54042 Cedex. *Créée* 1887. *Eff.* 248 (f. 30 %). *C.* comm. *1985* 66 ad. *Adm. p. 1985* 1re a. C. pour tit. DEUG A 1 ad., sur dossier pour tit. DUT 4 ad., 2e a. tit. maîtrise ou MST sur dossier 6 ad. sur 25 ca. en section spé. de physique-chimie sur dossier pour ing. 17 ca. 6 ad. *Dipl. 1983* 47. *An.* 3. *Frais* 442 F + d.u.

Éc. sup. de physique et chimie industrielle de la ville de Paris (ESPCI, dite « PC »). 10, rue Vauquelin, 75231 Cedex 05. *Créée* 1882. *Eff.* 194 (f. 25 %). *C.* comm. Centre 48 pl. sur 2 339 ca. *1985-86* 5 ad. *Adm. p.* 1re a. sur titre DEUG A mention B, 2 ad. sur 25 ca. 3e a. sur t. maîtrise physique, chimie ou sciences et techniques 0 ad. sur 16 ca. *1985-86. Dipl. 85* 43. *An.* 4. *Frais :* 525 F.

ENSI concours commun M et P

Éc. sup. d'ingénieurs des ind. papetières et graphiques (EFPG, dite « Papet »). B.P. 65, 38402 St-Martin-d'Hères. *Eff.* 75 (f. 22,66 %). *C.* comm. aux ENSI programme P 20 ad., M 10 ad., TA 4 ad. C. DEUG A 4 ad. C. sp 2 ad. Tot. 40 pl. offertes s. titres. DUT 3 ad. *Dipl. 85* 27. *An.* 3. *Frais* 860 F.

Éc. nat. sup. d'électrochimie et d'électrométallurgie de Grenoble (ENSEEG). B.P. 75, 38402 St-Martin-d'Hères. *Créée* 1921. *Eff.* 270 (f. 25 %). *C.* comm. ENSI M, P, TA et DEUG A 72 ad. en 85. *Adm. p.* 1re a. tit. DUT *85* 8 ad. 2e a. maîtrise ès sciences ou DEST *85* 11 ad. *Dipl. 85* 88. *An.* 3. *Frais* 835 F.

Éc. nat. sup. d'électrotechnique, d'électronique, d'informatique et d'hydraulique de Toulouse (ENSEEIHT, dite « N7 »). 2, rue Charles-Camichel, 31071 Cedex. *Créée* 1907. *Eff.* 1 000 (f. 20 %). *C.* comm. 68 ad. C. spé 15 ad. *Adm. p.* 1re a. sur dossier + entretien 20 ad. 452 ca. 2e a. maîtr. ou MTS 39 ad. 529 ca. + 1 a. section spé. *Dipl. 85* 216. *An.* 3. *Frais* d.u.

Éc. nat. sup. d'électricité et de mécanique (ENSEM). 2, rue de la Citadelle, 54000 Nancy. *Créée* 1900. *Eff.* 310 (f. 10 %). *Adm. 1985* 1re a. *C.* comm. ENSI M, P, T, A, 85 ad. ; C spé. DEUG 5 ad. *Adm. p.* 2e a. dossier pour tit. maîtr. 150 ca. 5 ad. *Dipl. 86* 83. *An.* 3. *Frais* d.u.

Éc. nat. sup. d'électronique et de radioélectricité de Bordeaux (ENSERB). 351, cours de la Libération, 33405 Talence Cedex. *Créée* 1920. *Eff.* 238 (f. 14 %). *C.* comm. ENSI 60 ad. *Adm. p.* 1er a. C. comm. DEUGA 6 ad. ; sur dossier pour tit. BTS ou DUT génie électrique 202 ca. 10 ad. 2e a. sur dossier pour tit. maîtr. EAE, phys. télécom. méca. 216 ca. 15 ad. *Dipl. 84* 49. *An.* 3. *Frais* 300 F + d.u.

Éc. nat. sup. d'électronique et de radioélectricité de Grenoble (ENSERG). 23, rue des Martyrs, 38031 Grenoble Cedex. *Créée* 1942. *Eff.* 329 (f. 8 %). *C.* comm. ENSI 95 ad. *1985. Adm. p.* 1re a. tit. DUT 10 ad. 2e a. sur t. pour tit. maîtr. et DEUG 10 ad. *An.* spécialisation pour tit. d'un dipl. d'ing. 6 ad. *Dipl. 85* 77. *An.* 3. *Frais* 860 F.

Éc. nat. sup. d'hydraulique de Grenoble (ENSHG). B.P. 95, 38402 St-Martin-d'Hères Cedex. *Créée* 1929. *Eff.* 234 (f. 15 %). *C.* comm. ENSI *1985-86* (21 M, 21 P, 10 DEUG, 2 TA, 2 T'). *Adm. p.* 1983 1re a. sur t. pour les tit. DUT 110 ca. 4 ad. 2e a. sur t. pour les tit. maîtr. 10 ad. ; a. spécialisation pour les tit. dipl. ing. ; *Dipl. 84* 37. *An.* 3. *Frais* d. u.

Éc. nat. sup. d'informatique et de mathématiques appliquées de Grenoble (ENSIMAG). B.P. 68, 38402 St-Martin-d'Hères Cedex. *Créée* 1963. *Eff.* 360 (f. 20 %). *Adm. p.* 2e a. tit. maîtrise MAF, MIAG-SMI. M 1 200 ca. 12 ad. *Dipl. 85* 111. *An.* 3. *Frais* d.u.

Éc. nat. sup. d'ingénieurs de constructions aéronautiques (ENSICA). 49, av. Léon-Blum, 31056 Toulouse Cedex. *Eff.* 185 (f. 8 %). *C.* comm. 1re a. 50 ad. C. spé. 4 ad. *Adm. p.* 2e a. 7 ad. 87 ca. *Dipl. 85* 65. *An.* 3. *Frais* d.u.

Éc. nat. sup. d'ing. électriciens de Grenoble (ENSIEG). B.P. 46, 38402 St-Martin-d'Hères. *Créée* 1901. *Eff.* 650 (f. 10 %). *C.* 180 pl. 7 500 ca. 1985. C. spé. DEUG A *1985* 8 ad. *Adm. p.* 1re a. sur t. pour les tit. DUT 130 ca. 9 ad. 2e a. sur t. pour les tit. maîtr. ou éq. 35 ad. *Dipl. 85* 200. *An.* 3. *Frais* 600 F.

Éc. nat. sup. d'ingénieurs de mécanique et d'énergétique de Valenciennes (ENSIMEV). Mont-Houy, 59326 Valenciennes Cedex. *Créée* oct. 1979. *Eff.* 130 (13,07 % de f.). *C.* comm. ENSI 25 ad. C. spé. DEUG A 14 ad. 1985. *Adm. p.* 1re a. sur t. pour tit. DUT 161 ca. 7 ad. 2e a. sur t. pour tit. maîtr. 67 ca. 2 ad. *An.* 3. *Frais* d.u.

Éc. nat. sup. des industries textiles de Mulhouse (ENSITM). 11, rue Alfred-Werner, 68093 Cedex. *Créée* 1861. *Eff.* 75 (f. 20 %). *C.* comm. ENSI M, P, TA, DEUG. *Adm. p.* 1re a. C. spé. à tit. transitoire DEUG A, sur t. pour DUT, BTS, DEST, CNAM, PST. 2e a. sur t. pour ing. dipl. et maîtr. ès sc. *Dipl. 85* 16. *An.* 3. *Frais* d.u. + 450 F labo.

Éc. nat. sup. de mécanique (ENSM). 1, rue de la Noé, 44072 Nantes Cedex. *Créée* 1919. *Eff.* 500 (f. 10 %). *C.* comm. 148 ad., C spé. DEUG A, 5 ad. *Adm. p.* 1re a. DUT 5 ad. 2e a. sur dossier + entretien pour tit. maîtr. 100 ca. 9 ad. *Dipl. 85* 164. *An.* 3. *Frais* d.u.

Éc. nat. sup. de mécanique et d'aéronautique (ENSMA). 20, rue Guillaume-VII, 86034 Poitiers Cedex. *Créée* 1948. *Eff.* 274 (f. 12 %). *C.* comm. *1985 :* 98 pl. *Adm. p.* 1re a. DEUG 8 ad. 1985. DUT 71 ca. 4 ad. 2e a. maîtrise 84 ca. 2 ad. *Dipl. 1985 :* 85. *An.* 3. *Frais* d.u.

Éc. nat. sup. de mécanique et des microtechniques (ENSMM, dite « Chrono Besançon »). Route de Gray-la-Bouloie, 25030 Besançon Cedex. *Créée* 1927. *Eff.* 343 (f. env. 7,6 %). *Adm. 1re a.* : C. comm. (M 15, P 45, DEUG 3, TA 5, T' 2, C. ENSAM 31, DUT 9). *2e a.* : sur t. maîtrise 7, DEST 8. *Dipl. 1985* : 99. *An.* 3. *Frais* 820 F. En 3e année : les élèves sont répartis entre 4 options : automatisation et robotique, électronique et capteurs, mécanique et vibrations, matériaux, et surfaces.

Éc. nat. sup. de physique de Marseille (ENSPM, dite « Sup.-phy. »). Domaine univ. St-Jérôme, rue Henri-Poincaré, 13397 Marseille Cedex 13. *Créée* 1959. *Eff.* 190 (f. 17 %). *Adm.* C. commun : 24 ad. (M), 27 ad. (P'), 1 ad. (TA), 2 ad. (T'). *Adm. p.* 1re a. C. national pour tit. DEUG 5 ad. ; sur dossier pour titulaire d'un DUT : 5 ad. (DUT) ; 2e a. sur dossier pour titulaire d'une maîtrise : 100 ca. 6 ad. *Dipl. 1985* : 64. *An.* 3. *Frais* 1 200 F.

Éc. nat. sup. de physique de Strasbourg (ENSPS). 7, rue de l'Université, 67000 Strasbourg. *Créée* 1981. *Eff.* 123 (f. 10 %). *Adm.* C. commun : 15 ad. (M), 15 ad. (P), 2 ad. (TA). *Adm. p.* 1re a. C. national pour tit. DEUG A : 12 ad. ; sur dossier pour tit. DUT, BTS : 55 ca. 3 ad. ; 2e a. sur dossier pour tit. maîtr. EEA, 59 ca. 12 ad. *Dipl. 85* 33. *An.* 3. *Frais* 400 F.

Éc. nat. sup. d'ingénieurs du génie chimique (IGC). Chemin de la Loge, 31078 Toulouse Cedex. *Eff.* 158 (f. 22 %). *C.* comm. et C. pour tit. DEUG sciences 51 ad. DUT 6 ad. 54 ca. *Adm. p.* 2e a. maîtr. sciences ou dipl. ing. 5 ad. 34 ca. *Dipl. jusqu'en 85* 945. *An.* 3. *Frais* d. u.

Institut des sciences de la matière et du rayonnement de Caen (ISMRA). 5, av. d'Edimbourg, 14032 Caen Cedex. *Créé* 1976. *Eff.* 299 (f. 22 %). *C.* comm. ENSI 66 ad. *Adm. p.* 1re a. DEUG sciences A 17 ad. ; DUT, BTS ou DEST 17 ad. *Dipl. 85* 88. *An.* 3. *Frais* 1 200 F.

Écoles du concours Arts et Métiers

☞ Recrutement principal commun, sur C. à l'issue des cl. préparatoires T et TA (présentation au C. 2 fois max.).

Éc. nat. sup. d'Arts et Métiers (ENSAM, dite « Gadz'arts »). Centres régionaux (1re et 2e a.) : Châlons-sur-Marne, Angers, Aix-en-Provence, Cluny, Lille, Bordeaux. Année terminale : 151, bd de l'Hôpital, 75640 Paris Cedex 13. *Créée* 1780. *But* : former des ing. hautement qualifiés à caractère multivalent, alliant à l'esprit de conception et de recherche un sens affiné des réalisations techniques et des responsabilités humaines. *Eff.* 2 300 (f. 2-3 %). C. comm. 2 090 ad. dont 790 T et 20 TA en 1985. *Adm. p.* sur t. + dossier + examen pour tit. DUT, BTS. 470 ca. 60 ad. 2e a. sur dossier et examen pour tit. MST ou maîtr. 10 ca. 1 ad. ; sur dossier pour étr. *Dipl. 85* 730. *An.* 3. *Frais* 658 F + d.u.

Éc. nat. sup. des arts et industries de Strasbourg (ENSAIS). 24, bd de la Victoire, 67084 Strasbourg Cedex. *Créée* 1875. *Eff.* 584 (f. 6 %). *Adm.* Cl. prép. intégrée sur dossier + entretien pour bac avec mention 418 ca. 55 ad. *Adm.* C. comm. 139 ad. 2e a. par la voie de la formation continue pour tit. DUT ou BTS + 2 a. 1/2 d'expérience professionnelle et 2 a. cycle préparatoire par correspondance. Dipl. 85 140. *An.* 3. *Frais* d.u. ; possibilité de bourses.

Éc. nat. sup. de céramique industrielle (ENSCI). 47 à 73, avenue Albert-Thomas, 87065 Limoges. *Créée* 1893. *Eff.* 120 (f. 6 %). *C.* comm. T et TA 30 ad. *Adm. p.* sur c. pour tit. DUT ou BTS 10 ad. *Adm. p.* 2e a. sur c. pour tit. maîtr. ès sc. 12 ad. *Dipl. 85* 30. *An.* 3. *Frais* 325 F ; poss. de bourses.

Éc. nat. sup. de l'électronique et de ses applications (ENSEA). Allée des Chênes-Pourpres, 95000 Cergy. *Créée* 1952. *Eff.* 300 (f. 4 %). AT-TA 45 ad. 1 900 ca. ; B 50 ad. 450 ca. *Adm. p.* 1re a. tit. DUT, BTS, C. comm. 464 ca. 48 ad. C. pour tit. maîtr. E.E.A. et sciences et techn. 3 ad. 48 ca. *Dipl. 85* 105. *An.* 3. *Frais* 350 F ; poss. de bourses.

Écoles du concours commun des écoles de la FESIC

☞ La Fédér. d'éc. sup. d'ingénieurs et de cadres groupe 19 éc. privées rattachées à l'ens. cathol. Ne figurent pas ci-dessous les éc. de comm. et de gestion (ESSEC, EDHEC, IESEG, ESSCA), 3 éc. agricoles (ESA, ESAP, ISARA) qui organisent des concours propres, et l'IEFSI qui entre dans le cadre des formations complémentaires. *Recrutent* directement après le bac, 5 ans d'études (cl. prép. 2 a., cycle ing. 3 a.). 1re a. cl. prép. *C. commun* (sauf ESEO) (chiffres 1983) : 6 345 ca. 2 013 ad. 1 006 effectivement entrés. 1er ou 2e cycle, C. pour élèves M M' P P' T comm. (sauf ECAM, ESCOM, ISA, ISAB) 971 ca. 32 ad. C. pour tit. DEUG-A-SSM comm. à ESCOM, HEI, ICPI, ISEN, ISEP, ESTIT : 104 ca. 14 ad. 6 ent. en 1984. Autres adm. spécifiques à chaque éc.

Éc. catholique d'arts et métiers (ECAM). 40, montée St-Barthélemy, 69321 Lyon Cedex 05. *Créée* 1900. *Eff. Cl. ing.* 250. *Cl. prép.* 200 pl. Ac. 1er cy. 120 pl. ou 2e cy. pour 1ers de la cl. prép. 70 ad. *C.* ECAM pour élèves M, P ou T 30 pl. *Dipl. 85* 86. *Frais* 8 000 à 11 400 F.

Éc. sup. de chimie organique et minérale (ESCOM). 12, rue Cassette, 75006 Paris. *Créée* 1957. *Eff.* 300 (f. 45 %). *Cl. prép.* 175 él. au total. C. commun SELLO pour la 1re a. prép. : 1re a. cy. école sur c. pour les tit. DEUG A 1 ad. 2e a. cy. école pour tit. maîtr. ou DEST + dossier. *Dipl. 85* 35. *Frais* 10 400 à 11 400 F.

Éc. sup. d'électronique de l'Ouest (ESEO). 4, rue Merlet-de-Boulaye, 49000 Angers. *Créée* 1956. *Eff.* 492 (f. 12 %). *Cl. prép.* 1re a. 123 ad. 700 ca. 2e a. tit. DUT, BTS 108 ad. 2e cy. 1re a. 90 ad. (84 issus de la cl. préparatoire). C. maths spé. 4 ad. *Adm. p.* 1re a. tit. 2 certificats maîtr. *Dipl. 85* 70. *Frais* 9 000 à 13 000 F selon l'année d'études. Bourse et prêts d'honneur.

Éc. sup. des techniques industrielles et des textiles (ESTIT). 1, allée Lakanal, B.P. 209, 59654 Villeneuve d'Asq Cedex. *Créée* 1895. *Eff.* 493 (f. 11 %). *Classes prépa. intégrées* C. sur dossier pour bac COUE — 19 a. ou DEUGA 1re a. — 20 a. 700 ca. 123 ad. en 1985. *Adm. p.* 1re a. C. commun pour tit. DEUG A 2 ad. dossier + entretien pour tit. DUT ou BTS 18 ca. 1 ad. ; *Dipl. 1985* : 40. *Frais* cycle préparatoire 6 500 F ; cy. éc. 12 000 F.

Éc. des hautes études industrielles (HEI). 13, rue de Toul, 59046 Lille Cedex. *Créée* 1885. *Eff.* 547 (f. 11 %). *C. Cl. prép.* « spécifiques » 163 ad. 203 entrées. C. Cl. prép. maths spé. 18 entr. *Adm. p.* DEUG A 5 ad. 2 entr. Sur dossier DUT 9 ad. 5 entr. BTS 5 ad. 4 entr. 2e cy. 2 a. sur dossier pour maîtrise ès sc. 11 ad. 4 entr. *Dipl. 85* 165. *Frais* cycle préparatoire 6 400 F/an ; cycle ing. 14 000 F/an.

Institut catholique d'arts et métiers (ICAM). 6, rue Auber, 59046 Lille Cedex. *Créé* 1898. *Eff.* 450 (f. 5 %). *Cl. prép.* 89 ad. 2e cy. 1re a. C. maths spé. 34 ad. *Adm. p.* 1re a. sur dossier pour les tit. BTS 12 ca, 5 ad. *Dipl. 1985* : 82. *Frais* 10 600 F ; possibilité de bourses, prêts d'études.

Institut de chimie et physique industrielles de Lyon (ICPI). 31, place Bellecour, 69288 Lyon Cedex 2. *Créé* 1919. *Eff.* 270 (f. 14 %). *Adm.* cy. prép. C. comm. bac C ou E, 248 ad. sur dossier, 66 au C. 158 entrées *en 1985*. 2e a. prép. sur dossier + C. pour él. math. spé. ou DEUG A, 21 ca., 4 ad. *Adm.* 1re a. sur C. comm. 1 ad. *Adm. 1re a.* sur C. comm. 146 ca., 4 ad., ou sur dossier + épr. orales pour tit DUT 83 ca., 15 ad. *2e a.* entretien + dossier pour tit maîtr. es. sc. 15 ca., 3 ad. *Dipl. 85* 90. *Frais* 16 000 F.

Inst. sup. agricole de Beauvais (ISAB). Rue Pierre-Waguet, B.P. 313, 60026 Beauvais Cedex. *Créé* 1854. *Eff.* 408 (f. 25 %). *Cl. prép.* 42 ad. sur dossier, 102 sur C. 89 entrées *en 1985*. *Adm. 2e a. prép.* sur dossier + entretien pour tit. BTS A, 22 ad. *Adm. p. 1re a. ing.* sur dossier + entretien pour tit. DEUG mention, ou DUT, ou math. spé. 11 ad. *Dipl. 85* 75. *Frais* 11 170 F/an. *Diplôme* d'ing. en agric. de l'ISAB reconnu par l'État.

Inst. sup. d'agriculture (ISA). 13, rue de Toul, 59046 Lille Cedex. *Créé* 1963. *Eff.* 305 (f. 27 %). *Cl. prép.* 400 ca. 72 ad. 1re a. 2e cy. DEUG B, DUT, BTSA, admiss. ENSA 14 ad. 2e a. tit. licence 6 ad. *Dipl. 85* 68. *An.* 5. *Frais* 12 000 F par an.

Inst. sup. d'électronique (ISEN). 3, rue François-Baës, 59046 Lille Cedex. *Eff.* 566 (f. 12,5 %). *Cl. prép.* 105 ad. *Adm.* 1re a. C. maths spé. 3 ad. C. DEUG A 2 ad. *Adm. p.* C comm. 2 ad. ; DUT 141 ca. 21 ad. 2e a. tit. maîtr. électron. et ing. 21 ca. 4 ad. *Dipl. 84* 96. *Frais* 5 600 F.

Inst. sup. d'électronique de Paris (ISEP). 21, rue d'Assas, 75270 Cedex 06. *Créé* 1955. *Eff.* 356 (f. 27 %). *Cl. prép.* 1re a. 75 pl. pour bac C, D, E, moins de 19 a. 2e a. pour él. maths sup. 10 pl. 2e cy. 1re a. 15 à 20 pl. pour maths spé. ou DEUG SSM. *Dipl. 85* 66. *Frais* par trim. 3 000 F à 4 140 F selon l'a. et les revenus de la famille.

Écoles d'ingénieurs à concours particuliers

Écoles polyvalentes

☞ Éc. ayant un mode de recrutement propre. Voir aussi éc. des grands concours traditionnels (ECL, ECP, EP, ENSMP, ENPC, ENSTA, ENSMIM, ENSASE, IPN), éc. du C. Arts et Métiers (ENSAM, ENSAIS), C. FESIC, HEI, ECAM, ICAM, Inst. nat. des sciences appliquées, universités délivrant le diplôme d'ingénieur.

Éc. polytechnique féminine (EPF). 3 *bis*, rue Lakanal, 92330 Sceaux. *Créée* 1925. *Eff.* 633. *C. 1985* 149 ad. (114 bac C, 34 D, 1 E). *Adm. p.* 1re a. bac + 1 a. ét. scient., 1 ad. 25 ca. 2e et 3e a. DEUG A, DUT, lic., maîtr., admiss. c. grandes éc., BTS : 72 ca. 23 ad. *Dipl. 85* 148. *An.* 5. *Frais* 5 200 F par trim.

Éc. sup. d'ingénieurs de Marseille (ESIM). 28, rue des Électriciens, 13012 Marseille. *Créée* 1972. *Eff.* 240 (f. 11 %). C. ouvert aux étudiants de niveau maths spé. 2 200 ca. 68 pl. *Adm. p.* DEUG A 12 ad. 300 ca. 2e a. sur t. maîtr., DEST 8 ad. 95 ca. *Dipl. 85* 82. *An.* 3. *Frais* 4 550 F.

Institut des sc. de l'ing. de Nancy (ISIN). Parc Robert-Bentz, 54500 Vandœuvre. *Créé* 1960. *Eff.* 330 (f. 7 %). 1re a. pour bac C.E.D. F 65 ad. 1 535 ca. 2e a. C. A 13 ad. 334 ca. C. B 20 ad. 298 ca. *Adm. p.* 3e a. C. pour él. maths spé. ou tit. DEUG A 4 ad. 324 ca. 4e a. sur doss. + entretien pour tit. maîtr. mécanique, phys., MST. 63 ca. 11 ad. *Dipl. 85* 6. *An.* 5. *Frais* 600 F.

ENI Écoles nationales d'ingénieurs

☞ *Créées* 1961, recrutent : *en 1re a.* : C. comm. nat. après la bac E, F (C et D exceptionnellement), le bac est exigé, quelques ca. issus de *1re a.* : des cl. prépa. (6 400 ca. pour 450 places), *2e a.* : spé. pour Belfort, Brest et Metz, *3e a.* : pour St-Étienne et Tarbes. C. organisés au niveau des BTS et DUT. Scolarité : *4 a.* : pour Belfort, Brest et Metz, *5 a.* : pour St-Étienne et Tarbes. Spécialités : fabrication mécanique, génie civil et développement électronique selon les Éc. Recherche à St-Ét. et à Tarbes.

Éc. nat. d'ing. de Belfort (ENIBe). BP 525. 8, bd Anatole-France, 90016 Belfort Cedex. *Créée* 1962. *Eff.* 370 (f. 2 %). *Adm. p.* 2e a. pour tit. DUT ou BTS 25 ad. 250 ca. *Dipl. 85* 100. *An.* 4. *Frais* 600 F par an.

Éc. nat. d'ing. de Brest (ENIBr). Avenue Le Gorgeu, 29287 Brest Cedex. *Créée* 1961. *Eff.* 311. 72 pl. 2 545 ca. en 85. *Adm. p.* 2e a. *spé.* 36 ad. 570 ca. *Dipl. 85* 77. *Frais* 465 F + S.S.

Éc. nat. d'ing. de Metz (ENIM). Ile du Saulcy, 57045 Metz Cedex. *Créée* 1962. *Eff.* 476 (f. 1 %). *C. comm.* 106 ad. *Adm. p.* 2e a. C. comm. pour tit. BTS ou DUT mécanique 26 ad. *Dipl. 85* 95. *Frais* d.u.

Éc. nat. d'ing. de St-Étienne (ENISE). 56-58-60, rue Jean-Parot, 42023 St-Étienne Cedex 2. *Créée* 1961. *Eff.* (f. 1 %). 1re a. Option FM 60 pl., op. GC 12 pl. 3e spé. op. FM 18 pl. op. GC 18 pl. *Dipl. 85* 85. *Frais* 1 455 F.

Éc. nat. d'ing. de Tarbes (ENIT). Chemin d'Azereix, B.P. 311, 65013 Tarbes Cedex. *Créée* 1963. *Eff.* 408 (f. 0,73 %). 100 ad. en 1re a. *Adm. p.* 26 ad. 222 ca. *Dipl.* 75. *An.* 5. *Frais* d.u.

Instituts nationaux de sciences appliquées (INSA)

☞ Concours d'admission commun aux 4 INSA. C. sur t., dossier et entretien *Adm. p.* 1re a. du 1er cy. 2e a. 2e cy. pour tit. BTS, DEUG, A et B, Math. Spé. 2e a. 2e cy. pour titulaire maîtrise ès sciences, maîtrise de sciences et techniques, ou formation continue DUT ou BTS + 3 a.

Inst. nat. des sc. appliquées de Lyon (INSA). 20, av. A.-Einstein, 69621 Villeurbanne Cedex. *Créé* 1957. *Eff.* 3 080 (f. 22,9 %). *C.* 1re a. 1er cy. 635 ad. 1re a. 2e cy. 142 ad. 2e a. 2e cy. 54 ad. *Dipl. 85* 606. *An.* 5. *Frais* 296 F.

Inst. nat. des sc. appliquées de Rennes (INSAR). 20, av. des Buttes-de-Coësmes, 35043 Rennes Cedex. *Créé* 1961. *Eff.* 795 (f. 22 %). 1re a. 1er cy. 135 ad. 1re a. 2e cy. 28 ad. 2e a. 2e cy. 21 ad. *Dipl. 85* 153. *Frais* externes 636 F, demi-pens. 2 445 F, internes 7 239 F.

Inst. nat. des sc. appliquées de Toulouse (INSA Toulouse). Av. de Rangueil, 31077 Toulouse Cedex. *Créé* 1961. *Eff.* 1 057 (f. 25 %). 1re a. 1er cy. 182 ad. ; 1re a. 2e cy. 87 ad. ; 2e a. 2e cy. 16 ad. (230 ca.). *Dipl. 85* 200 + 9 F.C. *Frais* 250 F.

Inst. nat. des sc. appliquées de Rouen (INSA Rouen). Place Émile-Blondel, 76130 Mont-Saint-Aignan. *Créée* 1985. *Eff.* 80, objectif 700 élèves.

Universités délivrant le diplôme d'ingénieur

☞ Sur dossiers et titres : DEUG, DUT, BTS, parfois aussi sur concours (notamment en 1re année).

Centre univ. des sc. et techniques de Clermont-Ferrand II (CUST). B.P. 48, 63170 Aubière. *Créé* 1969. *Eff.* 483 (f. 25 %). *Adm.* sur doss. pour tit. DEUG, DUT, BTS 212 ad. 2 700 ca. *Dipl. 85* 124. *An.* 3.

Éc. sup. de l'énergie et des matériaux (ESEM). BP 6749, 45067 Orléans Cedex 2.. *Créée* 1983. *Eff.* 264 (f. 10 %). *Adm.* C. pour maths., spé. bio., spé. MM' PP' TT' TA, DEUG A et B, DUT (génie méca. et g. thermique). 1re a. tronc comm., 2e et 3e a. options : minerais et matériaux, thermique et énergétique, transport. 1111 ca. 84 ad. *Adm. p.* 2e a. tit. maîtrise, MST sur dossier + entretien 85 ca. 9 ad. *An.* 3. *Dipl. 85* 90. *Frais* env. 1 000 F.

Éc. univ. d'ingénieurs de Lille (EUDIL). 59655 Villeneuve-d'Ascq. *Créée* 1974. *Eff.* 530 (f. 17 %). *Adm.* tit. DEUG 36 % ; DUT 31 % ; Cl. prép. 27 % en 1re a. 187 ad. 1 878 ca. *Adm. p.* 2e a. titulaire d'une maîtrise ou équivalent 3 ad. 5 spécialités : GT. GC (géotechnique, génie civil), IMA (informatique, mesure et automatique), SM (sc. des matériaux) ITEC (instrumentation, formation technico-com.), CM (Méca.). Formation continue d'ing. dans 2 spé. (GT. GC, IMA).

Formation d'ingénieurs de l'univ. Paris-Sud (FIUPSO), bâtiment 220, 91405 Orsay Cedex. *Créée* 1983. *Eff.* 200 (f. 15 %). *Adm.* tit. + entretien (DEUG A cl. prép.), examen (DUT, BTS). *Adm. p.* 2e a. titre + entretien. *An.* 3. 4 spé. *Frais* d.u.

Formation sup. d'ingénieurs de Paris-Nord (FSIPN). Centre scientifique et polytechnique de Paris XIII, 93430 Villetaneuse. 2 formations : Matériaux (FSIM) et Télécommunications (FSIT). *Eff.* FSIM : 91 (f. 19 %), FSIT : 113 (f. 25 %). *Adm.* sur doss. FSIM : DEUG A, maths spé., DUT mesures phys., génie méca. ou maintenance ind. 424 ca., 26 ad. ; FSIT : DEUG A, maths spé., DUT élec., génie élec., mesures phys. ou maintenance ind. 660 ca., 41 ad. *Adm. p.* 2e a. Maîtrise ou MST FSIM 21 ca., 1 ad. FSIT 15 ca., 5 ad. *An.* 3. *Dipl. 85* FSIM 30. FSIT 33. *Frais* d.u.

Formation d'ingénieurs diplômés en sciences et technologie de l'univ. Pierre-et-Marie-Curie. Département sc. et technologie, Tour 22, 4, place Jussieu, 75230 Paris Cedex 05. *Eff.* 195 (f. 15 %). *Créé* 1983 (succède à une MST créée 1971). *Adm.* en IST 1 avec bac C, D, E sur doss. + tests ; en IST 2 avec SSM 1 + exam. probatoire ; en IST 3 avec DEUG A + exam. probatoire. *An.* 5 (IST 1 à IST 5), 2 options : Géophysique-Géotechniques et Mesure-Contrôle-Régulation). *Frais* d.u. Dépôt candidatures : avril.

Inst. des sciences de l'ingénieur (ISIM). Pl. Eugène-Bataillon, 34060 Montpellier Cedex. *Eff.* 603 (f. 33 %). *Adm.* 209 ad. 3 904 ca. tit. DEUG 70 %, DUT 22 %, CPGE 1,4 %, dipl. divers et étr. 16,6 %. *Dipl. 85* 161. *An.* 3. *Frais* d.u.

Inst. des sciences et techniques (IST-USMG-Grenoble I). B.P. 68, domaine univ., 38402 St-Martin-d'Hères Cedex. 3 Formations d'ing. : en Géotechnique. *Eff.* 39 (f. 18 %). *An.* 3 ; en informatique ind. et instrumentation. *Eff.* 42 (f. 2 %). *An.* 3 ; 1re promo-sortie 88, en hygiène et sécurité ind. (spécialisation), rentrée 1re promo. 1986. *Eff. prévu* 20.

Inst. des sciences et techniques de Poitiers (ISTP). 40, avenue du Recteur-Pineau, 86022 Poitiers. 3 spé. : Énergétique Industrielle, Traitement des eaux et des nuisances, Matériaux de construction. *Eff.* 62 (f. 31 %). *Adm.* sur doss. + entretien pour tit. DEUG A (89 ca. 34 ad.), DUT (192 ca. 19 ad.), Cl. prép. (111 ca. 9 ad.). 2e a. maitr. + dossier. *An.* 3. *Frais* d.u.

Univ. de technologie de Compiègne (UTC). Centre Benjamin-Franklin, rue Roger-Couttolenc, BP 233, 60206 Compiègne. *Créée* 1973. *Eff.* 2 000 (f. 18 %). Formation d'ing. en Génie Bio., Gén. Chim., Gén. Informatique et Gén. mécanique. Enseign. sur 5 a., organisé en semestres avec 2 rentrées par a., en févr. et sept. *2 niveaux d'adm.* : après bac C, D, E sur dossier et entretien ; 2 710 retenus sur entr. 242 ad. *Adm.* 1re a. 2e cy. sur dossier + entretien pour tit. DUT, BTS spé., DEUG A ou él. math. spé. 368 ad. *Adm. p.* 2e a. 2e cy. 10 ad. *Dipl. 85* 350. *An.* 2 + 3.

École non habilitée

Ingéniorat en intelligence artificielle, reconnaissance des formes et robotique (IRR-UPS). Univ. Paul-Sabatier, 118, route de Narbonne, 31062 Toulouse Cedex. *Créé* 1979. *Eff.* 24 (f. 17 %). *Adm.* sur doss. pour tit. maîtr. EEA, inform., mécan. et ing. dipl. 300 ca. 24 pl. *An.* 1. *Dipl. 85* 23. *Frais* d.u.

Écoles aéronautiques

☞ Il y a 4 grandes éc. aéronaut. dont éc. de base : ENAC, de spécialisation : ESTA. Voir ENSICA p. 1174 c et ENSAE p. 1173 b et 1182 c. L'ENAC assure aussi la formation des pilotes de lignes avec un C. très difficile de niveau maths sup.

École nationale de l'aviation civile. 7, avenue Édouard-Belin, B.P. 4005, 31055 Toulouse Cedex. *Créée* 1948. Ing. de l'aviation civile : *Eff.* 10. Adm. directe pour polytechniciens, examens pour titulaires maîtrise ou diplôme ing. 0 ad. sur 8 ca., étrangers 0 sur 45. *Dipl. 85* 10. *An.* 2. *Frais* gratuit. Ingénieur des études et de l'exploitation de l'aviation civile : *Eff.* 208 (f. 20 %). 2 C. : secteur public 10 ad. sur 1 254 ca., secteur privé 45 ad. sur 1 743 ca., étrangers 24 ad. sur 185 ca. *Adm.* en 2e a. pour tit. maîtrise. *Dipl. 85* 59. *An.* 3. *Frais* gratuit.

Éc. supérieure des techniques aérospatiales (ESTA). Complexe scientifique d'Orsay, Bât. 502 bis, 91405 Orsay. *Créée* 1930. *Eff. 1985* 33 (f. 5 %). *Adm.* sur titre et doss., dipl. ENSI (Arts et Métiers ou équiv.) *1985* 101 ca. 34 ad. *Dipl. 84* 28. *An.* 1. *Frais* 5 000 F.

Écoles à dominante agriculture-industries alimentaires

☞ Voir aussi ISA, ISAB, à C. FESIC et ENSA, ENITA.

Écoles de base

Éc. nat. des ing. des travaux ruraux et des techniques sanitaires (ENITRTS, dite « Travaux ruraux »). 1, quai Koch, B.P. 1 039 F, 67070 Strasbourg Cedex. *Eff.* 146 (f. 20 %). *Adm.* C tit. maths spé. P, bio 1 245 ca. 43 ad. *Adm. p.* sur t. pour dipl. d'ing. ou lic. de maths, phys., sc. phys. ou mécan. 4 ca. 1 ad. *Dipl. 85* 50. *An.* 3. *Frais* 450 F pour non-fonctionnaires. Él. fonct. rémunérés.

Autres formations assurées : Certificats d'études sup. en équipements d'hygiène publique ou en aménagements hydroagricoles. An. 1 pour maîtrise de sc. et techn. ou dipl. d'ing. ; 3e cycle en sc. et techn. de l'Eau (D.E.A.-doctorat). 1 pour maîtrise de sc. ou de sc. et techn. ou dipl. d'ing. et formation continue des ing. des travaux ruraux et ing. ou cadres ayant vocations analogues. Env. 45-50 sessions d'une semaine.

Éc. nat. sup. féminine d'agronomie (ENSFA). 65, rue de St-Brieuc, 35042 Rennes Cedex. *Créée* 1964. *Eff.* 150. *C.* ouvert aux bachelières et BTAG, 34 ad. 450 ca. *Adm. p.* 2e a. tit. DEUG B et admiss. ENSA et ENV 150 ca. 12 ad. *Dipl. 85* 40. *An.* 4. *Frais* 350 F/an.

Éc. sup. d'agriculture (ESA). 24, rue Auguste-Fonteneau, BP. 748, 49007 Angers Cedex. *Créée* 1898. *Eff.* 315 (f. 20 %). *Adm.* 1re Bac C, D, D'. *1985* 650 ca. 80 ad. 3. *Dipl. 85* 61. *An.* 5. *Frais* 11 000 F.

Éc. sup. d'agriculture de Purpan (ESAP, dite « Purpan »). 271, av. de Grande-Bretagne, 31076 Toulouse Cedex. *Créée* 1919. *Eff.* 414 (f. 21 %). Cl. prép. intégrée 2 a. 789 ca. 88 ad. 2e a. sur doss. pour tit. DEUG B 1-2 pl. 1re a. cycle ingénieur 85 ca. 78 ad. *Dipl. 85* 79. *An.* 2 + 3. *Frais* 1re a., 2e et 3e a. 11 000 F, 10 000 par an ensuite.

Éc. sup. du bois (ESB). 6, av. de St-Mandé, 75012 Paris. *Créée* 1934. *Eff.* 65 (f. 30 %). Oral accessible aux ca. admissibles au C. d'entrée aux Éc. d'ing. *1985* 450 ca. 94 ad. *Adm. p.* 2e a. sur t. pour ing. et maitr. *1985* 3 ad. *Dipl.* 29. *An.* 3. *Frais* 9 700 F.

Éc. sup. d'ing. et de techniciens pour l'agriculture (ESITPA). BP. 201, rue Grande, 27100 Val de Reuil. *Créée* 1919. *Eff.* 450 (f. 25 %). *Adm.* 1984 bac scientif. 550 ca. 88 pl. *Adm. p.* 2e a. maths spé. agro. sur dossier 100 ca. 12 pl. *Dipl. 85* 72. *An.* 4 ½. *Frais* 12 000 F.

Institut sup. d'agriculture Rhône-Alpes (ISARA). 31, place Bellecour, 69288 Lyon Cedex 2. *Créé* 1968. *Eff.* 240. *Adm.* sur dossier ; bac C, D, D', 650 ca. 60 ad. *Adm. p.* 2e a. sur titre tit. DEUG B ou admiss. ENSA ou ENV 60 ca. 6 ad. *Dipl. 84* 63. *An.* 5. *Frais* 11 100 F. Bourses d'État.

Écoles de spécialisation

Centre nat. d'ét. d'agronomie des régions chaudes (CNEARC). av. du Val de Montferrand B.P. 5 098, 34060 Montpellier Cedex. *Créé* 1902. *Eff.* 160 (f. 16 %). Comprend 2 unités d'ens. : ESAT et CEAT. *Dipl. 85* 109. *Frais* 1 500 F.

Cycle d'enseign. d'agr. tropicale (CEAT). *Créé* 1946. *Adm.* tit. BTSA + 2 a. exp. à l'étranger, DUT agronomie sur dossier 35 ca. 17 BTS ad. 1 DUT ad. Fonctionnaires de l'agr. sur C. 32 ca. 17 ad. *Adm. p.* 2e a. ingénieurs 18 ca. 17 ad. *An.* 2.

Formation individuelle et collective (FIC). Stagiaires fr. et étrangers. Certificat délivré par le CNEARC à l'issue du stage.

Éc. nat. du génie rural, des eaux et des forêts (ENGREF). Centre principal d'enseignement, 19, av. du Maine, 75732 Paris Cedex 15. Centre spécialisé forestier, 14, rue Girardet, 54042 Nancy Cedex. C. méditerranéen et régions chaudes (forêt, hydraulique agricole), Domaine de Lavalette, av. du Val-de-Montferrand, 34000 Montpellier. *Créée* 1965 (fusion des éc. nat. des eaux et forêts et du génie rural). *Eff.* 165 dans les 3 ENGREF (f. 20 %). *Adm.* sur t. X (parmi les 150 premiers) DAG de l'INAPG 26 ad. ; C. sur t. X, ENS, ECAM, INAPG, ENSA, ENSIAA si places réservées aux bénéficiaires de la promotion profes. n'ont pu être pourvues : 24 ca. 4 ad. *An.* 27 mois. *Dipl. 85* 55. Fonctionnaires ou étudiants rémunérés 6 800 F nets par a. *Frais* (ingénieurs civils) 1 500 F. Poss. bourses et prêts.

Éc. nat. sup. d'horticulture (ENSH, dite « Horti »). 4, rue Hardy, 78009 Versailles Cedex. *Créée* 1874. *Eff.* 73 (f. 58 %). *Adm.* sur t. pour tit. DAG. *Adm.* sur C. pour tit. maîtr. 108 ca. 18 ad. *An.* 2. *Frais* 950 F, étr. 1 680 F.

Éc. nat. sup. de meunerie et des ind. céréalières (ENSMIC, dite « Meunerie »). 16, rue Nicolas-Fortin, 75013 Paris. *Créée* 1924. *Adm. gén.* sur t. et examen des dossiers, après classe de 1re des lycées ; avec bac C, D, E, F, H : BTIC, BTA ; avec t. d'ing. *Frais* 1 200 F.

Éc. nat. sup. du paysage (ENSP). 6 bis, rue Hardy, 78000 Versailles. *Créée* 1976. *Eff.* 130. *Adm.* C. bac. + 2 a. 30 ad. *An.* 4. *Frais* 1 000 F, étr. 1 795 F.

Éc. nat. sup. des sc. agronomiques appliquées (ENSSAA). 26, bd du Docteur-Petit-Jean, 21100 Dijon. *Créée* 1965. *Eff.* 71 (f. 40 %). *Adm.* sur t. pour les tit. du DAG. *1985* 30 adm. *Adm. p.* sur C. pour ing. agro. ITA, PCEA 11 ad. *Adm. p.* sur ex. prob. pour ing. civils *1985* 1 ad.

Éc. sup. d'agronomie tropicale (ESAT). *Créée* 1946. *Adm.* tit. DAG, DEA biologie, sortis 2e a. des ENSA sur dossier 39 ad. *An.* 2.

Éc. sup. d'application des corps gras (ESACG). Rue Monge, Parc industriel de Pessac, 33600 Pessac. *Créée* 1952. *Eff.* 10. *Adm.* sur t. + entretien pour ingénieurs et maîtrise ès sciences (45 ca. 10 ad.). *Dipl.* 5. *An.* 1. *Frais* gratuit.

Inst. d'ét. sup. d'industrie et d'économie laitières (IESIEL). 16, rue Claude-Bernard, 75231 Paris Cedex 05. *Créé* 1930. *Eff.* 15 à 20 (f. 30 à 50 %). *Adm.* sur dossier tentr. pour les ing., dipl. bac + 5, D.E.A., 30 ca. 10 ad. *Adm. p.* BTSA, DUT + exp. prof. sur examen + dossier + entretien 30 ca. 10 ad. *Dipl. 85* 15. *An.* 13 mois 1/2. *Frais* 9 750 F. Poss. bourses et prêts.

Institut français du paysage. *Créé* 1984-85. *Formation* de paysagistes d.p.l.g. ouverte à d'autres intervenants dans l'aménagement et la détermination du paysage (ingénieurs, architectes, urbanistes) ; *recherche théorique* et expérimentale sur le paysage ; *promotion* de l'expérience nationale et internationale concernant l'aménagement paysager.

Écoles de spécialisation non habilitées

Inst. sup. de l'agro-alimentaire (ISAA). 19, av. du Maine, 75732 Paris Cedex 15. *Créé* 1981. *Eff.* 120. *Adm.* tit. DAG de l'INAPG et des ENSA, DEGIA de l'ENSIA, Certif. de Fin de scolarité des ENV de certaines éc. d'ingénieurs ayant passé des conventions avec l'ISAA, sur dossier 162 ca. 113 ad. *Dipl. 84* 112. *An.* 1 ou 2 a. *Frais* 1re a. 1 000 F, 2e a. 200 F.

Inst. sup. des productions animales (ISPA). 65, rue de St-Brieuc, 35042 Rennes Cedex. *Créé* 1982. *Eff.* 72 (f. env. 29 %). *Adm.* tit. DAG, du certificat de fin de scolarité des ENV, maîtrises ès sc., ingénieurs diplômés, sur dossier 120 ca. env. 70 ad. *Dipl. 83* 47. *An.* 2 a. *Frais* 1re a. 4 500 F.

Écoles à dominante construction bâtiment-travaux publics

Écoles de base

☞ Voir aussi éc. des Mines Paris, Nancy, St-Étienne, Géologie Nancy, Ponts, grands concours traditionnels, INSA Lyon et Toulouse, ENSAIS, ENSPS, ESGM, ENITRTS.

Éc. des ingénieurs de la ville de Paris (EIVP). 57, bd St-Germain, 75005 Paris. *Créée* 1959. *Eff.* 62 (f. 25 %). *Adm.* C. ext. M P' TA 1 509 ca. 106 ad. C. int. 7 ca. 1 ad. *Dipl. 83* 20. *An.* 3 a. + 1 a. (section spéciale). *Frais* él. rémunérés (6 500 F par mois).

Éc. nat. sup. de géologie appliquée et de prospection minière (ENSG, dite « Géol »). 94, av. de Lattre-de-Tassigny, B.P. 452, 54001 Nancy Cedex. *Créée* 1908. *Eff.* 137 (f. 14 %). *Adm.* C. *1985* 688 ca. 40 ad. *Adm. p.* 1re a. C. comm. pour tit. DEUG A 5 ad. 2e, 3e a. dossier pour ing. dipl., tit. maîtr. Total 18 ca. 9 ad. *Dipl.* 69. *An.* 3. *Frais* 508 F + Mutuelle.

Éc. nat. sup. des techniques industrielles et des mines d'Alès (ENSTIMA). 6, av. de Clavières, 30107 Alès. *Créée* 1843. *Eff.* 360 (f. 11 %). *C.* propre à l'éc. pour maths sup. (classique, T, T', TA) 3 612 ca. 77 ad. *Adm.* possible. 2e a. dossier DEUG A, DUT, BTS, 200 ca. 5 pl. 4 ad. 3e a. licence ès sciences 50 ca. 8 pl. 1 ad. *Dipl. 85* 96. *An.* 4. *Frais* Accueil élèves-chercheurs dans les laboratoires Section de Perfectionnement, Formation continue 40 places par an.

Éc. nat. sup. des techniques industrielles et des mines de Douai (ENSTIMD). 941, rue Charles-Bourseul, 59508 Douai Cedex. *Créée* 1878. *Eff.* 360 (f. 8 %). *C.* propre à l'éc. 85 reçus sur 2 910. *Adm. p.* 2e a. DEUG A, DUT, BTS 149 ca. 5 ad. 3e a. lic. maths ou physique 25 ca. 0 adm. *Dipl. 85* 86. *An.* 4. *Frais* 1 530 F environ.

Éc. nat. des travaux publics de l'État (ENTPE). Rue Maurice-Audin, 69120 Vaux-en-Velin. *Créée* 1952. *Eff.* 600 (f. 15 %). *C. commun* avec l'éc. des mines de Douai, l'IGN et les Travaux maritimes. 2 735 ca. 86 pl. *Dipl. 84* 136. *An.* 3. *Frais* gratuit, él. rémunérés (5 764 F par mois).

Éc. spéciale des travaux publics du bâtiment et de l'industrie (ESTP). 57, bd St-Germain, 75240 Paris Cedex 05. *Créée* 1904. *Eff.* 2 000 (f. 10 %). *C.* d'adm. en 1re a. commun aux 4 Ec. sup. des trav. publics, du bât., de mécanique élect. et de topographie. 1985 3 000 ca. 342 ad. *Adm. p.* 1re a. pour tit. licence maths ou dipl. ing. (8 % des eff. max.) 3 ca. 3 ad. 2e a. maîtrise ou dipl. ing. 38 ca. 18 ad. *Dipl. 86* 376. *An.* 3. *Frais* cl. préparatoire 14 810 F. Éc. 17 230 F ; possibilité de bourses et de prêts.

Écoles de spécialisation

Éc. nat. de la santé publique (ENSP). Av. du Pr.-Léon-Bernard, 35043 Rennes Cedex. *Créée* 1960. *Eff.* 22 (f. 25 %). *Adm.* tit. dipl. ing., sur dossier ap. entretien 23 ca. 9 ad. *Dipl. 83* 25. *An.* 1. *Frais* 3 400 F par an.

Inst. sup. du béton armé (ISBA). 28, rue des Électriciens, 13012 Marseille. *Créé* 1952. *Eff.* env. 15. *Adm.* sur t. pour tit. dipl. ing. 40 ca. 14 ad. *Dipl. 85* 7, certificats anciens él. 3. *An.* 1. *Frais* 950 F.

Écoles à dominante électricité-électronique

Écoles de base

Éc. française de radioélectricité, d'électronique et d'informatique (EFREI, dite « éc. Amyot »). 10, rue Amyot et 12, rue Laromiguière, 75005 Paris. *Créée 1937. Eff.* 257 (f. 15 %). *Adm.* C. tit. bac C, D, E, F, 910 ca. 60 ad. *Adm. p.* 2e a. pour tit. DEUG A, DUT gén. électrique, BTS maths spé., sur dossier, 176 ca. 35 ad. 3e a. pour tit. maîtrise EEA, sur dossier 2 ca. 2 ad. *An.* 4. *Dipl. 84* 63. *Frais* 1re a. 13 600 F, 2e 13 900 F, 3e 14 700 F, 4e 13 800 F.

Éc. spé. de mécanique et d'électricité SUDRIA (ESME-SUDRIA). 4, rue Blaise-Desgoffe, 75006 Paris. *Créée* 1905. *Eff.* 1 300 env. (f. 6 %). Ec. prép. intégrée pour tit. bac *C, D, E. C.* pour les él. non bacheliers, 50 ca. 10 ad. En 2e a. sur C. pour él. math. sup. *1985* 550 ca. 180 ad. *Adm.* 1re a. sur C. pour él. maths spé. 230 ca. 59 entrées en 83. *Adm. p.* 1re a. pour tit. DUT sur t. 12 ad. en 83. 2e a. sur t. pour tit. maîtrise, DEA, dipl. ing. *84* 60 ca. 14 ad. *Dipl. 84* 180. *An.* 3. *Frais* 14 000 à 17 000 F ; possibilité de bourses et de prêts.

Éc. sup. d'informatique-électronique-automatique (ESIEA). 9, rue Vésale, 75005 Paris. *Créée* 1958. *Eff.* 750 (f. 20 %). *Adm.* cycle prépa. : bac C, D, E, 1re a. DEUG A, sur dossier + entretien 523 ca. 186 insc. ; 1re a. ingénieurs : maths spé., DEUG A sur dossier + entretien + C. 92 ca. 17 ad. *Adm. p.* 2e a. de cycle prépa. pour tit. maths sup., DUT génie électrique sur dossier + entretien + C. 96 ca. 32 ad. *Dipl. 85* 114. *An.* 5 dont 2 cycle prépa. *Frais* 17 350 F + 1 500 F de droits de 1re inscription.

Éc. sup. d'ing. en élect. et électrotechn. (ESIEE). 89, rue Falguière, 75015 Paris. *Créée* 1966. *Eff.* 530 (f. 10 %). *Adm.* en 1re a. pour bac C, E (D exception.) et math. sup. sur dossier + C. 1 800 ca. 200 ad. *Adm. p. 2e a* pour tit. DEUG A, épreuves orales + entretien. *Adm. p. 4e a.* pour tit. maîtr. sc., EEA et MST sur dossier + entretien 30 ca. 7 ad. *Dipl. 85* 70. *An.* 5. *Frais* 14 000 F ; possibilité de bourses et de prêts.

Éc. sup. d'ing. en génie électrique (ESIGE). (Anc. EEIP Charliat), 58, rue Méridienne, B.P. 1012, 76014 Rouen Cedex. *Créée* 1901. *Eff.* 450 (f. 10 %). *C.* propre à l'éc. *1985* 465 ca. 152 ad. *Adm. p.* C. spé. pour tit. DEUG A ou DUT ou BTS 137 ca. 18 ad. 2e a. tit. maîtrise *1985* 6 ca. 2 ad. *Dipl. 85* 150. *An.* 3. *Frais* 18 000 F.

Inst. nat. des télécom. (INT). 9, rue Charles-Fourier, Les Épinettes, 91011 Évry Cedex. *Créé* 1979. *Eff.* 270 (f. 15 %). *Adm.* C. pour maths spé. M' MP' PT 2 624 ca. 41 ad. *Adm. p.* 2e a. sur titre + entretien pour maîtrises scient. 49 ca. 9 ad. *An.* 2 ou 3. *Dipl. 85* 157. *Frais* 900 F. Cycle formation initiale alternée : (fonctionnaires télécom.) *1985 :* 110 ad. Formation promotionnelle : Adm. niveau DUT, BTS + 2 a. 1/2 d'expérience prof. 1re et 2e a. par correspondance et regroupement à l'école + 3e a. à l'école. *1985 :* 100 ca. 12 ad.

Écoles non habilitées par la commission des titres

Éc. centrale des techniciens de l'électronique et de l'informatique (EC/TEI). 12, rue de la Lune, 75002 Paris. *Créée* 1919. *Eff.* 120 (5 f.). *Adm.* Cl. prép. pour bac C, D, E, F, sur t. pour tit. BTS électro. ou informatique industrielle, DUT génie électr. *1985* 60 ad. *Dipl.* 44. *An.* 2. *Frais* 1re a. 19 300 F ; 2e a. 20 000 F.

École internationale des sc. du traitement de l'information (EISTI). Les Trois-Fontaines, 95003 Cergy. *Eff.* 210 (f. 45 %). *Adm.* 1re a. C. commun EDHEC pour prépa. HEC, C. maths sup., et spé., 600 ca. 80 ad. C. pour tit. BTS, DUT, DEUG, 50 ca. 10 ad. 2e a. sur C. pour tit. lic., maîtr., 10 ca. 3 ad. *An.* 3. *Frais* 20 000 F.

Éc. sup. d'informatique (ESI). 94-98, rue Carnot, 93100 Montreuil. *Créée* 1965. *Eff.* 1 000 (femmes 25 %). Cycle prép. intégré ; sur dossier pour tit. d'un bac C, D, E ou maths sup. (500 ca. 170 ad.). *Adm.* 1re a. sur c. A pour la prép. intégré (200 ca. 140 ad.). *Adm.* 1re a. sur c. B pour maths spé. ou tit. DEUG A 200 ca. 60 ad. *Adm. p.* 1re a. sur dossier + entr. pour licence d'informatique 5 ca. 2e a. pour tit. maîtrise d'informatique 2 ca. *Dipl. 85* 125. *An.* 3 (+ 1 prép.). *Frais* 20 000 F.

Inst. médit. d'inform. et de robotique (IMERIR). 7, rue Vieille-Intendance, 66000 Perpignan. *Créé* 1981. *Eff.* 60. *Adm.* 1re a. sur doss. + tests et entr. pour tit. DEUG ou DUT ou él. maths spé. (350 ca. pour 35 pl. en 1984). *Frais* 14 500 F.

Écoles de spécialisation non habilitées

Centre d'enseign. et de recherche en informatique (CERICS). Sophia-Antipolis, BP 20, 06561 Valbonne. *Créé* 1983. *Eff.* 50 (f. 30 %). *Adm.* tit. dipl. d'ingénieurs, de 2e cycle univ. (sciences) sur test + entretien 300 ca. 30 ad. *An* 1. *Dipl. 85* 30. *Frais* 60 000 F.

Inst. international de robotique et d'intelligence artificielle de Marseille (IRIAM). Domaine de Luminy, Case 920. Route Léon-Lachamp, 13288 Marseille Cedex 9. *Créé* 1984. *Eff.* 13 (f. 0 %). *Adm.* sur doss. + entr. pour tit. dipl. ing., maîtr. sc., MST (50 ca. 13 ad.). *An.* 2. *Frais* 15 000 F (souvent pris en charge par les entreprises).

Inst. sup. d'automatique et d'informatique industrielles (ISAII). Chemin du Temple, Z.I. Nord, 13645 Arles-en-Provence. *Eff.* 72. *Adm.* sur doss. pour tit. dipl. ing., maîtr., MST, DEA (24 ca. 21 ad. 1985). *An.* 1. *Frais* 10 500 F.

Inst. sup. de micro-électronique appliquée (ISMEA). 28, rue des Électriciens, B.P. 64, 13375 Marseille Cedex 12. *Créé* 1982. *Adm.* tit. dipl. ingénieurs ou dipl. univ. maîtr. sur dossier + entretien 180 ca. 24 ad. *An.* 4. *Frais* 7 000 F.

Écoles à dominante mécanique-métallurgie

École de base

☞ Voir aussi ENSAM, ECAM, ICAM, ENSMM, ENSM, ENIM, ENISE, ENIT, INSA, CUST, EUDIL.

Centre d'ét. sup. des techniques industrielles (CESTI). 3, rue Fernand-Hainaut, 93047 St-Ouen Cedex. *Créé* 1956. *Eff.* 160 (f. 10 %). *Adm.* sur C. pour les él. de maths spé., les tit. d'un DUT ou d'un DEUG. *1985* 1 540 ca. 70 ad. *Dipl. 85* 34. *An.* 3. *Frais* 1re a. 1 150 F, 2e 800 F, 3e 800 F.

Écoles de spécialisation

Éc. sup. de fonderie (ESF). 280, av. Aristide-Briand, 92220 Bagneux. *Créée* 1923. *Eff.* 7. *C.* propre à l'école pour tit. BTS fonderie, DUT fabrication mécanique. 40 ca. 10 ad. *Adm. p.* sur t. pour ing. dipl. 8 ca. 3 ad. *Dipl. 85* 10. *An.* 2. *Frais* 4 325 F env. ; poss. de bourses.

Éc. sup. du soudage et de ses applications (ESSA). 32, bd de la Chapelle, 75880 Paris Cedex 18. *Créée* 1930. *Eff.* 36. *Adm.* sur t. pour les ing. dipl. ; sur examen pour non-ing. *Dipl. 85* ing. 4, tech. 8. *An.* 1. *Frais* 3 900 F (Français, *en 1re formation*) ; 39 000 F (patronné par une entrepr.) ; 52 000 F (étrangers).

Inst. sup. des matériaux et de la construction mécanique (ISMCM). 3, rue Fernand-Hainaut, 93407 St-Ouen Cedex. *Créé* 1948. *Eff.* 60 (f. 3 %). A. prép. (1re a.) C. sur t. pour tit. maîtr. ès sc. maths phys. méca. ou ing. (bac. + 4) 120 ca. 30 ad. A. normale (12 mois) C. sur t. ing. (bac. + 5) ou a. prép. 3 options : dynamique des structures, matériaux, production automatisée. *Dipl. 85* 21. *An.* 1 ou 2 selon le niveau d'entrée. *Frais* 1 200 F.

Écoles à dominante physique-chimie

☞ Voir aussi ESO, ENSI, ESCOM, ICPI, départ. de chimie des INSA.

Éc. nat. sup. de physique (ENSP, dite « Physique Marseille »). Voir p. 1175 a.

Éc. nat. sup. de physique de Strasbourg (ENSPS). Voir p. 1175 a.

Éc. sup. de chimie de Marseille (ESCM). Rue Henri-Poincaré, 13397 Marseille Cedex 13. *Créée* 1917. *Eff.* 180 (f. 36 %). *Adm.* Cl. prép. intégrée pour bac C, D, E. *C. 1985* 780 ca. 45 ad. *Adm. p.* maths spé., DEUG sciences, DUT chimie 96 ca. 1 ad. *Dipl. 85* 24. *An.* 3 + 2 prép. intégrées. *Frais* 2 350 F par an (a. prép.), 4 550 F (a. ing.), possibilité d'exonération pour bourse spéciale CCIM.

Éc. sup. du cuir et des peintures, encres et adhésifs (ESCEPEA). Ex-Éc. française de tannerie (EFT). 181-203, av. Jean-Jaurès, 69007 Lyon. *Créée* 1899. *Eff.* 91 (f. 30 %). *Adm.* 1re a. sur t. pour DEUG sciences, DUT, BTS chimie ; *C.* niveau DEUG sc. *Adm. p.* 2e a. sur t. pour tit maît., 3e a. sur t. pour ing. dipl. *Dipl. 85* 25. *An.* 3. *Frais* 8 350 à 12 450 F (fonction du quotient familial).

Écoles de spécialisation

Éc. d'application des hauts polymères (EAHP). 4, rue Boussingault, 67000 Strasbourg. *Créée* 1965. *Eff.* 35 (f. 20 %). *Adm.* sur t. pour ing. et maîtres physique-chimie 79 ca. 19 adm. *Dipl. 85* 13. *An.* 2. *Frais* 500 F.

Éc. nat. sup. du pétrole et des moteurs (ENSPM). 4, av. du Bois-Préau, B.P. 311, 92506 Rueil-Malmaison Cedex. *Créée* 1954. *Eff.* 173 (f. 9,7 %). *Adm.* sur t. pour ing. dipl. et maîtrise sc. *Dipl. 85* 121. *An.* 1 à 2. *Frais* 300 F environ pour étrangers seulement.

Éc. sup. des industries du caoutchouc (ESICA). 60, rue Auber, 94400 Vitry-sur-Seine. *Créée* 1943. *Eff.* 26. *Adm.* sur t. pour tit. dipl. ing., maîtres ès sc. ou équiv. 30 ca. 9 ad. *Dipl. 85* 5. *An.* 14 mois. *Adm.* sur t. pour tit. DUT, BTS, DEUG. ou équiv. 102 ca. 17 ad. *An.* 11 mois. Pas de *frais*, sauf pour étr.

Inst. nat. des sc. et techniques nucléaires (INSTN). Centre d'études nucléaires de Saclay, 91191 Gif-sur-Yvette Cedex. *Créé* 1956. *Eff.* 124 (f. 12 %). *Adm.* sur t. 1re an., maîtres ès sc. 2e an. : ing. dipl. ou tit. de certains DEA (2e an. 82 él.). *Dipl. 85* 64. *An.* 2. *Frais* 1er an. 200 F. 2e an. 10 000 F.

Éc. sup. d'ingénierie, de pétroléochimie et de synthèse organique industrielle (ESIPSOI). Centre de St-Jérôme, rue H.-Poincaré, 13397 Marseille Cedex 13. *Créé* 1959. *Eff.* 18 (f. 14 %). *Adm.* pour les maîtres ès sc. sur examen du dossier et conversation. *1985* 45 ca. 12 ad. *Adm. p.* 2e a. C. pour tit. dipl. ing. 1 ca. 1 ad. En a. « Ingénierie » C. pour tit. dipl. ing. 7 ca. 4 ad. *Dipl. 85* 14. *An.* 1 ou 2. *Frais de scolarité :* 300 F ; poss. d'exonération.

☞ Les techniciens sup. occupant des postes similaires à ceux des ingénieurs et souhaitant en avoir le titre peuvent envoyer leur candidature au min. des Universités.

Écoles à dominante textile

Écoles de base

☞ Voir aussi ITR.

Éc. nat. sup. des arts et industries textiles (ENSAIT). 2, pl. des Martyrs-de-la-Résistance, 59070 Roubaix Cedex 01. *Eff.* 154 (f. 8 %). *C.* A pour él. maths spé., T, P, M, TA 719 ca. 45 ad. *Adm. p.* 1re a. C. pour tit. DUT, BTS, DEUG A 99 ca. 10 ad. ; 2e a. tit. MST (certaines spécialités) pour dossier + entretien 3 ca. 2 ad. *Dipl. 85* 45. *An.* 3. *Frais* d.u.

Éc. sup. des industries textiles d'Épinal (ESITE). 85, rue d'Alsace, 88000 Épinal. *Créée* 1905. *Eff.* 133 (f. 29 %). Section ing. *C.* pour les él. niveau DEUG, maths spé., tit. BTS 23 ca. 7 ad. ; sur t. pour tit. DUT, DEUG A 13 ad. Section techn. sup. « techn. du text. » et « techn. de la confection ». *Adm.* sur t. pour bac. ou BT. *Adm. 1985* 12 ad. (TS textile), 23 (TS confection). *Dipl. juin 85* 15 ing., 14 TS text., 21 TS confection. *An.* 3. *Frais* 5 143 F (français), 8 407 F (étrangers). 3e a. gratuite.

Écoles de spécialisation

Éc. sup. des industries du vêtement (ESIV). 73, bd St-Marcel, 75013 Paris. *Créée* 1945. *Eff.* 55 (f. 52,7 %). *Adm.* sur examen et entretien pour tit. bac sauf section A et brevet technicien habillement pour prép. BTS 1985 80 ca. 15 ad. *Adm. p.* 3e a. sur t. pour tit. licence, maîtrise BTS, DUT, 1985 62 ca. 24 ad. *Dipl. 85* 33. *An.* 1. *Frais* 7 020 F (étrangers 19 200 F). *Élève illustre :* Courrège.

Institut textile de France (ITF). 35, rue des Abondances, B.P. 79, 92105 Boulogne-Billancourt Cedex. *Créé* 1948. *Eff.* 6. *Adm.* sur t. après examen du dossier pour les ing. ou en formation continue, 3 ca. 3 ad. *Dipl. 85* 3. *An.* 1. *Frais :* gratuit (ing. fr.) ; 20 000 F en formation continue ; poss. de bourse 50 000 F (sauf étrangers).

Écoles militaires

Éc. de l'air (EA), éc. navale (EN dite « la Baille »). Éc. nat. sup. des ingénieurs des études et techniques d'armement (ENSIETA), éc. spéc. militaire de St-Cyr (ESM), éc. technique sup. des travaux maritimes (ETSTM), cours sup. d'armement (COSAR), cours sup. d'engins missiles (COSEM), éc. sup. de l'électron. de l'armée de terre (ESEAT), éc. sup. du génie militaire (ESGM), éc. du Commissariat de la Marine, éc. du Commissariat de l'Air. Voir Index.

Écoles de diverses spécialités

Écoles de base

Éc. nat. de météorologie (ENM, dite Météo). 42, av. Coriolis, 31057 Toulouse Cedex. *Créée* 1948. *Eff.* env. 200 (f. 30 %). Ing. (2 a. d'ét.) : adm. sur t. de polytechniciens (1985 : 7) et de normaliens sup. (1985 : 1), *C.* pour maître ès sciences (1985 : 5 pl., 20 ca.). Ing. des travaux (3 a. d'ét.) : *C.* niv. maths spé. (1985 12 pl. 900 ca.). Techn. (2 a. d'ét.), 2 filières : exploitation : C. bac C, D, E (*85 :* 12 pl. 2 710 ca.), Instrumentation : C. bac F2 (*85 :* 16 pl. 462 ca.). *Dipl. 85* 50. *An.* 3. *Frais* gratuit. Él. fonctionnaires rémunérés.

Nota. — J.-P. Sartre, R. Lamoureux, A. Le Pors ont séjourné à l'école.

Éc. nat. des sc. géographiques (ENSG). 2, av. Pasteur, 94160 St-Mandé. *Créée* 1941. Cycle des ing. géographes (IG) pour les él. fr. sortant de Polytechnique et pour les étr. tit. d'une maîtrise sc. *An.* 2. *Eff.* 14. Cycle des ing. des travaux (IT) pour les él. de maths spé. fr. et pour les él. étr. tit. du DEUG A. C. d'admission des él. fr. commun avec celui de l'Éc. nat. des trav. publ. de l'État. *An.* 3. *Eff.* 51. Études gratuites pour ét. destinés à l'IGN (él. fonctionnaires). Droits de scolarité pour ét. du cycle IT non destinés à l'IGN : et présentés par un organisme officiel : 39 250 F, 40 750 F (cyc. IG).

Éc. sup. des géomètres et topographes (ESGT). 18, allée Jean-Rostand, BP 77, 91002 Évry Cedex. *Créée* 1945. *Eff.* 120 (f. 35 %). *C.* propre à l'école 137 ca. 32 ad. *Dipl. 85* 35. *An.* 3. *Frais* 3 000. F.

Éc. sup. de métrologie (ESM). 941, rue Charles-Bourseul, B.P. 838, 59508 Douai Cedex. *Créée* 1929. *Eff.* 12 (f. 2 %). *Adm.* C. pour maths spé. *1985* 122 ca. 5 ad. *An.* 3. *Frais :* gratuit pour fonctionnaires, 400 F pour auditeurs libres étrangers.

Éc. et Observatoire de physique du globe. Éc. d'ing., faisant partie de l'université Louis-Pasteur, 5, rue Descartes, 67084 Strasbourg. *Créé* 1919. *Eff.* 50 (f. 36 %). *Adm.* directe pour les tit. d'un DEUG A mention assez bien ou bien, ou équivalent. 124 ca. 15 ad. 2e a. tit. maîtr. ou dipl. grande éc. ing. 3 ad. 32 ca. *Dipl. 85* 17. *An.* 3. *Frais* d.u.

Institut de topométrie (IT). 18, allée Jean-Rostand, 91000 Évry. *Créé* 1939. *Eff.* 239 (f. 18 %). *Adm.* sur titre pour tit. du certificat de l'examen préliminaire de géomètre-expert foncier. *Dipl.* IT *84* 70. *Frais* 2 160 F.

École de spécialisation

Inst. fr. du froid industriel (IFFI). 292, rue St-Martin, 75141 Paris Cedex 03. *Créé* 1942. *Eff.* 100 (f. 2 %), section ing. (dipl. ing. frigor.) et s. techn. sup. (dipl. sup. froid). *Frais* 2 900 (ing.) à 2 200 F (non-ing.).

Écoles non habilitées

Éc. nat. sup. de création industrielle (ENSCI, dite « les Ateliers »). 46-48, rue St-Sabin, 75011 Paris. *Eff.* 62 (f. 50 %). *Adm.* tit. bac. toutes séries sur dossier + entretien 385 ca. 34 ad. (*An.* 5) ; tit. DEUG, DUT, BTS sur dossier + entretien 219 ca. 11 ad. (*An.* 3) ; tit. maîtr. dipl. d'ingénieur, éc. d'art, architectes, éc. de commerce et de gestion sur dossier + entretien 176 ca. 3 ad. (*An.* 2). *Dipl.* 1re promotion en 1985. *Frais* d.u. (non agréée par la SS).

Éc. sup. des techniques aéronautiques et de constr. automobile (ESTACA). 3, rue Pablo-Neruda, 92300 Levallois-Perret. *Créée* 1925. *Eff.* 580 (f. 10 à 15 %). *Adm.* cycle prép. : en 1re a. sur dossier + entr. pour tit. d'un bac C, D, E, F (327 ca., 122 ad. en 1985). *Adm. p.* en 1re a. du 2e cy. sur doss. + entr. pour tit. d'un DEUG A, BTS de fabric. méc., BTS bureau d'études, DUT GT-GM, ou él. maths sup. et spé. (168 ca. 37 ad. en 1985). *Dipl. 85* 155. *An.* 5. *Frais* 13 710 F.

Inst. de mathématiques appliquées (IMA). B.P. 808, 3, pl. André-Leroy, 49005 Angers Cedex. *Créé* 1970. *Eff.* 184. *Adm.* 1re a. sur dossier et tests et entretiens pour bac C, D, E. *1985* 200 ca. 50 ad. *Adm. p.* sur dossier ; 2e cy. pour tit. DEUG A sc. ou DEUG MASS 8 ca. 2 ad. *Dipl. 85* 22. *An.* 4 ou 5. *Frais* 7 300 F.

Inst. polytechn. des sciences appliquées (IPSA). 12, rue Béranger, 75003 Paris. *Créé* 1961. *Eff.* 190 (f. 12 %). *Adm.* en 1re a. sur titres pour tit. bac scient. ou techn. sur dossier + entr. pour ca. niveau bac. *Adm. p.* en 2e a. sur dossier + recyclage au mois de sept. pour él. niveau maths sup. ou bac + 1 ou 2 ; 60 ca., 35 ad. *Dipl. 85* 20/32. *An.* 5. *Frais* 13 à 14 000 F.

Ingénieurs en formation continue

☞ Quelques centaines d'adultes engagés dans la vie professionnelle parviennent chaque année à obtenir un diplôme.

Centre d'ét. sup. industrielles (CESI). 6, bd de l'Europe, 91033 Évry ; 19, rue de Dardilly, 69130 Écully ; rue Diderot, B.P. 149, 62002 Arras ; château de Pécharriolle, B.P. 22, 31130 Balma. *Créé* 1958. *Eff.* (Paris, Lyon, Arras, Toulouse) 297 (f. 3,4 %). *Adm.* bac C, D, F et 5 ans d'expérience profess. *1981-82* 265 ca. *Dipl. 81* 156. *An.* 2 + 12 journées de perfectionnement sur 3 ans.

Conserv. nat. des arts et métiers (CNAM). 292, rue St-Martin, 75141 Paris Cedex 03. *Créé* 1794. *Eff.* 18 900 (Paris), 33 000 (province, 55 centres régionaux). S'adresse à des adultes engagés dans la vie profess. (ens. scientifique, techn., écon., sc. humaines). Cours du soir (promotion sup. du travail) ou stages pendant la journée (formation continue). *Dipl. 83* A (homologués niv. 3) 569, B (homologués niv. 2) 883, ing. 443. *Frais* 1983-84 : 200 F par an.

Grandes écoles de commerce et de gestion

Bac + prépa + 3 ans

Éc. des hautes études commerciales (HEC). 1, rue de la Libération, 78350 Jouy-en-Josas. *Fondée* 1881 par la Chambre de commerce et d'industrie de Paris. *Installée* à Jouy 9-7-1964, mixte dep. 1973. *But :* former les cadres et dirigeants d'entreprises. *Eff.* 895 (f. 40 %). Env. 100 cl. préparatoires à Paris et en province. 1re a., en *1985* 3 264 ca. 265 reçus ; 2e a. C. commun. HEC, ESCP et ESCAE. 661 ca. 35 ad. (dont 10). *Dipl. 84* 610. *An.* 3. *Frais* 4 405 F (scolarité), 3 150 F (logement). *Élèves illustres :* Bernard Vernier-Palliez, Georges Taylor, Pierre Ledoux, Joseph Fontanet, Jacques Mayoux, Max Favalelli, Paul Raynaud, Didier Pineau-Valencienne.

Éc. sup. de commerce de Lyon (ESC Lyon). 23, av. Guy-de-Collongue, B.P. 174, 69132 Écully. *Créée* 1872. *Eff.* 560 (f. 45 %). Depuis 1980 C. propre à l'Éc. avec épreuves portant sur le programme prépa. HEC. Depuis 1984 épreuves communes de langues et mathématiques II avec HEC, ESCP et ESSEC. C. *1986* 4 176 ca. 165 pl. *Adm. p.* 1985 1re a. 9 ad., 2e a. 9 ad. *Frais* 14 200 F ; prêts à taux spécial.

Éc. sup. de commerce de Paris (ESCP). 79, av. de la République, 75543 Paris Cedex II. *Fondée* 1-10-1819 par Vital-Roux. *Eff.* 860 (f. 46 %). *C.* en 1985 1re a. 4 438 ca. 240 ad. 2e a. 650 ca. 17 ad. *Dipl. 1985 :* 272. *An.* 3. *Frais* 14 000 par an ; possibilité de bourses et fonds de solidarité ; service carrières pour l'emploi des élèves. *Élèves illustres :* Anatole Temkine, Édouard Salustro, Gérard Larousse, Michel Barnier, Jacques Ehrsam.

Éc. sup. des sc. économiques et commerciales (ESSEC). Quartier de la Préfecture, B.P. 105, 95021 Cergy-Pontoise Cedex. *Fondée* 1913 dans le cadre de l'Institut catholique de Paris par Ferdinand Le Pelletier. *Eff.* 852 (1/3 f.). *Adm. C.* cl. prép. HEC (en 1985 : 225 ad. sur 3 565). *Adm. p.* pour t. en 2e a. pour les titulaires d'une maîtrise, dipl. d'ing., dipl. IEP, méd., pharm., vét., archi., sur dossier + tests + entretien + épreuves langue 841 ca. 100 ad. *Dipl. 85* 263. *An.* 3. *Frais* 20 460 F ; poss. de bourses et d'exemption de frais de scolarité.

Écoles sup. de commerce et d'administration des entreprises (ESCAE)

☞ 18 écoles dites « sup. de Co » avec C. commun pour él. prépa HEC et des prépa intégrées ou annexées aux ESCAE. Dep. 1982, chaque ca. peut opter pour 5 éc. max. au moment de l'inscription : écrit commun avec coefficients différents selon épreuves ; oral dans les centres où il est admis ; les ca. sont répartis en fonction des résultats, de leur choix et des places mises au C. Voir tableau ci-contre.

Adm. p. 1re a. pour tit. d'un dipl. de 1er cy., DUT, DEUG ; 2e a. pour tit. licence ou maîtrise ou dipl. admis en équivalence (IEP, Gde Éc.).

Centre d'ens. et de recherches appliquées au management CERAM (dit sup. « CERAM-ESC »), Sophia Antipolis, B.P. 20, 06561 Valbonne Cedex. *Créé* 1978. *Eff.* 250 (f. 44 %). *Adm. p.* 1re a. contrôle des connaissances + entretien 1 ad. ; 2e a. test d'anglais + entretien 8 ad. *Dipl. 85* 79. *Frais* 13 400 F.

ESCAE Amiens-Picardie. 18, pl. St-Michel, 80038 Amiens Cedex. *Créée* 1942. *Eff.* 234 (f. 46 %). *Adm. p.* 1re a. C. 128 ca. 16 ad. ; 2e a. sur entretien + tests 6 ca. 0 ad. *Dipl. 85* 70. *Frais* 10 200 F

ESC Bordeaux. 680, cours de la Libération, 33405 Talence Cedex. *Créée* 1873. *Eff.* 360 (f. 45 %). *Adm. p.* 1re a. et 2e a. examen + entretien 75 ca. 10 ad. ; 2e a. tit. licence ou équival. ou dipl. ing. 3 ca. 0 ad. C. com. HEC, ESCP-ESCAE. *Frais* 11 000 F, poss. de bourses.

ESCAE Bourgogne et Franche-Comté. 29, rue Sambin, 21000 Dijon. *Créée* 1900. *Eff.* 326 (f. 48 %). *Adm. p.* 1re a. sur examen + entretien (85) 112 ca. 8 ad. *Dipl. 84* 89. *Frais* 1re et 2e a. 11 700 F, 3e a. 11 400 F ; poss. prêts d'honneur.

ESCAE Bretagne. 2, av. de Provence, 29272 Brest Cedex. *Créée* 1962. *Eff.* 425 (f. 50 %). *Adm. p.* 1re a. sur t. + contrôle des connaissances 100 ca. 14 ad. ; 2e a. sur t. + contrôle des connaissances 0 ca. 0 ad. *Dipl. 85* 50. *Frais* 10 100 F.

ESCAE Clermont-Ferrand. 4, bd Trudaine, 63037. Clermont-Ferrand *Créée* 1919. *Eff.* 260 (f. 45 %). *Adm. p.* 1re a. sur dossier + entretien 63 ca. 5 ad. ; 2e a. sur dossier + tests ou C. com. 0 ca. *Dipl. 84* 85. *Frais* 10 500 F ; poss. de prêts.

ESCAE Grenoble (E.S.C.G.). 7, rue Hoche, 38000 Grenoble. *Créée* 1984. *Eff.* 183 (F. 37 %). *Frais* 11 000 F.

ESCAE Le Havre-Caen. 1, rue Émile-Zola, 76090 Le Havre Cedex. 6, rue Claude-Bloch, 14000 Caen. *Créée* 1871. *Eff.* 455 (f. 50 %). *Adm. p.* 1re a. sur entretien + épr. de langue 104 ca. 5 ad. (+ 5 liste sup.) ; 2e a. sur entretien + épr. anglais 17 ca. 3 ad. *Dipl. 85* 108. *Frais* 8 900 F (cl. prépa), 11 100 F (école), alloc. d'ét. du Conseil général et fonds de solidarité.

ESCAE Lille. Av. Gaston-Berger, 59045 Lille Cedex. *Créée* 1892. *Eff.* 650 (f. 45 %). *Adm. p.* 1re a. sur dossier + entretien + tests langues 80 ca. 10 à 15 ad. ; 2e a. sur C. com. 3 places. *Dipl. 84* 116. *Frais* 10 500 F ; poss. bourses.

ESCAE Marseille-Luminy. Case 911, 13288 Marseille Cedex 9. *Créée* 1872. *Eff.* 382 (f. 50 %). *Adm. p.* 1re a. C. + entretien 94 ca. 25 ad. ; 2e a. sur test + épreuves + entretien 2 ca. 0 ad. *Dipl. 85* 114. *Frais* 12 900 F.

ESCAE Montpellier. 2 300, av. des Moulins, B.P. 6069, 34030 Montpellier Cedex. *Créée* 1897. *Eff.* 250 (f. 45 %). *Adm. p.* 1re a. sur dossier + entretien + tests 263 ca. 14 ad., 2e a. sur dossier + tests + entretien + épr. gestion ou C. com. 13 ca. 1 ad. *Dipl. 85* 75. *Frais* 10 500 F.

ESCAE Nantes. 8, route de la Jonelière, B.P. 72, 44003 Nantes Cedex. *Créée* 1900. *Eff.* 307 (f. 45 %). *Adm. p.* 1re a. sur dossier + tests + entretien 48 ca. 5 ad. *Dipl. 85* 100. *Frais* 7 875 F, poss. prêts d'honneur ; stage de 3 mois obligatoire dans une université américaine.

Répartition des candidats des concours aux ESCAE 1984

École	P	C	O	A	E
Amiens	80	1 470	476	225	75
Bordeaux	110	2 941	1 084	595	111
Brest	70	1 051	372	228	64
Clermont-Ferrand	80	1 548	592	345	81
Dijon	95	2 430	1 024	516	95
Grenoble	80	2 342	1 044	335	77
Le Havre	90	1 603	736	328	92
Lille	110	1 215	455	240	103
Marseille	100	627	242	141	101
Montpellier	65	2 141	757	397	67
Nantes	100	2 571	1 000	460	99
Nice	80	2 124	910	448	81
Pau	60	1 099	411	236	60
Poitiers	60	1 525	532	315	60
Reims	130	3 400	984	631	130
Rouen	135	3 005	780	570	135
Toulouse	90	2 405	818	388	110
Tours	75	2 263	1 027	401	75

Légende : **P** : places mises au concours. **C** : nombre de candidatures. **O** : admissibles à l'oral. **A** : admis. **E** : entrés.

ESCAE Pau. 74, allée de Morlaas, 64000 Pau. *Créée* 1970. *Eff.* 210 (f. 50 %). *Adm. p.* 1re a. sur dossier + tests + entretien 80 ca. 10 ad. *Dipl. 85* 56. 3e a. poss. U.S.A. ou Espagne, Allemagne avec obtention simultanée dipl. ESCAE + MBA ou Master. *Frais* 11 000 F ; poss. bénéficier du régime général étudiant.

ESCAE Poitiers. 11, rue de l'Ancienne-Comédie, 86001 Poitiers Cedex. *Créée* 1961. *Eff.* 180 (f. 50 %). *Adm. p.* 1re a. 80 ca. 5 ad. ; 2e a. 4 ca 0 ad. *Dipl. 85* 66. *Frais* 7 000 F.

ESCAE Reims. 59, rue P.-Taittinger, B.P. 302, 51061 Reims Cedex. *Créée* 1928. *Eff.* 420 (f. 45 %). *Adm. p.* 1re a. sur dossier + entretien + oraux 106 ca. 7 ad. ; 2e a. C. comm. 21 ca. 1 ad. *Dipl. 85* 137. *Frais* 13 950 F, poss. bourses.

ESC Rouen. Bd André-Siegfried, B.P. 34, 76130 Mont-St-Aignan. *Créée* 1871. *Eff.* 480 (f. 50 %). *Adm. sur t. + C. (Dossier + écrit + oral). 1re a. 93 ca. 15 ad. ; 2e a. 33 ca. 6 ad. Dipl. 83* 157. *Frais* prépa. 11 600 F, autres a. 14 739 F, poss. de dégrèvements.

ESCAE Toulouse. 32, rue de la Dalbade, 31000 Toulouse Cedex. *Créée* 1903. *Eff.* 450 (f. 50 %). *Adm.* C. nat. d'entrée : 3 773 ca. *Adm. p.* 1re a. sur C. *Adm. p.* 2e a. sur C. *Dipl. 84* 162. *Frais* 12 500 F ; poss. de bourse d'état et prêts d'hon.

ESCAE Tours. 1, rue Léo-Delibes, B.P. 0535, 37005 Tours Cedex. *Créée* 1982. *Adm. p.* 1er a. C. 285 ca. 15 ad. ; 2e a. C. commun, 2 places. *Dipl. 85* 60. *Frais* 12 000 F.

Autres écoles de commerce et de gestion

Préparation obligatoire, concours, 3 ans d'études

Éc. européenne des affaires (EAP)-Paris-Oxford-Berlin, 108, bd Malesherbes, 75017 Paris. *Créée* 1973. *Eff.* 240 (f. 41 %). *Adm.* C. HEC, ESSEC, ESCP *1985* 1 941 ca. 65 ad. *Adm. p.* sur C. pour tit. DEUG, DUT, BTS, ou dipl. étr. équiv. 131 ca. 55 ad. *Dipl. 83* 57. *Frais* 15 000 F ; poss. de bourses et d'aide.

Éc. de hautes études commerciales du Nord (EDHEC) 58, rue du Port, 59046 Lille Cedex. *Créée* 1921. *Eff.* 550 (+ filières courtes : 100). C. *1985* 2 634 ca. 180 ad. *Frais* 15 500 F (possibilités de bourses). *Élèves illustres :* Yves Navarre, Jean-Jacques Goldman.

Éc. sup. de gestion (ESG). 25, rue Saint-Ambroise, 75011 Paris. Non habilitée par l'État. *Eff.* 650 (f. 40 %). *Adm.* C. pour él. prépa HEC. En 85, 1 750 ca, 208 ad. en 1re a. *Adm. p.* 1re a. pour tit. bac + 2 (DEUG, BTS, DUT), dossier + entretien 350 ca. 30 ad., 2e a. pour tit. DUT, DEUG, licence, dipl. d'ingénieur sur dossier + entretien 250 ca. 25 ad., 3e a. pour tit. IEP, section éco-finances, maîtr. gestion, sur dossier + entretien 200 ca. 20 ad. *Dipl. 85* 176. *Frais* 18 000 F.

Éc. sup. libre des sc. commerciales appliquées (ESLSCA), 1, rue Bougainville, 75007 Paris. *Créée* 1949. *Eff.* 750 (f. 40 %). Cl. prépa. intégrée 220 él. *Adm.* C. HEC *1984* 2 700 ca. 240 ad. *Adm. p.* 1re a. pour tit. DEUG, DUT, BTS 64 insc., 12 ad. 2e a. C. pour bac + 3 a. 46 insc., 8 ad. *Frais* 17 000 F ; poss. de bourses.

Institut commercial de Nancy (ICN), 4, rue de la Ravinelle, 54 000 Nancy. *Créé* 1905. *Eff.* 300 (f. 48 %). *Adm.* pour él. prépa. HEC. *1986* 2 700 ca. 100 ad. *Adm. p.* 1re a. pour tit. DEUG, DUT, BTS. 2e a. pour tit. lic., 2e a. IEP 112 ca. 15 ad. *Dipl. 85* 88. *Frais* d.u.

Inst. sup. du commerce (ISC), 22, bd du Fort-de-Vaux, 75017 Paris. *Créé* 1957. *Eff.* 350 (f. 40 %). *Adm.* 1re a. prépa. minimum + C. *1983* 2 300 ca. 168 ad. *Adm. p.* 1re a. 117 ca. 10 ad. 2e a. 60 ca. 7 ad. *Dipl. 84* 103. *Frais* 1re et 2e a. 22 500 F ; 3e a. 14 500 F.

Inst. sup. de gestion (ISG). 8, rue de Lota ; 123 rue de Longchamp, 75116 Paris. *Créé* 1967. *Eff.* 2 200 (f. 42 %). Établ. privé non habilité à recevoir des boursiers nationaux ; dipl. non reconnu par l'État. 5 cycles d'études : c. classique (1re et 2e an. en France et 3e an. en entreprise) ; classique international (1re an. en France, 2e an. aux U.S.A. et 3e an. en entreprise) MBA ; c. alternance (1re et 2e an. en France et 3e en entreprise) ; c. alternance internationale (1re an. en France, 2e an. U.S.A. et Japon, 3e an. en entreprise) IMBA ; c. alternance long (1re, 2e et 3e an. en France et 4e an. en entreprise). *Adm.* C. pour 2e cy. classique : prépa HEC toutes options ; 2e cy. alternance : DEUG, BTS, DUT, licence, prépa. scientifiques, prépa. par dérogation ; 2e cy. alternance long : bac + 1. Pour les 2e cy. : 3 000 ca 700 ad. *Dipl.* 650 par an ; délivrance du titre ISG + MBA (cy. classique international) ou ISG + IMBA (cycle alternance intern.). *Frais 85/86* entre 19 et 23 000 F par an, suivant cycle.

Bac + 4 ou 5 ans

Centre d'ét. sup. européennes de management (CESEM), 59, rue Pierre-Taittinger, B.P. 302, 51061 Reims Cedex. *Créé* 1974. *Eff.* 649 (f. 40 %, Français 343, Allemands 131, Britanniques 175). Épreuves écrites d'adm. et oraux d'adm. ouvertes aux bacheliers et él. prépa. HEC, lycées internationaux. C. *1985* 2 782 ca. 92 ad. (55 ad. progr. franco-brit. ; 37 ad. progr. franco-all.). *Dipl. 85* 147. *Frais*13 500 F. Poss. de bourses.

Éc. sup. de commerce international (ESCI), av. de Valvins, 77210 Avon-Fontainebleau. *Créée* 1983. *Eff.* 50 (f. 45 %). *Adm.* 1re a. sur doss. + C. pour tit BTS, DUT, lic., maîtr. 150 ca. 30 ad. *An.* 3 (3e a. optionnelle — 6 mois à l'étranger). *Frais* 13 500 F par an, bourse éduc. nat.

Éc. sup. des sc. commerciales d'Angers (ESSCA), Campus universitaire de Belle-Beille. B.P. 2007, 49016 Angers Cedex. *Créée* 1909. *Eff.* 500 (f. 30 %). C. *1985* 127 ad. 3 029 ca. *Adm. p.* 2e a. C. pour tit. DUT, BTS, DEUG. 7 ad. 81 ca. 3e a. C. pour tit. licence sciences éco. ou maîtr. 11 ad. 51 ca. *Dipl. 85* 108. *Frais* 15 500 F ; poss. de bourses.

Éc. sup. de traducteurs-interprètes et de cadres du commerce extérieur (ESTICE), 60, bd Vauban, 59046 Lille Cedex. *Créée* 1961. *Eff.* 115 (f. 55 %). *Adm.* sur t. pour tit. DEUG, BTS. *1985* 120 ca. 70 ad. *Dipl. 85* 23. *An.* 2. *Frais* 5 800 F.

European Business School (EBS), 8, rue de la Paix, 75002 Paris. *Créée* 1967. *Eff.* 600 (f. 40 %). C. *1985* 200 ad. 1 578 ca. *Adm. p.* 2e a. sur tit. DEUG. 50 ca. 5 ad. *Dipl. 85* 150. *Frais* 19 250 F ; poss. d'exonér.

Institut commercial sup. BÉGUÉ, département TECFI (ICS-TECFI), 15, place de la République, 75003 Paris. *Créé* 1957. *Eff.* 810 (f. 40 %). *Adm.* sur dossier *1985* 237 ad. cycle normal, 108 ad. cycle spécial (BAG G2). *Adm. p.* 2e a. sur dossier + examen pour tit. DEUG, gestion, BTS, commerce, compta, DUT, GEA. *Dipl.* 100. *Frais* 19 460 F. Poss. de bourses et de prêts.

Inst. d'éco. scientifique et de gestion (IESEG). 67. bd Vauban, 59800 Lille. *Créé* 1964. *Eff.* 275. *Adm.* 1er cy. C. pour tit. bac B C D *1985* 600 ca. 148 ad. (92 entrés). *Adm. p.* 2e a. pour tit. 1re a. DEUG sc. éco. 3e a. pour tit. DEUG sc. éco. *Dipl 85* 46. *Frais* 9 300 F.

Institut européen des affaires (IEA), 66, Champs-Élysées et 49/51, rue de Ponthieu, 75008 Paris. *Créé* 1979. *Eff.* 460 (f. 45 %). *Adm. p.* 1re a. bac. + C. (140 pl. maxi.). 2e a. 2 a. d'enseign. sup. + C ; (30 pl. maxi.). *Frais* 1re a. 19 850 F ; 2e et 3e a. 13 235 F par a.

Institut européen d'études commerciales sup. (IECS), 3, av. d'Alsace, 67000 Strasbourg. *Créé* 1919. *Eff.* 290 (f. 40 %). C. *1985 :* 1re a. 59 pl. 581 ca. (46 % bac, 38 % prépa. 16 % univ.). 2e a. sur C. pour tit. DEUG, DUT,BTS 12 ca. 2 ad. ; 3e a. pour licence droit, éco., IEP. 6 ca. 1 ad. *Dipl. 85* 50. Autres formations : dipl. univ. Techn. de distrib ; DESS comm. ext. *Dipl. 84* 56. *Frais* gratuit.

Inst. de gestion sociale (IGS, 2e cycle de gestion de personnel). 63, av. de Villiers, 75017 Paris. *Créé* 1980. *Eff.* 80 (f. 50 %). Établ. privé non habilité à recevoir des boursiers nationaux, dipl. non reconnu par l'État. *Adm.* C. pour tit. DEUG, DUT, licence, 2 a. de prépa, 200 ca. 40 ad. *An.* 2. *Dipl. 85* 30. *Frais* 16 000 F.

Inst. des hautes ét. de droit rural et d'économie agricole (IHEDREA). 11, rue Ernest-Lacoste, 75012 Paris. Établ. privé, dipl. homologué niveau III. *Créé* 1950. *Eff.* 400 (f. 30 %). *Adm. p.* 2e a. pour tit. DUT, BTS, DEUG, droit, éco. sur dossier + entretien ; 3e a. pour tit. lic., maîtr. droit, sc. éco. sur dossier + entretien. *An.* 4. *Dipl. 85* 109. *Frais* 13 000 F.

Inst. de management hôtelier international (IMHI, dite ESSEC-Cornell). Av. de la Grande-École, BP 105, 95021 Cergy-Pontoise Cedex. *Créé* 1981. Établ. privé, dipl. non reconnu par l'État. *Eff.* 70 (f. 20 %). *Adm.* pour tit. lic., BTS hôtelier + exp. prof. hôtellerie, restauration, tourisme, sur dossier + test + entretien 200 ca. 38 ad. *An.* 3, 5 a. *Dipl. 85* 37. *Frais* 10 500 F par trim. Poss. de bourses et de prêts.

Inst. nat. des télécommunications section gestion (INT-Gestion). Les Épinettes, 91011 Évry Cedex. *Créé* 1981. *Eff.* 55 (f. 30 %). *Adm.* C. pour tit. DEUG, prépa HEC, prépa maths spé. 288 ca. 20 ad. *An.* 3. *Dipl. 85* 15. *Frais* 900 F.

Inst. de préparation à l'administration et à la gestion (IPAG), 184, bd St-Germain, 75006 Paris. *Créé* 1965. *Eff.* 400 (f. 25 %). *Adm.* 1re a. sur c. 2e a. pour él. ayant suivi 1 a. ét. sup. *Dipl. 85.* *An.* 4 (en alternance). *Frais* 18 500 F ; poss. de bourses. Dipl. reconnu par l'État.

Inst. sup. du commerce extérieur (ISCE). 53, bd Lannes, 75116 Paris. Établ. privé, dipl. non reconnu par l'État. *Eff.* 64 (f. 28 %), *adm.* 1re a. pour tit. lic., dipl. ing. (bac + 3) sur dossier + entretien. 400 ca. 32 ad. *Dipl. 84* 32. *An.* 2. *Frais* 27 000 F pour les 2 ans.

Résultats des concours de 1985

École	Nombre d'inscrits			Nbre de présents	Admissibles			Admis	% admis présents
	Total	H	F		Total	H	F	Total	
HEC	3264	1899 *58 %*	1365 *42 %*	–	522	329 *63 %*	193 *37 %*	265	–
ESSEC	3565	2071 *58,1 %*	1494 *41,9 %*	3538	500	319 *63,8 %*	181 *36,2 %*	225	225/3538 *6,3 %*
ESCP	4438	2438 *55 %*	2000 *45 %*	–	767	461 *60 %*	306 *40 %*	245	–

Admis définitifs

	HEC			ESSEC			ESCP		
	H	F	Total	H	F	Total	H	F	Total
« bizuths » = 1 année	53 *20 %*	40 *15 %*	93 *35 %*	–	–	63 *28 %*	59 *24,2 %*	41 *16,8 %*	100 *41 %*
« carrés » = 2 années	99 *37,2 %*	58 *21,8 %*	157 *59 %*	–	–	153 *68 %*	78 *31,8 %*	59 *21,2 %*	137 *56 %*
« cubes » = 3 années	9 *3 %*	6 *2 %*	15 *5 %*	–	–	9 *4 %*	7 *2,63 %*	1 *0,37 %*	8 *3 %*
Total	161 *60,7 %*	104 *39,3 %*	265 *100 %*	150 *66,7 %*	75 *33,3 %*	225 *100 %*	144 *59 %*	101 *41,2 %*	245 *100 %*

Inst. sup. de gestion commerciale (ISGC, dite éc. sup. de commerce de St-Étienne), 21, rue d'Arcole, 42000 St-Étienne. *Créé* 1969. *Eff.* 140 (f. 51 %). *1985* 672 ca. 40 ad. *Dipl. 85* 28. *Frais* 8 430 F.

Inst. sup. technique d'Outre-mer (ISTOM). CHCI, quai George-V, 76600 Le Havre. Établ. consulaire. *Eff.* 230 (f. 25 %). *Adm.* pour tit. bac sur dossier + C. + entretien 350 ca. 60 ad. *Adm. p.* 2e a. pour tit. DEUG, DUT, BTS sur dossier + C. + entretien 30 ca. 8 ad. *An.* 4. *Dipl. 85* 60. *Frais* 8 250 F.

Management and business Administration Institute (MBAI), 38, rue des Blancs-Manteaux, 75004 Paris. Établ. privé, non habilité à recevoir des boursiers nationaux. Dipl. non reconnu par l'État. *Eff.* 178 (f. 25 %). *Adm.* C. + tests + entretien pour tit. bac ; env. 497 ca. env. 51 ad. *An.* 5. *Frais* 24 000 F.

Bac + 3 ans

Éc. d'adm. et dir. des affaires (EAD), 15, rue Soufflot, 75005 Paris. *Eff.* 350 (f. 35 %). *Créée* 1961. *Adm.* C. pour tit. bac, 600 ca. 60 pl. *Adm. p.* 2e a. pour tit. DEUG + sélection 250 ca. 40 pl. ; 3e a. pour tit. lic., maîtr. + sélection 300 ca. 70 pl. BTS, DUT sur dossier + sélection. *Dipl. 85* 120. *Frais* 3 versements de 6 500 F.

Éc. des cadres du commerce et des affaires économiques (EDC, dite École des cadres), 92, av. Charles-de-Gaulle, 92200 Neuilly et 70, galerie des Damiers, La Défense 1, 92400 Courbevoie *Créée* 1952. *Eff.* 1 300 (f. 30 %). *Adm.* bac B C D G ou équiv., prépa, intégrée, sur dossier pour ét. en fac. 1 800 ca. 400 ad. *1985-86*. *Adm. p.* 2e a. pour tit. DEUG, DUT, BTS, CPECF 200 ca. 50 ad. *Dipl. 85* 320. *Frais* 19 500 F. Possibilité financement des ét. à 100 %.

Éc. de commerce et d'administration du collège Sainte-Barbe (ECA), 4, rue Valette, 75005 Paris. *Créée* 1968. *Eff.* 70 (f. 30 % env.). *Adm.* normale 1re a. sur dossier et entretien pour les titulaires du bac B, C, D, ou G 50 ca. 30 ad. *Adm. p.* 2e année sur dossier et entretien pour les titulaires du bac. + 1 ou 2 a. d'études supérieures en droit, économie ou gestion *1985* 10 ca. 4 ad. *Dipl. 1985 :* 20 (non reconnu par l'État). *An.* 3. *Frais* 15 126 F.

Éc. de direction d'entreprises de Paris (EDEP), Imm. Montréal 3 et 5 rue du Javelot, 75645 Paris Cedex 13. *Créée* 1957. *Eff.* 195 (f. 34 %). *Adm.* sur t. *Adm. p.* 2e, 3e sur t. pour tit. DEUG, DUT, BTS. *Dipl. 85* 87. *Frais (1986-87)* 16 950 F.

Éc. des praticiens du commerce international (EPSCI). Av. de la Grande-École, BP 105, 95021 Cergy-Pontoise Cedex. Établ. privé, dipl. non reconnu par l'État. *Eff.* 300 (f. 50 %). *Adm.* C. pour tit. bac. 1 650 ca. 100 ad. *Adm. p.* 2e a. C. pour tit. DEUG, DUT, BTS éco., gestion, commerce 112 ca. 4 ad. *Dipl. 85* 80. *Frais* 1re et 2e a. 16 000 F, 3e a. 12 à 18 000 F selon pays de séjour.

Éc. sup. d'administration des entreprises (ESAE), 63, bd Exelmans, 75016 Paris. *Créée* 1978. *Eff.* 360 (f. 30 %). *Adm.* C. pour tit. bac *1985* 400 ca. 100 ad. *Adm. p.* 2e a. C. pour tit. BTS, DEUG, DUT (150 ca. 20 ad.). *Dipl. 85* 100. *An.* 3. *Frais* 19 500 F.

Éc. sup. du commerce extérieur (ESCE), 63, rue Ampère, 75017 Paris. *Créée* 1968. *Eff.* 457 (f. 37 %). *Adm.* bac + C., prépa. 1-2 a. fac. sur t. pour bachel. 1 277 ca. 180 ad. ; étr. 280 ca. 20 ad. Promo *1983-84* 160 ad., 15 % étr. *Dipl. 85* 115. *Frais* 16 000 F ; poss. de prêts.

Éc. sup. des dirigeants d'entreprise (ESDE), 19-21, rue Van Loo, 75016 Paris. *Créée* 1967. *Eff.* 500 (f. 25 %). *Adm.* dossier + tests + entretien pour bac *1985* 800 ca. 170 ad. en 1re a. 2e a. sur t. de Fin de 1er cy. 3e a. sur t. de Fin de 3e cy. et éc. ing. *Dipl. 85* 110. *Frais* 19 500 F.

Éc. sup. de gestion (ESG), 25, rue Saint-Ambroise, 75011 Paris. *Créée* 1975. *Eff.* 650 (f. 40 %). *Adm.* pour prépa. HEC. *1985 :* 1 750 ca. 208 ad. en 1re année. *Adm. p. 1re a. :* Bac + 2 (DEUG, BIS, DUT), dossier + entretien, 350 ca. 30 ad. *2e a. :* pour tit. DUT, DEUG, Licence, Dipl. d'Ing. sur dossier + entretien, 250 ca. 25 ad. *3e a. :* pour tit. maîtrise gestion, IEP section éco-finances dossier + entretien, 200 ca. 20 ad. *Dipl. 85* 176. *Frais* 18 000 F env.

Éc. sup. de gestion et finances (ESGF), 25, rue Saint-Ambroise, 75011 Paris. *Eff.* 400 (f. 40 %). *Adm.* 1re a. pour tit. bac sur dossier 450 ca. 130 ad. *Adm. p.* 2e a. : accomplir avec succès 1re a. BIS, CG, CPECF ou avoir accompli 2 a. d'études dans classe prépa. G ou HEC ou études équivalentes + dossier. *Adm. 3e a. :* Tit. DEUG éco, BIS GF, CPECF, DUT + dossier. *An.* 4. *Frais* 18 000 F.

Éc. sup. de gestion et d'informatique (ESGI), 25, rue Saint-Ambroise, 75011 Paris. *Eff.* 300 (f. 45 %). *Adm.* 1re a. pour tit. bac sur dossier 250 ca. 100 ad. *Adm. p.* 2e a. : avoir accompli avec succès classe de 1re a. BIS GI ou études équivalentes + dossier, 30 ca. 10 ad. *Adm. 3e a. :* tit. BIS GI ou équivalent, DUT, avoir accompli avec succès 2 a. d'ét. sup. + dossier, 40 ca. 12 ad. *An.* 3. *Frais* 18 000 F.

Inst. sup. de gestion de personnel (FACLIP), 416, rue St-Honoré, 75008 Paris. *Créée* 1976. *Eff.* 148. *Adm.* sur dossier + entretien pour tit. bac. *Adm. p.* 2e a. sur t. pour tit. lic. ou DEUG. *Frais* 13 400 F.

Éc. sup. privée d'adm. du comm. et de l'ind. (ESACI), 94, rue de Paris, 94220 Charenton. *Créée* 1976. *Eff.* 160 (f. 40 %). *Adm.* en 1re a. sur C. pour tit. du bac (250 ca., 80 ad. en 1986). *Adm. p.* en 2e a. sur C. pour tit. d'un DUT, BTS, DEUG (30 ca., 10 ad. en 1986). *Dipl. 85* 40. *An.* 3. *Frais* 17 500 F en 1re et 2e a., 18 500 F en 3e a.

Inst. de recherche et d'action commerciale (IDRAC), 14, rue de la Chapelle, 75018 Paris. *Créé* 1965. *Eff.* 500 (f. 40 %). *Adm.* tit. bac, classes préparatoires pour non-bacheliers, sur tests 800 ca. 300 ad. *Adm. p.* 2e a. pour tit. 1re BTS commerce + examen 56 ca. 12 ad. 3e a. pour tit. BTS commerce, DUT TC, 1re cycle école de commerce sur dossier + entretien 160 ca. 27 ad. *An.* 3. *Dipl. 85* 40. *Frais* 18 400 F.

Institut pour la diffusion de la recherche active commerciale (IDRAC Montpellier), 1005, rue Croix-Verte-Prolongée, 34100 Montpellier. *Créé* en 1975. *Eff.* 250. *Adm.* tit. bac + tests 350 ca. 100 ad. *Adm. p.* 2e a. pour tit. 1re a. BTS commerce, + ex. 20 ca. 2 ad., 3e a. pour tit. BTS commerce, DUT TC, 1er cy. éc. de com. sur dossier + entretien 50 ca. 10 ad. *Dipl. 85* 25. *Frais* 17 000 F.

Inst. de formation alternée à la gestion (IFAG), 37, quai de Grenelle, 75738 Paris Cedex 15. *Créé* 1968. Alternance école-entreprise : 18 mois de formation intensive + 14 mois salarié d'une entreprise (avec 11 séminaires de spécialisation). *Eff.* 217. *C.* 1985 500 (Femmes 34 %). Adm. bac toutes séries. *Frais* globaux des 3 ans : 45 000 F (1985). *Centres associés :* Lyon : 181, av. Jean-Jaurès, 69007 Lyon. Toulouse : Péchabou, 31320 Castanet Tolosan.

Inst. de formation au commerce extérieur (IFCE/SIFOP). Service interconsulaire de formation et de perfectionnement, av. de la Gironde, B.P. 70, 59640 Dunkerque. Dipl. non reconnu par l'État. *Eff.* 20. *Adm.* bac + 2 (DEUG, DUT, BTS, lic...) sur tests + entretien. 120 ca. 40 ad. *An.* 9 mois. *Dipl. 84* 17. *Frais* 4 100 F.

Inst. franco-américain de management (IFAM), 19, rue Cepré, 75015 Paris. *Créé* 1982. *Eff.* 300 (f. 45 %). *Adm.* en 1re a. sur C. pour tit. du bac (914 ca. 250 ad. en 1985) *Adm. p.* en 2e a. sur C. pour tit. de bac + 2 (DEUG, DUT, etc.). *Dipl.* IFAM, MBA. *An.* 4. *Frais* 23 000 F.

Inst. des hautes études économiques et commerciales (INSEEC), 35, cours Xavier-Arnozan, 33000 Bordeaux ; 169, quai de Valmy, 75110 Paris. *Créé* 1975. *Eff.* 830 (f. 30 %). *Adm.* C. pour tit. bac, prépa HEC *1985* 1 720 ca. 330 ad. *Adm. p.* 2e a. pour tit. DEUG droit, sc. éco., AES, DUT techn. de Co et GEA, lic. LEA, 2e a. IEP. *Dipl. 85* 148 *An.* 3. *Frais* 1re a. 19 488 F, 2e a. 19 350 F, 3e a. 19 470 F ; poss. de prêts et fonds de solidarité.

Inst. nat. des techniques économiques et comptables (INTEC), CNAM, 292, rue St-Martin, 75003 Paris. *Créé* 1931. *Eff.* 18 000. *Adm.* sur t. bac ou équivalent *1984-85* 3 124 ad. 9 221 ca. *An.* 1-2 pour CPECF puis 1-2 pour DECS. *Frais* 1 100 à 2 850 F par module.

Inst. des petites et moyennes entreprises (IPME). 24, rue Léon-Frot, 75011 Paris. 3 rue de Logelbach, 75017. Établ. privé, dipl. non reconnu par l'État. *Créé* 1981. *Eff.* 285 (f. 25 %). *Adm.* 1re a. tit. bac et niveau bac sur tests + entretien 380 ca. 120 ad. *Adm. p.* 2e a. bac + 2 sur dossier + entretien 70 ca. 25 ad., 3e a. bac + 2 ou 3 a. exp. prof. ou projet prof. sur dossier + entretien + épreuves. *Dipl. 85* 44. *Frais* 19 250 F.

Inst. privé d'ens. professionnel (IPEP), 169, rue du Fg-Saint-Antoine, 75011 Paris. *Créé* 1978. *Eff.* 90 (20 à 25 % de f.). *Adm.* 1re a. sur C. + 2 entr. pour tit. bac. (120 ca. 33 ad. en 1985). *Adm. p.* 2e a. sur ex. + 2 entr. pour tit. DEUG. *An* 3. *Frais* 12 000 F.

Inst. sup. privé des sc., technique et économie commerciale (ISTEC), 24, rue Hamelin, 75116 Paris. *Créé* 1962. *Eff.* 155 (f. 40 %). *Adm.* 1re a. C. + oral pour tit. bac 400 ca. 55 ad. *Dipl. 85* 48. *An.* 3. *Frais* 16 000 F.

Schiller international university (SIU), 103, rue de Lille, 75007 Paris. Établ. privé. Dipl. non reconnu par l'État. *Eff.* 200 (f. 33 %). *Adm.* 1re a. sur dossier pour tit. bac. 1 102 ca. 100 ad. *Adm. p.* 2e a. sur C. pour tit. bac. 3e a. sur C. pour él. niveau bac + 1 ou 2. *An.* 3. *Frais* 2 950 $ par semestre.

Bac C ou entretien, 2 ans d'études

Académie commerciale intern. (ACI). Éc. de marketing et d'action commerciale. 43, rue de Tocqueville, 75017 Paris. *Créée* 1921. *Eff.* 245. *Adm.* C niveau Bac. *1983* 135 ad. *Dipl. 83* 100. *Frais* 14 000 F.

Éc. de commerce de Chambéry (ECC). Route de St-Cassin, Jacob Bellecombette, 73000 Chambéry. *Créée* 1968. *Eff.* 180 *1985* 60 ad. 443 ca. *Adm.* 1re a. bac + C. adm. p. 2e a. dipl. 1er cycle + entretien. *Frais* 6 000 F ; poss. de prêts.

Éc. fr. de gestion commerciale (EFGC). Zone industrielle, 5e rue n° 7, 13127 Vitrolles. *Créée* 1964. *Eff.* 35. *Frais* pour les demandeurs d'emploi 8 400 F ; poss. de prise en charge par les ASSEDIC.

Éc. du marketing de la publicité (EMP), 61, rue Pierre-Charron, 75008 Paris. *Créée* 1967. *Eff.* 170. 80 él. par promotion. *An* 2-3. *Frais* 18 500 F.

Inst. du tourisme et des loisirs (ITL). 92, av. Charles-de-Gaulle, 92200 Neuilly-sur-Seine. *Créé* 1970. Prépa BTS tourisme et loisirs options accueil, production, distribution, administration, développement. *Eff.* 350. *Adm.* bac ou équivalent, niveau terminale. *Frais* 19 400 F.

Inst. nat. de formation des cadres sup. de la vente (ICSV). 292, rue St-Martin, 75141 Paris Cedex 03. *Créé* en 1956. *Eff.* 90. *Frais* tarif normal 10 740 F, 1/2 tarif pour ca. libres. *Dipl.* d'État de niv. 2.

Inst. privé des attachés de direction (ICAD). 91, rue de l'Université, 75007 Paris. *Eff.* 400. 175 él. en 1re et 2e a. 50 él. en 3e a. *An.* 2-3. *Frais* 14 000 à 18 000 F.

Inst. sup. d'études appliquées (ISEA). 92, av. Charles-de-Gaulle, 92200 Neuilly. *Créé* 1962. Prépa 9 BTS d'État (secrétariat, informatique, comptabilité, gestion, traducteur commercial, assurance, commerce intern., action commerciale, publicité, tourisme), dipl. d'éc. relations publiques, hôtesse. *Eff.* 1 100. *Adm.* bac ou équivalent, niveau terminale. *Frais* 18 600 F.

Inst. de gestion et informatique (IGI), 119, avenue Paul-Vaillant-Couturier, 94250 Gentilly. BTS comptabilité-gestion, BTS informatique. *Eff.* 350. *Frais* 18 600 F.

Formations complémentaires de 3e cycle

Écoles

Institut agro-alimentaire international (IAAI). ESCAE Bretagne, 2, av. de Provence, B.P. 214, 29272 Brest Cedex. Dipl. non reconnu par l'État. *Eff.* 12 (f. 25 %). *Adm.* tit. dipl. de 2e cycle et cadres avec 3 a. d'exp. prof. agro-alim. 48 ca. 20 places. *An.* 1. *Dipl. 85* 12. *Frais* 15 000 F.

Certificat européen des affaires (CEA). ESCAE Bourgogne-Franche-Comté, 29, rue Sambin, 21000 Dijon ; *All. féd. :* Fachhoschule für Wirtschaft Pforzheim, Tiefenbronner Strasse 65, D-7530 Pforzheim ; *G.-B. :* Leeds Polytechnic, Business School, 5, Queen Square, Leeds LS 28 IR Polytechnic of the South Bank, Borough road, London SE 1 O AA. Dipl. non reconnu par l'État. *Créé* 1976. *Eff.* 5 Fr. à l'étranger, 2 étr. en Fr. (f. 50 %). *Adm.* tit. dipl. grande éc. de commerce, sur dossier + entretien + tests de langues (angl. ou all.). *An.* 1. *Dipl. 85* 10. *Frais* gratuit.

Centre d'études du commerce extérieur/Centre sup. des transp. internationaux (CECE/CSTI). Avenue Grand'Pré, 13009 Marseille. *Créé* 1958 (CECE), 1975 (CSTM). *Eff.* 90 (f. 20 %). *Adm.* sur dossier + entr. pour tit. dipl. 2e cycle ou pour cadre depuis + de 3 ans (385 ca., 90 ad. en 1984). *Dipl. 85* 81. *An.* 9 mois. *Frais* 17 000 F.

Centre de formation aux affaires (CEFA). 59, rue Pierre-Taittinger, B.P. 302, 51061 Reims Cedex. *Créé* en 1971. *Eff.* 35 (f. 36). *Adm.* après tests pour tit. d'une maîtrise, dipl. d'éc. d'ing., grandes éc. ou cadres d'entreprise. *1985* 179 ca. 37 ad. *An.* 1. *Frais* 21 000 F ; poss. de prêts.

Cycle d'étude et de formation à l'audit et au contrôle de gestion (CEFACG). Groupe ESC, 32, rue de la Dalbade, 31000 Toulouse. *Dipl.* non reconnu par l'État. *Eff.* 10 (f. 30 %). *Adm.* tit. dipl. de 2e cycle gestion sur dossier + entretien 45 ca. 17 ad. *Dipl. 84* 9. *An.* 1. *Frais* 17 000 F.

Inst. des hautes études de l'information et de la communication (CELSA). 77, rue de Villiers, 92200 Neuilly. *Créé* en 1957. *Eff.* 574 (f. 60 %). *Adm.* Cl. prépa. intégrée pour tit. 1 a. univ. 2e cy. pour tit. DEUG, BTS. *C. 1985* 1 457 ca. 104 ad. 3e cy. sur examen pour dipl. 2e cy. univ. *An.* 2e cy. 2.

Centre normand de recherches en informatique (CENORI). 1, rue Émile-Zola, 76600 Le Havre. *Dipl.* non reconnu par l'État. *Eff.* 50 (f. 14 %). *Adm.* tit. lic. sc. éco., maîtr., D.I., dipl. éc. de commerce, cadres, sur tests + entretien 80 ca. 30 ad. *An.* 11 mois. *Frais* 12 000 F.

Cycle d'ét. sup. en développement de l'innovation (CESDI). Groupe ESC, 32, rue de la Dalbade, 31068 Toulouse Cedex et INP, place des Hauts-Murats, 31068 Toulouse Cedex. *Dipl.* non reconnu par l'État. *Eff.* 20 (f. 30 %). *Adm.* tit. dipl. 2e cycle univ. sur dossier + entretien 46 ca. 15 ad. *An.* (CESDI 1) 1, (CESDI 2) 2. *Dipl. 84* 15. *Frais* d.u.

Centre d'ét. sup. du management (CESMA) [1]. 23, av. Guy-de-Collongue, B.P. 174, 69130 Écully. *Créé* 1970. *Eff.* 89 (f. 20 %). *Adm.* sur procédure de sélection pour dipl. ing. et maîtr. *1985* 535 ca. 90 ad. *Dipl. 85* 88. *An.* 10 mois. *Frais* 36 500 F ; poss. de bourses et prêts. 3 options : Marketing-Gestion-Affaires internationales + programme création d'entreprise.

Centre d'études sup. en syst. d'information automatisé de gestion (CESSIAG). Groupe ESC, 32, rue de la Dalbade, 31000 Toulouse. Dipl. non reconnu par l'État. *Adm.* 1re a. sur doss. + entretien pour tit. dipl. d'ing. ou de gestion, DEA 36 ca. 19 ad. *Dipl. 84* 9. *An.* 1. *Frais* 17 000 F par an.

Institut d'éco. d'entreprise et de formation sociale pour ing. (IEFSI) [1]. 41, rue du Port, 59046 Lille Cedex. *Créé* 1961. *Eff.* 40 (f. 14 %). *Adm.* sur t. pour dipl. ing. 250 ca. 40 ad. *An.* 1. *Dipl. 1985 :* 36. *Frais* 26 000 F ; possibilité de prêts, rémunération de l'État dans certaines conditions. Diplôme reconnu par l'État.

Inst. d'ét. sup. des techniques de l'organisation (IESTO/ENAM). 292, rue St-Martin, 75141 Paris Cedex 03. *Créé* 1955. *Eff.* 200 (f. 20 %). *Adm.* sur dossier pour tit. maîtr. ou dipl. ing. 200 ad. *An.* 1. *Dipl. 85* 80. *Frais* 24 450 F + dipl. univ. I-II (3e cycle) ; poss. de rémunération par l'État au titre de la formation prof.

Inst. de formation au comm. international (IFCI). 4, bd Trudaine, 63007 Clermont-Ferrand. *Eff.* 18 (f. 22 %). *Adm.* sur dossier + entr. pour él. de 2e cycle ou ayant une exp. de cadre (120 ca., 20 ad.). *Dipl. 84* 16. *An.* 9 mois. *Frais* 7 000 F.

Inst. de gestion internationale agro-alimentaire (IGIA). Av. du Parc-5, Le Campus, 95033 Cergy-Pontoise Cedex. *Créé* 1978. *Eff.* 70. *Adm.* sur dossier pour dipl. ens. sup. 2e cy. *1985* 150 ca. 70 ad. dont cadres d'entreprises. *Durée* 12 mois. *Frais* 34 020 F ; poss. de bourses.

Institut de gestion sociale (IGS 3e cycle). 63, av. de Villiers, 75017 Paris. *Eff.* 140 (f. 40 %). *Adm.* C. pour dipl. 2e cy. éc. ing., gestion, IEP. *Dipl. 85* 35. *An.* 2 a. *Frais* 16 000 F.

International management programme (IMP). 25, rue St-Ambroise, 75011 Paris. *Eff.* 20 places. *Adm.* sur dossier + entretien, pour tit. maîtr. gest., sc. éco., dipl. gr. éc. *An.* 9 mois (dont 3 mois aux USA). *Frais* 35 000 F.

Institut nat. d'informatique de gestion (INIG). 37, quai de Grenelle, 75738 Paris Cedex 15. *Créé* 1970. *Eff.* 50 (f. 32 %). *Adm.* sur tests et entretien pour dipl. 2e cy. ens. sup. *1985* 160 ca. 75 ad. *An.* 10 mois. *Dipl. 85* 60. *Frais* 19 400 F ; poss. de prêts.

Institut européen d'administration des affaires (INSEAD) [1]. Bd de Constance, 77305 Fontainebleau Cedex. *Créé* 1959. *Eff.* 280 (f. 15 %). *Adm.* sur dossier pour dipl. ens. sup. et de préférence expérience profess. *1985* 300 ad. *An.* 10 mois. *Dipl. 84* 280. *Frais* 83 000 F ; poss. de bourses et rémunération au titre de la formation prof.

Inst. portuaire d'enseign. et de recherche (IPER). 1, rue Émile-Zola, 76090 Le Havre Cedex. *Créé* 1978. Dipl. non reconnu par l'État. *Eff.* 18 (f. 6 %). *Adm.* bac + 4 ou cadre exp. prof., sur dossier + entretien + tests 100 ca. 20 ad. *An.* 9 mois. *Dipl. 86* 19. *Frais* 9 500 F.

Institut sup. des affaires (ISA) [1]. 1, rue de la Libération, 78350 Jouy-en-Josas. *Créé* 1969. *Eff.* 200 (f. 22 %). *Adm.* sur procédure de sélection pour dipl. 2e cy., grandes Éc. avec ou non expérience profess., cadres autodidactes. *1985* 900 ca. 86 ad. *Dipl.* délivré par l'État, *85* 100. *An.* 18 mois. *Frais* 3 300 F par mois ; poss. de bourses et rémunération de l'État au titre de la form. prof.

Inst. sup. de formation à la gestion du personnel (cycle sup. de spécialité) (ISFOGEP). 15, place Jourdan, 87038 Limoges Cedex. *Créé* 1975. Établ. non reconnu par l'État. *Eff.* 20 (f. 50 %). *Adm.* bac + 4 (ingénieur, maîtr. de gestion) sur test et entretien. *Dipl. 85* 12. *An* 1. *Frais* 6 000 F.

Institut sup. de gestion (ISG). 8, rue de Lota, 75116 Paris. *Eff.* 210 (f. 42 %). *C.* propre à l'Éc. pour dipl. ing. IEP, maîtr., 812 ca. 180 ad. *An.* 18 mois. *Dipl. 84* 90. *Frais* 23 000 à 36 000 F.

Management de l'achat industriel (MAI) [1]. Sup. de Co Bordeaux, domaine de Rabat, 680, av. de la Libération, 33405 Talence Cedex. *Créée* 1976. *Eff.* 40 (f. 20 %). *Adm.* sur dossier + entretien pour dipl. éc. ing., gestion, maîtrises et cadres avec expérience profess. *1985* 150 ca. 31 ad. *Dipl. 85* 25. *An.* 1. *Frais* 21 500 F/an ; poss. prêts et bourses, rémunération (formation profes.).

Nota. – (1) Délivre 1 diplôme homologué et reconnu par l'État.

Les 3e cycles de l'université

☞ Réforme du 3e cycle, voir p. 1158.

But : Former l'ingénieur à la recherche appliquée. *Dipl.* délivré par les universités, institut national, Polytechnique, observatoire de Paris et écoles d'ingénieurs (Mines de Paris, de St-Étienne, Ponts et Chaussées, Télécom., ENSTA, ENSAE, ECP, ECL, ENSAM, ESPCI, ENSG, INA, ENSBANA, ENSAR, ENSIAA, INSA Lyon, INSA Rennes, INSA Toulouse, ISMCM, INSTN, ENM, INP Grenoble, Nancy et Toulouse, et École polytechnique). Les ing. de ces écoles sont dispensés du DEA (dipl. d'études approfondies) et préparent le dipl. de doct.-ing. en 2 ans ; les autres ing. doivent obtenir le DEA (initiation aux techniques de recherche et enseignement théorique) et préparent le dipl. en 3 ans.

3e cycles de gestion. DESS : dipl. nat. délivré par les univ., IEP Paris, Éc. des hautes ét. en sciences sociales *An.* 1, 2 pour les salariés. *Doctorat :* orienté vers la recherche. *Doct. 3e cy. :* 2 ou 3 ans. *Doct. univ. :* n'est pas un dipl. national, réglementé par univ. *Doct. d'État :* DEA ou DESS + travail de recherche de plusieurs années.

Écoles de la fonction publique

Éc. nationale d'administration (ENA)

Siège. 13, rue de l'Université, 75007 Paris. **Créée** par l'ordonnance générale n° 45-2283 du 9-10-1945, chargée de la formation des fonctionnaires se destinant au *Conseil d'État*, à la *Cour des comptes*, à l'*Inspection générale des Finances*, aux *carrières diplomatiques* ou *préfectorales*, au *corps des administrateurs civils*, ainsi qu'à *certains autres corps* ou *services déterminés par décret*. Conditions d'accès et régime de la scolarité réformés par décret du 21-9-1972, loi du 28-9-1982, décret du 19-1-1983.

3 C. *Externe :* pour ca. – de 27 a., tit. lic., ou dipl. grande éc. ou IEP. *Interne :* pour fonctionnaires – de 36 a. avec 5 a. min de service public effectif [(afin de réduire l'afflux de « surdiplômés » comme normaliens ou agrégés, leur période de formation ne comptant plus dans les 5 a. (il fallait avant 4 a. min. au service de l'État ou 3 a. titularisés)]. *Troisième C :* pour ca. de 41 a. au +, ayant 8 a. min. de responsabilités électives comme membre non parlementaire d'un conseil régional ou général, maire et, dans les communes de + de 10 000 hab., adjoint au maire ; membre d'un organe national ou local d'administration ou de direction d'une des organisations syndicales de salariés ou de non-salariés considérées comme les plus représentatives sur le plan national ; membre élu du bureau du conseil d'administration d'une association reconnue d'utilité publique ou d'une Sté, union ou fédération soumise aux dispositions du code de la mutualité, membre du conseil d'administration d'un organisme régional ou local chargé de gérer un régime de prestations sociales.

Composition des promotions : *Places offertes 1985 :* 160 (concours externes 75, c. internes 75, troisième c. 10, + polytechn. 2, él. étrangers 1 ou 2, normaliens 4). *1986 :* 129. *Résultats 1985.* C. ext. : 1 067 ca. 713 présentés 75 ad. *C. int. :* 602 ca. 462 présentés 73 ad. *Troisième Concours :* 7 ad. *Adm. p.* 2 pl. pour polytechn. du 1er tiers de la promo. sortante. Normaliens (C. sur t.) 2 pl. pour él. Normale sup. littéraires, 2 pl. pour él. Normale sup. scientifique, 2 ad. 150 él. par promo. *Rémunération nette mens. :* 6 587 F.

Préparation au C. *Fac. de droit et de sc. pol.*, 3, av. R.-Schuman, 13621, Aix-en-Provence. *Fac de droit et de sc. éc.*, 34 bis, av. R.-Schuman, 06000 Nice. Fac. des sc. juridiques, 9, rue Jean-Macé, 35042 Rennes. *Univ. des sc. jur., politiques et sociales*, place d'Athènes, 67084 Strasbourg. *Univ. de Paris I*, 12, place du Panthéon et 14, rue Cujas, 75005 Paris. *Univ. de Paris IX*, place du Maréchal-de-Lattre-de-Tassigny, 75016 Paris. *IEP de Bordeaux, Grenoble, Toulouse et Paris* (Sc. po. n'admet dans sa prépa à l'ENA que des dipl. des IEP).

Cycle spécial de formation : pour les ca. ne possédant aucun des dipl. exigés pour les C. ext., mais tit. d'un dipl. bac + 2 à qualification prof. (ex. DUT ou BTS) en 2 a. (30 h/sem.) au *CNAM* Sélection sur dossier (30 places).

Scolarité. Le régime est l'externat, les études sont gratuites. *Durée :* 29 mois (19 pour le 3e C.) dont 11 de stage. Formation de « généraliste » de haut niveau orientée vers les techniques de management des administrations publ. *1re période :* consacrée à des stages dans l'administration d'État, en province, outre-mer ou à l'étr. ou dans l'adm. des collectivités territoriales. *2e :* formation adm. pratique. Carrière selon le rang de classement.

Dès qu'il a choisi, l'él. signe l'engagement de rester 10 ans au service de l'État ; il est alors affecté par arrêté du ministre chargé de la Fonction publique à la carrière choisie, dans laquelle il est ensuite nommé par décret. L'él. qui refuse de souscrire l'engagement ne peut être nommé dans aucune des carrières auxquelles prépare l'Éc. et doit rembourser le montant des traitements et indemnités perçus en cours de scolarité ; il n'a pas la qualité d'ancien él. de l'E.N.A.

Depuis 1945, l'École a formé env. 3 000 fonctionnaires, le tiers de la haute fonction publique étant constitué à l'heure actuelle par des anciens él. de l'E.N.A.

Origine sociale des élèves. *% d'élèves de la promotion 1985-87 selon la profession du père.* Agriculteurs 3,3, industriels et gros commerçants 5,2, prof. libérales et cadres supérieurs 54,6, c. moyens 13,2, artisans et petits commerçants 2, employés 6,6, ouvriers 6, autres catégories (militaires, ecclésiastiques, artistes, divers) 9,2.

Diplômes obtenus par les élèves avant d'entrer à l'E.N.A (en %, promotion 1985-87). IEP Paris 47,45, IEP province 3,79, Polytechnique 4,43, Centrale 3,16, autres écoles d'ingénieurs 5,69, HEC 5,69, ESSEC 2,53, École sup. de commerce de Paris 1,89, écoles normales sup. 6,96 (dont Ulm 3,16, autres 3,79), agrégations 19,62, licences ou maîtrises 10,12, autres diplômes de l'enseign. supérieur 7,55, baccalauréat 1,26.

Nombre total des anciens élèves en septembre 1985 : 3 799. *Répartition selon leurs fonctions (en 1985) (non compris la promotion L.V. 85).* Présidence de la Rép., membres du Gouv., Assemblée nationale, Sénat, Conseil constitutionnel, Conseil économique et social 50 ; Conseil d'État, Cour des Comptes, Tribunaux administratifs, chambres régionales des Comptes 473 ; Services du PM et secr. d'État chargé de la fonction publique 75 ; Ministère de l'Économie 708 ; de l'Éducation nationale 119 ; du Travail et des Affaires sociales 177 ; de l'Intérieur 335 ; Collectivités territoriales 97 (dont Ville de Paris 35) ; Affaires étrangères 351 ; autres ministères ou organismes publics 580 ; entreprises publiques et privées 526 ; anciens élèves en retraite 150.

Quelques élèves célèbres : Jacques Chirac, Valéry Giscard d'Estaing, Michel Jobert, Alain Peyrefitte, Michel Rocard, Michel Poniatowski, Jean-Pierre Chevènement, Jean-Pierre Fourcade, Jean-Pierre Soisson, Jacques Attali, Laurent Fabius, Claude Cheysson, Nicole Questiaux, Jérôme Monod, Paul Dijoud.

Voie d'adm. générale et entre parenthèses d'adm. écon. (1982-84) Inspection des Finances 4 (2), Cons. d'État 4 (2), Cour des comptes 3 (5), Aff. étrangères 5 (4), Tribunaux admin. 8 (2), IGAS 2 (1), attachés commerciaux 2 (2), Admin. civils 57 (26). *Total :* 89 (43).

Instituts d'études politiques (IEP)

Institut d'études politiques de Paris, dit « Sciences-Po ». 27, rue St-Guillaume, 75007. *Fondé* 1872 par Émile Boutmy (1835-1906) et un groupe d'amis dont Hippolyte Taine (1828-93). *But :* enseignement général des sciences polit., écon. et sociales. *Eff. 1985-86* 3 379 (dont a. prépa. (1re a.) 659, 2e a. 1 426, 3e 1 294). *Adm. 85* en a. prépa. après un examen écrit ouvert aux tit. du bac. (en 1985, 20,7 % des candidats reçus). 2e a. après examen et entretien ouverts aux tit. licence, maîtrise ou autre dipl. de grande éc. (1985, 31 % des ca. reçus), aux salariés ayant au min. 5 a. d'expérience profess. (en *1985 :* 15 % des ca. reçus). *Dipl. 1985* 871. Formations complémentaires : prépa. aux C. adm. ENA, Secr. et secr.-adjoint des Affaires étr. (cadre d'orient.), Commissariats de l'air, terre, mer, Agrég. de sciences sociales, CAPES de sciences éco. et sociales, D.E.A. et D.E.S.S., formation continue. *An.* 3. *Frais* 660 F + séc. sociale. *Corps enseignant* 900 (38 % de l'université, 37 % de l'administration, 25 % des entreprises et profess. libérales). *Répartition des élèves diplômés,* selon la section choisie (en 1985) : service public 35,1 % ; écon. et fin. 33,8 % ; pol., écon. et social 20,2 % ; relations internat. 10,8 %. En 1985, sur les 75 él. admis au C. externe de l'ENA, 65 étaient diplômés de l'IEP de Paris. *Quelques élèves illustres :* Paul Claudel, Félix Gaillard, Georges Pompidou, André Siegfried, Jacques Chaban-Delmas, Jacques Chirac, Maurice Couve de Murville, Michel Debré, Pierre Mendès France, François Mitterrand, René Pleven, Nicole Questiaux, Michel Rocard.

Les IEP de province sont, depuis 1968, des UFR dépendant d'une université.

IEP Aix-en-Provence. 25, rue Gaston-de-Saporta, 13625 Aix-en-Provence Cedex. *Créé* 1956. *Eff.* 835. *Adm.* 1re a. sur examen pour tit. bac ou t. français ou étr. équiv. 2e a. sur t. pour tit. 1re a., sur dossier ou épreuve pour tit. lic., dipl. grandes éc. *Dipl. 85* 96. *An.* 3. *Frais* 1 000 F.

IEP Bordeaux. Allée Ausone, B.P. 101, 33405 Talence Cedex. *Eff.* 1 380. *Adm.* sur tests pour tit. bac ; sur t. pour tit. bac + 1 ; 2e a. examen pour tit. DEUG, DUT ou 2 a. prépa. *Dipl. 85* 100. *An.* 3. *Frais* 440 F.

IEP Grenoble. Domaine univ. B.P. 45, 38402 St-Martin-d'Hères Cedex. *Eff.* 900. *Adm.* sélection sur dossier + tests d'aptitude pour tit. du bac ou équiv. *Adm.* 2e a. pour tit. 1re a. IEP ou après examen pour tit. DEUG ou équiv. *Dipl. 85* 221. *An.* 3. *Frais* 900 F.

IEP Lyon. 1, rue Raulin, 69365 Lyon Cedex 2. *Créé* 1948. *Eff.* 1 181. *Adm.* 1re a. sur t. pour tit. bac ; 2e a. sur t. pour licenciés. *Dipl. 84* 187. *An.* 3 dont 1 prépa. *Frais* 338 F.

IEP Strasbourg. 9, pl. de l'Université, 67084 Strasbourg. *Créé* 1945. *Eff.* 432 (f. 49 %). *Examen* d'entrée en 1re a. propre à l'école *1985* 791 ca. 139 ad. 2e a. sur t. pour tit. maîtrise droit, économie, dipl. grande éc., sur examen pour tit. licence, DUT. *Dipl. 85* 96. *An.* 3. *Frais* d.u.

IEP Toulouse. 2 ter, rue des Puits-Creusés, 31000 Toulouse. *Créé* 1948. *Eff.* 531 (f. 42 %). *Examen d'entrée 1985* 1 072 ca. 200 ad. 2e a.sur t. licence ou équiv. (39 ad.). *Dipl. 85* 115. *An.* 3. *Frais* 500 F ; poss. de bourses de service public pour les ét. désirant préparer l'ENA.

Instituts régionaux d'administration

Créés par l'art. 15 de la loi du 3-12-66. 5 instituts : Lille et Lyon (dep. 1970), Nantes (1971), Metz (1974), Bastia (1979). Forment des fonctionnaires qui se destinent aux carrières d'attachés (adm. centrale, préfectures, universités, etc.) et d'inspection (aff. sociales).

Concours d'entrée. 2 chaque année. *Nombre de places :* 2/3 pour le 1er concours externe [(tit. du DEUG, de l'attestation de fin de 2e année d'un IEP, du DUT ou équivalence (3 591 ca. en 1983, 182 ad.)], et 1/3 pour le 2e concours interne [ca. ayant occupé un emploi civil ou militaire pendant 5 a. min. (145 ad. 1 231 ca. en 1980)]. Prépa. au C. ext. dans les CPAG (Centre de prép. à l'admin. gén.), et au C. int. au Centre de formation professionnelle du min. de l'Économie, 8, rue des Bons-Enfants, 75001 Paris.

Limites d'âge supérieures. 35 ans ; reculée du temps passé sous les drapeaux à titre obligatoire, ou en vertu d'un engagement pour la durée de la guerre, et de 1 an par enfant à charge. 40 ans pour le concours interne.

Situation administrative. Les élèves sont nommés fonctionnaires stagiaires dans le corps d'affectation et perçoivent une rémunération mensuelle (4 600 à 5 500 F). Ceux qui étaient fonct. titulaires sont détachés durant leur scolarité. Les él. doivent signer l'engagement de rester au service de l'État 6 ans au moins après leur sortie de l'institut et verser au Trésor, en cas de rupture volontaire de cet engagement, de licenciement pour insuffisance professionnelle ou de révocation pendant cette période, le montant des traitements et indemnités perçus au cours de la scolarité. *A la fin de la 2e a.,* un jury, d'après l'ensemble des études, travaux et stages effectués, dresse la liste des él. aptes à recevoir le « diplôme d'adm. publique », équivalent d'une lic. en droit ; puis titularisation dans le corps d'affectation.

Promotions des IRA (1983). Lyon 94, Lille 100, Nantes 90, Metz 89.

Finances et Économie

Éc. nat. du cadastre (ENC). 76, chemin du Calquet, 31081 Toulouse Cedex. *Créée* 1944. Assure formation : des inspecteurs élèves des impôts de la division cadastre, titulaires d'une licence de l'enseign. sup. Stage 18 mois. Rémunération mensuelle 6 430 F, *1985-86 :* 34 stagiaires. Des techniciens géomètres stagiaires, titulaires du bac. Stage 18 mois. Rémun. 5 500 F, *1985-86 :* 50 stag. Des contrôleurs stagiaires des impôts de la division cadastre. Stage 12 mois. Rémun. 5 500 F, *1985-86 :* 41 stag. Pas de dipl. délivré. Les stagiaires sont titularisés dans leur emploi.

Éc. nat. de la concurrence et de la consommation (ENCC). 6, rue de St-Maur, 75011 Paris. *Eff.* 123 (f. 30 %). *Adm.* C. pour tit. lic. 1 050 ca. 500 prés. 28 places. *An.* 1. *Frais* rémun. mens. 6 000 F.

Éc. nat. des douanes (END). 74, bd Bourdon, B.P. 128, 92202 Neuilly-sur-Seine. *Créée* 1946. *Eff.* 76. *Adm.* C. pour tit. lic. ou DEUG, DUT, BTS et passage de la lic. 3 058 ca. 1 617 prés. 44 ad. *An.* 1. Rémun. mens. 6 000 F.

Éc. nationale des impôts (ENI). 1, rue Ledru, 63000 Clermont-Ferrand ; 5, rue de Montmorency, 75003 Paris. *Eff.* 935 (f. 48,5 %). *Adm.* C. commun pour tit. lic., maîtr. ou équivalent 4 295 prés. env. 300 ad. (Paris) 600 ad. (Clermont). *An.* 18 mois. *Dipl. 83* 715. *Frais* rémun. mens. 6 800 F.

Éc. nat. de la statistique et de l'administration économique (ENSAE). 3, av. Pierre-Larousse, 92241 Malakoff Cedex.

Division des cadres de gestion statistique et des attachés de l'INSEE. Eff. 156 (f. 39 %). *Adm.* C. commun aux cadres de gestion stat. et aux attachés de l'INSEE pour tit. maths spé. ou DEUG 1 770 ca. 790 prés. 69 ad. dont 32 option maths, 37 options éco. *An.* 2. *Dipl. 85* 89. *Frais* 360 F. Rémun. mens. des él. fonct. 6 500 F (47 % de fonct.).

Division des statisticiens économistes et des administrateurs. Eff. 220 (f. 25 %). *Adm. :* pour les él. statisticiens économistes : c. option math. 700 ca., 32 pl. ; c. option éco. 130 ca., 14 pl. ; adm. sur titres (dipl. de l'éc. polytechn. et sciences éco.) 90 ca., 30 ad. Pour les él. administrateurs : anciens él. de l'éc. polytechn. 10 pl. ; c. interne (fonctionnaires) 25 ca., 4 pl. ; c. externe 70 ca., 4 pl. *An. de scolarité* 3. *Dipl.* 85 69 dont 14 administrateurs et 55 statisticiens économistes. *Frais* 800 F. Rémunération mens. des él. fonctionnaires (administrateurs) 7 500 F.

Éc. nat. des services du trésor (ENST). 9, av. P.-Mendès-France, Noisiel 77420 Champs-sur-Marne. *Créée* 1946. *Eff.* env. 300 (f. 49 %). *Adm.* C. pour tit. lic. ou équivalent 5 797 ca. 2 294 prés. 329 ad. *An.* 1 a. + 6 mois de stage. Titularisés *85* 383. *Dipl. 85* 34. *Frais* rémun. mens. 6 800 F.

Mer

Éc. d'administration des affaires maritimes (EAAM). Voir Déf. nat. p. 1230.

Officiers de la Gendarmerie nationale

Éc. des officiers de la gendarmerie nat. (EOGN). Voir p. 704.

Éc. nat. sup. de police (ENSP). 8, av. Gambetta 69450 St-Cyr-au-Mont-d'Or.

Air et Marine

Éc. du commissariat de l'air (ECA). Voir Déf. nat. p. 1231.

Éc. du commissariat de la Marine (ECM). Voir Déf. nat. p. 1230.

Éc. des officiers du corps technique et administratif des aff. maritimes (EOCTAAM).

Santé, travail, Sécurité sociale

Centre nat. d'ét. sup. de séc. soc. (CNESSS). 27, rue des Docteurs-Charcot, 42031 St-Étienne Cedex. *Créé* 1960. *Eff.* 85 (f. 40 %). *Adm.* C. pour tit. lic. ou équivalent 997 ca. 396 prés. 42 ad. *An.* 18 mois. *Dipl. 84* 81. *Frais* fonct. rémun. mens. 7 000 F.

Éc. nat. de la santé publique (ENSP). Av. du Pr.-Léon-Bernard, 35043 Rennes Cedex. *Assistants de direction des hôpitaux publics. Eff.* 104. *Adm.* C. pour tit. dipl. de l'enseign. sup. ou équivalent 52 places. *Dipl. 83* 100. *Inspecteurs des affaires sanitaires et sociales. Eff.* 137 dont 59 IRA. *Adm.* C. pour tit. dipl. requis pour entrée ENA 29 places. *Dipl. 83* 145. *An.* 1. *Frais* fonct. insp. aff. san. et soc. rémun. 5 000 F, ass. dir. hôp. 5 800 F.

Institut nat. du travail, de l'emploi et de la formation profess. (INT). B.P. 30, 69752 Charbonnières-les-Bains. *Eff.* 87 (f. 27 %). *Adm.* C. pour tit. lic. 87 places. *An.* 18 mois. *Dipl. 83* 42. *Frais* fonct. rémun. mens. brute 7 377,84 F.

Justice

Éc. nat. de la magistrature (ENM). 9, rue du Mal-Joffre, 33080 Bordeaux Cedex. Antenne parisienne, 8, rue Chanoinesse 75004 Paris. *Créée* par ordonnance du 22-12-1958. *Eff.* 1er an. 218, 2e an. 234 (f. 58 %),

C. 1986, ext. : ouvert aux tit. d'une licence, 220 postes, inscrits 1 908, présents 1 147, reçus 180. C. int. : 60 places, Inscrits 218, présents 121, reçus 35. Les él. ou Auditeurs de Justice sont fonctionnaires stagiaires rémunérés : 6 725 F + indemnité de formation 180 F, et défrayés de leurs frais de déplacement et de stages.

Télécommunications

Éc. nat. sup. des postes et télécommunications (ENS-PTT). 46, rue Barrault, 75634 Paris Cedex 13. *Créée* 1888. *Eff.* 81 (f. 19 %). *Adm.* C. ext. pour Tit. lic. ou dipl. gdes écoles *1984* 134 ca. 5 ad. C. int. pour fonctionnaires PTT, *1984* 58 ca. 18 ad. *Adm. p.* pour les ét. étr. (env. 8 par an, dont 1 à 3 f.) présentés par leur gouv., après examen. *An.* 3 (dont 17 mois à l'ENA), 2 (él. étrangers).

Éducation nationale

Inst. nat. d'ét. du travail et d'orientation professionnelle (INETOP). 41, rue Gay-Lussac, 75005 Paris. *Créé* 1928. *Eff.* 100 (f. 75 %). *Adm.* C. pour tit. DEUG 686 prés. 77 ad. *An.* 2. *Dipl. 84* 45. *Frais* fonct. rémun. mens. brute 6 200 F.

Concours administratifs

Niveau exigé. Catégorie A. Niveau ét. sup., licence le plus souvent, DEUG quelquefois. **Cat. B.** Niveau bac, bac + 2, DUT, BTS, parfois certificat de fin d'ét. sec. (CFES), ESEU, BT, ou capacité en droit. **Cat. C.** Niveau BEPC, projet de fusion avec **cat. D.** *C. internes* réservés aux fonctionnaires sans condition de dipl. par voie d'inscription sur une liste d'aptitude ou au tableau d'avancement, avec certaines conditions d'âge et d'ancienneté. *C. externes* ca. tit. de dipl. très sup. au dipl. demandés à cause de la situation actuelle de l'emploi.

Liste des concours. Renseignements auprès des différentes administrations, au *Journal officiel,* au min. de la Fonction publique, 32, rue de Babylone, 75007 Paris (bureau des concours), à l'ONISEP, 50, rue Albert, 75013 Paris.

Clôture des inscriptions. Souvent 1 mois ½ avant la date des concours. Il faut parfois un dossier.

Préparations par correspondance

Centre de formation professionnelle et de perfectionnement du ministère de l'Économie et des Finances (CFPP), 8, rue des Bons-Enfants, 75056 Paris R.P. Assure des prépa à la plupart des C. internes de l'éc. et des fin., et interministériels réservés aux fonctionnaires : entrée ENA ; adm. au cy. prépa aux C. d'entrée à l'ENA (ou préconcours) ; attaché d'adm. centrale ; 2ᵉ C. d'entrée aux IRA ; C. interne de l'ENM (éc. nat. de la magistrature).

Centre national d'enseign. à distance (CNED), 34, rue Jean-Bart, 59046 Lille Cedex (C. externes et internes). Voir p. 1161.

Cours par correspondance (enseign. privé). Renseign. : *Chambre syndicale nat. de l'enseign. privé à distance* (CHANED), 1, rue Thénard, 75005 Paris.

Instituts ou Centres de prépa à l'administration générale (CPAG). Prépa à certains C. cat. A donnant accès aux éc. de la fonction publique (IRA, éc. des Impôts, du Trésor, des Douanes, Affaires sanitaires et sociales). *Aix-en-Provence* 25, rue Gaston-de-Saporta, 13625. *Besançon,* av. de l'Observatoire. IEP *Bordeaux* B.P. 101, 33405 Talence Cedex. *Caen* Esplanade de la Paix. *Clermont-Ferrand 1,* 36, bd Côte-Blatin. *Créteil-Val-de-Marne,* av. du Gᵃˡ-de-Gaulle. *Dijon* 4, boulevard Gabriel. *Grenoble* Domaine universitaire St-Martin-d'Hères. *Lille* 42, rue Paul-Duez. *Lyon* 1, rue Raulin. *Montpellier* 39, rue de l'Université. *Nancy* 4, rue de la Ravinelle. *Paris 2,* 4, rue Danton. *Paris X*-Nanterre, *Paris I et II,* 4, rue Danton. *Poitiers* 10,rue de l'Université. *Rennes* 4, place St-Mélaine. *Strasbourg* IEP, 9, place de l'Université. *Toulouse* 2 ter, rue des Puits-Creusés. Durée : 9 mois (12 à 13 h/sem.). *Adm.* pour tit. lic. ou maîtr.

Instituts d'études juridiques (IEJJ)

Rattachés aux fac. de droit, prépa au C. externe de l'Éc. nat. de la magistrature. *Adm.* pour tit. dipl. 2ᵉ cycle, poss. inscription en 3ᵉ a. de droit. *Durée* 1 a. (6 à 12 h/sem.).

Aix-Marseille (IEJ), 3, av. Robert-Schumann, Aix-en-Provence. *Angers* (IEJ), bd Beaussier, Belle-Beille. *Besançon* (CE), 30, av. de l'Observatoire. *Bordeaux* (IEJ), 1, rue du Cdt-Arnould. *Caen* (IEJ), esplanade de la Paix. *Paris X* (IEJ), 200, av. de la République, bâtiment F, 92001 Nanterre. *Paris XII* (IEJ), 58, av. Didier, 94210 La Varenne-Saint-Hilaire. *Pau* (CE), av. du Doyen-Poplawski. *Perpignan* (CE), av. de Villeneuve. *Poitiers* (IEJ), 93, av. du Recteur-Pineau. *Reims* (CE), 57 *bis,* rue Pierre-Taittinger. *Rennes* (IEJ), 9, rue Jean-Macé. *Strasbourg* (IEJ), 1, place d'Athènes. *Toulouse* (IEJ), place Anatole-France.

Les UFR de droit de certaines fac. préparent aussi au C. d'entrée à l'ENM.

Amiens, Univ. de Picardie, rue Salomon.Malhangu. *Metz,* UFR sc. jur., Iles-de-Saulcy. *Saint-Denis-de-la-Réunion,* Centre univ., 12 rue de la Victoire. *Rouen,* bd Siegfried, BP 35, Mont-Saint-Aignan. *Clermont-Ferrand* (IEJ), 41, bd Gergovia. *Dijon* (IEJ), 4, bd Gabriel. *Grenoble* (IEJ), Bâtiment du droit, Univ. II, Domaine univ. Saint-Martin-d'Hères, BP 53 X. *Lille* (IEJ), Fac. de droit, rue du Barreau, BP 169. *Limoges* (IEJ), 1, place du Présidial. *Lyon* (IEJ), 15, quai Claude-Bernard, 69007. *Montpellier* (IEJ), 39, rue de l'Université. *Nancy* (IEJ), 13, place Carnot. *Nantes* (CEJ), chemin de la Sensur-du-Tertre. *Nice* (CEJ), av. Émile-Henriot. *Orléans* (IEJ), Univ. de droit, route de Blois. *Paris I* (CEJ) et *II* (IEJ), 12, place du Panthéon, bureau 212. *Paris V* (IEJ), 10, av. Pierre-Larousse, Malakoff.

Nota. — De nombreux min. ont leurs propres centres de formation au sein desquels ils assurent la préparation aux concours de leurs agents.

Écoles normales supérieures

☞ Les ENS regroupent 3 000 élèves env.

Prépa. 2 a. : pour C. scientif., maths sup. et maths (hypotaupe, taupe) M', P', ou biologie ; pour C. littéraires, lettres sup. et première sup. (hypokhâgne, khâgne). Ne délivrent pas de dipl. ; cursus type : 1ʳᵉ a. licence, 2ᵉ a. maîtrise, 3ᵉ a. prépa. agrég., 4ᵉ a. recherche-DEA. 3ᵉ, 4ᵉ consacrées à la prépa. C. CAPES, agrég., CAPET [à l'ENSET (c. également en 3ᵉ a. en sections technol. pour él. ing., préparation au C. agrég.) CAPES lettres 192 ca. normaliens 92 ad. ; langues 71 ca. 36 ad. ; sciences 224 ca. 123 ad.]. Adm. directe en 3ᵉ a. : sur C. en sections technologiques, pour titulaires maîtrise ou diplôme d'ing. en vue préparation agrégation.

Nombre d'él. admis en 1985 dans les ENS : 360 + 246 à l'ENSET.

Éc. normale sup. (ENS). 45, rue d'Ulm, 75005 Paris. *Fondée* 30-10-1794 par la Convention. *But :* formation de professeurs et de chercheurs (lettres, sciences et sciences éco.). *Eff.* 474. *Adm.* C. propre à l'école ; en 1985 *Lettres* 49 reçus sur 392, *Sciences* 57 reçus sur 824. *An.* 4. *Dipl.* agrégation et thèse. *Élèves illustres :* Alain (Émile Auguste Chartier dit), Raymond Aron, Henri Bergson, Léon Blum, Henri Bonnet, Émile Borel, Célestin Bouglé, Robert Brasillach, Pierre Brossolette, Jérôme Carcopino, Élie Joseph Cartan, Jean Cavaillès, Victor Cousin, André François-Poncet, Numa Denis Fustel de Coulanges, Maurice Genevoix, Jean Giraudoux, Jean Guéhenno, Lucien Herr, Édouard Herriot, Jean Jaurès, Alfred Kastler, Ernest Lavisse, Maurice Merleau-Ponty, Paul Nizan, Louis Pasteur, Charles Péguy, Georges Pompidou, Théodule Armand Ribot, Romain Rolland, Jules Romains (Louis Farigoule dit), Jean-Paul Sartre, etc.

Éc. normale sup. de jeunes filles (ENSJF, dite Sèvres). 48, bd Jourdan, 75690 Paris Cedex 14. 1, rue Maurice-Arnoux, 92120 Montrouge. *Créée* 1881. *Eff.* 349 (dont lettres 209, sciences 140) dont 6 à titre étr. *Adm.* C. 1985 lettres 45 ad. (lettres) + 6 ad. (sciences sociales). 641 (L.) + 61 (Sc. sociales) ca. sciences 35 ad. 430 ca. *An.* 4. *Traitement par mois* 6 000 F. *Élèves illustres :* Annie Kriegel, Danièle Sallenave, Catherine Clément, Madeleine Rebérioux, Yvonne Choquet-Bruhat.

☞ L'ENS, 45, rue d'Ulm et l'ENSJF, 48, bd Jourdan, sont désormais un seul et même établissement : l'École normale supérieure. Le concours 1986 a été entièrement commun.

Éc. normale sup. de Cachan (ex. ENSET : Éc. normale sup. de l'Ens. techn.). 61, av. du Président-Wilson, 94230 Cachan. *Créée* 1912. *Eff.* 1 061. *Adm.* sur C. *1985* 4 810 ca. 246 ad. *An.* 4. *Traitement net par mois,* en 1986, 6 163 F en 1ʳᵉ a. puis 6 375 F.

Éc. normale sup. de Fontenay-aux-Roses (ENS, dite Fontenay). 31, avenue Lombart, 92260 Fontenay-aux-Roses. *Créée* 1880. *Eff.* 456. *Adm.* C. commun avec St-Cloud. Lettres 1 620 ca. 64 ad. ; sciences 1 344 ca. 40 ad. *An.* 4, éventuellement 5. *Traitement par mois* 1981 1ʳᵉ a. 5 900 F ; 2ᵉ a. 6 100 F.

Éc. normale sup. de St-Cloud (ENS, dite St-Cloud). Av. de la Grille-d'Honneur, le Parc, 92211 St-Cloud Cedex. *Fondée* 30-12-1882. *Eff.* 404 (f. 37 %). *Adm.* C. comm. avec Fontenay. Lettres 1 689 ca. 42 ad. ; sciences 2 112 ca. 59 ad. *An.* 4. *Traitement par mois* 1ʳᵉ a. 6 387 F, 2ᵉ a. 6 526 F.

Écoles nationales vétérinaires (ENV)

☞ C. sans limite d'âge, ouvert aux tit. bac, équivalence. Ca. peuvent se présenter autant de fois qu'ils le désirent. *1985* 2 134 ca. env. 540 ad. Il y a 24 cl. prépa. *An.* 4. *Frais* 905 F/trim. *Débouchés* 7 000 vétérinaires en France, 80 % prof. lib., 20 % dans labo., industrie, administr. publique.

ENV d'Alfort (ENVA). 7, av. du Gᵃˡ-de-Gaulle, 94704 Maisons-Alfort Cedex. *Fondée* 1765 par Claude de Bourgelat (1712-79). *Eff.* 616 (f. 30,7 %). *Élèves illustres :* Camille Guérin, Gaston Ramon.

ENV de Lyon (ENVL). B.P. 31, Marcy-l'Étoile, 69752 Charbonnières, Cedex. *Créée* 1762. *Eff.* 557 (f. 33 %). *Frais* 2 448 F.

ENV de Toulouse (ENVT). 23, chemin des Capelles, 31076 Toulouse Cedex. *Créée* 1825. *Eff.* 575 (f. 34,2 %). Formation post-universitaire : 6 CES ouverts aux docteurs-vétérinaires, aux docteurs en médecine et pharmacie et autres scientifiques, ophtalmologie vétérinaire - anatomie pathologique des animaux de labo.

ENV de Nantes (ENVN). La Chantrerie, route de Gachet, B.P. 527, 44026 Nantes Cedex. *Fondée* 1979. *Eff.* 581 (f. 33 %).

Écoles artistiques

Écoles d'architecture

☞ 3 diplômes : DPLG (dipl. par le gouvernement), dipl. de l'Éc. nat. sup. des arts et industries (ENSAIS), dipl. de l'Éc. spé. d'architecture (ESA) et dipl. des Écoles d'architecture [nom dep. 1984 des UPA (Unité pédagogique d'architecture) créées 1968]. Les ét. d'archi-DPLG durent 5 ans en 2 cy. comprenant respectivement 8 et 12 certificats.

Écoles d'architecture. 11, quai Malaquais, 75006 Paris [1]. 2, av. de Paris, 78000 Versailles. 11, rue du Séminaire-de-Conflans, 94220 Charenton-le-Pont. Paris La Défense, 58, avenue Salvador-Allende, 92023 Nanterre Cedex. 144, rue de Flandre, 75019 Paris. 5, rue Javelot, 75013 Paris. 69, rue du Chevaleret, 75013 Paris. 1, rue Jacques-Callot, 75006 Paris. **Clermont-Ferrand :** 71, bd Côte-Blatin, 63000. **Grenoble :** 10, galerie des Baladins, 38100.**Lyon :** 27, chemin de Villeneuve, 69130 Écully. **Montpellier :** 179, rue de l'Esperou, Plan des 4-Seigneurs, 34000. **Nancy :** Chemin de Remicourt, 54660 Villiers-les-Nancy. **Nantes :** « La Mulotière », rue Massenet, 44000. **Rouen :** Aître de Saint-Maclou, 186, rue Martainville, 76000. **Strasbourg :** Palais du Rhin, 67000.

Nota. — (1) Statut d'établ. public.

ENSAIS, Éc. d'ing. avec formation parallèle archi. (Voir Éc. C. Arts et Métiers).

Éc. spé. d'architecture (ESA). 254, bd Raspail, 75014 Paris. *Créée* 1865. *Eff.* 1 000 (f. 45 %, étr. 50 %). *Adm.* sur dossier pour tit. bac ou équiv. 1984 200 pl. *Adm. p.* par équivalence sur t. ing. TPE ou génie civil. *Dipl. 83* 200. *An.* 5. *Frais* 18 200 F. **Fondateur illustre :** Viollet-le-Duc. **Professeurs illustres :** Mallet-Stevens, Auguste Perret, P. Virilio.

École d'architecture Paris La Défense. 58, rue Salvador-Allende, 92023 Nanterre Cedex. *Créé* 1969. *Eff.* 400 (f. 95 %, étr. 10 %). *Adm.* sur t. bac ou équiv. *Dipl. 85* 55. *An* 5. *Professeur illustre :* G.H. Pingusson. Paris la Seine. 14, rue Bonaparte, 75006 Paris. *Créée* 1975. *Eff. (1985)* 682. *An.* 5. **Bordeaux.** Domaine de Rabat, 33405 Talence Cedex. *Eff.* 682 (47 étr.). *Dipl. 84* 50. *An.* 5. **Lille.** Quartier de l'Hôtel-de-Ville, rue Verte, 59650 Villeneuve-d'Ascq. *Eff.* 602 (f. 22,6 %, étr. 11 %). *Dipl. 83* 30. *An.* 6. **Marseille.** Luminy, 70 route Léon-Lochamp, 13288 Cedex 9. *Eff.* 1 035 (étr. 8,5 %). *Dipl. 84* 164. *An.* 5. **Rennes.** 34, rue Hoche, 35000. *Eff.* 310 (f. 30 %). *Dipl. 85* 41. *An.* 5. *Professeur célèbre :* Lefort. **St-Étienne.** 1, rue Buisson, 42000. *Créée* 1971. *Eff.* 259. *Dipl. 85* 30. *An.* 5. *Professeur célèbre :* O. Niemeyer. **Nantes.** Rue Massenet, 44300. *Créée* 1969. *Eff.* 628 (f. 549, étr. 79). *Dipl. 85* 84.

Toulouse. Av. Aristide-Maillol, 31100. *Créée* 1968. *Eff.* 928 (f. 28 %). *Dipl. 85* 147.

Écoles d'Art

Écoles générales

Éc. du Louvre. 34, quai du Louvre, 75001 Paris. *Créée* 1882 par L.-F. Nicod de Ronchaud. *But :* former les spécialistes de la conservation, de la mise en valeur, de la transmission du patrimoine plastique (élèves) ; ouvrir l'accès de l'œuvre d'art au plus large public (auditeurs). *Élèves :* adm. bac. *Ens.* hist. de l'art et archéologie, épigraphie, hist. des techniques, hist. des collections, muséologie. *Dipl.* titre d'ancien élève, certif. de muséologie, dipl. de l'école du Louvre. *Autres ens. :* cours du soir ; d'été ; des commissaires-priseurs ; de la Ville de Paris, de province (Amiens, Angers, Bayonne, Caen, Colmar, Metz, Nice, Orléans).

Éc. nat. sup. des arts décoratifs (ENSAD, dite « Arts Déco »). 31, rue d'Ulm, 75005 Paris. *Fondée* 10-9-1766 par Jean-Jacques Bachelier (1724-1806). *But :* former des créateurs artistiques aptes à intervenir dans la conception et la réalisation du cadre de vie. *Eff.* 939 (f. 52,7 %). *Adm.* C. *1984 :* 73 ad. 1 782 inscrits. *An.* 4 (2 cycles de 2 ans) pour dipl. d'État. *Dipl. d'Ét. de décorateur 1985 :* 158. *Frais* 150 F. **Élèves illustres :** Claude Autant-Lara, Christian-Jaque, Fantin-Latour, Hector Guimard, René Lalique, Aristide Maillol, Louis Majorelle, Albert Marquet, Henri Matisse, Mellerio, François Pompon, Auguste Renoir, Auguste Rodin, Georges Rouault, Paul Signac, Sisley.

Éc. nat. sup. des Beaux-Arts (ENSBA). 17, quai Malaquais, 75006 Paris. *Créée* à partir des Académies royales de peinture et de sculpture (1648) et d'architecture (1671), réorganisée 1819 et 1863. *Eff.* 2 000 (f. 55 %), 1 280 en 1966-67. *Adm. :* aucun titre mais prépa. sérieuse sur examen + dossier *1985* 280 ad. 1 200 ca. *Dipl.* 167. *An.* 4. *Frais* 300 F. *But :* formation d'artistes créateurs [dessin, peinture, sculpture, gravure, art mural, architecture (enseignée dep. 1968, dans les unités pédagogiques autonomes)]. *Élèves illustres :* Van Loo, Falconet, Houdon, Largillière, Watteau, Lancret, Boucher, Fragonard, David, Géricault, Delacroix, Devéria, Ingres, Rude, Courbet, Corot, Degas, Camoin, Evenepoel, Marquet, Rouault, Delaunay, Matisse, Manguin, Braque, Bonnard, Dufy, Friesz, César, Topor.

Éc. Camondo (Centre privé d'art et de techniques). 63, rue de Monceau, 75008 Paris. *Créée* 1944. *Eff.* 260 (f. 70 %). *Adm.* 1re a. sur dossier + C. + entretien pour tit. bac (250 ca., 70 ad. en 1985). *Adm. p.* 2e et 3e a. sur dossier + entretien pour tit. d'un dipl. d'une école d'art ou d'architecture (12 ad. en 1985). *Dipl. 85* 30. *An.* 5. *Frais* 17 100 F/an.

Éc. nat. de province. *Aubusson.* Éc. nat. d'art décoratif, place Villeneuve. *Bourges.* Éc. des beaux-arts et arts appliqués à l'industrie, 7, rue Édouard-Branly. *Cergy-Pontoise.* Éc. nat. d'art, 2, rue des Italiens, parvis de la Préfecture. *Dijon.* Éc. nat. des beaux-arts, 3, rue Michelet. *Limoges.* Éc. d'art décoratif, 8, place Winston-Churchill. *Nancy.* Éc. nat. des beaux-arts et arts appliqués, 1, av. Boffrand. *Nice.* Éc. d'art décoratif, 20, av. Stéphen-Liégeard.

Éc. régionales et municipales d'art. Environ 40. Délivrent un diplôme supérieur et assurent une préparation aux diplômes nationaux.

Écoles d'arts appliqués

Mise en place dep. 1983 d'un dipl. sup. d'arts appliqués (DS) dans 4 éc. d'arts appliqués. *Durée* 1 a. après BTS [(2 a. à partir de 1987, après sortie de la 1re session du bac arts appliqués (BTnF12) en 1985].

Éc. sup. des arts appliqués aux ind. de l'ameublement et de l'architecture intérieure Boulle. 9, rue Pierre-Bourdan, 75012 Paris. *Créée* 1886. DS architecture intérieure et ameublement. *Adm.* sur dossier. C. pour titulaire bac, BT environ 450 à 500 ca. 25 ad. *Frais :* gratuit.

Éc. nat. sup. des arts appliqués et des métiers d'arts (ENSAAMA). 63, rue Olivier-de-Serres, 75015 Paris. *Créée* 1969. DS arts appliqués. *Adm.* sur doss. pour tit. bac. 120 ad. *Frais :* gratuit.

Éc. sup. des arts appliqués Duperré. 11, rue Dupetit-Thouars, 75003 Paris. DS arts textiles, mode-environnement. *Adm.* sur dossier.

Éc. sup. des arts et ind. graphiques Estienne. 18, bd Auguste-Blanqui, 75013 Paris. *Créée* en 1889. DS arts et techniques de la communication. *Adm.* sur dossiers. *Frais* gratuit.

Audiovisuel

Institut des hautes ét. cinématographiques (IDHEC). 4, av. de l'Europe, 94360 Bry-sur-Marne. *Créé* en 1943. *But :* former des réalisateurs pour cinéma, télévision et audiovisuel. *Eff.* 78 (f. 1/3). *Adm. C.* 22 reçus sur 700. *Dipl.* 26. *An.* 3. *Frais* 300 F. **Élèves célèbres :** Jean-Christophe Averty, Yves Boisset, Costa-Gavras, Robert Enrico, Daniel Karlin, Louis Malle, Alain Resnais, Jacques Sallebert, Claude Sautet, Pierre Tchernia.

Éc. nat. de photo, cinéma, son Louis-Lumière. 8, rue Rollin, 75005 Paris. *Créée* 1926 par Paul Montel. *But :* préparation au BTS photo et cinéma (image et son). *Eff.* 136. *Adm.* bac + C. ; en 1985, 68 reçus sur 1 350 ca. *An.* 2. *Frais :* gratuit. **Élèves célèbres :** Jean-Louis Bertucelli, Serge Bourguignon, Philippe de Broca, Jacques Demy, Alex Joffé, Paul Paviot, Bob Swaim, Pierre Tchernia, Philippe Agostini, Jean Boffety, Jean Bourgoin, Ghislain Cloquet, Henri Decae, Wladimir Ivanov, Jack Lang, Pierre Lhomme, Louis Miaillé, Jacques Robin, Edmond Séchan, Sacha Vierny, Fred Zinnemann, Jean-Jacques Annaud.

Éc. nat. de la photographie (ENP). 16, rue des Arènes, BP 96, 13632 Arles Cedex. *Créée* 1982. *Eff.* 90 (f. 40 %). *Adm.* C. pour tit. bac + prépa photographique. 200 ca. 30 ad. *An.* 3. *Frais :* 1 100 F.

Préparations

Beaux-Arts. *Quelques cours. Ateliers de Sèvres,* 47, rue de Sèvres, 75006 Paris. *Académie Charpentier,* 2, rue Jules-Chaplain, 75006 Paris. *ESAG,* 31, rue du Dragon, 75006. *Atelier A. Leconte,* 37, rue Froidevaux, 75014. *CFA Baudry,* 25, passage d'Enfer, 75014. *Éc. Clouet,* 19, rue St-Antoine, 75004. *Atelier Corlin,* 7, rue E.-Dubois, 75014. *Académie des Grandes Terres,* 5, rue de Charonne, 75011. *Lycée de Sèvres,* 21, rue Lederman, 92310. *Éc. nationales, régionales et municipales d'art.*

Audiovisuel. *UER de Lille III,* quartier du Pont-de-Bois, BP 149, 59653 Villeneuve-d'Ascq. *Univ. d'Aix-en-Pr.,* 29, av. Robert-Schumann, 13621. *Paris I, III, VII Jussieu, VIII St-Denis, X Nanterre. Assoc. arts et techniques du cinéma et de la télév.,* IDA, 30, rue Henri-Barbusse. *ESRA* (Éc. sup. de réalisation audiovisuelle), 137, av. Félix-Faure, 75015 Paris.

Musique

Conservatoires nationaux supérieurs

Conservatoire nat. sup. de musique. 14, rue de Madrid, 75008 Paris. *Créé* 3-8-1795 (16 thermidor an III) par Bernard Sarrette (1765-1858). *But :* ens. de musique, art lyrique, danse, composition, formation des musiciens professionnels. Ne reçoit pas de débutants. *Eff.* 1 272 (f. 45 %). *Adm. sur C. :* 554 reçus en 1985, sur 2 916 candidats. *An.* 3 à 5 selon les disciplines. *Diplômes :* récompenses qui ne sont pas attribuées systématiquement (1er prix, 2e prix, diplôme avec ou sans mention, 1er accessit, 2e acc., 1re médaille, 2e méd., 3e méd., certificats avec ou sans mention). 258 1ers prix et prix des origines à 1983. *Frais :* inscr. 100 F, immatr. 300 F.

Conservatoire nat. sup. de musique de Lyon. 3, rue de Laugile, 69005 Lyon. *Créé* 1979 par Pierre Cochereau (1924-84). *Eff.* 216 (f. 30 %). *Adm.* sur C. env. 600 ca. 123 places. *An.* 4. *Frais :* 200 F.

Préparation au conservatoire de musique

• *Cours privés :* Éc. normale de musique, 114 bis, bd Malesherbes, 75017 Paris ; Schola Cantorum, 269, rue St-Jacques, 75005 Paris ; École César-Franck, 8, rue Gît-le-Cœur, 75006 Paris. *Conservatoires nationaux de région* (25 CNR) : liste disponible au min. de la Culture, Dir. de la Musique, 53, rue St-Dominique, 75007 Paris ; conservat. municipaux de 1er degré. *Éc. nat. de musique* (40 ENM).

Théâtre

Conserv. nat. sup. d'art dramatique de Paris (CNSAD). 2 bis, rue du Conservatoire, 75009 Paris. *Créé* 1784. *Eff.* 96 (f. 50 %). *Adm. C.* sans condition de dipl. mais avec un bon niveau (*1984* 972 ca. 26 ad.). *An.* 3. *Frais* 206 F.

Éc. nat. sup. des arts et techniques du théâtre (ENSATT). 21, rue Blanche, 75009 Paris. *Eff.* 170 (femmes 60 %). *Adm. C. :* comédiens, nécessite une expérience ; autres secteurs (régie, décoration, éclairage, costume) : tit. bac. Section ens. sec. (machiniste, habilleur), CAP ou BEP. 850 ca. 45 ad. *Dipl. 83* 156. *An.* 3 pour comédiens, régisseurs, machinistes et habilleurs, 2 pour autres sections. *Frais :* gratuit.

Cours Dale Carnegie. *Fondé* 1912 à New York par Dale Carnegie (1889-1955), en 1964 en France. Développement de la personnalité basé sur l'expression orale, application de principes de relations humaines, exercice de la parole en public, pendant 14 semaines. *Dipl.* total env. 2 900 000 dans le monde (env. 90 000 par an dans 52 pays, 2 000 en France en 1985). *Pt* (USA) J. Oliver Crom (n. 1935), (France) Gérard Weyne (1924). *Eff.* 40 par session, âge moyen 31 ans (femmes 45 %). *Frais :* particuliers 4 000 F TTC, entreprises : 4 600 F HT.

École française de suggestopédie. 44, rue Henri-Barbusse, 75005 Paris. *Fondée* 1977 par Fanny Saféris. Enseignement des langues (anglais, espagnol, français, russe) et formation des enseignants. Pédagogie fondée sur les travaux de Lozanov sur la suggestion thérapeutique à l'état de veille et ses relations sur l'hypermnésie ; stages par groupes de 12, 4 ou 5 semaines, 3 h 30/jour.

Éc. sup. d'art dramatique du théâtre nat. de Strasbourg (ESAD du TNS, dite « École de Strasbourg »). B.P. 184 R 5, 67005 Strasbourg Cedex. *Créée* 1954. *Eff.* 44 (femmes 43 %). *Adm.* sur C. 2 a. sur 3. Auditions pour les comédiens, sur dossier pour les régisseurs et décorateurs. *1986* 22 ad. *Dipl. 86* 16. *An.* 3 pour les comédiens et décorateurs, 2 pour les régisseurs. *Frais :* gratuit.

Éc. de la marine marchande

Éc. nat. de la marine marchande. 66, route du Cap., 76310 Sainte-Adresse. *Eff.* 473. *Dipl. 83* 138 ; 95, traverse Prat, 13008 Marseille. *Eff.* 306. *Dipl. 85* 190 ; 38, rue Joseph-Blanchard, 44100 Nantes. *Eff.* 350. Prépa. dite « hydro. » en 1 a. ; env. 30 % des ad. viennent d'une prépa. Éc. maritime N.-D. des Flots, Cancale ; cours Bellevue (ens. par correspondance), Nantes ; Institution St-Joseph, Le Havre ; Éc. de Kersa, Paimpol. *Adm. par C.* sélection sur épreuves pour tit. bac ou équiv., *1983* 160 pl., 330 inscr., 258 ca. *Frais* gratuit.

Écoles de la communication

Journalisme

Centre de formation des journalistes. 33, rue du Louvre, 75002 Paris. *Créé* 1946. *Eff.* 93 (f. 40 %). *Adm. C.* pour tit. DEUG. 379 ca. 49 ad. *An.* 2. *Frais* 2 500 F. *Élèves connus :* Julien Besançon, Jean-Claude de Bourret, Philippe Gildas, Claude Guillaumin, Gérard Saint-Paul, Michel Tardieu, B. Pivot, P. Poivre d'Arvor.

Centre univ. d'enseign. du journalisme (CUEJ). 10, rue Schiller, 67083 Strasbourg Cedex. *Créé* 1957. *Eff.* 86 (f. 56 %). *Adm.* tit. DEUG ou équiv. sur C. 250 ca. 47 ad. *An.* 2. *Dipl. 85* 37. *Frais* 1 000 F.

Éc. sup. de journalisme de Lille. 50, rue Gauthier-de-Châtillon, 59046 Lille Cedex. *Créée* 1924 (l'une des 1res en Europe). *Eff. 85* 110 (f. 44 %). *Adm.* C. pour tit. DEUG âgés de — de 23 a. le 31-12 de l'année de leur 1re candidature. *1985* 489 ca. 40 ad. *An.* 2. *Frais* 7 130 F.

A Paris, et en province (Strasbourg par ex.), il existe beaucoup d'autres écoles (mais non nationales).

Formations mixtes

Éc. française des attachés de presse (EFAP). 61, rue Pierre-Charron, 75008 Paris. *Fondée* 1961 par Denis Huisman, filiales à Lyon et à Bruxelles. Formation aux métiers de la communication. Adm. tit. bac. 2 500 anciens él. en activité.

Inst. des hautes ét. de l'information et de la communication. 77, rue de Villers, 92200 Neuilly-sur-Seine. *Eff.* 357 (f. 60 %). *Adm.* pour tit. 1re a. de 2e cy. DEUG ou dipl. de 1er cy. univ. (300 ca. env. 30 ad.) ou cy. prépa bac + 1 a. d'ét. sup. sur examen écrit, 150 ca. *An.* 2 ou 3. *Dipl. 83* 115. *Frais* d. u.

Inst. français de presse et de sc. de l'information (IFP). UFR de l'Univ., Paris II, 83 *bis,* rue N.-D.-des-Champs, 75006 Paris. *Créé* en 1957. *Eff.* 740 (f. 53 %). 1°) admission en licence d'information et de communication : DEUG et/ou examen ; licence (400 pl.), maîtrise (114 pl.). 2°) admission en année du diplôme : maîtrise (160 pl.). 3°) études de 3e cycle D.E.A. (40 pl.), D.E.S.S. (30 pl.), maîtrise et formation spécialisée : admission sélective (dossier et entretien). *An.* 1 à 3. *Dipl. 83* 32. *Frais* 600 F.

Inst. des sc. de l'information et de la communication (ISIC). Domaine univ., esplanade Michel-Montaigne, 33405 Talence Cedex. *Eff.* env. 70 (f. 60 %). *Adm.* tit. DEUG ou équivalent sur dossier + examen env. 200 ca. 95 ad. *An.* 1 ou 2. *Dipl. 83* env. 20. *Frais* 500 F.

Relations publiques

Inst. sup. libre d'enseign. des relations publiques (ISERP). 87 bis, rue Carnot, 92300 Levallois-Perret. *Créé* 1980. *Eff.* 300 (f. 80 %). *Adm.* tit. bac sur dossier, entretien, épr. d'ad. 450 ca. 233 ad. *Adm.* pour tit. 1re a. DEUG ou DUT sur dossier + entretien 100 ca. 45 ad. *An.* 3 ou 4. *Dipl. 84* 84 + 26 DSR. *Frais* 15 000 F.

Relations internationales

Inst. d'ét. des relations intern. (ILERI). 12, rue des Saints-Pères, 75007 Paris. *Créé* en 1948. *Eff.* 650. *Adm.* tit. bac sur dossier, entretien, épr. d'ad. 250 ca. *Adm.* pour tit. bac + 2 sur dossier + entretien. *An.* 3 ou 4 a. *Dipl. 85* 79 + 48 DSR (dipl. sup. de recherche). *Frais* 15 000 F.

Bibliothécaires et documentalistes

Éc. nat. sup. des bibliothèques (ENSB). 17, bd du 11-Novembre-1918, 69100 Villeurbanne. *Créée* 1962. *Eff.* 44 (f. 50 %). *Adm.* C. pour tit. lic. 827 ca. 15 pl. *An.* 1. *Dipl. 85* 41. *Frais* fonct. rémun. mens. 5 900 F, él. associés 380 F.

Inst. nat. des techniques de la documentation (INTD). 292, rue St-Martin, 75141 Paris Cedex 03. *Créé* 1950. *Eff.* 68 (f. 80 %). *Adm.* C. pour maîtr. 350 ca. 68 ad. *An.* 1. *Dipl. 85* 66. *Frais* env. 5 500 F.

Archivistes

Éc. nat. des Chartes (E.N.C.). 19, rue de la Sorbonne, 75005 Paris. *Fondée* 22-2-1821 par Louis XVIII. *But :* formation de spécialistes des disciplines nécessaires à l'intelligence des sources de l'histoire de France, et préparation professionnelle des cadres responsables de la conservation et de la mise en valeur des collections publiques. *C.* réservé aux moins de 30 ans tit. du bac + 2 ans prépa. (hypochartes et chartes), aux lycées Henri-IV à Paris, Pierre-de-Fermat à Toulouse, Faculté libre de Paris. C. *1985* 82 ca. 24 ad. *Dipl.* d'archiviste paléographe 19 en 1985. *Eff.* 89 (femmes + de 50 %) (69-70 : 114). *An.* 4. Dans la limite des postes mis en concours, les élèves qui souscrivent un engagement de 10 ans dans la fonction publique, à compter de leur entrée à l'école, perçoivent un traitement d'environ 5 800 F. *Élèves célèbres :* Gaston Paris, Gabriel Hanotaux, André Chamson, François Mauriac.

Interprétation et traduction

Éc. sup. d'interprètes et de traducteurs (ESIT). Centre univ. Dauphine, place du Maréchal-de-Lattre-de-Tassigny, 75116 Paris. *Eff.* 537. *Adm. Section traduction* tit. Lic. ou équivalent sur examen. 610 ca. env. 60 ad. *Section d'interprétation* tit. lic. ou équiv. sur tests d'ad. 246 ca. env. 50 ad. *An.* 2. *Dipl. 85* 122 dont 14 d'interprètes. *Frais* 1 200 F.

Éc. sup. de cadres (interprètes-traducteurs) (ESUCA). 5, allée Antonio-Machado, 31058 Toulouse Cedex. *Créée* 1969. *Eff.* 70 (f. 85 %). *Adm.* C. pour tit. DEUG langues ou lettres modernes (anglais obligatoire) 70 ca. 40 ad. *An.* 2. *Dipl. 85* 25. *Frais* d. u.

Inst. sup. d'interprétariat et de traduction (ISIT). 21, rue d'Assas, 75270 Paris Cedex 06. *Créé* 1957. *Eff.* 568 (f. 90 %). *Adm.* tit. bac, DEUG, licence + examen (50 % adm.). *An.* 4, 3 ou 2. Trad-term, commerce internat. relat. publiques, droit internat. en liaison avec Paris XI. *Section interprétation de conférence. Adm.* tit. dipl. gén. de l'ISIT, maîtrise, diplôme équivalent + test (30 % adm.). *An.* 1 ou 2. *Dipl. 85* 99 dont 1 d'interprète. *Frais* 12 000 F, poss. d'exonération partielle à partir de la 2e a.

Autres établissements d'enseignement supérieur

Collège de France. 11, place Marcelin-Berthelot, 75231 Paris Cedex 05. Établissement d'ens. 1530 créé par François Ier, par l'institution des « lecteurs royaux », 3 pour l'hébreu, 2 le grec, 1 les mathémat. ; ils devaient dispenser des enseignements non encore admis ailleurs. D'abord Collège royal, national, impérial, devint Collège de Fr. 1870. *Bâtiments* construits 1774 par Chalgrin et plusieurs fois agrandis aux XIXe et XXe s. *But :* Maîtres les plus éminents (52 prof., 2 chaires d'État pour prof. étr., + de 1 000 chercheurs, ingénieurs, techniciens et administratifs). *Organisation :* dépend du min. de l'Éd. nat. Prof. nommés par le Chef de l'État sur proposition du corps professoral du Collège de France. Un des prof. exerce les fonctions d'administrateur. *Matières enseignées :* Sc. math., physiques et naturelles ; Sc. philosophiques et sociol. ; Sc. hist., philologiques et archéol. Ses enseignements qui doivent exposer la « science en voie de se faire », sont dispensés librement, sans préoccupation de dipl., et sont renouvelés chaque année. Toutes les chaires sont mutables et remises en question au départ des savants qui les occupaient. L'Assemblée des professeurs doit se prononcer dans chaque cas sur leur maintien ou leur transformation.

Accès à l'enseignement entièrement libre (5 000 auditeurs en moy. pour 52 matières). *Accès des laboratoires :* il faut une autorisation du prof.-directeur du laboratoire. *Examens :* Ne prépare à aucun examen ni diplôme. *Cours célèbres :* Michelet, Renan, Bergson, Valéry, Barthes, Foucault, Braudel.

Centre international de formation européenne (CIFE). *Créé* 1954. *Secr. gén.* 4, bd Carabacel, 06000 Nice ; 17, rue du Fg-Montmartre, 75009 Paris. *Secr. nat.* c/o Alain Schoon, 32, rue des Flandres, 7700 Mouscron, Belgique. Organisation internationale privée. Appuyée par la CEE. *But :* formation, publications et recherches sur les problèmes européens. *Séminaires :* env. 20 par an dans divers pays européens. *Inst. univ., inst. eur. des hautes études internationales* (Nice) : session d'oct. à juin sanctionnée par un dipl. *Collège univ. d'études fédéralistes* (Aoste, Italie) : session juillet et août, sanctionnée par un certificat. *Session universitaire européenne* (Gauting, Bavière, RFA) : session de semaines en sept., sanctionnée par un certificat. *American European Summer School* (Schloss Hofen, Autriche) : session de 3 semaines en juillet, sanctionnée par un certificat. *Colloques. Publications :* brochures, ouvrages, revue mensuelle « l'Europe en formation ».

Éc. pratique des hautes études (EPHE). 11, rue Pierre-et-Marie-Curie, 75005 Paris. *Fondée* en 1868 par Victor Duruy (1811-94). min. de l'Éducation nationale. *An.* 2. Ni *C.* ni exigence de diplôme. *Gratuité. Diplôme* attribué sur thèse. 5 sections : maths, physique et chimie, sc. nat., sc. histor. et philologiques, sc. religieuses.

Éc. des hautes études en sc. sociales (EHESS). 54, bd Raspail, 75006 Paris. *Créée* 1975. Ancienne 6e section de l'Éc. prat. des hautes études (sc. écon. et sociales). 50 centres de recherches dont certains à Marseille, Toulouse, Lyon.

Institut nat. des langues et civilisations orientales (INALCO, dit Langues-O). Grand établissement, 2, rue de Lille, 75007 Paris. *Fondé* par la Convention, remplace l'institution des « Jeunes de langues », créée par Colbert pour développer les langues orientales pour diplomatie et commerce. *Langues enseignées :* 70 langues dont chinois, japonais, arabe, russe, hébreu. Dispose de centres de recherches et d'un service audiovisuel. *Eff.* 9 000. *Adm.* bac ou examen. Statut d'auditeur libre sans condition de t. ou dipl. Un centre prépare aux échanges internat., assure une formation linguist. et écon. orientée vers le commerce internat. *An.* 3. *Frais* 400 F, auditeurs libres 350 F.

Personnel enseignant

Enseignement primaire et secondaire

Classification

Enseignement du 1er degré

Formation des instituteurs à l'École normale (EN). Recrutement par *concours externe* niveau bac ou *interne* pour les bacheliers justifiant de services rémunérés d'instit. suppléant (1 an max. après le bac ; except. dérogations, pour éviter la reconstitution d'un auxiliariat). *Formation* en 3 ans, rémunérée. *1re année :* stages de 6 semaines, acquisition d'une formation de base (27 h de cours par semaine réparties en séquences de 50 h, dites unités de formation de base ou UF1) ; l'él. doit signer un engagement de 10 ans de service à l'État avant de passer en 2e année. *2e et 3e a. :* formation approfondie (UF1 et UF2), stage en responsabilité (1 trim.). *Diplôme :* délivré par une commission spéciale aux candidats ayant obtenu le DEUG mention enseign. du 1er degré et dont le bilan de formation est positif.

> Depuis le 14-3-1986 mise en place d'un nouveau concours de recrutement d'élèves-instituteurs. Voir p. 1187.

Enseign. privé. *Hors contrat :* modalités de recrutement selon chaque école (en général, pour les tit. du bac). *Sous contrat :* formation dans les centres de formation pédagogique en 3 ans. Admission pour les tit. du bac, parfois avec expérience, souvent présélection sur dossier. Le postulant doit s'engager à servir l'enseign. privé pour 5 a. Le concours d'admission est organisé par le directeur du centre et le rectorat (les épreuves sont les mêmes que celles de l'EN). *Droits de scolarité :* 500 à 8 000 F/an.

> **Formation des maîtres**
>
> **Création en 1983 de** *Missions académiques* à la formation des personnels de l'Éd. nat. au sein des rectorats pour préparer un programme académique de stages de formation tenant compte des besoins locaux. *Objectif :* droit à la formation continue pour tous les personnels de l'Éd. nat. ; min. 2 semaines par an pour accompagner la réforme des collèges et des lycées. Mise en place progressive.

Les instituteurs qui se destinent à exercer dans une classe d'enseignement spécial doivent obtenir le certificat d'aptitude à l'éducation des enfants déficients ou inadaptés (CAEI) (8 options). Épreuves théoriques : préparation en 1 an dans 3 centres nationaux spécialisés (Suresnes, Beaumont-sur-Oise, Montlignon) et dans certaines écoles normales. *Admission :* instituteurs titulaires ou stagiaires choisis sur proposition de l'inspecteur d'académie. Épreuves pratiques à la fin du stage.

Enseignement du 2e degré

Professeurs d'enseignement général de collège (PEGC). Ils enseignent dans les collèges et sont recrutés à l'issue d'une scolarité de 4 ans dans les centres régionaux de formation de PEGC (CRF-PEGC), et après succès aux épreuves théoriques et pédagogiques du Certificat d'aptitude au professorat d'ens. général de collège (CAPEGC). Dispositif de recrutement mis en place en 1982 à titre transitoire.

Admission en *Centres régionaux de formation :* épreuves écrites et orales ; candidats : instit. titulaires ayant 3 ans d'ens. effectif, candidats possédant le DEUG dans l'une des 2 disciplines de la section du CAPEGC demandée ou pourvus de titres ou diplômes admis en équivalence. *Age limite :* 30 ans au 1er janvier de l'année d'admission en centre (limite reculée pour charges de familles, service national, 1 année par année de service effectif d'enseign.). Engagement pour 10 a. au service de l'État. *Préparation :* 2 a. (candidats détenteurs du DEUG, instit. titulaires ou non) ou 3 a. (instit. titulaires non pourvus du DEUG) dans les centres régionaux de formation de PEGC annexés aux écoles normales primaires.

1re année : formation universitaire devant permettre d'accéder aux compétences scientifiques indispensables dans les spécialités de la section du CAPEGC choisie. **2e** (entrée directe pour titulaires du DEUG ou d'un titre ou diplôme équivalent) : formation en centre conduisant aux épreuves de la 1re partie du CAPEGC ; après réussite, les él.-professeurs sont nommés prof. stagiaires. **3e** : formation pédagogique théorique et pratique avec alternance d'un stage au centre et de stages en responsabilité dans un collège, plus des stages hors collège dans des organismes à caractère éducatif. *Sanction :* 2e partie du CAPEGC. *13 sections :* lettres, hist., géographie ; lettres, langues vivantes ; math., sc. physiques ; sc. nat., sc. physiques ; français, latin ; lettres, éd. physique et sportive ; math., éd. phys. et sportive ; sc. nat., éd. physique et sportive ; lettres, éd. musicale ; math., éd. musicale ; lettres, arts plastiques ; math., arts plastiques ; éducation manuelle et technique (option technol., industrielle ou écon.).

La fin du recrutement des PEGC et de l'obligation pour leurs successeurs, enseignants de la 6e à la 3e, de passer le concours du CAPES a été annoncée en avril 1986.

Adjoints d'enseign. titulaires d'une licence d'enseign. ou d'un diplôme équivalent ; service : surveillance et enseign. ou documentation.

Statistiques des CAPES (épreuves théoriques 1985)

Disciplines	Postes mis au concours	INSCRITS Ens. disp. d'écrit		INSCRITS Concours normal		Candidats ayant composé en 1ère épreuve		Admissibles concours normal		ADMIS		Liste supplémentaire	
		H	F	H	F	H	F	H	F	H	F	H	F
Philosophie	110	5	8	848	515	715	407	129	54	72	38	4	2
Lettres classiques	430			166	744	191	606	105	435	69	317 + 1 étr.	–	–
Lettres modernes	765	6	8	929	2 555	776	2 045	355	912	162 + 1 étr.	367	–	–
Histoire-Géographie	740	3	2	1 436	1 329	1 125	1 027	519	452	335	268	–	–
Allemand	100	1	1	233	821	171	592	47	148	28	72	–	–
Anglais	750	2	2	714	2 406	522	1 863	242	836	181 + 1 étr.	488	–	–
Arabe	23			47	17	29	9	20	6	10 + 3 étr.	4	–	–
Chinois	1			7	12	3	7	1	1	1	–	–	–
Espagnol	180		1	222	948	159	701	44	204	34 + 1 étr.	146	1	8
Hébreu	1			6	5	2	3		3	–	1	–	–
Italien	20			59	200	40	134	15	33	9	11	1	1
Portugais	20			25	73	22	52	6	27	6	13	–	–
Russe	5		1	11	61	5	41	1	8	1	4	–	1
Mathématiques	850			908	839	770	711	557	462	456 + 2 étr.	394	–	–
Sciences physiques													
Option : physique chimie	695	3	3	470	341	368	271	234	285	94	120		
Option : physique et électricité appliquée				178	24	128	16	90	8	56	5		
Sciences naturelles	250		1	665	1 218	557	1 000	143	230	91	159	6	9
Sciences économiques et sociales	100	2	5	785	771	520	462	113	53	59	29	–	–
Éducation musicale	280			121	198	99	165	63	117	52	77	–	–
Arts plastiques	150			241	439	196	351	80	123	78	47	–	–
D.T.M.E.E.M.	50			13	46					5	29	–	–
Total	5 520	22	32	8 084	13 562	6 398	10 463	2 764	4 397	1 799 + 8 étr.	2 589 + 1 étr.	12	21

Statistiques des concours d'agrégation 1985

Disciplines	Postes mis au conc.	Inscrits		Candidats ayant composé 1ère épreuve		Admissibles		Admis		Liste supplémentaire		Équivalences CAPES	
		H	F	H	F	H	F	H	F	H	F	H	F
Philosophie	47	771	367	602	257	86	30	36	11				
Lettres	71	212	569	163	426	37	76	24	47			2	8
Grammaire	13	22	62	19	45	7	20	5	8				
Lettres modernes	72	597	1 146	406	731	66	83	32	40		4	13	12
Histoire	67	868	758	610	492	95	42	42	25	2	–	5	3
Géographie	33	266	183	184	115	50	27	19	14	2	2	8	3
Allemand	52	154	402	112	261	39	71	19	34	–	–	–	–
Anglais	116	425	1 007	294	680	78	188	42	74	1	1	9	15
Arabe	6	36	8	19	3	4	2	–	1				
Espagnol	33	117	405	87	268	19	41	11	22				
Hébreu	1	1	4	1	2	1	1	–	1				
Italien	11	49	110	31	80	9	21	2	9				
Polonais	1	1	12	1	6	–	2	–	1				
Portugais	5	11	33	6	19	1	7	–	4				
Russe	2	4	23	2	15	1	3	1	1				
Langue et culture japonaises	2	1	11	0	6	–	4	–	2	–	1		
Mathématiques	180	845	394	692	279	232	70	132 + 1 étr.	48	–			
Mécanique	87	337	11	265	8	121	2	69					
Sc. phys. : physique	95	347	126	272	107	116	44	28	62				
Phys. appliquée	38	169	19	116	12	45	5	22	2				
Chimie	30	171	151	122	105	35	34	11	19				
Génie civil	37	94	5	61	3	36	2	28	2			2	–
Génie électrique	73	239	3	196	2	84	–	56	–				
Génie mécanique	85	366	3	300	2	127	1	56	–				
Biochimie, génie biol.	16	58	77	37	47	14	14	8	6				
Sc. nat. : sc. de la terre et biologie	75	503	803	394	593	80	52	28	47				
Éco. et gestion :													
Option A	100	277	355	183	241	43	48	46	47				
Option B		545	341	386	242	71	35						
Sciences sociales	23	397	170	263	92	36	6	19	4				
Éd. musicale	58	90	125	56	83	23	26	18	11				
Arts plastiques	46	249	278	196	199	28	9	21	4				
Éd. physique et sportive	25	338	105	236	61	52	8	24	1	1	–		
Totaux	1 500	8 560	8 066	6 312	5 482	1 635	974	799 + 1 étr.	547	6	8	39	41

Dans la mesure où des postes ne sont pas pourvus, on fait appel à des **maîtres auxiliaires,** possédant un diplôme de l'enseign. supérieur ou le bac., recrutés par délégation rectorale à titre exceptionnel, et à des *contractuels* choisis en raison de leurs titres ou de leur qualification professionnelle. 45 000 m. auxiliaires sur les 51 300 devaient être titularisés de 1983 à 1986. 1res mesures : augmentation du nombre de places offertes au concours externe des éc. normales (+ 50 % entre 1982 et 1983), formation de 2 700 instituteurs stagiaires issus des c. exceptionnels, niveau DEUG, devant être appelés selon les besoins et titularisés après 2 a. *Nombre de m. auxiliaires titularisés en 1983 :* 17 900.

Professeur certifié du 2e degré. Enseigne dans les collèges et les lycées de la 6e à la terminale et dans les lycées techniques préparant au BTN, BT et BTS *Concours :* CAPES (Certificat d'aptitude au professorat de l'enseig. du 2e degré). *Préparation :* UER. et Centre nat. d'enseign. par correspondance à partir d'une licence d'enseign. ou dipl. équivalent. Les admis au CAPES et/ou CAPET sont formés en 1 an dans les centres pédagogiques régionaux.

Professeur agrégé. Enseigne dans les collèges, lycées (ou en enseign. sup. ou classe préparatoire). *Concours :* à partir de la licence d'enseign. d'avant 1968, ou maîtrise ou diplôme d'ét. sup., ou CAPES ou CAPET ou doctorat de 3e cycle. *Préparation :* écoles normales sup. ENSET, UFR, par correspondance (CNEC).

Personnel des collèges d'enseignement technique. Ils enseignent dans les LEP.

Professeur certifié de l'enseign. technologique. Enseigne dans les lycées techniques. *Concours :* CAPET (Certificat d'aptitude au professorat de l'enseign. technique). *Préparation :* à partir d'une licence d'enseign. ou d'un groupement de certificats spécifiques à l'enseign. choisi, ou de titres équivalents (dipl. d'ingénieur ou DEST).

Professeur technique des lycées techniques. Enseign. mixte technique, théorique et pratique selon la spécialité professionnelle. *Concours : CAPT* (Certificat d'aptitude au professorat technique). *Préparation :* dans un centre de formation en 2 ans après un concours à partir d'une licence d'enseign. ou maîtrise, DUT, ou BTS. Limite d'âge : 30 ans. *Centres de formation :* Armentières, Cachan, Rennes, St-Étienne.

Professeur de LEP chargé des enseign. professionnels pratiques. *Concours : CAPCET* (Certificat d'aptitude au professorat des collèges d'enseignement technique). *Préparation :* en 2 ans, dans une école normale nat. d'apprentissage (ENNA), entrée sur concours. *Conditions :* titulaire d'un diplôme de l'enseignement supérieur, avoir 1 à 3 ans d'activité professionnelle (selon le diplôme choisi), ou un CAP et 5 a. d'activité professionnelle et des activités dans la formation continue. Limite d'âge : 40 ans.

Professeurs absents (plus de 2 semaines). Remplacements assurés par des adjoints d'enseign. stagiaires et titulaires, m. auxiliaires, prof. titulaires, avec un maximum de volontariat.

☞ Effectif des enseignants, voir ci-contre.

Statistiques des formations d'enseignants

Effectifs des élèves-instituteurs dans les écoles normales en 1982-83. Fr. métr. 20 719 dont concours externe 11 918, interne 10 161.

Concours de recrutement des écoles normales d'instituteurs (EN). Depuis le 14-3-1986 mise en place d'un concours externe de recrutement. *Conditions :* être âgé de − de 30 ans et titulaire d'un DEUG, BTS, DUT ou diplôme équivalent. Formation en 2 ans rémunérée. Le recrutement par c. spécial est remplacé par le c. externe.

Postes mis au concours Agrégation. *1976 :* 1 600, *77 :* 1 600, *78 :* 1 200, *79 :* 1 000, *80 :* 1 000, *81 :* 1 400, *82 :* 1 400. *83 :* 1 230. *84 :* 1 091. *85 :* 1 500. *86 :* 1 500. *Candidats inscrits* (84) : 16 366 dont femmes 49,3 % ; *présentés :* 11 891 (68,25 % des inscrits) ; *admis :* 1 006 (11,1 % des présentés) dont lettres 7,2 %, langues 8 %, sciences 23,4 %, disciplines artistiques 15,8 %.

CAPES et CAPET. *1974 :* 7 150 ; *78 :* 3 090, *80 :* 1 700 ; *81 :* 4 760, *82 :* 4 626, *83 :* 4 283, *84 :* 3 140, *85 :* 6 780, *86 :* 6 600.

Agrégation

Créée avec 7 spécialités. Actuellement 22 dont : *mixtes* 11 [philosophie, langue (6), sciences naturelles, biologie, lettres modernes, économie-gestion] ; *fém.* 5 (lettres, mathématiques, physique, histoire, géographie) ; *masc.* 6 (les mêmes + gramm.).

Il y a 34,3 % de professeurs certifiés (CAPES) dans le 2e degré public (privé 3,1 %, enseignement supérieur 38,2 %) et 7,6 % d'agrégés dans le 2e degré public (privé 0,7 %, enseignement supplémentaire 51 %).

Rétrospective des admissions. Voir Quid 1982, page 1347.

CAPES

Certificat d'aptitude pédagogique à l'enseignement secondaire. *Créé* en 1902 pour les langues vivantes, en 1945 pour les autres spécialités (6 dont musique et arts plastiques). Mixte.

Proportion des enseignants par catégorie et type d'établissement (France métro. Public 1984-85)

	Lycées	Collèges	LEP	Total
Type Lycée	50,7	68,0	68,8	59,5
Type Collège	66,7	57,8	53,1	57,8
Type LEP	40,8	40,4	40,8	40,8
M.A.	46,2	47,3	35,3	45,7
EPS	38,0	62,0	46,0	51,0
TOTAL	49,5	60,9	41,7	54,6

Répartition des enseignants titulaires par grade, modalité de service et type d'établissement (France métro. 1985)

GRADE	TEMPS COMPLET			TEMPS PARTIEL			TOTAL		
	Lycée	CLG	LEP	Lycée	CLG	LEP	Lycée	CLG	LEP
Agrégés	14 101	4 187	6	1 582	535	1	15 683	4 722	7
Bi-admissibles	1 220	995	1	152	130	–	1 372	1 125	1
Certifiés	34 602	42 422	43	4 974	7 568	5	39 576	49 990	48
Chargés d'enseignement	137	879	–	11	104	–	148	983	–
Adjoints d'enseignement	7 108	13 306	740	914	1 728	97	8 022	15 034	837
Chefs de travaux	231	–	3	10	–	–	241	–	3
PTL	3 637	13	16	197	2	1	3 834	15	17
PTA	406	46	19	74	12	1	480	58	20
Stagiaires CPR	1 984	1 396	–	–	–	–	1 984	1 396	–
Stagiaires tech.	267	10	–	–	–	–	267	10	–
TOTAL type lycée	63 693	63 254	828	7 914	10 079	105	71 607	73 833	933
PEGC	76	66 398	347	8	7 284	22	84	73 682	369
Stagiaires	–	463	2	–	10	–	–	473	2
Autres titulaires	2	6 497	28	1	295	2	3	6 792	30
TOTAL type collège	78	73 358	377	9	7 589	24	87	80 947	401
Professeurs LEP	2 169	3 752	40 151	208	109	3 140	2 377	3 861	43 291
Stagiaires ENNA	30	149	1 737	–	2	50	30	151	1 787
TOTAL type LEP	2 199	3 901	41 888	208	111	3 190	2 407	4 012	45 078
Prof. EPS	2 477	7 686	903	207	578	59	2 684	8 264	962
Prof. A. EPS	1 394	5 481	1 425	77	310	56	1 471	5 791	1 481
Autres titulaires EPS	113	1 039	118	17	66	3	130	1 105	121
TOTAL EPS [1]	3 984	14 206	2 446	301	954	118	4 285	15 160	2 564
TOTAL 1984-85	69 954	154 719	45 539	8 432	18 733	3 437	78 386	173 452	48 976
TOTAL 1983-84	68 488	151 056	40 278	7 525	16 802	2 788	76 013	167 858	43 066

Nota. − (1) Il manque env. 150 enseignants non comptabilisés dans l'académie de Rouen.

Enseignants du second degré et dans les établissements de formation (France métro. 1985)

	Effectifs	Age moyen	% de F	% temps partiel	Indice moyen
Agrégés (y compris chaire sup.)	22 493	40	51	7	648
Bi-admissibles	2 735	39	50	9	530
Certifiés	96 246	40	59	11	511
Chargés d'enseign.	974	47	64	8	470
Adjoints d'enseign.	27 881	37	67	9	391
Prof. techniques de lycée	2 970	40	38	3	499
Prof. techniques adjoints	590	47	61	11	509
Élèves professeurs	4 062	26	53	0,5	321
TOTAL type lycée	157 951	39	59	10	504
PEGC	80 382	40	58	8	436
Instituteurs spécialisés	5 904	38	49	3	418
Instituteurs	17 688	24	60	0,3	271
TOTAL type collège	103 974	37	58	7	407
Type LEP	57 554	40	41	5	434
Professeurs d'EPS	13 484	37	45	5	492
Professeurs adjoints d'EPS	9 477	36	45	4	361
TOTAL EPS	22 961	37	45	5	438
TOTAL titulaires	342 440	39	55	7	458
Maîtres-auxiliaires	28 066	30	54	20	302
Autres non tit.	1 522	37	48	19	420
TOTAL non titulaires	29 588	30	54	20	308
TOTAL	372 028	38	54	8	447

Inspection

Inspection d'académie. *Nombre* inspections : 100. Inspecteurs : 413. *Rôle :* l'inspecteur représente le recteur dans le département sauf pour l'enseignement supérieur. Inspection des écoles et établissements secondaires publics et privés. Mission permanente d'animation et de contrôle, d'information et de conseil. Depuis 1983, leur tâche principale est l'évaluation d'ensemble du système éducatif et non plus seulement l'inspection individuelle des enseignants. A autorité sur les inspect. départementaux. Compose les jurys des examens, organise le bac. Rôle prépondérant dans le fonctionnement des écoles normales d'instituteurs. Gère le personnel du primaire, note celui du secondaire (géré au plan national). Recrutés par délibération d'une commission consultative à l'Inspect. gén. de l'Éd. nat. sur titres et compétences.

Inspection pédagogique régionale. *Inspections :* 26 (1 par académie). Fonctionnaires chargés d'inspection pédagogique régionale, auxiliaires des inspecteurs généraux *1982 :* 542 ; *83 :* 588 ; *84 :* 593.

Inspection générale. *De l'Éducation nationale* (enseign. et vie scolaire) 199. *Départementale :* 1 208. Enseign. technique 362. Information et orientation 108. Apprentissage 202.

Effectifs des enseignants

1984-85 France sans TOM

• **Enseignement public. 1er degré : 312 911** dont préélémentaire 76 269, élémentaire 173 980, spécial, adaptation 33 983, auxiliaires et autres 28 679.

2e degré (y compris enseignants d'E.P.S.) : **331 949** dont lycées 85 177, collèges (S.E.S. comprises) 188 928, L.E.P. 57 844.

• **Enseignement privé. 1er degré** (non compris enseign. spécial) : **41 032** dont préélémentaire 10 988, élémentaire 28 527, spécial, adaptation 233.

2e degré : 74 802 dont sous contrat d'association : lycées 29 887, collèges 36 723, L.E.P. 8 192. Hors contrat : 8 529 (sur 85 % d'établ. h.c. ayant répondu à l'enquête).

Nombre d'auxiliaires en poste (public). *1er degré :* 29 125, soit 9,3 % des professeurs. *2e degré* (entre parenthèses, % sur le total d'enseignants). *1972 :* 50 631 (21), *75 :* 45 764 (17,1), *79 :* 31 300 (10,9), *81 :* 32 823 (11,2), *82 :* 39 220 (12,9 dont collèges 8,1, lycées 11,8, L.E.P. 23,1).

Niveau des diplômes (1979-80). **1er degré.** *Instituteurs et, entre parenthèses, institutrices* 4 021 (34 120), dont titulaires (en %) : *dipl. inférieur à bac ou brevet sup.* 44,1 (37,1) ; *bac ou B.S.* 47,8 (56,9) ; *1 ou plusieurs certificats d'ét. sup.* 4,3 (4,9) ; *lic. libre* 0,6 (0,2) ; *lic. ens.* 3,2 (0,9).

2e degré en % (1979-80). Licence 32,5. Bac 17 (1re partie 1,2, 2e partie 15,8). Maîtrise 13,1. Discipl. techniques : CAP-BEP 3,6. B.T. et B.Tn 2, BTS, DUT, Ingénieur 6,4, Dipl. du 1er cycle sup. 4,6. Prof. éd. physique 4,5. CAPES-CAPET 3,1. Brevet 2,8 (sup. 1,1, élémentaire 1,7). Agrégation 0,6. Dipl. étrangers 0,6. Divers et sans titres 9,2.

Demandes de permutation des instituteurs (changement de départ. au niveau national), 1983-84. Sur 311 000 en poste en 1984, 9 297 ont demandé leur permutation, 2 259 (23 %) l'ont obtenue.

Personnel non enseignant à temps complet dans les établ. publics du 2e degré (lycées, collèges, LEP), en 1981-82, Fr. métr. Agents de service 61 154, ouvriers professionnels 26 269, personnels d'intendance 16 086, de secrétariat 8 068, techniques de laboratoire 5 149, médico-sociaux 2 885, instructeurs 2 706, pers. mixtes d'intendance et de secrétariat 906.

Enseignement supérieur

Catégories d'enseignants

Titulaires : Professeurs. Ils doivent être docteurs d'État et avoir effectué au moins 2 a. d'ens. magistral ; font progresser la recherche par leurs propres travaux ou en dirigeant des équipes de chercheurs ; président les jurys d'examens, de mémoires et de thèses ; dirigent les univ. et les UFR qu'elles regroupent ; participent au perfectionnement des autres enseignants et aux programmes d'éd. permanente ; participent à l'orientation et à l'information des étudiants. *Accès :* nommés par le ministre de l'Éduc. nat. sur proposition(s) de la commission de spécialité et d'établissement ratifiée(s) par le Conseil sup. provisoire des univ. (CSPU) dep. le 24-8-1982.

Maîtres-assistants. Dirigent les séances de travaux dirigés (TD) et de tr. pratiques (TP) sous l'autorité des enseignants de rang magistral, et donnent des ens. d'appoint dans le 1er cycle univ. (droit et sc. éc., lettres, sc. et pharm.). *Recrutés* par concours. Doivent être titulaires d'un doctorat de 3e cycle, prof. agrégés, admissibles à l'agrégation ou inscrits sur la liste d'aptitude aux fonctions de maître-assistant au 15-8-79. *Nommés* par le ministre de l'Éduc. nat. à partir d'un choix effectué par la commission de spécialité et d'établissement, et ratifié par le CSPU après avis du conseil de l'UFR et du conseil d'établ.

Assistants. *Recrutés* au minimum au niveau de la licence ou de la maîtrise, en fait au niveau de l'un au moins des diplômes conduisant à un doctorat de 3e cycle ou à un doctorat d'État. *Fonction :* doivent animer les travaux pratiques ou dirigés ; en fait font aussi des cours magistraux, corrigent des examens, organisent les enseignements et dirigent parfois des mémoires de maîtrise (sont suppléés par des chargés de travaux pratiques). Beaucoup doivent faire des travaux de recherche pour être titularisés et sont ainsi surchargés : leur recherche en pâtit. *Carrière :* dans 1 ou 2

Situation des personnels instituteurs (enseignement du 1er et du 2e degré) au 1-1-1985

	Personnels instituteurs du 1er degré [1]	1984-1985										
		Titulaires + stagiaires [3] spécialisés [4]		Titulaires + stagiaires [3] non spécialisés [5]		Élèves-instituteurs + stagiaires DEUG		Suppléants + remplaçants		TOTAL		
		Effectifs	dont F %	Effectifs	dont F %	Effectifs	dont F %	Effectifs	dont F %	Effectifs	dont F %	dont T.P. %
Personnels sur poste de titulaire	ENSEIGNEMENT PRÉÉLÉMENTAIRE											
	Directeur d'école maternelle	70	100,0	16 584	98,8	10	100,0	1	100,0	16 665	98,8	1,5
	Instituteur de cl. maternelle	122	95,9	47 205	97,4	1 138	91,8	63	96,8	48 528	97,2	7,9
	Instituteur d'ex-cl. enfantine	10	80,0	8 529	94,2	130	87,7	10	90,0	8 679	94,1	4,4
	TOTAL préélémentaire	202	96,5	72 318	97,3	1 278	91,5	74	95,9	73 872	97,2	6,1
	ENSEIGNEMENT ÉLÉMENTAIRE											
	Directeur d'école à cl. unique	14	42,9	9 728	60,9	156	69,2	25	80,0	9 923	61,1	1,3
	Directeur d'école à plusieurs cl.	200	44,5	31 615	45,6	33	75,8	5	60,0	31 853	45,6	0,5
	Instituteur de cl. élémentaire	358	67,3	121 839	73,0	2 449	76,1	201	84,6	124 847	73,1	3,9
	TOTAL élémentaire	572	58,7	163 182	67,0	2 638	75,7	231	83,5	166 623	67,1	3,1
	ENSEIGNEMENT SPÉCIALISÉ (enf. inadaptée)											
	Directeur d'établ. spécialisé [6]	1 195	31,6	140	37,9	2	100,0	1	100,0	1 338	32,4	0,4
	Instituteur de cl. spécialisée	10 275	64,2	3 545	63,0	295	63,7	67	85,1	14 182	64,0	2,4
	Psychologue scolaire	2 587	62,5	88	71,6	13	84,6	1	—	2 689	62,9	1,1
	Rééducateur en psychopédagogie	2 646	73,2	136	73,5	2	50,0	8	75,0	2 792	73,2	1,4
	Rééducateur en psychomotricité	1 854	65,4	54	64,8	2	—	2	50,0	1 912	65,3	1,1
	Instituteur éducateur en internat	160	37,5	247	52,2	46	73,9	13	76,9	466	50,0	0,6
	Instituteur (autre) [2]	757	58,0	45	60,0	—	—	1	100,0	803	58,2	1,7
	TOTAL spécialisé (enf. inadaptée)	19 474	62,9	4 255	62,1	360	65,6	93	81,7	24 182	62,8	1,9
	Enseignement spécialisé (formation)	6 464	55,0	2 269	69,5	79	87,3	9	100,0	8 821	59,1	0,7
	Autres affectations	276	31,9	5 098	55,9	16	87,5	60	93,3	5 450	55,2	1,4
	Personnel de remplacement	32	65,6	17 542	65,3	3 581	78,7	472	81,4	21 627	67,9	0,7
	TOTAL 1er degré 1984-85	27 020	60,8	264 664	74,9	7 952	79,3	939	84,0	300 575	73,8	3,5
	Personnels instituteurs du 2e degré [1] ENSEIGNEMENT SPÉCIALISÉ (enf. inadaptée)											
	Directeur (ENP, SES, autres)	1 094	24,2	6	66,7	—	—	—	—	1 100	24,5	0,0
	Instituteur de cl. spécialisée	5 238	51,0	1 104	47,3	159	55,3	25	64,0	6 526	50,5	2,7
	Instituteur éducateur en internat	698	35,5	515	42,1	41	29,3	10	40,0	1 264	38,1	1,1
	Instituteur (autre) [7]	19	78,9	1	100,0	—	—	—	—	20	80,0	0,0
	TOTAL enseignement spécialisé	7 049	45,4	1 626	45,8	200	50,0	35	57,1	8 910	45,6	2,2
	Enseignement collège (CPPN-CPA et divers)	345	32,8	157	47,8	1	0,0	1	100,0	504	37,5	3,0
	Personnel de remplacement [8]	—	—	—	—	—	—	—	—	—	—	—
	TOTAL 2e degré 1984-85	7 394	44,8	1 783	45,9	201	49,8	36	58,3	9 414	45,1	2,2

Nota. — (1) Les titulaires, les stagiaires et les él.-instituteurs sont rétribués sur le chapitre 31-20, les suppléants et les remplaçants sur le chapitre 31-95. (2) Dont secr. des commissions départementales et de circonscription de l'éducation spécialisée (781 dont 58,3 % de femmes et 1,8 % à temps partiel en 1984-85). (3) Stagiaires autres que les stagiaires DEUG. (4) Certificats d'aptitude spécialisés complets en plus du CAP d'instit. (5) CAP d'instit. uniquement et Certificats d'aptitude spécialisés incomplets. (6) Directeurs d'école élémentaire et préélémentaire ayant plus de 2 cl. spécialisées, directeurs d'établ. scolaire spécialisé, directeurs de CMPP. (7) Psychologues scolaires, rééducateurs en psychopédagogie, rééducateurs en psychomotricité en 1984-85. (8) Le personnel instituteur titulaire et auxiliaire de remplacement dans le 2e degré est regroupé en 1984-85 avec celui du 1er degré. Il est peu important.

corps max. Ces catégories constituent des grades que l'on franchit successivement. Mais on ne passe pas automatiquement de l'un à l'autre ; on peut effectuer une carrière complète dans chacun d'eux.

Nota. — Heures de présence des prof. d'université : en 1982, une circulaire d'Alain Savary précisait que les enseignants d'une univ. ou d'une école devaient à cet établ. leur temps plein d'activité prof., soit la durée légale du travail 39 h/sem., avec 32 j. ouvrables de congés. Les enseignants ont rappelé les nombreux travaux de correction, préparation de cours magistraux, surveillance d'examens, recherche, etc., qu'ils devaient assurer en plus de leurs cours.

Réforme des carrières universitaires (arrêté du 6-6-1984). Création de 2 corps d'enseignants du supérieur : maîtres de conférence et professeurs des Universités, ayant un statut d'*enseignants-chercheurs.* Cette nouvelle organisation devait aboutir à la mise en extinction progressive (dans les 5 ans) des corps de maîtres assistants et d'assistants. Les enseignants-chercheurs seront recrutés au niveau national (diplômes) et local (intervention des établissements).

Obligation des services : enseignement par an : cours 128 h ; travaux pratiques 288 h ; travaux dirigés 192 h. Chaque enseignant-chercheur doit établir tous les 4 ans un rapport d'activité portant sur tous les aspects de sa mission (enseignement et recherche).

Personnels temporaires. Ex. assistants (méd., odontologie) recrutés pour un maximum de 6 a. en lettres et de 7 a. en médecine. Les vacataires à titre principal pendant l'année univ. 1981-82 peuvent être maintenus en fonction. **Délégués à titre temporaire** : peuvent être nommés pour un intérim, ou en cas d'impossibilité de nomination d'un titulaire. **Enseignants associés** : Français ou étrangers, ens. ou non, spécialistes d'une discipline donnée, mais ne remplissant pas des conditions normales de recrutement. Recrutés pour une période pouvant atteindre 2 a., prolongeable annuellement par décision ministérielle.

• **Disciplines médicales et odontologiques.** Les enseignants exercent des fonctions d'ens. et de recherche et des fonctions hospitalières au sein d'un CHU regroupant une ou plusieurs UFR médicales et un CHR (Centre hosp. régional), ou une UFR d'odontologie et le service de consultations et de traitements dentaires d'un CHU.

Médecine. *Titulaires :* prof. tit. des univ. (en même temps médecins, chirurgiens, spécialistes ou biologistes des hôpitaux, en qualité de chef de service) ; maîtres de conf. agrégés des univ. (en même temps médecins, chirurgiens, spécialistes ou biol. des hôp. en qualité ou non de chef de serv.) ; chefs de travaux des univ.-ass. des hôp. (disciplines biol.) *Temporaires :* chefs de clinique des univ.-ass. des hôp. (disc. cliniques) ; ass. des univ.-ass. des hôp. (disc. biol.).

Odontologie. *Titulaires :* prof. de catégorie exceptionnelle de chirurgie dentaire-odontologistes des services de consultations et de traitement dent. (assimilés aux maîtres de conf.) ; prof. du 1er grade de chir. dent.-odontologistes des services de consultations et de traitements dent. (assimilés aux m.-ass.) ; prof. du 2e grade de chir. dent.-odontologistes des services de consultations et de traitement dent. (assimilés aux chefs de trav.). *Temporaires :* assistants de chir. dent.-odontologistes, ass. des services de consultations et de traitement dent. Les chefs de trav. des disciplines médicales sont recrutés parmi les assistants des hôpitaux ayant exercé leurs fonctions 3 ans. Les professeurs de 2e grade de chir. dentaire sont recrutés parmi les ass. de chirurgie dent.-ondologistes ayant exercé leurs fonctions pendant au moins 2 ans.

Autres enseignants dans les Univ. ENS. DU 2e DEGRÉ. Peuvent être mis à la disposition de l'ens. sup. mais restent titulaires dans leur corps d'origine. *Emplois de type univ.* (ex. : agrégés et certifiés nommés à des emplois d'ass.) ; ou *de type 2e degré* (ex. : agrégés et certifiés, et prof. techniques, adjoints de lycée technique enseignant dans les IUT). PROF. ÉTRANGERS. Recrutés comme prof. ou maîtres de conf. titulaires, sur proposition des instances compétentes de l'univ. et du Comité consultatif des universités.

Statistiques

Enseignants dans l'enseign. supérieur public (1984-85). *Légende : P. :* professeurs et maîtres de conférences (médecine), chargés de cours (droit), chargés d'enseign. (lettres). *M.-C. :* maîtres de conférences et maîtres-assistants ainsi que chefs de travaux (médecine et odontologie) et professeurs des 1er et 2e grades (odontologie). *A. :* assistants. *D. :* divers (fonctions types 2e degré, fonctions spécifiques des grands établ. et des établ. français à l'étranger, lecteurs étrangers en lettres).

Nombre. Sciences juridiques, politiques, économiques et de gestion : 4 718 dont *P.* 1 268, *M.-C.* 1 454, *A.* 1 601, *D.* 395. **Lettres et sciences humaines** : 10 719 dont *P.* 2 291, *M.-C.* 4 835, *A.* 1 826, *D.* 1 767. **Sciences** : 18 047 dont *P.* 4 099, *M.-C.* 8 269, *A.* 3 804, *D.* 1 875. **Pharmacie** : 1 663 dont *P.* 523, *M.-C.* 668, *A.* 468, *D.* 4. **Médecine** : 8 889 dont *P.* 3 266, *M.-C.* 1 284, *A.* 4 349. **Odontologie** : 876 dont *P.* 55, *M.-C.* 412, *A.* 409. **Total** : 44 922 dont *P.* 11 502, *M.-C.* 16 922, *A.* 12 457, *D.* 4 041.

En 1984-85, sur 46 648 enseignants il y avait 1 726 hors enseign. (3,7 % du total) dont la plupart en position de détachement. Sur les enseignements en fonction, on recensait 15,5 % de non-titulaires (dont + des 2/3 en médecine et en odontologie) parmi lesquels 1 483 enseignants associés, en majorité étrangers.

Évolution : voir Quid 1982, p. 1 350.

• **Répartition par âge (en %). Droit. Professeurs** : — *de 30 a.* : 0,1 ; *30 à 34 a.* : 3,9 ; *35 à 39 a.* : 16,7 ; *40 à 44 a.* : 19,5 ; *45 à 49 a.* : 20,3 ; *50 à 54 a.* : 15,8 ; *55 à 59 a.* : 11,3 ; *60 a. et +* : 12,4. **Maîtres de conférences** : — *de 30 a.* : 0,8 ; *30 à 34 a.* : 5,9 ; *35 à 39 a.* : 33,3 ; *40 à 44 a.* : 30,9 ; *45 à 49 a.* : 13,5 ; *50 à 54 a.* : 8,4 ; *55 à 59 a.* : 5,0 ; *60 a. et +* : 2,2. **Assistants** : — *de 30 a.* : 11,7 ; *30 à 34 a.* : 24,8 ; *35 à 39 a.* : 35,6 ; *40 à 44 a.* : 18,7 ; *45 à 49 a.* : 5,1 ; *50 à 54 a.* : 2,6 ; *55 à 59 a.* : 0,9 ; *60 a. et +* : 0,6.

Lettres. Professeurs : — *de 30 a.* : 0 ; *30 à 34 a.* : 8 ; *35 à 39 a.* : 2,7 ; *40 à 44 a.* : 8,3 ; *45 à 49 a.* : 18,6 ; *50 à 54 a.* : 24,0 ; *55 à 59 a.* : 22,6 ; *60 a. et +* : 23,8. **Maîtres de conférences** : — *de 30 a.* : 0,2 ; *30 à 34 a.* : 1,8 ; *35 à 39 a.* : 14,0 ; *40 à 44 a.* : 24,5 ; *45 à 49 a.* : 24,7 ; *50 à 54 a.* : 17,5 ; *55 à 59 a.* : 11,5 ; *60 a. et +* : 5,8. **Assistants** : — *de 30 a.* : 3,4 ; *30 à 34 a.* : 13,6 ; *35 à 39 a.* : 33,6 ; *40 à 44 a.* : 23,9 ; *45 à 49 a.* : 12,3 ; *50 à 54 a.* : 7,0 ; *55 à 59 a.* : 3,8 ; *60 a. et +* : 2,4.

Sciences. Professeurs : — *de 30 a.* : 8 ; *30 à 34 a.* : 0,6 ; *35 à 39 a.* : 8,0 ; *40 à 44 a.* : 18,8 ; *45 à 49 a.* : 30,1 ; *50 à 54 a.* : 18,4 ; *55 à 59 a.* : 13,1 ; *60 a. et +* : 11,0. **Maîtres de conférences** : — *de 30 a.* : 0,8 ; *30 à 34 a.* : 3,3 ; *35 à 39 a.* : 21,9 ; *40 à 44 a.* : 34,0 ; *45 à 49 a.* : 25,3 ; *50 à 54 a.* : 9,9 ; *55 à 59 a.* : 3,2 ; *60 a. et +* : 1,6. **Assistants** : — *de 30 a.* : 12,2 ; *30 à 34 a.* : 17,0 ; *35 à 39 a.* : 32,1 ; *40 à 44 a.* : 25,2 ; *45 à 49 a.* : 9,6 ; *50 à 54 a.* : 2,6 ; *55 à 59 a.* : 0,8 ; *60 a. et +* : 0,5.

Santé. Professeurs : — *de 30 a.* : 0 ; *30 à 34 a.* : 0,2 ; *35 à 39 a.* : 6,3 ; *40 à 44 a.* : 15,4 ; *45 à 49 a.* : 19,6 ; *50 à 54 a.* : 22,3 ; *55 à 59 a.* : 17,7 ; *60 a. et +* : 18,5. **Maîtres de conférences** : — *de 30 a.* : 0,1 ; *30 à 34 a.* : 3,6 ; *35 à 39 a.* : 27,4 ; *40 à 44 a.* : 25,6 ; *45 à 49 a.* : 17,7 ; *50 à 54 a.* : 11,7 ; *55 à 59 a.* : 7,9 ; *60 a. et +* : 6,0. **Assistants** : — *de 30 a.* : 6,2 ; *30 à 34 a.* : 57,1 ; *35 à 39 a.* : 26,4 ; *40 à 44 a.* : 5,6 ; *45 à 49 a.* : 2,4 ; *50 à 54 a.* : 1,2 ; *55 à 59 a.* : 0,7 ; *60 a. et +* : 0,4.

Total. Professeurs : — *de 30 a.* : 8 ; *30 à 34 a.* : 0,7 ; *35 à 39 a.* : 7,3 ; *40 à 44 a.* : 15,7 ; *45 à 49 a.* : 23,2 ; *50 à 54 a.* : 20,6 ; *55 à 59 a.* : 16,3 ; *60 a. et +* : 16,2. **Maîtres de conférences** : — *de 30 a.* : 0,5 ; *30 à 34 a.* : 3,2 ; *35 à 39 a.* : 21,4 ; *40 à 44 a.* : 29,8 ; *45 à 49 a.* : 23,0 ; *50 à 54 a.* : 12,2 ; *55 à 59 a.* : 6,4 ; *60 a. et +* : 3,5. **Assistants** : — *de 30 a.* : 8,3 ; *30 à 34 a.* : 34,3 ; *35 à 39 a.* : 30,4 ; *40 à 44 a.* : 16,0 ; *45 à 49 a.* : 6,4 ; *50 à 54 a.* : 2,7 ; *55 à 59 a.* : 1,2 ; *60 a. et +* : 0,7.

Nombre d'étudiants. Par enseignant dans les Univ. et Centres univ. (toutes disciplines). *1928-29 :* 55 dont prof.-maîtres de conf. 72, maîtres-ass.-chargés de tr. 230 ; *1949-50 :* 41 dont prof.-m. de c. 161, m.-ass.-chargés de tr. 68 ; *1965-66 :* 22 dont pr.-m. de c. 78, m.-ass.-chargés de tr. 105, ass. 45 ; *1975-76 :* 20 dont pr.-m. de c. 73, m.-ass.-chargés de tr. 67, ass. 46 ; *1981-82 :* droit, sc. écon. 50,3, lettres 33,2, sciences 9,3, santé 16,6.

Par professeur seul. *1928-29 :* 121, *49-50 :* 210, *65-66 :* 190, *75-76 :* 277, *78-79 :* 191, *81-82 :* 83,4, *82-83 :* 83.

Enseignement français à l'étranger (1983-84)

☞ **Nombre d'élèves étudiant le français dans le monde.**

Élèves apprenant le français (en milliers) et entre parenthèses **% par rapport au total mondial.** MONDE FRANCOPHONE : 36 748 dont France 13 201,3 (18,70), Algérie 3 366 (4,77), Maroc 2 523 (4,05), Cameroun 173 (2,45), Québec 1 515 (2,14), Côte-d'Ivoire 1 437 (2,03), Sénégal 1 281 (1,81), Belgique 1 258 (1,78), Zaïre 1 035,5 (1,47), Tunisie 846 (1,19), Madagascar 820 (1,16), Liban 810 (1,14), Rwanda 768 (1,09), Congo 560 (0,79), Bénin 550 (0,78), Mali 386 (0,55), Centrafr. 344 (0,49), Burkina Faso 311 (0,45), Sud-Viêt-nam 200 (0,29), Gabon 193,5 (0,28), Mauritanie 152 (0,22).

MONDE NON FRANCOPHONE : 18 206 dont U.R.S.S. 2 519 ; Italie 2 137,5 ; All. féd. 1 715,5 ; Égypte 1 516 ; Espagne 1 505 ; U.S.A. 1 135,5 ; Nigeria 1 010 ; Colombie 720,5 ; Portugal 427 ; Brésil 401,5 ; Yougoslavie 345,5 ; Japon 340 ; Corée du S. 253 ; Argentine 246,5 ; Bolivie 235,5 ; Turquie 231,5 ; Suède 222 ; Irlande 195,5.

Taux d'enseignement du français. Enseignés en français (en %) par rapport au nombre total d'enseignés : *Europe* occidentale (France exclue) 20,23, de l'Est 4,9 ; Maghreb 69,67 ; Afrique francophone 75,96, non francophone 2,62 ; Proche et Moyen-Orient 10,74 ; Amér. du N. 13,03 ; Amér. latine et Caraïbes 3,03 ; Asie et Océanie 0,19.

• **Établissements.** 606 établ. de statuts et imp. divers dispensent un ens. conforme aux normes du min. de l'Éducation nat. (horaires, programmes et méthodes). 1) 109 lycées et collèges relevant de la DGRC (Dir. gén. des relations culturelles du ministère des Relations ext.), dont Maghreb 97. 2) 13 relevant d'organismes subventionnés par la DGRC (Alliance française, Mission laïque fr., Alliance israélite universelle). 3) 52 établ. franco-étrangers ou étrangers aidés. 4) 187 écoles françaises de l'étranger gérées par des associations de parents d'élèves et reconnues par l'Éduc. nat.

Établissements français à l'étranger. Total des élèves (dont, entre parenthèses, **élèves français)** en 1983-84. Europe occidentale 32 146 (11 156), de l'Est 1 035 (279) ; Maghreb 31 593 (13 403) ; Afr. francophone 49 560 (21 351), non francophone 4 325 (1 044) ; Proche et Moyen-Orient 12 888 (3 353) ; Amér. du N. 6 973 (2 595) ; Amér. latine et Caraïbes 19 141 (4 824) ; Asie et Océanie 5 074 (2 871) ; *total* 162 735 (60 876).

Enseignants : 9 290 dont : détachés budgétaires 2 832, recrutés localement français 3 995, étrangers 2 463.

Alliances françaises *(1982-83). Comités :* 938. *Villes* [comptant le + d'étudiants (1984)] : Mexico : 13 915 ; Buenos-Aires : 12 498 ; Lima : 10 858 ; Rio de Janeiro : 9 335 ; São Paulo : 8 646 ; Hong Kong : 6 783 ; Lisbonne : 5 470 ; New York : 5 284 ; Bogota : 4 241 ; Séoul : 4 150. *Pays :* Brésil : 33 323 ; Argentine : 28 953 ; Mexique : 23 913 ; Pérou : 15 365 ; Portugal : 13 199. *Élèves 1982-83 :* 241 552 (dont, en %, Amér. latine et Caraïbes 48,9 ; Europe occid. 18,3 ; Asie et Océanie 15,8 ; Afrique fr., non francophone 8,5 ; Europe de l'Est 1,8) ; *1983-84 :* 270 919. **Mission laïque française** (1984-85). *Établissements :* 90. 40 pays dont : établ. affiliés 10, écoles liées par convention 20, écoles d'entreprise 50. *Enseignants :* 1 265 locaux dont 820 recrutés. *Élèves :* 18 537 dont : Français ou bi-nationaux, nationaux 11 318 ; étrangers tiers 2 160. *Répartition par cycle* (%) : maternelle 19,69 ; élémentaire 40,91 ; collèges 28,61 ; lycées 9,57.

• **Instituts et Centres culturels.** Dépendant de la DGRC et sous le contrôle ou la direction des ambassades et de leurs services culturels.

Instituts et centres culturels français. Nombre *1982-83 :* 160, 37 annexes et 4 délégations culturelles. Europe 66, Proche et M.-Orient 19, Afr. du Nord 13, Sud du Sahara 5, Asie-Océanie 13, Amérique 10. *Élèves (1982-83) :* 109 003 dont : Europe occid. : 71 585 ; Afr. du N. : 8 054 ; Proche et Moyen-Orient : 10 490. *Personnel :* 2 509 (dont Français 1 722, étrangers 787).

• **Enseignants.** Env. 20 000 enseignants français exerçant hors de France dont titulaires du min. de la Coop. (pays d'Afr. francophone au Sud du Sahara) 2 829, du min. des Relations ext. 8 177 ; auxiliaires recrutés localement 8 708.

Comparaison. G.-B. 6 200 enseign. à l'étranger + 2 000 volontaires.

Établissements universitaires français à l'étranger

École française de Rome. *Fondée* 20-11-1875 pour accroître l'influence culturelle française après la défaite de 1871. Installée au palais Farnèse puis à la Piazza Navona. *But :* développement et diffusion des recherches sur l'histoire de l'Italie (Antiquité, Rome, Moyen Age, Italie moderne et contemporaine). *Activités :* publications des travaux des membres et directeurs d'études, fouilles et recherches archéologiques. *Organisation :* 1 directeur, 3 dir. d'études (Antiquité, Moyen Age, hist. moderne et contemporaine), 16 membres (2 ou 3 ans en poste) dont 8 (Antiquité), 4 (médiéval), 4 (moderne et contemporain), 120 mensualités de bourses pour 80 à 85 boursiers.

Institut français d'archéologie orientale du Caire. *Fondé* 28-12-1880. *Pensionnaires :* 6.

École française d'Athènes. *Fondée* 11-9-1846 sous le nom d'Éc. fr. de perfectionnement pour l'étude de la langue, de l'histoire et des antiquités gr., réorganisée en 1874 sous son nom actuel, contrôlée par l'Académie des inscriptions et belles-lettres. *Champ des recherches :* tout l'Orient. *Organisation :* 1 directeur, 7 membres (1979) nommés pour 1 an, renouvelables ; 8 pensionnaires.

Casa Vélasquez (Madrid). *Fondée* en mai 1916 par Alphonse XIII pour nouer des relations culturelles privilégiées entre la France et l'Espagne. École française, centre de recherches pour artistes, universitaires, sociologues, géologues, économistes, ethnologues français hispanisants ; bâtiments inaugurés en 1928, reconstruits en 36 et 59. *Membres :* section artistique 13, scientifique 18.

École française d'Extrême-Orient. *Fondée* en 1901. *Domaines :* Inde à Japon, Tibet à Indonésie. Archéologie, épigraphie, philologie, anthropologie, ethnologie, etc. *Sièges successifs :* Hanoi jusqu'en 1954, Phnom Penh, env. d'Angkor, Thaïlande après 1975, Pondichéry (Inde), Paris.

La Recherche

Comparaisons internationales

Dépenses intérieures de recherche et développement en % du P.I.B. (et entre parenthèses par hab. sur la base 100 pour la France en 1983). U.S.A. 2,73 (159). All. féd. 2,57 (123). Japon [1] 2,55 (117). G.-B. [2] 2,46 (102). *France 2,15 (100).* Italie 1,20 (43).

Nota. — (1) D'après les données de source nationale. (2) Chiffres 1981.

Part des entreprises et, entre parenthèses, des administrations dans la dépense intérieure de recherche et développement en 1982 (en %). *Exécution :* U.S.A. 72 (28). All. féd. 70 (30). G.-B. [1] 62 (38). Japon 62 (38). *France 58 (42).* Italie 57 (43). *Financement [2] :* U.S.A. 49 (51). All. féd. 57 (43). G.-B. [1] 44 (56). Japon 64 (36). *France 43 (57).* Italie 50 (50).

Nota. — (1) Données 1981. (2) Hors le financement par l'étranger.

Recherche en France

Principaux organismes

A.F.M.E. (Agence française pour la maîtrise de l'énergie). *Siège :* 27, rue Louis-Vicat, 75015 Paris. *Créée* en mai 1982. Recherches, démonstrations et diffusion dans les domaines suivants : utilisation rationnelle de l'énergie, énergies nouvelles et renouvelables, économies de matières premières et recherche de produits de substitution.

A.N.V.A.R. (Agence nationale de valorisation de la recherche). *Siège :* 43, rue de Caumartin, 75436 Paris Cedex 09. Contribue à valoriser les résultats des lab. de recherche. Assure la promotion de l'innovation et du progrès technologique. Gère et attribue des aides publiques à l'innovation, et instruit les demandes de prêt au titre du fonds industriel de modernisation (F.I.M.). 27 délégations régionales.

B.R.G.M. (Bureau de recherches géologiques et minières). *Siège :* Paris : Tour Mirabeau 39143, quai A.-Citroën, 75015 Paris. Orléans : La Source, av. de Conayr, Orléans. *Effectifs :* 2 200 dont 850 ingénieurs et géologues (1978), 30 agences régionales, filiales ou missions dans 40 pays.

Bureau des Longitudes. *Créé* par la loi du 7 messidor an III (25-6-1795). *Chargé* des perfectionnements de l'astronomie (jusqu'en 1854, il dirigeait l'Observatoire de Paris). *Groupe* des savants éminents dans le domaine de l'astronomie, de la géophysique, de la météorologie, de la navigation, etc. Son service des calculs, réorganisé en 1961, qui comprend une trentaine de chercheurs, constitue un laboratoire de recherches en astrométrie et mécanique céleste. Il publie annuellement : 1) *Connaissance des temps* (dep. 1795), une des éphémérides astronomiques intern. 2) Éphémérides astronomiques *(Annuaire du Bureau des Longitudes* dep. 1795), données scient. et éphémérides. 3) *Suppléments à la connaissance des temps :* éphémérides des satellites naturels des planètes. 4) *Éphémérides nautiques* (dep. 1889), données astron. destinées aux navigateurs. 5) *Éphémérides aéronautiques* (dep. 1935). 6) *Encycl. scientifique de l'Univers* (dep. 1977).

C.E.A. (Commissariat à l'énergie atomique). *Siège :* 31-33 rue de la Fédération, 75015 Paris. *Créé* 1945. Regroupe les recherches sur la physique des particules, l'électronique, le génie nucléaire. Diversifie les domaines d'application (ex. : médecine et biologie). 36 891 personnes dont plus de 9 110 cadres, ingénieurs, chercheurs (1984). *Créations :* Institut de recherche fondamentale, Institut de protection et de sûreté nucléaire, Cie générale des matières nucléaires (COGEMA), filiale à 100 % du C.E.A.

C.N.E.S. (Centre national d'études spatiales). *Siège :* 2, place Maurice-Quentin, 75039 Paris Cedex 01. *Créé* 1961. *Programmes européens en cours :* Ariane, Spacelab, Géos, OTS, Marots, Météosat, Aérosat ; en projet E.C.S. Voir p. 54.

C.N.E.T. (Centre national d'études des télécommunications). *Créé* 1944. Organisme interministériel, centre d'études et de recherches. Ses missions lui confèrent un rôle scientifique et technique. *Siège :* 38-40, rue du Gal-Leclerc, 92131 Issy-les-Moulineaux.

C.N.R.S. *Siège :* 15, quai Anatole-France, 75700 Paris. Centre national de la recherche scientifique. *Créé* 1939, doté de la personnalité civile et de l'autonomie financière. Couvre l'ensemble de la recherche fondamentale. Personnel 25 800 env. dont 12 417 chercheurs et ingénieurs de rech. *Budget :* 8,9 milliards de F en 1986. Effectue la recherche dans ses propres laboratoires, ou en association avec l'univ. ou d'autres établ. publics. Plus de 1 330 laboratoires unités de recherche propres ou associés. 70 % des chercheurs du C.N.R.S. travaillent en univ. 1/3 des chercheurs sont des femmes.

C.S.T.B. (Urbanisme et logement). Centre scientifique et technique du bâtiment. *Siège :* 4, av. du Recteur-Poincaré, 75782 Paris Cedex 16. Établ. public à caractère ind. et com. Recherche dans le domaine du bât. *Budget 1986 :* 128,7 millions de F.

D.R.E.T. (Défense). **Direction des recherches et études techn. de l'armement** (avant 1977 : Dir. des rech. et moyens d'essais).

I.F.R.E.M.E.R. (Institut français de recherche pour l'exploitation de la mer). *Siège :* 66, av. d'Iéna, 75116 Paris. *Créé* en juin 1984.

I.N.R.A. (Agriculture). **Institut national de la recherche agronomique.** *Siège :* 145-147, rue de l'Université, 75007 Paris. *Créé* 18-4-1946.

I.N.R.I.A. (Informatique). **Institut national de recherche d'informatique et d'automatique.** *Siège :* Domaine de Voluceau-Rocquencourt, 78153 Le Chesnay Cedex. *Créé* 1980.

I.N.S.E.R.M. (Santé). **Institut national de santé et recherche médicale.** *Siège :* 101, rue de Tolbiac, 75654 Paris Cedex 13. *Créé* 1964. *Personnel :* 4 444 dont 1 771 chercheurs et 2 673 ingénieurs, techniciens et administratifs.

I.N.R.E.T.S. Institut national de recherche sur les transports et leur sécurité. *Siège :* 2, av. du Gal-Malleret-Joinville, 94114 Arcueil. *Créé* en sept. 85.

O.R.S.T.O.M. (Coopération). **Institut français de recherche scientifique pour le développement en coopération.** *Siège :* 213, rue La Fayette, 75010 Paris. *Créé* 1943. *Personnel :* 2 600.

Universités, Grandes écoles, Collège de France assurent aussi une part importante de la recherche fondamentale.

Statistiques

Effectifs (1983). 298 500 salariés (1,26 % de la pop. active) dont 117 950 chercheurs et ingénieurs de recherche (universités 43 700, entreprises 41 400, services et organismes publics de rech. 31 350, institutions sans but lucratif 1 500).

Dépenses intérieures de recherche et de développement (D.I.R.D.). Ensemble des travaux de R. et D. exécutés sur le territoire (en milliards de F courants et, entre parenthèses, en % du P.I.B.) : *1959 :* 3 (1,15). *67 :* 12,2 (2,16). *71 :* 16,6 (1,91). *75 :* 26,2 (1,80). *78 :* 37,6 (1,76). *79 :* 44,1 (1,81). *80 :* 51 (1,85). *81 [1] :* 62,4 (2,01). *82 :* 74,8 (2,10). *83 :* 84,6 (2,15). *84 [2] :* 95 (2,22).

Nota. — (1) Redéfinition des montants des dépenses de R. et D. (2) Données provisoires.

Effort national de recherche et de développement technologique en 1985 (crédits réellement dépensés, en milliards de F). Défense nationale de recherche et

Brevets

Statistiques

Brevets déposés en 1985. *Br. d'invention* 21 176, *certificats* d'addition et d'utilité 343. Sur 54 796 demandes : *personnes physiques :* étrangères 4,35 %, françaises 20,34. *Morales :* étrangères 42,99 %, françaises 321,30. *Par pays d'origine :* France 12 326, U.S.A. 1 236, All. féd. 10 019, Japon 7 093, Suisse 2 087, G.-B. 3 122, Italie 1 714. *% d'origine étrangère :* U.S.A. 12, All. féd. 11, Japon 8, U.R.S.S. 2, G.-B. 2. *1962-83 :* 892 509 dépôts.

Balance des échanges techniques (en millions de F). *1980 :* 767 ; *81 :* 462 ; *82 :* 933 ; *84 :* 920. *Déficits les plus importants en 1984 :* matériel de traitement de l'information 1 162 ; ind. alimentaires 295 ; prod. chimiques 288 ; matériel électronique 243 ; prod. énergétiques 239 ; parachimie 198. *Échanges les + défavorables avec :* U.S.A. 3 446 ; P.-Bas 361 ; G.-B. 156.

Balance excédentaire pour : études techn.-ingénierie 1 042 ; pneumatiques 457 ; parfumerie 367 ; prod. textiles 247 ; mat. de transport 219 ; marine-aviation-armement 212.

Balance excédentaire avec : pays de l'O.P.E.P. 604, Afr. francophone 396, Japon 333, p. de l'Est 227, Italie 540, Espagne 208.

Quelques adresses

Appareils ou produits. *Institut national de la propriété industrielle,* 26 bis, rue de Leningrad, 75008 Paris. En province 7 centres régionaux et 2 antennes documentaires. Autres correspondants régionaux pour accomplir les formalités : préfectures pour brevets d'invention ; greffes des tribunaux de commerce ou trib. de grande instance statuant commercialement pour le registre du commerce et des Stés, les marques de fabrique de commerce ou de service et les dessins et modèles. Déposer la description détaillée de l'invention (elle doit répondre à 3 critères : technique nouvelle, application industrielle, activité inventive). Taxe de dépôt d'une demande de brevet, de certif. d'utilité ou de certif. d'addition 250 F ; d'avis documentaire, d'av. de nouveauté ou de rapport de recherche 2 650 F ; de délivrance et d'impression du fascicule 560 F. Un brevet peut être maintenu en vigueur 20 ans (non renouvelables) moyennant des annuités s'élevant de 130 F la 1re année à 3 000 F la 20e. Un certificat d'utilité est valable 6 ans moyennant des annuités de 130 F la 1re année à 250 F la 6e.

Audiovisuel. *Sté civile des auteurs multimédia,* 38, rue du Fg-St-Jacques, 75014 Paris. Perception et répartition des droits d'auteurs. Droit d'entrée : 50 F. Cotisation unique : 100 F pour adhésion SCAM-SGDL (voir plus bas).

Créations artistiques applicables à l'industrie (objets, formes, créations publicitaires, dessins, titres de créations ou d'activités). *Sté de la propriété artistique et des dessins et modèles* (SPADEM), 12, rue Henner, Paris 9e. Adhésion et cotisation annuelle : 190 F pour toute personne non inscrite au R.C., 610 F pour tout groupement ou Sté inscrit au R.C.

Musique, poèmes, sketches. *Sté des auteurs compositeurs et éditeurs de musique* (SACEM), 225, av. Charles-de-Gaulle, 92521 Neuilly. Adhésion : 500 F. Cotisation par répartition : 31 F pour les auteurs et compositeurs ; 47 F pour les éditeurs.

Littérature. *Sté des gens de lettres de France,* 38, rue du Fg-Saint-Jacques, Paris 14e. Défense professionnelle, conseils juridiques, action culturelle. Adhésion : *50 F.* Cotisation annuelle : *100 F.*

Œuvres dramatiques, dramatico-musicales et chorégraphiques, au théâtre, au cinéma, à la radio, à la télévision. *Sté des auteurs et compositeurs dramatiques.* 11 *bis,* rue Ballu, 75442 Paris Cedex 09. *But :* perception et répartition des droits d'auteurs, promotion du répertoire français, défense des auteurs. Adhésion : *100 F.* Cotisation : *50 à 100 F.*

Fédération nat. des associations françaises d'inventeurs, 79, rue du Temple, 75003 Paris.

Syndicat nat. des chercheurs et usagers de la propriété industrielle et intellectuelle (SNCUPI), 183, rue Paradis, 13006 Marseille.

de développement (D.N.R.D.) : 104 (estim.). Effort public (hors entreprises nationales) : D.N.R.D. : 59 env. Effort des entreprises 45,5 (hors T.V.A.) dont entreprises privées et organismes professionnels 21,2, entreprises nationales 24,3.

Financement budgétaire (public) de la recherche en 1986 et, entre parenthèses, 1985 (en milliards de F et en AP + DO). *Budget civil de recherche et de développement technologique :* 43,8 (39,6). Hors B.C.R.D. : 37,4 (34,6) dont P.T.T. 3,9 (3,5), recherche universitaire 6,9 (6,7), rech. militaire [1] : 25,7 (23,6), autres 0,8 (0,7).

Nota. — (1) Estimations pour 1986, données prov. pour 1985.

Crédits totaux des principaux organismes publics de recherche en 1986 (loi de finances initiale : autorisations de programme + dépenses ordinaires, en millions de F). C.N.R.S. 8 950,8. C.E.A. 7 044. C.N.E.S. 4 847,5. Fonds de la recherche 1 071. I.N.R.A. 2 232,9. I.N.S.E.R.M. 1 620,6. O.R.S.T.O.M. 712,6. C.I.R.A.D. 502,7. I.F.R.E.M.E.R. 811,7. A.F.M.E. 348,7. A.D.I. [1] 235. A.N.V.A.R. 1 146. I.R.I.A. 248. Institut Pasteur Paris 225,5, Lille 18,6. B.R.G.M. 187,4.

Nota. — (1) Agence de l'Informatique.

Crédits totaux consacrés aux programmes de développement technologique en 1986 (loi de finances initiale, en millions de F). Dép. ordinaires + autorisations de prog. : programme électronucléaire 3 098,6 ; espace 3 776,5 ; aéronautique civile 2 684,7 [1] ; domaine océanique 1 124,4.

Nota. — (1) Autorisations de prog. seulement.

Nombre de chercheurs et scientifiques par million d'habitants (1980). *Source :* Unesco. Pays développés 2 600 ; p. en développement 100 (Asie, Japon compris 355, Amér. latine 179, Afrique 77).

% de chercheurs par rapport à la population active (pour mille) en 1982. Japon 7 [1] ; U.S.A. 6,4 ; All. féd. 4,7 [2] ; G.-B. 3,6 [2] ; *France 3,3 ;* Italie 2,3.

Nota. — (1) En personnes physiques et non en équivalent plein temps. (2) Données 1981.

Budget mondial de la recherche. En %. *Source :* Colin Norman. Militaire 24, recherche 15, espace 8, énergie 8, santé 7, informatique 5, transport 5, pollution 5, agriculture 3, divers 20.

Ministère de la Recherche et de l'Enseignement supérieur. Les attributions en matière de politique nationale de recherche et de technologie sont exercées depuis mars 1986 par un ministre délégué auprès du ministre de l'Éducation nationale, également chargé de l'Enseignement supérieur.

> **Déficit de fonctionnement du Musée de la Villette** (1985) : 600 à 700 millions de F (soit 1,5 % du budget civil de recherche). *Subvention* (1986) : 545 millions de F (C.N.E.S. 670). *Effectifs totaux* (1985) : 874.

Syndicats et organisations

Principaux syndicats étudiants

• **C.E.L.F. (Collectif des étudiants libéraux de France).** 20, bd du Montparnasse, 75015 Paris. *Fondé* en octobre 1978. *Adhérents :* env. 9 500. *Pt :* François Raffray, proche des jeunes giscardiens. Implanté dans toutes les villes universitaires. *Publication :* L'Horizon (mens.).

• **Comités d'action républicaine-Étudiants.** 103, rue de Réaumur, 75002 Paris. *Fondés* 3-9-1981. *But :* promouvoir, face à l'idéologie marxiste, une vue du monde reposant sur l'Homme libre et responsable et sur l'enracinement. *Adhérents* (1984) 3 000. *Pt :* Philippe Comte (n. 3-6-54).

• **C.N.E.F. (Confédération nat. des étudiants de France).** *Fondée* mars 1982 [fusion du Comité de liaison des ét. de Fr. (C.L.E.F.) et de la Féd. nat. des ét. de Fr. (F.N.E.F. fondée 1961)]. 120, rue N.-D.-des-Champs, 75006 Paris. Modéré, attaché au non-alignement politique et à la liberté syndicale. Implantée surtout dans les établ. où dominent ét. médicales et juridiques. Regroupe A.N.E.F. (Ass. nat. des ét. de Fr.), A.N.E.M.F. (Ass. nat. des ét. en méd. de Fr.), A.N.E.P.F. (Ass. nat. des ét. en pharm. de Fr.), F.N.A.G.E. (Féd. nat. des ass. des él. des grandes écoles), U.N.E.C.D. (Union nat. des ét. en chir. dent.), U.N.E.D.E.S.E.P. (Union nat. des ét. des éc. sup. de Paris), U.N.E.L. (Union nat. des ét. libéraux). 4 sièges au C.N.E.S.E.R. *Pt :* Thierry Le Prince. *Adhérents :* 5 000 à 10 000. *Publication :* Option (100 000 ex.).

• **F.N.A.G.E. (Féd. nat. des associations en grandes écoles).** 18, rue Dauphine, 75006 Paris. *Créée* 1961 après une scission de l'U.G.E. Modérée. *But :* défendre l'indépendance des Grandes Éc. *Adhérents :* 47 associations. *Pt :* Olivier Buquen (n. 15-6-64).

• **M.J.L.E. (Mouvement des jeunes pour la liberté de l'enseign.).** *Fondé* 1978 pour défendre l'enseign. libre. *Adhérents :* env. 4 000.

• **P.S.A. (Pour un syndicalisme autogestionnaire).** 5, rue Mayran, 75009 Paris. *Fondé* sept. 1982 pour développer un véritable syndicalisme étudiant indépendant. Proche de la C.F.D.T. Publications : la Lettre de PSA (hebd.) et Temps forts.

• **Renouveau étudiant.** Branche étudiante du Renouveau nationaliste, *fondé* 1981 par les dirigeants du GUD (Groupe union-défense) liés au Parti des forces nouvelles (P.F.N., extrême droite). Actuellement à Paris, Lyon, Bordeaux, Toulouse. *Pt nat. :* Cyril Gauthier. *Élus* 53, *membres* env. 1 000. *Buts :* regrouper les idées du nationalisme et contrer sur le terrain culturel toutes les formes de marxisme.

• **U.E.C.F. (Union des étudiants communistes de France).** 19, rue Victor-Hugo, 93177 Bagnolet Cedex. *Créée* 1957. Membre du M.J.C.F. [Mouvement de la Jeunesse Com. : lutte avec les ét. pour construire un socialisme à la française (autogestionnaire et démocratique)]. *Adhérents :* 13 000 organisés en cercles dans chaque U.E.R., I.U.T., Grande École, Cité Universitaire. *Publication :* Clarté (11 000 ex.).

• **U.G.E. (Union des grandes éc.).** 37, rue Ballu, 75009 Paris. *Pt :* Fabrice Lecomte. Organisation syndicale. *But :* rassembler tous les étudiants, sans discrimination politique, philosophique ou religieuse. *Adhérents :* 4 000. *Publications :* la Marmite (15 000 ex., trim.), Grandes Écoles (1 000 ex.).

• **U.N.E.F. (Solidarité étudiante) (Union nat. des étudiants de France).** 72, rue de Clichy, 75009 Paris. *Née* de la scission de l'U.N.E.F. le 10-1-1971. Bureau National : 32 m. *Pt :* Régis Piquemal. *Adhérents :* 40 000. *Publications :* le Nouveau Campus, l'UNEF-inform, le Bulletin de liaison des élus.

• **U.N.E.F. Indépendante et Démocratique.** 55, bd de Strasbourg, 75010 Paris *Pt :* Philippe Darriulat. **Origine. 1907.** *Union nationale des associations générales d'ét. de France* (U.N.E.F.) fondée à Lille. **1933.** Reconnue d'utilité publique. **1955-56.** L'Union gén. des ét. musulmans d'Algérie (U.G.E.M.A.) quitte l'U.N.E.F. **1957.** 17 autres A.G. en font autant au Congrès de Paris. **1958.** Unification réalisée. **1960.** Le gouv. supprime la subvention de l'U.N.E.F. en raison de son attitude devant le problème algérien. **1968** (mai). Participe au mouvement étudiant avec Jacques Sauvageot. **1971.** Éclatement entre partisans et adversaires de la participation universitaire, en fait entre les militants procommunistes, tendance Renouveau, et les militants proches de l'O.C.I. (Organisation communiste internationaliste), tendance unité syndicale. En mai, les administrateurs judiciaires estiment qu'en droit et en fait il n'y a plus d'U.N.E.F. puisque celle-ci n'a pas soumis ses modifications de statut en tant qu'association (ce n'est pas un syndicat à caractère revendicatif ou politique) aux ministères de tutelle (Intérieur et Éd. nationale). **1975** *(mai).* Dep. cette date, s'y retrouvent la plupart des mouvements « gauchistes ». A mené une campagne vigoureuse pour le boycottage des élections et contre la participation aux conseils. Les principaux syndicats modérés se regroupent dans le C.L.E.F. (Comité de liaison des ét. de France). **1981.** Fusion entre l'U.N.E.F., Unité Syndicale, les autogestionnaires du M.A.S. (Mouvement d'action syndicale) et les socialistes du C.O.S.E.F. (Collectif pour un syndicat des étudiants de France) et les indépendants des Offices Corpos à la suite d'un congrès de réunification (3/5-5-1980).

Organisation. *Union d'associations gén. Commission administrative :* 51 m. *Bureau nat. :* 21 m. Regroupe tous les étudiants sans distinction d'appartenance politique, philosophique ou religieuse. 5 tendances déclarées. A passé un protocole d'accord avec la Mutuelle nat. des étudiants de Fr. Membre fondateur de l'A.I.E. (Association intern. des étudiants), en liaison notamment avec le N.Z.S. (Syndicat indépendant des étudiants polonais).

Élections *1986 :* majoritaire aux élections au conseil d'administration des universités avec 36 %, U.N.E.F. Solidarité étudiante 23 %, U.N.I. 7,6 %, C.E.L.F. 2,7 %, P.S.A. 2 %, les Indépendants 10 %, les corpos 11,5 % et divers 7,4 %. Associée au 1er congrès du Syndicat lycéen (déc. 1981). *Publications :* Étudiants de France, U.N.E.F. " Inform ", la Lettre aux amis de l'U.N.E.F., la Lettre aux élus de l'U.N.E.F., les Dossiers de l'U.N.E.F.

• **U.N.I. (Union nat. inter-univ.).** 8, rue de Musset, 75016 Paris. *Créée* 1969. « Regroupe tous ceux (enseignants, lycéens, étudiants et autres personnes intéressées par la vie de l'univ.) qui entendent soustraire celle-ci à l'emprise communiste et gauchiste pour la mettre au service de la nation. » *Pt :* François Deloffre. *Publications :* l'Action universitaire (45 000 ex.), Vie étudiante (10 000 ex.), le Lycéen libéré, Bulletin Inter-Grandes Écoles, les Dossiers de l'U.N.I.

Résidents universitaires

• **F.E.R.U.F. (Féd. des ét. en résidence univ. de France).** Rés. univ., 55, bd de Strasbourg, 75010 Paris. *Fondée* 1975. Associée à l'U.N.E.F. indép. et démocratique. 208 sièges aux élections des conseils de résidences univers. (1984). *Adhérents :* 12 000. *Pt :* Agnès Pron. *Publication :* le Résident (20 000 ex.).

• **F.R.U.F. (Féd. des résidences univ. de Fr.).** Rés. univ. Jean-Zay, 92160 Antony. *Fondée* 1964, à la suite d'une grève de loyer. 1re organisation socio-culturelle à l'univ. *Pt :* Didier Reverte (n. 1-4-1961). *Adhérents :* 13 000 + 22 000 adh. de clubs divers. *Publications :* Cité U (60 000 ex.) et l'Ouvre-Boîte (Bulletin de liaison des Associations de France) ; Droit de Cité (journal des élus au Conseil de Résidence). Élections aux « Conseils de Résidences » (1983-84) : la F.R.U.F. obtient 382 sièges sur 675.

Syndicats lycéens

• **Coordination permanente lycéenne.** 76, rue Julien-Lacroix, 75020 Paris. *Créée* mai 1979. *Organisation :* comités de lycée, bureaux de ville, de région. Bureau nat. *Buts :* satisfaire les revendications des lycéens concernant les conditions de vie et d'étude (25 élèves par classe, conseils de classe publics, foyers socio-éducatifs autogérés par les élèves) ; obtenir le droit pour les lycéens de gérer lycées, L.E.P. et C.E.S. *Adhérents :* 1 000-1 500. *Publications :* Effervescences lycéennes (2 500 ex.), les cahiers du syndicalisme autogestionnaire (800 ex.).

• **Syndicat lycéen.** 55, bd de Strasbourg, 75010 Paris. *Fondé* mai 1981 par l'U.N.E.F. Indép. et démocr. *Secrétaires nat. :* T. Toussaint, S. Papp. Congrès annuel. *But :* défense des intérêts matériels et moraux des lycéens. *Adhérents :* 7 500. *Publication :* Bulletin du Syndicat lycéen (plusieurs milliers d'ex., mensuel).

• **U.N.C.A.L. (Union nat. des comités d'action lycéens).** 7, rue Louis-Blanc, 92240 Malakoff. *Créée* après 1968 à partir des Comités d'action lycéens (voir Quid 1980). Proche des comm. puis évolution vers l'apolitisme. *Adhérents :* env. 50 000 regroupés en 150 comités (rég. par., N., S.-E.). *Pt :* Laurent Brisson, *secr. gén. :* Philippe Lattaud. *Publications :* Albert, le Journal de tous les lycéens, l'Élu des lycéens.

Syndicats enseignants

• **A.F.E.F. Assoc. française des ens. de français.** 101, bd Raspail, 75006 Paris. *Fondée* 1967 sous le sigle A.F.P.F. Regroupe 5 000 ens., de la maternelle à l'univ. Membre de la Féd. int. des prof. de français (F.I.P.F.). *Publication :* le Français aujourd'hui (trim.).

• **Assoc. française des psychologues scolaires.** 9, allée Brahms, la Croix-St-Jacques, 91410 Dourdan. *But :* défense et promotion de la psychol. scol. *Pt :* Jean-Claude Guillemard. *Publication :* Psychologie scolaire (trimestriel).

• **C.N.G.A. Conféd. nat. des groupes autonomes de l'ens. public.** 11, rue de Provence, Paris 9e. *Fondée* 20-6-1968. Hostile à la politisation des principaux synd. d'ens. Fondée sur le respect de la neutralité de l'ens. et l'élaboration d'une réforme basée sur un 1er cycle à vitesse variable, et un 2e cycle avec un ens. progressivement optionnel aboutissant à un bac par matière. Enseignants ou non, de la maternelle aux classes post-bac. *Groupes autonomes :* 1 100. *Pt :* Bernard de Cugnac. *Adhérents :* 15 000 m. du personnel du min. de l'Éducation nationale. *Publication :* Université autonome.

(Information)

• **C.S.E.N. Conféd. synd. de l'éd. nat.** *Siège :* 2, rue de Lancry, 75010 Paris. *Créée* 5-1-1984. Rassemble 6 synd. indépendants : la F.N.S.A.E.S.R., le S.N.A.L.C., l'U.S.N.E.F., le S.N.P.A.L.E.S., l'U.S.N.A.E.N. et le S.N.A.C.E.M. (conservatoires et écoles de musique). *Objectifs :* prééminence de l'effort par rapport au laxisme, de l'acquisition des connaissances par rapport à la fantaisie éducative. *Secr. gén. :* Jean Bories (2-6-33). *Adhérents :* 35 000. *Publication :* Temps Futur.

• **Féd. des délégués départementaux de l'Éd. nat.** 124, rue Lafayette, Paris 10ᵉ. *Fonctions :* contrôle des bâtiments scolaires (équipement, entretien, sécurité, etc.), des éc. élém. et matern., publ. et privées ; liaison entre éc. et municipalité, entre usagers et administr. ; animation, création des œuvres ou équipements complémentaires de l'éc., responsabilité du concours des écoles fleuries ; réflexion et information sur l'éc. et l'éducation, lancement et publications d'enquêtes annuelles. *Pt :* Jean Vanrullen. *Secr. gén. :* Christiane Mousson. *Adhérents :* 42 000. *Publication :* le Délégué de l'Éd. nat. (45 000 ex., trim.).

• **F.E.N. Féd. de l'Éducation nationale. Généralités.** 48, rue La Bruyère, 75009 Paris. Regroupe 51 syndicats dont S.N.I.-P.E.G.C. ; S.N.E.T.A.A. (Synd. nat. de l'ens. technique-collèges) ; S.N.E.S. ; S.N.E.-Sup. ; S.N.A.-E.N. (Synd. nat. des agents de service) ; S.N.A.U. (administration univ.), agents de l'Éd. nat., personnel de direction, de gestion et d'admin. des établ. scol., personnel de la recherche et de la cult. *Adhérents :* 450 000 dépendant de 9 min. ou secrét. d'État. Seule centrale synd. fr. unitaire. A refusé la scission entre C.G.T. et F.O. en 1947-48. *Secr. gén. :* Jacques Pommatau (n. 1932). *Publication :* l'Enseignement public (bimensuel). 5 tendances se retrouvent dans la plupart de ses principaux syndicats.

TENDANCES : 1°) *Unité, indépendance et démocratie,* proche des socialistes. Héritière des « autonomes » de 1949, dirige la fédération depuis lors. A obtenu 60,28 % des mandats au congrès de 85. Majoritaire aussi dans les syndicats des instituteurs, des prof. de collèges techn. et d'un grand nombre de synd. moins importants. Contrôle aussi le synd. des agents, partisan de la « négociation » (la grève étant le recours ultime), influencé par le Synd. des instituteurs dans lequel il est majoritaire.

2°) *Unité et action,* proche des communistes. Tendance cégétiste. Majoritaire dans les synd. de l'ens. secondaire, des prof. d'éc. normales, des ens. supérieurs, des prof. d'éd. phys. : 31,66 % en 1985. Certains militants socialistes viennent de l'ancienne Convention des institutions rép. Critique l'isolement de la F.E.N. par rapport aux 2 confédérations C.G.T. et C.F.D.T.

3°) *École émancipée,* comprend des syndicalistes révolutionnaires et des trotskistes de l'ex-Ligue communiste : 5,14 % en 1985. La plus ancienne tendance organisée dans la Féd. (la revue qui porte son nom a été créée en 1901). Appelle les enseignants à « lutter avec la classe ouvrière », s'oppose aux méthodes d'action de la majorité, jugées trop modérées, et à un syndicalisme jugé trop « bureaucratique ».

4°) *Front unique ouvrier,* comprend trotskistes-lambertistes du P.C.I. (Parti Communiste internationaliste), séparés de l'Éc. émancipée en 1969 : 1,82 % en 1985. Défend l'unité de la F.E.N. et l'ens. public laïque.

5°) *Éducation et Autogestion,* proche du P.S.U., créée après 1968 : 0,83 % en 1985. Hostile à l'autonomie de la F.E.N. et aux tendances, partisan d'un front syndical avec C.G.T. et C.F.D.T., et de l'autogestion. Dep. 1978, n'est plus représentée dans les instances féd., mais seulement dans certains synd. nat. de la F.E.N.

• **F.E.R.C.-C.G.T. Féd. C.G.T. de l'éd., de la recherche et de la culture.** 263, rue de Paris, 93100 Montreuil. *Fondée* 1945. Regroupe le synd. des ens. des C.E.T., des personn. techniques, adm. et de service de l'Éd. nat., de la Culture, de la Recherche, des personnels de l'A.F.P.A. et de l'ens. privé, du personnel ouvrier du C.R.O.U.S., du secteur socio-éducatif M.J.C., A.J., C.E.M.E.A., F.J.T., Ligue de l'ens., U.C.P.A. et diverses assoc. *Secr. gén. :* Joël Hedde. *Adhérents :* 50 000. *Publication :* le Lien.

• **F.N.E.C.-F.O. Féd. nat. de l'éd. et de la culture Force Ouvrière.** 4, bd de Strasbourg. 75010 Paris. *Créée* 1948. Regroupe divers syndicats F.O. : instit., directeurs d'école, prof. des lycées et collèges, recherche et ens. sup., personnels d'adm. et de service, cités univ., A.F.P.A., éd. surveillée, ens. privé, personnels des aff. cult., personnels adm. des services extérieurs de l'E.N., éd. et adm. du minist. de la Justice, prof. d'E.N.N.A., personnels du sport scolaire. *Secr. gén. :* Jean-Pierre Cambot. *Adhérents :* 55 000. *Publication :* Formations.

• **F.N.E.P.L. Féd. nat. de l'enseign. privé laïque.** *Fondée* 1950. Organisme représentatif de l'enseign. privé hors contrat. Adhère à l'Union nat. des assoc. des prof. libérales (U.N.A.P.L.) et à la Féd. eur. des écoles (F.E.D.E.). *Pt :* Gaston Dutilleul, Pt de la Féd. eur. des écoles. *Pt-fondateur :* Marie-Louise Moreau. *Secr. gén. :* Jackie Roche.

• **F.N.S.A.E.S.R. Féd. nat. autonomes des synd. de l'ens. supérieur et de la recherche.** 18, rue du Docteur-Roux, Paris 15ᵉ. *Fondée* 1948. Regroupe 18 synd. représentant ens. des diverses disciplines et personnels non ens. et chercheurs des univ., grandes éc. et grands établiss. Recrute surtout parmi les prof. Juge sévèrement les lois Faure et Savary et toutes les mesures prises dep. 1981. *Pt :* Roland Drago (droit, Paris). *Secr. gén. :* Jean Bastié (géographie, Sorbonne). *Adhérents :* 10 000. *Publication :* bulletin bimestriel.

• **M.E.L. Mouvement des enseignants libéraux.** 25, quai Voltaire, 75007 Paris. *Créé* 1978 par Dominique Ambiel et Daniel Houlle. N'est ni un syndicat ni un parti pol. Veut restaurer dans le corps enseignant un climat de tolérance et de pluralisme des idées. Dirigé par un collectif national (25 m.). *Pt :* Daniel Houlle. *Secr. gén. :* Dominique Ambiel (n. 6-6-1954). *Adhérents :* 4 021.

• **S.C.E.N.R.A.C. Synd. C.F.T.C. de l'éd. nat., de la recherche et des affaires culturelles.** 13, rue des Écluses-Saint-Martin, 75483 Paris Cedex 10. *Fondé* 1964. Apolitique. *Membres :* ens. (des éc. aux univ.) des diverses disciplines et non-ens. (personn. admin., technique, ouvrier, de service, médico-social, biblioth., etc.) y compris de la culture (architecture, archives, musées, mobilier nat., manuf. nat., patrimoine, etc.) et de la recherche (C.N.R.S., Curie, I.N.R.A., etc.). *Pt :* Pierre Boisard. *Secr. gén. :* Nicole Prud'homme. *Publication :* S.C.E.N.R.A.C.-Information.

• **S.G.E.N.-C.F.D.T. Fédération C.F.D.T. des syndicats généraux de l'Éd. nat. et de la recherche publique.** 5, rue Mayran, 75442 Paris Cedex 09. *Fondée* 1937. Regroupe, dans des syndicats sur une base géographique et professionnelle, tous les personnels de l'Éducation nat. (ens. et non-ens.) et de la Recherche sc. *But :* reconnaissance de la fonction spécifique de psychol. au sein de l'Éducation nationale. 3ᵉ organisation de la C.F.D.T. par le nombre des adhérents. Élections aux C.A.P. des personnels enseignants et d'éducation du 1ᵉʳ degré : 12,9 % des voix ; 2ᵉ degré : 15 % ; C.E.P. des enseignants du sup. 25 %. Majoritaire dans la recherche publique (C.N.R.S., I.N.S.E.R.M.). Seul syndicat des inspecteurs d'apprentissage. *Secr. gén.* (dep. 1986) : Jean-Michel Boullier. *Adhérents :* 36 000. *Publication :* Syndicalisme universitaire (45 000 ex.).

• **S.N.A.D.E. Syndicat nat. autonome des directrices et directeurs d'école.** 10, rue Paul-Baudry, 75008 Paris. *Fondé* 24-10-1979. Affirme la spécificité du métier de directeur, refuse gestion tripartite et projets d'établ. Dénonce l'unicité du maître et la polyvalence de l'Équipe. *Secr. gén. :* Michel Vergnaud. *Adhérents :* 3 000. *Publication :* Bulletin national (25 000 ex., trim.).

• **S.N.A.L.C. Syndicat nat. des lycées et collèges.** 5, rue Las-Cases, Paris 7ᵉ. *Fondé* 21-4-1905 sous le nom de « Fédération nat. des prof. de lycées de garçons et de l'enseignement sec. féminin ». Prend son nom le 15-7-1937. Personnels d'ens. de gestion, d'éd., d'E.P.S., d'A.S.U., d'orientation et de surveillance dans les lycées et collèges class., modernes, techn., agr. et les écoles normales. Représenté dans les commissions paritaires académiques et nationales et les principaux organismes consultatifs du min. de l'Éd. nat. Libéral, s'oppose à une conception totalitaire de l'éducation, indépendant de tout parti politique. Membre de la Confédération syndicale de l'Éduc. nat. (C.S.E.N.). *Pt :* Jean Bories (n. le 2-6-1933) dep. le 29-3-1980. *Nombre d'élus :* nationaux 20, académiques 304. *Adhérents :* env. 15 000. *Publications :* la Quinzaine universitaire (20 000 ex., bimensuel), S.N.A.L.C.-Actualité (bimens.).

• **S.N.C. Synd. nat. des collèges.** 13, av. de Taillebourg, Paris 11ᵉ. *Fondé* 1960. Regroupe toutes les catégories de professeurs, les principaux, principaux-adjoints, conseillers d'éducation et personnels de surveillance (MI-SE) des collèges de l'enseignement public. Élections profess. (3-12-84) : P.E.G.C. : 28,2 % ; principaux-adj. de collège : 48,3 % ; principaux de collège : 15,3 %. Autonome. *Secr. gén. :* André Zilber. *Adhérents :* 35 000. *Publication :* Bulletin mensuel.

• **S.N.E.S. Synd. nat. des ens. du second degré class., mod., techn.** 1, rue de Courty, 75341 Cedex 07. *Créé* 3-4-1966 [fusion de l'ancien S.N.E.S. (Synd. nat. de l'ens. sec. formé en 1944 et issu du S.P.E.S. (Synd. du personnel de l'ens. sec.) et du S.N.E.T. (Synd. nat. de l'ens. techn.)]. Élections (juin 1985) : Unité et Action 70,21 %. Unité pour l'ind., la démocratie et la rénovation du S.N.E.S. 16,34 %, École émancipée et Rénovation synd. 11,28 %, Indépendance syndicale et Unité 2,16 %. Commissions paritaires nationales des personnels du second degré : 33 sièges sur 58 à pourvoir (déc. 84). *Élections :* tous les 2 ans. *Secr. gén. :* Monique Vuaillat. *Adhérents :* 73 000 (juillet 85). *Publications :* l'Université syndicaliste (110 000 ex., hebd.), le Courrier de S1 (bimens.), Degrés (mens.).

• **S.N.E.S.-Sup. Synd. nat. de l'ens. supérieur.** 78, rue du Faubourg-St-Denis, Paris 10ᵉ. *Créé* 1935. Regroupe les enseignants du supérieur, universités, I.U.T., grandes écoles, unités d'arch., grands ét. Au congrès (1985), la tendance Action syndicale a obtenu 74,18 % des voix (1979 : 64,1 %) ; courant proche des socialistes 13 % ; École émancipée 6,29 % ; courant animé par des trotskistes du PC intern. 3,17 %. *Secr. gén. :* Pierre Duharcourt (n. 1941). *Adhérents :* 74 000.

• **S.N.E.T.P.-C.G.T. Synd. nat. des ens. techniques et professionnels.** 12, promenée Venise-Gosnat, Ensemble Jeanne-Hachette, 94200 Ivry-sur-S. *Fondé* 1944. Regroupe des personnels d'enseignement, d'éducation, de direction, de surveillance du cadre des lycées d'enseign. profess. dans les sections d'éd. spécialisée, les éc. nat. de perfectionnement, les centres de formation des conseillers d'éd., les éc. norm. nat. d'apprent. et les lycées d'ens. prof. *Secr. gén. :* Michèle Baracat (18-10-50). *Adhérents :* 13 000. *Publication :* le Travailleur de l'ens. technique.

• **S.N.I.-P.E.G.C. Synd. national des instituteurs et professeurs d'enseignement général de collège.** 209, bd Saint-Germain, Paris 7ᵉ. *Fondé* 1921. Regroupe 75 % des instituteurs et prof. d'ens. gén. des collèges. *Tendances :* Unité, indépendance et démocratie, 58,8 % des voix aux récentes élections du bureau national ; Unité et action 31,2 % ; École émancipée 5,7 % ; Front unique ouvrier 3,5 % ; Syndicalisme vivant 0,68 %. *Secr. gén. :* Jean-Claude Barbarant (15-9-1940). *Adhérents :* 219 000. *Publication :* l'École libératrice (276 000 ex., hebdomadaire).

• **S.P.E.N. Synd. nat. des psychologues de l'éd. nationale.** 16, chemin de Chelles, 77270 Villeparisis. *Créé* juin 1975. *Secr. gén. :* Janine Delorme. *Membres :* majorité des psychol. scolaires en exercice. *Publication :* bulletin bimestriel.

• **U.S.N.E.F. Union synd. nat. des enseignants de France.** 69, rue de Rochechouart, Paris 9ᵉ. *Créée* 24-9-1962 par des dissidents du S.N.I., qui reprochaient à leur syndicat des positions pol. partisanes. A fusionné en 1973 avec le Synd. gén. de l'ens. public, créé 1970. Membre de la Confédération syndicale de l'Éducation nationale (C.S.E.N.). L'U.S.N.E.F. s'obstine à maintenir le syndicalisme enseignant, l'éc. publique, ses élèves et ses maîtres éloignés de tout engagement partisan idéologique, pol. ou religieux. Regroupe des inst., directeurs d'éc. Représentée dans les organismes paritaires du personnel. *Secr. gén. :* Robert Bonbonnelle. *Adhérents :* 10 000. *Publications :* la Voix des ens., l'Éc. Française (50 000 ex., mensuel). Édition nationale + éditions régionales et départementales.

Mouvements de parents d'élèves

• **F.C.P.E. Féd. des conseils de parents d'él. des écoles publiques.** Ex-fédération CORNEC. 108/110, av. Ledru-Rollin, 75011 Paris. *Fondée* 1946. Rassemble env. 750 000 familles, près de 208 000 délégués dans les conseils d'éc. et conseils d'établ. (élém. et sec.) où elle détient la majorité des sièges. A obtenu 1 524 331 voix (50,86 %) en 1984. Regroupe plus de 18 000 conseils locaux. *Buts :* propager et défendre l'idéal laïque, promouvoir un service nat. public d'éducation, gratuit, respectueux de toutes les familles de pensée et soucieux d'apporter à chacun des élèves le plus complet épanouissement de sa personnalité et les meilleures chances d'insertion sociale. *Pt :* Jean Andrieu (n. 27-11-1933) dep. mai 1980 ; avant : Jean Cornec (n. 7-5-1917). *Publications :* Pour l'enfant... Vers l'homme (250 000 abonnés), la Famille et l'École (30 000 abonnés) ; revue pour les militants.

• **F.F.N.-E.A.P. Féd. familiale nat. pour l'enseign. agricole privé.** 277, rue St-Jacques, 75005 Paris. *Fondée* 1956. Membre du C.N.E.A.P. (Conseil nat. de l'ens. agricole privé). *Pt :* Henri Bureau (n. 10-3-1937). *Adhérents :* 35 000. Regroupe les 277 associations des Établ. d'enseign. agricole privés catholiques.

• **F.N.A.P.E.e.p. Féd. nat. des assoc. de parents d'élè-**

ves de l'ens. public. 27, rue du Faubourg-Poissonnière, Paris 9e. *Fondée* 1932. Représente des parents du cycle préélémentaire au sup., de l'ens. techn., agr. et prof. Réunit 180 associations, 35 000 adh. Travaille pour un enseignement de qualité et pour la promotion de l'ens. technol. et prof. Les associations ont toute liberté d'appréciation et autonomie d'actions. Elles accueillent les jeunes, la F.N.A.P.E. est sans attache politique, syndicale, gouvernementale ; elle informe les familles, coordonne les actions et défend les intérêts éducatifs des enfants. *Pt d'honneur :* Léon Giraudeau (13-1-1920), Jacques Demaret (25-5-1937). *Pt gén. :* Hugues Devillaire (2-6-1940). *Publications :* Parents d'élèves (trim.), lettre mensuelle.

● **P.E.E.P. Féd. des parents d'él. de l'ens. public.** 89-91, boulevard Berthier, Paris 17e. *Fondée* 1905, par Paul Gallois. Rassemble + de 3 500 associations et 28 unions rég., 450 000 adhérents pour les 1er et 2e degrés, large représentativité dans les établ. de l'ens. agricole, sup., franç. à l'étranger avec des secteurs spécifiques (U.F.A., P.E.E.P.-SUP. et U.F.A.P.E.). A obtenu 31 % des voix aux élections des délégués des parents d'él. (1984). *Principes :* primauté de la famille en matière d'éducation ; attachement à l'école publique avec laïcité ouverte. *Pt :* Jacques Hui [avant J.-M. Schléret (n. 11-8-41) dep. mai 80 (avant : Antoine Lagarde)]. *Secr. gén. :* Guy Dupont. *Dir. gén. :* Jean-Jacques Gentil. *Publications :* la Voix des parents (bimestriel pour adhérents) ; PEEP-Info. (pour responsables).

● **U.N.A.A.P.E. Union nat. des assoc. autonomes de parents d'élèves.** 5, rue Barthélemy, 75015 Paris. *Fondée* juin 1968. Env. 60 000 adhérents. A obtenu 2,3 % des voix en 1985 dans le secondaire et 1,6 % dans le primaire. *Buts :* qualité de l'ens., neutralité politique dans les activités pédagogiques, prééminence de la fam. en matière d'éd., promotion des valeurs morales et civiques, liberté de choix du système scolaire. *Pt :* Roland Motais de Narbonne (n. 15-8-1933). *Publications :* Présence des parents 4 fois par an ; U.N.A.A.P.E.-Information (mensuel de liaison entre l'organisation nationale et les bureaux des associations locales).

● **U.N.A.P.E.L. Union nat. des assoc. de parents d'él. de l'ens. libre.** 277, rue St-Jacques, Paris 5e. *Fondée* 1930. Regroupe 860 000 familles et 2 000 000 d'él. scolarisés dans 10 000 établ. privés sous contrat. *Pt :* J.-A. Vaujour. *Publications :* la Nouvelle Famille éducatrice (876 000 ex., mensuel) ; le Bulletin d'animation et d'information (12 000 ex., annuel).

Associations de jeunesse et d'Éducation populaire

☞ *Pour tout renseignement* sur les conditions d'inscription, consulter la Direction départementale de la Jeunesse et des Sports du domicile, ou l'antenne régionale du Centre d'information et de documentation pour la jeunesse.

Il y a en France près de 200 associations de jeunesse et d'éducation populaire agréées et subventionnées par l'État (sur le plan national) :

Maisons des jeunes et de la culture

Origine. 4-10-1944 : mouvement *République des Jeunes* créé à Lyon, formé par des représentants de mouvements de jeunesse, de syndicats et d'organisations de Résistance. **1946 :** *Féd. des Maisons des jeunes.* **15-1-1948 :** *Féd. nationale des Maisons des jeunes et de la culture.* **1969 :** se fractionne entre la F.F.M.J.C. (Féd. française des Maisons de jeunes et de la culture) et l'U.N.I.R.E.G. (Union des Féd. régionales des Maisons de jeunes et de la culture). **1969** et **1970 :** réorganisation ; les 26 féd. régionales adhèrent soit à la F.F.M.J.C., soit à l'U.N.I.R.E.G. (y compris les dép. d'outre-mer).

Activités. Récréation, sports, réalisation manuelle, cours socioculturels et de perfectionnement (langues étrangères, sténo-dactylo, couture, secourisme, etc.), artistiques (musique, cinéma, théâtre, peinture), voyages et séjours culturels, rencontres intern. ; fonction d'hébergement et de restauration dans le cas d'une association avec un centre de séjour ou un foyer de jeunes travailleurs. *Effectifs :* 1985 : 16 féd. régionales, 1 200 M.J.C., 1 000 000 adhérents. Institut de formation à l'animation, affiliés à l'U.N.I.R.E.G. **Publication :** les Cahiers de la F.F.M.J.C. (trimestriel), Synchro (UNIREG), 8 fois par an. **Financement :** municipalités (47,4 %), cotisation des adhérents, aide de l'État.

F.F.M.J.C. Féd. française des Maisons des jeunes et de la culture. 15, rue La Condamine, Paris 17e. *Pt :* F. Geoffroy. *Délégué gén. :* M. Lardreau.

U.N.I.R.E.G. Union des fédérations régionales des Maisons des jeunes et de la culture. 168 bis, rue Cardinet, Paris 17e. *Pt :* Roger Drevet. *Délégué général :* M. Trichaud.

Foyers et clubs de jeunes

Fédération des centres sociaux et socioculturels. *Créée* 1927. 11, bd de Clichy, Paris 9e. Reconnue d'utilité publique 1931. *Pt :* M. Matray. Regroupe + de 850 centres sociaux (équipements collectifs, à la disposition des habitants de l'enfance au 3e âge du secteur géographique où ils sont implantés). Les habitants du quartier participent à l'animation et à la gestion de l'équipement.

Fédération nationale Léo-Lagrange. 21, rue de Provence, 75009 Paris (1891-1940, sous-secr. d'État aux Sports et Loisirs en 1936-1937 ; 1938, avocat, député socialiste du Nord, créa l'école de ski, le brevet sportif pop., organisa le tourisme pop.). *3 grandes associations nat. :* Féd. nat. Léo-Lagrange ; *Pt :* Bernard Derosier. Féd. des instituts Léo-Lagrange ; *Pt :* René Gaillard. Léo-Lagrange loisirs ; *Pt :* Dominique Dufilet. *Créée* 1950. *Adhérents* (1983) : 250 000. *But :* développer l'initiative et la responsabilité de chaque citoyen dans la collectivité.

Fédération sportive et culturelle de France. *Créée* 1898 par Dr Paul Michaux, sous le nom de *Féd. gymnastique et sportive des patronages de Fr.,* 5, rue Cernuschi, 75017 Paris. *Pt :* Maurice Davesne (n. 15-7-1929). *Activités :* branche sportive (avec compétitions) ; socio-éducative et culturelle (musique, danse, chant choral, théâtre, centres de vacances et de loisirs, plein air, stages de formation de directeurs et d'animateurs). *Adhérents* (1984) : 500 000.

Union des foyers de jeunes travailleurs (association nat. d'éducation populaire). *Créée* 1955. 46, rue Decamps, 75116 Paris. *Pte :* Mme Goureaux. *Dir. :* J.-L. Dumoulin. *Adhérents :* 468 foyers pour jeunes trav. de 18 à 25 ans représentant 55 000 places, presque toutes en chambres individuelles et 10 services sans hébergement. *Coût* (½ pension) : 1 100/1 500 F par mois. Les foyers fournissent aussi une aide morale, éducative et parfois matérielle.

Ligue française de l'Enseignement. Voir p. 1196 b.

L'*UFOLEIS* (10 500 ciné-clubs) est la plus grande féd. de ciné-clubs du monde. L'*UFOLEP-USEP* (27 618 sociétés et 1 272 594 lic.) est la plus grande féd. omnisports de France.

Auberges de jeunesse

Quelques dates. 1929 Marc Sangnier, militant de la paix et de la coopération internationale, crée la 1re Auberge de jeunesse en France (Bierville). **1937** essor des A.J. avec Léo Lagrange, min. des Loisirs. **1956** regroupées dans la Féd. unie des Auberges de jeunesse (F.U.A.J.). **1959** la Ligue française pour les A.J. (L.F.A.J.) s'en retire. **1966** accord entre les 2 associations ; réciprocité d'accueil.

F.U.A.J. (Fédération unie des Aub. de j.). 6, rue Mesnil, Paris 16e. *Créée* 6-4-1956. *Agréée* 3-7-1959. *Pt :* Daniel Marchal. *Secr. gén. :* Luc Arnoult. *Délégué gén. :* Marcel Papin. *Activités :* selon type d'aub., hébergements, stages sportifs, culturels, ou artisanat. + de 200 aub. en France (12 000 lits, 1 150 000 nuitées). Seule fédération à être affiliée à la Féd. internat. des Aub. de j. (International Youth Hostel Federation/I.Y.H.F.). *Adhérents :* 135 000.

L.F.A.J. (Ligue française pour les Aub. de j.). 38, bd Raspail, Paris 7e. *Créée* 1930. *Pt :* Dominique Magnant. *Secr. gén. :* Pierre Mulet. *Délégué gén. :* Serge Fize. En 1981 : 107 aub. et maisons amies, 30 000 adhérents. 5 000 lits, 300 000 nuitées.

Chantiers de jeunes

● **Club du Vieux Manoir.** 10, rue de la Cossonnerie, Paris 1er. *Créé* 1952, agréé et reconnu d'utilité publique. Restauration des sites et ruines, recherches et études archéologiques des vestiges avec animation de tous les chantiers pour le grand public (visites guidées, expositions, spectacles...). Depuis 1953, a participé au sauvetage de 160 monuments, dans 31 dép., dont la Guadeloupe. *Membres* (1983) : 4 368. *Conditions :* 13 ans min. ; stages spécialisés pour jeunes de 17 ans ; pension : 45 F par jour, assur. 45 F/an ; hébergement en camps ou cantonnements. *Publications :* les Cahiers médiévaux (revue d'études), Art et Tourisme, les Historiques (études sur les châteaux), les Séries de cours « Sauvetage et Archéologie ».

● **Études et chantiers.** 33, rue Campagne-Première, 75014 Paris. *Pt :* Ch. Weber. *Créées* 1962. *Membres :* 3 000 et env. 30 associations locales ou régionales. *Activités :* 200 chantiers de jeunes en France (+ de 13 ans) et à l'étranger (+ de 18 a.) de juin à sept. pour la protection de l'environnement, l'aménagement de lieux de rencontres, la réhabilitation du patrimoine architectural.

● **Co-travaux. Organisme de cogestion pour le travail volontaire des jeunes.** 11, rue de Clichy, Paris 9e. *Créé* 1959, sous le patronage du Haut Comité de la jeunesse. Regroupe 10 associations qui organisent des chantiers, en France (500 en 1980) et à l'étranger [rassemblent en équipes internationales, souvent 3 semaines, 15 à 25 adolescents (14-18 ans) ou adultes (18-30 ans)]. Aménagement de villages et équipements ruraux, sportifs, socio-culturels, touristiques, protection de la nature et de l'environnement, fouilles archéol., aide aux mal logés...

Associations membres : Alpes de lumière, rue Saunerie, St-Michel-l'Observatoire, 04300 Forcalquier. **Les Compagnons bâtisseurs,** 5, r. des Immeubles-Industriels, Paris-11e. **Concordia,** 27, r. du Pont-Neuf, 75001 Paris. **Études et Chantiers,** 33, r. Campagne-Première, 75014 Paris. **Jeunesse et Reconstruction,** 10, rue de Trévise, 75009 Paris. **Moulins des apprentis,** 23220 Bonnat. **Neiges et Merveilles,** St-Dalmas-de-Tende, 06430 Tende. **Union REMP Art,** 1, r. des Guillemites, 75002 Paris. **Section des jeunes du mouvement chrétien pour la paix,** 40, r. de Vaugirard, 75006 Paris. **Service civil international,** 129, r. du Fg-Poissonnière, 75009 Paris.

Associations d'échanges internationaux

Il existe une douzaine d'Associations d'échanges internationaux (séjours, voyages, accueils) parmi lesquelles :

Centre de coopération culturelle et sociale. *Créé* 1-2-1947. *Agréé* 4-3-1952. 26, rue N.-D.-des-Victoires, 75002 Paris. En *1984 :* 13 000 participants.

Centre d'échanges culturels internationaux. 168 bis, rue Cardinet, 75017 Paris. Organisme spécialisé de l'U.N.I.R.E.G. et d'Animation et Développement.

Club des 4 Vents. Association pour les activités et rencontres de jeunes en France et à l'étranger. 1, rue Gozlin, 75006 Paris.

Fédération française des clubs Unesco. 127, rue Marcadet, Paris 18e. *Créée* 1955. *Agréée* 1956. *En 1985 :* 200 clubs, 10 000 participants.

Union nationale des organisations de séjours linguistiques (U.N.O.S.E.L.). 69, av. du Maine, 75014 Paris. *Créée* 1979. *Adhérents :* 33 organismes.

Activités scientifiques

Association française Astronomie. 17, rue Émile-Deutsch-de-la-Meurthe, Observatoire du Parc Montsouris, 75014 Paris. *Créée* 1946 par Pierre Bourge. *Adhérents :* 9 000. Possède un observatoire d'astronomie à Aniane [(Hérault), ouvert toute l'année]. *Publication :* Ciel et Espace (1re revue européenne d'astr. amateurs).

Association nat. sciences techniques jeunesse (A.N.S.T.J.). *Secrétariat :* 17, avenue Gambetta, 91130 Ris-Orangis. *Siège :* Palais de la Découverte, 75008 Paris. *Délégations régionales :* Animation scientifique Sud-Est Méditerranée (ASSEM) : 9, rue Gazan, 06130 Grasse ; Centre d'initiation scientifique et technique et d'étude du milieu (CISTEM) : BP 135, 35000 Rennes ; Association des loisirs scientifiques en Essonne (ALOISE) : 6, rue Emmanuel-Pastré, 91000 Évry. *Activités :* séjours d'été pour les jeunes de 10 à 18 a., stages de formation pour enseignants et animateurs en astronomie, espace, énergies, informatique, électronique, robotique, télédétection, écologie, géologie, expositions, ateliers, conférences... *En*

1986 : 500 clubs, 18 500 participants, 1 000 animateurs, 30 permanents, 100 ateliers et classes de découverte.

Réseau des émetteurs français. 2, square Trudaine, 75009 Paris. Groupe radio amateurs et personnes intéressés aux ondes courtes et radiocommunications. Reconnue d'utilité publique 1952. *Pt :* Ch. Mas. *Adhérents :* 11 000. *Mensuel :* Radio REF.

Activités culturelles

A cœur joie « Les Passerelles ». 24, av. Joannès-Masset, 69337 Lyon Cedex 09. *Créé* 1940 par César Geoffray (1901-72), prof. de conservatoire. *Pt :* Marcel Corneloup (dep. mars 1973). *Activités :* chant choral (5 à 20 ans), stages de formation chefs de chœurs, rencontres musicales. *Publication :* Chant choral. *Effectifs :* France (26 000), étranger (20 000).

Animation et Développement. 168 bis, rue Cardinet, 75017 Paris. *Créée* 1975. *Activités :* recherches sociologiques, programmes d'animation locale et de développement culturel et social. *Pt :* Lucien Trichaud.

Association pour la formation de cadres de loisirs des jeunes (A.F.O.C.A.L.). 15, rue de Richelieu, 75001 Paris. Stages dans toute la France.

Ateliers des Trois Soleils. 75, rue Eugène-Pons, 69004 Lyon. *Créés* 1957-58. *Agréés* 1962 (régional), 1974 (national). *Activités :* peinture, sculpture, poterie, vannerie, tissage, cuir, reliure, photo, bois, art floral, batik, bijouterie, éducation corporelle, expression plastique comme supports de création personnelle et de vie de groupe. S'adresse en priorité aux animateurs, éducateurs, enseignants et travailleurs sociaux. *Stages d'art et artisanat* (Riverie, 69440 Mornant, Rhône). *Adhérents :* env. 1 200, 50 000 bénéficiaires au 2ᵉ degré.

Centre d'information et de documentation jeunesse (C.I.D.J.). 101, quai Branly, 75740 Paris Cedex 15. Min. de la Jeunesse et des Sports. Informations sur enseignement, formation professionnelle et métiers, emploi et formation continue, société et vie pratique, loisirs, sports, voyages à l'étranger. *Publications :* Actuel C.I.D.J.

Centre national français du film pour l'enfance et la jeunesse. 109-111, rue N.-D.-des-Champs, 75006 Paris. *Créé* 1949. *Pt :* M. Hacquard. *Activités :* Festival du film pour l'enf., animations pour les jeunes handicapés, initiation aux techn. audio-visuelles, service de recherche.

Cœurs vaillants et Ames vaillantes de France. Assoc. *créée* 1936 par le père Courtois (1897-1970). 6, rue Duguay-Trouin, Paris 6ᵉ. *Pte :* Françoise Gillier. Mouvement cath. d'éd. pour 5 à 15 ans. *Activités :* loisirs variés, surtout plein air. En 1986, 15 000 communautés regroupent env. 100 000 enf., 16 000 responsables, 7 000 aumôniers. *Publications* (touchent env. 1 400 000 personnes) : *Perlin* (8 ans), *Fripounet* (8 à 11 ans), *Triolo* (11 à 15 ans).

Confédération nationale des groupes folkloriques français. *Créée* 1951. *Secr. nat. :* Mme Bidault, 01190 Pont-de-Vaux. Regroupe une douzaine de féd. rég. folkloriques. *En 1983 :* env. 300 groupes folkl. et env. 30 000 chanteurs et danseurs. *Publication :* Folklore de France (6 numéros par an).

Fédération loisirs et culture (F.L.E.C.). *Fondée* 7-7-1946 par l'A.C.J.F., 24, bd Poissonnière, 75009 Paris. *Pt :* H. Pialat, dep. 1984. Ciné-clubs pour 16 à 25 ans. *En 1980 :* 1 000 associations et clubs touchaient env. 250 000 pers. (cinéma pour enf. : 80 000 entrées). *Publications :* Filmographe, Loisirs et Culture.

Fédération nat. des Associations familiales rurales (F.N.A.F.R.). 81, av. Raymond-Poincaré, 75116 Paris. *Créée* 26-6-1943. *Pt :* Michel Bordereau. *Dir. :* André Simon. *Activités :* 1 800 centres de loisirs et camps (70 000 enfants et jeunes accueillis, 5 500 animateurs) ; 800 clubs féminins ; plus de 2 500 ass. retraités-personnes âgées, 3 500 aides ménagères. 15 000 animateurs 3ᵉ âge formés chaque année, au total 50 000 retraités bénéficiaires. Consommation : 1 000 correspondants locaux, informations, solution des litiges, permanences et formation des responsables. Plus de 20 établ. d'information, consultation et conseil conjugal. Transports scolaires : plus de 50 000 enfants par jour. Garderies familiales rurales, bourse aux vêtements, bibliobus, etc. *Composition :* regroupe 160 000 familles (soit + de 1 million de personnes) dans 3 200 assoc. locales réunies dans 76 Féd. départ. *Publications :* « Familles rurales » (mensuel, 6 000 ex.) ; « Flash » (mensuel, 75 000 ex.).

Fédération nationale des compagnies de théâtre et d'animation (F.N.C.T.A.). *Fondée* 1907. 12, rue de la Chaussée-d'Antin, 75441 Paris Cedex 09. *Pt :* Jean Saby. *En 1985 :* 3 550 Cᶦᵉˢ théâtrales et 37 000 comédiens.

Film et Vie. 24, rue de Milan, 75009 Paris. *Créé* 1950. *Pt :* Claude Labadie. *Activités :* documentations sur films, acteurs. Formation à l'animation et aux techniques vidéo. *1984 :* env. 400 assoc.

Francs et Franches Camarades. *(Féd. nat. laïque des centres de loisirs éducatifs pour l'enfance et l'adolescence).* 10-14, rue Tolain, 75020 Paris. *Pt :* Jean-Paul Fredon. *But :* centres aérés, promotion des loisirs éducatifs enfants-jeunes, maisons de l'enfance, centres de loisirs associés à l'école... Mouvement laïque. Formation animateurs, directeurs centres de vacances et de loisirs ; formation prof., promotion niveau III, U.V. D.E.F.A. ; voyages d'études pour organisateurs, élus locaux. *Bureau d'étude. Coopérative OPAL 93 associations ;* 3 000 *organisations locales ;* 32 000 *éducateurs* adhérents indiv. ; *enfants concernés :* 1 million. *Publications :* Camaraderie (35 000 ex.), 1-2-3 lecture, Loisirs enfance, Jeunes Années (1 300 000 ex.).

Inter-Animation. 1, rue Gozlin, 75006 Paris. Regroupe des associations agréées. **Vacances à l'étranger, camps de ski, accueil en France.** *Club des 4-Vents,* 1, rue Gozlin, 75006 Paris. *Créé* 1953. *Adhérents :* 6 000 par an. **Chant choral :** A cœur joie (v. Index). **Stages d'expression, d'animation, spectacle, artisanat :** *Animation jeunesse,* 13, rue de Buci, 75006 Paris. **Voyages d'étude et accueils de groupes** (plus de 18 ans) : *Centre d'échanges culturels internationaux (C.E.C.I.),* 168 *bis,* rue Cardinet, 75017 Paris. **Voile en Corse :** *C.E.S.M.* St-Florent, 28, rue du Four, 75006 Paris. **Alpinisme et ski :** *Châlets intern. de haute montagne,* 15, rue Gay-Lussac, 75005 Paris. **Chantiers de recherche archéologique et de restauration de monuments :** *Club du Vieux Manoir,* 10, rue de la Cossonnerie, 75001 Paris. **Chantiers (aménagement de l'espace de vie) :** *Études et Chantiers,* 33, rue Campagne-Première, 75014 Paris. **Clubs scientifiques :** *Association pour le développement dans l'ens. de la micro-informatique et des réseaux (A.D.E.M.I.R.).* 9, rue Huysmans, 75006 Paris. **Auberges de jeunesse** *(réseau fr. et étr., hébergement et activités) :* Ligue fr. pour les A. de la J., 38, bd Raspail, 75007 Paris. **Maisons des jeunes** *(animation nat., régionale, locale, hébergement) :* Union des féd. rég. de maisons des jeunes et de la culture (U.N.I.R.E.G.), 168 *bis,* rue Cardinet, 75017 Paris. **Documentation et information sur la drogue,** Centre Didro, v. Index. **Formation d'animateurs de jeunes :** *Institut de formation d'animateurs de collectivités des Hts-de-Seine,* 22, bd de la Paix, 92400 Courbevoie. **Meilleure connaissance de la musique :** *Jeunesses musicales de France,* Section française de la Féd. intern. des J.M., 14, rue François-Miron, 75004 Paris. **Activités en faveur des handicapés :** *Association des paralysés de France,* v. Index. *Jeunesse et Marine,* 10, rue de Constantinople, 75008 Paris. *1985 :* 76 séjours en France et à l'étranger, 2 800 handicapés physiques, 1 600 accompagnateurs bénévoles.

Vacances pour tous. 21, rue St-Fargeau, 75989 Paris Cedex 20 (service vac. de la Ligue fr. de l'enseign. et de l'Éd. permanente).

Loisirs-Jeunes. 36, rue de Ponthieu, Paris 8ᵉ. *Agréé* en 1957. *Pt :* M. Despinette. *Buts :* aider les jeunes à choisir des loisirs sains et éducatifs. Centre d'informations et de renseignements sur toutes les activités de loisirs destinées aux jeunes.

Union des maisons des métiers d'art français. 27, rue de l'Université, 75007 Paris. *Créée* 1964 par Jacques Anquetil. *But :* promouvoir les métiers d'art de création contemporaine. Ouverture à tous les créateurs. *Pt :* Jacques Bonnot. *Effectifs :* 600.

Scoutisme

Généralités

Quelques dates. 1899-1900. Lors du siège de Mafeking (Afrique du Sud), le colonel Baden-Powell crée un corps de cadets de 12 à 16 ans, pour remplir les tâches de messagers (scouts). **1907 (juillet)** B.-P. réunit les 24 premiers « boy-scouts » sur l'île de Brownsea (G.-B.). **1908** le livre *« Scouting for Boys » (Éclaireurs)* propage les idées de B.-P. **1911** + de 500 000 scouts dans le monde. En France, le pasteur Gallienne de la Mission populaire de Grenelle et Georges Berlier, directeur de l'école des Roches, se lancent dans ce mouvement. Nicolas Benoît, officier de Marine, fonde les Éclaireurs de France. Williamson applique la méthode scoute aux sections cadettes des U.C.J.G. (Union chrétienne des jeunes gens). **1911 (2-11)** les Éclaireurs de Fr. se constituent en association. Les groupes nés dans les U.C.J.G. avant les Éclaireurs unionistes de Fr. se constituent en un mouvement distinct, les éclaireurs unionistes.

1914-20 fondation de groupes catholiques. **1920** les groupes cath. forment les « scouts de Fr. » au 1ᵉʳ jamboree. **1912** des unités sont créées dans le cadre des Unions chrétiennes des jeunes filles. **1921** fondation de la Féd. française des éclaireuses (F.F.E.), formée de sections unionistes, neutres, d'une section israélite (1927). **1923** création des Éclaireurs israélites (E.I.F.) et des Guides de Fr. (catholiques). **1964** la section neutre de la F.F.E. forme, avec les E.D.F., les Éclaireuses et Éclaireurs de France (E.E.D.F.) ; la section israélite rejoint les E.I.F. **1970 (janv.)** fusion de la Féd. fr. des éclaireuses unionistes (F.F.E.U., section féminine de la F.F.E.) avec Éclaireurs unionistes de Fr. ; création de la Féd. des éclaireuses et éclaireurs unionistes de Fr. (F.E.E.U.F.).

Principes. *But :* contribuer au développement personnel et social des jeunes. Ouvert à tous, à caractère non politique. *Fondé sur :* les contacts internationaux dans la perspective de la promotion de la paix, de la compréhension et de la coopération ; la participation au développement de la société dans le respect de la dignité de l'homme et de l'intégrité de la nature ; la prise en charge par chacun de son propre développement ; une méthode d'auto-éducation progressive, comportant des programmes adaptés aux différentes tranches d'âge et fondée sur une « promesse » et une « loi », l'éducation par l'action, la vie en petits groupes, un système de progression personnelle et des activités se déroulant au contact de la nature.

Scoutisme mondial

Masculin. *Organisation mondiale du mouvement scout (O.M.M.S.),* env. 16 millions de m. *Conférence mondiale :* composée de 119 organisations nationales, se réunit tous les 2 ans. *Comité mondial :* 12 membres de pays différents élus par la conférence pour 6 ans ; renouvellement par tiers. *Pt* (1983-85) : Dr Henning Mysager. *Bureau mondial :* Case postale 78, 1211 Genève, 4, Suisse. *Secr. gén. :* Laszlo Nagy (Suisse). Organise les jamborees (en zoulou : assemblée d'amis), quadriennaux.

Féminin. *Assoc. mondiale des guides et éclaireuses (A.M.G.E.),* 8 millions de m. *Conférence mondiale :* 97 organisations nat., se réunit tous les 3 ans. *Comité mondial :* 12 membres, de pays différents, élus par la conférence pour 9 ans. *Pte* (1982-83-84) : Dr Helen M. Laird. *Bureau mondial :* 132, Ebury Street, Londres SW1 W 9QQ. *Directrice :* Miss Jo Caesar.

Nombre de scouts (oct. 1984) : + de 16 000 000 dont U.S.A. 3 944 548, Indonésie 2 071 550, Philippines 1 815 583, Inde 684 514, G.-B. 638 615, Thaïlande 491 816, Japon 324 130, Canada 316 067, Corée (Rép. de) 259 282, Australie 174 981, Bangladesh 156 309, Pakistan 150 110, All. féd. 132 631, *France 116 389,* Iran 105 515, Belgique 87 417, Chine 85 434, Malaisie 83 184, Suède 82 686, Algérie 80 375, Italie 79 462, Nlle-Zélande 61 153, Espagne 55 931, P.-Bas 55 733, Irlande 50 323, Égypte 50 002, Danemark 49 342, Nigeria 48 479, Suisse 46 604, Zaïre 44 063, Afr. du Sud 42 626, Brésil 41 643, Finlande 35 321, Hong Kong 35 188, Mexique 34 242, Kenya 33 883, Népal 32 811, Grèce 30 465, Tunisie 30 362, Israël 26 535, Pérou 26 511, Norvège 24 363, Chili 24 217, Sri Lanka 23 497, Portugal 22 565, Autriche 22 073, Venezuela 20 814, Argentine 20 759, Arabie Saoudite 17 370, Trinité 16 827, Turquie 16 502, Jordanie 14 751, Ouganda 13 982, Soudan 13 550, Haïti 13 531, Ghâna 13 192, Colombie 13 188.

Scoutisme français

Reconnu par le scoutisme mondial

Féd. de 5 associations (Éclaireuses Éclaireurs de France, Éclaireuses Éclaireurs israélites de France, Éclaireuses Éclaireurs unionistes de Fr., Guides de Fr., Scouts de Fr.). *Conseil nat.* formé des Pts et des commissaires généraux des 5 assoc. *Bureau :* 10, rue Richelieu, 75001 Paris. *Pt :* (1985-86) : Hélène Brochet.

Scouts de France. 23, rue Ligner, 75020 Paris. *Association* créée 1920 par père Sevin, chanoine Cornette et Edouard de Macedo. *Effectifs* (1985) 110 000 : 13 000 responsables bénévoles, 19 permanents, 5 000 compagnons (17-19 a.), 17 000 pionniers (14-18 a.), 26 000 scouts (11-15 a.), 44 000 louveteaux (9-12 a.), 5 000 m. associés (amis et sympathisants actifs). *Publications :* Demain, les Cahiers du scoutisme ; une revue par tranche d'âge. *Formation :* stages BAFA-BAFD agréés, nombreux stages techniques. *Pt :* Alain Junqua. *Commissaire gén. :* Robert Wettstein (dep. juin 1983).

Guides de France. 65, rue de la Glacière, 75013 Paris. *Créée* février 1923. Catholique. *Pte :* Michelle Blin. *Commissaire générale :* Marie-Édith Remilly. 4 branches : Jeannettes (8-11 a.), Guides (12-14 a.), Caravelles (15-16 a.), Jem-Avenir (16-18 a.). *Effectifs :* 70 000 dont 10 000 responsables (garçons et filles) bénévoles. *Publications :* Demain, les Guides de France, mens. pour responsables. Une revue mens. par tranche d'âge. « Pour toi », pour jeunes handicapés mentaux. *Formation :* stages BAFA-BAFD agréés, nombreux stages techniques. *Centre international de formation. Village des Feux Nouveaux :* village jeunes à Mélan (A.-de-Hte-Pr.).

Éclaireuses et Éclaireurs de France. 66, rue de la Chaussée-d'Antin, Paris 9e. *Fondée* en 1911. Assoc. laïque mixte ouverte à tous sans distinction d'origine, race ou croyance, s'interdit toute propagande religieuse, philosophique ou politique. *Organisation :* env. 350 groupes locaux avec en général 4 branches : lutins (6 à 8 a.), louveteaux (8 à 11 a.), éclaireuses/éclaireurs (12 à 15 a.), aîné(e)s (16 à 18 a.). *Pt :* Bernard Machu. *Effectifs :* 35 000 env. *Publications :* Loustics (6 à 10 a.), l'Équipée (8 à 14 a.) ; Routes nouvelles (revue des aîné(e)s), les Cahiers du responsable (revue des cadres).

Fédération des éclaireuses et éclaireurs unionistes de France (F.E.E.U.F.). 15, rue Klock, 92110 Clichy. *Fondée* 1911, ouverte à tous sans distinction de race, d'origine sociale ou de croyance ; d'inspiration protestante. *Pt :* Denis Richard. *Effectifs :* env. 13 000 filles et garçons, dont 1 400 animateurs bénévoles. Louvettes-louveteaux (7 à 11 a.), éclaireuses et éclaireurs (12 à 15 a.), aîné(e)s (15 à 17 a.). *Publications :* Kotick (7 à 11 ans.), Aeiou (12 à 15 ans), le Lien-Express (aîné(e)s et responsables).

Éclaireuses et Éclaireurs israélites de France. 27, avenue de Ségur, 75007 Paris. *Créée* 1923. 1er mouvement de jeunesse de la communauté juive de Fr. *Branche Cadette* (bâtisseurs-bâtissettes) 8 à 11 a., *Moyenne* (éclaireurs-éclaireuses) 12 à 15 a., *Perspective* 15 à 17 a. *Cadres*, aîné(e)s. *Pt :* Anne-Marie Revcolevschi. *Effectifs :* 5 000 m dans 50 groupes locaux. *Publications :* Yossi (8-11 ans), l'Eif (12-15 ans), le Pifitone (15-17 ans), Bulletin EEIF, bulletin de liaison des responsables.

Scoutisme non reconnu par le scoutisme mondial

Y compris les associations n'ayant pas fait de demande de reconnaissance auprès de l'O.M.M.S. et de l'A.M.G.E.

Guides et Scouts d'Europe, section fr. de l'Union intern. des guides et scouts d'Europe (U.I.G.S.E.), route de Montargis, 77570 Château-Landon. Mouvement lancé en Autriche en 1952, contrat fédéral signé par les associations fondatrices à Paris le 15-3-1963, agréé Jeunesse Sports et Loisirs en 1970, reconnu avec statut consultatif par le Conseil de l'Europe en 1980. *Pt féd. :* Dr Émile Ghislain (Belg.). *Commissaire féd. :* Pierre Geraud-Keraod (Fr.). *Effectifs* (Europe, 12 pays) : 55 000 ; France 31 000. *Branche cadette* (louveteaux-louvettes, 8-12 ans) ; *moyenne* (éclaireurs-éclaireuses, 12-17 a.) ; *aînées* (routiers, pilotes ou guides-aînées, 17 a. et plus). Section guide (filles) 40 %, section scoute (garçons) 60 %. *Buts :* former des jeunes par la pratique du scoutisme authentique de Baden-Powell sur les bases chrétiennes qui sont le fondement de la civilisation européenne. Estime qu'on ne refera pas l'unité du scoutisme en larguant toutes les valeurs et en s'alignant au plus bas, mais au contraire en gardant la pédagogie du fondateur qui constitue la meilleure méthode pour aider les jeunes.

Scouts unitaires de France. 12, rue Antoine-Roucher, Paris 16e. Association *créée* 1971. Reconnue d'utilité publique. *Pt :* Bernard Mantienne (dep. 1977). *Branches :* garçons : louveteaux (8 à 12 a.), éclaireurs (12 à 16 a.), routiers (16 à 19 a.) ; filles : jeannettes (8 à 12 a.), guides (12 à 16 a.), guides aînées (16 à 19 a.). *Effectifs* (au 31-1-85) : 13 000.

Scouts St-Georges : env. 4 000. **Éclaireurs neutres européens :** quelques centaines. **Scouts St-Louis** (région de Lyon) : env. 250. **Scouts et guides N.-D. de France. Scouts Baden-Powell de France. Raiders :** env. 200. **Europ-Jeunesse** (région Nord) : env. 350. **Scouts mormons.**

Associations de jeunesse et d'éducation populaire

Culture et Liberté. 4, passage de Flandre, 75019 Paris. *Née* de la fusion du Mouvement de libération ouvrière et du secteur Éducation populaire du Centre de culture ouvrière. *Créée* 1970, *agréée* 1973. *Activités :* stages et cycles de formation (ex. : techniques d'expression ; culture et vie quotidienne, économie...) ; actions d'animation et de sensibilisation pour collectivités, associations, comités d'entreprises ; montages audiovisuels. *Publications :* Infordoc, les Cahiers de formation ouvrière (dossiers, fiches). *En 1985 :* 12 000 et + de 120 000 participants.

École des parents et des éducateurs (E.P.E. Ile-de-France). 5, impasse du Bon-Secours, 75543 Paris Cedex 11. *Créée* 1929 par Mme Vérine, rec. d'utilité publique en 1952. *Pt :* Dr Xavier Jacquey. *But :* développer les capacités des parents et des travailleurs sociaux dans leur rôle d'éducation. *Services :* consultation familiale, écoute et réponse téléphonique « Inter-Service-Parents » — « Bébé Conseil » (25 000 appels par an), « Animation-Formation » (stages pour parents, éduc., travailleurs sociaux). Relais à Paris et en région par. Adhère à la F.N.E.P.E. 24 E.P.E. en France.

Féd. nat. des écoles des parents et des éducateurs (F.N.E.P.E.). 5, impasse du Bon-Secours, 75543 Paris Cedex 11. *Créée* 1970. Assoc. reconnue d'utilité publique. Regroupe l'E.P.E. d'Ile de Fr. et les E.P.E. de province (24). *Pt :* Jean-Denys Souyris. *Services :* centre de documentation, atelier d'ét. et de recherche sur le groupe fam. *Publications :* l'École des parents (10 nos par an, 16 000 ex.), le Groupe familial (trim., 4 500 ex.). Coll. de livres grand public : l'École des parents.

Service populaire. 246, bd St-Denis, 92400 Courbevoie. Association loi 1901, *créée* en 1945. *Pt :* Daniel Faburel. *Objectif :* Gère les services créés par la Jeunesse ouvrière chrétienne.

Mouvement rural de jeunesse chrétienne. 53, rue des Renaudes, 75017 Paris. *Créé* 1929 sous le sigle J.A.C. (Jeunesse agricole catholique), devient le M.R.J.C. en 1965. *Pt nat. :* Christian Lavergne. *Effectifs :* 10 000 militants, 40 000 sympathisants, 3 branches. JAC : aide-familiaux, jeunes agriculteurs (25 %). JTS (jeunes travailleurs salariés) : apprentis, salariés, chômeurs (25 %). GE (groupe école) : scolaires depuis la 4e, jeunes en formation (50 %). *Pt nat. :* Ch. Lavergne. *Publications :* Folavoine, Construire.

Peuple et culture. *Créée* 1945. 108-110, rue Saint-Maur, 75011 Paris. *Pt :* Marc Vignal. *But :* rendre la culture accessible à tous, en particulier aux plus défavorisés. *Activité :* formation d'animateurs socioculturels. 10 groupes régionaux. *Publication :* Culture.

Union féminine civique et sociale. V. Index.

Ligue française de l'enseignement et de l'éducation permanente. 3, rue Récamier, BP 313, 75989 Paris Cedex 20. *Fondée* par Jean Macé (1815-94) en 1866 pour militer en faveur de la démocratie et de l'école laïque. *Organisation :* 22 sections régionales, 100 féd. départ. d'œuvres laïques et, à travers elles, 45 327 assoc. et 3 491 824 membres (1984). *Activités :* artistiques, audio-visuelles, scientifiques, informatiques, sportives, vacances, etc. ; milite pour l'amélioration du cadre de vie urbain et rural ; formation professionnelle continue, sessions de formation, communication. *Pt :* Pierre Delfaud (dep. juillet 1980), professeur univ. *Secr. gén. :* Jean-Louis Rollot. *Publications :* Pourquoi ? la Revue du cinéma, Tourisme et Vacances, Aviation CLAP, Trousses-livres, Photographiques, Cahiers de l'éducation permanente, Cahiers de l'audio-visuel, UFOLEP-USEP informations, Argonaute, Éducation et Société.

Écoles parallèles, pédagogie

Association Montessori de France. 29, rue de Chalandray, 91230 Montgeron. Filiale de l'Assoc. Montessori internationale. *Fondée* 1950 par Mme Jean-Jacques Bernard. *Activité :* soutien des écoles Montessori de Fr. *Pt :* Louis Raillon.

Association nat. pour le développement de l'éducation nouvelle à l'école (A.N.E.N.). 1, rue des Néfliers, 31400 Toulouse. *Fondée* 1970. Regroupe des écoles créées par des enseignants et des parents, novatrices en matière de pédagogie. Adhérente du Comité de liaison des mouvements d'éducation nouvelle (C.L.E.N.).

Revues sur l'éducation nouvelle : Cahiers pédagogiques. Vers l'Éducation nouvelle.

Collectif des équipes de pédagogie institutionnelle (C.E.P.I.). BP 68, 94002 Créteil. *Créée* 1978. Association habilitée par le min. de l'Éd. nat. *But :* définir une pédagogie nouvelle appliquée à l'école. S'inspire des travaux de Freinet (1920), de F. Oury et A. Vasquez (1969) et des découvertes sur l'inconscient. *Activités :* stages, chantiers. *Adhérents :* de 800 à 1 000 enseignants, éducateurs.

École Perceval. Libre école Rudolf Steiner, 5, av. d'Éprémesnil, 78400 Chatou. *Fondée* 1957, sans but lucratif. *But :* répandre les données de la pédagogie de Rudolf Steiner, fondateur de la Société d'Anthroposophie. *Pt :* Athys Floride. Élèves de 3 à 19 ans.

Écologie, nature, environnement

Espaces pour demain. 20, avenue Mac-Mahon, 75017 Paris. *Créé* 1976 par Louis Bériot, René Richard et l'amiral André Storelli. Reconnu d'utilité publique 1979. *Pt :* Roger Ginocchio. *Buts :* sauvegarder sur tout le territoire français les espaces naturels menacés et l'environnement des monuments historiques, notamment en favorisant l'acquisition de ces espaces par les organismes compétents (Conservatoire de l'espace littoral et des rivages lacustres, Fondation de France, Caisse nat. des monuments historiques et des sites et Sté nat. de protection de la nature) et apporter son concours aux associations locales de protection de l'environnement. *Adhérents :* 2 500. *Bulletin trimestriel.*

Fédération française de la randonnée pédestre (Comité national des sentiers de grande randonnée). *Créée* 1947. Reconnue d'utilité publique 1971. 8, av. Marceau, 75008 Paris. *Pt :* Henri Viaux. *Activités :* 40 000 km de sentiers de grande randonnée (marques blanches et rouges, et jaunes et rouges) créés par des centaines de bénévoles. *Revues spécialisées :* Topo-guides, Randonnée. *Adhérents :* 300 000.

Fédération des jeunes pour la nature. St-Paul en Jarez, 42320 La Grand-Croix. *Créée* 1959. *Pt :* M. Saignol. *Clubs locaux :* 80. Centre Nature plein air à Argelès-sur-Mer (Pyr.-Or.) pour adultes et jeunes toute l'année ; chalet de moy. montagne à Doizieu (Loire) ; unité d'hébergement à St-Paul en Jarez (Loire). *Adhérents :* env. 8 000. *Publication :* Pronatura.

Journalistes-écrivains pour la nature et l'écologie (J.N.E.). 57, rue Cuvier, 75005 Paris. Association créée 1969. *But :* intensifier l'information en faveur d'un environnement et d'une nature de qualité. *Cofondateurs* (décédés) : Pierre Ichac, François de La Grange, André-Édouard Mars-Vallett. *Pt :* Pierre Pellerin (n. 10-7-1920). *Adhérents :* 242.

Les guerres

Généralités

☞ La *polémologie* est la science de la guerre, l'*irénologie* celle de la paix.

Armées (importance). Guerre de Cent Ans, les grandes batailles (Crécy, Azincourt) se livraient entre quelques milliers de combattants, la France ayant alors un peu moins de 20 millions d'h. **Louis XIV** pour 23 millions d'h. env. avait 300 000 soldats. **Napoléon** pour 25 millions d'h. en eut jusqu'à plus de 1 million. **En 1914**, pour 40 millions d'h. la France eut plus de 4 millions de mobilisés. **En 1941**, *l'Angleterre* a eu env. 23 millions de mobilisés. **En 1985**, l'armée la plus importante est celle de la Chine (4 360 000 h., plus 90 à 115 millions d'h. en forces paramilitaires et milices armées).

• **Coût des hostilités. Guerre de la Révolution et de l'Empire.** *De 1793 à 1815*, l'Angleterre perdit près de 23 milliards de francs-or (d'après Crosnier de Varigny). *De 1802 à 1813*, la France dépensa 5 milliards. **Guerre de Sécession :** a coûté 25 milliards. **Guerre de 1870 :** pour la France 13 à 15 milliards. (*Guerre de 1914-18*, 15 000 milliards de F 1944, *g. de 1939-45*, 40 000 milliards de F.) **Guerre de 1939-45 :** coût mondial : 1 500 milliards de $ (530 pour les U.S.A.).

• **Droit de la guerre. Définition.** Les belligérants sont tenus de respecter les principes du droit des gens tels qu'ils résultent des usages établis entre nations civilisées, des lois de l'humanité et des exigences de la conscience publique.

Codifications. Avant 1914. Déclaration de Paris (1856) : interdit la guerre de course. **Convention de Genève (1864) :** sur la protection des blessés. **Déclaration de St-Pétersbourg (1868) :** interdit certaines armes, déclare contraire aux lois de l'humanité l'emploi d'armes qui aggraveraient inutilement les souffrances des hommes mis hors de combat ou rendant leur mort inévitable. **Déclaration de Bruxelles (1874) :** sur la conception du combattant régulier, interdit l'emploi de poison ou d'armes empoisonnées. **Conférence de La Haye (1899),** 26 États. 2 conventions et 3 déclarations remplacées mais non abrogées par de nouveaux textes. **2e conf. (1907),** 44 États.

Entre 1919 et 1939. Plusieurs conférences se tinrent, en particulier en matière maritime, mais n'aboutirent pas, ou les textes adoptés ne furent pas ratifiés. Cependant furent signées à **Genève** en 1929 des *conventions relatives aux blessés, malades, prisonniers de guerre*. 2 protocoles furent adoptés interdisant en temps de guerre l'emploi des gaz asphyxiants, toxiques ou similaires et des moyens bactériologiques (Genève, 1925) et déterminant les conditions dans lesquelles le recours à la force est possible contre les navires de commerce (Londres, 1936).

Après 1945. Conférence de Genève (1949) aboutit à la révision des 3 conventions préexistantes relatives au sort des blessés, des malades et des prisonniers de guerre dans la g. sur terre et sur mer ; *une convention spéciale sur la protection des personnes civiles* en temps de guerre fut également adoptée. **Convention sur la protection des biens culturels** en cas de conflit armé adoptée en 1954 sous les auspices de l'U.N.E.S.C.O.

• **Pertes humaines globales.** D'après l'Organisation mondiale de la santé (1962), les guerres ont coûté à l'humanité, à travers son histoire, plus de 3 milliards et demi de vies humaines. De siècle en siècle, les pertes sont devenues plus lourdes ; XVIIIe s. 5 millions et demi de victimes, XIXe s. 16 et pendant la 2e Guerre mondiale + de 60.

Conflits dans le monde dep. 1945. *Nombre :* une centaine ayant causé de 15 à 20 millions de morts. **Causes :** *antagonisme Est-Ouest* (g. de Corée, g. d'Indochine, g. du Viêt-nam, g. civile en Grèce (1947-49), *soutiens à des mouvements de libération.*

Rivalités diverses : Chine/Inde (1959 et 1962). Viêtnam/Cambodge, Viêt-nam/Chine, Turquie/Grèce (à Chypre), Irak/Iran, Chine/U.R.S.S. (sur l'Oussouri en 1969), Israël/États arabes, Argentine/G.-B. (Falkland 1982).

Conflits récents : *date du début et pertes humaines :* **Afghanistan** (1978) 100 000/500 000 (intervention russe). **Algérie** (1954-62). **Angola** (1974) 440 000. **Argentine** (1979) 15 000 (+ 10 000 disparus). **Bangladesh** (1972) 600 000. **Birmanie** (?). **Cambodge** (1970) 500 000 à 4 000 000 (interv. Vjêt-nam). **Colombie** (1978-80) (?). **Corée** (1950-53). **Éthiopie** Érythrée et Ogaden (1975-80) des dizaines de milliers. **Espagne** env. 100 par an. **G.-B., Irlande du N.** (1969) 2 500. **Grèce** (1947-49). **Guatemala** (1967-80) 20 000. **Inde contre Pakistan** (1947-49, 1965, 1971) (?). **Indonésie** 100 000 à Timor. **Irak-Iran** (1980-85) 300 000 (?). **Iran** des milliers de Kurdes. **Israël** (1977-80) 15 000. **Liban** (1975) 60 000 (interv. syrienne, israélienne). **Pakistan,** v. Inde (1973-80) 3 000. **Nigeria** (Biafra 1967-70) 1 000 000. **Philippines** (1972-80) 30 000 et +. **Sahara occidental** (1975) 10 000 et +. **Salvador** (1980) 10 000/15 000. **Soudan** (1966-72) 500 000. **Syrie** (1977-79) 10 000 (?). **Tchad** (1970) 20 000 et +. **Turquie** (1979-80) 3 000. **Viêt-nam** (1979, g. avec Chine) 50 000 et +.

• **Zones de tensions principales en 1986.** (G. guerrilla, G.C. guerre civile, T. terrorisme, R.L. révolte locale, L.E. lutte contre l'occupation étrangère, G.E. guerre étrangère.) **Afrique :** Afr. du Sud *T.* Angola *G.C.* Éthiopie *R.L.* Madagascar *G.* Mozambique *G.* Namibie *G.R.L.* Nigeria *R.L.* Ouganda *R.L.* Sahara occidental *R.L.* Tchad *R.L.* Soudan *R.L.* Zimbabwe *R.L.* **Amérique latine :** Argentine et G.-B. (Falkland). Colombie *R.L.* Guatemala *G.* Honduras. Nicaragua *G.* Pérou *G.* Salvador *G.C.* **Asie :** Afghanistan *L.E.* Birmanie *R.L.* Cambodge *L.E.* Chypre *G.C.* Inde *T.* (Sikh). Indonésie Timor *R.L.* Irak *G.E. R.L.* Iran *G.E. R.L.* Israël *L.E.* (Cisjordanie). Laos *G.* Liban L.E. G.C. Pakistan *R.L.* Philippines *R.L.* Sri Lanka *R.L.* Syrie *R.L.* Thaïlande *G.* Turquie *R.L.* **Europe :** Espagne *R.L. T.* France *T.* Grande-Bretagne *T.* Irlande *R.L. T.* Italie *T.* Yougoslavie *R.L.*

Guerres françaises

Guerres étrangères

☞ **Années de guerre en France. XIVe s. :** 43 (guerre civile 5, extérieure 13, territoire français 25) ; **XVe :** 71 (c. 13, e. 15, t. 43) ; **XVIe :** 85 (c. 33, e. 44, t. 8) ; **XVIIe :** 69 (c. 17, e. 52) ; **XVIIIe :** 58 (c. 7, e. 51) ; **XIXe :** 84 (e. 19, c. 1, coloniales 64) ; **XXe :** 39 (e. 10, col. 29).

• **Guerre de Cent Ans (1328-1453).** *Effectifs* maximaux 10 000 ; proportion : chevaliers 15 %, fantassins lourds 45, archers 40. *Pertes à chaque rencontre* env. 20 % des hommes à pied chez le vaincu. 1 ou 2 % de chevaliers (on fait surtout des prisonniers pour avoir des rançons).

Pour 1 siècle de combats : 20 000 †.

• **Guerres d'Italie (1498-1559).** *Armées* de 20 000 à 25 000 h. dont mercenaires 15 000 à 18 000. Après 1534 : effectifs français 42 000 fantassins, 4 200 cavaliers. *Pertes* à chaque bataille (moyenne) 2 à 8 % chez le vainqueur, 20 chez le vaincu (l'infanterie enfoncée est sabrée par les cavaliers). *Pour 60 ans de combats :* 80 000 †. Pertes élevées chez les chefs (8 généraux sur 10 meurent au combat).

• **Guerre de Trente Ans (1618-48).** *Effectifs :* français 20 à 25 000 h. (dont 1/4 de cavaliers) ; suédois 18 000 h. (dont 10 000 cav.). *Pertes* moy. : vaincu 30 à 40 % ; vainqueur 10 à 12 %. Total : Français 20 000 ; Allemands 50 000 ; Espagnols 60 000.

• **Guerres de Louis XIV (1667-1731).** Essentiellement guerres de siège. Garnisons de 3 000 à 8 000 h. ; assiégeant 10 000 à 12 000 h. Capitulation d'usage après 10 % de pertes chez l'assiégé. **G. de Dévolution** (1667-68). *Eff. :* fr. 60 000 ; esp. 12 000. *Pertes :* quelques centaines. **G. de Hollande** (1672-78). *Eff.* 120 000 en 3 armées. *Pertes* moyennes par bataille 10 à 15 %. Évaluation globale 20 000. **G. de la Ligue d'Augsbourg** (1689-97). *Eff.* 150 000 dont 25 % de cavaliers (artillerie 2 %, génie 5 %). *Pertes* 10 % par bataille ; globales env. 60 000 h. **G. de Succ. d'Espagne** (1701-13). *Eff.* 300 000 dont infanterie 260 régiments, cavalerie 100 rég. Constitution de lignes fortifiées (pertes moy. lors d'une percée : vainqueur 10 %, vaincu 30 à 40 %). Moy. d'effectifs engagés par bataille : 60 000 h. (cavaliers 1/3). *Pertes globales* 100 000 à 120 000 h.

• **Guerres de Louis XV. G. de Succ. d'Autriche (1745-48).** *Eff.* 100 000 h. *Pertes* 30 000 h. **G. de Sept Ans (1756-63).** *Effectifs :* Prusse 200 000, France 150 000 en Europe + 20 000 outre-mer, Autriche 150 000, Russie 100 000, Angleterre 40 000 marins, 554 000 †.

• **Guerres de la Révolution et de l'Empire. Pertes françaises.** Il y aurait eu, sur 2 800 000 appelés et 5 600 000 appelables de 1792 à 1815, 150 000 morts naturelles de retraités, 850 000 † à la guerre, 550 000 disparus réels ou présumés, en tout 1 550 000 décès dont 1 400 000 sous les armes et 1 250 000 h. épargnés et survivants (sauf les morts naturelles des non-retraités). Les pertes fr. réelles se répartiraient ainsi : 800 000 sous le Consulat et l'Empire, 600 000 sous la Révolution. La plupart des morts étaient des blessés mal soignés (1 blessé sur 4 entrant à l'hôpital en réchappait). Le nombre de tués au combat proprement dit était de 2 % (Austerlitz) à 8,5 % (Waterloo).

Grande Armée de Napoléon comprenait d'importants contingents alliés (50 000 Allemands, Dalmates et Italiens sur 300 000 h. en 1809 en Espagne ; 1/3 d'étr. à Wagram ; en Russie 230 000 étr. sur 428 000 h. ; en 1813, 40 000 étr. sur 215 000 h.). *Effectifs des coalisés :* Autriche 260 000 h., Russie 225 000, Prusse 80 000, Espagne : indéterminé (guerrilleros), Angleterre 60 000. En 1815 : total des coalisés 630 000.

• **Conquête de l'Algérie.** Estimation de Bodart 10 000 †, dont 411 officiers ; de Martin et Foley 2 600 †.

• **Guerres du IIe Empire. Guerre de Crimée (1854-55).** Morts (dont de maladies) : *Russie* eff. 500 000 h. [total morts 100 000 (dont de maladie 60 000)]. *France* 310 000 h. [93 615 † (73 375)]. *Turquie* 230 000 h. [35 000 † (n.c.)]. *G.-B.* 98 000 h. [22 182 † (17 580)]. *Sardaigne* 21 000 h. [2 194 † (2 166)].

Guerre d'Italie (1859). *Effectifs :* Français 150 000 (17 000 †), Sardes 50 000 (2 000 †), Autrichiens 130 000 (23 000 †).

Guerres de Chine, Cochinchine et Mexique. 65 000 h. tués et blessés dont au Mexique (effectifs terre 38 492) : 1 627 † au feu, 4 735 † de maladie, 292 † divers (marine : pertes par maladie env. 2 000 h).

• **Guerre franco-allemande de 1870. Français.** *Eff.* 2 000 000 h. (dont troupes engagées 935 760), 142 000 † (dont 17 000 en captivité, 61 000 morts de maladie ou d'épuisement), 145 000 blessés. 20 000 morts de sièges (Paris, Strasbourg, Belfort). Surmortalité due aux conditions de vie : 800 000. **Allemands.** *Eff. :* 1 494 000 h., 44 000 †, 127 000 blessés.

• **Guerres coloniales du XIXe s.** *Pertes* françaises 112 000 † (selon B. Ourlanis), 8 287 † de 1871 à 1908 selon Bodard (sans compter 5 736 † à Madagascar en 1895 et env. 7 000 † au Tonkin en 1882-85).

• **Guerres de 1914-1918 et de 1939-1945.** V. France (Histoire), p. 602. **Guerre d'Indochine** (1946-54), **de Corée** (1950-53). **Opérations en Tunisie** (1952-57), **au Maroc** (1953-58), **en Algérie** (1954-82), Voir Index.

Actions françaises les plus récentes. Participation au dégagement du *canal de Suez* (1974 : 9 bâtiments, 75 : 2 bât., 78 : 2 bât.). *Djibouti* (févr. 76, avril-nov. 77). *Mayotte* (77-78). *Zaïre* (avril 77 : transport d'un détachement marocain, mai-juin 78). *Kolwesi, Liban* (dans le cadre de l'O.N.U., depuis mars 78). *Tchad* (févr. 78, mai 80). *Mauritanie* (nov. 77, mai 78, janv.-mars 80, août 83-84). *Centre Afrique* (sept. 79). *Tunisie* (Gafsa 80).

Interventions à caractère humanitaire : *Cambodge* (1979-80). *Ouganda* (1980).

Guerres civiles

France

• **Guerres de religion** (1560-98). *Pertes des huguenots et alliés allemands :* militaires env. 5 000, civils env. 1 200, chiffres contestés, voir Histoire de France, p. 574 (Wassy 42 †). *Des catholiques* env. 10 000.

• **Guerres des Camisards et de la Succ. d'Espagne** (1702-13). Cévenols 7 000, huguenots dans l'armée angl. env. 5 000, cath. 1 200.

• **Révolution** (1792-99). **Guerre de Vendée** + de 600 000 †, dont soldats républicains 18 000, soldats chouans 80 000, civils exécutés 210 000, † de froid et de faim env. 300 000, dont plus de 100 000 enfants. **Paris** (archives détruites 1910). 30 000 dont Suisses (10-8-92) 786 ; massacres de Sept. 92 : 1 395 (+ 1 700 à Meaux, Reims, Caen, Versailles...). **Lyon** 5 000 dont mitraillés 1 700. **Émigration** 12 000 dont Quiberon 1 500 (fusillés 700), armée de Condé 5 000. **Pendant la Terreur** (avril 93 à juill. 94) 2 596 guillotinés à Paris, 12 000 tués dans toute la France.

• **Terreur Blanche** (1814). *Tués* mamelouks de Marseille 45 ; attentats individuels, exécutions éval. 35.

• **Trois Glorieuses** (juill. 1830). *Tués* 250.

• **Journées de juin** (1848). *Tués* troupes 1 600 ; insurgés 3 000.

• **Nuit du quatre décembre** (1851). *Tués* 215 manif.

• **Commune de Paris** (mai 1871). *Versaillais* 880 ; *insurgés* env. 20 000 (16 000 tués pendant les batailles de rues, 3 500 exécutés après la reprise de Paris) ; certains ont parlé de 100 000 tués.

• **6 février 1934.** *Tués* civils 14, militaires 1, *blessés* hospitalisés civils 236, militaires 70, gardiens de la paix 22.

• **Épuration** (1944-45). V. Index.

• **Mai 1968.** 3 (la mortalité habituelle a d'ailleurs été réduite par la restriction de la circulation automobile).

Guerres civiles étrangères

Chine. Révolte des Tai-Ping (1851-64) 20-30 millions de † (+ de 100 000 lors du sac de Nankin par les tr. gouv., du 19 au 21-7-64). **G. de Sécession américaine** (1861-65). 617 000 †. *Nordistes* mobilisés 2 213 363, 364 511 †. *Sudistes* 600 000 à 1 500 000 mobilisés 133 821 † (U.S.A.). **G. de la Révolution russe** (1917-20) 3 000 000 †, dont réfugiés morts de froid le long du Transsibérien 1 100 000. **G. d'Espagne** [1936-39 (d'après Hugh Thomas)] : 410 000 † dont combattants 285 000, civ. 125 000.

Batailles

Angleterre (juill.-oct. 1940). *Pertes* anglaises 29 360 †, 41 096 blessés, 915 chasseurs détruits ; all. 1 733 avions détruits. **Austerlitz** (1805). *Forces* fr. 73 200 ; ennemies 85 400. *Pertes* austro-russes 27 000 h. tués, blessés ou prisonniers. *Pertes* fr. 9 000 h. (dont 1 300 tués). **Azincourt** (24-10-1415). *Forces* angl. (vict.) 1 000 chev., 6 000 archers ; env. 6 000 coutiliers (13 chev., 100 fant. †) ; fr. 25 000 (8 000 †, dont prisonniers égorgés 1 700).

Berezina (28-11-1812). *Forces* fr. (combattants 40 000 ; non-combattants ?), env. 25 000 † ou disparus. **Bir Hakeim** (27-5/11-6-1942). *Pertes* germano-ital. 50 chars ; fr. (814 disparus, 127 †), sortie réussie par 2 500 h. **Borodino** (7-9-1812). *Forces* fr. 133 000 h. ; russes 120 000 h. *Pertes* fr. 30 000 ; r. 44 000. **Bouvines** (27-7-1214). *Forces* fr. 22 000 ; impériales 24 000 (1 200 †).

Cannes (216 av. J.-C.). Romains (72 000 † et 10 000 prisonniers sur 86 000 h.), battus par 40 000 Carthaginois (dont 25 000 auxiliaires Ibères et Gaulois). **Crécy** (1346). *Forces* angl. 3 900 chevaliers, 11 000 archers angl., 5 000 coutiliers gallois (vict.) ; fr. 12 000 chevaliers, 6 000 archers gênois, 20 000 miliciens [11 princes, 1 542 chevaliers, 30 000 soldats (? †)].

Dien Bien Phu. *Côté français,* effectifs 10 871 (au 13-3-54) + renfort envoyé 4 277 (du 13-3- au 7-5-54) ; pertes du 21-11-53 au 12-3-54 : 151 †, 29 disparus, 4 436 blessés ; du 13-3 au 5-5-54 : 1 142 †, 1 606 disparus et 1 037 blessés. *Viêt-minh,* effectifs 104 000 h. ; pertes 7 890 †, 15 000 blessés ; ravitaillement par 75 000 coolies. **Dunkerque** (26-5/3-6-1940). Rembarquement de 198 315 Anglais, 140 000 Fr. et Belges. *Pertes des marines* angl. et fr. 6 destroyers, 9 torpilleurs, 2 c.-torpilleurs, 88 navires. *Pertes anglaises* 68 111 h., 2 472 canons, 63 879 véhicules ; *françaises* env. 120 000 h.

El Alamein (1942). *Forces* angl. 195 000 (vict.) ; germano-ital. 104 000 (1 500 †, 30 000 pris., 548 chars, 600 avions détruits). **Eylau** (1807). *Forces* fr. 75 000 h. ; ennemies 76 000. Victimes 40 000.

Fontenoy (1745). *Forces* anglaises 20 000 h. *Pertes* angl. 9 000 ; fr. 6 000. **Friedland** (14-9-1807). *Forces* fr. 80 000 (début), 80 000 (fin) ; russes 60 000. *Pertes* fr. (vict.) 800, 5 000 blessés ; russes 20 000.

Guadalcanal (1942-43). *Forces* américaines 23 000 (vict.) ; japonaises 20 000 (9 000 †).

Hastings (14-10-1066). *Forces* normandes (vict.) 9 000 ; saxonnes 10 000 (4 000 †).

Iéna (1806). *Forces* françaises 60 000 (vict.) ; allemandes 80 000 (20 000 †, 30 000 pris.). **Isly** (1844). *Forces* fr. 10 500 h., 16 canons ; arabes 10 000 cavaliers (?). **Ivry** (14-3-1590). *Forces* cath. 19 000 (500 †) ; prot. (vict.). **Iwo Jima** (1945). *Forces* américaines 70 000 (vict.) ; 25 000 † ; japonaises 23 000 (22 000 †).

Jutland (31-5-1916). *Anglais* 151 nav., 16 nav. coulés. 6 097 †, 674 b., 177 prisonniers (11,6 % des effectifs). *Allemands* 101 nav., 11 coulés, 2 545 †, 507 b. (6,8 %).

Koursk et Oryol (5-7 au 23-8-1943). *Forces* russes 130 000, 3 600 chars, 3 130 avions, 20 000 canons et mortiers ; allemandes 2 700 chars.

Leipzig (1813). *Forces* fr. et alliées 195 000 h., ennemies 365 000. *Pertes* fr. 73 000 ; ennemies 54 000. **Lépante** (7-10-1571) flotte turque écrasée par Esp. Vénitiens et troupes du pape 30 000 †. **Leyte** (22/27-10-1944). La + grande bataille aéronavale de la g. 1939-45. *Forces* amér. (vict.) 166 nav. dont 6 cuirassés, 18 porte-avions (6 nav. coulés), 1 280 avions ; jap. 65 nav. (5 cuirassés, 4 p.-avions, 10 croiseurs coulés, 26 nav. coulés), 716 avions.

Malplaquet (11-9-1709). *Forces* anglo-holl. (vict.) 24 000 ; fr. 12 000. **Marathon** (490). *Forces* grecques 11 000, perses 72 000 (60 000 fantassins, 12 000 cavaliers). *Pertes* grecques 200 ; perses 6 400. **Marengo** (14-6-1800). *Forces* fr. (vict.) 7 000 ; autr. 14 000. **Marignan** (13/14-9-1515). *Forces* fr. 6 000 ; suisses 12 000. **Midway.** *Pertes américaines :* 1 porte-avions, 1 torpilleur, 150 avions, 307 † ou blessés ; *japonaises :* 4 porte-avions sur 7 engagés, 1 croiseur sur 11 cuirassés et 15 croiseurs engagés, 253 avions et 3 500 † ou bl. **Monte Cassino** (3 batailles, 1944). *Forces* anglo-polonaises 300 000 (115 000 †) ; allemandes 60 000 (20 000 †). Françaises 15 000 (6 577). **Normandie** (débarquement 6-6-1944). *Forces alliées* 90 000 (Américains, Brit., Canadiens et 177 Fr.) dans les forces d'assaut (5 divisions débarquées par mer, 4 aéroportées) ; 200 000 (39 divisions) dans les jours suivants. 9 000 navires dont 138 gros navires de guerre, 221 petits, 1 000 dragueurs, 4 000 péniches ; 3 200 avions (174 escadres). 50 000 *Allemands* (dont 50 % de volontaires étrangers) entre Seine et Mt-St-Michel ; 300 000 dans les jours suivants. *Pertes* amér. 3 400 morts et disparus, 3 180 blessés ; angl. env. 3 000, canadiennes 946 (dont 335 morts), allemandes entre 4 000 et 9 000. *Pertes totales* alliées 30-40 000, allemandes 150 000 (70 000 prisonniers).

Okinawa (1945). *Forces* américaines 500 000 (vict.) ; 17 000 † ; jap. 80 000 (75 000 †).

Pavie (1525). *Forces* fr. 26 000. *Pertes* fr. (tués et prisonniers) 10 000. **Pearl Harbor** (1941-7-12). *Forces japonaises* 6 porte-avions (400 avions), 2 cuirassés rapides, 2 croiseurs lourds, 16 torpilleurs, 1 train d'escadre de 11 bâtiments, 3 sous-marins éclaireurs et 5 sous-marins de poche. *Pertes américaines :* 8 cuirassés hors de combat, 3 croiseurs et 1 navire atelier avariés, 188 avions détruits ; *jap. :* minimes. **Poitiers** (19-9-1356). *Forces* angl. (vict.) 6 000 ; fr. 20 500 (2 500 †).

Rocroy (19-5-1643). *Forces* fr. (vict.) 23 000 (2 000 †) ; espagnoles 27 000 (7 500 †).

Sadowa (3-7-1866). *Forces* prussiennes (vict.) 278 000 (1 935 †, 7 000 b.) ; autr. 271 000 (13 000 †, 18 000 b., 13 000 pris.). **Salamine** (480 av. J.-C.), *perses* 800 navires, *grecques* 310 nav. **Sébastopol** (1855). *Forces* anglo-franco-turques. 220 000. *Pertes* russes 50 000 ; fr. 30 000 † (11 000 de maladie). **Solférino** (1859). *Forces* franco-sardes 133 000 ; autrichiennes 150 000. *Morts* fr. 17 000, autr. 22 000. **Somme** (1-7 au 19-11-1916) 1 030 000 † (dont 614 000 Anglais et Français). **Stalingrad** (1943). *Forces* all. 250 000 h., 740 chars, 7 500 canons, 1 200 avions ; soviétiques 187 000 h., 7 900 canons et mortiers, 360 tanks, 300 avions. *Pertes* allemandes 147 200 †, soviétiques 46 700 †. Prisonniers 91 000 Allemands.

Toulon. Sabordage de la flotte française (27-11-42). 5 sous-marins s'échappent (Vénus se saborde en mer, Iris va à Barcelone ; Casabianca, Marsouin, Glorieux vont en A.F.N.). 3 cuirassés, 7 croiseurs, 15 contre-torpilleurs, 14 torpilleurs, 12 sous-marins (+ de 230 000 t) coulés soit 31 % de la flotte française. Ont échappé à la destruction (saisis par les Italiens sur cale sèche) : 3 contre-torpilleurs, 2 torpilleurs, 17 patrouilleurs, 4 sous-marins, 7 remorqueurs, 4 pétroliers (25 000 t).

Valmy (20-9-1792). *Forces* fr. (vict.) 59 000 (300 †) ; prussiennes 35 000 (200 †) ; retraite négociée. **Verdun** (1916). *Pertes* fr. 362 000 tués et blessés ; allemandes 336 000.

Wagram (1809). *Forces* fr. 170 000 h. et 488 canons plus Armée d'Italie. *Pertes* ennemies 40 000 ; fr. 32 000. **Waterloo** (1815). *Forces* fr. 72 000 h. ; ennemies 120 000 h. (dont angl. 67 000, prussiennes 53 000). *Pertes* fr. 32 000, angl. 15 000, prussiennes 7 000.

Sièges

Légende : * résistance victorieuse.

• **Av. J.-C. Troie** (XIIe s.). 9 ans. Priam, roi de Troie (Hector, son fils), assiégé par Grecs (Agamemnon). **Jérusalem** (588). 5 mois. Israélites assiégés par Nabuchodonosor. **Carthage** (147-146). 1 an. Hasdrubal assiégé par Scipion Émilien.

• **Apr. J.-C. Alexandrie** (639-40). 1 an. Grecs byzantins assiégés par Arabes (Amrou). **Pavie** (774). 6 mois. Didier, roi des Lombards, assiégé par Charlemagne. **Jérusalem** (1099). 1 an. Musulmans assiégés par Godefroi de Bouillon. **Milan** (1160-62). 2 ans. Gibelins assiégés par Frédéric Barberousse. **St-Jean-d'Acre** (1189-91). 2 ans. Musulmans assiégés par Richard Cœur-de-Lion. **Château-Gaillard** (1203). Anglais assiégés par Philippe Auguste. **Calais** (1346-47). Eustache de St-Pierre assiégé par Edouard III d'Angleterre. **Liège** (1408). 15 j. Révoltés liégeois assiégés par Charles le Téméraire. **Orléans *** (1428-29). 540 j. Français assiégés par Anglais (délivrance par Jeanne d'Arc). **Constantinople** (1453). 53 j. Byzantins par Mahomet II. **Beauvais *** (1472). 60 j. Assiégés par Charles le Téméraire (épisode de Jeanne Hachette). **Grenade** (1492). 1 an. Boabdil assiégé par Gonzalve de Cordoue (Esp.).

Rhodes (1522). 6 mois. Chevaliers de l'Hôpital assiégés par Soliman (Turc). **Rome** (1527). 30 j. Clément VII par Condétill de Bourbon. **Metz** (1552). 70 j. Duc de Guise par Charles Quint. **Paris** (1589). 120 j. Duc de Nemours par Henri IV.

La Rochelle (1627). 2 ans. Guiton par Richelieu. **Lérida** (1647). 25 j. Gregorio Britto par Condé. **Vienne** (1683). 60 j. Staremberg par Mustapha. **Mayence** (1793). 120 j. Aubert Dubayet et Kleber par Kalbrenth. **Toulon** (1793). 24 j. Anglais par Bonaparte. **St-Jean-d'Acre *** (1799). 60 j. Phélippeaux par Bonaparte.

Saragosse (1808). 61 j. Palafox par France. **Dantzig** (1813). 13 mois. 9e Rapp (Fr.) par Alliés. **Missolonghi** (1824-26). 360 j. Grecs révoltés (avec Byron) assiégés par Turcs. **Anvers** (1831). 1 mois. Gal Chassé (Holl.) assiégé par M^{al} Gérard (France). **Constantine** (1837). 305 j. Arabes assiégés par M^{al} Clauzel, puis Gal Damrémont. **Venise** (1848-49). 1 an. Révoltés italiens (Manin, Ulloa) assiégés par Autr. **Sébastopol** (1854-

55). 330 j. Totleben (Russie) assiégé par Pélissier (Fr.). **Lucknow *** (1857). 85 j. Anglais assiégés par Cipayes révoltés. **Duppel** (Schleswig). (1864). 63 j. Danois assiégés par Prussiens. **Strasbourg** (1870). 48 j. Gal Ulrich et préfet Valentin (Fr.) par Prussiens (Gal Werder). **Paris** (1870-71). 133 j. Gal Trochu par Prussiens. **Belfort *** (1870-71). 75 j. Colonel Denfert-Rochereau par Prussiens. **Khartoum** (1874-75). 286 j. Gal Gordon (Angl.) par Soudanais révoltés.

Port-Arthur (1904-05). 10 mois. Russes (Stoessel) par Japonais (Nogi). **Maubeuge** (1914). 10 j. Gal Fournier (Fr.) par Von Zwehl (All.). **Fort de Vaux** (1916). 3 mois. Cdt Raynal (Fr.) par Kronprinz (All.). **Leningrad *** (1941-44). 27 m. Gal Popov et commissaire Jdanov (Russie) par Von Leeb (All.). **Tobrouk *** (1941). 8 mois. Anglais par Italo-Allemands (2e siège avec assaut juin 1942). **Stalingrad** (1942-43). Voir ci-dessus Batailles (2 sièges : 1° Russes par Allemands, 28-9/23-11-1942 ; 2° Allemands par Russes, 30-11-42/2-2-43). **Berlin** (14-4 au 2-5-1945), assiégé par 3 500 000 Russes, 7 750 tanks, 11 000 avions.

Bombardements

Quelques grands raids aériens

Nombres de tués :

● **Raids allemands (1940-44). Sur la Hollande. 1940-***15-5* Rotterdam 930 †.

Sur l'Angleterre. Au total, les bombardements allemands (avions, V1, V2) ont fait 60 227 † de **1940 à 45** (dont 14 281 en 1940). *Raids célèbres :* **1940**-*14/15-9* Coventry 380 †. **1941**-*10-5* Londres 1 436.

● **Raids alliés (1941-45). Sur la France.** De **1941 à 1944**, les raids alliés firent au total 67 078 †, 75 000 bl. *Raids célèbres :* **1942**-*3-3-* Paris (usine Renault) 623 † ; **1943**-*4-4* id. 403 ; *-16/23-9* Nantes 712 et 800 ; *-sept.* Paris 105. **1944**-*avril* Lyon 600, St-Étienne 870 ; *-20-4* Paris (gare de la Chapelle) 642, 2 000 blessés ; *-27-5* Marseille 1 979.

Sur l'Allemagne. Pendant la guerre, les Alliés lancèrent 2 500 000 t de bombes sur All. (50 %) et territoires occupés. Ils perdirent 160 000 hommes (G.-B. 80 000, U.S.A. 80 000) et 40 000 appareils (G.-B. 22 000, U.S.A. 18 000). Les All. eurent 61 villes détruites, 400 000 †, plus de 7 millions sans-abri. *Raids célèbres :* **1943**-*25-7* Hambourg 50 000 †. **1944**-*11-9* Darmstadt 12 300. **1945**-*3-2* Berlin 25 000 ; *-13/14-2* Dresde 135 000 (773 avions angl. et 1 350 av. amér.).

Sur le Japon. *Raids célèbres :* **1945**-*9/10-3* Tokyo 83 893 †. *-6-8* Hiroshima et *-9-8* Nagasaki, bombardements atomiques, voir p. 924.

● **Raids américains au Viêt-nam.** *Raids célèbres :* **1972**-*18/29-12* Hanoi 50 000 t de bombes, 2 000 †.

Armes et matériels

Armes anciennes

Armes blanches

Épée. *200 av. J.-C. glaive romain* (en fer) court, à 2 tranchants (emprunté aux Espagnols). *500-800 apr. J.-C. estramaçon* des Francs : arme de défense, poignard aigu dans une gaine en bois. *600-1500 apr. J.-C. cimeterre* arabe, sabre de cavalerie léger, courbé à 1 tranchant. *800-1500 épée lourde* de cavalerie (souvent remplacée par la hache ou la masse d'armes), 1 seul tranchant. *A partir de 1200 arme des cottereaux :* poignards des ribauds, c.-à-d. des mercenaires à pied. *Après le XVe s.* épée de gentilshommes, légère, elle sert plutôt d'insigne de la noblesse ; utilisée en salle d'armes ou en duel plus qu'au combat. *Apr. 1642 baïonnette,* épée courte, utilisée comme dague ou poignard et pouvant s'adapter au fusil, le transformant en pique. *Après 1680 sabre de cavalerie* imité du badelaire ou couteau de Turquie (ancien cimeterre), utilisé comme arme de corps à corps par les cavaliers (1 seul tranchant, légèrement courbé). *Après 1915 poignard de tranchée* pour le combat rapproché d'infanterie (fait encore partie de l'armement des commandos).

Lance. *V. 250 av. J.-C.-400 apr. J.-C. javelot* romain : lancé ; chaque légionnaire en a 2 (long. 110 cm, emprunté aux Germains). *500-800 apr. J.-C. angon* des Francs : javelot terminé par une fleur de lis (2 crochets à g. et à d. de la tête). *IXe-XVe s. lance* de chevalier (long. jusqu'à 5,50 m). *1450-1703 pique* de l'infanterie (long. 3,50 m) utilisée pour arrêter la cavalerie ; remplacée à partir de 1642 par fusil + *baïonnette* (long. 2,10 m). *Après 1530 lance pessade* ou *esponton* (pique de commandement ; écrit anspessade au XVIIe s.) : ancienne lance de chevalier coupée à 90 cm de long. et utilisée comme insigne par les nobles (anciens cavaliers) servant comme officiers d'infanterie. *1801-1914 lance de cavalerie* en bois de frêne (long. 5 m), supprimée en 1871, réutilisée en 1889. *1914* dernière charge de lanciers en France (*1939* en Pologne).

Armes de trait

Arc. *V. 2600 av. J.-C.* en Akkad (Mésopotamie) : avec flèches en tête de bronze, tirées du haut d'un char de combat. *V. 2000 av. J.-C.* Espagne et Europe occ., avec flèches à tête de cuivre (commandos des « Campaniformes ») ; un bracelet de pierre passé sur l'avant-bras gauche permet une tension maximale de l'arc (bois d'if). *500 av.-400 apr. J.-C.* archers orientaux : les Mèdes (archers à pied) ont un arc long (1,50 à 2 m) ; les Parthes (cavaliers) un arc court. Ni les Grecs, ni les Romains n'ont d'archers (le soldat léger grec, peltaste, a une fronde). *Après 800 apr. J.-C.,* les « sergents » des armées carolingiennes et féodales utilisent à la guerre l'arc des chasseurs aux côtés des chevaliers. *XIe-XIIe s.* archers communiers ; milices locales (entraînées au tir à l'arc et rejoignant l'armée royale ; service d'ost). **Arbalète.** Apparue au *XIIIe-XVe s. :* arc mécanique, pesant env. 20 kg et tirant appuyé sur une fourche plantée en terre ; le projectile d'arbalète, le « carreau », pèse 400 g (en fer). On emploie surtout des arbalétriers mercenaires : Génois, Gascons, Brabançons. Une compagnie combat à Bouvines (1214) ; Charles V crée un corps de 200, puis 800 arbalétriers chargés de la défense de Paris et commandés par un grand maître. Après les défaites de la guerre de Cent Ans, dues à la supériorité des archers communaux anglais, Charles V voulut revenir à la pratique de l'arc : les villes durent entretenir un corps de francs-archers à côté de leurs francs-arbalétriers. Louis XI supprima ces corps urbains (de faible valeur militaire) : son armée comptait en moyenne 2 archers pour 1 arbalétrier. En G.-B. les archers des communes se maintiennent jusque v. 1450. *Disparition* des armes de trait *en 1450-1500* (artillerie).

Engins balistiques

Utilisés dans les sièges depuis l'Antiquité jusqu'à la mise au point des bombardes d'artillerie à poudre (XVIe s.).

Baliste (inventée par Archimède, IVe s. av. J.-C.). Système de l'arbalète (de taille géante : l'arc a de 3 à 5 m de long, les cordes de 2 m à 4 m) ; on tend les cordes avec un treuil et on charge la baliste avec des flèches faites de troncs d'arbres, souvent enflammées ; peut également jeter des projectiles ; portée 185 m.

Catapulte (inventée par les Syriens, 450 av. J.-C.). Force utilisée : élasticité des cordes (souvent faites avec des cheveux humains). Poutre de 3 à 6 m de long (style) terminée par un réceptacle en forme de cuillère, le cuilleron, pivote sur un axe horizontal. Des cordes entortillées devraient la maintenir en position verticale, mais on la tire en arrière par un système de treuil jusqu'à la coucher presque horizontalement et on pose un projectile (pierre, matériau enflammé, métal) sur le cuilleron. En actionnant le déclic (crochet de fer retenant le style au treuil), on relâche brusquement les cordes et le style en se redressant va frapper un butoir ; le projectile jaillit sous le choc (portée 100 à 200 m).

Dérivés médiévaux (XIIe-XVIe s.). *Mangonneau :* actionné par des nerfs de bœuf de forte élasticité ; portée 300 à 400 m. *Bricole* (mangonneau sans butoir) : le projectile (souvent un barillet chargé de poudre) est projeté par la force centrifuge, le cuilleron étant remplacé par 2 crochets munis de cordes faiblement nouées.

Armes biologiques et chimiques

Définition

Agent de guerre chimique toute substance chimique – gazeuse, liquide ou solide – qui pourrait être employée en raison de ses effets toxiques directs sur l'homme, les animaux et les plantes. Cette définition exclut les substances chimiques actuellement employées à des fins militaires (explosifs, fumigènes, substances incendiaires) dont l'action principale est de provoquer des destructions physiques : feu, privation temporaire d'air, ou réduction de visibilité.

Agents de guerre biologique : ce sont des organismes vivants, de quelque nature que ce soit, ou des matières tirées de ces organismes, dont on veut se servir pour causer la maladie ou la mort de l'homme, des animaux ou des plantes, et dont les effets dépendent de leur pouvoir de se multiplier dans la personne, l'animal ou la plante attaquée. Cette définition exclut les toxines élaborées par certains microbes (par exemple, toxines botuliques et antérotoxines, staphilococciques qui sont formés à l'extérieur et non à l'intérieur de l'organisme attaqué).

Tous les processus biologiques dépendent de réactions chimiques ou physico-chimiques, et tel agent aujourd'hui considéré comme agent biologique pourrait demain, en raison des progrès de la connaissance, être traité comme corps chimique (en cas de toxines produites par des organismes).

Armes biologiques

● **Histoire. Utilisées depuis l'Antiquité.** Infection de puits ou lancement par-dessus les fortifications de cadavres de victimes de maladies infectieuses (à Caffa, en Crimée, en 1346, les Tartares utilisaient des cadavres de pestiférés). En 1763, en Amérique, le colonel britannique Bouquet déclencha une épidémie de variole dans plusieurs tribus indiennes de l'Ohio et de la Pennsylvanie en distribuant quelques couvertures contaminées. Les USA ont accusé les Vietnamiens d'utiliser au Cambodge et au Laos des mycotoxines tricothécènes (produites par l'URSS).

● **Sortes. Micro-organismes :** *bactéries, virus, rickettsies ; fungi,* champignons, rouilles, moisissures dont certains peuvent être pathogènes pour l'homme ; *protozoaires* (par exemple : amibes ou agents du paludisme).

Produits chimiques : toxines ; élaborées par certains micro-organismes et hautement toxiques ; faciles à produire et peu coûteuses.

● **Effets.** Les maladies les plus à craindre en cas de g. biologique correspondent à des agents très résistants, capables d'une longue survie, et qui peuvent être véhiculés par poussières ou animaux, en conservant un pouvoir pathogène élevé. Ex. : charbon, peste, morve, mélioïdose, tularémie, fièvre de Malte. *Virus :* fièvre jaune, psittacose, dengue ou grippe. *Rickettsies :* fièvres particulières ou typhus. *Toxiques :* toxine botulique (intoxications alimentaires). **Résultats** incertains : les germes peuvent disparaître rapidement ou provoquer une épidémie incontrôlée dont on ne peut prévoir les effets dans le temps et en surface. Leur délai d'action étant d'au moins quelques j, on ne peut les utiliser dans un but stratégique (inaptes à un emploi militaire tactique).

Convention de Genève du 10-4-1972 sur « l'interdiction de la mise au point, de la fabrication et du stockage des armes bactériologiques (biologiques) ou des toxines et sur leur destruction » (emploi déjà interdit par le protocole de Genève en 1925, v. armes chimiques). Les États adhérents s'engageaient à détruire ou convertir à des fins pacifiques, dans les 9 mois, tous les produits ou moyens concernés en leur possession. Mais les recherches et développements restaient autorisés : seule la « mise au point à des fins hostiles » était interdite. La France (qui avait adhéré à la convention de 1925) n'a pas adhéré à cette convention (la Chine non plus), mais elle s'est interdit, par la loi du 5-5-1972, toute recherche, mise au point ou fabrication de telles armes. Les USA, qui avaient renoncé aux agents de guerre biologique et aux toxines en nov. 1969, ont détruit, devant des experts internationaux, leurs stocks chimiques. Du fait de l'absence d'accord avec l'URSS sur le problème des vérifications et contrôles, ils ont repris leurs études sur des produits chimiques (produits binaires) à partir de 1975.

Accidents. Il y en aurait eu 2 en U.R.S.S. à Sverdlovsk, en 1963 (?) (bacillus anthracis, 300 † ?) et en avril 1979 (agent V.21 1 000 †).

Armes chimiques

● **Histoire. Avant 1900.** *Flèches empoisonnées* par du curare (Amazonie) ou par des toxines comme la batracyotoxine de grenouille (à Hawaï), de l'acotinine (flèches des Maures en Espagne en 1483). *Puits empoisonnés* : ex. avec de l'ergot de seigle (VIe s. av. J.-C. Assyriens, IVe s. Perses) ; de racines d'ellebore (600 av. J.-C., Solon). *Fumée asphyxiante* : ex. *IVe s. av. J.-C.* en Inde, fumée contenant des alcaloïdes ou des toxines (comme l'abrine des graines de réglisse) ; *51 av. J.-C.*, les Romains creusent sous Alésia des galeries qu'ils remplissent de poix et de plumes auxquelles ils mettent le feu : la fumée dégagée entraînant la reddition de Vercingétorix ; *1456*, les défenseurs de Belgrade attaquent les Turcs avec un nuage de fumées arsenicales.

A partir du VIIe s., les Byzantins utilisent le *feu grégeois* dont la formule a été perdue après leur massacre par les Turcs en 1453. Leurs fantassins sont équipés de lance-flammes portatifs, qui leur permettent de remporter de nombreuses victoires et que l'on assimile au « napalm » moderne (Byzance a utilisé les puits de pétrole de la mer Noire ou de la mer Caspienne). *XVIe s.* : les Indiens d'Am. du N. utilisent des fagots enduits de graisse de poissons.

Gaz modernes. *1915* emploi de gaz chimiques [1re attaque all., le 3-1 à Bolimav (Pologne)], obus de mortier chargés de composés bromés lacrymogènes. 1re grande attaque, sur le front de l'Ouest, à Ypres (ypérite) le 22-4-1915, à 5 h du soir (180 t de chlore lâchées par 6 000 bouteilles d'acier sur un front de 6 km), le nuage surprend les Français non protégés, et les Allemands équipés de masques de fortune ouvrent une brèche de 6 km. Mais le commandement allemand n'ayant pas prévu l'ampleur du résultat, n'avait pas rassemblé de réserves suffisantes pour exploiter le succès initial et le sort de la guerre n'en fut pas modifié (5 000 † et 15 000 h. gazés). Le 23, une nouvelle attaque de chlore accompagnée de tir d'obus lacrymogènes contre les Canadiens tue 5 000 h. 125 000 t de produits chimiques toxiques au moins seront employées de 1915 à 1918. 1 300 000 personnes seront gazées, 100 000 sont mortes. *1931* utilisation par le Japon (Mandchourie). *1936* par l'Italie (épandages aériens d'ypérite en Éthiopie, 15 000 †). *1941* (oct.) par les Japonais contre les Chinois à Ichang (?). *1942* neurotoxiques organophosphorés (découverts par I.G. Farben en 1937) produits mais non utilisés (en 1945 stocks : 20-30 000 t de tabun et sarin). *1950* Grèce (g. civile). *1951-52* Corée. *1963-67* Yémen (utilisé par l'Égypte). *1961-70* Viêt-nam (défoliants). *1970* Angola, Rhodésie. *1981-86* Afghanistan (par les Russes). *1983-84* utilisé par l'Irak (contre l'Iran).

● **Législation.** L'emploi militaire des toxiques a été interdit ; par la *conférence de La Haye* (1899 à 1907) [les puissances contractantes sont d'accord pour s'abstenir d'employer des projectiles dont le but unique est de répandre des gaz asphyxiants ou délétères ; des juristes neutres ont pu ainsi estimer que l'Allemagne n'avait pas violé la convention de 1899 en recourant aux nappes de chlore en avril 1915 puisqu'elles ne faisaient pas appel à des munitions]. *Le traité de Washington (1922)* n'est pas entré en vigueur, la France ne l'ayant pas ratifié en raison de clauses relatives à la guerre sous-marine.

Le protocole de Genève (1925) qui rejette l'emploi de « tous gaz asphyxiants, ou de tous autres gaz, liquides, substances ou matériels analogues » n'a pas été ratifié par certains pays (ratification des U.S.A. en 1975) après cessation unilatérale de prod. en 1969. La plupart des États (la France en particulier) se sont réservé le droit d'utiliser les toxiques chimiques si un adversaire éventuel les utilisait en premier contre eux.

● **Stocks. URSS** 350 000 à 800 000 t utilisables par une force autonome de 120 000 soldats (120 généraux) ; manœuvres en ambiance NBC (nucléaire, biologique, chimique). **USA** 150 000 à 300 000 t (selon le Pentagone, 38 000 t en 1983) immédiatement utilisables par une unité de 4 000 spécialistes (budget : 1er crédit dep. 1969 en 1982 pour la prod., en *1984* 1 milliard de $). En 1969, les U.S.A. avaient renoncé aux fabrications, mis en sommeil le « Chemical Corps », et détruit des stocks. La découverte des matériels soviétiques adaptés à la g. chimique pris par les Israéliens lors de la g. du Kippour en 1973, l'emploi à partir de 1976 de produits toxiques soviétiques en Asie, l'incident inexpliqué en 1979 dans une usine de produits chimiques à Sverdlovsk provoquant une grave épidémie d'anthrax mortels, la confirmation des réalisations et de la doctrine soviétiques ont incité les U.S.A. à reprendre les fabrications depuis le 8-2-1983. *Spécialistes* 4 000.

● **Types. En 1915-18** les toxiques utilisés étaient surtout des produits asphyxiants, attaquant les cellules pulmonaires (tels le phosgène ou certains produits chlorés), ou bien les diverses ypérites (ou « gaz moutarde ») ou la lewisite, produits vésicants qui brûlaient les yeux, la peau, les poumons. Les combattants qui ne succombaient pas ne guérissaient que lentement et les plus atteints ont gardé des séquelles toute leur vie.

Depuis 1935, des produits encore plus toxiques ont été découverts qui inhibent la transmission de l'influx nerveux, et qui, à des doses minimes, entraînent en définitive l'arrêt de la respiration et du cœur. Ces neurotoxiques [Tabun (1939), Sarin (1943), Soman (1944), VX (1961)] agissent en pénétrant par la voie respiratoire ou par simple contact de la peau ; ils bloquent l'action de la cholinestérase (enzyme empêchant l'acétylcholine) ; l'excès d'acétylcholine provoque la mort par destruction du système nerveux ; *symptômes* : maux de tête violents, contraction des pupilles, convulsions musculaires, arrêts respiratoires, coma (composés organophosphorés, voisins de certains insecticides).

Agents incapacitants : rendent l'individu incapable de réagir, mais ne sont mortels qu'à très haute dose ; peuvent être des incapacitants psychiques (benzilates par exemple), ou provoquer des troubles de la vue ou digestifs, une hypotension, une paralysie temporaire ou des convulsions ;

Agents irritants : à très faible dose, peuvent provoquer larmoiement, toux, éternuement ; ils ne provoquent des dégâts dans l'organisme qu'à des doses très importantes. Pour le « CB » (chlorobenzilidène-malonitrite), utilisé par les forces de l'ordre, de telles concentrations ne peuvent se produire à l'air libre.

Herbicides défoliants : peuvent être dangereux par eux-mêmes, ou par des impuretés qu'ils contiennent, s'ils sont absorbés dans l'eau ou les aliments. Ainsi, l'« agent orange » (défoliant utilisé par les Am. au Viêt-nam) aurait provoqué de nombreux cancers [estomac et lymphone (cancer du système lymphatique)].

Armes chimiques binaires : munitions contenant 2 réactifs séparément inoffensifs qui se mélangent pendant le vol et libèrent à l'explosion un produit toxique : m. « binaires neurotoxiques » produisant des gaz innervants. Les Soviétiques ont protesté contre ces munitions binaires américaines ; chacun des 2 produits peut être stocké sans danger et ne peut tomber sous le coup d'une interdiction internationale ; les bombardements classiques sur les stocks américains en Europe ne risquent pas de provoquer l'explosion de munitions chimiques et l'émission de gaz nocifs en arrière de troupes de l'Alliance atlantique.

● **Protection.** *Masques* munis de cartouches filtrantes dont les filtres en papier et en charbon arrêtent les aérosols et abaissent d'un facteur 100 000 environ la concentration de vapeurs toxiques. *Tenues en caoutchouc butyle, survêtements* composés de plusieurs couches de tissus (certaines étant constituées de tissu carboné) afin d'arrêter les gouttes de toxiques et de filtrer l'air qui atteint la peau ; mais la gêne causée par ces tenues diminue le rendement au combat et accroît la fatigue. Une décontamination très soigneuse des matériels souillés par les toxiques doit être faite. *Des médicaments* doivent être mis au point pour permettre la prophylaxie et la thérapeutique des intoxiqués. Sans cet ensemble de moyens de défense, une troupe qui serait soumise à une attaque chimique serait condamnée.

Persistances. 10 °C (temps pluvieux, vent modéré), 15 °C (temps ensoleillé, absence de vent, enneigement). *Sarin* : 15 mn à 1 h – 15 mn à 4 h – 1 à 2 j. *V.X.* : 1 à 12 h – 3 à 21 j – 1 à 6 sem. *Acide* : quelques mn – id. – 1 à 4 h. *Cyanogène* : quelques mn – id. – 15 mn à 4 h. *Ypérite* : 12 à 48 h – 2 à 7 j – 2 à 8 sem.

Quelques accidents. *1968* : U.S.A. : près de Dugway, un avion d'expérimentation pulvérise par erreur du gaz VX, 6 000 moutons †. *1969* : Belgique : fuite d'1 ou 2 barils d'ypérite (20 000 auraient été immergées par les Anglais au large des côtes en 1950) ; phoques et poissons tués, quelques pêcheurs et enfants (plages) brûlés. *1972* : U.S.A. (à Fort Greely, Alaska) : 50 rennes tués par du sarin (200 cartouches entreposées sur le lac gelé en 1966, englouties lors de la fonte). *1979* : près de Hambourg (All. féd.) 1 enfant tué par du tabun (stock de cartouches).

Armes à faisceaux de particules et lasers

● **Armes à faisceaux de particules** (électrons, protons ou particules neutres). **Recherches** : U.S.A. [programmes « Chair Heritage » (pour les particules chargées) et « White Horse » (particules neutres)] et en U.R.S.S.

Principaux problèmes à résoudre : réalisation de *générateurs électriques* produisant en 1 milliseconde des courants électriques très intenses et puissants, de *canons d'électrons* envoyant des faisceaux de particules pulsées de haute énergie dans l'atmosphère ou l'espace, d'*accélérateurs accélérant* les ions d'un plasma chaud ou des électrons.

Avantages escomptés : très efficaces contre les missiles (rapidement destructibles par les particules) ; pourraient fonctionner dans l'atmosphère par tous les temps (alors que le laser est arrêté par les nuages) ; il n'existe pas actuellement de contre-mesures ; ils ne seraient pas soumis à des contraintes mécaniques d'accélération (cas des missiles anti-missiles), leur temps de réponse serait très bref, ils ne provoqueraient pas d'effets thermiques ni de rayonnements nucléaires parasites, leurs essais n'enfreignent pas les accords soviéto-américains d'interdiction des essais nucléaires et SALT.

● **Lasers à haute puissance.** Délivrent par impulsion une énergie min. de 30 kilojoules ou une puissance de sortie moyenne de 20 kilowatts (1 watt : 1 j/sec.). **Avantages** : capacité de tir de 1 000 coups par sec. (l. chimique), précision (pourrait viser 1 pièce de 1 F à 500 km) ; il pourrait détruire des satellites ou des avions volant à + de 3 000 m. Mais la destruction des missiles, et surtout des ogives, serait plus difficile ; celles-ci étant protégées par un bouclier thermique très résistant. Ces tirs pourraient s'effectuer de satellites, car le vide spatial, contrairement à la couche atmosphérique, n'entraînerait pas de divergence et entraînerait peu de perte de puissance. **Effets** : *thermiques directs* : la chaleur du faisceau cause la liquéfaction, la vaporisation ou la pyrolyse (décomposition chim.) de la cible ; *mécaniques indirectes* : sous la chaleur du faisceau et la pression créée par le faisceau formé à la surface, le métal s'évapore, s'écarte de la surface et engendre en sens inverse une onde de choc qui brise l'enveloppe de la cible ; *ionisation* : causés par les rayons X (émis par le plasma quand il absorbe le rayon laser), ils peuvent détraquer ou détruire les circuits électroniques ; *combinés, mécaniques et thermiques* : une série d'impulsions répétées peut déformer la cible (qui en outre s'échauffe) ; *effets biologiques* : quelques joules/cm² (au lieu de 700 pour percer la carlingue d'un avion) aveuglent un pilote.

Recherches. *Aux U.S.A., programme Triad de la DARPA* : laser chimique hydrogène-fluor (puissance 5,5 mégawatts) ; laser de 400 kW monté sur un Boeing KC-135. En 1983, un laser au dioxyde de carbone utilisé en vol a détruit 5 missiles Sidewinder volant à 3 500 km/h. *Programme de l'U.S. Navy* : laser deutériums-fluor (MIRACL, 2,2 mégawatts). **En U.R.S.S.**, laser à iode. *Autres lasers envisagés. L.* : *excimère* (émission dans l'ultra-violet). *L. à électrons libres* : capable d'émettre sur n'importe quelle long. d'onde (des X à l'infrarouge), étudié en France à Orsay (lab. LURE). *L. à rayons X* : photons donnant un très fort rayonnement ; 2 modes de production possibles : « conventionnels » (décharge électrique, autre rayon laser) à des fins civiles ; nucléaire (énergie issue de l'explosion) à des fins militaires ; études aux U.S.A. (Lab. Lawrence Livermore), en U.R.S.S. (Inst. Lebedev), France (Lab. de spectroscopie atom. d'Orsay) ; pourraient être utilisés d'un satellite (qui ne fonctionnerait qu'une fois mais pourrait détruire plusieurs dizaines de cibles).

Principaux problèmes : *mise au point d'optiques* capables de supporter des énergies énormes (mais le laser X n'en aurait pas besoin) ; *développement de plates-formes de pointage et d'alimentation* en énergie de ces armes (pour certains, ce problème serait impossible à résoudre à bord des systèmes spatiaux, car des tonnages considérables de produits chimiques seraient nécessaires) ; *atténuation de ces faisceaux de lumière* lors de leur passage dans l'atmosphère ; *lutte contre les contre-mesure possibles* : on pourrait recouvrir les missiles de quelques mm de carbone phénolique (vaporisée par le rayon laser, cette couche produirait un plasma protecteur quelques instants), polir leur surface (l'énergie serait en grande partie renvoyée comme par un miroir), les faire tourner sur eux-mêmes, les envoyer avec des leurres attaquer les batteries spatiales [les optiques étant fragiles, une intensité très faible (du milliardième de celle nécessaire contre les missiles) pourrait les endommager].

☞ Les lasers à basse puissance sont déjà utilisés pour visée, guidage, détection et contre-mesures. Voir aussi p. 1214 a.

Nota. – Selon la NASA, la mise au point d'un système ASAT (Anti-Satellite System) complet à rayon laser coûterait 50 milliards de $, et celle d'un système spatial complet de missiles antimissiles balistiques ABM 500 milliards de $. Actuellement les U.S.A. consacrent env. 2 milliards de $ par an aux technologies ABM.

Armes nucléaires et thermonucléaires

☞ Une explosion nucléaire de 1 *kilotonne* dégage autant d'énergie que l'explosion de 1 000 t de trinitrotoluène (TNT). 1 *mégatonne* (Mt) = 1 000 kilotonnes (kt).

Un avion armé d'une b. de 100 kt dispose d'une énergie équivalant à celle que transportaient, en 1944, 20 000 bombardiers. Pendant la guerre de 1939-45, la totalité des explosifs utilisés par les 2 camps représentait environ 2 Mt de TNT.

Différents types

● **Armes à fission** (bombes atomiques ou bombes A). Utilisent la fission d'atomes lourds tels que l'uranium 235 ou le plutonium 239 qui se « cassent » en deux « produits de fission », en dégageant une quantité importante d'énergie. **Énergie** 0,05 kt à plusieurs dizaines de kilotonnes. A moins de 30 km d'alt., l'effet de souffle dû à l'onde de choc correspond à 50 % de l'én. dissipée, les effets thermiques à 35 %, et les rayonn. nucléaires à 15 %.

● **Armes thermonucléaires** (bombes à hydrogène ou bombes H). Utilisent la fusion de 2 atomes d'hydrogène lourd (deutérium 2H ou tritium 3H) ou de deutérium et de lithium. Cette fusion ne peut avoir lieu qu'à des dizaines de millions de degrés, et seule l'explosion d'une bombe à fission est capable, dans l'état des connaissances actuelles, de « chauffer » suffisamment l'hydrogène pour amorcer la réaction thermonucléaire. On envisage une bombe à fission amorcée par un laser. **Énergie** de quelques kilotonnes à quelques dizaines de mégatonnes.

B. thermonucléaire expérimentée la plus puissante : U.R.S.S. *(31-10-61)* 57 à 90 Mt (?) : son onde de choc fit 3 fois le tour de la Terre (1er t. en 36 h 27 mn).

Bombe à neutrons [dite à rayonnement renforcé, appelée aussi **A.N.SKT** (ou bombe neutronique ou Mininuke)]. Due à l'Américain Samuel Cohen. Bombe miniaturisée à fusion thermonucléaire avec un détonateur à fission nucléaire sans doute composé de plutonium et d'autres métaux fissiles. **Effets :** *neutronique* [libère des flux de neutrons en surnombre qui tuent les êtres vivants (sur env. 3 km² pour une bombe de 1 kt)]. En traversant les tissus vivants, les neutrons produisent une ionisation provoquant la décomposition chimique de leurs molécules et entraînant la paralysie en 5 mn et la mort en quelques j ou plusieurs semaines. L'effet neutronique le plus important laisse intact les installations (qui sont donc réutilisables) : chaleur, déflagration et retombées radioactives inférieures à celles des armes thermonucléaires classiques de même puissance (10 à 100 fois moindres). Les neutrons traversent les blindages les plus épais sans les désintégrer, mais tuent les équipages. Des tirs de « proximité » dirigés contre la tête de rentrée d'une fusée adverse la rendraient inopérante en déréglant son électronique de guidage et faisant « avorter » sa charge mortelle. **Énergie.** Une b. à n. de 1 kt aurait une efficacité égale à celle d'une b. nucléaire classique de 10 kt pour un coût inférieur de 5 à 70 % [(les n. soumis à une « loi d'absorption logarithmique » ne peuvent conserver leur vitesse et leur énergie (donc leur pouvoir de pénétration) au-delà de 700 m du point d'impact].

Nota. — En 1981, le Pt Reagan a décidé la construction et le stockage de la bombe à n. La France serait en mesure de produire la b. à n., mais aucune décision n'a été prise (expériences en cours : Mururoa).

Bombe RRR (à radiations résiduelles réduites). Projet. Provoquerait des dégâts matériels importants, avec un taux de radiations atomiques très faible.

Bombe gamma ou bombe à retardement. Étudiée par Samuel Cohen, créateur de la bombe à neutrons. Elle aurait des retombées radioactives mortelles 24 h après son explosion (prévue dans l'espace aérien audessus des villes). Les hab. de la cité attaquée disposent de 24 h pour fuir.

Effets des explosions nucléaires

● **Effet thermique.** L'énergie dégagée lors de l'expl. porte les produits de fission et les débris de l'arme à plusieurs millions de degrés (dans une expl. classique les temp. ne dépassent guère 5 000 °C). En moins d'un millionième de seconde, les débris de l'arme rayonnent d'énormes quantités d'énergie, surtout sous forme de rayons X qui sont absorbés, en quelques mètres, par l'atmosphère environnante. Une « boule de feu » (masse d'air et de résidus gazeux) plus brillante que le soleil se forme et la température atteint plusieurs millions de degrés. Cette boule de feu se dilate et se refroidit en quelques secondes, rayonnant son énergie notamment sous forme de lumière visible et d'infrarouges, créant ainsi un *flux thermique* élevé capable de provoquer à grande distance des brûlures des yeux ou de la peau et d'allumer de nombreux incendies. Les brûlures du 1er degré de la peau nue résultent d'absorption de quantités de chaleur d'env. 2 à 4 calories/cm² et celles du 2e degré de 5 à 9 cal./cm². L'effet lumineux intense peut également provoquer des éblouissements assez prolongés.

● **Effet de choc.** La dilatation et la décompression de l'air porté à très haute température créent une *onde de choc* derrière laquelle la pression augmente brutalement, suivie d'un vent violent ; la surpression qui suit écrase les structures rigides telles que les immeubles. Le vent projette les individus sur les obstacles environnants et transforme en projectiles meurtriers pierres et débris divers. A la surpression de 0,35 bar, qui correspond au risque de rupture des tympans, la vitesse maximale du vent atteint 250 km/h, et, à la surpression de 2 bars pour laquelle on constate des lésions pulmonaires, elle dépasse 1 000 km/h (dans les tempêtes les plus violentes, le vent ne dépasse guère 200 km/h).

● **Effet radioactif.** La fission se traduit par l'émission d'un *flux important de neutrons.* Des *rayonnements gamma* sont émis lors de l'absorption des neutrons par l'azote de l'air. Un individu proche du lieu de l'explosion sera irradié par ces rayonnements nucléaires et par les rayonnements gamma émis par les produits de fission qui s'élèvent dans le nuage en forme de champignon. Cette irradiation cessera au bout de quelques secondes lorsque le nuage se sera suffisamment élevé dans l'atmosphère.

Effets physiologiques des rayonnements ionisants (neutrons, rayons X ou gamma) à *faible dose* (moins de 100 *rems* [1]) ; modifications sanguines, irritation des muqueuses de la gorge et du système digestif et élévation de la température ; *moyenne* (100 à 250 rems) : atteinte des tissus producteurs des globules blancs et rouges qui peut entraîner la mort au bout de quelques semaines ; *forte* (250 à 600 rems) ; attaque du système gastro-intestinal (et nerveux), entraînant une mort plus rapide. Le % de leucémies, qui apparaissent 10 à 20 ans après l'irradiation, est plus important chez les irradiés ayant reçu plus de 200 rems que dans une population normale (et d'autant plus que la dose est élevée).

Retombées radioactives : les produits de fission radioactifs sont entraînés dans le nuage. Si la boule de feu n'a pas touché le sol et s'il n'y a pas de fortes pluies immédiatement après l'explosion, ces *poussières* resteront très longtemps en suspension dans l'atmosphère et les retombées radioactives seront négligeables.

Par contre, si la boule de feu touche le sol (explosion basse), les matériaux rencontrés se vaporisent, les poussières de condensation relativement lourdes, rendues radioactives, entraînent les produits de fission sous forme d'une retombée dont les dimensions dépendent de la puissance de la bombe, de l'altitude de l'explosion, des conditions atmosphériques (vitesse et direction des vents aux diverses altitudes auxquelles s'élève le nuage).

Lors d'une explosion expérimentale de 15 Mt au sol, à Bikini, suivie de pluies violentes, un séjour de 4 j dans une zone de 300 km env. aurait été mortel. En zone de retombées, l'irradiation par les rayonnements gamma (émis par les produits radioactifs déposés sur le sol) est la plus dangereuse. L'intensité décroît d'un facteur 10 environ, chaque fois que le temps est multiplié par 7. (Par exemple, en un lieu où le débit de dose est de 1 000 rems/heure, une heure après l'explosion, il ne sera plus que de 100 r/h 7 heures après, 10 r/h 2 j après et 1 r/h 2 semaines plus tard.)

L'absorption par voies respiratoires ou digestives de produits radioactifs, les brûlures de la peau causées par des rayonnements bêta lorsque des produits de fission séjournent longtemps sur la peau nue, présentent un risque moins important.

● **Impulsion électromagnétique** (I.E.M. ; en anglais E.M.P. : Electromagnetic Pulse). Se propage à très grande distance (plusieurs centaines, voire milliers de km) en conservant une grande partie de son énergie initiale. Induit dans tout conducteur métallique des courants assez intenses et détériore les installations électriques.

Les rayons gamma et les neutrons issus de l'explosion interréagissent avec l'atmosphère dans une « région source » large de + de 2 000 km et épaisse au centre d'env. 60 km. Les molécules de l'atmosphère y sont ionisées et les électrons qu'elles éjectent sont déviés par le champ magnétique terrestre ; de ce fait ils subissent une accélération et émettent un rayonnement : impulsion électromagnétique dans des fréquences de 10 kHz à 100 MHz. Le flash électromagnétique se propage dans toutes les directions et « arrose » la surface de la terre sur une zone de 4 000 km de diamètre ; il peut toucher installations terrestres, bâtiments en mer, avions (directement ou par réflexion), satellites, même très éloignés (par un « rebond » de l'onde sur le sol), missiles balistiques audessus de l'atmosphère (elle reçoit des neutrons et photons gamma qui, en interagissant avec la matière du missile, le transforment en source de flash électromagnétique).

Conséquences possibles (exemples). 1) *Explosion d'une bombe au-dessus de l'Atlantique* (p. ex. grâce à un missile balistique lancé d'un sous-marin), à 500 km des côtes et à 50 km de haut. Elle provoque la destruction ou le dérèglement de tous les systèmes électriques et électroniques, et de leur fonctionnement, entraînant la paralysie économique du pays (moyens de transport, usines, ordinateurs et banques de données... rendus inutilisables) et d'une partie de l'Europe occ. 2) *Explosion de 2 bombes de quelques dizaines de kt, l'une au-dessus du plateau d'Albion (missiles de la force de frappe), l'autre au-dessus de Taverny (Q.G. du haut-commandement) :* aucun des silos ne serait détruit, mais toute riposte serait impossible, les communications entre l'état-major et les bases opérationnelles étant coupées (même si l'ordre de mise à feu des fusées parvenait à temps, le guidage des missiles étant déréglé lors de leur passage à travers la zone encadrée par l'explosion, la course des missiles deviendrait imprévisible). 3) *Attaque de divisions blindées :* ennemies, tirent une salve d'obus nucléaires de faible puissance, toutes les mines, les antichars (magnétiques et commandées à distance) explosent d'elles-mêmes et nos chars sont inutilisables (la destruction de leurs équipements électroniques les immobilise, les pannes de liaisons radio empêchent la mise à feu de leurs missiles).

Nota. — (1) *Rem :* mesure la dose de rayonnement absorbée par l'homme [égal à la dose reçue, en rad, multipliée par un facteur de qualité (10 pour les particules α et 1 pour γ, X et β)].

Effets d'une guerre atomique

Guerre nucléaire totale *d'une puissance de 10 000 mégatonnes,* soit environ la moitié du stock actuel d'armes nucléaires éclatant à 90 % en Europe, Asie et Amérique du Nord et à 10 % en Afrique, Amérique latine et Océanie. **Effets à court terme :** ferait 1 150 000 000 morts et 1 100 000 000 blessés. 1 habitant du monde sur 2 serait frappé. Les hôpitaux

Effets de l'explosion selon sa puissance et la distance	1 kt	10 kt	100 kt	1 Mt	10 Mt
	km	km	km	km	km
Brûlure [1] 1er degré	1,1	3,1	8,5	22,5	50
— 2e degré	0,8	2,4	6,5	17,5	40
Inflammation de bois, papier...	0,3	1	2,5	8	16
Réception à découvert [2] de 100 rems	1,1	1,6	2,1	2,9	3,85
— — 200 rems	0,95	1,3	1,75	2,4	3,4
Destruction d'immeubles	0,35	0,8	2	4	9,5
Dégâts très sérieux aux immeubles	0,55	1,2	2,6	5,6	13
Hauteur au-dessous de laquelle l'explosion est contaminante	0,05	0,15	0,4	0,9	2,1

Nota. — (1) Par temps clair et sur peau nue. (2) Due au rayonnement initial qui est un facteur important dans le cas d'explosion de faible puissance, mais devient négligeable devant le souffle et l'effet thermique dans le cas d'explosion de forte puissance.

et les centres de soins de la zone atteinte seraient totalement détruits. Les survivants seraient saisis de panique ou frappés de prostration. Les secouristes, « s'il en restait », ne pourraient s'approcher d'eux à cause des radiations. Les possibilités d'assurer des soins aux survivants seraient pratiquement nulles. La désorganisation consécutive à l'explosion rendrait aléatoire un système de surveillance et de décontamination. **Effets à long terme** (sur des décennies) : *démembrement des structures socio-économiques* [l'arrêt des transports, communications, entraînerait des difficultés d'approvisionnement en eau (il faudrait de 10 à 20 l d'eau par jour pour les brûlés et au minimum 4 l pour éviter la déshydratation des survivants) *et en nourriture* (graves problèmes pour les pays en voie de développement qui dépendent des importations de céréales)]. *Contamination de l'ensemble des eaux* [par des matières radioactives et des virus et bactéries qui se développent (destruction des stations d'épuration, amoncellement des déchets)] ; des aliments solides par des micro-organismes pathogènes (impossibilité de réfrigérer). *Éclosion de multiples épidémies* favorisée par la putréfaction de millions de cadavres (prolifération d'insectes plus résistants que l'homme aux radiations). *Transformation des terres arables en jachère* par le feu et la radioactivité résiduelle. *Désertification à terme* des terres rendues, par l'explosion, impropres à la culture et à l'élevage, entraînant une famine générale et une malnutrition au cours des années suivantes.

Guerre limitée à des objectifs militaires situés en Europe centrale, *comportant l'emploi d'armes tactiques*, d'une puissance totale de 20 mégatonnes, entraînerait environ 9 000 000 de morts et blessés graves (dont environ 8 000 000 civils) et autant de blessés légers.

Explosion d'une bombe atomique de 1 mégatonne au-dessus de Paris. Ferait env. 2 000 000 victimes et autant de blessés.

Nota. — L'explosion accidentelle d'une seule bombe déborderait les ressources sanitaires françaises.

L'hiver nucléaire

En cas de conflit atomique important, des explosions (et incendies consécutifs) entraîneraient 1 milliard de tonnes de poussière et des fumées toxiques dans la stratosphère (au-delà de 12 000 m) qui y demeureraient des semaines sinon des mois. A cette altitude, l'air est raréfié, il ne pleut jamais et les particules redescendent très lentement. Il en résulterait une baisse de température. Sur les côtes, les différences de température entre l'intérieur et le large (où la mer se refroidit moins vite) provoqueraient des ouragans et des pluies diluviennes sur 100 km de profondeur. Ce refroidissement survenant au printemps ou en été affecterait les plantes qui ne pourraient plus effectuer la photosynthèse transformant le gaz carbonique en composés organiques. Les animaux seraient privés de nourriture.

La couche d'ozone qui nous protège des rayons ultraviolets pouvant être détruite par endroits sous l'effet des oxydes d'azote propulsés dans la stratosphère, au retour du beau temps, la terre serait alors atteinte par les ultraviolets qui diminuent la productivité des récoltes, endommagent le plancton marin, suppriment le système immunitaire des mammifères, brûlent la peau et rendent aveugle. *L'hémisphère sud* pourrait aussi être atteint par le froid si la multiplicité des explosions modifiait les grands mouvements de l'atmosphère qui portent les nuages vers les pôles.

1er scénario. Puissance totale des explosions atomiques 5 000 Mt (bombes 0,1 à 10 Mt). Nombre d'explosions 10 400 (dont en surface 57 %, sur des villes ou centres industriels 20 %) : *température après 20 jours* — 24 °C, *80 j* — 3 °C, *200 j* 6 °C. 500 millions mourraient du fait des explosions, 2,5 milliards de personnes mourraient de faim. **2e. Guerre limitée. Puissance 1 000 Mt** (bombes 0,2 à 1 Mt). Nombre d'explosions 2 250 (en surface 50 %, sur villes ou centres ind. 25 %). *Température après 20 j* 7 °C, *80 j* 12 °C, *200 j* normale.

Protection

• **Contre l'onde de choc et le souffle** : renforcement des caves pour permettre de supporter le poids des décombres. Abris profondément enterrés.

• **Contre le flux thermique** : un écran léger suffit jusqu'à 20 à 30 cal/cm². Sinon il est difficile d'empêcher des incendies.

• **Contre les rayonnements nucléaires** : obstacle (minimum en cm) : plomb 4 ; acier 6 ; béton 19 ; terre 28 ; eau 40 ; bois 75 ; (souhaitable : béton 65 ; terre 90).

• **Contre les retombées** : une cave divise la dose reçue par 100 (par rapport à ce que recevrait l'individu en plein air au même endroit) ; le problème est de permettre une vie correcte dans ces abris pendant 2 à 15 j suivant la retombée. *Principes de constructions* : multiplication des obstacles (les rayons se déplaçant dans tous les sens et s'affaiblissant à chaque rebond) ; renforcement des plafonds (contre l'ébranlement des sols et les risques d'effondrement) ; aménagement d'une double issue (avec sas) et de prise d'air (avec filtre à sable et filtre à gaz) ; *éclairage optimal* : bougies (car faible consommation d'oxygène) ; *réserves de vivres* : pour 15 j env. (prévoir également pharmacie, wc chimique, transistor).

Contre les irradiations extérieures : masque contre les poussières radioactives, bouteille d'oxygène (autonomie 4 h), détecteur de radiations, combinaison plastique.

Contre l'I.E.M. 1) *Absence d'effets sous l'eau* : les sous-marins nucléaires seraient donc invulnérables. 2) *Durcissement* : permet de réduire ou de supprimer la vulnérabilité des matériels. Moyen le plus courant : « cage de Faraday », faite d'un grillage conducteur ; si elle est isolée du sol et dépourvue d'ouverture, elle protégera tout ce qu'elle renferme ; blindage des câbles essentiels en les enroulant dans une cage de Faraday continue. *Moyen futur* : fibres optiques, « durcies » par nature car en silice pure, et transmission de messages non électriques.

☞ **Renseignements** : Centre scientifique et technique du Bâtiment, 4, av. du Recteur-Poincaré, 75016 Paris. Des abris pour 6 personnes sont proposés à 100 000 F et + (30 000 en kit).

Population disposant d'abris antiatomiques. Israël : 100 % de la population. **Suède** : 70 (programme commencé depuis 1945). **Suisse** : 77 (programme commencé en 1947, dépense moyenne annuelle de 1 milliard de FF : 193 000 abris creusés sous les Alpes). **Chine** : 70 (souterrains, creusés à la pioche, grâce à une main-d'œuvre illimitée). **U.R.S.S.** : 69, **U.S.A.** : 50 (les 2 protègent en priorité les installations militaires et les cadres scientifiques et techniques ; l'évacuation rapide des populations urbaines est prévue). **Danemark** : 52. **Norvège** : 42. **All. féd.** : 40. **Belgique** : pas de programme d'abris ni de plans d'évacuation. **France** : (proche de 0) 300 abris privés répertoriés et 600 abris militaires.

Pays constructeurs d'armes nucléaires

Nombre de pays constructeurs

☞ *7 pays ont construit des armes nucléaires* : U.S.A., U.R.S.S., France, G.-B., Chine, Inde, Israël, plus peut-être l'Afr. du S. qui aurait fait exploser une bombe le 22-10-1979 dans l'océan Antarctique, mais n'a pas reconnu le fait.

30 pays pourraient en fabriquer à partir de plutonium venant de déchets de réacteurs de centrales nucléaires travaillant actuellement à des tâches pacifiques dont All. féd., Argentine, Australie, Autriche, Belgique, Brésil, Canada, Chili, Égypte, Espagne, Hongrie, Italie, Japon, Pakistan (pour faire pression sur Israël en 1974, le Président Ali Bhutto avait entrepris de construire une bombe « islamique »), Pays-Bas, Pologne, Suède, Suisse, Tchécoslovaquie, Yougoslavie.

Avec l'aide financière des États arabes (notamment Libye et Ar. Saoudite), en 1976, la France avait accepté de construire au Pak. une usine de retraitement du plutonium, puis elle renonça sous la pression des États-Unis, mais la Cogéma (filiale nigérienne du C.E.A. français) vendit en 1977 à la Libye 258 t d'uranium que la Libye revendit au Pakistan.

Un pays qui veut la bombe atomique. Peut : 1°) construire une installation d'enrichissement de l'uranium naturel pour obtenir l'uranium 235, nécessaire à la confection de la bombe (il faut 21 kg d'uranium 235 enrichi à 80 % pour faire une bombe).

2°) S'il possède des centrales nucléaires civiles, ou des réacteurs de recherche, se doter d'un atelier de retraitement pour extraire des déchets de plutonium 239 (5 kg de plutonium 239 enrichi à 80 % suffisent pour une bombe).

Dep. 1950, 4 500 kg d'uranium enrichi de qualité militaire, soit de quoi fabriquer 225 bombes-A du type de celle de Hiroshima, ont disparu des U.S.A.

Explosions réalisées

Premières bombes à fission (A) réalisées. U.S.A. : 16-7-1945 à Alamogordo (Nouveau-Mexique) bombe au plutonium fatman (gros type). **U.R.S.S.** : 29-8-49 à Semipalatinsk. **G.-B.** : 3-10-52 (près de la côte O. de l'Australie). **France** : 13-2-60 à Reggane [Algérie (dopée : 4-10-66)]. **Chine** : 15-10-64 (dopée : 9-5-66). **Inde** : 18-5-74, au plutonium, sous terre.

Premières bombes à fusion (b. à hydrogène) réalisées (—). **U.S.A.** : 31-10-52 (à Bikini). **U.R.S.S.** : 12-8-53. **G.-B.** : 15-5-57 (au large des îles Christmas, Pacifique). **Chine** : 17-6-67. **France** : 24-8-68 (Fangataufa, Polynésie).

Nombre d'essais

• **Essais du 16-7-1945 au 1-1-1977** : **U.S.A.** 605 (412 souterrains après le 5-8-63). **U.R.S.S.** 349 (188 sout. apr. le 5-8-63). **France** 58 [*Algérie* 4 aériens à Reggane du 13-2-60 au 25-4-61, 13 sout. dans le massif du Tan Affela du 7-11-61 au 16-2-66 ; *Pacifique* à Mururoa et Fangataufa (atolls des Tuamotou) 41 aér. du 2-7-66 au 14-9-73 puis sout. dep. 15-6-75]. **G.-B.** 25 (4 sout.). **Chine** 22 (5 sout.). **Inde** 1. **Total** 1 059.

• **Essais souterrains dep. 1977 à 1982. Selon P. Stahl, total et, entre parenthèses 1982. U.R.S.S.** 97, **U.S.A.** 88 (16) ; **France** 15 (1).

Nombre en 1981 : 49, *82* : 55, *83* : 50, *84* : 53 (U.R.S.S. 27, U.S.A. 15, France 7, G.-B. 2, Chine 2) tous de — de 150 kt.

Nota. — Au total, de févr. 1960 à 1984, la France a effectué 138 essais (dont 48 aériens et 90 souterrains).

Coût d'un tir français. *1er tir en puits* (15-6-75) : 100 millions, actuellement 20 à 70 selon les mesures à faire. Il faut un puits de 650 m pour une explosion de 8 kt, 1 500 m pour 1 Mt.

☞ Le 5-8-1963, le *traité de Moscou* a interdit aux signataires les essais d'armes nucléaires dans l'atmosphère, dans l'espace et sous l'eau. France et Chine populaire, n'ayant pas signé le tr., ont continué à effectuer des explosions nucléaires dans l'atmosphère. U.S.A. et U.R.S.S. n'ont pas procédé à des explosions aériennes depuis 1963 et se sont engagés en juill. 74 à limiter à partir du 31-3-76 les essais souterrains à 150 kt.

L'Appel de Stockholm, lancé début 1950 par le Congrès mondial des partisans de la paix contre la décision des U.S.A. de construire la bombe à hydrogène, et soutenu par les communistes, recueillit 273 000 000 signatures dont 115 000 000 en U.R.S.S.

• **Lieu des essais. Chine.** Région du Lob-Nor au Sinkiang.

États-Unis. Nevada (à 100 km de Las Vegas, — de 500 km de Los Angeles, il y a 15 000 000 d'hab. dans un rayon de 500 km) *16-7-1945* (1er essai) à *1963* (1953 : aurait frappé à mort des milliers de moutons et provoqué de nombreux cas de cancer et leucémie) ; **îles du Pacifique : Bikini** 1946 à 1958 [après 20 ans, la radioactivité était retombée à 2 microroentgens (— du dixième de la radioactivité moyenne des U.S.A.)] : des habitants sont revenus sur l'île en 1975 ; **Christmas et Johnston** (1962-63), **Eniwetok**, **Amchitka** en Alaska [à 2 000 m de profondeur (expérience Cannikin pour la mise au point du missile Spartan qui provoqua des secousses équivalentes à un tremblement de terre d'intensité 7, échelle de Richter)].

France. Sahara (base de Reggane) : *de 1960 à 66* : 4 essais aériens et 13 souterrains à In Ecker. *13-2-60* : 1re bombe atomique. *16-3-66* : 17e mise au point d'une bombe au plutonium de 60 kt. **Polynésie** (atolls de Mururoa et de Fangataufa à 1 200 km de Tahiti, 4 000 de la N.-Zélande, 5 000 de l'Australie). Il n'y a que 2 300 hab. dans un rayon de 500 km autour de Mururoa. Essais aériens *du 2-7 au 4-10-66* : bombes atomiques, à 600 m d'alt., puissance 300 kt. Objectif : mettre en place les 2e et 3e générations de la force de frappe (missiles du plateau d'Albion et sous-marins nucléaires). *Du 5-6 au 2-7-67* : 3 tirs à faible puissance mettant au point « l'allumette » de la future bombe « H » française. *Du 7-7 au 8-9-68* : 5 tirs, bombe « H » de 2, puis 1 mégatonne. *Du 15-5 au 6-8-70* (campagne prévue pour 1969 annulée pour des raisons budgétaires) : 8 essais de bombe « H ». *Du 5-6 au 13-8-71* : 5 expériences de la bombe « tactique » de 15 kt, bombe « dopée » de 50 kt, nouvelles bombes « H » de 1 mégatonne. *Du 25-6 au 29-7-72* : 3 essais de faible puissance mettant au point le détonateur de la bombe « H ». *Du 21-7 au 28-8-73* : 5 essais de faible puissance. *Du 16-6 au 25-8-74* : 7 essais (dont 2 de forte puissance). *Dep. 1975.* 4 essais souterrains (*1975 à 1981* dans la partie émergée sous l'anneau corallien ; *dep. 1981,* sous le lagon pour éloigner des flancs de l'atoll les tirs puissants et augmenter la surface disponible, donc la capacité du champ de tir). *De 75 à 82* : 26 essais détectés (dont *77* : 3, *78* : 3, *79* : 1, *80* : 4, *81* : 3, *82* : 1). *1983* : *7*. *1984* : *7*.

Ces tirs aériens ont entraîné les protestations de pays d'Amérique du Sud (Pérou, Équateur, Chili), du Japon, de l'Australie et de la N.-Zélande. *Australie* et *N.-Zélande* ont demandé le 9-5-73 à la *Cour internationale de La Haye* d'interdire à la France de poursuivre ses essais, qui portent atteinte à la loi internationale et à la charte de l'O.N.U. et violent les droits des pays concernés (droits de liberté de navigation, de survol, d'exploitation des océans). La Fr. ne reconnaît pas la compétence de la Cour dans ce domaine (en 1966, la Fr. avait reconnu la juridiction obligatoire de la Cour, mais en excluant « les différends concernant des activités se rapportant à la Défense nationale »).

G.-B. Australie, Nevada.

U.R.S.S. Sibérie, Kazakhstan (il y a 1 210 000 hab. dans un rayon de 500 km), Oural, Russie d'Europe, Nlle-Zemble.

Incidents

• **Accidents américains. 1961**-*24-1* : accident d'un chasseur-bombardier en Caroline du N. (transportant 2 b. de 24 mégatonnes ; 6 des 7 manœuvres de mise à feu s'effectuèrent spontanément). **1966**-*17-1* : un bombardier américain entre en collision avec son avion ravitailleur au-dessus de *Palomarès* (Espagne), *une des 4 bombes manquantes sera retrouvée* après 80 j de recherche à 770 m de prof. dans la mer. Les 3 autres avaient explosé chimiquement (sans réaction nucléaire) d'où une contamination du sol par du plutonium qui a nécessité des opérations difficiles et longues de décontamination. **1968**-*21-1* : un B 52 du SAC (Strategic Air Command) en mission d'alerte, chargé de 4 bombes H, s'est écrasé au Groenland. **1980**-*19-9* : explosion d'un missile Titan II à Damascus (Arkansas), à la suite d'une fuite de carburant (1 †, 22 bl.). L'ogive nucléaire de 9 mégatonnes a été projetée à 200 m du silo.

• **Fausses alertes atomiques. États-Unis.** 3 ont été détectées dans un délai de 2 ou 3 mn, évitant tout risque nucléaire. **1979**-*9-11*, entre 2 h 59 et 3 h 05, les écrans radars montrent des points lumineux signifiant que des fusées russes franchissent l'océan Glacial Arctique vers les U.S.A. Les équipages des bombardiers stratégiques B-52 et FB-11 mettent en marche leurs réacteurs, et les servants des missiles en silos sont placés en état d'alerte renforcée ; mais aucune manœuvre ultérieure n'est cependant décidée. Selon le plan préétabli, le Pt des U.S.A. devait être prévenu à 3 h 06 (soit 7 mn après l'alerte) et la riposte nucléaire devait être déclenchée entre 3 h 14 et 3 h 19 (15-20 mn après l'alerte). **1980**-*3 et 6-6*, 2 nouvelles alertes : défaillance d'un petit circuit imprimé de la taille d'une pièce de monnaie et d'une valeur inférieure à 100 $.

France. V. 1962, un Mirage IV porteur de sa bombe nucléaire a décollé d'Orange (Vaucluse), l'ordre d'interrompre sa mission avant son envol ne lui étant pas parvenu à temps lors d'un exercice d'alerte.

Bombardements nucléaires

• **Hiroshima (6 août 1945 à 8 h 15 heure locale).** Japon [bombe : long. 3,50 m, largeur 0,75 m, pesant 4 500 kg dont 20 kg d'uranium 235, surnommée Little Boy, lancée de 9 500 m d'alt. par le B 29, baptisé Enola Gay du nom de sa mère par le pilote, le colonel Paul Tibbetts, explose à 500 m d'alt. Puissance 20 kt., on a parlé de 130 000 † sur le coup et dans les trois mois suivants (200 000 au total jusqu'en 1950) et de 113 271 au 8-8-1984. 63 000 maisons détruites sur 90 000. L'officier bombardier, le major Ferebee, aurait déclenché le dispositif]. Hiroshima (420 000 h., 7e ville du Japon en 1945) abritait 40 000 soldats, offrait une facilité de dégagement rapide pour l'avion largueur et une concentration de population donnant toutes les « chances » d'un grand nombre de morts, propre à terrifier le J. et à obtenir sa capitulation. Au centre de l'explosion, la température fut de 300 000 °C. Au sol, 600 m plus bas, elle fut, un instant, de 3 000 °C. Tout brûla dans un rayon de 2 000 m. Jusqu'à 1 200 m la plupart des victimes moururent ; au-delà, la peau, les muscles protégèrent les poumons, le foie, les intestins, le cerveau, et le % des morts par brûlures diminua. Les radiations furent mortelles jusqu'à 900 m, gravement délabrantes jusqu'à 2 700 m, sensibles au-delà (aujourd'hui encore, les cas de leucémies sont plus fréquents à Hiroshima, même chez les habitants éloignés de l'épicentre). Vers 1950, on rassembla au « Peace Memorial Park » 1 074 morts identifiés et les ossements épars de dizaines de milliers d'autres. Nombre d'entrées au musée (1982) 1 284 696.

• **Nagasaki (9 août 1945 à 11 h).** Japon (même puissance, surnommée Fatman) 70 000 † sur le coup et dans les mois suivants (140 000 au total jusqu'en 1950).

Nota. — 350 000 survivants victimes de maux dus à l'effet différé des radiations, brûlures, du choc, de blessures et infirmités diverses ; entre 1965 et 1971, leucémie 7 fois + fréquente que la normale, cancers 4 fois + pour les h. frappés dans un rayon de 1,5 km du point zéro.

Avions

Avions anciens

Guerre de 1914-18

• **France. Chasseurs :** *Morane Saulnier* (1914), *Spad VII* (1916) et *XIII* (1917). **Reconnaissance :** *Salmson 2* (1918). **Bombardiers :** *Breguet-Michelin* (1915), *Breguet 14* (1917).

• **G.-B. Chasseur :** *Bristol* (1917). **Bombardier :** *quadrimoteur Handley Page* (1918) (b. stratégique).

• **Allemagne. Chasseurs :** *Fokker E III* (1915) et *D-VII* (1918). **Bombardier :** *Gothar G* (1918). **Dirigeable :** *Zeppelin* (1915), d'abord bombardier puis reconnaissance navale (mer du Nord).

Guerre de 1939-45

• **Allemagne. Chasseur :** *Messerschmitt Bf-109 E* (1935), vit. 550 km, auton. 660 km, plaf. 10 500 m, arm. 2 canons 20 mm, 2 mitr. **Avions à réaction :** *Messerschmitt 262* surclassait tous les appareils alliés de chasse ou de bombardement (rayon d'action 80 km, vit. 1 000 km/h). Mis au point en mai 1943, sorti en série vers oct. 1944 (retard dû à un refus inexpliqué de Hitler). **Bombardier en piqué :** *Junkers Ju 87 B Stuka* (1938), vit. 385 km, auton. 595 km, arm. 3 mitr., 500 kg de bombes. **Bombardier :** *Dornier 217* (1940), vit. 515 km/h, autonomie 2 300 km, plafond 7 500 m, armement 4 000 kg de bombes. *Heinkel III* (1936), vit. 405 km/h, auton. 2 060 km, plaf. 8 500 m, arm. 1 canon de 20 mm, 2 495 kg de bombes : vaincu dans la bataille d'Angl., utilisé après 1941 comme bombardier de nuit. *Junkers 88 A* (1939), vit. 450 km/h, auton. 1 000 km, plaf. 8 000 m, arm. 5 mitr. : bataille d'Angleterre automne 1940. **Reconnaissance :** *Focke-Wulf 200 C Condor,* vit. 360 km/h, auton. 3 550 km, plaf. 5 800 m, arm. 1 canon de 20 mm, 5 mitr.

• **États-Unis. Chasseurs :** *Lightning* (1941), double fuselage, vit. 666 km, auton. 805 km, plaf. 11 890 m, arm. 1 can. 20 mm, 4 mitr. ; *Mustang* (1942), vit. 784 km, auton. 1 530 km, plaf. 12 770 m, arm. 8 mitr., 907 kg de bombes ; *Thunderbolt* (1943), vit. 689 km, auton. 764 km, plaf. 12 800, arm. 8 mitr. **Bombardiers :** *Forteresse Volante* (Boeing B-17 F, 1934), vit. 510 km, auton. 3 860 km, plaf. 11 155 m, arm. 13 mitr., 7 983 kg de bombes. *Super-forteresse* (Boeing B 29A, 1943), vit. 575 km, auton. 5 230 km, plaf. 9 710 m, arm. 1 canon de 20 mm, 12 mitr., 9 072 kg de bombes.

• **France. Chasseurs :** *Dewoitine D 520* (1939), vit. 300 km/h, autonomie 1 000 km, plafond 11 000 m, armement 1 canon de 20, 4 mitr. de 7,5 (36 en service mai 1940 ; 114 vict. aériennes) ; réquisitionnés en 1942 par l'Axe (600 unités en 1944). **Reconnaissance :** *Potez 63* (1938), vit. 425 km/h, autonomie 1 500 km, plaf. 8 500 m, armement 8 mitr. 7,5.

• **G.-B. Chasseurs :** *Spitfire* (1938), vit. 587 km, auton. 630 km, plaf. 9 800 m, arm. 8 mitr. ; *Hurricane* (1937), vit. 521 km, auton. 740 km, plaf. 10 425 m, arm. 8 mitr. **Bombardiers :** *Mosquito* (1943), vit. 610 km, auton. 2 000 km, plaf. 10 000 m, arm. 4 c. de 20 mm, 4 mitr. ; *Lancaster* (1942), vit. 462 km, auton. 1 658 km, plaf. 7 315, arm. 9 979 kg de bombes.

• **Japon. Chasseur :** *Zero* (1939), vit. 545 km, auton. 2 380 km, plaf. 11 050, arm. 2 can. 20 mm, 2 mitr., 500 kg de bombes. **Torpilleur :** *Kate* (Nakajima B5 N2, 1937), vit. 380, auton. 1 990, plaf. 8 260 m, arm. 1 mitr. 800 kg de torpilles. **Avions-suicides.** Utilisés du 25-10-1944 au 15-8-1945, ils auraient effectué 2 257 sorties, 936 seraient rentrés à leur base et 1 321 auraient été perdus au combat. 34 navires américains furent coulés (dont 3 porte-avions d'escorte, 13 torpilleurs, 1 destroyer d'escorte) et 288 furent endommagés.

• **U.R.S.S. Chasseur :** *Yak* (1940), vit. 610 km/h, auton. 830 km, plaf. 11 000, arm. 1 can. 20 mm, 2 mitr. **Chasseur de chars :** *Stormovik* (1943), vit. 360 km, auton. 725 km, plaf. 10 000 m, arm. 4 mitr. **Bombardiers :** *Iliouchine IL 4* (1940), vit. 445 km/h, auton. 2 600 km, plaf. 10 000 m, arm. 3 mitr., 1 995 kg de bombes : bombardier moyen et lance-torpilles de marine, *Petliakov Pe 8* (1940), vitesse 444, auton. 3 700 km, plaf. 7 900 m, arm. 6 mitr. 3 900 kg de bombes : bombardier lourd stratégique.

Avions récents

• **France.** Voir tableau p. 1204.

• **G.-B. Harrier AV8** à décollage et atterrissage court ; poids max. au décollage vertical 8,2 t (d. court ; 11,5 t). Vitesse max. 1 180 km/h, 2,3 t d'armes.

• **U.S.A. Bombardiers : B 58 (General Dynamic) « Hustler » :** vitesse maxi. à 13 400 m 2 118 km/h, plafond 18 300 m. **B 52 (Boeing) « Stratofortress »** (1952), long. 47,85 m, env. 56,3 m, vitesse max. 1 014 km/h, poids max. 229 t, plafond 16 764 m, auton. 16 000 km, arm. 2 canons de 20 mm, 2 missiles, 30 t de bombes. **B-1B** long. 44,7 m, env. 41,7 m, poids 216,4 t, vit. max. Mach 1,2, auton. 9 815 km, 56 t de bombes. **A 7 A Corsair.** Bombardier léger embarqué. Vitesse max. sup. à 1 046 km/h. Distance franchissable en convoyage 4 500 km. Poids total 14 750 kg (*A 7 B* version évoluée, *A 7* biplace, *A 7 D* terrestre). ATB (Advanced Technological Bomber) b. stratégique prévu 1991, 180 t.

Chasseurs : F-104 Starfighter : envergure 6,70 m, longueur 16,70 m, poids 13 t, vit. max. Mach 2,2, auton. 2 100 km. Ch. intercepteur polyvalent. **F 4 C (Mac Donnel « Phantom ») :** 1961, vitesse Mach 2,4, auton. 2 600 km, plafond 21 000 m, poids max. 24,7 t. **F 5 A, F 5 B (Northrop) « Freedom Fighter » :** 1965, vit. Mach 1,4, auton. max. 3 000 km, avec charge 600 km. **F 105 (Republic) « Thunderchief ».** Vit. Mach 2,25 à 11 000 m, auton. avec max. de carburant 3 330 km. **F III A :** chasseur bombardier à envergure variable, vitesse max. Mach 2,5 à 12 000 m, distance franchissable en convoyage 5 300 km, plafond 18 000 m, poids 35 t. **F 14** (pour la marine). **F 15** (pour l'U.S. Air Force). **F 16 (General Dynamics).** Ch. rapide d'intervention et de pénétration, env. 9,14 m, long. 14,32 m, propulseur F 100 (Pratt et Whitney), poussée et post-combustion 11 340 kg, poids max. 7 938 kg. Arm. 1 canon 30 mm. Vit. max. en altitude Mach 2.

A 10. Biréacteur monoplace antichars 4 000 km ; peut décoller en — de 600 m ; 7 t d'armement, canon 30 mm tirant 4 000 coups (min. 680 km vitesse de combat), projectiles en uranium 238 avec une tête en uranium-titane, non radioactif, mais très dense et s'enflammant sous l'impact, aucun blindage actuellement utilisé ne résiste à ces projectiles, perforants et incendiaires.

Reconnaissance : SR 71 en titane ; 3 000 km/h ; vole à 30 000 m. **TR-1** (Lockeed) 700 km/h ; vole à 21 000 m.

Transport : AC5 Lockheed : 350 t ; 11 000 km, avec 32 t de charge jusqu'à 6 400 km.

Himat (Rockwell) : « Highly Manœuvrable Aircraft Technology » (Technique de pointe en matière d'appareils à haute manœuvrabilité). A effectué son 1er vol lâché à 13 500 m d'alt. par un B 52, et piloté à distance ; la structure comporte 28 % de fibres de carbone et la flexibilité est contrôlée.

Stealth Aircraft (« Avion qui se dérobe »). Serait indétectable par les moyens électromagnétiques, électro-optiques et infrarouges actuels. Formes aérodynamiques particulières, matériaux spéciaux absorbant les ondes radar, dispositifs de suppression du son et du rayonnement thermique et des appareils de contre-mesures électroniques, réacteurs à double flux. *Poids :* 15 à 20 t. 1er essai 1978, mis au point en 1980-84. Production 20 à 30 par an par Lookheed à Burbank (U.S.A.).

• **U.R.S.S. : Chasseurs : Mig-21 :** intercepteur, env. 7,60 m, long. 15,75 m, poids max. 8,5 t, vit. Mach 2, auton. max. 1 200 km. **Mig-25 :** intercepteur (Foxbat A), enverg. 14,7 m, long. 20,2 m, poids max. au décollage 29 t, vit. Mach 2,8, auton. 2 700 km, plafond 24 385 m (seuls les F 15 Eagles amér. ont un plafond aussi élevé, mais leurs réacteurs fonctionnent mal à très haute altitude). Considéré comme le meilleur avion militaire du monde. Les Russes l'utilisent comme avion de reconnaissance (Foxbat B et D, vit. :

Mach 3,2) entre 25 000 et 30 000 m d'alt. (équivalent de l'avion de reconnaissance amér. SR 71 Blackbird, successeur des U.2). Pour l'atteindre, il faudrait un missile Super Matra 530 (lancé par un Mirage F 1), ou le Super-Mirage 4 000 (qui est à l'étude, voir ci-contre avions français à l'étude).

Bombardiers : M-4 Myasishchev : lourd, env. 48 m, long. 46 m, poids max. 115 t, Mach 1. **Su-7B Sukhoi :** ch. bombardier, env. 12,50 m, long. 15,50 m, poids max. 13 t, Mach 1,7. **Tupolev. Tu-6 :** 945 km/h, auton. max. 6 406 km. **Tu-16** (1952) : env. 32,92 m, long. 34,8 m, poids max. 72 t, vit. max. 992 km/h, auton. 5 760 km. **Tu-20 :** env. 51 m, long. 54 m, poids max. 155 t, 800 km/h, auton. max. 12 500 km. **Tu-22 :** env. 27,7 m, long. 40,53 m, poids 84 t, vit. max. Mach 1,4, auton. 2 250 km. **Tu-26 :** (Backfire B) : env. 33,5 m, long. 40,23 m, poids max. 122,5 t, vit. + de Mach 2, rayon d'action 8 900 km. **Tu-95** (1954) : env. 51,1 m, long. 49,5 m, poids 154 000 kg, vit. max. 870 km/h, auton. 12 550 km. **Blackjack :** env. 42,7 m, long. 55 m, poids max. 263,1 t, vit. max. Mach 2,3, rayon d'action 14 000 km sans ravitaillement.

Radar

• **Avions radars. Boeing 707 E-3A [AWACS :** Airborne Warning and Control System (système de contrôle et d'alerte aéroporté)] : U.S.A. ; 4 réacteurs ; autonomie 11 h (22 h avec ravitaillement en vol, alt. de croisière 9 000 m, vitesse de croisière 519-667 km/h, équipage 17, long. 46,6 m. Surmonté d'un rotodôme où est installé le radar (tour complet en 6 sec.) qui peut émettre selon 5 modes différents et changer de mode 32 fois au cours d'une révolution (le volume surveillé peut être découpé en 32 tranches). Équipe l'armée de l'air U.S. (34 commandés, 26 livrés) et l'OTAN (18 commandés, 4 livrés). **E-2C « Hawkeye » (œil de faucon) Grumman :** U.S.A. ; 2 turbopropulseurs ; autonomie 6 h, alt. de croisière 9 000 m, vitesse de croisière 500 km/h, équipage 5, long. 17,6 m. Radar (sur rotodôme) pouvant détecter et poursuivre automatiquement + de 600 cibles (grâce à sa centrale de calcul) ; peut diriger simultanément 40 intercepteurs vers autant de cibles. Spécialisé pour la détection des cibles à faible vitesse (navires). Peut décoller de petites pistes et être catapulté de certains porte-avions. Équipe la marine U.S. (70) et l'armée de l'air israélienne (4) ; équipera les armées de l'air japonaise (7 commandes) et égyptienne. **Nimrod A EW :** G.-B. ; équipé d'un radar Marconi (si ce radar est retenu par la France, il équipera un Transall ou un Bréguet Atlantic) ; en cours d'essai ; 2 réacteurs ; autonomie 8 h (16 avec ravitaillement en vol), alt. de croisière 7 600 m, vitesse de croisière 555 km/h, équipage 9. Radar monté sur le nez et la queue (bulbes) ; chaque bulbe surveille 180° et fonctionne selon 2 modes (rapide pour cibles à grande vitesse et avions à basse alt., lent pour navires) ; choisit automatiquement le meilleur moyen de communication : HF, VHF, UHF... Commandé par la Royal Air Force (11). *Coût à l'unité (millions de $) :* AWACS 80, Hawkeye 33.

• **Modes de radar** *PDNES (Pulse Doppler Non Elevation Scan)* suit la cible (à basse altitude) « en azimut » (sans balayage vertical). *PDES (Pulse Doppler Elevation Scan)* situe la cible en altitude (cible nettement au-dessus du sol), *BTH (Beyond The Horizon)* la suit quand elle est au-dessus de l'horizon. *« Maritime »* sert pour navires (leur vitesse étant faible, le Doppler est remplacé par des impulsions très courtes). *« Passif »* sert à dépister et localiser d'autres radars (le radar « écoute »).

☞ *Un avion volant à 300 m de haut* ne sera repéré par les radars terrestres qu'à 60 km, c.-à-d. moins de 5 mn avant son passage, s'il vole à 1 000 km/h (on pourra découvrir son identité à temps pour déclencher la riposte appropriée) ; *un radar volant à 9 000 m* détecte un avion en rase-mottes à 400 km.

Hélicoptères

☞ V. tableau ci-contre.

• **Moteur à piston. R 4** de l'ingénieur russe naturalisé amér. Igor Sikorsky (1889-1972), moteur de 180 ch (à piston). 1 rotor principal de 11.58 m de diam., une hélice anti-couple. *Vitesse* 121 km/h, alt. 2 438 m ; autonomie 322 km. Utilisé par l'armée américaine, posant des problèmes de transmission : éloigné des rotors, lourds et encombrants.

Principaux avions et hélicoptères utilisés dans les armées françaises	Vitesse max. en km/h ou en Mach [15]	Rayon d'action (h ou km)	Distance décollage en m	Poids total en kg	Plafond en m
Interception.					
Mirage III E [1] monoplace I réac.	Mach 2,2	(3 h)	750	12 700	15 650
Mirage F I	Mach 2,2	(3 h 45)	600	15 000	20 000
Super Mystère B 2 [2] mon. I réac. [3]	Mach 1	(1 h)	1 200	9 000	16 000
Mirage 2000 [18]	Mach 2,2	405ml			18 000
Attaque au sol.					
Mystère IV A [4]	1 120	1 800	1 200	10 400	15 000
Mirage III BE (Int. et att. au sol)	Mach 2,15	(3 h)	700	13 000	15 650
Jaguar (Int. et att. au sol)	Mach 1,5	4 200	600	15 500	15 000
Mirage V	Mach 2,2	4 000	750	13 500	20 000
Reconnaissance.					
Mirage III R et RD [5]	Mach 2,2	2 170	780	13 500	20 000
Bombardement atomique strat.					
Mirage IV A [6]	Mach 2	5 500	2 000	33 800	16 800
Ravitaillement en vol.					
KC 135 F Stratotank	Mach 0,9	6 400	2 400	136 800	15 850
Transport lourd.					
D.C. 6	580	7 800	1 100	48 000	8 230
D.C.8 F	935	11 500	3 000	147 000	12 000
Transport moyen et liaison.					
Nord 262	410	1 800	570	10 800	9 000
Caravelle III	805	3 060	1 800	46 000	12 000
Noratlas N. 2 501	400	2 500	600	20 000	6 000
Transall C 160 [17]	510	5 500	750	51 000	9 150
MS 760 Paris	360	1 400	750	3 400	7 600
MH 1 521 Broussard	270	1 200	200	2 700	6 000
Mystère 20	860	3 500	1 000	13 000	12 800
Avions embarqués [8].					
Étendard IV [9]	Mach 1	3 000	700	10 000	15 000
Alizé (BR. 1050) [10]	460	(5 h)	600	8 200	6 000
Super Étendard [9]	Mach 0,9	(3 h)		11 500	
Patrouilleurs maritimes.					
Breguet 1 150 Atlantic [11]	650	(12 h/18 h)	1 500	23 000	10 000
P2 V7 (P2 II Neptune) [11]	500	5 900	900	26 000	8 000
Gardian 20 G	650/700	4/70	1 300	15 200	
Hélicoptères.					
Alouette 2 [7] SE 3130 Artouste	175	375		1 600	11 000
Alouette 2 [7] SA 318C Astazou	180	640		1 650	11 000
Alouette III [7]	220	450		2 250	11 000
SA-330 Puma [12]	274	600		6 400	5 600
SA-321 (Super Frelon) [13]	275	(4 h)		13 000	3 150
WG 13 Lynx [14]	270	(1 h 25)		1 600	6 700
SA 341 Gazelle	310	720		1 800	5 000
SA 342 Gazelle [16]	310	720		1 900	5 000
École et entraînement.					
Mirage III B biplace	Mach 2,15	(3 h)	550	11 400	15 650
T. 33 Shooting Star	Mach 0,87	(3 h)	780	7 000	14 500
Fouga Magister CM-170	Mach 0,82	4 200	650	3 200	10 500
Jaguar E	Mach 1,5	1 200	600	15 500	15 000
M.D. 311-312	400	1 200	260	6 252	8 000
Alpha Jet	Mach 0,85	(2 h 30)		7 000	14 000

Nota. — (1) Intercepteur tous temps. (2) Intercepteur de jour. (3) Armé de 2 canons de 30 mm, d'un lance-roquettes de soute, d'engins et roquettes extérieures. (4) Appui feu. (5) Reconnaissance tactique. (6) peut emporter la bombe atomique française ou 6 bombes de 400 kg freinées. (7) *Al. 2 :* liaison ; armement : 1 mitrailleuse 7,5 mm ; *Al. 3 :* appui antichars ; missiles A.S.2. (8) Avions de l'aéronavale équipant les porte-avions. (9) Intercepteur et attaque tous temps. 85 livrés entre 1978 et 1983 (71 à la France pour ses porte-avions Foch et Clemenceau et 14 à l'Argentine). (10) Lutte anti-sous-marine (A.S.M.). (11) Surveillance maritime et lutte anti-sous-marine (S.A.M.). (12) Transport et appui ; armement : canon 20 mm. (13) En version lutte anti-sous-marine (A.S.M.). (14) Lutte anti-sous-marine et anti-vedette. (15) Rapport de la vitesse d'un mobile à celle du son dans l'atmosphère où il se déplace. Cette unité n'est pas une véritable unité de vitesse car la vitesse du son est proportionnelle à la racine carrée de la température absolue. (16) Armement : missile Hot. (17) Transall 1re et, entre parenthèses, 2e génération (13-3-1981). *Volume utile* 140 m³ (140) ; *distance maximum franchissable (convoyage) directe* 5 500 km (7 400), *avec ravitaillement* (9 500) ; *capacité d'emport sur 1 500 km* 15 t (15), *sur 4 500 (avec ravitaillement)* 6 t (11,5), *sur 6 000 (avec ravitaillement)* (8,5) ; *vitesse de croisière* 500 km/h (500) ; distances de décollage 700 m (700). (18) *Mirage Delta 2 000 :* monoréacteur (M 53) voilure Delta [1res livraisons juin 1983, avec des radars d'une génération intermédiaire et une poussée de 9 000 kg. Livraisons définitives (avec radars Thomson-C.S.F. à effet Doppler, capables de distinguer les échos fixes des échos mobiles, en éliminant les 1ers sur le scope, permettant l'interception d'avions ennemis volant à vitesse élevée à très basse altitude ; peut être ravitaillé en vol. **Total :** 400 exemplaires. En 1986, radar Antilope III, permettant la pénétration à très basse altitude (en épousant le relief du sol)]. 3 versions : défense aérienne, biplace, nucléaire, tactique. 1er vol le 10-3-78 ; 1er vol du prototype (biplace) le 11-10-80. Fin 82, 148 commandes (France, Inde, Égypte, Pérou).

Avions français à l'étude. *Super Mirage* 4 000 : monomoteur biréacteur, env. 20 t (sans armement) vitesse Mach 2,4 (?). 1er vol le 9-3-79, coût : + de 300 millions de F. [Il correspond au type d'avion réclamé pour 1985 par le Gal Grigaut le 6-4-1975 et nommé avion Grigaut ou A.C.F. : plafond 20 000 m, portée du radar 100 km, rapport poussée poids élevé (permettant d'embarquer un radar d'un volume suffisant)]. Le Mirage 4 000 sera probablement acheté par les pays arabes (la Fr. envisage son adoption vers 1990). *Mirage III nouvelle génération :* cellule du Mirage III, réacteur du Mirage F1, commandes électriques du Mirage 2 000, entrées d'air du Mirage 4 000. Vitesse, rayon d'action, capacité de charge et maniabilité supérieurs à ceux du Mirage III précédent ; rival du Tigershark U.S. (Northrop) ; 1er vol du prototype le 21-12-82. *Cessna C.425 :* avion d'école et d'entraînement, biturbopropulseur, construit par Reims-Aviation, vit. 460 km/h ; autonomie 2 600 km ; plafond 9 000 m (avec 1 moteur en panne 5 800 m). Destiné à remplacer les vieux avions écoles Dassault Flamand et DC3, il est en concurrence avec le brésilien Xingu. *Le Baroudeur* (avion ultra léger motorisé) pèse 135 kg, se monte en 45 mn., moteur de 43 ch, vole à 80 km/h, auton. 3 h, permet d'emporter une roquette antipersonnel et antichar. Indétectable par radar.

Turbine. Réalisé pour la 1re fois en 1955 sur un modèle franc.-suéd. Alouette II, avec une turbine. Artouste II, placé près des pales (triples, de 9,70 m de diam.). *Vitesse* 185 km/h. *Plafond* 2 150 m. *Autonomie* 365 km.

Emploi des pales stratifiées. Jusqu'en 1971, les pales étaient métalliques (sensibles aux effets d'entailles et à la corrosion), durée de vie limitée (2 000 h), difficulté de réalisation des profils. En 1971, le Gazelle SA 341 (Aérospatiale-Westland) fut équipé de pales en fibres de verre imprégnées de résines époxydes. D'autres modèles ont adopté fibres de carbone, ou tissus de verre (ex. Bölkow en R.F.A., Boeing Vertal aux U.S.A.). Leur durée est pratiquement illimitée ; elles résistent à l'impact d'un obus de 20 mm et permettent une économie de 400 à 600 kg, et un accroissement de 10 % de la vitesse de croisière ; peuvent recevoir un dispositif de dégivrage incorporé.

En cours de réalisation. L'AS 332 Super Puma (biturbine à possibilités multiples). 2 turbines Makila de 1 780 ch chacune ; pales en matériaux composites ; dégivrage des pales et des entrées d'air moteur (vol par tous les temps). *Capacité* 2 pilotes plus 21 passagers. *Vitesse* 281 km/h. *Distance franchissable* max. 1 050 km.

• **Hélicoptères de combat. U.R.S.S.** *Mi-24 (Hina)* (1973) 4 : 2 turbines. Peut emporter 128 roquettes de 57 millimètres, 4 bombes de 250 kg, 4 missiles antichars AT-2 Swatter ou AT-6 Spiral. Ou recevoir pour l'appui antiaérien rapproché, une mitrailleuse de 12,7 mm à 4 tubes rotatifs (type Gatling ; cadence 4 200 coups/minute). Vit. 330 à 360 km. Rayon d'action max. env. 300 km.

U.S.A. *Yal 64* (1981). Équipé de 16 missiles antichars Welfire et d'1 canon de 30 mm (950 obus). *Coût* : 3 millions de $ l'ex. 537 commandes.

• **Forces armées. U.S.A.** 10 000 hélicoptères ; **U.R.S.S.** 7 000 dont env. 1 500 h. Hip et Hind antichars.

France 840 hélicoptères (dont 620 utilisés par l'ALAT, voir p. 1226 a) ; pour la lutte antichars, un régiment d'hél. représente le tir instantané de 120 missiles (m. Hot, tiré par des Alouette III et Gazelle) ; les Puma de 2 rég. d'hél. peuvent transporter 1 000 combattants à 100 km en 2 rotations.

Blindés

Blindés anciens

Origine. Créés par le colonel Jean-Baptiste Estienne (1860-1936), surnommé le « père des chars ». Le principe était de monter des tubes de canons de 75 mm français sur des tracteurs américains à chenilles (inventés par Benjamin Holt en 1906), afin de pouvoir les amener en 1re ligne. Les 2 premiers (ingénieur Eugène Brillé) furent fabriqués au Creusot, en 1915. Simultanément, l'armée anglaise créa en secret, à partir de 1915, le gros véhicule blindé à chenilles (Mark I), sous l'impulsion de Winston Churchill. Les chars anglais entrèrent en action le 15-9-1916 à Flers-Courcelette.

Le nom de tank (réservoir) vient des inscriptions qui se trouvaient sur les caisses d'emballage, pour tromper l'ennemi.

1re Guerre mondiale

• **Allemagne (char d'assaut AV, 1917-18).** Équip. 18 h. Masse tot. 30 t. Long. 8 m. Larg. 3,20 m. Haut 3,50 m. Arm. 1 canon 57 mm, 6 mitr. Vit. 9 km/h. Autonomie 80 km.

• **G.-B. (tank Mark I, 1916).** Équipage 8 hommes. Masse totale 28 t. Long. 9,20 m. Larg. 4,20 m. Haut. 2,34 m. Arm. 2 canons de 6 pouces. 4 mitrailleuses Hotchkiss. Vit. max. 6 km/h. Autonomie 40 km. Combinaison de véhicule blindé avec chenilles de tracteur agricole (il existait dep. 1908 des camions blindés à roues).

• **France (char Schneider, 1916-17).** Équipage 6-7 h. Long. 5,97 m. Larg. 3,28 m. Arm. 1 obusier 75 mm, 2 mitr. Hotchkiss. Vit. max. 8 km/h. Autonomie 40 km. Fabriqué en 400 ex. dont 268 améliorés après l'échec du Chemin des Dames (26-4-17), notamment blindage renforcé, risques d'incendie réduits.

Char Renault FT 17 (1918). Équip. 2 h. Masse tot. 7,4 t. Long. 5 m. Larg. 1,71 m. Haut. 2,13 m. Arm. 1 canon 37 mm. Vit. 8 km/h. Autonomie 35 km. Possède un périscope. 1er blindé utilisé en masse (480 à la fois à Château-Thierry, 18-7-18).

2e Guerre mondiale

• **Allemagne. Panzer III (1939-43).** Équip. 5 h. Masse tot. 22 t. Long. 5,41 m. Larg. 2,92 m. Haut. 2,90 m. Arm. 1 canon 50 mm, 1 mitr. Vit. 20-40 km/h. Autonomie 175-260 km. 5 650 ex., campagne de France. **Tigre (1942-45).** Équip. 5 h. Masse tot. 57 t. Long. 8,46 m. Larg. 3,73 m. Arm. 1 canon 88 mm, 2 mitr., 6 lance-grenades. Vit. 20-40 km/h. Autonomie 65-120 km. **Tigre II (Tigre Royal, 1944-45).** Équip. 5 h. Masse tot. 68 t (le plus lourd blindé de la 2e G. mondiale). Long. 10,28 m. Larg. 3,75 m. Arm. 1 canon 88 mm, 2 mitr., transperce un blindage de 20 cm à 1 000 m. Vit. 40 km/h. Autonomie 120-170 km. Construit seulement à 485 ex.

Panther (1943). Construit pour combattre le T 34 soviétique. Équip. 5 h. Masse 44,8 t. Long. 8,86 m. Larg. 3,27 m. Arm. 1 canon 75 mm. 2 mitr. Vitesse 25/45 km/h. Auton. 100 km en campagne, 200 km sur route. Construit à 5 805 ex. **Panther chasseur de chars (1943).** Pas de tourelles, combat en embuscade (appelé par les Fr. « 88 automoteur »). Équipage 5 h. Masse 45,5 t. Long. 10,10 m. Larg. 3,27 m. Arm. 1 canon 88 mm. 1 mitr. Vit. 25/45 km/h. Auton. 80 km. Construit à 384 ex.

• **France. Hotchkiss H 39.** Masse 12 t. Équipage 2 h. Arme 1 canon 37 mm, 1 mitr. Blindage 40 mm (tourelle 45). Moteur 120 ch. Vitesse 36 km/h. Autonomie 150 km. **Somua S35.** Masse tot. 20 t. Vit. 40 km/h. Autonomie 130-260 km. Arm. 1 canon 47 mm, 1 mitr. Série 500 ex. **Renault B1 bis.** Équip. 4 h. Masse tot. 31,5 t. Long. 6,98 m. Larg. 2,49 m. Haut. 2,79 m. Vit. 30 km/h. Autonomie 210 km. Arm. 1 canon 75 mm, 1 canon 47 mm, 2 mitr. A servi de modèle aux M3 amér. et aux Churchill anglais. **Renault M 1935.** Équip. 2 h. Masse tot. 10 t. Long. 4 m. Larg. 1,85 m. Haut. 2,10 m. Arm. 1 canon 37 mm, 1 mitr. Vit. 20 km/h. Autonomie 80-140 km. Série 2 000 ex. (élément principal de l'armée blindée franç. en 1940).

• **Grande-Bretagne. Mark II Matilda (1939-42).** Équip. 4 h. Masse 27 t. Long. 5,61 m. Larg. 2,59 m. Arm. 1 canon de 40 ou 45, 1 mitr. Vit. 25 km/h. Auton. 130 km. Construit à 2 987 ex. A résisté aux armes antichars all. en mai 1940 (blindage 78 mm). **Mark VI Crusader (1941).** Équip. 5 h. Masse 20 t. Long. 6 m. Larg. 2,77 m. Arm. 1 canon de 65. Vit. 45 km/h. Auton. 820 km. Construit à 5 300 ex. Conçu pour faire des raids sur les arrières ennemis en Libye. Grande maniabilité. **Mark III Valentine (1941-43).** Équip. 3 h. Masse 16,3 t. Long. 5,40 m. Larg. 2,63 m. Arm. 1 canon de 40/45 ou 65 ou 1 lance-grenade. Vit. 25 km/h. Auton. 145 km. Construit à 8 275 ex. **Mark VIII Cromwell (1943-45).** Équip. 5 h. Masse 28 t. Long. 6,35 m. Larg. 2,90 m. Arm. 1 canon de 75 mm. 2 mitr. un lance-grenade. Vit. 60 km/h. Auton. 130/280 km. Meilleur char anglais, très maniable. Construit en gde série. En service pour le débarquement en Normandie. Un modèle équipé d'un mortier de 95 mm., détruisant les Tigres all. Utilisé encore en Corée 1951.

• **U.R.S.S. T34 (1940)** (meilleur char du monde, selon le G[al] all. Guderian). Équipage 4 h., masse totale 29 t, long. 6,58 m, larg. 3 m, hauteur 2,44 m. Arm. 1 canon 76,2 mm, 2 mitr., vit. max. 50 km/h, autonomie : supérieure à tout autre char grâce à des réservoirs amovibles. En 1940, 115 T34 construits ; après 1943 10 000 annuels.

K.V.1 (c.-à-d. Klimenti Vorochilov, 1940). Équipage 5 h. Masse 47 t. Long. 6,70 m. Larg. 32,5 m. Arm. 1 canon 76 mm, 3 mitr. Vitesse 40 km/h. 200/335 km. Construit en grande série. Blindage 75 mm, résistant aux armes antichars (les All. devait le combattre avec des canons de D.C.A., tirant horizontalement). **Blindé de chasse SU 85 (1943).** Chassis de T 34, canon de 85 mm (appelé en 1944 « artillerie autotractée »). En 1945 canon de 100 mm. Réservoirs de 613 l à l'extérieur du blindage. Auton. 300 km. Destiné à combattre les Panthers et les Tigres All.

• **U.S.A. Sherman (1942-45).** Équip. 5 h. Masse tot. 33 t. Long. 5,86 m. Larg. 2,94 m. Arm. 1 canon 75 mm, 3 mitr., 1 lance-grenades. Vitesse 50 km/h. Autonomie 195 km. Construit à 49 000 ex. **Half track (1941-45)** (semi-chenillé). Équipage 13 h., masse totale 7,7 t, long. 6,16 m, larg. 2,22 m, armement 1 mitr., 1 pistolet mitr., vit. maximale 70/90 km/h, autonomie 290/345 km. **Patton (1950).** Équipage 4 h., masse totale 44 t, long. 8,51 m, larg. 3,51 m, haut. 3,33 m, armement 1 canon 90 mm, 3 mitr., vit. max. 60 km/h, autonomie 160 km. Construit en grande série.

Blindés récents

• **France. Char AMX 30.** Char de bataille armé pour la lutte antichars. *Équipage :* 1 chef de char, 1 tireur, 1 radio-chargeur, 1 pilote. *Masse totale* en ordre de combat 36 t. *Longueur* hors tout, canon vers l'avant 9,50 m, vers l'arrière 8,90 m. *Largeur* hors tout 3,10 m. *Hauteur* au toit de tourelle 2,30 m, hors tout 2,85 m. *Armement :* 1 canon 105 mm, 1 mitrailleuse coaxiale 12,7 mm (ou canon 20 mm), 1 mitrailleuse 7,62 N sur tourelleau, 4 pots lance-fumigènes. *Vit. max.* sur route 65 km/h, *moy.* tous terrains 40 km/h. *Autonomie* au combat (OTAN) 16 h. Peut gravir une rampe à 60 % et franchir un fossé à bords francs de 2,90 m. Utilisé comme engin antiaérien (contre avions volant bas) dans le « système Roland ». Modifié en AMX 30 B2.

Nota. — A partir de 1982, canon de 105 mm, armé d'une munition antichars à obus flèche capable de percer tous les blindages actuellement connus ; vitesse 1 500 m/s (charge creuse : 1 000), portée utile 1 800 m (charge creuse : 1 300). En nov. 1982, après l'abandon du projet d'un char franco-allemand, décision de construire d'ici 1990 un nouveau char fr., l'AMX 40 Leclerc (40 t, canon à âme lisse de 120 mm, moteur Poyaud V 8X, 15 000 ch, blindage renforcé), équipage 3 h., masse 37 t.

Engin blindé léger à roues AMX 10 RC. Engin de reconnaissance apte au combat antichars. *Équipage :* 1 chef de char, 1 tireur, 1 radio-chargeur, 1 pilote. *Masse totale* en ordre de combat 15 t. *Armement :* 1 canon 105 mm, 1 mitrailleuse 7,62 mm (30) jumelée au canon. *Vit. max.* sur route 75 à 80 km/h. *Autonomie* 800 km sur route, 18 h de combat. *Dévers max.* 30 %. 1res livraisons en 77 (remplace l'ancien E.B.R., engin blindé de reconnaissance).

Engin blindé léger AMX 10 P. Engin de manœuvre et d'appui, amphibie et aérotransportable. *Équipage :* 1 pilote, 1 tireur et un groupe de combat de 9 hommes. *Masse totale* en ordre de combat 14 t. *Armement :* 1 canon automatique de 20 mm, 1 mitrailleuse de 7,62 mm (30) jumelée au canon. *Vitesse max.* sur route 65 km/h. *Dévers max.* 30 %.

Canon automoteur de 155 GCT. Chargé de l'appui feu direct et indirect des unités du corps de bataille. Tourelle blindée, étanche et pressurisée, montée sur châssis AMX 30. *Bouche à feu* de 155 mm à chargement automatisé. *Masse* 41 t en ordre de marche. *Équipage :* 1 chef de pièce, 1 pointeur, 1 servant-chargeur, 1 pilote. *Chargement* automatique. *Munitions embarquées* 42. *Grande cadence de tir* (G.C.T.) 8 coups/minute. *Portée max.* 23 500 m avec obus à culot creux.

AML 90. Combat antichars et aéro-transport. *Équipage :* 3 hommes. *Masse* 5,5 t. *Armement :* canon de 90 mm F 1 ; 1 mitrailleuse de 7,62 mm (30). *Distance pratique de tir* 1 500 m. *Vit.* 90 km/h.

VAB (véhicules de l'avant blindés). Plusieurs versions. Transport de troupes (12 h.), Hot, mortier, P.S., sanitaire, échelon. 4 roues sans pression, tout terrain, amphibie, aérotransportable. *Vitesse* 92 km/h. *Armement* mitrailleuse de 7,62 mm.

• **Allemagne féd. Léopard.** Char de bataille, *mise en service* 1966, *masse totale* 40 t, *vitesse maximale* 65 km/h, *armement* 1 canon 105 mm, 2 mitrailleuses de 7,62 mm, *rayon d'action* 390 km. **Léopard II AV.** Char de bataille, *masse totale* 54,5 t, *vit. max.* 68 km/h (55 km en tout terrain), *armement* 1 canon 120 mm et 2 mitrailleuses, blindage quasi invulnérable. Version A3 : *masse totale* 42,4 t, *vit. max.* près de 70 km/h, 1 canon de 200 mm, 1 de 105 mm. **Flakpanzer Guépard.** Char antiaérien, *mise en service* 1977, *vitesse* 65 km/h, *armement* 2 canons reliés à 1 radar et 1 ordinateur. Peut repérer un avion à 16 km et l'identifier. Salves de 40 projectiles.

• **G.-B. Centurion.** Char de bat., *mise en service* 1953, *masse totale* 56,9 t, *vit. max.* 35 km/h, *armement* 1 canon 84 mm, 2 mitrailleuses, 12 lance-grenades, *rayon d'action* 105 km, dernier char lourd équipé d'un moteur à essence. **Chieftain.** Char de bat., *mise en service* 1967, *masse totale* 54, *vit. max.* 48 km/h (30 km/h en tout terrain), *armement* 1 canon 120 mm, 3 mitrailleuses, 18 lance-fumigènes, *action* 390 km.

• **Israël. Merkava, Chariot.** Char de bat. Touché à l'avant, il est seulement immobilisé et peut être remis en état en quelques h. L'équipage pénètre par l'arrière du char, ce qui permet un dessin particulier de la tourelle la rendant quasi invulnérable. 56 t, blindages parallèles, équipement 4 h.

• **Japon. STB 1.** Char de bat., *masse totale* 38 t, 740 ch, *vit. max.* 60 km/h, (30 km/h en tout terrain), *armement* 1 canon 105 mm, 2 mitrailleuses.

• **Suède. S.** Char de bat., *masse totale* 37 t, 570 ch, *vit. max.* 50 km/h (35 km/h en tout terrain), *armement* 1 canon 105 mm, 2 ou 3 mitrailleuses.

• **Suisse. PZ 68.** Char de bat., *masse totale* 39 t, 660 ch, *vit. max.* 60 km/h (30 km/h en tout terrain), *armement* 1 canon 105 mm, 2 mitrailleuses.

• **U.R.S.S. T54 et 55.** Chars de bat., *mise en service* 1947 et 1961, *masse totale* 36,5 t, *vit. max.* 38 km/h, *armement* 1 canon 100 mm et 2 mitrailleuses SGMT ou PKT. **T62.** Char de bat., *mise en service* 1965, *masse totale* 38/40 t, *vit. max.* 50 km/h, *armement* 1 canon 115 mm et 1 mitrailleuse de 7,62 mm. **T72.** Char de bat., *mise en service* 1976, *masse totale* 40 t, 1 000 ch, *vit. max.* 70/80 km/h, *autonomie* 500 km, *armement* 1 canon 120 mm (rayé sur la 1re partie), obus flèche, syst. de conduite de tirs par calculateur + télém. laser, 1 mitrailleuse de 7,62 mm. Équipement 3 h., blindages parallèles. **T80.** Char lourd de bat., *masse totale* 40 t, *vit. max.* 42 km/h, *armement* 1 canon 122 mm et 2 mitrailleuses de 12,7 mm. *Dep. 1980,* équipé d'un blindage « millefeuilles », qui le protège contre les missiles Hot, Milan et Tow (blindage également adapté aux T 64 et T 72) ; les chars all. Léopard II sont armés d'un canon de 120 mm, pouvant percer les millefeuilles.

• **U.S.A. M60 A1.** Char de bataille, *masse totale* 44/47 t, 750 CV, *vit. max.* 48 km/h, *armement* 1 canon 105 mm. **XM1 Chrysler.** Char de bat., *mise en service* en 1981, *masse totale* 53,4 t, 1 500 ch, *vit. max.* 72 km/h (56 km/h en tout terrain), met 9 s pour atteindre 50 km/h départ arrêté, *haut.* 2,40 m, blindage spécial, cloisonnement des compartiments sensibles, *armement* 1 canon 105 mm (rayé), obus flèche, syst. de conduite de tirs par calculateur + télém. laser, 2 mitrailleuses.

Bombes classiques

☞ Bombes nucléaires, voir p. 1201 a.

Généralités

• **Destination. Antipersonnel.** *A souffle* (de 20 à 50 kg). *A fragmentation* (éclats tombant dans un rayon de 100 m ou grenades explosant). *A billes* (1966) 400 g. Chacune éjecte 300 billes en acier, pénétrant dans les chairs en zigzag. 640 larguées par une seule « bombe mère ». *A fléchettes* de 5 cm de long, tournant sur elles-mêmes en pénétrant dans les corps. *Mine araignée* 500 g ; larguée par avion et munie de lanières de 6 m de long, qui la font exploser au moindre contact. *Au napalm* (savon à base d'acide oléique 65 %, gras 30 %, napténique 5 % + essence incendiaire) ; 2 types : à brûlage rapide (absorbant tout l'oxygène alentour et détruisant le personnel par asphyxie) ; lent (pour détruire les installations).

Contre des objectifs matériels. *Explosives* à souffle. *Incendiaires* à pénétration. *Bombes torpilles* guidées. *B. planantes* avec ailettes modifiables par électroaimants commandés par radio (ex. b. américaine BAT).

• **Bombe conventionnelle la plus lourde.** *Grand Slam,* lâchée le 14-5-45 sur le viaduc de Bielefeld (All.), 9 975 kg, long 7,74 m ; en 1949, b. expérimentée aux U.S.A. : 19 050 kg.

Les bombes les plus lourdes utilisées au Viêt-nam par les U.S.A. pesaient 4,5 t (elles ouvraient dans la jungle des aires d'atterrissage pour hélicoptère).

• **Quantité d'explosifs utilisée pour 1 ennemi tué (en kg)** : *2e G. mondiale* 1 100 ; *g. de Corée* 5 600 ; *g. du Viêt-nam* 17 000.

• **Bombe à aérosol,** ou b. à détonation gazeuse. Contient un réservoir d'hydrocarbure très inflammable (oxyde d'éthylène ou méthane) qui se vaporise lors de l'explosion de l'enveloppe, le mélange vapeur aérosol et air est alors mis à feu et détone. L'onde de choc se réfléchit au sol, produisant une surpression de 20 kg/cm² qui écrase l'objectif. Ex. : b. C.B.U. (Cluster Bomb Unit) utilisée au Viêt-nam.

Missiles et bombes à effets spéciaux de la 2e Guerre mondiale

Allemagne. Bombe de 1 000 kg à ailettes annulaires (1939). Missiles guidés (opérationnels en août 1943 dans les unités du Kampfgruppe 100) : FX (PC 1400) : avec ailes fixes cruciformes et déflecteurs de guidage, commandé par radio par l'avion lanceur, pour perforer les blindages ; H S 293 : avion miniature propulsé par fusée, utilisé lors du débarquement de Salerne en sept. 43 (croiseur *HMS Penelope* coulé, cuirassé *HMS Warspite* et croiseur *USS Savannah* endommagés) et de la reddition de la flotte italienne (cuirassé *Roma* coulé).

Vergeltungswaffe 1 (V1). Arme de représailles n° 1. « Bombe volante » *(flying bomb).* Lancée par des rampes de 45 m de long. Sorte d'avion à réaction sans pilote et sans tête chercheuse, lancé dans la direction voulue, en ligne droite, gouvernail bloqué. *Long.* 7,5 m. *Envergure* 5,2 m. *Poids* 3 t, dont 500 kg d'explosifs. *Portée* 250 km. *Vit.* 500 km/h. Stabilisée par des gyroscopes. *Alt. de vol* 800 m. *Précision au tir* rayon de 8 km. *Nombre lancé :* du 13-6-1944 au 29-3-1945, 18 000 dont 7 840 sur l'Angl. (4 260 furent détruits en vol ; à la fin 90 % étaient interceptés) et 3 000 sur Anvers.

V2 [appelée « fusée » *(rocket)* par les Anglais]. Engin sol-sol supersonique (vitesse 5 000 km/h ; décelé par les radars, mais trop rapide pour être intercepté). Précurseur des téléguidés modernes (inventeur : Von Braun). *Long. :* 13 m, *diam. :* 1,70 m, *poids :* 13 t, *puissance :* 600 000 CV, *alt. :* 50 km (1 mn après le départ), *portée :* 350 km, *charge explosive :* 1 t. Seule parade possible : bombardement des bases de départ. *Nombre lancé :* du 8-8-1944 au 29-3-1945, 3 000 (sur l'Angl. 1 250, Anvers 1 750). *V2 le plus meurtrier,* tombé sur le cinéma Rex à Anvers le 28-11-1944, tua 567 personnes.

États-Unis. *B-17* remplis d'explosifs (9 000 kg) et dirigés par radio (le pilote évacuait l'avion après le décollage) par des avions dirigeurs.

G.-B. *Bombes légères* (1,8 t), contre les agglomérations (« Block buster » : éventreur d'immeubles) ; utilisées par paire (1942). *« Spinning drum »* (fût tournoyant) contre les barrages protégés par des filets antitorpilles : suspendue à demi hors de l'avion peu avant l'attaque, mise en rotation à grande vitesse par un moteur auxiliaire ; larguée à 18 m, ricochait à la surface de l'eau, franchissait les filets en ralentissant, coulait au contact du barrage et explosait en profondeur grâce à une amorce hydrostatique. *« Earthquake »* (tremblement de terre), avec explosif puissant contre les ouvrages massifs (viaducs, hangars de sous-marins) : 4 ailettes, 10 t ; explosait sous terre. *« Disney » :* b. de 2 t, avec fusée mise en service à basse altitude (vitesse finale : 720 m/s).

Japon. Missile piloté Yokosuka MXY7, pour les attaques suicides ; transporté par bombardier jusqu'à 80 km de l'objectif ; vitesse finale en piqué de 1 000 km/h, 1 200 kg d'explosifs à l'avant.

Bombes et engins divers

M-36 : bombe incendiaire contenant 182 bombes-filles. **BLU-31 :** mine de 705 livres, s'enterrant à l'arrivée au sol. **RAVEPAT II :** bombe de 2 500 livres, parachutée, renfermant du propane et explosant au contact des arbres (servait en particulier à détruire la jungle au Viêt-nam). **« Dent de Dragon » :** arme antipersonnel, largable à des milliers d'exemplaires par un seul avion. **Bombe orange :** 1 kg ; explose en se fragmentant. **Mine à fragmentation :** explose quand on marche dessus, et blesse plus qu'elle ne tue. Voir aussi missiles p. 1207.

Nombreux dispositifs. Avec dispositifs électroniques (ex. mine larguée).

Détecteurs acoustiques et sismiques. Largués d'avion, ils se fichent dans le sol en restant reliés à un petit émetteur qui demeure accroché aux arbres. Lorsqu'un camion ennemi roule à proximité, le détecteur détermine vitesse et direction, les transmet par radio aux chasseurs bombardiers (les détecteurs d'ondes radio décèlent les objets en mouvement et les équipements électromagnétiques).

Canons

Canons anciens

Les 1ers apparurent v. 1250 en Afrique du Nord.

Bombardes (1338). Tubes en fer lançant des carreaux d'arbalètes, des balles de plomb ou de fer rougi au feu. Pour les gros calibres, projectiles de pierre. Affût fixe puis mobile (sur roues). Poids maximal du projectile 200 kg. *En 1453,* les Turcs utilisèrent pour le siège de Constantinople une bombarde de 1 066 mm de calibre envoyant un boulet de pierre de 544 kg. *Au XVIe s.,* le « tsar Puschka » conservé au Kremlin (calibre 920 mm, fût 5,18 m), poids 40 t.

Pièce à flasques (v. 1480). En fer : affût sur roues ; le tube oscille sur les flasques (supports en bois) et on change son inclinaison à l'aide d'un coin en bois placé sous la culasse. On tirait env. 30 coups par j, à cause de l'échauffement des pièces.

Les « six calibres » (1605). En bronze, montés sur roues ; tubes pivotant sur affût, chargés par la bouche. Cadence de tir : 8 coups/h. Après 40 coups, arrêt de 1 h pour refroidir. *Canon :* boulet en fer de 33 livres (long. du tube 3,30 m). *Couleuvrines :* grande 16 livres (long. du tube 5 m) ; bâtarde 7,5 livres (long. du tube 3,30 m) ; moy. 2,5 livres. *Faucon :* 1 l. *Fauconneau :* 0,75 l. Sous Vauban (1655), les 2 plus petits calibres sont abandonnés et les projectiles sont de 33, 24, 16, 12, 8 et 4 livres.

Mortiers (XVe s.). Engins à tir courbé (tube court) utilisés pendant les sièges. 4 calibres 8, 10, 12, 14 pouces (portée 2 à 4 km). *En 1857* (G.-B.) et *1914-18* (U.S.A.), on construisit 2 mortiers de 920 mm de calibre (ils ne furent pas utilisés).

Canons Gribeauval (1765). Pièces attelées, avec caissons, vis de pointage, tubes rayés. Bronze. Emploient des cartouches à boulets et à obus (cadence de tir : 1 à 2 coups par minute et par pièce) ; des boîtes à mitraille (cadence de tir : 2,5 à 5 coups). Calibres de 12, 8 et 4 livres ; obusiers de 15 ; matériel de siège : canons de 24, 12 et 8 ; obusier de 20.

Canons chargés par la culasse (1866). *Modèle prussien,* utilisant l'obus (cadence de tir *par minute :* 2 coups pour les obus, 3 pour les boîtes à mitraille). Acier moulé. *Canons à balles* (1870), appelés aussi mitrailleuses. 10 tubes soudés (fer). 300 balles/min. *Canons de Bange* (1877), chargés par la culasse. Acier fondu, affût en tête d'acier. 2 ou 3 coups/mn (affût fixe, accusant le recul).

Canons à frein (1895). Calibre classique 75 mm. Tube coulissant sur l'affût (grâce à un berceau), pivotant horizontalement et verticalement (pivot avant), revenant automatiquement en position.

Canons à flèches ouvrantes (1911). Système italien. Permet des changements de direction de grande amplitude (60°).

Canons de la 1re G. mondiale. Voir p. 605.

Grosse Bertha. Les Allemands avaient donné à leurs obusiers de marine de 420 mm, qui détruisirent en août 1914 les forts de Liège, le prénom de Mme Krupp ; les Fr. l'ont donné par extension aux canons longs qui ont bombardé Paris en 1918, et que les All. appelaient Pariser Kanonen (ou « Paris-Geschütz ») ou le long Henri. *Installé* à 120 km de Paris, sur le mont Joie, à Crépy-en-Laonnais (Aisne). *Fabriqué* par Krupp. *Canon* 34 m de long, poids 140 t, 380 mm de diamètre, avait à l'intérieur 2e tube 210 mm, à rayures hélicoïdales (projectile devait effectuer 100 rotations avant de sortir, ce qui provoquait une usure importante : chaque tube ne pouvait tirer que 65 coups). *Projectile* 104 kg (vitesse 1 600 m/s au départ, puis 913 m/s, 680 m/s, vitesse finale ; trajet de 3 mn) ; alt. 19 000 m au bout de 25 s, à 39 000 m au bout de 90 s (apogée) ; portée maximale : 120 km. La distance semblait si prodigieuse à l'époque, que l'on crut d'abord à un bombardement aérien, puis à une avance éclair des Allemands jusqu'à 45 km de Paris. Entre le 23-3 et le 12-8-1918, Paris reçut 367 projectiles ; le 1er tomba le 23-3-1918 à 7 h 20 devant le n° 6 du quai de la Seine ; le 2e à 7 h 40 dans la gare de l'Est ; le 27-3 (Vendredi saint), un obus atteignit l'église St-Gervais (75 †, 90 blessés). Le dernier coup fut tiré sur Paris le 9-8-1918 à 14 h. Au total, 256 tués.

Canons récents

• **France. Canon léger de 105 mm.** Tracté. *Missions :* appui direct et indirect, tir antichar, missions aéroportées. *Portée max.* 15 000 m. *Durée de mise en batterie* moins de 60 s ; *de la sortie de batterie* moins de 30 s. *Masse* 1 200 kg.

Obusier de 105 HM2. Tracté. *Mission :* appui feu. *Portée max.* 15 000 m.

Obusier de 155 BF 50. Tracté. *Mission :* appui feu. *Portée max.* 18 km. *Masse* 8 t.

Mortier de 120 mm RT 61. *Portée* 13 km. 18 coups/mn. *Masse* 580 kg.

Canon automoteur de 155 GCT. Monté sur le châssis du char AMX 30. *Mission :* appui feu. 8 coups/mn. *Portée max.* 23 500 m. *Masse* 41 t.

Canon de 155 modèle F3 automouvant. Monté sur le châssis du char AMX 13. *Mission :* appui feu. *Cadence de tir* 4 coups/mn. *Portée max.* 20 000 m. *Masse* 17 t.

Canon antiaérien bitube de 30 mm. Monté sur le châssis du char AMX 30. *Mission :* protection du corps de bataille contre les attaques aériennes à basse altitude. *Cadence de tir* 650 coups par mn. *Portée pratique* 3 000 m.

Canon automoteur 155 AUF-1. *Équipage :* 4 hommes. *Mission :* appui feu. *Cadence de tir :* 6 coups par mn. *Portée max. :* 25 000 à 30 000 m.

• **G.-B. M 107.** 175 mm, autotracté. *Portée max.* 32 700 m. *Rythme de tir* 4 obus/mn.

• **U.R.S.S. M 1974.** *Calibre* 122 mm. *Portée max.* 21 900 m, autotracté. 5 obus/mn (max.).

S-23. 180 mm. *Portée max.* 43 800 m, tracté. 1 obus/mn.

M-46. 130 mm. *Portée max.* 27 150 m, tracté. 6 à 7 obus/mn.

D-30. 122 mm. *Portée max.* 21 900 m, tracté. 6 à 7 obus/mn.

Nota. – Les Allemands utilisèrent sur le front russe 2 canons de 43 m de long (1 344 t avec attelage, portée 47 km, obus 8 250 kg).

Le HARP (High Altitude Research Project), double canon U.S. (2 × 419 mm ; long. 36,50 m, 150 t), a lancé un obus de 84 kg à 180 km d'alt. le 19-11-66.

Fusils, grenades, mitrailleuses

Fusils

Fusils anciens

Premières armes à feu portatives (1500-1640). Dérivent du canon léger, la couleuvrine, dont le poids est réduit à 22 kg v. 1500. Appelé *canon à main* ou *haquebute*, il est utilisé sur les remparts, comme arme individuelle ; le feu est mis à la main. *Arquebuse à mèche :* poids 15 à 20 kg ; maniée par un arquebusier qui tire en appuyant l'arme sur une fourche, le fourquin ; le feu est donné par une mèche allumée au début de la bataille. *Platine à mèche* (espagnol 1525) : une clef permet d'amener la mèche sur le « bassinet » où est tassée la poudre ; cadence de tir : 1 coup/mn. V. 1550 : *arquebuse à rouet :* le rouet est un frottoir en forme de roulette qui agit sur un silex placé près du bassinet ; une gerbe d'étincelles jaillit et enflamme la poudre ; poids 6 kg, long. 1,30 m ; peut être utilisée sans fourche d'appui. Les soldats qui l'utilisent sont nommés *fusiliers,* d'après l'italien *fugile,* « silex ». C'est de leur nom que viendra, au siècle suivant, le nom de *fusil,* désignant l'arme à feu elle-même. *Carabine* (v. 1600) : arquebuse à canon rayé tirant plus juste et pouvant percer les armures. *Pistole :* carabine de cavalier dont le canon a 40 cm de long. *Mousquet* (v. 1630) : arme d'infanterie à rouet, plus lourde et plus puissante que la carabine et nécessitant l'emploi du fourquin ; poids 7 kg ; projectiles de 30 g lancés à 230 m ; long. 1,50 m. Les 1ers mousquetaires étaient des tireurs répartis dans les compagnies de piquiers (à raison d'un mousquetaire pour 2 piquiers). Louis XIII créa la 1re compagnie de mousquetaires (tous gentilshommes), qui lui servaient de gardes du corps. *Cartouche* (v. 1640, Suède) : la poudre et la balle sont introduites simultanément dans le canon du mousquet. Cadence de tir 2 coups/mn.

Fusil à pierre (XVIIIe s.). Le rouet des mousquets et des arquebuses est remplacé par le chien qui percute la pierre au lieu de la frotter. Cadence de tir 2-3 coups/mn. Mais les ratés sont nombreux. *Fusil à bretelle* (1671) : destiné aux grenadiers, qui doivent avoir les mains libres pour lancer les grenades. On peut y adapter une baïonnette à manche de bois s'enfonçant dans le canon. *Baïonnette à douille* (1689) : s'adapte au fusil sans toucher le canon permettant de tirer avec la baïonnette. *Modèle 1777 :* le silex « pyromaque » est taillé dans les ateliers royaux ; les ratés sont réduits à 1 coup sur 12 ; nombre de pierres : 1 pour 20 coups (mais 1 bonne pierre peut fournir 50 coups). *Fusil à percussion* (1827) : la pierre est remplacée par une capsule chimique « fulminante » à base de chlorate de potasse, qui enflamme la cartouche quand elle est percutée par le chien.

Fusils récents

Chassepot (1866). Chargement par la culasse, la cartouche (en carton) contient la capsule fulminante qui est percutée par une aiguille. Cadence de tir 7-8 coups/mn. Calibre 11 mm (le 1er fusil moderne).

Carabine Winchester (1866). Américaine. *Portée* max. 2 500 m ; utile 200 m ; pratique 100 m. Semi-automatique. Principe moteur : emprunt des gaz sur le parcours de la balle dans le canon. 20 coups/mn. *Long.* 0,90 m. *Canon* 0,45 m. *Poids* 2,350 kg. *Calibre* 7,62 mm. *Cartouches* 6 chargeurs de 15 cartouches.

Fusil 1886-1893 dit Lebel. *Portée* pratique 400 m ; utile (hausse) 2 400 m ; max. 4 300 m. *Long.* 1,32 m, avec baïonnette 1,83 m. *Poids* 4,240 kg. *Cal.* 8 mm.

Carabine de cavalerie (1890). Lebel allégé. 3 cartouches.

> **Cadence de tir.** Arquebusiers. Sous Louis XIII, un coup de feu par minute ; Empire 3, mais après 5 mn de tir à cette cadence, il fallait laisser refroidir le canon de l'arme. Le soldat de Louis XIV emportait avec lui 12 cartouches, celui de Louis XVI 36, celui de Napoléon 100.
>
> **Portée des armes** (en m), entre parenthèses date. *Javelot* 25. *Fronde* 80. *Traits à poudre* (v. 1350) 100 à 115. *Arc* (v. 1500) 80 à 100. *Arbalète* (v. 1500) 100 à 110. *Arquebuse* (v. 1504) 150. *Mousquet* (v. 1550) 180. *Pistolet* (v. 1562) 50. *Fusil* (1640-1857) 250. *Delagne* (1857) 600. *Delvigne* (1857) 600. *Chassepot* (1867) 1 200. *Gras* (1874) 1 800. *Lebel* (1886) 3 000. *Dandeteau* (1905) 4 000.

Fusil allemand « Mauser » modèle 98 (de Paul Mauser 1838-1914). *Portée* utile 2 000 m ; pratique 400 m ; max. 4 000 m. 8 à 10 coups/mn. *Long.* 1,11 m. *Canon* 60 cm. *Calibre* 7,92 mm. *Cartouches* 5, avec chargeur.

Fusil anglais mod. 1907. *Portée* pratique 400 m ; utile 600 m ; max. 3 200 m. Arme à répétition. 8 à 10 coups/mn. *Long.* 1,10 m, avec baïonnette 1,50 m. *Canon* 0,645 m. *Poids* 4 kg. *Calibre* 7,62 mm.

Mousqueton modèle 1916. *Portée* pratique 400 m ; utile 2 000 m. Arme à répétition. 8 à 10 coups/mn. *Long.* 0,945 m. *Canon* 0,453 m. *Poids* 3,250 kg. *Calibre* 8 mm. *Cartouche* 8 mm.

Fusil italien « Terni » modèle 1918. *Portée* utile 2 000 m ; pratique 400 m. Arme à répétition. 8 à 10 coups/mn. *Long.* 1,28 m. *Calibre* 6,5 mm.

Fusil 1936 7,5. *Portée* tactique 200 m, pratique 400 m ; utile 1 200 m ; max. 3 200. A répétition, magasin 5 cartouches. 8 à 10 coups/mn. *Long.* 1,02 m, avec baïonnette 1,32 m. *Canon* 0,58. *Poids* 3,750 kg avec baïonnette. *Cal.* 7,5 mm. *Cartouche* 1929 C.

Fusil semi-automatique M1 de 7,62 (Garrant). Tir tendu jusqu'à 600 m. *Puissance de perforation :* 6 mm d'acier à 450 m ; 12 mm d'acier à 90 m (balle p M2). *Flèche* 1,20 m à 600 m. *Portée* max. (balle M2) 4 000 m. Semi-automatique. 24 coups/mn. *Long.* 1,107 m, avec baïonnette 1,50 m. *Poids* 4,313 kg.

Fusil semi-automatique M.A.S. 7,5. *Portée* pratique 400 m (avec lunette) ; utile 1 200 m ; max. 3 200 m. *Précision* 90 % des coups au but. *Chargeur* 10 cartouches. *Vitesse* pratique de tir 30 coups mn. *Long.* 1,02 m, avec baïonnette 1,305 m. *Canon* 0,525 m. *Poids* 3,9 kg. *Cal.* 7,5 mm. *Cartouche* 1929 C.

Fusil d'Assaut FAMAS 5,56 (semi-automatique MAS 5,56 F1, surnommé « le clairon » à cause de sa forme). Équipe l'armée fr., dep. 5-12-1979. *Calibre* 5,56 mm au lieu de 7,62 mm actuel (cartouche 2 fois plus légère). *Longueur* 760 mm (canon 488 mm). *Poids* 3,55 kg. *Vit. initiale* 950 m/s. *Cadence* 1 000 coups/mn. Peut tirer au coup par coup ou par rafales avec limiteur de rafales à 3 coups. Portée 300 m. Tire des grenades antichars à 75 m et antipersonnel à 300 m. *Prix :* 4 000 F avec accessoires et rechange.

Fusil-mitrailleur, pistolet-mitrailleur

Fusil-mitrailleur. Actuellement arme à tir automatique, approvisionnée par des boîtes à grande capacité ou une bande souple ; 7-12 kg, 500 coups/mn. Porté et servi par un seul homme, accompagné d'un pourvoyeur aux munitions. Inventé en 1902 par Madsen (All.). Modèles de Berthier et Hotchkiss avant 1914. F.M. de Chauchat (Fr.) en 1915 ; utilisé par les tr. françaises, puis américaines (1917).

Kalashnikof. AK 47 modèle 1941. *Cal.* 7,62 ; AKM modèle 1959. *Cal.* 7,62.

Mitraillette à laser. 900 coups/mn, chargeur de 177 balles, 1 laser couplé.

Pistolet-mitrailleur. Arme légère à tir autom., employant des balles de pistolet. Inventé par Villa-Perosa (It.) en 1915. Modèle de Bergmann utilisé par les tr. allemandes en 1917 (400 coups/mn). En 1939, seuls les All. en étaient équipés. En 1942, modèles angl. et amér. (Lanchester et Stenn).

Grenades

XVe-XVIIe s. Lancée au moyen d'une grande cuillère (poudre à canon dans un globe de fer creux ; on allume une mèche avant de lancer). *1667* les grenadiers forment des corps spéciaux, utilisés au cours de sièges ; munis d'une grenadière en cuivre, contenant de 12 à 15 grenades, ils lancent leurs explosifs dans les tranchées ennemies.

XVIIIe-XIXe s. Abandon de la grenade comme arme. Les grenadiers sont des soldats d'élite armés comme les autres mais de haute taille (de 1730 à 1846, et de nouveau sous le IIe Empire, ils portent le « bonnet à poil »).

Depuis 1904. Réutilisée par les Russes et les Japonais au siège de Port-Arthur. *Guerres mondiales :* grenades à main défensives et offensives. Explosif utilisé 1915-20 : TNT. 1920-43 : poudre. Depuis 1943 : de nouveau TNT. *Guerre de Corée :* grenades à fragmentation ; grenades chimiques : projettent de la fumée, des gaz asphyxiants ; grenades VB (à fusil) : s'adaptent au fusil de guerre et sont projetées à 100-200 m.

Mitrailleuses

Armes automatiques à tir continu quand on garde le doigt appuyé sur la détente.

Mitrailleuses à main et à canons multiples. On les actionnait avec une manivelle (d'où leur surnom de « moulins à café »). Inventeur : l'officier belge Fafschamps (v. 1830). *Types les plus répandus au XIXe s. : Gattling* (américaine) à canons tournants (v. 1860) : 1 200 coups/minute ; *Reffye* (Fr.), appelée « canon à balles » de 125 à 150 projectiles de 13 mm par minute ; *Feld* (bavaroise) : 24 canons (1870) à tir plus rapide que la reffye, tint les Français en échec à Coulommiers le 9-11-1870.

Automatique à 1 canon. *Utilisant l'énergie du recul :* type *Maxim* (Sir Hiram Stevens Maxim, né en Amér., 1840-1916, naturalisé Anglais), 1883. Inconvénient : impossibilité de refroidir le canon sans manchon à eau. *Fonctionnant par emprunt de gaz :* type *Hotchkiss* (notamment le fusil-mitrailleur) la mitr. américaine Colt et la St-Étienne française (1907), de 8 mm, utilisée pendant la g. de 1914-18, conjointement au f.-m. C.S.R.G. créé en 1915. Pendant la g. de 1939-45, les Fr. ont utilisé, à partir de 1942, la mitr. amér. *Browning* de 50 kg, de 7,62 mm de calibre, et la mitr. légère de 20 kg, renforçant les f.-m. dans les compagnies de voltigeurs.

Arme automatique transformable. Créée 1952. Par simple changement de canon et d'affût, on peut l'utiliser comme f.-m., mitr. légère et mitr. lourde ; culasse éclipsable ; alimentation se fait par bande métallique souple (50 cartouches pour la version f.-m-. ; 250 pour la version mitr.) ; calibre 7,5 et 7,62.

Missiles

Généralités

Définition. Missiles. Projectiles dotés d'un système de propulsion autonome, asservis à un système de guidage sur tout ou partie de leur trajectoire. **Roquettes.** Projectiles orientés mécaniquement au départ, mus par un système de propulsion autonome pendant la phase initiale de leur trajectoire, et soumis ensuite aux seules lois de la balistique extérieure.

Durée de vol d'un missile. Ayant une portée de 13 000 km : phase propulsée 3 mn, balistique 30 mn, de rentrée 140 s. *Vitesse en fin de propulsion :* 7 100 m/s (25 000 km/h).

Précision 1962 : *Titan* 1 000 m ; **1963 :** *SS 8* 9 000 ; **1965 :** *Minuteman II* 550 ; *SS 9* 1 000 ; **1973 :** *SS 11* 600 ; **1976 :** *SS 17, 18, 19* 500 ; **1978 :** *SS 20* 300 à 500 ; *Minuteman III* 200 ; **1985 :** *MX* 100 à 200 (les SS sont russes, les autres américains).

Quelques termes

• **AAM (Air to Air Missile).** Missile air-air.

• **ABM (Anti-Ballistic Missile).**

U.S.A. **Spartan,** fusée liée au PAR (Perimeter Acquisition Radar), 17 m de long, charge 2 à 3 mégatonnes, intervient à 700 km de distance, et entre 200 et 300 km d'altitude. L'explosion crée un flux de rayons X qui détruit le missile. **Sprint** fusée (9 m de long, charge de 1 mégatonne), liée au MSR (Missile Site Radar), n'entre en action que si le missile ennemi a franchi l'échelon défensif des Spartan (portée 50 km, intervient entre 1 500 m et 30 000 m d'alt.). 2 sites sur 12 prévus ont été installés, l'un autour de la base de Minutemen de Grand Forks (Dakota du N.), l'autre autour de celle de Malmstrom (Montana) ; coût 10 300 millions de $: env. 76 milliards de F. En 1976, ils ont démonté ce réseau ABM.

Missiles	Portée en km	Long. en m	Poids en kg	Vitesse
I – *Missiles balistiques stratégiques*				
CSS-2 (Chine)	2 500	20,4	3 500	
CSS-3 (Chine)	6 800	27	6 900	
CSSX-4 (Chine)	10 000	34,3		
SSBSS-2 (Fr.)[9]	3 150	14,8	31 900	16/18 000 km/h
SSBS S-3 (Fr.)[10]	3 430	13,9	25 765	16/18 000 km/h
MSBS M-2 (Fr.)	2 965	10,7	19 960	16/18 000 km/h
MSBS M-4 (Fr.)	4 000	11	35 000	16/18 000 km/h
MSBS M-20 (Fr.)	3 150	10,4	20 013	16/18 000 km/h
SS-4 Sandal (U.R.S.S.)	1 780	22,4		
SS-5 Skean (U.R.S.S.)	3 220	24,4		
SS-6 Sapwood (U.R.S.S.)		30,5		
SS-7 Saddler (U.R.S.S.)	11 000	30,5		
SS-8 Sasin (U.R.S.S.)	11 000	25,9		
SS-9 Scarp (U.R.S.S.)	12 000	36,6		
SS-10 Scrag (U.R.S.S.)	10 190	37,8		
SS-11 Sego (U.R.S.S.)	10 400	19,5		
SS-13 Savage (U.R.S.S.)	9 260			
SS-14 Scamp (U.R.S.S.)		10,4		
SSX-16 (U.R.S.S.)	9 260	19,8		
SS-17 (U.R.S.S.)	9 260	24,4	65 000	
SS-18 (U.R.S.S.)	12 970[12]	36,6	220 000	
SSX-19 (U.R.S.S.)	10 190[13]	24,4	78 000	
SSX-20 (U.R.S.S.)	4 630	16,8	13 000	
SSX-28 (U.R.S.S.)	3 750			
SS-N-5 Serb (U.R.S.S.)	1 300			
SS-N-6 Sawfly (U.R.S.S.)	3 000	13	19 000	
SS-N-8 (U.R.S.S.)	9 000	17	40 000	
SS-N-4 Sark (U.R.S.S.)	650			
SS-NX-13 (U.R.S.S.)	200-1 100	11		
SS-NX-17 (U.R.S.S.)	4 400			
SS-NX-18 (U.R.S.S.)	8 000	14,1	111 000	25 750 km/h
Atlas (U.S.A.)	14 480	12,6	119 000	24 150 km/h
Minuteman III (U.S.A.)	12 800	18,2	34 500	
M-X (U.S.A.)	13 000[14]	21,6	90 000	
Polaris A2	2 800	8,5	12 000	16 000 km/h
A3 (U.S.A.)	4 600			
Poseidon (U.S.A.)	4 600	10,4	29 485	18 500 km/h
Titan II (U.S.A.)	11 600	31,4	150 000	24 150 km/h
Trident I (U.S.A.)	7 500	10,4	32 000	
Trident II (U.S.A.)	12 500	13,9	54 000	
II – *Missiles sol-sol*				
SS-10[1] (Fr.)	1,5		15	
SS-11[1] (Fr.)	3,5	1,2	30	
SS-12[1] (Fr.)	6	1,87	76	150 m/s
Entac (Fr.)	2	0,82	12	360 km/h
Milan (Fr.)	0,25-2	0,75	11,3-16,5	90 m/s
Pluton (Fr.)[11]	15-120	7,64	2 423	130-200 m/s
Vigilant (G.-B.)	1,4	0,9	14,7	1 100 m/s
Swingfire (G.-B.)	4	1	62	
Sparviero (Italie)	3		69	185 m/s
Kam 9 (Japon)	3	1,5	36	270 m/s
Sagger (U.R.S.S.)	2,3	0,6		150 m/s
Frog 3 (U.R.S.S.)	70-90	10,4		150 m/s
Frog 4 (U.R.S.S.)	110	10		
Frog 5 (U.R.S.S.)	50			
Frog 6 (U.R.S.S.)				
Frog 7 (U.R.S.S.)	58	9,5		
Scud C (U.R.S.S.)	725	11,6		
Scaleboard (U.R.S.S.)	820			
Shaddock (U.R.S.S.)	320	12,8		
SS-NX-12 (U.R.S.S.)	560			
SS-N-14 (U.R.S.S.)	50			
SS-21 (U.R.S.S., 1976)	120	9,45	2 500	
Swatter (U.R.S.S.)	2,5	0,9	27	150 m/s
Honest John M 31 (U.S.A.)	7,25		2 660	
Hot (U.S.A.)[8]	0,75-4	1,3	32	250 m/s
Lance (U.S.A.)	70-120	6,17	1 100	
Dragon (U.S.A.)	1	1,1	14	92 m/s
Pershing 1 A (U.S.A.)	741	10,5	18 530	
Pershing II (U.S.A.)	1 600			
Sergeant (U.S.A.)	140	10,5	18 530	
Tow (U.S.A.)	3,5	1,2	24,5	
Hellfire (U.S.A.)		1,8	36,9	
Polaris A3 (U.S.A.)		9,85	15 875	
Viper (U.S.A.)		0,6	15,4	

Missiles	Portée en km	Long. en m	Poids en kg	Vitesse
III – *Missiles anti-sous-marins (ASM)*				
Malafon[4] (Fr.)	13	6	1 415	250 m/s
IV – *Missiles sol-air*				
ASMP	100-300	5,2	840	Mach 2 à 3
Mistral (Fr.)	6	1,85	17,5	Mach 2,6
Roland (Fr.-All. féd.)	0,5-6	2,4	63	Mach 1,6
Crotale (Fr.)	8,5	2,9	80	Mach 2,5
Bloodhound (G.-B.)	213	7,8		
Thunderbird (G.-B.)	92	6,3		
Seacat (G.-B.)	22,2	1,5	59	
SA-6 (U.R.S.S.)	19	5,8		
SA-7 (U.R.S.S.)	5	1,4		
SA-8 (U.R.S.S.)	6 100			
Nike Hercules (U.S.A.)	80-150	12	4 800	Mach 3,65
Hawk[2] (U.S.A.)	35	5,18	570	Mach 2,8
Masurca[5] (Fr.)	55	5,4	950	Mach 3
Tartar[3] (U.S.A.)	5-30	4,7	520	Mach 2
Terrier[3] (U.S.A.)	37	4,5	1 300	Mach 2
Chaparral (U.S.A.)		2,9	84	
Safegard/Spartan (U.S.A.)	185	16,8		
Stinger (U.S.A.)	5	1,52		
Terrier (U.S.A.)	37	8	1 392	
V – *Missiles air-sol*				
Kormoran (All. féd.)	37	4,40	160	
AS-11[6] (Fr.)	0,35-3	1,2	29,9	150 m/s
AS-12[6] (Fr.)	6	1,87	76	
AS-20 (Fr.)	16-17	2,59	30	
AS-30[7] (Fr.)	10-12	3,9	520	Mach 0,6-2
AS-37 (Fr.-G.-B.) Martel	60	4,2		
AJ-168 (Fr.-G.-B.)	60	3,87	150	
AS-3 Kangaroo (U.R.S.S.)	650	1,40		
AS-4 Kitchen (U.R.S.S.)	450	1,1		
AS-X9 (U.R.S.S.)	89			
AS-X10 (U.R.S.S.)	10			
Advanced ASM (U.R.S.S.)	40			
Maverick (U.S.A.)		2,5	215	
Shrike (U.S.A.)		3	181	
SRAM (U.S.A.)	222	4,3	1 011	
Walleye 2 (U.S.A.)		4	1 089	
AGM-28B Hound-dog (U.S.A.)	1 000			
AGM-86 B (U.S.A.)	2 500	5,94	1 270	
VI – *Missiles air-air*				
Viper (All. féd.)		2,7	79,8	
Mamba (All. féd.)	2	0,95	11,34	
Matra R 530[7] (Fr.)	30	3,2	195	
Matra super 530 (Fr.)	30-35	3,54	227	Mach 4,5
Matra 550 Magic (Fr.)	7	2,75	90	Mach 2,5
XJ-521 (G.-B.)		3,7	193	Mach 1,8
Shafir (Israël)	4,6	2,6	93	Mach 2,7
AA-6 (U.R.S.S.)	37	5,6		Mach 4,5
AA-7 (U.R.S.S.)	28			Mach 3
AA-8 Aaphid (U.R.S.S.)	7	2,1	55	Mach 3
Side Winder (U.S.A.)	5	2,87	84,5	Mach 2,5
VII – *Missiles mer-mer*				
Exocet-AM 39 (Fr.)	50 à 70	4,70	656	Mach 1
Gabriel (Israël)	20-40	3,35	400-500	
Otomat (Italie-Fr.)	180	4,4	730	Mach 0,9
SS-N-7 (U.R.S.S.)	20			
SS-N-11 (U.R.S.S.) (SLCM)	70	6,7		
SS-N-13 (U.R.S.S.)	1 200			
SS-N-14 (U.R.S.S.)	60			Mach 1,2
SS-N-12 (U.R.S.S.)	450			Mach 2
VIII – *Missiles à changement de milieu*				
Harpoon (U.S.A.)	110	4,6	660	
Asroc (U.S.A.)	10	4,6	435	
Sulroc (U.S.A.)	56	6,25	1 853	
Tomahawk BGM-109 (U.S.A.)	600	6,40	1 443	Mach 0,8

Nota. – (1) Il existe une version utilisée par la Marine. (2) Intercepte des cibles volant de Mach 1,4 à 2. (3) Lancé par un accélérateur à poudre. (4) Planeur lancé par un accélérateur à poudre transportant une torpille de 525 kg à tête chercheuse acoustique larguée par télécommande. (5) Utilisé par la Marine. (6) Version du SS correspondant sol-sol. Utilisé par l'armée de l'Air et l'Aéronavale. Diamètre 1,5 m, calculateur de bord et centrale à inertie, propulsion à poudre (propergol solide), 1er étage 16 t, 2e étage 10 t, charge nucléaire à fission de 150 kt. (7) Il existe une version utilisée par l'Aéronavale en missile air-sol (portée 4 km). Diamètre 1,5 m, guidage à inertie, propulsion à poudre (propergol solide), 1er étage 16 t, poussée 55 t, durée de fonctionnement 72 s, 2e étage 6 t, poussée 32 t, durée de fonctionnement 52 s, charge thermonucléaire mégatonnique. (8) Téléguidé par fil. (9) Diamètre 1,5 m, calculateur de bord et centrale à inertie, propulsion à poudre (propergol solide), 1er étage 16 t, 2e étage 10 t, charge nucléaire à fission de 150 kt. (10) Diamètre 1,5 m, guidage à inertie, propulsion à poudre (propergol solide), 1er étage 16 t, poussée 55 t, durée de fonctionnement 72 s, 2e étage 6 t, poussée 32 t, durée de fonctionnement 52 s, charge thermonucléaire mégatonnique. (11) Pluton remplacé par Hadès, portée 350 km. (12) Avec 10 ogives, avec 1 : 16 000 km. (13) Avec 1 ogive, avec 6 : 9 000. (14) Avec 6 ogives.

Chine. Dispose de 25 missiles d'une portée de 1 500 km et dotés d'une charge de quelques dizaines de kt. La 2e génération (portée 3 000 km, charges thermonucléaires) serait en place depuis 1973. Depuis 75, les premiers missiles intercontinentaux sont opérationnels.

o Surface Missile). Missile sol-sol. SSN. Missiles cés de sous-marins soviétiques.

ULMS (Undersea Long Range Missile System). ssile balistique stratégique installé à bord d'un s-marin et ayant une portée plus longue qu'aupa- ant.

VRBM (Variable Range Ballistic Missile). Missile istique à portée variable.

WS 120. Système envisagé pour remplacer les Mi- emen. Il aurait une plus grande sécurité.

Nota. – Certaines têtes de fusée peuvent être ées de 6 000 fléchettes en acier (qui se recourbent point d'impact et infligent de graves blessures).

Détection des missiles

On peut détecter : 1) Le missile lui-même qui ren- e vers le radar émetteur les impulsions qui l'ont ppé. 2) La colonne de gaz ionisés échappée des teurs-fusées lors du lancement ; cette colonne se mporte comme une antenne émettrice (on peut éga- ment détecter ces gaz à l'aide d'un radar). Ses impul- ns, en traversant les gaz, donnent un écho modulé est capté au retour.

Difficultés à surmonter. *Le choix des fréquences,* dépend des dimensions de la cible à détecter et conditions de propagation ionosphérique. *Radar ssique :* émet sur des fréquences de plusieurs cen- nes de mégahertz pour pouvoir traverser une partie l'ionosphère (qui commence vers 60 km). Vise ectement un missile lorsqu'il est encore à 200/300 d'altitude (au cours de son vol balistique, l'ogive n missile intercontinental s'élève jusqu'à 1 000). *Radar transhorizon :* émet sur des fréquences s basses, entre 1 et 5 mégahertz. Fait appel à des des réfléchies par l'ionosphère et doit détecter l'en- avant qu'il ne s'élève au-dessus des principales uches ionosphériques. Le signal parcourt de telles stances qu'il se réfléchit dans des zones où le degré onisation varie (zone équatoriale ou polaire, éclai- ou non par le soleil). Il faut donc choisir les fré- ences d'émissions en fonction du parcours du si- al (mais la gamme de fréq. utilisée est celle des nissions radio ; elle est encombrée, et les bandes ouées aux utilisateurs ne dépassent pas 1 500 à 00 hertz, d'après les conventions intercontinenta-).

Projets américains. *Système* (mis en place en 1972) *satellites* équipés de détecteurs à infrarouge. Signa- la mise à feu des missiles au moment où elle a lieu. *système Navstar* comprenait, en 1984, 24 satellites rmettant à un grand nombre d'usagers de connaître position exacte des missiles ennemis. *Satellites argés de détruire les satellites ennemis.*

Voir tableau p. 1208.

Navires

Navires anciens

Navires à rames

Antiquité. *Galère phénicienne :* 1 rang de rameurs v. 700 av. J.-C.) ; 2 r. (700-500 av. J.-C.) ; 3 r. (tri- ème ; apr. 500 av. J.-C.), 170 rames, long. 40 m, larg. ,5 m. *Trirème athénienne :* éperon pour l'attaque, rchers, engins lançant des matériaux enflammés. *iburne romaine* (146 av. J.-C.) : galère légère avec oile carrée comme propulsion secondaire. *Dromon yzantin* (VIe s. ap. J.-C.) : birème rapide avec lance- ammes jetant du feu grégeois.

Moyen Age. *Drakkar des Normands* (VIIe-XIIIe s.) : arque à quille, non portée, 15 rameurs à chaque ord ; long. 24 m, larg. 3,20 m. *Dragon anglais* (Xe s.) : ong 45 m, larg. 9 m. Plus lourd que le drakkar, il élimine sur la mer du Nord. *Galère méditerranéenne* Turquie, Venise, Espagne, France jusqu'en 1748) : 2 angées de rameurs (navires turcs : rameurs chré- iens ; navires chrétiens : galériens de droit commun), ong 46,65 m, larg. 5,83 m. Voile d'appoint triangu- aire (latine). Armement : catapultes jusqu'au XVe s., uis canon tirant uniquement vers l'avant. *Galère altique* (Suède, Russie, XVIIIe s.) : artillerie tirant par travers.

Navires à voile

Avant le XVIIIe siècle

Trois-mâts (Angleterre, XVe s.). Tonnage ordinaire 00 tonneaux (1 000 pour le *Jesus of the Tower* en 420). Armement : canon en fer, archers, arbalètes.

Caraque à château. Plusieurs ponts, petits canons latéraux sur les ponts, gros canons dans les « châ- teaux » (*Le Régent,* 1495, a 225 canons).

Vaisseaux (XVIe s.). Ex. : *Great Michael,* anglais : long. 70 m, larg. 17 m, 300 marins, 120 canonniers, 1 000 soldats (1 500 tx). Les canons sont placés plus bas dans des sabords ouverts sur les flancs (pour détruire la coque des navires ennemis).

Galion (XVIIe s.). 610 tx, long. 45 m, larg. 11 m, 3-4 mâts, 3 ponts, artillerie de moyen calibre mais de longue portée (14 demi-couleuvrines). L'Armada es- pagnole (1588) comportait 24 galions de combat, la flotte anglaise 30, plus rapides.

Aux XVIIIe et XIXe siècles

Angleterre 1/3 de la flotte européenne. France et Hollande ensemble 1/3. Autres pays européens 1/3. Adoption de la barre à roue (pour sa grande maniabi- lité).

Vaisseaux de 1re ligne. 3 ponts, 100 canons, 2 700 tx (appelés aussi de 100).

V. de 2e ligne. 2 ponts, 74 canons, 1 800 tx (vais- seaux de 74).

Frégates (1757). 1 pont, 32 à 44 canons, 1 200 tx.

Corvettes. Petites frégates de 20 canons ou moins.

Vaisseaux de haut bord (1790-1840). 120 canons dont 26 de 203 mm. Record : 2 vaisseaux français, *Souverain* (1819) et *Friedland* (1840) 5 000 tx ; long. 64 m, larg. 18 m, 3 ponts. Dernier 3 ponts à voile : *Le Valmy,* français (1847).

Grosses frégates de 60 canons. Long. 53 m, larg. 13,90 m, équipage 500 h., plus rapides que les vais- seaux à 3 ponts.

Navires à vapeur

Les premiers. *Le Sphinx :* propulsion roues à aubes. *Agamennon* (anglais, 1850) : 91 canons, 3 ponts (en bois, à voilure, propulsion auxiliaire à hélice).

Navires cuirassés (en bois avec plaques de fer). *Davastation, Lave, Tonnante :* batteries flottantes françaises, vitesse 3 nœuds, remorqués par frégates à roues. *La Gloire* (français, 1859) : en bois avec blin- dage de 120 mm ; déplacement 6 430 t, 36 canons de 30 mm dont 34 dans les batteries sur les côtés. *La Couronne,* coque en fer. En 1865, 15 cuirassés fran- çais à hélice, 1re flotte du monde. 1ers cuirassés avec canons sur tourelles pivotantes (suppression des bat- teries sur les côtés) : *Merrimak* et *Monitor* [améri- cains (guerre de Sécession 1861-62) : le *Monitor* (900 t. ; 52 m. de long), coulé le 9-3-1862 au large du cap Hatteras (Caroline du N.) par le cuirassé sudiste *Vir- ginia,* a été repéré par 64 m de fond en 1973 ; il est en cours de renflouement].

Cuirassés en acier. Prototype *Le Redoutable* (fran- çais, 1876) : voilure auxiliaire ; déplacement 10 800 tx, 4 canons de 340, 4 de 274, blindage 380 mm.

Cuirassé predreadnought. Prototype *Majestic* (an- glais), 4 canons de 305, nombreux canons de 152.

Croiseurs cuirassés. Prototype : américain *Califor- nia,* plus léger et plus rapide, 4 canons de 203, 16 de 152. Le *Waldeck-Rousseau* (1908), 14 220 t, long. 158,90 m, larg. 21,50 m, 869 h., 23 off.

Navires à turbines (à mazout). A partir de 1903 (croiseur anglais *Amethyst*) : *Dreadnought,* nom don- né à des supercuirassés, d'après leur prototype le *Dreadnought* (L'Invulnérable) (anglais, 1905) : vitesse 21 nœuds, avec des turbines de 23 000 chevaux, gros- se artillerie monocalibre (305 mm) en tourelles.

Navires à tourelles superposées. *South Carolina* (américain, 1904) 16 000 t.

Superdreadnought. 24 000 à 30 000 t à partir de 1911 : allemand *Kaiser* 24 325 tx ; américain *Oklaho- ma* 27 000 ; japonais *Fuso* (1914) 30 600 t ; français *Bretagne* (1912), 10 canons de 340 dans l'axe.

Croiseurs de bataille. Adoptent la grosse artillerie monocalibre en tourelles, mais sacrifient le blindage ; vitesse 23 nœuds contre 21 au *Dreadnought.*

Torpilleurs et contre-torpilleurs. De 1875 à 1891 (nommés avisos-torpilleurs, tonnage 300-400 tx), machine au charbon, équipés de 2, 3 ou 4 tubes lance- torpilles, vitesse moy. 23 nœuds. Nombre en 1884 : Russie 115, France 50, Hollande 22, G.-B. 19, Italie 18, Autriche 17. Après 1891, *torpilleurs à turbines :* vitesse 30 nœuds minimum. Prototypes : *Durandal* (français, 1899) 308 t ; nommés contre-torpilleurs. *Casque* et *Bouclier* (français, 1912) : vitesse 34 et 35 nœuds (nommés torpilleurs d'escadre).

Sous-marins

Moteur en plongée à accumulateurs électriques : *Gymnote* (français, 1888) 31 tx, long. 17,20 m, moteur 50 CV, vitesse 8 nœuds ; *Gustave-Zédé* (français, 1891) 266 tx, long 48,5 m, moteur 750 CV, vitesse 9,2 nœuds en 1891, 12,7 en 1905.

Propulsion électrique (générateur au mazout) : série des *Naïades* (français, 1906), 68 tx.

Navires récents

Légende. – Type, longueur, largeur, tirant d'eau (Te), puissance en ch, vitesse et autonomie en nauti- ques (A). *Sources :* Flottes de combat (H. Le Masson) et divers.

Navires de surface militaires à propulsion nu- cléaire : U.S.A. Enterprise, Chester Nimitz, *croi- seur* Long-Beach, *frégates* Bain, Bridge et Truxtun (Californie et South-Carolina en construction).

Cuirassés

☞ En 1939, il y avait 56 c. en service dans le monde, 60 étant en construction (23 ont été achevés). Pendant la g. de 1939-45, 22 ont été coulés (dont 15 par des avions). *Les plus grands du monde* furent les cuir. japonais : le *Musashi* et le *Yamoto* coulés en 1944 et 1945 (72 000 t, 263 m de long). *Le dernier c. français* fut le *Jean Bart* lancé le 6-8-1940 (35 000 t, 244 × 33,10 m, 30 n), était armé de 8 pièces de 380 mm, de 15 de 152 mm anti-aér. et de 24 de 100 anti-aér.

Cuirassés américains de 1945 ou de la classe IOWA (Iowa, New-Jersey, Missouri, Wisconsin, réarmés ou en cours de réarmement). 58 000 t : 270 m × 33 m, 9 canons de 406 mm (portée 37 km), 4 lanceurs de Subroc pour la défense anti-sous-marine aidés de 4 hélicoptères LAMPS, 4 lanceurs quadritubes de missiles « Harpoon » d'attaque et 4 rampes de lancement (portée + de 100 km) pour 32 missiles de croisière Tomahawk pour attaques terrestres et maritimes (portée 2 400 km). Pont d'envol portant 12 avions V/STOL AV-8B Harrier 2 (décollage vertical).

Porte-avions

● **Quelques dates.** 1er décollage du pont d'un navire. **1910**-*14-11* Eugène Ely avec un biplan Curists, du croiseur américain *Birmingham* dont la plage avant avait été dotée d'une plate-forme (24,6 × 7 m), incli- née de 5° vers l'étrave et surélevée d'un peu plus de 10 m. Le 18-1-1911, il apportait avec le même avion, sur la plage arrière du cuirassé *Pennsylvania.* **1914**-*8-5* du porte-hydravions *Foudre,* ancien contre-torpilleur, qui deviendra le 1er porte-avions français.

1917. 1er p.-a. l'*Argus* (anglais), ancien navire de commerce italien en construction en G.-B. 1914, réquisitionné (14 450 tx) et équipé d'un pont continu. **1923** 4 porte-avions anglais, 1 américain, 1 japonais. **1928** *Navires de ligne tranformés en porte-avions : Lexington* (U.S.A., 43 000 t), *Kagu* (Japon, 41 000 t). **1939.** 25 p.-a. en série dans le monde, et 25 en construction ou en projet. **1945** 57 p.-a. de combat, 72 p.-a. d'escorte avaient été construits. 30 avaient été perdus (dont tous les japonais), les U.S.A. en avaient encore 110 (dont 70 d'escorte). **Guerre du Pacifique. 1941 :** Japon 9 p.-a., U.S.A. 7 ; **1942 :** U.S.A. 4, Japon 3 ; **1945 :** U.S.A. 70 (dont 27 de ligne et 43 d'escorte). Japon 7.

● **Quelques types (U.S.A.).** *Enterprise* (1er p.-a. nu- cléaire, U.S.A. 1961) : 85 350 t. 334,5 × 76,8 m. Te 11,3 m. 280 000 ch. 35 n. Aut. 140 000 naut. à 30 n. 440 officiers, 4 160 h. *Coût* 440 millions de $ (2 200 millions de F), le double d'un p.-a. classique de cette dimension. *Chester Nimitz* (2e p.-a. nucléaire, U.S.A., 1976) : le plus grand nav. de guerre du monde : 91 400 t.p.c, 336 m de long. Cœur prévu pour durer 13 ans en parcourant de 800 000 à 1 000 000 de milles nauti- ques. Il sera suivi du *Dwight D. Eisenhower* (mêmes caractéristiques). *Constellation* (p.-a. lourd, U.S.A., 1961) : 78 700 t. 302 × 76,8 m. Te 11,5 m. 260 000 ch. 33 n. Aut. 8 000 naut. à 20 n. 4 100 h. (dont 450 off.).

France. *Foch* (p.-a. d'attaque léger, France, 1963) : 32 780 t. p.c. 265 × 51,2 m. Te 7,5 m. 126 000 ch. 32 n. Aut. 7 500 naut. à 18 n. 65 off., 332 off.-mar., 831 h. *Futur p.-a. nucléaire (Richelieu).* Sur cale 2e trim. 1988 ; 1ers essais à la mer 1er sem. 1995. 36 000 t : longueur 238 m, largeur 31,5 m. Pont d'envol 261,5 × 62 m, surface 11 800 m². Appontage : piste 195 m, longueur des brins de pont 34 m. Catapultes : course motrice 75,08 m. Hauteur 75 m (quille en métal). 83 000 ch. Vitesse 27 nœuds (50 km/h). Equipage

U.R.S.S. **Galosh**, portée + de 350 km, 64 ogives nucléaires, 64 rampes de lancement réparties, en 1976, en 4 sites autour de Moscou. **Tallin** (régions ouest) serait destiné à la protection contre les seules attaques aériennes et ne présenterait pas de capacité défensive significative contre les fusées balistiques. Les Soviétiques auraient, en outre, transformé des missiles sol-air classiques, officiellement destinés à la défense antiaérienne (comme le SA-10 ou le nouveau SA-X-12), en ABM.

• **ASAT (Anti Satellite System).** Système antisatellites aux U.S.A. Voir p. 1210 a, 1211 c.

• **ACCP (missile anti-chars à courte portée).** Conçu par l'Aérospatiale. *Portée :* + de 600 m, utilisable contre tous blindages modernes, capable de perforer 900 mm d'acier. Livré à partir de 1989. *Poids :* poste de tir 4 kg et munitions 11. Arme individuelle permettant le tir à l'épaule, utilisable en milieu urbain et en espace clos. Peut être utilisé la nuit avec un intensificateur de lumière.

• **AGM (Air Ground Missile).** Missile air-sol.

• **AMSA (Advanced Manned Strategic Aircraft).** Bombardier supersonique conçu pour voler à basse altitude, transportant des bombes nucléaires et des SRAM (Short range air to ground missiles) (missiles air-sol à courte portée). Projet abandonné par les Américains.

• **ASMP.** Missile air-sol moyenne portée. **ASW (Anti Submarine Warfare).**

• **BMD (Ballistic Missile Defense System).** Système de défense contre les missiles balistiques. **BMEWS (Ballistic Missile Early Warning System).** Système d'alerte avancé contre les missiles balistiques.

• **Cruise-missile** (missile de croisière). **U.S.A. Caractéristiques.** Engin propulsé par statoréacteur ou turboréacteur. *Long.* 6,33 m, *diamètre* 50 cm, peut être tiré d'avion (A.L.C.M., air launched cruise missiles, missiles de croisière lancés à partir d'avions) avec statoréacteur (poids 1,45 t), de véhicules terrestres (G.L.C.M., ground launched cruise missile, missile de croisière lancé au sol) avec turboréacteur (poids 2 t) ou d'un navire de surface ou sous-marin (S/L/C/M) avec turboréacteur. *Portée* 2 500 km. *Vit.* 700 à 900 km/h. *Charges* nucléaires de 200 kt ou de 100 kg d'explosifs classiques. *Précision au but* (env. 30 m), *pouvoir de pénétration* (5 m dans le béton, 10 à 50 m dans le sol) permettent d'atteindre un silo contenant des missiles stratégiques. *Guidage automatique* vers l'objectif réalisé par 2 systèmes : 1° *navigation inertielle par plate-forme gyroscopique classique ;* 2° *Tercom* (Terrain contour matching) permettant de se recaler régulièrement sur des repères fixes. Ce 2ᵉ système [rendu nécessaire par la dérive propre du système inertiel (qui est sensible sur une longue distance effectuée à faible vitesse), et par les modifications inattendues des conditions atmosphériques (turbulences)] effectue la comparaison entre la mesure du profil du terrain survolé par l'altimètre radar embarqué et la carte stockée en mémoire (relevée antérieurement par satellite). Sur un parcours de 2 500 km, le recalage par Tercom peut être effectué de 5 à 10 fois et peut permettre des changements brutaux et imprévisibles de trajectoires. Mais, une fois lancé, le missile ne peut plus être rappelé.

Détection. Difficile, car sa surface est faible et il se déplace de 20 à 60 m d'alt. en épousant le relief et en pouvant contourner les zones présumées bien défendues. Mais il devient vulnérable (en phase finale surtout) avec un système de détection et de défense adapté (avion radar type Awacs pour la détection, avions d'interception, S.A.M.P. et S.A.C.P. pour la défense). Pour se défendre contre ce type de missile, l'U.R.S.S. devrait établir un dispositif coûteux (450 milliards de F) qui ne serait étanche qu'à 70 à 80 % (le missile garde l'avantage du nombre qui provoque une saturation des systèmes de défense).

Production. Missile AGM-86 P. *Mise en service :* début 16-12-82 : 16 bombardiers B-52 G munis chacun de 12 missiles (192 au total). *Coût :* + de 8,5 milliards de $ pour le programme actuel (500 000 $ pour chaque missile, coût du développement non compris). **A l'étude : AGM-86 C** (missile n° 1586) ; meilleure performance ; système de navigation passif (sans émission), grâce aux informations données par les 18 satellites du système NAVSTAR GPS (opérationnel en 1987) ; version supersonique (phase finale) ; **missiles à longue portée utilisant la technologie « Stealth ».** (Voir p. 1203 c.)

U.R.S.S. Missile de croisière lancé du bombardier Backfire, a été essayé au début de 1979.

• **DICM (Depressed Intercontinental Ballistic Missile).** Missile balistique intercontinental sur trajectoire basse surénergique.

• **FOBS (Fractional Orbital Bombardment System).** Satellite qui, après une révolution partielle autour de la Terre, est guidé sur l'objectif. Ex. : programme soviétique d'une bombe nucléaire lancée par le missile SS-9 et placée sur une orbite terrestre à environ 160 km d'altitude (derniers essais le 8-8-1971). Violerait le traité sur l'espace de 1967.

• **ICBM (Intercontinental Ballistic Missile).** Engin balistique à portée intercontinentale. Portée 6 000 à 13 000 km. Expérimenté depuis 1951. **Atlas, Titan I, Titan II** (1965 ; 54 en service devraient être remplacés par des fusées propulsées par un combustible solide moins dangereux (explosion d'un missile à Searcy en 1965 et Damascus le 22-9-1980) ; **Minuteman** [450 Min. II en service (1964) ; 550 Min. III (1975)]. **Missile MX** à 3 étages : *coût du programme* 36 milliards de $, *1ᵉʳ vol* 17-6-1983 (*déploiement* prévu entre 1985 et 89). *Caractéristiques :* 21,6 m de long ; 2,4 m de diam. ; 90 t ; portée 13 000 km ; charge 3,6 t de charge nucléaire (10 ogives de 335 kilotonnes chacune). *Emplacement :* dispersé pour échapper aux satellites espions [4 600 silos, par groupe de 23 autour de 200 aires de déplacement ; chaque missile est placé sur un camion spécial (55 m de long, 3 m de large, 3 m de haut ; poids : 300 t ; vitesse : 32/48 km/h)]. *Précision des tirs :* 50 m. *Durée* (déploiement, lancement) : 30 mn.

R. Reagan, en nov. 82, a envisagé la formule du « groupement serré » : 100 MX enterrés dans des silos espacés de 550-600 m (sur 72 km²), près de la base aérienne de Warren (S.-E. du Wyoming), disposés en un triangle orienté vers le N. ; chaque silo serait renforcé pour résister à des pressions de 5 000 « psi » (livres par pouce carré). *Arguments pour :* il faudrait de nombreuses fusées ennemies et celles-ci se gêneraient et se détruiraient en partie à cause des radiations et débris causés par la 1ʳᵉ explosion. *Contre :* les MX pourraient être neutralisés par une attaque de blocage : explosion au-dessus de l'atmosphère de charges de 5 à 10 mégatonnes toutes les minutes pendant 15 à 60 mn ; l'impulsion électromagnétique produite brouillerait les communications et les systèmes électroniques ; en outre, envoi possible d'ogives qui se ficheraient dans le sol avant d'exploser.

Contre-projet : remplacer silos et camions par de petits sous-marins au large des côtes américaines (système SUM Shallow Underwater Mobile).

• **IRBM (Intermediate Range Ballistic Missile).** Portée de 2 400 à 6 400 km.

• **LRBM (Long Range Ballistic Missile)** missile balistique à longue portée.

• **MARV (Manœuvrable Re-entry Vehicle).** Missile à ogives multiples capable de changer de trajectoire pour éviter une interception.

• **MIRV (Multiple Independently Targeted Re-entry Vehicles).** Missile à ogives multiples guidées vers plusieurs objectifs ennemis parfois éloignés de plusieurs centaines de km. Ex. : **Minuteman-3** portant 3 têtes nucléaires de 170 à 200 kilos. **Poseidon** portant jusqu'à 14 têtes nucléaires. **Polaris A-3. Trident.**

• **MLBM (Modern Large Ballistic Missile).** Missile balistique moderne lourd ; catégorie d'ICBM.

• **MOL (Mobil Orbit Laboratory).** Projet américain abandonné d'un satellite armé.

• **MRBM (Medium Range Ballistic Missile).** Missile balistique de moyenne portée 1 800 à 2 500 km.

• **MRV (Multiple Re-entry Vehicle).** Engin à têtes nucléaires multiples sans guidage indépendant.

• **MSBS.** Missile balistique mer-sol. Ogive (tête nucléaire, charge nucléaire). Partie de toute munition (missile ou autre), contenant l'élément destructeur nucléaire (voir MRV, MIRV, MARV).

• **PGM (Precision Guided Munitions).** 3 générations : **1° Guidage manuel :** le plus souvent filoguidés tels *SS 11* et *Entac* (France), *Cobra* (All. féd.), *Snappet* et *Sagger* (U.R.S.S.) ; **2° Semi-automatique :** munitions guidées manuellement mais disposant d'un correcteur automatique de trajectoire tels que *Hot, Milan* et *Roland I* (France et All. féd.), *Tow* et *Dragon* (U.S.A.) ; **3° Automatique :** *engins sol-air* à moyenne et haute altitude tels que *Hawk* et *Nike Hercules* (U.S.A.), *SAM 2, 3, 6, 8* (U.R.S.S.) ; *air-sol* tels que *Maverick* (U.S.A.) ; *mer-mer* tels que *Exocet* et *MM 38* (France), *Otomat* (France et Italie), *Condor, Harpoon* (U.S.A.), *Gabriel* (Israël), *Martel* (G.-B.), famille SS-N (U.R.S.S.) ; *air-air* tels que *Sparrow* (U.S.A.). 75 % atteignent leur cible. Pendant la g. d'oct. 1973 (Israël-Pays arabes), 58 missiles Maveri l'aviation isr., ont détruit 52 chars (coût de 10 000 $, coût du char T 62 env. 5 cours des essais du *Harpoon*, 19 tirs su au but à env. 100 km. Un missile mer-m 200 000 $ peut couler un croiseur de 1 Les munitions, livrées en conteneurs ou sont légères et se stockent facilement.

Perfectionnements en cours : reconna cible et guidage grâce à un œil de télévisi la tête du missile et couplé avec un au corrélation optique ; « marquage de la écran de télévision placé dans l'avion la sile ; guidage combiné « panier-mixte laser, radar, infrarouge et producteur d'i poré (aucune contre-mesure efficace env ce guidage). Les jaguars français seron missiles *ATLIS* (autopointeur, télévisio lumination au sol) AS 30, très précis.

Distribution de sous-munitions. Systè Breaker » (briseur d'assaut) pourrait d centaines (voire des milliers) de sous-n phistiquées. **MW-1** (opérationnel en 1 Luftwaffe), sorte de « panier », long. 5 placé sous le ventre du chasseur bomba do, peut avec ses 224 tubes d'éjection 1 sous-munitions (mines, bombes antip (U.S.A.) prévoit, à partir de 1986, de pla obus de 155 mm des cônes de missile, distributeurs **Lads** (Low Altitude Di équiperont les F 16 et pourront manœuv dessus de l'objectif avant de larguer les tions. Les sous-munitions se dirigent se compartiments moteur peu protégés des **dam** se pose sur le dessus de la coupol **Eram** (Extended Range-Anti-Armor M largué par parachute (v. bombes p. 1167

Vecteur. Le **CAM-40,** dérivé du Pershi (Multiple Launch Rocket System), co U.S.A., France, All. féd. et G.-B., entré e 1983, peut lancer 12 missiles sol-sol port munitions en moins d'une minute. *T* Marrieti).

Nota. — La destruction d'une divisio (soit 400 blindés et 2 500 camions + moyens antiaériens) nécessiterait 2 200 m des avions équipés de bombes classique 330 avec le système MW-1, 50 à 60 ave Skeet, 20 à 30 avec les bombes nucléair Ces systèmes pourraient fonctionner av Mover (testé en mars 1982), radar pouvan les véhicules circulant dans une zone de côté avec une capacité « d'acquisition » (c rage) de 4 500 cibles en même temps. Ce tent de l'efficacité de ces armes sophisti contre-mesures, parfois très simples, per les leurrer (ex. du missile antichar à infra verick dont l'ordinateur est désorienté par sol ; le missile filoguidé TOW s'est révélé contre le char T-72 sov.).

Conséquences possibles sur la physiono guerre terrestre : décimés par les PGM utili vement, les chars pourraient perdre leur rôl ment de percée et redevenir l'arme d'acc ment de l'infanterie. La guerre deviendrait que et exigerait une augmentation impo nombre de fantassins.

• **RPV (Remotely Piloted Vehicles).** Véhic tés à l'avance. Avions miniatures sans pilot dés, contre des objectifs mobiles (chars, r ment de troupes) ; aux U.S.A., essais du (Highly Manœuvrable Aircraft Technology) le 0,44 d'un chasseur (largué vers 13 400 k B-52, piloté du sol ou d'un biplace d'acc ment). Les Américains utilisent pour leur ar 155 mm le système CLGP (Canon Laser Gu jectiles). Les obus munis d'une tête cherch dirigés sur leur cible illuminée par le laser ne.

• **SAM (Surface to-Air Missile).** Missile sol-air. **SCAD (Subsonic Cruise Armed Dece** re aérien subsonique antimissile. **SIAM (Se ting Antiaircraft Munition).** Projet américai sile qui choisit ses objectifs et se lance t **SLBM (Sea-Launched Ballistic Missile).** Mi listique mer-sol lancé d'un sous-marin. **SLC marine Launched Cruise Missile).** Missile de lancé de sous-marins. **SRBM (Short Range Missile).** Missile balistique de courte porté de 800 km. **SRAM (Short Range Attack** Missile à courte portée tiré d'un avion.

• **SS (Surface to Surface).** Désigne les missil tiques. **SSBS.** Missile balistique sol-sol. **SSM**

1 850 marins et pilotes. Emporterait 35 à 40 appareils. Hangar : 138 × 29 m (4 000 m²). Coût : 6 milliards de F ; mise en chantier 1986.

U.R.S.S. *Kiev* (1er p.-a. soviétique, 1976) : 44 000 t, 275 m de long, 30 n. Armé de missiles surface-surface SS-N-12 à longue portée lancés par 4 rampes doubles à l'avant. Env. 25 hélicoptères et 25 ADAV/ADAC. *Minsk, Kharkov et Novorossisk* (sov., 1981). Auraient les mêmes caractéristiques. Déclarés aux Turcs comme « croiseurs anti-sous-marins » pour emprunter le détroit (la convention de Montreux de 1936, qui garantit la liberté de circulation dans les détroits en temps de paix, interdit le passage de tout porte-avions jaugeant + de 10 000 t).

Nota. — Un porte-avions de poche est mis au point en G.-B. : déplacement 7 080 t ; longueur 133 m ; emporte 8 chasseurs à décollage vertical Harrier ou 8 gros hélicoptères anti-sous-m. ; équipage 385 matelots ; rayon d'action (vitesse 16 nœuds) 4 500 milles nautiques.

Frégates lance-engins

France. *Suffren* (1967) : 6 090 t. p.c. 157,6 × 15,5 m. 72 500 ch. 34 n. 23 off., 143 off.-mar., 189 h. Missiles Masurca, Malafon et plus tard MM38 Exocet Senit. Radar Senit (système d'exploitation naval des informations tactiques), dérivé du Naval Tactical Data System américain (N.T.D.S.).

Tourville (1974) : 5 745 t.p.c. 152,7 × 15,3 m. 54 400 ch. 31 n. 250 off., 90 off.-mar., 188 h. Lutte anti-sous-marine. 5 radars, 2 sonars, 2 hélico. WG 13 Lynx, missiles Malafon et mer-mer 38.

U.S.A. *William Bainbridge* (nucléaire, 1962) : 8 000 t. 171,90 × 17,57 m. 120 000 ch. Autonomie 180 000 nautiques à 34 n.

Croiseurs

France. *Colbert* (cr. lance-missiles, 1959) : 11 300 t.p.c., 180,8 × 19,7 m. Te 7,6 m. 86 000 ch. 31,5 n. Aut. 4 000 à 25 n. Armement refondu (1970-72) ; missiles Masurca et plus tard MM38 Exocet. 2 tourelles de 100 AA. 6 affûts doubles de 57 AA. 24 off., 188 off.-mar., 348 h.

U.R.S.S. *Kirov 1* (cr. lourd nucléaire lance-missiles). 24 000 t. 248 x 28 m. 150 000 ch. 20 SS-N-19 (32 mis.), 12 SAN-6 (96 mis.) et 2 SAN-4 (40 mis.).

U.S.A. *Long Beach* (cr. lourd nucléaire, 1961) : 18 500 t. 219,75 × 22,25 m. Te 7,90 m. 80 000 ch. Aut. 140 000 naut. à 20 n. 770 off., 979 h. *Mississippi* (cr. nucléaire, 1976) : 11 000 t.p.c. 117,3 × 18,5 m. 100 000 ch. plus de 30 n. : 2 rampes doubles (1 à l'av., 1 à l'ar.) lance-missiles.

Corvettes et avisos

France. *Georges Leygues* (corvette, déc. 1979) : 3 800 t. 139 × 14 m. Te 5 m. 42 000 ch. 29,75 n. 19 off., 109 off.-mar., 114 h. 1 tourelle 100 mm, 4 missiles MM38 Exocet, 1 SACP Crotale, 2 catapultes pour torpilles L5, 2 canons de 20. 2 hélic. WG13 Lynx. *D'Estienne d'Orves* (aviso, 1975) : 1 170 t. 80 × 10,3 m. Te 3 m. 1 142 ch. 24 n. 4 off., 29 off.-mar., 31 h. 1 tourelle 100 mm, 2 canons de 20, 1 lance-roquettes de 375, 2 MM38 Exocet, 4 lance-torpilles L3 et L5.

Navires à effet de surface (N.E.S.)

Définition. Aéroglisseurs dont le confinement du coussin d'air est assuré par des quilles latérales minces qui permettent d'atteindre un tonnage de plusieurs milliers de t.

Vitesse 70 à 100 nœuds (185 km/h). Peu vulnérable aux torpilles et mines.

U.S.A. N.E.S. de 3 000 t, vitesse 80 nœuds. Pourrait remplacer frégates et escorteurs dans la lutte contre les sous-marins.

U.R.S.S. Patrouilleurs « Hydrofoils » : long. 47 m ; + de 300 t ; équipés de missiles mer-mer et mer-air.

Sous-marins (quelques types)

Légende. S.N.A. : sous-marin nucléaire d'attaque. S.N.L.E. : sous-marin nucléaire lanceur d'engins.

France. S.N.L.E. : *Redoutable* (1971) : 7 500/9 000 t. 128,70 × 10,60 m. Te 10 m. Réacteur à uranium enrichi et à eau naturelle sous pression. Plongée : + de 200 m. 20 000 ch. 20 n. en plongée, 16 en surface. 16 M.B.S.S. (portée 3 000 km, têtes de 50 Mt lancées à 20 m d'immersion, sortant de l'eau à 160 km/h). 2 équipages de 135 h. (15 off., 78 off.-mar., 42 quartiers-maîtres et matelots) se relayant à l'issue de chaque patrouille de 2 mois. Un médecin-chirurgien et 2 infirmiers anesthésistes, 1 table d'opération — équipement de soins dentaires, radio générale et dentaire — une salle d'isolés. « Quart » assuré par tiers d'équipage 8 h de service par homme et par 24 h. En dehors, entretien du matériel et des équipements, loisirs et repos. En mission : assure la dissuasion en position de tir, en assurant la veille radio et en évitant d'être détecté. **S.N.A.** : *Rubis* (1983) : 2 380/2 670 t ; long. 72,1 m ; larg. 7,60 m ; 25 n. en plongée (46 km/h) ; équipage 66 h. (dont 8 officiers) ; *le plus petit S.N.A. du monde. Classiques : Agosta* (s.-m. d'attaque, 1976) : 1 400/1 725 t. 67,8 × 6,8 m. 3 000 ch. 20 n. en plongée. Aut. 8 000 naut. Équipage 50 h. (7 off., 43 off.-marins et marins). *Daphné* (1964) : 870/1 040 t. 57,7 × 6,7 m. Te 4,70 m. 1 600 ch. 16 n. en plongée. 6 off., 39 h. *Narval* (1957) : 1 635/1 910 t. 78 × 7,8 m. 18 n. en plongée. 7 off., 56 h.

U.R.S.S. S.N.L.E. : *Delta 3* : 13 250 t, 155 m, 16 SS-N-18. *Typhoon* (1980) : 170 × 24 m, 20 000 t ; a 2 coques séparées par un coussin d'air, 20 missiles SSN-20 munis de 12 ogives chacun (portée 6 500 km) ; *le + gros du monde.* **S.N.A.** : *Alpha* (1980) : 80 m de long, 3 700 t, peut plonger à 800 m (94 km/h), coque en titane ; *le plus rapide du monde. Oscar* (1981) : 150 × 18 m, 14 000 t, 20 missiles de croisière mer-air SS-N-19 (portée 500 km). *Uniform* (1982) petit s.-m. nucléaire.

U.S.A. S.N.L.E. : [1er s.-m. : *Nautilus* (retiré du service en 1985), transformé en musée]. *Alabama* : 170 m, équipage 164 h., 24 missiles Trident. *La Fayette* (S.S.B.N., 1963) : 6 650 t. 126 × 10 m. Te 9 m. 15 000 ch. 20 n. en plongée. 16 Polaris A2 ou A3 lancées à 30 m d'immersion (seront renforcées par des Poseidon). *S.N.A.* : *Sturgeon* (1967) : 3 836 t. 89 × 9,6 m. Te 8,8 m. 20 000 ch. 30 nœuds en plongée. Aut. 100 000 naut. *Classiques : Ohio* : 18 500 t, 24 missiles avec chacun 8 ogives, portée 7 500 km. *Sewer 2* s.-m. nucléaire, long. 20 m, équipage 5 h.

Détection et défense

● **Détection des sous-marins.** Le s.-m. classique à propulsion diesel-électrique doit, pendant 15 à 30 % du temps, être en immersion périscopique pour recharger ses batteries, le s.-m. nucléaire devant seulement faire le point astronomique au périscope pour régler le système de navigation par inertie. Un s.-m. se détecte au sonar (ultrason qui se réfléchit sur un obstacle) et à l'hydrophone (instrument d'écoute à distance). Chaque s.-m. a son bruit caractéristique. La marine américaine a installé un système de détection mobile à base de bouées et consacre en permanence 250 bâtiments de surface, 100 s.-m. et 7 500 avions ou hélic. (soit ⅓ du tonnage de sa flotte de combat) servis par 85 000 h. (soit 1/10 de ses effectifs) à la lutte anti-s.m. Les sons enregistrés par des micros aboutissent à un centre de contrôle à Norfolk (Virginie).

● **Défense contre les sous-marins.** L'adversaire principal d'un s.-m. nucléaire est le s.-m. d'attaque nucléaire qui plonge aussi profondément et a aussi un rayon d'action pratiquement illimité avec une « vitesse silencieuse » plus élevée. Il peut s'embusquer à la sortie des bases de départ de s.-m. stratégiques ou se charger de la police des eaux côtières de façon à en interdire l'approche aux unités lance-engins. Les U.S.A. ont 55 sous-marins nucléaires d'attaque en service et 26 en construction (classe Los Angeles) ; l'U.R.S.S. 75 ; la G.-B. 8 en service, 3 en construction, 1 en projet ; la France en a 2 en série, 2 en programme.

Défense anti-s.-m. (A.S.M.) française s'articule autour de ses 19 s.-m. à propulsion classique (de 650 à 1 200 t) ; plus tard s'articulera autour de ses s.-m. d'attaque nucléaires ; autour de ses frégates, corvettes et escorteurs A.S.M. et de son aviation de patrouille maritime (basée à terre et embarquée).

Nota. — Les torpilles actuelles seront inopérantes contre les s.-m. nucléaires qui dépasseront 40 nœuds et plongeront au-dessous de 600 m.

Énergie consommée par un sous-marin nucléaire. V. Quid 1985, p. 1166.

● **Leurres contre les missiles.** Les missiles étant en général prémunis contre les leurres électromagnétiques, les navires peuvent les tromper en superposant à leur propre écho un écho plus fort avec un temps de retard, ce qui fera croire au m. que le navire est plus loin qu'il ne l'est en réalité, ou modulé, ce qui fera croire au m. qu'il est mal centré (le m. déduit qu'il est bien centré à partir du moment où le signal reçu par son radar est linéaire, et non sinusoïdal).

Satellites militaires

● **Satellites divers. De communication et d'alerte avancée** en orbite géostationnaire à 35 800 km d'alt., sauf satellite data système (SDS) permettant les communications dans les régions polaires, placé sur orbite elliptique (alt. entre 500 et 40 000 km), ils contrôlent notamment l'application des traités de limitation des armements stratégiques. *Samos-2* lancé par les U.S.A. le 31-1-1961 aurait couvert en un mois toute l'U.R.S.S. et repéré tous les silos de missiles. Il permit de découvrir que les Russes n'avaient que 14 fusées intercontinentales (alors qu'ils avaient parlé de 250). En oct. 1962, *Cosmos-10*, satellite russe, a révélé à l'U.R.S.S. l'importance de la préparation militaire amér. en Floride et celle-ci l'a incitée à un repli dans l'affaire de Cuba. *France* : réseau Helios (mis en service en 1982) ; 3 ou 4 satellites (à 400 km distingueraient au sol des détails de 1 m, durée de vie : 3 ans) + stations de réception. Coût : 10 milliards de F. **S. d'alerte** : destinés à prévenir toute attaque surprise et à détecter (grâce aux rayons gamma) les essais nucléaires même souterrains. **Relais** : permettent des liaisons sûres entre états-majors, avions et navires. **S. de navigation** : permettent aux navires de faire le point à quelques m près par tous les temps. Le système NAVSTAR sur orbite à 2 000 km devrait remplacer prochainement le système Transit placé en orbite basse. **S. d'observation** : à 200 km d'alt. (durée de vie : quelques mois) peuvent distinguer des détails de 20 à 30 cm à la surface de la Terre (satellite sov. : 50 cm). **Météorologiques** : travaillent avec les engins espions. **S. d'écoutes électroniques. Radars de surveillance des océans.**

● **Satellites d'intervention** : pourraient intercepter ou détruire des satellites placés en orbite basse et même ultérieurement en orbite géostationnaire (36 000 km d'altitude).

U.S.A. : ont expérimenté (1962-66) des fusées Thor (supposant l'utilisation d'une charge nucléaire, contraire au droit spatial établi en 1967), puis en 1984 l'avion de combat F-15 lançant un missile miniature le MHV [*Maneuvering Homing Vehicle* (cylindre de 10 kg, long. 5,43 m, vitesse 12 km/s, porte à 1 450 km, guidé par un télescope à infrarouge et un gyroscope-laser) ; comprenant un missile de pénétration à courte portée (SRAM) situé dans la queue de l'appareil, un propulseur ALTAIR et un véhicule d'attaque antisatellites conçu pour détruire le satellite ennemi par impact].

U.R.S.S. : a réussi plusieurs interceptions depuis 1968. Intercepteur antisatellites SIS, dit satellite tueur, poids 2 t, long. 6 m. Lancé par la fusée F-1, il parcourt 2 révolutions orbitales, avant de se placer sur la même orbite que la cible, vers laquelle le guide un système de radars ou de détecteurs à infrarouges. La destruction de la cible se fait par des billes émises lors de l'explosion de l'intercepteur.

☞ D'après un traité ratifié en 1967 par U.S.A., U.R.S.S. et de nombreux pays de l'O.N.U., les signataires s'engagent « à ne mettre en orbite autour de la Terre aucun objet porteur d'armes nucléaires ou de tout autre type d'armes de destruction massive ».

Les U.S.A. ont consacré 50 milliards de $ à leurs activités militaires dans l'espace de 1958 à 1983. 75 % des satellites américains et russes sont militaires.

☞ Voir aussi p. 1210 a et p. 1213 c.

Mines

Déminage

Dragueur (navire de quelques centaines de t) : il quadrille la zone dangereuse à l'aide de dragues. Certaines, mécaniques, sectionnent l'*orin* (câble maintenant une mine entre 2 eaux) ; d'autres, magnétiques, détruisent à distance les mines à influence qui reposent sur le fond de l'eau, en recréant le champ magnétique d'un navire par des câbles électriques ; d'autres, acoustiques, émettent les mêmes fréquences qu'un bâtiment en surface ou en plongée.

Ce système est imparfait pour les mines à composantes dépressionnaires (quand la houle provoquée par un navire peut déclencher l'explosion), et certaines mines (ex. : orin) possèdent des dispositifs anti-drague.

Chasseurs de mines. Type Circé (coque en bois stratifié et collé ; moteur à bruit étouffé). Type Eridan. Détectent les mines par leurs échos, avec un sonar rétractable installé sous la coque, et « interprètent » la forme géométrique de l'ombre à l'aide d'un sonar indépendant. Des *plongeurs démineurs* disposent ensuite une charge explosive sur la mine. Cette tâche peut être confiée à un *poisson autopropulsé (Pap)* qui dépose la charge à proximité de la mine (si l'eau n'est pas trouble, pour que la caméra de télévision fixée sur le Pap puisse repérer l'objet détecté au sonar).

Déminage de France. *De 1945 à 1980*, on a retiré du sol 13 000 000 de mines, 23 000 000 d'obus et d'engins divers, 600 000 bombes (tonnage global 125 000 t de munitions. 589 démineurs sont morts en service commandé).

Allemands ou Anglais ont mouillé 400 000 mines sur les côtes françaises pendant la guerre de 1939-45. La plupart des mines ont été détruites de 1945 à 1955, mais on en retrouve encore environ une soixantaine par an.

Dépenses militaires

Dépenses totales

Dépenses mondiales en 1984 (en milliards de $). 800 (dont recherches 70 à 80).

Dépenses militaires (en millions de F, en 1985) et, entre parenthèses, % du PIB : *All.* 182 395 (3,3), *Belg.* 23 640 (3,3), *France* 186 242 (4,1), *G.-B.* 210 734 (5,3), *Italie* 87 620 (2,7), *P.-Bas* 34 810 (3,1), *U.R.S.S.* n.c. (11 à 14), *U.S.A.* 2 582 054 (6,9).

Effectifs (1985-86) : *Allemagne* Terre 335 600, Air 106 000, Mer 36 200, Réserves 770 000, *Belgique* T. 67 200, A. 19 800, M. 4 500, R. 178 500 ; *France* T. 300 000, A. 96 500, M. 67 700, R. 393 000 ; *G.-B.* T. 163 000, A. 93 500, M. 70 600, R. 294 400 ; *Italie* T. 270 000, A. 70 600, M. 44 500, R. 799 000 ; *P.-Bas* T. 67 000, A. 16 800, M. 16 700, R. 176 300 ; *U.R.S.S.* T. 1 995 000, A. 570 000, M. 480 000, R. 5 400 000 ; *U.S.A.* T. 780 600, A. 603 900, M. 568 700, R. 1 212 000.

Exportations en 1984 (en milliards de $, au taux de 1975). 11,58 (dont U.S.A. 4,68, U.R.S.S. 2,53, *France 1,24*, G.-B. 0,82, All. féd. 0,75, Chine 0,43).

U.S.A. (en milliards de $). *1976* 107. *1984* 221. Forces stratégiques 28,1, forces d'emploi général 109,6, renseignements et communications 20,8, moyens et transport Air et Mer 5,2, garde nationale et réserve 11,6, recherche et développement 23,5, soutien et maintenance 24,1, entraînement 45,6, administration 4,8, aide à l'étranger 0,7. *1985* env. 305 dont 264,4 de dépenses dans l'année.

U.R.S.S. *1985* 230 milliards de $. *Selon le SIPRI (Institut international de la recherche pour la paix de Stockholm)*, les statistiques soviétiques ne sont pas crédibles, mais les experts américains surestiment le montant de ces dépenses [ils évaluent le coût du potentiel soviétique (équipements, hommes) aux prix américains qui sont plus élevés, et calculent l'évolution des dépenses en tenant compte des progrès « qualitatifs » des équipements, alors que ce critère n'est pas utilisé lorsqu'il s'agit des dépenses militaires de l'OTAN].

☞ Selon le département d'État U.S., l'U.R.S.S. a vendu de 1972 à 1981 aux pays du tiers monde près de 2 fois plus d'armes classiques que les U.S.A. (74 000 mat. de guerre contre 44 000). L'U.R.S.S. aurait été le premier exportateur pour les avions de combat supersoniques, missiles sol-air, patrouilleurs lance-missiles, chars et l'artillerie de plus de 100 mm ; les U.S.A., pour les avions de combat subsoniques, hélicoptères, équipements de transmissions et de lutte anti-sous-marine, bateaux de guerre et blindés légers.

Exemples : 6 640 avions de combat (U.R.S.S. 56 %, U.S.A. 23,2, Europe occidentale 9,5) ; 35 750 missiles sol-air (U.R.S.S. 65 %, U.S.A. 25, Europe occidentale 7,8).

Destinataires : Proche-Orient et Asie 75 % de la valeur totale (en quantités : missiles sol-air 85 %, blindés 70, pièces d'artillerie et hélicoptères 50, avions de combat subsoniques 40, bateaux de guerre 30).

Dépenses par pays

Pays	Dépenses en millions de $ (1983)	Dépenses par hab. en $ (1983)	Dépenses en % du P.N.B. (1983)
Afrique du Sud	2 677	87	3,4
Algérie	879	43	1,8
Allemagne dém.	8 635	515	5,7
Allemagne féd.	22 375	363	3,4
Arabie Saoudite	21 813	2 093	18,2
Argentine	12 778	431	8,9
Australie	5 199	338	3,2
Autriche	921	122	1,4
Belgique	2 683	272	3,3
Brésil	1 352	10	0,6
Bulgarie	1 681	188	3,2
Canada	6 767	272	2,1
Chine	1 105	9 [1]	4,2 [1]
Colombie	456	17	1,2
Corée du Nord	1 916	100	9,6
Corée du Sud	4 387	110	5,7
Cuba	1 121	130	8,6
Danemark	1 375	269	2,4
Égypte	3 043	66	8,7
Espagne	3 491	91	2,4
Éthiopie	504	15	10,4
Finlande	786	163	1,6
France	*21 654*	*394*	*4,2*
Grande-Bretagne	24 469	439	5,5
Grèce	2 416	245	6,9
Hongrie	1 631	152	2,2
Inde	6 476	9	3,4
Indonésie	2 527	16	3,5
Irak	10 293	703	33,7
Iran	17 370	417	13,3
Irlande	326	93	1,8
Israël	4 981	1 215	29,8
Italie	9 698	172	2,8
Japon	11 654	98	1,0
Jordanie	540	166	13,7
Libye	709 [1]	220 [1]	3,1 [3]
Luxembourg	41	112	0,9
Malaisie	2 085	140	7,1
Maroc	1 308	63	9,8
Mexique	600	8	0,4
Nigeria	1 451	16	2,1
Norvège	1 706	415	3,1
Nouvelle-Zélande	442	138	1,9
Pakistan	1 986	22	6,9
Pays-Bas	4 310	300	3,3
Pérou	1 412	75	8,7
Philippines	630	12	1,8
Pologne	5 766	157	2,7
Portugal	713	71	3,5
Roumanie	1 576	70	1,5
Singapour	788	315	4,8
Soudan	246	12	3,4
Suède	2 800	336	3,2
Suisse	2 055	315	2,1
Syrie	2 821	294	14,3
T'ai-wan	3 267	174	6,5
Tchécoslovaquie	4 618	299	3,8
Thaïlande	1 652	33	4,1
Tunisie	429	62	5,3
Turquie	2 469	52	4,9
U.R.S.S.	213 000	781	12 à 17
Uruguay	395 [1]	134 [1]	4,2 [1]
U.S.A.	239 400	1 023	7,4
Venezuela	955	58	1,4
Yougoslavie	1 623	71	3,7
Zimbabwe	382	49	5,8 [1]

Nota. — (1) 1982. (2) 1981. (3) 1980.

Source : Institut international d'études stratégiques (Londres).

☞ Le plus gros marchand d'armes privé du monde serait l'Américain Sam Cummings (n. 1927) ; sa Sté Interarms aurait un CA de 100 à 150 millions de $ par an. L'U.R.S.S. construirait pour elle 1 300 avions de combat par an, 3 000 chars, les U.S.A. 650 chars, 275 av. de combat.

Quelques prix

Ordre de grandeur (v. 1984-86) : chaque matériel peut comporter des équipements variés ; de plus, certaines contraintes politiques peuvent agir sur les prix.

• **En milliers de F : Armes.** Fusil MAS 36 [3] 0,9. Fusil clairon [1] 1,5. Pistolet 9 mm [3] 1,5. Pistolet mitrailleur (modèle 49) [3] 2,4. Lance-roquettes antichar [3] 4,2. Fusil semi-automatique MAS 49-56 [3] 5,79. Mitrailleuse [3] 10. LRAC 89 17.

Véhicules. Jeep [3] 40. France, char AMX-13 [1] 11 000. AMX-30 [3] 4 600. AMX-30 version B-2 12 000. Char Leclerc 21 000. AMX VTT [3] 800. Véhicule de l'avant blindé [3] 900. Obusier automouvant [3] 1 400. Char Chieftain (G.-B.) [3] 2 400. Char M-60 A1 (U.S.A.) [3] 2 600. Char M-60 A3 (U.S.A.) [3] 3 100. Char Léopard (All. féd.) [3] 4 000. Char Léopard II (All. féd.) [3] 4 500. Char MXI (U.S.A.) [3] 4 500.

• **En millions de F : Hélicoptères** Alouette II [3] 0,80. SA 341 Gazelle [3] 1. Super Frelon [3] 22. Alpha-Jet 2,7. Cobra (U.S.A.) [3] 5,6.

Avions Northrop F-5 [3] 7. Mirage V 3 6,8. Skyhawk A-4 (U.S.A.) [3] 11,6. F-5E Tiger II [3] 11. SA 330 Puma 19. F-16 (U.S.A.) [3] 30. Phantom F-4E [3] 20. Jaguar [3] 20. Hercules C-130H (U.S.A.) [3] 21. Atlantic (lutte anti-sous-mar.) [3] 31. Bombardier Mirage IV [3] 33. Viking S-34 (U.S.A.) [3] 40. Bombardier B 11 (U.S.A.) [3] 56. Super Étendard 40. Mirage III E *1973 :* 13,5, *1981 :* 40 ; Mirage F 1 *1982 :* 56 ; Mirage 2000 135 ; Mirage 4000 (écarté du budget à cause de son prix) env. 200.

Navires. Vedette avec armes 70. Avion A 69 270 (22 [2]). Sous-marin Agosta 380 (22 [2]). Corvette ASM 900 (40 [2]). Sous-marin nucléaire d'attaque 1 200. Frégate ASM 1 300 (56). Sous-marin nucléaire lanceur d'engins 3 500. Porte-avions nucléaire 36 000 t 8 000 (sans les avions).

Nota. — Le grand carénage avec l'échange du réacteur d'un sous-marin d'attaque à propulsion nucléaire coûte 160 000 000 F.

Bombes et missiles. Dragon (U.S.A.) [3] 0,03. Tow (U.S.A.) [3] 0,03. AS30 (Fr.) [3] 0,03. Crotale 0,05. Navale 0,008. Sea Sparrow (U.S.A.) [3] 0,500. Exocet (Fr.) [3] 1,2. Harpoon (U.S.A.) [3] 2. Bombe de 250 kilotonnes [3] 6, de 5 500 kilotonnes [3] 7. Polaris A3 (sans tête nucl.) [3] 10. Hawk (U.S.A.) [3] 10. Titan III [3] 11. Pershing (miss. : lanceur + assoc. équip.) [3] 12. Nike Hercules (U.S.A.) [3] 13. Minuteman III (sans tête nucl.) [3] 22. Poséidon C3 (sans tête nucl.) [3] 24. Minuteman en silo [3] 32. Trident I 133, II 350. Polaris avec tête H d'1 Mt [3] 70. Titan I (avec silo et tête H de 4 Mt) [3] 228. Atlas avec tête H de 3 Mt [3] 265. Roland (+ véhicule 27) 0,4. Milan 0,4. « Pershing » II 56. Masurca 0,6. MX 850.

Unités. Division d'infanterie de marine 500 (450 [2]). Parachutiste 560 (870 [2]). Infanterie 600 (290 [2]). Inf. sur VAB 1 200 (300 [2]). Blindée 2 200 (370 [2]). Escadron de 45 Mirages F1 4 400 (410 [2]).

Nota. — (1) En 1979. (2) Entre parenthèses fonctionnement (R.C.S compris). (3) En 1980. Un avion de chasse américain (1940-45) : $ 53 000. Bombardier (1940-45) : $ 218 000 ; 30 millions en 1972 ; bombardier B-1 (1980) : 90 millions.

Un amiral américain a calculé que chaque ennemi tué revenait en moy., sous Jules César il y a 2 000 ans, à 75 cents ; sous Napoléon Bonaparte en 1800 : $ 3 000 ; U.S.A. 1917-18 : $ 21 000 ; 1941-45 : $ 200 000.

Coût annuel du maintien sur pied régiment de char : 324,8, *mécanisé* 235,2, escadre de Jaguar 1 130 (dont 100 pour carburant et entretien).

Politique de défense Est-Ouest

• **Équilibre de la terreur.** Appelé MAD (mutual assured destruction) par les Américains, il a dominé les relations Est-Ouest durant les années 50. U.R.S.S. et U.S.A. pouvaient anéantir les villes de l'adversaire sans pouvoir atteindre sa force de frappe. En cas d'attaque, l'agresseur n'aurait pu éviter les représailles immédiates.

Plan « Charioteer » (déc. 1947) : lancements prévus : 133 bombes A sur 70 villes soviétiques (dont 8 sur Moscou et 7 sur Leningrad) pendant 30 j ; après 200 autres bombes A, 250 000 t d'explosifs classiques pendant 2 ans.

Plan « Trojan » (mai 1949) : 1re phase de 2 semaines contre 30 villes soviétiques. 2e contre 40 autres villes pendant 15 j.

• **Riposte graduée.** A partir de 1957, l'équilibre de la terreur se détériore en faveur des Soviétiques, mais dès 1960, Robert McNamara (n. 1916), secr. à la

Défense des États-Unis du Pt Kennedy, rétablit l'équilibre. En 1962, il préconise le remplacement de la riposte massive par une *riposte graduée (flexible response).* Cette nouvelle politique impose la recherche de la supériorité à tous les niveaux, la multiplication des procédures de sauvegarde pour éviter toute méprise, des forces conventionnelles (l'OTAN doit disposer de 30 divisions) et nucléaires (tactiques et stratégiques), l'arrêt de la prolifération et de la dissémination nucléaires.

Ainsi s'instaure, à partir de 1962, *l'équilibre de la prudence,* U.S.A. et U.R.S.S. possédant des engins intercontinentaux capables d'atteindre avec précision la force de frappe adverse enterrée dans des silos. A la suite de l'accord de Genève (20-6-1963), un *télétype rouge* assure une communication permanente entre Russes et Américains.

Motifs de prudence. 1° Les accords de Moscou (26-5-1972) ont limité à une seule ville la protection par système ABM, ce qui laisse aux autres villes la valeur d'otages.

2° L'efficacité du système antimissiles balistiques (ABM) est contestée. L'attaquant peut le saturer avec des leurres ou brouiller les radars, ou les déjouer en partie avec la bombe « partiellement orbitale », l'ICBM à tir tendu, etc.

3° Les silos de Minutenen peuvent résister à une bombe d'une mégatonne explosant à 400/500 m, ou au MIRV qui fractionne les charges utiles.

L'objectif des engins intercontinentaux doit être modifié en permanence en fonction du type et de l'évolution de la crise. Un nouveau système *(command data buffer system)* permet au commandement américain d'effectuer ce changement en 36 mn.

4° Le moyen le plus sûr de pénétrer chez l'ennemi resterait le vol en rase-mottes d'un bombardier ou d'un missile à moins de 300 m au-dessus du sol ; il faudrait beaucoup de radars pour repérer ce vol sur un vaste territoire (le « préavis » ne dépasse pas 35 km, ou 1 mn de vol) et les meilleures fusées antiaériennes sont peu efficaces dans de telles conditions. D'où l'intérêt accordé aux missiles de croisière.

5° Un délai minimal d'env. 2 mn est nécessaire entre 2 lancements de missiles par un sous-marin alors qu'un seul tir suffit à le faire repérer.

● **Stratégie défensive de l'avant.** En 1977, les experts américains estimaient que la riposte graduée était dangereuse et périmée. Face à un adversaire dont le corps de bataille est équipé d'armes nucléaires, il est vain d'espérer pouvoir faire face avec des moyens classiques et de ne faire appel à l'arme nucléaire tactique que lorsque ceux-ci s'avèrent insuffisants. On risque de ne pas réagir assez vite et d'être acculé à l'échange stratégique que la riposte graduée voulait justement éviter. Ils préconisaient une stratégie défensive de l'avant basée sur l'emploi quasi immédiat d'armes nucléaires tactiques (900 unités dotées de 4 à 8 missiles de 1 kt d'une portée d'env. 100 km) et de missiles antiaériens (1 unité Roland tous les 75 km, 6 batteries Hawk tous les 100 km) et antichars formant un barrage sur les concentrations ennemies repérées par 2 250 unités d'acquisition d'objectifs, chacune de 30 hommes env. Ce système aurait coûté moins de la moitié que celui des forces alliées actuelles. Il aurait compris 895 000 hommes dont 373 000 d'active contre 782 000 en 1980.

De leur côté, les Soviétiques n'écartaient plus systématiquement un conflit nucléaire. Des travaux étaient entrepris permettant de mettre à l'abri des retombées nucléaires env. 60 millions d'hab., 35 000 installations mil. auraient été fortifiées. Simultanément, l'U.R.S.S. allait accroître sa capacité offensive. Elle étudie un bombardier à long rayon d'action, une quinzaine de missiles ; sur orbite avant 1988, placement de lasers capables d'attaquer les satellites amér. et plus tard des objectifs terrestres. Elle a doté 3 divisions stationnées en All. dém. de 1 000 chars T72 ultra-modernes [seul le Léopard II allemand, encore à l'état de prototype, pourrait leur être opposé], fabrique des missiles SS-20 et a installé en Europe centrale des Mig 23 à flèche variable.

● **Stratégie de défense conventionnelle.** Élaborée aux U.S.A. dep. 1982 (sénateur Nunn, gén. Rogers, C^dt en chef des forces de l'OTAN, nouveau manuel de combat de l'armée de terre : « FM 100-5 »). *Principes :* les progrès technologiques [guerre électronique, munitions guidées (PGM : Precision guided munitions)] permettent d'enrayer une offensive classique et de contre-attaquer localement, sans recourir à l'armement nucléaire. Les Soviétiques auraient le 1er j un avantage d'env. 5 contre 1 ; après 3 j de combats et l'arrivée de renforts, 10 contre 1. L'OTAN devrait détruire ces renforts avant qu'ils atteignent la zone de combats, c.-à-d. 30 à 800 km derrière la zone de front (concentrations de troupes, dépôts, centre de commandement et de communication, bases aériennes).

Le « parapluie » américain

En raison de l'engagement des U.S.A. au sein de l'OTAN, le rôle de dissuasion de l'appareil militaire américain est en partie destiné à protéger l'Europe occidentale contre l'U.R.S.S. (voir aussi forces en Europe, p. 1214 c et 1221 c).

MAC, commandement militaire des ponts aériens (base de Fort Scot, Illinois). En dépendent 93 000 personnes sur 350 bases dans 33 pays.

SAC *(Strategic air command),* commandement stratégique aérien (Omaha, Nebraska), 30 % des 400 bombardiers et avions-citernes tenus en alerte au sol 24 h sur 24, et 1 054 missiles intercontinentaux (1 000 Minutemen, 54 Titan 2) répartis aux U.S.A. peuvent être lancés à tout instant (s'y ajouteront 200 MX).

1re division d'infanterie (base de Fort Riley, Kansas). Les 2/3 de son équipement lourd et sa 3e brigade stationnent en All. féd. 12 000 h. à Fort Riley peuvent gagner l'Europe en 96 h au plus.

Flotte américaine de l'Atlantique et flotte de l'OTAN (commandement suprême à Norfolk, Virginie) (voir p. 1216 b).

Force spéciale interarmes d'intervention rapide (FIR). Constituée par des unités des 3 armes. *Composition en 1982 : armée de Terre :* 1 division aéroportée, 1 d. héliportée d'assaut, 1 brigade de cavalerie aéroportée, 1 d. d'infanterie mécanisée, des unités de commandos et des forces autres que classiques ; *corps des Marines :* 1 à 2 unités amphibies de Marines (UAM) [1] ; *armée de l'Air :* 4 à 11 escadres tactiques et forces de soutien, 2 escadrons de bombardiers stratégiques (Force de protection stratégique) ; *Marine :* 3 groupes de porte-avions d'escadre, 1 de navires de surface, 5 escadrons de l'Aéronavale. *But :* dissuader une agression soviétique et protéger les intérêts des U.S.A. dans le golfe Persique ; renforcement des bases U.S. dans la région et utilisation de bases prêtées par des pays alliés : Ras Banas (Égypte), Diego Garcia (G.-B.), Lajes (Portugal), Oman, Mombasa (Kenya), Mogadiscio et Berbera (Somalie) ; poursuite des manœuvres spécifiques annuelles aux U.S.A., sur place (Bright Star). Dep. le 1-1-1983, le chef de la FIR dirige un commandement unifié de cette région.

Nota. — (1) UAM : 1 division de Marines renforcée et une escadre aérienne du corps des Marines (égale à 2 escadres tactiques de l'armée de l'Air).

Ses chasseurs bombardiers seraient en nombre insuffisant, rapidement décimés par la défense antiaérienne. Ses armes tactiques (américaines) en Europe ne dépassent pas 30 km. Les PGM permettraient avec des systèmes conventionnels de suppléer ces défaillances.

Inconvénients : coût élevé : 10 milliards de $ (nouveaux programmes d'armement). On peut craindre que les « groupements opérationnels de manœuvre » (nouvelles divisions soviétiques), chargés de pénétrer dans les lignes alliées dès le début du conflit, paralysent le dispositif électronique nécesssaire. L'OTAN devrait donc les prévenir par une stratégie offensive ; l'U.R.S.S. pourrait également se doter de telles armes.

● **Nouvelle stratégie de défense du Pt Reagan.** Annoncée en juillet 1982, elle reconnaît que les U.S.A. ont cessé de se suffire à eux-mêmes (ils dépendent du pétrole étranger et des importations de 69 minéraux stratégiques sur 72).

1°) *stratégie politico-diplomatique globale* avec participation accrue du Japon (surveillance spatiale et électronique du N.-O. du Pacifique, défense d'une zone de 1 000 milles au large de ses côtes, puis surveillance de la route du golfe Persique), des pays de l'OTAN (Afr. et golfe Persique) ; 2°) *meilleur fonctionnement de l'économie internationale :* réduction des obstacles aux échanges commerciaux, accord sur les procédures de règlement des différends ; 3°) *information détaillée* sur la politique des U.S.A. et ses buts ; 4°) *stratégie militaire* fondée : a) sur la modernisation des forces nucléaires stratégiques : priorité à « un système de commandement et de contrôle susceptible de survivre à l'attaque ennemie », modernisation des forces de bombardement ; mise en service du B-1B et bombardiers à technologie avancée ou de type *Stealth* (v. p. 1203 c), renforcement de la flotte de sous-marins stratégiques (au moins un Trident construit par an ; munis de missiles balistiques Lockheed D-5 plus efficaces), intégration du système MX dans les forces opérationnelles (voir p. 1209 b) ; b) développement des forces classiques : priorité à l'amélioration des capacités de déploiement des forces de l'avant et d'intervention rapide, puis amélioration du commandement tactique et des systèmes de contrôle et de communication, de la capacité à mener une guerre prolongée (stocks, production industrielle), de la mobilité sur les théâtres d'opération extérieurs (avion C-7) ; c) renforcement des systèmes de défense (des centres de contrôle et de communication, de l'espace aérien...), notamment contre des vols de reconnaissance et des raids avant-coureurs d'une éventuelle attaque ; importance du programme antimissiles : systèmes à énergie dirigée (voir p. 1214), techniques d'interception des missiles à diverses phases de leur vol (système multicouches) ; budget : 26 milliards de $ d'ici 1989.

La guerre des étoiles

Programme américain

Le 23-3-1983, le Pt Reagan annonça « qu'il prescrivait des études intensives et complètes pour définir un programme à long terme de recherche et de développement, afin de commencer la réalisation de notre objectif ultime, l'élimination de la menace que constituent les missiles stratégiques ». La NSSD 6-83 *(National Security Study Directive)* qui a suivi ordonnait d'examiner la faisabilité d'une défense contre les missiles balistiques (BMD : *Balistic Missile Defense*). Des études ont été menées par l'*Heritage Foundation,* le *Panel Fletcher* (du nom de son Pt, ancien directeur de la NASA), le groupe de *Fred Hoffmann,* directeur de *Pan Heuristics.* Pour le groupe Hoffmann, on arrivera probablement à réaliser un système permettant de protéger les objectifs militaires, sans pour autant empêcher les « dommages catastrophiques » causés par les quelques missiles de l'agresseur qui auront pu passer. Pour le *Panel Fletcher,* le système défensif situé dans l'espace est très vulnérable.

Les rapports des groupes d'étude ont été déposés en octobre 1983. Le président Reagan (directive : NSSD 119) a prescrit un programme de recherche *strategic defense initiative* (I.D.S. : Initiative de Défense Stratégique), couvrant tous les domaines nécessaires, en particulier les technologies des énergies dirigées (lasers, faisceaux de particules, etc.) et les technologies propres aux énergies cinétiques (les projectiles). *Coût des recherches :* 26 milliards de dollars répartis de 1985 à 1989.

Défenses envisageables selon les phases de la trajectoire d'un missile. 1re phase : durée 150 à 200 s pour un engin à 3 étages. Le missile quitte le sol sous l'impulsion de son 1er étage de propulsion, il s'élève quasi verticalement à vitesse d'abord réduite. Au cours de cette phase, la fusée a émis une quantité de chaleur sous forme des gaz qu'elle éjecte et par infrarouge, aisément détectable. Elle est fragile, ses réservoirs peuvent être facilement percés, ses dispositifs de guidage initiaux aisément déréglés. La destruction ayant lieu au-dessus du territoire adverse, les débris et les matières radioactives retombent chez l'ennemi éventuel. Mais la défense doit réagir vite et risque d'être submergée par le tir simultané de centaines de missiles. — Le 1er étage se détache à 20 km d'altitude, le 2e à 80, le 3e à 200.

2e phase : durée 10 mn, le missile continue de monter à une vitesse de 6 000 m/s. Il libère, peu après la combustion du dernier étage, un véhicule spatial doté de petits propulseurs et auquel sont arrimées les ogives nucléaires. Les propulseurs (systèmes d'espacement) placent l'une après l'autre chacune des ogives sur des trajectoires différentes correspondant aux objectifs visés. — En même temps, le véhicule va éjecter une centaine de leurres, fausses ogives (ballonnets de mylar), aérosols masquant la chaleur émise par les corps, nuages de bandelettes métalliques réfléchissant les ondes radar. Ogives et leurres atteignent leur apogée vers 1 200 à 1 500 km d'*altitude.*

3e phase : ogives (et leurres) entament leur descente vers la Terre en manœuvrant éventuellement pour tromper les défenses terminales. — Au-dessous de 500 km d'alt., les 1res molécules de l'air commencent à freiner les leurres les plus légers puis, l'air agissant, les ballons éclatent un à un et, finalement, seules les ogives foncent vers leurs différents objectifs.

4e phase : rentrée des ogives dans la haute atmosphère (à env. 100 km), une minute environ avant l'impact. En pénétrant dans l'atmosphère, chaque ogive crée à sa pointe une onde de choc. A l'arrière de celle-ci, la température s'élève brusquement, et les molécules d'air présentes perdent des électrons. Un sillage ionisé qui réfléchit les ondes radar suit l'ogive. A 50 km d'altitude, moins de 30 s avant l'impact, l'ogive scintille sous l'effet du frottement avec les couches de plus en plus denses de l'atmosphère. On peut utiliser contre elle des missiles classiques à guidage infrarouge (chaque silo est protégé par plusieurs dizaines de lanceurs contenant de nombreux missiles Swarmjet à très grande vitesse sur des distances de 100 kilomètres) ; des canons crachant des nuages de *shrapnells,* des armes à énergie dirigée (faisceaux de particules chargées) qui perturbent l'électronique des missiles assaillants.

Armes envisagées

Lasers. *Avantages :* arme a priori idéale. Le faisceau émis se propage à 300 000 km/s (soit 30 fois plus vite que le plus rapide des missiles), ses rayons ont une très faible divergence angulaire et peuvent toucher et endommager des cibles très éloignées par effet de chaleur (s'ils restent pointés un certain temps au même endroit) ou par choc énergétique, mais il faut un maximum de puissance pendant un minimum de temps.

Compte tenu de ces contraintes, 4 types utilisables à des fins défensives : *1°) Lasers chimiques* (hydrogène, fluor) émettant dans l'infrarouge (à 2,7 microns). Ils seraient basés dans l'espace à env. 1 000 km d'alt. Une plate-forme de tir dans l'espace nécessiterait pour être opérationnelle en permanence 60 000 t de combustible à bord. *2°) Lasers « excimers »* (des *« excited dimers »,* les éléments excités étant des molécules doubles) émettant dans l'ultraviolet (à 0,3 micron). Ils seraient installés sur la Terre. Leurs faisceaux seraient renvoyés par des miroirs relais de 30 m de diamètre placés en orbite géostationnaire à 36 000 km d'alt. puis par des miroirs de pointage de 5 m de diamètre. Difficultés à réaliser les miroirs, à les satelliser, à disposer d'un laser capable d'émettre à la puissance de 400 MW compte tenu des déperditions d'énergie en cours de trajet. *3°) Lasers à électrons libres* (pouvant être modulés en fréquence, émettant de l'ultraviolet au proche infrarouge). Mêmes difficultés, modèles actuels peu puissants. *4°) Lasers X,* émettant dans des longueurs d'onde ultracourtes (env. 1 nanomètre). L'effet laser serait obtenu à partir de l'explosion d'une charge nucléaire. Les rayons X seraient dirigés vers leur cible au moyen de longs tubes orientables. L'ensemble (laser, plus charge nucléaire, plus tube) serait mis en orbite au dernier moment, au moyen d'un missile lancé d'un sous-marin.

☞ Il faudrait, pour couvrir toute la Terre de façon permanente, 500 satellites armés de lasers (en raison de leur mouvement relatif par rapport à la Terre, 95 % des satellites en orbite sont à un instant donné inutilisables pour enrayer une agression sans préavis).

Armes à faisceau de particules

Conçues sur le modèle des accélérateurs de particules : des atomes d'hydrogène ionisés négativement (c.-à-d. ayant un électron surnuméraire) seraient accélérés par un champ électrique. A la sortie de l'accélérateur, un filtre éliminerait les électrons supplémentaires, le faisceau éjecté ne comprendrait alors que des particules neutres, qui ne seraient pas déviées par le champ magnétique terrestre. Ces armes seraient placées en orbite dans l'espace. *Difficultés :* il faut miniaturiser les accélérateurs (il faudrait actuellement satelliser plus de 3 000 t) et leur fournir depuis la Terre ou sur place des quantités d'énergie considérables.

Armes à énergie cinétique. *Principe :* envoi d'un projectile non nucléaire sur la cible : un impact direct d'un objet se déplaçant à 5 ou 10 km/s sur une cible progressant à la même vitesse suffit pour détruire celle-ci. Le projectile, transporté par un missile, est guidé depuis la Terre vers un point virtuel d'interception puis se dirige de lui-même sur la cible, grâce à un autodirecteur sensible au rayonnement infrarouge émis par celle-ci. Procédé utilisable pendant la 4e phase (rentrée de la cible) mais pas dans la 1re, à moins que le projectile ne parte d'une base située dans l'espace (sinon sa vitesse ne lui permettrait pas de rejoindre le projectile).

Armes nucléaires : *ABM (Anti Ballistic Missiles) :* elles peuvent ne pas frapper la cible mais seulement exploser à proximité. Voir p. 1207 c.

Autres systèmes à l'étude : faisceaux de micro-ondes, rayonnements d'antimatière.

Contre-défense

ASAT (armes antisatellites). Voir p. 1210 a, 1211 c.

Diminution du temps de combustion. Pour réduire le temps pendant lequel le missile peut être repéré par des détecteurs d'infrarouges ou poursuivi par des autodirecteurs se guidant sur les émissions d'infrarouges. Un missile qui parviendrait à se débarrasser de ses 3 étages avant de sortir de l'atmosphère échapperait aux missiles à énergie cinétique (qui n'auraient pas le temps de le rejoindre, l'émission d'infrarouges étant trop courte) et aurait des chances de se soustraire aux lasers et aux armes à faisceaux de particules.

Déguisement de la flamme de combustion. En ajoutant des produits aux propergols de la fusée, on peut allonger la flamme, la raccourcir, la rendre asymétrique ou la faire varier périodiquement, ce qui rend problématique tout pointage contre elle.

Autres moyens. Renfort de la structure du missile pour le rendre moins vulnérable aux rayonnements ; revêtement réfléchissant, giration du missile sur lui-même, le laser devra rester pointé plus longtemps pour avoir de l'effet (sauf les lasers X, voir ci-contre, contre lesquels aucune protection n'est efficace), jonction de faux missiles, afin d'égarer les systèmes de détection.

☞ **Conclusion.** 1°) L'interception du missile au cours de la 1re phase reposerait : a) sur des systèmes d'armes très coûteux et techniquement très difficiles à réaliser ; b) sur la possibilité de triompher de contre-mesures relativement peu onéreuses. 2°) L'interception en cours, phases suivantes, est aussi difficile, car les ogives étant séparées, le nombre des cibles est multiplié par 10. Au lieu d'avoir, par ex., 1 000 fusées à intercepter, il y aura 10 000 ogives et + de 1 000 000 de leurres.

Rapport des forces

Dans le monde

Charges nucléaires

Nombre global

• **Nombre global d'ogives. U.R.S.S.** *1952 :* 6, *1955 :* 340, *1960 :* 2 200, *1984 :* 16 000 dont 8 000 *systèmes stratégiques* (couverts par les SALT) [missiles balistiques 7 700 dont ICBM 5 300, SLBM 2 400 ; avions 300 dont Tu-95 210, Mya-4 90]. *Autres catégories* 8 000.

U.S.A. *1947* (juillet) : 13, *1948 :* 50, *1950 :* 290, *1951 :* 400, *1953 :* 1 000, *1955 :* 2 000, *1960 :* 20 000, *1967 :* 32 000, *1984 :* 24 000 dont 13 748 *systèmes stratégiques* couverts par les SALT (sur missiles 8 655 dont ICBM 2 355, SLBM 6 300 ; avions B-52 5 093), 14 500 autres cat.

Les stocks destinés aux 2 000 bombardiers des années 50 et des milliers d'autres charges destinées à divers usages (engins atomiques antiaériens par ex.) ont été détruits. Le programme en cours (multiplication des missiles de croisière, fabrication de la bombe à neutrons) devrait inverser cette évolution, mais le nombre des armes tactiques amér. continue à baisser (1 000 sur 7 000 retirées en 1981, 1 000 à 2 000 sans doute retirées au fur et à mesure de l'arrivée des Pershing et des missiles de croisière).

France. 930 dont syst. stratégiques 692 [en mer 592, à terre 100 (100 SX remplaçant les engins du plateau d'Albion)], syst. tactiques 238 (à terre 185, en mer 53).

• **Lanceurs et ogives. U.R.S.S.** Intercontinentaux 7 919 lanceurs (7 099 ogives) ; à portée intermédiaire 565 (1 781) ; à portée proche (500-2 000 km) 1 384 (1 384). **U.S.A.** Interc. 1 854 (9 665) ; interm. 216 (224) ; proche 90 (90). **France.** Interc. 80 (80) ; interm. 52 (52) ; proche 10 (45). **G.-B.** Interc. 64 (192) ; interm. 25 (25) ; **Chine.** interc. 6 (6) ; interm. 122 (122).

Puissance en mégatonnes (en 1983). U.R.S.S. : missiles intercont. et sous-marins : 4 400 ; missiles SS-20 : 140. **U.S.A. :** 2 100. **France :** 80. **G.-B., Chine, Inde, Israël :** n.c.

Lanceurs (vecteurs)

Missiles intercontinentaux (nombre global)

	U.S.A.		U.R.S.S.	
	ICBM	SLBM	ICBM	SLBM
1960	18	32	35	–
1965	854	496	270	120
1975	1 054	656	1 618	711
1980	1 054	656	1 398	1 028
1982	1 052	520	1 398	989
1983	1 045	568	1 398	941
1984	1 037	592	1 398	981

☞ Les fusées portent plusieurs ogives.

Les U.S.A. ont privilégié les sous-marins, moins vulnérables à une attaque préventive (mobiles et cachés au fond des océans), l'U.R.S.S. les missiles en silos, donc une force antiforce (avec des ogives puissantes et très précises) destinée à détruire en 1er les silos adverses avec une grande probabilité de succès.

Nombre de vecteurs stratégiques lors de la crise de Cuba (oct. 1962).

U.R.S.S. 225 (dont 75 ICBM imprécis et peu sûrs, pas de SLBM), **U.S.A.** 2 438 (dont 294 ICBM, 144 SLBM Polaris interc., 2 000 bombardiers).

Nombre par types (1984-85)

• **ICBM** (fusées intercontinentales, portée de 6 500 à 12 000 km, basées au sol).

U.R.S.S. 1 398, dont : 520 *SS-11 Sego* (1 à 3 ogives, 100 kt à 1 Mt), 60 *SS-13 Savage* (1 og., 750 kt), 150 *SS-17* (1 à 4 og., 750 kt à 5 Mt), 308 *SS-18* (1 à 10 og., 500 kt à 20 Mt), ont remplacé les *SS-9 Scarp.* 360 *SS-19* (1 à 6 og., 500 kt à 5 Mt). *SS-17, 18* et *19* sont en partie des MIRV (voir Index). En outre l'U.R.S.S. possède 599 I/MRBM (portée 2 000 à 5 000 km) dont 224 *SS-4 Sandal* (1 Mt), 396 *SS-20* (150 kt à 1,5 Mt).

U.S.A. 1 037, dont : 30 *Titan II* (1 og., 9 Mt), 450 *Minuteman II* (1 og., 1,2 Mt), 550 *Min. III* (3 og., MIRV, 170 à 335 kt). En outre, les U.S.A. possèdent dep. fin 1983 9 I/MRBM (54 *Pershing II,* portée 1 800 km) et 80 missiles de croisière (2 250 km).

• **SLBM** (fusées sous-marines, portée 1 000 à 9 000 km). **U.R.S.S.** 981 dont : 42 *SS-N-5 Serb* (1 400 km, 1 og., 1 Mt), 336 *SS-N-6 Sawfly* (2 400 à 3 000 km, 1 à 2 og., 200 kt à 1 Mt, certaines sont des MIRV), 292 *SN-8* (8 000 à 9 000 km, 1 og., 800 kt à 1 Mt), 12 *SS-N-17* (3 900 km, 1 og., 1 Mt), *224 SS-N-18* (6 500 à 8 000 km, 1 à 7 og., 200 à 250 kt, MIRV) qui remplacent les *SS-N-8,* 60 *SS-N-20* (8 300 km, 6 à 9 og. MIRV).

U.S.A. 592 dont : 304 *Poseidon C 3* (4 000 km, 10 og., 40 kt, MIRV) ; 312 *Trident C 4* (7 400 km, 8 og., 100 kt, MIRV).

G.-B. 64 *Polaris A* / (4 600 km, 3 og., 200 kt).

France 98 dont 18 *SSBS-3* (3 000 km, 1 og., 1 Mt), 80 *MSBS M-20* (3 000 km, 1 og., 1 Mt).

Nota. — Les 4 SNLE (équipés de 64 Polaris) sont en coordination avec les forces nucléaires stratégiques américaines ; la force nucléaire française est indépendante.

• **Bombardiers stratégiques. A long rayon d'action :** U.S.A. 263 *(B-52G, B-52H),* U.R.S.S. 143 (100 *Tu-95 Bear 43, Mya-4 Bison).*

A moyen rayon : U.S.A. 61 *(FB-111A),* U.R.S.S. 815 (440 *Tu-16 Badger,* 165 *Tu-22 Blinder,* 210 *Tu-22 M Backfire).*

En Europe

Forces eurostratégiques

Définition. Forces de moyenne portée prévues pour le théâtre européen (Europe occidentale et Turquie, Russie du S. et de l'O.). *Rôle :* dissuasion (comme les missiles nucléaires stratégiques intercontinentaux), tandis que les forces nucléaires tactiques visent surtout à la destruction des f. militaires sur les champs de bataille.

OTAN. Programme décidé le 12-12-1979. *But :* rétablir l'équilibre face à l'U.R.S.S. qui (au 1-1-83) disposait de plus de 600 missiles basés au sol à moyenne portée dont 380 SS-4 et SS-5 et 243 SS-20 et de 600 bombardiers à moyen rayon d'action (dont 80 Backfire). Les Backfires partis de l'Ukraine du S. ont sous leur feu toute l'Europe de Gibraltar à l'Islande, les SS-20 partis de l'Oural toute l'Europe sauf la péninsule Ibérique et la Tunisie. A cette date, les forces de l'OTAN (en y incluant la force française de dissuasion) disposaient seulement des 18 missiles du plateau d'Albion, une centaine de bombardiers et des 130 missiles des sous-marins britanniques et français. Aucune de ces armes ne valait les SS-20 (voir p. 1207 c), ni les Backfire. **Moyens.** Installation (de 1983 à 1993) de 572 missiles dont 108 Pershing-2 (long. 11 m, 1 ogive de 150 kt, portée 1 700 km en 15 mn, précision 20 à 40 m) et 464 miss. de croisière américains (voir p. 1209 a). 220 pourraient être en place en 1987. *Lieux d'installation :* All. féd. 96, G.-B. 160, Italie 112, Belgique 48, Pays-Bas 48.

En 1982, le Gal Rogers, commandant des forces alliées en Europe, estimait qu'il fallait 2 000 missiles Pershing-2 et Cruise pour aveugler les défenses soviétiques qui comportent 5 000 radars placés en « site avancé » d'alerte et d'intervention (en code EW/CG1), et près de 12 000 missiles sol-air (SAM). Au contraire, les missiles de croisière américains (basés dans la plaine du Pô et en Angleterre) ne pourraient dépasser une ligne lac Onéga-Moscou-Stalingrad ; les Pershing 2 (basés en Westphalie-Palatinat), une ligne Leningrad-Odessa.

Situation. *En 1988 :* 572 Pershing 2 ogives disponibles + 100 missiles à courte portée, 1 100 canons nucléaires, 700 avions à capacité nucléaire. Malgré les obstacles techniques et politiques (opposition d'une partie de l'opinion dans les pays concernés), les 1ers euromissiles sont arrivés en Europe en 1983 : 1ers Pershing 2 en G.-B. le 14-11, All. féd. le 23-11 (le Bundestag avait approuvé l'implantation des euromissiles le 22-11). Le 8-10-79 Leonid Brejnev avait invité des pays européens de l'OTAN à renoncer aux Pershing 2 [celles-ci échappant à l'accord SALT II, étant donné leur portée relativement faible (800 km), permettent à l'Europe de menacer de destruction les villes russes de l'Ouest (notamment Kiev)]. Devant la persistance des Occidentaux, les Sov. avaient interrompu *sine die* les négociations eurostratégiques de Genève le 23-11-83 (voir p. 1217 c).

U.R.S.S. Moyens. Dispose de 1 300 ogives opérationnelles sur missiles intermédiaires (+ 700 missiles à courte portée, 900 canons nucléaires, 3 000 armes à capacité nucléaire). **Elle fabrique par an env. 50 à 60 missiles SS-20 et 30 Backfire.** *Missiles SS-20* (long. 12 m, portée 4 500 km), mis en ligne depuis 1977 (18 en *78*, 135 en *80*, 225 en *81*, 297 en *82*, 333 en *83*), missiles mobiles de précision transportant 3 têtes nucléaires de 150 à 500 kt. Chaque lanceur mobile de *SS 20* dispose d'un missile de recharge pouvant intervenir en 2e frappe. Tous les pays d'Europe occidentale sont sous la menace permanente de plusieurs centaines de ces missiles pouvant détruire + de 1 500 objectifs (voir ci-dessus). En outre, 90 env. visent l'Asie. *Missiles de croisière :* voir p. 1209 a. **Position.** Pour l'U.R.S.S., les SS-20 ne sont qu'une modernisation des SS-4 et SS-5 déployés (en 1961) pour faire pièce aux « systèmes avancés » dont disposaient déjà les U.S.A. en Europe. Ils estiment donc que ce programme ne change rien à l'équilibre existant. Par contre, estime l'U.R.S.S., les euromissiles introduisent une différence « de nature », car ils pourront atteindre son territoire, et de par leur grande précision, des moyens nucléaires « centraux » pour lesquels un équilibre avait été instauré par les accords SALT. Liés à l'arme neutronique, ces euromissiles remettraient en cause son dispositif de bataille soviétique, y compris sa supériorité dans le domaine des forces classiques. Aussi, dès l'arrivée des 1ers euromissiles, l'U.R.S.S. a interrompu les négociations eurostratégiques de Genève (voir p. 1217).

Armes nucléaires à portée internationale intéressant l'Europe

Selon les estimations occidentales. **U.R.S.S.** 3 412 dont 1 416 à portée de l'Europe (938 selon l'U.R.S.S.). **OTAN** 1 583 dont 870 à portée de l'Europe (913 selon l'U.R.S.S.).

Armes nucléaires tactiques en Europe

Armements non stratégiques et tactiques. Portée moins de 5 500 km (limite définie par les accords SALT). État au 1-1-86 (*Source :* Défense nationale).

Principales marines (au 1-10-1985)

Bâtiments de combat	U.S.A.	U.R.S.S.	G.-B.	France	Japon	All. féd.	Italie
SNLE	37	66	4	6			
Porte-avions et porte-aéronefs à pont continu	14	3	3	2			
Autres navires de surface	247	1 168	125	84	89	118	61
SNA	90	125 (1)	13	2			
Sous-marins classiques	3	180 (2)	15	15	15	24	10
Nombre total	391	1 542	160	109	104	142	71
Tonnage	2 751 110	2 843 450	364 800	236 020	173 850	107 790	95 150
Amphibies							
Nombre total	62	78	9	9	6		2
Tonnage	579 550	147 000	41 520	19 930	10 400		7 400
Soutien logistique							
Nombre total	70	122	22	49	6	34	2
Tonnage	821 200	534 600	197 800	39 700	14 500	81 750	7 350
Total général							
Navires	**523**	**1 742**	**191**	**167**	**116**	**176**	**75**
Tonnage	**4 151 860**	**3 525 050**	**604 120**	**296 650**	**198 750**	**189 540**	**109 900**

Nota. — (1) Y compris les SNA lance-missiles aérodynamiques. (2) Y compris les sous-marins lance-missiles balistiques ou aérodynamiques.

1° Classification. *FNI (Forces nucléaires à portée intermédiaire)* **(ou INF : Intermediate Range Nuclear Forces).** Portée 150 à 5 500 km.

Comprennent **LRINF (Longer Range Intermediate Range Nuclear Forces)** 1 000 à 5 500 km : *Pershing II* et *GLCM* (missiles de croisière lancés du sol) américains, *SS A* et *SS 20* soviétiques (441 SS 20 en sept. 85), et **SRINF (Shorter Range Intermediate Range Nuclear Forces)** 150 à 1 000 km : *Pershing I* américains, *SS 12/22, SCUD* et *SS 23* soviétiques.

Armes nucléaires du champ de bataille ou SNF (Short Range Nuclear Forces), moins de 150 km : missiles et roquettes à courte portée *Lance et Honest-John* (U.S.A.), *Frog et SS 21* (U.R.S.S.) ; pièces d'artillerie à double et triple capacité, obusiers, canons et mortiers ; missiles sol-air à capacité nucléaire (Nike-Hercule américains, certains SA 2 et SA 5 soviétiques) et les mines de démolition.

Vecteurs aériens. Assimilables aux LRINF (bombardiers *Badger* et *Blinder* et *Fencer* soviétiques, *F-111* et aviation embarquée américaine de la VIe Flotte) ou aux SRINF, chasseurs-bombardiers à capacité nucléaire et à court rayon d'action (*Flogger, Fitter* et *Fishbed* du Pacte de Varsovie et *F-4, F-104, F-16, Jaguar* et *Tornado* de l'OTAN).

2° Stocks nucléaires tactiques (OTAN). En 1954, l'OTAN a décidé d'introduire des armes nucléaires tactiques en Europe pour compenser la supériorité soviétique en forces classiques et montrer que l'OTAN pourrait utiliser des armes nucléaires dès le début d'un conflit. A l'époque 3 missions assignées à ces armes tactiques : décourager les attaques nucléaires et classiques, suppléer à l'échec d'une défense classique ou nucléaire, établir un lien entre les forces classiques et les systèmes nucléaires à portée intermédiaire, alors représentés par les *Thor* et *Jupiter* déployés en G.-B., Italie et Turquie.

De 1963 à 1966, le nombre d'ogives tactiques stockées ou déployées par l'OTAN est passé de 3 500 à 7 000 environ. Les U.S.A. exercent sur elles un contrôle absolu et décident de leur emploi (système de la double clé). A la fin des années 70, conformément au programme de modernisation adopté en décembre 1979, il fut décidé, 1° de déployer des Pershing II et GLCM pour contrer le développement des SS 20 soviétiques, 2° de réduire de 1 000 le nombre d'ogives en 1981.

Le 27-10-1983, l'OTAN annonce (en + des 1 000 précédemment retirées) la suppression de 1 400 armes nucléaires tactiques en Europe dans les 5 à 6 années à venir. Systèmes dépassés ou inadaptés (ADM déployés le long de la frontière allemande, Nike-Hercules dont le remplacement par des missiles Patriot à charge classique est en cours, Honest-John déployés depuis le début des années 50) ; contribuait à moderniser des systèmes déjà déployés (exemple : nouveaux obus de 155 transformables en armes à rayonnement renforcés et à portée doublée par rapport à celle des précédents systèmes) ; renforçait la doctrine Rogers sur le développement des futures armes conventionnelles de haute technologie (concept AirLand Battle 2000) et le recul du seuil d'engagement nucléaire.

Stock (début 1986), U.S.A. : 5 500 ogives nucléaires tactiques en Europe déployées sur environ 150 sites ou stockées dans environ 40 dépôts, essentiellement en Allemagne fédérale, dont 1 950 bombes pour avions (bombes B-28, B-43, B-57 et B-61) ; 280 ogives de 144 *Pershing 1A* (têtes W-50) ; 54 de 54 *Pershing II ;* 100 de 80 *GLCM ;* 700 de 100 *Lance* (têtes W-70) ; 100 de 24 *Honest-John* (têtes W-31) ; 500 de 200 *Nike-Hercule 5* (têtes W-31) ; 900 *obus d'artillerie nucléaire* de 203 mm (têtes W-33 et W-79) ; 730 de 155 mm (têtes W-48) ; 330 *mines de démolition* ADM (têtes W-45 et W-54).

Pacte de Varsovie. 4 500 têtes nucléaires tactiques en Europe de l'Est, déployées ou entreposées en Allemagne démocratique, Pologne, Tchécoslovaquie et partie européenne de l'U.R.S.S. dont avions : 2 545, avions tactiques, 316 Tu-16, 139 Tu-22 ; missiles sol-sol : SS-*20* 396, SS-*4* 224, SS-*12* 120, SS-*22* 100, Scud *B* 570, SS-*23* 48, Frog 620, SS-*21* 120, SS-C-*1 B* 100 ; des pièces d'artillerie à double ou triple capacité : canons tractés ou automouvants de 152 et 203, mortiers de 240.

Forces classiques

Forces terrestres (en 1985)

• **OTAN.** *En Europe centrale et du Nord* (Norvège, Danemark, All. féd., Belg., P.-Bas) : 12 divisions blindées, 8 div. mécanisées, 7 div. d'infanterie et parachutées ; au total 8 716 chars et 616 000 h. (avec les troupes françaises, y compris celles stationnant en France). *En Europe méridionale* (Italie, Grèce, Turquie) : 2 divisions blindées, 13 div. mécanisées, 2 div. d'infanterie et parachutées ; au total 7 026 chars et 934 000 h. S'y ajoutent les forces U.S. : 2 div. bl. et 2 div. méc., 217 000 h.

Faiblesse : troupes préparées à des manœuvres de défense, leur logistique ne fournissant pas d'armes offensives. Armement classique insuffisant (chars, défense antiaérienne, aviation, forces navales et défense ASM, moyens de télécommunication). Matériel peu standardisé (23 familles d'avions de combat, 7 de chars, 27 d'armes antichars, 36 modèles de radars de conduite de tir, 8 types de missiles sol-air, plus de 20 calibres d'armes de 30 mm et plus).

Points forts : couverture aérienne, porte-avions, armement moderne de qualité (missiles, électronique), supériorité navale.

Nota. — Divisions immédiatement disponibles en renfort : 8 bl. (2 U.S.), 33 méc. (5 U.S.), 10 d'inf. et parachutées (3 U.S.).

L'OTAN a acquis 18 Boeing 707 équipés du système de contrôle et d'alerte aéroporté AWACS (Airbone Warning and Control System), qui permet de détecter les appareils volant à basse altitude et multiplie par 20 le volume de surveillance des radars au sol (84 stations du réseau NADGE. Voir ci-dessous). 1er avion livré le 22-1-1982. Coût : env. 12 milliards de F. Voir encadré p. 1204 a.

L'OTAN utilise le système NADGE (NATO Air Defense Ground Environment = Infrastructure élec-

Principales bases de l'OTAN

• **Dans les pays de l'OTAN.** Ces bases sont surtout américaines : **Grande-Bretagne.** Holy Loch (Écosse), point d'appui des sous-marins Polaris. **Grèce.** Effectifs américains évacués à la suite des événements de Chypre (août 74), retour au sein de l'OTAN (oct. 80). **Groenland.** 2 bases américaines dont Thulé (système d'alerte-radar). **Islande.** N'a pas d'armée nationale. 3 300 Américains assurent sa défense. **Italie.** Vérone (infanterie et aviation), Pise (base logistique), Sigonella (Sicile) (marine). La Maddalena (Sardaigne) (marine), Naples (marine). **Turquie.** Depuis l'affaire de l'U 2, contraint d'atterrir en Union soviétique en 1969, les 27 bases américaines en Turquie sont sous contrôle légal de l'état-major turc. La plupart sont prêtées par « accord verbal ». De plus, les U.S.A. disposent de 26 bases de communication et de surveillance des missiles. Les Turcs en ont pris le contrôle direct en août 74, après les événements de Chypre.

• **Dans les pays de la zone OTAN qui ne sont pas membres de l'Alliance atlantique.** Depuis l'expulsion des Américains de Libye en 1970 et la perte de Malte en 1971. **Chypre.** Depuis 1960, un accord prévoit l'utilisation des ports de l'île par la Royal Navy. La G.-B. y entretient également une base jouissant de l'extraterritorialité. **Espagne.** L'accord de 1953 a été renouvelé en 1976 pour 5 ans. Les bases amér. [Saragosse, Torrejón, Morón et Rota (sous-marins Polaris)] sont théoriquement sous commandement esp. **Maroc.** 3 bases de télécom. américaines en vertu d'un « informal agreement ».

tronique pour la défense aérienne de l'OTAN), qui s'étend du cap Nord jusqu'en Turquie.

Dispositif américain en Europe. 353 000 (2 divisions blindées, 2 div. mécanisées, 2 brigades d'infanterie, 30 escadrons d'appui et de reconnaissance, 2 escadrons de défense aérienne tactique, 2 escadrons de transport tactique et la VIe flotte en Méditerranée).

En Europe du Nord et centrale. Stationnés en G.-B., All. féd., Belgique, à Berlin et aux P.-Bas. 50 % env. de l'aviation de combat américaine en Europe (350 avions) est en G.-B. *Dépôts d'armes nucléaires* (avions B-52, F-111, missiles de croisière GLMC et missiles balistiques Pershing) en G.-B., P.-Bas, Belgique et Allemagne.

En Europe du Sud. Disposent de plusieurs bases autour de la Méditerranée où croise la VIe flotte avec 2 à 3 porte-avions et 27 navires d'escorte (27 200 h.). L'Espagne a mis la base de Rota à la disposition de la marine amér. et accueille env. 5 300 h. de l'armée de l'air amér. (avions de combat F-16 et F-4 Phantom). L'Italie accueille à Gaeta, Naples, Signonella et La Maddalena les éléments de la VIe flotte, et a accepté l'implantation de missiles de croisière (GLMC) à tête nucléaire à Comiso (10 000 soldats et aviateurs américains en Italie env.). La Grèce abrite env. 3 100 soldats et aviateurs américains. En Turquie, env. 5 000 h.

• **Pacte de Varsovie.** *En Europe centrale et du Nord* (All. dém., Pologne, Tchécosl., régions baltes et occid. de l'U.R.S.S.) *et en Europe méridionale* (Bulgarie, Hongrie, Roumanie, régions mérid. de l'U.R.S.S.) : 28 div. bl. (U.R.S.S. 17), 34 div. méc. (U.R.S.S. 21), 10 div. d'inf. et parachutées (U.R.S.S. 6) ; au total 48 500 chars (U.R.S.S. 36 000) et 1 960 000 h. (U.R.S.S. 1 143 000).

Nota. – Divisions immédiatement disponibles en renfort : 10 div. bl. (U.R.S.S. 6), 21 div. méc. (U.R.S.S. 10).

A partir de la frontière d'All. dém. de Thuringe, les forces du Pacte de Varsovie sont à 140 km du Rhin à Mayence, à 240 km de Strasbourg.

Selon un rapport américain de la Brookings Institution, les Soviétiques peuvent lancer immédiatement 56 divisions de choc en Europe de l'Ouest (31 sont stationnées en Europe de l'Est) ; 111 peuvent entrer en ligne après un court délai de préparation. Le groupe Nord du Pacte de Varsovie (All. dém., Pologne, Tchécoslovaquie) aligne 520 000 h. et 31 divisions (dont 12 blindées), le groupe Sud (Hongrie, Roumanie, Bulgarie) 351 000 h. et 26 divisions (dont 5 blindées). Depuis 1967, 40 divisions sont stationnées en Extrême-Orient, mais leur mission est seulement dissuasive, en face de 45 divisions chinoises. Les divisions soviétiques stationnées en Europe de l'Est ont leurs dotations réalisées entre 75 et 100 % ; les tiers des autres entre 33 et 50 %.

Dans chaque division soviétique, la proportion des troupes d'assaut par rapport aux troupes de soutien est de 71 % contre 29 %. Dans les unités américaines c'est l'inverse : 27 % contre 73 %.

Forces aériennes (en 1984)

(Sans les forces aériennes de la Marine.)

• **OTAN.** *Avions de combat tactique :* 3 447 (av. de reconnaissance 376 ; chasseurs/av. d'attaque au sol 2 290 ; intercepteurs 711 ; bombardiers légers 28).

• **Pacte de Varsovie.** 8 061 (av. de reconnaissance 648 ; chasseurs/av. d'attaque au sol 2 433 ; bombardiers légers 470 ; intercepteurs 4 510).

Rampes de lancement de missiles sol-air

• **OTAN.** La ceinture de missiles Nike/Hawk établie en Europe centrale comprend 1 662 rampes de lancement dont plus de 1 000 en All. féd. A fin 1987 : 572 Pershing 2.

• **Pacte de Varsovie.** Système échelonné en profondeur, très dense, qui comprend de fortes unités d'artillerie DCA, des missiles sol-air ; 3 151 rampes de lancement dont 1 400 dans les dém. pop. (notamment en All. dém. et en Tchécoslovaquie). SS-20 : 441 (au 19-9-85).

Forces navales (en 1984-86)

• **OTAN** (flotte française exclue). Flottes moyennes en présence dans l'Atlantique Nord, la Baltique, la Méditerranée et la mer Noire : 14 porte-avions d'attaque, 14 croiseurs, 121 destroyers, 460 frégates, corvettes et escorteurs de lutte anti-sous-marine, 188 sous-marins (d'attaque).

L'escadre française en Méditerranée comprend : 2 porte-avions, 1 frégate lance-missiles, 14 bât. de combat, 1 flottille de sous-marins (9 dont 1 nucl.). Dans l'Atlantique : 1 porte-hélic., 22 bât. de combat, 14 sous-marins (dont 5 nucl.).

• **Pacte de Varsovie.** Dans la zone couverte par l'OTAN, l'activité des forces navales soviétiques se concentre sur les mers périphériques de l'Europe et la partie nord de l'Atlantique. *En Méditerranée,* l'« *Eskadra* » stationnée en permanence comprend en moyenne 50 unités. La *mer du Nord* est menacée par les forces navales du Pacte de Varsovie stationnées dans la Baltique et par les unités soviétiques de la mer Arctique. Les forces navales, très mobiles, peuvent être très vite déplacées.

Effectif : 3 porte-avions (dont le *Kiev,* 1er p.-a. soviétique), 25 croiseurs, 51 destroyers, 500 frégates, corvettes et escorteurs de lutte anti-sous-marine, 197 sous-marins nucléaires (dont 151 d'attaque).

La flotte soviétique est plus nombreuse, mais les s.-m. soviét. sont dans l'ensemble inférieurs aux s.-m. amér. et anglais ; la flotte souffre de plusieurs faiblesses : soutien logistique insuffisant, aviation embarquée embryonnaire, entraînements médiocres, personnels de qualification insuffisante, commandement manquant d'initiative (double hiérarchie politique et militaire), possibilités d'action réduites pour des raisons géographiques : *l'U.R.S.S. ne dispose que d'un seul accès permanent aux mers libres,* Mourmansk, dont l'accès à l'Atlantique est parsemé d'îles contrôlées par les Américains. Les autres ports de l'Arctique sont bloqués par les glaces plusieurs mois par an. Les ports de la Baltique sont contrôlés par le Sund, le Kattegat et le Skagerrak ; ceux de la mer Noire par le Bosphore et les Dardanelles ; ceux des mers d'Okhotsk et du Japon par les Kouriles et le détroit de Corée. En avril 1979, l'U.R.S.S. a envoyé pour la 1re fois un porte-avions, le Minsk (40 000 t, avions à décollage et atterrissage courts, hélicoptères), dans l'océan Indien où elle maintient dep. fin 1978 une flotte de 24 bâtiments de g. Mais celle-ci a été contrée par le renforcement de la base amér. de Diego-Garcia, au potentiel supérieur à tout ce que la marine soviétique possède dans les mers du Sud.

☞ **Économie de guerre.** L'U.R.S.S. est indépendante pour l'énergie, les U.S.A. importent 10 % de la leur, la C.E.E. 55 %.

L'U.R.S.S. importe 10 % de ses matières minérales (les U.S.A. 25 %, la C.E.E. 60 %) et 10 % de ses prod. agricoles (U.S.A. 0 %, C.E.E. 20 %).

Évolution des marines de guerre (en milliers de t et en nombre d'unités sauf navires amphibies, auxiliaires et logistiques) : **1960** U.S.A. 3 793 (1 316), U.R.S.S. 1 192 (1 070), G.-B. 791 (470), France 336 (236) ; **1970** U.S.A. 4 120 (1 001), U.R.S.S. 1 749 (1 135), G.-B. 604 (255), France 268 (193) ; **1980** U.S.A. 2 230 (324), U.R.S.S. 2 555 (1 311), G.-B. 405,2 (167), France 256,2 (132) ; **1986** U.S.A. 2 751,1 (391), U.R.S.S. 2 844 (1 542), G.-B. 364,8 (160), France 236 (109).

Personnel militaire. Nombre en milliers (dont officiers) : U.S.A. 571,3 (68,9), U.R.S.S. [1] 431 (57), G.-B. 70,6 (9,9), France 68,6 (4,3), All. féd. 36 (4,6), Italie 36,7 (5,3), Japon 45,2 (6,8). **% d'appelés :** U.R.S.S. [1] 70, France [2] 26,8, All. féd. 30, Italie 64,5.

Nota. – (1) Estimations. (2) Au 1-1-85.

Contrôle des armements

• **1957**-*2-10 :* **plan Rapacki** (min. des Affaires étr. polonais) sur l'interdiction de la production et des dépôts d'armes nucléaires dans les 2 Allemagne, est rejeté par l'OTAN. **1959**-*1-12 :* démilitarisation et dénucléarisation de l'Antarctique, qui n'était ni militarisé ni nucléarisé. **1963**-*5-8 :* la France et la Chine ne signent pas le tr. de Moscou : arrêt des essais nucléaires non souterrains. **1967**-*27-1 :* interdiction d'envoi de charges nucléaires dans l'espace cosmique (celui-ci étant peu défini, l'accord peut aisément être tourné). *-14-2 :* dénucléarisation de l'Amérique du Sud.

• **1968**-*11-7 :* **traité de non-prolifération** *des armes nucléaires,* en vigueur : interdit aux détenteurs de l'arme nucléaire de fournir des armes nucléaires ou des renseignements aux autres États, et à ceux-ci de produire ou d'acquérir ces armes. Près de 100 pays sont membres du tr. 40 restent aujourd'hui en dehors ; *27 pays ont refusé de signer :* Afrique du S., Albanie, Algérie, Arabie Saoudite, Argentine, Brésil, Birmanie, Chili, Chine, Cuba, Espagne, *France,* Guinée, Guinée-Équatoriale, Guyana, Inde, Israël, Malawi, Mauritanie, Niger, Pakistan, Portugal, Qatar, Ouganda, Émirats arabes unis, Tanzanie, Zambie. *13 pays l'ont signé, mais ne l'ont toujours pas ratifié :* Égypte, Indonésie, Turquie, Suisse, Colombie, Barbade, Panama, Trinité-et-Tobago, les deux Yémen, Koweit, Singapour, Sri Lanka.

Principaux reproches faits au traité. 1) Il n'est pas universel. 2) Il interdit seulement la possession d'armes nucléaires entièrement fabriquées [tout travail préparatoire à la fabrication (jusqu'à 5 minutes de l'achèvement définitif) reste autorisé]. 3) Il n'apporte aucune contrepartie aux États déclarés non nucléaires (contrepartie proposée, mais non adoptée : limiter aux signataires la fourniture de matériel nucléaire « civil »). Ainsi les non-signataires sont tentés de refuser définitivement une concession unilatérale ; interdiction de l'utilisation militaire des fonds marins (les silos sous-marins, habités ou automatiques, sont bannis, mais le sous-marin à l'affût plusieurs mois sur le fond est toléré).

1976-*sept. :* interdiction de transformer l'environnement pour des fins militaires (g. météorologique ou géophysique).

• **Conversations SALT I (Strategic Arms Limitation Talks). 1969**-*7-11* ouverture à Helsinki des conversations sur la limitation des armements stratégiques. **1972**-*26-5* signature à Moscou, par Brejnev et Nixon, des 1ers accords SALT, limitant les armements antimissiles (ABM) et de l'accord intérimaire limitant les armements offensifs. U.S.A. et U.R.S.S. s'engagent à : ne pas entreprendre à partir du 1-7 la construction de nouvelles rampes de lancement (ICBM) ; limiter le nombre de lanceurs balistiques installés sur sous-marins (SLBM) et des s.-m. lanceurs de missiles balistiques modernes au nombre de ceux qui sont opérationnels ou en cours de construction à la signature de l'accord (U.S.A. 710 et 44, U.R.S.S. 950 et 62) ; traiter des moyens nationaux de vérification employés par chaque partie qui s'engage à ne pas prendre délibérément des mesures de dissimulation qui empêcheraient cette vérification par les moyens techniques nationaux de l'autre partie. Les satellites de reconnaissance permettent à chaque signataire de s'assurer que l'autre respecte l'accord.

Cette convention provisoire devait rester en vigueur 5 ans, à moins d'accord sur des mesures plus complètes concernant la limitation des armes stratégiques offensives. Elle a été prolongée depuis novembre 1977 dans l'attente de la signature de l'accord SALT II.

Ces accords ne touchent ni les IRBM (qui ne peuvent, par ex., de l'U.R.S.S., atteindre les U.S.A., mais continuent à menacer l'ensemble de l'Europe occidentale), ni les bombardiers. Ils ne s'appliquent qu'à des armements à peu près contrôlables par satellites : les fusées fixes ou mobiles pourront donc porter autant d'ogives atomiques que le permet le progrès technique. La modernisation et le remplacement des missiles balistiques offensifs stratégiques et des lanceurs missiles mentionnés dans l'accord sont autorisés ; ainsi, l'accord risque de stimuler la course à l'amélioration des performances et l'emploi d'ogives à têtes multiples, ce qui aboutirait non pas à une limitation, mais à une multiplication des engins offensifs.

1973-*22-6 :* accord U.S.A. et U.R.S.S. sur la prévention de la g. nucléaire. **1974**-*3-7 :* accord U.S.A.-U.R.S.S. sur la limitation des expériences nucléaires souterraines à partir du 31-3-76 (interdiction d'expériences de + de 150 kilotonnes). *-24-11 :* accord de Vladivostok ; limite pour 10 ans à 2 400 le nombre des missiles et des bombardiers porteurs d'ogives nucléaires, à 1 320 le nombre des fusées à têtes multiples.

• **SALT II. 1975**-*31-1 :* reprise des négociations (les accords *SALT I* prenant fin le 3-10-77). **1979**-*18-6 :* signature à Vienne de l'accord SALT II entre Brejnev et Carter.

Traité : limitations quantitatives : 2 250 lanceurs d'armes nucléaires au max. d'ici à la fin 1981 (2 400 après 6 mois) (en 1979 : U.S.A. 2 058, U.R.S.S. 2 500) ; ces lanceurs ne peuvent pas comprendre plus de 1 320 engins terrestres ou sous-marins à têtes multiples (MIRV) et d'avions porteurs de missiles de croisière (cruise) d'une portée sup. à 600 km ; parmi ceux-ci pas plus de 1 200 MIRV terrestres CICBM (820 au max.), sous-marins (SLBM) ou aériens (ASBM). *Limitations qualitatives :* pas plus d'un nouveau missile intercontinental terrestre (ICBM) pour chaque partie d'ici à 1985 ; limitation des charges de chaque missile à têtes multiples : ICBM 10, SLBM 14, ASBM 10 ; nombre max. de missiles de croisière (portée sup. à 600 km) emporté par un avion : 20 pour les B 52 actuels, 28 en moyenne ; pas de construction de nouveaux silos pour missiles lourds (plus gros que le SS-19 soviétique) (308 en 1979).

Documents annexes : Protocole (valable jusqu'au 31-12-81) : interdit tout essai en vol et mise en place de missile terrestre mobile et de missile intercontinental ASBM, la mise en place de missiles de croisière basés à terre et sur mer (portée sup. à 600 km). *Engagement soviétique pour le bombardier Backfire :* 30 ex. au max. par an, pas de performances améliorées. *Vérification :* par les « moyens techniques nationaux », auxquels il ne doit pas être fait obstacle ; certains essais de missiles doivent être signalés à l'avance... *Déclaration commune de principe* prévue pour la négociation SALT III (nouvelles limitations et réductions).

Réactions européennes. *Les États eur., notamment la R.F.A., sont inquiets :* 1° des clauses limitant les transferts de technologie (les U.S.A. affirment en revanche que ces clauses n'interdisent pas la livraison d'armes toutes fabriquées à des puissances alliées). 2° de la non-limitation des missiles nucléaires soviétiques SS-20, et des bombardiers sov. Backfire, qui ne sont pas capables de menacer le territoire amér. mais sont suffisants pour anéantir l'Europe [le désarmement en zone européenne (appelée « zone grise ») doit faire l'objet de nouvelles négociations U.S.A.-U.R.S.S., nommées SALT III]. Beaucoup estiment que les U.S.A. ont sacrifié la sécurité européenne à celle de leur territoire. *Réponse du gouv. amér. :* « Les bases avancées amér. en Europe ne font pas non plus l'objet de limitations ; les Européens n'ont pas à craindre une attaque par SS-20 et Backfire tant que des troupes amér. restent en Europe. » *Objections amér.* 5 points importants ont été omis : 1) Le Backfire n'a pas été considéré comme un avion stratégique, ce qu'il est en réalité. Dep. le N.-E. de la Sibérie, il peut atteindre New York. 2) Le lancement à froid à partir des silos n'a pas été interdit (s'il est adopté en U.R.S.S., chaque silo pourrait lancer des séries d'engins, amenés à leur point de départ par un système dit « de barillet »). 3) Aucun plafond n'a été fixé pour les fusées SLBM, et l'U.R.S.S. peut remplacer ses engins actuels par des MIRV dotées de 14 têtes indépendamment guidables. 4) Les missiles sol-air ne sont pas limités (l'U.R.S.S. peut neutraliser les engins offensifs amér.). 5) Les moyens de protection civile ne sont pas limités, l'U.R.S.S. peut limiter les représailles amér. en protégeant ses villes. 6) L'U.R.S.S. a développé 2 nouveaux missiles au lieu de 1 (le SS-X-*24*, et le SS-*25*).

Application. En *août 1979,* Zbigniew Brzezinski propose de doter l'Europe de fusées Pershing II. *-9-10 :* la Pravda dénonce cette offre comme un sabotage de SALT II. *-9-11 :* approbation de SALT II par la commission des aff. étr. du Sénat amér. (mais le vote définitif est renvoyé à cause des affaires d'Afghanistan). SALT II n'ayant pas été ratifié, la modernisation des armes stratégiques se poursuit selon les dispositions de SALT I. Mais, dans la pratique, aucune des 2 parties ne semble avoir remis en cause d'une façon irréversible les dispositions de SALT II ; elles ont réduit le nombre des SLBM en service (sans doute temporairement) tout en préparant la mise en service de nouveaux types de sous-marins. En mai 1986, les U.S.A. ont dit « ne plus être liés » par les accords.

• **SALT III. Projet.** Les événements d'Afghanistan ont repoussé les conversations (qui auraient dû être engagées dès 1980) (la France, qui avait été invitée à participer, avait notifié son refus dès janvier 1980 ; la G.-B. avait accepté). Les conversations auraient porté sur de nouvelles limitations [engins intercontinentaux, engins tactiques stockés en zone stratégique (« zone grise »), comprenant notamment l'Europe].

• **Négociations sur la réduction des forces en Europe (MBFR : Mutual and Balanced Force Reduction) et la sécurité européenne (CSCE).** *1973* (28-6) après 5 mois, *19 États* [12 de l'OTAN (France, Portugal, Irlande étaient absents) et 7 du Pacte de Varsovie] décident d'ouvrir des négociations le 30-10, qui échouent. Les Occidentaux affirment que les forces du Pacte de Varsovie dépassent de 190 000 h. le chiffre officiel. *1982* (juill.) les U.S.A. proposent de ramener à 700 000 h. les forces terrestres de chaque camp en Europe (900 000 h. pour les forces terrestres et aériennes). *1983* (févr) le Pacte de Varsovie propose d'amorcer la réduction mutuelle des forces par le retrait de troupes sov. et amér., le niveau des forces étant gelé jusqu'à un accord sur cette réduction ; *juin,* ils admettent en principe des inspections sur place.

• **Accords d'Helsinki. 1973**-*8-6,* les *34 États* qui participaient à des consultations sur la sécurité europ. à Helsinki décident de tenir une conférence sur la sécurité et la coopération en Europe. *1973* (3-7) 1re phase commence. -75 (30-1) 2e p. reprend, (juillet) accord. *1977* (4-10) à *1978* (8-3) les États examinent à Belgrade les résultats pratiques des recommandations de la Conférence d'Helsinki. Les Occidentaux ont mis en évidence les infractions de l'U.R.S.S. et de certains pays de l'Est. **11-11-80/9-9-83** *2e conf.* à Madrid sur l'application des accords d'Helsinki ; rappel du non-respect des clauses de l'acte final d'Helsinki par certains des signataires et la nécessité de promouvoir le désarmement, convocation d'une conf. sur le dés. en Europe [Stockholm (Suède)] en 1984, 2 réunions [Ottawa (Canada) 1985, Berne (Suisse) 1986] sur les Droits de l'Homme, nécessité de lier la sécurité en Europe à celle de toute la Méditerranée (début de la négociation prévu en oct. 84 à Venise (Italie).

• **Négociations eurostratégiques de Genève.** Début le 30-11-1981. *Objet :* discussion, entre U.S.A. et U.R.S.S., sur les « forces nucléaires de portée intermédiaire (F.N.I.) » (portée 1 000 km et +) qu'ils entreposent en Europe (v. aussi ci-dessus).

Arsenal des U.S.A. (selon U.S.A., et en italique selon U.R.S.S.). *Missiles* basés à terre et m. sous-marins : 0, *0. Bombardiers* F-111 (4 400 km de rayon d'action) basés en G.-B. : 164, *n.c. ;* FB111 basés aux U.S.A. : 63, *n.c. Chasseurs bombardiers* F-4 (800 à 1 200 km) et A-6/A-7 (500 à 1 100 km) : 265 + 68, *n.c. Total avions : 560, 700. Total vecteurs :* 560, *700.*

Arsenal de l'U.R.S.S. (selon U.R.S.S., et en italique selon U.S.A.). *Missiles* basés à terre : 496, *700* dont 250 SS-20 (portée 4 500 km), 35 SS-5 (4 100 km), 315 SS-4 (1 900 km), 100 SS-12/22 (800 km) ; m. sous-marins : 18, *30 ;* total missiles : 514, *730. Bombardiers :* 461, *395* (Backfire, Backger et Blinder ; rayon d'action : 4 000 km, 3 200, 1 100). *Chasseurs bombardiers :* non comptés par U.R.S.S., *2 700* selon U.S.A. (Fitter : 630 km, Flogger : 720-960 km, Fencer : 700 km). *Total avions :* 461, *3 095. Total vecteurs :* 975, *3 825.*

En outre, l'U.R.S.S. veut que l'*arsenal français et britannique* soit pris en compte. *Missiles* basés à terre : 18 S-2 et S-3 (France) ; m. sous-marins : 80 (France) ; 64 Polaris, A-3 (G.-B.) ; total missiles : 162. *Avions :* 46 Mirage-IV (France), 55 Vulcan-2 (G.-B.) ; total avions : 101 ; total alliés : 263 ; *total U.S.A. + France + G.-B. :* 986.

Propositions. Des U.S.A. : « option zéro » liquidation des SS-20, 4 et 5 et renonciation aux Pershing et missiles de croisière prévus par l'OTAN.

De l'U.R.S.S. : 4 étapes : moratoire avec réduction unilatérale d'une partie des armements à moyenne portée de l'U.R.S.S., réduction radicale et mutuelle des armements à moyenne portée en tenant compte des moyens U.S. de stationnement avancé et des systèmes français et de G.-B. ; renonciation totale et mutuelle aux armements nucléaires en Europe, renonciation totale et mutuelle aux armes tactiques en Europe. **21-12-82,** propose de ramener les SS-20 à 162 (équivalent des fusées de la France et de la G.-B.) si Pershing et missiles de croisière ne sont pas installés (100 autres SS-20 seraient déployés en Asie) ; SS-4 et 5 seraient démantelés. Depuis, les U.S.A. envisageraient une « option 50 % » : p. ex. 54 Pershing et 32 missiles de croisière (au lieu de 572) contre 120 SS-20 (au lieu de 245). **23-11-83** après l'arrivée des 1ers Pershing-I en G.-B. (14-11) et l'approbation (22-11) en All. féd. par le Bundestag de l'implantation d'euromissiles, l'U.R.S.S. interrompt les négociations (aucune date de reprise fixée).

• **Négociations stratégiques de Genève. (START : Strategic Arms Reduction Talks).** Menées parallèlement aux nég. eurostratégiques (v. ci-dessus) en juin 1982. Reprises le 3-2-83 puis suspendues le 8-12-83. **Propositions des U.S.A.** Plafond pour les ogives (réduction de 30 % dans chaque camp, soit de 7 500 à 5 000 dont 50 % sur des missiles basés à terre) et les lanceurs (850 au max. contre 1 572 aux U.S.A. et 2 348 en U.R.S.S.). **De l'U.R.S.S.** Réduction de 25 %, avec 1 800 charges au max. ; gel de toute prod. d'armes nouvelles.

État des négociations. **1983** le Bundestag allemand ayant approuvé le 22-1 le déploiement des Pershing II en All. et ceux-ci ayant commencé à arriver le 23-11, le 24-11 Iouri Andropov déclare que les négociations de Genève sur les F.N.I. (Forces nucléaires intermédiaires : SS-20, euromissiles) n'ont plus lieu d'être et le 8-12 suspend les négociations START et les pourparlers M.B.F.P. **1984**-*2-11* Reagan et Tchernenko annoncent une reprise du dialogue soviéto-amér. sur les armements. **1985** *janv.* à Genève, rencontre Shultz-Gromyko, annonce de l'ouverture prochaine de négociations en 3 forums indépendants : armes de l'espace, a. stratégiques et forces de portée intermédiaire. *-12-3* ouverture à Genève de ces conversations.

« Ils s'accusent »

☞ **L'U.R.S.S. accuse les U.S.A. d'avoir violé :** *1°) le traité ABM* avec leur initiative de défense stratégique. En outre, certains missiles Minuteman ont été « durcis » de façon à en faire des « antimissiles ». Le réseau de radars fixes « pave paws » est utilisé à des fins interdites par le texte de 1972. *2°) SALT II.* Installation de missiles de croisière en Europe, armes considérées comme « stratégiques » par l'U.R.S.S., puisqu'elles peuvent atteindre son territoire. *3°) Le traité de 1974 sur la limitation des essais souterrains d'armes nucléaires.* La puissance des essais souterrains étant supérieure à celle admise par le document. *4°) Le traité de Genève de 1925* interdisant l'emploi des armes chimiques, lors de la guerre du Viêt-nam. *5°) L'acte final de la conférence d'Helsinki* (1975) en tentant de remettre en question les réalités existant en Europe et en entravant la coopération commerciale et économique normale dans cette partie du monde.

☞ **Le président Reagan accuse l'U.R.S.S. d'avoir violé :** *1°) Le traité de 1972 sur les armements antimissiles (ABM)* en construisant à Krasnoïarsk, en Sibérie, un type de radar interdit par ce traité, amorce d'un 2e réseau de protection antimissiles. Or le traité ABM n'en autorise qu'un seul dans chaque pays : autour de Moscou pour l'U.R.S.S., autour d'une base de missiles stratégiques pour les États-Unis (mais Washington n'a finalement pas fait usage de cette possibilité). *2°) Le 2e accord SALT de 1979 (SALT II)* (non ratifié par les U.S.A., mais l'U.R.S.S. et U.S.A. ont déclaré vouloir le respecter) en procédant aux essais d'un 2e type de missile balistique intercontinental, le SSX-25, alors qu'ils ont déjà expérimenté le SSX-24. SALT II n'autorise chaque puissance à expérimenter qu'un seul type nouveau de missile. *3°) Le traité de 1963 sur les essais nucléaires souterrains,* en procédant à des explosions qui ont projeté des débris radioactifs au-delà du territoire soviétique.

Forces militaires

Légende : Forces totales (dont T : terre ; M : marine ; A : air), forces paramilitaires (PM), réservistes et potentiel mobilisable (hommes 18 à 45 ans) en 1983-84. *Sources :* Institut international d'études stratégiques de Londres et ministères des principaux pays.

• **Afghanistan** 46 000 (T 40 000, A 6 000). PM 30 000. (Le Commandement sov. ayant pris le contrôle des forces afghanes, on ne peut les différencier.)

• **Afrique du Sud** 83 400 (T 67 400, M 6 000, A 10 000). PM 145 500. Réserv. 157 000. *Serv. mil.* : 2 ans.

• **Albanie** 40 400 (T 30 000, M 3 200, A 7 200). PM 12 500. Réserv. 155 000.

• **Algérie** 130 000 (T 110 000, M 8 000, A 12 000). PM 24 550. Réserv. 100 000. *Serv. mil.* : 6 mois. **Terre.** 3 brigades blindées, 6 d'infanterie motorisée, 4 bat. de chars, 20 d'infanterie, 2 de parachutistes, 12 compagnies de troupes du désert, 5 bat. d'artillerie, 11 antiaériens, 4 génie. Armement soviétique (630 chars, 830 BTR) ; français (50 chars AMX 13). **Marine.** 6 patrouilleurs, 18 vedettes lance-missiles (SSM Styx), 10 lance-torpilles, sov. **Air.** 306 avions de combat surtout sov. : 1 escadron de bombardement léger, 4 d'interception, 7 de chasseurs d'attaque au sol, 1 de lutte antiguérilla, 1 de reconnaissance, 1 de transport, 96 hélic.

• **Allemagne démocratique** (R.D.A.) 174 000 (T 120 000, A 39 000, M 15 000). PM 77 500, milice pop. 15 000 gr. de combat. Réserv. 400 000. *Serv. mil.* : 18 mois terre et air, 36 marine. **Terre.** 2 divisions de chars, 4 d'automitrailleuses, 2 brigades de Scud, 2 régiments d'artillerie (1 antiaérien), 2 bat. antichars, 1 aéroporté. **Marine.** 2 frégates, 16 corvettes et 15 vedettes lance-missiles, 49 v. lance-torpilles, 6 patrouilleurs, 27 dragueurs de mines, 1 escadron d'hélic. **Air.** 380 avions de combat, 6 escadrons de chasseurs d'attaque, 1 de transport, 111 hélic., 6 régiments de défense aérienne. Env. 400 000 soldats sov. stationnent.

• **Allemagne fédérale** (R.F.A.) 478 000 [(T 335 600, M 36 200, A 106 000, réservistes 6 000 (moy. an.)]. PM 20 000. *Serv. mil.* : 15 mois (18 à partir du 1-7-89). *Objecteurs de conscience 1967* : 6 000, *75* : 32 565, *83* : 70 000. Encadrement insuffisant (il manque 3 000 off. et 15 800 sous-off.). *Recrutement* : baisse de natalité ; besoins de l'armée 225 000 h. ; après 1990 : 80 000, en envisage de prolonger le service de 15 à 18 mois (en 1989). *Budget militaire* : 4,1 % du PNB (1982).

Terre. 3 corps d'armée articulés en 12 divisions (6 blindées, 4 d'infanterie blindée, 1 de montagne, 1 aéroportée) comprenant 17 brigades blindées, 15 d'infanterie blindée, 1 d'infanterie de montagne, 3 aéroportées. **Stationnement** (sur 1 front de 190 km, dans le dispositif OTAN) : 1 CA à 4 div. sur la frontière tchèque. 2 CA à 7 div. et 1 div. dans le dispositif d'un corps OTAN, sur la frontière de l'All. dém. **Matériels.** *Chars* : 1 280 Léopard 2 (120 mm), 2 437 L. 1 (105 mm), 650 M 48 (105 mm). *Véhic. blindés* : 2 136 Marder (canon autom. 20 mm). *Chasseurs de char* : 316 lance-missiles SS 11 et 140 Hot, 520 canons (90 mm). *Canons lance-missile antichar* : 1 975 Milan, 346 Tow. *Véhicules* : 3 357 de transp. de troupes (M-113, TPZ-1). 408 blindés de reconnaissance Luchs. *Chars antiaériens* : 426 à canon Gepard, 143 à missiles Roland. *Poseurs de ponts* : 101 M 48, 105 Bider. 36 *engins blindés du génie 1*, 236 *véhic. de franchissement et de pontage amphibies. Chars dépanneurs* : 544 type 2, 125 M 88. *Véhic de transp. blindés. Fuchs* 420, *mortiers* (120 mm) 987. *Obusiers automoteurs 155 mm* : 594 ; *203 mm* : 77 ; de campagne *255 mm* : 215 ; *105 mm* : 257. *Lance-missiles* : 209 multiples, 26 Lance. *Hélicoptères* : 187 de transp. légers UH-1D, 105 CH-53, 148 de liaison Alouette II, 96 Bo-105 M, 211 AC Bo-105 P.

Éléments organiques : 1° *de division (96 bataillons)* : reconnaissance blindée, artillerie missiles, art. de campagne, unités de repérage, génie, défense antiaérienne, aviation légère de l'armée de terre, transmissions, service de santé, soutien logistique. 2° *de corps d'armée (45 bataillons)* : chars, art. missiles, art. de campagne, génie, défense antiaér., unités prévôtales, aviation légère de transport de l'armée de terre, transmissions. **Unités de soutien logistique de corps d'armée (49 bataillons)** : réparation, ravitaillement, transports, service de santé. *Effectifs en temps de paix* : + de 50 000 h. (env. 3 divisions). **Armée territoriale** : 3 commandements terr. (Kiel, Mönchengladbach, Heidelberg) ; 5 commandem. de région mil. ; 6 brigades de défense du territoire (unités de matériel de mobilisation) ; 4 commandem. des services terr. de soutien ; 29 commandem. de district de défense ; 80 commandem. de cercle de défense. En outre, unités de mobilisation, telles que : bataillons de chasseurs, compagnies de couverture, bat. de génie, prévôtaux, unités de soutien logistique. L'armée de terre comprendra 17 brigades blindées (chacune 3 bataillons bl., 1 d'inf. bl., 1 d'artillerie), 17 brigades d'inf. (chacune 2 bataillons bl., 2 d'inf. bl., 1 d'art. bl.), 3 brigades aéroportées.

Doctrine : fondée sur l'emploi massif des blindés à chenilles.

Marine. 7 destroyers. 9 frégates. 6 corvettes. 40 vedettes rapides. 57 dragueurs et chasseurs de mines, bateaux à drague à solenoïde, bâtiments de transport de mines. 24 sous-marins. 10 bâtiments-bases. 8 ravitailleurs. 9 navires-citernes. 2 ravitailleurs munitions. 5 remorqueurs. 2 navires-école. 103 chasseurs-bombardiers/avions de reconnaissance. 19 avions ASM et patrouilleurs de haute mer. 12 hélicoptères embarqués, 22 hél. SAR. 19 avions de liaison.

Air. 137 Tornado. 120 F-4F Phantom II. 58 RF-4E Phantom II. 90 F-104 Starfighter. 173 Alpha-Jet. 75 C-160 Transall. 71 DO-28, 96 Uh-1D. 24 batteries Nike. 36 batteries Hawk. 8 escadrons de missiles sol-sol Pershing Ia. 4 Boeing 707, 3 Lockheed Jet Star. 6 HF B 320 Hansa, 3 VFW 614. Les U.S.A. avaient imposé l'achat de 800 Starfighter (Lockheed), 205 ont été perdus en 14 ans (100 pilotes tués) ; ils sont remplacés peu à peu par des Tornado [chasseurs-bombardiers à équipement électronique, fabriqué conjointement par All. (Messerschmitt), G.-B., Italie].

Effectifs (comparaisons)

• **Total.** U.R.S.S. 5 300 000. Chine 3 900 000. U.S.A. 2 135 000. Inde 1 260 000. Allemagne 478 000. France 476 560. Italie 385 100. G.-B. 327 100. Espagne 320 000. Japon 243 000.

Air. U.S.A. U.R.S.S. 570 000. Chine 490 000. Inde 113 000. Allemagne 106 000. France 96 550. G.-B. 93 500. Italie 70 600. Japon 44 000. Espagne 33 000.

Marine. U.S.A. 564 800. U.R.S.S. 480 000. Chine 350 000. G.-B. 70 600. France 67 710. Espagne 57 000. Inde 47 000. Italie 44 500. Japon 44 000. Allemagne 32 600.

Terre. Chine 2 973 000. U.R.S.S. 1 995 000. U.S.A. 977 400 (dont 196 600 Marines). Inde 1 110 000. Allemagne 335 600. France 300 000. Italie 270 000. Espagne 230 000. G.-B. 163 000. Japon 155 000.

• **Effectifs militaires. Rapportés à la population (en %, 1982).** U.R.S.S. 1,85 (hors paramilitaires 1,66), France 1,07 (hors gendarmerie 0,92), U.S.A. 0,93, All. féd. 0,75, G.-B. 0,59.

• **Effectifs des formations militaires. Allemagne féd. Nombre d'hommes et, entre parenthèses, nombre de chars.** Division blindée 17 000 (300) ; mécanisée 17 500 (250) ; aéroportée 8 000 à 9 000. Brigade bl. 4 500 (110) ; méc. 5 000 (54). **Chine.** D. bl. 9 200 (270) ; méc. 12 700 (30) ; aér. 9 000. B. bl. 1 200 (90) ; méc. 2 000. **Égypte.** D. bl. 11 000 (300) ; méc. 12 000 (190). B. bl. 3 500 (96) ; méc. 3 500 (36). **G.-B.** D. bl. 8 500 (148). **Inde.** D. bl. 15 000 (200) ; méc. 17 500 (250). B. bl. 6 000 (150) ; méc. 4 500. **Israël.** B. bl. 3 500 (80 à 100) ; méc. 3 500 (36 à 40). **U.R.S.S.** D. bl. 11 000 (335) ; méc. 14 000 (266) ; aér. 7 000. B. bl. 1 300 (95) ; méc. 2 300 (40). **U.S.A.** D. bl. 18 300 (324) ; méc. 18 500 (216) ; aér. 16 800. B. bl. 4 500 (108) ; méc. 4 800 (54).

Nota. — Effectif d'une division : *OTAN* : 16 000 (infanterie), 17 500 (blindée), 13 000 (aéroportée) ; *Pacte de Varsovie* : 10 000 (infanterie), 9 000 (blindée), 7 000 (aéroportée).

• **Chars, entre parenthèses armes antichar, et en italique artillerie (1983).** U.R.S.S. 51 000 (25 000) *25 000* ; U.S.A. 12 000 (16 000) *5 280* ; All. féd. 1 287 (1 908) *1 394* ; France 1 108 (1 266) *775* ; G.-B. 700 (394) *324*.

• **Arabie Saoudite** 62 500 (T 35 000, M 3 500, A 14 000). PM 10 000 (garde nationale) + 15 000 res. *Serv. mil.* : conscription. **Terre.** 3 brigades blindées, 3 mécanisées, 1 d'infanterie ; 2 bat. de parachutistes ; 3 de la garde royale ; 18 batteries d'artillerie antiaérienne ; 14 batteries dont 12 Hawk et 2 Shahine. **Air.** 205 avions de combat ; 3 escadrons de chasseurs-bombardiers ; 4 d'interception ; 3 de transport ; 36 hélic. ; 39 avions d'entraînement.

• **Argentine** 108 000 (T 55 000, M 36 000, A 17 000). PM 21 000. Réserv. 377 000. *Serv. mil.* : terre 6 à 12 mois, air 1 an, marine 14 mois. **Terre.** 2 brigades blindées, 3 mécanisées, 2 d'infanterie motorisées (3 régiments chacune), 2 de montagne, 1 aéroportée, 5 bat. de défense aérienne, 1 d'aviation. **Marine.** 4 sous-marins, 1 porte-avions, 6 destroyers, 5 patrouilleurs, 6 dragueurs côtiers chasseurs de mines, 2 vedettes lance-missiles, 21 bâtiments de débarquement. **Air.** 157 avions de combat, 1 escadron de bombardement, 4 d'interception, 3 de chasseurs d'attaque au sol, 2 de lutte antiguérilla, 2 d'hélic. dont 1 de lutte antiguérilla et 1 de recherche et sauvetage, 59 avions de transport.

• **Australie** 70 731 (T 32 029, M 16 025, A 22 677). Réserv. 31 518. *Serv. mil.* : volontaire. **Terre.** 1 division d'infanterie, 1 régiment de chars (Léopard 1 MTB), 1 rég. de reconnaissance (APC), 1 de forces spéciales, 4 d'artillerie, 1 de défense aérienne, 1 du génie, 1 d'aviation, 5 de transmissions, 3 de transport. **Marine.** 6 sous-marins classe Obéron, 3 destroyers (avec missiles Ikara ASW et Standard SAM), 10 frégates (avec missiles Harpon SSM et Standard SAM), 6 escorteurs de destroyers (avec missile Seacat SAM et Ikara ASW), 1 chasseur de mines, 15 vedettes de patrouille classe Fremantle, 8 vedettes classe Attack, 6 vedettes de débarquement, 1 navire amphibie, 1 pétrolier, 1 nav. ravitailleur, 2 navires d'entraînement. **Air.** 138 avions de combat ; *escadrilles* : 3 d'intercepteurs (F/A-18), 2 de reconnaissance et d'assaut (F 111C et RF 111C), 2 de reconnaissance maritime (P3C), 3 de transport stratég. (B 707 et C 130H), 5 de transport tactique (CC 08, UH 1 H, CH 47C, AS 350), 1 de transport spécial.

• **Autriche** 54 700 (T 50 000, A 4 700). Réserv. 170 000. *Serv. mil.* : 6 mois + 6 périodes annuelles de 10 j.

• **Bangladesh** 91 300 (T 81 800, M 6 500, A 3 000). PM 55 000. *Serv. mil.* : volontaire. **Terre.** 5 QG de division d'inf., 13 brigades d'inf., 2 rég. de chars, 6 d'artillerie, 6 bataillons du génie. **Air.** 23 av. de combat, 2 escadrons de chasse, 1 de transport, 17 hélic.

• **Belgique** 82 995 (T 55 200, M 4 545, A 18 200) : SM (Service médical 5 050). Composition des effectifs : 1/3 cadres, 1/3 volontaires, 1/3 conscrits. Gendarmes : 15 900 officiers et gendarmes en service et élèves. *Serv. mil.* : soldats et candidats sous-off. de réserve : en Belg. 10 mois, en All. féd. 8 mois ; aspirants off. de réserve : 13 mois. **Terre.** 2 divisions mécanisées (4 brigades d'active et 2 brig. de réserve) affectées à l'OTAN ; 1 rég. de para-commandos ; chars type Léopard, véhicules de reconnaissance chenillés CVRT Scorpion (canon 76 mm), Scimitar (canon 30 mm), Striker (missiles Swingfire), Spartan ; véhicules blindés d'infanterie M-75 et AMX-13 (remplacés par AIFV et M-113 entre 1983 et 1986), M-113 partiellement mis en service. Bataillons de missiles sol-air Hawk et de fusées sol-sol Lance. **Marine.** 28 dragueurs et chasseurs de mines océaniques côtiers et de petits fonds, 2 navires de soutien logistique, 2 nav. de recherche océanique, 4 frégates, 2 patrouilleurs fluviaux. **Air.** 176 av. de combat : chasseurs bombardiers F-16, chasseurs F-16 et Mirage 5BR, appareils de reconnaissance Mirage 5 BR. Av. de transport : 12 av. C-130 (Hercules), 2 Boeing 727, 3 HS 748. Av. de communication : 5 Merlin IIIA, 2 Falcons 20. Hélicoptères : 5 Sea-King, 1 Sikorski. Missiles sol-air Nike-Hercules. Av. d'écolage : 30 GIAI Marchetti et 31 Alpha Jet. MS : service médical : 4 hôpitaux militaires (Belg.), 2 (All. féd.).

• **Birmanie** 186 000 (T 170 000, M 7 000, A 9 000). PM 73 000. *Serv. mil.* : volontaire.

• **Bolivie** 27 600 (T 20 000, M 3 600, A 4 000). *Serv. mil.* : 12 mois, sélection.

• **Brésil** 276 000 (T 183 000, M 48 000, A 45 000). PM 220 000. *Serv. mil.* : 1 an. **Terre.** 8 divisions (à 9 brigades blindées ou à 21 br. d'inf. mécanisée ou motorisée), 2 de parachutistes, 5 bataillons de « jungle ». **Marine.** 7 sous-marins, 1 porte-avions, 10 destroyers, 12 frégates dont 6 armées de SAM Seacat, 9 corvettes, 5 patrouilleurs de rivière, 6 dragueurs côtiers. **Air.** 166 avions de combat, 2 escadrons d'interception, 2 de chasseurs d'attaque au sol, 1 de lutte anti-sous-marine, 6 de liaison, 6 de transport, 7 indépendants, 72 hélic.

• **Bulgarie** 148 500 (T 105 000, M 8 500, A 35 000). PM 15 000. Milice populaire 150 000. Réserv. 195 000. *Serv. mil.* : 2 ans (marine : 3 ans).

• **Cambodge.** 12 divisions avant l'invasion vietnamienne en 1978. Le pays est aujourd'hui occupé par 21 divisions viet. (160 000 h) ; des groupes de résistance se sont formés : Kampuchea démocratique (env. 35 000 h) ; Sereikra (3 000 h).

• **Canada** 83 000. Forces militaires unifiées (env. T 21 000, M 5 500, A 15 300). Réserv. 24 700. *Serv. mil.* : volontaire. **Terre.** *En Europe* : 1 groupe-brigade mécanisé (comprenant 2 bataillons d'inf., 1 rég. blindé, 1 d'artillerie, 1 esc. d'hélic. CH136 Kiawa). *Au Canada* : 2 groupes-brigades (comprenant chacun 3 bataillons d'inf., 1 rég. de blindés légers, 1 d'artillerie, 1 du génie), 1 force d'opérations spéciales (comprenant 1 rég. d'aéroporté, 1 bataillon d'inf., 1 rég. de blindés légers, 1 d'artillerie). Chars : 114 Léopards C-1 et 1 599 véhic. blindés polyvalents. Troupes com. au service de l'ONU à Chypre 515 et divers 246. **Air.** *En Europe :* 2 escadrons de CF104 Starfighter. *En Amér. du Nord :* 3 esc. d'interception CF101, 2 esc. de CF5 (CF116) ; 6 esc. de transport dotés de C130 Hercules, CC137 Boeing 707 et CC115 Buffalo, CC109 Cosmopolitan, CC138 Twin-Otter, DASH-7 et Challenger ; 4 esc. CP140 Aurora (patrouille maritime), 3 esc. d'hélicoptères CH124 Sea King, 1 esc. de CP121 Tracker ; 6 esc. d'hélic. CH135 Huey, CH136 Kiowa et CH147 Chinook. **Marine.** 3 bâtiments de soutien, 4 destroyers, 19 frégates, 3 sous-marins, 1 bât. de plongée.

• **Chili** 101 000 (T 57 000, M 29 000, A 15 000). PM 25 000. Réserv. 100 000. *Serv. mil. :* 2 ans (terre et marine uniquement). **Terre.** 6 divisions comprenant 10 régiments de cavalerie, 24 régiments d'infanterie (dont 17 motorisés, 7 de montagne), 8 d'artillerie, 1 d'artillerie antiaérienne et de soutien, 1 du génie. **Marine.** 2 sous-marins, 2 croiseurs, 4 destroyers, 2 frégates, 4 escorteurs, 10 patrouilleurs (dont 6 côtiers), 6 vedettes dont 2 lance-missiles. **Air.** 101 avions de combat, 1 escadron de chasse, 1 de transport, 10 hélic.

• **Chine** 3 900 000 (T 2 973 000, M 350 000, A 490 000). PM variable 12 millions. *Serv. mil. :* volontaire. **Forces stratégiques maritimes.** *ICBM :* 2 DF-5 (portée 13 000 km, 5 MT), 4 DF-4 (7 000 km, 3 MT). *IRBM :* 60 DF-3 (portée 2 700 km, 2 MT). *MRBM :* 50 DF-2 (portée 1 100 km, 20 kt). Pour être « dissuasive » vis-à-vis de l'U.R.S.S., la Ch. doit avoir une capacité de frappe en second (s.-m. nucl. lanceurs d'engins) en mesure d'atteindre des centres vitaux très éloignés ; sur ce plan, le rapport des forces est de 100 contre 1 en faveur de l'U.R.S.S. **Terre.** 13 divisions blindées, 118 divisions d'infanterie, 33 divisions d'artillerie ; équipements en partie soviétiques. **Marine.** 3 s.-m. nucléaires classe Han, 1 s.-m. Golf-missile, 106 autres s.-m., 16 destroyers, 14 escorteurs, 60 patrouilleurs, 23 dragueurs de mines. **Air.** 5 300 avions : 620 bombardiers dont 500 légers (H-5), 4 000 chasseurs (J-5/J-6/J-7/J-8), 550 avions de transport, 400 hélicoptères (SA-365 N Dauphin). 1 s.-m. nucléaire, le Xia, serait prêt en 1985/86 (équipé de 12 missiles CSS NX-3, portée de 2 800 km).

• **Colombie** 66 200 (T 53 000, M 9 000, A 4 200). PM 50 000. Réserv. 116 600. *Serv. mil. :* 2 ans. **Terre.** 11 brigades d'inf., 1 de la garde présidentielle, 1 d'artillerie antiaér. **Marine.** 4 sous-marins, 5 patrouilleurs, 4 frégates. **Air.** 49 avions de combat, 1 escadron antiguérilla, 2 de chasse, 1 de reconnaissance, 54 avions de transport, 39 hélic.

• **Corée du Nord** 838 000 (T 750 000, M 35 000, A 53 000). PM 38 000, sécurité et garde-frontière, milice civile : 5 000 000. Réserve 540 000. *Serv. mil. :* 5 ans armée de terre et marine, 3 à 4 ans armée de l'air. **Terre.** 2 divisions de chars, 24 d'inf., 9 régiments d'inf. indépendants, 7 rég. de chars indépendants. **Marine.** 20 sous-marins (sov. et chinois), 30 vedettes lance-missiles classe Komar, 163 canonnières, 152 vedettes lance-torpilles (dont 47 sov.). **Air.** 800 avions de combat, 10 escadrons de chasseurs d'attaque, 3 de bombardement léger, 268 avions de transport, 170 hélic., 4 brigades de SAM.

• **Corée du Sud** 576 000 (T 520 000, M 23 000, A 33 000). PM 4 100 000, milice. Réserv. 4 700 000 (dont 60 000 Marines). *Serv. mil. :* 30 à 36 mois. **Terre.** 2 divisions mécanisées, 19 d'inf., 2 de défense aérienne, 2 de SSM, 2 de SAM. **Marine.** 11 destroyers, 82 patrouilleurs (dont 32 côtiers), 11 vedettes lance-missiles, 1 dragueur de mines, 32 bâtiments de débarquement. **Air.** 451 avions de combat, 18 escadrons de chasseurs, 1 de reconnaissance, 34 avions de transport, 200 avions d'entraînement, 26 hélic.

• **Côte-d'Ivoire** 7 720 (T 6 100, M 690, A 930). PM 7 800. Réserv. 12 000. *Serv. mil. :* volontaire.

• **Cuba** 161 500 (T 130 000, M 13 500, A 18 000). PM 18 500, Sécurité et garde-frontière. *Milice populaire* 1 200 000. Réserv. 165 000. *Serv. mil. :* 3 ans. **Terre.** 13 divisions d'inf., 1 blindée, 3 mécanisées, 1 d'artillerie, quelques brigades indépendantes. **Marine.** 4 sous-marins, 23 vedettes lance-missiles (Osa, Komar), 17 lance-torpilles (soviétiques), 17 patrouilleurs. **Air.** 250 avions de combat, 4 escadrons de chasseurs, 16 d'interception, 80 avions de transport, 118 hélic., 37 bat. de SAM.

• **Danemark** 29 600 (T 17 000, M 5 700, A 6 900). Réserv. 162 200 dont Home Guard 76 200. *Serv. mil. :* 9 mois.

• **Dominicaine (République)** 22 200 (T 13 000, M 4 900, A 4 300). PM 1 000. *Serv. mil. :* volontaire.

• **Égypte** 445 000 (T 320 000, M 20 000, A 25 000). PM 139 000. Réserv. 380 000. *Serv. mil. :* 3 ans, 1 sélection. **Terre.** 3 divisions blindées, 3 d'infanterie, 6 mécanisées, 2 brigades de la garde républicaine, 8 indépendantes (1 blindée, 5 d'infanterie), 2 aéroportées, 1 de parachutistes, 7 groupes de commandos, 12 brigades d'artillerie, 2 de mortiers lourds, 2 régiments de SSM. **Marine.** 14 sous-marins (soviétiques), 3 destroyers, 30 patrouilleurs (sov.), 30 vedettes lance-missiles, 14 vedettes lance-torpilles, 12 bâtiments de g. des mines (sov.), 13 péniches de débarquement, 5 hélic. Seaking. **Air.** 427 avions de combat, 13 bombardiers moyens, 2 brigades de chasseurs d'attaque au sol, 59 avions de transport, 164 d'entraînement, 11 escadrons d'hélic.

• **El Salvador** 41 650 (T 38 650, M 650, A 2 350). PM 18 000.

• **Équateur** 42 500 (T 35 000, M 4 500, A 3 000). *Serv. mil. :* 1 an.

• **Espagne** 320 000 (T 230 000, M 57 000, A 33 000). PM 110 500. *Serv. mil. :* 15 mois. **Terre.** *1° Forces d'intervention immédiate :* 3 div. (1 blindée, 1 infant. mécanisée, 1 infant. motorisée), + éléments de corps d'armée (1 brig. de cavalerie, 1 brig. d'artillerie) et 2 brig. autonomes (1 parachutiste, 1 aéro-transportée). *2° Forces de défense opérationnelle du territoire* (démantèlement en 85-88). 2 div. de montagne (transfert en cours aux forces d'intervention immédiate). 8 brig. d'infant. du territoire (démantèlement en cours), 1 brig. d'artillerie (avec missiles antiaériens Hawk et Nike). 3 rég. de la Légion : troupes indigènes d'Afr. du N. (Ceuta, Melilla). *3° Forces de réserve générale :* 1 rég. d'infant. antichar, 4 rég. du génie et des transmissions. *4° Commandement régional :* 1 brig. d'artillerie, 2 rég. d'artillerie lourde, 7 rég. côtiers d'artillerie antiaériens. *5° Unités indépendantes :* 1 groupe d'infant., rég. de la Garde royale (terre, mer, air). *6° Aviation de terre (FAMET) :* 40 hél. armés ; 1 escadron d'hélicoptères, 1 esc. de transport, 1 esc. de soutien ; 1 bataillon d'attaque, 1 b. de transport. *7° Guardia Civil* (gendarmerie 63 500).

Marine. 11 frégates, 11 destroyers. 7 sous-marins [4 de type Daphné (Fr.) 900 t]. *En construction ou en programme :* 2 sous-marins Agosta, 1 porte-avions, 3 frégates de 3 500 t. *Bateaux anciens non réformés :* 9 destroyers, 1 porte-avions, plusieurs unités d'escorte. *Opérations amphibies :* 2 transports d'attaque, 3 de chars, 7 péniches de débarquement. *Surveillance de la pêche :* patrouille de haute-mer. *Aéronavale :* 9 Matadors (1975) + 2 TAV-8A, 53 hélicoptères. *Infanterie de marine :* 12 196 h. : 1 gr. d'appui de combat, 1 gr. logistique, 2 d'infanterie.

Air. *Commandement aérien de combat :* 6 escadrons de chasseurs avec Mirage III E et F-1C ; *tactique :* 2 escadrons de chasseurs bombardiers avec 14 F5A et 13 RF-5A, 6 F-5B ; 9 av. de reconnaissance AR-10 C.

• **États-Unis** V. U.S.A.

• **Éthiopie** 216 000 (T 210 000, M 3 000, A 3 000). PM 169 000. Réserv. Tous citoyens de 18 à 50 ans. *Serv. mil. :* conscription, 30 mois. **Terre.** 22 divisions d'inf., dont 3 motorisées, 4 brig. de commandos para., 50 bataillons d'artillerie. **Marine.** 1 dragueur côtier, 7 vedettes (3 US, 4 de surveillance côtière, une de classe Kraljevica), 2 péniches de débarquement. **Air.** 150 avions de combat, 9 escadrons de chasseurs d'attaque au sol, 1 régiment de transport, entraînement, 56 hélic.

• **Finlande** 36 500 (T 30 900, M 2 700, A 2 900). PM 3 500. Réserv. 700 000. *Service militaire :* 8 à 11 mois.

• **France** 476 560 dont 10 250 au niveau central (ministère, é.-majors nationaux) (T 300 000, M 67 710, A 96 550). PM gendarmerie 89 505. Réserv. 393 000. Voir p. 1222.

• **Ghana** 15 100 (T 12 500, M 1 200, A 1 400). PM 5 000. *Serv. mil. :* volontaire.

• **Grande-Bretagne** 327 100 dont 16 400 femmes (T 163 000, M 70 600, A 93 500). Réserv. 294 449. Volontaires 7 300. *Serv. mil. :* volontaire. **Forces stratégiques.** 4 SSBN de la classe Resolution (8 400 t) avec chacun 16 missiles Polaris A-3 équipés chacun de 6 ogives de 150 kt. Station du Ballistic Missile Early Warning System (BMEWS) à Fylingdales. **Terre.** *Organisation :* 14 rég. blindés, 5 rég. blindés de reconnaissance, 47 bataillons d'infant. (équivalent à un régiment français), 3 bat. aéroportés, 6 de Gurkhas, 1 rég. « Sas » (actions spéciales, recherche de renseignements), 1 d'artill. nucléaire (missiles Lance), 18 d'artill. classique, 13 du génie, 3 de missiles sol-air, 4 d'aviation de l'armée. *Stationnement : G.-B.* (UKMF) 1 brig. d'infanterie et 1 groupe de support logiciel. *Irlande du N.* 2 RG brig. d'infanterie et 1 escadron du génie, un nombre variable d'unités d'infanterie. *All. féd. BAOR* (British Army of the Rhine) 55 288 h., 1 QG de corps d'armée, 3 div. comprenant 8 brig. blindées, 1 d'artill. ; *Berlin* 3 brig. d'infant., 1 esc. blindé. *Hong Kong* 7 840 h., 4 bat. d'infanterie. *Chypre* 1 bat. d'inf. avec les forces de l'ONU, 1 bat. d'inf. renforcé et 1 escadron de reconnaissance blindé (stationnés dans les bases anglaises d'Akrotiri et de Dhekellia). *Gibraltar* 1 bat. d'inf. *Belize (Honduras britannique)* 1 bat. d'inf. *Matériels :* 900 chars moyens (Chieftain), 271 ch. légers (Scorpion), véh. de combat blindés (290 Scimitar, Scout cars (1 070 Ferret, 200 Fox). Véh. blindés de transport du personnel (2 338 FV 432, 603 Saracen, 500 Spartan). 392 canons-obusiers (120 de 105 mm, 101 de 155, 36 de 175, 16 de 203). Canons sans recul Carl Gustav. Engins antichars Milan Swingfire, SAM, Blowpipe, 120 Rapier, 318 hélicoptères (40 Scout, 9 Alouette II, 155 Gazelle, 110 Lynx). **Air.** Env. 620 avions de combat, 11 escadrons assaut (S-2A/B Buccaneer), 5 appui rapproché (Harrier), 9 interception (Lightning, Phantom FG1/FGR2), 2 reconnaissance (Jaguar, Canberra), 1 alerte aérienne avancée (Shackleton), 4 surveillance maritime (Nimrod), 3 ravitaillement en vol (Victor K-2), 1 transport stratégique (VC 10), 4 transport tactique, 2 de communications, 1 entraînement, 5 hélicoptères, 2 SAM (64) (Bloodhount). **Marine.** *Effectifs* 70 600 dont 3 800 femmes. *Bâtiments en service :* dont *flotte de combat :* 13 sous-marins nucléaires, 15 diesel, 4 porte-aéronefs, 1 croiseur porte-hélico., 15 destroyers lance-missiles, 39 frégates, 39 chasseurs et dragueurs de mines, 1 bat. de soutien mine, 32 patrouilleurs. *Soutien logistique mobile :* 14 pétroliers, ravitailleurs de munitions, 4 ravit. de vivres et rechanges, 2 porte-hélic. auxiliaire, 5 transport (LST). **Aéronavale.** 3 escadrons d'attaque, avec 16 Sea Harrier, 8 escadrons d'hélic. anti-s.-marins, 2 esc. commando équipés des Wessex.

• **Grèce** 201 500 (T 158 000, M 19 500, A 24 000). PM 29 000. Réserv. 404 000. *Serv. mil. :* 22 à 26 mois. **Terre.** 1 division blindée, 11 d'inf., 5 brigades blindées, 1 commando para, 12 bataillons d'artillerie, 2 bataillons SSM avec 8 Honest John, 2 bataillons SAM avec Hawk, 12 brig. indépendantes d'inf., 3 compagnies aviation de l'armée. **Marine.** 10 sous-marins, 14 destroyers, 7 frégates, 16 vedettes lance-missiles, 15 lance-torpilles, 9 patrouilleurs rapides, 2 mouilleurs de mines côtières, 15 dragueurs côtiers, 21 engins de débarquement. 23 hélico., (5 Alouette III anti-s.-m). **Air.** 314 avions de combat, 47 a. de transport, 36 rampes Nike-Ajax, 33 a. de reconnaissance, A.S.M., 12 Albatros HU, 31 hélic.

• **Guatemala** 31 700 (T 30 000, M 1 000, A 700). PM 11 600. Milice territoriale : 900 000.

• **Guinée** 9 900 (T 8 500, M 600, A 800). PM 9 000.

• **Haïti** 6 900 (T 6 400, M 300, A 200). PM 14 900.

• **Honduras** 16 600 (T 14 600, M 500, A 1 500). PM 5 000. *Serv. mil. :* conscription, 24 mois.

• **Hongrie** 106 000 (T 84 000, A 22 000). PM 15 000. *Milice populaire* 60 000. Réserv. 135 000. *Serv. mil. :* Terre : 18 mois. Air : 24 mois.

• **Inde** 1 260 000 (T 1 100 000, M 47 000, A 113 000). PM 262 000. Réserv. 200 000. *Serv. mil. :* volontaire. **Terre.** 2 divisions blindées, 19 d'inf., 10 de montagne, 7 brigades blindées indépendantes, 10 d'infanterie, 1 parachutiste, 8 d'artillerie. **Marine.** 8 sous-marins, 1 p.-avions, 1 croiseur, 3 destroyers, 23 frégates, 14 vedettes lance-missiles, 19 dragueurs de mines, 3 corvettes, 13 bat. de débarquement. **Air.** Env. 846 avions de combat : 3 escadrons de bombardiers (35 Canberra), 12 de chasseurs d'attaque au sol, 4 d'interception (100 Gnat), 20 de défense aérienne (260 Mig 21), 2 de reconnaissance, 11 de transport, 6 d'hélicoptères.

• **Indonésie** 278 050 (T 216 000, M 36 950, A 25 100). PM 12 000. *Milice* 70 000. Réserv. n. c. *Serv. mil. :* sélectif, conscription, 2 ans. **Terre.** 1 cavalerie blindée, 3 infanterie, 2 aéroportées, 2 artillerie, 1 artillerie antiaérienne, 1 du génie. **Marine.** 2 sous-marins, 13 frégates, 4 vedettes lance-torpilles, 4 vedettes lance-missiles, 24 patrouilleurs, 58 bâtiments (2 de guerre des mines, 2 de commandement et soutien, 54 amphibies). **Air.** 68 avions de combat, 8 escadrons (2 de chasseurs d'attaque au sol, 1 d'interception, 1 de liaison, 1 reconnaissance maritime, 3 d'hélic.), 55 avions de transport.

• **Irak** 520 000 (T 475 000, M 5 000, A 40 000). PM 4 800. Armée du peuple : 650 000. Réserv. 75 000.

Serv. mil. : 21 à 24 mois. **Terre.** 15 divisions (6 blindées, 4 inf. de montagne, 5 inf. mécanisée), 1 de la garde républicaine, 2 de forces spéciales). **Marine.** 22 vedettes (10 lance-missiles, 5 lance-torpilles), 8 dragueurs de mines, 11 patrouilleurs. **Air.** 500 avions de combat, 21 escadrons (2 de bombardiers, 11 de chasseurs d'attaque, 5 d'interception, 2 de transport, 1 de reconnaissance), 130 hélic., 170 avions d'entraînement, missiles SAM.

• **Iran** 305 000 (T 250 000, M 20 000, A 35 000). PM 2 500 000. Réserv. 350 000. *Serv. mil.* : 24 mois. **Terre.** 12 divisions (3 mécanisées, 7 inf., 1 héliportée, 1 forces spéciales), restructuration, 12 bat. de SAM Hawk, 1 commandement de l'aviation de l'armée. Gardes révolutionnaires : 250 000 h. **Marine.** 3 destroyers, 4 frégates, 1 corvette, 7 vedettes, 2 dragueurs de mines, 7 bâtiments (5 de débarquement, 2 de soutien logistique). **Air.** 80 avions de combat, 41 escadrons (8 de chasseurs d'attaque au sol, 20 de chasse, 1 de reconnaissance, 2 de ravitaillement en vol, 5 de transport, 5 de SAM (Rapier et Tigercat), 76 hélic., 79 avions d'entraînement.

• **Irlande** 13 742 (T 11 944, M 912, A 886). Réserve 16 358. *Serv. mil.* : volontaire.

• **Israël** 142 000 (93 300 conscrits, 447 000 mobilisables dont 100 000 en 24 h) (T 104 000, M 10 000, A 28 000). PM 4 500. Réserv. 370 000. *Serv. mil.* : hommes 39 mois, femmes 2 ans. **Terre.** 11 divisions blindées, 70 brigades (33 blindées, 5 mécanisées, 5 para, 12 infanterie, 15 artillerie). **Marine.** 3 sous-marins, 24 vedettes lance-missiles (SSM Gabriel), 45 patrouilleurs, 12 péniches de débarquement. **Air.** 684 avions de combat, 19 escadrons (15 d'interception, 4 de chasseurs d'attaque au sol), 15 avions de reconnaissance), 47 avions de transport, 208 d'entraînement, 187 hélic., 15 batteries de SAM (90 Hawk).

• **Italie** 385 100 (T 270 000, M 44 500, A 70 600). PM 90 000 (carabiniers). *Serv. mil.* : terre et aviation 12 mois, marine 18 mois. Réserv. 799 000. **Terre.** 3 commandements de corps d'armée, 3 divisions mécanisées et 1 blindée (chars 300 M60 A1, 500 M47, 970 Léopard 1), brigades (2 mécanisées indépendantes, 4 motorisées, 5 alpines, 1 aéroportée, 1 missile Lance et Hawk). **Marine.** 2 croiseurs légers lance-missiles, 4 destroyers, 10 sous-marins, 22 dragueurs de mines, 16 frégates, 8 corvettes, 2 navires de débarquement, 1 porte-hélic. **Air.** 315 avions de combat, 6 escadrons de chasseurs d'attaque au sol (54 Tornado, 102 F-104 S, 36 G-91 Y), 2 d'attaque et reconnaissance (36 G-91R), 7 d'interception (84 F-104S), 2 de reconnaissance (30 F/RF-104G), 2 de surveillance maritime (avec 14 Atlantic), 1 de guerre électronique (6 PD-808, 2 G-222 VS), 3 de transport (32 G-222, 10 C-130H), 4 de communication (16 P-166M, 32 SIAI-208M, 8 PD-808, 2 DC-9, 15 MB-326, 2 SH-3D hél.), 4 de recherche et sauvetage (20 HH-3F, 20 hélic. AB-204, 18 AB-212 hél.), 6 d'entraînement (50 G-91T, 80 MB-326/339 A, 30 SF 260 M, hélic. 20-AB-47 G2, 3 AB-204B), 83 hélic., 8 groupes de SAM (96 Nike Hercules).

• **Japon** 243 000 (T 155 000, M 44 000, A 44 000). Réserv. 43 600. *Serv. mil.* : volontaire. **Terre** 12 div. d'inf. et 2 br. mixtes, déployées dans des régions en temps de paix. Des unités mobiles opérationnelles : 1 div. blindée, 1 br. aéroportée, 2 d'artillerie, 5 du génie, 1 d'hélic., 8 groupes de missiles antiaériens (Hawk). *Équipement* : canons sans recul 1 840, mortiers 1 340, pièces de campagne 1 400, artillerie fusée 50, mitrailleuse de tir antiaérien 100, chars 1 070, véhicules blindés 550. **Marine.** 31 destroyers (escorteurs), 14 sous-marins dont 1 lance-missiles anti-surface (le Nadashio), 47 (braqueurs de mines) dragueurs, 11 patrouilleurs, 6 bâtiments de débarquement de chars, 84 avions opérationnels. **Air.** 10 escadrons d'intercepteurs, 3 d'attaque au sol, 1 de reconnaissance, 3 de transport, 6 groupes de missiles antiaériens (Nike), 270 avions de combat (F-4EJ, F-104J, F-1), 10 de reconnaissance (RF-4E), 190 d'entraînement, 34 de transport, 50 de sauvetage (hélicop., etc.).

Nota. — La constitution interdisant au J. de posséder des forces armées, ses troupes sont appelées « forces d'auto-défense ».

• **Jordanie** 70 300 (T 62 750, M 350, A 7 200). PM 11 010, Milice Civile 7 500. Réserv. 35 000. *Serv. mil.* : volontaire ; milice : conscription 2 ans. **Terre.** 15 brigades (6 blindées, 6 mécanisées, 2 d'inf., 1 garde royale indépendante, 1 forces spéciales), 15 bataillons d'artillerie. **Air.** 121 avions de combat, 5 escadrons (3 de chasseurs d'attaque au sol, 2 d'interception), 10 avions de transport, 28 hélic., 33 avions d'entraînement.

• **Kenya** 13 650 (T 13 000, M 650, A effectifs congédiés 1982 ; reconstitution à l'intérieur de T). PM 1 800. *Serv. mil.* : volontaire.

• **Koweït** 13 100 (T 10 000, M 1 100, A 2 000). *Serv. mil.* : 2 ans.

• **Laos** 53 700 (T 50 000, M 1 700, A 2 000).

• **Libye** 73 000 (T 58 000, M 6 500, A 8 500). **Terre.** 20 bataillons blindés, 30 bat. d'infanterie mécanisée, 1 garde nat., 2 de forces spéciales, 10 artillerie, 2 antiaériens. **Air.** 535 avions de combat, 21 escadrons (1 de bombardiers, 3 d'interception, 5 de chasseurs d'attaque au sol, 1 de lutte antiguérilla, 1 de reconnaissance, 2 de transport, 8 d'hélic.), 314 avions d'entraînement, 96 hélic., 3 brigades de SAM (Crotale). **Marine.** 6 sous-marins, 1 frégate, 9 corvettes, 25 vedettes lance-missiles.

• **Luxembourg** 720 (T 720). PM 470 gendarmes. *Serv. mil.* : volontaire. 3 ans.

• **Madagascar** 21 100 (T 20 000, M 600, A 500). PM 8 000 (gendarmerie et police maritime).

• **Malaisie** 110 000 (T 90 000, M 9 000, A 11 000). PM 22 300. Réserv. 46 400. *Serv. mil.* : volontaire. **Terre.** 9 brigades d'infanterie. **Marine.** 20 patrouilleurs de large, 12 vedettes lance-missiles, 3 frégates. **Air.** 42 avions de combat, 16 escadrons (3 de chasseurs d'attaque au sol, 1 de reconn. marit., 5 de transport, 4 de liaison, 3 d'entraînement), 67 hélic.

• **Maroc** 149 000 (T 130 000, M 6 000, A 13 000). PM 31 000. *Serv. mil.* : 18 mois. **Terre.** 5 brigades (1 de sécurité, 3 brigades d'infanterie mécanisée, 1 de parachutistes), 7 bat. blindés, 9 rég. d'infanterie mécanisée, 1 de la garde royale, 4 de méharistes, 2 de cavalerie du désert, 9 d'artillerie, 4 du génie. **Air.** 105 avions de combat, 7 escadrons (5 chasseurs d'attaque au sol, 1 de lutte antiguérilla, 1 de transport), 108 hélic., 74 avions d'entraînement.

• **Mexique** 129 100 réguliers + 60 000 réservistes (T 100 000, M 23 600, A 5 500). Réserv. 300 000. *Serv. mil.* : volontaire. **Terre.** 1 brigade motorisée (garde présidentielle), 2 brig. d'inf., 3 rég. blindé. **Air.** 85 avions de combat, 6 escadrons de lutte antiguérilla, 2 de recherche et sauvetage, 37 avions de transport, 30 hélic., 94 avions d'entraînement. **Marine.** 2 destroyers, 6 frégates, 35 patrouilleurs.

• **Mongolie** 36 500 (T 33 000, A 3 500). PM 15 000. Réserv. 40 000.

• **Nicaragua** 62 850 (T 60 000, M 850, A 2 000). PM 3 000. Milice civile env. 40 000.

• **Nigeria** 94 000 (T 80 000, M 5 000, A 9 000).

• **Norvège** 37 000 (T 20 000, M 7 600, A 9 400). Potentiel mobilisable : 320 000. *Serv. mil.* : terre 1 an, marine et aviation 15 mois. **Terre.** Norv. du Nord : 1 brigade de 3 bat. d'infanterie, 1 compagnie de blindés, 1 d'artillerie de lance-bombes, 1 de défense antiaérienne et 2 de garde-frontière. Norv. du Sud : 1 bat. d'infanterie, 1 compagnie de blindés, 1 de lance-bombes et 1 de défense antiaérienne. **Marine.** 14 sous-marins, 5 frégates, 2 corvettes, 38 vedettes lance-missiles, 8 torpilleurs, 10 nav. chercheurs de mines, 2 nav. mouilleurs de mines, 6 bateaux de garde-côtières et 24 forteresses côtières. **Air.** 5 escadrilles d'avions de chasse (68 F-16, 26 F-5A), 1 de reconnaissance, 2 de transport, 1 de recherche et sauvetage, 5 bat. défense antiaérienne.

• **N.-Zélande** 12 443 (T 5 431, M 2 687, A 4 325). Réserv. régulières : 2 915. ; territoriales : 6 638. **Terre.** 2 bat. d'infanterie, 1 d'artillerie. **Marine.** 4 frégates (SAM Seacat), 4 patrouilleurs. **Air.** 44 avions de combat, 8 escadrons (attaque au sol, reconnaissance maritime, transport, communication, 25 hélic.).

• **Ouganda** 18 000 [T 18 000, A 100 (inclus dans T)].

• **Pâkistân** 482 800 (T 450 000, M 15 200, A 17 600). PM 164 000. Réserv. 513 000. *Serv. mil.* : volontaire. **Terre.** 18 divisions (2 blindées, 16 infanterie), 23 brigades (4 blindées indépendantes, 8 infanterie, 8 d'artillerie, 3 défense aérienne), 7 batteries de SAM (Crotale). **Marine.** 11 sous-marins (4 classe Daphné, 2 Agosta, 5 de poche), 1 croiseur léger, 8 destroyers. 8 vedettes (lance-missiles et torpilles). **Air.** 375 avions de combat, 25 escadrons (8 de chasseurs d'attaque au sol, 1 de reconnaissance, 11 d'interception, 2 de transport, 1 de recherche et sauvetage hél., 1 d'hél., 1 d'entraînement), 19 avions de transport, 26 hélic.

• **Paraguay** 14 370 (T 11 200, M 2 200, A 970). PM 6 000. *Serv. mil.* : 1 à 2 ans.

• **Pays-Bas** 105 975 (T 67 000, M 16 694, A 16 810). PM 8 700. Réserv. 176 300. *Serv. mil.* : terre 14 à 16 mois, aviation et marine 14 à 17 mois. **Terre.** 2 brigades blindées, 4 mécanisées d'infanterie, 1 bataillon doté de missiles Lance. *Chars* : 343 Centurion, 468 Léopard 1, 335 Léopard 2. **Marine.** 5 sous-marins, 16 frégates lance-missiles, 2 destroyers, 3 patrouilleurs, 17 dragueurs de mines. *Aéronavale* : 3 escadrons de reconnaissance (Orion et F-27 MPA), 2 escadrons hélicoptères. **Air.** 170 avions de combat, 5 escadrons de chasseurs d'attaque au sol (F-104 G, NF-5A), 2 de chasseurs (F-16 A/B), 1 de reconnaissance (F-16), 1 de transport (F-27), 2 de missiles Nike-Hercules et 12 dotés de missiles Hawk.

• **Pérou** 128 000 (T 85 000, M 27 000, A 16 000). PM 51 600. *Serv. mil.* : 2 ans sélectif. **Terre.** 3 div. blindées, 1 cavalerie, 7 brigades d'infanterie et mécanisées, 1 de jungle, 3 régiments blindés de reconnaissance, 2 d'artillerie et 8 bat. du génie, 1 div. de paracommandos. **Marine.** 12 sous-marins, 2 croiseurs, 10 destroyers, 6 vedettes lance-missiles, 4 frégates. **Air.** 108 avions de combat, 20 escadrons (3 bombardiers légers, 6 d'attaque au sol, 1 de lutte antiguérilla hél., 1 de reconnaissance photo, 3 de transport, 2 d'hélicoptères, 4 d'entraînement), 45 avions de transport, 94 hélic.

• **Philippines** 114 800 (T 70 000, M 28 000, A 16 800). PM 112 000. Réserv. 48 000. *Serv. mil.* : volontaire.

• **Pologne** 319 000 (T 210 000, M 19 000, A 90 000). PM 218 000. *Milice* 350 000. Réserv. 501 000. *Serv. mil.* : 2 ans (3 ans marine et spécialistes). **Terre.** 15 divisions (5 de chars, 8 d'infanterie mécanisée, 1 aéroportée, 1 amphibie d'assaut), 3 brigades d'artillerie, 3 rég. antichars (missiles Sagger et Snapper), 4 unités de missiles sol-sol (SCUD) et 1 de missiles sol-air. **Air.** 675 avions de combat, 58 escadrons (18 d'attaque au sol, 33 d'interception, 6 de reconnaissance, 1 de liaison, 42 avions de transport), 149 hélic. **Marine.** 3 sous-marins classe W, 1 destroyer classe Kotlin, 13 vedettes lance-missiles (SSM Styx), 8 patrouilleurs, 18 vedettes lance-torpilles, 51 dragueurs de mines, 42 b. de débarquement, 44 avions de combat.

• **Portugal** 73 040 (T 45 740, M 13 936, A 13 364). PM 37 276. *Serv. mil.* : terre 16 mois, marine 24 mois, aviation 21 à 24 mois. **Terre.** 1 brigade d'inf., 2 régiments de cavalerie, 11 régiments d'inf., 1 blindés, 1 artillerie, 2 génie, 1 transmissions. **Marine.** 3 sous-marins, 17 frégates, 19 patrouilleurs. **Air.** 116 avions de combat, 4 escadrons de chasseurs d'attaque au sol (G 91 et corsair), 1 de reconnaissance, 2 de liaison, 17 avions de transport, 49 hélic.

• **Roumanie** 189 500 (T 150 000, M 7 500, A 32 000). PM 37 000. *Milice* 900 000. Réserv. 565 000. *Serv. mil.* : terre, air 16 mois, marine 24 mois. **Terre.** 10 divisions (2 de chars, 8 d'auto-mitrailleuses), 7 brigades (2 de Scud, 2 d'artillerie, 3 de montagne), 14 régiments (4 d'artillerie, 5 antichars, 5 antiaériens). **Marine.** 3 escorteurs côtiers, 6 vedettes lance-missiles (SSM-Styx), 40 ved. lance-torpilles, 19 canonnières, 46 patrouilleurs, 16 démineurs, 4 hélic. Mi-4. **Air.** 378 avions de combat, 6 escadrons de chasseurs d'attaque au sol, 12 d'interception, 1 de reconnaissance, 33 avions de transport, 110 hélic.

• **Sénégal** 9 700 (T 8 500, M 700, A 500). PM 6 800.

• **Singapour** 55 500 (T 45 000, M 4 500, A 6 000). PM 37 500. Réserv. 150 000. *Serv. mil.* : conscription, 24 à 30 mois.

• **Somalie** 62 700 (T 60 000, M 700, A 2 000). PM 29 500. *Serv. mil.* : conscription, 2 ans.

• **Soudan** 56 600 (T 53 000, M 600, A 3 000). PM 3 300. *Serv. mil.* : volontaire.

• **Sri Lanka** 21 560 (T 16 000, M 2 960, A 2 600). PM 19 500. Réserv. 16 100. *Serv. mil.* : volontaire.

• **Suède** 68 000 (T 48 500, M 12 000, A 9 500). Réserv. 735 500. *Serv. mil.* : 7 mois ½ à 15 mois, air 8 à 12 mois. **Terre.** 4 brigades blindées, 18 d'infanterie, 1 d'infanterie mécanisée, 5 Norrland, 60 non endivisionnées, 26 districts de défense locale. Chars : Centurions et type « S ». **Marine.** 12 sous-marins, 30 vedettes lance-missiles (SSM Penguin), 6 vedettes lance-torpilles, 20 dragueurs de mines, 18 mouilleurs de mines, 3 bâtiments de guerre des mines, 10 patrouilleurs. **Air.** 400 avions de combat, 5 escadrons de chasseurs bombardiers, 11 de chasseurs, 3 de reconnaissance, 1 de transport.

• **Suisse** 625 000 mobilisables en 48 h (pour la défense du territoire national exclusivement). *Serv. mil.* : obligatoire entre 20 et 50 ans en plusieurs périodes (1 an au total pour les soldats). **Terre.** 4 corps d'armée dont 1 corps alpin, 17 brigades, non endivisionnées. *Chars :* 300 Centurion, 150 chars 61, 390 chars 68, 1 350 véhicules blindés, 4 900 canons (artillerie 1 000, DCA 3 000, antichars 2 000), 20 000 tubes roquettes. **Air.** 320 avions de combat, 16 escadrons de chasseurs-bombardiers (Hunter, Venom, Tiger), 2 d'intercepteurs (Mirage III S/BS), 1 de reconnaissance (Mirage), 4 d'hélic. (Alouette), 1 compagnie de para., 1 brigade de défense aér. équipée de missiles Bloodhound.

• **Syrie** 342 500 (T 270 000, M 2 500, A 70 000). PM 14 300. Réserv. 272 500. *Serv. mil. :* 30 mois. **Terre.** 5 divisions blindées, 3 mécanisées, 1 forces spéciales, 8 brigades, (2 méca., 6 d'art.), 30 batteries de missiles SAM, 3 bat. de missiles Frog. **Marine.** 22 vedettes équipées de missiles Styx, 8 vedettes lance-torpilles, 1 patrouilleur et 4 dragueurs de mines. **Air.** 500 avions de combat, 9 escadrons de chasseurs d'attaque au sol (Mig 17, Mig 23), 180 Mig 21, 15 d'interception. 283 hélic.

• **Tanzanie** 40 350 (T 38 500, M 850, A 1 000). PM 51 400. *Serv. mil. :* 2 ans.

• **Tchécoslovaquie** 203 000 (T 145 000, A 58 000). PM 131 000. Réserv. 280 000. *Serv. mil. :* 2 ans. **Air.** 3 ans. **Terre.** 10 divisions (5 blindées, 5 auto-mitrailleuses), 1 régiment aéroporté, 2 régiments antichars, 11 brigades (3 de Scud, 2 d'artillerie, 6 génie). **Air.** 474 avions de combat, 32 escadrons (11 de chasseurs d'attaque au sol, 18 d'interception, 3 de reconnaissance), 51 avions de transport, 1 régiment et 3 escadrons indépendants d'hélic.

• **Thaïlande** 235 300 (T 160 000, M 32 200, A 43 100). PM 85 500. Réserv. 500 000. *Serv. mil. :* 2 ans. **Terre.** 1 div. de cavalerie, 1 blindée, 7 d'infanterie (dont 5 bataillons de chars), 1 d'artillerie, 1 antiaérienne, 11 bat. du génie, 3 compagnies d'aviation. **Marine.** 6 frégates (1 avec SAM Seacat), 23 patrouilleurs, 7 vedettes lance-missiles, 9 bâtiments de guerre des mines. **Air.** 183 avions de combat, 1 escadron de chasseurs d'attaque au sol, 7 de lutte antiguérilla, 3 de liaison, 3 de transport, 47 hélic.

• **Tunisie** 35 100 (T 30 000, M 2 600, A 2 500). PM 9 500. *Serv. mil. :* 1 an. **Terre.** 2 régiments blindés, 1 de reconnaissance, 1 brigade saharienne, 1 de paracommandos, 2 régiments d'artillerie, 1 du génie. **Marine.** 1 frégate, 2 dragueurs côtiers, 6 vedettes lance-missiles. **Air.** 20 avions de combat, 1 escadron antiguérilla, 1 d'entraînement, 48 hélic.

• **Turquie** 630 000 (T 520 000, M 55 000, A 55 000). PM 125 000. Réserv. 936 000. *Serv. mil. :* 18 mois. **Terre.** 1 division blindée, 2 d'inf. mécanisée, 14 d'inf., 6 brigades blindées, 4 d'inf. mécanisée, 11 d'inf., 1 de commandos, 1 de parachutistes, 4 bataillons de SSM Honest John. **Marine.** 16 sous-marins, 12 destroyers, 6 frégates, 27 vedettes rapides (9 lance-missiles et 16 lance-torpilles), 25 patrouilleurs, 6 dragueurs côtiers, 26 mouilleurs de mines. **Air.** 368 avions de combat, 17 escadrons de chasseurs d'attaque au sol, 2 d'interception, 2 de reconnaissance, 5 de transport, 8 de SAM Nike Hercules, 20 hélic.

• **U.R.S.S.** 5 300 000 (T 1 995 000, M 480 000, A 570 000, forces stratégiques 420 000). PM 675 000. Réserv. 5 400 000. *Potentiel* 51 500 000. *Serv. mil. :* marine et gardes-frontières 3 ans, autres armes 2 ans.

Forces nucléaires stratégiques. Offensives maritimes. 77 s.-m. portant 979 missiles SLBM [dont s.-m. nucléaires : 21 Y-I (portant 16 SS-N-6), 18 DI (12 SS-N-8), 4 DII (16 SS-N-8), 14 DIII (16 SS-N-18), 1 HIII (6 SS-N-8) ; diesel : 1 G-III (16 SXS-N-8), 13 G-II (3-SS-N-5)]. *Missiles à terre :* environ 1 398 ICBM (520 S-11, 60 SS-13, 150 SS-17, 308 SS-18, 360 SS-19) ; env. 543 missiles à portée intermédiaire IRBM ou à moyenne portée MRBM 423 SS-20, 120 SS-4 Sandsal). 1 120 bombardiers [170 à long rayon d'action, 500 à moyen rayon dont 130 Backfire B (Tupolev à géométrie variable ; ravitaillable en vol ; porteur du missile AS-4 Kitchen), 50 avions ravitailleurs, 160 avions de guerre électronique, 100 de reconnaissance : 75 % basés en Russie d'Eur., 24 % en Extrême-Or., 1 % en Arctique (terrains d'escale et de dispersion)]. **Défensives.** Commandement de la défense aérienne (PVO-Voyska) comprenant un réseau de 7 000 radars de contrôle aérien et d'alerte avancée ; env. 1 200 avions d'interception : 90 Yak 28-P, 90 Tu 28-P, 200 Su 15, 430 Mig 23, 300 Mig 25 ; 36 Mig 29, 75 Mig 31, 9 Tu 126 d'alerte aérienne avancée ; un réseau de 32 rampes de lancement de missiles antimissiles balistiques GALOSH en 4 stations autour de Moscou ; 9 600 rampes de missiles sol-air SAM en plus de 1 200 sites (SA-1 Guild, SA-2 Guideline, SA-3 Goa, SA-5 Gammon, SA-10).

Nota. — L'U.R.S.S. expérimenterait 2 nouveaux ICBM : le PL-4, variante du SS-17, lancé en oct. 82, et le PL-5 (version modifiée du SS-13), lancé en déc. 82, et de nouveaux missiles de croisière : une version (portée : 3 000 km) lancée d'avion (baub Bear, Backfire, Blackjack) ; une lancée du sol (SSC-X 4), d'une batterie quadruple et mobile (portée : 3 000 km) ; une lancée de la mer (SS-NX-21).

Terre. 51 divisions blindées, 141 mécanisées, 7 aéroportées. *Équipement :* 52 600 chars (env. 33 500 T-54/-55/-62, 9 300 T-64, 9 800 72/80 ; *légers de reconnaissance amphibies* PT-76). La plupart sont équipés pour le franchissement des cours d'eau en gués profonds. 70 000 véhicules blindés (v. blindés de transport du personnel BTR-50P/60P/70/152 ; v. de combat d'infanterie BMP ; scout-cars BRDM ; v. de combat blindés aéroportés BMD). 33 000 pièces d'artillerie (122 mm, 130 mm, 152 mm, 180 mm ; obusiers tractés et automoteurs). 11 000 mortiers. 6 200 lance-roquettes multiples 122 mm, 140 mm, 200 mm, 240 mm, 250 mm, 280 mm. Canons antichar automoteurs (ASU 75 et 85). Missiles AC Swatter (radioguidé) et Sagger (filoguidé) montés sur des B.R.D.M. étanches aux retombées. Artillerie antiaérienne 21 000 canons tractés de 23 et 57 mm, automoteurs bitubes de 57 mm et quadritubes de 23 mm, canons de 85, 100, 130 mm. 1 500 lance-missiles sol-sol avec possibilité de tête nucléaire dont 750 Frog (15-60 km), 600 Scud B (270 km). 125 55-12/55-22.

Stationnement : Europe centrale et orientale 30 divisions dont 16 de chars (All. dém. 20, Pologne 2, Hongrie 4, Tchécoslovaquie 7) ; Russie d'Europe 65 div. dont 23 de chars ; Russie centrale (Volga, Oural) 16 div. dont 3 de chars ; Russie du Sud (Caucase, Turkestan) 30 div. dont 1 de chars ; frontière sino-soviétique 52 div. dont 7 de chars (dont 2 en Mongolie).

Les divisions soviétiques se classent en 3 degrés de disponibilité opérationnelle : *catégorie 1* (100 % de la dotation complète avec matériel au complet) ; *cat. 2* (entre 50 et 75 % de la dotation avec véh. de combat au complet) ; *cat. 3* (à 20 % env. de la dotation avec peut-être les véh. de combat au complet, bien que certains soient périmés). Les 30 div. de l'Europe de l'Est sont de *cat. 1*. Env. 20 % de celles de la Russie d'Europe sont de *cat. 1* ou *2*. La plupart de celles de la Russie du Centre et du Sud et celles d'Extrême-Orient sont de *cat. 3*. Les div. blindées d'Europe de l'Est ont 325 chars moyens, les div. mécanisées en ont jusqu'à 271. Les Russes entretiennent en Europe 10 500 chars moyens ou lourds, plus un grand nombre de chars anciens non réformés. Sur la frontière russo-chinoise, les vieux T 34 et T 10 ont été coulés dans des blocks de béton armé, la tourelle émerge, un système radar commande le tir (ligne continue de défense, à 3 km de la frontière).

Marine. *Effectifs :* 480 000 (y compris aéronavale 70 000 et infanterie de marine 16 000). *Navires :* 1 529 bâtiments, dont 371 s.-m. [66 s.-m. nucléaires et diesel lanceurs d'engins (17 D, armés de 16 missiles SSN-3 a et 49 N armés de missiles SSN 19, 12, 9, 7, 3 a.), 72 s.-m. nucléaires d'attaque (+ 95 en réserve), 131 s.-m. classiques], 4 porte-avions (Kiev de 37 000 t dont 1 en essai), 2 porte-hélico. (Moskva), 27 croiseurs lance-missiles (dont 10 de la classe Kresta II, armés de missiles SSN 14 et SAN 3). 2 croiseurs lourds nucléaires de 32 000 t (Kirov) plus d'autres en construction, transportant des avions à décollage vertical et des hélico, anti-s.-m., 10 croiseurs, 69 destroyers et 175 frégates lance-missiles, 60 hydroptères, 26 escorteurs, 109 vedettes lance-missiles, 113 lance-torpilles, 81 patrouilleurs, 358 dragueurs.

Aéronavale. 1 285 aéronefs dont 875 avions de combat, 310 hélic. et 100 Backfire B ; répartis entre mer Blanche et Grand Nord, Baltique, mer Noire et Méditerranée, Pacifique. **Fusiliers marins.** 5 régiments (3 bataillons d'infanterie, 1 d'artillerie et 1 de chars) ; 1 à la flotte du Nord, 1 de la Baltique, 1 de la mer Noire, 2 du Pacifique.

La flotte soviétique est la 2e du monde en tonnage mais la 1re pour la jeunesse et le nombre de ses navires de combat (1 500 soit 4 fois + que les U.S.A., 10 fois + que la G.-B., 13 fois + que la France). Elle possède plus de sous-marins que toutes les autres marines réunies. Mais la plupart des bât. sont d'un faible tonnage et destinés à protéger les côtes, et le gros des équipages est formé de recrues (8 % d'officiers mariniers contre 30-50 % aux U.S.A. et en Eur. occ.). *Bases extérieures :* mer Rouge : Aden (radoub de 35 000 t, arsenal), Assab (Éthiopie), Nakala (Mozambique, rade naturelle en eau profonde), Luanda (Angola), Vishaka et Patnam (Inde), Camranh et Nhatrang (Viêt-nam).

Déploiement : Flotte du Nord (116 sous-marins ; 81 grands bâtiments de combat de surface) ; *f. de la Baltique* (26 sous-m., 45 grands bât. de combat) ; *f. de la mer Noire, de la Caspienne* (30 sous-m., 83 grands bât. de combat) ; *f. du Pacifique* (88 sous-m., 85 grands bât. de combat). *Commandant en chef* (dep. 1956) : Amiral Sergueï Gorshkov (n. 1910).

Nota. — Alors qu'en 1960, la flotte sov. restait près des côtes sov., elle est en permanence en Méditerranée dep. 1964, a pénétré dans l'o. Indien en 1968 et est présente sur tous les océans dep. 1974.

Air. *Forces aériennes tactiques :* env. 5 900 avions de combat, 2 350 chasseurs d'attaque au sol (135 Mig-21, 760 Mig-27, 130 SU-7, 1 000 SU-17, 250 SU-24, 75 SU-25). 2 350 chasseurs (530 Mig-21, 1 700 Mig-23, 120 Mig-25). Env. 590 av. de reconnaissance et de guerre électronique (2 650) hélic. *Transport aérien :* env. 600 avions.

Nota. — Nouveaux avions attendus : Mig-29 Fulcrum, Su-27 Flanker. Production en cours du Su-25 Frogfoot. Armes chimiques et biologiques : voir p. 1199.

Forces à l'étranger. Afghanistan 115 000, Mongolie 75 000, Viêt-nam 7 000, Syrie 2 500, Cuba 8 700, Éthiopie 1 500, Yémen du S. 1 000, Algérie 1 000.

• **Uruguay** 31 900 (T 22 300, M 6 600, A 3 000). PM 2 670. *Serv. mil. :* volontaire, 1 à 2 ans.

• **U.S.A.** 2 143 200 dont 198 000 femmes (T 780 800, M 571 300, A 594 500, fusiliers marins 196 600). Réserve 899 600. *Potentiel* 39 630 000. *Serv. mil. :* volontaire (conscription supprimée en 1973).

Forces nucléaires stratégiques. 1°) Offensives. *Marine :* flotte sous-marine à missiles balistiques (FBM) S.N.L.E. : 31 s.-m. type Lafayette de 8 250 t dont 19 portent les missiles Poseidon (C-3), en tout 496, 12 les Trident I (C-4) portée 7 300 km ; opèrent à partir de 3 bases [Charleston, S.C., Kings Bay en Georgie (U.S.A.), Holy Loch (Écosse)], entretenues par un s.-m. ravitailleur et un dock flottant ; les bateaux ravitailleurs MBF (T-Aks) fournissent le support logistique aux bases de Holy Loch et Kings Bay. 6 s.-m. type Ohio de 18 750 t portant chacun 24 missiles Trident I (C-4) portant de 8 à 14 ogives (adaptation prochaine au transport du Trident II (D-5) (portée 11 000 km, 57 t, guidage stellaire et inertie, précision 300 m, transportant 14 têtes MIRV de 150 kt, Ohio). Construction de 1 s.-m. Trident par an jusqu'à ce que le niveau prévu soit atteint. *Strategic Air Command :* 1 037 *missiles* ICBM (450 Minuteman II à 1 seule tête, 550 Minuteman III). 22 escadrons comprenant 436 *bombardiers* (5 escadrons de 56 FB-111 A ; 1 esc. de 6 B-52 G/H ; 5 esc. de 75 B-52 D) ; 50 *avions-écoles* B-52 D ; 49 esc. comprenant 646 *avions de ravitaillement* en fuel et un esc. *d'avions de reconnaissance ;* 9 SR-71-A. 7 U-2 ; 4 E-4 A/B ; 37 RC/EC 135 a.

2°) Défensives. Réserves prêtes. Systèmes de détection DANA (Défense aérospatiale nord-américaine). État-Major à Cheyenne comprend la DEW [Distant Early Warning Line : 31 radars (de la GRIB [Groenland Iceland Barrier Line : 2 radars en Islande (surveillance de l'Atlantique), 93 radars de longue portée au Canada et Alaska complétant la DEW] ; les avions-radars EC-121 (ex. super-constellations) prolongent la DEW au-dessus des océans ; les satellites 643 du « Early Warning System » en orbite géostationnaire observent les lancements de fusées par les radars Safeguard [Dakota du N. (prévus pour les missiles antimissiles Safeguard, abandonnés en 1976 ; intégrés au NORAD)] ; la BMEWS Line [(Ballistic Missile Early Warning System) ; 3 stations avec 12 radars Clear (Alaska), Thulé (Groenland), Fylingdales Moor (Angleterre), reliés directement aux ordinateurs de Cheyenne] ; le SPASUR [(Space Southern U.S. Navy Radars), de la Californie à la Floride ; explorateur d'Eglin (hauteur 40 m ; 9 000 éléments dont 4 000 émetteurs et 5 000 récepteurs)], permet d'identifier simultanément 200 objets dans le ciel de l'hémisphère sud ; antenne de 3,5 km de long [puissance 1 milliard de kW (puissance normale d'un radar de navigation aérienne 15 000 watts)] ; radars à balayage en phase (1979) d'OTIS (Massachusetts) et de Beale (Californie) ; radars SPADATS (Space Detection and Trading System), caméras infra-rouge, répartis sur la planète. Leurs données mises sur ordinateurs fournissent quotidiennement 20 000 observations sur 10 000 objets volants, soit au total 200 millions de renseignements par jour.

Terre. 16 divisions : 4 blindées, 6 mécanisées, 3 d'infanterie, 1 aéroportable (transportée par 420 hélicoptères), 1 aéroportée. Plus 1 brigade blindée, 4 d'infanterie dont 1 à Berlin, 1 à Panama spécialisée dans le combat de jungle, 1 en Alaska spécialisée dans le combat par grand froid ; 3 rég. de cavalerie légère blindée (reconnaissance) ; 4 bataillons de missiles sol-sol Pershing et 8 de Lance. L'*Alat* comprend env. 626

avions, 9 000 hélicoptères. *Stationnement : U.S.A.* (réserve stratégique), *Allemagne* (7e Armée équipée notamment de chars Patton M-60 et de missiles Honest John et Pershing, qui remplacent peu à peu l'engin Lance), *Extrême-Orient* (Corée du Sud, îles du Pacifique). *La garde nationale*, demeurant théoriquement dans les États, sert de réserve générale.

Équipement : 12 023 chars moyens (M 48, M 60) et 400 légers (Sheridan) équipés de lance-missiles antichar Shillelagh, 19 000 véhicules blindés de transport de troupes (M 577, M 113). Artillerie et missiles : env. 3 140 canons automoteurs automatiques de 175 mm et obusiers automoteurs automatiques de 105, 155 et 203 mm ; env. 2 000 canons ou obusiers tractés de 105 et 155 mm ; env. 3 200 mortiers de 81 mm et 4 200 de 107 mm ; env. 2 000 canons sans recul ; 16 400 engins antichars TOW et Dragon. Artillerie antiaérienne : env. 460 canons antiaériens tractés et automoteurs de 20 et 40 mm ; env. 3 200 missiles/canons antiaériens de 20 mm, Redeye et Chaparral/Vulcan ; 900 missiles sol-air Nike, Hercules et Hawk (des missiles Roland sont en commande).

Air. 3 700 avions de combat : 83 escadrons de chasse et d'attaque (F4, F111, F15, F16), 8 de reconnaissance tactique (RF-4C), 6 de missions spéciales, 17 de transport lourd (C 5A, C 141), 3 de tr. médical, 3 d'observation météo, 8 de recherche sauvetage, 4 AWACS (E-3A), 9 de contrôle tactique (OV-2/-10 ; CH-3/-53), 14 de transport tactique (C-130).

Stationnement : en métropole : Tactical Air Command (9e et 12e Forces aériennes) ; Military Airlift Command (commandement des transports aériens milit.). *Organisation* : commandements d'Europe et du Pacifique (USAFE et PACAF). *Réserve* : Air National Guard demeurant aux U.S.A.

Marine. 14 porte-avions dont 4 nucléaires (3 *Nimitz*, 1 *Entreprise*) ; 3 type Forrestal, 2 type Midway, 2 Kitty Hawk et 1 Lexington (AVT-16), porte-avion école. 99 sous-marins dont 4 conventionnels et 91 nucléaires (90 d'attaque, 31 MBF, 4 Trident Ohio). 4 cuirassés : New-Jersey et Iowa. 31 croiseurs dont 9 nucléaires. 31 destroyers classiques et 37 lance-missiles. 53 frégates classiques et 41 lance-missiles. 62 navires de guerre amphibies, 3 poseurs de mines, 70 grands navires de soutien, 25 n. de logistique mobile et 23 n. de soutien.

Aéronavale. 12 escadres aériennes sur porte-avions. 1 451 avions d'attaque et de combat : 38 esc. d'attaques (A-4, A-6, Ea-6A) ; 24 esc. de combat (F-14, F/A-18, F-4, F-5) ; 11 esc. de lutte anti-sous-marine (S-3) ; 26 esc. de reconnaissance (P-3) ; 13 esc. (d'alerte aérienne électronique et tactique aérienne EA-3B, EP-E) ; 21 esc. d'hélic. anti-sous-marins ; (SH-2F, SH-60B) ; 12 esc. d'alerte aérienne avancée (E-2C) ; 15 esc. de transport et de servitudes (C-12, C-130, C-131).

Marines. 196 600. 3 divisions, 2 aux États-Unis et 1 dans le Pacifique ; 1 div. de réserve à la Nlle-Orléans. 550 tanks, 984 blindés transportant des troupes. 436 av. de combat et de soutien ; 26 esc. de combat dont 1 de reconnaissance, 1 de guerre électronique, 3 de ravitaillement et de transport (KC-130) ; 2 esc. d'observation et 28 esc. d'hélic. (488 hélic.).

Les U.S.A. entretiennent 429 bases militaires à l'étranger et 2 972 installations de moindre envergure dans 30 pays (ainsi qu'à Hawaii et en Alaska). Leur prix de revient approche 30 milliards de F par an. Il y avait en Europe, en 1982 : A 89 800, T 216 700 (All. féd. 204 200, Berlin-O. 4 300, Italie 3 800, Turquie 1 200, Grèce 480). En 1984, les 510 300 soldats américains se répartissaient ainsi hors des U.S.A. : Allemagne 244 400, mer 125 500, Japon 24 400, Corée du S. 39 600, R.-U. 29 200, canal de Panama 9 170, Ryu Kyu 20 000, Guam 17 000, Philippines 14 400, Italie 14 100, Espagne 9 100, Turquie 5 000, Puerto-Rico 3 500, Grèce 3 080, T'ai-wan 4 000, Islande 3 000, Canada 2 000, Belgique 2 000, P.-Bas 2 780, Bermudes 1 500, Éthiopie 1 000, Maroc 1 000, Portugal 1 000. Ces militaires sont accompagnés d'env. 250 000 membres de leurs familles. Les bases américaines fournissent du travail à env. 200 000 étrangers.

• **Venezuela** 49 000 (T 34 000, M 10 000, A 5 000). PM 22 000. *Serv. mil.* : 2 ans (sélectif).

• **Viêt-nam** 1 027 000 (T 1 000 000, M 12 000, A 15 000). PM 60 000, Milice armée 2 500 000. *Serv. mil.* : au moins 2 ans.

• **Yougoslavie** 241 700 (T 191 000, M 13 000, A 37 000). Réserv. 500 000. PM 15 000, Milice 2 000 000. *Serv. mil.* : 15 mois, 8 millions de personnes (h. et f.) sur 22 sont « porteurs de fusil ». **Terre.** 12 divisions d'infanterie. 8 brigades de chars indép., 9 brig. d'inf., 3 de montagne. **Air.** 420 avions de combat, 12 escadrons de chasseurs, 9 d'interception, 2 de reconnaissance. **Marine.** 9 sous-marins, 3 corvettes, 16 vedettes lance-missiles Styx, 22 dragueurs chasseurs de mines.

• **Zaïre** 26 000 (T 22 000, M 1 500, A 2 500). PM 22 000. *Serv. mil.* : volontaire.

• **Zambie** 16 200 (T 15 000, A 1 200). PM 1 200. *Serv. mil.* : volontaire.

• **Zimbabwe** 42 000 (T 41 000, A 1 000). PM 13 000. Milice nationale : 26 000. *Serv. mil.* : volontaire.

• **Anzus.** G.-B., N.-Zélande et Australie à Singapour et Malaysia. Créé en avril 1971 pour assurer la sécurité de la Malaysia et de Singapour en liaison avec la VIIe flotte américaine.

La défense en France

☞ Histoire. Voir Quid 1982, p. 1377.

Institutions

L'organisation de la défense nationale en France découle :

I – De la Constitution

Président de la République. Il est le garant de l'indépendance nationale, de l'intégrité du territoire, du respect des accords de communauté et des traités (art. 5). Il est le chef des armées. Il préside les conseils et comités supérieurs de la défense nationale (art. 15).

Lorsque les institutions de la République, l'indépendance de la Nation, l'intégrité de son territoire ou l'exécution de ses engagements internationaux sont menacées d'une manière grave et immédiate et que le fonctionnement régulier des pouvoirs publics constitutionnels est interrompu, le Pt de la Rép. prend les mesures exigées par ces circonstances, après consultation officielle du Premier ministre, des présidents des assemblées ainsi que du Conseil constitutionnel. Il en informe la Nation par un message (art. 16).

... **La loi** détermine les principes de l'organisation générale de la défense nationale... (art. 34).

La déclaration de guerre est autorisée par le Parlement (art. 35). **L'état de siège** est décrété en Conseil des ministres. La prorogation au-delà de 12 j ne peut être autorisée que par le Parlement (art. 36).

II – De l'ordonnance 59147 du 7-1-1959

• **Objet de la défense.** Assurer en tout temps, en toutes circonstances, et contre toutes les formes d'agression, sécurité, intégrité du territoire, et vie de la population. Elle pourvoit au respect des traités, alliances et accords internationaux (art. 1).

• **Politique de la défense.** Définie en Conseil des ministres. Les décisions en matière de direction générale sont arrêtées en comité de défense et en matière de direction militaire en comité de défense restreint. Le Gouvernement dispose du Conseil supérieur de défense (présidé par le Pt de la Rép.) ; composition fixée par décret.

• **Premier ministre (PM).** Il est responsable de la *défense nationale*, il exerce la *direction générale* et la *direction militaire* de la défense. Il formule les directives générales pour les négociations concernant la défense et suit le développement de toutes ces négociations. Il décide de la *préparation* et de la *conduite supérieure des opérations* et assure la *coordination de l'activité* en matière de défense de tous les départements ministériels.

Comité de défense. Comprend *sous la présidence* du Pt de la Rép. : PM, ministres des Affaires étrangères, de l'Intérieur, de la Défense, de l'Économie et des Finances, de l'Industrie et, s'il y a lieu, sur convocation du Pt, les autres ministres pour les questions relevant de leur responsabilité.

Comité de défense restreint. Présidé par le *Pt de la Rép.*, qui peut se faire suppléer par le PM. Celui-ci réunit ce comité à sa diligence et en fixe la composition pour chaque réunion.

Comité d'action scientifique de la défense. Assure, sous l'autorité du PM, l'orientation et la coordination de la recherche scientifique et technique de défense.

Comité interministériel de renseignement. Assure, sous l'autorité du PM, l'orientation et la coordination des services de documentation et de renseignements.

– Dans le cas d'événements interrompant le fonctionnement régulier des pouvoirs publics et entraînant la vacance simultanée de la présidence de la Rép., de la présidence du Sénat et des fonctions de PM, responsabilités et pouvoirs de défense sont automatiquement et successivement dévolus au ministre chargé des Armées et, à défaut, aux autres ministres dans l'ordre indiqué par le décret portant composition du Gouvernement.

Chaque ministre est responsable de la préparation et de l'exécution des mesures de la défense incombant à son département. Il est assisté (sauf le min. des Armées) par un *haut fonctionnaire* désigné à cet effet.

Ministre de la Défense. Il est responsable *sous l'autorité du PM* de l'exécution de la politique militaire (en particulier : organisation, gestion, mise en condition d'emploi et mobilisation des forces et de l'infrastructure militaire nécessaire). Il *assiste* le PM pour leur mise en œuvre. Il a autorité sur des forces et services des armées et est responsable de leur sécurité.

Ministre de l'Intérieur. Il prépare en permanence et met en œuvre la *défense civile* ; il est responsable de l'ordre public, de la protection matérielle et morale des personnes et de la sauvegarde des installations et ressources d'intérêt général.

Dans les zones où se développent des opérations militaires et sur décision du Gouvernement, le commandement militaire désigné devient responsable de l'ordre public et exerce la coordination des mesures de défense civile avec les opérations militaires.

Ministre chargé de l'Industrie et de la Recherche. Il oriente aux fins de la défense l'action des min. responsables de la production, de la réunion et de l'utilisation des diverses catégories de ressources ainsi que de l'aménagement industriel du territoire. Il assure la liaison permanente avec le min. des Armées afin de tenir compte, dans son plan d'équipement économique, des nécessités essentielles de la défense.

III – De ses décrets d'application

Conseils ou comités de défense. Réunis et présidés par le Pt de la Rép., assurent la direction d'ensemble de la défense et, le cas échéant, la conduite de la guerre. Secrétariat tenu par le *Secrétariat général de la défense nationale*.

Ministre de la Défense. Assisté par : 1° *Un délégué général pour l'armement* (étude, recherche et fabrication d'armement). 2° *Un secrétaire général pour l'administration* (administration, finances, action sociale). 3° *Un chef d'état-major des Armées* (étude de plans, directives intéressant l'organisation générale et la mise en œuvre des forces armées).

Il dispose des *états-majors de l'armée de Terre, de la Marine, de l'armée de l'Air* et des *inspections générales* (il préside le comité des chefs d'état-major, des *conseils supérieurs de l'armée de Terre, de la Marine, de l'armée de l'Air*, organes consultatifs et d'études propres à chaque armée ; du *conseil permanent du service militaire* chargé d'élaborer des propositions relatives au service militaire, du *conseil supérieur de la fonction militaire* qui examine les problèmes de la condition des cadres).

Par délégation du PM : il prépare les directives générales pour les négociations concernant la défense ; il coordonne la préparation et l'exécution des mesures de défense intéressant plusieurs départements ministériels ; il dirige les organismes en matière d'action scientifique de la défense. En cas d'empêchement du PM, il préside le comité interministériel du renseignement.

Chef d'état-major des Armées. Il peut, par décret pris au Conseil des ministres, être nommé chef d'état-major général des Armées. *Sous l'autorité du Pt de la Rép.* et du Gouvernement, il assurera alors le commandement de l'ensemble des opérations militaires, *sous réserve des dispositions particulières relatives aux forces nucléaires stratégique et préstratégique* pour lesquels des procédures spéciales sont définies. Il est le conseiller militaire du gouvernement. Les chefs d'état-major de l'armée de Terre, de la Marine et de l'Air seront ses adjoints pour la conduite des opérations militaires.

Commandant des forces aériennes stratégiques. Il est chargé de l'exécution des opérations de ces forces *sur ordre d'engagement donné par le président de la République*.

Organisation territoriale

• **Zone de défense. Limites territoriales :** celles de la région militaire. **Le commissaire de la République** du département chef-lieu de la zone de défense *(c. de la Rép. de zone)* est le délégué des ministres placés à la tête des administrations civiles dans leurs responsabilités de défense. 1° Il dirige en matière de défense civile (maintien de l'ordre et protection civile) l'action des c. de la Rép. de région et des c. de la Rép. des dép. de la zone. 2° Il assure la coordination des mesures prises par les préfets de région pour l'emploi des ressources et l'utilisation de l'infrastructure en fonction des besoins civils et militaires. 3° Il fait, en cas de rupture des communications avec le gouvernement, prescrire la mise en garde et les mesures nécessaires à l'exécution des plans de défense intérieure ou extérieure.

Il peut être remplacé par un *délégué du Gouvernement*. Il est assisté de 2 *conseillers :* l'inspecteur général des Finances dont la circonscription comprend le chef-lieu de zone pour les questions écon. intéressant la défense ; le général commandant la région militaire (qui coïncide avec la zone), consulté pour les problèmes de défense opérationnelle du territoire (D.O.T.) [le commandant désigne des zones de défense (art. 4) en cas de mise en œuvre de mesures de D.O.T.] ; et du Comité de défense de zone. Il dispose d'un secrétariat général permanent, dirigé par un membre du corps préfectoral.

• **Circonscription d'action régionale.** Sous réserve des pouvoirs conférés au préfet de zone, le *commissaire de la Rép. de région* assure la préparation des mesures concernant la réunion et la mise en œuvre des ressources et l'utilisation de l'infrastructure. Il dirige à cet effet l'action des c. de la Rép. de sa circonscription.

La *division militaire* a les limites territoriales de la circonscription d'action régionale. Dans chacune, le *général commandant la division militaire* assume les responsabilités militaires de la défense.

• **Département.** Dans chaque département, le c. de la Rép. est responsable de la préparation et de l'exécution des mesures non militaires de défense. Dans les départements dont le chef-lieu n'est pas le siège d'une division militaire, le c. de la Rép. et le commandant de la division militaire s'informent des problèmes et des mesures concernant leurs attributions respectives. Le *délégué militaire départemental* est le représentant permanent du commandant de la division militaire auprès du préfet.

Le *trésorier-payeur général* du département est le conseiller du c. de la Rép. pour les questions économiques intéressant la défense.

• **Régions militaires.** 6, comprenant chacune de 2 à 5 divisions militaires (en tout 22) [*circonscriptions d'action régionale correspondantes et n° des divisions militaires adaptées.* **1.** *Zone de Paris.* Région parisienne (12). Centre (13). **2.** *Z. Nord* (siège : Lille). Nord (21). Picardie (22). Hte-Normandie (23). **3.** *Z. Ouest* (siège : Rennes). Bretagne (31). Basse-Normandie (32). Pays de la Loire (33). **4.** *Z. Sud-Ouest* (siège : Bordeaux). Aquitaine (41). Poitou-Charentes (42). Limousin (43). Midi-Pyrénées (44). **5.** *Z. Sud-Est* (siège : Lyon). Rhône-Alpes (51). Auvergne (52). Provence-Côte d'Azur (53). Languedoc (54). Corse (55). **6.** *Z. Est* (siège : Metz). Lorraine (61). Alsace (62). Champagne (63). Bourgogne (64). Franche-Comté (65)].

Régions aériennes. 4 : 1°) Metz, 2°) Villacoublay, 3°) Bordeaux, 4°) Aix-en-Provence.

Régions maritimes. 3 : (dont le chef porte le titre de commissaire de la Rép. maritime) 1°) Cherbourg, 2°) Brest, 3°) Toulon.

Commandant des forces océan. stratég. Ayant sous ses ordres les sous-marins lanceurs de missiles balistiques stratégiques, il fait de même.

Défense opérationnelle du territoire (D.O.T.). Conduite en liaison avec les opérations de défense extérieure, elle s'oppose aux forces ennemies (éléments implantés, parachutés, débarqués ou infiltrés). Les mesures de défense opérationnelle du territoire complètent celles d'ordre public, prises dans le cadre de la défense civile. Les commandants de zone de défense assurent la préparation des plans de D.O.T., conformément aux directives du PM, qui leur sont notifiées par le ministre de la Défense.

Politique militaire de défense

• **Fondement. La Défense nationale française fondée sur la dissuasion** s'appuie sur les forces nucléaires stratégiques (F.N.S.), tactiques (dites préstratégiques).

Potentiel stratégique (1985). Projectiles : 400 de 15 kt à une Mt. **Vecteurs.** *Sous-marins* 5 (lançant 80 projectiles sur 80 objectifs différents) et 1 lançant à lui seul 96 projectiles qui pourraient atteindre, selon la zone géographique visée, 50 à 60 objectifs différents. *Lanceurs du Plateau d'Albion,* 18 unités dep. 1972. *Mirage IV :* une trentaine avec 30 bombes AN 22. **Objectifs possibles :** + de 200. En 1991, env. 500 (si ces objectifs étaient des villes, la F.N.S. pourrait tuer de 20 à 60 millions de personnes).

Rapport de puissance nucléaire entre la France et l'U.R.S.S. : env. 1 à 15 000. L'U.R.S.S. pourrait détruire toute la France avec — de 0,40 % de son potentiel nucléaire, mais la France, avec son potentiel, peut détruire en U.R.S.S. un territoire équivalent au territoire français.

• **Objectif majeur : maintien de l'indépendance de la France dans la liberté et pour la paix.** La sécurité et l'indépendance du pays exigent l'intégrité du territoire national et la protection de ses habitants contre tout risque d'agression. Compte tenu des conditions qu'elle juge essentielles à sa sécurité, la France a résolu d'abord de disposer d'armes nucléaires purement nationales, tout en apportant une contribution au renforcement global de la dissuasion. Cet effort sera poursuivi.

Position dans l'OTAN. La France demeure membre du Pacte atlantique, malgré son retrait dep. févr. 1966 du dispositif militaire intégré (OTAN). Elle rejette tout automatisme pouvant aliéner la maîtrise qu'elle entend garder de sa politique de sécurité. Mais elle continue à participer à des manœuvres de l'OTAN pour vérifier procédures et plans de l'alliance. Elle a maintenu sa participation à l'*Eurocom* qui prépare la coopération des systèmes de transmission tactique et au réseau *Nadge* de surveillance radar à longue distance. Elle assiste aux travaux du secrétariat international de l'OTAN en matière de coopération des armements classiques et de la conférence des directeurs nationaux d'armement. Elle est représentée au *CEOA* chargé de la gestion des oléoducs militaires qui traversent le nord de la France, à l'*Agence de défense et de sécurité aériennes,* consortium de fabrication des missiles sol-air Hawk, au *Namso,* organisme d'entretien des matériels communs (en particulier Hawk), au *B.M.S.,* bureau militaire de standardisation des armements, au *Bureau de la recherche aérospatiale.*

Missions des forces armées : garantir le territoire national contre toute tentative de prise de gage ou d'agression et garantir en toute circonstance la liberté des Français ; sans aliéner l'indépendance fr., être en mesure de participer à la défense de l'Europe ; en dehors de l'Europe, être en mesure de contribuer à la sécurité des pays avec lesquels la France est liée par des accords ou par une solidarité de fait, économique ou culturelle ; en mer, être en mesure de protéger les intérêts fr. et de contribuer à la sécurité du trafic maritime indispensable à la continuité des approvisionnements fr.

Responsables

Ministre de la Défense : André Giraud (3-4-25). *Chef d'État-Major des Armées :* Gal d'armée aérienne Jean Saulnier (15-11-30). *Délégué général pour l'Armement :* Jacques Chevallier (28-12-21). *Chefs d'É.-M. Armée de Terre :* Gal Maurice Schmitt (23-1-30) ; *Marine :* Amiral Yves Leenhardt dep. le 1-8-82 (n. 13-4-26) ; *Armée de l'Air :* Gal d'armée aérienne Capillon dep. le 1-6-82 (n. 15-10-29). *Chef du contrôle gén. :* Contrôleur gén. Henri Blandin (15-3-25). *Dir. de la Gendarmerie :* Olivier Renard-Payen (26-2-36). *Dir. gén. de la Direction gén. de la sécurité extérieure :* Gal d'armée René Imbot (7-3-25).

• **Thèses sur la stratégie.** 1°) RETOUR DANS LE SYSTÈME DE L'OTAN et sous la protection américaine. *Inconvénient :* doute sur l'automaticité de cette protection. 2°) SANCTUARISATION (Gal Gallois). La France ne doit pas s'occuper des pays qui l'entourent mais accélérer son armement nucléaire (surtout les sous-marins). L'ennemi doit être convaincu que l'Hexagone est intouchable, mais lui seul. 3°) SANCTUARISATION ABSOLUE MAIS ACCOMPAGNÉE DE ZONES D'INTERVENTION EXTÉRIEURES. Suppose le développement régulier des forces nucléaires plus une force d'intervention mobile de 50 000 h. disposant d'avions et de bateaux.

Effectifs budgétaires

Effectif militaire total

Y compris la gendarmerie : *1962 :* 1 027 807 (dont en Algérie 441 346 et outre-mer 42 004). *1965 :* 611 000 (dont Alg. 18 500 et O.-M. 37 000). *1970 :* 566 610. *1975 :* 584 405. *1979 :* 590 082. *1980 :* 584 579 (dont O.-M. 16 408). *1982 :* 577 128 (dont O.-M. 17 313). *1983 :* 577 884 (dont O.-M. 17 280). *1984 :* 572 420 (dont O.-M. 16 990). *1985 :* 560 165 (+ 141 675 civils). *1986 :* 557 893 (dont active 309 571, appelés 248 322).

Répartition par Armée

Militaires	Terre	Air	Marine
1962	721 102	139 873	78 506
1965	365 000	113 000	67 000
1970	321 916	104 263	69 141
1975	331 522	102 078	68 315
1980	314 253	100 625	67 937
1981	314 177	100 427	67 968
1982	314 177	100 427	68 384
1983	311 156	100 225	68 287
1984	304 817	99 151	67 711
1985	299 826	96 547	67 040
1986	296 480	95 978	66 345

Situation en 1986. Total : 555 916 + rémunérés sur comptes de commerce et sur budget annexe dont délégation gén. pour l'armement 1 977 (dont armements terrestres 718, constr. aéronautique 39, constr. navales 1 220). *Total général* 557 893.

Air : *milit.* 95 978 [dont *active* 59 524 (officiers 7 187 ; sous-off. 41 967 ; h. du rang 7 045) ; *contingent* 36 454 (off. 90, sous-off. 1 867 ; h. du rang 34 497)] ; *civils* 5 889.

Terre : *mil.* 296 480 [*active* 113 858 (off. 19 013 ; sous-off. 60 209 ; h. du rang 34 636) ; *contingent* 182 622 (off. 2 039, sous-off. 5 327, h. du rang 175 256)] ; *civils* 41 590.

Marine : *mil.* 66 345 [*active* 49 776 (off. 4 458 ; sous-off. 28 951 ; h. du rang 15 661) ; *contingent* 18 569 (sous-off. 419 ; h. du rang 17 551)] ; *civils* 7 694.

Gendarmerie : *mil.* 85 532 [*active* 76 961 (off. 2 545 ; sous-off. 76 463 ; h. du rang 210) ; *contingent* 8 571 (sous-off. 275 ; h. du rang 7 927)] ; *civils* 960.

Services communs *mil.* 13 558 (*active* 11 452, *contingent* 2 106) ; *civils* 85 720. *Service santé* 8 465 dont 3 035 off., 1 974 sous-off., 2 106 appelés. *Justice militaire* 176 off. et s.-off. *Adm. centrale* 63 off. *Corps de contrôle* 144 off. *Service des essences* 239 off., 190 sous-off., 1 832 civils.

Quelques précisions

Il y avait en *1960 :* 1 Gal pour 2 600 appelés, 1 off. supérieur pour 87 appelés. En *1976 :* 1 Gal pour 1 200 ap., 1 off. sup. pour 35 appelés.

Taux d'encadrement. Officiers et entre par. sous-officiers (y compris les aspirants) en %. Air 7,4 (45), terre 6,4 (22,4), marine 6,6 (43,4), gendarmerie 2,9 (87,6), ensemble défense 7,1 (39,2). [R.F.A. 5,5 (25,5), G.-B. 10,5 (26), U.S.A. 11 (32), U.R.S.S. 14 (28)].

• **Femmes. Terre.** 7 391 (de carrière ou sous contrat) dont 241 off., 5 922 sous-off., 739 mil. de rang. Volontaires : 165 sous-off., 324 M.D.R. **Air.** 161 off., 3 783 sous-off., 1 698 M.D.R. Volontaires : 97. **Marine.** 26 off. (*en 1985 :* 30), 14 aspirantes et élèves (en *85 :* 10) dans les écoles d'off., 654 off.-marin. (en *85 :* 720), 292 M.D.R. (en *85 :* 360). Volontaires : 92 (en *85 :* 180). **Gendarmerie.** 169 off., 227 sous-off. de spécial emplois adm., 379 M.D.R. Volontaires : 80.

• **Effectifs de l'armée de terre par grade (en 1985).** Total 299 826 dont *personnels de carrière ou sous contrat :* 114 181 [dont officiers 19 213 (dont généraux de division et de brigade 194, colonels 1 101, lieut.-colonels et commandants 5 918, capitaines, lieut. et sous-lieut. 12 000) ; sous-off. 60 042 (dont aspirants 539, majors 1 816, adjudants-chefs 11 673, adjudants 13 881, sergents-chefs 13 413, sergents 18 720) ; élèves 1re et 2e année 360 ; militaires du rang 34 566 (dont caporaux-chefs 13 250, caporaux 8 519, militaires du rang 12 797)]. *Personnels appelés :* 185 645 [dont officiers 200 ; sous-off. et aspirants 7 285 ; mil. du rang 178 160 (dont caporaux-chefs 10 208, caporaux 25 668, mil. du r. 142 284)].

● **Effectifs des personnels civils (1986).** 141 853 dont administration centrale 2 930, personnels civils extérieurs (y compris section essences) 68 302, D.G.A. (y compris les comptes de commerce) 68 420, contrôle général des armées 15, affaires pénales 13, service de santé (aumôniers) 134, D.G.S.E. 1 865, postes permanents à l'étranger 174.

● **Effectifs de la marine (1985).** 66 430 (y compris les gendarmes maritimes) dont officiers 4 428, officiers-mariniers 28 811, quartiers-maîtres et matelots engagés 15 131, appelés du contingent 17 970. Sur ce total, personnel opérationnel 35 482 dont 17 622 (contingent 4 080) aux forces de surface (unités + états-majors embarqués) ; 4 886 (contingent 750) aux forces sous-marines (sous-marins + états-majors + environnement) ; 10 132 (contingent 2 543) à l'aéronautique navale (flottilles + escadrilles + états-majors des forces + bases) ; 2 662 (contingent 1 314) aux autres unités opérationnelles (fusiliers marins commandos + unités de protection + groupes de plongeurs-démineurs).

☞ On peut considérer l'organisation des forces armées sous 2 aspects : **1° fonctionnel** par 4 systèmes de forces spécifiques et polyvalentes (Forces nucléaires stratégiques, Armement nucléaire préstratégique, Forces classiques, Forces d'Outre-Mer), et 5 de fonction (Recherches et essais, Organismes de fonction, Organismes de soutien des personnels, Organismes de soutien des matériels, Administration générale) ; **2° structurel** (armée de Terre, Marine, armée de l'Air, Gendarmerie).

I Systèmes de Forces

FORCES NUCLÉAIRES

☞ Les armes nucléaires stratégiques et tactiques (A.N. 52 et Pluton) ne peuvent être utilisées que sur ordre ou autorisation expresse du Pt de la Rép.

A partir d'une évaluation des menaces élaborée au C.O.D.A. (Centre opérationnel de la défense aérienne) dans des galeries bétonnées sous 60 m de gypse, le Centre d'opérations des forces aériennes stratégiques (C.O.F.A.S.), installé à Taverny (Val-d'Oise) et, éventuellement, relayé à Mont-Verdun (Rhône), transmet les ordres directement aux postes de tir des missiles enfouis au plateau d'Albion (Hte-Prov.), aux escadrons de bombardiers Mirage IV et, indirectement, à l'Amiral commandant la force océanique stratégique (ALFOST) qui, par son centre des opérations à Houilles (Yvelines), est relié en permanence avec les sous-marins nucléaires, lance-missiles en patrouille.

En alerte permanente, le réseau C.O.D.A. permet de détecter tout appareil dans une zone aérienne de 6 millions de km² (2 400 km de côté) ; il centralise l'information grâce au système STRIDA (V. index). Un réseau de guet à vue (vision humaine) est disposé aux front. pour prévenir les pénétrations à basse alt. Tout avion non identifié provoque le décollement d'un intercepteur. Cet ensemble est très vulnérable aux tirs d'armes aussi précises que les SS N3.

Armement nucléaire dans le budget militaire (en %). *1961-1965 :* 27,6 ; *1966-1970 :* 49,5 ; *1971-1975 :* 37 ; *80 :* 31,2 ; *81 :* 30 ; *82 :* 30 ; *83 :* 31,7 ; *84 :* 32,5 ; *85 :* 32,7 ; *86 :* 33,4.

● **Effectifs totaux. Forces nucléaires stratégiques (F.N.S.).** 29 269 (dont 12 781 milit. act., 6 039 ap. et 10 449 civ.).

a) Forces aériennes stratégiques (F.A.S.). 10 085 (dont 5 888 mil. act., 1 055 ap. et 128 civ. dépendant du C.O.F.A.S.).

Forces pilotées. 34 *Mirage IV* (env. 8 en maintenance) en 2 escadres (91e et 94e) réparties sur 6 terrains (Mont-de-Marsan, Cazaux, Orange, Avord, St-Dizier et Luxeuil) et 1 escadre de 11 quadriréacteurs de ravitaillement en vol *Boeing C-135 F.*

Capable de voler à 2 fois la vitesse du son (env.) pendant env. 50 mn, le *Mirage IV* emporte une bombe (ANM 22) au plutonium de 70 kilotonnes (plus de 3 fois la puissance de l'explosion d'Hiroshima), largable à haute ou basse altitude du type bombe freinée, elle impose le survol de l'objectif avec charge d'environ 150 à 300 kilotonnes capable d'atteindre un objectif à 100 km au moins du point de lancement. La force aéroportée des *Mirage IV* prévue pour disparaître en 1985 sera prolongée jusqu'en 1992-94, pour 18 *Mirage IV S* dotés de missiles air-sol moyenne portée (A.S.M.P.) (1er escadron en service en 1987) puis par les *Mirage 2000.* L'alerte permanente des Mirage IV a été supprimée en 1975, la dissuasion des autres forces stratégiques étant suffisante. L'alerte reste fixée à 12 h. Sa capacité de pénétration à très basse altitude, son calculateur et son radar qui permettent l'attaque par tout temps, sa vitesse et sa précision, son équipement en contre-mesures électroniques, ses possibilités de ravitaillement en vol à l'aller et au retour donnent au *Mirage IV* un % très élevé de chances d'atteindre les objectifs désignés.

☞ Toute la force aérienne est vulnérable aux armes balistiques russes. La répartition des avions serait envisageable s'il y avait un délai d'alerte, mais ce ne serait sûrement pas le cas lors d'une intervention nucléaire soviétique. Il est impossible de dire le nombre d'avions qui franchiraient les défenses soviétiques devenues très efficaces.

Forces balistiques. Groupement de missiles stratégiques (G.M.S.) de 2 unités de tir (1re opérationnelle dep. 2-8-71, 2e dep. 23-4-72) armées chacune de 9 missiles sol-sol balistiques stratégiques (S.S.B.S.). [On avait prévu à l'origine 54 puis 27 silos. En 1980, les S2 ont été remplacés par des S3D (longueur 13,8 m, diam. 1,5 m, 25,8 t, portée 3 500 km, charge thermonucléaire mégatonnique).] Implantés sur le plateau d'Albion à St-Christol (Vaucluse, 500 ha répartis sur 36 000 ha). Site choisi en raison de l'altitude (plus le point de départ d'un missile est élevé, plus la distance parcourue par celui-ci est grande), de la faible concentration de population. Les conditions climatiques devaient permettre une accessibilité en toute saison des zones de lancement et des postes de conduite de tir. Les unités sont commandées chacune par un poste de tir [à Rustrel (Vaucluse), et Reilhanette (Drôme), distants de 26 km], enfoui à 400 m de profondeur, accessible seulement par une galerie de 1 500 m formant plusieurs angles droits. 6 réseaux de transmission indépendants les relient au C.O.F.A.S. (en particulier les systèmes Tigre et Vestale). En outre, il existe un réseau survie, le T.O.S. (transmissions par ondes de sol).

Dans ces postes, 2 officiers veillent par roulement de 24 h, recevant directement du gouvernement l'ordre de tir sur des cibles désignées d'avance. Les *silos* sont distants d'au moins 3 km les uns des autres. La zone militaire entourant chaque silo représente un carré de 200 m de côté (les cultures agricoles du plateau sont conservées). Chaque silo (profondeur 24 m ; fermé par 1 porte d'acier de 140 t) enferme 1 missile qui peut s'élancer 1 mn après la réception de l'ordre de tir. Le durcissement des sites contre les effets de l'impulsion magnétique a été achevé en 1984.

☞ *Pour certains, ces missiles sont condamnés :* la précision des SS 19 soviétiques (env. 300 m), la puissance de chacune de leurs ogives permettent à l'U.R.S.S. une attaque préventive à cause de la rotation de la Terre et du sens des vents, mais les missiles ne seraient détruits que par des explosions de cratère avec des retombées très graves qui iraient vers l'Est.

b) Force océanique stratégique (F.O.-S.T.). *Puissance globale de destruction :* 64 mégatonnes. *Effectif : composée* de 6 SNLE (sous-marin nucléaire lanceur d'engins), dont 3 lanceurs de 16 missiles M.S.B.S. M. 20 monocharge (haut. 10,7 m, diamètre 1,5 m, 19,7 t, portée 3 000 km) mis en service en 1971, à tête thermonucléaire M.R. 60 et 61 de 1 Mt (mégatonne). *Le Redoutable* (1971), *Le Terrible* (1972), *Le Foudroyant* (1974 ; en grand carénage en 1984). *L'Indomptable* (1976) ; 1 SNLE lanceurs de 16 missiles MSDS M4 à 6 charges multiples (tête TN70, portée + de 4 000 km puis TN71, portée 6 000 km) : *L'Inflexible* (1985), *Le Tonnant* en refonte de 1985 à 1987 pour être ainsi équipé.

Les S.N.L.E. sont basés à l'Ile-Longue, à Brest (80 ha + 30 ha gagnés sur la mer : 300 000 m³ de béton coulé, plusieurs km de galeries percées ; 2 bassins jumeaux couverts, de 200 m de long). A quelques km, sur 185 ha, dispositif souterrain pour montage, entretien et stockage des missiles et des têtes nucléaires. Après 5 ou 6 ans de service, ils entrent en grand carénage (13 mois) ; après 10 à 12 ans, en refonte (2 ans). Chaque S.N.L.E. possède 2 équipages de 135 h. se relayant sans discontinuer et effectuant des croisières sous-marines de 60 j (90 j max.). Son commandement est assuré à partir du PC de Houilles (Yvel.), relié en permanence aux S.N.L.E. en patrouille.

Pour communiquer avec les sous-marins en patrouille : le centre de transmissions de Rosnay (Indre) (puissance rayonnée d'env. 500 kW) et une station de secours à Kerlouan (Finistère). 3 S.N.L.E. sont en patrouille permanente.

Fin 1988, situation prévue : 4 S.N.L.E. en service [2 armés de 16 missiles « M2O », 2 de 6 missiles « M4 » (long. 11 m, masse 35 t, 6 têtes thermonucléaires de 150 kt sur trajectoires balistiques, portée 5/6 000 km)], 2 en « refonte M4 » et 1 en construction.

Nota. — Proportion des forces nucléaires sol/sol (en silos) : 8,2 % de la force nucléaire française (U.S.A. 25 % ; U.R.S.S. 75 %). Cette proportion s'explique : Amér. et surtout Soviét. ont recherché les moyens d'une stratégie de coercition (détruire préventivement les armes de l'autre de manière à ne pas avoir à en subir les effets). Cette stratégie exige des armes précises et très nombreuses (cas de l'U.R.S.S.). La France n'a envisagé que la stratégie de la dissuasion consistant à pouvoir infliger à l'adv. des dommages sup. à l'enjeu que représente la France.

Nouveaux systèmes d'armes stratégiques possibles

Missiles balistiques sol-sol mobiles. Un lanceur de 7 à 8 m, ayant une portée de 4 500 km avec une tête d'ogive de 140 kt, permettrait d'atteindre des objectifs au-delà de l'Oural. Il serait déployé à partir de moyens de transport banalisés (camions ou chemin de fer) aériens ou fluviaux. Ce système a un temps de « réponse » de 6 à 15 mn, contre 3 à 4 h pour le missile de croisière ; un meilleur rapport coût/efficacité ; il peut porter plusieurs têtes miniatures et manœuvrantes, des leurres.

☞ *Pour certains, ce système n'est pas valable :* la France n'a pas de grands déserts comme l'Amérique, ni de grandes plaines comme la Russie, propices à la manœuvre permanente de ces missiles. Les véhicules lourds même banalisés se « promenant dans la campagne française » ne passeraient pas inaperçus. Les populations influencées par les écologistes et les pacifistes relayés par certains médias réagiraient. Il faudrait une protection antisabotage. Logistique et transmissions seraient coûteuses. Ils seraient vulnérables s'ils étaient stockés dans des camps militaires ou sur des bases, facilement repérés par les satellites ou localisés par l'espionnage.

Pour d'autres, on pourrait cependant envisager : stockage dans camps mil. ou bases aériennes (une cinquantaine) ; desserrement en cas de crise vers des points de tir prévus à l'avance dans des zones peu habitées (dispositif inadéquat en cas d'attaque par surprise) ; déplacement permanent par véhicules banalisés d'une partie de cette force, de nuit de préférence avec escorte légère, ex. : dans les Alpes, les Pyrénées ou le Massif central à partir d'une certaine altitude où il existe des zones propices à la mobilité permanente des missiles sol-sol ; transport par avion des missiles et/ou des charges vers des points de tir préparés ; utilisation de tunnels de chemin de fer et de forts désaffectés ; installation d'un nombre limité de missiles mobiles à Albion et au Centre d'essai des Landes ; construction de galeries très profondes, disposées en toiles d'araignée en montagne (les missiles seraient lancés à flanc de montagne depuis des ouvertures qui pourraient être nombreuses ; mais en cas d'attaque nucléaire, les « effets de falaise » risqueraient de mettre à mal galeries et ouvertures). Coût total de l'opération : env. 13 milliards de F.

Missiles de croisière. Voir p. 1209 a. Les m. de c. actuels ne présentent pas d'intérêt pour la France. Leur vitesse subsonique les rend très vulnérables plusieurs heures durant leur parcours pour atteindre leurs objectifs. Il en faudrait des milliers, ce qui n'est pas à la mesure de la France.

● **Effectifs totaux. Armement nucléaire préstratégique (A.N.P.).** 9 077 (dont 3 554 mil. act., 5 074 ap. et 449 civ.). Conçue pour être utilisée contre des forces adverses (forces engagées au combat ou contre leurs arrières), l'arme nucléaire tactique accroît le caractère dissuasif des forces classiques. Son utilisation, sur décision du Pt de la Rép., constituerait pour l'adversaire un ultime avertissement avant le déclenchement de la riposte nucléaire stratégique. La recherche s'oriente actuellement vers l'arme à rayonnement renforcé *(b. à neutrons)* utilisable en pays ami, car elle détruit le personnel adverse sans ravager les terr.

Charge nucléaire tactique commune aux 3 armées : 10 à 25 kt de TNT. *Charges devant équiper les systèmes d'armes futurs :* de quelques kt et 300 kt.

Composante terrestre. a) Pluton. *Effectifs* 6 137 (dont 1 405 mil. act., 4 724 ap. et 8 civ.). *5 régiments* [camp de Mailly 3e R.A. (rég. d'artillerie), Suippes (15e), Laon Couvron (4e), Belfort (camp des Fougerais) (74e), Oberhoffen (près de Hagueneau) (32e)] (chacun de 1 000 h., 300 véhicules, 3 batteries de tir, de chacune 2 rampes Pluton ; 1 batterie de commandement et des services ; 1 batterie de sécurité) ; *au* *total* 36 blindés AMX 30 pouvant lancer des missiles Pluton : longueur 6,3 m, 2 t (3 avec le conteneur qui sert de rampe de lancement) à 1 étage, portée 17 à 120 km avec précision de 200 à 400 m, charge à fission au plutonium de 10 à 25 kt mise en service en 30 mn entre 1res instructions et tir ou 5 mn en cas de préavis (les opérations préalables ayant été exécutées). Le Pluton est placé sur véhicule à roues (déplacements, manœuvre, vitesse de tir, mis en service en 1974). Son équipement en moyens de calcul et de transmission commence à dater.

Par une 1re salve, les Pluton pourraient lancer 42 AN.51 (25 kt) sur l'adversaire et 42 AN.52 (15 kt) sur la ligne de front (si front il y a). Le lanceur peut être rechargé pour une seconde salve. La portée du Pluton est suffisante s'il défend le sol national.

Système de remplacement : Hadès (dieu des enfers dans la mythologie grecque) : *système* semi-balistique dans l'atmosphère avec pilotage automatique. Statoréacteur 1,5-2 t. *Portée* 300-350 km. *Précision* excellente. *Puissance* 20 à 60 kt. *Coût* : 8-10 milliards de F (en 1982) au total (1 missile : 17 millions de F) ; pourrait être doté d'armes à rayonnement renforcé (b. à neutrons), en nombre limité. Hadès sera mis en service à partir de 1992. Les régiments Hadès seront regroupés au sein d'une grande unité autonome. *Nombre* 200 sur 100 véhicules. L'intérêt du Hadès a été discuté : sa portée lui permettrait d'intervenir contre des forces qui ne menaceraient pas directement le territoire français, ce qui pourrait entraîner contre la France des représailles désastreuses alors qu'elle ne serait pas impliquée directement dans le conflit.

b) Composante aérienne (FATAC). 2 221 h. (dont 1 877 milit. act., 331 ap. et 10 290 civ.). *2 escadrons de Mirage III E* de la 4e escadre de chasse (monoplace propulsé par 1 réacteur Atar, rayon d'action en pénétration de 600 km entre des réseaux supplémentaires) : *3 de Jaguar A* de la 7e escadre de chasse (monoplace propulsé par 2 réacteurs Adour, rayon d'action 750 km à très basse alt., peut couvrir 7 000 km avec ravitaillement en vol) appartenant à la Force aérienne tactique (FATAC) + *4 escadrons d'aide à la pénétration.* Implantés à St-Dizier, Luxeuil et Istres. Sont armés de l'A.N. 52, bombe nucléaire de 25 kt ; sera équipé de l'ASMP : propulsion par statoréacteur, long 5 m, 800 kg, portée de 100 à 300 km, vit. Mach 2 à 3, puissance 100 à 300 kt à fission (tête unique pouvant être manœuvrante), vulnérabilité faible (peut éviter les défenses advers.), durci pour résister aux A.B.M. Les *Mirage III E* et *Jaguar* seront remplacés à partir de 1988 par le système d'arme *Mirage 200 N-ASMP.*

c) Composante maritime. 135 mil. (+ 19 ap.). *2 flottilles de Super Étendard* (rayon d'action 700 km) sont aptes à larguer l'A.N. 52. Basées à Landivisiau et Hyères ou embarquées à bord des porte-avions Clemenceau et Foch (pouvant embarquer chacun 40 aéronefs). Le Super Étendard pourra emporter le missile ASMP en 1988.

d) Gendarmerie A.N.P. 75 mil. act.

e) Développements et expérimentations A.N.P. 490 h. (dont 62 mil. act. et 428 civ.).

FORCES CLASSIQUES

Forces terrestres

Généralités

• **Effectifs** (non compris les soutiens, les forces nucléaires et les forces d'outre-mer). 235 466 h. (dont 77 078 mil. act., 147 986 ap. et 10 402 civ.).

• **Principaux matériels.** 1 339 chars de bataille AMX 30 et AMX 30 B2, 148 canons 155 AU F1, 816 blindés AMX 10 tous types, 248 blindés AMX 10 RC, 2 642 véhicules de l'avant blindés, 1 440 armes antichars Milan, 177 systèmes sol-air Roland, 675 hélicoptères SA 330, 341, 342, Alouette 2 et 3, 145 AMX 30 dépannage.

• **Rôle.** Contribuer à assurer la sécurité de l'appareil de défense – en particulier les moyens nucléaires et les centres de décision et de transmissions – contre toute agression y compris terroriste et préserver ainsi la liberté d'action du Gouvernement ; mener un combat classique visant à détruire aux abords du territoire national ou à en rejeter un ennemi qui tenterait d'y prendre pied ; combattre de façon autonome ou en coopération avec nos Alliés en exécution notamment de nos accords et traités d'alliance ; participer à l'extérieur de la métropole à toute action que le Gouvernement jugerait opportun d'entreprendre dans un cadre national ou international pour la défense de notre souveraineté, la sauvegarde de nos intérêts, l'application d'accords d'assistance, le respect des règlements internationaux et le maintien de la paix ; pouvoir assurer toute mission humanitaire ou de service public et de concourir à l'effort de sécurité générale à la requête des autorités civiles.

Principales composantes

• **1re armée. Corps blindé-mécanisé. Effectifs** 28 000 h. **Organisation :** état-major de la 1re Armée (à Strasbourg) et éléments organiques d'armée, états-majors de 3 corps d'armée et éléments organiques, 6 divisions blindées, 2 div. d'infanterie, 2 div. légères blindées issues des écoles. **Capacité :** *chars* : 1 197 (après réorganisation) AMX 30 B2 en remplacement des AMX 30 ; *artillerie* : 336 canons de 155 AUF1 et TRF1 + 48 lance-roquettes multiples (LRM) (1 régiment de LRM) lançant 24 lanceurs en 4 batteries (24 roquettes en 1 minute) à moyen terme ; *blindés canons à roues* : 228 (la FAR en a 180) ; *hélicoptères* : 192 (la FAR a 241 hél.) ; *VAB/Hot* : 96 ; *missiles antichars* : 666 ; *Roland* : 144 ; *SATCP* (missile sol-air à très courte portée) 212 (à moyen terme).

Articulation des 3 corps d'armée. 1er C.A. (P.C. à Metz) : 7e D.B. (Besançon) ; 10e D.B. (Châlons-sur-Marne) ; 12e D.L.B. (Saumur) ; 14e D.L.B. (Montpellier). **2e C.A.** (P.C. à Baden) : 1re D.B. (Trèves) ; 3e D.B. (Fribourg) ; 5e D.B. (Landau) ; 15e D.I. (Limoges). **3e C.A.** (P.C. à Lille) : 2e D.B. (Versailles) ; 8e D.I. (Amiens).

• **Force d'action rapide (F.A.R.)** (P.C. à Maisons-Laffitte). **4e D.A.** (division aéromobile) (Nancy). *Potentiel* : 6 000 h., + de 200 hélic., + de 400 lance-missiles antichars. 3 régiments d'hélicoptères de combat, 1 r. de combat aéromobile, 1 r. d'hélic. de commandement, de manœuvre et de soutien. *Mission* : détruire ou arrêter les forces vives blindées ennemies (ne conquiert ni ne défend le terrain). Peut combattre seule ou en précédant les forces blindées mécanisées amies, mais obtient son meilleur rendement en conjugant son action avec celle de la 6e D.L.B. **6e D.L.B.** (Nîmes). *Potentiel* : 7 500 h., 72 blindés canon, 24 VAB/HOT, 340 VAB, 36 pièces d'artillerie et mortiers lourds, 48 Milan. 2 régiments blindés sur roues, 2 r. d'infanterie sur VAB, 1 r. d'artillerie incluant une batterie sol-air, 1 r. de génie, 1 r. de commandement et de soutien. **11e D.P.** (div. parachutiste) (Toulouse). *Potentiel* : 13 000 h., 36 blindés canon, 54 pièces d'artillerie et mortiers lourds, 168 Milan. Spécialement organisée et entraînée pour agir outre-mer et en Europe. 6 régiments d'infanterie, 1 r. de cavalerie légère blindée, 1 r. du génie, 1 r. d'artillerie, 2 r. de commandement et de soutien. Peut être engagée, groupée ou articulée en groupements organiques ou temporaires, seule ou en complément de la manœuvre des grandes unités de la FAR ou du corps blindé-mécanisé. *Aptitudes particulières* : interventions rapides par surprise à longue distance, combat temporaire d'interdiction de zone contre les blindés, actions décentralisées de style commando pour la recherche du renseignement, la saisie ou la destruction d'objectifs ponctuels. **9e D.I.M.A.** (division d'infanterie de marine) (Saint-Malo). *Potentiel* : 8 000 h., 36 blindés canon, 48 pièces d'artillerie et mortiers lourds, 120 Milan. 3 régiments d'infanterie motorisée, 1 r. blindé comportant un escadron antichar, 2 compagnies du génie, 1 r. de commandement et de soutien, 1 r. d'inf. supplémentaire lui est rattaché en temps de paix (il reçoit une mission territoriale spécifique en temps de crise ou de guerre). *Aptitude particulière* : être engagée par voie routière, aérotransport, héliportage ou par des moyens amphibies pour conquérir une zone de sûreté et l'infrastructure nécessaires à l'acheminement de renforts ultérieurs. **27e D.A.** (division alpine) (Grenoble). *Potentiel* : 9 000 h., 36 blindés canon, 60 pièces d'artillerie et mortiers lourds, 108 Milan. *Actions en terrain très difficile* : 6 corps d'infanterie, 1 r. blindé à roues avec un escadron antichar, 1 r. d'artillerie et une composante sol-air, 1 bataillon du génie, 1 r. de commandement et de soutien.

• **Forces régionales.** *Potentiel* : 75 000 h., 400 engins blindés légers, 300 jeeps armées (canons de *106 SR* et Milan), 150 mortiers de *120,* 440 de *81. Organisation* : composées en majeure partie de formations créées à la mobilisation, participent avec les autres armées et la gendarmerie à la couverture générale du territoire. *2 types d'unités* : 1° celles chargées de la garde statique des installations de l'armée de terre et de certains points sensibles de la FNS ; 2° celles dont la mission est d'intervenir au profit de l'ensemble de ces installations et qui se situent à 2 niveaux de commandement : celui des divisions militaires territoriales, qui disposeront chacune d'un régiment interarmes divisionnaire ; celui des zones de défense. Dans chacune de ces zones seront mises sur pied des formations de commandement, de liaison et de soutien, 1 brigade composée de 2 régiments d'infanterie, 1 régiment de l'arme blindée équipé d'AML et de 1 à 2 compagnies du génie. A ces éléments viennent s'ajouter : quelques régiments chargés d'assurer la surveillance de nos frontières ; la 152e div. d'inf. (formée à partir de personnels des écoles et centres d'instruction du Sud-Est) doit protéger les installations du plateau d'Albion ; la division du Rhin chargée de créer et entretenir 3 zones de franchissement destinées à garantir le maintien des communications de part et d'autre du fleuve.

• **Forces stationnées outre-mer.** *Potentiel* : env. 15 000 h. *Organisation* : *1°* forces dites de souveraineté dans les DOM/TOM (Martinique, Guadeloupe, Guyane, Réunion, Mayotte, N.-Calédonie et Polynésie) et dans 4 États liés à la France par des accords de défense (Sénégal, Côte-d'Ivoire, Gabon, Djibouti). *2°* actuellement, env. 15 unités élémentaires de toutes les armes effectuent des séjours outre-mer de 4 à 6 mois, soit en renfort des forces précédentes, soit dans le cadre des éléments français d'assistance opérationnelle (EFAO), en Rép. centrafricaine. Au titre de l'assistance milit. technique, l'armée de terre fournit à 30 États, dont 20 en Afrique, + de 650 h. pour aider au développement et à l'instruction des Armées nationales. *3°* env. 1 500 h. effectuent des séjours de 6 mois au sein de la Force intérimaire des Nations Unies au Liban (FINUL) dans le cadre du bataillon français ou du 420e détachement de soutien logistique.

Secteur français de Berlin. *Potentiel* : env. 3 000 h. Force orientée plus particulièrement vers le combat en milieu urbain, prête à se mettre sur pied et à se déployer en moins de 2 h. *Armée de terre* : 1 état-major, 1 régiment d'infanterie (46e RI), 1 de chars (11e r. de chasseurs), 1 cie du génie, armes et services de soutien. *Air* : 1 base aérienne (BA 265) de la Force aérienne tactique dont le commandant assure, par ailleurs, la direction de l'aéroport international de Berlin. *Gendarmerie* : 300 h. chargés en particulier du contrôle des accès aux différents « *Check-Points* ». *Service de santé* : pour ces forces et leurs familles.

Infrastructure immobilière. *Composition* : Constituée de 4 200 emprises réparties dans 400 garnisons, sans compter les installations à la disposition des F.F.A. et de nos forces à l'étranger. Elle couvre 233 000 hectares et 28 millions de m² de surface bâtie développée.

Ce patrimoine comporte essentiellement : des immeubles à vocation de commandement, d'administration et de télécommunications. 503 casernements, supports de la vie journalière des corps de troupe, des installations d'instruction et d'entraînement : 45 écoles et centres d'instruction, 13 grands camps nationaux (113 180 ha), de nombreux champs de tir et terrains d'exercice. 289 établissements de soutien relevant de la direction centrale du matériel et de la direction centrale du commissariat de l'armée de terre.

Camps militaires. *% de la superficie des pays occupés par les camps militaires.* Hongrie 1,9 ; All. dem. 1,85 ; Tchécoslov. 1,3 ; All. féd. 0,7 ; G.-B. 0,58 ; *France 0,45* ; Pologne 0,36.

Principaux camps. Est : *Suippes* (Marne) 13 500 ha, *Mailly* (Aube) 12 000 ha, *Mourmelon* (Marne) 11 400 ha (dont annexe de Moronvilliers 2 000), *Sissonne* (Aisne) 6 000 ha, *Le Valdahon* (Doubs) 3 500 ha, Bitche (Moselle) 3 500 ha. **Ouest :** *Coëtquidan* (Morbihan) 5 300 ha (réservé aux écoles d'officiers), *Fontevrault* (Maine-et-Loire) 3 250 ha, *Chambaran* (Isère) 1 600 ha, *Le Ruchard* (I.-et-L.) 1 440 ha, *Bourg-Lastic* (P.-de-D.) 810 ha. **Sud :** *Canjuers* (Var) 35 000 ha, La Courtine (Creuse) 6 200 ha. *Caylus* (T.-et-G.) 5 500 ha. *Les Garrigues* (Gard) 5 000 ha. *Le Larzac* (Aveyron) 4 600 ha au 1-10-78 [un projet d'extension à 16 600 ha afin de donner à chaque régiment la possibilité d'effectuer 3 séjours de 3 semaines par an et de faire manœuvrer ses unités élémentaires a été abandonné par F. Mitterrand en juin 1981. Ce projet avait déchaîné l'opposition des paysans du Larzac soutenus par des écologistes].

Organisation structurelle

• **Corps d'armée (C.A.).** Échelon de conduite de la manœuvre aéroterrestre, de mise en œuvre du feu nucléaire tactique, et de soutien logistique des forces. Il dirige la manœuvre tactique des divisions dans un cadre national ou interallié. Il constitue un échelon logistique complet capable de ravitailler et soutenir l'ensemble des forces placées sous son commandement. *Composition :* varie selon les missions confiées ; comporte 50 000 à 70 000 h. répartis entre : 3 ou 4 divisions, dont au moins 1 d'infanterie ou 1 légère blindée issue des écoles ; des éléments organiques de C.A. dont une partie peut être mise en renforcement des divisions, comprenant env. 15 régiments incluant des moyens de commandement (transmissions, acquisitions d'objectifs), les régiments *Pluton,* des moyens de combat (cavalerie légère blindée, aviation légère) et des moyens d'appui (artillerie sol-sol et sol-air, génie, circulation routière et défense NBC) : 1 brigade logistique chargée d'assurer ravitaillement, maintien en condition et soutien santé de toutes les formations : de plus une grande unité de la Force d'action rapide, ou une grande unité alliée, peut être donnée en renfort au CA ou placée sous son contrôle opérationnel.

● **Division blindée.** Grande unité interarmes organisée, équipée et entraînée en vue de conduire un combat mobile, en ambiance nucléaire et chimique contre les formations blindées et mécanisées de l'adversaire. *Composition :* 2 ou 3 régiments de chars, 2 r. d'infanterie mécanisée, 1 r. d'infanterie motorisée, 2 r. d'artillerie incluant chacun une section sol-air, 1 r. du genie, 1 escadron d'éclairage et une compagnie antichars. 1 r. de commandement et de soutien. *Effectifs :* 10 000 h. *Matériel :* AMX 30 (174 à 190), d'AMX 10 (114), VAB (280), moyens antichars et mortiers (48 Milan, 13 mortiers 120, 12 VAB/Hot, 12 SATCP). Les rég. d'artillerie seront dotés de 40 155 AU F1 à grande cadence de tir.

● **Division d'infanterie.** Grande unité conçue pour mener en ambiance NBC des actions agressives en mettant à profit les qualités traditionnelles de l'infanterie combattant à pied dans les terrains couverts, coupés, urbanisés, de nuit, par mauvaise visibilité. *Composition :* 3 régiments d'infanterie, 1 r. blindé, 1 r. d'artillerie incluant une composante sol-air, 1 bataillon du génie, 1 r. de commandement et de soutien. *Effectifs :* 7 500 h. *Matériel :* 400 VAB, 96 Milan, 3 AMX 10 RC, 24 155 BF, 18 mortiers 120, 1 SATCP.

● **Division légère blindée-école.** Constituée à partir des personnels et matériels servant en temps de paix à l'instruction des cadres de l'armée de terre. *Composition :* 2 régiments d'infanterie, 2 r. blindés, 1 r. d'artillerie, 1 compagnie du génie, 1 r. de commandement et de soutien. *Effectifs :* 5 000 hommes. *Matériel :* 35 à 54 chars, 100 véhicules blindés, 30 pièces d'artillerie et mortiers lourds, 36 à 48 Milan.

Armes et Services

● **Aviation légère de l'Armée de Terre (A.L.A.T.). Commandement :** Villacoublay. *Comprend :* des régiments d'hélicoptères de combat, au niveau du Corps d'armée et de la F.A.R., articulés en escadrilles d'hélic. de renseignement, esc. d'hélic. antichars et esc. d'hélic. de manœuvre ; des groupes d'hélic. légers articulés en plusieurs esc. au niveau du Corps d'armée ou de la Zone de défense. **Écoles :** spécialisation à Dax, application : le Cannet-des-Maures. 6 000 h.

Appareils utilisés : SE 3160 Al. 3 ; SA 341 Gazelle ; SA 342 Gazelle ; SA 330 Puma. Au total, 620 hélicoptères et 80 avions de liaison et d'observation (170 000 h de vol en 1981).

● **Arme blindée et cavalerie.** Issue de la fusion de la cavalerie et des chars de combat. **École :** application : Saumur. *Instruction tactique* au camp de Fontevrault (à 15 km de Saumur). *Centres d'Instruction,* Carpiagne, *de Perfectionnement des cadres et d'instruction des tireurs :* Canjuers (Var).

Régiments de cavalerie légère blindée. *2 types :* 1° 240 véhicules dont 63 blindés ; 850 h. Articulés en 1 escadron de Commandement et des Services et 4 esc. de combat équipés en AMX 10 RC (canon 105 mm, 1 mitrailleuse 7,62, engin blindé de reconnaissance). Canon de 90 et 3 mitrailleuses légères, autonomie de 600 km. 2° 150 véhic. (dont 50 blindés) ; 700 h. Articulés en 3 esc. de combat équipés d'AML (automitrailleuse légère, autonomie 550 km, mortier de 60 m, canon de 90 mm).

Régiments de chars de bataille. *Effectifs :* 800 (officiers 42, s.-off. 138, h. 620). 53 chars, 25 véhicules blindés, 190 véh. à roues. *Organisation :* 4 escadrons de chars (13 AMX 30), 1 esc. porté (13 AMX 10, 100 combattants à pied), 1 peloton de reconnaissance (avec jeeps), 1 de plongeurs (aide au franchissement des cours d'eau), 1 de commandement, 1 de soutien (15 chars, 80 véhicules à roue). *Mission offensive :* s'infiltrer dans le dispositif ennemi pour détruire ses moyens logistiques et livrer des combats à front ren-

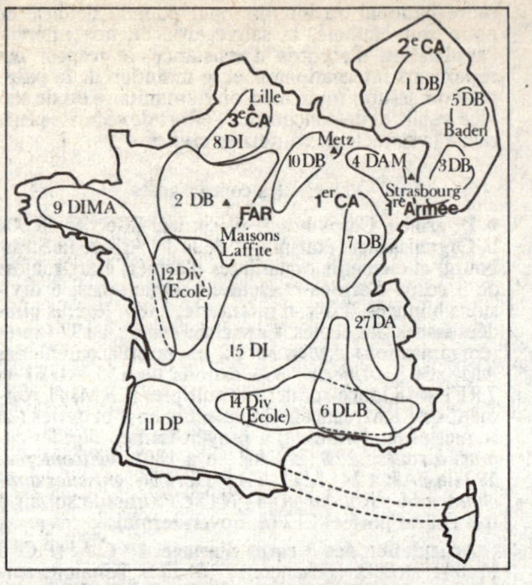

Légende. CA : corps d'armée. DA : division alpine. DI : division d'infanterie. DIMA : division d'infanterie de marine. DB : division blindée. DLB : division légère blindée. DP : division parachutiste. FAR : Force d'action rapide.

versé [faiblesses actuelles : 1° capacité antiaérienne limitée ; 2° supériorité temporaire des projectiles anti-char sur les blindages ; 3° forte dépendance des moyens logistiques ; 4° insuffisance du nombre des combattants à pied].

Régiments mécanisés. 1 000 h., dont 250 combattants à pied, 20 chars AMX 30 (canon 105 mm, 1 mitrailleuse 7,62), 44 véhicules tout terrain AMX 10, 6 mortiers de 20 mm. *Organisation :* 2 compagnies méc. (AMX) à 4 sections méc. + 1 section Milan ; 2 comp. de chars (AMX 30), à 3 sections de char + 1 section méc., 1 comp. de commandement d'appuis et des services (CC AS), à 1 section d'éclairage et de renseignement (SER), 1 de mortiers lourds (S.M.L.) et 1 de protection. *Missions :* offensive (renseignement, destruction du système antichar) ; défensive (freinage de l'attaque ennemie, réactions contre-offensives, action d'arrêt). *Manœuvre :* mobile, dans une zone d'engagement de 5 à 6 km de front (pouvant être portée à 12 km). *Cibles :* chars (avec 20 AMX 30, 16 Milan, 55 lance-roquettes) ; personnel à pied (avec 700 fusils 5,56, 44 canons de 20 mm, 6 mortiers de 120 mm) ; avions (64 canons 20 mm).

● **Artillerie. École** *d'appl. :* Draguignan (E.A.A.).

Artillerie sol-sol : *Régiment d'artillerie :* équipé de 155 AUF1, 155 TR, sont équipés de RATAC (radar de tir de l'artillerie de campagne), portée : 20 km. Des rég. identiques, mais équipés de 155 mm tractés, existent pour des réserves gén. *Rég. d'artillerie de montagne :* équipés de matériel de 105 mm HM2. *Artillerie parachutiste,* équipée de matériels de 105 mm largables ou démontables en fardeaux.

Artillerie sol-air : *Régiment Roland :* 2 batteries de 8 blindés Roland (missile sol-air basse altitude d'une portée de 6 km), avec radar de surveillance, radar de tir et calculateur — 1 batterie de 12 blindés bitubes de 30 mm (canons jumelés antiaériens très basse altitude d'une portée de 3 km 1 200 coups/mn), avec radar de veille et télémétrie. *Rég. Hawk* (défense antiaérienne contre les avions supersoniques volant jusqu'à 18 000 m) : à l'échelon du corps d'armée : missiles Hawk d'acquisition, radars de distance, illuminateurs, centre de contrôle équipé d'un terminal de transmission automatique des données.

D'autres unités, aux missions particulières, relèvent aussi de l'artillerie. *Unités géographiques* (travaux topographiques, cartographiques ou d'impressions). *Unités de détection et de décontamination.*

Nota. — Le système Atila (automatisation des tirs et des liaisons de l'artillerie). Fondé sur l'ordinateur Iris 35 et utilisé dans les rég. Pluton. Calcule les trajectoires en choisissant la charge, en adoptant la configuration du tir à l'objectif et en extrapolant pour les cibles mobiles.

● **Infanterie. École** *d'appl. :* Montpellier (E.A.I.).

Armement *antipersonnel :* pistolet automatique (P.A.) ; dep. le 5-12-79 : fusil semi-automatique FA-MAS 5,56 (« clairon »), remplace le pistolet mitrailleur (PM MAT 49) et le fusil semi-automatique 49-56, portée 400 m ; fusil de précision FRF 1, portée 600 m ; arme automatique AA 52 (versions fusil-mitrailleur et mitrailleuse) ; canon mitrailleur de 20 mm, portée 1 000 m ; grenades à main offensives OF 27 et défensives DF 37 ; grenades à fusil, portée 300 m ; mines ; mortiers de 81 mm, portée 3 200 m ; mortiers de 120 mm, portée 8 000 m. *Antichar :* grenade à fusil, portée 80 m ; mines (HPD et MAH) ; lance-roquettes (LRAC) de 89 mm, portée 500 m ; canon 106 sans recul et canon de 90 mm équipant le char AMX 13 des régiments mécanisés ; missiles SS 11, portée 3 000 m ; missile MILAN et ENTAC, portée 2 000 m.

Véhicules : camionnettes tactiques Simca Marmon, TRM 2000, camion tactique Berliet, véhicule de l'avant blindé (VAB), chars AMX 13 (canon, lance-missiles), véhicules transport de troupe VTT AMX 13 ou AMX 10 amphibies, VTT remplacés progressivement par AMX 10 amphibies.

Transmissions : postes à modulation de fréquence : T.R.P.P. 11 : 2 kg, portée 5 km, T.R.P.P. 13 : 6,5 kg, portée 13 km ; poste plus puissant, utilisé sur véhicule AMX 30 (il peut franchir des plans d'eau de 2 m de prof., de 4 m avec schnorkel), T.R.V.P. 213 de portée 30 km ; postes à bande latérale unique permettant des liaisons à grande distance.

Renseignement et combat de nuit : radars Rasura (montés sur jeeps), portée 5 km, et Olifant (portables à dos d'homme), portée 1,5 km. Appareils infrarouge et à intensification de lumière utilisés ou à l'étude pour la conduite de nuit des véhicules et le tir des armes légères et des canons de chars.

Principales unités. Rég. d'infanterie. Rég. parachutistes.

Unités spécialisées. 1°) Troupes de montagne. P.C. 27e division alpine, Grenoble. *École mil. de haute montagne* Chamonix.

2°) Légion étrangère. Origine : *créée* par une ordonnance royale du 10-3-1831 qui spécifiait la vocation de cette troupe à servir « hors du territoire du Royaume ». Cette exclusivité a été levée. Elle forma, avec d'anciens membres de la garde suisse et du régiment Hohenlohe encadrés par des officiers français, la Légion étrangère qui participera à la conquête de l'Algérie. Cédée à l'Espagne, elle l'aidera à réduire l'insurrection carliste de 1835 à 1838. Parallèlement, une 2e Légion, créée le 16-12-1835, poursuivra la conquête de l'Algérie.

De 1850 à 1945 : engagée en Crimée à Sébastopol (1855) ; sous le nom de 1er et 2e Régiments étrangers, en Italie à Magenta (1859) et au Mexique jusqu'en 1867. Elle y perd 31 officiers, 1 917 sous-off. et légionnaires. Là, le 30 avril 1863, dans l'hacienda de *Camerone,* 3 officiers et 62 légionnaires du capitaine Danjou résistent une journée à 2 000 Mexicains, en tuant 300 et en blessant 300. Le soir, les 5 derniers survivants chargent à la baïonnette. Le nom de ce combat est inscrit sur tous les drapeaux de la Légion. Amputé de la main gauche en 1853, le capitaine Danjou portait, depuis, une prothèse en bois. Retrouvée le 1-5-1863 sur les lieux du combat, devenue une précieuse relique, elle est exposée dans la crypte du musée de la Légion. Chaque année, lors de la prise d'armes du 30 avril, la main de Danjou est présentée aux troupes. En 1870-71, participe à la guerre, puis retourne en Algérie.

En *1875,* l'unité reprend son nom de Légion étrangère. *1883* envoyée au Tonkin pour protéger les populations contre les Pavillons-Noirs. Tuyen-Quang : 600 légionnaires résistent à 20 000 Chinois. *1892,* engagée au Dahomey contre Béhanzin, puis au Soudan et à Madagascar. De retour à Sidi-bel-Abbès, engagée dans le Sud-Oranais où les nomades multiplient les razzias. En *1914,* la Légion est au Maroc ; elle rentre en France ; 36 644 volontaires étrangers et 6 329 Français passeront, en 52 mois de guerre, dans 4 « Bataillons de marche » de la Légion encadrés par les anciens légionnaires ; les pertes les réduiront, à la fin des combats, à un rég. de marche (R.M.L.E.) qui sera le 1er de tous les régiments de l'armée française à recevoir la Médaille militaire (août 1919). Est décoré de la Légion d'honneur, il a 9 citations. Contribue à la pacification du Maroc de 1920 à 1926. En Syrie, lutte contre les Druzes.

1935, la Légion compte 18 000 Allemands. En *1939,* nombreux engagements de républicains espagnols : 5 régiments et 1 groupement de reconnaissance divisionnaire étranger sont constitués en France.

1940 avril, la 13e demi-brigade participe à l'expédition de Narvik (Norvège) puis en mai-juin 1942 à la bataille de Bir Hakeim (Libye). A El Alamein, le colonel Amikakvari est tué. *1942,* combat en Tunisie, puis Italie, participe au débarquement de Provence. Lors de sa remontée vers Belfort, incorpore un bataillon de Russes blancs servant alors dans la Wehrmacht. *De 1945 à nos jours :* en *Indochine, de 1945 à 1954,* perd 109 off., 1 082 sous-off. et 9 092 h. du rang. Dien-Bien-Phu (13-3/7-5-1954), fournit env. 50 % des troupes avec 4 régiments d'infanterie, 1 r. de cavalerie blindée, 2 bataillons de parachutistes et diverses formations autonomes (génie, transport, entretien), elle perd 1 500 † et a 4 000 blessés. *De 1954 à 1962 :* en Algérie 20 000 lég. participent au maintien de l'ordre. *En avril 1961,* le 1er R.E.P. (Régiment étranger parachutiste) se rallie au Gal Challe (il sera dissous le 30-4-1961 à Zeralda), mais pas le 1er Régiment étranger.

Après la g. d'Algérie, pendant laquelle elle a perdu 55 off., 278 sous-off., 1 633 hommes du rang, la Légion quitte Sidi-bel-Abbès, brûle le pavillon chinois qui, pris en 1884 à Tuyen-Quang, ne doit pas quitter Sidi-bel-Abbès, emporte la main de bois du capitaine Danjou, les reliques du musée du souvenir et exhume les cercueils du Gal Rollet « père de la légion », du Prince Aage de Danemark et, symboliquement, du légionnaire Heinz Zimmermann, dernier tué d'Algérie ; ces cercueils seront transférés à Puyloubier, près de Marseille. *1969 à 1971 :* au Tchad. *1978 :* rappelée ; le 2e REP, avec le colonel Erulin, protège nationaux et Européens au Zaïre contre les rebelles katangais (raid sur Kolwezi), puis revient au Tchad, au Liban où la Légion fait partie de la force d'interposition.

Engagement : env. 6 000 candidatures par an, 4 candidatures pour 1 place. Engagement minimum de 5 ans, peut être résilié par le commandement et par l'intéressé pendant 6 mois probatoires. 60 % des lég. rengagent pour différentes durées. Le candidat n'est pas obligé de donner sa véritable identité, mais une enquête de sécurité permet d'éviter le recrutement de condamnés de droit commun (sauf les petits délits) : aucun délinquant recherché par Interpol ne peut être admis. Le candidat peut être engagé, sans présenter de papiers d'identité, sur simple déclaration d'état-civil ; il peut prendre une identité d'emprunt. La Légion lui garantit cet anonymat, protection contre toute ingérence relative à son passé. Il est alors juridiquement une « non-personne civile », et ne peut ni se marier, ni obtenir un permis de construire, ni acheter une maison, ni même une voiture. Il peut retrouver son identité civile à sa demande (procédure de régularisation de situation militaire) ou à son retour à la vie civile.

Effectifs. 1960 : 40 000 ; *80 :* 7 500 ; *85 :* 8 356 [(dont 350 off., 1 416 sous-off., 6 590 lég.) dont 40 % de Français, 60 % d'étrangers de 108 nationalités différentes]. *Engagement :* 1 500 par an (6 000 candidats). *Motivation de l'engagement :* idéal 20 % ; problème social ou familial 80 %. *Délinquance :* moyenne pour 1978 0,08 % (199 actes délictuels), contre 0,61 % pour l'ensemble de l'armée française.

Implantation en 1985. France : Aubagne (B.-du-Rh.), commandement de la Légion et 1° RE qui regroupe l'administration centrale et anime le recrutement ; le 4e RE assure la formation de base, la sélection et l'orientation des engagés, la formation des cadres non-officiers ; 3 régiments font partie de la 6e division légère blindée et participent aux missions de la F.A.R. *Nîmes,* 2e RE d'inf. (entretient aussi une compagnie à Mayotte). *Orange* (Vaucluse), 1er RE de cavalerie. *L'Ardoise,* 6e RE du génie, créé juillet 1984, participe aussi à certaines missions outre-mer. *Outre-mer : Guyane,* 3e REI (régiment étranger d'inf.) assure la sécurité du centre spatial de Kourou, patrouille à la frontière du Brésil et participe à la construction de la « route de l'Est » à travers la forêt vierge. *Djibouti,* 13e DBLE (demi-brigade de la Légion étr.), assure, avec d'autres unités françaises, l'assistance aux forces de la républ. de Djibouti. Le 2e REP, inclus dans la 11e division parachutiste, participe aux missions d'intervention extérieure et au tour des unités présentes à Djibouti. *Mayotte,* détachement assurant une présence. *Mururoa* (Polynésie), 5e RE, travaux d'équipement et d'entretien du centre d'expérimentation du Pacifique, sécurité terrestre.

Nota. — Les généraux Franco et Milan Astray ont créé en 1920 une légion étrangère espagnole, le *Tercio,* pour servir au Maroc. Pendant la guerre civile, elle comprenait 90 % de volontaires espagnols.

• **Génie. Mission : en temps de paix,** réalise et gère l'essentiel de l'infrastructure nécessaire aux Armées pour vivre et se préparer à combattre (domaine de 200 000 ha, dont 4 000 ha de surfaces bâties) ; **en temps de guerre,** il assure : le maintien en état et le rétablissement des communications opérationnelles ; la création et la mise en œuvre des systèmes d'obstacles ; la réalisation des installations protégées de combat, de commandement ou de stockage ; certaines missions logistiques : fourniture d'énergie, ravitaillement en matériaux.

Troupes suisses au service de la France. Louis XI, encore Dauphin du Viennois, ayant apprécié la valeur des Suisses en 1444 à la bataille de la Birse, devenu roi, en engagea dans ses armées (10 000 en 1480). En 1497, Charles VIII créa la Compagnie des Cent-Suisses, gardes du corps qui se maintiendront jusqu'en 1830. En 1516 [un an après la bataille de Marignan], François Ier signa avec les Cantons un traité d'alliance perpétuel qui permit à la France de recruter en Suisse de 6 000 à 16 000 h. de pied en temps de paix, et un nombre illimité en temps de guerre, à condition que les officiers soient suisses. Ils formèrent un corps d'élite (gardes suisses) sous l'Ancien Régime et furent les derniers à défendre Louis XVI. Intégrés par Napoléon aux régiments de la Grande Armée, les Suisses furent reconstitués en corps distincts par Louis XVIII en 1814 (régiment de Diesbach). Supprimés par Louis-Philippe en 1830, ils formèrent l'ossature de la Légion étrangère.

Matériel de franchissement. *Coupures inférieures à 40 m : P.A.A. :* pont automoteur d'accompagnement. AMX 13 poseurs de pont, disposant chacun de 2 travures de 12 m. Juxtaposées, permettent le passage des AMX 30 sur 22 m. Avec un chevalet autostable, on peut utiliser 2 engins et franchir ainsi une brèche de 40 m. *Coupures supérieures à 40 m : M.L.F. :* moyens légers de franchissement, moyens de franchissements discontinus : bacs et portières gillois [bacs (couplés) : 24 véhicules ou 6 AMX 30 en 1 h. ; portières (montage de 30 à 40 mn) : de 4 à 6 rotations à l'heure, avec chaque fois 4 AMX 13]. *Moyens continus :* Pont Gillois (assemblage de portières) : 48 m en 40 mn. Les 2 régiments du génie de corps d'armée possèdent chacun 4 engins-ponts et 2 engins rampe-travure permettant la construction de 96 m de pont par régiment (débit : 200 véh./h.).

Formation du service du Génie. *Section technique des bâtiments, fortifications et travaux (S.T.B.F.T.) :* organisme d'études. *Directions de travaux* (25 en métropole) : organes d'exécution du Service régional.

Génie des forces de manœuvre et des forces du territoire. Formation de l'armée. *Division blindée :* 1 régiment du génie a 2 Cies blindées, 1 Cie mécanisée, 1 Cie d'appui, 1 Cie de commandement et des services. *Corps d'armée :* 2 régiments du génie comportant chacun 2 Cies de combat, 1 Cie d'appui, 1 Cie de franchissement. *Division d'infanterie :* 1 Cie de combat du génie, renforcée d'une section d'appui dotée de moyens de terrassement, de pose mécanique de mines, de franchissement légers. La zone de franchissement du Rhin conserve ses moyens actuels.

Autres formations. *Génie de l'air. Brigade de sapeurs-pompiers de Paris :* placée pour emploi sous l'autorité du Préfet de police de Paris.

Éc. d'application du Génie : Angers (depuis 1945). *É. supérieure du Génie militaire :* Versailles (1946). *É. des plongeurs de l'armée de terre :* La Valbonne (1972). *Centres d'instruction du Génie :* C.I.G. no 2, Metz (électrotechnique et électronique ind.) ; no 4, La Valbonne (mise en œuvre des matériels de franchissement) ; no 6, Angers (techniques du Génie : combat-travaux) ; no 7, Avignon (trav. publ. et construction).

• **Troupes de marine. Origine :** *Infanterie de Marine* (créée le 14-5-1831), *Artillerie de Marine* et *Service de Santé de la Marine,* Groupes autochtones : *tirailleurs* Sénégalais (1853), Gabonais, Haoussas, Annamites (1879), Tonkinois (1884), Sakalaves, Soudanais (1892). Troupes coloniales (nom porté de 1901 à 1958). **Vocation principale :** service d'outre-mer. **Outre-mer.** *Antilles et Guyane :* 33e R.I.Ma. (régiment d'inf. de Marine). Corps interarmes, 9e B.I.Ma. (bataillon d'inf. de M.). 16e bataillon de commandement et de soutien. *La Réunion :* 41e bat. 2e R.P.I.Ma (Régiment parachutiste d'inf. de M.). Dans les D.O.M. des unités mixtes troupes de Marine-Génie, constituant le service militaire adapté (S.M.A.), permettent aux jeunes du contingent d'effectuer un service mil. en exécutant des travaux d'intérêt général et en recevant une formation professionnelle. Aux Antilles-Guyane, un commandement du S.M.A. regroupe les 1er, 2e, 3e régiments. Le 4e est à La Réunion. *Nouvelle-Calédonie :* Nouméa : Régiment d'inf. de M. du Pacifique (R.I.Ma.P.). Corps interarmes. *Polynésie :* Tahiti : Bataillon d'inf. de M. de Tahiti (B.I.Ma.T.). 42e BCS, 53e BCS. 57e BCS.

Afrique noire. *Dakar (Sénégal) :* 23e B.I.Ma. *Port-Bouët (Côte-d'Ivoire) :* 4e B.I.Ma. *Libreville (Gabon) :* 6e B.I.Ma. **Assistance militaire technique :** env. 100 off. et 150 s.-off.

Europe. Principalement intégrée dans la Force d'assistance rapide et, à un moindre degré, dans les F. de manœuvre.

• **Train. Origine :** Voir Quid 1982 p. 1373.

Écoles. *Éc. d'application du Train :* Tours (nov. 1945). *Régiment d'instr. spécialisé :* Fontainebleau.

Missions. Transport par voie routière. Matériels. Véhicules de transport non spécialisés *G.B.C.* 8 *K.T.Berliet* (capacité 3,5 t ou 20 h. équipés) ; *camions routiers ou « tous chemins »,* charge utile 4 à 10 t. **Unités « transport » :** *groupes d'escadrons de transport des réserves ministérielles* agissant au profit de l'ensemble des forces, progressivement équipés de véhicules de fort tonnage ; *groupes d'escadrons régionaux du Train* agissant au profit exclusif des zones de défense ; *groupes d'escadrons placés en soutien des corps d'armée ; escadrons de transport organiques aux divisions,* équipés en véhicules de tr. tactique.

Transport sanitaire. Évacuation des malades et blessés (si impossibilité par avion ou chemin de fer). Capacité instantanée des unités : 12 000 blessés.

Circulation routière. Matériel. Motos et jeeps. **Unités de « circulation routière » :** *patrouille* (1 sous-off., 2 jeeps, 2 motos, un poste radio) ; *peloton* (4 patrouilles et 1 patrouille de commandement) ; *escadron* (en général 3 pelotons) ; *groupe* (en général 3 escadrons ; fait partie de la réserve ministérielle et peut être mis à la disposition de l'armée ou des corps d'armée).

Livraison par air. Conditionne, charge, accompagne en vol et largue matériels et provisions.

Transbordement. Unités dotées d'engins amphibies, pour transporter personnel et approvisionnement (de navires à plages, cours d'eau).

Organisation. Régiments de circulation routière, de livraison par air et de transit maritime. *Unités de Q.G.* Assure l'encadrement des formations de soutien des forces.

• **Transmissions. Écoles.** *Éc. d'application :* Montargis. *Éc. Sup. d'Électronique de l'Armée de Terre :* Rennes. *Éc. des sous-off. d'active Transmissions :* Agen. **Centres d'instruction :** Montélimar, Laval.

Organisation. 1 compagnie de tr. dans chaque division. 3 rég. de tr. par corps d'armée, 1 de l'échelon gouvernemental. 1 d'instruction. 1 unité de tr. d'infrastructure (rég. ou groupe d'exploitation) par région militaire et territoire. 1 centre de traitement de l'information par région militaire 2 nationaux.

Moyens informatiques et de télécom. : stations de faisceaux hertziens, centres téléphoniques de toutes capacités, dispositifs à voies multiples, téléimprimeurs, transmetteurs d'images...

• **Matériel. Écoles.** *Éc. d'application :* Bourges. *Éc. supérieure du matériel :* Châteauroux.

Organisation. *Direction centrale* à Paris ; *directions régionales et de grandes unités ; établissements d'infrastructure ; unités de réparation, de magasinage et de stockage.* Emploie plus de 40 000 personnes. Approvisionne, répare, stocke et gère la quasi-totalité des matériels de Terre.

• **Commissariat de l'armée de Terre.** Corps des intendants militaires créé par ordonnance royale de 1817. *Attributions financières :* paie. *Fournit* alimentation et mat. pour préparer denrées, vêtements, équipement, couchage, ameublement, chauffage et éclairage.

Forces maritimes

• **Effectifs** 74 039 h. et f. (dont 47 776 milit. act., 18 569 ap., 7 694 civ.). **1984, entre parenthèses, en 1969** (tous corps d'off. de la Marine confondus). *Officiers* 5 025 (5 642) [dont : Amiraux 54 (59). Capitaines de Vaisseau 293 (205). Cap. de Frégate et de Corvette 1 468 (1 304). Lieutenants et enseignes de vaisseau 2 653 (3 260). Aspirants et élèves officiers 557 (814).

• **Missions.** *Dissuasion nucléaire :* v. Force océanique stratégique (F.O.S.T.). *Sûreté des Approches Maritimes* afin de participer, en profondeur, à la défense aéroterrestre du territoire ; assure aussi le libre accès à nos principaux ports militaires et civils et le libre usage de nos eaux côtières. *Sécurité en Méditerranée. Présence dans le monde :* dans les D.O.M./T.O.M. et les pays auxquels nous sommes liés par des accords de défense et d'assistance pour soutenir la politique extérieure de la France, la défense de nos intérêts, assurer la sécurité de nos approvisionnements. *Tâches de service public :* surveillance et contrôle du trafic maritime et des activités en mer (d'autres administrations participent à ces tâches et peuvent être placées dans certains cas sous l'autorité des préfets maritimes). *Service hydrographique* [assuré par : le Service hydrographique et océanographique de la marine (SHOM), qui dispose de bâtiments et d'un établissement principal à Brest ; *Groupe d'intervention sous la mer* (GISMER), qui dispose du bâtiment d'expérimentation Triton]. *Sauvegarde de la vie humaine. Assistance aux pêches. Surveillance de la zone économique des 200 milles. Lutte contre la pollution.*

• **Organisation territoriale.** *3 régions maritimes* (Cherbourg, Brest, Toulon), avec un amiral préfet maritime ; *7 zones de commandement maritime :* Manche et mer du N., océan Atlantique N. et mer Baltique, Méditerranée, océan Indien (plus mer Rouge et golfe Persique), Pacifique (O. et E.), mer des Caraïbes, océan Atlantique S. Le préfet maritime de Brest est commandant en chef pour l'Atlantique, celui de Toulon pour la Méditerranée.

• **Capacités stratégiques.** 6 S.N.L.E. Voir p. 1224 b. **Aéronavale :** 2 porte-avions (avec Super Étendard, Crusader et Alizé modernisés). **Surface :** forces pouvant être constituées en groupes occasionnels adaptés aux circonstances ; bâtiments à vocation prioritaire anti-sous-marin (12), antiaérienne (5) et env. 40 bâtiments type aviso et patrouilleur. **Patrouille maritime :** les Atlantic, assurent la sûreté éloignée des S.N.L.E. et participent aux actions antisurface et anti-sous-marine menées dans nos eaux et outre-mer. **Sous-marine d'attaque :** 16 s.-m. dont 2 à propulsion nucléaire. **Anti-mines :** env. 30 bâtiments (chasseurs de mines, dragueurs, bâtiments-bases de plongeurs démineurs) ; permet l'entrée et la sortie des S.N.L.E. de Brest et simultanément le libre accès à Toulon ainsi qu'à un grand port commercial sur chaque façade maritime. **Amphibie :** permet de transporter et de mettre à terre sur une côte non équipée un régiment mécanisé ; 2 transports de chalands de débarquement, 3 bâtiments de débarquement de chars, et 4 b. de transports légers. **Logistique :** doit assurer le soutien direct de nos forces sans utilisation de base continentale ; 12 pétroliers et bâtiments de soutien logistique.

• **Moyens navals (au 1-1-1986). Nombre et, entre parenthèses, tonnage. Force océanique stratégique (FOST)** 6 S.N.L.E. [(45 000 t) : le Redoutable (1971), le Terrible (1973), le Foudroyant (1974), l'Indomptable (1976), le Tonnant (1980), l'Inflexible (1985)].

Bâtiments de combat. 107 (191 185 t) dont bât. antimines 29 (14 840 t), avisos 25 (32 600 t), patrouilleurs 17 (55 555 t), sous-marins d'attaque 16 (17 340 t) [dont 2 nucléaires : le Rubis (2 385 t), le Saphir (2 385 t) et 14 diesels (de 700 à 1 200 t)], bât. anti-sous-marins 12 (42 940 t) [3 frégates ASM : Tourville (1974), Duguay-Trouin (1975), Degrasse (1977) ; 5 corvettes ASM : Aconit (1973), Georges Leygues (1979), Dupleix (1981), Montcalm (1982), Jean de Vienne (1984) ; 4 escorteurs ASM)], bât. anti-aériens 5 (24 180 t) [1 croiseur lance-missiles : Colbert (1959 refondu 1973) ; 2 frégates lance-missiles : Suffren (1967), Duquesne (1970)], porte-aéronefs 3 (54 800 t), [2 porte-avions : Clemenceau (1961), Foch (1963) ; 1 porte-hélicoptères : Jeanne-d'Arc (1964)]. **Bâtiments de soutien.** 39 dont bât. de transport et de débarquement 9 (19 930 t), pétroliers ravitailleurs et bât. soutien logistique 12 (43 270 t), divers hydro. Edic, RHM 18 (11 130 t). *2 autres prévus :* Casablanca (lancé 1984), prévu 1987, Émeraude (lancé 12-4-84, 2 670 t), prévu 1988.

En métropole les bâtiments sont répartis entre : *3 flottilles de bât. légers* (Nord, Atlantique, Méditerranée) : avisos, patrouilleurs et bât. anti-mines. *2 escadres :* Atlantique et Méditerranée (ces escadres regroupent les bât. de haute mer de classe supérieure aux avisos). *L'Escadre de S.N.L.E.* (Brest). *L'esc. de s.-m. de l'Atlantique* (Lorient) : 9 s.-m. *L'Esc. de s.-m. de la Méditerranée* (Toulon) : 7 s.-m.

Nota. — 3 S.N.A. en construction : Casablanca de 2 650 t (1987), Émeraude 4 (1988), S.N.A. 5 (1990).

☞ **Flotte française de 1939.** V. Quid 1982, p. 1374.

Activités tous bâtiments par groupe (en %). Mission 33, soutien marine 25, essai entraînement 22, service public 13, soutien armées 7.

Jours de mer. Bâtiments de combat : 105 j de mer par an ; b. de soutien 92. *Lieux d'activité en % :* Atlantique 51, Méditerranée 29, Océan Pacifique 10,5, Océan Indien 9,5. Total 400 000 heures de mer (soit 98 000 h de vol par an pour l'aéronautique navale).

74 avions embarqués dont 12 *Crusader* de défense aérienne, 38 *Super-Étendard* d'assaut, 8 *Étendard IV P* de reconnaissance, 16 *Alizé* de sûreté, 26 aéronefs de patrouille maritime) (26 *Atlantic*), 7 aéronefs de surveillance maritime (5 *Guardian* + 2 *Nord 262*), 8 hélicoptères (12 *Super Frelon* et 26 *Lynx*).

• **Moyens aériens de combat (aéronautique navale, 1-1-1985). Aéronefs :** 220 en parc (143 en ligne) dont **aviation embarquée** 123 (74) dont *Super-Étendard* 60 (36), *Crusader* 27 (14), *Alizé modifié* 23 (16), *Étendard IVP* 13 (8). **Patrouille maritime (Patmar)** 38 (32) dont *Atlantic* 33 (27). **Patmar :** 33 Breguet *Atlantic* répartis en 4 flottilles dont 21 F et 22 F pour la 3e Région, basés à Nîmes-Garons, 23 F et 24 F basés à Lann-Bihoué). *Guardian* 5 (5). 5 Dassault *Guardian* pour le Pacifique, basés à Tahiti (Faaa) et en Nouvelle-Calédonie (La Tontouta). Le Patmar exécute par an env. 28 000 h de vol. **Hélicoptères** 59 (37) dont *Lynx WG 13* 38 (23), *Super-Frelon* 21 (14). **Aéronefs de soutien :** avions de soutien plus écoles : 155. Hélicoptères de soutien : 48 (Navajo, Xingu, Nord 262, Gardian, C47, Étendard IVM, Rallye 880, Alizé) et pour les hélicoptères (Super-Frelon, Alouette II, Alouette ASM). **Commandement des unités basées à terre :** assuré par les préfets maritimes par l'intermédiaire des commandants d'aéronautique régionale.

Effectifs. 12 600 h. dont 800 officiers, 5 800 off. mariniers, 6 000 quartiers-maîtres et matelots, 500 pilotes en formation.

Nota. — **Atlantique II :** sera livré à partir de 1989. *Avion embarqué futur :* avion de base commun à l'armée de l'Air et à l'Aéronautique navale. *Avion expérimental ACX :* livraisons des avions de série à partir de 1997. *Hélicoptères :* le Dauphin SA-365, en service en 1985. Un hélic. de la classe 68, embarquable sur frégate, remplacera le Super-Frelon puis le Lynx. *ATR 42* (avion de transport régional) remplacera le Nord 262. *Nouveaux appareils prévus :* avion école biturbo-propulseur Xingu (Brésil).

Forces aériennes

• **Effectifs.** 52 001 (dont 29 128 mil. act., 20 437 ap. et 2 436 civ.).

Missions : mise en œuvre d'un ensemble de forces nucléaires stratégiques et pré-stratégiques, sous la forme de vecteurs pilotés ou balistiques ; sauvegarde du potentiel de riposte nucléaire ; surveillance permanente de l'espace aérien ; détection et évaluation de la menace aérienne, et liée à elles, garantie de la souveraineté de l'espace aérien national ; recherche du renseignement par la localisation des objectifs et l'évaluation des défenses de l'ennemi ; attaque du potentiel militaire adverse, couverture et appui des forces terrestres engagées ; mise sur pied de la couverture « air » de la Force d'action rapide. **Effectifs** (1986) : (non compris les soutiens, les forces nucléaires et les forces outre-mer) 49 565 personnels militaires (dont 20 437 appelés), 2 436 civils. **Organisation : 7 grands commandements** spécialisés chargés de missions spécifiques ; 4 régions aériennes (1re Metz, 2e Villacoublay, 3e Bordeaux, 4e Aix-en-Provence) qui assurent la protection des points sensibles et peuvent pourvoir aux besoins de la vie courante des unités stationnées sur leur territoire.

Commandement des forces aériennes stratégiques (COFAS). Voir p. 1224 a.

Commandement des forces de défense aérienne (CAFDA). *Mission :* assurer la défense du territoire et de ses approches contre les attaques aériennes. 3 sortes d'actions : détecter et identifier en permanence tous les mouvements aériens, évaluer la menace et transmettre l'alerte aux autorités, aux forces et aux populations, reconnaître les intrus et s'opposer à toute violation de notre espace aérien national.

Surveillance de l'espace aérien : repose sur un réseau de 10 stations radars militaires équipées soit de *radars tridimensionnels* ARES [puissance de crête 20 MW, multipinceaux (direction, distance et altitude des aéronefs détectés même en cas de brouillage électronique)], soit de *radars 23 cm panoramiques* auxquels sont associés *des radars d'altimétrie* SATRAPE à grande précision et à cadence de mesure élevée. Un système informatisé de traitement, le STRIDA permet de centraliser l'information et de présenter instantanément aux centres d'opérations de la défense aérienne, l'état de la menace dans l'espace aérien. L'interconnexion de ce système avec les radars de l'aviation civile et les systèmes analogues de pays voisins ou alliés étend nos capacités de détection jusqu'à plus de 2 000 km de nos frontières. De nouveaux radars d'aérodrome sont en cours d'installation sur les bases aériennes. Lorsqu'un aéronef n'est pas identifié à sa pénétration dans l'espace aérien français, il fait l'objet d'une interception par un avion de chasse en alerte. Le décollage s'effectue en moins de 2 minutes à partir de la réception de l'ordre d'interception.

En temps de paix, la défense aérienne assure également guidage et contrôle des aéronefs militaires, assistance en vol aux aéronefs en difficulté, recherche, sauvetage des avions disparus ou accidentés.

Moyens. Avions 155 avions [135 *Mirage F 1* (équipés depuis le 18-12-79 de missiles air-air-Super 530, capables d'intercepter des avions volant à Mach 2,5 et à 25 000 m d'altitude comme les *Mig 23* et *25*, et les *Backfire* soviétiques). 30 *Mirage 2 000*]. *Répartition :* 4 escadres stationnées à Cambrai, Dijon, Orange et Reims. En 1986, un escadron de Mirage III B (biplaces d'entraînement) entame sa transformation sur Mirage 2000 DA. Ces moyens peuvent être renforcés par des unités de la FATAC ou de l'aéronautique navale ; **Missiles sol-air à courte portée :** 24 sections *(Crotale)* assurent la défense à basse et très basse altitude des principales bases de l'armée de l'air ; **Canons antiaériens bitubes de 20 mm :** complètent l'action des unités *Crotale* et assurent la défense rapprochée des autres points sensibles. **Stations radars :** 10.

• **Commandement de la force aérienne tactique (FATAC).** Commande aussi la 1re région aér. ; dispose de 2 commandements aériens tact. (Metz et Nancy). Voir p. 1225 a. **Missions :** mise en œuvre de l'arme nucléaire préstratégique air, participation à la défense aérienne du territoire national, recherche du renseignement sur les forces adverses, destruction au sol du potentiel aérien ennemi, appui et couverture de la manœuvre des forces terrestres, participation à l'action rapide outre-mer. **Moyens. Avions :** 6 escadres [avions de combat 90 (30 *Mirage III E/R/RD*, 30 *Mirage VF*, 45 *Jaguar*) (puissance de feu d'un escadron de Jaguar : 2 000 roquettes en 5 secondes)] ; reconnaissance : 30 *Mirage F 1 CR* (y compris les 9 escadrons agissant au profit des forces nucléaires préstratégiques).

Bases aériennes. 12 en 1re Région aérienne, 2 en R.F.A., 12 797 hommes ; 3 bases stations radar, base logistique de Reims : 15 *Mirage F1 CR* (y compris les 9 escadrons agissant au profit des forces nucléaires préstratégiques).

• **Groupement de transmission tactique.** Met en œuvre des moyens mobiles de détection et de contrôle couvrant la zone de l'avant ainsi que des chaînes de transmission reliant le PC de la FATAC aux organismes « air » implantés auprès des unités terrestres.

• **Commandement du transport militaire aérien (COTAM). Missions :** participer à la manœuvre par largage de parachutistes et de matériels ou par atterrissage sur des terrains sommaires, assurer le soutien logistique des forces armées. En temps de paix : missions d'intérêt public (transport de personnalités, évacuation sanitaire, recherche et sauvetage), et missions humanitaires en cas de catastrophe naturelle en France ou à l'étranger. **Effectifs :** 4 300 personnes, dont 1 400 navigants et 1 980 mécaniciens. **Moyens :** Avions tactiques *C 160* 57, de transport (DC 8 — N 262, Mystère 20 — 50, Caravelle) 32, hélicoptères 77. 98 hélicoptères Puma, Alouette II et III, Dauphin (recherche et sauvetage, transport de personnalités, évacuation sanitaire et bientôt 2 Écureuil). Répartition : *4 escadres* (Orléans, Toulouse, Évreux, Villacoublay) et une *trentaine d'escadrons, 4 unités de maintenance et 2 centres d'instruction,* répartis sur *10 bases* en France (Évreux, Orléans, Villacoublay, Toulouse, Metz, Apt, Aix, Solenzara, Cazaux, Bordeaux) et 6 outre-mer (Pointe-à-Pitre, Cayenne, Dakar, Djibouti, La Réunion, Nouméa). **Activité quotidienne :** (transport, instruction des troupes aéroportées, etc.) : 80 000 km, 1 400 passagers (dont 900 parachutistes), 70 t de fret, 10 t larguées. Participe également à la protection civile : évacuations sanitaires, secours dans diverses catastrophes (inondations, incendies).

• **Commandement des transmissions de l'armée de l'Air** (C.T.A.A.). 3 réseaux : hertzien, télégraphique, téléphonique automatique.

• **Génie de l'air. Missions :** rétablir l'intégrité des plates-formes aéronautiques endommagées, aménager des plates-formes nouvelles, neutraliser les munitions non éclatées. En temps de paix, participer à la réalisation de chantiers d'infrastructure aéronautique. **Effectifs :** 2 300 h. **Moyens :** 1 400 véhicules et engins.

• **Commandement des écoles de l'armée de l'air (C.E.A.A.).** Voir p. 1229 a.

☞ **Fusiliers commandos de l'Air.** Groupement créé à Nîmes 1-8-1979. Héritiers des troupes parachutistes de l'armée de l'Air (créée 1936) passées à l'armée de Terre en 1945, puis des groupements des commandos parachutistes de l'air utilisés en Algérie. Protection des bases aériennes contre les infiltrations ennemies, formation de plusieurs centaines de personnes chaque année.

☞ **Patrouille de France :** patrouille acrobatique, créée en 1953 (ancienne 3e escadre de chasse, à Reims) ; équipée en 1964 de *Fouga CM 170 Magister* (basée à Salon-de-Provence) remplacés en 1981 par les *Alpha Jet.* 8 pilotes, renouvelés par tiers tous les ans ; 22 mécaniciens.

☞ En nov. 1985, le min. de la Défense estimait que la France avait 440 avions en ligne (regroupés dans des escadrons) et 70 avions (stocks en réserve).

Forces de Gendarmerie

Voir à l'Index.

• **Effectifs** (non compris soutiens, forces nucléaires et forces outre-mer) : 73 957 h. (dont 68 081 actifs, 5 268 appelés et 608 civils). *Gendarmerie départementale :* 50 789 h. (dont 3 672 brigades territoriales et mixtes, 241 sections et br. de recherches, 92 br. départementales de renseignements judiciaires, 132 pelotons de surveillance et d'intervention, 25 unités de montagne, 9 sections aériennes, 5 br. fluviales, 132 groupes de gendarmes auxiliaires, 25 escadrons et 3 autres unités d'autoroute, 93 pelotons motorisés. *Mobile :* 18 700 h. (dont 130 escadrons, 15 pelotons spéciaux de sécurité, 1 groupement de gendarmes auxiliaires). *Autres formations :* 4 682 h. (dont Garde républicaine, Gendarmerie des transports aériens, Gendarmerie des F.F.A., Gendarmerie de l'armement).

• **Principaux matériels :** 28 chars V.B.C. 90, 121 A.M.L., 129 véhicules blindés à roues (V.B.R.G.), 33 véhicules de transport de troupe (VTT) AMX, 36 hélicoptères, 6 avions légers.

Forces d'outre-mer

• **Effectifs.** 19 008 h. (dont 10 979 actifs, 5 948 appelés et 2 081 civils). *Dom-Tom :* 4 commandements supérieurs (Antilles-Guyane, Polynésie, Sud Océan Indien, Nouv.-Calédonie). *Étranger :* 2 com. de forces (Forces françaises stationnées à Djibouti, Point d'appui du Cap-Vert), 2 com. des troupes : Port-Bouët (Côte-d'Ivoire), Libreville (Gabon).

Principaux matériels : 143 blindés légers (117 Terre et 26 Gendarmerie), 27 avions (22 Air et 5 Marine), 49 hélicoptères (22 Terre, 21 Air, 6 Gendarmerie), 17 bâtiments de la Marine.

II Système de fonction

Recherches et essais

• **Effectifs (1986).** 4 106 act., 2 028 ap. et 12 847 civ.

Organismes de formation

Effectifs totaux (1986). 38 827 act., 26 304 ap. et 5 195 civ.

• **Missions.** Chaque armée dispose d'un organisme : section technique de l'armée de terre ; centre d'expérimentations aériennes militaires ; commissions d'études pratiques de la marine. Recherches et essais communs aux 3 armées sont effectués par la *Délégation générale de l'armement*. Le *service de santé* dispose de 5 centres de recherches spécialisés en sciences humaines, agressions et nuisances, pathologie exotique, médecine aéronautique et recherches biophysiologiques.

a) Armée de Terre. 13 601 mil. (14 773 ap.), 3 325 civ. *Effectifs formés chaque année en écoles. 1°)* Enseignement militaire supérieur : officiers 250 au diplôme d'état-major, 100 au diplôme technique, env. 100 au brevet de l'enseignement militaire supérieur. *2°)* Enseignement dans les 28 écoles et centres d'instruction relevant du commandement des écoles de l'armée de terre : 650 capitaines au commandement d'une unité élémentaire, 740 sous-lieut. d'active en vue de leur 1er emploi, + de 3 000 élèves officiers de réserve, 5 000 sous-off. au niveau de chef de section, + de 2 300 engagés volontaires sous-officiers (E.V.S.O.), au niveau de chef de groupe, 6 000 off. à des spécialités : parachutisme, commando, montagne, défense N.B.C., génie, etc., 2 000 cadres de réserves à leur emploi de mobilisation, 20 000 mil. du rang à des emplois spécialisés, 1 200 étrangers.

b) Armée de l'Air. C.E.A.A. Commandement des Écoles de l'armée de l'air. *En 1986 :* 10 738 (4 467 ap.) 637 civils. Effectifs formés en 1984 : 648 officiers, 1 239 sous-off., 1 200 aspirants du contingent. Éc. d'ens. mil. sup. ; Éc. d'off. de l'armée de l'Air ; Éc. du personnel navigant ; Éc. du personnel non navigant (spécialités et service général) ; Éc. mil. prépar. Plus de 300 avions (Alpha Jet, Fouga, Nord 2 501, Flamant, Cap 10 et 20, Broussard).

c) Marine. *En 1986 :* 8 079 mil. actifs (appelés 3 977), civils 123. Éc. d'ens. mil. sup. ; Éc. de formation de base et de spécialités Marine ; C. de perfectionnement ; Éc. de formation de personnel navigant de l'aéronautique ; Éc. mil. prépar.

d) Gendarmerie. *En 1986 :* 3 579 mil. (3 043 ap.), 156 civ. Centre d'enseignement supérieur ; éc. des off. ; éc. prépa. de formations des ss-off. ; centres d'instruction ; c. de spécialisation (motocycliste, montagne, transmissions, plongée, maîtres de chiens).

e) Organismes de formation communs. *En 1986 :* 2 830 mil. (44 ap.), 944 civ. Ce sont les écoles et centres d'instruction relevant : *1°) de l'état-major des Armées :* Centres d'études supérieures interarmées (Centre des hautes études mil., Cours sup. interarmées), ens. sup. mil. spécialisé (énergie atomique, technique d'action, opérations combinées, renseignements) ; Éc. interarmées des sports de Fontainebleau ; *2°) de la Délégation générale pour l'armement :* École polytechnique ; Éc. d'application d'ingénieurs ; Centre des hautes études de l'armement ; cours et stages spécifiques ; *3°) du service de santé :* Éc. d'application ; Institut de médecine tropicale ; Éc. de formation ; Éc. d'infirmières mil. ; participation technique du centre nat. d'instruction des élèves off. de réserve du serv. de santé et des éc. et centres d'instruction des sous-off., off. mariniers et h. du rang infirmiers.

Soutien des personnels

Effectifs totaux (1986). 42 304 (dont 14 646 milit. act., 9 524 ap. et 18 134 civ.).

Missions. Regroupe les activités de soutien direct et général des personnels (santé, sélection/orientation, besoin en substances, habillement et ameublement, besoins en denrées, soldes et indemnités, déplacements et transports, administration des personnels des unités, action sociale).

a) Terre. 8 984 (dont 4 219 milit. act., 5 319 ap. et 8 984 civ.). Organismes de l'intendance et du recrutement, du service vétérinaire ; action sociale.

b) Air. 3 566 (dont 2 273 milit. act., 711 ap. et 582 civ.). Org. et établissements du commissariat de l'Air (créé le 17-2-1942 ; école à Salon de Provence, créée 1953) ; centres et antennes de documentation, sélection, recrutement et mobilisation ; participation au service de santé et à l'action sociale.

c) Marine. 5 750 (dont 3 790 milit. act., 1 540 ap. et 420 civ.). Org. et ét. du commissariat de la Marine ; org. de sélection et d'orientation ; participations au service de santé et à l'action sociale.

d) Personnels communs. 14 446 (dont 4 364 milit. act., 1 954 ap. et 8 148 civ.). 29 hôpitaux en métropole (10 117 lits). 8 hôp. en All. (1 630 lits), 700 infirmeries (60 outre-mer), 314 cabinets dentaires (20 o.-m.), des organismes spécialisés d'expertise et de dépistage.

Établissements sociaux gérés par l'institution de gestion sociale des armées (I.G.E.S.A.) : 30 ét. familiaux de vacances, 87 c. de vacances de jeunes, 5 ét. médico-sociaux, 22 c. sociaux, 36 crèches, garderies, jardins d'enfants.

Nota. — Délégation gén. pour l'armement : 13.

☞ **Service de santé des armées (1985). Effectifs :** 14 893 personnes dont 11 202 cadres (dont 1 965 officiers du contingent), 3 691 militaires du rang (dont 314 volontaires militaires féminines), 7 300 civils.

Il y a 2 244 médecins *dans les armées :* (dont soutien direct des forces 1 099, soutien indirect 712, instruction 366, divers 67) ; 627 *hors des armées* (dont outre-mer 510, métropole 117).

Soutien des matériels

• **Effectifs totaux** (1986). 82 852 (dont 13 762 milit. act., 5 606 ap. et 63 484 civ.).

a) Armée de Terre. 20 190 (dont 4 471 milit. act., 812 ap. et 14 907 civ.) : 108 établ. d'infrastructure du service du matériel ; serv. des travaux du Génie ; participations au serv. des essences.

b) Armée de l'Air. 8 887 (dont 3 453 milit. act., 3 502 ap. et 1 932 civ.). Serv. du matériel de l'Armée de l'Air et unités du Génie de l'Air.

c) Marine. 6 694 (dont 3 249 milit. act., 1 093 ap. et 2 352 civ.). Organismes de soutien matériel des ports et de Paris ; org. d'approvisionnement et de stockage ; directions locales de travaux mar.

d) Gendarmerie. 1 286 (dont 1 027 milit. act., 174 ap. et 85 civ.). Centre de traitement de l'informatique de la Gendarmerie ; C. nat. d'inform. routières ; C. de renseign. et de rapprochements judiciaires, etc.

e) Services communs. 45 795 (dont 1 562 milit. act., 25 ap. et 44 208 civ.). Base de transit interarmées ; Bureau interarmées de codification des matériels et Serv. industriel de surveillance de l'armement (S.I.A.R.).

Administration générale

• **Effectifs totaux** (1986). 29 514 (dont 12 505 milit. act., 5 263 ap. et 11 746 civ.) [dont en 1986 : **Terre** 9 633 (dont 5 218 milit. act., 2 325 ap. et 2 090 civ.). **Air** 5 503 (dont 3 429 milit. act., 1 938 ap et 126 civ.). **Mer** 3 087 (dont 1 720 milit. act., 964 ap. et 403 civ.). **Gendarmerie** 801 (dont 767 milit. act., 6 ap. et 28 civ.). **Section commune** 10 490 (dont 1 361 milit. act., 30 ap. et 9 099 civ.)].

Organismes divers : cabinet du ministre de la Défense nationale ; état-major des Armées ; secrétariat général pour l'Administration ; org. centraux (états-majors, directions gén. et techniques, inspections, etc.) de la délégation gén. pour l'armement, des armées, de la Gendarmerie, du service de santé, du serv. des essences et de la direction des centres d'expérimentation nucléaire ; contrôle gén. des armées. Y sont aussi rattachés : des serv. interarmes (D.G.S.E., sécurité mil., information et relations publiques) ; des contributions en personnel au titre des représentations à l'étranger, des participations à des organismes gouvern. ou interminist. et à des org. div. (instituts, fondations ou mutuelles à vocation militaire).

Budget

Budget global

Loi de programmation militaire. Les options de la loi (1984-1988). *Enveloppe financière révisable :* montant des crédits de paiement consacrés à la Défense (en milliards de F) entre *1984 et 1988 :* 830, *84 :* 142,1, *85 :* 151,5, *86 à 88 :* 536,4. Ces crédits assurent une progression du pouvoir d'achat des armées d'env. 2 % par an. Une réévaluation des besoins et des crédits interviendra en 1986. *Effort d'équipement :* part des dépenses de fonctionnement : *1984 :* 53 %, *1986-88 :* 48,5 %, dép. d'investissement 47,1 puis 51,5 %. *Engagement sur un volume physique de commandes et de livraisons, pour certains matériels.* Selon les sections, le tiers à la moitié des crédits d'équipement seront consacrés à ces programmes. Le Gouv. s'est engagé devant le Parlement à réaliser le contenu physique de la loi. *Maintien de la priorité accordée aux forces nucléaires : 1984-88 :* 131,5 milliards de F (*84 :* 21,7, *86-88 :* 85,9). *Modernisation des forces conventionnelles :* de 1984 à 1988, les crédits d'équipement consacrés aux forces nucléaires atteindront 31,7 % du titre V de la Défense. Les forces conv. disposeront de + de 2/3 des crédits. *Important effort de recherche :* crédits prévus : 1/4 des dépenses d'équipement. *Réduction modérée des effectifs :* un choix ayant été opéré en faveur d'armées plus ramassées mais mieux équipées et mieux entraînées ; réduction de 35 000 h. entre 1984 et 88 (soit 5 % des effectifs : terre 22 000, air 5 500, marine 3 500, services communs 500, civils 3 500). *Volonté de développer la coopération intern. en matière d'armement :* nombreux accords-cadres portant sur la réalisation de matériels déterminés ; coopération avec l'All. féd. pour l'hélicoptère futur, et produire en commun avec la G.-B. le futur avion de combat tactique.

Budget de la Défense pour 1986
(en millions de F).

Sections budgét.	Fonctionnement (titre III)	Équip. (titre V)	Total crédits de paiement	en %	Autorisations programme (V et VI)
Terre	23 843	18 545	42 388	26,8	15 730
Air	14 254	19 085	33 339	21,1	22 425
Marine	13 089	16 450	29 539	18,4	23 275
Gendarmerie	13 203	1 360	14 563	9,2	1 610
Section commune	18 281	20 240	38 521	24,3	21 960
TOTAL	82 670	75 680	158 350	100 %	85 000

Budget total (1986). 195 200 en comptant les pensions et la participation au Fonds spécial des ouvriers de l'État, gérées par le ministère du Budget.

Budget des Armées par systèmes de forces et de soutiens en 1985. *En millions de F.* 1. Forces nucléaires stratégiques et tactiques 31 904 ; 2. F. terrestres 30 822 ; 3. F. aériennes 19 066 ; 4. F. maritimes

18 079 ; 5. Gendarmerie 12 769 ; 6. Forces d'outre-mer 4 624 ; 7. Recherches et essais 18 981 ; 8. Organismes de formation 11 167 ; de soutien des personnels 8 015 ; des matériels 6 782 ; 9. Administration générale 6 665.

Coût d'un appelé (en *1981). Homme du rang :* 20 062 F/an dont (en F) rémunération 3 780, alimentation 4 485, habillement 2 499, instruction 5 341, autres dépenses 7 737 (entretien, chauffage, éclairage, eau, casernement, ameublement, permis de conduire, secours aux appelés, entretien de casernement, voyages gratuits). En *1983 (est.) :* 26 000 F pour 12 mois (volontaire pour un service plus long 31 000, engagé de 3 ans 44 000).

Évolution des dépenses (hors pension)

Années	Dép. Défense (1)	% des dép. Publiques	% du PIB (march.) (2)
1960	17 940	27,9	5,9
1979	77 111	16,80	3,61
1980	88 602	16,87	3,67
1981	104 443	16,91	3,87
1982	122 855	15,58	3,88
1983	133 222	15,09	3,92
1984	142 100	15,15	3,85
1985	150 200	15,09	3,79
1986	158 350	15,40	3,77

(1) En millions de F. (2) Base 1962.

Dépenses du budget en 1985 (en milliards de F). 158,35 dont *dépenses de personnel* (dép. de rémunérations et charges sociales) 56,7 ; *achats à l'économie :* autres dép. 101,65.

Coût des actions extérieures des armées françaises (millions de F). *1981 :* 386, *82 :* 1 620, *83 :* 1 600, *84 :* 1 900, *85 :* 1 240 dont au Liban 332 [Force intérimaire des Nations Unies au sud du Liban (FINUL) 220, « casques blancs » observateurs ou gardes de l'ambassade française à Beyrouth 112 (remboursé par l'O.N.U. 220)] ; Centrafrique 378, N.-Calédonie 530.

Coût de la force nucléaire stratégique

Selon le rapport de Raymond Tourrain (député RPR). De 1960 à 1980, 222 milliards de F (valeur 1980) dont pour les recherches et études 40 %, vecteurs (avions et missiles) 16,3, expérimentations 12,1, dépenses industrielles 11,1, maintien des systèmes en condition opérationnelle 9,1, fabrication des armes (charges) 7,8 et infrastructures 3,6. **Selon Jacques Percebois.** De 1960 à 1981, 334,4 milliards de F constants 1983 dont sous De Gaulle, 143,8 (soit 14,4 en moyenne par an), sous Pompidou, 79,4 (15,9 par an), sous Giscard d'Estaing, 111 (15,9). Il faudrait 122 milliards de F supplémentaires de 1980 à 2000 pour la moderniser.

☞ **Livraisons en 1984-88 et, entre parenthèses, après 1988. Principaux programmes nucléaires.** SNLE (nouvelle génération 1) (1), refontes M4 des SNLE (début des refontes) 1 (3), avions PC Astarté, transformation Mirage IV 4, ASMP 18, remotorisation C 135 F Mirage 2000 N ASMP 11, régiment Hadès 36 (49), transformation (1), Super-Étendard ASMP 43 (10). **Armée de terre.** Hélicoptères de combat (SA 342 et HAP) 72 (50). Chars de bataille AMX 30 modernisés en version B 2 511 (182). Canons de 155 158 (192). Lance-roquettes multiples 3 (54). Munitions : – munitions de 155 et de 105 440 000 (692 000) ; roquettes LRM 5 000 (20 000) ; roquettes antichars portables 142 000 (44 000). Engins antichars MILAN 100. Systèmes sol-air ROLAND 69. Sol-air très courte portée (SATCP) 60 (255). Engins blindés chenillés d'accompagnement 356 (40). Véhicules de l'avant blindés (VAB) 1 327 (600). Véhicules blindés légers (VBL) (600). Véhicules tactiques 18 000 (9 500). Ponts flottants motorisés (PFM) 224 (126). Systèmes de renseignement 4 (28). **Marine.** Porte-avions nucléaires (1). Corvettes et avions 3 (7). Sous-marins nucléaires d'attaque 3 (4). Bâtiments anti-mines 14 (6). Patrouilleurs 10. Bâtiments logistiques 1 (2). Transports de chalands de débarquement (3). Atlantique (16). **Armée de l'air.** Mirage 2000 106 (129). Avions de détection aéroportée 1re tranche (2e tranche). Hélicoptères 26 (17). Epsilon 146. Protection des moyens air (abris avions + personnels) 224 (11). Missiles air-air 872 (700). Missiles sol-air 526 (315). Armements air-sol (nouvelles technologiques) 1 680 (994).

Principales écoles des armées

Abréviations. *Admis :* Ad. *Admission :* Adm. *Admission parallèle :* Adm. p. *Année :* An. *Baccalauréat :* Bac. *Candidat :* Ca. *Concours :* C. *Classes : Cl. Cycle :* Cy. *Diplôme, diplômé :* Dipl. *École :* Éc. *Effectifs :* Eff. *Élève :* Él. *Polytechnique :* X. *Préparation :* Prépa. *Titulaire :* Tit.

Armée de Terre

École spéciale militaire (ESM). *Créée* 1802 dans le château de Fontainebleau par Napoléon, transférée 1808 à St-Cyr (Yvelines) dans l'ancienne maison royale de St-Louis, fondée 1685 pour l'éducation des « demoiselles de St-Cyr ». 1940 à Aix-en Provence, fermée en 1942, l'école de Cherchell (Algérie) assure la relève jusqu'en 1945. 1945 à Coëtquidan (Morbihan). *Eff.* 570. *Forme* des off. des armes de l'armée de terre. Ouverte aux Fr. (f. 5 places dep. 1983) de + de 17 a. et – de 22 a. au 1-1 de l'année des épreuves (23 a. pour militaires ou ayant accompli leur service national). *Adm.* 3 C. (lettres, sc., sc. éco.) pour bacheliers ayant suivi prépa. 2 a. dans cl. prépa. spécifique « corniches », cl. prépa. aux grandes éc. ou fac sc. éco. niveau DEUG (80 % des reçus sortent des lycées militaires) ; 2 C. sur titres pour dipl. 2e cy. ou figurant sur listes d'ad. à certaines éc. d'ingénieurs. *An.* 3 (trousseau gratuit). *Rémunérations 1re a.* 2 228 F p. mois, *2e* 6 050 F, *3e* 7 040 F (sous-lieutenants). Niveau atteint permet ultérieurement accès au 3e cy. de l'enseign. sup. ou 2e a. de certaines éc. d'ing. *Carrière des reçus :* nomination au grade de lieut. puis 1 a. en éc. d'application et 3 a. en régiment. V. 27 ou 30 a. : pour 2 a. nommés capitaines d'une compagnie, batterie ou escadron. V. 30-35 a. accès à l'enseign. militaire sup. préparant aux plus hautes responsabilités. *Ca. 1960* 831 (360 pl.). *66* 443 (250). *74* 791 (198). *79* 700 (180). *80* 600 (160). *81* 750 (180). *82* 833 (190). *83* 823 (175), *84* 847 (160), *85* 882 (172) dont sc. 75, lettres 80, sc. éco. 10, sur titres 7. *Dipl. 82* 80. Dep. 1802, l'école a formé 55 000 saint-cyriens dont env. 10 000 tombés au champ d'honneur. Sur 20 000 st-cyr. en vie, env. 50 % adhérent à la « Saint-Cyrienne », association amicale des élèves et anciens élèves, fondée en 1887.

École militaire interarmes (EMIA). Coëtquidan. Héritière de l'éc. de St-Maixent, et des autres éc. d'armes, formant des off. par recrutement interne. Fusionnée avec St-Cyr entre 1945 et 61, elle a retrouvé en 61 son uniforme (bleu), son drapeau et son appellation particulière, tout en demeurant à Coët. sous commandement unique. Forme en 2 a. des off. masculins et féminins (6 places en 1983) des armes de l'armée de terre issus du corps des sous-off. et des off. de réserve en situation d'activité (ORSA). *Adm.* C. pour ca. 22 à 30 a. tit. bac., après prépa. par correspondance ou sur titres pour les admissibles à Polytechnique, ESM, Navale, Air ou tit. DEUG. *Carrière des reçus :* nommés sous-lieutenant à l'issue de l'éc. puis 1 a. en éc. d'application et carrière sensiblement parallèle à celle d'un off. de l'ESM. *Ca. 1976* 332 (190 pl.). *81* 567 (260). *83* 684 (245). *84* 630 (230), *85* 460 (200), 6 places pour E.O.A. féminins.

Éc. militaire du corps technique et administratif (EMCTA). *Créée* 1977 à Coëtquidan. Forme des off. masculins et féminins destinés aux services et états-majors de l'armée de terre et à certains services interarmées (essence, santé, armement). *Adm.* C. direct pour tit. DEUG (– de 30 a.), C. à recrutement interne pour sous-off. ou off. de réserve en activité de 24 à 32 a., bacheliers, après prépa. à l'éc. militaire de Strasbourg ou sur titres pour les admissibles à une grande éc. militaire. *Carrière :* sous-lieutenant à général ou équivalent. *Ca. 1981 :* C. direct 280 (32 pl.), interne 93 (30 pl.). *1983* 203 (18 pl.), 140 (33 pl.). *1984* 208 (16 pl.), 78 (26 pl.). *1985* 237 (16), 82 (26).

Écoles d'application. *Infanterie :* Montpellier. *Blindés :* Saumur. *Artillerie :* Draguignan. *Artillerie sol-air :* Nîmes. *Train :* Tours. *Génie :* Angers. *Transmissions :* Montargis. *Aviation légère :* Le Luc. *Matériel :* Bourges. *Administration :* Montpellier.

Écoles de spécialisation. *Aviation légère :* Dax. *Montagne :* Chamonix. *Commando :* Mont-Louis. *Armes spéciales :* Grenoble. *Aéroportés :* Pau. *Sports :* Fontainebleau (interarmées).

Marine

École navale (EN, dite « La Baille »). Éc. navale et groupe des éc. du Poulmic, Lanvéoc-Poulmic, 29240 Brest-Naval. *Fondée* à Brest le 1-11-1830 et installée sur un vaisseau mouillé en rade, l'*Orion*. Transférée successivement sur 3 navires qui portèrent le nom de Borda [ex-*Commerce de Paris* (1840-1864), ex-*Valmy* (1864-1885) et ex-*Intrépide* (1890-1913)]. [De Charles de Borda, mathématicien, physicien et marin fr. (1733-99)]. Installée ensuite à bord du *Duguay-Trouin* (1913-1914). Après 1914, à terre à Brest jusqu'en 1945, puis à Lanvéoc-Poulmic, au sud de la rade de Brest. *Eff.* env. 150. *Conditions :* être Français, avoir moins de 22 ans au 1-1 de l'année du concours (ou moins de 23 ans si service national effectué), avoir le bac, être physiquement apte. *Concours :* nival math. spé. M, P' ou TA. *Formation :* 2 ans suivis d'une année d'application à bord du porte-hélicoptères *Jeanne d'Arc*. *2 options : opérations et techniques* (navigation, manœuvre, mise en œuvre des systèmes d'armes), et fonctions tech. correspondantes (maintenance et mise en fonction du matériel) ; *scientifiques et techniques :* formation d'ingénieurs (techn. de propulsions classiques ou nucléaires, systèmes d'armes, électronique ou informatique). Les élèves qui obtiennent leur diplôme (70 par promotion) (ingénieur de l'École navale), sont admis dans le Corps des off. de Marine avec le grade d'enseigne de vaisseau de 2e cl. *Solde mensuelle : 1re année* 2 600 F ; *2e* 7 000 F. En 1985, élèves 134, diplômés 70, candidats 424, admis 64.

École mil. de la Flotte (EMF). Brest. *Créée* 1969. *Section* officiers de Marine. *Recrute par voie de concours* réservé au personnel présent au service. *Conditions :* 23 à 28 ans au 1-1 de l'année du concours, 1 an de service si admissible à l'École navale, Polyt. Air ou St-Cyr, 2 ans si bachelier, 4 ans pour les autres candidats. Carrière identique à celle des officiers de l'École navale ; 14 mois d'études. Utilisés dans des fonctions opérationnelles, option « opérations-armes » (OA), ou dans des fonctions d'ingénieurs option « services techniques » (ST). 1985, 30 ad. Section officiers spécialisés de la Marine (OSM). Le corps des OSM comporte 15 spécialités réparties en branche opérationnelle et branche technique. *Recrutement par concours. Conditions :* avoir moins de 40 ans, 9 ans de service, être breveté supérieur depuis au moins 2 ans ou officier de réserve en situation d'activité, aptitude physique. Formation : un cycle de formation générale d'officiers d'une durée de 7 mois puis 3 mois en école de spécialité d'officiers. Nomination au grade d'enseigne de vaisseau de 2e classe à l'issue. Corps à hiérarchie complète. « Recrutement au choix. Conditions : + de 36 et – de 43 ans, 15 a. au moins de service effectif, être breveté supérieur et physiquement apte. *Formation :* 2 mois de formation générale puis 3 mois d'école de spécialité. »

Cours des officiers de réserve en situation d'activité (ORSA) au groupe écoles du Poulmic (près de Brest). *Adm. :* tests, commission de sélection. *Conditions* exigées : + de 21 et – de 27 ans au 1er janv. de l'année d'adm., bac + 2 ans d'études sup. et aptitude physique. 6 spécialités de recrutement, dont 4 accessibles aux femmes (chef de quart, pilote, énergie propulsion, informatique, navigateur aérien, contrôleur aérien). Off. servant par contrats (2 à 8 ans) renouvelables dans les 20 ans de service.

École technique sup. des travaux maritimes (ETSTM). Rue Maurice-Audin, 69120 Vaulx-en-Velin. *Eff.* 8 (1 f.). *Adm.* C. commun ENTPE, Mines Douai, ENSG pour maths spé. M, P, TA, 1 850 ca. 132 ad. dont 7 à l'ETSTM. *Dipl. 83* 7. *An.* 3. *Frais* gratuit

Recrutement des officiers d'active de la marine par filière. *En 1985 :* éc. navale : 64 ; éc. mil. de la flotte, off. de marine : 30 ; off. spécialisés : 30 ; off. spécialisés choix : 39.

☞ *Renseignements et inscriptions (EN, EMF, ORSA).* Direction du personnel militaire de la Marine. Section recrutement officiers. 2, rue Royale. 75200 Paris Naval.

École du commissariat de la marine. 83800 Toulon Naval. *Créée* 1863. *Eff.* 45. *Adm.* C. com. avec ECA pour tit. dipl. donnant accès au C. ENA et ayant – 25 a. au 1-1 de l'année considérée. 150 ca. 10 ad. *Adm. p.* 1re a. pour tit. X, ENM, ENA. *An.* 2. *Dipl. 83* 11. *Rémunération* 5 500 F/mois. *Formation :* 2 a. de cours à l'école à Toulon et stage d'application sur « Jeanne-d'Arc ». *En 1982 :* 30 élèves (12 active, 12 réserve, 6 stagiaires étrangers). *Candidats* (concours commun avec ECA) 206 ; 31 admis (à l'éc. 12).

École d'application des enseignes de vaisseau. *Fondée* 1864, puis installée sur l'*Iphigénie* 1884-1900, le *Duguay-Trouin* 1900-12, le croiseur *Jeanne-d'Arc* 1912-27, le croiseur-école *Jeanne-d'Arc* 1930-63, le porte-hélicoptères *Jeanne-d'Arc* depuis 1963.

Écoles de spécialités des officiers. 9 mois dans un centre d'instruction naval ; brevet de spécialité (détecteur, armes sous-marines, missilier, transmission, énergie propulsion, fusilier, informatique).

École supérieure de guerre navale (Paris). 1 année d'enseignement.

École des officiers du corps technique et administratif de la Marine (Cherbourg) (accessible aux femmes). Bacheliers de 24 à 32 a. Concours niveau DEUG, 2 a. de cours + stage sur *Jeanne-d'Arc*.

Écoles de maistrance. *Adm.* C. pour él. terminales A, B, C, D, E, F1, F2, F3 ; 2ᵉ C. avec épreuves spécifiques pour él. 1ʳᵉ scientifique et 1ʳᵉ technique. Formation générale maritime et militaire en 1 a. puis spécialisation. Pont à Brest (navigation, électricité, télécommunication, électronique, fusilier, administration). **Aéronavale** à St-Raphaël (pilote, navigateur, électronicien, contrôleur d'aéronautique). **Machine** à St-Mandrier (mécanicien). A l'issue de la formation, engagement pour 5 a.

École des mousses à Brest. *Adm.* C. sur titres. *Age :* 16 ans 3 mois. Niveau : 2ᵉ. 1 an de cours plus engagement de 5 ans. *Spécialités :* manœuvrier, timonier, fusilier, fourrier, secrétaire militaire, commis aux vivres, infirmier, électrotechnicien, électronicien d'armes, détecteur, détecteur anti-sous-marins, transmetteur, radio-télégraphiste, missilier-artillerie et missilier armes sous-marines. *Annexe de Rochefort :* spécialités de mécanicien d'aéronautique et d'électronicien d'aéronautique.

École des apprentis-mécaniciens à Saint-Mandrier. Mêmes conditions de recrutement ; 1 an de cours. *Spécialité :* mécanicien.

Armée de l'Air

École de l'Air (EA). 13661 Salon-de-Provence. *Fondée* 1935 à Versailles, transférée 1937 à Salon. Forme des off. (pilotes, mécaniciens ou off. des bases). *Eff. 85* 256 (f. 6). *Adm.* C. pour tit. maths spé. M, P, T, Ta, – de 22 a. (pilotes), – de 23 a. (autres) ; 1 044 ca., 85 ad. (53 % viennent des collèges mil.), 63 élèves pilotes, 13 méca. (dont 2 femmes), 9 bases (dont 1 f.). *Dipl. 84* 93, après 3 a. d'école. *An.* 3.

École militaire de l'Air (EMA). 13 661 Salon-de-Provence dep. 1946. *Créée* 1922 à Versailles. Forme off. pilotes, mécaniciens, off. des bases, recrutement interne A.A. ouvert off. réserve situation d'activité (ORSA) et sous-off. *Eff. 85* 110 (f. 12) – 25 a. élèves pilotes – 30 a. méca. base Ca. 571, ad. 8 pilotes, 12 él. pilotes, 11 navigateurs, 36 méca. (dont 6 f.), 42 bases (dont 6 f.). 1 a. école + 1 a. spécial.

École du Commissariat de l'Air. Base aérienne 701, 13661 Salon-de-Provence. *Créée* 1953. *Eff.* 22 (f. 20 %), stagiaires étr. 6. *Adm.* C. comm. avec éc. du commissariat et de la marine et éc. du com. de l'armée de terre pour tit. dipl. exigé C. externe ENA, – de 25 a. *En 1985*, 313 candidats (dont 87 f.), 7 ad. (dont 2 f.). *An.* 2. Gestion et administration. *Dipl. 85* 11. Él. d'active. *Rémun. mens.* 1ʳᵉ année 6 200 F/mois.

École du personnel navigant à Avord (Off. de réserve servant en situation d'activité). Les élèves feront ensuite l'éc. de pilotage de base (Cognac) puis une de spécialisation (Tours, Avord, Toulouse). *Concours* ouvert aux bacheliers quelle que soit la série (ou titre reconnu équivalent). *Age* 17 à 22 ans. *Études* 2 ans. *Places offertes (1985)* 230.

École du personnel non navigant à Nîmes. Formation initiale puis éc. de spécialisation à Rochefort ou Évreux (électronique, radio, radar, mécanique avion, sécurité, transmissions, informatique, secrétariat, gestion, etc.). *Durée du stage :* variable selon spécialité. *2 niveaux :* futurs sous-off. (CE 2), caporaux-chefs (CE 1). *Concours* niveau 1ʳᵉ pour futurs sous-off., BEP pour futurs caporaux-chefs. *Age* 17 à 30 ans.

École d'enseignement technique de l'armée de l'air (Saintes). *Concours :* 2 par an (mai et sept. : niveau seconde). *Age :* + 16/17 a. au 1ᵉʳ j d'entrée à l'école. *Scolarité :* 20 mois. Admission à Rochefort ensuite. Futurs sous-off.

Nota. – Les femmes peuvent servir dans l'armée de l'air dans des conditions identiques aux hommes ; certaines spécialités (pilote) ne leur sont pas accessibles. 150 élèves en 1985.

Service de santé des armées

Concours candidats tit. du bac. et âgés de – de 23 ans (sections médecine et pharmacie), c. aussi ouverts aux étudiants en cours d'ét. de médecine ou de pharmacie, limite d'âge ci-dessus + nombre d'années d'études médicales ou pharmaceutiques ou du diplôme du 1ᵉʳ cycle de l'ens. sup. (et de – de 30 ans) (section technique et adm. ; concours direct) ; c. du niveau du bac (différentes catégories de militaires ou de fonctionnaires civils de la défense ; âge : 32 à 38 ans (section technique et adm. ; concours semi-direct). Élèves médecins et pharmaciens sont inscrits dans les UFR de Lyon et Bordeaux où ils obtiennent leurs diplômes dans les mêmes conditions que les civils. Un enseignement complémentaire, technique, militaire et général leur est donné dans les écoles. *Durée des études :* médecins 7 a. ; pharmaciens chimistes 5 ; vétérinaires biologistes 4 ; off. d'adm. 1.

Écoles d'application. *Durée :* 6 à 8 mois. *Armée de terre :* Paris ; *air :* Paris ; *marine :* Toulon, et stage sur « Jeanne-d'Arc ». *Médecine tropicale :* Marseille.

École nationale des élèves off. de réserve (Libourne). *Durée* 7 semaines ; examen. Les élèves qui ont obtenu au moins 12/20 sont nommés aspirants.

Délégation générale pour l'armement

Les cadres supérieurs sont constitués des ingénieurs de l'Armement (IA) [c. de direction recrutés essentiellement à la sortie de Polytechnique et pour le complément par concours ou au choix (après examen professionnel) parmi les IETA] et des ingénieurs des Études et Techniques d'Armement (IETA).

École nat. sup. de l'Aéronautique et de l'Espace (ENSAE) et **École nat. sup. de techn. avancées** (ENSTA) à Paris : voir Index.

École nat. sup. des ingénieurs des Études et Techniques d'Armement (ENSIETA). 24, av. Prieur-de-la-Côte-d'Or, 94114 Arcueil Cedex. *Eff.* 315 (f. 10 %). *Adm.* C. pour maths spé. 786 ca. 75 ad. (+ 116 liste compl.). *Adm. p.* 2ᵉ a. tit. maîtr. ès. sc. sur dossier 52 ca. 9 ad. *Dipl. 83* 53. *An.* 4. *Frais* mil. rémunérés 3 609 à 5 901 F/mois ou étudiants (civils) : d.u.

École nat. sup. d'ingénieurs de constructions aéronautiques (ENSICA) à Toulouse. Voir Index.

École d'administration de l'armement (EAA) à Arcueil. *Sur concours ;* 2 ans d'études.

Écoles techn. normales (ETN). *Niveau* terminales E et F ; 2 ans d'études.

Écoles de formation techn. du niveau secondaire. *Sur concours, niveau* classe de 3ᵉ ; 3 ou 4 ans d'ét.

Écoles de spécialisation

Cours sup. d'armement (COSAR). Éc. militaire, 1, place Joffre, 75007 Paris. *Eff. 84* 24. *Adm.* examen + dossier militaire pour officiers niveau DEUG. *Dipl. 84* 5. *An.* 2. *Frais* statut officier.

Cours sup. d'engins missiles (COSEM). Éc. militaire 1, place Joffre 75007 Paris. *Eff. 84* 8. *Adm.* officiers niveau DEUG. *Dipl. 84* 7. *An.* 2. *Frais* statut off.

École sup. de l'électronique de l'armée de terre (ESEAT). Quartier Leschi, 35998 Rennes-Armées. *Eff. 84* 25. *Adm.* officiers ou fonctionnaires des armées, niveau DEUG sur dossier 6 ad. *Dipl. 84* 13. *An.* 2. *Frais* gratuit.

École sup. du génie militaire (ESGM). 3, rue de l'Indépendance Américaine ; réf. postale 1321, 78013 Versailles Cedex. *Eff. 84* 56. *Adm.* officiers et sous-off. niveau DEUG sc. 32 ca. 32 ad. *Dipl. 84* 24. *An.* 2. *Frais* statut officier.

Écoles d'enseignement militaire supérieur

École d'application militaire de l'énergie atomique à Cherbourg. École nat. sup. de l'armement. École sup. technique du Génie et des Transmissions. École sup. du Matériel et de l'Intendance. École militaire de spécialisation atomique de Lyon.

Écoles supérieures de guerre des trois armées. Cours supérieurs interarmées. École supérieure de guerre interarmée. Réservées aux officiers d'état-major (2ᵉ degré de formation). Age moyen : 35-40 ans. 16 % de reçus.

École militaire supérieure scientifique et technique. Du niveau de l'École de Guerre. Formation dispensée dans les universités et grandes écoles civiles.

Centre des Hautes Études militaires.

Institut des Hautes Études de défense nationale (IHEDN). *Créé* en 1949, relève du secrétariat général de la Défense nationale, rattaché directement au Premier ministre. *Auditeurs à parts égales :* hauts fonctionnaires, officiers généraux ou supérieurs et personnalités civiles (non fonctionnaires).

Nota. – L'Institut Auguste-Comte pour l'étude des sciences de l'action dispense une formation complémentaire sur les conséquences économiques et internationales de l'évolution des sciences et des techniques ; ouvert aux ingénieurs ayant acquis une expérience professionnelle et confirmé leurs compétences techniques et leurs aptitudes à occuper des emplois de responsabilité.

Lycées militaires et Prépa.

● **Lycées. Militaires. La Flèche** [Appelée traditionnellement « prytanée », du nom de l'établissement public d'Athènes (vᵉ s. av. J.-C.) où l'on hébergeait des hôtes aux frais des prytanes (magistrats suprêmes). *Fondé* en 1603 par Henri IV, affecté v. 1760 par Choiseul aux futurs élèves-officiers. Les élèves sont appelés des *Brutions*, du nom de la prov. du Brutium qui fournissait à Rome la majorité de ses centurions. Fournit 1 St-Cyrien sur 5, 1 fistot (élève de 1ʳᵉ année de l'École navale) sur 4 et 1 poussin (élève de 1ʳᵉ année de l'École de l'Air) sur 10]. Cycle secondaire et préparatoire à l'École spéciale militaire de St-Cyr, l'Éc. navale, l'Éc. de l'Air et Polytechnique. *Admission :* par concours de la 6ᵉ à la seconde, sur titres pour autres classes.

Aix et Autun ouverts à tous les fils de citoyens français (2ᵉ à terminale et prépa. à St-Cyr). Entretien gratuit, mais ceux qui ne contractent pas d'engagement à l'issue de leurs études doivent rembourser leurs frais d'études à l'État. *Admission :* concours pour 2ᵉ, sur titres pour autres classes.

Brest (2ᵉ à terminale et prépa., math. sup. et spé. M. et P-P') accès réservé à certains ayants droit dans les classes second. et ouvert à tous pour les prép.

Saint-Cyr l'École. Cycle secondaire et prépa. à l'Éc. Sp. Mil. de St-Cyr. *Admission :* par concours (6ᵉ à seconde), puis sur titres.

Nota. – Le lycée militaire du *Mans* a été fermé en juillet 85.

● **Écoles préparatoires de l'armée de l'air. Grenoble, Salon-de-Provence.** 2 classes : Air 1 (titulaires du bac C ou E) ; Air 2, élèves de math. sup. (ou formation équivalente). **Saintes** Éc. d'enseignement technique prépare en 2 ans les jeunes de 15 à 16 ans à devenir sous-off. mécaniciens ou télé-mécaniciens. *Niveau de recrutement* celui d'une classe de 3ᵉ.

Service national

Quelques dates

1793-*25-8* décret de la Convention sur la « levée en masse » : tous les Français sont en « réquisition permanente » pour le service armé (il n'y a pas de limitation de durée). **1798**-*5-9* loi Jourdan : la conscription touche chaque année les jeunes gens d'un même âge (21 ans). **1805**-*29-8* institution des conseils de révision et organisation du remplacement (on fixait d'avance le chiffre des conscrits à atteindre et on prenait les plus jeunes, nés le 31-12 de la classe mobilisée. On s'arrêtait quand le chiffre était atteint, ce qui dispensait de service les natifs de mars, févr., janv. Les mobilisés pouvaient payer un non-mobilisé comme remplaçant. Si le remplaçant était tué, le remplacé devait partir ou payer un autre remplaçant). **1818** service de 6 ans [les appelés sont désignés par tirage au sort (le contingent annuel étant de 40 000 h.) ; on peut se faire remplacer]. **1832**-*21-3* appels annuels par tirage au sort (durée 7 ans ; remplacements possibles) ; **1867** tirage au sort pour le service dans la garde mobile entre les hommes de 20 à 25 ans (20 à 40 ans pour les célibataires) ; **1872**-*25-7* service obligatoire pour tous (les remplacements sont supprimés) : active 5 a., réserve d'active 4, territoriale 5, réserve de territoriale 6 (libération possible après 1 an, avec versement de 1 500 F, pour les diplômés ou les soldats ayant passé un examen spécial) ; **1889**-*15-7* active 3 a., réserve d'active 9, territoriale 6, rés. terr. 7 (périodes de 28 ou 13 j pour les réservistes) ; **1905**-*21-3* active 2 a. ; **1913**-*19-7* active 3 a. ; **1920** active 12 m. ; **1923**-*1-4* active 18 m., disponibilité 2 a., 1re réserve 16 a., 2e réserve 8 a. ; **1928**-*31-3* active 1 a. (mêmes dispositions pour 1re et 2e réserves) ; **1935**-*15-3* 2 a. ; **1946**-*7-10* 1 a. ; **1950**-*3-11* 18 m. (maintien sous les drapeaux de 18 à 30 m. pendant les opérations d'Algérie) ; **1965**-*9-7* 16 m. ; **1970**-*9-7* 1 a. ; **1970** suppression du sursis remplacé par certains reports d'incorporation ; création d'un service féminin et d'un service dans la gendarmerie. **1983** instauration d'un volontariat serv. long et d'un serv. des objecteurs de conscience. -*8-7* loi 83-605 modifiant le code du serv. nat.

Organisation actuelle

Formes. Service militaire pour les besoins des armées ; *durée* service actif 12 mois y compris disponibilité et réserve, s'étend jusqu'à 35 ans [sauf maintien dans les cadres de certains officiers et sous-officiers de réserve au-delà (pour 1 adjudant 55 a., gendarme 60 a., certains agents techniques 65 a.)]. **Serv. de défense** pour les besoins de la défense (notamment protection des civils) en personnel non militaire ; *durée* actif 12 mois ; y compris la réserve, s'étend jusqu'à 50 ans. **Serv. de l'aide technique** pour DOM et TOM : 16 mois. **Serv. de la coopération** en faveur des États étrangers : 16 mois. Les volontaires service long (VSL) : souscrivent, avant ou après l'incorporation, un contrat pour un service long de 16 ou 24 mois au max. ; ils peuvent, s'ils ont les aptitudes requises, choisir la forme de service et les fonctions qui leur conviennent dans l'armée de leur choix : encadrement, embarquement, fusiliers-commandos, service outre-mer, en métropole, aux FFA (Forces françaises en Allemagne), dans la force d'action rapide (FAR), les troupes alpines ou gendarmerie ; ils bénéficient d'avantages financiers (solde majorée et pécule en fin de contrat), permissions plus nombreuses, aide à la réinsertion socio-professionnelle, etc. **Service des objecteurs de conscience** 24 mois.

Age de l'appel. 18 ans. Les jeunes peuvent demander à être appelés dès le 1er oct. de l'année de leurs 18 ans, sauf opposition de leur représentant légal, tant qu'ils ne sont pas majeurs. Sur simple demande, report d'incorporation possible jusqu'à 22 ans.

On ne peut être appelé au service actif à partir de 29 ans (34 a. en cas d'insoumission ou d'omission sur les listes de recrutement).

Périodes d'exercice : 6 mois maximum.

Dispense. Les jeunes gens chefs d'entreprise pourront être dispensés des obligations du service national actif, à condition d'être chefs d'entreprise depuis au moins 2 ans et de prouver que l'incorporation aurait des conséquences inévitables sur l'emploi des salariés par cessation de l'activité de l'entreprise. *Libération anticipée* peut être accordée à ceux exerçant une activité essentielle pour la collectivité.

Si le ministère chargé des Armées refuse, ils peuvent présenter un recours devant le tribunal administratif qui statue en 1er et dernier ressort suivant la procédure d'urgence. Le recours suspend l'incorporation. Les objecteurs peuvent, comme les autres appelés, suspendre la perception de leurs impôts pendant le service. Ils devront s'en acquitter dans les 6 mois suivant leur libération.

Permissions. De sortie. *Quartier libre :* les appelés peuvent sortir le soir, de la fin du service jusqu'à 1 h du matin en civil. *Fin de semaine :* 48 h (du vendredi soir au lundi matin ou 72 h (l'appelé dispose au minimum de 3 week-ends par mois). **De détente.** 16 j de permission sur l'année, à prendre généralement en plusieurs fois, entre le 3e et le 11e mois.

Sanctions. Avertissement ; consigne (obligation de rester dans l'enceinte militaire — caserne, base, etc. — pendant quelques jours) ; arrêts (même chose et l'on dort en prison) ; sanction pénale si faute très grave, période d'isolement c'est-à-dire moitié de la durée de la punition infligée ; arrêts simples ne peuvent dépasser 40 j.

Exemples de fautes sanctionnées. Faire le mur : 10 j d'arrêts, 20 si l'on est en service. Absence irrégulière sup. à 2 h. : 10 j. Désertion (absence sup. à 1 semaine) : 40 j d'arrêts avec isolement. Tentative de suicide : 30 j d'arrêts avec isolement. Vol, brimade : 15 à 40 j d'arrêts avec isolement. Perte de papiers militaires : 10 j de consigne ou d'arrêts si on ne l'a pas signalée.

Solde. V. Index salaire militaire. N'est pas imposable. Les appelés peuvent travailler et toucher un salaire civil, en dehors des heures de service (permissions, quartier libre...). Ils doivent en avertir leur chef de corps et leur patron ; celui-ci les inscrit à un régime civil de Sécurité sociale.

Statistiques

● **Classes.** Effectifs recensés et ressources réelles, déduction faite des doubles inscrits, (et étrangers inscrits à tort, hors d'âge, décédés, etc.). *1982* 444 125 (418 000), *83* 462 640 (437 000), *84* 468 064 (443 500), *85* 462 298 (435 895), *86* 460 023 (433 023), *87* (425 000), *88* (420 000), *89* (424 700), *90* (430 000), *95* (378 700), *96* (369 700), *2000* (404 800).

● **Contingent.** Ensemble des jeunes gens qui se trouvent sous les drapeaux au titre du service national. Tous n'ont pas le même âge en raison des avances (engagés à court terme) ou des retards d'incorporation classe 1984 : 468 064. *Jeunes gens incorporés (1984) :* 312 245 dont *appelés* 269 515 [armées (y compris appelés des unités de sécurité civile) 255 088, gendarmerie 8 228, coop. 3 436, aide techn. 913, objecteurs 1 717, condamnés (modalités particulières) 133] ; *engagés* (y compris officiers « concours direct », polytechniciens) 12 608 [terre et service commun 8 412, marine 3 007, air 1 189] ; *réformés après incorporation* 23 975 [terre 18 917, marine 2 985, air 1 704, gendarmerie 369] ; *libérés par anticipation* 6 147 [arrêts d'exploitation 1 277, autres cas sociaux 4 870].

Contingent 1983. S. militaire : terre 272 300, air 38 000, marine 18 300, gendarmerie 8 550. *S. civil :* coopération 3 480, aide technique 1 030, objecteurs de conscience 1 310, modalités particulières 180.

Par grade *(1981).* Aspirants 1,30 %, sous-off. 2,80 %, hommes du rang 95,40 %.

Par âge *(1983). 18* ans : 11,8 %, *19 :* 25,3. *20 :* 33,3. *21 :* 7,4. *22 :* 9,9. *Autres :* 12,1.

Rapport officiers appelés *(aspirants et sous-lieutenants), off. d'active (en %) :* terre 14,25, marine 14,12, air 10,13 ; sous-off. appelés, sous-off. d'active : terre 8,60, marine 0,82, air 2,90, gendarmerie 0,73.

● **Exemptés et dispensés** (1984). 115 780. *Dispensés* 20 818 (dont en 1984, pupilles de la nation, fils ou frère de mort pour la France 211, soutiens de famille 12 308, chefs d'exploitation 3 227, résidents à l'étranger 474, doubles nationaux 4 301), 94 962 exemptés par les CLA (Commission locale d'aptitude).

% extrêmes par rapport aux sélectionnés de la même classe : 1971 : 32,53, *1979 :* 21,94.

Niveau scolaire (NS) gradué de 1 à 9 et correspondant au degré de formation et aux titres scolaires ou universitaires. En 1981, 3 500 furent classés NS 1 (analphabètes complets) et 6 200 (15 %) NS 2 (jeunes ne possédant que de très élémentaires notions en écriture et en lecture).

● **Objecteurs de conscience** (appelés qui, pour des motifs de conscience, se déclarent opposés à l'usage personnel des armes). *Nombre. 1975 :* demandes déposées 770 (retenues 666). *1980 :* 1 148 (729). *1984 :* 2 632 (1 969). *Statut* accordé par le ministre à ceux qui en font la demande (la commission juridictionnelle est supprimée). *Service. Durée :* 2 ans. **Nombre d'objecteurs de conscience et, entre parenthèses, en %.** *1979 :* 551 (0,2), *80 :* 867 (0,31), *81 :* 770 (0,27), *82 :* 882 (0,31), *83 :* 1 316 (0,47), *84 :* 1 717 (0,63). Les objecteurs de conscience sont mis à la disposition du min. des Affaires sociales et de la Solidarité nationale et sont affectés soit dans un service civil relevant d'une administration de l'État ou des collectivités locales, soit dans un organisme à vocation sociale ou humanitaire assurant une mission d'intérêt général. Env. 60 % d'entre eux effectuent ce service dans des associations. *Ministère de tutelle :* celui de la Solidarité nationale.

● **Insoumis** 3 700 cas dont 70 % insoumis administratifs (les doubles nationaux par exemple). Insoumis authentiques env. 1 000. L'*insoumis* ne répond pas à l'appel sous les drapeaux. Le *déserteur* est celui qui s'absente sans autorisation de son corps d'affectation, une fois sous l'uniforme. En temps de paix, la désertion est prononcée après 6 j d'absence illégale constatée en France, et 3 j à l'étranger. *Infractions. 1973* 3 149 ; *1978* 4 856 (104 sous-off., 4 752 hommes du rang : soit 0,54 % de l'ensemble des effectifs mil.) ; contingent : 2 904 (0,79 %). 80 % des déserteurs appartenaient, pour la plupart, à des familles nombreuses de 3 enfants et 70 % à un milieu social modeste, 50 % des familles étaient dissociées et 8 % des déserteurs avaient déjà voulu s'en évader.

Mortalité en temps de paix. Env. 0,2 %. *Décès 1979* 998, *1978* 1 031 (sur 580 000 h.) dont 334 appelés (sur 280 000 h.). *Total des accidents mortels :* en *1979*, 557 dont mil. de carrière 315 (en service 108, hors service 207), appelés 242 (42 et 200).

Ressource globale des réserves militaires (calculée sur 12 années, jusqu'à l'âge de 35 ans) : 3 200 000. **Besoins des armées** (volant de gestion compris) : 550 000 dont terre 305 000, gendarmerie 125 000, air 72 000, marine 33 000.

Responsabilités confiées aux appelés. *Armée de terre.* Aspirants (2 700) : représentent 25 % des chefs de section ou de peloton. Sous-officiers (19 000) : 30 % des chefs de groupe de combat. Hommes du rang : 90 % des combattants servant les armes lourdes ou légères (2 500 sont gradés, 30 000 conducteurs de véhicules, 7 500 mécaniciens, 5 500 cuisiniers).

Marine. Aspirants (666) : chefs de quart ou adjoints ; chefs de section de fusiliers et de commando. Officiers mariniers (168) : second-maîtres. Les appelés sont embarqués à 40 % et intégrés à l'organisation de leur bâtiment (combat, manœuvre, navigation, veille, vie à bord). Proportion d'appelés sur un navire : porte-avions 745 sur 1 240 hommes du rang ; croiseur 211 sur 533.

Armée de l'air. Aspirants (900) : observateurs navigants et officiers adjoints au sol. Sous-officiers (735) : chefs de groupe de fusiliers de l'air. Hommes du rang (env. 40 000) : 66 % ont des activités opérationnelles (notamment 3 504 commandos de l'air), 34 % des activités de soutien (notamment 1 952 pompiers, 1 550 opérateurs de transmissions, 428 aides-mécaniciens d'avions, 350 maîtres de chien).

Gendarmerie. Unités de gendarmes auxiliaires (missions prioritaires : aide assistance, secours). Appelés répartis dans les autres unités de gendarmerie 5 322, dont gendarmerie départementale 4 846 (missions prioritaires : peloton de montagne, d'autoroutes, à cheval, surveillance et intervention) ; 9e de l'air 278, g. maritime 190 ; g. des transports aériens 18.

Délégation gén. pour l'armement. 840 étudiants en sciences et chercheurs du contingent (études, recherches).

Thèses sur le service

Controverse sur la conscription. Le RPR a proposé un service comprenant des volontaires pour 18 à 24 mois (fonctionnaires) et des appelés pour 4 mois [+ de courtes périodes sur 4 ou 5 ans (forces logistiques)]. *Arguments opposés.* 1° *Nécessité d'un « corps de couverture »,* qui serait un « corps de bataille » en cas d'agression, et qui doit être composé de recrues instruites (or l'instruction dure toujours 6 ou 7 mois, 75 j de « classes », c.-à-d. de formation élémentaire ; 55 j d'instruction individuelle ou collective en garnison ; 100 j d'entraînement en camps). Avec un service de 1 an, formant 2 demi-contingents tous les 6 mois, l'armée dispose en permanence de 50 % de conscrits entraînés pouvant être engagés sans délai dans une bataille de couverture. Avec 6 mois de service, l'armée serait en permanence formée de « bleus » inaptes au combat. 2° Pour la France, l'action des maquis ne peut avoir d'effets stratégiques importants (les centres vitaux sont à 300 km de la frontière). 3° Si la défense est confiée exclusivement à des soldats de métier, les citoyens se sentiront peu concernés par la défense de la Nation. 4° Le coût de l'armée de métier est supérieur à celui d'une armée de conscription ; le budget actuel du personnel permettant d'entretenir seulement une armée de 180 000 h.

Durée du service militaire. F. Mitterrand, lorsqu'il était candidat, avait prévu une nouvelle forme au service à 6 mois. Le collectif national pour le service militaire à 6 mois a lancé un appel au Pt de la Rép. pour qu'il respecte sa proposition (dizaine de milliers de signatures en déc. 1981). Selon une étude d'état-major (fin 1981), une baisse de la durée du service militaire à 6 mois, non compensée par l'apport d'un grand nombre d'engagés volontaires, priverait l'armée de terre de 3 divisions ; le nombre des appelés en permanence sous l'uniforme dans l'armée de terre serait de moitié (131 160 au lieu de 262 320). Financièrement, si les 131 160 appelés en moins étaient remplacés par autant d'engagés, l'État économiserait 2,4 milliards de F (chiffres 1981) sur les appelés, mais paierait 5,6 milliards de F en + pour les engagés, soit une dépense en hausse de 3,2 milliards de F.

Coûts comparés des types d'armées (en millions de F). *Armée de conscription à 500 000 hommes :* 23 364 ; *armée de métier à 350 000 h. :* 26 209, *à 480 000 h. :* 28 952.

Préparation militaire

Préparation militaire (PM) (Ex. : PME). *Conditions :* âge minimum 17 ans, autorisation des parents ou du tuteur pour les mineurs. *Cycle d'instruction :* 1 année (120 à 200 h réparties en 2 à 3 séances par mois avec une période bloquée de 1 ou 2 semaines pendant les vacances scolaires). Cours assurés par des cadres de réserve volontaires. Examen final : brevet. *Avantages :* possibilité de report supplém. d'incorporation (2 a.) ; priorité pour l'accès au peloton d'élèves gradés ou pour l'emploi dans la spécialité étudiée ; permission supplémentaire de 4 j, 1 mois d'ancienneté pour l'avancement et, sous certaines conditions, choix du corps d'affectation. Si mention « très bien » et aptitude au commandement manifeste : peut être admis à un peloton préparatoire à la formation d'élèves officiers de réserve (EOR) ou à la PMS.

Préparation militaire parachutiste (PMP). Brevets délivrés *(1980) :* 12 065. *Conditions :* il faut être apte physiquement, âge minimum 17 ans ½, autorisation des parents ou tuteur. *Cycle d'instruction :* 12 j, en 2 phases : 8 j (en une ou plusieurs périodes) pour l'instruction technique au sol et 4 j d'instruction en vol (4 sauts à ouverture automatique). *Avantages :* incorporation directe dans les troupes aéroportées, solde majorée (1 000 F par mois), 4 j de permission supplémentaires ; indemnités pour service aérien ; possibilité de report supplémentaire d'incorporation (2 a.) ; possibilité pour les meilleurs de suivre le cycle de formation des EOR.

Préparation militaire supérieure (PMS). *Conditions :* volontaires, âge minimum 17 ans, non incorporables avant le 1-10 de l'année suivant celle de la candidature, titulaire du bac, du BTS ou d'un diplôme équivalent (ou préparant ces diplômes), ou du brevet de PM ou de PMP avec mention « très bien ». *Déroulement sur 1 an :* 2 ou 3 périodes de 6 j, 1 période de estivale bloquée de 3 semaines. *Avantages :* brevet attribué en fonction de classement (examen de fin) ; possibilité de report supplém. d'incorporation (3 a.) ; admis de droit aux pelotons d'EOR dès incorporation (possibilité d'être aspirant 4 mois plus tard).

Nombre de brevetés (PME) que se sont fixé les armées *(1982).* 7 500 (terre 4 000, marine 1 500, air 2 000). *Nombre de brevets délivrés (1980) :* 5 281 (T. 2 685, M. 1 427, A. 1 169).

Engagement

Engagement à court terme. A partir de 18 ans (avant le serv. mil.), permet de choisir le lieu du service militaire. *2 types :* 1° pour 18 mois (choix possibles : un corps de troupe déterminé ; troupes aéroportées ; spécialité déterminée ; affectation Outre-Mer : Afrique, Pacifique, Antilles) ; 2° pour 20 mois (« service militaire adapté » : Réunion, Antilles, Guyane). Les *engagés volontaires* à court terme touchent les 12 premiers mois la même solde que les appelés ; au-delà ils ont celle des ADL (au-dessus de la durée globale) : *ex. :* soldat de 2ᵉ cl. en garnison 1 012 F ; caporal-chef 1 822 F ; sous-lieut. 2 981 (au 1-9-82).

Engagés volontaires (EV). Ils souscrivent un contrat de service de 3 ans ou 5 ans.

Volontariat service long. Période supplémentaire de 4, 6, 8, 10 ou 12 mois (au choix). Formule offerte, depuis 1983, à un max. de 25 000 jeunes par an, pouvait être accomplie comme militaire du rang, sous-officier, officier, dans les 3 armes. *Avantages :* solde 2 fois plus importante pendant le service légal, 2 fois 1/2 après ; permissions plus nombreuses ; priorité à l'engagement ; aide éventuelle au retour à la vie civile ; possibilité de choisir l'armée, la spécialité et le lieu d'affectation.

Les femmes et l'armée

☞ *En 1983,* 4 797 candidatures dont 757 incorporées. *En 1984,* 4 265 dont 1 077 incorporées. Au 1-7-85, 19 037 femmes militaires dont 888 volontaires fém.

● **Armée de terre. Officiers :** 250 (1 % de l'ensemble des off.). *Recrutement :* comme pour les hommes [le corps des off. féminins de l'armée de terre (OFAT) ayant été mis en extinction en 1973]. *Corps accessible : 1° Off. des armes : emplois interdits :* ceux du combat de l'avant ou ceux qui requièrent une aptitude physique particulière. *Spécialités :* informatique, télécommunications, travaux publics, sciences humaines, droit, relations internationales, économie, gestion... *Limites des places :* (en % du recrutement annuel) train, transmissions et matériel 7 ; artillerie et génie 35. En 1983, 2 candidates reçues à St-Cyr (pour 5 places offertes) ; 2 à l'EMIA (pour 6 places). *2° Commissaires de l'armée de terre :* en 1984, 3 places offertes sur 15. *3° Officiers du corps technique et administratif :* concours direct ouvert aux femmes dans la limite de 40 % des places disponibles (20 % pour le corps technique et administratif des essences ; branche administrative).

Sous-officiers : 5 816. *Recrutement :* contrat (de 5 ans min.) d'engagé volontaire sous-off. (F.V.S.O.). *Corps accessibles :* jusqu'en 1983, servaient au sein du groupe de spécialités état-major (GSEM), dans les transmissions. Dep. 1983, elles peuvent servir dans les armes d'appui et de soutien. *Limite des places :* (en % du recrutement annuel) artillerie et génie 3,5 ; train et matériel 7 ; transmissions 25. Des places sont aussi offertes dans service de santé. Dep. 1984, les candidates s'engagent, comme les candidats, au titre de l'École nationale des sous-off. (ENSOA) de St-Maixent, ou, directement, dans certaines écoles d'armes ou de services (Draguignan, artillerie ; Angers, génie ; Tours, train ; Châteauroux, matériel ; près d'Orléans, service de santé ; Agen, transmissions). *Conditions requises :* âgée de 18 à 28 ans, brevet des collèges, ou bac., tests psychotechniques. *Spécialités :* en 1984, 37 de base en techniques de l'artillerie, électronique, télécom., informatique, trav. publics, constr., techniques de réparation et de gestion des mat., navig. aérienne (y compris pilote de l'aviation légère de l'armée de terre), service du génie, instruction du tir, interprétation photo., communication audiovisuelle.

Volontaires militaires féminines (VMF) : 888 (au 1-7-85). *Recrutement :* (en fonction des qualifications professionnelles) comme volontaires, vol. techniciennes, vol. spécialistes. Incorporation semestrielle (avril et août). *Formation :* stage d'1 mois, puis affectation selon la formation antérieure. *Spécialités :* emplois adminis. et à caractère social (secrétaire-dactylo, comptable, assistante sociale...), médicaux et paramédicaux (de médecin à aide médicale), traductrice, interprète, hôtesse, conductrice de véhicule, aide-bibliothécaire, technique (centraliste-téléphoniste, traitement de l'information, dactylo-codeuse...), parachutiste (pour le détachement d'intervention parachutiste féminin DIPF). Les VMF pourront détenir les mêmes grades que les hommes.

Militaire du rang sous contrat : 600. *Recrutement :* en majorité parmi les V.M.F. *Spécialités : engagés volontaires sédentaires (EVSP).* Secrétaire-dactylo, bibliothécaire, archiviste, centraliste, dactylo-codeuse, trieuse courrier. Comptabilité (magasinière, secrétaire), alimentation (mess, cercle, foyer), services (hôtesse d'accueil, coiffeuse, employée de pressing), divers (projectionniste, photographe, imprimeur). *Engagés volontaires spécialistes (EVS) :* exploitante téléphonique, crypto-régulatrice, auxiliaire santé (détachement parachutiste), plieuse de parachute et réparatrice. Accès possible au corps des sous-officiers.

● **Marine nationale. Officiers.** 52. *Recrutement :* comme pour les hommes. Dans les corps mixtes d'off. de la marine (corps technique et admin. de la marine, c. des ingénieurs des études et techniques de travaux maritimes, c. des administrateurs des affaires maritimes, c. techn. et admin. des aff. maritimes, c. des off. spécialisés de la marine). C. des off. de marine et c. du commissariat de la marine (pour le recrutement externe) : ne peut accueillir des femmes que comme off. de réserve en situation d'activité (ORSA).

Personnel non officier : 1 000 (*1985* 1 750 ; *1990* 2 000). *Recrutement :* sur dossier. *Corps accessibles :* off. mariniers de maistrance des ports, majors de sports.

Volontaires militaires féminines (VMF) : 90.

● **Armée de l'air. Officiers.** *Nombre (1-6-84) :* 146 (2 % de l'ensemble des off.). *Recrutement :* comme pour les hommes. *Spécialités et limites des places : 1° élèves pilotes à vocation d'officiers/ORSA :* 4 recrutées en 1983. 23 femmes off. servent comme convoyeuses dans l'armée de l'air au titre d'ORSA. *Recrutement :* 10 % du recr. annuel des pilotes du transport aérien militaire. *2° Off. mécaniciens de l'air :* 18 servent actuellement. *Recrutement :* 20 % des recr. annuels. *3° Off. des bases de l'air :* 85 actuellement. *Recrutement :* 20 % des recr. annuels. *4° Commissaires de l'air :* 8 actuellement. *Recrutement :* 20 % des recr. annuels.

Sous-officiers. *Nombre :* 3 643. Spécialistes élémentaires du 2ᵉ degré (non navigant). Candidates de 17 à 30 ans. *Formation :* identique à celle des hommes. *Spécialités :* accessibles aux femmes (ex. radio-radar, équipement électronique, photographie, météorologie...) sauf fusiliers-commandos, maîtres-chiens et mécaniciens d'armement. Possibilités d'accès à la carrière d'officier.

Militaires du rang. Spécialistes élémentaires du 1ᵉʳ degré. *Recrutement :* sur épreuves de sélection ; 17 à 30 ans. *Spécialités :* identiques à celles offertes aux sous-off.

Aides-spécialistes engagées localement (ASEL) : 843. Recrutées (au titre de la base choisie) pour un emploi défini en fonction des besoins. *Contrat :* 18 mois à 3 ans ; âge 17 à 30 ans. Au bout de 6 mois, devient en général caporal-chef.

Volontaires militaires féminines. 52. Formation identique à celle des hommes. *Spécialités :* secrétaires comptables, sténo-dactylographes, puéricultrices, assistantes du service social, aides « radio-radar », mécanicienne avion, photographe, opératrice transmissions, agent de bureau.

● **Gendarmerie. Officiers.** *Nombre :* aucun au 1-6-84. Tous les emplois d'état-major (organismes centraux, états-majors de région de gendarmerie), ainsi que les fonctions dans les services adm. et techniques des corps sont ouverts. Ne peuvent occuper les emplois de la gend. mobile, des unités navigantes de la gend. maritime et de la garde républicaine (sauf l'escadron motocycliste).

Sous-officiers. *Nombre :* 775. *Recrutement :* mêmes conditions que les hommes. *Formation :* initiale en école identique à celle des hommes. *Spécialités :* emplois administratifs et d'état-major de la gend. **Engagées féminines du rang. Sous-officiers sous contrat et de carrière. Gendarmes auxiliaires féminins.**

● **Service de santé des armées. Officiers.** *Nombre :* 288 (8 % des off.). *Recrutement :* mêmes conditions que les hommes. **Sous-officiers.** *Nombre :* 2 018. **Militaires infirmiers et techniciens des hôpitaux des armées (MITHA). Volontaires militaires féminines.** *Nombre :* 283, employées suivant leur formation antérieure. *Recrutement :* 320 par an.

● **Délégation générale pour l'armement. Officiers.** *Nombre (1-6-84) :* 63. *3 corps :* corps des Ingénieurs de l'armement (IA) ; des Ingénieurs des études et techniques d'armement (IETA) ; technique et administratif de l'armement (OCTAA). Accueillent les femmes dep. I.A. 1975, IETA 1976, OCTAA 1978. *Critères de recrutement* (conditions physiques et épreuves sportives adaptées) et carrières analogues à ceux de hommes.

Inscription maritime

Ordonnance du 22-9-1668 due à Colbert. Système consistant à assortir à un temps de service dans la Marine royale, le droit d'exercer un métier lié à la mer (marin de commerce, pêche, etc.) et le bénéfice d'une protection sociale particulière. Les marins étaient inscrits sur des registres spéciaux, les matricules, et enrôlés par classes. La tenue des matricules était assurée par l'inscription maritime qui a été supprimée en 1965. Déjà, une part importante des réservistes de la Marine venait de la conscription.

Grades

Légende. — Ét. : étoiles ; ch. : chevrons ; g. : galons. — *Historique.* Voir Quid 1982, p. 1379.

Armée de terre

Étoiles sur les manches, *galons* sur les épaules, *chevrons* sur le haut des manches. *Or :* infanterie, artillerie. *Argent :* cavalerie, train, chasseurs à pied, chasseurs alpins.

Officiers généraux. Général d'armée (5 ét.), corps d'armée (4 ét.), division (3 ét.). brigade (2 ét.). Général (titre complet : officier général). Capitaine-général XIVᵉ s., lieutenant-général XVIᵉ s., major-général XVIIᵉ s. ; le substantif *général* XVIIIᵉ s. *Insignes du grade :* XVIIᵉ et XVIIIᵉ s., la cuirasse (d'apparat), l'écharpe blanche, le bâton de commandement (réservé en 1804 aux maréchaux d'Empire). Jusqu'en 1914, écharpe-ceinture rouge et or pour les généraux de div., bleu et or pour les g. de brigade.

Officiers supérieurs. Colonel (5 g.), lieutenant-colonel (5 g. panachés), chef de bataillon (inf.) ou chef d'escadrons (cavalerie, train), d'escadron (art.) (appellation : commandant) (4 g.). **Subalternes.** Capitaine (3 g.), lieutenant (2 g.), sous-lieutenant (1 g.), aspirant (1 g. coupé de 2 traits noirs).

Sous-officiers. Major (1 g. de 6 or et 1 g. or avec raie rouge), adjudant-chef (1 g. or avec raie rouge), adjudant (1 g. argent avec raie rouge), sergent-chef ou maréchal des logis chef [1] (3 ch.), sergent ou maréchal des logis [1] (1 ch.).

Hommes de troupe. Caporal-chef ou brigadier-chef [1] (1 ch. or ou argent et 2 ch. de couleur), caporal ou brigadier [1] (2 ch. de couleur), soldat 1re classe (distinction et non grade) (1 ch. de c.), 2e classe.

Age moyen d'accès au grade (1974). Lieutenant 27 ans 4 mois ; capitaine 33 a. 4 m. ; commandant 40 a. 10 m. ; lieut.-colonel 46 a. 6 m. ; colonel 51 a. 10 m.

Nota. — (1) Cavalerie, train, artillerie.

Armée de l'air

Pour les off. et sous-off. : étoiles, galons et chevrons au bas des manches de la tenue de cérémonie, sur les pattes d'épaules de la tenue de travail. *Pour les h. du rang :* chevrons sur les pattes d'épaules pour toutes les tenues.

Officiers généraux. Gén. d'armée aérienne (5 ét.), corps aérien (4 ét.), division aér. (3 ét.), brigade aérienne (2 ét.). **Supérieurs.** Colonel (5 g. or), lieutenant-colonel (5 g. panachés 3 or 2 argent), commandant (4 g. or). **Subalternes.** Capitaine (3 g.), lieut. (2 g.), sous-lieut. (1 g.), aspirant (g. en forme de gamma renversé).

Sous-officiers. Major (1 g. de 6 or et 1 g. or avec raie rouge), adjudant-chef (1 g. d'or avec raie rouge), adjudant (1 g. d'argent, raie r.), sergent-chef (3 chevrons or), sergent (2 ch.).

Hommes du rang. Caporal-chef (1 ch. or et 2 rouges), caporal (2 ch. r.), soldat 1re cl. (1 ch. r.), 2e cl.

Marine

Officiers généraux. Amiral (5 ét.), vice-am. d'escadre (4 ét.), vice-amiral (3 ét.), contre-amiral (2 ét.). V. p. 1195.

Officiers supérieurs. Capitaine de vaisseau (5 g. or), cap. de frégate (5 g. 3 or 2 argent), cap. de corvette (4 galons). **Subalternes.** Lieut. de vaisseau (3 g.), enseigne de vaisseau de 1re cl. (2 g.), de 2e cl. (1 g.), aspirant (1 g. 2 barres, dits « sabords »).

Officiers mariniers. Major [1 galon or de 6 mm avec 2 soutaches de 2 mm, l'une en argent (intermédiaire) et l'autre en or, espacées de 1,5 mm + 2 ancres cursés], maître principal (1 g. et 2 soutaches), 1er maître (1 g. et 1 soutache), maître (3 g. de biais), second maître (2 g. de biais).

Quartiers-maîtres et marins. Quartier-maître de 1re cl. (3 g. de biais de laine rouge), de 2e cl. (2 g. de biais rouges), matelot breveté (1 g. de biais rouge).

Officiers de marine exerçant un commandement (janv. 1982). *Total* 66 lieutenants et enseignes de vaisseau de 1re classe, dont 38 bâtiments de surface ou forces, 19 sous-marins, 4 aéro-navale, 5 maritimes et à terre ; 74 *C. Corvette* dont 43, 5, 25, 1 ; 64 *C. Frégate* dont 43, 11, 4, 6 ; 62 *C. de Vaisseau* dont 17, 4, 9, 32.

Nota. — Les amiraux sont choisis généralement parmi les capitaines de vaisseau ayant exercé le commandement d'une grosse unité de surface.

Services

Exemples. Avec correspondance.

Contrôle général des armées. Contrôleur général des armées, contrôleur, contrôleur adjoint. Le contrôle a une hiérarchie propre ne comportant aucune assimilation avec des grades des différents corps d'officiers. Les membres de ce corps bénéficient des rangs de préséance accordés aux officiers généraux.

Commissariat de l'armée de terre. Intendant général de 1re cl. (gén. de div.), de 2e cl. (gén. de brig.), intendant militaire de 1re cl. (colonel), de 2e cl. (lieut.-col.), de 3e cl. (commandant), intendant militaire adjoint (capitaine).

Age. Limites les plus courantes. (*Légende :* t : armée de terre ; m : marine ; a : air ; g : gendarmerie). **Officiers.** *Colonel* t 57 ans, m 56, a 52, g 58 ; *Lieutenant-colonel :* t 56, m 54, a 50, g 57 ; *commandant :* t 54, m 52, a 48, g 56 ; *capitaine :* t 52, m 52, a 47, g 55. **Sous-officiers et officiers mariniers.** *Limite d'âge inférieure et, entre parenthèses, supérieure : Major :* t (55), m (55), a navigant (47), non-nav. (52), g 55 ; *adjudant-chef ou maître principal :* t 42 (55), m 45 (52), a n 42 (47), non-n 47 (52), g 55 ; *adjudant ou 1er maître :* t 39 (50), m 45 (50), a n 42 (47), non-n 47 (52), g 55.

Aumôniers militaires. Ils sont nommés par le ministre d'État chargé de la Défense nationale, n'ont ni classe ni grade dans la hiérarchie militaire ; ne sont pas obligés de porter l'uniforme ; n'ont pas de pouvoir disciplinaire et nul n'est astreint à les saluer. Il y avait, en mars 1975, 382 aumôniers catholiques dont 36 en Allemagne. Les aumôniers protestants et israélites ont le même statut que les catholiques.

Commandements (catégories marines). *Enseignes et lieutenants de vaisseau :* patrouilleurs, dragueurs et escorteurs côtiers, petits ravitailleurs, bâtiments hydrographes, sous-marins, escadrilles, commandos. *Capitaines de corvette :* escorteurs rapides, avisos, chasseurs de mines, bâtiments de débarquement et de transport léger, division de dragueurs, sous-marins, flottilles, aéro... *Capitaines de frégate :* escorteurs d'escadre, corvettes, division d'escorteurs, d'avisos et de dragueurs, avisos escorteurs, pétroliers, bâtiments de soutien logistique, transports de chaland de débarquement, SNLE, bases aéronavales, groupement de commandos... *Capitaines de vaisseau :* frégates, porte-avions, croiseurs, Jeanne d'Arc, flottilles de bâtiments, escadrilles de sous-marins, écoles, commandements maritimes, base aéronavale, région aéronavale, direction de ports, dépôts...

Femmes et grades. Depuis mars 1973 (décret du 25-3), les femmes peuvent accéder aux grades d'officier supérieur (entre commandant et colonel) et d'officier général (général de brigade ou contre-amiral). Elles peuvent désormais devenir des officiers et des sous-officiers de carrière (auparavant, officiers ou sous-officiers sous contrat), propriétaires de leur grade.

Officiers, recrutement en %. *1869* indirect 60 ; direct [1] 40. *1913* Off. d'active [2] 43,9 ; St-Cyr 40 ; Polytechnique 12,1 ; rang [3] 4. *1938* Off. d'active 30,3 ; St-Cyr 27,5 ; rang 24,3 ; réserve 9,3 ; Polytechnique 8,4.

Nota. — (1) Concours des grandes éc. mil. (Polytechnique et St-Cyr). (2) Examens ou concours. (3) Promotion au mérite de sous-officiers.

Sous-officiers, recrutement et formation. *3 sources :* meilleurs caporaux-chefs spécialistes ; sergents du contingent désirant faire carrière ; engagés dans les écoles de sous-officiers. *Écoles :* Éc. nat. des sous-off. d'active (Issoire et St-Maixent). Éc. d'application : *Infanterie* (Montpellier), *Blindés* (Saumur), *Artillerie* (Draguignan), *Génie* (Angers), *Train* (Tours), *Transmissions* (Agen), *Matériel* (Châteauroux), *Haute montagne* (Chamonix).

Les contrats initiaux sont de 5 ans (7 pour l'ENTSOA). L'emploi dans la spécialité est garanti 2 ans. A 4 ans de service, accès systématique à l'état de sous-off. de carrière. Ce statut garantit la stabilité de l'emploi jusqu'à la limite d'âge inférieure au moins, l'avancement à l'ancienneté jusqu'au grade d'adjudant. La préparation aux certificats mil. et l'accès à l'échelle de solde n° 4.

Matériel. Ingénieur gén. de 1re cl., de 2e cl. ; ing. en chef de 1re cl., de 2e cl. ; ing. principal ; ing. de 1re cl., de 2e cl., de 3e cl.

Armement. Ingénieur gén. de 1re cl., de 2e cl. ; ing. en chef de 1re cl., de 2e cl. ; ingénieur principal, ingénieur adjoint.

Commissariat de la marine. Commissaire de 3e cl. 1 galon (or), 2e cl. 2 g. (or), 1re cl. 3 g. (or), principal 4 g. (or), en chef de 2e cl. 5 g. (3 or, 2 argent), en chef de 1re cl. 5 g. (or), c. général de 2e cl. 2 ét. (argent), de 1re cl. 3 ét. (médecin-général 2/3 ét., inspecteur 3 ét.).

Service de santé des armées. Médecin-général (3 ét.), méd. (2 ét.), méd.-chef de service (colonel), méd. en chef (Lt-colonel), méd. principal (commandant), méd. (capitaine et lieutenant).

Service des essences. Voir matériel.

Dignité

Maréchal de France

Origine. Du francique *marhskalk*, domestique chargé de soigner les chevaux. Au début, seconde le *connétable* (comes stabuli : maître des écuries). Le premier fut Albéric Clément († 1191, tué à l'ennemi), sous Philippe Auguste (1185).

Le maréchalat devient une dignité inamovible sous François Ier : le maréchal est officiellement cousin du roi (cousin de l'Empereur en 1804). A la fin du XVIe s., la dignité est conférée à des vieillards ; elle est la consécration d'une carrière militaire. A partir de Louis XIV, la moyenne d'âge redescend à 50 ans. Il y a eu 6 maréchaux généraux qui avaient autorité sur tous les autres : Armand de Gontaut-Biron (1524-92), François de Lesdiguières (1543-1626), Henri de Turenne (1611-75), Claude de Villars (1653-1734), Maurice de Saxe (1696-1750), Nicolas Soult (1769-1851). Le maréchalat n'est pas un grade, mais une distinction. La seule autre distinction existant dans l'armée fr. est celle de soldat de 1re classe.

Bâton de maréchal. Insigne de la dignité, remonte à la guerre de Cent Ans ; les 7 étoiles et les 3 rangées de feuilles de chêne, à la Seconde Restauration (1816).

Familles françaises comptant le plus de maréchaux. Montmorency 11, Clément 4, Harcourt 4, Ornano 3, Estrée 3. *Maréchaux académiciens.* Voir Académie à l'Index.

Nombre. Sous *St Louis :* 2 ; *Philippe le Bel :* 7 (dont 2 tués à l'ennemi) ; *Jean le Bon :* 8 (3 t. à l'e.) ; *Charles VI :* 6 (2 t. à l'e.) ; *Charles VII :* 4 (1 t. à l'e.) ; *François 1er :* 5 (1 t. à l'e.) ; *Henri II :* 5 (3 t. à l'e.) ; *François II :* 4 ; *Charles IX :* 6 ; *Henri III :* 8 (2 t. à l'e.) ; *Louis XIII :* 30 (3 t. à l'e.) ; *Louis XIV :* 54 (8 t. à l'e.) ; *Louis XV :* 49 (1 t. à l'e.).

En 1791 : 6. *1793* (21-2) : supprimés. *1804* (19-5) : rétablis, sous le nom de Mar. d'Empire comme une dignité d'État. *1815 :* 20 (la Restauration les considère comme une dignité militaire). *1816 à 1849 :* 18 nommés. *1850 à 1870 :* 19. *1916 à 1923 :* 8. *1952 :* 3. *1984 :* Gal Kœnig (1898-1970, à titre posthume).

Maréchaux d'origine étrangère. *Allemands :* Frédéric de Schomberg (1675), Louis de Hohenlohe (1827) *Anglais :* James de Berwick (1706) ; *Danois :* Josias de Rantzau (1645), Ulrich de Lowendal (1700-55) ; *Estonien :* Conrad de Rosen (1703) ; *Italiens :* Jean-Jacques Trivulce (1500), Théodore Trivulce (1526), Jean Caraccioli (1544), Pierre Strozzi (1554), Concino Concini (1614) ; *Polonais :* Jean Poniatowski (1813).

Maréchaux condamnés à mort. *Ancien Régime :* Gilles de Retz, brûlé vif 1440 ; Charles de Gontaut-Biron, décapité 1632 ; Louis de Marillac, décapité 1632 ; Henri de Montmorency, décapité 1632 ; duc de Mouchy, marquis d'Haucourt, baron de Lückner, guillotinés 1794 ; gracié : Oudard du Biez, 1549. *Restauration :* Ney 1815 (fusillé). *IIIe Rép. :* Bazaine 1873 (peine commuée, v. Index). *IVe Rép. :* Pétain 1945 (non exécuté en raison de son âge).

Maréchaux nommés depuis 1804

1804 *Augereau* (1757-1816), duc de Castiglione 1808. *Bernadotte* (1763-1844), prince de Pontecorvo 1810, roi de Suède et de Norvège 1818. *Berthier* (1753-1815), prince de Neuchâtel, duc de Valengin, prince de Wagram 1809. *Bessières* (1768-1813), duc d'Istrie 1809, tué à l'ennemi. *Brune* (1763-1815), exécuté. *Davout* (1770-1823), duc d'Auerstaedt 1808, prince d'Eckmühl 1809. *Jourdan* (1762-1833), comte. *Kellermann* (1735-1820), duc de Valmy 1808. *Lannes* (1769-1809), duc de Montebello 1808, tué à l'ennemi. *Lefebvre* (1755-1820), duc de Dantzig 1808. *Masséna* (1758-1817), duc de Rivoli 1808, prince d'Essling 1810. *Moncey* (1754-1842), duc de Conegliano 1808. *Mortier* (1768-1835), duc de Trévise 1808, † en service commandé. *Murat* (1767-1815), grand amiral et prince d'Empire 1805, grand-duc de Berg et de Clèves (mars 1806-juillet 1808), roi de Naples 1808, fusillé. *Ney* (1769-1815), duc d'Elchingen 1808, prince de la Moskova 1812, fusillé. *Pérignon* (marquis de) (1754-1818). *Sérurier* (1742-1819), comte. *Soult* (1769-1851), duc de Dalmatie 1808.

1807 *Victor Perrin*, dit Victor (1764-1841), duc de Bellune 1808. **1809** *Macdonald* (1765-1840), duc de Tarente 1809. *Marmont* (1774-1852), duc de Raguse 1808. *Oudinot* (1767-1847), duc de Reggio 1809. **1811** *Suchet* (1770-1826), duc d'Albufera 1813. **1812** *Gouvion-Saint-Cyr* (1764-1830), marquis 1816. **1813** *Poniatowski* (1763-1813), prince 1764, tué à l'ennemi.

1815 *Grouchy* (marquis de) (1766-1847), comte de l'Empire 1809.

1816 *Beurnonville* (1752-1821), marquis 1817. *Clarke* (1765-1818), comte d'Hunebourg, duc de Feltre. *Coigny* (duc de) (1737-1821). *Viomenil* (marquis de) (1734-1827). **1823** *Lauriston* (1768-1828), comte 1808, marquis 1817. *Molitor* (1770-1849), comte 1808. **1827** *Hohenlohe* (prince de) (1765-1829). **1829** *Maison* (1771-1840), marquis 1817.

1830 *Bourmont* (1773-1846), comte. *Gérard* (1773-1852), comte. **1831** *Clausel* (1772-1842), comte. *Mouton* (1770-1838), comte de Lobau 1809. **1837** *Valée* (1773-1846), comte. **1840** *Sébastiani de la Porta* (1772-1851), comte. **1843** *Bugeaud* (1784-1849), marquis de la Piconnerie, duc d'Isly 1844. *Drouet* (1765-1844), comte d'Erlon. **1847** *Dode de La Brunerie* (1775-1851), vicomte, pair. *Reille* (1775-1860), comte 1808.

1850 *Jérôme Bonaparte* (1784-1860), roi de Westphalie 1807. **1851** *Exelmans* (1775-1852), comte. *sier* (1794-1864), duc de Malakoff 1856. **1856** *Bosquet* (1810-61). *Canrobert* (1809-95). *Randon* (1795-1871), comte. **1859** *Mac-Mahon* (1808-93), comte, duc de Magenta 1859. *Niel* (1802-69). *Regnault de Saint-Jean-d'Angély* (1794-1870), comte. **1861** *Ornano* (1784-1863), comte. **1863** *Forey* (1804-72). **1864** *Bazaine* (1811-88), condamné à mort, puis gracié. **1870** *Lebœuf* (1809-88).

1916 *Joffre* (1852-1931). **1918** *Foch* (1851-1929), maréchal de Fr., de Grande-Bretagne et de Pologne. *Pétain* (1856-1951), condamné à mort, puis gracié. **1921** *Fayolle* (1852-1928). *Franchet d'Esperey* (1856-1942). *Gallieni* (1849-1916) (à titre posth.). *Lyautey* (1854-1934). **1923** *Maunoury* (1847-1923) (à titre posth.).

1952 *De Lattre de Tassigny* (1889-1952) (à titre posthume). *Juin* (1888-1967). *Leclerc de Hauteclocque* (1902-47) (à titre posthume), † en service commandé. **1984** *Kœnig* (1898-1970) (à titre posthume).

Amiral de France

Origine. Le mot amiral (de l'arabe « amir al-bahr », prince de la mer), a été adopté sous l'influence de Charles d'Anjou, roi de Naples, adversaire des Barbaresques. La dignité d'amiral de France était équivalente à celle de connétable. Le 1er amiral de France fut Florent de Varenne (1270). La charge avait eu 53 titulaires quand elle fut supprimée, en janvier 1627. Rétablie en 1669, elle fut donnée surtout à titre honorifique, à des princes du sang (exception pour le Cte d'Estaing en 1791). Napoléon nomma amiral de Fr. son beau-frère, Joachim Murat en 1805 ; et Louis XVIII, son neveu, le duc d'Angoulême, en 1814. De 1830 à 1869, il y eut 12 amiraux de Fr. : Victor Duperré (1775-1846) 1830 ; Laurent Truguet (1752-1839) 1831 ; Albin Roussin (1781-1854) 1840 ; Ange de Mackau (1788-1855) 1847 ; Charles Baudin (1784-1854) 1854 ; Alexandre Parseval-Deschênes (1790-1860) 1854 ; Jacques Hamelin (1796-1864) 1854 ; Armand Bruat (1796-1855) 1855 ; Joseph Desfossés (1798-1864) 1860 ; Charles Rigault de Genouilly (1807-73) 1864 ; Léonard Charner (1797-1869) 1864 ; François Tréhouart (1798-1873) 1869. Le titre cessa sous la IIIe République. En 1939, celui d'*amiral de la Flotte* fut créé pour François Darlan (1881-1942).

L'armement en France

Généralités

Légendes : C.A. = chiffre d'affaires.

Effectifs 1984. 300 000 [400 000 si l'on tient compte des achats courants nécessaires à la réalisation de ces matériels (matières premières, composants électroniques, investissements généraux...)] dont 202 000 travaillent pour les besoins français et 98 000 pour l'exportation. *Par tâches :* étatiques DGA 25 250 ; industr. 274 750 (dont DGA 48 250, CEA 10 000, secteur nationalisé 110 000, privé 106 500). *Par secteur :* DGA 73 500, nucléaire 10 000, aérospatiale 77 000, électronique 54 000, autres industries (Mécanique-Poudres) 85 500. **Par localisation :** région parisienne 113 500, province 186 500.

● **Principaux établissements de l'armement.** *Effectif total dont en % effectif employé à des activités d'armement au 1-1-1984.* Aérospatial 35 460 (50). Thomson-CSF 36 000 (66). SNECMA 13 100 (78). AMD/BA 15 400 (79). MATRA SA 5 960 (79). SNPE 6 420 (73). DGA 73 500 (100).

● **Production.** *Chiffre d'affaires en milliards de F : 1977 :* 36. *78 :* 43. *79 :* 50. *80 :* 60. *81 :* 70. *82 :* 75. *83 :* 86.

● **Exportations.** *(Commandes et livraisons en milliards de F) : 77 :* 27,4. *78 :* 21,7. *79 :* 21,5. *80 :* 37,3 (23,4). *81 :* 33,8 (28,5). *82 :* 41,6 (28,9). *83 :* 29,1 (33,1). *84 :* 61,8 (30).

Part des exportations d'armes dans le total des exportations françaises (en %) : *1970 :* 2,48. *71 :* 2,45. *72 :* 3,02. *73 :* 3,25. *74 :* 3,09. *75 :* 3,71. *76 :* 3,96. *77 :* 4,70. *78 :* 5,01. *79 :* 4,93.

Destination (en % 1984). Maghreb et Proche et Moyen-Orient 76,6. Europe de l'Ouest et Amér. Nord 10. Extrême-Orient 9. Amér. latine et Caraïbes 2,2. Afrique 1,6. Divers 0,6. **Nature** (en % en 1984) matériels terrestres (y compris défense antiaérienne) 70,6 ; air 25,7 ; naval 3,7.

Solde du commerce extérieur de l'armement (milliards de F). *79 :* 11,1. *80 :* 16,3. *81 :* 21,1. *82 :* 19,8. *83 :* 21,2. *84 :* 30.

Commandes par zone (en %, 1982-84). Europe de l'Est + divers 0,7. Afr. Noire 3. Extr.-Orient 10,8. Amér. latine + Caraïbes 8,4. Europe de l'Ouest + Amér. du N. 10,7. Maghreb + Moyen-Orient 66,3.

● **Recherche de défense.** En 1984, 20 milliards dont 12 profitent aux entreprises (représentant 22 % de leur financement en matière de recherches et développements) et 8 aux établissements publics (représentant 17 % des recherches).

Dépense budgétaire de recherche-développement militaire (DBRDM) répartition en % en 1984. Électronique 25 %, nucléaire 21, engins 21, aéronautique 19, armements classiques et munitions 9, constructions navales 3, véhicules terrestres 2.

● **Part de l'armement dans le chiffre d'affaires (en %).** D.G.A. 100. C.E.A. 50. Secteur privé ou para-public [aérospatiale 70, électronique 18 (dont électronique professionnelle) 60, mécanique et métallurgique 3].

Grands industriels. Aéronautique. *Aérospatiale :* avions de transport militaire (Transall), engins balistiques (SSBS, MSBS), armement nucléaire préstratégique (Pluton, Hades, ASMP), engins tactiques [Antichars (Hot, Milan), Anti-aériens (Roland), air-sol (AS15, AS30), mer-mer (Exocet, Ans)], hélicoptères (Gazelle, Dauphin, Puma, Lynx). *Avions Marcel Dassault-Breguet Aviation (AMD-BA) :* avions de combat [Mirage F1, Jaguar, Mirage 2000, ACX (Rafale)], avions d'entraînement (Alphajet), avions de patrouille maritime (Atlantique 2). *SNECMA :* moteurs d'avions (Atar 9K50, M53, M88 Tyne, Adour). *Matra :* engins tactiques [air-air (Magic, Super 8530), sol-air (Crotale, SATCP)], armements aéroportés (Durandal). *Turbomeca :* moteurs d'avions et d'hélicoptères (Ariel, Makila). *Autres industriels (SEP-Messier, Hispano-Bugatti, Hispano-Suiza, SFIM, SFENA, Crouzet).* **Électronique.** *Thomson-CSF :* système de détection, radar (au sol, aéroporté et embarqué), acoustiques sous-marines, informatique, télécommunications. *Électronique Serge Dassault :* systèmes de guidage autodirecteur, électronique embarquée. *SAGEM :* systèmes de navigation et de pilotage. *Autres industriels (TRT, SAT, CIMSA, CILAS).* **Armement terrestre.** *SNPE : explosifs et blocs propulsifs. Thomson-Brandt-Armements :* mortiers, roquettes, propulseurs. *Matra-Manurhin-Défense :* armes, munitions, roquettes. *Autres industriels (Creusot-Loire, RVI, Panhard-Levassor, Luchaire).*

Délégation générale pour l'armement (D.G.A.)

Créée en 1961. Placée sous l'autorité du délégué général pour l'armement, collaborateur direct du ministre de la Défense.

Organisation

Effectifs : 70 665 personnes (au 1-7-84) ; plus de 7 000 ingénieurs, officiers et techniciens, 12 700 personnes d'encadrement et agents techniques et 57 800 ouvriers hautement qualifiés. *Régime (en %) :* militaires 4, fonctionnaires titulaires 17, agents sur contrat 7, personnels à statut ouvrier 72. **Formation.** 33 écoles formant chaque année 400 ingénieurs, 300 techniciens et plus de 700 ouvriers de haut niveau.

● **Directions fonctionnelles. D.P.A.G. :** D. des personnels et affaires générales 682 personnes. **D.P.A.I. :** D. des programmes et affaires industrielles 2 278 personnes. **D.A.I. :** D. des affaires internationales 110 pers. **D.R.E.T. :** D. des recherches, études et techniques 1 191 personnes. La D.G.A. ne possède pas de labo. ; seuls 2 établissements publics lui sont rattachés : l'*Office national d'études et recherches aérospatiales (ONERA,* 29, av. Div.-Leclerc, Châtillon-sous-Bagneux) et l'*Institut franco-allemand de St-Louis (I.S.L.) ;* elle passe des contrats avec des organismes de recherches publics ou privés. Elle gère 2 grands centres d'essais en vol d'engins : *C. des Landes* et *C. de la Méditerranée.*

● **Directions opérationnelles : D. des armements terrestres (D.A.T.).** St-Cloud. 20 894 personnes.

Secteur étatique. Dirige des programmes d'armement et réalise dans ses arsenaux certains armements terrestres. *6 établissements secteur étatique* [section d'études et fabrications des télécom. (éq. et systèmes électr.), ét. techn. de Bourges (armes et munitions), ét. techn. d'Angers (véhicules), centre aéroporté de Toulouse (largage à partir d'aéronefs), service central des commandes, éc. sup. de l'Armement terr. *10 établ.* **Secteur industriel.** Au sein du G.I.A.T. (Groupement ind. des armements terr.) [ét. d'armement AMX-APX (engins blindés et composants), ét. d'études et fabric. d'armement de *Bourges* (artillerie, munitions et composants pyrotechniques), atelier de constr. de *Tarbes* (tourelles de blindés, obus et composants pyrotechniques), at. de constr. de *Roanne* (blindés), de *Rennes* (douilles gros calibres, chaudronnerie mince), manuf. nat. d'armes de *St-Étienne* (tourelleaux, armes de petit calibre et roquettes, matériels de détection et protection nucléaire), de *Tulle* (armes de moyen calibre), at. de fabr. de *Toulouse* (cartoucherie), du *Mans* (cartoucherie petit calibre), at. de chargement de *Salbris* (munitions et missiles).

D. des constructions navales (D.C.N.). 2, rue Royale, Paris 8e. 31 536 pers. Chiffre d'affaires : 6 milliards de F. **Arsenaux :** *Cherbourg* 4 300 pers. (sous-marins, notamment lanceurs d'engins tels le *Redoutable*) ; *Brest* 7 400 pers. (grands bâtiments de surface, porte-avions, croiseurs, pétroliers-ravitailleurs, etc.) ; *Lorient* 4 200 pers. (bât. moyens et faibles tonnages : frégates lance-engins, avisos) ; *Toulon* 8 500 pers. (études et évaluation de matériels, réparations, entretien des appareils de l'Aéronavale). **3 établissements :** *Indret* 1 500 pers. (appareils propulsifs) ; *Ruelle* 2 050 pers. (systèmes d'armes et fabrications mécaniques et électroniques spécialisées) ; *St-Tropez* 1 200 pers. (torpilles). **Base outre-mer :** Papeete 600 pers. **Service technique des constructions et armes navales** (S.T.C.A.N.) 1 000 pers.

D. des constructions aéronautiques (D.C.Aé). 26, bd Victor, Paris 15e. 8 793 personnes. **Centres d'essai. C. d'e. en vol** (C.E.V.) bases : Brétigny (Essonne), Istres (B.-du-Rh.), Cazaux (Landes) ; **C. d'e. des propulseurs** (C.E.P.) Saclay ; **C. d'e. aéronautiques** (C.E.A.T.) Toulouse. **Ateliers industriels de l'aéronautique** (A.I.A.) (réparations) : Bordeaux, Clermont-Ferrand.

Nota. — Le ministre de la Défense assure le tutelle de l'Aéronautique civile (105 000 personnes).

D. des engins (D. En.). Bd Victor, Paris. 3 520 personnes. Fonctions étatiques et non industrielles. **4 établissements :** *Laboratoire de recherches balistiques et aérodynamiques* (L.R.B.A.) Vernon (Eure), *Centre d'achèvement et d'essais des propulseurs et engins* (C.A.E.P.E.) St-Médard-en-Jalle (Gironde), *Centre d'essais des Landes* (C.E.L.) Biscarosse (Landes), *Centre d'essais de la Méditerranée* (C.E.M.) Toulon (Var). **Le Service technique poudres et explosifs** (S.T.P.E.) lui est rattaché depuis 1972. **(D.E.I.) :** de l'électronique et de l'informatique. 773 personnes.

● **Écoles.** *D. Polytechnique :* forme les futurs ingénieurs de l'armement avant leur entrée en école d'application (40 postes d'ing. de l'arm. sont offerts chaque année aux 300 ing. sortant de l'École). *Éc. Nat. Supérieure des Techniques Avancées (E.N.S.T.A.)* et *Éc. Nat. Sup. de l'Aéronautique et de l'Espace (E.N.S.A.E.). Éc. Nat. Sup. des Ingénieurs des Études et Techniques de l'Armement (E.N.S.A.E.). Éc. Nat. sup. des Ingénieurs des Études et Techniques de l'Armement (E.N.S.I.E.T.A.)* et *Éc. Nat. Sup. des Ingénieurs de Construction Aéronautique (E.N.S.I.G.A.). Éc. d'Administration de l'Armement (E.A.A.). 3 éc. techniques normales* et *2 techniques normales professionnelles. 15 de formation technique. 9 techniques préparatoires de l'Armement.* **Centres de formation continue** (pour personnel de haut niveau) : *Centre des Hautes-Études de l'Armement (C.H.E.Ar.), Enseignement Militaire Supérieur de l'Armement (E.M.S.Ar.).* **Centre de formation spécialisée.** *École du Personnel Navigant d'Essais et de Réception (E.P.E.R.).*

Agriculture

Comparaisons

La Terre compte environ 4 milliards d'habitants. Chacun dispose théoriquement d'un espace vital de 3,75 hectares dont : climat trop froid 0,76 ; trop montagneux 0,76 ; trop aride 0,76 ; impropre à la culture 0,38 ; potentiellement utilisable 0,80 ; effectivement cultivé 0,34. La Terre pourrait, avec les techniques actuelles, nourrir 12 milliards d'êtres humains. D'ici à l'an 2000, la production mondiale agricole devra doubler, surtout en accroissant la productivité par apport d'eau et d'engrais.

Productivité. Nombre de personnes nourries par personne active dans l'agriculture. En U.R.S.S. 4, France 12 (*1700* 1,4, *1846* 1,6, *1910* 4,2, *1946* 5,5), U.S.A. 31.

Surfaces nécessaires. 2 ha de terre moyenne sous climat tempéré nourrissaient 1 personne au XVIIIe s. (10 à 20 en 1979). Au XVIIIe s., 40 millions d'ha agricoles nourrissaient 20 millions de Français. La densité maximale de population compatible avec une récolte moyenne fut atteinte 3 fois en France de l'an 1000 au XVIIIe s. (1300-1340, 1560-1630, 1680-1709). Il en résulta un très faible niveau de vie des salariés et des paysans non propriétaires de leur terre, des disettes, même des famines (si l'on avait plusieurs années de suite de mauvaises récoltes).

1979 : 18 millions d'ha labourables, 14 millions d'ha de prairies nourrissent 53 millions de Français.

Disponibilités alimentaires

● **Calories. Nombre total de calories par personne et par jour (1980-1982) :**

Afrique. Afr. du S. 2 860, Algérie 2 644, Angola 2 353, Bénin 2 142, Botswana 2 468, Burkina Faso 1 922, Burundi 2 244, Cameroun 2 148, Cap-Vert 2 716, Comores 2 291, Congo 2 466, Côte-d'Ivoire 2 658, Égypte 3 157, Éthiopie 2 149, Gabon 2 763, Gambie 2 223, Ghana 1 657, Guinée 1 880, Guinée-Bissau 2 230, Kenya 2 036, Lesotho 2 261, Liberia 2 261, Libye 3 667, Madagascar 2 522, Malawi 2 220, Mali 1 749, Mauritanie 2 186, Maroc 2 635, Mozambique 1 864, Namibie 2 197, Niger 2 462, Nigeria 2 444, Ouganda 1 781, Rép. Centrafricaine 2 151, Réunion 2 694, Rwanda 2 115, São Tomé 2 351, Sénégal 2 364, Sierra Leone 1 936, Somalie 2 077, Soudan 2 332, Swaziland 2 526, Tanzanie 2 409, Tchad 1 823, Togo 2 160, Tunisie 2 745, Zaïre 2 155, Zambie 2 124, Zimbabwe 2 164.

Amérique du Nord. Canada 3 438, Cuba 2 917, Guadeloupe 2 512, Guatemala 2 111, Haïti 1 934, Honduras 2 170, Jamaïque 2 531, Martinique 2 671, Mexique 2 930, Nicaragua 2 188, Rép. dominic. 2 147, Salvador 2 155, U.S.A. 3 630.

Amérique du Sud. Argentine 3 368, Bolivie 2 116, Brésil 2 574, Chili 2 706, Équateur 2 081, Guyana 2 329, Guyane 2 818, Paraguay 2 824, Pérou 2 141, Surinam 2 470, Uruguay 2 809, Venezuela 2 557.

Asie. Afghanistan 2 055, Bangladesh 1 869, Birmanie 2 360, Cambodge 2 995, Chine 2 490, Chypre 3 378, Corée du S. 2 938, Hong Kong 2 768, Inde 2 030, Indonésie 2 363, Iran 2 834, Irak 2 789, Israël 2 989, Japon 2 869, Laos 1 927, Liban 2 995, Malaisie 2 636, Mongolie 2 753, Népal 2 005, Pakistan 1 515, Philippines 2 405, Singapour 2 907, Sri Lanka 2 331, Syrie 3 032, Thaïlande 2 312, Turquie 3 053, Viêtnam 2 034.

Europe. Albanie 3 063, All. dém. 3 720, All. féd. 3 448, Autriche 3 595, Belg.-Lux. 3 668, Bulgarie 3 663, Danemark 3 734, Espagne 3 307, Finlande 3 080, France 3 544, G.-B. 3 210, Grèce 3 564, Hongrie 3 501, Irlande 3 970, Islande 3 129, Italie 3 589, Norvège 3 319, Pays-Bas 3 553, Pologne 3 356, Portugal 3 106, Roumanie 3 343, Suède 3 196, Suisse 3 465, Tchéc. 3 395, Youg. 3 643.

Distribution des terres et des continents

Distribution des terres et superficies consacrées à quelques grands produits (en millions d'ha), rendements (en quintaux à l'ha). Production (en millions de t).

Source : F.A.O., résultats 1984.

	Afrique	Amér. centrale et Nord	Amér. du Sud	Asie	Europe	Océanie	URSS	Total
Superficie (en M ha)[1]								
Terres arables et cult. permanentes	183	273	139	456	140	48	232	1 472
Prairies et pâturages	778	360	456	645	86	460	973	3 157
Bois	668	661	929	561	155	153	920	4 068
Divers	1 317	845	230	1 017	91	182	702	4 384
Total	*3 033*	*2 242*	*1 782*	*2 757*	*487*	*851*	*2 240*	*13 393*
Avoine[2]	647	4 794	692	754	4 675	1 158	12 806	25 526
Blé	8 244	41 369	8 911	82 762	27 243	12 278	51 061	231 869
Maïs	19 368	41 182	17 490	36 150	11 429	89	3 919	129 627
Millet	15 731	-	114	23 814	16	36	2 640	42 451
Orge	4 786	9 388	475	10 993	18 694	3 818	30 426	78 581
Riz	5 008	1 934	6 815	132 572	378	124	688	147 519
Seigle	40	767	171	993	5 941	25	9 420	17 357
Coton (graines)	3 870	4 763	4 462	18 915	279	106	3 347	35 742
Patates douces	841	217	162	6 390	13	116	-	7 738
Pommes de terre	660	746	926	5 814	5 279	48	6 830	20 303
Sorgho	15 328	8 717	3 115	20 795	158	740	152	49 004
Production (M t)[2]								
Avoine	253	9 620	937	1 116	14 903	1 525	15 000	43 355
Blé	9 267	96 131	16 625	176 219	128 565	18 875	76 000	521 682
Maïs	22 201	218 437	34 804	100 157	60 264	392	13 000	449 255
Millet	8 907	-	136	19 566	30	30	2 200	30 869
Orge	3 665	23 876	599	15 985	79 452	6 059	4 200	171 635
Riz	8 582	8 521	14 542	433 197	1 959	658	2 500	469 959
Seigle	11	1 487	150	1 943	17 025	11	10 500	31 126
Coton (graines)	3 518	8 905	3 322	27 938	690	370	8 600	53 342
Patates douces	5 136	1 446	1 431	108 634	131	4 826	-	117 337
Pommes de terre	5 830	20 353	10 355	82 135	107 106	1 130	85 300	312 209
Sorgho	9 002	29 345	8 930	21 787	550	1 885	200	71 698
Rendements (qtx/ha)[2]								
Avoine	391	2 007	1 354	1 480	3 188	1 317	1 171	1 698
Blé	1 124	2 324	1 866	2 129	4 719	1 537	1 488	2 250
Maïs	1 146	5 304	1 990	2 771	5 273	4 400	3 317	3 466
Millet	566	-	1 196	822	1 922	836	833	729
Orge	766	2 543	1 260	1 454	4 250	1 587	1 380	2 184
Riz	1 713	4 406	2 134	3 268	5 189	5 303	3 634	3 186
Seigle	279	1 938	874	1 958	2 866	417	1 115	1 793
Coton (graines)	909	1 870	744	1 477	2 469	3 475	2 569	1 492
Patates douces	6 107	6 660	8 858	16 999	10 410	4 826	-	15 163
Pommes de terre	8 828	27 289	11 184	14 128	20 289	23 485	12 489	15 378
Sorgho	587	3 366	2 867	1 048	3 486	2 548	1 316	1 463

Nota. – (1) Résultats 1983. (2) Résultats 1984.

Océanie. Australie 3 113, Fidji 3 046, Polynésie 2 874, Nlle-Calédonie 2 821, Nlle-Zélande 3 492, Papouasie-Nlle-Guinée 2 074. **U.R.S.S.** 3 400.

● **Calories par personne et par jour fournies par les produits animaux (1980-82). Taux les plus élevés et les plus bas. Afrique :** + Somalie 575 ; Libye 573 ; Mauritanie 524 ; Réunion 469. — Burundi 71 ; Rwanda 64 ; Mozambique 62 ; Zaïre 55. **Amér. du Nord et centrale :** + U.S.A. 1 304 ; Canada 1 293 ; Bermudes 1 026 ; Bahamas 862. — République dominicaine 277 ; Honduras 269 ; Guatemala 200 ; Haïti 113. **Amér. du Sud :** + Argentine 1 100 ; Uruguay 1 042 ; Guyane française 827. — Bolivie 352 ; Surinam 326 ; Pérou 288 ; Guyana 276. **Asie :** + Mongolie 973 ; Émirats Arabes Unis 960 ; Koweït 885 ; Hong Kong 868. — Birmanie 105 ; Sri Lanka 94 ; Bangladesh 68 ; Indonésie 58. **Europe :** + Danemark 1 746 ; Pays-Bas 1 515 ; Irlande 1 496 ; Belg.-Luxemb. 1 486 ; Islande 1445. — Roumanie 807 ; Yougoslavie 800 ; Grèce 792 ; Bulgarie 789 ; Portugal 632 ; Albanie 410 (1979-81). **Océanie :** + Nouvelle-Zélande 1 612 ; Australie 1 048 ; Kiribati 744. — Vanuatu 483 ; Fidji 347 ; Iles Salomon 222. **U.R.S.S. :** 859.

● **Protéines. Taux journaliers les plus élevés et les plus bas (en g, 1980-1982). Afrique :** + Libye 99,1 ; Égypte 80,4 ; Botswana 76,8 ; Tunisie 76 ; Afrique Sud 75,6. — Congo 40,6 ; Ghana 38,4 ; Zaïre 33,2 ; Mozambique 32,2. **Amér. du N. :** + U.S.A. 105,4 ; Canada 97,4 ; Bermudes 90,3 ; Barbades 86,2. — Antigua 54,4 ; St-Vincent 53,8 ; Rép. dominicaine 46,3 ; Haïti 44,9. **Amér. du S. :** + Argentine 112,8 ; Guyane fr. 90,3 ; Uruguay 84,5 ; Paraguay 79,4. — Bolivie 56,1 ; Colombie 56,1 ; Guyana 53,2 ; Équateur 47,3. **Asie :** + Émirats Arabes Unis 103,2 ; Koweït 102,6 ; Israël 101,1 ; Mongolie 97,3. — Inde 49,2 ; Thaïlande 46,4 ; Sri Lanka 44,5 ; Bangladesh 40,4. **Europe :** + Islande 130,2 ; Danemark 122,7 ; Irlande 120,6 ; Grèce 108,6 ; France 108,1. — G.-B. 88,9 ; Autriche 88,4 ; Malte 88,4 ; Portugal 84,2.

Océanie : + Kiribati 139,8 ; Nouv.-Zél. 110,1 ; Australie 92,1. — Vanuatu 60,2 ; Samoa 59,1 ; Iles Salomon 51,2. **U.R.S.S. :** 99,5.

• **Lipides par personne et par jour (en g, 1980-1982). Afrique :** + Libye 124,2 ; Seychelles 88,8 ; São Tomé 82,5 ; Réunion 78,4. — Madagascar 30,5 ; Ghana 29,7 ; Ouganda 22,9 ; Rwanda 13,5. **Amér. du Nord et centrale :** + U.S.A. 168 ; Canada 157,4 ; Bermudes 99,1 ; Barbades 95,9. — Dominique 51 ; Honduras 44,7 ; Guatemala 39,5 ; Haïti 30,8. **Amér. du Sud :** + Argentine 121,8 ; Uruguay 105,3 ; Guyane fr. 79 ; Paraguay 77,6. — Colombie 48,4 ; Bolivie 44,2 ; Guyana 42,8 ; Pérou 41,6. **Asie :** + Koweit 113,2 ; Hong Kong 112,2 ; Emirats Arabes Unis 110,6 ; Israël 103,5. — Philippines 32,3 ; Népal 27,2 ; Thaïlande 27 ; Bangladesh 14,7. **Europe :** + Danemark 181,2 ; Pays-Bas 181,1 ; Belg.-Lux. 176,4 ; Autriche 167,2 ; Suisse 164,1. — Yougoslavie 105,2 ; Portugal 102,2 ; Malte 101,2 ; Roumanie 98,4. **Océanie :** + Nouvelle-Zélande 153,1 ; Australie 109,5 ; Kiribati 107,5. — Samoa 87 ; Fidji 82,1 ; Iles Salomon 52,4. **U.R.S.S. :** 95,8.

Mécanisation agricole

Tracteurs et machines agricoles en France
En 1984 (chiffres provisoires). *Source :* SYGMA.

Chiffre d'affaires (en millions de F). *1974 :* 6 168. *1984 :* 14 500 (tract. 5 716, mach. agr. 8 784).

Parc (nombre de machines, en milliers). *Matériel automoteur :* tracteurs 1 478,6, motoculteurs et motofaucheuses 233,4, récolteuses-hacheuses-chargeuses 2,4, moissonneuses-batteuses 118,2, récolteuses de maïs 1,6, machines à vendanger 1,8, chariots 6,6. *Matériel tracté de labour :* charrues à socs 839,3, à disques 28,6, vigneronnes 118,9, chisels 54,9 ; *travaux du sol :* pulvérisateurs 185,9, cultivateurs 619,7, bineuses 126,2, houes rotatives 165,4, herses animées 141,3, croskills et croskillettes 153,2, butteuses 45,7 ; *semis :* semoirs 512,9, planteuses 81,2 ; *fertilisation :* distributeurs d'engrais solides 651,5, remorques épandeuses de fumier 282, tonnes à lisier 59,4 ; *protection :* pulvérisateurs 463, poudreuses 33,1 ; *récoltes :* faucheuses 592,7, rateaux 592,6, ramasseuses-presses 425, ensileuses 66,7 arracheuses de pommes de terre 44,2 corn pickers et corn shellers 16,5, récolteuses de betteraves 17,5, machines à vendanger 2,8 ; *manutention :* chargeurs 330,5, désileuses 29 ; *transport :* bennes 464,6, autochargeuses 28, bennes à vendange 88,6.

Durée annuelle moyenne (en heures) d'utilisation des matériels automoteurs et % matériel utilisé moins de 100 h. par an. Tracteurs classiques 409 (13,3), motoculteurs 103 (83,1), motofaucheuses 91 (85,5) ; ramasseuses-hâcheuses-chargeuses à maïs 142 (72,8) [dont 2 rangs 79 (91,1), 3 rangs 224 (45,5), 4 rangs et plus 88 (93,3)] ; moissonneuses-batteuses 107 (71,2) ; corn-picker 129 (59,8), corn Sheller 110 (81,6) ; récolteuses de betteraves 139 (54,1) ; machines à vendanger 189 (26).

Ancienneté moyenne des matériels automoteurs et % matériel acheté d'occasion. Machines à vendanger 3,6 ans (11,3) ; récolteuses de betteraves 5,9 (38,1) ; ramasseuses-hacheuses-chargeuses 8,8 (40,2) ; chariots 9,4 (43,3) ; récolteuses de maïs-grain 10,7 (59,1) ; motoculteurs et motofaucheuses 11,2 (17,4) ; moissonneuses-batteuses 12,1 (58,7) ; tracteurs 12,9 (44,3).

Production française (en nombre). Motoculteurs, motohoues, motobineuses 47 000. Tracteurs à roues complets 36 100. Charrues pour tracteur 24 800. Semoirs en lignes 6 800. Semoirs de précision (rangs, éléments) 49 300. Distributeurs d'engrais 8 100. Pulvérisateurs : à dos sans moteur 223 300, à tracteur 27 500. Faucheuses à tracteur 13 600. Moissonneuses-batteuses 1 333. Ramasseuses-presses classiques 13 900. Chargeurs frontaux 12 300. Épandeurs de fumier 6 900. Remorques à tracteur 16 500. Évacuateurs automatiques de fumier 3 100. Machines à vendanger 1 400.

Effectifs 30 400. **Entreprises** 500.

Exportations. *1974 :* 1 851. *1984 :* 5 500 (tract. 3 056, mach. agr. 2 444). En % vers G.-B. 16,7, All. féd. 10,8, U.S.A. 10,4, U.E.B.L. 5,6, Italie 5,4.

Importations. *1974 :* 2 455. *1984 :* 7 347 (tract. 2 937,5, mach. agr. 4 410). En % de All. féd. 33,8, Italie 25,9, U.E.B.L. 8,2, G.-B. 7,9, U.S.A. 6,8.

Immatriculations de tracteurs neufs (1985). 47 493 dont : Renault 8 762, Fiat AGRI 8 026, Case IH 7 704, Massey Ferguson 4 873, John Deere 3 893, Deutz 2 657, Ford 2 613, Same 1 830, autres marques 7 135 (15).

Nota. — 4 firmes dominent le marché mondial du gros matériel : Massey Ferguson, Ford, John Deere, International Harvester.

Dans le monde

En 1983 *Source :* F.A.O.	Tracteurs et moisson.-batteuses (en milliers)	
Afrique	*93*	*48*
Afr. du S.	182	30
Algérie	61	7
Angola	10	—
C.-d'Ivoire	3	—
Égypte	41	2
Éthiopie	4	0,1
Ghana	4	0,4
Kenya	7	0,4
Libye	27	—
Madagascar	3	0,1
Maroc	24	3
Mozambique	6	—
Namibie	3	—
Nigeria	9	—
Soudan	11	1
Tanzanie	19	—
Tunisie	26	3
Zambie	4	0,3
Zimbabwe	20	0,6
Amér. du N.	*5 485*	*863*
Canada	658	162
Costa Rica	6	1
Cuba	66	4
Rép. dom.	3	—
Guatemala	4	3
Honduras	3	—
Jamaïque	3	—
Mexique	170	16
Nicaragua	2	—
Panama	4	0,6
Porto Rico	3	—
Salvador	3	0,3
Trinidad	2	—
U.S.A.	4 550	675
Amér. du S.	*678*	*105*
Argentine	150	45
Brésil	350	39
Chili	35	8
Colombie	29	2
Équateur	7	0,6
Pérou	17	—
Uruguay	34	5
Venezuela	41	4
Océanie	*428*	*62*
Australie	332	57
Nouvelle-Zélande	91	4
U.R.S.S.	*2 697*	*794*

En 1983 *Source :* F.A.O.	Tracteurs et moisson.-batteuses (en milliers)	
Asie	*4 086*	*1 083*
Arabie Saoud.	1	0,5
Birmanie	9	—
Chine	841	36
Chypre	11	0,4
Corée du N.	61	—
Corée du S.	7	6,0
Inde	502	3,0
Indonésie	15	—
Iran	75	2,5
Irak	30	3
Israël	27	0,6
Japon	1 584	1 011
Jordanie	5	0,3
Mongolie	11	2,5
Pakistan	136	0,6
Philippines	18	0,5
Sri Lanka	26	—
Syrie	37	3
Thaïlande	113	—
Turquie	512	14
Viêt-nam	38	—
Yémen	2	—
Europe	*9 047*	*826*
Albanie	11	2
All. dém.	153	15
All. féd.	1 471	165
Autriche	323	30
Belg.-Lux.	115	10
Bulgarie	60	9
Danemark	183	37
Espagne	592	44
Finlande	233	46
France	*1 535*	*148*
G.-B.	540	57
Grèce	165	6
Hongrie	56	12
Irlande	148	4,0
Italie	1 170	39
Norvège	144	17
Pays-Bas	188	6
Pologne	757	49
Portugal	78	5
Roumanie	168	43
Suède	190	49
Suisse	106	5
Tchécoslov.	134	18
Yougoslavie	523	9
Monde	*22 517*	

Principaux produits

Abricots

Nom. Du latin *praecox* (précoce). **Origine :** Chine, cultivés dep. 2000 av. J.-C., en France depuis le XVe s. Jusqu'au XVIIIe s. pas ou peu consommé car il était accusé de transmettre les fièvres. Famille des rosacées, arbre de 4 à 6 m de haut. **Vie :** 20 ans, donne des fruits à partir de 4 ans. **Rendement :** par arbre 40 à 50 kg ; env. 13 t/ha. **Récolte :** juin-juillet-août. **Variétés** et, entre parenthèses, % de la surface occupée : Polonais (orange de Provence) (12) ; Rouge du Roussillon (50) ; Bergeron (12) ; Luizet (Suchet) (7). Les variétés hâtives Canino (10), Colomer (4) sont moins appréciées. Divers (Rouget de Sernhac, Rosé de Fournes, Ampuis Beliana, Screara) (5).

Production en France (milliers de t, 1984) 86 dont Pyr.-Or. 27, Drôme 20, B.-du-Rhône 13, Gard 9,5, Vaucluse 7. **Consommation en France** (frais) 1,4 kg par hab. par an. **Exp.** (en t) *1982 :* 5 000. **Imp.** de 15 000 à 20 000 t d'Espagne, Tunisie, Grèce.

Agrumes

Nom collectif des oranges ; citrons, limes ; mandarines, tangerines, clémentines, satsumas ; pamplemousses. Voir ces produits. **Production mondiale** en t *1974 :* 43 746 000, *75 :* 49 028 000, *78 :* 50 914 000, *82 :* 52 623 000, *83 :* 56 810. **Rendt :** 30 t/ha (1975). *1868 :* destruction des récoltes d'agrumes par les cochenilles en Californie ; *1900* en Italie ; *1918, 1920, 1928, 1929* en France ; destructions enrayées par le développement de l'élevage des coccinelles. **Consommation** (1975 en kg par hab/an). Italie 41,8. P.-Bas 25,7. Belg.-Lux. 21,1. *France 19,3.* All. féd. 16,5. G.-B. 9,8. Danemark 9,6. Irlande 8,4.

Production en France (récoltée, prov. 1983, en t). Clémentines 30 939 ; oranges 1 681 ; citrons 607 ; mandarines 287 ; pamplemousses 30 ; autres 170.

Ail

Aspect : tige cylindrique de 40 à 75 cm, bulbe constitué par 8 à 10 bulbes secondaires appelés caïeux ou gousses. **Variétés :** ail blanc ou commun, ail rose hâtif à gros caïeux, ail d'Espagne ou Rocambole, ail d'Orient, ail rond du Limousin, ail d'Auvergne, ail de Vendée. **Cultivé** en plein champ. **Récolte :** juillet. **Rendement :** 130 à 200 litres par are soit 75 à 100 kg (1 litre = 250 caïeux).

Production en France. 58 653 t (1983, S.-O. et Provence). **Exp.** (1978) 3 889,4 t. **Imp.** (1978) 8 667,1 t (Argentine 3 638,9, Mexique 1 288,7, Italie 1 271,2, Espagne 1 101,1, Chili 537,6, Égypte 461,5, Hongrie 239,4).

Amandes

Origine : Antiquité : existent en Espagne, Provence. Certains sont importés en France en 1548. **Taille** 3 à 6 m selon espèce et mode de conduite. **Vie** 30 à 40 ans. **Rendt :** par arbre 2 à 5 kg, par ha 600 à 1 500 kg/ha d'amandes décortiquées. **Variétés :** Aï, Marcona, Ferralise, Ferrastar, Ferragnes, Texas, Ferraduel. **Récolte :** fin sept. à fin nov., amandes vertes cueillies en juill. **Production** (1984, en t). U.S.A.177 600 (Californie : + de 200 000 en 85). Espagne 60 000. Iran 51 842. Grèce 45 700. Turquie 35 000. Italie 15 à 17 000 (amandiers de Sicile remplacés par raisin Italia). *Monde 887 865. Cultivées en France* sur 1 840 ha (B.-du-Rh., Vaucluse, Hte-Corse, Alpes-de-Hte-Prov.). **Prod.** (1983) 4 417 t. **Imp.** (1983) sèches 18 000 t.

Amarante

Origine : Amérique du Centre et du Sud. Les Espagnols interdirent la culture de l'amarante en 1519 car les Aztèques utilisaient des graines d'amarante grillées et liées avec le sang des victimes de leurs sacrifices humains. **Aspect et propriétés :** feuilles pouvant se consommer en légumes verts et graines riches en protéines (surtout lysine) donnant de la farine. Convient particulièrement aux pays du tiers monde car résistante à la sécheresse et facile à cultiver à la main. **Taille :** 10 000 graines minuscules pèsent 7 g. **Variétés :** 400. **Rendt :** 6,3 t à l'ha. 1 livre de graines suffisent pour ensemencer 1 ha (pour près de 180 kg de maïs).

Anacardes (noix de cajou)

Origine : Amérique intertropicale (connu au Brésil sous le nom de pomme de cajou), de l'écorce on tire la gomme de cajou. **Production** (1984, en milliers de t). Inde 200. Brésil 90. Mozambique 70. Nigeria 36. Tanzanie 35. Kenya 12. *Monde 467.*

Ananas

Origine : découverts en 1493 en Guadeloupe par Christophe Colomb, au Brésil par J. de Léry en 1555, cultivés sous serre en Angleterre en 1657, puis en France en 1733. **Taille** 0,5 à 1,20 m. **Poids** du fruit jusqu'à 4 kg. **Vie** 18 mois à 2 ans. **Rendt :** Hawaii 16 à 23 t/ha d'ananas plantés. **Variétés :** Smooth Cayenne (pesant jusqu'à 4 kg) (C.-d'Ivoire et Cameroun), représente 85 % des imp. fr. ; Red Spanish (Cuba) ; Queen (Réunion, Maurice). **Production** (1984, en milliers de t). Thaïlande 1 650. Philippines 1 250. Brésil 956. Inde 691. U.S.A. 544. Mexique 400. Viêt-nam 395. Chine 259. C.-d'Ivoire 250. *Monde 8 779.* **Importations françaises** (1982). 36 691 t.

Arachide

Aspect : légumineuse annuelle d'origine sud-amér. Hauteur 20 à 70 cm. Les gousses (fruits souterrains) contiennent 1 à 4 graines ou *cacahuètes* dont on tire l'huile. **Rendt :** 500 à 3 000 kg à l'ha. Demande sol meuble, pluies modérées. *Utilisations :* grillé, fruit, pâte (beurre d'arachide), huile, tourteau. **Production** (1984, milliers de t). Inde 6 900. Chine 4 900. U.S.A. 1 998. Indonésie 870. Sénégal 682. Birmanie 601. Nigeria 550. Soudan 420. Zaïre 380. Argentine 329. Brésil 248. Malawi 180. Thaïlande 164. Rép. centrafr. 130. Gambie 114. Mali 100. Ouganda 100. Ghana 90. Pakistan 90. Guinée 90. Viêt-nam 87. Burkina Faso 83. Tchad 80. Cameroun 75. Niger 70. Mozambique 70. Zimbabwe 70. Afr. du Sud 66. C.-d'Ivoire 61. Mexique 60. Tanzanie 59. Bénin 58. Japon 51. Turquie 48. Australie 47. *Monde 20 718.* **Commerce** (huile en milliers de t, 1984). **Exp. :** Sénégal 108. Chine 80. Brésil 38. Argentine 29. Belg.-Lux. 25,6. Soudan 17,5. Gambie 14,6. Afr. du Sud 11,5. *France 10,1.* **Imp. :** *France 225.* Belg.-Lux. 56. Hong Kong 26,5. Italie 25. R.F.A. 21,8. G.-B. 10,4. Suisse 9,9.

Arbre à lait

Origine : Colombie. Sorte de figuier fournissant un liquide blanc, sucré, se buvant comme le lait.

Arbre à pain (jacquier)

Origine : îles du Pacifique. Cultivé aux Antilles, en Inde et en Malaisie. **Récolte :** à partir de 4 ans. Fruit farineux à chair blanche semblable à une grosse figue verdâtre de 30 à 40 cm de diamètre (jusqu'à 30 kg). Goût de pomme de terre, une fois cuit.

Artichauts

Origine : tige de 1 à 1,50 m de haut, cultivée dep. le XVe s. Plante cultivée pour ses capitules que l'on mange avant l'épanouissement de ses fleurs : *feuilles* (bractées) ; *fond d'artichaut* rempli de mat. nutritives ; *foin* composé de jeunes fleurs en bouton. Considéré par certains comme la nourriture des ânes. **Récolte :** automne la 1re année, début de l'été ensuite. La production diminue au bout de 3 ou 4 ans. **Culture forcée :** artichauts de printemps. **Variétés** camus de Bretagne (70 % de la prod. fr., cult. surtout dans le N. Finistère mais aussi en Anjou ; période de prod. mi-avril à déc.) ; violets (d'Hyères, du Gapeau : Var, P.-Or. ; automne et printemps) ; blanc hyérois (Var, P.-Or. ; surtout au printemps). **Rendt :** 111,1 q/ha (Monde, 1982). **Production** (1984, en milliers de t). Italie 521. Espagne 303. *France 96.* Argentine 80. U.S.A. 52. Grèce 48. Maroc 36. *Monde 1 216.*

Asperges

Origine : Bassin méditerranéen or., herbacée vivace connue des Romains, cultivée en France dep. le XVe s. **Aspect :** rhizome souterrain d'où partent chaque année des bourgeons ou turions s'élevant à 1 ou 1,5 m. **Variétés :** asperges vertes ou communes, asperges de Hollande ou violettes de Hollande, asperges d'Argenteuil hâtives ou tardives. **Récolte :** au bout de 2 ou 3 ans et pendant 3 à 11 ans, 60 à 100 kg par are. Plein champ ou culture forcée sous châssis. **Production** (t, 1981). U.S.A. 100 000. Formose 100 000. *France (1983) 43 398* [Gard 11 000, Vaucluse 4 950, L.-et-C. 4 860, M.-et-L. 3 175]. Italie 26 000. All. féd. 11 000. P.-Bas 7 500. *Monde 292 399.* **Exp. françaises.** (en t, 1982) 13 405 dont vers C.E.E. 9 727 (All. féd. 9 112, U.E.B.L. 351, Italie 134), Suisse 3 670.

Aubergines

Origine : Inde, se répand en Europe vers la fin du XVe s. Consommée comme dessert en Italie, mais surtout sous forme de cataplasme. Commence à être appréciée sous le Directoire. Introduite sur les marchés parisiens en 1825. **Aspect :** herbacée annuelle à tige demi-ligneuse (50 à 60 cm). Grosse baie allongée violette, jaune ou blanche suivant variétés. Peut atteindre 20 à 25 cm. **Principales variétés :** violettes longues, monstrueuses de New York. **Récolte :** juill.-août. Plein champ ou culture forcée. **Production** (1984, en milliers de t). Chine 1 732. Turquie 729. Japon 652. Italie 330. Égypte 300. Syrie 185. Indonésie 130. Irak 130. Espagne 110. Philippines 110. *Monde 5 007.*

Avocats

Origine : rég. chaudes de l'Amérique (Mexique). Famille des lauracées. **Aspect :** fruit de l'avocatier, appelé poire alligator par les Anglais et d'une taille de 12 à 15 cm. **Principales variétés :** Fuerte, Nabal, Ettinger, Anaheim, Benik, Lula. **Rendt :** env. 300 fruits par arbre. **Production** (1984, en milliers de t). Mexique 448. U.S.A. 218. Rép. Dominicaine 136. Brésil 125. Haïti 61. *Monde 1 586.* **Consommation en France.** 200 g par personne et par an, × 10 depuis 1968 (Mexique 15 kg/an). **Imp.** *1970 :* 3 200 t ; *82-83 :* 27 000 t (d'Israël 65 %).

Avoine

Origine : indigène en Europe méridionale. Nom du latin *avena :* chaume, paille. Jusqu'au XVIe s., on dit aveine ou avaine. **Culture en France.** Superficie (milliers d'ha) : *1900 :* 4 000, *65 :* 1 000, *70 :* 793, *80 :* 564, *82 :* 519, *83 :* 441, *85 :* 431,4. **Rendements** (q/ha). *1901-10 :* 12, *65 :* 23,4, *82 :* 35, *83 :* 32, *85 :* 40,4. Se contente d'un climat assez froid mais humide et de sols relativement pauvres. Vient souvent en fin d'assolement. Semée en oct. ou mars, récoltée en août. **Variétés :** noire de Brie, grise ou noire de Bretagne, blanche de Géorgie, à 3 grains de Hongrie. Utilisée en grains pour chevaux, en bouillies *(porridge).* Donne le *gin.* **Production** (milliers de t, 1985). U.R.S.S. 16 000. U.S.A. 7 801. Canada 2 849. All. féd. 2 805. Pologne 2 450. *France 1 702.* Suède 1 582. Australie 1 490. Finlande 1 325. All. dém. 740. Espagne 717. G.-B. 650. Argentine 600. Tchécoslov. 460. Italie 433. *Monde 45 458.* **Commerce** (milliers de t, 1984). **Exp. :** *France 1 743* (en 85). Finlande 510,9. Australie 427,2. *France 253,1.* Suède 227,9. Canada 139. R.D.A. 103,1. Argentine 45,8. P.-Bas 20,4. **Imp. :** U.S.A. 410,4. U.R.S.S. 195,0. All. féd. 141,4. Japon 126,1. Suisse 125,6. Italie 107,8. P.-Bas 71,7. All. dém. 60.

Bananes

Origine : Sud-Est asiatique. Connues en France depuis le XIXe s. **Aspect :** plante arborescente herbacée, famille des scitaminacées, du genre Musa, dont la tige (jusqu'à 3 m de haut) est un bulbe souterrain (rhizome) qui donne naissance aux feuilles dont les gaines s'imbriquant les unes dans les autres donnent le « tronc » : chacun porte un régime que l'on coupe lors de la récolte. Baie allongée (jusqu'à 40 cm de long), à mésocarpe charnu, sans graines. La variété Musa fehi pousse à l'état spontané en Océanie et Malaisie orientale (régime dressé et non retombant), sinon dans les régions tropicales (Am. centrale). Le bananier textile (Musa textilis) ou abaca a des gaines foliaires contenant des fibres (chanvre de Manille). Demande chaleur et eau. Régimes de 20 à 200 fruits, jusqu'à 60 kg (en moyenne 20 kg). Hauteur du bananier : 3 à 6 m, cycle végétatif (plantation-récolte) : 11 à 15 mois. **Variétés :** *plantains* (bananes légumes) et *bananes dessert :* Petite Naine (Canaries et C.-d'Ivoire), Cavendish (C.-d'Ivoire), Grande Naine (Cameroun, Antilles), Poyo (surtout Antilles, Amér. centrale), Valéry (Amér. centrale), Gros Michel (tend à disparaître, encore cult. en Équateur, Colombie).

Production (1984, milliers de t). Brésil 6 616. Inde 4 500. Philippines 4 200. Thaïlande 2 035. Équateur 2 000. Indonésie 1 810. Mexique 1 624. Colombie 1 280. Honduras 1 250. Panama 1 100. Viêt-nam 1 100. Costa Rica 1 021. Burundi 970. Papouasie-Nlle-Guinée 964. Venezuela 944. Tanzanie 820. Bangladesh 678. Guatemala 675. Espagne 461. Chine 417. Ouganda 410. Rép. dominicaine 320. Paraguay 315. Zaïre 313. Madagascar 295. Malaisie 285. Angola 280. Cuba 194. Martinique 165. Jamaïque 160. Nicaragua 160. Bolivie 151. Guadeloupe 140. Kenya 140. Égypte 140. Australie 140. Pakistan 135. C.-d'Ivoire 130. *Monde 40 393.*

Imp. en France métropolitaine [1] (en milliers de t, 1983). 420 (de Martinique 148,8, Guadeloupe 99,5, C.-d'Ivoire 67,8, Cameroun 39,5, Amér. centrale 68). **Consommation** (1975 en kg par hab. par an). All. féd. 8,78. Belgique-Lux. 8,67. *France 8,5* (83). P.-Bas 7,92. Irlande 7,83. Dan. 6,43. G.-B. 5,50. Italie 5,45.

Nota. — (1) La culture de la banane couvre 9 300 ha en Martinique (dont 7 000 en cult. intensive) et 7 200 en Guadeloupe (au détriment de la canne). *Rendt moyen* en 1974 : Martinique 28,6 t/ha ; Guadeloupe 25,4 t/ha ; Canaries 35 à 40 t/ha. La prod. représente en valeur 60 % des exp. de la Martinique et 40 % des exp. de la Guadeloupe.

Bettes

Origine : nom usuel de la poirée. Cultivée pour ses feuilles. Comme la betterave *(Beta vulgaris)* issue de la bette maritime *(Beta maritima)*, spontanée sur les bords de l'Atlantique et de la Méditerranée. **Récolte :** août. **Rendt :** 200 à 500 kg de feuillage/are.

Betteraves

Origine : Eur. orientale, Asie centrale. **Variétés :** *Fourragère :* chair jaune, blanche ou rouge, émerge du sol ; jusqu'à 3 kg, 6 à 12 % de sucre. *Potagère :* rouge ou jaune (cultivée pour sa racine ; bisannuelle ; récolte : mai-mi-nov. ; rendement : 20 à 30 t/ha). *Sucrière :* blanche, enfouie, 14 à 20 % de sucre. *Floraison* la 2e année. **Récolte** (pour sucre et alcool) au bout de 6 mois, racine de 10 à 35 cm pesant 400 à 1 200 g (radicelles latérales jusqu'à 60 cm, racines profondes jusqu'à 2 m). Semée au printemps, récoltée en automne ; sert souvent de tête d'assolement au blé, 70 000 à 100 000 pieds à l'ha. 1 ha donne de 5 000 à 9 000 kg de sucre. *Sols favorables :* limons avec 2 % de mat. organiques, 15 à 20 % d'argile. Achard, en All., en 1799 réussit le 1er à industrialiser l'extraction du sucre.

Betteraves fourragères. Production en France (en millions de t, 1983). 7,3 dont Bretagne 1,6, N.-de-P.-de-C. 0,7, Hte-N. 0,6.

Betterave à sucre. Production (1984, millions de t). U.R.S.S. 74. *France 26,5.* U.S.A. 20,1. All. féd. 19,3. Pologne 15,6. Turquie 11,5. Italie 9,7. G.-B. 9. Espagne 8,7. Chine 7,5. Tchéc. 7,5. P.-Bas 7. Roumanie

6,7. All. dém. 6,5. Yougoslavie 6,3. Belg.-Lux. 5,8. Iran 4,7. Hongrie 4,5. Japon 4,04. Danemark 3,5. *Monde 278,6.*

Bière

Composition. *Boisson* obtenue par la fermentation alcoolique d'un moût composé d'eau, de malt d'orge pur ou associé à 30 % au plus de grains crus (maïs ou riz) ou (et) de succédanés (glucose, saccharose), aromatisé par le houblon (donne l'amertume et la digestibilité) : 170 g/hl de bière. *Eau* : sa bonne qualité est indispensable. *Levures* : donnent parfum et partie du goût. **Fabrication.** *Maltage* : trempage de l'orge et germination. *Touraillage et séchage* : arrêt de la germination. *Dégermage* : enlèvement des radicelles. *Brassage* : le malt, moulu en farine, est brassé avec de l'eau et à haute température ; de blond, il devient brun, lorsque le malt a été plus longuement grillé. *Après filtrage*, il est mis 2 heures à bouillir avec du houblon, puis il est refroidi. *Fermentation* : 2 stades : *ferm. principale*, durée 5 à 10 j, temp. 8 à 10 °C ; *ferm. secondaire* ou *garde*, durée 2 à 8 semaines, temp. env. 0 °C. Le moût est additionné de levures ; on le laisse fermenter plusieurs j. Suivant le type de levure utilisée, on distingue la *fermentation haute* (pratiquement plus utilisée) : rapide et à température élevée (15 à 25 °C) ; la levure monte à la surface et la *ferm. basse* : temp. moins élevée ; la levure se dépose au fond de la cuve. Ensuite, la bière est *filtrée* puis *soutirée*, et mise en bouteilles pasteurisées (pour améliorer la conservation) ou en fûts. Pour faire 1 l de bière il faut env. 150 g de malt obtenus à partir de 200 g d'orge, de 1,5 à 2 g de fleurs de houblon séchées, 50 g de maïs.

Bière française ou pasteurisée. En 1873, *Louis Pasteur* (1822-1895) préconisa, pour détruire les germes se trouvant dans la bière, de détruire les micro-organismes par élévation de température. Pasteur souhaita que son procédé porte le nom de Bière de la Revanche nationale, et à l'étranger celui de Bière française. *Jean-Louis Baudelot* (Fr.) avait inventé en 1856 un refroidisseur de moût permettant de fabriquer de la bière toute l'année.

Brasserie la plus grande d'Europe. *Guinness* de Dublin (Irlande, f. en 1759) 23,16 ha.

Catégories de bières. Les usagers distinguent : b. de table 2° à 2,2°. B. bock 3,3° à 3,9°. B. de luxe 4,4° et + (au min. 37 g d'alcool pur par litre). *Gueuze* : bière belge à base de lambic (produit de la fermentation de malt 58 %, froment 40 %, houblon). Ce n'est pas une bière au sens de la législation française.

Entreprises. 6 réalisent 80 % des ventes ; *Kronenbourg* (groupe BSN-Gervais-Danone) : 1664, Kronenbourg Export 1664, Obernai Village, Force 4 (panaché). *Sté européenne de brasseries* (groupe BSN-Gervais-Danone) principales marques : Champigneulles, Meuse, Valstar, Kanterbrau, Gold, Kanter Pils, Tourtel (sans alcool), Walsheim, Vilfort, Well Scotch, Chopp (panaché). *Union de brasseries* (groupe Heineken) : 33 Export, 33 Extra Dry, 33 Record, Slavia, Porter 39, 33 Extra Light, Panther (sans alcool), Panach (panaché). *Heineken* : Heineken, Mutzig Old Lager, Mutzig, Ancre. *Pelforth* (groupe Heineken) : Pelforth Brune, Pélican, George Killian's, Reuze Bier, Pelforth Pale. *Sébastien Artois* (groupe Stella-Artois) : Club de Stella Artois, Sernia, Stella Club.

Consommation (1984, en l par hab.). All. dém. 146,7 [1]. All. féd. 144,4. Tchécosl. 140,1. Danemark 129,7. Belgique 126,3. Luxemb. 120,6. Irlande 120. N.-Zél. 115,3. Australie 115 [2]. G.-B. 110,1. Autriche 107,7. U.S.A. 90,7. Hongrie 87. P.-Bas 83,4. Canada 83,1 [3]. Venezuela 71,8 [1]. Suisse 68,6. Bulgarie ± 60. Espagne 59 [3]. Finlande 56,6. Yougoslavie 50 [1]. Norvège 46,8. Roumanie 45 [1]. Colombie ± 45. Suède 44,5. *France 41,2.* Japon 41 [1]. Total (en milliers d'hl, 84). All. féd. 88 581. G.-B. 62 082. *France 22 570.* U.E.B.L. 12 361. P.-Bas 12 015. Italie 10 774. Danemark 6 849. Irlande n.c. **Production** (milliers d'hl, 84). U.S.A. 226 490. All. féd. 92 286. U.R.S.S. 66 100 [1]. G.-B. 61 470. Japon 46 689. Brésil 28 350 [1]. All. dém. 26 000. Tchécoslovaquie 23 780. Mexique 25 082. Canada 23 012. *France 20 288.* Espagne 21 832. P.-Bas 17 048. Belgique 15 000. Chine 20 000 [1]. Yougoslavie 11 360. *Monde 967 896.*

Importations françaises (en hl, 84). U.E.B.L. 1 680 403. All. féd. 368 940. P.-Bas 299 871. Danemark 107 803. Irlande 18 100. G.-B. 14 288. Italie 332. Autres pays 56 032. *Total 2 545 769.* **Ventes en France** (hl, 84). Alsace 10 139 156. Nord 3 996 429. Autres régions 6 537 038. *Total 20 672 623.*

Nota. — (1) 1983. (2) 1984-85. (3) 1983-84.

Blé

Origine : l'une des plus anciennes cultures du monde. Nommé *frumentum* chez les Latins *(froment)*, il occupe en France la majorité des terres, riches ou ingrates, jusqu'au XIXe s. **Grain de blé.** Un épi contient 45 à 60 grains de 6 mm chacun. Un grain se compose d'une amande (cellules renfermant les grains d'amidon réunis par le gluten qui donne la farine pour 81 à 88 %) ; des enveloppes (son), 14 à 16 % ; et du germe, 2,5 à 3 %, dont la conservation est délicate. Pour moissonner, on attend que les grains soient mûrs et secs (taux d'humidité max. 15 % du poids du grain). De nombreux systèmes de séchage, par ventilation d'air chaud en particulier, ont été mis au point. **Blé dur** : grain allongé, paille pleine, toujours barbu. *Débouché : semoulerie*, la semoule servant à fabriquer *couscous* et *pâtes* (en France dep. 1934, Italie 1967, et Grèce, les pâtes ne peuvent être fabriquées qu'avec des semoules de blé dur, leur richesse en gluten rendant leur consistance moins molle).

Principales variétés cultivées en France. Blé dur : Tomclair, Cando, Régal, Chandur (Nord) ; Bidi 17, Arcour, Capdur, Mondur, Creso (Sud). **Blé tendre** : paille creuse ou semi-pleine, utilisée pour la boulangerie ou l'alimentation du bétail. 150 variétés env. en France (6 assurant la plus grande partie des récoltes : Fidel, Talent, Hardi, Camp Remy, Festival, Arminda). **Blé noir** : autre nom du *sarrasin*. Son grain concassé et cuit sert à nourrir bœufs, chevaux, porcs et volailles. Une nouvelle céréale, le *triticale*, issue du croisement entre blé (triticum) et seigle (secale), est cultivée depuis peu. En quelques années, ses superficies ont atteint 1 million d'ha dans le monde, dont env. 100 000 en France. *Rendement moyen* (France, q/ha) *1982-83* : 40,1. *83* : blé dur 35, tendre 51. *84* : b. tendre 65. *85* : b. dur 42,9, tendre 60,6.

Culture : le blé s'adapte à des climats et à des sols variés mais préfère un climat tempéré (il gèle à − 16 °C, − 18 °C, risque d'être atteint à − 10 °C ; la neige le protège ; une brusque élévation à 35-39 °C risque de l'échauder et de l'empêcher de mûrir normalement ; s'il est mûr, un soleil trop chaud fait brûler ses grains), une humidité moyenne, une terre riche (limons, alluvions des vallées, terres argileuses) et bien préparée. Se cultive souvent en *assolement triennal* : 1re année betterave, p. de t., ou maïs, 2e blé, 3e orge, car ces cultures ont des besoins différents et ne demandent donc pas à la terre les mêmes éléments de base. Il peut succéder aux plantes sarclées (betteraves, p. de t., chicorée), aux légumineuses fourragères, aux féveroles, haricots, pois verts, au lin et au colza. **Semailles** : automne (blé d'hiver), févr. (alternatifs), mars-avril (blé de printemps). Un semoir à cuillers ou à distribution forcée fait tomber les grains régulièrement dans les sillons. Lorsque le blé sort de terre, traitement avec désherbants et pesticides. **Moisson** : autrefois à la faux suivie du battage sur l'aire avec des fléaux, et du vanage (le van, corbeille plate en osier, permettait de ne garder que les grains sans la balle qui les entoure et sans débris de paille) ; aujourd'hui, moissonneuses-batteuses permettant de faire tous ces travaux le même jour, avec une seule machine. *Janvier* : Australie, Argentine, Chili, N.-Zélande. *Mars* : Inde orientale, Hte-Égypte. *Avril* : Basse-Égypte, Chypre, Cuba, Proche-Orient. *Mai* : Algérie, Asie centrale, Japon, U.S.A. (Sud, Texas et Floride). *Juin* : Espagne, France (Sud), Grèce, Italie, Portugal, Turquie, U.S.A. (Calif.). *Juillet-août* : Europe, U.S.A. (Centre-N.), Canada. *Septembre* : Écosse, Norvège, Suède, U.R.S.S. (N.). *Novembre* : Pérou, Afr. du S. *Décembre* : Birmanie.

Meilleurs rendements en France. Beauce, Bassin parisien, Région du N. **Collecte en France** : 29,1 millions de t de blé tendre en 1985, par les coopératives agricoles : 73,6 % de la récolte ; négociants : 23 % ; industriels utilisateurs (meuniers, fabricants d'aliments pour bétail, exportateurs, etc.) : 3,4 %. **Utilisations en France** (en %, 1985). *Blé : utilisation intérieure* 28,8, meunerie 14,5, bétail 12, *exportations* 58,9 dont grains 52,7, farine 6,2.

Commerce (millions de t, 1985). **Exp.** U.S.A. 26,7. Canada 17,5. C.E.E. 17,5. Australie 15,7. Argentine 6,1. *Monde 90.* **Imp.** U.R.S.S. 17. Chine 6,5. Japon 5,4. Europe de l'E. 4. C.E.E. 2,2. *Monde 90.*

Nota. — Solde des échanges de céréales et produits dérivés pour la France, en milliards de F. *1984-85* : 37,2. *85* : 35,6.

Production (millions de t, 1985). Chine 86. U.R.S.S. 83. U.S.A. 65,8. Inde 46. *France 29.* Canada 22. Turquie 16,6. Australie 16,5. G.-B. 12. Pakistan 11,6. Argentine 11,5. All. féd. 9,7. Italie 8,7. Hongrie 6,9. Pologne 6,5. Roumanie 6. Iran 6. Tchécosl. 5,8. Bulgarie 5,5. Espagne 5,3. Yougoslavie 5. Mexique 4,5. All. dém. 3,9. Brésil 3,7. Afghanistan 2,8. Maroc 2,4. Danemark 2,2. Grèce 2. Égypte 2. Afr. du Sud 2. Algérie 1,6. Autriche 1,5. Bangladesh 1,5. Suède 1,4. Belgique 1,1. P.-Bas 0,9. *Monde 514,7.* **Farine de blé. Commerce** (milliers de t, 1983). **Exp.** U.S.A. 18 713,9. *France 9 482,5.* Italie 7 917,5. Grèce 4 391. All. féd. 3 267,7. Canada 3 026,8. Pays-Bas 2 231,3. Japon 2 117,1. Espagne 2 000. Turquie 1 267,7. **Imp.** Égypte 17 000. Algérie 6 000. Syrie 4 500. Libye 3 050. Irak 3 000. Cuba 1 737,1. Viêt-nam 1 500. Yémen du N. 1 420. Soudan 1 220. Chine 1 210.

Prix du blé-fermage (en F par quintal). *1975-76* : 65, *76-77* : 70,50, *77-78* : 75, *78-79* : 82, *79-80* : 89, *80-81* : 96,5, *81-82* : 104, *82-83* : 112,5, *83-84* : 121, *84-85* : 122,7, *85-86* : 122,75.

Moyenne des rentes viagères indexées sur le blé (INSEE, 1-8 au 31-7, en F) : *1981-82* : 105,4, *nov. 82* : 113,46, *85-86* : 106,63. Le montant du fermage à régler est exprimé par une quantité déterminée de produit par ha. Il est calculé pour sa partie blé sur la base du prix du blé fermage qui est réajusté chaque année par les pouvoirs publics.

Nota. — Le blé pourrait être utilisé comme une arme stratégique car il représente 25 % de la prod. et 45 % des imp. mondiales ; cultivé essentiellement dans les pays développés ; 88 % des exp. viennent des pays industrialisés (U.S.A. et Canada 56 %). A l'occasion de plusieurs embargos successifs des exportations agr. amér. (Cuba au milieu des années 60, sur le soja en 1973, U.R.S.S., Pologne, Viêt-nam en 1975, U.R.S.S. en 1980), l'utilisation possible du blé en tant qu'arme stratégique a parfois été évoquée, car le nombre de pays exp. est très restreint. Cependant les pays acheteurs trouvent toujours à importer les quantités désirées par des voies détournées.

Meunerie. Industrie lourde de transformation du blé tendre en farines panifiables.

Moulins. A l'origine, une grande pierre plate servait pour étaler les grains de blé ; une petite pierre ronde, tenue à la main, pour les écraser. Les Romains découvrirent la meule tournante formée au début de 2 pierres plates (ensuite coniques). La pierre du haut était mobile, et des esclaves ou des chevaux la faisaient tourner. Puis, les Romains imaginèrent de placer les moulins près des rivières et de faire tourner les meules en utilisant la force du courant par l'intermédiaire de grosses roues, ce furent les 1ers *moulins à eau*. Les *moulins à vent* sont arrivés plus tard par les Croisés venant d'Orient où l'eau est plus rare.

Autrefois, le meunier écrasait seulement le blé sous la meule et livrait telle quelle la *boulange*. Le boulanger tamisait et séparait la farine du son. Puis, les meuniers mirent au point de nouveaux cribles capables d'éliminer poussières, petites pierres, mottes de terre et graines étrangères. Les cribles munis de ventilateur s'appelaient des *tarares*. Ils se mirent à séparer eux-mêmes la farine du son, ce fut le *blutage*. En 1740, on les autorisa à remoudre les sons, ce qui permit d'obtenir non plus 80 mais 185 livres de farine à partir de 240 livres de blé. Aujourd'hui, les grains sont broyés par des cylindres métalliques.

100 kg de blé donnent en gén. 75 kg de farine (pain blanc), 23 kg d'issues. Il y a 2 kg de perte (pour du pain complet 92 à 96 kg, et 4 à 8 kg d'issues).

Statistiques (1984). *Moulins en activité* : 1 267 (30 000 moulins en 1900). *Ecrasements* : 6 447 293 t. *Exportations* : 2 175 172 t. **Employés** (83) : 10 300. **Chiffre d'affaires** (1981) 12 milliards de F dont exp. 3,2.

Pain

Définition. Produit de la cuisson de la pâte obtenue par un pétrissage d'un mélange de farine de blé destinée à la panification (froment ou seigle), eau potable, sel, agent de fermentation (levure ou levain) avec éventuellement des adjuvants autorisés tels que farine de fève, produits maltés et acide ascorbique. *Le plus long* de France : 3,46 m (réalisé par le boulanger Basile Pain).

Autres produits : *pain d'épices* (inventé au XVIIe s. à Dijon), composé de farines de seigle ou de froment mélangées ou non de miel et de glucose ; *croissant* d'origine hongroise ; *brioche* ; *bretzel* (gâteau salé accompagnant la bière), d'origine alsacienne.

Consommation (en g par jour, par hab. en France). *1900* : 450, *58* : 282, *74* : 182 (de 142 H.-de-Seine à 260 Gers), *80* : 180, *81* : 170, *83* : 165, *84* : 167. **(En calories par j** et par personne, pain et autres produits céréaliers entre parenthèses) : *1960* : 696 (141), *70* : 559 (212), *80* : 444 (267).

Part de la boulangerie artisanale dans la production : Espagne 95, Italie 95, *France 90*, P.-Bas 75, All. féd. 65, G.-B. 30, Suède 30. *Nombre de boulangeries en France. 1960* : 54 000, *81* : 38 700, *83* : 38 400, *84* : 38 000, *85* : 38 056.

Fabrication de pain (France). Production. Env. 3 millions de t/an ; utilise 2 510 730 t de farine, soit env. 3 332 500 t de blé. **Chiffre d'affaires** (1982) : 36 milliards de F (dont pain 20, pâtisserie 11, revente 6). 180 boulangeries industrielles assurent env. 7 % de la prod. **Nombre d'employés** : chefs d'entrepr. artisanales de boul. et leurs épouses 38 000 (84), ouvriers boul. 36 902, ouvr. pâtissiers 10 867, apprentis 16 597, autres personnels 3 724.

• **Biscuiterie, biscotterie et panification fine, aliments diététiques de régime et divers, préparations pour entremets et desserts ménagers (1984 en France).** Biscuiterie, pâtisserie ind. 400 000 t. Biscotterie, panification fine, viennoiserie 204 000 t. Aliments diététiques 100 000 t, petits déjeuners 23 000 t. Préparations pour entremets 31 000 t.

• **Pâtes alimentaires. Origine** : Chine, puis Italie (Marco Polo), France (Catherine de Médicis). Fabrication industrielle depuis la fin du XIXe s. **Statistiques** *1985* (milliers de t) et, entre parenthèses, 1966. **Production** : 284 (317). **Commerce** : *imp.* 85 (1,6), *exp.* 21 (8,5). **Consommation annuelle par tête (kg)** : 6,3 (6,3) [Suisse 10, Italie 25].

Cacao

Origine. *1519* rapporté en Espagne par Ferdinand Cortez après la conquête du Mexique. *1585* 1er chargement en Espagne ; puis, le cacao parvient en France, Italie (on en tire alors une boisson à partir des amandes torréfiées et broyées), All. *1819* fabrication du chocolat en barres François Louis Cailler (Suisse). *1822* 1ers cacaoyers plantés en Afrique. *1828* Conrad van Houten (P.-Bas) extrait la graisse des graines de cacao écrasé, la poudre soluble obtenue sert à fabriquer le chocolat. *1918* 1er producteur : l'Afr. équatoriale. **Aspect** : le cacaoyer (4 à 10 m de haut) donne des cabosses (fruits de 200 g à + de 1 kg contenant de 40 à 80 fèves). Demande un sol riche et de l'ombre, 1 000 plants à l'ha, une température élevée et 1,5 à 2 m d'eau. Fleurit à partir de 3 ans. En plein rapport à 10 ans, baisse de production après 20 ans. *Vie* : 40 ans max. **Rendt moyen** : 346 kg/hectare (1979).

Production (1984-85, en milliers de t). C.-d'Ivoire 525. Brésil 395. Ghana 172. Nigeria 150. Cameroun 120. Malaisie 100. Équateur 85. Colombie 41. Mexique 40. Rép. dominicaine 37. Papouasie-Nlle-Guinée 30. Venezuela 17. Indonésie 16. Togo 15. Pérou 10. *Monde (84) 1 642*. **Imp. française** (milliers de t, 1982). C.-d'Ivoire 334. Ghana 9,4. Nigeria 3,4. Cameroun 3,4. N.-Guinée 2,6. Brésil 1,7. Équateur 1,2. **Marché.** *Caractéristiques* : dominé par 5 États ; très spéculatif. *Consommation* : croissance faible, des produits de substitution se développant. Coûts de production relativement élevés au Cameroun et en Côte-d'Ivoire ; plus faibles au Brésil et Malaisie. *Depuis 1978* offre excédant la demande. **Prix** (en F par 100 kg) : *1978* : 1 611,5, *79* : 1 428,3, *80* : 1 035, *81* : 1 149, *82* : 1 450. *84* : 1 870-2 495. **Commerce** (milliers de t, 1984). **Exp.** : C.-d'Ivoire 491,1. Ghana 146,1. Nigeria 108,5. Cameroun 106,2. Brésil 105,9. Malaisie 82,6. Équateur 46,3. Papouasie-Nlle-Guinée 34,2. Rép. dominicaine 31,8. Indonésie 24,3. **Imp.** : All. féd. 195,3. P.-Bas 194,3. U.S.A. 193,9. U.R.S.S. 150. G.-B. 98,9. *France 52,4*. Singapour 46,4. Italie 39,5. Espagne 34,7. Belg.-Lux. 34,1. Japon 33,9.

Consommation de fèves de cacao (kg par hab., 1984). Suisse 3,8. Autriche 3,2 (1). All. féd. 3,1. Norvège 3. Belg. 2,9 (1). G.-B. 2,1. *France 2*. Canada 1,9 (1). Danemark 1,8. U.S.A. 1,8. Suède 1,7 (1). Australie 1,5 (1).

Nota. – (1) 1983.

Chocolat. Mélange de pâte de cacao (obtenue par broyage des fèves de cabosse) et de sucre ; pour les chocolats, proportion minimale de matière sèche totale de cacao 35 %, beurre de cacao 35 % ; choc. au lait : minimum 25 %, matière sèche totale d'origine lactique 14 %, soit au moins 3,5 % de graisse butyrique.

Confiserie, chocolaterie en France

Production (en t, 1984). *499 080* dont : chocolat en tablettes 95 730 confiserie de chocolat 93 875, confiserie de sucre cuit 35 065, chewing-gum 33 190, produits instantanés 29 645, couverture 30 555, confiserie gélifiée 19 575, pâte à mâcher 19 620, caramels et toffees 14 625, fruits confits 22 230 dont bigarreaux 15 755.

Matières premières utilisées (en t, 1984). 524 320 dont sucre 232 775, glucose 78 805, fèves de cacao 47 170, beurre de cacao 29 610, lait 26 420.

Café

Origine : *après 1683* connu en Europe. *1690* les Hollandais introduisent sa culture à Java. *1710* : quelques pieds confiés au Jardin d'Amsterdam. *1712* : 1 pied confié au Jardin des Plantes par Louis XIV. *1720* : un officier sauve en allant aux Antilles le seul pied de caféier restant en partageant sa ration d'eau avec lui : il donne naissance aux plantations des colonies européennes aux Antilles (except. hollandaises). **Aspect** : le caféier (3 à 10 m de haut, 2 m dans les plantations) fructifie au bout de 3 ans, vit de 25 à 40 ans, demande une chaleur modérée, 1,20 à 2 m d'eau et beaucoup d'engrais, donne en moy. 2,5 kg de « cerises » par an qui donnent 0,5 kg de café vert, soit 0,4 kg de c. grillé (de quoi faire 40 tasses de bon c. à 10-12 g de c. moulu par tasse, soit 1 cuillerée à soupe pleine à dos d'âne). **Variétés.** *Arabica* : hauts plateaux d'Amér. lat. dans les vallées abritées entre 800 et 2 000 m [Colombie, Mexique, Brés., etc. (et Yémen, Abyssinie où il est connu sous le nom de *moka*)]. *Robusta* et *Kouillou* : de qual. inférieure, a une teneur sup. en caféine, couvre 30 % des besoins mondiaux. Cultivés, notamment en plaine, en Afrique à Madagascar, en Inde, Indonésie, Océanie. *Arabusta* : variété hybride encore au stade expérimental. Dans les bourses internat. de matières premières, on cote 4 qualités : *arabicas lavés* (venant surtout d'Am. centrale), *non lavés* (du Brésil), *milds* (arabicas lavés, d'un goût suave ou Colombie-Kenya), *robustas*. **Précautions.** Le café ne doit pas bouillir, l'arôme contenu dans l'huile aromat. très volatile disparaîtrait. La caféine est déconseillée aux cardiaques. Un café décaféiné ne doit pas contenir + de 0,1 % de son poids de caféine (0,3 % pour les cafés solubles). **Rendt moyen** : 521 kg/ha (1979).

Caféine. Teneur par tasse (en mg) : café-boisson 75 à 150, c. instantané 60 à 99, c. décaféiné 2 à 4, thé 30 à 60, chocolat 10 à 40, boisson au cola 20 à 30 (pour 33 cl). **Pour 100 g d'aliments aromatisés au café** : Ovomaltine café 156, bonbons Ricqlès café 70, éclair pâtisserie 11. **Selon la variété** : arabica 0,8 à 1,5 %, canephora (robusta, kouillou) 1,6 à 3 %, arabusta 1,5 à 2 %.

Au-dessus de 600 mg (7 à 8 tasses) par jour, il y a risque d'intoxication chronique caractérisée par tremblements, palpitations, insomnies, nervosité, anxiété, irritabilité.

Commerce (milliers de t, 1984-85). **Exp.** : Brésil 991. Colombie 523. C.-d'Ivoire 252. Ouganda 148. Indonésie 148. Salvador 144. Mexique 117. Guatemala 111. Cameroun 90. Kenya 80. Costa Rica 72. Équateur 70. Zaïre 70. **Imp.** : U.S.A. 1 151. All. féd. 540. *France 333*. Japon 251. Italie 228. P.-Bas 167. G.-B. 163. Belg.-Lux. 115. Espagne 113. Canada 112.

Consommation (en kg de café vert par tête et par an, 1979-80). Finlande 12,9. Suède 12,1. Danemark 10,6. Norvège 10,2. P.-Bas 8,3. Belg.-Lux. 7,8. All. féd. 6,7. Autriche 5,8. *France 5,8*. U.S.A. 5,4. Suisse 5,2. Canada 4,5. Italie 4. Israël 2,8. G.-B. 2,6. Australie 2,3. Japon 1,6. Portugal 1,3. Irlande 1,2.

90 % des Français boivent du café régulièrement dont 85 % tous les jours (79 % le matin, 48 % après le déjeuner, 22 % l'après-midi, 11 % après le dîner et 8 % la nuit).

Production (milliers de t, 1984-85). Brésil 1 770. Colombie 708. Indonésie 384. C.-d'Ivoire 294. Mexique 252. Ouganda 210. Inde 195. Guatemala 192. Éthiopie 178. Salvador 166. Cameroun 157. Costa Rica 151. Équateur 117. Kenya 100. Honduras 96. Zaïre 94. Madagascar 82. Pérou 81. Philippines 78. Venezuela 69. Tanzanie 61. Nicaragua 60.

En 1975-76 : mauvaise production (3 760 000 t) : *Brésil*, gel des caféiers en 1975, pluies excessives en 1976 ; *Angola*, destruction des plantations par la guerre ; *Colombie*, sécheresse et rupture du barrage del Monte. *Prix* : s'élevant de 400 à 4 262 livres/t en mars 1977 (record). Au détail, en France, le paquet de 250 g est passé d'env. 3 F au début 1975 à env. 10 F en mars 1977 (déc. 1981 : 8,15 F).

Cardon

Aspect : herbacée vivace. Rhizome allongé d'où sortent de grandes feuilles (1,50 m). **Culture** : semis au printemps, croissance lente jusqu'en août.

Carottes

Origine : bisannuelle, donne la 1re année une grosse racine qui forme la partie comestible ; la 2e, elle émet, au milieu de la rosace des feuilles, des tiges dressées, rameuses, hautes de 60 cm à 1 m. Originaire de Gaule, d'un usage courant dep. le XIVe s. **Variétés** : pour le marché du frais « Populations » (Nantaise améliorée, de Carentan, Touchon, De la Halle), « Hybrides » (Tancar, Nandor, Revo, Tiana) ; c. d'industrie : pour la macédoine (Colmar ou Flakkee, Chantenay) ; pour la conserve (type Amsterdam, c. douce Amsterdam). **Rendt** : 215,8 q/ha (Monde 1982). **Production** (en milliers de t, 1982). U.R.S.S. 2 400. Chine 1 895. U.S.A. 1 049. Japon 609. G.-B. 608. *France 538*. Pologne 523. Italie 322. All. dém. 290. Canada 245. Colombie 200. P.-Bas 172. Égypte 162. Tchéc. 138. *Monde 11 176*.

Production (milliers de t, 1984). U.R.S.S. 2 300. Chine 2 085. Japon 627. G.-B. 617. Pologne 550. *France 510*. Italie 312. Canada 290. All. dém. 280. Argentine 200. Colombie 200.

Cassis

Origine : cultivé au XVIe s. comme fruit de table, se répand en 1712. **Variétés** : noir de Bourgogne, Tenah 4, Tseme, Cotswold Cross, Wellington. **Rendt** : 2 kg par touffe et par an. Feuilles utilisées en herboristerie. **Production** (milliers de t., 1982). *Monde* 338. *France* (1984) *6,4* (dont L.-et C. 2,7, M.-et-L. 0,7, Côte-d'Or 0,4, Rhône 0,3, Drôme 0,3.

Céleri

Aspect : racine charnue ; bisannuelle. **Origine** : Issu de l'ache odorante. Employé comme simple au Moyen Age, devient une plante potagère à la Renaissance. **Variétés** : *branche à côtes* (pétioles des feuilles très développés), *rave* (racine très volumineuse). **Culture** : en plusieurs saisons, se développe en 6 mois. **Rendt** : 500 à 900 kg à l'are. **Production (France).** *Branche* (84) 54 657 t dont L.-Atl. 11 700, M.-et-L. 5 040, Hte-Garonne 4 750, Indre-et-L. 2 362,5, Lot-et-G. 2 362,5. *Raves* (84) 45 355 t dont Nord 7 000, Côte-d'Or 3 500, Loiret 3 300, Ain 2 604, Val-d'O. 2 560, L.-Atl. 1 950.

Céréales

Définition. Regroupent 7 graminées : blé, orge, maïs, riz, seigle, millet et sarrasin. Alimentation principale des hommes et des animaux. 2 300 à 2 500 calories fournies par 700 à 750 g de céréales suffisent à l'homme pour lui permettre de vivre chaque jour, soit 250 kg de céréales par an. Par contre, il faut 120 kg de beurre pour le même apport calorique, mais cela nécessite beaucoup plus de surfaces agricoles.

1 ha de soja ou de céréales nourrirait 120 personnes alors qu'avec un ha d'élevage de bœuf on nourrirait 2 personnes.

Consommation de céréales, riz exclu (en kg par hab. et par an, en 1982-83). Grèce 126, Italie 122, Irlande 87, France 77, U.E.B.L. 72, G.-B. 69, All. féd. 69, Danemark 68, P.-Bas 60.

On consommait 1 kg de farine par jour et par habitant au XIXe s. ; on en consomme un peu plus de 200 g aujourd'hui. Les Français mangent de moins en moins de pain. *Consommation mondiale* (en 1978) : 410 millions de t (récolte 436 M t).

Production (millions de t, 1985). Chine 354,6. U.S.A. 343,5. U.R.S.S. 180,6. Inde 173. Canada 45,6. Indonésie 44,2. Brésil 34,6. Argentine 32,1. Mexique 25,7. All. féd. 25,7. Turquie 25,4. Australie 25,3. Thaïlande 25. Pologne 23,8. Bangladesh 23,2. G.-B. 22,7. Espagne 20,8. Roumanie 20,6. Pakistan 18,6. Italie 18,4. Japon 15,8. Yougoslavie 15,7. Viêt-nam 15,5. *Monde 1 853,1*.

Céréales en France (milliers de t, 1984-85). **Collecte.** Blé tendre 29 153,1, maïs 8 749,4, orge 7 528,3, avoine 760,9, blé dur 580,8, sorgho 235,2, seigle 100,3, triticale 38,6, riz paddy 36,4.

Commerce extérieur (en milliards de F, 1984-85). *Exp.* 45,1, *imp.* 7,9, solde + 37,2 (blé exp. 21,6, imp. et transit 0,3, solde + 21,3).

Nota. — Les céréales sont concurrencées par le manioc et des sous-produits de l'industrie alimentaire pour l'alimentation des animaux.

Cerises

Origine : le merisier (ou cerisier des bois ou des oiseaux) vient d'Europe, le c. commun vient d'Asie Mineure. Plus d'une centaine d'espèces en Europe, Asie tempérée ou subtropicale et Amér. du Nord. **Variétés :** cerises douces [bigarreaux (chair ferme : gros cœuret, Jaboulay, Napoléon, Reverchon...), guignes (chair molle : précoce de Rivers, guigne de mai, noire hâtive)] ; c. acidulées (anglaise hâtive, belle de Choisy, belle de Chatenay ou belle magnifique, Impératrice Eugénie, Reine Hortense, Montmorency, griotte du Nord). **Production** (milliers de t, 1975). Italie 190. All. féd. 143. U.S.A. 139. *France (1984)* 103,4 dont Vaucluse 27,3, Ardèche 11,4, Rhône 11, Gard 9, Hérault 6, B.-du-Rh. 4,5, T.-et-G. 3, Yonne 2,3, Loire 2,3.

Champignons de couche

Variétés : blanc neige, ivoire (apprécié pour le marché du frais), crème (frais et conserve), blond (petit, pour conserve uniquement) (en Fr., il est cult. en cave). **Production en France** (milliers de t, 1984). 184 000 t (Pays de la Loire, Bordelais, région parisienne) dont 70 % pour la conserve (2ᵉ prod. mondial après U.S.A. en 1984). **Production mondiale** de champignons comestibles (milliers de t, 1979, estim.). Ch. de couche 850 000, Shii-take 140 000, ch. de paille-de-riz 57 000, Pattes-de-Velours 40 000, Nameko 15 000, Pleurotes 18 000, Oreille-de-Judas 8 000, Strophaire rugueux 2 000, Truffe noire 200, divers 100. *Total 1 130 300.*

Chanvre

Origine : Asie centrale. Plante annuelle. Famille des cannabinacées (urticales), à graines oléagineuses et à fibres corticales ; utilisé depuis plus de 6 000 ans : Cannabis indica (chanvre indien) contient des cannabinoïdes alcaloïdes, le Cannabis sativa n'en contient pratiquement pas. **Culture en France.** C. familiale importante jusqu'au milieu du XIXᵉ s., concurrencée ensuite par text. et oléagineux d'outre-mer (coton, sisal, jute, arachide, etc.) et souffrant de la disparition de la marine à voile (*1840* : 176 000 ha, *1932* : 1 000, *39* : 3 500, *60* : 700, *65* : 3 845, *70* : 3 300, *75* : 7 597, *82* : 5 150, *84* : 4 674). Récolte en « non battu » (tiges seulement) vers le 20 août, semis début mai. 20 à 30 j de plus sont nécessaires pour obtenir la maturation des graines ; chènevis [récolte « en battu » (graines et tiges) vers les 10-20 sept. : rendement en tiges diminué de 1 à 2 t, en graines 6 à 10 q par ha]. **Rouissage :** destiné à isoler les fibres ; se réalise actuellement à terre, sans aucune opération. **Usages :** *fibre :* textile, papier (V. index) ; la partie ligneuse, chènevotte, est utilisée pour fabriquer des panneaux de particules et des litières animales ; *graines (chènevis)* : huile siccative, nourriture pour les oiseaux, pêche. **Variétés :** ch. cultivé en France : monoïque (2 à 2,50 m de haut), ch. de Chine (5 à 6 m), ch. indien (0,50 m à 1 m) cultivé pour ses inflorescences hallucinogènes [ch. du Piémont ou de Bologne (meilleur, 3 à 4 m de haut), ch. d'Anjou ou fils de Piémont (2 à 3 m) n'existent plus]. **Rendt** (à l'ha) : 6 à 8 t de tiges sèches donnant 18 à 24 q de filasse (consommée en 100-110 j). *Monde, 1983* : 5,8 q/ha.

Production de fibre et étoupe (1984, en milliers de t). Inde 60. U.R.S.S. 55. Chine 37. Roumanie 20. Turquie 14. Hongrie 9. Pakistan 7. *Monde 230.*

En France (1983). *Production :* 30 000 t de tiges transformées (en filasse pour papeterie fine et filature 10 000 t, chènevotte pour panneaux et litières 15 000 t, poudre cellulosique 3 000 t), 1 000 de chènevis de consommation (petits animaux de cages) et 250 t de semences certifiées. *Production de chanvre papier* (paille et graine, 1984) : 29 567 t. *Prix à la production* (1984) : tiges 655 F/t (720,5 F/t en 1984), graines 385 F/q, semences 530 F/q et 930 F/q (570 F/q et 1 000 F/q en 1985).

Châtaignes

Origine : les Romains les auraient introduites en Gaule. **Aspect :** châtaignier, haut. 25 à 30 m, produit à partir de 5 ans, production max. vers 60 ans. **Culture** appelée castanéiculture. Certaines cultures, comme le marron de Lyon, de Laguépie et Précoce du Vans, sont bien adaptées à la consommation en frais, d'autres (Montagne, Pellegrine, Bouche Rouge) à l'ind.

Terme de marron (différent du marron d'Inde), apparu dans la région lyonnaise pour désigner une forme améliorée de la châtaigne ne portant qu'un seul gros fruit à l'intérieur de la bogue (enveloppe épineuse qui s'ouvre à maturité). La vraie châtaigne compte 2 à 3 fruits séparés par des cloisons. Une variété comportant moins de 12 % de fruits cloisonnés, est qualifiée de marron.

Production (1984, en t). Chine 230 000. Italie 70 000. Turquie 59 917. Japon 59 000. Corée du S. 40 000. *France 24 000.* Espagne 19 000. Portugal 19 000. Grèce 12 400. Bolivie 11 500. *Monde 566 830.*

En France. Longtemps base de l'alimentation dans des régions entre 300 et 800 m d'alt. où on l'appelait « l'arbre à pain ». **Surfaces plantées.** *Culture pure : 1967* : 57 720 ha, *77* : 32 565 ; *associées ou isolées : 1967* : 4 654 ha, *77* : 7 875, *84* : 11 353. **Rendt :** vergers modernes 2-4 t/ha, traditionnels 1,5-2,5 t/ha (Ardèche et Corse 40 %, Dordogne, Var, Lot, Centre-Ouest et Midi-Pyr.). *Importations :* 5 000 à 6 000 t d'Italie (1ᵉʳ producteur de la C.E.E. avec 60 000 à 70 000 t).

Chicorée

Origine : Chicorée sauvage. 2 variétés de semences : pour feuilles et obtention de légumes [chicorée frisée et scarole (prod. 132 678 t), endive (prod. 250 000 t)] ; pour racine et fabrication de chicorée à café. *Chicorée à café :* semis fin avril sur 5 000 à 6 000 ha, récolte d'oct. à déc. Les racines sont lavées, découpées en morceaux, déshydratées et procurent des cossettes qui sont torréfiées et vendues sous forme de grain, chicorée moulue, soluble et liquide, pour utilisation à l'état pur, dans le lait, le café, le chocolat, les entremets, la confiserie. **Production (chicorée torréfiée).** *Monde* 100 000 t. *France* 38 000 t dont 30 % exportés. **Consommation française :** 750 g/hab. soit 45 l de boisson (12,5 cl/jour).

En France. Production (1983, en t). *Frisées et scaroles* 132 678 dont B.-du-Rh. 29 040, Nord 5 720, Essonne 3 838, Rhône 3 040, Val-d'O. 2 640, Gard 2 580. *Endive* 240 000. *Chicorée à café* (pour traitement industriel).

Choux

Culture : *choux pommés,* semis sous châssis mi-février ou en mars (rég. côtière) ; récolte été ou automne ; *chou quintal* (pour la choucroute), semis vers la mi-août, récolte au printemps, rendt 300 à 700 kg/are ; *chou-rave,* semis au printemps en pépinière, récolte 3 mois après, rendt 250 à 500 kg/are ; *choux-fleurs,* semis à partir d'avr., récolte fin août à l'automne, rendt 100 à 200 kg/are ; *chou brocoli* (récolte avr.-mai). **Variétés :** *chou pommé :* pointus (cabus), ronds lisses (cabus pommés lisses, rouges), ronds frisés (de Milan). *Choux de Bruxelles* (Peer Gynt, Topscore, Lancelot, Lunet, Citadel, Prince Askold). *Choux-fleurs :* hollandais (Erfurt), parisiens (Lecerf), méridionaux (Bagnols), italiens (géant de Naples), d'Alger.

Production (1984, en milliers de t). U.R.S.S. 10 150. Chine 6 240. Japon 3 270. Corée du S. 3 056. U.S.A. 1 532. Pologne 1 222. Roumanie 972. Yougoslavie 760. G.-B. 680. Espagne 560. Italie 550. Colombie 496. Inde 480. Turquie 470. All. dém. 414. All. féd. 412. Égypte 380. Corée du N. 360. Indonésie 325. P.-Bas 295. Tchéc. 291. *France 268.* Afr. du S. 240. *Monde 35 794.*

Exportations françaises (en t, 1982). 23 387 [1]. *Vers* C.E.E. 23 029 dont G.-B. 10 456, All. féd. 10 160, P.-B. 1 185, U.E.B.L. 947.

Nota. — (1) Sauf choux-fleurs, choux rouges ou blancs, choux de Bruxelles.

Production de choux-fleurs (en milliers de t, 1983). Chine 918. Inde 660. *France 500.* Italie 480. G.-B. 280. U.S.A. 259. Espagne 208. Pologne 154. All. dém. 144. Japon 115. Égypte 100. All. féd. 81. Syrie 80. Australie 80. Tchéc. 78. Turquie 73. Canada 55. Bangladesh 54. Grèce 50. Pays-Bas 50. *Monde 4 776.*

Consommation française (1980, en kg par h. par an). Région parisienne 4,05, Ouest 2,44.

Citrons

Origine : Inde (à l'état sauvage, au pied de l'Himalaya). Acclimaté très tôt en Médie (N.-O. de l'Iran) et en Mésopotamie [répandu par les Arabes en Afrique et en Europe ; au Xᵉ s. en Égypte et en Palestine (d'où il fut introduit par les Croisés en Italie et en Sicile)]. **Aspect :** *arbre* 3 à 4 m de haut. **Vie :** 40 ans env. (souffre à − 2 °C). **Floraison et fructification :** 3 périodes : *Primofiore* (oct.-déc.), *Limoni* ou *Invernale* (déc.-mi-mai, pleine saison), *Verdelli* (mi-mai-15 sept., floraison artificielle) [floraisons supplémentaires : Bianqueto et Mayolino, Interdonato (sept.-oct.)]. **Variétés :** Verna, Mesero (Espagne) ; Eureka, Lisbon (U.S.A.) ; Interdonato ou Speciali, Feminello et Monachello, Lunario (Italie) ; Limes ou citrons verts (C.-d'Ivoire). **Utilisations :** boisson acidulée, limonade (originaire d'Orient et introduite en Italie vers le XIIIᵉ s., connue en France depuis Mazarin), bois (ébénisterie ; garnit souvent l'intérieur des meubles en acajou d'époque Empire). **Rendt :** 30 à 50 t/ha.

Production (1984, en milliers de t). U.S.A. 921. Italie 703. Mexique 580. Espagne 522. Inde 500. Argentine 382. Turquie 275. Brésil 120. Chine 99. Israël 65. Égypte 60. Liban 56. Pérou 50. Chili 50. *Monde 5 270.*

Commerce [en milliers de t, 1984, y compris limes (citrons verts)]. **Exp.** Espagne 689. U.S.A. 506. Turquie 400. Italie 400. Grèce 300. Israël 150. Chypre 80. **Imp.** U.R.S.S. 380. *France 380.* All. féd. 341. Japon 319. All. dém. 150. Arabie Saoud. 140. G.-B. 117. Tchécoslov. 100. Roumanie 100.

Consommation (1974, en kg par h. par an). *France 1,93.* All. féd. 1,83. Belgique-Lux. 1,78. Italie 1,35. Danemark 1,27. P.-Bas 1,03. G.-B. 0,63. Irlande 0,43.

Clémentines

Origine : croisement de l'oranger et du mandarinier. Découvertes par un religieux de la région d'Oran (Algérie), le Père Clément, qui féconda des fleurs de mandarinier avec du pollen pris sur un bigaradier (orange amère), en 1900. 4 à 6 m de haut. **Vie :** 40 ans env. Commence à produire la 3ᵉ année de sa plantation (1,1 t/ha) ; plein rendement la 10ᵉ année. **Rendt :** 30 à 40 t/ha. **Variétés :** ordinaire (peau plus rouge et plus grumeleuse, chair plus savoureuse et plus parfumée, plus acidulée que les mandarines, sans pépins en général ; Espagne, Maroc, Algérie) ; de Corse (récolte du 15 nov. au 15 janvier, sup. en prod. 2 125 ha soit 86 % du verger agrumicole ; 30 939 t en 1983) ; d'Espagne (« fines », de Nules, Oroval) ; du Maroc (« Bekria », très précoce) ; Monréal (hybride de la c. ordinaire, avec pépins). La plus précoce : Espagne, Algérie. **Production (en t).** Japon 3 000 000, Espagne 500 000, Corse 25 000 à 30 000. **Imp. françaises :** 300 000 t (Espagne 80 %, Maroc 15 %).

Coing

Origine : fruit du cognassier (arbre buissonnant ou de tige de 6 ou 7 m). Vient de Perse, introduit en France (surtout Midi). Supporte les hivers froids. **Récolte :** fin oct. à maturité. Conservation très difficile, pourrit facilement. **Utilisations :** porte-greffe du poirier, gelées, pâtes (cotignac d'Orléans), sirops.

Colza

Nom : du hollandais « Kolzaad » (semence de chou). **Origine :** graines rondes et noires de 1 à 2 mm de diamètre, riches en huile (41 à 42 %). 1/5 de la consommation française d'huiles végétales alimentaires (100 000 t). Hybridation naturelle entre le chou et la navette probablement dans les régions méditerranéennes. Cultivé au XVIIᵉ s. **Aspect :** famille des crucifères (comme la moutarde et le radis). Tiges ramifiées 1,20 à 1,50 m. Inflorescence en grappe. Fleur jaune. Le fruit, une silique, contient 10 à 30 graines pesant 4 à 5 mg chacune. *Exigences :* azote, potasse, soufre. Cultivé pour son huile (42 % de la graine) et la richesse en protéine du tourteau (produit restant après l'extraction de l'huile et contenant 36 % de protéines). Depuis 1975 sont sélectionnées des variétés sans acide érucique (suspecté d'induire des myocardites) et à basse teneur en glucosinolates dites variétés double zéro, dont le tourteau est mieux consommé par les animaux. **Culture :** colza d'hiver : semis fin août-début sept., c. de printemps : semis mars-avril.

Rendement moyen : 100 kg de graines (à 42 % de matières grasses) donnent 41 kg d'huile brute, 57 kg de tourteau (1 à 2 % de matières grasses). Il y a env. 2 % de pertes dues à l'humidité. **Superficie :** (France) : *1965* : 142 000 ha, *83* : 465 857 ha, *84* : 428 730 ha, dont colza de printemps 0,8 % (Bourgogne 80 100 ha,

Centre 72 500, Champagne-Ardennes 52 815, Lorraine 50 060, Midi-Pyr. 29 610). **Rendt.** : *France* (85) : 30 q/ha. *Monde* (83) : *10,8*.

Graines de colza

Production (1985, milliers de t). Chine 5 600. Canada 3 463. Inde 3 400. *France 1 385*. Pologne 1 085. G.-B. 830. All. féd. 803. Danemark 573. Suède 323. All. dém. 320. Tchécoslovaquie 290. Pakistan 220. Yougoslavie 130. Bangladesh 120. Finlande 89. *Monde 19 148*.

Concombres

Origine : Inde. Famille des cucurbitacées. Baie de 20 à 60 cm. **Semis** d'avril à juin (culture forcée déc. ou janv.). **Variétés** : concombres (20 à 50 cm, blancs ou verts, lisses ou épineux), cornichons (fruits plus petits et plus nombreux). **Production** (1984, en milliers de t). Chine 2 980. U.R.S.S. 1 450. Japon 1 075. U.S.A. 817. Turquie 558. P.-Bas 400. Pologne 387. Roumanie 370. Égypte 300. Syrie 297. Espagne 262. Irak 180. Indonésie 169. Tchéc. 161. Hongrie 160. Bulgarie 158. Yougoslavie 153. Mexique 151. *Monde 11 467*.

Coprah

Nom de l'albumen séché de la noix de coco. **Origine** (probable) : Sud-Est asiatique, mais on ne connaît pas de peuplements spontanés. **Aspect** : le cocotier commun peut atteindre 25 m de haut. Le tronc, appelé stipe, porte à son sommet un panache d'env. 30 feuilles de 5 à 6 m de long sur 2 m de large. Les palmes les plus âgées tombent en laissant sur le stipe une cicatrice. **Noix de coco** : comprend une enveloppe fibreuse, la *bourre*, épaisse de 2 à 5 cm (sert pour brosses, tapis brosses, fibres de rembourrage, de cordage). *Coque* : épaisse de 2 à 4 mm (dans l'artisanat : boutons, ustensiles de cuisine ; par combustion ménagée, elle donne un charbon très demandé pour la prod. de charbon actif utilisé comme agent filtrant notamment dans les centrales nucléaires). *Amande* : blanche creuse, tapisse la coque lorsque la noix est mûre. *Eau de coco* (boisson très utilisée, dont on fait aussi du vinaigre). *Fraîche* : utilisée pour la cuisine (râpée puis pressée pour extraire le lait de coco), les confiseries et la pâtisserie. *Séchée* (appelée coprah) contient 65 % d'huile qui entre dans la fabrication des graisses végétales, margarines, savons et cosmétiques. Riche en acide laurique, elle confère aux savons un bon pouvoir moussant. **Autres usages du cocotier** : *feuilles* tressées servant à la fabrication de cloisons. *Stipe* : peut être transformé en bois. *Sève* : donne un liquide analogue au vin de palme ; fermentée, elle devient vinaigre ou alcool dont on tire par distillation une eau-de-vie. *Bourgeon terminal (cœur de cocotier)* : excellent légume. **Vie** : plus de 50 ans. **Fructification** : variétés hybrides (entre Nains de Malaisie et Grands de l'Afrique de l'O.) créées par l'I.R.H.O., produisent dès 4 ans, plein rendement à partir de 8-10 ans. L'arbre émet chaque mois env. une inflorescence à l'aisselle de chaque feuille. 11 à 13 mois s'écoulent entre floraison et récolte. **Cultures** : régions tropicales au-dessous de 500 m d'alt. (température + de 20 °C). *Grandes régions* : Philippines, Indonésie, Inde, Sri Lanka, Malaisie, Papouasie-N.-Guinée, Polynésie, Mexique, Afrique de l'E., se développe en C.-d'Ivoire (projets en Amér. latine, surtout au Brésil). **Rendement** : cocotier sélectionné + de 100 noix par arbre et par an, soit 15 000 à 20 000 noix à l'ha correspondant à 3/4 t de coprah. Culture extensive : 3 000 à 6 000 noix par ha/an.

Production (milliers de t, 1984). Indonésie 1 731. Philippines 1 400. Inde 385. Malaisie 205. Papouasie-N.-Guinée 140. Mexique 120. Sri Lanka 100. *Monde 4 626*. **Commerce** (milliers de t, 1984). **Exp.** Papouasie-N.-Guinée 93,5. Vanuatu 46,7. Iles Salomon 43. **Imp.** Japon 72,9. All. féd. 63,6. Singapour 29,8. Suède 24,1. Danemark 18. Pakistan 15,6.

Corps gras

● **Définitions. Acides gras.** *Constitués* de chaînes carbonées plus ou moins saturées en atomes d'hydrogène. Ils se distinguent par la longueur de leur chaîne, leur degré d'insaturation, leur forme isométrique (CIS ou TRANS). *Stabilité* (résistance à l'oxydation). Dépend du degré d'insaturation, de leur importance respective (en %) dans le corps gras et de leur position sur la chaîne glycérol. Les acides gras saturés et mono-insaturés sont plus stables que les polyinsaturés. **Graisses et huiles.** Substances organiques insolubles dans l'eau. A la température d'un appartement, les graisses sont solides, les huiles sont liquides. *Constituants majeurs* : glycérides. 98 à 99 % de triglycérides (molécules de glycérol, combinées chacune à 3 molécules d'acides gras semblables ou différentes) et, en petites quantités (moins de 2 %) de phospholipides (type lécithine), stérols dont le cholestérol, vitamines lipo-solubles dont les tocophérols [alpha (vitamine E), gamma et delta (antioxygènes naturels)] et antioxydants naturels, de pigments (ex. carotène) et de produits odorants. **Graisses visibles**, ajoutées aux aliments les plus utilisés dans notre alimentation. *Origine animale* : beurre (émulsion d'eau dans 82 % minimum de matières grasses provenant du lait), saindoux, lard (graisse de porc), suif (gr. de bœuf ou de mouton), gr. d'oie, huiles marines (baleine) et h. de poisson. *Origine végétale* : huiles végétales (fluides ou concrètes ; composées de près de 100 % de matières grasses ; toutes les h. sont aussi « grasses » les unes que les autres), graisses végétales (beurre de cacao). **Margarines** : émulsions de 82 à 84 % d'huiles et de 16 % d'eau ou de lait, + 2 % d'additifs divers. Huiles utilisées : en général d'origine végétale, pures ou mélangées, avec parfois addition d'huiles de poisson ou de saindoux. Composition indiquée sur emballage. **Huiles végétales.** Extraites des plantes oléagineuses à graines ou à fruits. *Huiles fluides.* Liquides à température ambiante dans les régions tempérées. Viennent des fruits : olivier ; des graines : arachide, colza, maïs, soja, tournesol). *Huiles concrètes.* A l'état pâteux ou solide dans les régions tempérées, noix du cocotier (provenance de coprah), palmier à l'huile (la pulpe du fruit donnant l'huile de palme et l'amande du noyau, l'h. de palmiste). *Autres provenances* : sésame, noix, noisette, graines de coton, pépins de raisin, cameline, carthame, navette, moutarde.

Acides gras essentiels. *Acide linoléique* : l'organisme ne peut le synthétiser. Comme les autres acides gras, l'acide linoléique entre dans la constitution des membranes cellulaires et dans celles d'organites intra-cellulaires, comme le noyau et les mitochondries. Il est métabolisé en une famille d'acides gras précurseurs de molécules ayant une activité biologique, notamment les prostaglandines, qui jouent un rôle important au niveau des vaisseaux et de la coagulation du sang (le thromboxane A_2 est proagrégante, la prostacycline PGI_2 est antiagrégante). *Acide linolénique* : il entre en fortes proportions dans la constitution des cellules nerveuses : système nerveux central, neurones, cellules rétiniennes. L'acide linolénique se transforme en une série de composés analogues aux prostaglandines.

● **Composition (en %) des huiles alimentaires en acides gras saturés, mono-insaturés** (entre parenthèses), **polyinsaturés dont acide linolénique** (en italique) : arachide Afr. 20 (64) *16* ; Amérique 20 (44) *36* ; Colza 8 (62) *30 dont 10* ; maïs 13 (30) *57* ; olive 15 (73) *12* ; soja 15 (25) *60 dont 7* ; tournesol 12 (27) *61*.

Selon la réglementation française de 1973, seules les huiles dont la teneur en acide linolénique ne dépasse pas 2 % ont droit à la dénomination « huile pour fritures et assaisonnements » ; celles dont la teneur est supérieure à 2 % doivent être appelées « huile végétale pour assaisonnement ». Toutes les huiles végétales fluides peuvent être chauffées et utilisées en fritures, à condition de ne pas dépasser une température de 180 °C.

● **Production.** *Graines* (milliers de t, 1983). 1 835 dont colza 969, tournesol 837, soja 29. *Huiles* végétales fluides (milliers de t, en équivalent huile raffinée, 1982). 511,6 dont colza 242, soja 158, tournesol 88, arachide 23,6.

● **Provenance.** En milliers de t (huiles et graisses). Dans le monde, en 1980. **Animaux.** *Terrestres* : beurre 6 830, suif 6 156, saindoux 4 521 ; *marins* : poisson 1 215, baleine 15. **Végétaux.** *H. fluides* : 34 830 dont soja 14 900, tournesol 5 480, colza 3 820, arachide 3 410, coton 3 220, olive 1 990, divers 1 920 ; *h. concrètes* : 8 760 dont palme 5 080, coprah 2 850, palmiste 650, babassu 180 ; *h. industrielles* : 1 400 dont lin 890, ricin 380, tung 100, divers 30.

Consommation d'huiles végétales (en kg/h., par habitant, 1980) : P.-Bas 34, Portugal 28, Danemark 27, Italie 26, Autriche 26, *France 23*, Espagne 22, Belg.-Lux. 22, All. féd. 21, Norvège 21, Canada 19, G.-B. 19, Turquie (79) 17, Suisse 16, Japon 14, Irlande 14, Finlande 10, U.R.S.S. 10.

Consommation huiles fluides alimentaires en France (total en milliers de t, 1982). 637 dont tournesol 233, arachide 191, soja 95, colza 65, maïs 24,2, olive 21, autres 7,8.

● **Tourteaux.** Obtenus après pression et extraction de l'huile : riches en protéines, servent à la fabrication des farines destinées surtout à l'alimentation animale.

Bilan. *Production (1983, en milliers de t) et entre parenthèses consommation.* 1 180 (4 703 129) dont soja 654 (4 008 369), colza 342 (254 646), tournesol 166 (262 080), arachide 16 (47 802), lin 3 (94 171), coprah-palmiste (8 589), ricin 8, coton et autres 19.

Commerce de tourteaux (milliers de t, 82). **Exp.** Argentine 617,9. P.-B. 83,9. All. féd. 66,8. U.S.A. 56. Indonésie 27. Espagne 22. Belg.-Lux. 21,1. *France 20*. **Imp.** Danemark 289,9. All. féd. 234,3. All. dém. 110. P.-B. 77,9. Belg.-Lux. 71,1. G.-B. 64. *France 37,7*. Tchécoslovaquie 32.

Nota. — La France importe graines et tourteaux de soja (86 % de la consommation en 1981, venant des U.S.A., Brésil, Argentine), huile d'arachide, de tournesol et d'olive ; exporte graines et huile de colza, qui ne compensent pas le coût des importations. En 1984-85, le tourteau de colza « double zéro » dépelliculé rivalise avec les tourteaux de soja.

Protéagineux

Source de protéine : pois et féverole. *Féverole* (1982) : 33 545 ha, 25 q/ha (estim.), 90 000 t (estim.). *Pois* (1982) : 95 133 ha, 38 q/ha, 360 000 t (estim.).

Coton

Histoire. XIe s. Sarrasins et Arabes importent le coton en Sicile et au sud de l'Espagne. **XVIIe s.** début, l'Amérique du N. commence à cultiver du coton venant de graines indiennes. **1753** du coton de Caroline apparaît pour la 1re fois à la bourse de Londres. Récolte et traitement exigent à l'époque un travail manuel considérable exécuté par des esclaves. La mécanisation favorise le développement. **1764** James Hargreaves construit la 1re machine à filer comprenant plusieurs fuseaux et lui donne le nom de sa fille Spinning Jenny. **1785** Edmond Cartwright invente le 1er métier à tisser automatique. **V. 1900** la prod. mondiale de coton représente 80 % du marché mondial des textiles. **1950** 71 %. **1960** 68 %. **1980** 47 %.

Cultures. Situées entre 36° latitude Sud et 43° l. Nord. Sensible au froid à partir de + 5 °C, exige plus de 15 °C pendant 5 à 6 mois (sur un cycle de 6 à 8). **Aspect** : famille des malvacées. *Hauteur* : 25 cm à + de 2 m. En Inde et au Brésil du Nord, il croît sur plusieurs années (jusqu'à 15 ans). *Fleur* ressemblant à la rose trémière (passerose) et à la guimauve. Après la floraison, l'ovaire se transforme en capsule oblongue qui, en éclatant, permet aux filaments de sortir. Une *capsule* contient 6-10 graines, chacune donne naissance à 2 000, voire 7 000 filaments qui forment une sorte de boule d'ouate. 100 kg de graines de coton donnent env. 35 kg de fibres, 62 de graines (dont on extrait des protéines et de l'huile) et 3 de déchets.

Rendt : coton graines 1,25 t/ha ; fibres (1980) 125 à 1 300 kg/ha (moy. 440 kg/ha). **Variétés** : cotonnier des Barbades (haut de 1,50 à 4 m, à longs filaments 35 à 55 mm), du Pérou (le plus répandu en Amér. du S. et aux Antilles, filaments de 30 mm), velu (Sud des U.S.A., filaments de 15 à 20 mm), herbacé ou saurat (Inde), en arbre (4 à 6 m, originaire d'Afrique). Les graines représentant les 2/3 du poids de la récolte sont séchées, décortiquées et fournissent une huile à usage ind. et alimentaire. Le tourteau demi-décortiqué, ou en farine, est donné au bétail (favorise la lactation). **Production de graines** (1984, milliers de t). Chine 11 408. U.R.S.S. 5 350. U.S.A. 4 847. Inde 2 500. Pakistan 1 720. Brésil 1 179. Turquie 930. Égypte 700. Soudan 416. Mexique 395. Argentine 294. Grèce 290. Syrie 260. Australie 246. Colombie 200. Iran 176. Paraguay 174. Pérou 165. Israël 148. Zimbabwe 141. Nicaragua 125. Guatemala 100. Tchad 89. *Monde 33 224*.

Courge

Aspect : baie à écorces solides. Nombreuses formes. **Variétés** : potiron (fruit en forme de sphère, 50 cm de diamètre, plus de 40 kg), courge allongée (3 à 5 kg), c. baleine (40 kg), courgette (200 à 300 g).

Dattes

Aspect : dattier de 15 à 30 m de haut, produit vers la 12e année, peut porter 10 régimes par an pesant chacun de 6 à 8 kg, donne 40 à 100 kg de dattes par an (gén. 200 dattiers par ha). Seule la variété *degletnour* (en arabe : doigts de lumière) a droit à l'appellation de datte muscade (variétés réputées : sud de la province de Constantine, Tunisie). **Production** (1984, en milliers de t). Arabie Saoudite 440. Égypte 440. Irak 400. Iran 302. Pakistan 224. Algérie 210. Soudan 115. Libye 96. Yémen du N. 84. Tunisie 77. *Monde 2 781.* **Commerce** (milliers de t, 83). **Exp.** Irak 100. Arabie Saoudite 21. Pakistan 14,2. Iran 13. Tunisie 11,3. Koweit 10. **Imp.** Chine 35. Inde 20. France 14,7. U.S.A. 11,8.

Endives

Origine: culture développée surtout après 1918, améliorée dep. 1976 par forçage de la racine (15 t de chicons par ha en salle contre 10 t en culture traditionnelle). **Production en France** (racines, chicons, 1984). 577 990 t dont Nord 217 200, Somme 119 600, Finistère 30 400.

Épinards

Origine: herbacée venant de Perse, Turkestan, Afghanistan, cultivée en Espagne dès le XIe s. **Culture**: semis d'août à la fin de l'automne ; permet d'obtenir plusieurs récoltes de feuilles (généralement 3 par pied) jusqu'au printemps suivant. Si l'on sème en mars, une seule récolte de feuilles. **Rendt** (1984) : 14,1 t/ha. **Production** (en France, 1984). 95 186 t dont Morbihan 12 325, Finistère 12 000, B.-du-Rh. 12 000, E.-et-L. 8 595, Somme 7 650, Oise 7 200.

Fèves sèches

Origine (probable) : N. de l'Inde. Apparue en Égypte v. 2000 av. J.-C. (mets royal considéré comme un don des dieux, origine probable de la fève du gâteau des Rois). **Variétés** : *à grosses graines* : issues des v. potagères (rég. méditer.) ; *à graines rondes* (féverolles) : plus petites, mieux adaptées à une récolte mécanique [Chine, Europe occ. (France 200 000 t en 1984 : N.-Ouest, Nord, Est, Sud-Ouest, Yonne, Indre, Cher), Amér. du N.]. **Rendt** : 11,42 q/ha (monde 1982). 30 à 45 (Bassin méditer., Chine), 30 à 40 (Europe occid.). **Utilisation** : farine (pour la panification), légume, alimentation animale, protéines. **Production** (milliers de t, moy. 83-84). Chine 2 600. Éthiopie 456,3. Italie 203,3. Égypte 202,6. Maroc 83. *France 82 (1983 : 120).* Espagne 67. Mexique 66,3. Tchéc. 54,3. Turquie 53,3. G.-B. 130 (1984).

Figues

Origine : Orient et Afr. du N., autrefois cultivée aux env. de Paris (Argenteuil). **Aspect** : figuier 8 à 10 m de haut. **Vie** : 50 à 70 ans. **Variétés** : plus de 750 espèces (la plus connue la f. ordinaire ou de Carie). **Rendt** : 15 à 20 t/ha. **Récolte** toute l'année. **Utilisations** : fruit, alcool (arrack en Algérie). **Production** (milliers de t, moy. 71-75). Turquie 198,2. Portugal 184,4. Italie 145,8. Grèce 139,6. Espagne 90,2. *France* (1983) *2,9* t dont Var 1,6, B.-du-Rh. 0,5, Alpes-Mar. 0,2, Gard 0,15, Pyr.-Or. 0,1. *Monde 1 114.*

Fourrage

Statistiques. 1984. Surfaces toujours en herbe (S.T.H.) (12 535 000) : surfaces non incluses dans l'assolement. Flore généralement composite (graminées, légumineuses, divers), caractéristique du milieu et du mode d'exploitation. Le fourrage produit est généralement utilisé en pâture ou fauché (foin, ensilage). **Prairies temporaires** (3 371 000 ha) : incluses dans l'assolement, mais ensemencées avec une ou plusieurs graminées fourragères [dactyle ; fétuque élevée ; ray-grass d'Italie (courte durée), anglais, hybride ; fétuque des prés ; fléole ; brôme, etc.]. Le fourrage produit est utilisé en pâture ou fauché. Elles sont plus productives que les précédentes. **Prairies artificielles** (635 000 ha) : incluses dans l'assolement, ensemencées avec une légumineuse fourragère (haute teneur en protéines) : luzerne (principalement), trèfle violet (en régression). Le fourrage produit est généralement fauché. **Fourrages annuels** (1 571 000 ha) : maïs, sorgho, tournesol ; choux, pois, vesces et féveroles plus riches en protéines ; betteraves et autres plantes sarclées fourragères.

Fraises

Origine : certaines espèces sont indigènes, d'autres américaines (fr. écarlate de Virgine introduite au début du XVIIIe s., fr. du Chili en 1714) qui ont donné naissance par hybridation à des variétés à gros fruits. Vers la fin du XVe s., l'abbé Thivolet obtint les premières fr. remontantes à gros fruits (2 récoltes par an ; la plus connue : fr. St-Joseph). **Aspect** : le fruit du fraisier est constitué par de nombreux akènes (petites graines) répartis sur un réceptacle charnu. **Culture** : apprécie les terrains où les éléments silico-argileux prédominent ; les climats tempérés. Un fraisier produit dès la 2e année (pendant 2 à 3 ans). **Rendt** : 8,9 t/ha.

Production (1984, en t). U.S.A. 404 600. Japon 196 000. Pologne 190 000. U.R.S.S. 100 000. *France 90 000.* Espagne 82 000. Mexique 81 490. Corée du S. 65 959. G.-B. 64 000. Roumanie 45 000. All. féd. 42 799. Yougosl. 40 844. All. dém. 40 281. Canada 29 500. Turquie 26 300. P.-B. 25 000. Belg.-Lux. 24 400. Norvège 21 722. Tchéc. 21 160. Hongrie 20 000. Italie 15 000. Bulgarie 13 850. Autriche 13 763. Grèce 11 600. *Monde 1 861 048.*

En France. Principales variétés. *En serre chauffée* : Surprise des halles (tend à disparaître) [Vaucluse (févr.-mars), région d'Orléans (1-4/14-5 ; un peu déc.-janv.)]. *En plein champ* [principalement sous abri plastique) : Gorella (rendt par pied moy. 160 g), Red Gauntlet (122 g), Tioga (121 g), Sequoia, Aliso, Cambridge Favourite, Belrubi. **Superficies.** *Sous serre* : 47 ha (rendt 47 q/ha) ; *maraîchère* : 1 465 ha (83 q/ha) ; *plein champ* (81) : 7 702 ha (88 q/ha) (en milliers de t, 1983) : **Production** 87,5. **Imp.** 16. **Exp.** 9,5 dont C.E.E. 8,8 (All. féd. 5,7, U.E.B.L. 1,8, G.-B. 0,71, Suisse 0,56, P.-Bas 0,53).

Framboises

Origine : indigène en Europe. **Culture** : très résistante, croît presque partout, préfère sols frais et un peu calcaires. Craint la chaleur. **Variétés** : *Non remontantes* (Malling Promise, Glen Clova, Malling Exploit, Lloyd George, Capitou, Rose de la Côte-d'Or, Schoenemann). *Remontantes* (Zeva Remontante, September, Héritage).

Production (1984, en tonnes). U.R.S.S. 100 000. Pologne 29 286. G.-B. 24 000. All. féd. 23 651. Yougoslavie 23 321. *Monde 267 292.*

Fruits

Dans le monde

• **Production mondiale.** En millions de t, en 1982 : 3 052 dont banane 41,2, pomme 39,2, orange 35,9, banane plantain 22,6, mangue 13,5, poire 8,9, ananas 8,8, clémentine/mandarine 7,2, pêche/nectarine 7,1, raisin de table 7,0, prune 6,2, citron et lime 5,2, pamplemousse 4,4, datte 2,6, papaye 1,9, fraise 1,8, abricot 1,6, avocat 1,5.

Consommation de fruits (en kg, par hab., 1982-83). All. féd. 81. Italie 72. Grèce 70. P.-B. 70. U.E.B.L. 57. *France 53.* Danemark 35. G.-B. 33. Irlande 31.

En France

• **Commerce extérieur. Par espèces** (en milliers de t, en 1983). *Importations.* 2 128,1 dont abricot 17,7, ananas 37,4, avocat 50,8, banane 440,9, datte fraîche 14,5, cerise 1,7, châtaigne 6,8, citron 120,6, clémentine 237,9, fraise 16,1, framboise 1,5, mandarine 31,8, mangue 4,1, nectarine 16,5, noix en coque 0,7, orange 559,7, pamplemousse 128,5, pêche 26,6, pomme 104,4, poire 66,0, prune 14,3, raisin 140,7, autres fruits 88,0. *Exportations (réexportations comprises)* : 801,7 dont abricot 5,0, ananas 3,5, avocat 0,4, banane 13,0, datte fraîche 5,3, cerise 10,6, châtaigne 3,6, citron 2,5, clémentine 14,0, fraise 9,5, framboise 8, mandarine 2,2, mangue 0,1, nectarine 2,4, noix en coque 6,7, orange 16,2, pamplemousse 2,2, pêche 21,7, pomme 562,8, poire 79,4, prune 9,0, raisin 17,9, autres fruits 12,9.

Balance commerciale (en millions de F). *Fruits métropolitains. Solde* : *1980* : + 281 (importations 1 856, exportations 2 138). *81* : + 362 (2 192, 2 555). *82* : + 305 (2 564, 2 869). *83* : − 275 (3 049, 2 774). *Agrumes et fruits exotiques. 1980* : − 3 561 (imp. 3 789, réexp. 227). *81* : − 4 141 (4 435, 294). *82* : − 4 785 (5 083, 298). *83* : − 5 668 (6 001, 333).

Par provenance (fruits frais y compris agrumes, en 1983). Importations. 9 milliards de F de (en %) : Espagne 28,5, Italie 13, Martinique 6,7, Israël 5,7, U.S.A. 5,4, Maroc 5,2, C.-d'Ivoire 5,1, Guadeloupe 4,1, Afr. du S. 3,7, Tunisie 2,2, autres pays 20,4. **Exportations.** 3 milliards de F vers G.-B. 31,5, All. féd. 22,1, U.E.B.L. 10,5, P.-Bas 8,6, Suisse 4,4, Italie 4,3, Irlande 3,1, Danemark 2,1, Arabie S. 1,7, U.S.A. 1,1, autres pays 10,6.

• **Consommation de fruits frais en kg en 1981 ou 1980. Consommation totale dont, entre parenthèses, achat.** Abricot * 0,8 (0,7), ananas * 0,3 (0,3), banane 6,7, (6,7), cerise 1,9 (1,2), châtaigne * 0,3 (0,15), clémentine * 3,5 (3,5), citron * 1 (1,0), fraise * 2,5 (1,2), framboise/groseille * 0,3 (0,1), orange 8,6 (8,6), pamplemousse * 1,1, (1,1), pêche/nectarine 5 (4,7), poire 5,1 (4,4,), pomme 16,2 (13,4), prune * 1,5 (0,9), raisin 4 (3,8). **Achats par habitant** (en kg en 1981). Fruits métropolitains : 32,6. Agrumes et fruits exotiques 21.

Lieux d'achats en % (fruits frais, y compris agrumes). Marché 25, spécialiste 10, alimentation générale 15,4, petit libre-service 11,2, super, hypermarché 33,1, divers 5,3.

• **Production** (en milliers de t, en 1983). Abricot 93, amande 4, brugnon 8, cassis 6, cerise 86, châtaigne 11, clémentine 31, citron 1, coing 3, figue 3, fraise 87, framboise 6, groseille 1, kiwi 10, nectarine 60, noisette 2, noix 18, olive 3, orange 2, pêche 375 (blanche 96, jaune 279), pomme 1 475 (golden 1 009), poire 414 (d'été 211, d'automne 116, d'hiver 87), prune 151 (reine-claude 31, mirabelle 16, quetsche 7, pruneau 78), raisin 191. **En valeur**, en milliards de F (1983). 10,2 dont en % : Provence 21,3, Languedoc 13,3, Rhône-Alpes 11,6, Aquitaine 11,5, Pays-de-Loire 8.

• **Superficies exploitées** (en 1983, en ha). Abricot 12 789, amande 1 840, avocat 50, cassis 1 196, cerise 18 150, châtaigne 11 026 (*1945* : *169 700*), clémentine 2 148, citron 76, coing 316, figue 642, fraise 9 068, framboise 1 208, groseille 278, kiwi 796, nectarine, brugnon 4 989, noisette 1 036, noix 11 940 (*1945* : 2 800), olive 9 646 (*1945* : 70 400), orange 185, pêche 27 358 (*1970* : 51 500), pomme 64 426, poire 21 243 (*1970* : 32 800), prune 17 629, raisin de table 28 145.

• **Exploitations** (en %). **Taille.** *De 1 ha* : 64,5, *1 à 2* : 15, *2 à 5* : 12,5, *5 à 10* : 4,9, *10 à 20* : 2,8, *+ de 35* : 0,3.

Exploitation de fruits et légumes. *Fruits* (non compris raisin de table) dont vergers 6 espèces 90 500 (169 200 ha) ; *vergers* (abricotier, cerisier, pêcher, prunier, poirier, pommier) 121 600 (169 200 ha).

• **Sodas et jus de fruits en France. Production** (en millions de l, 1984). Boissons aux fruits 479. Limonades 330. Colas 235. Sodas aux extraits d'agrumes 184. Tonics et bitters 147. **Ventes** (1984). Jus de fruits 200 (dont orange 85, pomme 48, raisin 31, pamplemousse 10, ananas 8). Nectars 101 (dont abricot 6,3, poire 1,5).

Consommation (en hl, 1984). **Jus de fruits.** Orange 829 606. Pomme 440 779. Raisin 268 625. Pamplemousse 94 235. Ananas 82 558. Tomate 43 409. Légumes 6 050. Divers 99 450. **Nectars.** Abricot 62 888. Poire 14 885. Prune 3 535. Cassis 534. Autres 20 045. 2/3 des ventes ont lieu entre juin et sept.

Grenades

Aspect : fruit du grenadier. Sorte de grosse capsule à peau épaisse renfermant un grand nombre de graines. **Origine** : spontanée en Méditerranée. **Cultivée** dans le Midi de la France, Espagne, Afrique.

Groseilles

Aspect : fruit du groseillier. **Variétés** : Jonkheer Van Tets, Wilder, Stanza, Rondon. Le groseillier à maquereau est originaire du nord de l'Europe. Cultivé dep. le XVIe s., surtout en Hollande, Allemagne, Angleterre. **Production française** (en t, 1984). 1 741,5 dont Yonne 339,5, Lot 300, Rhône 120, Corrèze 100, Manche 89.

Haricots

Origine : Amérique, Inde, Chine ; introduit en Europe vers 1597. **Aspect** : herbacée annuelle. Tige 30 cm à 2,50 m. **Variétés** : *h. à parchemin ou à écosser* [on consomme les grains frais ou secs : flageolets blancs (Vendée : *mojette* ; Nord et P.-de-Calais : *lingots*), verts (ou *chevriers*) et *princesse vert* (Arpajon, E.-et-Loir, Val de Loire, Bretagne), rouges (Ch.-Maritime : *rouges de Marans*), ou jaunes selon la couleur du grain, h. suisse à grain allongé et large, h. de Soissons à grain blanc volumineux, h. sobre de Hollande à grain large ; variétés à rames exigeant un support : h. de Soissons, Liancourt, Chartres. *Variétés étrangères :* blancs genre flageolets (U.S.A., Eur. de l'Est) ; blancs genre cocos (U.S.A. : *Pea Beans ;* Chili : *Arroz, Cristales ;* Danube) ; blancs genre lingots (Argentine : *Alubias*) ; rouges (Madagascar) ; marbrés (U.S.A. : *Cranberries). H. verts* [dont on consomme la gousse : filet, mange-tout (vert et beurre)]. *H. ailés :* origine E.-Orient (Papouasie-N.-Guinée) ; riches en protéines (env. 20 %, sup. au manioc, patate douce, igname, p. de terre) ; transformables en farine pour bébés, alim. maternelle ; cult. expérimentale en C.-d'Ivoire, Ghana, Zaïre, Nigeria. **Culture :** semis au printemps jusqu'à la mi-août. **Récolte :** *h. à écosser* 4 à 5 mois après semis (rendt 15 à 20 hl/ha) ; *h. verts* 2,5 à 3 mois après semis (3 500 à 4 000 kg par ha) ; *h. mange-tout* presque à maturité (30 à 70 kg par are).

Production. Verts à écosser (1984, en milliers de t). Chine 382. Italie 257. Espagne 237. Égypte 120. U.S.A. 120. Japon 97. Roumanie 93. *Monde 2 425.* **Secs** (1984, en milliers de t). Inde 3 200. Brésil 2 109. Chine 1 848. Mexique 1 270. U.S.A. 919. Ouganda 360. Birmanie 329. Thaïlande 284. Burundi 260. Argentine 235. Tanzanie 220. Rwanda 170. Turquie 170. *Monde 14 125.*

Production de légumineuses sèches (1984, en milliers de t). Inde 12 320. U.R.S.S. 6 440. Chine 6 098. Brésil 2 144. Mexique 1 506. U.S.A. 1 142. Turquie 1 111. Nigeria 890. Éthiopie 791. Pakistan 732. *France 705.* Birmanie 573. Australie 556. Ouganda 421. Espagne 375. Thaïlande 355. Égypte 355. Indonésie 313. Maroc 300.

Commerce (milliers de t, 1983 : légumineuses sèches). **Exp. :** Turquie 607,3. U.S.A. 446,8. *France 362,7.* Canada 232,9. Thaïlande 211,8. Argentine 168,9. Mexique 113,5. Chine 101. Kenya 91,6. Birmanie 76,8. P.-B. 68,8. Australie 64. G.-B. 53,9. Chili 49,9. Hongrie 48,5. U.R.S.S. 46,9. **Imp. :** P.-B. 459,6. Japon 208,3. G.-B. 170,3. All. féd. 164,1. Italie 143,1. Algérie 124,5. U.E.B.L. 121,1. Égypte 114. *France 112,5.* Cuba 107,3. Chine 96. Pakistan 93,9. Venezuela 91,5. Colombie 83,2.

Horticulture ornementale (France)

Consommation de fleurs coupées et plantes en pot par habitant (en F, 1984). P.-Bas 565. Norvège 385. Danemark 384 [1]. All. féd. 296 [1]. Belg.-Lux. 225. France 205 [1]. G.-B. 92 [1].

Nota. — (1) 1983.

Superficie cultivée en ha, et entre parenthèses **nombre d'exploitations.** 21 010 ha (18 500) dont fleurs coupées 2 930 (rose 430, glaïeul 360, œillet 260) (8 010), plantes en pot, pl. vertes 1 250 (6 790), pl. à massif 850 (6 970), bulbes 800 (920), pépinières 15 180 (6 000). **Type de couverture** (en ha). Plein air 18 670, sous abri bas 220, sous abri haut 330 dont chauffé 60 ; sous serre 1 430 dont chauffée 970. Ensemble 20 650.

Main-d'œuvre (en unité de travail annuel, U.T.A.). 45 470 dont permanents 43 660 (salariés 23 320, familles 18 140) ; saisonniers 2 010.

Valeur à la production (en millions de F, 1985). Fleurs et plantes 4 433, pépinières 2 394.

Commerce (en millions de F, 1985). **Exp.** 514 dont produits de pépinière et plantes en pot 346,9, fleurs coupées 107,9, bulbes 37,4, feuillages 21,8. **Imp.** 2 481,2 dont produits de pépinière et plantes en pot 1 235,4, fleurs coupées 852,6, bulbes 368,1, feuillages 25,1.

Consommation des particuliers (1984) : 14,4 milliards de F.

Consommation des végétaux (en millions de F, 1984). *Intérieur :* 11 333 dont plantes en pot fleuries 4 057, fleurs coupées 3 763, compositions florales 2 629, plantes en pot vertes 884. *Extérieur :* 3 068 dont arbres et arbustes d'ornement 1 073, plantes à massif 608, bulbes et oignons 388, fruitiers et fraisiers 331, rosiers 265, autres plantes 341, graines de fleurs et gazon 62.

Fleurs coupées. Marchés de gros : production : Nice (St-Augustin), Ollioules ; distribution : Paris-Rungis ; régionaux : Lyon, Lille, Bordeaux. *Plantes en pot. Marchés de gros :* part moins importante, vente par tournée très courante. *Pépinières.* La plus grande partie commercialisée hors marchés, individuellement par les professionnels.

Détail. 25 000 professionnels, fleuristes en boutique et de marchés, marchands-grainiers, marbriers-fleuristes, commerce moderne.

Sociétés françaises de transmissions florales. *Interflora* (en 1981) : membres 5 286, ordres transmis : 1 431 356, C.A. 227 764 029 F. *Téléfleurs France :* créée 1971, 2 450 adhérents (févr. 83).

Houblon

Origine : Asie ; All. du S. à partir du VIIIe s. **Aspect :** plante grimpante jusqu'à 8 m. Pousse d'avril à sept., cultivé pour la bière en France (Alsace, Flandres, Bourgogne), All., Belg., G.-B., pays de l'Est, U.S.A., etc. La plante s'enroule autour d'un fil tuteur lié à un échafaudage (3 500 pieds/ha, 500 g de houblon par pied). Les fleurs femelles contiennent la *lupuline* (poudre jaune) qui sécrète les résines amères et des huiles. **Utilisation :** brasserie (la fleur femelle ajoutée au moût donne à la bière son goût et la conserve). Parfois on mange les jeunes pousses comme les asperges (Belgique, Allemagne). **Rendt :** variétés à arôme 28 à 38 q/ha ; v. riches en résine alpha 30 à 50 q/ha. Il faut env. 100 g par hl de bière.

Production (en milliers de t, 1984). All. féd. 35,5. U.S.A. 25,5. U.R.S.S. (est. 83) 12. Chine (est. 83) 11. Tchécoslovaquie 10,8. G.-B. 7,9. Yougoslavie 6,1.

Consommation. *France* 21 000 t. *Monde* 125 000 t.

Igname

Nom : Dioscorea batatas. **Origine :** Caraïbes. **Aspect :** plante grimpante à petites fleurs et rhizome tuberculeux pesant jusqu'à 20 kg. Frais, les tubercules très farineux sont toxiques. **Variétés :** plusieurs espèces tropicales ; « igname de Chine » en Europe. **Production** (milliers de t, 1984). Nigeria 16 625. C.-d'Ivoire 2 320. Bénin 680. Togo 550. Ghana 450. Cameroun 380. Éthiopie 282. Rép. centrafr. 200. Tchad 195. Brésil 180. Colombie 172. *Monde 23 299.*

Ilipe

Arbre de l'Inde, famille des sapotacés. Ses graines donnent une huile se liquéfiant vers 27 °C et utilisée dans la fabrication du savon.

Jojoba

Culture : en Europe : Italie (Sardaigne, Pouilles), Grèce, Espagne, limitée et expérimentale. Pousse à l'état naturel dans le N.-E. du Mexique et le S.-O. des U.S.A. Culture limitée en Israël. **Qualité :** résistance à la sécheresse (croissance rapide et profonde de sa racine), il a un rôle stabilisateur du sol. *Graines :* de la taille d'une petite noix, renferment env. 50 % d'une cire liquide pouvant remplacer beaucoup de produits dérivés du pétrole. Claire, non toxique, elle ne rancit pas et garde sa viscosité à haute température. Caractéristiques très voisines du blanc de baleine (huile de spermaceti). **Rendt :** env. 1 t de cire liquide/ha. **Prix** (1981) : 200 à 300 $/t.

Karité ou arbre à beurre

Arbre africain donnant 12 kg de noix sèches par an, dont les amandes fournissent environ 3,5 kg de matières grasses.

Kiwi

Nom : Actinidia chinensis. Le nom de kiwi a été adopté par la N.-Zélande en 1959 (du nom de la mascotte nationale, l'aptéryx, oiseau marcheur au long bec et aux rudiments d'ailes, spécifique de ce pays). **Origine :** hauts plateaux de Chine. Rapporté par l'explorateur anglais Fortune, décrit en 1847 par un botaniste français, Planchon. *Genre :* Actinidia (famille des Dilléniacées). **Description :** liane fruitière, pérenne, plante sauvage (lisières de forêts humides), peut atteindre + de 10 m de haut. *Fruits :* baies rouges appelées yang-tao, traduit initialement en français par « groseille de Chine ». **Variété :** néo-zél. Hayward, seule cultivée. **Qualités :** 2 à 3 fois plus riche en vitamine C que le citron ou l'orange et contient, en faibles quantités, des vitamines B1 (thiamine), B2 (riboflavine) et A (rétinol), riche en sels minéraux (env. 1 % : calcium, chlore, magnésium, phosphore, potassium, soufre...) et pauvre en nitrates. **Culture :** investissement de départ + de 200 000 F/ha, frais annuels 35 000 F/ha (pas de traitement, les parasites étant rares). N.-Zélande 15 500 ha (1985). **Rendt :** 600 à 800 fruits par arbre, 20 à 30 t/ha. *Récolte :* les derniers jours d'octobre. *Plantation :* chaque plante est unisexuée et possède soit des fleurs mâles, soit des fleurs femelles. 500 pieds femelles à l'hectare env. pour 85 mâles bien répartis.

Production (1985). N.-Zélande 108 750 (export. 87 000). France 9 000 t. **Consommation par hab.** (1984). Allem. 360 g, Japon 220 g., *France* 220 g.

Laitues

Variétés : laitues proprement dites (l. beurres), les l. grasses, batavias, romaines. **Production en France** (1984). Pommées et romaines 339 555 t dont B.-du-Rh. 49 800, Pyr.-Or. 42 950, Loiret 35 250, Yvelines 20 100, L.-Atl. 16 700.

Lavande

La cueillette de la lavande fine sauvage s'est développée dans les Alpes du Sud entre 1890 et 1914. Puis entre les deux guerres, la culture s'y est substituée progressivement. Jusqu'en 1929, date de la première grande crise économique mondiale, la production est en progression constante et atteint 150 tonnes. Quatre départements sont producteurs de lavande fine : les Alpes-de-Haute-Provence, les Hautes-Alpes, la Drôme et le Vaucluse. *Superficies plantées :* environ 5 500 hectares, 2 000 producteurs, 800 exploitations (— 30 % en 4 ans).

Production. Volume de production d'environ 90 tonnes/an (— 40 % en 20 ans). Raison essentielle : les importations d'essence en provenance des pays de l'Est, Bulgarie principalement et dans une moindre mesure U.R.S.S. Elles sont passées de moins de 10 tonnes en 1970 à 70 tonnes actuellement, soit presque l'équivalent de la production annuelle française. Les prix des essences bulgares, inférieurs de près de 50 % aux prix français, sont en effet fortement concurrentiels. Cette différence de prix tient à des coûts de production moins élevés mais surtout à une moindre qualité des essences.

Lavandin

Hybride de lavande vraie et d'aspic. Comme tous les hybrides, le lavandin ne peut pas être reproduit par multiplication sexuée ; les cultures sont réalisées à partir de boutures, chaque plant hybride pouvant être l'origine d'un clône. Les principaux sont : lavandin abrial, lavandin super, lavandin grosso. Culture beaucoup plus récente que celle de la lavande (en 1930, la production totale d'essence de lavandin était de l'ordre de 1 tonne), est réalisée en moindre altitude — en dessous de 900 m — et principalement dans des zones d'altitude moyenne de 600 m. La production à l'hectare est nettement supérieure à celle réalisée à partir de culture de lavande (de l'ordre de 50 à 70 kg par ha et probablement 100 kg par ha pour la variété grosso), mais l'essence produite est moins fine car elle contient, outre les constituants de l'essence de lavande, ceux de l'essence d'aspic (camphre, cineol, borneol).

Légumes

Dans le monde

Consommation (kg/habitant/an, 1980-81). Grèce 237. Turquie 196. Italie 172. Portugal 134. Espagne 133. *France 115.* Japon 112. U.S.A. 97. Autriche 90. Suisse 86. Irlande 83. P.-B. 82. Canada 78. G.-B. 76. U.R.S.S. 68. All. féd. 64. Belg.-Lux. 60. Danemark 57. Norvège 50. Suède 43. Finlande 25.

Production mondiale (en millions de t, 1982). Total 367 dont tomate 53,9, chou 36,2, pastèque 26,0, oignon 22,4, carotte 11,1, concombre/cornichon 11,0, melon 7,3, poivron 7,2, aubergine 4,8, petits pois 4,7, chou-fleur 4,7, haricot vert 2,4, ail 2,3, artichaut 1,2.

En France

● **Commerce extérieur de légumes frais. En valeur en 1983.** *Importations :* 3 milliards de F dont (en %) : Espagne 35,5, P.-Bas 19,6, U.E.B.L. 14,7, Italie 12,1, Maroc 9,7, Argentine 1,5, Sénégal 1,3, Canaries 1, Kenya 0,9, Burkina Faso 0,6, autres pays 3,1. *Exportations :* 1,9 milliard de F dont (en %) : All. féd. 41,9,

Suisse 15,6, G.-B. 11,3, U.E.B.L. 10,8, P.-Bas 6,9, Italie 3,9, Guadeloupe 1,1, Martinique 1,1, Tunisie 0,6, Algérie 0,3, autres pays 6,5.

Balances commerciales des légumes frais. *Solde 1980 :* – 650 (import. 1 903, export. 1 252). *81 :* – 714 (2 373, 1 659). *82 :* – 907 (2 654, 1 746). *83 :* – 1 240 (3 148, 1 907).

Par espèce en milliers de t (en 1983). Importations : 882,5 dont ail 10,9, artichaut 31,9, asperge 0,2, aubergine 17,9, carotte 96,3, céleri branche 14,2, céleri rave 12,4, champignon de couche 0,1, chou de Bruxelles 8,0, chou-fleur 6,8, chou pommé 15,1, concombre 20,9, cornichon 3,4, courgette 37,6, échalotte 0,7, endive 8,0, épinard 0,1, fenouil 15,4, haricot vert 27,6, melon 6,2, navet 0,1, oignon 147,4, pastèque 55,0, poireau 4,4, poivron 41,2, salades 22,1, tomate 219,0, autres légumes 60,0. **Exportations :** 414,2 dont ail 5,8, artichaut 3,6, asperge 15,4, aubergine 0,8, carotte 42,0, céleri branche 1,1, céleri rave ε, champignon de couche 4,2, chou de Bruxelles 0,1, chou-fleur 173,4, chou pommé 14,0, concombre 2,1, cornichon 1,7, courgette 5,4, échalotte 3,1, endive 4,4, épinard 0,3, fenouil 0,2, haricot vert 1,4, melon 19,6, navet 1,5, oignon 27,7, pastèque 3,4, poireau 5,2, poivron 6,5, salades 36,5, tomate 11,0, autres légumes 23,1.

● **Consommation de légumes frais (en kg par personne en 1981 ou 1980).** Artichaut 1,4, asperge * 0,7, aubergine/poivron 1,1, carotte 9,7, champign. de Paris * 0,4, chou de Bruxelles 0,5, chou-fleur 3, endive 3,2, épinard * 0,9, haricot vert 4,8, melon * 2, navet * 1,1, oignon * 3, petits pois * 0,9, poireau 5, salade (laitue, scar.) 8,7, tomate 9,9, pomme de terre 54,8 (dont achetées 38,5).

Lieux d'achat de légumes frais (non compris pommes de terre) en %, en 1981. Marché 30,4, spécialiste 10,3, alimentation générale 12,8, petit libre-service 10,0, super, hypermarché 31,5, divers 5,0.

● **Production de légumes en France.** Par espèces (en milliers de t, en 1983). Entre parenthèses en %. Ail 58,6, artichaut 70 (dont Bretagne 59,4, Languedoc-Roussillon 14,5), asperge 43,4 (dont Languedoc-Roussillon 33,6, Centre 18,7, Provence 15,1), aubergine 25, bette/poirée 18, betterave 87,9, carde/cardon 4,6, carotte 507,7 (dont Basse-Normandie 27,5, Provence 12,1, Bretagne 9,6, Picardie 10,6), céleri branche 58,7, céleri rave 45,5, champignon de couche 164,9, champignon sylvestre 9,1, chou de Bruxelles 30,3, chou à choucroute 65,3, chou-fleur 504,9 (dont Bretagne 73,2, Provence 7,8, I.-de-Fr. 6,7, Basse-Normandie 5,2), chou pommé 154,3, concombre 85,3, cornichon 14, courge/citrouille 12,8, courgette 66,7, échalote 23, endive 160,2 (dont Nord-P.-de-C. 60,8, Picardie 26,8), épinard 84,2, fenouil 7,1, haricot à écosser 103,5, haricot vert 180,2, laitue, frisée, scarole (dont Provence 22,1, Languedoc 20, Centre 9,1), mâche 6,4, maïs doux 80, melon 221, navet 66,4, oignon 169,8, pastèque 4,1, persil 19,6, petits pois 411,2, piment fort 1,7, poireau 241, poivron 24,8, radis 43,3, salsifis 21,1, tomate 769,5 (dont Provence 43,9, Languedoc 22,0, Aquitaine 13,6).

En valeur (en 1983). 18,5 milliards de F dont (en %) : Provence 16,6, Pays-de-Loire 9,4, Centre 8,8, Languedoc 7,7, Nord-P.-de-C. 7,3.

● **Superficies** (en ha, en 1983). Ail 7 253, artichaut 14 207, asperge 17 050, aubergine 1 089, bette/poirée 657, betterave potagère 2 924, carde/cardon 256, carotte 17 785, céleri branche 1 626, céleri rave 1 593, chou de Bruxelles 2 833, chou à choucroute 1 174, chou-fleur 42 495, chou pommé 6 944, concombre 662, cornichon 1 679, courge/citrouille 366, courgette 2 527, échalote 2 307, endive 14 797, épinard 6 355, fenouil 444, haricot à écosser 13 065, haricot vert 28 022, laitue, frisée, scarole 20 158, mâche 603, maïs doux 6 036, melon 15 744, navet 3 234, oignon 7 173, pastèque 178, persil 1 379, petit pois 43 158, piment fort 124, pissenlit 282, poireau 9 934, poivron 1 363, radis 2 421, salsifis 910, tomate 17 293.

● **Exploitations. Nombre.** Légumes de plein champ 92 500 (195 800 ha), de maraîchage 35 900 (41 400 ha).

Répartition selon la superficie. Légumes de plein champs et, entre parenthèses, de maraîchage (en %). *– de 1 ha :* 51,8 (64,9), *1 à 2 :* 17,8 (18,4), *2 à 5 :* 18,9 (12), *5 à 10 :* 7,9 (2,5), *10 à 35 :* 3,4 (0,6), *+ de 35 :* 0,2.

● **Serres maraîchères (fruits et légumes).** 5 810 ha utilisés (dont sous plastique 4 200) dont : Provence/Côte d'Azur 2 650 (dont sous plastique 2 200). Languedoc/Roussillon 860 (710). Rhône-Alpes 195 (150). Aquitaine/Midi-Pyr. 490 (450). Pays-de-Loire et Bretagne 770 (320). Centre et I.-de-Fr. 225 (100). Nord-Picardie 160 (65). Alsace-Lorraine 245 (90). Autres régions 215 (115).

Lentilles

Origine : Asie du S.-O. Cultivées dep. l'Antiquité. En France culture essentiellement auvergnate. **Aspect :** tige de 0,20 à 0,40 m. **Exigences :** climat régulier à pluviosité et températures moyennes. **Rendement :** 6,57 q/ha *(Monde 1982).* **Production** (1984, en milliers de t.) Inde 550. Turquie 450. Syrie 61. Canada 53. Bengladesh 48. U.S.A. 43. Éthiopie 42. Espagne 37. Maroc 32. **En France :** Loir-et-Cher, I.-et-L., Val de Loire, Cher, Auvergne (lentilles du Puy, du Cantal), Champagne. **Imp.** blondes (pourtour de la Méditerranée, U.S.A., Chili) ; vertes (Espagne).

Lin

Variétés : environ une centaine d'espèces (textiles, oléagineuses ou mixtes). Aspects : lin commun cultivé pour la graine (haut. 0,3 à 0,8 m), la fibre (0,7 à 1 m et plus). **Lin textile. Culture :** en assolement, vient après le blé, les céréales secondaires ou plantes sarclées. Demande un climat doux et brumeux, un sol argilo-sableux, profond et frais. *Semailles* en France en général v. 20 mars-5 avr., récolte 100 j après pour les lins textiles, 150 j après pour les lins oléagineux. Après l'arrachage, la paille est étalée sur le sol pour le *rouissage* (3 à 8 semaines) : sous l'action de la chaleur et de l'humidité, des bactéries et des moisissures se développent et attaquent les ciments qui font adhérer les fibres à la tige de la plante. Ensuite, le lin est lié mécaniquement à l'aide de lieuses en bottes de 4 à 8 kg, puis ramassé de plus en plus souvent mécaniquement et mis en balles parallélépipédiques ; ou bien l'andin est directement enroulé en « rounders » et stocké sous hangar. Le *treillage* consiste ensuite à séparer les filasses avec une *teilleuse* qui broie la partie boisée de la paille en fragments fins *(anas)* et bat ceux-ci pour les éliminer de la filasse. 100 kg de paille donnent 50 kg d'anas, 16 kg de lins teillés ; 10 kg d'étoupes, 8 kg de graines, 8 kg de pailettes. **Utilisations :** *lin teillé :* filature (étoffes, dont ameublement et habillement 45 %, linge de maison, tissus techniques 55 %) ; *étoupes :* en plus des précédents usages : ficelles, papiers ; *anas :* panneaux et combustible ; *paillettes :* aliment du bétail ; *déchets :* papeterie, matelasserie ; *terres et poussières :* engrais organiques. **Graines** venant de lins textiles et surtout de lins oléagineux (jusqu'à 10 graines brunes ou jaunes de 4 à 6 mm dans une capsule) : *huile* (pour peinture, vernis, encre d'imprimeur, linoléum), *tourteaux* pour animaux.

Production de graines de lin (1984, milliers de t). Canada 676. Argentine 600. Inde 440. U.R.S.S. 210. U.S.A. 192. Chine 95. Roumanie 42. *Monde 2 466.* **Commerce des graines** (milliers de t, 1985). **Exp.** Canada 470,7. Belg.-Lux. 27. *France 15.* Argentine 6,3. **Imp.** All. féd. 200,3. Japon 91,1. U.S.A. 76,2. G.-B. 51,1. Tchécosl. 39. Belg.-Lux. 31,4. Italie 9,8.

Culture en France. 50 027 ha en 1984. En 1981, 80 % des superficies de la C.E.E., 6 500 agriculteurs dans : Nord, P.-de-Calais, Somme, S.-Maritime, Calvados, Eure, Oise, S.-et-M. **Production** (1977). *Pailles de lin roui non battu :* 288 500 t ; *teillage :* 205 300 t (1 500 personnes, ch. d'aff. 350 millions de F) ; *filasses* (lin teillé + étoupes) : 71 283 t, soit 85 % de la C.E.E., 62 entreprises employant 100 teilleuses dont 44 privées (59 teilleuses), 18 coopératives (41 teilleuses) ; (prod. 83 : 248 622 t). *Filature :* 10 000 t (30 % de la C.E.E.) ; *tissage :* 8 400 t (25 % de la C.E.E.). *Effectifs :* prod. et transformation du lin, 12 000. *Balance du commerce extérieur* + 410 millions de F (1980).

Lupin

Aspect : plante herbacée, annuelle ou vivace, cultivée comme engrais vert, fourrage ou plante ornementale, famille des papilionacées. Fleurs groupées en grappe dressée ou en épi, feuilles palmées. **Variétés :** lupin blanc (engrais, pâturage des moutons), bleu, jaune (Allemagne), variable (ornemental). **Espèces vivaces :** lupin arborescent, hérissé, polyphylle.

Luzerne

Origine : Transcaucasie. **Aspect :** légumineuse vivace à racine pivotante, tiges ramifiées (75 à 80 cm de h.), feuilles à 3 folioles ovales allongées, fleurs en grappes souvent violettes. **Culture :** semis à l'automne dans le Midi, au printemps dans le Centre et le N. (25 kg de graines à l'ha). **Récolte :** fauche avant la floraison ou à l'épanouissement des 1res fleurs. La l. flamande, en culture irriguée, fournit 6 à 8 coupes par an. La 1re coupe est souvent la plus abondante. **Rendement max. :** variétés précoces 2e an., tardives 3e ou 4e.

Maïs

Nom. De mahiz, nom que lui donnaient les Caraïbes lors de l'arrivée des Européens. **Origine :** *5000 a. av. J.-C. :* hauts plateaux du Mexique ou ensemble de l'Amér. Centrale et du S. *1202-04 :* essai en Piémont (semence apportée de Constantinople). *1492 :* découverte de l'Amérique. Christophe Colomb rapporte des grains en Europe. Cultivé en France fin du XVe s. *1532 :* herbier de Jérôme Bock, plus vieux texte se rapportant au maïs. *1536 :* 1re mention irréfutable du maïs en Fr. par le botaniste Jean Ruel. *1542 :* 1res illustrations. Appelé « Fromentum turcinum » ou « blé sarrazin » par Fuchs. *1600-1700 :* en P. basque puis Béarn, appelé « le pain des pauvres ». *1840 :* 632 000 ha cultivés (541 000 t de grains, rendement 8,5 q/ha). *1934 :* création de l'Association gén. des producteurs de maïs. *1938 :* 322 000 ha (580 000 t, 18 q/ha). *1957 : INRA 200,* 1er hybride précoce français. *1958 : INRA 258,* hybride précoce à la base du développement du maïs en Fr. et en Europe. *1958 :* les triazines permettent le désherbage chimique du maïs. Le maïs actuel ne peut survivre sans l'homme. Il ne possède pas, à l'inverse du téosinte et du tripsacum, d'organe de résistance ni de mécanisme de dissémination de ses graines.

Aspect : graminée [seul de cette famille (avec le téosinte)]. Tige généralement unique (1,80 m à 2 m, parfois 4 m) portant de 12 à 20 feuilles (4 à 10 cm de large), fleurs mâles et femelles non bisexuées, un seul épi situé à l'aisselle des feuilles (compact) par plante (mais elle peut en produire 2 à 6 à faible peuplement) portant 8 à 28 rangées de grains. **Croissance :** fin avril à fin sept. *Levée :* 12 à 15 j après le semis, *développement des feuilles :* env. 1 mois, *allongement de la plante :* 6 semaines, *maturation du grain :* 2 mois.

Culture : les engrais rendent l'assolement moins rigoureux qu'autrefois. Sol légèrement humide. *Au semis,* levée lente ou impossible à 10 °C ; moyenne (14 à 18 j) à 12 °C ; rapide (7 à 10 j) à 15,5 °C. *Croissance* nulle à 7 °C, modeste à 14 °C, très rapide à 21 °C. *Temp. mensuelles favorables :* mai 15 à 18°, juin 19 à 20, juil. 20 à 23, août 19 à 21. Les variétés précoces utilisées en Normandie et dans le bassin Parisien sont assez résistantes au froid [il y a 40 ans, le m. n'était cultivé qu'en bassin Aquitain, Alsace, Anjou et Bresse (printemps humide, été sec et chaud)]. *Semis :* en France 20 avr.-10 mai. *Peuplement/ha :* maïs grain, 50 000 à 110 000 pieds ; maïs ensilage, 70 000 à 130 000.

Rendement pour un semis de 87 500 grains/ha : on a un peuplement-tige de 74 000 à 78 000 plantes, la récolte (100 à 110 épis pour 100 tiges) sera de 75 000 à 85 000 épis. *En quintaux/ha* (1985) : U.S.A. 72,2. Italie 71. *France 66,2.* Chine 37,3. Brésil 18,1. Records de la culture : U.S.A. 232 q de grains/ha, France 171.

Coûts de production : équivalents à ceux du blé.

Récolte. A l'automne : conservation *en épis* à des humidités variant selon régions et années de 25 à 40 % et séchés naturellement en cribs (Sud, en Pays de la Loire, Alsace). 1 m³ de crib permet de stocker 5 q d'épis frais ou 3 q de maïs grains à 15 % d'humidité : 1 m linéaire de crib (4 m de haut sur 0,90 m de large) contient 3,6 m³ d'épis soit 10 à 11 q de grains secs ; ou en grains avec 80 % de la récolte et séché artificiellement. **Ensilage.** La plante entière est ensilée pour l'alimentation du bétail. Elle constitue une excellente source d'énergie (enrichi en protéines par du soja ou de l'urée).

Culture de maïs. Ensilage en France (en milliers d'ha). *1960 :* 260, *70 :* 385, *84 :* 1 400.

Variétés : *grains :* blanc, jaune (99 % des m. cultivés), violet, noir. *Maïs dentés* (indentata ou dent-corn, type de maïs américain) : contiennent surtout de l'amidon farineux et un peu d'amidon corné à la périphérie sauf à l'extrémité. A maturité, la partie farineuse se rétracte ce qui provoque une dépression en dent du cheval, d'où leur nom. *Grains cornés* (indurata ou flint-corn cultivés en Argentine et en Afr. du S.) : contiennent surtout de l'amidon vitreux qui constitue à leur périphérie une coque épaisse et indéformable. A maturité, leur aspect ne se modifie pas. Seul l'amidon farineux du centre se crevasse. *Grains cornés-dentés :* croisements des deux types. Caractéristiques intermédiaires ; bien adapté à l'Europe. *M. sucrés* (succharata) : ont perdu la faculté de synthèse de l'amidon, leurs réserves sont constituées par des sucres ; consommées en vert comme légumes. *M. à éclater* (*Pop'corn* everta) : m. corné à petit grain pointu éclatant à la chaleur.

Utilisation. Tiges : pâte à papier, soie artificielle. **Rafles** : furfurol, combustible, abrasifs, support prod. pharmaceutiques, revêtements de sol, humus, panneaux ligneux. **Grains** : *amidonnerie* [le m. est la céréale qui fournit le plus d'amidon ; 100 kg donnent 65 à 67 kg d'a., 12 kg de son, 5 kg de gluten, 3 l d'huile brute et 4 kg de tourteaux de germes]. *Produits dérivés :* antibiotiques, alim. du bétail, protéines, vernis, text. artificiels, disques ; b. brute pour fonderie et savonnerie, pharmacie ; h. de table, tourteaux, margarine (après raffinage) ; colles, prod. pour brasserie, confiserie, biscuiterie, pâtisserie, charcuterie, potages, sauces, entremets, alim. pour enfants, apprêts pour textiles, tannerie. *Semoulerie :* farines, semoules [*corn-flakes* obtenus à partir de semoules grossières aromatisées de malt, sucre, etc. passées, après une 1re cuisson, dans des compresseurs cylindriques et transformées en flocons puis grillées ; *gritz* (semoules grossières pouvant entrer jusqu'à 25 % des matières premières dans la composition de la bière, fournissent plus d'alcool que le malt et améliorent la qualité de la bière en raison de leur plus faible teneur en matières azotées et en assurent ainsi une meilleure conservation)], h. de germe, son et sous-produits (alim. de bétail). *Distillerie :* whisky, gin, bourbon.

Production (millions de t, 1985). U.S.A. 218,5. Chine 67,3. Brésil 21,3. Mexique 14,8. U.R.S.S. 13,5. Argentine 12,6. *France 12,3.* Roumanie 12. Yougoslavie 9. Inde 8. Afr. du S. 7,4. Canada 7,3. Italie 6,9. Hongrie 6,7. Indonésie 5,3. Thaïlande 5. Égypte 4,2. Corée du N. 2,7. *Monde 483,1.*

Commerce (en millions de t, 1984). **Exp.** U.S.A. 49,2. Argentine 5,6. *France 4,6.* Thaïlande 3,2. Yougoslavie 0,7. **Imp.** Japon 14,2. Corée du S. 4,1. Espagne 2,7. Chine 2,5. Mexique 2,5. P.-Bas 2,2. Afr. du S. 2,1. Portugal 2. Égypte 1,6. Belg.-Lux. 1,5. Italie 1,5. Royaume-Uni 1,5.

Consommation. *Alimentation animale* 65 % (pays industrialisés 80 %) de la production ; *alimentation humaine* et *usages industriels* 27 %. **Consommation humaine** (kg/an/hab.) : moy. 15 ; pays en voie de développement entre 20 et 40 (Mexique, Guatemala 100 kg). *Record :* U.S.A. 430 ; Argentine, Brésil 150 ; U.R.S.S. et pays de l'Est 90.

Mandarines

Nom : vient de l'espagnol *Naranja mandarina* (orange des mandarins). **Origine** : Asie. **Variétés** : *Ordinaire*, nombreux pépins, mûre en déc. et janv ; *satsuma*, précoce (oct.), mûre quand la peau est encore verte ; *wilking*, ressemble à la clémentine, 2e quinzaine de janv. ; *tangerine dancy*, plus rouge que la clémentine, tardive (mars), 4 à 6 m de haut. **Rendement** : 30 t/ha, 150 kg/arbre env.

Nouvelles variétés (hybrides). Tangelo (tangérine + pomélo) et tangor (tangérine + orange). La 1re partie du nom rappelle la ville de Tanger où l'on consommait une variété d'orange à petits fruits aux coloris très foncés voisins de ceux de la tangérine. Variétés les plus tardives (avril-mai) : les Tangors « Temple » et « Topaz », importées de Floride et d'Israël. Le tangelo « Minneola » est importé des U.S.A. et d'Israël (4 000 t/an). **Production de tangerines, mandarines, clémentines et satsumas** (1984, en milliers de t). Japon 2 859. Espagne 1 117. Brésil 571. U.S.A. 546. Italie 407. Chine 269. Maroc 245. Turquie 239. Argentine 239. Pakistan 205. Israël 147. *Monde 7 729.* **Consommation** (1974, en kg par h. par an). Italie 4,32. *France 0,57.* Pays-Bas 0,21. All. féd. 0,16. Belgique-Lux. 0,13. Danemark 0,04. Irlande 0,002. **Commerce.** V. Oranges.

Mangue

Nom : du malais « mangga ». Fruit du manguier de l'Inde (mangifera indica). Cultures par greffes. **Origine** : Asie, Afrique et Amérique tropicales. **Aspect de l'arbre** : écorce épaisse, brunâtre, feuilles lancéolées, fleurs petites et rougeâtres. **Variétés** : julie, reine-Amélie, crassous, freycinet (Antilles fr.) ; cambodiana (Viêt-nam) ; alphonso (Inde). **Production** (1984, en milliers de t). Inde 8 700. Pakistan 683. Mexique 665. Brésil 550. Philippines 550. Chine 353. Haïti 340. Rép. dominicaine 184. Tanzanie 182. Bangladesh 182. Madagascar 160. Zaïre 137. Venezuela 111. Égypte 100. *Monde 13 906.*

Manioc

Nom : *manihot* apparaît en français en 1558, devient maniot en 1578 et manioc en 1614. **Origine** : Amazonie. **Aspect** : tige de 2 à 5 m. Reste 8 mois à 2 ans dans le sol. On consomme les racines (poids : 1 à 3 kg). La fécule pure est obtenue après râpage, tamisage, élimination de l'eau de végétation, purification, concentration et séchage. Dans la terminologie du commerce international, le mot « tapioca » (du tupi guarani « tipioka » ou « tipiak ») désigne les racines (tapioca roots), la farine — telle quelle (t. meal) ou agglomérée (t. pellets) —, l'amidon (t. flour) et le gel sec de ce dernier en flocons (t. flakes), en granules (t. granules) ou en perles (t. pearls) ; la farine de manioc est utilisée dans l'alimentation animale ; le gel sec d'amidon sous ses différentes formes est utilisé au contraire pour ses propriétés particulières dans certaines préparations culinaires très élaborées. **Production** (prév. 1985, en milliers de t). Brésil 23 000. Thaïlande 20 000. Zaïre 16 000. Indonésie 14 500. Nigeria 13 000. Inde 5 800. Tanzanie 5 700. Chine 4 100. Ouganda 3 500. Ghana 3 100. Viêt-nam 2 700. Mozambique 2 500. Madagascar 2 100. Philippines 2 100. Paraguay 2 100. Colombie 1 700. Angola 1 600. *Monde 136 200.*

Melons

Origine : Asie Mineure, introduits par les papes en Italie à Cantalupo (Cantaloup) ; en France à la fin du XVe s. (retour de Charles VIII). Cucurbitacées. **Variétés** : **3 groupes** : melons brodés (sucrin de Tours) ; m. cantaloups à peau lisse, tranches marquées (charentais) ; m. d'hiver ou de garde, peau lisse, chair orangée ou verdâtre, se conserve longtemps (m. d'Antibes). **Production** (cantaloups et autres melons, milliers de t, 1983). Chine 1 825. U.S.A. 844. Espagne 668. Iran 536. Égypte 400. Syrie 372. Mexique 360. Japon 350. Italie 345. *France 241.* Maroc 156. Chili 148. Roumanie 140. Irak 130. Corée du S. 128. Afghanistan 120. Tunisie 110. Grèce 110. Bangladesh 108. *Monde 7 707.*

Commerce en France (en t, 1983). **Exp.** 19 638 *vers* U.E.B.L. 6 996, Suisse 6 855, G.-B. 2 509, P.-B. 2 107, All. féd. 900.

Méteil

Du latin *metellum* ou *mistillum* issu de *mistus* ou *mixtus :* mêlé. Mélange de seigle et de blé semés et récoltés ensemble ; le petit méteil contient davantage de seigle, le grand méteil davantage de blé.

Mil et Millet

Origine : asiatique et africaine.

• **Mil. Nom.** *Pennisetum typhoïdes : Pearl millet* en anglais, mil à chandelle ou mil pénicillaire en français. **Culture** : Afr. sahélienne et sub-désertique car ses besoins en eau sont faibles (400 à 700 mm pendant un cycle de 60 à 90 j), semis avr.-mai. **Rendement** : 300 à 1 500 kg/ha. **Variétés** : m. à chandelles (Inde : bajra), éleusine (Inde : ragi), m. commun (proso), m. d'It. ou mil. à oiseaux, m. barnyard (ou du Japon).

• **Millet.** Ensemble de plusieurs espèces graminées sauvages récoltées en cas de disette avec des rendements dérisoires dans différentes régions du monde. Utilisé par Gaulois et Germains.

Production (1984, en milliers de t). Inde 12 000. Chine 7 002. Nigeria 3 500. U.R.S.S. 2 200. Niger 1 300. Mali 850. Sénégal 800. Égypte 650. Ouganda 600. Burkina Faso 550. Tchad 550. Corée du N. 535. Soudan 450. Cameroun 440. *Monde 33 662.*

Muscadier

Origine : îles des Moluques. Arbre de 10 m de haut. Cultivé pour sa graine dont l'amande est la noix de muscade (condiment et utilisé en pharmacie et en parfumerie). **Produit** : après 7 ou 8 ans. **Rendt** : 5 kg par arbre.

Navet

Origine : Europe du N. **Variétés** : navets plats et ronds, demi-longs à longs. **Culture** : en pleine terre (semis de printemps à partir du 15 mars, d'été de fin juill. à mi-sept.) ou forcée. **En France** (1984). *Production :* 67 772 t.

Navette

Oléagineux de la famille des crucifères. Culture en déclin en France.

Noisettes

Famille des bétulacées, espèce Corylus avellana. **Aspect** : fruit sec à péricarpe ligneux pesant de 2 à 5 g, renfermant une seule amande et entouré d'un involucre foliacé et denté. **Utilisations** : noisettes consommées fraîches ou sèches en dessert mais surtout utilisées décortiquées pour la chocolaterie, la biscuiterie, la pâtisserie-confiserie. **Culture** : mise à fruit rapide, production conséquente dès la 5e-6e année. Cueillette en août-septembre. **Variétés** : grande culture : Segorbe, Fertile de Coutard, Ennis, Merveille de Bollwiller, Butler ; variétés secondaires : Cosford, Longue d'Espagne, Gunslebert, Daviana, Berguri, Negret.

Production (milliers de t, prév. 1985). Turquie 250. Italie 130. Espagne 32. U.S.A. 21. Grèce 13 (1). Iran 7 (2). U.R.S.S. 4 (2). Burkina 1,9 (2). *France 1,3.* Portugal 1,1 (1). *Monde 551* (1).

Nota. — (1) 1984. (2) 1983.

France. *Culture :* S.-O. (1 600 ha), Corse, Pyr.-Or. *Importations* (1984) : 1 600 t coques, 16 000 t amandons.

Noix

Famille des Juglandacées, espèce Juglans regia. **Origine** : Arménie, introduite par les Romains. Existe depuis plus de 2 000 a. dans le bassin méditerranéen. Vit à l'état sauvage en Arménie, Caucase, mer Caspienne, N. de l'Inde, Birmanie. Abondante en France (Isère, Drôme, Dordogne, Lot, Corrèze, Charente, Alsace). **Aspect** : fruit sec, constitué de 2 valves soudées renfermant une amande (cerneau) cérébriforme du fait de la présence de cloisons internes et entouré d'une enveloppe verte, le brou, qui s'ouvre à maturité. **Culture** : sensible aux gelées de printemps. Fructifie vers la 6e année. Production importante dès la 10e-15e année. Cueillette sept.-oct. ; 80 à 160 arbres/ha. **Utilisations** : noix consommée comme dessert (fraîche ou sèche) ; cerneau utilisé en pâtisserie-confiserie, en fromagerie, huile ; brou pour liqueur et teinture pour bois ; bois très recherché en ébénisterie ; feuilles (tonique). **Variétés** : Franquette (Périgord, Vallée de la Garonne et surtout Isère), à maturité à la mi-oct., Mayette, plus précoce, et Parisienne (Isère), Marbot (Lot, Sud-Corrèze), Corne, rustique, petit calibre, coque très dure et épaisse (Nord-Dordogne, Corrèze), Grandjean (région de Sarlat, Dordogne). *2 dénominations régionales :* noix du Périgord (10 000 t/an) ; noix de Grenoble (9 000 t/an), seul fruit avec le raisin « Chasselas de Moissac » à bénéficier d'une appellation d'origine contrôlée.

Production (milliers de t, 1984). Totale et, entre parenthèses, commercialisée en 1985. U.S.A. (env.) 200 (195). Turquie 120 (17). Chine 120. U.R.S.S. 57. Italie 48,5 (15). Roumanie 40. Youg. 37,4. *France 26,9 (30).* Bulgarie 23,8. Grèce 20,5. Inde 16,4 (15). Tchéc. 12. Hongrie 11,7. Autriche 11,6. All. féd. 9,6. Espagne 9. Portugal 6,6. Argentine 6,1. Mexique 6. Maroc 5,7. Suisse 4,3. G.-B. 4. *Monde 784,2.*

En France. Superficie : 11 918 ha (1984). **Prod. commercialisée** : 18 000 t (1983). **Exp.** 4 706 t en coque, 1 635 t à l'état de cerneaux, *vers* l'All. féd., Belg., Suisse. **Imp.** *de* U.S.A.

Oignons

Origine : Iran. **Aspect** : herbacée bisannuelle de la famille des liliacées. Tige souterraine en forme de bulbe (partie comestible). 2e année fruit [capsule triangulaire remplie de petites graines noires (250 dans 1 g)]. **Variétés** : *o. frais avec feuillage* (mars à juillet) : Merveilles de Pompéi, Baletta, Jolly, extra hâtif, de Malakoff, Vaugirard, Paris. *O. secs* (récolte à partir de juillet) : Rouges et Rosés (Rouge pâle de Niort, Rouge de Huy, Rosé de Roscoff) ; jaunes (Valencia Temprana, o. de Mulhouse, Auxonne, Sélestat) ; prod. tardive (Jaune Paille des Vertus, Grano, Doré de Parme, Rijnsburger). **Culture** : potagère pour les o. blancs. Bretagne (C.-du.N., Finistère), Aisne, Oise, S.-et-O. (L.-et-G.). *Semis* fin fév. à début mars. *Récolte* août. **Rendement** : 20 000 à 25 000 kg par ha. **Production** (1985, en milliers de t). Chine 3 200. Inde 2 850. U.R.S.S. 2 200. U.S.A. 1 905. Espagne 1 213. Turquie 1 141. Japon 1 099. Iran 766. Brésil 703. P.-Bas 596. Italie 503. Pakistan 500. Égypte 400. Corée du S. 362. Colombie 336. Yougoslavie 327. G.-B. 305. Roumanie 300. Argentine 290. Maroc 250. Indonésie 210. *France 186.* Hongrie 182. *Monde 24 003.*

Olives

● **Olivier** : probablement originaire d'Asie Mineure, cultivé en Égypte au XIIIe s. av. J.-C. Connu en Provence probablement vers le XIe s. av. J.-C. (invasion des Phéniciens). Vit parfois plus de 1 000 ans. Exige un climat méditerranéen sec à hivers courts et étés chauds et une grande luminosité, une température supérieure à 12 °C pour entrer en végétation. Il gèle au-dessous de −12 °C en hiver et de −7 °C au printemps ; il s'adapte à tous les sols (sauf humides). Rarement cultivé au-dessus de 400 m d'alt. (800 dans les Alpes-Mar.), peut atteindre 12 à 15 m et donne en Corse et dans les Alpes-Mar. plus de 100 kg d'olives 1 an sur 2 (beaucoup seulement 15 à 25 kg). Actuellement, la plupart des plantations se font avec des oliviers issus de boutures herbacées qui commencent à produire au bout de 4 a. Floraison : entre mai et juin. Récolte : en vert de fin août à nov. par peigne manuel ou vibrant et filets au sol ; par secoueur ou vibreur, de tronc de branches, avec filets au sol ou récepteur tracté ; en mûr entre nov. et janvier suivant espèces et régions. Chaque rameau ne fructifie qu'une fois dans sa vie. **Rendement** : 1 kg d'huile pour 5 kg de fruits ; de 1 à 2,5 l environ par arbre (1 l d'huile pèse entre 914 et 920 g).

● **Olive** : drupe ovoïde passant du vert pâle au noir au fur et à mesure de la maturation. **Destination** : *ol. de table* (hors-d'œuvre ou condiments) : ol. vertes cueillies avant maturité, adoucies dans un bain alcalin (soude ou potasse) et conservées dans une saumure ; ol. noires cueillies mûres non désamérisées, conservées en saumure ou au sel sec ; *huile d'olive vierge* obtenue uniquement par des procédés mécaniques et n'ayant subi aucun traitement chimique ; vierge *« extra »* (jusqu'à 1° d'acidité) ; *« fine »* (jusqu'à 1,5° d'acidité) ; *« courante »* ou *« semi-fine »* (jusqu'à 3° d'acidité) [propres à la consommation en l'état, ont droit au qualificatif de « naturelles »] ; *h. « pures » d'olive* : coupage d'h. d'olive vierge avec de l'h. d'olive *raffinée* obtenue à partir d'h. d'o. impropre à la consommation à l'état naturel, jaune clair, sans odeur ou saveur spécifiques ; *h. de grignons d'olive* : extraites par solvants (rendues comestibles par raffinage) n'ont pas droit à la dénomination d'« h. d'olive » ; h. de ressence (qui n'entrent pas dans la classification selon les normes commerciales), obtenues dans les huileries traditionnelles par lavage à l'eau des grignons d'olives issus de presse (savons de Marseille) : les gr. peuvent être utilisés comme combustible (1 kg issu directement des presses = 0,5 l de fuel) ou comme alimentation animale.

● **En France. Variétés** : *Alpes-de-Hte-Pr.* : Aglandau ; *Alpes-Mar.* : Cailletier ; Ardèche : Rougette ; Aude : Lucques ; B.-du-Rh. : Salonenque, Aglandau, Verdale des Bouches-du-Rhône ; Corse : Germaine, Sabine ; Drôme : Tanche ; Gard : Picholine ; Hérault : Picholine, Verdale de l'Hérault, Lucques ; Var : Aglandau à l'ouest, Cayon, Bouteillan ; Vaucluse : Aglandau (dite Verdale de Carpentras). Autres départements : surtout pour les olives de table (Picholine, Lucques).

En régression (concurrence des h. étrangères, de la vigne, gels catastrophiques de 1929 et 1956). **Nombre d'oliviers** (en millions). *1840* : 26,5, *92* : 20, *1929* : 13,7, *57* : 2,4, *76* : 3,9, *80* : 4,1, *82* : 3,1, *84* : 3,3, *85* : 3,3. **Départements oléicoles** : Var 689 700 o. cultivés, B.-du-Rh. 621 200, Gard 408 400, Alpes-Mar. 326 600, Vaucluse 224 400, Drôme 221 000, Hérault 203 800, Hte-Corse et Corse-du-S. 203 300, Alpes-de-H.-Prov. 148 300, Ardèche 36 200, Pyr.-Or. 30 400, Aude 27 400. **Densité** : 150 arbres par ha.

Production. *Huile d'olive* (1984-85) 2 130 t, dont B.-du-Rh. 572, Drôme 316, Var 301, Vaucluse 290, Gard 259, Alpes (Hte-Prov.) 167, Alp.-Mar. 144, Ardèche 37, Hérault 28, Corse 9, Aude 4, Pyr.-Orient. 3.

● **Dans le monde. Consommation.** *Huile d'olive* : 24 000 tm/an soit 0,5 kg par hab. et par an (Grèce 20,6, Italie 9,9, Espagne 9,6, Tunisie 5,2,) ; *olives de table* : 25 200 tm dont 93 % imp. ; 0,5 kg par hab. et par an (Syrie 3,8, Grèce 2,6, Turquie 2,3, Liban 1,7).

Production huile d'olive (1984, milliers de t). Espagne 714. Italie 516. Grèce 335. Turquie 205. Tunisie 90. Syrie 85. Portugal 38. Maroc 34. Argentine 17. *Monde 2 092.*

Commerce d'huile d'olive (milliers de t, 1984). **Exp.** Grèce 111,4. Tunisie 75. Italie 57,5. Espagne 46,6. Turquie 20,8. Argentine 5,6. Portugal 4,9. *France 3,2.* **Imp.** Italie 130. Libye 43. U.S.A. 41,6. *France 25,5.* U.R.S.S. 15,9. Brésil 9,3.

Oranges

Arbre : *vie* 30 à 40 ans, *taille* 2 à 3 m (500 fruits par pied), except. 10,5 m (10 000 fruits). **Origine** (probable) : Asie orientale (de l'Inde à la Chine). Importé par les Arabes en Syrie, Égypte, sur la côte orientale de l'Afrique et en Europe par les Croisés. Sa culture ne s'est vulgarisée qu'à la fin du XIVe s. En France, le 1er oranger venant de Pampelune fut apporté à Chantilly en 1550 par le Connétable de Bourbon puis transféré à Fontainebleau et enfin à l'orangerie de Versailles en 1684 et mourut en 1858. **Culture en France** (Var, Alpes-Mar.). Exige climat chaud (température moy. été 22 °C, hiver −3 °C), admet tous les sols sauf terres très argileuses et humides. **Densité** : orangeraies 200 arbres par ha, plantations en terrasse (300).

Variétés : *Navels* : précoces, nov. à mai : navelines (peau rugueuse) ; navels ordinaires Washington (grosse, rugueuse) ; navel late (rugueuse, ovale, moyenne). *Blondes* : déc. à mars, peu de pépins : Shamouti-Jaffa (grosse, oblongue, peau épaisse) ; Salustiana (assez aplatie, peau grenue, sans pépins) ; Hamlin (moyenne, peau fine, acide). *Sanguines* : janv. à fin avril, pulpe rouge ou léchée de rouge : Sanguinelli ; Sanguines ordinaires (double fine et Washington sanguine) ; Maltaise ; Moro ; Tarocco ; Sanguinello. *Tardives* : mars à oct., chair blonde, peu de pépins : Valencia late, Jaffa late ou Maroc late (peau lisse, peu de pépins, employée pour les jus) ; Vernia (ovale, quelques pépins). **Rendt** : 70 kg par arbre. **Récolte des fleurs** : midi de la France, 10 à 20 kg par arbre. Elles sont distillées pour obtenir de l'essence dite *Néroli* ou de l'eau de fleur (connue dès le XVIe s., utilisée en 1680 comme parfum par la duchesse de Néroli). Feuilles et fruits verts donnent une essence inférieure appelée *Petit Grain*.

Production (1984, en milliers). Brésil 9 476. U.S.A. 8 631. Italie 1 957. Espagne 1 895. Mexique 1 480. Chine 1 399. Égypte 1 250. Inde 1 200. Israël 857. Maroc 691. Turquie 690. Argentine 619. Grèce 550. Pakistan 520. Équateur 500. Afr. du S. 483. Cuba 410. Océanie 396. Venezuela 384. Australie 380. Japon 360. U.R.S.S. 345. Corée du S. 331. Paraguay 230. Algérie 230. Liban 205. Pérou 154. Gaza 150. Zaïre 141. Irak 140. Chypre 140. Salvador 100. Portugal 95. Bolivie 93. Tunisie 81. Costa Rica 78. Rép. dominicaine 74. *Monde 38 377.*

Consommation. France 10 kg/an/hab., le plus consommé après la pomme. *Importations* : navels d'Espagne et du Maroc, sanguines (maltaises) de Tunisie.

Commerce (milliers de t, 1984 ; tangerines et mandarines comprises). **Exp.** : Espagne 2 011,9. Maroc 701. Israël 398,9. U.S.A. 374,1. Afr. du S. 286. Cuba 247,9. Égypte 183. Italie 144. Chypre 114, 5. Grèce 101,5. Liban 100. Turquie 94. Jordanie 93,7. **Imp.** : *France 912,9.* All. féd. 803. G.-B. 451,3. P.-Bas 392,3. U.R.S.S. 346,5. Canada 272,8. Arabie Saoudite 250. Belg.-Lux. 175,9. Jordanie 134,4. Hong Kong 130,9. Suisse 103,1. Suède 102. Autriche 101,5. All. dém. 100. Japon 89,1.

Orge

Nom : venant du latin *hordeum* (de *hordus* lourd, ou *horridus* hérissé, ou *horreum* grenier à céréales). **Origine** : Asie. **Culture** : exige beaucoup d'eau, des sols de préférence calcaires et aérés, enrichis d'azote, de phosphore et, en faible quantité, de potassium. Rend bien à la chaleur. Semée en avril (l'escourgeon en automne). Récolte en juillet. **Variétés** : *orge commune*, 2 groupes principaux : o. hexastiques (à 6 rangs de grains), o. distiques (à 2 rangs). **Utilisations** : alimentation animale (ex. : porcs) ; malt (orge germée) qui sert pour la bière et le whisky.

Production (1985, en millions de t). U.R.S.S. 48,2. C.E.E. 40,6. Europe de l'E. 16,7. U.S.A. 12,8. Canada 12,3. Chine 5,2. Australie 5. *Monde 177,3.*

Commerce (millions de t, 1985). **Exp.** C.E.E. 6,5. Canada 4,5. Australie 4,5. Monde 19,1. **Imp.** Arabie Saoudite 5,5. Europe de l'E. 3,1. U.R.S.S. 3. Japon 1,5. *Monde 19,1.*

Palmiste et huile de palme

Origine : Afrique occidentale. **Aspect** : arbre. Le palmier à huile *(elaeis)* peut atteindre 20 m. Porte au sommet 20 à 40 feuilles de 4 à 8 m de long. *Fruits* : drupes ovoïdes, gros comme une noix ou un petit abricot. 1 000 à 1 500 fruits par régime de 15 kg env. La partie charnue des fruits *(pulpe)* donne l'*huile de palme* et l'amande du noyau l'*huile de palmiste*. **Culture** : zones équatoriales ou tropicales humides (1,5 à 2 m de pluie par an minimum), terres argilo-sablonneuses profondes ou sablo-argileuses (50 à 60 cm). **Rendement** : après 4 ou 5 ans, max. 10 ans, après 3 ou 4 ans, max. 8-10 ans ; sélections actuelles (par an et par ha) 4 à 6 t d'huile de palme (7 à 8 t excellentes conditions) et 500 kg d'h. de palmiste.

Production (en milliers de t, 1984). **Palmistes** : Malaisie 1 040. Nigeria 365. Brésil 250. Indonésie 200. Bénin 75. Zaïre 65. Cameroun 47. Bangladesh 46. Papouasie-Nlle-Guinée 40. Guinée 35. C.-d'Ivoire 31. Ghana 30. Sierra Leone 30. *Monde 2 416.* **Huile de palme** : Malaisie 3 700. Indonésie 1 050. Niger 700. Chine 210. C.-d'Ivoire 145. Zaïre 140. Colombie 110. Papouasie-Nlle-Guinée 96. Cameroun 81. Thaïlande 81. Guinée 45. Équateur 44. Angola 40. Bénin 40. Sierra Leone 37. Philippines 34. Liberia 30. Ghana 25. Costa Rica 24. Brésil 21. Congo 15. *Monde 6 767.*

Commerce de l'huile de palmiste (en milliers de t, 1983). **Exp.** Malaisie 368. P.-Bas 29,3. Nigeria 17. Zaïre 16,5. Singapour 12,1. All. féd. 7,7. *Monde 501,1.* **Imp.** P.-Bas 104,9. U.S.A. 92,1. All. féd. 86,6. G.-B. 38,4. *France 30.* Afr. du S. 26. Singapour 19. Thaïlande 16,6. *Monde 517,6.*

Papaye

Nom : papaya (Caraïbes). **Nom du papayer** : *Carica papaya.* **Origine** : Malaisie. Famille des passifloracées. **Aspect** : arbres et arbrisseaux à tige cylindrique, terminée par un bouquet de feuilles digitées. Fleurs blanches, jaunes ou verdâtres. Fruit : baie anguleuse ou arrondie pesant 1 kg ou plus, renfermant de nombreuses graines, à la pulpe comestible. Cultivé en Inde, Antilles, Afrique (Centre). **Production** (1984, en milliers de t). Brésil 460. Indonésie 310. Inde 270. Mexique 230. Zaïre 156. Philippines 110. Chine 75. *Monde 1 982.*

Pastèques

Origine : Afrique, introduites en Europe lors des Croisades. **Aspect** : herbacée annuelle. *Baie* allongée (écorce verte, épaisse, pulpe aqueuse et sucrée, rouge, parsemée de grains ovales et aplatis), peut atteindre plusieurs kg. **Culture** : Afrique, Espagne, U.S.A., France (Midi). **Variétés** : p. à graines noires ou longue de Cavaillon (à fruit vert foncé de 50 cm de long sur 35 cm de large et à chair rouge vif) ; p. à graines rouges (fruit vert pâle et diamètre de 30 à 40 cm). *Pastèques carrées* : cultivées pour la 1re fois en 1979 par un Japonais, Tomyuki Ono, vendues en supermarché 88 F la pièce de 18 cm de côté (fruit rond équivalent 40 F). **Rendement** *Monde : 13 408 kg/ha (1982).*

Production (1984, en milliers de t). Chine 4 600. Turquie 4 500. U.R.S.S. 4 200. Égypte 1 200. U.S.A. 1 184. Syrie 1 059. Iran 984. Japon 965. Italie 780. Irak 700. Grèce 660. Youg. 622. Espagne 554. Thaïlande 525. Brésil 485. Mexique 480. Arabie Saoudite 478. Algérie 310. Corée du S. 303. Philippines 220. Tunisie 210. Libye 192. Chili 170. Argentine 143. *Monde 26 996.*

Patate et igname

Origine : Amérique tropicale. **Variété** la plus recherchée : *patate douce. Igname* : son rhizome en tubercule pèse parfois 20 kg. **Production de patates** (1984, en milliers de t). Chine 95 000. Indonésie 2 120. Viêt-nam 1 700. Inde 1 560. Japon 1 400. Rwanda 1 100. Philippines 1 050. Corée du S. 1 012. *Monde 114 842.* **Production d'ignames** (1984, en milliers de t). Nigeria 16 625. C.-d'Ivoire 2 320. Bénin 680. Togo 550. Ghana 450. Cameroun 300. Éthiopie 282. Rép. centrafricaine 200. *Monde 23 299.*

Pêches

Origine : Perse (d'où son nom Persica). Cultivée en Chine avant l'ère chrétienne (réputée préserver le corps de la corruption), rapportée en Europe par les croisés. Famille des rosacées. **Vie du pêcher** : env. 15 a. **Rendt max.** : entre 8 et 11 a., 30 à 40 kg. **Culture** : terres saines et franches (t. argileuses, compactes et humides favorisant la maladie), sensible aux gelées. **Variétés** : *chair blanche* : May Flower [1], **Springtime** [1],

Ribet [1], Amsden [1], Charles Ingouf [2], Michelini [3]; *ch. jaune*: Earlired [1], Cardinal [1], Merrill Gemfree [1], Dixired [1], Sunhaven [2], Redhaven [2], Fairhaven [2], Southland et Loring [3], Elberta et J.H. Hale [3], Surcrest [3], nectarines et brugnons à peau lisse.

Nota. — (1) Précoce. (2) Pleine saison. (3) Tardive.

Production (1984, en milliers de t). Italie 1 700. U.S.A. 981. Espagne 492. Grèce 480. *France 474* (dont en %, en 1983 : Rhône-Alpes 36,6, Languedoc 34, Provence 12,9, Midi-Pyr. 10,4, Aquitaine 4,6, autres régions 1,5). Chine 410. U.R.S.S. 400. Turquie 280. Argentine 256. Japon 237. Mexique 188. *Monde 7 406.*

En France. Variétés (% de la surface plantée) : *Chair jaune* (66,1) : Dixired 19,7. Redhaven 12,6. Fairhaven 10,1. J.H. Hale 9,3, Loring 3,6. Autres variétés 10,8. *Blanche* (33,9) : Springtime 10, Amsden 9,1, Redwing 5,1. Michelini 2,2. Autres variétés 7,5. **Commerce** (en t, 1983). **Exp.** 21 740 *vers* G.-B. 5 855, U.E.B.L. 5 100, All. féd. 4 915, P.-Bas 4 462, Suisse 1 037. **Imp.** 31 538 *de* Italie 26 652, Grèce 3 728, Espagne 3 230. **Consommation.** 7 kg par hab. et par an.

Poires

Origine : Europe tempérée. **Description :** drupe à 5 loges à peine cartilagineuses, renfermant 1 ou 2 pépins. Le poirier vit env. 50 ans. **Rendement** meilleur v. 20 ans (50 kg). **Culture :** terrains silico-argileux, terres franches, sols granitiques et schisteux lui assurent un plein développement et une grande longévité. *Craint* sécheresse, argile verte et calcaire. *Résiste* au froid (peut s'élever en montagne jusqu'à 1 200 ou 1 400 m et supporte alors le froid − 25 ° C).

Production (1984, en milliers de t). Chine 2 098. Italie 1 235. U.S.A. 702. Espagne 559. U.R.S.S. 550. Japon 534. *France 438* (dont en %, en 1983 : Provence 34,3, Rhône-Alpes 14,5, Midi-Pyr. 11,6, Aquitaine 8,7, Pays de Loire 7, Languedoc 6,3, autres régions 17,6). All. féd. 380. Turquie 344. Youg. 179. Argentine 176. Suisse 165. Autriche 151. Grèce 137. Afr. du S. 135. Australie 130. Pologne 126. P.-Bas 125. Roumanie 116. Corée 106. Hongrie 100. *Monde 9 523.*

En France. Variétés (% de la surf. plantée) : *été* (50 à 55 % de la récolte surtout rég. méridionale) : Dr-Jules-Guyot (26), Williams (16,5) ; *automne* (25 % de la récolte) : Beurré Hardy (6,9). Alexandrine Douillard, Louise-Bonne d'Avranches (5,8), Conférence (8,2), Packham's Triumph, Épine du Mas, Doyenné du Comice (7,5) ; *hiver* (20 à 25 % de la récolte) : Passe-Crassane (15,6). **Commerce** (en t, 1983). **Exp.** 79 450 *vers* All. féd. 28 691, G.-B. 22 801, P.-Bas 7 184, U.E.B.L. 6 796, Espagne 3 119, Suède 2 136, Italie 1 856, Canada, Irlande 1 037. **Imp.** 66 052 *de* Espagne 8 670, Afr. du S. 8 546, U.E.B.L. 8 415, Italie 7 965, Argentine 4 533. [*La France* exporte des poires d'été (Williams et Guyot) ; importe surtout des Passe-Crassane d'Italie (l'hiver) et des Packham's de l'hémisphère austral (printemps).] **Surface** (1984) : 26 733. **Consommation.** 4,5 kg par hab. par an.

Pois chiches

Production (1985, en milliers de t). Inde 5 200. Pakistan 519. Turquie 350. Birmanie 215. Mexique 165. Éthiopie 112. Espagne 62. Iran 53. *Monde 7 038.*

Pois secs

Production de pois secs (1984, en milliers de t). U.R.S.S. 6 000. Chine 2 150. *France 857.* Inde 380. Danemark 263. G.-B. 234. Tchécosl. 196. Canada 170. Australie 168. U.S.A. 155. Hongrie 121. Éthiopie 116. N.-Zélande 81. P.-Bas 59. All. dém. 45. Iran 37. Rwanda 36. Colombie 35. Burundi 33. Roumanie 31. Birmanie 22. Pérou 21. Maroc 20. *Monde 11 421.*

En France. *Pois ronds et cassés :* Nord, Est ; variétés étrangères : Maroc et Alaska. *Pois protéagineux* (Centre, N.-Ouest, Midi) : culture développée dans le cadre du programme d'action prioritaire « protéines » (1976), à cause de leur richesse en protéines [composition stable en acides aminés, digestibles pour le porc (85 %), relativement solubles pour les ruminants].

Poivre

Origine : Indes néerlandaises, Sumatra. Pierre Poivre (1719-86), gouverneur des îles Maurice et de la Réunion, l'introduisit dans les colonies françaises en 1770. **Poivrier :** arbuste grimpant autour des tuteurs jusqu'à 10 m dans les pays tropicaux humides (Indes néerlandaises). Fruits en épis serrés et charnus, une fois vidés deviennent noirâtres en séchant (poudre noire) ; blanc si on enlève la peau (p. blanc), moins actif, pour la consommation de table.

Pomelo (Pamplemousse)

Nom : *Citrus paradisi.* Forme évoluée du véritable pamplemousse (*C. grandis*) qui n'est plus cultivé que pour des usages pharmaceutiques et la confiturerie : son écorce épaisse, irrégulière, et sa pulpe contenant beaucoup de pépins étant très acide. **Aspect :** *arbre* 10 m. *Fruit* de la grappe improprement appelé pamplemousse (ou *grape-fruit*). **Variétés :** p. blanc ou blond (Marsh), amer, très juteux (Israël) ; p. rose (Thompson) plus sucré, à la peau soyeuse, lisse, jaune vif (Floride, Texas, Californie, Afr. du S.) ; p. rouge (Ruby Red) très coloré et sucré (U.S.A.). **Rendt :** 60 à 80 t/ha.

Production de pamplemousses + Pomelos (1984, en milliers de t). Israël 450. Chine 157. Argentine 146. Cuba 130. Mexique 110. Afr. du S. 108. Paraguay 61. Soudan 58. Équateur 54. Brésil 45. Philippines 40. Océanie 33. Australie 26. Jamaïque 25. Turquie 21. Inde 20. *Monde 4 085.* **Consommation** (en kg/h). Danemark 1,961. G.-B. 1,87. Belgique-Lux. 1,87. *France 1,74.* All. féd. 1,67. P.-Bas 1,65. Irlande 0,97. Italie 0,63.

Importations en France : 120 000 à 130 000 t des U.S.A. (p. roses et rouges) et d'Israël.

Pommes

Dans le monde

Origine : Caucase et Asie Mineure (fruit le plus ancien connu), introduit dans les zones tempérées à l'époque préhistorique. **Description :** famille des rosacées. 2 espèces indigènes : *Malus communis* cime arrondie atteignant 10 m, à gros rameaux, fruit large. *Malus acerba* cime plus dressée, chair acerbe. *Arbre :* vit 20 à 25 ans (pommier palissé), 30 à 35 a. (p. de plein vert). *Fruit :* drupe à 5 loges cartilagineuses dont chacune renferme 1 ou 2 pépins. **Rendt moyen :** jusqu'à 5 a. 5 t/ha, 5 à 10 a. 25 t/ha, 10 à 15 a. 30 t/ha, + de 15 a. 20 t/ha. **Culture :** aime sols sains, un peu frais, silico-argileux ou légèrement calcaires. L'humidité favorise le chancre. Craint fortes sécheresses, grands froids et gelées d'avril.

Production (1984, en milliers). U.R.S.S. 7 200. U.S.A. 3 718. Chine 3 551. Italie 2 035. *France 1 950.* Turquie 1 750. Pologne 1 715. All. féd. 1 313. Hongrie 1 100. Espagne 1 047. Japon 1 040. Inde 920. Argentine 817. Roumanie 778. Yougoslavie 589. Corée du S. 586. Océanie 543. Corée du N. 530. Iran 504. All. dém. 500. *Monde 37 856.*

Commerce (en milliers de t, 1984). **Exp.** *France 563,2.* Hongrie 462,5. Italie 437,3. U.S.A. 264,2. Argentine 213,7. Chili 179,3. Pologne 177. Afr. du S. 143,9. Turquie 140. Youg. 105. **Imp.** All. féd. 679,1. U.R.S.S. 506. G.-B. 405,5. P.-Bas 202. Arabie Saoudite 127. *France 106,2.* U.S.A. 98,2. Irak 94. Italie 89,9.

Consommation (C.E.E.) (en milliers de t, 78-79). All. féd. 1 466, Italie 1 075, *France 797,* G.-B. 686, P.-Bas 500, Belg.-Lux. 264, Danemark 95, Irlande 37.

En France

• **Variétés : traditionnelles européennes** (env. 20 % du marché) : *Reine des Reinettes :* maturité sept.-oct. ; *Reinette du Canada :* décembre ; *Reinette clochard :* décembre à mars ; *Reinette du Mans :* fin d'hiver. **Variétés américaines** (plus de 80 % du marché) : 2e quinzaine d'août jusqu'à début novembre, peuvent être conservées sous froid jusqu'en mars-avril ; *Golden Delicious* (plus de 65 % du marché) : née d'un semis de hasard en Virginie de l'Ouest aux U.S.A. vers la fin du XIXe s. ; *Américaines rouges* (Delicious rouges, Starking, Richared et Winesaf) : Starkrimson ; Granny Smith (ou pomme australienne) dep. 1952.

• **Superficie brute du verger** (1984). 63 546 ha ; sup. du verger commercialisé et traité (1977) : 65 600 ha dont 54 % en Golden, le reste en Granny Smith, Reinettes du Canada, Américaines rouges et traditionnelles.

• **Pommes récoltées** (milliers de t, 1983) 1 475,4. P. de table : Provence 349,4. P. de la Loire 230,7. Midi-Pyrénées 186,8. Aquitaine 155,4. Centre 123,6.

• **Commerce** (en milliers de t, 1983). **Exp.** 562 *vers* G.-B. 213, All. féd. 95, P.-Bas 59, U.E.B.L. 41, Irlande 28. Irak 4. **Imp.** 104.

• **Cidre (en France). Origine.** Sous le nom de « pomade », il est venu de Biscaye au XIe s. et a gagné la Normandie depuis le Pays d'Auge entre les XIIIe s. et XIVe s. **Description.** Résulte de la fermentation naturelle du jus de pommes fraîches ou d'un mélange de jus de pommes ou de poires fraîches extrait avec ou sans addition d'eau potable (3° à 5°). *Cidre pur jus :* produit exclusif de la fermentation de jus de pommes fraîches sans aucune addition d'eau. *Cidre mousseux :* effervescence résultant exclusivement de la fermentation alcoolique (bouteille à conserver debout).

Pommes à cidre. Surtout Bretagne et Normandie, donnent cidre, jus de pomme, calvados. 20 millions d'arbres (*1929 :* 48, *1965 :* 34).

Production (en milliers de t) prév. 1985-1986 : 694 (1984-85 : 1 152, 1970-1971 : 2 590) dont Basse-Normandie 308, Bretagne 180, Pays de la Loire 90, Hte-Normandie 116.

Industrie cidricole (1984-1985). *Production en milliers d'hl :* cidre 1 207, moût de pommes 762,6, jus de pommes 651,9, Calvados et eau-de-vie de cidre (Bretagne, Normandie, Maine) 38,8, concentré de jus de pommes à cidre : 22 100 t.

Consommation taxée (1984-1985) 1 090 528 hl.

Pommes de terre

Nom : Solanum tuberosa. **Origine :** Andes (mentionnée pour la 1re fois en 1533), introduite en Espagne (v. 1570 ?), puis en Irlande par le navigateur Francis Drake (v. 1540-96) ; son emploi dans l'alimentation en France (v. 1616) rencontre de vives résistances, car la plupart des plantes voisines contiennent des poisons violents ; on l'accuse de donner la lèpre ; Louis XVI en mangeait à tous les repas ; en 1770, Antoine-Augustin Parmentier (1737-1813) agronome et apothicaire fit garder un champ de p. de terre par des soldats, ce qui excita la convoitise des voisins et déclencha son développement (1793 : 35 000 ha, 1815 : 350 000). **Composition du tubercule :** env. 75 % d'eau, quantité importante de glucides (essentiellement sous forme d'amidon ou fécule), faible taux de protides, très peu de matières grasses. Aliment modérément énergétique (80 cal/100 g), riche en potassium, fer et iode ; possède la plupart des vitamines hydrosolubles ; très riche en vitamine C. Au cours de la conservation, les tubercules exposés à la lumière verdissent.

Plantation : avril à mai. **Récolte :** de préférence à l'automne (sept. et oct. ; plus tôt pour les variétés précoces).

Variétés : *1789* 13, *1846* 177, *1872* 212, *1983* plus de 1 600 (122 inscrites au catalogue officiel). **Pomme de t. de conservation.** 73 % de la production totale, récoltée à maturité, stockable, selon les variétés, jusqu'en juin suivant. 2 catégories : DE CONSOMMATION COURANTE : la plus connue est la *Bintje* (90 à 95 % des p. de t. de conservation) : chair jaune, forme arrondie, apte à la plupart des utilisations culinaires ; également utilisée dans l'industrie de transformation : frites, chips, flocons (purée) ; DE CONSOMMATION A CHAIR FERME : (env. 5 % des p. de t. de conservation) très bonne qualité gustative, reste ferme à la cuisson : *Belle de Fontenay, B.F. 15, Rosa, Roseval, Stella, Viola, Ratte.* **P. de t. de primeur.** 9 % de la prod. totale : récoltée avant maturité, ne se conserve que quelques j. (à cause de la peau très fine) : *Apollo, Sirtema, Ostara.* **P. de t. féculière.** 14 % de la prod. totale. Uniquement destinée à la prod. de fécule pour usages industriels (papeterie, cartonnerie, textile, pharmacie) ou alimentaires : *Kaptah Vandel, Daresa.* Pour ces 3 catégories, la production de **plants** représente env. 4 % de la prod. totale de p. de t.

Superficie (en milliers d'ha, 84). U.R.S.S. 6 830. Chine 4 005. Pologne 2 147. Inde 806. U.S.A. 526. All. dém. 469. Espagne 343. Roumanie 330. Yougoslavie 250. All. féd. 244. *France 205. Monde 20 303.* **Rendt** (moyen France, 1984) : 30,3 t/ha, 40 à 45 t (1981) dans grandes surfaces spécialisées. Picardie, Nord-P.-de-C., Bretagne 62,3 % de la production.

Production (1985, en milliers de t). U.R.S.S. 85 300. Chine 55 033. Pologne 37 437. U.S.A. 16 404. Inde 12 250. All. dém. 8 000. All. féd. 7 753. G.-B. 7 398. P.-Bas 6 673. Roumanie 6 500. *France 6 200.* Espagne 5 949. Tchéc. 3 978. Japon 3 584. Turquie 3 200.

Canada 2 728. Italie 2 607. Yougoslavie 2 300. Brésil 2 210. Colombie 2 190. Argentine 1 986. Corée du N. 1 700. Iran 1 550. Pérou 1 515. Suède 1 307. Égypte 1 200. Bangladesh 1 150. Autriche 1 138. Danemark 1 121. Portugal 1 080. Irlande 1 000. Grèce 980. Afr. du S. 944. Australie 873. Mexique 830. Finlande 745. *Monde 312 209.*

Commerce (milliers de t, 1984). **Exp.** P.-Bas 1 663. *France 404.* Italie 330. Belg.-Lux. 312. All. féd. 237. Canada 228. Chypre 174. Égypte 136. Grèce 102. Liban 90. Chine 73. Pologne 72. U.S.A. 68. *Monde 4 759.* **Imp.** All. féd. 1 038. Italie 402. *France 396.* G.-B. 385. Belg.-Lux. 274. Algérie 241. Portugal 107. Égypte 47. Malaisie 46. Singapour 41. U.R.S.S. 10. *Monde 4 752.*

Consommation (kg par hab. par an en 1984-85). P. de t. en l'état + prod. transformés + autoconsommation. Irlande 150. G.-B. 105. Belg.-Lux 89. Grèce 86. P.-Bas 81. *France 75* (v. 1946 : 150). All. féd. 70. Danemark 69. Italie 35.

● **En France. Commerce** (milliers de t). *Pommes de t. de conservation* (1984-85) : **Exp.** 315,4 *vers* Italie 150,9, Algérie 83,4, All. féd. 36,8, Belg.-Lux. 20,5, C.-d'Ivoire 3,9, P.-Bas 1,9. **Imp.** 197,1 *de* Belg.-Lux. 155,1, P.-Bas 39,8. *Primeur* (1985) : **Exp.** 64,6 *vers* G.-B. 20,9, All. féd. 20,2, Belg.-Lux. 10,5. **Imp.** 118,8 *de* Maroc 41,3, Espagne 33,7, Italie 17,5. *Plants* (1984-85) : **Exp.** 46,1.

Prunes

Origine : 2 espèces primitives : le *prunier sauvage, prunaulier* (4 à 6 m de haut, répandu dep. l'Asie Mineure jusqu'en France, Angleterre...), le *pr. domestique, pr. de Damas* (4 à 8 m de haut, à fruits oblongs, croît spontanément en Europe, très cultivé en Syrie ; en 1148, les Croisés n'ayant pu s'emparer de Damas, on les accusa de n'y être allés que « pour des prunes »). **Culture** : préfère terres sèches et un peu calcaires. Résistant au froid et un peu aux gelées de printemps. *Vit* env. 35 ans. **Rendt** : meilleur vers 8 ans (25 à 40 kg). **Prunes à noms historiques** : Reine-Claude (femme de François Ier) ; Prune de Monsieur (Monsieur, frère de Louis XIV) ; Galissonnière (prune importée du Canada en 1750 par le marquis de la Galissonnière).

Variétés en France : japonaises : *Allo, Methley, Golden Japan* ; européennes (surtout consommées en frais) : Reine-Claude : d'*Oullins* ou *Massot,* d'*Althan,* de *Bavay, tardive de Chambourcy, Dorée* syn. *Verte ;* prunes diverses : *Monsieur Hâtif, Royale de Montauban, Mirabelle parfumée de septembre ;* surtout transformées : *Mirabelles de Nancy, de Metz, Quetsche d'Alsace, Prune d'Ente* ou *Prune d'Agen.*

Production (1984, en milliers de t). Yougoslavie 1 038. U.R.S.S. 950. Roumanie 665. U.S.A. 606. Chine 512. All. féd. 379. Italie 180. Hongrie 180. *France 169.* Turquie 163. Pologne 162. *Monde 6 187.*

Commerce en France (milliers de t, 1983). **Exp.** : 9 (vers All. féd., U.E.B.L., G.-B., P.-Bas). **Imp.** : 14.

Ricin

Origine : probablement Éthiopie. **Aspect** : arbustes de 1,5 à 3 m de haut (parfois 10 à 15 m). **Variétés** : annuelles et pérennes. **Utilisations** : huile non alim. utilisée en pharmacie, mécanique, peinture et pour la fabrication du *rilsan* (textile).

Production de graines (1984, milliers de t). Inde 407. Argentine 196. Chine 180. U.R.S.S. 65. Thaïlande 36. Pakistan 24. Philippines 24. Paraguay 20. Éthiopie 12. Soudan 10. Roumanie 10. *Monde 1 019.*

Riz

Origine : plante spontanée (Oryza fatua et minuta) en Asie. Introduite en Iran, Mésopotamie (ve s. av. J.-C.), Syrie, Égypte, et en Europe comme aliment (330 av. J.-C.), puis comme culture (VIIe-VIIIe s. apr. J.-C.). **Culture** : *riz de plaine irriguée* (le plus répandu ; 40 000 m³ d'eau par ha et par an) ; *riz de colline,* cultivé sur sol fumé sans irrigation artificielle. Dans de bonnes conditions (sol riche, température moyenne de 20 ° C, 3 m d'eau), le riz mûrit en 4 mois et donne plusieurs récoltes par an [ex. : Java 3 ou 4, Tonkin 2, mais 1 seule au Cambodge, Cochinchine, France (sept.-oct.) et Italie]. En *Camargue,* on sème (150 à 180 kg de riz par semailles et par ha) sur un terrain légèrement inondé pour lutter contre le « panicum », plante parasite envahissante. Le repiquage (qui ne se pratique plus en France) permet d'économiser semences et eau, et assure un meilleur rendement [on sème en avril (900 à 1 000 kg à l'ha) ; les plants seront repiqués entre le 15 mai et le 15 juin].

Appellations : *riz paddy* : riz non décortiqué. *Riz cargo* (ou d'exportation) : décortiqué (complet). *Riz blanc* : débarrassé de sa seconde enveloppe, l'assise protéique. *Riz glacé* : par polissage entre cylindres et adjonction d'une solution glucosique. *Riz étuvé* (paddy prétraité) : à la vapeur avant sa transformation en blanchi. *Catégories* : grains ronds, ou longs d'un rendement parfois inférieur. 100 kg de paddy = 80 kg de cargo + 20 kg de balles et, en moyenne, 63 kg blanchi grain rond, 59 kg blanchi long, 64 kg long étuvé.

Production (riz paddy, 1985-86, en millions de t). Chine 172. Inde 90. Indonésie 39. Bangladesh 22,5. Thaïlande 18,4. Viêt-nam 15. Japon 14,8. Birmanie 14,5. Brésil 9,5. Philippines 8,5. Corée du S. 7,9. U.S.A. 6. Pakistan 5,1. U.R.S.S. 2,8. Nigeria 1,4. C.E.E. 1,2 (autres Europe O. 0,6). Australie 0,7. Autres (Hong Kong, Iran, Irak, C.-d'Ivoire, Arabie Saoudite) 2,3. Autres 33,3. *Monde 465,8.*

Commerce (millions de t, 1986). **Exp.** Thaïlande 4,3. U.S.A. 1,8. Pakistan 1. Chine 0.9. *Monde 11,6.* **Imp.** C.E.E. 1. Iran 0,8. Irak 0,5. Nigeria 0,5. Arabie Saoudite 0,5. *Monde 11,4.*

Consommation (kg par hab., par an en 1981-82). Japon 79, Portugal 18, Espagne, Grèce 6, Belg.-Lux., Finlande, *France,* G.-B., Italie, P.-Bas, Suisse, U.S.A. *4,* Autriche, Canada, Danemark, Irlande, Turquie 3, All. féd., Norvège, Suède 2.

☞ **En France.** Essai aux XVIe, XVIIe, XXe s. (disparition entre les 2 g.). *Superficie* (milliers d'ha) : *1890* : 0,3, *1905* : 1, *42* : 0,25, *64* : 30, *79* : 8, *82* : 5,4, *83* : 9,4, *85* : 11,2. *Production* (milliers de t) : *1964* : 75, *79* : 30, *80* : 27, *81* : 19,5, *82* : 27,1, *83* : 37,3, *84* : 38,4, *85* : 60,6. *Rendt* (85) : 54,1 q/ha. *Aides à la riziculture* : aux investissements en matière hydraulique (10 millions de F sur 5 ans, à partir de 1981), au nivellement des rizières (2 000 F/ha sur 7 000 ha), à la recherche ; indemnisation des dégâts causés par les flamants roses. **Imp.** 85 à 90 % des besoins (Italie, U.S.A., Surinam, etc.).

Rutabaga

Nom : rotabagge (suédois), chou-navet. **Origine** : cultivé en G.-B. depuis la fin du XVIIIe s. **Aspect** : gros navet à chair jaune. **Culture** : bisannuelle, fourragère. Jeune, peut être consommé comme légume.

Sainfoin ou esparcette

Origine : sud de la France. **Description** : tige de 0,40 à 0,65 cm. **Culture** : plus rustique que la luzerne, résiste mieux au froid et à la sécheresse. Craint l'humidité. *Semis* 150 kg de graines à l'ha. Fauche à la floraison (5 à 7 t de foin à l'ha). **Variétés** : sainfoin à une coupe, sainfoin ordinaire (récolte pendant 3 ou 4 ans).

Sarrasin (blé noir)

Nom : allusion à la couleur noire des grains (on appelait Sarrasins au Moyen Age les peuples non chrétiens d'Espagne, d'Afrique et d'Orient). **Origine** : spontané en Asie, Népal, Mandchourie. Introduit au Moyen Age en Europe, par la Russie, en France au XVe s. **Utilisations** : alimentation humaine (bouillies, galettes) ; animale (chevaux, volaille). Total utilisé en 81-82 (France) : 18 milliers de t. **Culture** : s'adapte à tous les sols (préfère sols de bruyère, terres légères, granitiques et schisteuses), aime les climats humides et tempérés. *Assolement* : vient en 3e position après le blé ou en cult. dérobée après fourrage de printemps. **Surface cultivée en France** : *1938* : 138 000 ha, *46* : 115 000 ha, *65* : 33 200 ha, *78* : 7 100, *81* : 5 000, *82* : 4 700, *83* : 4 700, *84* : 4 700.

Production (milliers de t, moy. 71-75). U.R.S.S. 1 072. Pologne 39. Canada 36,8. Japon 24. *France 16,2* (1981 : 6,8). U.S.A. 16. *Monde 1 230.*

Seigle

Nom : du latin *secale* (racine celtique : *sec* implique l'idée de coupe). En France, on parlait dans le S. et le Centre de *segal* et *segle* (d'où les segalas : terres à seigle du Massif Central), dans le N. de *seille* ou *soile.* **Origine** : mauvaise herbe commune des champs de froment, cultivée dep. l'ère chrétienne seulement. **Utilisations** : *farine* panifiable donnant du pain noir et, mélangée à du miel, du pain d'épices ; *grain* pour l'alcool (vodka, gin, whisky), l'alim. des porcs ; *paille,* liens et emballages ; *fourrage* vert donné aux animaux. **Culture** : tige de 60 à 200 cm, se contente de climats froids. Exigences limitées quant au sol. *Assolement* : vient après la plupart des plantes. Semé en sept. **Rendement** (monde) : 1 745 kg/ha (1983). **Production** (en milliers de F, 1985). U.R.S.S. 12 000. Pologne 9 000. All. dém. 2 500. All. féd. 1 825. Tchécoslov. 670. Canada 598. Danemark 575. U.S.A. 490. Autriche 351. Turquie 340. *France 306.* Espagne 294. Suède 173. Argentine 130. *Monde 31 063.*

Commerce (milliers de t, 1984). **Exp.** Canada 542,6. Danemark 169,3. Suède 41,3. All. féd. 34,2. Autriche 30. All. dém. 16,5. U.S.A. 12,9. **Imp.** Japon 342. Corée du S. 263,9. All. dém. 50. All. féd. 44,5. P.-Bas 43,4. Suisse 42,1. Norvège 33. G.-B. 14,1. U.S.A. 10,4.

En France : *superficie* (milliers d'ha) : *1900* : 1 400 ; *65* : 225 ; *79* : 115,9 ; *80* : 130 ; *81* : 117 ; *82* : 109,8 ; *83* : 102,3 ; *84* : 101,7 ; *85* : 88,3. *Rendement* 33,7 (85) q/ha. *Production* : *1981* : 341 580 t, *82* : 322 303, *83* : 296 316, *84* : 349 318, *85* : 297 500.

Sésame

Aspect : herbacée de 0,60 à 1 m de haut. *Fruits* : capsules contenant des graines de couleur claire ou foncée, contenant 40 à 50 % d'huile. **Utilisations** : huile comestible, graines grillées. La khalva (Proche-Orient) est un mélange de graines dépelliculées et broyées, de sucre ou de miel. **Rendement** : 302 kg par ha (moy. mondiale).

Production de graines (1984, en milliers de t). Inde 550. Chine 421. Birmanie 216. Soudan 210. Mexique 92. Nigeria 75. Venezuela 56. Turquie 46. Corée 40. Ouganda 38. Éthiopie 36. Afghanistan 32. Somalie 30. Bangladesh 27. Thaïlande 26. Égypte 21. Tanzanie 18. Guatemala 16. Syrie 16. Sri Lanka 14. Pakistan 12. Viêt-nam 12. Tchad 11. Cameroun 10. Rép. Centrafr. 10. *Monde 2 132.*

Commerce (graines, milliers de t, 1983). **Exp.** Chine 86,2. Soudan 70. Mexique 24,9. Hong Kong 19,3. Éthiopie 12. Guatemala 10,2. Viêt-nam 10. Thaïlande 7,2. *France 6,4.* Sri Lanka 5,5. Inde 5. Nicaragua 4,6. Singapour 4. Burkina-Faso 4. **Imp.** Japon 82. Hong Kong 20,2. Égypte 16. Arabie Saoudite 12. Chine 12. Corée du S. 10,7. Israël 7,9. Grèce 7,2. Yémen du N. 7. Syrie 6. All. féd. 5,5. U.R.S.S. 5,3.

Soja

Soja *(Glycine max.,* en anglais *soybean).* **Origine** : Chine et autres pays d'Orient (cultivé 3 000 a. av. J.-C.), introduit en Europe au XVIIIe s. **Plante** : légumineuse, rappelant le haricot, graine ronde, grasse, parfois tachée de noir, de 0,2 à 0,4 g. Taille moy. 80 cm. Fruits en gousses de 2 ou 3 graines. **Variétés** : *à gr. vertes,* surtout cultivées en Asie : pauvres en huile, consommées en pousses ; *à gr. jaunes (Crhizobiem japonicum)* surtout cultivées en Amérique pour huile et protéines. **Utilisations** : la graine donne, après trituration, 18 % d'huile (pour les crudités), et des protéines (38 à 40 % de la matière sèche) utilisées en tourteaux pour le bétail et pour fabriquer des viandes reconstituées ou des produits diététiques. Le soja vert (ou de régime) peut être consommé cru ; le s. cultivé pour l'huile contient des facteurs antinutritionnels inhibant l'action des enzymes digestives qui peuvent être détruites par la chaleur (cas des tourteaux).

Culture : *en France* : semé en avril-mai, récolté en sept.-oct. (*78* : 3 760 ha, *80* : 6 558 ha, *81* : 9 400 ha, *82* : 9 200 ha, *83* : 12 100 ha, *84* : 22 000 ha). Peut s'irriguer : on introduit dans le sol (avec la semence) un inoculum spécifique qui apporte au soja les bactéries fixatrices d'azote atmosphérique indispensables. **Rendement** : moy. mondiale 15,5 q/ha (France 21).

Production (1984, milliers de t). U.S.A. 51 753. Brésil 15 250. Chine 10 010. Argentine 6 300. Canada 934. Inde 800. Mexique 789. Paraguay 660. Indonésie 625. U.R.S.S. 600. Corée du N. 380. Roumanie 320. Japon 238. Corée du S. 226. Youg. 210. Thaïlande 192. Viêt-nam 110. Zimbabwe 110. Iran 110. Colombie 100. Italie 100. Turquie 85. Bulgarie 85. Australie 84. Bolivie 75. Hongrie 60. Nigeria 50. Afr. du S. 30. Birmanie 20. Zaïre 16. *Monde 90 591.*

Commerce (milliers de t, 1983). **Exp.** U.S.A. 22 728,2. Argentine 1 419,3. Brésil 1 295,1. Paraguay 477,5. Chine 350. P.-Bas 110,9. *Monde 26 497,4.* **Imp.** Japon 4 994,9. All. féd. 3 096,3. Espagne 2 864,1. P.-Bas 2 783. Belg.-Lux. 1 560,3. Italie 1 537,9. Chine

1 434,9. U.R.S.S. 1 366. Mexique 894,1. *France 846,5.* Corée du S. 658,3. Portugal 638,4. Israël 536,8. G.-B. 451,1. Roumanie 331. Norvège 324,2. Canada 312,4. Youg. 244. Indonésie 221,5. Danemark 198,8. Pologne 191,8. Malaisie 172,1. Grèce 170,1. Colombie 97,9. Suisse 86,4. Jamaïque 73. Égypte 56. Venezuela 55. Brésil 33,8. Tchéc. 30,8. Philippines 30,7. Équateur 29,5. Singapour 28,3. Hong Kong 24,3. Arabie Saoudite 24. Nicaragua 23,7. Liban 23. Australie 22,7. Rép. dominicaine 18,7. Maroc 18. Cuba 17,6. All. dém. 13. *Monde 26 706,6.*

● **Soja vert** ou soja de régime (*Vigna radiata,* en anglais *mungbean*). **Origine** : Inde où, avec le pois chiche, il fournit 24 % des protéines. *Graine* : verte, ronde, petite, pratiquement sans huile. Consommé en bouillie, en purée ou en soupe ou sous forme de pousses germées, crues ou blanchies, en salades ou cuisinées (cuisine « chinoise »). Son amidon sert à faire les nouilles « chinoises ».

Sorgho

Nom. Apparu en France en 1553, de l'italien *sorgo* (sans doute du latin *syricum* : de Syrie). **Origine** : très répandu à l'état sauvage sous les climats tropicaux et subtropicaux. Introduit en Égypte au début de l'ère chrétienne. Le sorgho à balai est cultivé dep. longtemps en France, introduction récente des s.-grain et fourragers (sudan-grass) et hybrides (sudan-sorgho). **Variétés** : sorgho à balai (kaffir), milo, doura (ou sorgho sucré), kaoliang (Chine). **Utilisations** : alimentation des volailles (en l'état ou broyé), qualités blanchissantes : permet d'obtenir des volailles à chair blanche ; couscous, balais de « paille de riz ». **Culture** : en général extensive [Europe : superficie faible par rapport aux régions tropicales : U.R.S.S. 150 000 ha, *France 85 000 ha,* Espagne 35 000 ha] sur terre ameublie et labourée, en climat chaud et sec. Semis au printemps. Récolte en sept.-oct. Peut atteindre 6 m de haut. **Rendement** moyen : 10 à 55 q/ha.

Production (1985, en millions de t). U.S.A. 28,6. Inde 10,5. Argentine 5,5. Soudan 4,5. Mexique 4,1. Nigeria 4. *Monde 75,5.*

Commerce (1985, en millions de t). **Exp.** U.S.A. 7. Argentine 2,8. Australie 1. *Monde 12.* **Imp.** Mexique 2. U.R.S.S. 1,5. Venezuela 1,2. *Monde 12.*

En France. 1985. *Superficie* : 43 700 ha. *Rendement* : 43,9 q/ha. *Production* : 191 700 t.

Sucre

Généralités

● **Origine** : glucide soluble : *« oses »* simples [glucose ou dextrose (dattes, raisins, végétaux, etc.), fructose ou lévulose (fruits, miel)] ou *« oses »* combinés [(amidon, cellulose, saccharose)] abondant dans certaines espèces végétales : canne à sucre (tige), bett. à sucre (racine), certains sorghos, érable à sucre (sève) et certains palmiers. On exploite : sucre d'érable au Canada, s. de coco et de palme en Thaïlande, s. de dattes au Pakistan, sirop de maïs aux U.S.A., et surtout betterave, et canne à sucre. Dans le domaine économique, la marchandise vendue sous le nom de « sucre » est toujours du saccharose ; les produits, issus par exemple du maïs, sont vendus sous d'autres noms tels que dextrose, glucose, isoglucose, etc.

● **Canne à sucre. Origine** : vient de l'Inde et de la Chine du Sud ; introduite v. 510 par les Perses sur les bords de la Méditerranée orientale, puis au VIIe s. par les Arabes en Égypte, Rhodes, Chypre, Afrique du N., Espagne du Sud, Syrie ; au XVe s., Espagnols et Portugais l'introduisent dans leurs possessions africaines (Canaries, Madère, Cap-Vert), ensuite au Brésil, à Cuba, au Mexique, aux Antilles ; Holl. et Fr. dans les îles de l'océan Indien et de l'Indonésie. **Aspect** : tige de 2 à 5 m de haut. Contient 11 à 18 % de sucre sous forme de saccharose et d'un peu de glucose (bout blanc) (Martinique 11 %, Australie 15 à 18). Broyée, elle donne un liquide, le *vesou,* qui, après évaporation, donne le sucre cristallisé et la *mélasse.* Le résidu du broyage (*bagasse*) est utilisé comme combustible. **Culture** sur sol riche, temp. + de 20 °C et 1,80 m d'eau. Une souche fournit 6 à 10 récoltes successives (une tous les 12 ou 18 mois). **Rend.** variable selon climat, terrain, variété, irrigation, lutte contre les maladies [55 t en moyenne par ha en 12 mois et jusqu'à 350 t (Hawaii en 30 mois)]. **Utilisation** : sucre, *rhum industriel* (vient de la mélasse de canne fermentée et distillée), *rhum agricole* ou *de plantation* (vient de la distillation du pur jus fermenté).

● **Betterave. Origine** : la bett. potagère rouge était connue depuis l'Antiquité. En 1575, Olivier de Serres remarqua sa richesse en sucre ; en 1745, le chimiste allemand Marggraf réussit à en extraire du sucre et à le solidifier ; en 1786, le chimiste allemand Charles-François Achard, issu d'une famille française émigrée, industrialisa le procédé (sucreries en Silésie) ; en France 2 sucreries (à St-Ouen et à l'abbaye de Chelles) fonctionnèrent avant le blocus continental (1806) ; puis Napoléon fit ensemencer des terres en bett. ; Benjamin Delessert (1773-1847) clarifia le premier le sucre de bett. Le 15-1-1812 Napoléon créa des bourses et 500 licences pour la fabrication du sucre. **Aspect.** Plante bisannuelle. 1re année phase végétative ; le sucre s'accumule dans la racine. 2e année reproductive ; accidentellement la 1re année (betteraves montées en graines) si le semis a été trop hâtif. Pour extraire le sucre qu'elle contient, on la récolte la 1re année. **Espèces** : *sauvages* (ex. : Beta maritima), racine très mince et fibreuse, 7 % de sucre ; cultivées pour leurs racines : bett. *sucrière* ou industrielle, conique, 15 à 20 % de sucre, issue d'une variété isolée par Achard connue sous le nom de « blanche de Silésie », qui avait une richesse en sucre de 7 %. *7 types* : ZZ contenant 18 % de sucre, Z 17,7, NZ 17,3, N 17, NI 16,7, E 16,3, EE 16. *Demi-sucrière* : sert surtout à l'alimentation du bétail. *Fourragère* : 6 à 12 %, de sucre, chair rouge, jaune ou blanche ; utilisée pour nourrir le bétail. *Potagère* : chair rouge. **Culture** : exige des sols sains, non acides, avec une bonne structure et des fumures équilibrées. Demande un climat tempéré et humide pendant 6 mois (avril à sept.) avec des périodes ensoleillées et chaudes juste avant la récolte. Excellente tête d'assolement. Le rendt en blé est très satisfaisant après la culture des bett. *Assolement* : en général triennal (bett., blé, orge) ou quadriennal (bett., blé, orge, p. de terre ou maïs) ; parfois, rotation biennale (blé, bett.) avec inconvénients sur le plan phytosanitaire. *Récolte* : entre 20 sept. et 15 nov. **Rend.** : 40 à 65 t de racines nues/ha ; moyen 45 t.

Utilisation : *Betterave* : sucre 94 %, alcool 6 %, 1 t de bett. à richesse en sucre standard de 16 % donne (en kg) : *sucre* env. 130, *mélasse* à 48 % de saccharose 37,5, pour l'alimentation animale et les industries de fermentation (alcool, levure, acides aminés) ; *matière sèche* : pulpe sèche après déshydratation env. 55 (ou humide, sous forme d'ensilage, env. 500) pour l'alimentation animale (70 % des cas) ; *divers* (écumes, déchets végétaux : les verts de bett., feuilles et parties supérieures du collet, utilisés comme engrais verts ou pour l'alim. animale).

Statistiques

● **Production de sucre** (millions de t de sucre brut centrifugé 1984-85). C.E.E. 13 572. Brésil 9 332. U.R.S.S. 8 650. Cuba 8 097. Inde 6 660. Chine 4 685. *France 4 605.* U.S.A. 4 400. Australie 3 624. Mexique 3 500. All. féd. 3 147. Afr. du S. 2 551. Thaïlande 2 524. Indonésie 1 860. Pologne 1 800. Philippines 1 779. Turquie 1 655. Argentine 1 545. G.-B. 1 438. Pakistan 1 430. Italie 1 385. Colombie 1 288. Espagne 1 163. Rép. dominicaine 1 150. Japon 920. Belg.-Lux. 911. Hawaï 907. Égypte 848. Tchéc. 840. Roumanie 806. All. dém. 720. Pérou 720. T'ai-wan 706. Ile Maurice 610. Danemark 595. Autriche 464.

Production mondiale (entre parenthèses % betterave, % canne) : *1900-1901* : 11 257 (53,3 et 46,7). *20-21* : 16 831 (29,2 et 70,8). *30-31* : 27 863 (42,8 et 57,2). *40-41* : 29 902 (39,1 et 60,9). *50-51* : 33 576 (42 et 58). *60-61* : 55 442 (43,8 et 56,2). *70-71* : 72 001 (41,3 et 58,7). *80-81* : 87 902 (37,7 et 62,3). *81-82* : 100 618 (36,9 et 63,1). *82-83* : 101 599 (37,3 et 62,7). *83-84* : 96 167 (37,1 et 62,9). *84-85* : 100 949 (37,2 et 62,8).

Commerce de sucre (en milliers de t de sucre brut). **Exp. nettes** : Cuba 7 351. Brésil 3 197. C.E.E. 2 767. Australie 2 591. *France 2 215.* Thaïlande 1 272. Afr. du S. 866. Philippines 850. Rép. dominicaine 849. All. féd. 665. Ile Maurice 616. Belg.-Lux. 499. Fidji 478. Turquie 469. Swaziland 398. Argentine 286. Zimbabwe 264. Colombie 258. Danemark 246. T'aiwan 241. *Monde 28 952.* **Imp. nettes** : U.R.S.S. 5 010. U.S.A. 2 126. Japon 1 914. Chine 1 670. Inde 1 060. G.-B. 1 030. Canada 1 025. Égypte 848. Iraq 717. Iran 658. Algérie 626. Nigeria 565. Corée du S. 554. Malaisie 400. Syrie 383. Arabie Saoudite 375. Portugal 344. Italie 313. Sri Lanka 299. Maroc 293. Bulgarie 270. Bangladesh 270. Israël 268. Venezuela 264. *Monde 28 167.*

Commerce international. Plus de 70 % de la production sucrière mondiale est consommée sur place. Volume des échanges 27,5 millions de t, dont 50 % sucre blanc, roux ou brut. 50 % des échanges se font pour 1/3 dans le cadre d'accords préférentiels de pays à pays (ex. accord Cuba-C.O.M.E.C.O.N., acc. C.E.E.-A.C.P., accord de livraisons sur les U.S.A. en fonction de quotas d'importations instauré en 1982) et pour 2/3 marché « libre », en fonction de l'offre et la demande aux cours établis sur les bourses de commerce. Une autre partie s'effectuait dans le cadre d'un accord international sur le sucre qui distribuait des quotas aux exportateurs et aux importateurs, mais le dernier accord international a expiré en 1984 sans être renouvelé.

Cours mondiaux début 1986 très faibles en raison de stocks : 40 millions de t en 1984-85, 37 en 1985-86 (?). Début 1985, les stocks mondiaux représentaient 40 % de la consommation annuelle (5 mois de consommation), les cours sont au plus bas depuis 1929. Un tel stock ne peut se résorber que sur plusieurs campagnes. Les accords internationaux (le dernier s'est terminé en déc. 1984), prévoyant le contingentement des exportations et des stocks, n'ont jamais été efficaces. Un nouvel accord international était prévu, auquel la C.E.E envisageait d'adhérer en tant qu'exportateur, mais les négociations ont échoué le 19-6-1984 (opposition entre Cuba et Australie). Seul subsiste un accord administratif limité à la collecte de statistiques et prévoyant des réunions sur l'évolution de la situation internationale.

Bilan sucrier mondial (en millions de t de sucre brut 1984-85). Stock initial 40,2. Production 100,3. Importations 28,7. *Total 169,2.* Consommation 98,3. Exportations 29,7. Stock final 41,2 (1985-86, estim.). Stock initial 41,2. Production 97,1. Importations 27,1. *Total 165,4.* Consommation 99,8. Exportations 27,4. Stock final 38,2.

● **Cours mondial moyen** (à Paris en F, par t de sucre blanc). *1965* : 313. *68* : 200. *70* : 485. *73* : 1 000. *74* : *janv.* 1 600 ; *22 nov.* : 8 150 ; *fin déc.* : 3 820 [1]. *75* : 2 393. *76* : 1 516. *77* : 1 035. *78* : 915. *79* : 1 089. *80* : 2 984. *81* : 2 407. *82* : 1 619. *83* : 1 916. *84* : 1 477. *85* : 1 330.

Consommation de sucre blanc (en kg par hab., en 1984). *Élevée* : Israël 65,9. Cuba 64,1. Gambie 59,3. Costa Rica 57. Trinidad-Tobago 51,9. Barbades 51,5. Islande 49,9. Pologne 49,9. Guyane 48,2. Fidji 47,7. Tchéc. 47,6. Bulgarie 46,7. Singapour 45,6. Nicaragua 44,8. Australie 44,3. U.R.S.S. 44,2. Autriche 43,9. N.-Zélande 43,5. Brésil 43,4. Suède 42,1. Jamaïque 41,3. Mexique 41. All. dém. 40,5. Royaume-Uni 40,2. *Faible* : N.-Guinée 7,8. Malawi 7,5. Madagascar 6,8. Cameroun 6,6. Comores 6,4. Afghanistan 6,3. Mozambique 6,1. Corée du N. 5,6. Tchad 5,6. Nigeria 5,5. Guinée 5,2. Chine 4,8. Mali 4,8. Libéria 4,3. Burkina-Faso 4,1. Éthiopie 3,9. Sierra Leone 3,9. Guinée-Bissau 3,7. Viêt-nam 3,5. Zaïre 2,3. Bangladesh 2,2. Ghâna 2,1. Ouganda 2,1. Népal 2. Bénin 1,9. Burundi 1,7. Niger 1,6. Laos 1,3. Rép. centrafr. 0,7. Kampuchea 0,6. *Pays représentatifs* : Irlande 39,8. Suisse 39,5. Canada 39,2. Danemark 39. P.-Bas 38,5. Belg.-Lux. 38,5. Norvège 37,2. Hongrie 36,8. Afr. du S. 36,3. Yougoslavie 36. Finlande 35,9. All. féd. 34,7. *France 34,7.* Grèce 30,6. Argentine 30,3. U.S.A. 30,1. Roumanie 28,9. Algérie 28,3. Maroc 27,4. Portugal 25,9. Italie 25,7. Espagne 23,6. Japon 21,1. C.-d'Ivoire 11,3. Inde 10,3. Indonésie 10,1.

☞ *Concurrents du sucre. Édulcorants naturels* : dérivés du sucre (à partir de betterave, canne, maïs (riche en fructose) high frucose, corn syrup (HFCS) ou isoglucose ; lait (lactose), malt (maltose), bois (xylose). *Artificiels* : saccharine (à base de pétrole) produite dep. 1879, aspartane (découvert en 1965). Les producteurs de boissons non alcoolisées les utilisent de plus en plus.

Le sucre dans le Marché commun

Réglementation du Marché commun sur la production et l'achat de sucre. *Entrée en vigueur* le 1-7-68. **2e règlement** : 1974-75 à 1979-80. **3e** : 1981-82 à 1985-86. **4e** : adopté 10-12-85 pour 1986-87 à 1990-91. Chaque pays dispose d'un contingent de production, les quotas sont répartis entre pays et entreprises sucrières qui traduisent les quotas en droit de livraisons de betteraves pour les planteurs avec lesquels elles concluent des contrats (l'ensemble de ces opérations est régi par un accord interprofessionnel). Un quota de base, appelé *quota A,* correspondant à la consommation totale de la C.E.E., bénéficie de garantie de prix et d'écoulement. Il supporte une cotisation de 2 % du prix d'intervention fixé par la C.E.E. Le quota supplémentaire, appelé *quota B,* fixé pour chaque pays, en considération de ses références de production, est garanti moyennant une cotisation de 2 + 30 %. Si cette participation financière des producteurs est insuffisante pour couvrir toutes les charges à l'exportation, une cotisation supplémentaire pouvant atteindre 7,5 % est appliquée. Le 4e règlement a mis en place une nouvelle cotisation spécifique (1,63 % pour la France) sur les quotas A et B, pour apurer le déficit du précédent règlement ; 1,31 % en moyenne, mais son taux est modulé en fonction des sommes versées durant le précédent règlement.

Contingents (en milliers de t). 1981-82 à 1985-86, reconduits pour les campagnes 1986-87 et 1987-88, susceptibles d'être révisés, ainsi que les cotisations, avant le 1-1-88. *France* 3 802 dont Métropole (A 2 560 + B 759), D.O.M. (A 436 + B 47), All. féd. 2 602 (A 1 990 + B 612), Belg.-Lux. 826 (A 680 + B 146), Danemark 435 (A 328 + B 97), G.-B. 1 144 (A 1 040 + B 104), Grèce 319 (A 290 + B 29), Irlande 200 (A 182 + B 18), Italie 1 568 (A 1 320 + B 248), P.-Bas 872 (A 690 + B 182). *Total à 10* : 11 758 (A 9 516 + B 2 242), Espagne 1 000 (A 960 + B 40), Portugal 70 dont Métropole (A 54,6 + B 5,5) + Açores 10 (A 9,1 + B 0,9). *Total à 12* : 11 828 (A 9 579,6 + B 2 248,4).

Production de sucre dans la C.E.E. (milliers de t). *1980-81* : 12,3. *81-82* : 15,03 (record). *82-83* : 13,9. *83-84* : 11. *84-85* : 12,5 (dont quota A 9,3, quota B 1,9). *85-86* (estim.) : 12,7. **Exp.** vers pays tiers 4,1. **Imp.** de pays tiers 1,1. *Consommation* : 35 kg/h.

Le sucre en France

Ensemencement de betteraves destinées aux sucreries et sucreries-distilleries (en milliers d'ha). *1950-51* : 320. *60-61* : 385. *70-71* : 379. *80-81* : 525. *81-82* : 620. *82-83* : 543. *83-84* : 470. *84-85* : 511. *85-86* : 479 + 19 pour les distilleries.

Sucreries *1939-40* : 106, *55-56* : 109, *70-71* : 73, *81-82* : 57, *82-83* : 57, *83-84* : 57, *84-85* : 56, *85-86* : 55. Transformant (en 1984-85) *de 3 000 t de bett./jour 2, 3 000 à 5 000 t 15, 5 000 à 7 000 t 9, 7 000 à 10 000 t 20, + de 10 000 t 10.* **Métropole.** *Effectifs* : 50 000 planteurs, 34 sociétés, 56 usines ; 20 260 empl., *1982-83 : Béghin-Say* assurait 27,5 % de la prod. avec 12 usines ; *Générale sucrière* 14,5 % (6 u.) ; *Compagnie fr. de sucrerie* 7,5 % (4 u.) ; *Vermandoise-Industries* 6,5 % (4 u.) ; *Coopératives et Sica* 18,5 % (9 u.) ; *autres Stés* 25,5 % (21 u.). *Production (en milliers de t de sucre blanc)* : *1939-40* : 1 047, *55-56* : 1 488, *60-61* : 2 546, *65-66* : 2 190, *70-71* : 2 480, *75-76* : 2 981, *80-81* : 3 921, *81-82* : 5 130, *82-83* : 4 446, *83-84* : 3 562, *84-85* : 3957. **D.O.M.** (production en milliers de t). *80-81* : Réunion 223, Antilles 61, *81-82* R. 245, A. 72, *82-83* R. 250,4, A. 59, *83-84* : R. 217, A. 46, *84-85* : 18 000 planteurs ; R. 240 (5 u.), A. 59 (5 u.), *85-86* (estim. totale) : 289.

Production de mélasses (milliers de t) en sucrerie : *1939-40* : 326. *55-56* : 430. *60-61* : 656. *65-66* : 543. *70-71* : 663. *75-76* : 984. *80-81* : 989. *81-82* : 1 281. *82-83* : 1 233. *83-84* : 968. *84-85* : 1 070. *En raffinerie, 80-81* : 24. *81-82* : 17. *82-83* : 18. *83-84* : 21. *84-85* : 20.

La France est le 2e producteur de sucre de betteraves du monde derrière l'U.R.S.S.

Consommation de sucre. Total (milliers de t, cons. par hab. en kg entre par.). *1965-66* : 1 625 (32,9). *70-71* : 1 834 (35,8). *73-74* : 2 069 (39,4). *80-81* : 1 898 (35,2). *81-82* : 1 947 (35,8). *82-83* : 1 900 (34,7). *83-84* : 1 883 (34,3). *84-85* (est.) : 1 865 (33,8).

Utilisations du sucre (milliers de t, 1984). Total : 1 904,8 dont *ventes en détail* : 720,6 (dont morceaux 402,6, poudre 166,3, cristallisé 149,3, autres sortes 2,3). *Directes des grossistes* : semoule et cristallisé 91,1. *Aux principales industries* : 1 069. *A l'industrie chimique* : 10,3. *A l'apiculture* : 1. *Divers et indéterminé* : 12,8. **Utilisations indirectes du sucre pour la consommation humaine** (milliers de t, 1984). Total : 1 069 dont produits de chocolaterie, confiserie 232,8. Boissons rafraîchissantes 146,4 [1]. Sirops 111,1. Biscuits, biscottes, viennoiseries 97,4. Confitures, conserves de fruits 86,9. Yaourts présucrés, laits gélifiés, crèmes desserts 64,7. Pâtisserie [2] 61. Petits déjeuners, aliments diététiques, entremets 44,2. Déclarations de chaptalisation 36,6. Pharmacie 35. Crèmes glacées 30. Vins mousseux 23,4. Laits concentrés et en poudre 22. Liqueurs et crèmes de cassis 16. Conserves et condiments [2] 14. Champagnes 11,6. Boissons spiritueuses 8,5. Caramels colorants 5,1. Utilisations diverses 22,3.

Nota. — (1) + boissons gazeuses et à base de fruits et de jus de fruits. (2) Estimations.

Tabac

Généralités

Origine. *XVIe s.* Ramené d'Amérique par les Espagnols, introduit en France en 1556 par André Thevet (Angoulême 1504-1592) cordelier, aumônier de l'expédition de Villegagnon au Brésil ; il en sème des graines et l'appelle herbe angoumoise. *En 1561* : Jean Nicot (v. 1530-1600), ambassadeur de Fr. à Lisbonne, envoya du tabac en poudre à la reine Catherine de Médicis pour soulager ses migraines. Le grand prieur François de Lorraine le mit à la mode. Le « petun » devint la « nicotiane », l' « herbe de la reine », la « médicée », la « catherinaire », l' « herbe de M. le Prieur ». *XVIIe s.* : le pape Urbain VIII interdit l'usage du tabac dans les églises et envisage d'excommunier les fumeurs. A Moscou, Michel Fedorovitch menace les fumeurs de 60 coups de bâton sur la plante des pieds. *1621* Richelieu augmente la taxe du tabac. *1674* Colbert l'afferme pour 6 a. (redevance de 500 000 puis 700 000 livres les 4 dernières années). Il institue le monopole du tabac. *Fin du XVIIe s.* : la **cigarette**, utilisée par les Indiens (tabac **enroulé** dans des feuilles de maïs) est réinventée par un soldat turc qui bourre de tabac une douille en papier pour remplacer le fourneau de sa pipe arraché par une balle. *1720* la ferme des tabacs est cédée à la Cie des Indes (loyer : 1 500 000 livres ; rapport : 27 millions de livres en 1771). *1809* Vauquelin isole la nicotine. *1811* Napoléon rétablit le monopole des tabacs. *1830* et *1860-68* la cigarette supplante tabatière, chique et pipe. *1844* la cigarette à bout filtre (manufacture du Gros-Caillou). Le monopole d'importation et de commercialisation de la C.E.E. a été supprimé et le monopole de fabrication maintenu en 1976 à la suite des règlements intervenus en 1970 dans la C.E.E. En juillet 1980 « la Sté d'exploitation industrielle des tabacs et allumettes » dont l'État est unique actionnaire a remplacé la S.E.I.T.A. (Service d'exploitation industrielle des tabacs et allumettes). **Cigare** [de l'espagnol *cigarral*, petit verger (où l'on cultive son propre tabac)] : inventé par les Indiens, répandu en Europe par les P.-Bas (en France à partir de 1816).

Caractéristiques. Famille des solanacées, plante annuelle, fleurs hermaphrodites. 60 espèces. *Nicotiana rustica* (9 espèces, solides, qualité inférieure, originaires du Pérou, implantées en Europe de l'Est, teneur élevée en nicotine) ; *tabacum* (majorité du tabac actuel ; solide, 6 espèces dont l'une compte un nombre de chromosomes double des autres) ; *pétunoïde* (45 espèces, culture extensive dans l'hémisphère Sud). **Dim.** : haut. jusqu'à 2 m, feuilles 85 à 100 cm de long. **Teneur en nicotine** : racine — de 0,4 %, feuilles de terre 2 %, f. du sommet 4 % et + [*Nijerck* (Lot) peut atteindre 8 %].

Traitement. Le tabac est placé dans des séchoirs généralement en brique et biens aérés : *jaunissement* (par déchlorophyllation et déshydratation), *dessiccation* par ventilation, *réduction.* S'il a été cueilli en feuilles, celles-ci sont empilées en bouquets *(manoques)* ; récolté en tiges, celles-ci sont liées par de grosses ficelles et suspendues par la base.

Différents types de tabac. *T. clairs* (« goût américain ») : faible arôme. *T. d'Orient* : clairs, séchés au soleil *(sun-cured)* ; pour mélanges aromatiques (Moyen-Orient, Asie, différentes marques de goût am.). *T. blonds (goût am. et goût anglais) : séchés à l'air chaud (fluecured)*, 40 % de la consommation mondiale des tabacs en feuilles (1939 : 20 %). *T. noirs* (goût français) : cigarettes fr. du Kentucky, Cuba, Brésil, Indonésie. Séchés à l'air *(dark-aircured)* ou au feu *(fire-cured)*, env. 15 % de la consommation mondiale (1939 : 35 %).

☞ Selon une étude de l'univ. de Californie confirmée par l'I.N.R.A., le tabac pourrait devenir une des principales sources de protéines : 1 ha de tabac cultivé en plein champ peut donner 163 t de feuilles fraîches, soit env. 15 t de mat. sèches dont : *résidus insolubles* enrichis en cellulose 5,9 t (cigarettes, bétail) ; *précipité vert* 14,1 t (pigments et amidon pour enrichir les aliments du bétail 0,9 t, protéines insolubles pour bétail 1,35 t) ; *jus brun* (protéines solubles 1,65 t dont fractions utilisables par l'homme : cristallisées 0,325 t et non cristallisées 1,325 t ; sels, sucres, acides aminés, vitamines, etc. 4,1 t). Néanmoins, la culture du tabac nécessite un volume important d'eau et d'engrais (surtout azotés).

Composition type de la fumée de tabac, en mg par cigarette

Déterminations effectuées lors de fumage, suivant les méthodes internationales, de cigarettes à filtre dont le rendement en goudrons est de 5 à 15 mg par cigarette. Les teneurs minimales sont encore inférieures pour des produits dits ultra-légers. **Phase particulaire** : nicotine 0,3 à 1,5, phénol 0,03 à 0,09, crésol 0,01 à 0,03, benzopyrène 10^{-5} à 2.10^{-5}, chrysène 3.10^{-5} à 6.10^{-5}, autres hydrocarbures aromatiques polycycliques 3.10^{-4} à 6.10^{-4}, aldéhydes + cétones 0,5 à 2, acides 0,5 à 1,5, alcools et polyols 0,2 à 2. **Phase gazeuse** : azote 250 à 270, oxygène 50 à 60, CO_2 40 à 60, CO 8 à 18, H_2 0,1 à 0,2, H_2O 3 à 5.

Teneurs en nicotine et entre parenthèses **goudrons,** (inscrites sur les paquets, en mg). **Ariel** Extra longue Mentholées 1,12 (16,5) ; mentholées 1,04 (14,9). **Armada Galion** et menthol 1,09 (17,9). **Arsenal** 1,36 (21,8). **Astor Filter** (paquet rigide) 0,85 (17,2). **Atika** 0,50 (7,4). **Balto** 1,58 (21,2). **Bastos** de luxe Filtre (rouge) 1,05 (13,2), (bleu) 1,10 (21) ; Filtre (bleu) 0,80 (15) ; Douce 0,50 (10) ; Filtre (blanche) 0,57 (13,5) ; Légère 1,35 (18,5). **Belga** Extra Légère 0,85 (9,8) ; Filtre 1,45 (17) ; King Size Filter 1,40 (15). **Benson & Hedges** Filter 1,27 (15,9) ; Luxury Mild 1,20 (16,4) ; Special Mild 0,92 (8,9). **Bentley** 0,98 (13,9). **Boule d'Or King Size** Filtre et Menthol 0,98 (13,9). **Boyard** 1,95 (27), maïs 2,95 (45). **Caballero King Size** Filtre 1,30 (14,5). **Camel** 1,29 (18,5), Filters (paquet rigide) 0,89 (14,5), (souple) 1,14 (14,9) ; Mild La Camel Douce 0,86 (9,7). **Carlton** Légère 0,35 (5,5). **Carrolls Original Virginia** 1,30 (14). **Celtique** 1,55 (23,8). **Champagne** 1,07 (14,5). **Chesterfield** (regular) 1,49 (21) ; King Size Filter 1,20 (15), King Size 1,60 (21). **Craven A** 1,34 (19,3), (avec filtre) 1,30 (16,4) ; Légère 0,81 (9,7) ; Menthol Légère 0,81 (9,7) ; Ultra Légère 0,30 (3) ; Export Filter et Menthol 0,96 (14,7) ; 120 Filter 1,20 (14). **Ducados** Filtro 1,60 (25,1), International 0,65 (12,4). **Dunhill** Cigarettes 1,20 (18,6) ; International 1,35 (16,7), en 50 (présentoir) 1,25 (16,7), Superior Mild 0,82 (11), Menthol 0,94 (13,3), King Size 1,20 (15,5). **Ernte 23** Filtre 0,87 (15,4). **Exzellenz 100 mm** Filtre 1,44 (25,5). **Fine 120** Brune 1,30 (16), Blonde 1,50 (17), Menthol 1,15 (17). **Flash 85** 0,70 (12). **Fontenoy** 1,65 (25), Filtre 0,98 (14,5). **Française** 1,10 (23), Filtre 0,75 (12). Filtre et Menthol Filtre 0,75 (12). **Gallia** et G. Menthol 0,30 (5,5). **Gauloises** 1,44 (22,8), Filtre 0,84 (13,9) ; Blue Way (paquet rigide) 1,23 (19,8) ; Filtre (paquet rigide) 0,82 (13,2) ; Disque Bleu 1,45 (20,9), Filtre 0,77 (12,5) ; Doux 0,58 (16,9), Filtre 0,40 (9,8) ; Goût Maryland 1,20 (21) ; Longues 0,80 (13). **Gitanes** 1,46 (21,7), Maïs 2,70 (44) ; Filtre 0,82 (12,2), Maïs 1,45 (22) ; Internationales 1,09 (12,7) ; Légères 0,66 (9,8). **Gold Leaf** 1,55 (17,5). **H.-B.** 0,89 (15,4). **Job** spéciales 1,50 (29,5), Filtre 1,10 (21,5). **John Player** King Size 1,20 (17) ; Extra Mild 0,65 (9) ; Special en 20 et en 50 1,46 (17,6) ; King Size 1,10 (15,5). **Kent** 0,85 (12,8), de Luxe Length 1,03 (16,4) ; Special Mild 0,48 (5,8). **Kim** 0,75 (11,9), Menthol 0,95 (17,3). **Kool** 1,18 (15,8), Super Lights 0,80 (9). **Kröne** 0,65 (11,4). **Kurmark** 0,95 (15,4). **Lambert & Butler** International 1,30 (17,5). King Size 1,20 (16,8). **Lark** Filter 1,34 (17,8). **Laurens 48** Super Légère Filtre 0,48 (4,8). **L. & M.** Filter 1,20 (15). **Lord Extra** (paquet rigide ou souple). **KS** 0,51 (11,5). **Lucky Strike** (17,9), Filter 0,97 (15,8). **Lux Filter** (paquet rigide) 0,85 (14). **Marigny** 1,10 (16,5). **Marlboro** (paquet rigide ou souple) Menthol 1,09 (15,8) ; 100'S (Red) 1,20 (16,9). **Merit** 0,56 (7,5). **Milde Sorte** Filtre 0,57 (11,7). **M.S. Blu** 0,90 (13) ; Filtre (paquet rigide) 1,10 (15,5), (souple) 1,15 (16,5) ; **M.S. International** 1,25 (18). **Multifilter Philip Morris 100'S** 0,98 (13,9). **Muratti Ambassador** 0,92 (12,2), Extra Mild 0,45 (6,7). **Nazionali** Filtre 1,13 (18,9). **N.E. Lunga** Filtre 0,95 (18,5). **News** 0,98 (14,2). **Pall Mall** 1,90 (25) ; Filter (rigide) 1,09 (14,4), souple 1,13 (14,9) ; 100 mm et Menthol 100 mm 1,15 (16). **Peer 100** (paquet rigide) 0,55 (12). **Peter Stuyvesant** (paquet rigide ou souple) 0,96 (14,8) ; Extra Mild (rigide et souple) 0,42 (5), Luxury Length 0,68 (7,8) ; Luxury Length 1,10 (16,5), Menthol 1, (14,6) ; Menthol 0,86 (12), Lights 0,48 (7,8) ; Ultra Mild (rigide et souple) 0,18 (1,8). **Philip Morris** Filter Kings 1,09 (15,8) ; International 1,09 (15,9) ; Super Lights 0,40 (3,9) ; Ultra Lights 0,17 (1,5). **Player's Navy Cut** 1,68 (21,8). **Prince of Blends** 1,51 (17,1). **R 6** 0,45 (9,5). **Reemtsma n° 1** 0,15 (1,9). **Reval** 1,25 (23), Filter 0,90 (14,5). **Reyno** (Filtre Menthol) 0,94 (14,9). **Rich & Light** 0,49 (6,4), Menthol 0,47 (5,8) ; 100'S 0,57 (7,5), Menthol 0,47 (7,5). **Roth Handle** 1,45 (24,5), Filter 0,80 (13). **Rothmans International** 1,40 (17,1) ; King Size Filter 1,25 (16,1), Légère 0,77 (10) ; Super Légère non mise en vente. **Royale** (rigide, souple) 1,15 (14,9) ; Extra Longue 1,35 (16,5), Menthol 0,98 (16,5) ; Menthol (rigide) 0,98 (14,5), souple 0,98 (14,5) ; Légère (rigide) 0,49 (4,9) ; Menthol Légère (rigide) 0,56 (6,2) ; Ultra Légère (rigide) 0,09 (0,9), Seitanes (rigides, souple) 0,45 (8). **St-Michel** 1,80 (20,7), Filtre 1 (13,2). **St-Moritz 120'S** (paquet rouge et menthol) 1,10 (17). **Seitanes** (rigide et souple) 0,45 (8). **Senior Service** 1,63 (21,6). **Seven Stars** 0,78 (15,5). **S.G. Gigante** 0,98 (15,8). **Silk Cut** 0,87 (9,1), International 1,29 (13,4). **Smart Export Filter** 0,63 (16,6). **Sobranie Black Russian Filter** 1,08 (26,2), Colour Filter 1,89 (25,5). **State Express** 1,35 (15,7). **Sullivans Private Stock** Filter 1,63 (24,02). **Time 120 mm** (rigide et menthol rigide) 1,05 (17,9). **Vente restreinte** 1,44 (22,8), Filtre 0,84 (13,9). **Week-**

Seita

l'entreprise fabrique et commercialise une gamme d'allumettes à usage spécifique — club, allume-fuel, spéciale longue, allumette géante — et une multitude de pochettes à vocation publicitaire. La Seita a vendu, en 1985, 372 millions de boîtes et de pochettes d'allumettes.

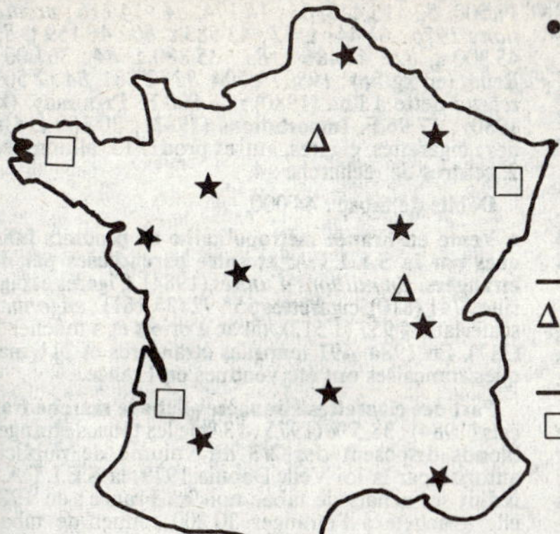

• USINES DE CIGARETTES ET DE SCAFERLATIS

Lille, Metz, Dijon, Lyon, Marseille, Tonneins, Nantes, Châteauroux, Riom, Le Mans

△ USINES D'ALLUMETTES

Saintines, Mâcon

□ MANUFACTURES DE CIGARES

Strasbourg, Morlaix, Bordeaux

Confection - Groupe PROTOS - 8000 cigarettes/minute

UNE PRESENCE INTERNATIONALE

Ventes

11 milliards de cigarettes de la Seita sont vendues hors de France, dans 120 pays. 52 % des ventes sont réalisées en Europe occidentale et dans les pays d'Afrique francophone. Pour la Gauloise, la Gitane et la Royale, qui bénéficient d'une grande notoriété, la Seita développe sa promotion internationale par l'intermédiaire des courses automobiles et motocyclistes ou de la voile.

Filiales et participations

La Seita a entrepris dès 1962 une politique de prise de participation et de créations de filiales afin d'assurer une meilleure diffusion à l'étranger de ses produits et de son savoir-faire et de mieux garantir ses sources d'approvisionnement en tabacs en feuilles. Ainsi, dans le domaine de la fabrication ou de la distribution des cigarettes, la Seita est présente aux Etats Unis, au Canada, en Argentine, en Côte d'Ivoire, à Madagascar, en Belgique, en Suisse, en Grande-Bretagne...

Jacques LAFFITE
équipe Ligier-Gitanes de F1

UN SERVICE DE RECHERCHE DE RENOMMEE MONDIALE

L'entreprise s'est dotée depuis près de 30 ans d'un ensemble de laboratoires, intégrant dans toute son ampleur la recherche qui va de la graine de tabac à la fumée de la cigarette.

L'élaboration de cigarettes légères repose sur une connaissance approfondie de la composition chimique de la fumée de la cigarette et de ses effets sur l'homme et sur des modèles biologiques pertinents. A partir de cette recherche fondamentale, conduite dans ses laboratoires et avec le concours d'équipes extérieures, la Seita a pu améliorer considérablement les produits qu'elle fabrique.

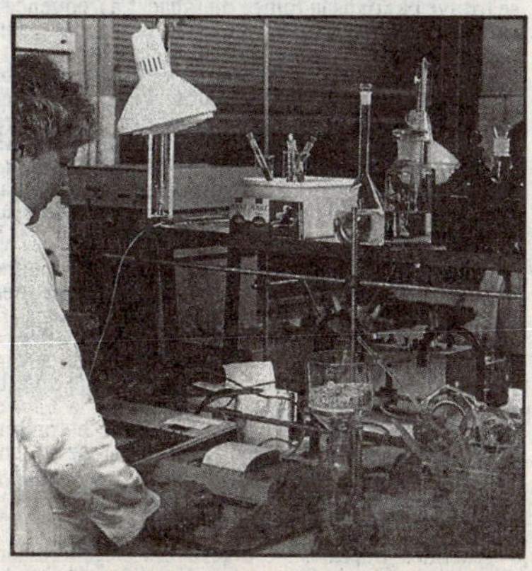

Contrôle de qualité

Les travaux ont été menés dans quatre directions :
— l'amélioration du tabac matière-première ;
— les procédés de fabrication ;
— le filtre ;
— le papier à cigarette.

L'ensemble de ces travaux a rendu possible la production de cigarettes d'une nouvelle génération et l'amélioration des cigarettes traditionnelles qui, tout en conservant leurs caractéristiques gustatives, ont vu leurs taux de nicotine et de goudrons diminuer en moyenne de moitié en une quinzaine d'années.

(Information)

end 1,60 (23,5), Filtre 1,40 (19). **Winston** (rigide) 0,89 (14,5), (souple) 0,94 (14,9); Filtre 100 mm 0,95 (14,9) ; International 1,39 (17,5) ; Lights, La Winston Légère 0,86 (9,7).

Constituants biologiquement actifs. La fumée de cigarette est un aérosol composé de particules solides ou liquides de 0,1 à 2µ et d'un gaz et qui sont formés sous l'effet de la combustion. Plus de 7 000 composants ont déjà été identifiés, mais l'expérience prouve que l'activité biologique de la fumée doit être envisagée globalement. Les éléments majeurs sont les goudrons, la nicotine, le gaz carbonique et des irritants (acroléine, phénols). Cette activité dépend de la profondeur d'inhalation de chaque individu.

Nicotine : alcaloïde qui agit d'une manière spécifique sur le système nerveux sympathique et parasympathique. Peut avoir un effet paradoxal en agissant soit comme sédatif, soit comme stimulant favorisant la vigilance. La nicotine est impliquée dans certains effets du tabac sur l'appareil cardiovasculaire.

Acroléine et autres aldéhydes : composés irritants (toux du fumeur). Cependant les procédés modernes de fabrication ont entraîné une diminution notable de leur présence dans la fumée.

Oxyde de carbone : sous-produit de la combustion incomplète du tabac. Sa présence a été réduite par l'utilisation de papier plus poreux et d'une meilleure ventilation. Il se fixe sur l'hémoglobine des globules rouges, la transformant en carboxyhémoglobine stable, ce qui réduit la bonne oxygénation du sang.

Goudrons : des expériences sur les animaux ont montré que les goudrons n'ont pas d'effets cancérigènes mais cocancérigènes, bien qu'on ait identifié des produits cancérigènes comme le benzo(a)pyrène (hydrocarbure aromatique polycyclique) et de faibles traces de nitrosamines.

Tabac dans le monde

• **Tabac. Production** (milliers de t, prév. 1985). Chine 1 770. U.S.A. 670. Inde 450. Brésil 388. U.R.S.S. 365. Turquie 196. Italie 155. Bulgarie 155. Grèce 139. Indonésie 128. Zimbabwe 121. Japon 121. Birmanie 115. Pologne 98. Thaïlande 86. Corée du S. 85. Pakistan 84. Canada 81. Yougoslavie 79. Philippines 75. Malawi 69. Argentine 61. Mexique 56. Espagne 47. Cuba 46. Corée du N. 46. Bangladesh 41. Afr. du S. 39. *France 36.* Colombie 36. Viêt-nam 28. Rép. dominicaine 26. Roumanie 25. Iran 25. Venezuela 19. Syrie 15. Albanie 13. Australie 13. Tanzanie 12. *Monde 6 258.*

Commerce. Tabac brut (en milliers de t, 1984). *Exp. :* U.S.A. 248,6. Brésil 187,4. Italie 96,8. Grèce 94,5. Zimbabwe 89,8. Inde 80,7. Turquie 69,7. Bulgarie 61,5. Malawi 58,6. Thaïlande 31,5. Corée du S. 30. Chine 27,8. Argentine 26,6. Canada 26,5. Philippines 22. Indonésie 19,3. *Imp. :* U.S.A. 212. G.-B. 149,7. All. féd. 138,1. U.R.S.S. 102,5. P.-Bas 82,3. Japon 75,2. Espagne 71,3. *France 65,1.* Égypte 45. Bulgarie 41,9. Belg.-Lux. 35,5. Italie 24,4. Suisse 19,9.

• **Production de cigarettes** (en milliards d'unités, 1984). Chine 1 062,5. U.S.A. 668,2. U.R.S.S. 385. Japon 306. All. féd. 162. G.-B. 130,4. Brésil 127. Indonésie 99,4. Pologne 86,3. Inde 85. Italie 80,4. Corée du S. 77,9. Espagne 75,1. Bulgarie 72,5. Turquie 61,8. Canada 61,6. Youg. 59,1. Philippines 58,5. Mexique 48,4. P.-Bas 45,5. *Monde 4 695,7.*

• **Consommation** (nombre de cig. par hab., par an, 1983). U.S.A. 2 600. Irlande 1 900. All. féd. 1 900. Italie 1 900. G.-B. 1 800. Belg.-Lux. 1 800. P.-Bas 1 600. *France 1 600.*

En 1980, + de 4 500 milliards de cig. fumées.

Cigarettes les plus fumées aux U.S.A. (en % du marché total, 1982). Marlboro 19,2. Winston 13,2. Salem 8,8. Kool 8,2. Camel 4,9. Benson & Hedges 4,8. Merit 4,5. Pall Mall 4,3. Vantage 3,9. Kent 2,8. Virginia Slims 2,5.

• **Dépenses de publicité « cigarettes »** (en F pour 1 000 hab.). Suisse 2 200. All. féd. 1 200. Belg. 517. G.-B. 350. *France 100.*

Tabac en France

• **S.E.I.T.A.** (chiffre d'affaires T.T.C. en milliards de F). *1983 :* env. 30 dont impôts et taxes 22. *Déficit* (en millions de F) : *1976 :* 7,5, *1977 :* 161, *1978 :* 301,6, *1979 :* 236, *1982 :* 124, *1984 :* 195, *1985 :* 125. **Effectifs** (1985) : 8 300.

Prix d'un paquet de Gauloises. 1984 : 4,25 F dont droits de consommation + accise spécifique 2,091 F, T.V.A. + B.A.P.S.A. 1,088 F, remise au débitant 0,340 F, part fabricant 0,71 F.

• **Production. Variétés produites :** tabacs noirs légers (P.-B., Paraguay, Dragon vert, Geudertheimer, utilisés dans les mélanges Caporal, 99 % de la prod.), corsés (Nijkerk), clairs (Virginie, Burley). **Planteurs :** *1947 :* 115 563, *69 :* 44 249, *79 :* 29 870, *82 :* 21 900, *83 :* 19 700 ; *surface plantée* (en ha) : *1947 :* 29 312, *77 :* 22 000, *78 :* 20 000, *79 :* 19 683, *80 :* 18 430, *81 :* 17 500, *82 :* 15 443, *83 :* 14 174, *84 :* 14 216 ; *production : 1976 :* 61 441 t, *77 :* 43 583 t, *80 :* 46 159 t, *81 :* 45 300 t, *82 :* 44 486 t, *83 :* 35 880 t, *84 :* 36 000 t. **Rendt** (en kg/ha) : *1980 :* 2 504, *82 :* 2 881, *84 :* 2 507 ; *recette* nette à l'ha (1980) : 38 600 F. **Prix moy.** (kg, 1980) : 17,96 F. **Importations** (1983) : 30 660 t. **Usines** : cigarettes, cigares, autres prod. : 13, allumettes : 2, centres de recherche : 4.

Débits de tabac : 44 000.

• **Vente en France métropolitaine de produits fabriqués par la S.E.I.T.A. et entre parenthèses par des étrangers.** *En millions d'unités* (1984). Cigares et cigarillos 741 (810), cigarettes 55 992 (35 161) ; *en tonnes :* scaferlatis 4 957 (1 512), tabac à priser et à mâcher 74 (317). En 1984, 491 marques étrangères et 211 marques françaises ont été vendues en France.

Part des cigarettes étrangères dans le marché français (1984) : 38,5 % (1975 : 13 %) ; les tabacs étrangers blonds disposent des 2/3 du volume de publicité autorisé par la loi Veil. Depuis 1979, la S.E.I.T.A. a réduit ses achats de tabac noir en France ; en 1982, elle a acheté à l'étranger 30 200 tonnes de tabacs feuilles.

Ventes de la S.E.I.T.A. à l'exportation (en milliards d'unités, en 1984) : 11,2 dont 5,7 de produits fabriqués sous licence à l'étranger.

• **Consommation. Évolution (en milliards de cigarettes).** *1861 :* 7,4. *1922 :* 8, *1930 :* 15, *1970 :* 67, *1975 :* 82, *1980 :* 85,7 (1 803 par hab.), *1982 :* 86,4. *1983 :* 88.

Nombre de fumeurs adultes (en % de la population). *1970 :* env. 44 %, *1975 :* 44 %, *1983 :* 40,8 % dont 50,4 % d'hommes.

Répartition par sexe et par âge (femmes entre parenthèses) en 1983. *Fumeurs : 15-24 a.* 56 % (54 %). *25-34* 61 (39). *35-49* 54 (31). *50-64* 44 (17). *64 et +* 32 (6). *Ex-fumeurs : 15-24* 10 (13). *25-34* 21 (29). *35-49* 24 (21). *50-64* 36 (18). *64 et +* 50 (8). *Jamais fumeurs : 15-24* 34 (33). *25-34* 19 (32). *35-49* 21 (48). *50-64* 29 (65). *64 et +* 18 (86). **Jeunes fumeurs** (1983). 32 % des 12 à 18 a. déclaraient fumer, ne serait-ce qu'occasionnellement (en 1977, 46 %) dont 12-14 a. 15 %, 14-16 a. 32 %, 16-18 a. 51 %.

Un sujet commençant à fumer à 15 a. un paquet quotidien aura fumé à 45 a. env. 220 000 cig., à 55 a. env. 300 000 [pour un paquet 1/2 (30 par j) : 450 000]. Les parents non fumeurs laissant leur enfant de 10 à 12 a. commencer à fumer ont de bonnes chances de vivre plus longtemps que lui.

Tabac et Santé

Rôle du tabac
Principales maladies

Cancers. De l'app. respiratoire et urinaire. Sur 481 substances cancérigènes isolées par Hart, une seule ne se trouve pas dans la fumée du tabac. La fréquence du cancer de l'app. respiratoire a été multipliée par 20 chez l'homme de 1955 à 1975 (× 3 chez la femme) en même temps que l'augmentation de l'usage du tabac. *Du larynx et du pharynx :* s'observent particulièrement chez les fumeurs. De *l'œsophage et du larynx :* liés à l'interaction du tabac et de l'alcool ; nettement plus élevé chez les fumeurs. De *la vessie :* fréquent chez les tabagiques des 2 sexes. Selon une étude faite aux U.S.A., les 2/3 des morts par cancer seraient dues au tabagisme et au régime alimentaire.

Maladies de l'app. circulatoire. L'usage du t. affecte particulièrement artères du cerveau, cœur et membres inférieurs, tube digestif, app. génital, sens (fréquence de l'artérite tabagique). La fréquence des cardiopathies ischémiques chez les fumeurs de 20 cig./j est triple de celle des non-fumeurs. L'usage du tabac (20 cig./j) intervient en 4e position dans la liste des 8 facteurs de risque de crise cardiaque et présente (avec inhalation) un risque identique chez un sujet sans hypertension ni cholestérol à celui d'un malade non fumeur avec tension artérielle à 25 (ou 12) et cholestérolémie à 3 g (ou 4 g).

Atteintes buccales et digestives. Dégénérescence des muqueuses de l'app. aéro-digestif par la chaleur (le bout incandescent de la cig. pouvant atteindre plus de 800°). Sécheresse des muqueuses (sauf chez les fumeurs de pipes), bouche pâteuse, haleine fétide, pharyngite chronique, altérations dentaires diverses ; risque de leucoplasie dégénérative chez le fumeur de cig. collées à la lèvre. En 1975, 93 % des ulcéreux fumaient plus de 20 cig./j.

Grossesse. Le placenta ne filtre pas la nicotine ni l'oxyde de carbone et les communique à l'enfant dans l'utérus de la mère qui fume ou qui absorbe la fumée d'autres fumeurs proches. *Taux moyen d'oxyde de carbone :* femme ne fumant pas 1,2 % (fœtus 0,7 %), fumant 8,3 % (fœtus 7,3 %).

Lutte contre le tabagisme en France

La *loi du 9-7-1976* (dite loi Giscard d'Estaing) a réglementé la publicité protabagique. Celle-ci est interdite à la radio, télévision, au cinéma, par affiches ou enseignes (sauf exception), par voie aérienne, fluviale ou maritime. Dans la presse écrite, la surface consacrée au tabac ne pourra être supérieure à celle de 1974-75. Cette loi est mal appliquée.

Depuis 1976, le % des fumeurs a baissé et l'augmentation de la consommation de tabac est moins importante (1 % par an au lieu de 4 à 5 auparavant).

Il est interdit de fumer dans : 1) les locaux affectés à un usage collectif autres que ceux à l'usage exclusif d'habitation personnelle, n'offrant pas un débit minimal de ventilation de 7 l par seconde et par occupant (locaux ventilés mécaniquement ou par conduits) ; un volume minimal de 7 m^3 par occupant (locaux ventilés par ouvrants extérieurs) ; 2) écoles et collèges et autres établissements d'enseignement de niveau comparable (locaux fréquentés par les élèves) ; 3) locaux destinés à recueillir des moins de 16 ans pour leurs activités collectives de loisirs, d'hébergement des centres de loisirs et de vacances (si des moins de 16 ans y sont admis) ; 4) établissements d'hospitalisation, de soins et autres et à vocation sanitaire (locaux à usage collectif utilisés pour accueil, soins et hébergement des malades) ; 5) véhicules de transports routiers collectifs ; si ces véhicules ne sont pas destinés à transporter principalement des élèves ou des moins de 16 ans, une zone d'au moins 50 % des places peut être accessible aux fumeurs si un dispositif efficace empêche la propagation de la fumée ; 6) ascenseurs à usage collectif ; 7) voitures de transports publics urbains, funiculaires et téléphériques ; 8) transports ferroviaires (50 % au moins des compartiments doivent être réservés aux non-fumeurs).

Taxi. Le chauffeur peut inviter ses clients, verbalement ou par affichettes, à s'abstenir de fumer. Lui-même n'a pas le droit de fumer.

Publicité. Obligation de noter sur le paquet de cig. la teneur moy. en nicotine, goudrons et autres substances, et de mentionner « abus dangereux ».

Désintoxication. Seule la volonté permet d'arrêter de fumer. Aucune drogue ne peut servir avant l'arrêt complet, total et définitif. La désintoxication peut alors aider l'ancien fumeur. Ne jamais reprendre 1 seule cigarette.

Médicaments agissant sur les troubles du sevrage : Lobatox, Nicoprive, Paranico, Pastaba, Valerbé. *Homéopathie :* Tabacum 5 CH. *Acupuncture :* thérapeutique énergétique souvent associée à l'homéopathie ; comprend des points répartis sur tout le corps (en vue d'une équilibration générale), des actions localisées agissant sur l'envie de fumer (nez : nasothérapie ; oreille : auriculothérapie). *Produits non médicamenteux :* filtres M D 4 qui permettent une désaccoutumance du tabac en 4 étapes. *Plan de 5 jours. Psychothérapie de groupe réalisée par la Ligue Vie et Santé :* réunion pendant 1 h ½, 5 soirs consécutifs ; conseils d'hygiène et de diététique : boissons abondantes mais sans alcool, crudités, fruits et jus de fruits pour augmenter l'apport en vitamines, hydrothérapie, massages, douches, exercices de respiration, le fumeur ayant perdu une part importante de sa capacité respiratoire ; sommeil.

Statistiques (France)

Accidents du travail. Selon une étude (Dr Galle), atteignaient 37,2 % des fumeurs, 17,7 % des non-fumeurs.

Mortalité (surtout par inhalation de la fumée). *1958 :* 11 000 ; *1974 :* 35 000 ; *1978 :* env. 50 000. Selon le Pr Tubiana, le t. abrège la vie d'env. 70 000 personnes par classe d'âge dont env. ⅓ par cancer pulmonaire.

Espérance de vie à 25 a. (selon Hammond). *Fumeurs* (1 paquet de 20 cig. par jour) 42 a. (1,5 paquet/j) 39 a., *non-fumeurs* 48 a. Un « petit » fumeur (env. 10 cig./j) est encore 13 fois plus exposé que le non-fumeur aux risques de maladies liées à l'usage du tabac. Le risque est maximum avec une dose moyenne d'un paquet/j.

Nombre de journées de travail perdues. 15 à 20 millions. **Coût du tabac pour la nation.** 80 milliards de dépenses de santé (18,6 milliards de recettes fiscales).

Opinion des Français. 84 % des Français considéraient en 1983 que fumer est mauvais pour la santé, 57,3 % des jeunes pensaient en 1984 que fumer est un signe de faiblesse, 83,1 % que c'est dangereux, 62,5 % souhaitaient s'arrêter (ou diminuer).

Thé

• **Origine :** depuis plus de 2700 av. J.-C. dans l'Assam supérieur (Inde) et le Yunnan (S.-O. de la Chine). Connu au Japon dep. l'an 700 env. ; en Angleterre par l'intermédiaire des Hollandais et de leur Cie des Indes orientales, vers 1650.

• **Culture :** le théier *(Camellia sinensis)*, arbuste à feuilles persistantes maintenu à 1,20 m de haut en tables de cueillette (à l'état sauvage peut atteindre 10 à 15 m) ; cultivé dans des régions au climat chaud et humide avec des pluies régulières réparties de préférence au cours de l'année. Croît entre le 42e degré de latitude Nord et le 31e degré Sud. Peut être cultivé jusqu'à 2 500 m dans l'Himalaya (Darjeeling). Une plantation commence à produire au bout de 5 à 7 ans. Des tailles successives permettent un bon rendement pendant 50 ans. Cueillette des jeunes pousses toutes les 2 semaines, toute l'année, sauf en altitude où elle cesse l'hiver. *Cueillette fine* [3 feuilles terminales (jeunes pousses) : constituée par le *pekoe* (du chinois *Pak-ho :* cheveu ou duvet) (bourgeon terminal) et les 2 feuilles suivantes (orange pekoe)]. En Chine on cueille jusqu'aux 4e et 5e feuilles qu'on appelle *souchong.* Une bonne cueilleuse peut ramasser 16 à 20 kg de feuilles fraîches par jour, qui donneront env. 5 kg de thé manufacturé sur place, dans les 36 h qui suivent la cueillette. *Thé noir* et *thé vert* (non fermenté) viennent du même arbre.

• **Thés noirs :** pratiquement les seuls utilisés en Europe. Ils subissent le traitement suivant en partant des feuilles fraîches : *Flétrissage :* en chambres ou greniers de flétrissage (env. 20 h). *Roulage :* en plusieurs opérations avec criblage intermédiaire (env. 30 mn). *Fermentation :* de 1 h à 3 h suivant les régions. *Dessiccation* ou *torréfaction :* 15 à 20 mn pour arrêter la fermentation. *Triage :* suivant les grades, avant l'emballage. La préparation du thé de Chine est un peu différente mais repose sur les mêmes principes.

Grades des thés noirs (sauf thés de Chine). FEUILLES ENTIÈRES. *Flowery orange pekoe (FOP) :* long, fin, bien enroulé, contenant les pointes fines des bourgeons appelées *tips* ou pointes dorées. *Orange pekoe (OP) :* long, morceaux minces de feuilles jeunes et souples avec quelques tips. *Pekoe (P) :* plus court, moins fin, ne contenant pas de tips. *Pekoe souchong (PS) :* encore plus court et plus grossier, composé de feuilles plus âgées. *Souchong (S) :* régulier, sans feuilles ouvertes ; fait de petites boules représentant des feuilles plus âgées.

FEUILLES BRISÉES (rendement supérieur, qualité similaire). *Broken orange pekoe (BOP) :* morceaux de jeunes feuilles brisées pendant le roulage, morceaux jamais plats devant aussi contenir des tips. *Broken pekoe (BP) :* morceaux plats, venant de feuilles plus âgées, sans tips. *Broken tea (BT) :* morceaux plats des feuilles les plus âgées n'ayant pu s'enrouler lors du roulage. *Fannings (F)* ou *pekoe fannings (PF) :* morceaux plats, petits, parfois avec tips (PF) recherchés pour les sachets. *Dust :* poussière de thé formée par les brisures des feuilles, recherché pour les sachets en papier filtre.

Tous ces grades constituent des thés généralement corsés, alors que l'origine Chine donnera des thés plus doux.

THÉS NOIRS DE CHINE, à servir sans lait et parfois parfumés de fleurs odorantes. *Flowery Pekoe* ou *Pekoe* à pointes blanches : préparé avec les feuilles terminales les plus jeunes et les plus tendres ne comprenant que les bourgeons terminaux des feuilles repliées sur elles-mêmes. *Pekoe :* feuilles les plus tendres. *Souchong :* grosses feuilles plus âgées, fermées à la préparation. *Congou :* variété de feuilles courtes (*Panyong, Moning, Keemun*, etc.).

THÉS NOIRS SEMI-FERMENTÉS (intermédiaires entre thés noirs et verts). Le *Oolong* de Formose est le plus célèbre ; particulièrement recherché aux U.S.A. et en France (3e consommateur mondial).

Qui aime les thés très corsés choisira les *Broken* et les *Pekoe ;* les thés délicats les *Orange Pekoe.*

• **Thés verts :** tous non fermentés contrairement aux thés noirs [après humidification, feuilles chauffées (torréfiées) puis séchées] ; les plus connus en Europe et dans les pays africains musulmans sont : *Gunpowder :* feuilles roulées ayant l'aspect de grains de 3 mm. *Chun-Mee :* feuilles enroulées irrégulièrement, plus longues. *Sow-Mee :* morceaux plus petits et brisés. *Young Hyson* et *Hyson :* feuilles jeunes, du début du printemps, très rares et peu consommées en France.

• **Règles de consommation.** Il faut : ébouillanter la théière, mettre une cuiller à thé par personne (env. 2,5 g), verser l'eau frémissante et non bouillie sur le thé, laisser infuser 3 à 6 mn selon l'origine, enlever les feuilles de la théière, remuer et servir. En général les thés noirs peuvent être consommés avec du lait sauf les thés de Chine.

• **Statistiques. Production** (1984, milliers de t). Inde 645. Chine 405. Sri Lanka 209. U.R.S.S. 150. Kenya 116. Turquie 111. Japon 102. Indonésie 102. Argentine 41. Bangladesh 38. Malawi 37. T'ai-wan 24.

Commerce (milliers de t, 1984). **Exp.** Inde 214,7. Sri Lanka 204. Chine 128. Kenya 95. Indonésie 85,6. Argentine 42. Malawi 35. Bangladesh 23,1. Tanzanie 15,5. T'ai-wan 12,5.

Consommation. Mondiale env. 1 800 000 t (soit env. 900 milliards de tasses). *En kg, par an, par hab.* (1984). Koweït 4,3. Qatar 3,9. Irlande 3,3. G.-B. 3,2. Irak 2,5. N.-Zélande 2. Arabie Saoudite 1,6. Hong Kong 1,6. Australie 1,5. Bahreïn 1,5. Tunisie 1,2. Maroc 0,9. U.S.A. 0,4. All. féd. 0,2. *France 0,1.*

Un Anglais prend env. 2 000 tasses par an, un Allemand 130, un Français 75 à 80.

Tomates (pommes d'amour)

Origine : Andes (Pérou) (espèce sauvage) ; à petits fruits (tomates cerises). Espagnols et Portugais importèrent en Europe la variété à gros fruits au XVIe s. **Description :** tiges longues de 40 à 60 cm. Diamètre 5 à 11 cm. Maturité fin de l'été et automne. **Culture :** semis févr.-mars.

Production (en milliers de t, 1985). U.S.A. 8 236. U.R.S.S. 7 700. Italie 6 840. Chine 5 260. Turquie 3 900. Égypte 2 677. Espagne 2 367. Grèce 2 235. Roumanie 1 885. Brésil 1 701. Mexique 1 344. Portugal 890. *France 817.* Bulgarie 806. Japon 802. Inde 802. *Monde 60 132.*

• **En France.** *Production. Introduite* en Provence v. 1750 sous le nom de « pomme d'amour ». Utilisée comme légume à partir du XIXe s. *Premières exploitations :* Barbentane, Châteaurenard, Marseille, Perpignan. *Plantation* en 3 étapes : semis (février, mars, avril), repiquage sur couches, plantation définitive, récolte (juin à oct.).

Principales variétés : *de serre :* Montfavet H 63,4, H 63,5 (les plus demandées) ; Rustrel, Luca Quatuor, Itake, Lucy, Vémone, Sanvira, Pyros, Flamingo, Fandango. *De plein champ :* culture traditionnelle (avec taille et palissage) : St-Pierre et dérivées ; cult. à plat (type conserve, sans taille ni palissage) : Campbell 1 327, Heinz 2 274, 1 370, Ace 55 VF, Roma VF. **Imp.** (en t, 1982) : env. 200 000 dont 44 471 du Benelux entre mai et juillet. **Exp. :** 10 245 vers C.E.E. 5 354 dont All. féd. 3 128, Belgique 1 052, Italie 434, G.-B. 271, Suisse 4 425.

Topinambour

Origine : importé d'Amérique au XVIIe s. par le navigateur Champlain, sous le nom de pomme du Canada, artichaut du Canada, artichaut de Jérusalem, soleil vivace ou topine. 1956 : 164 000 ha en France. Presque disparu. Aujourd'hui, grâce aux campagnes de P. Poujade, on pense revenir à 10 000 ha. **Description :** partie aérienne simple ou ramifiée 2 à 4 m de h., souterraine, racines et tubercules (15 à 30 par touffe). **Culture :** planté en avril. Excès d'humidité néfaste. En juillet, les tiges doivent atteindre 1 à 2 m et la croissance reprend courant sept.

Variétés : violet de Rennes, violet commun (rose), patate Vilmorin (jaune et blanc sale), topinambour blanc hâtif. *Rendements :* fanes 10 à 20 t/ha, tubercules 50-60 t/ha (1980 : + de 80 à 90 t/ha). **Utilisation :** Tête d'assolement excellente. Traditionnellement utilisé comme nourriture pour porcs et vaches laitières. Fanes ensilées ou distribuées en vert. Plante alcooligène pouvant produire 10 à 12 % d'alcool (60 hl à l'ha). Les fanes peuvent être brûlées pour chauffer la distillerie.

Tournesol ou grand soleil

Origine (de *tournesol :* tourne le dos au soleil le soir) ; Mexique et Pérou, rapporté en Europe vers 1659. **Extension :** développé d'abord en Europe de l'Est, revient maintenant aux U.S.A. **Aspect.** Plante annuelle, tige poilue de 1,50 à 2 m de haut ; inflorescence à capitule, à fleurons mâles puis femelles. *Fruit :* composé d'une coque et d'une amande. *Graine* contenant 50 % d'huile et 15 à 20 % de protéines. *Espèces :* 67 ; on cultive surtout l'Hélionthus annuus. *Utilisations :* cultivé pour son huile et son tourteau (résidu de l'extraction d'huile) pour l'alimentation animale. **Culture :** semé en mars-avril, récolté en septembre avec moissonneuse-batteuse. Le décorticage de la graine permet d'obtenir un tourteau à 40 % de protéines.

Production de graines (1984, en milliers de t). U.R.S.S. 5 000. Argentine 2 440. U.S.A. 1 664. Chine 1 400. Espagne 943. *France 900.* Roumanie 800. Turquie 650. Hongrie 600. Bulgarie 470. Afr. du S. 196. Italie 188. Australie 161. Yougoslavie 160. Canada 82. *Monde 16 451* (rendement moyen 11,7 q/ha, France 18,6).

En France. Superficie : *1978 :* 37 000 ha ; *81 :* 155 000 ; *82 :* 283 000 ; *83 :* 423 350 ; *84 :* 504 155 (dont Gers 55 000, Charente-Mar. 45 000, H^te^-Garonne 40 000, Vienne 36 000, Charente 32 500, Deux-Sèvres 29 300, Lot-et-G. 29 000, Tarn-et-G. 28 500, Indre 28 000).

Trèfle

Origine : cultivé en France dep. le milieu du XVIIIe s. **Aspect :** plante fourragère, longues tiges (0,50 à 0,70 m) ; feuilles à 3 folioles. **Culture :** sensible à la sécheresse, résistant au froid, aimant humidité et lumière. Une ou 2 coupes par an selon les espèces. Récolte pendant 2 ou 3 ans. Cultivé en prairie artificielle ou temporaire, il améliore le sol. Semis au printemps (25 kg de graines par ha). **Rendement :** 6 à 10 t de foin sec par ha.

Triticale

Nom : nouvelle céréale issue du croisement du blé *(Triticum)* et du seigle *(Secale)*. **Culture :** bien adapté aux zones où le blé pousse mal, le triticale apporte des résultats supérieurs à ceux du seigle. Il peut se rencontrer à l'état accidentel dans la nature (stérile).

En France (1985). **Superficie** 66 600 ha. **Production** 293 600 t. **Rendement** 44,1 q/ha.

Truffes

Description : champignon souterrain (thallophyte ascomycète hypogé) vivant en symbiose avec certains arbres (chêne, noisetier, charme, pin d'Autriche). Des organes mixtes *(mycorhizes)* permettent par les racines une meilleure alimentation minérale de l'arbre qui, en contrepartie, lui apporte des matières organiques. Une truffière se signale par la disparition des herbes (le brûlé). La vraie truffe *mélanosporum* ou truffe du Périgord (écorce noire verruqueuse et chair marbrée, très parfumée) vaut 2 400 à 2 800 F/kg. Parmi les fausses truffes, l'*aestivum* (écorce noire et chair blanche) vaut 300 F.

• **En France.** Démarrage de la trufficulture en Dordogne en 1887 (le vignoble, ruiné par le phylloxéra en 1875, ayant été reconverti en plantations à vocation truffière). **Production.** *1982 :* 60 t, *83 :* 10 t [Lot, Drôme, Vaucluse, Dordogne, Gard (en 1900 : 1 500 t) ; Espagne 50 t, Italie 40 t]. **Besoins :** 400 t (fraîches 200, conserve 200). **Imp. :** de Italie 20 t, Espagne 30 t. **Nombre de trufficulteurs :** inorganisés 1 500, organisés 700.

Vigne et vins dans le monde

Généralités

• **Vigne.** Plante originaire des pays boisés d'Europe et d'Asie centrale importée en Grèce, puis en Europe du Nord. Très tôt, on écrasa les baies et on les fit fermenter. La vigne *(Vitis)* compte env. 20 espèces dont l'une est la vigne à vin *(Vitis vinifera)* qui comprend env. 4 000 variétés dont env. 12 ont un développement mondial.

• **Raisin. Composition** (en %). Eau 79,1, corps azotés 0,7, acides 0,7, sucres 15, autres hydrates de carbone

1,9, fibres 7,1, déchets végétaux 0,5. **Variétés principales. Raisin de table.** *Chasselas :* 57 % de la production du Sud-Ouest. 29 % des encépagements, précoce, blanc à petits grains ronds, récolte : août à nov. *Alphonse Lavallée :* 20 %, gros grains noirs et entièrement méditerr., ronds et résistants, récolte : fin août à début oct. *Muscat de Hambourg :* 7 % de la prod. totale, 17,6 % des encépagements, parfumé et apprécié pour sa finesse, récolte : août à début nov. *Cardinal :* le plus précoce des raisins noirs (Sud-Est). *Gros Vert :* raisin blanc tardif (Vaucluse, Bouches-du-Rhône), 17 % de la production française. Nouvelles variétés mises au point par l'I.N.R.A. *Lival et Ribol :* noirs. *Daulas et Datal :* blancs. Les pépins servent pour le tannage des cuirs et donnent une huile comestible très légère.

● **Raisins. Riesling** (Johannisberg, Riesling du Rhin ou White) : surtout en Allemagne, blanc. **Chardonnay :** Bourgogne, blanc. **Cabernet Sauvignon :** Médoc, rouge. **Pinot noir :** Bourgogne et Champagne, rouge. **Gewürztraminer :** Alsace, blanc. **Sauvignon blanc :** Bordelais, Sancerre, blanc. **Muscat** (de Frontignan, Muscat blanc, Moscato Canelli) : Alsace, Italie, blanc.

Utilisation du raisin suivant les continents

(en %)	r. pres.[1]	r. de table	r. secs
Europe	91,5	8,2	0,3
Asie	64,7	30,4	4,9
Amérique	86,5	10,7	2,8
Afrique	83,3	15,5	1,2
Océanie	86,8	4	9,2

Nota. — (1) Vin surtout.

● **Vin.** Jus de raisin fermenté. **Vin blanc :** raisins rouges ou blancs versés dans un broyeur-égrappoir qui écrase les grappes et sépare les *rafles* (grappe sans grains) ; une pompe amène les raisins broyés dans un pressoir horizontal ; le *moût* (vin doux non fermenté) coule dans la *maie* (table du pressoir), une pompe le transporte dans la cuve de fermentation ; selon la durée de la fermentation, on obtient un vin sec (fermentation complète de tout le sucre) ou un vin doux ou mousseux (arrêt de la fermentation en cours).

Vin rouge : raisins rouges versés dans un broyeur ou un broyeur-égrappoir, puis pompés dans une cuve ; fermentation complète avec les peaux ; *vin de goutte* mis en fût ; pressurage des peaux avec un pressoir hydraulique donnant le *vin de presse* auquel on ajoute souvent du *vin de goutte* pour le rendre consommable.

Vin rosé : Raisins rouges broyés, puis pompés dans une cuve de fermentation ; rapidement, le jus est versé dans une 2e cuve après avoir pris une couleur rosée (contact des peaux).

Porto : raisins rouges foulés dans un fouloir en pierre ; fermentation du moût dans une cuve jusqu'à conversion de la moitié du sucre en alcool (on arrête la fermentation en ajoutant de l'eau de vie).

Pourriture noble *(Botrytis cinerea).* Champignon qui s'attaque au raisin avant maturité et le fait pourrir. On ne parle de pourriture noble que si le sucre dans le raisin atteint 70° Oechsle ou 17° Brix (assez pour donner un vin de 9° d'alcool). *Ex. du Château d'Yquem :* les raisins prennent une teinte grise sur laquelle apparaissent les spores de la moisissure, puis tournent au violet-marron et la peau du fruit ramollie n'est plus qu'une pulpe. Le jus concentré est très doux et riche en glycérine. Si les conditions atmosphériques sont parfaites (ex. en 1967 et 76), le phénomène se produit brutalement et complètement, sinon les baies pourrissent de-ci de-là, parfois même une par une et l'on doit les récolter en plusieurs fois (parfois 10 à 11). Un pied donne env. 1 verre de vin.

Fermentation alcoolique. Transforme certains sucres en alcool éthylique et en gaz carbonique $C_6H_{12}O_6$ (sucres) ← 2 C_2H_5OH (alcool éthylique) + 2 CO_2 (gaz carbonique). Due à l'action d'organismes vivants microscopiques présents dans le moût, les *levures,* notamment du genre saccharomyces qui utilisent les matières azotées, sucrées et minérales du moût, décomposant ainsi les sucres.

Teneur alcoolique d'un vin. Dépend du taux de sucre dans le moût. 100 g de sucre de raisin donnent en moyenne (en g) : alcool 48,45, gaz carbonique 45,65, glycérine 3,23, acide succinique 0,62. La fermentation de 17-18 g de sucre donne 1 degré d'alcool par litre. Pour remonter le degré, il existe 4 méthodes : 1re concentrer le moût, 2e ajouter du moût concentré, ces 2 pratiques étant courantes en France et en Italie, 3e *chaptaliser* [méthode préconisée par le Français Jean Chaptal (1751-1832). On introduit du sucre pendant la fermentation de la vendange (pour les vins rouges) ou des moûts (pour les vins rosés et blancs). En augmentant le sucre, on élève le titre du vin. Dans les zones où cela est permis, on ne doit pas dépasser 9 kg par 3 hl ou 200 kg par ha de vigne en production. Pour augmenter la teneur alcoolique de 1° d'alcool, il faut 17 à 18 g de sucre par l de vin]. 4e concentrer le vin lui-même.

Nota. — Dans les régions du N. de la France, il faut souvent améliorer le degré. Dans le S., c'est peu souvent utilisé pour les vins venant de vignobles de coteaux [l'acidification peut être nécessaire, ex. : Châteauneuf-du-Pape (avec de l'acide tartrique)].

● **Classification des vins. Au niveau européen. 2 catégories :** *vins de table* soumis à une organisation de marché ; *V.Q.P.R.D.* (vins de qualité produits dans des régions déterminées).

Au niveau français. 4 cat. : *A.O.C.* (vins d'appellation d'origine contrôlée) ; *V.D.Q.S.* (vins délimités de qualité supérieure) correspondent au niveau européen aux V.Q.P.R.D. ; *vin de pays* (vin de table avec indication de provenance) ; *vin de table* sans indication de provenance (peuvent être coupés) correspondent au niveau européen aux vins de table.

Pour chaque A.O.C., un décret indique l'aire de production, les cépages à planter, la méthode de culture, les vinifications, le % minimal de raisins et le rendement.

Statistiques

● **Superficie du vignoble** (milliers d'ha, 1984). *Monde 9 630 dont Europe 6 758* (Espagne 1 581, U.R.S.S. 1 337, Italie 1 130, *France 1 079,* Portugal 366, Roumanie 301, Youg. 238, Grèce 169, Bulgarie 167, Hongrie 155, All. féd. 101, Autriche 59, Tchéc. 47), *Amérique 931* (Argentine 306, U.S.A.-Californie 304, Chili 112), *Afrique 411* (Algérie 192, Afr. du S. 100), *Asie 1 459* (Turquie 794, Iran 186, Syrie 106), *Océanie 71* (Australie 65).

● **Raisin. Production totale** (en milliers de t, 1984). *Monde 64 646* Italie 11 080, *France 8 468,* U.R.S.S. 8 139, Espagne 5 585, U.S.A. 5 119, Turquie 3 741, Argentine 2 638, Roumanie 2 192, Grèce 1 626, Iran 1 420, Youg. 1 416, Portugal 1 188, Afr. du S. 1 140, All. féd. 1 063, Bulgarie 1 012, Chili 880, Australie 843, Hongrie 800, Brésil 685, Mexique 650, Autriche 556, Afghanistan 427, Syrie 389, Algérie 363, Égypte 343, Japon 310, Tchéc. 215, Chypre 199, Chine 186, Tunisie 172, Liban 161, Maroc 158, Suisse 151.

● **Vin. Production** (en millions d'hl, 1985). Italie 65. *France 63,2.* Espagne 35,5 [1]. U.R.S.S. 34 [1]. U.S.A. 17,9. Argentine 15,7. Portugal 9,7. Chili 9. Roumanie 8,7 [1]. P.-Bas 8,4 [1]. Afr. du S. 8,3. Youg. 6. Grèce 5,2 [1]. All. féd. 5. Hongrie 4,8. Australie 4. Brésil 2,7 [1]. Algérie 1,7. Autriche 1,3, Suisse 1,1. Chypre 1,05. Tunisie 0,75. Tchéc. 0,65 (84 : 1,5). Japon 0,6 [1]. Turquie 0,4. Maroc 0,4. Israël 0,2 [1].

Nota. — (1) 1984.

Commerce (1984). **Exp. :** Italie 17, *France 11,2,* Espagne 6,3, Hongrie 3,2, All. féd. 3,1, Bulgarie 3, Portugal 1,4, Youg. 1,3, Algérie 1,3, U.R.S.S. 0,55, Grèce 0,4, Autriche 0,4, Chypre 0,37, Argentine 0,27, Tunisie 0,2, U.S.A. 0,2. **Imp. :** All. féd. 9,2, U.R.S.S. 6,8, *France 5,8,* Royaume.Uni 5,7, U.S.A. 5,4, Belgique 2,2, P.-Bas 2,1, Suisse 1,99, Canada 1,7, All. dém. 1,5, Danemark 0,97, Suède 0,93.

Consommation (l par hab. et par an, 1984). Italie 90,5, Portugal 84,2, *France 82,* Argentine 66,3, Luxembourg 62,5, Suisse 49,9, Espagne 45, Grèce 43,9, Autriche 36,4, Chili 35, Hongrie 30,7, Uruguay 30 [1], Youg. 30 [1], Roumanie 29 [1], All. féd. 25,7, Belgique 22,9, Bulgarie 22,5, Australie 21,3 [2], Danemark 18,9, Tchéc. 15,6, P.-Bas 15,2, N.-Zélande 13,9, U.R.S.S. 12,7, Chypre 11,9, Suède 11,6, Afr. du S. 10,8, All. dém. 10 [1], Canada 9,7 [3], G.-B. 9,5, U.S.A. 8,7, Pologne 8,3, Finlande 8, Islande 7,8, Norvège 4,4, Israël 4 [1], Irlande 3,3, Tunisie 3,2, Brésil 2,5, Paraguay 1,9 [1], Maroc 1,3 [1], Algérie 0,9 [1], Venezuela 0,7 [1], Japon 0,7, Pérou 0,6 [1], Turquie 0,4, Mexique 0,2 [1].

Nota. — (1) 1983. (2) 1984-85. (3) 1983-84.

Vin à l'étranger

● **Allemagne fédérale. Législation.** Réformée en 1971. 3 catégories : *Tafelwein* (vin de table, qualité passable, pas de mention de vignoble d'origine ; peut s'agir de *deutsche Tafelwein,* d'origine all., de *Tafelwein* souvent d'origine italienne, ou de *Landwein* vin de pays) ; *Qualitätswein bestimmter Anbaugebiete* (QbA, vin de qualité d'une région déterminée) ; *Qualitätswein mit Prädikat* (QmP, catégorie supérieure).

11 régions viticoles délimitées *(bestimmte Anbaugebiete),* divisées en 32 districts *(bereiche),* divisés en villages *(gemeinden),* divisés en 2 600 vignobles *(einzellagen).*

Vignoble (en ha, 1982 et entre parenthèses en % de la vendange produite). 91 350,4 dont Hesse rhénane 23 217 (23,9), Palatinat 21 568 (24,4), Bade 14 123 (12,4), Moselle-Sarre-Ruwer 12 149 (15), Würtemberg 8 561, Nahe 4 432, Franconie 4 251, Hessische Bergstrasse 3 704, Rheingau 2 897, Mittelrhein 753, Ahr 404. **Producteurs.** *1964 :* 122 000, *1982 :* 89 471.

Rendement (hl par ha). *1900 :* 25 ; *1939 :* 40 ; *1970 :* 100 ; *1982 :* 171 (record 200). **Production** (millions d'hl). *1979 :* 8,1 ; *80 :* 4,6 ; *81 :* 7,3 ; *82 :* 15,7 ; *83 :* 13 ; *84 :* 8 ; *85 :* 5.

● **Espagne. Législation.** En 1972, création d'un organisme de contrôle pour la *Denominación de origen.* 26 régions avec des contrôles d'appellations (soit env. 50 % du vignoble).

Quelques vins. *Xérès* (en anglais, *sherry*) : région de Cadix, vin blanc, acidité augmentée par du gypse ou du plâtre, fermentation dans des fûts de chêne jusqu'à 12 à 16°, coupé avec de l'alcool pour atteindre 15 à 18°, puis vieillissement, on appelle *manzanilla* le Xérès de Sanlúcar de Barrameda qui a un goût salé car il mûrit près de la mer. Types fino (17,5/18°), manzanilla ou palma, amontillado (19°), oloroso (19°), cream-sherry (20°), palo cortado (rare). *Málaga :* Andalousie, vin blanc ou rouge de dessert ou d'apéritif. **Production** (millions d'hl). Moy. *1976-80 :* 33,8 ; *83 :* 31,2 ; *84 :* 35,5.

● **Hongrie. Tokay.** Produit sur les rives du Bodroy à l'Est de Budapest. *Tokay aszu* (le plus connu) : fabriqué à partir du sirop obtenu par pressurage des raisins *Aszu (surmuris)* contenant jusqu'à 60 % de sucre ; l'arrière-goût subsiste 1/2 h.

● **Italie. Législation.** Réformée en 1963. *2 catégories : Denominazione di Origine Controllata* (appellation d'origine contrôlée, concerne 10 à 12 % de la récolte qui est réglementée selon le volume de la vendange soit env. 200 vins) ; tous les autres vins.

Quelques vins. *Asti spumante :* Piémont, vin blanc mousseux. *Valpolicella :* Vénétie, vin rouge. *Lambrusco :* Émilie-Romagne, vin rouge pétillant. *Chianti :* Toscane, vin rouge, 2 sortes (jeune Chianti présenté dans des *fiaschi* ou bouteilles entourées de paillons ou de plastique, vieux Chianti mûri en fûts et présenté dans des bouteilles de type Bordeaux). *Lacryma Christi :* Campanie, vient des coteaux du Vésuve, vin rouge rosé ou blanc. *Marsala :* Sicile (pentes de l'Etna et région de Syracuse), vin d'apéritif ou de dessert lancé en 1773 par l'Anglais John Woodhouse. **Production** (millions d'hl). Moy. *1976-80 :* 74,6 ; *83 :* 83,3 ; *84 :* 70,2 ; *85 :* 65.

● **Portugal. Quelques vins.** *Vinho verde :* province du Minho, vin rouge ou blanc, cultivé en polyculture avec maïs et légumes et en hauteur ce qui ralentit la maturité. *Porto :* région de Porto, vin rouge destiné à l'Angleterre et dans lequel on ajoute depuis le XVIIIe s. de l'eau-de-vie pour le stabiliser et arrêter la fermentation, 85 000 vignobles sur 24 800 ha, classés selon la qualité sur une échelle de 8 crans, quotas annuels (40 % de la récolte est transformé en Porto). Actuellement, porto rouge ou blanc. *Production (1982) :* 650 425 hl dont *exp.* 572 865 (en % vers France 40, Belg.-Lux. 19, G.-B. 11,3, P.-Bas 8,2, All. féd. 4,8, Danemark 4,2, Italie 4, U.R.S.S. 3,3, Suède 1,1). En 1980, sur une prod. de 1 300 000 hl, 703 846 ont été produits en vins de Porto. Grands millésimes rouges en 1960, 63, 66, 70, et 74. *Madère :* île de Madère, se développe au XVIIe s., en G.-B., en 1665 loi interdisant d'exporter des vins d'Europe dans les colonies brit., Madère exporte vers l'Empire un vin qui s'améliore en voyageant ; à partir du XVIIIe s., on ajoute aussi de l'eau-de-vie. Passe de 4 à 5 mois en étuve portée d'abord à 50 °C. Après un lent refroidissement, il possède le caramel qui l'a rendu célèbre.

● **U.S.A.-Californie.** En 1982, 68 000 entreprises viticoles sur 137 200 ha. État divisé en 5 régions selon le climat.

Vin en France

Généralités

Histoire. Culture introduite en France par les Phéniciens et Grecs au VIe s. av. J.-C. dans la région de

Quelques précisions

Apports en calories (nombre), (g, sucre entre parenthèses et alcool en italique). *Source :* I.N.S.E.R.M. (pour 100 g, env. 1/10 de l). Vin blanc à 10° : 71,8 (4) *8 ;* rouge à 10° : 56,2 (0,2) *8 ;* champagne brut : 70 (0,7) *10 ;* Suze : 105 (1) *15 ;* Ricard : 252 (14) *36 ;* whisky : 244 (14) *35 ;* cognac : 243,3 (5) *35 ;* liqueur sucrée : 270 (30) *30.* 1 g d'alcool apporte 7 calories. Ainsi pour un vin à 10° on aura 560 calories/l et pour un vin à 12°, 700 calories/l.

Blanc de blancs. Voir champagne p. 1259.

Bourru. Vin de Gaillac, encore doux, en fermentation, vendu au verre, le fût étant sur le comptoir.

Climat. En Bourgogne, synonyme de lieu-dit. Chaque village est divisé en « climats ». Les plus réputés produisent des vins ayant droit à leur propre appellation d'origine contrôlée qui est d'ailleurs le nom du climat (Chambertin à Gevrey, Richebourg à Vosne). Certains climats désignent des 1ers crus associés à l'appellation communale (ex. : Morey St-Denis 1er cru : les Chaffots).

Collage. Clarification du vin, c'est-à-dire accélération du processus naturel de décantation par addition de substances colloïdales qui précipitent les matières en suspension par divers produits organiques : colles mixtes à base de bentonite avec de la gélatine ou de l'albumine.

Crémant. Connu depuis le début du XIXe s. Champagne d'une technique particulière selon laquelle la pression dans la bouteille après prise de mousse est de 3 atmosphères au lieu des 6 du ch. normal. Pour y arriver, on obtient une 2e fermentation en ajoutant 12 g de sucre par l de vin et non 24 ; la pression est alors réduite de moitié. « Crémant » vient probablement de « crème » (analogie avec la mousse qui se forme lorsqu'on le verse). Ne pas confondre avec « cramant », grand cru de la Côte des Blancs. Dep. 1975, l'usage du mot « crémant » est autorisé pour désigner les vins mousseux méthode de 2e fermentation en bouteilles (dite avant le 18-11-1985 méth. champenoise) d'appellation contrôlée autres que le champagne, tels crémant de la Loire, c. d'Alsace, c. de Bourgogne, et sans qu'ils soient obligatoirement élaborés selon la technique traditionnelle du crémant. « Crémant » peut donc désigner un champagne (pression : 3 atmosphères) ou des mousseux qui ne sont pas du champagne (pression : 6 atm.).

Cru. Zone à l'intérieur de laquelle l'ensemble des produits présentent des caractères originaux communs, en se démarquant de ceux des terroirs voisins. Dans le Bordelais, il désigne un « domaine », un « château », dans le Beaujolais, il correspond à l'appellation communale. Peut également désigner le vin issu du terroir en question.

Cuve close. Vin rendu mousseux par une 2e fermentation en cuve, sous pression et qui est immédiatement mis en bouteille.

Dépôts. *Pulvérants colorés :* matières colorantes et tanin. *Cristallins :* tartrate de calcium et bitartrate de potassium.

Degré moyen. *Apéritifs.* Vermouth et ap. à base de vin 15 à 18°. Amers 27 à 40°. Anis (pastis) 45°.

Cidre-Bière-Vin. Cidre 3 à 6°. Bière 4 à 8°. Vin 8 à 15°. Vins de liqueur 15 à 22°.

Vins consommés en France. Paris : plutôt 11° ; Est et Nord : 11 °5 ; Sud, Ouest et Centre : 10 °4.

Liqueurs. Cassis 20 à 30°. Anisette 26 à 30°. Cherry 30 à 35°. Cointreau, Grand Marnier 40°. Arquebuse 43°. Bénédictine 43°. Chartreuse jaune 43°. Izarra jaune 43°. Kummel 50°. Arack 50°. Izarra verte 51°. Chartreuse verte 55°. Rhums 44 à 50°. **Eaux-de-vie :** cognac (production 70°, consommation 40°), armagnac, kirsch, quetsche, genièvre, gin, whisky, etc. 40 à 60°.

Fraude. 167 000 contrôles effectués par les services de la Direction des impôts pour empêcher les trafics pouvant porter sur : acidification et désacidification des vins par des procédés interdits ; utilisation d'acide sulfurique pour enlever le mauvais goût laissé par un emploi abusif de stabilisant au soufre ; étiquetage tendancieux ; substitution du vin de table à un vin d'appellation contrôlée par trafic de papiers ; utilisation de fausses appellations ; vins blancs colorés en rouge ; tromperie sur la provenance ; glycérinage ; collecte de vins d'appellations différentes dans le même contenant. Par contre, la chaptalisation est autorisée jusqu'à 2°.

Gris (ou vin d'une nuit). Vin rosé léger, avec une macération très courte (une nuit). A la couleur du rosé et la délicatesse du vin blanc. Issu de la vinification en blanc (pressurage immédiat : extraction rapide du jus exempt de rafles, peaux et pépins) de raisins noirs à jus blanc. Vin des Côtes de Toul.

Jaune (vin) (Jura). Au cours de l'année, le vin est mis en fût, en vidange ; un voile se forme et les micro-organismes (levures) lui donnent, avec le temps, un goût très spécial.

Mutage. Opération consistant à empêcher ou à suspendre la fermentation d'un moût, uniquement par adjonction d'alcool, pour obtenir un « vin de liqueur » (tel le Pineau des Charentes) ou un « vin doux naturel » (V.D.N. du Roussillon).

Nouveau ou primeur (vin). Se boit 1 ou 2 mois après la récolte, généralement à partir du 15 novembre.

Paille (vin de) (ou *v. passerillé*). Vin blanc liquoreux (sucré) titrant 14° d'alcool min. Vient du raisin séché pendant 2 à 4 mois, étendu sur de la paille ou suspendu à des lattes. Prix de revient élevé. Produit : Jura, côtes du Rhône (Hermitage), Espagne (Andalousie).

Pelure d'oignon. Désigne la teinte fauve, presque orangée, que certains vins rouges acquièrent avec l'âge. N'est plus employée dans le commerce que pour des vins sans appellation d'origine.

Rancio. Vin vieillissant en bonbonne. Procédé pratiqué surtout sur les vins doux naturels.

Vin mousseux. *Méthode de seconde fermentation en bouteilles* (dite avant le 18-11-1985 méth. champenoise) : vin rendu mousseux par une 2e fermentation en bouteilles pendant 9 mois min. ; MÉTHODE ALLEMANDE (SEKT) : fermentation en bouteilles, après la prise de mousse, les bouteilles sont transvasées dans une cuve close, sous contre-pression d'azote. Le vin stabilisé par le froid est additionné de liqueur d'expédition, filtré et tiré en bouteille. *Vin mousseux produit en cuve close :* le vin de base subit une 2e fermentation dans une cuve résistante à la pression et maintenue à température basse et constante. Le vin est additionné de sucre et de levain avant cette 2e fermentation alcoolique. La réfrigération à − 5 °C permet de bloquer cette fermentation lorsque la pression est à 5 ou 6 kg avec la quantité de sucre résiduel voulue. Après un repos à basse température, le vin est filtré puis tiré avec addition de la « liqueur d'expédition ». MÉTHODE DE TRANSFERT : la prise de mousse s'effectue en bouteilles, le vin est ensuite transvasé dans une cuve inoxydable où il est stabilisé par le froid puis filtré et mis en bouteille. Temps d'élaboration au minimum de 4 mois. Procédé essentiellement utilisé par 2 marques (Kriter et Café de Paris). MÉTHODE RURALE : le vin est mis en bouteille définitive bien avant la fin de la fermentation alcoolique. Seul le sucre naturel du raisin formera le gaz carbonique (Clairette de Die, Gaillac, Blanquette de Limoux). **Asti-spumante.** Le moût (et non le vin issu de la 1re fermentation) est mis en cuve close, la fermentation des sucres du raisin provoque le dégagement de CO_2 donc la mousse. La pression de l'atmosphère étant atteinte en 2 semaines. *Vin mousseux gazéifié,* se pratique de moins en moins : obtenu par addition d'acide carbonique.

Vins pétillants. Qualification utilisée avec certaines appellations contrôlées (Anjou, Saumur, Montlouis, Touraine, etc.) contenant de l'anhydride carbonique : la pression intérieure est inférieure à celle d'un vin mousseux (− de 2,5 atmosphères ; pour le champagne 4,5 ou 5).

Vin doux naturel (V.D.N.) et vin de liqueur (V.D.L.). Vins dont on arrête la fermentation en ajoutant de l'alcool [15 % pour les V.D.N. (pièce de régie couleur verte) et les V.D.L. (orange)], d'où un fort taux de sucre.

Quel vin boire à table ? *Avec poissons, huîtres, coquillages ou crustacés :* vins blancs secs, mousseux blancs secs, champagne brut. *Entrées et hors-d'œuvre :* vins blancs secs ou demi-secs, vins rosés. *Viandes et volailles :* vins rouges bouquetés et pas trop corsés. *Gibier :* grands vins rouges corsés, généreux et puissants. *Fromages :* grands vins rouges, grands millésimes, avec les fromages fermentés ; vins blancs de pays avec les fromages doux à pâte molle et les fromages de chèvre (ex. du Sauvignon avec le crottin de Chavignol). *Foies gras :* selon les goûts, grands vins rouges ou grands blancs liquoreux. *Desserts sucrés :* champagne demi-sec, mousseux, vins liquoreux, vins doux naturels. *Fruits :* vins blancs liquoreux, champagne demi-sec. Le champagne peut accompagner tout un repas. Ne pas boire de vins avec les salades et mets à la vinaigrette (prendre un alcool blanc avec entremets au chocolat).

Qualités d'une cave à vin. Température constante : 10 à 12 °C (se méfier des chaudières du chauffage central). Obscurité (la lumière nuit à la conservation du vin et à sa robe). Ni odeurs (mazout, pétrole, vinaigre) ni trépidations (ascenseurs, rue). Éviter les caves trop sèches ou trop humides.

Port-Vendres et de Marseille. Extension au Ier s. av. J.-C. sous l'impulsion des Romains dans la région méditerranéenne. Pour protéger le vignoble italien de cette concurrence, en 92, un édit de Domitien prescrivit l'arrachage de 50 % des vignes gauloises qui se trouvaient sur des terres labourables. Vers 280, Probus rétablit la liberté. Plus tard, la culture en France connut des périodes d'extension et de limitation. En 1441, un édit de Philippe le Bon, duc de Bourgogne, interdit la culture dans les terres riches. En 1731, Louis XV interdit de nouvelles plantations sauf dérogation pour des terroirs propres à donner des vins de qualité. La Révolution rétablit la liberté de culture jusqu'en 1875 (crise du phylloxéra). La vigne était alors cultivée sur des coteaux ensoleillés, en terrains secs, ce qui ne permettait que de faibles rendements. Maintenant, elle s'étend plutôt dans les plaines grasses et les vallées humides. Elle a reculé le long de la Loire, en Charente, en Bourgogne, sur les côtes du Rhône, en Bordelais et s'est développée dans le Gard, Vaucluse, Aude, Hérault, Var.

Culture. Cultivée sur terrains variés. *Limite nord de la culture en Europe :* Vannes, Paris, Mézières, Francfort, Dresde, Carpates, bords de la mer Noire. **En France.** *Altitude :* en général moins de 300 m, parfois jusqu'à 600 ou 800 m (Plateau Central, Alpes). *Répartition* (en %) : vignobles sur plaines ou sables littoraux 35, coteaux 45, plateaux 20. *Exposition :* S.-E. ou S.-O. (sauf dans le N., ou S.-E. et S. sont meilleurs). *Climat. Température :* au-delà de la limite N. les raisins ne mûrissent pas. Ailleurs, les cépages doivent être précoces sous un climat froid, et tardifs sous un climat chaud. *Pluviométrie :* préfère un climat sec (400 à 600 mm par an) mais supporte 800 à 1 000 mm. Les chutes doivent être bien réparties. *Vents :* craint les vents violents qui cassent les sarments non palissés mais peuvent être bénéfiques dans le Midi quand, soufflant du N. (mistral, tramontane), ils assèchent l'atmosphère et stoppent les attaques de champignons parasites comme le mildiou. *Sol :* une prédominance de silice favorise les vins fins, parfois peu bouquetés ; l'argile non prédominante peut donner du corps ; le calcaire domine dans les zones de prod. de grands vins blancs (champagne).

Statistiques

• **Exploitations viticoles** (recensement 1979-80). Sur 429 000 exploitants agr. ayant de la vigne, 236 900 commercialisaient des produits viti-vinicoles (raisin, vin, plants, etc.) et détenaient 95 % des superficies viticoles. Plus de 4 500 000 personnes vivaient directement ou indirectement de la viticulture. **Viticulteurs :** nombre de déclarants en récolte : *1920-24 :* 1 340 000, *35-39 :* 1 560 000, *50-54 :* 1 610 000, *60 :* 1 375 000, *70 :* 1 075 000, *78 :* 815 000 dont env. 350 000 ne produisaient que pour la consommation familiale, *1982 :* 711 810, *83 :* 684 000, *84 :* 649 169. *85 :* 621 700. **Vignes des viticulteurs commercialisant.** Superficie (en milliers d'ha, 1985). 990 ha dont Hérault 136, Aude 106, Gironde 97, Gard 75, Pyr.-Or. 54, Ch.-M. 49, Charente 44, Vaucluse 53, Var 44. Le vignoble d'A.O.C. est en expansion ; nouvelles appellations (passage de V.D.Q.S. en A.O.C.) et nouvelles plantations. 68 % du vignoble français à raisin de cuve est planté de cépages noirs. *Taille* moyenne des exploitations 2,5 ha.

● **Production de vin** (en millions d'hl). *Moyenne 63. Récoltes élevées : 1934 :* 78,1 ; *35 :* 76 ; *62 :* 73,5 ; *70 :* 74,4 ; *73 :* 82,4 ; *74 :* 75,5 ; *75 :* 66 ; *76 :* 73 ; *79 :* 83,5 ; *80 :* 69,20 ; *84 :* 63,7 ; *85 :* 66,8 [vins de table 28,9, AOC 17, V.D.Q.S. 1,7, cognac 10,7, vins de pays 8,5]. Récoltes faibles : 1930 : 45,6 ; *42 :* 35 ; *45 :* 28,6 ; *69 :* 49,8 ; *77 :* 52,3 ; *78 :* 58,1 ; *81 :* 57.

Régions productrices (en millions d'hl, 1984-85). Languedoc-Rouss. 26,9 ; Aquitaine 6,9 ; Midi-Pyr. 3,6 ; P. de Loire 4,7 ; Corse 1 ; Alsace 0,92 ; Charentes 10,7 ; Provence 6,15 ; Rh.-Alpes 3,2 ; Champagne 1,2 ; Bourgogne 1,1 ; Divers 0,5.

● **Rendement.** Un pied de vigne produit ses 1ers raisins dès la 2e année. La production des AOC n'est prise en compte qu'à partir de la 3e année, mais il faut 10 à 12 ans avant qu'il ne donne son rendement optimum. Les grands vins viennent de vignes de 20 à 40 ans. Le pied produit jusqu'à parfois 100 ans, mais pour des raisons économiques, la plupart du temps la vigne est arrachée au bout de 30 ans. Certains raisins noirs à jus blanc peuvent donner du vin blanc à condition que le pressurage se fasse rapidement pour éviter tout contact entre la phase liquide et la phase solide.

Principaux ennemis : mildiou, oïdium, phylloxéra, viroses, pourriture grise.

Rendements à l'ha en hl. A.O.C. 41,8, V.D.Q.S. 47,4, cognac 93,9, divers 70.

● **Machine à vendanger.** *Prix :* 160 000 à 600 000 F. H.T. Les grappes peuvent être récoltées jusqu'à 15 cm du sol. *Pertes :* 6 à 15 %, peuvent dépasser ce chiffre lorsque l'état sanitaire de la vigne laisse à désirer (pertes lors de vendanges manuelles : 6 %). *Nombre en France :* + de 7 000 vendues dep. 1971 notamment en Gironde, Aude, Charente.

● **Cépages. Principaux cépages de la vigne à raisin de cuve** (1979, en % du total). *Cépages noirs :* Carignan 30, Grenache 11, Aramon 9, Cinsaut 8, Merlot 6, autres 36. *Autres cépages :* Ugni blanc 41, Semillon 7, Grenache 5, Chardonnay 4, Baco 3, autres 40. 1er cépage régional : Languedoc, Carignan. Amélioration : Cinsaut et Grenache noir. Nouveaux cépages : Merlot, Cabernet, Sauvignon, etc. La Syrah s'est développée.

Cépages par régions. *Provence, Vallée du Rhône :* Grenache noir et Carignan noir : majorité de l'encépagement. « Beaujolais » : correspond au Gamay noir à jus blanc. *Bourgogne :* cépages limités, principalement du Pinot noir et du Chardonnay. *Bordelais :* cépages blancs 50 %, rouges 50 % : Cabernet, Sauvignon, Cabernet franc, Merlot. Blanc : Sauvignon, Semillon, Muscadelle. *Anjou et Val-de-Loire :* blanc : Chenin, Sauvignon ; rouge : comparable au Bordelais. *Champagne :* Meunier, Chardonnay et Pinot noir.

● **Commerce du vin** (milliers d'hl, 1983). **Imp. :** 5 381,4 dont Italie 462,7, Portugal 268,3, Algérie 101,6, Espagne 75,8, Maroc 61,9, All. féd. 12,7, Tunisie 6,3. **Exp. :** 10 511,3 dont All. féd. 2 888,7, G.-B. 1 493,3, Belg.-Lux. 1 215,5, U.S.A. 999,1, P.-B. 846,6, Suisse 555,6, Danemark 503, Canada 490, Suède 334,5, Italie 107,1, Irlande 40,5.

Vin commercialisé en France (en millions d'hl, prévisions 1984) 41,6 ; verre consigné 26,4, perdu 11,9, caisses-outres 1,9, emballages en PVC 1,2, complexe carton-alum. 0,2.

Valeur (millions de F, 1983). **Imp. :** 1 600 dont vins de qualité (DOC italiens, DO espagnol...) 128, vins de table 1 035, porto 397, **Exp. :** 11 568 (vins à AOC 6 920,4) dont champagne 2 792, vins mousseux 360, AOC tranquilles 6 158, vins de table 1 818, VDQS 226. Représente 9,5 % des exp. agro-alim., 1,6 % des exp. françaises totales. *Principaux clients* (en millions de F, 1983) : U.S.A. 2 243, All. féd. 1 881, G.-B. 1 877, Belg.-Lux. 1 334, Suisse 910, P.-Bas 798, Canada 510, Danemark 350, Italie 246, Suède 173.

Bouteilles exportées (en millions). **Champagne :** *1969 :* 27 ; *78 :* 53,2 ; *80 :* 57,03 ; *82 :* 43,84 ; *83 :* 50,5. **Bordeaux :** *69 :* 77 ; *78 :* 112,2 ; *82 :* 124,2 ; *83 :* 141,3 ; *84 :* 206,9. **Bourgogne :** *69 :* 75,3 ; *78 :* 48,1 ; *82 :* 40,2 ; *83 :* 55,5. **Beaujolais :** *78 :* 26,8 ; *82 :* 42,2 ; *83 :* 49. **Côtes-du-Rhône :** *78 :* 24,2 ; *82 :* 37 ; *83 :* 40,9. **VDQS :** *78 :* 17,2 ; *82 :* 26,7 ; *83 :* 27,4. **Vins de table et de pays :** *78 :* 37,2 ; *82 :* 184,5 ; *83 :* 212,6.

● **Consommation de vin** (en millions d'hl) : *1950 :* 60 ; *70 :* 45,98 ; *77 :* 45,78 ; *78 :* 45,75 ; *79 :* 44,21 ; *80 :* 49 ; *81 :* 43,2 ; *82 :* 43,114 ; *83 :* 41,552 dont VDQS 10 ; *84 :* 40,703. *% de Français buvant aux repas :* eau : 7,3, vin : 46, jus de fruit : 6, bière : 4, cidre : 2. 35 % boivent du vin tous les jours ou presque, 24 % occasionnellement. Sur 100 consommateurs, 38 mettent de l'eau dans leur vin.

Évolution de la consommation de vin de table et entre parenthèses de vins VDQS et AOC (milliers d'hl). *1951 :* 5 332 (278), *60 :* 5 255 (708), *70 :* 5 035 (912), *80 :* 4 528 (1 207), *83 :* 4 119 (1 252).

● **Prix du vin.** Cours moyen des vins de table rouges (à la production) degré/hectolitre, recueillis sur les 5 places officielles françaises du Midi, Béziers, Montpellier, Narbonne, Nîmes, Perpignan. *1965-66 :* 5,10 F, *70-71 :* 6,93, *71-72 :* 6,93, *72-73 :* 9,56, *73-74 :* 9,08, *74-75 :* 8,8, *75-76 :* 10,01, *76-77 :* 11,07, *77-78 :* 12,29, *79-80 :* 12,43, *80-81 :* 13,45, *81-82* [cotation de type RI (titrant entre 10 et 12 % vol.) sur les 6 places officielles françaises des vins de table] 15,93, *82-83 :* 16,62, *83-84* (cotation de type R I et R II) 23,36, *juil. 85 :* 18 F. *Vins de table blancs* (type A I) : cote à Nantes et Bordeaux *1981-82 :* moy. arithmétique 20,33 F/hl, pondérée 22,186 F/hl, *83-84 :* 21,67, *juil. 85 :* 21,87. Prix de référence v. rouges 30,34, v. blancs (sauf riesling et sylvaner) 28,64. *Prix au détail* (I.N.S.E.E.), Rég. parisienne, janv. 1985 : 11° 6,01 F/l, 12° : 6,76 F.

Prix moyen pondéré du Bordeaux rouge à la propriété (en F, le tonneau de 900 l). *1970-71* 1 438. *71-72* 2 119. *72-73* 3 628. *73-74* 1 757. *74-75* 1 250. *75-76* 2 069. *76-77* 2 555. *77-78* 3 913. *78-79* 4 395. *79-80* 3 832. *80-81* 3 840. *81-82* 4 017. *82-83* 4 006. *83-84* 4 276. *84-85* 6 317.

Prix moyen de la bouteille de Bordeaux rouge à la consommation (en F nominaux). *1970* 3,24. *75* 4,77. *76* 5,39. *77* 6,61. *78* 8,53. *79* 10,07. *80* 9,94. *81* 10,97. *82* 11,71. *83* 11,70. *84* 12,48. *85* 14,72.

Ventes. Hospices de Beaune. Depuis 1851. *Vente 1984 :* total 16 200 000 F (pour 636,5 pièces) ; prix moyen de la pièce 228 l, v. rouges : 18 982 F, blancs 28 618 F.

Records. *Château-Lafite* 1806 vendu à Chicago le 29-5-80 : 31 000 $ (soit 140 000 F) (en 79 : 126 000 F) ; 1882 : 14 000 F ; 1848 : 4 000 F. *Mouton-Rothschild* Impériale de 1924 (6 litres) vendu à Londres le 26-9-1984 9 350 £ (110 000 F).

Vente Rouet (chez Christie's à Londres le 21-3-85). M : magnum, B : bouteille. En Francs. **Bordeaux 1945 :** Ausone M 7 475, Gruaud-Larose M 3 680, Talbot M 2 990 ; **1929 :** Margaux B 2 415 ; **1947 :** Petrus B 6 325 ; **1953 :** Lafite M 5 290 ; **1959 :** Mouton B 2 070. **Bordeaux blancs 1921 :** Yquem B 3 910 ; **1928 :** Yquem B 4 830, Haut-Brion B 3 450 ; **1937 :** Yquem B 3 450. **Côtes-du-Rhône 1955 :** Chante Alouette M 5 520.

La question viticole

● **Crises. 1907.** Devant l'effondrement du prix du vin, révolte des vignerons. *12-5* manifestation de 150 000 vign. menés par Marcelin Albert. *19-6* des soldats du 139e régiment de ligne ouvrent le feu (5 tués). *20-6* 2 bataillons du 17e régiment d'infanterie refusent d'obéir à leur colonel. *29-6* loi contre la fraude, mesures d'apaisement. *20-7* création de la Conf. gén. des vignerons.

1975-84. 1975 à la suite d'importations de vin d'Italie (7 millions d'hl en 75) malgré l'application des règlements de la CEE (montants compensatoires, dévaluation de la lire verte). Manifestations dans le Languedoc, boycottage des vins ital. *28-3* la Fr. suspend pour 1 mois les importations de vins ital. *16-4* le conseil des ministres de la CEE autorise pour 50 j la distillation à guichet ouvert des excédents français et ital. Les frontières fr. sont rouvertes aux importations et le stockage de 1,5 million d'hl de vin ital. est décidé. *11-9* par décret la Fr. taxe de 12 % les vins importés. **1976.** *4-3* heurts entre CRS et vignerons à Montredon (1 Cdt de CRS et 1 vigneron tués). *1-4* suppression de la taxe de 12 %. (V. Quid 1981 p. 1488 b). **1977-81.** Raids sporadiques contre des camions-citernes contenant des vins ital. (ouverture de vannes, camions incendiés). **1981.** *Août* retards considérables pour le dédouanement dans le port de Sète de navires « pinardiers » ital. **1982.** *6-3* la C. de Justice eur. condamne la Fr. à lever le blocage des vins ital. décidé le 1-2. **1983-84** Manifestations nombreuses. Coût du soutien du marché du vin : 1 milliard d'ÉCUS (7 milliards de F). La France demande une distillation exceptionnelle de 5 millions d'hl.

Grands vins français

Bordeaux

● **Rouges. Médoc** *(classification* 1855). *1ers crus :* Ch. Lafite Rothschild [1]. Ch. Margaux [2]. Ch. Latour[1]. Ch. Ht-Brion (Graves). Ch. Mouton-Rothschild [1] (classé 1er cru en 1973).

2es crus : Ch. Brane-Cantenac [3]. Ch. Cos d'Estournel [4]. Ch. Montrose [4]. Ch. Ducru-Beaucaillou [5]. Ch. Gruaud-Larose [5]. Ch. Léoville-Las Cases [5]. Ch. Léoville-Poyferré [5]. Ch. Léoville-Barton [5]. Ch. Durfort-Vivens [2]. Ch. Lascombes [2]. Ch. Rauzan-Ségala [2]. Ch. Rauzan-Gassies [2]. Ch. Pichon-Longueville-Bon de Pichon [1]. Ch. Pichon-Longueville-Ctesse de Lalande [1].

3es crus : Ch. Kirwan [3]. Ch. Calon-Ségur [4]. Ch. Cantenac-Brown [3]. Ch. Boyd-Cantenac [3]. Ch. d'Issan [3]. Ch. Palmer [3]. Ch. Desmirail [2]. Ch. Ferrière [2]. Ch. Malescot-St-Exupéry [2]. Ch. Marquis d'Alesme-Becker [2]. Ch. La Lagune [6]. Ch. Giscours [7]. Ch. Lagrange [5]. Ch. Langoa [5].

4es crus : Ch. Beychevelle [5]. Ch. Branaire-Ducru [5]. Ch. St-Pierre [5]. Ch. Talbot [5]. Ch. Duhart-Milon-Rothschild [1]. Ch. La Tour-Carnet [8]. Ch. Prieuré Lichine [3]. Ch. Pouget de Chavaille [3]. Ch. Marquis-de-Terme [2]. Ch. Lafon-Rochet [4].

5es crus : Ch. Pontet-Canet [1]. Ch. Grand-Puy-Ducasse [1]. Ch. Grand-Puy-Lacoste [1]. Ch. Batailley [1]. Ch. Haut-Batailley [1]. Ch. Croizet-Bages [1]. Ch. Haut-Bages-Liberal [1]. Ch. Lynch-Bages [1]. Ch. Lynch-Moussas [1]. Ch. Dauzac [7]. Ch. Mouton Baronne Philippe [1]. Ch. Pedesclaux [1]. Ch. Clerc-Milon [1]. Ch. Belgrave [8]. Ch. Camensac [8]. Ch. Cantemerle [9]. Ch. Cos Labory [4]. Ch. du Tertre [10].

Nota. — Tous en Médoc sauf le C. Haut-Brion (Graves). *Communes de :* (1) Pauillac. (2) Margaux. (3) Cantenac. (4) St-Estèphe. (5) St-Julien. (6) Ludon. (7) Labarde. (8) St-Laurent. (9) Macau. (10) Arsac.

Graves. *Vins rouges (classification* 1959). *1er cru :* Ch. Ht-Brion [11,6]. *Crus classés :* Ch. Ht-Bailly [2]. Ch. La Mission Ht-Brion [3]. Ch. Latour-Ht-Brion [3]. Ch. Carbonnieux [2]. Domaine de Chevalier [2]. Ch. Malartic-Lagravière [2]. Ch. Olivier [2]. Ch. Latour-Martillac [4]. Ch. Smith-Ht-Lafitte [4]. Ch. Bouscaut [5]. Ch. Pape Clément [1]. Ch. Fieuzal [2].

Nota. — *Communes de :* (1) Pessac. (2) Léognan. (3) Talence. (4) Martillac. (5) Cadaujac. (6) Classé en 1855.

Saint-Émilion *(classification* 1954, *révisions* 1969 et 1983). 1ers *grands crus classés : A.* Ch. Ausone, Ch. Cheval-Blanc. *B.* Ch. Beauséjour (Dufau). Ch. Beauséjour (Société). Ch. Belair. Ch. Canon. Ch. Figeac. Ch. La Gaffelière. Ch. Magdelaine. Ch. Pavie. Ch. Trottevieille. Clos Fourtet.

Nota. — Tous sur commune de St-Émilion. Au total 1 000 crus (12 1ers grands crus classés, 72 grands crus classés et une centaine de grands crus), 5 000 ha répartis sur 8 communes.

Pomerol. *Appellations :* Pomerol. *1er cru :* Ch. Pétrus. *Châteaux :* La Conseillante, L'Évangile, La Fleur, Latour Pomerol, Petit-Village, Trotanoy, Vieux Château Certan, Beauregard, Gazin, Nénin.

Nota. — Commune de Pomerol : 700 ha (pas de classement officiel).

● **Blancs. Sauternes et Barsac.** *Vins blancs liquoreux (classification* 1855). *1er grand cru :* Ch. d'Yquem [1].

1ers crus : Ch. La Tour Blanche [2]. Ch. Lafaurie-Peyraguey [2]. Clos Ht-Peyraguey [2]. Ch. Raine-Vigneau [2]. Ch. Sigalas-Rabaud [2]. Ch. Rabaud-Promis [2]. Ch. Suduirau t[3]. Ch. Coutet [4]. Ch. Climens [4]. Ch. Guiraud [1]. Ch. Rieussec [5].

2es crus : Ch. de Myrat [4]. Ch. Doisy-Daëne [4]. Ch. Doisy-Védrines [4]. Ch. Doisy-Dubroca [4]. Ch. d'Arche [1]. Ch. Filhot [1]. Ch. Broustet [4]. Ch. Caillou [4]. Ch. Suau [4]. Ch. de Malle [3]. Ch. Romer [5]. Ch. Lamothe [1]. Ch. d'Arche-Lafaurie [1]. Ch. Nairac [4].

Nota. — *Communes de :* (1) Sauternes. (2) Bommes. (3) Preignac. (4) Barsac. (5) Fargues de Langon.

Graves. *Vins blancs secs (classification* 1959). *Crus classés :* Ch. Carbonnieux [1]. Ch. Bouscaut [2]. Domaine de Chevalier [1]. Ch. Olivier [1]. Ch. Laville-Ht-Brion [3]. Ch. Malartic-Lagravière [1]. Ch. Couhins [4]. Ch. Latour-Martillac [5].

Nota. — *Communes de :* (1) Léognan. (2) Cadaujac. (3) Pessac et Talence. (4) Villenave d'Ornon. (5) Martillac. Au total, 181 crus sont classés (non compris les grands crus de St-Émilion, dont le classement change chaque année en fonction de la qualité).

Appellations régionales et communales

Vins d'AOC rouges. *Bordeaux et Côtes de Bordeaux :* Bordeaux, B. Supérieur, B. Rosé, B. Supérieur Rosé, B. Clairet, B. Supérieur Clairet, B. et B. Supérieur Côtes de Francs, B. et B. Supérieur Côtes de Castillon, Côtes de Bourg-Bourg-Bourgeais, 1res Côtes de Blaye, Blaye-Blayais, 1res Côtes de B., Graves de Vayres, Ste-Foy B. *Saint-Émilion, Pomerol et Fronsac :* St-Émilion, Grand Cru St-Émilion, Grand Cru classé St-Émilion, 1er Grand Cru classé St-Émilion, Montagne St-Émilion, Puisseguin St-Émilion, Lussac St-Émilion, St-Georges St-Émilion, Pomerol, Lalande Pomerol, Fronsac, Canon Fronsac. *Médoc et Graves :* Graves, Médoc, Haut-Médoc, Listrac, Margaux, Moulis ou Moulis-Médoc, Pauillac, St-Estèphe, St-Julien. *Décret du 6-7-1984 :* certains vins de Graves peuvent être désignés sous le nom de Graves Pessac et Graves Leognan.

Vins d'AOC blancs. *Vins blancs secs :* Blaye, Premières Côtes de Blaye, Côtes de Blaye, Bordeaux et B. Supérieur Côtes de Francs, B. Côtes de Bourg, Bourg, Bourgeais, Entre-Deux-Mers, Graves-Graves de Vayres. *Vins moelleux et liquoreux :* Bordeaux Supérieur, Ste-Foy Bordeaux, Côtes de Bordeaux St-Macaire, Graves Supérieures, Premières Côtes de Bordeaux, Cadillac, Cérons, Loupiac, Ste-Croix du Mont, Barsac, Sauternes.

Autres vins du Sud-Ouest. Bergerac, Monbazillac, Côtes de Dures, Gaillac, etc.

Bourgogne

Bourgogne (rouge, blanc, rosé), B. Passe-tout-grain (rouge, rosé), B. aligoté (blanc), B. grand ordinaire (rouge, blanc, rosé).

Yonne. *Appellations :* Chablis, Chablis 1er Cru, Chablis Grand Cru, Petit Chablis. *Grands crus* (tous blancs) : Blanchots, Bougros, Les Clos, Grenouilles, Preuses, Valmur, Vaudésir. *V.D.Q.S.* (blancs) : Sauvignon de Saint-Bris.

Côte de Nuits (Côte-d'Or). *Appellations communales* (presque tous rouges) : Fixin, Gevrey-Chambertin, Morey-St-Denis, Chambolle-Musigny, Vougeot, Vosne-Romanée, Nuits-St-Georges, Côte de Nuits-Villages. *Grands crus* (tous rouges, sauf un peu de blanc en Musigny) : Chambertin, Chambertin Clos-de-Bèze, Chapelle-Chambertin, Charmes-Ch., Griotte-Ch., Latricières-Ch., Mazis-Ch., Mazoyères-Ch., Ruchotte-Ch., Clos de la Roche, Clos St-Denis, Clos de Tart, Bonnes Mares, Musigny, Clos de Vougeot, Échézeaux, Grands-Échézeaux, La Romanée, Romanée Conti (détruit à 80 % en 1983 par des orages), Romanée-St-Vivant, Richebourg, La Tâche.

Côte de Beaune (Côte-d'Or). *Appellations communales* (presque tous blancs et rouges) : Pernand-Vergelesses, Ladoix, Aloxe-Corton, Chorey-lès-Beaune, Savigny, Beaune, Côte de Beaune, Pommard, Volnay, Monthelie, Meursault, Saint-Romain, Auxey-Duresses, Puligny-Montrachet, Chassagne-Montrachet, Saint-Aubin, Santenay, Blagny, Côte de Beaune-Villages. *Grands crus* (tous blancs sauf Corton : bl. et r.) : Corton, Charlemagne, Corton-Charlemagne, Montrachet, Chevalier-Montrachet, Bienvenues-Bâtard-Montrachet, Criots-Bâtard-Montrachet, Bâtard-Montrachet.

Saône-et-Loire. Mâcon et Mâcon Supérieur (bl. et r.), Mâcon Villages (bl.), Pinot-Chardonnay-Mâcon (bl.). *Appellations communales :* Pouilly-Fuissé (bl.), Pouilly-Loché (bl.), Pouilly-Vinzelles (bl.), Saint-Véran (bl.), Montagny (bl.), Rully, Givry, Mercurey (rouges et blancs).

Rhône. Beaujolais, Beaujolais Supérieur (r. et bl.), Beaujolais Villages (r. et bl.). *Appellations communales :* Chénas, Chiroubles, Fleurie, Juliénas, Morgon, Moulin-à-Vent, Saint-Amour, Brouilly, Côte-de-Brouilly.

Champagne

Origine. Inventé par Dom Pérignon en 1688, économe de l'abbaye d'Hautvillers entre 1668 et 1715. **Champagne viticole.** Sol formé principalement de craie à bélemnites. Couvre env. 35 000 ha. Délimitée par la loi du 22-7-1927. 25 164 ha étaient effectivement cultivés en 1985 (Marne 19 644, Aube 3 998, Aisne 1 502, S.-et-Marne 10, Hte-Marne 10). 50 % des vignes avaient – de 10 ans, 25 % de 10 à 20, 25 % + de 20 ; le rajeunissement se poursuit.

Répartition de la propriété du vignoble : 87 % de la superficie entre 14 900 vignerons pratiquant la monoculture, 13 % (3 100 ha) entre 64 maisons de négoce qui y trouvent un appoint de leur approvisionnement. *6* maisons exploitent plus de 200 ha ; *5* 100 à 200 ha ; *12* 20 à 50 ha ; *41* – de 10 ha. La moitié des vignerons sont membres de coopératives (145 en 1984) qui assurent pressurage et stockage. Les récoltants-manipulants (4 400) assurent eux-mêmes la vinification de tout ou partie de leur récolte et la commercialisation du champagne à leur marque, totalisant ainsi environ 30 % des ventes globales.

Prix de l'ha en appellation champagne : 500 000 à 700 000 F (record : 2 millions de F en mai 1980).

Dénominations. *Grands crus :* classés à 100 % dans l'échelle des crus ; le prix du raisin est déterminé chaque année pour les crus à 100 %, ce qui entraîne automatiquement le prix des autres crus d'après leur classification dans l'échelle des crus. *Premiers crus :* classés de 90 à 99 %. Les plus grands crus se situent dans la Marne : sont classés à 100 % *Montagne de Reims :* Ambonnay, Beaumont-sur-Vesle, Bouzy, Louvois, Mailly-Champagne, Puisieulx, Sillery, Verzenay et Verzy ; *Vallée de la Marne :* Ay et Tours-sur-Marne ; *Côte des Blancs :* Avize, Chouilly, Cramant, Le Mesnil-sur-Oger, Oger, Oiry. Mais les vins des autres crus de la Marne, l'Aube, l'Aisne, etc., entrent également dans la composition des cuvées et apportent leur originalité.

Vigne. *Vie :* env. 30 ans. Disposée en lignes espacées d'1 m env., les ceps plantés sur chacune d'elles à 1 m ou 1,20 m les uns des autres. Piquets hauts de 80 cm. 8 000 à 10 000 pieds par ha.

Récolte. 3 années après la plantation ; (en milliers de pièces, ou fûts de 205 l) *1974 :* 621 ; *75 :* 641 ; *76 :* 774 ; *77 :* 683 ; *78 :* 290 ; *79 :* 835 ; *80 :* 414 ; *81 :* 337 ; *82 :* 1 080 ; *83 :* 1 105 ; *84 :* 725 ; *85 :* 558. **Rapport à l'ha.** En moyenne 7 à 10 t (dont une partie seulement bénéficie de l'appellation champagne).

Cépages. Seules variétés légalement autorisées en dehors de quelques plants locaux en voie d'extinction. Pinots noirs et Pinots meuniers à raisins noirs (2/3 du vignoble) ; Chardonnay à raisins blancs.

Pressurage. Chaque pressoir reçoit 4 000 kg de raisins d'où l'on tire 2 666 l de jus ou *moût* destinés à faire du *champagne :* une 1re pressée donnera 2 000 l de *cuvée* et 2 pressées ultérieures 666 l qui constituent les 1re et 2e *tailles.* Le jus *rebêché* (recoupé) éventuellement obtenu au-delà de cette limite n'a pas droit à l'appellation *champagne* et n'est pas commercialisé.

Vinification. 1re fermentation ou **« bouillage »** dans les tonneaux de chêne traditionnels ou des cuves en acier émaillé ou inoxydable. Température constante 20 ou 22 °C. Fermentation « tumultueuse » pendant quelques j, puis son intensité décroît. Au bout de 3 semaines, *1er soutirage :* les vins sont exposés au froid qui en précipite les dépôts et leur assure une bonne stabilité. Puis le vin clair est à nouveau soutiré.

Cuvée. Élaborée par des spécialistes qui assemblent des vins d'années, cépages et crus différents. Traditionnellement, le ch. comporte des vins de raisins noirs et de blancs. Des ch. élaborés exclusivement à partir de blancs sont dits *Blanc de Blancs.* Généralement, les cuvées contiennent une quantité de vins vieux ou *vins de réserve* venant des meilleures récoltes précédentes. Les années d'une qualité particulière, on ne met pas de vins de réserve. On a alors un ch. *millésimé* provenant d'une seule année de récolte. Pour le *ch. rosé,* on incorpore du vin rouge venant de la Ch. viticole, sauf si l'on a réservé à cet effet un vin obtenu rosé dès le pressoir. La composition de la cuvée se termine début mars.

Tirage. Au printemps, le vin est tiré en bouteilles. On y ajoute des ferments naturels champenois et une liqueur, formée d'une dissolution de sucre dans du vin. La transformation du sucre en alcool et gaz carbonique s'effectue lentement et le vin prend mousse peu à peu.

2e fermentation. Doit avoir lieu très lentement si l'on veut une mousse légère et persistante. Lorsque la mousse est complète, on laisse le vin séjourner en cave au moins 1 an (3 pour les millésimes). La fermentation secondaire achevée, le vin est clair et limpide, son degré d'alcool est d'env. 12°. Il reste à en expulser le dépôt par le *remuage* (durée env. 6 semaines) : un ouvrier-remueur imprime chaque jour à chaque bouteille (env. 30 000 par j) un mouvement alternatif très vif de rotation en même temps qu'une légère trépidation.

Dégorgement. Évacue le dépôt rassemblé sur le bouchon, sans perdre la mousse et en laissant échapper le moins de vin possible. On utilise souvent le froid artificiel, en plongeant le goulot dans un bac à – 20°. Il se forme contre le bouchon un glaçon renfermant les particules de dépôt emprisonnées dans le col. La bouteille débouchée, le bouchon est expulsé avec le glaçon, entraînant tout le dépôt et un peu de mousse. On remplace le vin parti par du vin de même cuvée et quelques g d'une liqueur de dosage (vin vieux de Ch. et sucre de canne). La proportion dépend du type de ch. désiré : *brut :* 1/2 à 1 %, *extra-dry :* 1 à 2 %, *sec :* 2 à 4 %, *demi-sec :* 4 à 6 %.

Négoce. Assuré par 120 « Maisons de Champagne » en *1984* (env. 6 500 salariés), la plupart situées à Reims, Épernay ou dans les environs immédiats. Les 10 premières maisons assurent 70 % des expéditions totales. Elles disposent de caves (dans les anciennes carrières de craie à ciel fermé : plus de 250 km de galeries jusqu'à 40 m sous terre) où se fait l'élaboration du vin et où sont entreposés des stocks (env. 650 millions de bouteilles au 1-8-85). *Délai légal de vente :* après 12 mois en cave ; le vin vieillit en moyenne pendant 3 ans (dans les grandes maisons 4 ou 5 ans). *Producteur de champagne le plus ancien :* Ruinart Père et Fils, fondé en 1729.

Lettres figurant sur l'étiquette : RM : récoltant-manipulant ; *NM :* négociant-manipulant (peut avoir son vignoble mais élabore et commercialise à partir du raisin acheté aux récoltants). *MA :* marque d'un acheteur commercialisant le champagne élaboré à façon par son manipulant (négociant, récoltant ou coopérative). *CM :* coopérative de manipulation.

Ventes en bouteilles (en millions). *50 :* 33 ; *60 :* 50 ; *70 :* 102 ; *75 :* 122,2 ; *76 :* 153,5 ; *77 :* 170,2 ; *78 :* 185,9 ; *79 :* 184,1 ; *80 :* 176,5 ; *81 :* 159 ; *82 :* 146,5 ; *83 :* 159,5 ; *84 :* 188 ; *85 :* 195,4 dont 72,7 à l'exportation (G.-B. 15,3 ; U.S.A. 14,2 ; All. féd. 8,4 ; Suisse 6,1 ; France 5,7 ; Italie 5,7 ; Belgique 4,5 ; Australie 2).

Chiffre d'affaires (H.T., 1985). Env. 10 milliards de F. A l'exportation (4,4 milliards de F) le champagne est l'un des principaux postes de la balance commerciale française dans le secteur agro-alimentaire.

Principales Stés 1984	Vign. ha.	Appr. [1] %	Bout. millions
Moët Hennessy (Moët et Chandon, Mercier, Ruinart)	860	22	27,5
Groupe Mumm (Perrier-Jouët, Mumm Heidsieck monopole)	441	25	12,7
Vve Clicquot Ponsardin	265	40	9
Laurent Perrier	–	–	7,2
Piper Heidsieck	–	–	4
Pommery et Lanson	420	50	10,5
Taittinger	240	50	4,1

Nota. – (1) Approvisionnement de la maison sur son propre vignoble.

Consommation moyenne (en verres de 7,5 cl par an par habitant). France 23, Suisse 8, Belgique 5, G.-B. 2, Italie 1, All. féd. 1, U.S.A. 0,5.

Région de la Loire

Muscadet (blanc). Muscadet (35 000 hl), Muscadet des coteaux de la Loire (env. 15 000 hl), ceux de St-Herblon, dont les vignes sont plantées dans du granit, ont un « goût de pierre à fusil », Muscadet de Sèvre-et-Maine (en moy. 350 000 hl), Muscadet de Sèvre-et-Maine sur lie, Gros Plant du Pays Nantais (V.D.Q.S. 130 000 hl), Coteaux d'Ancenis (V.D.Q.S. 10 000 hl), Gros Plant sur lie (V.D.Q.S.).

Anjou et Saumur. Blancs : Anjou, Anjou Coteaux de la Loire, Coteaux de l'Aubance, Coteaux du Layon, Coteaux de Saumur, Saumur. *Appellations communales ou villages Coteaux du Layon :* Beaulieu-sur-Layon, Chaume, Faye-d'Anjou, Rablay-sur-Layon, Rochefort-sur-Loire, Saint-Aubin-de-Luigné, St-Lambert-du-Lattay. *Crus :* Bonnezaux, Quarts-de-Chaume, Savennières, Savennières-La Roche-aux-Moines, Savennières-Coulée de Serrant. **Rosés :** Rosé d'Anjou, Cabernet d'Anjou, Cabernet de Saumur, Rosé de Loire. **Rouges :** Anjou, Anjou-Gamay, Saumur, Saumur-Champigny. **Effervescents méthode champenoise :** Saumur, Anjou, Rosé d'Anjou, Crémant de Loire. **Pétillants :** Saumur, Anjou, Rosé d'Anjou.

Touraine. Rouges, rosés ou blancs : Touraine, Touraine-Amboise, Touraine-Azay-le-Rideau, Touraine-Mesland. **Rouges et rosés :** Bourgueil, Saint-Nicolas-de-Bourgueil, Chinon, Rosé de Loire. **Blancs :** Vouvray, Montlouis (peuvent être élaborés en mousseux et en pétillants), Chinon.

Vins de pays. Du Jardin de la France, Des Marches de Bretagne.

Autres régions de la vallée de la Loire. Blancs : Sancerre, Pouilly fumé ou Blanc fumé de Pouilly, Pouilly-sur-Loire, Reuilly, Quincy, Menetou-Salon.

Autres régions

• **Alsace. Appellation** : Alsace ou vin d'Alsace (nommé en général d'après le cépage). *Principaux cépages :* Sylvaner, Pinot blanc, Riesling, Muscat d'Alsace, Tokay, Pinot gris, Gewurztraminer, Pinot noir. Les assemblages de cépages sont souvent nommés Edelzwicker. Tous les vins d'Alsace sont des blancs secs, sauf le Pinot noir (rosé). Crémant d'Alsace : vins à A.O.C. mousseux méthode champenoise, cépages autorisés : Pinot blanc, Auxerrois, Riesling, Pinot gris, Pinot noir et Chardonnay.

• **Béarn.** Jurançon, Madiran, Pacherenc du Vic-Bilh.

• **Corse.** Muscats du *cap Corse.* Patrimonio.

• **Jura et Savoie. Jura.** Arbois (r., bl., jaune) ; Château-Chalon (jaune) ; l'Étoile (mousseux). Vins de paille à partir de grappes séchées sur clayons de paille. Les vins jaunes sont vinifiés en fût sans ouillage pendant au moins 6 ans, sous voile de levures en fleur à l'abri de l'air.

Savoie. Seyssel, 63 ha, 2 749 hl dont 719 de Seyssel mousseux, Crépy (bl. 68 ha, 2 844 hl, serait le plus diurétique des vins de Fr.). Vin de Savoie (r., bl., mousseux).

• **Languedoc.** Muscat (Frontignan, Lunel, Mireval, St-Jean-de-Minervois), Clairette (Languedoc, Bellegarde) (bl.), Picpoul de Pinet (bl.), Blanquette de Limoux (bl. mousseux). *Rouges* (A.O.C.) : Fitou, Faugères, St-Chinian, Corbières, Coteaux du Languedoc comprenant St-Georges-d'Orques, les Coteaux de la Méjanelle, St-Drézéry, St-Christol, Vérargues, Cabrières, Montpeyroux, St-Saturnin, Pic-St-Loup, Costières. Vins de pays, de département et de zone.

• **Pays basque.** Irouléguy.

• **Provence.** Cassis, Bandol, Bellet Pallette (bl. et r.).

• **Vallée du Rhône. Appellations Côtes-du-Rhône.** Côte Rôtie (r.), Condrieu (bl.), Château-Grillet (bl.), Crozes-Hermitage (bl. et r.), Hermitage (bl. et r.), Cornas (r.), Saint-Peray, Tavel, Châteauneuf-du-Pape (bl. et r.), Saint-Joseph (bl. et r.), Lirac (bl. et r.). **Autres.** Clairette de Die (bl.), Coteaux du Tricastin, Côte du Gigondas (bl. et r.).

• **Vins de liqueur et vins doux naturels. Roussillon.** Banyuls, Maury, Côtes-d'Agly, Rivesaltes, Côtes-du-Haut-Roussillon, Muscat de Rivesaltes. **Autres régions.** *Hérault* : Muscat (Frontignan, Lunel, St-Jean-de-Minervois) ; *Vaucluse :* Rasteau, Muscat de Beaume de Venise ; *Cognac :* Pineau des Charentes (élaboré avec du moût et des eaux-de-vie de Cognac, prod. 62 924 hl en 1985).

• **Vins de pays.** Réglementés par le décret du 29-11-73. Depuis 1980, doivent provenir de cépages recommandés « vitis vinifera ». *Conditions :* rendement de – 100 hl à l'ha et inférieur de + de 10 % au rendement moyen de l'ensemble des vins de l'exploitation. *Degré alcool. min. :* régions médit. 11°, Sud-Ouest et Centre-Est 9°5, Val de Loire et Est 9°. Teneur en anhydride sulfureux 125 mg par l pour les vins rouges, 150 mg pour les vins blancs et rosés (norme C.E.E. 220 mg, U.S.A. 350 mg). Acidité volatile – 0,4 g par l exprimée en acide sulfurique. Doivent être vinifiés et conservés à part. Caractères organoleptiques vérifiés par des commissions de dégustation. *Production :* 1971 : 1,9 million hl ; *72 :* 1,5 ; *73 :* 3,9 ; *78 :* 6,9 ; *79 :* 7,6 ; *80 :* 6,485 ; *82 :* 6,4 (dont 4,7 agréés) ; *83 :* 7,7.

Produits par 10 000 viticulteurs dans 30 départements, 70 % viennent de l'Aude, Hérault, Gard et Pyr.-Or. 94 dénominations de zones en 3 catégories : *vins de pays de dép. :* Ain, Alp.-de-Hte-Pr., Alp.-Mar., Ardèche, Aude, B.-du-Rh., Cher, Deux-Sèvres, Dordogne, Drôme, Gard, Gironde, Htes-Alpes, Hte-Garonne, Hérault, Indre, Indre-et-L., Landes, L.-Atl., M.-et-L., Meuse, Nièvre, P.-de-D., Pyr.-Atl., Pyr.-Or., T.-et-G., Var, Vaucluse, Vendée, Vienne ; *de zones :* Coteaux Miramont, Val de Montferrand, etc. ; *de grande zone ayant une dénomination régionale :* v. du Pays du Jardin de la France, v. du Pays d'Oc, v. du Comté Tolosan.

Grands millésimes

Grands vins de France. Qualité par année : 1 : excellent, 2 : très bon, 3 : bon, 4 : assez bon, 5 : médiocre, 6 : année except.

Alsace : 61^4. 62^2. 64^3. 66^4. 67^4. 69^3. 70^3. 71^6. 73^4. 74^2. 75^3. 76^6. 77^2. 78^2. 79^4. 80^2. 81^4. 82^3. 83^6. 84^2. 85^2.

Anjou-Touraine : 34^2. 37^2. 43^3. 47^6. 49^4. 52^3. 53^3. 55^4. 57^3. 59^6. 61^3. 62^3. 67^4. 69^4. 70^4. 71^3. 72^4. 73^2. 74^2. 75^3. 76^4. 77^2. 78^3. 79^3. 80^2. 81^3. 82^4. 83^4. 84^3. 85^2.

Bordeaux blanc : 28^3. 29^2. 34^3. 37^2. 43^3. 45^2. 47^4. 49^4. 50^4. 52^3. 53^3. 55^6. 57^3. 59^4. 61^6. 62^4. 64^2. 66^3. 67^6. 69^2. 70^3. 71^3. 72^4. 73^3. 74^3. 75^4. 76^4. 77^2. 78^3. 79^3. 80^2. 81^3. 82^3. 83^4. 84^2. 85^2.

Bordeaux rouge : 28^1. 29^2. 34^2. 37^2. 43^4. 45^2. 47^6. 48^2. 49^6. 50^3. 52^2. 53^1. 55^6. 57^4. 59^3. 61^6. 62^4. 64^3. 66^4. 67^3. 69^1. 70^6. 71^4. 72^4. 73^3. 74^2. 75^4. 76^3. 77^2. 78^4. 79^4. 80^2. 81^4. 82^6. 83^4. 84^2. 85^2.

Bourgogne blanc : 28^4. 29^5. 34^3. 37^3. 43^3. 45^3. 47^4. 49^3. 50^3. 52^3. 53^3. 55^4. 57^3. 59^3. 61^4. 62^3. 64^3. 66^3. 67^3. 69^4. 70^6. 71^4. 72^4. 73^4. 74^3. 75^3. 76^4. 77^3. 78^4. 79^6. 80^3. 81^3. 82^4. 83^4. 84^3. 85^2.

Bourgogne rouge : 28^3. 29^1. 34^2. 37^2. 43^3. 45^3. 47^4. 49^6. 52^3. 53^3. 55^4. 57^3. 59^6. 61^6. 62^3. 64^4. 66^4. 67^3. 69^4. 70^3. 71^4. 72^4. 73^2. 74^3. 75^1. 76^4. 77^2. 78^6. 79^3. 80^3. 81^2. 82^3. 83^4. 84^3. 85^2.

Crus des Côtes du Rhône : 34^3. 37^2. 43^3. 45^2. 47^6. 49^4. 50^3. 52^2. 55^4. 57^3. 59^3. 61^4. 62^4. 64^3. 66^4. 67^4. 69^3. 70^6. 71^4. 72^4. 73^5. 74^4. 75^4. 76^4. 77^4. 78^6. 79^4. 80^3. 81^3. 82^2. 83^3. 84^2. 85^2.

Pouilly-s/Loire, Sancerre : 69^3. 70^2. 71^3. 72^5. 73^3. 74^3. 75^3. 76^2. 77^3. 78^3. 79^4. 80^3. 81^2. 82^4. 83^4. 84^4. 85^2.

Alcools et spiritueux en France

Statistiques

• **Production. Régions** : *Alcool de betterave :* surtout dans le Nord, Picardie, Rég. parisienne, Champagne et Cher. *A. de mélasse :* dans les usines traitant les betteraves (Nord et Picardie). *A. de pommes* (prod. par distillation de p. ou par distillation de cidre) : surtout en Bretagne, Hte et Basse Normandie, Sarthe, Mayenne. *A. d'origine vinicole* (distilleries ind. ou bouilleurs de cru ambulants) : Aude, Hérault, Gironde, Gard et Var.

Production des alcools (en milliers d'hl, 1984-85). 5 564 dont *bouilleurs et distillateurs de profession :* betteraves 1 453. Synthèse 1 167. Mélasses 873. Vins 1 202 (dont cognac 243, armagnac 18, autres 941). Marcs 285. Lies 193. Substances farineuses 43. Cidres et poirés, lies de cidre et de poires 23,7. Fruits autres que pommes et poires 11,3. Pommes et poires, marcs de pommes et poires 5,7. Grains mis en œuvre pour la production des genièvres 1,9. *Total 5 275. Bouilleurs de cru :* vins 210 (dont cognacs 191, armagnacs 11, autres 8). Cidres et poirés, lies de cidre et de poiré 31. Raisins et marcs de raisin 17. Autres fruits privilégiés (prunes, cerises, prunelles) 30. Fruits non privilégiés 0,3. Gentiane 0,058. *Total 289,5.* La production réelle est au moins double, peut-être triple, car les statistiques indiquent le volume d'alcool pur à 100°, alors que la boisson est réduite à 40°.

Nombre d'entreprises et entre parenthèses **de salariés.** Distillation d'alcool de betteraves (84-85) 33 dont distilleries pures 18 (930), sucreries distilleries 15. C.A. 586 ; distillation d'eau-de-vie naturelle 59 (4 853), C.A. 3 408 ; prod. de liqueurs et apéritifs alcoolisés autres qu'à base de vin 52 (6 608), C.A. 5 754 ; prod. d'ap. à base de vin 6 (2 663), C.A. 1 536 ; champagnisation 92 (8 176), C.A. 4 545.

• **Achats et ventes** (par l'État) [en milliers d'hl d'alcool pur (hl.A.P.) en 1984-85]. *Achats :* a. éthylique d'origine agricole : viticole 1 530 (1 000 F/hl env.), betteraves 1 265 (490 F/hl), mélasse 575 (274,4 F/hl), céréales 37 ; a. de synthèse : 1 250. *Ventes :* bouche 856 (528 F/hl) ; réactionnels 620 (332 F) ; parfumerie 383 (488 F) ; solvants 363 (352 F) ; brandies, vins vinnés 331 (645 F) ; domestiques 176 (238 F) ; pharmacie 160 (488 F) ; vinaigrerie 82 (402 F) ; marc 80 (595 F) ; grain 32 (657 F) ; exportation : 872.

Commercialisation (ou consommation française) : hl whisky 181 544, vodka 8 546, gin 7 988. *Production :* whisky 6 685, vodka 9 392, gin 1 010.

Achats d'alcools (1984, millions de bouteilles). Spiritueux 430, whisky 69,8, gin 4,1, vodka 3,9.

• **Commerce extérieur** (milliers d'hl d'alcool pur, 1983). *Exp. Boissons spiritueuses* 970 dont cognac 314, armagnac 17, autres eaux-de-vie de vin 388, liqueurs 102, calvados 15. *Imp. B. spiritueuses* 380 dont rhum 110, whisky 216.

• **Consommation des spiritueux** (en milliers d'hl AP, 1984 ; entre parenthèses en 1971). *Total* 1 195 dont : *Apéritifs anisés* 508 (380,3). *Alcool de céréales* (whisky, gin, vodka) 217 (91). *Rhum* 75,9 (119). *Liqueurs sans cassis* 65. *Vin de liqueur A.O.C.* 59. *Apéritifs à base de vin* 56,7. *Eaux-de-vie à A.O.C.* 55,7. *Autres eaux-de-vie* (A.O.R. blanches, brandy) 46,3. *Alcool de mutage* (V.D.N. mousseux) 46. *Amers, gentiane* 28,5. *Crème de cassis* 18,7 (9). *Autres apéritifs* (punchs, cocktails) 17. *Genièvre* 2,1.

Distribution 1984. Débits de boisson permanents. 414 440 licenciés dont débits de b. à consommer sur place 230 036 [dont lic. 1re cat. (sans alcool), 49 652 ; 2e (boissons fermentées) 7 019 ; 3e 7 422 ; 4e (plein exercice) 165 943].

Restaurants 41 209 dont « petite licence » 9 408. *Débits de boisson à emporter* 143 195 dont « petite licence » 57 871. **D. de boisson occasionnels** 283 883. La loi réglemente la création de licences des 3e cat. et interdit la création de lic. de 4e cat., ce qui conduit à leur disparition progressive (1 789 en 1982).

• **Liqueurs. Principaux fabricants** : Bénédictine, Cusenier, Grand-Marnier, Cointreau, Lejay-Lagoute, Grande-Chartreuse, Rocher, Verveine du Velay (Pagès), Bardinet, Marie-Brizard, Get (Pippermint) et Izarra.

Commercialisation en milliers d'hl de vin. Liqueurs métropole 183, exp. 224,8. Crème de cassis métr. 97,6, exp. 11,6.

Réglementation

• **Bouilleurs de cru.** Existaient librement sous l'Ancien Régime (impôt spécial). Aboli sous la Révolution, rétabli à des fins politiques par Napoléon Ier en 1808, leur privilège [droit de distiller pour son propre compte 10 l d'alcool pur par an et par bouilleur (35 l avant le 28-2-1923) et exemption des droits de consommation], qui était héréditaire, a été supprimé par l'ordonnance du 29-11-1960, « à la mort de chacun des bénéficiaires ou de leur conjoint survivant ».

Important dans l'Ouest (eau-de-vie et cidre), le Nord (genièvre) et l'Est (kirsch, quetsche, mirabelle). Le nombre des cirrhoses alcooliques semble lié à la densité des bouilleurs de cru : alcool moins cher et de mauvaise qualité.

En 1983-84, 1 751 173 bouilleurs de cru inscrits (dont 792 118 ayant effectivement distillé) ont produit 64 861 hl d'alcool pur en franchise (prod. totale 314 464 hl). En 1975 : 68 876 *alambics* répertoriés.

L'alcool est acheté et vendu (au moins sur le marché intérieur) par la Régie commerciale (Service des alcools, sous l'autorité du min. de l'Économie et des Finances) sur la base d'une péréquation de prix entre les alcools bon marché (a. de mélasse) ou relativement bon marché (a. de betterave) et les a. chers (a. de vin). Une quantité est fixée par arrêté intermin. : a. de mélasse 650 000 à 900 000 hl, de betterave 1 262 000 hl, a. cidricole 60 000 hl, a. de grain 30 000 hl, a. d'origine vinique venant de mesures prises dans le cadre de la gestion du marché du vin (distillations préventives, ou exceptionnelles) entre 400 000 et 1 million d'hl selon l'importance de la récolte de vin ; la partie non achetée par le Service des a. est exportée librement par les distillateurs (1981-82 : env. 400 000 hl au prix du marché, soit env. 280 F/hl) ou vendue sur le marché intérieur sous réserve du versement d'une soulte (redevance) au Service. Les eaux-de-vie à appellation d'origine contrôlée et réglementée (exemples : cognac, armagnac, calvados) échappent à ce régime ; mais aires de prod., procédés de vieillissement, teneur alcoolique du produit final... sont réglementés.

• **Distribution. Implantation réglementée.** Aucune « grande licence » ne peut être créée. Seul son transfert sous certaines conditions permet l'ouverture d'un nouveau débit. *Transfert :* effectué librement dans la même commune, ou dans un rayon de 50 km vers une autre commune dépourvue de débit, peut être autorisé jusqu'à 100 km par une commission présidée par un magistrat s'il est motivé par un besoin touristique. Un débit ne peut être ouvert dans une commune où le total des débits dépasse 1 pour 450 hab. ; 1 pour 3 000 hab. dans les grands ensembles construits après 1955 ou à construire et groupant plus de 1 000 logements, ni dans une zone protégée. *Ces zones,* fixées par arrêté préfectoral, délimitent des distances de protection autour de certains édifices : églises, cimetières, hôpitaux, hospices, écoles, stades, piscines, prisons, casernes. Les débits déjà installés à l'intérieur des zones protégées autour des établissements hospitaliers ne peuvent être maintenus après la mort de l'exploitant et du conjoint survivant. Indépendamment de la distance fixée par le préfet, la distance de protection autour des grands ensembles d'habitation est portée à 200 m. Toute licence qui n'a pas été exploitée pendant un an est supprimée.

• **Interdictions de distribution pour les boissons alcoolisées.** Sur les stades et terrains de sport publics ou privés, dans les piscines et salles de sport et dans tous les locaux occupés par des associations de jeunesse ou d'éducation populaire, avec interdiction de distribuer aux mineurs prospectus ou objets quelconques nommant une boisson ou constituant une publicité pour celle-ci.

• **Prix d'achat.** *A. de betterave :* fixé à partir du prix de la b. à sucre du quota « A » et d'une marge pour le distillateur ; *a. de mélasse :* 56 à 68 % du prix de l'a. de betterave ; *a. de vin* (a. des distillations obligatoires dont prestations viniques) : fixé par Bruxelles ; *autres distillations :* résulte des prix communautaires d'achat du vin + la marge de distillation fixée par le Service des a.

Prix de vente. Prix de base, entre parenthèses soulte ou complément de prix, en italique prix total (au 1-1-1983, en F/hl). *A. destinés à la consommation de bouche :* eaux-de-vie de vin et a. de vin vendus avec garantie de substance 490 (150) *640.* Autres que grain 380 (150) *530 ;* grain 430 (150) *580 ;* a. vendus sans garantie 320 (150) *470. A. pour parfumerie et toilette* 320 (105) *425. A. pour pharmacie* 320 (105) *425. A. pour vinaigrerie* 320 (30) *350.* Usages ind. : fractionnels 240 (70) *280 ;* solvants 275 (70) *315 ;* domestiques 170 (40) *210.* Dep. 1977, les imp. sont libres pour les alcools venant de la C.E.E. ; l'importateur doit acquitter une soulte (équivalente au complément de prix).

Sortes d'alcool

• **Absinthe.** Infusion d'herbes (surtout anis et absinthe) dans de l'alcool. Inventée par le médecin français Ordinaire. Interdite dans beaucoup de pays notamment en France depuis 16-3-1915 (mais pas en Espagne) car nocive pour les nerfs.

• **Amer.** Infusion de plantes amères.

• **Angostura.** Bitter à base de rhum fait à la Trinité (mis au point au XIXe s. par le Dr Siegert).

• **Anisés.** A base d'alcool neutre et macération de plantes (anis étoilé, essence naturelle d'anis, fenouil). Ont remplacé l'absinthe interdite en 1915. 40°.

• **Aquavit (akvavit).** Distillat de céréales ou alcool rectifié de pomme de terre.

• **Armagnac.** Eau-de-vie de vin blanc. On distingue : Bas-Armagnac, Ténarèze, Haut-Armagnac. *1984-85 :* 12 600 000 bouteilles dont 55 % à l'export. *Ventes globales* (vrac et bouteilles) : 35 259 hl d'alcool pur. La 1re distillation d'eau-de-vie d'armagnac est attribuée à Arnaud de Villeneuve, alchimiste qui mourut en 1311, mais la production n'en fut véritablement commercialisée qu'à partir du XVe s.

• **Arquebuse.** Fabriquée à base de 33 plantes mises à macérer aussitôt récoltées dans l'alcool avec des feuilles ou des racines, vieillie dans des fûts de chêne. Formule inspirée en 1857 de l'Eau d'Arquebuse, avec laquelle on pansait autrefois les plaies faites par les décharges des 1res armes à feu dénommées « Arquebuses ». Jusqu'en 1905, région de St-Genin-de-Laval ; après l'expulsion des frères Maristes, près de Turin.

• **Arrack (arraki, arack, arak).** Alcool local d'Orient et d'Europe orientale (Inde : sève de palmier ou de riz ; Grèce : alcool de grain ; Proche-Orient-Égypte : alcool de dattes ; Java : rhum).

• **Baie.** Presque toutes les baies de nos forêts peuvent être distillées. Les eaux-de-vie de mûres et de sureaux auraient des vertus stomacales. La myrtille améliorerait la vue, le gratte-cul stimulerait le cœur. On distille aussi sorbier, prunelle sauvage, alisier, bourgeon de sapin, baie de houx. Les baies macèrent dans l'eau-de-vie de vin avant d'être distillées.

• **Bénédictine.** Élaborée en 1510 par Dom Bernardo Vincelli à Fécamp. Faite d'eau-de-vie de vin et de nombreuses herbes et plantes.

• **Bitter.** Apéritif élaboré à partir d'alcool aromatisé par des substances amères (cannelle, coriandre). 20 à 44°.

• **Brandy.** En France et dans les pays de langue anglaise, synonyme d'eau-de-vie de vin. Vente sous la dénomination « brandy » des coupages d'alcools rectifiés extra-neutres et d'eaux-de-vie de vin ou piquette tolérée, sauf vers la G.-B.

• **Calvados.** Résultat de la distillation de cidres. 40 à 50°. *Régions :* Pays d'Auge, Avranchin, Calvados, Cotentin, Domfrontais, Mortanais, Pays de Bray, Pays de Merlerault, Pays de la Risle, Perche, Vallée de l'Orne.

• **Cassis.** Liqueur tirée du cassis.

• **Chartreuse.** Liqueur faite à Tarragone (Espagne) et Vorron (France) d'eau-de-vie de vin et de nombreuses herbes ; jaune (douce) ou verte (forte).

• **Cherry-brandy.** Eau-de-vie de cerises contenant des noyaux de cerises écrasés lui donnant un goût d'amande amère.

• **Cocktails.** Mélanges variés, confectionnés dans un shaker, un verre à mélange ou un tumbler (verre à whisky). *Grands classiques. After 'dinner.* Mélange à base de liqueurs digestives. *Cobblers.* Long drink à base de vin ou d'eau-de-vie + sucre dissous dans de l'eau gazeuse, glace concassée puis alcool. *Collins.* Long drink à base d'eau-de-vie, cognac, armagnac, gin, tequila, vodka, avec sucre, jus de citron, eau gazeuse. *Coolers.* Long drink à base d'eau-de-vie avec sucre, sirop de grenadine ou d'orgeat et jus de fruit. On complète avec du Ginger Ale ou du champagne. *Cups.* Fruits de saison, sucre et liqueurs (curaçao, cognac...) + champagne, vin ou soda. *Daisies.* Short drink préparé au shaker, à base de sirop de grenadine et jus de citron + eau-de-vie (gin, vodka). *Eggs nogs.* 1 œuf (parfois seulement le jaune), sucre, alcool, et lait saupoudré de noix de muscade. Froid ou chaud. *Highballs.* Alcool avec eaux gazeuse ou plate et du tonic (Ginger Ale, Bitter Lemon...). *Juleps.* Long drink avec feuilles de menthe fraîche pilées, sucre, angustura, glace, et alcool (whisky, cognac, bourbon...). *Sours.* Short drink préparé au shaker : sucre, jus de citron et alcool.

• **Cognac.** Vient de la distillation des vins blancs issus de cépages sélectionnés, récoltés et distillés dans une région délimitée, couvrant en gros Charente et Char.-Mar. *Origine :* XVIe s. Les paysans d'Angoumois, d'Aunis et de Saintonge passaient leur vin à l'alambic pour qu'il supporte mieux le transport par mer.

Crus. *Grande Champagne* (27 communes, limitées au Nord par la Charente entre Cognac et Jarnac, et au Sud par le Né) : eaux-de-vie très fines et supérieures. *Petite Champagne* (60 communes autour de la Grande Champagne ; limitée au N. par le Né et la Charente, à l'O. par la Seugne, du S. à l'E. par une ligne imaginaire du S. de Jonzac à l'E. de Barbezieux). Sol plus épais, plus dur et moins perméable, mais eaux-de-vie assez proches, en qualité, de celles de la Grande Champagne. *Borderies.* 10 communes : sol moins chargé en calcaire : eaux-de-vie très riches en arômes, vieillissement plus rapide, moins de finesse. *Fins bois :* vaste zone circulaire (278 communes), jadis couverte de forêts ; eaux-de-vie moins fines, vieillissant plus vite. *Bons bois :* vaste zone circulaire (274 communes) ; terrains plus pauvres en calcaire et plus sensibles aux influences maritimes, même qualité à un degré moindre que les Fins Bois. *Bois ordinaires et Bois à terroir :* sur le littoral et les îles, à l'ouest des Bons Bois ; bouquet de « terroir » prononcé. *Esprit de cognac* (titrant entre 80° et 85°), usage culinaire ou servant à la préparation de la « liqueur d'expédition » des vins mousseux et pétillants.

Cépages. *St-Émilion des Charentes* (Ugni Blanc) ; le Colombard et la Folle Blanche ne sont plus guère employés ; donnent un vin blanc fruité à faible teneur alcoolique (7° à 10°). Possède les qualités indispensables à un bon vin « de chaudière » : acidité importante, degré peu élevé et pauvreté en tanin.

Fabrication. 1°) Distillation. Dans des alambics de cuivre à feu nu, de forme traditionnelle. Le vin est exposé à la chaleur dans la *cucurbite ;* les vapeurs s'élèvent dans le chapiteau (sorte d'entonnoir renversé), puis passent dans le *col-de-cygne* pour aboutir au *réfrigérant* (serpentin plongé dans une cuve d'eau froide) où elles reprendront l'état liquide. La distillation est dite à *« repasse »* car il y a 2 chauffes. 1re de 8 h env. [donnant un *brouillis* (flegme impur) titrant 27 à 30° et la *vinasse,* que l'on rejette]. 2e ou « bonne chauffe » de 12 h [donnant une eau-de-vie titrant entre 69 et 71° : les « têtes » et les « queues » sont séparées du « cœur », qui constitue seul l'eau-de-vie prête au vieillissement (incolore, titrant env. 70°)]. *Production de cognac* (en hl, alcool pur) : *1983 :* 545 867 ; *84 :* 442 131.

2°) Vieillissement. Uniquement dans des fûts de bois de chêne du Limousin ou de Tronçais. Le bois, taillé à la main, doit sécher en plein air durant 3 ans au moins, pour dégorger l'excès de tanin et son amertume. Une fois séché, le fût neuf sera « entraîné » au vieillissement ; la 1re eau-de-vie qu'il contiendra n'y séjournera que quelques mois (un séjour plus prolongé la rendrait amère par excès de tanin et lui ferait perdre son arôme) ; la 2e y séjourne un an puis les temps de séjour augmentent progressivement, jusqu'à ce que le fût devienne « roux ». L'eau-de-vie respire à travers le bois et s'oxyde ; elle s'affine, perd son amertume, prend du moelleux, s'imprègne des parfums du bois et lui prend une partie de son tanin, qui lui donne sa teinte ambrée. *Les chais* ne doivent être ni trop secs (ils donneraient des eaux-de-vie dures à trop forte évaporation) ni trop humides (donneraient des eaux-de-vie molles avec une perte excessive de degré d'alcool). Pendant le vieillissement, 3 à 4 % du cognac s'évaporent. On en remet périodiquement *(ouillage),* et le cognac perd env. 1 % d'alcool par an. Pour l'amener au degré de consommation (40 %), on ajoute une certaine quantité d'eau distillée. Une fois mis en bouteilles, le cognac n'évolue plus.

3°) Coupage. Le cognac commercialisé vient souvent de l'assemblage d'eaux-de-vie de cognac de différentes années et de diverses régions. N'a droit à l'appellation de « Fine Champagne » que le cognac venant uniquement des crus des 2 Champagne et contenant au moins 50 % de Grande Champagne.

Age d'un cognac : légalement, c'est celui de la plus jeune eau-de-vie entrant dans le mélange et non la moyenne du mélange ; *** (bonne qualité courante) : 36 mois min., contenant, en proportions variables, des cognacs de 5 ans, 10 ans ou +. V.O. (Very Old), V.S.O.P. (Very Superior Old Pale), ou RÉSERVE : âge min. 4 ans et demi ; % important de cognacs de 10, 20, 30 ans ou +, vieillis en fûts de chêne du Limousin. V.V.S.O.P., VIEILLE RÉSERVE, GRANDE RÉSERVE, ROYAL VIEUX, X.O. NAPOLÉON, etc. : cognacs encore plus âgés de qualité exceptionnelle.

Statistiques (France). *Nombre d'exploitations :* 31 097 (93 453 ha). *Récolte de vins blancs pour la fabrication du cognac* (en millions d'hl) : *1981 :* 5,1 à 9° 06 ; *82 :* 11,9 à 8° 49 ; *83 :* 10 à 8° 90 ; *85 :* 9,5 à 8° 8. *1983-84 :* 0,44 ; *84-85 :* 0,43. **En millions de bouteilles** (1985). *Production :* 154,71. *Ventes :* 150,9 dont U.S.A. 31,4 ; G.-B. 15,8 ; *France 12,1 ;* All. féd. 10,5 ; Japon 7 ; Hong Kong 6,7 ; P.-Bas 5,1 ; Belg.-Lux. 4,5 ; Canada 4,1 ; Singapour 3,2 ; Malaisie 2,9 ; Irlande 2,6 ; Finlande 2,5 ; Italie 1,9 ; Suisse 1,5 ; Danemark 1,5 ; Norvège 1,4 ; Suède 1,2 ; Thaïlande 1,1 ; All. dém. 0,9.

Nota. — Les hab. de Hong Kong sont les plus grands consommateurs de cognac (par habitant) du monde.

Principales firmes de cognac : Martell, Courvoisier, Hennessy, Bisquit Dubouché, Rémy Martin, Camus, Castillon Renault, Salignac, Polignac, Hardy, Royer, Hine, Monnet, Otard, Delamain, etc.

• **Cointreau.** Liqueur à base d'écorces d'oranges douces et amères. Société créée en 1849, transférée à St-Barthélemy, près d'Angers, en 1972. *Production* (1979) : 20 millions de bouteilles (1972 : 14).

• **Cordial.** Boisson fortifiante.

• **Curaçao.** A partir d'écorces d'oranges, de sucre et d'eau-de-vie.

• **Cusenier.** Crème de cassis Guignolet (1858).

• **Eau-de-vie.** Alcool produit par distillation du vin, marc, cidre, grain, etc.

• **Faugères.** Eau-de-vie de Faugères.

• **Fine.** Eau-de-vie de vin (ex. : Fine Champagne, Fine Languedoc) ou de cidre (Fine Calvados) à appellation d'origine. *Origine :* Aquitaine, Bourgogne, Bugey, Centre-Est, Coteaux de la Loire, Côtes-du-Rhône, Franche-Comté, Languedoc, Marne, Provence, Savoie.

• **Framboise.** Il faut env. 8 kg de framboises pour obtenir 1 l d'eau-de-vie pure. Vieillie en vase de grès, en bonbonnes ou en cuves verrées. A consommer jeune (2 ans après sa mise en bouteille).

• **Genièvre.** Eau-de-vie de baies de genévrier.

• **Gentiane.** Apéritif à base d'alcool, issu de l'infusion après macération de gentiane dans de l'alcool. 16° environ.

• **Gin.** Alcool à goût de genièvre obtenu par distillation et rectification d'orge malté, de seigle ou d'avoine (parfois de maïs). 34 à 47°. *Consommation en millions de bouteilles (1982) :* U.S.A. 230, Espagne 110, G.-B. 57, All. féd. 8, Belg. 4, France (1983) 3,7. *Importation en France (1982, en milliers de F) :* 30 914 *de* G.-B. 29 700, P.-Bas 1 106, Danemark 44, Irlande 23, All. féd. 10, Canada 9, Italie 9, Espagne 3.

• **Grand Marnier.** Curaçao fait avec du cognac Fine Champagne (créé 1859 par J.-Baptiste Lapostolle).

• **Guignolet.** Eau-de-vie de cerise noire (Anjou, Touraine, Vendée). Apéritif (16°).

• **Izarra.** Liqueur du pays basque. Jaune (douce) ou verte (forte) ressemblant à la chartreuse.

• **Kirsch** (de kirschwasser, eau de cerise). A partir de cerises. Les meilleures (guignes noires sucrées à petit noyau) viennent d'Alsace, de Fougerolles en Franche-Comté et de la Vallée du Rhône. Les noyaux, jamais broyés, communiquent un léger goût d'amande. Il faut env. 18 kg de cerises pour obtenir 1 l d'eau-de-vie pure. Contient de 30 à 50 mg d'acide cyanhydrique par litre (Alsace). *K. pur* obtenu uniquement par distillation du fruit après macération. *K. de commerce :* 70 à 10 % de k. pur. *K. fantaisie :* alcool neutre auquel a été ajouté une petite quantité de k. pur et de l'extrait de noyau.

• **Kummel.** Liqueur aromatisée au cumin (Allemagne, Russie).

• **Kvas (Kwas).** Eau-de-vie d'orge (Russie).

• **Lait de poule.** A l'origine, composé d'un jaune d'œuf battu dans de l'eau chaude avec sucre en poudre, puis lait, ou rhum ou fleur d'oranger remplace l'eau.

• **Liqueurs.** Inventées par les Arabes en 900 (?), mises au point par des moines. Eaux-de-vie aromatisées par infusion ou macération de fruits, fleurs, plantes, graines ou racines. 15 à 55°.

• **Marasquin.** Liqueur de cerises appelées marascas (origine Dalmatie, 23°).

• **Marc.** Eau-de-vie de marc (distillation du résidu de fruits que l'on a pressés pour en extraire le jus, alcool blanc que l'on fait mûrir en fûts). *Origine :* Aquitaine, Auvergne, Bourgogne, Bugey, Centre-Est, Coteaux de la Loire, Côtes-du-Rhône, Franche-Comté, Languedoc, Champagne, Provence, Savoie. Marc d'Alsace Gewurtztraminer, de Lorraine.

• **Mirabelle.** Petite prune jaune foncé, distillée principalement dans l'Est de la France et surtout en Lorraine. Il faut env. 18 kg pour obtenir 1 l d'eau-de-vie pure.

• **Ouzo.** Proche du pastis (Grèce).

• **Pastis.** Plantes de maquis, anis, fenouil. On consomme en France 125 millions de bouteilles d'apéritifs anisés par an. *Droits perçus par l'État* sur une bouteille de 80 F : d. de consommation et de fabrication 34,55 F, T.V.A. 14,90 F. *Recette :* 3,5 milliards de F soit 50 % de la recette globale sur les alcools.

• **Pimms' cup.** Cordial (n° 1 à base de gin, n° 2 whisky, n° 3 rhum, n° 4 eau-de-vie de vin).

• **Pippermint get.** Liqueur de menthe.

• **Poiré.** Eau-de-vie de Bretagne, Normandie, Maine.

• **Pulque.** Jus de cactus fermenté (pulque, agave, aloès américain, mescal).

• **Punch.** Cordial, eau-de-vie épicée qu'on flambe (Suède : à base de rhum, Norvège : digestif à base d'arrack).

• **Quetsche.** Grosse prune oblongue, violette à chaire jaune, mûrit en octobre principalement en Alsace et sur les coteaux de Hte-Marne et Hte-Saône. Il faut env. 25 kg pour obtenir 1 l d'eau-de-vie pure.

• **Quinquina.** Vin apéritif contenant du quinquina (écorce de chinchona). 16 à 17°.

• **Raki.** Voir Arrack.

• **Ratafia.** A l'origine tout breuvage bu lors de la ratification d'un traité ou d'un accord. Aujourd'hui apéritif doux à base de vin.

• **Rhum** (ou tafia). A partir de canne à sucre (Antilles). 1° *Rhum agricole* ou *grappe blanche* (R. de Vesou ou jus de canne). Surtout fabriqué aux Antilles. Une partie importante est livrée à la consommation locale dans l'état où le distillat sort de l'appareil, ramené à 50 ° Gay-Lussac par adjonction d'eau pure. *R. vieux :* destiné surtout à l'exportation ; vieilli en fûts de chêne d'une contenance maximale de 650 l pendant 3 ans min. Le plus souvent mis en bouteilles chez le producteur sous sa marque. 2° *R. industriel* (r. de mélasse). Fabriqué à partir des mélasses de sucrerie. Distillé et exporté entre 65 et 70 ° GL (max. autorisé 80 ° GL). Ramené au degré de consommation, environ 44°, par adjonction d'eau pure. Incolore. Coloré par vieillissement ou par adjonction de caramel (4 à 5 l de caramel par 1 000 l de rhum). *Traditionnel :* destiné en grande partie à des usages culinaires, substances volatiles non alcool. min. de 225 g par hl d'alcool pur. Mêmes règles de vieillissement que pour le r. agricole. *R. « grand arôme » :* r. de mélasse très aromatisé, fort % d'éléments non alcool. (de 600 à 1 000 g par hl d'alcool pur), obtenu par fermentation de longue durée, de 8 à 10 j à partir de moûts de forte densité (1 110 à 1 115). Sert essentiellement à des coupages comme bonificateur (produit en Martinique). *R. léger :* r. distillé à haut degré Gay-Lussac, de goût plus neutre, de faible arôme. En général blanc. Min. de non-alcool, 60 g par hl d'alcool pur depuis le 30-3-1971. Pas de minimum exigé dans certains pays. 3° *Mélanges-cocktails* en augmentation progressive (env. 5 000 HAP) : *daïquiri* (à base de rhum blanc) ; *punch planteur* (à base de rhum ambré ou blanc) ; *punch coco* (à base de rhum et d'extrait de noix de coco).

Production de rhum (en HAP : hl d'alcool pur, 1980) : Martinique 117 454. Guadeloupe 99 141. Pour la consommation en France, contingent annuel autorisé en HAP (en franchise de la soulte de 678 F par HAP perçue au profit du Service des alcools) : Martinique 88 915. Guadeloupe 68 065. Réunion 37 326. Sur ces quantités, 5/10 environ sont débloqués et consommés sur le marché français. La consomm. de rhum traditionnel (90 300 HAP en 1983) régresse (1974 : 134 800 HAP). Consommation annuelle du rhum sur le marché intérieur des D.O.M. : env. 65 000 HAP. En plus des quantités importées en France, il est exporté 30 000 HAP de rhum dans les pays membres de la C.E.E. et les pays tiers.

• **Saké.** Boisson fermentée à base de riz (12 à 18°).

• **Scotch Whiskies.** V. Whisky.

• **Schnaps.** N'importe quel spiritueux fort et sec [Allemagne (particulièrement eau-de-vie de grain (kornschnaps), P.-Bas].

• **Slivovitz.** Eau-de-vie de prune serbe et bosnienne (Yougoslavie).

• **Snaps.** Aquavit suédois.

• **Suze.** Apéritif à la gentiane.

• **Tafia.** Eau-de-vie de canne à sucre (Antilles).

• **Tequila.** Eau-de-vie tirée du pulque (Mexique).

• **Tuica.** Spiritueux à base de prune (Roumanie).

• **Vieille cure.** Faite à Cenon (près de Bordeaux), composée de diverses eaux-de-vie et de 52 herbes différentes.

• **Vodka.** Eau-de-vie née en Pologne au XVIe siècle puis introduite en Russie. Vient de la distillation de blé, seigle, orge ou maïs. Parfois élaborée à partir d'alcool de betterave, de pomme de terre ou de riz (Sibérie). 34 à 47°.

Vente en France : 3 983 571 bout. (1983) dont 60 % de v. locales (Smirnoff, Eristov), 25 à 30 % de v. importées dont 15 à 17 % russe (Moskovskaya, Stolichnaya, Tuborskaya), et 12 à 14 % de Pologne (Wyborowa, Zubrowkaia).

• **Whisky.** Du gaélique : *uisge beatha*, eau-de-vie. On distingue : *w. de malt* [orge maltée d'Écosse [4 crus : Highlands, Lowlands (région de Glasgow), Campbeltown (rég. de Campbeltown) et Islay (île de Islay)] et d'Irlande], *w. de grain* (bouillie d'orge maltée et d'autres céréales, Écosse, Irlande, Japon, U.S.A., Canada), *bourbon* (États-Unis, au moins 51 % de maïs, spécialité du Kentucky), *rye* (seigle, Canada), *whiskey* (avoine, Irlande ; w. de grain des U.S.A. : ex. : *Jack Daniel's.*) ; w. de malt et w. de grain sont généralement mélangés *(blended)* dans le *Scotch. Tennessee Jack Daniel's :* distillation de maïs, d'orge ou de seigle et filtrage sur charbon de bois d'érable.

Whiskies ou whiskey ne sont pas toujours mis en bouteilles dans les régions de production. Exportés en vrac, ils sont quelquefois mis en bouteilles en France, pour pouvoir être vendus à moins de 40°, ce qui est interdit dans la plupart des régions de production. Les appellations : Whisky, Whiskey, Bourbon, Rye sont protégées en France par une réglementation floue, à caractère purement sanitaire. *Scotch Whisky* (fixé dep. 1909) : doit vieillir un minimum de 3 ans dans des fûts de bois en entrepôt. Il se bonifie avec le temps, l'atmosphère et les fûts utilisés (les meilleurs ont contenu du Xérès d'Espagne). Un whisky atteint toute sa plénitude vers 15 ans. *Scotch standard :* assemblage de whisky de grain et de whisky de malt. *Pur Malt :* mélange de Single (malt élaboré uniquement à partir d'orge maltée).

Grandes marques. % du marché total. *Blended :* Johnie Walker 10. Ballantine's 8. J. and B. 8. Label 5,7. Long John 4. White Heather 1,6. *Pur Malt :* Glen Turner 46,7. Glenfiddich 20,5. Food Glen Rogers 9,4. Aberlour Glenlivet 2,4.

Marché du whisky en France (en millions de bouteilles : 70 cl par bout., juin 1984, 1985) : 59,46 dont scotch 52,33. Bourbon/américain 5,04. Français 1,98. Irlandais 0,85. **En France.** Consommation taxée 207 374 hl (imp. 208 777, produits en Fr. 8 245, exp. 9 648). *Imp.* en valeur (1982, en millions de F) 791,7 dont de G.-B. 751,2, U.S.A. 34,6 (dont bourbon 31,7), Irlande 4, Canada 0,8, All. féd. 0,6, Suisse 0,2, Italie 0,1.

• **Williamine Williamson.** Eau-de-vie de poires William. Il faut env. 28 kg de poires pour obtenir 1 l d'eau-de-vie pure.

Nota. — Eaux-de-vie A.O.C. (appellations contrôlées) ou A.O.R. (appellations réglementées).

Éléments secondaires du scotch, du bourbon et du cognac

Total des prod. secondaires (en % poids-volume) : S 0,160 ; B 0,309 ; C 0,239.

En grammes, par 100 litres à 50°	S	B	C
Alcools supérieurs	143	195	193
Acides totaux	15	63	36
Esters	17	43	41
Aldéhydes	4,5	5,4	7,6
Furfurol	0,11	0,90	0,67
Tannins	8	48	25
Corps solides	127	159	698

Alcoolisme

Généralités

Définition de l'O.M.S. Les *alcooliques* sont des buveurs excessifs dont l'intoxication par l'alcool a atteint un degré tel que leurs facultés mentales en sont altérées ou qu'il se produit des perturbations au niveau de leur santé physique ou mentale, de leurs relations avec autrui, de leur comportement socio-économique ou encore lorsque les signes avant-coureurs de telles modifications peuvent être notés.

Quantités d'alcool pur dans les boissons. Un litre de vin à 10° contient 100 cm³ (10 cl ou 80 g) d'alcool pur. 4 litres de vin à 12° contiennent 120 × 4 = 480 cm³ (48 cl) d'alcool pur, soit autant que 1 litre d'eau-de-vie à 48°. *Teneur (pour un verre) en alcool pur en cl et, en italique, en g.* Apéritif à 18° 1,4, *11,5*, bière (demi) 1,5, *12*, liqueur à 40° 1,3, *10,5*, pastis 45° 1,5, *12*, vin 11° 1,3, *10,5*.

Alcoolémie. Teneur en alcool du sang exprimée en g/l. Une alcoolémie à 0,80 g représente 0,80 g d'alcool par l de sang ; atteint son maximum moins d'1 h après ingestion. La richesse en alcool (degré) de la boisson, le fait de boire à jeun ou au cours d'un repas, la nature des aliments composants ce repas, le poids de la personne, le sexe modifient sensiblement la courbe d'alcoolémie.

Formule de Widmark $ta = \frac{a}{p \times k}$. Précise l'alcoolémie théorique maximale en g/l de sang 1/2 h à 1 h 1/2 après la prise d'alcool.

Nota. — a = quantité d'alcool bu évaluée en grammes ; p = poids de la personne en kg ; k = coefficient de diffusion (homme 0,70, femme 0,60) ; ta = taux d'alcoolémie en g par l de sang.

Exemple : un homme de 75 kg aura, après l'ingestion d'1 l de vin à 10° à jeun, une alcoolémie égale à 75 × 0,70 = 1,52 g pour mille. Pour la même quantité bue au cours d'un repas, le taux sera 1/3 plus faible. L'alcoolémie diminuant de 0,15 g/h, il faudrait théoriquement 10 h pour que le taux tombe à 0 et 5 h pour qu'il tombe au-dessous du taux légal de 0,80, à condition de ne pas boire à nouveau.

Taux d'alcoolémie pour quelques boissons une heure après absorption chez un homme de 75 kg (doses réglementaires dans les débits de boisson ; les doses servies chez soi sont souvent plus fortes). A jeun et, entre parenthèses, avec un repas. 1/2 litre de vin à 11° 0,83 (0,55). 1/2 l de bière à 5° 0,29 (0,19). 2 cl (*) apéritif anisé 45° 0,13 (0,09). 6 cl (*) apéritif à 16° 0,15 (0,10). 4 cl (*) de whisky 0,36 (0,24). 4 cl (*) de cognac à 40° 0,32 (0,21).

Effets de l'alcool sur l'organisme

Appareil digestif : l'alcool agresse les muqueuses (œsophage, estomac, intestin), provoque une sensation de brûlure, signe d'inflammation pouvant conduire à l'ulcère et au cancer. C'est un poison violent du foie (il provoque la dégénérescence des cellules conduisant à la cirrhose presque toujours mortelle) ; il perturbe la digestion (mauvaise assimilation de certains aliments, diminution d'appétit, déséquilibre nutritionnel avec au début surcharge de poids). **Système nerveux :** troubles des réflexes, de la vision, de l'équilibre, du jugement. Alcoolisme chronique : lésions des nerfs : fourmillements, crampes, douleurs, paralysie (polynévrite). Des lésions des centres nerveux peuvent survenir : confusion mentale, diminution de la mémoire, somnolence, torpeur. Psychisme altéré : troubles du caractère, irritabilité, susceptibilité, humeur sombre ; affaiblissement de la volonté et du contrôle de soi : insouciance, mensonges, vantardise, hypocrisie ; insomnies ; état dépressif avec complexe d'infériorité, cause de suicide ; baisse des facultés intellectuelles et des capacités d'attention ; parfois délires chroniques ou phénomènes de démence, conduisant à l'hospitalisation psychiatrique. Parmi les autres organes touchés : système cardio-vasculaire, glandes endocrines, pancréas. Les **enfants nés** de mères buveuses sont souvent prématurés, plus fragiles ou ont un poids plus faible à la naissance. L'alcool passe dans le lait de la femme qui nourrit son enfant et le rend toxique.

☞ Les boissons alcoolisées peuvent être une contre-indication à la prise de certains médicaments.

Quelle que soit la forme sous laquelle on l'absorbe, et contrairement aux préjugés en vigueur, l'alcool ne réchauffe pas durablement, ne donne pas de force, n'est pas un aliment nécessaire à la croissance et au fonctionnement de l'organisme, n'est pas « bon pour le cœur et les vaisseaux », n'est pas indispensable à la vie, ne désaltère pas (il augmente le volume des urines et donne soif), ne donne pas d'appétit et n'aide pas à digérer. Seule l'eau est nécessaire à la vie.

Effets psychophysiologiques selon le taux d'alcoolémie (en g/l de sang). *De 0,1 à 0,3 :* zone de tolérance physiologique. Aucun trouble n'est constaté. *De 0,3 à 0,5 :* aucun signe clinique apparent mais les gestes commencent à être perturbés. Parfois la fusion optique des images est troublée et la sensibilité de la vision diminue. Estimation des distances et vitesses faussée. *De 0,5 à 0,8 :* troubles commençant à apparaître. Temps de réaction allongés. Réactions motrices troublées. Euphorie. *De 0,8 à 1,5 :* réflexes de plus en plus troublés. Ivresse légère. Baisse de la vigilance. Conduite dangereuse. *De 1,5 à 3 :* allure titubante. Diplopie (on voit double). *De 3 à 5 :* ivresse nette. Conduite impossible. *Au-delà de 5 :* Coma pouvant entraîner la mort.

Le seuil de sécurité se situe à 1/4 de l de vin à chacun des 2 principaux repas, à l'exclusion de toute autre consommation de boissons alcooliques.

Tous les conducteurs devraient s'abstenir de prendre une boisson alcoolique à jeun et plus d'un demi de bière ou d'un quart de vin au repas.

L'alcool dans le monde

Consommation (en l d'alcool pur par hab., en 1984). Luxembourg 18 [1] ; *France 13,5* ; Portugal 12,8 ; Italie 12,1 ; Hongrie 11,7 ; Espagne 11,2 ; Suisse 11,1 ; All. féd. 10,7 ; Belgique 10,6 ; All. dém. 10,4 [2] ; Danemark 10,2 ; Autriche 10 ; Tchéc. 9,5 ; Argentine 9,5 ; Australie 9,3 [3] ; N.-Zélande 9,1 ; Bulgarie 8,7 ; P.-Bas 8,6 ; Canada 8,5 [3] ; Yougoslavie 8,4 [2] ; U.S.A. 8 ; Roumanie 7,7 [2] ; G.-B 6,9 ; Grèce 6,8 ; Irlande 6,7 ; Pologne 6,5 ; Finlande 6,3 ; U.R.S.S. 6 ; Chypre 5,7 ; Japon 5,7 ; Suède 5,2 ; Chili 5 ; Uruguay 4,6 [2] ; Afr. du S. 4,5 ; Islande 4,1.

Nota. — (1) Ce chiffre s'explique par d'imp. achats frontaliers ou à l'aéroport de consommateurs étrangers au Lux. (2) 1983. (3) 1984-85.

Cirrhoses. *Taux de mortalité pour 100 000 h.* (1983). Hongrie 42,5. Roumanie 36. Italie 32,9. Portugal 32. Autriche 29,3. *France 28,2.* Japon 15,3. U.S.A. 13,6. Suisse 11,5. P.-Bas 5,5. Irlande du N. 4,8. Angleterre, Galles, Irlande 4. Islande 2,1.

Le taux est beaucoup plus élevé chez les hommes. *France :* hommes 44,3, femmes 17,8. *Italie :* H. 49,5, F. 19,5. *Portugal :* H. 51, F. 19,9. *Espagne :* H. 32,3, F. 13,2. *Suisse :* H. 21, F. 6,6. *Belg. :* H. 16,7, F. 10. Il est similaire en *G.-B. :* H. 3,8, F. 3,5.

L'alcoolisme en France

Alcooliques (nombre). Env. 4 500 000 buveurs excessifs en France (dont 2 000 000 avec imprégnation alc. importante) ; beaucoup ont subi un entraînement socio-professionnel, d'autres ont des problèmes psycho-névrotiques. 3e cause de mortalité après les maladies du cœur et des vaisseaux et les cancers (est. 1983 d'après le Pr Perrin). Alcoolisme et psychose alc. 3 551. Cirrhose du foie (4/5) 10 889. Tumeurs malignes de la cavité buccale, du pharynx et œsophage (4/5) 8 988. Tuberculose de l'app. respiratoire (1/3) 368. Homicides (1/2) 342. Suicides (1/4) 2 977. Accidents de la route (1/3) 3 682. Autres accidents (1/10) 2 874. Causes non spécifiées (1/10) 3 765. *Total 37 436.*

Décès par alcoolisme (délirium, polynévrite) et cirrhose du foie (nombre et taux) pour 100 000 habitants

Mortalité	Cirrhose du foie		Alcoolisme	
	Nombre	Taux	Nombre	Taux
1960	13 401	29,4	5 074	11,1
1970	16 865	30	4 042	7,9
1975	17 546	33,3	4 192	7,9
1980	14 881	27,8	3 334	6,2
1981	14 587	26,9	3 423	6,3
1982	13 866	25,5	3 339	6,2
1983	13 612 [1]	24,9	3 551 [2]	6,5

Nota. — (1) dont 9 612 H et 4 000 F. (2) dont 2 868 H et 683 F.

Décès attribués à l'alcoolisme et aux cirrhoses du foie (en 1983, pour 100 000 h en %). Nord-P.-de-C. 50,9. Bretagne 48,5. Hte-Normandie 41,2. Bourgogne 39,1. Auvergne 38,8. Lorraine 36,1. Pays de Loire 35,5. Alsace 34,9. Picardie 33,8. Basse-Normandie 33,7. Limousin 33,6. Champagne-Ardenne 32,9. Centre 32,1. Poitou-Charentes 28,3. Rhône-Alpes 26,7. Aquitaine 25,3. Ile-de-Fr. 24,7. Franche-Comté 24,3. Prov.-Alpes-C.-d'Azur 22,8. Midi-Pyr. 20. Languedoc-Roussillon 19,7. Corse 19,3. *France entière 31,4.*

Établissements psychiatriques. *Nombre d'admissions pour psychoses alcooliques :* 40 % des adm. hommes, 10 % des adm. femmes.

Hôpitaux généraux. *Nombre des malades alcooliques :* 20 à 40 % en services hommes, 8 à 10 % en serv. femmes.

Mortalité alcoolique en 1981. Les décès par alcoolisme ne se limitent pas à ceux figurant dans les statistiques sous les rubriques : alcoolisme et cirrhose du foie. L'alcool intervient comme cause secondaire ou déterminante dans nombre de décès accidentels ou attribués à d'autres maladies.

Exemples : le décès de l'ivrogne tombé dans son escalier figure à la rubrique « Accidents ». La mort, après une opération chirurgicale, d'un alcoolique qui n'aura pas résisté au choc, à l'infection, aux complications, ou celle d'un alcoolique dont l'organisme affaibli n'a pas résisté à la grippe ou à la bronchopneumonie ne sera pas étiquetée « alcoolisme ».

Autres effets. *Absentéisme pour maladie :* 3 à 4 fois plus élevé chez les buveurs que chez les autres. *Accidents du travail :* part de l'alcoolisation 15 à 20 % au minimum. *Durée du séjour dans un service général de médecine :* double de celle d'un non-buveur.

Coût. Difficile à évaluer (on ne peut chiffrer la baisse de rendement de l'alcoolique au travail). *Dépenses annuelles* (1981) : minimum 25 milliards de F selon le min. de la Santé (y compris frais d'accidents, de justice, d'hôpitaux...) ; selon M. Le Net (1980) : 100 milliards de F, soit 4,5 % de la prod. intérieure brute annuelle (P.I.B.). Mais env. 1 Français sur 10 vit de l'alcool.

Lutte contre l'alcoolisme

Information et prévention. *Haut comité d'étude et d'information sur l'alcoolisme,* 57, rue de Varenne, 75007 Paris. Organisme dépendant du Premier ministre. *Comité national de défense contre l'alcoolisme,* 20, rue St-Fiacre, 75002 Paris ; rôle : information, prévention, action médico-sociale. Organisme privé.

Mouvements de buveurs guéris et d'abstinents volontaires. *Alcooliques anonymes,* 21, rue Trousseau, 75011 Paris. Créés U.S.A. 1935, France 1960, 2 000 000 membres et 62 000 groupes dans 118 pays, 275 en France. *La Croix bleue,* 47, rue de Clichy, 75009 Paris. Créée Suisse 1877, France 1883 ; 115 lieux d'implantation, 3 centres de postcure ; journal « Le Libérateur ». Membres : monde 280 000, France 5 000. *La Croix d'Or,* 10, rue des Messageries, 75010 Paris, créée 1910. Membres : France 30 000. Associations en Belgique, Espagne, Suisse, All. féd. *Les Bons Templiers,* 7, rue du Major-Martin, 69001 Lyon. Près d'1 million de m. de nombreux pays ; siège mondial à Oslo. *Fédération nationale Joie et Santé,* 1, rue de la Comète, 75007 Paris, créée 1964, 18 000 membres. *Fédération nationale Santé-Abstinence-Amitié,* 3, rue Finkwiller, 67310 Wasselonne, créée 1978, 14 860 membres. *Mouvement national Vie libre,* 8, impasse Dumur, 92110 Clichy. Créé 1953. Adhérents : 24 000 ; Sections : 320 ; comités départementaux : 42, régionaux : 13.

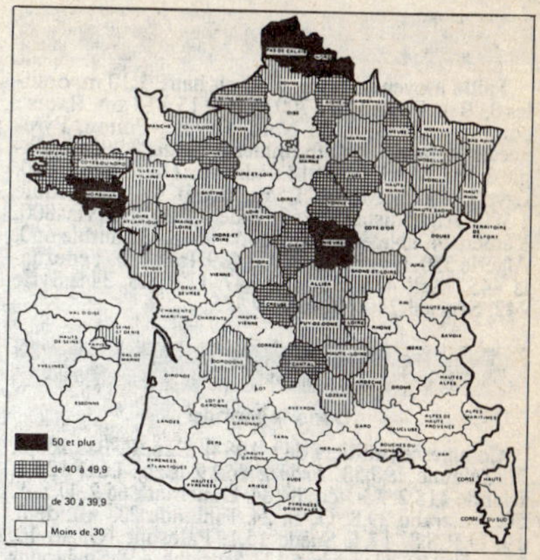

Action en milieu professionnel. *Fédération française interprofessionnelle pour le traitement et la prévention de l'alcoolisme et autres toxicomanies (FITPAT),* créée 1978, 12 *bis,* rue du Terrage, 75010 Paris, regroupe 17 associations agissant en milieu professionnel.

Cures de désintoxication. Associent les tech. médicamenteuses (dégoût), absorption de disulfirame ou espéral, piqûres chauffantes, aux médicaments de soutien (vitamines) et à la psychothérapie. Prolongation indispensable : postcure (sans laquelle les rechutes sont fréquentes), aide de la famille, d'associations d'anciens buveurs sur les lieux de travail.

Il n'existe aucune donnée fiable à ce sujet.

Élevage

Formes

Extensif. Sur des pâturages naturels, les bêtes se déplacent avec leurs gardiens (*cow-boys* américains, *gauchos* argentins, *squatters* australiens). Il faut 8 ha pour nourrir une vache à l'année dans l'Ouest américain.

Élevage moderne en plein air. Dans une prairie permanente, entretenue.

Élevage en batterie. Agriculture hors sol développée dans plusieurs secteurs de l'élevage (veaux, volailles).

Embouche. Les bêtes élevées dans des régions peu fertiles sont engraissées dans des régions riches (Charolais, Nivernais, Normandie).

Migration estivale (transhumance). De nov. à juin, les moutons paissent dans la Crau et, de juin à oct., dans les Alpes.

Semi-nomadisme. Les bêtes sont l'été sur les hauts pâturages (+ de 2 200 m), l'hiver redescendues dans les fermes.

Stabulation libre (le hangar ouvert donne sur champ). Les bêtes sont nourries avec des produits préparés par *ensilage* (moyen de conserver les plantes fourragères, les feuilles de betteraves, les pulpes, etc.).

Vaine pâture. Bêtes menées dans chaumes et jachères.

Ânes

Taille moyenne : long. 1,40 m, haut. 1,10 m, oreilles 0,20 m. **Poids** 150 à 700 kg. **Vie** 15 à 18 ans. **Races :** commune, Afrique du Nord, Égypte, Poitou, Pyrénées. **Nombre** (1984, en milliers). Chine 8 999. Éthiopie 3 905. Mexique 2 818. Pakistan 2 626. Iran 1 800. Égypte 1 775. Maroc 1 550. Brésil 1 480. Turquie 1 300. Afghanistan 1 250. Inde 1 000. Bolivie 800. Yémen 740. Nigeria 700. Soudan 688. Colombie 650. Algérie 550. Niger 501. Pérou 489. Irak 450. Venezuela 445. Mali 425. Bulgarie 347. U.R.S.S. 344. Syrie 242. Sénégal 240. *Monde 39 875.*

Beurre

Dans le monde

Commerce (milliers de t, 1984). **Exp.** P.-Bas 266,3. N.-Zélande 190,53. *France 160,9.* Belg.-Lux. 123,1, Irlande 118,2. All. féd. 84,84. Danemark 66,2. U.S.A. 50. Australie 29,8. G.-B. 24. Finlande 23. All. dém. 19. U.R.S.S. 17,1. Suède 15,1. Palestine (Gaza) 10. Uruguay 10. Hongrie 6,12. Autriche 4,9. Singapour 4,8. Norvège 4,7. Italie 2,9. Roumanie 2,1. Tchécoslovaquie 1,5. Népal 1,2. Afr. du S. 1. Canada 0,3. *Monde 1 265.* **Imp.** U.R.S.S. 198. G.-B. 156. P.-Bas 81,3. All. féd. 72. Iran 59. Italie 50,3. Égypte 49. *France 46,5.* Algérie 42,8. Arabie Saoudite 22,5. Syrie 21,7. *Monde 1 255.*

Consommation (kg par hab., mai 1984). N.-Zélande 13,1. Irlande 12,9. Finlande 11,3. Lux. 11. *France 9,4.* Pologne 8,9. Belgique 8,6. Tchécoslovaquie 8,2. Danemark 7,9. Suisse 7,2. All. féd. 7,1. G.-B. 5,4. Autriche 5. Islande 5. U.R.S.S. 4,9. Norvège 4,7. Canada 4,3. Australie 4,3. Suède 3,6. P.-Bas 3,5.

Production de beurre et matière grasse butyrique (beurre liquide clarifié par ébullition, fabriqué surtout en Extrême-Orient) (milliers de t, 1986). U.R.S.S. 1 660. Inde 720. U.S.A. 620. *France 550* [1]. N.-Zélande 275. Australie 116. Canada 96. Japon 88. Suisse 34. Afr. du S. 16. Espagne 15. *C.E.E. à 10 1 895* [1]. *Monde 6 723.*

Nota. — (1) Prod. totale : laiterie (beurre, MGLA) + fabrications fermières.

En France

Catégories. Beurre *fermier :* fabriqué à la ferme ; *laitier :* dans une usine laitière avec des crèmes non pasteurisées ; *pasteurisé :* dans des entreprises laitières (qualité contrôlée de façon permanente par le B.I.L. : Bureau de l'inspection du lait) ; *salé :* la mention demi-sel (— de 5 %) ou salé (5 à 10 %) doit figurer sur l'emballage. Le « St-Hubert 41 » ne contient que 41 g de lipides pour 100 g.

Production (beurre et matière grasse butyrique, en milliers de t). *1984 :* 609 ; *85* (chiffre prov.) : 595 ; *86* (est.) : 550.

Stocks publics (au 31-12, milliers de t). *Beurre* et, entre parenthèses, *poudre à 0 % : 70 :* 27,3 (32,2) ; *71 :* 0,1 (1,2) ; *72 :* 89,7 (2,2) ; *73 :* 28,9 (49,1) ; *74 :* 21,8 (114,4) ; *75 :* 37,1 (386) ; *76 :* 67,4 (306,7) ; *77 :* 0,4 (89,8) ; *78 :* 21,8 (19,9) ; *79 :* 6,5 (0,1) ; *80 :* 6 (9,8) ; *81 :* 3,8 (28) ; *82 :* 23,5 (39) ; *83 :* 148 (29). ; *84 :* 117 (3) ; *85 :* 83,9 (3,8).

Stock C.E.E. *Beurre : 76 :* 176,2 ; *77 :* 217 ; *78 :* 230 ; *79 :* 270 ; *80 :* 127 ; *81 :* 10 ; *82 :* 112 ; *83 :* 692 ; *85 :* 996 ; *86* (mai) : 1 100. *Lait écrémé en poudre : 76 :* 1 135 ; *77 :* 969,8 ; *78 :* 663 ; *79 :* 227 ; *80 :* 230 ; *81 :* 279 ; *82 :* 576 ; *83 :* 692 ; *84 :* 841 ; *85 :* 520 ; *86* (mai) : 640.

Bovins

Caractéristiques : ruminants ayant un estomac à 4 poches (panse, bonnet, feuillet, caillette). **5 catégories** (en milliers de têtes, 1-12-84) : vaches laitières 6 752, vaches nourrices 3 126, b. de — de 1 an 5 861, b. de 1 à 2 ans 4 473, b. de 2 ans et + 2 932. **Élevage :** reproduction possible à partir de 1 an, 1re saillie pratiquée en général vers 20 mois pour les 2 sexes. Les chaleurs de la vache (tous les 20 j env., 14 h après l'ovulation) durent 1,5 j. L'accouplement se fait soit en liberté (un taureau servant 25 à 30 vaches) soit en main (un taureau pour 100 vaches). On utilise aussi l'insémination artificielle. **Gestation :** env. 280 j. Le veau pèse à la naissance de 20 (race bretonne pie noire) à 60 kg (charolais). Il prend en général 400 g par j le 1er mois, et 1 kg par j vers le 3e mois. Dans les races à viande, le veau est laissé au pré avec sa mère et se sèvre lui-même progressivement ; dans les races laitières, il est éloigné de sa mère et nourri au seau afin de contrôler son alimentation. Le sevrage se fait alors vers le 3e mois. **Poids atteint par un bœuf :** charolais ou limousin à 12 mois, 520 ou 450 kg ; à 18 mois, 650 ou 580 ; à 30 mois, 750 ou 700. Les jeunes bovins (en France 16-18 mois, non castrés) précoces ou *baby-beef* (12-14 mois) sont très appréciés en All. féd., G.-B. et U.S.A., mais peu en France où les citadins préfèrent en général le *bœuf d'embouche* traditionnel, abattu vers 3 ans (viande de luxe). **Poids atteint par un veau** (à la naissance) : 20 à 60 kg (250 à 5 mois). Veau de St-Étienne : 45 à 60 (7 à 8 mois : 350). **Rendement** (rapport entre poids de viande nette et poids vif de l'animal) : en général de 50 à 60 % moindre chez les vaches que chez les bœufs ; diminue avec l'âge.

Races. Env. 30 races. *Principales en France :* Normande (apte à la boucherie et à la laiterie), Française Frisonne-pie noire, Pie-rouge de l'Est, Charolaise, Limousine, Blonde d'Aquitaine, Salers, Maine-Anjou, etc. *Durée de vie :* 15 à 20 ans.

Nombre de bovins (1984, en millions). *Afrique :* Éthiopie 26. Soudan 19,6. Afr. du S. 12,9. Kenya 12. Nigeria 11,8. Madagascar 10,4. *Amér. du N. :* U.S.A. 114. Mexique 33,9. Canada 12,3. Cuba 6,4. *Amér. du S. :* Brésil 129. Argentine 53,5. Colombie 24. Venezuela 12,3. Uruguay 9,5. Chili 3,9. Pérou 3,2. *Asie :* Inde 182,2. Chine 58,6. Bangladesh 36,3. Turquie 17,2. Pakistan 16,4. Birmanie 9,6. Iran 8,2. Népal 7. Indonésie 6,8. Japon 4,7. Thaïlande 4,6. Philippines 1,9. Cambodge 1,4. *Europe :* U.R.S.S. 119,6. *France 23,6.* All. féd. 15,6. G.-B. 13,1. Pologne 11,2. Italie 9,1. Irlande 6,8. Roumanie 6,2. All. dém. 5,9. P.-Bas 5,5. Youg. 5,3. Tchéc. 5,2. Espagne 5. Belg.-Lux. 3,2. Danemark 2,9. Autriche 2,6. Suisse 1,9. Hongrie 1,9. Suède 1,9. Bulgarie 1,7. *Océanie :* Australie 21,8. N.-Zélande 7,3. *Monde 1 264,4.*

Bovins dans la C.E.E.

Production (1985). 20 % de la prod. mondiale de viande bovine (3e producteur après U.S.A., U.R.S.S.). **Exp.** (milliers de t) : *1981 :* 663 ; *82 :* 510, vers l'Europe de l'Est 36 % env. (dont 15 % vers U.R.S.S.) ; pays méditerranéens (+ de 20 %) ; Proche-Orient (20 %), *1983 :* 575 ; *84 :* 790 ; *85 :* 807. **Imp.** : *85 :* 435 dont 47 sur pied, 232 de viande et 156 de conserves.

En France

Consommation de viande (kg par hab., 1985). 93,5 dont porcs 38,1, gros bovins 25,7, volailles 17,6, veaux 6,6, ovins, caprins 4,3, équidés 1,2.

Gros bovins (en milliers de t équivalent carcasses, 1985). *Production :* 1 617. *Consommation :* 1 385. *Achats à l'intervention :* 135. *Commerce extérieur* (milliards de F, 1985). **Imp.** viande fraîche 5,7, congelée 0,3, animaux vivants 0,5. **Exp.** fraîche 3,2, congelée 2, vivants 4, conserves 0,2.

Veaux (en milliers de t équivalent carcasses, 1985). *Production :* 339. *Consommation :* 340. **Viande veau. Imp.** 21,2. **Exp.** 19,8. **Solde commerce ext.** (milliards de F) + 0,3.

Insémination artificielle (1984). **Bovins.** Vaches inséminées : 6 774 486 dont (en %) avec des semences de taureaux de race française Frisonne 50,86, Normande 14,76, Charolaise 12,2, Montbéliarde 7,8, Limousine 6,2. Inséminateurs 2 327. Centres 64. **Porcins.** Truies inséminées : 23 755 + doses envoyées aux éleveurs (32 409 simples, 34 879 doubles). Centres 9. **Ovins.** Brebis ins. : 357 019 (dont 63 % en races laitières, 37 % en races à viande). Centres agréés 23. **Caprins.** Chèvres ins. 12 526. Inséminateurs 84.

Buffles

Nombre (1985, en millions). Inde 64,5. Chine 19,5. Pakistan 13. Thaïlande 6,3. Népal 4,5. Birmanie 3. Philippines 2,9. Indonésie 2,4. Bangladesh 1,8. Laos 1,2. Turquie 0,8. Brésil 0,7. Cambodge 0,6. U.R.S.S. 0,3. Iran 0,2. Roumanie 0,2. Italie 0,1. *Monde 129.*

Camélidés

Chameaux et dromadaires portent une charge de 300 kg max.

Chameaux, nombre (1984, en millions). Somalie 5,6. Soudan 2,5. Inde 1. Éthiopie 1. Pakistan 0,9. Kenya 0,6. Chine 0,6. Mongolie 0,5. Tchad 0,4. Niger 0,4. Afghanistan 0,2. U.R.S.S. 0,2. Mali 0,2. Maroc 0,2. *Monde 16 951.*

Canards

Races : canard commun, canard de Rouen, coureur indien, khaki-campbell, Pékin, canard d'Aylesbury, canard de Barbarie (originaire d'Amérique, appelé aussi canard musqué). **Élevage naturel :** le mâle vit avec 5 ou 6 femelles. Ponte max. de févr. à juill. Pour la prod. de canetons, les œufs sont couvés par la cane (12 œufs), une poule (8) ou une dinde (20). Croissance très rapide du caneton (souvent 2 kg à 2 mois). **Produits :** œufs (cuisine, pâtisserie). **Production en France** (1985, estim.) 72 000 t dont (%, 1984) : P. de Loire 65. Bretagne 11. Bourgogne 6. Centre 4. Midi-Pyrénées 3,6. Canards de Barbarie 84 % de la prod. totale.

Caprins

Races : laitières européennes. Alpine chamoisée et Saanen. Taille (boucs et femelles) 0,90 à 1 m (0,70 à 0,80) ; 80 à 100 kg (60 à 80 kg), en France, Suisse, Allemagne. **Poitevine** (boucs et femelles) : 0,80 à 1 m (0,75 à 0,80 m) ; 55 à 75 kg (40 à 60 kg). *Production :* lait (400 à 1 500 kg par an), viande de chevreaux (6 à 10 kg de 4 à 8 semaines), peau du chevreau pour chaussure et ganterie. *Reproduction :* gestation de 5 mois ; 1, 2 ou 3 chevreaux ; saillies à partir de 7 mois permettant une 1re lactation à 12 mois ; 1,8 chevreau par mise bas. **Autres races européennes. Toggenbourg, Gessenay, Grisons** (Suisse), **Anglo-nubienne, de Murcie, Malaga...** Pour la viande : africaine et asiatique ; pour le poil : angora 55 à 60 cm ; poil blanc de 20 à 30 cm (mohair) originaire d'Asie ; chèvre du Cachemire à poils longs (tissus dits cachemire).

Nombre (1985, en millions). Inde 81,6. Chine 63,4. Pakistan 29,7. Nigeria 26. Turquie 17,5. Éthiopie 17,2. Iran 13,6. Soudan 13,5. Indonésie 11,2. Bangladesh 10,5. Mexique 10,1. Brésil 8,5. Tanzanie 6,4. U.R.S.S. 6,3. Afr. du S. 5,8. Grèce 4,7. Maroc 4,5. Argentine 3,1. Espagne 2,5. Irak 2,3. Philippines 1,9. Pérou 1,7. Égypte 1,6. U.S.A. 1,5. Venezuela 1,3. *France 1,2.* Italie 1,1. Syrie 1,1. Birmanie 1,1. Colombie 0,9. Portugal 0,7. *Monde 465,2.*

Viande de chèvre. Voir Ovins.

Chevaux

Généralités

Cheval le plus lourd du monde : « Brooklyn Suprême » pur-sang belge de 1,98 m au garrot, 1 440 kg. **Le plus grand :** « Firpon », croisement de percheron et de shire 2,16 m, 1 350 kg. **Le plus petit :** « Falabella » (croisements successifs pendant 45 ans, de pur-sang anglais et de poneys shetland). Adultes, 38 à 74 cm au garrot, et 18 à 36 kg. **Les plus vieux :** 62 ans ; poney 54 ; pur-sang 42. **Les plus forts :** charge la plus lourde tirée par 2 chevaux de trait 43,5 t de bois, halées sur la neige sur 251 m.

Chevaux de trait (France). *Zone d'élevage :* Nord-Est, Bretagne, Massif central, Jura, Alpes, Pyrénées. ARDENNAIS : N.-E.. Est du Bassin parisien, contreforts du Jura et Massif central : env. 300 étalons et 5 000 juments. V. 1910 l'ardennais du Nord est appelé « trait du Nord ». AUXOIS : S.-O. de la C.-d'Or, Yonne et Saône-et-Loire. Apprécié pour culture. Aujourd'hui orienté vers production de viande et de carcasses d'un poids élevé. BOULONNAIS : Excellent cheval de traction et de boucherie ; améliore les autres races de chevaux lourds. BRETON : Puissant, rustique, actif. Utilisé par maraîchers et pour récolte du goémon. Actuellement élevé pour production de viande. En 1981 : 15 000 juments saillies par 700 étalons. COB : Manche. Issu du « carrossier normand ». On distingue cob léger, absorbé par cheval de selle et gros cob « cultural », rattaché aux races de chevaux lourds. Utilisé pour tourisme et attelage. COMTOIS : Franche-Comté (Ht-Jura), Massif central, Pyrénées, Alpes. Utilisé pour production de viande et traction (débardage du bois et travaux de la vigne). En 1982 : env. 3 900 juments saillies par 1 700 étalons. PERCHERON : Perche, Nivernais, Bourbonnais, Morvan. Représente 25 % des chevaux de trait. ANE DU POITOU : Origine : Xe s. ; Vienne, Deux-Sèvres, Vendée, Charente, Charente-Maritime. Aujourd'hui il est élevé dans les Deux-Sèvres. Il est utilisé comme reproducteur pour le mulet.

Nombre (1984, en millions). Chine 10,9. U.S.A. 10,2. Mexique 5,6. U.R.S.S. 5,6. Brésil 5,2. Argentine 3. Mongolie 2. Colombie 1,7. Pologne 1,6. Éthiopie 1,5. Inde 1. Cuba 0,8. Turquie 0,8. Indonésie 0,7. Pérou 0,7. Roumanie 0,6. Uruguay 0,5. Youg. 0,5. Australie 0,4. Pakistan 0,4. Chili 0,4. Haïti 0,4. Bolivie 0,4. Venezuela 0,4. Afghanistan 0,4. Canada 0,4. Iran 0,3. Paraguay 0,3. Maroc 0,3. *France 0,312.* Équateur 0,3. Philippines 0,3. *Monde 64 191.*

En France. Chevaux de trait. *1931 :* 3 000 000, *56 :* 2 000 000, *66 :* 1 000 000, *79 :* 181 984). **Viande de boucherie** (v. riche en albumine, en fer, pas de parasites, en milliers de t) : *1966 :* 100,4, *78 :* 97,1, *79 :* 97,6, *80 :* 92,1, *81 :* 84,2, *82 :* 78 soit 1,9 % de la consommation de viande (except. volailles).

☞ Voir hippisme à l'Index.

Dindes

Origine : introduites en France au XVIe s. 75 à 80 cm de long., 6,2 kg. Le mâle sait faire la roue. **Races :** dindon noir de Sologne (jusqu'à 12 kg), bronzé (mâle 8 à 9 kg), blanc de Betsville (mâle de 6 kg à 20 semaines). **Record :** dinde sur pied 34,930 kg, vendue, en 1979, 16 200 F.

Reproduction : mâle entre 1 et 6 ans. Un mâle suffit à 12 femelles. Ponte 20 œufs au printemps (éclosent après 30 j). A 2,5 mois, le dindonneau est suralimenté pour surmonter la crise du rouge (sortie des caroncules rouges de la tête), entre 6 et 8 mois il est engraissé (maïs et orge) avant d'être tué.

Production (en milliers de t, 1984). *France 246,* dont Bretagne 57 %, P. de Loire 16 %, Centre 8 %, Rhônes-Alpes 6 %. Estim. 1985 : 253. **Dans le monde** (en milliers de t, 1984) 2 300 dont U.S.A. 1 169, Italie 240, G.-B. 141, Canada 96, Israël 50, Mexique 26. **Consommation** (en kg/hab., 1984). U.S.A. 5,2, Italie 4,1, G.-B. 2,6, R.F.A. 1,7, *France 3,7.*

Nombre (en millions de dindons, 1984). U.S.A. 171. *France 55,8.* G.-B. 28,1. Italie 24,2. Canada 16. U.R.S.S. 11. Israël 6.

Exportations : 50 000 t équivalent carcasses. (1er rang mondial) vers l'All. féd. (39 % des exp.), Belg. (21 %), G.-B. (16 %).

Escargots

Durée d'engraissement : 4 à 6 mois en élevage intensif sous bâtiment climatisé. **Marché.** *France :* 1er consommateur mondial avec 40 000 t. **Imp.** 16 000 t d'équivalents-vivants (1980) surtout des p. de l'Est. **Déficit** (en millions de F) : *1976 :* 70, *1980 :* 110.

Fromage

Dans le monde

Production (milliers de t, 1986, estim.). U.S.A. 2 410. *France 1 343* [1]. U.R.S.S. 835. Canada 210. Australie 164. Espagne 130. Suisse 130. N.-Zélande 120. Portugal 37. Afr. du S. 36. Japon 20. *C.E.E. à 10 4 300* [1]. *Monde 10 225.*

Nota. – (1) Y compris fr. frais et prod. fermiers.

Commerce (fromage et caillebotte, milliers de t, 1984). **Exp. :** Europe de l'O. 936,9 (dont *France 160,9*). Océanie 224,9 (dont N.-Zélande 191,4). Europe Or. 55,2. Amér. du N. 54,1 (dont U.S.A. 50). U.R.S.S. 27. Asie 4,2. *Monde 1 252,9.* **Imp. :** Europe 590,7 (dont *France 46,5*). Asie 215,9. U.R.S.S. 198. Afrique 143,9. Amér. du N. 46,9. Amér. du S. 15,1.

Consommation (kg par h., mai 1984). Grèce 20,7. *France 19,3.* All. féd. 14,4. Italie 14,3. Suède 13,9. Belgique 13,8. Israël 13,8. P.-B. 13,5. Suisse 13,2. Norvège 12,5. Pologne 12,3. Danemark 10,8. Luxembourg 10,4. Tchécoslovaquie 10,2. Autriche 9,1. Finlande 9. Canada 9. N.-Zél. 8,5. U.S.A. 8. Australie 7. Hongrie 6,9. G.-B. 6,7. U.R.S.S. 4,6. Esp. 3,8. Irlande 3,6. Chili 2,1. Afr. du S. 1,3. Japon 0,7.

En France

Production (milliers de t, 1983). 1 201 t dont *fromages au lait de vache :* 1 150,8 dont pâtes molles 382,1, pressées cuites 232,7 (dont emmental 178,3, comté 38,7), pressées non cuites 199,2 (dont St-Paulin 2,9, cantal 18,7, édam, gouda, mimolette 15,1), persillées 32,6. *Lait de chèvre :* 28,9. *Lait de brebis :* 21,2. *Fromages fondus :* 88,5.

Production du fromage d'appellation d'origine (en t, 1984). Gruyère de Comté (ou Comté) 36 068. Cantal (ou Fourme de Cantal + salers) 19 039. Roquefort 14 720. Saint-Nectaire 8 888. Munster (ou Munster Géromé) 7 700. Reblochon (ou petit Reblochon) 7 300. Bleu d'Auvergne 6 798. Camembert de Normandie 6 724. Brie de Meaux 5 180. Fourme d'Ambert (ou de Montbrison) 3 381. Pont-l'Évêque (et petit Pont-l'Évêque) 3 041. Ossau-Iraty-Brebis Pyrénées (ou petit Ossau-Iraty-Brebis Pyrénées) 2 542. Beaufort 2 250. Maroilles (ou Marolles) 2 052. Bleu des Causses 2 048. Picodon de l'Ardèche ou Picodon de la Drôme 2 000. Chaource 1 087. Crottin de Chavignol 981. Neuchâtel 871. Bleu du Haut-Jura, Bleu de Gex ou Bleu de Septmoncel 586. Mont d'Or (ou Vacherin du Haut-Doubs) 530. Brie de Melun 235.

Différentes sortes de fromages

La France produit 340 variétés de fromages.

Fromages frais. Non fermentés (petit suisse, fromage blanc).

Fromages fermentés. *Pâte molle :* faits de lait caillé par la présure, puis moulés. Ils sont dits à croûte fleurie (Brie, Camembert, Carré de l'Est) ou à croûte lavée (Pont-l'Évêque, Maroilles, Munster, Livarot).

Pâte pressée : faits de lait caillé par la présure, puis traités de façon à obtenir des grains qui seront pressés ensuite dans un moule (Port-Salut, St-Paulin, Tommes, Cantal, etc.). *Pressée cuite :* faits de lait caillé par la présure, puis chauffés ou cuits (Comté, Emmental, Beaufort, Édam).

Fromages fondus : onctueux, obtenus à partir d'une fusion de plusieurs espèces de fromages (Cheddar, Gruyère, Gouda, etc.) additionnés éventuellement de beurre.

Pâte persillée (bleus) : présente dans la masse des moisissures colorées, bleues et vertes.

Principaux fromages français. Provenance (V : vache. C : chèvre. B : brebis). Meilleure époque.

Aisy-Cendré (Bourgogne) V – Oct.-Juin.
Banon (Provence) C – Mai-déc.
Beaufort (Savoie) V – Janv.-Oct.
Bleu d'Auvergne (Auv.) V – Janv.-Déc.
Bleu de Bresse (Bresse) V – Janv.-Déc.
Bleu de Gex (Franche-Comté) V – Juin-Déc.
Bleu de Laqueuille (Auvergne) V – Juin-Déc.
Bleu des Causses (Guyenne) V – Juin-Déc.
Bondart (Normandie) V – Déc.-Mai.
Bondon (Normandie) V – Juill.-Mars.
Bossons (Languedoc) V – Déc.-Avr.
Boulette d'Avesnes (Thiérache) V – Juill.-Mars.
Bricquebec (Normandie) V – Janv.-Déc.
Brie de Meaux (Ile-de-Fr.) V – Juill.-Mars.
Brie de Melun (Ile-de-Fr.) V – Juill.-Mars.
Brie de Montereau (Gâtinais) V – Juill.-Mars.
Broccio (Corse) B – Année.
Brousses (Provence) – Nov.-Avr.
Cabécou (Quercy) C – Nov.-Avr.
Camembert (Normandie) V – Mai-Nov.
Cancoillotte (Franche-Comté) V – Janv.-Déc.
Cantal (Auvergne) V – Juill.-Nov.
Carré de l'Est (Champ. Lor.) V – Année.
Chabichou (Poitou) C – Mai-Nov.
Chaource (Champagne) V – Juill.-Nov.
Charolles (Mâconnais) V C – Avr.-Déc.
Chavignol (Berry) C – Mai-Oct.
Chécy (Orléanais) V – Juin-Mars.
Chèvretons (Auvergne) C – Avr.-Nov.
Chevrotin (Savoie) C – Mai-Nov.
Cîteaux (Bourgogne) V – Mai-Nov.
Comté (Franche-Comté) V – Août-Mars.
Coulommiers (Ile-de-France) V – Juill.-Mai.
Cremets (Anjou) V – Janv.-Déc.
Crottin de Chavignol (Berry) C – Déc.-Mars.
Dauphin (Thiérache) V – Juill.-Mars.
Échourgnac (Guyenne) V – Janv.-Déc.
Édam français V – Janv.-Déc.
Emmental français V – Janv.-Déc.
Époisses (Bourgogne) V – Juill.-Mars.
Excelsior (Normandie) V – Juill.-Nov.
Feuille de Dreux (Ile-de-Fr.) V – Oct.-Mars.
Fondu Raisin (Savoie) V – Janv.-Déc.
Fontainebleau (Ile-de-France) V – Année.
Fourme d'Ambert (Auvergne) V – Juill.-Déc.
Fourme de Montbr. (Forez) V – Juill.-Déc.
Frinault cendré (Orléanais) V – Juill.-Déc.
Gapron (Auvergne) V – Oct.-Mai.
Géromé (Lorraine) V – Juill.-Mars.
Géromé anisé (Als.-Lor.) V – Juill.-Mars.
Gouda français (Flandres) V – Janv.-Déc.
Gournay (Normandie) V – Mai-Déc.
Gournay frais (Normandie) V – Janv.-Déc.
Gris de Lille (Flandres) V – Nov.-Juill.
Hauteluce (Savoie) C – Mai-Sept.
La Bouille (Normandie) V – Juill.-Mars.
Laguiole (Auvergne) V – Juill.-Mars.
La Mothe-St-Héray (Poitou) C – Mai-Nov.
Langres (Champagne) V – Mai-Déc.
Les Riceys (Champagne) V – Juill.-Déc.
Levroux (Berry) C – Mai-Nov.
Ligueuil (Touraine) V – Mai-Nov.
Livarot (Normandie) V – Mai-Mars.
Mâcon (Bourgogne) C – Mai-Nov.
Maroilles (Thiérache) V – Juill.-Mars.
Mimolette (Flandres) V – Janv.-Déc.
Monsieur Fromage (Nor.) V – Mai-Nov.
Mont-d'Or (Lyon) V – Année. C – Mai-Nov.
Morbier (Franche-Comté) V – Mars-Juin.
Munster (Alsace) V – Année.
Munster au cumin (Alsace) V – Année.
Murol (Auvergne) V – Juill.-Déc.
Neufchâtel (Normandie) V – Oct.-Mai.
Niolo (Corse) B – Mai-Déc.
Olivet bleu (Orléanais) V – Juin-Déc.
Olivet cendré (Orléanais) V – Juill.-Mars.
Oloron (Béarn) B – Juin.-Déc.
Oustet (Pyrénées) C – Avr.-Sept.
Pélardon (Languedoc) C – Mai-Nov.
Persillé de Savoie (Savoie) V – Mai-Déc.
Picodon (Dauphiné) C – Mai-Janv.
Pithiviers au foin (Orléan.) V – Juill.-Nov.
Poivre d'âne (Provence) C – Mai-Nov. B – Mars-Avr. V – Année.
Pont-l'Évêque (Normandie) V – Juill.-Mars.
Port-Salut (France) V – Janv.-Déc.
Pouligny-St-Pierre (Berry) C – Avr.-Nov.
Poustagnac (Guyenne) C – Nov.-Avr.
Puant macéré (Flandres) V – Juill.-Mars.
Reblochon (Savoie) V – Juill.-Nov.
Récollet (Vosges) V – Oct.-Juin.
Rigotte de Condrieu (Lyon) V – Année.
Rocamadour (Guyenne) C – Avr.-Nov.
Rogeret des Cévennes (Lang.) C – Mai-Nov.
Rollot (Picardie) V – Mai-Nov.
Romans (Dauphiné) V – Juill.-Nov.
Roquefort (Languedoc) B – Janv.-Déc.
Saingorlon (Fr.) V – Janv.-Déc.
Ste-Maure (Touraine) C – Avr.-Nov.
St-Florentin (Bourgogne) V – Année.
St-Marcellin (Isère) C – Année.
St-Nectaire (Auvergne) V – Juill.-Déc.
St-Paulin V – Janv.-Déc.
Salers (Auvergne) V – Janv.-Déc.
Sassenage (Dauphiné) V – Mai-Déc.
Savaron (Auvergne) V – Janv.-Déc.
Selles-sur-Cher (Berry) C – Mai-Oct.
Sorbais (Ardennes) V – Mai-Déc.
Soumaintrain (Bourg.) V – Mai-Déc.
Tamie (Savoie) V – Juill.-Déc.
Tomme au Marc (Savoie) V – Nov.-Mai.
Tomme de Belley (Bugey) C – Mai-Oct.
Tomme de Camargue (Prov.) B – Janv.-Mai.
Tomme de Savoie (Savoie) V – Avr.-Déc.
Vacherin d'Abondance (Sav.) V – Déc.-Avr. – des *Beauges* (Savoie) V – Déc.-Avr.
Vacherin Mt-d'Or (Fr.-Comté) V – Déc.-Avr.
Valençay (Berry) C – Année.
Vendôme bleu (Orléanais) – Juill.-Nov. – cendré (Orléanais) – Juill.-Mars.
Vézelay (Bourgogne) C – Juill.-Nov.

Source : Comité national de propagande des produits laitiers.

Nota. – Teneur en matières grasses (au minimum) : Triple crème 75 %, Double crème 60 %, Extra-gras (ou crème) 45 %, Gras 40 %-25 %, Maigre moins de 25 %.

Fromages d'appellation d'origine contrôlée (26). Beaufort, Bleu d'Auvergne, Bleu des Causses, Bleu de Gex-Haut-Jura, Brie de Meaux, Brie de Melun, Cantal, Chaource, Gruyère de comté ou Comté, Crottin de Chavignol, Fourme d'Ambert ou Fourme de Montbrison, Iraty-Brebis, Laguiole, Livarot, Maroilles, Munster, Neufchâtel, Petit Ossau, Pont-l'Évêque, Pouligny-St-Pierre, Pyrénées, Reblochon, Roquefort, St-Nectaire, Salers, Selles-sur-Cher.

Un label rouge de qualité peut être accordé au camembert par le synd. du Véritable Camembert normand (V.C.N.) s'il est fabriqué avec du lait collecté en Normandie.

Selles-sur-Cher 120. Pouligny Saint-Pierre 103. *Total 135 372.*

Commerce (en milliers de t, 1984). **Exp.** : 282,18 (en 85). C.E.E. 186 dont fromages frais et caillebotte 31,3, brie 32,2, camembert 13,4, autres pâtes molles 45,5, fr. fondus 58,7, Edam, Gouda, Fontal, Samsoë 15,8, St-Paulin, St-Nectaire 16,5. **Imp.** (85) : 78,9.

Consommation. Ménages 29 210 millions de F (1er consommateur de fromage du monde) (1984 et entre parenthèses 1985 prév., y compris autoconsommation et ventes directes à la ferme). **Kg par hab.** : 20,4 (20,7). **Totale** (milliers de t) : 1 122,5 (1 143,3).

Fromage le plus cher : « Bouton de culotte » de la Vallée de la Loire : 3 F les 10 g (300 F le kg).

Emmental. 178 352 t. **Imp.** : env. 15 000 t par an surtout de Suisse et de Bavière. *En 1981* : 14 792,5 t (dont C.E.E. 4 886). **Exp.** : (1984) 13 627 t : vers C.E.E. (1981) 13 077,1.

Roquefort. Absorbe près de 90 % de la prod. laitière ovine. *Production* (82) : 16 156 t. 10 à 11 l de lait sont nécessaires à la fabrication d'un fromage de 2,6 kg. *Collecte du lait de brebis pour la fabr.* : assurée par 19 établ. laitiers privés (prod. 1983, 110 millions de l). **Exp.** : *en 1983* : 1 776 t ; vers C.E.E. (1981) 787,7, autres pays 1 029. **Imp.** : 0,7 (pays autres que C.E.E.).

Lait

Statistiques mondiales

Production de lait de vache (millions de t, 1985). U.R.S.S. 98,8, U.S.A. 64,8. *France 97.* All. féd. 25,3. Inde 16,9. Pologne 16,3. G.-B. 16. P.-Bas 12,5. Brésil 11. Italie 10,7. All. dém. 8,8. Canada 8,2. N.-Zélande 7,8. Japon 7,3. Mexique 6,9. Tchéc. 6,8. Espagne 6,5. Australie 6,2. Irlande 5,8. Argentine 5,4. Danemark 5,1. Youg. 4,6. Belg.-Lux. 4,2. Roumanie 4. Suisse 3,8. Autriche 3,7. Suède 3,7. Turquie 3,4. Finlande 3,1. Colombie 2,8. Hongrie 2,7. Afr. du S. 2,6. Pakistan 2,4. Chine 2,4. Bulgarie 2,2. Iran 1,7. Venezuela 1,7. Soudan 1,5. Cuba 1. Equateur 1. Chili 1. Kenya 0,8. Bangladesh 0,8. Uruguay 0,8. Maroc 0,8. Pérou 0,8. Israël 0,8. Portugal 0,7. Grèce 0,7. Égypte 0,7. Éthiopie 0,6. Tanzanie 0,4. Porto-Rico 0,4. *Monde 455,6.*

Production (en milliers). **De bufflonne** : *monde 31,8* ; **brebis** : *monde : 8,4* ; **chèvre** : *monde 7,5.*

Rendement moyen de l'ensemble des vaches (laitières + nourrices). Selon les pays. 1985, en kg/an/vache. Europe 3 593 dont C.E.E. 4 309 *(France 3 880).* U.R.S.S. 2 271. Amér. du N. 3 410 dont U.S.A. 5 838, Canada 4 762. Océanie 3 492 dont N.-Zélande 3 520. Australie 3 508. Amér. du S. 1 004. Asie 778. Afrique 491. Selon les races (suivant le poids, rendement annuel en l de lait, et, entre parenthèses, le nombre de l nécessaire pour produire 1 kg de beurre) : *Hollandaise 600 kg* : 4 000 à 5 000 (26-28) ; *Flamande 550 kg* : 3 500 (25-26) ; *Normande 600 kg* : 3 400 (23-25) ; *Jerseyaise 350 kg* : 2 000 à 2 200 (16-18) ; *Bretonne 300 kg* : 1 600 à 1 800 (19-21).

Une vache peut faire 13 lactations (record 18). Le plein rapport est entre le 3e et le 7e veau (entre 5 et 10 a.), le rendement max. au 6e (vers 8 ou 9 a.). *Utilisation* (en moyenne) de 100 l de lait : lais de consommation 52,7, lait sec et beurre 17,9, fromage 13,6, produits frais (yaourts, crèmes dessert fraîches, fr. blancs, etc.) 9,3, divers 6,5.

Commerce (milliers de t, 1984). **Lait et crème, évaporés ou condensés. Exp.** P.-Bas 363,1. All. féd. 175,2. Canada 136,8. *France 42.* U.R.S.S. 27. Autriche 20,8. Danemark 6,8. Tchéc. 4,6. **Imp.** Algérie 144,9. Grèce 128,6. Nigeria 80. Arabie Saoudite 57,3. Libye 55. P.-Bas 51,3. Belg.-Lux, 42,9. C.-d'Ivoire 36,3. **Lait et crème secs. Exp.** All. féd. 606,3. P.-Bas 325,5. N.-Zélande 289,4. *France 284,8.* U.S.A. 270,9. G.-B. 211,1. Belg.-Lux. 130. Danemark 106,4. Canada 105,2. Australie 99,1. **Imp.** P.-Bas 581,2. Italie 242,1. All. féd. 142,5. Belg.-Lux. 112. Mexique 110,9. Venezuela 106,2. Japon 102,8. Algérie 84,5. Malaisie 75. Philippines 71,1. Arabie Saoudite 66,3.

Consommation de lait (en kg/hab., 1984). Islande 208,8. Finlande 203,2. Irlande 195,4. Norvège 170,4. Suède 159,3. Autriche 135,4. Danemark 140,2. G.-B. 127,5. Pologne 124,4. Suisse 117,7. Tchéc. 117,1. N.-Zélande 114,4. Espagne 108,2. Australie 104,8. Hongrie 104,8. Canada 102,7. U.S.A. 99,9. P.-Bas 99,9. Italie 98,5. *France 80,7.*

Nota. – *Nov. 1978* : mise en service d'un « tube au lait » pour le transport du lait entre l'île d'Ameland et la côte de la Frise (P.-Bas) (long. 14 580 m) ; le lait est envoyé comme une bombe pneumatique, enfermé entre 2 balles en caoutchouc ; les « paquets » de 30 000 l sont propulsés par de l'air comprimé ; l'envoi ne doit être ni trop lent (le lait fermenterait), ni trop rapide (il se décomposerait).

Lait en France

Source : CNIEL

Vaches (en milliers de têtes, 1-1-1986). 9 763 dont vaches laitières 6 506, nourrices 3 257.

Fécondation de 6 774 486 vaches en 1984 par les coopératives d'élevage et d'insémination artificielle [semence de taureaux français : Frison (50,86 %), Normand (14,76 %), Charolais (12,2 %), Montbéliard (7,8 %), Limousin (6,2 %)]. **Vaches laitières par exploitation.** Troupeau (moyenne) *1975* : 12,5 ; *85* : 21,8.

Exploitations pratiquant l'élevage laitier. *1969* : 928 300. *75* : 667 000. *80* : 485 000. *81* : 485 000. *82* : 458 000. *83* : 439 000. *84* : 427 400. *85* : 367 000. *86* (prov.) : 329 000.

Collecte régionale de lait de vache (en % de la collecte nat. 1984 et entre parenthèses 1974). Bretagne 20,3 (16,8). P. de la Loire 16 (12,6). Basse-Norm. 11,6 (12,6). Rhône-Alpes 6 (6,5). Lorraine 5,7 (5,7). N.-P.-de-Calais 5,1 (5). Midi-Pyr. 4,6 (4,5). Franche.-Comté 4,1 (4,7). Poitou-Char. 3,9 (5). Picardie 3,7 (4,6). Hte-Normandie 3,7 (4,1). Auvergne 3,6 (3,5). Champ.-Ardenne 2,7 (3,8). Aquitaine 2,6 (2,4). Centre 2,4 (2,9). Bourgogne 1,7 (1,4). Alsace 1 (1,3). Limousin 0,8 (0,9). Languedoc-Rous. 0,2 (0,2). Ile-de-Fr. 0,2 (0,2). Pr.-C. d'Azur 0,1 (0,3).

Fabrications (en milliers de litres, 1984). Lait de vache collecté 25 296 000. Prod. transformés ou traités : l. cru 7 212, pasteurisé vrac 516 426 dont en bidons 82 603, pasteurisé conditionné 613 628, stérilisé 431 484, U.H.T. 2 258 798, aromatisé 20 761. **Total** 3 860 882 (dont conditionnés 3 337 244). Produits frais (en milliers de t.). Yaourts et autres l. fermentés 676,4, fromages frais 320,7, desserts lactés frais 222,6, crème de consommation 125,1, ind. vrac 30,7. **Total.** 1 375,5. Beurre 561,3. M.G.L.A. fabriqué à partir de crème 26,8. Butter Oil à partir de beurre 36,7.

● **Étiquetage du lait en France.** Capsule à dominante *rouge* : lait entier ; *bleue* : demi-écrémé ; *verte* : écrémé ; *lait cru* : mention « lait cru » sur bande jaune.

● **Glaces, sorbets et crèmes glacées** (1984, en milliers de litres, en France).

Production. 192 192 dont vrac ou conditionnement familial 102 310 ; cond. individuel 89 882 (dont bâtonnets et assimilés 49 287, pots 11 639, spécialités en portions 28 956). **Matières premières** (en milliers de l). Lait frais écrémé 16 147, entier 2 076. (En t) : sucre 23 486, fruits (jus et concentré) 7 892, beurre 5 802, poudre de cacao et couverture 5 709, laits concentrés 5 404, glucose 4 866, lait en poudre écrémé 2 361, crème de lait 2 047, lactosérum déshydraté 1 263, œufs 372, lait en poudre entier 46.

● **Yaourts.** Lait fermenté, non égoutté, sous l'effet de 2 bactéries lactiques : le *lactobacillus bulgarius* et le *streptococcus thermophilus* (l'un donne l'acidité, l'autre le goût). 2 variétés de yaourt nature : traditionnel et brassé. Le brassé est fabriqué comme le traditionnel mais avec une fermentation en cuve et non en pots ; il est caillé, brassé puis versé dans les pots et conservé en chambre froide. Le yaourt 0 % est fabriqué avec du lait écrémé.

Production (millions de t, 1984). *France 676,4* dont I.-de-Fr. 123,4. Rh.-Alpes 107,3. N.-P.-de-C. 76,6. P. de la Loire 64,4. Midi-Pyr. 46,7. Bretagne 33,5. Aquitaine 30,9. Hte-Norm. 29,7. Picardie 29,1. Prov.-Alpes-C. d'Azur 23,8. Centre 20,6. Basse-Norm. 14,6. Bourgogne 14, Lorraine 10,4. Poitou-Char. 9,8. Languedoc-Roussillon 9,2. Auvergne 3,9. Franche-Comté 0,6. Champagne-Ardenne 0,2.

Consommation (kg par h. par an, en 72). P.-Bas 10,8. Danemark 9,5. Suisse 7,6. *France 7,3.* All. féd. 4,5. Belgique 3,8. **Exp.** (m. de t, 1981) : 8 088,2 dont nature 4,4 (C.E.E. 3,6, autres pays 0,4) ; aromatisés ou aux fruits et en poudre 4,1 (C.E.E. 3,8, autres pays 0,3). **Imp.** (en t, 1981) : 7,5 dont nature 6,3 (C.E.E. 6,3, autres pays 3,1) ; aromatisés ou aux fruits et en poudre 0,7 (C.E.E.).

Prix successifs du lait à la production (prix indicatif H.T. commun en F du kg, à 3,7 % de mat. grasses, rendu usine). *1980-81* : 1,3015. *1981-82* : 1,4545 à 1,5031. *1982-83* : 1,6611 à 1,7083. *1983-84* : 1,7978. *1984-85* : 1,9031. *1985-86* : 1,9783. *1986-87* : 2,0358.

Industrie laitière (1984). **Entreprises** de transformation du lait 527. **Salariés** 83 341. **Chiffre d'aff. H.T.** (en milliards de F). 112,5 ; *Exp.* 15,7, *Imp.* 3,2.

Lapins

Races domestiques : Fauve de Bourgogne (4 à 5 kg adulte), Géant des Flandres (gris, 6 à 8 kg), Gris argenté, Lapin russe (blanc à extrémités noires, 3 kg), Géant blanc du Bouscat (5 kg), Angora (fourrure). **Élevage :** mâle vit séparé des femelles (1 pour 10 env.), 1re saillie à 1 an pour les mâles, 6 à 8 mois pour les femelles, 30 j de gestation. La femelle met bas dans un nid tapissé des poils de son ventre ; elle peut élever 6 à 7 lapereaux (on enlève les lapereaux en surnombre) en les allaitant jusqu'à 2 mois. 3 *portées* par an. Élevage en régression dû à la réduction de la basse-cour des exploitants agr.

Alimentation : 3 repas par jour, soit 80 g de foin sec, 75 à 100 g de grains (son, avoine, tourteau), 300 g de verdure (luzerne, sainfoin, trèfle, carottes, betteraves avec leurs feuilles, choux...). Besoin de beaucoup d'eau.

Production de viande (1985, en milliers de t). **Principaux pays producteurs.** U.R.S.S. 170. *France 160* (import. 12,2 dont 85 % de Chine, export. 2,9, Suisse principalement). Italie 150. Espagne 120. Hongrie 45. All. féd. 25. G.-B. 15. U.E.B.L. 12. U.S.A. 12. P.-B. 8. Suisse 5.

Margarine

Origine. Inventée en 1869 par le Français Mège-Mouriès qui l'appela oléo-margarine (d'un blanc de perle). A l'origine à base de suif, puis d'huile de baleine et, maintenant, d'arachides, huile de palme, coprah, colza, etc., additionnée de sel, d'arômes, de produits antioxygène et d'un max. de 10 % de beurre. Elle doit contenir au moins 2 g d'amidon par kg pour la différencier dubeurre ; elle bleuit sous l'action de l'eau iodée. La *végétaline* (marque déposée) n'est pas une margarine, car elle ne contient pas d'eau. **Consommation** (en kg par h., par an, 1978). Danemark 17, P.-Bas 16. Belg-Lux. 11. All. féd. 9. G.-B. 7. Irlande 5. *France 4.* Italie 1. **Production française.** Environ 160 000 t par an.

Consommation (en kg par h, par an, 1984). Danemark 16,2. Belg-Lux. 12,3. P.-Bas 11,9. All. féd. 8. G.-B. 7,3. Irlande 5. *France 3,8.* Grèce 1,3.

Miel

Abeille. Ordre des *hyménoptères.* 2 yeux larges (composés) et 3 *ocelles* (petits yeux simples, vue éloignée). 2 antennes (organes des sens). Au thorax (en 3 anneaux), 2 paires d'ailes, 3 paires de pattes. A l'abdomen, 7 anneaux, le dernier portant l'aiguillon. **Vie :** *Reine :* grosse et allongée, seule femelle complètement développée, vient d'un œuf ordinaire pondu dans une grande cellule de reine, la larve étant nourrie de gelée royale. Peut piquer uniquement ses rivales. En saison, pond plus de 2 000 œufs par jour [600 000 à 800 000 pour une vie de plus de 4 à 5 ans (ponte maximale à 2 ans)]. Vit plusieurs années. *Ouvrières :* plus petites, sécrètent la cire par des plaques ventrales (glandes cirières) ; leur 3e paire de pattes comporte une corbeille à pollen ; produisent la gelée royale (glandes hypo-pharyngiennes) ; pondent des œufs non fécondés quand la ruche est orpheline. Vivent de 40 j (saison chaude) à quelques mois (repos hivernal). *Jeunes :* fabriquent des rayons de cire, ventilent, nettoient, fabriquent la nourriture pour les larves et la mère (miel + pollen + eau). *Vieilles abeilles :* gardent, récoltent nectar, pollen et eau, propolis (mastic de bourgeons de peuplier, saule et pin pour réduire les fissures de la ruche). *Mâles ou faux bourdons :* œufs non fécondés, gros et sans aiguillon ; un certain nombre s'accoupleront (dans les airs) avec des jeunes reines pour les féconder. La plupart seront chassés en fin de saison ou en période de disette.

Métamorphose : la mère, fécondée 6 ou 8 j après sa naissance, pond dans chaque alvéole un œuf (1,5 × 0,5 mm) ; l'œuf éclot en 3 j, la larve se développe, puis l'insecte (reine) apparaît (12 à 15 j après). **Essaimage :** en mai-juin, les abeilles se trouvant en trop grand nombre quelques j avant l'éclosion d'une nouvelle reine, une partie quitte la ruche avec la vieille reine et va s'établir dans un autre abri ; essaimage artificiel : l'apiculteur prélève un cadre ou plusieurs cadres de couvain (œufs et larves) avec quelques cadres contenant des provisions (miel + pollen). Cette nouvelle colonie élèvera elle-même une nouvelle reine (ou l'apiculteur lui fournira une reine fécondée). **Transhumance :** transport de la ruche dans les lieux où la miellée est favorable, ce qui permet plusieurs récoltes et réduit la période d'hivernage. **Miellée :** production optimale de nectar par les plantes mellifères (nectaires des fleurs) ou miellat sécrété par certains pucerons à partir de la sève des plantes dont ils sont les hôtes (ex. : sapin, tilleul, chêne, etc.).

Quelques chiffres. Une colonie peut féconder 28 à 35 millions de fleurs par jour ; elle parcourt 960 000 km l'été. Une abeille bat des ailes 720 000 fois en 1 h pendant laquelle elle parcourt 30 km. Elle produit 5 g de miel par jour. Pour produire 1 kg de miel, les abeilles d'une colonie parcourent 24 000 km. Nombre d'abeilles dans un essaim : 40 000 à 50 000 en période de récolte.

Fabrication du miel. Élaboré à partir du nectar des fleurs qu'elles butinent, transforment et combinent avec des matières spécifiques et emmagasinent dans les rayons de la ruche. Au printemps, une hausse, dans laquelle les abeilles déposent leur excédent de miel, est posée sur la ruche. *Récolte* en une fois (miels toutes fleurs) ou après chaque floraison (miels unifloraux). A lieu avant la fin des miellées principales, souvent en août : les abeilles sont chassées des hausses par la fumée ou autres produits répulsifs, les cadres de la hausse désopercules et passés à l'extracteur, le miel qui s'en écoule est laissé quelques j au repos avant la mise en pots. *Goût* variable suivant les espèces de plantes butinées : sainfoin (miels blancs et fins : Gâtinais, Touraine, Champagne, Bourgogne, Saintonge) ; lavandes et labiées (ambrés riches en fer : Alpes, Pyr.-Or.) ; romarin (Roussillon, Pyr.-Or., Narbonnais, Provence) ; colza (consistants, grenus, riches en glucose) ; bruyère (foncés, riches en fer et phosphore : landes) ; sapin (saveur parfumée, balsamique, médicalisés : Vosges) ; acacia (ambrés, sirupeux, odorants : Ile-de-France, etc.).

Production (1984, milliers de t). Amér. du N. 226 dont U.S.A. 95. Asie 219 dont Chine 161. U.R.S.S. 200. Europe 175 dont Pologne 25, *France 20.* Afrique 91 dont Éthiopie 21. Amér. du S. 55. Océanie 26 dont Australie 18. *Monde 992.*

Commerce (en milliers de t, 1984). **Exp.** Chine 65,1. Mexique 59,4. Argentine 29,2. U.R.S.S. 19,9. Australie 14,7. Hongrie 14,7. All. féd. 9,4. Cuba 8,8. Guatemala 4,7. Bulgarie 4,5. Roumanie 4,5. **Imp.** All. féd. 66,4. U.S.A. 49,8. Japon 32,2. G.-B. 21,6. Italie 9,4. *France 8,3.* P.-Bas 8. Espagne 6. Youg. 6. Autriche 5,5.

Consommation (hab./an) 380 g (All. féd. 1 kg]). Italie 6 000 à 7 000. All. dém. 3 500 à 5 500. Autriche 2 000 à 5 000. Suisse 1 000 à 5 000. G.-B. 3 300. Belg.-Lux. 500 à 1 000. P.-Bas 400 à 500. **France. Nombre d'exploitants :** 2 500 pour 480 000 colonies.

Grandes régions : *N.-Ouest :* miel de trèfle blanc (herbages, vergers). *Bassin parisien :* colza, acacia, prairies (région la plus riche). *Est :* miel de sapin, acacia, colza (montagne, forêts de résineux). *Massif central :* sapin, châtaignier, mais aussi sainfoin, bruyère (montagne). *Ouest :* trèfle, colza, acacia, luzerne, châtaignier (bocage). *S.-Ouest :* bruyère de la vaste forêt landaise, miel de montagne (Pyrénées), luzerne, acacia, colza et fruitier dans les plaines. *S.-Est* (seule région de climat méditerranéen) : miels variés très spéciaux : romarin, lavande, garrigue.

Moutons (Ovins)

Généralités

Aspect : mesure au garrot 50 à 70 cm, pèse entre 30 et 90 kg (brebis), jusqu'à 130 kg (bélier). On appelle : *agneau* et *agnelle* les o. de moins de 1 an, *antenais* et *antenaise* de 1 à 2 ans ; *bélier* le mâle et *brebis* la femelle adultes ; *mouton* mâle castré de plus de 1 an. **Races :** croisées à la fin du XVIIIe s. avec des mérinos pour améliorer la production lainière, avec des races anglaises dep. le milieu du XIXe s. pour améliorer la prod. de viande. Le *flock-book* est le livre généalogique des ovins. Depuis une dizaine d'années, des *unités de sélection et de production de race* (UPRA) l'ont remplacé. **Élevage :** saillie ou lutte par bélier de 8-10 mois et brebis en chaleur (tous les 18 j) du même âge. *Gestation* 5 mois. *Sevrage* vers 3-4 mois. **Produits :** lait (plus riche que le lait de vache en matières grasses et caséine) ; les brebis nourrissent les agneaux 4 ou 5 semaines et fournissent entre 120 et 150 l de lait par lactation ; il faut 4 à 5 l de lait pour faire 1 kg de fromage (Roquefort, fr. de Corse ou brebis des Pyrénées, Ossau Iraty) ; viande [*agnelet* (a. de 5 semaines, 6 à 12 kg vif), *a. de lait, a. blanc* ou *a. de 100 j.* (a. de 30 à 40 kg vif, tué entre 90 et 150 j), *a. gris* ou *broutard* (de 6 mois à 1 an)]. Les animaux de réforme (mâles et femelles) fournissent entre 20 et 25 % de la prod. de viande ovine.

En France

Nombre de moutons (en millions). *1840 :* 32, *62 :* 29, *82 :* 24, *92 :* 21, *1908 :* 17,5, *13 :* 16, *16 :* 10, *39 :* 8,9, *76 :* 10,9, *78 :* 11,6, *79 :* 11,9, *80 :* 12,9, *83 :* 13. *84 :* 12,8 (dont brebis 7,9).

Effectifs par race (campagne 1983-84, en milliers de têtes et entre parenthèses poids en kg des mâles simples à 70 j). *Mérinos :* d'Arles 400 (18,9), Est à laine mérinos 80 (27,7), précoce 2,5 (22,2), Rambouillet (importé d'Espagne en 1786) 0,1 (19,15). *Races régionales :* Lacaune 430 (29,8), Blanc du Massif central 300 (27,2), Préalpes du S. 300 (21,9), Causses du Lot 270 (20,7), Limousine 170 (24,6), Tarasconnaise 100 (20,3), Rava 30 (26,3), Noire du Velay 25 (24), Bizet 10 (22,41), Romanov 10 (18,1), Berrichon de l'Indre 5 (23,8), Clun-Forest 2 (23,5), Solognote 2 (21,6). *D'herbage :* Rouge de l'Ouest 180 (26,4), Texel 180 (27,9), Vendéen 150 (24,4), Bleu du Maine 130 (27,2), Charollais 100 (26,2), Avranchin 15 (24,6), Cotentin 10 (34,7), Roussin 10 (25,1). *R. précoces :* Ile-de-France 350 (26,2), Southdown 250 (21,4), Charmoise 200 (19,1), Berrichon du Cher 140 (24,8), Suffulk 40 (29,1), Hampshire 12 (26,2), Dorset-Down 2 (25,8). *R. laitières* (en milliers de têtes, entre parenthèses production laitière en l) : Lacaune 400 (177 en 161 j), Manech (Rousse + Noire) 300 (86 en 125 j), Corse 100 (99 en 161 j), Basco-Béarnaise 80 (97 en 127 j), Brigasque 5.

Exploitations. *1979 :* 174 303 dont 14 271 (avec 1-2 moutons), 15 742 (3-4), 26 467 (5-9), 27 207 (10-19), 14 865 (20-29), 11 048 (30-39), 8 593 (40-49), 24 109 (50-99), 19 038 (100-199), 12 963 [(7,4 %) (200 et plus)], *1982 :* 192 000, *83 :* 151 310. **Taille moyenne des troupeaux :** env. 47 brebis (200 en G.-B.). **Régions :** 30 % de la production ovine souvent complémentaire est généralement localisée dans les zones les plus difficiles, qui comptent souvent un fort % d'exploitants âgés dans des exploitations dont le produit brut est inférieur à 30 000 F. Cette situation est un frein à la pénétration du progrès technique. **Revenu de l'éleveur :** 95 % vient de la viande, 5 % (au max.) de la laine.

Production (1984). *Viande* 161 400 t (consommation 224 100 t). *Taux d'approvisionnement en %* et entre parenthèses consommation annuelle par hab. (en kg) : *1963 :* 86,2 (2,3) ; *70 :* 77,8 (3) ; *75 :* 69,1 (3,5) ; *82 :* 80 (4,2) ; *84 :* 75 (4,3). *Laine :* 23 000 t. *Lait* (1983) : 1 217 734 hl livrés par 6 174 éleveurs (3 374 du rayon de Roquefort, 2 800 de Pyr.-Atlantiques).

Valeur de la production (en milliards de F, 1983). 15,8 dont viande 5,05, lait 0,64, laine 0,19 ; Ve quartier (peaux et abats), marché régional du fumier, marché des reproducteurs 180 (1981). **Importations :** en viande (1982) 47 300 t, en vif 6 900 t. **Exportations :** (1982) 7 000.

Dans le monde

Nombre (1985, millions). Australie 149,2. U.R.S.S. 142,9. Chine 95,1. N.-Zélande 69,7. Turquie 48,7. Inde 41,3. G.-B. 35,5. Iran 34. Afr. du S. 30,2. Argentine 29. Pakistan 25. Éthiopie 23,5. Soudan 19. Roumanie 18,7. Brésil 17,5. Espagne 17,2. Pérou 13,5. Syrie 13. Nigeria 12,8. Maroc 12. *France 12.* U.S.A. 10. Grèce 10. Italie 9,8. *Monde 1 142,3.*

Mulets

Nombre (en milliers, 1983). Chine 4 464. Mexique 3 619. Brésil 1 690. Éthiopie 1 460. Colombie 600. Maroc 456. Turquie 295. Pérou 218. Algérie 207. Espagne 169. Argentine 165. Inde 130. Iran 123. Bolivie 106. Grèce 105. Équateur 100. Rép. dominicaine 99. Portugal 91. Haïti 83. Italie 83. Venezuela 73. Honduras 68.

Œufs

Voir aussi Index.

Commerce (en millions d'œufs, 1984). **Exp.** P.-Bas. 6 217. All. féd. 593. Belgique 590. *France 559.* Finlande 545. G.-B. 261. *Monde 15 200.* **Imp.** All. féd. 4 492. Algérie 1 000. Italie 675. Iran 600. Suisse 500. G.-B. 435. Belgique 350. *Monde 15 400.*

Consommation d'œufs (en nombre d'œufs, par hab. et par an, 1984). Israël 400. Espagne 330. All. féd. 274. U.S.A. 262. *France 255.* Grèce 253. Belgique 240. G.-B. 237. Irlande 232. Danemark 227. Italie 204. P.-Bas 204. *C.E.E. 239.*

Production (1985, milliers de t). U.R.S.S. 4 400. Chine 4 170. U.S.A. 4 040. Japon 2 184. *France 895.* Brésil 835. Inde 812. All. féd. 805. Mexique 756. G.-B. 702. Espagne 690. P.-Bas 660. Italie 645. Pologne 449. Roumanie 380. All. dém. 356. Canada 327. Tchéc. 279. Argentine 269. Turquie 265. Hongrie 248. Youg. 238. Philippines 227. Indonésie 220. Iran 200. Belg.-Lux. 192. Australie 186. Afr. du S. 181. Venezuela 173. Colombie 158. Bulgarie 154. Malaisie 134. Égypte 132. Thaïlande 128. Grèce 121. Israël 120. Suède 119. Cuba 115. *Monde 30 189.*

● **En France. Poules pondeuses** production intensive : 40 000 000 dans 2 000 élevages (78 % de la production) ; semi-intens. : 11 000 000 (20 %) ; fermière et artisanale : 11 000 000 (12 %). **Principales régions de prod.** (en %, 1983). Bretagne 36, Rh.-Alpes 9, Pays-de-Loire 7, Midi-Pyr. 6, I.-de-Fr. 6. **Couvoirs** (1-1-84). 378 ; *capacité moyenne :* 234 020 œufs. Les 95 plus gros couvoirs assurent plus de 90 % de la production totale.

Oies

Description : 3 doigts des pattes sont palmés. *Mâle :* jars. *Femelle :* oie. *Petits :* oisons. Descendante de l'oie sauvage ou oie cendrée. **Races.** *A rôtir :* o. du Rhin blanche (40 à 50 œufs par saison donnant 30 à 35 oisons) [poids à 10 sem. 4,5 kg, 17 sem. 5,5 kg], o. du Siam blanche, bec orange, o. de Guinée grise, bec noir, moins prolifique [poids à 10 sem. 3 kg, 13 sem. 4,5 kg]. *A foie gras :* Alsace (presque disparue), grise du S.-Ouest dont o. des Landes, de Toulouse (la Masseube, Gers) type agr., de Toulouse type ind. [à bavette (moins fréquente, trop lourde)]. **Élevage :** 1 mâle pour 3 à 5 femelles ; ponte naturelle janv.-juin, artificielle été et automne. **Incubation :** en général artificielle. *Durée :* 30 à 31 j. **Gavage :** en général à 4 mois mais souvent plus tard ; durée 21 à 30 j avec 0,5 à 1,3 kg/j. *Meilleurs f. gras :* 700 à 900 g. **Plumes :** récupérées après l'abattage pour l'ind.

Production de viande d'oies en France. 9 400 t dont 1 134 t d'abattages contrôlés dont 40 % en Pays de Loire (1983). **Imp.** (1984) : 478 t (Hongrie, Bulgarie). L'All. féd. importe 17 000 à 18 000 t par an surtout des pays de l'Est (Pologne, Hongrie) pour une prod. de 2 000 t.

Foie gras. Voir p. 1269.

Pigeons

Races comestibles : souches américaines autosexables ou blanches (12 pigeonneaux en moy. par couple/an) ; souches françaises de couleur. **Races d'agrément et voyageurs :** nombreuses et variées. **Élevage :** monogames, vivent par couple 6 à 8 ans. Pondent 2 œufs couvés alternativement 17 j par mâle et femelle. Petits nourris par les adultes jusqu'à 28 à 30 j.

Production en France (1982). 4 000 t env. 1res régions : P.-de-Loire, Aquitaine, Rh.-Alpes, Bret.

☞ Pigeon voyageur, voir p. 182.

Pintades

Origine : pintade sauvage d'Afrique. **Élevage :** en Europe seulement p. commune (cri perçant et caractère batailleur, rebute souvent les éleveurs). Un mâle forme un troupeau avec 5 ou 6 douzaines d'œufs au printemps (la p., mauvaise couveuse, est souvent remplacée par poules ou dindes). *Incubation* 28 j.

Production : *intensive* (grandes régions de production) ; *de plein air* (Sud) dont pintade sous label 8 %. C.E.E. 60 000 t dont France 43 000 t (1983) soit 80 % de la production (*1965 :* 15 000 t). *Principales régions* (en %) : P. de la Loire 27, Bretagne 13, Rh.-Alpes 9, Centre 8, Aquitaine 8.

Porcs

V. aussi viande ci-contre.

• **Description :** hauteur max. 1,10 m, peau nue recouverte de soies (poils raides), groin (nez), monogastrique (estomac à une seule poche), omnivore, 44 dents adultes, 12 à 16 paires de côtes selon la longueur du corps (liée à la race). **Races :** origine 3 types : *ibérique* (tête longue et oreilles dressées), *celtique* (tête lourde et massive, grandes oreilles sur les yeux), *asiatique* (peau plissée et oreilles tombantes). Actuellement 6 races utilisées en France dont 2 d'origine américaine (Hampshire et Duroc) le plus souvent croisées entre elles pour faire le porc de boucherie. Le choix dépend du produit désiré. *Large White,* peau blanche, oreilles dressées, très prolifique, excellente croissance, race la plus répandue en Fr. *Landrace,* peau blanche, oreilles inclinées, prolifique, croissance satisfaisante, la plus répandue en Europe. *Belge,* peau blanche, oreilles inclinées, prolificité et croissance moyennes mais très bien conformé (type culard). *Piétrain,* peau tachetée noir et blanc, oreilles droites, prolificité et croissance très moyennes mais très bien conformé (type très culard), originaire de Belgique. *Hampshire,* peau noire avec ceinture blanche à hauteur des pattes avant, oreilles dressées. Peu prolifique et croissance satisfaisante, conformation intermédiaire entre Large White et races culardes. *Duroc,* peau brun roux, oreilles pendantes, prolificité assez bonne et excellente croissance, conformation moyenne, race la plus répandue aux U.S.A. 3 races chinoises : *Mei Shan, Jia Xing,* et *Jin Hua* expérimentées par l'INRA ; très prolifiques (16 à 18 porcelets par portée) et très précoces (pubères à 80 j). Croissance faible et carcasse très grasse. 4 races de pays, peu nombreux : Porc Blanc de l'Ouest, Limousin, Gascon et Basque.

• **Élevage.** Poids (kg). *A la naissance :* 1,5, *3 semaines :* 4-5, *6 semaines :* 12-15, *2 mois :* 20-25, *6 mois :* 100 (poids moyen d'abattage, donnant un poids de carcasse avec tête d'env. 80) ; *adulte :* verrats : 350 à 500, truies : 250 à 400. *Castration* à 10-15 j, *sevrage* 3 à 6 semaines, *mise à l'engraissement* à 2 mois 1/2. *Age à la puberté* 6 mois, *âge moyen à la réforme :* truie 3 ans, verrats 2 ans (les reproducteurs peuvent vivre 10 ans et +). *Truies :* elles doivent avoir 12 tétines fonctionnelles pour reproduire. Chaleurs toutes les 3 semaines, saillies vers 7 mois (il faut 1 verrat pour 15 truies présentes). *Gestation* 114 j. *Porcelets* 9 à 11 à la mise bas, 8 à 10 au sevrage. *Portées* + de 2 dans l'année. **Habitat :** dans des bâtiments, sur caillebotis, réduction de la surface par animal et des temps de nettoyage). **Alimentation :** céréales 80 % (maïs, blé, orge) ; produits riches en protéines (tourteau de soja), minéraux et vitamines (20 %). *Truie :* consomme env. 1 200 kg d'aliments par an, soit 1 150 unités fourragères (U.F.). *Porc* (de la naissance à 100 kg) : 300 à 350 kg d'un aliment dosant 1 U.F. au kilo.

• **Nombre** (1984, en millions). Chine 298,5. U.R.S.S. 78,7. U.S.A. 55,8. Brésil 33. All. féd. 23,4. Mexique 18,4. Pologne 15,8. Roumanie 14,4. All. dém. 13,1. Espagne 12,4. *France 11,4.* P.-Bas 11. Canada 10,7. Japon 10,4. Hongrie 9,8. Youg. 9,3. Italie 9,2. Danemark 9. Inde 8,6. Philippines 7,8. G.-B. 7,8. Tchéc. 7,1. Belg.-Lux. 5,3. Thaïlande 4,1. Autriche 3,9. Argentine 3,8. Bulgarie 3,8. Indonésie 3,6. Venezuela 3. Birmanie 2,7. Suède 2,7. Australie 2,5. Colombie 2,3. Cuba 2,2. Pérou 1,8. Afr. du S. 1,4. Madagascar 1,35. Laos 1,35. Nigeria 1,3. Chili 1,15. *Monde 779.*

• **Dans la C.E.E.** (1985). 82,1 millions de porcs dont (1982) 8,8 millions de truies ; 1 862 300 éleveurs, soit env. 42 porcs par exploitation. En milliers de t, **production :** 10 540 ; **imp.** 166 ; **exp.** 415. **Consommation** 10 314. Auto-approvisionnement 102,8 %.

Consommation dans la C.E.E. (1985, kg/tête) 38,4 dont (1982) : All. féd. 57,7. Danemark 49. P.-Bas 42,5. Belg.-Lux. 42,7. *France 38,2.* G.-B. 25,3. Italie 25,2. (1983 : 10 300 000 t.).

En France (1983). *Troupeaux :* 11 274 000 dont truies 1 152 000 ; éleveurs 210 500. Production (en milliers de t, 1985). 1 706. **Imp.** 490. **Exp.** 112. **Consommation** 2 085. Auto-approvisionnement 81,8 %. Principales régions prod. : Bretagne 45,3 %, Nord-P.-de-Calais 6,8 %, P. de la Loire 7,9 %, Midi-Pyr. 6,4 %.

R.F.A. Troupeaux (1983) : 23 434 000 dont truies 2 700 000 ; éleveurs 51 000. En milliers de t. **Production** 3 065. **Imp.** 589. **Exp.** 102. **Consommation** 3 556. Auto-approvisionnement 86,2 %.

P.-Bas. Troupeaux (1983) : 11 000 000 dont truies 1 274 000 ; éleveurs 37 600. En milliers de t. **Production** 1 429. **Imp.** 50. **Exp.** 870. **Consommation** 608. Auto-approvisionnement 235 %.

Poules

Races : *pour la ponte* Bresse (chair très appréciée, pond à partir de 5 à 6 mois), Leghorn blanche d'Amérique (bonne pondeuse, 200 œufs de 50 g env., précoce, pond à partir de 5 mois), Wyandotte (origine amér., nom d'une ancienne tribu indienne, bonne pondeuse d'hiver, 180 œufs), Hambourg (allemande), Campine et Braekel (belges). *Principales régions de p. pondeuses :* Bretagne 37,8 %, P. de la Loire 12,9, Rhône-Alpes 12, Centre 10,6. *Pour la chair* Faverolles (1,5 kg à 3 mois, 2,5 kg à 4 mois, 3 à 4 kg adulte, Bourbourg, Poule d'Estraires, Coucou de Malines et des Flandres en sont des variétés). *Races mixtes* Rhode-Island, Gâtinaise (à plumage blanc, bonne pondeuse d'hiver, 150 œufs de 60 à 65 g), Sussex.

Nombre (1985, en millions). Chine 1 361. U.R.S.S. 1 108. Brésil 450. U.S.A. 374. Japon 320. Mexique 205. *France 188.* Inde 162. Nigeria 160. Indonésie 144. G.-B. 121. Roumanie 113. Italie 112. Pakistan 95. Canada 92. P.-Bas 83. Thaïlande 77. Iran 76. All. féd. 75. Bangladesh 70. Youg. 70. Viêt-nam 70. Turquie 61. Hongrie 60. Philippines 57. Pologne 56. Éthiopie 56. Espagne 54. Australie 54. Corée du S. 52. All. dém. 51. Tchéc. 50. Irak 50. Venezuela 43. *Monde 7 543.*

Viande

• **Bœuf.** En fait, ce sont les vaches de réforme assez jeunes et bien conformées qui fournissent le gros du tonnage de viande. Les *vaches âgées* sont destinées aux pays et régions qui ont une industrie de transformation active : certaines régions de France, l'Allemagne, l'Italie et les Pays-Bas.

Viande bovine. On distingue les morceaux à griller, à braiser et à bouillir. La consommation, plus faible, des morceaux à bouillir (avants) décline. Leur valorisation s'effectue à travers des produits nouveaux (steaks hachés frais ou surgelés, préparation de viandes). Les échanges commerciaux permettent d'assurer l'équilibre des catégories et qualités demandées par les consommateurs.

• **Veau.** *Le veau au colostrum* (8 à 10 j) est recherché pour l'élevage en batterie en France, Hollande et Italie. Le *veau « blanc »,* spécialité française, n'est guère apprécié à l'étranger. Les *veaux de Lyon* et *St-Étienne,* issus de race Limousine, ne sont prisés que dans ces 2 villes. L'Italie préfère des animaux un peu plus lourds, les *vitelloni.*

• **Mouton.** *Poids atteint par un agneau* de 100 j : 30 kg. *Mouton à laine :* poids du bélier, de la brebis et de la toison suivant la race en kg : Ile-de-France (100-60-4) ; Berrichon du Cher (85-55-3) ; Charmois (80-50-2) ; Mérinos d'Arles (60-40-2,5) ; Wanganella (Australie 60-45-4 à 4,5).

• **Porc.** *Porc charcutier* de 150 j : 90 kg.

Rendement de la transformation animale en %

	Énergétique	Protéines
Vache	44	47
Chèvre	25	44
Brebis	17,5	43
Truie	33	38
Poule	20	36

Nota. – Énergie : rapport des quantités d'énergie absorbées et transformées en produit animal. *Protéines :* rapport des quantités de prot. digérées et fournies. Le rendement des bovins est supérieur, mais il est pour l'instant moins mécanisé que celui du poulet ou du porc. Les ruminants transforment les fourrages grossiers (foin, herbe de pâturage), les porcs et les volailles ne transforment que des aliments concentrés (céréales, tourteaux), donc chers.

• **Production totale de viande** (milliers de t, 1985). U.S.A. 25 740. Chine 19 568. U.R.S.S. 17 412. *France 5 576.* All. féd. 5 195. Brésil 4 814. Italie 3 690. Argentine 3 629. Japon 3 424. G.-B. 3 253. Espagne 2 703. Canada 2 479. Australie 2 366. P.-Bas 2 348. Pologne 2 304. Mexique 1 963. All. dém. 1 811. Roumanie 1 699. Hongrie 1 580. Youg. 1 521. Danemark 1 471. Tchéc. 1 454. N.-Zélande 1 352. Afr. du S. 1 217. Belg.-Lux. 1 193. Pakistan 1 006. Colombie 912. Turquie 907. Viêt-nam 870. Nigeria 822. Thaïlande 817. Venezuela 801. Autriche 800. Philippines 788. Bulgarie 738. Iran 723. Irlande 630. Suède 566. Égypte 562. Éthiopie 560. Indonésie 549. Soudan 528. Grèce 506. Suisse 488. Portugal 456. Uruguay 431. Pérou 411. Chili 344. Cuba 340. Bangladesh 288. Israël 219. *Monde 146 907.*

Bœuf et buffle (milliers de t, 1985). U.S.A. 10 946. U.R.S.S. 7 500. Argentine 2 700. Brésil 2 300. *France 1 900.* All. féd. 1 540. Australie 1 267. G.-B. 1 140. Italie 1 100. Canada 980. Mexique 830. Pologne 700. Colombie 648. Afr. du S. 593. Japon 540. P.-Bas 510. N.-Zélande 484. Pakistan 480. Espagne 416. Tchéc. 410. Chine 408. Irlande 395. All. fém. 381. Uruguay 350. Youg. 350. Venezuela 311. *Monde 47 203.*

Cheval (milliers de t, 1981). U.S.A. 79. Chine 62. Mexique 54. Italie 44. Éthiopie 42. Argentine 40. Mongolie 38. Brésil 37. Pologne 18. Canada 16. *France 13* (1984). Espagne 11. *Monde 569.*

Mouton et chèvre (milliers de t, 1985). U.R.S.S. 825. N.-Zélande 781. Chine 676. Australie 474. Inde 453. Pakistan 440. Turquie 380. G.-B. 300. Iran 279. *France 180.* Nigeria 178. Afr. du S. 166. Afghanistan 159. U.S.A. 158. Éthiopie 154. Espagne 142. Soudan 138. Mongolie 133. Grèce 123. Argentine 110. *Monde 8 457.*

Porc (milliers de t, 1985). Chine 15 990. U.S.A. 6 602. U.R.S.S. 5 985. All. féd. 3 210. *France 1 826.* Japon 1 485. P.-Bas 1 408. All. dém. 1 240. Italie 1 230. Pologne 1 200. Espagne 1 180. Danemark 1 120. Hongrie 1 025. G.-B. 965. Roumanie 910. Brésil 900. Canada 880. Tchéc. 791. Youg. 790. Belg.-Lux. 721. *Monde 56 499.*

• **Commerce de viande** (milliers de t, 1984). **Bovins** (viande fraîche, réfrigérée et congelée). **Exp.** All. féd. 409,6. Australie 403. *France 356,9.* P.-Bas 273,2. Irlande 210,4. N.-Zélande 197,4. G.-B. 191,6. Argentine 133. Danemark 125,5. Brésil 114,7. U.S.A. 97,5. Uruguay 92. Italie 87,5. Roumanie 80. Canada 77,7. Belg.-Lux, 52. Hongrie 51,6. Tchéc. 46. Autriche 43,2. Youg. 36,9. Inde 30. Botswana 22. Suède 19,7. Costa-Rica 19,7. Mongolie 19,5. Zimbabwe 18,2. *Monde 3 342.* **Imp.** U.S.A. 506,3. Italie 408,1. U.R.S.S. 345. *France 268,4.* All. féd. 216,4. Égypte 163. Japon 147,9. G.-B. 147,4. Iran 123,5. Grèce 88,3. Canada 77,9. P.-Bas 48,3. Israël 36,7. Brésil 34,2. Nigeria 30. Hong Kong 28,6. Belg.-Lux. 27. Taiwan 24,1. Algérie 23. Espagne 22,5. Tchéc. 16. Suisse 12,2. Singapour 10,7. Malaisie 9,9. Trinidad 9. Hongrie 7,2. Angola 6. Venezuela 3,2. *Monde 3 235.*

Cheval, âne, mulet et bardot (viande fraîche, réfrigérée ou congelée, 1983). **Exp.** Argentine 43,4. U.S.A. 23,2. Brésil 13,9. Pologne 12,1. P.-Bas 10,2. *Monde 154,6.* **Imp.** *France 46,6.* Japon 42,1. Belg.-Lux. 30,1. P.-Bas 26,5. *Monde 158,8.*

Mouton et chèvre (viande fraîche, réfrigérée et congelée, 1984). **Exp.** N.-Zélande 472,1. Australie 90,8. Turquie 51,7. G.-B. 47,3. Bulgarie 23,1. Mongolie 21. Irlande 17,1. Uruguay 11,5. *Monde 791,4.* **Imp.** G.-B. 142,3. Iran 126. Japon 74,7. *France 63,6.* U.R.S.S. 45. Arabie Saoudite 33,1. All. féd. 19,4. U.S.A. 16,3. Algérie 15. Italie 14,7. Grèce 12,5. *Monde* 746,8.

Porc (viande fraîche, réfrigérée et congelée, 1984). **Exp.** P.-Bas 571,9. Danemark 301,3. Belg.-Lux. 212. Hongrie 187,8. Canada 170,6. Chine 150. All. féd. 75,1. Suède 63,2. U.S.A. 46,3. G.-B. 36,5. *France 30,3.* Irlande 26,2. Roumanie 20. All. dém. 12. Norvège 6. *Monde 1 948.* **Imp.** All. féd. 425,6. Italie 336,8. *France 272.* U.S.A. 207,8. Japon 195,6. U.R.S.S. 162. Pologne 89. Hong Kong 55,3. G.-B. 37,6. P.-Bas 24,6. Belg.-Lux. 23. Espagne 11. Canada 10,5. *Monde 1 938.*

• **Consommation de viande et abats** (poids en carcasse, kg/hab./an, 1983). U.S.A. 112. *France 109.* All. féd. 97. Belg.-Lux. 97. Irlande 97. Canada 95. Suisse 88. Autriche 86. Italie 79. P.-Bas 79. Danemark 78. Grèce 77. Espagne 75. G.-B. 72. Finlande 65. Suède 62. Portugal 57. Norvège 51. Japon 36. Turquie 25.

La viande en France

Les Français consommant de préférence des v. à griller et à rôtir, on exporte des quartiers avant de bœuf (ou des prod. en dérivant) et on importe des quartiers arrière plus coûteux.

• **Circuits de transformation et de commercialisation.** *Circuit court :* éleveurs ou groupements industriels (privés ou coopératifs). Grande distribution ou détaillant. L'industrie de la viande apparue depuis 1974 env. s'est adaptée à la demande de la grande distribution à laquelle elle fournit des produits de plus en plus transformés (portion consommateur) et nouveaux (surgelés). Elle intègre aussi l'abattage et la découpe.

1983	en milliers de t		
	Prod.	Cons.	Solde
Gros bovins	1 539,8	1 355,4	+ 184,4
Veau	397,3	359,8	+ 37,5
Ovins-caprins	173,9	231,9	− 58
Porc	1 753,4	2 142	− 389
Cheval	14,5	73,5	− 59
Total	*3 878,9*	*4 162,6*	*− 283,7*

Nota. — La France exporte des céréales et importe de la viande fraîche [porc ; agneau ; bœuf (*de* All. féd., Irl., G.-B.)]. La production fr. a crû de 2,3 % en moy. par an de 1960 à 1975 (2,2 % de 1975 à 1980, − 2,8 % de 1981 à 1982), la consom. de viande a été multipliée par 1,5 de 1960 à 1979 (restée stable de 1980 à 1982), celle d'aliments composés par 7, de tourteaux de soja par 14,6. Le prix à la production a baissé de 1,67 % en moy. par an dep. 1965 en F. constants.

La pénurie de viande bovine en Europe et aux U.S.A. a été stoppée momentanément. La France (avec les races Charolaise, Limousine, Maine-Anjou, Blonde d'Aquitaine) et l'Italie (race Piémontaise) sont les seules de la C.E.E. à posséder des races spécialisées dans la production de viande.

• **Abattage** (tonnes, 1984). Porcins 1 437 000 t. Ovins 166 000 t. Gros bovins 1 575 000 t. Équidés 29 000 t. Veaux 367 000 t. **Abattoirs** (1983). 932 dont 547 publics, 191 privés, 194 tueries particulières. *Tonnage abattoirs* (1983) : public 1 861 907 t. Privés 1 719 768 t. *Tueries :* 6 004 t. **Capacité des ab. publics et industriels.** *De 0 à 1 000 t/an :* 291 ; *de 1 000 à 5 000 t/an :* 255 ; *de 5 000 à 10 000 t/an :* 32 ; *+ de 15 000 t/an :* 57. **Entreprises du commerce en gros et d'industrie des viandes** (1980) 3 132. **Détaillants** (1981) 64 424 dont bouchers et grandes surfaces 93,1 %. **Consommation industrielle et animale de protéines.** *Besoins en tourteaux :* 11 millions de t [dont fourrages 60 %, céréales 20 %, matières riches en protéines 20,5 %, tourteaux (soja) 17,3 %].

Volailles

Poids atteint 2 à 2,5 kg (12 sem.) ; oie 4 à 5 (8 sem.) ; pintade 1,3 (13 sem.) ; poulet 1,7 à 1,8 (8 sem.).

Production (milliers de t, 1985). U.S.A. 7 728. U.R.S.S. 2 840. Chine 1 954. Brésil 1 536. Japon 1 373. *France 1 316.* Italie 1 027. G.-B. 832. Espagne 820. Canada 593. Mexique 515. *Monde 30 931.*

Commerce (en milliers de t, 1984). **Exp.** *France 345 (en 85).* Brésil 289. U.S.A. 231. P.-B. 215. Danemark 59. Hongrie 19. *Monde 1 643.* **Imp.** Arabie Saoudite 226. All. féd. 194. Koweït 104. Japon 100. Égypte 73. Hong Kong 60. G.-B. 51.

Consommation de viande de volaille (kg par hab., 1984). Israël 40. U.S.A. 30,5. Espagne 23. Canada 22. Italie 17,8. *France 17,6* (1985). Grèce 15,5. Irlande 15,3. G.-B. 15. U.E.B.L. 15. P.-Bas 11,7. Danemark 10,3. All. féd. 9,5. *C.E.E. 14,5.*

Production en France (en milliers de t, 1985, entre par. élevage traditionnel). Poulet 781 (18). Dinde 254 (1). Poule 112 (18). Canard 72 (13). Pintade 47. Oie 9. *Total 1 275.*

Abattage de volailles en France (milliers de t, 1985). 1 064 dont (en %) Bretagne 45, Pays-de-Loire 19, Rh.-Alpes 7, Centre 6, Aquitaine 4. 1 687 établ. dont 1 172 traitant moins de 50 000 volailles par an.

Foie gras

Généralités. Foies d'oies ou canards gavés (soumis à une alimentation forcée) 700 à 900 g (foie d'oie), 400 g (canard). *Dénominations :* 1) foie gras entier (100 % foie gras) ; 2) f. g. (morceaux de lobes moulés) ; 3) bloc de f. g. (50 % d'oie ou 35 % de canard doivent être des morceaux apparents à la coupe, liés entre eux exclusivement par du f. g. homogénéisé par des moyens mécaniques) ; 4) parfait de f. g. (homogénéisé par des moyens mécaniques). Pour f. g. entier et le f. g., l'exsudat graisseux (barde comprise) ne peut dépasser 30 % (oie) ou 50 % (canard).

Préparations contenant un min. de 50 % de foie gras (poids net du produit débarrassé de sa barde). *Pâté de foie :* noyau de f. g. entouré d'une farce ; *galantine de foie :* f. g. (dont 35 % doivent être des morceaux apparents à la coupe), mêlé à une farce ; *purée de foie :* f. g. homogénéisé et farce, mêlés de façon à donner la texture caractéristique de sa dénomination.

Gavage. Commence vers 4 ou 5 mois (canard 2 fois par j pendant 3 semaines, oie 3 fois par j pendant 1 mois) : maïs broyé et légèrement cuit, matières grasses, sel et ferments lactiques afin de maintenir l'équilibre de la flore intestinale.

Commerce. Foie gras d'oie ou de canard (en t, 1985). *Exp.* 159,2 dont *vers* Suisse 39,8, All. féd. 37, Japon 18,9, U.E.B.L. 16,9, G.-B. 11,9. *Imp.* 1 424,1 dont *de* Hongrie 931, Israël 239,5, Pologne 121,3, Bulgarie 84. **D'autres volailles.** *Exp.* 597,6 dont *vers* All. féd. 442,3, Autriche 57,2, Grèce 36,9, Suisse 23,2. *Imp.* 2 214,1 dont *de* P.-Bas 978,6, U.S.A. 808,5, U.E.B.L. 136, G.-B. 89,7, All. féd. 47,1, Canada 41. **Conserves et préparations de foie gras** (en t). *Exp.* 733,6 (130,9 millions de F) dont *vers* Suisse 128,5, U.S.A. 105,1, All. féd. 101, Japon 80,6. **D'autres volailles.** *Exp.* 1 730,4 (35,5 millions de F) dont *vers* All. féd. 278,5, Réunion 248,6, G.-B. 180,1, Andorre 145,8, Martinique 93,8, U.E.B.L. 85,6. *Imp.* 3 275,3 (65,1 millions de F) dont *de* U.E.B.L. 2 790,2, Danemark 376,3.

Alimentation animale

Exportations américaines (moyenne 1980/83) ; en millions de t, entre crochets % de la production exportée et entre parenthèses % du marché mondial. Blé, Blé dur et farine 71,9 [60,5 (44,4)], maïs 194,7 [26,6 (74,7)], sorgho 19,4 [33 (47,8)], graines de soja 54,6 [42,5 (84)], tourteaux de soja 22,9 [27,5 (30,3)], corn gluten feed 3,3 [92 (100)].

Le Marché commun et la politique agricole commune

Évolution

1950 *Août* le Conseil de l'Europe recommande la création d'un Marché commun de l'agriculture. Réunie en mars 1952, mars 1953 et juillet 1954, une conférence préparatoire ne parvient pas à un accord. Les plans des ministres britannique *Eccles* et néerlandais *Mansholt* ne sont pas retenus. France et P.-Bas proposent une Haute Autorité dotée de pouvoirs propres, avec des moyens financiers indépendants des budgets nationaux. La G.-B. souhaite un comité intergouvernemental (sans moyens de contrainte sur les États) pour coordonner les politiques agricoles nationales. **1956** l'agriculture fr. commence à connaître des excédents et le marché national apparaît trop étroit. La libération des échanges, envisagée pour l'ind., serait en matière agricole inefficace et dangereuse. **1957** *25-3 tr. de Rome* instituant C.E.E. et Euratom. Voir p. 742. **1958** *1-1* entrée en vigueur des tr. de Rome. Conférence des États membres à Stresa (juill.) : accord sur objectifs agr. à atteindre.

1962 *14-1* début de la politique agr. commune (P.A.C.) ; *1er marathon agricole ;* 1ers règlements d'organisation commune de marchés arrêtés pour céréales, porc, œufs et volailles, vin, fruits et légumes. Création du Fonds européen d'orientation et de garantie agricole (F.E.O.G.A.) (V. Index). **1963** *Fin déc. 2e marathon,* règlements concernant viande bovine, prod. laitiers et riz. D'autres prod. donneront lieu ensuite à une organisation commune de marchés. **1964** *Déc. 3e marathon,* accord couvrant blé et céréales secondaires ; un marché unique des céréales doit être institué le 1-7-1967, avec un prix unique. **1965** *Juin* discussions sur financement. **1966** *Juill.* derniers règlements d'organisation de marchés et fixation de prix uniques. **1967** *1-7* entrée en vigueur du marché unique des céréales, porc, œufs et volailles, fruits et légumes. **1968** *2-7* entrée en v. du marché unique des produits laitiers et de la viande bovine. *Déc.* programme « Agriculture 1980 » *(Plan Mansholt) :* meilleure orientation des productions et surtout action structurelle en matière régionale et sociale pour atténuer l'accroissement des disparités de revenus.

1970 *1-6* entrée en v. du marché unique du vin. **1971** *1-1* entrée en v. du régime des ressources propres à la C.E.E. pour financer la P.A.C. *23-3* manif. à Bruxelles de 100 000 agriculteurs des 6 pays dénonçant l'immobilisme de la P.A.C. et réclamant l'amélioration du revenu des agriculteurs. *11-5* et *19-8* mise en place et généralisation du système des *montants compensatoires.* **1972** *24-3* le Conseil adopte 3 directives socio-structurelles sur la modernisation de l'exploitation, la cessation de l'activité agricole et l'information socio-écon. des agriculteurs. **1973** *1-1* élargissement de la C.E.E. à G.-B., Danemark et Irlande. *1-5* la France obtient la modification des prix agr. prévus ; adoption de la résolution sur l'agr. de certaines régions défavorisées. **1974** *Juin* règlement sur la coordination de la recherche agr. au niveau eur. *Juillet* organisation commune de marché pour les graines de soja et harmonisation des législations vétérinaires et phytosanitaires. **1974 et 1975.** Crises : désaccords sur les augmentations de prix (inflation, hausse des prix de revient, augmentation des prix de vente mise en question). *Sept.* introduction de la taxe de coresponsabilité dans le secteur laitier. *31-12* fin de la période transitoire pour les nouveaux membres (G.-B., Irlande, Danemark). **1978** *Mai* plan global de développement pour les régions méditerr. *Juin* nouveaux règlements sur le marché de l'huile d'olive. *Déc.* adoption du système monétaire eur. avec la prévision d'application à la P.A.C. en 1980.

1980 *1-6* les M.C.M. négatifs sont supprimés, le marché du mouton en régime interne est soutenu par des interventions publiques et des aides au stockage privé. En régime extérieur, les charges à l'export. sur viandes fraîches et congelées sont maintenues au niveau de 20 % consolidé du G.A.T.T. ; en contrepartie, les pays tiers fournisseurs devront s'engager à restreindre leurs envois à des niveaux compatibles avec l'équilibre du marché de la C.E.E. **1981** *1-1* élargissement de la C.E.E. à la Grèce. *1-4 Accords de Bruxelles :* démantèlement de M.C.M. positifs (étape vers le retour à l'unité des prix). Augmentation moyenne des prix agr. de 11 %. Rejet d'une supertaxe laitière proposée (la Fr. aurait supporté 49 % de la dépense). Réforme de la politique commune des structures et mesures en faveur des jeunes agriculteurs. Programmes spécifiques pour D.O.M. et la Lozère. *1-7* nouvelle organisation communautaire des marchés du sucre. *Marché unique :* les produits, sauf alcool et p. de terre, circulent librement à l'intérieur de la Communauté. Droits de douane, taxes équivalentes, subventions, restrictions quantitatives faussant la concurrence entre États membres sont supprimés. *Préférence communautaire :* les États membres accordent une préférence à la production communautaire et se protègent ensemble à la frontière extérieure commune contre les fortes fluctuations des prix sur le marché mondial et les importations à bas prix. *Responsabilité financière commune :* par le F.E.O.G.A. *Participation financière des producteurs :* pour certains produits agr. particulièrement excédentaires. *Seuils de production* (cadre pluri-annuel) : en cas de dépassement, contribution des producteurs : réduction des prix de soutien ou autres mesures appropriées, c.-à-d. diminution de leurs « garanties ». **1983** *3-1* M.C.M. de − 1,7 pour les échanges agricoles avec la Grèce. *17-1* suppression des M.C.M. britanniques. *26-1* M.C.M. de − 10,8 pour les échanges avec la Grèce (drachme dévaluée de 7 %). *21-3* suite aux nouveaux taux pivots au sein du S.M.E., adaptation des taux « verts » de la livre et de la drachme et nouveaux M.C.M. *17-5* prix agric. pour 1983-84 : en moyenne + 4,2 % en Écu (+ 6,9 en monnaie nat.) ; seuils de garantie pour le lait, les céréales et le colza. *11-10* la Commission suspend jusqu'au 23-10-83 le paiement d'avances sur les aides et restitutions à l'exp. des produits agric. *21-10* suspension prorogée jusqu'au 31-12-83. **1984** *30/31-3* accord du Cons. des min. : 1°) démantèlement des M.C.M. : 80 % des M.C.M. positifs en All. féd. et aux P.-B. en 10 mois (v. ci-après) ; 2°) prix agric. : en moyenne − 0,5 % en É.C.U., + 5 % (lait : + 5,86) en F français (v. ci-après) ; 3°) maîtrise de la prod. laitière : régime de 5 ans, prix garanti pour 98,2 millions de t + réserve communautaire (en 1984-85 pour 99,4 millions de t + réserves com.) ; 4°) extension des seuils de garantie (les produits concernés représentent 35 % de la valeur de la prod. et 60 % des dép. pour les organisations communes de marché). *13-4* fin. de 700 millions d'É.C.U. décidé pour le dév. de l'agric. portugaise (en 10 ans, à partir de la date d'adhésion). *12-7* le Cons. adopte un nouveau régime d'imp. de beurre néo-zél. en G.-B. pour 1984-88 : 83 000 t en 84, 81 000 en 85, 79 000 en 86. **1985**-*25/26-2* accord du Cons. des Min. : réforme du règlement viti-vinicole, applicable à partir du 1-9-1985 (distillation obligatoire à 50 % du prix d'orientation, à 40 % au-delà de 10 millions d'hl, en cas d'excédents, le volume étant réparti entre les régions viticoles au prorata de leur contribution aux excédents, primes incitant à l'arrachage des vignes à hauts rendements et à celles produisant du raisin de table...), assouplissement du régime des quotas laitiers. *16-5* le Cons. des Min. ne peut fixer les prix des céréales et du colza, l'All. féd. s'opposant à leur baisse.

Entrée de l'Espagne et du Portugal dans la C.E.E. **1986. Espagne :** 7 ans de transition pour la plupart des produits (10 ans pour matières grasses végétales, fruits et légumes), permettant le rapprochement progressif des prix et des aides, l'application de montants compensatoires « adhésion », la réalisation de l'union douanière et la reprise par l'Esp. des régimes préférentiels de la C.E.E. ; pour les vins de table, montant régulateur, volume de prod. de 27,5 millions d'hl (distillation obligatoire pour 85 %). **Portugal** : modalités spécifiques, transition en 2 étapes (de 5 ans chacune) pour la plupart des produits (céréales, riz, lait et prod. laitiers, v. bovine et porcine, œufs et volailles, albumines, fruits et légumes frais, vins), programme de développement de 10 ans (700 millions d'E.C.U. à la charge du F.E.O.G.A.) pour l'amélioration des structures de prod. et de commercialisation.

1986 *25-4* accord de prix orge, sorgho, blés fourragers − 5 % ; blés panifiables + 2 %. M.C.M. français appliqués aux produits végétaux − 1,5 %, animaux − 3 % (les prix officiels français seront augmentés dans les mêmes proportions à la viande de porc, aux œufs et à la volaille, suspension prévue au 1-6). All. féd. et P.-Bas sont les seuls États membres où le gel des prix officiels sera tout à fait effectif. Les autres, comme la France, peuvent relever leurs prix en jouant sur les M.C.M. Les producteurs de blé, d'orge, de maïs, de seigle, comme les producteurs de lait dep. la fin des années 70, seront assujettis à une taxe de coresponsabilité qui contribuera au financement des dépenses nécessaires pour résorber les excédents (subventions aux exportations, recherche de nouveaux débouchés). Taxe prévue en 1986 : 3 %. L'aide accordée aux producteurs de colza et tournesol sera diminuée lorsque la production dépassera un seuil fixé par la Conseil. *Résultats du compromis :* prix du lait, du beurre et de la poudre de lait resteront inchangés, sauf réduction des quotas laitiers de 3 % d'ici 3 ans [1re réduction 1-4-1987 (− 2 %), et 1-4-1988 (− 1 %)]. Les décisions à prendre pour aménager la réglementation applicable à la viande de bœuf sont reportées à la fin de l'année. *25-6* démantèlement des M.C.M. négatifs français sur le porc.

Fonctionnement du Marché commun agricole

Les produits agricoles communautaires, sauf alcool et p. de terre, sont actuellement soumis à une organisation commune de marché et, de ce fait, les prod. concernés circulent librement au sein de la Communauté et le mode de fixation de leurs prix devient uniforme. Le F.E.O.G.A. prend en charge le financement de la politique agricole commune.

Unité de compte. Dep. 13-3-1979, est remplacé par l'E.C.U. (V. Système monétaire européen à l'Index).

Prélèvements et restitutions. [En cas d'échanges avec des pays tiers (hors C.E.E.).]

Exemples : 1°) *le prix de seuil en vigueur (ou prix minimum d'entrée sur le marché communautaire)* est supérieur au cours mondial (100 $ par t au lieu de 70 $). *Prélèvement :* l'All. féd. (pays membre de la C.E.E.) achète du blé à l'Argentine à 70 $ la t. L'Arg. reçoit 70 $ et l'All. verse 30 $ au F.E.O.G.A. (100 − 70 = 30 $). *Restitution :* l'U.R.S.S. (pays tiers) achète du blé à la Fr. à 65 $ la t. La Fr. demande un complément de prix au F.E.O.G.A. qui lui versera 35 $.

2°) *le cours mondial est supérieur au prix de seuil :* les exportations peuvent faire l'objet d'un prélèvement. A l'origine, les restitutions avaient été conçues comme le pendant des prélèvements perçus à l'importation. Aujourd'hui, les prélèvements sont en fait fixés selon des modalités diverses qui n'aboutissent pas en général à une perception égale à la différence entre le cours du marché européen et le cours du marché mondial. La restitution n'est pas automatique et, s'il y a restitution, son montant et ses conditions d'octroi sont établis autant en fonction de la politique commerciale suivie par la Communauté que de la différence entre certains prix communautaires et les prix mondiaux.

Mesures de sauvegarde. En cas de pénurie sur le marché mondial, si les prix intérieurs de la Communauté deviennent plus avantageux pour les acheteurs que les cours internationaux, des taxes à l'export. viennent renchérir le prix d'exportation C.E.E. et la Commission peut suspendre la délivrance des certificats d'exportation. En cas d'abondance, elle peut percevoir des taxes à l'imp. et suspendre temporairement les importations.

Montants compensatoires monétaires (M.C.M.). *Créés* pour neutraliser dans les échanges agricoles les différences de prix qui d'un État membre à un autre résultent des variations monétaires et pour préserver la libre circulation des produits en évitant la préférence pour l'achat des productions dans les pays à monnaie faible. **M.C.M. positifs** (dans les pays à monnaie forte) : subventions à l'exportation et taxes à l'importation ; **M.C.M. négatifs** (pays à monnaie faible) : taxes à l'export. et subventions à l'import. Calculés à partir des « taux verts » (différents taux de change officiels) utilisés pour convertir les monnaies nat. (deutsche mark, F français, etc.) en E.C.U. (prix communs). Par ex., le mark « vert » a suivi imparfaitement la réévaluation du DM ; les prix agricoles fixés à Bruxelles sont donc plus élevés comparativement pour les agr. allemands, ce qui facilite leur développement et leur production, tandis que les montants compensatoires évitent les inconvénients commerciaux de cette situation. Le système a engendré la création de zones de prix différentes dans la Communauté (en 1978, l'écart atteignit ainsi env. 40 %). Les subventions à l'exportation versées aux producteurs des pays à monnaie réévaluée (par ex. All. féd.) et les prélèvements à l'exportation effectués auprès des producteurs des pays à monnaie dévaluée (par ex. France, Italie) ont provoqué des distorsions commerciales et un développement artificiel de la production dans certaines régions (conditions naturelles moins favorables qu'ailleurs). Depuis l'instauration du système monétaire européen (S.M.E.) en avril 1979 et à cause de la relative stabilité monétaire, le montant des dépenses au titre des M.C.M. était passé de 989 millions d'E.C.U. en 1977 (soit 14,5 % des dépenses de la section garantie) à 238 millions d'E.C.U. en 1981 (2,2 %). Mais en raison des réajustements monétaires intervenus entre oct. 1982 et mars 1983 (avec dévaluation du F français et réévaluation du mark et du florin) et leurs effets sur les M.C.M. (hausse des M.C.M. positifs des pays à monnaie faible), de nouveaux M.C.M. ont été fixés (accords d'oct. 1982 et du 17-5-1983) : baisse de 3 points des M.C.M. (appliqués dep. le 1-4-82) pour lait, bœuf, mouton et porc (oct. 82), baisse de 3 points pour les produits laitiers et de 2 points pour les autres produits (mars 83) ; pour le porc, les M.C.M. sont ramenés à 2,2 % (mars 83) avec engagement de les supprimer au 1-11-83 ; total des M.C.M. allemands et français ramenés de 18,10 à 14,2 % ; le vin : suppression d'ici le 16-12-83.

Démantèlement des M.C.M. (accord des 30/31-3-84) : 1° M.C.M. positifs existants : en partie démantelés pour 1984-85 au début de chaque campagne ; M.C.M. all. et néerl. subsistant après le 1-1-1985, éliminés au plus tard au début de chaque campagne 1987-88. 2° M.C.M. négatifs existants : démantelés sur propos. de la Commission ; M.C.M. fr. diminués de 50 % ou + le 2-4-84 (il n'en reste plus que 1 % sur le lait et 2 % sur les autres prod.). Effets : évolution de l'écart agri-monétaire (entre les prix exprimés en monnaie nat. et compensé par des montants compensatoires positifs et négatifs) entre la Fr. et l'All. féd. (base 100 au 24-3-83) : *4-4-83 :* 87, *23-5-83 :* 64, *1-4-84 :* 40,5, *1-5-85 :* 19,3.

M.C.M. appliqués au 9-4-1986. *All. féd. et P.-Bas :* vin 0, lait + 2,9, céréales + 2,4, autres produits + 1,8 ; *Danemark, Belgique et Luxembourg :* tous produits 0 ; *France :* porc, lait − 4,7, autres produits − 6,3, vin − 1,2 ; *Irlande :* tous produits − 1,5 ; *G.-B. :* tous produits − 6,6 ; *Italie :* vin − 3, tous produits − 6,5 ; *Grèce :* tous produits − 40,5 ; *Espagne :* tous produits 0, *Portugal :* sucre 0.

Montants compensatoires adhésion (M.C.A.). Destinés à corriger les effets des différences de prix entre les États membres et les nouveaux États membres pendant une période de transition. Instaurés du 1-1-1973 au 31-12-1977 lors de l'adhésion de G.-B., Danemark, Irlande et du 1-1-1981 au 31-12-1985, entrée de la Grèce.

Résultats de la politique agricole commune

Création d'un grand marché agricole. En 1983, env. 272 millions de consom. et 8 millions de pers. actives dans l'agriculture (7,6 % de la pop. civile occupée) cultivant env. 101 millions d'ha. Le commerce intracommunautaire des prod. agr. et alim. a été multiplié par 3 de 1973 à 1982 (par 2,8 de 1963 à 1972).

Développement des échanges avec les pays tiers. Les importations de produits agr. et alim. dans la Communauté ont plus que doublé entre 1963 et 1976, augmenté de 138 % de 1973 à 1982, de 6,3 % par an de 1981 à 83. Approvisionnement en denrées alim. plus diversifié et plus constant (le nombre d'articles proposés aux consommateurs a triplé de 1968 à 1973).

Provenance des imp. (en 1983, en %). U.S.A. 18,8, Am. latine 18, A.C.P. (traité de Lomé) 12,9, Eur. occ. 10,6, Bassin méditer. 10,4 (dont Esp. 4,6), Commonwealth industrialisé (Can., Austr., N.-Zél., Afr. du S.) 9,2, Pays à commerce d'État 7,2, Youg. 1,2, Jap. 0,5.

Amélioration structurelle de l'agriculture. Le nombre des exploitations a diminué d'env. 3,9 % par an de 1967 à 1970 et de 3 % de 1970 à 82. Entre 1960 et 1983, la population active agric. a diminué d'env. 11 millions de personnes dans la Communauté des 10. La produc. a augmenté grâce à la hausse de la valeur ajoutée : de 1973 à 1982, la valeur de la prod. agric. a augmenté de 18 % en termes réels alors que la main-d'œuvre agric. baissait de 31 %. Mais il y a 9 fois plus d'actifs agric. pour 100 ha utilisés qu'aux U.S.A.

Échecs. Les grandes *disparités* de revenus se sont maintenues. *Disparité du revenu entre agriculteurs « moyens » :* pour une moyenne communautaire du revenu agricole (valeur ajoutée nette d'exploitation par unité de travail agricole) de 100, le revenu agricole moyen est de 45 en Grèce, 67 en Italie, 94 en All. féd., 96 en Irl., 110 au Lux., 118 en France, 173 en G.-B., 208 au Dan., 250 aux P.-Bas.

Certains *déséquilibres* sur les marchés agricoles n'ont pu être évités : excédents dans le secteur laitier, en céréales panifiables, en viande rouge, déficit en céréales fourragères. Ces déséquilibres ont contribué à un accroissement notable des dépenses de la section Garantie du F.E.O.G.A. (dénaturation du blé tendre, mesures spéciales d'écoulement du beurre).

Les régions du Nord bénéficient d'un soutien plus élevé que celles du Sud. Les régions agr. où les revenus sont plus élevés sont celles qui coûtent le plus cher au F.E.O.G.A. section Garantie. Enfin la politique agricole commune n'a pas pu éviter la rupture du marché unique à la suite des événements monétaires, et le Marché commun a éclaté en plusieurs marchés partiels liés entre eux par des montants compensatoires monétaires ; mais les accords des 30/31-3-1984 (v. ci-dessus) ont engagé le démantèlement des M.C.M. Ces déficiences sont aussi imputables au contexte général de l'économie.

Disparités entre régions (valeur ajoutée nette d'exploitation par unité de travail agr.) : tendance à la stabilisation de 1976 à 1981, mais accroissement entre les exploitations de dimensions écon. différentes ; pour une moyenne communautaire de 100, les revenus moyens vont de 31 à 250 dans l'Eur. des 10 (All. féd. 77 à 131, *Fr. 79 à 220*, Italie 31 à 132, P.-Bas 250 [1], Belg. 197 [1], Lux. 110 [1], G.-B. 84 à 208, Irl. 96 [1], Dan. 208 [1], Grèce 41 à 55).

Nota. − (1) État considéré comme une seule « région ».

F.E.O.G.A.

Institué 14-1-1962. Fait partie du budget des communautés européennes ; géré par la Commission, assistée du comité du F.E.O.G.A. Doit assurer le soutien des prix et la régularisation des marchés (section Garantie), favoriser les améliorations structurelles dans le domaine agricole (section Orientation). Il ne supprime pas les fonds agricoles nationaux tels l'O.N.I.C. ou le F.O.R.M.A.

Ressources du budget communautaire : *prélèvements et autres perceptions sur les échanges* avec les pays tiers dans le cadre de la politique agr. commune, *cotisations* à la production et au stockage prévues dans le cadre de l'organisation commune du marché du sucre, *droits de douane* perçus lors des import. communautaires sur la base de droits fixés par le tarif douanier commun, *fraction des ressources de la T.V.A.* perçue par les États membres, max. 1 % (1984), *recettes diverses.*

Dépenses en millions d'E.C.U.

1° Section Garantie. *1978 :* 8 672,7. *79 :* 10 440,7. *80 :* 11 314,9. *81 :* 10 980,2 (compte tenu de la réduction des dépenses de 161 millions d'E.C.U. au titre de l'apurement des comptes des années 1974 et 1975. *1982 :* 12 405,6. *1983 :* 15 811,6 (compte tenu de la réduction des dép. de 108,1 millions d'E.C.U. au titre de l'apurement des comptes des années 1976 et 1977). *1984 :* 18 356 (− 25 millions d'E.C.U. au titre de l'apurement des comptes des années 1978 et 1979). *1985 :* 19 841 (est.).

Répartition (en % en 1984) secteurs : lait et produits laitiers 31,6, viande bovine 11,2, céréales et riz 11, matières grasses 9,9, sucre 8,7, fruits et légumes 7,3, tabac 4,3, vin 6, M.C.M. 2,2.

Par nature économique : aides comp. des prix 36,9, restitution à l'exportation 36,5, stockage 19,5, retraits et opérations assimilées 6,2, primes orientatives 0,9.

Coût net du soutien des marchés agr. moins les prélèvements agricoles et les cotisations sucre pour *1984 :* 15,8 milliards d'E.C.U. [charge s'expliquant par les dépenses de restitution liées à la diminution des prix mondiaux et à l'effort d'exportations pour certains produits (produits laitiers et sucre) ; d'intervention (dont les aides compensatrices des prix représentaient 35,4 % en 1984)].

Évolution des dép. (nettes) en % du P.I.B. (Europe des 10) : 1981 : 0,42, *82 :* 0,42, *83 :* 0,52, *84 :* 0,57, *85 :* 0,60.

2e Section Orientation. Catégories de mesures : générales du type « projet », socio-économiques, régionales, liées aux marchés. Le financement est principalement effectué sur la base du remboursement d'une partie des dépenses éligibles des États membres : *actions indirectes,* type « remboursement ». Pour *actions directes,* les subventions sont directement payées au bénéficiaire, type « projet ». La politique structurelle est financée partiellement par la Commission ; la politique commune des marchés l'est intégralement. Le % de la participation financière de la section Orientation varie entre 25 % et 65 %.

Dotation quinquennale des crédits pour engagements : les crédits inscrits chaque année dans le budget sont établis selon les besoins prévus pour l'exercice en cause.

Paiements (en millions d'E.C.U.) : *1978 :* 348,3 ; *79 :* 402,7 ; *80 :* 603,1 ; *81 :* 576,4 ; *82 :* 650 ; *83 :* 728 ; *84 :* 619,9 ; *85 :* 657,7 (est.).

Nota. – Hausse des dép. du F.E.O.G.A. en % par an : env. 25 de 1975 à 1979, près de 30 en 1980 (alors que les ressources n'ont augmenté que de 8 à 13 %). Part des dépenses du F.E.O.G.A. dans l'ensemble du budget (en %) : *83 :* 60,6, *84 :* 69,9.

Prix agricoles

Définitions

Les prix fixés au début de chaque campagne à Bruxelles par le Conseil des ministres sont des prix souhaitables. *Modalités d'intervention :* les céréaliers jouissent d'une garantie de prix *directe* sur le produit non transformé. Les producteurs de lait ne bénéficient que d'un prix indicatif théorique, en fait supérieur au prix réellement perçu ; la garantie porte sur les produits transformés (beurre et poudre de lait).

Prix d'achat. Fixé entre 40 et 70 % du prix de base. Tarif auquel les organismes d'intervention achètent des excédents en cas de « crise grave » (c.-à-d. lorsque durant 3 j les cours sont inférieurs à ce prix) dans le secteur fruits et légumes ou viande porcine.

Prix de base (viande porcine). Correspond au prix d'orientation ou indicatif. Si le prix de gros est inférieur à ce prix, la Commission europ. examine s'il y a lieu de procéder à des achats d'intervention pour soutenir les cours. Les prix de base sont fixés par le Cons. des min. de la C.E.E. pour chaque campagne.

Prix d'écluse (viande porcine, œufs et volailles). Correspond au prix de revient du pays tiers ayant la meilleure efficience technique et les meilleures conditions d'approvisionnement en éléments fourragers. Lorsque des marchandises importées sont offertes à un niveau inférieur, un montant suppl. est ajouté aux prélèvements afin que leurs prix ne soient pas inférieurs, à l'intérieur de la Communauté, à la somme prix d'écluse + prélèvement. Les prix d'écluse sont calculés chaque trimestre par la Commission europ.

Prix indicatif (céréales et riz, sucre, lait, huile d'olive, colza, tournesol). Prix de gros que l'organisation commune des marchés vise à assurer aux producteurs. Fixé pour chaque campagne par le Conseil des ministres de la C.E.E. pour la zone déficitaire (cas des céréales et du riz), pour l'ensemble du territoire douanier de la C.E.E. (lait, huile d'olive et oléagineux) ou pour les zones excédentaires (sucre).

Prix d'intervention (céréales, riz, colza, tournesol, huile d'olive, viandes bovine et porcine, beurre, poudre de lait, tabac, sucre, certains fromages italiens). Prix auquel des organismes d'intervention (en France, la Sté interprofessionnelle du bétail et de la viande et la Sté Interlait par ex.) doivent acheter les produits qui n'ont pu trouver preneur sur le marché communautaire ou à l'exportation. Ces prix d'intervention sont remaniés chaque année. Le prix d'intervention « de base » (uniquement pour les céréales) est applicable au marché de Duisbourg (All. féd.), région la plus défavorisée (prix d'intervention le plus faible : région de Châteauroux).

Part des États membres (en %) dans la production finale de l'agriculture communautaire, par produit en 1984

	Eur. 10	All.	Fr.	It.	P.-B.	Belg.	Lux.	G.-B.	Irl.	Dan.	Gr.
I											
Blé	100	11,5	38,3	19,2	1,5	1,7	0	19,6	0,7	2,9	4,6
Seigle	100	67,3	3,7	0,8	1,1	0,8	0,1	0,8	0	25,0	0,4
Avoine	100	35	30,6	10,1	2,1	1,6	0,2	12,5	2,1	4,8	0,9
Orge	100	21,2	24,4	3,1	0,7	2,3	0,1	30,4	3,5	12,7	1,6
Maïs	100	2,7	58,1	28,8	0	0	–	0	0	0	10,5
Riz	100	0	2,5	91,3	0	0	0	0	0	0	6,2
Betteraves sucrières	100	27,1	25,8	14	8,3	6,1	–	11,2	2,1	3,6	1,9
Tabac	100	2,4	13,2	34,5	–	6,6	–	0,6	0	0	49,4
Huile d'olive	100	0	0,5	64,9	0	0	0	0	0	0	34,6
Graines oléagineuses	100	15,2	44,7	6,9	1,7	0,2	0	20,8	0	8,7	1,9
Fruits frais	100	18,4	18,8	38,1	3,2	2,2	0	6,8	0,2	0,6	11,6
Légumes frais	100	4,5	22,2	39,1	10,6	4,6	0	10,3	0,6	0,9	7,3
Vins et moûts	100	14,7	48,4	34	–	–	0,2	–	0	0	2,6
Lait	100	23,9	23	13	12,2	2,8	0,2	13,4	4,2	5	2,3
Viande bovine	100	21,2	28,8	15	6,6	4,7	0,2	12,7	6,4	2,9	1,3
Viande porcine	100	29,4	14,9	12	13,6	6,6	0,1	9,7	1,3	10,8	1,7
Semences	–	–	–	–	–	–	–	–	–	–	–
Fibres textiles	100	–	17,3	0	–	1,7	–	0	–	0	80,3
Houblon	100	70,5	1,9	–	–	1,4	–	26,2	0	0	0
Vers à soie	–	–	–	–	–	–	–	–	–	–	–
Viande ovine et caprine	100	3,2	26,7	10,9	2,1	0,3	–	29,3	4,6	0,1	22,8
Vin de qualité	–	–	–	–	–	–	–	–	–	–	–
Sous-total	*100*	*18,9*	*26,3*	*19,4*	*7,5*	*3,4*	*0,1*	*12,5*	*2,6*	*4,4*	*4,8*
Œufs	100	19,3	20,9	18,5	11,9	3,6	0	18,5	0,9	1,6	4,8
Volaille	100	6,8	29,8	30,1	7,5	2,3	0	16,7	1,4	1,8	3,6
Autres fruits et légumes	100	0,3	6,3	55,2	1,1	0,3	0	2	0	2,8	32,2
Sous-total	*100*	*9,9*	*22,5*	*30,6*	*7,9*	*2,4*	*0*	*14,7*	*1,0*	*1,9*	*9,2*
II											
Pommes de terre	100	11,9	18,5	16,8	16,5	3,2	0,1	23,9	2,2	1,6	5,3
Autres	100	16,9	17,9	22,9	20,8	3,4	0	6,7	1,5	6,6	1,8
Sous-total	*100*	*15,4*	*18,1*	*28,5*	*19,6*	*4,7*	*0*	*11,7*	*1,7*	*5,1*	*2,9*
Total général	**100**	**17,7**	**25,2**	**20,7**	**8,6**	**3,3**	**0,1**	**12,7**	**2,5**	**4,2**	**5,1**

Légende. **I :** produits soumis à l'organisation commune des marchés. **II :** produits sans organisation commune de marché. *Source :* Eurostat.

Consommation humaine de certains produits agricoles (kg/tête)

		Eur. 10	All.	Fr.	It.	P.-B.	UEBL	G.-B.	Irl.	Dan.	Gr.
Céréales [1] (sans riz)	1982/83	83	71	78	117	61	72	73	89	69	108
Froment [1]	1982/83	73	50	72	110	54	69	63	80	46	106
Seigle [1]	1982/83	4	13	0	0	4	1	0	0	17	0
Maïs grains [1]	1982/83	6	5	6	6	2	2	8	7	2	2
Riz usiné, total [2]	1982/83	3	2	4	5	2	2	3	2	2	5
Pommes de terre	1982/83	75	73	74	38	81	97	105	126	68	82
Sucre [3]	1982/83	34	35	35	26	37	36	38	41	42	28
Légumes (y compris les conserves)	1982/83	107	69	118	164	90	78	82	81	60	199
dont :											
– Choux-fleurs [4]	1982/83	5	3	5	6	6	4	6	5	3	4
– Tomates [4]	1982/83	23	13	20	44	15	18	13	9	13	122
Fruits [5] (y compris les conserves et jus de fruits)	1982/83	59	78	56	71	57	53	34	30	35	77
dont :											
– Pommes [4]	1982/83	19	22	17	22	34	20	12	16	17	23
– Poires [4]	1982/83	7	4	6	16	5	6	2	2	3	12
– Pêches [4]	1982/83	6	4	6	15	3	4	2	2	2	17
Agrumes	1982/83	29	28	21	39	88	21	14	14	9	55
dont :											
– Oranges [4]	1982/83	17	8	11	23	85	17	9	11	4	30
Vin [6]	1982/83	45	26	86	82	14	–	8	3	17	37
Produits laitiers											
Produits frais sauf crème	1983	102	88	95	83	137	87	132	192	161	65
Fromage	1983	13	13	19	14	13	11	6	3	11	20
Beurre (matière grasse)	1983	6	7	9	2	3	9	6	13	10	1
Margarine (graisse pure)	1983	5	7	4	1	12	10	7	4	12	2
Œufs	1983	14	17	15	12	12	14	13	13	14	12
Viandes [7] (sans abats)	1983	88	97	108	–	75	96	72	98	80	79
dont :											
– total bovine	1983	24	22	31	26	18	24	20	24	11	22
– de bœuf	1983	21	20	25	23	17	21	21	24	11	17
– de veau	1983	3	2	7	4	1	3	0,2	0,0	1	5
– porcine	1983	37	58	38	26	41	43	25	34	51	21
– de volaille	1983	14	9	16	19	12	15	15	16	10	16
– ovine et caprine	1983	4	1	4	1	0,4	2	7	7	0,4	14
Graisses et huiles	1983	24	21	23	27	34	23	21	15	35	29
dont :											
– végétales	1983	13	6	13	23	6	5	11	8	19	21
– d'animaux marins	1983	0	0	0	0	0	0	0	0	0	0
– d'animaux terrestres	1983	5	6	6	4	12	7	0,4	1	3	3

Nota. – (1) Équivalent farine. (2) Exprimé en poids de produit. (3) Équivalent sucre blanc. (4) Consommation humaine sur le bilan du marché, y compris les produits transformés. (5) Non compris les agrumes. (6) Litres/têtes. (7) Y compris graisses de découpe. *Source :* Eurostat.

Degré de l'auto-approvisionnement de certains produits agricoles (en %)

		Eur. 10	All.	Fr.	It.	P.-B.	UEBL	G.-B.	Irl.	Dan.	Gr.
Céréales (sans riz)	1982/83	109	80	177	81	29	51	106	84	108	105
Froment total	1982/83	124	103	206	87	57	65	102	53	123	141
Seigle	1982/83	97	96	103	86	37	76	85	0	119	100
Orge	1982/83	114	95	166	47	28	70	145	108	108	91
Avoine	1982/83	98	94	110	83	120	76	98	100	92	99
Maïs grains	1982/83	78	36	154	83	0,1	5	0	0	0	77
Riz usiné, total	1982/83	69	0	7	208	0	0	0	0	0	106
Pommes de terre	1982/83	101	86	101	95	155	110	91	92	99	105
Sucre	1982/83	141	140	226	100	175	262	55	134	209	110
Légumes frais	1982/83	99	37	93	122	204	115	64	85	70	135
Fruits frais (sans agrumes)	1982/83	84	54	91	128	63	56	25	17	40	136
Agrumes	1982/83	45	0	3	109	0	0	0	0	0	135
Vin	1982/83	102	72	107	121	0	8	0	0	0	107
Produits laitiers Matières grasses	1983	–	132	126	–	307	106	88	242	235	85
Protéines	1983	–	136	123	–	122	96	109	161	185	86
Produits laitiers frais (sauf crème)	1983	101	103	101	98	94	120	100	100	105	99
Beurre [1]	1983	147	155	131	65	638	126	77	349	257	54
Margarine	1983	101	100	80	88	134	127	92	93	118	95
Œufs	1983	103	72	104	93	301	124	98	76	104	99
Viandes [2,3]	1983	102 [4]	90	100	77	228	120	78 [4]	233	257	71
Bovine totale	1983	105 [4]	114	113	63	172	114	83 [4]	560	414	37
De bœuf	1983	101 [4]	117	113	62	118	114	82 [4]	559	431	44
De veau	1983	109	80	110	68	906	117	133	0	100	11
Porcine	1983	102	87	82	75	252	149	71	122	401	72
De volaille	1983	111	61	149	99	234	82	96	95	224	99
Ovine et caprine	1983	75	44	75	63	350	24	72	160	33 [5]	86
Graisses et huiles	1983	56	42	55	60	32	27	15	41	84	141
Végétales	1983	45	13	38	56	2	2	18	2	11	155
D'abattage	1983	89	115	92	84	58	73	22	200	139	93
D'animaux marins	1983	20	9	0	2	0	0	6	200	214	0

Nota. – (1) Y compris butteroil. (2) Y compris les graisses de découpe. (3) Sans abats. (4) 1982. (5) 1984.
Source : Eurostat.

Superficies consacrées à la culture des principaux produits agricoles (1 000 ha)

	Pommes de terre	Betteraves sucrières	Graines oléagineuses	Fourrages verts	Légumes secs	Cultures fruitières	Vignes
All.	219	405	254	1 175	16	50	101
France	*205*	*526*	*956*	*5 092*	*230*	*207*	*1 076*
Italie	124	211	96	2 711	185	807	1 129
P.-Bas	161	129	16	206	16	23	0
Belgique	44	117	5	160	1	11	0
Luxembourg	1	0	1	18	0	0	1
G.-B.	198	199	269	1 816	88	39	0
Irlande	35	36	3	586	0	1	–
Danemark	31	74	196	393	59	7	–
Grèce	49 [1]	44 [1]	209 [1]	243 [1]	52 [1]	141	177

Nota. – (1) Superficie récoltée.

Prix minimum (betterave à sucre). Garanti au producteur dans la zone la plus excédentaire et dans la limite, pour chaque usine, d'un quota de base (quantité) fixé par la Commission. Décidé chaque année par le Conseil des ministres de la C.E.E.

Prix d'objectif (tabac en feuilles). Fixé par le Conseil des min. de la C.E.E. pour chaque campagne à un niveau qui doit assurer un revenu équitable aux planteurs gérant des entreprises rationnelles, et de façon à promouvoir une spécialisation conforme aux vocations naturelles des régions. Les acheteurs qui acquièrent du tabac communautaire plus cher que celui des pays tiers reçoivent une prime qui compense l'écart de prix, sous réserve d'avoir passé des contrats avec les planteurs.

Prix d'orientation (gros bovins, veaux, vin). Prix de gros que l'on souhaite atteindre en moyenne pour une campagne donnée. Fixé en début de campagne. Lorsque le prix de marché devient inférieur au prix d'orientation, des prélèvements sont perçus en plus du droit de douane ad valorem.

Prix de référence (fruits et légumes, vins, certains produits de la pêche). Déterminé en fonction du prix à la production dans la Communauté. Il représente le prix minimal auquel un produit des pays tiers peut être importé. Pour le *vin :* calculé à partir de la moyenne arithmétique des prix intérieurs à la production, majorée d'un montant forfaitaire pour tenir compte du coût de la commercialisation des vins importés. Si le prix à l'importation devient inférieur au prix de référence, les importations subissent un prélèvement compensatoire ou sont provisoirement annulées. Pour *fruits* et *légumes :* base de calcul des cours constatés sur les marchés excédentaires durant les 3 années précédant la campagne.

Prix de retrait (fruits et légumes). Prix au-dessous duquel les organisations de producteurs ne mettent pas en vente les produits apportés par leurs adhérents qui reçoivent, en contrepartie, une indemnité. Égaux, au maximum, au prix d'achat majoré d'une somme égale à 10 % du prix de base.

Prix de seuil (céréales, riz, sucre, produits laitiers, huile d'olive). Prix le plus bas auquel une marchandise venant de pays tiers peut entrer dans la Communauté pour parvenir sur les marchés de gros au moins au prix indicatif. La différence entre le prix mondial et ce prix est comblée par un prélèvement. Fixé par rapport au prix indicatif, il s'agit du *prix d'écluse* pour viande porcine, œufs et volaille.

Statistiques

Utilisation des terres (millions d'ha) de l'Europe des 12. Superficie totale 225,6, eaux intérieures 3,5, terres (total) 222, sup. boisée 52,9, autres sup. 36,2. Superficie agricole utile (SAU) 132,9 soit 58,9 % de la sup. totale. Terres arables 67,6 (50,8 % de la SAU), prairies et pâturages permanents 53,3 (40,1 %), cultures permanentes 11,6 (8,7 %), jardins 0,4 (0,3 %).

Valeur vénale des terres agricoles (parcelles) (en ECU/ha, en 1984). *France :* t. labourables 3 260, prairies 2 656. *P.-Bas :* t. lab. 8 362, pr. 10 819. *Belgique :* t. lab. 9 532, pr. 8 062. *G.-B. :* t. agricoles : Angl. 6 312, P. de Galles 4 453, Écosse 3 779, Irl. du N. 5 008.

L'agriculture dans l'Europe des douze en 1983

Caractéristiques	All.	Fr.	It.	P.-B.	Belg.	Lux.	G.-B.	Irl.	Dan.	Gr.	Eur. 10	Esp.	Port.	Eur. 12
Superficie totale [1]	24,9	54,9	30,1	3,8291	3,1	0,3	24,4	7,0	4,3	13,2	165,9	50,5	9,2	225,6
Superficie agricole utile [1]	12,0	31,6	17,6	2,0	1,4	0,1	18,7	5,6	2,8	9,2	101,2	27,3	4,4	132,9
Emploi [4]														
– nombre (1 000 pers.)	1 372	1 697	2 526	249	106	7	628	189	208	1 051	8 033	1 947	974	10 954
– % dans la pop. active civile occupée	5,4	7,8	12,1	4,9	2,9	4,8	2,7	16,8	8,4	28,5	7,5	17,9	23,1	8,9
Exploitations agric. (1 000 exploit.) [2]	850	1 255	2 832	149	115	5	269	224	123	999	6 820	2 213	782	9 815
SAU par exploit. (ha) [2]	14,4	23,3	5,6	13,7	12,3	25,1	63,7	22,6	23,8	3,7	13,2	10,7	5,6	12,0
Production agric. finale [5]	27,0	38,0	31,9	12,9	4,7	0,2	18,9	3,4	5,9	7,1	150,2	15,7	2,2	168,1
% de l'agriculture dans le PIB	1,8	4,0	6,4	4,4	2,6	3,1	2,1	10,7	4,7	15,5	3,6	5,9	6,5	3,8
Produits agric. et alim.														
– % imp. dans imp. de tous produits	14,8	13,6	18,4	17,3	13,8	13,8	15,3	14,9	15,5	16,4	15,3	15,4	19,1	12,5
– % exp. dans exp. de tous produits	6,0	18,1	7,3	23,7	11,3	11,3	7,6	29,6	34,3	35,1	8,8	16,6	14,1	8,6
Solde du commerce extérieur des produits agric. et alim. [5]	– 14,1	2,5	– 10,7	5,3	– 2,1	– 2,1	– 9,5	1,3	3,5	– 0,009	– 23,6	– 1,3	– 1,0	– 16,6
% des dépenses des ménages en aliments, boissons, tabac dans les dép. totales de consom. [3]	19,3	21,1	30,2	19,7	21,4	20,6	20,8	42,3	25,1	41,5	17,7	31,7	37,0	ND

Nota. – (1) Millions d'ha. (2) 1980. (3) 1982. (4) Secteur agriculture, sylviculture, chasse, pêche. (5) Milliards d'ECU. (ND) Non disponible.

Part des produits (en %) dans la production de l'agriculture des États membres et de la Communauté, en 1984

	Eur. 10	All.	Fr.	It.	P.-B.	Belg.	Lux.	G.-B.	Irl.	Dan.	Gr.
I											
Blé	8,3	5,4	12,6	7,7	2,5	4,3	3,2	12,8	2,5	5,7	7,5
Seigle	0,3	1	0	0	0	0,1	0,3	0	0	1,5	0
Avoine	0,3	0,6	0,3	0,1	0,1	0,1	0,5	0,3	0,2	0,3	0
Orge	3,2	3,9	3,2	0,5	0,3	2,2	2,3	7,8	4,6	9,8	1
Maïs	1,8	0,3	4,2	2,5	0	0	0	0	0	0	3,7
Riz	0,3	0	0	1,3	0	0	0	0	0	0	0,3
Betteraves sucrières	2,3	3,5	2,4	1,6	2,2	4,3	–	2	2	0,8	0,8
Tabac	0,7	0,1	0,3	1,1	0,1	0	–	0	0	0	6,4
Huile d'olive	0,9	0	0	2,8	0	0	0	0	0	0	6,1
Graines oléagineuses	1,3	1,1	2,3	0,4	0,3	0,1	0,5	2,1	0	2,7	0,5
Fruits frais	3,9	4,1	2,9	7,3	1,5	2,7	1,3	2,1	0,3	0,5	),1
Légumes frais	7,8	2	6,9	14,8	9,2	10,9	1,3	8,3	2	1,6	11,3
Vin et moûts	4,1	3,4	7,9	6,7	–	–	6,9	–	0	0	2,1
Lait	18,8	25,4	17,2	11,8	26,5	16	45,2	19,8	32,4	22,3	8,5
Viande bovine	14	16,8	16	10,2	10,8	20,2	26,2	14	36,7	9,8	3,5
Viande porcine	11,1	18,4	6,6	6,5	17,5	22,3	9	8,5	5,8	28,4	3,6
Semences	–	0,5	–	–	1,3	0,1	–	0,2	0	0,8	0,1
Fibres textiles	0,4	0,3	0	0	0	0,2	–	0	0	0	0
Houblon	0,1	0,4	0	–	–	0	–	0,2	0	0	0
Vers à soie	–	0	–	0	0	–	0	0	0	0	0
Viande ovine et caprine	1,7	0,3	1,8	0,9	0,4	0,2	–	3,9	3,1	0	7,6
Œufs	3,1	3,4	2,6	2,8	4,3	3,4	1	4,6	1,1	1,2	3
Volaille	4,3	1,6	5,1	8,3	3,8	3,1	0,1	5,7	2,4	1,8	3,1
Vin de qualité	–	–	4,5	–	–	–	–	–	0	0	–
Autres fruits et légumes	1,6	0	0,4	4,4	0,2	0,1	0	0,3	0	1,1	10,4
Sous-total	*90,7*	*91,9*	*93,1*	*90,2*	*78,8*	*90,4*	*98*	*95*	*93,3*	*88,6*	*94,7*
II											
Pommes de terre	2,7	1,8	2	2,2	5,2	2,7	1,5	1,5	2,5	1	2,9
Autres	6,6	6,3	4,9	7,6	16	6,8	0,5	3,5	4,2	10,4	2,4
Sous-total	*9,3*	*8,1*	*6,9*	*9,8*	*21,2*	*9,6*	*2*	*5*	*6,7*	*11,4*	*5,3*
Total général	**100**	**100**	**100**	**100**	**100**	**100**	**100**	**100**	**100**	**100**	**100**
Valeur en Mrds ECU	159	28,1	40	32,9	13,7	5,2	0,2	20,2	3,9	6,7	8,0

Légende : **I** : produits soumis à l'organisation commune des marchés. **II** : produits sans organisation commune de marché. *Source :* Eurostat.

Commerce de la CEE de produits agricoles et alimentaires suivant les principaux pays clients, exportations et, entre parenthèses, importations (en millions d'ECU, en 1984). U.S.A. 4 907 (9 407). Suisse 1 897 (803). U.R.S.S. 1 714 (903). Arabie Saoudite 1 857 (9). Nigeria 417 (336). Algérie 1 083 (23). Suède 1 043 (1 609). Japon 1 272 (315). Autriche 1 025 (937). Égypte 1 232 (287).

Soldes les plus importants (en millions d'ECU, en 1984). POSITIFS : Arabie Saoudite 1 848. Suisse 1 094. Algérie 1 060. U.R.S.S. 812. Japon 957. NÉGATIFS : U.S.A. – 4 500. Brésil – 5 048. Argentine – 2 420. Espagne – 1 963. Malaysia – 1 635. C.-d'Ivoire – 1 651. N.-Zélande – 1 325.

Dépenses nettes et, entre parenthèses, recettes communautaires (en milliards d'ECU). *1981 :* 9,8 (17,5). *1982 :* 10,8 (21,2). *1983 :* 14,2 (23,2). *1984 :* 16,6 (25). *1985* [1] : 18,5 (26,2). *1986* [2] : 19,1 [dépenses brutes 21,8 (dont FEOGA-Garantie 21 ; FEOGA-Orientation 0,8 – prélèvements 1,6 ; cotisations sucre 1,1] (31,5).

Nota. – (1) Budget. (2) Projet de budget du Conseil du 18-9-1985.

Crédits d'engagement 1986 (en millions d'ECU). Projet d'amélioration structurelle agricole 295 ; actions socio-structurelles générales 100,8 ; actions régionalisées 301,4 ; actions liées aux marchés 86,6 ; actions structurelles de la pêche 60,6 ; *total 844,4.*

Principales cultures (en millions d'ha) et, entre parenthèses, **production des principaux produits agricoles** (en millions de t) dans l'Europe des 12 en 1983. *Céréales* (sans riz) 36,2 (151,3) [dont : blé tendre et dur 16,1 (70,6), maïs grain 3,7 (22,7), orge 12,7 (48,3), seigle 1,1 (3)]. *Riz* 0,3 (1,6). *Betteraves (sucre)* 2 (14,4). *Graines oléagineuses* 2,9 (5) [dont : colza - navette 1,1 (2,9), tournesol 1,5 (1,6)]. *Oliviers (huile)* 4,3 (1,5). *Coton* 0,2 (0,4). *Tabac* 0,2 (0,4). *Houblon* 0,03 (0,06). *Pommes de terre* 1,6 (38,8). *Légumes frais* 2,1 (39,9) [dont : tomates 0,3 (12,3), oignons 0,1 (2,8)]. *Fruits frais* (sauf agrumes) 11,8 (21) [dont : pommes 0,3 (6,9), poires 0,1 (2,6), pêches 0,2 (2,7), abricots 0,06 (0,6), melons 0,1 (1,5)]. *Agrumes* 0,5 (7,4) [dont : oranges et mandarines 0,4 (5,5), citrons 0,1 (1,4)]. *Amandes* 0,8 (0,4). *Vignes (vin)* [1] 4,5 (209 619). *Fleurs et plantes ornementales* 0,3. *Fourrages verts* 5,5. *Jachères et engrais verts* 6,3. *Viande bovine* (7,4). *V. porcine* (11,5). *V. ovine et caprine* (0,9). *V. de volaille* (5,3). *Œufs* (4,9). *Lait de vache* (127,9).

Nota. – (1) 1 000 hl.

Consommation (par tête, kg/an) et auto-approvisionnement (%) dans l'Europe des 12 en 1983. *Céréales* (sauf riz) 82 (100) [dont : blé 72 (120), maïs grain 6 (66), orge 0 (107)]. *Riz (paddy)* 4 (125). *Pommes de terre* 78 (101). *Sucre* 33 (133). *Légumes frais* 112 (103). *Fruits frais* (sauf agrumes) 60 (88). *Agrumes* 27 (69). *Tomates transformées* 11 (166). *Beurre* 5 (131). *Produits laitiers frais* (sauf crème) 104 (100). *Lait écrémé en poudre* 1 (129). *Fromage* 12 (106). *Viandes (sans abats)* 80 (100) [dont : viande bovine 23 (102), v. porcine 35 (101), v. ovine et caprine 4 (78), v. de volaille 15 (108)]. *Œufs* 14 (103).

L'agriculture en France

Agriculteurs

Population rurale [1] et, entre parenthèses, agricole [2], en % par rapport à la pop. totale de la France. 1846 : 75,6 %. **51 :** 74,5 (52,9). **72 :** 68,9 (51,3). **1901 :** 59. **06 :** 57,9. **11 :** 55,9. **21 :** 53,7. **26 :** 51,1. **31 :** 49,2. **36 :** 48. **54 :** 41,4 (26,7). **62 :** 36,6 (20). **68 :** 28,6 (14,9). **75 :** 27 (11,03). **76 :** (9,2). **77 :** (8,99). **78 :** (8,5). **79 :** (8). **80 :** (8). **81 :** (8). **82 :** 14 (8,9).

Nota. – (1) Comprend les communes de moins de 2 000 hab. agglomérées au chef-lieu de la commune. (2) Ménages d'agriculteurs exploitants, de salariés agr. et d'anciens agricult. (retraités).

Nombre d'actifs agricoles. *Total (temps complet + partiel).* **1955 :** 6 136 000. **1983 :** 2 400 300 (dont chefs d'exploitation 1 129 600, conjoints 653 900, autres aides familiaux 439 700, salariés permanents 177 100). *A temps complet :* 967 400 (dont chefs d'expl. 637 800). *Partiel :* 1 432 900 (499 800).

Population agricole familiale [vit et/ou travaille sur les exploit. agricoles (chefs d'exploit. et membres de leur famille) (en milliers)]. *1975 :* 4 946 (hommes 2 561, femmes 2 385). *78 :* 4 464 (H 2 298, F 2 166). *80 :* 4 327,1 (H 2 270,1, F 2 057). *83 :* 3 811 (H 2 008,1, F 1 802,9). *88 (prév.) :* 3 018 (H 1 614, F 1 404). **Femmes (1983).** 124 000 chefs d'exploitation sont des femmes. Entre 1981 et 1983, 17 500 avaient pris la succession de leur conjoint décédé (48 % des cas), retraité (25 %), actif non agricole (10 %).

Célibat. 14 % des chefs d'exploitation hommes étaient célibataires en 1983 (Franche-Comté 18 %, Limousin 19 %, Auvergne 21 %, Corse 36 %).

Aides familiaux (autres que les conjoints) actifs (1983). *Hommes :* 304 500 dont 80 % entre 35 et 65 ans ; travaillant à temps complet sur l'exploitation 43 %, moins d'un quart de temps 30 %. *Femmes :* 135 000 dont près de 50 % travaillant moins d'un quart de temps et 66 % moins d'une mi-temps. *Les 2 sexes :* 87 900, soit 20 % de l'ensemble ont une profession principale non agricole.

Effectifs. *Salariés permanents :* 164 000 (oct. 84). En 1983, 1 669 300 unités de travail annuel (UTA) fournies, soit 1,5 UTA par exploitation dont 86 % d'origine familiale et 50 % fournie par le chef d'exploitation.

Exode rural (nombre de personnes)

	1962/1968	1968/1974	1974/1980
Entrées	+ 190 100	+ 115 200	+ 108 300
Départs	– 226 600	– 210 100	– 148 000
Retraite, décès	– 786 100	– 568 100	– 459 700
Solde	– 822 600	– 663 000	– 499 400

Seulement 3 fils d'agriculteurs sur 10 et 2 filles sur 10 deviennent actifs agricoles. *Causes :* difficultés d'installation, poids du foncier, conditions de vie et de travail. Les filles sont parties les 1res entraînant souvent le départ des garçons. La population qui reste est âgée avec un niveau de formation faible. En 1971, il y avait 22 % de jeunes âgés de moins de 15 ans, en 1981 11 % et en 1983 15 %.

Age des actifs agricoles (en 1983, en %) : *16 à 34 ans :* 19, *35 à 54 a. :* 42, *55 à 64 a. :* 27, *65 a. et + :* 12. **Age moyen des chefs d'exploitation.** 52,9 ans (63 % ont + de 50 a., 27 % + de 60 a., 10 % + de 70 a.).

Revenu. Le pouvoir d'achat des agr. après avoir baissé sans arrêt de 1973 à 1980 (– 17 %) a augmenté de 7 % de 1981 à 1984 (– 4,7 % en 1985).

Paysans pauvres : 15 à 20 % des exploitants disposant de 5 % des terres cultivées, investissements inexistants, âge de l'expl. souvent supérieur à 50 ans.

Agriculteurs moyens : surface moyenne, niveau de vie correct, beaucoup de célibataires, les uns se préoccupent surtout d'agrandissement, d'autres s'endettent pour être rentables. *Exploitants industrialisés :* niveau de vie confortable, investissements importants, représentent 35 % des cultivateurs et contrôlent près de 50 % de la surface agricole.

Pour se maintenir, beaucoup de paysans ont essayé d'avoir une activité annexe. 22 % des chefs d'exploitation exerçaient une autre activité en 1980 (16 % à titre principal) : ouvriers (37 %), artisans, petits commerçants, cadres moyens, employés, entrepreneurs de travaux agr., salariés agr. La plupart redoutent de devenir ouvriers et de ne pouvoir conserver ce qui compense les difficultés d'une existence dure : initiative, compréhension des tâches, responsabilité et indépendance.

Taux de départ en vacances d'été. Agriculteurs y compris salariés agric. et, entre parenthèses, ensemble de la pop. fr. (en %) *1982 :* 20,1 (60,3), *83 :* 23 (55,2), *84 :* 22,2 (53,9), *85 :* 17,7 (53,8).

Budget de l'agriculture

Données globales

Évolution (en milliards de F) et, entre parenthèses, % dans le budget général. *1970 :* 18,2 (14,3) ; *1975 :* 31,3 (14,5) ; *1980 :* 60,8 (14,5) ; *1981 :* 70,9 (14,5) ; *1982 :* 84,3 (13) ; *1983 :* 92,5 (12,7) ; *1984 :* 99,9 (13) ; *1985 :* 109,4 (13) ; *1986 :* 113,6 [dont ministère de l'Agr. 33,4, Min. de la Recherche (INRA) 2,2. Secrétariat d'État chargé de la Consommation 0,2]. BAPSA 44,9. Perte de recettes au budget gén. 30,6. Comptes spéciaux du trésor 1,6.

Nota. – Dépenses du FEOGA, financées par le budget de la C.E.E. (v. p. 1270).

Dotations budgétaires (en millions de F, 1986, et entre parenthèses autorisations de programme) : 109 722 (3 010), dont soutien et accompagnement 936 (18) ; recherche, enseignement, formation et développement agr. 3 528 (174) ; protection sociale et prévoyance en agr. 53 551 (0,5) ; adaptation de l'appareil de prod. agr. 8 370 (422) ; valorisation de la prod. agr. 34 791 (20) ; développement de la transformation et de la commercialisation des prod. agr. et alim. 1 670 (516) ; promotion et contrôle de la qualité 945 (4) ; amélioration du cadre de vie et aménagement de l'espace rural 4 224 (1 260) ; mise en valeur et protection de la forêt 1 707 (596).

Nota. — Dotation d'installation des jeunes agriculteurs : 940 millions de F en 1985 (*1980* : 220, *84* : 760) ; montant moyen selon les zones (en F) : 65 000, 81 000, 135 000, 162 000 (zone de montagne).

Aides de l'État versées aux agriculteurs, en millions de F. Pour soutenir le revenu agricole en baisse de 1974 à 1980. **1979** : 2 229. **1980** : 3 769. **1981** : 6 321. **1982** : 4 667 + 1 290 (allocation de solidarité). **1983** : 5 253. **1984** : 6 288. **1985** : 6 413 dont prime de maintien du troupeau de vaches allaitantes 709, amélioration du cadre de vie 942, allégement des cotisations sociales 170, contrôle de la qualité 137. **1985** : primes d'assurance contre la grêle 1 040 (estim.). Calamités agr. 200 (estim.). Budget des collectivités locales ?

Nota. — Part des prestations vieillesse dans les prestations sociales agr. totales (1983) : 59 % (montant forfaitaire de la retraite par bénéficiaire au 1-1-82 : 10 000 F).

Comptes d'exploitation et de revenu

Compte de production en 1985, en milliards de F, et entre parenthèses en 1984. Livraisons 273,9 (272,6), consommations intermédiaires 125 (121,4), valeur ajoutée brute des livraisons 148,8 (151,2).

Compte d'exploitation en 1985, en milliards de F, et entre parenthèses, en 1984. *Ressources* 154,9 (157,6) dont valeur ajoutée brute 148,8 (151,2), subventions d'exploitation 6,1 (6,3). *Emplois* 154,9 (157,6) dont salaires 16,3 (16), cotisations sociales 5,4 (5,2), impôts 1,3 (1,3). Excédent brut d'exploitations des livraisons 131,9 (135).

Compte de revenu en 1985, en milliards de F, et entre parenthèses en 1984. *Ressources* 151,6 (153,2), dont E.B.E. des livraisons 131,9 (135), indemnités d'assurances 4 (3,5), prestations sociales 15,7 (14,6). *Emplois* 151,6 (153,2) dont intérêts 17,4 (16), fermages et métayages « nets » 4,6 (4,7), primes d'assurances 4,3 (3,7), impôts 7,4 (6,8), cotisations sociales 12,8 (11,7), revenu brut agricole 105,2 (110,3). *Fermages et métayages totaux* 8,3 (8,1). Consommation de capital fixe 35,2 (33,5). Revenu net agricole 70 (76,8).

Revenu brut agricole global (en milliards de F). *1970* : 36,5. *80* : 72,5. *81* : 81,5. *82* : 98. *83* : 100,7. *84* : 109,7. *85* : 107,7.

Évolution du revenu (en %, en 1985, et entre parenthèses, revenu moyen en F de l'année précédente). *Revenu brut* — 1,8 (— 4,7), *net* — 4,6 (— 7,4), *des exploitations à temps complet* — 2,3 (— 5,2), *revenu brut par UTA* [1] *familiale* — 1,8 (— 4,7), *revenu brut des exploitations pérennes* (— 7,3). Prix du produit intérieur brut marchand 6,2.

Nota. — (1) UTA = Unité de travail annuel.

Évolution du revenu agricole en valeur réelle et, entre parenthèses, revenu brut agr. par exploitation en valeur réelle par rapport à l'année précédente (en %). *1971* : + 3,2 (+ 6,3). *1972* : + 10,4 (+ 13,7). *1973* : + 1,9 (+ 4,9). *1974* : — 7,9 (— 5,1). *1975* : — 4,4 (— 1,1). *1976* : — 3,8 (— 1,4). *1977* : — 1,8 (+ 0,3). *1978* : — 4,5 (— 2,8). *1979* : — 3,4 (— 1,6). *1980* : — 8 (— 6,3). *1981* : + 0,8 (+ 2,9). *1982* : + 7,3 (+ 9,4). *1983* : — 6,2 (— 4,1). *1984* : + 1,7 (+ 4). *1985* : — 7,5 (— 4,7).

Évolution du revenu brut agricole par exploitation dans l'optique « production » (en F constants, en % par rapport à l'année précédente). *1971-70* + 3,3, *72-71* + 17,7, *73-72* + 12,7, *74-73* — 11,2, *75-74* — 7,8, *76-75* + 0,4, *77-76* — 0,2, *78-77* + 1,1, *79-78* + 3,8, *80-79* — 14,2, *81-80* + 1,8. *82-81* + 21,8, *83-82* — 10,4, *84-83* + 2,3, *85-84* — 5,8.

Principales composantes du revenu (1984, prov. en milliards de F). *Recettes* 299,7 dont livraisons 273,9, subventions et indemnités d'assurances 10,1, prestations sociales 15,7. *Dépenses* 194,5 dont consom. intermédiaires 125,1, charges d'exploitation 56,6, cotisations sociales 12,8.

Résultat brut d'exploitation (R.B.E.)

Définition. Différence entre la valeur de la production d'une part et les achats ou dépenses courantes d'autre part. Sur ce revenu, l'agriculteur rémunère ses aides familiaux, son travail propre, paie les cotisations sociales pour sa famille, les annuités (partie capital) des emprunts et finance des investissements.

R.B.E. moyen par exploitation à temps complet (en F, 1985). *Céréales* 158 000, autre agric. générale 224 000. *Viticulture* de qualité 252 000, courante 87 000. *Horticulture* 255 000. *Arboriculture* 173 000. *Bovins* lait 84 000, B. viande 59 000, B. mixtes 71 000. *Autres herbivores* 51 000. *Hors sol* 154 000. *Moy. nationale* 117 000.

R.B.E. moyen par actif familial et par régions dans les exploitations à temps complet (en F, 1985). I.-de-France 125 000. Picardie 132 000. Champagne-Ardenne 176 000. Provence 89 000. Centre 101 000. Languedoc 77 000. Nord-P.-de-Calais 74 000. Alsace 92 000. Bourgogne 92 000. Hte-Normandie 84 000. Poitou-Charente 73 000. P. de la Loire 63 000. Corse 35 000. Bretagne 61 000. Aquitaine 46 000. Lorraine 56 000. Midi-Pyr. 54 000. Rhône-Alpes 53 000. Limousin 42 000. Auvergne 41 000. Franche-Comté 59 000. B.-Normandie 47 000. France 70 000.

Coûts de production

Consommations intermédiaires [1] (1985, prov., en milliards de F). 136,1 (131,9) (y compris TVA) dont alim. des animaux 39,2 (41,4), engrais 26,7 (25), protection des cultures 15,9 (14,8), entretien du matériel 11,4 (10,8), produits pétroliers 8,6 (7,8), dépenses vétérinaires 7 (6,5), entretien des bâtiments 4,6 (4,3), marges sur produits agr. 1,7 (1,7), autres biens 13,4 (12,4), autres services 7,7 (7,1). *Part des consom. interm. dans les livraisons* : 49,7 (1970 : 30,3).

Nota. — (1) Pour produire 100 F, il fallait 30 F de cons. interm. en 1970 et 45 F en 1983.

Charges d'exploitation (1984, prov. en milliards de F). 49 dont salaires et cotisations sociales 21,2, intérêts 16, impôts 8,1, fermages et métayages 8,1, primes d'assurances 3,7. *Part des charges d'expl. dans les livraisons* : 19,3 % (1970 : 16,3 %).

Endettement. De l'agriculture (fin 1982). 180 milliards de F, soit 14,8 % du bilan financier de l'agriculture, 71,3 % du montant des livraisons, 130 % de la valeur ajoutée annuelle de l'agr., 20 % de l'actif total possédé par les agr. **Des exploitations** (en %, 1982). — *de 50 000 F* : 43. *50 à 200 000 F* : 48. *+ de 200 000 F* : 9.

Rentabilité de l'agriculture (1984). *Revenu brut global de l'agr.* : 109,5 milliards de F ; *dépenses de l'État en faveur de l'agr.* : 99,9 milliards de F. *Part de l'agr. dans le P.I.B. marchand* : 4,5 %, *part des industries agrico-alimentaires* : 5,3 % [*1960* : 12,4 % (5,2 %). *1970* : 7,3 % (4,6 %)].

Exploitations

Définitions

Autrefois, une exploitation agricole se suffisait à elle-même ; le surplus était vendu pour acquérir les quelques biens de consommation indispensables et pour payer les impôts. Si cet apport était insuffisant, le paysan travaillait pour un salaire hors de l'exploitation en étant journalier ou artisan. Chaque société villageoise, avec ses agriculteurs (petits, moyens et gros exploitants) et ses pauvres sans terres (domestiques, ouvriers agricoles), ses médiateurs (notables, officiers ministériels, prêtres, instituteurs, médecins), quelques négociants, patrons de manufactures, artisans et petit personnel administratif et de service, constituait un tout, avec des traditions communes. L'industrialisation et les besoins en main-d'œuvre qui en ont découlé ont bouleversé ce monde agricole fermé.

• **Banques de travail.** Échange gratuit et réciproque du matériel et de la main-d'œuvre. Fonctionnent souvent au sein des C.U.M.A. Les participants payent à la banque les services rendus. Celle-ci établit sur un tableau le bilan des services échangés entre les différents participants. Elle comptabilise les travaux que chacun exécute pour ses collègues. Ex. : 1 h de travail d'homme égale 1 unité ; 1 h de tracteur plus remorque 2,85 un. : 1 tronçonneuse 3 un. Les participants sont occasionnels ou réguliers.

• **Centres d'études techniques agricoles (C.E.T.A.).** 13, square Gabriel-Fauré, 75017 Paris. Conseils d'ingénieurs et de techniciens compétents.

• **Entreprises en atelier ou nouvelles entreprises agricoles (N.E.A.).** Divisées en plusieurs ateliers de production de même nature et en ateliers complémentaires, chacun rassemblant de 3 à 5 hommes, et s'occupant d'une seule prod. (ou de prod. indissociables). Une entreprise peut ainsi réunir 5 ateliers (étables laitières, production de fourrage, commercialisation, administration, etc.) et 20 à 25 salariés. *But* : éviter la déshumanisation de la grosse entreprise et l'inefficacité de la petite exploitation familiale. L'autonomie de chaque atelier doit favoriser la formation, l'esprit d'équipe, le sens des responsabilités.

• **Exploitation en association.** Mise en commun sur plusieurs exploitations des moyens de production, de la commercialisation des produits, ce qui permet d'alléger les charges et d'abaisser les prix de revient.

Fermage. Contrat par lequel le propriétaire abandonne à un locataire l'exploitation d'un domaine moyennant une redevance (ou *fermage)* fixée par avance périodiquement et indépendante des résultats obtenus ; un arrêté préfectoral détermine dans les différentes régions les quantités minimales et maximales de denrées (min. 4) servant de base au calcul du fermage dans laquelle doit être compris le prix du fermage. *Durée des baux* : b. à terme : 9 a. généralement (représentent de 56 à 80 % des baux pour les surfaces de 1,5 ha et +) ; b. à long terme : 18 a. min. ; b. à 25 a. ; b. de carrière : 25 a. min. *Règlement* : en nature ou en espèces. Le fermier (locataire) est maître de l'exploitation et de l'organisation de sa ferme. Si les 2 parties n'ont pas rédigé de contrat écrit, toutes les clauses de leur bail sont imposées par un règlement type. La loi de 1946 a unifié les baux de fermage.

Selon la loi du 15-7-1975 : en cas de vente du fonds par le propriétaire, le fermier peut faire jouer son droit de préemption pour un de ses descendants. La reprise triennale au cours du 1er bail de 9 ans est remplacée par une reprise sexennale au cours du 2e afin d'assurer au fermier une garantie d'exploitation de 15 ans au moins. Le propriétaire ne peut reprendre l'exploitation si le fermier, au terme du bail, est à 5 ans de la retraite. Le bailleur reprenant un fonds doit l'exploiter lui-même 9 ans. Le fermier peut transformer une prairie en terre de culture et vice versa, effectuer un plus grand nombre de travaux, mettre en œuvre les moyens culturaux de son choix. Le prix du bail est fixé à partir de *quantités maximales et minimales de denrées* arrêtées par le préfet de chaque département, sur proposition de commissions consultatives paritaires et dans des conditions fixées par décret ; en tenant compte de la durée du bail, de l'existence dans ce bail d'une clause de reprise éventuelle, de l'état et de l'importance des bâtiments, de la qualité des sols et de la structure parcellaire. Le fermage peut se régler en nature ou en espèces, ou partie en nature et partie en espèces. Il ne doit comprendre en plus aucune redevance ou service. Le fermier et le propriétaire conviennent à leur gré du partage des taxes.

Nota. — V. aussi valeur locative des terres p. 1275.

• **Grandes entreprises.** En Seine-et-M., les exploitations céréalières ont plus de 100 ha. Mécanisées au maximum, et orientées vers le profit, elles utilisent le moins de personnel possible. Les salariés, en général moins payés qu'à l'usine, ont des avantages en nourriture, logement, prix préférentiels pour certaines denrées.

• **Groupements agricoles d'exploitation en commun (G.A.E.C.).** Mise en commun des moyens de production dans des conditions juridiques peu contraignantes pour permettre à des agriculteurs d'améliorer la rentabilité de leurs exploitations en les groupant. Chaque associé conserve les avantages qu'il possédait lorsqu'il était exploitant individuel et doit participer au travail en commun, dans des conditions comparables à celles existant dans les exploitations de caractère familial. *Nombre* : 21 552 au 1-1-1982.

• **Groupements fonciers agricoles (G.F.A.).** Sociétés civiles ayant pour objet la création ou la conservation d'une ou plusieurs exploitations agricoles en vue de faciliter leur gestion notamment en les louant. Permettent de regrouper des terres ou d'éviter leur démembrement, de résoudre les problèmes de financement en incitant les capitaux à s'investir ou, à tout le moins, demeurer à la terre. Depuis 1974, les S.A.F.E.R. ont la possibilité de faire partie à titre transitoire d'un G.F.A., sans détenir plus de 30 % des parts ni faire partie du conseil d'administration. Selon le C.E.R.C. (Centre d'étude des revenus et des coûts), les G.F.A. obtiennent des fermages de 20 % sup. à la moyenne.

• **Groupements de production.** Ex. : *Groupement cantonal* réunissant, moyennant une cotisation très faible, un certain nombre d'adhérents qui apportent leurs porcs (un minimum de truies étant requis).

Groupement départemental emmenant aux abattoirs avec lesquels il a passé contrat ; les porcs sont payés aux producteurs selon un barème commun, les prix étant établis selon le rendement et la qualité. *Nombre* (1981) : 1 344.

• **Installations.** *Moyenne annuelle (1975-78) :* 37 000. Taux moyen d'installation (1975-78) 2,8 dont agriculteurs à titre exclusif 22 000 (S.A.U. moyen 28 ha) dont – de 35 ans 15 000 (31 ha), agriculteurs doubles actifs 7 000 (11 ha) dont – de 35 ans 2 700 (13 ha), successions de conjoint 3 000 (20 ha), installations de retraités 2 000 (12 ha), réinstallations 900 (36 ha), installations fictives 2 000 (14 ha). *Moyenne annuelle (1981-83) :* 33 600 dont enfant de l'ancien chef 16 300 (84 % d'hommes), conjoint 9 500 (93 % de femmes), autres cas 7 800 (82 % d'hommes) ; dont (en %) – de 35 ans : 43, 35-44 ans : 18, 45-54 ans : 19, 55-64 ans : 14, 65 ans et + : 6 ; dont vivaient auparavant hors agric. : 18 %.

• **Métayage.** Le propriétaire d'une terre en cède l'usage à un locataire ou métayer, moyennant une rétribution (en général 1/3 des produits de l'exploitation ; dans ce cas le bailleur participe pour 1/3 aux dépenses de l'expl.). *Contrat min. :* 9 ans renouvelable. La loi du 1-8-1984 rend la conversion du métayage toujours possible, même pour les b. à long terme ; la conversion est automatique quand elle est demandée par un métayer en place dep. 9 ans ou +.

Statistiques

Nombre d'exploitations en milliers et entre parenthèses S.A.U. (superficie agricole utilisée) **en milliers d'ha, en 1983.** 1 129,6 (28 753,7) dont 781,1 à temps complet. Bretagne 109,1 (1 839). Rh.-Alpes 99 (1 650). P. de la Loire 98,9 (2 376,7). Midi-Pyr. 95,9 (2 454,6). Aquitaine 85,5 (1 517). Languedoc 75,5 (1 020,5). Poitou-Charente 61,2 (1 782,3). Centre 58,8 (2 479,6). B.-Normandie 58,8 (1 368,6). Auvergne 51,6 (1 558,9). Pr.-Alpes-Côte-d'Azur 50,2 (614,9). Bourgogne 41,2 (1 778,3). Champagne-Ardenne 34,9 (1 553). Nord-P.-de-C. 33,1 (874,5). Limousin 33 (889,6). Lorraine 29 (1 106,9). H.-Normandie 26,3 (813,4). Picardie 25 (1 348,8). Alsace 24,3 (342,5). Fr.-Comté 22,2 (681,9). Ile-de-France 10,4 (586,4). Corse 5,7 (116,5).

De 1970 à 1983 : 458 000 exploitations ont disparu.

Superficie agricole utilisée selon le mode de faire-valoir (1983, en ha) : *faire-valoir direct* 13 923 200 (48 %), *fermage* 14 584 700 (51 %), *métayage* 251 700 (1 %). *Total* 28 753 700. **1975 :** *faire-valoir direct* 52 %, *fermage* 47 %, *métayage* 1 %. Le faire-valoir direct est plus fréquent sur les petites exploitations et au S. de la Loire, en particulier dans les expl. fruitières et viticoles. Le métayage est en voie de disparition.

Superficie des exploit. en 1983	Nombre (1 000)	%	S.A.U. (1 000 ha)	%
– 5 ha	297	26	575	2
5/20 ha	346	31	4 072	14
21/50 ha	330	29	10 473	36
51/100 ha	120	11	8 095	28
101 ha et +	37	3	5 539	20
Total	*1 130*	*100*	*28 754*	*100*

Superficie moyenne. 25,5 ha en 1983 (19 en 1970). Mis à part les ateliers de prod. hors sol, les exploitations de moins de 5 ha ne sont plus guère exploitées que par des retraités âgés et sont condamnées à disparaître, ou constituent une activité complémentaire pour des personnes travaillant à plein temps hors de l'exploitation.

Valeur vénale des terres agricoles

Elle dépend de nombreux facteurs, ex. : plus-values des plaines par rapport aux montagnes, des vallées fluviales par rapport aux plateaux, du littoral par rapport à l'intérieur, des abords des villes par rapport aux campagnes éloignées ; à l'intérieur d'une même région : différences liées à la fertilité, l'exposition, la situation de chaque terre.

L'évolution et le développement des conditions de la production agricole et l'usage des prairies temporaires et des aliments composés pour les animaux font que la moins-value des terres labourables par rapport aux prairies diminue.

Des *baux de chasse* offrent dans certaines régions des revenus supplémentaires. Ils sont, fréquemment, 2 à 3 fois plus chers que le fermage en Alsace, en Sologne et dans le Quercy.

Indexation des baux : en général sur le prix des productions dominantes. Les baux stipulés en blé se sont dépréciés par rapport à ceux stipulés en viande bovine, en lait ou en beurre.

Terres les plus chères : plaines de grande culture du Nord, du Bassin parisien et de Picardie (40 000-50 000 F l'ha en moy.) ; régions où les terres labourables sont fertiles et relativement rares : Normandie (la plus grande partie de la superficie totale est consacrée aux prairies), vallées du Rhône et de la Garonne, littoral méditerranéen (forte demande non agricole), ceinture de Paris.

Terres les moins chères : régions montagneuses.

Évolution. *De 1950 à 1980* + 2 000 % en F courants, + 300 en valeur réelle. La hausse n'a pas été régulière. *1950-53 :* stabilisation monétaire et baisse en *valeur réelle en 1951 et 1952. 1954 et 1955 :* + 5 à 6 %. *1956-57-58 :* « boom » ; en 1956 et 1957 + 20 % : début de la guerre d'Algérie et installation (dans le Midi) des colons du Maroc et de Tunisie. *1959-60 :* stabilisation. *1961-64 :* hausse ; les rapatriés d'Algérie achètent des terres, + 50 % en valeur réelle. *1965 :* stabilisation. *1969-71 :* baisse en valeur réelle. *1970-78 :* hausse moyenne de 10,4 % par an (inflation : – de 9 % par an). *1979-83 :* baisse en F constants (+ 1,7 % en moyenne par an, avec une inflation de 11,6 % par an). *1960-83 :* hausse en F constants de 1,4 % par an. *1983 :* 1re baisse en F courants dep. plusieurs décennies : hors cultures spéciales, – 2 % pour les parcelles non bâties, – 7 % pour les exploitations entières ; par type de culture (en %) : t. labourables – 1, prairies naturelles – 2,2, terrains maraîchers – 1,6, vergers – 1,3, vignobles d'appellation non contrôlée – 3,6 (appellation contrôlée + 2,6). Causes : baisse du revenu des exploitants ; attrait moindre de la terre comme placement : faible revenu du fermage, comparé à celui d'autres placements (valeurs mobilières, etc.). V. aussi le tableau ci contre : % d'évolution en valeur réelle et valeurs locatives des terres agr.

2 régions ont beaucoup augmenté : la Champagne (600 F l'ha en 1950, le plus bas du pays, à 7 500 F en 1969, 21 600 en 1980) et la Région parisienne (1 200 à 14 000 F l'ha, 38 200 en 1980, à cause de l'urbanisation). Les prix ont moins augmenté dans le Nord (3 300 à 11 500 F, 25 300 en 1980), la Basse-Normandie (2 200 à 12 100 F, 32 900 en 1980) et l'Alsace (1 600 à 6 800 F, 31 500 en 1980). Les écarts entre régions chères et régions bon marché sont moins importants qu'en 1950.

Performances relatives des terres agricoles en tant que placements

Comparées aux autres formes de placements, les t. agricoles ont été un bon placement jusqu'en 1979, mais ne le sont plus depuis. Performances réelles globales (en % par an). *Fin 1959-fin 1969 :* t. agricoles + 8,7, obligations du secteur privé + 4, logements + 3,4, livret de caisse d'épargne et actions françaises + 0,5, lingot d'or – 2. *Fin 1969-fin 1979 :* lingot + 14,5, t. agricoles + 2,9, obligations privées et logements + 2,4, actions fr. 0, livret de caisse d'ép. – 4,5. *Fin 1979-fin 1983 :* actions fr. + 6,3, obligations privées + 3, lingot + 2,5, logements + 0,1, livret de caisse d'ép. – 3,5, t. agricoles – 4,2.

Terres louées (% de moins-value par rapport aux terres libres). 10 à 30 % (baux de 9 ans) à 45 % si début de bail à long terme.

Terrains maraîchers (en F/ha, 1980). *Situés près des villes* (deviennent souvent des terrains à bâtir). Régions de Solliès et de Fréjus, littoral varois, Maures et Esterel 90 000 à 300 000 F l'ha, autour de Lyon 60 000 à 100 000, Essonne 100 000 (max. 500 000). *Moyenne 1981 :* 79 150, *82 :* 77 950, *83 :* 76 700, *84 :* 73 100, *85 :* 69 650.

Régions purement maraîchères : Val de Loire, Gironde 30 000 à 100 000 ; P.-Or. 70 000 à 210 000 ; Finistère 60 000 à 250 000 ; A.-Maritimes 150 000 à 650 000 ; C.-d'Or 20 000 à 30 000 ; Lorraine 25 000 à 70 000 ; P.-Char. 20 000 à 30 000.

Vergers. *Prix moyen :* 46 000 F l'ha en 1980 (Ardèche 18 000 à 40 000, Drôme 11 000 à 52 000, P.-Or. 35 000 à 190 000, Var 30 000 à 220 000, A.-Mar. 30 000 à 230 000). *1981 :* 47 950, *82 :* 47 600, *83 :* 46 150, *84 :* 44 250, *85 :* 42 200.

Vignobles. En 1981, *vignes non AOC :* prix moyen 38 500 F l'ha (Var 36 000 à 160 000, Vaucluse 35 000 à 60 000, Tarn-et-G. 8 500 à 12 500, Aude 20 000 à 55 000, Hérault 15 000 à 75 000, P.-Or. 25 000 à 85 000, B.-du-Rhône 30 000 à 60 000). *Vignes à AOC :* prix moyen 120 000 F l'ha (Marne 150 000 à 1 000 000, C.-d'Or 100 000 à 1 500 000, S.-et-Loire 50 000 à 350 000, Yonne 60 000 à 550 000, Gironde 35 000 à 300 000, pays Fort et Sancerrois 40 000 à 200 000, Alsace 75 000 à 480 000, P. de la Loire 20 000 à 70 000). *1982* non AOC 38 100 (AOC 126 050). *1983 :* 36 700 (129 350). *1984 :* 35 900 (135 550). *1985 :* 36 100 (145 000).

Nota. – Terres vendues (en 1985, selon le SCAFR) : 357 000 ha (soit 1 % de la surface agr. utile). *Terres : changement de propriétaires par successions :* 1 million d'ha.

% d'évolution en valeur courante en italique, en valeur réelle

Année	78	79	80	81	82	83	84	85
Terres labourables	10	9	5,3	3	0,6	– 1,2	– 0,8	– 0,8
Prairies naturelles	11	9,7	6,1	2,6	– 1	– 2,2	– 2,4	– 2,3
Ensemble	10,4	9,3	5,6	2,9	0	– 1,5	– 1,3	– 1,2
Valeur réelle	*0,5*	*– 1*	*– 5,3*	*– 7,5*	*– 10,7*	*– 10*	*– 7,8*	*– 7*
P.I.B.	9,8	10,4	– 11,5	11,3	12	9,5	7,1	6,2

Valeur locative des terres agricoles

Revenu brut moyen en % par rapport à la valeur vénale 2 à 3,5 %. Écarts : 1,2 Indre et Tarn-et-Gar., 5,8 Gironde pour les terres labourables, 1,3 Haute-Vienne et 6,6 Saône-et-L. pour les prairies naturelles. Le propriétaire doit déduire les charges qu'il supporte (impôts, assurances et entretien des bâtiments).

Il fut des époques où les fermages ont représenté de 4 à 5 % de la valeur d'un patrimoine foncier agricole. La diminution relative des valeurs locatives est, dans certaines régions, tempérée par diverses pratiques. Ainsi, dans le Nord, la Picardie, la Champagne, le Bassin parisien, l'usage du « droit au bail », versé par les fermiers prenant une exploitation en location, s'est répandu, bien que la loi l'interdise. Ce « prix du vent » atteint des sommes considérables. Le « fermier sortant » est parfois seul à en profiter.

Dans les zones d'élevage, des « contrats de vente d'herbe », laissant aux propriétaires les charges d'entretien de leurs fonds et l'intégralité des charges fiscales et parafiscales qui s'y attachent, leur permettent d'obtenir des loyers plus élevés et de conserver, d'une année sur l'autre, la libre disposition de leur bien.

Selon le C.E.R.C. les 14,75 millions d'ha. de t. agricoles louées représentent un patrimoine de 335 milliards de F. *En 1982 :* les propriétaires ont reçu un fermage moyen de 546 F/ha (Lorraine 350 F, Hte-Normandie et Flandres-Artois 660 F) pour 169 F d'impôts fonciers (dont 51 F ont été payés par les fermiers) et 8,40 F de taxes diverses ; rendement courant brut (rapport fermage/valeur vénale) : 2,7 % net (d'impôts) : 2,1 % (pour les G.F.A., voir page 1274.

Taux de rendement net : baux écrits à 9 a. : 2,36 %, b. à long terme et de carrière 2,38 %, b. verbaux et autres 2,12 %. L'indexation du fermage sur les prod. animales (viande, lait) offre une meilleure rentabilité (589 F/ha en moyenne) que celle sur les prod. végétales (502 F) ; en l'absence d'indexation, 425 F. Un bail écrit permet un taux de rendement net sup. d'env. 15 % à celui d'un bail verbal.

Livraisons de l'agriculture

En milliards de F en 1985, et entre parenthèses, **en 1984 (chiffres prov.). Produits végétaux** 131,2 (130,6). *Céréales* 46,8 (50) [blé tendre 26,9 (30,5), dur 1,1 (0,9), orge 7,2 (7,2), avoine 0,5 (0,6) maïs 10,7 (10,3), autres 0,4 (0,4)]. *Fruits et légumes* 31,5 (33,8) [p. de terre 1,8 (5,3), légumes frais 18,5 (18), secs 1,2 (0,9), fruits 10 (9,6)]. *Plantes industrielles* 16,5 (14,9) [betteraves 6,7 (6,5), oléagineux 7,7 (6,4), tabac 1 (0,9), autres 1,1 (1,1)]. *Vins* 29,1 (24,8) [v. courants 10,3 (9,3), v. de qualité 18,8 (15,5)]. *Autres prod. végétaux* 7,4 (7,1) [plants de pépinières 2,4 (2,1), fleurs et plantes 4,4 (4,5), autres 0,5 (0,5)]. **Produits animaux** 142,7 (142). *Bétail* 68,8 (68,8) [gros bovins 32,8 (32,9), veaux 12,2 (12,5), porcins 18,6 (18,1), ovins 0,3 (0,3), ovins et caprins 4,8 (4,9)]. *Autres animaux* 18,4 (18,2) [volailles 14,3 (14), divers 4,1 (4,1)]. *Produits animaux* 55,4 (55) [lait 48,2 (47,3), œufs 6,7 (7,2), divers 0,6 (0,6)].

Prix des terres agricoles selon les départements * (en 1985, en F par ha)

1 : terres labourables. 2 : prairies naturelles

	1	2
ILE-DE-FRANCE	29 000	27 300
Seine-et-Marne	28 200	26 000
Yvelines	27 300	28 600
Essonne	33 500	27 500
Hauts-de-Seine		
Seine-St-Denis	78 300	43 900
Val-de-Marne		
Val-d'Oise	28 500	25 000
CHAMPAGNE-ARDENNE	22 400	16 900
Ardennes	23 500	18 100
Aube	23 100	19 400
Marne	24 500	18 800
Haute-Marne	14 700	14 600
PICARDIE	29 200	25 400
Aisne	27 500	22 400
Oise	28 700	27 300
Somme	31 200	28 700
HAUTE-NORMANDIE	31 900	29 400
Eure	30 100	26 800
Seine-Maritime	34 400	30 900
CENTRE	20 600	13 300
Cher	16 700	11 800
Eure-et-Loir	32 800	22 400

	1	2
Indre	11 100	14 900
Indre-et-Loire	14 400	16 600
Loir-et-Cher	16 400	18 400
Loiret	15 800	25 300
BASSE-NORMANDIE	25 200	25 100
Calvados	23 100	25 500
Manche	30 200	31 400
Orne	19 800	19 700
BOURGOGNE	13 800	15 000
Côte-d'Or	11 900	13 300
Nièvre	14 000	16 000
Saône-et-Loire	14 200	11 800
Yonne	15 300	17 000
NORD-PAS-DE-CALAIS	25 200	27 700
Nord	26 500	31 800
Pas-de-Calais	24 100	25 400
LORRAINE	16 600	17 000
Meurthe-et-Moselle	16 700	17 700
Meuse	15 800	15 500
Moselle	16 900	17 900
Vosges	17 100	16 800
ALSACE	24 800	34 300
Bas-Rhin	22 300	35 200

	1	2
Haut-Rhin	33 400	28 800
FRANCHE-COMTÉ	15 200	13 800
Doubs	15 700	15 900
Jura	16 000	12 900
Haute-Saône	14 200	12 000
Belfort (Terr. de)	17 900	17 300
PAYS DE LA LOIRE	14 700	15 300
Loire-Atlantique	10 700	10 800
Maine-et-Loire	14 400	13 600
Mayenne	20 500	20 200
Sarthe	18 100	16 500
Vendée	12 400	10 600
BRETAGNE	23 300	15 100
Côtes-du-Nord	22 300	7 900
Finistère	25 200	11 800
Ille-et-Vilaine	24 900	21 200
Morbihan	20 700	11 800
POITOU-CHARENTE	17 100	14 300
Charente	15 600	13 100
Chte-Maritime	20 100	13 200
Deux-Sèvres	14 500	15 200
Vienne	17 400	15 600
AQUITAINE	24 700	19 000
Dordogne	21 400	20 700

	1	2
Gironde	18 300	14 200
Landes	24 000	16 900
Lot-et-Garonne	27 600	15 000
Pyr. Atlantique	28 400	21 700
MIDI-PYRÉNÉES	23 500	20 500
Ariège	16 500	13 500
Aveyron	28 400	28 400
Haute-Garonne	20 600	10 700
Gers	25 200	15 400
Lot	18 400	18 700
Htes-Pyrénées	28 700	20 600
Tarn	21 300	19 100
Tarn-et-Garonne	23 600	13 600
LIMOUSIN	14 000	13 200
Corrèze	20 100	16 300
Creuse	11 200	11 200
Haute-Vienne	13 300	12 500
RHÔNE-ALPES	25 400	19 000
Ain	20 800	14 600
Ardèche	19 500	15 600
Drôme	26 700	15 300
Isère	28 300	23 400
Loire	18 000	17 100
Rhône	27 900	23 100
Savoie	32 100	19 100
Haute-Savoie	41 200	25 400

	1	2
AUVERGNE	21 200	16 200
Allier	18 800	14 900
Cantal	19 500	19 700
Haute-Loire	15 700	15 800
Puy-de-Dôme	26 500	14 300
LANGUEDOC-ROUSSILLON	26 300	18 100
Aude	24 600	11 800
Gard	30 200	30 600
Hérault	27 800	13 900
Lozère	12 400	19 000
Pyr.-Orientales	55 200	16 200
PROVENCE-ALPES CÔTE D'AZUR	32 100	25 800
Alpes Hte-Provence	21 300	14 100
Hautes-Alpes	21 600	16 900
Alpes-Maritimes	48 400	34 000
Bouches-du-Rhône	37 900	43 100
Var	42 100	34 300
Vaucluse	39 600	23 800
CORSE	13 700	7 500
Corse-du-Sud	10 100	7 100
Haute-Corse	15 400	7 900
FRANCE MÉTROP.	22 200	17 850

Nota. — * Chiffre estimé. Les prix indiqués sont valables pour des parcelles d'au moins 1 ha, libres à la vente. Le prix de terres louées est moins élevé : moins-value de 10 à 30 % et plus selon la durée du bail restant à courir. Cette différence s'accroît dans plusieurs régions, principalement l'Ouest, les investisseurs non agriculteurs se détournant du placement en terre en raison de la faible rentabilité des fermages. Les exploitations entières ont une moins-value d'env. 10-15 % par rapport au prix des parcelles : concurrence entre voisins, difficultés de financement.

Bilan par produit (solde en milliards de F, 1985). *Excédents :* céréales 31,5, vins et spiritueux 21,3, produits laitiers 11,7, minoterie 4,7, bovins et viande bovine 4,5, sucre 3,7, viandes de volailles 2,6. *Déficits :* café 7,5, soja manioc 7,2, prod. des espèces porcine, ovine et chevaline 6,8, fruits tropicaux, agrumes 6,7, tabacs 4,9, poissons, crustacés, mollusques 4,1, conserves et prod. d'épicerie sèche 3,9, cacao 2,4, huiles et corps gras 2,3, légumes frais 2, plantes, floriculture 2, fruits tempérés 0,4.

Principaux clients. *C.E.E. :* Italie 22,4, All. féd. 22,3, U.E.B.L. 17,6, G.-B. 11,7, P.-Bas 10,9, Grèce 1,7, Danemark 1,4, Irlande 1. *Pays tiers :* U.S.A. 8,2, U.R.S.S. 7,1, Siuisse 4,3, Égypte 2,5, Algérie 2,1, Maroc 2,1, Arabie Saoud. 2,1, Espagne 1,9, Canada 1,6, Japon 1,5, Irak 1, Inde 0,8. **Principaux fournisseurs.** *C.E.E. :* P.-Bas 16,4, U.E.B.L. 14, All. féd. 9,4, Grèce 8,9, Italie 8,3, G.-B. 6,6, Danemark 2,5, Irlande 2,4. *Pays tiers :* Brésil 7,1, Espagne 5,5, U.S.A. 5,4, Côte-d'Ivoire 4,2, Maroc 2,3, Argentine 1,6, Sénégal 1,2, Israël 1,1, Canada 1, Cameroun 0,9, Chine 0,9, Thaïlande 0,8.

Céréales

Production et rendements (évolution). Production moyenne en millions de t et, entre parenthèses, rendement en quintaux à l'ha. **Avoine.** *1901-10 :* 4,6 (12). *11-20 :* 3,9 (11,8). *21-30 :* 4,6 (13,5). *31-40 :* 4,6 (14,3). *41-45 :* 2,6 (11,1). *46-50 :* 3,3 (13,4). *51-55 :* 3,6 (16,2). *56-60 :* 3,1 (18,5). *61-65 :* 2,6 (20,8). *66-70 :* 2,5 (26,1). *71-77 :* 2 (29,8). *78-82 :* 1,9 (35,3). *80-84 :* 1,8 (36,7). *85 :* 1,7 (40,4). **Blé dur.** *1956-60 :* 0,4 (14,6). *61-65 :* 0,7 (18,8). *66-70 :* 0,3 (26,4). *71-77 :* 0,5 (28,2). *78-82 :* 0,4 (33,5). *80-84 :* 0,5 (37,2). *85 :* 0,7 (42,9). **Blé tendre.** *1901-10 :* 8,9 (13,5). *11-20 :* 6,7 (12,32). *21-30 :* 7,6 (14,18). *31-40 :* 7,9 (15,52). *41-45 :* 5,6 (13,45). *46-50 :* 6,7 (16,5). *51-55 :* 9,1 (16,5). *56-60 :* 10,8 (23,3). *61-65 :* 12,4 (29,2). *66-70 :* 13,3 (34,7). *71-77 :* 16,5 (42,7). *78-82 :* 22,1 (50,5). *80-84 :* 26 (55). *85 :* 28,3 (60,6). **Maïs.** *1901-10 :* 0,6 (12,1). *11-20 :* 0,4 (11,1). *21-30 :* 0,4 (12,1). *31-40 :* 0,5 (15,5). *41-45 :* 0,2 (1,6). *46-50 :* 0,3 (10,3). *51-55 :* 0,8 (20,8). *56-60 :* 1,9 (28,8). *61-65 :* 2,8 (29,8). *66-70 :* 5,4 (47,7). *71-77 :* 8,4 (47,7). *78-82 :* 9,6 (54,9). *80-84 :* 10,2 (60,1). **Orge.** *1901-10 :* 0,9 (12,9). *11-20 :* 0,8 (12,2). *21-30 :* 1 (14,3). *31-40 :* 1,1 (14,7). *41-45 :* 0,7 (10,9). *46-50 :* 1,3 (14,8). *51-55 :* 2,2 (18,5). *56-60 :* 5 (25,1). *61-65 :* 6,6 (27,9). *66-70 :* 8,8 (31,4). *71-77 :* 9,7 (35,5). *78-82 :* 10,9 (41,4). *80-84 :* 10,6 (45). *85 :* 11,4 (50,7). **Riz paddy** (prod. en millions de quintaux). *1942-45 :* 0,012. *46-50 :* 0,17. *51-55 :* 0,7 (37). *56-60 :* 1,2 (40). *61-65 :* 1,2 (39,5). *66-70 :* 1 (39,8). *71-77 :* 0,4 (34,2). *78-82 :* 0,3 (39,5). *80-84 :* 0,03 (46,8). *85 :* 0,06 (54,1). **Seigle.** *1901-10 :* 1,3 (10,6). *11-20 :* 0,9 (9,9). *21-30 :* 0,9 (11,2). *31-40 :* 0,7 (11,7). *41-45 :* 0,3 (8,4). *46-50 :* 0,5 (11,1). *51-55 :* 0,5 (11,5). *56-60 :* 0,4 (13,2). *61-65 :* 0,4 15,7. *66-70 :* 0,3 (19,8). *71-77 :* 0,3 (26,3). *78-82 :* 0,4 (30,2). *80-84 :* 0,3 (31,1). *85 :* 0,3 (33,7). **Sorgho.** *1961-65 :* 0,04 (30,6). *66-70 :* 0,2 (31,9). *71-77 :* 0,2 (37). *78-82 :* 0,3 (44,5). *80-84 :* 0,3 (46,7). *85 :* 0,2 (43,9). **Triticale.** *1985 :* 0,3 (44,1).

Classement des surfaces (1984, provisoire)

	Milliers d'ha	%
Terres arables	17 804,1	32,7
dont :		
céréales (y.c. semences)	9 705,1	17,8
bett. industr.	527	1
plantes textiles (y.c. semences)	55	0,1
oléagineux (y.c. semences)	956,4	1,8
cult. ind. diverses	19,5	0,03
pl. médic. et à parfum	23,8	0,04
p. de terre, lég. frais et secs	686,9	1,3
cult. florales	6,6	0,01
semences et plants divers	69,7	0,1
racines et tub. fourragers	238,3	0,4
fourrages annuels	1 639	3
prairies non permanentes	3 463,8	6,3
jardins familiaux	253,2	0,5
jachères	159,8	0,3
Surfaces toujours couvertes d'herbe	12 385,4	22,8
Vignes	1 081,9	2
Pépinières	19,8	0,03
Cult. fruitière	241	0,4
Cult. permanentes autres	1,4	—
Surface agr. utilisée	*31 533,6*	*57,9*
Peupleraies	218,2	0,4
Surfaces boisées	14 384,8	26,4
Étangs en rapport	129,9	0,2
T. agr. non cultivées	2 732	5
T. non agr.	5 438,5	10
Surface totale révisée par l'I.G.N. (non compris les eaux intérieures)	*54 437*	*100*

Industries agricoles et alimentaires en France

Source : A.N.I.A.

Chiffre d'affaires (1985). 493 milliards de F (472 en 1984, 16 % de l'ind. française) dont en % : ind. du lait 24, ind. de la viande 21, travail des céréales 18,5, prod. divers 18,5, fabrication des boissons et alcools 11, conserverie 5,8.

Solde de la balance commerciale des produits agro-alimentaires. En milliards de F. **Évolution.** *1970 :* + 3, *74 :* + 9,8, *75 :* + 4,3, *76 :* + 3,3, *77 :* − 3,8, *78 :* + 1,1, *79 :* + 3,2, *80 :* + 11,7, *81 :* + 21,1, *82 :* + 14,7, *83 :* + 21,6, *84 :* + 25,4. *85 :* + 31,1 (exp. 151,3, imp. 120,2) dont avec C.E.E. + 28,6, pays tiers + 5,6. **Soldes en 1985.** *Excédentaire :* + 75,8 dont céréales + 32,8, produits à base de céréales + 4,9, sucre et betteraves industrielles + 4,7, vins et boissons + 21,3, laits et produits laitiers + 12,1. *Déficitaire :* − 44,7 dont produits exclusivement importés (sauf oléagineux) − 14,1, fruits et légumes frais, secs et en conserve − 5,9, oléagineux, huiles et corps gras − 5,2, tabac − 4,9, produits végétaux divers − 2,4, animaux, viandes et conserves de viandes − 2,1, prod. animaux divers, cuirs et peaux − 1,8, produits forestiers 0, prod. de la pêche et conserves de poissons − 5,9, prod. divers des I.A.A. − 2,4.

Principaux clients (1985). Italie 22,4. All. féd. 22,3. U.E.B.L. 17,6. G.-B. 11,7. P.-Bas 10,9. U.S.A. 8,2. U.R.S.S. 7,1. Suisse 4,3. Égypte 2,5, Algérie 2,1, Arabie Saoud. 2,1, Maroc 2,1.

Principaux fournisseurs (1985). P.-Bas 16,4, U.E.B.L. 14, All. féd. 9,4, Grèce 8,9, Italie 8,3, Brésil 7,1, Espagne 5,5, U.S.A. 5,4, Côte-d'Ivoire 4,2. Danemark 2,5, Irlande 2,4, Maroc 2,3.

Entreprises de + de 10 salariés. 3 916 (1984). Salariés 410 000 (1985).

Investissements (1985). 16 milliards de F,

Industrie de la conserve

Source : Conf. fr. de la conserve.

- **Nombre d'entreprises (1984) :** 850. **Chiffre d'affaires** (millions de F, H.T., 1984) : 16 600 ; 23 entr. de + de 100 millions : 69 % du C.A. total.
- **Production. Conserves.** (en milliers de t). *1955* 201. *60* 446. *65* 625. *70* 1 101. *75* 1 455. *81* 1 953. *82 :* 2 170. *83 :* 1913. *84 :* 2 131.

Légumes (en milliers de t 1/2 brut 1984). Petits pois 223,1. Har. mange-tout 181. Pois et carottes 127,2.

Production

Productions principales (en milliers de q)

Culture	1985 (prov.)	1984 (prov.)	1983 (prov.)	1982	1981	1980	Meilleure année		Plus mauv. an.	
							Production	An.	Production	An.
Abricots	971,9	821,8	930,9	726,2	852,1	830,7	1 632	63	136	56
Artichauts	553,6	815,3	700,4	954,8	954,1	1 025,4				
Asperges	505,5	441,5	434	444,5	465	411,1				
Avoine	17 437,9	18 742,9	14 357,5	18 041,6	17 738,5	19 306,8	46 042	56	13 906,8	76
Betteraves fourragères	65 234,5	76 025	73 605,5	94 217,4	95 674,2	101 426	433 456	58	65 234,5	85
Betteraves industrielles	282 842,8	279 084	255 776,4	315 734,3	331 986,2	263 684	331 986,2	81	77 599	59
Blé (tendre et dur)	290 118,4	328 840,8	248 295,6	253 715,9	228 074,9	236 832,8	328 846,8	84	56 826	56
Carottes	5 919,2	5 646,1	5 077,4	5 380,6	5 007,9	4 787,2				
Cerises	813,8	1 033,6	862,2	921,7	833,1	1 233,8	1 688	65	589,2	77
Chanvre papier	374,9	295,7	279,2	336,2	391,4	451				
Châtaignes	65,5	89,7	112,9	126,6	186,7	244,3	1 366	53	65,5	85
Chicorée à café (racines)	1 595	1 394	1 550	1 658	1 206	1 225	2 226	70	1 206	81
Choux-fleurs	5 576,6	5 359,9	5 049,3	4 807,6	4 716,3	4 113,5				
Choux fourrages	54 156,8	69 033,7	77 809,9	59 854,7	71 607,7	66 176,7				
Colza	14 000,3	13 535,2	9 521	9 968,8	10 812,7	5 086	14 000,3	85	732	56
Endives	4 004,1	1 859,6	1 603	1 764	1 665,4	1 869,4				
Fèves	14,8	10,3	9,7	10,4	12,2	11,7				
Fourrages annuels	746 908,5	723 984,8	762 924,8	563 931,4	684 013,7	625 386	762 924,8	83	30 358	52
Fraises	923,5	900,3	875,5	870,3	806,8	816,3				
Haricots secs	532,2	504,4	493	184,5	177,4	199,3	1 196	56	177,4	81
Haricots verts	2 211,8	1 798,9	1 801,7	2 421,1	1 840,2	1 645,7				
Houblon	12,7	13,2	13,7	16,2	15,2	13,7	23	59	12,7	85
Lait (milliers d'hl)	336 476,2	272 882,6	273 638,6	248 500	314 730	312 269,8	336,4	85	150	52
Lentilles	n.c.	n.c.	n.c.	129,3	117,9	146,7	192,1	79	54	52
Lin oléagineux	312,2	284,9	210,4	68,6	58,1	264,2			15	72
Lin textile (1)	3 917,3	3 208,6	2 486,2	2 553	1 791	2 946,4	5 073	64	1 478,4	76
Maïs	118 745,6	102 976,3	97 702,2	96 305	87 682,3	93 645,2	118 745,6	85	4 043	50
Melons	2 464,4	2 126,1	2 210	2 311	2 053,7	1 896,9	2 464,4	85	568,4	45
Méteil	167,7	131,1	151,6	188,3	193,9	221				
Millet	n.c.	n.c.	n.c.	33,8	29,3	33,1				
Noix (2)	171,3	156,1	181,8	278,3	155,9	339,2	411	52	115	57
Œillette	n.c.	53,6	43	8,2	6,4	18,9				
Orge	114 263,9	115 530,6	88 114,8	100 443,7	102 313,1	117 155,5	117 155,5	80	15 718	50
Pêches	4 857,9	4 469,5	4 047,3	3 611,5	4 221,2	4 204,2	6 148	68	3 611,5	82
Poires de table	4 092,3	4 404,8	4 138,8	4 075,07	4 160,1	4 372,5	5 529	71	1 227	51
Poireaux	2 218,6	2 397,2	2 410,9	2 301,8	2 293,7	2 165,7				
Petits pois (conserve)	1 763,7	2 005,8	1 787,9	2 330,7	1 754,4	1 531,8	2 330,7	82	96	67
Pommes et poires à cidre	522,9	810,7	1 394,9	4 038,6	3 936,2	14 449,8	58 639	50	522,9	85
Pommes de table	16 828,4	18 584,1	14 754	18 646,1	14 684	19 085,3	18 646,1	82	1 788	57
Pommes de terre	69 611,9	62 316,8	54 054,7	67 931	60 676,9	66 178,1	168 467	56	41 926	76
Prairies artificielles	50 109,3	54 996,1	53 518,6	57 335,4	69 680,1	73 019,4	185 181	48		
Prairies temporaires	180 327,1	190 426,1	193 297,4	176 534	196 521,5	198 950,7	217 306,2	77	30 656	52
Prunes	1 587,4	846,5	731,8	1 741,9	830,3	840,3	1 741,9	82	731,8	83
Prunes à pruneaux	785,1	978,6	780,8	898,8	712,3	601,3	898,8	82	70	58
Raisins de table	1 968,4	1 824,7	1 913	2 238,2	1 694,7	1 825,6	3 409	66	1 520,2	77
Riz paddy	605,5	n.c.	374,8	271	201,5	238,5	1 405	58	201,5	81
Salades : chic., fris., scar.,	1 501,5	1 380,4	1 326,8	1 242,3	1 216,3	1 284,1				
Salades : lait., pom., rom.,	3 220,5	3 395,5	3 282,9	3 133,7	2 850,2	2 879,4				
Sarrasin	n.c.	n.c.	n.c.	n.c.	67,8	74,6	3 729,8	32	67,8	81
Seigle	2 970,7	3 493,2	2 963,2	3 223	3 415,8	4 075,3	6 612	65	2 953	76
Soja	578,2	497,1	270,4	207,2	190,4	164,9				
Sorgho	1 917,4	2 551,9	2 478,5	2 590,4	3 206,4	3 360,4				
Tabac	376	365,8	366,4	402	453	459,8	638	57	342	61
Tomates	8 872,1	7 810,3	7 695	8 760,6	7 917,7	8 457,9				
Tournesol	15 099,5	10 020,4	8 224	6 229,8	4 130,6	2 436,1				
Vin (milliers d'hl)	70 524,3	64 467,9	68 855,7	75 908	60 611,3	69 195,1	83 884,7	79	32 500	57

Nota. — (1) Paille et graines. (2) Pour fruit et pour huile.

Évolution des surfaces cultivées (en milliers d'ha)

	Froment (blé)	Seigle	Orge	Avoine	Riz	Maïs	Better. fourrag.	Better. industr.	P. de terre	Sorgho
1900	6 864	1 420	757	3 941	—	541	492	330	1 510	
1910	6 554	1 212	748	3 951	0,5	482	729	297	1 547	
1938	5 050	631	759	3 245	0,3	340	976,8	319	1 425	
1950	4 319	504	962	2 353	10,9	325	848,4	395	988	
1961	3 960	263	2 263	1 421	32,9	965	775,6	360	878	8,3
1970	3 746	132	2 953	805	21,5	1 483	452	403	410	55
1975	3 858,3	111,1	2 721,7	629,7	9,7	1 983,9	295,8	601,6	292,9	85,2
1980	4 576,4	127,7	2 648,2	534,3	6,8	1 752,3	186	544,6	247,6	70,8
1981	4 633,5	117,3	2 578,8	500,8	5,3	1 559	167,6	697	195,2	66,6
1982	4 849,2	109,8	2 391,2	519,9	5,4	1 579,6	159,9	561,8	210,2	56,8
1983	4 829,5	102,2	2 145,5	441,3	n.c.	1 601,1	136,6	492,4	204,2	54,6
1984	5 095,2	101,7	2 112,8	444,8	n.c.	1 428,1	132,4	527	205,2	57,2
1985	4 827,8	88,2	2 255,3	431	11,2	1 857,9	117,2	490,2	211,4	43,6

Nota. — En 1984 : Colza 9,3. Soja 22,5. Prairies artificielles 710,4 [dont blé tendre 4 969,8 (83 : 4 716,9), dur 125,4 (83 : 112,5)].

Macédoine 76,6. Concentré tom. 63. Flageolets 58,4. Tomates pelées 49,2. Maïs 47,8. Épinards 29,6. Salsifis 28,2. Céleris 21,2. Carottes 18,5. Haricots blancs 17,2. Autres mélanges légumes 16,6. Haricots verts 16,2. Haricots beurre 14,1. Pois chiches 12. Pommes de terre 8,7. Artichauts 1,6. Asperges 1,1. Autres légumes 50,5. *Total 1 062,3.*

Nota. — 1 t 1/2 brut = 1 000 boîtes 1/1 ou 4/4 de 850 cm^3.

Plats cuisinés (en milliers de t 1/2 brut, 1984). Pâtes cuisinées 108,4. Cassoulet 82,2. Sauces 33. Couscous 26,6. Choucroute garnie 23. Viandes et légumes 22,7. Haricots cuisinés 22,3. Potages 19,5. Quenelles 19,1. Choucroute cuisinée 17. Lentilles cuisinées 14,2. Ratatouille 12. Paëlla 10,8. Autres légumes cuisinés 1,9. Autres plats cuisinés 7,6. *Total 420,3.*

Spécialités françaises (en t 1/2 brut, 1984). Volailles et gibiers 8 400. Champignons sylvestres 4 020. Escargots helix 2 691. Confits 2 254. Foie gras frais mis en œuvre 2 121. Escargots achatines 660. Graisses 658. Rillettes d'oie ou de canard 425. Truffes (en t nettes) 47.

Déshydratés (en t, 1983-84). Pommes de terre 32 978. Oignons 2 215,1. Carottes 980,4. Tomates en poudre et déshydratées 468,2. Persil et fines herbes 380,2. Fruits 342,9. Ail 168,3. Asperges 56,3. Autres 709,3. *Total 38 298,7.*

Fruits (en milliers de t, 1984). Confitures et gelées pur fruit, pur sucre [2] 116,8 (dont fraises 36,6, abricots 30,5, groseilles 9, prunes 6,5, oranges amères 6,4). Conf. fruits et pommes [2] 11,1 (dont abricots 7,3, fraises 0,7). Compotes [3] 74,2 (dont pommes 59,4). Fruits au sirop [1] 104,7 (dont pêches 34,4, poires 32, bigarreaux 16,8, prunes 8,8). Mélanges de fruits au sirop [3] 34,8. Produits à base de marrons 16 [3] (dont crèmes [2] 7,6, entiers au naturel [3] 7). Purées sucrées [3] 9,9, non sucrées 6. Fruits au naturel [3] 2,2.

Nota. — (1) Chiffres provisoires. (2) Poids net consommable. (3) Tonnes 1/2 brut (1 tonne 1/2 brut = 1 000 boîtes de 850 cm^3).

Poissons (en milliers de t 1/2 brut, 1984). *Total 99,6* dont : thon 39,6 ; sardines 27,9. maquereaux 27,6 ; anchois 3,3. harengs 2,2.

☞ Produits surgelés (production et consommation) voir p. 1278.

• **Consommation de conserves** (par hab., par kg/an, 1983-84). Conserves de légumes 14,9 ; conserves de tomates 3,4 ; conserves de fruits au sirop 3 ; conserves de poissons 3 ; conserves de champignons 1,7.

• **Commerce. Prod. agricoles. Exportations** (milliers de t, 1984). Champignons de couche 62. Petits pois 51,8. Haricots verts 45,4. Concentré de tomates 14,8. Tomates pelées 1,2. Asperges 0,1. Autres 95,9. **Importations** (en milliers de t, 1984). Tomates pelées 63,1. Haricots verts 19,8. Concentré de tomates 17,1. Asperges 10,7. Petits pois 4,7. Champignons de couche 3,2. Autres 39,3. **Fruits** (en milliers de t, 1984). **Exportations.** Confitures, gelées, marmelades 16,4, fruits au sirop 13,7, fruits au naturel 3,8, compotes et purées 3,7. **Importations.** Fruits au sirop 125 ; fruits au naturel 41,2, confitures, purées, marmelades 3,1, compotes et purées 2,1.

Salaisons, produits cuits, saucissons secs, charcuterie, conserves à base de bœuf, plats cuisinés, saindoux. Production (en t, 1984)

Salaisons (en milliers de t). 272,9. *Produits crus salés :* jambons à cuire 3,2, poitrines, échines, palettes, jambonneaux 22. *Produits séchés fumés :* jambons et noix, coppas 34,3, filets de bacon 2,2, poitrines, échines, palettes, jambonneaux séchés 26, autres 0,9. **Produits cuits :** Jambons cuits 143,6, épaules cuites 25,2, noix, jambonneaux cuits 4,9, autres 8,5. **Saucissons secs** 93,3. *Pur porc :* 80,2. *Mélanges porc et bœuf ou bœuf et porc :* 13,1. **Charcuterie** 300,7. *Pâtés et assimilés :* pâté de foie, crème, mousse, purée 22,1, pâté de campagne 20,5, confit de porc et de foie de porc 0,9, pâté avec volaille, gibier 5,7, rillettes et grattons 18,6, galantines, mosaïques, roulades, ballotines 6,2, autres 4,1, pâtés, mousses, terrines avec poisson 0,3. *Produits à base de tête :* porc (pâté ou fromage de tête, museau) 13,8, bœuf (museau, langue) 2,5. *Produits en croûte :* pâté 8, autres 12,1. *Saucissons et similaires cuits :* saucissons 35,8, cervelas 5, mortadelles 4,5, andouilles de Vire, de Guéménée, de Savoie 6,1, autres 0,5. *Saucisses fraîches, cuites et similaires :* saucisses à pâte fine 30,4, saucisses cocktail 2,5, saucisses à gros hachage 37,7, boudins noirs 9,4, andouillettes 9, charcuterie autre 7,2. **Conserves à base de bœuf** (conserves, semi-conserves, boîtes, bocaux verre) 14,3.

Agriculture biologique

Origine. Agriculture sans fertilisants artificiels ni pesticides de synthèse, conforme aux équilibres écologiques respectant tous les maillons de la chaîne alimentaire, allant du sol à l'étable, de l'étable à la table. Fondée sur la reconstitution permanente de la fraction vivante du sol permettant de maintenir l'équilibre de la biosphère grâce à la permanence de l'humus, à des façons culturales appropriées, à des assolements pluriannuels, à l'apport d'engrais organiques ou d'amendements non solubles, à l'utilisation de races ou variétés spontanément résistantes aux principaux agresseurs, fournissant des produits alimentaires mûrs résistant au conditionnement et au transport, riches en substances protéiques élaborées, équilibrés en minéraux et présentant de ce fait une haute qualité biologique perceptible sur le plan organoleptique et pouvant éviter ou corriger certaines conséquences d'une alimentation animale ou humaine déséquilibrée. Développée selon les travaux de Albert Howard (le Testament agricole, 1924) en G.-B., elle s'inspira partiellement de E. Pfeiffer en All. et aux U.S.A. et des travaux de P. Delbet sur le magnésium [Politique préventive du cancer; l'Agriculture et la Santé (1945)] en France. Les travaux de C.L. Kervran sur les transmutations biologiques et à faible énergie (1950 à 1980) peuvent donner une explication des faits constatés. Développement de la recherche après 1945 (travaux de H. Müller et de H.P. Rusch, All.) répandus en Suisse, All., Autriche. En France, fondation en 1958 par Jean Boucher du Groupement d'agriculture biologique de l'Ouest (GABO), qui en 1961, se transforme en Association française d'agriculture biologique (AFAB). A partir de 1960, Raoul Lemaire lance la culture biologique avec lithothamne Calmagol. En 1963, Jean Boucher le rejoint: c'est la méthode Lemaire-Boucher. En 1964, suite à une scission au sein de l'AFAB, naît l'Association européenne d'Agriculture et d'Hygiène biologique Nature et Progrès (fond.: André Louis et Mateo Tavera).

Pays où se pratique l'agr. biol.: U.S.A., All. féd., Suisse, Hollande, Afrique du S., France, Australie, G.-B., Belgique, Italie, Canada, Espagne et certains pays en voie de développement.

• **Principes.** Améliorer la vie microbiologique du sol, réaliser un équilibre cultural (prairies, céréales, végétation forestière, arbres et brise-vents) pour préserver les principaux équilibres chimiques, microbiologiques, magnétiques; améliorer la résistance aux maladies et au parasitisme en général.

• **Moyens.** Fertilisation proscrivant les éléments d'excrétion (potasse, sels minéraux de l'azote) limitant les apports calciques et établie selon résultats d'analyses de sols et de récoltes (AFAB). Apports *d'engrais organiques* dans l'équilibre carbone/azote [fumier équilibré en paille, puis composté (AFAB), résidus de récoltes, poudre d'os, de corne, etc., algues herbacées, acides aminés, préparations biodynamiques, etc.] incorporés au sol après compostage ou non, pulvérisations d'extraits de plantes ou d'algues; *engrais minéraux naturels* (poudres de roches, phosphates naturels, magnésie et sulfate de magnésium, algues calcaires: lithothamnium pêché vivant, largement préconisé par la méthode Lemaire-Boucher, micropulvérisé sans échauffement, essences naturelles); travail du sol superficiel avec ameublement profond pour préserver la vie microbienne et l'humus resté en place; *pratiques d'engrais verts et d'associations végétales* cultivées, à base de légumineuses, en culture céréalière, viticulture et culture fruitière avec les objectifs suivants: limitation du lessivage et des besoins de fertilisants, approvisionnement naturel en azote organique, élimination des mauvaises herbes sans herbicides, protection des insectes auxiliaires, et élimination de l'emploi des insecticides, fongicides. L'agr. biol. condamne l'emploi des produits chimiques dans le monde vivant (produits toxiques): antibiotiques, hormones, produits vétérinaires dangereux, vaccins; d'engins biocides lourds, susceptibles de porter atteinte à la vie du sol. Elle encourage par contre toute technique tendant à développer l'activité biologique du sol (micro-organismes, bactéries, vers de terre). En matière sanitaire animale ou végétale, l'homéopathie et l'aromathérapie sont recommandées, ainsi que l'usage des insecticides végétaux ou microbiens non toxiques et des produits minéraux simples (cuivre, soufre...). Respect des influences planétaires et cosmiques (calendrier journalier pour semer, récolter, travailler la terre, tailler...).

• **Rendements et résultats financiers.** Les agrobiologistes compétents obtiennent des résultats comparables à ceux de l'agriculture conventionnelle. Bien appliquée, l'agr. biol. résout les problèmes de pollution dans la vie rurale. Elle concourt à donner à l'agriculture son autonomie énergétique et procure des aliments de qualité.

• **Surfaces cultivées.** France (fermes n'employant ni engrais « conventionnels » ni pesticides de synthèse): env. 100 000 ha (Australie 150 000 ha, U.S.A. plusieurs centaines de milliers, reste de l'Europe 200 000 ha environ).

Part dans la production totale agricole: environ 0,5 à 1 %.

• **Garanties.** Des producteurs s'engagent à respecter un cahier des charges sous contrôle (1er cahier des charges: méthode agrobiologique Lemaire-Boucher): marques Terre et Vie (F.E.S.A.), Paysan biologique, Demeter (culture biodynamique), Mention Nature et Progrès, marque Biofranc (F.N.A.B.), Production de la méthode agrobiologique Lemaire-Boucher, Terre-Océan (U.N.I.A.-L.B.).

• **Principales associations. Production:** *Féd. nat. d'agr. biol. (F.N.A.B.) Féd. eur. des syndicats des agrologistes (F.E.S.A.),* « La Courtinière de l'Étang », Treize Septiers, 85600 Montaigu. *Syndicat Mention Nature et Progrès,* La-Bergerie-les-Iles, 84840 Lapalud. *Union nationale interprofessionnelle de l'agrobiologie Lemaire-Boucher (U.N.I.A.-M.L.B.),* M. Decesvre « Aillon » Chaveignes, 37120 Richelieu. *Union pour la recherche et l'application des pratiques agrobiodynamiques et homéopathiques en agric. (U.R.A.P.A.H.A.),* domaine de Malleval, 69430 Beaujeu. *Syndicat d'agr. biodynamique,* c/o T. Kuhn, Le Petit Porteau, 37300 Joué-lès-Tours. *Féd. nat. des syndicats de défense de l'agr. biol. et de protection de la santé des sols,* 5, rue de Renac, 44110 Châteaubriant.

Transformation, distribution: *Union des transformateurs et distributeurs de produits de l'agric. biol. (U.N.I.T.R.A.B.),* 9, rue de Cels, 75014 Paris.

Consommation: *Agriculture et Vie,* St-Sylvain-d'Anjou. *Association de défense des intérêts des consommateurs de produits de l'agric. biol.* « l'Œil ouvert », 9, rue Cels, 75014 Paris.

Conseil technique et recherche: *Assoc. conseillers en agr. biol. (A.C.A.B.),* Dominique Antoine, 131, rue de Sommaing, 59213 Vaendegies-sur-Écaillon. *Assoc. franç. d'agr. biol. (A.F.A.B.),* 3, rue de Mourzouck, 44300 Nantes. *Institut techn. de l'agr. biol. (I.T.A.B.),* place de l'Étang, 84160 Cucuron. *Institut pour la recherche et l'application en agr. biol. (I.R.A.A.B.),* 20, rue Jacob, 75006 Paris. S.V.B. Lemaire, B.P. 9, 49480 St-Sylvain-d'Anjou.

Organismes à vocation multiple: *Assoc. des amis du paysan biologiste,* B.P. 49, 44110 Châteaubriant. *Assoc. eur. d'agr. et d'hygiène biol. « Nature et Progrès »,* 14, rue des Goncourts, 75011 Paris. *Comité interprofessionnel nat. de l'agr. biol. (C.I.N.A.B.),* 24, les Cirollières, 91770 St-Vrain. Féd. internat. *Comité interprofessionnel de l'agriculture biologique française* (assoc. loi 1901), 163, rue St-Honoré, 75001 Paris. I.F.O.A.M. G. Videgard, 161, domaine des Bois-Murées, 06130 Grasse. *U.N.I.A.L.B., Union nationale interprofessionnelle de l'agrobiologie méthode Lemaire-Boucher. A.B.F.-Comité interprofessionnel de l'Agriculture biologique française,* 163, rue St-Honoré, 75001 Paris.

Plats cuisinés 43,5 dont choucroute garnie 2,9, tripes, tripoux, gras-double et assimilés 10,7, autres 4,3, quenelles 0,4. **Saindoux** 3,7.

Total toutes fabrications: *728,5.*

Matières premières utilisées pour la fabrication (en t, 1983). Viande et entre parenthèses abats. *Bœuf et veau* 39 739,4 (20 867,8); *porc* 716 691,1 (65 904); *autres viandes* 15 781,2 (2 896). *Total 768 211,7 (89 668,5).*

Nombre de salariés (au 31-12-1984): 37 267.

C.A. 1984 (milliards de F): 19,105.

Nombre d'établissements (1984): 549.

• **Bouillons et potages.** Industrie très concentrée; utilise des protéines, des céréales, des épices et toutes sortes de légumes.

Production (en t, 1985). Potages déshydratés 25 324, bouillons solides ordinaires 2 536, supérieurs 7 008.

Produits surgelés

Unités de congélation-surgélation (1983). Établissements de fabrication 317, entrepôts frigorifiques ouverts au public 205. **Capacité d'entreposage frigorifique** (1-1-1984). Établissements ayant des activités de fabrication 1 594 530. Entrepôts frigorifiques ouverts au public 3 820 000. **Points de vente d'aliments surgelés (1-1-1984)** 65 000. **Pêche.** Navires et entre parenthèses armements (au 1-1-1984). Grande pêche surgelée 8 (3). Pêche thonière congelée 26 (6). Langoustiers-congélateurs 5 (1).

Marchés d'intérêt national

Créés 1953. Marchés de gros de prod. agricoles et aliment., placés sous la tutelle de l'État et soumis à une réglementation particulière, en raison de leur importance dans la commercialisation des denrées périssables, à l'origine surtout pour la vente en gros des fruits et légumes, tendent à se diversifier dans l'agro-aliment. Nombre 19.

Activités (1984, en millions de t). Fruits et légumes: 4,55; prod. carnés: 0,56; prod. laitiers et avicoles: 0,25; marée: 0,16; fleurs coupées et plantes en pots: 2,3 milliards de F.

Rungis (SEMMARIS)

Ouvert *mars 1969,* approvisionne I.-de-Fr. 10 millions de consommateurs (Halles centrales de Paris en 1860: 1,5 million), province et étranger (10 à 20 % du tonnage total). *En 1984:* 891 grossistes, 937 producteurs, horticulteurs et maraîchers. *En 1984:* 2 325 566 t dont fruits et légumes 1 519 300 t, prod. de la mer et d'eau douce 103 370 t, prod. laitiers et avicoles 193 560 t, prod. carnés 509 336 t, fleurs coupées 4 202 000 colis, plantes en pots 12 823 000 unités.

Chiffre d'affaires (1984): 35,104 milliards de F. **Superficie:** 220 ha non compris secteurs d'entrepôts annexes (centrales d'achat du commerce intégré), 400 ha.

Production en France (en t, 1983). Surgelés et, en italique, congelés. Légumes 134 620 *22 130.* Produits de pommes de terre 104 114. Prod. de pâte et pâtisserie 90 006 *1 113.* Viandes 79 611 *131 982.* Prod. de la mer 48 980 *98 537.* Préparations élaborées 36 076 *1 830.* Volailles 22 475 *370 475.* Fruits 3 073 *22 901.* Pisciculture 2 766 *2 004.* Abats 1 278 *36 052.* Laiterie 1 165 *3 635.* Jus de fruits 110 *1 922.* Ovo-produits *9 956.* Chair d'escargots *597.* Gibiers *31.* Prod. de confiserie *18.*

Total 524 274 *703 183* dont destinés à la transformation industrielle *293 742.*

Consommation en France par hab. (1984). Surgelés 687 868 t, congelés 197 302 t, soit 885 170 t.

Consommation de surgelés par hab., en kg (1984). U.S.A. 42,2. Suède 24. Danemark 21,6. G.-B. (volaille exclue) 16,6. Suisse 16,3. All. féd. 15,9. P.-B. 14,4. Finlande 9,6. Espagne 9,2. U.E.B.L. 8. *France 12,49* (surgelés) et *3,58* (congelés).

• **Condiments. Production** (en t, 1984). Moutardes 61 455, sauces froides 36 152.

Alimentation animale

Production (en t, 1985). Bovins 2 695 319 dont v. laitières 1 926 301; ovins-caprins 378 194; porcins 4 325 774; volailles 5 534 172; lapins 710 820; chiens-chats 57 499; autres animaux 196 925. *Total 14 721 008.*

Chiffre d'affaires (1984): 21,5 milliards de F. *Sociétés* (1981): 26 (employant 3 000 pers.).

Structures administratives

Ministère de l'Agriculture

• **Services centraux.** Administration centrale, 78, rue de Varenne, 75700 Paris. Service central des Enquêtes et études statistiques, 4, av. de Saint-Mandé, 75570 Paris Cedex 12. Direction des Forêts, 1 ter, av. de Lowendal, 75007 Paris. Service des haras et de l'équitation, 14, av. de la Grande-Armée, 75016 Paris. Direction de la Qualité. Services vétérinaires, 44-46, bd de Grenelle, 75015 Paris. Service de la protection des végétaux, 231, rue de la Convention, 75015 Paris. Direction des industries agricoles et alimentaires, 35, rue St-Dominique, 75007 Paris.

• **Services extérieurs. Niveau régional.** Dep. le début 1985 (décrets du 28-12-84), une direction régionale de l'agriculture et de la forêt (D.R.A.F.) regroupe tous les services ; son directeur est le correspondant de toutes les dir. de l'Adm. centrale et du Commissaire de la Rép. ; les services de l'Agriculture : Aménagement des eaux (S.R.A.E.), Aménagement forestier (S.R.A.F.), Production agricole et Statistique agricole, Atelier régional d'études économiques et d'aménagement rural (A.R.E.A.R.). **Départemental** : Direction départementale de l'Agriculture (D.D.A.) ; dep. le début 1985 (décrets du 28-12-84), réformés sur le modèle des nouvelles dir. rég.

• **Services annexes. Protection vétérinaire.** *Inspection des denrées d'origine animale* (protection sanitaire du cheptel et inspection sanitaire et qualitative du cheptel). *Inspection sanitaire et qualitative des denrées animales* livrées au public pour la consommation humaine ou animale. Actions de prophylaxie collective pour l'éradication de certaines maladies (tuberculose bovine, fièvre aphteuse, peste porcine, brucellose, etc.).

Protection des végétaux. 175, rue du Chevaleret, 75013 Paris. Dépend du Service de la protection des végétaux au ministère de l'Agriculture. 22 services régionaux + 2 outre-mer. Les stations d'avertissement agricoles informent les agriculteurs des méthodes.

Inspection des denrées animales. Par le *Service d'État d'hygiène alimentaire. Créé* 1968. 9 laboratoires de recherche et de contrôle.

SAFER

SAFER (Stés d'aménagement foncier et d'établissement rural) [SCAFR (Sté centrale d'aménagement foncier rural)]. *Fédération nationale* : 3, rue de Turin, Paris 8e. *Créées* en vertu de la loi d'orient. agr. du 5-8-1960 par des organisations professionnelles agricoles. Achètent des terres à l'aide de fonds d'État et les revendent, après aménagement, pour améliorer les structures des exploitations agricoles : agrandissements des exploitations insuffisantes, constitutions d'exploitations modernes.

Acquisitions. De l'origine à fin 1984 : 1 535 100 ha (baux emphytéotiques inclus) dont (à fin 82) 90,4 % des surfaces à l'amiable, 9,6 par préemption. *Acquisition (1984)* : 82 735 ha (baux emphytéotiques inclus) dont acquisition par préemption 10,4 %, échange 8 %, procédure amiable et adjudication 81 %. *Prix d'acquisition moyen* (F/ha) : *1983* : 21 649, *84* : 20 849. *Rétrocessions* : 1 372 000 ha de 1964 à 1984 (849 600 jusqu'en 1977), *en 1984* : 98 476 dont pour agrandissements de − de 1 ha : 6 211 ha, de + de 1 ha : 45 178 (8 385 bénéficiaires), 1res installations et réinstallations : 31 031 ha (1 675 bénéficiaires), installation de pluriactifs : 466, maintien de fermiers en place : 4 646, opérations forestières et pastorales : 4 712, opérations non agricoles (collectivités, soc. autoroutières) 6 232.

% de rétrocessions des terres. *1976* : 98, *81* : 68, *82* : 29. *Prix de rétrocession moyen* (F/ha). *1983* : 24 800, *1984* : 23 649.

Remembrement

• **Superficie totale remembrée** (remembrement normal, dispositions du *Code rural*, règlement du 7-1-1942 et du décret du 10-4-63 + rem. consécutif à la const. d'autoroutes). 877 462 ha au 31-12-83. 308 054 en 1983. Régions où le remembrement a été le plus important : I.-de-France 98 %, Picardie 87 %, Alsace 86 %, Ch.-Ardenne 83 %, Centre 76, Fr.-Comté 69, Corse 68, Hte-Normandie 63. *France entière* (en millions d'ha) : 22,6 dont 12,2 remembrés, 0,9 en cours, 1,6 demandé.

Offices fonciers

Création. Début d'application en 1983 de l'organisation des marchés agr. et alim. *Buts* : contrôle démocratique de l'évolution des structures de production et installation des jeunes agr. qui ne peuvent à la fois investir dans le cap. foncier et dans le cap. d'exploitation. *Rôle des SAFER* : continuent à exercer leur droit de préemption sur les terres agr. libérées, les achètent et les revendent, gèrent les terres qu'elles louent ; perdent la décision d'attribuer les terres. *Installation des jeunes agr.* : le jeune agr. qui manque de cap. peut louer des terres en bail de carrière (à vie), en location-vente ou en groupement foncier agricole (GFA) ; terres achetées par une Sté foncière (participants : État, régions, caisses d'épargne, mutuelles incendie, évent. investisseurs privés et le jeune agr.).

Création d'offices d'intervention (loi du 6-10-1982) : offices nationaux interprofessionnels. V. OFIVAL, ONIC, ONIFLHOR, ONILAIL, ONIPAM, ONIVINS.

Prévisions : mise en place d'une nouvelle conception de la politique agr. résultant des travaux des *États généraux de développement.*

Établissements publics

Sous la tutelle du ministère de l'Agriculture.

CNASEA (Centre national pour l'aménagement des structures des exploitations agricoles). 7, rue Ernest-Renan, B.P. 1, 92132 Issy-les-Moulineaux Cedex. *Dir. gén.* : René Groussard ; *secr. gén.* : Roger Chesnel. Établ. public national sous la tutelle du min. de l'Agr. *Créé* 1965. *Budget 1985* : 4 962 000 000 F. Le CNASEA favorise l'*installation des jeunes agriculteurs* ; *rémunère les stagiaires*, agriculteurs ou non, conseille les agriculteurs pour la *modernisation de leur exploitation* et grâce à des *opérations groupées d'aménagement foncier*, apporte durant un temps limité des aides à la population de petites zones, favorisant un développement d'ensemble de l'agriculture. Certaines interventions procèdent de directives ou règlements de la C.E.E. Les dépenses sont partiellement remboursées par le Fonds social européen (FSE) ou par le FEOGA.

Certaines actions du CNASEA (missions d'information et constitutions de dossiers) sont confiées aux Associations départementales pour l'aménagement des structures des exploitations agricoles (ADASEA).

Bilan des interventions au 1-1-1986. *Indemnités de départ* 700 000. *Stagiaires dep. 1969*, 900 000 ont perçu du CNASEA une rémunération. *Dotations d'installation aux jeunes agriculteurs dep. 1973*, 100 000. *Plans de développement acceptés dep. 1975* : 50 000. *Programmes d'opérations groupées d'aménagement foncier décidés* : 500, ainsi que 53 000 aides à cessation d'activité laitière en 1984 et 85.

FASASA (Fonds d'action sociale pour l'aménagement des structures agricoles). *Créé* le 8-8-62, complémentaire à la loi d'orientation agricole de 1960. Crédits venant du min. de l'Agr. Parmi les principales actions : *Indemnité viagère de départ* (IVD) ; indemnités d'installation aux agr. quittant une région surpeuplée pour s'installer dans des zones d'accueil, réinstallation sur une nouvelle exploitation, prêts, bourses. Actions mises en œuvre par le CNASEA.

FIDAR (Fonds interministériel de développement et d'aménagement rural). DATAR, 1 ter, avenue Charles-Floquet, 75007 Paris. *Secr. gén.* Jean-François Donzier. *Créé* 3-4-1979. *Objectif* : favoriser le développement économique dans les 7 massifs montagneux et autres zones rurales. Intervient dans le cadre des contrats de plan signés en 1984 entre l'État et les 20 régions concernées. *Budget* (en millions de F, 1986) : 383 + 42 du Fonds d'Intervention pour l'autodéveloppement en montagne (créé en 1985).

FORMA (Fonds d'orientation et de régularisation des marchés agricoles). La loi du 6-11-1982 relative à la création d'offices d'intervention dans le secteur agricole, et les décrets de mars et juil. 1983, ont confié à l'ACOFA, l'ONILAIT, l'ONIFLHOR, l'ONIPAM et, pour partie, l'OFIVAL et l'ONIVINS, les missions qui lui étaient anciennement dévolues.

Autres organismes

ACOFA (Agence centrale des organismes d'intervention dans le secteur agricole). 2, rue Saint-Charles, 75015 Paris. *Créée* 7-7-1983. *Rôle* : Coordonne certaines opérations administratives, financières et comptables menées par les organismes d'intervention créés le 6-10-1982 ainsi que par l'ONIC, le FIRS, la SIDO. *Pt* : André Blanc. *Dir.* : Pierre Chancel.

ACTIA. *Créée* mai 1983. Association de coordination technique des industries agro-alim. Regroupe centres techniques et organismes collectifs de recherche en ind. agro-alim.

CEMAGREF (Centre national du machinisme agricole, du génie rural, des eaux et des forêts). Parc de Tourvoie, 92160 Antony. *Créé* janv. 1981 (fusion du CNEEMA et du CTGREF). Transformé 27-12-85 en E.P.S.T. *Objectif* : application de l'art de l'ingénieur à l'aménagement de l'espace rural et la maîtrise de ses ressources et de ses productions. *Effectifs* : 1 000 pers. dont 50 % de chercheurs.

CENECA (Centre national des expositions et concours agricoles). 19, bd Henri-IV, Paris 4e.

CETIOM (Centre technique interprofessionnel des oléagineux métropolitains. 174, avenue Victor-Hugo, 75116 Paris. *Créé* 1957. *Dir.* : E. Choné. *Pt* : J.-C. Sabin.

CNCA (Caisse nationale de crédit agricole). 91, bd Pasteur, 75015 Paris. V. Banque à l'Index.

CNIEL (Centre national interprofessionnel de l'économie laitière). 27, rue de la Procession, 75015 Paris. *Fondé* 1974. Adhérents : 3 (Féd. des producteurs de lait, Féd. nat. des coopératives laitières et Féd. nat. de l'ind. laitière). *Pt* : M. Ledru. *Dir.* : R. de Wilde.

CNIPT (Comité national interprofessionnel de la pomme de terre). 21, rue de Madrid, Paris 8e. *Reconnu* le 27-7-1977. Regroupe toutes les organisations prof. du secteur p.-de-t. *Objectif* : mener des actions de régularisation du marché ; conduire une politique d'amélioration de la qualité et de développement de la consommation. *Pt* : Pierre Boucher. *Dir.* : Philippe Leclercq.

FIRS (Fonds d'intervention et de régularisation du marché du sucre). 120, bd de Courcelles, 75017 Paris. *Pt.* : Michel Perdrix. *Directeur* : Jacques Rool. Établissement public à caractère ind. et comm. *Créé* 9-7-1968. Conseil d'administration présidé par un haut fonctionnaire, nommé par les ministres de tutelle, composé de 16 membres avec un nombre égal de représentants des professions (planteurs de betteraves et planteurs de cannes, fabricants de sucre de la Métropole et des D.O.M.) et des pouvoirs publics. Participe à la gestion du marché communautaire à Bruxelles ; prépare les décisions gouvernementales pour le sucre ; exécute les décisions du Gouvernement et de la C.E.E. en France. Voir réglementation p. 1250.

INAO (Institut national des appellations d'origine des vins et eaux-de-vie). 138, av. des Champs-Élysées, Paris 8e. *Créé* le 30-7-1935. *Pt.* : Jean Pinchon (13-9-1925). *Dir.* : M. Marquet. Établ. public à caractère administratif, chargé de la réglementation, du contrôle et de la défense des appellations d'origine en matière de vins et eaux-de-vie en France et à l'étranger. *Nombre de centres en Fr.* : 23.

OFIVAL (Office national interprofessionnel des viandes, de l'élevage et de l'aviculture). 33, av. du Maine, Tour Maine-Montparnasse, 75755 Paris Cedex 15. *Créé* par décret 18-3-1983. *Pt.* : Marcel Bruel (26-5-22). *Directeur* : Pierre Mazeran (23-2-26). *Effectifs* : 265 agents. Établissement public à caractère industriel et commercial. Se substitue à l'ONIBEV, créé le 2-9-1972 et au FORMA pour les productions hors sol.

ONF (Office national des forêts). 2, avenue de St-Mandé, 75570 Paris Cedex 12. Voir p. 1284.

ONIC (Office national interprofessionnel des céréales). 21, avenue Bosquet, Paris 7e. *Succéda*, en 1940, à l'Office national interprofessionnel du blé créé le 15-8-1936. Établissement public. *Pt du Conseil central* : Francis Sence (13-8-29). *Dir. gén.* : Jean Moulias (13-1-37). *Nombre d'employés* (31-12-85) : 1 249. Organisme d'intervention prévu par la C.E.E. Accorde son aval aux collecteurs agréés, en vue de permettre le financement de la récolte et le paiement comptant des producteurs. Surveille le marché. Oriente, améliore et développe productions, stockage, commercialisation et utilisation des céréales.

ONIFLHOR (Office national des fruits, des légumes et de l'horticulture). 164, rue de Javel, 75739 Cedex 15. Paris. *Créé* 18-3-1983. *Dir.* : G. Beisson. *Pts des Conseils de dir.* : J.-C. Lejob, P. Muret-Labarthe.

ONILAIT (Office national interprofessionnel du lait et des produits laitiers). 2, rue Saint-Charles, 75740 Paris Cedex 15. *Pt* : Fréjus Michon. *Directeur* :

Francis Ranc. *Créé* 18-3-1983. Établissement public à caractère ind. et commercial. La Sté d'intervention INTERLAIT adapte l'offre à la demande de produits laitiers (achats et stockage). *Conseil de direction :* 11 représentants de la production laitière, 8 de la coopération, 8 de l'industrie laitière, 3 des salariés, 2 des consommateurs, 3 du commerce, 5 des min. de l'Agriculture et du Commerce.

Dépenses prises en charge par l'État (actions nationales) et le FEOGA (actions communautaires).

ONIPAM (Office national interprofessionnel des plantes à parfum, aromatiques et médicinales). 2, rue Saint-Charles, 75015 Paris (adresse provisoire).

ONIVINS (Office national interprofessionnel des vins). 232, rue de Rivoli, 75001 Paris. *Créé* 1983. Reprend les attributions de l'ONIVIT (Office national interprofessionel des vins de table), et celles qu'avait conservées le FORMA en matière de vins à appellation d'origine. Établissement public. Délégations régionales 8, agents 270. *Dir. :* P. Cervoni. *Pt :* M. Courret.

SIDO (Sté interprofessionnelle des oléagineux). 174, av. Victor-Hugo, Paris 16ᵉ. *P.-D.G. :* Muray-Labarthe. *Secr. gén. :* M. Benoit. *Rôle :* assurer l'application en France des règlements de la C.E.E. sur l'organisation du marché des oléagineux prévoyant les aides communautaires pour les producteurs d'huile d'olive, graines de colza, tournesol, lin et soja, préparer et exécuter les décisions relatives aux produits oléagineux.

SOPEXA (Société pour l'expansion des produits agricoles et alimentaires). 43-45, rue de Naples, Paris 8ᵉ. *Pt :* A. Verdale. *Dir. gén. :* C. Herbaut.

Organisations professionnelles

Sources : organisations et *Dict. de l'agriculture* de Robert Faure.

Organisations générales

APCA (Assemblée permanente des Chambres d'agriculture). 9, av. Georges-V, 75008 Paris. Établissement public *créé* en 1935. Composée des Pts des Chambres d'agric. départementales (94 membres). A un rôle consultatif auprès des pouvoirs publics et peut créer ou subventionner tout établissement, service d'utilité agricole ou entreprise collective d'intérêt agricole. Apporte aux Chambres d'agriculture un appui juridique et technique. *Pt. :* Louis Perrin (n. 29-12-23). *Secr. gén. :* Pierre Cormorèche.

Chambres d'agriculture départementales. *Créées* le 3-1-1924, établ. publics. Leurs membres (4 360) sont élus au scrutin secret pour 6 ans par l'ensemble des agriculteurs et de leurs organisations (9/10 collèges : chefs d'expl., propriétaires, salariés d'expl., salariés d'organisations, anciens expl., 5 collèges de groupements prof.). Élections au niveau départemental. 1ʳᵉˢ élections en 1927. Suspendues 1940 et remplacées par la *Corporation paysanne*, reconnues légalement en 1949, renouvelées en 1952. Réforme de la composition et des modalités d'élection par décret du 3 août 1982 : scrutin proportionnel, + de sièges pour salariés agr. *Élections générales (28-1-1983) :* liste d'union FNSEA-CNJA 61,10 %, MODEF 9,84, CNSTP 7,08, FFA 5,89, autres listes 6,41, FNSP 5,80, divers 3,88 (865). *Rôle :* conseils légaux des pouvoirs publics en matière agricole et organes d'intervention notamment pour le développement agr. (enseignement, formation, amélioration de l'élevage, échanges de terres, aménagement rural, etc.). Détiennent un certain pouvoir réglementaire : usages locaux, extension des règles de discipline, instruction des dossiers d'expropriation, de grands travaux, etc. *Financement :* taxe payée par les propriétaires fonciers, qui leur est, le cas échéant, remboursée pour moitié par le fermier ou le métayer. Autres ressources : versées par le budget de l'État et le Fonds national de développement agricole. 1 chambre par département (y compris outre-mer, mais sauf Rég. paris. où il y a 1 chambre interdépartementale : 75, 78, 91, 92, 93, 94, 95). 21 ch. régionales les correspondant aux régions de programme. *Nombre d'employés :* 6 000 dont 4 000 techniciens. *Publications :* Chambre d'agriculture (mens.), l'Opinion agricole (mens.).

CNJA (Centre national des jeunes agriculteurs). 14, rue La Boétie, 75382 Paris Cedex 08. *Créé* 1947, transformé en association en 1954 et en Union des syndicats en 1956. Organiquement rattachée à la FNSEA mais juridiquement autonome. Organisation syndicale des jeunes agriculteurs de 16 à 35 ans qui adhèrent à 2 803 centres cantonaux. 94 centres départementaux en métropole et outre-mer. Lutte pour une hiérarchie des prix agr. permettant l'installation des jeunes agriculteurs sur des exploitations viables à taille humaine. Agit pour obtenir une politique agr. entreprenante et des débouchés pour les produits agr. A été à l'origine de la politique des structures, de l'agriculture de groupe, du renforcement de la coopération, qu'il continue de promouvoir. *Adhérents :* 80 000. *Pt :* M. Teyssedou. *Publications :* Jeunes Agriculteurs (mensuel) ; *livres :* La Révolution silencieuse (Michel Debatisse) et le Pari des jeunes agriculteurs (Louis Lauga).

CNMCCA (Confédération nationale de la mutualité, de la coopération et du crédit agricoles). 129, bd St-Germain, Paris 6ᵉ. 1ᵉʳ Congrès en 1907. Regroupe CFCA (Conféd. nat. de la coop. agricole), FNCA (Féd. nat. du crédit agricole) et la FNMA (Fédération nationale de la mutualité agricole). *Pt :* André Laur. Représentée au niveau européen par le comité des organisations professionnelles agricoles (COPA).

CNSTP (Conféd. nat. des syndicats de travailleurs-paysans). 45, rue Sedaine, 75011 Paris. *Créée* 4-6-1981. Regroupe 65 syndicats départementaux de travailleurs paysans structurés ; représentée par 3 permanents paysans nationaux et 1 collectif d'animation nat. de 8 membres. *Principaux thèmes d'action :* remise en cause du productivisme, garantie de rémunération du travail paysan par des prix différenciés, mise en place d'un statut paysan qui permette de ne pas capitaliser les moyens de prod., droit syndical individuel et collectif face aux pouvoirs économiques et administratifs, défense et renforcement des droits des paysans en difficulté financière, amélioration de la protection sociale des paysans et paysannes (congé maternité, retraite...) et propositions pour un autre financement de la protection sociale. *Publication :* Le Travailleur paysan (mensuel).

FFA (Fédération française de l'agriculture). 3, cité de la Chapelle, 75018 Paris. *Créée* 2-12-1969 d'une scission de la FNSEA. *Pt :* Henri Gaulandeau. *Secr. gén. :* Jean-Louis Vinchon. *Adhérents :* 75 000 env. Fédérations dép. structurées 49. *Objectifs :* application des règles du Marché commun, suppression de nombreuses taxes parafiscales sur le produit, défense de la propriété individuelle de la terre. Hostile aux subventions directes. *Publication :* Action agricole de France.

FGSOA (Fédération générale des salariés des organisations agricoles et de l'agro-alimentaire). 119, bd Sébastopol, 75002 Paris. *Secr. gén. :* Jean Delabarre. 6 secr. gén. adjoints. Comprend 8 syndicats nationaux, 38 000 adhérents (100 000 v. aux élections professionnelles). Principes de base : indépendance politique, défense professionnelle, syndicalisme progressiste, unitaire et intercatégoriel.

FNCA (Fédération nationale du crédit agricole). 48, rue La Boétie, 75008 Paris. *Pt :* Yves Barsalou. Association type 1901 représentant les 94 caisses régionales de crédit agricole mutuel au plan national. Pts et dir. des caisses régionales de crédit agricole sont réunis en assemblée générale qui définit la politique de la Fédération, vote le budget annuel et élit un comité central composé de 36 membres élus pour 3 ans et renouvelables par tiers chaque année. Le comité central élit un bureau de 12 membres, pour un an, dont le Pt est automatiquement 1 Pt de caisse régionale et le secr. gén. 1 dir. de caisse régionale.

FNCUMA (Fédération nat. des coopératives d'utilisation de matériel agricole). 48, rue Montmartre, 75002 Paris. *Créée* le 22-11-1945 pour défendre les intérêts des C.U.M.A. et de leurs féd. *Pt :* P. Favreau. *Secr. gén. :* G. Robert. *Adhérents :* 11 000 CUMA, 86 FDCUMA.

FNPA (Féd. nat. de la propriété agricole). 39, rue St-Dominique, 75007 Paris. *Créée* 1947. *Pt :* B. de Jouvencel. *Adhérents :* env. 50 000. *Publication :* La propriété agricole.

FNSEA (Féd. nat. des syndicats d'exploitants agricoles). 11, rue de La Baume, Paris 8ᵉ. *Créée* le 14-3-1946. 1ᵉʳ Pt : Eugène Forget (11-11-1901). *Pt :* Raymond Lacombe (28-11-1929) a succédé le 27-3-1986 à François Guillaume (19-10-1932) devenu min. de l'Agriculture. Issue de la CGA (Confédération gén. de l'agr.). Organisme privé, 94 fédérations dép. en France et outre-mer, adhérents + de 700 000 familles paysannes réunies au sein de 30 000 syndicats locaux, env. 40 associations de producteurs spécialisés par produit. *Employés :* 90 permanents à Paris. Demande un juste revenu du travail et du capital des agriculteurs. Favorable à la création d'organismes interprofessionnels pour la gestion des marchés. *Publications :* l'Information agricole (mens.), Actuagri (hebdo), ISA (Informations syndicales agricoles, hebdo départemental).

MODEF (Mouvement de défense des exploitants familiaux). 100, rue de Bordeaux, 16000 Angoulême. *Créé* 7-4-1959 par des dirigeants d'organisations agricoles de 23 départ. du sud de la Loire dont de nombreuses exclues de la F.N.S.E.A. A depuis 1976 le statut de syndicat sous le nom de Confédération nationale des syndicats d'exploitations familiaux-MODEF. *Pts :* Henri Dofny, Raymond Mineau, Roger Thomas. *Secr. gén. :* Frédéric Lindenstaedt. *5 secr. nat.*

Objectifs : défendre les exploitants familiaux par des prix agricoles garantis, une amélioration de leur couverture sociale, des mesures différentielles leur permettant de mieux résister à la concurrence de l'agriculture industrialisée et par une stricte limitation des cumuls de terres et d'exploitations. *Publication :* l'Exploitant familial.

UCCMA (Union des caisses centrales de la mutualité agricole). 8-10, rue d'Astorg, Paris 8ᵉ. Composée des Assurances mutuelles agr. et de la Mutualité sociale agr. (ensemble des régimes sociaux agr.) d'autre part. *Publication :* Bulletin d'Information de la Mutualité agricole, 100 000 ex.

La coopération agricole

Statistiques

Coop. d'achat et de vente de prod. agr. et alim. : *1970 :* 5 050, *75 :* 4 400, *80 :* 4 092, *81 :* 4 070, *82 :* 4 040.

Coop. de services : CUMA 11 000 ; *d'insémination artif.* 91.

Adhérents actifs des coop. : 1970 : 2 500 000, *82 :* 2 000 000 (la plupart des agr. sont adhérents de plusieurs coop.). **Salariés permanents des coop. de commercialisation et transform. de prod. agr. : 1980 :** 106 503, *81 :* 103 800, *82 :* 104 800.

Chiffre d'affaires des coop. (en millions de F) : *1972 :* 50 730. *81 :* 167 000, *82 :* 192 000.

Principales coopératives agricoles (CA consolidé en milliards de F, en 1982). *Union laitière normande* 10,5 (produits laitiers, 13 % de la collecte nat. de lait, plus de 40 usines), *SOCOPA* 5,5 (viande), *SODIMA* 10,1 (produits laitiers coopératives, Yoplait et Candia). *C.A.B.* 5,6 (polyvalente ; produits laitiers), *UNCAA* 5,5 (approvisionnement), *UNCAC* 3,2 (céréales), *UNICOPA* 3 (viande), *CANA* 2,4 (polyvalente, dominante animale), *GILCA* 1,1 (produits laitiers).

Nombre d'organismes, coop., unions, SICA, et part des coop. d'achat et de vente dans la collecte et (ou) la prod. nat. (en %, 1982). Entre parenthèses, part dans l'exportation en %. *Céréales et oléagineux :* 390 org. (50) : collecte 70, fabr. d'aliments pour animaux 34, malterie 20, maïserie 20, meunerie 7, panification 2. *Lait et produits laitiers :* 790 organismes (39) : collecte 47, lait de consom. 59, beurre 51, poudre 49, yaourts 31, fromages 34. *Bétail et viande :* 250 organismes (36) : jeunes bovins 65, tous bovins 23, porcins 66, ovins 30. *Fruits et légumes* (frais et conserves) : 380 organismes (fruits frais 60, lég. frais 30, conserves 50) : fruits frais 40, lég. frais 30, fruits au sirop 60, pruneaux 50, confitures 5, champignons 79, concentrés de tomates 51, conserves lég. 28. *Vins et alcools :* 1 510 organismes (VdT + VdP 24, V.Q.P.R.D. (A.O.C. + V.D.Q.S.) 21)¹ : VdT + VdP 60², V.Q.P.R.D. 41², distillation 65², cognac 14², champagne 6. *Divers : 70* organismes : œufs 29, volailles 30, déshydratation luzerne 88, pulpes betteraves 75 ; distillation alcool bett. 38, sucre betterave 18, semences céréales et oléagineux 70, fourragères 25, huile d'olive 43, plants de pomme de terre 65, horticulture 5.

Nota. — (1) % en valeur. (2) % en volume.

Organismes

CFCA (Confédération française de la coopération agricole). 18, rue des Pyramides, Paris 1ᵉʳ (presque tous les agriculteurs sont membres d'une ou plusieurs coopératives). *Créée* 3-2-1966 (fusion de la FNCA et de la CGCA). *Pt :* Albert Duchalais (23-11-1923). *Secr. gén. :* René Raimbault. Compose, avec la Féd. nat. du crédit agr. et la Féd. nat. de la mut. agr., la Conf. nat. de la mut., du crédit et de la coop. agr. (CNMCCA, 129, bd St-Germain, Paris 6ᵉ). Réunit 3 collèges d'adhérents : fédérations nat. de coopératives, féd. régionales, membres de « Promotion-coopérative ». *Publication :* Agriculture et Coopération.

Représentée au niveau européen par le COGECA, 23/25, rue de la Science, 31040 Bruxelles.

CNCV (Confédération nationale des coopératives vinicoles). 53, rue de Rome, Paris 8ᵉ. *Créée* 1932.

Organisation : 25 féd. départementales et régionales représentant 1 165 caves coopératives, regroupant 251 200 vignerons-coopérateurs. *Pt :* A. Verdale. *Secr. gén. :* M. Courret.

Coopératives d'utilisation du matériel agricole (C.U.M.A.). Nombre de sociétaires : min. 4 ; max. illimité. Ressources : apport de cap. social par les sociétaires en proportion de leur engagement à faire appel aux services de la cuma. Possibilité d'emprunts de capitaux pour d'éventuels inv. Emploi possible de main-d'œuvre. *Nombre* (1986) : + de 11 000 dans 86 féd. départ. (concernent 250 000 agriculteurs). Forte densité dans S.-O., O., Rh.-Alpes.

Activités (en %) : récolte des fourrages 49, fertilisation, traitements, protections des cultures 44, récoltes de céréales, betteraves, p. de terre ou oléagineux 41, semis et plantations 39, travail du sol 37, transport et manutention des produits agr. 19,5, vocation spéciale (irrigation, drainage, déshydratation, etc.) 20.

FNCBV (Fédération nationale des coopératives et groupements agricoles bétail-viande). 8, rue Armand-Moisant, Paris 15e. *Créée* 1954. *Pt :* B. Chevalier. *Secr. gén. :* P. Vieillart. *Publication :* Bevi-Flash.

SICA (Sociétés d'intérêt collectif agricole). *Créées* le 6-8-1961. Groupements paracoopératifs qui permettent d'organiser des relations interprofessionnelles (agriculture, industrie, commerce) au sein d'un même groupement dont les agriculteurs conservent la majorité. *But :* créer ou gérer des installations et équipements, assurer la fourniture de services pour les agriculteurs et les habitants d'une région rurale déterminée. *1res réalisations :* équipement lourd de l'agriculture (silos portuaires, abattoirs), services d'électrification, se sont développés dans d'autres secteurs d'activité où la coopération agricole était moins développée. *Nombre au 1-1-1982 :* 1 200 en service et 500 s'occupant de prod. agricoles.

UGCAF (Union générale des coopératives agricoles françaises). 61, rue La Fayette, Paris 9e.

UNCAC (Union nationale des coopératives agricoles de céréales). 83-85, avenue de la Grande-Armée, Paris 16e.

Organisation des producteurs

• **Groupements de producteurs.** Ce sont des syndicats, des associations, coopératives ou S.I.C.A. Ces groupements peuvent recevoir des aides de l'État dans certains cas.

• **Comités économiques.** Sous forme d'associations ou de syndicats, rassemblent au niveau d'une région les groupements de producteurs reconnus et le syndicalisme à vocation générale ou spécialisée. *Nombre :* env. 30 surtout dans 3 secteurs (fruits et légumes, aviculture et productions spéciales).

• **Contrats et accords interprofessionnels.** Dep. 5-8-1960 et 6-7-1964. Passés entre producteurs, industriels et commerçants.

• **Organisation interprofessionnelle.** Cadre juridique de l'Organisation des productions et des marchés, *créée* le 30-6-1975. Organisation interprofessionnelle laitière, Office national interprofessionnel des vins de table, Interprofession pour les fruits et légumes, etc. V. p. 1279.

• **Autres associations. AGPB (Association générale des producteurs de blé et autres céréales).** 8, av. du Pt-Wilson, 75116 Paris. *Créée* 1924. **AGPM (Ass. gén. des producteurs de maïs).** 1, place Samuel-de-Lestapie, 64000 Pau. **AGPO (Ass. gén. des producteurs d'oléagineux).** 12, avenue George-V, Paris 8e. *Créée* 1945. *Adhérents :* 130 000 env. **ANDA (Ass. nat. pour le développement agricole).** 4, rue de Lasteyrie, Paris 16e. **CFA (Confédération française de l'aviculture).** 28, rue du Rocher, Paris 8e. *Créée* 1945. *Pt :* Eugène Schaeffer. *Dir. gén. :* Jean-Pierre Darvogne. **CGB (Conf. gén. des planteurs de betteraves).** 43-45, rue de Naples, Paris 8e. *Créée* 1921. *1983 :* adhérents 49 000. **CNE (Conf. nat. de l'élevage).** 149, rue de Bercy, 75595 Paris Cedex 12. *Créée* 1946. **FAVF (Fédération des ass. vinicoles de France).** 21, av. François-Ier, Paris 8e. **FNB (Féd. nat. bovine).** 149, rue de Bercy, Paris 12e. **FNO (Féd. nat. ovine).** 149, rue de Bercy, Paris 12e. **FNPF (Féd. nat. des producteurs de fruits).** 14, rue de Ste-Cécile, Paris 9e. *Créée* 1946. **FNPL (Féd. nat. des producteurs de lait).** 149, rue de Bercy, 75595 Paris Cedex 12. *Créée* 1947. **FNPT (Fédération nationale des planteurs de tabac).** 19, rue Ballu, Paris 9e. *Créée* 1908.

Recherche agronomique

INRA (Institut national de la recherche agronomique). 145, rue de l'Université, 75341 Paris Cedex 07. *Créé* 18-5-1946. Établissement public nat., recherches scientifiques, agriculture, ind. agricoles et monde rural en liaison avec les organisations professionnelles, les instituts et les centres techniques. *Budget total annuel :* 2,2 milliards de F. Scientifiques et ingénieurs 3 152, techniciens et administratifs 5 160. *P.-D.G. :* Jacques Poly. *Dir. gén. adjoints :* G. Paillotin et P. Vialle.

Forêts

Forêts

☞ Voir aussi p. 74.

Généralités

• **Fonctions de la forêt.** *Économiques,* prod. de bois et autres produits pour l'approvisionnement des industries et des ménages ; *de protection* contre avalanches, glissements de terrain, érosion, torrents, vents, et pour la conservation des sources ; *sociales,* agrément, détente, loisirs, lutte contre le bruit, les pollutions.

Grands types. *Forêt résineuse :* conifères (ex. : la Taïga). *F. sclérophylle* essences à petites feuilles coriaces et persistantes (ex. : f. de chêne vert). *F. feuillue sempervirente* essences à grandes feuilles molles persistantes (ex. : f. équatoriale). *F. feuillue caducifoliée* essences à feuilles caduques (ex. : chênaie-hêtraie).

• **Origine des peuplements. Semis naturels.** Les arbres adultes se reproduisent en répandant leurs graines autour d'eux (glands ; cônes de résineux). Le forestier peut favoriser ce semis en supprimant les sujets gênants, en nettoyant et en travaillant le sol.

Rejets de souche. Beaucoup d'arbres repartent de souche après avoir été coupés. C'est l'origine de tous les taillis.

Plantation. Permet au forestier d'introduire l'espèce qu'il croit la plus appropriée. Se reconnaît au fait que les arbres sont le plus souvent alignés et de conformation homogène. Porte principalement sur les résineux et les peupliers et, dep. quelques années, les espèces feuillues.

• **Types d'exploitation. Futaie.** Peuplement d'arbres de « franc-pied » (issus de semences à l'exclusion des tiges venant de rejets de souches). *Futaie régulière :* peuplement sensiblement du même âge et de la même taille. *Forêt jardinée :* les arbres d'âges différents sont mêlés pied à pied (fréquente en montagne : Vosges, Jura, Alpes, Pyrénées). Par des méthodes dynamiques (entretien, travail du sol, apports d'engrais), la production des plantations (notamment peuplier et pin maritime) peut être accélérée. La futaie fournit des bois pour le *sciage,* le *déroulage* (fabrication de contre-plaqué), le *tranchage* (placage).

Révolution de la futaie : durée s'écoulant entre 2 régénérations. Pins maritimes et autres résineux à croissance rapide 40-60 ans, résineux produisant du bois de qualité de grosses dimensions 60-100, feuillus de qualité 100-240.

Quelques définitions

Bille : tronçon découpé dans une grume. **Bois d'industrie ou de trituration :** en général, bois dont la grosseur ne permet pas leur sciage, utilisés à l'état brut (poteaux télégraphiques, étais de mines) ou en copeaux pour être reconstitués en panneaux ou pour fabriquer de la pâte à papier. **Bois d'œuvre :** troncs (ou grumes) assez grands pour pouvoir être sciés, tranchés (qualité supérieure) ou déroulés. **Chablis :** arbre renversé par le vent. **Déroulage :** transformation d'une bille en placage en principe continu, en l'attaquant tangentiellement aux couches annuelles au moyen d'une lame coupante parallèle à l'axe de la bille, celle-ci étant montée entre pointes et animée d'un mouvement rotatif. **Grume :** tronc d'arbre abattu, ébranché et recouvert ou non de son écorce. **Houppier :** ensemble des branches et ramilles d'un arbre. **Stère :** rondins de bois empilés mesurant un mètre en tous sens. Généralement, un stère comprend 600 à 700 litres de bois et 400 à 300 l de vide. **Tranchage :** débitage d'une bille en placage avec une lame coupante travaillant comme un rabot, parallèlement à l'axe de la pièce de bois.

Taillis. Peuplements venant des rejets des souches recépées. Les tiges de taillis, issues d'une même souche, se présentent en bouquets appelés « cépées ». *Traitement en taillis simple :* on coupe à blanc étoc tout le peuplement parvenu à maturité. La périodicité de ces coupes *(rotation)* varie en moyenne entre 20 et 40 ans suivant la vitesse de croissance du taillis et les dimensions des produits recherchés.

Taillis sous futaie. Peuplements constitués d'arbres de « franc-pied » (futaie) et de rejets de souches (taillis). Rotation des coupes fixée par la maturité du taillis. Chaque coupe exploite tout le taillis et une partie de la futaie. La « réserve » (arbres non abattus) comprend les *baliveaux* (âge égal à 1 rotation de taillis), les *modernes* (âge égal à 2), les *anciens* (à 3), les *bisanciens* (à 4), les *vieilles écorces* (à 5). Pour préserver les baliveaux, on maintient autour d'eux des brins de taillis (« Gaine de soutien »).

• **Rendement (en Europe). Feuillus.** 3 à 5 m³ de bois par ha et par an (dont 50 % env. en futaie). *Peupliers :* jusqu'à 20 m³ (vallée du Pô). Un chêne de la forêt de Tronçais âgé de 250 ans et de 30 m de haut a donné 32 m³ de bois d'ébénisterie.

Résineux. 5 à 25 m³ de bois d'œuvre par ha et par an. Espèces les plus productives souvent d'origine « exotique » (américaine). *Record : Danemark :* épicéa, 40 m³. *France :* pins maritimes des Landes, de 5 à 10 m³. Forêt de la Joux (Jura : sapin-épicéa), 10 à 12 m³. Douglas (esp. la + plantée) 17 m³.

Produits

Adragante (Asie Mineure) : pharmacie. **Alcool :** l'action des acides forts (acides sulfurique et chlorhydrique) sur la cellulose du bois donne des sucres, avec lesquels on peut faire de l'alcool éthylique ou produire des levures pour le bétail. 100 kg de bois sec peuvent donner 25 à 30 l d'alcool absolu. La lignine reste comme sous-produit.

Baume du Pérou (Salvador). **Bois :** menuiserie, charpente, ébénisterie, etc., combustible (s'enflamme v. 270 °C), pâte à papier (jeunes arbres, parties hautes des pieds ou houppiers, maîtresses branches, déchets de scierie).

Camphre (Japon, T'ai-wan) : laurier camphrier. **Cellulose :** extraite chimiquement par la méthode au bisulfite de calcium. *C. dispersées et régénérées :* les c. sont imbibées par la soude, dispersées dans du sulfure de carbone en présence d'un excès de soude, puis recoagulées par action chimique, sous forme de fils avec lesquels on fait la rayonne et la fibrane, ou sous forme de feuilles (cellophane). *Nitrocelluloses* : les c. attaquées par l'acide nitrique (en présence de catalyseurs) donnent des nitr. ; usages variés : celluloïd (par plastification avec le camphre), films (durs mais inflammables), vernis, explosifs, etc. *Acétocelluloses* : en présence d'acide sulfurique, les c. peuvent se combiner à l'acide acétique pour donner des acét. ; usages variés : textiles, poudres à mouler, mat. plastiques, feuilles transparentes, vernis, etc. **Charbon** : une meule de 4 stères de bois donne de 240 à 320 kg de ch. en 48 h, un camion de 3 à 5 t consomme de 40 à 50 kg de charbon aux 100 km ou 100 kg de bois s'il a un générateur à bois. *Carbonisation par distillation* : rendement de 25 % en poids, permet de recueillir les produits volatils : gaz non condensables (hydrogène, méthane, oxyde de carbone, gaz carbonique, azote, etc.) ; alcools + ou − volatils (surtout alcool méthylique) ; acide acétique dilué dans de l'eau ; goudrons facilement condensables. **Chicle** (Honduras) : sapotillier utilisé pour le chewing-gum. **Colophane** (Asie Mineure) : venant de la distillation de la résine-gemme des pins. **Copal** (Afrique) : pour les vernis.

Écorce pour tannerie : chêne (surtout ch. vert), épicéa ; tannin contenu dans l'écorce en % : jeune chêne 16, vieux 7, épicéa 4. Rendement en écorce taillis 25 à 30 ans 3 à 5 t par ha. Pour tanner une peau de vache, il faut 120 kg d'écorce. On fabrique maintenant surtout des extraits tannants avec le bois de châtaigner (qui sert ensuite à faire de la cellulose) ou des écorces de bois tropicaux (mimosas, palétuviers, sumacs, québracho, etc.). **Encens** (Inde et Afrique). **Essence de bois de rose** (Amérique).

Gemme : pin d'Alep et maritime (2 à 4 l par an par arbre). On en tire colophane, brai, essence de térébenthine. Principaux producteurs : U.S.A., France. **Gomme** (Inde, Indochine) : *g.-laque*, larve d'un insecte parasite ; *g. arabique* (Sénégal), acacia ; *g.-gutte* (Asie du S.).

Laque (Extrême-Orient) : laquier du Tonkin. **Latex** (Extrême-Orient) : caoutchouc. **Liège** (régions méditerr.) : écorce du chêne-liège. 1er écorçage ou démasclage à 15-18 ans (liège mâle cassant utilisé pour les agglomérés) ; 2e éc. 10 ans après ; femelle pour la bouchonnerie. A 120 ans, l'arbre est abattu et écorcé (la mère fournit le tan). 1 ha donne de 80 à 120 kg de liège tous les 10 ans (avec lesquels on peut faire 10 000 à 15 000 bouchons). *Principaux producteurs*, en milliers de t : Portugal 197, Espagne 65, Algérie 27, Maroc 26, *France 13* (surtout en Corse).

Myrrhe (Afrique).

Quinine (du quinquina des Andes, Sri Lanka, Java, Indes, Guinées) haut. env. 30 m.

La forêt dans le monde

% de la forêt (par rapport à la superficie totale). Finlande 69, Suède 52, Canada 44, U.R.S.S. 40,6, Brésil 40, Luxembourg 32, All. féd. 29. *France 26,7*, Argentine 22, Italie 21, Belgique 20, Inde 18, Danemark 11, P.-Bas 8, G.-B. 8, Irlande 4, Gambie, Tunisie, Maroc 3.

La forêt tropicale recule chaque année de 125 000 km². Le bois représente 5 % de l'énergie mondiale et contribue pour 1/4 aux ressources énergétiques des pays en développement.

Production totale de bois rond (en millions de m³, 1983). 3 042,2 dont U.S.A. 437,8, U.R.S.S. 355,9, Inde 232,5, Chine 231,6, Brésil 220,2, Canada 141,5, Indonésie 122,2, Nigeria 85,8, Suède 53,3, Malaisie 41,9, Thaïlande 40,4, Tanzanie 39,8, *France 39,8*, Finlande 38,4. **Sciages résineux** : 451,4 dont U.R.S.S. 109,2, U.S.A. 78,1, Canada 48,1, Japon 29,7, Chine 24,4, Brésil 15,8, Suède 11,8, Inde 11, All. féd. 9,5, *France 9,4*, Finlande 8, Pologne 6,8, Indonésie 6,3, Autriche 6,3, Malaisie 6, Tchécoslovaquie 5,1, Roumanie 4,9, Yougoslavie 4,4. **Sciages feuillus** : 107,9 dont U.S.A. 14,4, U.R.S.S. 12,2, Inde 9,2, Chine 9, Brésil 8,4, Indonésie 6,3, Malaisie 5,9, Japon 5,5, *France 3,5*, Roumanie 3, Nigeria 2,7, Yougoslavie 1,9, Australie 1,6, All. féd. 1,5, Italie 1,2, Philippines 1,2, Équateur 1, Corée du Sud 0,9, Thaïlande 0,9, Canada 0,9. **Grumes conifères** : 559,6 dont U.S.A. 170,3, U.R.S.S. 128,5, Canada 91,9, Chine 24,9, Suède 24, Brésil 17,4, Japon 17,3, Finlande 15, *France 11,9*, All. féd. 11, Pologne 10,2. **Grumes feuillues** : 225,6 dont Malaisie 33,3, U.S.A. 31,5, U.R.S.S. 20,9, Chine 15,8, Brésil 14,3, Inde 12,5, *France 8,1*, Roumanie 5,5 Indonésie 5,2, Nigeria 5,1. **Bois de trituration** : 370,9 dont U.S.A. 122,9, Canada 38,1, U.R.S.S. 37,1, Suède 24,3, Brésil, 20,9, Finlande 17,5, Japon 10,4, All. féd. 10,1, *France 8,6*, Espagne 7,2. **Panneaux** : 103,6 dont U.S.A. 28,4, U.R.S.S. 11 [1], Japon 8,8, Canada 4,8, Indonésie 3,1, Brésil 2,6, Chine 2,3. **Contre-plaqués** : 42,1 dont U.S.A. 17,1, Japon 6,7, Indonésie 3,1, Canada 2,1, U.R.S.S. 2 [1], Chine 1,6. **Pâtes de bois** : 127,6 dont U.S.A. 47,7, Canada 19,2, U.R.S.S. 9,2, Japon 8,8, Suède 8,6, Finlande 7,2, Brésil 3,4, All. féd. 2,1.

Nota. − (1) 1982.

Le coût de production de bois est le plus bas aux U.S.A. en Scandinavie et au Canada, grâce à la forte mécanisation de la coupe et du déboisage.

Le kenaf pourrait, en Afrique, se substituer au bois pour le papier (rendement 9 fois supérieur à celui du bois ; se récolte chaque année).

• **Bois tropicaux.** *Afrique* : Acajou. Azobe. Ilomba. Iroko. Limba. Makoré. Niangon. Obeché. Okoumé (pour fabriquer des panneaux contreplaqués). Plaqueminier ou Kaki (ébène). Sapelli. Sipo. Tiama. *Asie* : Laouan (Malaisie). Meranti. Ramin. Teck. *Océanie* : Kaozi (Nlle-Calédonie). *Amérique* : Angélique. Babouen. Balsa. Coualis.

La forêt dans les pays de la CEE (1981)

Source : Eurostat.	Superficie boisée			Propiété		Futaie (en %)
	1 000 ha	%	ha par hab.	publique (en %)	Dont à l'État	
Belgique	620	20	0,06	48	12	90
Danemark	470	11	0,09	35	30	80
France	14 000	25	0,28	30	12	50
Grèce	2 500	19	0,25	65	35	45
Irlande	330	4	0,09	75	75	90
Italie	6 300	21	0,12	40	5	45
Luxemb.	80	32	0,24	40	5	75
P.-Bas	310	8	0,02	40	27	65
All. féd.	7 200	29	0,12	55	30	90
Roy.-Uni	2 000	8	0,04	45	45	75
Total C.E.E.	33 810	21	0,12	40	18	60

La forêt en France

Caractéristiques

État actuel et perspectives. Très morcelée (3 300 000 propriétaires). Cultivée sur la majorité de sa surface. Cycle de végétation long (pin maritime 50 a., chêne rouvre 120 à 250 a.). Diversifiée. 5 à 6 millions d'ha de peuplement pauvre (taillis et taillis sous futaie) de faible production pourraient être enrichis. 2 fois plus de feuillus qu'en Europe du N. (rend 2 fois moins que les résineux).

Rendement moyen : 1,9 m³ par ha en 1983 (Alsace 4, Aquitaine 3,2, Auvergne 3,1, Lorraine 3, Normandie 3, Provence 0,8, Languedoc 0,8, Corse 0,2) ; All. féd. 4, Danemark + de 5.

La majeure partie est difficile à exploiter, le bois souvent médiocre est d'un prix de revient élevé (100 % plus cher qu'aux U.S.A.). Malgré la replantation (45 000 ha/an en moy., soit env. 10 % du ter.), manque d'adaptation à la demande de l'industrie du bois et à la concurrence internationale. Le rapport Duroure (19-3-1982) proposait d'améliorer la gestion de la forêt privée, l'organisation des marchés du bois, la modernisation de l'ind. du bois (20 milliards de F d'investissements en 15 a., restructuration des entreprises) et la création d'un ministère de la Forêt.

Principaux arbres

• **Feuillus. Indigènes. Alisier** blanc (Allouchier), A. terminal ou noir 15 à 20 m. **Aune** glutineux (Aune rouge, Verne) 25 m. **Bouleau** verruqueux 20 à 25 m, pubescent (blanc ou collant) 100 ans. **Buis** recherché par les graveurs. **Charme** 25 m, au max. 25 m, 120 ans. **Châtaignier** 30 m, v. Index, env. 300 ans. **Chêne** rouvre (ex. à Bercé et Tronçais) 20 à 40 m, pédonculé 25 à 40 m (on en connaît de 1 600 ans), méridional à feuille persistante vert (yeuse) 15 m ; -liège 5 à 20 m, occidental, pubescent 15 à 25 m, tauzin (Ouest, S.-O.) 15 à 30 m, chevelu (rare) 20 à 30 m, Kermès 0,5 à 2 m. Un ch. rouvre de 300 ans peut avoir une circonférence de 4,45 m à 1,30 m du sol. **Cornouiller** sanguin 4 m. **Érable sycomore** (bois blanc nacré) 20 ans, plane 20 m, champêtre (bois blanc jaunâtre) 15 m. **Frêne** 40 m. **Hêtre** 10 à 40 m, 120 à 180 ans. **Merisier. Micocoulier. Noyer** royal, noir 15 à 30 m. **Orme** champêtre, de montagne 20 à 45 m, 120 à 180 ans. Atteints depuis 1976 en France par la *graphiose*, maladie provoquée par des champignons interrompant la circulation de la sève. **Peuplier** blanc + de 30 m, noir 20 à 30 m, d'Italie 25 à 30 m. **Tremble** 5 à 30 m. **Platane** 10 à 30 m. **Poirier. Pommier. Saule** marsault (forêt jusqu'à 10 m), blanc (le long des ruisseaux) osier. **Sorbier** domestique (cormier), des oiseleurs (grenotier et cochêne). **Tilleul** à petites feuilles 30 m, à grandes feuilles + grand, 200 ans et +.

Introduits. Ailante ou Vernis du Japon (1751) 30 m et +. **Catalpa. Chêne** américain (dont le ch. rouge 25 m). **Eucalyptus. Liquidambar. Marronnier d'Inde** 25 m. **Mûrier** − de 20 m, blanc à petites feuilles, noir à plus gros fût. **Noyer noir** (intr. au début du XVIIe s.). **Robinier** (faux acacia) (intr. en 1601 par Robin) 30 m, 60 à 80 ans. **Tulipier de Virginie.**

• **Résineux indigènes. Épicéa** jusqu'à 40 m et +, 120 à 180 ans. **Mélèze** jusqu'à 40 m, 120 à 150 ans. **Pin** d'Alep 20 m, Cembro (hte montagne) env. 25 m, laricio de Corse et pin pignon (pinier, parasol) 25 m, 250 ans, maritime 40 m, de montagne 3 à 20 m, sylvestre. **Sapin** 30 à 45 m, 120 à 150 ans.

Introduits. Cèdre du Liban (introd. 1733 par Bernard de Jussieu), de l'Himalaya (Déodar), de l'Atlas (Ventoux) 40 m et + (intr. en 1860). **Douglas** (introd. 1827 par l'Écossais Douglas), vert (croît de 1 m par an, peut atteindre 80 à 100 m), bleu. **Épicéa de Sitka** 30 à 35 m. **Pin de Monterey** 30 à 35 m. **Pin** noir d'Autriche (XIXe s.) 30 à 35 m. **Pin Weymouth** (XVIIIe s.) 50 m (en Amérique). **Sapin de Nordmann et de Vancouver. Séquoia. Thuyas.**

Forêts les plus belles. Chênaies. Forêt de Bercé (Sarthe). Bellême (Orne). Blois (L.-et-Cher). Hanau (Moselle). Tronçais (Allier). **Hêtraies.** Lyons (Eure). Eawy (S.-M.). Compiègne (Oise). Villers-Cotterêts (Aisne). Haye (Mthe-et-Mlle). Darney (Vosges). Eu (S.-M.). Auberive (Hte-Marne). **Pins sylvestres.** Hanau (Moselle). Haguenau (B.-Rhin) (plaine). Wangenbourg (B.-Rhin) (montagne). **Sapinières.** Gérardmer (Vosges). La Joux (Jura). Hte vallée de l'Aude. La Grande Chartreuse (Isère). **Taillis sous futaie.** F. du Rhin. F. de la Saône.

☞ Voir p. 186 les arbres les plus hauts.

Quelques chiffres

• **Superficie globale** (en millions d'ha). **5 000 av. J.-C.** 44 ; **époque gallo-romaine** 40 ; **XVIe s.** 13 ; **1789** 6 ; **1880** 8 ; **1889** 9 (politique de reboisement de **1827 à 1847**, dépopulation des campagnes) ; **1900** 10 ; **1946** 10,8 ; **1979**, *1) Surfaces boisées totales* (bois et bosquets), portant des arbres forestiers qui couvrent au moins 10 % du sol, 13,95 ha dont boisements de protection et réservés aux loisirs : 55, b. de production 13,4 *(feuillus* : 66 % dont chêne 40 %, hêtre 12, charme 4, châtaignier 2, peuplier 1, autres feuillus 7. *Résineux* : 34 % dont pin maritime 11, sylvestre 8, sapin 5, épicéa 5, mélèze 1, autres résineux 4), représentant 1,46 milliard de m³ de bois. *2) Autres formations boisées.* 1 dont : peupleraies 0,173 ha ; haies boisées (1 000 000 km) ; alignements (57 000 km), autres épars, représentant env. 100 millions de m³ de bois (dont peupleraies 20 à 25 ; haies et alignements 75).

• **Territoire occupé par la forêt** (%). *1876* : 17. *1920* : 18,8. *60* : 21,2. *86* (est.) : 25.

Régions les plus boisées. En % taux de boisement et, entre parenthèses, % de répartition entre feuillus, résineux, mixtes. Franche-Comté 42 (73, 21, 6). Aquitaine 42 (32, 59, 9). Lorraine 36 (71, 24, 5). Alsace 35 (49, 35, 16). Provence-Côte d'Azur 34 (30, 48, 22). Rhône-Alpes 31 (45, 31, 16). Bourgogne 30 (36, 10, 54). **Les moins boisées.** Nord-Pas-de-Calais 7 (92, 4, 4). Basse-Normandie 8 (78, 15, 7). Bretagne 9 (44, 43, 13). Pays de la Loire 9 (65, 26, 9).

• **Composition.** Futaies 49 %, taillis sous futaie 30 %, taillis peu productifs 21 %.

• **Accroissement moyen annuel** (en millions de m³). Feuillus 27 ; résineux 20 ; peupleraies 1 ; autres formations boisées 1.

• **Reboisements** effectués avec l'aide du Fonds forestier national : *1947-79* 1 672 850 ha plantés dont échec 322 000 ha (19,2 %), réussite 1 120 000 ha (67 %), médiocre 231 000 ha (13,8 %). *Bois résineux (1981)* : 1 498 000 ha plantés dont réussis 1 101 000 (67 %), médiocres 203 500 (13,8 %).

• **Forêts les plus grandes. Massifs forestiers** (en ha). Landes 900 000 (forêt artificielle, semée et non plantée vers 1858 pour la production de résine de pin ; 90 % est privé). Vosges 250 000. Provence 120 000. Ardennes 100 000.

Principales forêts domaniales. (en ha). Orléans 34 497, Fontainebleau (S.-et-M.) 16 953, Compiègne

Superficie au 1-4-1982

Départements	Forêts de l'État gérées par l'ONF (1)	Autres forêts soumises au RF (1)	Total forêts soumises au RF (1)	Forêts non soumises au RF	Total par département
Ain	3 000	51 700	54 700	122 400	177 100
Aisne	29 600	4 850	34 450	87 550	122 000
Allier	24 650	1 800	26 450	87 450	113 900
Alpes (Hte-Prov.)	54 200	42 250	96 450	196 950	293 400
Alpes (Htes)	22 100	61 100	83 200	69 400	152 600
Alpes-Mar.	11 750	50 100	61 850	112 740	174 600
Ardèche	9 950	9 100	19 050	190 950	210 000
Ardennes	29 750	39 000	68 750	79 050	147 800
Ariège	33 000	27 600	60 600	131 100	191 700
Aube	14 450	29 050	43 500	104 100	147 600
Aude	20 650	18 150	38 800	111 700	150 500
Aveyron	7 300	6 900	14 200	194 000	208 200
B.-du-Rh.	1 100	13 750	14 850	65 950	80 800
Calvados	3 200	500	3 700	36 200	39 900
Cantal	1 750	19 300	21 050	125 150	146 200
Charente	5 000	550	5 550	110 850	116 400
Ch.-Mar.	8 100	1 050	9 150	92 550	101 700
Cher	15 450	7 700	23 150	139 050	162 200
Corrèze	300	4 100	4 400	232 100	236 500
Corse (Hte-)	15 550	14 650	30 200	66 900	97 100
Corse-du-Sud	12 300	24 800	37 100	94 200	131 300
Côte-d'Or	45 600	106 900	152 500	154 600	307 100
C.-du-Nord	2 050	650	2 700	52 600	55 300
Creuse	3 700	3 050	6 750	119 150	125 900
Dordogne	1 300	200	1 500	360 900	362 400
Doubs	5 150	109 850	115 000	99 000	214 000
Drôme	33 950	30 650	64 600	176 300	240 900
Eure	12 450	1 700	14 150	105 950	120 100
E.-et-Loir	9 900	150	10 050	57 350	67 400
Finistère	3 950	700	4 650	52 450	57 100
Gard	16 900	24 150	41 050	131 850	172 900
Garonne (Hte-)	12 650	24 850	37 500	72 700	110 200
Gers	1 400	2 100	3 500	71 100	74 600
Gironde	18 800	9 650	28 450	449 250	477 700
Hérault	17 350	6 950	24 300	114 200	138 500
Ille-et-Vilaine	8 700	600	9 300	46 800	56 100
Indre	11 800	1 550	13 350	91 250	104 600
I.-et-Loire	8 450	3 750	12 200	123 600	135 800
Isère	18 250	53 600	71 850	176 850	248 700
Jura	23 450	95 900	119 350	99 050	218 400
Landes	22 650	23 800	46 450	541 250	587 700
L.-et-Cher	17 200	800	18 000	163 300	181 300
Loire	–	4 950	4 950	107 450	112 400
Loire (Hte-)	3 750	12 750	16 500	152 600	169 100
Loire-Atl.	4 250	100	4 350	38 150	42 500
Loiret	37 850	300	38 150	125 350	163 500
Lot	450	1 000	1 450	185 050	186 500
Lot-et-Gar.	1 500	1 650	3 200	114 200	117 400
Lozère	24 700	19 300	44 000	162 000	206 000

Départements	Forêts de l'État gérées par l'ONF (1)	Autres forêts soumises au RF (1)	Total forêts soumises au RF (1)	Forêts non soumises au RF	Total par département
M.-et-Loire	3 450	350	3 800	68 500	72 300
Manche	600	850	1 450	20 550	22 000
Marne	16 100	12 500	28 600	106 000	134 600
Marne (Hte-)	31 200	97 950	129 150	113 550	242 700
Mayenne	700	200	900	33 200	34 100
M.-et-Mos.	34 550	73 950	108 500	60 700	169 200
Meuse	49 300	102 200	151 500	80 800	232 300
Morbihan	2 400	200	2 600	87 200	89 800
Moselle	78 550	45 550	124 100	44 800	168 900
Nièvre	22 300	27 300	49 600	174 400	224 000
Nord	20 650	1 700	22 350	19 050	41 400
Oise	31 900	7 600	39 500	76 300	115 800
Orne	24 850	1 300	26 150	59 850	86 000
P.-de-C.	7 750	800	8 550	30 450	39 000
P.-de-Dôme	2 550	26 650	29 200	206 300	235 500
Pyr.-Atl.	300	58 600	58 900	137 500	196 400
Pyr. (Htes-)	5 250	51 250	56 700	65 700	122 200
Pyr.-Or.	22 050	18 350	40 400	54 200	94 600
Rhin (Bas-)	56 050	74 600	130 650	38 050	168 700
Rhin (Haut-)	21 000	81 750	102 750	34 950	137 700
Rhône	–	2 150	2 150	68 650	70 800
Saône (Hte-)	8 050	118 800	126 850	96 550	223 400
S.-et-Loire	14 600	30 400	45 000	139 700	184 700
Sarthe	13 800	450	14 250	87 850	102 100
Savoie	5 250	76 400	81 650	93 550	175 200
Savoie (Hte-)	4 000	46 350	50 350	120 450	170 800
S.-Mar.	40 950	1 300	42 250	51 450	93 700
S.-et-Marne	30 650	3 950	34 600	91 900	126 500
Sèvres (Deux-)	7 350	150	7 500	38 500	46 000
Somme	4 800	350	5 150	46 950	52 100
Tarn	11 700	11 800	23 500	133 900	157 400
T.-et-Gar.	1 550	200	1 750	55 950	57 700
Var	19 750	31 800	51 550	228 450	280 000
Vaucluse	6 700	24 750	31 450	77 550	109 000
Vendée	6 500	50	6 550	25 350	31 900
Vienne	6 450	450	6 900	101 300	108 200
Vienne (Hte-)	–	1 350	1 350	127 350	128 700
Vosges	56 350	125 450	181 800	96 000	277 800
Yonne	14 650	35 350	50 000	178 200	228 200
Belfort (Terr.-de-)	1 500	12 000	13 500	11 200	24 700
Essonne					
Hts-de-Seine					
Seine-St-Denis	33 450	2 250	35 700	98 200	133 900
V.-de-M.					
V.-d'Oise					
Yvelines					
Total (2)	**1 410 900**	**2 179 000**	**3 589 900**	**10 075 700**	**13 665 600**

Nota. — (1) Il s'agit des seules surfaces *boisées* soumises (sont exclues les surfaces non boisées soumises, domaniales [300 000 ha] et non domaniales [275 000 ha]) qui existaient dans un département donné à la date de son inventaire et non en 1982. (2) Le total général pour la France n'a qu'une valeur indicative puisqu'il totalise les résultats d'inventaires départementaux faits à des dates différentes.

Source : ministère de l'Agriculture, Direction des forêts, IFN.

(Oise) 14 444, Rambouillet (Yvelines) 14 034, Haguenau (B.-Rhin) 13 377, Retz (Aisne-Oise) 13 303, La Harth (Ht-Rhin) 13 225, Chaux (Jura) 13 061, Arc-en-Barrois (Hte-M.) 10 687, Lyons (Eure-S.-M.) 10 668, Tronçais (Allier) 10 574, Verdun (Meuse) 9 533, Eu (S.-Mar.) 9 379, Mormal (Nord) 9 124, Châtillon (C.-d'Or) 8 865, Grande Chartreuse (Isère) 8 261, Écouve (Orne) 8 148, Ste-Eulalie (Landes) 7 307.

Privées. Forêt d'Othe 15 556. Grand Orient 5 000. Amboise, Conches-Breteuil, Dambach.

Forêt méditerranéenne : 4 200 000 ha dont véritables forêts 2 200 000, garrigues, landes et maquis qui s'étendent en gagnant sur des terres autrefois cultivées env. 2 000 000 ; accès difficile (relief tourmenté), économiquement peu intéressante et souvent délaissée ; 10 % appartient à l'État, 15 % aux collectivités locales, 75 % à des propriétaires privés (50 % couvrant moins de 25 ha).

Espèces méditerranéennes en fonction du sol. Siliceuse uniquement et, entre parenthèses, silicieux ou calcaires. Étage littoral (— de 300 à 400 m) : chêne liège [1], pin maritime (chêne vert [1], Kermès [1], pin Pignon [1], d'Alep [1]). Étages de basses montagnes (— de 700 à 800 m) : châtaignier (chêne vert [1], pubescent [1], pin Laricio de Corse [1], noir d'Autriche, sylvestre, cèdre [1]). Étage montagnard (au-dessus de 700 à 800 m) (hêtre-sapin).

Nota. — (1) Espèces d'origines méditerranéennes.

• **Production moyenne** (en m^3/ha/an et entre parenthèses % de bois d'œuvre). Taillis simples coupés à 30 ans 4 (0), taillis sous futaie à hêtre dominant 5 (25), futaie à hêtre dominant 7 (60).

Administration des forêts

Quelques dates

1291 : ordonnance de Philippe IV le Bel, crée le corps des « maîtres des Eaux et Forêts » ; **1346** : ord. de Philippe VI de Valois, dite de Brunoy : 1er Code forestier royal ; **1376** : ord. de Charles V le Sage : base du règlement général des Eaux et Forêts ; **1518** : ord. de François Ier étendant aux autres bois et forêts du royaume les ord. et défenses jusqu'alors réservées au domaine royal ; **1561 et 1563** : édits interdisant de couper les taillis de — de 10 ans, et obligeant à laisser en haute futaie le tiers des taillis ; **1669** : ord. de Colbert, mise en ordre des forêts royales, réglementation de l'exploitation ; **1790** : ord. de la Constituante supprimant droit de triage, et maîtrises ; **1801** : loi de nivôse rétablissant une administration des Eaux et Forêts avec 28 conservations ; **1810-62** : fixation des dunes de la côte aquitaine ; **1824** : conversion en futaie des taillis sous futaie ; **1824** : création de l'École nationale des Eaux et Forêts de Nancy ; **1827** : Code forestier ; à partir de **1857** : assainissement et reboisement en pins maritimes des landes insalubres de Gascogne sur plus de 1 000 000 ha par collectivités et propriétaires particuliers ; **1859** : loi sur le contrôle des défrichements des forêts particulières ; **1830-80** : reboisement des vides entrecoupant les forêts feuillues de plaine du centre et de l'ouest de la France (pin sylvestre, essence déjà utilisée sous l'Ancien Régime), sur plus de 100 000 ha. Fixation des dunes du littoral. **Lois de 1860, 1862, 1882, 1913** : restauration des terrains de montagne et régularisation du régime des eaux ; plus de 500 000 ha de bassins versants érodés sont délimités, de nombreux torrents sont assagis par des ouvrages de génie civil (barrages) et 250 000 ha sont reboisés pour fixer et protéger ces bassins versants (ex. : reboisement du massif de l'Aigoual sur 15 000 ha). Fixation des dunes de Gascogne et des dunes littorales et reboisement ; **1877** : transfert de l'administration forestière du min. des Finances au min. de l'Agriculture ; **1880 à 1913** : lois sur la fixation des dunes et le reboisement ; **1913**-*2-7, loi Audiffred* (Jean-Honoré, 1840-1917) sur la gestion contractuelle des forêts privées (art. L. 224-6 du Code forestier). **Après la g. de 1914-18** : mise en valeur des terrains dévastés plus de 40 000 ha (région de Verdun 14 000 ha dont 2/3 sur des terrains spécialement acquis par l'État) ; **1922**-*28-4*, loi qui soumet à un régime spécial les forêts de protection ; **1930**-*16-4, loi Sérot* sur la réduction des droits de mutation (art. 703 du Code général des impôts) ; **1934**-*20-7* et **1973** : décret-loi sur l'exonération trentenaire de la contribution foncière accordée aux propriétaires reboiseurs (art. 1395 du Code général des impôts) ; **1946** : loi du

30-9 crée le *Fonds forestier national.* Reboisement et désenclavement des forêts : plus de 1 850 000 ha de terrains nus ou de forêts appauvries reboisés, 21 000 km de routes et pistes forestières construites en 35 ans, 10 000 km de sentiers pédestres et 2 000 km de pistes cavalières ; création de groupements forestiers, modernisation et équipement des exploitations forestières et des scieries ; **1949** : après les grands incendies, développement de la défense contre l'incendie ; **1954**-*30-12,* décret créant les groupements forestiers ; **1958 et 1959** : réglementation relative à la création et la conservation d'espaces boisés dans les plans d'urbanisme ; **1958**-*24-9,* création de l'Inventaire permanent des ressources forestières nat. (art. L. 521 du Code forestier) ; débute en 1960, terminé début 80, doit se faire tous les 10 ans ; **1959**-*28-12,* amendement Monichon sur la réduction des droits de succession (art. 793 du Code gén. des impôts). **1960** : réserves naturelles, parcs nationaux, parcs naturels régionaux, préinventaire des ressources naturelles, protection phytosanitaire des forêts, espaces verts forestiers suburbains, etc. ; **1963**-*6-8,* loi pour l'amélioration de la prod. et de la structure foncière des forêts privées fr., création des CRPF ; **1964**-*23-12,* loi concernant les forêts domaniales et celles des collectivités publiques, création de *l'Office nat. des forêts ;* **1965**-*28-10,* arrêté créant les services régionaux d'aménagement forestier (SRAF) ; **1966**-*12-7,* loi sur la protection et la reconstitution de la forêt méditerranéenne ; **1969** : taxe sur le défrichement et modification de la réglementation du défrichement ; **1971**-*22-5,* loi sur l'amélioration des structures forestières et institution des périmètres d'actions forestières dans les zones de moyenne alt. et d'exode rural à vocation forestière dominante ; **1976**-*10-7,* loi sur la protection de la nature. Forêts de protection ; **1978**-*18-8,* décret à ce sujet ; **1979**-*7-2,* orientation vers l'extension de la protection et de la valorisation des domaines forestiers, intensification de la gestion forestière (aides financières et fiscales), incitation à l'organisation de la f. privée (possibilités de création d'assoc. syndicales de reboisement ou d'équipement ou de gestion forestiers ; création d'un centre nat. de la propriété forestière), mobilisation de la forêt par les collectivités locales et l'ONF, protection de l'espace forestier (taxe de défrichement 5 000 à 15 000 F/ha). **1985**-*4-12,* loi forestière. Chaque région définira ses orientations au sein d'une commission régionale. Les crédits publics iront en priorité aux forêts bien gérées (forêts publiques, f. privées dotées d'un plan simple de gestion, groupements de propriétaires reconnus). Les propriétaires de 10 ha pourront établir un plan simple de gestion, obligatoire jusqu'à présent pour les forêts de + de 25 ha. La loi prévoit des comités de filières qui établiront les normes techniques applicables à toutes les entreprises. Les conseils d'administration des centres régionaux de la propriété forestière seront composés pour 1/3 des représentants des organisations professionnelles. Les 2 autres tiers seront élus par les propriétaires de + de 4 ha. *Remembrement :* la forêt pourra être incluse dans le périmètre d'un remembrement agricole. Les S.A.F.E.R. pourront intervenir. *Amendes pour infraction à la législation du défrichement :* 30 000 F l'ha.

Administration actuelle

Forêts soumises au régime forestier. La *Direction des forêts* auprès du ministère de l'Agriculture met en œuvre la politique forestière de l'État (réglementation, aides et incitations, tutelle sur la forêt « soumise » au régime forestier). Elle est relayée par les *Services régionaux de la forêt et du bois (S.E.R.F.O.B.),* et par les *Directions départementales de l'agriculture et de la forêt (D.D.-A.F.).*

Les Centres régionaux de la propriété forestière (C.R.P.F.), établissements publics, assurent la vulgarisation forestière auprès des propriétaires privés.

Office national des forêts (ONF). 2, av. de St-Mandé, 75570 Paris Cedex 12. Établissement public national à caractère industriel et commercial créé le 1-1-1966, doté de la personnalité civile et de l'autonomie financière.

Cet office est chargé de la gestion et de l'équipement des forêts domaniales (1 750 000 ha) et de la mise en œuvre du régime forestier dans les bois, forêts et terrains appartenant aux collectivités locales (2 500 000 ha). Peut être chargé par conventions passées avec État, collectivités publiques ou particuliers, d'opérations de gestion, d'études, d'enquêtes et de travaux.

Effectifs au 1-1-83 : 7 855 dont emplois de direction 36, ingénieurs du génie rural des Eaux et Forêts 170, ing. des travaux des Eaux et Forêts 396, techniciens forestiers 1 382, chefs de district et agents techniques forestiers 4 198, cadres et agents administratifs (titulaires, contractuels, détachés) 1 673.

Surfaces gérées au 1-1-84 (en ha). *Métropole :* 4 299 529 dont f. et terrains domaniaux 1 727 165, f. affectées à divers départements ministériels sur lesquels l'ONF assure la mise en œuvre du régime forestier 24 367, f. communales et sectionnales 2 446 722, f. des autres collectivités 87 506, f. sous contrat 13 769. D.O.M. (au 1-1-1983). *Martinique, Guadeloupe, Réunion :* f. et terrains domaniaux 15 000, f. des collectivités 137 000. *Guyane :* f. domaniales env. 7 557 269.

Forêts privées non soumises au régime forestier. 10 000 000 ha. *Gestion :* assurée par le propriétaire qui peut se faire conseiller par un expert forestier, qui engage alors sa responsabilité. Ingénieurs ou techniciens, les experts forestiers sont indépendants ou salariés d'un organisme de gestion. Le ministère de l'Agriculture publie la liste des professionnels habilités à porter le titre d'expert (Cie nat. des ing. et experts forestiers, 6, av. de St-Mandé, 75012 Paris).

Syndicat nat. (Comité des forêts, 46, rue Fontaine, 75009 Paris), 82 synd. départ., Fédération nat. 6, rue de la Trémoille, 75008 Paris.

Développement. *Institut pour le développement forestier (IDF).* 23, av. Bosquet, 75007 Paris. *Centres d'études techniques forestières (CETEF). Centres régionaux de la propriété forestière (CRPF). 17 centres administrés par des propriétaires forestiers élus. Association nationale,* 34, rue Hamelin, 75116 Paris.

Appartenance

Forêts publiques : 4 200 000 ha dont env. 3 700 000 boisées ; 2 500 forêts domaniales (1 723 000 ha) et 14 000 forêts appartenant à 10 000 collectivités (2 530 000 ha). **Privées :** 10 000 000 ha (73 %) ; 3 300 000 propriétaires dont env. 22 500 possèdent + de 50 ha (env. 6 ha par propr. en moy.) ; 156 propr. ont plus de 500 ha (120 000 ha), 5 500 de 100 à 500 ha (945 000 ha), 36 400 de 25 à 100 ha (1 623 000 ha). 90 % des parcelles ne dépassent pas 5 ha.

% de surfaces boisées et, entre parenthèses, % d'exploitation du bois. Forêt privée 74 (62,5) ; domaniale 10 (16) ; communale 16 (21,5).

% de volume sur pied et, entre parenthèses, % d'exploitation du bois. Forêt privée 63 (62,5) dont feuillus 64 (65) ; conifères 62 (60,5).

Acquisitions par l'État (en ha). **1876-1912 :** env. 230 000 (7 000 par an) ; **1912-42 :** 210 000 (7 000 par an) ; **1942-71 :** en moy. 2 500 par an ; **1971-75 :** 30 984 dont forêt d'Arc-en-Barrois (Hte-Marne) 12 541, espaces verts forestiers 10 060, forêts de production 20 924 ; **1975-80 :** 31 450 dont 19 856 de production et 11 594 d'espaces verts forestiers.

Production de bois

● **Production (1983). 1° Bois ronds commercialisés** (en milliers de m^3). 29 637 dont : *B. d'œuvre* (pour sciage, tranchage et déroulage) 18 612 (*feuillus* 7 636 dont chêne 3 013, hêtre 1 904, peuplier 1 726, frêne, merisier, érable 222, noyer 30, autres feuillus 741 ; *conifères* 10 976 dont sapin, épicéa, mélèze 5 544, pin maritime 3 609, autres conifères 1 822). *B. d'industrie* 9 646 (feuillus 5 097, conifères 3 877).

2° Bois de feu non auto-consommé 1 379 000 m^3 (1 cheminée consomme en moy. 1,5 stère par an. Il y a 6 millions de cheminées dont 10 % inutilisées ; beaucoup sont approvisionnées par le ramassage « sauvage »).

Production prévue en 2010 : 45 millions de m^3.

● **Origine des bois d'œuvre** (en milliers de m^3, 1983). *Grumes de feuillus :* Lorraine 911, Ch.-Ardenne 660, Picardie 615, Bourgogne 590, Centre 550, Aquitaine 446, Fr.-Comté 414, Midi-Pyr. 360, Auvergne 341, P. de la Loire 340, Hte-Normandie 339, Poitou-Char. 338, Alsace 318, B.-Normandie 279, Rh.-Alpes 268, Limousin 250, I.-de-Fr. 194, Bretagne 193, Nord-Pas-de-Calais 172, Languedoc-Roussillon 44, Provence-Alpes-Côte d'Azur 9, Corse 3. *Grumes de conifères :* Aquitaine 2 983, Auvergne 1 544, Rh.-Alpes 1 535, Lorraine 1 026, Fr.-Comté 750, Alsace 745, Limousin 400, Languedoc-Roussillon 359, Centre 283, Bretagne 251, Midi-Pyr. 210, P. de la Loire 209, Provence-Alpes-Côte d'Azur 146, Poitou-Char. 137, Bourgogne 108, B.-Normandie 90, Ch.-Ardenne 56, Hte-Normandie 56, Corse 44, I.-de-Fr. 23, Picardie 21, Nord-Pas-de-Calais 2.

Bois vendu par l'ONF (forêts domaniales et f. des collectivités locales gérées par l'ONF, en millions de m^3, et, entre parenthèses, % d'invendus). *Source :* ONF. *1982 :* 11,3, sur pied 9,45 (f. 5,6, r. 3,85), façonnés 1,85 (f. 1,05, r. 0,8). *1983 :* 12,65, sur pied 10,8 (f. 5,9, r. 4,9), façonnés 1,9 (f. 1,1, r. 0,8). *1984 :* 13,5, sur pied 11,5 (f. 6,6, r. 4,9), façonnés 2 (f. 1,1, r. 0,9). *1985 :* 13,4. Dep. 1983 niveaux élevés dus à l'abondance des bois renversés par les tempêtes successives dep. nov. 1982, et des bois dépérissants (attaques de parasites).

Prix moyens par essence obtenus aux grandes ventes (taxe forfaitaire comprise ; en F par m^3).

Source : ONF	72	73	75	79	80	81	82	83	84
chêne 50 [1] et +	187	402	338	850	771	655	625	687	803
chêne 30-45 [1]	51	110	107	268	256	218	192	197	203
hêtre 40 [1] et +	99	195	146	287	296	267	263	277	231
pin sylvestre 25 [1] et +	99	199	177	159	186	167	155	150	148
sapin 25 [1] et +	70	128	117	298	366	316	279	295	265

Nota. — (1) diamètre en cm.

Les ventes de bois par l'ONF (bois de l'État et des communes) se font principalement par adjudication publique à l'automne. Les particuliers vendent à tout moment mais de plus en plus dans le cadre des ventes groupées ayant lieu souvent après celles de l'ONF fin automne ou début hiver.

● **Scieries.** Environ 982 ét. occupant 18 439 salariés permanents et produisant (1983) 8 796 000 m^3 de sciages, 3 329 000 m^3 de chutes (pour pâte à papier et panneaux).

● **Commerce extérieur du bois. Importations et entre parenthèses exportations, en millions de F, en 1985.** *Produits d'exploitation forestière et de scierie :* 4 837 (3 217) dont grumes feuillus tempérés 67 (1 021), tropicales 1 411 (18), conifères 27 (63) ; bois trituration feuillus 2 (431), conifères 59 (107) ; sciages feuillus tempérés 225 (947), conifères 1 844 (140), tropicaux 927 (62) ; traverses 37 (140) ; délignures feuillus à conifères 8 (77) ; divers 230 (212). *Autres produits d'exploitation forestière et dérivés :* 874 (272) dont extraits tannants végétaux 56 (86), térébenthine, colophane et dérivés 228 (112), liège naturel brut et déchets de liège 22 (5), ouvrages en liège naturel et aggloméré 567 (70). *Produits des industries du bois :* 26 219 (14 369) dont meubles et sièges en bois 7 153 (2 476), plaçages 329 (403), panneaux contreplaqués, fibres et de particules de bois 1 478 (1 007), autres produits du travail mécanique du bois 1 754 (1 136), pâtes et vieux papiers 6 051 (1 573), papiers et cartons 9 453 (7 774). *Total filière bois :* 31 931 (17 858).

En quantité en millions de t. *Imp. :* 7,9 dont sciages-conifères 0,83 dont en 1983 de Suède 0,27, Finlande 0,24, Canada 0,17, U.R.S.S. 0,16 ; grumes tropicales 0,8 dont en 1983 de C.-d'Ivoire 0,4, Gabon 0,36 (dont okoumé 0,24), Cameroun 0,06 ; papiers et cartons 2,09, pâtes et vieux papiers 2, panneaux 0,5, meubles et sièges en bois 0,35. *Exp. :* 7 dont bois trituration feuillus 1,6, conifères 0,34, grumes feuillus 1,2, sciages feuillus 0,4, conifères 0,08, papiers et cartons 1,16, pâtes et vieux papiers 0,8, panneaux 0,3, meubles et sièges en bois 0,08.

Solde des échanges extérieurs (en milliards de F) : 1978 : – 6,1 ; *1979 :* – 8,7 ; *1980 :* – 11,3 ; *1981 :* – 12 ; *1982 :* – 13,7 ; *1983 :* – 13,2. *1984 :* – 14,3 ; *1985 :* – 14,07.

Catastrophes

Incendies

● **Causes des incendies.** *Inconnues :* 70 %. *Connues :* 30 % [dont travaux (agricoles et forestiers) 9, accidentelles (lignes électriques, dépôts d'ordures) 8, loisirs (enfants, feux, fumeurs) 6, volontaires (pyromanie-malveillance) 3, naturelles (foudre) 1, autres 3].

● **Infractions. A la réglementation d'emploi du feu** *(fumer en forêt, allumer du feu en période dangereuse) :* amende de 160 à 600 F. **Incendie** *involontaire :* 360 à 8 000 F et prison de 11 j à 6 mois ; *volontaire* (délit ou même crime s'il a entraîné la mort d'une personne ou une infirmité permanente) : auteur poursuivi devant la Cour d'assises en application de l'art. 437 du Code pénal. En 1981, 98 feux criminels (2,82 %).

● **Lutte et prévention. Lutte : moyens terrestres locaux :** 21 000 pompiers professionnels, 3 700 militaires. 50 706 hommes par jour en 1981 (34 500 en 1980). Matériel : *camions Dangel* 600 l d'eau. **Moyens aériens** (1982). *Bombardiers d'eau moyens et lourds :*

Canadair CL 215 : 11, Douglas DC 3 : 4, Grumman Tracker : 9. *Hélicoptères :* Alouette III : 26, Dauphin : 4, Écureuil : 1. Plusieurs Puma sont prêtés par l'Armée. *Avions agricoles* (détection et attaque rapide des feux naissants) : 6 ; *avions de reconnaissance :* 3. **Nombre d'heures de vol** (1982). *Canadair* 4 559, *D.C. 6* 601, *Tracker* 6. (Au 31-12-1981) *Avions de reconnaissance* 1 500 ; *avions de 1re intervention* 500 ; *hélicoptères* 772.

Canadair CL 215 : a. amphibie, bimoteur, capacité 5 500 l d'eau, vitesse 275 km/h, autonomie au feu 4 h, largage à 50 m sur ½ ha.

DC 6 : a. quadrimoteur, capacité 12 000 l d'eau, vitesse 460 km/h, autonomie au feu 4 h 30, temps de rotation (entre atterrissage, redécollage, rechargement) moins de 10 mn, largage maximum sur 700 m.

• **Coûts (1981).** 1 h de vol de Canadair CL 215 : 19 000 à 21 000 F. Achat d'un véhicule CCF (camion citerne capacité 2 000 l) : 300 000 à 350 000 F ; coût d'établissement d'un km de voie : 40 000 à 200 000 F ; de débroussaillement mécanisable d'un hectare : 3 000 à 6 000 F (+ 10 % par an d'entretien) ; débroussaillage manuel : 8 000 à 15 000 F (+ 10 % par an d'entretien) ; plantation (d'un hectare) : 8 000 à 12 000 F.

Prévention. Débroussaillement : suppression de la végétation basse (touffue et très combustible). *Coût :* 10 000 à 15 000 F/ha tous les 3 ou 4 ans, or la zone dangereuse (Provence, Côte d'Azur, Corse) comprend 2 millions d'ha de forêt.

• **Nombre d'incendies** et, entre parenthèses, surface incendiée en ha. *1970 :* 1 960 (61 419). *71 :* 2 423 (19 710). *72 :* 2 376 (16 441). *73 :* 6 484 (69 578). *74 :* 3 398 (41 427). *75 :* 4 017 (25 829). *76 :* 9 800 (88 344). *77 :* 2 432 (19 875). *78 :* 6 973 (46 701). *79 :* 5 057 (59 727). *80 :* 5 040 (22 176) dont région méd. 3 558 (15 117). *81 :* 5 173 (27 711) dont région méd. 3 437 (21 665). *82 :* 5 308 (55 145) dont région méd. 2 907 (47 199). *83 :* 4 934 dont rég. méd. 4 200 (52 000 ha) [Corse 900 (22 000)]. **Tués.** 1970 (oct.) 11 † (Var, Alp.-Mar.) dont le 3-10 l'épouse et les 4 enfants de Martin Gray. *1985* (août) : 8 † dont 5 pompiers le 1-5 dans le massif du Tanneron (Alp.-Mar.).

Nota. — En 1949, incendie des *Landes* 52 000 ha, 83 † et 66 maisons détruites. *Provence-Alpes-Côte d'Azur, années « noires » : 1962 :* 29 000 ha incendiés, *64 :* 28 000, *70 :* 42 000, *79 :* 30 729 ; *années « fastes » : 76 :* 2 410, *77 :* 970.

Superficie moyenne annuelle incendiée (en ha). Canada 110 000 (8 000 incendies). Espagne 109 000 (*1979* 300 000). Italie 56 000. *France 35 000 (2 500 incendies).* Représente 1,25 % des espaces boisés (4 % dans la « zone rouge » en bordure du littoral).

Autres catastrophes

• **Parasites. Châtaignier :** dep. 1860 maladie de l'encre attaquant le tronc ; dep. 1956 (surtout dans le S.-E.). Andothia parasita. **Chêne :** dep. 1976, oïdium. **Chêne rouge :** Cerastocystis fagacearum (U.S.A.). **Cyprès :** dep. 1949, champignon corineum, bouche les canaux. *Épicéas :* ips typographe forant des galeries dans les troncs et les branches (Est). **Hêtres :** dep. 1972, cochenille (Cryptococcus fagi), dont les piqûres permettent l'implantation du champignon (Nectria-ciccinza), qui, ultérieurement, envahit l'arbre, causant sa mort par obturation des vaisseaux conducteurs de la sève (Seine-Mar., Ile-de-Fr.). **Ormes :** graphiose, champignon colonisant les vaisseaux conducteurs de la sève. L'agent infectieux peut être transmis par simple contact entre les racines des arbres, ou par les morsures d'un insecte xylophage, le scolyte de l'orme dont les vols assurent la dissémination à longue distance du champignon d'un arbre malade vers les arbres sains (partout en Fr., G.-B.). **Pins maritimes :** dep. 1957, cochenille Matsucoccus feyraudi qui suce la sève (Sud : 150 000 ha en Provence semblent irrémédiablement perdus). **Platane :** dep. 1975 (mais arrivé en 1944) chancre doré Ceratocystis fimbriata, maladie transmise par contact racinaire, les élagages, contact de la sciure d'arbres infestés (sud de Lyon, nombreuses villes du Midi).

• **Pluies acides.** Sapins, mélèzes, épicéas, pins : 1 arbre sur 5 est malade dans Vosges et Alpes du Nord.

• **Sécheresse.** *Régions atteintes en 1976, en ha :* France entière 88 344 (dont régions méditerranéennes 42 180). Haies, pommiers, poiriers : feu bactérien (Erwinia amylovora).

• **Tempêtes.** *1982* (6/7-11) : plus grosse catastrophe forestière connue en France. A ravagé 1/4 de la France. 20 départements touchés en Auvergne, Limousin, Rhône-Alpes, Languedoc-Roussillon, Midi-Pyrénées, Aquitaine, Bourgogne. Pointes de vent de 140 à 160 km/h. 700 000 abonnés privés d'électricité le 1er jour, 100 000 lignes téléphoniques en dérangement. *Dégâts en millions de m³ :* 10 (1/3 de la prod. totale commercialisée annuellement) dont Puy-de-Dôme 6 (Corrèze 1,2 à 1,5) ; Morvan 1. *1984* (11 au 12) : 15 000 ha touchés ; bois sinistrés 1,8 million de m³.

Pêche

Ressources de la mer

Poids de la mer dans l'économie mondiale
(en milliards de F)

Loisirs (plaisance, sports marins et sous-marins, thalassothérapie) 100, *ressources alimentaires* (pêche, élevage, aquaculture) 105, *pétrole* 200, *minerais* (nodules polymétalliques, sel marin, usines de dessalement) 5 à 10. 200 millions d'hommes vivent de la mer.

Produits végétaux

Algues

Exploitation. On exploite surtout les *algues brunes* (Macrocystis laminaires fucales) pour l'extraction de l'acide alginique, *rouges* (famille des Gélidiales) pour l'extraction de l'agar-agar (famille des Gigartinales) et pour celle des carraghénanes.

Goémon et varech récoltés sur le rivage sont utilisés comme engrais. Les a. fraîches finement broyées sont employées en aspersion foliaire pour traitement phytosanitaire. En Extrême-Orient, cultures sur cordages (laminaires : Kombu ; Undaria : Wakame) et sur filets (Porphyra : Nori). *Production :* 2 300 000 t soit les 2/3 du tonnage total de l'aquaculture mondiale (3 400 000 t avec poissons et mollusques). *Utilisation des sous-produits : agar-agar et carraghénanes* entrent dans la composition de nombreux produits alimentaires (crèmes, pâtes de fruits, sauces, confitures) ou scientifiques (préparations bactériologiques). *Acide alginique* et *alginates (macrocystis, laminaires...)* sont utilisés pour papeterie, alimentation, pâtisserie, industries textiles, pharmaceutiques, médicales, préparation du latex, des matières plastiques, cosmétiques, peintures dans la métallurgie, synthèse des électrodes de soudure, traitement des eaux. Farines et tourteaux d'algues entrent dans l'alimentation animale. La production naturelle tend à devenir insuffisante. L'IFREMER (Institut français de recherche et d'exploration de la mer) effectue des recherches pour la culture des algues. Les premières récoltes ont eu lieu en 1983 à l'île d'Ouessant.

Récoltes en France (1984). 55 000 t soit 10 000 t en équivalent sec (1984). Épaves 53. Ascophyllum converti en sec 52. Serratus vert ou fucus frais (vert) 811, sec 767 t. Lichen converti en rouge sec 949. Stipes frais 585. *Production de substances gélifiantes* type carraghenanes (1984) : 2 300 t/an (2e prod. mondial), d'alginates : 1 700 t/an (5e).

Prix (en F/tonne, 1982). Ascophyllum vert 115, sec 380. Laminaires sèches 1 300, vertes de coupe 160, épave 144. Hyperborea d'épave 126, de coupe 147. Fucus vert 115, sec 380. Lichen vert égoutté 880, rouge sec 3 080, blanc 4 300.

Produits animaux

Caviar

Origine. Vient des œufs d'esturgeon, poisson de mer remontant les fleuves à l'époque du frai (pêche au printemps et en automne). **Fabrication :** œufs extraits du ventre des femelles (env. 10 % du poids du poisson), lavés, triés, puis salés, et mis en boîtes de 1,8 kg env. Traditionnellement préparé en Russie puis en Iran, introduit en France après la révolution russe par des princes, commercialisé par 2 émigrés arméniens (les frères Melkoum et Mouchegh Petrossian) v. 1926. **Espèces :** esturgeon *Beluga* (pèse 200 à 300 kg, max. 800 kg : gros grains gris clair à gris foncé, œufs fragiles) ; *Ossetra* (grains moyens, jaune doré à brun) ; *Sevruga* (15 à 70 kg : grains petits, gris clair à gris foncé). **Caviar pressé :** grains plus mûrs pressés ensemble (5 kg de caviar frais pour 1 kg de c. pressé).

Production. U.R.S.S. [1 500 à 2 000 t/an (25 000 t d'esturgeons)]. Iran (180 t/an env.), Roumanie, France [Gironde, 25 kg en 1980 (tentative de réintroduction du « sturio »)]. *Principaux centres :* Astrakhan (emb. de la Volga) ; Gouriev (estuaire de l'Oural) ; Bandar-Anzali (S. de la Caspienne, Iran). Il est presque impossible de distinguer à qualité égale un caviar russe d'un caviar iranien.

Consommation (t/an). U.S.A. 55, *France 50,* G.-B. 20, All. féd. 20 (en partie réexportées).

Dégustation. Avec toasts légèrement beurrés ou blinis (caviar pressé) et vodka russe : Moskovskaya. Citron pressé inutile. Sortir la boîte du réfrigérateur sans l'ouvrir, ½ h avant la consommation.

Cétacés

Taille. Cétacés à fanons : baleines bleues 33 m (env. 140 t) (langue 3 t, cœur 0,6 t), rorquals 24 m, b. franches 20 m, rorquals seï 18 m, b. à bosse 16 m, rorquals de Bryde 16 m, b. grises 14 m, bleues [nouveau-né 7 m, 2 tonnes) (après 7 mois de lactation 14 m, (20 t)], minkes 10 m ; **à dents :** cachalots 18 à 20 m, épaulards 10 m, hyperoodons 5 à 10 m, b. pilotes 7 m, b. blanches 5 m, narvals 5 m, dauphins 2,50 m, marsouins 1,80 à 8,50 m, dauphins communs 1,75 m, à bec court *(tursiops)* 2,50 m, marsouin 1,20 m.

Grands cétacés dans le monde en 1974 et en italique en 1930. **Total :** moins de 1 million *(5 millions). Baleine* grise 11 000 *(20 000),* des Basques (très peu), du Groenland quelques douzaines *(1 000),* franche du Pacifique (très peu), fr. australe 1 200 (total des *b. franches* en 1930 env. *500 000*) ; *b. bleue* 2 800 *(300 000) ; cachalot* 170 000 *(290 000) ; mégaptère* (jubarte) 6 000 *(30 000) ; rorqual* commun 92 000 *(423 000),* boréal 125 000 *(220 000),* bleu 4 000

(510 000), petit 6 000 (?). Plusieurs espèces ont été protégées tellement tard qu'elles ne montrent pas encore de signe de repeuplement après plusieurs années et même plusieurs dizaines d'années de protection (baleines bleues, franches ; jubartes).

Baleines capturées. *1969-70 :* 42 481, *1974-75 :* 29 726, *1975-76 :* 21 796, *1976-77 :* 16 255, *1977-78 :* 13 558, *1978-79 :* 10 549, *1979-80 :* 3 420, *1980-81 :* 2 875, *1981-82 :* 1 611 [dont cachalots 526, sei et bryde's 553, rorquals communs 344, autres b. franches 188, mégaptères (jubartes) 0, rorqual bleu 0]. *Par région* (en %, 1981-82) : Atlantique Nord et Arctique 21,8 ; Pacifique Nord 11,7 ; autres 66,5. *Par pavillon :* Japon 921 ; Islande 352 ; U.R.S.S. 155 ; Espagne 150 ; U.S.A. 123.

Protection. *Interdiction de pêche absolue baleine grise* (dep. 1947), *b. franche* (dep. 1935), *b. bleue* dans l'Atlantique (dep. 1965), *mégaptères* ou *jubartes* (dep. 1972), *rorquals de Rudolph* de − de 12,2 m, *r. communs* de − 17,4 m (hémisphère S.), − 16,8 m (hémisphère Nord), *cachalots* de − 9,2 m (− 10,7 m en Atlantique Nord).

Quotas fixés : *Cachalots. 1978 :* 6 844, *1979 :* 3 800. *Petits rorquals. 1983 :* 635. *Baleines. 1982-83 :* 12 415, *1983-84 :* 10 160.

En 1982, la Commission internationale baleinière a interdit la chasse pour au moins 5 ans à partir de 1986 (25 voix pour ; contre : Japon, U.R.S.S., Brésil, Islande, Corée du Sud, Norvège et Pérou ; abstention : Chili, Chine, Philippines, Afr. du S. et Suisse). *En 1983*, le Pérou a accepté la suspension. *Baleine boréale (1983) :* 43 pour les U.S.A. sur 2 ans (max. 27/an).

Équipement baleinier (1979-80). Nombre d'établissements côtiers, entre parenthèses, d'usines flottantes, et, en ital., de baleiniers. *Monde* 9 (3) *36.* Japon 4 (1) *17.* U.R.S.S. (2) *10.* Islande *4.* Espagne *3.* Chili *1.* Brésil *1.*

Produits tirés des baleines. Viande, huile (*1974-75 :* 130 000 t, *78-79 :* 55 100 t, *79-80 :* 15 900 t) de baleine, de cachalot (ou spermaceti), appelée aussi blanc de baleine, tirée du « melon » de l'animal (masse de tissus et de muscles représentant 80 % du crâne).

Utilisation et entre parenthèses produits de substitution (b. : baleine ; c. : cachalot). *Aliments pour animaux :* viande de b. (résidus de graines et d'algues, restes d'abattoirs). *Bougies :* huile de b. ou de c. (cire d'abeille, paraffine). *Crayons :* h. et spermaceti (cire de simmondsia). *Linoléum :* h. de b. et c. (h. de lin et de simmondsia). *Glycérine :* h. de b. (graisse ou huile saponifiée). *Huiles industrielles :* h. de c. (h. de lin, de simmondsia). *Mécanique fine* (horlogerie, rouages, engrenages) : h. de c. (h. de jujube). *Margarine :* h. de b. (h. végétales). *Produits pharmaceutiques, crèmes, hormones, vitamine A :* spermaceti, glandes endocrines, foie de b. (autres sources animales, h. de foie de morue, carotène des carottes). *Encre d'imprimerie :* h. de b. ou de c. (h. de simmondsia). *Pâtes et cosmétiques, cold-cream, rouge à lèvres, crèmes à raser, pommades :* h. de c. (h. de citron, h. de jujube, crème d'avocat, lait de concombre). *Parfums :* h. de c. (fixateurs 404 ou autres). *Cirages, diluants et fixateurs de teintures :* h. de c. (h. de jujube).

Corail

Origine. Sicile, mer Égée, Algérie, Océanie. Composé de petits polypes gélatineux sécrétant un squelette calcaire externe, qui seul subsiste à leur mort. *Types : corail rouge* (« corallium rubrum ») de Méditerranée ; *tubipore* formé de tubes verticaux, rouge grenat ; *corail noir* qui présente une texture cornée. *Tonnage des captures* (1978) : 66 t.

Crustacés

Ordre des décapodes, sauf exceptions. On distingue : 1° *décapodes nageurs* dont les crevettes ; 4 familles importantes : *pénéides* [grandes crevettes habitant les basses latitudes (cr. rose tropicale ou du Sénégal, nom scient. *Paenus duorarum Bückenroad*, jusqu'à 20 cm, fonds sablo-vaseux, côtiers, estuaires et lagunes)] ; *pandalidés* (eaux boréales) ; *palémonidés* [bouquet et cr. rose (teinte obtenue par cuisson), 7 à 12 cm, côtes rocheuses atl. et médit. ; *crangonidés* [cr. grise 3 à 6 cm, herbiers et fonds sableux côtiers des eaux tempérées (voisinage des estuaires)]. 2° *macroures* à abdomen bien développé [langoustes, homards, langoustines (8 à 24 cm, fonds vaseux de 40 à 200 m de profondeur, près des côtes de l'Atl. et moins fréquemment, en Médit.)]. 3° *brachyoures* à abdomen réduit (crabes dont étrilles, tourteaux, araignées de mer, crabe royal du Pacifique N.).

État de fraîcheur. Voir l'aspect plus ou moins sec de la carapace, et le noircissement de la chair de l'abdomen.

Lieux de récolte. Zones rocheuses en général. *Araignée :* Bretagne N. et S., Yeu ; *bouquet, cr. rose* (*pêche* haveneau ou casiers), Bret. N. et S., Yeu, côtes charentaises ; *cr. grise :* (*pêche* haveneau, chalut), golfe de St-Malo, Manche E. et N. (zones sableuses), côte Vendée et Oléron, secteur de Royan ; *étrille :* Manche, Bret., Vendée ; *homard :* Bret. N. et S., Vendée ; *langouste :* peu pêchée en France, Bret. ; *langoustine :* (*pêche* chalut), Bret. S. surtout en mer Celtique (v. par. prod.) ; *tourteau :* Manche, Bret. S., Yeu, Noirmoutier, côtes anglaises.

Production française (en t). *Bouquet, crev. rose : 1980 :* 615, *81 :* 535, *82 :* 659. *Crev. grise : 1980 :* 12 000, *81 :* 1 100, *82 :* 1 031. *Langoustine* (prod. mondiale, en t, 1979) : côtes irlandaises et écossaises 26 700, golfe de Gascogne 4 800, mer du N. 42 000, Médit. 3 000.

Principaux pays pêcheurs. R.-U. + de 19 000 t, *France 10 000 t*, Islande 4 000 t.

Éponges

Utilisées depuis l'Antiquité ; en France depuis le XVIe s. **Principales zones de production des spongiaires.** Méditerranée (Tunisie : îles de Kerkennah, Djerba ; Syrie ; îles grecques), océan Atlantique, mer des Antilles (Cuba ; Bahamas ; Nassau ; îles Abaco ; côtes de la Floride). **Production** (en t) : *1892 :* 91, *1900 :* 96, *1905 :* 151, *45 :* 100. **France.** *Imp. 1960 :* 120,2 t (dont de Tunisie 102,3).

Krill

Antarctique. Essaims de petites crevettes (long. 3 cm) molles (jusqu'à 60 000 par m³), *euphausia superba*, se nourrissant de phytoplancton et constituant la nourriture de poissons, calmars, phoques, manchots, oiseaux et baleines. Celles-ci ayant été peu à peu massacrées, le surplus de krill pourrait constituer une réserve de protéines pour l'homme (est. : 100 à 150 millions de t par an ; tonnage mondial de poisson pêché, en 1980, env. 70 millions de t). Consommé au Japon et en U.R.S.S. sous forme de pâte (60 kg de pâte cuite à partir de 100 kg de crevettes). **Production** env. 500 000 t.

Mollusques

● **Principales familles exploitées.** *Lamellibranches* ou *bivalves* (moules, coquilles St-Jacques, vanneaux, huîtres, coques, praires, palourdes, clovisses, clams) ; *gastéropodes* à coquille très variable (ormeaux, patelles, buccins, bigorneaux) ; *céphalopodes* à coquille interne (seiches, encornets, calmars) ou sans coquille (poulpes). Les bivalves doivent être livrés vivants.

● **Huîtres.** 2 espèces. On distingue les h. à *chair verte* livrées sous le nom de *marennes*, et les h. à *chair blanche* [*belons*, h. de *pleine mer* ou *armoricaines* (si elles viennent de Bretagne) d'*Arcachon ou gravettes*]. En Méditerranée, *h. plates* et *portugaises*, vendues sous la dénomination d'*h. de Bouzigues* (village du bassin de Thau), sont fixées tous les 8 à 10 cm avec du ciment sur des collecteurs qui sont ensuite immergés. 1967-80, décimées par le « Marteilia refringens » et en 1979, par le « Bonalia ostreae ».

Huîtres creuses *(Crassostrea angulata)*. Travaillées principalement à Marennes, Arcachon, sur la côte vendéenne, en Bretagne et dans l'étang de Thau, soit « à plat » en terrain découvrant ou en eau profonde, soit sur des tables. *H. de claire*, introduite sur les côtes d'Aquitaine à partir d'une cargaison naufragée venant du Portugal en 1868. Frappée dep. 1966 par un parasite, a disparu ; remplacée par la *crassostrea gigas* (ou h. japonaise) qui s'est bien acclimatée.

Huîtres plates *(Ostrea edulis)*. Recueillies à l'état de larves sur des collecteurs (tuiles creuses chaulées) dans le golfe du Morbihan, la rade de Brest et le bassin d'Arcachon. A environ 8 mois, placées dans des caisses ostréophiles, puis sur des parcs aménagés pour les protéger des parasites (crabes et poissons). Cultivées ainsi 2 ou 3 ans, suivant les régions, puis dirigées sur les centres d'engraissement et d'affinage, où, après quelques semaines à 1 an, elles sont livrées à la consommation.

Reproduction. Principalement assurée par les gisements naturels d'huîtres-mères, surveillés (parfois reconstitués) par l'ISTPM (Institut scientifique et technique des pêches maritimes). L'huître plate vivipare libère de 500 000 à 1 500 000 larves qui partent à la recherche d'un support. L'h. creuse ovipare pond 20 à 100 millions d'œufs dont la fécondation dépend des courants. Sur ce nombre ne survivra qu'une dizaine d'adultes. Ponte en juin-juillet.

Ostréiculture et mytiliculture en France. *Superficie* env. 20 000 ha et 6 000 ha réalisant l'affinage et l'expédition. *Entreprises* 8 300 ; *employés* 23 000 permanents, 31 000 saisonniers (fêtes de fin d'année). *C.A. à la production* (millions de F) : conchyculture (élevage de coquillages) 800 dont huîtres 600.

Production des huîtres creuses et, entre parenthèses, plates (en t). *1960 :* 66 000 (21 600), *80 :* 95 000 (4 100), *81 :* 82 741 (2 487), *82 :* 76 921 (1 419). *Principales régions* (1981) : Marennes-Oléron 40 000, Vendée 15 000, Bretagne N. (Cancale) 10 000, Normandie 10 000, Arcachon 8 000, Bretagne S. (Belon) 6 000, Thau 4 000.

Précautions à observer. 1) Ne pas mettre les huîtres à tremper dans de l'eau douce, elles entreraient rapidement en putréfaction. 2) Les ouvrir au dernier moment. 3) Une huître fraîche doit baigner dans son eau (éliminer celles qui n'ont plus d'eau). 4) Pour s'assurer qu'une huître est toujours vivante, l'exciter avec du jus de citron ou la pointe d'un couteau : le bord de son manteau doit se rétracter.

Nota. — Les huîtres sont grasses, laiteuses et moins recherchées pendant les *mois sans "r"* (mai, juin, juillet, août).

Calibres *(poids en g) : plates 000 :* 100 à 125, *00 :* 90 à 100, *0 :* 80, *1 :* 70, *2 :* 60, *3 :* 50, *4 :* 40, *5 :* 30, *6 :* 20. *Creuses : très grosses (TG)* 100 et +, *grosses (G)* 80 à 99, *moyennes (M)* 50 à 79, *petites (P)* − de 50. *Tri affiné : TG* 100, *G* 80 à 99, *M 3* 65 à 79, *M 4* 50 à 64, *P 5* 40 à 49, *P 6* − de 40.

● **Moules. Culture** (mytiliculture) remonte à 1235. Superficie 900 ha. Elle se pratique en Atlantique et Manche, Vendée, Loire-Atl., Char.-Mar., embouchure de la Vilaine, baie de Cancale, côte du Cotentin (Le Vivier-sur-Mer), sur env. 1 600 km de *bouchots* (rangées de pieux) fichés dans la vase : les uns, éloignés du rivage et non reliés entre eux, sur lesquels se fixent les jeunes moules (pieux à *naissain*) ; les autres, plus rapprochés de la côte et réunis entre eux par un clayonnage horizontal de branches flexibles formant panier (*bouchots* à grossissement) sur lequel le naissain se fixe et se développe.

En Méditerranée, pratiquée en pleine eau en *cordes :* des charpentes, soutenues par des rails de chemin de fer plantés à même le sol par 3 à 9 m de profondeur, supportent les « cordes à moules » : cordelettes de 3 m environ assemblées par 5 ou 6 et reliées par un nœud tous les 18 ou 20 cm. Ces cordelettes ainsi placées forment des poches dans lesquelles le naissain de moule est introduit.

Espèces cultivées : Manche et Atlantique *Mytilus edulis*, Méditerranée *Mytilus galloprovincialis*. La moule bivalve des eaux saumâtres se nourrit par filtration (2 à 4 l d'eau de mer à l'heure) et atteint une taille commerciale en moins de 2 ans. Les moules de bouchots, de chair tendre et savoureuse, sont bonnes toute l'année : elles peuvent être consommées crues ou cuites sans danger.

Production *(en t) : jusqu'en 1971 :* − de 40 000, *81 :* 80 971 (dont 15 000 à 20 000 de moules de pêche et non d'élevage). Bretagne du N. 18 000, Normandie-mer du N. 15 000, Vendée 15 000, Thau 4 000 ; *82 :* 71 322. *Importations* (en t) : *1972 :* 38 500, *80 :* 27 500, *82 :* 40 998 (P.-Bas 24 956, Espagne 11 886, G.-B. 1 699, Irlande 1 198) surtout de pêche, moins chères et moins savoureuses que les m. d'élevage.

● **Coquillages.** *Les plus appréciés.* Certains sont livrés à la consommation après affinage (clams, palourdes, clovisses, vigneaux) ; d'autres viennent des bancs coquilliers (coquilles St-Jacques, praires, pétoncles, coques, etc.). *Échinodermes.* Oursins, violets.

Principaux lieux de récolte en France. *Coquilles St-Jacques :* Bretagne [rade de Brest, baie de St-Brieuc (Erquy), Calvados] ; *pétoncles :* rade de Brest, Ch.-Maritime ; *coques :* tout le littoral ; *praires :* Bretagne Nord, Méditerranée ; *palourdes :* tout le littoral, surtout régions sableuses ou sablo-vaseuses ; *clovisses :* régions sableuses de Méditerranée ; *clams :* région de la Seudre surtout.

Phoques

Avec les *otaries* (ph. à oreilles et à fourrure) forment le sous-groupe des *pinnipèdes, mammifères marins.* Recherchés pour chair, cuir, huile et fourrure. *Abattage :* gourdin, hakapit, fusil. Consomment 6 kg de poisson par jour. Depuis 1967 l'ICNAF (Commission internationale des pêches de l'Atlantique N.-O.)

devenue en 1979 l'OPANO (Organisation des pêches de l'Atl. N.-O.) contrôle la chasse des phoques. STATISTIQUES CANADIENNES. *Prises* (1982) dans les limites canadiennes de 200 milles : 201 000 dont 11 000 pour les autochtones du N. ; en 1984, 30 250 en raison de l'effondrement du marché. *Nombre de phoques :* hémisphère N.-E. : 3 250 000 ; Atlantique N.-O. : 2 000 000 d'un an et +. *Prises possibles :* 285 000 par an sans réduire l'importance du troupeau. *Naissances :* + de 500 000. *Chasseurs :* 160 sur 8 palangriers de chasse commerciale ; 700 sur 204 petits navires et 2 000 bateaux côtiers (en canot quand la mouvée, à la faveur du mouvement des glaces, se rapproche de la côte).

Revenus moyens tirés de la chasse aux phoques (1982) ; chasseur sur gros navire, 5 100 $; sur petit, 1 400 $; côtier, 400 $. *Valeur de la chasse* (1981) : 7 000 000 $ dont ind. primaire 4 600 000 $, ind. de transformation 2 400 000 $.

Poissons

Espèces 20 000, groupées en 300 familles.

Migrateurs. Apparaissant à l'époque du frai (saumon) ou à l'arrivée de masses d'eau ou de courants (morue, merlan, hareng, maquereau, thon, sardine, anchois). Peuvent passer leur vie entière dans la mer (thon, maquereau, sardine, hareng, etc.) ou passer de l'eau de mer à l'eau douce et inversement [le saumon descend les fleuves pour se nourrir dans la mer et remonte dans les rivières pour se reproduire ; l'anguille arrive sur les côtes européennes sous forme de civelle, gagne les eaux douces pour y effectuer sa croissance, met de 8 à 10 ans pour regagner la mer et, à 50-100 km par jour, se diriger vers l'aire de ponte de la mer des Sargasses].

Sédentaires. Pêchés toute l'année près des côtes : p. ronds (mulet, rouget, congre, bar) ; p. plats (sole, limande, turbot, barbue, raie).

Poissons comestibles

Caractéristiques. *P. maigres* [ex. : p. de fond commeles galidés, p. plats sauf flétans et turbots ; teneur de graisse – de 4 %, apport de 78 calories pour 100 g de chair fraîche (comme la volaille)] et *p. gras* [ex. : scombridés, clupéidés et mugilidés ; teneur en graisse 4 à 28 %, 140 calories pour 100 g (comme la viande de bœuf)]. Teneur en protéines comparable dans les 2 groupes (17,8 %). Chair riche en vitamines, phosphore, iode ; plus facilement assimilable que les aliments azotés courants.

Consommation. 4 % de notre alimentation vient de la mer (dont 8 millions de t en élevage), alors que les 4/5 de la vie animale s'y développe.

Consommation par personne, par an : Anglais 127 kg (Londres excepté) ; Norvégiens et Islandais 50 ; Japonais 36 ; *Français 9* (Parisiens 28).

Élevage. *Méthodes. Récifs artificiels :* blocs de béton, carcasses de vieilles voitures. *Ensemencement des lieux de pêche naturels en jeunes poissons.* En capturant des parents avant la reproduction et en ensemençant directement les œufs avec la laitance, on multiplie le nombre des fécondations par 1 000 ou 10 000 ; puis on élève les jeunes jusqu'à ce qu'ils soient suffisamment vigoureux pour avoir une forte chance de survivre dans leur milieu naturel. *Engraissement* des poissons parqués dans lagunes ou étangs salés (mulets, bars, daurades et anguilles furent longtemps *engraissés* ainsi dans les anciennes salines du bassin d'Arcachon). *Cages flottantes :* en eaux marines littorales, Norvège 25 000 t en 1984. *Rendement : poissons* 50 à 100 kg, *saumons* 200 à 300, *crevettes* 110 à 220 kg par ha et par an.

Perte de fraîcheur d'un poisson. *Cabillaud :* colle au toucher, les filets rougissent. *Carrelet :* perd ses points orange. *Hareng, sardine :* l'œil perd sa forme bombée et se creuse progressivement, les ouïes deviennent rouges puis brun jaunâtre, le corps se ramollit et perd de son éclat, les écailles tombent progressivement. *Lieu noir :* colle au toucher, les filets jaunissent. *Maquereau :* perd ses reflets irisés caractéristiques, l'œil se ternit, des traces de sang apparaissent. *Merlan :* ventre alourdi, œil creux, décoloration de la peau. *Merlu (ou colin) :* se recouvre d'un enduit muqueux jaunâtre, visqueux et malodorant, sa chair jaunit, la peau n'adhère plus. *Rouget :* se décolore rapidement, ses chairs ramollissent. *Sole :* perd sa couleur blanc rosé et devient jaunâtre, sa peau se décolle facilement.

Production de poissons d'eau douce (1982) : 6 984 471 t dont cyprinidés 762 524, cichlidés 498 860, autres 5 723 287. *France* (1980) : anguilles 2 582, truites arc-en-ciel 20 000, autres truites (1982) 3 521.

Saumon. Migrateur des eaux froides naissant en eau douce et y revenant pour se reproduire après phase(s) d'engraissement en mer. *2 genres : oncorhynchus* Pacifique, 6 espèces dont 5 mourant après une seule reproduction ; *Salmo* Atlantique et Baltique, 1 seule espèce pouvant peser 2 à 35 kg.

Passe 1 à 8 ans en rivière selon la température (1 à 3 ans en France) puis, ayant atteint la taille d'une sardine, rejoint ses aires d'engraissement maritimes. Pour les saumons de France surtout (ouest du Groënland). Il revient dans la rivière d'où il est parti après 15 mois à 3 à 4 ans de mer pour un nouveau séjour en eau douce durant lequel il ne se nourrit pas, se reproduit puis, s'il survit, redescend en mer, d'où une faible proportion pourra revenir pour frayer à nouveau en eau douce. La pollution des cours d'eau, l'assèchement des marais et tourbières, les extractions de gravier, les écluses, barrages et ouvrages hydro-électriques le font fuir (ainsi en France il n'en reste plus en Seine, Yonne, Rhin, Moselle, Cher et Vienne ; il en reste cependant dans la Loire et l'Allier, en Bretagne et dans les Pyrénées-Atlantiques.

Saumons capturés en France : v. 1950-55 : env. 35 000/an ; *80 :* – de 2 000. *Importations* (en milliers de t, 1984) : 23 445. Saumons frais ou réfrigérés 5 403 dont de Norvège 3 682, G.-B. 1 329. Saumons congelés 18 042 dont U.S.A. 9 494, Canada 6 293, Norvège 1 263. *Exportations :* 0,502.

Méthodes de pêche : « purse seiner », « thillnetter », « troller », « trap netting » (s. de l'Atl.). *Consommation :* frais ou fumé [fumage à froid (30 °C) dans *four traditionnel :* les s. sont suspendus au-dessus d'un feu de sciure de bois après séchage pendant plusieurs heures, puis refroidis ; *four électrique* contrôlé par thermostat : résultats moins satisfaisants].

Ressources minérales

• **Eau de mer.** Masse des océans et mers 1,4 milliard de km³ d'eau salée couvrant 350 millions de km² (soit 650 fois la France). Évaporation annuelle de 37 000 km³ d'eau. *Dessalement :* 800 installations dessalent chaque jour dans le monde de 1 à 2 millions de m³ d'eau de mer. Prix de revient encore élevé. *Extractions industrielles :* chlorure de sodium (85 % de la masse des sels dissous, env. 30 kg par m³ d'eau de mer), magnésium (1,3 kg par m³) et brome. L'extraction de l'uranium est possible (prix de revient 50 $ le kg d'oxyde). Celle du zinc, étain, cuivre, uranium, nickel, titane n'est pas rentable.

Sel. *Marais salants,* aménagés dans des zones ensoleillées. Les grandes marées (en Atlantique) amènent l'eau de mer par des chenaux ou étiers sur des « vasières » (de 50 ares à plusieurs ha), qui servent de réservoir (se réchauffe et se concentre par évaporation en même temps que la vase, en suspension, se dépose). L'eau atteint (sur env. 20 cm) 18 °C pour une salinité de 34‰ (marais de Guérande) à l'entrée dans la « vasière », et 22 °C et 40 ‰ de salinité à sa sortie lorsqu'elle entre, par gravité, dans un 2e bassin (« corbier » à Guérande) ayant des cloisons en chicane. L'épaisseur d'eau ne dépasse pas 5 cm ; évaporation et décantation se poursuivent. A sa sortie vers la « saline » l'eau atteint 20 °C et 50 ‰ de salinité. Après être passée entre de multiples chicanes, elle peut parvenir aux « œillets » (concentrations de sel de 250 g par litre). A ce moment se forment les cristaux de gros sel qui tombent sur le fond.

Il se forme parfois des cristaux blancs, fins et légers qui flottent en surface (« fleur de sel » très recherchée).

PRODUCTION (1982). *Méditerranée :* 1 500 000 t dont aux Salins de Giraud 990 000, Aigues-Mortes 450 000 ; *Atlantique :* 12 000 t (très petites exploitations : Guérande, île de Ré, Noirmoutier).

• **Plateau continental. Sédiments meubles.** *Placers* formés à partir de minéraux arrachés au continent par les eaux de ruissellement. Ex. : *or* (Alaska). *Étain* (cassitérite des îles de la Sonde). *Zircon* (Floride et Sri Lanka). *Rutile* (Australie). *Diamant* (Afrique du S.), dragues suceuses donnant 1 000 carats par jour, exploitation abandonnée depuis 1971, les conditions étant trop difficiles. *Titano-magnétique* (Japon, Philippines). *Sables, graviers* (G.-B. + de 10 millions de t par an, France 40 millions de t sur la Manche prévus pour 1985).

Sous-sol rocheux. Certains gisements prolongent des gisements terrestres côtiers : *charbon* extrait sous la mer au Japon, Canada, Chili, Écosse ; *fer* en Finlande ; *soufre* en Louisiane (2 millions de t par an). *Pétrole.* V. Index.

• **Grandes profondeurs. Nodules polymétalliques.** V. Index.

Minéraux marins destinés aux engrais. Phosphorites formés à partir des squelettes de poissons (réserves supérieures à 10 milliards de t) ; glauconie.

La pêche dans le monde

Moyens

• **Engins. Lignes** *à main* (de fond ou de surface). *De traîne* (remorquées en surface ou entre deux eaux). **Palangres :** engins dormants mouillés sur le fond ou entre deux eaux ; la palangre à thon japonaise mesure jusqu'à 100 km. **Nasses** *et casiers* (crustacés). **Dragues** *à coquillages* (coquilles St-Jacques). **Chaluts de fond** (raclent le fond) ou pélagiques (remorqués entre 2 eaux). **Les chaluts modernes à fonds** ratissent le sol, détruisent organismes végétaux et animaux essentiels à la chaîne alimentaire. **Les chaluts de pleine eau** à mailles fines attrapent inutilement des petites espèces et des jeunes des grosses espèces. **Filets tournants :** *sennes* tournantes pour la capture d'espèces en surface [sardine, anchois, hareng, thon (jusqu'à 1 000 m de long et 100 m de haut)]. **Électronarcose :** permet d'étourdir le poisson et de le capturer par pompage. Le dépistage à ultra-sons et le chalut à immersion variable se développent et augmentent nettement le rendement des prises. On expérimente en U.R.S.S. une *« pompe à poissons »,* des *« rideaux de bulles »* aux États-Unis pour remplacer parfois les filets. On utilise également la « théorie des jeux et des confrontations de stratégies » pour prévoir les mouvements des bancs de poissons.

• **Flotte de pêche.** *Navires en acier de + de 100 tx de jauge brute* (nombre et, entre par., tonnage en milliers de tx en 1979).

Navires de pêche. *Total* env. 20 000 (8 891) dont : U.R.S.S. 3 884 (3 580), Japon 2 692 (893), U.S.A. 2 182 (459), Espagne 1 794 (565), Norvège 719 (242), Corée du S. 718 (273), Pérou 611 (130), *France 519 (166),* G.-B. 507 (170), Canada 491 (144), P.-Bas 371 (89), Panama 361 (144), Danemark 360 (72), Pologne 335 (280), Islande 309 (91), Chine 264 (78), Italie 239 (86), Cuba 203 (167), Mexique 182 (42), Portugal 172 (129), Afrique du S. 167 (68), All. dém. 162, All. féd. 146 (128), Islande 141 (45), Argentine 133 (67), Indonésie 127 (26), Australie 125 (23), Philippines 124 (32).

Navires de transformation. U.R.S.S. 576 (2 765), Japon 104 (188), Corée du S. 13 (54), Chine 12 (15), Panama 10 (21), Pologne 9 (75), All. dém. 9 (55), U.S.A. 8 (5), Roumanie 6 (58), Bulgarie 6 (32).

Total mondial (pêche et transformation). 20 408 (12 270) dont 1 555 de 2 000 tx et + (U.R.S.S. 1 158).

• **Aquaculture. Extensive.** Faible densité en poisson (à partir de 100 kg/ha) ; nourriture fournie par le milieu ; bassins en terre, marais ou étangs, de plusieurs ha. Marées ou vent renouvellent les débits d'eau.

Intensive. Forte densité (+ de 10 kg par m³ d'eau). Nourriture préparée et distribuée aux poissons qui restent confinés dans des cages flottantes ou des viviers immergés en mer. Le pompage qui provoque de forts débits est très surveillé.

Pêcheries

Domaines maritimes

1° **Domaine pélagique, peuple du pelagos,** qui vit en pleine eau, libre de tout contact avec le fond, même pour sa nourriture. 2 formes : a) *le necton :* animaux pélagiques ayant une mobilité propre et pouvant se déplacer malgré les courants ; b) *le plancton :* organismes se laissant entraîner par les courants. On distingue le *zooplancton* (animal : protozoaires, crustacés, mollusques, etc., à la répartition verticale et irrégulière) et le *phytoplancton* (plancton végétal : diatomées, péridiniens, etc., surtout jusqu'à env. 30 m de profondeur).

Pêches pélagiques (capture des poissons de surface ou nageant entre deux eaux). *Océan :* thons et chasse des cétacés. *Zone néritique :* harengs, sardines, sardinelles, anchois, menhadens, maquereaux, au comportement grégaire. Les captures ont lieu lorsque les poissons sont en bancs (certains bancs de harengs atteignent deux km de long). Certaines espèces sont capturées pour l'alimentation du bétail : anchois du Pérou, menhaden et une grande partie du hareng pêché par les Norvégiens ou les Danois.

2° Domaine benthique peuplé par le benthos. Constitué par des organismes libres, fixés ou enfouis, dont la majeure partie de l'existence est liée au fond de la mer, notamment pour les besoins alimentaires. En général, la biomasse benthique diminue quand la profondeur augmente.

Chaîne alimentaire marine

Elle part des sels minéraux que les plantes microscopiques *(phytoplancton)* assimilent par photosynthèse et transforment en matière vivante. Le phytoplancton nourrit le *zooplancton* qui nourrit à son tour des poissons planctonophages gros ou petits.

Rendement d'un maillon à l'autre : 1 000 kg de plancton donnent 100 kg de zooplancton qui donnent 10 kg de petit poisson qui donnent 1 kg de gros poisson.

Pêches benthiques : exploite les fonds du plateau continental et du haut du talus.

Zones de pêche

Leur richesse varie en fonction de facteurs physiques (température, éclairement), chimiques (teneur en sels nutritifs), biologiques, et de l'étalement ou du raccourcissement du cycle vital.

95 % des zones sont : au-dessus des plateaux continentaux, dans les régions d'*upwelling* pour les espèces pélagiques telles que sardines, anchois, etc., où les eaux froides et riches en sels minéraux remontent en surface, ou dans les zones de contact de 2 masses d'eau de températures différentes. Seule, ou presque, la pêche au thon se pratique en haute mer.

Zones les plus productives. *Atlantique N.-E. :* de la Norvège à la péninsule Ibérique, y compris Islande et Est-Groenland ; *N.-O. :* côte est des U.S.A., de la N.-Écosse au cap Hatteras ; *Atl. Sud-E. :* Angola ; *Atl. Sud-O. :* Sud-Argentine et Patagonie ; *Pacifique N.-E. :* Californie ; *N.-O. :* du détroit de Behring à Formose ; *océan Indien :* Sud-Java et Sumatra. **Zones de productivité moyenne.** Zones ceinturant les régions ci-dessus ; z. mauritanienne et sénégalaise, côtes pacifiques de l'Amérique du Sud.

La surexploitation est surtout nette : sur la *côte est des États-Unis* où se retrouvent les flottes de pêche soviétique, japonaise, polonaise, est-allemande ; dans l'*Atlantique tropical* où la taille moy. des thons pêchés est tombée de 21 kg en 1969 à 11 kg ; sur les *côtes de l'Amérique du Sud* (anchois).

Principaux plateaux continentaux de l'Atlantique exploités (superficie en km²). *Mer de Barentz :* 550 000, morue, églefin, poissons plats ; *Spitzberg :* 240 000, morue, églefin, lieu noir ; *mer de Norvège :* 120 000, morue, lieu noir, merlu ; *mer du Nord :* 570 000, merlan, églefin, lieu noir, merlu, poissons plats ; *Baltique :* 390 000, morue, saumon, lamproie ; *Féroé et Islande :* 120 000, morue, églefin, sébaste ; *Irlande :* 380 000, merlu, merlan, lieu jaune, poissons plats, langoustines ; *golfe de Gascogne, Manche, mer Celtique :* 170 000, merlu, lieu jaune, poissons plats, langoustines ; *péninsule Ibérique :* 50 000, merlu, dorade ; *Groenland oriental :* 180 000, morue ; *occidental :* 160 000, morue, sébaste, églefin, flétan ; *Labrador, Terre-Neuve :* 400 000, morue, églefin, flétan ; *N.-Écosse :* 370 000, morue, poissons plats, coquilles St-Jacques ; *N.-Angleterre et Caroline :* 220 000, coquilles St-Jacques, sébaste, merlu, églefin ; *golfe du Mexique (Nord) :* 450 000, mulet, crevettes ; *golfe de Campêche :* 180 000, crustacés ; *Venezuela :* 130 000, crustacés.

Eaux territoriales et, en italique, *zone de pêche* (en milles marins) : Afr. du Sud 6 *200*, Albanie 12 *12*, Algérie 12 *12*, All. dém. 3 *200*, All. féd. 3 *200*, Arabie Saoudite 12, Argentine 200 *200*, Australie 3 *12*, Bahamas 3 *12*, Bahreïn 3, Bangladesh 12, Barbade (La) 3 *200*, Belgique 12 *200*, Bénin 12 *200*, Birmanie 12 *12*, Brésil 200 *200*, Brunei 3, Bulgarie 12, Cambodge 12 *12*, Cameroun 18 *18*, Canada 12 *200*, Cap-Vert 12 *200*, Chili 200 *200*, Chine 12, Chypre 12 *12*, Colombie 3 *12*, Congo 30, Corée du N. 12, Corée du S. 200, Costa Rica 12 *200*, C.-d'Ivoire 6 *12*, Cuba 3 *200*, Danemark 3 *200* (Groenland, îles Féroé 3 *12*), Égypte 12 *12*, Équateur 200 *200*, Espagne (et territoires d'outre-mer) 12 *12*, Éthiopie 12 *12*, Fidji 3, Finlande 4, *France* [(et D.O.M. et T.O.M. sauf la Terre Adélie) 12 *200* (métropole 340 000 km²), Pacifique 7 668 730, océans Indien et Antarctique 2 518 235, D.O.M. 663 400], Gabon 100, Gambie 50 *50*, Ghana 50, Grèce 6 *6*, Guatemala 12 *12*, Guinée 12 *200*, Guinée équatoriale 12, Guyane 3, Guyane fr. 12 *80*, Haïti 12, Honduras 12 *12*, Inde 12 *112*, Indonésie *12*, Irak 12 *12*, Iran 50, Irlande 50 *200*, Islande 12 *200*, Israël 6 *6*, Italie 6 *6*, Jamaïque 12, Japon 3 *3*, Jordanie 3 *3*, Kenya 12 *13*, Koweït 12, Liban 6 *6*, Liberia 12, Libye 12, Madagascar 50, Malaisie 12 *12*, Maldives 12, Malte 6 *20*, Maroc 12 *70*, Maurice 12, Mauritanie 30 *30*, Mexique 9 *200*, Monaco 3 *12*, Nicaragua 3 *200*, Nigeria 30 *30*, Norvège 4 *12*, N.-Zélande 3 *12*, Oman 12 *200*, Pakistan 12 *50*, Panama 200 *200*, P.-Bas (et territoires d'outre-mer) 12 *200*, Pérou 200 *200*, Philippines 280, Pologne 12 *200*, Portugal 6 *200*, Qatar 3, Rép. dominicaine 6 *12*, Roumanie 12, Royaume-Uni 12 à 50 *200*, Salvador 200 *200*, Sénégal 12 *150*, Sierra Leone 200 *200*, Singapour 3, Somalie 200, Soudan 12, Sri Lanka 12 *100*, Suède 4 *12*, Surinam 3, Syrie 12, T'ai-wan 3 *12*, Tanzanie 50, Thaïlande 12 *12*, Togo 12 *20*, Tonga 3, Trinidad et Tobago 12, Trucial States 3, Tunisie 12 *12*, Turquie 6 *12*, U.R.S.S. 12 *200*, Uruguay 200 *200*, U.S.A. 3 *200*, Venezuela 12, Viêt-nam 12 *50*, Yémen 12, Sud-Yémen 12, Yougoslavie 10 *10*, Zaïre 12.

La CEE a décidé de créer une zone de pêche communautaire (1-1-77) de 200 milles au large de la mer du Nord et de l'Atlantique N. (incluant les départements français de St-Pierre-et-Miquelon, des Antilles et de la Guyane). A l'intérieur de la zone chaque pays membre conserve une bande côtière de 6 milles, réservée aux pêcheurs locaux [12 milles dans certaines zones (France : au large des départ. de la Manche jusqu'au Morbihan inclus)]. La nouvelle Convention internationale sur le droit de la mer prévoit l'extension des eaux territoriales aux 12 milles. Des licences sont accordées par dérogation à des navires de pêche de certains pays tiers (Norvège, Féroé, Espagne dans l'ouest de l'Atl. N. ; U.S.A., Japon, Corée, dans les eaux de la Guyane). Conflits avec l'Espagne à ce sujet.

Production mondiale

● **Par espèces** (1983). 76 470,6 milliers de t, dont : **crustacés.** 3 192,4 dont eau douce 107,4 ; crevettes 1 778,2 ; crabes 804,9 ; homards, langoustes 176,7 ; langoustines 53,2 ; krill, crustacés planctoniques 230. **Mollusques.** 5 753,3 dont : eau douce 300,8 ; huîtres 1 019 ; moules 745,7 ; coquilles St-Jacques 525,1 ; clams, coques 1 306,6 ; encornets, poulpes, seiches 1 629,9. **Plantes aquatiques.** 3 120,7 (algues brunes 2 297,9, rouges 822,8). **Poissons d'eau douce.** 7 180,1 [les principaux producteurs européens sont les pays de l'Est (Yougoslavie 14,4, Roumanie 15,2, Tchécosl. 15,6, All. dém. 12, U.R.S.S. 166,8)] ; barbeaux et autres 770 (gardons 21,5) ; filapias et autres 441,2 ; divers 5 968,9. **Poissons diadromes** *(qui passent de l'océan au fleuve).* 2 131,3 dont saumons, truites, éperlans 899 ; aloses, chanidés 560,4 ; anguilles 87,8 ; esturgeons, spatules 28,71 ; divers 555,7. **Poissons marins.** 57 888,5 dont *flets, flétans, soles* 1 182,7 (poissons plats 373,1) ; *morues, merlus, églefins* 11 350,7 (merlu argenté 54,2, chilien 29,8, du Cap 459,3, d'Europe 103,3, du Pacifique 95,7 ; morue du Pacifique 270,3, d'Atl. 2 070,4, merlu d'Argentine 345,1, d'Afr. trop. 5,9 ; lieu jaune 15,9, noir 491,2 ; merlan 181,5, m. bleu 543,3, tacaud norvégien 548, églefin 369,5). *Rascasses, perches de mer, congres* 5 151,4 (lançon 597,8, sébaste de l'Atl. 470,8, machoiron 185,5, maquereau de Atka 141). *Chinchards, mulets, balaous* 7 899,9 (capelan 2 554,2, balaou du Japon 226,2, mulet 210,3, chinchard d'Europe 177,2, du Chili 1 668,2, du Cap 571,9, cunene 137,8, comète de Russel 58,6, comète 262,5, sériole du Japon 151,2, carangide 235,3). *Harengs*[1], *sardines, anchois* 18 299,4 (hareng de l'Atlantique 1 141,7, du Pacifique 276,3, sardinelle 871,2, s. des Indes 402,5, pilchard du Japon 4 219,6, de Californie 316, du Chili 3 888,7, d'Afr. du Sud 1 102, menhaden tyran 420,3, écailleux 923,5, sardine ronde 110, chardin du Pacifique 40,4, sardine d'Europe 930,3, sprat 370,6, anchois d'Europe 735,3, du Cap 423,9, du Japon 336, du Pérou 126,1). *Maquereaux, thyrsites, trichiures* 3 663,9 (poisson sabre 766,7, maquereau espagnol 1 621,6, de l'Atlantique 611,6, des Indes 103,9, Indo-Pacifique 199,7). *Thon, pélamides* 2 765,5 (albacore 533,6, listao 773,7, patudo 199,7, germon 200,8, rouge 49). *Squales, raies* 656,8. *Poissons marins divers* 8 072,8.

Nota. — (1) En voie de disparition en mer du Nord ; *1965 :* 1 200 000 t capturées, *1975 :* 30 000, *1980 :* — de 20 000. *Causes :* pollution des grands fleuves se déversant en mer du Nord, exploitation de gravières sous-marines détruisant les frayères, pêche intensive sacrifiant jeunes et adultes.

● **Par régions** (en milliers de t). **Océans.** 65 712,8. O. Pacifique 38 054,9. Indien 4 070,1 Atlantique 23 587,8. **Eaux intérieures** 10 757,6. **Continents.** Asie 34 755,4, Europe 12 537,6, Amérique du S. 7 503,3, U.R.S.S. 9 756,8, Amérique du N. 7 141,9, Afrique 4 342,2, Océanie 433,4.

Production moy. de poisson des océans (par ha et par an). 0,5 kg (Méditer. 1,5, mer de Barentz 4,5, m. du Nord 16 à 24,5, m. du Japon 28,8 m. d'Azov 80). La pêche prélève 1/4 de la production alimentaire des océans. On ne pêche que peu d'espèces : surtout anchois, harengs, morues, merlus, merlans, maquereaux, chinchards, thons, poissons plats.

● **Par pays** (en milliers de t). Japon 11 250, U.R.S.S. 9 756,8, Chine 5 213,3, U.S.A. 4 142,6, Chili 3 978, Norvège 2 822,3, Inde 2 520, Corée du S. 2 400,4, Thaïlande 2 250, Indonésie 2 112,2, Danemark 1 862,1, Philippines 1 836,9, Corée du N. 1 600, Pérou 1 486,8, Canada 1 337,3, Espagne 1 250, Mexique 1 070, Brésil 844,5, Islande 839,2, *France 784*, Malaisie 741, Pologne 735, Bangladesh 728,5, Viet-nam 710, Afr. du S. 599,9, Birmanie 585,8, Turquie 567,3, G.-B.-Écosse 545,5, Nigeria 515,2, P.-Bas 503,2, Italie 478,3, Maroc 439,9, Argentine 416,3, Pakistan 343,4, Namibie 341, Iles Féroé 329,9, Équateur 307,3, All. féd. 305,6.

La pêche française

Consommation

Source : Comité central des pêches maritimes.

Consommation apparente (en milliers de t, 1984). *Produits frais :* 701,8 dont poissons de mer 404,9, d'eau douce 7 ; crustacés 37,4 ; mollusques 252,5 (huîtres 112,4, moules 94,9, coquillages 31,5, céphalopodes 13,7). *Produits congelés :* 225,3 dont p. de mer 171,8, d'eau douce 20,5 ; crustacés 21,3 ; mollusques 11,7 (coquillages 9,7, céphalopodes 2). *Produits salés, séchés, fumés :* 13,2. *Conserves :* 162,5 dont thon 64,2, sardine 38,2, maquereau 27,1, hareng 4,2, divers 29.

Par habitant (produits de la mer en kg/an, 1984). *Produits frais :* 12,8 dont poissons de mer 7,8 ; crustacés 0,7 ; mollusques 4,6 (huîtres 2, moules 1,7, coquillages autres 0,6, céphalopodes 0,2). *Produits congelés :* 4,1 dont p. de mer 3,5 ; crustacés 0,4 ; mollusques 0,2. *Prod. salés, séchés, fumés :* 0,2. *Conserves :* 3.

Flotte de pêche

Source : Comité central des pêches maritimes.

● **Navires par type d'engin** et, entre parenthèses, tonnage au 1-1-1985. *Total :* 13 176 (203 635). *Chalutiers :* 1 790 (108 829) dont pêchant par l'arrière 948 (84 757), par le côté 788 (23 281), autres 54 (791). *Dragueurs :* (crustacés, ostréicoles) 91 (1 322). *Ligneurs :* 277 (5 237) dont thoniers pêchant à l'appât vivant 24 (2 267), thoniers à tangons 13 (777), autres ligneurs 240 (2 283). *Senneurs :* 165 (27 279) dont thoniers senneurs 44 (25 430), sardiniers 121 (1 849). *Navires pêchant aux filets :* 484 (2 741). *Caseyeurs-langoustiers :* 216 (4 336). *Navires conchylicoles :* 4 467 (15 081). *Goemonniers :* 70 (459). *Sabliers :* 21 (5 575). *Navires polyvalents :* 5 595 (32 686).

Nombre de navires par puissance (CH) (1-4-1985). 15 CH : *2 772*, 15 à 30 : *2 805*, 30 à 50 : *2 007*, 50 à 100 : *2 465*, 100 à 200 : *1 614*, 200 à 300 : *588*, 300 à 400 : *280*, 400 à 500 : *366*, 500 et + : *279*. Total *13 176* (total nbre de nav. par jauge *203 635*).

Chalutier de type grande pêche récent : jauge brute 1 680 tx, longueur HT 77 m, vitesse 14,5 n., capacité des cales 540 m³ pour le poisson, 475 m³ (à − 30 °C) pour le congelé ; capacité journalière de congélation 8 t de filets en plaques. Surgèle le poisson à − 40 °C et entrepose à − 20 °C (les thoniers congèlent et conservent le thon à − 15 °C). **Campagne :** de février à déc. ;

divisée en 3 voyages de 3 mois ; 1er et 3e généralement sur les bancs de Terre-Neuve et du St-Laurent, 2e sur les bancs du Groenland occidental, du Labrador et éventuellement de la mer de Barentz.

• **Pêcheurs embarqués** (au 31-12-1984). 34 598 dont : *commerce* 12 939 (long cours 5 074, cabotage international 3 506, cabotage national 700, autres et pilotage 3 659) ; *pêche* 21 640 (petite pêche 14 241, pêche au large 3 914, pêche côtière 2 502, grande pêche 983) ; *plaisance* 19.

Moyenne d'âge : 41 ans (population fluctuante, entre 16 et 25 ans, tendant ensuite à se fixer et ne quittant le métier que vers 55 ans).

Nota. — Grève de 1980 voir Quid 1983, page 1380.

• **Zones de pêche. Chalutiers de grande pêche** : Atl. N.-Ouest et N.-Est. **Ch. de pêche fraîche** : mer du Nord et Manche, à l'ouest et nord de l'Irlande et de l'Écosse, au sud de l'Islande et dans le golfe de Gascogne. **Thoniers de pêche fraîche** : la répartition des thons est influencée par la présence quasi permanente en mers chaudes d'une couche de discontinuité thermique, la *thermocline* (entre 30 et 100 m de profondeur). Les pêcheurs français n'exploitent que le thon de surface à la traîne, à l'appât vivant ou à la senne tournante. Le germon (thon blanc) apparaît en surface début juin entre Portugal et Açores et, suivant la progression des eaux, il remonte vers la mer Celtique (en particulier, golfe de Gascogne) et disparaît en octobre. Environ 170 thoniers français le poursuivent. Certains (15) basés à Dakar pêchent l'albacore et le listao sur les côtes occid. de l'Afrique. **Thoniers congél.** (41) : pêchent le thon albacore et le listao à l'appât vivant et surtout à la senne tournante sur la côte ouest de l'Afr. au large de Dakar, d'Abidjan, Pointe-Noire et le long des côtes de l'Angola. **Pêche à la sardine** : pratiquée par les artisans dans l'Atl. et la Méditerranée ; 5 nav. sardiniers congél. dans l'Atl. Nord à rayon d'action très large. **Langoustiers congél.** : le long des côtes du Maroc et de Mauritanie, mais les fonds s'appauvrissent et leur accès est maintenant soumis à des limitations.

Production

Source : Comité central des pêches maritimes.

• **Production.** *Quantité (milliers de t), et, entre parenthèses, valeur (millions de F, 1984). Poisson frais* : 368,1 (3 332,4) dont p. de fond ronds 231,4 (2 146), p. pélagiques 73,6 (331,2), p. de fond plats 35,3 (518,7), p. anadromes 2,9 (71,7), p. divers 24,9 (264,8). *Poisson congelé* : 94,1 (706,7) dont p. pélagiques 77,4 (472,3), de fond 16,7 (234,4). *Poisson salé* : 0,3 (4). *Crustacés* : 25 (610,4) dont langoustine 9,2 (273,4), tourteau 7,8 (99,1), araignée 3,5 (41,2), crevette grise 1 (29,2), étrille 0,8 (9), langouste rose 0,6 (57,8), crevette rose, bouquet 0,6 (45,4), homard 0,2 (25,7), langouste rouge 0,2 (22), divers 0,9 (7,6). *Mollusques* : 37,8 (393,2) dont coquillages 23 (235,8) [*bivalves* : coquilles St-Jacques 10 (131,1), praires 2,6 (34), coques 2,4 (7,2), palourdes 1,4 (26,2), pétoncles 0,8 (8,5), amande de mer 0,7 (1,5) ; *gastéropodes* : 3,7 (20,5), *divers* : 1,4 (6,8)] ; *céphalopodes* : 13,7 (157,4) dont seiche 9,2 (77,9), encornet 3,5 (68,5), poulpe 0,7 (5,7), divers 0,3 (5,3). *Violets et oursins* : 0,3 (4,5). *Farine et huile* : 2 (6,2). *Total* : 526,6 (5 057,3). *Ostréiculture* : 113 (1 120,9) dont huîtres creuses 110,7 (1 063,1), plates 2,3 (57,8). *Mytiliculture* : 52,9 (286,6). *Algues marines* (poids sec) : 14,6 (20,7).

• **Principales espèces débarquées en 1984. Poids nominal en tonnes.** Thon 91 242 dont listao 42 363, albacore 41 376, thon rouge 4 235, blanc (germon) 3 268. Lieu noir 73 337 dont frais 67 034, filets congelés 6 303. Cabillaud 54 257 dont filets congelés 28 173, frais 25 295, morue salée 789. Merlan 36 605. Sardine 24 874. Baudroie 22 807. Lingue 22 211. Merlu 21 171. Hareng 20 251 dont frais 17 221, filets congelés 3 030. Églefin 17 795 dont frais 17 264, filets congelés 531. Maquereau 15 934. Raies 14 871. Céphalopodes 13 749. Coquille St-Jacques 10 013. Langoustine 9 643. Tourteau 7 819. Tacaud 7 440. Sole 6 740. Grondins 6 678. Lieu jaune 6 315. Plie 6 217. Cardine 5 998. Congre 5 345.

En millions de F. Huîtres 1 120,9. Thons 617 dont albacore et listao 513,1, thon blanc 54, thon rouge 49,9. Cabillaud 369,1 dont frais 202,6, filets congelés 162,5, morue salée 4. Merlu 350,4. Baudroie 303,2. Moules 286,6. Langoustine 273,4. Lieu noir 260 dont frais 242,2, filets congelés 17,8. Sole 226,1. Merlan 181,3. Bar 160,7. Céphalopodes 157,4. Crabes et araignées 149,3. Coquille St-Jacques 131,3. Lingues 122,1. Raie 104,8. Églefin 84,8 dont frais 81,6, filets congelés 3,2. Sardine 71,7. Squales 69,7. Rouget barbet 65,4. Lieu jaune 64,7. Cardine 64,2. Maquereau 58,1. Langouste rose 57,8. Grondin 52,3.

• **Production par zones (1984). Nord-Normandie** (frontière belge à Camaret non inclus) : 293 753 t dont poissons 153 922, crustacés 7 883, mollusques 45 647, huîtres 24 188, algues 56 202.

Atlantique (Camaret à la frontière espagnole) : 359 421 dont poissons 217 119, crustacés 16 178, mollusques 36 318, huîtres 79 024, algues 3 808.

Méditerranée 46 620 dont poissons 34 293, crustacés 104, mollusques 4 113, huîtres 4 163.

• **Principaux ports de pêche** (chiffre d'affaires en milliards de F, 1984). Concarneau 654,7. Lorient 565,9. Boulogne 535,4. Marennes-Oléron 446,1. Cherbourg 304. Les Sables-d'Olonne 293,4. St-Malo 254,8. La Rochelle 232,2. Sète 223,2. Caen 216,6. Douarnenez 183,6. Noirmoutier 159,5. Dieppe 138,2. St-Nazaire 129. Martigues 122,8. Vannes 112,3. Bayonne 110,2. Auray 108,3. Arcachon 107,5. Morlaix 94,7. St-Brieuc 90,4. Brest 82,3. Marseille 64,4. Paimpol 59,9. Camaret 50,4. Guilvinec 49.

• **Intermédiaires.** *Mareyeurs* : 950 entreprises, 6 000 salariés, C.-. représentant 80 % des apports français + importations. *Négociants* : 12 000 points de vente, 48 000 salariés. *Ind. du froid* : 80 entreprises, 1 900 salariés. *Ind. de la conserve* : 39 entr. (32 en 1984), 5 813 sal.

• **Conserve (1984).** *Total poissons, crustacés, mollusques (en t)* : 109 500. *Poids 1/2 brut de la production de conserves (en t)* : 101 750 dont maquereau 27 600, sardine 27 850, thon 36 500, thon blanc 3 100, autres 6 700. *C.A. (en millions de F)* : 2 615,5. *Nbre d'entreprises* : 32. *Approvisionnement du marché français (en t, 1984) : thon blanc* : pêche française 1 650, importé 1 850. *Thon* : p. fr. et imp. 37 800. *Sardine fraîche* : Atlantique 1 000, Méditerranée 8 100, fraîche ou congelée imp. 17 800. *Maquereau* : p. fr. 10 000, imp. 20 400. *Hareng* : 2 100. *Poisson chalut* : 4 300. *Crustacés, mollusques* : 4 700.

Commerce

Source : Comité central des pêches maritimes.

Importations (en milliers de t, 1984). *Poissons de mer* : frais, réfrig. 92,7, congel., surg. 120,7, séchés, salés 15,5, fumés 0,5, conserves 63,4. *Poissons non strict marins* : frais ou réfrig. 11,7, congel. ou surg. 20,5, salés ou séchés 0,3, fumés même cuits 0,8, conserves 3,3. *Crustacés marins* : frais ou congel. 38,4, conserves ou autres 12,8. *Écrevisses* : frais ou cong. 1,6. *Coquillages et mollusques marins* : frais ou congel. 70,9, conserves 7,5. *Escargots* : frais ou congel. 6,5, conserves 0,8. *Foies, œufs laitance* : 3,5. *Farines et poudres de poissons* : 55,1. *Graisses et huiles marines* : 15. *Algues et dérivés* : 10,5. *Total* : 552,3 dont prod. frais ou congel. 363,7, salés ou séchés 15,7, fumés 1,6, prépar. et conserves 90,7.

Exportations (en milliers de t, 1984). *Poissons de mer* : frais, réfrig. 40,4, congel., surg. 49,8, séchés, salés 3,2, fumés 0,2, conserves 8. *Poissons non strict. marins* : frais ou réfrig. 6,6, congel. ou surg. 0,9, salés ou séchés 0,1, fumés même cuits 0,6, conserves 0,2. *Crustacés marins* : frais ou congel. 8,1, conserves ou autres 0,9. *Écrevisses* : frais ou congel. 0,06. *Coquillages et mollusques marins* : frais ou congel. 16, conserves 0,3. *Escargots* : frais ou congel. 0,07, conserves 2. *Foies, œufs laitance* : 0,05. *Farines et poudres de poissons* : 9,1. *Graisses et huiles marines* : 6,3. *Algues et dérivés* : 6. *Total* : 159 dont frais ou congel. 122, salés ou séchés 3,4, fumés 0,8, prépar. et conserves 11,4.

Part des produits de la pêche dans le commerce extérieur français. Quantité (en t) et, entre parenthèses, valeur (en millions de F, 1984) : imp. 552 271 (8,9), exp. 159 000 (2,8), déficit 393 258 (6,1).

Principaux secteurs économiques

Ameublement

Entreprises (1984) 1 351 de + de 10 salariés (y compris literie). Principaux fabricants : Gr. Parisot (Parisot, Manufacture vosgienne, Sièges de France, Lansalot) 2 900 salariés, Gr. Epeda (Epeda, Merinos) 1 800, Gr. Dumeste (Dumeste, Finition du Siège, ITA, Manufacture auboise, Savoyarde du meuble Mont-Blanc) 1 400, S.C.I.M. (Lafa, Ranger, Collomb, Guermonprez, Prevost, Eguizier) 1 200, Gr, Treca (Solival, Solial, Soliadour, Sté de literie région Rhône-Alpes) 1 200, Roset-Cinna 800, Capdevielle 600, Gr. Capelle (Capelle, S.I.A.Q. 600, Gautier 490, Bonnet 480).

Effectif (1984) 75 179 **C.A.** (1984) 24 934 millions de F dont (en %) meubles meublants 34, sièges 19,7, cuisines 17,7, literie 18, meubles de bureau 3,6, divers 7.

Importations (1985). 8 665 millions de F, *de* (en %) : Italie 42,8, U.E.B.L. 17, All. féd. 13,3, Espagne 5,8, Roumanie 4,1.

Exportations (1985). 3 728 millions de F *vers* (en %) : All. féd. 12,6, U.S.A. 11,7, Suisse 10,4, U.E.B.L. 10,2, G.B. 8,6, Arabie Saoud. 6, Maroc 5, Italie 4,6.

Bijouterie, joaillerie, orfèvrerie

Statistiques globales

Entreprises de la Bijouterie, Joaillerie, Orfèvrerie, du Cadeau, des Diamants et Perles et activités s'y rattachant : détaillants 9 583 (1983), fabricants 1 500 (dont Paris 75,4 %, Ile-de-France 5,7 %, province 13,9 %).

Effectifs : détaillants 20 000 env., fabricants 25 750 (dont hommes 12 850, femmes 12 900). Paris 14 940 ; province 10 000.

Chiffre d'affaires (H.T. à la production) en 1984 : 9,1 milliards de F (dont export. 4,1).

Bijouterie

Bijouterie en or (Titre utilisé). *France* 750 millièmes (750 parties de métal fin pour 250 parties d'autres métaux : cuivre, argent). *A l'étranger* : 750 millièmes ou moins (ex. : 585 millièmes en All. féd., Autriche, Belgique, Canada, Danemark, Espagne, G.-B., Hongrie, Irlande, Italie, Luxembourg, Malte, Norvège, P.-Bas, Pologne, Suisse, Tchécoslovaquie, Turquie, U.S.A. ; 375 en G.-B ; 333 en All. féd. et It).

L'or à 750 millièmes est à 18 carats ; l'or à 585 m. à 14. Sous l'Ancien Régime, le métal d'un alliage était divisé en 24 parties et l'on exprimait en carats le nombre de parties d'or fin contenu dans l'alliage : 18 carats égalent 18 parties d'or fin sur 24 parties, soit 750 millièmes sur 1 000. Ce « carat » ne désigne donc pas un poids, mais un rapport (par contre, le « carat » utilisé pour les pierres précieuses désigne un poids de 0,20 g).

Bijouterie en plaqué or. Alliage à base de cuivre recouvert d'or par laminage (plaqué or laminé) ou par électrolyse (plaqué or galvanique).

Bijouterie en argent (titre utilisé). *France* 800 ou 925 millièmes. *Étranger* 925 (U.S.A., Japon) ; 800 à 925 (certains pays d'Europe : Belgique, P.-Bas). Titres retenus par la C.E.E. (projet de directive) : 925 et 800.

Bijouterie fantaisie. Utilise des matières non précieuses aux revêtements divers.

Localisation. *Bijouterie or :* Paris, Lyon, Valence, Bordeaux, Angoulême, Saint-Amand (Cher), Strasbourg, Marseille, Nice, Lille, Besançon, Clermont-Ferrand et Brioude. *Argent, plaqué or :* Région paris., Maine-et-Loire (Saumur), Ardèche, Haute-Savoie (bracelets-montres). *Fantaisie :* Région paris., Haute-Savoie, Région lyonnaise. *Tailleurs de diamants* (diamantaires) ou de pierres de couleur (lapidaires) : Jura et Paris.

Joaillerie

Utilise *pierres précieuses* (diamant, rubis, saphir et émeraude), *fines* (améthyste, turquoise, topaze...), *perles fines* et *de culture*, et métal comme support.

Principaux joailliers français : Boucheron, Chaumet, Fred, Mauboussin, Mellerio, Van Cleef & Arpels, etc.

Le *Service officiel de la Garantie créé* le 19 brumaire, an VI, sous l'autorité du ministère du Budget, contrôle le titre des métaux précieux employés en bijouterie, joaillerie, orfèvrerie et horlogerie.
Les articles importés et ceux fabriqués en France doivent avoir les *poinçons : du fabricant* apposé par celui-ci (ou poinçon d'importateur pour les articles étrangers) ; *de garantie* apposé par le Service officiel après vérification du titre des objets en métal précieux (minimum, en millièmes : platine 950, argent 800, or 750). Voir également p. 391.

Orfèvrerie

Définition. Fabrication des objets destinés au service et à l'*ornementation de la table :* couverts, plats, services divers... ; à la *décoration intérieure :* candélabres, coupes, cendriers... ; ou à l'*exercice du culte :* ciboires, calices... Seules les fabrications de couverts sont très industrialisées.

Utilise des métaux variés : *argent massif* (titre en France : 925 millièmes), *métal argenté* (alliage de cuivre, zinc, nickel appelé maillechort, qui est recouvert d'argent fin par électrolyse), *étain* (poteries, timbales, plats), *acier inoxydable* (couverts et platerie).

L'*orfèvrerie de fantaisie* recouvre des productions diverses (nécessaires de toilette, poudriers, étuis de rouge à lèvres, briquets...).

Production française (1985, en t). Ouvrages en or 23, argent 44,8, platine 0,08.

Caoutchouc

Quelques dates

Caoutchouc naturel. XVIIIe s., 1res études à caractère scientifique des Français La Condamine et Fresneau. Les Français Macquer et Hérissant dissolvent avec de l'éther ou de l'essence de térébenthine le c. coagulé. **Début XIXe s.,** l'Anglais Hancock découvre les effets de la mastication du caoutchouc qui augmente sa plasticité et facilite sa mise en forme ultérieure. **V. 1839,** l'Anglais Hancock et l'Américain Goodyear découvrent la vulcanisation du c. (moyen de le faire passer, sous l'action combinée du soufre et de la chaleur, d'un état plastique à un état élastique irréversible). **1876,** des graines recueillies au Brésil donnent naissance aux 1ers hévéas implantés à Ceylan et qui sont à l'origine des plantations. Le Brésil s'opposant à leur exportation pour conserver le monopole du c., des essais avaient été tentés avec d'autres plantes, notamment avec le koksaghyz (sorte de pissenlit) mais les rendements à l'ha furent environ 10 fois inférieurs à ceux des hévéas. **V. 1980-83** recherches sur le gayule, arbuste d'origine mexicaine dont l'exploitation serait totalement mécanisable mais dont le rendement n'excède pas encore le tiers de celui de l'hévéa.

Caoutchoucs synthétiques. 1915, l'Allemagne met au point un c. synthétique ; elle en produit env. 2 500 t avant le 11-11-18. **1939,** Allemagne et U.S.A. intensifient leurs recherches (l'All. étant de nouveau soumise au blocus et les U.S.A. se voyant privés par le Japon du c. naturel d'Extrême-Orient). **1958,** la France commence à produire des c. synthétiques. Production actuellement assurée par : *CdF Chimie* (ville : Carling, département : 57). *Cie du Polyisoprène synthétique* (Oudalle ; St-Romain-de-Colbosc, 76). *Distugil* (Champagnier ; le Pont-de-Claix, 38). *Firestone France* (Port-Jérôme ; Lillebonne, 76). *Goodyear* (Sandouville, 76). *Michelin* (Bassens, 33). *Polysar France* (La Wantzenau, 67). *Rhône-Poulenc Polymères* (Ribecourt-Dreslincourt, 60). *Shell Chimie* (Berre-l'Étang, 13). *Socabu* (N.-D.-de-Gravenchon, 76).

Classification

• **Caoutchoucs à usages généraux. 1°) Caoutchouc naturel.** De l'indien : *cao* (bois) et *ochu* (pleurer). Quand on pratique une incision (saignée) dans l'écorce de l'*hévéa*, un liquide laiteux *(latex)* s'écoule goutte-à-goutte, composé de 2/3 d'eau et 1/3 de caoutchouc. En acidifiant légèrement, le latex coagule, libérant sous forme solide le caoutchouc qu'il renferme en suspension.

Rendement des hévéas (kg/ha/an) : de semis tout-venant 600, sélectionnés 2 000 à 2 500, quelques espèces expérimentales 3 000.

Traitement : le latex est filtré puis coagulé. Après laminage, les feuilles de caoutchouc sont séchées et fumées au feu de bois pour leur assurer une bonne conservation. Les feuilles fumées sont pressées en balles constituant la matière première utilisée dans l'industrie du caoutchouc.

2°) Caoutchoucs synthétiques. *Polyisoprène :* même composition chimique et caractéristiques voisines de celles du caoutchouc naturel. *Polybutadiène :* souvent mélangé au caoutchouc naturel ou à un caoutchouc synthétique d'usage général afin d'améliorer la résistance à l'usure. *Polybutadiène-styrène :* le plus utilisé, notamment dans les pneumatiques.

• **Caoutchoucs spéciaux.** Caoutchoucs synthétiques obtenus par polymérisation ou copolymérisation de monomères variés qui leur confèrent des propriétés particulières.

Polychloroprène. Bonne résistance à la chaleur, aux acides, bases et oxydants. Bonne tenue à l'huile. Souvent utilisé dans l'industrie chimique, pour les pièces exposées aux intempéries, par suite de sa bonne tenue à l'ozone et au soleil.

Polybutadiène-nitrile acrylique. Excellente résistance à l'essence et aux huiles, surtout pour les teneurs élevées en nitrile acrylique.

Polyisobutylène-isoprène ou caoutchouc butyl. Grande résistance au vieillissement. Inertie chimique. Très bonne imperméabilité aux gaz, d'où son emploi dans les chambres à air de pneumatiques.

Copolymère et terpolymère d'éthylène-propylène. Acceptent des taux élevés de charges et de plastifiants. Excellente tenue au vieillissement.

Polyéthylène chlorosulfoné. Très bonne tenue au vieillissement. Utilisé dans l'enduction des tissus.

• **Caoutchoucs très spéciaux.** Réservés à des emplois particuliers, par suite de leur prix élevé ou de leur difficulté de mise en œuvre.

Caoutchoucs fluorés, caoutchoucs acryliques et silicones. Très bonne tenue à la chaleur. Vieillissement excellent. Utilisés dans certains joints.

Polysulfures. Très bonne résistance aux huiles et aux solvants, notamment le benzène.

Polyuréthanes. Très bonnes propriétés physiques.

Matières premières utilisées dans la transformation du caoutchouc. *Caoutchoucs bruts,* naturels ou synthétiques ; *noirs de carbone,* carbon black, obtenus par combustion ou décomposition thermique de gaz naturels ou d'hydrocarbures ; la finesse des particules, de l'ordre de quelques microns, a une influence déterminante sur leur action (donnent aux mélanges des propriétés mécaniques exceptionnelles qui ont permis notamment d'améliorer la résistance à l'usure des pneumatiques) [*principaux producteurs :* Ashland Chemical (France) (Port-Jérôme). Cabot France (Berre-l'Étang). Cofrablack (Ambès)] ; *produits chimiques autres que caoutchouc* (agents vulcanisants, accélérateurs de vulcanisation, antioxygènes, plastifiants, stabilisants, agents mouillants, gonflants pour la préparation des c. cellulaires, pigments, charges renforçantes, solvants, etc.) ; *textiles et métaux ferreux* pour armatures.

Statistiques

Dans le monde

• **Consommation de caoutchouc brut** (y compris ind. des câbles électriques, papier, peintures, crêpes semelles) (en millions de t). *1955 :* 3,4 ; *60 :* 4,5 ; *70 :* 8,6 ; *75 :* 10,4 ; *76 :* 11,4 ; *77 :* 12,3 ; *78 :* 12,5 ; *79 :* 13 ; *80 :* 12,6 ; *81 :* 12,2 ; *82 :* 11,7 ; *83 :* 12,2 (dont, en % : U.S.A. 20,8, Japon 11,1, All. féd. 4,7, *France 3,5,* Italie 2,9, G.-B. 2,8, Canada 2,3, autres 51,9).

• **Production** (en milliers de t). **Caoutchouc naturel** *1920 :* 370 ; *38 :* 890 ; *55 :* 1 950 ; *60 :* 2 035 ; *70 :* 3 100 ; *75 :* 3 315 ; *76 :* 3 585 ; *77 :* 3 615 ; *78 :* 3 770 ; *79 :* 3 870 ; *80 :* 3 845 ; *81 :* 3 705 ; *82 :* 3 755 ; *83 :* 4 025 (dont en % : Malaisie 38,8, Indonésie 24,8, Thaïlande 14,6, Afrique 4,6, Inde 4,2, Ceylan 3,5, Brésil 0,9, autres 8,6). **Synthétique** *1938 :* 20 ; *55 :* 1 540 ; *60 :* 2 450 ; *70 :* 5 890 ; *75 :* 6 850 ; *76 :* 8 020 ; *77 :* 8 610 ; *78 :* 8 955 ; *79 :* 9 370 ; *80 :* 8 690 ; *81 :* 8 515 ; *82 :* 7 830 ; *83 :* 8 290 (dont en % : U.S.A. 23,9, Japon 12,1, *France 6,2,* All. féd. 5, G.-B. 3,1, Italie 2,7, P.-Bas 2,4, Canada 2,2, autres 42,4).

Pneumatiques. Ventes en milliards de $ et, entre parenthèses, part de marché en %. Dans le monde. 27,4 (100) dont Goodyear 6 (22), Michelin 5 (18), Firestone 2,6 (10), Bridgestone 2,1 (8), Pirelli 1,7 (6), Dunlop 1,5 (6), Goodrich 1,1 (4), Uniroyal 0,9 (3), General 0,8 (3), Continental 0,8 (3), Yokohama 0,7 (3), Sumitomo 0,6 (2), Toyo 0,4 (2), Armstrong 0,4 (2), Riken 0,4 (2), Cooper 0,4 (1), autres 1,1 (4). **Amér. du N.** 10,9 (100) dont Goodyear 3,4 (31), Firestone 1,9 (18), Michelin 1,1 (10), Goodrich 1 (10), Uniroyal 0,7 (7), Dunlop 0,4 (4), Armstrong 0,4 (4), Cooper 0,4 (3). **Europe.** 8 (100) dont Michelin 3,3 (41), Pirelli 1,1 (14), Goodyear 1 (13), Dunlop 0,8 (10), Gr. Continental (Conti, Uniroyal, Englebert, Semperit) *1985 :* 3,2 milliards de DM (17 %) n° 2 en Europe, Firestone 0,2 (2), Bridgestone 0,1 (2). **Japon.** 3,1 (100) dont Bridgestone 1,4 (45), Sumitomo 0,5 (17), Yokohama 0,5 (17), Toyo 0,3 (10), Riken 0,3 (9), Michelin 0,02 (1).

• **Grandes firmes. Michelin.** *Créé* par Édouard et André Michelin en 1889. *2e prod.* de pneus du monde après Goodyear avec env. 18 % de la prod. mondiale. *Unités de prod. :* 52 usines dont 19 en France (Clermont-Ferrand 5), Eur. occid. 21, U.S.A. 5, Canada 3, Brésil 2, Afrique 2. *Effectif* (1985) env. 110 000, dont 40 000 en France. M. a produit en 1985, chaque jour, plus de 390 000 pneus de 3 000 types différents, 250 000 chambres à air, 30 000 roues, + de 700 t de fils d'acier, 60 000 cartes et guides. *C.A.* (1984) : 43,2 milliards de F [France : 15,8 (50 % à l'export.)].

Dunlop. *1888* John Boyd Dunlop dépose le brevet du 1er pneumatique. *1893* création de la Sté française. *1985* Sumitomo Rubber Industries prend le contrôle de Dunlop France, du secteur pneum. de Dunlop Angleterre, Dunlop Allemagne et des 9 Stés de vente en Eur. *Usines :* Monde 142, Europe 6, France 2. *Effectif :* 75 000. *Chiffre d'affaires* (1981, en millions de F) : Monde 17 372, France 1 765 (1984 : 18 460). Rang mondial du manufacturier 5e ; français 2e. *Parts de marché :* 1re monte et remplacement (%) : aviation 60, moto 45, génie civil 35, utilitaires/poids lourds 15, agraire 13, tourisme 12.

Firestone. *1900* créé par Harvey Firestone. *1922* pneu « ballon » basse pression. *1930* pneu agraire. *1955* tubeless. *Usines :* Monde 62, dont France 1. *Effectif :* 65 000. *Chiffre d'affaires* (1985) : 3 836 millions de $.

Pirelli. *Fondé* 1872 à Milan. *Usines* 112 dans 16 pays. *Effectif :* 63 000. *Chiffre d'aff. (1984) :* 6 800 milliards de lires, dont *(en %) :* câbles (1er dans le monde) 43, pneumatiques (5e dans le monde, 2e en Europe) 45, divers (dont matelas) 12.

Continental. *Fondé* 1874 à Hanovre. *Usines :* 29 dans 8 pays. *Effectif :* 31 700. *Chiffre d'aff.* (1985) : 5

milliards de DM dont (en %) pneumatiques 75, caoutchouc ind. 25.

En France

Structures. Branche « pneumatiques » 9 entreprises de fabrication, 21 établissements : *Continental :* Sarreguemines ; *Dunlop :* Amiens, Montluçon ; *Firestone France :* Béthune ; *Goodyear :* Amiens ; *Hutchinson :* Montargis, Persan ; *Kléber pneumatiques :* Toul, Troyes ; *Michelin :* Clermont-Ferrand, Blanzy, Blavozy, La Chapelle-St-Mesmin, Cholet, Joué-les-Tours, La Roche-sur-Yon, Poitiers, Roanne, St-Doulchard ; *Uniroyal :* Clairoix ; *Wolber :* Soissons ; entreprises de rechapage. **« Caoutchouc industriel »** 250 entreprises (80 % dans la moitié nord de la France).

Chiffre d'affaires. Total dont branche pneumatiques et, entre parenthèses, caoutchouc ind. (en milliards de F). *1980 :* 20,6 dont 12,7 (7,9) ; *81 :* 22,6 dont 14,7 (7,8) ; *82 :* 23,4 dont 14,8 (8,6) ; *83 :* 25,5 dont 16,3 (9,2).

Commerce (en milliards de F). Importations et, entre parenthèses, exportations. *1980 :* 4 (7,8) ; *1981 :* 4,5 (9,2) ; *1982 :* 5,4 (9,4) ; *1983 :* 5,6 dont pneumatiques 2,9, caoutchouc ind. 2,8 (11 dont pneum. 8,1, c. ind. 2,9).

Consommation de caoutchouc brut naturel et synthétique et, entre parenthèses, noirs de carbone de l'ensemble pneumatiques et caoutchouc ind. (en milliers de t). *1980 :* 476,9 (225,9) ; *81 :* 419 (199,7) ; *82 :* 395,2 (192,1) ; *83 :* 408,1 dont c. naturel 161,1, synthétique 247 (203,7).

Effectifs. *1980 :* 98 400 ; *81 :* 90 600 ; *82 :* 87 200 ; *83 :* 82 000 (dont ouvriers 57 000, cadres, agents de maîtrise, employés 25 000) dont branche pneumatiques 48 400, br. caoutchouc ind. 33 600 ; *84 :* 96 126.

Production. *Branche pneumatiques* (en millions de pièces, 1983) : *enveloppes* 62,1 dont voit. de tourisme et assimilées 40,8, cycles et motocycles (vélos, cyclomoteurs, vélomoteurs, motos, scooters et karts) 14,4, transports routiers (camionettes, camions et autobus) 4,8, non routiers (agraires, génie civil, avions et manutention) 2,1 ; *chambre à air* pour véhicules toutes cat. 30,4.

Branche caoutchouc ind. (en milliers de t) : 301,7 dont mélanges vendus en l'état 27,2, rubans adhésifs 22,4, tubes et tuyaux 21,5, semelles, talons, plaques 19,5, courroies et bandes transporteuses 13,8, tapis et revêtements de sols 11,8, hygiène et chirurgie 7,7, tissus enduits 7,3, enduits et mastics 6,7, petits bandages 5,7, garnissage de cylindres 1,3, articles de sport 0,6, garnissage anticorrosif 0,5, ébonite 0,3, autres articles 155,4.

Rechappage (en milliers d'enveloppes) : 2 548 dont voitures de tourisme et assimilées 1 303, camionettes légères 204, poids lourds 979, autres 62.

Chimie

Généralités

Quelques dates

1766 *production de l'acide sulfurique* (procédé des chambres de plomb). **1791** *fabrication de la soude* (procédé *Leblanc*). **1868** *fabrication de la soude caustique* par le procédé à l'ammoniaque *Solvay*. Puis production industrielle de l'*acide sulfurique* et de la *soude* par *Kuhlmann*. **1900** *synthèse de l'acide sulfurique* par le procédé de contact (on fait passer du gaz sulfureux à l'état d'anhydride sulfurique en l'oxydant au moyen de l'oxygène de synthèse en présence d'une masse platinée ou imprégnée de vanadium). **1914** *synthèse de l'ammoniac* par les Allemands Haber et Bosch à partir de l'azote atmosphérique et de l'hydrogène venant du gaz à l'eau, du gaz de cokerie ou de l'électrolyse de l'eau. Procédé perfectionné par divers savants, dont le Français Georges Claude (1870-1960) en 1918. **1925** *synthèse des hydrocarbures* (rendant possible notamment la fabrication des huiles de graissage et des corps gras alimentaires du type margarine, de l'alcool méthylique et du caoutchouc G.R.S).

La synthèse industrielle des polymères a pris un essor considérable au cours du XXe s. Nombreuses applications de ces macromolécules synthétiques (matières plastiques, fibres textiles, caoutchouc synth., etc.). Ex. : *1928* polyéthylène, *1931* polychlorure de vinyle (P.V.C.), *1937* polyamide 6-6 (nylon), *1938* polystyrène, *1939* polytétrafluoroéthylène (téflon).

Éléments naturels de base

Chimie minérale. *Soufre* et son dérivé l'acide sulfurique. *Eau de mer* et *sel de carrière* dont on extrait le chlorure de sodium avec toute la gamme des dérivés sodiques. *Air* dont on extrait les gaz dont il est composé. *Charbon, pétrole* et gaz naturel. *Calcaire* et phosphates.

Chimie organique (ch. du carbone, du pétrole, du gaz naturel). *Acétylène, éthylène, propylène, phénol, butylène, isobutylène, butadiène, méthanol de synthèse.* A partir de ces produits seront fabriqués : matières plastiques, textiles artificiels, caoutchouc, produits pharmaceutiques, solvants, peintures, détergents, insecticides, etc. Voir plus loin.

La chimie dans le monde

Statistiques globales

Sources : O.N.U., O.C.D.E., C.E.F.I.C.

En millions de $, 1980.

Chiffre d'affaires. U.S.A. 168 000. Japon n.c. All. féd. 59 190. *France 38 820.* G.-B. [1] 28 687. Italie 23 790 (79). Espagne 17 600. P.-Bas 14 160. Canada 11 065 (79). Belg. 9 270 [1]. Autriche 5 585. Australie 5 450. Suède 4 840. Turquie 3 350 (79). Finlande 2 745. Norvège 2 190. Danemark 1 940.

Importations. All. féd. 13 314. *France 12 169.* U.S.A. 8 956. Italie 7 993. G.-B 7 777. P.-Bas 6 393,5. Belg.-Lux 5 972 [1]. Japon 5 928. Suisse 3 648,3 [1]. Suède 2 702,7. Espagne 2 531,6. Autriche 2 263,1. Danemark 1 871,7. Irlande 1 151,3. Norvège 1 149 [1]. Portugal 996,9.

Exportations. All. féd. 24 318. U.S.A. 22 430. *France 13 249* [1]. P.-Bas 11 288,4. G.-B. 10 600. Belg.-Lux. 7 422 [1]. Japon 6 619. Suisse 5 679,6 [1]. Italie 5 505. Suède 1 649,6. Autriche 1 546,2. Espagne 1 539,8. Danemark 1 194,1. Norvège 1 163 [1]. Irlande 1 068. Finlande 751,4. Portugal 286,3.

Effectifs salariés. U.S.A. 915 000. All. féd. 550 000. Japon 470 000 (78). G.-B. 346 000. Italie 324 500 (79). *France 306 800.* Espagne 139 750. P.-Bas 84 300. Belg. 62 145. Suisse 67 005. Portugal n.c.

Nota. – (1) 1982.

La chimie en France

Source : Union des industries chimiques.

• **Données globales. Chiffre d'affaires** (en milliards de F, hors taxes). *1978 :* 113,6 ; *79 :* 142,9 ; *80 :* 159,4 ; *81 :* 183,8 ; *82 :* 205,3 ; *83 :* 229 ; *84* (est.) : 257,5 dont chimie de base 142 (dont chimie organique 100,7, minérale 41,3), parachimie 71,4, pharmacie 44,1.

Investissements (en milliards de F). *1979 :* 6 ; *80 :* 6,9 ; *81 :* 6,6 ; *82 :* 6,4 ; *83 :* 7,1 ; *84 (est.) :* 9.

Main-d'œuvre. *1971 :* 289 370. *74 :* 313 830. *79 :* 299 600. *80 :* 297 400. *81 :* 291 800. *82 :* 287 000. *83 :* 281 700. *84* (est.) : 279 200.

• **Présentation. Chimie minérale** (en milliers de t, 1984). *Produits chimiques de base :* Acide sulfurique (en SO_4H_2) 4 499. Soude caustique (en NaOH) 1 488. Chlore gazeux 1 410,4. Chlore liquéfié 676,5. Acide chlorhydrique (en HCL à 21° B) 766. Extrait de Javel (en Cl) 37,3. *Industrie de l'azote :* Ammoniac (en N) 2 350. *Engrais phosphatés et composés :* E. pho. pour livraisons et fabrication d'e. composés 679,5. Acide phosphorique pour e. 640. E. composés 6 935,4. *Gaz comprimés (en 1 000 m³) :* Oxygène 1 823,8. Acétylène dissous 10,5. Hydrogène 411,3. Azote 1 218,3. *Produits chimiques minéraux divers :* Oxyde de zinc 43.

Chimie organique (en milliers de t, 1984). *Produits organiques de base :* Méthanol de synthèse 326,5. Formol 95,5. Éthylène 2 082,2. Propylène 1 205,5. Butadiène 303,2. *Matières plastiques* 3 314 (est.) dont : résines phénoplastes 65, aminoplastes 160, alkydes 52, polyesters non saturés 63, polystyrène standard et choc 344,5, polyéthylène basse densité 718, haute 214, polypropylène 396, polychlorure de vinyle 789,5. *Caoutchoucs synthétiques 554,8. Benzols et dérivés :* Solvants 9,2. Benzène 600,4. Toluène 39,4. Xylènes mélangés 85,6. *Produits organiques divers :* Plastifiants 138. Agents de surface anioniques 180,4, cationiques 22,9, non-ioniques 61,1.

• **Parachimie** (en milliers de t, 1984). *Explosifs* 42,2 dont : encartouchés 24, en vrac 18,1. *Colles* 319,9 dont : colles fusibles 21,7, ciments-colles 106,7, colles mastics 3,3. *Peintures, vernis et encres d'imprimerie :* Peintures et vernis en émulsion 94,3, glycérophtaliques (séchage air et four) 180,7. Peintures et vernis aux autres résines artificielles et synth. 215,3. Mastics, enduits, peintures et vernis bitumeux 26,9. Encres d'imprimerie (y compris diluants et adjuvants pour encres) 47,8. *Surfaces sensibles :* Films-plans monochromes (m²) 260,4 (1983). Papiers pour reproduction de documents (1 000 m²) 92,4, usage photo noir et blanc 26,7.

• **Commerce extérieur** (1984, en millions de F). **Imp. :** *1981 :* 50 000. *1982 :* 59 830. *1983 :* 68 096. *1984 :* 80 794 (dont produits organiques 25 653, matières plastiques et résines artif. 11 983, prod. inorganiques 5 167, engrais 5 127, matières tannantes, colorantes, compositions vitrifiables, peintures, vernis et encres 4 583 (dont peint., vernis et encres 1 892, mat. colorantes organiques, synth. et laques colorantes 1 669), prod. photographiques 4 371, désinfectants, insecticides, fongicides, herbicides 3 634, prod. organiques tensio-actifs, lubrifiants, prod. d'entretien 2 788 (dont prod. org. tensio-actifs 1 805, prod. pharmaceutiques 2 147, goudrons minéraux, prod. de leur distill., mat. bitumineuses 1 575, caoutchouc synth. 1 574, huiles essentielles et résinoïdes, solutions et mélanges de prod. arom., eaux distillées arom. 1 339, prod. de parfum. ou toilette et cosmétiques préparés 1 279, colles, gélatines et enzymes 834, soufres de désulfuration et d'extraction 575, ouvrages en abrasifs 488, divers 7 677).

Exp. *1984 :* 106 793 (dont prod. org. 28 450, mat. plastiques et résines artif. 15 725, prod. pharm. 9 834, parfumerie 9 700, prod. inorg. 6 671, mat. tannantes, colorantes, compositions vitrifiables, peint., vernis et encres 5 123, caout. synth. 4 288, désinfectants, insecticides, fongicides, herbicides 4 026, prod. photo. 3 600, prod. org. tensio-actifs, lubrifiants, prod. d'entr. 2 738, huiles essentielles et résinoïdes, sol. et mélanges de prod. arom., eaux distil. arom. 2 254, engrais 1 604, goudrons minéraux 923, colles, gélatines et enzymes 879, soufres 773, ouvrages en abrasifs 632, divers 9 571).

Partenaires. Imp. et, entre parenthèses, exp. All. féd. 19 872 (17 015), U.E.B.L. 10 986 (8 567), P.-Bas 10 296 (5 940), G.-B. 8 411 (9 817), U.S.A. 8 308 (6 875), Italie 5 109 (11 448), Suisse 4 612 (4 956), Japon 1 836 (2 178), Irlande 1 535 (510), Espagne 1 460 (3 655), Suède 733 (1 063), Autriche 637 (1 005), Danemark 553 (1 133), Canada 486 (731), Pologne 445 (507), Chine 383 (1 007), All. dém. 376 (293), Brésil 372 (583), Tunisie 365 (827), Israël 282 (445).

Engrais

Source : Assoc. nat. prof. pour les engrais et amendements.

Catégories principales

• **Engrais azotés.** *Minéraux.* Surtout fabriqués à partir de la synthèse de l'ammoniac, obtenu par la combinaison de l'azote, extrait de l'air, et de l'hydrogène provenant du gaz naturel. On distingue : les engrais *ammoniacaux* (sulfate d'ammoniaque et urée), *nitriques* et surtout *ammoniacaux-nitriques* (ammonitrates et solutions azotées).

Organiques [d'origine animale : guano du Pérou (excréments d'oiseaux et débris de poissons), déchets industriels (corne, laine, poissons, etc.) ou d'origine végétale]. Utilisés surtout sur cultures maraîchères, vignes, arbres fruitiers. Ils entrent aussi dans la fabrication d'engrais organo-minéraux.

Production d'azote (1983-84 en milliers de t). U.R.S.S. 12 687, Chine 11 289, U.S.A. 9 277, Inde 3 487, Canada 2 371, Roumanie 2 091, P.-Bas 1 699, *France 1 600,* G.-B. 1 372, All. féd. 1 111, Japon 1 076. *Monde 67 521.*

• **Engrais phosphatés.** Ils proviennent 1° *des scories de déphosphoration :* sous-produits de la fabrication de l'acier ; 2° *des phosphates naturels :* soit employés directement après avoir été finement broyés, soit solubilisés par un acide (chlorhydrique, sulfurique, phosphorique) pour produire notamment les superphosphates. Les principaux gisements de phosphates sont en Afr. du Nord, U.S.A., U.R.S.S., Afr. occid.

Production. Anhydride phosphorique (P_2O_5) (1983-

84, milliers de t). U.S.A. 8 579, U.R.S.S. 6 882, Chine 2 723, *France 1 230*, Inde 1 076, Brésil 1 055, Pologne 871, Roumanie 733, Canada 655, Japon 647. *Monde 34 852.* **Phosphate naturel** (1983, milliers de t BPL). U.S.A. 41 890, U.R.S.S. 27 700, Maroc 19 482, Chine 12 500, Tunisie 5 924, Jordanie 4 746, Brésil 3 208, Afr. du S. 2 742, Togo 2 081. *Monde 131 923.*

● **Engrais potassiques.** Obtenus à partir de minerais naturels (sylvinite, kaïnite, carnalithe, etc.) constitués de sels de potassium, de sodium et parfois magnésium. *Principaux e. potassiques :* chlorure de potassium (séparé par procédés physiques), sulfate de potassium.

Production (1984, en milliers de t K_2O). U.R.S.S. 9 776, Canada 7 749, All. dém. 3 463, All. féd. 2 645, *France 1 740*, U.S.A. 1 539. *Monde 29 495.*

● **Engrais composés.** Ils apportent 2 ou 3 éléments majeurs (azote, anhydride phosphorique, potasse). Selon leurs procédés de fabrication ou leur présentation, on distingue : les *e.* obtenus *par mélange* mécanique de matières premières simples solides et se présentant sous forme pulvérulente ou granulée : il s'agit surtout d'e. binaires PK ; les *e.* produits directement par action chimique *(e. complexes)* entre des mat. premières et des produits intermédiaires (phosphates naturels, ammoniac, acide nitrique, acide sulfurique, acide phosphorique, chlorure de potassium, etc.) : e. complexes ternaires NPK, binaires NP ou NK ; les *e. fluides* utilisés depuis peu : e. liquides et e. en suspension.

Les engrais en France

Production (1985, en milliers de t). Ammoniac 2 012 (en azote N). Engrais azotés 2 317 (N). Engrais phosphatés 1 039 dont acide phosphorique 430. Engrais potassiques 2 800, ternaires NPK 4 210.

Consommation (1984-85, en milliers de t d'éléments fertilisants) 5 780 dont azote (N) 2 337, anhydride phosphorique (P_2O_5) 1 580, potasse (K_2O) 1 863.

Utilisation d'engrais (en kg par ha cultivé, 1984-85) : 201 dont azote 81, anhydride phosphorique 55, potasse 65. *Comparaison* (1983) : P.-Bas 339, Belg. 301, All. féd. 259, Danemark 241. *France 186*, G.-B. 140, Italie 119, Irlande 116.

Principales sociétés. CdF Chimie-AZF, COFAZ (Cie française de l'azote) et la Sté commerciale des potasses et de l'azote (filiale d'EMC-Entreprise minière et chimique).

Matières plastiques

Sources : Féd. française des industries transformatrices de plastique, Synd. prof. des produits de matière plastique.

Généralités

● **Définition.** Matière modelable ou moulable. De nos jours, désigne de hauts polymères de synthèse susceptibles ou non de se ramollir par élévation de la température.

● **Quelques dates. Jusqu'au milieu du XIXe s.**, tirées de substances naturelles travaillées à la température normale (glaise, cire, mastic) ou après chauffage (corne, écaille, gomme-laque, ambre, etc.). **1870** l'Américain J.W. Hyatt réalise chimiquement le *celluloïd*, à base de nitrate de cellulose et de camphre. **1884** le Cte Hilaire de Chardonnet (Fr.) dépose le 1er brevet de fil en mat. artificielle (nitrocellulose). **1900** en faisant agir le formol sur la caséine du lait convenablement hydratée, on obtient la *galatithe.* **1907** le Belge Baekeland obtient, à partir du formol et du phénol chauffés en autoclave, une résine synthétique, la *bakélite.* **1925 et après** les découvertes se multiplieront.

● **Classification. 1°) Matières thermoplastiques.** Soumises à l'action de la chaleur, subissent un ramollissement et redeviennent pâteuses ; refroidies, elles retrouvent l'état solide initial. Elles sont théoriquement réutilisables indéfiniment. Résistantes à l'action de nombreux agents chimiques.

Polychlorure de vinyle : inerte chimiquement. Utilisation : emballages, canalisations d'eau et téléph., industrie chimique, câbleries électriques. *Polyéthylènes :* flexibles, translucides, résistant aux agents chimiques. Ut. : articles ménagers, jouets, emballages, films agricoles. *Polypropylène :* bonne résistance à la température. Ut. : cordages, câblerie. *Polystyrène et copolymères de styrène :* mise en œuvre facile, aspect esthétique. Ut. : emballages, jouets, art. mén., films photo, isolants dans le bâtiment (sous forme alvéolaire). *Polyamides :* diélectriques, propriétés mécaniques excellentes. Ut. : textiles, pièces industrielles. *Résines acryliques* (plexiglas, altuglas) : transparentes, coloris variés. Ut. : cockpits d'avion, enseignes, mobilier.

2°) Matières thermodurcissables. Soumises à l'action de la chaleur, deviennent dures et ne se ramollissent plus par la suite. Se solidifient sous l'action combinée de catalyseurs, de durcisseurs et de la chaleur. Insensibles généralement aux agents chimiques et notamment aux solvants.

Polyesters : fabriqués à partir de glycols, styrène, d'anhydrides phtalique et maléique. Combinés à la fibre de verre, ont une résistance mécanique élevée. Utilisation : coques de bateaux, carrosseries automobiles, cuves, élément de bâtiment, cannes à pêche. *Polyépoxydes :* fabriqués à partir de bis-phénol A, de chlorhydrine et d'amines. Mêmes utilisations que les polyesters, mais plus résistants. *Résines glycérophtaliques.* Utilisation : peintures, vernis. *Aminoplastes :* urée ou mélamine et formol, dureté de surface, diélectriques, aspect esthétique. Utilisation : ind. électrique, art. ménagers, plaques stratifiées. *Phénoplastes :* diélectriques, résistent à l'abrasion et aux chocs. Utilisation : ind. électrique, abrasifs.

Techniques de transformation : par moulage, par compression, injection, extrusion, calandrage, rotation, etc., à partir de poudres ou de granulés. Dans le moulage par injection, la matière est chauffée et ramollie avant d'être introduite sous pression dans le moule. Après solidification, la pièce moulée est éjectée hors du moule. Films, feuilles et profilés sont obtenus par extrusion de la matière ramollie à travers une filière. Bouteilles et corps creux sont soufflés dans un moule à l'état pâteux. Les grands corps creux peuvent être fabriqués par rotomoulage (moule chauffé tournant à faible vitesse). Production de certaines pièces par formage à partir de feuilles préalablement ramollies et pressées dans un moule. Des pièces simples peuvent être usinées à partir de demi-produits (feuilles, planches, rondins).

Procédés spéciaux avec les résines polyesters et polyépoxydes liquides. Ainsi, les résines polyesters mélangées à de la fibre de verre peuvent être moulées à froid, par contact (coques de bateaux).

Statistiques

Dans le monde

Production (en milliers de t, 1984), U.S.A. 21 400. Japon 8 900. All. féd. 7 400. *France 3 310.* Italie 2 800. P.-Bas 2 510. G.-B. 1 850. Espagne 1 390. Canada [2] 1 640. Mexique 760, Autriche 610. Suède 600. Finlande 420. Afrique du Sud 385, Norvège 360.

Consommation (1984) : **totale** (en milliers de t) : U.S.A. 19 850. Japon 7 860. All. féd. 6 540. Italie 3 130. *France 2 750.* G.-B. 2 410. Canada 1 670. Espagne 1 200. Mexique 800. Suède 770. Belgique 620. Autriche 600. Finlande 530. P.-Bas 500. Afrique du Sud 400. Danemark 370. Norvège 205. **Par habitant** (en kg, 1983) : Finlande 114. All. féd. 102. Suède [2] 86. Norvège 83. Autriche 78. U.S.A. 76. Danemark 69. Suisse 68. Belgique 60. Japon 59. Italie 53. Canada [2] 52. *France 51.* P.-Bas 46. Australie [2] 44,6. G.-B. 41. Israël [2] 36. Espagne 32. Chili [1] 7,9.

Nota. – (1) 1981. (2) 1982.

En France

Effectif. 150 000 personnes travaillent à la production et à la transformation des matières plastiques.

Production (en milliers de t, 1985). PVC 820. PEBD 730. Polypropylène 424. Polystyrène expansible 134. Méthacryliques 80. Phénoplastes 65. Polyesters 59. **Commerce extérieur** (en milliers de t, 1985). Importations 1 513. Exportations 2 082.

Consommation (1985). 2 805 000 t dont (en %) emballage 28, bâtiment 15, peintures, colles apprêt 14, biens de consommation 12, électricité électronique 8, transports 6, agriculture 4.

Déchets. Sources d'origine agricole (180 000 t) ou ménagère (615 000). *Réemploi* 1° collecte sélective et recyclage de certains matériaux (ex. : bouteilles en polychlorure de vinyle) utilisés pour faire des tubes ou incorporés à des revêtements routiers ; 2° incinération avec récupération d'énergie (1 kg = 0,65 kg de fuel) (en 1978, 150 000 t de pétrole ont été économisées à partir des déchets plastiques d'ordures ménagères) ; 3° pyrolyse (obtention d'hydrocarbures et autres prod. chimiques) en cours d'étude.

Biodégradation. Seuls les matériaux cellulosiques et certains polymères azotés peuvent être détruits facilement par les micro-organismes.

Photodégradation. Destruction par les agents naturels possible pour certains polymères, surtout intéressante dans le domaine agricole (films de paillage en polyéthylène par ex.).

Matières plastiques et énergie. Grâce à leurs caractéristiques (légèreté, facilité d'entretien, souplesse de conception des pièces, etc.), les mat. plastiques présentent souvent pour une même unité d'usage (ou service rendu) un bilan énergétique total plus favorable que celui d'autres matériaux. Cela leur assure un développement dans des industries telles que l'automobile (réduction de la consommation grâce à l'allégement des véhicules), l'isolation thermique des bâtiments, les cultures sous abri, etc.

Matériaux composites. Nés dans les années 1970. Composés d'un squelette, le renfort et d'un corps, la matrice : aussi solides que les alliages métalliques mais plus légers. Consommation *1979* 550 t, *1983* 2 500, *1990* (prévu 350 000 t). **Utilisation.** Voitures 2 fois plus légères, raquettes de tennis solides et souples, forages pétroliers, etc.

Détergents

En France

Production (en t, 1985). *Savons* 109 000. *Détergents* en poudre 713 000, liquides 384 000.

Consommation par an, et par hab. (en g, 1985). **Savons** 1 661, de toilette et de parfumerie 630, de ménage 486, paillettes et copeaux ménagers 49, industriels 68, mous 24, liquides 250, produits spéciaux pour le lavage des mains des professionnels 154, autres 545. **Détergents** 20 512, en poudre 12 599 (textiles 10 600, vaisselle 1 612, nettoyage 387) ; liquides 7 913 (textiles 1 789, vaisselle 1 332, rinçage textiles 2 218, nettoyage 2 574).

Principaux groupes

Colgate Palmolive. Filiale de Colgate Palmolive Co (New York). *C.A. France* (1985) 3,223 milliards de F. *Effectifs* 2 720. *Filiales en France :* Laboratoires Larochette, Kendall S.A. *Détergents :* Axion 2, Gama, Génie, Paic machine, P. douceur, P. mains. *Dét. liquides :* Palmolive vaisselle, Paic citron. *Produits d'entretien :* Ajax poudre, A. vitres, A. ammoniaqué, A. W.C., A. crème, A. récurant crème citron. *Savons :* Cadum (créé 1912), Palmolive, Donge, Cleopatra. *Dentifrices :* Colgate, Ultra Brite, Tonigencyl. *Crèmes à raser :* Palmolive. *Shampooings :* Palmolive, Cadum. *Adoucisseurs textiles :* Soupline. *Emballages ménagers :* Scel' O' Frais. *Talc, Couches-culottes :* Super-Calines, Tendresse. *Serviettes bébé :* Calinette. *Cotons :* Calines. *Détergents et produits d'entretien pour professionnels.*

Henkel-France. Filiale de Henkel KGaA (Düsseldorf). *Produits de lavage et d'entretien ménager :* X-tra, Super Croix, Mir laine, Mir couleurs (poudres), Mir Express, Mohair (liquide), Belle tenue (finition du linge), Bref, Polifix (entretien ménager). *Cosmétiques :* Gammes Diadermine et Fa. *Dentifrice :* Teraxyl. *Prod. techniques de nettoyage, d'entretien ou d'hygiène :* pour collectivités, professionnels et industrie ; traitement de surface (P3) et traitement de l'eau. *Prod. chimiques organiques et minéraux. Colles et adhésifs :* pour bâtiment, industrie, bricolage, etc. (Ponal, Pattex, Perfax, Pritt, Ovalit, Métylan, Sista).

Lesieur S.A. *C.A.* (1984) 9 371 millions de F. *Effectif* 6 712. *Filiale :* Lesieur-Cotelle (Boulogne-sur-Seine). *Détergents liquides :* Mir flacons et doses, Rex. *Adoucissant textile :* Minidou. *Eau de Javel :* Javel La Croix en flacons et doses. *Savons :* Persavon. *Produits d'entretien :* Altor nettoyant ménager, Altor vitres, La Croix W.C.

Lever. Une des filiales d'Unilever (Londres/Rotterdam), avec Astra-Calvé, S.F.P. (Sté française de parfums), etc. *Lessives :* Coral, Omo, Persil, Skip, Lux paillettes, Wisk. *Détergents vaisselle :* Lux, Soleil, Dove, Sun, Rena. *Produits de récurage :* Vim. *Nettoyants ménagers :* Cif, Vigor, Domestos. *Savons :* Lux, Atlantic, Soleil, Girafe. *Adoucisseur textile :* Cajoline.

Lever industriel. Détergents pour ind. et collectivités.

Procter & Gamble France. Filiale française de The Procter & Gamble Co (Cincinnati, Ohio). *Lessives :* Ariel, Vizir, Dash 3, Bonux main, Bonux machine,

Lava, Tide. *Activateur de lavage :* Topjob. *Nettoyants ménagers :* Spic, Mr Propre, Mr Propre Super Crème. *Savons toil. :* Camay, Monsavon, M. bol à raser, Zest. *Adoucisseur textiles :* Lénor, Lénor Super Concentré. *Couches-culottes :* Pampers. *Shampooing :* Head & Shoulders (H & S.).

Peintures et encres d'imprimerie

Dans le monde

Production de peintures et vernis (en milliers de t, 1982). U.S.A. 4 600 [4]. All. féd. 1 285. Italie 845. *France 813.* G.-B. 716. Espagne 284. P.-Bas 234. Suède 192. Belgique 128. Autriche 119. Danemark 113. Finlande 110. Portugal 101. Suisse 84. Norvège 72. Grèce 40. Irlande 17.

Consommation de peintures et vernis (en kg/habitant, 1983). U.S.A. 21,1 [4]. Suède 21. Danemark 19,6. Norvège 19,4. All. féd. 19,3. Finlande 18,2. P.-Bas 17,1. Suisse 17. Autriche 15,7. *France 14,5.* Belgique 13,6 [4]. Italie 11,1, G.-B. 9,4. Portugal 9,2. Espagne 5,3.

Production de couleurs pour artistes (en t, 1978). All. féd. 3 700 [6]. *France 3 241* [2]. Espagne 322 [2]. Norvège 120. Danemark 100. Finlande 100.

Production d'encres d'imprimerie (en milliers de t, 1980). Japon 202,2 [4]. All. féd. 139,3. G.-B. 70,5 [5]. *France 51,9.* Italie 45 [5]. Australie 15,7. P.-Bas 14,4. Espagne 16,3 [4]. Belgique 12,1 [4]. Suède 11,5. Danemark 7,6. Finlande 7,7. Norvège 5,4. Autriche 5,1 [3]. Portugal 2,1 [5].

Nota. — (1) 1974. (2) 1975. (3) 1976. (4) 1977. (5) 1979. (6) 1980.

Industrie pharmaceutique

Dans le monde

Nombre de présentations. Étranger. U.S.A. 140 000. All. féd. 24 000 (7 500 méd.), Japon 22 500 (6 600), Italie 17 000 (8 900), G.-B. 9 000 (3 000). **France.** *1930 :* 25 000, *59 :* 20 000. *1986 :* 8 600 pour 4 300 produits et 3 000 principes actifs de base. 78 % des ventes de médicaments aux ménages sont réalisées avec les 500 premiers produits.

Production (en milliards de $, 1983). U.S.A. 20,8. Japon 15. All. féd. 5,9. *France 4,4.* Italie 3,5. G.-B. 3. Brésil 1,9. Canada 1,6. Espagne 1,5.

Principaux pays exportateurs (en milliards de F, 1984). R.F.A. 11,6. G.-B. 10,3. U.S.A. 9,7. *France 8,9.* Suisse 8,5. U.E.B.L. 4,7. Italie 3,2. Pays-Bas 3,2. Danemark 2,7. Japon 0,7.

En France

Source : Syndicat national de l'industrie pharmaceutique.

Généralités

Chiffre d'affaires. 48,2 milliards de F H.T. en 1985, soit + de 17 % du C.A. total des industries chimiques. Résultat net comptable par rapport au C.A. H.T. *1984 :* 1,2 %.

• **Classification. Spécialités médicales.** Ne peuvent faire l'objet de publicité directe auprès du public, seule l'information des praticiens étant permise dans des conditions définies par décret. Certains produits médicaux ne peuvent être vendus que sur prescription médicale, l'ordonnance étant ou non renouvelable selon les cas. Pour les stupéfiants, l'ordonnance doit être établie sur un carnet à souche spécial.

Grand public. Ces méd. peuvent faire l'objet, sous réserve d'obtenir un visa du min. de la Santé, d'une publicité directe auprès du public ; ils ne sont jamais remboursés par la Sécurité sociale. Ils représentent 5 % du chiffre d'affaires de l'ind. pharmaceutique.

Laboratoires. *Nombre : 1950 :* 970 ; *70 :* 380 ; *80 :* 320 ; *82 :* 327 ; *83 :* 331 ; *84 :* 345 ; *85 :* 335. 68 000 *salariés* (dont + de 8 000 en recherche et développement, et + de 10 000 visiteurs médicaux).

Part des marchés contrôlés par des intérêts non français (en %). Inhibiteurs d'ovulations 99,7, corticoïdes 99,2, antibiotiques 82, antidépresseurs 79, broncho-dilatateurs 77, tranquillisants 75, vaso-dilatateurs 72, anti-inflammatoires 67.

Recherche. L'industrie pharmaceutique employait, en 1983, 14,8 % de ses effectifs à des activités de recherche et de développement et y a consacré 12,25 % de son C.A. D'après une étude allemande (période 1961-80), la France se situe au 2e rang derrière les U.S.A. pour la découverte de nouveaux principes actifs ayant abouti à des médicaments. Sur 10 000 molécules synthétisées, 1 seule devient un médicament ; les principes actifs qui entrent dans la composition des produits pharmaceutiques sont presque toujours issus de recherches effectuées depuis 10 ans. Le coût d'un médicament nouveau peut être estimé en moyenne à un montant global se situant entre 300 et 600 millions de F.

Consommation de médicaments. Par les ménages (1984). 60 397 millions de F soit 1 099 F par an et par personne soit 2,2 % de la consommation totale des ménages et 13,1 % des prestations de l'assurance-maladie de la S. sociale et 3,6 % de ses dépenses totales.

Facteurs principaux : âge (enfants en bas âge et personnes âgées), *facteur socioculturel* (consommation plus importante en ville qu'à la campagne, chez les cadres que chez les fonctionnaires, employés, ouvriers et salariés agricoles).

Selon le mode d'action des principales classes thérapeutiques (1983, % du marché total). Thérapeutiques cardiovasculaires 21,7, digestives 9,3, antibiotiques, anti-infectieux et antiparasitaires 7,6, antalgiques (y compris anti-inflammatoires non stéroïdiques) 9,3, antianémiques, fortifiants et modificateurs de terrain 3,8, t. de l'appareil respiratoire (voie générale) 7, hypnotiques et psychotropes 7,7.

Prix. Les spécialités remboursables sont soumises à l'examen d'une commission qui examine chaque produit sous l'angle thérapeutique et économique. Cette commission étudie également le coût du traitement par comparaison avec les thérapeutiques existantes. **Décomposition du prix (en %) :** prix production H.T. 57,02, marge grossiste H.T. 6,12, pharmacien H.T. 30,32, T.V.A. 6,54, soit *prix de vente au public* 100.

Indice en 1983 (évolution 1970 indice 100) : spécialités remboursables 164,1, coût de la vie 349,3. *1984 :* spéc. remb. 168,8, non rembours. 287,4. *1985 :* coût de la vie 397, prod. pharm. 192,7.

Distribution. En 1985, env. 28 sociétés de répartition, 205 points de vente, 20 967 officines (+ 67 pharmacies mutualistes et 75 pharmacies minières) assurent la distribution des médicaments.

Les grossistes-répartiteurs doivent avoir en stock 2/3 des produits et en valeur un mois de stock, être en mesure de les livrer au plus tard dans les 24 h.

Chiffre d'affaires moyen des pharmacies (en millions de F, TTC, 1985) : *— de 1 000 000 :* 3 % ; *1 000 000 à 1 500 000 :* 9 % ; *1 500 000 à 2 000 000 :* 20 % ; *2 000 000 à 2 500 000 :* 23 % ; *2 500 000 à 5 000 000 :* 37 % ; *+ de 5 000 000 :* 8 %. *% du C.A. hors-taxes :* spécialités normales 80,5, publiques 4,7, pansements 3,2, parfumerie 2,8, laits 2,3, diététique (sauf laits) 2,2, accessoires 2,2, droguerie, conditionnés 1,1, préparations 0,5, analyses, locations 0,3, récipients 0,2.

Principaux groupes

Rhône-Poulenc. 1er groupe chimique fr. *C.A. consolidé* 1985 : env. 56 milliards de F. *Effectif (fin 85) :* 78 000 (dont 48 000 en Fr.). *Activités :* chimie de base, chim. minérale fine, spécialités chim., santé, agrochimie, films, systèmes de communication, textile. Secteur Santé : *Spécia, Théraplix, Pharmuka, lab. Roger Bellon, Inst. Mérieux, Rhône-Mérieux, A.E.C., Diététique et Santé.* Nombreuses filiales et participations à l'étranger. *Chiffre d'affaires mondial en 1985 :* 12,7 milliards de F dont (%) pharmacie humaine 65, vétérinaire 9, matières 1res pharmaceutiques et divers 11, alim. animale 15. 55 % des ventes sont réalisées à l'étranger. *Effectif :* près de 20 000 personnes dont les 2/3 en France.

Hoechst AG. *Filiales françaises :* Sté Française Hoechst dont filiales Roussel-Uclaf (52,64 %) et Lab. Hoechst (100 %). *Fil. Roussel Uclaf :* pour la santé humaine : lab. Roussel, Cassenne, Diamant, Houdé ISH, Sopharga, Lutsia ; vég. et animale : Procida, Distrivet ; Parfums Rochas ; Lunettes Solar et Foster Grant. *Fil. Labo. :* Hoechst : Sapb Hoechst Behring.

SANOFI. Filiale à 59 % d'Elf Aquitaine, (domaine de la santé, cosmétologie et bio-industries). 2e groupe pharmaceutique français. *C.A. 1984 :* 11 241 millions de F, dont 50 % à l'export. ou de C.A. des filiales étrangères. *Effectif :* 18 819 personnes dont 5 034 à l'étranger.

Activité santé humaine (60 % du C.A.) : laboratoires Clin-Midy ; Millot-Solac ; Labaz ; Choay ; Diagnostics Pasteur ; Sanofi Recherche ; Centre de Recherche Clin-Midy ; Centre Pharmaceutique Européen (CPE) ; Prophac ; Sempa-Chimie ; Sapchim ; Laboratoires Pharmygiène ; Sauba ; Dubernard Hospital. *Parfumerie et cosmétiques* (30 % du C.A.) : Roger & Gallet, Stendhal, Molyneux, Parfums Van Cleef & Arpels, participation dans Yves Rocher. *Santé animale* (6 % du C.A.) : Sanofi-Santé animale. *Arômes* (4 % du C.A.) : Bénard & Honnorat ; Tombarel ; Sisa (Chiris). Nombreuses filiales de production et de commercialisation à l'étranger, notamment dans les pays européens.

Merrell Toraude. Repris par la firme américaine Richardson Merrell Inc.

Synthélabo. *C.A.* (consolidé en millions de F, 1985) : 2 500. *Effectif* (1985) : 4 341. Filiales françaises : Synthélabo Pharmacie, S.-France, Lab. Cernep S., S. Biomédical, L.E.R.S.

Autres laboratoires. *Groupe Servier* (français) comprenant les lab. Servier, Biopharma et Eutherapie ; *M.S.D.-Chibret* (U.S.A.) filiale de Merck Sharp et Dohme ; *Ciba-Geigy* (Suisse) ; *groupe Smith Kline Beckman* (U.S.A.) comprenant les lab. S.K.F., Allergan, Dulcis ; *groupe Lipha* (français) comprenant les filiales Lipha, Anphar-Rolland, Aron, Medicia, Oberval, Pharminter et Ceprophar.

Biotechnologie

Définition. Met en jeu les phénomènes propres aux organismes vivants : réactions enzymatiques, fermentation, oxydation, photosynthèse, synthèse des protéines et de diverses autres substances indispensables à la vie (vitamines, enzymes, etc.).

Substrats micro-organismes (bactéries, moisissures, levures), certains de leurs constituants intracellulaires (enzymes), cellules végétales et animales en culture *in vitro*.

Technique. *Par fermentation discontinue ;* dans un bioréacteur rempli de milieu nutritif et micro-organismes ; après un certain temps, la réaction est interrompue ; le fermentateur est nettoyé, stérilisé, enfin rechargé. *Continue :* les matériaux de base de la réaction sont introduits sans interruption dans le fermentateur, et la récupération des produits est permanente ; toutes les étapes de la transformation doivent s'effectuer simultanément et à la même vitesse.

Enzymes. Pour minimiser les pertes en enzymes dans les bioréacteurs, on immobilise les enzymes : 1°) par absorption des molécules d'enzymes à la surface de divers matériaux (alumine, charbon, verre) ou par renforcement de l'adhérence en créant une liaison chimique entre support et enzyme, ce qui donne à l'enzyme une longévité de quelques mois à 2 ans (au lieu de quelques semaines). La fixation chimique par covalence se fait sur du verre activé par du silane (un composé hydrogéné du silicium). 2°) par inclusion des molécules dans un gel d'amidon ou dans un réseau de fibres de cellulose ou dans des microcapsules en nylon et collodion. Les mol. des réactifs et des produits de la réaction, plus petites que les enzymes, peuvent circuler entre les mailles et dans les micro-capsules.

Génie génétique. On insère de l'ADN étranger sur le génome d'une espèce donnée pour obtenir, dans cette espèce, un caractère héréditaire codé par l'ADN greffé.

SNPE (Sté nat. des poudres et explosifs). *1336* le roi Philippe VI de Valois octroie une charte aux fabricants de poudre, placés sous l'autorité du Grand Maître des Arbalétriers. *1540* François Ier interdit l'exportation du salpêtre. *1547* Henri II impose les collectivités pour la fourniture du salpêtre. *1582* corps de commissaires et contrôleurs des Poudres créé. *1665* Ferme des poudres et salpêtres créée. *1775* remplacée par la Régie royale des poudres. *1791* Agence des poudres et salpêtres créée. *1797* loi du 13 fructidor An V : monopole d'État sur la fabrication des poudres. *1816* organisation du Service des poudres. *1875* autorisation donnée au secteur privé de fabriquer dynamite et poudres à base de nitroglycérine. *1970, 3-7* réforme du régime des poudres et substances explosives. *1971, 8-3* SNPE créée : autopropulsion, poudres et explosifs, prod. chimiques, nouvelles technologies et composants. Monopole d'État pour la fabrication des poudres. C.A. (en millions de F, 1981) 1 825 dont produits 1 449, études 328, services à façon et divers 32, ingénierie 16. Exportations : 47 % du C.A.

Ciment

Source : Synd. nat. des fabricants de ciment et de chaux.

Généralités

Quelques dates

1817 le Français Louis Vicat explique que l'aptitude de certaines chaux maigres à durcir sous l'eau vient de la présence d'argile dans les calcaires traités (« hydraulicité »). **1824** l'Écossais J. Aspdin pousse la température de cuisson du mélange calcaire-argile jusqu'au début de fusion et obtient une sorte de roche, dénommée clinker qui, par broyage, donne le ciment. **1856** début de l'industrie du ciment en France.

Techniques de fabrication

Ciment : vient du latin *cementum* (agglomérat de moellons et de pierres utilisé avec des mortiers de chaux et de pouzzolane dans la maçonnerie). Dans l'Antiquité on utilisait comme « liants » des pâtes d'argile ou de la chaux, employées pures ou en mélange avec du sable ou de la pouzzolane (de la ville italienne Pouzzoles. Roche volcanique se présentant sous la forme de scories et de cendres, elle donne avec la chaux un composé stable à l'eau). La chaux pouvait être facilement obtenue par la cuisson de calcaire à une température relativement peu élevée, suivie de « l'extinction » de la chaux vive résultant de cette opération. La « chaux grasse » fut ainsi pratiquement le seul liant utilisé, avec le plâtre, jusqu'au début de XIXe s.

Les *ciments naturels* sont réalisés à partir de roches où argiles et calcaires sont déjà naturellement mélangés. Les *c. artificiels*, qui représentent presque toute la production, sont obtenus par la cuisson à haute température d'un mélange rigoureusement dosé de calcaire (v. 80 %) et d'argile (20 %).

Voie sèche. Les constituants argileux et calcaires sont concassés, broyés, séchés et dosés avant d'être homogénéisés par des moyens pneumatiques. Ils sont de plus en plus homogénéisés avant broyage, pour assurer une certaine régularité de composition du mélange cru.

Voie semi-sèche. La poudre obtenue est humidifiée et agglomérée sous forme de granules dans lesquels on incorpore le charbon pulvérisé quand la cuisson s'effectue au four vertical.

Voie humide. Les matières premières sont broyées avec de l'eau (environ 40 %) ou délayées dans des bassins ; les corrections de composition sont effectuées dans des cuves où l'homogénéisation est réalisée par air comprimé ou agitation mécanique.

Voie semi-humide. La pâte crue, obtenue comme en voie humide, est essorée avec des filtres-presses jusqu'à 20 % d'eau, puis extradée en bâtonnets de 2 cm de diamètre qui sont ensuite introduits dans une installation de cuisson comprenant une grille mobile de décarbonatation et un four rotatif court. Le choix de ces procédés dépend du matériel existant, du degré d'humidité de la matière et de la consommation d'énergie.

Cuisson. Effectuée en général dans des fours rotatifs avec charbon, fuel ou gaz, anciennement dans des fours verticaux avec du charbon. Le mélange de calcaire et d'argile subit, vers 1 450 °C, un commencement de fusion et de vitrification et se présente à la sortie du four en granules, le *clinker*, qui, très finement broyé avec addition d'un peu de gypse, donne le ciment. L'évolution récente de la cuisson du cru a été marquée par l'introduction de la précalcination dans un calcinateur en amont du four, à la base du préchauffeur où ont lieu jusqu'à 90 % des calcinations. Laitier de haut fourneau, cendres volantes de centrales thermiques, pouzzolanes peuvent être ajoutés lors du broyage pour donner différentes qualités.

Production

Source : Synd. nat. des fabr. de ciment et de chaux.

● **Principaux pays producteurs** (en millions de t, en 1984) 934 dont U.R.S.S. 130. Chine 121. Japon 78,4. U.S.A. 71. Italie 38,9. Inde 29. R.F.A. 26,2. Esp. 25,4. *France 22,7.* Corée du Sud 20,4. Brésil 19,5.

● **En France. (1985). Nombre de cimenteries :** 50 et 6 centres de broyage. **Effectifs employés :** 9 000. **Chiffre d'affaires :** 9,3 milliards de F H.T. **Consommation :** 21 millions de t. **Exportations :** 2,6 millions de t. **Prix moyen du ciment au 1-01-1986 :** 486 F/t (H.T., catégorie courante).

Principales Stés (prod. tous liants en 1985 en millions de t). Ciments Lafarge France et Lafarge Fondu International 8,7. Sté des Ciments Français 6,9. S.A. Vicat 3,5. S.A. Ciments d'Origny 1,6. Cedest 1,6.

Construction mécanique et électrique

Sources : Féd. des industries électriques et électroniques, Synd. des constr. fr. de machines-outils, Féd. des ind. mécan. et transformatrices des métaux.

Données globales

Dans le monde

● **Sociétés.** Voir p. 1326.

Machines-outils. (*Source :* enquête de l'American Machinist et Syndicat des constructeurs français de machines-outils.) En millions de $, 1985.

Production. 21 918,1. Japon 5 269,7. All. féd. 3 123,1. U.R.S.S. 3 015. U.S.A. 2 575. Italie 1 056,4. Suisse 954,7. All. dém. 789,3. G.-B. 722,9. *France 468.* Chine (estim.) 453,3.

Exportations. 9 502,4. Japon 2 098,9. Suisse 832,8. All. dém. 750,2. Italie 611,9. U.S.A. 445. G.-B. 335,6. Tchéc. 267,1. *France 228,3.* U.R.S.S. 193,7.

Importations. 7 764,7. U.S.A. 1 725. U.R.S.S. 1 291,1. All. féd. 591,4. *France 350.* G.-B. 342,1. Canada 320. Japon 222,5. Italie 193,5. Suisse 174,7. Chine 136,7. All. dém. 118,7.

En France

Industries mécaniques et transformatrices des métaux

Réunissent les professions produisant biens d'équipement, pièces, organes ou éléments mécaniques destinés à la consommation intermédiaire des autres industries et à la consommation finale des ménages, à l'exclusion de la construction électrique, auto, navale et aéronautique. Les productions vont de la centrale nucléaire au roulement à billes, de la machine-outil commandée par ordinateur au microscope, du robot au moteur diesel.

Production. En milliards de F, en 1984. Total 190,3 dont : équipement 90,3 ; transformation des métaux 56,5 ; industries connexes 15,4 ; machinisme agricole 13,8 ; précision 14,3.

Commerce extérieur. *Exp.* (1984) : 99,6 milliards de F (vers, en 1983, en %, OCDE 49, pays prod. de pétrole 20, p. de l'Est 6, divers 25) ; *imp.* 80,5.

Entreprises. 7 000 dont : 60,3 % ont de 20 à 49 salariés, 30,4 % de 50 à 199, 6,2 % de 200 à 499, 3,1 % de 500 et +.

Salariés. *1980 :* 610 900 ; *82 :* 571 900 ; *83 :* 553 000 [(dont en 1982 Région par. 22,2, Rhône-Alpes 16,3, Nord-P.-de-C. 8,8) dont, en 1983, ouvriers qualifiés 38,6, spécialisés 27,5, employés 10,7, techniciens 9,8, agents de maîtrise 6,8, cadres 6,6]. *84 :* 521 900.

● **Machines-outils.** *Source :* Syndicat des constructeurs français de machines-outils.

Quelques dates. XVIIIe s., 1res mach.-outils. Fr. **1751** machine à raboter de Focq, **1760** perceuse et tour à charioter, **1795** tour à fileter. Au milieu du XVIIIe s., les 1res machines que l'on connaissait alors (tours, fraiseuses, aléseuses) furent adaptées pour le travail des métaux. **1840** 1re organisation professionnelle : Union des constructeurs. **1847** 1er catalogue de machines-outils françaises. **1850** 5 000 machines à vapeur en service. **1914** 1ers producteurs : U.S.A. et Allemagne. Fr. au 7e rang.

Quelques chiffres (en 1985). Marchés mondiaux (en milliards de US $, 1985). U.R.S.S. 4,11. U.S.A. 3,9. Japon 3,4. All. féd. 1,8. G.-B. 0,73. Italie 0,64. France 0,6. Chine 0,56. (Source : American Machinist). **France.** *Production :* 4,4 milliards de F. *Exp.* 1,9 milliard de F. *Imp.* 3,2 milliards de F. *Effectif* env. 12 050.

Machines de bureaux en France, en 1982

Marché des outils de bureaux (parc et entre parenthèses placement). Machines à écrire mécaniques 756 000 (21 500), m. à écrire électr. 1 180 000 (68 500), m. à écrire électroniques 147 000 (90 000), traitement de texte 28 900 (9 800), copieurs P.P.C. 237 811 (78 577), autres que P.P.C. 227 317 (23 562), télex 112 118 (8 181), télécopie 10 175 (2 169), ordinateurs universels 8 229 (2 325), de bureau 51 353 (10 116), mini-ordinateurs 35 920 (8 657). Total ordinateurs 95 502 (21 098). Terminaux 320 585 (78 158). Total tous outils 3 003 290 (401 545).

Outils connectés 8 227 194 dont postes téléphon. 7 802 316, télex, télécopie 115 433, terminaux 234 159, ordinateurs (hors micro) 75 286. **Outils globalement non connectés** (hors micro-ordinateurs) 10 990 310 dont machines comptables 41 897, reprogr. et microgr. 642 274, écriture (y compris traitement de textes) 2 078 945.

Principales marques. Marché de l'écriture (hors traitement de texte, 1er trimestre 1982). 2 057 675 dont, en % : I.B.M. 22,9, Hermès-Japy 20,7, Olivetti 17,6, Olympia 16,6, Triumph-Adler 9,7, Facit 3,6, Remington 3,3, autres 5,6. **Traitement de texte** (1er trimestre 1982). 21 271 dont en % : I.B.M. 47,1, Olivetti 16,8, Rank-Xerox 12,8, Olympia 3,6, Triumph-Adler 2, Wang 1,3, Hermès-Japy 0,4, autres 9,7.

Principales marques sur le marché de l'écriture. *Machines à écrire mécaniques* 803 386 dont Hermès-Japy 264 846, Olivetti 181 701, Olympia 167 604, Triumph-Adler 66 544, Remington 32 801, Facit 21 024, autres marques 68 865. *M. à écrire électriques* 1 221 933 dont I.B.M. 469 501, Olympia 164 754, Olivetti 162 978, Hermès-Japy 159 587, Triumph-Adler 131 809, Facit 52 362, Remington 35 235, autres marques 45 708. *M. à écrire électroniques* 32 356 dont Olivetti 17 186, Triumph-Adler 1 893, Facit 1 398, Hermès-Japy 1 254, I.B.M. 786, Remington 218. *Total* 2 057 675 dont I.B.M. 470 288, Hermès-Japy 425 687, Olivetti 361 865, Olympia 341 978, Triumph-Adler 200 246, Facit 74 784, Remington 68 254, autres marques 114 573. *Machines de traitement de textes* 21 271 dont I.B.M. 10 019, Olivetti 3 584, Rank Xerox 2 729, SMH-Alcatel 780, Olympia 773, CII-HB 531, Triumph-Adler 426, Wang 282, Hermès-Japy 81, autres marques 2 066.

Construction électrique et électronique

Chiffre d'affaires (hors taxes, en milliards de F). *1970 :* 26,9 ; *75 :* 55,6 ; *77 :* 86,6 ; *78 :* 94,4 ; *79 :* 10,72 ; *80 :* 122,7 ; *81 :* 139,8 ; *82 :* 160,5 ; *83 :* 182,4 ; *84 :* 208,1 dont biens d'équipement 163,2 (dont électriques 27,5, informatiques 52,4, télécom. 22,2, mat. prof. électronique 29,6) ; biens de consommation 22,6 (dont app. radio-récepteurs et téléviseurs 5,5, frigo., machines à laver + autres app. ménagers 12,1, piles électr. 11,1, mat. électron. de reproduction 1,7, app. éclairage bas voltage 0,3, lampes électr. 1,7) ; biens intermédiaires 22,2. Soit total construction électronique 58,5, électrique 137,3, équip. ménager électr. 12,2.

Commerce. *Exp. 77 :* 29,3 ; *80 :* 46,4 ; *81 :* 55,2 ; *82 :* 61,2 ; *83 :* 76,6 ; *84 :* 92,5 [vers (en %) All. féd. 16,2, G.-B. 9,2, Italie 7,5, U.S.A. 6, P.-Bas 4,2, U.E.B.L. 4,1, Arabie Saoud. 3,9, Espagne 3,6] ; *Imp. 1980 :* 39 ; *81 :* 47,6 ; *82 :* 60,4 ; *83 :* 68,2 ; *84 :* 82,2 [de (en %) U.S.A. 26,2, All. féd. 19,9, Japon 10,2, Italie 9,2, G.-B. 7,4, U.E.B.L. 3,6, P.-Bas 3,1, Espagne 2,4].

Effectifs (en milliers). *1977 :* 515,5 ; *80 :* 490,8 ; *81 :* 481,34 ; *82 :* 479 ; *83 :* 467,910 ; *84 :* 463,025 ; *85 :* 453,130 [dont (en %) cadres et employés 53,3 (dont ingénieurs et techniciens 15,8) ; ouvriers 46,7 (en 1977 : 43,1 et 56,9)].

Ventes. 1984 (en %) : export. 47,8, consommation des particuliers 8,8, secteur privé 22,9, public 20,5 (dont P.T.T. et C.N.E.T. 8,8, Déf. nat. 4,6, E.D.F.-G.D.F. 3,3). **Nombre d'entreprises** (1984). 1 578.

Données particulières

Appareils ménagers

Source : Centre d'étude et de doc. pour l'équipement du foyer.

Dans le monde (1984)

Production en milliers d'unités.

Appareils frigorifiques domestiques (en millions). Total (dont entre parenthèses % de congélateurs). U.S.A. 6,8 (16), U.R.S.S. 5,7 (0), Italie 5,6 (28),

Japon 5,1 (2), All. féd. 2,7 (30), Corée 1,8 (0), Brésil 1,6 (0), G.-B. 1,4 (19), All. dém. 1,3 (10), Youg. 1,2 (47), Espagne 1 (20), Suède 0,6 (27), Danemark 0,9 (88).

Aspirateurs (en milliers). U.S.A. 7 900, Japon 6 156, All. féd. 3 910, U.R.S.S. 3 813, G.-B. 2 141, *France 1 502,* All. dém. 1 248, Italie 1 075, Pologne 927, Tchécoslov. 528, Youg. 410, Canada 289, Brésil 285, Danemark 159.

Chauffe-eau électriques [2]. U.S.A. 3 200. Italie 2 870. All. féd. 1 723. *France 880.* Espagne [5] 675. All. dém. 635. Algérie 199.

Climatiseurs (en milliers). Japon 4 435, U.S.A. 3 500, T'aï-wan 408, Malaisie 177, Italie 168, Corée du Sud 53.

Cuisinières à gaz (en milliers). U.S.A. 1 736, Italie 1 435, Corée 1 074, Pologne 687, *France 590,* Argentine 337, Tchécoslov. 268, Turquie 224, All. féd. 174, Japon 147, Hongrie 105, Youg. 100, **Électriques et mixtes.** Japon 8 000, U.S.A. 3 224, All. féd. 978, G.-B. 802, Italie 675, Youg. 580, T'aï-wan 473, Espagne 415, *France 336,* All. dém. 207, Australie 160, Venezuela 150.

Appareils encastrables (en unités). *Fours.* Singapour 1 000 000, Italie 730 000, *France 348 000,* Japon 325 000, Espagne 295 500, U.S.A. 269 000, G.-B. 65 000. *Hottes.* Japon 8 047 000, Italie 1 875 000, All. féd. 627 000, *France 292 000.* Turquie 60 000, Brésil 29 000, Danemark 21 500. *Plaques de cuisson.* Japon 5 769 000, Italie 950 000, U.S.A. 911 000, *France 555 000,* Espagne 394 000. G.-B. 51 000.

Fers à repasser (1983). U.S.A. [6] 8 000. All. féd. 4 516. Japon [1] 3 634. *France 2 742.* Italie 3 625. G.-B. [5] 1 372. Canada [1] 694.

Lave-linge. Chine 5 783, Japon 5 277, U.S.A. 4 745, U.R.S.S. 4 534, Italie 3 525, All. féd. 1 692, G.-B. 1 410, *France 1 143,* Esp. 806, Pologne 730, Mexique 600, All. dém. 525, Youg. 480, Brésil 450, Canada 320, *Monde 35 845.*

Lave-vaisselle. U.S.A. 3 488, All. féd. 1 128, Italie 485, Canada 300, *France 260,* Suède 170, Bulgarie 130, Espagne 76, *Monde 6 067.*

Machines à coudre [3]. Japon 3 853. Italie 820. All. féd. 447. Esp. 227. *France 200* (m. à tricoter 35).

Mixeurs. U.S.A. 4 587. Italie 1 655. All. féd. 914. (France robots ménagers 3 323).

Rasoirs électriques (1981). All. féd.[2] 3 785. Japon[4] 2 777. *France[3] 2 358.* G.-B.[2] 1 290. Canada[1] 551. Italie[4] 290.

Nota. — (1) 1967. (2) 1968. (3) 1973. (4) 1977. (5) 1981. (6) 1982.

Production mondiale, hors les pays de l'Est, 7,2 milliards de $, dont Japon 34 % (Matsushita 1er r., devant Toshiba, Hitachi, Sharp, Sanyo, Mitsubishi, Fuji, General et NEC) ; U.S.A. 22 % [Sunbeam (C.A. 4 700 millions de F en 1979), General Electric, Scovill, Rival, Hoover, Mac Graw Edison, Presto, Procter Silex] ; All. féd. 12 % ; France 8 % ; Royaume-Uni 8 %. *En Europe :* Philips (1er producteur, 2e fabricant mondial, C.A. 3 700 millions de F en 1983) ; Electrolux (Suède) ; Seb (C.A. 3 milliards de F en 1983) ; Moulinex (v. petit électro-ménager, France). *Marché eur. du rasoir élect. :* Philips (45 %), Braun (26 %), Calor (15 %), Remington (10 %), Sunbeam (3 %). Les pays du S.-E. asiatique (Hong Kong, Singapour, Corée) 1 % du total mondial.

En France

Consommation annuelle française en millions d'appareils (1984) : robots ménagers 3,4, fers à repasser 2,3, rasoirs électriques 2,1, aspirateurs 2,1, cafetières élect. 1,9, sèche-cheveux 1,9, grille-pain 0,7, moulins à café 0,5, friteuses 0,4, grille-viande 0,3, ouvre-boîtes 0,3, couteaux élect. 0,3, rôtissoires 0,1.

Production (1984, en milliers) : fers à repasser 3 037, friteuses 1 808, cafetières 1 742, aspirateurs 1 502, moulins à café 1 350, rasoirs élect. 1 171, lave-linge 1 148, grille-pain 1 014, chauffe-eau élect. 838, ouvre-boîtes 460, réfrigérateurs 410, tables de cuisson élect. et mixtes 376, couteaux élect. 300, fours élect. 285, lave-vaisselle 264, rôtissoires 245, cuisinières gaz 192, tables de cuisson 180, congélateurs 103, cireuses 93.

Commerce (1984, en milliers). **Importations.** Appareils de chauffage indép. 1 077. (*1965* 291, *1969* 1 016, *1970* 723). Machines à laver le linge 557. Appareils de cuisson 481. Lave-vaisselle 316. Chauffe-eau électriques 295.

Exportations. Fers à repasser 2 461. Friteuses 1 434. Sèche-cheveux 1 377. Rôtissoires et mini-fours 483. Appareils de chauffage ind. 378. Lave-linge 211. Chauffe-eau électr. 93. Lave-vaisselle 78. Réfrigérateurs 69. Appareils de cuisson 48.

Taux d'équipement des ménages (en %). *1984.* Réfrigérateur 97,4, congélateur 33,1, machine à laver 83,6, lave-vaisselle 22,1. *1979.* Sèche-cheveux 80, rasoir 80,7, fer à repasser 100, aspirateur 90, cireuse 8, moulin à café 75, cafetière 30, rôtissoire 30, friteuse 20, grille-pain 30, hâchoir, batteur, mixeur 95, ouvre-boîtes 25, couteau 60, yaourtière 15, sorbetière 20, hotte aspirante 10, ventilateur 32.

Ventes (1984, en milliers). Réfrigérateurs 1 542, lave-linge 1 494, cuisinières 997, congélateurs 657, lave-vaisselle 503, fours élec. 346 (% d'origine étrangère (1982) : réfrigérateurs 74,5, lave-vaisselle 57,4, machines à l. 30,5).

● **Principales sociétés.** Sur 150 fabricants, 20 réalisent 80 % du chiffre d'aff. total. **Gros appareils ménagers :** 3 groupes principaux réalisent 90 % du marché :

1° *Thomson-Grand Public* (marques *Thomson, Brandt, Vedette, Telefunken, Thermor, Sauter, Saba/Continental Edison, Nordmende, Frigeavia, Teleavia*). 1er fabricant fr. d'électroménager, 2e européen de télé couleur. Ventes 1984 (en milliers d'appareils) : compresseurs 3 000, TV couleur 2 600, lave-linge 860, magnétoscopes 750, réfrigérateurs 635, lave-vaisselle 330, congélateurs 190. Fabrique également de la hi-fi, audio, vidéo, appareils de cuisson, composants électromécaniques et électroniques. *C.A.* (1984, H.T.) : 20,7 milliards de F. *Effectif :* 36 300.

Groupe Thomson (Thomson-S.A. et filiales) : Produits grand public (Th.-Grand Public), Engineering et prod. industriels, Équipements et systèmes d'électron. prof. (Th.-CSF), Composants électron. (Th.-Composants). Équipements médicaux (Th.-CGR). *C.A. consolidé* (1985) : 59,2 milliards de F. 130 unités industrielles dont 30 à l'étranger. *Effectif total :* 110 000 personnes.

2° *Groupe Philips-France* (marques *Philips, Schneider, Laden, Ignis, Radiola*) : 18 % du marché du réfrigérateur, 20 % de la machine à laver.

3° *Groupe Electrolux-France* (marques *Electrolux, Tornado, Progress, Paris-Rhône, Husqvarna* pour le petit électroménager ; *Arthur Martin, Faure, Electrolux, Lincoln* pour les prod. blancs ; *Océanic, Sonolor* pour la TV). 1er constructeur mondial d'électroménager. *Ventes* 1980 : appareils de cuisson 354 445 (Arthur Martin), 82 524 (Faure) ; machines à laver 202 656, 54 983 ; réfrigérateurs 100 563, 43 047 ; congélateurs 30 326, 23 640 ; lave-vaisselle 30 162, 6 059 ; téléviseurs 19 626. *C.A.* (1984 H.T.) : 4,144 M.F. *Effectif :* près de 8 000 pers.

Petit électroménager : 2 grands groupes français se partagent le marché :

1° Groupe SEB : 1er producteur du marché français du petit électroménager et de ménage [marques Calor, Seb, Téfal ; les Métaux ouvrés : n° 1 mondial pour articles culinaires antiadhésifs, autocuiseurs, friteuses électr. ; n° 5 pour les fers à repasser (leader mondial)]. *C.A.* (1985) env. 3,25 milliards de F (dont 50 % à l'étranger). *Effectif :* 7 000. 11 filiales à l'étranger.

2° Moulinex : 1er export. français, 1er constr. européen. C.A. (H.T.) (1984) 2 807 millions de F. Effectifs salariés (31-12-1984) : 9 710.

Horlogerie

☞ **Histoire.** V. page 252.

Dans le monde

Potentiel global de l'industrie de la montre [mouvements terminés, non terminés (chablons) et ébauches produits par manufactures et fabricants d'ébauches] (en millions, 1984 et, entre parenthèses, 1980) 415 (dont montres à quartz analogiques 120, digitales 160, mécaniques 135) dont Japon 140 (83), Suisse 47 (88,2), *France 19 (21,5).*

France

● **Branches de l'industrie horlogère. Petit volume** (montres et composants). *Mécanique* concentrée pour l'essentiel dans le Doubs. Quelques entreprises intégrées (manufactures de montres) étudient, fabriquent et vendent sous leurs marques la totalité du produit : Cattin et Framelec (Morteau), Fralsen (marques Timex-Kelton) (Besançon). La plupart des entreprises d'établissage achètent les composants aux fabricants de pièces détachées : ébauches, antichocs, assortiments, pierres, ressorts, rouages, spiraux, habillages (boîtiers, cadrans, aiguilles, verres, bracelets, etc.). Elles vendent ensuite le produit fini sous leurs marques (Airin, Herbelin, Herma, Jaz, Lov, Yema, etc.). Les fabricants d'ébauches (France Ébauches, Parrenin, Sefea) fabriquent les éléments de base du mouvement. *Électronique* (montres à quartz à aiguilles), éléments fournis par les fabricants d'ébauches (montres quartz affichage numérique) les modules sont montés à partir d'éléments achetés (quartz-circuits-moteur-affichage-pile) généralement par les entreprises d'ébauches et les manufactures ; les établisseurs les placent dans des « habillages » puis les vendent sous leur propre marque. Les manufactures procèdent de même en ajoutant l'habillage.

● **Gros volume. Horlogerie domestique :** réveil, pendulettes, pendules et horloges de distribution de l'heure, mouvements d'horlogerie terminés. **Horlogerie technique :** enregistreurs de présence, compteurs de temps, appareils et mouvements de types interrupteurs horaires, horloges de commutation, compte-tours et tachymètres, etc., plus répartie (Région parisienne, Alsace, hte Normandie, Rhône-Alpes, Pays de la Loire, Franche-Comté, Auvergne), entreprises intégrées disposant en général de moyens d'études, de fabrication et de vente : Bayard (St-Nicolas d'Aliermont), Bodet (Trémentines), Flonic (Besançon), Jaeger (Paris, Châteauroux), Jaz (Colmar, Landis et Gyr (Montluçon), L'Épée (Ste-Suzanne), Crouzet (Valence), Odo (Morbier), Romanet (Morbier), SNAE-ULTRA (Besançon), La Vedette (Saverne), Carpano (Cluses), etc.

● **Chiffre d'affaires (H.T.)** (en millions de F, 1984). *Horlogerie de petit volume :* 2 144, dont fabricants de montres 1 278 (dont métropole 817, export [1] 461), de composants 766 (dont métr. 395, export [1] 371). *De gros volume :* 582 (dont métr. 465, export [1] 117), dont horlogerie domestique 379, technique 164, p. dét. et divers 38. *Total :* 2 726. **Effectif** (31-12-84) : 9 076 (dont petit vol. 6 858, gros vol. 2 218).

Nota. — (1) Pays étrangers et zone franc.

● **Montres et mouvements. Production** (en millions de pièces) : *1965 :* 6,5. *70 :* 10,9. *75 :* 16,7. *77 :* 16,8. *80 :* 9,9 (dont à quartz [1] 1,3). *81 :* 9 (2,4). *82 :* 9,3 (3,1). *83 :* 7,6 (3,4). *84 :* 7,7 (4,4). **Commerce extérieur. En millions de F** (1984) : *imp.* [2] : 1 306 dont montres 1 100, mouv. terminés 205 ; *exp.* [2] : 873 dont montres 824, mouv. terminés 49. **En millions de pièces :** *imp.* [2] : *1965 :* 0,4. *70 :* 0,8. *75 :* 2,7. *80 :* 13,3. *82 :* 14,4 (dont électr. ou électron. 11,2). *83 :* 17,1 (13,8). *84 :* 23,1 (20,5) ; *exp.* [2] : *1965 :* 1,9. *70 :* 5. *75 :* 10,1. *81 :* 9,3. *82 :* 8,1 (dont électr. ou électron. 3,3). *83 :* 6,6 (3,3). *84 :* 6,2 (3,6). **Ventes en Fr.** (en millions de pièces). *1980 :* 13,3. *81 :* 13,9. *82 :* 14,1. *83 :* 16,9. *84 :* 23 (dont mécaniques 2,6, électr. ou électron. 20,4).

Nota. — (1) A partir de 1980, montres essentiellement analogiques. (2) N.c. colis postaux.

Affaire LIP. Pour l'historique V. Quid 1977.

Piles et accumulateurs

☞ Voir le principe à l'Index.

● **Accumulateurs. Types.** *Accumulateurs au plomb* (électrolyte à base d'acide sulfurique), inventés en 1859 par Planté. *Accu. alcalins :* nickel - cadmium, nickel - fer, argent - zinc, (à l'étude nickel - zinc) (électrolyte à base de potasse), fabrication inspirée des inventions d'Edison et de Jungner, apparut en 1910.

Accu. non alcalins : plomb, bioxyde de plomb.

Débouchés. Démarrage de moteurs, traction électrique ; transport ferroviaire et aérien (démarrage et sécurité) ; équipement milit. ; télécom. ; informatique-bureautique ; équip. de sécurité (éclairage-secours de process) ; équip. autonomes électro-portables (électroménager, jardinage, bricolage, jouets...)

Chiffre d'affaires H.T. (1984) : Acc. non alcalins + acc. alcalins 2 907 MF.

Fabricants acc. non alcalins : C.E.A.C. (Cie européenne d'acc. électriques) filiale de la C.G.E. (marques : Fulmen, Dinin, Tudor), 50 % du marché, C.F.E.C. (Cie française d'électro-chimie) marques : Ducellier, Steco. Acc. Huitric, Acc. Mahieu, Acc. Polysol - Baroclem, filiale de Varta. *Alcalins :* Saft, filiale de la C.G.E. (95 % du marché), Aglo.

● **Piles électriques. Origine 1799** inventée par Volta. V. **1860** diffusée après les travaux de G. Leclanché sur la pile saline au bioxyde de manganèse (technique encore la plus répandue). **1956** mise au point d'une version alcaline de la pile zinc/bioxyde de manganèse (capacité environ 2 fois supérieure à la pile saline). En association avec l'anode de zinc, des versions utilisant oxyde d'argent, oxyde mercurique ou oxygène de l'atmosphère sont également largement utilisées. **1960-70**, apparition de nombreux couples utilisant la plupart du temps le lithium. Ces piles dont les tensions sont soit égales, soit environ le double de celles des piles classiques, peuvent se conserver + de 8 ans et bien résister aux températures extrêmes. En les associant avec le magnésium, les piles utilisant un halogénure d'argent ou de cuivre trouvent un emploi dans le sauvetage en mer. Entrent en fonctionnement par immersion dans l'eau. *Débouchés.* Éclairage portatif, radio et télécom., magnétophones, horlogerie, jouets, photo, calculatrices, montres, sauvetage en mer, stimulateurs cardiaques, maintiens de mémoire.

● **Chiffre d'affaires.** Piles 1 115 millions de F H.T. (1984). *Fabricants français :* Cipel (marque Mazda) ; Saft (piles industrielles) ; Piles Wonder ; Piles Varta, (du groupe allemand Varta). *Marques étrangères :* Duracel (U.S.A.) ; Ucar (U.S.A.) ; National (Japon) ; Philips.

Robotique

● **Origine.** Vient de *robota,* en tchèque : travail. Un *robot industriel* est un manipulateur reprogrammable et multifonctionnel, capable de manipuler des outils, pièces, matériaux et dispositifs spécialisés au cours de mouvements variables et programmés pour l'exécution d'une variété de tâches, à la différence des machines qui ne peuvent en exécuter qu'une à la fois.

1re génération : manipulateurs et télémanipulateurs (ex. bras articulé pouvant effectuer la peinture au pistolet d'un véhicule neuf). *2e :* robots assembleurs : en 1985, 25 % de la main-d'œuvre automobile serait remplacée par des robots, en 1990, 50 % du montage final des voitures serait réalisé par des systèmes « **programmables** ». *3e :* robots doués d'intelligence artificielle ; capables de toucher, voir, répondre à la voix, dans certains cas parler, raisonner, apprendre à reconnaître et modifier leur comportement.

● **Production mondiale de robots** (en unités et entre parenthèses valeur en millions de F, 1981). U.S.A. 8 130 (980). Japon 11 000 (780). Italie 1 300 (195). Scandinavie 560 (190). *France 1 037 (186).* All. féd. 1 600 (160). Suisse 800 (16). G.-B. 80 (6).

Couture

Source : Chambre syndicale de la couture parisienne.

Quelques dates

● **Couturiers** *les plus connus* **XIXe s. :** Leroy, ancien coiffeur (1763-1814), surnommé le Michel-Ange de la mode ; Charles-Frédéric Worth (1825-95), Anglais fixé à Paris, le 1er à avoir présenté ses modèles sur des mannequins vivants ; **après 1900 :** Jacques Doucet (1853-1929), couturier et amateur d'art ; Mme Paquin ; Paul Poiret (1879-1944), le 1er à emmener ses mannequins pour présenter ses collections à l'étranger ; les sœurs Callot (avant 1914).

● **Maisons « Couture-Création ».** 21 en 1984 (dont date de fondation en italique).

André Courrèges (n. 9-3-1923) *1961.* % des exp. dans le C.A. 54 %, de la haute-couture 1,3 %. Carven *1937.* Chanel (1883-1971) *1924.* Christian Dior (1905-57) *1947.* Emanuel Ungaro (n. 1933) *1965.* Givenchy (n. 1927) *1951.* Grès *1942.* Guy Laroche (n. 1921) *1952.* Hanae Mori *1977.* Jean Patou (1887-1936) *1919.* Jean-Louis Scherrer (n. 19-2-1935) *1971.* Parfum lancé en 1979. % des exp. dans le C.A. 65 %, de la haute couture 10. Lanvin (1867-1946) *1890.* Louis Féraud (n. 1920) *1953.* Nina Ricci (1882-1970) *1932.* Per Spook *1978.* Pierre Balmain (1914-82) *1945.* Pierre Cardin (n. 1922). Ted Lapidus (n. 1919) *1956.* Torrente *1968.* Yves St-Laurent (n. 1936) *1962.* Philippe Venet (1962).

● **Évolution de la mode. 1900** Paris devient le centre de la mode, grâce à Paul Poiret. Libération de la silhouette. **1914-18** Vêtements courts et vagues. Coupe en biais de Vionet (1876-1975). Apparition du manteau. Création du tailleur par Coco Chanel. **1930** Retour à la mode longue, ligne mince. **1947** New look de Christian Dior, taille très fine, épaules marquées. **1950** Robe sac de Balenciaga. **1960** Révolution des tissus synthétiques. Jupe courte, coupe *Mary Quant.* **1965** Courrèges importe en France les robes de Mary Quant (G.-B), invente la mini-jupe. **1969** L'inspiration vient de partout. Retour à l'artisanat. Vêtements extravagants, anticonformistes. **1975** Accent mis sur la silhouette. Retour vers le classique. **1980** Inspiration baroque, préraphaélite, style chinoiseries, silhouette étroite, épaulée, taille marquée, longueur variable ; mode sophistiquée mais simplifiée (influence de Fortuny, Espagnol vivant à Venise et fabriquant des tissus au début XXe s.). **1981** Vêtements simples féminisés par plissés, cols blancs, dentelles etc. Robes taille prise, tailleurs structurés, noir, marine, blanc, court, s'arrêtant au genou. **1985** Jupes assez longues, beaucoup de fleurs. Carrure des vestes plus marquée. Succès des combinaisons Naf-Naf. **1986** Vêtement ample. Veste à grande carrure. Jupe raccourcie. Superposition de différents styles de vêtements. La mode masculine se féminise (col châle, pinces...).

Statistiques

● **Chiffre d'affaires mondial** (1984, sous les griffes des couturiers avec filiales et licenciés à l'étranger, parfums exclus). 15 milliards de F dont (81) : prêt-à-porter femme 2,196 (40 % à l'exportation), accessoires 1,778 (60 %), prêt-à-porter homme 1,320 (25 %), couture et boutique 1,884 (50 %).

● **Prêt-à-porter.** *Principaux exportateurs :* Italie, All. féd., *France,* U.S.A., G.-B., Japon.

Prêt-à-porter féminin en France. 4 fédérations du p.-à-p. fém., regroupe 980 entreprises réalisant 87 % du chiffre d'aff. de la prof. En milliards de F H.T. (chiffre d'aff.) *1980 :* 11,7. *81 :* 12,8. *82 :* 14,9. *83 :* 16,4. *84 :* 17,5. *Export. 1980 :* 3,7. *81 :* 4,1. *82 :* 4,8. *83 :* 5,3. *84 :* 6,3. *Import. 80 :* 2,1. *81 :* 2,3. *82 :* 3,1. *83 :* 3,4. *84 :* 3,9.

Toutes les **maisons de création** font du *prêt-à-porter,* vendu dans leurs boutiques ou à des détaillants. La plupart ont créé des sociétés distinctes pour cette activité comme pour leurs parfums.

La *boutique* offre des prix plus compétitifs. On y vend bas, foulards, robes, parfums, gants, lingerie, le tout portant la « **griffe** » de la Maison.

● **Clientes haute couture.** *V. 1970 :* 20 000 dans le monde, *83 :* 2 500 à 3 000.

● **Main-d'œuvre** (1983). 23 maisons de couture paris. 2 100 prêt-à-porter des couturiers : 1 800 métiers liés (boutons, passementeries, broderies, etc.) ; 7 000 couturières ; 12 000 artisanes, 5 000 au Registre du commerce. Activités liées aux accessoires de la mode (lunettes, bijouterie, maroquinerie, etc.) : 15 000.

Heures de travail : pour une robe 35 à 80, tailleur 40 à 60, robe longue brodée 150 à 200, manteau de fourrure env. 200.

Mannequins. *Tailles mannequins (1981) :* 1,73 m-1,74 m à 1,79 m. Les mannequins couture sont différents des mannequins de photo.

Cuir

Technique

● **Généralités. Caractères de la peau brute.** Peau séparée du corps de l'animal, dite « peau en poil », face *externe* ou côté « poil » (côté fleur sur le cuir fini) ou épiderme, *interne* ou « côté chair » ou derme. Derme et épiderme sont séparés par une mince pellicule, la membrane « hyaline » ou vitrée qui constitue la « fleur » sur le cuir tanné. Le derme : feutrage de fibres (les cellules conjonctives se détruisant rapidement après la mort de l'animal) ; les fibres blanches faites de collagène, substance se transformant en colle sous l'action de l'eau bouillante, et gonflant sous l'action des acides minéraux et organiques dilués ou des alcalis caustiques ; les fibres jaunes ou élastiques, composées d'ecastine, résistant à l'action de l'eau bouillante et se dissolvant sous l'action des enzymes du suc pancréatique. Elles donnent au cuir fermeté et nervosité.

Conservation des peaux. Une fois les animaux dépouillés, on conserve les peaux en les séchant ou en les salant.

Travail de rivière. S'effectuait autrefois au bord et dans les cours d'eau. *Reverdissage* ou *trempe* en bassin (actuellement, le plus souvent au tonneau) : nettoyage des peaux brutes, réhydratation avec adjonction éventuelle de produits dégraissants et mouillants.

Pelanage : épilation des peaux avec des produits solubilisant la racine du poil et provoquant un gonflement qui permettra une plus grande fixation ultérieure des produits tannants. Agents utilisés : surtout chaux et sulfure de sodium. On peut pelaner en pelains, au tonneau, et par enchaucenage. Après le pelanage, les peaux sont nettoyées sur la *face externe (fleur)* par *ébourrage* (mécanique ou réalisé par un simple rinçage au tonneau) et par un ou plusieurs façonnages (à la main ou mécaniques) ; *interne (chair)* par écharnage (autrefois à la main, aujourd'hui à la machine ; élimine chairs et graisses adhérentes). Les peaux, dites *en tripe,* sont *déchaulées* avec des agents chimiques acides qui agissent comme neutralisants. Le déchaulage peut être accompagné d'opérations de *prétannage,* de *picklage,* de *confitage,* qui se rattachent directement aux opérations de tannage. Les peaux peuvent ensuite être *refendues en tripe* (1er égalisage de l'épaisseur avant le tannage). Toutes ces opérations peuvent être automatisées et rapides grâce aux foulons spéciaux.

Tannage. *Végétal :* utilisé pour les cuirs à semelles, bourrellerie, sellerie, courroies, maroquinerie, etc. Réalisé en bassin (basserie), en tonneaux, en fosses. Le tannage dure de 1 à 2 j à plusieurs mois. Le t. en fosse se fait avec des matières tannantes végétales naturelles : écorce de chêne (le tan). Les t. en brasserie et au tonneau, avec des extraits tannants végétaux concentrés (châtaignier, québracho, mimosa, etc.). On utilise maintenant des procédés dits *en bain de court* et *à sec.*

Aux sels minéraux : chrome (surtout pour cuirs et dessus de chaussures : vachette box et boxcalf ; maroquinerie, vêtements, ganterie et articles de protection), formol, fer, silice, zirconium, tanins synthétiques. Le tannage se fait au tonneau ; il est au chrome pur (bichromates, sulfates de chrome, etc.) ou combiné (chrome synthétique ou chrome végétal). Le plus souvent précédé d'un prétannage ou d'un picklage. La fixation est rapide. Le matériel est de plus en plus automatisé.

Combinés (dits double et triple tannage) : pour certaines peaux, en particulier celles destinées à l'équipement, l'ameublement et l'usage industriel. Se fait avec des extraits tannants végétaux, des composés minéraux et des huiles animales, végétales ou minérales. En mégisserie, on utilise le *chamoisage* (traitement à l'huile de poisson sur des peaux non tannées au préalable) ou le tannage à l'alun traditionnel pour doublures, vêtements, ganterie et tous produits mégis.

Mégisserie. Travail des petites peaux (ovins, caprins, reptiles, poissons). Les étapes de transformation des peaux sont les mêmes mais les produits employés diffèrent : passage des peaux dans un confit composé autrefois de crottes de chien, aujourd'hui d'un ferment. Tannage à l'alun (mélange d'alun, de farine et de jaunes d'œufs salés) au chrome, sumac, gombie, huile de poisson. Mordonsage au moyen de sels ammoniacaux effectué avant la teinture.

Finissage. *Opération en humide :* certaines sont ou relèvent d'un tannage complémentaire (*neutralisation :* cuirs au chrome, *retannage, teinture, nourriture) :* elles se font au tonneau. D'autres sont mécaniques (*sciage, dérayage, contre-écharnage,* et en général toutes opérations dites de *mise au vent* et de *corroyage*). *A l'eau* pour resserrer les fibres du cuir et en rendre la fleur plus lisse et lui donner ainsi fermeté et imperméabilité ou *en gros* par incorporation de matières grasses. Elles se font sur des cuirs *mis en humeur* par essorage. Les chutes de sciage sont dénommées *croûtes :* finies ensuite comme les fleurs, en lisse, imprimé, velours ou bien verni.

Séchage : à l'air ou dans des tunnels ventilés et chauffés. Pour les peaux à dessus, on utilise (seuls ou réunis) surtout le cadrage, le séchage sur glaces et sous vide. En général, on procède à une première sèche, puis à une certaine réhumidification et enfin à un séchage de fond.

Opération à sec. Cuirs à semelles : terminaison du corroyage effectué au stade humide avec mise au vent et retenage, et, après triage, du battage et du cylindrage. Autres cuirs : teinture et laquage à la brosse, à la machine à rideau et par pulvérisation ; travaux sur machines dits blanchissage, lissage, satinage, impression, liégeage, palissonnage, glaçage, lustrage, brossage, etc., sur matériels appropriés. Les cuirs sont finis à la fois sur fleur et sur chair. La fleur est présentée mate, demi-mate ou brillante, lisse ou imprimée, voire glacée (chevreau glacé). Les finitions spéciales modernes sont multiples : finissages crispé, fripé, froissé, etc. A noter aussi les fabrications : Velours, Nappa et Nubuck. Les vernis sont à base de vernis naturels, laque polyuréthane ou plaquage vinyl. Les cuirs se présentent ou en pleine fleur lisse ou imprimée (grainée), ou en fleur dite *corrigée*, après l'opération appelée *ponçage* effectuée à la machine à poncer.

• **Maroquinerie.** A l'origine, au XVe s. on importe le maroquin ou cuir du Maroc, cuir fin, souple et mou, teint mais non verni, fabriqué avec des peaux de boucs ou de chèvres.

Chaussures

Généralités

Source : Fédération nationale de l'ind. de la chaussure de France.

• **Origine. Antiquité :** sandales avec semelles de cuir ou de bois tenues par des lanières croisées ou nouées (bas-reliefs et papyrus de l'ancienne Égypte) ; bottines de cuir (Mèdes, Perses) ; cothurnes (Syriens) ; brodequins lacés (Lydiens, Phrygiens) ; bottes au mollet (Chinois). Grecs et Romains réalisèrent toutes sortes de chaussures. **Xe s.** (France) : la chaussure se généralise avec la profession de *cordouannier* (travaillant le cuir de Cordoue). **XIIIe s.** matières employées : velours, soie, satin, taffetas... **Sous Henri IV :** construction enveloppante et dotée d'une semelle rigide pouvant recevoir un talon indépendant. **1809** invention de la machine à clouer. **1829** machine à coudre à point de chaînette par Thimonnier. **1850** 1re usine mécanique. **1858** mach. à monter les semelles directement à la tige (Lyman Blacke). **1893** le général Alexis Godillot donne son nom à une certaine forme de chaussure utilisée par l'armée française. **1952** vulcanisation et soudé liant semelle et chaussure.

• **Fabrication. Cuirs et peaux** (bovins, caprins, ovins, équidés, peaux diverses telles que phoques, reptiles...) à dessus, dessous et pour doublures. Cuirs bruts de bovins et veaux traités par les tanneurs ; peaux d'ovins et de caprins traités dans les mégisseries et venant d'Australie, N.-Zél., Argentine, Afr. du S. en peaux épilées (sous forme de *cuirots* ou peaux servant à la doublure) ou lainées (elles seront délainées à Mazamet).

Textiles. Tissus pour dessus et doublures, feutres pour pantoufles, cordes de jute ou sisal pour espadrilles.

Caoutchouc et plastique. Du naphta et du benzène on obtient PVC, polyuréthane, caoutchouc synthétique, fibres acryliques, livrés sous forme de plaques à découper et de granulés.

Fournitures variées. Fils, talons, contreforts, bouts en cuir, carton, clous, colles, prod. de finissage.

Accessoires divers. Lacets, œillets, crochets, boucles, ornements.

• **Techniques.** *Cousu* (tige et semelle), *soudé* (semelle fixée par collage sur la tige), *vulcanisé* (semelage obtenu à partir d'un granulé de caoutchouc, moulé et fixé à la tige par la vulcanisation), *injecté* (semelage ou chaussure entière obtenus par introduction sous pression dans un moule d'un produit fluide ou préalablement plastifié par chauffage).

Le cuir en France

Commerce extérieur de l'industrie du cuir (cuir et articles manufacturés) en 1985, en millions de F. *Imp. et exp. entre parenthèses.* 16 978 (12 766) dont *cuirs et peaux bruts* 1 530 d'Australie, N.-Zélande, U.S.A. (2 817 vers Italie 1 923, Esp. 224, Belg.-Lux 126) ; *tannerie* 2 182 d'Italie, All. féd., P.-Bas (773 vers Ital., G.-B., Roumanie) ; *mégisserie* 1 033 d'Inde, Ital., Indonésie (1 332 vers All. féd., Ital., Corée du S.) ; *chaussures et pantoufles* 7 830 d'Ital., Esp., Portug. (5 139 vers All. féd., U.S.A., Belg.-Lux.) ; *maroquinerie* 2 223 d'Italie, T'ai-wan, Corée du S. (1 779 *vers* Japon, U.S.A., Belg.-Lux.) ; *ganterie* 271 de Chine, Ital., Inde (58 *vers* Belg-Lux., All. féd., U.S.A.).

La France exporte à l'état brut 89 % des cuirs lourds de bovins, 83 % de veaux, et importe les 2/3 des cuirs légers (animaux abattus à un âge intermédiaire, 18 mois à 2 ans) pour l'ind. de transform. (chaussures, maroquinerie). L'Italie achète à la Fr. env. 30 % des cuirs bruts et réexporte vers elle env. 33 % des cuirs tannés et 54 % des chaussures.

Production (1983) : 15 072 937 de pièces de cuir et peaux brutes, 206 074 048 d'art. chaussants ; 11 956 000 de m², 19 102 t (bovins) ; 35 966 400 pièces de cuirs et peaux finis ; 24 872 000 paires de gants (ville et protection) ; 78 083 980 articles (total maroquinerie).

Statistiques 1985	Chif. d'aff. H.T.[1]	Nomb. d'entr.	Effect.
Négoce du cuir	4 076	61	1 544
Tannerie	1 505	40	2 667
Mégisserie	2 659	171	4 842
Chaussures et art. chaussants	18 004	405	52 284
Ganterie de ville et de protection	525	87	2 090
Maroquinerie	3 613	337	11 727
Total	*30 302*	*1 101*	*75 154*

Nota. — (1) En millions de F.

La chaussure en France

• **Chiffre d'affaires** (H.T. en millions de F). *1981 :* 11 891. *82 :* 13 757. *83 :* 15 582. *84 :* 16 108 (dont export. 3 963) dont en % : Pays de la Loire 29, Alsace 14, Aquitaine 14, Rh.-Alpes 11, Lorraine 7, Poitou-Charentes 5, Bretagne 4, Languedoc 3,4).

• **Entreprises (1984).** 408 dont 219 ont — de 50 ouvriers et 17 + de 500.

Effectif 54 153 dont ouvriers 45 413 (77 994 salariés en 1971).

• **Production** (millions de paires). **Chaussures.** *1965 :* 153 ; *70 :* 151 ; *75 :* 171 ; *80 :* 155 ; *82 :* 157. **Pantoufles.** *1960 :* 71 ; *65 :* 44 ; *70 :* 46 ; *75 :* 58 ; *80 :* 51 ; *82 :* 45.

Production totale chaussures et pantoufles (en millions de paires), *1984 :* 201,8 (dont dessus en cuir 97,3, en mat. synthétique 40, à dessus en caoutchouc 1,5, autres 63,1) dont usage ville 82,4, sport et détente 63,8, usage intérieur 43,4, marche, travail, chasse 12,3.

• **Commerce** (en millions de paires, 1985). **Imp. :** 157 (dont Italie 76,2 ; Chine pop. 28,1 ; Corée du S. 8,7 ; Espagne 7,5 ; Portugal 7,3 ; T'ai-wan 6,7 ; All. féd. 2,1). **Exp. :** 60,5 (*vers* All. féd. 12,3 ; Belg. 8,3 ; G.-B. 5,7 ; P.-Bas 4,2 ; Italie 3,7 ; U.S.A. 4,7 ; Suisse 3,2).

Balance commerciale (en millions de F). *74 :* + 530 ; *75 :* + 300 ; *76 :* — 320 ; *77 :* — 380 ; *78 :* —510 ; *79 :* — 1 016 ; *80 :* — 1 195 ; *81 :* — 1 412 ; *82 :* — 2 095 ; *83 :* — 2 200 ; *84 :* — 2 290 ; *85 :* — 2 691.

• **Localisation.** *Cholet :* gamme étendue. *Alsace :* chaussures lourdes ; se diversifie. *Région parisienne :* ch. de luxe. *Fougères :* ch. de femmes et de confort. *Romans :* articles de qualité pour hommes et femmes. *Midi pyrénéen :* ch. d'enfants, espadrilles. *Poitou, Charentes, Limousin, Niort, Périgueux :* pantoufles, ch. de femmes et articles d'été. *Isère :* ch. de montagne et d'après-ski.

• **Marques (principales).** Adidas, Aigle, André-Byron-Weston, Babybotte-Le Loup Blanc, Bally, Bata-Marbot, Eram, Franck Roche, Gep-Gepy, Jourdan-Christian Dior, Kickers, Labelle-Ted Lapidus, Mephisto, Mod'8, Myrys, Noël, Paraboot, Phoenix-Palladium, Solaria, Stephane Kelian.

• **Paires consommées par habitant.** *1960 :* 3,7. *70 :* 3,7. *75 :* 4,3. *80 :* 5,1. *82 :* 5,3. *84 :* 5,3.

• **Prix d'une chaussure classique.** *Prix de revient du fabricant :* matières premières 40 %, main-d'œuvre directe et charges sociales 30 %, frais généraux 18 %, frais de commercialisation 9 %, marge nette 3 %, coefficient prix de vente au détail 2,10.

Ganterie de peau

Origine. Les 1res corporations de gantiers datent de 1342. Elles s'installèrent surtout dans des régions où se pratiquait l'élevage intensif des chevreaux et de moutons et où les rivières possédaient une eau très pure propre au tannage : Dauphiné, sud de la Champagne, Massif central (autour de Millau et de St-Junien).

Peaux utilisées. Veau, chevreuil, renne, antilope, phoque, singe, chien, pécari, chèvre, chevreau, mouton, agneau, dinde (que l'on utilisait au Moyen Age sous le nom de « cuir de poule »), outarde, pingouin, autruche...

Coupé à la main et aux ciseaux, le gant de ville nécessite la participation de 15 pers. différentes de la coupe à la finition définitive (le gant de protection coupé au bloc ne nécessite pas une main-d'œuvre aussi qualifiée).

Dentelle

Généralités

Origine. Dentelle à l'aiguille : aboutissement de la broderie dont le support (étoffe) est peu à peu allégé pour obtenir un tissu clair. **Dentelle aux fuseaux :** filet de pêcheurs, passementerie.

Histoire. Dentelle aux fuseaux : la plus ancienne (le Musée des tissus de Lyon conserve des dentelles découvertes à Memphis datant de 2000 av. J.-C.). Technique transmise par les Arabes. **Dentelle à l'aiguille :** forme de broderie existant en Orient au Moyen Age, introduite en Occident par les Croisés. **1540** vogue de la dentelle sur les costumes (fraise, manchette, col...) et en ameublement (lit, carrosses...). **1620-64** nombreux édits pour limiter le port de la d. **1665** Colbert crée des manufactures à Arras, Le Quesnoy, Reims, Sedan, Château-Thierry, Loudun, Aurillac, Alençon. **XVIIIe s.** grande vogue. **Révolution** arrêt de la fabrication. **XIXe s.** Napoléon relance la fabr. **1903-5-7** loi organisant l'apprentissage. **1934** suppression de l'enseignement. La tradition continue.

Régions. *Nord de la France :* Arras (dep. Charles Quint), Bailleul (dep. XVIIe s.), Lille (dep. avant 1582), Valenciennes (dep. avant le XVIe s.). *Normandie :* Bayeux, Le Havre, Honfleur, Bolbec, Eu, Fécamp, Dieppe, Saint-Malo dep. Colbert, Alençon (vers 1650), Argentan (dep. le XIVe s.). *Massif central :* Haute-Loire, Ardèche, Puy-de-D., Loire (en particulier Le Puy).

Étranger. *Allemagne* (Saxe, Bavière, Hesse, Bohême, Berlin, Erzgebirge, Harz). *Belgique* (Bruxelles, Bruges, Malines, Gand, Anvers, Ypres, Binche, Audenarde, Alost, Termonde). *Russie. Mexique. Canada. Chili. Brésil. Angleterre. Danemark. Espagne. Pays-Bas. Hongrie. Italie. Suède. Tchécoslovaquie. Turquie.*

Matériel. *Métier* ou *carreau* (coussin, pupitre, boule). *Fuseaux* en buis, if, prunier, poirier, merisier, os et de formes diverses. *Bobine. Épingles.*

Catégories

Dentelle à l'aiguille. *Principales :* points de Venise, d'Argentan, d'Alençon, de France, de Bruxelles, de Sedan, d'Angleterre et dentelle Reticella.

Point d'Alençon : le dessin fait à l'encre sur papier est reporté sur un parchemin par *piquage* à la main (les trous suivent le tracé du dessin). Ce parchemin (teinté en vert pour le repos des yeux), placé sur un support de toile, permettra de faire la *trace* à l'aide de 2 aiguilles travaillant simultanément. Le *réseau* est une sorte de tulle fait à l'aiguille (une minuscule aiguille à coudre), avec un fil de lin très ténu. Fleurs, feuillages, volutes et bordures sont réalisés en *rempli* (mailles tortillées beaucoup plus serrées). Pour les *modes*, l'ouvrière dessine avec son aiguille. Elle tend des fils, les festonne, les garnit de picots, eux-mêmes festonnés. La *brode*, ou petit feston qui sertit le motif, repasse sur tous les contours du dessin (simple à l'intérieur du motif, picotée pour les bords extérieurs). Dernières opérations : levage, régalage, assemblage et luchage (pour libérer la dentelle du parchemin, la mettre au net et la débarrasser des fils brisés par le rasoir), assembler de manière invisible et solide les parties ; ou incruster les motifs sur napperon ou mouchoir, ou faire le montage sous cadre.

Aux fuseaux. Sur un métier on pose le dessin, puis on fixe les fils avec des épingles et on entrecroise les fils des différents fuseaux. Chaque point est retenu par une aiguille que la dentellière change de place chaque fois que le travail avance. *Principales :* Chantilly noir, Valenciennes, point de Gênes, des Flandres, de Malines, point de Bruxelles, d'Auvergne, de Bayeux, du Puy.

Au crochet. Avec un crochet en acier et de fil de coton. *Principales :* d'Irlande, macramé, c. d'Art.

A la navette (ou frivolité). Se fait avec du fil à crochet en utilisant ses doigts et 1 ou 2 navettes.

Au métier (ou Ténériffe). On tend des fils sur les dents d'un métier en métal, puis on les relie par des points de reprise et des nœuds.

Brodée. Broderies exécutées sur fond ou filet.

Mécanique. Les métiers ont d'abord reproduit le réseau ou tulle sur lequel on appliquait des motifs, puis (2e moitié du XIXe s.) ils ont reproduit dans leur fonctionnement, en le multipliant, le mouvement des fils que la dentellière aux fuseaux fait sur son carreau. **Types de métiers :** *m. Leavers et Bobin Jacquard* (m. à chariots et bobines) ; *à fuseaux mécaniques*, à maille dit m. Rachel. **Principaux centres de fabrication** *France :* Calais, Caudry (Nord), Le Puy et Lyon. *G.-B. :* Nottingham. *Italie :* Milan et sa région. *Espagne :* Barcelone. *U.S.A. :* Providence (Rhode Island).

Main. Ateliers. Dentelle à l'aiguille. Point d'Alençon. 31-33, rue du Pont-Neuf, 61000 Alençon : *Atelier national* (fabrication et restauration, préparation C.A.P. broderie blanche, d. à l'aiguille). **Dentelle au fuseau.** 2, rue Duguesclin, 43000 Le Puy : *Atelier conservatoire nat.* (fabrication et restauration, préparation C.A.P. d. au fuseau) ; *Centre d'enseign. de la d. du Puy :* 2, rue Duguesclin, 43000 Le Puy (cours par corresp. tous niveaux) ; 7, rue Louis-le-Grand, 75002 Paris ; 52, rue Cuvier, 69006 Lyon, 5, place aux Pommes, Bayeux, 14700 (Centre normand de la dentelle aux fuseaux-main) ; 6, place Baudin, 59220 Denain. Stages, cours.

Disques

Source : Syndicat national de l'édition phonographique et autres.

Grandes dates

1807 *Thomas Young* (Angl. ; 1773-1829) présente un cylindre animé d'un mouvement rotatif et enduit de noir de fumée qui inscrit les vibrations d'un corps sonore. **1857** Le Français *Édouard Léon Scott de Martinville* (1871-79) invente le *phonautographe* qui enregistre sur du noir de fumée des vibrations acoustiques, mais ne peut les reproduire. **1876** L'Américain *Graham Bell* (1847-1922) et *Manuel* construisent le premier microphone. **1877**-*16-4 :* le poète français *Charles Cros* (1842-88) envoie à l'Académie des sciences de Paris la description du paléophone à cylindre et à disque. L'Américain *Thomas Edison* (1847-1931) invente en Amérique simultanément un système qui permet d'enregistrer et de reproduire les sons. *10-10 :* l'abbé *Lenoir* propose à Cros le terme de phonogramme. *10-12 :* l'Allemand *Werner von Siemens* obtient le brevet du haut-parleur électronique. **1878**-*19-2 :* le brevet du phonogramme est accordé à *Charles Cros. 1-5 :* Cros dépose le brevet d'un cylindre à sillon hélicoïdal, du disque à sillon spiralé, de la gravure verticale ou latérale des sillons et d'un nouveau système électrique d'enregistrement et de reproduction.

1881 *Edison* poursuit la mise en œuvre de ses idées et réalise un appareil commercial enregistrant et lisant des cylindres de cire. **1886**-*4-5 : Graham* et *Chichester Bell* (Am.) obtiennent le brevet du graphophone à cylindre de cire, gravure par outil tranchant, conduits acoustiques de lecture et pavillon. **1887** L'Allemand *Émile Berliner* (1851-1929) invente et réalise aux U.S.A. le 1er *disque* [flan de zinc de 30 cm de diamètre enduit de cire (78 tours/minute)] ; il fonde la Deutsche Grammophon Gesellschaft.

1893 1ers disques duplicatés par pressage (17,70 cm, 70 tours/mn) mis en vente par la Deutsche Grammophon Gesellschaft. Le Français *Émile Lioret* (1848-1938) invente le moulage de cylindres incassable, et crée la première usine d'appareils en France. **1894** les frères *Pathé* [Français ; Émile (1860-1937) et Charles (1863-1957)] créent la 1re grande Sté française de phonographes. **1897** aux U.S.A. *Eldridge Johnson* (1867-1945) perfectionne le gramophone par un moteur à ressort, une aiguille lectrice, un diaphragme et un pavillon acoustique. **1898** le Danois *Valdemar Poulsen* (1876-1942) invente l'enregistrement sur fil magnétique (il faudra attendre 40 ans pour sa vulgarisation). **1895-1900** création de l'*industrie phonographique* en Amérique et en Europe.

1900 réalisation d'un appareil à enregistrement magnétique : *le télégraphone.* **1902-06** le disque l'emporte définitivement sur le cylindre. **1911** fondation des Archives de la Parole qui deviendront la *Phonothèque nationale* en 1938.

1919 débuts de la Radiodiffusion. **1926** la firme Victor adopte la *gravure électrique :* disque de 30 cm de diamètre, 34 spires au cm et vitesse de 78 tours/mn ; 4 mn (au lieu de 2) d'audition par face. **1927** vidéodisque. Voir Index. **1928** invention en All. de la *bande magnétique,* par Kurt Stille. **1928-36** disques de *longue durée* de plus de 30 cm de diamètre à sillon large (33 t/mn. Usage professionnel). **1931** 1re tentative de microsillon chez Victor, échec. *Blumlein* (G.-B.) réalise l'enregistrement stéréo. **1935** A.E.G. (constructeur all.) 1er *magnétophone.* **1944** haute-fidélité (lancée en Angl. : Full Frequency Range Recording). **1945** remplacement de la cire par une laque (brevet français) enduisant un flan en aluminium. **1946**-*21-6* apparition, en Amérique, du *microsillon* (Columbia) à la suite des recherches de *René Snepvangers* et de *Peter Goldenmark* (33t/mn) (1er : *Concerto pour violon* de Mendelssohn, la *4e Symphonie* de Tchaïkovski et *South Pacific*). **1947** dans les studios, 1ers magnétophones. **1949** nouveau disque 17 cm de diamètre à 45 t/mn. **1955** le microsillon apparaît. **1957** enregistrement stéréophonique commercialisé. Le disque 78 t/mn est abandonné.

1963 1er *magnétophone* à cassettes (El 3 300 Philips). **1968** généralisation de la stéréophonie aux disques 33 1/3 t/mn pour être utilisable sur les appareils monophoniques (disques *stéréocompatibles ou gravure universelle*). **1970** apparition de la *tétraphonie* (4 canaux) aux U.S.A. **1976** *Thomas G. Stockham* junior améliore le repiquage des anciens enregistrements par ordinateur ; la mise en mémoire de son commence à remplacer l'enregistrement classique sur bande magnétique (U.S.A., Japon). **1983** Compact disque (audio-numérique) commercialisé en France, voir ci-dessous.

Cours des disques anciens (78 tours, 1981). 1er Caruso à partir de 150 F. Sarah Bernhardt déclamant Phèdre 400 F. Yvette Guilbert chantant des textes de Bruant 150 à 250 F. Duos Johnny Hess et Charles Trénet 70 à 150 F. La Mer de Charles Trénet 10 F.

Types de disques

● **78 tours/mn** (abandonné). *Diamètre* 25 et 30 cm. *Lecture* avec des pointes d'acier (anciens lecteurs), ou en saphir ou en diamant de 75 microns (lecteurs modernes). *Durée d'une face de 30 cm :* 4 mn 30 s.

● **Microsillons.** *Diamètre* 17 cm (45 tours/mn), 25 ou 30 cm (33 ⅓ tours/mn). *Durée d'une face de 30 cm :* 25 à 30 mn ; *de 17 cm :* 6 à 10 mn. *Pointe de lecture :* 13 à 18 microns.

Largeur du sillon. 78 tours/mn : 100 à 150 microns. 33 tours/mn : 50 à 110 microns. **Nombre de spires par centimètre.** 78 tours/mn : 36. 33 tours/mn : 100.

● **Compact disque (disque audio-numérique). Origine 1969.** À la suite du 1er vol humain sur la Lune, la NASA remplace le système d'enregistrement des sons classiques par le système numérique. **1979** entente (Philips, Sony, Hitachi, JVC) pour un standard unique. **1982** *oct.* lancement au Japon. **1983** *mars* en Europe.

Description. Diamètre 12 cm. L'information musicale est à l'intérieur du disque, protégée par une couche de plastique transparent. Vitesse linéaire de lecture 1,3 m/s. Une face enregistrée ; capacité jusqu'à 1 heure. **Avantages.** Très haute qualité sonore, bande passante exceptionnelle, élimination des perturbations dues à la rotation du disque (pleurage et scintillement), dynamique (rapport entre le son le plus fort et le plus faible) très élevée. Le rapport signal sur bruit dépasse 90 dB. Les meilleurs disques non compacts atteignent au maximum 45 dB. Absence de distorsion (inférieure à 0,005 % à 0 dB). Usure nulle. Sensibilité quasi nulle à la poussière ou aux traces de doigts. **Principes.** Dans un disque ordinaire, les vibrations (variations de pression) sont inscrites de manière analogique, les ondulations du sillon suivant exactement les variations de la pression sonore. Les ondes gravées ainsi sur le disque sont transformées en ondes électriques par le phonolecteur, puis en ondes sonores par le haut-parleur. Dans le disque compact, on ne transmet plus le contour entier de l'onde, mais on échantillonne (code) l'onde sonore à une cadence de 44 100 fois par s sous forme d'impulsion binaire (en anglais PCM : *pulse coded modulation*) dont la valeur caractérise l'amplitude de l'onde à cet instant ; ces impulsions sont décodées de façon optique par le pinceau lumineux d'un laser. Un générateur électrique fabrique à la même fréquence une tension élec. proportionnelle à cette suite de nombres. A la réception, on reconvertit le nombre en tension électrique pour retrouver une onde aussi pure qu'elle l'était au départ. C'est en fait une mémoire avec une capacité de plus de 2 milliards de bits (voir p. 1303).

● **Vidéodisques.** V. p. 1051.

● **Disques codes.** *Principe :* compression de la dynamique à l'enregistrement, amplification à la lecture, pour éliminer la quasi-totalité du bruit de fond résiduel dû à la gravure et à la lecture analogique. 2 SYSTÈMES : *DBX :* disques utilisables seulement avec le décodeur adéquat. *CX (CBS) :* disques lus sur toutes les platines mais performants seulement avec un décodeur CX. *Avantages :* très bonne dynamique et bruit de fond faible. *Coût* du décodeur : env. 700 F. Pourrait être incorporé sur toutes platines comme le Dolby ou d'autres réducteurs de bruit.

☞ **Quelques conseils.** Nettoyer le disque (le stockage dans une pochette en carton laisse des dépôts entraînant des parasites). Stocker verticalement et assez serré. Éloigner des sources de chaleur. Éviter brusques changements de température. Ne pas toucher la surface gravée avec les doigts (l'acidité des sécrétions de la peau attaque la matière et provoque des grésillements). La tête de lecture ne doit pas appuyer trop fort (usure plus rapide du sillon) ni trop faiblement (distorsion à cause de la perte de contact momentanée entre la pointe de lecture et les flancs du sillon). Vérifier la durée de vie en h de la tête de lecture (en général un diamant dure 1 000 h). Une pointe usée ou cassée endommage le sillon. Éviter chiffons imbibés de liquide et pulvérisations de produits antistatiques.

Fabrication d'un disque

Étapes

● **Enregistrement.** En studio. Sur plusieurs pistes (16 à 32) qui sont ensuite « mixées » sur un pupitre de mélange qui permet des corrections de timbre et des adjonctions de réverbération artificielle (en assurant un bon équilibrage entre les instruments) et donnent 2 pistes sonores : voix gauche et droite d'un disque stéréophonique (ou additionnées pour un disque monophonique). On peut enregistrer les instruments en plusieurs séances : ex. batterie et cuivres, puis autres instrumentistes qui joueront en écoutant au casque l'enregistrement précédent, enfin le soliste. Presque toujours en tétraphonie.

● **Gravure ou transcription.** Sur disque d'aluminium recouvert de triacétate de cellulose (dit acétate) posé sur une platine lourde percée de nombreux orifices. Le burin (rubis taillé) trace dans l'acétate un sillon de 20 à 50 microns pour un disque stéréophonique. Les vibrations sonores déplacent le burin (amplitude 1 micron). La bande magnétique est lue successivement par 2 têtes, séparées par une distance correspondant à env. un demi-tour de disque (la 1re lecture renseignant sur l'intensité sonore de ce qu'on devra graver). Une bobine convertit en force magnétique les variations de courant venant de la lecture. L'acétate gravé est recouvert par galvanoplastie d'une fine couche d'argent conductrice. On obtient ensuite par électrolyse un négatif, le *père* où une ligne en relief remplace le sillon. Une nouvelle électrolyse fait passer du *père* à la *mère* qui est en creux et peut être lue pour un contrôle. Une nouvelle électrolyse donnera la *matrice* qui servira au pressage. Un acétate donne un seul *père*, un *père* donne jusqu'à 10 *mères* qui produiront chacune de 10 à 50 *matrices.* Une matrice presse 500 disques de haute-fidélité et de 8 000 à 10 000 de variétés.

Gravure stéréo. La tête de lecture d'un pick-up peut se déplacer verticalement et horizontalement. La *gravure stéréo* utilise ces 2 possibilités pour graver 2 informations différentes. Pour que le disque puisse être lu par une *tête monophonique* (sensible aux seuls déplacements horizontaux), on grave horizontalement la somme des signaux gauche et droite, et verticalement leur différence. Pour la *quadriphonie* — ou *tétraphonie* — on utilise 4 sources sonores : avant gauche, avant droite, arrière gauche, arrière droite, simultanément gravées. Actuellement, presque tous les enregistrements sont faits en tétraphonie (même si le disque est fabriqué en mono ou stéréophonie) pour qu'ils soient toujours utilisables.

Système à modulation. On grave en stéréo normale la somme des 2 signaux de gauche et celle des 2 signaux de droite. Les différences correspondantes sont « modulées » avant d'être gravées : leurs sons audibles sont transformés en ultra-sons. A la lecture, des filtres sépareront ces ultra-sons qui seront transformés en sons audibles et recombinés. La gravure des ultra-sons est difficile.

● **Pressage.** Soit : 1° Par compression (env. 200 atmosphères) entre 2 matrices d'une boule de chlorure et d'acétate de vinyle colorée en noir (la gravure sera plus visible) et chauffée pour qu'elle soit plus fluide.

2° Par injection dans un moule dont les matrices forment les 2 flans. On évite ainsi les pertes de matière par les bords et l'on gagne du temps (15 s au lieu de 25), mais la reproduction est moins bonne.

• **Défauts.** L'enregistrement magnétique introduit un bruit de souffle et un certain type de distorsion, la fabrication du disque d'autres bruits, claquements, grésillements, souffle, la lecture des distorsions.

Chaîne électronique

Chaîne « Hi-Fi » (de l'anglais *High Fidelity*). COMPOSITION : *1°) 1 platine tourne-disque* (avec tête de lecture) : comprend une pointe (qui suit les déformations gravées dans le sillon du disque) caractérisée par le rapport signal sur bruit (bonne suspension, notamment systèmes à contre-platine), isolation du moteur, (à entraînement direct, par courroie) ; éviter les cellules légères sur bras lourds (25 à 30 g) ; peut être remplacée par un lecteur de disque audio-numérique ; *2°) 1 platine cassette* (avec tête de lecture) : l'information est stockée dans une bande magnétique caractérisée par la bande passante, le rapport signal sur bruit, le taux de distorsion ; *3°) 1 tuner radiophonique* : une antenne reçoit les ondes émises par les émetteurs radiophoniques, caractérisée par sa sensibilité (capacité à capter des émissions), le rapport signal sur bruit (élimination du bruit de fond), sa sélectivité (rapport de capture, réjections de « canal adjacent », de « fréquence image », de « modulations d'amplitude » contre les parasites), le taux de distorsion, la bande passante (intensité égale des aigus et graves) ; *4°) 1 microphone ; 5°) 1 amplificateur ; 6°) des enceintes*, en général 2, contenant souvent 3 hauts-parleurs. La bande passante d'une bonne chaîne Hi-Fi doit contenir le domaine 20-16 000 Hz.

Généralisation : de nombreuses chaînes électroniques comprennent : un capteur dans le bloc fonctionnel d'entrée, un dispositif électronique comprenant l'amplificateur, un organe de sortie (haut-parleur, voyant lumineux).

Édition phonographique

Dans le monde

Phonogrammes. Ventes (en millions de $, 1984 : valeur au prix de détail) : U.S.A. 4 370,4. Japon 1 366. All. féd. 724. G.-B. 670. U.R.S.S. (82) 615. *France 516.* Canada 430. Mexique 275. Australie 220. Brésil 210. Chine (83) 145. P.-Bas 140. Italie 129. Suède (estim.) 120. Venezuela 105. Argentine 100. Tchéc. 84,8. Finlande 74. Espagne 68. Belgique 68. Suisse 67. *Monde 12 000.*

En millions d'unités (45 t, entre parenthèses 33 t et en italique cassettes, 1984) : U.S.A. 131,5 (204,6) *337,9.* U.R.S.S. (82) 126,2 (68,4) *5,4.* Chine (83) 115 (5) *10.* G.-B. 77 (54,1) *45,3. France 64 (41,2)* 23,5. Japon 57 (54,6) *90,5.* All. féd. 49,6 (71,1) *43,3.* Canada 14,8 (33) *35,5.* P.-Bas 12,5 (16,5) *5.* Italie 12,2 (16) *15.* Yougoslavie (82) 12 (6,5) *5.* Belgique 11,7 (6,5) *1,5.* Australie 6,7 (10,1) *10,5.* Brésil 6 (25) *15.* Autriche 4 (5,3) *2,3.* Suède (estim.) 3,9 (12) *6.* Espagne 3,8 (10,5) *11,2.* Tchéc. 3,5 (8) *1,5.* Pérou (83) 3,3 (1,2) *0,7.* Suisse 3,3 (6,3) *3,3.*

Taux de la TVA (en %) [Audio-disques et bandes, Vidéo vente et location (V et VL)] : Allemagne 14. Australie 20. Autriche 20. Belgique 25 (VL 19). Danemark 22. Espagne 12 (VL 4). Finlande 14 (V 16). *France 33,33.* G.-B. 15. Grèce 12 et 4,8. Irlande D 23 (B et V 35). Italie 10. Luxembourg 12. N.-Zélande 30. Norvège 20. P.-Bas 19. Portugal 16 (V. 60). Suède 23,46. Suisse 6,2 et 9,3. U.S.A. 2-10.

Enregistrements pirates + de 80 % des cassettes vendues en Arabie Saoudite, Corée du S., Émirats arabes unis, Inde, Indonésie, Koweït, Maroc, Syrie, Thaïlande, Tunisie et Turquie ; 50 à 80 % en Grèce, Portugal, T'ai-wan ; 10 et 20 % aux U.S.A. ; 5 à 10 % en France.

En France

• **Sociétés.** 58 groupées au sein du Syndicat national de l'édition phonographique (S.N.E.P.). Le quart couvre en production et en vente 90 % du marché. **Effectifs.** 3 900 employés (non compris la vente et l'imprimerie).

Phonogram (158 personnes), du groupe Polygram (Philips et Siemens, 50 % chacun). *Marques propres :* Philips, Fontana, Vertigo, Mercury ; *licenciées ou distribuées :* Island, Charisma, E.C.M. Records, Rocket Records, Who's Who, Adele, etc.

Pathé-Marconi E.M.I. *Créée* 1886 par les frères Pathé. Depuis 1936, filiale à 87 % du groupe anglais Thorn E.M.I. Effectifs 630, *studios* Boulogne, *usine de pressage* à Chatou. *Filiales :* Pathé-Marconi S.A., Éditions musicales Francis Day E.M.I. Représente en France env. *80 marques* (Columbia, EMI, Pathé, La Voix de son maître, Ducretet-Thomson).

Barclay. Fondé en 1953 par Eddie Barclay (n. 1921). Effectifs 106. Env. *20 marques* (m. propres : Barclay, Riviera L.M. ; m. licenciées London Records, ERC, Malypense, In The Mix, Atoll, Bleu Blanc Rouge BBR, Eddie Barclay.

• **Fabrication** (1984, en milliers). 104 435 disques dont 59 085 de 45 tours et 48 350 de 33 tours. *Cassettes* enregistrées 21 540.

• **Commerce extérieur. Importations** (1984) : 51 635 000. Disques 27 527 000, cassettes 6 328 000 (63 306 000 F).

Exportations (1984). Disques 9 334 000, cassettes 1 902 000 (230 473 000 F).

• **Ventes en France** (en millions d'unités, 1984). *Disques :* 106,2 dont *33 t* 41,2, *45 t* 64, *disques audionumériques* 0,98, *divers* 0,05. *Cassettes, cartouches et bandes* 23,5 (en 1978 *33 t* 75, *45 t* 59, *cassettes* 19. En 86 estim. *45 t* 65, *33 t* 30, cassettes 25, audiov. 4).

Ventes en gros (H.T.) : 2 432 000 000 F. En 1981, les acheteurs ont dépensé env. 3,6 milliards de F dont 900 000 000 de TVA (33 1/3 %).

• **Département de la phonothèque nationale** et de l'audiovisuel. (Bibliothèque nationale) 2, rue Louvois, 75002 Paris. Né de la fusion en 1976 de la Phonothèque nationale créée 1938 et du Service audiovisuel de la Bibliothèque nationale. *Collections :* « Archives de la Parole » et documents inédits dep. 1891, versements de documents collectés par des chercheurs ; outre les dons et les achats, reçoit le dépôt légal des phonogrammes dep. 1940, des vidéogrammes dep. 1975 et des œuvres cinématographiques dep. 1977. *Fonds encyclopédique :* 650 000 phonogrammes des origines à nos jours, 3 000 vidéogrammes et 2 000 œuvres cinématographiques. *Entrées par dépôt légal* (1984) : 13 337 phonogrammes (titres) dont (83) 8 323 microsillons, 3 227 cassettes, 413 disques audio-numériques ; 1 207 vidéogrammes ; 1 022 multimedia ; 1 228 films cinématographiques (dont 120 longs métrages).

Titres déposés (1982). 11 587 dont : musique religieuse : liturgie 235 ; documents, chansons, prières, Noëls 95 ; vocale profane : mélodie, lieder, cantate et oratorio profane 207 ; instrumentale pour soliste de chambre, symphonique 1 658 ; lyrique 375 ; concrète, électro-acoustique 23 ; de spectacle 43 ; de films 284 ; d'ambiance et de danse 1 416 ; « pop » 1 749 ; rythm and blues, soul, reggae 510 ; chanson francophone et étrangère 3 008 ; country, folk 25 ; jazz et blues 1 021 ; folklore : vocal, instrumental, parlé 164 ; enregistrements pour enfants (y compris livres-disques) 212 ; disques publicitaires 11 ; bruitages (79) 2 ; militaire 54 ; enregistrements parlés selon le classement C.D.U., généralités 28 ; philosophie 35 ; religion 99 ; droit, sociologie, politique 16 ; langues 2 ; mathématiques, physique, chimie 15 ; sciences appliquées, médecine 87 ; arts 14 ; littérature et théâtre, variétés parlées 115, histoire, géographie 49 ; autres 37.

• **Prix d'un disque (composition).** Classique, type « nouveautés » (source Diapason). Marge du détaillant 25 %, TVA 25 % (le taux de 33,33 % est appliqué au prix de vente hors taxe), promotion-distribution 20 %, fabrication 18 %, auteurs et interprètes 12 %.

Appareils électro-acoustiques

Dans le monde

Hi-Fi (vendues, nombre en milliers, en 1985). Appareils compacts (1 seul app.) ou entre parenthèses de chaînes. G.-B. 1 050 (520). All. féd. 650 (1 100). *France 280 (700).* Italie 550 (350). P.-Bas 180 (300). Belgique 170 (180). Espagne 170 (150). Suède 100 (150). Danemark 90 (140). Suisse 90 (140). Autriche 70 (80). Norvège 30 (50). Finlande 50 (40). *Monde* 3 985.

Appareils à lecture laser (Vente 1985, en milliers). U.S.A. 1 000. Japon 400. All. 140. *France 100.* G.-B. 75. Italie 65. Divers 750.

En France

Production en France (1983, en millions de F hors taxes). Électrophones 99,6. Magnétophones 59,1. Chaînes + éléments de chaînes 515.

Principales marques étrangères. *Magnétophones :* Philips, Grundig, Telefunken, Sony, Akaï. *Électrophones :* Philips, Grundig, Telefunken, I.T.T. (Schaub-Lorenz, Océanic, Sonolor), Dual. *Chaînes :* Philips, Grundig, Telefunken, Kenwood, Sony, Pioneer, Technics. *Vidéo cassettes :* Philips, Sony, Nivico (J.V.C.), Sanyo, Hitachi, I.V.C.

Commerce (1983, en millions de F). *Exp.* Électro. 30. Magnéto. 75. Chaînes + éléments de chaînes 218,1. *Imp.* Électro. 37,1. Magnéto. 662,2. Chaînes + éléments de chaînes 1 317,9.

Consommation apparente (1983, en millions de F). Électro. 117. Magnéto. 829. Chaînes + éléments de chaînes 2 010,2. **Ventes** (1984, en milliers d'unités). Électro. 316. Magnéto. 900. Chaînes électro-acoustiques 825 (71 % Hi-Fi). Radio-cassettes portables 1 950.

Parc français (1983, en milliers d'un.). Électro. 11 300. Magnéto. 15 600. Chaînes + éléments de chaînes 7 000. Radio-cassettes 7 315. Appareils à lecture laser (au 1-1-86) 170 à 180.

MIDEM (Marché international du disque et de l'édition musicale). Du 28-1 au 1-2-1985, à Cannes, 7 289 participants (53 pays).

En France, en *1975 :* 15 nouveaux chanteurs français et 1 étranger vendaient plus de 200 000 ex. de leur 1er disque, *76 :* 11 Fr. 3 étr., *77 :* 7 Fr. 4 étr., *78 :* 6 Fr. 13 étr., *79* (1er trimestre) : 4 Fr. 11 étr.

Récompenses. Disque d'or. Créé 1973, *conditions d'attribution : 45 t.* 500 000 ex., *33 t. 30 cm* 100 000 ex., on ne compte pas les rééditions en série économique ni les ventes à l'exportation ; le nombre de cassettes vendues peut être cumulé aux ventes de 33 t. correspondant ; en cas d'un double album, on compte le nombre d'albums et non pas de disques.

Si la vente correspondante en cassettes se fait sous la forme de 2 cassettes séparées, le nombre de ces cassettes est divisé par 2.

Disque de platine. Pour les 45 t. 1 000 000 d'ex. ; 33 t. 300 000.

Disque d'argent. Créé 1985. 45 t. 250 000 ex.

Hit Parade. D'oct. 1968 à déc. 1977, le *Hit Parade national* du Disque des sociétés membres du SNEPA ne concernait que les disques de variétés. 30 disques étaient classés selon les ventes déclarées par les éditeurs et vérifiées par un expert-comptable.

Sur 225 disques classés en 1976, 1 disque a totalisé plus de 800 000 exemplaires vendus, 4 entre 700 000 et 800 000, 7 entre 600 000 et 700 000, 5 entre 500 000 et 600 000, 10 entre 400 000 et 500 000.

Nota. – Le 24-10-1979, à Londres, Paul Mc Cartney a reçu un disque en rhodium offert par Norris Mc Whitter, directeur du *Guiness Book of records*, pour récompenser le plus grand succès de tous les temps (43 chansons écrites de 1962 à 1978, vendues à plus d'un million d'ex. chacune), le plus grand nombre de disques d'or (42 avec les Beatles, 17 avec les Wings, 1 avec Billy Preston), et les meilleures ventes de disques (env. 100 millions d'albums et 100 millions de singles).

Eau

☞ Voir aussi Environnement à l'Index.

Source : Synd. professionnel des distributeurs d'eau et exploitants de réseaux d'assainissement et divers. Ville de Paris, Direction des Services ind. et com.

Stock hydrique mondial

Total 1 342 409 250 km³ dont : **Eaux salées :** *océans* 1 304 000 000 ; *mers intérieures et lacs salés* 105 000. **E. douces utilisables** *de surface :* fleuves et rivières 1 250 (à un instant donné, mais la valeur des débits annuels moyens de tous les cours d'eau du monde doit dépasser 35 000 km³), lacs 124 000 ; *souterraines* jusqu'à 800 m de profondeur 4 000 000, de 800 à 4 000 m de profondeur 4 600 000 ; *humidité du sol* 66 000. **Non directement utilisables :** *glaciers et calottes polaires* 29 500 000 ; *humidité atmosphérique* 13 000.

Précipitations annuelles moyennes (en mm). Océans 870 (évaporation 970 mm). Continents 670 (évaporation 420 mm, écoulement 250 mm).

Besoins en eau

L'homme est composé d'eau pour 66 % (melon d'eau 97 %, méduse 95 %, pomme de terre 91 %, carotte 89 %, ver de terre 80 %, truite 80 %, homard 79 %, poule 74 %, lapin 74 %, bœuf 53 %, graines de tournesol séchées 5 %.)

Besoins physiologiques. L'eau est *indispensable à tous les êtres vivants.* On peut jeûner 1 mois sans danger considérable, mais ne peut être privé totalement d'eau plus de 48 h sans risque. L'eau nous permet d'éliminer nos déchets par l'urine, de lutter contre la chaleur par sudation et ventilation pulmonaire, transporter des vitamines hydrosolubles qui seront, grâce à l'eau, mieux absorbées par la muqueuse intestinale. Une perte d'eau de 12 % peut provoquer la mort. En cas de manque total d'eau, de graves troubles apparaissent dès le 3ᵉ jour et la mort suivra au plus tard entre le 5ᵉ et le 6ᵉ j (*records d'endurance :* en 1957 le long du Rio Grande une femme a résisté 6 j, immobile, sans boire ; son mari, parti à la recherche de secours, était mort en route).

Un enfant de moins de 2 ans a besoin de 3 fois plus d'eau qu'un adulte (140 ml par kg de poids et par j). Ensuite, les besoins d'eau s'ajustent à peu près aux besoins caloriques (1 g d'eau par cal.) soit : *2 ans* 1 000 à 1 200 cal. (1 à 1,2 l d'eau), *10 a.* 1 500 à 2 000 cal. (1,5 à 2 l), *15 à 20 a.* 3 000 à 3 500 cal. (3 à 3,5 l).

Un adulte normal (70 kg, activité moyenne), en climat tempéré *élimine* 2,5 à 2,71 d'eau par j (sous forme d'urine 1,5, et par la peau 0,6 à 0,7, les poumons 0,4, et l'élimination fécale 0,1). *Il les récupère* par la boisson (1 à 1,5 l) et l'eau des aliments (0,8 à 1 l). *Un mineur de fond* peut perdre jusqu'à 15 l de sueur par jour.

Besoins ménagers et industriels en litre d'eau (par hab., par heure et par jour). Pays peu développés 40 l (Europe 1 500 l, U.S.A. 4 000 l).

Pour obtenir 1 kg de grain de blé, 1 500 l d'eau ; 1 kg de riz, 4 500 l ; le coton exige 10 000 fois son poids d'eau.

L'eau en France

Provenance des eaux (en %) : eaux de surface 79, souterraines pompées 18, de source 3. *Provenance selon l'utilisateurs* (en %) : collectivités : e. de surf. 40 (souter. 40), source 20 ; industries : surf. 64 (sout. 36) ; centrales thermiques : surf. 100 ; agriculture : surf. 79 (sout. 21).

Précipitations annuelles : environ 450 milliards de m³ d'eau. 260 s'évaporent ; 180 forment les eaux de ruissellement et les nappes souterraines. **Ressources globales disponibles :** 90 milliards de m³. *Potentiel hydraulique :* 200 milliards de m³. *Capacité des barrages :* 9 milliards de m³, difficile à augmenter faute de sites. *Prélèvement annuel* (année moyenne), pour besoins domestiques, industriels et agricoles, 23 milliards de m³ dont collectivités 4 ; industries (non compris centrales thermiques) 4 ; centrales thermiques 10 ; irrigation 5.

● **Régime des eaux. Eaux appartenant à la collectivité.** *Domaniales :* cours d'eau navigables ou flottables (fleuves et rivières) ou qui ne le sont plus, mais sont restés classés dans le domaine public fluvial ; bras de ces cours d'eau, même s'ils ne sont ni navigables ni flottables. *Est navigable* fleuve ou rivière sur lequel peuvent circuler péniches, bateaux de navigation autres que petites embarcations (canoë, pneumatique). *Est flottable* fleuve ou rivière qui peut supporter flottage de radeaux ou de trains (pièces de bois assemblées).

Écoulement naturel des eaux. Eaux qui coulent naturellement. Eaux des canaux de navigation (ex. : canal du Rhône et du Rhin), des étangs ou réservoirs d'alimentation des ports publics.

Eaux courantes. *Rivières :* sur des propriétés privées, le lit appartient pour moitié aux propriétaires riverains, mais l'eau ne leur appartient pas, ils n'ont qu'un droit d'usage. *Eaux soumises à un régime mixte :* le lit appartient pour moitié aux riverains, le droit d'usage appartient à l'État et non aux riverains ; eaux de pluie, de source, infiltrations, résurgences, eau de la fonte des neiges. *Sont exclues :* les eaux usées (ménagères et industrielles).

Chaque propriétaire doit recevoir les eaux venant des fonds voisins. Il ne peut s'y opposer en élevant une digue ou un mur. Le propriétaire du fonds supérieur peut modifier cet écoulement si cela n'entraîne pas de préjudice supplémentaire pour son voisin. *Litiges :* jugés par le tribunal de grande instance.

Eaux pluviales. « Chacun peut user et disposer des eaux pluviales qui tombent sur son fonds. » L'usage qu'on fait des eaux pluviales ne doit pas causer un dommage au fonds inférieur. **Eaux tombant sur les toits.** On doit les rejeter sur son terrain ou sur la voie publique.

Eaux de source. Celui qui possède une source peut en user à volonté dans les limites et pour les besoins de son héritage. *Exceptions : 1°) Si la source donne naissance à un véritable cours d'eau :* il ne peut détourner les eaux de leur cours naturel au préjudice des usagers inférieurs. *2°) Si le propr. inférieur a prescrit l'usage de l'eau* (ex. : réalisé un ouvrage sur le terrain où jaillit la source), depuis au moins 30 ans. *3°) Si l'usage de l'eau de la source est nécessaire aux habitants de la localité :* ville, village, hameau. Une commune peut exproprier le terrain ou la partie du terrain où jaillit la source. *Litiges :* jugés par le tribunal d'instance, sauf si il y a expropriation (le juge de l'expropriation est compétent). *Le préfet établit par arrêté :* un périmètre de protection *immédiate* autour de la source (où les terrains sont expropriés) ; *rapprochée* (où peuvent être interdits forages, exploitations de carrières, épandages d'engrais chimiques, etc.) ; *éloignée* (où sont seulement réglementées les activités pouvant polluer le sous-sol). Ces servitudes donnent lieu à indemnité fixée par le juge de l'expropriation (surtout pour le 1ᵉʳ et le 2ᵉ périmètres).

Servitudes d'eau en milieu rural. Aqueduc : passage souterrain pour amener l'eau potable nécessaire à ses besoins, ou l'eau nécessaire à l'irrigation de ses terres ou à son exploitation (agricole, industrielle, commerciale ou simplement domestique). Les canalisations ne peuvent passer sous les maisons ni dans les jardins ou les cours attenants aux habitations. Si les voisins ou les autres propr. concernés refusent, s'adresser au trib. de grande instance qui fixe les conditions du passage. **Écoulement :** l'eau devenue « eau usée » après usage dans la maison ou dans l'exploitation (agricole, industrielle, etc.) peut être acheminée vers le collecteur ou le fossé public par une canalisation passant à travers les terrains inférieurs. **Appui :** on peut obtenir du propr. de la rive opposée d'une rivière ou d'un ruisseau le droit d'appuyer sur la rive opposée un ouvrage nécessaire à la prise d'eau (par ex. : un barrage), moyennant indemnité s'il y a lieu. Les bâtiments, cours et jardins attenant aux habitations ne supportent pas ce droit d'appui. Ce droit ne peut être demandé et obtenu que pour l'irrigation des terres et non pour un autre usage (industriel, commercial, domestique). **Drainage :** on peut envoyer les eaux en excès vers un cours d'eau ou toute autre voie d'écoulement (fossé, etc.) en passant dans les terrains intermédiaires (souterrains ou à ciel ouvert). Une servitude de drainage ne peut être invoquée au profit des habitations en ville.

Étangs et canaux. Alimentés par une « eau courante », ils obéissent aux règles concernant les eaux courantes (v. ci-dessus). Le propriétaire qui possède les 2 rives peut : installer un barrage qui empêche le passage des bateaux ; déplacer le lit de la rivière (à condition de rendre la rivière à son lit naturel, là où s'arrête sa propriété). Extraire les produits naturels (sables, pierres, etc.), mais à condition de ne pas causer de dommage au fonds inférieur (par ex. : en entraînant un déplacement du lit de la rivière chez son voisin). Après utilisation (industrielle par ex.), il doit restituer une eau non polluée. Les tiers peuvent normalement naviguer sur la rivière même s'ils ne sont pas propriétaires riverains, à condition de ne pas accoster sur la rive (ils pénétreraient alors sur la propriété d'autrui). Cette possibilité est annulée si les riverains ont mis des grillages et des barrages.

● **Consommation.** 27 milliards de m³/an : industries 17,9 (dont 12 pour les centrales EDF), agriculture 5,5, usage domestique 3,6. *Par habitant et par an :* usages domestiques 45 m³, utilisations collectives 30 m³. *Pertes en eau* (estimation) : 20 à 25 % (normal) parfois 50 %.

Distribution de l'eau

Types. *Régie :* l'eau est gérée directement par la collectivité [communes ou syndicat de communes (env. 50 % des com. françaises)]. Tarifs fixés par délibération du conseil municipal. *Concession :* la commune confie la gestion de l'eau à une personne privée qui réalise et entretient le réseau et en assure l'exploitation. *Affermage :* la commune assure le financement du réseau mais en confie exploitation et entretien à une personne privée ; la collectivité perçoit alors une surtaxe communale qui assure l'amortissement des installations.

Prix de l'eau. *Composition :* au prix de revient s'ajoutent des redevances d'assainissement (50 % du prix HT de l'eau), communale, de puisage, de pollution, de solidarité entre les communes de France (Fonds nat. d'aides aux adductions d'eau dans les communes rurales, FNAER), départementale pour les collecteurs, TVA. *Montant* (prix du m³ d'eau potable TTC) de 0,39 F Sté Tulle (A.-de-H.-P.), à 13,17 F Quiberon (Morbihan). *Paris (au 1-1-1986, TTC) :* 5,268 dont prix de l'eau 2,889 ; redevances « Prélèvement et consommation » 0,137 ; d'assainissement, part « collecte » 0,540 ; part « transport-épuration » 1,037 ; pollution 0,590 ; F.N.A.E.R. 0,075.

Eau potable

Qualités. *Ne doit pas contenir :* d'organismes parasites ou pathogènes, coliformes fécaux, streptocoques fécaux, clostridium sulfito réducteur ; *ne doit pas présenter :* de coloration dépassant 20 (échelle Pt/Co) turbidité supérieure à 2 unités Jackson, indices chimiques de pollution, concentrations en substances toxiques ou indésirables supérieures aux normes fixées [concentration limite (en mg par litre) : plomb (en Pb) 0,05 ; fluorures (en F) 1,5 ; arsenic (en As) 0,05 ; cuivre (en Cu) 3 ; fer (en Fe) 0,2 ; manganèse (en Mn) 0,05 ; zinc (en Zn) 5 ; chrome 0,05 ; cadmium 0,005 ; mercure 0,001]. En outre, elle ne doit pas attaquer les matériaux constitutifs des réseaux publics de distribution.

Les eaux potables conformes aux normes du ministère de la Santé ne sont pas identiques. Elles contiennent ainsi de nombreux sels dissous et leur composition chimique peut varier suivant leur « gîte » naturel.

« Dureté ». Une eau dure contient une quantité importante de sels de calcium et des sels de magnésium (qui entartrent). Une eau est plus ou moins dure selon sa teneur en ions calcium et ions magnésium. Par ex., les eaux qui ont traversé certains terrains calcaires du N. de la Fr. sont dures ; celles issues des terrains granitiques de Bretagne ou du Massif central sont douces. Les premières moussent difficilement et déposent du tartre si on les chauffe. Les secondes moussent facilement et ne déposent pas de tartre à chaud. Une eau dure n'est pas nocive pour la santé. On détermine la dureté de l'eau en mesurant son *degré hydrotimétrique.* Une eau titrant moins de 30 degrés se passe d'adoucisseur. Une eau trop douce est agressive à l'égard des canalisations métalliques.

Adoucisseur d'eau. L'eau dure traverse une résine spéciale dont chaque grain est recouvert d'ions de sodium. Les grains de résine retiennent calcium et magnésium et l'eau entraîne le sodium. Lorsque chacun des g. est saturé, l'eau n'est plus adoucie. Il faut alors faire passer sur les grains de résine une eau très chargée en sodium (sel marin raffiné) qui les régénère.

Nota. — Selon certains hygiénistes, l'eau complètement adoucie n'est pas conseillée pour la boisson ou l'alimentation ; néanmoins, l'adoucissement de l'eau est souhaitable pour certains appareils ménagers.

Traitement. Coagulation-floculation (introduction dans l'eau de sels d'aluminium ou de fer qui provoque la formation de flocons entraînant les particules colloïdales en suspension). Séparation de ces flocons par décantation ou flottation, suivie d'une filtration sur lit de sable. Enfin, désinfection par chlore ou hypochlorite de sodium, qui assure la présence d'un oxydant résiduel dans le réseau. Des traitements d'affinage s'ajoutent si nécessaire : ozonisation, passage de l'eau sur du charbon ayant subi un traitement thermique préalable, dit charbon actif en grains.

Le prix varie selon le coût de revient de la distribution de l'eau (conditions techniques et situations locales diverses) et le montant des investissements. Comporte : *abonnement* (ou prime fixe), *excédent* (correspondant à la consommation réelle) ; *taxe d'assainissement* [tarif variant selon la pollution locale (env.

50 % du prix de l'eau)]. *Surtaxe communale* (destinée au remboursement des emprunts pour le financement des équipements), si gestion par affermage ; *surtaxe syndicale*, perçue pour le compte du groupement de communes (financement de la participation de la commune aux travaux engagés par le groupement) ; *redevance de bassin, pollution* perçue pour le compte de l'Agence financière de bassin locale, taux fixé une fois par an par chaque agence, non perçue dans les communes de moins de 400 hab. ; *prélèvement* : réclamée aux personnes publiques ou privées effectuant des prélèvements sur la ressource en eau, varie selon la rareté de l'eau ; *redevance par le fonds national d'adduction d'eau* (FNDAE) dans les régions défavorisées, réservée au min. de l'Agriculture pour le Fonds nat. pour le développement des adductions d'eau rurales, montant fixé annuellement par la loi de finances ; *TVA* 5,5 % (eau), 7 % (entretien et assainissement).

Agence financière de bassin. Établissements publics créés par la loi sur l'eau de déc. 1964 partageant la France en 6 bassins hydrologiques : Artois-Picardie, Seine-Normandie, Rhin-Meuse, Loire-Bretagne, Adour-Garonne et Rhône-Méditerranée-Corse. Mettent en œuvre une gestion rationnelle des ressources en eau. Ne se substituent pas aux maîtres d'œuvre (État, collectivités locales, sociétés privées), mais accordent subventions et prêts pour les ouvrages améliorant quantité et qualité de l'eau. Perçoivent auprès des usagers des redevances calculées en fonction des quantités d'eau utilisées. La redevance sur les rejets de substances polluantes dépend du degré de dégradation de ces eaux (50 à 80 F par kg de matière polluante suivant les bassins).

Moyens de financement. Épuration et adductions d'eau. Comités de bassin et agences financières de bassin, invest. à la charge des collectivités, subventions et prêts accordés par la Caisse des dépôts et consignations et les départements (ministères de l'Agriculture, de l'Intérieur, conseils généraux).

Assainissement : subventions de l'État et des départements. Groupements constitués par des banques : Groupement interprofessionnel financier antipollution ; Sté pour le financement de la protection de la nature et de la lutte contre la pollution (SOFINAT).

Traitement des eaux

• **Nombre de stations d'épuration.** *1970* : 1 400, *80* : 8 000. La grande station (2e du monde après Chicago), Achères au N.O. de Paris, peut traiter 2 110 000 m³/j d'effluents (50 % des besoins de l'aggl. parisienne) ; d'autres stations seront mises en chantier en 1986 ; celle de Valenton (en construction) sera achevée en 1987.

• **Épuration des eaux usées. Méthodes.** Prétraitement de dégrossissage, dégrillage, pour éliminer les matières les plus volumineuses ; tr. primaire de décantation éliminant 50 % des matières en suspension et 30 % des matières organiques ; tr. secondaire biologique dégradant ces matières organiques par des bactéries travaillant en milieu aérobie (boues activées, lits bactériens, disques biologiques, lagunage) ; tr. tertiaire, après passage dans un décanteur secondaire, parfois nécessaire pour éliminer certains produits particuliers ou pour que le rejet soit conforme aux normes du milieu récepteur [tr. physico-chimiques ou biologiques (filtration, nitrification-dénitrification, chloration, ozonation, absorption sur charbon actif)].

Lagunage : épuration de leur passage dans différents bassins grâce à l'action naturelle des bactéries (dégradation et transformation des matières organiques). Peu coûteux (énergie solaire, pas d'emploi de produits chimiques), efficace mais nécessite de grandes surfaces (1 ha min. pour 1 100 à 1 700 hab.).

• **Dessalement de l'eau.** 27 procédés existent (choix selon le degré de salinité). *Distillation* : le plus ancien, fonctionne selon un principe d'échauffement et de condensation sur plusieurs étages d'eau de mer ; consomme beaucoup d'énergie. *Électrodialyse à membranes sélectives* : surtout utilisée pour les eaux saumâtres. *Osmose inverse* : utilise des membranes, laisse passer l'eau et arrête les sels, convient pour de petites installations ou des eaux saumâtres. *Congélation* : fonctionne selon un processus symétrique et inverse à celui de la distillation, réduit les problèmes de corrosion, non encore utilisée à l'échelle industrielle.

Production d'eau dessalée : env. 90 millions de m³ dans le monde par an (moins de 1 million de fois le volume des précipitations que reçoivent les terres) dont 90 % au Moyen-Orient. *Capacité des unités de dessalement* : de quelques centaines à 28 000 m³/j.

Thermalisme et eaux minérales

Généralités

Classement des eaux. Les eaux thermales peuvent se définir par leur origine géologique, leurs propriétés physiques et leur efficacité curative. Elles peuvent, selon leur nature, être utilisées soit sur le lieu de la source pour des cures thermales qui comportent des soins externes ou internes, soit, après embouteillage, comme eaux destinées à la consommation. **1° Eaux hyperthermales** (au sens propre du mot, c'est-à-dire chaudes), oligo- et polymétalliques, radioactives et radifères. *Ex.* : Chaudes-Aigues (Cantal) 81° ; Plombières (Vosges) 72° ; Bourbonne-les-Bains (Hte-Marne) 66° ; Bains-les-Bains (Vosges) 51° ; Aix-les-Bains (Savoie) 47°. **2° Eaux froides oligométalliques.** *Ex.* : Divonne-les-Bains (Ain), Évian (Hte-Savoie), Thonon (Hte-Savoie), etc. **3° Eaux sulfatées calciques ou magnésiennes.** *Ex.* : Vittel (Vosges), Contrexéville (Vosges), Dax (Landes), etc. **4° Eaux sulfatées sodiques.** *Ex.* : Miers-Alvignac (Lot). **5° Eaux sulfureuses.** *Ex.* : Luchon (Hte-Garonne). **6° Eaux carboniques.** *Ex.* : Vichy (Allier), Vals-les-Bains (Ardèche), Châtelguyon (Puy-de-Dôme). **7° Eaux chlorurées sodiques.** *Ex.* : Salies-de-Béarn (Pyrénées-Atlantiques). **8° Eaux arsenicales, ferrugineuses, cuivreuses.** *Ex.* : La Bourboule (P.-de-D.), Saint-Christau (Pyrénées-Atlantiques). En fait, ces différents éléments physico-chimiques se combinent, d'où une gamme variée d'indications thérapeutiques.

Quelques définitions. *Crénothérapie* : du grec « krênê », source, utilisation thérapeutique des propriétés et des éléments divers des eaux minérales. *Fangothérapie* : de « fangus », boue. Traitement par les boues. *Griffon* : lieu exact où l'eau d'une source vient affleurer le sol. *Minéralisation* : contenu en substances dissoutes d'une eau. Varie de quelques décigrammes à plusieurs centaines de grammes par litre. *Parafangothérapie* : traitement utilisant une boue sèche dans la paraffine fondue. *Pélothérapie* : traitement par les boues. *Température* : de 7° à Divonne, à 81° à Chaudes-Aigues (record européen de chaleur). *Thermalite* : propriété d'une eau naturelle qui émergea entre 35° et 50° (en deçà, elle est dite hypothermale, au-delà, hyperthermale).

Thermalisme en France

Quelques chiffres

• **Sources minérales.** 1 200 sources d'eau minérale reconnues et autorisées, stations classées 100 (rép. dans 40 départements), établissements thermaux 150 dont une trentaine fonctionnent toute l'année, médecins thermaux 600.

Statut. *Propriétés de l'État : gestion directe*, Aix-les-Bains ; *exploitation concédée*, Bourbonne, Plombières, Vichy, Bourbon-l'Archambault. *Du département : exploitation concédée*, Le Mont-Dore, St-Amand... *De la commune : régie directe*, Balaruc, Digne, Lamalou, Luchon, Royat ; *exploitation concédée*, Aix-en-Provence, Capvern, Enghien-les-Bains, St-Gervais. *D'hospices : exploitation concédée*, Bourbon-Lancy, Vals... *Privées* : Allevard, Bagnoles-de-l'Orne, Châtelguyon, La Roche-Posay, Évian.

• **Curistes** (1985). 612 178 (+ Ets de Morsbronn et Niederbronn, Bas-Rhin, + 5 petites stations). Aix-les-B. 52 002. Dax 48 679. Amélie-les-B. 35 121. Gréoux 32 862. Luchon 32 346. Royat 24 571. Balaruc 24 072. La Bourboule 22 996. Vichy 19 629. Châtel-Guyon 19 116. Barbotan 19 101. Bagnoles-de-l'Orne 15 588. Bourbonne 15 422. Le Mont-Dore 14 007. Cauterets 12 481. Allevard 10 711. Ax-les-Thermes 10 347. Brides-les-B. 10 299.

Consommation annuelle par hab. (en l, 1982). *France 57* [1] ; Belgique 54, All. féd. 46, Suisse 44,2, Autriche 35,5, Italie 29, Espagne 24,8, Yougoslavie 23,5, Portugal 20.

Nota. — (1) 1985 (*82* : 55, *84* : 56).

Production (en millions de litres, en 1984). *France 3 422* dont export 477 (*1980* : 2 954 dont : Contrexéville 744, Évian 711, Volvic 644, Perrier 259, Volvic 180, St-Yorre 172, Badoit 73, Vichy État 50, autres sources 147), All. féd. 3 050. Italie 2 650. Espagne 857. Youg. 568,8. Belg. 479. Autriche 270. Suisse 269,4. Portugal 200,4.

Source : Chambre syndicale des eaux minérales et Synd. nat. des établ. thermaux de France, 10, rue Clément-Marot, 75008 Paris.

Principales stations thermales

Altitudes en mètres, affections soignées : [(1) Artères, cœur, veines. (2) Dermatoses. (3) Diabète, goutte, obésité. (4) Estomac. (5) Foie. (6) Gynécologie. (7) Intestins. (8) Lymphatisme, anémie. (9) Os et articulations. (10) Reins et voies urinaires. (11) Rhumatismes. (12) Système nerveux. (13) Voies respiratoires. (14) Phlébologie. (15) Affect. psycho-somatiques]. P Station permanente. Nombre de curistes en 1985.

Ain *Divonne-les-B.* 519 mètres (12-15) P 5 023 curistes. **Allier** *Bourbon-l'Archambault* 260 (6-11) P 5 274. *Néris* 5 826 (6-11-12-15) 6 152. *Vichy* 260 (3-4-5-7) P 19 629. **Alpes-de-Hte-Pr.** *Digne* 608 (11-13) 6 188. *Gréoux-les-Bains* 360 (9-11-13) P 32 862. **Alpes-Maritimes** *Berthemont* 1 000 (2-11-13) 400. **Ardèche** *Neyrac* 450 (2-11) 106. *St-Laurent-les-B.* 840 (83) (11). *Vals-les-bains* 250 (3-4-5) 2 545. **Ariège** *Aulus* (10) S 80. *Ax-les-Thermes* 720 (11-13) P 10 347. *Ussat* (6-12-15) 901. **Aude** *Alet* 206 (5-7) 120. *Rennes-les-Bains* 320 (11) 1 133. **Aveyron** *Cransac* 300 (11) 2 130.

B.-Rhin *Morsbronn et Nierderbronn-les-B.* 192 (6-11-12) 7 000. *Pechelbronn* 150 (6-11) 747. **Bouches-du-Rhône** *Aix-en-Pr.* 177 (1-6-11) P 5 941. *Camoins* (11-13) 4 573.

Cantal *Chaudes-Aigues* 750 (9-11) 2 074. **Char.-Mar.** *Rochefort* (2-11-14) P 5 177. **Corse** *Guagno-les-Bains, Pietrapola* 427, *Zigliera*. **Côte-d'Or** *Maizières* 350 (2-11-15) P 162. **Creuse** *Evaux-les-Bains* 469 (6-11-14) 1 922.

Drôme Propiac (5-6-8) S 142.

Gard *Les Fumades* (2-6-13) 2 737. **Gers** *Aurensan* 250 (10-11). *Barbotan* 130 (11-14) 19 101. *Castera-Verduzan* (4-5) 660.

Haute-Garonne *Barbazan* 450 (3-4-10) 505 (1984). *Luchon* 630 (11-13) 32 346. *Salies-du-Salat* 300 (6-8-9) 1 260. **Haute-Marne** *Bourbonne-les-B.* 270 (9-11) 15 422. **Hautes-Pyrénées** *Argelès-Gazost* 462 (6-1-14) 1 061. *Bagnères-de-Bigorre* 550 (11-12-13-15) 6 060. *Barèges* 1 240 (9-11) 1 342. *Beaucens* 480 (11) 873. *Capvern* 475 (5-10) 6 965. *Cauterets* 932 (2-11-13) 12 481. *St-Sauveur* 711 (1-6-14) 549. **Haute-Saône** *Luxeuil-les-Bains* 294 (1-6-14) 2 600. **Haute-Savoie** *Évian* 500 (3-10) 2 832. *St-Gervais-les-Bains* 808 (2-13) 4 185. *Thonon-les-Bains* 425 (10) P 1 805. **Hérault** *Avène* (2) 91. *Balaruc* (6-11) 24 072. *Lamalou* 200 (11-12) P 3 139. **Isère** *Allevard-les-Bains* 475 (13) 10 711. *Uriage* 416 (2-11) 5 076. **Jura** *Lons-le-Saunier* 255 (6-8) 1 954. *Salins-les-B.* 349 (6-8) P 744.

Landes *Dax* 12 (11) P 48 679. *Eugénie-les-Bains* 86 (3-7-10-11) 2 766. *Prechacq* (11) 1 861. *Saubusse* 10 (11) 1 280. *Tercis-les-Bains* 42 (2-11-13) P 2 173. *Saint-Paul-les-Dax* (11-14) 3 304. **Loire** *Montrond-les-Bains* 370 (3-4) 42 (en 84). *Sail-les-Bains* 310 (2) 148. **Lot** *Miers-Alvignac* 360 (5). **Lozère** *Bagnols-les-Bains* 913 (1-11) 1 150. **Nièvre** *Pougues-les-Eaux* 192 (3-5). *Saint-Honoré-les-Bains* 320 (8-13) 6 137. **Nord** *Saint-Amand* 37 (11-13) 1 995. **Orne** *Bagnoles-de-l'Orne* 225 (1-6-9-14) 15 588.

Puy-de-Dôme *La Bourboule* 850 (2-8-13) 22 996. *Châteauneuf* 380 (11) S 534. *Châtelguyon* 400 (5-7) 19 116. *Le Mont-Dore* 1 050 (13) 14 007. *Royat* 450 (1) 24 571. *Saint-Nectaire* 700 (8-10) 932. **Pyrénées-Atlantique** *Cambo-les-Bains* 65 (11-13) 3 235. *Eaux-Bonnes* 750 (8-13) 1 325. *Eaux-Chaudes* 656 (8-11-13) 3 145. *Saint-Christau* 320 (2) 680. *Salies-de-Béarn* 54 (6-8-9) P 2 563. **Pyrénées-Orientales** *Amélie-les-Bains* 240 (11-13) P 35 121. *Boulou (Le)* 89 (4-5) 2 233. *Molitg-les-Bains* 450 (2-3-11-13) 1 460. *La Preste* 1 130 (10-7) 4 642. *Vernet-les-Bains* 650 (11-13) 4 116.

Rhône *Charbonnières* (6-11) P 590. **Saône-et-Loire** *Bourbon-Lancy* 240 (1-6-11) 2 793. **Savoie** *Aix-les-Bains* 258 (9-11-13-14) P 52 002. *Aix-Marlioz* (13) S 6 115. *Brides-les-bains* 570 (3-5) 10 299. *Challes-les-Eaux* 327 (6-13) 5 319. *La Lèchère-les-Bains* 436 (1-6-14) 6 091. *Salins-Moutiers* 493 (6-8). **Seine-Maritime** *Forges-les-Eaux* 165 (8).

Val-d'Oise *Enghien-les-Bains* (11-13) P fermée en 1985 (84 : 3 188). **Vienne** *La Roche-Posay* 75 (2) P 8 113. **Vosges** *Bains-les-Bains* 325 (1) 3 259. *Contrexéville* 350 (3-5-10) 5 082. *Plombières* 450 (6-7-11) 7 367. *Vittel* 340 (3-5-10) P 6 726.

Emballage

En milliers de tonnes, en 1981.

Emballage en bois. *Production* (1980) : caisses et autres emballages non fabriqués à l'aide de panneaux 264. Emballages légers 403. Palettes, caisses-palettes et plates-formes de manutention 529,7. Ouvrages de tonnellerie 14,4. Emb. en panneaux de contre-plaqué de fibres ou de particules 41,6.

Papiers d'emballage. *Production* 548 800. *Consommation* 566,3, dont *kraft* pour sacs de grande contenance 185,7. Emb. écru, interkraft et sortes dérivées 132,9. Blanchi et sortes dérivées 82. Papiers calandres 24. P. ingraissables et sortes dérivées 19,5. P. minces d'emb. 10,4. P. techniques et spéciaux 72,4. P. pour emballage ordinaire 39,4.

Emballages en papier. *Production* 327 dont : papier bitumé 3 ; paraffiné 14 ; crêpé 3,3 ; autrement enduit 49,9. Caissettes plissées 0,5. Sacs grande contenance 197,3. Sacs petite et moyenne contenance 53,5. Pochettes 4,3. Sachets divers 1,4.

Emballages en carton. *Production* 826 dont carton ondulé 269. Recouvert 16. Pliant/pâtissier 270. Tubes 116.

Consommation en films. Pellicule cellulosique 16. Film de PP biorienté 8,9. Film de polyester 1,5. De PEbd 333. De PEhd 20. De polyamide 3. Sacs grande contenance 41. Cabas 17. Films rétractables et étirables 80,3. Non rétractables et complexes, machines automatiques 31. Sacs poubelles 38. Petite et moyenne sacherie 126.

Métal transformé pour la fabrication d'emballages. Total 559,2 dont **Conserves** 324,7 dont c. appertisées 292, boissons 8,9, produits laitiers 23,8. **Emballages industriels** 196 dont autres produits alimentaires 54,9, prod. chimiques ind. 120, aérosols 18,7, récipients semi-rigides 2,4. **Bouchages** 45,6 dont bouchon couronne 24,6, capsules déchirables 1,2, autres bouchages 19,6.

Emballages en verre creux mécanique. Production 2 975 dont bouteilles et bonbonnes 2 153, flacons et pots industriels 389,6, gobeleteries 391,9, bocaux 40,3.

Aérosols en France. *Production* (en millions d'unités en 1981) : 276,7 dont produits pour le corps 152,9 ; la maison 71,9 ; pharmaceutiques 30,5 ; alimentaires 3 ; techniques et ind. 10,7 ; divers 7,9.

Production de conserves en boîte métal. 2 394 dont conserves agricoles 1 572, fruits, confiture 188, poissons 90, viandes 104, animaux familiers 440.

Fourrure

Source : Féd. nat. de la fourrure.

Généralités

Caractéristiques d'une fourrure. Il existe 2 sortes de poils : la *bourre,* duvet court qui soutient le *jarre,* poil proprement dit qui recouvre la bourre. Leur longueur varie avec l'animal et selon les emplacements. Parfois, on éjarre la fourrure (on arrache mécaniquement le poil superficiel, ex. : castor, loutre rasée). Ensuite on rase parfois la bourre ou on la taille pour que le duvet ait partout la même longueur. La longueur du duvet constitue les 2/3 de celle du jarre.

La *mue* (changement de poil) s'étend du printemps à l'automne. Le duvet devient plus épais et sert à protéger le long poil.

Travail du fourreur. A partir de *peaux apprêtées* et *lustrées :* assortiment des peaux de mêmes couleurs, travail des peaux pour modifier leurs formes (ex. l'allonge pour vison et autres fourrures), assemblage des peaux, clouage et coupe. Après avoir humecté les peaux, on les cloue avec des agrafes sur une planche et on y dessine les contours du patron. Le travail diffère selon les fourrures. Le vison peut se travailler de 2 manières : *l'allonge :* procédé long et coûteux ; on pratique env. 60 incisions diagonales dans chacune des peaux, puis on recoud la peau afin de lui donner la forme requise. *Le travail à plat :* consiste simplement à coudre une peau avec une autre peau.

Soins. La chaleur faisant sécher l'huile de la peau et rendant cuir et poils fragiles et cassants, il faut conserver l'été les fourrures en chambre froide à un degré hydrométrique approprié. Ne jamais vaporiser de parfum : l'alcool rend les poils cassants et peut dénaturer la couleur. Se méfier des housses étanches en plastique : le manque d'air provoque souvent une fermentation car la fourrure doit respirer ; une fourrure mouillée doit être accrochée dans un endroit où l'air peut circuler.

Principales fourrures

☞ 90 % des fourrures utilisées viennent d'élevages.

Astrakan (mouton de Perse). Agneau de la race Boukhara. Vient surtout d'U.R.S.S. et d'Afghanistan (Boukhara Karakul) : 6 500 000 peaux ; boucles très plates ayant l'aspect moiré du breitschwanz ; noir, gris, sour... et du S.-O- africain (astrakan swakara). 4 700 000 peaux ; peau très brillante et moirée, style breitschwanz ; gris, marron et blanc.

Belette (mustélidé) (Am. du N., Europe, Asie). Pelage brun. **Belette-vison** (Japon, Chine). **Blaireau.** Gris, jaunâtre, tête et gorge blanches, bande noire de chaque côté de la face, ventre noir. **Breitschwanz.** Vient d'un agneau prématuré (mise bas avant terme non provoquée). U.R.S.S. ou S.-O. africain. Peau très brillante et très moirée, très peu de peaux peuvent être commercialisées.

Castor. Brun roussâtre, duvet serré, couvert de longs jarres (Canada). Poil court, fourrure solide, cuir épais. Se fait surtout rasé et éjarré. Longévité : + de 10 ans. **Chat sauvage.** Proche du lynx. **Chèvre.** Longs poils gris. **Chevreau et chevrette de Chine.** Moiré, blanc, gris ou noir. **Chinchilla.** Originaire de Pérou, Bolivie, Chili. Longévité : 8 à 15 ans. Poils fins, soyeux, gris ardoise au gris clair. **Coyotte (ou loup des prairies).** Fourr. longue, gris pâle avec poils noirs le long du dos.

Écureuil (petit-gris) (U.R.S.S., Chine). Roux acajou ou du gris au noir, ventre blanc jaunâtre. **Glouton.** Marron foncé à bandes claires. Peau luisante et serrée, très épaisse. **Guépard** (Asie). Protégé. **Hélicte.** Petite belette d'Asie. **Hermine (belette)** (U.R.S.S., Canada). Marron clair en été, blanc en hiver. Bout de la queue noir. **Jaguar** (Amérique). Fauve orangé, parsemé de taches annulaires noires. Protégé. **Kolinski.** Entre la martre et le putois ; couleur naturelle jaune canari ; cuir plus fragile que celui du vison ; Asie et Sibérie fournissent les meilleures qualités.

Lama guanaco (Am. du S.). Toison longue et soyeuse, brun rouge sur la partie supérieure du corps, blanche sur poitrine, ventre, pattes. Provenance Chili. **Lapin** (France). L. de garenne ou domestique. Poil assez long et serré. En général souple et chaud, peu solide. Naturel ou rasé. Lustré de façon castor ou loutre. Gris, blanc, beige, ou lustré noir. Longévité : 4 à 7 ans. **Lapin chinchilla.** Rappelle le chinchilla sauvage. Tacheté de jaune et de noir, souple, solide et chaud. **Lièvre.** Plus ou moins laineux. **Loup** (Sibérie, Canada, U.S.A., Asie). Cuir fin et résistant ; pelage plus ou moins épais suivant régions ; en général gris fauve plus ou moins mélangé de noir avec une raie noire longitudinale sur le dos et les jambes de devant. les plus beaux sont « les loups polaires » (loup blanc de Sibérie, loup gris clair de la baie d'Hudson). **Loutre.** Fourr. brillante, chaude, duvet très soyeux. **Loutre de mer** (U.R.S.S., Uruguay, Alaska). Poil très fin, fourni, cuir souple. Du brun clair au brun foncé. Longévité : 15 à 20 ans. **Loutre du Kamchatka** (Kouriles, Kamchatka, îles Aléoutiennes). Animal protégé. Peau plus grande, lâche et souple, poils courts, mous, duveteux avec quelques jarres intercalés ; à l'âge adulte, brun foncé à chatoiement argenté. **Lynx. L. du Canada.** Dos plat, rouge brique, ventre tacheté. **L. de Sibérie.** Flancs blancs et fournis, plus apprécié (qualité du poil et couleur plus blanche).

Marmotte (Europe, Amér. du N.). Poil long, un peu rude, pelage épais et solide, aspect naturel, du gris roussâtre au noir. Long. 7 à 10 an. **Martre commune.** (Pays de l'Est). Fourr. solide, dense, couleur variable. **Martre zibeline** (Amér. du N.). Brun foncé, taches jaunâtres sur le cou. **Martre de roche. Mouton.** Agneau. **Murmel** (U.R.S.S. et Chine). Marmotte dont la fourrure ressemble à celle de la martre. Espèce la plus appréciée M. de Tarabagan (ville centralisant les peaux). **Nutria (ragondi castor)** (Chili). Longs jarres roux très rudes, duvet foncé sur le dos, brun clair sous le ventre.

Ocelot (Amérique centrale et du Sud, Mexique). Chat sauvage, pelage varié, rayé, gris moucheté de points fauves cerclés de noir. Protégé. **Ondatra (rat musqué)** (Canada, N. des U.S.A. et dep. 1905 France, U.R.S.S., Sibérie). Pelage ressemblant à celui du castor ; épais, doux, brillant, brun en dessus, gris en dessous. **Opossum.** *D'Amérique :* poil long avec pointe noire. Couleur variable, cuir léger et résistant. *D'Australie :* pelage fourni, serré, de nuance grise plus ou moins foncée. Poils ras et laineux d'un gris beige. Fourr. solide, légère, souple, naturelle ou lustrée. Rasée, elle ressemble au ragondin. **Orignal (élan).** Brun, poils courts. **Otarie ou ours de mer** (fur-seal). Gris, brun. Appelées aussi phoques à oreilles, 2 groupes : lions de mer et ours de mer. Improprement appelées phoques à fourrure (fur-seal.) La peau de bonne qualité est généralement éjarrée pour son usage en pelleterie ; la peau tannée et apprêtée est vendue sous l'appellation imméritée de « loutre de mer » ; n'a cependant rien de commun avec la loutre du Kamchatka. 2 espèces principales : le « seal » d'Alaska et l'ours de l'hémisphère austral. **Ours.** Blanc, brun ou noir, poils longs.

Pékan (ou fouine). Brun foncé. **Phoque.** Poils ras, tourr. veloutée, très dense (300 000 fibres au pouce carré). *Ph. annelé :* gris-brun avec des marques noires en forme d'anneaux sur le dos ; dans tout l'Arctique. *Ph. du Groenland :* dessin en forme de selle sur le dos ; blanc jusqu'à 3 semaines, gris clair adulte ; se reproduit dans la baie du St-Laurent et au large du Labrador. *Ph. côtier :* gris sombre sur le dos, ventre gris pâle avec de nombreuses taches noires ou brun foncé. *Veau marin ou chien de mer* (océan Arctique et N. de l'Atlantique et du Pacifique). Le plus connu, gris fauve, plus clair ventralement, taché ou marbré de brun. *Ph. du Groenland ou ranger* (banquise des mers arctiques). Tacheté de noir et blanc. *Ph. moine ou « blue backs ».* Plus grand, subtropical et même tropical. **Putois.** Cousin du vison ; jaune, jarres noirs sur une longueur plus ou moins grande, ventre brun.

Ragondin (nutria ou myocastor) (Pérou, Chili, Bolivie, Argentine, Paraguay, Uruguay, U.S.A., France). Jarres brillants, longs et passablement durs ; gris jaunâtre au roux vif. S'emploie dans sa couleur naturelle ou lustrée. **Rat musqué (ou ondatra).** Pelage ras, très souple, fin et serré ; tons roux, dos brunâtre à reflets mordorés ; ventre jaune clair. Solide. *Ondatra du S.* (Louisiane, N.-Mexique, Arizona, Texas). *Du N.* (autres États des U.S.A. et Canada). Éjarré et lustré noir, donne la « loutre d'Hudson » du commerce. Longévité : 8 à 12 ans. **Raton laveur.** Dénommé *racoon* par les Américains. Les meilleurs viennent de la baie d'Hudson et de la vallée de l'Ohio ; ceux du Michigan sont plus clairs, ceux du Missouri plus petits. Pelage gris, queue annelée de brun et de blanc, museau et dessus des yeux blanchâtres. **Renard.** Pelage variable selon habitat et climat. Amérique du N., Pologne, U.R.S.S. ; produisent des renards argentés, bleus, gris. Dep. 1979, en Scandinavie, les peaux de renards sont vendues sous le label SAGA. Les plus gros élevages sont finlandais. **R. bleu :** il n'en existe pratiquement plus à l'état sauvage. **R. croisé :** bande noire le long du dos (Canada et Scandinavie). Dans l'extrême Nord, *le renard polaire* a la robe entièrement blanche pendant l'hiver. **R. rouge** (nord de l'Alaska, du Labrador, du Kamchatka. **R. argenté** (Canada, Pologne, U.R.S.S.). Longévité 8 à 12 ans.

Sconse (moufette). Soyeux, brun et blanc, large queue très fournie. **Tigre.** Fauve orangé, ventre blanc, rayures noires. Protégé. **Viscache (lièvre des pampas).** Sombre avec bandes blanches et noires sur le museau. **Vison** (d'élevage) (Scandinavie, U.R.S.S., U.S.A., Canada, P.-Bas, France). 32 mutations différentes, du noir au blanc en passant par les gris bleus, marrons et beiges rosés. *U.S.A. :* marques déposées EMBA et Blackglama, 4 200 000 peaux. *Pays scandinaves :* 17 millions de peaux dont beaucoup reçoivent le label SAGA et SAGA Selected. *U.R.S.S.* produit 12 millions de peaux dont la moitié est exportée. Vison le plus réputé : Norka.

Zèbre. Poils ras, fourrure très souple, raies claires et sombres alternées. **Zibeline** (Sibérie, Europe, Asie, U.S.A., Canada). Poil soyeux et brillant, parfois parsemé de poils argentés. Meilleures provenances : Transbaïkalie (peaux « bargouzines »). **Zorinos** (Amér. du Sud). Plus roux et plus petit que le sconse (voir ci-dessus).

Pelleterie

La pelleterie se subdivise en *pelleterie sauvage* (animaux chassés ou piégés) et *pelleterie d'élevage* (vison, astrakan, chinchilla, ragondin, marmotte, renard, castor, etc.) : 90 % des fourrures utilisées.

Principaux marchés. Scandinavie (Copenhague, Oslo). New York, Montréal, Londres, Leningrad, Francfort, P.-Bas (avant 1914 : Leipzig et Londres).

Principales associations (vison). *Canada :* CMBA (Canadian Mink Breeders Association) : visons Canada majestic mink et Canada mink. *U.S.A. :* EMBA (Mink Breeders Association) : visons de mutation et Blackglama (vison noir) ; vison extra noir des éleveurs de la Great Lakes Mink Association. *Union Soviétique :* Sojuzpushnina. 80 % des fourrures russes se vendent aux enchères de Leningrad, 3 ventes par an (janvier, juillet, octobre). *Europe :* SAGA. *Afr. du S. :* astrakans Swakara. *NORMA FRANCE : Opéra.*

Charte de la fourrure. Signée par la France le 4-11-1976 après accord entre la Fédération nat. de la fourrure et l'A.J.E.P.N.E. (Association de journalistes et écrivains pour la protection de la nature et de l'environnement). En 1977, une Commission consultative composée de scientifiques, de protecteurs de la nature et de fourreurs a été créée pour en assurer l'application.

Convention de Washington. Réglemente les échanges internationaux des espèces de faune et de flore sauvages, menacées ou en voie de disparition (ex. : tigre, léopard des neiges, loutre géante, loutre de La Plata, léopard nébuleux). 59 pays l'ont ratifiée. Entrée en vigueur en France le 17-9-1978.

La fourrure en France

Lapins domestiques. La France est le 1er producteur (60 millions par an, dont 80 % exportés). *Peaux apprêtées* imitent les p. de castors, loutres, visons, pelleteries tachetées ou fantaisie. *Peaux* dites *de coupe,* de qualité inférieure, sont rasées : les poils sont utilisés par la chapellerie ou la filature ; les déchets de peaux (fines lamelles) — pattes, têtes, oreilles — sont vendus aux fabricants de colle et d'engrais.

Visons. Dep. 1927, l'élevage s'est développé (en 84, 70 élevages + 400 000 peaux). 2 des plus grands élevages en Charente et Bretagne (climat et proximité de la mer leur sont propices).

Fourreurs (en France). *Art et création :* 14 maisons. *Confectionneurs en gros :* vendent leur fabrication aux fourreurs détaillants, aux grands magasins et aux magasins de nouveautés qui ont un département de « fourrure diffusion ». *Fourreurs fabricants-détaillants :* vendent leurs propres productions ou des vêtements de fourreurs confectionneurs.

Nombre d'entreprises (1985). 1 800 (8 000 salariés). *1°) Négoce :* 30 pelletiers (180 salariés). *Négociants collecteurs* (demi-grossistes) et *nég. classeurs* (grossistes) en peaux brutes de lapins ; exportateurs ; 400 salariés, 80 % de leur prod. exportée. *2°) Industriels :* 10 apprêteurs-lustreurs (4 usines représ. 90 % de la prod.) assurent tannerie et teinture des pelleteries brutes. *3°) Utilisateurs de pelleteries :* 146 confectionneurs en gros (surtout à Paris), 1 754 fabricants détaillants dont 50 % d'artisans.

Imprimerie en France

Source : Féd. franç. de l'imprimerie et des ind. graphiques.

La *rame,* 500 feuilles (ou 20 mains de 25 f.), est l'unité de vente du papier en gros. Le poids des 500 f. constitue le poids de la rame, déterminé par le grammage et le format.

Imprimeries de presse. Réalisent les quotidiens. En 1979 (prov.). Entreprises : 476 de + de 10 salariés, employant 52 757 salariés. *Chiffre d'affaires :* 20 419 millions de F (H.T.).

Imprimeries de labeur et entreprises spécialisées [de photogravure, reliure-brochure, du secteur ind. (entreprises de 10 salariés et +)]. 1984 : **Entreprises.** *Secteur artisanal :* env. 8 000 ; *industriel :* 1 892 [représentant (en %) 95 du tonnage total imprimé, 82 du C.A. total, 79 de l'effectif total, 20 de la population totale entreprise] dont labeur 1 633 ; photogravure 139 ; reliure-brochure 120. *Salariés :* 79 981 dont labeur 69 341 ; reliure-brochure 6 808 ; photogravure 3 832. *Chiffre d'affaires (millions de F H.T.) :* 29 484 dont labeur 26 522 ; reliure-brochure 1 515 ; photogravure 1 447. *Ch. d'aff. Répartition (en %) :* imprimés publicitaires et catalogues de VPC 20,6 ; publications périodiques 17,1 ; imprimés en continu 16,7 ; adm. et commerciaux 16 ; de conditionnement 10,7 ; livres 5,8.

Papier et carton mis en œuvre : *1 757 732 t* dont en %, offset 78 ; héliogravure 15 ; typographie 6.

Informatique

(Traitement scientifique de l'information)

Grandes dates

1580 (?) Napier (Écosse) : *logarithmes.* **1632** (?) Oughtred (Angl.) : *règle à calcul.* **1642** Pascal (France) : *1re machine à calculer* permettant l'addition (et la soustraction par complément). **1666** Moreland (Angl.) : multiplication par additions successives. **1762** France : contrôle de métiers à tisser par *carton perforé.* **1770** Hahn (Allem.) : *1re machine à calculer exécutant directement les 4 opérations* (fondée sur le cylindre denté inventé par Leibniz en 1671). **1833** Babbage (Angl.) : définit les grands principes des calculatrices électroniques. **1854** Boole (Angl.) : *calcul binaire.* **1880-90** Hollerith Powers (U.S.A.) : *1re machine à cartes perforées utilisée* (recensement américain de 1890). **A partir de 1880 :** Hopkins, Burroughs, Sundstrand, etc. (U.S.A.) ; Scheutz, Wiberg (Suède) ; Odhnen (Allem.) ; Bollée (France) ; Kelvin (Angl.) ; Jahnz (Suisse) ; mise au point de plusieurs machines à calculer avec ou sans clavier, imprimantes ou non, et de machines « comptables ». **1906** De Forrest et J. Bryce (U.S.A.) : industrialisation des *tubes à vide.* **1919** Eccles-Jordan (U.S.A.) : bascule électr. **1944** Pr Aiken et IBM (U.S.A.) : calculateur automatique Mark I (Université Harvard). **1946** système de code binaire inventé par von Neumann. **1947** Eckert-Mauchly (U.S.A.) : calcul. auto-électr. ENIAC ; fondent une petite Sté, qui devient Univac. **1948** Bardeen-Brattain, Schockley (U.S.A.) : industrialisent le *transistor.* **1949** Wilkes (Angl.) : 1er calcul auto-électr. à programme enregistré EDSAC. IBM (U.S.A.) : commercialisation du CPC, calculateur automatique à carte-programme. **1951** Remington-Rand (U.S.A.) : calcul automatique électr., commercial. de l'Univaci. 1er calculateur électronique de la Sté Bull. **1952** Maughly-Eckert, von Neumann (U.S.A.) : EDVAC. IBM (U.S.A.) : 701 calcul. automatique. Von Neumann-Burks, Goldstine (U.S.A.) : calcul. auto-électr. à Princeton. **1959** IBM : ordinateur 1401. **1960** IBM : ord. 7070. **1964** IBM 360, 1er ord. à circuit intégré. (9-4) base de contrôle de Bull par General Electric. **1966** Plan-Calcul français. Naissance de la CII. **1967** Série IRIS, 1re gamme de la CII-France. **1970** IBM série 370 ; General Electric vend à Honeywell ses participations dans Bull. **1972** IBM : généralisation de la mémoire virtuelle. **1973** IBM : réalisation expérimentale de *mémoires à bulles magnétiques* et de *circuits à jonction Josephson (effet tunnel).* IBM : mémoire virtuelle, multiplication et multitraitement ; création d'UNIDATA, 1er groupe multinational européen, regroupant CII (France), Siemens (All. féd.) Philips (P.-B.). **1975** Fusion CII Honeywell-Bull. Années **1970** : révolution mini-informatique.

Ordinateurs

Principes de fonctionnement

● **Définition.** Machines automatiques de traitement de l'information permettant de conserver, d'élaborer et de restituer des données sans intervention humaine en effectuant sous le contrôle de programmes enregistrés des opérations arithmétiques et logiques.

● **Composition.** Un système informatique se compose du *matériel* (*hardware* en anglais) : ensemble de constituants et d'organes physiques, et du *logiciel* (*software* en anglais) : ensemble des programmes nécessaires à son fonctionnement. Les *ordinateurs* regroupent autour d'une unité centrale arithmétique et logique des unités : d'*entrée* des informations et des programmes à traiter ; de *mémoire ;* de *sortie* des résultats.

L'unité centrale (ou unité de logique). Fait 3 sortes d'opérations élémentaires : transferts d'information d'un endroit à un autre de la machine ; opérations arithmétiques ; comparaisons de valeurs numériques.

Programme. L'ensemble fonctionne avec un *programme* (enregistré dans la mémoire) qui détermine l'intervention des unités d'entrée, commande les calculs et choix à effectuer, décide de la consultation des mémoires et met en route les unités de sortie. Le programme est préparé par des programmateurs qui utilisent *divers langages : Apple, Fortran* (Formula Translator) : conçu en 1954 par J. Backus (IBM, U.S.A.), *Algol* (Algorithmic Language), *Cobol* (Common Business Oriented Language), *Basic* (Beginners All Purpose Symbolic Instruction Code) ; inventé en 1965 par John Kemeny et Thomas Kurz, *PL/1* (Programming Language), *Gap 1* (générateur automatique de programme). Le compilateur traduit ce langage dans celui de la machine.

Mémoires. Centrales (à accès quasi instantané) ou périphériques (à accès plus lent ; l'information y est stockée sous forme de perforation de carte ou de bande de papier ou de polarisation magnétique de bande ou disque magnétiques), ou de mise en jeu de déplacement de particules électriques (technologie à semi-conducteurs).

Les mémoires peuvent être à accès : — *direct : mémoire centrale* (ferrite ou semi-conducteur ou conducteur) : de quelques nano-secondes à des milliers ou des millions de sec.) ; — *semi-direct* (disques magnétiques) : 20 millions à 100 millions de sec. [pour la transmission et la sauvegarde des informations] ; — *séquentiel* (capacité : quelques millions d'octets, accès en milli-seconde).

La quantité d'informations que la mémoire peut enregistrer se mesure en nombre de chiffres binaires (*bit,* abréviation de *binary digit :* unité d'information contenue dans le choix entre oui et non). Les *mémoires centrales réelles* ont une capacité de 96 000 à 2 milliards d'octets (unité d'information correspondant à 1 lettre ou à 1 chiffre et égale à 8 bits) (correspondant au contenu de plus de 470 000 livres de 400 pages bien remplies). Les mémoires virtuelles [combinaisons de mémoire centrale et auxiliaire (sur disque)] ont une capacité déterminée par l'utilisateur. *Mémoires vives* (MEV) : m. de travail accessibles à l'utilisateur ; leur contenu est perdu lorsque l'ordinateur est éteint. *Mémoires mortes* (MEM) : m. permanentes où sont stockés des données ou des programmes non modifiables par l'utilisateur.

Entrée des informations. S'effectue sur place ou à distance *(télétraitement)* par : *frappe sur un clavier* (vitesse de la dactylographie) ; *carte perforée* (en voie de disparition, 80 000 cartes à la mn) ; *minidisque :* 3 800 enregistrements (1 à 128 c. par mn) ; *bande magnétique* (10 000 à 330 000 c. à la s selon le type de dérouleur) ; *recueil d'informations analogiques :* vitesse en temps réel ; *lecture directe* (optique ou magnétique) de caractères imprimés ou manuscrits (8 000 à 24 000 c. à la mn).

Unités de sortie. Peuvent, sur place ou à distance, produire des résultats : *enregistrés sur bande* magnétique ou *sur disque* magnétique (vitesse : voir plus haut entrée) ; *imprimés* à « l'impact » (jusqu'à 2 000 lignes par mn) ; « sans impact » (13 000 lignes par mn) ; *affichés* sur écran cathodique ; *parlés* (par recomposition artificielle de la voix humaine à partir d'une information numérique).

● **Évolution. 1re génération** (1944-46). Équipée de tubes à vide très encombrants, rapidité de calcul et mémoire limitées.

2e (en 1958) : transistors. Beaucoup plus petits remplacent les tubes et permettent des performances plus élevées.

3e (en 1964) : les micromodules microscopiques rassemblent sur une surface de quelques mm^2 des circuits transistorisés complets. Ces *circuits miniaturisés à niveau d'intégration élevé* (Large Scale Integration-LSI) ou *très élevé* (VLSI) améliorent capacités et rapidité. *Avantages :* temps de conception et de mise au point réduit ; prix de revient inférieur ; plus grande surface d'aptitude aux modifications ; meilleure fiabilité et entretien plus facile. Permettent l'utilisation de nouveaux langages simplifiés.

4e une seule pastille (dite puce) peut contenir plusieurs centaines de milliers de transistors (600 000 par puce). La limite théorique serait de 1 milliard de transistors par cm^2 de silicium. Elle peut avoir la même puissance de calcul qu'un ordinateur moyen des années 1960 qui occupait une pièce entière. L'utilisation de l'arséniure de gallium (As Ga) à la place du silicium permettrait une vitesse 7 fois plus grande (mais coûte cher). La notion de logiciel évolue depuis la 2e gén. et sa part augmente dans le coût informatique d'une organisation (*1972 :* 50 %, *95 :* 90 %).

Projets. *Japonais :* 1er pour 1990 : *ordinateur superrapide* pouvant effectuer 10 milliards d'opérations par seconde ; mémoire de 1 milliard d'octets (actuellement, les plus puissantes mémoires se comptent en dizaines de millions d'octets). 2e (5e génération) : machines ne fonctionnant pas en séquentiel, selon les principes de Von Neumann, mais organisées en parallèle ; calculant à la vitesse de 10 milliards d'opérations par s et pouvant raisonner ; bâties autour de circuits d'arséniure de gallium ou de matériaux supraconducteurs.

Marisis : machine parallèle, réunion de plusieurs Isis et de 1 Marianne (1988), plus puissante que le Cray X-MP ; moins puissante que le Cray 2 qui sera sur le marché d'ici à 2 ans (ses performances seront 50 fois inférieures à celle du super-ordinateur japonais prévu. Coût : 300 à 500 millions de F.

On étudie des mémoires *holographiques,* des mémoires à *plasma* (fondées sur l'utilisation de gaz ionisés), des mémoires *ferro-acoustiques,* des mémoires à *bulles magnétiques* [contenance 1 048 576 bits (ou unités d'information) sur 2 cm². *Principe :* on soumet à un champ magnétique faible les « régions » magnétisées (bulles minuscules) des métaux magnétiques (comme le fer), pour les orienter vers une direction unique. Puis on les utilise pour le stockage de l'information].

L'*ovonique* (effet Ovshinsky), qui permet d'utiliser le verre à la place des semi-conducteurs en germanium et silicium, va se développer.

● **Comparaison.** Le *cerveau humain,* qui comprend 12 milliards de neurones, peut enregistrer 1 million de milliards (10^{15}) de *bits.* Une mémoire à ferrite de taille supérieure peut enregistrer 32 millions de *bits* (32×10^6).

Les plus gros ordinateurs du monde. Entre 1965 et 1983, la vitesse de calcul des gros ordinateurs a été multipliée par 500 [de 1 million d'opérations flottantes par seconde — soit 1 mégaflop (Mflop) — à 500 Mflops] [une opération flottante représente une addition effectuée sur des nombres décimaux écrits à l'aide d'une mantisse (chiffres après la virgule dans un nombre décimal, donc compris entre 0 et 1) et d'une puissance entière de 10. Ex. : 5 720 s'écrira 0,5720 x 10^4].

Micro-ordinateurs. Petits ensembles constitués généralement d'une unité centrale de quelques K à quelques centaines de K, une ou 2 unités de disquettes amovibles, une ou 2 unités de disques durs, un clavier, un écran, une imprimante, éventuellement des moyens de communication. Construits à partir de circuits intégrés micro-processeurs, 4,8 ou 16 bits et d'une capacité mémoire de 8 à 1 000 K. Prix : quelques milliers et quelques dizaines de milliers de F.

Les notions de mini- et gros ordinateurs dépendent de la puissance de traitement, du nombre d'utilisateurs simultanés, des capacités de stockage.

L'Association internationale pour l'étude de l'assurance a estimé que les escroqueries à l'ordinateur ou les incidents (erreurs d'utilisation ou erreurs de conception) coûteraient de 15 à 30 milliards de F chaque année d'ici à 1988 (fraudes et sabotages représenteraient 9,8 % de cette somme).

Une escroquerie a coûté, en 6 ans, 2 milliards de $ à l'Equity Funding Insurance. Une vingtaine d'ingénieurs et de cadres supérieurs avaient introduit dans l'ordinateur de la firme 64 000 clients fictifs.

La technique d'escroquerie la plus employée, le « salami », consiste à soustraire des sommes infinitésimales du maximum de comptes de clients.

● **Caractéristiques des unités de stockage** (temps d'accès en italique et volumes moyens stockés). *Unité de stockage (type 3850)* 50 à 272 milliards d'octets (1 octet = 8 bits, 1 bit = 1 information de base, positions binaires). *Unité de bandes magnétiques 15 s,* 10 millions d'octets. *Disque amovible 50 ms,* 20 à 1 000 millions d'octets. *Disque fixe 10 ms,* 500 000 à 20 millions d'octets. *Cassette 10 s,* 100 000 octets. *Disquette 400 ms,* 250 000 à 1 000 000 d'octets.

Densité. Nombre de bits par cm² : *1959 :* 1 000, *74 :* 1 000 000, *79 :* 10 000 000, *84 :* 100 000 000.

Quelques définitions (informatique et télématique)

Annuaire électronique. Voir P.T.T.

Antiope (acquisition numérique et télévisualisation d'images organisées en pages d'écriture). Service français de vidéotex de télévision (pages de 24 lignes de 40 caractères, diffusées sur le réseau), pouvant représenter des lettres, des chiffres ou des graphismes simples. Le téléviseur doit être équipé d'un décodeur. *Coût :* 10 000 F env. (plus tard 500 F). Antenne 2 propose, du mardi au vendredi, un « magazine » d'une centaine de pages d'informations diverses. En G.-B., un journal est diffusé sur la BBC selon le procédé Ceefax.

Audioconférence. Téléconfér. qui permet de réunir 2, 3 ou 4 groupes éloignés. Les participants dialoguent librement (duplex intégral), peuvent identifier leurs interlocuteurs, échanger des documents en télécopie, et travailler sur des graphismes comme au tableau avec la *télé-écriture. Réseau P.T.T. de télécentres : studios publics* (au 20-6-85) : *nombre :* 70 ; *tarifs* (y c. location des studios et communication) : 280 F/h/studio, ou abonnement mensuel 700 F et 170 F/h. Les entreprises peuvent aussi s'équiper en *studios privés* (au 20-6-85) : *nombre :* 240 ; *frais initiaux :* transport, installation, mise en service (en fonction de la distance) + taxe de raccordement au réseau Caducée 1 600 F ; *fr. mensuels :* location-entretien du studio 5 700 F (H.T.) + frais afférents à la liaison (abonnement au réseau Caducée, ou location-entretien d'une liaison spécialisée) ; *communication :* entre 2 studios privés, tarifs réseau Caducée ; dans les autres cas 100 F/h/studio.

Banques de données. Ensemble d'informations structurées, stockées sur ordinateur et accessibles en conversationnel par l'intermédiaire d'un terminal. Peuvent être bibliographiques (comme les « Chemical Abstracts » ou « Pascal » qui recensent chacune plusieurs millions de références), factuelles (ex., des répertoires d'entreprises), textuelles (texte intégral, ex., lois ou arrêts de jurisprudence) ou numériques (séries chronologiques des instituts statistiques, comme SIC de l'INSEE).

Les organismes gérant ces informations sont dits producteurs de banques de données. En France, la majorité de ces producteurs s'est regroupée. Diffusées par des « centres serveurs » équipés d'ordinateurs à vocation nationale ou internationale (QUESTEL, G. CAM, SLIGOS ou CISI), régionale ou locale (utilisant essentiellement le vidéotex). Accès au serveur : les usagers appellent par téléphone les réseaux publics de transmission de données (Transpac pour la France, Euronet au niveau européen, Telenet ou Tymnet aux USA...).

Membres (1982). France. Le Groupement français des producteurs de bases et banques de données, 50 membres produisant une centaine de banques. Producteurs 457, banques de données 810. *Coût de la consultation :* variable suivant la nature de l'information. Ex. : références bibliographiques, coût horaire d'interrogation 350 à 500 F. Banques de données factuelles ou textuelles 400 à 800.

Bureautique. Automatisation des tâches du bureau pour l'élaboration, la transmission, la réception, l'archivage et la recherche de documents, textes, images (vocales ou auditives).

Centre de commutation de messages bancaires (CCMB). Destiné à assurer l'envoi, entre banques, des informations relatives aux virements de fonds. Construit autour d'un ensemble d'ordinateurs (Mini-6, CII-Honeywell-Bull). Utilisent le réseau Transpac.

Enseignement assisté par ordinateur (EAO). Plan français : installer, d'ici à 1985, 10 000 micro-ordinateurs dans les établissements secondaires. L'ordinateur interroge l'élève. L'élève répond à l'aide du clavier, l'ordinateur poursuit son cours si la réponse est satisfaisante, ou revient à la partie qui a été mal assimilée.

Interface. Dispositif permettant de faire communiquer entre eux des machines, des langages informatiques, des systèmes différents. Peut être un matériel ou un logiciel. Il traduit des caractéristiques en d'autres caractéristiques.

Logiciel. Ensemble d'instructions destinées à être exécutées par l'ordinateur. *L. de base* (fonction : gérer l'ordinateur : *operating system) ; l. d'application* (fonction : fournir un résultat à un utilisateur : gestion de stocks, g. aérienne, composition de textes automatiques, etc.).

Microprocesseur. Inventé en 1971 par Ted Hoff. Module de la taille d'une dragée contenant des circuits électroniques intégrés imprimés sur une seule pastille de silicium (semi-conducteur, bon marché). Remplit toutes les fonctions d'un des éléments de base d'un ordinateur ou d'un terminal. L'intégration, c'est-à-dire la réduction des circuits électroniques, permet d'améliorer les performances, car plus les composants sont rapprochés, plus le microprocesseur travaille vite, et plus il possède de circuits électron., plus sa puissance est élevée.

Production de processeurs (1981) : 200 millions. 1986 (prév. : 1 milliard dont 70 % microprocesseurs 4 bits électroménagers).

Coût d'une « puce » de 64 K (64 000 caractères) en 1985 : 3,5 $, 86 : 0,3 $. *Miniaturisation :* 1 puce ayant 6 mm de côté peut contenir 1 million de transistors. Des circuits sont d'abord dessinés sur une grande feuille. Ce dessin réduit est projeté sur une plaquette recouverte d'une substance que la lumière attaque là où il n'y a pas de trait. Distance séparant 2 traits : 2 à 3 micromètres. On ne pourra guère aller au-delà ; la lumière crée une courbe sinueuse dont les irrégularités sont d'env. 0,5 micromètre. Quand on utilisera un rayonnement non visible (— ray. X ou ray. associé à des particules — de longueur d'onde beaucoup plus faible), on pourra stocker 10 millions de composants en 1990 (plus de 100 en 1996).

Multiprogrammation. Permet de partager la mémoire de l'ordinateur entre plusieurs travaux et de procéder à leur traitement simultanément. La rapidité de réponse (une fraction de seconde, alors que les questions ne se conçoivent qu'à la cadence de plusieurs minutes) permet l'utilisation de la machine par plusieurs centaines de correspondants par dialogues enchevêtrés, chacun ayant l'impression que la machine travaille pour lui seul.

Paiement électronique sur les points de vente. Le traitement d'un chèque coûte de 2 à 7 F. Types de paiement : *1° transaction en ligne (on line) :* la machine de paiement du commerçant, dans laquelle le client introduit sa carte, est reliée à l'ordinateur de la banque où se trouve son compte ; la caissière, après s'être assurée de la solvabilité, peut débiter le montant des achats ; *2° carte à piste magnétique comportant un code secret* (actionné par le client). La machine de paiement du commerçant n'est pas reliée à l'ordinateur de la banque et le paiement est enregistré localement. Procédé simple, bon marché (2 à 3 F), mais niveau de sécurité insuffisant ; *3° carte à mémoire* (15 F). Opère hors ligne *(off line),* sans liaison avec l'ordinateur de la banque. Sa rédaction crée des embouteillages dans les grandes surfaces.

Réseau. Ensemble de supports de transmission par fils, voie hertzienne ou câble optique, sur lequel peuvent se brancher les équipements des utilisateurs (par voie visuelle ou auditive).

Télécopieur. Raccordé à une ligne téléphonique ordinaire, transmet un document 21 × 29,7 cm (A 4) en 3 mn. La réception sur le télécopieur du destinataire s'effectue automatiquement.

Coût : taxe forfaitaire d'accès au réseau (400 F) + coût des communications téléphoniques. *Achat du télécopieur :* de 20 000 à 30 000 F suivant les fonctionnalités.

Télématique. Utilise télécommunications et informatique. Permet un dialogue entre gros ordinateurs traitant des informations de diverses origines (banques de données, voir ci-contre), via les satellites de télécommunications. L'utilisateur reçoit les informations sur un terminal relié au réseau téléphonique.

Télétel. Voir à P.T.T.

Télétexte vidéotex diffusé. Voir Antiope ci-contre.

Informatique et bureautique en 1984
Production et marché (en milliards de $)

	Inf. [1]		Bur. [1]		Total électro.	
	Pr.	M.	Pr.	M.	Pr.	M.
France	4,8	5,7	0,1	0,6	16,5	17,5
Eur. de l'O.	18,4	24,8	2,9	3,6	78,8	89,2
Japon	14,1	12,8	5,4	2,1	68,9	42,6
États-Unis	50,8	39,5	8,8	9,8	168	166
Autres	2,4	8,6	0,9	2,5	37,3	55,2
Monde [2]	85,7	85,7	18	18	353	353

Nota. — (1) Non compris télécommunications. (2) Hors pays de l'Est.

Principaux fabricants de semi-conducteurs. Ventes 1985 (estimations en millions de $). NEC (Japon) 1 950. Texas Instrument (U.S.A.) 1 850. Hitachi (Japon) 1 750. Motorola (U.S.A.) 1 650. Toshiba (Japon) 1 370. Fujitsu (Japon) 950. Intel (U.S.A.) 900. National (U.S.A.) 890. Matsushita (Japon) 870. Philips (Pays-Bas) (inclus Signetics) 850.

☞ Transpac, vidéotex et visioconférence, voir P.T.T. à l'Index. Machines à cartes perforées, voir Quid 1984, p. 1409.

Marchés des terminaux en France, G.-B., All. féd. (% par pays, 1er trimestre 1982). IBM 298 268 (All. féd. 48,3, *Fr. 30,1*, G.-B. 21,4). CII-HB 62 402 (*Fr. 43,8*, G.-B. 34,1, All. féd. 21,9). ICL 46 997 (G.-B. 76,2, *Fr. 17,5*, All. féd. 6,2).

Téléinformatique

En Europe. Nombre moyen de transactions (échange de messages constituant un travail distinct : ex. interrogation ou réservation à partir d'un terminal) *par jour ouvrable 1978 :* 136 millions ; *1986 (prév.) :* 790.

En France

Sources : Synd. nat. des fabr. d'ensembles d'informatique et de machines de bureau, Institut Rémy Genton.

Quelques dates

1966, *Plan Calcul :* devait permettre à l'industrie française de prendre une place notable sur le marché des calculateurs. 1re convention Plan Calcul signée entre l'État et les groupes industriels pour 1966-70. 2e pour 1971-75 visait la constr. du 1er ensemble véritablement multinational au sein de l'inform. européenne. **1972**-*janv.*, la CII conclut un accord avec Siemens entraînant un partage des responsabilités sur un plan égalitaire au niveau de la recherche, de la production et de la commercialisation des ordinateurs. **1973**, accord Unidata pour la définition d'une politique commune de produits (CII, Siemens, Philips). Projet d'un grand ordinateur et de secteurs télématiques géants sur lesquels seraient branchés 18 millions d'abonnés recevant l'information. **1975**-*19-12* Unidata est dissoute. **1976,** CII et Honeywell-Bull fusionnent. Répartition du capital de la CII-HB : Cie des machines Bull (CMB) 53 %, Honeywell Information Systems Inc. 47 %. Convention entre l'État et la CII-HB pour 4 ans (1976-1980) : emploi maintenu, innovations technologiques, développement des exp., doublement de la productivité (1981, pertes nettes 1 351 millions de F). **1978**-*juin*, rapport Nora-Minc « Informatisation de la société » sur le développement et la vulgarisation de l'informatique. **1981**, création du Centre mondial informatique et ressources humaines, par J.-J. Servan-Schreiber consacré aux applications culturelles et sociales de la micro-informatique (75 personnes). **1982**, rattaché au min. des P.T.T. ; participe au plan de contrôle de la France en fibres optiques. **1983**, restructuration de la « filière électronique » par l'État : le groupe Bull est constitué de CII-HB renforcée par SEMS (ex-filiale de Thomson) et Transac (ex-fil. de CIT-Alcatel).

Terminaux en fonction

Types de lignes (au 1-1-82) : *parc total* 99 830 ; *lignes spécialisées* 71 100 ; *réseau commuté téléphonique* 21 300 et *Caducée* 2 157 ; *Transpac* 5 273.

● **Prix. Terminal de 1 920 caractères.** *74 :* 4 500 $, *79 :* 3 000 $, *82 :* 2 000 $. **Composants** *58 :* 10 $, *74 :* 0,1 cent, *79 :* 0,01 cent, *83 :* 0,001 cent. **Million d'octets** (CPU) *74* 200 000 $, *78 :* 100 000 $, *79 :* 20 000 $, *80 :* 5 000 $. **Location de 1 million d'octets** (disques magnétiques) : *73 :* 5 $, *74 :* 3,9 $, *79 :* 1 $, *82 :* 0,5 $. **Vente de la puissance des unités centrales** (MIPS = 1 million d'instructions par s) : *73 :* 2 500 000 $, *74 :* 2 250 000 $, *78 :* 1 000 000 $, *79 :* 360 000 $.

Ordinateurs (nombre). **Très petits** (moins de 250 000 F). *1966 :* 114. *70 :* 763. *73 :* 2 758. *76 :* 8 033. *81 :* 67 376. *82 :* 80 404. *83 :* 92 479. *84 :* 116 415. **Petits** (250 000 à 1 600 000 F). *1966 :* 1 042. *70 :* 3 960. *73 :* 5 596. *76 :* 8 022. *81 :* 22 287. *82 :* 29 807. *83 :* 36 686. *84 :* 43 709. **Moyens** (1,6 à 7 millions de F). *1966 :* 981. *70 :* 1 798. *73 :* 1 848. *76 :* 2 288. *81 :* 3 141. *82 :* 3 571. *83 :* 3 714. **Grands et très grands** (+ de 7 millions de F). *1966 :* 60. *70 :* 220. *73 :* 546. *76 :* 804. *81 :* 1 271. *82 :* 1 346. *83 :* 1 438. *84 :* 1 609. **Total :** *81 :* 94 075. *82 :* 115 128. *83 :* 134 327.

Valeur (en millions de F). *1983 : très petits* 9 250, *petits* 25 680, *moyens* 11 885, *grands et très grands* 20 130. *Total :* 66 945.

Télétraitement. Possibilité d'accéder à distance à toutes les fonctions offertes par l'ordinateur à travers des moyens de transmission par téléphone (réseau privé, satellites, câbles optiques, etc.).

Time sharing. Permet de partager un certain temps de traitement de l'ordinateur entre plusieurs travaux. Voir Multiprogrammation.

Synthèse de la parole

Un *synthétiseur* construit une phrase à partir de mots ou à partir de phonèmes [1] préenregistrés.

3 types d'appareils

1°) Par les synthétiseurs à canaux [le 1er (Vocoder) fut construit en 1939 par l'Américain Dudley] : le spectre de fréquence de la voix humaine (300 à 3 000 hertz) est divisé en une douzaine de bandes de fréquences ; à chacune correspond un canal dont la pièce essentielle est un oscillateur qui crée un son dont les fréquences sont dans la bande associée au canal. En commandant les intensités et les temps d'émission de chaque canal, on obtient une voix chuchotée. On utilise un appareil dont le haut-parleur est remplacé par un micro qui analyse comment le son reçu se répartit entre les bandes de fréquences et enregistre, pour chacune, le niveau sonore au cours du temps. Cette information est mise sous forme numérique assimilable par un ordinateur.

Le codage d'un mot exige en moyenne 600 chiffres binaires. On peut enregistrer les 40 phonèmes français.

2°) Par formants : le spectre de fréquences de la voix présente à chaque instant 2 ou 3 bosses dont la forme et la largeur varient peu ; seules changent la hauteur et la position de ces bosses appelées formants. L'élément essentiel qui permet à l'oreille de distinguer les divers phonèmes, ce sont les formants. Il suffit de donner au synthétiseur la position et l'intensité de 2 ou 3 formants.

3°) Simulateurs de conduit vocal : la forme du conduit vocal a peu d'importance, seules comptent ses sections à chaque niveau. Le son se propage dans ce tuyau de section variable et à chaque élargissement ou rétrécissement vont se produire des réflexions complexes qui étouffent certaines fréquences et en amplifient d'autres. Encore du domaine du laboratoire.

Nota. — (1) Unité distinctive de l'expression phonique. Le phonème correspond généralement à une lettre, mais une lettre peut correspondre à plusieurs phonèmes : « O » ouvert ou fermé. Les groupes de lettres « ch », « an », représentent un phonème. La lettre « X » correspond à un couple de phonèmes : « ks » ou « gz ».

Quelques chiffres

● **Parc mondial d'ordinateurs** (en milliers d'unités et en milliards de dollars). Grands systèmes. *1986 :* 20,8 (97,4). *1988 (prév.) :* 24,3 (114,6). Moyens systèmes. *1986 :* 247,6 (72,6). *88 (prév.) :* 330 (86,8). Petits systèmes. *1986 :* 3 333,2 (91,1). *88 (prév.) :* 5 219 (126,7). Ordinateurs personnels. *1986 :* 52 550 (94,2). *88 :* 95 393 (176,6). *Source :* International Data Corporation.

● **Fournisseurs de micro-ordinateurs professionnels en Europe** (part de marché 1984, en %). IBM 29,6. Apple 16,5. Olivetti 7,9. ACT 5,5. Hewlett-Packard 4,2. Digital Equipment 3,9. Commodore 3,4. Tandy 2,9. Autres 23,7. *Source :* Intelligent Electronics Europe.

● **France. Ventes de micro-ordinateurs** [en milliers 1984 et entre parenthèses 1985 (prévisions)]. Apple 50 (40). IBM 38 (75). Bull 5,5 (24). Olivetti 5 (15). Goupil 5 (6). Hewlett-Packard 4 (4). Digital 3,5 (2). Sanyo Sanco 3,5 (3). Tandy 3,5 (4). Logabax 3 (5). Leanord 3 (4). ACT Apricot 2 (4). *Source :* Intelligent Electronics.

Évolution de l'informatique [en milliards de F. Informatique et entre parenthèses (total électronique)]. *Marché 1984 :* 43,3 (127,7), *1990 :* 87,3 (235,8). *Production 1984 :* 36,3 (124,4), *1990 :* 79,5 (253,4). *Solde des échanges extérieurs 1982 :* — 5,82 (— 7,7), *1984 :* — 7 (— 3,4), *1990 :* — 7,75 (+ 17,6).

Répartition du C.A. des constructeurs de matériel de traitement de l'informatique (en %) *d'origine nord-américaine* 64,6 dont IBM 35,8, Burroughs (Y.C. Memorex) 4,3, Digital Equipment 4,2, Hewlett-Packard 4, NCR 2,3, Control Data 1,9, Apple 1,8, autres 10,3. *Française* 24 dont Bull 16,5, autres 7,5. *Européenne* 7,4 dont Olivetti 2, Nixdorf 1,5, autres 3,9. *Autres constructeurs* 4.

Sociétés de services et d'ingénierie en informatique (SSII). **Effectifs.** 46 600 (dont l'étranger 6 600) dont cadres 27 000, non-cadres 19 600.

Chiffre d'affaires (en milliards de F 1984) : 19,3 (dont filiales à l'étranger 2,8, exportation 1,14) : *dont par secteur :* administration 2,7, collectivités locales 0,1, services 2,2, banques et assurances 3,4, industrie 5,45, commerce 1,2, étranger 3,9, autres et non ventilés 0,35 ; *dont sur prestations :* produits 2,16 [dont matériel et support 0,41, systèmes standards 0,75, progiciels 1 (dont conçus en France 0,65)] ; ingénierie de systèmes 4,2 ; formation 0,5 ; autres prestations intellectuelles 5,1 ; prestations machines 5,97 (dont en local 2, à distance 3,8, chez le client 0,17) ; saisie de données 0,3 ; gérance d'exploitation 0,5 ; divers 0,57.

Jouets

Sources : Féd. nat. des industries du jouet.

Dans le monde

Types de jouets : *vers 1960 :* il en existait environ 5 000, *en 1983 :* + de 60 000.

Le *Meccano* est né en G.-B. en 1908 et a été commercialisé en France en 1911. Le *Lego* a été créé en 1954 par le Danois Olaf Kirk Christiansen. Le *Monopoly* a été créé par M. Darrow il y a environ 40 ans.

Production (en millions de F, 1982). U.S.A. 22,9. Japon 12,5. All. féd. 4,1. *France 3,6.* G.-B. 3,2.

En France

● **Entreprises** (nombre). *1965 :* 587. *77 :* 307. *81 :* 234. *82 :* 225. *83 :* 200. *84 :* 195 (dont 21 % réalisent 65 % du C.A. total et 78 % des export.).

Principales entreprises, chif. d'aff. (en millions de F, 1983). *Micro-Mecano* 409,4. *Majorette* 297,7. *Jeux Nathan* 188. *Smoby* 136.

Salariés. *1984 :* 13 000 (*83 :* 11 193 dont 911 cadres, 2 071 employés, 7 128 ouvriers, 1 083 travailleurs à domicile).

● **Production** (H.T. 1984) : 5 059 millions de F (dont 1 364,5 à l'exportation) dont, en % : *véhicules et engins mécaniques* 16, *jeux de société non électroniques* 10, *jouets sportifs et j. de plein air* 8, *poupées et habillages* 7,5, *j. bourrés, peluches* 7, *j. d'activité manuelle et de création* 5, *art. pour fêtes et ornements de Noël* 7, *imitation d'objets usuels d'adultes* 5, *j. de bébé et 1er âge* 4,5, *j. d'assimilation, puzzles* 3,5, *j. porteurs* 4, *autres* 22,5.

● **Consommation** de jeux et jouets, 11,5 milliards de F en 1984. *Budget annuel moyen* par enfant 989 F. **Vente.** Hypermarchés 34, détaillants spécialisés 27, supermarchés 17, grands magasins 15, mag. populaires 7.

● **Commerce extérieur** (en millions de F, 1984). *Importations* 3 210 dont, en %, *d'*Italie 18, All. féd. 13, Hong Kong 9, Japon 7,6. *Exportations* 1 259 dont, en %, *vers* G.-B. 19, All. féd. 15, Italie 12, Belgique et Luxembourg 10.

● **Jeux de société. Vente en France** (en 1981, en milliers de F). Rubik's Cube + de 1 000. Scrabble 600. Master Mind 600. Monopoly 400. Boggle 250. Cluedo 250. Mille Bornes 200. Risk (wargame) 200. Le Mot le plus long 200. Le Compte est bon 200. Othello 150. *Jeux électroniques :* Simon 100. Le Merlin 100.

☞ **Ludothèque.** Centre de prêt de jouets. Nombre : 400 en France. Rens. : Sté des Amis du jouet, rue Émile-Augier, 75016 Paris.

Minerais et métaux

Métaux précieux. Or, argent, platine et métaux dits de la mine du platine : palladium, rhodium, iridium, ruthénium, osmium. Ils ont tous un point de fusion élevé et une excellente conductibilité.

Consommation mondiale. Prévisions faites en 1971 pour l'an 2000 en millions de t (entre par., augmentation en % par rapport à 1968). Fer 840 (+ 180), aluminium 83 (+ 750), cuivre 37,5 (+ 440), zinc 13,6 (+ 230), plomb (+ 200), nickel 1,5 (+ 300).

Ces prévisions apparaissent actuellement sous-évaluées. On entrevoit pour plusieurs métaux un risque de pénurie vers l'an 2000, ex. : cuivre, nickel, zinc. Peut-être les océans pourront-ils fournir des ressources supplémentaires (V. à l'Index).

Consommation des métaux en France (milliers de t, 1981). Aluminium 560,2. Cuivre 429,6. Zinc (raffiné) 272,1. Plomb 210,7. Nickel 33,6. Étain 9,1.

Fer

Source : Chambre synd. des mines de fer de France ; Chambre synd. de la sidérurgie française.

Minerai de fer

Dans le monde

• **Commerce** (moyenne en millions de t/an, 1980). **Pays exportateurs.** Australie 79, Brésil 75, Canada 47, U.R.S.S. 39, Inde 21, Liberia 20, Suède 17, *France 8,6.* **Importateurs.** All. féd. 48, U.S.A. 25, Benelux 22, *France 18,* Italie 17, Pologne 15, G.-B. 8,5.

Gisements de minerai de fer en France

• **Bassins. Est.** Env. 12 couches de quelques dm à plusieurs m (teneur de 20 à 40 %), épaisseur totale 30 m, assez régulières ; elles s'enfoncent avec une faible pente. Ne peuvent être exploitées économiquement que les couches d'au moins 2,50 m à 3 m de profondeur (profondeur moyenne exploitée 4 m) et d'une teneur d'au moins 30 % de fer sur sec. Pendage moyen des couches sédimentaires d'environ 3 % vers le Bassin parisien, diminuant progressivement en puissance et en teneur. Les exploitations sont souterraines (profondeur 130 m à 260 m). Les terrains de recouvrement sont aquifères, d'où d'importantes venues d'eau dans certaines mines. En 1982, on a remonté 13,7 t d'eau pour 1 t de minerai. **Réserves exploitables :** compte tenu des conditions économiques actuelles : 1 milliard de t de minerai calcaire à 33 % et 0,5 de m. siliceux à 35 %. **Teneur.** Faible. *Handicaps :* moy. 33 % de fer sur sec contre 58 à 68 % pour la plupart des minerais concurrents, d'où des frais de fabrication de l'acier et de consommation de coke et de combustible plus importants ; teneur en phosphore, rendant plus onéreux et plus délicat le traitement de la fonte phosphoreuse à l'aciérie ; impossibilité de l'enrichir économiquement.

Ouest. Teneur : fer 42 à 50 % ; silice, chaux faible, phosphore 0,4 à 0,8 %. **Réserves.** 1,4 milliard de t. **Production** en baisse (manque de débouchés). *Handicap :* coût des transports (éloignement des mines des usines consommatrices).

Pyrénées. Un seul gîte est actuellement exploité à 1 100 m au-dessus de la vallée du Tech, au flanc du Canigou. **Teneur :** *fer :* 45 à 50 % ; *manganèse :* jusqu'à 3 ou 4 %. **Réserves :** 1 million de t.

Exploitation (1985). 11 exploitations en activité en Lorraine (24 fin 1979), 3 dans le bassin de l'Ouest et 1 dans les Pyrénées.

• **Effectifs** (au 31-12-1985). Ouvriers 1 753, dont d'abattage 564, de régie fond 736, jour 453 ; ETAM 540 ; ingénieurs 56. *Total 2 349.*

• **Livraisons** (1985, en t). 15 356 250 dont France 10 704 407, exportées 4 651 843.

Marché français. En 1878, le procédé de déphosphoration des fontes de l'Anglais Thomas a permis l'utilisation des minerais phosphoreux. Depuis 1960, l'apparition de gros minéraliers a entraîné une baisse des frets maritimes, la mise en exploitation de gisements de minerais riches hématites [minerai contenant de l'oxyde ferrique Fe_2O_3 anhydre (hématite rouge) ou plus ou moins hydraté (h. brune), très recherché] outre-mer et la naissance des sidérurgies côtières (Dunkerque, Fos). La minette lorraine a ainsi perdu progressivement sa place dans la production française d'acier.

Production en milliers de tonnes

	1960	1970	1980	1982	1983	1985
Lorraine	62 725	54 344	27 664	18 242	14 935	13 815
Normandie	2 966	1 719	1 215	1 060	929	
Anjou-Bretagne	883	687				785 (ouest)
Pyrénées	335	51	99	108	103	80
Total	*66 909*	*56 801*	*28 978*	*19 410*	*15 967*	*14 680* [1]

Nota. — (1) La différence entre les livraisons et la production est due aux variations de stocks.

Acier

Sources : Chambre synd. de la sidérurgie française ; Office allemand de stat. de Düsseldorf.

Principaux producteurs de fer dans le monde

Les réserves confirmées de minerai de fer correspondent à plus de 250 années de production. Elles sont surtout importantes en U.R.S.S. (110,5 milliards de t), Canada (36,6), Brésil (27,2), Australie (17,8), U.S.A. (17,3), Inde (9,1), Chine (6,1).

Principaux producteurs de fer (en 1983). *Légende :* 1er chiffre (entre parenthèses) : teneur moyenne (en %) en fer ; 2e chiffre : production de minerai de fer brut ; 3e chiffre : fer contenu (en milliers de t en 1982). *Source :* Institut de statistiques de Düsseldorf.

U.R.S.S. (54)	254 200	137 268	Tchécoslovaquie (26)	1 902	495
Chine (56)	113 670	63 655	Bulgarie (32)	1 803	577
Australie (64)	80 990	51 834	Grèce (43)	1 330	572
Brésil (64)	80 768	51 692	Argentine (64)	1 162	744
U.S.A. (61)	38 580	23 534	Finlande (66)	1 046	690
Inde (63)	38 000	23 940	All. féd. (32)	976	312
Canada (61)	32 870	20 051	Zimbabwe (64)	924	591
Afr. du Sud (63)	16 605	10 461	Corée du S. (56)	589	330
France (31)	*16 176*	*5 015*	Iran (50)	450	225
Liberia (68)	14 940	10 159	Hongrie (25)	441	110
Suède (62)	13 212	8 191	Colombie (42)	435	183
Venezuela (64)	9 136	5 847	G.-B. (26)	384	100
Corée du N. (56)	9 000	4 120	Tunisie (53)	310	164
Mexique (70)	7 888	5 522	Japon (54)	298	161
Espagne (50)	7 500	3 750	Maroc (59)	264	156
Mauritanie (65)	7 400	4 810	Indonésie (56)	120	67
Yougoslavie (35)	5 018	1 756	Malaisie (56)	114	64
Pérou (67)	4 227	2 832	Thaïlande (60)	46	28
Turquie (57)	4 154	2 368	All. dém. (32)	40	13
Algérie (54)	3 700	1 998	Portugal (50)	31	16
Autriche (32)	3 540	1 133	Pologne (30)	10	3
Norvège (65)	3 535	2 298	Italie (44)	0	0
N.-Zélande (56)	3 500	1 960	Luxembourg (29)	0	0
Égypte (50)	2 066	1 033			
Roumanie (26)	1 987	517	*Monde*	*782 206*	*462 200*

Nota. — (1) 1980.

Histoire

V. 500 av. J.-C. produit en Orient par cémentation du fer doux (incorporation de carbone à haute température, utilisé pour les épées ou les petits instruments chirurgicaux). **VIIe s.** acier de Damas à haute teneur en carbone. **XVIe s.** acier par grillage de la fonte (décarburation) ; si le fer contient moins de 2 % de carbone on a de l'acier, s'il en contient plus de 2 % on a de la fonte.

Techniques

• **1°) Du minerai à la fonte.** Après concassage, criblage et agglomération, le minerai de fer est introduit dans le *haut fourneau* en couches alternées avec du coke (minerai lorrain : 550 à 700 kg de coke pour 1 000 kg de fonte ; autres minerais : 450 à 550 kg).

La combustion du coke à env. 2 000 °C fournit la chaleur nécessaire à la fusion du fer et de la gangue, après réduction des oxydes de fer du minerai, par le gaz issu de cette combustion. Le fer se combine alors au carbone pour donner la fonte. Toutes les 4 ou 6 h, des coulées permettent de recueillir séparément *fonte* et *laitier* (scorie du haut fourneau composée de silicates d'alumine et de chaux qui nagent sur le métal en fusion ; utilisé comme ballast et dans les mat. isolants) contenant la gangue du minerai et les cendres du coke (utilisé pour ballast et revêtement de route). Les gros hauts fourneaux coulent de façon quasi continue.

La fonte destinée à la fonderie est dite *fonte de moulage.* Le *cubilot* inventé en 1722 par le Français Réaumur permet de refondre en fonderie la fonte des hauts fourneaux afin de la mouler (moules en sable, parfois en acier, en plastique). Celle qui sera affinée est dite *fonte d'affinage* et comprend : *fonte hématite* (traitée parfois dans les fours Martin et surtout dans les convertisseurs à l'O_2) ; *f. phosphoreuse* (la plus répandue en France, traitée en convertisseurs à l'oxygène) ; *f. spéciales* comme le ferromanganèse.

Haut fourneau. 1340 1er construit à Namur (charbon de bois, puis charbon à partir de 1709). **1735** four à coke. **1810** f. électrique à résistance (Davy). **1856** f. à réverbère (Siemens). **1864** f. Martin. **1885** f. à induction (Colby). **1892** f. à arc industriel (Moissan). **1901** f. à sole conductrice (Paul Girod). **Caractéristiques.** *Hauteur :* 20 à 40 m ou + ; capacité : 800 à 3 000 t ; volume intérieur peut dépasser 3 000 m³ ; *production journ. :* 2 000 à 10 000 t. *Coût :* 100 à 150 millions de F. *Hauts fourneaux « géants ». Exemple :* n° 4 d'Usinor à Dunkerque : hauteur 86 m, diamètre au creuset 14,20 m, au gueulard 11 m, volume intérieur 4 615 m³, utile 3 850 m³, tuyères 40, production journalière 10 000 t. *Record :* à Krivoï Rog (U.R.S.S.) 5 000 m³ (le + grand).

• **2°) De la fonte (ou de la ferraille) à l'acier.** Procédés utilisés pour affiner la fonte, c.-à-d. éliminer carbone, silicium, manganèse, soufre, phosphore et en faire de l'acier (alliage de fer et de certains éléments d'addition) :

Convertisseur Thomas. Inventé 1877 par Sydney Thomas (1850-85). Cornue de 25 à 55 t de capacité (max. 70 en All.) où de la fonte à 1 250 °C est versée avec de la chaux (qui fixera l'anhydride phosphorique dégagé par l'oxydation du phosphore et le silice venant de l'oxydation du silicium). Un courant d'air sous pression, enrichi en oxygène, amené par des tuyères, traverse le mélange en fusion, brûlant la majeure partie du carbone, du phosphore et du silicium. Cette combustion élève la température à plus de 1 600 °C, température de coulée de l'acier. L'opération dure environ 30 mn dont 15 mn de soufflage. *Inconvénients :* la déphosphoration ne se produit qu'à la fin de la décarburation ; aussi, pour certains aciers (durs, demi-durs), faudra-t-il procéder à une recarburation partielle. De plus, la teneur en azote est relativement élevée. *Évolution :* soufflage à l'air enrichi d'oxygène puis transformation en convertisseur à l'oxygène soufflé par le fond (LWS, OBM, AOD, CLU). Depuis 1980, aucun acier n'est plus produit par ce procédé.

Nota. — Certains pays pétroliers utilisent le gaz des torchères dans des installations de préréduction. Le minerai de fer mis au contact du gaz se transforme alors en boulettes directement exploitables en aciérie.

Procédé à l'oxygène. Même principe que ci-dessus, mais de l'oxygène pur à la place de l'air. Capacité de cornue jusqu'à 350 t.

DIFFÉRENTS PROCÉDÉS : 1) *Soufflage par lance verticale :* L.D. (1949-52) et L.D. Pompey (1957) pour l'affinage des fontes hématites ; O.L.P. et L.D.-A.C. (1958) pour l'affinage des f. phosphoreuses. 2) *Fours tournants et soufflage par lance :* Kaldo (1948-55), Rotor (1952-56) ; procédés pratiquement disparus. 3) *Soufflage par tuyères dans le fond de la cornue :* L.W.S. et O.B.M. (1970) pour l'affinage des f. hématites ; A.O.D. et (Cl. U) pour la fabrication d'aciers inoxydables. 4) *Soufflage mixte par lance et tuyères :* procédés alliant les avantages des 2 techniques employées. *Avantages :* augmentation de la proportion de ferrailles, élargissement de la gamme des nuances, conduite automatique, réduction de la teneur en azote (de 0,008 % à 0,002 %). Procédé ayant produit 80,5 % de l'acier français (1985).

Four Martin. *Inventé* 1865 par Pierre-Émile Martin (1824-1915). *Capacité* 50 à 400 t (U.R.S.S. jusqu'à 900 t). *Fusion* par la combustion de gaz (ou de mazout pulvérisé). *Durée :* 4 à 8 h. *Inconvénients :* faible productivité, gros consommateur d'énergie et de produits réfractaires. Fin 1982, il n'existait plus d'aciérie Martin en France.

Four électrique à arc. *Inventé* 1900 par Paul Héroult (1863-1914) qui lui donne sa forme définitive. *Fusion* provoquée par un arc électrique produit entre des électrodes de graphite de plusieurs m de hauteur et de 15 à 50 cm de diamètre. Permet d'obtenir des aciers spéciaux et courants. *Capacité* jusqu'à 230 t. *Fours UHP (Ultra High Power)* : traversés de courants de très haute intensité. En 1983, 19,7 % des aciers français sont produits au four électrique. Pour les aciers de très haute qualité, on utilise le four électrique à induction sous vide par bombardement d'électrons ou électrodes consommables.

● **3°) Les produits en acier.** A sa sortie du four (creuset ou convertisseur) l'acier est coulé : soit en continu pour donner directement des demi-produits (brames, blooms, billettes, ronds). Soit en lingots (de quelques kg à 100 t et plus) qui sont ensuite laminés entre des cylindres tournant en sens inverse sur des trains à demi-produits pour donner des *blooms* ou des *billettes* à section carrée, ou des *brames* à section rectangulaire ou des *ronds.*

Les *gros trains* transforment ensuite les blooms en produits finis lourds : *poutrelles, palplanches, rails, ronds. Trains moyens* et *petits trains* transforment blooms et billettes en divers *profilés* (aciers marchands) et en *fil. Trains à larges bandes à chaud* transforment les brames en *bobines de tôle.* Ces bobines sont ensuite relaminées sur des trains à froid pour obtenir des tôles minces. Vitesse : jusqu'à 100 km/h pour les bobines de tôles, 350 km/h pour le fil de 5 mm de diamètre. Le pourcentage d'acier coulé en continu n'augmente que pour des raisons d'économies d'énergie et de matière mais il dépassait 60 % en France en 1983.

Produits obtenus. Plats : tels (en feuilles ou en bobines) *tôles, fer noir, feuillard* ; tôles revêtues par addition d'une *couche d'étain* (fer-blanc), de *zinc* (tôle galvanisée), de *chrome* (t. chromée), d'*aluminium* (t. aluminisée), de *plomb* (t. plombée) ou de *plastique* ou de *peinture.*

Longs : *profilés lourds :* poutrelles, rails, palplanches, traverses ; *aciers marchands :* cornières, ronds, ronds à béton, profils de diverses formes ; *fil machine* jusqu'à 5 mm de diamètre et fourni en couronnes (poids pouvant atteindre 2 t) ; *produits pour tubes ronds ou carrés.*

Teneur moyenne en carbone, en %. Fonte grise : 3,5 à 6, ; fonte blanche : 2,5 à 3,5. **Acier** extra-doux : 0,05 à 0,15 ; doux : 0,15 à 0,25 ; demi-doux : 0,25 à 040 ; demi-dur : 0,4 à 0,6 ; dur : 0,6 à 0,7 ; très dur : 0,7 à 0,8 ; extra-dur : plus de 0,8. **Fer industriel** : 0 à 0,4 ; pur : 0.

L'acier dans le monde

Évolution de la production d'acier

En milliers de tonnes.

Production mondiale. 1900 35 000. **13** 81 000. **38** 110 500. **60** 341 200. **66** 474 500. **74** 710 000. **76** 677 000. **77** 673 000. **78** 713 800. **85 prév.** 1 000 000. **2000 prév.** 2 000 000.

Production de quelques pays. Afr. du Sud : 1930 41. **60** 2 114. **66** 3 260. **76** 7 106. **81** 9 005. **82** 18 200. **84** 7 705. **85** 8 507. **All. dém. : 1956** 2 750. **66** 5 800. **76** 6 740. **81** 7 467. **82** 7 100. **84** 7 200. **85** 7 840. **All. féd. : 1860** 28. **70** 220. **1900** 5 999. **30** 10 439. **39** 18 196. **56** 23 189. **60** 34 000. **76** 42 413. **81** 41 610. **82** 35 878. **84** 39 389. **85** 40 497. **Australie : 1930** 315. **39** 1 209. **56** 2 650. **60** 3 740. **66** 5 880. **76** 7 794. **81** 7 635. **82** 6 371. **84** 6 207. **85** 6 407. **Autriche : 1900** 1 397. **30** 468. **50** 948. **60** 3 165. **75** 4 069. **81** 4 656. **82** 4 258. **84** 4 868. **85** 4 660. **Belgique : 1860** 195. **1900** 975. **30** 3 364. **50** 3 789. **60** 7 181. **70** 12 607. **81** 12 283. **82** 9 894. **84** 11 299. **85** 10 683. **Brésil : 1930** 20. **56** 1 350. **66** 3 400. **76** 9 253. **81** 13 175. **82** 12 997. **84** 18 391. **85** 20 454. **Canada : 1900** 26. **30** 1 026. **56** 4 800. **66** 9 290. **76** 13 290. **81** 14 811. **82** 11 871. **84** 14 715. **85** 14 652. **Chine : 1930** 10. **50** 606. **60** 16 770. **70** 15 700. **75** 25 500. **81** 35 600. **82** 37 000. **84** 43 700. **85** 46 700. **Corée du S. : 1950** 2. **60** 66. **70** 472. **75** 2 558. **81** 10 753. **82** 11 758. **84** 13 033. **85** 13 539. **Espagne : 1860** 28. **1930** 957. **39** 584. **56** 1 240. **66** 3 750. **76** 10 983. **81** 12 896. **82** 13 146. **84** 13 484. **85** 14 233. **France : 1860** 39. **1900** 1 565. **30** 9 447. **60** 17 300. **76** 23 227. **81** 21 258. **82** 18 402. **84** 19 005. **85** 18 815. **G.-B. : 1870** 2 830. **1900** 6 161. **38** 10 564. **60** 24 695. **76** 23 227. **81** 15 573. **82** 13 705. **84** 15 202. **85** 15 722. **Inde : 1900** 630. **56** 1 800. **66** 6 610. **76** 9 364. **81** 10 765. **82** 10 997. **84** 10 512. **85** 11 140. **Italie : 1860** 10. **1900** 135. **30** 1 743. **56** 5 911. **60** 8 462. **76** 23 455. **81** 24 777. **82** 24 010. **84** 23 932. **85** 23 872. **Japon : 1900** 4. **39** 6 696. **60** 22 138. **66** 47 770. **76** 107 399. **81** 101 676. **82** 99 548. **84** 105 584. **85** 105 281. **Luxembourg : 1900** 185. **30** 2 270. **56** 3 456. **60** 4 084. **76** 4 565. **81** 3 790. **82** 3 510. **84** 3 988. **85** 3 945. **P.-Bas : 1939** 60. **56** 1 051. **60** 1 950. **76** 5 178. **81** 5 472. **82** 4 354. **84** 5 738. **85** 5 517. **Pologne : 1900** 212. **30** 1 238. **56** 5 000. **66** 9 710. **76** 15 640. **81** 15 719. **82** 15 000. **84** 16 300. **85** 15 800. **Roumanie : 1900** 212. **30** 152. **56** 800. **66** 3 640. **76** 10 970. **81** 13 025. **82** 13 000. **84** 13 800. **85** 13 760. **Suède : 1870** 12. **1900** 301. **30** 611. **56** 2 420. **60** 3 218. **66** 4 764. **76** 5 139. **81** 3 770. **82** 3 900. **84** 4 706. **85** 4 813. **Tchécoslovaquie : 1900** 2. **30** 1 817. **56** 4 882. **66** 8 940. **76** 14 693. **81** 15 270. **82** 15 000. **84** 15 200. **85** 14 955. **U.R.S.S. : 1900** 2 825. **13** 4 918. **38** 18 068. **60** 65 292. **66** 96 500. **76** 144 805. **81** 148 517. **82** 147 500. **84** 155 000. **85** 154 500. **U.S.A. : 1900** 12 572. **13** 33 536. **28** 52 869. **38** 28 805. **60** 91 920. **66** 124 550. **76** 116 120. **81** 109 614. **82** 67 656. **84** 82 713. **85** 79 240. **Yougoslavie : 1939** 81. **56** 887. **66** 1 850. **76** 2 751. **81** 3 977. **82** 3 851. **84** 4 224. **85** 4 470.

Principaux producteurs d'acier et de fonte
(en milliers de t, en 1984 [1])

Pays	Acier brut	Fonte brute
Afr. du Sud	7 825	5 535
All. dém.	7 573	2 300
All. féd.	39 389	30 203
Argentine	2 622	1 821
Australie	6 302	5 329
Autriche	4 870	3 745
Belgique	11 307	8 970
Brésil	18 394	17 464
Bulgarie	2 850	1 600
Canada	14 699	9 643
Chine	43 371	41 160
Corée du S.	6 300	8 763
Espagne	13 497	5 388
Finlande	2 634	2 045
France	*19 000*	*15 039*
G.-B.	15 214	9 643
Hongrie	3 751	2 105
Inde	10 512	9 465
Italie	24 061	11 666
Japon	105 586	80 403
Luxembourg	3 987	2 768
Mexique	7 443	5 348
Norvège	915	572
Pays-Bas	5 739	4 926
Pologne	16 533	9 627
Portugal	687	375
Roumanie	13 800	8 800
Suède	4 705	2 214
Tchéc.	14 830	9 561
Tunisie	180	150
Turquie	4 250	2 870
U.R.S.S.	154 000	112 000
U.S.A.	85 030	47 087
Venezuela	2 703	2 743
Yougoslavie	4 225	2 750
Monde	*710 076*	*495 754*

Nota. — (1) Résultats provisoires.
Source : Institut de statistiques de Düsseldorf.

Grandes sociétés

Production d'acier en millions de tonnes, en 1985. Nippon Steel [2] 28,56. United Steel [1] 15,15. Finsider [4] 13,45. British Steel Corp. [3] 13,35. Siderbras [13] 13,23. NKK [2] 12,10. LTV [1] 11,90. Thyssen [5] 11,07. Sumitomo [2] 10,99. Arbed Group [14] 10,97. Kawasaki [2] 10,86. Bethlehem [1] 9,47. Posco [15] 9,26. Sacilor [7,22] 8,75. Usinor [7,21] 7,22. SAIL [16] 6,82. Iscor [6] 6,81. Kobe [2] 6,46. BHP [6] 6,32. Inland [1] 5,51. Hoogovens [12] 5,49. Armco [1] 4,85. Klocknertt [5] 4,59. Stelco [11] 4,53. Cockerill-Sambre [9] 4,51. Voest Alpine [6] 4,46. Mannesmann [5] 4,40. Ensidesa [10] 4,40. National Steel (US) [1] 4,35. Dölusco [11] 4,37. Krupp [5] 4,22. Sidermex [17] 4,16. Hoesch [5] 4,10. Peine-Salzgitter 3,82. Nisshin [2] 3,29. China Steel [18] 3,20. S.S.A.B. [19] 3,01. Tokyo Steel 2,78. Sidor 2,72. Rouge Steel 2,50. Algoma [11] 2,45. Weirton 2,41. Tata Iron & Steel 2,06.

Nota. (1) U.S.A. (2) Japon. (3) G.-B. (4) Italie. (5) All. féd. (6) Australie. (7) France. (8) Inde. (9) Belgique. (10) Espagne. (11) Canada. (12) Pays-Bas. (13) Brésil. (14) Luxembourg. (15) Corée du S. (16) Inde. (17) Mexique. (18) T'ai-wan. (19) Suède. (20) Venezuela. (21) Y compris sa filiale la Cie française des aciers spéciaux. (22) Y compris ses filiales Sollac (Sté métallurgique de Normandie) et Dillinger Hüttenwerke.

Aciéries principales (capacité en millions de t). **Japon :** Fukuyama 16, Mizushima 12, Kimizu 10, Yawata Tobata 10, Wakayama 9, Oita 8, Nagoya 7,5. **U.R.S.S. :** Magnitogorsk 14,5, Krivoï Rog 10. **U.S.A. :** Sparrows Point 8,5, Gary 8,5, Indiana Harbour 8.

Consommation d'acier

Estimations 1983. *Total 689* dont Comecon 207, U.S.A. 108, tiers monde 101, C.E.E. 98, Japon 69, autres pays industrialisés 59, Chine-Corée du Nord 47.

L'acier en France

Évolution récente. Techniques. De 1950 à 73 amélioration ou abandon des convertisseurs Thomas supplantés par la technique autrichienne de convertisseur à oxygène ; transport des usines « au bord de l'eau » (1970 : construction de Fos). **Concentrations. 1948** *Usinor* (Union sidérurgique du Nord, regroupement des Forges et Aciéries du N. et de l'E. avec Denain-Anzin à laquelle se joint Lorraine-Escaut en 1966). **1951** *Sidelor* (Forges Aciéries de la Marine et d'Homécourt + Forges Aciéries de Micheville, Rombas et Pont-à-Mousson). Création de la *Sollac* (Sté lorraine de laminage continu) par Wendel et Sidelor qui fusionnent ensuite. **1973** *Sacilor* (absorption de la Sté des Aciéries de Lorraine par Wendel-Sidelor). **1977** *Cie Chiers-Châtillon* (regroupement sous l'égide de la Banque de Paris et des P.-Bas des Hauts Fourneaux de la Chiers, des Forges de Châtillon-Commentry-Biache avec les Aciéries et tréfileries de Neuves-Maisons-Châtillon). **1978** fusion Usinor-Châtillon-Neuves-Maisons (baisse de la prod. de 15 % par rapport à 1974). **1979** Sacilor absorbe A. de Pompey. **1980-81** mise en application de l'article 58 du traité CECA permettant, en cas de crise, de contingenter la production pour redresser les prix. Constitution de la Cie française des aciers spéciaux par apport des usines spécialisées d'Usinor et de Creusot-Loire. Restructuration du groupe Empain-Schneider. **1981 (nov.)** l'État prend le contrôle de Sacilor et Usinor. **1982** nouveau plan de restructuration. Sacilor prend le contrôle de la SAFE, Ugine Aciers et de la Sté métallurgique de Normandie. **Contrôle des prix. De 1950 à 67** bloqués malgré la création de la CECA (Communauté européenne du charbon et de l'acier) en 1951, puis contrôlés (inférieurs de 5 à 20 % aux prix allemands) ; liberté des prix sous réserve de gros efforts d'investissement.

Efforts d'investissement du Ier au VIe Plan (en F constants, 1949). *Ier* : 2 261, *IIe* : 1 708, *IIIe* : 2 392, *IVe* : 4 025, *Ve* : 3 000, *VIe* ; 6 929 (a couvert 46,83 % de la charge globale de la sidérurgie).

En 1973 *augm. du coût des matières premières :* de 1969 à 74, prix de revient du pétrole (20 % de l'énergie consommée par la sid.) : + 6,8 % ; cokes d'importation : + 260 %. *Développement de la demande* (pour transport, recherche, stockage du pétrole) ; gros effort de financement. **De 1974 à 76** crise : volume des commandes tombe de 28,2 % (inflation, importante prod. de 1973 non résorbée) ; baisse de la production : *1975 :* de 20 %, *76 :* 14, *77 :* 18 (par rapport à 74). *Pertes : 1975-76 :* Usinor et Sacilor 2,45 et 1,95 milliards de F. *Endettement* (1977) : 38 milliards de F (pour un C.A. de 33,5 milliards). *Manque de productivité* de la sid. française : pour produire 1 t d'acier, il faut (en h de travail) : France 10,82 h, All. féd. 7,7, Belgique 7,2, Italie 6,7, Lux. 6,5, Japon 6 ; coexistence d'appareils productifs modernes (Fos, Dunkerque) et d'installations vétustes (30 % de l'ap. total). *Coûts salariaux :* France 168 F/t, All. féd. 194, Belgique 203. *Forte concurrence étrangère* à l'exportation (20 à 25 % du C.A. total) : le Japon couvre 70 % du marché sid. mondial ; prix compétitifs des nouveaux concurrents (Brésil, Venezuela, Iran, Mexique, Asie du S.-Est). **Plan « acier »** (avril 1977). Révision du VIIe Plan pour une rentabilité accrue : accroissement + lent de la production (*1976 :* 68,8 %, *77 :* 78, *80 :* 86, *83 :* 92,7). *Investissements :* **1977-80** 7 à 8 milliards de F, **1980-83** 5 dont pour Lorraine 50 %, Nord 30. *Endettement :* réduit de 104 % du C.A. (fin 1976) à 69 % en fin 1980 parallèlement à un relèvement des prix de l'acier.

1979-*24-7* convention sociale entre l'Union patronale de la sidérurgie et les syndicats. *Coût :* 7 milliards de F pour favoriser le départ de 20 000 salariés (prime de départ de 50 000 F, retraite anticipée à 50 ans pour 7 000 à 8 000 sal., etc.). *Nombre de sidérurgistes :* réduit de 157 000 (1974) à 110 000 (1980).

1984 la crise de l'économie mondiale continue de

peser sur le marché de l'acier. La Communauté européenne s'efforce d'obtenir des pays membres une réduction suffisante, pour que les capacités de production puissent assurer le retour à un équilibre durable des entreprises v. 1985-86. La même année, la France a mis sur pied un plan pour réduire les surcapacités, moderniser les unités qui se situent sur les marchés de l'avenir et assainir la situation financière des entreprises. Ce plan est accompagné de mesures sociales exceptionnelles.

• **Appareils de fabrication en France.** *Existants et en activité à la fin de* **1984** : Hauts fourneaux 25 ; Convertisseurs à l'oxygène 22 ; Fours électriques à arc 32 ; à induction 16.

• **Production de fonte** (en milliers de t, 1984 et, entre parenthèses, en %, 1983). *Fonte d'affinage :* 13 968 dont phosphoreuse 5 239 (39,3). *De moulage :* 738 (7,2). *Ferromanganèse :* 329 (1,9). *Autres fontes :* 4. *Total : 15 039.*

• **Production d'acier brut par procédés de fabrication** (1985) 18 808 000 dont en % oxygène pur 80,5, électrique 19,5.

Autres minerais et métaux

Sources : Imétal ; World Metal Statistics ; ONU.

☞ Or et uranium : voir Index.

Aluminium

Minerais

• **Bauxite** [des Baux (B.-du-R.) où elle fut découverte en 1821 par le minéralogiste Pierre Berthier] contient de l'alumine mono-hydratée (boehmite et diaspore) ou trihydratée (gibbsite ou hydrargilite).

Production minière (milliers de t, 1984). Australie 32 182. Guinée 14 738. Jamaïque 8 735. Brésil 6 271. Surinam 3 375. Yougoslavie 3 347. Hongrie 2 994. Guyana 2 485. Grèce 2 386. Inde 2 036. *France 1 529.* Indonésie 1 003. Sierra Leone 1 000. U.S.A. 856. Malaisie 680. Turquie 128. Ghana 64. *Monde 92 505.*

Réserves mondiales. 25 milliards de t (dont Guinée 6, Australie 5, Brésil 2,5, Jamaïque 2, Inde 1,2). Rés. extractibles de qualité commerciale : 10,5 t.

Principaux gisements en France. *Var* (Mazaugues, Tourves, St-Julien, Engardin, Rougiers, La Brasque, Doze, Combecave, Blanquette, Peygros, Les Codouls, Le Recoux, Pas-de-Recoux), *B.-du-Rh.* (Les Canonnettes, Le Mas-Rouge), *Hérault* (La Rouquette, Montplaisir, St-Farriol).

Principales usines consommatrices en France : us. d'alumine de Gardanne, La Barasse + cimenteries.

Consommation de bauxite (1985, en milliers de t) : usines d'alumine, 2 176 (dont 673 importées) ; cimenteries diverses 39 ; divers 4. **Perspectives :** réserves de bauxite extractible de qualité commerciale au 1-1-86 env. 8 500 000 t dans le Var, l'Hérault et les B.-du-Rh. (épuisées en 1992-93).

Nota. — Néphéline exploitée en U.R.S.S.

Métal

• **Fabrication. 1854**-*14-8* le Français Henri Sainte-Claire Deville (1818-81) invente la préparation industrielle par la méthode chimique (réduction par du sodium) qui sera la seule utilisée de façon suivie pendant 30 ans. **1886** le Fr. Paul Héroult (1863-1914) et l'Américain Charles Hall (1863-1914) découvrent le procédé électrolytique dont le principe n'a pas varié. L'aluminium est obtenu par électrolyse de l'*alumine* ou oxyde d'aluminium (Al_2O_3) dissoute dans un bain de *cryolithe* (AlF_3, 3 NaF) en fusion à 950°. Sous l'effet du courant continu, l'électrolyse est décomposée en aluminium qui va à la cathode (pôle −) et en oxygène qui va à l'anode (pôle +). Pour obtenir 1 t d'aluminium il faut env. 1,9 t d'alumine pouvant être obtenue à partir de 4 à 5 t de bauxite ; 50 kg de produits fluorés ; 14 à 15 000 kWh d'électr. haute tension.

Procédés n'utilisant pas la bauxite. Procédé H+ (Aluminium Pechiney, Groupe PUK) utilise tout minerai ne contenant pas de calcium (argiles, schistes, résidus de laveries des charbonnages) où l'alumine est liée à la silice sous forme de silicate d'alumine. Le minerai attaqué par l'acide sulfurique concentré et chaud donne du sulfate d'alumine puis, par dissolution et cristallisation dans l'acide chlorhydrique, du chlorure qui sera décomposé et calciné en alumine.

Les laboratoires Ames du Dép. américain de l'énergie extraient l'aluminium des résidus de charbon. Du chlore gazeux sec passe sur 2 lits de particules de cendres de charbon chauffées. Il se forme un mélange de chlorures dont on extrait le chlorure d'aluminium.

• **Production métallurgique d'aluminium de 1re fusion** (milliers de t, 1984). U.S.A. 4 099. U.R.S.S. 2 300 (est.). Canada 1 225. All. féd. 777. Norvège 761. Australie 755. Brésil 455. Chine 425 (est.). Venezuela 386. Espagne 381. *France 342.* G.-B. 288. Japon 287. Inde 268. Yougoslavie 267. P.-Bas 247. N.-Zélande 243. Italie 230. Roumanie 215 (est.). Bahreïn 177. Égypte 172. Rép. sud-africaine 167. Grèce 136. Argentine 134. *Total monde occidental 12 738.*

Capacités consolidées d'électrolyse des principaux producteurs d'aluminium de 1re fusion dans le monde (milliers de t, au 1-1-86 et, entre parenthèses, part du potentiel du monde occidental en %). Alcan (Canada) 1 838 (12,9), Alcoa (U.S.A.) 1 765 (12,4), Reynolds (U.S.A.) 1 137 (8), Kaiser (U.S.A.) 965 (6,8), Alusuisse (Suisse) 715 (5), Pechiney (France) 640 (4,5). L'aluminium est en *expansion* rapide ; il concurrence le cuivre (applications électriques, économie de 50 %) et l'acier [il est plus cher mais plus léger, 1 kg d'alum. remplace 2,5 kg d'acier ou 2 kg de cuivre, se corrode moins et est plus économique à travailler (usinage à vitesse élevée)]. Il existe de nombreux exemples d'alliages d'aluminium [*duralumin* (al. + cuivre + magnésium), *alpax* (al. + silicium)].

• **Consommation d'aluminium de 1re fusion** (milliers de t, 1984). U.S.A. 4 524. U.R.S.S. 1 800 (est.). Japon 1 744. All. féd. 1 152. Chine 630 (est.). *France 579.* Italie 438. G.-B. 369. U.E.B.L. 301. Brésil 289. Canada 240. All. dém. 218 (est.). Hongrie 193 (est.). Espagne 191. Yougoslavie 160. Suisse 135. Pologne 132 (est.). Norvège 127. Tchéc. (est.). *Monde occ. 12 594.*

• **En France. Consommation d'aluminium** (milliers de t, en 1985). Totale (électrolyse + affinage, corrigée du commerce extérieur des demi-produits) : 673 dont 1re fusion (1983) : 613,4.

Répartition des livraisons intérieures d'aluminium (en %, 1984). Transport 31,9. Construction électrique 15,9. Bâtiment 11,3. Emballage 9,9. Équipement domestique et de bureau 4,8.

Prix de l'aluminium (F/kg). *Lingot A5 1852 :* 5 000. *80 :* 150. *1900 :* 3,2 F-or. *75 :* 4,10. *76 :* 4,70 et 5,10. *77 :* 5,43 et 5,80. *78 :* 6,10. *79 :* 6,60 et 7. *80 :* 7,50 à 8,45. *81 (1-6) :* 8,95. *82 (3-5) :* 9,50. *83 (21-2) :* 10,15 ; *(1-4) :* 10,90. *(11-7) :* 11,90. *84 (16-1) :* 13,10. *86 (20-3)* 13,10.

Amiante

• **Minerai.** Connu depuis l'Antiquité (« pierre à coton »). 1860-70 1res applications techniques. *Variétés :* serpentine : chrysolite (silicate de magnésium hydraté), 95 % de la prod. mondiale ; amphiboles : crocidolite (silicate de fer et de sodium), amosite (silicate de fer et de magnésium), anthophyllite, trémolite, actinolite. **Propriétés.** Matière minérale, cristalline, fibreuse, incombustible, imputrescible, non conductrice de la chaleur et de l'électricité, possédant une très grande résistance mécanique et chimique. Aucun produit de remplacement ne réunit cet ensemble de propriétés.

• **Production minière** (milliers de t, 1984). U.R.S.S. 2 300. Canada 837. Afr. du S. 167. Zimbabwe 165. Chine 160. Italie 147. Brésil 136. U.S.A. 57. Australie 3,9 en 83. Divers 163. *Monde 4 235.*

• **Utilisation.** Amiante-ciment ; textiles, papier, cartons et feutres d'am. ; feuilles en am. et élastomères pour joints ; dalles et revêtements de sol ; garnitures de friction ; produits moulés ; peintures, mastics.

Amiante et santé. L'exposition prolongée et massive aux poussières d'amiante peut entraîner des effets biologiques : l'*abestose* (maladie professionnelle), fibrose pulmonaire se développant très lentement, complications possibles très rares, *cancer* bronchopulmonaire, qui paraît souvent lié à la présence de benzopyrène (fumée du tabac), *mésothéliome*, cancer primitif de la plèvre ou du péritoine, de diagnostic difficile, et dont le lien avec l'amiante n'est pas toujours démontré. *Normes limites d'empoussièrement* établies dans plusieurs pays (en fibres par cm³) : G.-B. 0,5 ; France, All. féd. 1 ; U.S.A. 2, prenant en compte les fibres visibles au microscope optique, de 5 microns ou plus de longueur et de diamètre inférieur à 3 microns.

Antimoine

Minerais. Stibine (sulfure) et oxydes. **Production minière** (milliers de t de métal contenu, 1983). Pérou 37,5. Pays de l'Est 20,9. Chine 13. Bolivie 9,9. U.R.S.S. 6,5. Afr. du S. 6,3. Mexique 2,5. Thaïlande 1,7. Turquie 1. Yougoslavie 0,9. Tchécoslovaquie 0,9. U.S.A. 0,7. Australie 0,5. Canada 0,5. Espagne 0,5. Maroc 0,4. *Monde occ. 27,5.* **Régule :** étape intermédiaire entre minerai et oxyde (1982). Chine 7. U.R.S.S. 3. Youg. 2,4. U.S.A. 2,3. Bolivie 2. G.-B. 1. Japon 0,5. *Monde 20,2.*

Utilisation. En alliage : ex. avec le plomb et l'étain pour caractères d'imprimerie, avec zinc *(métal anglais)* et dans divers alliages antifriction *(régule).*

Argent

Minerai. Pauvre (de 0,5 à 13 % à Largentière, France). Souvent associé aux filons de blende, pyrite, galène. **Production minière** (t, 1984). Mexique 1 986,7. Pérou 1 772,9. U.R.S.S. 1 600. U.S.A. 1 382,2. Canada 1 171. Australie 1 062,9. Pologne 744. Chili 486,6. Japon 323,6. Espagne 221,4. Afrique du Sud 217,6. C.E.E. 194,4. Suède 180,2. Bolivie 141,8. Yougoslavie 128. Maroc 126,6. Namibie 105,5. Chine 90. Honduras 80,7.

> En 1979, Nelson Bunker Hunt (Texan dont la famille possédait 3 à 5 milliards de $) a voulu s'assurer le contrôle du marché de l'argent, pour réaliser ensuite de très gros bénéfices. Il fit ainsi monter le cours de 6 $ l'once (31,1 g) à 50,35 $ en janvier 1980, mais le cours baissa brusquement à 11 $ le 27-3-80. Hunt frôla le krach.

Brome

Minerai. Extrait depuis 1926. Se trouve dans l'eau de mer (à plus de 99 %), les végétaux marins, certaines sources minérales : lacs salés (Ohio, chotts tunisiens) et dans les gisements de chlorure (Staffurt et Alsace). Le br. (liquide au-dessus de − 7°) est obtenu en traitant par le chlore les solutions de bromure. **Production** (milliers de t, 1984). U.S.A. 175. Israël 90. U.R.S.S. 70. *Monde 388.*

Utilisation. Produits pharmaceutiques, chimiques, ignifuges ; traitement de l'eau.

Cadmium

Minerais. Ceux du zinc, contenant tous du sulfure de c. en quantités infimes. **Production minière.** V. zinc. **Production métallurgique** (en t, 1984). U.R.S.S. 2 750. Japon 2 400. U.S.A. 2 066. Canada 1 774. Belgique 1 450. All. féd. 1 111. P.-Bas 636. Finlande 614. Pologne 600. Italie 515. Corée du S. 460. *France 447.* Pérou 443. G.-B. 390. Chine 350. Zaïre 300. Espagne 290. Brésil 225. Bulgarie 200. *Monde occ. 15 123. Monde entier 17 663,4* (en 1983).

Utilisation. Protection des métaux ferreux, accumulateurs, pigmentation.

Chrome

Minerai. Chromite (oxyde double de fer et de chrome). **Production de chrome** (milliers de t, 1984). Afr. du S. 3 006. U.R.S.S. 3 000 (est.). Albanie 870 (est.). Turquie 487. Zimbabwe 477. Finlande 446. Inde 442. Brésil 350. Philippines 257. *Monde 9 690.*

Réserves métallurgiques. Afr. du S. et Rhodésie 96 %, également Philippines et Turquie.

Utilisation. En revêtement pour des aciers inoxydables ou pour des alliages, nickel-chrome (résistance électrique). Industrie chimique : jaune de chrome, chromates.

Cobalt

Minerais. Smaltine, arséniures ou sulfures doubles de cobalt et de nickel.

Production minière [t. de métal contenu, 1984 (est.)]. Zaïre 9 077. U.R.S.S. et Cuba 3 600 [2]. Zambie 3 472. Canada 1 628. Finlande 1 453. Australie 970. *France 114. Monde 17 800.*

Production métallurgique. U.S.A., Canada, Finlande, Rhodésie.

Utilisation. Alliages spéciaux résistants à haute température (pour aimants) ; sels de cobalt pour couleurs, vernis, émaux, catalyse.

Nota. — (1) 1982. (2) 1983.

Cuivre

Minerais. Un des rares métaux se trouvant parfois à l'état pur (ex. en Bolivie), aussi fut-il utilisé avant le bronze (alliage étain-cuivre) et le fer. Sulfures (pyrites), carbonates, oxydes. Les pyrites sont concentrées à 33 %, puis affinées par grillage (affinage à 75 %), traitées en convertisseur et purifiées par électrolyse. *Plus grandes mines :* Bingham Copper Mine (U.S.A.), Chuquimita (Chili, à 3 000 m d'alt. à ciel ouvert, prof. 100 m).

Production minière (milliers de t de métal contenu, 1984). Chili 1 290. U.S.A. 1 091,3. U.R.S.S. 1 020. Canada 712,4. Zambie 564. Zaïre 500,7. Pologne 431. Pérou 364,1. Australie 239,6. Philippines 233,4. Afr. du S. 212. Mexique 189,1. Chine 180. N.-Guinée 164,4. Yougoslavie 137,6. *Monde occ. 6 371,2. Monde 8 282,9.*

Production de cuivre raffiné (milliers de t, 1984). U.S.A. 1 499,8. U.R.S.S. 1 380. Japon 935,2. Chili 879,2. Zambie 521,9. Canada 504.3 All. féd. 378,8. Pologne 372,3. Chine 320. Belg. 314. Zaïre 307,8. Pérou 219. Australie 197,2. Espagne 156,4. Afr. du S. 148,4. Corée du S. 140,6. G.-B. 136,8. Yougoslavie 127,7. *Monde occ. 7 197,8. Monde 9 539,3.*

Consommation de cuivre raffiné (milliers de t, 1983). U.S.A. 2 041. Japon 1 368,3. U.R.S.S. 1 280. All. féd. 791,7. *France 411,5.* Chine 390. G.-B. 352,9. Italie 348. Belg. 299,3. Canada 231. Brésil 189,2. Corée du S. 188. Pologne 182,1. Yougoslavie 148. T'ai-wan 136,4. Suède 116,2. Australie 116. All. dém. 116. Espagne 113,6. *Monde occ. 7 574,2. Monde 9 817,3.*

Nota. — Cuivre rouge et cuivre jaune. A l'état natif, il n'y a que du cuivre rouge. Le cuivre jaune est du laiton (alliage de cuivre et de zinc).

Diamant

Voir aussi p. 393.

Diamants naturels. Monocristal constitué d'atomes de carbone contenant une très faible proportion d'impuretés dont la disposition dans la structure cristalline détermine 2 familles : diamants de type I et II. Il cristallise dans le système cubique, mais se présente à l'état naturel sous des formes dérivées du cube primitif (octoèdre, dodécaèdre, hexaoctaèdre...). Les diamants se sont formés il y a des millions d'années dans la lave des volcans actifs. L'érosion et les pluies les ont disséminés. Ainsi trouve-t-on 3 types de gisements : *primaire :* terre bleue des cônes volcaniques ; *éluvionnaire :* terre jaune proche du gîte primaire ; *alluvionnaire :* à grande distance dans le lit des fleuves actuels ou anciens.

Il faut traiter 250 t de minerai en moyenne pour une pierre taillée d'un carat.

On distingue 2 000 catégories de diamant brut. Le *boart,* pierre de qualité secondaire (17,4 millions de carats en 1982), est broyé pour être utilisé sous forme d'abrasif.

Production (en millions de carats, en 1984). Zaïre 12,2. U.R.S.S. 12. Afrique du S. 10,6. Botswana 10,7. En 1982 : Australie 5. Angola 1,3. Ghâna 1. Namibie 1. Venezuela 0,75. Tanzanie 0,38. Liberia 0,5. Brésil 0,5. Rép. centrafr. 0,3. Sierra Leone 0,25. C.-d'Ivoire 0,1. Divers 0,1.

En 20 siècles, 230 t de diamant ont été produites dans le monde, nécessitant l'extraction de 5 milliards de t de terre et de roches.

Du *grand trou* de Kimberley en Afr. du S. (découvert en mai 1871, prof. 1 098 m, diam. 463 m, circonf. 1 600 m, surface 16 ha), 23 millions de t de terre ont été extraites qui ont donné 3 t de diamant.

Marché. La De Beers, créée en 1880 par Cecil John Rhodes, contrôle à travers la C.S.O. (Central Selling Organization) 80 % des ventes de diamants bruts dans le monde. Elle vend les diamants qu'elle produit elle-même ou qu'elle achète à l'étranger (ex. : U.R.S.S., Afrique centrale).

Les États-Unis absorbent 60 % de la production mondiale. En cas de récession en Amérique (ex. : 1970), les cours du diamant baissent.

Env. 2,4 millions de $ de diamants quitteraient l'Afr. du S. et le S.-O. africain en contrebande chaque année, et 12 millions la Sierra Leone. La moitié de la production de diam. industriels du Zaïre serait écoulée de la même façon.

Utilisation. Joaillerie 20 %, ind. mécanique (meules, dresseurs, outils coupants, filières...), ind. de la pierre et des trav. publics (disques diamantés...), forages pétroliers (trépans, couronnes...), du verre (meules de forme, forets), pâtes diamantées, etc. 80 %.

Consommation de diamants par la joaillerie. % par nombre de pièces et, entre parenthèses, en valeur (1982). U.S.A. 35 (33), All. féd. 6 (5), Indonésie 6 (2), Japon 5 (16), Italie 4 (4), Brésil 4 (3), Philippines 4 (1), Corée 2 (3), *France 2 (2),* Canada 2 (2).

Diamants industriels. Obtenus par cristallisation du carbone sous des pressions et des températures très élevées. Les premiers résultats sont dus à James Hannay en 1880 et Henri Moissan en 1894, mais la synthèse réelle et contrôlée ne fut réalisée qu'en 1953 par la Sté A.S.E.A. (Suède), associée aujourd'hui à la De Beers (Afr. du S.), et, en 1955,par la General Electric (U.S.A.) sous forme de boart synthétique.

Étain

Minerai. *Le plus répandu :* cassitérite (SnO_2). En *France :* la mine de St-Renan (Finistère) fut épuisée en 1975.

Production minière (milliers de t, 1984). Malaisie 41,3. Indonésie 23,2. Thaïlande 21,6. Brésil 19,9. Bolivie 19,9. Australie 7,9. G.-B. 5. Pérou 2,9. Zaïre 2,4. Afr. du S. 2,3. Birmanie 1,9. Nigeria 1,3. Zimbabwe 1,2. Rwanda 1,2. *C.E.E. 5,047. Monde 167,3.*

Production raffinée (milliers de t, 1984). Malaisie 46,9. Indonésie 22,5. Thaïlande 19,7. Brésil 18,9. Bolivie 15,8. G.-B. 7,1. P.-Bas 6,2. U.S.A. 4. Singapour 3,5. Espagne 3,4. Australie 2,7. Afr. du S. 2,2. Japon 1,3. Nigeria 1,2. *C.E.E. 13,3. Monde 161,2.*

Consommation d'étain raffiné (milliers de t, 1984). U.S.A. 37,8. Japon 33,3. All. féd. 15,6. *France 7,8.* G.-B. 5,8. P.-Bas 4,8. Italie 4,5. Brésil 4,3. Canada 4,1. Espagne 3,9. Rép. de Corée 3,6. Pologne 3,6. Tchéc. 3. Australie 2,6. *C.E.E. 40,7. Monde 164,8.*

Utilisation. Allié au cuivre : donne *bronze ;* au plomb : *soudure ;* à l'antimoine : *métal blanc* (antifriction). L'étamage de la tôle fine donne le *fer-blanc.* La *poterie d'étain* contient 92 à 96 % d'étain, 6 % d'antimoine, 1 à 2 % de cuivre.

Produits et % du total utilisé. Fer-blanc 38, soudures 25, bronzes 7, antifrictions 5, composés chimiques 12, dépôts d'étain 6, divers 7.

Lithium

Minerai. Rare. Trouvé sous forme de silicates (lépidolite, triphane, triphyline, amblygonite). **Production** (t, 1984). U.R.S.S. 55 000. Zimbabwe 22 546. Chine 15 000. Australie 13 200. Chili 2 557. Brésil 1 134 dont (en 83 pétalite 2 760, spodumène 220, amblygonite 220, lépidolite 55). Portugal 600. Argentine 152. U.S.A. secret (1 seule société).

Utilisateurs. Autrefois : céramistes, soudeurs, pharmaciens. Aujourd'hui, ind. atomique (sous forme d'alliage) ; verres (augmenter résistance au choc), écrans de télévision (barrières pour rayons X), céramiques, émaux et lubrifiants.

Magnésium

Minerais. *Magnésite* ou giobertite (carbonate de magnésium Mg CO_3). *Chlorure de magnésium* en salines naturelles (*carnalite :* chlorure double de magnésium et de potassium) ou en solution dans l'eau de mer (0,5 %). Métal extrait par électrolyse ignée. *Dolomite* (carbonate double de magnésium et calcium) ; le métal est extrait par le procédé français Magnétherm (réduction par ferrosilicium).

Production (milliers de t, 1984). U.S.A. 114,4. U.R.S.S. 85. Norvège 48,3. *France 12,8.* Chine 8,5. Italie 8,2. Canada 8. Japon 7,1. Yougoslavie 5,1. *Monde 328,7.*

Production métallurgique 2e fusion (milliers de t). U.S.A. 43,6. Japon 15,7. G.-B. 1.

Utilisation. Alliages ultra-légers (magnésium avec aluminium et zinc, aluminium et cuivre, cérium ou zirconium). Employé en aéronautique. Extrait du minerai et de l'eau de mer qui en contient 1,3 kg par m^3 (usine de la Dow Chemical à Freeport, Texas).

Manganèse

Minerais. *Pyrolusite* (oxyde mixte de manganèse et de fer), *hausmannite* (Mn_3O_4), *rhodocrosite* (carbonate, $MnCO_3$).

Production minière (milliers de t, 1984). U.R.S.S. 10 100. Afr. du S. 3 049. Brésil 2 500 (est.). Gabon 2 135. Australie 1 849. Chine 1 600. Inde 1 130. Mexique 476. *Monde 23 620.* La France fut le 1er producteur devant Russie, All., G.-B. en 1885, mais en 1910, les gisements français furent épuisés.

Utilisation. Alliages ferreux et cuivreux et sous forme de *ferromanganèse* ou de *spiegel* pour la fabrication de la fonte et de l'acier. Bioxyde de manganèse utilisé dans les piles sèches (Leclanché) et les condensateurs électrolytiques.

Mercure

Minerai. Appelé cinabre (HgS). **Production** (en milliers de t, 1984). U.R.S.S. 1,6. Espagne 1,52. Chine 0,8. U.S.A. 0,66. Mexique 0,38. Algérie 0,38. Turquie 0,18. Tchécoslovaquie 0,14. *Monde 5,81.*

Utilisation. Appareillage électrique, instruments de physique, industrie chimique et dans des alliages dits *amalgames* (avec argent, zinc, cuivre, étain, or). En 1978, 200 t de mercure consommées en France (ind. du chlore 37, dentisterie 28, piles et accumulateurs 22). Chaque année 450 t de déchets contenant plus de 1 % de mercure (env. 60 t) sont jetés. Il faudrait les traiter pour récupérer le mercure.

Molybdène

Minerais. *Plombs de mer* ou *molybdénite* (sulfure, MoS_2) traitée par grillage. **Production minière** (milliers de t, 1984). Chili 16,9. U.S.A. 46,9. U.R.S.S. 11 [1]. Canada 10,8. Mexique 4,1. Pérou 3,1. Chine 2 [1]. Mongolie 0,7 [1]. Bulgarie 0,2 [1]. Japon 0,1. *Monde occ. 81,9. Monde entier 60,4* [1].

Utilisation. En alliage dans les aciers. Éléments de chauffage à résistance, réfractaires.

Nota. — (1) 1983.

Nickel

Histoire. Antiquité. Le fer météorite qui contient une forte proportion de nickel est utilisé, ex. : pour fabriquer des armes. Le *packfong* de Chine (cuivre 78 %, nickel 20 %) est utilisé par les Bactriens pour leurs monnaies. **Début du XVIIIe s.,** en Saxe, on produit à partir de minerais locaux un métal qui, présentant des difficultés pour sa mise en œuvre, est appelé « Kupfernickel » (c.-à-d. cuivre du vieux Nick ou cuivre du diable). **1751,** le Suédois Cronstedt réussit à isoler ce nouveau métal.

Minerais. *Oxydés,* formés par la modification chimique de roches de surface sous climat tropical, exploités à ciel ouvert ; teneur de 1,8 %. Seuls les minerais latériques silicatés (notamment la *garniérite* de N.-Calédonie, teneur moyenne 2,8 %) ont été jusqu'ici exploités. Constituent l'essentiel des réserves mondiales. 1ers complexes miniers entrés en pleine production entre 1972 et 1975 au Guatemala, St-Domingue, N.-Calédonie, etc. *Sulfurés :* le plus souvent extraits en profondeur, alliés à des minerais annexes, teneur élevée : 70 % de la production mondiale. Mais la teneur des gisements exploités et les réserves reconnues diminuent rapidement. **Réserves** (%). N.-Calédonie 24,3, Canada 13,9, U.R.S.S. 13,1, Australie 9,1, Indonésie 4, *Monde occid. 78,2, à économie planifiée 21,8.*

Production minière (milliers de t, 1984). U.R.S.S. 172 [1]. Canada 161,8. Australie 75,2. Nlle-Calédonie 49,4. Cuba 39,2 [1]. Indonésie 34,5. Afrique du S. 20,5. Botswana 18,6. Philippines 12,8. Colombie 16,6. Rép. Domin. 22,4. Chine 15 [1]. Brésil 12,7. Albanie 9 [1]. *Monde occ. 469,7. Monde entier 651,6* [1].

Nota. — (1) 1983.

Production métallurgique (milliers de t, 1984). U.R.S.S. 192 [1]. Canada 99,6. Japon 86,3. Australie 38,7. U.S.A. 30,7. Norvège 35,5. Cuba 21 [1]. N.-Calédonie 29,2. Rép. Domin. 22,4. Afrique du S. 18,4. Colombie 16,6. Finlande 15,3. Chine 13,5 [1]. Brésil 12,7. *Monde occ. 472,2. Monde entier 685,7* [1].

Nota. — (1) 1983.

Prix. De tous les métaux non ferreux, le nickel exige les plus lourds investissements : pour créer une capacité de production annuelle de métal de 1 kg, il faut investir pour le nickel : 6 $ (cuivre 3, aluminium 1,5, plomb ou zinc 0,7).

Consommation (milliers de t, 1984). U.R.S.S. 140 [1]. U.S.A. 130,4. Japon 126,7. All. féd. 86,9. *France 27,5.* G.-B. 26,2. Italie 25,3. Suède 18,1. Inde 13. All. dém. 9 [1]. Brésil 8,7. Tchécoslovaquie 8 [1]. Canada 4,8. *Monde occ. 523,7. Monde entier 683* [1].

Nota. — (1) 1983.

Utilisation. Entre dans plus de 3 000 sortes d'aciers et alliages. Pur (99 à 99,9 %), il est employé pour le nickelage, dans l'industrie chimique et pour la fabrication des monnaies. **Perspectives.** Aucun produit de remplacement n'a été découvert. *Risque :* la demande ne devrait donc pas être réduite à long terme (comme le cas se présente pour le cuivre concurrencé par l'aluminium).

Depuis 1978, crise liée à celle de la sidérurgie. La S.L.N. (Sté Le Nickel), filiale d'exploitation à 50 % d'Imétal et 50 % d'Elf-Aquitaine, pour un C.A. de 1,5 milliard de F, a perdu en 1981, 288 millions de F l'endettement atteignant 2,5 milliards de F.

Or

(Voir à l'Index)

Phosphates

Généralités. Sels de calcium, naturels, formés le plus souvent par la décomposition d'animaux marins dont les cadavres forment des amas d'épaisseurs considérables. Mat. première (insoluble) dont sont tirés les engrais phosphatés (phosphates bicalciques et superphosphates, solubles) après traitement industriel ; ils restituent aux terres le phosphore exporté par les récoltes, sous forme de phosphates minéraux. **Réserves** (%). Nlle-Calédonie 24,3. Canada 13,9. U.R.S.S. 13,1. Australie 9,1. Indonésie 4. *Monde 78,2.*

Production (phosphates naturels, milliers de t, 1983). U.S.A. 42 578. U.R.S.S. 27 000. Maroc 20 106. Chine 12 500. Tunisie 5 924. Jordanie 4 749. Brésil 3 208. Israël 2 969. Afr. du S. 2 742. Togo 2 081. Nauru 1 684. Sénégal 1 249. Ile Christmas 1 094. Algérie 893. Mexique 700. Égypte 647. Inde 600. Corée du N. 500. *Monde 135 000.*

Nota. — En 1975, le Maroc occupa le gisement de Bou Craa tenu par le Polisario (minerai à 70 % de teneur au lieu de 35 % au Maroc) et augmenta le prix (14 à 68 $ la t en 1974) pour suivre l'augmentation du prix du pétrole. En 1979, le prix de la t est revenu entre 30 et 36 $.

Platine

Minerais. Sperrylite (arséniure, Pt As_2), dans les minerais nickelifères. **Production minière** (t, 1984). U.R.S.S. 115. Afrique du S. 90. Canada 10,8. Japon 1,7. Australie 0,8. Colombie 0,3. *Monde 220.* **Réserves connues.** Afr. du S. 79,9 %, U.R.S.S. 19,2 %.

Utilisation. Catalyseur pour le traitement des gaz d'échappement des automobiles (débouchés incertains). Si toute l'essence consommée aux U.S.A. devait être traitée au platine, les besoins s'élèveraient à 3 millions d'onces. Catalyseur dans l'ind. du raffinage et l'ind. chimique (procédés nouveaux peuvent le conserver). **Principaux consom.** Japon, U.S.A.

Plomb

Production minière (milliers de t, 1984). U.R.S.S. [1] 580. Australie 427,1. U.S.A. 330,8. Canada 302,4. Pérou 194,1. Mexique 181,4. Chine 160 [1]. Yougoslavie 123,3. Maroc 100,7. Espagne 96,9. Bulgarie 95 [1]. Suède 80. *Monde occ. 2 354,2. Monde entier 3 445* [1].

Nota. — (1) 1983.

Production de plomb raffiné (milliers de t, 1984). U.S.A. 922,5. U.R.S.S. 800 [1]. All. féd. 357,2. Japon 361,5. G.-B. 331,3. Canada 254,4. Australie 216,2. *France 205,7.* Chine 195 [1]. Mexique 172,4. Espagne 162,7. Italie 132,4. Belgique 199,6. Bulgarie 116 [1]. *Monde occ. 3 909,3. Monde entier 5 347,1* [1].

Nota. — (1) 1983.

Consommation de plomb raffiné (milliers de t, 1984). U.S.A. 1 093. U.R.S.S. 805 [1]. Japon 393,6. All. féd. 336,5. G.-B. 295,3. Italie 236,4. Chine 220 [1]. *France 210,5.* Canada 119,8. Bulgarie 117 [1]. Yougoslavie 114,5. Espagne 108,1. All. dém. 98 [1]. Mexique 86,5. *Monde occ. 3 827. Monde entier 5 228,5* [1].

Nota. — (1) 1983.

Utilisation. Batteries d'accumulateurs, gaines de câbles électriques, tuyaux, équipements de l'industrie chimique, insonorisation, antivibrations, pigments en peintures, antidétonant dans les carburants (plomb tétraéthyle). Cristallerie, verrerie, protection contre rayons X et contre rayons gamma (industrie nucléaire), alliages antifrictions, plomb de chasse, capsules plomb-étain de surbouchage pour vins et liqueurs, caractères d'imprimerie, alliages fusibles, tests, etc.

Carburants. Usages tendant à décroître (pollution). Producteurs et utilisateurs de plomb doivent prendre des mesures de prévention contre le *saturnisme* (maladie profess.). On dit que dans la période romaine, par ignorance de ses effets, l'aristocratie aurait été décimée (le plomb était utilisé dans les cosmétiques, les chaudrons, les tuyauteries, la vaisselle).

Potasse

État naturel. Sels de potassium : *sylvinite* (chlorure KCl, NaCl), *kainite* (sulfate), *carnallite* (chlorure K Cl, Mg Cl_2 6 H_2O).

Production (en milliers de t métriques de K_2O contenu en 1984). U.R.S.S. 9 800 (est.). Canada 6 972. All. dém. 3 463 (est.). All. féd. 2 645. *France 1 739.* U.S.A. 1 564. Israël 1 127. Espagne 677. G.-B. 319. Jordanie 291. Italie 127. *Monde 28 756.*

Radium

Minerais. *Pechblende* (Katanga), *autunite* (Portugal), *carnotite* (U.S.A.), *bétafite* (Madagascar).

Production minière. *1900-14 :* 2 à 3 g par an (valeur : plusieurs centaines de mille francs-or), en Bohême. *1914-20 :* 22 g env. au Colorado (U.S.A. ; minerai d'uranium). *1920-63 :* Congo (60 g), Canada (70 g en 1939). Aucune statistique officielle. **Métallurgique.** Belgique (Oolen), U.S.A., G.-B., Autriche.

Sel gemme ou halite

Principaux gisements. All. dém. : Stassfurt. *All. féd. :* Borth, Heilbronn, Braunschweig-Lüneburg. Niedersachsen-Riedel. *Autriche :* Salzbourg. *Espagne :* Sarogoza, Jaen. *G.-B. :* Winsford. *P.-B. :* Delfzijl, Hengelo. *Pologne :* Weilicka, Bochnia. *Roumanie :* Slanic. *Suisse :* Schweizerhalle, Bex. *France :* Meurthe-et-Moselle, Jura et Pyrénées-Atl., Manosque, Vauvert ; 1re mine ouverte au XVIIIe s. Seule la mine de St-Nicolas en Lorraine est encore exploitée (prof. 160 m, épaisseur 4,50 m). Salins, Château-Salins, Lons-le-Saunier, Salies-de-Béarn tirent leur nom du sel gemme de leur sous-sol.

Production mondiale (millions de t, 1985). U.S.A. 39,7. U.R.S.S. 18,5. Chine 18. All. féd. 12,3. Canada 11,5. Inde 8,4. *France 7,9.* G.-B. 7,2. Pologne 4. *Monde 187.*

Principales sociétés (capacité en millions de t, 1982). Akzo (P.-Bas, All. féd., U.S.A., Brésil) 13, Solvay (France, All. féd., Benelux, Espagne) 11, Morton 9, ICI (G.-B.) 8, Cargill 7.

Production française de sel (en milliers de t, 1985). S. en dissolution 4 200. S. marins 1 430. S. ignigène 1 150. S. thermique 730. S. gemme 360.

Sociétés. Cie des Salins du Midi et des Salines de l'Est, Solvay et Cie, Mines de Potasse d'Alsace.

Utilisation. Alimentation humaine et animale, ensilage, production de chlore et de soude, textiles, verre, grès, cuirs et peaux, boues de forage, adoucissement des eaux, déneigement.

Consommation française de sel cristallisé (1984). 2 268 000 t dont (en %) ind. chim. 40,1, déneigement 22, ind. diverses 17,5, humaine 14,7, agric. 5,7.

Nota. — Depuis 1910, les mines de potasse d'Alsace exploitent (au N.-O. de Mulhouse) la sylvinite [mélange de chlorure de potassium (engrais) et de chlorure de sodium].

Soufre

Minerais. *Soufre élémentaire* extrait directement de gisements ou récupéré de certains gaz naturels (ex. : à Lacq). *Pyrite :* acide sulfurique produit à partir des gaz de fonderie et des gaz polluants.

Production (millions de t, 1984). U.S.A. 9 407. Canada 5 730. Pologne 4 990. U.R.S.S. 4 000. Mexique 1 847. *France 1 751.* Autres pays 5 601.

Thorium

Minerais. *Monazite, thorite, thorianite, uranothorianite.* **Production mondiale.** 100 à 150 t par an (besoins nucléaires actuels 50 t par an). **Production mondiale** (t métrique en 1983) Th. contenu 1 360 (U.R.S.S. non connu). **Utilisation.** Alliages légers résistant à la chaleur. Revêtement des cathodes.

Titane

Minerais. *Ilménite* (25 % de titane) et *rutile* (96 %). **Production minière** (milliers de t, 1984). *Ilménite :* Australie 1 160. Norvège 661. U.R.S.S. 440. *Monde 3 245. Rutile :* Australie 182. *Monde 353. Scories :* Canada 725. Afr. 420. *Monde 1 095.* **Production métallurgique** (éponge de titane, intermédiaire entre minerai et métal, 1981). U.R.S.S. 41 700 t par an, U.S.A. 22 100, Japon 15 400, G.-B. 2 700. Chine 2 000. *Monde 85 000.*

Utilisation. Pièces de projectiles, missiles, avions à réaction ; chimie, pigment blanc pour les peintures. **Consommation française.** *1980 :* 1 000 t, *82 :* 2 000 t.

Tungstène

Minerais. *Wolframite, tungstate, ferromanganèse. Gisements :* Costabona (Pyr.-Or. à 2 400 m) et Leucamp (Cantal).

Production minière (milliers de t de métal contenu, 1984). Chine 13,5. U.R.S.S. 9,1. Canada 3,43. Corée du S. 2,7. Bolivie 2,05. Australie 1,85. Autriche 1,63. Portugal 1,49. U.S.A. 1,2. Brésil 1,04. *Monde 44,69.* **Production métallurgique.** 38 925 t en 83 (1re fusion). 10 100 t (2e fusion).

Utilisation. Acier et alliages pour outils à coupe rapide.

Nodules polymétalliques

Définition. Concrétions de quelques centimètres à 1 m, formées de couches métalliques concentriques contenant principalement des oxydes de métaux à teneurs faibles : manganèse, fer, silicium, aluminium, sodium, calcium, magnésium, cobalt, nickel, cuivre, titane, vanadium.

Formation annuelle : env. 10 milliards de t ; concentration voisine de 40 000 t/km².

Situation. Fond de l'océan Pacifique [env. 1 500 milliards de t dont manganèse 360 (réserves continentales reconnues 1), nickel 15 (r. c. 0,0015), cuivre 7,5 (r.c. 0,1), cobalt 5,2 (r. c. 0,001)], dans certaines parties de l'Atlantique (en densité variable et de 1 000 à 6 000 m), au large de La Réunion (densité jusqu'à 100 kg au m², teneur 0,5 à 1 %). On peut exploiter ceux qui ont 7 kg de densité par m² et contiennent 2,6 % de leur poids sec en nickel, cuivre et cobalt (le fer : 25 à 30 % du poids, est inintéressant, le manganèse : 29 à 30 %, intéresse les U.S.A.).

Exploitation. 3 techniques de remontée (système hydraulique, système « ligne continue de bennes », chantier sous-marin à navettes autonomes). Le *Cyana,* submersible de poche français (1980) peut recueillir les roches à 4 000 m de fond à l'aide d'un bras articulé fixé sur la proue. A partir de 1983, remplacé par S.M. 97, en titane (jusqu'à 6 000 m de fond). Des camions sous-marins télécommandés pourront être employés (se déplaçant sur une chenille).

Le Commissariat à l'énergie atomique, le Bureau de recherches géologiques et minières (B.R.G.M.) et les chantiers de France-Dunkerque participent en France aux travaux et IFREMER explore des gisements à partir de la Polynésie française, depuis 1970, en association avec la Sté Le Nickel.

On exploite déjà au large des côtes des gisements superficiels formés d'éléments alluviaux et de dépôts côtiers : places d'or, de diamants (au large du Sud-Ouest africain), d'étain (mer de Chine et Cornouaille britannique), de sables ferrugineux, de minéraux divers. L'exploitation des nodules risque, d'ici 10 ou 15 ans, de bouleverser le marché de certains métaux. Ceux de l'Atlantique et de l'océan Indien sont jugés non rentables aujourd'hui, car ils ne renferment que du cobalt et du manganèse. Ceux de la zone explorée du Pacifique représentent l'équivalent des réserves terrestres de cobalt et de manganèse, le tiers de celles de cuivre, le sixième de celles de nickel.

Les nodules pourraient servir la demande de 1980 à 100 % pour le manganèse, à 65 % pour le nickel, à 6,5 % pour le cuivre, à 400 % pour le cobalt.

Vanadium

Minerais. *Patronite, vanadite, carnotite, ferrovanadium.* **Production minière** (t de métal contenu, 1984, estim.). Afrique du S. 12 517. U.R.S.S. 9 500. Chine 4 500. U.S.A. 1 457 + 1 509 (contenu des résidus pétroliers). Finlande 3 064. Japon 700 (résidus). *Monde 31 100 + 2 209.* **Production métallurgique.** Néant.

Utilisation. Affinage de l'acier, alliages spéciaux, gainage des combustibles nucléaires dans les surrégénérateurs.

Zinc

Minerais. Souvent associé au plomb. *Blende* ou *sphalérite, wurtzite* (sulfures) ; *smithsonite, hydrozincites* (carbonates) ; *franklinite, zincite* (oxydes) ; *calamine, villemite* (silicates).

Production minière (milliers de t de métal contenu, 1985). Canada 1 175. U.R.S.S. 1 025 [1]. Australie 703. Pérou 583. Mexique 312. Japon 253. U.S.A. 238. Espagne 221. Suède 212. Irlande 192. Pologne 189 [1]. Chine 160 [1]. Afr. du S. 128. Corée-du-N. 120 [1]. All. féd. 118. Brésil 85. Zaïre 74. Danemark 70. Finlande 70. Yougoslavie 66. Bulgarie 68 [1]. Corée-du-S. 45. Bolivie 39. *Monde occ. 5 101,5* [2]. *Monde entier 6 537,9* [1].

Nota. — (1) 1983. (2) 1984.

Production métallurgique (milliers de t, 1985). U.R.S.S. 1 060 [1]. Japon 740. Canada 692. All. féd. 367. U.S.A. 320. Australie 298. Belgique 270,7 [2]. *France 247*. Espagne 218. Mexique 182. Finlande 161. Pérou 163. Italie 155 [1]. *Monde occ. 4 633,7* [2]. *Monde entier 6 303,2* [1].

Nota. — (1) 1983. (2) 1984.

Consommation (milliers de t, 1985). U.R.S.S. 1 050 [1]. U.S.A. 950. Japon 780. All. féd. 409. Chine 300 [1]. *France 247*. Italie 226,6 [2]. G.-B. 185,4 [2]. Belgique 171 [2]. Canada 143. Pologne 142,6 [1]. Corée-du-S. 125. Espagne 106. *Monde occ. 4 409* [2]. *Monde entier 6 154* [1].

Nota. — (1) 1983. (2) 1984.

Utilisation. Galvanisation, peintures. *Alliages :* laiton, maillechort, métal delta, Zamark-Bâtiment : couvertures et accessoires.

Terres rares ou lanthanides

Définition. Éléments de terres rares (*n° 57 :* le lanthane). *On distingue : 1° les lanthanides légers* ou *terres cériques* (lanthane, cérium, praséodyme, néodyme) ; 2e *les l. lourds* ou *terres yttriques* (samarium, europium, gadolinium, terbium, dysprosium, holmium, erbium, thulium, ytterbium, lutecium et yttrium).

Minerais. Plus de 200 minéraux contiennent des terres rares, mais seuls la *monazite* (phosphate à cérium dominant), la *bastnaesite* (fluocarbonate à cérium dominant) et le *xénotime* (phosphate à yttrium dominant) ont une importance industrielle.

Gisements : sables de plage : monazite et xénotime en compagnie de minerais de titane (ilménite, rutile), de zirconium (zircon) et quelquefois d'étain (cassitérite) ; *roches :* associés aux complexes alcalins : bastnaésite ; *minerais mixtes fer-terres rares :* exploités en Chine du Nord.

Production. Mondiale env. 30 000 t de concentrés de terres rares (dont U.S.A. 20 000 t, Inde, Australie, Brésil, Malaisie).

Réserves. Mondiales : + de 100 000 000 de t d'oxyde de terres rares contenues dans le minerai (Chine 100 000 000, U.S.A. 5 000 000, Inde 1 000 000). La France possède en Bretagne un gisement de monazite riche en europium mais inexploitable vu le prix de revient de l'extraction. Rhône-Poulenc est la 1re sté mondiale productrice de terres rares séparées.

Utilisation. Métallurgie et sidérurgie, industrie du pétrole, verrerie et céramique, télévision couleur, manchon à gaz, luminophore pour radiographie médicale (oxyde de gadolinium), pour lampes à vapeur de mercure basse pression (tubes fluorescents), applications nucléaires. Mémoires à bulles (oxyde de gadolinium), aimants permanents samarium cobalt à très hautes performances, catalyse de postcombustion (oxyde de cérium).

Consommation mondiale pour la luminescence : oxyde d'yttrium : env. 400 t/an, d'europium 20 t/an.

Parfumerie

Généralités

Définition

La parfumerie est l'art du mélange de produits aromatiques d'origines naturelle et synthétique pour l'obtention d'une solution alcoolique odorante, harmonieuse et stable. Le mélange (appelé « concentré ») sert de base généralement aux produits de parfumerie (notamment de parfumerie fine, composés à partir de ce concentré dilué en certaines proportions dans de l'alcool éthylique qui sert de support et d'amplificateur de l'odeur).

Matières premières utilisées

• **D'origine naturelle animale.** *Ambre gris :* concrétion pathologique formée dans l'intestin du cachalot. *Musc naturel :* sécrété par la glande prépubérale du chevrotin porte-musc (Asie centrale) ou du rat musqué d'Amérique. *Civette :* produite par les glandes de petits mammifères carnivores de la famille des viverridés (Asie, Éthiopie). *Castoréum :* sécrétion d'un produit huileux par un rongeur amphibie, le castor (Canada, Sibérie) ; d'un usage courant dans la 1re moitié du XXe s. sous forme de macérations alcooliques (infusions) ; de moins en moins utilisé actuellement.

Végétale. Plus d'une centaine : extraits de *fleurs* (jasmin, rose, tubéreuse, oranger, ylang-ylang, lavande, etc.) ; *feuilles* (patchouli, petitgrain, menthe, géranium, estragon, verveine, violette, lemongrass, etc.) ; *graines* (coriandre, ambrette, carotte, céleri, carvi, persil, fèves tonka, angélique, etc.) ; *bois* (santal, cèdre, bois de rose, etc.) ; *racines* (vétiver, iris, costus, gingembre, angélique, etc.) ; *fruits* (bergamote, citron, mandarine, orange, pomme, etc.) ; *écorce* (bouleau, cannelle, etc.) ; *résine* (cyste, benjoin, myrrhe, galbanum, etc.) ; *lichen* (« mousse ») (chêne, autres arbres, etc.).

Principaux procédés d'extraction : *a) Distillation à la vapeur d'eau* pour les produits ne se décomposant pas à la chaleur [ex. : lavande, lavandin, citronnelle, lemongrass, néroli (essence de fleur d'oranger), menthe, patchouli, etc.] ; donne des *essences* ou *huiles essentielles. b) Extraction aux solvants volatils* (surtout hexane et benzène) : procédé très répandu ; a remplacé la technique de l'enfleurage (fixation à froid ou à temp. modérée des substances aromatiques sur les graisses ou huiles, fournissant les prod. de parfum. les plus fins, mais aussi les plus coûteux : « pommade — ou huile — parfumée »). La technique d'extraction aux solvants volatils (à chaud ou à froid) implique un traitement thermique plus long que celle de l'enfleurage, et par là même une altération plus grande des produits. Après élimination du solvant par évaporation sous vide, on obtient au fond de l'alambic la *concrète* (si l'on est parti de végétaux frais) mêlée à des cires végétales, ou des *résines* ou le *résinoïde* (si l'on est parti des végétaux séchés ou de gommes et résines). Pour obtenir l'*absolue*, produit noble, on lave la concrète à l'alcool et après filtration pour éliminer les cires on distille sous vide et à basse température. Sont ainsi traités jasmin, rose, tubéreuse, etc., produits très coûteux en raison de la technique employée qui nécessite un investissement important, et de la masse de fleurs nécessaires. Il faut au moins 600 kg de fleurs de jasmin (soit env. 5 millions de fleurs) pour faire 1 kg d'absolue, 1 000 kg de roses pour 1,8 kg et 1 000 kg de fleurs d'oranger pour un peu moins de 1 kg. La fleur de jasmin est si fragile qu'elle ne peut être cueillie qu'à la main, au lever du soleil, fleur entrouverte ; chaque fleur pèse 1/10 de g. *c) Expression :* méthode employée pour l'obtention d'essences venant d'écorces de fruits (exemples : bergamote, citron, orange, etc.). Les fruits sont pelés et l'écorce est exprimée pour en obtenir directement l'essence.

• **Matières premières de synthèse.** Dans les produits naturels cités ci-dessus, il existe des produits aromatiques définis, qui peuvent être extraits par voie physique de ceux-ci, tels : l'alcool phényléthylique (constituant de l'essence de rose), l'acétate de linalyle (lavande), le linalol (bois de rose), etc. Ces produits sont obtenus par fractionnement de la matière première de base et sont dits d'*hémi-synthèse*. Par ailleurs, d'autres produits (dits de *synthèse totale*) sont entièrement fabriqués à partir de matières telles des goudrons de houille, des fractions pétrolières, de térébenthine, d'acétylène, etc., et transformés en corps chimiques définis pour obtenir tel produit odorant recherché. Ils sont regroupés suivant diverses fonctions chimiques, ex : *dérivés nitrés* (musc artificiel), *alcools* (géraniol, linalol, terpinéol), *aldéhydes* (a. cinnamique, a. phényl-acétique, a. alipathiques de C8 à C12), *cétones* (ionones, méthylionones), *phénols* (anéthol, eugénol), *lactones* (coumarine, undécalactone), *esters* (acétate de linalyle, acétate de benzyle.)

Ces produits synthétiques très divers (plus d'un millier) permettent de multiples combinaisons, complètent ou suppléent parfois certains produits naturels, sans toutefois les remplacer.

Composition des parfums

Définition. Une composition représente une synthèse de corps odorants avec, en général, une note de base complétée par des produits complémentaires pour arriver à l'effet souhaité. Le développement d'une odeur est un phénomène physique, une espèce de lente distillation des constituants, les plus volatils diffusant d'abord, et d'où il résulte que l'accord d'un parfum comporte plusieurs parties pouvant ainsi se décomposer : *les notes de « tête » ou de « départ »* (produits les plus volatils, telles les essences d'hespéridées : citron, bergamote...) ; *de « cœur » ou « corps » du parfum* (produits plus persistants et plus corsés assurant le développement de la note de base : jasmin, rose, mousses...) ; *de « fond »* (produits très persistants destinés à freiner l'évaporation des autres constituants et appelés improprement « fixateurs » : produits animaux, muscs artificiels...).

• **Composants de quelques parfums. Bourjois.** *Flamme :* notes florales (jacinthe, rose, jasmin, ylang-ylang), bois d'Orient, mousse de chêne, notes musquées. *Soir de Paris :* notes florales (œillet, rose, violette), jasmin, pointe d'iris, clou de girofle, vétiver, santal. **Carven.** *Ma Griffe :* jasmin de Grasse, néroli, vétiver, mousse de chêne, musc. **Christian Dior.** *Dioressence :* géranium, jasmin, lonones, cannelle, vétiver, patchouli, mousse de chêne. *Eau sauvage :* mousse de chêne, ciste, vétiver, bergamote, citron, jasmin, lavande, hédione, fleurs sauvages. *Miss Dior :* gardénia, patchouli, rose, mousse de chêne, ambre gris, galbanum, aldéhydes. **Givenchy.** *Givenchy III :* jasmin, mandarine, rose bulgare, vétiver, coriandre, mousse de chêne, myrrhe, encens, chèvrefeuille. **Guerlain.** *Chant d'arôme :* chèvrefeuille, gardénia, jasmin, vanille. *Nahema :* rose, jacinthe, bois exotiques, fruits de la passion. *Shalimar :* benjoin, patchouli, opoponax, vanille, encens, bergamote, iris. **Hermès.** *Amazone :* narcisse, rose, jasmin, iris, pêche, framboise, pamplemousse, cèdre, santal, vétiver. *Calèche :* jasmin, rose, iris, gardénia, lilas, essence de cèdre. **Jean Patou.** *Joy :* rose bulgare, jasmin de Grasse, muguet, tubéreuse, ylang-ylang. *1000 :* rose, violette, jasmin, osmanthus, santal. **Lancôme.** *Magie noire :* rose, galbanum, encens, patchouli, cèdre, santal, épices, ambre. **Lanvin.** *Arpège :* rose, jasmin, muguet, chèvrefeuille, vétiver, ambre, jacinthe. **Guy Laroche.** *Fidji :* lilas, œillet, rose, iris, jasmin, musc, ylang-ylang. **Oscar de la Renta.** *Oscar de la Renta :* tubéreuse, ylang-ylang, basilic, mandarine, jasmin, rose, néroli, girofle, muscade, vétiver, coriandre, vanille, benjoin, opoponax, ambre, castoréum. **Nina Ricci.** *L'Air du temps :* gardénia, absolue jasmin, santal mysore, irisanthème, absolue œillet, rose poivrée, ylang-ylang. **Rochas.** *Femme :* pêche, jasmin blanc, rose bulgare, ylang-ylang, santal, vétiver, patchouli, ambre. *Madame Rochas :* tubéreuse, iris, chèvrefeuille, rose bulgare, narcisse, mousse de chêne, cyste. **Yves Saint-Laurent.** *« Y » :* tubéreuse, ylang-ylang, jasmin, iris, rose, vétiver, santal, patchouli, mousse de chêne. *Opium :* mandarine, girofle, coriandre, œillet, vétiver, santal, cèdre, benjoin, opoponax, castoréum, labdanum, myrrhe. **Van Cleef & Arpels.** *First :* ylang-ylang, jasmin, girofle, tabac, vétiver, cèdre, santal.

Fabrication du parfum

Lorsque la formule d'un parfum est au point, on effectue les fabrications industrielles du « concentré » en pesant précisément les différents éléments de la formule et en les dissolvant les uns dans les autres.

Pour les solutions alcooliques, on utilise de l'alcool éthylique aussi neutre que possible et représentant env. 96 % de son volume en alcool pur. Le titre volumique (% vol.) qui remplace l'ancienne notion de degré alcoolique indique le volume à 20° C de la quantité d'alcool pur contenue dans un mélange par rapport au volume total de ce mélange à la même température.

Suivant les diverses concentrations utilisées, correspondant aux diverses proportions du mélange de concentré dans l'alcool, on obtient différents produits, soit : *le parfum* ou extrait, qui désigne en général la plus forte proportion de concentré de la meilleure qualité dilué dans l'alcool ; *l'eau de parfum*, assez proche ; *l'eau de toilette* d'une concentration olfactive nettement plus faible ; *l'eau de Cologne*, d'une concentration encore plus réduite et avec une note généralement plus fraîche et moins tenace que les précédents. Cependant, aux U.S.A., le terme de « Cologne » désigne une qualité s'apparentant à celle de l'eau de toilette.

Les concentrés utilisés diffèrent souvent quelque peu dans leur composition suivant le produit final cherché. Lorsque les solutions alcooliques sont réalisées, intervient la période de « macération » ou mise à repos déterminé pendant laquelle le produit « s'arrondit ». Ensuite, on procède au glaçage, puis à la filtration de la solution, pour obtenir un produit limpide et stable.

Comité Colbert

Association fondée en 1954 par Jean-Jacques Guerlain. Regroupe 70 adhérents choisis parmi les plus grands noms français des industries et métiers liés à l'art et à la création : accueil, arts de la table, haute couture, cristallerie, gastronomie, décoration, haute joaillerie, parfums, sellerie, etc. *But :* transmettre un message culturel représentatif d'une certaine image de la France. *Salariés :* 23 000. *Chiffre d'affaires :* 15 milliards de F dont 71 % à l'exportation.

Statistiques

Dans le monde

Principales sociétés de cosmétiques (vente en milliers de F H.T., en 1980). Avon Products (U.S.A.) 13. L'Oréal (France) 8,6. Revlon (U.S.A.) 7,2. Shiseïdo (Japon) 6,6.

En France

Structure de l'industrie (1984). *Entreprises* 247 dont 22,7 % ont eu un C.A. fr. sup. à 100 000 000 de F ; 29,1 % inf. à 5 000 000 de F. *Répartition des entreprises par tranche d'effectifs* (en %) : *– de 20 salariés :* 47. *20 à 99 :* 27,3. *100 à 499 :* 20,5. *+ de 500 :* 5,2. *Effectif :* 31 482 dont (en %) 64,6 femmes, 35,4 hommes.

Pénétration des capitaux étrangers. *Grandes maisons à capitaux français :* Lanvin, Nina Ricci, Patou, Guerlain, Christian Dior (groupe Moët-Hennessy), Givenchy (Veuve Clicquot), Lancôme (L'Oréal), Yves Rocher. *Pénétrées par les capitaux étrangers :* Yves-Saint-Laurent (Squibb, U.S.A.), Chanel (Pamerco, Suisse), Paco Rabanne (Puig, Esp.), Rochas (Hoeschst, All.), Nivéa (Beiersdorf, All.), Orlane (Kelemata, Italie), Carven (Beecham, G.-B.), Coty (Pfizer, U.S.A.), Caron (Robins, U.S.A.), Elizabeth Arden (Eli Lilly, U.S.A.), Parfums Grès (Beecham, G.-B.), Gibbs (Unilever, P.-Bas), L'Oréal [dont la majorité est détenue par le holding français Gesparal, dont Mme Bettencourt a 51 % et Nestlé (Suisse) 49 %].

● **Ventes** (en %, 1984). **Par produit :** prod. de beauté 32,4, parfumerie alcoolique 21,9, prod. capillaires 24,6, de toilette 16,8, autres 1,2. **Par type de distribution :** grande diffusion 48,3, distribution sélective 32,4, vente directe 10,6, vente en pharmacie 8,5, divers 0,2.

Produits pour hommes. Part du marché par rapport à l'ensemble des ventes en France de prod. de parfumerie, beauté, toilette (en %) : *1965 :* 5,7 ; *70 :* 8,2 ; *76 :* 8 ; *83 :* 10,1 ; *84 :* 10,4.

Les plus grosses ventes en France. *Parfumerie alcoolique :* Avon, Guy Laroche, Chanel, Christian Dior, Guerlain, L'Oréal parfumerie, Nina Ricci, Rochas, Yves St-Laurent, Secta Yves Rocher.

Produits de beauté : Avon, Biotherm, Clarins, Christian Dior, Diparco, Lancôme, BDF, Nivéa, Lady Vichy, Roc, Secta Yves Rocher.

Consommation des produits de parfumerie par habitant (en F courants). *1970 :* 71,7 ; *75 :* 132,8 ; *80 :* 242 ; *81 :* 281,6 ; *82 :* 325,8 ; *83 :* 364,3 ; *84 :* 407.

● **Chiffre d'affaires général.** Classement mondial, par marque (parfumerie et cosmétiques) (H.T., en milliards de F, 1982). 1. Avon 16,2. 2. L'Oréal 15,8 (1984, avec la pharmacie). 3. Shiseïdo 307 milliards de yens.

Chiffre d'affaires de l'industrie fr. (Hors TVA), par produit (en milliards de F, 1984). 14,5 [dont parfumerie alcoolique 3,6, produits de beauté 4,7 (dont de maquillage 1,8, de soins 2,9), capillaires 3,6, de toilette 2,4, autres 0,2]. *85 :* 16.

Exportation (en milliards de F, 1985). 11,2 dont (en %) : parfumerie alcoolique 62, produits de beauté 28, produits de toilette 6, produits capillaires et autres produits 4. **Les 10 1ers pays clients** (en %, 1985) : All. féd. 12,3, U.S.A. 11,1, Italie 9,1, G.-B. 8,5, Belg.-Luxemb. 8,2, Suisse 5, Arabie Saoud. 4,5, P.-Bas 4,1, Hong Kong 3, Japon 2,7 ; *total par rapport à l'ensemble des exportations :* 68,5.

● **Prix. Matières premières** (prix en F au kg, 1986). *Rose :* absolu r. de mai de Grasse 43 000 ; essence bulgare 40 000, turque 40 000, Maroc 25 000. *Jasmin :* abs. j. de Grasse 130 000.

Parfum le plus cher du monde. « T'Chesert Ba », créé par William Owen, vendu par The House of Isis (Londres) : 440 F le quart d'once (7 g). *En France :* « Joy » de Patou : 400 F pour 7 ml.

Pâtes, papiers, cartons

Pâtes

● **Histoire. Après 1850**, l'emploi du bois se généralise. **V. 1867** diverses pâtes mécaniques mises au point (Voelter). **V. 1874** au bisulfite (Mitscherlich). **V. 1875** à la soude (Watt). **V. 1878** au sulfate (Dahl). Le bois d'importation (d'origine scandinave au départ) ayant des qualités supérieures et pouvant être livré en quantités importantes et régulières, les premières usines ont d'abord été implantées dans les zones portuaires ou le long des fleuves.

Jusqu'en 1930 seules n'existaient (pratiquement) que des usines de pâte mécanique et de pâte au bisulfite ayant des contraintes étroites pour l'utilisation des diverses essences. **A partir de 1930**, des usines de pâte au sulfate apparurent.

Sources : O.N.U., Synd. des fabr. de papier journal, C.O.P.A.C.E.L.

● **Matières premières.** Les U.S.A. pratiquent la coupe rase et utilisent 20 % de rondins et 80 % de déchets des ind. de sciage ou d'usines de panneaux. En France, on pratique l'éclaircie et on utilise 80 % de rondins ce qui revient plus cher. Le bois vaut 30 à 35 US $ le m³ aux U.S.A. et en France.

Bois. *Utilisé :* conifères aux fibres longues de 2 à 3 mm : épicéa, sapin, pin maritime, pin sylvestre. *Feuillus* aux fibres courtes de 0,8 à 1,5 mm : charme, châtaignier, tremble, peuplier, hêtre, bouleau, eucalyptus. La papeterie utilise essentiellement *taillis,* coupes rases de 10 à 15 ans ; *bois de cime* (houppiers), résidus des grumes utilisés comme bois de sciage (surtout résineux) qui entrent pour 70 % dans la fabrication de la pâte blanchie ; *bois d'éclaircie* (résineux et feuillus) ; *déchets de scierie* (délignures). **Autres végétaux.** Alfa, bambou, abacca, chanvre (très faibles quantités), paille, bagasse de canne à sucre, canne de Provence (stade expérimental). **Résidus.** *Industriels :* étoupe de lin, linters (fibres de cellulose qui restent fixées sur les graines) et chiffons de coton [il y a 20 ans env., on utilisait 3 % de chiffons (pour papiers de luxe), auj. 1 %].

● **Types de pâtes. Mécanique.** Les rondins écorcés sont défibrés mécaniquement par des meules en présence d'eau, rendement élevé : 95 %, mais présence dans la pâte d'une partie non fibreuse du bois, réduisant sa solidité mécanique et sa résistance au vieillissement (jaunissement). **Thermo-mécanique.** Traitement par le passage des copeaux de bois entre les disques d'une raffinerie. Permet d'utiliser des déchets de bois au lieu de rondins. Rendement 85 à 95 %. **Chimique** (action d'une lessive, généralement sous pression, sur le bois en copeaux). *Au sulfate de soude,* procédé kraft : rendement de 55 à 60 % en pâte écrue, très solide, de couleur brune. Procédé applicable aux bois résineux et aux bois feuillus. Permet, par concentration des lessives usées et combustion, une régénération des constituants chimiques de la lessive et une récupération thermique (production de vapeur). *Au bisulfite* (de chaux, de magnésium, d'ammonium, de soude). Donne des pâtes écrues plus claires que les pâtes kraft. Ne permet pas de régénération. Moins développé que le procédé kraft. **Mi-chimique :** obtenue avec un monosulfite de soude ou d'ammonium ; très colorée, rendement élevé : 60-70 %. Procédé convenant aux bois feuillus, utilisé notamment pour les pâtes destinées à la fabrication des papiers pour cannelure (carton ondulé).

Blanchiment. Traitement des pâtes par le chlore ou ses dérivés (hypochlorite, bioxyde de chlore), par l'oxygène ou ses dérivés (peroxyde).

● **Production de pâte** (toutes sortes) (en millions de t, 1984). U.S.A. 50,4. Canada 20. Japon 9,1. Suède 9,2. U.R.S.S. 8,1. Finlande 8. All. féd. 2,2. *France 2,1.*

Industrie française (1984). *Production* 2 051 000 t soit 57 % des besoins. *Bois utilisé* 8 100 000 m³ dont 98 % d'origine française. *Entreprises 19. Effectif* 4 800. *C.A.* 6 640 millions de F. Commerce extérieur, voir forêts à l'Index.

Papiers

● **Origine. Plusieurs siècles av. J.-C.**, la Chine connaît le papier fait avec de la soie. **105** 1er papier fait avec du chanvre et de l'écorce de mûrier. Le missel de Silos (près de Burgos) est le plus vieux manuscrit européen sur papier connu. **1216-22** 1re lettre sur papier écrite en France par Raymond de Toulouse à Henry III d'Angleterre. **Jusqu'au XIIIe s.** environ, on écrit surtout sur papyrus, vélin (peau de veau) et parchemin (mouton). **1276** *1ers moulins à papier* connus (Fabriano, Italie). **1326** *moulin* d'Ambert (P.-de-D.). Les moines, à l'époque, hésitent à utiliser un support pouvant avoir une plus faible durée de conservation. Le papier est produit à partir de vieux chiffons, d'ailleurs coûteux. **1719** Réaumur préconise l'emploi du bois. **1751** un de ses élèves fabrique du papier avec de la paille. **1789** Berthollet utilise le chlore pour blanchir la pâte. **XVIIIe s.**, le nombre de livres et de journaux s'accroît ; les moulins à papier du Dauphiné, du Vivarais, de Montargis (Loiret) et de la région d'Annonay (Ardèche) se développent. Le papier est de petite dimension et chaque feuille est fabriquée manuellement. **Début du XIXe s.** machines fabriquant en continu de grandes feuilles de papier (1797 : 1re expérimentée par Louis-Nicolas Robert, à Essonne). L'Anglais Foudrinier prend la suite.

● **Matières premières. Pâtes.** V. plus haut. **Papiers :** journaux invendus, rognures de façonnage, emballages carton, etc. 1983 plus de 3 000 000 t de papier ont été récupérées en France et ont fourni env. 1/3 des matières premières utilisées. **Produits minéraux et chimiques :** kaolin, talc, oxyde de titane, carbonate de chaux, résines naturelles et synthétiques, etc.

Voir également Récupération p. 1313.

● **Fabrication.** Les pâtes sont raffinées par des moyens mécaniques pour développer les caractéristiques requises : absorption, bouffant, solidité, translucidité (papier cristal, papier calque). Leur composition : charges minérales, colorants, colle, dépend du papier à fabriquer. Ce mélange, en suspension dans l'eau, arrive sur la machine à papier à une concentration très faible (quelques g par l) sur une toile métallique sans fin. La machine élimine l'eau et constitue une feuille homogène : égouttage, essorage par aspiration, pressage entre des feutres de laine, séchage sur cylindres chauffants à la vapeur, calandrage entre des rouleaux métalliques ou rouleaux élastiques. Beaucoup de papiers sont traités en surface par apport de matière : encollage, couchage, permettant à l'impression une reproduction fine, un bon rendu des couleurs, etc.

● **Production. Papier journal** (en milliers de t, 1984). *Monde* 27 344 dont Canada 9 014. U.S.A. 5 025. Japon 2 553. Finlande 1 878. C.E.E. 1 713 (dont All. féd. 721, *France 265,* G.-B. 236, Italie 207, P.-Bas 182, Belgique 102). Suède 1 507. U.R.S.S. 1 445. Norvège 840. Chine 413. Australie 369. N.-Zélande 299. Afrique du S. 293. Mexique 264. Suisse 231. Rép. de Corée 220. Argentine 203. Autriche 199. Chili 170. Espagne 124. All. dém. 110. Roumanie 100.

Papiers et cartons (en milliers de t, 1984). U.S.A. 62 307. C.E.E. 26 359 [dont All. féd. 9 157, *France 5 566* (dont usages graphiques 2 254, emballages 2 098, cartons 552, sanitaires 227, spéciaux 169)], Japon 19 345. Canada 17 222. U.R.S.S. 9 825. Suède 9 240. Finlande 7 319. Brésil 3 765.

● **Consommation. Papier journal** (en milliers de t, 1984). *Monde* 27 282 dont U.S.A. 11 909. Ensemble de la C.E.E. 4 626 (dont G.-B. 1 465, All. féd. 1 425. *France 586,* Hollande 417, Italie 355, Belgique 205, Danemark 173). Japon 2 783. U.R.S.S. 1 102. Canada 1 055. Chine 406. Australie 369. Suède 351. Inde 295. Mexique 290. Espagne 255. Brésil 245. Rép. de Corée 220. Suisse 211. Finlande 202. Argentine 198. Afr. du S. 196. Norvège 167. Venezuela 155. All. dém. 135. Pologne 130. Roumanie 100.

Papiers et cartons (en kg par habitant, 1984). U.S.A. 287. Suède 222. Canada 200. Danemark 184. Finlande 180. All. féd. 176. Suisse 174. P.-Bas 171. Japon 169. Belgique 161. Norvège 146. *France 125.*

Papiers peints (1984). *Production :* 52 516 268 rouleaux. *C.A.* (milliers de F) : 1 039 675. *Commerce.* **Imp. :** 26 019 t (388 849 000 F). **Exp. :** 4 655 t (112 245 000 F).

● **Principales marques et produits de papier en France à usages sanitaire et domestique.** *Béghin-Say :* C.A.

1984 : 2 480 MF en France : Lotus, O'Kay, Kay-Plus, Vania, Moltonel, Lotus Robertsau, Polivé-Wuhrlin, Polyvex, Home Kay. *Sopalin* (Kimberly-Clark) : C.A. 1984 : 532 MF : Kleenex, Sopalin, Sopalux, Kotex, Freedom, Brevia. *Peaudouce (C.B.S.F.)* : C.A. 1984 : 1 787 MF. Iris, Orlys, Nana, Acadia, Caducée, Ouatose, Slipad. *Sodipan-Nokia* : C.A. 1984 : 455 MF : Sodipan Transformation, Sodipan-Biessard. Hygie-France, Gemo, Sotralose, Saver, Sodima (Benelux). *Tempo-Sanys* : C.A. 1984 : 400 MF : Sanys, Moltex, Femina, Demak'up. *Bouton-Brochard Scott* (Scott Paper Cie) : C.A. 160 à 200 MF : Scott, Scottex, Trèfle. *Colgate-Palmolive* : Caline. *Barthier, Berges, Buxeuil, Dalles et Lecomte, Écluse, Martin, Monségur, Mougeot, Moyet-Perrin, papiers ouvrés, Celatose* : C.A. 1984 631,6 MF (dont 322 à l'export.) : Coussineige. *Johnson et Johnson, Mulsant, Orbel, Ruby-d'Anglas et Cie* : C.A. (1982) 151 MF : Ruby, Rubissima, Minima, Sagesse, Ellipse.

Photographie Reprographie

Photographie

Quelques dates

• **Avant la photo. IVe s. av. J.-C.** *Aristote* découvre que la lumière du jour pénétrant par un petit trou aménagé dans le mur d'une pièce obscure projette sur le mur d'en face l'image inversée de tous les objets placés à l'extérieur devant cet orifice. **Ier s. av. J.-C.** l'architecte de Jules César, Marcus Vitruve, constate l'action du Soleil sur la coloration de certains corps organiques. **XIe s.** le mathématicien arabe Al-Hazen (disciple de Ptolémée) parle pour la 1re fois de *« chambre noire »*. **Moyen Age.** Les alchimistes constatent le noircissement des sels d'argent exposés à la lumière et utilisent la « lune cornée » (nitrate d'argent) pour teindre ivoire, bois, cheveux. **1515.** *Léonard de Vinci* décrit la *« camera obscura »*. **1540.** Jérôme Cardan remplace le « petit trou » (sténopé) par une *lentille*. La chambre noire permettait de dessiner avec exactitude les perspectives. **1650.** La chambre noire comporte des lentilles de différentes distances focales et devient transportable. **XVIIIe s.** K.W. Shelle (Suédois), J.H. Schultze (Allemand), Sénébier (Suisse), J.A.C. Charles (Français) et Thomas Wedgwood (Anglais) étudient les *réactions photochimiques* sans parvenir à fixer l'image de la chambre noire.

• **Invention de la photo. 1816.** 1res images de Nicéphore Niepce (Fr., 1765-1833) sur papier au chlorure d'argent, fixées à l'acide nitrique, mais les images sont négatives. **1822.** Images positives de Niepce (à l'aide du bitume de Judée étendu sur une plaque de verre (bitume soluble dans l'essence de lavande et le pétrole, insoluble là où il a été impressionné par la lumière)]. « Vue d'une fenêtre », la « Table servie ». Niepce invente également la photogravure (« le Cardinal d'Amboise », « la Sainte Famille »). **1829** Niepce, ruiné, s'associe à Louis-Jacques Mandé-Daguerre (Fr., 1787-1851), peintre décorateur, propriétaire exploitant du Diorama, théâtre de panoramas animés par des mouvements et des jeux de lumière. Daguerre reconnaît la paternité de l'invention de Niepce.

1834. Après la mort de Niepce (1833), Daguerre travailla seul sur le procédé à l'iodure d'argent : « daguerréotype ». Il abandonna le bitume de Judée trop lent à impressionner. Il découvrit par hasard qu'une cuiller d'argent oubliée sur une plaque iodurée avait laissé très rapidement une empreinte mais que l'image était latente (non fixée définitivement). Il mit alors au point un procédé à *iodure d'argent. Support utilisé* : plaque de cuivre argentée polie et iodurée ; après exposition dans la chambre noire (1/4 d'h de pose au soleil était nécessaire), la plaque était relevée par des vapeurs de mercure chauffé. Le mercure s'amalgamait avec l'argent métallique formant l'image latente. L'image était noire sur fond jaune (iodure d'argent non impressionné). *Pour dissoudre l'argent*, on lavait la plaque dans du sel de cuisine (remplacé ensuite par l'hyposulfite de sodium). Le daguerréotype eut beaucoup de succès en Europe et aux U.S.A. Le temps de pose fut réduit à 1 ou 2 minutes. (Les 1res photographies de Niepce demandaient 8 h de pose). *-21-1* 1re utilisation du mot *photographie* par son inventeur Hercule Florence, Brésilien d'origine fr., qui aurait découvert un procédé négatif-positif avant Talbot. **1837.** Hippolyte Bayard (Fr., 1801-87) présente les *1res images positives sur papier* obtenues directement en chambre noire. Procédé connu, oublié par ses contemporains. **1839.** François Arago (Fr., 1786-1853) rend public le secret de la photographie et fait voter la « loi sur la photographie » (7-8-1839) : l'État acquiert l'invention le 14 juin (verse une rente viagère de 6 000 F à Daguerre et 4 000 F à Niepce fils) pour en faire don au monde. William Talbot (Angl., 1800-77) met au point le procédé négatif-positif actuel *(calotype)* (procédé connu en 1841 jusqu'à env. 1860). Donne une image négative permettant d'obtenir par contact un nombre d'images positives illimitées sur « papier salé » (au chlorure d'argent).

1846. Désiré Blanquart-Évrard (Fr., 1802-72) améliore la préparation du papier servant aux négatifs et fonde à Lille la 1re imprimerie photographique (450 à 500 images par jour). **1847.** Carl Zeiss (All.) installe à Iéna en Prusse des usines d'optique. Le chimiste Eugène Chevreul (Fr., 1786-1889) présente à l'Académie les travaux d'Abel Niepce de Saint-Victor (fils du cousin de Nicéphore) : le négatif sur verre albuminé permettant le tirage de positifs sur papier en quantité illimitée (albumine de poule étendue et séchée sur des glaces parfaitement planes, sensibilisation au nitrate d'argent). Henry Fox Talbot réussit sur papier négatif une photographie en « instantané ». **1849.** Gustave Le Gray (Fr., 1820-68) utilise le *collodion* pour obtenir un très bon négatif. Une solution de coton et une poudre dans un mélange d'alcool et d'éther sont étendues sur une plaque de verre.

1851. Frédéric Scott Archer (Anglais, 1813-57) met au point la méthode au *collodion* humide. Ce procédé permet de réaliser des images très fines et de réduire le temps de pose à quelques secondes. *Inconvénient* : la plaque ne reste sensible que si elle est humide. *1-2* création de la 1re sté photo du monde : la Sté Héliographique (deviendra le 15-11-1854 la Sté franç. de photographie). **1853.** Adolphe Martin (Fr., 1824-96) invente la *ferrotypie*. Même procédé que le collodion humide mais remplace le support de verre par des plaques métalliques vernies en noir (tin-type aux U.S.A.). Beaucoup moins cher. **1855.** J.-N. Taupenot (F., 1824-56) invente un procédé à l'albumine : le collodion « sec » permettant de conserver les plaques sensibles plusieurs semaines avant l'exposition. **1858.** Félix Tournachon dit Nadar (Fr., 1820-1910) fait breveter un procédé de *photo aérienne* (1re photo au-dessus de Bièvres).

1860. Nadar photographie au magnésium dans les catacombes et dans les égouts de Paris. **1862.** René-Prudent Dagron (Fr., 1819-1900) invente la *photographie microscopique* (ce procédé fut d'abord utilisé pour la décoration de bijoux, puis il permit pendant le siège de Paris de 1871 de transporter 18 000 dépêches, en 6 pellicules réduites au poids d'un 1/2 g, avec un seul pigeon voyageur). **1868.** Louis Ducos du Hauron (Fr., 1837-1920) dépose une demande de brevet pour la *photo en couleur*. Ses « photochromies » (1878), produites à l'aide des trois couleurs, jaune, bleu et rouge, n'obtiennent aucun succès. 1er *« Kodak »* mis au point par l'Am. George Eastman (1854-1932) : une boîte de 15 × 10 × 8 cm. Il coûte 25 $ à l'achat (chargé). Après chaque rouleau de 100 photos, on renvoyait l'ensemble (appareil et pellicules) à l'usine. Pour 10 $, Eastman renvoyait les négatifs, les tirages sur papier et l'appareil chargé de nouveau.

1871. Richard Leach Maddox (Anglais, 1816-1902) obtient par une solution de bromure de cadmium et de nitrate d'argent une émulsion de bromure d'argent donnant des plaques sensibles et sèches de longue conservation. **1874.** Le Dr Étienne-Jules Marey (Fr., 1830-1904) réalise la première synthèse du mouvement avec un fusil photographique à plaques de verre circulaires au gélatino-bromure d'argent. **1876.** Apparition du celluloïd (Cabutt). **1878.** Charles E. Bennett (Am., 1840-1925) découvre le phénomène de la maturation donnant aux plaques négatives une rapidité suffisante pour l'instantané, permettant ainsi de tenir l'appareil à la main pour la prise de vue. Edward James Muybridge (Angl. 1830-1904), avec 40 appareils chronophotographiques, reproduit le mouvement d'un cheval au galop.

1884. Planchon utilise définitivement le celluloïd comme support des émulsions photographiques. **1889.** La Cie George Eastman, représentée en Europe par Nadar, commercialise les premières pellicules sur papier (100 poses) puis sur celluloïd (24 à 28 poses).

1890. Alphonse Bertillon (Fr., 1853-1914) invente la photographie judiciaire. **1891.** Louis Ducos du Hauron (Fr., 1837-1920) invente les images en relief *(anaglyphes)* en utilisant les jumelles à verres rouge et vert. Gabriel Lippmann (Fr., 1845-1921) obtient des photos par le procédé interférentiel. Le sel d'argent contenu dans la couche de mercure sensible n'est impressionné que dans les plans ventraux du système d'onde stationnaire correspondant à chaque radiation. La distance entre les dépôts d'argent est 2 fois plus grande pour le violet que pour le rouge. Cette méthode est restée expérimentale. **1892.** Thomas Edison (Am., 1847-1931) réalise le *kinétoscope* (pour un seul spectateur), 1er film a déroulement continu (16 images/seconde). **1895** *22 mars* Auguste (1862-1954) et Louis (1864-1948) Lumière inventent le cinématographe (film à vitesse variable, 1re séance publique le 25-12-1893 dans les sous-sols du Grand Café de Paris).

• **Principaux artistes.** Adams Ansel (1902, U.S.A.), Atget Eugène (1857-1927, Fr.), Baldus, Bisson [Louis-Auguste (1814-?) et Auguste Rosalie (1826-?) Fr.], Bayard Hippolyte (1801-87, Fr.), Blumenfeld Erwin (1897-1967), Boubat Édouard (1923, Fr.), Brassaï (1899, Fr.), Braun Adolphe (1811-77, Suis.), Cameron Julia (1815-79, G.-B.), Caroll Lewis (1831-98, G.-B.), Capa Robert (1913-56, U.S.A.), Carleton (1829-1916, U.S.A.), Cartier-Bresson Henr (1908, Fr.), Demachy Robert (1859-1936), Disderi André-Adolphe (1819-90, Fr.), Doisneau Robert (1912, Fr.), Duane Michals (1932, U.S.A.), Du Camp Maxime (1822-94, Fr.), Emerson Peter Henry (1856-1936, U.S.A.), Fulton Hamish (1946), Hill-Adamson Paul (1941, G.), Kertesz André (1894, Fr.), Krims Leslie (1943, U.S.A.), Krull Germaine (1897, All.), Lartigue Jacques-Henri (1894, France), Le Blondel A., Le Gray Gustave (1822-62, Fr.), Lesecq Henri (1818-82, Fr.), Man Ray (1890-1976, U.S.A.), Marville, Nègre Charles (1820-80, Fr.), Newton Helmut (1920, Austr.), Niepce Nicéphore (1795-1833), Nadar, Tournachon Félix dit (1820-1910, Fr.), Nadar Paul (1856-1939, Fr., son fils), O'Sullivan Timothy (1840-82, U.S.A.), Rejlander Oscar Gustave (1813-75), Rheims Bettina (1952), Sieff J.-L. (n.c.), Steichen Edward J. (1879-1973), Stieglitz Alfred (1864-1946, U.S.A.), Strand Paul (1890, U.S.A.), Talbot William Henry Fox (1800-77, G.-B.), Weston Edward (1886-1956, U.S.A.).

• **Cours de épreuves** : cours dépend de : sujet, notoriété photographe, état du cliché. Daguerréotypes dans leur cadre d'origine 200 à 125 000 (« Delacroix », 1982) ; type stéréoscopique en couleurs jusqu'à 2 500 ; autochrome lumière 2 000 à 60 390 [except. du Baron de Meyer 1911 (Nijinsky) (1980)] ; originaux de photographes célèbres dont il reste très peu d'ex. 500 à 7 100.

Record pour un artiste du XXe : Paul Outerbridge Jr Abstraction (1922) 172 000 (1983). *Daguerréotype* (v. 1850) de Fluardent 138 000. *Calotypes* (1854-80) : 100 à 242 000 (except. de lady Clementina Hawarden, 1982) ; franç. (1920-30) 3 000 à 10 000 ; Man Ray jusqu'à 30 000 (retirages de Cartier-Bresson et Kertesz 2 500 à 3 000).

Appareils. XIXe s. 2 000 à 200 000 (J.B. Dancet, 1856, Daguerre 1848), XXe s. 150 à 30 000. Leica 1 000 à 10 000. Petites marques françaises (1900 à 1950) : 50 à 500. Boitiers, appareils espions miniaturisés, détective, petite boîte 500 (objectif passant par la boutonnière) 2 000 à 10 000, boîtes d'allumettes ou montres 2 000 à 5 000. Appareils à stéréo 800 à 3 000. Vérascope, glyphoscope 500 à 2 000. Homéoscope 6 000 à 15 000. Appareils rares 10 000 à 50 000.

• **Manifestations.** *Arles* : rencontres annuelles. *Cologne* : Photokina (tous les 2 ans).

Paris : Salon International Photo-Cinéma-Vidéo (tous les 2 ans) ; mois de la photo (tous les 2 ans) ; festivals audiovisuels annuels de la Fédération nationale des Sociétés photographiques de France.

Nota. — Le physionotrace, inventé en 1788 par Chrétien et Quenedey, comportait un système articulé et permettait de donner des profils.

1904. Les frères Lumière inventent l'*autochrome* (plaques à base de fécule de pomme de terre teintées aux 3 couleurs fondamentales, mises en vente en 1907). **1907.** Édouard Belin (Fr., 1876-1963) met au point le procédé de transmission télégraphique ou téléphonique des photos *(bélinographe)*. **1908.** Louis Dufay (Fr.) développe le *dioptichrome* (Dufay color en 1935), 1re tentative de restitution des couleurs au cinéma. **1912.** Sortie d'une plaque Agfa de type autochrome (les grains de fécule sont remplacés par des grains de résine teintée). **1923.** 1er format 24 × 36 de

Leitz. **1932.** 1er appareil 24 × 36 à objectif interchangeable. **1937.** 1res pellicules couleur (Kodachrome, Agfacolor). **1948.** Mise au point du développement instantané (Polaroid de l'Américain Edwin Land, n. 1909). **1964.** *Look* (magazine américain) publie la 1re photo en relief. **1981.** Mavica de Sony, appareil photo, disque magnétique réutilisable pouvant enregistrer jusqu'à 50 images ; celles-ci peuvent être projetées sur écran de télévision par un lecteur électronique sans magnétoscope ou transmises à distance par les moyens classiques des télécommunications. Image de moins bonne qualité que l'image chimique. **1982.** Kodak disc : mise au point automatique, disque plastique (support de 15 pellicules), flash incorporé automatique, pile donnant 2 000 éclairs. Snappy (Canon) : compact autofocus (mise au point automatique). **1984-85** (prév.). Caméras électroniques compactes à magnétoscope incorporé.

Holographie. Procédé de photographie en relief utilisant les propriétés de la lumière cohérente [interférences produites par 2 faisceaux lasers (l'un vient de l'appareil producteur, l'autre est réfléchi par l'objet à photographier)].

☞ Voir également au chapitre Physique-chimie, page 230.

Premières écoles

Daguerréotypistes (1839-60) : utilisent le daguerréotype (un procédé par école).

Portraitistes (vers les années 1850) : ex., Nadar (1820-1910), Carjat, Adam Salomon, Disderi, Pierre Petit (photographe officiel de Napoléon III). Sa vogue dura 30 ans.

« Reportage » (à partir des années 1860) : créé lors des « grandes guerres » : ex. guerres de Crimée (1854-1856), d'Italie (1858-1860). Le Roumain Popp de Szathamari, les Français de Tannyon et Charles Laongloi, l'Anglais Roger Fenton (1819-69) suivaient les armées dans leurs fourgons-laboratoires.

Pictorialistes (ou l'école de Paris) (vers les années 1890) : ex., Commandant Émile Puyo (1857-1933), Robert Demachy (1859-1936), Bucquet et Noulet s'efforçaient d'obtenir les effets de la peinture impressionniste en utilisant le procédé du « flou net » (image enveloppée d'un flou artistique).

Quelques chiffres

Les U.S.A. assurent les deux tiers de la production mondiale de matériel photographique et de surfaces sensibles, essentiellement grâce à Eastman-Kodak (près de 20 usines, dont 9 aux U.S.A., 4 en G.-B., 3 en France, 2 en All. féd.) qui couvre à elle seule 80 % du marché américain de la photo et 45 % du marché mondial. Photo Agfa-Gevaert ne représente que 15 % de celui-ci.

Photographie et cinéma en France

• **Distribution.** 11 000 *détaillants* (dont 7 300 spécialistes et 1 700 grandes surfaces). 37 % des films sont achetés avant les vacances, 30 % à Noël.

• **Parc. Appareils-photo** (1984) 20 millions, représentant un équipement des ménages de 65 % (U.S.A. 90 %, Japon 85, All. féd. 77, G.-B. 75, Italie 55).

• **Production** (1981, en millions de F). 185 dont photo 129, cinéma 56. (*Exportations* 276, *importations* 1 521.)

Appareils-photo d'importation (sans les appareils très bon marché, en milliers). *1972* : 1 032. *79* : 2 573. *80* : 2 602. *81* : 2 243. *82* : 2 388. *84* : 2 140 dont *24 × 36* 860, *appareils à chargeur 100-126* 874, *pour photo « instantanée »* 148, *autres formats* (dont ap. à disque) 259. **Origine** (1981, en millions). *24 × 36* Japon 514, T'ai-wan 92, All. féd. 75, U.R.S.S. 7. Appareils *110 instamatic-pocket et 126* All. féd. 288, Hong Kong 159, U.R.S.S. 12. **Vente** (1985). 1 777 dont 24 × 36 mm reflex ou compact 644, reflex 308, pocket et photodix 659.

• **Caméras** (1984). 6,5 % des ménages ont une caméra (7 % en 1972). **Parc total** *8 mm* : 2 000 000. **Importations** (1982, nombre). 88 000 dont Japon 61 639, Malaisie 9 721, T'ai-wan 9 519, All. féd. 5 360, Italie 1 174. Parc 2 000 000.

• **Matériels divers.** *Importations* (1982, en milliers). Appareils de projection fixe 177 dont projecteurs diapos 137. Appareils de projection 8 mm ou Super. 8 80. Agrandisseurs 23. Visionneuses animées 16.

• **Utilisateurs. Appareils-photo à chargement instantané,** formats *126* et *pocket 110* plus de 1 utilisateur sur 2 est une femme, près de 3 utilisateurs sur 4 ont moins de 35 ans. Moyenne d'âge des débutants photographes : env. 12 ans.

Dépenses des Français pour photo et cinéma (1982). + de 6 milliards de F. 1 ap. par ménage et 61 % des foyers possèdent au moins 1 appareil, 70 % des appareils vendus coûtent moins de 300 F. Il y a 600 000 utilisateurs de labo-photo noir et blanc.

Consommation de pellicules et de films (1984). *Photo* : 74,5 millions dont noir et blanc 6,5, couleur 56, inversible 12. *Cinéma* : 5,5 millions.

Par appareil en service, les Fr. utilisent en moyenne chaque année 4,8 pellicules (contre 7 en All., en Suisse ou en Suède).

• **Sujets photographiés.** Env. 65 % des photos réalisées sur film négatif couleur représentent des personnes (90 % en cas de nouveau tirage). Photos d'adultes, seul ou en couple (25 % des photos), d'enfants, bébés et jeunes jusqu'à 12 ans (17 %). Les adolescents sont peu photographiés. 8 % des photos représentent des groupes familiaux.

Reprographie

Procédés

1) **Diazographie.** Reproduction par transparence sur papiers sensibles aux rayons ultraviolets.

2) **Photocopie.** 2 procédés restent les plus usités : **a) Électrostatique** : *sur papiers photosensibles* qui utilisent des papiers à l'oxyde de zinc ou *électroscopie directe, sur papier ordinaire* avec projection d'une image de l'original sur une surface intermédiaire (sélénium). L'encre est attirée par les zones de sélénium qui n'ont pas reçu de lumière. On place ensuite une feuille de papier au contact du sélénium et l'application d'une forte tension électrique transfère l'encre sur le papier. Un chauffage aux infrarouges fixe l'encre. **b) Thermocopie** : utilise la chaleur directement par noircissement local de papier sensible, ou par transfert de colorant, en intercalant un carbone entre l'original et le papier sensible.

3) **Gélatinographie.** Procédé d'impression manuel permettant d'effectuer des travaux divers, et notamment toutes reproductions à peu d'exemplaires, monochromes ou polychromes, sur des supports variés et même dans de très grands formats.

4) **Duplireprographie** ou duplication offset rapide des formats 210 × 297 (A4) ou 297 × 420 (A3). Peu onéreux, basé sur la rapidité à l'aide de clichés non réutilisables, ne nécessite pas de documents ou d'intermédiaires transparents, limité, en général, à des tirages de quelques centaines d'ex. sur papier offset courant avec possibilité d'assemblage en sortie de machine.

5) **Zincographie.** Bien qu'utilisant des machines offset, se différencie de l'imprimerie notamment par l'emploi d'un mode de clichage spécialement adapté à une demande généralement limitée à un faible nombre d'exemplaires, et aussi par la nature des travaux confiés qui doivent toujours être exécutés dans des délais très courts.

6) **Photoreprographie.** Permet la reproduction d'un document ou d'un plan (opaque ou transparent) à son format, ou à une autre échelle sur papier ou film dépoli ou transparent.

7) **Microreprographie.** Montés sur cartes mécanographiques, les microfilms permettent, comme les microfiches, une meilleure gestion des archives (98 % de réduction de volume), et facilitent souvent la diffusion des documents.

Statistiques

Marché de la reprographie (fin 1er semestre 1984). **Parc.** Toutes machines et tous procédés confondus : 689 900, dont copieurs tous procédés 627 500, c. sur papier ordinaire 434 000. 84 % du parc général sont composés de copieurs qui se répartissent pour moitié en copieurs P.P.C. et en papier traité. Les copieurs P.P.C. (papier ordinaire) sont classés en 5 groupes de moins de 15 copies à la mn à 70.

Volume-copies annuel total reprographie 48 milliards.

Moyenne annuelle de photocopies par employé. *France* : *5 000*, G.-B. 1 080, All. féd. 790. Europe 1 003.

Marques dominantes. Nombre de copieurs (en milliers, fin 1er semestre 1984) : Rank Xerox 117,6, 3M 109,9, Canon 65, Nashua 38, Agfa 22,4.

Leader dans les duplicateurs stencil et offset. Gestetner 55,4 % du marché.

Récupération en France (Industrie de la)

Données générales

Chiffre d'affaires. Total 10 milliards de F (dont 50 % à l'exportation).

Entreprises (récupérateurs) 1 100 de + de 5 salariés (dont 600 « métalliques »), 1 700 de 1 à 5 salariés, + de 9 000 sans salariés. Salariés 22 000 (dont 50 % « métalliques »).

Plus grosses stés : Cie Française des Ferrailles et Metalinor.

Quantité totale de déchets en France (estim. 1986, en millions de t par an). 568 dont déchets organiques 400, industriels 150, ménagers 17,8.

Données particulières

• **Adresses utiles.** *Ministère de l'Environnement,* Direction de la prévention des pollutions : 14, bd du Gal-Leclerc, 92524 Neuilly-sur-S. Cedex ; *Agence nationale pour la récupération et l'élimination des déchets* : 2, square La-Fayette, B.P. 406, 49004 Angers Cedex.

• **Déchets des ménages.** 17,8 millions de t/an (300 kg par hab.) dont en % : papier-carton 20 à 35, matière végétale et animale 15 à 35, verres 5 à 15, métaux 5 à 8, plastiques 3 à 6, textiles 1 à 5, éléments fins 10 à 20. Emballages env. 50 % du volume. *Collecte* assurée pour 98 % de la pop. *Traitement des ordures* assuré en 1985 pour 88 % (par incinération avec récupération d'énergie 21, sans 13, compostage 10, broyage 7, mise en décharge contrôlée 36). *Collectes sélectives* (verres, plastiques ou papiers) dans 13 000 communes (37 000 000 d'hab. concernés). *Installations de traitement des ordures ménagères* (1985) : 836 (incinération 216, avec récupération de chaleur 62, compostage 90, broyage 133, décharges 380, divers 15).

• **Déchets industriels.** 150 millions de t/an dont : inertes (gravats, matériaux de construction inutilisés...) 100, banals 32, spéciaux 18 (dont 2 toxiques ou dangereux). Centres collectifs de traitement : centres d'incinération 11 (capacité 270 000 t), cimenteries 5 (120 000 t), c. physico-chimiques 5 (120 000 + 150 000 t en conditionnement de boues), émulsions huileuses 10 (10 000 t), décharges de classe 1 13 (500 000 t).

• **Déchets organiques.** D'origine domestique (boues d'épuration...), industrielle (sous-produits des abattoirs, des distilleries, des conserveries) ou agricole (résidus des récoltes, déjections d'élevage, déchets du bois) : 400 millions de t. En partie réincorporés dans le sol. Mêlé à trop de débris de verre et de plastique et ne présentant pas encore de garanties suffisantes, le compost (650 000 t, 1984) est mal commercialisé. Sang des abattoirs, sérum des fromageries et eaux grasses de restaurants, mieux valorisés en alimentation animale, permettraient de réduire les importations de tourteaux de soja ; on utilise aussi le sang d'abattoir en charcuterie, ind. pharmaceutique, cosmétiques. Essais en cours pour la fabrication du béton léger.

• **Boues d'épuration.** Env. 15 millions de m^3 de boues urbaines à 98 % d'eau (soit 600 000 de matières sèches). Sont mises en décharge (55 %), incinérées (20 %), valorisées en agriculture (à développer). *Matières de vidange* : viennent de l'assainissement individuel 11 000 000 m^3.

• **Huiles.** 90 000 t d'huiles moteurs ou industrielles usagées sont régénérées (économie : 130 000 t de fuel lourd).

• **Métaux ferreux.** Le fer récupéré permet de réaliser une économie d'énergie de 55 % (par rapport au traitement du minerai lui-même). La ferraille vient des chutes propres de la sidérurgie (recyclée au sein de l'usine de prod.), de chutes des usines de transformation, et des ferrailles de récupération [démolitions ferroviaires ou ind., carcasses automobiles (100 000 par an), vieux matériels, électro-ménager, etc.].

Consommateurs : sidérurgie, fonderie d'acier non sidérurgique, fonderie de fonte, divers (relaminage, électrométallurgie). En 1982, 35 % de l'acier brut a été produit à partir de ferrailles. *Production commercialisée* (milliers de t, 1984) par les négociants récupérateurs : 8 500 dont 4 395 sur le marché intérieur ; *exp.* 4 105 ; *imp.* 407 ; *consommation de la sidérurgie française* 6 343 (dont 2 839 achetées).

• **Métaux non ferreux.** Aluminium, cuivre, étain, plomb, zinc viennent des débris domestiques ou artisanaux (plombiers, serruriers, électriciens), de l'administration (matériel réformé et déchets de fabrication des entreprises d'État), de l'industrie. L'utilisation des déchets comme matière première demande moins d'énergie pour la fabrication de métaux. *Déchets consommés* (1984) : 773 000 t dont métal contenu 568 400 t (dont aluminium 196 900, cuivreux et alliages 178 600, plomb et alliages 112 900, zinc 80 000).

Prix des vieux métaux (en F, les 100 kg, à l'achat, févr. 1986). *Aciers alliés :* inox 18/8 neuf 260-280 ; vieux 240-260 ; au chrome F 17 neuf 60-65 ; vieux 30-38. *Aluminium :* rognures neuves alu pur 485-500. *Argent :* fin lingot 126 300 ; argenterie mêlée 1er titre 106 000 ; argenterie mêlée 2e titre 92 100 ; platine 7 540 000 ; palladium 2 060 000. *Bronze :* mitraille 720-735. *Cuivre rouge :* fil ou mitraille propre 605-630. *Laiton :* tombant de planche 570-585. *Or :* or fin, lingot 7 920 000, contenu dans déchets 7 245 000, broutille 18 carats (mêlé) 5 148 000. *Plomb :* tuyaux et planches 145-150. *Zinc :* couverture 170-185.

• **Papiers et cartons** (1985). Env. 2,4 millions de t (pour un taux d'utilisation de 40 % du tonnage de matières premières utilisées en papeterie et en cartonnerie). *Commerce ext. : imp.* 373 812 t ; *exp.* 475 603 t.

• **Plastiques.** Au minimum 50 000 t récupérées par an (dont 80 % exportées principalement vers l'Italie pour y être régénérées) (avance technique italienne dans ce domaine). Seuls sont récupérés les déchets de composition homogène. Le plastique jeté par les ménages est en général trop mélangé et souillé pour être traité efficacement.

• **Pneumatiques usagés.** 30 millions par an. Une partie (env. 10 000 000 d'unités) est rechappée, une autre régénérée pour être réutilisée à l'état de poudrette, une autre incinérée avec récupération d'énergie. La majeure partie est brûlée à l'air libre ou mise en décharge.

• **Textiles.** *Utilisation :* cartons, revêtements de sol, « ardoises » artificielles, chiffons, linge de toilette, tissus d'ameublement non tissés, papiers « vélin » et « pur chiffon », billets de banque, papiers techniques, rembourrage. *En 1985 :* env. 100 000 t. *Commerce extérieur : imp.* 57 200 t ; *exp.* 43 700 t.

• **Véhicules hors d'usage.** Env. 1 500 000 sont retirés de la circulation chaque année. 2 % se trouvent à l'état d'épaves dispersées dans la nature. Le reste est récupéré (garagistes ou démolisseurs) pour être traité. *Il y a en France 25 grands chantiers équipés* d'installations de broyage.

• **Verre.** Tonnage recyclé (1985) : 602 000 t dont 464 000 t de v. ménager, 138 000 t de v. industriel. La récupération préalable du verre facilite le traitement des ordures : volume moins important, revalorisation agricole du compost, incinération plus facile des ordures ménagères (l'économie est de 10 à 30 F *par t* de verre récupérée).

Tonnages récupérés (en milliers de t, 1984). *Ferrailles* 8 000 soit 36 % (sans les chutes propres de la sidérurgie) ; *métaux non ferreux* 750 (dont cuivre et alliages 209, aluminium 235, plomb 176, zinc 101) ; *papiers* 2 400 (40 % de la production) ; *textiles* 90 ; *peaux* 4,5 ; *plastiques* 50 ; *verre* 590 (bouteilles 116 millions).

1/3 des ordures ménagères sont valorisées (prod. d'énergie ou de compost). Objectifs 1986 : papier recyclé 43 %, verre recyclé 600 000 t, bouteilles 200 millions.

Taux de recyclage (% de la consommation venant de déchets par rapport à la consommation totale). Platine 67, plomb 49, étain 42, fer 37, argent 35, cuivre 29, vanadium 31, tungstène 30, zinc 29, aluminium 39, nickel 18, cobalt 15, molybdène 11, chrome 10.

Utilisation des ferrailles (au lieu de minerai). Économie réalisée 1,5 baril de pétrole par t d'acier, de cuivre 7,7, b., d'aluminium 29 b.

Services en France

Sources : Chambres syndicales.

Ingénierie et stés d'études et de conseils (*Engineering* désigne plutôt l'art de l'ingénieur ; *ingénierie* la vente d'études et de conseils à des tiers).

Conseils et services en informatique. Appelés aussi Stés de services et d'ingénierie en informatique (SSII) ou encore Stés de logiciel. 55 de ces sociétés, totalisant un chiffre d'affaires de 12,4 milliards de F, adhèrent à la Ch. syndicale Syntec-informatique. Effectif env. 31 500 (dont 60 % ingénieurs et cadres) en 1984.

La *Syntec-informatique* (3, rue Léon-Bonnat, Paris 75016, chambre syndicale des stés d'études et de conseils) regroupe en 1985, dans ses 3 grandes familles de l'ingénierie, des services et de l'ingénierie en informatique et du conseil, 285 stés ou groupes (+ de 53 000 personnes dont + de 27 000 ingénieurs et cadres), C.A. + de 28 milliards de F (études seules sans fournitures de travaux), dont 8 milliards à l'export.

Nettoyage (entreprises de). Emploient (en 84) 158 000 personnes qui entretiennent par jour 125 millions de m² de sols ; chiffres d'aff. total de 6 141 sociétés et artisans (dont 700 dans la Région parisienne) : env. 113 milliards de F par an. Artisans : env. 4 332.

La F.N.E.N.F. (Fédération nationale des entrepreneurs de nettoyage de France) 3 et 5, rue de Metz, Paris 75010, regroupe 9 chambres syndicales régionales, 1 500 adhérents (entrepreneurs et artisans).

Prestations de personnel (travail temporaire). En 1985, env. 790 entreprises (2 600 éts) employaient, par jour, env. 125 000 personnes. Chiffre d'affaires : env. 20 milliards de F.

Recrutement de personnel (sociétés de). Env. 80 à 90 sociétés spécialisées (70 % ne font que du recrutement). Recrutent surtout des cadres (au revenu annuel minimal d'env. 100 000 F pour 95 %).

Surveillance et sécurité. Ensemble de la profession, chiffre d'affaires : 1 800 millions de F. Salariés 36 000. 347 sociétés (dont S.P.S., C.A. 354 MF, eff. 5 749 ; A.C.D.S., C.A. 154 957 916 MF, eff. 1 588 ; G.I.S., C.A. (82) 191 075 623 MF, eff. 2 550 ; S.E.V.I.P., C.A. (82) 158 793 000 MF, eff. 1 300 ; S.N.S.G.I., C.A. (82) 62 000 000 MF, eff. 987). S.F.I.S.S. C.A. (82) 125 185 000 MF.

Textiles

Sources : F.A.O. et chambres syndicales professionnelles.

Données générales

Origine

Textiles naturels, à base de fibres : 1°) VÉGÉTALES *entourant graines ou fruits :* coton, kapok (du fromager), fibre de coco ; *contenues dans la tige :* chanvre, lin, jute (de la tige ou de la corète capsulaire), ramie, genêt, kénaf, sunn, henequen, maguey (agave cantale) ; ou *dans les feuilles* (abaca : musa textile) du chanvre de Manille, sisal (de l'agave), raphia (du palmier), alfa, sparte. 2°) ANIMALES *venant de toisons :* mouton (laine), chèvre (ex. : angora, mohair de Turquie, U.S.A., Afrique du Sud, cachemire des Indes et du Tibet, chèvres d'Iran), chameau (de Chine ou des Indes), lama (d'Amérique du Sud : variétés vigogne, alpaga, guanaco), castor, loutre, yack ; ou *sécrétées par des chenilles :* soie (bombyx du mûrier), soie sauvage, tussah (bombyx du chêne, de l'ailante, du ricin). 3°) MINÉRALES : amiante, asbeste, verre. 4°) MÉTALLIQUES : aluminium anodisé.

Textiles chimiques. Voir page 1317.

Statistiques mondiales

Nota. — La production est en régression dans les pays industrialisés, et en hausse dans les pays en voie de développement : Hong Kong, Corée, T'ai-wan, Singapour, Inde, Malaisie, Indonésie, Macao, Maurice, Tunisie, Maroc, Chine populaire.

Production en milliers de tonnes

Sources : ICAC et CIRFS.

Années	Coton	Laine	Artificiels et synthétiques
1900	3 162	730	1
1940	6 907	1 134	1 132
1950	6 647	1 057	1 677
1960	10 113	1 463	3 358
1965	11 884	1 484	5 469
1970	11 784	1 602	8 393
1974	14 036	1 523	11 341
1975	11 759	1 523	10 638
1980	14 037	1 664	13 718
1981	15 310	1 681	14 031
1982	14 705	1 685	13 082
1983	14 700	1 706	14 096
1984	18 423	1 725 (p.)	14 971
1985	17 320		

L'accord multifibres intervenu dans le cadre du G.A.T.T. 1973, renouvelé en 1977 et 1981, prévoit des plafonds quantitatifs d'importations dans la C.E.E. des produits du textile et de l'habillement les plus sensibles : filés et tissus de coton, tee-shirts, chandails, pantalons, chemises et chemisiers, tissus en fibres synthétiques. Dans certains pays du tiers monde, le coût de la main-d'œuvre est d'env. 90 % inférieur à celui des pays industrialisés. L'accord est parfois tourné : certains produits importés par la France des P.-Bas, d'Italie ou d'All. féd. viennent en fait du tiers monde.

Main-d'œuvre occupée dans l'ind. textile (en milliers, 1982) : C.E.E. 1 295, U.S.A. 750, Japon 495, Corée du S. 410, T'ai-wan 265, Espagne 210, Portugal 142, Hong Kong 113.

Travail au noir important : All. féd. 80 000, *France 100 000* (env. 55 000 dans le Sentier à Paris et au S. de la Loire), Italie 350 000.

Principales sociétés (au 31-12-1983). **C.A.** (en millions de $) et, entre parenthèses, **effectifs** (en unités). Courtauld [1,a] 3 184 (73 000). Burlington [2] 2 990 (53 000). Toyobo [3] 2 566 (51 650). Kanebo [3] 1 966 (6 490). J.-P. Stevens [2] 1 926 (35 300). Coats Paton [1,a] 1 346 (43 500). West Point Pepperell [2] 1 206 (21 500). Snia B.D.P. [1] 1 123 (14 700). Prouvost [4] 957 (17 322). Spring Industries [2] 894 (18 000). Collins & Aikman [2] 682 (9 150). Dollfus Mieg et Cie [1,b] 667 (14 521). Boussac St-Frères [1,b] 600 (16 600). Saic Vellorex [1,b] 204 (1 272). Phildar [1,b] 158 (1 607).

Nota. — (1) C.E.E. : (a) G.-B., (b) France. (2) U.S.A. (3) Japon.

France

En milliers de t, 1985. Production. 1 028,1 : textile 862,8 (dont mat. premières [1] 122,2, fils 329,5, tissus 256,3, divers [2] 154,8) ; habillement 165,3 (dont bonneterie 64, vêt. tissés 101,3). **Consommation** 1 482,3. **Exportations** 373,9. **Importations** 828,1.

Nota. — (1) Fibres chimiques et naturelles. (2) Corderie, ouates, enducteurs, tapis, dentelles, pansements.

% des importations. 1973 : 33. **77 :** 40. **80 :** 49. **82 :** 55. **83 :** 63.

Taux de pénétration étrangère (en 1984, en %). Total textile 57 (dont pull-overs 60,9, tee-shirts 51,7, confection masculine 54, féminine 43, chaussettes 42, linge de maison 31,5).

Déficit commercial (84) : textile 8,2 milliards de F (coton 1,7).

Coton

Généralités

• **Histoire. XIe s.** Sarrasins et Arabes importent le coton en Sicile et au sud de l'Espagne. **XVIIe s.** début, l'Amérique du N. commence à cultiver du coton venant de graines indiennes. **1753** du coton de Caroline apparaît pour la 1re fois à la bourse de Londres. Récolte et traitement exigent à l'époque un travail manuel considérable exécuté par des esclaves. La mécanisation favorise le développement. **1764** James Hargreaves construit la 1re machine à filer comprenant plusieurs fuseaux et lui donne le nom de sa fille Spinning Jenny. **1785** Edmond Cartwright invente le

1er métier à tisser automatique. V. **1900** la prod. mondiale de coton représente 80 % du marché mondial des textiles, **1950** 71 %. **1960** 68 %. **1980** 47 %.

● **Cultures.** Situées entre 36° latitude Sud et 43° l. Nord. Sensible au froid à partir de + 5 °C, exige plus de 15 °C pendant 5 à 6 mois (sur un cycle de 6 à 8).

Plante. Famille de Malvacées. Après la floraison, l'ovaire se transforme en capsule (contenant 20 à 50 graines) qui s'ouvre à maturité. Chaque graine est entourée de 5 000-10 000 duvets et d'env. 10 000 fibres se présentant comme un écheveau. On récolte le coton-graine, qui est ensuite séparé en fibre (32 à 42 %) et en graines (56 à 61 %). *Rendement :* 550 kg de fibres à l'ha (moy. mondiale 1985). La fibre est utilisée, suivant qu'elle est + ou − longue, en filature peignée, en filature cardée, ou en ouaterie. *La graine fournit :* de l'huile (env. 18 % de son poids en huile raffinée) à usage alimentaire ; des protéines (env. 17 % du poids de la graine) destinées, jusqu'à maintenant, le plus souvent à l'alimentation du bétail (tourteaux), mais de plus en plus dans l'avenir à l'alimentation humaine (farine et dérivés) grâce à l'utilisation de variétés sans glandes à gossypol : du duvet ou « linter » (env. 8 % du poids de la graine) utilisé pour des textiles grossiers, en ouaterie, ou dans l'ind. de la cellulose ; des coques (40 à 45 % du poids de la graine) utilisées principalement comme combustible dans les huileries.

Espèces cultivées. *Gossypium hirsutum,* originaire d'Amér. (95 % des cotonniers cultivés dans le monde) : haut. 0,8 à 2 m, fibre de 22 à 30 mm. *Gossypium barbadense,* originaire de la côte ouest de l'Amér. du S., surtout cultivé en Égypte, haut. 1 à 3 m, fibre de + de 30 mm.

● **Principaux marchés.** *U.S.A. :* New York, La Nouvelle-Orléans, Memphis. *Égypte :* Alexandrie. *Europe :* Liverpool, Brême. *Sud-Est asiatique :* Hong Kong.

● **Cycles de fabrication 1°) Égrenage :** *triage* des capsules (pour éliminer celles tachées ou les matières étrangères) ; *égrenage* (séparation de la fibre de la graine) ; *nettoyage, pressage* en balles de 217,7 kg (running balls, U.S.A.), 100 kg (Afr. centrale), 181 kg (Inde), 335 kg (Égypte). **2°) Filature :** *battage* pour éliminer les poussières ; *cardage, étirage* du ruban de carde et *doublage :* la mèche est *filée.* Après le doublage peut intervenir le *peignage* qui écarte les fibres les plus courtes et régularise ainsi le filé. *Filés retors :* filés de plusieurs fils réunis par torsion. *Fil d'Écosse :* fil pur à longues fibres retors, gazé et mercerisé. Le coton filé est caractérisé par un numéro anglais Ne (nombre d'écheveaux de 840 yards dans 1 livre de fil) ou un numéro métrique Nm (nombre de km de fil dans 1 kg de fil) ou par le poids en g d'un km de fil (système Tex). **3°) Tissage** (ou autres stades équivalents) : assure la transformation de fil en article textile : bonneterie, dentelle, broderie, tulle, filets, feutres, etc. **4°) Manutention :** blanchiment, teinture ou impression et divers apprêts (ainsi le mercerisage), lessivage à la soude donnant un aspect soyeux et brillant et renforçant la résistance. **5°) Transformation d'ordre artistique** (dessins, coloris, contextures ou armures de tissus) et commercial.

Statistiques

● **Fibres de coton. Production** (en milliers de t, 1985-86). Chine 4 774. U.S.A. 2 927. U.R.S.S. 2 599. Inde 1 594. Pakistan 1 085. Brésil 575. Turquie 517. Égypte 325. Australie 206. Soudan 191. Mexique 190. Grèce 174. *Monde 17 322.*

Exportations (estim. en oct. 1985). U.S.A. 762. U.R.S.S. 762. Pakistan 305. Brésil 283. Chine 261. Australie 250. Soudan 218. Turquie 174. Égypte 174.

Importations (estim. en oct. 1985). Japon 729. Corée du S. 359. Italie 248. All. féd. 239. T'ai-wan 228. Hong Kong 200. Portugal 163.

Consommation (estim. en janv. 1986). Chine 3 841. U.R.S.S. 1 996. Inde 1 562. U.S.A. 1 302. Japon 729 [1]. Brésil 580 [1]. Pakistan 564 [1]. Turquie 414 [1]. Corée du S. 348 [1]. Égypte 314 [1]. T'ai-wan 287 [1]. Italie 249. All. féd. 212 [1]. *France 158* [1]. *Monde 15 776.*

Nota. — (1) Estim. en oct. 1985.

● **Graines de coton. Production** (1982). U.R.S.S. 5 700. U.S.A. 4 307. Turquie 730. Égypte 700. Mexique 350. Syrie 250. Grèce 225. Australie 217. Pérou 135. Guatemala 135. Israël 120. Nicaragua 102. Espagne 86. El Salvador 70.

Commerce (1983). **Exp.** Chine 44. Thaïlande 29. Mali 13. Soudan 9. Philippines 4. Indonésie 4. U.S.A. 2. **Imp.** Japon 85. Mexique 33. Liban 18. Grèce 7. Italie 3.

● **Tourteaux de coton. Commerce** (1983). **Exp.** Brésil 180. Inde 172. Chine 92. Argentine 88. Paraguay 51. Côte-d'Ivoire 39. Nicaragua 31. **Imp.** Danemark 369. G.-B. 79. P.-Bas 59. All. féd. 52. Belg.-Lux. 48. Irlande 40.

● **Huile de coton. Commerce** (1984). **Exp.** U.S.A. 1,7. Brésil 0,9. Argentine 0,2. Israël 0,1. **Imp.** Égypte 1,6. Venezuela 0,9. Rép. dominicaine 0,15. Japon 0,12.

● **Filés de coton. Production.** (1984). Chine 3 226. U.R.S.S. 1 688. Inde 1 151. U.S.A. 1 016. Brésil 472. Japon 437. Pakistan 433. Corée du S. 275. Égypte 230 [1]. Italie 192 [2]. Roumanie 190 [3]. All. féd. 185 [1]. T'ai-wan 180. Pologne 172 [1]. Tchéc. 141 [1]. *France 137.* Hong Kong 136. All. dém. 134 [3]. Yougoslavie 121 [1]. Grèce 117 [1]. Portugal 106. Espagne 104.

Nota. — (1) 1983. (2) 1982. (3) 1981.

Laine

Généralités

● **Origine. Mouton.** Tondu en moyenne 5 fois dans son existence (en France, de mars à avril). *Rendement :* 2 à 8 kg de laine (la laine est chargée de 25 à 60 % de suint) : *France 2.* Argentine 3. N.-Zélande 5,5. Australie 8.

Longueur de la fibre : varie avec la race et sa place sur la toison ; sur les mérinos rarement + de 10 cm ; sur les croisés jusqu'à 40 cm.

Suivant la finesse, on distingue : des *laines mérinos* fines (diamètre 18 à 24 microns), ondulées (jusqu'à 15 ondulations au cm), souples et relativement courtes (6 à 7 cm) ; des *laines croisées,* plus grossières (jusqu'à 40 microns), peu ondulées et souvent beaucoup plus longues que les mérinos ; et des *laines fortes* qui se rapprochent plutôt des poils. En combinant les notions de finesse et de qualité, on distingue près de 1 500 variétés de laines.

Laine vierge : composée d'une fibre de laine n'ayant jamais été incorporée à un produit fini et n'ayant pas subi certaines opérations de filature et de feutrage autres que celles requises par la fabrication du produit, ni un traitement ou utilisation qui ait endommagé la fibre.

Chèvre du Cachemire. Vit en Inde de 3 300 à 5 000 m d'alt. Perd ses poils en été : 84 à 140 g seulement sont utilisables.

Chameau. Ses poils tombent en été et sont recueillis chaque jour. 4 kg par an.

Lapin angora. Toison récoltée 4 fois par an (au total 1 kg de poil soit 25 % du poids vif du lapin alors qu'une brebis mérinos de 45 kg ne donne que 9 % de son poids vif). *Principaux producteurs :* Chine, Tchécoslovaquie, France (plus de 1 000 éleveurs, surtout en M.-et-L., Vendée, Deux-Sèvres, Morbihan), Allemagne.

☞ Sont également considérés comme fibre de laine les poils de lama, alpaca, vigogne, chèvre, mohair, angora, yack, castor, loutre.

● **Fabrication. Cycle cardé.** Les cardes (rouleaux munis d'aiguilles) démêlent et parallélisent les fibres. Le voile de carde est rassemblé en une mèche qui est filée après avoir été étirée et tordue. L'aspect final est plutôt rustique (tweeds, shetlands...).

Cycle peigné. Le voile de carde, ramassé sous forme de ruban, est rassemblé avec d'autres et étiré plusieurs fois. Il est peigné ensuite pour éliminer les fibres courtes, puis filé. Les articles en laine peignée sont d'aspect plutôt fin, sec et plat (gabardines, toiles légères...).

Délainage. Consiste à récupérer la laine des moutons abattus. La France en possède le quasi-monopole à Mazamet (Tarn).

Principaux marchés. *Exportateurs :* Australie, N.-Zélande, La Plata, Montevideo, Le Cap. *Importateurs :* Londres, Liverpool, Anvers, Dunkerque, Marseille.

Nota. — Laine brute basse lavée à fond, en milliers de tonnes.

Statistiques

● **Laines. Consommation** (1984, en kg par h.). N.-Zélande 4,15. Islande 3,91 [1]. Suisse 2,81. Belgique 2,13. Autriche 2,12. Irlande 2,06. All. féd. 2,03. Australie 1,99. Bulgarie 1,82. P.-Bas 1,71. Norvège 1,62. Tchéc. 1,57. G.-B. 1,46. Grèce 1,43. Danemark 1,35. Italie 1,34. Japon 1,27. Hong Kong 1,16. U.R.S.S. 1,15. Canada 1,11. *France 1,11.* All. dém. 1,10.

Nota. — (1) 1979.

Production (milliers de t, base suint en 1984-85, est.). Australie 789. U.R.S.S. 485. N.-Zélande 387. Chine 180. Argentine 140. Afr. du S. 110. Uruguay 71. Turquie 61. G.-B. 56. Pakistan 55. U.S.A. 43. Roumanie 40. Bulgarie 36. Inde 35. Espagne 31. *France 24.* Maroc 24. Brésil 23. Chili 21. Irak 18. Iran 16. Italie 13. Pérou 12. Grèce 11. Youg. 10. Portugal 9. Lesotho 2. *Monde 2 970.*

Exportations (milliers de t, 1984). *Total* 1 183,7, dont : Australie 548,2. N.-Zélande 304,9. Argentine 71,2. Afr. du S. 64,4. *France 38,6.* Uruguay 26,6. G.-B. 20,9.

Importations (milliers de t, 1984). *Total* 1 123,4 dont : Japon 184,2, *France 127,8.* G.-B. 116,4. Italie 105,9. U.R.S.S. 98. All. féd. 75. Belgique 51,3. Chine 47,3. U.S.A. 41,9. T'ai-wan 36,3. Corée 27,6.

● **Peignés et rubans cardés. Production** (en milliers de t, 1984). Japon 70. *France 69,9.* Italie 54,6. G.-B. 42,9. All. féd. 29,3. U.S.A. 26,2. Uruguay 23,4. Australie 23. Afr. du S. 16,6. Belgique 15,3. Espagne 12,5.

● **Fils pure laine et majoritaires laine. Production** (laine peignée et, entre parenthèses, cardée, en milliers de t, 1984). U.S.A. 544,8 (117,7). Italie 294,7 (268,1). Japon 219,2 (110,1). *France 79 (33,3).* All. féd. 73,2 (55,9). G.-B. 63,9 (69). Belgique 44,8 (52,3). P.-Bas 6,7 (5).

● **Tissus pure laine et majoritaires laine. Production** (tissus peignés et, entre parenthèses, cardés en milliers de t, 1984). Japon 80,6 (51,5). U.S.A. 62,9 (64,8). Italie 57,9 (134,4). All. féd. 37,2 (8,4). *France 22,8 (11,7).* G.-B. 15,8 (13,2). Belgique 1,3 (0,2). P.-Bas 0,9 (0,7).

Soie

Généralités

Histoire. XXVIIIe s. av. J.-C., monopole de la famille impériale, connue des Grecs, semble introduite en Europe, elle venait de Chine appelée alors « Pays des Sères » ou « Pays de la soie ». Les Byzantins utilisèrent largement la soie importée d'Asie (notamment de Perse), puis en produisirent vers le VIe s. **Moyen Age** développement en Grèce et Asie Mineure. Les Croisés rapportent beaucoup de soieries. L'Église les adopte (des évêques célèbrent des offices dans un vêtement orné des versets du Coran ou d'autres sentences païennes). **XII e s.** la Sicile est le premier centre de fabrication européen (Palerme), puis l'Espagne suit. **XVe s.** sous Louis XI, à Lyon et Tours, des ateliers sont créés. **1494** les importations interdites. **1550** Henri II réintroduit la soie en France. Sous Henri IV app. de la sériciculture. **XVIIe s.** essor de la soierie lyonn. mais la révocation de l'édit de Nantes (1685) entraînant l'exil des huguenots lui porta un coup sévère. **1800** Le métier inventé par le Lyonnais Joseph-Marie Jacquard (1762-1834) en 1800 permit à Lyon de reprendre une place importante. **XIXe s.** production record (26 000 t de cocons frais), puis recul progressif des séricicultures (lié à la montée des salaires).

Sériciculture. Certains insectes sécrètent une « soie » pour construire un *cocon* où ils s'enferment à l'état de *chrysalide.* La *soie sauvage* est ainsi produite par des vers sauvages ou semi-sauvages (ex. : tasar ou *tussah-antheraea mylitta* qui se nourrit de feuilles de chêne). Mais la soie commercialement la plus usitée est la *soie grège,* celle du *Bombyx mori,* appelé ainsi parce que ce ver se nourrit exclusivement de feuilles de mûrier blanc *(Morus alba).*

Le papillon femelle du bombyx pond en général 500 œufs ou « graines ». Les graines sont conservées au frais pendant la mauvaise saison, puis mises à incuber en temps voulu pour permettre le « nourrissage » des jeunes vers avec les feuilles fraîches de mûrier. Les vers éclos subissent 4 mues avant d'atteindre leur taille maximale (5 à 8 cm). Au cours du « dernier âge », le ver monte, s'accroche à des rameaux disposés sur des claies — ou s'installe (élevage moderne) dans un casier spécialement conçu. Le *ver* file alors avec sa bave, en 3 ou 4 j, un cocon dans lequel il s'enferme pour devenir *chrysalide.* Celle-ci, dans une dernière mue, se transforme en *papillon* qui « perce » le cocon pour sortir.

Afin de conserver intacts les cocons pour le dévidage en filature, on « étouffe » les chrysalides dans les cocons. On ne laisse éclore qu'une petite quantité de papillons qui s'accoupleront pour fournir les graines de la saison suivante (grainage). En France, il ne reste que 2 ou 3 exploitations séricicoles ou *magnanerie* (nom provençal : bâtiment destiné à l'élevage des vers à soie) dans la région du Gard. Actuellement le *Bombyx mori* est surtout utilisé par la science dans le cadre de la recherche en biologie moléculaire.

Filature. Un cocon comporte de 700 à 1 000 m de bave constituée de 2 filaments de *fibroïne* et de 20 à 25 % de *séricine* ou *grès* qui enveloppe et soude les filaments. Les baves étant très fines, on assemble en filature de 4 à 10 baves ou « bouts » pour obtenir le fil de soie commercial. Il faut un peu moins de 6 kg de cocons frais pour donner 1 kg de soie grège (un cocon pèse 8 dg). Les opérations modernes de filature sont maintenant effectuées avec des machines automatiques fabriquées essentiellement au Japon.

Doupion. Les cocons doubles (produits par 2 vers travaillant trop près l'un de l'autre) sont filés par des procédés spéciaux et fournissent une soie dite doupion, irrégulière et de titre plus « ferme », c'est-à-dire plus gros que celui de la soie grège. Ces soies doupion sont très appréciées pour le tissage des étoffes qui tirent de l'irrégularité du fil un caractère et des effets spéciaux.

Moulinage et tissage. On « décreuse » en général la soie ; on élimine le grès par trempage en eau savonneuse. En outre, avant tissage, les fils de soie subissent le plus souvent des opérations d'assemblage ou de torsion effectuées par l'industrie du *moulinage.*

Schappe et bourrette. Fils de fibres soyeuses discontinues produits à partir de déchets de soie : cocons percés, déchets de dévidage (frisons, blazes, bassinés), déchets de moulinage. Après décreusage partiel (enlèvement du grès), les déchets sont cardés puis peignés pour paralléliser les filaments, et convertis en fils au moyen de machines analogues à celles qu'on utilise pour la formation de fils de laine ou de coton. Les fils composés de longs filaments sont appelés fils de schappe, ceux qui viennent de filaments courts sont des fils de bourrette.

Deniers. La grosseur ou *titre* commercial d'un fil de soie est exprimée en *deniers,* dont le nombre correspond à la masse en grammes de 9 000 m de fil (ex. : une soie de 20 deniers est une soie dont 9 000 m de longueur pèsent 20 g). **Tex** système sera peut-être prochainement adopté : un fil de 1 tex est un fil dont une longueur de 1 000 m a une masse de 1 g.

Actuellement, *la soie grège* transformée en France et en Europe occ. vient de Chine, 1er pays prod. dep. 1978.

Statistiques

Production. De cocons (1984). Monde 486 100 t dont (en %) Chine 52,8, Inde 16, U.R.S.S. 10,7, Japon 10,3, Brésil 2,2, Corée du S. 2,1. **De soie grège** (en t, 1984). *Monde 56 133.* Chine 28 140. Japon 10 800. Inde 6 900. U.R.S.S. 3 999. Corée du S. 2 088. Brésil 1 458. Thaïlande 828. Corée du N. 600 [1]. Iran 432 [1]. Turquie 310. Bulgarie 180 [1]. Roumanie 126 [1]. Viêtnam 72 [1].

Nota. – (1) Chiffres estimés.

Consommation intérieure de soie grège (en t, 1984). Japon 16 577. Chine 15 467. Inde 5 680. U.R.S.S. 3 999. Italie 3 540. Corée du S. 1 584. *France 644.* U.S.A. 336. Suisse 125. All. féd. 120. G.-B. 120.

Autres fibres végétales

Principaux producteurs. *Source :* F.A.O.

• **Chanvre.** Voir statistiques p. 1241.

La France utilise des variétés spéciales monoïques. Croissance en 100-110 j. *Rendement :* 6 à 10 t de tiges à l'ha. Récoltées en « non battu » (tiges seulement) vers le 20 août, semis début mai. 20 à 30 j de plus sont nécessaires pour obtenir la maturation des graines : chènevis [récolte « en battu » (graines et tiges) vers les 10-20 sept. : rendement en tiges diminué de 1 à 2 t, en graines 6 à 10 q par ha]. La production de tiges est dirigée vers la papeterie, soit directement (15 à 20 %), soit seulement la partie fibre. L'utilisation textile et paratextile de la fibre se développe après un affinage. La partie ligneuse, *chènevotte,* est utilisée pour les litières d'animaux et pour fabriquer des panneaux de particules.

En 1985 : *superficie* 6 500 ha ; *production* 38 000 t de tiges (en 1979 : 47 000 t) dont 5 000 utilisées directement en papeterie et 33 000 t transformées (en filasses pour papeterie 11 000, chènevottes pour panneaux 17 000, poussières 3 000) ; 1 500 t de chènevis ; 500 t de semence.

• **Fibres dures.** Extraites des feuilles des plantes de la famille des agaves *(sisal, henequen).* **Production** (en milliers de t, 1980). Brésil 205, Tanzanie 86, Mexique 86, Kenya 47, Madagascar 16, Haïti 15, Mozambique 12. Divers 43. *Monde 511* (Amér. lat. 322, Afrique 180, Asie 9). **Abaca.** Philippines 130. Divers 11. *Monde 141.* **Exportations.** Brésil 80. Tanzanie 50. Kenya 39. Madagascar 15. Autres 21. *Monde 225.* **Importations.** *France 28.* Italie 18. Belgique 6. Royaume-Uni 5. Autres pays C.E.E. 10. *Total C.E.E. 67.* Autres pays européens 53. *Total Europe occ. 120.* Europe orient. 37. Autres pays développés 21. Pays en voie de développ. 40. *Monde 218.* **Utilisations.** Ficelle agricole, f. d'emballage, cordages, tapis.

• **Fibres libériennes.** Extraites du liber de la tige de plantes de 2 à 3 m de haut : *corchorus* ou *jute* du Bengale, *hibiscus* ou *kenaf* (Thaïlande, Amér. lat. Ouzbékistan, Afrique), *urena, punga, abutilon* (Chine). Les tiges coupées sont rouies en eau dans les mares pour dégager les fibres, rincées et séchées au soleil. **Filature et tissage.** Inde, Bangladesh, Thaïlande, Chine, Europe et dans plusieurs pays d'Afrique, d'Amér. lat. En Europe dep. 1830, en France (Somme, Nord) dep. 1843. **Utilisations.** Emballages ; ind : bâtiment, literie (matelas à ressorts, dessous de sommiers), ameublement (sangles, toiles protectrices), automobiles (toiles, feutres), câblerie (guipage des câbles électr.), enduction plastique (maroquinerie, ameublement, revêtements de sols), agriculture (toiles d'ombrage, contre les vents, les gelées), travaux publics (construction de routes, autoroutes, fixation des talus, des sols) ; applications domestiques : tapis, feutres enduits, aiguilletés, toiles teintes, revêtements muraux, toile tailleur, chaussures (semelles d'espadrilles), bagages (toiles enduites).

Production (milliers de t, 1980-81). Extrême-Or. 2 648, Inde 1 512, Chine pop. 1 090, Bangladesh 760, Thaïlande 210, Amér. lat. 103, Népal 59, U.R.S.S. 50. Proche-Or. 16, Afrique 4. *Monde 3 936.* **Exportations** (1980). Bangladesh 360, Birmanie 60, Népal 40. **Importations** (1980). Europe occ. 127, orientale 83. Extrême-Or. 82, Afrique 64, Proche-Or. 49, Amér. lat. 47, autres pays dével. 57. *Monde 509.* **Industrie** (production filature, 1980). Inde 1 385, Chine 1 128, Bangladesh 570, Europe or. 133, occ. 108 (dont G.-B. 31, *France 15,* Belgique 11, All. féd. 9, Portugal 8). Autres 633. *Monde 3 957.*

• **Lin** (consommation, en kg par h.). Pologne 1,9. U.R.S.S. 1,7. Tchécoslovaquie 1,1. P.-Bas 0,9. Danemark 0,7. Autriche 0,7. Suède 0,7. Roumanie 0,7. Islande 0,5. Australie 0,4. Italie 0,4. Norvège 0,4. Hongrie 0,4. U.S.A. 0,3. Suisse 0,3. *France 0,3.* All. dém. 0,3. Finlande 0,2. All. féd. 0,2. G.-B. 0,2. Espagne 0,2. Yougoslavie 0,2. Afr. du S. 0,1. Irlande 0,1. Portugal 0,1. Grèce 0,1. Canada 0,1. Chine 0,1. Japon 0,1. Égypte 0,1. *Monde 0,2.*

Textiles chimiques

Nom des fibres

1°) Artificielles fabriquées à partir de produits naturels, principalement la cellulose : *viscose :* fils continus ou fibres discontinues [Cidena, Rhovalan, Floccal, Floccolor (Fr.)], *acétate, triacétate* [Arnel (Belg.), Dicel, Tricel (G.-B.)], *cupro* [Bemberg (All., It.)], *modal* [Vincel (G.-B.)] ; les protéines (arachide ou caséine du lait par ex.) ou des algues, soies artificielles (1935).

2°) Synthétiques fabriquées à partir de produits chimiques variés issus pour la plupart de la pétrochimie : **Polyamide** (depuis 1938-39, U.S.A.) *P. 6-6, base acide adipique et hexaméthylène diamine :* Nylon. *P. 6* (1938-39, All.), *base caprolactame :* Celon (G.-B.), Perlon (All.), Lilion (Fr., Italie). *P. 472* (1968, U.S.A.), *base PACM :* Quiana (U.S.A.). **Fibres thermostables.** *Polyamide aromatique avec un groupe phénylène :* Nomex (U.S.A.). *Polyamide-imide aromatique :* Kermel (1963, France). **Acrylique** (1947, U.S.A.). *Base acrylonitrile :* Crylor (France), Courtelle (France, G.-B.), Orlon (1948, U.S.A.), Dralon (1954, All.), Dolan et Redon (All.), Acrilan (U.S.A.). **Polyester** (1950, G.-B.). *Base acide teréphtalique et éthylène-glycol. :* Tergal (France), Térylène (G.-B.), Dacron (1946 U.S.A.), Trevira et Diolen (All.), Terital (Italie), Teriennka (P.-Bas). **Chlorofibre** (1941-42, France). *Base polychlorure de vinyle :* Rhovyl et Clevyl (France), Vinyon (U.S.A.), Movil (Italie). (1940, U.S.A.) ; *base polychlorure de vinylidène :* Saran (U.S.A.). **Polyoléfine** (1964, Italie). *Base propylène :* Méraklon (Italie) ; *base éthylène basse pression :* Courlène (G.-B.). **Élasthanne** (1960, U.S.A.). *Base polyuréthane :* Lycra (U.S.A.). **Fibre à 2 composants.** *Fibre à structure bilame, deux polymères accolés ou concentriques :* Cantrece (U.S.A.). **Fibre de verre textile** (1893). *Base verre de composition spéciale :* Fibergas (Fr., U.S.A.), Vétrolex (France).

Textiles artificiels et synthétiques peuvent se présenter sous forme de fils continus ou de fibres discontinues. Les appellations « **rayonne** » (fil continu) et « **fibranne** » (fibre) ne sont plus légales ; tout textile artificiel ou synthétique peut être produit en fil ou en fibre. Le *polyamide* sera sous forme de fil, l'*acrylique* de fibre, le *polyester* peut revêtir les 2 formes. Les filaments constituant les fils continus peuvent être ronds, creux, plats, multilobés, selon la forme des trous de la filière. Les fils continus peuvent être ondulés ou frisés par texturation (fils mousse). Certains sont aussi tordus sur eux-mêmes pour faire du crêpe par ex. ou tordus pour être assemblés à d'autres fils et donner ainsi des fils fantaisie (moulinage). Les fibres synthétiques ou artificielles, obtenues après craquage de rubans de filaments continus, peuvent être utilisées seules ou mélangées entre elles ou avec des matières naturelles.

Non-tissé : est considéré comme tel tout produit manufacturé constitué d'un voile, d'une nappe ou d'un matelas de fibres, quelles qu'elles soient, réparties directionnellement ou au hasard et dont la cohésion interne est assurée par des méthodes mécaniques (aiguilletage), physiques (soudage ou dissolution partielle...), chimiques (imprégnation...), ou par combinaison de ces divers procédés à l'exclusion du tissage, du tricotage, de la couture-tricotage et du feutrage traditionnel. Les non-tissés peuvent être obtenus par voie humide, sèche, fondue... Ils ne comprennent pas les papiers. *Catégories de produits :* usage unique (hygiène) ; usage court (supportant plusieurs lavages : linge de table...) ; durée de vie traditionnelle (revêtement mural...).

Statistiques

Production (en milliers de t, 1985). **Textiles artificiels.** U.S.A. 455,2, Japon 388,9, C.E.E. 363,9 (dont All. féd. 169,1, G.-B 94,4, Benelux 42,5 [1], Italie 30,9 *France 27,8* [1], Grèce 6,3 [1]). Divers 2 192. *Monde 3 400.* **Synthétiques.** U.S.A. 2 936,9, C.E.E. 2 013,1 (dont All. féd. 797,5, Italie 658,2, G.-B. 247,8, *France 191,2,* Benelux 93,8, Irlande 59,2, Grèce 20), Japon 1 350,5. Divers 6 392,2. *Monde 12 900.* **Fibre de verre textile.** *France 58,4.*

Nota. – (1) 1984.

Source : Industrie française des textiles chimiques (1985).

Industrie textile en France

• **Comprend :** production de textiles chim., opérations préparatoires sur fibres (peignage), filature, tissage, maille (bonneterie, teintures, apprêts et impression) et fabr. d'articles divers (tapis, couvertures, fil à coudre, ficelles, feutres, etc.). Transforme près de 1 million de t de fibres et fils textiles, dont (en %) text. chimiques 57, coton 22, laine 12, autres fibres 8.

• **Effectifs.** En 1983, 2 450 entreprises, 280 000 salariés (dont en % : Nord 26,2, Rhône-Alpes 18,9, Champagne 8,5, Lorraine 7,5, Alsace 6,2, Picardie 5,8).

• **Chiffre d'affaires** (1983). 90 milliards de F dont 27 % à l'exportation (44 % de la production en volume).

• **Commerce** (en milliards de F, 1983). **Imp.** 34 (dont, en %, Italie 27,5, All. féd. 16,2, Belg.-Lux. 14,7, G.-B. 4,3, P.-Bas 3,3, Suisse 2,7, Portugal 2,7, U.S.A. 2,4, Grèce 2,4, Espagne 2,4). **Exp.** 26,9 (dont All. féd. 19, Belg.-Lux. 15,5, Italie 13,5, G.-B. 8, Suisse 4,5, U.S.A. 3,8, P.-Bas 3,8, Tunisie 2, Japon 1,8, Maroc 1,8).

• **Industries de la maille** (1985). 590 (84) *entreprises* (*1960 :* 1 376). 64 771 *salariés* dont 48 084 femmes. *C.A. H.T.* en France 20 milliards de F [dont exportations 6,2].

Part des produits dans le C.A. (en %, en 1983) : sous-vêtements 24,9, pull-overs et polos 18,7, autres vêtements 18,2, étoffes 12,6, mi-bas et chaussettes 9,9, bas et collants 9,1, maillots de bain 2,3, layette 1,9, bérets et coiffures 0,8, dentelles 0,3, gants 0,1, divers et non ventilé 0,6 ; *(en millions de F, 1985) :* sous-vêtements 4 406,4, pull-overs et polos 4 115,9, autres vêtements 3 619,7, mi-bas et chaussettes 2 423,6, étoffes 2 211,4, bas et collants 1 889,1, maillots de bain 432,8, layette 372,6, bérets et coiffures 199,8, dentelles 137,7, gants 49,6, divers et non ventilé 150,6.

Consommation (en millions de paires ou pièces, 1983) : sous-vêtements 332,8, chaussettes 295,6, bascollants 145,9, pull-overs 107,2, maillots de bain 9,4.

Commerce (en millions de paires ou pièces, en 1985). **Imp.** : collants 214,1, sous-vêtements 176,9, chaussettes 130,3, pull-overs 69,4, étoffes à maille [1] 29,1, coiffures 26,8, vêtements de dessus 22,5, gants 21,1, bas 7,3, maillots de bain 5,3, layette 4,4, sous-pulls 3,9. **Exp.** : collants 156,2, sous-vêt. 38,5, chaussettes 23,6, étoffes à maille [1] 12,5, pull-overs 12,7, vêt. de dessus 4,2, gants 4,1, coiffures 3,7, bas 3,3, maillots de bain 1,9, layette 0,98, dentelles 0,3, sous-pulls 0,3.

Nota. — (1) En tonnes.

Consommation

Fils et fibres chimiques. *Consommation de textiles (chimiques, de coton et de laine en France en 1984, en %).* Habillement *tc* 52,1 ; *c* 36,9 ; *l* 11. Tapis *tc* 94,2 ; *c* 1,7 ; *l* 4,1. Autres usages domestiques *tc* 41 ; *c* 56,4 ; *l* 2,6. Pneumatiques *tc* 100. Usages techniques *tc* 52,2 ; *c* 44,9 ; *l* 2,9.

Travaux publics et bâtiments en France

Sources : Féd. nat. du bâtiment ; Féd. nat. des travaux publics.

Bâtiment en 1984

Chiffre en 1984. Entreprises. 305 000 dont (%) *0 à 10 salariés :* 94,5, *11 à 50 :* 4,7, *50 à 200 :* 0,7, *+ de 200 :* 0,1. **Effectifs.** 1 265 000 dont salariés 975 000 (second œuvre 535 000, gros œuvre 440 000), artisans 290 000. Travaux (milliards de F). 300 dont logements 185,6 (neufs 94,6, amélioration-entretien 91) autres 114,4 (neufs 61,4, amélioration-entretien 53).

Salariés. 1 050 000 dont ouvriers 850 000, agents de maîtrise 72 000, techniciens, ingénieurs 68 000, personnel administratif 60 000.

Production (montant des travaux réalisés en millions de F). 295 000 dont (en %) construction neuve 53,6 (logements 33,2, entreprises 14, administration 6,4) ; amélioration, entretien 46,4. *Surfaces habitables produites :* 27 541 milliers de m². **Mises en chantier.** *Logements :* achevés 317 500, commencés 295 000 dont individuels 203 000, collectifs 92 000. *Hors logements* (surface de plancher en milliers de m²) : 23 128 dont bât. agricoles 8 132, industriels et stock 7 081, commerces 1 859, bureaux 1 708, autres 4 348.

Le bâtiment absorbe 84 % des matériaux de construction (sables et graviers, produits rouges, plâtre, chaux et ciment, prod. en béton, grès, céramique), 51 % de la production de l'industrie du bois, 16 % de la prod. d'aciers, 10 % env. de la prod. de la construction mécanique et électrique.

Travaux publics en 1984

Entreprises. 5 498 dont — *de 50 salariés :* 4 779, *51 à 100 :* 354, *101 à 500 :* 294, *501 à 1 000 :* 42, *+ de 1 000 :* 29.

Effectifs employés (au 30-6-1984). 259 764.

Investissements nets (millions de F, 1983). 3 763.

Montant des travaux réalisés. 82 300 millions de F H.T. dont (en %) tr. routiers 31,4, tr. électriques publics et industriels 22, adduction d'eau, assainissement, autres canalisations et installations 15,8, ouvrages d'art, génie civil et structures métalliques 13,1, terrassements généraux 10, fondations spéciales, sondages, forages 2,5, tr. souterrains 2, voies ferrées 1,9, tr. maritimes et fluviaux 1,3.

Clientèle (en %). Collectivités locales 38,6, entreprises publiques 26, secteur privé 24,7, État 10,7.

Quelques grands chantiers récents. Collecteur de Toulouse, TGV-Atlantique, tramway de Grenoble, station d'épuration de Marseille, ligne D du métro de Lyon, barrage-réservoir « Aube ».

Activités hors métropole. *Travaux réalisés* (H.T.) : 41 288 millions de F. *Régions d'activité* (en %) : Afrique 42,9 (dont Afr. du N. 13,3). Asie 22,8 (dont Moyen-Orient 12,1). Amér. du N. 12. Europe 8 (dont C.E.E. 4). Amér. latine 6,2. DOM et TOM 4,1. Océanie 2,6. Régions non précisées 1,4. *Répartition par nature de travaux* (en %) : Ouvrages d'art, génie civil et structures métalliques 35,4. Travaux routiers et terrassements généraux 21,2. Travaux électriques publics et industriels 12,9. Adduction d'eau, assainissement, autres canalisations et installations 12. Travaux maritimes et fluviaux 9,5. Voies ferrées 3,9. Fondations spéciales, sondages, forages 2,7. Tr. souterrains 2,4.

Verre

Source : Féd. des chambres synd. de l'industrie du verre.

Généralités

• **Origine.** Connu des Égyptiens et des Phéniciens avant l'ère chrétienne. Le *soufflage* inventé peu avant l'ère chrétienne permit le développement du verre creux. Pénètre en Gaule au IIe s. apr. J.-C. Les verreries furent longtemps itinérantes, établissant leurs fours près des forêts qui leur fournissaient le combustible et les fougères dont la cendre servait de fondant. Elles se développèrent à Venise et en Bohême puis en France, où Louis XIV, avec Colbert, encourage l'ind. du verre : nobles autorisés à exercer sans déroger la profession de maître verrier, anoblissement des roturiers exerçant cette profession. L'invention de la coulée sur table permet au XVIIe s. de réaliser des glaces plus grandes et mieux calibrées. A la fin du XIXe s., les verriers constituèrent une grande industrie.

• **Qualités.** Transparent, dur en surface, isolant sonore, thermique et élec., résistant aux agents atmosphériques et aux prod. chimiques (il peut être attaqué par l'acide fluorique que l'on utilise pour graver les objets en verre), imputrescible, ininflammable et incombustible, fragile (mais résistant à la traction et à la courbure ; élastique dans des faibles épaisseurs), non poreux, peu coûteux, « national » (utilise sable et soude d'origine française, seuls les combustibles de fusion comme fuel et gaz sont importés mais ils représentent moins de 10 % du prix du verre).

• **Fabrication. Matières premières** (en %). **Verre usuel** : silice 70 à 73, alumine 0,2 à 2, oxyde de fer 0,02 à 2,5, soude 13 à 16, chaux 8 à 13, magnésie 0 à 4. **Cristal au plomb** : silice 55 à 60, soude ou potasse 10 à 12, oxyde de plomb 24 à 30. **Verre d'optique** : silice 40 à 70, alumine 0 à 2, soude 8 à 15, chaux 3 à 12, magnésie 0 à 2, oxyde de plomb 10 à 70, acide borique 5 à 15.

Fusion. A haute température, dans des bassins, ou des creusets en matériau réfractaire, d'un mélange de vitrifiants (72 %, sable siliceux), fondants (14 %, carbonate et sulfate de soude), stabilisants (14 %, carbonate de chaux, alumine, magnésie pour renforcer la résistance à l'eau ou la résistance chimique). On peut ajouter des produits pour modifier certaines propriétés du verre, le colorer ou le décolorer, ainsi que des déchets de verre dits *grosil* ou *calcin* qui facilitent la fusion. Vers 1 500 °C les constituants fondent et se combinent pour former du verre. Pour éliminer les bulles et *affiner* le verre, on le maintient assez longtemps à haute température : les bulles remontent à la surface. Puis on le laisse refroidir jusqu'à une température à laquelle il a le degré de viscosité nécessaire pour mettre en forme les objets qu'on veut obtenir par soufflage ou moulage.

Soufflage. Jusqu'à la fin du XIXe s., la fabrication du v. était effectuée dans des pots ou creusets de 100 à 500 kg. Lorsque le v. se trouvait à la température voulue, le verrier en prélevait la quantité nécessaire à fabriquer un objet en trempant dans la masse en fusion l'extrémité de sa *canne* à laquelle adhérait une boule de v. appelée *paraison.* Quand le creuset était vide, on y versait un nouveau mélange vitrifiable et le cycle recommençait. Pour obtenir de la glace, on renversait le creuset sur une table et le v. était laminé au moyen d'un rouleau cyclindrique qui en faisait une feuille d'épaisseur uniforme : c'était la *coulée sur table.* L'invention du *four à bassin* a permis de passer au stade de la *fabrication continue.* Le four est surmonté d'une voûte contenant une masse de v. de plusieurs centaines de t maintenue en fusion par des flammes alimentées au moyen de brûleurs latéraux à mazout et à gaz. Certains fours sont chauffés à l'électricité. On déverse du mélange vitrifiable à l'une des extrémités du four et le soutirage du v. fondu entraîne le déplacement progressif de la masse de v. Le cheminement dure plusieurs jours.

Recuisson du verre. Le v. se dilate lorsqu'on le chauffe et se rétracte lorsqu'on le refroidit. Pour éviter les tensions et la fragilité qui résultent d'un refroidissement trop rapide, on recuit (on réchauffe) les objets en v. jusqu'à env. 500 °C, puis on les refroidit lentement dans un tunnel *(arche)* où la température est réglée.

La *trempe* (refroidissement brutal) donne aux objets traités une grande résistance mécanique et la propriété en cas de fracture de se briser en petits morceaux non coupants (v. de sécurité).

Façonnage du verre. Se fait à chaud (on réchauffe un objet avec des brûleurs à gaz pour en modifier la forme, ex. v. de laboratoire) ou à froid (taille et gravure).

Catégories de verre

1°) Verre plat. Glace : forme la plus parfaite du verre plat, ses 2 faces sont exactement parallèles et parfaitement polies. Les glaces ont longtemps été obtenues par polissage mécanique ; actuellement on les fabrique principalement par le procédé du *Floatglass,* découvert en 1958 par la firme britannique Pilkington Brothers et utilisé en France en 1962 (le verre coulé sur un bain d'étain fondu, par étalement, a une épaisseur de 6 mm ; si on l'enferme en resserrant les bords de son support, on peut augmenter cette épaisseur ; si on l'étire par les côtés, on peut la diminuer jusqu'à 3 mm). **Verres à vitres :** obtenu par l'étirage d'une feuille de verre (épaisseur 2 à 6 mm). **Verre coulé** : obtenu par laminage. *Usages : glace :* bâtiment et auto. ; *verre à vitres et v. coulé :* bâtiment.

2°) Verre creux. Verre d'emballage (bouteilles, flacons, pots industriels, bocaux). **Gobeleterie** (verrerie de table, culinaire, etc.). Se fait à chaud (900 °C). En général, on utilise des moules dans lesquels tombent une *paraison* (quantité de v. à la viscosité optimale et dont le poids correspond à celui de l'objet à fabriquer) ; la paraison est appliquée contre les parois du moule par un poinçon (pressage) ou de l'air comprimé (soufflage).

3°) Verre technique. V. de laboratoire, lunetterie, optique, ampoules, TV, signalisation ; verres de silice (quartz).

4°) Fibres de verre. Courtes (utilisées pour l'isolation thermique) : obtenues par centrifugation de v. tombant au centre d'un mécanisme rotatif, suivie d'un étirage vers le bas sous l'action de jets de gaz chauds. *Fibres textiles :* procédé de la filière ; le filet de v. venant du four de fusion tombe dans des filières en platine garnies d'un grand nombre d'orifices d'où le v. est étiré à grande vitesse, formant des fibres de quelques millièmes de mm de diamètre ; les brins (plusieurs centaines) sont rassemblés sur une petite bobine et encollés par un produit d'ensimage.

Fibres optiques : brins de verre de la finesse d'un cheveu ; transmettent par modulation des signaux lumineux et les impulsions électriques émises par un laser, mieux que les câbles en cuivre (sous un volume mille fois moindre, transmet 30 fois plus d'information). Fabriquées à partir de silice (abondant et peu cher) avec peu de consommation d'énergie : larges bandes passantes, faibles atténuations du signal, absence d'interférences magnétiques (débouchés importants : télécommunications : 75 % de la production, visiophonie, TV câblée), télédétection, transmission de données à fort débit en ambiance magnétique.

5°) Verre à la main. Exemple : cristal, voir ci-contre.

6°) Verre métallique. Formé d'atomes presque immobiles. *Débouchés :* informatique.

Le verre en France

• **Effectifs.** *1973 :* 500 000 ; *85 :* 34 826 (mécanisation poussée, augmentation du tonnage des fours).

• **Chiffre d'affaires** (en millions de F, 1985). Total hors TVA et entre parenthèses marché extérieur. V. mécanique 21,5 (7,05), dont verre plat et assimilés 4,5 (1), fibres de verre 2,1 (0,6), creux mécanique 13,44 (4,74), technique et V. de silice 1,5 (0,75).

• **Production** (en t, 1985). 4 116 095, dont *verre plat et fibres :* 870 168 [1] dont glaces et verres à vitres 694 298, verres coulés 28 373, total fibres de verre 147 497. Débouchés du verre plat (1983) : bâtiment 69 %, automobile 31 %.

Verre creux fabrication entièrement mécanique : 3 165 303 [1], dont bouteilles et bonbonnes 2 276 495 [1], bocaux 29 005, gobeleterie 426 934, flacons et pots industriels 432 869 [1]. *Fabrication semi-mécanique ou main* n.c.

Verre technique et spécialités : 80 624 [1].

Nota. — (1) Chiffres partiels.

• **Sociétés principales.** 29 entreprises de verre à main employant 10 100 personnes (31-12-76). **Fibres de verre.** Isolation : *Isover et Johns Manvilles.* Fibres textiles : *Vétrotex et Owens Corning Fiberglass.*

Verre creux (verre d'emballage et gobeleterie). L'industrie est moins concentrée. Stés productrices : *B.S.N., St-Gobain* (bouteilles et pots), *St-Gobain Desjonquères* (flaconnage), *Ver. ouvrière d'Albi, Ver. mécaniques champenoises, Ver. Cristallerie J.-G. Durand et Cie, Ver. du Puy-de-Dôme, Ver. de Graville, Gorning France, Ver. du Lanquedoc et Cie.*

Verre plat. *Boussois S.A.* et *St-Gobain Vitrage* couvrent 100 % de la prod. de la glace.

Verre technique. 3 sociétés : *Corning France, Fabrique réunies de lampes électriques ;* la Sté *Quartz et silice* fabrique les produits en verre de silice.

Fibres optiques : 56 PM (quartz associé à silice), *L.T.T.* (Thomson), Corning glass.

• **Récupération.** *Réalisations 1985 :* 600 000 t, soit la moitié du tonnage récupérable en Fr., correspondant à 60 000 t d'économie d'équivalent pétrole au niveau national et à 700 000 t d'économie de matières 1res (sable, calcin, carbonate de soude). Cette collecte sélective permet de diminuer le volume des ordures (au niveau de la collecte et du traitement), améliore la fabrication de compost par diminution du % de verre.

Cristal

Généralités

• **Histoire.** Découvert au XVIIe s., en Angleterre. Le développement de la marine anglaise nécessitant de plus en plus l'emploi de fûts d'arbres, un édit prescrivit la réduction de l'utilisation du bois comme combustible dans la fabrication du verre. On employa alors des pots couverts dans lesquels on procédait à une réaction chimique avec de l'oxyde de plomb ; le résultat de la fusion de cet oxyde de plomb avec les matières premières essentielles utilisées pour le verre donna naissance au cristal.

• **Composition.** Le cristal comprend 1 partie de potasse, 2 parties de minium de plomb, 3 parties de silice (sous forme de sable extra-blanc) et une certaine quantité de *groisil* (ou cristal cassé) pour faciliter la fusion.

L'oxyde de plomb assure limpidité, sonorité, densité et éclat. Le *cristal au plomb* contient 24 % d'oxyde de plomb, le *cristal supérieur* 30 %.

La composition est placée dans des creusets ou « spots » en terre argileuse, sans fissure, qui ne sont utilisables qu'après plusieurs mois de séchage dans une chambre chaude. A l'intérieur du pot, un cercle de terre réfractaire flotte à la surface de la pâte visqueuse, servant à isoler les matières en cours de fusion des impuretés qui se forment le long de la paroi du pot. Au centre de cet anneau, le verrier cueille le cristal quand il est bon à travailler, après 20 ou 40 h d'enfournement.

• **Fabrication.** En équipes. Cadence imposée par le temps de figeage du cristal. Soufflage de la paraison du v., formation de la jambe et du pied du v., et recuisson dans l'arche à recuire portée à 500 °C et refroidie en 3 h pour éviter les tensions thermiques pouvant provoquer la cassure. Après un 1er tri de qualité du v., la calotte du v. est coupée à sa hauteur définitive (trait de diamant et chalumeau), puis rebrûlée afin d'arrondir ses bords par ramollissement. Après un dernier recuit dans une arche (évitant toute nouvelle cassure), « travail à froid ». *Taille* à la meule ou à la roue. *Gravure* à l'acide fluorhydrique qui attaque le cristal là où il n'est pas protégé par de l'encre grasse. Cette gravure peut être rehaussée par un dépôt d'or fin que l'on dépose à l'état de chlorure, qui est ensuite décomposé par la chaleur par cuisson à 500 °C.

• **Implantation.** La cristallerie héritée de la verrerie (implantée dans les régions forestières en raison de ses besoins de combustible) se trouve en Normandie et dans l'Est de la France. La cristallerie d'Arques fait un cristal mécanique. Les cristalliers traditionnels font du verre soufflé à la bouche (Baccarat, Cie française du Cristal, St-Louis, Daum, Lalique implantés dans l'Est).

Le service de cristal classique comprend 50 pièces : 12 verres à eau, 12 à vin rouge, 12 à vin blanc, 12 flûtes, 1 broc et une carafe. Éventuellement verres à porto, whisky, alcools, jus de fruits.

Statistiques

• **Production. Principaux pays** (en t, 1974). U.S.A. 17 000 000. U.R.S.S. 6 000 000. Japon 4 200 000, All. féd. 4 100 000. *France 3 600 000.* G.-B. 2 900 000. *Monde 700 000 000.*

• **Chiffre d'affaires des entreprises françaises** (1985). 812 millions de F dont 565 réalisés à l'export. (U.S.A., Italie, All. féd., Arabie Saoudite, Japon, G.-B.).

Commerce et distribution

Statistiques globales

En France

Sources : I.N.S.E.E., Libre Service Actualité

• **Chiffre d'affaires** (en milliards de F, 1984). **Commerce de gros.** 1 589,1 dont *alim.* 719,6, *non alim.* 299,2, *interindustriel* 570,3.

De détail. 1 158,6 dont *alim.* 583,9 [dont alim. générale 426,8 (dont hypermarchés 151,9 ; supermarchés 124,8 ; magasins populaires 30,2 ; autres 120), viandes 97, alim. spécialisée 60,2 (dont fruits et légumes 17,5 ; produits laitiers 13,3 ; poissons 12 ; vins et boissons 9,4 ; confiseries et autres 8)] et *non alim.* 574,6 [dont non spécialisés 53,1 (dont grands magasins 29,6 ; vente par correspondance 15,6 ; autres 7,9) ; spécialisés 521,5 (dont habillement, maroquinerie, chaussure 123,9 ; entretien, équipement du foyer 164 ; pharmacies 69,8 ; hygiène, loisirs, culture et sport 78,2 ; bureaux de tabac 10,1 ; divers 75,6)].

• **Effectifs** (données provisoires en milliers de F, 1984). Ensemble du commerce (y compris intermédiaires) 2 528,9 dont *gros alimentaire* 294,2, *non alimentaire* 656,9, *détail alimentaire* 662,6, *non alimentaire* 915,2. *Salariés* 1 989,4. *Non salariés* 539,5.

• **Établissements** (au 1-1-1985). **Commerce de gros** 132 909 dont *alimentaire* 45 158 (mat. 1res agricoles 9 387, bestiaux 6 004, fruits et légumes 6 869, viandes sans abattage 2 693, produits laitiers 3 202, volailles et gibiers 786, poissons 1 789, vins, spiritueux, liqueurs 6 892, autres boissons 1 944, épicerie 2 233, spécialisés en produits divers 3 359), *non alimentaire* 39 653 (acc. auto, mat. de garage 2 255, pneum., cycles et motocycles 1 078, quincaillerie, app. ménagers 2 102, mat. élec., électronique 7 429, textile 2 647, habill., chauss., maroquinerie 6 770, prod. pharm. 610, parf., prod. de beauté 863, droguerie, prod. d'entr. 3 181, céramique, verrerie 575, jouets, papeterie, art. fumeurs 1 940, prod. divers non alim. 10 203), *inter-industriel* 48 098 (text. bruts 318, cuirs et peaux 777, charbons, minerais et minéraux 962, prod. pétroliers 2 382, métaux 1 720, prod. chim. ind. 1 631, bois 2 707, mat. constr., verre à vitre et appareils sanitaires 10 445, matériel agric. 5 659, équip. pour l'ind. 8 415, matériel et mobilier de bureau 4 867, mat. bâtiment et travaux publics 2 204, fournitures commerce et services 5 011, papiers et cartons en l'état 1 000).

Intermédiaires du commerce. 30 516.

Commerce de détail. 607 582 dont *alimentation générale de grande surface* 4 942 (supermarchés 3 557, magasins populaires 772, hypermarchés 613), *alim. spécialisé* 205 895 (alim. gén. indépendante 55 628, supérettes indépendantes 1 777, alim. gén. dép. 16 423, supérettes dép. 2 069, coop. alim. 496, fruits et légumes 23 347, produits laitiers 6 455, viandes 60 509, poissons et coquillages 9 761, vins et boissons 5 815, confiserie et divers 23 615) *non alimentaire* [dont non spécialisé 4 354 (grands magasins 270, autres grandes surfaces 509, vente par correspondance 711, autres 2 864) spécialisé 392 470 (habillement 103 300, chaussure 17 103, maroquinerie et art. de voyage 5 621, text. pour la maison 9 459, meuble 13 377, quincaillerie et app. ménagers 12 278, droguerie 12 626, mat. élect., radioélectr. et électroménager 19 869, autres de l'équip. du foyer 26 739, pharmacies 22 753, art. médicaux et produits de beauté 7 824, réparation cycles et véhicules divers 10 080, charbons et combustibles 6 481, livres, papeterie et fournit. bureau 29 648, optique 7 523, horlogerie, bijouterie 11 792, fleurs, graines et petits animaux 20 767, art. de sport et de campement 10 257, tabac 7 456, divers 37 517)].

A l'étranger

Principales sociétés étrangères (au 31-12-1983). **C.A.** (en millions de $) et, entre parenthèses, **effectifs** (en unités). Sears Roebuck [1] 32 882 (450 000). K. Mart [1] 18 597 (250 000). Safeway Stores [1] 18 585 (162 088). Kroger [1] 15 236 (161 986). J.-C. Penney [1] 12 078 (175 000). Karstadt [2] 4 035 (63 465). Marks & Spencer [2] 3 931 (56 891). Kaufhof [2] 3 218 (46 100). Great Universal Stores 2 795.

Nota. — (1) U.S.A. (2) C.E.E.

Marges du commerce

Définition. Taux de marge :

$$\frac{\text{Prix de vente hors T.V.A.} - \text{prix d'achat hors T.V.A.}}{\text{Prix d'achat hors T.V.A.}}$$

Exemple : prix d'achat H.T. : 400 F, prix de vente H.T. : 500 F. Taux de marge hors T.V.A. $\frac{500 - 400}{400}$ = 0,25 soit 25 %.

Marges types. Grossistes 22 à 23 %, mandataires des halles 14 à 16 %, petit commerce 24 à 36 %, grandes surfaces 18 à 22 %.

☞ Dep. le 16-4-1986 les marges dans le commerce ont été libérées (sauf pour certains produits frais).

Vente par correspondance

Source : Syndicat de la vente par corresp.

En France

• **Généralités. C.A. total** (1985) : 30,4 milliards de F. *% de la V.P.C. dans le commerce de détail.* Total et non alimentaire : *1962* 0,98 (2,35). *68* 1,53 (3,51). *77* 2,10 (4,06). *80* 2,2 (4,22). *82* 2,4 (4,72). *83* 2,45 (4,87). *85* 2,5 (5,1) [% dans certains secteurs : linge de maison 30. Édition 23. Laines 23. Habillement 10, horticulture 8 ; % dans le monde U.S.A. 8, All. féd. 4,8, G.-B. 3,7, France 2,5].

Plus de 1 foyer sur 2 achète par correspondance : *communes rurales* 53 %, *— de 20 000 h.* 52 %, *20 à 100 000 h.* 46,4 %, *+ de 100 000 h.* 50 %, *aggl. parisienne* 59 %. *Pénétration par âge : 15-25 ans* 45 %, *26-34* 61 %, *35-49* 61 %, *50-64* 53 %, *+ de 65* 39 %. *Pénétration par catégorie socio-prof. : agriculteurs* 53 %, *employés* 57 %, *cadres* 63 %, *ouvriers* 54 %.

Expéditions. En 1984 (en millions) par *la poste :* catalogues 68, publipostages 1 041, colis 150 (soit 10 % du trafic postal) ; *par S.N.C.F. :* paquets 7 (soit 20 % des recettes du SERNAM) ; *par transporteurs privés :* quelques millions.

Marges de la distribution (1981)

Différence entre le prix de vente H.T. et le prix d'achat H.T. exprimé en % du prix d'achat.
Source : Revue de la Direction de la Concurrence et de la Consommation, 1981.

	Commerces ind.	Commerces associés	Grands magasins	Magasins pop.	Super-marchés	Hyper-marchés	Total
Confection	80,2	81,3	84,3	69,7	50,6	52,6	75,7
Lingerie-Bonneterie	72,7	65,6	73,9	66,8	44,6	45,9	64,9
Vêt. de travail, sports, loisirs	76,9	77,3	81,5	74,1	46,7	52,2	69,3
Articles chaussants	73,4	74,9	79,2	67,6	44,3	50,7	68
Linge de maison, mercerie	71,4	52	76,7	64,7	42,5	44,3	61,2
Mobilier	68,2	60,8	73,1	76,4	60,2	44,7	63,6
Équipement ménager	40,3	37,8	36,5	28,9	31,7	25	37,3
Articles de ménage	55,8	55	75,6	77,7	45,2	46	53,7
Prod. d'entretien	38,5	29,2	16	23,6	17,4	9,6	27,7
Total	64,5	60,2	69,7	63,1	40,6	41,7	58,4

• **Principales entreprises : C.A.** (exclusivement V.P.C.) (en millions de F, 1984) : **Les Trois Suisses** (dep. 1932) 6 311. *Catalogues* 2 (Automne-hiver, Printemps-été) tirés à 5 000 000 ex. ; c. spécialisés (Blanc, Maison, Jardin, Guide Tricot, Votre Mode, Tertio, Amstramgram, Chuchotements, Faites-le vous-même). *Bâtiments* 215 000 m². *Effectif* 4 100. Capacité (jour) : *commandes* 80 000 ; *colis confectionnés* 110 000. *Colis expédiés* 17 000 000 (83). *Papier consommé/an* 12 000 t. *Fichier d'adresses* 9 000 000. **Coop** (dep. 1922), *C.A.* 1 348 ; *catalogues* 830 000 ; 2 par an + 1 colis-épargne : 1 270 000 ex. **Camif**, *C.A.* 2 256. **La Maison de Valérie,** *C.A. 1985* 800. **Quelle** fondée 1965 par groupe Schickedanz. *C.A.* (1984) : 1 470. *Effectif* 1 265. *Catalogues* 2 par an (3 500 000 ex. chacun) + c. saisonniers (Blanc, Rentrée des classes, Noël...). *Nombre de pages éditées* env. 4 milliards. *Colis expédiés* par an 9 000 000. surf. totale des installations : 71 000 m². *Chasseur français :* Sté d'édition et d'exploitation du Chasseur français ; *vente par correspondance :* MOVITEX ; *produits manufacturés* (armes, cycles et machines à coudre) ; Sté coopérative ouvrière de production et de distribution (S.C.O.P.D.-Manufrance liquidation de biens 10-4-1985). **La Redoute.** *Créée* 1831 (Joseph Pollet aménage à Roubaix, sur l'emplacement d'une ancienne redoute, un tissage de laine). 1922, création d'un rayon de V.P.C. de laine à tricoter ; 1929, atelier de bonneterie. 1960, La Redoute devient exclusivement vente par catalogue. *C.A.* (au 28-2-85) catalogue 6 956, groupe Redoute 9 571. *Effectifs* catalogue 7 918, groupe Redoute 12 000. *Clients* 10 millions. *Catalogues* 2 par an (7 millions d'ex. chacun), + de 20 catalogues spécialisés : blanc, taillissime, fleurs et jardins, boutiques des fêtes, jouets personnalisés... *Documents envoyés* 100 millions (hors catalogues). *Articles de référence par catalogue* 5 000. *Codification* 60 000 (type, article, couleur et taille). 56 millions d'articles vendus par an. 25 millions de colis expédiés par an.

A l'étranger

• **Généralités. Chiffre d'affaires** [en milliards de F, en 1985, entre parenthèses part du C.A. total dans le commerce de détail et, en italique, dans le commerce non alimentaire (en %)]. All. féd. 68,8 (4,7) *7*. G.-B. 29,5 (3,4) *6,5*. Italie 5,2 (0,5) *1,2*. P.-Bas 4,5 (1,6) *2,9*.

Volume de la vente par correspondance de 1979 à 1983 (accroissement moyen par an). France + 3,7. Italie + 3. P.-Bas + 0,5. All. féd. − 2,2. G.-B. − 3.

• **Principales entreprises. Allemagne fédérale** (en milliards de DM, 1982). *Quelle* 4,871. *Otto* 3,211. *Neckermann* 1,616. *Baur* 0,881. *Schwab* 0,565. *Bader* 0,505. *Schöpflin* 0,497. *Wenz* 0,489. C.A. total 12,635 milliards de DM.

Canada (en millions de $ can. 1980). *Eaton* 1 000. *Simpsons Sears* 900.

G.-B. (en millions de £, 1981). *Great Universal Stores* 887. *Littlewoods* 655. *Freemans* 291. *Grattan* 201. *Empire* 156. *N. Brown* 30. *Autres* 153.

Italie (en milliards de lires, 1985 et entre parenthèses estim. 1986). *Postalmarket* 316,5 (348). *Vestro* 185 (210). *Selezione* 88,5 (97,3). *Euronova* 107,7 (129). *Club degli Editori* 73,5 (81,5).

U.S.A. (en millions de $, en 1984). *Sears* 4 463. *J.C. Penney* 1 900. *Montgomery Ward* (Mobil) 1 300. *Colonial Penn* 475. *Fingerhut, Figi's* 637. *Spiegel* (Otto Versand) 605. (*Source :* Direct Marketing Association, New York.)

Vente à domicile

Source : Syndicat national pour la vente et du service à domicile (S.N.V.S.D.) (sans compter les secteurs de l'automobile et des assurances).

• **Généralités.** *Chiffre d'affaires* 83 (H.T.) + de 6 milliards de F. Taux de croissance annuel env. 14 %. *Effectif* 260 000 (dont env. 50 000 représentants statutaires). Répartition par secteurs (en 1983 en %) édition 34, électroménager 17, textiles 19, cosmétiques 10, produits d'entretien 5, divers 15.

• **Vente en réunions privées. Avantages :** pour les Stés : ni réseaux de distribution onéreux, ni boutiques ; pour les vendeurs : possibilité d'obtenir des revenus supplémentaires, pour une activité essentiellement à temps partiel ; pour le consommateur : convivialité et opportunité d'acquérir des produits de qualité dont la diffusion est limitée exclusivement à ce canal de distribution.

• **Principales sociétés** (chiffre d'affaires en millions de F). *Ustensiles de cuisine* (hermétiques en plastique) : Tupperware (origine : U.S.A., vente par réunion en France dep. 1962) C.A. en Fr. : env. 400, 1 700 monitrices et 14 000 présentatrices. *Produits d'entretien :* Stanhome (origine : U.S.A.) C.A. en France : env. 420. *Produits de beauté :* Avon (origine : U.S.A. 1886), C.A. mondial : 18 000 (en Fr. 350), 1 200 000 revendeurs (100 000 clientes privilégiées en France). *Édition :* Hachette-le Livre de Paris (C.A. 660) ; France/S.P.C.L. (C.A, 190) ; Larousse-Distribution-France (C.A. 162). *Électroménager :* Électrolux-Ménager (C.A. 559).

Types d'entreprises en France

Source : Libre Service Actualités.

Centres commerciaux

Nombre. *1-1-1972* 103. *1-1-83* 386 (de + de 3 000 m²). *Surface totale :* 7 500 000 millions de m² ; moy. d'1 centre 19 390 m².

Promoteurs spécialisés. *Société des centres commerciaux :* 12 centres créés dep. 1969, dont un à Bruxelles et un à Madrid ; englobent 1 300 entreprises commerciales, représentent 15 000 emplois et 6 milliards de C.A. *Segece* (groupe de la Compagnie Bancaire) : 6 centres, 3 milliards de F de C.A. *Serete-Aménagement.*

Centres commerciaux de plus de 50 000 m² (surface totale, commerces et services en m², et année d'ouverture). *La Part-Dieu* (Lyon, 75) 110 000, *Les 4 Temps* (Puteaux, 81) 105 000, *Créteil-Soleil* (Créteil, 77) 103 000, *Rosny 2* (Rosny-sous-Bois, 73) 96 915, *Belle-Épine* (Thiais, 71) 90 135, *Béziers 2* (74) 90 000, *Vélizy 2* (Vélizy-Villacoublay, 72) 88 500, *Parinor* (Aulnay-sous-Bois, 74) 73 500, *Évry 2* (Évry, 75) 72 859, *Cap* 3 000 (St-Laurent-du-Var, 69) 62 000, *Flanades* (Sarcelles, 73) 61 082, *Barnéoud* (Carbies, 74) 59 000, *Parly 2* (Le Chesnay, 69) 58 280, *Carrefour* (Portet-sur-Garonne, 72) 52 398, *Galaxie* (Paris XIII, 76) 52 000, *Ulis 2* (Bures-sur-Yvette, 74) 51 645.

Chiffres d'affaires des principaux centres (en millions de F, 1985) *Créteil Soleil* 2 399, *Rosny 2* 2 264, *Parinor* 2 179, *Les 4 Temps* 2 093, *Vélizy 2* 2 033, *La Part-Dieu* 1 963, *Forum des Halles* 1 912, *Parly 2* 1 750, *Grand-Place* 1 657, *Évry 2* 1 480.

Chiffre d'affaires par m² (en F, 1984). *Forum des Halles* 38 964, *Grand-Place* 37 747, *Grand Var* 36 745, *Parinor* 36 307, *St-Sébastien* 33 042, *Bourse* 31 263, *Parly 2* 27 296, *Étoile* 26 546, *Centre Jaude* 24 429, *Les Ulis* 23 743. *C.A. moyen* (1984) 20 798.

Part de la consommation des ménages par groupes de produits en % (en 1984). *Produits alimentaires* 20,3 dont à base de céréales 2,3 ; légumes et fruits frais 2,2 ; viande, volaille, œufs, poisson 6,9 ; prod. laitiers, non compris beurre 2,7 ; corps gras y compris beurre 0,8 ; prod. d'alim. divers 2,9 ; boissons 2,4. *Énergie* 9,6. *Produits industriels* 29 dont textiles et cuirs 7,4 ; biens durables 7,5 (meubles 2,7 ; équip. ménager 1 ; autom., cycles et motocycles 2,9 ; mat. électronique ménager 0,9) ; autres produits manufacturés 14,1 (quincaillerie 0,8 ; mat. de précision et ind. div. 2,9 ; droguerie 1,8 ; papeterie, presse et édition 2,2 ; pharmacie 2,2 ; tabac 1,1 ; autres prod. ind. 3,1). *Services* 41,2 dont loyers 10,6 ; serv. de santé 10,6 ; transp. en commun et P.T.T. 3,4 ; autres serv. 16,6 (hôtels, cafés, rest. − 0,2).

Centrales d'achats

Centralisent les commandes des magasins (propres ou affiliés). Les sociétés succursalistes qui regroupent les achats des magasins qu'elles exploitent sont des centrales d'achats de fait.

Auchan. *Fondé* 6-7-1961 par Gérard Mulliez. 1985 : 37 hypermarchés dans 5 régions ; 12 519 employés (84) dont (en %) cadres 7,3, ag. de maîtrise 9,3, employés 83,4. *C.A.* (84) 22 milliards de F (France). A l'étranger (85) : 8 hypermarchés « Al Campo » en Espagne ; 1 aux U.S.A.

Carrefour. *Fondé* 11-7-1959 par Marcel Fournier (1914-85) et Denis Defforey (n. 7-7-1925). La *Samod* approvisionne les 64 hypers métropolitains du groupe en articles de bazar et textile. 35 hypers Carrefour S.A., 21 en participation à 50 %. *Surface de vente totale* (en m²) : *1970 :* 118 965, *74 :* 222 147, *82 :* 457 000. *85 :* 825 000. *Effectifs* (1982) : 18 000 (*85 :* 32 000). *C.A.* (T.T.C.) : *1970 :* 1 421 MF, *82 :* Carrefour S.A.16 371 MF *85 :* 22 521 (consolidé 29 114, *83 :* 32 604, *84 :* 39 306, *85 :* 44 169). A l'étranger : 20 en Espagne, 10 au Brésil, 2 Argentine.

Euromarché. *Fondé* 1968 après la fusion avec les « Escale » du groupe Printemps. 59 hypers en métropole exploités par diverses sociétés, la principale étant Euromarché S.A. (Viniprix 53 %, Au Printemps S.A. 25 %). Le groupe Printemps, dont les hypers (ex-Escale) ont pris l'enseigne Euromarché, est actionnaire à 50 % dans la centrale d'achats *Euro Achats. Surface de vente* en métropole (ensemble enseignes Euromarché, Euroloisirs, Éris-restauration) 424 600 m². *C.A.* (1985 T.T.C.) : 23 121 MF. *Hyperm. en participation à l'étranger :* 1 au Sénégal, 1 au Gabon. 1 aux U.S.A. (Cincinnati, Ohio) ; *en franchise :* 2 en Arabie Saoudite.

Gagmi (Gt d'achats des grands mag. indépendants). Approvisionne env. 450 magasins de bricolage. *Surface de vente totale :* 59 878 m² (dont divisions de grandes surfaces 14 500, grands magasins spécialistes 32 225, supermarchés populaires indépendants 13 153). *C.A. (84) :* 550 millions de F.

Leclerc. Centrale (Assoc. loi de 1901) des centres distributeurs Édouard Leclerc (n. 1926, 1er mag. en 1949) : 89 hyper., 338 superm., 58 mag. spécialisés dans textile, meubles et chaussures (soit env. 54 milliards de F de *C.A.*, fin 1985). Les adhérents utilisent gratuitement l'enseigne, ne s'engageant qu'à suivre la politique commerciale définie par Édouard Leclerc (frais généraux très succincts, marge bénéficiaire limitée à 14 % au max.), à susciter 2 autres vocations « Leclerc » et à verser 25 % des bénéfices avant impôt au personnel ; la centrale propose ses services sans obligation d'achat ; une personne ou un couple ne peut se charger de + de 2 centres. 31 700 salariés. *Dep. 1977,* Sté d'imp. des Pétroles Leclerc.

Paridoc. 8 groupes de distribution associés, soit 13 Stés. *Réseaux* au 31-12-85 : 2 985 succursales et supérettes, 433 supermarch. (dont 286 Suma), 88 hypermarchés (dont 85 Mammouth). *C.A.* (85) : 42 milliards de F, la + grande centrale française : env. 40 000 employés au 31-12-85. Au 1-1-86, Casino a rejoint Paridoc.

Parunis (*créé* par « Paris-France » et les « Magasins Réunis » en 1955). 249 magasins + supérettes, supermarchés, etc. *Surf. de vente totale* (82) : 63 738 m². *C.A.* (80 T.T.C.) : 1,99 milliard de F. Mis en liquidation le 30-6-1984.

Chaînes volontaires

Groupements d'achats de grossistes dont les clients détaillants sont liés au grossiste régional par contrat d'approvisionnement.

Alimentaires. Nombre de grossistes (libres-services de gros) et de détaillants. **SPAR.** *Fondée* 1932 aux P.-B. par Van Well. Opère dans 16 pays. 9 mag. pour 100 000 hab. 2 formes légales : société par actions (Internationale SPAR Centrale BV) et association (Interspar Guild). En 1984, 148 grossistes, 22 099 détaillants, 2 900 supermarchés, 151 000 salariés, 22 099 points de vente de détail (168 m² en moyenne). *Surface de vente totale :* 3 710 000 m². *C.A. total* (85) : 57,3 millions de F. *En France :* 16 centres opérationnels (grossistes), 16 associations (Ass. nat. SPAR France), 1 350 associés détaillants. **Codec** C.A. Voir p. 1329.

Non alimentaires. Nombre de grossistes et de détaillants : **France droguerie** 11 gr., 1 761 dét. (720 millions de F en 1980). **CATENA** (quincaillerie) 11 gr., 850 dét. (1 700 millions de F en 1980). **SERMO** (textile) 14 gr., 368 dét.

Coopératives de consommateurs

Origine. Idée et principes du « système coopératif », remonte à l'utopiste français Charles Fourier et aux pionniers anglais de Rochdale (1844). *Fédération française*, 27-33, quai Le Gallo, 92517 Boulogne-Billancourt Cedex. *Créée* 1912. Congrès national tous les 2 ans, international tous les 4 ans. Les bénéfices doivent être intégralement répartis entre les membres (ristournes) ou investis dans un secteur social. *Nombre de c.* (83) : 205 coopératives gérant 6 124 points de vente dont 51 hypermarchés, 380 supermarchés et maxi Coop, 5 109 Points Coop, 584 divers (cafétéria, Station-service...). 5 enseignes : Rond-Point (grandes surfaces), Maxicoop et Super-marchés Coop (moyennes), Point Coop (mag. de proximité). Confort Coop (mag. spécialisés dans le non-alimentaire). *Surface commerciale de vente* (82) : 995 200 m². *Personnel* (83) : 38 000. *C.A. total :* 27 500 MF (82) dont 1 206 de vente Coop par catalogue et colis-épargne (4e vendeur par catalogue de France). *Production* (14 usines, C.A. 1 550 MF). *Achats* (C.A. 5 009 MF). Exploitent 47 cafétérias, 88 centres autos (150 points de vente de carburant), 58 magasins spécialisés dans le non-alimentaire. *Publication :* « Le Coopérateur de France » (730 000 exemplaires).

U.F.C.C. *Créée* 1964, l'Union fédérale des coopératives de commerçants réunit la plupart des sociétés coopératives, 2 alimentaires et 33 non alimentaires. Ces coopératives totalisent 12 000 adhérents, 13 500 points de vente, *C.A.* (détail 1985 T.T.C.) : 69 milliards de F, soit 6 % du commerce de détail français. Cette part passe à + de 11 % avec Leclerc et les coopératives de pharmaciens, non membres de l'Union.

Sociétés coopératives ouvrières de production (Scop). Statistiques. *Nombre 1970 :* 20 ; *75 :* 75 ; *81 :* 200. *Au 16-4-82 :* 979 coop. adhérentes de la Confédération nationale : bâtiment 357, prestations de services 258, mécanique et métallurgie 87, livre et arts graphiques 84. 854 emploient moins de 50 personnes ; 65 ont plus de 100 salariés. *Effectifs totaux :* 34 000 (19 148 sociétaires). *C.A.* consolidé : 6,6 milliards de F. **Origine de la création.** *Mutations d'entreprises traditionnelles* (18 cas sur 141 en 1980). *Créations spontanées* (94 sur 141 en 1980). *Reprises d'affaires défaillantes :* Lip ; Manufrance ; Manuest ; Weiler ; Japy Marne (Nancy). Réduction de l'échelle des rémunérations de 1 à 5.

Quelques exemples. *Union technique du bâtiment.* Fondée 1933. Effectif : 360 (dont 52 sociétaires). *Verrerie ouvrière.* Fondée en 1896 par Jean Jaurès. 5 % du marché français. Effectif : 530 personnes.

Détaillants

Isolés. S'adressent individuellement à des grossistes pour faire leurs achats.

En général, commerces exploités par 1 personne ou 1 ménage, aidé éventuellement par 1 ou plusieurs membres de la famille ; 58 % d'entre eux n'ont pas de salariés.

Indépendants associés. Affiliés à un groupement d'achats, souvent une société anonyme coopérative à capital et personnel variables et bénéficiant des avantages que procure le nombre ; ils conservent leur indépendance tout en n'étant plus isolés.

Franchise

Définition. Une entreprise (franchiseur) disposant d'une raison sociale, d'une « enseigne » et d'un savoir-faire accorde sa franchise (droit d'enseigne et de marque) à d'autres entreprises contre un « droit d'entrée » et une redevance annuelle proportionnelle au C.A. (2 à 10 %). Le franchisé doit se conformer aux normes définies par le franchiseur. *Avantages :* clientèle assurée et indépendance pour le franchisé ; rapide multiplication des points de vente à l'enseigne du franchiseur. *Capitaux* nécessaires au départ : pour le franchisé, ex. : de 100 000 F dans certains services, – 100 000 à 350 000 F dans mercerie ; 350 000 à 1 million de F dans alim. spécialisée, prêt-à-porter, décoration. *Apparaît* en 1929 aux U.S.A. (General Motors) et en France (laines Pingouin). S'applique ainsi au commerce (Rodier, Pronuptia, Catena, Truffaut, Comtesse du Barry, Descamps, Yves Rocher, Cacharel, Culinarion, Simone Mahler), hôtellerie, restauration, services (Novotel, Ibis, Courtepaille, Milleville, Midas), industrie (Coca-Cola, Yoplait, PPB-SARET). Système non réglementé par la loi.

Nombre de franchiseurs et, entre parenthèses, de franchisés. *1971 :* 34 (2 000). *1979 :* 203 (10 696). *1981 :* 330 (13 891). *1983 :* 385 (18 313). *1985 :* 379 (19 687). *1986 :* 456 (22 068). [Équipement de la personne, de la maison. Commerces spécialisés non alimentaires, alimentaire. Services grand public. Restauration, hôtellerie. Bâtiment.] *1985 :* C.A. : 1 230 milliards de F. 8 % du commerce de détail. [*U.S.A. :* 1 500 franchiseurs, 500 000 points de vente, 32 % du C.A. du commerce de détail].

Loi Royer

Loi d'orientation adoptée par le Parlement (déc. 73), organisant un contrôle pour la création des grandes surfaces. 1° les *commissions départementales d'urbanisme commercial* (C.D.U.C.) (c. de 9 élus locaux, 9 représentants des activités commerciales et artisanales et 2 consommateurs) peuvent refuser ou accepter l'installation des commerces d'une certaine taille (1 000 m² pour les communes de – de 40 000 hab., 1 500 m² pour les autres) ; 2° les *chambres de commerce et d'industrie* et les *ch. de métiers* participent à l'établissement des schémas directeurs d'aménagement et d'urbanisme (S.D.A.U.) et des plans d'occupation des sols (P.O.S.) ; 3° elles peuvent participer au rachat de boutiques dans le centre des villes ou aider les commerçants à s'installer dans les nouvelles banlieues.

Une *commission nat.* présidée par le min. du Commerce statue sur les appels des décisions des commissions départ.

Application de la loi. En 1982, les commissions départ. ont pris 356 décisions. 439 191 m² de surface de vente ont été autorisés (151 projets), 1 071 376 m² ont été refusés (205 projets). Sur 206 recours examinés par la commission nat. en 1982 et au 1er sem. 1983, 146 ont confirmé une décision dép. (36 autorisations, 110 refus), 60 l'ont infirmé (38 projets autorisés, 22 autorisations annulées). % V. Quid 1983, p. 1311 a.

Refus de vente

Permet à un producteur de choisir ses distributeurs. Interdit en France (1940, circ. Fontanet de 1900) ; exceptions : distribution sélective ou exclusive (concession). Autorisé dans les principaux pays occidentaux (U.S.A., G.-B., All. féd.).

Organismes. *Centre d'étude du commerce et de la distribution (Cecod).* 19, rue de Calais, 75009 Paris. *Fédération française du franchisage (F.F.F.).* 9, bd des Italiens, 75002 Paris. *Pt :* Jean Bréville. *Fédération européenne de la franchise (F.E.F.).* 5, av. de Brocqueville, B-1050 Bruxelles. Belgique. *International Franchise Association, (I.F.A.).* 1027 Connecticut Avenue N.W. Suite 707 Washington D.C. 20036. U.S.A.

Grands magasins

• **Généralités. Assortiment.** Environ 250 000 articles à Paris, 40 000 à 80 000 en province. **Surfaces** à Paris 500 à 50 000 m², dont libres-services (80) 766 m².

Quelques dates. 1824, f. de la Belle Jardinière. **1852,** Aristide Boucicaut (1810-77) reprend une boutique de mercerie et de nouveautés à l'enseigne *Au Bon Marché* et généralise le prix clairement indiqué par des étiquettes, un prix fixe. On peut entrer librement et toucher les marchandises (alors qu'elles demeurent chez les concurrents empaquetées ou pliées sur des rayons inaccessibles), échanger ou se faire rembourser les articles défectueux. La marge est de 20 % (ailleurs 40 à 50 %). Sa veuve (née Marguerite Guérin 1816-87) poursuivra son œuvre. Bâtiment principal actuel construit en 1869-87. **1855,** Alfred Chauchard (1821-1909) ouvre le magasin du Louvre (fermé 1974) et Ruel le Bazar de l'Hôtel de Ville (Bazar Napoléon jusqu'en 1870). **1865,** Jules Jaluzot (1834-1916) crée le Printemps. **1870,** Ernest Cognacq (1839-1928) et sa femme née Marie-Louise Jay (1838-1925), la Samaritaine, qu'ils légueront en partie à leur personnel. **1894,** Antoine Corbin crée les Magasins Réunis, pl. de la République (en 1914, rachète av. des Ternes le mag. A l'Économie ménagère c. en 1912 ; vitraux de Gruber, 1924). **1895,** Théophile Bader (1864-1942) crée les Galeries Lafayette. **1897,** Ouverture des Trois-Quartiers.

Statistiques (1984). *Nombre* (de + de 2 500 m²) 146 (env. 1 110 000 m²). *Salariés* env. 52 600. *C.A.* 28 004 millions de F. *Nombre moyen de caisses de sorties* 7, *de places de parking* 356 (80). *Surface totale de vente des grands magasins :* Nlles-Galeries 404 602 m², Printemps 369 401 m², Galeries Lafayette 113 383 m², B.H.V. 93 350 m², Paris-France 81 072 m², Samaritaine (84) 74 600 m², Magasins Réunis 57 000 m², Au Bon Marché 28 500 m².

Records. Superficie (surface de vente d'un mag. en m²) : La Samaritaine (Paris, 1er) 48 000, Printemps (Paris, 9e) 47 646, Galeries Lafayette (Paris, 9e) 48 450, Bon Marché (Paris, 7e) 28 500, B.H.V.-Rivoli 33 000, Trois-Quartiers (Paris, 1er) 17 500, Printemps (Velizy 2, 78) 16 029, Jelmoli-Lyon (La Part-Dieu, 69) 15 000, Décré (Nantes, 44) 14 500, Galeries Lafayette-Belle-Épine (Thiais, 94) 14 000. **Rendement au m²** (C.A., en F, 1981) : B.H.V.-Rivoli (33 000 m², Paris 4e) 40 515, Printemps-Haussmann (47 646 m², Paris, 9e) 42 160, Galeries Lafayette (47 497 m², Paris, 9e) 34 662, Paris-Marseille (1 473 m², Marseille, 6e) 33 557, N.-Gal. (1 784 m², Mont-de-Marsan, 40) 32 511.

Chiffre d'affaires (en millions de F, 1985) : Printemps (Paris, 9e) 2 008,8 (1981), G. Lafayette (Paris, 9e) 2 592, B.H.V.-Rivoli (Paris, 4e) 1 814, Bon Marché (Paris, 7e) 798, Trois-Quartiers (Paris, 1er) 413,7, N.-Gal. (St-Laurent-du-Var, 06) 585, N.-Gal. (Toulouse, 31) 404, N.-Gal. (Marseille, 1er) 392, N.-Gal. (Lyon, 69) 374.

Fédération nationale des entreprises à commerces multiples. 11, rue St-Florentin, 75008 Paris. *Créée* 1937. *Adhérents. Principaux groupements :* groupement d'études des grands magasins, Chambre syndicale des magasins populaires, Chambre syndicale des magasins et galeries, Syndicat des magasins indépendants ; *magasins :* env. 1 000. *Pt :* Lucien Lanier (ancien préfet de Paris et de l'Ile-de-France). *Vice-Pt délégué :* Jacques du Closel.

• **Bazar de l'Hôtel de Ville.** *Fondé* 1855 par Xavier Ruel (1822-1900). Bazar Napoléon jusqu'en 1870. *1931* Sté anonyme. *1948* introduction en Bourse. *1968* la Sté Nouvelles-Galeries contrôle 38 % du B.H.V. (1985, 48,15 %). *Magasins :* durant 100 ans, 1 à Paris, rue de Rivoli. *1964-80* 8 à Paris et Région parisienne. *A partir de 1975 :* chaîne de mag. spécialisés dans bricolage et décoration en province [déc. 85 : 11 magasins BHV à Lyon (Vénissieux, Limonest, La Part-Dieu, St-Genis, Laval), Grenoble (Grand'Place), Strasbourg-les-Halles, Villeneuve-la-Garenne, Bordeaux (Gradignan), St-Étienne, Caen et Rambouillet ; 2 filiales « MIDICA BHV » à Montauban et Toulouse-Labège et « SEMS-BHV et Cie » à Angoulême et le Mans]. *Surface totale de vente* (déc. 85) : 160 000 m². *Effectif* (déc. 84) : 4 833. *C.A.* (total magasins B.H.V., 1984) : 3 466 millions de F (dont achats à crédit 15 %).

• **Galeries Lafayette.** *Fondées* 1895 par Théophile Bader (1864-1942). Mag. actuel construit 1906-1912 par Ferdinand Chanut. 19 grands mag. (14 à l'enseigne G. Lafayette et 5 Dames de France). *C.A.* (1985) : 5 milliards de F ; la centrale d'achats S.P.A.M. approvisionne les Monoprix, Super M et Inno. *C.A.* au détail consolidé (1984) : 10 374 millions de F.

• **Nouvelles Galeries Réunies.** *Fondées* par Ariste Canlorbe (1852-1916) et Léon Demoge (1864-1934). Approvisionnent 112 grands mag. [dont 62 en propre et 50 affiliés, et en partie le B.H.V. (filiale à 48,15 %) et Uniprix (85,08 %)]. 45 entrepôts et centres Maison Jardin (dont 32 en propre et 13 affiliés). *Surface de vente tot. :* 439 000 m². *Effectif :* 24 000 pers. *C.A.* (1985) : Nlles-Galeries Bordeaux, Toulouse, Marseille (1er arr.), Lyon et St-Laurent-du-Var 2,05 milliards de F. C.A. (1985) de la chaîne intégrée : 7,50.

● **Printemps.** *Fondé* 11-5-1865 par Jules Jaluzot (1835-1916), ancien chef de comptoir du Bon Marché. Mag. du Havre construit en 1881-83 par Paul Sédille (surélevé en 1961). *2 centrales d'achat :* 1° **S.A.P.A.C. et Cie** *(Sté parisienne d'achats en commun)*, qui approvisionne 22 grands mag. du groupe et 54 grands mag. affiliés. *C.A.* T.T.C. (activités grands magasins, 1985) : 7,3 milliards de F. *Surface de vente des grands magasins* du groupe : 176 218 m² (hors affiliés) ; 2° *S.A.P.A.C. magasins populaires* qui approvisionne 375 mag. à l'enseigne mag. populaires Prisunic et Escale (Prisunic 109 mag. propres et 237 mag. affiliés, Escale 6 mag. propres et 23 mag. affiliés). *C.A.* T.T.C. (activités magasins populaires et mini-hyper., 1985) : 13,7 milliards de F ; *surface de vente* des magasins : 487 217 m². *Exploitation* de 63 mag. Armand Thiéry et Brummel). *C.A.* T.T.C. : 475,8 millions de F. Détient 25 % d'Euromarché, 35 % de Viniprix (qui contrôle elle-même 53 % d'Euromarché, participation majoritaire dans le groupe Disco).

● **Samaritaine.** *Fondée* 21-3-1870 par Ernest Cognacq (1839-1928). Mag. n° 2 construit 1906-07 (terminé 1926-28) par Frantz Jourdain. *P.D.G.* Georges Renaud (n. 2-1-1952). *Magasins :* 3 (Paris-Rivoli, Vélizy 2, Cergy). *Surf. totale de vente : 1870* la moitié d'une salle de café ; *1981* 117 650 m², *1984* 74 600. *C.A.* (85) : 1 190 millions de F. *Clients :* env. 18 millions par an. Effectif (1985) : 2 300.

● **Trois-Quartiers.** *Fondé* 1829 par Gallois-Gignoux, agrandi 1897. 1 magasin à Paris. *Surf. de vente :* 16 335 m². *Effectif* en 1985 : 537. *C.A. 1985 :* 414 000 F. *Clients :* 300 000 connus. *Filiale :* Madelios (pour hommes). *Capital :* Paris-France 39,74 %.

Groupements d'achats de détaillants et de vente avec enseignes

● **Alimentaires. Au 1-1-1986. CODEC-UNA** (enseignes : Codec, Codec-Top, Lion). *Adhérents :* 989. *Magasins :* 1 332. *Surface de vente :* 498 500 m². *C.A.* (T.T.C. en milliards de F) *détail* 16, *de gros* 10. **UNICO-Système U** (4 enseignes : Utile, Unico, Super U, Avenue). Union de 11 coopératives régionales. *Magasins :* 2 191. *Surface de vente :* 634 000 m². *C.A.* (T.T.C., en milliards de F) *détail* 20. La coopération commerciale réalise 8 % du commerce de détail de l'alim. générale (5,9 % en 1979) et dispose de + de 20 % du parc national de supermarchés (12 % en 1980).

● **Non alimentaires.** Au 1-1-1986, 33 coopératives représentant 6,7 % du commerce non alimentaire spécialisé (5,9 % en 1979, dont : *Ameublement :* **UFEM Monsieur Meuble** (270 mag. C.A. 1 600 MF) ; **SCEM Mobiclub** (110 mag., C.A. 760 MF). *Chaussures :* **UCF Arbell** (570 mag., 950 MF). *Équipement de la maison :* **Mr Bricolage** (158 mag., 1 300 F de vente) ; **SAPEC** [(GEMO, Maison Conseil, Guillemets) 700 mag., 4 700 MF] ; **GEDEX GEDIMAT** (190 mag., 3 090 MF). *Horlogerie bijouterie :* **Guilde des Orfèvres** (175 mag., 1 000 MF), **CODHOR** (400 mag., 1 400 MF). *Jouets, puériculture :* **EPSE France Maternité** (352 mag., 930 MF). **Mamanbébé** (370 mag., 450 MF). *Librairie papeterie :* **Les Papetiers Plein Ciel** (225 mag., 1 180 MF) ; **Scool Majuscule** (145 mag., 1 300 MF) ; *Optique :* **Atol** (348 mag., 650 MF) ; **Krys** (425 mag., 830 MF) ; **Optic 2000** (202 mag., 420 MF). *Sports :* **Intersport-La Hutte** (470 mag., 1 320 MF) ; **Sport 2000** (500 mag., 1 340 MF). *Voyage :* **Selectour** (275 agences, 3 200 MF).

Libre-service (magasins)

● **Origine.** En France, 1er magasin d'alimentation libre-service (Goulet-Turpin) juillet 1948, à Paris. 1er supermarché 1958 (Docks de France), 1er hypermarché juin 1963 (Carrefour de Ste-Geneviève-des-Bois, Yvelines, 4 420 m²).

● **Nombre total** (au 1-1-1986). Supermarchés 5 917, supérettes 5 808, mag. de bricolage 2 577, mag. de meubles 2 142, mag. populaires 612, hypermarchés 580, jardineries 560, centrales et organisations d'achats et de services 483, entrepôts de gros 397, centres commerciaux 386, cash and carry 345, grands mag. 266.

● **Effectifs** (au 1-7-1985) hypermarchés, supermarchés et supérettes 285 606, 21,4 % de l'effectif salarié du commerce de détail, 12,5 % des salariés de la distribution (gros et détail), 9,76 % de l'effectif total du commerce.

● **Hypermarchés.** Magasins en libre-service à prédominance alimentaire d'une surface de vente minimale de 2 500 m². 39 500 à 70 000 art. **Surface de vente :** en

Consommation des ménages en 1984 *(en millions de francs). Source :* I.N.S.E.E.

PRODUITS ALIMENTAIRES	558 246	PRODUITS INDUSTRIELS	797 725
Produits à base de céréales	**62 269**	**Textiles et cuirs**	**203 121**
Pain	24 307	Fils et filés	3 403
Pâtisserie fraîche	19 160	Prod. de la bonneterie	33 791
Biscuits, biscottes, pâtisseries ind.	10 960	Ouvrages en filés	24 041
Pâtes alim. et couscous	3 010	Articles en cuir	10 176
Fruits et légumes frais	**61 445**	Chaussures	33 681
Fruits frais	23 770	Vêtements masculins	25 708
P. de terre et légumes frais	37 675	Vêt. féminins	32 894
Viandes, volailles, œufs, poissons	**191 904**	Habillement sur mesure	3 569
Œufs	7 379	Chemiserie, lingerie	16 036
Prod. de la pêche	18 240	**Biens durables importants**	**207 608**
Viande	90 491	Meubles	75 390
Charcuterie et conserve de viande	46 828	Équipement ménager	27 351
Volailles, lapins, gibiers	28 966	Automobiles, cycles, motocycles	80 563
Produits laitiers (non compris beurre)	**72 945**	Radios, téléviseurs	15 439
Laits liquides	11 190	App. d'enregistrement et de reproduction du son	8 865
Prod. laitiers frais	18 069	**Autres produits manufacturés**	**386 996**
Fromages	31 589	Quincaillerie, outillage à main	5 562
Crèmes glacées	10 944	Coutellerie, articles de ménage	7 486
Corps gras (y compris beurre)	**22 949**	Horlogerie	7 119
Beurre	12 905	App. photo et de cinéma	2 616
Huile et margarine	10 044	Jeux, jouets	11 479
Produits d'alimentation divers	**79 323**	Articles de sport	5 767
Conserves de fruits, confitures	3 797	Bijouterie, joaillerie	28 251
C. de légumes	8 119	Savons, détergents	10 236
C. de poissons	7 760	Prod. d'entretien	7 926
Plats cuisinés	5 847	Parfumerie	22 361
Sucre	4 542	Papeterie, presse, édition	60 268
Chocolat, confiserie	22 186	Spécialités pharmaceutiques humaines	60 397
Café, thé, chicorée, infusions	15 494	Tabac	31 485
Condiments, vinaigres, sauces préparées	4 181	Fleurs, plantes et graines	16 416
Boissons	**67 411**	Grès, faïence, vaisselle	5 447
Vins	24 672	Pneumatiques et ouvrages en caoutchouc	12 383
Eaux-de-vie	4 418	ÉNERGIE	264 376
Liqueurs et apéritifs	7 670	SERVICES	1 136 908
Apéritifs à base de vin	2 290	TOTAL DE LA CONSOMMATION DES MÉNAGES	2 757 255
Bières	6 127		
Champagnes et mousseux	6 716		
Boissons non alcoolisées	13 976		

1986, moyenne 5 632 m² (ouvertures 1985 : 4 316), totale 3 266 387 m².

Ouvertures : *1963* 1. *64* 2. *67* 8. *68* 14. *69* 44. *70* 41. *71* 32. *73* 49. *74* 35. *75* 15. *76* 38. *77* 31. *78* 18, *79* 24. *80* 21. *81* 28. *82* 29. *83* 21. *84* 24. *85* 21. **Fermetures** *85* 2. **Nombre** (au 1-1) : *70* 75. *71* 113. *72* 145. *73* 207. *74* 256. *75* 287. *76* 302. *77* 340. *78* 371. *79* 389. *80* 407. *81* 430. *82* 463. *83* 492. *84* 513. *85* 550. *86* 580 (47 enseignes). **Nombre de caisses de sortie** 15 400 (moy. 28), **de places de parking** 612 300 (moy. 1 056). **Chiffre d'affaires** (1985) : 177 135 millions de F, soit 15,4 % du commerce de détail. *C.A.* (1985)/*m²/an* 54 800 F. **Effectif total** (1-1-86) : 112 503 employés. **Chariots** parc total 623 900 (1 076 en moyenne par unité, 20 105 dans les hypers de 15 000 m² et +).

Les plus grands hypermarchés (m², 1986). *Carrefour :* Portes.-Garonne 24 400, Vitrolles 23 000, Villiers-en-Bière 21 151, Aulnay-s.-Bois 19 355, Saran Fleury-les-Aubrais 15 400, Mérignac 15 200. *Auchan :* CC du lac Bordeaux 15 380. *Géant Casino :* Marseille (Valentine) 13 654.

Surface (en m²) pour 1 000 hab. Moyenne France 60 m² (max. : Aude 104. Essonne 100. Min. : Lot 16. Hte-Savoie 13. Paris 8. Lozère/Corrèze : 0).

● **Supermarchés** (400 à 2 500 m²). **Surface de vente totale** (au 1-1-86) : 5 245 893 m². *Moyenne* 887 m².

Surface (en m²) pour 1 000 hab. *Moyenne :* France 96 m² (*maximale :* Nièvre 160. *Minimale :* Val-de-Marne 64. Paris 70).

Ouvertures. *1983 :* 511 ; *84 :* 516 ; *85 :* 376 (indépendants 286, maisons à succursales 69, grands magasins et mag. populaires 4, coop. 11, G.E.G.S. 3). **Nombre (au 1-1-86) :** 5 917. **Chiffre d'affaires** (1985) : 189 319 millions de F, dont ventes alim. au détail 29,2 %, de marchandises générales 5,5 %, soit 16,5 % du C.A. du commerce de détail. **Nombre de caisses de sortie** 37 153 (6 en moyenne), **de places de parking** 101. **Effectif** (au 1-1-1986) : 144 078 (24 à 25).

Enseignes au 1-1-86. Nombre de magasins et, entre parenthèses, surface de vente (en milliers de m²). As Eco 11 (35 070). Au Bon Marché 1 (2 650). Auchan 37 (322 164). Avenue 3 (7 680). Bravo 1 (2 530). Carrefour 53 (484 135). Centre Leclerc 81 (289 915). Champion 2 (5 580). Continent 27 (180 851). Cora 41 (260 802). Corsaire 1 (2 850). Delta 1 (2 500). Escale 7 (19 596). Euromarché 57 (359 640). Géant 4 (20 157). Géant Casino 21 (145 405). Géant Potin 1 (3 200). Genty Record 7 (33 800). Geric (3 350). Gro 1 (2 800). Hyper Dornach 1 (4 000). Hyper Marmont 1 (2 650). Hyper Squale 2 (5 800). Hyper VP 1 (4 500). Hyperfriand 1 (2 800). Hypermarché Roure 1 (4 000). Intermarché 7 (18 310). Lion 6 (16 654). Mammouth 81 (430 101). Maxi Coop 2 (5 299). Maxi Marché 1 (2 600). Migros 1 (2 500). Montlaur 11 (50 150). Provencia 2 (6 100). Radar maxi 1 (2 786). Rallye 17 (113 744). Record 12 (53 640). Rn1 1 (5 500). Rond Point [1] 44 (224 771). Rond Point (Hyper Woippy) [2] 1 (6 400). Scanzi Distribution 1 (2 500). Sodim 3 (11 389). Stoc 4 (11 170). Suma 2 (5 174). Super M 15 (78 047). Super Sodim 1 (2 810). Supermarché Stoc 1 (3 487). Titan 1 (2 750).

Nota. – (1) 20 Rond Point affiliés S.G.C.C. 7 affiliés Carrefour (propriétés Coorcoop). 11 affiliés Euromarché (propriétés Coop de Lorraine). 2 rachetés par Rallye. 1 affilié Galec. 1 propriété Sté dismar. 2 Coop Rhône-Méditerranée. (2) 1 Rond point (ex-Coop de Lorraine) devenue Hyper Woippy en nov. 1985.

Principales enseignes. Surf. totale de vente en milliers de m² et, entre parenthèses, nombre de supermarchés. Intermarché 867 (776). Centre Leclerc 487 (351). Unico 260 (457). Suma 246 (285). Prisunic 211 (232). Codec 204 (310). Maxi-Coop 187 (165). Super U 178 (159). Stoc 155 (166). Coop 125 (224). Franprix 124 (221). Champion 122 (104). Lion 117 (95). Monoprix 112 (125). Genty Super 99 (109). Casino 86 (73). Radar Maxi 79 (77). Europrix 75 (83). Maxi marché 71 (72). Timy 59 (20). Major 52 (51). Migros 51 (48). Félix Potin 48 (115). Sodim 48 (51). Banco 43 (25). Gro 41 (46). Fraismarché Gro 40 (45). Nouvelles Galeries 37 (47). Shopi 37 (73). Rallye Super 37 (46). Radar Super 31 (58). Nova 30 (30). Supermarché DB 28 (32). Cedico 27 (30). Topco 25 (36). Escale 24 (17). Montlaur 23 (25). Sodiprix 23 (30). Ravi 21 (29). Squale 20 (21). Super Score 20 (39). Uniprix 18 (16). Sgaf 17 (18). P.G. 14 (14). Supermarché MAG 14 (17). As Eco 12 (11). La Parisienne 11 (17). Badis 11 (49). Match 10 (10).

Records. Superficie (surface de vente, m²) : Super 3 000 (Nouv. Gal. à St-Laurent-du-Var, 06) 3 250, Migros (Obernai, 67) 2 650, Intermarché (Rennes, 35) 2 490, centre Leclerc (Châlons-sur-M., 51) 2 490.

mammouth
les vraies armes contre la vie chère.

QUELQUES DATES IMPORTANTES

OCTOBRE 1968

Ouverture du premier hypermarché Mammouth. Très vite, la chaîne se constitue. On compte 30 magasins en 1971, 62 en 1979 et il y en aura... 90 en 1987 !

24 OCTOBRE 1984

Lancement des "Produits Vrac"

Pour lutter contre le gaspillage, Mammouth décide d'offrir à ses clients une centaine de produits de grande consommation (pâtes, riz, café, etc.) sans emballage et sans publicité, donc moins chers.
"Choisissez, pesez, c'est moins cher !". Cette formule connait aussitôt un grand succès.

11 MARS 1985

Les "Nouveaux Produits Mammouth"

Lancement de 250 produits sous la marque "Mammouth" dans tous les secteurs : alimentation, produits d'entretien, linge de maison, habillement, etc.
Aujourd'hui on en compte près de 500 qui portent la mention "Satisfait ou remboursé !".

MAI 1985

"Le téléphone qui fait baisser les prix"

Si un client repère parmi les produits signalés en magasin un prix moins cher dans un magasin voisin, il compose le numéro vert de Mammouth : 05.21.21.21 (appel gratuit). Après vérification, Mammouth rectifie son prix.
Le téléphone de Mammouth est également un outil de dialogue et d'étude qui permet de tester des projets et de mieux connaitre les attentes des Français.

MARS 1986

Lancement des Produits secs en vrac pour animaux

Une révolution dans la vente des produits pour animaux. Face aux grandes marques jugées trop chères par la majorité des maîtresses de maison, Mammouth lance des produits de qualité présentés en vrac. Economie pour le consommateur : jusqu'à 30% selon les produits.

AVRIL 1986

La collection ALIAS chez Mammouth

Une nouvelle ligne de vêtements créée par des stylistes réputés entre chez Mammouth. La preuve est faite : le style et la qualité existent aujourd'hui à des prix hypermarché. S'habiller chez Mammouth, une idée qui fait son chemin...

MAI 1986

Le lait pour nourrissons en Hypermarché

Mammouth est le premier à ouvrir ses rayons aux laits 1er et 2e âge à des prix hypermarché.

ET CE N'EST PAS FINI ! L'HISTOIRE DE LA VIE MOINS CHÈRE S'ÉCRIT TOUS LES JOURS DANS VOTRE MAMMOUTH.

(Information)

Rendement au m^2 (C.A., en F) : Leclerc (450 m^2, Drancy, 93) 98 489, L. (400 m^2, Bourg-la-Reine, 92) 89 500, L. (500 m^2, Paris, 14e) 84 940, Pg (550 m^2, Outreau, 62) 81 818, Leclerc (1 200 m^2, St-Étienne-du-Rouvray, 76) 77 500, L. (1 920 m^2, Osny, 95) 76 349, L. (1 700 m^2, Nanterre, 92) 74 706, L. (1 000 m^2, Paris, 14e) 74 360. *Moyenne* 31 300. **Chiffre d'affaires** (en millions de F) : Super. 3 000 (Nouv. Gal. à St-Laurent-du-Var, 06) 210,90, Leclerc (Osny, 95) 146,59, L. (Nanterre, 92) 127, L. (Royan, 17) 124, L. (Persan, 95) 117, L. (Langon, 33) 113, L. (Quimper, 29) 111,58, L. (Rennes, 35) 105,15, L. (Aubervilliers, 93) 103,77, Pg (St-Martin-Boulogne, 62) 100,25. *Rendement/employé* (C.A., en F) : Genty-Super (Crest, 26) 1 866 667, Leclerc (Quimper, 29) 1 859 667, Franprix-Sd (Argenteuil, 95) 1 785 714, Béatrice (Ozoir-la-Ferr., 77) 1 750 000, Franprix-Sd (Les Lilas, 93) 1 750 000, Stoc (Le Croisic, 44) 1 711 429, Franprix-Sd (Franconville, 95) 1 666 667, Sodim (Le Penne-sur-Huveaune, 13) 1 660 000, Leclerc (Pont-Ste-Maxence, 60) 1 658 222, Stoc (Quiberon, 56) 1 654 444. *Moyenne* 980 164.

● **Supérettes** (120 à 400 m^2, à prédominance alimentaire). **Nombre** (au 1-1) : *1967* 1 994 ; *70* 3 053 ; *73* 4 264 ; *75* 4 984 ; *77* 5 126 ; *78* 5 601 ; *79* 6 012 (1 226 098 m^2). *80* 5 589 ; *82* 5 724 ; *83* 5 850 ; *84* 5 751 ; *85* 5 808 ; *86* 5 444 (1 145 450 m^2). Surf. moyenne 210 m^2.

● **Mini-libres-services ou succursales au 1-1** (moins de 120 m^2). *1979 :* 17 177 ; *81 :* 17 167 ; *82 :* 16 924 ; *83 :* 16 515 (1 118 135 m^2 ; s. moyenne de vente 68 m^2). *85 :* 15 801.

Magasins populaires

● **Généralités. Origine.** 1879 U.S.A., 1906 G.-B., 1927 France. *Magasins à prix unique* 1931 [le prix le plus élevé ne devait pas dépasser 10 F, aussi poids ou quantité de marchandise vendue était fonction de ce prix à l'inverse des autres magasins (technique abandonnée avant 1939 car la clientèle ne pouvait comparer entre les prix des « Prix uniques » et ceux du commerce traditionnel, et le nombre des articles mis en vente était trop restreint)]. Assortiment restreint d'usage courant et de grande consommation (7 000 à 10 000 articles). Surface 300 à 7 500 m^2 (moyenne : 1 340 m^2), dont libre-service 715 m^2 (1980). Marges réduites (en moyenne 22 %) car frais généraux réduits (ni catalogue, ni livraisons gratuites à domicile, ni rendus) et rotation rapide des stocks (articles de nouveauté 6, de bazar 8, alimentation 12 à 18, moyenne générale 7 à 9).

Statistiques (1984). *Nombre* 612. *Superficie totale* 839 000 m^2, *moyenne* 1 370 m^2. *Employés* 32 500. *C.A. moyen/an* 27 500 millions de F. *Nombre moyen de caisses de sortie* 7, *de places de parking* 111 (82).

Records. *Superficie* (1981, surface de vente, m^2) : *Parunis* Mantes (78) 6 970, *Grand Bazar de la Marne* Châlons-sur-M. (51) 6 000, *Inno* Paris (16e) 5 469 ; (20e) 4 469, *Dames de France* Angers (49) 4 233, *Parunis* Montreuil (93) 4 206, Montpellier (34) 4 041, Épinal (88) 4 000.

Chiffre d'affaires (en millions de F, 1981) : Grand Bazar de Lyon (2e, 69) 117,60, Prisunic-Parly 2 (78) 113,61, Caumartin (Paris 9e) 103, Champs-Élysées (Paris 8e) 102,67, Victoire (Nice, 06) 102,41, Vélizy 2 (78) 94,72. *Rendement/employé* (C.A. en F, 1981) : Prisunic (Gray, 70) 899 091, Vincennes (94) 896 154, Puteaux (92) 879 219, Domont (95) 879 118, St-Ouen (93) 878 491, Manosque (04) 878 043. *Moyenne* (1982) 600 400. **Au m^2** (C.A., en F, 1981) : Prisunic-Champs-Élysées (1 540 m^2, Paris 8e) 66 669, P. (1 485 m^2, Nice 06) 54 512, P. (512 m^2, Suresnes, 92) 52 734, Grand Bazar de Lyon (2 245 m^2, Lyon 2e) 52 383, Prisunic (345 m^2, Herblay, 95) 50 580. *Moyenne* (1982) 22 436.

● **Prisunic** (Groupe Printemps-Prisunic, 1er magasin ouvert en 1932). Au 1-1-1986, 350 mag. dont 125 appartiennent au groupe, 225 affiliés (34 outre-mer et à l'étranger). *Surface de vente totale :* 447 046 m^2. *C.A.* (T.T.C. 1985) Sapac-Prisunic (chaîne et affiliés) : 12,9 milliards de F.

● **Monoprix** (Groupe Galeries Lafayette). 136 magasins propres + 160 affiliés. *Surface de vente totale :* 487 000 m^2. *C.A.* (85 T.T.C.) : 18,4 milliards de F.

Magasins divers

Quincaillerie-bricolage

Superficie (surface de vente, m^2) : Deschodt (Marquise, 62) 6 000, Abram (Manosque, 04) 6 000, Somabri (Marseille 11e, 13) 6 000, Somabri (Toulouse, 31) 5 654, Midica (Toulouse) 5 500. **Chiffre d'affaires** (en millions de F) : B.H.V. (Villeneuve-la-G., 92) 71, Vigne (Marseille, 4e) 31, B.H.V. (Grenoble, 38) 31, B.H.V. (Vénissieux, 69) 29, B.H.V. (Strasbourg, 67) 28.

Rendement/Employé (C.A., en F) : Moncenfort (Pertuis, 84) 1 428 571, Lafon (Arès, 33) 1 411 250, Maison-Conseil (Granges-lès-Valence, 07) 1 300 000, Sibille (Montélimar, 26) 985 000, Plein Air (Château-Gontier) 902 500. *Au m^2* (C.A., en F) : Maison-Conseil (400 m^2, Potigny, 14) 31 800, Chausson (150 m^2, Blaye) 26 667, Gemo (850 m^2, Fontenay-le-Comte, 85) 23 753, Lamoulie (200 m^2, St-Médard-en-Jalle, 33) 23 500, Caténa (130 m^2, Poissy, 78) 23 077, C. (250 m^2, Magny-en-Vexin, 95) 21 200.

Bâti-Centers

Superficie (surface de vente, m^2) : Leroy-Merlin (Nœux-les-Mines, 62) 11 500, Castorama (Roques, 31) 11 200, Leroy-Merlin (Chelles, 77) 10 100, L.-M. (Montsoult, 95) 10 000, Vetter (Villeurbanne, 69) 9 990. **Chiffre d'affaires** (en millions de F) : B.H.V. (Limonest, 69) 40, Az (Mondeville, 14) 25,40, Bricologis (Épinay-sur-Seine, 93) 21, M. Bricolage (Bourges, 14) 20, Pictoral (Château-Thierry, 02) 20.

Rendement/employé (C.A., en F) : Bâti-Centre (Illkirch-Graffenst., 67) 1 223 750, Bâti-Mammouth (Montesson, 78) 1 062 222, Bricologis (Épinay-sur-Seine, 93) 1 000 000, Pictoral (Château-Thierry, 02) 952 381, Az (Mondeville, 14) 940 741. *Au m^2* (C.A., en F) : Matexpo (600 m^2, Roquebrune, 83) 10 767, Pictoral (2 100 m^2, Château-Thierry, 02) 9 524, Bâti-Mammouth (1 020 m^2, Montesson, 78) 9 373, Bâti-Centre (1 050 m^2, Illkirch, 67) 9 324, B.H.V. (4 600 m^2, Limonest, 69) 8 696.

Succursalistes

Syndicat national des maisons d'alimentation à succursales, supermarchés, hypermarchés. *Sociétés adhérentes :* 56. *C.A.* (85) : env. 100 milliards de F. *Part de marché dans les achats au détail des ménages :* alimentaire 14,9 %, non alimentaire 4,2 % ; ensemble du commerce de détail 8,6. *Effectif total :* 93 305. *Nombre de magasins et, entre parenthèses, % du C.A. :* hypermarchés 120 (40,5), supermarchés 938 (37,93), succursales et supérettes 8 435 (21,57).

● **Casino Guichard-Perrachon et Cie (Etabl. économiques du).** *1898,* créés à partir d'une épicerie de détail ouverte en 1860 dans le salon de l'ancien casino lyrique de Saint-Étienne. *1985,* prise de contrôle du Groupe CEDIS. Fin 1985 : 2 695 magasins de proximité, 100 concessions, 127 affiliés « L'Épicier Casino », 220 supermarchés, 40 hypermarchés, 1 Auto-Service (surf. de vente : 597 012 m^2), 19 entrepôts, 58 magasins de bricolage (dont 13 franchisés), 107 cafétérias, 42 Quicks, 5 Pizzas Top, 15 Hippopotamus, 1 Hippoline, 2 abattoirs, 2 centres d'embouteillage, 1 usine de charcuterie, 1 chocolaterie, confiserie, confiturerie, entremets, moutarde, 1 usine torréfaction de cafés, 1 usine fabrication prod. frais, 93 magasins de ½ gros (aux U.S.A.). *Effectif total* (1985) : 38 690. *C.A. HT* (1985) : Sté mère : 14,1 milliards de F. *C.A. consolidé :* 31,0.

● **Radar S.A.** *Fondé* 1887 sous la dénomination « Docks Rémois ». 1973 Sté holding « Radar S.A. ». Magasins exploités (au 1-1-1985, France) : 135 supermarchés (« Radar Maxi » et « Radar Super ») 174 supérettes (« Radar Super » et « Radar Junior ») ; 1 123 succursales (« Radar Junior »). Espagne : 5 supermarchés et 1 hyper. En 1980, Radar a pris le contrôle de Paris-France (54 magasins) dont « Aux Trois-Quartiers », « Madelios » et 28 magasins de nouveauté « Dames de France » ainsi que 18 magasins populaires (« Monoprix » et « Parunis »). *Superficie totale* 360 230 m^2. *Centrales d'achat :* Camas (produits alim.), Paris-France et Parunis (non-alim.). *C.A.* (1984) (HT) : 8 281 millions de F.

● **Docks de France.** Groupe succursaliste, associé de Paridoc, implanté dans le N., le Centre-O. et le S. de la France (principales filiales : Cofradel, La Ruche Picarde, supermarchés Doc, Doc François), en Espagne et aux U.S.A. 37 hypers (Mammouth) ; 159 supers (Suma, Atac, Nova en France ; Sabeco en Espagne) ; 1 308 magasins de proximité en France ; 200 convenience stores Lil' Champ aux U.S.A. Au 31-12-1984 : *surface de vente totale :* 447 000 m^2 ; *Effectif :* 19 130 ; *recettes T.T.C.* (85) : 19 600 millions de F.

● **Promodès.** *Gros et services :* Promogros (plusieurs entrepôts dont épicerie 10, fruits-légumes 6, prod. frais 7) ; 41 entrepôts satellites et Promocash (ouverts à des partenaires extérieurs affiliés et franchisés sous enseignes Champion, Shopi et 8 à huit). *Détail :* 28 hypers Continent, 45 grands superm. Champion intégrés, ; aux U.S.A. : 90 superm. [dont 40 Red Food (Tennessee) et 50 Houchens (Kentucky)] ; en Espagne : 11 hypers Continents, 130 mag. de proximité discount DIA. *C.A.* (85) : consolidé H.T. 30 milliards de F.

● **Économats du Centre.** Affiliés à Paridoc, dans le centre et sud de la France 859 points de vente approvisionnés par 6 entrepôts : 398 magasins proximité (Économat et Adhérent), 378 supérettes (Economia), 62 supermarchés (Suma), 9 hypers (Mammouth), 12 cafétérias. *C.A. 1985 :* 3 827 millions de F.

● **Cofradel.** Résulte de la fusion en 1969 de l'Économique et de la Sté laitière moderne. Exerce en Rhône-Alpes, Languedoc-Roussillon et Provence-Côte d'Azur. 6 hypers Mammouth, 33 supermarchés Suma, 15 supérettes, 839 succursales dont 731 en libre service, 36 dépôts, 18 supermarchés Express, 7 cafétérias dont 6 Miami, soit 125 280 m^2 de surface de vente ; un réseau de mag. franchisés : 37 supermarchés Cordial, 51 supérettes Cordia Junior + 21 autres supérettes pour une surface de vente de 33 900 m^2. Par ailleurs, au sein de l'activité grossiste : 14 cashs (23 850 m^2), 17 entrepôts pour 68 643 m^2. *Effectif :* 5 842. *C.A.* (85) consolidé T.T.C. 6,18 milliards de F.

● **Primistères.** Félix Potin devenu Société EXOR. Succursales Félix Potin 1 206, dont 1 012 libres-services, 77 supérettes, 31 shoppings, 81 supermarchés et 5 grandes surfaces, totalisant 151 475 m^2 de surface de vente. A pris en sept. 1975 le contrôle des *Comptoirs français* (89,99 %) et, en juin 1976, une participation à part égale avec Félix Potin de 23,61 % du capital *Genvrain* (+ de 500 points de vente). Absorption par Primistères des Comptoirs français et de la Parisienne. Participations dans les Stés Comepar [3 magasins Prisunic) (20 %)], Parhymag (1 hyper Continent). 735 mag. (100 449 m^2) dont 612 traditionnels, 58 supérettes, 30 shoppings (26 761 m^2), 32 supermarchés (Félix Potin, 28 262 m^2), 3 hypermarchés (Super-Félix Potin, 8 975 m^2). *Chiffre d'affaires* (85) : 3,8 milliards de F.

● **Viniprix.** *Créé* 1934. Affilié à Socadip pour les produits alim. A absorbé en 1977 les Stés *Berthier-Savéco* et *Beaujolaise Végaprix.* Transformé en Sté holding en 1983, Viniprix détient 52,86 % de sa filiale Euromarché (hypermarchés), 50 % de sa filiale COVAM (entrepôts et tirage vin), 50 % de sa filiale Chenaysienne (mag. de proximité), 99 % d'Ile-de-France Collectivité (fourniture des collectivités privées et publiques). *Effectif :* 4 338 personnes. *C.A.* (84) consolidé T.T.C. 13 745 millions de F.

● **Comptoirs Modernes.** Implantés dans l'Ouest, en Bretagne, Normandie, Rhône-Alpes et Région parisienne. Magasins 1 108 dont mag. de proximité Comod 921, supermarchés STOC 178, hyperm. Carrefour 9. *Surface totale de vente :* 310 000 m^2. *Effectif :* + de 11 000 pers. *C.A.* T.T.C. (1985) 11 milliards de F.

● **F.N.A.C.** *Créée* 1955. *Pt :* R. Kérinec. Groupe de 22 mag. (Paris 3 et province 19) + 2 à l'étranger (Belgique). *Activités :* photo, son, vidéo, micro-informatique, disques, livres. *Filiales (86) :* Fnac-Service 38, Fnac-Vidéo-entreprise 2, Fnac-Audiovisuel 1, Fnac-Tourisme 2, Fnac-Sport 1, Fnac-Autoradio 5. *Effectif :* 3 077. *C.A.* H.T. du groupe (1984-85) 3 086 millions de F. *Club adhérent :* Association Culturelle Alpha. *Journal :* « Contact ».

Congrès, expositions, foires, salons

Congrès

Congrès en France (1980). *Nombre* 15 000 dont internationaux 1 850. *Participants* 1 650 000. *Durée* 3,5 j. *Chiffres d'affaires* 3 milliards de F.

Expositions

Premières expositions françaises

Paris. *1798* Champ de Mars (110 exposants). *1801* Cour du Louvre (220). *1802* Cour du Louvre (540). *1803* Esplanade des Invalides (1 422). *1819* Cour du Louvre (1 622). *1822* Cour du Louvre (1 642). *1827* Louvre (1 795). *1834* Place de la Concorde (2 447).

1839 Champs-Élysées (3 381). *1844* Champs-Élysées. *1849* Champs-Élysées (4 494).

Expositions principales

Nombre d'entrées en millions. Édifices remarquables ou curiosités.

1851 *Londres :* 6 (Crystal Palace). **53** *New York :* 1,15. **55** *Paris :* 5,2 (Palais de l'Industrie) ; 34 nations (Russie absente), 24 000 exposants (France 12 000, G.-B. 1 389, Prusse 1 309). 3 matériaux révolutionnaires exposés : ciment, (Vicat), plaques d'aluminium, imperméables de Good Year. **62** *Londres :* 6,2. **67** *Paris :* 15 ; 52 000 exposants. **73** *Vienne :* 7,3. **76** *Philadelphie :* 10. **78** *Paris :* 16 (Trocadéro) ; 53 000 exposants. **79** *Sydney :* 1,2. **80** *Melbourne :* 1,3. **83** *Amsterdam.* **85** *Anvers :* 1,5. **86** *Londres :* 5,6. **88** *Barcelone :* 1,3. **89** *Paris :* 32,25 (Tour Eiffel, V. Index ; Galerie des Machines, long. 420 m, larg. 115 m, hauteur 43 m, détruite après 1900) ; 61 722 exposants, 29 États (absence des grandes monarchies en raison de la date choisie : anniversaire de la Révolution). **93** *Chicago :* 27 (Pal. des Manufact.). **93** *Anvers* (Vieil Anvers). **97** *Bruxelles* (Kermesse).

1900 *Paris :* 51 (Gr. Palais et P. Palais, pont Alexandre-III) ; 83 000 exposants (38 000 français). Grande Roue 93 m de diamètre à 67 m du niveau du sol. **01** *Glasgow :* 11,6. **01** *Buffalo :* 8,2. **04** *Saint-Louis :* 19,7 (Palais de l'Agric.). **05** *Liège :* 7 (Vieux Liège). **06** *Milan :* 7,7. **08** *Londres* (Franco-Angl.) : 17. **10** *Bruxelles :* 6. **15** *San Francisco :* 18,8. **24** *Londres :* 27 (Stade de Wembley). **25** *Paris :* 15 (Arts Décoratifs). **26** *Philadelphie :* 5,85. **29** *Barcelone* (Village folklorique). **31** *Paris* (Coloniale) : 22,6 (Temple d'Angkor, Musée des Colonies, Zoo). **33** *Milan* [1]. **33-34** *Chicago :* 39. **35** *Bruxelles :* 20 (Pal. des Expositions, Vieux Bruxelles). **36** *Stockholm* (aviation). *Milan* [1]. **37** *Paris :* 31 (P. de Chaillot, P. de Tokyo devenu P. de New York) : 42 nations, 11 000 exposants. **38** *Glasgow* (Empire britannique) : 12,6. *Helsinki* (aviation). **39** *Liège* (technique de l'eau). *New York :* 27 (Périsphère-Trylone). *San Francisco : 17.* **40** *Bergen* (exposition polaire). *Cologne* (transports et communications). *Milan* [1]. **47** *Milan* [1]. *Paris* (urbanisme). **48** *Chicago :* 5,2. **49** *Stockholm* (sports). *Lyon* (habitat rural). **51** *Lille* (textile). *Londres :* 18 (festival de G.-B.). *Milan*[1]. **53** *Jérusalem* (conquête du désert). *Rome* (agriculture). **54** *Milan* [1]. Naples (navigation). *Strasbourg* (productivité). **55** *Helsinborg* (arts appliqués). *Milan* [1]. *Turin* (sports). **56** *Beit Dagon* (agrumes). **57** *Berlin* (bâtiments). *Milan* [1]. **58** *Bruxelles :* 41,4 (Atomium). **60** *Milan* [1]. *Rotterdam* [2]. **61** *Turin* (travail). **62** *Seattle* (Tour de 183 m). **63** *Hambourg* [2]. **64-65** *Milan* [1]. *Munich* (transports). *New York :* 65. *Vienne* [2]. **67** *Montréal :* 50. **68** *Milan* [1]. *San Antonio* (Hemis-Fair). **69** *Paris* [2]. **70** *Osaka :* 64. **71** *Budapest* (chasse) : 2. **72** *Amsterdam* [2]. *Rio de Janeiro* (progrès de la connaissance). **73** *Hambourg* [2]. **74** *Spokane* (progrès sans pollution). *Vienne* [2]. **75** *Okinawa :* 3,5 (mer et son avenir). **76** *Québec* [2]. **80** *Montréal* [2] : 1,69. **81** *Plovdiv* (la chasse). **82** *Amsterdam* [2]. *Knoxville* (énergie). **83** *Munich* [2]. **84** *La Nouvelle-Orléans* (Eau douce). *Liverpool* [2]. **Projets. 85** *Tsukuba* (maison et son environnement). **86** *Vancouver* (transports). **88** *Brisbane* (loisirs). **92** *Chicago/Séville* (Age de la découverte).

L'Exposition de 1989 « Les chemins de la liberté — projet pour le 3e millénaire » prévue à Paris pour le 2e centenaire de la Révol. fr. a été annulée. V. projet dans Quid 1984, p. 1513. De même avaient été annulés les projets de Rome (1942), Moscou (1967), Philadelphie (1976), Los Angeles (1981).

Nota. — (1) Triennale. (2) Horticulture (Floralies).

Foires internationales

Calendrier 1987 (sauf autre indication contraire indiquée en italique). *Légende :* mois, entre parenthèses jour du mois, n.f. : non fixé.

Alger 4. **Bagdad** 11 (1-15). **Bahreïn** Manama Arabbuild 11 *88.* Livre 1 *88.* Équipement bureau 1 *88.* Éducation Arabia 1 *88.* Mecom 1 (12-15). Mefex 2 *88.* Oil Show 3 (9-12). **Bâle** Igeho 11 (19-25). **Barcelone** (Foire) 5 (30)-6 (7). Alimentaria 3 (5-10) *88.* Construmat 3 (31)-4 (6). Expoaviga 11. Expomovil 4 (23-28) *88.* Expoguimia 11 (8-13). Graphispack 3 *89.* Hostelco 10 (17-22). Nautique et caravaning 1 (31)-2 (8). Rodatur 4 (1-5). Sonimag 9 (28)-10 (4). Sport et camping 9 (12-15). **Bari** 9 (11-21). Expo-Sport-Levante 3 (21-29). Mobilevante 4 (28)-5 (3). **Belgrade** (Technique) 5. La mode dans le monde 10. **Berlin (Ouest)** IFW 4 (10-14) *89.* ITB 3 (6-12). Partenaires du progrès 9 (30)-10 (4). Son et vidéo 8 (28)-9 (6). Semaine verte 1 (23)-2 (1). **Bilbao** Ambiente 4 *88.* Biemh 10 (22-29) *88.* Ela-Elektro 3 (6-12). Ferroforma 10 (1-4) *88.* Sinaval 11 *88.* Sidérométalurgica 10 (1-5). **Birmingham** Electrex 2 (29)-3 (4) *88.* Hevac 5 *88.* Pakex n.f. Interbuild 11 (22-28). Woodmex 10/11 *88.* Travaux publics 4 (6-10). **Bogota** n.f. *90.* Agroexpo 7. Compuexpo 3/4. **Bologne** Livre 4 (2-5). **Bolzano** 9 (12-21). **Bordeaux** 5 (16-25). **Braga** Agro 4 (25)-5 (3). **Bratislava** Incheba 6 (20-26). **Brno** (Constructions mécaniques) 9 (16-23). (Biens de consommation) 4 (22-28). Embax-Print 2 (25)-3 (3). Fond-Ex 6 (22-26). Invex 10 (26)-11 (1) *88.* Salima 2 (25)-3 (3). Welding 2 (24)-3 (1) *88.* **Bruxelles** (Expo. printemps) 3 (21-29). Équipement ind. 5 (3-7) *88.* Équipement Pouvoirs publics 5 (3-7) *88.* Propack 5 (3-7) *88.* Travail du bois 12 (5-13). Meuble 11 (8-12). **Budapest** (technique) 5 (20-28). (Biens de consom.) 9 (18-27). Agromasexpo 4 (14-17). Construma 4 (12-15) *88.* Hungaroplast 4 (14-17). **Buenos-Aires** Emaqh n.f. *90.* Artefakta 10. Livre 3 (25)-4 (13). **Bulawayo** 4 (25)-5 (2).

Caire (Le) 3. **Casablanca** 4. Satec 3. **Chicago** Engineering 3. Hardware 8. NHMA 4 (5-9), 11 (1-5). **Cologne** Anuga 10 (10-15). DOMOTECHNICA 2 (3-6). Enfance et jeunesse 2/9. IFMA 9 *88.* IMB 6 (7-11) *88.* INTERZUM 5 (22-26). ISM 1. Jardinage 9 (20-22). Meuble 1 (13-18). Mode masculine et jean 3 (13-15), *88.* Orgatechnik 10 (20-25) *88.* Photokina 9 *88.* Quincaillerie 2 (22-25). S + B (centres sportifs) 10 (28-31). Spoga 9 (20-22). **Copenhague** Bâtiment 1 (10-18). Industrikontakt 10 (18-21) *88.* **Dakar** 11 (22)-12 (6) *88.* **Damas** 8 (28)-9 (10). **Dubaï** Motexha-Childexpo (à Riyadh) 4, (à Dubaï) 11. **Düsseldorf** A+A 11 (3-6). Boot 1 (24)-2 (1). Drupa n.f. *90.* Envitec 2 *89.* Euroshop 2 (21-25). GDS 3 (21-23), 9 (19-21). Gifa 5 *89.* Imprinta 2 (18-24) *88.* Interkama n.f. *89.* Interpack 5 (14-20). K n.f. *89.* Medica 11 (18-21). Igedo/dessous/chapeaux 3 (8-11), 9 (6-9). New Look 4 (26-28), 10 (18-20).

Elda Chaussure 3/9. **Essen** Caravane 9 (26)-10 (4). Security 10 (18-21) *88.* **Florence** Artisanat 4 (24)-5 (3). **Francfort** 2 (21-25), 8 (22-26). Automechanika 9 (13-18) *88.* IFFA 5 (21-28) *89.* Interstoff 4 (14-16), 9 (27-29). ISH 3 (17-21). Heimtextil 1 (14-17). Musique 2 (7-11). DLG-Ausstellung 5 (11-17) *88* (à Munich). Molkereitechnik 11 (8-12) *88* (à Francfort). Huhn und Schwein 6 (24-27) (à Hanovre). Pelleterie 4 (8-12). **Friedrichshafen** Aero 4 (8-12). Interboot 9 (19-27). **Gand** 9 (12-27). **Gênes** Tecnhotel 11 (14-18). Bibe/Interfood 3 (7-11). **Glasgow** Foodfare 3 *88.* Scotbuild 3 *88.* Scothot 3 (15-19). Mécanique 11 (18-22). **Göteborg** Auto 3. Elfack 11 (9-13). Interfood 10 *89.* Luminaire 1. Nautique 1 (30)-2 (8). Scanautomatic 11 *88.* Scanpack 10 *88.* Scanplast 5 (19-23). VVS 10 (23-28). **Grenoble** Sig 3 (8-11).

Hambourg InternorGa 3 (13-18). Loisirs et voyages 2 (14-22). Hanseboot 10 (17-25). Navires et machines 9 (27)-10 (1) *88.* **Hanovre** Industrie 4 (1-8). Cebit 3 (4-11). Constructa n.f. *90.* Ligna 5 (27)-6 (2). **Helsinki** (Technique) 10 (6-10). FinnBuild 4 *88.* Habitare 9 (7-13). Hepac 4 *88.* KT (machines de bureau) 9 *88.* Vene-Boat (nautique) 2 (6-15). **Houston** OTC 5 (4-7). **Izmir** 8 (26)-9 (10). **Jakarta** 6 (20)-7 (18). **Jérusalem** Livre 4 (6-12). **Jönkoping** Elmia Water 10 (12-16). Entexpo 5 *89.* Ergonomics n.f. Farming 5 (25-30) *88.* Waste Treatment 6 (13-17) *88.* Wood 6 (11-14). **Khartoum** 1 (21)-2 (6). **Kinshasa** Fikin 7 (11-26). **Koweit** Livres 11 (4-13). Maison moderne 1 (28)-2 (6).

Leipzig 3 (15-21), 9 (6-12). **Lille** 4. **Lima** 11 (20-29). Tecnomin n.f. Tecnopan 11 (18-27) *88.* **Lisbonne** 5 (5-10). Filagro 1 (27-31) *88.* Intercasa 9 (25)-10 (4). **Ljubljana** Bois 6 (11-15) *88.* Électronique 10 (5-9). **Londres** Ife 2 (1-5). **Luanda** 11 (10-19). **Luxembourg** (biens de consommation) 5 (23-31). (b. d'équipement) 10 (10-18). **Lyon** 3 (14-23). Journées professionnelles 2 (18-23). Meuropam 9 (26-29).

Madrid Simo 11 (20-27). **Malmö** Bygg-Ma 5. Resta 10 (21-24). **Malte** 7 (1-15). **Maputo** 8 (28)-9 (6). **Marseille** 3 (27)-4 (6), 9 (29)-10 (5). **Metz** (cons., agriculture, équipement) 10 (1-12). **Milan** 4 (4-12). Meuble et Euroluce 9. **Montréal** Fourrure 5 (6-9). **Moscou** Polymère 9 (10-19). **Munich** IHM 3 (14-22). Analytica 4 (19-22) *88.* Bau 1 (20-26) *88.* Bauma n.f. C.B.R. 2 (7-15). Ceramitec 10 (18-22) *88.* Electronica 11 (8-12) *88.* Ifat 5 (19-23). Igafa 9 (19-23). Ikofa 9 (16-21) *88.* Inhorgenta 2 (13-17). Interbau 8 (25)-9 (1) *89.* Interforst n.f. *90.* Ispo (printemps) 2 (26)-3 (1), (automne) 9 (3-6). Laser Opto-Elektronic 6 (22-26). Productronica 11 (10-14). Systems 10 (19-23). Modewoche 3 (29)-4 (1), 10 (4-7). **New Delhi** 11 (14-27). **Nice** 2 (27)-3 (9). **Nicosie** 5 (23)-6 (7). **Novi Sad** Agriculture 5 (15-24). Foire d'automne 9 (29)-10 (4). Chasse 10 (20-25). **Nuremberg** Jouet 2 (5-11). Iwa 3 (13-16). **Offenbach** Maroquinerie 3 (1-4), 8 (23-26). **Osaka** 4/5 *88.* Jimtof 10 88 (à Tokyo). **Oslo** Bâtiment 9 (25)-10 (4). Nor-Shipping 6 (2-5).

Padoue 5 (16-24). Flormart 2 (20-23), 9 (18-21). Sep-Pollution 4 (10-14) *88.* Tramag 9 (30)-10 (4). **Palerme** 5/6. **Paris** 4 (30)-5 (10). Équip'auto 10. Europain n.f. *90.* Europlast.-Eurocaoutchouc n.f. *90.* Expobois 3/4 *88.* Fourrure 3. Interchimie n.f. Interclima 6. Paritex 5/6. Prêt-à-porter féminin 2/9. Sisel-Sport 9. Arts ménagers professionnels 1 (8-12). Luminaire 1 (7-12). Meuble 1 (8-12). Tapis 4 (23-26). Cuir 9 (5-8). Composants électroniques 11 (16-20). Elec 12 (5-10) *88.* Festival du Son 3. Équip'hôtel/collectivité intern. 11 (15-23). Jouet 1 (28)-2 (3). Sehm-Promas 2 (7-10), 9 (5-8). Sicob (session printemps) 5 (11-16), (automne) 9 (14-19). **Plovdiv** (technique) 9 (28)-10 (5). (Biens de consommation) 5 (4-10). **Poznan** 6 (14-21). Intermasz 4 (19-23) *88.* **Prague** Pragotherm 11 (12-16) *88.* **Québec** Livre 4 (28)-5 (3). **Rimini** Alimentation 2 (8-15). Tecnargilla 10. **Riyadh** Agriculture 4 (5-9). SaudiBuild 10 (18-22). SaudiBusiness 2 (22-26). SaudiEducation 2 (22-26) SaudiFood 2 (14-18). **Rome** Électronique 3 (24-29). **Salzbourg** BWS 4 (9-12). JIM-ERes 2 (27)-3 (1), 8 (28-30). Osfa 3 (13-15), 9 (18-20). **San Salvador** 11 (11-23) *88.* **Santiago** Fisa 10 (28)-11 (8). **Saragosse** Enomaq 1 (22-26) *88.* Firma 4 (3-9). Smagua 2 (18-22). Smopyc 2 (19-23) *88.* **Sarajevo** Plastique 11 (2-6). **Singapour** Asia-Electronics 10 *88.* Asiapack 9 (9-12). Asiaprint 9 (9-12). Conpex-Asia n.f. *90.* Electric-Asia 10 *88.* Imac-Asia 9. Medic-Asia 4 (16-19). CommunicAsia n.f. *90.* Exploration maritime n.f. *90.* Food and Hotelasia n.f. *90.* Machine Asia 9 (29)-10 (3). Cuir 3 (25-28). **Stockholm** Technique 10 (22-28). Data Kontor Sweden 10 (1-7). Swedental 11 (23-25) *88.* IM 11 (4-8). Médecine 12 (2-4). Nautique 3 (7-15). Prêt-à-porter 2 (19-22), 9 (10-13). S.P.C.I. 4 (7-10). VVS 10 (23-28). **Strasbourg** 9 (3-14). **Stuttgart** CMT 1 (24)-2 (1). Intergastra 4 (14-20) *88.* Intervitis 6 (7-13) *89.* Intherm 3 (22-26) *88.* Stores 3 (3-6) *88.* **Téhéran** 10. **Tel Aviv** Modern Living (biens cons.) 5. Technology (équip. indus) 4. Agritech 9 *88.* **Thessaloniki** 9 (6-20). Detrop n.f. **Tokyo** 4 (22-27). (Jimtof) 10, *88.* **Toulouse** 4 (24)-5 (4). **Trieste** 6 (17-29). **Tripoli** 3 (5-25). **Turin** Caravan Europa 9 (12-20). Expocasa 3 (23)-4 (6). Expovacanze 2 (26)-3 (9). Technologie 10 (30)-11 (8). Tecnomont 10 (8-12). **Utrecht** Aandrijftechniek 9 (25-30) *89.* Bouwbeurs 2 (23-28). Elektrotechniek 10 (10-14) *88.* Europe Software Plus 5 (19-21). Karwei 1 (19-22). Kreatief n.f. Indro-Parfumerie 8/9. Installatie 2 (22-27) *88.* Inter-Decor 9 (13-17). Logistica n.f. *91.* Machevo Food/Machevo Proces 11 (6-10) *89.* Macropak 5 (2-6) *88.* Medica 3 (17-20). Meubelbeurs 8 (30)-9 (2). Roka 2 (7-11) *88.* Security 9 (21-25). Turin en Park 10 (3-7) *88.* Vakantie 1 (14-18). Vat 3 (14-19) *88.* VIV (élevage) 10/11 *88.* Vrije Tijds (loisirs) n.f. **Valencia** (Espagne) 5 (2-10). Cediver 1 (19-24). Fim 9 (22-27). Iberflora 10 (16-25). Jouet 2 (12-18). Machines à bois 11 (17-21) *88.* Textilhogar 1 (20-24). **Valencia** (Venezuela) 3 (27)-4 (5). **Varsovie** Livre 5 (20-25). **Vérone** Agriculture 3 (8-15). Eurocarne 10 (22-26). Samoter 10 (6-11). **Vicenza** Orfèvrerie 1 (15-22), 6 (6-12). **Vienne** Aqua-Therm 4 (13-16) *88.* I.E. 10 (14-17). Ifabo 5 (5-9). Interhoga-Austria 10 (18-21). Intertool-Austria 6 *88.* IMW (Mode féminine) n.f. Wiener Intérieur 3 (21-29). Schau der Nationen 9 (14-20). **Zagreb** 4 (20-26), 9 (13-20). Bâtiment 4 (18-24) *88.* Biam 6 (13-18) *88.* Cuir et chaussures 2 (24-27). Interbiro-Informatik 10 (12-16). Intergrafika 3 (23-28). Interklima 6 (15-19). Médecine 5 (23-27) *88.* Soudure et Anticorrosion 6 (1-6). **Zurich** (Salon d'automne) 9 (24)-10 (4). Bicyclettes et motos 2 (25)-3 (2). Hilsa non fixé. *90.* Mefa 4/5 *88.* Photexpo 4 (24)-5 (3).

Statistiques France

Nombre d'exposants total, entre parenthèses exposants indirects, en italique nations étrangères en 1982

Foires. Paris 2 901 *64.* Bordeaux 1 606 (863) *31.* Marseille (24-9/5-19) 1 520 (1 142) *66.* Lille 1 139 (834) *25.* Strasbourg (2/13-9) 1 084 (1 001) *34.* (24-4/2-5) 449 (506) *17.*

Salons. Batimat (1981) 2 143 (1 354 *34.* Semaine du cuir 2 110 *64.* Sous-traitance Midest 1 777 (82) *24.* Composants électroniques 1 760 *30.* Prêt-à-porter féminin (16/20-10) 1 020 *26,* (27/31-3) 988 *22.* Bij. Bijhorca (3/8-9) 976 (257) *24.* Ateliers d'art (4/9-9) 965 *32.* Meuble 1 022.

Foire à la Brocante et aux Jambons (Chatou). Semestrielle dans l'île des impressionnistes à Chatou. 800 exposants.

Seule manifestation où l'organisateur, Syndicat nat. du commerce de l'antiquité et de l'occasion, garantit les marchandises vendues aux consommateurs. 4 ha ; 80 000 vis.

Foire à la Ferraille et aux Jambons (Balard, 75015 Paris). Plus grande foire mondiale de la brocante, rendez-vous international des brocanteurs. Env. 800 exposants sur 2 ha ; env. 80 000 visiteurs.

Foire du Trône (anciennement Foire au Pain d'épice). Créée en 957.

Marché aux Puces. S'installe dans les terrains vagues de la zone nord-est vers 1880. En 1920, Romain Vernaison, propriétaire d'un terrain riverain, installe des stands et les loue aux brocanteurs. Autres marchés : Biron créé en 1925, cité Malik 1935 (reconstruit), cité Jules-Vallès 1938, cité Paul-Bert 1947. *Superficie* : 30 ha, plus de 1 500 boutiques, 1 400 marchands patentés en stands.

Nombre d'entrées en 1985 (en milliers)

● **Foires.** Agen 35. Albi 42. Alençon févr. 54, nov. 12. Angers 134. Angoulême 32. Annecy 99. Arras 32. Aubenas 21. Auch 12. Aurillac 37. Avignon 87. Bayonne 42. Beauvais 37. Besançon 110. Béziers 32. Bordeaux 355. Bourg-en-Bresse 58. Brignoles 32. Brive 72 [4]. Caen mars 12 [4], sept. 223. Calais 33. Castres 47. Chalon-sur-Saône 35. Châlons-sur-Marne 116. Chambéry 76. Charleville-Mézières 51. Châteaubriant 48. Châteauroux n.c. Cholet 33. Clermont-Ferrand 79. Colmar 159. Condom 9. Dax [1] 44. Digne 26. Dijon avril 33, oct. 225. Épinal [1] 49. Épinal (Forestière) [1] 64 [4]. Fontenay-le-Comte 15. Fougères 19. Grenoble avril 113, nov. 134. Guingamp 20. La Rochelle 93. La Roche-sur-Foron 86. Laval 47. Le Mans 137. Lille 299. Limoges 113. Lons-le-Saunier 30. Lorient [1] 76. Lyon 455. Macon 66. Marseille mars 247. sept. 381. Metz 130. Montauban 30. Mont-de-Marsan 37 [4]. Montélimar 41. Montpellier 213. Morlaix 38. Mulhouse 152. Nancy 173. Nantes 150. Nevers 60. Nice 114. Nîmes 52. Niort 162. Orange 56. Orléans 93. Paris 1 103. Pau avril 20, sept. 117. Périgueux 61. Perpignan 52. Poitiers 56. Pontivy [1] 39 [4]. Quimper 23. Reims 61. Rennes 272. Roanne 27. Rochefort-sur-Mer [1] 14. Romans-sur-Isère 55. Rouen 181. Saint-Brieuc 66. Saint-Étienne 146. Saint-Girons 40. Saintes 33. Strasbourg avril 135, sept. 330. Tarbes 68. Toulon 111. Toulouse 194. Troyes 82. Valence 50. Vannes [1] 67 [4]. Vesoul 20. Villeneuve-sur-Lot [1] 52.

● **Salons - Agriculture - Sylviculture - Viticulture et leurs équipements.** Agriculture Paris Machine agr. (Paris) 898. Hormatec (Lyon) [1] 20. Jardin-environnement (Paris) 137. Jarditec (Paris) - Simaver (Paris) 14. Journées fruitières et légumières (Agen) 8. Pêche ind. (Nantes) [1] 17. Simavip (Paris) 8. Sitevi (Montpellier) 34. Vinitech (Bordeaux) [1] 23. Hortimat (Orléans) [1] 33 [4]. **Alimentation - Hôtellerie et leurs équipements.** Agecotel-Agemag (Nice) 11. Confiserie - Intersuc (Paris) 15. Equip'Hôtel (Paris) 108. Exp'Hôtel (Bordeaux) 7. Mebotel (Montpellier) 11. Métiers de Bouche (Lyon) [1] 72. Restauration rapide (Paris) 18. Snegal (Rouen) 4. Spinamalt (Épinal) 25. Vins (Paris) 154. Alimentation - Sial (Paris) 73 [4]. Boulangerie-pâtisserie (Paris) [3] 27 [4]. Emballage et conditionnement (Paris) [1] 99 [4]. Équipement laitier (Paris) [3] 11 [6]. Europain (Paris) [3] 50 [6]. Gia (Paris) [1] 36 [4]. Interglaces (Paris). Matic (Paris) [1] 53 [4]. Restauration collective - Gastrolor (Metz) [1] 6 [4]. **Textiles - Habillement - Cuir - Accessoires et leurs équipements.** Bijouterie - Bijorhca (Paris) janv. 27, sept. 38. Chaussures - Midec (Paris) 5. Habillement masculin - Sehm (Paris) févr. 42, sept. 38. Horlogerie-Bijouterie-Joaillerie-Cadeaux (Bordeaux) 2. Industries de la fourrure - SIF (Paris) 4. Lingerie (Paris) 12. Maroquinerie (Paris) janv. 3, oct. 6. Mode enfantine (Paris) févr. 21, sept. 19. Première vision tissus création (Paris) mars 23, oct. 27. Prêt-à-porter féminin (Paris) févr. 41, sept. 41. Semaine du cuir (Paris) 85. Industries de la parfumerie - SICAP (Paris) [1] 5 [5]. Equip. des ind. du vêtement - Vétimat (Paris) [2] 13 [4]. **Travaux publics - Bâtiment - Second Œuvre et leurs équipements.** Amélioration de l'habitat (Paris). Logement (Paris). Amélioration de l'habitat - BAT (Reims) [3]. Interclima (Paris) [1] 93. Maison individuelle (Besançon) 5. Maison individuelle (Paris) 24. Quojem (Paris) 24. Roc Expo (Toulouse) [1] 7. Second-Œuvre - Batimat (Paris) [1] 529. Travaux publics - Expomat (Paris) [2] 82. Aménagement en montagne - SAM (Grenoble) [1] 22 [4]. Expotherme (Lyon) [1] 27 [4]. Second-Œuvre - SETSO (Marseille) [1] 9 [4]. **Habitat - Aménagement de la maison et leurs équipements.** Arts ménagers (Paris) 27. Ateliers d'art (Paris) janv. 27, sept. 30. Conforexpo (Bordeaux) 117. Confort ménager (Paris). Ensembliers ameublement (Paris). Éditeurs de la décoration (Paris) [1] 24. Interkit (Paris) - Meuble (Paris) 42. Luminaire (Paris) 20. Meubles et fournitures - Meuropam (Lyon) 31. Mobilier et décoration (Paris) 98. Moving (Paris) 23. Papiers peints - Paritex (Paris) 19. Tapis (Paris) 5. Fournitures ameublement - Approfal (Paris). **Santé - Hygiène - Environnement - Sécurité et leurs équipements.** Ipharmex (Lyon) [1] 20. Lunetterie - Silmo (Paris) 14. Sitad - Art dentaire (Paris) [1] 16. Europrotection (Paris) [1] 27 [4]. Intermedica (Paris) [1] 10 [4]. Sécurité-prévention - Securexpo (Lyon) [1] 18 [4]. **Transports - Circulation et leurs équipements.** Aéronautique et espace (Paris) [1] 318. Automobile (Chambéry) 17. Automobile (Lyon) [1] 150. Automobile - Deux roues (Dijon) [1] 19. Auto-caravane (Reims) 16. Auto-Moto-Caravane (Albi) 7. Équip'auto (Paris) [1] 56. Mécanoutil (Albi) [1] 4 [6]. SIFAG - Aviation générale (Cannes-Mandelieu) [1] 15 [4]. **Information - Communication - Bureau - Organisation et leurs équipements.** Bureautique-Informatique-Communication - Servicia (Nantes) 13. Burotert (Nancy) 10. Bureautique-Informatique-Services - Serviter (Besançon) [1] 4. Communication-Reprographie-Informatique-Bureautique - SCRIB (Orléans) 6. Communicatique (Montpellier) 8. Discom (Paris) 18. Édition musicale - MIDEM (Cannes) 7. Festival du son-image-vidéo (Paris) 207. Franchise (Paris) 42. Industries polygraphiques - Graphitec (Paris) [1] 30. Informatique (Reims) 3. Informatique-Automatique - INFORA (Lyon) 59. Informatique-Automatique - SABRIA (Rennes) 6. Informatique-Bureautique - FBI (Dijon) 13. Informatique-Bureautique - SIBSO (Toulouse). Saret (Toulouse). Informatique-Bureautique-Bureau 85 (Pau) [1] 3. Informatique-Bureautique-Automation - SRIBA (Bordeaux) 10. Informatique-Bureautique-Automatisme - EQUIPEX (Metz) [1] 5. Informatique-Bureautique-Comptabilité - STIBCO (Albi) 2. Informatique-Mécanique-Automatisme-Bureautique-Électronique - SIMABE (Troyes) 3. Informatique-Robotique - SIR (Caen) 13. Informatique-Télématique-Communication-Organisation de bureau et bureautique - SICOB (Paris) 401. Spécial SICOB (Paris) 140. Intergraphic (Paris) 12. Langues et cultures-Expolangues (Paris) 43. Organisation de bureau - SNOBS (Rouen) 8. Photo-Cinéma-Vidéo (Paris) [1] 4. Programmes télévision - MIP-TV (Cannes) 5. Services-Communication-Informatique-Bureau - SCIB (Angers) 7. Tertia Equipa (Lille) 21. Applica (Lille) [1] 25 [4]. Tertia (Lyon) [1] 14 [5]. Vidéo - VIDCOM (Cannes) 10 [4]. **Sports - Jeux - Loisirs et leurs équipements.** Articles de sports d'hiver - SIG (Grenoble) 13. Bricolage (Paris) 331. Caravane (Lille) 14. Chasse-Arme-Tir - SICAT (Paris) 21. Forainexpo (Paris) 9. Grand Pavois (La Rochelle) 41. Jouet (Paris) 16. Journées professionnelles du jouet - Le monde de l'enfant (Paris) 8. Nautique international (Paris) 290. Neige et montagne (Paris) 81. Pêche de Loisir - SAPEL (Paris) 23. Première mode sports d'hiver (Paris) 8. Sport-Camping-Plein Air (Le Mans) 19. Sports et loisirs - SISEL (Paris) 20. SISEL Vert (Paris) - Tourisme et voyages (Paris) 176. Tourisme et vacances (Paris) - Voiture de course (Paris) 79. Équipement collectifs (Paris) [1] 5 [4]. **Industrie - Commerce - Sciences - Techniques - Services et leurs équipements.** Composants électroniques (Paris) [1] 44. Équipement électrique - ELEC (Paris) [2] 61. Equip Mag (Paris) 42. Électronique - Électron (Bordeaux) 5. Emballage - Europack (Lyon) 28. Équipements thermiques - EUROFOUR (Paris) [v] - Traitements des surfaces (Paris) [1] 21. FIST - Sous-traitance (Orléans) [1] 6. Matériel scientifique de l'INSA (Lyon) 10. Mesure - MESUCORA (Paris) [2] 69. Mesure et régulation (Metz) 3. MIDEST - Sous-traitance (Paris) 54. Papeterie - SIPPA (Paris) 16. Blanchisserie-teinturerie (Paris). Composants mécaniques - Mecanelem (Paris) [1] - Maintenance (Paris) [1] 32 [4]. Emballage et conditionnement (Paris). Équip. pour l'électronique - Pronic (Paris) [1] 13 [4]. Europlastique (Paris) [3] 91 [6]. Industries papetières (Grenoble) [v] 2 [5]. Interchimie (Paris) [2] 37 [5]. Laboratoire (Paris) [2] 41 [5]. Machine-à-bois - Expobois (Paris) [1] 26 [4]. Machine-outil (Paris) 77 [4]. Machine-outil de décolletage - SIMODEC (La Roche/Foron) [1] 10 [4]. Manutention (Paris) 40 [4]. Matériel scientifique - Phirama (Marseille) [1] 10 [4]. Microtechniques - Micronora (Besançon) [1] 10 [4]. Tech. papetières et graphiques - TPG (Paris) [v] 77 [5]. **Autres manifestations.** Art contemporain - FIAC (Paris) 90. Festival international du film (Cannes) 14. Marché international du film (Cannes) 2. **Salons d'antiquaires.** Albi 10. Besançon 9. Bordeaux 26. Caen 14. Chambéry 8. Dijon 18. Grenoble 19. Marseille 17. Metz 8. Montpellier 18. Nîmes 23. Reims 6. Rouen 39. Toulouse 49.

Nota. — (1) foires biennales. (2) triennales. (3) quadriennales. (4) 1984. (5) 1983. (6) 1982. (v) variables.

Sociétés

Premiers groupes mondiaux

	PAYS	SECTEURS	EFFECTIFS	C [1]	CA [2]		PAYS	SECTEURS	EFFECTIFS	C [1]	CA [2]
Exxon	USA	PET	150 000	C	**794 064**	Atlantic Richfield	USA	PET	39 400	C	**215 476**
Royal Dutch Shell	NL	PET	149 000	C	**737 337**	Iri	I	DIV	500 000	C	**200 022**
General Motors	USA	AUT	748 000	C	**733 198**	Hitachi	JAP	ELE	164 951	C	**184 314**
Mobil	USA	PET	178 900	C	**489 851**	Unilever	NL	ALI	319 000	C	**181 939**
Ford Motor	USA	AUT	383 700	C	**457 682**	Elf Aquitaine	F	PET	76 200	C	**177 374**
British Petroleum	GB	PET	130 100	C	**441 540**	Matsushita	JAP	ELE	132 814	C	**173 556**
Texaco	USA	PET	68 100	C	**413 699**	Chrysler	USA	AUT	100 435	C	**171 065**
IBM	USA	INF	394 930	C	**401 489**	Nissan Motor	JAP	AUT	108 500	C	**170 087**
EI du Pont de Nemours	USA	CHI	157 783	C	**313 897**	Pemex	MEX	PET	175 000		**169 598**
Att Technologies	USA	AVI	365 000	C	**290 059**	United States Steel	USA	SID	88 753	C	**166 969**
General Electric	USA	ELE	30 000	C	**244 257**	Total - Cie Frse des Pétroles	F	PET	44 981	C	**158 778**
Standard Oil Indiana	USA	PET	53 581	C	**235 534**	Veba	RFA	PET	76 795	C	**151 011**
Chevron	USA	PET	37 761	C	**234 215**	Phillips	NL	ELE	344 000	C	**146 562**
Eni	I	DIV		C	**225 838**	United Technologies	USA	AVI	205 000	C	**142 740**
Toyota Motor	JAP	AUT	59 500	C	**217 243**	Kuwait Petroleum	KW	EXT	14 600	C	**142 713**

Nota. — (1) C : consolidation. (2) CA : chiffre d'affaires en millions de F 84.

Premiers bénéfices (en millions de F)

IBM (USA)	57 527
Exxon (USA)	48 315
Royal Dutch Shell (NL)	42 461
General Motors (USA)	39 474
Ford Motor (USA)	25 405
Chrysler (USA)	20 801
Petroleos de Venezuela (YV)	20 097
General Electric (USA)	19 927
Standard Oil of Indiana (USA)	19 079
Chevron (USA)	13 407
Sohio (USA)	13 005
British Petroleum (GB)	12 851
Du Pont de Nemours (USA)	12 507
Att Technologies (USA)	11 973
Mobil (USA)	11 082
Toyota Motor (JAP)	10 839
Reynolds (USA)	10 575
Schlumberger (AND)	10 331
Bat (GB)	9 871
Kuwait Petroleum (KW)	8 823

Les sociétés dans la C.E.E.

Agro-alimentaire

Légende : pays, C : consolidation, chiffre d'affaires en millions de F 84. F : France. GB : Grande-Bretagne. NL : Pays-Bas. RFA : Allemagne fédérale.

Unilever, NL, C	181 939
Bat Industries, GB, C	117 320
Grand Metropolitan, GB, C	59 073
Imperial Group, GB, C	53 463
Allied-Lyons, GB, C	36 955
Associated British Foods, GB, C	34 112
Gallaher (American Brands USA), GB, C	33 047
Rothmans International, GB, C	31 648
Deutsche Unilever (Unilever NL), RFA, C	29 062
Hanson Trust, GB, C	27 730
Bsn, F, C	27 293
Bass, GB, C	26 217
Cadbury Schweppes, GB, C	23 469
Unigate, GB, C	22 491
United Biscuit, GB, C	20 290
Whitbread, GB, C	16 808
Heineken, NL, C	16 711
Northern Foods, GB, C	14 811
Bat, RFA, C	14 089
Brooke Bond Group, GB, C	13 834
Rowntree Mackintosh, GB, C	13 462
The Distillers Company, GB, C	13 201
Sodima, F, C	12 802
Union Laitiere Normande, F, C	12 402
Hillsdown, GB, C	11 444
Koninklijke Wessanen, NL, C	11 267
Philip Morris Deutschland (P. Morris, USA), RFA, C	11 041
Beghin-Say, F	10 946
Guinness, GB, C	10 752
Unilever France (Unilever, NL), F, C	10 310
Oetker Gruppe, RFA, C	10 187
Lesieur, F, C	9 391

Bois, papier

Bowater, GB, C	14 741
Feldmuehle (Flick, RFA), RFA, C	9 306
Buehrmann-Tetterode, NL, C	8 663
Jefferson Smurfit, IRL, C	8 369
Cellulose du Pin (Saint-Gobain), F, C	7 780
Drg, GB, C	7 050
Meyer International, GB, C	6 388
Regent Moebel, RFA, C	5 710
Schmalbach Lubeca (Continental USA), RFA, C	4 737
Price & Pierce (Sears Roebuck, USA), GB, C	4 659
Cartiere Burgo, I	4 409
Arjomari-Prioux, F, C	4 280
Knp, NL, C	4 098
Papeteries de Belgique, B, C	3 801
Melitta, RFA	3 722
Aussedat Rey, F, C	3 617
Haindl Papier, RFA	3 576
M-D Papier, RFA, C	3 171
Zanders, RFA, C	2 571
Low & Bonar, GB, C	2 301
La Cellulose du Rhone (Rochette Cenpa), F, C	2 041
Vrg Group, NL, C	2 035
La Rochette Cenpa, F, C	1 749
Papeteries de Gascogne, F, C	1 616

Chimie

Basf, RFA, C	133 616
Bayer, RFA, C	132 108
Hoechst, RFA, C	127 274
Imperial Chemical Industries, GB, C	115 341
Dynamit Nobel (Flick RFA), RFA, C	98 916
Montedison, I, C	61 662
Naamloze Vennootshap Dsm, NL, C	61 373
Compagnie de Saint-Gobain, F, C	61 341
Rhône Poulenc, F, C	51 207
Akzo, NL, C	45 001
Michelin, F, C	44 382
Degussa, RFA, C	34 143
Solvay, B, C	33 886
Henkel, RFA, C	28 683
Beecham Group, GB, C	26 645
Cdf Chimie (CDF), F, C	25 683
Montedipe (Montedison, I), I	24 839
The Boc Group, GB, C	24 479
Essochem, B	23 598
Glaxo Holdings, GB, C	23 279
Atochem (Elf Aquitaine), F	21 644
Agfa-Gevaert Deutschland (Bayer RFA), RFA	21 561
Agfa Gevaert (Bayer RFA), B	21 524
L'Air Liquide, F, C	19 829
Lafarge Coppee, F, C	18 882
Dunlop Holdings (BTR), GB, C	18 414
Huels Aktiengesellschaft (Veba, RFA), RFA	16 791
L'Oréal (Gesparal), F, C	15 804
Harrisons and Crosfield, GB, C	15 137
Schering, RFA	15 006
Pilkington, GB, C	14 281
Dow Chemical Nederland (Dow Chemical USA), NL, C	14 154
Redland, GB, C	14 087
Rmc Group, GB, C	13 676
Emc-Miniere et Chimique, F, C	13 411
Reckitt and Colman, GB, C	13 088
Ocp, F, C	12 675
Boehringer Ingelheim, RFA, C	12 667
Ocp Repartition (OCP), F	12 469
Rhône-Poulenc Chimie de Base (Rhône-Poulenc), F	12 028
Sanofi (Elf Aquitaine), F, C	11 241

Commerce

S et W Berisford, GB, C	66 383
Spar, NL, C	65 376
Thyssen Handelsunion (Thyssen RFA), RFA, C	52 093
Stinnes (Veba RFA), RFA, C	48 441
Dalgety, GB, C	43 080
Franz Haniel, RFA, C	41 644
Carrefour, F, C	39 396
Vendex International, NL, C	38 136
Marks and Spencer, GB, C	37 399
Sainsbury's, GB, C	36 495
Tesco Stores, GB, C	34 925
Raab Karcher (Veba RFA), RFA, C	34 200
Shv, NL, C	34 143
Kloeckner, RFA, C	33 136
Karstadt, RFA, C	33 114
Coop Zentrale, RFA, C	31 760
Coop Handels und Produktions, RFA, C	31 740
Mabanaft-Group (Marquard Bahls RFA), RFA, C	30 156
Ahold, NL, C	28 884
Dee, GB, C	28 332
Quelle Gustav Schickedanz, RFA	27 105
Promodes, F, C	26 961
Delhaize Frères, B, C	25 543
Cie Fin. Sucres et Denrées, F, C	25 402
Inchcape, GB, C	24 281
Generale Occidentale, F, C	24 089
The Boots Company, GB, C	23 665
The Great Universal Stores, GB, C	23 665
Sears Holdings, GB, C	23 506
Kaufhof, RFA, C	23 141

Communication, loisirs

Bertelsmann, RFA, C	20 618
Hachette (Marlis), F, C	10 705
Hendrix (BP GB), NL, C	10 156
Pearson and Son, GB, C	9 815
Axel Springer Verlag, RFA, C	7 431
Granada Group, GB, C	7 382
Bauer Verlag, RFA, C	6 981
News International (News Corp.), GB, C	5 330
Steetley, GB, C	4 889
Arnoldo Mondadori Editore, I, C	4 682
Associated Newspaper Group, GB, C	4 165
Vnu, NL, C	4 152
Elsevier, NL, C	3 892
Fep (Hachette), F, C	2 989
Burda, RFA, C	2 953
Cep : Cie Europ. de Publication, F, C	2 651
Les Presses de la Cité, F, C	2 556
Kluwer, NL, C	2 429
Fr3 : Snp France Regions 3, F	2 333
Ste Nale de Television tf1, F	2 226
Sntc Antenne 2, F	2 185
Fenner, GB, C	2 070
NMPP, F	1 917
Edi 7 (Hachette), F	1 840
France Loisirs, F, C	1 681
Francois Salomon et Fils, F, C	1 666
William Collins, GB, C	1 439
Gaumont (Cinepar), F, C	1 238
Publications Filipacchi, F, C	1 198
Bowring (Marsh mc l), GB, C	1 161
Le Parisien Libéré, F, C	1 126
Skis Rossignol, F, C	1 108

Construction

Kwu (Siemens RFA), RFA	23 025
Screg, F, C	20 189
Trafalgar House, GB, C	18 781
Bouygues, F, C	18 317
George Wimpey, GB, C	17 670
Tarmac, GB, C	15 379
Sae, F, C	15 247
Spie-Batignolles (Schneider), F, C	14 109
Hochtief, RFA, C	13 939
Sge-Sainrapt et Brice, F, C	13 209
Gtm-Entrepose, F, C	11 989
Neue Heimat, RFA	10 131
Blue Circle Industries, GB, C	10 130
Costain, GB, C	9 847
Cgee Alsthom (CGE), F, C	9 806
Laing, GB, C	9 359
Strabag Bau, RFA, C	9 300
Sge-Btp (Sge-Sb), F, C	9 200
Dumez, F, C	9 037
Colas (Screg), F, C	7 587
Campenon Bernard (Cie Gale Eaux), F, C	6 709
Barratt Developments, GB, C	6 258
Fougerolle, F, C	6 020
Bilfinger Berger, RFA, C	5 879
Royal Volker Stevin, NL, C	5 704
Autostrade (Iri i), I, C	5 675
Ballast Nedam Groep (Minefa), NL, C	5 537
Dyckerhoff und Widmann, RFA, C	5 313
Dragages et Travaux Publics (Screg), F, C	5 293
Sobea (Saint-Gobain), F, C	4 982
Groupe Maison Familiale, F, C	4 885
Mowlem, GB, C	4 772
Cement Roadstone, IRL, C	4 510

Équipement électrique

Philips, NL, C	146 562
Siemens, RFA, C	140 663
CGE, F, C	74 146
Thomson, F, C	57 236
IBM Deutschland (IBM, USA), RFA, C	34 621
Aeg Telefunken, RFA, C	33 815
IBM France (IBM World Trade USA), F, C	33 236
Thorn Emi, GB, C	32 835
Thomson-Csf (Thomson), F, C	31 674
Bicc, GB, C	24 316
Alsthom-Atlantique (CGE), F	23 730
Allgemeine Deutsche Philips (Philips NL), RFA, C	22 989
Stc (Itt UK), GB, C	22 892
Olivetti, I, C	22 798
Rank Xerox (Xerox USA), GB, C	20 545
Hawker Siddeley Group, GB, C	18 624
Ibm Italia (IBM, USA), I, C	18 182
Philips France (Philips NL), F, C	17 300
Plessey, GB, C	16 479
Brown Boveri und Cie (Brown-Boveri CH), RFA, C	14 784
Cit Alcatel (CGE), F, C	14 464
Sel (Standard Electr. USA), RFA, C	13 790
Matra, F, C	13 732
Bull, F, C	13 596
Racal Electronics, GB, C	12 885
Icl (STC GB), GB, C	10 470
Nixdorf Computer, RFA, C	10 047
Bosch-Siemens Hausgeraete, RFA, C	9 842
Csee, F, C	9 434
Grundig, RFA, C	8 677
Sagem, F, C	7 300
Delta Group, GB, C	6 870
Ferranti, GB, C	6 610
Hewlett-Packard Deutschland (H-P USA), RFA, C	6 503
Merlin Gerin, F, C	6 246

Matériels de transport

Volkswagenwerk, RFA, C	140 210
Daimler-Benz, RFA, C	133 562
Fiat, I, C	118 589
Renault, F, C	117 584
Peugeot Sa, F, C	91 111
Automobiles Peugeot (Peugeot), F, C	57 685

Robert Bosch, rfa, C	56 404
Bmw, rfa, C	50 606
Ford Motor UK (Ford usa), gb, C	43 673
Adam Opel (General Motors usa), rfa, C	39 540
Ford rfa, (Ford Motor usa), rfa	39 251
Aérospatiale, f, C	37 513
British Aerospace, gb	28 728
Lonrho, gb, C	27 558
Audi Nsu Auto Union (Volkswagenwerk rfa), rfa	26 788
Automobiles Citroen (Peugeot), f	26 068
Messerschmitt Bolkow Blohm, rfa, C	17 556
Lucas Industries, gb, C	16 262
Avions M. Dassault Breguet, f	15 692
Vauxhall Motors, gb	15 227
Renault Vehicules Industriels (Renault), f	13 479
Snecma, f, C	12 608
Alfa Romeo, i, C	11 498
Valeo, f, C	10 975
British Shipbuilders, gb, C	10 322
Groupe Fiat en France (Fiat i), f, C	10 003
Freudenberg, rfa, C	9 121
Ford France (Ford Motor usa), f	8 940
Porsche, rfa, C	7 658
Societe commerciale Citroen (Peugeot Citroen), f	7 056
Vag France (Volkswagenwerk rfa), f	6 159
Peugeot Talbot UK (Peugeot), gb, C	5 848
Mercedes-Benz France (Daimler-Benz rfa), f	5 795
Usines Chausson, f	5 772
General Motors Continental (gm, usa), b, C	5 716
General Motors France (General Motors usa), f, C	5 587
Francaise de Mecanique, f	5 097
Mahag, rfa, C	4 976
Howaldtswerke Deutsche Werft (Salzgitter rfa), rfa, C	4 943
Volvo Nederland (Volvo s), nl, C	4 910
Volkswagen Bruxelles (vw rfa), b	4 908
Uni-Cardan (gkn gb), rfa, C	4 743
Ae Group, gb, C	4 637
Dornier, rfa, C	4 631
Deutsche Fiat (Fiat, i), rfa, C	4 279
Knv Fokker, nl, C	4 255

Mécanique

Krupp, rfa, C	55 993
Btr, gb, C	40 585
Gutehoffnungshuette, rfa	38 941
Gkn, gb, C	25 149
Babcock, rfa, C	21 528
Knhs, nl, C	19 774
Man (ghh rfa), rfa, C	17 019
Johnson Matthey, gb, C	15 797
Kloeckner-Humboldt-Deutz, rfa, C	15 237
Thyssen Industrie (Thyssen rfa), rfa, C	14 450
Metal Box, gb, C	13 154
Ti Group, gb, C	11 305
Linde, rfa, C	11 061
Carl-Zeiss-Stiftung, rfa, C	10 383
Northern Engineering, gb, C	10 279
Fiat Trattori (Fiat, i), i, C	9 713
Zahnradfabrik Friedrichshafen, rfa, C	9 563
Rochling, rfa, C	8 614
Kugelfischer Georg Schaffer, rfa, C	8 544
Rheinmetall Berlin (Rochling und Friedrichshaf rfa), rfa, C	8 100
Fichtel und Sachs (Sachs rfa), rfa, C	7 394
Mtu Munchen (Daimler-Benz rfa), rfa, C	7 370
Massey-Ferguson Holdings (Masseyferg. plc), gb, C	7 257
Smidth, dk, C	6 115
Vmf Stork, nl, C	6 098
Simon Engineering, gb, C	6 063

Métaux

Thyssen, rfa, C	99 560
Rtz, gb, C	69 242
Mannesmann, rfa, C	48 402
British Steel Corporation, gb, C	43 836
Usinor, f, C	38 662
Sacilor, f, C	37 900
Pechiney, f, C	35 532
Flick, rfa, C	32 286
Salzgitter, rfa, C	28 941
Amalgamated Metal (Preussag. rfa), gb, C	28 173
Cockerill Sambre, b, C	24 660
Nuova Italsider (iri. i), i	23 645
Hoesch, rfa, C	22 262
Aluminium de Grèce (Pechiney), gr	19 950
Krupp Stahl (Krupp rfa), rfa, C	18 663
Imetal, f, C	17 841
Waw Vereining. Aluminium Werke (Viag. rfa), rfa, C	14 227
Kloeckner-Werke, rfa, C	13 942
Métallurgie Hoboken-Overpelt, b	13 151
Vallourec, f, C	13 028
Otto Wolff, rfa, C	12 535
Aluminium Pechiney (Pechiney), f	11 505
Minemet (Metal), f, C	10 703
Mannesmann Demag (Mannesmann rfa), raf	9 830
Cookson Group, gb, C	9 489
Heraeus, rfa, C	9 403
Arbed, l	8 681
Van Leer, nl, C	8 365
Thyssen Edelstahlwerke (Thyssen rfa), rfa, C	8 332
Stahlwerke Peine Salzgitter (Salzgitter rfa), rfa	7 988
Cegedur Pechiney (Pechiney), f	7 484

Produits d'extraction

Royal Dutch Shell, nl, C	737 337
British Petroleum, gb, C	441 540
Eni, i, C	225 838
Elf Aquitaine (Erap), f, C	177 374
Total Cie frse des Pétroles, f, C	158 778
Veba, rfa, C	151 011
Edf, f	118 116
Agip Petroli (Eni. i), i	106 435
Esso UK (Exxon usa), gb, C	99 879
Petrofina, b, C	90 298
Deutsche bp (bp. gb), rfa, C	72 049
Deutsche Shell (r-d Shell. nl), rfa	69 907
Ruhrkohle, rfa, C	68 813
Esso Deutschland (Exxon usa), rfa, C	65 239
Cie Frse de Raffinage (Total cfp), f, C	58 095
Gaz de France, f, C	47 803
British Petroleum Nederland (bp gb), nl, C	46 235
Aral (Veba Oel. rfa), rfa, C	46 042
Shell Française (Shell nl), f, C	45 442
Total Cie Frse Distribution (Total cfp), f	43 386
Preussag, rfa, C	42 165
Charbonnages de Fr., f, C	40 322
Deutsche Texaco (Texaco usa), rfa, C	38 395
Esso Italiana (Exxon Corporat. usa), i	38 178
Ultramar, gb, C	37 951
Esso Saf (Exxon usa), f, C	35 673
Industria Italiana Petroli (Eni i), i	29 240
Française des Pétroles BP (bp gb), f, C	26 851
Cea-Industrie (cea), f, C	23 982
National Coal Board, gb, C	23 490
Esso Belgium (Exxon usa), b, C	22 439
Viag, rfa, C	22 092
Saarbergwerke, rfa, C	21 465
Mobil Oil Italiana (Mobil usa), i	20 570
Burmah Oil, gb, C	19 817
Mobil Oil Française (Mobil oil usa), f	18 318
Wintershall (Basf rfa), rfa, C	18 128
Cogema (Cea-Industrie), f, C	16 636
Union Kraftstoff, rfa	16 446
Internat. Thomson Organisation (Thomson cdn), gb, C	14 764
Mobil Oil gb (Mobil usa), gb	14 314

Services

Deutsche Bundespost, rfa, C	141 078
Ptt, f	137 589
Electricity Council, gb, C	108 890
Nederlandse Gasunie, nl	82 818
British Gas, gb, C	80 473
The General Electric Company, gb, C	69 561
Enel 1, i	57 332
Stet (iri i), i, C	54 738
Ruhrgas, rfa, C	46 760
Générale des Eaux, f, C	39 901
British Post Office, gb	37 392
Uhde (Hoechst rfa), rfa, C	33 509
Ptt nl, nl, C	27 006
Vew, rfa, C	18 428
Bayernwerk, rfa, C	16 244
Intercom, b	15 223
Lyonnaise des Eaux, f, C	13 503
Heron International, gb, C	10 070
Cable and Wireless, gb, C	10 028

Textile, habillement

Courtaulds, gb, C	25 048
Scapa, gb, C	17 480
Coats Patons, gb, C	12 525
Snia Bpd, i, C	10 419
Prouvost, f, C	8 399
C. J. Clark, gb, C	7 054
Dmc, f, C	5 984
Compagnie Boussac Saint Frères (sffaw), f	5 395
Tootal, gb, C	5 068
Vantona Viyella, gb, C	4 479
Div. textile fr. Rhone-Poulenc (Rhone-Poulenc), f, C	4 200
Bidermann, f, C	3 776
Nord-West-Ring, rfa, C	3 144
Dawson International, gb, C	3 092
Chaussures André, f, C	2 618
William Baird, gb, C	2 489
Salamander, rfa, C	2 455
Lainière de Roubaix (Prouvost), f	2 360
Adidas (Adidas rfa), f	2 270
Dlw, rfa, C	2 209
Marzotto e Figli, i, C	2 003
Saic-Velcorex, f, C	1 762
Macintosh nv (dsm nv nl), nl, C	1 716
Mfc Eram, f, C	1 683
Devanlay, f, C	1 679
Dim (Bic), f, C	1 667
Nino, rfa, C	1 575
Prouvost et Lefebvre (Prouvost), f	1 518
Bata (Leader ch), f, C	1 509
Sirs (Sommer), f	1 504

Transports, tourisme

Deutsche Bundesbahn, rfa, C	68 397
Snam (Eni i), i, C	50 895
SNCF, f	44 701
British Railways Board, gb	41 601
British Airways, gb, C	34 094
Deutsche Lufthansa, rfa, C	31 621
Air France, f	27 644
Schenker (Deut. Bundesb. rfa), rfa, C	20 867
Klm Royal Dutch Airlines, nl, C	15 410
Alitalia i, C	14 636
Lex Service, gb, C	13 932
Trusthouse Forte, gb, C	13 370
Nedlloyd Group, nl, C	13 338
Ladbroke Group, gb, C	12 989
Hapag-Lloyd, rfa, C	12 913
Chargeurs, f, C	11 817
Ratp, f	11 721
Nederlandse Spoorwegen, nl, C	11 441
Sceta (sncf), f, C	10 769
Accor, f, C	9 861
Ocean Transport, gb, C	9 077
National Bus Compagny, gb, C	8 777
Scac, f, C	8 733
The Rank Organisation, gb, C	8 436
Cie Int Wagons-Lits Tourisme, b, C	7 865
Tui Tourist. Union Internat., rfa, C	7 460
National Freight Consortium, gb, C	6 543
London Transport, gb	6 443
Uta (Chargeurs), f, C	6 061

Premières entreprises françaises

Chiffre d'affaires en millions de F 1984

Elf-Aquitaine	93 156
Total Cie frse des Pétroles	93 049
Edf	66 769
Renault	57 915
Peugeot sa	48 859
Cge	34 623
Gaz de France	32 100
Compagnie de Saint-Gobain	31 051
Rhône-Poulenc	28 750
Thomson	27 872
Sacilor	24 535
Shell française	23 757
SNCF	23 500
Michelin	23 372
Carrefour	20 292
Paridoc	19 877
Esso-Saf	19 341
Péchiney	19 210
Usinor	18 245
IBM France	17 449

Premiers bénéfices. BSN 755. Moët-Hennessy 547. Pernod Ricard 396. Poclain Industries 294. Bongrain 213.

Premiers exportateurs. BSN 7 282. Beghin-Say 3 610. Générale Biscuit 3 379. Moët-Hennessy 3 214. Union laitière normande 2 381.

Classement par secteur

Légende : effectifs entre parenthèses, C : consolidation, chiffre d'affaires en millions de F 1984.

Agro-alimentaire

Bsn (37 340), C	27 293
Sodima (10 464), C	12 802
Union Laitière Normande (7 350), C	12 402
Beghin-Say (7 950)	10 946
Unilever France (Unilever, nl) (10 007), C	10 310
Lesieur (6 712), C	9 391
Pernod Ricard (7 684), C	8 324
Socopa France (4 468), C	8 134
Moët-Hennessy (6 948), C	6 841
Seita (8 070)	6 562
Uncaa (253)	6 217
Landerneau (2 600), C	6 154
Générale Biscuit (11 461), C	6 144
Sopad-Nestlé (Nestlé ch) (5 989)	5 907
Besnier (4 203), C	5 887
Générale Sucrière (St Louis Bouch.) (3 382)	5 146
Bongrain (Soparind) (5 756), C	5 106
Saint Louis-Bouchon (4 251), C	4 947
Pomona (3 858), C	4 908
Coopagri (1 771)	4 753
Guyomarc'h (3 993), C	4 664
Fromageries Bel (6 393), C	4 472
Source Perrier (6 519), C	4 228
Gervais Danone France (bsn) (4 433)	4 163
Unicopa (1 723), C	4 151
La Cana (1 844), C	4 028
Grands Moulins de Paris (2 500)	3 906
Sanders (emc) (1 917), C	3 660
Olida et Caby Associés (6 491), C	3 523
Laiteries E. Bridel (2 000)	3 503
Barry (Fin Sucden) (1 805), C	3 377
Preval (uln) (1 542), C	3 363
Champagne Moët Chandon (Moët-Hennessy) (2 292), C	3 073
Brasseries Kronenbourg (bsn) (2 716)	3 058
Ortiz-Miko (Safral) (5 517)	3 041
Remy Martin (2 930), C	2 926
Cafés Jacques Vabre (Jacobs Suchard ch) (556)	2 917
Générale Biscuit France (Gale Biscuit) (4 819)	2 577
France Glaces Findus (Nestlé ch) (3 659)	2 542
Groupe Cecab (1 722), C	2 400
Miko (Ortiz-Miko) (3 939)	2 379
Eaux minérales françaises (Perrier)	2 235
Ricard (Pernod Ricard) (1 865)	2 194
Jas Hennessy et Cie (Moët-Hennessy) (1 160), C	2 163
Poulain Industries (4 630), C	2 130
Sully-Expension (1 630), C	2 123
Entremont (1 500), C	2 116
Bonduelle (3 060), C	2 089
Gilca (871)	2 046
Doux (2 000), C	1 961
Etlafric France	1 955
Olida (Olida et Gaby) (3 917)	1 899
Saupiquet (Navigat mixte) (3 917)	1 899
Centre-Sud (931), C	1 886
Sucre-Union (75)	1 867
Vitréenne d'abattage (750)	1 860
Grand Moulins de Corbeil (Moulins Pantin) (298), C	1 853
Franciade (648), C	1 830
Panzani Milliat Frères (bsn) (1 602)	1 772
Lion Jean et Cie (50)	1 710
Limagrain (2 262), C	1 707
La Maison du Café	1 700
Seb Européenne de Brasseries (bsn) (1 910)	1 667

Bois, papier

Cellulose du Pin (Saint-Gobain) (11 977), C	7 780
Arjomari-Prioux (3 747), C	4 280
Aussedat Rey (5 306), C	3 617
La Cellulose du Rhône (Rochette Cenpa) (929), C	2 041
La Rochette Cenpa (2 150), C	1 749
Papeteries de Gascogne (1 217), C	1 616
Socar (La Cellulose) (2 159)	1 411
Charfa (2 418), C	1 388
Rol (Saint-Gobain) (2 489)	1 360
Papeteries de Condat (La Cellulose) (1 189)	1 132
Lapeyre et Compagnie (Poliet) (835)	1 090
Papeteries Sibille Stenay (837)	1 011
Job (1 563), C	929
Cartonneries Associées (1 291), C	847
Papeteries Dalle et Lecomte (1 200), C	747
Papeteries de Clairefontaine (749)	717
Celatose (de Surmont) 586, C	646
Papeteries Navarre (Mafipa), C	645
Lembacel (La Cellulose) (1 181)	618
Soulier (cdra) (680), C	594
Papeterie Pont-Saint-Maxence (Modo. s) (395)	594
Guerimand-Voiron (540)	590
Rochette Cenpa Ondulé (Rochette Cenpa) (689)	584
Compagnie Générale des Papiers	541
Sopalin (Kimberly Clark usa) (758)	532
Papeteries de la Couronne (Dickinson rob. gb) (1 203)	531
Gimm (987), C	519
La Rochette Hermitage (Rochette Cenpa) (452)	516
Comptoirs du Pin d'Aquitaine (Cellulose) (540)	510
Papeteries Grillet et Feau (Pont-Saint-Maxence) (121)	510
Afp Cenpa (Pap. Gascogne) (491)	505

Premiers bénéfices. Arjomari-Prioux 147. Lapeyre et Compagnie 89. Cellulose du Pin 36. Bollore Technologies 31. Papeteries de l'Aa 28.

Premiers exportateurs. Cellulose du Pin 1 712. Arjomari-Prioux 1 584. Aussedat Rey 777. Papeteries Sibille Stenay 519. Job 505.

Chimie

Compagnie de Saint-Gobain (125 228), C	61 341
Rhône-Poulenc (79 230), C	51 207
Michelin (120 000), C	44 382
Cdf Chimie (Cdf), (16 860), C	25 683
Atochem (Elf Aquitaine)	21 644
L'Air Liquide (25 000), C	19 829
Lafarge Coppée (22 488), C	18 882
L'Oréal (Gesparal) (27 117), C	15 804
Emc-Minière et Chimique (12 761), C	13 411
Ocp (5 209), C	12 675
Ocp Repartition (Ocp) (5 144)	12 469
Rhône-Poulenc Chimie de Base (Rhône-Poulenc)	12 028
Sanofi (Elf Aquitaine) (18 819), C	11 241
Roussel Uclaf (Hoechst. rfa) (17 266), C	10 866
Rhône-Poulenc Santé (Rhône-Poulenc) (15 154), C	9 574
Cdf Chimie e.p. (Cdf Chimie) (3 017), C	8 351
Cdf Chimie azf (Cdf Chimie) (5 212)	8 261
Poliet (7 571), C	7 271
Rhône-Poulenc Spec. Chimiques (Rhône-Poulenc) (6 902)	7 196
Shell Chimie (Shell nl) (2 528)	7 065
Bic (12 750), C	6 383
Esso Chimie (Exxon Corp. usa) (1 227)	6 157
Ici France (Ici Plc. gb) (3 663)	5 711
Kodak-Pathé (Eastman Kodak. usa) (7 463)	5 540
Scpa (Emc) (614)	5 450
Française Hoechst (Hoechst. rfa) (2 834), C	5 200
Sommer Allibert (9 024), C	5 038
Cofaz (Total Chimie) (3 271), C	4 981
Ciments Français (5 387), C	4 624
Bp Chimie (sf bp) (950)	4 601
Ciments Lafarge France (Lafarge Coppée) (5 168), C	4 383
Française Basf (Basf. rfa) (750)	4 300
Cerp Rouen (2 334)	4 103
Saint-Gobain Emballage (Saint-Gobain) (7 135), C	3 875
Bayer-France (Bayer. rfa) (640)	3 840
Cristallerie d'Arques (7 402)	3 617
Procter et Gamble France (Procter Gamble. usa) (1 547), C	3 601
Pneumatiques Kleber (Michelin), C	3 401
Rhône-Poulenc Agrochimie (Rhône-Poulenc)	3 284
Rousselot (Sanofi) (3 395), C	3 197
Hutchinson (cfp) (9 704), C	3 181
3M France (3M. usa) (4 257), C	3 144
Colgate Palmolive (Colgate. usa) (1 990), C	3 093
Du Pont de Nemours France (Du Pont Nemours. usa) (1 121)	3 030
Synthelabo (L'Oreal) (5 026), C	2 939
Lever (Unilever France)	2 883
Bsn Emballage (Bsn) (4 243)	2 793
Snpe Poudres et Explosifs (6 944)	2 749
Ciba Geigy (Ciba-Geigy. ch) (1 543), C	2 578
Secta Yves Rocher (Sanofi) (3 330), C	2 574
Gerland (4 020), C	2 211
Groupe Thomas (968), C	2 172
Agfa-Gevaert (Bayer. rfa) (1 927)	2 074
Eternit (4 524), C	2 054
Dow Chemical France (Dow Chemical. usa) (425)	2 027
Française Goodyear (Goodyear Tire. usa) (2 486)	1 964
Institut Mérieux (Rhône-Poulenc) (3 713), C	1 899
Ciments Vicat (1 833), C	1 884
Norsolor (Cdf Chimie) (667)	1 848
Specia (Rhône-Poulenc)	1 808
Aec Chimie Organique (Rhône-Poulenc) (1 155)	1 791
Saint-Gobain Vitrage (Saint-Gobain) (3 256)	1 787
Allibert (Sommer Allibert) (3 006)	1 770
Henkel France (Henkel. rfa) (1 285)	1 730
Ceca (Elf Aquitaine) (2 758), C	1 713
Labo. Merck Sharp D.-Chibret (Merck. usa) (1 228)	1 665
Cdf Chimie Sp (Cdf Chimie) (1 849)	1 646
Lubrisol France (Lubrizol. usa) (504)	1 636
Lambert Frères et Cie (2 400), C	1 580
Rohm and Haas France (Rohm And Haas. usa) (825)	1 560
Parfums Christian Dior (Moët-Hennessy) (2 707), C	1 520
Scac Matériaux (Scac) (1 384)	1 514
Lilly France (Eli Lilly. usa) (991)	1 480
Laboratoire Roger Bellon (Rhône-Poulenc) (2 397), C	1 457
Rmc France (Rmc. gb) (1 550), C	1 410
Corning France (Corning Glass. usa) (2 483)	1 383
Chimique de la Grde Paroisse (Air Liquide)	1 336
Huiles Goudrons et Dérivés (Cdf Chimie) (456)	1 327
Saint-Gobain Desjonquères (Saint-Gobain) (2 800)	1 323
Brossette (1 280)	1 306
Boussois (Ppg Industries. usa) (1 848)	1 228
Firestone France (Firestone. usa) (1 957)	1 172
Plâtres Lafarge (Lafarge Coppée) (1 278)	1 155
Isover Saint-Gobain (Saint-Gobain) (2 268)	1 151

Premiers bénéfices. Rhône-Poulenc 1 989. L'Air Liquide 1 004. L'Oreal 709. Cie de Saint-Gobain 514. Lafarge Coppée 485.

Premiers exportateurs. Rhône-Poulenc 19 648. Lafarge Coppée 12 510. Compagnie de Saint-Gobain 11 767. Cdf Chimie 10 588. Atochem 10 290.

Commerce

Carrefour (28 700), C	39 396
Promodès (24 078), C	26 961
Cie Fin. Sucres et Denrées (4 500), C	25 402
Générale Occidentale (22 000), C	24 089
Samu Auchan (12 869)	18 968
Casino (24 717), C	18 936
Unico (16 600), C	16 500
Docks de Fr. (18 769), C	16 092
Codec-Una (1 140), C	15 600
Au Printemps (20 089), C	15 026
Euromarché (Viniprix) (12 800), C	13 614
Nouvelles Galeries Réunies (25 500), C	12 787
Cfao (20 328), C	11 955
Agache-Willot (22 786), C	10 751
Galeries Lafayette (17 916), C	10 232
Cie Continentale France (Continent Grain) (86)	10 029
Comptoirs Modernes (8 679), C	9 267
Radar (13 754), C	8 267
La Redoute (12 092), C	8 211
Scoa (11 882), C	8 132
Continent Hypermarchés (Promodès)	7 633

Cedis (Casino) (8 898) 6 799
Daval (Sacilor) (178) 6 522
Sonepar Distribution 6 500
Jean Soufflet (611), C 6 317
3 Suisses International (7 330), C 6 311
Cie Com. Sucres et Denrées (Fin. Sucden) (135) 6 094
Genty Cathiard (5 933), C 5 638
Cofradel (Docks de France) (6 204), C 5 473
Redoute Catalogue (La Redoute) (6 068) 5 418
Cargill (Cargill. usa) (201) 5 311
Uncac (1 000), C 5 068
Prisunic (Printemps) 4 396
Darty et Fils (4 966), C 4 306
La Ruche Picarde (Docks de France) (5 129) 4 191
Labruyère et Eberle (1 102), C 4 142
Socopa International (427), C 4 000
Palais de la Nouveauté (Gal. Lafayette), C 3 961
Primistères (6 239) 3 821
Alsacienne de Supermarchés (4 622), C 3 689
Ucrimex (Sucre Union) (24) 3 666
Sidef Conforama Expansion (Sffaw Willot) (3 450), C 3 439
Safic Alcan (385), C 3 371
Interagra (44) 3 361
Economats du Centre (4 536) 3 359
Sogara (1 992) 3 344
Coop. Régionale (Saintes) (4 512) 3 207
Métro Soge (Fradema-bv. nl) (2 100), C 3 152
Cie Européenne de Céréales (Alfred Toepfer. rfa) (30) 3 122
Guyenne et Gascogne (689), C 2 990
Cie Grainière de Paris (35) 2 941
Bazar de l'Hôtel de Ville (4 109), C 2 922
Castorama (Dubois Invest.) (4 464), C 2 811
Cam (32) 2 779
L'Epargne (Casino) (2 398) 2 778
Unidaf (48) 2 751
La Ruche Méridionale (3 246) 2 751
Fnac (Gmf) (2 823), C 2 700
Sogramo (1 592) 2 679
Sodim (Cfao) 2 452
Sodice (Labruyère) (782) 2 356
Optorg (4 005), C 2 345
Cafet. Hypermarchés de France (Gal. Lafayette) 2 337
Camif (1 224) 2 266
L'Union Commerciale (Compt. Modernes) (2 575) 2 091
Chesnaysienne de Supermarchés 2 056
Soules et Cie (44) 2 000

Premiers bénéfices. Carrefour 486. Générale Occidentale 263. Samu Auchan 211. Cfao 200. Promodès 145.

Premiers exportateurs. Générale Occidentale 24 089. Cie Fin. Sucres et Denrées 21 928. Promodès 8 400. Carrefour 8 044. Scoa 7 100.

Communication, loisirs

Hachette (Marlis) (12 400), C 10 706
Fep (Hachette) (1 440), C 2 989
Cep : Cie Europ. de Publication, C 2 651
Les Presses de la Cité (3 200), C 2 556
FR3 : Snp France Régions 3 (3 640) 2 333
Sté nale de Télévision TF1 (1 493) 2 226
Sntc Antenne 2 (1 350) 2 185
Nmpp 1 917
Edi 7 (Hachette) (701) 1 840
France Loisirs (1 061), C 1 681
François Salomon et Fils (1 382), C 1 666
Gaumont (Cinepar) (1 874), C 1 238
Publications Filipacchi (541), C 1 198
Le Parisien Libéré (1 850), C 1 126
Skis Rossignol (2 600), C 1 108
France Distributique-Cofec (Hachette) 1 069
Ouest-France (1 904) 900
Imprimerie Jean Didier (1 538), C 886
Bayard-Presse (1 782), C 848
Moore Paragon (Moore. nl) (2 056) 834
Phox, C 818
Polygram (Polygram. nl) (1 000) 815
Presse Édition du Sud Ouest (1 749), C 770
Le Monde 759
Le Dauphiné Libéré (1 681), C 748
Publications La Vie Catholique (1 015), C 735
Sad : Agences et Diffusion 685
AFP : Agence France-Presse, C 645
Pep-Prisma (Gruner und Jahr. rfa) (229), C 632
Sélection du Reader's Digest (Reader's Digest. usa) (635) 626
Librairie Ernest Flammarion (951), C 620
La Montagne (1 318), C 594
Danel (Gaz & Eaux) (1 021), C 594
L'Express (Gale Occident.) (360) 587
Cogedipresse (Filipacchi) 582
Snef Edi Monde (Hachette) (261) 569
Éditions Laffont (440), C 555
Librairie Larousse (Larousse Nathan) (740) 515
La Dépêche du Midi (1 366), C 515
La Voix du Nord (1 480) 509
Pathé Marconi Emi (Thorn. emi. gb) (697), C 498
Sopusi (Le Parisien) (574) 494
L'Est Républicain (1 243) 480
Radio Monte Carlo (Sofirad) (589) 463
Marie Claire Album (336), C 461
Nice-Matin (800) 449
Les Dernières Nouv. Strasbourg (Quillet) (1 200) 447
Bordas (Presses Cité) (1 196), C 445
Dargaud Éditeur (320), C 426
Les Messageries du Livre (Presses Cité) 411
Général Mills Jeux et Jouets (General Mills. usa) (757) 408
Majorette (857) 394
Le Républicain Lorrain (930), C 388
Mattel France (137) 368
Midi Libre (699) 356
Imprimerie Berger-Levrault (868) 355
Le Point Sebdo (Cinepar) (217) 340
Ferry Peter (Wiggins. gb) (626) 337
Héliogravure Jean Didier (Jean Didier) (468) 318
Pathé Cinéma 315
Jours de France (113) 310
Itep 306
Jeux Nathan (Larousse-Nathan) (171), C 288
Skis Rossignol Production (Rossignol) (772) 269
Presse du Sud-Est (Dauphiné Libéré) (657) 269
Polydor (Polygram. nl) (69) 249
Sélection Disques de L'ouest (Sifa) 246
Le Télégramme de Brest (556) 244
Éditions Techniques (498) 244
L'expansion (250), C 235
Librairie Hatier (232) 232
Imprimerie Alsacienne Didier (Jean Didier) (388) 226
Skis Dynastar (Skis Rossignol) (563) 223
L'Alsace (619) 213
Europe 1 Télécompagnie (Europe 1) 210
Édiradio (Clt. l) (289) 208
Presse Routage (Hachette) 203

Premiers bénéfices. Hachette 202. François Salomon 169. France Loisirs 161. Les Presses de la Cité 132. Publications Filipacchi 77.

Premiers exportateurs. François Salomon et Fils 1 472. Skis Rossignol 867. Afp : Agence France-Presse 336. Majorette 230. Général Mills Jeux et Jouets 196.

Construction

Screg (42 772), C 20 189
Bouygues (265430), C 18 317
Sae (23 439), C 15 247
Spie-Batignolles (Schneider) (30 058), C 14 109
Sge-Sainrapt et Brice (31 800), C 13 209
Gtm-Entrepose, C 11 989
Cgee Alsthom (Cge) (24 544), C 9 806
Sge-Btp (Sge-Sb) (20 791), C 9 200
Dumez (25 000), C 9 037
Colas (Screg) (17 388), C 7 587
Campenon Bernard (Cie Gale Eaux) (14 554), C 6 709
Fougerolle (12 669), C 6 020
Dragages et Travaux Publics (Screg) (10 170), C 5 293
Sobea (Saint-Gobain) (12 926), C 4 982
Groupe Maison Familiale (2 579), C 4 885
Entreprise Jean Lefebvre (6 104) 3 105
Screg Routes (Screg) (5 712), C 3 050
Maisons Phénix (4 957), C 2 767
L'Entreprise Industrielle (8 319), C 2 727
Gtie (ex Mors Jean et Bouchon) (Cie Gale Eaux) (7 000), C 2 490
Gba (8 600), C 2 407
Cochery (Sge-Sb) (5 179), C 2 220
Etpm (Gtm Entrepose) (2 200), C 2 184
Carpi (Maison Familiale) (582) 2 039
Dumez Travaux Publics (Dumez) 1 962
Smac Acieroid (Screg) (4 356), C 1 889
Campenon Bernard Construction (Campenon) (3 401), C 1 858
Gtm-Btp (Gtm-Entrepose) (2 811) 1 719
Sade : Gale Trav. D'hydraulique (Sahide) (4 099) 1 601
Chimique de la Route (Fougerolle) (2 938), C 1 543
Dumez Afrique (Dumez) 1 529
Dumez-Batiment (Dumez) 1 500
France Construction (Bouygues) (317), C 1 450
Bouygues Offshore (Bouygues) (5 000), C 1 426
Socae (Sae) (2 259), C 1 358
Saprr Autoroutes Paris-Rhin (1 235), C 1 340
Sacer (Screg) (3 885), C 1 314
Entreprises Saunier Duval (Saint-Gobain) (4 091), C 1 313
Cogedim (254), C 1 285
Spie-Capag (Spie Bat.) (1 477) 1 275
H.E. Mas (1 130), C 1 245
Constructions Métal. Fillod (Sacilor) (1 166) C, 1 203
Maison Bouygues (1 142), C 1 190
Nord France (Sbbm. b) (2 200), C 1 180
Promogim (Screg) (216), C 1 142
Razel Frères (1 639), C 1 116
Cofiroute (758) 1 102
Maison familiale Constructeur (gmf) (597) 1 078
Viafrance (Campenon) (2 206) 1 057
Stim (Bouygues) (240), C 1 050
Forclum (Slee) (3 217) 1 048
Beugnet (1 630), C 1 046
Sinvim (111), C 1 038
Citra (Spie Bat.) (2 533), C 1 036
Nord France Entreprise (Nord France) (1 826) 1 030
Groupe Bruno Petit (2 233), C 1 024
Les Nouveaux Constructeurs (1 200), C 1 000
Bourdin et Chausse (sge-sb) 974
Saep (Sae) (1 629), C 955
Leon Grosse (2 200) 934
Comsip Entreprise (Cgee Alsthom) (1 741) 932
Smci (394), C 918
Supae (sae), C 871
Drouard Frères (ema) (2 958), C 866
Cfem (Usinor) 861
Groupe Arcade (250), C 850
Industrielle de Chauffage (Cie Gale Eaux), C 850
Sormae (Sae) (1 442), C 801
Porcher (2 170) 760
Quille (Bouygues) (1 218), C 750
Saci (Paribas) (148), C 695
Cgec (1 004), C 693
Norpac (Bouygues) (1 465) 677
Entrepose t.p. (Gtm Entrepose) (1 814) 669
Sondages Forages Bachy (Gtm Entrepose) (1 800), C 668
Freyssinet International (Campenon) (1 331), C 645
Scgpm (Angello-Pittau) (1 516) 632
Satom (Sge btp) (4 155), C 629
La Signalisation (Cgct) (1 232) 626
Tunzini-Nessi Entreprises (Wanner Isofi) (872) 623
Muller Frères (1 502), C 617
Gtm Entrepose Électricité (Gtm Entrepose) (1 200), C 610
Meunier Promotion (bnp) (160) 600
Guiraudie & Auffeve (755), C 592
Batir (Bouygues) (622) 590
Scic (c3d) (2 146) 580
Soprema (910) 575
Spr (1 935), C 564
Sicra (Sge Btp) (617) 552
Screg Ile-de-France (Screg) (950) 545
Copra (84) 539
Cgv (898), C 514
Colas Sud-Ouest (Colas) (941) 508

Alfred Herlicq et Fils (Pip) (1 477), C	489
Colas Ile-de-France Normandie (Colas) (1076)	485
Danto Rogeat (602), C	480
Garczynski et Traploir (Cie Gale Eaux) (1 329)	477
Gfc (Bouygues) (750)	470
Entreprose International (Gtm-Entrepose)	470
Bec Frères (767)	469
Lagarrigue-Clair Logis (1 168)	467
Fayat (1 100), C	457
Construction-Métal. Provence (cmp nl) (671)	455
Colas Midi Méditerranée (Colas) (1 129)	454
Missenard Quint (981), C	446
L'avenir (874), C	435
Mistral Travaux (Bouygues)	429
Creg Est (Screg) (721)	426
Baudin Chateauneuf (579)	422
Socae-Atlantique (Sae)	418
Dodin (Saint-Gobain) (1 199)	417
Greggory (913), C	413
Screg Sud-Ouest (Screg) (677)	403
Prezioso (1 142), C	401
Lemoux Bernard (sae) (200)	399
Jean Spada (744)	397
Desse Frères (481), C	390
Bergeon Geoffroy (Studeurop) (816), C	385
Spe (185)	383
Caroni	381
Les Travaux du Midi (Gtm Entrepose) (1 026)	371
Etde (Bouygues)	371
Saee (sae) (709)	367
Thinet et Cie (Sge Btp)	363
Spada (Tarmac gb) (816)	363
Moulet (162)	362

Premiers bénéfices. Bouygues 401. Dumez 374. Sae 203. Simco 179. Sefimeg 153.

Premiers exportateurs. Screg 10 050. Bouygues 9 878. Sae 9 236. Spie-Batignolles 8 245. Dumez 8 105.

Équipement électrique

Cge (161 900), C	74 146
Thomson (111 900), C	57 236
IBM France (IBM World Trade usa) (21 799), C	33 236
Thomson-Csf (Thomson) (64 200), C	31 674
Alsthom-Atlantique (cge) (46 798)	23 730
Groupe Philips France (Philips. nl), C.	17 300
CIT Alcatel (cge) (35 000), C	14 464
Matra (28 000), C	13 732
Bull (26 435), C	13 596
Csee (22 789), C	9 434
Sagem (16 971), C	7 300
Merlin Gerin (14 267), C	6 246
La Radiotechnique (Philips. nl) (10 791), C	5 975
Jeumont Schneider (Schneider) (16 126), C	5 836
La Télémécanique Electrique (12 560), C	4 982
Cdme (Lebon) (4 600), C	4 921
Moteurs Leroy Somer (8 790), C	4 857
Rank Xerox (Rank Xerox. gb) (5 200), C	4 473
Sat (5 714), C	3 751
Spie-Trindel (Spie-Bat.) (9 340), C	3 616
Legrand (11 500), C	3 408
Hewlett Packard France (Hewlett Packard usa) (2 693)	3 395
Rtc (Radiotechnique) (4 765)	3 374
Moulinex (10 807), C	3 327
Seb (7 400), C	2 980
Les Cables de Lyon (cge) (3 472)	2 843
Burroughs (Burroughs. usa) (2 289)	2 695
Trt (5 250), C	2 596
Electronique Serge Dassault (3 685)	2 432
Videocolor (Thomson)	2 188
Sdrm (Thomson)	2 168
Texas Instruments France (Texas Inst. usa) (1 332)	2 081
Motorola Semiconducteurs (Motorola usa) (1 940)	2 074
Ascinter Otis (Otis Europe) (5 158)	1 973
Alcatel Thomson f.h. (Thomson Télécom) (2 653)	1 956
Saft (Cge) (5 255)	1 903
Crouzet (5 481), C	1 875
Digital Equipement France (Digital usa) (1 588)	1 756
Siemens (Siemens rfa) (2 262), C	1 753
Surmelec (Thomson)	1 714
Ceat (Ceat Int. ch) (2 800), C	1 650
Sodame (Thomson)	1 636
Canon France (Canon inc. jap) (1 700), C	1 626
Sintra (Thomson Csf) (3 633)	1 613
Cem (Alsthom)	1 587
Cie Lampes du Mat. Eclairage (Philips France) (1 003), C	1 584
Cge Distribution (Cge) (1 551)	1 521
Telic-Alcatel (Cit Alcatel) (2 130)	1 461
Sperry (Sperry R usa) (1 166)	1 424
Usines Fonderies Arthur Martin (Electrolux s) (2 458)	1 366
Covam	1 360
Treficable Pirelli (Pirelli i) (2 386)	1 304
Olivetti France (Olivetti i) (1 571)	1 286
Électrolux (Électrolux s) (4 084), C	1 268
Ncr France (Ncr usa) (1 728)	1 220
Sa Seb (Seb) (2 960)	1 200

Premiers bénéfices. IBM France 2 505. Cge 591. Thomson-Csf 302. Merlin-Gerin 176. La Télémécanique Électrique 164.

Premiers exportateurs. Thomson 34 600. Cge 28 604. IBM France 14 587. Bull 4 981. Matra 4 624.

Mécanique

Schneider (16 300), C	5 888
Fives-Lille (8 432), C	5 217
Mécanique Automobile de l'Est (Peugeot) (4 900)	4 305
Lille Bonnières et Colombes (4 561), C	4 215
Alspi (Lille Bonnières) (5 553), C	4 215
Pont-a-Mousson (Saint-Gobain) (6 878)	3 717
Fives-Cail Babcock (Fives-Lille) (3 514)	3 067
Poclain (4 781), C	2 914
Essilor International (9 009), C	2 865
Luchaire (5 344), C	2 412
Générale de Fonderie (7 541), C	2 338
John Deere (Deere co usa) (2 012)	2 302
International Harvester France (Tenneco-Case usa) (3 102)	2 255
Massey Ferguson (Massey Ferguson cdn) (3 340)	2 250
Aciers, Outillage Peugeot (Peugeot) (6 567), C	2 051
Thomson-cgr (Thomson-csf)	2 024
De Dietrich (4 510), C	1 988
Jaeger (Matra), (6 387), C	1 870
Fiatagri France (Fiat France) (440)	1 852
Enertec (Schlumberger nl) (3 856)	1 830
Stein Industrie (Alsthom) (1 925)	1 735
Anf, C	1 705
Hispano-Suiza (Snecma)	1 687
Skf-Cam (Skf s) (2 542), C	1 539
Snr-Roulements (Renault) (3 769)	1 482
Fichet-Bauche (4 219), C	1 400
Thomson-Brandt Armements (Thomson)	1 218
Mte (Schneider) 264, C	1 198
L'Unité Hermétique (Thomson) (1 986)	1 176
Anf Industrie (Anf) (2 409)	1 126
Liebherr France (Liebherr ch) (1 113), C	1 123
Satam (Cie Gale Eaux) (2 500), C	1 121
Caterpillar France (Caterpillar usa) (2 013)	1 114
Neyrpic (1 953)	1 077
Potain, (2 401), C	1 074
Stein Heurtey (Midland-Ross. usa) (1 302), C	1 059
Pompes Guinard (Leroy Somer) (1 955), C	992
Kdh France (Khd rfa) (252)	963
Black et Decker France (Black & Decker usa) (1 050)	949
Sietam (2 158), C	942

Premiers bénéfices. Essilor International 219. Stein Industrie 154. Fives-Lille 98. L'Air conditionné Entreprises 79. Enertec 65.

Premiers exportateurs. Fives-Lille 2 830. Lille Bonnières et Colombes 2 208. Schneider 2 140. Essilor International 1 930. Pont-a-Mousson 1 869.

Matériels de transport

Renault (213 725), C	117 584
Peugeot sa (187 500), C	91 111
Automobiles Peugeot (Peugeot) (99 700), C	57 685
Aérospatiale (35 900), C	37 513
Automobiles Citroën (Peugeot) (39 900)	26 068
Avions M. Dassault Breguet (16 196)	15 692
Renault Véhicules Industriels (Renault) (24 809)	13 479
Snecma (25 475), C	12 608
Valeo (31 700), C	10 975
Groupe Fiat en France (Fiat i) (6 300), C	10 003
Ford France (Ford Motor usa) (3 975)	8 940
Société Commerciale Citroën (Peugeot Citroën) (6 754)	7 056
Vag France (Volkswagenwerk rfa) (846)	6 159
Mercedes-Benz France (Daimler-Benz rfa) (2 452)	5 795
Usines Chausson (13 046)	5 772
General Motors France (General Motors usa) (6 203), C	5 587
Française de mécanique (5 159)	5 097
Sev (Valéo) (11 900), C	3 633
Fiat Auto France (Fiat France) (616)	3 583
Iveco-Unic (Fiat France) (3 727)	3 396
Bendix France (Allied usa) (6 792), C	3 095
Robert Bosch France (Groupe Bosch rfa) (2 150)	2 862
Epéda-Bertrand-Faure (8 366), C	2 748
Bmw France (Bmw rfa) (276)	2 746
Maubeuge Construction Auto. (Renault) (2 875)	2 738
Cycles Peugeot (Peugeot)	2 677
Volvo France (Volvo s) (1 000), C	2 461
Precision Mécanique Labinal (7 332), C	2 203
Turbomeca (4 247)	2 007
Daf-France (Daf Trucks nl) (8 710), C	1 962
Neiman (Ofp) (6 963), C	1 857
Sep (3 571)	1 808
France Véhicules Industriels (Renault) (1 907)	1 717
Société Commerciale Automobile (Peugeot) (1 468)	1 564
Sonauto (Porsche) (421)	1 532
Lucas France (Lucas Industrie gb) (2 983)	1 508
Messier-Hispano-Bugatti (Snecma) (2 991)	1 292
Austin Rover France (British Leyland gb) (270)	1 273
Snc Ducellier et Cie (Valéo) (4 815), C	1 255
Sovab (Renault) (1 008)	1 209
Glaenzer Spicer (Unicardan rfa) (1 537)	1 189
Paris Rhône (Sev) (3 913)	1 166
Sfena (Aerospatiale) (2 891)	1 155
Alfa Roméo France (Alfa Roméo i) (175)	1 125
Équipements Auto. Marchal (Valeo) (3 242)	1 121
Fruehauf France (Fruehauf usa) (1 859)	1 107
L'Autodistribution (708), C	1 074
Sfim (2 420), C	1 061
Intertechnique (1 850), C	1 038
Cibie Projecteurs (Sev) (1 764)	988
Sidat Toyota France (Walter Frey ch) (262)	982
Transmissions Automatiques (Renault) (1 604)	973
Automobile du Nord (Peugeot) (1 414)	947
Industrielle Bertrand Faure (Épéda) (2 960)	928
See Richard (162)	857
Mbk Industrie (2 062)	799
Oga : Office Général de l'Air	757
Arianespace (184)	725
Solex (Matra) (3 479), C	716
Bennes Marrel (Whittaker usa) (1 817)	677
Commerciale de Moteurs (Peugeot)	675
Sev Service (Sev)	665
Veglia (2 194), C	645

Premiers bénéfices. Dassault 432. Aérospatiale 402. Ford France 144. Épéda-Bertrand-Faure 89. Intertechnique 64.

Premiers exportateurs. Renault 59 027. Aérospatiale 23 633. Peugeot sa 14 796. Avions M. Dassault Breguet 10 852. Snecma 6 340.

Métaux

Usinor (55 929), C	38 662
Sacilor (63 583), C	37 900
Péchiney (48 200), C	35 532
Imétal (15 000), C	17 841
Vallourec (30 893), C	13 028
Aluminium Péchiney (Péchiney) (5 306)	11 505
Minemet (Imétal) (223), C	10 703
Cégédur Péchiney (Péchiney) (7 533)	7 484

Solmer (6 075) 6 875
Carnaud (10 397), C 6 292
Pum 6 060
Pénarroya (Imétal) (8 011), C 5 346
Comptoir Lyon-Allemand-Louyot (Alspi) (3 000), C 4 483
Indus. et Financ. de Pompey (8 564), C 3 254
Ugine-Gueugnon (Sacilor) (3 567), C 3 212
Tréfimétaux (Péchiney) 3 044
Cie Française des Ferrailles (7 464), C 2 998
Péchiney Électrométallurgie (Péchiney) 2 915
Usinor Châtillon (Usinor) (3 824) 2 753
Cébal (Péchiney) (5 255) ... 2 626
Ugine Aciers (Sacilor) (3 800) 2 321
Davum (Sacilor) (2 305), C 2 273
Forges de Strasbourg (Cipp) (5 854), C 2 263
Cie frse des Aciers spéciaux (Usinor) (3 980) 2 187
Métalinor (Usinor) (632) 2 075
Nord-Est, C 1 995
Galvanor Coloracier (Usinor) (908) 1 976
Nozal (Sacilor) (1 507) 1 937
Le Nickel Sln (Erap) (2 694) 1 854
Delattre Levivier (Creusot Loire) (3 797) 1 773
Métallurgique de Normandie (Sacilor) (4 288) 1 705
Imphy (Sacilor) (3 018), C 1 696
Carnaud Basse-Indre (Carnaud) (1 581) 1 645
Allevard Industries (Cgip) (4 400), C 1 570
Compagnie Des Métaux Précieux (Engelhard usa) (312) 1 524
International Métal Service (Usinor) (917), C ... 1 516
Valexy (Usinor) (1 700) ... 1 506
Laminoirs Tréfileries de Lens (Câbles de Lyon) (460) 1 469
Tecnor (Usinor) (2 801) ... 1 450
Coflexip (915), C 1 361
Aluminium Alcal de France (Alcan Cdn) (2 176), C 1 359
Alusuisse France (Alusuisse ch) (1 187) 1 343
Lorraine Prod. Métallurgiques (Usinor) (843) 1 288
Aciers Fins de l'Est (Sacilor) (2 546) 1 195
Coulée continue de Cuivre (103) 1 192
Hardy Tortuaux (750), C 1 170
Laminoirs de Strasbourg (Usinor) (1 031) 1 157
Acieries de Pompey (Sacilor) (2 513) 1 141
Thomson Cuivre (Thomson) (870) 1 134
Almet (Péchiney) (691) 1 128
Ziegler (Sacilor) (708) 1 108
Acierie Élect. d'Isbergues (Usinor) 1 050
Trouvay et Cauvin (1 204) 1 050
Carnaud-Bmi (Carnaud) (1 153), C 1 047

Premiers bénéfices. Péchiney 546. Imétal 166. Carnaud 140. Coflexip 82. Nord-Est 80.

Premiers exportateurs. Usinor16 849. Péchiney 13 853. Sacilor 13 000. Vallourec 6 554. Comptoir Lyon-Allemand-Louyot 2 465.

Produits d'extraction

Elf Aquitaine (Érap) (76 200), C 177 374
Total Cie Frse Des Pétroles (44 981), C 158 778
EDF (125 000) 118 116
Cie Frse de Raffinage (Total Cfp) (4 016), C 58 095
Gaz de France (28 973), C 47 803
Shell Française (Shell nl) (6 111), C 45 442
Total Cie frse Distribution (Total Cfp) 43 386
Charbonnages de France (76 427), C 40 322
Esso Saf (Exxon usa) (4 143), C 35 673
Française des Pétroles BP (BP gb) (7 284), C 26 851
Cea-Industrie (Cea) (23 415), C 23 982
Mobil Oil Française (Mobil Oil usa) (2 172) 18 318
Cogema (Cea-Industrie) (14 356), C 16 636
Houillères Bassin de Lorraine (Cdf) (23 725), ... 6 802
Eurodif (Cogema) (1 350), C 6 329
Worex et Cie (Esso Saf) (505) 5 747
Houillères Nord-Pas-de-Calais (Cdf) (18 701) 4 849
Rhin Rhône (2 648), C 4 442
Cie Générale de Géophysique (4 388), C 3 113
Houillères Centre et Midi (Cdf) (9 214) 2 968
Blanzy Ouest (1 586) 2 683
Sellier Leblanc (Source Perrier) (2 549), C 2 608
Savpp (47) 2 533
Carfuel (Carrefour) 2 439
Esso Rep (Esso Saf) 2 347
Elf Antargaz (Elf Aquitaine) (950) 2 236
Slea (Elf Aquitaine) (878) 2 226
Primagaz (2 101), C 2 167
Mines de Potasse d'Alsace (Emc) (5 453) 2 080
Les Fils de Jules Bianco (136) 2 019
Totalgaz (Total Cfp) (815) 2 014
Sofep (9) 2 011
Streichenberger (Sf Bp) (1 247) 1 901
Pétrolière de l'Ouest (10) 1 866
Urbaine des Pétroles (Elf Aquitaine) (44) 1 858
Scac Combustibles (Scac) (309) 1 839
Électricité de Strasbourg (Edf) (1 040) 1 657
Produits Pétroliers Stela (Total Cfp) 1 596
Les Fils Charvet (Cfr) 1 530
Forasol-Foramer (1 350), C 1 518
Essences et Carburants France 1 377
Air Total France (Total Cfp) (166) 1 321
Cie Française Powell Duffryn (Powell Duffryn. gb) (81), C 1 292
Patin 1 246
Pétroles Mory 1 196
Picoty (190) 1 193
Havraise des Pétroles (1 422), C 1 068
Salins du Midi (La Hénin) (2 473) 1 039
Sellier Leblanc Combustibles (Sellier Leblanc) (87) 890
Ouest Confort (Shell) 886
Lecea (38) 836
Copitherm-Starex (Shell) (197) 800
Cophoc (Shell) 791
Interfuel (Sf Bp) (297) 773
Provence Mazout (18), C . 762
Omya (Pluess-Staufer. ch) 740
Gaz de Bordeaux (737) 715
Geng Mazout Sequatherm (Shel France) 706
Petrovex (Samu Auchan) (6) 667
Dsb Poussier (Shell France) 657
Application des Gaz (Urg Butagaz) (1 380), C 656
Pétrolessence (59) 644
Sabec (Shell France) 629

Premiers bénéfices. Elf Aquitaine 6 493. Total-Cfp 1 708. Esso Saf 465. Cie Générale de Géophysique 164. Cea-Industrie 127.

Premiers exportateurs. Total-Cie Frse des Pétroles 102 791. ELF Aquitaine 20 307. Charbonnages de France 10 263. Cea-Industrie 8 500. EDF 5 169.

Services

PTT (483 817) 137 589
Générale des Eaux (68 730), C 39 901
Lyonnaise des Eaux (34 800), C 13 503
Havas (7 224), C 9 157
Framatome (Cea-Industrie) (7 077), C 8 323
Eurocom (4 675), C 8 213
Publicis (3 030), C 5 473
Cie Générale de Chauffe (Cie Gale Eaux) (6 416), C 4 385
American Express Carte France (American Expr. usa) (364) 3 802
Locabail (Ufb) 3 638
Locafrance (866), C 3 125
Technip (2 740) 3 015
Ecco (11 700), C 3 005
Renault Bail (Renault) .. 2 952
Saur (Bouygues) (4 300), C 2 372
Ecs : Europe Computer Systemes (Sté Générale) (127) 2 345
Diners Club de France (Citibank. usa) (180) 2 321
Office National des Forêts (15 800) 2 289
Ufiner (Slee) (6 334), C 2 181
Roux, Seguela, Cayzac & Goudard 2 137
Bail Equipement (378), C . 2 137
Bis (2 837), C 2 098
Inra (8 312) 1 867
Cap Gemini Sogeti (4 537), C 1 804
Cle (Technip) (820) 1 672
Ecco Travail Temporaire (Ecco) 1 650
Natio Equipment (Bnp) 1 650
Information et Publicité (Havas), C 1 593
Promodata (Locafrance) . 1 570
Slibail (Crédit Lyonnais) . 1 543
Bis France (Bis) (7 752) 1 543
Cofreth (Slee) (2 289) 1 503
Cisi (Cea Industrie) (3 030), C 1 502
Office d'Annonces (Havas) (1 246) 1 385
Havas Conseil Marsteller (Eurocom) (280) 1 367
Sg2 (4 400), C 1 330
Pompes Funèbres Générales (Ogf) (5 307) 1 329
Europe 1 Communication (1 770), C 1 312
Compagnie Nationale du Rhône (773) 1 307
Comex (2 153), C 1 276
Crédit Général Industriel (890), C 1 255
Europcar International (Renault) (2 455), C 1 248
Publicis Conseil (Publicis) 1 242
Sgn (Cogema) (1 335) 1 241
Clemessy (3 291) 1 241
Sofinabail (Sté Générale) 1 201
Générale Service Informatique (Alcatel Élect.) (2 461), C 1 179
Kis France (1 200) 1 174
Cpcu (494) 1 135
Young et Rubicam France (Young Rubicam. usa) (310), C 1 133
Brgm (1 966) 1 091
Sita (Slee) (4 565), C 1 056
Cgl : Cie Gale de Location (Cgi) 1 053
Homsy Delafosse et Associés, C 1 050
Sema-Metra (Paribas) (2 300), C 1 015
Diac Équipement (Renault) 997
Degremont (Slee) (1 247) . 982
Feldman Calleux Associés (333), C 972
Sodeteg (Thomson) (1 314), C 966
Bureau Veritas (2 812) 933
Clecim (Spie-Bat) (1 640) .. 916
Cie des Eaux et de l'Ozone (Cie Gale Eaux) 883
Diffusion Indus. Nouvelle (Credipar) 873

Premiers bénéfices. Ptt 3 399. Générale des Eaux 496. Lyonnaise des Eaux 149. Cap Gemini Sogeti 96. Havas 85.

Premiers exportateurs. Générale des Eaux 5 900. American Express Carte France 4 749. Lyonnaise des Eaux 4 258. Technip 2 550. Framatome 1 924.

Textile, habillement

Prouvost (16 682), C 8 399
Dmc (13 823), C 5 984
Compagnie Boussac Saint-Frères (Sffaw) (15 877) . 5 395
Div. Textile Fr. Rhône-Poulenc (Rhône-Poulenc) (7 960), C 4 200
Bidermann (5 200), C 3 776
Chauss. André (7 806), C . 2 618
Lainière de Roubaix (Prouvost) (7 252) 2 360
Adidas (Adidas. rfa) (2 371) 2 270
Saic-Yelcorex (1 223), C .. 1 762
Mfc Eram (5 556), C 1 683
Devanlay (6 454), C 1 679
Dim (Bic), C 1 667
Prouvost et Lefebvre (Prouvost) 1 518
Bata (Leader. ch) (5 636), C 1 509
Sirs (Sommer) (2 167) 1 504
André Roudière et Cie (Cofimat) (3 550), C 1 405
Jacques Jaunet (Confect. Indre) (3 525), C 1 270
Vandeputte Fils et Cie (2 200), C 1 150
Courtaulds (Courtaulds. gb) (1 400) 1 123
Louis Vuitton (1 217), C .. 1 113
Poron (3 879), C 1 030
Magnant (560), C 1 030
Trèves (49), C 957
Lanvin 800
Chaussures Myrys (1 950), C 787
Vestra Union (3 081), C .. 750
Lee Cooper France (Lee Cooper. gb) (1 200) 746
Héritiers de Georges Perrin (1 999), C 739
Finabel (3 237), C 701
Weil Besançon 650
Absorba Poron (Poron) (2 110), C 657
Les Fils de A. Maudet (Cfao) (155) 624
Petit Bateau Valton (2 876), C 620
Ventex (Adidas) (761) 599
Paul et Jean Tiberghien (1 653) 577
Porcher Textile (Porcher) (1 100), C 550
Christian Dior Couture (Boussac) 505
Textile Delcer (903), C 488
Yves Saint-Laurent (380), C 480
Gep Groupe Pasquier (1 656) 467

Coq Sportif (Adidas) (487)	453
Jean Cacharel (952)	452
Kindy-Bloquert (1 620), C	414
Chaussures Labelle (950)	410
Filature Saint-Liévin (917)	400

Premiers bénéfices. Louis Vuitton 165. Prouvost 123. Devanlay 91. Biderman 89. Chaussures André 71.

Premiers exportateurs. Prouvost 5 500. Bidermann 2 707. Compagnie Boussac Saint-Frères 1 447. Dmc 1 391. Adidas 1 165.

Transports, tourisme

SNCF (246 298)	44 701
Air France (35 232)	27 644
Chargeurs, C	11 817
RATP (39 858)	11 721
Sceta (Sncf) (18 837), C	10 769
Accor (44 056), C	9 861
Scac (12 705), C	8 733
Uta (Chargeurs) (6 569), C	6 061
Club Méditerranée (18 638), C	5 364
Air Inter (7 025)	5 057
Cgm : Cie Générale Maritime (Cgmf) (5 000), C	4 961
Scac Transport International (Scac) (9 564)	4 779
Compagnie de Navigation Mixte (16 219), C	4 103
Gefco (Peugeot) (3 676), C	3 631
Sanara (Le Rhin) (1 793), C	3 586
Transcap (Cfao) (3 354), C	3 364
Sodexho (20 918), C	3 355
Gazocéan (72), C	3 320
Aéroport de Paris (5 439)	3 079
Walon (Chargeurs) (2 792), C	3 039
Havas Tourisme (Havas) (726), C	2 432
Eurest (Ciwlt. b) (13 200), C	2 425
Mory (2 118)	2 388
Édouard Dubois et Fils (1 279)	2 265
Shrm, C	1 860
Cat (Renault) (833)	1 799
Delmas Vieljeux (1 837)	1 790
Sftm (Navale Worms) (1 397)	1 667
Gti (Navigat. Mixte) (5 194), C	1 465
Saga (8 624), C	1 438
Daher (644), C	1 338
Saga Transport (Saga) (8 150), C	1 302
Nouvelles Frontières (303), C	1 285
Groupe Louvre (3 081), C	1 233
Scac Voyages (Scac) (427)	1 144
Navale Havraise Péninsulaire (Sftm) (713)	1 129
Sotair (Air France) (304)	1 036
Cie Nouvelle de Conteneurs (Sceta) (1 306)	1 010
Sncm (Cgm) (2 792)	998

Premiers bénéfices. Air France 533. Chargeurs 321. Comp. de Navigation Mixte 271. Club Méditerranée 257. Trapsa 150.

Premiers exportateurs. Air France 15 487. Sncf 7 991. Accor 4 713. Club Méditerranée 4 086. Cgm : Cie Générale Maritime 3 493.

Transports aériens

Grandes dates

Conquête de l'espace

Aviette (vol musculaire)

1496-1505 Léonard de Vinci expérimente des machines à voler (Milan, Florence). **1742** Le Mis de Bacqueville aurait volé au-dessus de la Seine en s'élançant de la terrasse de son hôtel, quai des Théatins (actuel quai Voltaire).

1977-*23-8 Vol de 7 mn 27,5 s.* Bryan Allen (cycliste amér. de 24 ans) vole sur un avion propulsé par sa seule force musculaire (le Gossamer Condor, conçu par Paul Mac Cready). **1979**-*12-6 1re traversée de la Manche* (2 h 49 mn, 35,82 km, arrivée au cap Gris-Nez) par Bryan Allen (U.S.A.) sur le Gossamer Albatros, conçu par Paul Mac Cready.

Avions

1857-58 Un modèle réduit motorisé construit par Félix Du Temple (Fr. 1823-90), propulsé par un mouvement d'horlogerie et par la vapeur, quitte le sol par ses propres moyens. **1890**-*9-10 1er soulèvement au monde* d'un avion plus lourd que l'air, à moteur, emmenant son pilote : Clément Ader (1841-1925), sur l'*Éole I* (envergure 14 m, forme d'une chauve-souris ; longueur 6,5 m ; hauteur 3,5 m ; 1 moteur à vapeur 4 cyl. ; 1 hélice à 4 pales ; 296 kg), fait un bond de 50 m (à quelques cm de hauteur) au château d'Armainvilliers. **1896** Samuel Langley (U.S.A. 1834-1906) (4,26 m d'enverg., moteur à vapeur) accomplit des vols sustentés sur 1 400 m (aérodromes n°s 5 et 6). **1897**-*14-10 1er vol (controversé)* de Clément Ader, sur *Avion III*, sur une dist. de 300 m à Satory (Yvelines), devant le Gal Mensier.

1903-*17-12* : *1ers vols* d'Orville (1871-1948) et Wilbur Wright (1867-1912). 4 vols à tour de rôle : Orville 36,6 m ; Wilbur 59,4 m en 13 s ; Orville 66 m en 15 s et Wilbur 284 m en 59 s. Sur *Flyer I* à Kitty Hawk (Caroline du N., U.S.A.). Envergure 12,29 m ; long 6,43 m ; haut. 2,44 m ; poids à vide 274 kg ; p. max. 340 kg ; vit. 48 km/h ; équipage 1 h. Le Français Louis Mouillard (1834-† 1897 dans l'indigence au Caire) avait, en 1881 dans « l'Empire de l'air », parlé du gauchissement des ailes ; il préparait un nouveau livre, « le Vol sans battement », qu'il soumit à Octave Chanute (1832-1910), qui le soumit à Wright qui s'en serait inspiré. **1905**-*27-5* le capitaine Ferdinand Ferber (1862-1909) réalise un vol comparable (le 1er en Europe). *-4-10* Orville Wright (U.S.A.) reste 33 mn 17 s en vol à 37 m d'altitude à Dayton (Ohio). **1906**-*23-10* Alberto Santos Dumont (Brésilien 1873-1932) parcourt 60 m à Bagatelle (France), et remporte le prix Archdeacon de 3 000 F-or récompensant celui qui réaliserait, sur un appareil plus lourd que l'air, le 1er vol dépassant 25 m. *-12-11* Il parcourt en 21,4 s 220 m à 6 m de haut. (41,3 km/h) à bord du biplan 14 bis (moteur Antoinette de 50 ch), remportant le prix de 1 500 F-or offert par l'Aéro-Club de Fr. pour le 1er vol officiellement contrôlé dépassant 100 m.

1908-*13-1* Henri Farman (1874-1958, Angl. naturalisé Fr. en 1937) parcourt 1 km en circuit fermé en 1 mn 28 s sur un biplan Voisin ; gagne le grand prix d'aviation de 50 000 F-or offert par Henry Deutsch de la Meurthe (1846-1919) et Ernest Archdeacon au 1er pilote qui couvrirait 1 km. *-8-7 1re femme à voler en aéroplane.* Thérèse Peltier avec Léon Delagrange à Turin (sur Voisin) sur 150 m. Sera peu après la *1re femme à voler en solo.* *-9-9* Orville Wright *vole + d'1 h* à Fort Myer (Virginie). *-17-9 1er accident mortel.* Le Lt Thomas Selfridge meurt à Fort Myer dans un avion piloté par Orville Wright. *-21-9* Wilbur Wright à Auvours, vol d'1 h 31 mn 25 s avec un passager, M. Fordyce. *-31-12* Wilbur Wright parcourt + de 100 km (124,7).

1909-*19-7 1re tentative de traversée du pas de Calais* par Hubert Latham (Fr. 1883-1912). A bord d'un Antoinette IV, décolle de Sangatte (près de Calais) mais par suite d'une panne de moteur s'abîme en mer après 10 à 13 km ; il est recueilli par un remorqueur fr., le Calaisien. *-25-7 1re traversée de la Manche* par Louis Blériot (Fr. 1872-1936) en 38 mn au lever du soleil de 4 h 35 à 5 h 13 (des Baraques, près de Calais, à Northfall Meadow, près du château de Douvres ; env. 48 km : il y avait 40,744 km mais Blériot fit un détour de 6 à 7 h, vent favorable faisant gagner 20 à 25 km/h) sur Blériot XI : enverg. 7,77 m ; voilure 14 m² ; long. 8 m ; haut. 2,59 m ; poids au décollage 300 kg ; vit. 58 km/h ; moteur 25 ch, hélices de bois. *-27-7* Latham échoue à 1 mille des falaises de Douvres. *-22-28-8 1er meeting aérien intern.* à Reims (Fr). *-25-8 Records du monde de distance* 134 km, et *de durée* 2 h 43 mn 24 s 4/5 par Paulhan. *-22-9 1er accident mortel par capotage d'un avion roulant au sol,* le capitaine Ferdinand Ferber est tué. *-18-10* Le Cte de Lambert (1865-1944) *survole Paris pour la 1re fois* à bord d'un appareil Wright et effectue un virage autour de la tour Eiffel. Constitution de la *1re compagnie aérienne fr.* : la Cie générale transaérienne (C.G.T.) ; 10 ans plus tard, elle transportera des passagers.

1910-*7-1* Latham dépasse 1 000 m d'alt. sur un Antoinette à Mourmelon. *-29-3 1er vol d'un hydravion* (v. p. 1296). *-10-7* Morane atteint 106,5 km sur un monoplan Blériot. *-7-8* Circuit de l'Est (1er vol aérien du monde) 1er Albert Leblanc sur Blériot XI. *-8-9 1re collision aérienne* entre 2 avions pilotés par les frères Warchalovski, à Wiener-Neustadt (Autriche) ; un des pilotes a une jambe brisée. *-23-9* Geo Chavez (Pérou 1887-1910) *traverse les Alpes* en 40 mn et est tué à l'atterrissage. *-14-11 1er vol depuis un navire* (croiseur U.S. Birmingham) ; Lt Eugen Ely. *-21-12 1er vol de + de 500 km* en circuit fermé ; Legagneux (Fr.) à Pau, 511,90 km en 5 h 59 mn.

1911-*18-1 1er appontage* (sur le Pennsylvanie) ; Lt Eugen Burton Ely (U.S.A. 1886-1911). *-18-2 1er vol aéropostal ;* le Français Henri Pequet transporte 6 600 lettres à Allahabad (Inde) dans un biplan Humber. *-12-4 1er vol sans escale :* Londres (Hendon), Paris (Issy-les-M.) (Pierre Prier : monoplan Blériot en 3 h 56 mn). *-3-8 1er vol d'un avion amphibie,* Le Canard ; pilote Colliex (Fr.) ; constructeur Gabriel Voisin (Fr. 1880-1974), Charles (1882-1912). *-27-9 1er vol d'un bimoteur* (Roger Sommer à Douzy). *-22-10 1re utilisation militaire d'un avion :* capitaine Piazza (Italie) ; vol de reconnaissance de Tripoli à Azizia en Libye.

1912 *1er pilote automatique efficace* [Elmer Sperry sur Curtiss (U.S.A.)]. **1913**-*27-8 1er looping ;* Nesterov (Russie) sur Nieuport IV. *-21-9* Adolphe Pégoud (Fr. 1889-1915) tourne la *1re boucle* sur Blériot de 50 ch. *-23-9 1re traversée de la Méditerranée :* Roland Garros (Fr. 1888-1918) en 7 h 33 mn (760 km : de St-Raphaël à Bizerte) sur Morane Saulnier type H. Le Fr. Prévost dépasse les 200 km/h ; *1er quadrimoteur* du Russe Igor Sikorsky (1889-1972), (Bolchoï, 28,2 m, 10 passagers). **1914** *1er service régulier de passagers* St-Pétersbourg. Tampa (Floride, U.S.A.). Apparition des trimoteurs (avec l'It. Gianni Caproni, 1886-1957). Lawrence Sperry (U.S.A.) présente le système de pilotage automatique de son père Elmer. **1915** *1er aéroplane entièrement métallique* (Junkers J1, Allemagne) (de Hugo Junkers, 1859-1935). **1919**-*19-1* Jules Védrines (1881-1919) sur Caudron G. III *atterrit sur le toit des Galeries Lafayette* à Paris : prix de 25 000 F offert pour cet exploit ; surface disponible : 28 × 12 m. *-5-2 1re ligne commerciale internationale* Paris-Londres sur Farman Goliath F 60 (pilote : Lucien Bossoutrot 1890-1958), vit. 150 km/h, durée de Toussus-le-Noble à Kentley 2 h 30. *-9-3 1er vol Toulouse-Rabat* [pilote : cap. Lemaître ; passager : Pierre Latécoère (1883-1943) ; avion biplan Salmson]. *-14-3 Création de la Cie des lignes Latécoère* à Toulouse-Montaudran. *-14-6 1re traversée de l'Atlantique* à bord d'un bombardier bimoteur Vickers Vimy transformé [John Alcock (1892-1919), Arthur Brown (1886-1948)] : 3 032 km, Terre-Neuve/Irlande, en 15 h 57 mn (prix du Daily Mail 10 000 £). *-7-8* Charles Godefroy sur un Nieuport XXVII de 120 ch, 8,22 m d'env., passe *sous l'arche centrale de l'Arc de triomphe,* large de 14,60 m, pour protester contre la place insuffisante qu'avait reçue l'aviation dans le défilé de la Victoire du 14-7-1919. *-1-9 1er transport de courrier Toulouse-Rabat* (pilote : Didier Daurat (1891-1969) ; avion biplan Breguet 14).

1920-*24-5 Création de la Sté générale des transports aériens (S.G.T.A.).* **1921**-*1-1 Création d'Air Union* née de la fusion des Messageries Aériennes et des Grands Express Aériens. *-1-4* Adrienne Bolland (1896-1975) *1re femme à traverser les Andes* sur Caudron G 3. *-9-7* l'*aviette* (17 kg, biplan, env. 6 m) s'envole à 40 km/h sur 11,72 m et 12,30 m avec Gabriel Poulain. **1922** *Inauguration du « port aérien du Bourget ».* **1923**-*31-1 1er vol d'un autogire* construit par Juan de la Cierva (Esp. 1896-1936) piloté par G. Spencer. *-26-6 1er ravitaillement en vol :* durée de vol 24 h ; Capitaine Lowell H. Smith (U.S.A.), Lt Virgil Hine (U.S.A.). *1ers vols intercontinentaux de passa-*

gers : Marseille-Alger par Perpignan, Barcelone et Palma. **1924**-*19-3/28-9 1er tour du monde en avion* par les Américains Smith, Wade et Nelson sur 3 biplans Douglas DT2 transformables en hydravions.

1925-*14-1 1er transport postal aérien* : Rio de Janeiro-São Paulo-Porto Alegre-Montevideo-Buenos Aires. *-15-5 1er service Toulouse-Alicante-Alger* (lignes Latécoère). *-1-6 1er service Casablanca-Dakar* (lignes Latécoère). **1926**-*1-1 Fusion de l'Aéronavale avec Air Union. -9-5 1er survol du Pôle Nord* en avion par Richard Byrd et Floyd Bennet (U.S.A.) sur trimoteur Fokker F VII Joséphine Ford. *-26-5 1er service Paris-Cologne-Berlin* (S.G.T.A.).

1927-*mars 1ers vols de nuit* Toulouse-Casablanca (avion monoplan Laté 25).*-5-5 Création de la Cie Générale Aéropostale. -8-5* Les Français Charles Nungesser (1892-1927) et François Coli (1881-1927) sur l'*Oiseau Blanc* (avion marin Levasseur ; envergure 14,60 m ; longueur 10 m ; hauteur 3,90 m ; surface 60,5 m² ; poids total 5 030 kg ; vitesse de croisière 165 km/h ; équipage 2 h.) se perdent en mer entre Paris et New York. *-20/21-5 1re traversée New York-Paris sans escale.* 5 809 km en 33 h 30 mn ; Charles Lindberg (U.S.A. 1902-74) seul sur le *Spirit of St-Louis* (enverg. 14,02 m ; long. 8,36 m ; haut. 2,44 m ; poids à vide 975 kg ; p. max. 2 379 kg ; vit. max. 209 km/h ; vit. croisière 180 km/h ; plafond 5 000 m ; équipage 1 h.). Lindberg était le 67e à traverser l'Atlantique sans escale (2 l'avaient traversé en avion en 1919, hauts de Terre-Neuve vers l'Irlande, 31 dans le dirigeable R 34 d'Écosse en Amérique et retour le 14/15-6 1919, 31 dans le Zeppelin ZRS de Friedrichshafen (All.) à Lakehurst (N.-Jersey U.S.A.) en 1924. *-11-10 Liaison Toulouse-Dakar sans escale* (lignes Latécoère). *-14-10 1re traversée de l'Atlantique Sud sans escale.* Les Français Dieudonné Costes (1892-1973) et Joseph Le Brix (1899-1931) de St-Louis du Sénégal à Natal (Brésil) sur Breguet XIX GR « Nungesser et Coli » (enverg. 16 m ; long. 9,65 m ; haut. 3,55 m ; surface 52 m² ; poids au décollage 5 150 kg ; moteur de 600 ch ; vitesse max. 180 km/h ; équipage 2 h.) ; 3 400 km en 18 h 15 mn. *-14-11 1er service Rio de Janeiro-Natal* sur monoplan Laté 25, 150 km/h, piloté par Pivot ; et Rio de Janeiro-Buenos Aires sur Laté 25, piloté par Paul Vachet (1897-1974). *Apparition des stewards* sur les Imperial Airways et Air Union.

1928-*1-3 1er service postal aérien Toulouse-Buenos Aires* (Aéropostale) avec 2 Laté 28, pilotés par Paul Vachet et Chenu. *-10-4 1er vol de nuit sur Rio-Buenos Aires* (24 h de vol) en Fokker F 7 (3 moteurs Wright de 230 ch). *-31-5/9-6 1re traversée du Pacifique San Francisco-Brisbane avec escale*, Fokker F 7 Southern Cross piloté par Charles Kingsford Smith et Charles Ulm (1935) (Australie), Harry Lyons et James Warner (U.S.A.). *-11-6 1er avion propulsé par fusée* : planeur Ente (Canard), actionné par 2 fusées Sander à combustion lente (Allemagne), piloté par Friedrich Stamer, vol de 228 m d'1 mn environ *-30-8 1re liaison commerciale régulière Marseille-Beyrouth* (Air Union, Lignes d'Orient). *-18-9 1er vol en autogire Londres-Paris avec passager*, piloté par Juan de La Cierva (1895-1936).

1929-*18-3 1er service Marseille-Ajaccio-Tunis* (Air Union). *-17-7 1er courrier officiel Santiago-Buenos Aires* Jean Mermoz (1901-36) et Henri Guillaumet (1902-40). *-30-9 avion propulsé par fusée* (All. Fritz von Opel, vol de 1 800 m à 160 km/h). *-28/29-11 1er survol du pôle Sud* par Richard Byrd et Bent Balchen (trimoteur Ford). *Avion restaurant* sur Air Union (Paris-Londres). *1r train d'atterrissage rentrant opérationnel* [Georges Messier (Fr.)].

1930-*12-5* Jean Mermoz rallie St-Louis du Sénégal à Natal (Brésil) en 21 h 14 mn sur un hydravion Laté 28. *-15-5 1res hôtesses de l'air sur San Francisco-Chicago. -1/2-9 1re traversée Paris-New York sans escale.* Dieudonné Costes (1892-1973) et Maurice Bellonte (1896-1984, Fr.), 6 200 km en 37 h 17 mn sur le Breguet Grand Raid (ou Super Bidon) *« Point d'Interrogation »* (envergure 18,30 m ; long. 10,71 m ; haut. 4,08 m ; surface 59,94 m² ; poids au décollage 6 150 kg ; vitesse max. 247 km/h ; équipage 2 h.).

1931-*17-1 1er service passager Marseille-Damas-Saigon. -28/30-7* Russel Boardman, John Polando (U.S.A.), *New York-Istanbul direct* 8 065 km en 49 h. *-12-9* Les Français Joseph Le Bris et Mesmin périssent sur le Dewoitine D 33 Trait d'Union II (monomoteur 650 ch ; envergure 28 m ; long. 14,40 m ; haut. 3,50 m ; surface 78 m² ; poids total 9 800 kg ; vitesse max. 245 km/h) dans l'Oural en tentant la 1re liaison Paris-Tokyo. *-4/5-10 1re traversée du Pacifique sans escale du Japon aux U.S.A.* par les Américains Clyde Panghorn et Hugh Herndon sur un monomoteur Bellanca ; 7 335 km en 41 h 13 mn.

1933-*16-1 Traversée St-Louis du Sénégal-Natal* sur Couzinet 70 *« Arc-en-Ciel »* (trimoteur, enverg. 30 m ; long. 16,13 m ; surface 97 m² ; poids total 14 395 kg ; vitesse 250 km/h), *févr. 1er vol commercial du Boeing 247, 1er* avion conçu pour le transport de passagers. Suivi du Douglas DC-1. *-6/8-2* Gayford et Nicholetts (Anglais), 8 544 km *en direct de Cranwell (G.-B.) à Walvis Bay (Afr. du S.)* sur Fairey en 57 h 25 mn. *-3-4 1er survol de l'Everest* par 2 avions Westland pilotés par le Mis de Clydesdale et le capitaine McIntyre, chacun avec un passager. *-15/22-7 1er tour du monde en solitaire* (Wiley Hardemann, U.S.A.) sur le Winnie Mae, monoplan Lockheed « Vega » : 25 099 km en 7 j 18 h 49 mn. *-5/7-8* les Français Maurice Rossi (1901-66) et Paul Codos (1896-1960), *New York-Rayak (Syrie)* 9 104 km en 55 h 30 mn. *-30-8 création de la 1re Cie Air France* (fusion d'Air Union, Farman, C.I.D.N.A.).

1934-*28-2 Fondation de la Régie Air Afrique. -28-5 1re traversée commerciale régulière Paris-Buenos Aires,* Couzinet 70 « Arc-en-Ciel » (trimoteur 650 ch Hispano-Suiza) piloté par Jean Mermoz ; 2e pilote Dabry, radiotélégraphiste Gimié, mécanicien Collenot ; chargé de lettres, décolle de St-Louis du Sénégal à 3 h 50 mn (h. de Paris), se pose à 19 h 10 à Natal. **1935** *1er avion commercial britannique*, le Bristol 142, et *allemand*, le Junker Ju 86. *-2-4 Liaison directe Paris-Alger. -9-10 Inauguration d'une ligne entièrement française* Alger-Tananarive (Régie Air Afrique). *-17-12 1er vol du DC 3.* **1936**-*6-12* Mermoz disparaît au large de Dakar. **1937**-*12-7 Moscou-Los Angeles* 10 148 km en 63 h 17 mn, Gromov, Youmatchey et Daniline (U.R.S.S.), sur Antonov 251. **1939**-*27-8 1er vol d'un turbojet,* Heinkel He-178, piloté par Erich Warsitz (All.).

1940-*8-8 1er vol commercial aux U.S.A. d'un avion à cabine pressurisée* (Boeing 307 B). *Création de la Sté nationale Air France* (fusion précédente Cie Air France, Air Bleu, Air France transatlantique). *-27-11* Henri Guillaumet (n. 1902) et Marcel Reine disparaissent au large de la Sardaigne (sur quadrimoteur Farman avec à bord Jean Chiappe, haut-commissaire en Syrie). **1941** *1er siège éjectable opérationnel* (Heinkel). **1942**-*17-2 1er vol du DC 4.* **1944**-*avril 1er avion de chasse à réaction* : Messerschmitt 262 A-1 biréacteur capable d'atteindre 920 km/h en palier à 3 800 m. d'altitude. *1res missions opérationnelles* à partir de Lechfeld (Bavière) effectuées par 12 Me 262 du Erprobungs-Kommando 262 commandé par l'Hauptmann Werner Thierfelder. *-31-7* Antoine de Saint-Exupéry (n. 1900) disparaît (sur un Lightning) au large de la Corse.

1946-*1-1 Création de la Cie privée française T.A.I. -1-7 Inauguration de la ligne régulière d'Air France Paris-New York en DC 4. -18-10 1er vol du Lockheed Constellation.* **1947**-*14-10 1er vol supersonique.* Sur Bell X1, Charles Yeager (n. 1923) (U.S.A.). 1 078 km/h à 12 800 m d'alt. **1949**-*1-1 Création de la Cie privée française U.A.T. -26-2/2-3 1er tour du monde* sans escale. James Gallagher (U.S.A.) 37 734 km en 94 h 9 mn (4 ravitaillements en vol) sur Boeing B 50 A *Lucky Lady II. Prototype du 1er avion de ligne à réaction,* le De Havilland Comet (G.-B.), piloté par John Cunningham.

1951 *1er vol du DC 6 B.* **1952**-*2-5 1er service en jet* : Londres-Johannesburg 10 750 km en 17 h 06 mn sur Comet 1 De Havilland. *-12-11 1er pilote français à passer le mur du son,* le commandant Roger Carpentier (1921-59), sur Mystère II. **1952**-*10/15-12 Tour du monde en avion à hélices sur lignes commerciales* par le Français Jean-Marie Audibert en 115 h 38 mn. **1954** *Création d'Air Inter,* qui exploitera des lignes régulières en juin 1960, *1er vol du Boeing 707.* **1955**-*27-5 1er vol du SE 210 Caravelle, 1er* avion de transport à réaction français, 1er appareil ayant les réacteurs sur les flancs du fuselage. **1956**-*3-2 Air France achète ses 1ers jets* (12 Caravelle et 10 Boeing). **1957**-*18-1* après un tour du monde sans escale en 45 h 19 mn (39 147 km) par 3 B 52, atterrissage à March Air Force Base. **1958** *1er vol à Mach 2 en France sur Mirage III A.* **1959**-*6-5* Mise en service de la *Caravelle* sur la ligne Paris-Rome-Athènes-Istanbul.

1960-*31-1* 707 sur Paris-New York. **1961** *Création d'Air Afrique.* **1963** *Création de la Cie française privée U.T.A.* (fusion U.A.T., T.A.I.). *1er vol du Mystère 20.* **1966** *1er vol du Mirage F 1.* **1968**-*30-6 1er vol de C 5 A Galaxie* (U.S.A., 380 t, long. 74,67 m, enverg. 67,73 m). *-31-12 1er vol du supersonique soviétique* Tupolev Tu 144. **1969**-*9-2 1er vol du Boeing 747* (978 km/h, enverg. 60 m, long. 70,5 m, 500 pass.). *-2-3 1er vol de Concorde* à Mach 1,5, piloté par André Turcat. *1er avion à décollage et atterrissage vertical,* le Harrier (G.-B.). *-6-8* le Mi-12 (U.R.S.S.), envergure 67 m, longueur 37 m, 4 turbomoteurs d'une puissance unitaire sur arbre de 6 500 ch, transporte une charge commerciale de 40 204,5 kg à 2 255 m.

1970-*21-1 1er vol commercial du B 747 sur New York-Londres. -4-11 1er vol à Mach 2* pour Concorde 001. **1971**-*28-5 1er vol du Mercure 100.* **1972**-*28-10 1er vol de l'Airbus A 300.* **1973**-*26-9 Concorde 002, 1re traversée directe de l'Atlantique Nord* (Washington-Orly en 3 h 33).

1976 *1ers vols commerciaux supersoniques. -21-1* en Concorde Air France, Paris-Dakar-Rio (7 h 30 de vol) et British Airways, Londres-Bahrein. *-9-4* Air France, Paris-Caracas. *-24-5* Paris-Washington et Londres-Washington. **1977**-*26-9 1er vol du Boeing 747. 1-11* Mise en service du Tupolev 144 sur Moscou-Alma-Ata (3 250 km, Mach 1,9). *-22-11* Ouverture simultanée des lignes Paris-New York (3 h 30 de vol), Londres-New York, Paris-Rio et Londres-Bahrein en Concorde.

1981-*28-3 dernier vol de Caravelle* sur Air France. *-oct. 1er vol de l'Airbus A 300,* conçu pour être piloté à 2.

Avion solaire

1980-*18-5 1er vol du Gossamer Penguin* (200 m, 24 km/h, 3,6 m d'alt.), conçu par Paul Mac Cready, piloté par Janice Brown : 25 kg, envergure 21,9 m, 3 420 cellules photovoltaïques. *nov. 1ers essais du Solar Challenger* (90 kg, envergure 14,3 m, 16 128 cellules solaires, vitesse 30-35 km/h au niveau de la mer, 50-60 km/h à 9 000 m d'alt.).

1981-*7-7 1re traversée de la Manche* par le *Solar Challenger* piloté par Steve Ptacek, de Cormeilles-en-Vexin (Val-d'O.) à Manston (près de Canterbury, Angl.) en 5 h 23 mn, à 48 km/h et 1 500 m d'alt. Alt. max. 3 353 m, vitesse max. 60 km/h.

Ballons et dirigeables

Ballons

1783 *début avril vols captifs sans aéronautes. -25-4 1re ascension d'un ballon à l'air chaud sans aéronaute* vol libre nocturne distance 2 000 m, 11 m de diamètre, composé de fuseaux de toile doublée de papier assemblés par des boutonnières. Joseph (1740-1810) et Étienne (1745-99) de Montgolfier à Annonay (France). *-5-6 1re démonstration publique* à Annonay, vol libre non monté alt. 1 600 à 2 000 m, distance 2 km. *-27-8 1re ascension d'un ballon à hydrogène* lancé par Charles et les frères Robert. *-19-9 1ers êtres vivants à effectuer une ascension en ballon* à Versailles devant Louis XVI : un mouton, un canard et un coq. *-15-10 1re ascension d'un homme en ballon captif,* retenu au sol par des cordes (altitude : 26 m). Jean François Pilâtre de Rozier (1756-85). *-21-11 1er voyage en ballon libre à air chaud,* alt. 1 000 m, voyage de 25 mn sur 12 km (du château de la Muette aux Gobelins près de la Butte-aux-Cailles). J.-F. Pilâtre de Rozier et marquis d'Arlandes (1742-1809). *-1-12 1er voyage d'un ballon à hydrogène* (36 km de Paris à Nesle) Jacques Charles (1746-1823) et Robert (1761-1828) (Fr.). **1784**-*20-5 1res femmes en ballon captif ;* Marquise et Ctesse de Montalembert, Ctesse de Podenas et Mlle de Lagarde depuis le Fg St-Antoine à Paris. *-4-6 1re femme passagère dans un ballon libre,* Mme Thible à Lyon. **1785**-*7-1 1re traversée de la Manche en ballon non dirigé.* J.-P. Blanchard (1753-1809, Fr.) et John Jeffries (1744-1819, Américain). *-15-6 1er aéronaute en ballon,* François Pilâtre de Rozier tente de traverser la Manche depuis Boulogne avec un ballon gonflé à l'air chaud et à l'hydrogène, le ballon brûle et tombe.

1794-*6 1er usage militaire d'un ballon monté* pour la reconnaissance aérienne à Maubeuge, capitaine Coutelle (Fr.). **1819**-*7 1re femme fr. tuée dans un accident aérien.* Mme Blanchard (ballon à hydrogène s'enflamme lors d'un feu d'artifice à Paris).

1849-*8 1er raid de bombardement par ballon* : montgolfières autrichiennes, chacune transportant une bombe de 14 kg, sur Venise.

1862 *le Géant.* Construit par Nadar. Haut. 40 m, volume 6 000 m³, la nacelle pouvait emporter 13 passagers, coût 200 000 F ; 2 exhibitions à Paris et 1 à Londres rapportèrent 79 000 F ; détruit dans une tentative de voyage au long cours le 18-10-1863.

1875-*15-4* Le ballon *Zénith* (3 000 m³), qui a atteint 8 600 m d'alt., s'écrase ; Théodore Sivel (Fr. 1834-75) et Eustache Crocé Spinelli (Fr. 1845-75) meurent ; ils n'ont pu supporter la basse pression atmosphérique (rupture des vaisseaux capillaires du poumon). Gaston Tissandier (Fr. 1843-99) est vivant.

1878 *ballon de l'Exposition Universelle*, conçu par Giffard, haut. 55 m, diamètre 56 m, volume 25 000 m^3, poids de la nacelle 1 800 kg (50 voyageurs à la fois) ; du 24-7 au 4-11 : 1 033 ascensions (35 000 voyageurs).

1912-*27 au 29-10 1er voyage aérien de + de 2 000 km*, trajet de Stuttgart (All.) à Ribnoyé (Russie) : 2 191 km pour les Français Bienaimé et Rumpelmayer sur ballon libre. **1913** Essais à l'aérodrome de St-Cyr d'un ballon rigide breveté par Spiess en 1873. **1914**-*8 au 10-2 1er voyage aérien de + de 3 000 km*, avec Berlinet (All.) et 2 coéquipiers : 3 052,7 km en ballon libre, de Bitterfeld (All.) à Perm (Russie).

1929 *1er vol du Metalcloud ZMC-2* de la marine américaine ; ballon métallique réalisé d'après les plans de David Schwartz (Youg. n. 1885).

1977-*9* Ben Abruzzo et Maxie Anderson tentent de traverser l'Atlantique, mais ils amerrissent à 5 km de la côte N.-O. de l'Islande après 4 521 km en 66 h. **1978**-*fin juil.* 2 Britanniques, Donald Cameron et Christopher Davey, partis de St-Johas (Terre-Neuve) en ballon hybride (hélium-air chaud), amerrissent à 195 km de Brest (coût de l'expérience 1 282 500 F). *Du 12 au 17-8 1re traversée de l'Atlantique en ballon* (4 997 km en 138 h 6 mn), Ben Abruzzo, Maxie Anderson et Larry Newman. Partis de Presqu'Île (État du Maine, U.S.A.) à Miserey (Eure-France). Ballon baptisé *Double Eagle II* : gonflé à l'hélium [environ 4 500 m^3, altitude moy. de vol 2 000 à 5 000 m (pointes à 7 000 m), nacelle 3,5 m × 2 m, 4,8 t (dont 2,2 t de lest de sable et plomb), 10 j de vivres, appareils de radio et de navigation]. environ 5 mois de préparation. Coût : 540 000 F.

1981-*9 au 12-11 1re traversée du Pacifique* (de Nagashina, Japon, à 160 km au N. de San Francisco), par Rocki Aoki, Ben Abruzzo, Larry Newman et Ron Clarke sur le *Double Eagle V*.

1984 *1re traversée de l'Atlantique en solitaire* : Joe Kittinger (U.S.A.) sur le Rosie O'Grady (5 000 m^3 d'hélium).

Dirigeables

1852-*24-9 1res évolutions d'un engin aérien sous l'action d'un propulseur mécanique* : Henri Giffard (1825-82) (enveloppe de 44 m de long sur 12 m de diamètre, volume 2 500 m^3, machine à vapeur de 3 ch ; 150 kg à vide, hélice à 3 pales). **1883**-*8-10* Gaston Tissandier applique les moteurs dynamo-électriques à la navigation aérienne. **1884**-*9-8 1er circuit aérien fermé* avec atterrissage au point de départ, par Charles Renard (1847-1905) et Arthur Krebs (1847-1935) (Fr.) sur le dirigeable *France* (souple, long. 50,42 m, diamètre 8,40 m, volume 1 864 m^3, moteur électrique de 8 ch) entre Chalais-Meudon et Villacoublay (76 km en 23 mn).

1897-*3-11 1re ascension du dirigeable rigide* [David Schwartz (Autrichien)] [enveloppe 3 700 m^3, en feuilles d'aluminium (0,2 mm d'épaisseur) sur 1 carcasse de même métal, moteur à explosion de 12 ch. actionnant 3 hélices].

1900-*2-7 1er vol du dirigeable rigide Zeppelin*. Ferdinand von Zeppelin (1838-1917), Allemand. [Carcasse aluminium de 128 m de long ; 17 ballonnets contenant au total 11 300 m^3 : 2 nacelles portant chacune un moteur de 15 ch (29 km/h)]. **1908**-*1-7* Vol de 12 h au-dessus des Alpes par le Zeppelin IV. **1909**-*8* Mise en service de Zeppelin ZI et ZII dans l'armée allemande.

1910-*16-10 1er dirigeable traversant la Manche* avec Clément Bayard II (Fr.). **1919**-*2 au 6-7 et 10 au 13-7 1re traversée aérienne aller-retour de l'Atlantique*. Le major Scott (G.-B.) commandant le dirigeable R4, aller 109 h, retour 75 h : Écosse-Minéola (près de New York) et retour (atterrissage à Pulham). **1926**-*11/14-5 1re traversée de la calotte polaire arctique* : dirigeable *Norge* piloté par le colonel Umberto Nobile (Italien 1885-1978). **1929**-*8-29-8 1er tour du monde en dirigeable* « Graf Zeppelin » commandé par Hugo Eckener (All. 1868-1954).

Giravions

Autogires

1923-*9-1 Autogire CA*, réalisé par l'Espagnol Juan de La Cierva (1845-1936) à Getafe, près de Madrid. **1927**-*29-7 1er autogire biplace* : le Cierva C 6D, piloté par F.T. Courtney à Hamble (G.-B.). **1928**-*18-9 1re traversée du Pas-de-Calais* par un aéronef à voilure tournante : le Cierva C 8L type II, piloté par Juan de la Cierva, de Croydon au Bourget.

Hélicoptères

1842 *modèle réduit* actionné par W.H. Phillips, par la vapeur ; les pales rotatives étaient mises en mouvement par un flux d'échappement terminal. **1907**-*13-11 1er soulèvement libre d'un hélicoptère avec son pilote* Paul Cornu (1881-1944) près de Lisieux (Fr.). **1924**-*4-5 1er km en circuit fermé* par Étienne Oehmichen (Fr. 1884-1955) sur son hélic. n° 2 à Valentigney. **1936**-*26-6* Vol réussi du prototype Focke-Wulf Fw 61 V1 (160 ch). **1937**-*25-10* Hanna Reitsch (All. 1912-79) parcourt en ligne droite 108 km 974 m. **1939** *1er vol réussi du monorotor* de Sikorsky.

1952-*15-7 1re traversée de l'Atlantique en hél. avec escales* en 42 h 25 mn de vol. **1953**-*24-7 1er vol du 1er hél. à réaction* sur Sikorsky S 52. **1967**-*31-5/1-6 1re traversée de l'Atlantique* par 2 hél. américains Sikorsky HH 3E *Sea Ring* sans escale (mais avec 9 ravitaillements).

Hydravions

1910-*28-3 1er vol d'un hydravion*. Henri Fabre (Fr. 1882-1984) décolle de l'étang de Berre (le Canard, env. 15 m, parcourt 800 m à 5 m d'alt., voilure 24 m^2, 475 kg, moteur Gnome de 50 ch). **1919**-*16/17-5 1re traversée transatlantique* en hydravion NC4, de Terre-Neuve aux Açores, puis Lisbonne par le Cdt Albert Read (U.S.A. ; 1887-1970) et 4 aides. **1922**-*5-6* Sacadura Cabral (1881-1924), Cago Goutinho (1870-1959) (Port.) : Portugal-Brésil en hydravion *Le Lusitania*. **1926**-*22-1/10-2* Ramón Franco, Julio Ruiz de Alda, Juan M. Duran (Esp.) : Espagne-Argentine (Séville-Buenos Aires) 10 120 km en 61 h 44 mn.

1930-*12-5 1re liaison aérienne France-Amérique du S.* Pilote : Jean Mermoz (1901-36), navigateur Jean Dabry, radio Gimié, via St-Louis du Sénégal, à bord de l'hydravion Laté 28 *Comte de La Vaulx* en 21 h 14. **1938**-*6/8-10* Cap D.C.T. Bennelt (G.-B.) sur Short Mayo Mercury, record en ligne droite 9 652 km (non battu depuis). Un gros hydravion Short « Mayo » (« C » Class) et un petit Short « Mercury », tous 2 quadrimoteurs. **1947**-*26-7 1re liaison commerciale France-Antilles* : Biscarosse-Fort-de-France en hydravion Laté 631.

Planeurs

1804 Georges Cayley (Angl. 1773-1857) fait voler un modèle réduit. **1809** un planeur de grandeur réelle. **1853** avec son cocher dans pl. à rames (invérifiable). **1856** *déc.* Jean-Marie Le Bris (1817-72) à Tréfeuntec (près de Douarnenez) place le pl. sur une charrette : une corde s'enroule autour de la jambe du cocher (le meunier Doaré) qui décolle aussitôt, s'élève à 100 m. **1879** planeur de Biot. **1890-96** Otto Lillienthal (All. 1848-† 9-8-96, s'écrasa avec un planeur) réussit + de 2 000 vols planés. **1896-97** Herring et Avery expérimentent des planeurs multiplans à aile oscillante d'Octave Chanute.

Conquête de la hauteur

Date et hauteur atteinte.

Ballons

Captifs. **1971**-*21-10* expérience scientifique Essor (Fr.) : *18 000 m.*

Libres. **1783**-*15-10* Pilâtre de Rozier (1756-85) en ballon captif : 26 m. *-19-10* : 85 m. *-21-11* Pilâtre de Rozier avec Giroud de Villette séjournent 25 mn : *107 m* ; avec le Mis d'Arlandes : *1 000 m* env. *-1-12* Charles : *3 000 m.* **1804**-*16-9* Gay-Lussac : *7 016 m.* **1862**-*5-9* Glaisher et Coxwell : *8 838 m.* **1931**-*27-5* les Suisses Auguste Piccard (1884-1962) et Ch. Kipfer : 15 781 m. **1933**-*3-10* Prokofiev, Godounov et Birnbaum : 17 900 m. **1935**-*11-11* Orvil Stevens et Albert Andersen (U.S.A.) : *22 066 m.* **1957**-*19/20-8* David G. Simons : 33 800 m. **1961**-*4-5* Cdt Malcolm Ross et Lt Victor Prahter (U.S.A.) *34 668 m.*

Records. *Ballon à air chaud* 28-1-1985 H. Warner (Canada) 1 470 km, *à nacelle ouverte* 29-9-1975 Kingswood Spratt junior (U.S.A.) 11 822 m. *Sans passagers* oct. 1972 le Winzen (U.S.A.) 51 815 m.

Hélicoptères

1958-*13-5* J. Boulet et Petit (Fr.) sur Alouette II : *10 984 m.* **1963**-*13-1* Alouette SE : *11 036 m.* **1972**-*21-6* J. Boulet (Fr.) sur SA 315 B Lama : *12 442 m.*

Avions pilotés

1890-*9-10* Clément Ader sur l'*Éole I*, monomoteur, – *de 1 m 1er vol au monde sur 50 m.* **1893**-*14-10* C. Ader sur l'*Avion III*, bimoteur, *quelques m 2e vol sur 300 m.* **1903**-*17-12* Orville et Wilbur Wright 4 vols, dont un sur 280 m : *3 m.* **1908** Henry Farman : 25 m. **1908** W. Wright : *95 m.* **1909**-*29-8* Latham [1] (Fr.) sur *Antoinette : 150 m.* **1910**-*7-1* Latham (Fr.) sur *Antoinette : 1 384 m.* **1910**-*11-8* Drexel (U.S.A.) sur Blériot : *2 012 m.* **1910**-*3-9* Robert Morane (1886-1968) sur Blériot : *2 582 m.* **1910**-*8-12* Legagneux (Fr.) sur Blériot : *3 100 m.* **1911**-*4-9* Garros [2] (Fr.) sur Blériot : *3 910 m.* **1912**-*6-9* Garros (Fr.) sur Blériot : *4 900 m.* **1912**-*17-9* Legagneux (Fr.) sur Morane Saulnier : *5 120 m.* **1912**-*11-12* Garros (Fr.) sur Morane Saulnier : *5 610 m.* **1913**-*28-12* Legagneux (Fr.) sur Blériot : *6 120 m.* **1915**-*8-9* Audemars (Suisse) sur Morane Saulnier Parasol : *6 540 m.* **1916** Audemars (Suisse) sur Morane : *6 700 m.* **1916**-*7-11* Guido Guidi (It.) : *7 200 m.* **1918**-*18-9* R.W. Schroeder (U.S.A.) sur Bristol : *8 814 m.* **1919**-*14-6* Casale sur Nieuport 29 en France : *9 520 m.* **1920**-*27-2* Schroeder (U.S.A.) sur Lepere : *10 093 m.* **1923**-*30-10* Sadi Lecointe (Fr.) sur Nieuport : *11 145 m.* **1929**-*26-5* Neunhofen (All.) sur Junkers : *12 739 m.* **1930**-*4-6* Soucek (U.S.A.) sur Wright Apache : *13 157 m.* **1933**-*28-9* Lemoine (Fr.) sur Potez 50 : *13 661 m.* **1934**-*11-4* Donati (It.) sur Caproni : *14 433 m.* **1937**-*8-5* Pezzi (It.) sur Caproni : *15 655 m.* **1937**-*30-6* Adam (G.-B.) sur Bristol : *16 440 m.* **1938**-*22-10* Pezzi (It.) sur Caproni, record non battu par avion à piston : *17 083 m.* **1948**-*23-3* Cunningham (G.-B.) sur De Havilland Vampire : *18 133 m.* **1958**-*2-5* Carpentier (Fr.) sur Trident II : *24 217 m.* **1958**-*8-5* H.C. Johnson (U.S.A.) sur Lockheed F 104 A : *27 375 m.* **1961**-*28-4* Georgyi Mosolov (U.R.S.S.) sur Mikoyan Ye 66A : *34 714 m.* **1963**-*nov.* R.W. Smith (U.S.A.) sur Lockheed NF-104 A : *36 229 m.* **1977**-*31-8* Alexandre Fedotov (U.R.S.S.) sur E 266 M : *37 650 m.*

Nota. – (1) Bert Latham (1883-1912). (2) Roland Garros (1888-1918).

Appareils largués en vol. 1956 Kincheloe sur Bell X 2 : *38 465 mètres.* **1961**-*31-3* J. Walker sur X 15 : *50 300 m.* **1961**-*11-10* Scott Crossfield sur X 15 : *65 968 m.* **1962**-*30-4* J. Walker sur X 15 : *72 209 m.* **1962**-*17-7* Bob White sur X 15 : *94 500 m.* **1963**-*22-8* J. Walker sur X 15 : *107 960 m.*

Aéronefs à moteur fusée. 1958-*2-5* R. Carpentier (Fr.) sur S.O. Trident (2 Turbomeca 5 500 kg, 2 fusées SEPR 1 500 kg) : *24 217 m.*

Nota. – L'avion de reconnaissance américain Lockheed SR 71 pourrait atteindre 30 500 m d'altitude et 3 701 km/h.

Conquête de la vitesse

Date du record, vitesse en km/h, type d'avion, nom du pilote.

Avions à hélice

1906. *41,3.* Santos-Dumont (Alberto Santos-Dumont, 1873-1932). **1907.** *52,7.* Voisin (Henri Farman, 1874-1958). **1909.** *69,8.* Herring-Curtiss (Glenn Curtiss, 1878-1930). *77,0.* Blériot XII (Louis Blériot, 1872-1936). **1910.** *111,8.* Blériot XI (Alfred Leblanc, 1869-1921). **1911.** *133,1.* Nieuport (Édouard Nieuport, 1875-1911). **1912.** *170,7.* Deperdussin (Jules Vedrines, 1881-1919). **1913.** *203,9.* Deperdussin (Marcel Prévost). **1920.** *275,3.* Nieuport-29 (Sadi Lecointe). *283,5.* Espad 20 *bis* (Jean Casale). **1921.** *330,3.* Nieuport-Delage (Sadi Lecointe). **1922.** *341,2.* Nieuport Sesquiplan (Sadi Lecointe). *358,8.* Curtiss CD 12 (Gal B. Mitchell). **1923.** *375.* Nieuport Sesquiplan (Sadi Lecointe). *380,8.* Curtiss R6 (Cdt Maughan). *417,1.* Curtiss D 12 C-1 (Lt Brow). *429,0.* Curtiss R2 C-1 (Lt Williams). **1924.** *448,2.* Bernard V2 (adj. Bonnet). **1927.** *479,3.* Macchi M52 (de Bernardi). **1928.** *512,8.* Macchi M52*bis* [1] (de Bernardi). **1929.** *575,7.* Supermarine S-6 [1] (A. Orlebar). **1931.** *655.* Supermarine S-6B [1] (Stainforth). **1933.** *682,1.* **1934.** *709,2.* Macchi MC-72 [1] (Lt Agello). **1939.** *746,6.* Heinkel HE-112 (H. Dieterle). *755,1.* Messerschmitt 109 R (Fritz Wendel, 1915-75). **1979**-*14-8* Mustang P5 10 (Steve Hinton) *803,1.*

Nota. – En piqué, le Thunderbolt XP-47 (expér. 1944) a dépassé les 800 km/h. (1) Hydravion.

Le X 15 passe de 1 100 km/h (Mach 1) à 6 500 km/h env. (Mach 6) en 82 s (il a parcouru 80 km) ; tout son carburant est épuisé et l'avion rentre en vol plané à sa base (à 240 km/h).

Principaux types d'hélicoptères	Places	Long. m	Poids kg	Vitesse km/h	Altitude max.	Rayon d'action en km
Alouette III Aérosp. SA 316 (Fr., 28-2-59)	7	11,02	2 200	220	4 100	510
Biglifter Bell (U.S.A.)	15	18,4	3 521	260	4 575	330
Chinook Agusta (It.)	36 à 47	29,9	9 091	313	3 640	635
Chinook Boeing (U.S.A.)	44	30	9 845	305	4 560	695
Chinook Boeing (U.S.A.)	44	30,2	9 859	306	4 270	695
Coast Guard SA 366 G (Fr.)	n.c.	13,70	2 786	278	n.c.	670
Cobra Bell (U.S.A.)	2	16,1	2 939	352	2 940	625
Commando MK2 Westland (G.-B.)		17	9 500	210		1 100
Dauphin 2 Aérosp. SA 365 (Fr., 31-2-79)	14	13,46	1 995	286	3 750 [5]	900
Dauphin SA 365 F 2 Naval (Fr.)	n.c.	13,75	2 141	280	n.c.	805
Écureuil AS 355 F 2 Twinster (Fr.)	n.c.	13	1 275	242	n.c.	760
Écureuil AS 350 (F2 SNIAS 1983) (Fr.)	6	10,91	1 095	246	4 875	740
Écureuil AS 350 Aérospatiale (Fr., 27-6-76)	6	13	1 950 [1]	210	4 750	720
Sup Frelon SA 321 Aérosp. (Fr., 7-12-62)	29	23,03	13 000 [2]	248	3 100	815
Gazelle SA 342 L Aérosp. (Fr., 11-5-73)	5	11,97	975	270	4 300 [5]	785
Iroquois Bell (U.S.A.)	11	17,5	2 363	204	4 150	465
Kawasaki-Hugues 500 (Jap.)	5 à 7	9,2	536	255	4 090	690
Lama Aérospatiale 315 B (Fr., 17-3-69) [3]	5	12,92	1 021	192	5 400	515
Lynx-Westland-Aéros. (G.-B.-Fr.,)	11	15,1	2 808	296	3 340	760
MI8 Mikhail-t Mil (U.R.S.S.)		18,3	11 100	220		540
Puma SA 330 Aérospatiale (Fr., 15-4-65)	23	18,73	7 400 [4]	258	2 140	550
Super Puma AS 332 L/M Aérospatiale (Fr., 10-10-80)	27	18,73	4 265	282	4 750 [5]	865
S 76 Sikorsky (U.S.A.)	12	17,6	2 234	290	1 555	870
Sea Cobra Bell (U.S.A.)	2	16,2	2 918	281	3 970	600
Sea King Sikorsky (U.S.A.)	25	22,1	5 475	268	3 220	1 005
Sea Knight Boeing (U.S.A.)	25	25,6	6 920	259	3 590	340
Sea Stallion Sikorsky (U.S.A.)	37	26,8	10 167	313	3 310	420
Super Puma AS 332 B/C (Fr.)	n.c.	18,75	4 100	282	n.c.	625
Super Puma Naval AS 332 F (Fr.)	n.c.	18,70	4 500	250	n.c.	740
Wessex 60 Westland (G.-B.)	18	19,9	3 551	215	2 130	630
Yuh-60 A Sikorsky (U.S.A.) [6]	11	15,3	9 700	295		630
Yuk-61 A Boeing (U.S.A.)	12 à 20	16	8 900	280	2 173 [7]	600

Nota. – (1) Poids max., et 1 045 kg à vide. (2) Poids max., et 6 863 kg à vide. (3) Le Lama peut transporter des charges à l'élingue de 1 135 kg. Détient le record mondial d'alt. par hél. (12 440 m) et le record d'atterrissage en haute montagne (poser à 6 858 m). *Masse max. :* 1 950 kg, avec charge externe de 2 300 kg. *Moteur :* 1 turbomoteur Artouste III B Turboméca de 870 ch. *Performances à la masse* de 1 950 kg. Vit. max. 210 km/h, de croisière 192 km/h, ascensionnelle 5,5 m/s, plafond pratique 5 400 m, en vol stationnaire dans l'effet de sol 5 050 m, hors effet de sol 4 600 m, distance franchissable 515 km. (4) Poids max. et 3 766 kg à vide. (5) Altitude opérationnelle. (6) Dénomination civile S 70. (7) Sur un seul moteur.

Avions à réaction

1945. *975,7.* Gloster *Meteor IV* (J. Wilson). **1946.** *991.* Gloster *Meteor IV* (capit. Donaldson). **1947.** *1 003,8.* Lockheed P-60-R (Cel Albert Boyd). *1 047,5.* Douglas D 558 I *Skystreak* (maj. Marion Carl). **1948.** *1 079,9.* North American F 86 D *Sabre* (maj. R.L. Johnson). **1952.** *1 124,1.* North American F 86 D (capit. J. Nash). **1953.** *1 151,8.* North American F 86 D *Sabre* (Cel Barns). *1 171,0.* Hawker-Hunter (N. Duke). *1 184,0.* Supermarine Swift F (Michaël Lithgow). *1 211,7.* Douglas F AD-1 *Skyray* (Lt J. Verdin) (sur base). *1 215,3.* North Amer. prototype du F 100 *Super Sabre* (Lt F. Everest) (sur base de 15 km). **1955.** *1 323,3.* North Amer. F (Fighter) 100 C *Super Sabre* (Cel Horace Hanes). **1956.** *1 822,0.* Fairey FD-2 (Peter Twiss). **1957.** *1 943,5.* Mc Donnel F 101 *Voodoo* (major A. Drew). **1958.** *2 259,5.* Usaf (W.W. Irwin). *-24-10 2 400,0.* Mirage III A 01 (Glavany, Fr.). 1er vol à Mach 2 en France. **1959.** *2 330.* Nord 1500 Griffon II (Turcat, Fr.). Atteint Mach 2,19 à 15 000 m d'alt. Record d'Europe. *2 455,7.* Convair F 106 A (Rodgers). **1961.** *2 585,4.* F 44 *Phantom II* (R. Robinson). **1962.** *2 681.* YE 166 (Cel russe Gueorgui Mosolov). **1976-***28-7. 3 529,5.* Lockheed SR-71 A (cap. Eldon W. Joersz et maj. George T. Morgan Jr) (long. 32,73 m, env. 16,94, poids 91,1 t).

Nota. – Record de vitesse sur parcours commercial pour avion à réaction (groupe 3) : « Concorde » Air France Paris-New York 3 h 30′11″ (1 669,7 km/h) le 22-8-78. British Airways, New York-Londres 2 h 59′ à 1 886 km/h en 1980.

Records en circuit fermé

En km/h

• **Avions. Sur base de 15/25 km** Lockheed SR-71 (cap. Eldon W. Joersz, U.S.A.) *1976 (28-7)* 3 529,56 [Femme : E-133 (S. Savitskaia, U.R.S.S.) *1975 (22-6)* 2 683,44]. **Sur 100 km** E-266 (Alexandre Fedotov, U.R.S.S.) *1973 (8-4)* 2 605,1 [Femme : E-76 (E. Martova, U.R.S.S.) *1967 (18-2)* 2 128,7]. **Sur 500 km** E-266 (M. Komarov, U.R.S.S.) *1967 (5-10)* 2 981,5 [Femme : E-133 (S. Savitskaia, U.R.S.S.) *1977 (21-10)* 2 466,31]. **Sur 1 000 km** Lockheed SR-71 (major A.H. Bledsoe Jr, U.S.A.) *1976 (27-7)* 3 367,221 [Femme : E-133 (S. Savitskaia, U.R.S.S.) *1978 (12-4)* 2 333].

• **Avions à moteur fusée.** *Bell X-1 1947* 1 150, *1948* 1 609, *X-1 A 1953* 2 640, *X-2 1956* 3 315. *Douglas Skyroket 1951* 1 981, *1953* 2 123. *North American X-15 : 1961* 5 322, 6 587, *1962* 6 606, *1967* 7 297.

• **Hélicoptères. Sur base de 15/25 km** Super Frelon J. Boulet (Fr.) *1963 (19-7)* 351,21. Sikorsky S. 67 Blackhawk K.F. Cannon (U.S.A.) 355,485. A-10 Gourguen Karapetyan (U.R.S.S.) *1978 (21-9)* record officiel 368,4. Bell YUH IB 533 expérimental (Arlington, Texas, U.S.A.) *1969 (avril)* 508,7. Dauphin II B. Pasquet (Fr.) **Sur parcours reconnu** *1980 (6-2)* Paris-Londres-Paris 294,26 km/h (2 h 18 mn 56 s).

• **Hydravion. Sur base de 15/25 km** Beriev M-10 A.J. Andrievsky (U.R.S.S.) *1961 (7-8),* record officiel 912 km/h.

En 1959, au cours d'une compétition organisée par le *Daily Mail,* l'Anglais Maughan relia Londres (Marble Arch) à Paris (Arc de Triomphe), soit 344 km en 40 mn 44 s en utilisant divers moyens (avec le service régulier, il aurait mis 3 h 15 mn).

En mai 1969, le *Daily Mail* a organisé la course aérienne dans les deux sens entre la tour des Postes de Londres et l'Empire State Building de New York : un chasseur à réaction Phantom de la Royal Navy (pilote : T. Lecky Thompson) établit un record : 4 h 46 mn (moy. 1 164 km/h) entre l'aérodrome Floyd-Bennet et le terrain de Wisley, dans la banlieue londonienne, et un temps global de 5 h 19 mn 16 s pour le trajet entre le sommet de l'Empire State Building et celui de la tour des Postes.

Musée de l'Air et de l'Espace. *Fondé* en 1919. *Collections* civiles et militaires : 135 avions, 35 satellites, lanceurs ou sondes spatiales. Aéroport du Bourget.

Aéronefs

Classification

FAI (Fédération aéronautique internationale). *11 classes.* **Cl. A :** *ballons libres.* **B :** *dirigeables.* **C :** *avions, hydravions, amphibies* (moteurs à piston, turbopropulseurs, turboréacteurs et moteurs-fusées ; jusqu'à 3 000 kg, on parle d'avions légers ; de 3 000 à 26 000 kg d'av. d'affaires). **D :** *planeurs.* **E :** *giravions hélicoptères.* **E 2 :** *convertiplanes.* **E 3 :** *autogires.* Convertiplane : dont la sustentation en vol horizontal est assurée en totalité par des surfaces fixes et en vol vertical par des voilures tournantes actionnées par un appareil propulseur (convertiplane = vertoplane). **F :** *aéromodèles* (de dimensions réduites, munis ou non d'organe motopropulseur, non susceptibles d'emporter un être humain). **G :** *parachutes.* **H :** *aéronefs à sustentation par réaction* [VTOL : Vertical Take Off and Landing. (ADAV : appareil à décollage et atterrissage verticaux. Ex. : Hawker Siddeley V-Stol Harrier/AV8-A, et les prototypes LTV XC-142 A, Ryan XV-5 A et Dassault Mirage III-V) capables de décoller, de se ravitailler en vol stationnaire et d'atterrir en obtenant essentiellement leur sustentation d'un ou de plusieurs moteurs à réaction, et ne nécessitant pas, pour le décollage et l'atterrissage, une sustentation fournie par des surfaces extérieures]. **I :** *aviettes* (aérodynes capables de décoller et de se maintenir en l'air uniquement au moyen de l'énergie musculaire de leur pilote ou de leur équipage). **K :** *véhicules spatiaux.* **P :** *véhicules aérospatiaux* (Columbia). **L :** *véhicules à coussin d'air* [v. autonomes dont le poids est constamment supporté, partiellement ou totalement, par un coussin d'air et dépend de lui pour se déplacer sur une surface quelconque (Aérotrain, Hovercraft, Terraplane, Naviplane, Cushioncraft, Hovermarine, Aéroglide, Aérocar, Aérobac, aéroglisseur, hydrofoil, hydroptère, etc.)].

Définitions

• **Aérodyne.** Aéronef plus lourd que l'air.

• **Aéronef.** Nom générique servant à désigner tous les appareils d'aviation.

• **Aérostat.** Aéronef plus léger que l'air.

• **Aile supercritique.** Aux approches de la vitesse du son, avec les profils classiques, on constate une brutale augmentation de la traînée due à l'apparition, sur l'extrados de l'aile, d'une zone d'écoulement supersonique limitée à l'arrière par une onde de choc, c'est-à-dire une brutale recompression. Ainsi, à mesure que la vitesse augmente, on observe une perte de finesse aérodynamique. En arrière de l'onde de choc, finit par se produire un décollement de la couche limite qui provoque, en plus d'une augmentation de traînée, des vibrations qui peuvent être dangereuses pour l'avion.

L'ensemble de ces phénomènes constitue les troubles de compressibilité. On retarde ces troubles en augmentant la flèche de la voilure et l'épaisseur du profil. Ces profils sont surnommés « supercritiques » (le Mach critique étant celui à partir duquel l'écoulement devient localement supersonique).

• **A.T.L.** Avion très léger, coût env. 220 000 F. Consom. 9 l d'essence à 150 km/h.

• **Autogire.** Propulsé par moteur et hélice. Ailes fixes remplacées par les pales d'un rotor assurant la sustentation par l'autorotation due au vent relatif.

• **Avion.** Aérodyne entraîné par un organe moteur et dont la sustentation est assurée par une voilure fixe. Ce nom figure pour la première fois dans le brevet déposé par Ader. Voir plus loin.

• **Ballon.** Voir Aérostat. **B. captif :** retenu au sol par un câble, ex. : b. d'observation comme les *Saucisses.* Voir plus loin.

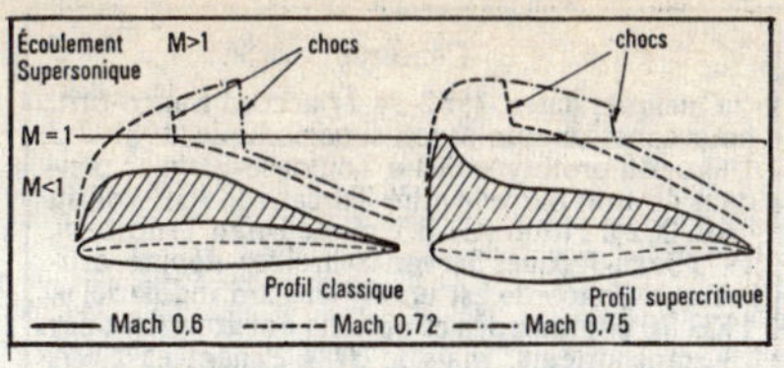

Différence de potentiel entre les extrémités des ailes d'un avion

Un conducteur rectiligne MN de longueur l se déplace horizontalement avec une vitesse v constante dans un champ magnétique uniforme $\vec{B}$ vertical ; une charge q entraînée par le conducteur subit l'action d'une force magnétique $\vec{F} = q\,\vec{v} \wedge \vec{B}$. Il existe donc un champ électromoteur E tel que $\vec{F} = q\vec{E}$, $\vec{B}$ et $\vec{v}$ étant perpendiculaires, $\vec{E} = \vec{v} \wedge \vec{B}$, donc E = v B.

Si la vitesse et le conducteur font un angle α, la charge q reçoit le travail $W = q \times E \times l \times \sin\alpha = qvlB \sin\alpha$. Il apparaît donc une f. é. m. entre les extrémités du conducteur :

$U_M - U_N = vlB \sin\alpha$.

Un avion de type Super Caravelle a une envergure de 34 m. Sa vitesse horizontale est de 800 km/h. Le champ magnétique terrestre = 4,6 × 10^{-5} T et sa direction avec la verticale est de 26°. Donc il existe une différence de potentiel entre les ailes de :

$$U_M - U_N = \frac{800\,000}{3\,600} \times 34 \times 4{,}6 \times 10^{-5} \times \cos 26° = 0{,}32 \text{ V.}$$

• **Comburant.** Corps oxydant qui, en se combinant avec un autre appelé combustible, provoque sa combustion. On peut utiliser l'oxygène de l'air (cas des moteurs aériens comme les moteurs de voitures) ou des *propergols* liquides (acide nitrique, eau oxygénée concentrée, fluor liquide, fluorure de brome ou de chlore, oxyde de fluor, oxygène liquide, ozone liquide, perchlorate de fluor, trifluore de chlore) et solides (perchlorate de sodium, ammonium). Tout comburant ou tout combustible entrant dans la composition d'un mélange propulsif pour fusées est un ergol.

• **Combustible.** Matière qui, en se combinant avec un comburant, brûle en dégageant de la chaleur. *Combustibles liquides :* alcool éthylique, ammoniac, boranes (diborane, pentaborane, décaborane), cyanogène, furatine, hydine, hydrate d'hydrazine, hydrazine, hydrogène liquide, hydrures d'azote ou de lithium, kérosène, lithium, monométhylhydrazine, nitriles, nitrométhane, térébenthine, triéthylaluminium.

• **Giravion.** Appareil à voilure tournante dont la sustentation est assurée par des surfaces mobiles, les rotors. Autogire et hélicoptère sont des giravions.

• **Hélicoptère.** Voir tableau p. 1136.

• **Hélicostat.** Engin hybride : la masse à vide est en partie équilibrée par la poussée aérostatique de ballons gonflés à l'hélium ; la charge utile (carburant + charge à l'élingue) et le complément de la masse à vide sont sustentés par des rotors d'hélicoptères. Conçu pour la manutention des charges (jusqu'à 50 t) sur courtes distances, il ne nécessite pas de lestage comme les dirigeables. *Projets : U.S.A. :* US Navy, Nasa et Goodyear pour transporter 70 t. *France :* Aérospatiale (1977) : long 34,5 m ; largeur 35,69 m ; volume hélium 1 700-2 075 m³ ; charge marchande 2,3 à 4 t.

• **Jumbo Jet.** Avion à réaction de grande capacité comme le Boeing 747 (1er livré le 21-1-70, à la Panam).

• **Matériaux composites.** Constitués de couches de fibre : f. de verre, de carbone (ou de graphite), de bore, de borsic (f. de bore enrobées de carbure de silicium), f. organiques (Kevlar 49). Les fibres sont noyées dans une matrice de résine (polyester, époxy, popyimide) ou parfois métallique (aluminium, magnésium, titane) qui résiste mieux aux hautes températures. Les matériaux composites entraînent une économie de poids lors de l'usinage de matière (ex. : 103 kg de composite au bore sont nécessaires pour 1 pièce d'avion de 94 kg ; 1 812 kg d'aluminium pour 1 pièce de 208 kg). En 1982, les composites entraient pour 8 % dans la masse totale d'un avion type de 60 t (prévisions : 1985 : 11 %, 1990 : 16 %, 1995 : 63 %).

• **Ornithoptère.** Machine à ailes battantes.

• **Planeur.** Appareil non propulsé mécaniquement et dont la sustentation est obtenue par des réactions aérodynamiques sur des surfaces fixes. Monoplace, biplace et planeurs à moteur (le moteur auxiliaire ne doit être utilisé qu'au décollage ; en compétition, on tolère que le moteur soit remis en marche pour atteindre une zone d'ascendance ou pour effectuer le vol de retour).

• **U.L.M. (Ultras Légers Motorisés).** Engin pesant − de 150 kg à vide et capable de tenir l'air à − de 40 km/h. Mono ou biplaces équipés d'un moteur de 12 à 50 CV. *Autonomie :* 2 h à 500 m en moyenne (plafond 3 000 m). *Vitesse de croisière :* 60 km/h. 2 types. 1) Dérivé de l'aile Delta du vol libre à laquelle on adopte un tricycle ou un chariot. 2) U.L.M. à 3 axes (2 ailes, 1 queue) se pilotant avec un manche à balai et un palonnier. *Conditions pour voler avec un U.L.M.* Appareil immatriculé. Avoir + de 16 ans. Posséder un laissez-passer de circulation délivré par le S.F.A.C.T. (Service de la Formation aéronautique et de contrôle technique) et un brevet théorique de pilote « planeur ». *Interdictions :* à l'intérieur d'une agglomération, de l'enceinte d'un aérodrome (sauf accord du commandant) ou d'un espace aérien contrôlé et d'un secteur de sécurité. A moins de 3 km d'un aérodrome ouvert à la circulation aérienne publique. Interdiction de décoller ou atterrir dans un champ ou un jardin sans l'autorisation du propriétaire. Interdit en Suisse et Luxembourg. En France : *morts 1982-84 :* 30. *Ventes 1983 :* 850, *84 :* 425. *Licenciés 1984 :* 2 900, *85 :* 2 260. *Prix :* 18 000 à 60 000 F. *1re course d'U.L.M. (1-9-82) :* Biggin-Hill (G.-B.), Bagatelle (France) avec escale au Touquet. Championnat du monde. *Créé* 1985 (août) à Millau (Aveyron). *Pendulaires* Morel (Fr.). *Multi-axes* d'Otreppe (Fr.). 1 mort : Joachim Krendz (All.) sur FK6. *Adresse :* Fédération fr. des U.L.M., chemin de la Sacristie, 84150 Montfavet.

• **Vortex generator (générateur de tourbillon).** Petites pièces de tôle carrées ou trapézoïdales pour canaliser les filets d'air le long de la voilure ou de l'empennage d'un avion et les empêcher d'atteindre des vitesses supersoniques qui créeraient des ondes de choc suivies d'ondes tourbillonnaires. Environ 90 % des avions modernes en service ont des vortex (ex. : *Caravelle, Boeing 727, Trident, DC-10*).

Avions

Fonctionnement

L'avion *vole* en raison de sa *portance* (composante verticale de la résultante aérodynamique qui équilibre le poids) et de sa *traînée* (composante horizontale qui équilibre la traction) (poussée).

• **Avion à moteur à pistons.** Propulsé par un moteur alternatif entraînant une hélice qui rejette une grande masse d'air à vitesse relativement faible. Son rendement de propulsion est donc bon, mais il chute lorsque l'extrémité des pales de l'élice atteint la vitesse du son, provoquant ainsi l'apparition d'ondes de choc et un écoulement de l'air plus perturbé. L'hélice carénée (qui agit comme un compresseur) permet de remédier partiellement à cette difficulté : l'air est ralenti dans la partie avant divergente du carénage, puis accéléré dans le rétrécissement arrière.

• **Avion à réaction.** Avion propulsé par un réacteur.

Turboréacteur. Moteur constitué d'un système de compression, d'une chambre de combustion, d'une turbine et d'une tuyère de détente. L'air aspiré par l'avant est comprimé, chauffé par la combustion d'un carburant, détendu dans la turbine, puis rejeté vers l'arrière à grande vitesse à travers la tuyère. La turbine permet de prélever une partie de l'énergie du gaz, pour provoquer le fonctionnement du compresseur, qu'elle entraîne par un arbre.

Turboréacteur double flux (ou turbosoufflante, ou encore turbofan). Réacteur dans lequel une partie de l'air aspiré n'est que faiblement comprimée, puis rejetée dans l'atmosphère (flux froid), l'autre partie subissant le cycle complet de compression, chauffage puis détente (flux chaud). Cette technique permet, par rapport au réacteur simple flux (dépourvu de flux froid), des gains de carburant et une réduction du bruit. Plus l'altitude est élevée, plus l'air est raréfié, moins le réacteur pousse (mais la résistance à l'avancement diminue aussi). Plus la température est basse, plus forte est la poussée. Lorsque l'avion monte, la température de l'air extérieur diminue jusqu'à − 57 °C vers 12 000 m ; au-delà, elle reste constante. C'est donc vers 12 000 m qu'on obtient les meilleures performances de vitesse.

Dispositif pour augmenter la poussée au décollage : 2 procédés : 1° *injection d'eau et de méthanol* afin d'augmenter provisoirement la masse éjectée, augmente la poussée de 15 % ; utilisé sur avions commerciaux. 2° *post-combustion* par réinjection de pétrole (à la sortie du réacteur) dans l'air non utilisé dans la combustion ; augmente la poussée de 50 %, utilisé sur avions militaires.

Turbomoteur. Analogue au turboréacteur. L'énergie prélevée par la turbine n'est pas seulement utilisée pour entraîner le compresseur : la turbine sert, en effet, à entraîner d'autres systèmes de propulsion, par ex. un rotor d'hélicoptère, ou bien une hélice ; dans ce dernier cas, l'ensemble est appelé *turbopropulseur.* Bien qu'il ne permette pas la propulsion de l'avion à des vitesses aussi élevées que le turbo-réacteur, le turbopropulseur permet, par rapport à celui-ci, un gain très important en consommation.

• **Avion-fusée.** Propulsé par une fusée (le moteur-fusée emporte à la fois combustible et comburant, et fonctionne sans apport de l'air extérieur). La consommation à basse altitude est très élevée. L'X 15, avion-fusée américain, était lâché en vol par un avion à 14 700 m d'altitude et atteignait plus de 100 km d'altitude par ses propres moyens. Il mesurait 6 m de long, 6,70 m d'envergure et pesait 22 516 kg (dont 12 000 de propergol).

• **Avion STOL** (Short Take Off and Landing) (ADAC : appareil à décollage et atterrissage courts). La portance des ailes est augmentée par des dispositifs hypersustentateurs. Ex. : Breguet 942 (poids au décollage 20 500 kg, 40 à 60 passagers, décollage 310 à 340 m, atterrissage 240 à 270 m) ; Dornier Do-27, Pilatus Porter, De Havilland-Canada : Caribou, Buffalo et Twin-Otter.

• **Avion supersonique** (souvent désigné TSS : transport supersonique, ou SST : supersonic transport). Avion à réaction ou à fusée, volant à une vitesse supérieure à celle du son, soit Mach 1 (env. 1 200 km/h). Avions commerciaux supersoniques : **U.R.S.S. : Tupolev 144** [*1968*-31-12 : 1er vol ; *1970* mai dépasse le mur de son ; *1971* mis en service ; *1973* un appareil s'écrase près du Bourget (12 †) ; 26-12-*1975* à juin *1978* liaison Moscou Alma Ata (3 700 km), un appareil s'écrase près de Moscou ; *1979* le Tupolev 144 D relie Moscou à Khabarovsk (6 185 km en 3 h 21) et effectue des liaisons non régulières] des vibrations excessives de l'appareil le rendaient inconfortable, le niveau de bruit des réacteurs était élevé, le système de pressurisation interne devait être amélioré, le manque de puissance des réacteurs contraignait l'équipage à utiliser plus longtemps et plus souvent que prévu la post-combustion (dispositif de réchauffe supplémentaire), d'où consommation accrue de carburant]. **France et G.-B. : Concorde** voir encadré p. 1338. **U.S.A.** projet **SST 2 707** (1969) abandonné en mars 1971 par vote du Sénat (malgré 130 options prises), *raisons :* économiques et écologiques ; technique difficile à maîtriser (vitesse supérieure à Concorde ; nécessite d'utiliser des alliages nouveaux).

• **Avion spatial transatmosphérique.** Masse 350 t. Propulseurs à hydrogène liquide, atteindrait 25 000 km/h en moins de 10 mn, volerait à 300/400 km d'alt. Coût du projet : 10 milliards de $.

• **Avion de transport supersonique futur (ATSF).** 110 t au décollage, 200 passagers, vitesse Mach 2 à 2,2, rayon 8 000 km.

• **Projet HOTOL** (Horizontal and Take-off Landing) de British Aerospace. Décollerait sans pilote sur un chariot lancé à 500 km/h. Quand la vitesse orbitale (env. 28 000 km/h) est atteinte (vers 90 km d'altitude), les moteurs sont coupés et l'HOTOL sur sa lancée peut monter jusqu'à 300 km. Les OMS (22 petits moteurs fusées) suffisent ensuite à assurer la décélération nécessaire pour amorcer la désorbitation, en ramenant le périgée à 70 km d'alt. Le vol plané hypersonique commence vers 25 km, avec un échauffement plus modéré (− de 1 400 °C). Atterrissage à 320 km/h sur 1 800 m de roulement. Permettrait de relier Londres à Sydney en 45 mn de vol, de verticale à verticale, soit 65 à 70 mn de vol, du décollage à l'atterrissage. Coût du voyage : 24 millions de F [soit, pour 50 sièges occupés, 480 000 F par passager (Paris-Sydney, par les lignes régulières revient en 1re classe à 25 000 F)].

Principaux types d'avions commerciaux (entre parenthèses : 1er vol)	Enverg. m	Long. m	Masse [1] kg	Passagers	Vitesse km/h	Rayon d'act.[2] km
Avions à turboréacteurs						
Airbus A-310-200 (03-04-82)	43,90	46,66	138 600	214 à 255	940	7 900
Airbus A-310-300 (1984)	43,90	46,66	150 000	234	940	9 500
Airbus A-300 B2[8] (28-10-72)	44,84	53,62	142 000	251 à 345	950	4 635
Airbus A-300 B4[8] (26-12-74)	44,84	53,62	165 000	251 à 345	915	6 765
Airbus A-300-600 (Fr.) (1984)	44,8	54,1	165 000	267	915	7 100
Airbus A-320 (1988) (Fr.)	33,9	37,55	66 000	150	M 0,78	3 240
Alpha Jet Breguet-Dassault (Fr.)	9,1	12	7 500	n.c.	M 0,85	4 h 30′
Alpha Jet Ingea Breguet-Dassault (Fr.)	9,1	12,01	1 900	n.c.	M 0,86	4 h 30′
Antonov 124 Ruslan (U.R.S.S.) (1986)	67,88	69,5	405 000	–	850	16 000 [25]
Atlantic ATL 2 Breguet-Dassault (Fr.)	37,3	32,62	46 200	n.c.	700	164
BAC 1-11[4] (série 500) (G.-B.)	28,50	32,61	47 400	90 à 119	885	2 735
BAC VC-10[3] (G.-B.)	42,73	52,36	152 000	151	961	9 700
Boeing 707-120[3] (U.S.A.)[12]	39,87	44,04	116 000	181	990	7 485
Boeing 707-320 B/C (intercont.) (U.S.A.)	44,42	46,61	152 405	147 à 189	1 010	11 186
Boeing 727 avancé[6] (U.S.A.)	32,92	46,69	94 225	134 à 187	994	5 778
Boeing 737 avancé[4] (U.S.A.)	28,35	30,50	52 390	115 à 130	943	4 630 [17]
Boeing 747[3] (U.S.A.)[11]	59,64	70,50	351 540	350 à 500	1 030	9 200
Boeing 747 SP (U.S.A.)	44,64	56,20	293 000	280 à 360	980	11 000
Boeing 757 (U.S.A.) (février 1982)	37,95	47,32	104 325	178 à 224	873	4 614
Boeing 767 (U.S.A.) (26-9-81)	47,57	48,51	136 080	211 à 289	873	5 152
Caravelle 3 Aérospatiale (France)	34,30	32,01	48 000	99	800	2 200
Caravelle 12[4] Aérospatiale (France)	34,30	36,236	58 000	128	812	3 150
Comet 4B[3] Hawker Siddeley (G.-B.)	32,88	35,97	71 650	72 à 101	891 [15]	4 135
Concorde[3,5] BAC-Aérosp. (Fr.-G.-B.) (20-3-69)	25,56	62,10	185 070 [20]	100 à 128	2 200	6 500
Convair 880[3] (U.S.A.)	36,58	39,42	86 000	88 à 110	970	5 000
Convair 990[3] (U.S.A.)	36,58	42,50	108 000	121	1 030	7 000
Epsilon (Fr.)	7,92	7,50	1 190	n.c.	370	3 h 50′
Falcon 10 Dassault-Breguet (Fr., 1-12-70)	13,08	13,86	4 880	4 à 7	915	3 550
Falcon 20 F Dassault-Breguet (Fr., 4-5-63)	16,30	17,1	7 530	8 à 14	860	3 300
Falcon 50 Dassault-Breguet (Fr., 7-11-76)	18,86	18,3	9 000	8 à 14	870	6 500
Falcon 200 Dassault-Breguet (Fr., 1981)	16,32	17,15	8 150	1 à 15	850	4 540
Fokker VFW-614[4] (All. féd.-P.-Bas)	21,50	20,57	12 000	44	700	1 200
Fokker F-28 (P.-Bas)	23,58	29,61	16 470	65	843	1 300
Iliouchine IL-62[3] (U.R.S.S.)	43,30	53,12	157 000	186	900	9 200
Iliouchine IL-86	48,06	59,54	206 000	350	950	4 600 [22]
Iliouchine 76[3] (U.R.S.S.)	50,50	46,60	157 000	n.c.	n.c.	5 000
Jaguar Breguet-Dassault (Fr.)	8,7	17,5	15 000	n.c.	M 1,50	3 h 30′
Lockheed L-1011[6] (U.S.A.)	47,35	54,00	186 000	345	945	5 200
Lockheed C-5A Galaxy (U.S.A.) (1970)	67,88	75,54	348 800	–	920	12 860 [26]
Lockheed C-5B Galaxy (U.S.A.) (1986)	67,88	75,54	379 600	–	920	10 400 [27]
Mercure Dassault[4] (Fr.) (28-5-71)	30,55	34,84	57 000	130 à 150	945	2 000 [17]
McDonnell Douglas DC-8[3] (série 62) (U.S.A.)	45,23	47,80	152 000	189	965	13 676
McDonnell Douglas DC-8 (juin 63)	45,20	57,10	1590/1 620	259	965	7 240
McDonnell Douglas DC-9[4] (série 30) (U.S.A.)	28,47	36,36	46 720	115	909	2 510 [9]
McDonnell Douglas DC-10[6] (série 30) (U.S.A.)	50,42	55,32	252 000	270 à 380	925	9 815 [10]
Microjet 200 B (Fr.)	7,56	6,55	1 100	n.c.	463	2 h 15′
Mirage III E Breguet-Dassault (Fr.)	8,22	15	13 700	n.c.	M 2,10	3 h 20′
Mirage 5 Breguet-Dassault (Fr.)	8,22	15,56	13 700	n.c.	M 2,10	3 h 30′
Mirage III NG Breguet-Dassault (Fr.)	8,22	15,65	14 700	n.c.	M 2,20	n.c.
Mirage 50 Breguet-Dassault (Fr.)	8,22	15,6	13 700	n.c.	M 2,20	3 h 30′
Mirage FI Breguet-Dassault (Fr.)	8,44	15,25	15 200	n.c.	M 2,20	3 h 30′
Mirage 2 000 Breguet-Dassault (Fr.)	9,15	14,4	n.c.	n.c.	M 2,30	n.c.
Mystère Falcon 100 Breguet-Dassault (Fr.)	13,08	13,86	8 500	n.c.	915	3 550
Mystère Falcon Gardian/HU 25 A Breguet-Dassault (Fr.)	16,3	17,15	14 500	n.c.	860	4 170
Mystère Falcon 900 Breguet-Dassault (Fr.)	19,33	20,21	20 640	n.c.	926	7 040
HS 125 Hawker Siddeley (G.-B.)	14,33	15,39	11 340	8 à 14	845	3 000
HS Trident 2 E (G.-B.)	29,90	32	65 540	91 à 149	960 [16]	4 095
HS Trident 3 B (G.-B.)	29,90	39,90	71 670	136 à 180	895	3 300
SN 601 Corvette Aérosp. (Fr., 6-7-70)	12,87	13,83	3 870	6 à 14	760	2 500
Super Mirage 4 000 Breguet-Dassault (Fr.)	n.c.	n.c.	n.c.	n.c.	n.c.	n.c.
Super Étendard Breguet-Dassault (Fr.)	9,6	14,31	12 000	n.c.	M 1	34
Tupolev 104 B[4] (U.R.S.S.)	34,54	38,85	100 000	70	850	3 100
Tupolev 124[4] (U.R.S.S.)	25,55	30,58	38 000	56	n.c.	1 200
Tupolev 134[4] (U.R.S.S.)	29,00	35,00	44 000	72	885	3 500
Tupolev 144[3] (U.R.S.S.)	28,80	64,45	180 000	126	2 300	6 500
Tupolev 154[6] (U.R.S.S.)	37,55	47,90	90 000	164	950	4 000 [19]
Yakovlev 14[4] (U.R.S.S.)	n.c.	n.c.	n.c.	120	n.c.	2 800
Yakovlev 40[6] (U.R.S.S.)	25,00	20,36	15 500	27	550	1 000
Avions à turbopropulseurs						
Antonov 22[7] (U.R.S.S.)	64,50	57,89	250 000	724	740	10 950 [24]
Antonov 24-26 (U.R.S.S.)	29,20	24,00	17 000	50	430	600 [19]
ATR-42 (France-Italie) (été 84)	24,57	22,67	15 750	42 à 49	510	1 760
Breguet Br. 941[7] STOL (France)	23,20	27,73	24 000	48	425	5 000
Fairchild F-27 (U.S.A.)	29,00	23,50	17 463	4 à 48	443	2 460
Fokker F-27/500 (P.-Bas)	29,00	25,06	19 730	52	450	1 900
Frégate (Nord 262 C et D) Aérospatiale (France)	22,60	19,28	10 800	26 à 29	415	1 020
HS 748 Hawker Siddeley (G.-B.)	30,02	20,42	21 088	40 à 60	448 [13]	2 650 [14]
Lockheed (Electra)[7] (U.S.A.)	30,18	31,81	52 000	66 à 93	652	5 470
Namc YS-11 (Jap.)	32,00	26,30	15 300	60	450	1 700
Transall C-160 (Fr.-All. féd.) (20-2-63)	40,00	32,40	51 000	3	500	8 800
Ilyouchine 18[7] (U.R.S.S.)	37,40	35,90	61 000	73 à 111	650	5 000
Nord 262 Aérospatiale (France 24-12-62)	21,90	19,28	10 600	29	395	980
Tupolev 114[7] (U.R.S.S.)	51,10	54,10	171 000	220	770	8 950
Vickers-Vanguard[7] (G.-B.)	35,96	37,38	66 500	97 à 139	680	4 160
Vickers-Viscount 708 et 724[7] (G.-B.)	28,55	24,74	26 000	60 à 62	505	3 300
Avions à moteurs à pistons						
Breguet Deux Ponts[7] (France)	42,99	28,95	50 000	59 ht 48 bas	400	3 700
Douglas DC-3[23] (U.S.A.)	28,90	18,63	11 800	21	290	2 500
Douglas DC-4[7] (U.S.A.)	35,80	28,47	33 100	55	480	4 300
Douglas DC-6[7] (U.S.A.)	35,80	32,46	48 000	87	580	9 500
Douglas DC-7[7] (U.S.A.)	38,86	34,62	64 850	22	580	9 600
Lockheed (Constellation)[7] (U.S.A.)	37,49	28,97	47 700	44	525	8 800
Lockheed (Super Constell.)[7] (U.S.A.)	37,50	34,60	62 400	48 à 88	470	5 000
Lockheed (Super Starliner)[7] (U.S.A.)	45,72	34,02	72 600	48 à 88	560	9 560
Nord 2501 (France)	32,50	21,80	19 600	40	440	1 000

Nota. – (1) Masse maximale au décollage (t). (2) Rayon d'action max. (km) à vide. (3) 4 réacteurs. (4) 2 réacteurs. (5) 4 réacteurs à simple flux SNECMA- Olympus 593 ; puissance 17 100 kg de poussée, consommation 1,327 kg/kgp/h. (6) 3 réacteurs. (7) 4 hélices. (8) Voir encadré. (9) Avec 75 passagers. (10) Avec 270 passagers et bagages. (11) Hauteur 19,33 m. (12) Hauteur 12,90 m. Nouvelles versions prévues : court-courrier 747 SR (537 pass.), long-courrier (385 p.). Version fuselage allongé de 15 m : court-courrier (750 p.), long-courrier (550 p.). (13) Vitesse à 4 600 m d'altit. (14) Avec 3 620 kg de charge utile. (15) Vitesse de croisière moyenne. (16) Vitesse de croisière typique. (17) Rayon d'action commercial, compte tenu de la réserve de carburant, B 737 : 2 500, Mercure : 2 000. (18) Corvette 100 : 12 à 14 places, consomme 10 l de carburant par passager aux 100 km, 200. (19) Rayon d'action max. à pleine charge. (20) *Au décollage :* à l'atterrissage 111 380, sans carburant 92 080, charge marchande type 11 340. (21) Le dernier Comet a été retiré du service en 1980. (22) Avec charge de 20 t, 3 200 km avec 40 t. (23) Douglas commercial n° 3 : 1er vol le 17-12-1935, 13 000 ex. construits dans le monde jusqu'en 1947. (24) 5 000 avec la charge max. de 80 t. (25) 4 500 avec la charge payante max. de 150 t. (26) 6 030 avec la charge payante max. de 100,2 t. (27) 5 525 avec la charge payante max. de 118,4 t.

☞ **Projet (1992) :** Boeing 7 J 7 à 2 hélices incurvées de 3 m de diamètre tournant à l'extérieur de la nacelle où se trouve la turbine.

Concorde

Quelques dates. 1962-*24-11* accord franco-brit. pour construire un avion supersonique. **1969-*2-3*** 1er vol du prototype 001 à Toulouse-Blagnac pendant 40 mn, pilote André Turcat. *-9-4* 1er vol du prot. 002 à Filton (G.-B.), pilote Brian Trubshaw. **1971** Jean-Jacques Servan-Schreiber, député, estime que Concorde est un « Viêt-nam industriel ». **1973** 70 commandes et options ont été prises par 13 transporteurs, mais le *31-1* Panam et TWA renoncent. Les autres suivent : seuls Air France et British Airways se partagent les 14 avions construits en sus des 2 prototypes. **1976-*21-1*** mise en ligne Paris-Rio (avec escale à Dakar) et Londres-Bahreïn. **1977-*22-11*** Paris-New York (7 AR par semaine, 11 à partir du 29-3-81). **1978-*20-9*** vol Air France prolongé sur Washington. **1979** les gouvernements français et brit. décident de limiter la série à 16 avions et 88 réacteurs. *-12-6* vol Air-France prolongé sur Mexico. **1980** la ligne Londres-Bahreïn-Singapour est fermée. **1982-*1-4*** abandon des lignes vers l'Amér. du S. *-1-11* vers Washington et Mexico. Air France possède 7 Concorde ; 4 volent régulièrement, 1 est pratiquement en état de vol, les 2 autres servent à maintenir en état les 4 appareils volant régulièrement.

Coût. *Total :* des 1res études (1956) à la construction de 16 appareils (dont 2 prototypes) : 30 milliards de F. *Prix de vente de chaque appareil :* 235 à 270 millions de F (fixé pour une série de 150 à 200 appareils).

British Airways (1985) 200 vols. **Compte d'exploitation** (en millions de F). *En ne retenant que les dépenses courantes* (équipage, entretien et carburant) : *1982 :* – 117, *83 :* + 31,3, *84 :* + 66,2, *85 :* + 85. *En comptabilisant aussi frais financiers et amortissements* (sur 17 ans), pris en charge par l'État : *1977 :* – 283, *78 :* – 302, *79 :* – 265, *80 :* – 281, *81 :* – 345, *82 :* – 117, *84 :* – 140, *85 :* – 126 (dont amortissements 103, frais financiers 23), *86 (prév.) :* – 100. Le contrat de plan 1984-86 stipule que l'État continue de prendre en charge frais financiers et amortissements liés aux investissements réalisés avant le 1-1-1984. Et, depuis, tous ceux rendus nécessaires par les modifications aéronautiques préalablement acceptées par l'État. Les autres investissements (ex. renouvellement des pièces de rechange) doivent être assumés par Air France pour 50 % de leur coût (Air France doit partager avec l'État 50 % du résultat d'exploitation courante de Concorde). *Exploitation prévue* au moins jusqu'en 1995 (la structure a subi des essais de fatigue qui ont démontré qu'elle peut accomplir 30 000 vols (mais les services officiels ont limité sa durée de vie à 6 700 vols).

Bilan. Air France (de 1976 à 86). *Vols réalisés* 10 500 (46 850 h). *Passagers transportés* 621 000. *Vitesse record* 1 732,6 km/h [le 19-3-82 sur 5 111 km entre Santa Maria (Açores) et Caracas (Venezuela)]. *Taux* (1985) de ponctualité 87,5 %, régularité 99,2 %. Pour 1 h de vol il faut 17 h d'entretien (3 pour les Airbus). *Consommation :* Paris-New York 70 t de kérosène (1 Boeing 747 à capacité triple consomme 80 à 85 t). *Coefficient d'occupation :* (Paris-New York) *1983 :* 59,7, *84 :* 61,6, *85 :* 62,3 (record 74,4 en oct. 85). *Vols charters :* prix : 150 000 F l'h. Nombre de vols ch. effectués : 320 en 10 ans [dont 80 en 1985 (dont 14 pour le Pt de la Rép. et le PM)]. **Bristish Airways** (de 1975 à 85). *Passagers* 800 000 (dont 50 000 sur charters). *Lignes* Londres-New York (2 fois/j), Londres-Washington-Miami (3 fois par sem.).

Avion supersonique de transport (ATSF) (projet). *Passagers* 200 (100 sur Concorde) ; *Rayon d'action* 8 000 m (6 500) ; *Voilure* 500 m² (360) ; *Vitesse* Mach 2,02 (2,02).

Quelques chiffres

- **Altitude optimale de vol** (en m). *Concorde* 18 000, *Boeing 747* 13 740, *727* 12 800, *Douglas DC-10* 12 200, *737* 10 600.
- **Bruit. Zones de bruit engendrées par différents types d'avion.** Début de piste d'envol et, entre parenthèses, surface en km². 707 (267) ; 727-200 (52) ; 737 (34) ; Tristar 1011 (22) ; A300B (13).
- **Consommation. Nombre de passagers-km effectivement réalisés par kg de carburant brûlé (à taux de remplissage maximal).** *Paquebot* 4, *avion supersonique Concorde* 10, *récent B 747* 38, *B 737* 25. Avec les

taux d'occupation existants ou attendus : *Paquebot* 3, *Concorde* 7, *B 747* 23, *B 737* 15.

Consommation moyenne horaire de carburant kérosène (en t) (1984).

Appareils	Sièges	Vit. km/h	Cons.
Concorde	100	2 200	20
Boeing 747 mixte	377/479	950	11,5
Boeing 747 combiné	261	950	11
Boeing 727	156	920	4,2
Boeing 737	108	800	2,5
Airbus A 300-B2	292	940	6
Airbus A 300-B4	236/292	940	6,1
Airbus A 310	246	830	4,4

Mac Donnell met au point une aile perforée qui, en réduisant les turbulences, ferait baisser de 45 % la consommation du kérosène.

● **Dimensions. Avions de transport les plus gros. U.S.A. :** *C-5A*, dit *Galaxy*, construit par Lockheed (347 t, long. 43,90, larg. 5,80, 28 roues). Les moteurs TF-39 ont chacun une poussée de 18 650 kg et 10 275 kg. 11 *C-5A*, transportant 91 t et volant 10 h par jour, auraient pu assurer à eux seuls le pont aérien de Berlin en 1948 (il avait alors fallu 375 avions, dont 225 américains et 150 anglais).

U.R.S.S. : *Antonov 22 « Anthée »* (250 t). 4 turbopropulseurs développant chacun 15 000 ch entraînant 8 hélices contrerotatives.

Avions les plus petits. Ex. biplan Stits « Skybaby » en 1952 (enverg. 2,18 m, long. 3 m, moteur de 85 ch, 205 kg à vide, vitesse max. de 298 km/h). Le Cri-Cri : enverg. 4,90 m, long. 3,90 m, 72 kg. **Le plus léger.** Birdman, 55 kg, enverg. 10 m, décolle en 30 m, se pose en 15 m, moteur de 11,5 ch, 80 km/h.

● **Pistes. Longueurs nécessaires suivant les appareils** (en m). Airbus B4 : 2 320. Boeing 707 : 2 900 à 3 320. Boeing 727 : 2 400 à 2 600. Boeing 737 : 2 100. Boeing 747 : 2 720 à 3 200. Caravelle : 1 800 à 2 000. Concorde : 3 000 à 3 200. DC-3 : 1 200. DC-4 Constellation : 1 550. DC-6 : 1 860. Superconstell. : 1 970. Tupolev 154 : 2 100. Viscount 708 : 1 650.

● **Prix de vente. Avions commerciaux** (en milliards de $ U.S., avec p. de rechanges en 1985). **Airbus :** *300-600* 75,1 ; *310-200* 64,1. **Boeing** : *737-200* 19,7 ; *737-300* 27,7 ; *747-200* 99,6 ; *757-200* 44,7 ; *767-200* 56,8. **MDC-***80* 29. **Hélicoptères** (en millions de F, 1979). *SA 315 B* 2,1. *SA 319 B* 2,7. *SA 330 JP* 10,0. *AS 350 Écureuil* 1,6. *Bell 206 B Jet Ranger II* 0,9. *Bell 206 L* 1,6. *Bell 222* 4,1. *Sikorsky S-76* : 5,2. **Avions de tourisme et d'affaires** (en F). *Galopin* (110 ch) 241 900. *Tampico* (160 ch) 288 000. *Trinidad* (250 ch) 529 000. *Tobago* (180 ch) 314 000. *Gabier* (235 ch) 410 200.

Avions d'occasion (en F). *Vieux coucou* 10 000. *Ancien Morane ou Jodel* 15 000 environ. *Rallye* 30 000. *Robin quadriplace* 60 000 et +. **A. commerciaux d'occasion** (avions arrivés à mi-potentiel, en millions de $ mi-82) : *Airbus A 300 BA* ¹ 25. *Boeing 727-200 :* 5,75, *737-200 :* 5, *747-200* ¹ : 26,5. *Bac 1.11.500* ¹ : 3,25. *DC 9-50* ¹ : 9,5, *DC 9-80* ¹ : 17,5 *DC 10-30* ¹ : 20,5. *Fokker F2 86 000* : 4,5.

Nota. — (1) Appareils en production.

● **Prix de revient.** Heure de vol et coût du km/avion, entre parenthèses (en F). *Piper « Chieftain »* 330 km/h 2 207 (6,68). *Beechcraft « King-Air » 200 :* 3 928 (7,55). *Dassault Falcon 20 F :* 850 km/h 9 779 (1,43).

● **Vitesse.** *A l'atterrissage : Boeing 747 :* 260, *737 :* 240, *727 :* 222, *DC-10 :* 260, *Concorde :* 296. *Au décollage : De croisière :* voir tableau p. suivante.

● **Production, commerce.** V. p. 1341.

Ballons libres

Quelques précisions

Adresses. *Fédération française d'aérostation,* 29, rue de Sèvres, 75006 Paris (58 clubs affiliés). *Club aérostatique de France,* 3 bis, square Antoine-Arnaud, 75016 Paris. *École de pilotage* à Maintenon. *École aérostatique de France* à Meaux, (6) 436-61-68. *Club des ballons libres du Nord,* 190, rue Abbé-Bonpain, 59800 Lille. *Les Montgolfières de France,* 55, quai Bourbon, 75004 Paris. **Distributeurs. Ballons Cameron** : Jean Costa de Beauregard, Fontaines 77139 Etrepilly. *Ballons Thunder-Colt :* 73, rue Eugène-Varlin, 92240 Malakoff. **Constructeurs français de montgolfières.** *Manufacture française de Montgolfières,* 2, rue Anatole-France, 51430 Tinqueux. *Éts Chaize,* 48, rue Balay, 42000 St-Étienne.

Nombre dans le monde : montgolfières 4 200 (France 274), ballons à gaz 159 (Fr. 13 dont 1 publicitaire).

Prix. *Ballon :* 70 000 F (constr. artisanale, amateur) à 200 000 F. *Montgolfière :* 80 à 180 000 F env. Inscription au club + assurance + inscription à la Fédération 600 à 800 F. 1 h de vol (montgolfière) : 550 à 700 F. **Brevet de pilotage.** Après 12 h de vol (dont 2 en solo). **Pilotes.** 400 homologués, 1 300 environ pratiquants en Fr. (1-2-86).

Types de ballons. *1°) à gaz* alimentés en général à l'hydrogène ou à l'hélium (ex. : « Double Eagle II », en août 1978, a traversé l'Atlantique, 5 001 km, durée 5 j et 17 h). *2°) à air chaud* (ou montgolfières). Record : distance 1 450 km (1ʳᵉ traversée de la Méditerranée, mars 1983, durée 29 h, altitude 16 805 m). *3°) hybrides* air chaud et gaz (type prévu pour un tour du monde à haute altitude : 20 j sur plus de 30 000 km). *4°) permettant la pressurisation de gaz à l'intérieur de l'enveloppe* (encore peu utilisés). *5°) à énergie solaire* (expérimentaux) ; une enveloppe noire emmagasinant la chaleur est recouverte d'une autre enveloppe en matière synthétique transparente laissant pénétrer les rayons solaires. *6°) planétaires,* envisagés comme moyen d'observation des planètes (gonflés à l'eau ou à l'ammoniaque depuis le sol d'autres planètes).

Ces catégories comportent 15 sous-classes de 250 m³ à 22 000 m³ et +.

Vitesse. Identique à celle d'un ballon et à celle du vent qui le déplace.

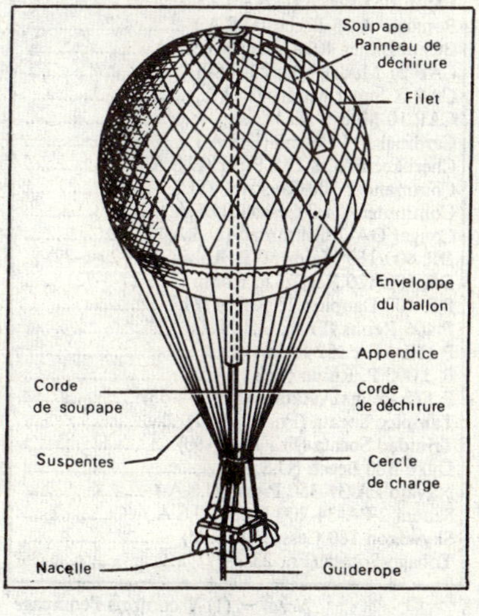

Ballon à gaz

Description. 1°) Enveloppe ou peau de ballon. Sphère en tissu synthétique (coton, lin, soie furent d'abord utilisés), composée de fuseaux (32 pour un ballon de 700 m³) assemblés par collage et coutures recouvertes de bandes d'étanchéité. Chaque fuseau est lui-même décomposé en panneaux. L'enveloppe est gonflée avec un gaz plus léger que l'air, le plus souvent de l'hydrogène ; elle s'ouvre à sa partie supérieure par une *soupape* qui permet l'évacuation du gaz et le déclenchement de mouvements vers le bas, et à sa partie inférieure par le *manche de gonflement,* ou appendice, qui sert à l'introduction du gaz dans l'enveloppe et, en cours de vol, en particulier durant la montée, à l'évacuation libre d'un excès de gaz dilaté par la diminution de la pression atmosphérique. Elle comporte aussi un panneau de déchirure en tissu (triangulaire en haut du ballon), qui sert de volet. En tirant sur une corde on peut l'ouvrir pour dégonfler rapidement le ballon lors de l'atterrissage, pour éviter que la nacelle ne soit traînée au sol. **2°) Filet.** En chanvre italien, à fibres longues et serrées (résistance au déchirement 90 kg pour une corde de 3 mm de diamètre ; 1 100 kg pour 11 mm), il recouvre l'enveloppe et se termine par des suspentes (12 à 16) qui aboutissent au *cercle de charge* (en bois ou métal léger) auquel sont attachées les suspentes de la nacelle. **3°) Nacelle.** Panier en osier (résistance, souplesse, légèreté, électricité statique nulle). Doit avoir actuellement 1,10 × 1 m × 1 m de haut au moins pour transporter 4 personnes. **4°) Guiderope.** Corde en coco de 60 à 75 m de long accrochée sur un des côtés de la nacelle. En le déroulant (lorsqu'il touche le sol), il sert de délesteur, frein partiel, moyen d'orienter le ballon avant son atterrissage. **5°) Ancre.** Servant de frein, n'est plus utilisée aujourd'hui. **6°) Lest.** Corps pesants (sable en sacs de 15 kg) que l'on jette pour régler l'ascension du ballon. **7°) Instruments :** altimètre (baromètre gradué en altitude) ; *variomètre* (indique en m/s la vitesse de montée ou de descente), *thermomètre* et éventuellement *hygromètre, barographe* (enregistre le vol) et *radio.*

Nota. — Ballon de 700 m³ poids mort 260 kg (sans lest, lest minimum 70 kg, charge en passagers max. 430 kg = 5 passagers), *b. de 400 m³* 140 kg.

● **Principe.** Les b. à gaz sont aujourd'hui gonflés à l'hydrogène qui a une force ascensionnelle moyenne de 1,1 kg/m³. L'hélium, plus lourd que l'hydrogène mais ininflammable, est rarement employé étant donné son coût. Le gaz d'éclairage n'est plus employé (il est en général plus lourd que l'air sauf le gaz des houillères). Une fois le b. gonflé, le pilote jette du lest jusqu'à ce que le b. atteigne son point d'équilibre au niveau du sol (opération appelée pesage). Cet équilibre est atteint dès que le poids total du b. correspond au poids de l'air déplacé par le b. selon le *principe d'Archimède* (tout corps plongé dans un fluide subit de la part de ce fluide une poussée verticale de bas en haut égale au poids du fluide qu'il déplace). La force ascensionnelle est égale à la différence entre le poids de l'air déplacé par le b. et le poids du b. Le poids de l'air variant avec la température, l'altitude et l'humidité relative, la force ascensionnelle du b. et sa hauteur d'équilibre varient selon les conditions atmosphériques. Au fur et à mesure que le b. monte, le poids de l'air diminue alors que le gaz, devenant plus léger, augmente de volume (*loi de Mariotte :* à température constante, le produit des nombres qui mesurent la pression et le volume est un nombre constant pv = p'v' = constante).

Tout b. qui a atteint son point d'équilibre redescend jusqu'au sol (à 1, et 3,5 m/s suivant l'altitude) s'il n'est pas maintenu en altitude par un délestage régulier. Pour accélérer la descente, on ouvre la soupape ; pour la freiner, on désleste ; pour maintenir une alt. constante, on alterne.

Quantités minimales de lest embarqué (1 sac de lest = 15 kg net) : *ballon de catégorie 1* (600 m³) 4 sacs = 60 kg ; *2 et 3* (jusqu'à 1 200 m³) 8 = 120 kg ; *4* (jusqu'à 1 600 m³) 12 = 180 kg ; *5* (jusqu'à 2 600 m³) 15 = 225 kg. Au minimum, on embarque en poids les 10 % du volume. *Influence de la température :* si la température du gaz baisse, le volume gazeux diminue et la force descendante égale 4 % du poids de l'air déplacé par degré. A 2 000 m d'alt., 1 m³ d'air pesant env. 1 kg, un b. de 1 000 m³ subit ainsi une force descendante de 40 kg env. pour une baisse de température de gaz de 10 °C. La descente qui s'ensuit ne peut alors être freinée qu'avec 40 kg de lest.

Ballon flasque : rempli incomplètement : il s'élève avec une vitesse constante jusqu'à ce que son enveloppe soit entièrement dilatée. Il devient alors un b. plein qui continue son ascension jusqu'à son point d'équilibre. *Avantage* 1° : il s'élève à son altitude de gonflement maximum sans intervention du pilote ; 2 fois plus vite qu'un b. rigide (sa force ascensionnelle restant constante) ; il est donc plus vite à l'abri des obstacles imprévus ; 2° il économise du gaz.

Ballon stratosphérique ouvert. *Principes :* enveloppe, matériaux légers et peu résistants (polyéthylène de 10 à 25 microns d'épaisseur) ; env. remplie de gaz léger (hélium ou hydrogène), ouverte à sa partie inférieure. Ballon d'env. 350 000 m³ (90 m de diamètre), emporte 600 kg à 40 km d'alt. A la fin de l'expérience, séparée, la nacelle se détache et redescend avec un parachute ; le ballon éclate.

Ballon pour vols de longue durée. Le refroidissement nocturne de l'atmosphère entraîne la chute des ballons ouverts (leur volume diminue). L'utilisation de ballons fermés pressurisés permet de garder un volume constant jour et nuit. En 1978 on utilisait seulement des ballons surpressurisés et sphériques. Depuis, on a étudié des ballons lobés « potirons », permettant d'emporter 12 kg à 17 km d'alt. pendant 5 mois, ou 50 kg à 26 km. Chauffés le jour par le rayonnement solaire, et la nuit par le rayonnement infrarouge émis par la terre. Performances envisagées : alt. 18-28 km avec des charges de 50 kg.

Principaux types d'avions légers	Enverg. m	Long. m	Masse kg	Places [1]	Vitesse [2] km/h	Rayon d'action km
Avions à turboréacteurs						
500 Citation Cessna (U.S.A.)	14,3	13,3	2 931	7 à 9	840	2 455
650 Citation Cessna (U.S.A.)	15,4	15,7	4 364	8 à 13	972	5 554
Gates Learjet 24E (U.S.A.)	10,9	13,2	3 187	8	980	2 340
Gates Learjet 36A (U.S.A.)	12	14,8	4 152	8	1 000	5 290
Gulfstream 2 Grumman (U.S.A.)	21,9	24,4	16 738	21	1 020	6 200
Gulfstream 3 Grumman (U.S.A.)	25,8	26,6	17 604	22	1 055	8 170
HFB 320 Hansa (All. féd.)	14,44	16,56	5 420	14	930	2 520
HS-125-700 Hawker Siddeley (G.-B.)	14,3	15,5	5 765	10 à 16	935	4 270
Jet Star 2 Lockheed (U.S.A.)	16,6	18,4	10 967	12	980	4 980
Sabreliner 60 Rockwell (U.S.A.)	13,6	14,3	5 103	12	960	3 380
Sabreliner 80 A Rockewell (U.S.A.)	15,4	14,4	n.c.	12	960	n.c.
Avions à turbopropulseurs						
PA-31-T Cheyenne Piper (U.S.A.)	13	10,6	2 257	8	520	2 800
441 Conquest Cessna (U.S.A.)	15	12	2 489	8 à 11	530	3 390
400 Hustler American Jet (U.S.A.)	9,9	11,7	1 678	7	610	4 590
C 90 King Air Beech (U.S.A.)	15,3	10,8	2 593	6 à 11	412	2 370
B 100 King Air Beech (U.S.A.)	14	12,2	3 208	6 à 16	491	2 450
MU-2N Mitsubishi (U.S.A.)	11,9	12	3 491	8 à 11	545	2 220
MU-2P Mitsubishi (U.S.A.)	11,9	10,1	3 129	7 à 9	590	2 580
200 Super King Air Beech (U.S.A.)	16,6	13,3	3 327	7 à 16	536	3 500
690 B Turbo Commander Rockwell (U.S.A.)	14,2	13,5	2 810	7 à 10	530	2 720
Avions à moteurs à pistons						
Aiglon R 1 180 P. Robin (Fr., 3-2-77)	9,08	7,26	650	4	250	1 600
ATL P. Robin (Fr.)	10	6,80	200	n.c.	166	650
Baron B55 Beech (U.S.A.)	11,5	8,5	1 463	4 à 6	348	1 840
Bonanza A 36 Beech (U.S.A.)	10,2	8,4	978	4 à 6	310	1 530
Businessliner 402 Cessna (U.S.A.)	12,2	11	1 757	6 à 8	356	790
CAP 21 Mudry (Fr., 23-6-80)	8,08	6,46	490	1	320	2 400
CAP X Super Mudry (Fr.)	8	5,9	300	n.c.	180	800
CAP 10 Mudry (Fr.)	8,06	7,15	540	n.c.	240	1 000
Cardinal 177 Cessna (U.S.A.)	10,8	8,3	695	4	240	990
Cherokee PA-28-235 Piper (U.S.A.)	9,8	7,3	722	4	250	1 270
Commander 700 Rockwell (U.S.A.)	12,9	12	n.c.	6	n.c.	n.c.
Commuter 421C Cessna (U.S.A.)	12,6	11,1	1 938	10	390	1 550
Cougar GA-7 Grumman (U.S.A.)	11,2	9,1	n.c.	4	n.c.	n.c.
DR 400/160 Major 80 P. Robin (Fr., 29-6-72)	8,72	6,96	565	4	248	1 580
DR 400/180 Régent P. Robin (Fr., 27-3-72)	8,72	6,96	575	4	257	n.c.
DR 400 Dauphin P. Robin (Fr.)	8,72	6,96	535	n.c.	216	930
F 406 Reims (Fr.)	15,04	11,95	2 172	n.c.	458	2 372
P 152 + FA 152 Reims (Fr.)	10,11	7,57	515	n.c.	198	1 278
R 3 000 P. Robin (Fr.)	9,81	7,51	575	n.c.	240	1 350
F 172 Reims Aviation (Fr., 1-4-63)	10,97	8,22	648	4	226	1 390
Tampico Socata (Fr., 23-2-77)	9,76	7,63	650	4 à 5	232	860
Trinidad Socata (Fr., 14-11-80)	9,77	7,71	762	4 à 5	303	2 145
Duke B60 Beech (U.S.A.)	12	10,3	1 987	4 à 6	440	2 165
Navajo PA-31-350 Piper (U.S.A.)	12,4	9,9	1 810	6 à 8	400	1 865
Senera 2 PA-34-200 Piper (U.S.A.)	11,9	8,7	1 280	6 à 7	350	1 450
Skywagon 180 Cessna (U.S.A.)	11	7,8	748	4 à 9	260	955
Tobago-Socata (Fr., 23-2-77)	9,76	7,63	670	4 à 5	247	1 075

Nota. — (1) Y compris l'équipage. (2) Non compris la réserve de sécurité.

Ballon à air chaud ou montgolfière

• **Description. 1°) Enveloppe :** en forme de poire en nylon indémaillable, traitée en surface par un vernis polyuréthane (1/10 mm d'épaisseur, 35 à 40 g/ m²). Sa partie inférieure, faite en nomex (tissu synthétique très résistant à la chaleur) est ouverte. En dessous, au milieu du cercle de charge en acier, le brûleur : actionné par le pilote, il réchauffe par intermittence l'air contenu dans l'enveloppe et maintient l'aérostat en ligne de vol régulière. Autrefois, on brûlait de la paille. Sur les nouveaux types de montgolfières, la soupape latérale en nylon, le panneau de déchirure triangulaire ou circulaire fixé à l'aide de bandes Velcro, sont remplacés par le panneau « parachute », calotte amovible plaquée à l'intérieur, au sommet du ballon, par la pression de l'air chaud. A l'aide d'un câble, le pilote en contrôle l'ouverture. Il n'y a pas de filet. Chaque fuseau possède une sangle en matière synthétique qui se termine par un câble d'acier fixé au cercle de charge. **2°) Nacelle :** généralement en osier, comporte 8 suspentes en câble d'acier inox. On n'embarque pas de lest à bord, mais des bouteilles de propane liquide de 20 kg. Chacune assure un vol de 25 à 50 mn, suivant le volume du b., la température extérieure et la charge de la nacelle. (Nouvelles bouteilles de 35 kg de propane, autonomie de 45 à 90 mn.) **Capacité.** Souvent 1 800 à 2 200 m³ (b. à gaz 400 à 2 000 m³). A capacité égale, une montgolfière emmène moins de passagers qu'un b. à gaz. **Gonflage.** On remplit d'abord au tiers d'air ambiant avec un ventilateur, puis on chauffe en envoyant la flamme à l'horizontale. L'air en se dilatant gonfle très rapidement l'enveloppe qui se redresse. Le ballon à air chaud étant debout, il ne reste plus qu'à chauffer pour trouver la force ascensionnelle (en moy. 1 m³ d'air chaud possède un pouvoir ascensionnel de 250 g à 18 °C).

Principe. Pour le pilotage, on dispose d'un variomètre, d'un altimètre et d'un indicateur de température. Température maximum à ne pas dépasser : 130 °C. *Inconvénients :* les montgolfières ne peuvent voler que par très beau temps, à cause de leur grande prise au vent, de la technique de gonflement, et des turbulences aérologiques causées par les nuages. *Avantages :* mise en œuvre rapide, prix de revient au vol moins élevé que les ballons à gaz.

Distance record. (28-1-1985) H. Warner (Can.) 1 470 km.

Dirigeables

• **Types. Souples :** sans support intérieur ou extérieur. **Rigides :** à structure recouverte par l'enveloppe ; nacelle et bâtis moteurs sont solidaires de l'armature. La carène est constituée par des anneaux en aluminium, reliés par des poutres longitudinales. Chaque extrémité est terminée par un cône. L'intérieur est divisé en compartiments dans lesquels sont placés des ballonnets contenant hydrogène ou hélium. On distingue les *aérocranes* ayant la forme d'un ballon et les *hélistats* ayant celle d'un zeppelin.

Nota. — Il existe 22 dirigeables à air chaud (dont 3 en France) qui sont en fait des montgolfières oblongues ; un moteur de 60 ch env. entraîne une hélice carénée permettant à la montgolfière de revenir à son point de départ si le vent ne dépasse pas 10 km/h.

• **Zeppelins.** Le Cte Ferdinand von Zeppelin (All., 1838-1917) a donné leur essor aux dirigeables. Du 2-7-1900 à 1937, 119 sortirent de son usine de Friedrichshafen. Les *Zeppelins* ont assuré, à partir du 1-10-1928, un service transatlantique vers New York, (de 1928 à 1935, le *Graf Zeppelin* a traversé 144 fois l'Atlantique, parcourant 1 695 272 km en transportant 13 110 personnes, sans accident), Pernambouc et Rio de Janeiro. Un Zeppelin a effectué un tour du monde en 21 j 7 h 22 mn du 8 au 29-8-1929.

Les Zeppelins disparurent après l'incendie (dû à un attentat ?) du *LZ 129 Hindenburg* le 6-5-1937, lors de son atterrissage à Lakehurst (U.S.A.) (35 †).

Types. *Construits entre 1916 et 1919.* Long. 178-226 m ; diamètre 18,7-23,9 m ; volume 40 000-70 000 m³ ; vitesse 70-110 km/h ; altitude max. atteinte par le L 55 : 7 600 m ; masse embarquée du L 59 : 56 000 kg (B = 68 500 m³) ; autonomie 101 h.

LZ 127 Graf Zep. lancé 8-7-1928 : long. 236,60 m, diam. 30,5 m, vol. 105 000 m³ d'hydrog., 5 moteurs de 530 ch, vitesse com. 117 km/h, alt. env. 250 m, auton. 10 000 km, 20 passagers, 40 hommes d'équipage, 8 t de charge utile, poids total 110 t ; les compartiments extrêmes et la partie inférieure de l'enveloppe contenaient 12 ballonnets remplis au départ de gaz combustible pour l'alimentation des moteurs (ce gaz était remplacé par de l'air au fur et à mesure de sa consommation).

LZ 291 Hindenburg : 1936, longueur 245 m, diamètre 41,20 m, haut. 44,80 m, volume 190 000 m³ d'hydrogène, 4 moteurs de 1 050 ch, 40 hommes d'équipage, 55 (ultérieurement 72) passagers, 20 t de charge utile, poids total 200 t, vitesse de croisière 127 km/h, alt. env. 250 m, autonomie 14 000 km, aménagement intérieur : 2 étages, 25 cabines à 2 couchettes, un fumoir, 2 salons, un bar, une salle à manger.

• **Causes des disparitions de 123 dirigeables rigides.** Détruits par incendie 23, accidents en vol au voisinage du sol ou à l'atterrissage 15, rupture en vol 3, heurt d'un hangar 3, causes diverses (tempête, givrage, causes inconnues) 16, réformés après utilisation 63. Gonflés à l'hydrogène, ils étaient très inflammables. L'incendie pouvait être provoqué par l'électricité statique en atmosphère orageuse, une défaillance des circuits électriques ou des moteurs, l'imprudence d'un fumeur ou même l'étincelle provoquée par le frottement du fer d'une chaussure. Pour supprimer ce risque, il aurait fallu gonfler les dirigeables à l'hélium, gaz ininflammable, mais très rare et très cher.

• **Dirigeables-grues. Ex. Titan :** du type lenticulaire (sorte de soucoupe volante), dérivé d'un véhicule stratosphérique étudié dans le cadre du projet Pégase de relais géostationnaires de télécommunications. Épaisseur 55 m, vol. 950 000 m³, masse embarquée 500 t, alt. de vol 1 000 m, vit. max. 140 km/h. **Obélix :** ensemble de 4 ballons de 220 000 m³ chacun fixés aux 4 pieds d'un portique de manutention de 70 m de haut et 60 m de base. Au total : hauteur 200 m, largeur 170 m, longueur 200 m, poids 1 040 t (dont 500 t de charge payante). Se déplacera à 80 km/h à 1 000/1 200 m d'alt., pourra franchir 650 km avec une charge de 500 t. Pourrait voler 200 j par an en moyenne, avec une vitesse du vent inférieure à 36 km/h, mais nécessiterait autant de personnel au sol qu'un gros hélicoptère. **Skyship AD 5 000 :** en forme de soucoupe : 45 m de diamètre, 16 d'épaisseur au centre. **Skyship SKS 600 :** 56 m de long, 20 pers., 3 t de charge disponible (aux essais).

• **Dirigeable à énergie humaine.** De l'Américain Bill Watson : enveloppe 16 m de long (volume 2 050 m³), gonflée à l'hélium. Poids à vide : 80 kg, hélice actionnée par un pédalier ; prix : env. 300 000 F.

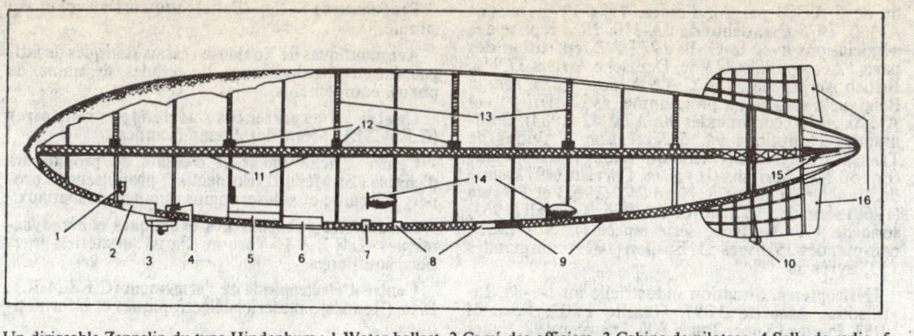

Un dirigeable Zeppelin du type Hindenburg : 1 Water-ballast. 2 Carré des officiers. 3 Cabine de pilotage. 4 Salle de radio. 5 Installation des passagers. 6 Cabines de l'équipage. 7 Salle des machines. 8 Passerelle de quille. 9 Réservoirs d'eau et de gas-oil. 10 Train d'atterrissage de queue. 11 Passerelle. 12 Soupapes. 13 Cheminées de gaz. 14 Moteur. 15 Gouverne de profondeur précédée d'un plan fixe de stabilisation. 16 Gouvernail.

Héli-dirigeable. Prototype mis au point par Goodyear. Compromis entre un hélicoptère et un dirigeable, il permettrait dans sa version « transport de charges » de soulever 1 000 t et de les transporter à 450 km à + de 100 km/h.

• **Évaluation du marché.** *Transport local* [charge utile 5 à 10 t (50 à 60 passagers), vitesse 100 à 120 km/h, 1 000 km] : 2 000 dirigeables. *Régional* (20 à 30 t ; 100 à 120 km/h, 2 000 à 3 000 km) : 200 à 500. *Longue distance* (100 à 200 t, 100 km/h, 500 à 5 000 km) : quelques dizaines. *Croisières touristiques* (30 t, 100 à 120 km/h, 1 500 à 2 000 km) : quelques dizaines. *Surveillance économique :* 2 à 5 t, alt. basse, 60 à 120 km/h, autonomie 20 à 30 h ; *militaire :* alt. 2 000 à 5 000 m, volume 20 000 à 40 000 m^3, autonomie 20 à 30 h, masse 3 à 5 t.

Avantages attendus. *Économie de carburant.* Un Boeing cargo 747 utilise 60 kg de carburant par t et par heure (70 % pour se « sustenter » et 30 % pour se mouvoir). Un dirigeable de même capacité utiliserait 20 kg. Un Airbus sur Paris-Londres utilise 7 t de carburant pour 230 passagers, le Skyship utilise 2,3 t pour 500 passagers. *Poids soulevé :* hélicoptère 15 t, dirigeable 400 ou 500 t procurant à charge égale une économie de 60 % de carburant. *Sécurité :* emploi de l'hélium (qui ne brûle pas) ; l'enveloppe du dirigeable peut contenir une centaine de ballons autonomes. *Économie d'infrastructures.*

Association d'étude et de recherche sur les aéronefs allégés (6, av. Constant-Coquelin, 75007 Paris). Créée en 1972. *But :* promouvoir les utilisations économiques des technologies des plus légers que l'air. *Président :* J.-R. Fontaine.

Hélicoptères

• **Définition.** Aéronef dans lequel la force sustentatrice et la force nécessaire à l'avancement sont fournies par une ou plusieurs hélices à axe vertical. Cas le plus général : hélicoptère monorotor dans lequel le couple transmis au rotor par le moteur est centré par un rotor anticouple placé à l'arrière du fuselage.

Consommation. Environ 2,5 fois plus qu'un avion qui aurait la même capacité d'emport. Ex. : entre 2 appareils pouvant transporter 20 passagers : hélicoptère SA 330 Puma biturbine (2 moteurs de 1 580 a) : 650 l/à l'heure ; avion biturbopropulseur Embraer 110 Bandeirante (2 moteurs de 680 a) : 280 l/h ; hélicoptère AS Écureuil (monoturbine) : 165 l/h, avion Piper Cherokee Six (à pistons) : 60 l/h.

Fuselage. Dépend des dimensions de l'hélicoptère et de l'emploi qui doit en être fait. A l'avant, le poste de pilotage (sur les petits hélicoptères, il n'est pas séparé de la cabine). Autour de la cabine : batterie de démarrage, réservoirs de carburant, d'huile, de liquide hydraulique, différents systèmes de génération hydraulique et électrique, postes de radio et de radionavigation. A l'extrémité de la poutre de queue se trouvent les stabilisateurs verticaux et horizontaux qui améliorent le comportement aérodynamique de l'hélicoptère.

Moteur. *Moteur à pistons :* moins onéreux, mais plus lourd et moins puissant ; seuls les petits hélicoptères s'en équipent. *Turbomoteur :* utilisé surtout à partir de 300 ch env. ; les hélicoptères de types courants ont souvent 1, 2 ou 3 turbines. *A partir du moteur on trouve :* réducteur, arbre de transmission principal, embrayage centrifuge (sauf pour les moteurs à turbine libre), roue libre (qui permet au rotor de tourner plus vite que le moteur, donc de fonctionner aérodynamiquement en cas de perte de puissance réelle ou simulée du moteur), boîte de transmission principale (BTP) qui ramène la vitesse de rotation au régime optimal du rotor par l'intermédiaire d'un ou plusieurs étages de réduction, l'arbre de sortie de la BTP ; mât rotor au bout duquel le moyeu porte le système d'accrochage des pales, l'arbre de transmission du rotor arrière qui commande la rotation à travers une boîte de transmission arrière et, éventuellement, en fonction de la longueur de l'arbre et des changements de direction possibles, une ou plusieurs boîtes de transmission intermédiaires, entraînements d'accessoires ; générations hydrauliques, électriques, pompes à huile, compte-tours, etc.

Les moteurs à turbine ont un système de régulation qui permet de maintenir le régime rotor à sa valeur optimale. Cette régulation est automatique sur les moteurs les plus modernes.

Rotors. Ils sont articulés, semi-rigides ou rigides. Depuis 1945-50, la fabrication des pales a évolué : bois de différentes espèces collés, soumis à l'influence de l'humidité en particulier ; longeron métallique avec remplissage en « nid d'abeille » et revêtement métallique ; longeron en matériau composite moulé avec remplissage en « nid d'abeille » ou similaire, et revêtement en fibres de verre ou (et) de carbone pour adapter les caractéristiques de rigidité de la pale en flexion et torsion (pale plastique). Cette technique donne à la pale une durée de vie infinie, élimine les problèmes de corrosion et de propagation de criques (cassure accidentelle du matériau) et permet plus de souplesse dans la conception des formes et des profils.

Types de rotors articulés (avec des axes de battement, de traînée et de pas qui permettent les débattements de la pale autour du moyeu pour compenser les variations de forces aérodynamiques dues à la dissymétrie de vitesse), *semi-articulés* ou *rigides* (tout ou partie des mouvements de la pale dans les plans vertical ou horizontal sont pris en compte par la souplesse de la pale ou du bras de moyeu, et non par des articulations).

Selon la masse de l'appareil, les rotors ont 2, 3, 4, 5 ou 6 pales. Les variations de pas (angle d'incidence de la pale) sont commandées par un ensemble de biellettes (1 par pale).

Train d'atterrissage. Fixe à patins (sur les petits hélicoptères) ou à roues (fixes ou escamotables) pour faciliter la manutention au sol.

Vol. La résultante aérodynamique est décomposée en 2 forces : portance et traction, respectivement opposées en sens, mais égales en valeur absolue au poids Mg et à la traînée. En vol stationnaire et en vol vertical, les 2 seules forces en présence sont la portance Fz génératrice de la sustentation, et le poids de l'appareil P qui lui est opposé. En vol « translationnel » (déplacement en avant, arrière ou sur le côté), on incline le plan de rotation de la voilure tournante par rapport à l'axe du fuselage, à la portance et au poids, auxquels s'ajoute la traînée. La résultante F des forces aérodynamiques créées par cette giration est inclinée vers l'avant et peut se décomposer en une force de traction horizontale Fx, opposée à la traînée t et l'ensemble de l'appareil, et en une portance Fz verticale, opposée au poids, mais égale en valeur absolue à celui-ci et à la traînée t.

Construction aérospatiale

Dans le monde

Perspectives

De 1985 à 1994 le marché des avions atteindra env. 200 milliards de $, dont 135 pour 4 000 avions de + de 100 places, 20 pour 1 000 avions de − de 100 pl., 35 pour 10 000 avions d'affaires (dont 45 % à réaction).

Avions de + de 100 places (fabriqués aux U.S.A.). Il y aurait 1/3 d'avions larges à 2 allées et 2/3 d'avions étroits à 1 allée. *Long-courriers* 500 à 600 avions (B 747 : 300 à 600 places, Airbus Ta-11 : 250 pl. mis en service en 1992, Mc Donnell Douglas MD-11) remplaçants du DC-10.

Moyen-courriers. 200 à 400 places : 1 000 avions (Airbus A-320 et A-310 et Boeing B 767-200 et 300 et B 757-200).

Court- et moyen-courriers de 150 places : 1 700 à 1 800 avions (Douglas MD-89, Boeing 737-300 et Airbus A-320).

Court-courriers de 100 places : 800 avions (BAe 146, Fokker F 100, Douglas MD-87 et Boeing B 737-100).

Avions de − de 100 places. *Court-courriers régionaux de 40 à 100 places* (L 000 dont Fokker F 50, ATR 42 et Dash 7).

Avions d'affaires. 10 000 avions (dont Dassault-Falcon, Gulfstream, Learjet, Beechcraft, BAe, ATP, Cessna, etc.).

Principales sociétés

Chiffre d'affaires en 1984 en milliards de F et, entre parenthèses, effectifs.

Boeing 98 (88 500), McDonnell Douglas [1] 91,8 (88 390), Rockwell [1] 91,7 (100 000), Lockheed [1] 77 (81 000), General Dynamics [1] 74,4 (99 000), Northrop [1] 35 (41 500), British Aerospace [1] 27,1 (77 980), Aerospatiale 25,1 (36 000), Grumman [1] 24,7 (30 900), MBB [1] 17,4 (35 000), Dassault-Breguet [1] 15,7 (16 196).

Nota. − (1) Stés fabriquant des avions de combat.

Principaux pays constructeurs

U.R.S.S. non compris. Effectifs, entre parenthèses chiffre d'affaires, et en italique exportations (1983). U.S.A. 1 151 000 (74 700 millions de $) *16 300* millions de $. *France* 127 269 (60 284 millions de F) *38 599* millions de F. G.-B. 217 891 (6 000 millions de L) *3 194* millions de L. All. féd. 71 472 (13 000 millions de DM) *6 500* millions de DM. Japon 25 000 (2 007 millions de $) *210* millions de $.

Production

Nombre total d'avions produits par catégories des origines à fin 1985 et, entre parenthèses, livrés en 1985. *Total : 6 609 (278). A 300 B2 :* 59 (0). *A 00 B4 :* 169 (11). *A 300 B4-600 :* 25 (5). *A 310 :* 81 (26). *A 320 :* 0 (0) [90 A-320 commandés en 85 livrables en 88]. *BAC 111 :* 230 (0). *BAE 146 :* 20 (10). *Trident :* 117 (0). *Mercure :* 10 (0). *Concorde :* 14 (0). *F. 28 :* 214 (16). *Fokker 100 :* 0 (0). *VFW 614 :* 10 (0). *B 707 :* 763 (0). *B 707/E 3A :* 48 (8). *B 707/KE 3A :* 0 (0). *B 727-200 :* 1 260 (8). *B 737-100/200 :* 1 060 (60). *B 737-300 :* 7 (7). *B 747-100/200 :* 546 (8). *B 747-100B/SR :* 36 (1). *B 747-300 :* 22 (7). *B 757 :* 45 (18). *B 767 :* 104 (29). *DC-9-10/40 :* 839 (0). *C-9 :* 41 (0). *DC-9-50 :* 96 (0). *MD-80 :* 195 (44). *MD-87 :* 0 (0). *DC-10-10 :* 138 (0). *DC-10-30 :* 189 (2). *KC-10 :* 28 (8). *DC-10-40 :* 42 (0). *L. 1011-1 :* 161 (0). *L. 1011-100/200 :* 38 (0). *L. 1011-500 :* 48 (4).

Nota. − **Total d'avions livrés au 1-1-85 par Boeing.** *747 :* 604 ; *707 :* 965 ; *727 :* 1 831 ; *737 :* 1 067 ; *757 :* 45 ; *767 :* 104 ; *total :* 4 616.

1° Avions civils. Total des avions livrés au 1-1-84 et, entre parenthèses, restant à livrer (U.R.S.S. exceptée). **A turboréacteurs.** *Airbus Industrie A-300.* Total 5 849 (643) dont *A-300* 221 (16), *A-300 C* 2 (5), *A-310* 17 (89), *A-310 C* 2 (−), *British Aerospace − BAC One Eleven* 232 (2), *146* 8 (28), *Boeing 727 (toutes séries)* 1 810 (8), *737* 894 (127), *737-C* 92 (−), *747/SR/SP*

510 (30), *747-C/F* 68 (−), *757* 27 (122), *767* 75 (110), *Fokker VFW F-28* 199 (13), *Lockheed L-1011-100/200* 199 (−), *L-1011-500* 44 (1), *McDonnell-Douglas DC-9* 1 084 (90), *DC-10* 367 (−). **A turbopropulseurs.** Total 1 019 (399) dont *Aerospatiale/Aeritalia ATR-42* − (58), *British Aerospace HS-748* 201 (−), *CASA/Nuritanio CN-235* − (62), *De Havilland Canada DHC-7* 87 (4), *DHC-8* − (54), *Embraer EMB-120 Brasilia* − (107), *Fokker F-27* 540 (9), *Lockheed L-382/L-100* 69 (−), *Saab/Fairchild SF-340* − (96), *Shorts 330* 92 (1), *360* 30 (8).

2° **Avions militaires.** Voir Index.

3° **Hélicoptères.** Voir tableau p. 1336.

Nota. − *Donald Douglas* (1892-1981) construisit le 1er DC-3 (Dakota) en 1935 : produit à 13 641 ex. (civils + militaires) dont 2 500 à 3 000 étaient encore en service début 1981. *James McDonnell* (1899-1980) reprit Douglas en 1967 et fit les DC-8, 9 et 10. *John Northrop* (1895-1981) construisit surtout des appareils militaires.

Commandes d'avions de ligne (1985)

Total. 223 nouveaux (1981 : 112). **Gros porteurs :** *Boeing 747 ; 42, 767 :* 21, *Douglas DC-10* (y compris avions ravitailleurs *KC-10* de l'US Air Force) *12, Lockheed 1011 (1983) :* 2, *1011-500 :* 4 ; *Airbus A 300 :* 24, *A 310 :* 29. **Avions à fuselage étroit :** *Boeing 707 (av. radars Awacs inclus) :* 5, *757 :* 45, *727 :* 11, 737 : 282, *DC-9 :* 84, *Fokker F 28 :* 23, *F 27 :* 12.

En France

Données globales

Chiffre d'affaires

En millions de F H.T. en 1984	Cellules	Moteurs	Équipements [1]	Total
Avec État	13 762	4 668	5 281	23 711
Exportations directes	29 970	7 243	4 013	41 226
Avec clients fr. (sauf État)	2 072	803	678	3 553
Avec construct. aérospatiaux fr.	2 598	2 113	7 400	12 111
Total	48 402	14 827	17 372	80 601

Nota. − (1) Y compris avionique.

☞ Chiffre d'affaires consolidé H.T. *1983 :* 60 284 millions de F (dont 65 % à l'exportation) ; *84 :* 68 490.

• **Principales firmes.** Chiffre d'affaires consolidé hors taxe en millions de F et, entre parenthèses, effectifs, filiales comprises, en 1985. Aérospatiale (Sté seule) 24 577 (34 889). Dassault-Breguet 15 691 (16 000). Snecma 14 152 (25 919). Turbomeca 2 039 (4 290). Matra 14 500 (28 000). SEP 2 262 (3 850). SNPE 2 749 (6 935). Avions Mudry 14 (50). Avions P. Robin 37 (168). Reims Aviation 83 (520). Socata 391 (940). Messier Hispano Bugatti 1 324 (2 870).

• **Exportations aéronautiques.** Commandes en millions de F et, entre parenthèses, livraisons. **1979** 26 890 (15 676). **1980** 27 017 (20 504). **1981** 35 174 (27 110). **1982** 44 380 (32 122). **1983** 23 836. **1984** 37 985 (41 226) [dont cellules et avions complets 14 458, hélicoptères 4 547, moteurs 8 871, missiles 5 321, espace 1 297, équipements et électronique 3 491].

• **Effectifs au 31-12-84.** 127 815 pers. dont avions et engins 63 509, moteurs 26 156, équipements 38 150.

Principaux constructeurs

Au 1-1-1986. Entre parenthèses, année du 1er vol.

• **Aérospatiale. Avions de transport. Concorde** (1969) 14 vendus, série de 16 (7 Air France, 7 British Airways, 2 servent aux essais). **Airbus** *A-300* commandés : 275, livraisons : 258 à 39 Cies. *A-310* commandés : 117, livrés 72 à 17 Cies. *1970* production de l'A-300. *18-12* création d'Airbus Industrie qui réunit l'Aérospatiale (France) et la Deutsche Airbus, filiale de M.B.B. et V.F.W. (R.F.A.). *28-12* les P.-Bas participent pour 6,6 % du budget. *1971 11-3 :* 1re commande de 6 A-300 par Air France. *1974* 1res livraisons A-300. *1978 févr.* début de l'A-310. *1978* reprise des négociations avec la G.-B. *1979 1-1* répartition des parts : Aérospatiale 37,9 %, Deutsche Airbus 37,9 %, British Aerospace 20 %. C.A.S.A. Esp. 4,2 %. *Mai* la Belgique s'associe au programme. *1982 avril* 1er vol A-310. *A-320* commandés 90. **ATR 42** (1984). Commandes et options 94. *5-2* création d'Avions de Transport Régional (G.I.E.) qui réunit l'Aérospatiale (Fr.) 50 % et Aeritalia (It.) 50 %. **Corvette** (1972) série de 40 achevée en 1978. **Nord 262** (1962) et **Frégate** (1969) série de 110 achevée en 1976. **Transall** (1963) série de 178. Nouvelle série lancée (1er vol 1981), commandés 35, livrés 31. **Epsilon** (1979) commandés 153, livrés 58.

Hélicoptères. Situation industrielle au 1-1-85. Livraisons : **Alouette** 3 097. **Gazelle** 1 103. **Écureuil** 1 053. **Puma** et **Super-Puma** 806. **Dauphin** 198. **Super Frelon** 90. **Lama** 374.

• **Dassault-Breguet (A.M.D.-B.A.).** Sté « Avion Marcel Dassault-Breguet Aviation » née en 1967 par fusion des 2 Stés : Dassault [fondée par Marcel Dassault (1892-1986)] et Breguet. 16 000 personnes, 17 usines ou installations à Paris, Bordeaux, Istres, Biarritz, Toulouse, Poitiers, Lille et Argonnay. *Avions neufs* produits ou fabriqués sous licence (au 31-12-85) : 6 021 (dont 171 prototypes et de présérie). Commandés : 6 460 (dont 172 prot. et de présérie).

Dassault exporte 70 % de sa production, assure du travail à plus de 100 000 personnes de l'ind. aéronautique. Ex. la Société Aérospatiale participe à 57 % à la fabrication du Falcon 50, 22 % à celle du Mirage 2000 et du Mirage F1. Globalement 33 % du temps de travail est sous-traité par A.M.D.-B.A.

Production (31-12-85). Avions civils (ventes et, entre par., exportations) : *Falcon tous types :* 45, *M.-F. 900 :* 51 (51). Avions militaires (commandes, en italique livrés et, entre parenthèses, exportations commandées) : *Mirage III/5-Mirage 50 :* 1 411 *987* (987), *Mirage F1 :* 715 *672* (463), *M. 2000 :* (7 protos) 304 *84* (163), *M. 4000 :* (1 proto), *Super-Étendard :* 85 *85* (14), *Alpha-Jet :* (4 protos) 510 *496* (330), *Jaguar :* (8 protos) 581 *524* (303 hors série Inde), *Atlantic :* (4 protos) 91 *91* (50), *Atlantique 2 :* (2 protos, industrialisation lancée pour 42 avions), *ACX :* (1 proto, 1er vol 1986).

• **Mudry.** *Avions légers : CAP X* (1982) : 2 protot. *CAP 10* (1966) : 181 l., 90 en prod. *CAP 21 (+ CAP 20 L)* (1980) : 10 l., 10 en prod.

• **Pierre Robin Avions (ex-Sté Centre Est aéronautique** créée en 1957, transformée en 1969). *Prod. totale :* (1-1-85) 2 650 ex. En production : *R 3000/140* (1980), *R 3000/120* (1983), *ATL* (40 seront construits en 1985) et la série *DR 400 : DR 400/120 Dauphin* (1972), *DR 400/160 Major* (1972), *DR 400/180 Régent* (1972), *DR 400/180 Remorqueur* (1970).

• **Reims-Aviation.** F. 1956 par Max Holste sous le nom de **Sté Nouvelle des avions Max Holste.** Production totale (au 1-1-86) : 6 265 ex. dont *F 150* (1965) + *FRA 150* (1969) 1 765, *F 152* (1966) + *FA 152* (1967) 588, *F 172* (1963) + *RG 17* (1968) 2 589, *RG 177* (1971) 177, *F 182* (1976) + *RG 182* (1978) 359, *F 337* (1969) + *FT 337* (1972) + *FTB 337* (1972) 180, *F 406* (1983, biturbopropulseur, certifié le 21-12-84) 3 (prod. prévue 1985 : 7, 1986 : 12), *divers* 204.

• **S.O.C.A.T.A. (Sté de construction d'avions de tourisme et d'aff.,** appartient au groupe Aérospatiale). *Production totale :* 4 200. *Avions légers type « Rallye » :* 235 *G Guerrier ; type TB : TB-9 Tampico ; TB-10 Tobago ; TB-20 Trinidad.* TB 21 Trinidad TC.

Centres d'essais

Centres de l'Office national d'études et de recherches aéronautiques (O.N.E.R.A.) : Châtillon, Palaiseau, Chalais-Meudon, Fauga-Manzac, Modane, Toulouse ; cellules, moteurs, engins, armements, matériels spatiaux.

Landes : Côte atlantique ; engins balistiques et tactiques.

Méditerranée : île du Levant ; missiles tactiques, sous-marins.

Institut franco-allemand de St-Louis : St-Louis (Ht-Rhin) : essais sur concepts d'armements, projectiles, munitions et leurs effets. *Essais en vol :* Brétigny (siège) ; équipements et hélicoptères. Istres (13) : avions, moteurs, simulation des vols, école de personnel navigant d'essais et de réception. Cazaux (33) : armements et armes aéroportées. Détachements divers : Bordeaux, Toulouse, Marignane, Melun...

Propulseurs : Saclay (Paris) ; moteurs au sol et vol simulé.

Aéronautiques de Toulouse : essais statiques de fatigue, en cuve, calorifiques, de cellules, de trains, de pneus, équipements.

Centre d'expériences aériennes militaires (C.E.A.M.) : Mont-de-Marsan (Landes).

Centre d'achèvement et d'essais de propulseurs d'engins : St-Médard (Bordeaux) ; propulseurs à propergol liquide et solide, engins et lanceurs spatiaux.

Laboratoire de recherches balistiques et aérodynamiques (L.R.B.A.) : Vernon (Paris) ; matériels inertiels, souffleries.

Centre d'électronique de l'armement (C.E.L.A.R.) : Bruz (Rennes) ; matériels électroniques et informatiques.

Flotte aérienne

Flotte mondiale

Données globales

• **Avion de + de 9 t (réguliers et non réguliers) dans le monde fin 1984. (U.R.S.S. et Chine exceptées)** *(Source :* O.A.C.I.). **A turboréacteur** 6 830 (74,4 %) dont Boeing (U.S.A.) 3 614 (*B 727 :* 1 818, *B 737 :* 954, *B 747 :* 594, *B 757* et *B 767 :* 149) ; Mac Donnell Douglas (U.S.A.) 1 497 (*DC 9 : 933, DC 10 :* 369) ; Lockheed (U.S.A.) 246 (*L 1011* « Tristar » : 246) ; British Aerospace (G.-B.) 248 (*Bac 111 :* 230) ; Airbus Industrie (Consortium européen) 288 (*A 300 B2 et B4 : 242) ; Fokker V.F.W. (P.-B.) 215* (*F 28 :* 215). **A turbopropulseurs** 1 540 (16,8 %) dont : Fokker (P.-B.) 550 (*F 27 :* 550) ; British Aerospace (G.-B.) 207 (*HS 748 :* 207) ; Shorts (G.-B.) 154 (*SH 330* et *360 :* 154) ; De Havilland Canada (Can.) 99 (*DHC-7* et *DHC-8 :* 99) ; Lockheed (U.S.A.) 69 (*L-382/L-100* 69). **A moteurs alternatifs** 810 (8,8 %). **Total** 9 180.

• **Appareils des Cies de l'I.A.T.A. (1985).** *Total :* 4 404 dont 3 882 à réaction, 519 à turbo-propulsion, 3 hélicoptères. **A réaction. Grande capacité.** *Boeing 747* 427, *DC-10* 274, *Airbus 300* 189, *Lockheed L-1011* 135, *A-310* 48. **A capacité normale.** *B-727* 1 017, *B-737* 491, *DC-9* 459, *B-707* 152, *DC-8* 92, *Mac Donnel Douglas MD-80* 155, *Fokker F-28* 68, *BAC 1-11* 63, *B-757* 43, *Yakovlev Yok-40/42* 32, *Tupolev TU-134* 30, *Iliouchine Il-62* 31, *B-720* 12, *Trident* −, *Tupolev TU-154* 19, *Concorde* 11, *Caravelle* 3, *autres* 26. **A turbopropulsion. Grands avions.** *Fokker F 27/F-27/FH-227* 138, *BAe-748* 51, *Antonov 24/26* 37, *Lockheed Electra L-188* 14, *Iliouchine II-18* 9, *NAMC YS-11* 18, *Viscount* 13, *DHC-7* 15, *autres* 37. **Petits avions** 177.

• **Coefficient de remplissage.** Rapport en % du nombre de passagers-km au nombre de sièges-km disponibles (en 1985 ; *source* I.A.T.A.) : Air Canada 64,9, Air France 67,9, Alitalia 64,7, American Airlines 64,6, British Airways 68,6, Eastern Airlines 60,3, Garuda Indonesian Airways 54,6, Iberia 66,2, Indian Airlines 74,3, Japan Airlines 68, Lufthansa 62, Mexicana de Aviacion 58,6, Olympic 66, Pan American 63, Saudi Arabian 60,7, Scandinavian Airlines 67,4, Swissair 64,6, T.W.A. 66, United Airlines 63,3, Varig 64,9.

• **Fret aérien.** Trafic (lignes régulières internationales et intérieures). En millions de t/km, et, entre parenthèses, en millions de t brutes : *1979 :* 28 010 (11), *80 :* 29 130 (11), *81 :* 30 610 (10,8), *82 :* 31 240 (11,3), *83 :* 34 310 (11,9), *84 :* 39 255 (13,1).

• **Trafic des principales compagnies** (en millions de t/km, 1984) : Japan Air Lines 5 061, Lufthansa 4 465, British Airways 4 444, Air France 4 276, Pan American 4 206, KLM 3 010, Transworld 2 530, Qantas 2 134, Flying Tiger 2 089, Swissair 1 827, Alitalia 1 774, Iberia 1 561, Air Canada 1 312, Saudia 1 292, S.A.S. 1 260, Air India 1 225, Varig 1 151, El Al 1 083, Sabena 1 035, S.A.A. 978.

☞ Voir également : − la liste des principales compagnies aériennes françaises, p. 1344 ;
− les principaux types d'avions commerciaux, p. 1338.

Principales compagnies aériennes (1985)

Nombre de passagers en service régulier en milliers, entre parenthèses total des passagers, bagages, fret, courrier transportés en millions de tonnes-km, et en italique nombre d'appareils.

Aer Lingus (Irl.) 1 829 (304) *22*. Aeroflot (U.R.S.S.)[4-3] 108 027 (18 517) *n.c.* Aerolineas Argentinas[6] 3 133 (645) *32*. Aeromexico 6 622 (836) *43*. Air Afrique 735 (400) *9*. Air Algérie 2 246 (280) *25*. Air Bostwana 59 (2,1) *3*. Air Burundi[3]. Air Canada 10 882 (2 722) *121*. Air Ceylan (Sri Lanka)[3] 417 (156) *n.c.* Air France 12 483 (5 056) *99*. Air Gabon 456 (83) *8*. Air Guinée[3]. Air India 1 764 (1 124) *17*. Air Jamaïca[2] 512 (80) *14*. Air Liberia[3]-Air Malawi 154 (9) *4*. Air Malta 364 (53) *6*. Air Mauritius 183 (74) *7*. Air New Zealand 3 919 (1 054) *33*. Air Niugini (Papaouasie) 528 (55) *8*. Air Pacific (Fidji)[6] 266 (31) *6*. Air Siam (Thaïl.)[3]. Air Tanzania 451 (27) *8*. Air Zaïre 151 (63) *10*. Air Zimbabwe 453 (72) *12*. Alia-Royal Jordanian 1 290 (473) *16*. Alitalia 12 749 (2 302) *86*. Alleghany Airlines (U.S.A.)[3]. American Airlines 41 172 (6 923) *290*. Ansett Airlines (Austr.) 4 788 (508) *36*. Ariana Afghan 95 (31) *3*. Austral (Argentine)[2] 1 139 (64) *11*. Austrian Airlines (Autr.) 1 538 (156) *17*. Aviaco (Esp.) 1 757 (68) *30*. Avianca (Colombie) 3 752 (497) *25*.

British Airways[1] 16 938 (5 006) *136*. British Caledonian 2 406 (1 039) *29*. British West Ind. Airways BWIA (Trinité)[2] 309 (58) *11*.

Cameroon Airlines[6] 625 (101) *7*. Cathay Pacific (Hong K.)[2] 3 300 (1 340) *17*. Ceskoslovenske Aerolinie (Tchéc.) 980 (188) *42*. Comair (lignes intérieures, Afr. du S.) 103 (3,8) *7*. CP Air (Canada) 3 570 (1 270) *37*. Cruzeiro do Sul (Brésil) 2 336 (222) *14*. Cubana (Cuba) 894 (179) *41*. Cyprus Airways 613 (145) *9*.

Delta Airlines (U.S.A.)[7] 33 827 (4 059) *217*. DETA (Mozambique)[7] 282 (51) *9*.

Eastern Airlines (U.S.A.) 41 766 (5 534) *289*. Eastern Prov. (Canada) 629 (64) *12*. East-West Airlines (Austr.) 678 (36) *11*. Ecuatoriana (Équateur) 206 (120) *6*. Egyptair 2 766 (510) *27*. El Al (Israël) 1 409 (1 182) *21*. Ethiopian Airlines 471 (164) *28*.

Finnair (Finlande) 3 074 (344) *32*. Flugfelag Island H.F.[2] 29 (2) *7*. Flying Tiger (U.S.A.) n.c. (3 298) *34*.

Garuda (Indonésie) 4 919 (916) *74*. Ghana Airways 253 (37) *5*. Gulf Air (Bahrein, Oman, Qatar, E.A.U.) 2 870 (599) *20*. Hughes Air West (U.S.A.)[2] 5 539 (453) *53*.

Iberia (Esp.) 13 102 (2 126) *85*. Icelandair 730 (223) *11*. Indian Airlines 9 025 (710) *48*. Iran Air 3 281 (471) *27*. Iraqi Airways (Iraq)[8] 481 (187) *16*.

Jamahiriya Libyan Arab Airlines Socialist People's (Libye) 1 579 (148) *31*. Japan Airlines 14 649 (6 043) *82*. Jat-Yougoslav Airlines 3 103 (434) *27*.

Kendel Airlines (l. intér., Australie) 102 (3,8) *5*. Kenya Airways 559 (137) *10*. KLM (Pays-Bas) 4 826 (3 146) *52*. Korea Airlines (Corée)[7] 3 566 (1 849) *38*. Kuwait Airways 1 449 (523) *18*.

Lloyd Aero Boliviano 1 343 (120) *11*. Lacsa (Costa Rica) 282 (72) *4*. Ladeco (Chili) 370 (54) *5*. Linhas Aereas de Moçambique (Mozambique) 208 (53) *5*. LAN-Chile (Chili) 387 (191) *7*. LOT Polish-Airlines (Pologne) 1 587 (201) *40*. Lufthansa[5] (All. féd.) 14 582 (4 895) *110*.

M.A.S. (Malaisie)[8] 5 241 (657) *29*. MEA (Liban) 501 (122) *14*. Mexicana de Aviación 8 652 (932) *46*. Mid Pacific Airlines (U.S.A.) 1 318 (24) *11*. Mount Cook Airlines[6] 120 (6) *9*.

National Airlines (U.S.A.)[2] 5 159 (1 043) *55*. New York Airways[2] 1 298 (70) *2*. Nigeria Airways[2] 223 (218) *28*. North West (U.S.A.)[2] 11 452 (3 368) *n.c.*

Olympic Airways (Grèce) 7 457 (787) *53*.

Pakistan International 3 839 (955) *36*. Pan Amer. World Airways 13 041 (5 018) *109*. Pangea Airways (Papouasie)[3]. Philippines Airlines 4 610 (1 066) *32*. Pluna (Uruguay) 245 (35) *4*.

Qantas Airways (Austr.) 2 549 (2 335) *26*. Quebecair 638 (33) *16*.

Royal Air Maroc 1 114 (247) *18*.

Sabena (Belgique) 2 188 (1 093) *24*. Saudi Arabian Airlines 10 795 (1 873) *85*. Scandinavian Airlines System 10 893 (1 514) *95*. S.I.A. (Singapour)[8] 4 591 (2 466) *37*. South African Airways 4 207 (1 193) *40*. Swissair 6 187 (1 915) *50*. Syrian Arab Airlines 476 (100) *14*.

TAA (Austr.) 4 802 (485) *29*. TAAG (Angola) 690 (106) *20*. TAP-Air Portugal 2 126 (524) *28*. Thai Intern. (Thaïlande)[7] 2 362 (1 061) *21*. Transbrasil 2 172 (316) *21*. Trinidad & Tobago (BWIA International) Airways 1 300 (231) *16*. Trans World Airlines (U.S.A.) 21 079 (5 603) *165*. Tunis Air 1 246 (150) *15*. Türk Hava Yollair 2 508 (254) *31*.

Union de Transports Aériens (Fr.) 848 (934) *10*. United Airlines 38 204 (6 969) *325*. United South African[3].

VARIG (Brésil) 4 753 (1 625) *65*. VASP (Brésil) 3 536 (385) *30*. VIASA 535 (286) *7*.

Western (U.S.A.)[7] 10 167 (1 517) *72*.

Yemen Airways 426 (63) *7*.

Zambia Airways 254 (85) *7*.

Nota. — (1) BEA et BOAC ont fusionné en British Airways. (2) 1979. (3) Compagnies non I.A.T.A. *n.c.* : non communiqué. (4) Aeroflot est la 1re du monde. Ses avions desservent 3 600 villes d'U.R.S.S. et 94 pays ; 1 000 000 de km de lignes dont 350 000 de lignes internationales ; 104 millions de passagers transportés ; elle répand des engrais en U.R.S.S. sur 90 millions d'ha ; ses patrouilles aériennes surveillent 750 millions d'ha de forêts, elles détectent 75 % des incendies. (5) Lufthansa : bénéfice (1982) 135 millions de F ; (1983) 14 308 000 passagers, 457 376 t de fret, 57 791 t de poste, coef. de remplissage 62,6 %. *Flotte (avril 1985)* : 103 appareils dont 15 *Boeing 747*, 11 *DC 10*, 5 *Airbus A 300*, 8 *Airbus A 310*, 26 *Boeing 727*, 38 *Boeing 737*. En commande 17 *Airbus A 310*, en option 25 *Airbus A 310*. Filiales à 100 % : German Cargo Services 4 *DC 8* ; Condor 3 *DC 10*, 8 *Boeing 727*, 4 *Boeing 737*. (6) 1983. (7) 1981. (8) 1982.

A.E.A. (Association des transporteurs aériens européens). Réunit 20 compagnies, 268 000 personnes, 959 avions de ligne à réaction.

Fédération nationale aéronautique. *Créée* en 1929 ; 14 unions régionales, 526 aéroclubs (ayant 2 277 avions), 42 600 pilotes pratiquant régulièrement le vol à moteur (680 000 h de vol en 1984).

I.A.T.A. (International Air Transport Association). *Fondée* 1919, réorganisée en 1945. *Compagnies officielles* (au 1-6-1986) : 144 compagnies dont 120 membres actifs et 24 m. associés représentant 94 pays, employant 906 personnes et mettant en ligne 4 127 avions et hélicoptères à bord desquels elles ont en 1984 transporté 399,9 millions de passagers (707 248 millions de km-passagers) et 13,2 millions de t de fret.

Résultats nets (en millions de $, 1985). Air Canada — 14,8, Air France 80,4, Alitalia 29,6, American Airlines 322,6, Austrian Airlines 35,4, Canadian Pacific — 17,2, Continental Airlines 60,9, Iberia — 53,1, Indian Airlines 47,1, Japan Airlines — 39,7, JAT 15,5, KLM 88,6, MALEV 4,7, Pakistan International 46,9, Pan American 40,5, Philippines Airlines — 49,4, Sabena 5,7, SAS 90,9, South African Airways — 44,8, Swissair 28, TAA 20, UTA 85,8, United Airlines — 88,2.

2 Cies ont fait faillite en 1982 : Laker (Europe), Braniff Airways (G.-B.). 1 Cie a été dissoute : El Al (Israël). Devant la hausse des coûts du carburant, dans les années 70, nombre de Cies ont voulu moderniser leur flotte pour dépenser moins d'énergie (25 % du coût du transport) mais pour cela, elles se sont lourdement endettées. Le rapport capitaux/dettes des Cies aériennes étant, autrefois, de 50-50 a atteint 10-90.

Le prix de transport est proportionnellement plus coûteux sur les distances courtes que sur les longues étant donné les charges fixes plus importantes.

Trafic aérien

Trafic mondial

Trafic par pays. Nombre de passagers-km, entre parenthèses de tonnes-km (passagers, fret, poste) en millions sur les services réguliers (nationaux et internationaux) en 1984.

Source : O.A.C.I. U.S.A. 479 449 (55 959) ; U.R.S.S. 183 273 (19 752) ; Japon 61 401 (8 052) ; G.-B. 56 874 (7 630) ; France 38 687 (6 347) ; Canada 34 122 (4 188) ; Australie 26 126 (3 186) ; All. féd. 24 274 (4 684) ; Singapour 20 325 (2 909) ; Brésil 17 175 (2 350) ; P.-Bas 17 446 (3 066) ; Espagne 17 460 (2 083) ; Mexique 17 383 (1 719) ; Italie 16 077 (2 165) ; Arabie S. 15 507 (1 883) ; Inde 14 233 (1 837).

Trafic sur l'Atlantique Nord. *Passagers* (en millions) *1980* : 18,5, *81* : 19, *82* : 18,5, *83* : 19,6, *84* : 22,1, *85* : 23,2 dont services réguliers 20,9, vols charters 2,3. *Coeff. de remplissage 83* : 69,8, *84* : 70,9, *85* : 69,3. *Fret 85* : 1 143 113 t. *Courrier 85* : 88 108 t. *Vols réguliers 84* : 109 951, non réguliers 7 629, total 117 580.

Pointes journalières de trafic civil en France. Ensemble de l'espace et espace supérieur en 1981. *Paris Athis-Mons* : 2 686 ; *Aix-en-Pr.* 1 634 (1 140) ; *Bordeaux* 1 016 (889) ; *Brest* 757 (595) ; *Bruxelles-Maastricht* 1 500 (1 200) ; *Londres*[1] 2 950 (1 500) ; *Francfort*[1] 2 300 (1 100).

Nota. — (1) 1980.

Circulation aérienne

Organisation de l'espace

Espace inférieur. Du sol au niveau de vol 195, soit 19 500 pieds (6 100 m) pour une pression au niveau de la mer de 1 013 Mbs. A l'intérieur, sont définis : 1° des espaces aériens contrôlés, comprenant les voies aériennes [couloirs larges généralement de 18 km, plancher à au moins 300 m au-dessus du relief balisé par des dispositifs radioélectriques (radiophares MF-VHF)], les régions terminales et les zones de contrôle englobant trajectoires d'arrivée et de départ d'un ou plusieurs aéroports rapprochés ; 2° des zones réglementées ou dangereuses, perméables sous certaines conditions ; 3° quelques zones interdites.

En dehors des espaces aériens contrôlés, les aéronefs évoluant en VFR (vol à vue) ou IFR (vol aux instruments), tenus au respect des règles de l'air, bénéficient du service d'informations de vol et, éventuellement, d'alerte.

Espace supérieur. Au-dessus du niveau 195, l'espace est globalement contrôlé jusqu'au niveau de vol 660 (env. 20 000 m) ; des zones réservées temporaires protègent certaines activités militaires. Seuls sont admis les vols effectués selon les règles de vol aux instruments (IFR) ; ils suivent, sauf autorisation particulière, des itinéraires prédéterminés.

Évolution mondiale du trafic régulier payant

Années	Passagers transportés	Tonnes de fret transportées	Passagers-kilomètre réalisés	Sièges-kilomètre disponibles	Coefficient de remplissage passagers	Tonnes-kilomètre réalisées		
						Fret	Poste	Total (passagers et bagages, fret et poste)
	Millions	Millions	Milliards	Milliards	%	Millions	Millions	Millions
1972	450	7,3	560	981	57	15 020	2 780	68 170
1973	489	8,2	618	1 073	58	17 530	2 880	75 790
1974	515	8,7	656	1 108	59	19 020	2 880	80 700
1975	534	8,7	697	1 179	59	19 370	2 900	84 700
1976	576	9,3	764	1 270	60	21 540	3 030	93 270
1977	610	10,1	818	1 346	61	23 360	3 180	100 400
1978	679	10,6	936	1 451	65	25 940	3 270	113 540
1979	754	11	1 060	1 607	66	28 010	3 430	126 870
1980	748	11	1 089	1 723	63	29 130	3 680	130 710
1981	749	10,8	1 117	1 753	64	30 610	3 800	135 040
1982	758	11,3	1 137	1 785	64	31 240	3 880	137 660
1983	785	11,8	1 187	1 845	64	34 370	4 030	145 520
1984	832	13,1	1 265	1 950	65	38 910	4 290	157 330

Contrôle

Les pilotes qui volent en IFR doivent déposer un plan de vol (immatriculation de l'avion, type et équipement, points et heures de départ et d'arrivée, route suivie, vitesse, altitude, etc.). Des reports de position donnés par les pilotes sur des fréquences de radiocommunication prédéterminées en des points spécifiés, et l'utilisation des produits du système informatisé de traitement de données (plans de vol et radar) permettent aux contrôleurs d'assurer des séparations entre les avions et un écoulement rapide de la circulation. Une coordination est assurée avec les organismes militaires pour rendre compatibles circulation aérienne générale et circulation aérienne militaire.

Résultats (1985). Vols IFR contrôlés : 1 181 400.

Corps technique de l'Aviation civile, en fonction au 1-1-1986 : 5 570. *Ingénieurs de l'Aviation civile* (141) et des études et de l'exploitation de l'A. civ. (584). *Officiers contrôleurs de la circ. aér.* (2 631). *Électroniciens de l'A. civ.* (1 062). *Techniciens de l'Av. civile* (1 153).

Redevances. De route. Acquittée par tout avion commercial traversant l'espace aérien français, sauf s'il effectue un vol intérieur, calculée selon coût des services mis en œuvre, distance parcourue et poids des aéronefs.

Exemple : Boeing 747 survolant la France du Nord au Sud : 9 500 F (au 1-1-86) versés au budget annexe de la navigation aérienne.

Pour « services terminaux de la circulation aérienne ». Acquittée par tout avion commercial décollant d'un grand aérodrome français, calculée selon coût des services et installations mis en œuvre (pour assurer la sécurité de la circulation aérienne et la rapidité des mouvements à l'arrivée et au départ de l'aérodrome), et poids de l'avion.

Exemple : Boeing 747 décollant de Roissy-Charles-de-Gaulle : 4 700 F (au 1-1-86).

Piraterie aérienne

Nombre de tentatives (dont tentatives réussies, entre parenthèses). *1948-57 :* 15 (13), *1958-67 :* 48 (31), *1968 :* 38 (33), *1969 :* 82 (70), *1970 :* 72 (46), *1971 :* 62 (24), *1972 :* 70 (37), *1973 :* 28 (14), *1974 :* 18 (7), *1975 :* 19 (7), *1976 :* 19 (6), *1977 :* 25 (5), *1978 :* 26 (7), *1979 :* 15 (10), *1980 :* 35 (18), *1981 :* 29 (13), *1982 :* 36 (14), *1983 :* 31 (21), *1984 :* 28 (15), *1985 :* 16 (9).

Quelques actes de piraterie dep. 1973. 1973 *18-10* Boeing Orly-Nice détourné sur Marseille-Marignane par Craven (mortellement blessé par les forces de police). **1976** *27-6 Airbus A-300* Tel-Aviv-Athènes-Paris détourné sur Entebbé. *30-4 DC 10* Orly-Ankara détourné sur Marseille par un passager turc (qui se rend aux autorités françaises). *3-7* un commando de l'armée israélienne libère les otages d'Entebbé, parmi lesquels 3 victimes, un soldat israélien, 20 soldats ougandais et 7 terroristes tués. **1977** *12-8* vol Paris-Le Caire, contraint de se poser à Brindisi, le pirate de l'air égyptien capturé, 242 occupants libérés sains et saufs. *30-9 Caravelle* Air Inter Orly-Lyon détournée par Jacques Ribert (malade mental), 1 hôtesse, le pilote et 1 passager blessés, 1 employé d'Air Inter tué. **1983** *27-3 Boeing 727* Vienne-Paris s'envole à Genève (37 passagers débarqués), Catane (55 débarqués), puis Téhéran 18 otages restant libérés, les 4 pirates se rendent. **1984**-*31-7/2-8 Boeing 737,* Francfort-Paris détourné vers Téhéran, via Genève-Beyrouth-Larnaca, avion détruit. **1985**-*12-6 Boeing 727* d'Alia détourné via Larnaca, Palerme puis Beyrouth. 54 otages. Libérés après 29 h de détention. Appareil détruit. *14-6 Boeing 727* Athènes-Rome détourné vers Beyrouth. 1 passager tué, 39 otages (libérés le 30-6). *23-11 Boeing 737* Egyptair détourné sur Malte, 60 victimes le 24-11 au cours de l'assaut à Malte.

Selon la convention de La Haye du 16-12-1970, tout État contractant s'engage à réprimer la piraterie aérienne par des peines sévères. La convention de Montréal du 23-9-1971 prévoit « la répression d'actes illicites dirigés contre la sécurité de l'aviation civile ». En France, le Code pénal prévoit une peine de réclusion criminelle de 5 à 10 ans pour toute personne qui s'empare, par violence ou menace de violence, du contrôle d'un aéronef.

Compagnies françaises

Données générales

Grandes compagnies régulières. *Trafic passagers* (1985) : plus de 14,5 millions. Air France 12 049 705, Air Inter 10 629 119, U.T.A. 851 945. *Coefficient moyen d'occupation en % :* Air France 67,9, Air Inter 64,8, U.T.A. 69,6. *Fret* (millions de t/km) : Air France 2 413, U.T.A. 514, Air Inter 15.

Compagnies régionales. Elles exploitent 69 lignes régulières permanentes (24 à partir de Paris) desservant 55 villes. *Chiffre d'affaires* (1984) : 15 000 millions de F. *Trafic* (réseau régulier + vols à la demande) : env. 1 800 000 passagers.

Personnel (31-12-1985). Air France 35 598 (dont 2 123 navigants techniques, 4 399 commerciaux). Air Inter 7 077 (dont personnel au sol 5 361, nav. 1 716). U.T.A. 6 753. Cies régionales 2 058.

Air France

Origine. 1933 née de la fusion de : la *S.G.T.A. (Sté générale des Transports aériens)* (résultant de la transformation en 1920 des « Lignes aériennes Farman », nées en mars 1919) ; *Air Union* (résultant de la fusion, en janvier 1923, des Messageries aériennes, nées en avril 1919 et de la Cie des Grands Express aériens, née en déc. 1919) ; elle avait en outre, absorbé au début de 1926 l'Aéronavale, née à la fin de 1919 ; la *C.I.D.N.A. (Cie internationale de Navigation aérienne)* (résultant de la transformation en janvier 1925 de la Cie franco-roumaine de Navigation aérienne, née en avril 1920) ; *Air Orient* (résultant de la transformation, en juillet 1930, d'Air Union Lignes d'Orient, créée en janv. 1928 par Air Union, et de la Cie générale Aéropostale) ; enfin Air France racheta, dès sa création, la *Cie générale Aéropostale,* mise en liquidation judiciaire en mars 1931. Depuis leur création, les Stés aériennes vivaient en grande partie des subventions de l'État et lui étaient liées par des contrats qui expiraient presque tous en mai 1933. La faillite de l'Aéropostale avait révélé la fragilité de ces Stés et les inconvénients de leur dispersion. La G.-B. et l'Allemagne avaient déjà donné l'exemple de regroupement avec les Imperial Airways en 1924 et la Lufthansa en 1926. Le 14-4-1933, le ministre de l'Air décida de confier l'exploitation de toutes les lignes subventionnées à une compagnie unique et ouvrit un concours. Les 4 Cies existantes firent savoir immédiatement qu'elles étaient prêtes à fusionner pour créer une Sté unique d'exploitation avec participation de l'État. Ce fut Air France, qui fut créée définitivement le 30-8-1933. **1942** *Air Afrique* et *Air Bleu* fusionnent avec *Air France.* **1948**-16-6 Sté d'économie mixte dès l'origine, Air France devint Cie nationale.

Statuts. Régie par le code de l'Aviation civile et la législation sur les sociétés anonymes. But : exploitation des transports aériens dans les conditions fixées par le min. chargé de l'Aviation civile, création ou gestion d'entreprises présentant un caractère annexe à cette activité, prise de participation dans des entreprises de ce genre, après autorisation donnée par voie réglementaire.

Ce statut confère à Air France un double caractère : *Entreprise commerciale* soumise à la concurrence internationale, tenue de couvrir par ses ressources propres ses dépenses d'exploitation, ses charges financières et annuités d'amortissements. *Service public* soumis au double contrôle des ministères de tutelle, elle se voit imposer certaines contraintes d'exploitation pour des raisons d'intérêt général.

Le 1er contrat d'entreprise entre Air France et l'État a été signé le 26-1-1978 (valable 1978-80). Le 2e a été signé le 7-1-1981 (valable 1981-83). L'État prend en charge 90 % du déficit d'exploitation de Concorde et tous les amortissements et frais financiers (276,7 millions de F en 82). Air Fr. ne bénéficie d'aucun monopole sur aucune ligne et ne reçoit aucune subvention pour les lignes exploitées en concurrence avec d'autres Stés françaises. Le 3e a été signé le 11-10-1984 (valable 1984-86) ; il rappelle les missions confiées à Air Fr. : développement des échanges économiques, sociaux et culturels, amélioration des résultats de la balance des échanges extérieurs, promotion de l'image de la Fr. à l'étranger, régionalisation.

Capital. 1 973 750 000 F. L'État peut rétrocéder jusqu'à 30 % du capital à des collectivités publiques ou des actionnaires privés ; ces derniers ne peuvent toutefois posséder plus de 15 % du capital. **Actionnaires :** État français 99,38 %, Caisse des Dépôts et Consignations 0,57 %. Établissements publics (chambres de commerce, villes) ; administrateurs ; représentants de l'État, personnalités qualifiées et représentants du personnel Air France.

Participations financières d'Air France dans certaines compagnies aériennes : Air Guadeloupe, Air Djibouti, Middle East, Airlines, Air Inter, Air Madagascar, Tunis Air, Air Mauritius, Royal Air Maroc.

Finances (H.T. en millions de F). **Chiffre d'affaires.** *1977 :* 9 755, *78 :* 11 187, *79 :* 13 225, *80 :* 15 614, *81 :* 19 144, *82 :* 21 890, *83 :* 24 969, *84 :* 27 600, *85 :* 30 400. **Marge brute d'autofinancement.** *1981 :* 769, *82 :* 502, *83 :* 2 400, *84 :* 3 000 (11 % du C.A.), *85 :* 2 841. **Résultats.** *1982 :* − 792, *83 :* + 87,2, *84 :* + 530, *85 :* + 729.

Flotte (1-4-86). *Concorde :* 7 ; *Boeing 747* « mixte » : 17, « combiné » : 8 ; *Boeing 727 :* 29 ; *Airbus A 300 :* 17 ; *Boeing 737 :* 12 ; *Airbus A 310 :* 6 ; *Boeing 747 Cargo :* 6. **Commandes.** *Airbus A 310 :* 1 ; *Airbus A 320 :* 25 ; *Boeing 747 Cargo :* 1. **Options.** *Airbus A 310 :* 9 ; *Airbus A 320 :* 25.

Réseau. 701 621 km ; 75 pays et 155 escales desservis en 1985.

Trafic subsonique (1985). *Passagers :* 12 502 000. *Passagers/km transportés (en millions) et entre parenthèses coefficient d'occupation :* 28 398 (68) dont Amérique du N. 5 375 (69,6), Am. du S. 1 608 (66,5), Asie 3 997 (72,7), Afrique 3 846 (69,9), AFN 2 773 (67,9), Proche-Orient 1 157 (54,3), Paris-Europe 3 622 (63,2), Province-Europe 689 (55,7), Métropole 819 (68,6), Antilles 4 259 (72,2), Caraïbes 209 (71,2). *Fret* (y compris poste et colis postaux) 2 500 millions de t/km transportées.

Supersonique. *Passagers/km transportés :* 273 millions. *Passagers :* 49 900 (coefficient d'occupation 60,9 %) [Paris-New York : 44 450 (60,8) ; vols spéciaux 4 550 (63)]. *Bénéfice d'exploitation* (1984) : 62 millions de F.

Nota. — Chaque passager du *Concorde* a coûté en moyenne 4 063 F en 1980 (il ne payait que 58,9 % du coût réel de son passage).

Air Inter

Origine. Créé en 1954. *1958* tentative d'exploitation : échec. *1960 juin* exploite des lignes régulières après s'être assuré, auprès des collectivités locales et de l'État, des garanties préalables. Protocole avec Air France de coopération et reconnaissant leur vocation respective (A.I. transport intérieur, A.F. international). Convention signée avec l'État le 5-7-85, en vigueur jusqu'au 31-12-2000.

Capital. 76 456 500 F détenus en % par : Air France 24,97, S.N.C.F. 24,97, U.T.A. 14,69, Cie de navigation mixte 8,69, groupe Lazard 6,82, Crédit lyonnais-Participations 5,16, OPFI-Paribas 4,98, Caisse des Dépôts 4,10, C.C.I. 3,42, divers 2,2. **Chiffre d'affaires** (en millions de F hors taxes). *1979 :* 2 224,5 (42,1). *80 :* 2 895 (55,9). *81 :* 3 481 (68,6). *82 :* (67,6). *83 :* 4 777. *84 :* 5 058. *85 :* 5 685. *Effectifs* 7 025 (sol 5 322 navigant 1 703).

Flotte (1-4-1986). *Airbus* 15, *Super XII* 12, *Mercure* 11, *Fokker F-27* 7. **Commandes.** *1988-93 :* 14 Airbus A 320 + 10 options.

Passagers. *1962 :* 203 247, *66 :* 1 170 206, *69 :* 2 399 773, *73 :* 4 111 896, *76 :* 5 494 840, *79 :* 6 813 811, *80 :* 8 238 369, *82 :* 9 874 909, *84 :* 10 977 397 dont 10 293 543 payants, *85 :* 11 382 946 dont 10 629 119 payants (dont Paris-Marseille 1 221 680 ; P.-Toulouse 1 065 005 ; P.-Nice 892 224 ; P.-Bordeaux 765 141). **Coefficient de remplissage** (en %). *1974 :* 64,54, *75 :* 66,70, *76 :* 65,92, *77 :* 65,18, *78 :* 66, *79 :* 67,08, *80 :* 67,43, *81 :* 66,37, *83 :* 64,3, *84 :* 64,79, *85 :* 66,3. **Passagers/km en 1985 :** 5 787 millions. **Fret en 1985 :** 43 994 t.

En 1985, 55 % des passagers ont bénéficié de tarifs réduits.

Réseau. 26 554 km dont 25 867 km de lignes permanentes, 687 km de saisonnières.

Ponctualité à 15 mn 91,2 %.

U.T.A. (Union de transports aériens)

Origine. *1963* née de la fusion de la T.A.I. (Transports aériens internationaux créés en 1946) et de l'U.A.T. (Union aérienne des transports créée en 1949). Sté anonyme à participation ouvrière.

Capital. 119 270 970 F. *Principaux actionnaires (en %) :* Chargeurs Réunis 80 ; salariés 3. **Chiffre d'affaires et bénéfice net (ou perte)** en millions de F. *1977 :*

2 479,6 (+ 33,7) ; *78 :* 2 861,9 (+ 35,3) ; *79 :* 3 188 (+ 39,4) ; *80 :* 3 713 (+ 67,1) ; *81 :* 4 543,6 (+ 33,4) ; *82 :* 5 253 (+ 7,3) ; *83 :* 5 777 (+ 162) ; *84 :* 6 062 (+ 219) ; *85 :* 6 587,4 (+ 771). **Effectifs** (au 1-1-86) 6 753.

Flotte (au 1-1-85). 11 appareils dont 6 *DC 10-30*, 4 *B 747-300 « Combis »*, 1 *B 747-200 « Cargo »*.

Réseau. *Longueur* 254 935 km. *Escales* 46 dans 38 pays (Moyen-Orient, Extrême-Orient, Pacifique, Afrique, côte Ouest des U.S.A.).

Trafic passagers *1974 :* 547 674 ; *80 :* 874 370 ; *81 :* 937 000 ; *82 :* 983 192 ; *83 :* 935 204 ; *84 :* 851 945 ; *85 :* 862 775. **Passagers/km transportés** (en millions). *80 :* 4 674,7 ; *81 :* 5 000 ; *82 :* 5 394 ; *83 :* 5 282 ; *84 :* 4 958 ; *85 :* 5 218. **Fret t/km transportées (en millions).** *1974 :* 227,8 ; *80 :* 471,3 ; *81 :* 508 ; *82 :* 516 ; *83 :* 528 ; *84 :* 514 ; *85 :* 501. **Coefficient de chargement total** (en %). *77 :* 56,7 ; *78 :* 59,7 ; *79 :* 59,1 ; *80 :* 58 ; *81 :* 57,4 ; *82 :* 59,6 ; *83 :* 59,2 ; *84 :* 60,3 ; *85 :* 69,6.

Tarif. Prix du km tarif normal et réduit : Paris-Nouméa 70 centimes (32). P.-Colombo 107 (37).

Compagnies régionales

Données générales

Trafic. Budget. *C.A. (82) :* 1 000 millions de F ; *subventions de l'État, des collectivités locales et des CCI (82) :* 33,4 millions de F ; *subventions par passager (82) :* 36,1 F. *C.A. (84) :* 1 500 millions de F.

Réseau 1973-84. Lignes ouvertes 32, puis fermées 48, puis réouvertes 7. **Passagers** *en 1982 :* 925 000, *83 :* 965 000, *84 :* 1 800 000.

Compagnies du C.T.A.C.

• **Comité des transporteurs aériens complémentaires. (C.T.A.C.).** 15, square Max-Hymans, 75741 Paris Cedex 15, regroupe les Cies aériennes assurant des services par lignes régulières ou à la demande en métropole et outre-mer :

Air Limousin T.A. *Aéroport :* Limoges-Bellegarde, 87100 Limoges. *Flotte :* 4 Nord 262, 1 DHC 6-300 Twin Otter, 1 Cessna 421. *Effectifs :* 80 agents dont 33 navigants. *Passagers :* 55 780 (1985). *C.A.* (1984) : 43 millions de F. 7 lignes régulières permanentes : Agen-Limoges, Aurillac-Paris, Brive-Limoges, Châteauroux-Limoges, Limoges-Lyon, Limoges-Marseille, Limoges-Nantes ; 3 lignes saisonnières : Deauville-Jersey ; Limoges-Nice ; Nice-Deauville (Deauville-Paris sous réserve homologation gouvernementale). Activité de transport à la demande.

Air Littoral. *Aéroport :* Montpellier-Fréjorgues, 34130 Mauguio. *Flotte :* 6 Embraer Bandeirante 110 P2, 2 ATR 42, 1 Beech 58. *Effectifs :* 160 agents dont 55 navigants. *Passagers :* 110 000 (1985). *C.A.* (1985) : 85 millions de F. 15 lignes régulières domestiques et 4 internationales, principalement au départ du S.-E. de la France et Pau, Biarritz, Bordeaux et Paris. Activité de transport à la demande.

Air Vendée. *Aérodrome :* René Couzinet, 85000 La Roche-sur-Yon. Créée 1975. *Flotte :* 1 BN 2 Islander, 1 Beech 90, 1 Cessna 172, 1 Bell 206, 2 Beech 100, 1 Twin Otter. *Effectifs :* 20 agents dont 9 navigants. *Passagers :* 9 100 (1985). *Fret :* 20 t (1984). *Heures de vol :* 2 055. *C.A.* (1985) : 6,9 millions de F. Desserte de l'Ile d'Yeu au départ de Nantes et La Roche-sur-Yon, ligne Le Havre-Nantes-Le Havre-Bruxelles-Rotterdam ; La Roche-sur-Yon-Nantes ; Rouen-Nantes ; Rouen-Londres. Activité de transport à la demande et travail aérien.

Brit Air. B.P. 156. *Aéroport :* Ploujean, 29204 Morlaix. Créée 1974. *Flotte :* 2 Fokker 27-500, 4 Embraer Bandeirante 110, 1 Beech 200, 2 Piper PA 31, 2 ATR 42. *Effectifs :* 100 agents. *Passagers :* 160 000 (1985). *C.A.* (1984) : 75 millions de F. *Lignes régulières :* Lyon, Londres et Irlande au départ de Bretagne et Normandie ; Rennes-Paris et Quimper-Paris pour le compte d'Air Inter. Activité de transport à la demande.

Compagnie aérienne du Languedoc. *Aérodrome :* Albi-le-Séquestre, 81004 Albi. *Flotte :* 3 Nord 262 et 6 Metro II. *Effectifs :* 105 agents dont 50 navigants. *Passagers :* 100 500 (1985). *C.A.* (1985) : 51 millions de F. *Lignes régulières :* 5 au départ de Clermont-Ferrand, 6 vers Paris (Angoulême, Bergerac, Périgueux, Le Puy, Épinal, Montluçon), 1 Angoulême-Lyon. Activité de transport à la demande.

Transport aérien transrégional (TAT). *Aérodrome :* Tours, B.P. 237, 37002 Tours Cedex. *Flotte :* 5 Fokker 28-4000, 7 Fokker 28-1000, 16 Fairchild 227, 5 Beech 99, 3 DHC 6-300 Twin Otter, 2 Alouette III. *Effectifs :* 996 agents dont 394 navigants. *Passagers :* 16 682 (1985). *C.A.* (1984) : 840 millions de F. Réseau : 30 lignes permanentes, 22 lignes saisonnières. Activité de vol à la demande.

Réunion Air Service. *Aérodrome* de Gillot, B.P. 611, St-Denis Cedex, île de la Réunion. *Créé* 1975. *Flotte, avions :* 1 HS 748, 1 Piper Chieftain, 1 Piper Cherokee ; *hélicoptères :* 2 Lama SA 315, 1 Alouette II SA 313, 2 Alouette III SA 316. *Effectifs :* 43 agents. *Passagers* (1985) : 16 682. *Zone d'activité :* océan Indien.

Air Guyane. *Aéroport* Rochambeau, 97307 Matoury. *Flotte :* 1 BN 2, 1 Cessna, 1 DHC 6. *Effectifs* (84) : 20 personnels sol, 4 navigants techniques. *Réseau :* lignes régulières en Guyane et entre Cayenne et Paramaribo et Cayenne et Macapa.

Air Martinique. *Aéroport* Lamentin, B.P. 62, 97201 Fort-de-France. *Flotte :* 2 BN 2, 1 Beech, 1 Piper. *Effectifs* (84) : 32 personnels sol, 9 navigants techniques. *Passagers* (84) : 45 900. *C.A.* (84) : 23,4 millions de F. *Réseau :* desserte régulière des Antilles au départ de Fort-de-France.

Finist'Air (Aérodrome Brest-Guipavas, 29125 Guipavas).

Air Calédonie (Aéroport de Magenta, B.P. 112, Nouméa, N.-Calédonie).

Air Calédonie International (8, rue Frédéric-Surleau, Nouméa, Nlle-Calédonie).

Air Guadeloupe (Aéroport du Raizet, 97110 Pointe-à-Pitre).

Air Polynésie (B.P. 314, Papeete, Tahiti).

Air Saint-Pierre (18, rue Albert-Briand, 97500 St-Pierre-et-Miquelon).

Flandre Air Service (aérodrome de Lille). *Effectifs :* 10 agents, 3 navigants. 2 lignes : Lille-Metz et Lille-Francfort.

Compagnies de vols à la demande

SFAIR. *Créée* 1980. *Aéroport* Nantes-Château-Bougon. *Base d'exploitation :* Bordeaux-Mérignac. Direction commerciale : 92, Champs-Élysées, 75008 Paris. *Flotte :* 3 Lockheed Hercules, 1 DC 8-55. *Effectifs :* 70 dont 30 navigants. *C.A.* (1984) : 120 000 000 F. *Heures de vol* (1984) : 3 600. *Fret* (1984) : 30 millions de t/km.

Euralair International. Aéroport de Paris, Le Bourget, Zone Nord. *Flotte :* 3 B.737, 7 avions d'affaires. *Effectifs* (1984) : 141 dont 34 navigants techniques. *C.A.* (1984) : 144 000 000 F.

Europe Aéro Service. Aéroport de Perpignan-Rivesaltes. Créée 1950. Centres d'exploitation : Orly, Valence. *Flotte :* 1 B 727, 8 super-Caravelle, 3 Dornier. *Effectifs :* 400 agents. *Passagers* (1985) : 662 000. *C.A.* (1985) : 316 000 000 F.

Air Jet. 28, rue Francine-Fromont, 69120 Vaulx-en-Velin. *Créée* 1980. *Flotte :* 2 F 27, 1 Piper Navajo, 1 King 90. *Effectifs :* 42. *Passagers* (84) : 29 501. *Ligne régulière :* Avignon-Lyon. *Fret* Orly-Avignon-Lyon vol à la demande *C.A.* (1984) : 36 millions de F.

Uni Air International. Aéroport de Toulouse-Blagnac, B.P. 25, 31701 Blagnac Cedex et Aéroport du Bourget, 93350 Le Bourget. *Créée* 1969. *Flotte :* 5 F 27, 6 Learjet, 5 Corvette SN 601, 1 King Air C 90, 1 hélicoptère Écureuil. *Effectifs :* 66 agents dont 40 navigants techniques. *C.A.* (1985) : 97 000 000 F.

Air Charter. 12, rue Le Corbusier S.I.L.I.C. 318, 94588 Rungis Cedex. *Créée* 1966. Filiale d'Air France et d'Air Inter. Base d'exploitation : Orly. *Flotte :* 4 Boeing 727, 1 Boeing 737 ; utilise en outre 5 Caravelle 10 d'E.A.S. et 3 Boeing 737-200 d'Euralair International. *Effectifs :* 41 commerciaux, flotte exploitée par des personnels d'Air France. *C.A.* (1985) : 1 255 000 000 F.

Corse Air International. Base d'exploitation Orly. Dir. commerciale : 20, rue des Capucines, 75002 Paris. *Créée* en 1981. *Flotte :* 3 Caravelle VI. *Effectifs :* 58 dont 20 navigants techniques. *C.A.* (1983) : 38 000 000 F.

Point Air. Base d'exploitation Mulhouse. Aéroport de Bâle-Mulhouse. Ferme du Hellhof, 68300 Saint-Louis. *Créée* 1982. *Flotte :* 1 Boeing 707, 1 DC 8-61, 1 DC 8-71. *Effectifs :* 86 dont 27 navigants techniques. *C.A.* (1984) : 120 000 000 F.

Minerve. Base d'exploitation Orly. Dir. commerciale : 4, rue Cambon, Paris. *Créée* 1976. *Flotte :* 2 Caravelle VI, 2 DC 8-53, 1 DC 8-61, 1 DC 8-73, 1 DC 8-62 (cargo). *Effectifs :* 270 dont 120 navigants. *C.A.* (1985) : 315 000 000 F.

Stellair. Aéroport de Nantes Château-Bougon, 44340 Bouguenais. *Flotte :* 1 DC 3, 1 Mooney, 1 DC 3-cargo. *Effectifs* (84) : 4. *Passagers* (84) : 1 735. *Fret* (84) : 46 t. Vols saisonniers Nantes-Jersey. *C.A.* (84) : 3,5 millions de F.

Air Charter Express. Aérodrome de Caen-Carpiquet. *Créée* 1984. *Flotte :* 2 DC 3, 2 Noratlas, 1 Cessna 206. *Effectifs* (85) : 35. *C.A.* (85) : 7 millions de F.

Aviation générale en France

Définition. Comprend l'« ensemble » des types d'opérations d'aviation civile autres que les services aériens réguliers et les transports aériens non réguliers effectués contre rémunération ou au titre d'un contrat de location « Définition de l'O.A.C.I. ».

• **Aéro-clubs.** En 1986, 527 affiliés à la F.N.A. (Fédération nat. aéronautique), dont Région par. 84, Province 428, Outre-Mer 15 ; 33,84 % — de 50 membres, 60,26 % de 51 à 150 m., 5,90 % de 151 à 495 m. ACTIVITÉ ANNUELLE : — *de 500 h* 28,14 %, *de 500 à 3 000 h* 62,92 %, *de 3 000 à 8 500 h* 8,94 %.

RÉPARTITION GÉOGRAPHIQUE : *province* 373 agréés, 48 non agréés ; *Région parisienne* 63 agr., 16 non agr. ; *outre-mer* 11 agr., 4 non agr. TOTAL : 447 agr., 68 non agr.

• **Aérodromes** (1-1-86). Y compris DOM-TOM. 730 dont 306 ouverts à la circulation aérienne publique, 115 à usage restreint et 59 réservés à l'usage exclusif des administrations de l'État, 250 à usage privé [1].

Nota. — (1) 1984.

• **Aéronefs civils en France** (au 1-1-86). Total général 9 069. **Avions :** 6 589. *Transport public :* 482 dont Air France 111, Air Inter 44, U.T.A. 10, T.A.T. 33, divers 284. *Travail aérien ou privé :* 6 107 dont : État 346, Stés 847, constructeurs 52, aéro-clubs 2 722, particuliers 1 318, construction amateur 755 (dont aéro-clubs 141, particuliers et Stés 614), construction amateur de collection 67. **Hélicoptères :** 461 dont *transport public :* 135 dont : Héli Union 79, autres Cies 56. *Travail aérien :* 326 dont Stés 237, constructeurs 9, aéro-clubs 13, particuliers 67. **Planeurs :** 1 758 dont État 85, Stés 7, constructeurs 4, aéro-clubs 1 293, particuliers 324, construction amateur 45 (dont aéro-clubs 16, particuliers et Stés 29). **Ballons-Aérostats :** 261.

Heures de vol (1985). *Avions* 916 431 (dont aéro-clubs 685 356, particuliers 170 000, centres S.F.A.C.T. 61 075). *Planeurs* 319 503 (dont aéro-clubs et particuliers 303 603, C.N.F.A. de Saint-Auban 15 900).

• **Mouvements d'avion** (1982). Env. 4 259 302 ; vols locaux de l'av. générale 2 976 888 ; voyages de l'av. gén. 1 282 414.

Pilotes français (1-1-86). Pilotes de ligne 1 590, professionnels de 1re classe 1 167, prof. qualifiés pour le vol aux instruments 1 516, prof. 575, mécaniciens navigants français 1 093.

Aéroports

Aéroports dans le monde

Trafic en 1985

Mouvements commerciaux (en milliers), entre parenthèses passagers commerciaux (en millions), et en italiques fret commercial (en milliers de tonnes).

Agadir 7 (0,7) *0,9*. *Ajaccio* 9,9 (636,7) *1,2*. *Alger* 45 (3,6) *26,9*. *Amsterdam* 15,1 (11,7) *436*. *Annaba* 6,2 (0,5) *2,4*. *Atlanta* 718 (42,5) *324*. *Bâle-Mulhouse* 34,3 (1,04) *11,8*. *Bangkok* 53 (6,5) *118*. *Barcelone* 73 (5,7) *45*. *Bastia* 8,2 (0,5) *1,3*. *Berlin (Tegel)* 55,6 (45,6) *11*. *Bombay* 48 (6,2) *112*. *Bordeaux* 18,1 (1,6) *7,7*. *Boston* 347 (20,3) *248*. *Brisbane* 40,4 (3,1) *37,5*. *Bruxelles* 114,8 (5,7) *175,7*. *Budapest* 38,3 (1,9) *19,1*. *Buenos Aires* 80 (6,3) *79* [dont Aéroparque 66 (4,6) *21*. Ezeiza 14 (12) *58*]. *Casablanca* 22,2 (1,6) *26,9*. *Chicago* 922,6 (48) *623,6*. *Cologne* 49,2 (21,3) *82,6*. *Constantine* 10,5 (0,9) *7,2*. *Copenhague* 149 (9,8) *143*. *Dallas* 535 (37,1) *318*. *Denver* 380 (24,6) *145*. *Dublin* 47,8 (2,6) *39,7*. *Dusseldorf* 88 (8,2) *39*.

Fort Lauderdale 103 (5,8) *21. Francfort* 223 (20,3) *68. Genève* 74,2 (5,1) *46,3. Hambourg* 72 (48,5) *30. Hanovre* 44,7 (20,45) *10. Helsinki* 61 (46,5) *40,5. Hong Kong* 63,7 (9,5) *417,4. Honolulu* 246 (17,5) *189. Houston* 308 (21,8) *129. Jakarta* 103 (6) *83. Jerba* (0,4) *0,3. Las Vegas* 295,3 (10,3). *Lisbonne* 35,1 (3,5) *64,6. Londres* 445 (47,2) *699,7. Los Angeles* 562 (41,3) *867. Luxembourg* 19,37 (87,9) *70,4. Lyon Satolas* 49,5 (2,8) *12,1.*

Madrid 114 (11) *171. Marseille* 49,3 (4,4) *30,6. Melbourne* 71,8 (8,1) *158,9. Memphis* 250 (7,8) *48. Miami* 320 (19,7) *460. Milan* 97 (8,3) *106* [dont Linate 83 (6,7) *60. Malpensa* 14 (1,6) *46*)]. *Minneapolis* 152 (8,9) *76. Monastir* 9,3 (0,8) *0,7. Montpellier* 10,5 (0,6) *3,2. Montréal* 85 (5,8) *70* [dont Mirabel 13 (1,1) *70*. Dorval 72 (4,7) *29*]. *Moscou :* Domodedovo (7 M. de passagers annuels). Vnoukovo (6 M.), pour les lignes intérieures : Cheremetievo (2,5 M.), pour les liaisons internationales et quelques lignes domestiques : Bykovo au N.-E. pour les vols courtes distances. *Munich* 112 (8) *34. Nantes* 15,1 (0,7) *2,3. New Orléans* 131 (5,7) *40. New York* 937 (78) *1 278* [dont Kennedy 272 (28,9) *980.* La Guardia 317 (20,5) *49.* Newark 309,5 (23,7) *161*]. *Nice* 69,4 (4,2) *12,2. Oran* 12,8 (1,1) *12,1. Osaka* 63 (17,6) *285. Oslo* 87 (60) *36,4.*

Palma 70 (8,9) *24. Paris* 302,02 (32,8) *693. Philadelphie* 275 (11,4) *114. Pittsburgh* 31,9 (15,1) *41. Rio de Janeiro* (mouvements commerciaux et non commerciaux) 133 (7,7) *151* [dont Galeao 85 (6,1) *148.* S. Dumont 48 (1,6) *3*]. *Rome* 142 (14) *180. Saint-Louis* 277 (12) *40. San Diego* 125 (7,9) *20. San Francisco* 364,6 (23,8) *313. Seattle* 159 (11,5) *146. Singapour* 67 (9,8) *299. Stockholm* 162,2 (9,2) *57,7* [dont Arlanda 162 (9,2) *58.* Broma 57 (2,3) *71*]. *Strasbourg* 12,6 (0,8) *2,3. Stuttgart* 58,8 (30,45) *14,2. Sydney* 93,6 (8,1) *158,9. Tanger* 6,8 (0,4) *0,9. Tokyo (Narita)* 74,1 (11,7) *735,7. Toronto* 136 (11) *180. Toulouse* 20,8 (2,03) *12,3. Tunis* 25,4 (2,1) *16,6. Vancouver* 68 (5,3) *75. Vienne* 58,6 (3,8) *39,7. Washington-Dulles* 95 (5,1) *44. Zurich* 128 (9,5) *211.*

Nombre d'aérodromes civils (1983, privés exclus). All. féd. 142, Belgique 9, Brésil 847, Bulgarie 3, Canada 445, Danemark 45, Espagne 39, États-Unis 5 650, *France 298,* G.-B. 129, Grèce 33, Hongrie 1, Italie 44, Norvège 48, P.-Bas 16, Pologne 11, Portugal 33, Roumanie 17, Suède 53, Suisse 10, Tchécoslovaquie 8, U.R.S.S. 25, Yougoslavie 17.

Quelques records

Le plus grand aéroport. Dallas Fortworth (Texas, U.S.A.). 7 080 ha, ouvert en janv. 74, coût 4 milliards de F, 4 pistes et 5 aérogares (projet : 9 pistes, 13 aérogares, 150 millions de passagers). **Le plus haut.** Lhassa (Tibet) à 4 363 m. **Le plus bas.** Schipol à Amsterdam (P.-Bas) à 3,9 m.

Aéroports français

Aéroport de Paris

Généralités

● **Statut.** Établissement public de l'État, à caractère industriel et commercial, indépendant des compagnies aériennes qui utilisent ses services. A pour vocation de créer, aménager, exploiter et développer les aéroports et aérodromes civils dans un rayon de 50 km autour de Paris. Comprend : 3 aéroports principaux (essentiellement aviation marchande) : Le Bourget, Orly et Roissy (Charles-de-Gaulle), 11 aérodromes secondaires (tourisme, aviation légère, héliport) : Toussus-le-Noble, Guyancourt, Pontoise-Cormeilles, Coulommiers, Saint-Cyr, Chavenay, Persan-Beaumont, Meaux, Chelles, Lognes, Issy-les-Moulineaux.

● **Chiffre d'affaires** (en millions de F, 1985). 3 394 (bénéfice 96). *Produits* 3 600 (redevances aériennes 34 %, domaniales 18 %, commerciales 14 %, assistance aéroportuaire 16 %, coopération technique 3 %). *Charges* 3 000. *Autofinancement* 520.

● **Effectifs des aéroports parisiens.** Aéroports de Paris : 5 400 mais 60 000 personnes travaillant pour les entreprises implantées sur les aéroports parisiens.

● **Trafic annuel** (1985). **Aérodromes principaux** (3) : mouvements d'avions : 358 000 dont commerciaux 301 799, passagers 33 100 000, fret 696 500 t, poste 59 000 t, dont **Orly** : commerciaux 154 685, passagers 17 801 643, fret 187 009 t, poste 35 614 t ; **Charles-de-Gaulle** : mouvements d'avions 189 993, passagers 15 040 580, fret 506 137 t, poste 23 532 t ; **Le Bourget** : mouvements d'avions 7 121, passagers 28 579.

Aérodromes secondaires (11) : mouvements d'aéronefs 919 859 (dont 858 918 avions, 70 148 hélicoptères, 10 793 planeurs), Lognes 151 442, Toussus-le-Noble 133 084, St-Cyr 109 299, Guyancourt 90 259, Chavenay 94 729, Pontoise 90 880, Meaux 69 407, Persan-Beaumont 44 724, Coulommiers 22 431, Chelles 31 493, Issy-les-Moulineaux 21 268.

● **Pointes** (1985). **Mensuelles.** *Mouvements :* Orly (juillet) 14 762, Ch.-de-Gaulle (juillet) 12 513. *Passagers :* Orly-Sud (août) 1 030 269, Orly-Ouest (juin) 1 011 875, Ch.-de-Gaulle 1 (juin) 703 850, Ch.-de-Gaulle 2 (sept.) 758 279. **Journalières.** *Mouvements :* Orly (6-9) 671, Ch.-de-Gaulle (6-9) 512. *Passagers :* Orly-Sud (4-8) 48 079 ; Orly-Ouest (27-9) 45 202 ; Ch.-de-Gaulle 1 (6-9) 28 845 ; Ch.-de-Gaulle 2 (6-9) 36 221.

Distance moyenne parcourue par chacun des 33 041 000 passagers atterrissant à Orly, Ch.-de-Gaulle et Le Bourget : 2 016 km (moyenne O.A.C.I. : 1 539 km). Mais 28,7 % des passagers effectuent un parcours de – de 500 km, 28,9 % de 500 à 1 000 km, 21,5 % de 1 000 à 3 000 km, 5,1 % de 3 000 à 5 000 km, 14,1 % de 5 000 à 10 000 km et 1,5 % de + de 10 000 km.

Trafic maximal. De 7 h à 8 h ; 11 h à 12 h (le plus important) ; 18 à 19 h (heure TU). En 1980, on estimait qu'un avion décollait ou atterrissait toutes les 1,4 mn environ.

Villes desservies. *Près de 500 villes du monde entier ont été desservies* régulièrement ou occasionnellement par des appareils ayant fait escale sur l'un ou l'autre des aéroports parisiens.

● **Organisation.** En 1985, *200 compagnies* aériennes représentant + de 80 nations ont assuré du trafic sur Orly, Ch.-de-Gaulle et Le Bourget. *10 Cies* ont assuré + de 78 % du trafic de passagers dont en % (Air Inter 30,9, Air France 29,5, British Airways 3,3, Air Charter International 3,6, Air Algérie 2,5, Lufthansa 2, Alitalia 2, TWA 2,1, UTA 1,8, Ibéria 1,5). *15 types d'avions* (Airbus, B 727, B 737, Fokker, B 747, Mercure, Caravelle, DC 9...) ont assuré + de 90 % des services.

Données particulières

Le Bourget. 564 ha ; à 15 km du centre de Paris. *Créé* en 1914-18 (c'est le plus ancien aéroport commercial français). Depuis mars 77, il accueille l'aviation d'affaires. Les mouvements sont tombés en mars 1977 de 230 à 150 par j. Le musée de l'Air et un parc d'expositions y sont installés.

Orly. 1 533 ha ; à 14 km au sud de Paris. 1er aéroport au monde à disposer d'installations complètes et définitives spécialement conçues pour les avions à grande capacité. Inauguré févr. 1961, conçu pour recevoir 6 millions de passagers, *Orly Sud* en a accueilli en 1970 plus de 10 millions. Avec *Orly Ouest,* mis en service au printemps 1971, peut recevoir 20 millions de voyageurs par an. Dep. 1979, Orly a retrouvé une activité égale à celle de 1973, année qui précéda l'ouverture de Roissy.

Roissy (Charles-de-Gaulle). 3 104 ha à 25 km au nord de Paris. Mis en service 13-3-1974. Pourra traiter en phase finale plus de 50 millions de passagers et 2 millions de t de fret par an. Au début 1982 mise en service d'un 2e aérogare de conception modulaire dont le développement sera adapté à la croissance du trafic aérien sur les aéroports parisiens.

☞ Voir également Quid 1982, p. 1336 les cartes des zones de bruit d'Orly et Roissy.

Aéroports de province

Trafic en 1985

Trafic de passagers locaux. Aéroports ayant enregistré plus de 1 000 passagers locaux, 1985, en milliers. Agen 13,2, Ajaccio 633,7, Albi 13,1, Annecy 1,1, Aurillac 12, Avignon 25,5, Bastia 587, Beauvais 189,2, Belfort 17, Bergerac 16,2, Béziers 7,7, Biarritz 301, Bordeaux 1 537,4, Bourges 1,06, Brest 312,8, Brive 11,1, Caen 12,8, Calais 1,3, Calvi 157,2, Carcassonne 5,4, Chambéry 72,2, Châteauroux 3,1, Cherbourg 29,7, Clermont-Ferrand 177,6, Cognac 2,6, Colmar 7,3, Deauville 9,4, Dijon 3,6, Dinard 43,3, Dole 7,3, Épinal 12,6, Figari 56,9, Fréjus 1,2, Grenoble-St-Geoirs 311,7, Ile d'Yeu 6,9, Lannion 58,3, La Rochelle 32,8, La Roche-sur-Yon 3,4, Laval 1,1, Le Havre 18,6, Le Mans 1,7, Le Puy 9,06, Le Touquet 4,8, Lille 448,2, Limoges 122,7, Lorient 154,7, Lyon-Satolas-Bron 2 603,8, Marseille 4 184,9, Metz 67,3, Montluçon-Guéret 2,9, Montpellier 637,3, Morlaix 3,7, Nancy 36,5, Nantes 730,4, Nice 3 986,8, Nîmes 249,1, Ouessant 10,5, Pau 356,9, Périgueux 16,9, Perpignan 320, Poitiers 14,9, Quimper 78,3, Reims 10,6, Rennes 111, Roanne 5,7, Rodez 32,6, St-Brieuc 19,2, St-Étienne 73,4, St-Nazaire 23,8, Strasbourg 874,2, Tarbes 391,6, Toulon 410,4, Toulouse 1 962,9, Tours 16,2, Troyes 1,4, Valence 48,9, Valenciennes 1,1, Vichy 4,7. **Total : 55 116,9.** Bâle-Mulhouse 1 018,5.

Trafic de fret. Aéroports dont le trafic a dépassé 10 t, en milliers. Ajaccio 1,2, Albi 0,03, Avignon 3,05, Bastia 1,2, Beauvais 0,4, Belfort 1, Béziers 1, Biarritz 0,4, Bordeaux 7,7, Bourges 0,01, Brest 0,2, Caen 0,012, Calvi 0,07, Chambéry 0,7, Châteauroux 4,3, Cherbourg 1,5, Clermont-Ferrand 0,1, Deauville 0,4, Dinard 0,03, Grenoble 0,1, Lannion 0,02, La Rochelle 0,02, La Roche-sur-Yon 0,13, Lille 0,4, Limoges 0,8, Lorient 0,1, Lyon 12,1, Marseille 30,6, Metz 0,04, Montpellier 3,2, Morlaix 0,02, Nancy 0,2, Nantes 1,2, Nice 12,2, Nîmes 0,1, Ouessant 0,03, Pau 0,4, Perpignan 0,2, Poitiers 0,1, Quimper 0,04, Rennes 0,05, St-Brieuc 0,02, St-Étienne 0,03, St-Nazaire 0,4, Tarbes 0,1, Toulon-Hyères 0,1, Toulouse 12,3, Vichy 0,08. **Total : 693,1.**

Trafic de poste. Aéroports dont le trafic a dépassé 4 000 tonnes, en milliers. Ajaccio 4,2, Bastia 3,8, Lyon 9,3, Marseille 11,6, Nice 7,3, Paris (Orly + Charles-de-Gaulle + Le Bourget) 58,1, Toulouse 5,4.

Aéroports d'outre-mer

Trafic en 1985

Passagers. Payants et non payants des avions commerciaux, en milliers. Bora-Bora 102,2, Cayenne 174,8, Fort-de-France 978, Huahine 52,04, Moorea 167,5, Nouméa 227,4, Pointe-à-Pitre 1 135,2, Raiatea 75,5, St-Denis-Gillot 482,8, Tahiti-Faaa 742,1. **Total 4 137,5.**

Fret (en milliers de tonnes). Bora-Bora 0,1, Cayenne 3,8, Fort-de-France 10,1, Huahine 0,04, Nouméa 6,1, Pointe-à-Pitre 11,6, Raiatea 0,1, St-Denis-Gillot 10,2, Tahiti-Faaa 6,2. **Total 56,94.**

Poste (en milliers de tonnes). Cayenne 0,5, Fort-de-France 1,4, Nouméa 0,7, Pointe-à-Pitre 1,7, St-Denis-Gillot 2,06, Tahiti-Faaa 0,6. **Total 7.**

Aéroports dangereux

Selon la Féd. intern. des Associations de pilotes de ligne, il y a au moins 23 aéroports intern. dangereux dans le monde dont 3 aux U.S.A., 2 en Grèce, 2 en Italie.

Les moins sûrs seraient : Boston, Los Angeles, St-Thomas (îles Vierges), Alghero (Sardaigne), Rimini (Italie), Corfou et Rhodes (Grèce) et 7 aéroports de Colombie. Les pilotes mettent en cause la longueur des pistes d'envol, l'environnement dû au relief, les diverses restrictions pour diminuer le bruit des avions (ce qui les empêche souvent de décoller contre le vent) et l'utilisation de pistes identiques pour atterrissages et décollages.

Voyages en avion

Renseignements pratiques

Animaux. Certains pays imposent une quarantaine ou interdisent l'entrée, et des formalités sont nécessaires pour l'entrée dans la plupart des autres pays. Transport en soute climatisée : l'animal voyage dans une caisse à claire-voie ou dans une cage métallique, étiquetée avec identité et adresse. La Compagnie peut fournir une caisse (à réserver à titre onéreux). Ne mettre ni foin ni paille ou nourriture car leur importation est interdite dans certains pays. En cabine : sont acceptés les petits chiens et chats (poids max. 5 kg), canaris, perruches, perroquets ou autres petits oiseaux apprivoisés, placés dans un panier, cage ou petite caisse 45 × 35 × 20 cm. Les chiens d'aveugles muselés sont acceptés en cabine sauf en Grande-Bretagne. Le nombre d'animaux admis en cabine est limité. Prix du transport des animaux accompagnés : au forfait en fonction du poids brut au tarif de l'excédent de bagages.

Apex (advance purchase excursion : excursion achetée à l'avance). Délivré par une compagnie pour une place réservée et payée à l'avance. Frais d'intervention en cas de modification ou d'annulation.

(Information)

Voyages à partir de Paris (Durée en h, distance en km, de Paris-Orly)

Abidjan (6 h 30)	4 969
Abu Dhabi (7 h)	5 241
Agadir (3 h 30)	2 275
Ajaccio (1 h 30)	907
Alger (2 h)	1 339
Amman (6 h 05)	3 459
Amsterdam (1 h)	432
Anchorage (13 h)	7 542
Ankara (7 h)	2 588
Athènes (3 h)	2 093
Auckland	18 562
Bagdad (5 h)	3 847
Bangkok (14 h)	9 433
Bastia (1 h 35)	882
Belfast (3 h 55)	884
Belgrade (2 h 20)	1 427
Berlin (Tempelhof) (1 h 45)	879
Beyrouth (4 h 20)	3 186
Biarritz (1 h 10)	661
Bogota (14 h)	8 622
Bombay (12 h)	6 999
Bordeaux (0 h 55)	494
Boston (6 h 52)	5 534
Brazzaville	6 011
Brest (1 h)	500
Bruxelles (0 h 50)	284
Bucarest (2 h 10)	1 861
Budapest (2 h 15)	1 254
Buenos Aires (18 h)	11 062
Calcutta (16 h)	7 852
Calvi (1 h 30)	852
Caracas (11 h)	7 609
Casablanca (3 h)	1 881
Cayenne (11 h 10)	8 393
Chicago (8 h 50)	6 665
Clermont-Ferrand (0 h 50)	333
Cologne (1 h)	415
Colombo	8 487
Conakry (6 h 55)	4 838
Copenhague (1 h 45)	1 035
Cotonou (6 h)	4 811
Dakar (6 h 25)	4 191
Damas (4 h 50)	3 287
Djakarta	11 587
Detroit	6 358
Djeddah (5 h 40)	4 438
Djibouti (7 h)	5 579
Doha	4 968
Douala	5 018
Dublin (1 h 35)	796
Francfort (1 h 10)	471
Genève (0 h 55)	394
Glasgow (3 h 50)	917
Grenoble (0 h 50)	433
Hambourg (1 h 35)	759
Hanovre (2 h 15)	661
Harare (11 h 10)	7 934
Helsinki	1 904
Hong Kong (23 h 20)	9 627
Honolulu	11 948
Houston (10 h 25)	8 069
Istanbul (7 h)	2 239
Jersey	339
Johannesburg (13 h 20)	8 707
Karachi (7 h 55)	6 128
Kiev	1 999
Kinshasa (7 h 20)	6 053
Koweit (5 h 55)	4 408
Lagos	4 685
Las Palmas (3 h)	2 767
Le Caire (3 h 30)	3 204
Le Cap (13 h 10)	10 100
Leningrad	2 187
Libreville	5 407
Lille (1 h)	210
Lima (17 h 40)	10 248
Limoges (0 h 50)	333
Lisbonne (1 h 20)	1 438
Lomé (6 h)	4 748
Londres (H) (1 h)	365
Londres (GT) (1 h)	326
Lorient (1 h)	444
Los Angeles (10 h 30)	9 108
Lourdes (1 h 05)	644
Luanda (9 h 30)	4 041
Lyon (0 h 50)	387
Madrid (1 h 50)	1 031
Manille (20 h)	10 752
Marseille (1 h)	628
Maurice (Ile) (24 h)	9 430
Melbourne	16 762
Mexico (15 h)	9 195
Milan (M) (1 h 15)	590
Montevideo (20 h 15)	10 932
Montpellier (1 h 05)	585
Montréal (7 h 30)	5 523
Moscou (3 h 30)	2 479
Mulhouse-Bâle (0 h 50)	465
Nairobi (8 h)	6 475
Nantes (0 h 50)	346
New Delhi (9 h 55)	6 579
New York [1] (3 h 45)	5 829
Niamey	3 915
Nice (1 h 25)	675
Nîmes (1 h 05)	574
Nouméa (25 h)	18 713
Oran	1 478
Osaka	9 625
Oslo (3 h 20)	1 348
Ottawa	5 654
Papeete (30 h 25)	23 654
Pau (1 h 05)	635
Pékin (15 h 30)	8 214
Perpignan (1 h 05)	669
Philadelphie [1] (4 h 15)	5 979
Phnom Penh	9 931
Pise (1 h 30)	833
Pittsburgh (7 h 10)	6 273
Pointe-à-Pitre (8 h 15)	6 748
Pointe-Noire (10 h 35)	6 022
Poitiers (2 h 10)	286
Port-Gentil (7 h 15)	5 527
Porto (1 h 55)	1 202
Prague (1 h 45)	872
Prestwick (1 h 35)	889
Pula (1 h 50)	974
Québec (10 h 40)	5 288
Quimper (1 h 30)	491
Quito (16 h 55)	9 344
Rabat (2 h 40)	1 796
Rangoon (10 h 35)	8 865
Reggan	2 458
Reims	139
Rennes (1 h)	311
Reus	849
Réunion (Ile) (12 h 40)	9 352
Reykjavik	2 244
Rhodes (5 h 50)	2 497
Riga (3 h 25)	1 708
Rimini (2 h 10)	942
Rio de Janeiro (11 h 10)	9 144
Riyad (7 h)	4 673
Rome (C) (2 h)	1 100
Rotterdam (0 h 50)	381
Saigon (18 h)	10 119
Saint-Étienne (0 h 55)	388
Skikda	1 463
St-John's (10 h)	3 982
St-Louis (U.S.A.) (9 h 30)	7 060
St-Louis (Sén.) (7 h 45)	4 014
St-Nazaire (1 h 15)	372
Salonique (5 h 05)	1 858
Salon (1 h 05)	608
Salt Lake City (11 h)	8 160
Salzbourg (2 h 35)	793
San Francisco (15 h 10)	8 971
San Juan (9 h 15)	6 899
Santiago (19 h 50)	11 641
São Paulo (8 h 20)	9 397
Seattle (10 h 30)	8 055
Séoul (19 h)	8 988
Séville SP (3 h 30)	1 424
Séville M	1 439
Shanghai (20 h 15)	9 259
Shannon (1 h 50)	907
Sidi-bel-Abbès	1 528
Singapour (14 h 35)	10 728
Sofia (2 h 45)	1 756
Solenzara (1 h 35)	933
Southampton	365
Southend (2 h)	358
Split (1 h 30)	1 253
Stavanger (4 h 05)	1 147
Stockholm (A) (2 h 20)	1 569
Stockholm (B) (2 h 30)	1 549
Strasbourg (0 h 50)	385
Stuttgart (1 h 05)	501
Swansea (2 h 15)	559
Sydney (Can.) (12 h 40)	4 569
Sydney (Austr.) (24 h 50)	16 954
Tamanrasset (5 h 20)	2 895
Tananarive (12 h)	8 735
Tanger (2 h 35)	1 596
Tarbes (1 h 15)	644
Téhéran (5 h 40)	4 198
Tel-Aviv (4 h 20)	3 284
Ténériffe (3 h 50)	2 759
Thiès	4 163
Timimoun	2 176
Tirana	1 590
Tlemcen (2 h 30)	1 556
Tobrouk	2 598
Tokyo (14 h)	9 736
Toronto (8 h 10)	6 021
Touggourt	1 764
Toulon (1 h 20)	685
Toulouse (B) (1 h 10)	574
Tours	191
Tripoli (Libye) (3 h)	1 998
Tripoli (Liban) (4 h 40)	3 167
Tulsa	7 608
Tunis (2 h 15)	1 467
Turin (1 h 15)	560
Valence (F) (1 h)	453
Valence (E) (1 h 45)	1 053
Vancouver (17 h 25)	7 938
Varsovie (2 h 20)	1 365
Venise (1 h 35)	835
Vichy (1 h 05)	295
Vienne (2 h)	1 045
Vittel	268
Washington (10 h)	6 171
Zagreb (1 h 45)	1 081
Zurich (1 h)	480

Nota. — (1) En Concorde.

Distance de : Bordeaux-Marseille 498, -Nice 645, -Toulouse 215. **Lille**-Lyon 554, -Marseille 809, -Nice 828, -Strasbourg 396. **Lorient**-Nantes 154. **Lyon**-Ajaccio 516, -Bastia 498, -Bordeaux 454, -Marseille 256, -Nice 299, -Toulouse 367. **Marseille**-Ajaccio 339, -Bastia 361, -Calvi 307, -Nice 163. **Nantes**-Lyon 526, -Marseille 675, -Nice 788. **Nice**-Calvi 180. **Strasbourg**-Lyon 372, -Marseille 598, -Nice 543. **Toulouse**-Nice 471.

Super Apex. Moins cher qu'un Apex avec les mêmes contraintes, mais exigeant un transport par vol direct.

Bagages. *Admis en franchise : 1re classe :* 30 kg, *classe affaires, économique et vacances :* 20 kg sauf entre France, U.S.A. et Canada : 2 valises. *Classe affaires : intérieur Europe, intérieur France (y c. métropole), DOM :* 30 kg. *Classe vacances : métropole vers Antilles, Guyane, Réunion :* 25 kg. *Admis en cabine :* 1 bagage : dimensions maximales (total des 3 dimensions, longueur, hauteur, largeur) 115 cm. *En 1re classe :* housse à vêtements.

Objets acceptés gratuitement en sus de la franchise (règle internationale I.A.T.A.). Sous la garde du passager : manteau, pardessus, couverture, parapluie, canne, appareil photo, jumelles, livres et revues, sac à main ou pochette, nourriture pour les bébés, moïse. Depuis le 1-1-83, étiquetage extérieur des bagages enregistrés obligatoire avec adresse personnelle et adresse de destination.

Articles non acceptés : serviettes et attachés-cases comportant un dispositif d'alarme ; gaz comprimés (inflammables ou non, toxiques) comme le gaz de camping ; produits corrosifs (tels qu'acides, alcalis et piles à éléments humides) ; agents étiologiques ; explosifs, munitions, pièces de pyrotechnie et signaux d'alarme ; liquides et solides inflammables (tels que carburants pour l'éclairage ou le chauffage, allumettes et articles qui s'enflamment facilement) ; matières irritantes ; matières aimantées : matières oxydantes (telles que chlorure de chaux et peroxydes) ; poisons ; matières radioactives ; autres articles réglementés tels que le mercure ou des matières nocives figurant dans le Manuel I.A.T.A. des articles réglementés.

Billet. *Comporte :* une couverture imprimée, 2 faux feuillets sur lesquels figurent les « conditions de contrat de transport » et la « limitation de responsabilité en matière de bagages », 1 à 4 « coupons de vol » détachés à l'aéroport lors de « l'enregistrement » et 1 coupon pour le passager.

Un billet est nominatif et ne peut être cédé. Sa validité normale maximum est d'un an. Certains tarifs comportent des conditions de réservation et de « séjour minimum » (le parcours retour ne peut être effectué avant la date donnée).

Billet non utilisé ou utilisé partiellement : remboursement à demander dans les 30 j max. suivant la date d'émission, sauf spécification contraire.

Composantes d'un billet d'avion. *Air France* [hors Concorde, avions-cargos et combis (passagers et cargos), en %, en 1985]. Kérosène 18,2, redevances d'aéroports 16,4, frais de vente billets 16,2, frais généraux et divers 14,6, équipage 13,8, amortissements 10,9, entretien 9,9.

Vols réguliers internationaux de l'I.A.T.A. Coût unitaire (en 1984). 0,3577 $ par tonne/km disponible dont (en %) personnels navigants techniques 5,6, carburant et huile 25, assurance des matériels volants, amortissement et location 8, entretien et révision 9, redevances d'atterrissage 3,6, de route 1,9, opérations au sol et d'escale 11,4, personnels navigants commerciaux et prestations aux passagers 10,9, billetterie, vente et promotion 19, frais administratifs et coût généraux 5,6.

Blocs sièges. Allotements de sièges consentis aux tour-opérateurs aux termes d'un contrat exigeant le versement intégral du montant convenu pour l'opération, que les sièges aient été occupés ou non.

Budget. Tarif bas qui regroupe les contraintes des tarifs visite et parfois des tarifs Apex surtout au départ de G.-B.

Embarquement. Heure limite de présentation à la porte d'embarquement : 25 mn avant le départ de l'avion pour l'Europe et la Métropole, et 35 ou 45 mn selon la compagnie et l'aéroport pour les autres destinations. Parfois délais plus importants pour des raisons de sécurité.

Dep. le 28-3-1982, Air France bénéficie d'une aérogare privative à Charles-de-Gaulle (aérogare 2) qui regroupe l'essentiel de ses vols, Orly continuant à absorber le reste de son activité.

Enfants. *S'ils ont moins de 4 ans :* ils devront être accompagnés par une hôtesse spéciale (billet payant pour elle, tarif réduit pour l'enfant).

A partir de 4 ans et jusqu'à 12 ans : il faut demander l'accord de la Cie, remplir une décharge de responsabilité au moment de l'achat du billet, donner le nom et le moyen de contacter la personne chargée de venir chercher l'enfant à l'arrivée. Il porte au cou une pochette U.M. (unaccompanied minor).

Réduction enfants, jeunes et étudiants. Enfants de – de 2 ans : 90 % ; 2 à 12 a. : de 33 à 50 %. Jeunes de 12 à 21 a. et étudiants jusqu'à 25 ou 30 a. (sur certaines destinations) : tarifs particuliers.

IT (inclusive tour : forfait). Voyage organisé, vendu par l'intermédiaire des agences, comprend le transport aérien, l'hébergement et éventuellement des prestations annexes telles que repas et excursions. Dates de départ et de retour fixées à l'avance.

Repas à bord. En moyenne, il représente 4,6 % du prix du billet. Prix payé par une Cie à son fournisseur ; repas froid 25 à 45 F ; chaud 40 à 100 F ; 1re classe 80 à 200 F + boissons.

Réservations. Seule la mention « O.K. » garantit une place réservée. *Réservation par téléphone :* elle est toujours possible (excepté pour les tarifs « visite » et « vacances »), la place ne sera définitivement réservée qu'à l'achat du billet. *Billet sans réservation :* par exemple billet « retour », faire porter cette réservation sur le billet (dans une agence de voyage ou auprès du transporteur).

Responsabilité de la compagnie. En cas de dommage à tout bagage, la responsabilité du transporteur est limitée à 92 F par kg ou 20 $ (1981) (ou leur contre-valeur du moment). On peut prendre une « assurance voyage complémentaire ».

Bagages non accompagnés : le tarif est plus avantageux que celui des excédents de bagages. Il faut les remettre au moins 72 heures avant le départ. *Régimes particuliers :* taxations spéciales pour les équipements de sport. Fusils de chasse non acceptés en cabine. *Sont exclus du régime « bagages » :* les appareils ménagers lourds, tels que réfrigérateurs, machines à laver, télévisions, etc.

Santé. En cas de grossesse normale, voyage autorisé sans formalité au cours des 8 premiers mois.

Autres cas : interroger la compagnie avant l'achat du billet.

Stand by. Pas de réservation. Embarquement dans la limite des places disponibles.

Tarif économique. Tarif normal, vendu en aller simple permettant de faire plusieurs arrêts en cours de route.

Vacances/visite. Tarif créé par Air France comportant certaines contraintes (de réservation, paiement et validité) et vendu à des niveaux très proches de ceux des vols affrétés (charters).

Vara (vol avec réservation à l'avance). Voyage aller-retour dans un avion entièrement réservé par un tour-opérator pour une date fixe. La liste des passagers doit être connue en principe 30 j avant le départ.

Tarifs aériens au départ de Paris

Prix aller et retour en classe économique (en F au 1-5-86), **et entre parenthèses prix le plus bas,** de vols charters ou de vols réguliers avec réductions, relevés dans « Que choisir » d'avril 1986. Abidjan 10 540 (3 520). Abou Dhabi 13 800 (8 350). Addis-Abeba 12 250 (7 405). Aden 13 730 (8 310). Agadir 6 090 (3 350). Ajaccio 1 900 (1 040). Alger 3 530 (1 760). Alicante 3 970 (1 835). Amman 8 250 (4 745). Amsterdam 2 120 (700). Anchorage 11 820 (5 745). Ankara 8 260 (5 395). Annaba 3 530 (id.). Antananarivo 14 790 (7 765). Anvers 1 850 (700). Asuncion 20 720 (8 040). Athènes 7 020 (1 090). Atlanta 10 360 (5 445). Bagdad 10 270 (5 905). Bahreïn 12 820 (7 755). Bamako 8 960 (3 250). Bangkok 18 730 (4 180). Bangui 12 470 (2 960). Barcelone 3 140 (1 470). Bastia 1 900 (1 040). Belem 18 710 (13 100). Belgrade 5 460 (2 200). Berlin 3 460 (1 425). Berne 2 340 (1 400). Beyrouth 8 250 (4 745). Biarritz 1 620. Bilbao 2 780 (1 300). Birmingham 3 350 (1 255). Bogota 18 270 (5 400). Bologne 4 040 (1 900). Bombay 15 420 (4 380). Bonn-Cologne 2 060 (830). Bordeaux 1 240. Brasilia 18 710. Brazzaville 12 550 (4 850). Brême 3 200 (1 285). Brest 1 440. Bruxelles 1 850 (700). Bucarest 6 920 (3 775). Budapest 4 620 (1 965). Buenos Aires 20 720 (6 520). Bujumbura 14 590 (6 200). Cagliari 5 040 (1 280). Calcutta 17 340. Calvi 1 900 (1 110). Caracas 17 440 (5 370). Casablanca 5 270 (2 900). Cayenne (4 200). Chicago 10 270 (3 100). Cincinnati 9 885 (4 935). Clermont-Ferrand 1 240. Colombo 18 320 (4 780). Conakry 9 690 (4 845). Constantine 3 640 (3 640). Copenhague 4 055 (1 630). Cork 3 850 (1 835). Cotonou 10 540 (5 270). Dakar 8 660 (2 700). Dallas 11 805 (5 565). Damas 8 250 (4 745). Dar es-Salem 14 640 (10 480). Delhi 15 420 (4 380). Denver 10 620 (5 770). Detroit 9 370 (4 845). Dhahran 12 820 (7 755). Djakarta 23 310 (6 080). Djeddah 11 590 (7 010). Djerba 4 240 (2 335). Djibouti 13 070 (6 075). Doha 12 820 (7 755). Douala 11 000 (6 050). Doubai 13 800 (8 350). Dublin 3 850 (1 835). Düsseldorf 2 060 (830). Dzaoudzi 8 585. Eindhoven 2 380 (880). Faro 5 630 (4 165). Fez 5 270 (2 900). Fort-de-France 7 190 (3 995). Francfort 2 400 (965). Freetown 11 740 (6 480). Fréjus 1 820. Funchal 6 160 (2 455). Gênes 3 680 (1 795). Genève 2 250 (795). Glasgow 4 440 (1 470). Göteborg 4 950 (1 980). Graz 4 520. Grenoble 1 230. Hambourg 3 260 (1 310). Hanoï 20 900. Hanovre 3 110 (1 250). Helsinki 5 670 (2 380). Hong Kong 21 760 (5 980). Houston 10 360 (5 955). Ibiza 3 800 (1 555). Indianapolis 10 360 (5 290). Innsbruck 3 220. Istanbul 7 490 (1 380). Izmir 7 900 (5 150). Jersey 1 900 (1 560). Kano 15 080. Karachi 15 080. Kathmandou 17 340 (5 530). Khartoum 11 400 (6 895). Kiev 6 370. Kigali 14 590 (6 200). Koweit 11 970 (6 885). Lagos 11 350 (4 660). La Havane 13 320 (5 685). La Paz 19 800 (14 625). Larnaca 7 310 (3 215). Las Palmas 6 020 (2 445). Las Vegas 13 095 (6 370). Le Caire 8 320 (2 935). Leningrad 6 490. Libreville 12 470 (6 235). Lima 17 750 (5 600). Limoges 1 280. Linz 3 760. Lisbonne 5 330 (1 930). Lomé 10 540 (5 270). Londres 1 780 (650). Lorient 1 500. Los Angeles 12 865 (4 500). Lourdes 1 580. Lugano 3 530. Luxembourg 1 770 (700). Lyon 1 180. Madras 17 220. Madrid 4 080 (1 555). Malaga-Torremolinos 5 030 (1 995). Manchester 3 530 (1 325). Manille 20 960 (4 950). Marrakech 5 680 (1 280). Marseille 1 460. Mascate 14 880 (9 005). Maurice (île) 18 750 (7 100). Mexico 14 450 (4 500). Miami 10 350 (3 990). Milan 3 390 (1 565). Minneapolis 9 535 (5 000). Mombasa 14 120. Monastir 4 040 (2 225). Montevideo 20 720 (8 040). Montpellier 1 420. Montréal 10 185 (2 320). Moroni 14 010 (7 355). Moscou 7 090. Mulhouse 1 390. Munich 3 060 (1 225). Munster 3 220. Nairobi 13 940 (4 350). Nantes 1 210. Naples 5 240 (2 325). N'Djamena 10 670 (5 335). New York 8 825 (2 600) (1er cl. 23 305 ; Concorde 27 175). Niamey 9 260 (4 630). Nice 1 590 (890). Nîmes 1 420. Nouadhibou 7 520 (3 760). Nouakchott 8 250 (4 125). Nouméa 26 730 (15 535). Nlle-Orléans 10 255 (5 445). Nuremberg 3 100 (1 245). Olbia 4 790. Oran 3 700. Orlando 10 605 (5 745). Osaka 23 160 (11 355). Oslo 5 140 (2 075). Ouagadougou 10 130 (2 580). Oujda 4 730 (2 600). Palma de Majorque 3 640 (890). Papeete 23 150 (13 870). Pau 1 580. Pékin 20 200 (6 300). Perpignan 1 660. Philadelphie 9 290 (4 620). Phoenix 11 805 (6 190). Pise 4 040 (1 900). Pittsburgh 9 650 (5 845). Pointe-à-Pitre 7 190 (3 995). Port-au-Prince 13 830 (5 970). Porto 5 080 (2 050). Prague 3 500 (1 920). Quimper 1 560. Quito 16 650 (11 970). Rabat 5 270 (2 900). Recife 17 340 (6 470). Rennes 1 260. Riad 12 820 (7 755). Rio de Janeiro 18 710 (5 620). Rome 4 710 (1 480). Rotterdam 2 380 (880). St-Denis 11 550 (4 300). St-Étienne 1 230. St-Jacques-de-Compostelle 4 150 (1 935). St-Louis 10 040 (5 145). St-Martin 14 090 (9 605). St-Pierre-et-Miquelon 5 210. Salt Lake City 10 620 (6 045). Salvador-Bahia 18 710 (6 980). Salzbourg 3 220 (1 410). Sana 12 970 (7 850). San Antonio 10 490 (5 560). San Diego 14 400 (6 190). San Francisco 12 865 (4 600). San Juan 12 120 (8 525). Santa Cruz 6 020 (2 445). Santiago 22 960 (8 910). São Paulo 19 120 (5 650). Seattle 11 510 (6 190). Séoul 23 160 (6 700). Séville 5 030 (1 995). Seychelles 16 280 (5 900). Sfax 4 240 (2 335). Shannon 3 850 (1 835). Sharjah 13 800 (8 350). Singapour 20 800 (4 400). Sofia 6 920 (3 775). Stockholm 3 740 (2 245). Strasbourg 1 180. Stuttgart 2 420 (970). Sydney 30 460 (8 080). Taipeh 22 510. Tampa 10 605 (5 745). Tanger 4 730 (2 600). Téhéran 11 410 (8 555). Tel-Aviv 7 400 (2 490). Tlemcen 3 870. Tokyo 23 160 (6 250). Toronto 11 380 (4 340). Toulon 1 670. Toulouse 1 420. Tripoli 6 170. Tunis 4 040 (1 380). Turin 3 390 (1 565). Valence 3 810 (1 670). Varsovie 4 560 (2 585). Venise 3 970 (1 210). Vienne 4 520 (1 955). Washington 9 420 (3 190). Yaoundé 11 520 (6 335). Zagreb 4 540 (2 495). Zurich 2 510 (725).

Transports ferroviaires

Matériels

Locomotives

Quelques dates

1550 utilisation de chariots sur rail dans les mines de Leberthal (Alsace).

1758-*9-6 :* 1er train régulier à locomotive à vapeur entre la mine de charbon de Middleton et le pont de Leeds, Yorkshire. **1770** 1re utilisation de l'action directe du piston sur la manivelle pour actionner la roue motrice (Cugnot, France).

1804-*24-2 :* 1re locom. de Richard Trevithick et Andrew Vivian. Charge utile 10 t et 70 personnes, curieux ou enthousiastes, le train ne transportant que du charbon ou des marchandises (la notion de « voyageur » n'apparaît que 20 ans plus tard) sur la ligne de Penydarran (Galles), 15 km. Chaudière à foyer intérieur et à tube en retour pour multiplier la surface de chauffe, cylindre horizontal et réchauffeur d'eau d'alimentation ; jantes de roues garnies d'aspérités et de rainures. 2 autres locom. (1805 et 1808) suivront ; l'une appelée *Catch me who can* (« M'attrape qui peut ») sert d'attraction foraine à Londres.

1812 John Blenkinsop : locom. à roue dentée qui s'accroche sur une crémaillère extérieure à la voie. **1813** Brunton propose une machine surnommée *steam horse* (cheval vapeur) qui « marche », toujours par crainte du manque d'adhérence, grâce à 2 béquilles alternativement appuyées sur le sol. Elle explose en 1815. Christopher Blackett et William Hedley démontrent que l'adhérence des roues permet la traction de charges importantes, et remorquent avec leurs locomotives de 8,3 t des trains de 50 t à 8 km/h. **1814** George Stephenson construit une locom. pour les mines de Killingworth : roues accouplées par une chaîne sans fin (plus tard par une bielle rigide) ; en service de 1814 à 1825.

1823 George Stephenson et son fils Robert, Edward Pease et Michel Longridge fondent la 1re usine de construction de locom. à Newcastle (concurrencée à partir de 1830 par celle d'Edward Bury à Liverpool). **1827** Timothy Hackworth achève la *Royal George,* la plus puissante machine du temps, et la 1re à 6 roues couplées par des bielles extérieures (030) ; elle fonctionnera jusqu'en 1842. *14-5 :* 1er chemin de fer fr. entre Andrézieux et St-Étienne (20 km) pour le transport du charbon. **1828**-*22-2 :* Marc Seguin : brevet d'invention de la chaudière à tubes de fumée multipliant la surface de chauffe (les gaz chauds de la combustion passent dans un faisceau de tubes traversant l'eau de la chaudière). **1829** utilisant ce principe, Robert Stephenson construit *The Rocket* (La Fusée) qui comporte un échappement de la vapeur dans la cheminée, ce qui active automatiquement le tirage. Elle gagne le concours Rainhill (G.-B., 1829, vitesse 47 km/h) en roulant *haut le pied* (expression désignant un cheval de rechange qui, non monté, suivait les autres en levant plus aisément le pied que s'il avait eu un cavalier).

1831 l'ingénieur Rimber (U.S.A.) : 1re locomotive pour service mixte à adhérence et à crémaillère. **1832** sur la ligne Liverpool-Manchester, des locom. remorquent des trains de 223 t (50 wagons) à 16 km/h. **1838** locom. à 3 essieux indépendants. La détente commence à être employée sur les locom. Manchester-Liverpool. La *Gironde* sur la ligne de Versailles (rive droite) remorque des trains sur des rampes de 35 ‰. **1839** 1er locom. à air comprimé d'Andraud.

1842. La *1re locom. électrique de Robert Davidson* atteint 6 km/h sur la ligne Edimbourg-Glasgow. **1847** sur la ligne de Paris-St-Germain au Pecq, une voiture directrice remplace la locom. Sous son châssis un piston plonge dans un tube disposé entre les rails jusqu'à St-Germain où des pompes font le vide dans le tube ; la rame est alors « aspirée » le long de la rampe de 35 ‰. C'est le « chemin de fer atmosphérique ». *1re locom. de Thomas Russell Crampton* sur la London North Western Railway. Roues motrices de grand diam. pour la vitesse, abaissement du centre de gravité pour la stabilité (essieu moteur à l'arrière du foyer ; cylindres reculés ; porte-à-faux à l'avant et à l'arrière supprimés). Un type à 2 essieux accouplés et essieu porteur à l'avant atteindra 110 km/h et sera employé pendant 30 ans. **1849** *brevet de la « surchauffe »* par Quillac et Montreuil. La vapeur traverse des tubes placés à l'intérieur d'autres tubes originaires de la chaudière en contact avec les gaz chauds de la combustion. La condensation diminue et on économise ainsi 16 % de charbon et 21 % d'eau. Le procédé n'est utilisé qu'en 1898 par Schmidt.

1864 brevet du Français Cazal : *moteur électrique s'appliquant directement à l'essieu.* Mise en service sur le P.O. des locom. Forquenot en 1874. **1866**-*6-7* : *locom. Petiet* à 6 essieux moteurs, accouplés en 2 groupes indépendants (inauguration de la ligne Enghien-Montmorency). **1867** locom. Forquenot, dites *Cantal*, 1res machines françaises équipées de 5 essieux couplés (Paris-Orléans).

1876 1re application pratique par l'ingénieur Mallet du *système « compound »* sur une locom. du Bayonne-Biarritz. Ce système, indiqué dès 1803 par Arthur Woolf et déjà en usage dans la marine, utilise mieux la force expansive de la vapeur qui passe une 1re fois dans un cylindre à haute pression (comme sur une machine à simple expansion), puis une 2e fois, en détente, dans un 2e cylindre à basse pression. **1879** *1er train remorqué par une locomotive électrique* (Exposition industrielle de Berlin. Locomotive Siemens et Halske, voie de 550 m). **1883** 1re locom. électrique en G.-B. (la ligne existe toujours à Brighton). **1894** *1ers essais de traction électrique* sur les banlieues de Paris (St-Germain État-St-Germain Grande Ceinture). 1res locomotives de vitesse type « Coupe-vent » du P.L.M.

1900 1ers trains à traction électrique sur la ligne Paris-Invalides aux Moulineaux (avril), Paris-Orsay à Paris-Austerlitz (28-5). **1907** 1res locom. de vitesse du type Pacific (Cie du P.O.). **1911** essai de traction électrique par courant alternatif monophasé (ligne P.L.M. de Cannes à Grasse). **1920** essais en Allemagne de traction sur rails par des hélices (moteurs d'aviation). **1930**-*10-2* : inauguration du train radio (émission et réception), en France (réseau de l'État). **1931**-*1-1* : circulation du 1er autorail. *10-9* : circulation des 1ers autorails à roues munies de pneumatiques : Michelines. **1937**-*29-12* : *1er train français remorqué par une locom. diesel-électrique* à grande puissance (ligne Paris-Dijon). **1938**-*13-12* : *1re grande ligne entièrement à traction électrique* (Paris-Bordeaux).

1946 1re locomotive à vapeur chauffée au fuel. **1948**-*4-12* : *rame sur pneumatique* (Paris-Strasbourg). **1950** 1er essai monophasé en Savoie. **1952** traction électr. intégrale sur Paris-Lyon. **1954**-*18-7* : 1re mise en service de la traction électr. en courant monophasé 25 kV 50 Hz (Charleville-Valenciennes). **1955**-*28 et 29-3* : record mondial de vitesse sur voie ferrée : 331 km/h entre Facture et Morcenx (Landes). *5-6* : traction électr. intégrale sur Paris-Rome.

1962-*22-6* : traction électr. intégrale sur Paris-Marseille. **1963**-*9-9* : mise en service électrification Paris-Bruxelles. **1964**-*30-5* : 1re locom. quadricourant type CC 40100 (sur Paris-Bruxelles). **1967**-*28-5* : 1re circ. commerciale à 200 km/h (le Capitole sur la section Les Aubrais-Vierzon). 1re rame expérimentale turb. à gaz. **1969** sortie de la locom. électr. la + puissante de la SNCF, type CC 6500 (6 000 kW = 8 000 chevaux env.)

1970-*16-3* : 1er serv. commercial par turbotrain (Paris-Caen). **1971**-*23-5* : mise en service du TEE Aquitaine sur Paris-Bordeaux (record d'Europe de vitesse moy. commerciale). *-19-8* : 1ers essais de la BB 15001 équipée d'un dispositif pour le réglage de la vitesse sur un taux affiché. Cette locomotive de 4 600 kW utilise pour la 1re fois l'électronique (thyristors) dans ses appareillages de puissance. **1972**-*4-4* : *1ers essais en ligne de la rame expérimentale TGV 001.* **1976** sortie de la 1re BB 7200 pour courant continu à régulation électronique de la vitesse. Suivront les BB22200, de conception identique mais bicourant. **1978**-*29-7* : 1re rame TGV de série. **1979** 1er élément automoteur électrique destiné à l'interconnexion SNCF/RATP des banlieues de Paris (Z 8100 dit MI79).

Quelques locomotives à vapeur

The Rocket [« la Fusée » (G.-B.) ; 1829]. *Chaudière* : diam. 1,01 m, long. 1,83 m ; *surface de chauffe* : 12,8 m² ; *roues* : diam. 1,42 m ; *masse* de la machine en ordre de marche 4,3 t.

Locomotive Seguin [modèle 1829 (Fr.)]. 1re loc. française à tubes de fumée. *Chaudière* (timbre) : 4 kg/cm² ; *roues* : diam. 1,150 m : *masse totale* et *adhérente* 4,5 t.

La « Gironde » [1838, (Fr.)]. *Chaudière* : diam. 1,11 m ; *surf. de chauffe* : 50,48 m² ; *roues motrices* : diam. 1,67 m ; *masse totale* 15,5 t ; *adhérente* 7 t.

Locomotive Stephenson Long Boiler (G.-B.-Fr.) (modèle 1846 à 1 essieu moteur et 2 essieux porteurs avec tender). *Chaudière* (timbre) : 7 kg/cm² ; *surf. de chauffe* : 72 m² ; *cylindres* : diam. 380 mm ; *pistons* : course 560 mm ; *roues motrices* : diam. 1,740 m ; *masse totale* 22 t ; *adhérente* 10 t.

Type Crampton. Apparues en France à partir de 1849, sur le Nord. Ce furent les premières machines à grande vitesse. L'une d'elles roula en essais à 144 km/h en 1890.

Type « Atlantic ». Bogie porteur à l'avant, 2 essieux accouplés et 1 essieu porteur arrière ou *bissel* ou essieu radial.

Type « Ten Wheel » (Fr.). 1300 Midi. Longueur 10,635 m. *Masse totale* 59,9 t ; *adhérente* 44,1 t. *Chaudière* (timbre) 15 kg/cm². *Surface* 176,495 m² (chauffe-grille 2,530, foyer 13,570, tubes 162,925). *Cylindres diamètre HP* 350 mm. *Roues accouplées* diamètre 1,560 mm. 1 bogie avant et 3 essieux accouplés, foyer étroit.

Type Pacific (Fr.). Ex. : 4 500-PO. *Longueur* 13,405 m ; *masse totale* 92 t ; *adhérente* 53 t ; *roues motrices* diamètre 1,7 m. *Chaudière* (timbre) 16 kg/cm². *Surface* 257,25 m² (chauffe-grille 4,27, foyer 15,37, tubes 241,88). *Cylindres diamètre HP* 390 mm, *BP* 640 mm. Un bogie porteur à l'avant, 3 essieux moteurs accouplés et 1 essieu porteur arrière (essieu radial) remorquait 500 t à 90 km/h. Tous les réseaux français ont utilisé des locomotives de type Pacific, machines de vitesse par excellence.

La vapeur en France

Dernier convoi à vapeur : *voyageurs* fin 1972 ; *marchandises* mars 1974 (40 C/41 R du dépôt de Sarreguemines). **Nombre de locomotives** : *1925* : 20 000. *1969* : 514. *1980* : 1 construite en 1922 et conservée en état de marche par la S.N.C.F. (230 G 353), a parcouru 2 000 000 km ; basée à Noisy-le-Sec, utilisée pour des circuits touristiques (trains affrêtés) et tournages de films. D'autres locomotives à vapeur sont également préservées par des associations d'amateurs.

1980 livraison 1res automotrices électriques dites Z2 destinées aux dessertes régionales. **1981**-*26-2* : record du monde de vitesse sur rail : 380 km/h par le TGV. *27-9* : ouverture au service commercial du tronçon sud de la ligne à grande vitesse Paris-Sud-Est, parcouru à 260 km/h par le TGV. **1982** 1ers essais de la locomotive prototype BB 10004 à moteurs synchrones autopilotés. Ce type de moteur permet la construction d'engins universels pour les services voyageurs rapides et marchandises lourds. Livraison 1res automotrices de banlieue à 2 niveaux (Z2N) destinées à la desserte de la banlieue Sud-Est et de la ligne C du RER. **1983** *29-5* vitesse maximale des TGV autorisée en service commercial portée à 270 km/h. **1985** sortie de 2 locomotives Sybic (à moteurs synchrones, bicourant) de présérie. **A partir de 1986** livraison des loc. Sybic de série.

Locomotives à vapeur

Principe. La vapeur produite dans une chaudière à tubes de fumée (chauffée au charbon ou au fuel) meut les pistons dans des cyclindres. Des bielles transmettent aux roues motrices le mouvement du piston. *La pression maximale (ou timbre)* de la vapeur est d'env. 20 bars avec une surchauffe à 400 °C. Un régulateur et des tiroirs permettent de régler la quantité de vapeur admise dans les cylindres. Pour augmenter l'adhérence sur les rails, on utilise plusieurs essieux moteurs (2, 3 et plus) reliés entre eux par des bielles d'accouplement. On projette du sable en cas de patinage, au démarrage par exemple, devant les roues motrices et accouplées. Aux roues accouplées s'ajoutent parfois des roues porteuses (selon type et dest. de la loc.) afin de mieux répartir la masse totale de la loc. sur la voie (la charge par essieu admise en France variant entre 18 et 23 t).

Bissel (du nom de l'inventeur américain Levi Bissel). Chariot articulé à un essieu porteur, supportant une partie du poids de la locomotive et participant à son guidage dans les courbes.

Bogie. Chariot articulé à 2 essieux (ou +) supportant une partie du poids de la loc. à vapeur (ou de tout autre véhicule ferroviaire de forte charge ou de grande longueur), permettant une répartition équilibrée de ce poids et une inscription aisée en courbe. Dep. fin 1978, il ne circule plus de voitures à essieux (à empattement rigide) en service commercial sur la S.N.C.F.

Tender. Attelé à la locom., transportait environ 6 t de charbon et 38 m³ d'eau (France). Une locomotive consommait 10 kg de charbon et 100 l d'eau au km.

En France, le type des locomotives à vapeur, caractérisé par la disposition de ses essieux, était symbolisé par un nombre conventionnel de 3 chiffres : le 1er indique le nombre d'essieux porteurs avant, le 2e le nombre d'essieux moteurs, le 3e le nombre d'essieux porteurs arrière. L'absence d'essieux porteurs avant et/ou d'essieux porteurs arrière est matérialisée par un zéro. Ce nombre est suivi par une lettre majuscule indiquant la série de l'engin (précédée de la lettre T dans le cas d'une locomotive-tender). *Ex.* : 221 A 10 ; 231 F 141 ; 040 TA 6.

Inconvénients de la vapeur. Faible rendement énergétique, intervention de main-d'œuvre qui serait prohibitive aujourd'hui (30 h aux 1 000 km).

Puissances (ordre de grandeur). *France : 232 U-1 Nord* (de l'ingénieur de Caso) : 140 km/h ; 3 400 ch (2 427 kW) à la jante. *241 P* : 120 km/h ; 4 000 ch (2 940 kW). *242 A 1* : 140 km/h ; 4 200 ch (3 080 kW), record des locom. européennes. *Amérique : 222* : 6 200 ch (4 560 kW) ; *1 442* (pour trains de 1 500 m) ; le spécimen le plus lourd serait sans doute la *Q 2* de l'Union Pacific avec une puissance de 8 000 ch (5 990 kW), record absolu.

Vitesse 1835 : 100 km/h locom. Sharps et Roberts (Liverpool-Manchester). **1846**-*11-7* : 120 km/h entre Londres et Dicot. **1853** : 132 km/h. **1890** : 144 km/h. « Crampton » (France) 210 remorquant une voiture sur une rampe de 0,5 %. **1893**-*10-5* : 181 km/h (« 999 » du New York Central sur 1,7 km en remorquant l'Empire State Express). **1895**-*22-8* : sur la côte Ouest (G.-B.) : 87 km/h sur 870 km. **1903** : 200 km/h, train spécial du Pennsylvania sur 100 km. **1905**-*12-6* : 204,48 km/h, « Atlantic » (221) du Pennsylvania entre New York et Chicago remorquant 4 voitures. **1938**-*3-7* : la « Pacific » carénée « Mallard » du L.N.E.R. atteint 202,7 km/h sur 402 m.

Locomotives diesels

Principe. Force motrice fournie par un ou plusieurs moteurs diesels. La plupart utilisent la transmission électrique : le moteur entraîne soit une génératrice, soit de plus en plus souvent un alternateur suivi d'un redresseur alimentant le ou les moteurs de traction, qui agissent sur les essieux par un train d'engrenages. Certains (surtout en All. féd.) utilisent la transmission hydraulique. Une pompe hydraulique reliée au moteur diesel actionne un convertisseur de couple qui accroît ou réduit l'énergie transmise à faible ou grande vitesse.

Avantages sur la locom. à vapeur. Rendement thermodynamique supérieur (la température de combustion étant plus élevée) : 17 % au crochet de traction. Autonomie double. Peu d'entretien. Puissance massique 25 kW/t (au lieu de 15 kW/t).

Puissance. Maximum 4 500 kW (env. 6 000 ch). Les moteurs diesels très puissants sont lourds, complexes et difficiles à loger sur une locom.

Vitesse (max.). 1931-*21-6* : 230 km/h, véhicule à hélice de Franz Kruckenberg (moteur à essence de 600 ch BMW utilisé sur les avions). **1973** : 229 km/h (G.-B.).

Quelques locomotives diesels. Locomotives diesels-électriques doubles à configuration d'essieux 2C2 + 2C2, la 262 DA1 et la 262 DB1, 1res locomotives diesels de ligne en France, construites pour le P.L.M. (1937 et 1938) : articulées, longueur + de 30 m, masse 230 t, puissance 3 100 kW ; remorquaient sans ravitaillement en carburant des rapides de 600 t à 130 km/h (vitesse max.) entre Paris et Menton.

Quelques séries de locomotives SNCF	Date de construction	Nombre construit	Masse t	Puiss. kW	Vit. max. km/h
Électriques					
BB 8 100-8 200 [1]	1947-55	172	92	2 100	105
2D2 9 100 [1]	–	–	144	3 690	140
CC 7 100 [1]	1949-55	60	107	3 490	140
BB 9 400 [1]	1959-64	135	56	1 630	130/180
BB 9 200 [1]	1957-64	132	82	3 850	160
BB 9 300 [1]	1957-64	132	84	3 850	160
BB 8 500 [1]	1954-74	146	79	2 940	140
CC 6 500 [1]	1969-75	74	115	5 900	220
BB 7 200 [1]	1976	240	84	4 400	180
BB 12 000 [2]	–	–	84	2 470	120
BB 16 000 [2]	1958-63	62	85	4 130	160
BB 17 000 [2]	1965-68	105	79	2 940	150
BB 15 000 [2]	1971	65	84	4 600	180
BB 25 100 [3]	1965-77	70	84	4 130	130
BB 25 200 [3]	1965-74	51	87	4 130	160
BB 25 500 [3]	1964-76	194	80	2 940	140
CC 21 000 [3]	1969-74	4	122	5 900	220
BB 22 200 [3]	1976	205	89,5	4 400	180/200
CC 40 100 [4]	1964-70	10	108	3 670/4 480	160/240
Diesels					
BB 63 000-63 500	1963-71	853	68	355/450	80
BB 66 000-66 400-66 600	1957-71	421	72	830/890	120
BB 67 000	1963-75	425	80	1 240	90/130
BB 67 300-67 400	–	–	83	1 440-1 525	140
CC 72 000	1957-69	92	114	2 250	140/160

Nota. – (1) A courant continu 1,5 kV. (2) A courant alternatif industriel 25 kV 50 Hz. (3) Bicourant. (4) Quadricourant.

• *CC 72075* (1977). *Longueur hors tout* 20,190 m, vitesse max. de service (km/h) 85 (petite vitesse) et 160 (grande). *Puissance* 3 530 kW. *Diamètre des roues* 1,140 m. *Masse totale* 118 t. *Moteur* SEMT Pielstick à 12 cylindres en V à 4 temps. *Transmission* électrique triphasé continu. *Moteurs* de traction à double rapport de réduction. *Bogies* monomoteurs. Remorque des trains « voyageurs » (GV) ou « marchandises » (PV) ; c'est la locomotive la plus puissante au monde, à un seul groupe diesel. Les 91 autres locomotives diesels-électriques de la série CC 72000 sont équipées d'un moteur SACM à 16 cylindres en V à 4 temps développant une puissance de 2 650 kW.

Traction électrique

Principe. Les roues motrices sont entraînées par des moteurs électriques au moyen d'un train d'engrenages. Le réglage de la vitesse s'obtient par le changement de couplage des moteurs de traction, par le shuntage des inducteurs de ces derniers et par un dispositif de régulation continue (rhéostat ou hacheur de courant, pour la traction en courant continu, transformateurs à prises multiples ou équipement électronique pour la traction en courant alternatif). Le courant d'alimentation est continu ou alternatif monophasé (dans ce cas, la tension est abaissée par un transformateur et des redresseurs la convertissent en courant continu). Le courant délivré par ces redresseurs est un courant « ondulé » dont s'accommodent les moteurs à courant continu grâce à l'introduction d'une inductance importante appelée « self de lissage ». Certains réseaux étrangers ont utilisé au début de leur électrification des moteurs de traction fonctionnant directement sous courant alternatif, ce qui les a obligés à choisir un courant alternatif de fréquence spéciale de faible valeur : 16 2/3 Hz. L'électrification du réseau français a débuté en courant continu 750 V (alimentation par le 3e rail), mais a été principalement réalisée en courant continu 1,5 kV, puis complétée en courant monophasé 25 kV à partir de 1950.

Étranger : P.-Bas : continu 1,5 kV ; *G.-B.* : cont. 1,5 kV et courant industriel 25 kV 50 Hz ; *U.R.S.S.* : cont. 3 kV et cour. ind. 25 kV 50 Hz ; *Italie* : cont. 3 kV et sur quelques lignes cour. 15 kV 16 ⅔ Hz ; *Belgique* : cont. 3 kV ; *Espagne* : cont. 3 kV et 1,5 kV ; *Portugal* : cont. 1,5 kV et le cour. ind. 25 kV 50 Hz ; *Autriche, Suisse, All. féd., Norvège et Suède* : cour. alternatif monophasé 15 kV 16 ⅔ Hz.

Le courant électrique est fourni aux engins de traction par 1 fil de contact suspendu à des câbles porteurs ; l'ensemble est appelé *caténaire*. La somme des sections de ces divers conducteurs est de 400 à 480 mm² ; des câbles de renforcement appelés *feeders* permettent d'atteindre une section de 1 000 mm².

Le courant est capté par l'intermédiaire d'un *pantographe* (dispositif articulé), fixé sur la toiture de l'engin. La caténaire est alimentée par des *sous-stations* équipées pour la traction en courant continu de transformateurs et de redresseurs et, pour la traction en courant monophasé, de transformateurs seulement (espacement moyen 8 à 17 km en continu ; 45 à 50 km en monophasé). Les économies obtenues grâce à l'électrification par rapport à la vapeur sont d'env. : 50 % (énergie), 60 % (personnel), 70 à 80 % (entretien), 70 % (équipement de distribution pour le 25 kV). L'électrification est en général réservée aux lignes à fort trafic ou d'exploitation difficile (lignes de montagne). En courant monophasé 25 kV, elle permet un plus grand espacement des sous-stations et une section moindre de la caténaire, donc un investissement moins important que l'électrification en courant continu 1,5 kV.

Puissance (ex. : CC 6500). 5 900 kW (env. 8 000 ch), vitesse de 220 km/h en service voyageurs. *Record* : la Re 6/6 des Chemins de fer suisses (7 800 kW ou env. 10 600 ch).

Vitesse (records en km/h). 1901 : 140 (automotrice Siemens, Allem.), 160 (automotrice A.E.G., All.). 1903-*6-10* : 213 Siemens, *-28-10* : 200 A.E.G. **1955**-*28 et 29-3* : 331 (CC 7 017 et BB 9 004, France). **1974** : 402 (autorail Garrett, U.S.A., moteur linéaire et turbine à gaz d'appoint). **1981**-*26-2* : 380 (TGV 16, France, record mondial battu avec du matériel de série sur la ligne nouvelle Paris-Sud-Est).

Les records de vitesse des machines électriques ont été battus aux U.S.A. par des véhicules propulsés par des fusées. Ces appareils servent à tester les avions supersoniques et le matériel des engins spatiaux (records secrets).

Charges remorquées. *BB 15 000* : 800 t à 145 km/h en rampe de 8 ‰ et en courbe de 1 000 m de rayon. *BB 7 200/22 200* : 800 t à 140 km/h ou 1 600 t à 50 km/h (5 ‰). *CC 6 500* : voyageurs 800 t à 160 km/h (8 ‰ et courbe de 1 000 m de r.) ou 625 t à 200 km/h (5 ‰) ; marchandises 1 600 t à 80 km/h (7 ‰) ou 625 t à 45 km/h (30 ‰ et courbe de 500 m de rayon).

Avantages de la traction électrique sur la tr. diesel. *Loc. électrique* : performances et disponibilité meilleures, taux d'incident moitié moins fort. *Coût d'entretien* au train-km, 1984 : diesel 8,08 F, électrique 2,88 F. *Économie d'énergie* (20 %) (avant 1973 elle coûtait 100 % de plus). Les trains de marchandises étant acheminés de nuit, l'énergie électrique de traction est consommée à 40 % en h creuses et à 5 % en h de pointe d'hiver. La consommation S.N.C.F. représente 1 % dans la consommation française d'énergie.

Désignation des engins moteurs à la S.N.C.F. (locomotives diesels ou électriques). D'après la disposition des essieux. Les essieux porteurs sont désignés par des chiffres arabes (indiquant le nombre d'essieux successifs de même nature), les essieux moteurs par des lettres latines dont le rang dans l'alphabet correspond au nombre d'essieux successifs de même nature. Chaque châssis (caisse principale ou châssis secondaire tel que bogie ou bissel) possède son symbole propre de type. Pour un même véhicule, ces symboles sont placés à la suite l'un de l'autre. L'absence d'essieux porteurs n'est indiquée par aucune notation spéciale. Exemple : 2D2 signifie que la locomotive comporte 4 essieux moteurs encadrés par 2 bogies à 2 essieux porteurs ; CC : la loc. repose sur 2 bogies à 3 essieux moteurs chacun ; A1A-A1A : la loc. repose sur 2 bogies comportant chacun 2 essieux moteurs encadrant un essieu porteur.

Numéro de série. Locomotives électriques à courant continu : chiffre de 1 à 9 999, loc. à courant monophasé 25 kV-50 Hz : 10 000 à 19 999, loc. électriques polycourant (respectivement bi, tri ou quadri-courant) : 20 000, 30 000 ou 40 000, loc. diesel : 60 000 et 70 000.

Turbine à gaz

Principe. *Turbine à gaz de type aéronautique* utilisant l'énergie fournie par la détente de gaz chauds. L'air, comprimé par un ou plusieurs compresseurs, est envoyé dans une chambre de combustion où il est mélangé au combustible et brûle. La détente des gaz chauds dans les ailettes d'une turbine assure la rotation de celle-ci et l'entraînement des compresseurs. On recueille l'énergie mécanique en bout d'arbre de la turbine.

Projets. *1941* : 1ers essais en Suisse. *1953* : aux U.S.A., non rentables. *1966* : essais avec des turbines aéronautiques + légères et + économiques. *1967* : avec une turbine aéronautique, la S.N.C.F. atteint 252 km/h.

Ce matériel a donné naissance au turbotrain et permis la réalisation d'un prototype à très grande vitesse (le TGV 001) dont dérivent les rames électriques qui circulent sur la ligne à grande vitesse (Paris-Sud-Est). V. ci-dessous.

Turbotrains. En exploitation en France dep. 1970. RTG (rames à turbines à gaz) : Paris-Caen-Cherbourg, Paris-Boulogne, Lyon-Strasbourg, Lyon-Bordeaux, Caen-Tours ; ETG (éléments à turbine à gaz) : Lyon-Grenoble, Lyon-Annecy, Lyon-St-Gervais, Lyon-Clermont, Clermont-Besançon, Clermont-Dijon, Dijon-Nevers et Annecy-Grenoble-Valence.

Voitures et wagons

Quelques dates

Nota. – Aujourd'hui on appelle *voiture* le matériel destiné aux voyageurs et *wagon* celui réservé aux marchandises. Exception : la C.I.W.L.T. (Cie internationale des wagons-lits et du tourisme).

Début du XIXe s. caisses de berlines ou de diligences placées sur « trucks » ; wagons-tombereaux à portes d'acier latérales et marchepieds. **1838**-*15-5* : 1res voitures fermées et garnies traînées par des chevaux. **V. 1840** 1res voitures spécifiquement ferroviaires (caisse et châssis en bois). **1842** 1res voitures sur châssis en fer (sur le Great Western, U.S.A.). **1844** les voitures de 3e classe doivent être couvertes et fermées au moins avec des rideaux.

1850 capitonnage des 1re et 2e classes. **1855**-*1-2* : 1er train postal (G.-B., entre Londres et Bristol). 1ers wagons de 10 t. **1859**-*1-9* : 1re voiture-lit conçue par Georges Pullman (Amér.). **1863** 1res voitures-restaurants (ligne Philadelphie-Baltimore, U.S.A.). **1872**-*1-10* : fondation des wagons-lits (v. plus loin). **1873** 1ers wagons français frigorifiques. **1877** tables pour les repas en 3e classe. 1ers wagons de 15 t (Cie P.L.M.). **1880** adoption, en France, du frein à air comprimé Westinghouse qui permet au mécanicien de commander le freinage de tous les véhicules. **1889** 1re application de l'intercirculation par soufflet (Cie P.L.M.).

1900 1ers wagons de 20 t (Cie de l'Est). **1920** voitures semi-métalliques ; caisses métalliques autoportantes. **1923** 1re voiture pour train express entièrement en acier, construite en France (Cie du Nord). **1925** 1re voit. métallique étudiée par l'O.C.E.M. (Office central d'études de matériel). **1935** 1er train aérodynamique à traction à vapeur (locomotives et voitures carénées) (Cie P.L.M.).

1950 mise en service du *Talgo* sur Madrid-Hendaye. *Train articulé léger Goicoechea y Oriol*, du nom de l'inventeur et du commanditaire. **1956**-*3-6* : suppression de la 3e classe (Fr.). *30-9* : 1re relation

« Trans-Europ-Express » (Lyon-Milan). **1974** mise en service de la réservation électronique des places. **1975** 1res voitures type *Corail*, 1re et 2e cl. à conditionnement d'air. **1976** mise en service des 1res voitures couchettes de 2e cl. à conditionnement d'air.

1980 mise en service commercial sur la ligne classique Paris-Lyon via Dijon : 1res rames du train à grande vitesse (TGV). **1981**-*27-9 :* mise en service commercial des rames TGV sur le tronçon sud de la ligne à grande vitesse Paris-Lyon. **1982** mise en service de voitures « Espace-Enfants ». **1983**-*25-9 :* ouverture au service commercial du tronçon nord de la ligne à grande vitesse Paris-Sud-Est. **1984**-*22-1 :* relation directe TGV Paris-Lausanne. *-3-6 :* desserte TGV jusqu'à Toulon. *-30-9 :* relation directe TGV Lille-Lyon. **1985**-*4-3 :* relation directe TGV Paris-Grenoble. Mise en service de voitures « 1re classe Plus » et de voitures « Cabine 8 ». **1986**-*28-9 :* relation directe TGV Rouen-Lyon.

Éclairage et chauffage

Les 1ers trains sont éclairés aux bougies, puis avec des lampes à huile et à pétrole. Puis, dès 1885, les voitures de 1re cl. sont chauffées par des bouillottes renouvelées pendant les arrêts. Essais de chauff. par la vapeur de la locom. en Hte-Silésie.

1858-*10-12 :* 1er essai d'éclairage au gaz *(Paris-Strasbourg).* **1860** 1er éclairage électrique. **1882**-*9-9 :* éclairage de la gare St-Lazare, 1re gare de voyageurs éclairée en France. **1891** chauffage à eau chaude à thermosiphon avec foyer extérieur sur chaque voiture, appliqué d'abord à la Cie de l'Est. **1892** essai d'éclairage électr. des voitures par piles. **1897** chauffage des voitures par circulation de vapeur venant de la locom. (essais). **1899** essais d'éclairage électr. sur Paris-Le Havre et Paris-Bordeaux (système Vicarino, avec dynamos commandées par l'un des essieux). **1919** sur les lignes électrifiées, les radiateurs électriques seront alimentés par le courant recueilli par la motrice sur la ligne caténaire (1ers essais en 1910 sur les lignes de la Valteline en Italie et de St-Moritz en Suisse). **1948** application en série de l'éclairage fluorescent. **1975** généralisation du conditionnement d'air sur le matériel Corail (1re et 2e cl.), grâce à un convertisseur statique alimenté par la ligne du train.

Caractéristiques

Longueur et tonnage. Records du monde. *U.S.A.* (15-11-1969) (Virginie) 6 000 m, 500 wagons ; *Mauritanie* chemin de fer minier de la Miferma, 2 150 m, 120 wagons, 4 loc. diesels-électriques, charge de 18 500 t ; *Canada* chemin de fer minier du Labrador, 2 600 m, tiré par 4 locomotives diesels, 125 wagons.

Train le plus lourd en France. 3 600 t (charge utile 2 700 t). En 1967 un wagon de 500 t de charge utile (record du monde) a été mis en service en France (longueur 53 m, poids à vide 185 t). En 1975, une église du XVIe s. (9 980 t) a été transportée sur rail à Most (Tchécosl.), vitesse 3 cm/mn, sur 730 m.

Caractér. moyennes. *Trains de marchandises.* 750 m (soit de 60 à 75 wagons). *Voyageurs* 500 à 900 m, 12 à 18 voitures, 500 à 1 200 voyageurs.

Voitures-lits

Quelques dates. 1872-*1-10 :* fondation de la 1re compagnie des wagons-lits par Georges Nagelmackers (Cie internationale le 4-12-1876). **1873** 1er wagon-lit sur un réseau français (Paris-Avricourt). **1882**-*10-10 :* 1er *wagon-restaurant* (Paris-Vienne). **1883**-*5-6 :* inauguration du *Train-Express-Orient* que l'on n'appellera bientôt plus que l'*Orient-Express.* Contournant les Alpes par le nord (le tunnel du Simplon ne fut ouvert qu'en 1906), puis longeant le Danube, il reliait Paris, Vienne, Budapest, Bucarest et Constantinople. Après Bucarest, il s'arrêtait à Giurgevo ; les voyageurs traversaient le Danube sur un bac à vapeur, débarquaient en Bulgarie, à Routschouck, montaient dans un autre train qui, en 7 h, les conduisait à Varna, sur la mer Noire, où ils embarquaient sur un paquebot (autrichien) qui les déposait à Constantinople après une traversée de 15 h. Partis de Paris les mardis ou les vendredis à 7 h 30 du soir, ils parvenaient à Constantinople les samedis et mardis à 7 h du matin, mais le trajet représentait une réduction de 30 h sur les horaires précédents. À partir de 1889 le trajet se fera intégralement par fer. **1887**-*11-4 :* 1er train de voyageurs avec intercirculation par soufflets (brevet George M. Pullman) entre Chicago et Otto sur l'Illinois Central Railroad. **1889**-*1-6 :* la voie ferrée Belgrade-Nish-Sofia-Constantinople ayant été achevée, le voyage en wagons-lits se fait exclusivement par fer de Paris à Constantinople : 3 186 km en 67 h 35. **1894** *voitures-lits :* Ostende-Vienne. **1895** Paris-St-Pétersbourg. **1919**-*12-4 :* mise en service du Simplon-Orient-Express. **1968** mise en service des voit.-lits T2 (accessibles avec un billet de 2e cl.) (18 compartiments à 2 lits). **1976** une agence suisse remet en service 14 voit.-lits et voit.-restaurants pour des trains spéciaux Zurich-Istanbul (Nostalgie Orient-Express). **1982**-*25-5* 1res circulations du Venise-Simplon-Orient-Express, train de luxe exploité par une Cie privée et constitué de matériel ancien de la C.I.W.L. *Moyenne :* 75 km/h sur les 1 667 km. *Passagers :* 22 000 en 1984, 90 000 dep. son inauguration le 25-5-1982 (40 % d'Anglais, 35 d'Amér., 12 de Français, 9 d'Italiens, 2 de Japonais et 1 d'Australiens). *Prix :* aller 4 950 F comprenant dîner, petit-déjeuner, déjeuner, thé. 36 personnes s'occupent des 180 passagers.

• **Situation en 1984. Renseignements financiers** (en milliards de F français). *Capital social :* 1,4.

Volume d'affaires global : secteur ferroviaire 1,7, hôtellerie 1,2, restauration 3,3, tourisme 7,1.

Principaux actionnaires (en %). Caisse des dépôts et consignations et Caisse d'Épargne (Paris) 27,2, Groupe Bruxelles-Lambert (Bruxelles) 11,6, Rolaco (Bruxelles) 10, Club Méditerranée (Paris) 5,1, autres porteurs 46,1.

Voyageurs transportés en voit.-lits. 3 558 000 (Espagne 1 021 000, Italie 944 000, France 717 000, autres pays 876 000) ; classe « touriste » : 1 863 000.

Trafic de quelques trains (1983). Paris-Côte d'Azur 150 100 ; Rome-Milan 118 000 ; P.-Milan 39 100 ; Madrid-Bilbao 28 400.

Prestations servies. Voitures-restaurant : 10 044 900 repas ; v. libre-service : 1 093 300 ; v.-bar : 777 100 prestations ; plateaux-repas : 559 500 plateaux.

Agents (au 31-12-1984). 38 500.

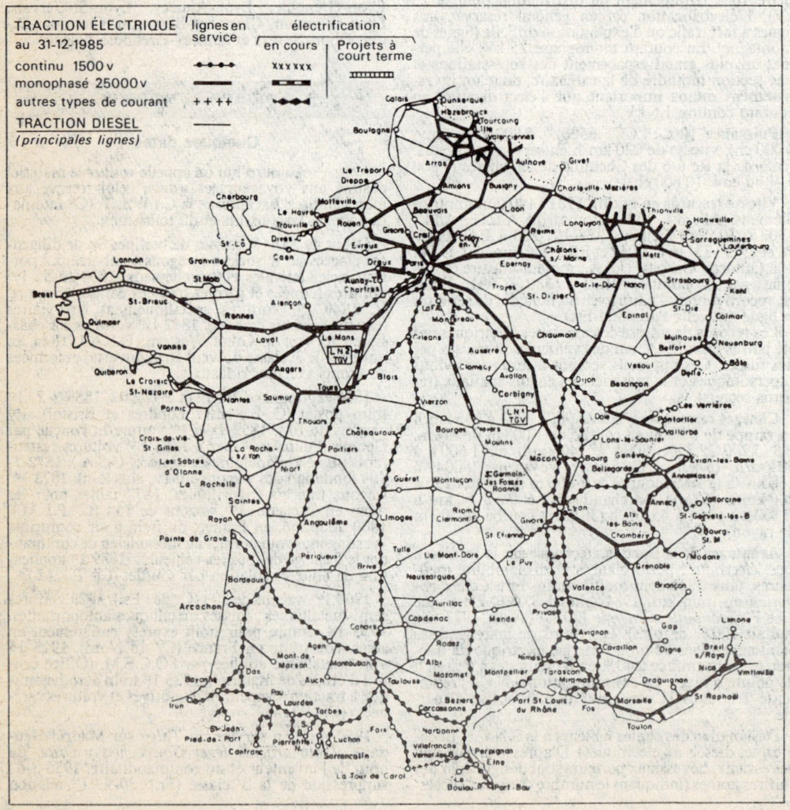

Statistiques

En France

Parc. En service au 1-1-86. 2 324 locomotives électriques, 2 002 diesels : 706 automotrices électr., 749 autorails, 104 T.G.V., 53 turbotrains, 1 387 locotracteurs.

Voitures et wagons en exploitation (effectif moyen, 1985). *Voyageurs :* 15 350 voitures (y compris automotrices électriques, autorails, turbotrains, remorqueurs d'automotrices et d'autorails). *Marchandises :* 229 700 wagons.

Nota. — De 1959 à 1985, le parc de wagons « de particuliers » (appartenant à des propriétaires privés) est passé de 52 000 à 76 600 (citernes, trémies, wagons réfrigérés, etc.) et celui des wagons appartenant à la S.N.C.F. de 267 000 à 153 100. Avec 33 % du parc, les wagons de particuliers assurent plus de 50 % du tonnage kilométrique transporté par la S.N.C.F.

Nouvelles voitures (en service en 1983). *Type* voitures standard européennes : 100, climatisées, aptes à rouler à 200 km/h après adaptation du frein, 9 compartiments de 1re classe. *Type VTU (Corail) :* 2 223, climatisées, insonorisées, pas de compartiments, couloir central, aptes à rouler à 200 km/h après adaptation du frein. *Type VU (Corail) :* 1 277, climatisées, insonorisées, avec des compartiments, couloir latéral, aptes à rouler à 200 km/h après adaptation du frein (environ 413 voitures-couchettes). *Voitures-lits type T2* (18 compartiments à 2 places) : 102 ; *voitures à 2 niveaux* (utilisées pour la banlieue parisienne) : 589 en 1983.

Prix. En millions de F (H.T.) (1983). *Locomotive électrique* de 4 600 kW : 9,7 à 11. *Voiture Corail* type VTU : 2,7. *Rames TGV* de la ligne Paris-Sud-Est (6 300 kW, 270 km/h) à 10 caisses : 50. *Wagon à bogies* spécialisé : 0,25 à 0,28. *Voie principale* à fort trafic, le km : 1,4.

☞ Voir également : les statistiques sur le trafic, pages 1355 et suivantes et l'organisation des chemins de fer français, pages 1357 et suivantes.

Dans le monde en 1984

Source : U.I.C.	Voit. voy. [1]	Wagons march. [2]	Locom. et assim.
Allemagne féd.	17 300	308 004	7 742
Belgique	3 816	40 045	1 813
Espagne	4 066	42 242	2 014
France	*15 962*	*227 500*	*6 127*
G.-B.	14 608	65 857	5 703
Italie	14 645	111 156	4 985
Japon	23 890	55 603	23 490
P.-Bas	2 113	8 694	1 124
Suède	2 041	38 430	1 435
Suisse	4 064	30 747	1 180
Turquie	1 406	22 575	1 076
U.S.A. [3]	3 736	1 587 537	27 073

Nota. — (1) Y compris matériel en situation spéciale. (2) Effectif en exploitation corrigé du solde des échanges entre réseaux. (3) 1982.

Réseau

Quelques dates

1825-*27-9* : 1re ligne ouverte aux voyageurs : Stockton à Darlington (G.-B.). **1827** St-Étienne-Andrézieux. Ouverture au trafic marchandises. **1829-30** exploitation commerciale voyageurs sur le Liverpool-Manchester avec traction entièrement à vapeur. **1830**-*3-5* : 1er train régulier de passagers en G.-B. sur une section d'un mile, partie d'une voie de 6,25 miles (10,05 km). **1831** 1er transport de voyageurs en France à Givors (sur chariots destinés au transport du charbon). **1832** 1er billet de chemin de fer sur le Leicester Swannington Railway. *-1-3* : 1er train de voyageurs en France : avec voitures spécialement construites, St-Étienne-Andrézieux (18 km). **1833**-*4-4* : Givors-Lyon. **1834**- *17-12* : 1er chemin de f. irlandais. **1835**-*5-5* : 1er chem. de f. belge (Bruxelles-Malines). **1835**-*7-12* : 1er chemin de fer allemand (Nuremberg-Furth). **1836**-*juillet* : 1er chem. de f. canadien (St-John-Laprairie). *-30-10* : 1er chem. de f. russe (St-Pétersbourg-Pavlosk). **1837**-*24-8* : inauguration du Paris-St-Germain. La ligne s'arrêtait au Pecq, les locom. ne pouvant gravir la rampe qui conduisait à St-Germain. **1838**-*mars* : Montpellier-Sète. *-2-8* : Asnières-Versailles (rive droite). **1839**-*12-9* : Mulhouse-Thann. *-20-9* : 1er chem. de f. néerlandais (Amsterdam-Haarlem). *-4-10* : 1er chem. de f. italien (Naples-Portici). **1840**-*19-8* : Alais-Beaucaire. *-10-9* : Paris-Versailles (rive gauche). *-20-9* : Paris-Corbeil.

1841-*17-8* : ligne Kœnigshoffen (Strasbourg) à St-Louis (Bâle) 136 km ; 1re ligne internationale en Europe. **1842**-*nov.* : Lille-Valenciennes à la frontière. **1843**-*2-5* : Juvisy-Orléans (Paris-Orléans). *-3-5* : Colombes-St-Sever (Paris-Rouen) en passant par le tunnel de Rolleboise long de 2 646 m. **1844**-*15-1* : 1re gare de marchandises importante en France (les Batignolles, à Paris, 14 ha). **1846**-*14-6* : Paris-Lille-Valenciennes. *-23-6* : Paris-Sceaux. **1847**-*22-3* : Rouen-Le Havre. *-20-7* : Orléans-Vierzon-Bourges. *-9-8* : 1er chem. de f. suisse (Zurich-Bâle). **1849**-*20-8* : 1re gare maritime de France à Calais. **1853**-*16-4* : 1er chem. de f. des Indes (Bombay-Thana). **1855**-*26-9* : 1er chem. de f. d'Australie (Sydney-Liverpool). **1856** la Malle des Indes emprunte la ligne Calais-Marseille. **1857**-*1-1* : 1er chem. de f. égyptien (Alexandrie-Le Caire).

1872 1er chem. de fer japonais (Tokyo-Yokohama). **1876**-*30-6* : 1er chem. de f. en Chine (Shangai-Kungwan). **1883** création de l'Orient-Express (1er train de luxe international). **1889** l'Orient-Express relie intégralement par fer Paris à Istanbul (Voir p. 1352 : Voitures-lits, Orient-Express). **1891-1916** construction du Transsibérien à partir du Pacifique : le plus long chem. de f. du monde (7 371 km) ; inauguration en 1900 avec 2 240 km de parcours en navire ; en 1901, wagons-lits Moscou-Irkoutsk. **1894** Le Cap-Mafeking (Afrique austr., poursuivi en 1906 jusqu'à Broken Hill : 3 235 km).

1901 liaison Chili-Argentine à travers les Andes par un tunnel à 3 155 m d'alt. **1917** ferry-boats entre France et G.-B. (trains militaires de ravitaillement et de munitions). **1917** ouverture du Transaustralien. **1918**-*22-2* : ferry-boat voyageurs sur la Manche (Newhaven-Dieppe). **1930** ouvert. du Turksib (Turkestan-Sibérie).

1981 ouverture du 2e Transsibérien. *-27-9* : ouv. du tronçon sud St-Florentin-Sathonay de la ligne à grande vitesse du T.G.V. Paris-Sud-Est. **1983**-*25-9* ouverture du tronçon nord : Combs-la-Ville-St-Florentin de la ligne à grande vitesse du T.G.V. Paris-Sud-Est. **1984**-*25-5* déclaration d'utilité publique de la construction de la ligne T.G.V. Atlantique (Paris-Tours-Le Mans). **1985**-*15-2* ouverture off. du chantier de la ligne du T.G.V. Atlantique.

Évolution des réseaux jusqu'en 1876

En km. 1825. *40* (G.-B.). **1830.** *187* : Europe 141 (G.-B. 91, France 50) ; Amér. 66. **1835.** *2 199* : Amér. 1 767 ; Europe 432 (G.-B. 253, Fr. 141, Belg. 19). **1840.** *7 507* : Amér. 4 745 ; Europe 2 762 (G.-B. 1 358, All. 468, Fr. 426). **1845.** *16 925* : Amér. 7 873 ; Europe 9 052 (G.-B. 4 080, All. 2 127, Autr. 898, Fr. 875). **1850.** *38 055* : Europe 23 060 (G.-B. 10 653, All. 5 855, Fr. 3 000, Autr. 1 290). **1855.** *65 979* : Europe 33 907 (G.-B. 13 322, All. 7 824, Fr. 5 526, Autr. 1 443) ; Amér. 32 430 ; Inde 251. **1860.** *117 242* : Amér. 52 792 (A. du S. 410) ; Europe 51 066 (G.-B. 16 787, All. 11 087, Fr. 9 444, Autr. 2 876) ; Asie 1 396 (Inde 1 353) ; Turquie 43. **1865.** *144 336* : Europe 74 538 (G.-B. 21 382, All. 13 899, Fr. 13 590, Italie 4 034, Autr. 3 582) ; Asie 5 625 (Inde 5 419). **1870.** *208 930* : Europe 102 804 (G.-B. 23 507, All. 18 664, Fr. 17 762, Russie 11 240, It. 6 173, Autr. 5 992) ; Amér. 94 171 ; Asie 8 350 (Inde 7 788). **1875.** *296 299* : Europe 141 990 (All. 27 951, G.-B. 27 039, Fr. 19 913, Russie 19 427, Autr. 10 324) ; Amér. 136 387 ; Asie 12 018. **1876.** 312 581 : Europe 149 468 (All. 29 177, G.-B. 27 621, Russie 21 923, Fr. 20 355, Autr. 11 090) ; Amér. 143 117 ; Asie 13 230.

Nota. — La circulation des trains se faisait à droite sur le chemin de fer reliant Strasbourg à Bâle ouvert de 1839 à 1841.

Réseaux actuels

En France

Longueur (en km). *1932* : 42 600, *50* : 41 300, *60* : 38 840, *70* : 36 530, *82* : 34 599, *83* : 34 710, *84* : 34 688. Lignes électrifiées : *1939* : 3 340, *50* : 3 890, *60* : 6 820, *70* : 9 360, *82* : 10 660, *83* : 11 088, *84* : 11 335, *85* : 11 488. Lignes ouvertes au trafic voyageurs : *1950* : 30 600, *60* : 29 270, *70* : 25 640, *82* : 23 771, *83* : 23 887, *84* : 23 887, *85* : 23 902.

Coût de l'électrification. 2,5 millions de F au km. L'électricité qui coûtait, avant 1973, 2 fois + cher que le diesel, coûtait en 1981, 36 % moins cher [meilleures performances des locomotives, entretien facile (2 h tous les 1 000 km), moins d'incidents techniques (2 pour 1 000 000 km), moins de pollution].

Lignes fermées (au service omnibus). De *1967 à 1981* : 996 km (30 lignes) sans remplacement, et 7 466 km (158 lignes) avec transfert sur route du service de voyageurs. Pas de fermeture en 1982 et 83.

Principales lignes ouvertes dans la période 1920/1975 : *1928 11-7* : Bedous à Canfranc (gare internationale). *21-10* : Saales à St-Dié. *31-10* : Nice à St-Dalmas de Tende. *1929* : Ax-les-Thermes à La Tour-de-Carol. Entveitg (frontière espagnole). *1931 15-5* : Novéan + à Lérouville. *1-7* : Vichy à Riom. *1932 25-8* : Gannat à La Ferté-Hauterive. *1937 2-8* : Ste-Marie-aux-Mines à Lesseux-Frapelle. *1974 16-2* : Viry-Châtillon à Grigny-Centre.

Lignes ouvertes ou rouvertes. Depuis 1975-16-12 : Grigny-Centre à Corbeil-Essonnes (11 km). *1976-30-5* : Aulnay-sous-Bois à Roissy (aéroport) (13 km) : service voyageurs. *1977-25-9* : Pont de Rungis. Aéroport d'Orly à Massy-Palaiseau (10 km). *1978-27-5* : Cannes-Ranguin (3 km). *1979-1-4* : Paris-St-Lazare-Cergy Préfecture (17 km). *-30-9* : jonction banlieue S.-O. avec ligne Paris-Invalides-Versailles-RG (tunnel de 840 m) entre les terminus de 2 lignes anciennes (Quai d'Orsay, Invalides) (ligne C du RER). *-7-10* : Coni-Breil-Vintimille (47 km en territoire fr.), rouverte et exploitée par les Chemins de fer italiens (FS) avec leur personnel et leur matériel de traction. *1981 27-9* : tronçon sud de la ligne à grande vitesse TGV Paris-S.-E. (St-Florentin-Sathonay-Rillieux : 274 km, raccordement de Pasilly et de Pont-de-Veyle : 20 km). Bréaute-Beuzeville-Fécamp (20 km). *-18-12* : Clamecy-Corbigny (33 km ; rouv. serv. voy. ; 2 aller-retour express en fin de semaine). *1982-4-1* : Ballan-Chinon (39 km) fermée aux voyageurs en sept. 80. *-28-3* : La Ferté-Milon-Reims (76 km) fermée aux voyageurs depuis 1972. *1983-25-9* : tronçon nord de la ligne à grande vitesse T.G.V. Paris-Sud-Est (Combs-la-Ville/St-Florentin : 116 km).

Embranchements particuliers (privés). *Longueur* : moins de 100 m à plusieurs dizaines de km. *Propriétaires* : certains services de l'armée, mines, carrières, usines, entrepôts, silos. Environ 10 060 établissements sont reliés au réseau public directement (7 910) ou par un sous-embranchement (2 150).

Trafic : quelques milliers à plusieurs millions de t par an. Env. 90 % du trafic total de marchandises de la S.N.C.F. en wagon complet partent d'un embranchement ou y aboutissent ; 34 % (env. 55 millions de t en 1985) vont par trains complets d'embranchement à embranchement sans triage intermédiaire.

Voies permettant (fin 1984 et, entre parenthèses, fin 1970) de rouler à *200 km/h et +* : 2 038 (140) ; *170* : 2 109 (236) ; *160 et +* : 9 182 (236) ; *150 et +* : 11 405 (4 543).

Établissements commerciaux (fin 1985). Voyageurs 5 523 (y compris points d'arrêts routiers non gérés). **Dépôts ou relais de locomotives,** 80. **Ateliers de matériel roulant,** 20.

Passages à niveau (au 1-1-86). 21 888 (gardés 3 883, non gardés sans signalisation automatique 6 869, avec régulation automatique lumineuse 11 136). *Sept. 1979* : 1er passage à niveau à énergie solaire à Savonnières (Indre-et-Loire), sur la ligne Tours-Saumur. *Sept. 1980* : 1er passage à niveau à aéro-générateur (énergie éolienne) à Saujon (Charentes-Mme), sur Saintes-Royan.

Domaine foncier (1982). 115 000 ha dont les 2/3 sont occupés par des voies (il y a 13 500 communes traversées).

Dans le monde

Source : U.I.C.

Lignes en km (1984)	Total	dont élect.
Algérie	3 761 [1]	298 [1]
All. dém.	14 227	2 209
All. féd.	27 903	11 242
Arabie Saoudite	1 392	nul
Autriche	5 745	3 071
Belgique	3 776	1 871
Bulgarie	4 341	1 494
Chine	51 604	2 334
Corée du S.	3 120	428
Danemark	2 448	142
Espagne	13 575	6 196
Finlande	5 998	1 359
France	*34 694*	*11 190*
G.-B.	16 883	3 766
Grèce	2 461	nul
Hongrie	7 616	1 800
Inde	61 291	n.c.
Irak	2 420	nul
Irlande	1 944	37
Israël	536	nul
Italie	16 114	8 861
Japon	21 163	9 038
Luxembourg	270	162
Maroc	1 779	794
Norvège	4 242	2 443
P.-Bas	2 852	1 796
Pologne	24 214 [1]	8 307
Portugal	3 613	458
Suède	11 637	7 088
Suisse	2 969	2 953
Syrie	1 525	nul
Tchécoslovaquie	13 114	3 307
Tunisie	1 842	24
Turquie	8 400	479
Yougoslavie	9 279	3 462

Nota. — (1) 1983.

Ligne droite la plus longue. 478 km plaine de Nullarbor (Australie). **Gare la plus fréquentée.** Gare centrale de Moscou : 2 800 000 voyageurs par j. **Gare la plus fréquentée de France.** Gare St-Lazare (Paris) : 1 600 trains (dont 1 500 tr. banlieue) et 430 000 voyageurs (dont 403 000 voy. banlieue). **Salle d'attente.** La plus grande : celle de la gare de Pékin (Chine) inaugurée en sept. 1959 : 14 000 voyageurs. **Quai le plus long.** Quai de Khargpur (Inde) 833 m.

Trains à grande vitesse

Allemagne féd. Berlin-Hambourg : 124,6 km/h (porté à 160) sur 286,8 km. En 1933-34 Berlin-Hanovre : 133,7 km/h (sur 254 km). Hanovre-Hamm : 134,1 (sur 176 km). Hamm-Bielefeld : 154,8 km/h (67,1 km en 26 mn).

France. *T.G.V.* Voir p. 1356.

G.-B. *Intercity 125* (200 km/h) sur la ligne Londres-Bristol, 7 voitures Mark III encadrées par 2 loco Diesel (dep. 1976). *H.S.T. (High Speed Trains).* Londres-Edimbourg (200 km/h).

Italie. *La Direttissima* (Rome-Florence, 1977-82). Distance réduite de 314 à 254 km.

Japon. *Shinkansen* (le nouveau train) Tokaïdo (1re ligne) (Tokyo-Osaka-Hakata) 1 069 km (dont 347 km de tunnels) en 6 h 54 mn à 155 km/h. Écartement 1,436 m, courant 25 Kv, fréquence 60 Hz. En service jusqu'à Osaka 25-8-1964 : 565 km (65 km de tunnel, 18 de ponts, 45 de viaducs). Okayama dep. mars 1972, Hakata dep. mars 1975. 2 genres de train : Hikari (l'Éclair) ne s'arrête que dans les gares principales ; Kodama (l'Écho), omnibus. *Ligne Joetsu-Shinkansen* (1982) entre Niigata et Omiya (270 km dont 106 de tunnels et 30 km de ponts), 1 h 30. *Ligne Tohoku-Shinkansen* (1982) entre Morioka et Omiya (496 km dont 115 km de tunnels et 78 km de ponts), 3 h 17.

U.R.S.S. *Aurora* (Leningrad-Bologoïe) : 135,33 km/h (318,81 km en 140 mn). 113,2 km/h (319 km en 169 mn).

U.S.A. *Morning Zephyr* (Aurora-Rochelle) : 135,32 km/h (72,82 km en 32 mn). *Metroliner* (Washington) : 129,6 km/h (365 km en 2 h 49).

Trains européens baptisés

Légende. T.E.E. : trains du réseau Trans-Europ-Express, qui desservent All. féd., Autriche, Belgique, France, Italie, Luxembourg, Pays-Bas, Suisse. T.A.C. : trains auto-couchettes. Ces renseignements et les vitesses moyennes sont données au service d'été 1985. I.C. : Intercités.

Adriatico (T.E.E.) : Milan-Bari, 869 km, 9 h 25. *Akropolis :* Ljubljana-Athènes, 1 841 km. *Albatros :* Paris-Le Havre. *Alpazur :* Grenoble-Digne-Nice-Marseille. *Ambrosiano* (T.E.E.) : Milan-Rome, 632 km, 6 h 15. *Arlberg-Express :* Paris-Innsbruck. *Armor :* Paris-Brest. *Arverne :* Paris-Clermont-Ferrand. *Athènes Express :* Athènes-Venise, 2 162 km. *Aubrac :* Paris-Clermont-Ferrand-St-Flour-Millau-Béziers. *Aunis :* Paris-La Rochelle. *Autan :* Paris-Toulouse.

Barcelona-Talgo : Paris-Port-Bou-Barcelone. *Bocage :* Paris-Granville. *Bourbonnais :* Paris-Clermont-Ferrand. *Brabant* (I.C.) : Paris-Bruxelles, 312 km, 2 h 28.

Camino Azul : Bruxelles-Port-Bou. *Capitole :* Paris-Toulouse, 713 km, 5 h 59, 119,2 km/h (Paris-Limoges 400 km, 2 h 51, 140,3 km/h). *Catalan-Talgo :* Genève-Barcelone. *Cévenol :* Paris-Vichy-Nîmes-Marseille. *Champs-Élysées* (I.C.) : Paris-Lausanne. *Costa del Sol :* Madrid-Malaga. *Côte-d'Azur :* Paris-Vintimille. *Côte Vermeille :* Paris-Cerbère.

Diamant : Paris-Bruxelles. *Drapeau :* Paris-Bordeaux.

Edelweiss : Amsterdam-Ancône. *Erasmus* (I.C.) : Amsterdam-Munich (Innsbruck). *Esterel :* Paris-Nice. *Européen :* Francfort/M.-Metz et Luxembourg-Metz-Paris (I.C.)-Amsterdam-Calais-Maritime.

Faidherbe (T.E.E.) : Paris-Tourcoing, 271 km, 2 h 23. *Flandres-Riviera :* Amsterdam/Calais-Maritime/Lille-Paris-Vintimille. *Flandres-Roussillon :* Amsterdam/Calais-Maritime-Port-Bou. *Flying Scotsman :* Londres-Edimbourg. *Freccia del Sole :* Bruxelles-Ancône. *Frégate :* Paris-Le Havre, 228 km.

Galilée : Paris-Venise-Florence. *Gambrinus :* Dortmund-Cologne-Stuttgart, 507 km, 4 h 55. *Gayant* (T.E.E.) : Paris-Tourcoing, 271 km, 2 h 31. *Genevois :* Paris-Genève. *Goëland :* Paris-Rennes-Brest/Quimper. *Goethe :* Paris-Francfort. *Gottardo* (T.E.E.) : Milan-Zurich, 276 km, 4 h 01.

Hellas-Express : Cologne-Athènes. *Hispánia :* Bâle-Port-Bou-Barcelone.

Ile-de-France (T.E.E.) : Paris-Bruxelles, 315 km, 2 h 33. *Ibéria-Expresso :* Madrid-Paris. *Iris* (I.C.) : Bruxelles-Strasbourg-Zurich, 683 km. *Istanbul Express :* Münich-Istanbul, 1 646 km. *Italia Express :* Bruxelles-Calais Marit./Rome.

Jean-Jacques Rousseau (I.C.) : Paris-Genève. *Jacques Cartier :* Paris-Brest/St-Malo. *Jules Verne* (T.E.E.) : Paris-Nantes, 396 km, 2 h 53. *Kléber* (T.E.E.) : Paris-Strasbourg, 504 km, 3 h 48, 132,6 km/h.

Lamartine : Paris-St-Gervais/Bourg-St-Maurice. *Lemano* (I.C.) : Paris-Lausanne. *Les Écrins :* Valence-Briançon. *Ligure* (I.C.) : Marseille-Milan. *Limousin :* Brive-la-Gaillarde-Paris, 499 km. *Lorazur :* Metz-Nice. *Lusitania-Express :* Madrid-Lisbonne. *Lutétia* (I.C.) : Paris-Lausanne. *Lys de Flandre :* Paris-Lille, 258 km.

Maine-Océan : Paris-St-Nazaire-Le Croisic (Paris-Nantes : 396 km, 2 h 57, 134,2 km/h). *Mare Nostrum :* Port-Bou-Alicante, 997 km. *Méditerranée-Express :* Paris-Nice. *Montaigne :* Paris-Bordeaux. *Mont-Cenis :* Lyon-Turin-Milan. *Mozart :* Paris-Vienne.

Nantais : Paris-Nantes. *Napoli-Express :* Paris-Naples, 1 682 km. *Night Ferry :* Paris-Dunkerque. *Nord-Express :* Paris-Copenhague (1 307 km). *Noroît :* Paris-Dieppe.

Occitan : Paris-Toulouse. *Orient-Express :* Paris-Budapest-Bucarest (2 518 km). *Ost-West-Express :* Paris-Varsovie-Moscou, 2 998 km.

Palatino : Paris-Rome. *Palombe bleue :* Paris-Irun/Tarbes. *Paludier :* Nantes-Bordeaux. *Paris-Côte d'Azur :* Paris-Nice. *Paris-Côte Vermeille :* Paris-Port-Bou. *Paris-Madrid Talgo :* Paris-Madrid, 1 426 km. *Parthénon :* Paris-Brindisi (serv. d'été seulement). *Phocéen :* Paris-Marseille. *Piémontais* (I.C.) : Lyon-Turin. *Puerta del Sol :* Paris-Madrid. *Pyrénéo :* Bruxelles-Utrecht.

Rheingold (T.E.E.) : Amsterdam-Cologne-Mannheim-Bâle, 776 km, 7 h 43. *Rhodanien* (I.C.) : Genève-Marseille. *Rhône-Océan :* Lyon-Nantes. *Roland :* Brême-Stuttgart, 681 km. *Rouget de l'Isle :* Strasbourg-Nice. *Roussillon-Flandres :* Cerbère-Paris Nord. *Rubens* (T.E.E.) : Paris-Bruxelles, 315 km, 2 h 26.

Saphir (I.C.) : Nuremberg-Bruxelles. *Settebello* (T.E.E.) : Milan-Rome, 632 km, 5 h 55. *Simplon-Express :* Paris-Venise-Belgrade, 1 983 km. *Stanislas :* Paris-Strasbourg. *Stendhal :* Paris-Turin-Milan. *Sud-Express :* Paris-Irun-Madrid-Lisbonne, 1 889 km.

Tauern-Express : Ostende-Split. *Thermal :* Paris-Clermont-Ferrand-Le Mont-Dore. *Train Bleu :* Paris-Nice-Vintimille, 1 121 km. *Tramontana :* Deen-Haag-Port-Bou. *Transalpin :* Vienne-Bâle. *Trouvère :* Paris-Calais.

Val de Durance : Marseille-Briançon. *Valencia-Express :* Paris-Port-Bou-Barcelone. *Valentré :* Paris-Toulouse. *Venezia-Express :* Venise-Athènes, 2 162 km. *Ventadour :* Lyon-Bordeaux. *Versailles* (I.C.) : Paris-Genève. *Vert-Galant :* Bayonne-Toulouse. *Vesuvio* (T.E.E.) : Milan-Naples, 843 km, 8 h 20. *Vienne-Ostende-Express :* Vienne-Ostende. *Voltaire* (I.C.) : Paris-Genève.

Watteau (T.E.E.) : Paris-Tourcoing, 271 km, 2 h 24. *Wiener Walzer :* Bâle-Budapest, 1 218 km.

Transcontinentaux

Afrique. *Sud-Africain :* Beira-Lobito, 4 711 km.

Amérique du Nord. *Canadian Pacific* (1885) : Montréal-Vancouver, 4 609 km. *Central Pacific* (1869) : New York-San Francisco, 4 246 km (via St-Louis), 5 099 km (via Chicago). *North Pacific* (1893) : New York-Seattle, 3 560 km. *South Pacific* (1881) : Washington-Los Angeles, 4 787 km.

Amérique du Sud. *Transandin* (1910) : Buenos Aires-Valparaiso, 1 457 km.

Océanie. *Transaustralien :* Pt Darwin-Pt Augusta E.C., 2 650 km. *Transaustralien* (1917) : Perth-Brisbane, 5 600 km.

U.R.S.S. *Transsibérien* (1903) : Moscou-Vladivostok, 9 334 km. *Prolongement jusqu'au port de Nakhodka, à l'E. de Vl. :* 9 438 km, voyage de 8 j, 4 h 25 mn avec 97 arrêts. *Baïkal Amour Magistral* (B.A.M.) (1983) : Oustkout-Komsomolsk/s/Amour, 3 148 km.

La distance max. que l'on puisse parcourir en train dans le monde est Lisbonne-Nakhodka [14 334 km (mais on parcourt 250 km de plus en quittant la ligne à Sétil, à 51 km de Lisbonne, pour aller jusqu'à Faro, dans l'Algarve)]. Le Transsaharien (Alger-Dakar) couvrirait 4 000 km.

Signaux

1820 signaux à la main. Un homme à cheval précédait le convoi en jouant du cornet. **1827** 1er *signal fixe* (Stockton-Darlington, G.-B.). **1833** Georges Stephenson monte le 1er *sifflet* sur la « Samson » (G.-B.). **1840** 1er emploi des *télégraphes électriques* (Londres-Blackwall). **1850** la Cie du Nord utilise le *pétard* et des signaux fixes pour la 1re fois en France. **1855** Vignier (aiguilleur français) a l'idée de solidariser signaux et appareils de voie pour améliorer la sécurité : c'est le 1er enclenchement efficace. **1859** 1ers *avertisseurs électriques pour passages à niveau* (sur le Nord ; système Tesse et Lartigue). **1865** la Cie du Nord adopte un système de *sonnerie d'alarme* par circuit électrique. **1867** 1re application du *block system* sur le P.L.M. : la ligne est divisée en sections de 1 à plusieurs km (appelés *cantons*), où ne doit pénétrer qu'un seul convoi à la fois ; un canton libre entre 2 convois est quelquefois exigé. **1872** le *crocodile* (des ingénieurs Lartigue et Forest) assure la *répétition des signaux sur la locomotive*. Placée au droit d'un signal, une pièce métallique allongée (d'où son nom) et fixée sur les traverses entre les rails est alimentée en courant électrique dont la polarité par rapport aux rails est fonction de l'indication donnée par le signal (ouvert ou fermé). La locomotive porte une brosse métallique ; au passage sur le crocodile, elle recueille le courant qui déclenche un timbre si le signal est ouvert, et une sirène si le signal est fermé, rappelant ainsi au mécanicien la position du signal qu'il vient de franchir. **1878** 1res applications en France de l'électricité pour l'amélioration de la sécurité des circulations (sonneries). **1883** 1er block automatique en France (Cie du Midi). **1885**-*15-11* : un arrêté ministériel instaure un *code des signaux* en Fr. **1898** 1re installation d'*aiguillage électrique* (gare de Lyon, Paris).

1903 1re application en France du système de commande à distance des aiguilles et signaux dit « levier d'itinéraire » (Cie du Midi à Bordeaux-St-Jean). **1920** répétition des signaux sur les locomotives rendue obligatoire. **1923** adoption du block automatique avec signalisation lumineuse de jour et de nuit (ligne Paris-St-Germain-en-Laye). **1932** 1er poste de débranchement automatique dans un triage sous la forme du poste à billes (triage de Trappes). **1933** mise en service du 1er poste de commande centralisée (Paris-St-Lazare). **1934** application d'un nouveau code des signaux visant à l'unification des couleurs avec les réseaux étrangers. La signalisation actuelle en découle. **1948-50** 1er P.R.S. (poste tout relais à transit souple) (453 au 1-1-1985). **1959** mise en service en gare de Mouchard d'un programmateur pour la commande centralisée des trains sur la section Mouchard-Frasne à voie unique. **1963** expérimentation des liaisons radiotéléphoniques entre le régulateur et les trains en marche (Dôle-Vallorbe). **1966** remplacement dans les triages du poste à billes par un poste électronique. **1967** 1re utilisation du « cab signal », les indications concernant la signalisation sont données directement dans la cabine de conduite (section Les Aubrais-Vierzon parcourue à 200 km/h par le train « Le Capitole »). **1968** 1re mise en service du BAPR : block automatique à permissivité restreinte (section Pontoise-Gisors). **1974** introduction des ordinateurs dans les triages. **1977** commande automatique des itinéraires à partir d'un ordinateur gérant le suivi des trains à Versailles-Chantiers. **1981** nouveau système de signalis. visualisée en cabine (TGV Paris Sud-Est). **1983**-*18-12* 1er poste tous relais doté d'une commande purement informatique (P.R.C.I.-La Ferté-Alais).

L'automatisation de la signalisation d'espacement des trains qui se succèdent sur une même voie accroît le débit de la ligne (permet des successions de trains à 3 mn d'interv.) et supprime les risques.

Installations. 3 types : *Block automatique lumineux (BAL)* à cantons courts, sur les lignes à grande circulation. *Block automatique à cantons longs (BAPR),* sur les lignes à circulation moyenne, équipait en France 9 651 km au 1-1-85. *Block automatique à signaux mécaniques (BAM),* en voie de disparition.

Tunnels ferroviaires

Les tunnels ferroviaires sont avantageux lorsque la profondeur de la tranchée à creuser dépasse 20 m.

1826 1er tunnel ferroviaire : ligne *Liverpool-Manchester* (G.-B.). **1827-29** ligne St-Étienne-Lyon (vallée du Gier) : *T. de Terrenoire,* 1 297 m, 1 voie ; élargi à 2 voies en 1855-57. *T. de Couzon à Rive-de-Gier,* 977 m, 1 voie ; abandonné en 1856 et remplacé par

Principaux tunnels ferroviaires (longueur en mètres)

Seikan (Japon) (1985) [1]	53 850	Shimizu (Jap.) (1931)	9 702	Old Tanna (Jap.) (1934)	7 806
Daishimizu (Jap.) (1982)	22 200	Kvineshei (Norv.) (1943)	9 063	Hoosac (U.S.A.) (1875)	7 562
Simplon (Sui.-Ital.) (1906) [4]	19 731	Bigo (Jap.) (1975)	8 900	Monte-Orso (It.) (1927)	7 562
Shin Kanmon (Jap.) (1975)	18 713	Rimutaka (N.-Zél.) (1955)	8 797	Vivola (It.) (1927)	7 355
Apennins (It.) (1934)	18 159	Ricken (Sui.) (1910)	8 603	Monte-Adone (It.) (1934)	7 132
Rokko (Jap.) (1972)	16 250	Grenchenberg (Suisse) (1915)	8 578	Jungfrau (Sui.) (1912)	7 123
Henderson (U.S.A.) (1975)	15 800	Otira (N.-Zél.) (1923)	8 563	Borgallo (It.) (1894)	7 077
St-Gothard (Sui.) (1882) [2]	14 998	Tauern (Autr.) (1909)	8 551	Severn (G.-B.) (1886)	7 011
Lötschberg (Sui.) (1913)	14 612	Fukuoka (Jap.) (1975)	8 498	Ste-Marie-aux Mines (Fr.)	
Hokuriku (Jap.) (1962)	13 870	Haegebostad (Norv.) (1943)	8 474	(1937) [5]	6 872
Mont-Cenis (Fr.-It.) (1871) [3]	13 656	Ronco (Ital.) (1889)	8 300	Marianopoli [5] (It.) (1885)	6 475
Shin-Shimizu (Jap.) (1961)	13 500	Hauenstein (Sui.) (1916)	8 134	Turchino (It.) (1894)	6 446
Aki (Jap.) (1975)	13 030	Tende (Fr.-Ital.) (1900)	8 098	Podbrdo (Youg.) (1906)	6 339
Cascades (U.S.A.) (1929)	12 542	Connaught (Can.) (1916)	8 083	Mont-d'Or (Fr.-Sui.) (1915)	6 097
Kita Kyushu (Jap.) (1975)	11 747	Ceylan (Sri Lanka)	8 000	Col de Braus (Fr.) (1928)	5 949
Flathead (U.S.A.) (1970)	11 299	Karawanken (Autr.) (1906)	7 976	Albula (Sui.) (1903)	5 865
Lierasen (Norvège) (1973)	10 700	New Tanna (Jap.) (1964)	7 958	Gyland (Norv.) (1943)	5 717
Arlberg (Autriche) (1884)	10 250	Roger Pass (U.S.A.)	7 910	Totley (G.-B.) (1893)	5 697
Moffat (U.S.A.) (1928)	9 997	Somport (Fr.-Esp.) (1928)	7 875		

Nota. — (1) Diam. 11 m. Il relie les îles de Hokkaïdo et de Honshu et passe à 100 m sous le sol de la mer (soit à 240 m de la surface). Coût : 2,7 milliards de $ (40 millions au km). (2) Les conditions de travail des 2 480 ouvriers engagés étaient alors insupportables. Poussière et fumées, chaleur et eau limitaient à 3 ou 4 mois la présence d'un homme sur le chantier. La construction de l'ouvrage dura 10 ans. Chaque année, on relevait environ 25 morts et des centaines de blessés. Chaque mois, une trentaine de chevaux et de mules tombaient d'épuisement. Il fallait 1 h 20 min pour percer 1 m de tunnel de 7 m^2 de section (aujourd'hui, il faut de 1 min 30 à 3 min) et 45 heures pour extraire 1 m^3 de roche (aujourd'hui 2 h 25). Coûta 70 millions de F de l'époque. (3) A l'origine 12 790 m (début des travaux en 1857). (4) Simplon I, 19 803 m (1898-1906). II, 19 823 m (1918-22). Coût 57 millions de F de 1921. (5) N'est plus ferroviaire.

l'actuel tunnel à 2 voies de 552 m de long. **1871**-*17-9 :* inauguration du *t. du Mt-Cenis* (dit *de Fréjus*) : long. 13 656 m dont 6 907 en France. **1898-1905** *t. du Simplon.* Actuellement, la S.N.C.F. a en compte environ 1 500 tunnels, longueur totale 600 km.

Voies

Quelques dates

XVIe **s.** des *rails en bois* sont utilisés dans les mines. **1738** les rails en bois sont recouverts de plaques de fonte à Whitehaven (G.-B.) : plus efficaces, ils s'usent encore trop vite. **1763** Richard Reynolds introduit les *1ers rails métalliques* (G.-B.).

1805 on emploie le fer forgé. **1810** les *rails en fonte* sont peu à peu remplacés par des rails en fer. **1820** John Cass Birkinshaw (1811-67, G.-B.) réalise un *rail de fer* par *puddlage.* **1830** Robert Stevens (1787-1856, U.S.A.) imagine le *rail à patin,* improprement appelé par la suite rail *Vignole* du nom de l'ingénieur anglais Charles Vignoles (1793-1875) qui l'introduit en Europe vers 1836. **1857** Robert F. Mushet (G.-B.) fabrique les *1ers rails d'acier* à Derby ou des rails de fer s'étaient usés en 3 mois : durée 16 a. **1860** l'acier remplace peu à peu le fer sur toutes les lignes. **1886** *10 mai :* la 2e conférence internationale de Berne fixe *l'écartement* de la voie normale à 1,435 m (alignement droit) et à 1,465 m max. (courbes).

Données diverses

● **Ballast.** Matériau anguleux, élastique et perméable qui supporte et encoffre la voie. Permet de transmettre à la plate-forme les efforts supportés par la voie en les répartissant aussi uniformément que possible et sur une plus grande surface ; d'amortir les vibrations ; de s'opposer à la déformation du châssis de voie en place. Autrefois en sable, en cailloux roulés, actuellement en pierre dure concassée (granit, porphyre, basalte), parfois en laitier de haut fourneau. Granularité : 25 à 50 mm. Entre plate-forme meuble et ballast, on interpose une sous-couche en matériaux de bonne qualité (sables).

● **Chemins de fer les plus hauts du monde.** *Voie normale :* Pérou, Lima-Huancayo 4 818 m (la Cima). *Voie métrique :* Chili, Ollagüe-Collahuasi 4 826 m (mines de cuivre). **D'Europe :** Suisse, Jungfrau 3 161 m : voie étroite de 0,80 m, crémaillère à lame horizontale système Locher. **De France :** gare de Bolquère-Eyne, 1 593 m : tramway du Mont-Blanc 2 500 m (au glacier du Bionnassay).

● **Crémaillère (trains à). 1860** 1er ch. de fer à crémaillère du monde (Mont Washington, U.S.A.). **1887**-*6-11 :* 1er ch. de fer à crémaillère en France (Langres). *Principe :* une roue dentée s'engrène dans les crans d'un rail spécial placé entre les rails de roulement. *Système le plus courant* (pic Pike aux U.S.A., Snowdon en G.-B. et beaucoup de lignes en Suisse à l'origine) : 2 rails dentés parallèles mais décalés (les dents de l'un sont au niveau des crans de l'autre) ; les 2 roues qui s'y engrènent sont aussi décalées, d'où une double sécurité et une progression régulière.

● **Déclivité.** Dénivellation de points espacés horizontalement de 1 m. Elle s'exprime en ‰. On parle de rampe (sens montant) ou de pente (sens descendant). Lignes de plaine : jusqu'à 10 ‰ ; de montagne : jusqu'à 40 ‰ ; ligne à grande vitesse Paris S.-E., max. 35 ‰ (utilisation de l'énergie cinétique des rames).

Rampes. Quelques exemples. **Adhérence simple :** St-Gervais-Vallorcine : 90 ‰. **Funiculaire** du Ritom (Suisse) 878 ‰. **Crémaillère.** *Voies normales :* 200 à 250 ‰. *Autres voies :* Canal de Panama (voie 1,524 m) 500 ‰, Mt Pilate (Suisse, 0,80 m) 480 ‰. Mt Washington (U.S.A., 1,41 m) 377 ‰. *Tramways :* San Francisco 140 ‰. Boulogne-sur-Mer 122 ‰. Rouen 120 ‰. Le Havre 115 ‰.

● **Funiculaires. Principe.** Sur pentes très raides et courtes, le véhicule est tiré à la montée et retenu à la descente par un câble moteur mis en mouvement par une machine fixe ou par un contrepoids d'eau.

Quelques dates. 1840 1re traction funiculaire : train de houille remonté le long d'un plan incliné par un train descendant formé de wagons-citernes remplis d'eau. 1rs plans inclinés : St-Étienne-Roanne et Alais-Beaucaire ; pentes 0,093/m. **1862** 1er chemin de fer funiculaire français de Lyon à la Croix-Rousse (construit par MM. Molinos et Pronier) (différence de niveau de 70 m ; pente de 160 ‰, environ 450 m). **1870** plan incliné d'Offen (Hongrie), (45 m, pente 0,500 m par m.) **1873** funiculaire par câbles sans fin (San Francisco).

● **Joints.** Pour les rails éclissés (de 36 m au plus), les joints permettent la libre dilatation des rails. Pour les rails soudés, le ballast s'oppose par l'intermédiaire des traverses à toute variation de leur longueur. Seules, les extrémités des longs rails soudés (sur 100 m env.) peuvent se déplacer (déplacement absorbé par des appareils de dilatation). Les variations de la température se manifestent par des contraintes à l'intérieur des longs rails soudés.

● **Rails. Longueur :** A L'ORIGINE (et encore sur lignes secondaires), long. courante 5,50 m, 8 m, 11 m, 12 m puis a augmenté : 8 m à 18, 24 et 36 m, ce qui a permis de diminuer le nombre des joints de rails, points faibles sur la voie. DEPUIS 1945, sur les *lignes principales :* pour éviter les chocs répétés à chaque extrémité des rails, surtout lors des grandes vitesses, les rails sont soudés bout à bout. Les rails de 18 m ou 36 m sont soudés électriquement en atelier sur 288 m. Après mise en place, ces long. sont soudées entre elles par aluminothermie. On a ainsi des rails pouvant atteindre plusieurs dizaines de km. Seules les courbes de faible rayon et les plates-formes instables limitent l'emploi de ces longs rails soudés (LRS).

Tonnage total (rails actuellement en voie) : 7 000 000 t. Consommation annuelle de la S.N.C.F. : 150 000 t.

Largeur de voie (écartement). Entre bords intérieurs des rails : voie normale *1,435 m* (cas de la plupart des chemins de fer européens). Sur quelques lignes secondaires, en particulier les lignes d'intérêt local : 1 m (voie métrique), 1,067 m, 0,60 m (voie étroite).

Larges : U.R.S.S. (1,524 m), Espagne et Portugal (1,676 m). Au début les ingénieurs appliquaient leurs propres conceptions sans se soucier de l'unification éventuelle des réseaux, puis des raisons stratégiques et surtout économiques conduisirent au maintien de cette situation. *Inconvénients :* nécessité de changements de matériel ou d'essieux aux frontières ; utilisation d'essieux à écartement variable.

Formes. Les rails reçoivent directement les charges des roues. En raison de la résistance spécifique exigée (faible surface du contact entre roue et rail), ils ont été très vite fabriqués en acier. Au début, ils avaient une section en I *(rail à double champignon).* On avait espéré en doubler l'usage. Étant difficiles à fixer et ne pouvant être retournés car la surface inférieure se détériorait au contact des coussinets d'appui, ils furent abandonnés pour le *rail à patin* ou *rail Vignole* (v. ci-dessus).

Section des rails (poids au mètre) a augmenté de 30 à 60 kg au m (sur les grandes artères) pour supporter la charge des essieux : 20 t voire 23 (essieux de locomotives, wagons spéciaux). Le contrôle des inclusions non métalliques, sources d'amorces de fissures en service, est fait en usine par procédé ultrasonore. Les voies du Chicago-Milwaukee supportent un poids de 32,5 t par essieu, avec des rails de 56 kg/m posés sur 2 400 traverses au km ; le ballast étant inaccessible, la voie doit être changée d'un bloc.

● **Traverses.** Supportent les rails, maintiennent leur écartement et leur inclinaison et transmettent les charges au ballast.

Matières. En bois [*dur* (chêne, hêtre de préférence, ou bois exotique) imprégné à la créosote (distillation du goudron de houille) pour éviter son dépérissement rapide sous les actions bactériologiques] : dimensions types, long. 2,60 m, larg. 0,25 m, épaiss. 0,15 m. En courbe, on interpose une selle métallique entre rail et traverse pour répartir la pression. **En métal :** épaiss. 7 à 13 mm, poids env. 75 kg : abandonnées sur les grands réseaux en raison de leur coût, malgré leur durabilité. Se développent surtout dans les pays sans bois de bonne qualité. **En béton armé ou précontraint :** 2 types. 1° Mixtes comportant 2 blochets en béton armé réunis par une entretoise métallique ; poids 185 à 245 kg. 2° Monoblocs en béton précontraint ; poids 235 à 300 kg. Entre rail et traverse est interposée une semelle en élastomère. A la S.N.C.F., les longs rails soudés sont fixés aux traverses par des attaches élastiques « Nabla ».

Nombre de traverses au km de voie *(travelage) :* 1 500 (voies anciennes) à 1 666 (voies franç. importantes) ou 2 000 (courbes de faible rayon ou de trafic très lourd).

Trafic

En France

Généralités

● **Nombre de trains circulant chaque jour sur les lignes S.N.C.F. (1985).** 13 900 en moyenne (dont tr. banlieue de Paris 4 500, rapides et express 1 400, régionaux 3 700, de marchandises 4 300). Réalisent des parcours quotidiens de 1 320 milliers de km [dont (en km) T.G.V. 56 000, rapides et express 392 000, régionaux 258 000, banlieue de Paris 119 000, de marchandises 470 000].

● **Kilomètres parcourus par an (1985).** 480 millions.

● **Vitesse.** *Vitesse autorisée* limitée en fonction des installations fixes et du matériel roulant. *V. max. en service commercial* sur ligne classique 200 km/h (Paris-Bordeaux classique et Paris-Toulouse ; dep. le 30-9-84 : Le Mans-Nantes et Valence-Miramas). *Ligne nouvelle Paris-Sud-Est (TGV) :* 270 km/h (record du monde sur rail réalisé sur un tronçon, le 26-2-1981 : 380 km/h.

Moyenne horaire sur certains parcours (en km/h, au départ de Paris, au 1-6-86). *Relations internationales :* Paris-Bruxelles 127,3 ; Francfort 109,2 ; Madrid 105,9 ; Cologne 96 ; Rome 95,9. *Intérieures :* Lyon (T.G.V.) 213,5 ; Grenoble (T.G.V.) 175,6 ; Marseille (T.G.V.) 166,9 ; Montpellier (T.G.V.) 165,2 ; Paris-Bordeaux 141,1 ; Limoges 140,4 ; Nancy 137,5 ; Metz 132,8 ; Strasbourg 132,6 ; Caen 128 ; Amiens 126,8 ; Lille 126,6 ; Toulouse 119,2 ; Mulhouse 118,1 ; Brest 110,1 ; Boulogne 105,8.

Villes	1914	1938	1960	1980	1986
Depuis Paris					
Bordeaux (581 km)	6 h 54	(1) 5 h 39	4 h 48	3 h 50	3 h 54
Lille (251 km)	2 h 51	(2) 2 h 30	2 h 10	1 h 55	1 h 59
Lyon (512 km, 427 par T.G.V.)	6 h 56	5 h 05	4 h	3 h 49	2 h 00
Marseille (863 km, 779 par T.G.V.)	11 h 58	9 h 14	7 h 33	6 h 40	4 h 40
Nancy (353 km)	4 h 15	3 h 02	3 h 37	2 h 40	2 h 34
Nantes (396 km)	6 h 01	4 h 18	3 h 53	3 h 17	2 h 53
Rennes (374 km)	5 h 34	4 h	3 h 55	2 h 58	2 h 53
Bordeaux-Marseille (682 km)	10 h 42	10 h 10	8 h 40		6 h 05
Nantes-Lyon (650 km)	12 h 11	10 h 19	10 h 23		6 h 34

Temps de parcours par chemin de fer

Nota. — (1) Autorail Bugatti 1re classe. (2) Train à vapeur aérodynamique.

Temps de parcours depuis Paris avec le T.G.V. du service d'été (1986) et, entre parenthèses, meilleurs temps du service d'hiver (1980-81). Dijon 1 h 36 (2 h 21), Mâcon 1.41 (3.29), Bourg-en-Bresse 1.56 (3.49), Lyon [1] 2.00 (3.48), Chalon-sur-Saône 2.15 (3.00), Besançon 2.31 (3.32), St-Étienne 2.48 (4,50), Aix-les-Bains 2.55 (5.02), Grenoble 3.10 (5.23), Chambéry 3.15 (5.18), Genève 3.23 (5.42), Annecy 3.32 (5.46), Lausanne 3.42 (4.44), Avignon 3.45 (5.42), Nîmes 4.10 (6.27), Montpellier 4.35 (6.55), Marseille 4.40 (6.40), Toulon 5.27 (7.41).

Nota. — (1) Dep. le 30-9-84, relation directe T.G.V. Lille-Lyon (temps de parcours 4 h 45).

En 1750, il fallait 11 j pour aller de Paris à Toulouse en malle-poste ; *en 1840,* 70 h en roulant nuit et jour ; *en 1850,* 31 h de train ; *en 1891,* 15 h ; *en 1930,* 12 h ; *en 1974,* — de 6 h.

Trafic marchandises

Total transporté (en millions de tonnes). *1938 :* 132. *70 :* 251. *75 :* 219. *80 :* 221. *81 :* 197. *82 :* 184. *83 :* 176. *84 :* 177, *85 :* 171.

Tonnes/km (en milliards). *1938 :* 26,5. *60 :* 56,9. *65 :* 64,6. *70 :* 70,5. *75 :* 64,1. *80 :* 69,5. *82 :* 61,20. *83 :* 59,4. *84 :* 60,14. *85 :* 58,37 dont minerais pour sidérurgie 2,3. Carrière et matériaux de construction 5. Prod. de la sidérurgie 6,2. Comb. min. solides 2,9. Prod. pétroliers 3,8. Prod. chimiques 4,5. Boissons 3,5. Céréales 5,9. Amendements et engrais 4. *85 :* 57,1.

Selon le mode de traction (en %)

	Électrique	Vapeur	Diesel
1948	19,6	79,1	1,3
1961	57,9	34,4	7,7
1971	77,5	1,1	21,4
1974	75,8	0	24,2
1979	78,3	0	21,7
1980	79,2	0	20,8
1981	80	0	20
1982	80,3	0	19,7
1983	80,9	0	19,1
1984	82,4	0	17,6
1985	83,0	0	17,0

Parcours moyen par engin-moteur (km par jour en 1985). Turbotrains 535. Locomotives électr. 384. Automotrices électr. 283. Autorails 273. Loc. diesels 160. T.G.V. 952.

Trafic voyageurs

Voyageurs transportés (en millions). *1841 :* 6. *60 :* 37. *71 :* 94. *1901 :* 406. *30 :* 790. *38 :* 540. *60 :* 570. *65 :* 628. *71 :* 590. *75 :* 639. *80 :* 685. *81 :* 697. *82 :* 714. *83 :* 736. *84 :* 755. *85 :* 776 (par j réseau principal 825 000 voy., banlieue 1 303 000).

En *1835 :* 5 millions de voyageurs avaient pris la diligence en France.

T.G.V. Moyenne par jour : 45 100 voyageurs. *Record le 20-12-85 :* 75 000.

Voyageurs-kilomètres (en milliards). *1841 :* 0,11. *71 :* 4,58. *1901 :* 12,9. *21 :* 25,7. *30 :* 29,2. *38 :* 22,1, (dont banlieue parisienne 3,8). *60 :* 32,03 (b. par. 4,53). *65 :* 38,26 (5,56). *70 :* 40,6 (5,8). *75 :* 50,3 (6,7). *80 :* 54,5 (7,6). *81 :* 55,7 (7,5). *82 :* 56,8 (7,7). *83 :* 58,4 (7,8). *84 :* 60,2 (8,2). *85 :* 61,9 (8,4).

Parcours moyen d'un voyageur. *1938 :* 40,8. *66 :* 61,1. *81 :* 79,8. *82 :* 79,6. *83 :* 79,4. *84 :* 79,7. *85 :* 79,7.

Nombre de nuits en places couchées. *1985 :* 8 810 000 dont 7 585 000 en couchettes et 1 225 000 en voitures-lits.

Nombre de places couchées en couchettes : *1947 :* 250 000, *60 :* 2 370 000, *70 :* 5 170 000. *81 :* 8 810 000.

Trains-autos-accompagnées. Nombre de voyageurs et, entre parenthèses, autos. *1960 :* 75 435 (27 141). *70 :* 400 188 (163 409). *80 :* 669 726 (279 191). *81 :* 692 510 (294 050). *82 :* 677 040 (295 810). *83 :* 686 000 (309 000). *84 :* 668 000 (313 000). *85 :* 716 000 (320 000).

On a volé 50 000 couvertures, 100 000 taies d'oreiller et 300 000 draps-sacs. Chaque année disparaissent 2 000 échelles de couchette, 16 800 marteaux brise-vitre, 2 000 savonniers, 400 rideaux de voiture Corail, 1 200 cadres-photos et divers autres objets pour une valeur de 2 millions de F. Il y a en outre 400 000 F de déprédations.

Gares

Total. 6 640 points de vente ouverts au trafic dont 5 520 au trafic voyageurs et 3 970 au trafic marchandises.

Principales gares. Marchandises (en milliers de t, 1985). Dunkerque 15 000. Longwy (y compris Rehon et Mont-St-Martin) 9 400. Modane 7 800. Rouen 6 900. Bening-Cocheren 6 300. Fos 5 700. Thionville (y compris Ebange) 5 300. Bâle 5 300. Le Havre 4 500.

Triage. 40 triages dont : *région parisienne,* Villeneuve-St-Georges, Le Bourget, Vaires ; *Nord,* Tergnier-Somain ; *Est,* Woippy (Metz) (la plus grande : env. 2 250 wag. par j), Hausbergen (Strasbourg) ; *S.-E.,* Gevrey (Dijon), Sibelin (Lyon), Miramas (Marseille) ; *Ouest,* Sotteville (Rouen) ; *S.-O.,* St-Pierre-des-Corps (Tours), Hourcade (Bordeaux), St-Jory (Toulouse). 12 triages RA (régime accéléré), 16 RO (r. ordinaire) ou mixtes, 18 satellites.

Wagons expédiés par jour par les triages en 1985 : env. 41 000 (moyenne sur 300 jours ; charges 17 900).

Trafic banlieue des gares parisiennes. Départs + arrivées. *Nombre total de voy. en 1984* (ensemble des gares) : 465 millions. Nombre de voyageurs en milliers par jour, en 1984 : St-Lazare 403. Paris-Nord 379. Est 167. Lyon 153. Ligne C du R.E.R. (Austerlitz à Boulevard Victor) 202, Montparnasse 87. Départs entre *17 h* et *18 h* 176 000 ; arrivées entre *8 h* et *9 h* 190 000.

Nombre moyen de trains par jour en 1985. Trains de la banlieue de Paris : Paris-St-Lazare 1 318. Paris-Nord 1 164. Paris-Est 616. Paris-Sud-Ouest 560. Paris-Sud-Est 375. Paris-Montparnasse 334. *Rapides et express :* réseau sud-est 551. Nord-est 413. Sud-ouest 292. Ouest 285.

La S.N.C.F. transporte quotidiennement sur 931 km de banlieue 1 700 000 voyageurs (1 400 000 arrivent ou partent de Paris. Grandes lignes : jour le plus chargé 512 290 (le 21-12-84).

Gare la + grande de France : gare de Lyon (Paris) 11 ha, 6 250 m de quais.

T.G.V. (Trains à grande vitesse)

T.G.V. Sud-Est

Ligne. Emprunte la ligne à grande vitesse Paris (Combs-la-Ville) à Lyon (Sathonay), 1re grande ligne construite depuis 1930.

Coût (hors taxe, en milliards de F, 1984) : construction (infrastructure et superstructure) : 7,85 (8,5 avec acquisition des terrains) ; achat des rames T.G.V. : 5,3 (moins le coût d'acquisition évité du matériel classique auquel elles se substituent : 1,85).

Terrains occupés : 2 300 ha (dont 700 pour une bande de 5 m de large pour les Télécom.).

Énergie (économie) : 100 000 t de pétrole grâce au report sur le T.G.V. de voyages aériens ou routiers.

Infrastructure nécessaire : 185 ponts-routes, 315 ponts-rails dont 2 ouvrages d'art sur l'autoroute A 6, 9 viaducs, 6 sauts-de-mouton, 2 ponts sur de grands cours d'eau, 100 000 t de rails, 1 400 000 t de traverses, 3 300 000 t de ballast, 2 700 000 t de graves (mélange de terre sablonneuse et de cailloux) et sables, 850 km de clôtures.

Longueur. *1er tronçon* [274 km de St-Florentin (Yonne) à Sathonay, et raccordements de 15 km de Pasilly à Aisy vers Dijon et de 5 km à Pont-de-Veyle vers Bourg] en service 27-9-1981. *2e* (117 km de Combs-la-Ville à St-Florentin) en service le 25-9-83.

Rames. *Composition :* 1 motrice pour 8 remorques. Au total, 6 bogies bimoteurs (dans les 1res motrices), 6 300 kW sous 25 kV-50 Hz (8 560 ch), 386 t et 200 m de long. Rames bicourant 1 500 V continu et 25 kV-50 Hz. Commande totale de la S.N.C.F. : 109 rames, et 8 tricourant pour circulation en Suisse vers Lausanne. Système articulé avec des bogies entre les véhic. ; peut accueillir 386 personnes [en 1972, on avait prévu des motrices à diesel].

Rampes *max. :* 35 ‰. *Vitesse max. :* 270 km/h.

Signalisation. Les instructions sont communiquées au conducteur par un dispositif de signalisation placé dans la cabine de conduite (pas de signaux lumineux le long de la ligne). Le conducteur est également relié par radio avec le poste de commandement. Arrêt en pleine vitesse sur 3 500 m.

Pilotage manuel et surveillance électronique du conducteur (en cas de vitesse excessive, dispositifs de freinage automatique).

Trafic. *Cadence maximale :* 1 train toutes les 4 min, 17 km env. séparant 2 rames. *Circulation :* env. 50 à 60 T.G.V. par jour dans chaque sens : 9 desservent la Bourgogne, la Franche-Comté et 4 Lausanne ; 20 Lyon ; 3 St-Étienne ; 5 Grenoble ; 9 Marseille ; 3 Toulouse ; 6 Nîmes et Montpellier ; 3 Chambéry, Annecy et 4 Genève. Depuis le 30-9-1984 existe une relation T.G.V. directe Lille-Lyon. La ligne à grande vitesse comporte 2 gares nouvelles : Montchanin et Mâcon (les 2 en Saône-et-L.). *Nombre de voyageurs* (en millions), *1982 :* 6,7, *83 :* 9,8. *84 :* 14,7. *85 :* 16,4 (par jour, moy. 43 000, pointe 75 000, taux d'occupation des rames 70 %). *Bénéfices nets* (1985) 700 millions de F.

Trafic de marchandises

	tonnes transportées [1]		tonnes-km [2]	
	1974	1984	1974	1984
S.N.C.F. [3] Total	**265,4 (250,7)**	**176,9 (165,8)**	**77,1 (73,0)**	**60,1 (56,5)** [4]
Produits agric. et alim.	28,6	29,0	14,5	13,3
Prod. énergétiques	47,6	35,9	9,6	7,6
Mat. 1res et demi-produits	152,8	79,7	39,2	23,9
Produits manuf.	21,7	21,2	9,7	11,7
Transports routiers [2] Total	**1 719,4**	**1 252,6**	**94,2**	**88,3** [5]
Produits agric. et alim.	341,8	298,5	26,7	30,0
Prod. énergétiques	125,1	77,7	7,4	5,2
Mat. 1res et demi-produits	1 055,2	734,7	35,9	30,5
Produits manuf.	197,3	141,7	24,2	22,6
Navigation intérieure Total	**109,3 (69,3)**	**68,9 (38,1)**	**13,7 (9,6)**	**8,9 (5,9)**
Produits agric. et alim.	14,3 (8,1)	11,5 (6,5)	3,4 (2,3)	2,3 (1,6)
Prod. énergétiques	27,3 (17,5)	19,1 (12,2)	3,7 (2,6)	2,9 (2,2)
Mat. 1res et demi-produits	67,0 (43,6)	37,9 (19,2)	6,5 (4,6)	3,6 (2,1)
Produits manuf.	0,7 (0,1)	0,4 (0,2)	0,1 (0,1)	0,1 (*e*)
Oléoducs de + de 50 km Total	**103,0**	**74,8**	**36,2**	**25,9**

Nota. — (1) Millions de t. (2) Milliards t/km. (3) Les données SNCF entre parenthèses correspondent à la somme des chapitres de marchandises N.S.T. Le trafic total s'entend aussi y compris les expéditions et les wagons de particuliers vides qui ne sont donc pas ventilés. (4) *1985 :* 55, *86 (prév.) :* 55,4. (5) *1985 :* 90,3, *86 (prév.) :* 91,2.

Sabotage (22-5-1984). Déboulonnage de 55 m de rails à Montlay-en-Auxois (Côte-d'Or).

Futurs T.G.V.

• **Date de mise en service prévue et durée du trajet :** *1989 :* Le Mans 1 h (au lieu de 1 h 37), Rennes 2 h 05 (2 h 56), Nantes 2 h 05 (2 h 53) ; *1990 :* Bordeaux 2 h 58 (4 h 04) ; *1992 :* Lille 0 h 57 (2 h 00), Amsterdam 3 h 10 (5 h 23), Cologne 2 h 30 (5 h 08), Bruxelles 1 h 30 (2 h 27) ; *1993* Londres 3 h 10 (7 h 05) ; *1995* Strasbourg 2 h 12 (3 h 48).

• **T.G.V. Atlantique (1975-77).** 1res études. *1984* (26-5) : déclaré d'utilité publique au J.O. *1985* (15-2) : ouverture officielle des travaux. *Ligne : long. prévue* 280 km avec un tronc commun de 124 km de Paris-Montparnasse à Courtalain, et 2 branches : Ouest de 52 km jusqu'à Connerré-Beillé, avant Le Mans, pour desservir la Bretagne (mise en service automne 1989) ; Sud-Ouest de 104 km jusqu'à Monts, au sud de Tours pour desservir l'Aquitaine (mise en service automne 1990). *Rames* de 2 motrices encadrant 10 remorques. Vitesse 300 km/h. *Rampes* maximales 25 ‰. *Coût :* 16 milliards de F [installations fixes 9 ; rames (95) 7], remboursé en moins de 10 ans. Création d'une coulée verte en banlieue de Paris, construction de gares nouvelles à Vendôme et à Massy.

T.G.V. Nord : Prévu pour 1993. *Coût :* 22 milliards de F.

T.G.V. Est : *1984-85* études.

☞ *Transport annuel des axes de T.G.V.* (avant le T.G.V., en millions de voyageurs : Atlantique 15,5 (1980), Sud-Est 12 (1980), Nord 11, Est 8,5 (dont militaires du contingent 1,6).

Dans le monde

Trafic (1984) *Source :* U.I.C.	Marchandises (millions de tonnes-km)	Voyageurs (millions de voyageurs-km)
Algérie	2 646	1 834
All. dém.	56 703	22 918
All. féd.	64 333	48 397
Arabie Saoudite	1 328	74
Autriche	10 547 [1]	8 216
Belgique	8 044	6 444
Bulgarie	17 681	7 055
Chine	663 445 [1]	n.c.
Corée du S.	12 033	21 884
Danemark	1 715	4 678 [1]
Espagne	11 645	15 092 [1]
Finlande	8 225 [1]	3 275
France	*61 351* [1]	*58 426* [1]
G.-B.	17 144 [1]	30 100 [1]
Grèce	670 [1]	2 016
Hongrie	22 504	9 503
Inde	177 767	226 930
Irlande	582 [1]	846 [1]
Israël	874	207
Italie	17 554 [1]	37 403
Japon	23 134	196 823
Luxembourg	583	285
Maroc	4 522	1 620
Norvège	2 672	2 494
Pays-Bas	3 237	8 997
Pologne	123 542	53 179
Portugal	1 254	5 462
Suède	15 130 [1]	6 479 [1]
Syrie	966	746
Tchécoslovaquie	68 126	19 323
Tunisie	1 712	744
Turquie	7 672	6 276
Yougoslavie	27 860 [1]	11 917

Nota. (1) 1983.

Organisation des chemins de fer français

Origine des Compagnies

Les 1res compagnies de chemins de fer étaient privées et assuraient la construction et l'exploitation des lignes. **1838 :** Cie d'Orléans. **1842 :** une loi confie à l'État l'infrastructure et laisse à des compagnies fermières la superstructure, le matériel et l'exploitation dans certaines conditions déterminées. **1845 :** Cies du Nord, de l'Est. **1849 :** fusion de 28 Cies en 6 : Est, Nord, Paris, Orléans, Midi, Ouest. **1857 :** Paris-Lyon-Méditerranée (P.L.M.), fusion des Cies de Paris à Lyon, de Lyon à la Méditerranée, de Lyon à Genève, du Dauphiné et d'une partie du grand Central (concession pour 99 ans). **1863 :** conventions fixant une nouvelle répartition des lignes entre l'ancien et le nouveau réseau, à la suite de la création de nombreuses lignes. **1875-83 :** l'État crée un *réseau d'État* en rachetant 2 600 km de lignes à des Cies défaillantes. **1879 :** loi du 17-7-1879 : *Plan Freycinet* tendant à la création de 17 000 km de lignes d'intérêt général. **1883 :** conventions entre État et Stés précisant les conditions financières Freycinet. **1909**-*1-1 :* l'État propriétaire du réseau de l'Ouest. **1921 :** création du Fonds commun pour équilibrer le déficit de certains réseaux. **1938**-*1-1 :* création de la S.N.C.F. (Sté nationale des Chemins de Fer français) en vertu de la convention passée entre l'État et les 5 grandes Cies ferroviaires (Est, Nord, Paris-Orléans, P.L.M. et Midi). Cette convention, modifiée plusieurs fois, était en vigueur jusqu'au 31-12-1982. Idées directrices : fusionner les réseaux en un réseau unique placé sous la tutelle de l'État et objet d'une gestion « industrielle » à l'effet d'équilibrer recettes et dépenses.

La S.N.C.F.

Naissance de la S.N.C.F. Les « droits d'exploiter » et, éventuellement, de construire des chemins de fer, antérieurement détenus par les 5 grandes Cies concessionnaires (Nord, Est, Paris-Orléans, Paris-Lyon-Méditerranée et Midi) et 2 réseaux d'État (État et Alsace-Lorraine) furent confiés par convention et décret-loi du 31-8-1937 à une entreprise unique, la S.N.C.F., pour 45 ans (1-1-1938 au 31-12-1982).

Ancienne organisation. Sté d'économie mixte, Sté anonyme par actions avec capital réparti entre État (51 %) et anciennes Cies concessionnaires (49 %). *Conseil d'administration :* 10 représentants de l'État dont Pt et 1er vice-Pt, 3 des actionnaires privés (ayants droit des anciennes Cies, dont un 2e vice-Pt) et 5 du personnel désignés sur proposition des org. syndicales. *Direction :* sous l'égide du Pt, 1 directeur gén. assisté de 3 directeurs gén. adjoints, 1 secr. gén. et 1 secr. gén. adjoint.

Nouvelle organisation (dep. la loi d'orientation des transports intérieurs du 30-12-1982). Un établissement public industriel et commercial conservant la dénomination S.N.C.F. succède à la Sté.

Conseil d'administration (C.A.) : 18 membres, soit 7 représentants de l'État nommés par décret ; 6 du personnel dont 5 élus directement par les salariés de l'entreprise et de ses filiales et 1 désigné au suffrage indirect par les repr. des cadres ; 5 membres choisis en raison de leur compétence particulière par décret dont 2 repr. des usagers voyageurs et marchandises.

Rôle du C.A. : définir la politique de la S.N.C.F., déterminer les orientations du groupe, mettre en œuvre le contrat de plan dont il autorise la signature. Consulté sur le cahier des charges, arrête le plan d'entreprise, a compétence pour délibérer sur toutes les affaires relatives à l'objet de l'établ. *Pt :* désigné par les pouvoirs publics parmi les administrateurs sur proposition du C.A. : met en œuvre cette politique et dispose des pouvoirs nécessaires pour assurer la bonne marche de l'entreprise. Nommé après avis du C.A. un dir. gén. assisté de 5 dir. gén. adj.

Nouveaux objectifs (dep. le 30-12-1982). Dans les domaines techniques, commerciaux, financiers du développement régional et de la décentralisation. Contrôle technique, écon. et financier de l'État : le min. des Transports nomme auprès de la S.N.C.F. un *commissaire du Gouvernement,* assisté d'un com. du Gouv. adj. qui siègent au C.A. avec voix consultative, ainsi qu'un chef de la mission de contrôle écon. et financier des Transports (dep. 1949), et fonctionnant sous l'autorité et pour le compte du ou des min. chargés de l'Économie et du Budget. Un contrat de plan État/S.N.C.F., signé le 26-4-1985, définit les modalités d'application du cahier des charges et assigne à la S.N.C.F. 2 objectifs : parvenir à l'équilibre des comptes en 1989 et améliorer la compétitivité de l'entreprise.

Charges (en milliards de F). *1983 :* 65,6 ; *84 :* 70,3 ; *85 :* 72 (dont salaires 27,8, charges patronales 12,3, entreprises, matières, divers 18,4, impôts 2, amortissements nets 3,7, charges financières et provisions financ. nettes 11,1, moins charges concernant d'autres comptes — 2,8).

Produits (en milliards de F). *1983 :* 57,2 : *84 :* 64,1 ; *85 :* 67,4 [dont voyageurs 18,2, marchandises (y compris Poste) 20,3, activités accessoires et divers 4,7, concours publics (réd. tarifaires et autres) 20,4, concours exceptionnels d'expl. 3,2].

Investissements (en milliards de F). *1985 :* 7,7 [dont 0,91 pour le T.G.V. (*1984 :* 8,3 , *1983 :* 8,8)].

Nombre d'agents (au 31-12). *1972 :* 285 760. *75 :* 276 600. *80 :* 251 680. *81 :* 248 570. *82 :* 252 870. *83 :* 251 220. *84 :* 245 750. *85 :* 238 780.

Déficit (en milliards de F) : *1983 :* 8,38 ; *84 :* 6,15 ; *85 :* 5,1.

Recettes et dépenses comparées de l'État pour la route et le rail en milliards de F (MF)

• **Recettes. Routes.** L'État reçoit la quasi-totalité des recettes de la route dont la T.V.A. (normale ou majorée) sur les véhicules routiers (de Stés ou de particuliers). **Fer.** Taxes sur le matériel ferroviaire (1,6 MF en 1983), T.V.A. sur les titres de transport (8,2 MF en 1983), taxes payées par la S.N.C.F. pour sa consommation d'énergie.

• **Dépenses. Routes.** Entretien de 34 000 km sur un total de 800 000 km dont 400 000 de voies communales, taxes payées sur les carburants utilisés par des moteurs autres que routiers ; *coût social des accidents :* 80 MF (en 1982).

Fer. *Déficit de la S.N.C.F.* (1985) : 4 MF ; (1984) : 6 MF ; (1983) : 8 MF ; cumulé (1983) 22 MF (dette 65 MF, charge financière 7,7 MF).

Énergie : la route consomme 100 % de l'énergie importée mais l'électricité consomme du pétrole dans les centrales thermiques, le gros de la consommation pétrolière étant affectée au chauffage.

Arguments en faveur du rail. Pour payer ses investissements, la S.N.C.F. doit emprunter sans la moindre participation de l'État, son unique actionnaire. *Concours financiers de l'État* (1984) : 35 MF dont retraites de 400 000 cheminots : 13 MF (235 000 actifs) ; tarifs sociaux, services omnibus et banlieue parisienne 6 MF (recette pour service rendu et non déficit). Ces concours de l'État devraient transiter par d'autres min. que celui des Transports. Certains estiment que si l'on cessait de favoriser les modes concurrents par des crédits exagérés d'investissements et des avances, la S.N.C.F. récupérerait un trafic voyageurs et marchandises, et pourrait équilibrer ses comptes tout en permettant des économies de temps, d'espace, d'énergie, de nuisances. Ils déplorent qu'on limite les investissements de la S.N.C.F. (— 20 % dep. 1981) afin de freiner la dégradation de ses finances, alors que des entreprises ind., à l'avenir incertain, sont subventionnées à fonds perdus. Malgré la crise énergétique, le rythme des électrifications sera réduit de moitié. Le T.G.V. Atlantique sera construit au détriment du reste du réseau qui se dégradera d'autant que la plupart des conseils régionaux s'en désintéressent. Le rapport Bouladon de l'O.C.D.E. estime que le rail est rentable, la route déficitaire.

Industries ferroviaires

• **Nombre d'entreprises.** Traction : 14, dont parties méc. 4, moteurs thermiques 4, équip. élect. 6. Rames automotrices, turbotrains, autorails, remorques, voitures, métros : 6. Wagons : 7. Équipements ferr. : 25. Réparation : 14. Matériel de voies : 11. App. de branchement : 5. Ind. annexes et div. : 10.

• **Chiffres d'affaires** (en milliards de F). *1936 :* 0,27 ; *46 :* 1,4 ; *52 :* 1,7 ; *70 :* 4,4 ; *80 :* 8,4 ; *81 :* 9,9 ; *82 :* 10,5 ; *84 :* 10,4. **Matériel de traction.** 1,6 (dont 34 % export.). Voyageurs 3,9 (36 %). Marchandises 0,79 (45 %). Équipements pour matériel roulant 1,2 (27 %). Signalisation 0,66 (37 %). Équipements fixes de voie 1,4 (49 %). Réparations voitures et wagons 0,58.

• **Production-livraison.** MOYENNES ANNUELLES. **Locomotives.** *1919-29 :* à vapeur [1] 900, électriques 35. *30-38 :* vap. [1] 150, él. 40. *45-52 :* vap. [1] 130, él. 20. *52-70 :* diesels [1] 350, él. 90. *71-79 :* d. [1] 140, él. 82. *83 :* 166 (dont motrices T.G.V. 40). *84 :* 165 (dont motrices T.G.V. 37).

Nota. — (1) Y compris locom. de manœuvre.

Voitures à voyageurs (nombre de véhicules). *1919-29 :* 940. *30-38 :* 490. *45-52 :* 190. *52-70 :* 520. *71-79 :* 1 150. *81 :* 1 072. *82 :* 1 048. *84 :* 935.

Wagons marchandises. *1919-29 :* 13 330. *30-38 :* 5 500. *45-52 :* 5 400. *52-70 :* 10 000. *71-79 :* 11 050. *81 :* 6 552. *82 :* 3 889 *83 :* 3 039. *84 :* 2 898.

LA S.N.C.F., DANS PARIS A VOTRE SERVICE

Vous souhaitez entreprendre un voyage par le train sur le réseau grandes lignes de la S.N.C.F. ? Voici une liste d'adresses et de numéros de téléphone qui pourront vous être très utiles.

POUR VOUS RENSEIGNER

Il suffit de téléphoner :

- au Centre de renseignements téléphonés voyageurs : 45.82.50.50,
- ou à l'une de ces deux gares de Paris, de jour et de nuit, quelle que soit l'heure :
  - — Paris/Gare de Lyon : 43.45.92.22,
  - — Paris-Nord : 42.80.03.03.
- par Minitel au 36.15.91.77 (mot abrégé : SNCF),
- ou de vous rendre à l'une des gares de Paris, de 8 h à 20 h.

POUR TROUVER L'HORAIRE QUI VOUS CONVIENT

Vous disposez :

- des **fiches horaires**, gratuites, disponibles dans les gares, reprenant pour la plupart des grandes relations les horaires de tous les trains avec les prestations offertes,
- de la brochure **Trains d'affaires**, gratuite, regroupant une sélection des meilleurs trains circulant entre certaines grandes villes.

Vous pourrez demander à la recevoir directement à chaque changement de service : il suffit d'écrire à SNCF ba-BP n° 60, 92358 Le Plessis-Robinson Cedex, en indiquant vos nom, profession et adresse,

- des **Indicateurs officiels de la SNCF** : en vente dans les bibliothèques des gares ou par correspondance en écrivant à SNCF, bureau de vente des documents tarifaires, 162, rue de Saussure, 75840 Paris Cx 17,
- de l'indicateur **Ville à ville** qui donne pour environ 500 relations des informations sur les horaires et prestations offertes dans plus de 200 villes. Il est en vente dans les bibliothèques des gares ou par correspondance à la même adresse que ci-dessus.

POUR RÉSERVER VOS PLACES

Vous pouvez :

- soit vous rendre dans n'importe quelle gare, quelle que soit celle de votre départ, de 8 h à 20 h,
- soit téléphoner, à partir de 2 mois avant le départ, de 8 h à 20 h au 45.65.60.60,
- par Minitel au 36.15.91.77 (mot abgégé SNCF) de 5 h à 23 h 45, pour les places assises, couchettes et voitures-lits,
- ou encore écrire à l'une des gares équipées d'un **terminal**.

POUR COMMANDER UNE AUTOMOBILE SANS CHAUFFEUR

- Téléphonez au service **SNCF de location de voitures** 46.09.92.12 (du lundi au dimanche inclus, de 6 h 30 à 23 h, y compris les jours fériés).

ET POUR LAISSER VOTRE AUTOMOBILE AU PARCOTRAIN A PARIS

Il existe des parcotrains dans les gares de : Paris-Austerlitz 45.84.14.18, Paris-Est 42.03.96.31, Paris-Gare de Lyon 43.45.74.77, Paris-Montparnasse 45.38.52.19, Paris-Nord 42.80.31.55 et Paris-Saint-Lazare 42.81.47.50.

Les agences de voyages de Paris sont aussi à votre disposition pour tous renseignements, ventes de billets, réservations de places...

POUR EXPÉDIER VOS BAGAGES

Remettez-les à la gare ou au bureau SNCF le plus proche. Adresses des bureaux SNCF :

Arr.		
2e	7, rue Paul-Lelong 64, rue Tiquetonne	42.33.36.11 42.36.45.14
3e	9, rue du Perche 6, rue Rambuteau 4, rue Vaucanson	42.72.31.21 42.78.47.42 48.87.81.82
6e	124, boul. Raspail	45.48.45.71
10e	27, rue de l'Echiquier 44, av. Cl.-Vellefaux 35, quai de Valmy	47.70.62.25 46.07.65.74 46.07.25.39
11e	5-7, cité Phalsbourg	43.79.06.16
16e	105, boul. Suchet	46.51.12.66
17e	face 251, bd Péreire	45.74.08.20
18e	20-20bis, r. Départemt	42.08.97.20
20e	102 bis, r. Bagnolet 10. rue Julien-Lacroix	43.71.22.66 46.36.40.99
Saint-Ouen, 94, bd Victor-Hugo		

ou faites-les enlever à domicile, après vous être muni de vos billets. Prévenez le service des enlèvements à domicile (42.40.28.28), 48 heures environ avant la date d'enlèvement souhaitée.

Les bagages seront directement enregistrés à votre domicile sur présentation de vos billets.

POUR FAIRE LIVRER VOS BAGAGES A DOMICILE A PARIS

- bagages enregistrés : demandez la livraison à domicile en les faisant enregistrer au départ,
- bagages à main : en arrivant à Paris, confiez-les au "Services bagages arrivée" qui vous les fera livrer à domicile. Vous rentrerez ainsi chez vous les mains libres,

Pour la livraison à domicile, n'oubliez pas d'écrire suir l'étiquette de chaque bagage : "à livrer à domicile à partir du ......".

MAIS AUSSI...

- Si vous souhaitez organiser le voyage d'un groupe, affréter un train, ..., appelez le Département commercial voyageurs de la région parisienne, 162, rue du Faubourg Saint-Martin, 75475 Paris Cedex 10, Tél. 42.02.50.20.

ET PROFITEZ DES TARIFS RÉDUITS

Pour cela, il suffit de choisir la bonne période en consultant le Calendrier Voyageurs SNCF que vous vous procurerez dans les gares et les agences de voyages. Ainsi :

- si vous voyagez en famille (2 personnes au moins), avec la carte "Couple/famille" (gratuite et valable 5 ans), vous bénéficiez dès la 2e personne de 50 % de réduction (sauf banlieue de Paris) en périodes bleue et blanche, 340 jours par an environ, la première personne payant le tarif normal,
- Si vous voyage en couple, avec la carte "Couple/famille" (gratuite et valable 5 ans), l'un d'entre vous bénéficie de 50 % de réduction (sauf banlieue de Paris) en période bleue, 250 jours par an environ,
- Si vous avez 60 ans, avec la carte "Vermeil", vous bénéficiez de 50 % de réduction en période bleue (sauf banlieue de Paris). Cette carte d'abonnement valable 1 an ne coûte que 80 F au 18 avril 1986,
- Par ailleurs, si vous faites un voyage d'au moins 1000 km aller-retour et que vous ne commencez votre trajet de retour, soit après un délai minimal de cinq jours, soit après une période comprenant un dimanche (ou une fraction de dimanche), en voyageant en périodes bleues, vous bénéficiez de la réduction "Séjour" 25 % sur l'aller-retour,
- Enfin, si vous voyagez en groupe d'au moins cinq personnes, le tarif "Mini-groupes" vous permet de bénéficier de 25 % de réduction pour des voyages aller et retour (sauf banlieue de Paris), chaque trajet devant être commencé en période bleue. Réservation obligatoire.

Voyagez mieux en période bleue

(Information)

Renseignements pratiques (France)

Tarifs au 18-4-1986

• **Animaux en train.** Chiens et animaux de petite taille peuvent être tolérés. *Prix :* 50 % du tarif 2e cl. avec, pour les petits chiens ne pesant pas plus de 6 kg et autres petits animaux domestiques transportés dans un contenant approprié (dimensions max. 45 cm × 30 cm × 25 cm), un prix max. par contenant : parcours jusqu'à 99 km : 16 F, suppl. à 99 km : 23 F.

• **Automobiles accompagnées.** 3 formules : *trains-autos-couchettes* (T.A.C.) : le voyageur dispose d'une place couchée dans le même train que sa voiture ; *services autos-express* (S.A.E.) : le voyageur utilise le train de son choix, sa voiture est transportée de nuit par un autre train, il la retrouve à destination ; *trains-autos-jour* (T.A.J.) : sur Paris-Lyon, l'automobiliste voyage de jour par le même train que sa voiture.

Prix (en F) : varient selon 3 périodes : bleu, blanc, rouge. Ex. : aller simple Paris-St-Raphaël : *voit. de — de 3,81 m :* 405/810/1 215 ; *de 3,81 m à 4,42 m :* 525/1 050/1 575 ; *de + de 4,42 m :* 645/1 290/1 935.

• **Bagages.** Objets à usage personnel du voyageur et de sa famille, y compris voitures d'infirmes et 2-roues (sauf les immatriculés) ; sont exclus objets de valeur et ceux destinés à la vente. *Nombre maximum :* 3 bagages par personne (même enfants payant demi-tarif). *Poids max. par bagage :* 30 kg (sauf pour les 2-roues et les voitures d'infirmes). 40 kg tolérés pour 1 colis ou objet-voyageur. *Dimensions max.*, non applicables aux skis et aux tandems pour chaque bagage : longueur : 1,80 m ou bien largeur + hauteur : 2,00 m. *Prix :* 30 F par bagage (90 F pour cyclomoteurs, 150 F pour planches à voile). *Enlèvement à domicile :* tél. 4 j à l'avance (demander le service de l'enlèvement à domicile avec enregistrement direct). *Livraison à domicile* (à demander lors de l'enregistrement au départ). Prix : 20 F par opération d'enlèvement et de livraison. *Consigne :* 9 F par colis et par 24 h, le double pour bicyclettes, tandems, cyclomoteurs, voiturettes de malades, de blessés ou d'invalides, planches à voile. Pas d'enlèvement ni de livraison à domicile pour les cyclomoteurs et les planches à voile ; restrictions pour les bicyclettes.

• **Billets ordinaires. Prix du km.** 0,603 F en 1re classe et 0,402 F en 2e cl. + une taxe fixe de 12 F en 1re cl. et 8 F en 2e cl. *Taxe kilométrique (en F), entre parenthèses taxes complémentaire 1re classe, entre crochets 2e cl. Jusqu'à 399 km :* 0,63 (13,50) [0,42 (9)] ; *de 400 à 449 km :* 0,60 (25,50) [0,40 (17)] ; *à partir de 450 km :* 0,57 (39,15) [0,38 (26,10)] par parcours simple.

Prix calculés par paliers de distances. *Tous les 2 km : 7 km à 49 km* (7 km 6,60 F en 1re, 4, 40 F en 2e ; 49 km 45 F en 1re, 29,5 en 2e). *Tous les 5 km : de 50 km à 199 km* (199 km 138 F en 1re, 92 F en 2e). *Tous les 10 km au-delà*, avec arrondissement des prix aux 20 c. sup. pour les sommes inf. à 20 F ; aux 50 c. sup. pour les sommes comprises entre 20 et 30 F ; au F sup. pour les sommes sup. à 30 F. S'ajoutent, pour certains trains, un supplément et, pour quelques gares, une surtaxe locale temporaire.

Évolution. Prix de base kilométrique (1re classe, 2e classe entre parenthèses, 3e classe en italique, en F). *1913* 0,112 (0,0756) *0,04924*. *1938 11-5* 0,6054 (0,4338) *0,3178*. *1947 24-11* 4,50 (2,92) *2,25* (introduction de la tarification par paliers de distances). *1956 3-6* 8,75 (6,25) *suppression de la 3e cl. 1966 17-10[1]* 0,15 (0,10). *1977 18-4[1]* 0,26865 (0,1791). *1982 1-4[1]* 0,49845 (0,3323). Création de la taxe complémentaire : *1966-17-10[1]* : 1,50 (1), *77[1]* : 3,621 (2,414), *82[1]* : 7,65 (5,10).

Nota. — (1) En nouveaux francs.

Utilisation : utilisables un j quelconque compris dans une période de 2 mois à compter du j de leur émission ou de la date pour laquelle la place a été réservée. Pour être valable, le billet doit être composté. Les arrêts en cours de route sont autorisés (à l'exception des billets de promenades d'enfants). Au départ de la gare d'arrêt, le voyageur doit à nouveau composter son billet. Banlieue de Paris : les tarifs sont indexés sur ceux de la R.A.T.P. La validité des billets est illimitée, le compostage est obligatoire.

• **Billet individuel B.I.G.E.** (billet international pour jeunes). Pour les jeunes de moins de 26 ans (étudiants ou non). Réd. 20 à 35 % de France à l'étranger (All., Autriche, Belgique, Danemark, Espagne, G.-B., Grèce, Italie, Luxembourg, Norvège, P.-Bas, Portugal, Rép. d'Irlande, Suède, Suisse, ...). Billets AR et trajets simples dans des trains autorisés à des jours désignés. *Demande : Transalpino,* 16, rue Lafayette, 75009 Paris. *Wasteels,* Tour Gamma B, 195, rue de Bercy, 75582 Paris Cedex 12. *Eurotrain-C.I.T.,* 3, bd des Capucines, 75002 Paris *et correspondants de ces 3 agences.*

• **Billets pris dans le train.** Majoration de 20 % pour les billets pris dans le train (billet min. 40 F, supplément 20 F).

• **Billets à tarifs réduits.** Tarifs Couples, Familles, Vermeil, Jeunes. Billets séjour : *périodes creuses (jours « bleus »)* du lundi 12 h au vendredi 15 h et du samedi 12 h au dimanche 15 h en général ; *de pointe (j « blancs »)* du vendredi 15 h au samedi 12 h et du dimanche 15 h au lundi 12 h, plus quelques j de fête ; *de super-pointe (j « rouges »)* quelques j de grands départs.

Aveugles. Carte d'invalidité « cécité étoile verte » : gratuité pour le guide.

Congé annuel (billets). *Bénéficiaires :* salariés, petits artisans, trav. à domicile, petits agriculteurs exploitants français ou de la C.E.E. ; l'épouse et les jeunes de — de 21 a., la mère et/ou le père du titulaire célibataire si ces personnes habitent chez lui et qu'il voyage avec elles ; les demandeurs d'emploi, sous certaines conditions. *Parcours :* minimum 200 km AR. *Avantage :* 30 à 50 % de réduction. Remplir un formulaire. Le déposer au moins 24 h avant le départ à la gare. *Période d'utilisation :* 3 mois sans prolongation.

Congrès (billets aller-retour). 20 % de réduction. Utilisables quel que soit le j.

Couple. *Bénéficiaires :* tout couple (mariés ou concubins), carte « couple/famille » délivrée gratuitement par gares et agences de voyages agréées. Valable 5 ans. *Avantage :* 50 % de réduction à la 2e personne. *Conditions :* début du voyage en période creuse (j bleu). Voyager ensemble (même classe de voiture sur tout le parcours). Pas d'obligation d'aller-retour.

Tarifs (au 15-4-1985). *Comparaison entre air et train 2e classe,* entre parenthèses en 1970 : Lyon 150 (63,04). Bordeaux 149 (51,78). Toulouse 133,1. Coût supplémentaire de l'avion en % : Paris-Nice + 74,5 (21,05). *Comparaison entre air et train 1re classe :* coût supplémentaire de l'avion en % : Paris-Nice + 16,4. Lyon + 69,2. Bordeaux + 65,8. Toulouse + 55,8. *SNCF. Prix en 2e cl.,* parcours simple (au 18-4-1986) : de Paris à Lyon 222 F. Bordeaux 249 F. Toulouse 298 F. Nice 439 F.

Économiquement faibles (billets). *Bénéficiaires :* le titulaire seul sur présentation de la carte d'économiquement faible. *Parcours :* sans condition. *Période d'utilisation :* la même que pour les billets de pensionné. 30 % de réduction en 2e cl.

Famille (billets). *Bénéficiaires :* tout groupe d'au moins 2 personnes, comprenant le père et/ou la mère (mariés ou concubins) et/ou les enfants, ayant une carte « couple/famille » délivrée gratuitement par gares et agences de voyages agréées, valable 5 ans. *Avantage :* 50 % de réduction à partir de la 2e pers. Pas d'obligation d'aller et retour. *Conditions :* pour les groupes de 2 pers., début du trajet en période creuse (j bleu) ; de 3 pers., en période creuse (j bleu) ou de pointe de fin de semaine (j blanc). Les bénéficiaires doivent se déplacer ensemble.

Réductions pour familles nombreuses (enfants de — de 18 ans). *3 enf. :* 30 % ; *4 :* 40 % ; *5 :* 50 % ; *+ de 5 :* 75 %. *La réduction permanente* de 30 % (+ demi-tarif sur le réseau R.A.T.P. et S.N.C.F. banlieue) reste acquise au père et à la mère dont le nombre d'enfants répondant à certaines conditions est ou a été au moins égal à 5, y compris les enfants recueillis qui ont été à leur charge effective et permanente pendant au moins 3 ans avant leur 18e année. Présenter sa carte (délivrée par les gares, valable 3 ans). (Réduction uniforme de 50 % en 1re et 2e cl. en banlieue de Paris.) *La réd. de 30 % est maintenue pour les familles ayant encore 1 ou 2 enf. mineurs* jusqu'à ce que le dernier ait 18 a. (pas de réd. en banlieue de Paris). *Les réd. sont accordées en 2e cl. mais les voyageurs peuvent voyager en 1re cl.* en acquittant le montant du surclassement *au plein tarif.*

Carte internationale Rail Europ F (REF) : réservée aux familles composées d'au moins 3 personnes et qui remplissent les conditions d'obtention de la carte couple/famille S.N.C.F. Permet d'obtenir des billets internationaux avec réd. de 50 % (75 % pour enfants de 4 à 12 a.) à partir de la 2e personne, à condition que 3 personnes au minimum (8 au maximum) effectuent le voyage à destination de : Autriche, Belgique, Espagne, G.-B., Grèce, Italie, Luxembourg, P.-Bas, All. féd., Irlande, Portugal, Suisse, Turquie, Yougoslavie, ou à l'intérieur de ces pays, ainsi que sur des réseaux secondaires et Cies maritimes. Valable 1 an, en 1re ou 2e cl. à condition que le voyage commence en France en dehors des périodes de fort trafic (j rouges). *Prix :* 50 F.

Groupe (billets de). 25 % de réduction pour 5 personnes ou payant pour 5 (mini-groupes) ; 30 % à partir de 25 ou payant pour 25. Certains trains et certaines périodes (mini-groupes : j bleus ; groupes à partir de 10 personnes ; j bleus ou blancs) ne sont pas autorisés. *Voitures-lits :* 10 % de réd. du lundi au jeudi inclus et le samedi aux groupes d'au moins 25 ou payant pour 25. Supplément gratuit par fraction de 50 voyageurs payants à partir de 15 v. payants. Billet valable 2 mois. Réservation parfois obligatoire.

Pensionné, retraité, allocataire, veuve et orphelin de guerre de — de 21 a., préretraité + le conjoint et les jeunes de — de 21 a. s'ils voyagent avec le titulaire du billet. *Parcours :* sans condition. *Période d'utilisation :* 2 régimes au choix : *1°* 1 billet AR utilisable 3 mois sans prolongation, mêmes possibilités que le billet de congé annuel. *2°* 2 billets simples utilisables chacun 1 mois et délivrés séparément, le billet de retour étant délivré contre remise d'un bon valable 6 mois, établi lors de l'émission du billet aller. Le retour peut s'effectuer à partir de n'importe quelle gare. Réduction de 30 à 50 %.

Populaires (billets). 30 % de réd. en toutes classes (2e cl. pour les économiquement faibles), pour 1 billet aller et retour par an. Réd. de 50 % en période bleue pour les aller et retour populaires, lorsque au moins la moitié de leur montant est réglée par chèque-vacances. Les billets d'aller et retour populaires comprennent les billets de congé annuel, d'économiquement faibles, de pensionnés, retraités, allocataires, veuves et orphelins de guerre.

Séjour (billets). 25 % de réduction, en toutes classes, pour un parcours aller et retour ou circulaire d'au moins 1 000 km, retour compris (ou en payant pour cette distance). Les billets AR doivent comporter chacun un parcours fer de 200 km min. *Période d'utilisation :* 2 mois (3 moyennant complément de taxe de 10 % du prix du billet). Le trajet aller doit être commencé en période creuse (j bleu). Le retour ne peut commencer qu'un j bleu à compter du 6e j après le début du trajet aller ou après une période comprenant un dimanche ou une fraction de dimanche.

• **Cartes d'abonnement. Ordinaires** (titre I). Permettent, sans acheter de billet, d'effectuer un nombre illimité de voyages, sur des parcours déterminés ou des zones. Certains abonnements du titre I donnent libre accès à la ligne à grande vitesse, d'autres seulement en période bleue ou moyennant le paiement d'un billet ½ tarif. Abonnement pour 1 mois, renouvelable de mois en mois, ou souscrit d'avance (max. 11 mois). La 1re année, il est perçu, en outre, un droit de souscription = 2 mensualités. En cas de non-utilisation, la carte peut être déposée, moyennant le paiement d'une taxe mensuelle de dépôt.

Exemples (2e classe) : carte Paris-Rouen (140 km) : amortie à partir du 64e voyage (1re année), 54e voyage (2e année) ; c. Paris-Bordeaux (581 km) : amortie à partir du 31e voyage (1re année), 26e voyage (2e année) ; c. T.G.V. valable sur l'ensemble des lignes S.N.C.F., y compris T.G.V. : amortie au bout de 69 300 km (1re année), 58 700 km (2e a.).

Exemples de réduction réelle par rapport au prix plein tarif pour un abonné du titre I (1re année) effectuant 5 voyages AR par semaine (2e cl.). Creil-Paris (51 km) 53 %. Chartres-Paris (88 km) 65 %. Orléans-Paris (121 km) 71 %. Rouen-Paris (140 km) 73 %. Reims-Paris (156 km) 74 %.

Pour élèves, étudiants et apprentis voyageant entre leur résidence et l'établissement d'enseign. : cartes pouvant être souscrites en 1re ou 2e cl., réduction calculée sur la base du tarif 2e cl.

Abonnement ½ tarif (titre III). 1re ou 2e cl. ou 2e cl. seulement. Cartes de zones (4, 10 ou 16 zones) ou utilisables sur des parcours déterminés. Validité 6 mois ou 1 an.

Exemples : *carte à parcours déterminés :* Paris-Bordeaux (581 km), 2e cl. 1 an : 1 557 F (amortissement au bout de 7 voyages AR). *C. de zones,* 2e cl., 1 an : 1 à 4 z. : 2 038 F amortie en 9 000 km env., 5 à 10 z. : 2 358 F amortie en 10 400 km env., 11 à 16 z. : 2 861 F : amortie en 12 600 km env.

Paiement : parcours déterminés inférieurs à 100 km, en 1 fois ; sup. à 100 km, en 1 ou 2 fois. *Réduction :* 20 % pour la 2e carte souscrite par un membre de la même famille habitant sous le même toit, même zone ou même parcours ; 30 % pour la 3e, 40 % pour les suivantes.

Améthyste (cartes) (violette). Réservées aux personnes âgées ayant certaines ressources. Réseau banlieue. Gratuité ou demi-tarif selon les cas. Demande au bureau d'aide sociale de la mairie.

Centres de vacances. Pour groupe d'au moins 10 personnes composé d'enfants de — de 18 ans et d'accompagnateurs (1 pour 10 ou fraction de 10 enfants). Billets AR ou circulaires. Réd. de 50 % (annulée dans certains trains, possible les j bleus ou blancs, valable 3 mois, réservation gratuite mais obligatoire).

Carte « Jeune » (12 à moins de 26 ans). Permet de juin à sept. inclus de voyager à demi-tarif sur le réseau S.N.C.F. (1re et 2e cl.), sauf sur la banlieue de Paris, pour chaque trajet commencé en période bleue, d'avoir une couchette gratuite en période bleue, 50 % de réduction pour une traversée Dieppe-Newhaven sur les navires Sealink (aller et retour), 50 % de réduction sur un trajet simple en Corse (les billets doivent être achetés sur place), 10 % de réduction sur la plupart des services de tourisme de la S.N.C.F., 2 nuits gratuites dans les points d'accueil jeunes (P.A.J.). *Prix :* 140 F.

Carte « Carré Jeune » (12 à moins de 26 ans). Valable 1 an pour 4 trajets simples sur le réseau S.N.C.F. (1re et 2e cl.), sauf sur la banlieue de Paris. Procure réd. de 50 % en période bleue et 20 % en période blanche. Possibilité d'acheter plusieurs cartes dans la même année. *Prix :* 145 F.

Inter-Rail (cartes). Valables pour les — de 26 ans, pendant 1 mois en 2e cl. dans 21 pays. En France, réduction de 50 %, sauf sur la banlieue de Paris (10 % sur services de tourisme S.N.C.F.). Gratuité sur principaux réseaux étrangers. Réduction sur services maritimes. *Prix :* 1 320 F. Carte Inter Rail + bateau donnant la gratuité sur certains parcours maritimes. *Prix :* 1 560 F. Remboursement de 48 F à ceux qui rendent leur carte au retour. *Demande :* dans toutes gares S.N.C.F. (passeport ou carte d'id. exigé).

Travail (cartes de) (valables en 2e cl. seulement). *Hebdomadaires :* parcours de 75 km max. : un AR par j, 6 j par semaine. L'emprunt de certains trains n'est pas autorisé (ex. : rapides, express et directs, sauf dérogations). Présenter une attestation de l'employeur. Peut se combiner à la carte orange.

Vermeil (cartes). Réservées aux personnes résidant habituellement en France et ayant atteint l'âge de 60 ans. Valables 1 an, 50 % de réduction sur le réseau S.N.C.F. (1re et 2e cl.) sauf sur la banlieue de Paris. Le trajet doit commencer en période creuse (j bleu). *Prix :* 80 F.

Carte internationale Rail Europ S (RES) : réservée aux détenteurs d'une carte « Vermeil » de 60 ans ou + (femmes) 65 ans ou + (hommes). Permet d'obtenir des billets intern. à prix réduit pour des voyages à l'intérieur de l'Autriche, Belgique, Danemark, Espagne, Finlande, G.-B., Grèce, Hongrie, Italie, Luxembourg, Norvège, P.-B., Portugal, All. féd., Irlande, Suède, Suisse, Yougoslavie ainsi que sur des réseaux secondaires, les Cies marit. et sur la plupart des services de tourisme S.N.C.F. Valable 1 an ; donne droit à des réductions (30 ou 50 % selon pays, 50 % en France), en 1re ou en 2e cl. à condition que le voyage commence en France en période bleue. *Prix :* 50 F.

● **Couchettes.** Droit de réservation compris : 1re classe (4 couchettes par compartiment) ou 2e cl. (6 couch.) 71 F. Un enfant de — de 12 ans peut partager la couchette d'un adulte, 2 enfants de — de 12 ans peuvent occuper une même couchette : dans ces 2 cas, il n'est perçu qu'un seul supplément couchette.

● **Départ empêché.** *Aller ou retour non utilisé.* Demander le remboursement du billet dans n'importe quelle gare de la S.N.C.F. ou dans l'agence de voyages qui l'a établi au plus tard 2 mois après l'expiration de sa période d'utilisation. Une somme forfaitaire est retenue sur le montant du billet à rembourser.

● **Enfants. Tarifs :** — *de 4 ans* ne paient rien et ne peuvent se voir attribuer une place distincte (sauf revendication, dans les trains familles, de l'application du tarif bambin). *De 4 à 12 ans* paient demi-tarif et ont droit à une place distincte (sauf sur la banlieue de Paris, de 4 à 10 ans).

Seuls en train. Formule « Jeune Voyageur Service ». Prise en charge par des hôtesses, des enfants seuls *de 4 à 14 ans.* De fin mai à mi-septembre et à certaines autres périodes de vacances scolaires. En principe 1 ou 2 jours par semaine. Plus de 150 gares desservies. Réservation obligatoire. Présenter le livret de famille ou une fiche d'état civil. Remplir 2 formulaires. *Prix :* billet 2e cl. + *train de jour :* supplément JVS + droit de réservation place assise : 146 F, *train de nuit :* supplément JVS + sup. couchette : 205 F. Exonération du paiement du supplément prévu en cas d'emprunt d'un train à supplément.

● **Militaires.** Réd. de 75 à 100 %. Carte du serv. militaire actif.

● **Motos accompagnées.** Ce service existe sur toutes les relations T.A.A. (Trains Autos Accompagnées). Le voyageur dispose d'une place couchée dans le même train que sa moto. *Prix :* Paris-Marseille selon période bleue, blanche, rouge : 220/440/660 F.

● **Promenade d'enfants.** Groupe d'au moins 10 personnes : enf. de moins de 15 ans en voyage d'instruction ou déplacement à la campagne et 1 accompagnateur pour 10, ou fraction de 10. Réd. de 75 % (limitée ou annulée dans certains trains et certains j). Billet AR ou circulaire. Réservation gratuite mais obligatoire.

● **Réformés, pensionnés de guerre et handicapés.** *Avec taux d'invalidité d'au moins 25 % ;* réduction de 50 ou 75 %. Carte délivrée par les offices départementaux des Anciens Comb. et Victimes de guerre. *Invalidité de 25 à 45 % (1 barre bleue),* 50 % de réduction ; *de 50 % et + (1 barre rouge),* 75 % ; *mutilé et son guide (double barre rouge),* 75 % aux 2 pers. ; *mutilé et guide (double barre bleue),* 75 % au mutilé, 100 % au guide. *Handicapé titulaire de la carte d'invalidité* (taux d'incapacité 80 % ou +) : réduction de 50 %, en période bleue, pour l'accompagnateur. *H. bénéficiant d'un avantage « tierce personne » :* gratuité de transport, en période bleue, pour l'accompagnateur. *H. en fauteuil roulant :* surclassement gratuit pour le h., dans la limite des places disponibles équipées à cet effet dans certains trains, avec réservation obligatoire.

● **Réservation des places avant le départ. Au guichet :** à partir de 2 mois. **Par téléphone :** 1 m. pour TAA et pl. couchées, 9 j pour pl. assises. **Par lettre :** à partir de 6 m. Pl. assises, trafic intérieur S.N.C.F. : 12 F par pl. réservée, 5 F pour personnes bénéficiant du tarif groupe. La réservation cesse au plus tard : la veille à 20 h pour trains du lendemain jusqu'à 17 h ; le jour même à 12 h pour tr. partant après 17 h ; 2 h avant le départ du tr. (mais avant 20 h) pour couchettes et 3 h pour TEE (TGV : réservation obligatoire, possible jusqu'à quelques minutes avant le départ au guichet, ou avec les distributeurs à réservation rapide). Réservation dans toute gare ou agence quel que soit le parcours.

● **Taxis. A Paris,** on peut appeler un *taxi-radio* à Paris-Austerlitz ou P.-Lyon. Il est délivré un bon-taxi de 15 F non déductible du prix de la course.

● **Train + auto.** Location de voitures de tourisme. *Tarif :* par ex., pour 24 h, 135,66 F par j T.T.C., 1,44 F par km parcouru (essence et huile à la charge du client) (tarif « super 5 » pour une période indivisible de 5 j et +, par journée : 281,33 F kilométrage illimité) ; pour R 25, 222,66 F (3,27 F le km) tarif « super 5 » pour une période indivisible de 5 j et +, par journée 557,32 F, kilométrage illimité. *Formalités :* pour certains modèles : âge minimum 23 ans et justification de domicile.

Avance sur location : minimum 1 100 F.

Restitution de la voiture : possible dans une autre ville (frais de retour éventuels).

● **Train + vélo.** Dans 280 gares, on peut louer des bicyclettes. *Tarif :* la journée 26 F, la demi-journée 18 F (bicyclette randonneurs et « tous chemins » 36 F la journée, 30 F la demi-journée). *Formalités :* présenter pièce d'identité, caution de 200 F. *Assurance* souscrite par la S.N.C.F. couvre la responsabilité civile de l'utilisateur.

● **Voitures-lits.** Prix en service intérieur français (par personne). *1re cl. Single* (cabine à 1 lit) : 689 F. *Spécial* (à 1 lit) : 492 F. *Double* (à 2 l.) : 296 F, *2e cl. T2* (à 2 l.) : 296 F, *T3* (à 3 l.) : 197 F. Bulletin gratuit délivré après 9 voyages en voitures-lits dans un délai d'un an.

● **Voyage interrompu.** Demander immédiatement le remboursement de la partie inutilisée du billet à la gare où le voyage est interrompu, ou le faire annoter dans cette même gare pour un remboursement ultérieur (cf. § Départ empêché, voir ci-contre).

Musées

Musée français du chemin de fer. 2, rue Alfred-de-Glehn, 68200 Mulhouse. *Créé* en 1971. *Au 1-1-1986 :* sur 130 000 m², 12 voies couvertes (longueur totale 1 350 m). Exposés : 29 locom. à vapeur (la plus ancienne, Buddicom, de 1844), 5 électriques, 1 automotrice, 2 diesels, 6 autorails, 14 voitures, 11 wagons et 1 chasse-neige.

Musée provençal des transports urbains et régionaux. Gare S.N.C.F. de la Barque, 13970 La Barque.

Musée des transports de Pithiviers (Loiret). *Créé* en 1965. Matériel à voie étroite. Promenade en train à vapeur (dimanches et fêtes de mai à mi-oct.).

Chemins de fer pittoresques (longueur en km). *4 lignes S.N.C.F. à voie métrique :* Vallorcine-Chamonix-St-Gervais (35), Salbris-Luçay-le-Mâle (67), La Tour-de-Carol-Villefranche-Vernet-les-Bains (ligne de Cerdagne, 95), Ajaccio-Bastia-Calvi (233) ; *1 chemin de fer secondaire d'intérêt général* (voie métrique) : Nice-Digne (153) ; *3 lignes à crémaillère :* tramway du Mont-Blanc (12), ch. de f. du Montenvers (Hte-Savoie 6), de la Rhune (P.-Atl. 4).

Lignes touristiques : la plupart sont exploitées par des associations d'amateurs bénévoles. Nombre : longueur en km. V : à vapeur. *L. à voie normale* Vermandois, St-Quentin-Origny (Aisne, 22 V), Cernay-Sentheim (H.-Rhin, 14 V), Vigny-Hombourg (Moselle, 12 V), Ottrott-Rosheim (Bas-Rhin, 8 V), Chinon-Richelieu (Indre-et-Loire, 21 V), Pontcharra-La Rochette (Savoie, 14 V), Landes de Gascogne (Labouheyre-Marquèse, Landes, 14 V) ; Guîtres-Marcenais (Gironde, 13 V), Connerré-Beillé à Bonnétable (Sarthe, 17 V), Anduze-St-Jean-du-Gard (Gard, 13 V), Sanjon-La-Tremblade (Ch.-Mar., 20 V), Narbonne-Bize (Aude, 20 V), Mortagne-sur-Sèvre-les-Herbiers (Vendée, 21 V) ; Rhin, Volgelstein-Marckolsheim (Bas-Rhin, 17 V ou diesel) ; *lignes à voies de 1 m* la baie de Somme (St-Valéry-Le-Crotoy, 27 V), Vivarais (Tournon-Lamastre, Ardèche, 33 V), La Mure (Gorges du Drac, Isère, 30) ; *lignes à divers écartements* (0,70, 0,60, 0,50 m) Froissy-Dompierre (Somme, 7 V), Abreschviller (Moselle, 6 V), Pithiviers (Loiret, 4 V), St-Trojan (île d'Oléron, 7), lac d'Artouste (P.-Atl., 10), Bligny-sur-Ouche (C.-d'Or, 4 V) ; *lignes de parcs d'attractions* St-Eutrope (2,5 V) (Évry, Essonne, 3 V), Anse (Rhône, 0,38 m d'écartement, 2), Méjanes (Camargue), petit train du Jardin d'acclimatation (Paris), Parc de Bagatelle (Somme V), Chanteraines (Hts-de-S., 3,6 V), chemin de fer du Belvédère (Renaison, Loire, 3,5 V).

Funiculaires : de Barèges, du Pic de Ver (Pyrénées), de St-Hilaire du Touvet (Isère), voie métrique.

Expéditions par S.N.C.F.

Service national des messageries (SERNAM). Chargé de tous les transports de colis par expédition jusqu'à 5 t. Les expéditeurs assurant un trafic régulier bénéficient de conditions particulières. Agit aussi comme commissionnaire et peut assurer toutes prestations complémentaires : entreposage, gestion de stocks, emballage, conseil en transport, etc.

Colis express. Expédiés dans les gares à voyageurs et les bureaux S.N.C.F. des grandes villes. Acheminés par trains de voyageurs à l'exemple des bagages, ou par trains spécialisés sur certaines relations. *Taxation* par coupure de poids (0 à 2,5 kg ; 2,5 à 5,5 ; 5,5 à 10 ; 10 à 15 ; 15 à 20 ; 20 à 30 ; etc.), et de département à département. Conditions particulières pour colis lourds ou encombrants.

S.N.C.F. marchandises. Assure le transport des marchandises par charges complètes (quantité de marchandises adressée en 1 seule fois par un expéditeur à un destinataire et absorbant complètement la capacité de transport d'un véhic., wagon ou camion). Commercialisation auprès des industriels et négociants par 400 responsables commerciaux implantés dans 130 agences en Fr. Il y a des tarifs de base pour les contrats négociés entre clients et commerciaux de la S.N.C.F. variant selon le volume des marchandises à transporter et de la concurrence.

Principales prestations

Embranchements particuliers : voir p. 1353. **Ferdom** : wagons livrés ou enlevés à domicile sur remorque routière spécialement aménagée. **Fercam** : réception ou enlèvement de la marchandise à domicile par camion sous responsabilité de la S.N.C.F. Prix global. **Transports en conteneurs** : commercialisés par la Cie nouvelle des conteneurs (CNC), Sté du groupe S.N.C.F. ; assure aussi les parcours routiers terminaux et transbordements sur wagon. **Transport sur wagon de véhicules routiers** (Sté Novatrans, du groupe S.N.C.F.) : transport des semi-remorques routières sur wagons spécialement aménagés.

Responsabilité (trafic wagons)

Régime intérieur français. *Définition* : le Chemin de fer est présumé responsable en cas de manquant, d'avarie ou de retard survenus au cours du transport, s'il ne prouve pas que le dommage résulte d'un cas de force majeure, du vice propre de la chose transportée ou de la faute de l'expéditeur.

Cependant, il n'est tenu de réparer que les dommages prévus ou prévisibles au moment de la formation du contrat de transport et qui constituent une suite immédiate et directe de l'inexécution ou de la mauvaise exécution du contrat.

Limites tarifaires de la responsabilité : d'une manière générale, les conditions générales de vente des transports de marchandises (CGVTM) limitent l'indemnité à payer pour tous les dommages justifiés résultant de la perte, de l'avarie ou du retard à 150 F par kilogramme pour chacun des objets compris dans l'envoi. Toutefois, lorsque le préjudice prouvé est constitué, en tout ou en partie, de dommages autres que matériels, l'indemnité pour ces dommages ne peut excéder le double des frais de transport du ou des wagons concernés. D'autre part, certains tarifs prévoient des limitations particulières.

Pour échapper à certaines de ces limitations tarifaires, l'expéditeur peut souscrire une déclaration de valeur ; l'indemnité pour la réparation des dommages justifiés pourra alors atteindre la somme déclarée. *Attention* : respecter les formalités pour éviter la forclusion prévue par l'article 105 du Code de commerce (notamment réserves à la livraison) et mettre le Chemin de fer en demeure de livrer en cas de retard. Il y a prescription au bout d'un an de toute action fondée sur le contrat de transport.

Régime international. Définition de la responsabilité. (Voir ci-dessus.) Force majeure, faute de l'expéditeur, vice propre de la marchandise peuvent dégager le Chemin de fer dans le cas où les dommages sont aussi reconnus par la convention internationale concernant le transport des marchandises. La présomption de responsabilité peut être écartée si le transport présente des risques particuliers de perte ou d'avaries (circonstances, nature de la marchandise), énumérés à la C.I.M. (ex., transport en wagon découvert, absence ou défectuosité de l'emballage, conséquences du chargement et du déchargement effectués par l'expéditeur et le destinataire, etc.). Il faut alors prouver la faute du Chemin de fer dans l'exécution du transport. La constatation des dommages doit être faite par le Chemin de fer, tenu de dresser sans délai procès-verbal. Si le procès-verbal conclut à l'irresponsabilité du Chemin de fer, on conteste les termes au moyen d'une expertise amiable ou judiciaire (les réserves par lettre ou autre moyen étant sans valeur).

Indemnité (perte ou avaries) : max. 17 unités de compte/kg manquant de masse brute de marchandise avariée ou perdue, à l'exclusion de toute indemnisation liée à des dommages autres que ceux subis par la marchandise. L'unité de compte est le droit de tirage spécial (D.S.T.) tel que défini par le fond monétaire international.

Dépassement du délai de livraison : indemnité au plus égale au triple des frais de transport si le préjudice est prouvé (quelle que soit l'importance du retard). *On peut aussi souscrire au départ une déclaration d'intérêt* à la livraison dont le montant peut couvrir les dommages prouvés non indemnisés totalement ou partiellement par la C.I.M. *Réclamation* auprès du Chemin de fer expéditeur, destinaire ou de celui sur lequel s'est produit le fait générateur du dommage, par le destinataire (ou l'expéditeur sous certaines conditions) tant que son droit d'action n'est ni éteint, ni prescrit. En principe, le droit d'action est éteint dès l'acceptation de la marchandise. Mais dans le cas de perte partielle ou d'avaries, si un procès-verbal a été établi, on peut exercer ultérieurement son recours. En cas de retard, il a 60 j après livraison pour présenter sa réclamation. *Délai de prescription* : 1 an.

Transports fluviaux

Bateaux

Origine

Troncs d'arbres sans doute les premiers bateaux utilisés. *Gaulois* les évidaient ou les creusaient *(barques monoxyles). Moyen Age* bateaux de marchandises lents, bateaux rapides *(fugaces* ou *cursoriae). XVe s.*, bateaux couverts, tel *la Cabane*, avançant à l'aviron, à la voile, au halage ou remorqué par un bateau de rameurs (« les tirots »). Les bateaux s'adaptaient aux voies d'eau qu'ils fréquentaient. On naviguait à la voile dans le Nord, à la rame sur Loire ou Garonne, à la perche dans les passages encombrés, au halage quand les rives le permettaient.

Types de bateaux

Automoteurs

Définition. Bateau porteur construit pour naviguer isolément, et propulsé par ses propres moyens mécaniques. La cale de chargement est plus réduite que sur les bateaux tractés ou poussés (présence du moteur). *Port en lourd* 240 à 350 t. *Enfoncement* 1,80 à 2,20 m. *Moteurs* 80 à 250 ch (pour des automoteurs de 38,50 m). *Vitesse* 10 à 12 km/h en rivière (réglementairement limitée à 6 km/h). Les citernes indépendantes (utilisées même dans des bateaux en bois) ont fait place aux citernes-coques plus légères. Les bateaux-citernes transportent vins, hydrocarbures, mélasses, huiles alimentaires et prod. chimiques. Les bateaux destinés principalement au trafic des produits lourds (fuels ou mélasses) sont munis de serpentins de réchauffage.

Automoteurs du Rhône. A l'origine circulaient des barques tractées (long. 50 à 70 m, larg. 7 à 8 m, creux 2,50 à 3 m), pouvant porter env. 500 t. *Tendance actuelle* : automoteurs puissants et gros porteurs (long. 50 à 70 m, larg. 5,05 à 11,4 m) portant 500 à 1 000 t, à 3 m d'enfoncement. Très fins en raison de la vitesse du courant dans certaines sections (12 à 15 km/h).

Barges de canal. Sur les canaux à petit gabarit. *Long.* 38,50 m. *Larg.* 5,05 m. *Enfoncement* 1,80 à 2,70 m. **Industrielles.** Sur les voies d'eau à grand gabarit (rivières aménagées ou canaux). *Petites* : long. 70 m, larg. 9,50 m, 1 500 t. *Grandes* : long. 76,50 m, larg. 11,40 m, 2 500 t.

Chalands du Rhin. *Long.* 60 m à 125 m. *Larg.* 8 à 13,6 m. *Enfoncement* 2 m à 2,70 m. *Port en lourd* 600 à 1 500 t. Avant 1939, beaucoup venaient d'Allemagne (livrés après le traité de Versailles). Actuellement, automoteurs de 3 000 t. Certains spécialisés (transport de gaz). **De Seine.** *Long.* 40 à 80 m. *Larg.* 5,05 à 11,4 m. *Enfoncement* 2,4 à 3 m. *Tonnage* 700 à 1 000 t. Beaucoup d'automoteurs-citernes.

Péniche. Automoteur de canal au gabarit des canaux Freycinet. *Long.* 38,50 m. *Larg.* 5,05 m à 5,10 m. *Enfoncement* 2,4 à 2,6 m. *Tonnage* 280 t à l'enfoncement de 1,80 m (310 à 350 t à 2,10 m). *Noms particuliers* : Ardennes, Flûte de Bourgogne, Spit, Toue. *3 compartiments* : logement du second ou du pilote (env. 3 m à l'avant), cale de chargement (env. 30 m), logement du patron (5,50 m à l'arrière), surmonté de la cabine de pilotage. Autrefois le logement se trouvait au milieu, superposé ou adjoint à l'écurie abritant les animaux de traction. Formes très pleines, on distingue à peine l'arrière de l'avant. Depuis 1914, le fer, puis l'acier ont remplacé le bois.

Pousseurs. *Pour barges de canal* : long. 38,50 m, moteur 250 à 300 ch. Ont à l'avant un « bouclier de poussage ». Les convois portent 600 à 900 t. *Pour barges industrielles* (pousseurs de Seine) : long. 25 m, jusqu'à 1 500 ch ; Rhin : long. 32 m, 2 500 à 5 000 ch ; Moselle : long. 15 m, 1 000 ch ; Rhône : certains ont les mêmes caractéristiques que ceux de la Seine. Convois de 2 à 4 barges sur la Seine ou le Rhône et jusqu'à 6 barges sur le Rhin. Convoi de 10 à 15 000 t. environ.

Poussés

Origine. Le pousseur est pratiqué depuis longtemps aux U.S.A., introduit en France après 1945, il s'est développé dep. 1960.

Principe. Les trains de barges sont propulsés par des pousseurs (puissance totale 1 000 à 2 500 ch) munis de plusieurs hélices, avec des gouvernails multiples placés dans le remous des hélices). *Avantages* : économie de main-d'œuvre (sur la Seine les convois de plus de 92 m de long ont un équipage d'au moins 3 h. et les convois moins longs peuvent avoir un équipage de 2 h.) ; économie de puissance (la résistance de l'eau sur les barges accolées est moindre) ; utilisation max. du volume offert par les barges (les équipements peuvent être réduits aux bollards et à un mât) ; économie de place ; possibilité d'utiliser un seul pousseur pour 2 séries de barges (l'une étant en cours de chargement ou de déchargement). Des exploitants artisanaux utilisent un automoteur de 38,5 m transformé en barge et le placent devant un autre automoteur de 38,5 m muni de moteur de 250 à 300 ch et d'un bouclier de poussage. Sur l'automoteur transformé en barge, ils laissent souvent l'ancien moteur (80 à 100 ch), le convoi pouvant porter 600 à 900 t sur les voies à grand gabarit ou sur le canal du Nord, et se désacoupler pour un voyage terminal sur un canal au gabarit Freycinet. *Convois poussés* : la longueur est limitée par les écluses de 185 m de long (Seine, Rhône, Saône, Oise et Moselle), et 144,6 m (canal Dunkerque-Valenciennes) : 1 file de barges de 11,4 m de large portant 5 000 t si les écluses ont 12 m de large ; 2 files (soit 10 000 t) si les écluses ont 24 m. Sur le Rhin, circulent en aval des écluses, des convois de 6 barges sur 3 files de 2 barges portant 15 000 t.

Tractés

Remorquage. Était pratiqué autrefois sur 1 800 km de rivières. Il n'est pas toléré sur les canaux (il détériorerait leur cuvette par la violence des remous) sauf sur de petits tronçons [c. de la Sambre à l'Oise et c. de l'Est (branche Nord), c. de l'Ouest, du Midi où circulent des vedettes légères attelées à une péniche].

Sur la Seine, la Marne et l'Oise, voies d'eau faciles, on avait, avant guerre, des remorqueurs à hélice (moteurs à vapeur de 500 à 750 ch ou diesel de 300 à 500 ch) tirant au maximum 9 péniches sur la Seine, 5 sur l'Oise, 4 sur la Marne. Sur le Rhône ont été utilisés des remorqueurs à aubes de 700 à 1 500 ch pouvant tirer à la remonte 2 ou 3 barges malgré le faible tirant d'eau à l'étiage. Le *Frédéric Mistral*, à 4 hélices sous voûtes commandées par des moteurs diesel de 2 200 ch, a été longtemps en service. Le remorquage a presque disparu ; il faut une autorisation du Service de navigation.

Halage. *Par homme* (un h. peut tirer à lui seul une lourde charge à env. 1 km/h). *Par animaux* : chevaux ou mulets, placés côte à côte ou en flèche, agissent sur le câble par un palonnier recourbé, d'où le nom de « courbe » donné à l'attelage. Vitesse max. 2,5 km/h.

Les bêtes appartenant aux mariniers étaient logées à bord, d'où le nom de bateaux-écuries (*1935* : 1 572, *1951* : 600, *1960* : 0), ou à des entrepreneurs de transport qui organisaient des relais. Le halage a disparu.

Tracteur mécanique. En *1873*, apparition sur la berge du canal de Bourgogne d'une locomotive à vapeur sur rail. Procédé développé très vite ; exploité dans le Nord sur 77 km de *1880 à 1886*. En *1895*, apparition de la traction électrique sous la forme d'un tricycle ou cheval électrique roulant directement sur le chemin de halage, tirant 2 ou 3 péniches de 300 t à 2,5 à 3 km/h. En *1899,* 120 machines circulaient le long du canal de l'Aire. Puis l'on revint au rail sur la partie la plus fréquentée du réseau. *1904 :* mise en service du nouveau tracteur sur voie ferrée. *1907 :* la Sté de Halage électrique obtient la concession de la traction sur 80 km entre Béthune et le Bassin-Rond. En *1927,* la traction électrique reliait le Bassin parisien à la région du Nord et équipait en *1932* presque tous les canaux de l'Est. Là où le rail n'était pas amortissable, on adopta des tracteurs à pneus à propulsion électrique (type trolley-bus) ou à moteur à combustion interne. La traction mécanique n'existe plus que dans quelques souterrains non ventilés dans lesquels l'usage du moteur est interdit.

Touage. Longtemps employé pour des raisons d'économie (quoique dangereux dans les rivières étroites à navigation intense). *Touage à chaînes noyées :* 1er v. 1830. Chaîne au fond d'un chenal et fixée à ses 2 extrémités. Le toueur est un bateau portant un treuil (actionné par machine à vapeur ou moteur) enroulant la chaîne. Le toueur avance, il peut haler un train de 30 à 40 péniches (pendant la guerre, le toueur du bief de passage du canal de St-Quentin a tiré jusqu'à 75 péniches en un seul convoi). *Touage sur câbles à relais :* 1er v. 1880. Utilisé sur rivière (Rhin, Rhône). Le touage est encore utilisé pour franchir certains souterrains non ventilés (les automoteurs devant arrêter leurs moteurs).

Parcs de bateaux

En Europe

En 1983	Nombre	Capacité en tonnes
Allemagne féd.	3 721	3 422 700
Autriche	220	210 300
Belgique	2 949	1 758 600
Bulgarie [1]	214	227 000
France	*5 078*	*2 374 100*
G.-B. [2]	1 609	379
Hongrie	287	274 100
Italie [4]	2 927	–
Luxembourg	15	10,6
Pays-Bas	7 542	5 211 200
Pologne [3]	1 546	513 500
Suisse	418	634 700
Tchécoslovaquie	703	455 800
Yougoslavie	1 161	727 700

Nota. – Source : Bulletin de transports statistiques pour l'Europe (O.N.U.). (1) 1974. (2) 1980. (3) 1981. (4) 1982. U.S.A. (82) 41 941 (134 451).

Sources : O.N.N. (Office national de la navigation), Comité des armateurs fluviaux et O.N.U.

En France

Parc [par catégories, et entre parenthèses tonnage en milliers de t (au 31-12-1984)]. **Bateaux porteurs.** *Par type* [1] : Bateaux du Rhin 82 (163), de rivière 959 (816), de canal 3 592 (1 327), petits et très petits bateaux 136 (22). *Par spécialité :* Bateaux spécialisés (avec ou sans moteur) 451 (334), automoteurs 3 344 (1 319), sans moteur 974 (675). *Par tonnage : Jusqu'à 249 t :* 165 (27), *250 à 399 :* 3 359 (1 227), *400 à 649 t :* 713 (333), *650 à 999 t :* 284 (228), *1 000 à 1 499 t :* 68 (81), *1 500 t et + :* 180 (432).

Remorqueurs et pousseurs. – *de 184 kw (250 cv) :* 61 (9), *184 kw et + :* 183 (169).

Nota. (1) *Bateaux de rivière :* ne pouvant franchir les écluses de 38,50 m. (à l'exception des b. du Midi classés comme petits bateaux malgré leur grande largeur). *B. de canal :* pouvant franchir les écluses de 38,50 mètres, longs d'au moins 34 m. *Petits bateaux :* – de 34 m, tonnage au plus grand enfoncement supérieur à 60 t.

Bateaux porteurs sans moteur par capacité [nombre et entre parenthèses tonnage (en t), au 31-12-1983]. *Jusqu'à 249 t :* 105 (16 863), *250 à 399 t :* 316 (108 018), *400 à 649 t :* 346 (160 929), *650 à 999 t :* 140 (107 879), *1 000 à 1 499 t :* 40 (47 135), *1 500 t et + :* 189 (445 221).

Bateaux automoteurs par capacité [nombre et entre parenthèses tonnage (en t), en ital. puissance (en CV), au 31-12-1983]. *Jusqu'à 249 t :* 65 (11 322) *7 887 ; 250 à 399 t :* 3 073 (1 129 830) *517 296 ; 400 à 649 t :* 377 (176 361) *81 354 ; 650 à 999 t :* 145 (121 297) *64 129 ; de 1 000 à 1 499 t :* 29 (34 829) *18 764 ; 1 500 t et + :* 6 (14 740) *7 103.*

Personnel des transporteurs publics et privés des voies navigables (1984). 11 109 dont transports publics et privés 6 147 (trav. indép. 2 658, salariés 2 655, traction sur berges 27, administratif et technique des Cies de navig. 700, bureaux d'affrètement 107), assurant le fonctionnement des voies navigables 4 962 (conducteurs des T.P.E. 472, agents des T.P.E. 3 773, éclusiers auxiliaires 717).

Quelques prix en F (1981). *Automoteur 38,50 m, capacité 300 t* 892 687,5 à 931 500 ; *1 000 t* 2 380 500 à 2 484 000 ; *1 000 t hydrocarbures* 3 967 500 à 4 140 000. *Barge hydrocarbures 2 000 t* 5 356 125 à 5 589 000 ; *march. générales 2 000 t* 2 578 875 à 2 691 000. *Pousseur 1 200 ch Seine* 9 918 750 à 10 350 000, *2 800 ch Rhône* 12 894 375 à 13 455 000. *Convoi Rhône 4 000 t, 2 800 ch, hydrocarb.* 23 606 625 à 24 633 000, *march. gén.* 18 052 125 à 18 837 000 ; *Seine 4 000 t, 1 200 ch, hydrocarb.* 20 636 750 à 21 534 000, *march. gén.* 15 076 500 à 15 732 000.

Écluses : 185 × 24 m avec 5 m de chute 51 577 500 à 53 820 000, *av. 25 m* 51 750 000 à 62 100 000.

1 km de voie navigable à grand gabarit : sur la Saône 9 300 000 à 17 275 875 et 9 700 000 à 20 700 000, *vallée du Doubs* 26 383 875 à 27 531 000, *canal à grand gabarit* 43 642 500 à 45 540 000.

Prix de revient de transport de 1 t au km : par péniche 18,7 c, train 25,8 c.

Voies navigables

Types de voies

Canal (voie d'eau artificielle)

Origine. Les Romains construisirent 2 canaux en Gaule (1 réunissant le Rhône et la Saône près de leur confluent, 1 autre entre le golfe de Fos et Arles). Au Moyen Age, apparition des 1res écluses dans le bassin de l'Yonne (on pouvait ainsi provoquer des crues artificielles permettant la navigation même en période de basses eaux). Jusqu'à la fin du XVIe s., on ne connaît que *les canaux de dérivation simple* ou de *dérivation à écluses,* à *sas* [à doubles portes ; inventées par Léonard de Vinci (1452-1519)]. Les écluses à sas permettent de franchir d'importantes différences de niveau. Le *canal à point de partage* [inventé par Adam de Craponne, ingénieur français (1527-76)] permet de joindre 2 rivières coulant dans des bassins différents, séparés par un seuil, ou élévation importante. Il combine l'écluse à sas (multipliée et échelonnée sur les pentes à gravir et à descendre) et une alimentation en eau indépendante des rivières à réunir. Le canal de Briare fut le 1er à réaliser ce principe en Europe (1604-42). La Loire à Briare est à 125 m d'alt., le Loing à Rogny (où l'on construisit 7 écluses de suite) à 140 m. La ligne de partage forme un seuil à 173 m près du Rondeau (Yonne). Il y eut 47 écluses sur 57 441 m.

Rivière (voie d'eau naturelle)

Aménagée par curage du lit, faucardage des herbes, suppression des seuils naturels. Coffrages des rives contre les érosions, ou perrés en maçonnerie. On contient les inondations par des digues, submersibles ou non, ou par des réservoirs. On agit sur le lit, pour le fixer et l'approfondir, par des digues longitudinales ou des épis transversaux.

Canalisée. Divisée en *biefs* séparés par des barrages pour régulariser le cours. Les premiers barrages étaient fixes avec des ouvertures *(pertuis* ou portes marinières) fermées au moyen d'organes mobiles, mais ces pertuis s'avéraient insuffisants. Les barrages actuels sont presque tous mobiles : appuis fixes dans le lit de la rivière soutenant des parties mobiles (vannes, poutrelles ou aiguilles) que l'on peut enlever à volonté ; éléments (fermettes, hausses ou tambours) qui s'effacent entièrement sur le radier laissant à l'eau la liberté de s'écouler ; pont supérieur sous lequel peuvent être relevés les éléments du vannage. A tous sont accolées une ou plusieurs écluses.

Nota. – L'aménagement des rivières sert aussi pour l'irrigation des terres, l'alimentation des villes et la production de l'énergie électrique.

Aménagements

• **Ascenseurs de bateaux. Asc. hydrauliques :** bac porté par des vérins hydrauliques (système employé au XIXe s. pour de petits ouvrages). **Asc. à flotteurs :** poids du bac équilibré par des flotteurs situés dans des puits profonds. La profondeur nécessaire pour les puits empêche d'utiliser ce procédé pour les grandes dénivellations. **Asc. funiculaires** (à câbles) : bac suspendu par des câbles. Un projet est à l'étude en Belgique (chute de 73,15 m à Thieu sur le canal du Centre). Le plus grand est celui de Niederfinow (R.D.A.) sur le canal Oder-Havel (dénivellation 37 m, record pour les ascenseurs). Bac 85 × 12 m, profondeur d'eau 2,50 m ; poids en service 4 300 t. Vitesse de translation du bac 0,20 m/s (pour une hauteur de chute de 25 m : durée du cycle 40 mn).

L'ascenseur des *Fontinettes* (1877) sur le canal de Neuffossé (Pas-de-Calais), mis hors service depuis l'ouverture d'une nouvelle écluse, peut être visité.

• **Écluses.** *Cycle d'une écluse :* d'autant plus long que la chute est plus grande. Vitesse ascensionnelle maximale 3 m/mn, moyenne 1 m/mn. La durée de remplissage de l'écluse d'Oust-Kamenogorsk est d'env. 20 mn et la durée de son cycle d'env. 1 h 1/2 (soit environ le double de la durée du cycle d'une écluse courante).

Capacité d'une échelle d'écluses : réduite plus il y a de sas. On peut construire 2 échelles parallèles (chacune réservée à un seul sens) : ex. canal de Welland (voie maritime du St-Laurent) 2 fois 3 sas (de 235 × 24,50 m) pour une dénivellation de 42,50 m (hauteurs de chute partielles : 14,60 m, 14,60 m et 13,30 m).

Les plus grandes maritimes : *Le Havre,* Fr. (long. 400 m, larg. 67 m, prof. 24 m, accessible aux navires de 250 000 t, inaugurée le 27-10-72) ; *Ijmuiden,* Pays-Bas (long. 400 m, larg. 50 m, prof. 15 m, accessible aux navires de 60 000 t).

Non maritimes du monde : *États-Unis, sur le Mississippi* (366 × 33,55 m) ; *d'Europe :* 2 de *Djerdap,* sur le Danube au défilé des Portes de Fer, 1 sur la rive yougoslave, 1 sur la rive roumaine (310 × 34 × 4,50 m) ; *de France : à Gambsheim et Iffezheim* (mise en serv. 14-3-77), chacune 2 sas de 270 × 24 m.

La plus profonde du monde : barrage John Day sur la Columbia, Oregon, U.S.A., en 1963, 34,40 m, la porte aval pèse 998 t.

Plus fortes chutes. Du monde : écluse d'*Oust-Kamenogorsk,* sur l'Irtych, chute 42 m, sas 100 × 18 m. Les Brésiliens projetteraient une écluse de près de 50 m de chute sur le Paraná. **De France :** *St-Pierre,* sur le Rhône (aménagement de Donzère-Mondragon), chute 26 m, sas 195 × 12 m, consommation en eau : 65 000 m^3 par cycle.

• **Pente d'eau.** Une masse d'eau (sur laquelle flottent un ou plusieurs bateaux) est poussée dans un canal en béton en pente par un « bouclier » mobile, mû par 2 automotrices diesels-électriques sur pneus, circulant sur des chemins de roulement situés de part et d'autre du canal. La pente d'eau de *Montech* (sur le canal latéral de la Garonne), mise en service en 1973, rachète une dénivellation de 14 m et est accessible aux bateaux de 38,50 m. Une 2e pente d'eau vient d'être achevée à Fonserannes sur le canal du Midi, près de Béziers (ouverture été 1985). *Caractéristiques :* remplace une écluse septuple ; pente, 5 % ; dénivelée, 13,60 m ; puissance de l'engin moteur, 1 100 kW (650 en régime d'exploitation) ; déplacement du bouclier moteur, 272 m en 6 mn. Capacité journalière, 14 automoteurs et 200 bateaux de plaisance en 13 h.

• **Plans inclinés.** Le bac est monté sur roues. **Plan longitudinal non automoteur :** ex. pl. de Ronquières sur le canal Bruxelles-Charleroi, mis en service en 1969 (2 plans inclinés parallèles et indépendants, long. 1 432 m, pente 5 %, dénivellation 67,50 m). Bac 87 × 12 m, prof. d'eau max. 3,70 m, poids total en service 5 000 à 5 700 t. Chaque bac est supporté par 236 roues de 0,70 m de diam. groupées en 59 essieux. Cycle complet (pour un plan incliné) 72 mn env., soit env. 50 % de plus que la durée du cycle des autres écluses de ce canal. **Plan longitudinal automoteur :** un seul ouvrage, Krasnoiarsk (U.R.S.S.) sur l'Iénisséi, pour une chute de 101 m (barrage hydro-électrique). Bac 90 × 18 m, prof. 2,20 m ; peut recevoir un bateau de 1 500 à 2 000 t. **Plan transversal :** un ouvrage de ce type, pour bateaux de 350 t, existe sur le canal de la Marne au Rhin à Arzwiller, pour remplacer une suite de 17 écluses. Dénivellation 44,50 m, pente de 41 %. Bac 41 × 5,20 m, vitesse de translation 0,60 m/s. Durée du cycle env. 40 mn, soit un peu plus que pour une des anciennes écluses. Durée de franchissement de l'ouvrage, env. 20 mn (au lieu de 1 journée pour les 17 écluses anciennes).

• **Ponts-canaux.** Permettent le passage d'un canal au-dessus d'une route ou d'un cours d'eau. Il y en a 100 en France. Les plus importants sont ceux de *Briare* (Loiret) (le canal latéral à la Loire franchit la Loire) : long. 662 m, larg. 11,50 m, prof. 3,40 m ; construit 1890 ; cuvette métallique reposant à 8 m au-dessus des eaux sur des piles de granit. *Agen* (Lot-et-G.) : long. 546 m, en pierre (23 arches) ; c. lat. à la Garonne, franchit la Garonne. *Béziers* (Hérault) : long. 193 ; c. du Midi, franchit l'Orb, construit 1857. *Guétin* (Cher) : c. lat. à la Loire, franchit l'Allier, pont de 346 m (18 arches), construit 1835. *Moissac* (T.-et-G.) : c. lat. à la Garonne, franchit le Tarn, pont de 356 m. *Digoin* (S.-et-L.) : un bras du c. du Centre reliant le c. lat. à la Loire et le c. de Digoin à Roanne sur un pont (15 arches, 244 m). *St-Phlin* (Meurthe) : 110 m (c. de la Marne au Rhin).

Souterrain. Le plus large : la voûte du Temple sur le canal St-Martin (larg. 24,50 m ; long. 242 m). **Les moins larges** (5,40 m) : la Collancelle des Breuilles et Mouas (sur le cl du Nivernais). **Les moins hauts** (3,10 m) : Pouilly-en-Auxois (cl de Bourgogne) ; (3,20 m) : la Collancelle, les Breuilles, Mouas. **Le plus ancien** encore en service : Malpas (cl du Midi) : construit en 1680, 161 m de long.

Tunnels principaux	Long. en m	Larg. du plan d'eau en m	Haut. en m
Rove (Cl de Marseille au Rhône)[1]	7 290		
Bony (ou de Macquincourt) (Canal de St-Quentin)	5 670	6,75	3,58
Mauvages (Cl de la Marne au Rhin)	4 877	6,20	3,50
Balesmes (Cl Marne à Saône)	4 820	6,30	4,75
Ruyaulcourt (Cl du Nord)	4 349	6,38	4,10
Pouilly-en-Auxois (Cl de Bourgogne)	3 349	5,70	3,10
Braye-en-Laonnois (Cl de l'Oise à l'Aisne)	2 366	6,20	3,50
Arzviller (Cl de la Marne au Rhin)	2 306	6,25	4,30
Mont de Billy (Cl Aisne à Marne)	2 302	6,20	3,70
Voûte Richard-Lenoir (Paris) (Cl St-Martin)	1 510	16	5,13
Le Tronquoy (ou Lesdins) (Cl de St-Quentin)	1 098	6,75	3,58
La Panneterie (Cl du Nord)	1 061	6,08	4

Nota. — (1) Construit de 1912 à 1927 ; la 1re traversée 23-10-1926. Larg. 18 m, haut. 15,4 m. Sa section (320 m²) est 6 fois celle d'un tunnel ordinaire de chemin de fer à double voie. Le plan d'eau est limité par 2 banquettes latérales de 2 m ; 2 chalands de mer de 3,20 m de tirant d'eau peuvent se croiser. Volume 1,7 million de m³. Hors service par suite de l'écroulement de la voûte (16-6-1963). La remise en état sera entreprise lorsque le trafic en fera apparaître l'utilité. Actuellement, les bateaux de navigation intérieure effectuent la traversée maritime, en cabotage, entre le golfe de Fos et le port de Marseille.

Réseau fluvial

Records

Fleuve navigable actuel le plus long du monde : l'Amazone, pour les navires de haute mer jusqu'à Iquitos (Pérou), à 3 598 km de la côte Atlantique. **Grand Canal de Chine Pékin-Hang-Tchéou** : commencé en 540 av. J.-C., terminé en 1327, il mesurait 1 781 km (y compris sections de rivières canalisées).

Réseau fluvial européen

Système le plus long : canal de la Volga à la Baltique (1965), 2 300 km, d'Astrakan (sur Volga) à Leningrad (U.R.S.S.) en passant par Kouibychev, Gorki et le lac Ladoga.

Danube. Débit : *moyen* 6 500 m³/s (le plus puissant d'Europe) ; *maximal* (Vidin 1 897, 16 000 m³/s). **Canal de Constanza** (Roumanie ; ouverture 1981), raccourcit le trajet de 240 km entre Cernavoda et la mer Noire. **Projet** *de réunir les 8 États riverains du Danube* (All. féd., Autriche, Tchécoslovaquie, Hongrie, Yougoslavie, Roumanie, Bulgarie, U.R.S.S.) par *1° le Main* et la *Regnitz* (All. féd.), au bassin du Rhin et aux autres fleuves de l'Europe occid. (« liaison Rhin-Main-Danube », prévue pour 1985-90, mais actuellement combattue par politiques, financiers et écologistes). *2°* la *Morava* et l'*Elbe* (Tchéc.) à l'Oder et aux fl. de l'Eur. or. Travaux en cours d'exécution : barrage du coude du Danube (frontière tchéc.-hongr.) et

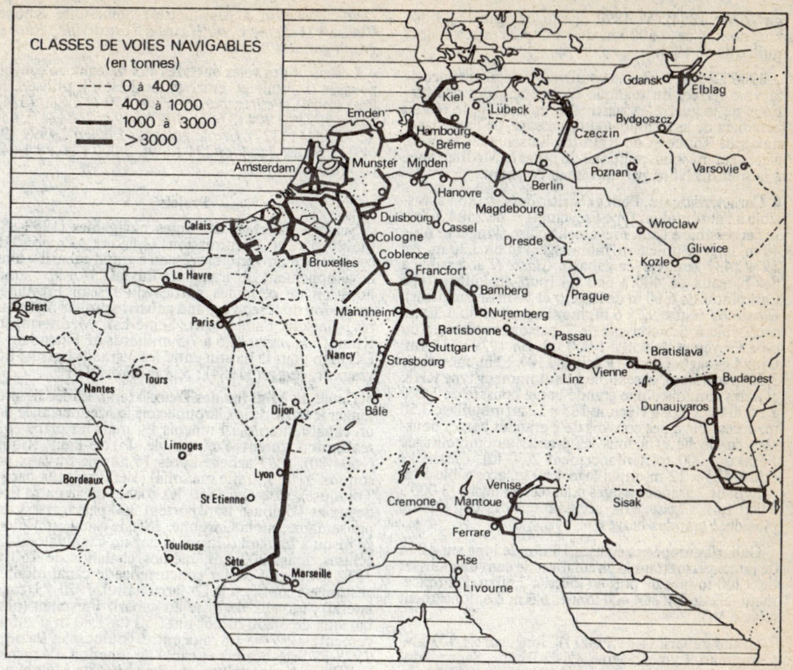

Réseau fluvial français suivant le gabarit

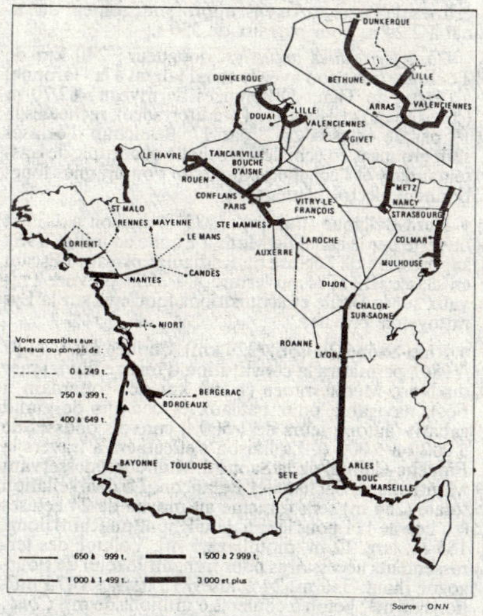

création d'un lac de retenue de plusieurs milliers de km².

Rhin. *Trafic* : Rhin international à la frontière germano-néerlandaise 121 100 000 t, sur le Rhin moyen (amont du confluent Rhin-Moselle) 45 980 000 t. *Principales marchandises transportées (en %)* : minerais 24, sables et mat. de construction 21, prod. pétroliers 19, prod. agr. 9, prod. métallurgiques 9, charbon 8, divers 10 ; en particulier entre les ports du Mississippi et les ports rhénans par barges de navire (ex. barges LASH). *% assuré par les diverses flottes à la frontière germano-néerlandaise* (Emm Rich-Lobith) : néerlandaise 50, allemande 31, belge 9, suisse 6, française 3, diverses 1.

Internationalisation du Rhin et de la Moselle. Les traités de Paris (1814) et de Vienne (1815) ont posé les principes de la libre navigation du *Rhin* de Bâle à la mer. Cette liberté a été codifiée par l'Acte de Mannheim du 17-10-1868.

La Commission centrale du Rhin (à Strasbourg) groupe les représentants des gouvernements des pays riverains, plus G.-B. et Belgique. Les décisions y sont prises à l'unanimité. Le traité de Versailles (1919) a étendu aux bateaux de toutes les nations et à leurs chargements les droits et privilèges accordés aux bateaux appartenant à la navigation du Rhin et à leurs chargements. Pour la *Moselle*, la convention franco-germano-luxembourgeoise du 27-10-1956 a traité de sa canalisation, codifié la libre navigation de Metz à Coblence et créé la Commission de la Moselle (siège Trèves).

Longueur en km (1983). *Source :* O.N.U.

Pays	Canaux	Fleuves	Total
All. démocratique	566	1 753	2 319
All. fédérale	1 426	2 876	4 302
Autriche	7	351	358
Belgique	892	1 064	1 956
Bulgarie [2]	–	471	471
Finlande	77	5 980	6 057
France [5]	*4 613*	*3 955*	*8 568*
Grande-Bretagne	944	1 407	2 351
Hongrie	171	1 451	1 622
Italie	332	1 034	1 366
Luxembourg	–	37	37
Pays-Bas [4]	3 533	841	4 374
Pologne	374	2 645	3 019
Roumanie [3]	40	1 619	1 659
Suède	476	689	1 165
Suisse	–	21	21
Tchécoslovaquie [1]	10	473	483
U.R.S.S.	–	–	137 900
U.S.A. [4]	296	41 107	41 403
Yougoslavie [1]	191	1 810	2 001

Nota. — (1) 1969. (2) 1973. (3) 1975. (4) 1982. (5) Dont régulièrement utilisés : canaux 3 880, fleuves 2 596, total 6 476.

Réseau fluvial français

• **Quelques dates. 1666-1681** Construction par Pierre-Paul de Riquet (1604-80) du *c. des Deux-Mers* (Atl.-Méd.) achevé en 1681 par son fils (v. p. 1364).

1789, il y a env. 1 000 km de canaux en exploitation. **XIXe s.** 200 km sont construits sous l'Empire *(c. de St-Quentin)* puis, de la Restauration au Second Empire, le réseau est très développé (*c. du Nord* 1818-22, *du Centre* et *du Rhône au Rhin* 1832). **1879**, Charles de Freycinet, min. des Travaux publics, proposa de nouveaux canaux (*c. de l'Est* 1878-87, *de la Marne à la Saône* 1880-87, *de l'Oise à l'Aisne, de Tancarville* *au Havre* 1884). **V. 1890** réseau navigable : 11 000 km, dont + de 4 600 km de canaux. Trafic : + de 2 milliards de t/km.

1900 à 1950, le réseau souffrit de la concurrence de la voie ferrée, du manque d'entretien, des destructions de la guerre. **A partir des années 50**, le réseau bénéficia de la technique du poussage, de l'aménagement du Rhône et du Rhin (en liaison avec la prod. électr.) et du souci politique de relier la Méditerranée à la mer du Nord par un réseau cohérent.

● **Caractéristiques. Petit gabarit.** *Classe 0* (non accessible à l'automoteur type Freycinet) – de 250 t. *Classe I* accessible à l'aut. Freycinet, écluse : longueur utile 40 m, largeur utile 6 m, mouillage 3 m ou 3,30 m. *En 1979* : 437 km. **Moyen gabarit.** *Classe II* accessible à des bateaux de 400 à 650 tpl (port en lourd) (type Campinois de 6,60 m de largeur et 50 m de longueur). *Classe III* écluse 92 × 6 m, mouillage 3 m ou 3,30 m, accessible à des convois de 2 bateaux ou barges du type Freycinet de 650 à 1 000 tpl. *En 1979* : 734 km. **Grand gabarit.** *Classe IV* écluse 110 × 12 m, mouillage 3,50 m à 4,50 m, accessible à l'automoteur type RHK et à des convois d'une grande barge poussée de 1 000 à 1 500 tpl. *Classe V* écluse 185 × 12 m, mouillage 3,50 m, accessible à des convois de 2 grandes barges poussées en flèche et à tous les grands automoteurs de 1 500 à 3 000 tpl (enfoncement 2,50 m). *Classe VI* écluse 185 × 12 m, mouillage 4,50 m, accessible à un convoi de 2 grandes barges poussées en flèche (3 000 à 5 000 tpl). *Classe VII* : accessible à des convois de plus de 2 grandes barges.

Gabarit européen : écluses 185 m de long sur 12 m de large, permettant la circulation de convois poussés de 3 200 tonnes de port en lourd à 2,50 m d'enfoncement (classe V), et 4 400 tonnes à 3 m d'enfoncement (classe VI).

Grand gabarit (+ de 1 000 t) : longueur : 1 903 km. Comprend 9 voies : Seine, Oise, Rhône, Saône, Moselle, Rhin, canal Dunkerque-Valenciennes, Gironde, Loire. Leurs caractéristiques dépendent de la dimension des écluses et du lit des fleuves.

● **Voies navigables. Nombre** : 56 de quelques dizaines à quelques centaines de km (c. du Rhône au Rhin 320 km ; de la Marne au Rhin 313 ; du Midi 240 ; de la Marne à la Saône 224). **Les plus anciens** : c. de Bergues (tracé indiqué sur une carte du IXe s.) ; c. de Briare (1604-42), 1er ouvrage à bief de partage mis au gabarit Freycinet en 1880 ; c. de Furnes (mis en serv. en 1638) ; c. du Midi (1681). **Les plus récents** : c. de Dunkerque à Valenciennes (ouvert. Dunkerque-Denain en 1969, prolongé à Valenciennes en 1971, 3 000 t) ; avec embranchement à Lille en 1979 ; actuellement, prolongements vers la Belgique en travaux (par la Deûle et par l'Escaut) ; c. de Moselle de Frouard à Neuves-Maisons (1979) ; c. du Rhône : dernier aménagement à Vaugris, achevé en 1981.

● **Liste des voies. Petit gabarit. Classe 0.** *Canal du Nivernais* (Clamecy à Decize) ; *du Midi* (Toulouse à Agde et embranchement de Port-la-Nouvelle) ; *Mayenne* (Mayenne à Port-Meslet) ; *Rance et canal d'Ille-et-Rance* ; *Sarthe* ; *Vilaine* (Rennes à Redon), *c. du Blavet, de Nantes à Brest* (Guerledan à Redon et de Redon à Nantes) ; *Sèvre nantaise* (Monnières à Nantes). **Classe I.** *Aa* (Watten à Gravelines) ; *Lys* [Aire, à la frontière (hauteur libre : 4,10 m)] ; *Scarpe* ; *c. de Bergues à Dunkerque* ; *de Bourbourg* ; *de Calais* ; *de la Colme* ; *de Furnes* ; *de Mons à Condé* ; *de Roubaix* ; *Escaut* (Cambrai à Etrun) ; *c. latéral à l'Aisne, à la Marne* ; *Sambre canalisée* (Landrecies à la frontière) ; *c. de l'Aisne à la Marne* ; *des Ardennes* ; *c. latéral à l'Oise* (Abbecourt à Pont-l'Évêque) ; *de l'Oise à l'Aisne* ; *de Saint-Quentin* ; *de la Sambre à l'Oise* ; *de la Somme* ; *de la haute Seine* ; *de la Saône* (Corre à St-Symphorien) ; *de l'Est branche nord* (Troussey à Givet) ; *branche sud* ; *des Houillères et la Sarre canalisée* ; *de la Marne au Rhin* ; *de la Marne à la Saône* ; *d'Arles à Boue* ; *de Bourgogne* ; *de Briare et c. du Loing* ; *du Centre* ; *c. latéral à la Loire* ; *du Nivernais* (Auxerre à Clamecy) ; *c. latéral à la Garonne.* **Classe II.** *de Lens* ; *Aisne canalisée* ; *Marne canalisée* (Epernay à l'écluse de St-Maur) ; *Seine* (Méry-sur-S. à Nogent-sur-S.) ; *St-Denis* ; *de l'Ourcq et St-Martin* ; *Yonne* (Auxerre à Montereau) ; *c. du Midi et étang de Thau* (d'Agde à Sète) ; *Loire* (Bouchemaine à Nantes) ; *Maine* (Port-Meslet à Bouchemaine) ; *Vilaine* (Redon à la mer) ; *Dordogne* (Bergerac à Libourne). **Classe III.** *C. du Nord.* **Grand gabarit. Classe IV.** *Marne* (écluse St-Maur à Charenton et embranchement du port de Bonneuil) ; *c. latéral à l'Oise* (Pont-l'Évêque à Janville) ; *de l'Est branche nord* (Givet à la frontière) ; *du Rhône à Sète* (St-Gilles à Sète). **Classe V.** Moselle-Saône. **Classe VI.** *C. de Dunkerque à Valenciennes* (longueur des écluses : 144,60 m) ; *de la Deûle* (Beauvin à Marquette) ; Seine-Oise Rhône. **Classe VII.** *Seine C. du Havre à Tancarville* ; *Rhin et grand canal d'Alsace.*

● **Longueur des voies ouvertes aux bateaux ou convois poussés** (l. totale et, entre parenthèses, l. utilisée, en km) (1984). *Petit gabarit* : *– de 250 t* : 1 880 (324), *250 à 399 t* : 3 904 (3 665), *400 à 649 t* : 266 (227), *650 à 999 t* : 441 (327). *Grand gabarit* : *1 000 à 1 499 t* : 91 (43), *1 500 à 2 999 t* : 271 (249), *3 000 t et +* : 1 647 (1 588).

Projets

Schéma directeur des voies navigables (1983-88). Établi par la Commission Grégoire. *Propose* de construire « un véritable réseau à grand gabarit » avec développement du transport fluvial. *Moyens* : amélioration de certaines parties du réseau Freycinet, extension du réseau à grand gabarit ; projets prioritaires : liaisons Seine-Nord, Seine-Est, Méditerranée-Rhin. *Coût prévu* : 2,5 à 7,5 milliards de F pendant le IXe Plan pour la liaison entre les 3 grands bassins fluviaux fr. *Budget* (1984) : 558 millions de F.

● **Canal du Midi (ou des Deux-Mers).** L'idée de prolonger le trafic de la Garonne vers la Méditerranée par un canal remonte à François Ier, mais les plans et la réalisation furent l'œuvre de Pierre-Paul Riquet (1604-80). *1681* achevé après 15 ans de travaux par son fils. *XVIIIe s.* trafic maximal (1 600 bateaux par j à Toulouse). *Jusqu'en 1850*, les coches d'eau entre Bordeaux et Toulouse transportent 300 passagers, 3 fois par semaine, sur la Garonne. *1856* le canal est prolongé jusqu'à Langon (Gironde) par un canal latéral (53 écluses, long. 200 km, mêmes chalands de 150 t). *1857* le chemin de fer concurrence le canal (dont la gestion est confiée à la Cie ferroviaire). *1970-73* (canal latéral) : travaux de mise au gabarit Freycinet (pour bateaux de 38,50 m portant 250 t à 1,80 m d'enfoncement). *1977-78* travaux entre Toulouse et Baziège. *1978-79* Sète-Béziers et canal de jonction d'Argens à Sallèles d'Aude ; écluses de Bayard et de Matabiau à Toulouse. *1979-80* Sallèles d'Aude-Port-La-Nouvelle ; *travaux prévus jusqu'en 1983* : allongement des écluses de Baziège-Argens, approfondissement du canal à 2,20 m pour bateaux de 350 t.

Caractéristiques actuelles : longueur : 240 km de Toulouse (jonction avec le canal latéral à la Garonne) à l'étang de Thau. Différences de niveau : 62,70 m (côté Océan) et 189,43 m (Méditerranée), rachetées la 1re par 26 écluses, la 2e par 77. Beaucoup d'écluses sont groupées en échelles. L'échelle quadruple de Castelnaudary et l'échelle sextuple de Fonsérannes fonctionnent électriquement.

● **Nord-Belgique (liaison).** *1982* 1re liaison à 1 350 t ouverte par le canal de Mons à Condé en juillet. *1983* suppression de l'écluse de Rodignies plaçant l'Escaut en classe III. *1984* ouverture à 1 350 t prévue. Travaux sur la Deûle et acquisitions foncières sur la Lys mitoyenne prévues.

● **Rhin-Saône (liaison)** (229 km). Confiée à la C.N.R. *(1980)*, permettra la constitution d'un axe fluvial mer du Nord-Méditerranée (1 580 km de Rotterdam à Fos), navigable pour bateaux et convois de grand gabarit (automoteurs de 1 500 t, convois poussés de 3 000 t à 5 000 t). La liaison s'effectuera à travers la Franche-Comté, de la Saône à Mulhouse, desservant Montbéliard, Sochaux et Besançon. La dénivellation totale (264 m) sera franchie au moyen de 24 écluses (au lieu de 111 pour le canal du Rhône au Rhin) [long. 185 m, larg. 12 m, mouillage 5 m]. Volume des terrassements nécessaires pour franchir le seuil de Bourgogne (haut. 336 m, 24 écluses, 15 barrages) 75 millions de m³ ; béton à couler 2,6 millions de m³. *Coût* : env. 11,8 milliards de F. *Travaux prévus à partir de 1983.*

● **Rhône (aménagement du).** *Objectif* : aménager 522 km : 187 km de la frontière suisse à Lyon (haut Rhône) et 335 km entre Lyon et la mer (bas Rhône) pour l'énergie hydraulique, la navigation et l'irrigation.

Haut Rhône. Il existait autrefois un service de bateaux à vapeur pour voyageurs (3 mois par an) qui dura peu et un trafic de marchandises. Ces transports s'effectuaient sur des bateaux à fond plat (rigues). Malgré des aménagements, les transports ont pratiquement disparu. *1850-60* construction du c. de Miribel (20 km). *1880* dérivation éclusée de Sault-Brenaz c. de 1 680 m, écluse de 160 × 16 m rachetant une chute de 2,40 m à l'étiage. *1892* construction de la dérivation de « Jonage » (nom d'une agglomér.) du nom du canal (18 km, 2 écluses de 165 × 16 m) pour produire de l'énergie électrique. *27-5-1933* création de la Compagnie nationale du Rhône qui reçoit le *5-6-34* la concession et l'aménagement du Rhône et l'exploitation des futurs ouvrages. *1948* mise en service du barrage-usine de Génissiat (haut. 104 m), construction de l'usine-barrage de Seyssel (7 m de chute, productibilité de 150 millions de kWh). Le programme restant à réaliser entre Seyssel et Lyon comprend l'aménagement de 5 chutes.

Bas Rhône. Utilisé à l'état naturel jusqu'au début du XIXe s. avec des bateaux halés. *1840-70* des travaux (pour concentrer les eaux d'étiage et moyennes dans un bras principal) provoqueront un basculement du lit et de fortes érosions. *Après 1870* aménagement pour la navigation à courant libre. Le mouillage à l'étiage assuré en moyenne 340 j par an passe de 0,80 m à 1,60 m en 1893. *1893-1921* des travaux améliorent les mauvais passages mais apparaissent insuffisants pour obtenir une profondeur de 3 m sur un chenal assez large. On construit alors des barrages avec dérivations (larg. min. de 60 m au plafond, rayons de courbure inférieurs à 800 m, prof. min. de 3 m).

Programme actuel de la C.N.R. : 21 aménagements mixtes (barrages, canaux de dérivation, usines hydro-électriques, écluses et ouvrages de drainage ou d'irrigation) alimentant 19 centrales hydro-électriques, 7 en amont, 12 en aval de Lyon. En fin de programme, production d'électricité en année moyenne : 25 % des possibilités hydro-électriques françaises (*1977* : 7,7 % de la production fr. totale d'électricité, 20,6 % de la production d'énergie hydro-électr.), 200 000 ha irrigués, 41 000 protégés des crues. Entre Lyon et la mer, 13 biefs de 25 km de moyenne séparés par 12 écluses de 195 m × 12 m (mouillage de 3,50 m, tirant d'air de 7 m) permettront la navigation des automoteurs rhénans de 1 500 t et convois poussés de 4 400 à 6 000 t. Sur les 12 aménagements qui doivent mettre la voie Lyon-Fos au grand gabarit, 11 ont été terminés en 1978 ; la mise en eau de la chute de Péage de Roussillon a été réalisée en nov. 1977, celle de Vaugris réalisée en avril 1980 (10 ans de retard) ce qui rend le Rhône navigable de Lyon à la mer (330 km). Travaux complétés par le raccordement à grand gabarit du port de Fos en 1980.

● **Seine-Nord (liaison).** Projet de mise à grand gabarit du canal latéral à l'Oise entre Compiègne et Noyon, (variante : réalisation d'un canal neuf passant par St-Quentin). Le bief de partage entre St-Quentin et Cambrai sera remanié et porté à une cote telle qu'il n'y aurait plus de souterrain à franchir. A l'aval d'Iwuy, la jonction avec le canal Dunkerque-Valenciennes sera remaniée. La liaison ne comportera plus que 13 écluses dont 2 de grande chute (entre 30 et 40 m) de part et d'autre du bief de partage. *Coût des travaux* : env. 6,2 milliards de F.

● **Seine-Est (liaison).** Projet d'aménagement de l'Aisne, du canal lat. à l'Aisne et du c. de l'Aisne à la Marne pour relier au grand gabarit Compiègne à Reims. 9 écluses (185 × 12 × 4 m) permettraient le passage de convois poussés de 3 000 à 5 000 t. *Coût des travaux* : env. 550 millions de F. 1er objectif : liaison Compiègne-Soissons.

Nota. – Le projet Seine-Est-Nord qui relierait Paris, Lille et la Moselle. 2 tracés proposés : Seine-Nord par c. du N. et c. de St-Quentin ; Seine-Est par Compiègne-Reims et par Nogent (tracé S.). Une liaison Saône-Moselle pourrait être envisagée comme alternative à Saône-Rhin.

● **Saône (aménagement de la).** Sur 220 km, entre St-Symphorien et le point de débouché dans la Saône et la future liaison Rhin-Saône et Lyon. Les 11 biefs existants seront remplacés par 6 biefs (long. de 18,8 km à 58,5 km) séparés par 5 ensembles d'écluses-barrages établis en dérivation. *Achèvement prévu après 1985.*

Trafic

Généralités

Caractéristiques du transport fluvial. Faible prix de revient (7 à 11 centimes par t/km T.T.C. pour un convoi poussé ou un automoteur de 38,50 m ; 14 c pour un train complet S.N.C.F. ; 23 c pour un camion). Là où un camion coûte 10, un train complet 8, l'automoteur coûte 5, les grandes barges 3. Peut assurer sur de longues distances le transport de masses lourdes et indivisibles (une cuve de centrale nucléaire, par ex.). Respecte l'environnement. Favorise le développement régional.

Chargement des convois. Les plus importants circulent aux U.S.A. (env. 70 000 t sur le Mississippi inférieur). En Europe de l'Ouest, ils atteignent sur le Rhin 6 000 t avec un encombrement de 185 m × 22,80 m. Des essais ont été faits avec des convois de 261,50 m × 22,80 m d'env. 10 000 t. Sur la Seine, en aval de Paris,

la capacité atteint 5 000 t (équivalant à une file de camions de 15 t de 25 km compte tenu de l'espacement réglementaire de 50 m entre 2 véhicules).
Un convoi fluvial de 3 800 t équivaut à 66 wagons de chemin de fer de 58 t ou à 127 camions semi-remorques de 30 t.

Vitesse. *Sur fleuve :* en moyenne 15 km/h à la descente, 12 km/h à la remontée (sur route : 50 km/h). *Sur canal :* limitée à 9 km/h pour éviter la détérioration des berges.

En Europe

Transport de marchandises (en millions de tonnes/km, 1983). U.R.S.S. 273 200. All. féd. 49 087. P.-Bas 32 999. *France 9 447.* Yougoslavie 7 670. Belgique 4 972. Tchécoslovaquie 3 815. Roumanie 2 548 [1]. All. dém. 2 424. Hongrie 1 737. Pologne 1 452. Autriche 1 298. G.-B. 380. Italie 317 [1]. Luxembourg 272. Finlande 256. Suisse 53,9.
Nota. – (1) (1982). U.S.A. (82) : 1 408 472.

En France

Trafic

Trafic global (tonnage en milliards de t et, entre parenthèses, tonnage kilométrique en milliards de TK). *1900 :* 32,4 (4,7). *1910 :* 34,6 (5,2). *1920 :* 23,3 (3,2). *1930 :* 53,3 (7,3). *1950 :* 42,6 (6,7). *1960 :* 68 (10,8). *1970 :* 110,4 (14,2). *1981 :* 83,6 (11,1). *1982 :* 76,9 (10,2). *1983 :* 72 (9,5), sauf Rhin et Moselle 48,1 (7,6) ; trafic à réglementation internationale sur le Rhin et la Moselle 18,9 (1,7). Transit 5,9 (0,9). *1984 :* 69 (8,8).

Trafic par section de marchandises (en millions de tonnes-kilomètres et, entre parenthèses, en milliers de tonnes, 1984). Produits agricoles 1 653 (8 652). Denrées alimentaires et fourrages 657 (2 874). Combustibles minéraux solides 1 589 (8 057). Produits pétroliers raffinés 1 328 (10 924). Minerais et déchets pour la métallurgie 55 (1 586). Produits métallurgiques 388 (2 445). Minéraux bruts ou manufacturés et matériaux de construction 2 155 (28 884). Engrais 513 (2 137). Produits chimiques 189 (855). Autres 5 (44). *Total 8 880 (68 892).*

Ports les plus fréquentés (en millions de t) **en 1984 et**, entre parenthèses, **en 1974.** Paris 20,29 (38,82), Strasbourg 10,33 (15,81), Rouen 5,94 (9,40), Le Havre 4,69 (4,36), Dunkerque 3,30 (3,59), Thionville-Illange 3,09 (4,32), Bordeaux 1,94 (4,35), Nantes-St-Nazaire 1,04 (1,72), Marseille 0,91 (0,90).

☞ Le trafic a baissé de 40 % en 12 ans. *Causes :* baisse du transport des pondéreux charbon hydrocarbures (EDF a moins de centrales thermiques) ; matériaux de construction (crise du bâtiment), concurrence de la S.N.C.F. (notamment pour céréales) ; absence de canaux de grand gabarit ; seuls réellement rentables 6 500 km de voies fluviales (1 600 km peuvent accueillir les grands convois poussés de 2 000 à 5 000 t, mais un programme de modernisation coûterait au moins 30 milliards de F ; corporatisme de la batellerie qui, face à cette concurrence, a exigé un contrôle a priori des contrats par les pouvoirs publics et la profession. Les artisans-bateliers ont pu aussi imposer aux compagnies de navigation un partage des trafics fluviaux et conserver un monopole sur les transports de grain. En fait, il y a une surcapacité d'au moins 1 000 péniches chez les 2 500 artisans-bateliers.

Transport des passagers

Jusqu'au XIXe **s.,** de nombreux transports en commun des voyageurs étaient assurés par *coches d'eau* (grand bateau couvert, ex. celui du Paris-Montereau 400 personnes), *carrosses d'eau* (avec 3 chambres de classes différentes), *galiotes* (18 à 20 m de long, 4 m de large, avec 4 banquettes dans le sens de la longueur, 80 à 100 passagers). Le trajet Paris-Rouen s'effectuait en voiture de Paris à Maisons-Laffitte, puis de là, en bateau à roues (*tarif :* 12 F et 9 F). Des bateaux-postes accélérés avec chevaux de halage lancés au galop allaient de Meaux à Paris à plus de 16 km/h. Sous la Restauration, apparurent des compagnies de navigation à vapeur : les *Gondoles,* les *Messageries royales,* les *Hirondelles* et les *Abeilles.* Le trafic sur la Loire était assuré par les *Paquebots* et les *Inexplosibles* de la haute et basse Loire. Sur la Somme, les *Jumeaux* faisaient le service entre Amiens et Abbeville.
La vapeur permit une plus grande vitesse (Paris-Auxerre en 32 ou 33 h), mais le chemin de fer vint lui retirer rapidement sa clientèle de passagers. Un service touristique par bateaux-mouches (10 km/h) est rétabli en 1983, pendant les mois d'été sur le canal de l'Ourcq, entre Paris et La Ferté-Milon.

Transports maritimes

Quelques définitions

• **Accastillage.** Petit équipement de pont sur un bateau de plaisance (poulies, feux, taquets).

• **Acconier.** Exécute les opérations de chargement, déchargement et d'arrimage, a la garde de la marchandise sous le hangar, emploie les dockers.

• **Acte de francisation.** Document de douane certifiant la nationalité française et la propriété du navire, ce qui permet son hypothèque. Exigé pour les bâtiments de pêche et de commerce de + de 2 tonneaux de jauge, et les b. de plaisance de + de 10 tx.

• **Affréteur.** Locataire du navire.

• **Ancre.** Lourde pièce de métal à l'extrémité de la ligne de mouillage dont les aspérités permettent de crocher le fond. Les grosses ancres sont à basculement des pattes ou à jas ; les petites ancres (grappin ou chatte) n'ont pas de pièce mobile.

• **Angarie.** Mode de réquisition, moyennant indemnité, des navires étrangers par un État belligérant en temps de guerre.

• **Armateur.** Celui qui équipe et exploite des navires pour la navigation commerciale ou de pêche. Désigne aussi le propriétaire de ce navire. C. Y. Yung (1911-82), Chinois de Hong Kong, était l'un des plus grands du monde. Il possédait une flotte (Island Navigation) de 10 millions de tpl (+ de 125 navires).

• **Armer.** Mettre à bord tout ce qui est nécessaire pour la navigation, équipage, matériel, vivres.

• **Arraisonnement.** Acte par lequel un navire de guerre demande à un navire de commerce des explications sur son pavillon, sa cargaison, sa destination ou sa provenance, etc. Ne peut être effectué (sauf exceptions prévues par la convention de guerre) que par un navire du même pavillon.

• **Artimon.** Mât qui se trouve le plus sur l'arrière.

• **Baleinière.** Embarcation pointue des 2 bouts (comme les pirogues pour pêcher jadis la baleine) servant au transport des passagers et au sauvetage.

• **Barges océaniques.** La cargaison est chargée, en général en vrac, dans des barges dépourvues d'équipage. Ces barges sont remorquées, poussées par des remorqueurs ou pousseurs de haute mer. L'ensemble barge-pousseur *Agria-Corbis* (Union Navale - France) a effectué la 1re traversée en haute mer en 1972 (barge : 23 000 tpl, pousseur : 58 000 ch.).

• **Bassin de radoub.** *Le plus grand du monde :* Dubai n° 1 largeur 102 m, long. 525 m ; *de France :* Marseille 85 m et 465 m (prof. 12 m).

• **Bordée.** Partie de l'équipage assurant le service pour un temps donné (ex. : la bordée de quart de midi à 4 h). Partie de trajet faite entre 2 virements de bord quand le voilier louvoie pour remonter au vent. Amusements des marins lorsqu'ils sont à terre.

• **Bossoir** (ou *portemanteau*). Arcs-boutants servant à suspendre les embarcations de sauvetage.

• **Cambuse.** Lieu où l'on garde les vivres. *Cambusier :* chargé des vivres.

• **Car-ferries, ferry-boats.** En français : transbordeurs. Navires effectuant des liaisons courtes (200 à 300 milles) à env. 20 nœuds. Ils prennent plusieurs centaines de passagers et sont équipés pour embarquer plusieurs centaines de voitures ou des rames de wagons. Il y en a env. 2 900 dans le monde. *Record : le Scandinavia,* construit en Fr., livré le 30-7-1982 (27 000 tjb, capacité 1 606 passagers, 530 voitures).

• **Cargo** (cargo-boat : bateau de charge). Destiné au transport de marchandises. *Cargo mixte :* aménagé pour recevoir en sus quelques passagers.

• **Carré.** Salle à manger du personnel d'état-major.

• **Chargeur.** Expéditeur de tout ou partie de la cargaison, client de l'armateur.

• **Classification des navires.** Sociétés de classification *reconnues pour la délivrance des certificats de franc-bord :* American Bureau of Shipping ; Bureau Veritas, fondé à Anvers 1828 et à Paris dep. 1832 ; Lloyd's Register of Shipping, datant de 1760 (classe + de 30 % des navires en service dans le monde). *Agréées comme Stés de classification :* Bureau Veritas et Lloyd's Register of Shipping.

• **Compas.** Boussole magnétique ou gyroscopique, indiquant l'angle entre axe du navire et méridien Nord.

• **Connaissement et manifeste.** Reçu délivré par le capitaine pour les marchandises reçues à bord. Le manifeste récapitule l'ensemble des connaissements.

• **Consignataire ou agent maritime.** Agent d'un armateur étranger chargé respectivement d'organiser l'escale du navire et de lui recruter du fret. Agent maritime collecteur de marchandises.

• **Courtier maritime.** Interprète, il est le seul officier ministériel vis-à-vis de la douane, dans la langue étrangère pour laquelle il est agréé.

• **Creux.** Distance du pont continu le plus élevé à la quille.

• **Darse.** Bassin dans un port.

• **Déplacement** (displacement tonnage). Poids exprimé en tonnes métriques ou anglaises (1 016 kg) du volume d'eau déplacé par le navire. Il égale celui du navire et est donné pour la charge maximale *(dépl. en charge)* ou pour le navire prêt à prendre la mer, mais sans aucune charge ni matière consommable, excepté l'eau des chaudières et tuyautages *(dépl. lège).* Pour les navires de guerre, on indique le déplacement Washington (règles édictées par la Conférence de Washington de 1921) : déplacement du navire quand il n'a embarqué ni combustible ni munitions. Le cuirassé « Richelieu » déplaçait 35 000 t Washington et env. 45 000 t en pleine charge.

• **Désarmement.** Navire désarmé : cesse d'être exploité ; est dépourvu du personnel et du matériel nécessaires pour prendre la mer ; une équipe réduite assure le gardiennage.

• **Dunette.** Superstructure à l'arrière d'un navire, s'étendant d'un bord à l'autre.

• **Franc-bord.** Distance minimale autorisée entre le niveau de la flottaison et le pont continu le plus élevé ; les lignes de charge indiquent la limite de chargement (suivant la saison et la zone où le bâtiment est appelé à naviguer : eau douce, mers tropicales, été, hiver, etc.).

• **Fret.** Désigne la marchandise ou le taux auquel elle est transportée. Pour cargos de ligne ou navires à passagers, les taux sont en général fixés par des *conférences* auxquelles adhèrent la plupart des compagnies assurant un service régulier sur une ligne donnée.
Pour les navires exploités au *tramping* (cargos et pétroliers), les taux résultent de la confrontation des offres de tonnage des armateurs et des demandes de tonnage des affréteurs. Les opérations d'affrètement se traitent généralement par l'intermédiaire de courtiers (brokers) ; il existe aussi des « courtiers de vente et d'affrètement de navires » et des courtiers d'assurance maritime comme le *Baltic and Mercantile Exchange* de Londres ou la bourse de New York.
Coût d'immobilisation d'un navire (dépenses journalières fixes en 1983) : cargo classique 45 000 à 100 000 F/jour ; pétroliers (150 000 tpl) 110 000 à 190 000 F/j ; pétroliers V.L.C.C. et U.L.C.C., méthaniers 200 000 à 420 000 F/j (1984). Les prix des navires désarmés sont inférieurs : pas de frais d'équipage et « assurance » réduite.

Coût d'exploitation d'un navire (dépenses journalières fixes en 1984, charges financières, combustibles, assurances, salaires et charges sociales, entretien, frais portuaires et divers) : cargo classique 95 000 à 150 000 F/jour ; pétrolier U.L.C.C. 300 000 à 400 000 F/j ; méthanier (de 125 000 m³) 350 000 à 450 000 F/j.

Taux d'affrètement au voyage (moyenne annuelle : navires de charge et pétroliers) : *1950* : 85, 153. *54* : 94, 80. *55* : 130, 119. *56* : 153, 224. *57* : 125, 150. *58* : 78, 54. *59* : 79, 55. *60* : 82, 52. *61* : 84, 48. *62* : 78, 55. *63* : 85, 73. *64* : 86, 67. *65* : 90, 66. *66* : 88, 62. *67* : 94, 114. *68* : 92, 104. *69* : 85, 87. *70* : 119, 190. *71* : 81, 102. *72* : 74, 82. *73* : 161, 232. *74* : 218, 145. *75* : 142, 75. *76* : 148, 66. *77* : 156, 62. *78* : 157, 58. *79* : 210, 72. *80* : 350, 85. *81* : 380, 78. *82* : 159,43. *83* : 170,46. *84* : 173,48.

• **Gaillard.** Superstructure sur l'avant du pont supérieur et s'étendant sur toute la largeur du navire.

• **Gréement.** Ensemble des accessoires de mâture et voilure.

• **Guidon.** Pavillon triangulaire à 2 pointes. Autrefois chacun des 5 arrondissements maritimes en France avait son guidon.

• **Loch.** Sert à mesurer la vitesse d'un navire par rapport à l'eau.

• **Lo-lo** (lift-on, lift-off). Méthode de chargement par engins de levage à terre ou à bord (par opposition à ro-ro). Manutention verticale.

• **Longueur hors tout.** Longueur max. d'encombrement.

• **Motor ship (M.S.).** Navire à moteur.

• **Navire frigorifique.** Navire pouvant maintenir dans ses cales une température sensiblement constante : ex. bananier à + 12 °C. S'il dispose d'une grande souplesse de réglage, il est alors « polytherme ».

• **Nuclear ship (N.S.).** Navire à combustible nucléaire. Peu compétitif sur un plan civil. Études toujours en cours notamment en All. féd., au Japon et aux U.S.A. pour des porte-conteneurs rapides, ou pour des sous-marins (pour exploiter le gaz sous-marin). Voir tableau p. 1368. Navires construits et en exploitation en U.R.S.S. (brise-glaces notamment).

• **Octant.** Instrument servant autrefois à mesurer les angles et à observer la hauteur d'un astre au-dessus de l'horizon. Sur les petits navires, des sextants à bulle et intégrateurs sont parfois utilisés.

• **Paquebot.** De l'anglais *packet boat*, navire courrier. Tout bâtiment qui peut transporter plus de 100 passagers est appelé paquebot. PAQUEBOT D'AUTREFOIS : *Impératrice-Eugénie* (1805) 108 m. *France* (1912) 217, *Ile-de-France* (1927) 242, *Normandie* (1935) 313. Voir Quid 1982, p. 1412 a. RÉCENTS : *Nieuw-Amsterdam* (1983) et *Noordman* (1984) 215. **Nombre en service** (1985). 120 de + de 2 000 tjb dont 30 construits dep. 1970, 10 en construction. **Nombre de touristes de croisière** (1985). 2 600 000 [dont Américains 2 000 000, Européens 600 000 (Allemands 150 000, Britanniques 150 000, Italiens 120 000, Français 80 000)]. Les transmanches ont de 2 000 à 5 000 t, les transatlantiques parfois + de 80 000 t. Voir tableau p. 1368. Actuellement, les paquebots sont essentiellement affectés aux croisières, les liaisons régulières courtes étant assurées par des transbordeurs.

• **Pétrolier.** V. tableau p. 1368.

• **Point** (faire le p.) **En vue de terre** : on relève à l'aide du compas la direction (relèvement) d'au moins 2 points remarquables de la côte (amers). Le point de concours de ces 2 relèvements tracés à l'aide d'un rapporteur sur une carte marine donne la position. **Au large** : *point astronomique*. A l'aide d'un sextant on mesure l'angle (hauteur) formé par un astre, l'œil de l'observateur et la ligne d'horizon. Cet angle détermine sur la terre un cercle, lieu géométrique des points d'où l'on observe un astre donné sous un angle donné (cercle de hauteur). L'observation de plusieurs astres (ou d'un même astre après qu'il se soit déplacé dans le ciel) détermine plusieurs cercles de hauteur qui se recoupent. Le point commun à tous ces cercles donnent la position du navire à l'aide de tables astronomiques et trigonométriques spéciales et exigent de connaître avec précision l'heure des observations. Les résultats sont exprimés en degrés et minutes de latitude ou de longitude.

• **Port en lourd (T.P.L.) (deadweight).** Différence, en tonnes métriques ou en longues tonnes anglaises (1 016 kg), entre le *déplacement en charge* et le *déplacement lège*. Correspond au poids total des marchandises, des approvisionnements, des passagers et de l'équipage pour la ligne de charge d'été.

Les plus grands navires

Bac. *El Rey* long. 176,78 m, 376 remorques de poids lourds sur 3 niveaux.

Baleinier. *Sovietskaya Ukraina* (32 034 tx), port en lourd 46 738 t.

Cargo. *Hitachi Venture* (libérien), minéralier, long. 324 m, larg. 55 m, port en lourd 268 000 t.

Dragues. *Prins der Nederlanden* (P.-B.) 10 586 t, long. 142,70 m, peut draguer 20 000 t à 35 m de profondeur, en moins de 1 h.

Paquebot. *Norway (ex-France)*, long. 316 m, larg. 34 m, 70 202 tx. Un paquebot de 210 000 t est à l'étude pour la Cie norvégienne Kloster propriétaire du *Norway*.

Pétrolier. *Seawise Giant*, long. 458,5 m, larg. 68,9 m, port en lourd 564 763 t, tirant d'eau 29,8 m ; *Bellamya* (français), long. 414,23 m, larg. 63,05 m, tirant d'eau 28,6 m, 650 000 m² de citernes. Le *Pierre-Guillaumat*, 550 000 t, construit en 1977 (coût + de 130 millions de $) aurait dû être amorti sur 15 ans. Après 6 ans d'exploitation et 19 voyages, il a été vendu à la ferraille 8 millions de $. La baisse de la consommation de pétrole a entraîné une surcapacité de la flotte pétrolière (plus de 200 pétroliers sont désarmés). Les — de 100 000 t sont mieux adaptés à la demande et aux ports actuels. Quelques pétroliers géants comme le *Seawise-Giant* servent comme entrepôt.

Remorqueurs. *Wolfraad Waltemade, John Ross* 2 822 t, puissance 19 200 ch, traction au bollard de 172,7 t (90 %). Long. 94,62 m, larg. 15,20 m. En service en 1976 en Écosse puis en Afr. du S.

Vraquier (navire transportant des marchandises en vrac). Un vraquier de 330 000 t est en construction en Corée du S. pour Sig Bergensen (Norv.).

• **Porte-barges.** Navire portant une flottille de barges. Plusieurs systèmes exploités commercialement. Les barges sont embarquées à l'arrière, à l'aide d'un portique et sont disposées dans des cellules verticalement analogues à celles d'un porte-conteneurs. Lighter Aboard Ship (*Lash*) peut charger, suivant sa taille, 73, 83 ou 89 barges de 370 t. 1er de ce type, l'*Acadia Forest* : 24 (sur l'Atlantique Nord 9, le Pacifique 15). Le *Seabee* peut charger 38 barges de 850 t ; les barges sont embarquées à l'arrière, à l'aide d'un élévateur « Synchrolift » de 2 000 t ; amenées à leur emplacement par des chariots qui se déplacent longitudinalement à l'intérieur du navire ; en service sur l'Atlantique Nord (1er exploité : *Doctor Lykes* en 1971).

Bacat (Barge Aboard Catamaran), inventé par G. Drohse (courtier maritime danois), construit au chantier danois Frederikshaven Vaerft. Long. 104 m, larg. 21 m, port en lourd 2 700 t, système le plus récent, de type catamaran de petites dimensions, destiné au trafic entre Angleterre et Europe du N. Le *Bacat-1* (1974) est le 1er et seul en service. Il peut transporter 10 barges d'env. 140 t et 3 barges *lash*. Le chargement s'effectue entre les 2 coques. *Prix* des navires porte-barges (y compris les jeux de barges) : environ le double de celui d'un grand porte-conteneurs moderne, mais l'économie sur le coût global du transport pourrait atteindre 30 à 40 %.

• **Porte-conteneurs.** 10 000 à 70 000 t, portant jusqu'à 4 200 conteneurs, vitesse environ 20 nœuds. En 1980, 80 % du trafic de marchandises diverses est assuré par conteneurs I.S.O. de 20 à 40 pieds de long. Cadence de chargement (ou déchargement) de 1 000 t/h.

• **Préfecture maritime.** Créées en 1800 pour unifier le commandement dans les ports, autrefois partagé entre l'intendant : administrateur civil, et le commandant de la marine : officier général. Chef-lieu d'arrondissement maritime dans lequel le préfet maritime commande à tous les chefs de services militaires ; son autorité s'étend aussi aux bâtiments armés rattachés à son arrondissement.

Nombre. A l'origine : Le Havre (puis Cherbourg), Brest, Lorient, Rochefort, Toulon ; actuellement : Cherbourg, Brest et Toulon.

• **« Roll on-roll off »** (qui roule pour entrer et sortir ; abrév. RO-RO). Manutention par roulage direct des camions et engins qui circulent par des rampes ; à l'intérieur du navire, accès assuré par d'autres rampes ou des ascenseurs (nav. spécialisés : nav. « rouliers »). Manutention dite horizontale.

• **Sextant.** Instrument à limbe gradué sur 60° (d'où son nom) servant à mesurer la hauteur des astres et par conséquent à déterminer la position du navire.

• **Shipchandler.** Fournisseur de vivres et prod. à consommer à bord.

• **Steamship (S.S.)** Navire à vapeur (chauffé au charbon ou au fuel).

• **Tirant d'eau (calaison).** Hauteur verticale du plan de flottaison au-dessus de la quille (varie avec poids du chargement et densité de l'eau).

• **Tonnage (jauge)** (en anglais **GRT, gross registered ton**). Mesure de capacité. Unité : tonneau de 100 pieds cubes anglais, soit 2,83 m³. Autrefois on exprimait la capacité des navires par le nombre de barriques ou tonneaux qu'ils pouvaient contenir. On distinguait : *jauge brute* (t.j.b.) : capacité intérieure totale ; et *jauge nette* (t.j.n.) : cap. utilisable (pour marchandises et passagers).

Depuis le 18-7-1982, on applique la Convention internationale de 1969 : jauge exprimée par un chiffre sans unité, fonction du volume total de tous les espaces fermés du navire.

• **Transitaire.** Mandataire du propriétaire de la marchandise pour en faire exécuter le transport, le transbordement, le dédouanement et la livraison.

• **Transporteurs de gaz liquéfiés.** Butane, propane, méthane à l'état liquide (à — 160° C). Les méthaniers les plus gros transportent 130 000 m³ de gaz. *Capacité totale de la flotte de méthaniers* : 6,5 millions de m³. *Lignes* : Algérie-Europe de l'Ouest, Indonésie-Japon, Malaisie-Japon, Alaska-Japon, golfe Persique-Japon. Voir tableau p. 1368.

• **Transporteurs de vrac (vraquiers).** *Minéraliers, charbonniers, transports de grains*, etc. (les plus gros atteignent 270 000 t ; des unités de 305 000 t environ étaient en commande en 1984) (voir encadré).

• **Turbine à gaz.** Permet d'obtenir de fortes puissances, volume et poids inférieurs de 10 à 15 % à puissance égale par rapport à un autre appareil propulsif. Consommation plus élevée. 1er navire de commerce : *Callaghan* (U.S.A. 1969). *Euroliner* : 2 turbines de 30 900 ch chacune, 28 nœuds. Le dernier navire civil équipé de turbines à gaz fut le transbordeur *Finnjet* (construit en 1977).

• **Vitesse.** *Unité : le nœud* : vitesse d'un navire parcourant 1 mille marin en 1 h. A l'origine le nœud était une distance de 15,435 m (soit 1/120 de mille), marquée par des nœuds sur la ligne de loch (triangle en bois attaché à une longue corde). A cette corde sont fixés des nœuds tous les 47 pieds 1/2. Pour mesurer la vitesse d'un navire, on jette le loch à l'eau pendant 30 secondes et l'on compte le nombre de nœuds qui se sont déroulés. Les 30 secondes sont mesurées par un sablier spécial appelé *ampoulette*. Les bateaux à moteur comptent en général simplement leurs tours d'hélice ; sur les navires actuels, on utilise des lochs à tube de pitot, électromagnétique, à effet Doppler. Actuellement, on tend à réduire la vitesse des navires pour économiser le combustible.

• **Vraquiers.** Voir transporteurs de vrac.

Navires à rames

• **Quelques types. Antiquité.** Les 1ers bateaux furent sans doute des troncs d'arbres et des radeaux poussés à la gaffe, puis des pirogues (creusées dans des arbres). *Phéniciens* : pentecontore (24 × 3,50 m, 50 rameurs) ; *Égyptiens* : gaulos (24 rameurs, 1 voile), de ce mot dérivèrent galère et galéasse ; *Grecs, Romains, Carthaginois* : galère à plusieurs files de rameurs (trirème ou trière 30 × 4 m, quadrirème, quinquérème ou pentière, certains nav. ayant 400 rameurs).

Moyen Age. *Italie, Marseille* : liburne (galère à un étage), dromon (25 à 30 rames), pamphile (plus grand, 2 rangs de rames, 300 h. d'équipage), galères (les avirons sortent des sabords par groupes de 3). *Scandinavie* : drakkars (certains de 20 à 90 m, 120 rameurs) pouvaient transporter 1 000 h. Galéasse : galère agrandie (jusqu'à 50 × 9 m) armée de canons. Galère et galéasse seront encore employées au XVIIIe s.

Voiliers et voiles

• **Quelques dates. Moyen Age.** *Portugal, Gênes* : caravelle (1415, souvent non pontée mais avec château à l'avant et à l'arrière, 1 mât avec une voile carrée surmontée d'un hunier, les 3 autres avec des voiles latines ou à antennes). Le *Santa Maria* de Christophe Colomb (1492) mesurait 23 × 7,90 m (creux 3,80 m, port en lourd 233 t, voilure 466 m², équipage 60 h., vitesse 5 n.). Galion, galiote et nefs moins légers que la caravelle.

1836. *1er navire en fer,* l'*Ironside* (G.-B.). **1850.** Goélette *Excelsior,* et trois-mâts barque *Marion Mac Intyre* en métal et bois. **1853.** *1er long courrier en fer,* le *Martabaze* (753 tx). **1864.** *1er navire en tôle d'acier :* l'*Atlair.* **1880.** Goélettes de 4 mâts (env. 1 000 tx) à 7 mâts [7 000 tx, 26 h. d'équipage, 1 seule connue : le *Thomas W. Lawson* 123 × 15 m]. **1889.** *1er cinq-mâts barque,* le *France* (I).

1902. *Preussen* (All.), *cinq-mâts,* 53 voiles, vitesse max. théorique avec coque propre 17 n., réelle 7,5, fait naufrage en 1910. **1911.** *France II cinq-mâts* construit à Bordeaux fut *le plus grand voilier du monde* (126 × 16,90 m, jauge brute 6 255 tx, port en lourd + de 8 000 t, 2 moteurs de 900 ch, en acier, perdu la nuit du 11/12-7-1922 en N.-Calédonie). **1924.** *Dernier cinq-mâts à voiles :* le *Copenhague.*

Quand la voile disparut, les grands voiliers portaient de 130 à 135 t par homme d'équipage (300 t sur les goélettes amér.) contre 44 t en 1860. On arrivait à manier 120 m^2 de toile par personne.

• **Derniers grands voiliers.** Les bateaux d'env. 1 000 tx furent les plus utilisés. Plus tard on revint à un plus gros tonnage (3 000 à 4 000 tx, vers 1893).

Le plus grand fut le *Great Republic* (98,77 × 16,16 m, creux 11,89 m, 5 000 tx b., 3 mâts carrés, voilure 5 800 m^2 s'élevant à 64 m de haut. au-dessus du pont ; 100 h. d'équipage et 30 mousses). Les clippers concurrencèrent avec succès les nav. à vapeur avant l'ouverture du canal de Suez (non navigable pour les bat. à voiles).

En **1914** il y avait 164 grands voiliers français [98 trois-mâts barque, 31 trois-mâts carrés (jauge d'env. 2 400 tx, port en lourd 3 200 t, équipage 25 h.), 31 quatre-mâts barque, 3 quatre-mâts carrés (3 000 tx, 4 000 t, équipage 30 h.), 1 cinq-mâts barque].

Clippers (de l'anglais *to clip :* couper, ils coupaient l'eau). Bateaux très longs, aux voiles moins hautes et plus larges. *1ers clippers d'opium,* 250 à 400 tx, *clippers de thé* 700 à 800 tx ou plus (ex. : 921 tx pour le *Cutty Sark* construit en 1869, 65 × 11 m, tirant d'eau 6,6 m, qui détenait le record Australie-Manche en 67 j), puis de 3 000 à 5 000 tx, vitesse max. 15 à 21 n. (le *James Baines*). Ont disparu en France de 1927 à 1933, à cause de la journée de 8 h imposant 3 bordées au lieu de 2. Les unités ont été démolies et achetées à l'étranger notamment par Ericson (Finlande). Le *dernier voilier, long-courrier français,* le *Bonchamps,* construit en 1902, fut désarmé en 1931 et envoyé à la démolition. Les voiliers de pêche ont été désarmés entre 1947 et 1955.

Flotte actuelle de grands voiliers (non exploités pour des transports). U.S.A. 65. G.-B. 20. France 6 [l'*Étoile* (1929), la *Belle-Poule* (1931), le *Mutin,* le *Bel Espoir* et son frère, la *Duchesse Anne* (1901)]. *Belem* trois-mâts barque, lancé à Nantes en 1896. Coque et mâture en acier. Long. 53 m, larg. 8,80 m, 406 tx, creux en quille de 4,9 m, tirant d'eau actuel de 3,5 m. Il transporta d'abord du cacao, du bétail et du charbon, entre France et Brésil. *1914* le duc de Westminster le rachète, en fait un yacht de plaisance. *1921* acheté par Lord Guinness (Irl.), devient le *Fantôme II. 1950* acheté par le Cte Cini, appelé *Giorgio Cini,* sert à la marine italienne. *1979* ramené à Brest après le rachat par la Caisse d'épargne « Écureuil », il est transféré à Paris pour réfection. *1985* quitte Paris pour Saint-Malo. *Kruzenstern* quatre-mâts (soviét.) le plus grand voilier du monde : long. 115 m. *Sagres* trois-mâts, école de la marine portugaise. *Esmeralda* quatre-mâts, navire-école de la marine chilienne. *Gorch Fock* trois-mâts, All. féd.

• **Voiles.** Différentes sortes : **voiles latines ou triangulaires.** *Foc,* voile d'avant hissée entre *mât de misaine* et *beaupré* (mât horizontal à l'avant) ; *voile d'étai* accrochée à un cordage (draille) tendu entre 2 mâts verticaux. **Voiles auriques.** Ayant la forme d'un quadrilatère, elles *sont assujetties* à leur partie supérieure à une *corne* (mât suspendu obliquement) et parfois maintenue à leur partie inférieure par une *bôme* ou un *gui* (mât suspendu horizontalement) ; à bourcet, au tiers, à livarde brigantine. **Voiles carrées de forme trapézoïdales** et dont la partie supérieure est lacée à une vergue perpendiculaire au mât. De bas en haut : *basse-voile, hunier, perroquet, cacatois.*

Les voiles de l'extrême avant (focs) et de l'extrême arrière sont des *voiles d'évolution.* Les voiles des mâts sont des *voiles de propulsion.*

• **Mâts.** Étaient autrefois en bois (pin sylvestre, sapin, mélèze, cèdre) qui réunissaient 3 qualités : flexibilité, élasticité, légèreté. Ils étaient soutenus par des étais (à l'avant du mât) et par des haubans (par le travers et vers l'arrière).

• **Classification des voiliers d'après leur gréement. A 1 mât et 1 voile :** petits yachts, cat. boat. **1 mât et 2 voiles** : youyous. **1 mât vertical et beaupré à l'avant :** cotres (ou cutters, nav. de guerre), ou sloops (nav. de commerce) ; si l'on ajoute un mâtereau à l'arrière (tape-cul) : yawl. **2 mâts** (souvent un peu inclinés sur l'arrière) : goélette (voiles auriques), baleinière (2 voiles, 1 foc). **3 mâts :** *chasse-marées* (voiles à bourcet). *Lougre* (4 voiles : foc, misaine, grand-voile et tape-cul sur un petit mât). **Tartane :** 1 mât à calcet, balancelle (avec très grand beaupré + 1 mât tape-cul). **Felouque :** 2 mâts à calcet. **Chebec :** 3 mâts à calcet. **2 mâts à traits carrés** (ou voiles carrées, ou phares carrés) : *brick* (ou brigantin). **3 mâts à traits carrés** (grands bâtiments marchands, nav. de g. : *corvette* à vaisseaux de ligne) ; nom des mâts : misaine (avant), grand mât (milieu), artimon (arrière).

Voiliers récents

Daish. Trois-mâts expérimental (japonais) 26 m de long, voiles rigides en plastique, vitesse 6 nœuds.

Bateau à turbovoile. Système du Pr Lucien Malavard. La turbovoile est un cylindre orientable et creux, doté d'une fente longitudinale qui permet, grâce à une turbine d'aspiration située à l'intérieur, de faire varier la pression des filets d'air sur sa surface, donc de diriger selon les besoins la force propulsive du vent ; un ordinateur (enregistrant en continu la vitesse du navire, son cap et les caractéristiques de ses moteurs) commande l'angle d'attaque par rapport au vent, la position du volet et la puissance d'aspiration. Un autre système ajuste automatiquement le régime des moteurs principaux de manière à rendre optimales les économies de combustible (15 à 35 %). Expérimenté en 1983 sur un catamaran, *le Moulin à vent I,* transporteur de vrac de 5 000 t. *Alcyone* (monocoque de 31 m de long, 76 t en charge, 2 turbovoiles de 10,2 m et une section elliptique de 1,35 × 2,05 m, d'où une surface « exposée » de 21 m^2 ; vitesse prévue par vent de 30 nœuds : 10 à 12 nœuds) ; mis à l'eau début avril 85, a traversé l'Atlantique en juin 85. *Cargo de 6 000 t* équipé de 2 turbovoiles d'env. 22 m de haut et 4,5 m de large (surface : 100 à 110 m^2).

Guinness (G.-B.). 30 m de long (1984).

Paquebots à voile (projets). *Wind Star* (lancé 13-11-1985 au Havre) et *Wind Song* (long. 134 m, 4 mâts de 48 m, gréés en focs baumés de 370 m^2, 5 ports, 75 cabines, 200 passagers).

Projet Phicoe. Conçu par les Français Marc Philippe et Marcel Coessin : voiles ressemblant à des ailes d'avion, déformables pour s'adapter au vent et utilisant 2 surfaces de voilure (intrados et extrados alors que les voiles classiques n'utilisent que l'intrados). Relié à un ordinateur de bord qui reçoit ses informations par satellite, un microprocesseur modifie la courbure des voiles en fonction du vent. Vitesse : 20 à 25 nœuds, pour un bateau de 6 m de long ; coût des voiles : env. 27 000 F.

Projet des chantiers Cockerill (Belg.). Cinq-mâts, haut. 82 m, larg. 167 m, surface totale 12 000 m^2, vitesse 12 nœuds.

Shin Aitoku Maru. Transporteur de produits pétroliers de 1 600 tpl, à voiles auxiliaires de type rigide et à moteur diesel, construit au Japon en 1980. En exploitation régulière.

Durées des trajets (en 1900-01)

Pour l'Europe. De Calcutta : 99 à 142 j, Rangoon 106 à 170 j, Melbourne 85 à 158 j, Sydney 85 à 146 j, N.-Calédonie 100 à 171 j, N.-Zélande 79 à 181 j, San Francisco 96 à 181 j, Chili 61 à 155 j.

D'Europe à Calcutta 82 à 199 j, Maurice 71 à 128 j, Hong Kong 106 à 198 j, Melbourne 77 à 138 j, Sydney 74 à 134 j, Adélaïde 73 à 135 j, San Francisco 109 à 201 j, Chili 64 à 160 j.

Navigation à vapeur

• **Quelques dates. 1690 :** Denis Papin a sans doute l'idée, mais ne la réalise pas ; **1707,** il essaye à Kassel, sur la Fulda, un bateau à roues mû par la force humaine. **1736 :** Jonathan Hull (G.-B.) dessine un projet de bateau à vapeur. **1770 :** le Cte d'Auxiron et le Cte de Folleney s'associent ; leur bateau équipé d'une machine à 2 cylindres sombrera. **1775 :** Jacques Constantin Périer essaye sur la Seine un petit bateau à roues, mais la machine n'est pas assez forte. **1776 :** Claude, Mis de Jouffroy d'Abbans (1751-1832), essaye sur le Doubs un *pyroscaphe* de 13 m de large, la machine actionnant un système « palmipède », des volets plongeant de 40 cm dans l'eau puis s'effaçant ; échec. **1783**-*17-7 :* il essaye sur la Saône un pyroscaphe [de 160 t (machine 13 t, chargement 182 t), long. 46 m, largeur 4,50 m, tirant d'eau 0,95 m, roues diam. 4,50 m, aube largeur 1,95 m, s'enfonçant de 65 cm]. Bateau navigue 16 mois.

1803-*9-8 :* l'Américain Robert Fulton (1765-1815) fait naviguer sur la Seine un bateau à roues (long. 21,70 m, larg. 3,55 m, puissance 8 ch). **1805 :** il construit le *Clermont* (39 × 5,40 m, creux 2 m, déplacement 160 tx, roues 4,50 m) qui transportera sur l'Hudson (U.S.A.) pass. et march., liaison régulière à partir du 17-8-1807, New York-Albany (remontera l'Hudson sur 240 km en 32 h). Il eut des imitateurs (1809 *Accon* sur le St-Laurent, 1811 *Orléans* sur le Mississippi ; en 1817, il y avait en tout 131 bateaux et en 1832, 474). **1808 :** 1er voyage maritime à la vapeur (New York-Philadelphie) par Stevens. **1814 :** en Angleterre apparaît un steamer sur l'Humber, un autre sur la Tamise. Bientôt apparaissent en France le *Var,* le *Liamone* et le *Golo* (service des dépêches Marseille/la Corse). **1816 :** 1re traversée de la Manche par l'*Élise* (ex. *Margery,* 16 m, 10 ch) avec le capitaine Andriel (Newhaven-Le Havre en 17 h). **1817**-*20-4 :* Jouffroy d'Abbans essaye le *Charles-Philippe* à Bercy. **1819 :** le *Savannah* (à voile et à vapeur actionnant des roues à aubes) traverse l'Atlantique de Savannah à Liverpool en 25 j (a utilisé la vapeur 18 j) ; termine sa carrière en voilier. **1824 :** la marine fr. met en chantier 5 vaisseaux à vapeur (36 m, 80 ou 160 ch). **1829 :** le *Civetta* (Autriche) utilise l'hélice sur l'initiative de Josef Russel. **1830 :** le *Sphinx,* 1er navire à vapeur de la marine fr., amène en France l'obélisque de Louksor. **1832 :** brevet de Frédéric Sauvage pour un propulseur formé d'une vis à un filet décrivant une spire. **1836 :** le *Francis Ogden* du Suédois Ericsson, à hélice (14 × 2,5 m), remonte la Tamise à 8 n. (propulseur hélicoïdal monté directement sur le moteur). **1837 :** 1er navire commercial (fluvial à hélice, le *Novelty*), 1er nav. de guerre (le *Princeton* 1839-40, en Amérique). **1838 :** le *Great Western* en bois (64,60 × 10,60 m, creux 7 m, tonnage net 1 340 tjb) avec 8 passagers et le *Sirius* (voilier de 700 tx équipé d'une machine à vapeur) partent de G.-B. le 8-4 et arrivent le 23-4 à New York. Le *Great Britain* (de la Great Western) en fer (84 × 14,70 m, creux 9,54, jauge 2 984 tjb, machine 1 000 ch) à hélice et à voile (6 mâts). **1841 :** 1er nav. à hélice construit en France [*Napoléon.* aviso de 2e cl., 220 ch, 11 n. à la vapeur, 13 n. sous voiles et vapeur (principe de Sauvage), devenu le *Corse* et affecté au service postal Marseille-Ajaccio ; il navigue jusqu'en 1890]. **1843 :** Sauvage ne parvient pas à perfectionner le système à hélice de Dallery. **1849 :** apparition du chauffage central sur les paquebots. **1850 :** 1er nav. à hélice faisant de la voile l'auxiliaire de la vapeur (et non plus le contraire) appelé le *Vingt-quatre février* puis le *Président,* en bois, 5 047 t, 2 ponts, 13,86 m, 92 canons, 900 ch tirant d'eau. **1853 :** lancement du *Great Eastern,* l'*Arabia* (Cunard Line), dernier navire en bois, 1er à chaudière tubulaire, vitesse 11,5 n. **1856 :** *Persia* (Cunard line) en fer, vitesse 12 n. **1863 :** la Cunard adopte l'hélice et la machine à bielles renversées, sur les paquebots *China* et *Cuba :* vitesse 14,8 n. On estimait jusque-là que l'hélice (réputée supérieure pour les nav. de guerre) fatiguait les passagers de l'arrière à cause des vibrations. Désormais, on transformera les vaisseaux à roues. **1872 :** apparition de l'éclairage au gaz sur les paquebots. **1879 :** apparition de l'électricité. **1894 :** 1er bateau à turbine. Le *Turbinia* 30,48 m de long. 45,20 t, 3 turbines à vapeur totalisant ensemble 2 000 ch, vitesse 34,50 nœuds (64 km/h).

Aéroglisseurs (ou hovercrafts)

• **Origine.** Engins spéciaux maintenus en marche, à quelques centimètres au-dessus de la surface de l'eau, par un coussin d'air (produit sous la coque par des ventilateurs axiaux ou centrifuges qui sont installés à bord).

Les 1ers aéroglisseurs utilisaient une chambre rigide dans laquelle l'air était insufflé pour former un coussin d'air. Ils ne pouvaient transporter qu'une charge limitée sur eau calme et se déséquilibraient assez facilement. La technique française [inventée depuis 1957 et perfectionnée par Jean Bertin (1917-76) avec le *Terraplane* de 3,5 t lancé le 7-1-62] utilise plusieurs jupes « internes » (ex. : 8 sur un appareil de 30 t), entourées d'une jupe externe. Chacune peut être alimentée individuellement en air. Ces jupes souples (qui peuvent durer 2 000/3 000 h) s'adaptent au relief,

Grands paquebots contemporains	Année constr.	Jauge brute tjn	Longueur hors tout en m	Largeur en m	Vitesse nœuds	Pass.
Norway [1] (Norvège)	1961	66 348	315,66	33,70	34 [2]	2 000
Queen Elizabeth II (G.-B.)	1969	65 863	293,50	32	28 à 32	2 543
Raffaello [3] (It.)	1965	45 933	275	31	26,5	1 775
Michelangelo [3] (It.)	1965	45 911	275	31	29,5	1 775
Chant du monde (Norv.) [4]	1987	–	266	–	–	–
Canberra (G.-B.) P & O	1961	44 807	249,48	31,09	27,5	2 400
Orianna (G.-B.) P & O	1960	41 910	245	29,56	27,5	2 217
United States (U.S.A.)	1952	38 216	297	30,3	30	1 930
Rotterdam (P.-Bas)	1959	37 783	228,14	28,67	21,5	1 499
Windsor Castle (G.-B.) Un.	1960	36 277	238,66	28,04	23,5	852
Leonardo da Vinci (It.) It.	1960	33 340	233,87	28	25,5	1 326
Eugenio C. (It.) Costa	1966	30 567	217,5	29,4	27	1 636
S.A. Vaal (Afr.-S.) Safnar	1961	30 213	231,69	27,43	23,5	730
Arcadia (G.-B.) P & O	1954	29 871	220	27,7	22	1 448
Cristoforo Colombo (It.) It.	1954	29 429	213,5	27,4	23	1 161
Europa (All. féd.)	–	28 500	–	–	–	–
Pendennis Castle (G.-B.)	1958	28 442	232,71	25,31	22,5	707

Nota. – (1) Ex.-*France :* Hauteur de la cheminée au-dessus de la ligne zéro : 56 m. Hauteur du mât radar : 66,9 m. 12 ponts aménagés. Volume des cales et entreponts : 6 350 m³. Puissance des machines : 160 000 ch. Places : 1re classe, 407 à 618 ; touriste, 1 259 à 1 626. Coût : 400 millions de F, dont 80 versés par l'État. On escomptait l'amortissement en 20 ans. Son exploitation sous pavillon français a cessé le 30-10-74. A quai il coûte, en 1976, 30 millions de F (frais d'immobilisation 9,6 ; amortissement 19 ; frais divers 1,4). *Après transformation :* passagers 2 000, équipage 755 (avant : 1 200), vitesse 21 nœuds (avant : 34). *Consommation* à 17 nœuds 228 t par jour (avant : 700 t de carburant). Le 24-10-1978 Akram Ojjeh (Saoudien) racheta le *France* environ 80 millions de F. Il le revendit, le 25-6-1979, 18 millions de $ à l'armateur norvégien Knut Klosters pour des croisières d'agrément dans les Caraïbes. Celui-ci le fit transformer par les chantiers Hapag Lloyds de Bremerhaven (All. féd.), et le rebaptisa *Norway* ; restauré en 32 semaines ; a représenté pour lui un investissement total (achat puis transformation) de 90 millions de $. Un bateau neuf, pour lequel il aurait fallu attendre 2 ou 3 ans, aurait coûté, pour 1 400 passagers, 120 à 130 millions de $. (2) Vitesse maximum aux essais 35,33 nœuds (croisière 30,4). Le *Norway* a gagné en 1984 29 millions de $; économie représentée par la réduction de l'équipage : 10, et de la vitesse : 15 n. (3) Désarmés en 1975 ; vendus en 1976 à l'Iran. (4) Construit dans les chantiers d'Alsthom-Atlantique à St-Nazaire pour la Norvegian Royal Caribbean Cruise Line. Hauteur 60 m, 13 ponts, 1 127 cabines. Étude d'un paquebot pour les Norvegian Carribean Lines, de 377 m, 250 000 tjb, 4 000 à 5 000 passagers. Coût : + de 350 millions de $.

☞ Voir également au chapitre **Sports** : les différents types de bateaux de plaisance, les statistiques sur les ports et la flotte de plaisance en France, ainsi que les renseignements sur le tourisme fluvial.

Autres grands navires marchands	Année	Port en lourd	Jauge brute	Long. m	Larg. m	Vit. nds
Navire atomiques						
Otto Hahn (All. féd.) [1]	1968	14 200	16 871	171,8	23,4	15,7
Savannah (U.S.A.) [1]	1962	9 834	15 585	166	24	20,2
Arktika (U.R.S.S.) *(brise-glace)*	1974	4 096	18 172	149,9	29,8	–
Lenin (U.R.S.S.) *(brise-glace)*	1959	3 788	14 067	134	28	18
Mutsu (Japon) [1]	1970	2 360	8 350	130	19	17
Otto Schmidt (U.R.S.S.) *(brise-glace et laboratoire de recherche)*	–	–	–	–	–	–
Sibérie (U.R.S.S.) *(brise-glace)*	–	–	–	–	–	–
Pétroliers						
Seawise Giant [2]	1981	564 763		458,5	68,9	29,8
Bellamya (France) [3]	1977	554 000	274 650	414,23	63,05	16,7
Nanny (Suède)	1979	499 000	–	–	–	–
Nissei Maru (Japon)	1975	484 337	238 517	379,11	61,9	14,2
Globtik London (G.-B.)	1973	483 939	238 207	373	61	14,7
Globtik Tokyo (G.-B.)	1973	483 664	238 252	373	61	15,0
Berge Emperor (Norvège)	1975	414 000	213 000	365,08	68	15,5
Hilda Knudsen (Norvège)	1975	409 500	202 406	378,20	68,93	15,7
Transporteurs de gaz						
Methania	1978	–	131 580	–	–	–
Larbi Ben M'Hidi	1977	–	129 500	–	–	–
Édouard L.-D.	1977	–	129 300	–	–	–
Golar Freeze et Hoegh Gandria	1977	–	125 800	–	–	–
Ramdane Abane	1981	119 811	126 200	–	–	–

Nota. – (1) Désarmé. (2) Ancien *Oppama* (422 018 t) rallongé de 81 m. (3) *Batillus, Bellamya* (livrés en 1976), *Pierre-Guillaumat* (livré en 1977) et *Prairial* (livré, coût 570 millions de F) sont les plus grands navires du monde et ont des caractéristiques générales semblables ; *Pierre-Guillaumat*, coût 500 millions de F, citernes de cargaison 677 000 m³ (divisés en 42 citernes) ; haut. de la quille à la pomme du mât 74,50 m ; capacité en combustible 14 500 t ; cons. journalière 330 t ; autonomie en combustible en pleine puissance 42 j (permet de parcourir 17 000 milles, soit les 3/4 du tour de la planète) ; propulsion par 2 groupes turbo-réducteurs développant chacun 32 500 ch à 86 tours/mn ; 2 hélices à 5 pales pesant chacune 51 t et d'un diam. de 8,50 m ; 2 gouvernails situés chacun derrière son hélice, équipage 12 off., 26 marins. *Batillus, Bellamya,* creux (hauteur jusqu'au pont) 36 m, tirant d'eau en charge 28,5 m, 2 lignes d'arbres, puissance totale 65 000 ch, capacité des citernes 650 000 m³, poids à vide (poids lège) 77 000 t (11 fois le poids de la Tour Eiffel). Ces bateaux mettent env. 40 j pour aller du Havre au golfe Persique (à 12,8 nœuds en 1 heure pour consommer moins, et 28 à 30 j pour le retour à 16,2 nœuds). La cargaison représente env. 300 millions de F.

s'effacent devant l'obstacle, remplissent les creux et n'adhèrent à rien.

En 1958, en face de Cowes (île de Wight), le *1er hovercraft* atteignit 32 nœuds avec 2 moteurs de 60 ch ; le 25-8-1959, il traversa la Manche avec 3 passagers à bord.

1er service pour passagers : en juillet 1962 par Vickers Armstrong (G.-B.) sur l'estuaire de la Dee avec le V.A.3 de 11 t qui transportait 24 passagers à une vitesse de 100 km/h.

1res courses d'hovercrafts : le 14-3-1964, Canberra (Austr.) (12 concurrents et 10 appareils différents).

• **Quelques types. G.-B.** (construits par la British Hovercraft Corporation) : **SR-N2** (1962) 68 passagers, 70 nœuds. **SR-N4** (1968) 40 m, 165 t, 170 à 250 pass., 24 à 34 autos ou 500 pass., 130 km/h par mer calme et 90 km/h par vagues de 2 m de creux. **SR-N6** (1965) 10 t, 52 nœuds, 38 pass. **SR-N6** et **BH7**, milit., 3 versions (transport de troupes, assaut, surveillance). **API-88** long. 21 m, larg. 10 m, 80 à 100 km/h, 80 pass. **U.S.A.** (projets) de 5 000 ch, 10 000 t.

France (construits par la SEDAM). **N 300** (1968) 24 × 10,5 m, 27 t, 120 km/h, 90 passagers (ou 35 + 4 voitures), 2 300 ch (2/3 pour le propulseur, 1/3 pour la sustentation), creux max. franchissable 2 m. 2 ont été exploités en 1969-70 entre San Remo, Nice, Cannes, St-Raphaël et St-Tropez. L'un a assuré un service de car-ferry mixte (voitures-passagers) sur la Gironde de 1971 à 1976. Une version militaire a été étudiée (14 t utiles, 3 versions : transport de troupes, support logistique, patrouilles d'intervention). **N 500** (1978) le plus gros du monde : 50 × 23 m, 17 m de haut, 155 t, 130 km/h, 70 nœuds, 16 000 ch, 5 moteurs, Lycoming TF40 (3 pour propulsion, 2 pour sustentation), masse totale en charge de 250 t, capacité 400 passagers, 45 voitures (ou 125 pass., 65 voit. ; ou 280 pass., 10 voit. et 5 autocars). Creux max. franchissable 2,5 m. A été retiré du service (trop lourd d'entretien, non rentable). Prix : 120 millions de F. Il était exploité depuis le 5-7-1978 sur Boulogne-Douvres-Calais. **D.N./SEDAM. AEROBAC AB 7 :** long. 11,5 m, larg. 6,2 m, haut. 3,37 m, masse à vide 13 000 kg, à pleine charge 20 000 kg, vitesse max. 16 n., rayon d'action 400 km. **Windlord :** construit par Transfutur. Peut se déplacer sur terre ou sur l'eau (32 à 38 n.). Autonomie 6 h. Supporte des vents de force 4 à 5. Prix environ 75 000 F.

Plates-formes *agricoles, pétrolières, pour missions polaires,* etc. : à l'étude.

• **Trafic.** 30 % du trafic voyageurs sur Calais-Ramsgate et Calais-Douvres-Boulogne et 25 % du trafic véhicules. *Trafic maritime total par aéroglisseur* (1979) : env. 11 millions de passagers.

Hydroptères (hydrofoils)

• **Caractéristiques.** Évolue au-dessus de l'eau, soutenu par des ailes portantes situées au bas des pieds liés à sa coque ; propulsé par une hélice marine classique.

1re génération (depuis + de 15 ans) utilise des plans porteurs traversant la surface de l'eau.

La 2e génération utilise des plans porteurs totalement immergés. Lorsque le plan d'eau est agité, l'appareil subit de fortes accélérations verticales et la navigation devient inconfortable, voire impossible.

On étudie des solutions hybrides, ailes immergées à l'arrière, ailes classiques à l'avant, contrôle de la portance par insufflation d'air, etc. En service en Baltique, Méditerranée, lacs italiens, U.R.S.S. et dans le Pas-de-Calais.

• **Types. PT 20** (Suisse) : plans porteurs émergeants ; masse totale en charge 32 t ; charge utile 7 t ; 20,75 m × 4,49 m ; 1350 ch ; 1 diesel ; vitesse max. 34 nœuds. **FHE 400** (Canada) : plans porteurs mixtes ; masse totale en charge 215 t ; charge utile 50 t ; 45,90 m × 6,50 m ; 25 000 ch ; 1 turbine ; vitesse max. 60 nœuds. **Boeing :** 1 turbine ; 261 passagers. **Plainview** (314 t à pleine charge), lancé à Seattle (U.S.A.) le 28-6-1965, 65 m de long., vitesse 50 nœuds (92 km/h), *le plus grand hydroptère.*

Véhicules d'exploration sous-marine

• **Origine.** Instruments dirigés de la surface et retenus au bout d'un filin (1930, bathysphère de William Beere).

• **Problèmes techniques.** *Visibilité :* obscurité totale à partir d'env. 100 m de prof., ondes radio-électriques et radiations lumineuses s'atténuent rapidement ; ondes sonores et ultrasonores se propagent moins, surtout dans les basses fréquences. *Pression :* jusqu'à 1 000 kg par cm² à 10 000 m. *Pilotage :* à vue par les hublots ou des caméras de télévision ou des sonars. *Liaisons par câble* ou téléphone ultra-sonore.

• **Caractéristiques.** *Flotteur :* à parois minces, rempli généralement d'essence (2 l donnent une force de sustentation de 1 kg), de mousse plastique (Moray) ou de billes de verre creuses noyées dans de la résine époxy (Deep Jeep). *Coque :* ellipsoïde aplati (soucoupe plongeante Cousteau) ou cylindre à calottes sphériques.

Source : accumulateurs au plomb à l'extérieur de la coque avec équilibrage à la pression d'immersion, utilisés comme lest de secours largable ; batteries alcalines (cadmium-nickel) plus robustes ; accumulateurs argent-zinc légers et compacts ; plus tard, piles à combustible et moteur nucléaire.

Propulsion : hélices mues par des moteurs électriques ou hydrauliques ou tuyères éjectant de l'eau sous pression produite par une pompe ; hélices contrarotatives ou à pas variable, propulseurs cycloïdaux.

• **Bathyscaphe.** 1er réalisé par Auguste Piccard sous l'égide du Fonds national de la recherche scientifique belge. 1953 : *Trieste* construit par Piccard et son fils Jacques, atteint 3 150 m le 30 sept., racheté par les U.S.A. et piloté par un ingénieur américain et J. Piccard ; bat en 1960 le record de plongée, 10 916 m dans la fosse des Mariannes.

F.N.R.S. III : fabriqué en Belgique par l'équipe d'Auguste Piccard en 1951, racheté par la Marine française, confié à Georges Houot qui, avec Pierre Willm, atteint en 1955 – 4 050 m au large de Dakar.

L'Archimède : construit par Georges Houot († 1977) et Pierre Willm pour la Marine française, lancé le 28-7-1961. Déplacement plongée 208,90 t, surface 200,90 t, long. 22,10 m, largeur 5 m, hauteur 9,10 m, tirant d'eau moyen en surface 5,20 m. La sphère étanche, plus lourde (19 t) que le volume d'eau qu'elle déplace, est soutenue par un flotteur contenant 170 m³ d'essence ultra-légère. Divisé en 16 réservoirs principaux et 4 réservoirs d'équilibrage, communiquants. La plongée est amorcée en remplissant d'eau les 2 sas d'accès. Le bathyscaphe alourdi s'enfonce. La pression de l'eau de mer comprime l'essence, et celle-ci pénètre dans la base d'un des réservoirs d'équilibrage, ce qui alourdit d'autant plus le bathyscaphe qui descend... Pour remonter, on lâche de la grenaille de fonte, maintenue par des électro-aimants. Toute panne de batterie ou des circuits électriques ouvrirait les silos par coupure de courant, le bathyscaphe remonterait automatiquement. *Records* le 15-7-1962 : – 9 200 m ; 25-7 – 9 545 m.

Pour des raisons budgétaires, *Archimède* a été mis en réserve depuis 1975.

Cyana : sous-marin de l'IFREMER, 9 t, éq. 3 personnes, charge utile 50 kg, peut aller à 3 000 m et explorer 20 % des fonds ; mis en service en 1970. Utilisé à des fins industrielles (ex. préparation à la pose des gazoducs en mer) ou scientifiques.

SM 97-Nautile : sous-marin lancé le 14-12-1984. Long. 8 m, larg. 2,70 m, haut. 3,45 m, 18,5 t, charge utile 200 kg, coque non étanche et sphère-habitacle non étanche en alliage de titane, équipage 3 personnes, autonomie 13 h, survie 130 h, peut atteindre 6 000 m (ce qui permet d'explorer 97 % des fonds marins), mis au point par l'IFREMER et la Marine ; *coût :* 100 millions de F. Le sous-marin participera au programme France-Japon (JASP) d'exploration du Pacifique.

Saga (sous-marin d'assistance à grande autonomie) : variante de l'*Argyronète* (sous-marin crache-plongeurs) commencé en 1968 et abandonné en 1971 par l'Institut français du pétrole et le CNEXO ; repris en 1982 par CNEXO et COMEX ; sera livré en 1988 ; long. 28 m, larg. 8 m, haut. 8 m, 330 t, 2 moteurs Stirling à fuel ou hydrogène, 3 caissons : un à pression normale pour les 6 membres de l'équipage, un pour les 4 à 6 plongeurs autonomes qui pourront sortir à la demande, un sur le dessus, largable, pour l'équipage en cas d'accident ; autonomie 550 km, 10 j, vitesse 7,4 km/h. *Coût :* 130 millions de F financés par IFREMER (32), COMEX (32), CEPM (36), Stés canadiennes ISE (International Submarine Engineering) et ECS (Energy Conversion System, 30) et une subvention de la CEE. *Projet :* modèle avec moteur nucléaire, autonomie de 1 000 km pendant 1 mois.

• **Engins robots** Pour explorer une zone à grande vitesse à coût relativement faible et mesurer certains paramètres bathymétriques, géologiques, physico-chimiques.

Robots remorqués : ex. poissons « Raie » (Remorquage Abyssal d'Instrumentation pour l'Exploration) pouvant opérer à 6 000 m.

Robots télécommandés à câble : ex. *Télénaute* (1962, 1er engin de ce genre réalisé par l'Institut français du pétrole) et *PAP 104* (à usage militaire, réalisé par la direction des Constructions et armes navales de Brest) ; *sans câble : Épaulard* (construit par le CNEXO, opérationnel dep. 1981, télécommandé par ondes acoustiques, atteint 4 000 à 6 000 m, autonomie 10 h, prend des photos des fonds marins) ; *Sar* [(système acoustique remorqué). 1984 essais en Atlantique. Relié à un bateau par un câble de 8 000 m, 2,4 t, long. 5 m, diam. 1 m, peut explorer les fonds jusqu'à 6 000 m] ; *Elit* [(engin libre inhabité télécommandé) atteint env. 1 000 m, transmet des images. En service en 1987].

Records sur l'eau

Vitesse en km/h, canot, année et pilote. *Source :* Union internationale motonautique.

Propulsion classique. *149,35* Miss America VII 1928 (Gar Wood [2]) ; *158,80* Miss England II 1930 (Henry Segrave [1]) ; *166,51* (id.) 1931 (Kaye Don [2]) ; *177,38* (id.) 1931 (id.) ; *179,67* Miss America IX 1932 (Gar Wood [1]) ; *192,68* Miss England III 1932 (Kaye Don [2]) ; *200,90* Miss America X 1932 (Gar Wood [2]) ; *208,40* Blue Bird 1937 (Malcolm Campbell [2]) ; *210,68* (id.) 1938 (id.) ; *228,10* Blue Bird II 1939 (id.) ; *258,01* Slo-Mo-Shun IV 1950 (Stan S. Sayres [1]) ; *287,26* (id.) 1952 (id.) ; *296,95* Miss Supertest II 1957 (A.C. Asbury [3]) ; *302,14* Hawaii-kaii III 1957 (Jack Regas [1]) ; *314,35* (id.) 1957 (id.) ; *322,54* Miss U.S.1 (Staudach/Merlin) 1962 (Ray Duby [1]).

Propulsion par réaction (fusée jets). *325,61* Blue Bird 1955 (Donald Campbell [2]) ; *348,02* Blue Bird II 1955 (id.) ; *263,12* (id.) 1956 (id.) ; *384,74* Blue Bird III 1957 (Donald Campbell [2]) ; *400,18* (id.) 1958 (id.) ; *418,98* (id.) 1959 (id.) ; *444,72* Blue Bird IV 1964 (id.) ; *459* Hustler 1967 (Lee Taylor [1]) ; *464,45* 1977 (Ken Warby [6]) ; *510,45* Spirit of Australia 1978 (id.) ; *511,62* DEM 1978.

Propulsion par hélice aérienne. *120,53* Marcel Besson 1923 *Canivet* [4] ; *137,87* Hydroglisseur Farman 1924 *J. Fischer* [4] ; *155,87* Centro Spar 1951 Venturi [5] ; *322,54* Ray Duby 1962.

Propulsion par diesel. *103,75* Maltese (Magnum/Daytona) 1967 Don Aronow [1] ; *126,10* Abbate Perkins 1972 Macchia Livio ; *213,08* Carlo Bonomi [5] 1982.

Hors-bord de course classe 01. *210,90* 1966 Starflite 4 (Mc Donald) Gerry Walin.

Nota. — Le 4 janvier 1967, D. Campbell, avant de se tuer, avait atteint 515 km/h. (1) U.S.A. (2) G.-B. (3) Canada. (4) France. (5) Italie. (6) Australie.

Paquebots. Vitesse maximale en km/h, année de construction. *16 Britania* (G.-B. 500 ch) 1840 ; *30 Etruria* (G.-B. 14 000 ch) 1885 ; *34 Lucania* (G.-B. 31 000 ch) 1893 ; *47 Mauretania* (G.-B. 70 000 ch) 1908 ; *50 Mauretania* 1929 ; *52 Bremen* (Allemagne 96 800 ch) 1933 ; *53 Rex* (Italie 120 000 ch) 1934 ; *56 Normandie* [1] (France 160 000 ch) 1935 ; *57 Queen Mary* (G.-B. 200 000 ch) 1936 ; *66 United States* (U.S.A.) 1952.

Nota. — (1) 83 000 t, long de 313 m, large de 35,8 m, vitesse moy. 30 nœuds, 1 972 passagers et 1 347 h. d'équipage, désarmé à New York le 6-9-1939, rebaptisé *La Fayette*, brûle lors de travaux de transformation (pour le transport de troupes) dans le port de New York le 9-2-1942. Épave jugée irréparable vendue 161 680 $ et démolie. En 1910, le contre-torpilleur *Swift* (1 800 t, 105 m de long, 10,40 m de large, G.-B.) était le bateau le plus rapide du monde : 66 km/h (36 nœuds). En 1939, le torpilleur *Le Terrible* atteignit 84 km/h.

Vitesses habituelles. Aéroglisseurs 70 à 150 km/h. Porte-conteneurs 3e gén. 23 nœuds. Paquebot *France* 32 n. Car-ferry 21 n. Pétrolier long cours 16 n. Cargo de ligne polyvalent 15 à 19 n.

Traversée de l'Atlantique

j	h	mn	Records. Jours, heures, minutes.
16			*Savannah* (U.S.A.) (1819) [1]. Voilier assisté d'un moteur à vapeur, 1er navire utilisant la vapeur pour traverser un océan (80 h pendant la traversée).
15			*Great Western* (G.-B.) (1838) [2].
14	8		*Britania* (G.-B.) (1840) [3]. (1er paquebot de la Cunard).
8	1	45	*Persia* (G.-B.) (1856).
7	4	1	*City of Paris* (G.-B.) (1867) [4].
6	7	23	*Arizona* (G.-B.) (1867) [4].
6	4	34	*Umbria* (G.-B.) (1887) [4].
5	1	55	*Etruria* (G.-B.) (1888) [4].
4	15		*Lusitania* (G.-B.) (1908) [4].
4	11	42	*Lusitania* (G.-B.) (1909) [4].
4	10	41	*Mauretania* (G.-B.) (1910) [4].
4	3	13	*Normandie* (Fr.) (1935) [6].
3	23	2	*Normandie* (Fr.) (1937) [8].
3	22	7	*Normandie* (Fr.) (1937) [7].
3	20	42	*Queen Mary* (G.-B.) (1938) [5].
3	10	40	*United States* (U.S.A.) (1952) (remporta le record de vitesse, dit « ruban bleu » : 35,59 nœuds) [9].

Nota. — (1) Savannah-Liverpool, 4 073 milles. (2) Bristol-New York, 3 156 milles. (3) Liverpool-New York, 3 150 milles. (4) Queenstown-New York, 2 780 milles. (5) Ambrose Light-Bishop's Rock, 3 120 milles. (6) Cherbourg-New York, 2 971 milles. (7) Bishop's Rock-Ambrose Light, 2 906 milles. (8) New York-Southampton, 2 936 milles. (9) Ambrose Light-Bishop's Rock, 2 942 milles.

Traversée du Pacifique

Record : cargo de 51 112 t *Sea-Land Commerce* (U.S.A.), mai 1973 ; de Kobé (Japon) à Seattle (U.S.A.), 4 j 21 h 24 mn.

Marine marchande

Construction navale

Sources : C.S.C.N., Le Journal de la Marine marchande ; The Motor Ship ; Lloyd's Register ; Ann. stat. des transports.

Généralités

Lieu de construction : sur *cale inclinée* (le navire est *lancé* quand sa coque est en état de flotter) ou dans un *bassin* (il n'y a pas de lancement, mais seulement mise à l'eau et sortie du bassin).

Durée : dépend du type du navire : quelques mois pour un navire relativement simple comme un pétrolier. **Prix :** varie selon le type du navire et son tonnage. A port en lourd équivalent, les transporteurs de gaz liquéfiés ou les porte-conteneurs (navires de construction assez compliquée) coûtent plus cher que les charbonniers ou pétroliers, dont la construction est plus facile et moins longue.

Livraisons en 1985 et, entre parenthèses, meilleure et moins bonne année depuis 1971 (en milliers de tjb). Japon 9 503 (16 991 [3]- 4 697 [1]). Corée du S. 2 620 (n.c.). Brésil 581 (n.c.). All. féd. 562 (2 500 [3]-376 [8]). Espagne 551 (1 813 [5]-335,10 [8]) [10]. Danemark 458 (1 076 [2]-207 [8]). Chine (y compris T'ai-wan) 444 (n.c.). Pologne 361 (735 [3]-285 [9]). All. dém. 358 (410 [6]-295 [1]). Yougoslavie 259 (720 [2]-149 [8]). Suède 201 (2 515 [4]-201 [11]) [12]. *France 200 (1 673 [4] -200 [11]).* U.S.A. 180 (1 352 [7]-841 [9]). P.-Bas 180 (1 028 [3]-122 [8]). G.-B. 172 (1 233 [1]-172 [11]). Norvège 122 (1 052 [3]-111 [10]). Italie 88 (953 [2]-88 [11]). *Monde 1971 :* 24 387, *75 :* 34 203, *81 :* 16 932, *82 :* 16 820, *83 :* 15 911, *84 :* 18 334 (2 210 navires), *85 :* 18 155 [dont pétroliers 2 739 (174), pétr.-vraquiers 442 (11), minéraliers et vraquiers 8 578 (325), cargos 2 000 tjb et + 2 366 (293), cargos — de 2 000 tjb 172 (201), porte-conteneurs 1 532 (65), transp. de gaz liquéfiés et de prod. chim. 593 (94), b. de pêche 204 (380), divers 1 529 (421)].

Nota. — (1) 1971. (2) 1974. (3) 1975. (4) 1976. (5) 1977. (6) 1978. (7) 1979. (8) 1980. (9) 1981. (10) 1984. (11) 1985. (12) Kochums, le dernier grand chantier suédois, fermera en 1988.

Carnet de commande total des pays constructeurs (au 1-1-86, en milliers de tjb). Japon 14 020,4, Corée du S. 6 549,3, Chine et T'ai-wan 2 871,1, Brésil 1 930,6, Yougoslavie 1 105,4, Espagne 948,1, Roumanie 878,9, Pologne 871,5, U.S.A. 871,5, All. féd. 732,6, Danemark 608,9, G.-B. 469,5, Inde 445,5, *France 440,* Argentine 357,5, Finlande 309,8, Suisse 90,1, All. dém. 84,8, P.-Bas 76,1. *Monde 35 473* (soit 1 095 navires) (*1973 :* 128 900, *78 :* 25 859, *84 :* 32 619) dont cargos non vraquiers 2 844 (327 navires), porte-conteneurs 3 814 (169 n.), pétroliers 13 481,9 (291 n.), vraquiers 22 883,6 (392 n.), transbordeurs 863,6, divers 372,8.

Tonnage désarmé dans le monde (en milliers de tpl). *Tankers, cargos secs. 1970 :* 210, 390 ; *71 :* 1 220, 3 010 ; *72 :* 1 430, 1 620 ; *73 :* 260, 500 ; *74 :* 1 604, 443 ; *75 :* 38 928, 7 419 ; *76 :* 30 380, 5 332 ; *77 :* 31 503, 11 666 ; *déc. 78 :* 23 164, 6 986 ; *déc. 79 :* 8 431, 2 631 ; *déc. 80 :* 7 021, 2 169 ; *oct. 81 :* 17 767, 2 588 ; *oct. 82 :* 58 399, 21 132 ; *janv. 83 :* 60 783, 26 041 ; *janv. 84 :* 56 796, 23 031 ; *févr. 85 :* 62 800 ; *avr. 85 :* 50 760, 12 170 ; *janv. 86 :* 33 413, 11 106.

France

Carnet de commandes de l'armement français (du 1-1-85 au 30-9-1985, nombre et entre parenthèses tjb). Pétrolier caboteur 2 (34 000). Transporteurs de vrac sec 2 (56 000). Total 4 (90 000).

Effectifs inscrits (en 1983 et, entre parenthèses, au 1-3-1986). *Grands chantiers* 20 300. *Chantiers du Nord et de la Méditerranée,* Normed créé 1982 regroupant : Dunkerque 1 615 (3 262), La Ciotat 3 932 (2 940), La Seyne 4 191 (2 311). *Alsthom Atlantique :* Nantes (Dubigeon) 1 641 (590), St-Nazaire 5 658 (4 435). *Ateliers et chantiers réunis du Havre et de La Rochelle-La Pallice* 2 000. *Petits chantiers :* 2 700.

Réparation navale. 5 grands chantiers. *Marseille :* 3 entreprises, 950 employés, concurrence de Gênes, Scaramanga, Malte ; *St-Nazaire ; Brest :* 600 employés, forme de radoub de 550 000 t ; *Le Havre :* 3 entreprises, 2 570 employés ; forme de radoub de 220 000 t ; *Dunkerque :* 3 entreprises, 635 empl., forme de radoub de 170 000 t.

Flotte marchande mondiale

Données globales

• **Total** (en millions de tjb). **En 1914.** G.-B. 19,9. Allemagne 5. U.S.A. 4,3. *France 2,3.* Norvège 2. Japon 1,7. Pays-Bas 1,5. Italie 1,4. Suède 1. Espagne 0,9. Russie 0,9. Grèce 0,8. Danemark 0,8. *Monde 45,4.*

1939. G.-B. 17,9. U.S.A. 11,4. Japon 5,6. Norvège 4,8. Allemagne 4,5. Italie 3,4. *France 3.* P.-Bas 3. Grèce 1,8. Suède 1,6. U.R.S.S. 1,3. Canada 1,2. Danemark 1,2. Espagne 0,9 (1932 : 1,2). Panama 0,7. *Monde 68,5.*

1960. U.S.A. 24,8. G.-B. 21. Liberia 11,3. Norvège 11,2. Japon 6,9. Italie 5,1. P.-Bas 4,9. *France 4,8.* All. féd. 4,5. Grèce 4,5. Panama 4,2. Suède 3,7. U.R.S.S. 3,4. Danemark 2,3. Espagne 1,8. Canada 1,6. Argentine 1. Brésil 1. *Monde 129,8.*

1985. Liberia 58,2. Panama 40,7. Japon 39,9. Grèce 31,3. U.R.S.S. 24,7. U.S.A. 19,5. Norvège 15,3. Chine 14,9. G.-B. 14,3. Italie 8,8. *France 8,2.* Chypre 8,2. Corée du S. 7,2. Hong Kong 6,9. Inde 6,6. Singapour

6,6. Brésil 6,4. Espagne 6,3. All. féd. 6,2. Danemark 4,9. Philippines 4,6. P.-Bas 4,3. Bahamas 3,9. Turquie 3,7. Canada 3,3. Pologne 3,3. Suède 3,2. Arabie Saoudite 3,1. Roumanie 3. Yougoslavie 2,7. Argentine 2,5. Belgique 2,4. Iran 2,4. Koweït 2,3. Australie 2,1. Finlande 2. Indonésie 1,9. Malte 1,9. Malaisie 1,8. Mexique 1,5. Portugal 1,4. All. dém. 1,4. Algérie 1,3. Bulgarie 1,3. Irak 1. *Total 394,9.*

Par types de navires (nombre et, entre parenthèses, en millions de tjb dans le monde, en juillet 1985). Total : 76 395 (416,2) dont : pétroliers 6 156 (135), transp. de gaz liquéfié 776 (11), minéraliers et transp. de vrac 5 007 (110.3), autres cargos 21 135 (75,1), porte-conteneurs cellularisés 1 011 (18,1), transp. de véhicules 313 (3,9), navires transp. et usines de poisson 872 (3,7), nav. de pêche 21 251 (9,5), transbordeurs et navires à passagers 3 815 (8,3), nav. d'approvisionnement et ravitailleurs 2 146 (1,4), remorqueurs 7 737 (2,6), dragueurs 769 (1,6), transp. de bétail 111 (0,4), brise-glace 88 (0,4), nav. de recherche 718 (0,8), divers 2 486 (3,4).

● **Taux de couverture. Apparent :** rapport du tonnage transporté par la flotte d'un pays au tonnage total transporté par voie maritime pour le commerce extérieur de ce pays. **Global :** on ajoute taux apparent + les denrées entre pays étrangers que la marine d'un pays transporte. Ce taux peut dépasser 100 % si la capacité de transport de la flotte est supérieure aux besoins du commerce extérieur du pays.

Taux pour la France en pourcentage. *1970 :* apparent 39,2 (global 63,1) ; *1975 :* 33,8 (60) ; *79 :* 26,9 (54) ; *80 :* 29 (54) ; *81 :* 29,2 (50,6) ; *82 :* 28,8 (50,8) ; *83 :* 29,2 (50,4) ; *84 :* 25,1 (51,7).

● **Commerce maritime mondial** (en millions de tonnes en 1984 et, entre parenthèses, estim. en 1985). Pétrole brut 950 (910), produits raffinés 297, minerai de fer 306 (305), charbon 232 (248), céréales 207 (188), bauxite 44, phosphates 44, autres marchandises 1 232.

● **Pertes et démolitions des navires** (nombre et, entre parenthèses, tjb en milliers, en 1984). **Pertes.** Total mondial : 327 (2 353,9 soit 0,56 % de la flotte mondiale) [en 1982 : 402 (1 631,9)] dont navires coulés 131 (212,9), naufragés 69 (360,6), incendiés 57 (364,7), entrés en collision 35 (66), perdus à la suite de causes diverses 24 (1 304,3), échoués 7 (29,6), manquants 4 (15,8). **Démolitions.** 1 785 (17 751).

Nota. – En 1985 : 42 millions de tonnes de navires ont été envoyées à la casse (dont 2 superpétroliers français le *Batillus* et le *Bellemaya* (les + grands du monde) : 550 000 t chacun.

% de pertes le plus élevé (en 1984). Arabie Saoudite 7,78, Chypre 2,96, Grèce 1,54, Yougoslavie 1,33, Norvège 0,75, Liberia 0,73, Inde 0,60, Hong Kong 0,60, Panama 0,57, U.S.A. 0,33, U.R.S.S. 0,17.

Pavillon de complaisance ou flotte de libre immatriculation

Signes distinctifs. 1°) Le pays d'immatriculation autorise des non-résidents à être propriétaires ou à contrôler ses navires marchands sans que l'armateur soit soumis à une législation susceptible de le gêner dans la conduite de ses affaires. 2°) L'immatriculation est facile à obtenir : en règle générale, on peut immatriculer un nav. à l'étranger au bureau d'un consul. Le transfert de l'immatriculation, au choix du propriétaire, n'est soumis à aucune restriction. 3°) Le revenu tiré de l'exploitation d'un navire n'est soumis localement à aucun impôt ou bien les impôts sont faibles. 4°) Le pays d'immatriculation est une petite puissance qui n'a et n'aura pas besoin dans un avenir prévisible de tous les nav. immatriculés sur ses registres. Il n'a pas les moyens d'en revendiquer la disposition. 5°) L'armement des nav. par des équipages étrangers est librement autorisé dans des conditions qui interdisent tout contrôle sur le nav. 6°) Le pays d'immatriculation n'a ni le pouvoir d'imposer des réglementations nationales ou intern., ni les servitudes correspondantes.

Certains territoires offrent un « refuge fiscal », mais soumettent les navires immatriculés à toutes les réglementations et inspections imposées ; exemple : Bermudes, Bahamas, Gibraltar, Vanuatu.

Pour l'armateur. Avantages. Fiscaux : impôts allégés, pas de déclarations de revenus. *Coût allégé :* possibilité d'utiliser une main-d'œuvre étrangère bon marché et un équipage inférieur à celui qu'imposent de nombreux gouvernements ou fixé par des accords passés avec les syndicats. *Indépendance vis-à-vis des pouvoirs publics :* libre choix des chantiers de construction sur le marché international, non-réquisition de l'État en cas de guerre ou d'autres crises.

Inconvénients. Perte de certains avantages financiers accordés aux navires nationaux (subventions directes ou prêts à des taux inférieurs à ceux du marché). Les pays de complaisance offrent des facilités diplomatiques et consulaires limitées.

Pour l'équipage. Avantages. Revenu net sans impôts. Salaires parfois supérieurs à ceux des pays maritimes traditionnels (G.-B. par exemple). **Inconvénients.** Pas de conventions syndicales, ni de protection sociale.

Relations avec le tiers monde. La Commission des Nations unies pour le commerce et le développement (CNUCED) (à l'issue de négociations qui ont duré + de 10 ans) a adopté, en février 1986, une convention internationale sur les conditions d'immatriculation des navires qui consacre la réalité d'un « lien authentique » entre navires et États d'immatriculation. Ceux-ci doivent exiger que le propriétaire du navire, ou son représentant responsable, soit établi sur leur territoire. Ces États doivent disposer, en outre, d'une « administration maritime suffisante » (art. 5) et tenir un registre d'immatriculation « digne de ce nom » (art. 4). Ils doivent également prendre des dispositions législatives pour permettre à leurs nationaux de faire partie des équipages. L'ensemble de ces dispositions entrera en vigueur lorsque 40 États représentant 25 % du tonnage mondial l'auront ratifié. Le Code de conduite des conférences ne laisse aux armateurs « indépendants » (dont font souvent partie les flottes de pavillon de complaisance) qu'une part réduite du trafic entre pays industrialisés et pays en voie de développement. Ce Code est ratifié sinon adopté par 57 nations maritimes représentant près de 40 % du tonnage mondial. Cependant, les pays abritant les pavillons de complaisance ainsi que les U.S.A., T'ai-wan et l'Australie l'ont rejeté.

Navires sous pavillons de complaisance. Proportion globale. *1939 :* 1 % de la flotte mondiale, *1970 :* 20 %, *1982 :* 30 %, *1985 :* 30,8 %.

La majorité du tonnage sous pavillon libérien est récente et répond aux normes de sécurité (45 % du tonnage a – de 5 ans) tandis que 80 % du tonnage sous pavillon de Chypre a + de 15 ans. Le Liberia, sous la pression d'armateurs utilisant ce pavillon, a mis en place un service d'inspection. Il est entré au conseil de l'O.M.C.I. (Org. intergouvern. de la navigation maritime) en nov. 1976.

Principales flottes. *Navires de 100 tjb et +* (au 1-7-85). Total en millions de tjb, entre parenthèses, en millions de tpl, et en italique nombre de navires. Liberia 58,2 (113,6) *5 512*, Panama 40,7 (67,3) *1 808*, Chypre 8,2 (14,3) *844*, Bahamas 3,9 (6,9) *195*, Bermudes 0,080 (0,9) *79*. *Total* 111,9 (203,4) *8 438* (dont en % : pétroliers 40,3, minéraliers et vraquiers secs 29,5, cargos 12,7, pétrominéraliers 7,6).

% de navires de complaisance par rapport au total des navires pétroliers de même type (en millions de tjb). Pétroliers 45,11 (33,45 %), minéraliers et vraquiers secs 33,1 (30), pétrominéraliers 8,51 (35,87), cargos 14,2 (18,84), t. de gaz liquéfiés 2,34 (23,54), t. de produits chimiques 2,7 (77,75).

Propriété effective des flottes de libre immatriculation (en 1984, en millions de tjb). Sur 202,5 millions de tjb, les U.S.A. en possèdent 49,8, Hong Kong 37,2, Grèce 36,4, Japon 22,9, Norvège 8, All. féd. 6. *Flotte du Liberia :* 122,9 dont possédés par U.S.A. 38,1, Hong Kong 27,2, Grèce 18,4, Japon 10,2, Norvège 6,3. *Panama :* 62 dont Japon 12,7, Hong Kong 10, Grèce 9,9, U.S.A. 7,5, All. féd. 3,1. *Chypre :* 11 dont Grèce 8. *Bahamas :* 5 dont U.S.A. 4. *Bermudes :* 1,4 dont G.-B. 0,8.

Flotte marchande française

Données globales

Cies de navigation, nombre : 50 dont 40 environ dépassent 10 000 tjb et 22 50 000 tjb.

Navires. 1 965 de plus de 500 tjb (total 4 800 000 tjb) ; au *1-1-1975 :* 514 (9 476 462 tjb) ; au *1-1-82 :* 393 (10 319 000 tjb) ; au *1-1-83 :* 395 (9 757 827) ; au *1-1-85 :* 349 (7 997 987) ; au *1-1-86 :* 294 (5 797).

Nombre de navires (au 1-1-86 par catégories et entre parenthèses en milliers de tjb). Total : 311 (5 830). *Navires à passagers :* 27 (117,6) dont paquebots 2 (17 358), transbordeurs 22 (158 434), aéroglisseurs marins 3 (1 851). *Cargos :* 221 (2 684,6) dont cargos de ligne 63 (310 081), c. porte-conteneurs 51 (1 043 856), bananiers, polythermes 10 (45 180), transporteurs de vrac sec 33 (830 364), transp. mixte (sec/pétrole) 3 (318 718), citernes à vin et à huile 6 (9 449), transp. soufre liquide et prod. chimiques 9 (57 264), caboteurs ⩽ 500 tjb 9 (3 035), navires secs stationnaires 37 (66 687). *Pétroliers :* 63 (2 967,5) dont pétroliers longs-courriers 23 (2 537 571), caboteurs pétroliers 27 (164 391), GPL-GNL 7 (257 922), pétroliers et GPL stationnaires 6 (7 636).

Age moyen de la flotte française (au 1-1-1985, en années et mois). *Total : 9,5 ;* navires à passagers 9,3, pétroliers long-courriers 10,1, pétroliers caboteurs 14,10, transporteurs de gaz 8,11, de vrac sec 6,9, pétrominéraliers 11,1, porte-conteneurs 7, tr. de prod. chimiques 10,3, polythermes 13,11, rouliers 7,5, cargos divers 12,5.

Effectifs. Marins et officiers employés. *1975 :* 47 000, *1984 :* 21 240, *1985 :* 24 500. *Postes de travail* (1-1-1985) : officiers 6 080, maîtres et marins 13 600.

Personnel d'un navire moderne (type porte-conteneurs) : env. 18 marins (dont 8 officiers et 10 hommes).

Charges sociales des armateurs français (en % des salaires d'embarquement et de congés, en 1985) : France 42,2, Suède 38,2, All. féd. 28, P.-Bas 26,2, Belgique 23,1, Norvège 19,1, G.-B. 18,9, Finlande 16,3.

Principales entreprises

Compagnies de navigation

Compagnie générale maritime et financière. *Née* le 23-2-1977 de la fusion de la Cie des Messageries maritimes et de la Cie générale transatlantique. Dessert, au départ de Fr. et par lignes régulières directes, + de 200 ports dans le monde. *Flotte (au 1-1-86) :* 69 navires, 1 890 735 tpl (6 car-ferries, 2 navires conventionnels, 3 navires réfrigérés, 9 porte-conteneurs, 10 porte-conteneurs rouliers, 9 rouliers, 4 porte-conteneurs réfrigérés, 5 semi-porte-conteneurs, 3 tankers pétroliers, 3 transporteurs de gaz, 8 vraquiers, 7 navires spéciaux).

Déficit (en millions de F) : *1977 :* 240, *78 :* 399, *79 :* 265, *80 :* 381,8, *81 :* 480,5, *82 :* 735,6, *83 :* 545,6, *84 :* 365,6.

Voir Quid 1982, p. 1416 b.

Cie maritime des Chargeurs réunis. Sté anonyme (capital 133 231 950 F). Elle a succédé en 1949 à l'ancienne Cie des Chargeurs Réunis, devenue sociétémère du groupe. (Voir Quid 1982 p. 1416 c).

Nota. – Les Chargeurs réunis ont pris une part prépondérante dans le transport aérien grâce à *l'Union aéromaritime de transport* (U.A.T.) créée en 1949 et devenue l'U.T.A. en 1963 après fusion avec la T.A.I.

Principales entreprises d'armement

1984, port en lourd, en milliers de t. Total Cie française de navigation 2 623. Sté française de transport maritime 2 093. Cetragpa 2 010. Shell 1 942. Esso (SAF) 1 363. Sté maritime des pétroles BP 1 335. Sté française de transport pétrolier 1 252. Nationale de navigation 1 038. Cie générale maritime 938. Cetramar 766. Cie gén. maritime et financière 632. Nantaise de l'Ouest 569. Mobil Oil française 550. Louis Dreyfus et Cie 531. Sté navale des chargeurs Delmas-Vieljeux 521. S.N.D. 120.

Canaux maritimes

Principaux canaux	Année d'ouv.	Long. km.	Larg. min.	Prof. min.
Saint-Laurent (Canada, USA)	1959	293	68,6	8,2
Suez (Égypte)	1869	195	160 (2)	11,7 (2)
Albert (Belgique)	1939	129	16,2	5
Kiel (Allemagne)	1895	99	104	11
Alphonse-XIII (Espagne)	1926	85	9	n.c.
Panama (Panama)	1914	80,5	91,5 (1)	12,5
Beaumont, Pt-Arthur (U.S.A.)	1916	72	61	9,6
Houston (U.S.A., Texas)	1914	69	91	10,4
Manchester (G.-B.)	1894	64	26	8
Welland (Canada)	1933	43,45	58,5	8,2
Mer du Nord (Pays-Bas)	1870	25	37	11
Chesapeake (U.S.A., Delaware)	1927	23	76,2	8,3
Bruges (Belgique)	1907	10	n.c.	8,5
Corinthe (Grèce)	1893	6	22	8

Nota. – (1) Écluse 33,5 m. Le canal projeté qui traversait l'isthme de Tehuantepec (Mexique) coûterait 450 millions de $ (Panama en a coûté 367 et le St-Laurent 827) et aurait 218 km de long. Les travaux dureraient 9 ans. (2) Largeur sous 11 m d'eau ; largeur effective du plan d'eau 160 à 200 m.

Canal de Suez

● **Histoire. Avant J.-C.** *V. 2000* 1er canal creusé (Nil et affluents) par le pharaon Senusret III (v. 1489 av. J.-C.). *1300* achevé par les pharaons Sethi et Ramsès II. *590* nouveau canal du pharaon Nechao, terminé par Darius (de Suez au Nil par les lacs Amer et le lac de Timsah). *285-246* élargi au gabarit de 2 trirèmes par Ptolémée II.

Après J.-C. Trajan (96-117 apr. J.-C.) et Hadrien restaurent le canal qui, peu adapté à la navigation, sera plus tard abandonné. *639* rétabli par le khalife Omar, appelé canal d'*Amir El Momeneen*. *775* le khalife Abou Jafar el Mansour fait combler l'embouchure pour défendre l'Égypte contre son neveu le pacha de Médine. *1854*-25-11 acte de concession accordé à Ferdinand de Lesseps. *1859*-25-4 début des travaux du nouveau canal. *1863-66* interruption. *1869*-18-8 travaux terminés. -17-11 inauguré par l'impératrice Eugénie.

● **Statuts. Avant 1956.** Une compagnie, créée par Ferdinand de Lesseps (1805-94), avait été chargée par le pacha Saïd (firmans des 30-11-1854 et 5-1-1856) d'établir un passage entre Méditerranée et mer Rouge. Les terrains nécessaires étaient concédés pour 99 ans. A l'expiration de cette concession (17-11-1968), l'Ég. devait entrer gratuitement en possession du canal, racheter matériel, approvisionnements et immeubles destinés au logement du personnel. Les bénéfices prévus devaient être ainsi répartis : Cie 75 %, Égypte 15 %, fondat. 10 %. Le firman de 1856 posait le principe du libre passage.

Lesseps avait envisagé une Cie universelle, mais en dépit de l'appel adressé aux différentes nations, le capital fut souscrit essentiellement par la France (52 %) et par le vice-roi d'Ég. (44 %), le reste (4 %) se répartissant entre 14 pays. En 1875, à la suite de difficultés financières, le khédive Ismaïl céda ses actions à la G.-B. ; 3 représentants du gouv. britannique entrèrent au Conseil. En 1880, l'Ég. céda sa part de bénéfice au Crédit foncier qui constitua pour le gérer la Sté des parts civiles de Suez. En 1888, le principe de libre passage fut précisé et complété. A la suite de l'occupation anglaise de l'Ég. en 1882, à l'occasion de la crise provoquée par Arabi Pacha, un accord intervint en 1883 : 7 armateurs brit. représentèrent dans le Conseil les intérêts du pavillon brit., le plus important dans le trafic.

Dès le début, il avait été prévu que l'Ég. serait associée à l'adm. du canal (il y eut d'abord un commissaire ég. puis, en 1936-37, 2 administrateurs ég. et 5 en 1949). A la veille de la « nationalisation », le Conseil comprenait 16 Français, 9 Britanniques, 5 Égyptiens, 1 Hollandais, 1 Américain. En 1936-37 une nouvelle redevance de 300 000 livres égyptiennes fut instituée, remplacée en 1949 par une participation fixée à 7 % des bénéfices bruts. A la veille de la « nationalisation », la Cie versait annuellement, au titre de la redevance des impôts payés par elle-même et les porteurs de titres, 4,4 millions de livres égyptiennes.

Si, dès l'origine, le personnel ouvrier fut en majorité égyptien, le personnel employé resta longtemps presque totalement européen. En juill. 1956, sur 910 employés, il y avait 381 Égyp., 311 Français, 118 divers.

Nationalisation. Le 26-7-1956 le c. fut nationalisé (le principe d'indemnisation prévu par la loi ég. fut réglé entre autres par l'accord du 13-7-1958 entre le gouv. ég. et la Cie financière de Suez), ce qui déclencha l'expédition franco-anglaise de Suez (nov. 1956). Le c. fut alors bloqué par des navires coulés de nov. 1956 à mars 1957.

Il fut de nouveau bloqué lors de la g. des 6 jours et resta inutilisable de juin 1967 au 5-6-1975.

L'U.R.S.S. fut, avec l'Égypte, le pays qui pâtit le plus de cette fermeture, toutes les liaisons maritimes à partir des ports de la mer Noire, en direction de l'Afrique et de l'Asie, devant se faire par le cap de Bonne-Espérance.

● **Caractéristiques. Tirant d'eau max.** (en pieds) : *1869 :* 22, *1956 :* 35, *1982 :* 53. **Longueur** (en km) : *1869 :* 52, *1956 :* 173, *1982 :* 195 (dont traversée en lac Amer, 33 km). **Largeur** [(en m) en 1982 et, entre parenthèses, 1869 et 1956)] : *du plan d'eau :* 365 (52, 160) ; *de la voie navigable :* 190 (44, 110) ; *min. sous 11 m d'eau :* 160 (0, 60). **Section mouillée du canal** (en m²) : *1864 :* 304, *1950 :* 1 250, *1982 :* 3 600.

Amélioration. 1° *1976-80 :* but : permettre le transit à des pétroliers jaugeant 150 000 t (à pleine charge) et 370 000 t (sur lest), élargissement de la section mouillée de 1 800 à 3 700 m³ entre Port-Saïd et le km 61, et 3 400 m³ du km 61 à Suez, et approfondissement pour permettre le passage de navires avec un tirant d'eau de 53 pieds. 3 dérivations : au km 17 ; du km 76,6 à 81,7 ; du km 95 à 104. *Coût :* 1 275 millions de $, recettes prévues 800 millions de $ par an. *1980 oct.* inauguration d'un tunnel sous le canal (1 640 m, 51 m de prof., 150 millions de $). *1980-16-12* inauguration des 1ers travaux : coût 1 275 millions de $. *1985-27-2* inauguration de la drague hydraulique de Obur-Port Saïd (19 810 CV) avec tonnage max. de 10 653 t (long. 116,3 m, larg. 20,8 m, haut. 10,5, tirant d'eau à pleine charge 8,5, prof. max. pour le déblaiement 35, prof. naturelle pour le déblaiement 25 pieds). *Coût :* 21 millions de $. *23-2* début de l'élargissement de la rive est du canal (50 m). Fin des travaux en 1987.

● **Trafic.** *Moyenne par jour : navires : 1869* 3, *1956 :* 40, *1984 :* 58,4 (record 94 le 25-2-1981) : *tonnage (t) : 1869 :* 1 200, *1956 :* 424 000 (record 2 000 000 t le 2-3-1981), *1984* (t. annuel) : 371 039 000. *Recettes* (millions de livres) : *1956 :* 32, *1980 :* 459, *1981 :* 622, *1982 :* 770. *Plus gros pétrolier qui ait transité : 21-1-1985,* Hetin 160 000 t (à plein) ; *27-2-85,* Beyuk Selkiko 423 000 t (à vide).

Transit. *Durée :* env. 15 h. Se fait en 3 convois (2 de Port-Saïd, 1 de Suez) avec pilotage obligatoire (pour tous les navires de + de 300 t et tous les pétroliers, 11 stations de pilotage, tous les 10 km, env. 300 pilotes). *Vitesse max. :* 13 à 14 km/h.

Distance du golfe Persique (en milles marins) via Le Cap et, en italique, via le canal : Europe du N.-Ouest 11 100 *6 450 ;* côte est U.S.A. 12 000 *8 300.*

Le canal raccourcit de 17 à 60 % les distances entre l'Asie et l'Europe. La traversée d'un cargo de 18 000 t entre l'Europe du Nord et le Japon coûtait ainsi v. 1980 13 000 $ de moins par le canal que par Le Cap malgré 11 900 $ de passage du canal et 25 000 $ d'assurance.

Le voyage par Le Cap dure en moyenne 2 mois aller-retour, et l'équipage des pétroliers est embarqué pour 4 mois (jusqu'à 6 si le navire ne revient pas en Europe).

Canal de Panama

● **Origine.** *1524* Charles V d'Espagne fait étudier un projet de canal. *1880-81* le Français Ferdinand de Lesseps forme une équipe pour construire un canal le long de la voie ferrée reliant Panama et Colon. L'étroitesse de l'isthme (80 km), la présence de lacs et d'un cours d'eau, le Rio Chagres, semblaient favorables. *1889* après 9 ans de travaux (1880-89), la Cie universelle du Canal interocéanique avoue sa faillite [la tâche avait été sous-estimée (on avait envisagé jusqu'en 1881 de pouvoir construire, comme à Suez, un canal à niveau sans écluse), les fièvres tropicales avaient provoqué la mort de 5 527 travailleurs]. Le canal semble condamné, les U.S.A. préférant construire un autre canal au Nicaragua en utilisant le fleuve San Juan et le grand lac de Nicaragua. *1902* l'éruption du mont Pelé (Martinique) rappelle aux Américains le danger que représentent les volcans au Nicaragua. *1903*-4-5 ils rachètent à la Cie fr. ses droits pour 40 millions de $ puis, après avoir négocié avec la G.-B. encore maîtresse de la région, tentent de louer à la Colombie une zone large de 16 km le long du futur canal. Celle-ci étant réticente, le Pt Théodore Roosevelt favorise une insurrection. -3-11 la Rép. de Panama est proclamée. -18-11 tr. signé par le Français Philippe Bunau-Varilla, ingénieur-chef de la Cie, agissant également en tant qu'ambassadeur du nouveau gouv. Les U.S.A. obtiennent le contrôle à perpétuité d'une zone de 16 km de part et d'autre du canal avec tous les droits, pouvoirs et autorité qu'ils posséderaient et exerceraient s'ils étaient puissance souveraine sur ce territoire. Ils s'engagent à verser au Panama une redevance annuelle et garantissent son indépendance. Les travaux sont achevés pour 387 millions de $. *1914*-5-8 ouverture. -15-8 1er navire : le *S.S. Ancon. 1977*-7-9 traité U.S.A. Panama.

● **Scandale de Panama.** En *1887,* Lesseps avait besoin de 600 millions de F ; une émission à lots fut envisagée, mais il fallait l'autorisation de la Chambre des députés. La corruption (organisée par le baron Jacques de Reinach et Cornélius Hertz) se déchaîna et le 9-6-1888, la Chambre autorisa la Cie à lancer l'emprunt à lots. Le public ne souscrivit que pour 1 million. En déc., une nouvelle émission n'eut pas plus de succès. Le 4-2-*1889,* la liquidation de la Cie fut prononcée (près d'un million de petits porteurs furent lésés). En juin *1891,* une instruction fut ouverte contre les administrateurs. En sept. *1892, la Libre Parole* d'Edouard Drumont dénonça les libéralités de Charles de Lesseps (fils de Ferdinand). Le 19-11 des poursuites furent engagées contre les administrateurs pour abus de confiance et escroquerie. Dans la nuit du 19 au 20, Reinach mourut dans des conditions suspectes. Cornélius Hertz partit pour Londres. Le 22-11 une commission parlementaire d'enquête fut instituée. Le 29, le ministère Loubet qui avait refusé d'enquêter sur la mort de Reinach fut renversé. Maurice Rouvier, min. dans le nouveau cabinet d'Alexandre Ribot, dut démissionner. Les talons de chèques, remplis par Reinach et portant les noms des bénéficiaires, parvinrent à la commission chargée de l'enquête. Le 20-12, la levée de l'immunité parlementaire fut demandée contre 3 députés (dont Rouvier et le journaliste Emmanuel Arène) et 5 sénateurs. Ferdinand de Lesseps et son fils Charles furent condamnés à 5 ans de prison. Gustave Eiffel et 2 administrateurs à 2 ans. Tous sauf Charles (qui devait encore être jugé pour corruption) furent libérés le 15-8 (les arrêts avaient été cassés, car il y avait prescription). Dans le procès en corruption, 5 parlementaires et l'administrateur furent acquittés ; seuls furent condamnés l'ancien ministre Balhaut à 5 ans de prison, un complice, Blondin, à 2 ans, Charles de Lesseps à 1 an (il sera libéré en septembre 1893) et Cornélius Hertz à 5 ans, par défaut. A la suite des révélations d'un ancien intermédiaire du baron de Reinach, Léopold Arton, de nouvelles poursuites furent lancées en 1897 contre 3 députés ; ils furent tous acquittés.

● **Caractéristiques.** *Longueur* 64,4 km + avec de chaque côté un chenal dragué de 8 km. *Plus petite largeur* 152,4 m, *profondeur max.* 26 m. *Alt. max.* 26 m qui varie selon les précipitations. 3 *écluses* doubles de 305 m sur 33,50 m. *Tirant d'eau max. autorisé* 12 m, durée de la traversée 8 à 10 h.

Les marées du côté Pacifique sont diurnes (2 hautes, 2 basses par jour avec une différence maximale de 6,92 m) ; du côté Atlantique, elles sont irrégulières, variation maximale 0,95 m. Certains porte-avions et pétroliers géants ne peuvent le franchir en raison du gabarit trop faible des écluses. *Projets :* canal construit au niveau de la mer (plus profond et plus large), à 16 km à l'ouest du canal actuel (long. 98 km, larg. 200 à 400 m, prof. 30 m, pas d'écluse, ouvrable aux navires de 500 000 t, traversée en 2 h).

Trafic. *1981 :* 171,5 millions de t ; *83 :* 170,1 ; *84 :* 141. **Navires.** *81 :* 15 050 ; *83 :* 11 846 ; *84 :* 11 384. Max. 42 bateaux par jour. *Le plus long navire* qui passa par le canal fut le *Marcona Prospector* (le 6-4-73), 296,46 m, *les plus larges,* la gamme des *USS New Jersey* 32,91 m, *le plus chargé* 299 t (15-12-81) *Arco Texas* 65. **Temps moyen de traversée.** 16 à 20 h (canal proprement dit 9 h), *les plus rapides* 2 h 41 mn par l'hydrofoil *USS Pegasus* (20-6-79).

Droits calculés par t ($ 1,46, sur lest, $ 1,83 pour les bateaux chargés). En 1985, en moyenne, un bateau paie 25 000 $. Le canal économise parfois 10 fois le montant des droits par rapport à un détour par la Terre de Feu. *Droits de péage* (millions de $) *81 :* 303 ; *83 :* 287,8 ; *84 :* 289 ; *est. 85 :* 310. *Droits max. payés : Queen Elizabeth II* 99 065,22 $ (24-1-84) ; *min.* 36 cents par Richard Halliburton pour une traversée à la nage (1928).

Voie maritime Atlantique-Duluth

Achevée en 1959. **Écluses :** 13 canadiennes, 6 américaines. **Longueur** 3 770 km (par le St-Laurent, lac St-Louis, St-François, St-Laurent, Ontario, le canal de Welland, lacs Érié, Huron, Michigan, Supérieur). **Capacité** (*dénivellation* 180 m) : navires de 28 000 t mesurant + de 220 m. **Trafic** (1985) en millions de t : section Montréal-lac Ontario 37,3, section Welland 41,9.

Au Pakistan, construction du c. de Tarbela, entre l'Indus et le Jhelum : 102 km, 13 m de profondeur par endroits. Coût 210 millions de F.

Ports maritimes de commerce

Trafic marchandises

Dans le monde

Source : Journal de la Marine marchande.

Ports les plus importants (en millions de tonnes, 1984). Rotterdam (P.-Bas) 239,7. Kobe (Jap.) 157. La

Trafic marchandises et trafic voyageurs en France en 1985

Ports français (classement géographique)	Marchandises (total en t)		Voyageurs (nombre)	
	Entrées	Sorties	Entrées	Sorties
Dunkerque [1]	26 692 000	6 637 000	521 367	520 400
Calais	4 640 258	5 259 756	4 090 414	4 107 048
Boulogne-sur-Mer [2]	1 749 272	1 963 282	1 514 982	1 518 263
Le Tréport	160 224	113 423	–	–
Dieppe	941 604	1 135 462	392 364	382 581
Fécamp	137 623	29 161	–	–
Le Havre [3]	39 471 451	9 263 279	454 305	441 681
Rouen [8]	8 619 311	13 484 389	–	–
Caen-Ouistreham	1 283 895	742 497	–	–
Cherbourg	980 415	1 061 969	478 768	478 768
Granville	108 655	4 726	24 270	24 702
Saint-Malo	1 339 282	226 482	344 920	339 233
Le Légué (St-Brieuc)	223 885	68 600	–	–
Pontrieux	101 000	–	–	–
Roscoff-Bloscon	278 114	222 932	147 970	156 019
Brest [4]	1 597 873	269 387	99	102
Quimper-Corniguel	140 714	–	–	–
Concarneau	121 344	35 116	–	–
Lorient	1 792 206	76 865	–	–
Nantes-Saint-Nazaire [5]	18 967 000	3 896 000	–	–
Les Sables-d'Olonne	207 038	116 359	–	–
La Rochelle-La Pallice	2 888 320	1 197 220	1 000	1 000
Rochefort	116 610	51 611	–	–
Tonnay-Charente	193 435	194 084	–	–
Royan	90 472	–	–	–
Bordeaux [6]	7 166 000	3 523 000	–	–
Bayonne	1 079 054	2 584 841	–	–
Port-Vendres	68 128	110 894	1 642	2 861
Port-La-Nouvelle	943 843	493 980	–	–
Sète	4 342 978	1 777 626	46 988	81 570
Marseille [7]	71 544 427	17 849 965	638 868	724 076
Toulon	324 545	107 987	91 498	87 134
Nice-Villefranche	105 271	240 608	276 929	271 129
Bastia	855 940	417 038	451 658	431 869
Ajaccio	572 982	183 350	237 445	222 233
Porto-Vecchio	61 587	33 459	–	–
Autres ports	780 377	80 835	254 383	250 547
Ensemble des ports métropolitains	*199 103 066*	*75 202 173*	*9 991 272*	*10 044 071*
Ensemble des ports d'outre-mer	*2 557 600*	*956 403*	*130 347*	*130 373*

Nota. – (1) **Dunkerque :** 3e port de France. 1er pour les importations de minerais et charbon. 2 ports : *Est* (trafic classique ind. et commercial, navires jusqu'à 110 000 t), *Ouest* [terminal moderne à conteneurs, trafic trans-Manche, liaisons passages et marchandises avec la G.-B., terminal à pondéreux (minerais, charbon) accessible aux gros vraquiers de 220 000 t puis 300 000 t, appontement pour pétroliers de 300 000 t]. (2) **Boulogne-sur-Mer** : 1er port de pêche de la C.E.E. (+ de 200 000 t de poisson traitées par an), 2e port de Fr. pour voyageurs, équipé de 3 passerelles (dont une à 2 niveaux) pour recevoir les navires transbordeurs. Il existe également une passerelle pour le trafic marchandises roll on/roll off. Pour les marchandises, peut recevoir des navires classiques jusqu'à 230 m de long et 10,50 m de tirant d'eau et des navires rouliers jusqu'à 140 m de long et 7 m de tirant d'eau. (3) **Le Havre :** 2e port de Fr. [1er pour les marchandises diverses en conteneurs. En 1985 : 565 914 conteneurs T.E.U.E.V.P. (équivalent 20 pieds, tonnage total 5 415 744 t)]. Depuis fin 1981, possède l'un des plus grands docks flottants du monde (force de levage de 50 000 t). Le Havre-Antifer (à 20 km au nord du Havre) : mis en service le 17-3-1976, est abrité par une digue de 3 512 m de long ; 2 appontements lui permettent de recevoir les plus grands pétroliers du monde (550 000 tpl). (4) **Brest** : dispose depuis 1980 d'une station de soutage et de déballastage, de 5 quais de réparation à flot et de 3 formes de radoub dont la plus grande (420 × 80 m) permet l'accueil des plus gros pétroliers du monde : grand centre français de réparation navale sur l'Atlantique. En 1983, mise en service de silos, capacité actuelle 32 000 t. (5) **Nantes-St-Nazaire :** 4e port de France. (6) **Bordeaux** : le port se développe essentiellement sur Le Verdon (pétroliers de 300 000 t et porte-conteneurs de 30 000 t) et Bassens (céréaliers, transp. de bois, minéraliers de 80 000 t, etc.) ; travaux pour accueillir des navires de 120 000 tpl à mi-charge dès la fin du IXe Plan. (7) **Marseille-Fos** : 1er port de Fr., 2e d'Europe, trafic (millions de t) *1981 :* 97 ; *82 :* 91,56 ; *83 :* 86,62 ; *84 :* 88,01 ; *85 :* 89,39 ; peut recevoir des navires de 400 000 tdw. Postes offrant des tirants d'eau de 7 à 23,50 m. Forme de radoub nº 10 (465 × 85 m) la plus vaste de la C.E.E. Une forme de construction navale et de radoub (mixte) plus vaste existe à Lisbonne (Lisnave). (8) **Rouen** : à 120 km de la mer et accessible aux navires de 140 000 t. Comprend les ports de Honfleur (quai en Seine), Port-Jérôme, Radicatel, St-Wandrille-Le Trait et Rouen. 1er port de France d'exportation (hors prod. pétroliers) : seul port à avoir un trafic plus important à l'exportation qu'à l'importation. 3e port français pour le trafic des conteneurs. 1er port européen d'exportation de céréales (8,7 millions de t en 1985).

Nouvelle Orléans (U.S.A.) 151,9 [2]. Chiba (Japon) 136,9 [2]. Yokohama 117,5. Singapour 111,9. Nagoya 103 [2]. Anvers (Belg.) 90,3. *Marseille (France) 88.* Osaka (Jap.) 84 [2]. *Le Havre (France) 53,9.* Hambourg (All. féd.) 53,5. Hampton-Roads (U.S.A.) 47,7 [2].

Autres ports importants (en millions de t, 1984). *Afr. du S. :* Richard's Bay 43,5, Durban 20,9, Saldanha Bay 11,7. Port-Elizabeth 5,7, Le Cap 5,5. *Algérie :* Arzew 24,4 [1], Bejaia 11,5 [1], Skikda 10 [1]. *All. dém. :* Rostock 15,15 [2]. *All. féd. :* Brême-Bremerhaven 28,5, Wilhemshaven 21,3. *Arabie Saoudite :* Damman 14,8 [2]. *Australie :* Dampier 40,7, Port Hedland 36,6, Sydney 33,6, Gladstone 23,1, Melbourne 19,8, Port Kembla 16,9, Fremantle 13,4. *Bangladesh :* Chittagong 5,4 [2]. *Belgique :* Gand 26,6, Bruges-Zeebrugge 12. *Brésil :* Santos 29,8, Rio de Janeiro 17,6 [2]. *Canada :* Vancouver 59,3, Lakehead 25,5 [2], Montréal 23,8, Sept-Iles 23,1, Québec 17,7. *Canaries :* Santa-Cruz de Ténériffe 12,1. *Colombie :* Carthagène 8 [2]. *Congo :* Pointe-Noire 8,2 [2]. *Côte-d'Ivoire :* Abidjan 8,3. *Danemark :* Copenhague 7,6, Esbjerg 4,1 [2]. *Espagne :* Bilbao 23,6, Tarragone 21,3, Algesiras-La-Linea 18,3, Barcelone 18,1, Gijon 10,9, Huelva 9,5, Valence 8,6. *Finlande :* Helsinki 6,7, Kotka 5,3. *France :* voir ci-dessus. *Grèce :* Le Pirée 15,2, Salonique 9,5. *Hawaï :* Honolulu 6,2 [1]. *Hong Kong :* 47,4. *Inde :* Bombay 23,7 [2], Mormugao 13,2 [2], Madras 14,1. *Indonésie :* Surahaya 7 [2]. *Israël :* Ashdod 7,2, Haïfa 5,1. *Jordanie :* Aqaba 13,6. *Italie :* Gênes 44,2, Trieste 26,3 [2], Venise 24,8, Naples 14,9, Livourne 13,3, Savone 12,3, Ravenne 11,3 [2], La Spezia 8,5. *Kenya :* Mombasa 6,2 [2]. *Koweit :* Shuwaikh 12,4. *Liberia :* Buchanan 10,2 [1]. *Malaisie :* Keelang 12,3, Penang 7,9. *Maroc :* Casablanca 23,1. *Nigeria :* Lagos-Apaga 9,4 [2], Port-Harcourt 28,1. *Norvège :* Narvik 14,5, Oslo 5,1. *Nlle-Calédonie :* Nouméa 2,6. *Nlle-Zélande :* Auckland 6,8, Wellington 5,3 [2]. *Pakistan :* Karachi 14,9. *P.-Bas :* Amsterdam 27,1, Ijmuiden 15,6, Terneuzen 15,3. *Pologne :* Szczecin-Swiniowjscie 23,3, Gdansk 21,6, Gdynia 11,2. *Portugal :* Lisbonne 11,8 [1], Leixoes 8,4. *G.-B. :* Londres 41,7 [2], Tees-Hartleypool 32,3, Milford-Haven 31,8, Estuaire du Forth 29,7, Southampton 22 [2], Manchester 11,6 [2], Liverpool 10,5, Douvres 8,8. *Suède :* Göteborg 23,4, Helsinborg 8,2 [2], Malmö 5,5, Stockholm 4,9. *T'ai-wan :* Kashsiung 53,8, Keelung 14,2. *Thaïlande :* Bangkok 23,4 [2]. *Tunisie :* Bizerte 3,4, Sfax 3,4, Tunis-la-Goulette 2,9. *U.S.A. :* Tampa 49,3, Houston 47,2, New York 43,5 [2], Long-Beach 43,2 [2], Los Angeles 30,8 [2], Baltimore 21,6 [2], Seattle 16,1 [2], Port-Everglades 12,6. *Yémen :* Aden 7,7 [2]. *Yougoslavie :* Rijeka 18,6.

Nota. – (1) 1982; (2) 1983.

Quelques records. Brise-lames. En granit de Galverston Texas (U.S.A.) 10,850 km. **Jetée.** Damman (Arabie Saoudite, 1 948,50) 10,930 km ; en eau profonde, quai Hermann du Pasquier (Le Havre, France) 1 524 m, prof. 9,8 m, fait partie d'un bassin fermé. **Prof. d'eau à quai.** Antifer 28,5 m, Fos 23,5 m (accès possible aux navires de 400 000 tpl). **Porte de bassin.** Nigg Bay (Écosse, 1976) 124 m de long, béton armé 16 257 t.

En France

Statistiques globales. Il est *entré* en 1985 dans les ports de la métropole 74 405 navires totalisant un volume taxable (en m^3) de 1 374 347 834. *Entrées et sorties* (1985, en millions de t) : marchandises transportées 274,30 dont produits pétroliers 144,10. Marseille 89,39, Le Havre 48,73, Dunkerque 32,16, Nantes-St-Nazaire 22,8, Rouen 22,1, Bordeaux 10,5, Calais 9,8, Sète 5,6, La Rochelle 4,8, Bayonne 3,4, Boulogne 3,7, Dieppe 2,4, Caen 2,4, Cherbourg 2,1, Brest 1,8, Lorient 1,9, St-Malo 1,6.

Transport des marchandises selon le mode de conditionnement (poids brut, entrées et sorties, en millions de t, 1984, et entre parenthèses en 1973). *Vrac liquide :* 152,1 (219,5) dont prod. pétroliers : 144,1 (214,2). *Vrac solide :* 69,7 (45,2). *Autres que les vracs :* 50,8 (30,2) dont conditionnés : 17,8 (14,4), unités de charges (plateaux, remorques, etc.) 6,4 (3,8), conteneurs de + de 6 m : 12,7 (2,8), colis non conditionnés de 15 t et – : 7,6 (5,1), colis non conditionnés de + de 15 t : 0,36.

Port le plus petit de France. Port Racine, St-Germain-des-Vaux (Manche). Dimensions : 45 m × 20 m, entrée 8 m.

Tunnels sous-marins

Tunnel sous la Manche

Quelques dates. 1751 Desmarets (un ingénieur) lance l'idée d'un tunnel. **1802** 1er projet (souterrain avec route pierrée) de l'ingénieur français Albert Mathieu-Favier, remis après la paix d'Amiens à Bonaparte, 1er Consul. **1803** projet Tessier du Mottray (tube de fer). **1834** Thomé de Gamond propose le projet d'un tunnel de tubes métalliques. **1835** voûte sous-marine en béton coulée au fond de la mer. **1836** bac flottant, d'une jetée française à une jetée anglaise, toutes deux fort longues. **1840** isthme artificiel au moyen de blocs de béton immergés au fond du chenal. **1846** pont mobile. **1852** pont et viaduc avec 400 tubes de fer jetés sur des arches de granit. **1855** cubes soudés, posés sur le fond marin, avec, aux extrémités, 2 parties creusées. **1869** Angleterre et France créent un Channel Tunnel Committee financé du côté français par les Rothschild, du côté britannique par Lord Richard Grosvenor. **1872** fondation de la Channel Tunnel Cy par Lord Grosvenor. **1875** fondation de la Sté concessionnaire du chemin de fer sous-marin entre France et Angleterre. Obtention d'une concession de 99 ans pour exploiter le tunnel. **1878-83** forage à Sangatte (France) du puits des Anciens : prof. 92,50 m d'où part une galerie de 2,14 m de diam., 1 840 m de long sur 5,4 m de diamètre ; près de Douvres, à Abbots-Cliff et à Shakespeare-Cliff (G.-B.) : 2 galeries de 1 800 m et 800 m, arrêt des travaux ordonné en G.-B. pour raisons militaires.

1956 la Compagnie financière de Suez se rapproche des Compagnies anglaise et française et constitue en 1957 le *Groupement d'études du tunnel sous la Manche* qui, en 1964-65, mène une campagne de forages en mer. *Capital du groupe* (au 1-1-75) 80 millions de F partagés sensiblement par moitié entre la Sté fran-

Pas de Calais

Largeur 35 km. Trafic Manche-mer du N. env. 300 navires par j, trafic Grande-Bretagne-Continent env. 300 navires par j. *Visibilité :* inf. 1 jour sur 2 à quelques milles, et plus du 1/4 des périodes de vent dépasse la force 8 Beaufort. *Réglementation en vigueur dep. 1967 :* voie montante le long des côtes françaises, descendante le long des côtes britanniques ; les chenaux sont réservés aux gros pétroliers ; centres d'information et de surveillance à Langton-Battery (Douvres) et au cap Gris-Nez.

Pont sur la Manche

Projets. 1836 Aimé Thomé de Gamond (ingénieur français), n. 1807, se ralliera, en 1857, au projet de tunnel. **1860** projet de Gustave Robert (jetée de 32 km, haut. 6 m, avec 4 voies ferrées et percée de 2 passes pour la circulation maritime). **1869** Boutet (Français), pont suspendu de 30 km de portée sans piles intermédiaires, puis avec 2 piles et 10 travées intermédiaires. **1870** Vérar de Sainte-Anne. **1884** une Sté d'études pour l'élaboration d'un projet de voie ferrée à ciel ouvert et pour l'obtention des concessions nécessaires à l'établissement d'un pont est créée : The Channel Bridge and Railway Company limited (capital 5 000 000 F divisé en 50 000 parts). **1889** Hersent et la Cie Schneider, pont de 38 600 m à 56 m au-dessus de l'eau, portée de 600 m, coût 4,25 milliards de F or. **1890** nouveau projet cap Blanc-Nez-South Foreland en ligne droite, long. 33 450 m, 72 piles (45 m × 20 m au-dessus des plus hautes mers) supportant 73 travées métalliques de 400 et 500 m à 68 m au-dessus du niveau des basses mers. **1960-**27-12 constitution de la Sté d'études du pont sur la Manche (S.E.P.M.), Pt Jules Moch, projet de pont 33 km, 130 appuis, abandonné en 1963-64. **1980-81** projets de ponts suspendus. Voir ci-contre.

Trafic trans-Manche

En 1983 (passagers en milliers, entre parenthèses véhicules en milliers, en italique fret en milliers de t). Dunkerque 944 *4 413*, Calais 7 827 (929) *7 232*, Boulogne 3 998 (222) *1 329*, Dieppe 892 (844) *1 198*, Le Havre 829 *10 592*, Cherbourg 918 (140) *1 661*, Granville 484 *20*, Saint-Malo 719 (90) *326*, Roscoff 214 (38) *354*.

çaise et la Sté britannique, celles-ci constituant le Groupe du Tunnel sous la Manche.

1973-*17-11* après la signature de la Convention n° 2 entre le Groupe (privé) et les 2 gouvernements, et signature d'un traité entre les 2 États (qui devait être ratifié avant 1-1-75), les travaux commencent des deux côtés du détroit. Achèvement prévu fin été 1980. **1975-***1-1* pour des raisons économiques, le gouv. britannique renonce à ratifier le traité, le gouv. français doit rembourser aux Stés les capitaux (privés) déjà engagés (500 millions de F partagés également entre les 2 gouvernements). Les travaux (300 m du côté français sur le 1,5 km prévu entre nov. 73 et juill. 75, 400 m du côté brit. sur 2 km prévus), dont une grande partie sous la mer, ont été stoppés le 20-1-75. Les mesures conservatoires exécutées, l'ouvrage réalisé a été envahi par les eaux. *Caractéristiques prévues :* l'ouvrage, creusé sur 49,26 km (dont 37 sous la mer), devait comprendre 2 tunnels (de 6,85 m) et 1 galerie de service (4,5 m) partant, l'un de Sangatte, l'autre entre Douvres et Folkestone. Profondeur max. 107,30 m sous le niveau moyen de la mer. *Vitesse moyenne des trains :* 140 km/h. *Durée moyenne du trajet dans le tunnel :* 31 mn de terminal à terminal. *Trajet Paris-Londres* pour les trains type T.E.E. : 3 h 40 ; pour les trains à très grande vitesse : 2 h 40. *Coût total prévu* (juin 73) : travaux seuls : 5 286 millions de F.

1981 *sept.* dossier réouvert. **1982** *juin* rapport rendu. **1984** *mai* un groupe de 5 banques françaises et britanniques concluent une liaison fixe et finançable. **1985-***2-4* consultation lancée. *-31-10* 4 propositions présentées : 3 assurent le trafic ferroviaire et routier sans rupture de charge (Eurobridge-Europont 68 milliards de F, Eurorowte 54, Transmanche-Express-Channel Expressway 25), 1 offrant navettes ferroviaires pour véhicules routiers et trains classiques (France-Manche-Channel Tunnel Group. **1986-***20-1* ce dernier est retenu ; *-11-2* traité signé à Canterbury ; *-14-3* acte de concession pour 55 ans à dater de la ratification du tr. France G.-B. prévue printemps 87.

Projet de tunnel retenu

Caractéristiques. *Tunnels :* 2 ferroviaires (diam. 7,3) parallèles, distants de 30 m, forés à 40 m sous le fond de la Manche, soit au max. à 100 m au-dessous du niveau de la mer. Des voies de passage permettent au double tunnel de rester en service même en cas de fermeture de l'une des sections. 1 galerie de service (diam. 4,5 m) située entre les 2 tunnels auxquels elle est reliée tous les 375 m. Longueur : 50,5 km dont 37 sous le détroit.

Coût (en milliards de F). 27,3 (besoin de financement total 51,7 comprenant assurances, conception, contrôle des travaux 4,3, inflation 10,5, intérêts 9,6) dont terminaux de surface 4,5, tunnels 13,7, équipements fixes 6,4, matériel roulant 2,7.

Trafic. Trains passagers (T.G.V. possible), marchandises. Navettes de 800 m de long, capacité 200 voitures ou 35 camions ; les conducteurs de voitures, autocars, poids lourds y accèdent directement. Formées d'1 ou 2 rames, les navettes partent toutes les 3 mn en période de pointe, elles offrent une capacité de 4 000 véhicules/h par sens, supérieure à celle d'une autoroute à 2 fois 2 voies. Temps de traversée entre Cheriton G.-B. et Frethun France (près de Calais) : 30 mn, trains directs 20 mn à 160 km/h. Paris-Londres en 4 h 30 (par T.G.V. 3 h 15).

Tarif (en F). Automobiliste 250, passager autocar 67, train 80.

Creusement. 500 m par mois de chaque côté. *Durée des travaux :* 7 ans. *Mise en service en 1993.*

Participants. *Français :* Bouygues, Dumez, S.A.E.-Borie, Sté générale d'entreprises, Spie-Batignolles, Crédit Lyonnais, Banque nationale de Paris, Banque Indosuez. *Britanniques :* Balfour Beatty, Costain U.K., Tarmac, Taylor Woodrow, Wimpey, National Westminster Bank, Midland Bank. **Pts.** *Français :* Jean-Paul Parayre. *Brit. :* Sir Nicolas Henderson.

Europont. Partenaires. Nord-France ; Ballot S.A. ; F.B.M. Construct (filiale de la Sté belge des bétons) ; Chantiers modernes ; Banque Neuflize, Schlumberger, Mallet ; Continental Trust. ICI Fibres ; Laing International... *Coût :* 50 milliards de F dont tunnel ferroviaire 8 à 10. *Travaux :* 5 ans. 7 travées d'env. 5 km, piles de 340 m de haut, câbles porteurs diamètre 1,40 m et suspentes en kevlar (6 fois plus léger que l'acier). Les véhicules circuleraient sur le pont dans un tunnel (35 km, suspendu à 70 m au-dessus de la mer : 2 niveaux de 6 voies chacun). 18 000 véhicules/h.

Euroroute. Partenaires. Alsthom ; G.T.M. Entrepose ; Cie Gén. Électricité ; Usinor ; Paribas ; Sté générale. British Ship Builders ; British Steel Corporation ; John Howard ; Kleinwort-Benson ; Trafalgar House ; Barclay's Bank. *Coût :* 57 milliards de F. *Travaux :* 6 ans. Combine pont et tunnel. Pont à haubans (câbles d'acier) côté français 7 km, côté anglais 8,5, portée 500 m, suspendu à 50 m. Rampes hélicoïdales de 2 km rejoignant 2 îles artificielles. Entre elles : tunnel immergé de 21 km dans une tranchée avec 2 routes à 2 voies superposées. *Vitesse autorisée (km/h) :* sur le pont 100, rampes de descente 60, tunnel 80. *Traversée :* 30 mn. *Débit :* 25 000 véhicules/j dans les 2 sens. Pas d'arrêt + de 3 j par an [brouillard (visibilité inférieure à 200 m) 72 h par an].

Tunnels japonais

Shimonoseki (1974). 11 km. **Shin-Kanmon.** 18,7 km. **Seikan** (1971-87). 53,85 km dont 23,3 km sous la mer à env. 240 m au-dessous du niveau de la mer et 100 m au-dessous du fond marin ; galerie de 9,6 m de diamètre intérieur avec une double voie ferrée de 1,435 m + tunnel de service, 3 m de diam. *Coût* (1985) : 21 milliards de F (690 milliards de yens). Très contesté en 1970, on escompte 25 millions de personnes par an, *en 80 :* 2,1 (concurrence avion-ports).

Signalisation maritime

Moyens utilisés

Ondes lumineuses et sonores. Phares et feux : depuis l'Antiquité, les phares furent d'abord éclairés par des brasiers (feu de bois ou de houille), puis à partir de la fin du XVIIe s. (1696, phares d'Eddystone, G.-B.) par des chandelles et des lampes. (En 1782, le ph. de Cordouan était éclairé par 80 lampes à mèche plate dégageant beaucoup de fumée.) En 1784, Argand construisit une lampe à double courant d'air (la mèche en forme de cylindre creux enfermée dans une cheminée de verre). En 1783, Teulère imagina comme réflecteur des miroirs polis qu'il faisait tourner (système catoptrique adopté à Dieppe par Borda en 1784). En faisant varier la vitesse de rotation et la disposition des miroirs, on pouvait donner à chaque phare une « identité » particulière. On utilisa des lampes à huile de colza (puis à partir de 1857, à l'huile minérale).

Arago et Fresnel préconisèrent des lampes à mèches concentriques (jusqu'à 5 ou 6), puis Fresnel imposa des appareils dioptriques. Il remplaça la lentille ordinaire par une lentille à plan convexe dont la face de sortie était taillée en échelons. Ainsi les rayons lumineux formaient à la sortie de l'appareil un faisceau lumineux parallèle. L'électricité fut utilisée pour la 1re fois en G.-B. en 1859 (en France, en 1863, ph. de la Hève).

La plupart des phares sont sur les côtes, d'autres sur des îlots ou des écueils immergés à haute mer. Le 1er phare important établi ainsi fut en France le phare des Héaux de Bréhat (1836-40).

Autres moyens. Balises, bouées, bateau-feu, bouées-phares, avertisseurs sonores.

Ondes électromagnétiques. Radiophares maritimes, chaînes « Decca », « Loran » et « Toran », Rana P 17, Omega différentiel, radars, balises-radar, réflecteurs radar, système Sylédis.

Phares célèbres

Le Service des phares et balises gérait (au 1-1-1985) : *Métropole :* 1 088 phares et feux, 18 bordures lumineuses, 36 radiophares, 1 bateau-feu, 11 radiobalises, 708 bouées lum., 3 bouées-phares, 2 338 balises, amers et bouées non lum. *D.O.M. :* 119 phares et feux, 8 bordures lum., 1 radiophare, 129 bouées lum., 87 balises, amers et bouées non lum. *T.O.M. :* 126 phares et feux, 30 bouées lum., 1 255 balises, amers et bouées non lumineuses.

Légende. Date de construction en ital. P : portée nominale en milles (portée par visibilité météorologique de 10 milles). I : intensité en millions de candelas. Le 2e chiffre indique l'intensité lorsque l'éclairage est assuré par lampe à arc (par temps de brume). H : hauteur en mètres du foyer au-dessus du niveau de la mer (Méditerranée) ou au-dessus des hautes mers (Manche, océan Atlantique).

Cap Gris-Nez (P.-de-C.) *1837.* P 26, I 1,3/25. H 72. **La Canche** (P.-de-C.) *1852.* P. 25. I 0,92. H 53,65. **L'Ailly** (Seine-Mar.) *v. 1775.* P 31. I 6. H 95,33. **Antifer** (Seine-Mar.) *v. 1835.* P 30. I 4,3. H 128. **La Hève** (Seine-Mar.) *1774.* P.24. I 0,55. H 123,2. **Gatteville** (Manche) *1775* et *1835.* P 29. II 3/6. H 72,35 ; hauteur de la tour 71 m. Contrôle le trafic de la Manche en provenance de l'Europe du Nord (ce qui représente plusieurs dizaines de milliers de navires par an). **Carteret** (Manche) *1839.* P 26. I 1. H 80,6. **Cap Fréhel** (C.-du-N.) *1695.* P 28. I 2,5. H 85,3. **Roches Douvres** (C.-du-N.) *1868.* P 28. I 2. H 60. **Ile de Batz** (Fin.) *1836.* P 23. I 0,35. H 69. **Ile Vierge** (Fin.) *1845.* P 27. I 1,5. H 77 hauteur de la tour 75 m **Creac'h d'Ouessant** (Fin.) *1862.* P 34. I 20. H 69,7, hauteur de la tour 47

Phares

Le plus ancien : *Égypte :* Alexandrie. *France :* Cordouan, édifié sous Louis le Débonnaire, rebâti en 1362-70, puis en 1584-1610, agrandi par la suite (1788-89). *La plus grande portée :* l'Empire State Building New York U.S.A., haut. 332 m, 4 lampes à arc au mercure (mise en service en 1956), puissance 450 millions de bougies, visible au sol à 128 km de distance, à partir d'avion à 490 km. *Le plus haut :* tour d'acier du parc Yashimita, Japon, 106 m, puissance 600 000 bougies, visible à 32 km.

Le plus puissant du monde : le Creac'h à Ouessant. Il devait être supplanté en 1987 par un phare à 25 milles au S.-O. d'Ouessant. Projet abandonné en mai 1986 [tour de 70 m de haut sur plate-forme à 30 m au-dessus de la mer. L'ouvrage aurait résisté à un courant de 2 m/s, un vent de 200 km/h et une houle de 30 m de haut. *Portée :* feu et balise répondeuse de radar 25 à 30 milles (46 à 56 km) ; radiophare 100 milles (185 km) ; avertisseur sonore 2 milles (3,6 km). Ce phare aurait permis de repousser de 25 milles au large la circulation, estimée trop proche de la côte bretonne. Coût total estimé à + de 550 millions de F].

m. Allumé en 1862, le feu était alimenté par huile minérale, puis en 1939 il fut électrifié. Feu constitué de 4 optiques (de 2 panneaux chacun) réparties sur 2 étages. On obtient 8 faisceaux lumineux groupés 2 à 2 de telle sorte que les navigateurs voient un groupe de 2 éclats. Il guide environ 50 000 navires par an qui doublent la pointe du Finistère. **Saint-Mathieu** (Fin.) *1740.* P 29. I 4. H 55,8. Il possède un feu à huile. Aujourd'hui, l'éclat électrique a une portée de 53 km. **Ile de Sein** (Fin.) *1839.* P 29. I 3. H 48,9. **Eckmülh** (Fin.) *1797.* P 24. I 0,55. H 60,09. **Belle-Ile** (Morbihan) *1836.* P 28. I 2. H 87,25. **Ile d'Yeu** (Vendée) *1829.* P 24. I 0,55. H 56. **Chassiron** (Ch.-Mar.) *1680.* P 28. I 2,1 H 50,1. **La Coubre** (Ch.-Mar.) *1905.* P 28. I 2. H 64,5. **Ile-de-Ré** (Ch.-Mar.) *1854. Ph. des Baleines.* P 27. I 1,5. H 52,60. **Cordouan** (Gironde) *1586-1611.* H 60,3. Secteur blanc P 23. I 0,35. Secteur rouge P 19. I 0,07. Secteur vert P 19. I 0,07. **Cap Ferret** (Gironde) P 26. I 1,2. H 53,43. Tour de 52 m construite entre 1946 et 1947 pour remplacer l'ancienne (1840) que les Allemands devaient faire sauter en 1944. **Biarritz** (Pyr.-Atl.) *1830.* P 29. I 3. H 73,2. **Cap Béar** (Pyr.-Or.) *1836.* P 30. I 4,8. H 79,67. **Mont St-Clair** (Hér.) *v. 1900.* P 29. I 4. H 93,05. **Le Planier** (B.-du-R.) *1771.* P 27. I 1,6. H 67,74. **Porquerolles** (Var) *1837.* P 29. I 3. H 80. **La Garoupe** (Alpes-Mar.) *1837.* P 29. I 3. H 103,7. **La Giraglia** (Corse) *1848.* P 29. I 3. H 85,2.

Surveillance de la navigation maritime

Dépend du secrétariat d'État chargé de la mer. Assurée par les moyens nautiques de la Marine nationale, des Douanes et des Affaires maritimes et par 5 **Cross** (Centres régionaux opérationnels de surveillance et de sauvetage) dépendant du Secrétariat d'État chargé de la Mer, à Gris-Nez, Jobourg, Corsen, Étel, Toulon-Lagarde ; et 2 **sous-Cross** : Soulac (permanent) et Agde (saisonnier). Gris-nez, Jobourg et Corsen disposent d'un équipement technique permettant un contrôle permanent de la circulation maritime. *Activités* (1983). *Pas de Calais (Gris-Nez)* : 6 389 navires suivis dans le cadre du système MAREP et 3 072 pétroliers dans celui du système national de surveillance, 1 540 contrevenants détectés dont 540 identifiés. *Casquets (Jobourg)* : 5 786 navires suivis (système MAREP) et 1 903 pétroliers (système nat. de surv.), 191 contrevenants détectés dont 133 ident. *Ouessant (Corsen)* : 53 569 navires détectés, 14 951 ident., 376 contrevenants détectés dont 253 ident.

Pour les infractions commises dans les eaux territoriales, les procès-verbaux sont transmis aux Aff. maritimes et donnent lieu à renvoi devant les tribunaux maritimes commerciaux fr. Pour les infractions commises en eaux internat., les procès-verbaux font l'objet d'une transmission à l'État du pavillon.

Transports routiers

Véhicules

Quelques dates

Traction animale

Antiquité. Les véhicules à roues étaient connus (ex. Égypte, Assyrie, Phrygie). **IXe s.** L'usage des voitures disparaît presque complètement (on ne garde que les animaux de selle ou de bât et les litières). **Xe s.** Le collier d'épaules améliore le rendement du cheval de trait. **XIIIe s.** L'usage des voitures revient (charrettes pour marchandises, chars non suspendus pour voyageurs). **XIVe s.** Apparition d'entreprises particulières de messageries. **XVe s.** Amélioration du confort (chars à chaînes ou chariots branlants dont la caisse est suspendue avec des chaînes). **XVIe s.** *1res grandes voitures de transport* en commun (coches). *1er service public* Paris-Orléans (1571).

XVIIe s. *1er service à Paris de transport public par chaises à porteur.* Carrosses de louage. Suspension perfectionnée avec les chaises de poste, carrosse (voiture de cour), coche (moins logeable), patache, gondole, galiote (plus léger), carabas (cage d'osier à 8 chevaux). **1691** *apparition de la diligence* (coche à 4 roues, suspendu et couvert, parcourant 23 lieues par jour : Paris-Lyon en 5 j l'été, 6 l'hiver).

Véhicules à vapeur

XVe s. Projet de véhicules de Léonard de Vinci et de Salomon de Caus († 1635).

1680 *1er chariot actionné par éolipyle* (un jet de vapeur frappe une roue à aubes et propulse le chariot par réaction). Newton construit un véhicule à chaudière sphérique à vapeur. **1687** *1re automobile* (à vapeur, 60 cm de long), de Ferdinand Verbiest, jésuite belge ; décrite dans son *Astronomia Europea.*

1769 *1er fardier automobile,* à 3 roues, du Français Nicolas-Joseph Cugnot (1725-1804), construit sur l'ordre du duc de Choiseul, aux frais du roi : 2 cylindres en bronze, long. 378 mm, diam. 325 mm. Transporte 4 personnes, et parcourt 1 800 à 2 000 toises (3 500 à 3 900 m à l'heure). **1771** *2e fardier* de Cugnot (visible au Conservatoire des Arts et Métiers, à Paris). Vitesse env. 3,5 km/h, capacité de charge 5 t. *Inconvénients :* chaudière trop petite, le conducteur doit s'arrêter toutes les 10 mn pour que la pression de la vapeur remonte ; moteur en porte-à-faux à l'avant. **1784** James Watt (1736-1819) : brevet pour une voiture à vapeur. William Murdoch (1754-1839) : brevet pour un tricycle à vapeur.

1801 *1re locomotive routière* « Traveling Engine » des Anglais Richard Trevithick Jr (1771-1833) et Andrew Vivian. **1821 et suivantes** Diligences à vapeur de Julius Griffith, David Gordon, Goldworthy, Gurney (1793-1875). **1827** Brevet du Français Onésiphore Pecqueur (1792-1852) pour véhicule, avec *différentiel.* **1830** Trevithick installe un petit circuit avec machine à vapeur sur rail et admet le public, moyennant finance, à exécuter quelques tours de circuit. 1re application publique de la machine à vapeur. **1835** *1er service régulier automobile* en France entre Paris et Versailles, par remorqueur routier Charles Dietz (1801-88). **1855** Lotz, Cail, Albaret : construction de locomotives routières. **1861, 1865** Les *locomotives Acts* en G.-B. restreignent l'usage des locom. routières dangereuses pour les passants et usant les routes. Les loc. à vapeur ne peuvent rouler à plus de 6 km/h en campagne (3 en ville), un homme à pied agitant un drapeau rouge doit les précéder. **1868** 1re voiture de Ravel (1832-1908) avec chaudière chauffée au pétrole. **1870** Un tracteur à vapeur (firme Aveline et Porter, G.-B.), mieux suspendu, peut remorquer 33 t à 7,5 km/h. **1872-83** Constructions d'Amédée Bollée (1844-1917) : **1872** un char à vapeur « L'Obéissante » 4 cyl. groupés 2 à 2, poids (en charge + 12 voyageurs) 4,8 t, vitesse 20 km/h. **1878** « La Mancelle » 4 cyl. verticaux (musée de Compiègne). **1879** « La Marie-Anne » locomotive routière de 28,3 t, vitesse 10 km/h, voyage dans le S.-O. et Pyrénées. **1880** « La Mancelle » et un omnibus fermé, conduite intérieure, roues indépendantes « La Nouvelle ». **1881** « La Rapide ». **1885** Le « Mail coach » pour le Mis de Broc. Tous ces véhicules ont participé à des démonstrations à l'étranger (Autriche, Italie, Russie). Ses 3 fils Amédée, Léon et Camille se consacreront à la voiture à pétrole. **1884**-*12-2* Brevet de moteur à gaz d'Édouard Delamare Deboutteville. Tricycle (à vapeur) du Mis Albert de Dion (1856-1946), de Trépardoux et Georges Bouton (1847-1938). **1885** Tricycle de Merelle à roue motrice. Camion à vapeur qui peut transporter 5 t, de Trépardoux. Quadricycle à roues arrière directrices et transmission par courroie de Dion, Bouton, Trépardoux. **1887** Tricycle de Serpollet. **1889** Voiture de Léon Serpollet (1858-1907), qui obtient du préfet l'autorisation de circuler avec une voiture à vapeur. **1895** *1er phaéton à vapeur* (4 places) de Dion, Bouton. **1897** Concours des Poids lourds qui révèle le train *Scotte* (1848-1934) avec remorque (ancêtre de nos semi-remorques) pouvant transp. 40 voyageurs ou 12 tonnes, et le tombereau *Thornycroft* à benne basculante. **1902** Serpollet porte le record mondial de vitesse pure à 120,805 km/h. **1906** *Dernier record homologué de vitesse* 196,650 km/h par Marriott sur Stanley (U.S.A.). Abandon de la vapeur au profit des moteurs à pétrole.

Véhicules électriques

1880-81 *Ch. Jeanteaud* (1843-1906), *C. Faure, G. Trouvé* (1839-1902) et *N.-J. Raffard* (1824-1898) réalisant de petits véhicules (accumulateurs et piles) à faible rayon d'action. **1894** Amérique : l'« Électrobat », surtout utilisée comme fiacre. **1895** Breack 6 pl. de Jeanteaud prend part à la course Paris-Bordeaux (sans grand succès). Divers essais par *Darracq, Lenain, Mildé* et surtout *Krieger* [jusqu'en 1910 (création de centres de recharge d'accumulateurs), construction de fiacres et voitures de maître]. **1895-1900** Angleterre : quelques essais : *Gérard et Blumfield, Haddan, Voughan, Bessey, Hart.* **1899** Record de vitesse de Chasseloup Laubat (95 km/h), battu par Camille Jenatzy sur la « Jamais Contente », construite en partinium (aluminium laminé) et carrossée par Rothschild (105,88 km/h) (près de Paris). **1903** France : voiture mixte, moteur pétrole et dynamo « l'Électrogénia » ; Allemagne : la Lohner Porsche, même système. **V. 1911** Des taxis électriques circulent à Londres et à Paris puis disparaissent. La voiture électrique, trop coûteuse (entretien, recharges), ne servira plus que pour des transports en commun ou des transports utilitaires. **1940-45** Utilisation de petits véhicules électriques en France occupée (Mildé, Satam, Faure, Peugeot, et l'« Œuf » de P. Arzens). **Depuis 1945** Présentation de petits véhicules urbains, mais poids des accumulateurs trop lourd (30 % du poids de la voiture) ; seuls de petits chariots sont encore utilisés en usine et à la S.N.C.F.

Véhicules avec moteur à gaz ou à pétrole

1805 *1re automobile à moteur à explosion* (hydrogène), Isaac de Rivaz (Suisse). **1826 mai** *1er véhicule à combustion interne* construit par le Londonien Samuel Brown (brevet 5 350, 25-4-1826) ; moteur 2 cylindres de 88 l à gaz atmosphérique, 4,05 CV. **1860** Brevet Étienne Lenoir (1822-1900) [moteur à gaz, allumage électrique monté sur une voiture en 1863]. **1862** Mémoire d'Alphonse Beau de Rochas (1815-93) énonçant le principe du cycle « 4 temps ». **1876** Nicolas Otto (1832-1891, All.) construit un moteur à gaz 4 temps qu'il doit abandonner n'étant pas détenteur des brevets.

1883 Un break, sur lequel est monté un moteur à pétrole d'Édouard *Delamare-Deboutteville* (1855-1901) et *Léon Malandin,* effectue, près de Rouen, quelques parcours sur route (brevet du 12-2-1884 de moteur à essence adapté aux véhicules). **1885-86** *Allemagne* (Manheim), *Karl Benz* (1844-1929) construit un tricycle chassis tubulaire, moteur à pétrole, 4 temps, vitesse 13 à 16 km/h. Sa femme Berta et ses fils l'utilisent à son insu et parcourent 200 km sur route. A Cannstatt, *Gottlieb Daimler* (1834-1900) monte sur un break son moteur à 1 CV, 4 temps, 750 tours/mn, puis un 2 cylindres 1 CV, 6. Essais concluants sur route. *France : Émile Roger* (1850-97), agent de Benz, monte des voitures à Paris, y apporte quelques améliorations, mais la vente marche mal. Représentants en France de Daimler : M. et Mme Sarrazin font adopter ces moteurs par *René Panhard* (1841-1908), *Émile Levassor* (1844-97) et *Armand Peugeot* (1843-1915). **1888** *Félix Millet* fait breveter un moteur rotatif Seyl adapté à la roue arrière d'un vélocipède et réalise *la 1re moto.* **1889** Moteur vertical, 4 cyl. monobloc, soupapes en tête, de *Fernand Forest* (1851-1914). **1891** 1er brevet de pneu démontable : *Édouard* (1859-1940) et *André* (1853-1931) *Michelin,* améliorant le pneu de l'Irlandais *Dunlop* qui, 2 ans avant, avait repris l'invention de l'Anglais *Thomson* (1845) des bandages à air, collés sur les jantes. *Espagne : Fr. Bonnet* construit des Tricars. *Amérique :* voiture légère des frères Nadig sans succès vu l'état très mauvais des routes. **1892** Brevet *Diesel* (1858-1913) pour moteur à allumage par compression. **1893** De Dion fait breveter son pont arr. à double cardan transversaux. *Henriod* construit (en Suisse puis en Fr.) plusieurs petits véhicules et *Egg* construit une voiture à moteur Benz avec transmission à rapport variable (actuellement, Variomatic Daf). *Belgique :* Benz construite sous licence la « Dasse ». **1894** *France : 1re revue* consacrée à l'automobile, la « Locomotion automobile ». Benz abandonne le tricycle et présente une 4 roues « La Viktoria ». *Amérique :* les frères

Duryea fondent la 1re usine autom. à Peoria. Daimler cède sa licence aux Anglais qui, encore de nos jours, produisent une voiture sous cette marque. **1894-1903** *France :* 1res des grandes courses sur routes : 1894 Paris-Rouen. 1895 Paris-Bordeaux-Paris (1 175 km ; 1er Levassor, moyenne 24,077 km/h ; participation d'une voiture à bandages pneumatiques Michelin. 1896 Paris-Marseille-Paris. 1898 Paris-Amsterdam-Paris. 1899 Tour de France, Paris-Bordeaux. 1901 Paris-Berlin. 1902 Paris-Vienne. 1903 Paris-Madrid (arrêté à Bordeaux en raison de nombreux accidents : mort de Marcel Renault). **1895** Abandon de la vapeur par de Dion-Bouton qui construisent un *moteur à pétrole* à « grande vitesse » (1 500-3 000 tours), à allumage à trembleur commandé, graissages pression, embrayage à plateau ; ce moteur est vendu à de nombreux constructeurs naissants (Renault, Delage, Barré, etc.). *Fondation du 1er club automobile* (Automobile Club de France). *1re exposition de véhicules à moteurs,* organisée par A.C.F. au Champ de Mars. **1896** *Léon Bollée* (1870-1913) baptise « Voiturette » son Tricar. *Decauville* sort une « voiturelle » à roues avant indépendantes. *Russie :* la Yakovlev-Freze qui peut être équipée de skis, et la Puzyrev. *Autriche :* la Graf und Stift, à roues avant indépendantes (devient plus tard la firme Tatra). *Angleterre :* la liberté de circulation est rendue aux automobilistes qui fêtent l'événement par le 1er Londres-Brighton (nov. 1896). *P.-Bas :* la Simplex, la Eysink et (en 1902) la Spyker qui participe au Pékin-Paris. *Danemark :* l'Hammel (on doit tourner son volant à droite pour aller à gauche et vice versa), la Brems. *Suède :* la Vabis, solide voiture qui, en 1911, entre dans le groupe Scania-Vabis-Saab. *Italie :* la Welleys (brevets Ceirano et Facciolì) et la Lanza, rachetées en 1899 par Giovani Agnelli qui fonde la F.I.A.T. **1897** *1er arrêté réglementant la circulation des automobiles en France.* **1898** Turbocompresseur de suralimentation : Paul Daniel. *1er salon de l'auto,* organisé par l'A.C.F. aux Tuileries (à partir de 1901 au Gd Palais). **1899** Brevet pour la boîte de vitesses avec « prise directe » de *Louis Renault* (1877-1944), montée sur sa 1re voiturette de 1898. *1er « ralentisseur »* par frein-moteur sur échappement (en usage encore avec les moteurs Diesel routiers) ; *1re conduite intérieure* (Renault). Essor de la presse automobile.

1900 Nombreux congrès intern. (Paris, Londres, Bruxelles) pour régir la circulation automobile. *France :* nombreux concours (voitures, poids lourds, carburant, alcool). *G.-B. :* Napier émerge en gagnant les 1 000 miles suivi par Austin, Wolseley, Sunbeam, Singer, Vauxhall, Humber. *Amérique :* démarrage rapide après les exploits sur route de Winton et Packard. *Allemagne :* Daimler meurt ; son ingénieur Maybach (1846-1929) et Jellinek vendent les voitures sous le prénom de sa fille, Mercedes. **1900 à 1908. Ère des circuits.** *France :* coupe Gordon Bennett (1900-05) ; circuit des Ardennes (1902-08) ; Gd prix A.C.F. (1906-08) ; coupe en voiturettes (1905-08) ; courses de côte de : Gaillon (1899-1908), Château-Thierry (1902-08), Mt Ventoux (1902-08). *Italie :* circuit Brescia (1904-05) ; Targa Florio (1906-07-08) ; Targa Bologna (1908). *G.-B. :* Tourist Trophy (1905-08). *Amérique :* Gd prix d'Amér. (1908) ; meeting de Floride (1905-08) ; coupe Vanderbilt (1904). **1902** *1er moteur 8 cyl. en ligne* par C.G.V. et *1er moteur 8 cyl. en V.* par *Clément Ader* (1841-1925) monté sur une voiture. Freins à disque brevetés par *F.W. Lanschester* (G.-B.). *L. Boudeville* (1887-1950) invente la magnéto haute tension construite par R. Bosch (1861-1942). **1903** *Train routier* (inventé par le Cel Renard et construit par la Sté Surcouf utilisé quelques années dans l'armée) : *tracteur* à moteur de 50 ch et 3 remorques motrices (par transmission de la force du moteur à l'aide d'un arbre articulé) reliées entre elles et au tracteur par un arbre de direction, pouvant transporter 36 t à 16-20 km/h, peu maniable (long. 22,50 m). **1904** *1re voiture « à pétrole » pourvue de freins* (à air comprimé) sur les 4 roues (voiture Charley sur châssis Mercedes). **1905** *Suspension pneumatique* avec coussins d'air gonflables : brevet Bernard et Patoureau (utilisée pour des véhicules de transport de pianos Pleyel). **1906** *Transmission automatique* avec convertisseur hydraulique (voitures et camions Turgan). **1908** les usines Henry Ford (1863-1929) créées en 1902 sortent le *modèle T* (qui sera fabriqué jusqu'en 1927 à + de 15 millions d'ex.). *1ers essais de goudronnage des routes* (difficultés d'adhérence au sol). **1910** *Allumage par batterie bobine allumeur* (Delco) présenté aux U.S.A. par Kettering. **1919** *1ers freins à commande hydraulique :* Lockheed. Création de nouvelles firmes *André Citroën* (1878-1935), *G. Voisin* (1880-1973), Amilcar, Farman, Fonck, Mathis, Salmson. **1922** *1re carrosserie « tout acier »* (Citroën). **1922-33** les grands pays organisent des Grands Prix de vitesse. Bugatti et Delage triomphent puis Alfa-Roméo, Mercedes, Maserati. **1923** apparition du pneu « confort » basse pression, abandon des pneus à talon gonflés à 3 kg. **1926** L'ingénieur Jean-Albert Grégoire (n. 1899) présente une *traction avant* « Tracta », munie de joints homocinétiques permettant le braquage, et entraînant des roues avant, même à grande vitesse. Daimler et Benz fusionnent pour devenir Mercedes.

1930 *Roues avant indépendantes* sur les voitures de grande série. **1933** Début des *carrosseries aérodynamiques.* **1934** 7 CV Citroën *traction avant avec caisse autoporteuse* [brevet Andreau (1890-1963)], *monocoque (disparition du châssis).* Suivie de la 11 légère (mai 1934), 11 normale (rallongée de 20 cm, ensuite de 12 cm, août 1934), 11 performance (le moteur donne 10 ch de plus, mars 1939), 15 six (6 cylindres, avril 1938), 15 hydropneumatique (avril 1954). La fabrication des tractions cessera le 25-7-1957. 758 857 avaient été construites en 33 ans. **1936** Sortie de la *Volkswagen Coccinelle :* arrêtée en 1978 en All. et en 1985 dans le monde. + de 19 millions d'exemplaires vendus. 1re voiture de tourisme à moteur diesel, 1re suspension indépendante (Limousine 260 D Daimler, 4 cyl., 45 ch, 95 km/h). **1940** Des *gazogènes* suppléent en France aux moteurs à essence (restrictions de guerre). **1946** *4 CV Renault.* **1949** 1ers modèles d'après-guerre [203 Peugeot, Frégate Renault, 2 CV Citroën, Vedette Ford, Dyna Panhard, Simca-Aronde (devenue Chrysler puis Talbot)].

1951 *Camion à turbine à combustion* (1er prototype, Laffly). Emploi étendu de l'aluminium (moteurs). Allègement des véhicules. Aérodynamisme plus poussé. Direction et conduite plus douces. Boîte synchronisée. Boîtes automatiques *(Fluid Drive)* et direction assistée. **1954** DS Citroën, suspension hydropneumatique. La diffusion de la Volkswagen « Coccinelle » s'étend au monde entier. Disparition des marques avec « longs capots » (Hotchkiss, Talbot, Delahaye, Delage, Salmson). **1960** Le Japon commence à s'imposer sur tous les marchés. **1970** Le plastique remplace de nombreux éléments métalliques de carrosserie. **1974** Mercedes 240 D-30, 1er moteur diesel 5 cyl., pour voiture de tourisme (148 km/h) ; record de diesel. **1980** L'électronique s'impose (allumage, cadrans, commandes diverses). **1984** Des carrosseries entièrement plastiques commencent à sortir (« Espace » de Renault). **1985** Robotisation intégrale des nouvelles usines d'automobile.

Raids automobiles au Sahara et en Afrique

1916 Tentative de jonction Ouargla-In Salah (Gal Laperrine), insuccès. **1919** Saouara-Tidikelt (Cdt Battembourg), auto-mitrailleuses. **1920** Ouargla-Le Hoggar, 30 camionnettes au départ, 3 à l'arrivée. **1922/23** 1re mission Citroën : traversée du Sahara (Touggourt-Tombouctou), Georges-Marie Haardt (1884-1932) et Louis Audouin-Dubreuil (1887-1960) (autochenilles Citroën-Kegresse). **1923** Touggourt-Tozeur (mission Schwol) sur Renault 6 roues. **1924/25** 2e mission Citroën **(Croisière noire) :** Alger-Le Cap-Madagascar, Haardt et Audouin-Dubreuil (autochenilles). **1924** Alger-Niger (Lt Estienne et Gradis) sur Renault 6 roues. Conakry-Djibouti (mission Tranin-Duverne) sur 10 CV Rolland-Pilain. **1925** Tunis-Le Tchad (Cel Courtot). **1925/26** Oran-Le Cap (Cdt et Mme Delingette) sur Renault. **1926** Paris-Le Tchad en 18 j (Lt Estienne) sur 6 CV Renault. **1929** Alger-l'A.O.F. et retour (Lt Loiseau) sur Bugatti. **1930** 1er Rallye automobile saharien (Alger-Gao-Tamanrasset-Alger). **Après 1930** les « Cies Sahariennes » et la « Sté Algérienne de transports tropicaux » traversent régulièrement le Sahara. De nombreuses voitures particulières effectuent chaque année la traversée du Sahara (route Gradis ou route du Hoggar).

Autres grands raids importants

1907 *Pékin-Paris,* 1re Itala (Pce Borghese) puis 1 Spyker (Holl.) et 2 de Dion 12 ch. **1908** *New York-Paris* (San Francisco-Vladivostok-Moscou-Berlin-Paris), 6 voitures au départ, 2 à l'arrivée. **1927** *Rio de Janeiro-La Paz-Lima* (M. et Mme Courteville) sur Renault 6 roues. **1931/32** *3e mission Citroën* **(Croisière jaune). 1936** *Buenos Aires-Caracas* (par l'Équateur et la Bolivie) (H. Carton de Wiart) sur Ford V 8.

Voitures solaires

1985 Course de 368 km (lac de Constance-lac Léman, Suisse), 58 concurrents, *vainqueur* Peter Baver (64 kg), 60 km/h, pointes à 85 km/h, sur Mercedes de 180 kg, monoplace, propulsée par un générateur solaire composé de 432 cellules développant 480 watts pour une radiation solaire de 1 000 watts au m².

Voitures particulières, commerciales et véhicules utilitaires

Construction en France

• **Évolution. 1900 à 1938** (tous véhicules). C. : Citroën, P : Peugeot, R : Renault, S : Simca. **1900 :** 4 100 (P 500, R 179). *1913 :* 45 000 (P 9 330, R 4 481). **1919 :** 18 000 (C 3 325, R 2 456, P 500). **1928 :** 224 000 (C 62 000, R 55 884, P 25 652). **1932 :** 163 000 (C 48 027, R 43 215, P 28 317). **1938 :** 224 000 (C 68 109, R 58 396, P 47 213, S 20 933).

Années	Total	V.U.	V.P.
1946	96 062	65 633	30 429
1950	357 552	100 260	257 292
1955	725 061	163 596	561 465
1960 [1]	1 369 263	194 012 [2]	1 175 251
1965 [1]	1 641 696	218 618 [2]	1 423 078
1970 [1]	2 750 086	292 048 [2]	2 458 038
1975 [1]	3 299 620	346 796 [2]	2 952 824
1978 [3]	3 507 930	396 550 [4]	3 111 380
1979 [3]	3 613 458	393 064 [4]	3 220 394
1980 [3]	3 378 433	439 852 [4]	2 938 581
1981	3 019 430	407 566	2 611 864
1982	3 148 047	371 682	2 777 125
1983 [3]	3 335 862	375 039 [4]	2 960 823
1984	3 059 500	346 200	2 713 300
1985	3 062 152	348 863	2 713 289

Nota. — (1) De 1960 à 1975 : petites collections comprises. (2) Y compris autocars et autobus. (3) Non compris « petites collections » et lots de pièces destinées aux fabrications à l'étranger. (4) Dont poids total autorisé 5 t et +, + autocars et autobus.

• **Voitures particulières et commerciales. Production (1984). Voitures complètes :** 3 062 152 dont Renault 1 644 743, Peugeot 8 174, Citroën 510 973, Talbot 85 201.

Petites collections : 271 293 dont Renault 136 073, Talbot 54 821, Peugeot 39 681, Citroën 40 718.

• **Exportations. Voitures complètes :** 1 529 683 dont Renault 840 908, Peugeot 393 574, Citroën 251 827, Talbot 4 337.

Par pays (1984). *Italie* 229 594. *All. féd.* 183 319. *Espagne* 298 150. *G.-B.* 154 911. *U.S.A.* 232 791. *Belg.-Lux.* 190 420. *P.-Bas* 71 532. *Nigéria* 40 098. *Suisse* 34 809. *Autriche* 24 561. *Israël* 5 782. *Yougoslavie* 19 300. *Canada* 19 384. *Portugal* 20 927. *Mexique* 10 855. *Maroc* 8 660. *Algérie* 20 527. *Argentine* 4 514. *Irlande* 8 553. *Finlande* 9 664. *Danemark* 11 577. *Tunisie* 5 623. *Rép. Afrique S.* 10 803. *Grèce* 8 422. *Norvège* 9 268. *Suède* 10 240. *Arabie S.* 3 781. *Réunion* 5 270. *Côte-d'Ivoire* 2 381. *Guadeloupe* 2 923. *Martinique* 3 091. *Colombie* 10 855. *Iran* 1 905. *T'ai-wan* 13 848. *Venezuela* 5 947. *Cameroun* 3 238. *Égypte* 1 402. *Indonésie* 1 537. *Thaïlande* 6 092. *Australie* 4 255. *Sénégal* [1]. *Chili* 3 747. *N.-Calédonie* 1 698. *Polynésie fr.* 1 541. *Zimbabwe* 735. *Burundi* 341. *Zaïre* 754. *Guyane fr.* 1 157. *Libye* [1]. *Rwanda* 443. *Rép. du Congo* [1]. *Gabon* 1 156. *All. dém.* 1 224. *Bénin* [1]. *Liban* 435. *Zambie* 1 172. *Togo* [1]. *Koweït* 309. *Kenya* [1]. *Angola* 903. *Uruguay* [1]. *Laos* 1 309. *Qatar* [1]. *Niger* [1]. *Burkina Faso* [1]. *Mauritanie* [1]. *Turquie* 189. *N.-Zélande* [1]. *Chypre* 614. *Mali* [1]. *Andorre* 529. *Dubaï* 453. *Syrie* 431. *Rép. Centrafric.* 443. *Canaries* [1]. *Japon* 730. *Tchéc.* 560. *Libéria* 409. *Mozambique* 407. *Irak* [1]. *Pologne* 383. *Haïti* 381. *Islande* [1]. *Abu Dhabi* 349, *Singapour* 338. *Équateur* 306. *Pérou* [1]. *Brésil* 303. *Éthiopie* 289. *Djibouti* 275. *Malte Gozo Com.* 275. *Madagascar* 231. *Trinidad et Tob.* 224. *Bulgarie* 188. *Yémen* 184. *St-Pierre et Miq.* 181. *Malawi* 181. *Rép. dominicaine* 180. *Soudan* 173. *Tanzanie* 173. *Paraguay* 171.

Nota. — (1) Exportations inférieures à 600 unités.

Voitures particulières les plus exportées en 1985. *Renault 5 :* 257 755. *Peugeot 205 :* 235 932. *Renault 11 :* 208 471. *Renault 9 :* 190 223. *Citroën BX :* 123 223. *Peugeot 505 :* 80 175. *Citroën Visa :* 69 642. *Renault 18 :* 60 199. *Peugeot 305 :* 53 133. *Ford Fiesta :* 50 304. *Renault 25 :* 48 133. *Renault 4 :* 47 983. *Ford Escort :* 42 031. *Peugeot 504 :* 39 305. *VW Golf :* 38 637. *Opel Corsa :* 38 349. *Citroën 2 CV :* 38 306. *Ford Sierra :* 29 010. *Fiat Uno :* 27 290. *Citroën CX :* 21 465. *Opel Ascona :* 17 821. *Fiat Panda :* 17 582. *Opel Kadett :* 16 615. *Ford Orion :* 15 808. *Citroën Axel :* 10 997.

Records automobiles

ANNÉE	DATE	PILOTE	VOITURE	LIEU	KM/H
			VOITURES ÉLECTRIQUES		
1898	18 décembre	G. de Chasseloup-Laubat	Jeantaud	Achères	63,158
1899	17 janvier	C. Jenatzy	C.I.T.A.	Achères	66,667
	17 janvier	G. de Chasseloup-Laubat	Jeantaud	Achères	70,312
	27 janvier	C. Jenatzy	C.I.T.A.	Achères	80,357
	4 mars	G. de Chasseloup-Laubat	Jeantaud	Achères	92,783
	29 avril	C. Jenatzy	C.I.T.A.	Achères	105,882
			VOITURES A PÉTROLE (sauf celles mentionnées à la vapeur)		
1902	13 avril	L. Serpollet	Gardner-Serpollet	Nice	120,805
	5 août	W.K. Vanderbilt	Mors Z	Ablis	122,449
	5 novembre	H. Fournier	Mors Z	Dourdan	123,287
	17 novembre	Augières	Mors Z	Dourdan	124,102
1903	7 mars	C.S. Rolls	Mors Z	Clipstone	133,333
	17 juillet	A. Duray	Gobron-Brillié	Ostende	134,328
	juillet	Baron de Forest	Mors Dauphin	Dublin	136,338
	octobre	C.S. Rolls	Mors Dauphin	Clipstone	136,363
	5 novembre	A. Duray	Gobron-Brillié	Dourdan	136,363
1904	12 janvier	H. Ford	Ford	Lake St. Clair	147,014
	27 janvier	W.K. Vanderbilt	Mercedes	Daytona	148,510
	31 mars	A. Duray	Gobron-Brillié « Paris-Madrid »	Nice	142,857
	31 mars	L. Rigolly	Gobron-Brillié	Nice	152,542
	25 mai	Baron P. de Caters	Mercedes	Ostende	156,522
	21 juillet	P. Baras	Daracq	Ostende	163,636
	21 juillet	L. Rigolly	Gobron-Brillié	Ostende	166,666
	13 novembre	P. Baras	Darracq	Ostende	168,224
1905	24 janvier	A. Macdonald	Napier	Daytona	168,381
	25 janvier	H.L. Bowden	Mercedes	Daytona	174,757
	31 janvier	H.L. Bowden	Mercedes	Daytona	174,757
	15 novembre	F. Dufaux	CH-Dufaux	Arles	156,522
	30 décembre	V. Hémery	Darracq V 8	Arles	174,757
1906	23 janvier	V. Hémery	Darracq V 8	Daytona	185,567
	25 janvier	L. Chevrolet	Darracq V 8	Daytona	
	26 janvier	F. Marriott	Stanley (vap.)	Daytona	195,652
1909	8 novembre	V. Hémery	Benz	Brooklands	202,691
1910	16 mars	B. Oldfield	Benz	Daytona	
	23 mars	B. Oldfield	Benz	Daytona	211,267
1911	23 avril	R. Burman	Benz	Daytona	226,700
1914	24 juin	L.G. Hornsted	Benz	Brooklands	199,676
1919	12 février	R. De Palma	Packard	Daytona	242,261
1920	27 avril	T. Milton	Duesenberg	Daytona	250,000
1922	6 avril	S. Haugdahl	Wisconsin	Daytona	260,869
	17 mai	K. Lee Guinness	Sunbeam	Brooklands	215,182
1923	23 juin	M. Campbell	Sunbeam	Fanoe	219,378
1924	21 juin	M. Campbell	Sunbeam	Saltburn	233,766
	26 juin	J.G. Parry Thomas	Leyland-Thomas	Arpajon	215,311
	6 juillet	R.Thomas	Delage	Arpajon	230,473
	12 juillet	E.A.D. Eldridge	Fiat	Arpajon	234,987
	25 septembre	M. Campbell	Sunbeam	Pendine	235,217
1925	21 juillet	M. Campbell	Sunbeam	Pendine	242,751
1926	16 mars	H.O.D. Segrave	Sunbeam	Southport	245,115
	27 avril	J.G. Parry Thomas	Thomas Special	Pendine	272,459
	28 avril	J.G. Parry Thomas	Thomas Special	Pendine	275,229
1927	4 février	M. Campbell	Napier-Campbell	Pendine	281,448
	29 mars	H.O.D. Segrave	Sunbeam	Daytona	326,679
1928	19 février	M. Campbell	Napier-Campbell	Daytona	333,063
	22 avril	R. Keech	White	Daytona	334,023
1929	11 mars	H.O.D. Segrave	Irving-Napier	Daytona	372,671
1931	5 février	M. Campbell	Napier-Campbell	Daytona	396,040
1932	24 février	M. Campbell	Napier-Campbell	Daytona	404,494
1933	22 février	M. Campbell	Campbell-R.-Royce	Daytona	438,489
1935	7 mars	M. Campbell		Daytona	444,444
	3 septembre	M. Campbell	Campbell-R.-Royce	Bonneville	484,518
1937	19 novembre	G.E.T. Eyston	Thunderbolt	Bonneville	502,442
1938	27 août	G.E.T. Eyston	Thunderbolt	Bonneville	555,555
	15 septembre	J.R. Cobb	Railton	Bonneville	563,380
	16 septembre	C.E.T. Eyston	Thunderbolt	Bonneville	575,080
1939	23 août	J.R. Cobb	Railton	Bonneville	595,041
1947	16 septembre	J.R. Cobb	Railton Mobil Special	Bonneville	633,803
1960	9 septembre	M. Thompson	Challenger I	Bonneville	
1963	3 août	C.N. Breedlove	Spirit of America	Bonneville	657,114
1964	17 juillet	Donald Campbell	Blue Bird Proteus[1]	Lake Eyre	634,920
	2 octobre	T. Green	Wingfoot-Express	Bonneville	668,027
	5 octobre	A. Arfons	Green-Monster	Bonneville	699,029
	13 octobre	C.N. Breedlove	Spirit of America	Bonneville	754,170
	15 octobre	C.N. Breedlove	Spirit of America	Bonneville	846,784
	27 octobre	A. Arfons	Green-Monster	Bonneville	875,699
1965	2 novembre	C.N. Breedlove	Spirit of America	Bonneville	893,966
	7 novembre	A. Arfons	Green-Monster		921,423
	12 novembre	R.S. Summers	Goldenrod[2]	Bonneville	659,341
	15 novembre	C.N. Breedlove	Spirit of America I	Bonneville	966,962[4]
1970	23 octobre	Gary Gabelich	Blue Flame[3]	Bonneville	1 014,513
1979[5]	17 décembre	Stan Barrett	Budweiser Rocket	Edwards	1 190,377
1983	4 octobre	R. Noble	Thrustz	Black Rock	1 020,408

◀ *Nota.* — (1) Moteur à réacteur. **Plus grande vitesse atteinte par une voiture à roues motrices :** 690,909 km/h sur une lancée de 609,342 m. Blue Bird : long. 9,10 m, 4 354 kg, vitesse de pointe 716 km/h, moteur à turbine à gaz Bristol Siddeley Proteus 705, développant 4 500 CV. (2) **Plus grande vitesse atteinte par une voiture à moteur à piston :** 673,516 km sur une lancée de 609,342 m à bord de Goldenrod (long. 9,75 m, 2 500 kg, propulsée par 4 moteurs à injection Chrysler Hemi de 27 924 cm^3, développant 2 400 CV). (3) **Record officiel.** Voiture à 4 roues, moteur alimenté par du gaz naturel liquide et du peroxyde d'oxygène, produisant 9 980 kg en poussée statique maximale. Peut théoriquement atteindre 1 450 km/h. (4) Voiture sur une lancée de 609,342 m, long. 10,50 m, 4 080 kg, moteur à réaction General Electric J 79 GE-3 développant 6 080 kg au niveau de la mer. (5) **Plus grande vitesse atteinte par un véhicule à roues :** 1 190,377 km/h (Mach 1,0106), record non homologué officiellement. Moteur fusée de 48 000 CV, poussée supplémentaire fournie par missile latéral de 3 000 kg.

● **Importations.** *All. féd.* 292 344 (— 11,65). *Espagne* 240 361 (+ 13,84). *Italie* 131 963 (+ 11,82). *Belgique* 121 802 (— 11,52). *Japon* 55 371 (— 19,25). *G.-B.* 34 826 (— 7,07). *U.R.S.S.* 29 386 (+ 5,43). *Yougoslavie* 23 886 (+ 9,55). *P.-Bas* 10 346 (+ 27,44). *Suède* 7 643 (+ 76,34). *Tchécoslovaquie* 5 700 (+ 32,55). *Pologne* 3 062 (+ 0,52). *U.S.A.* 122 (— 81,73). *Divers* 18 806 (+ 5,96). *Total neuves* 975 618 (— 1,61). *1960* 4 417 (— 25,8). *65* 14 433, *70* 3 012, *73* 47 433, *75* 39 917. *Total usagées* 9 094. **Total général** 984 712.

Peugeot

1896 : création de la « Sté anonyme des automobiles Peugeot ». *1965 :* devient Sté holding (Peugeot S.A.) ; une filiale prend le nom « Automobiles Peugeot ». *1976 :* Peugeot S.A. absorbe Citroën S.A. (créée 1924, ayant en 1965 absorbé Panhard et Levassor) et devient P.S.A. Peugeot-Citroën. *1978 :* prend le contrôle de Chrysler en France, G.-B. et Esp. *1979 :* lancement de la marque Talbot. Chrysler France devient Automobiles Talbot, nom étendu aux autres filiales européennes. P.S.A. Peugeot-Citroën redevient Peugeot S.A. *1980 :* Automobiles Peugeot absorbe Automobiles Talbot.

C.A. (milliards de F). *1983 :* 85,2. *84 :* 91,1. *85 :* 52,2. *Résultats nets. 76 :* + 1,56. *77 :* + 1,58. *78 :* + 1,38. *79 :* + 1,8. *80 :* — 1,5. *81 :* — 1,99. *82 :* + 2,15. *83 :* + 2,5. *84 :* — 0,20. *85 :* + 0,165.

Effectifs (en milliers) : *76*[1] : 177. *77 :* 185. *78*[2] : 190. *79 :* 263. *80 :* 245. *81 :* 218. *82 :* 206. *83 :* 203. *85 :* 167.

Production mondiale de voitures particulières et commerciales (en milliers) : *76*[1] : 1 437,8. *77 :* 1 518. *78*[2] : 2 481,6. *79 :* 2 310. *80 :* 1 987. *81 :* 1 736. *82 :* 1 611,3. *83 :* 1 702,5. *84 :* 1 366. *85 :* 1 051.

Part du marché français (% de pénétration) : *76*[1] : 33,8. *77 :* 34,3. *78*[2] : 44,3. *79 :* 42,6. *80 :* 36,6. *81 :* 33,1. *82 :* 30,2. *83 :* 32,2. *84 :* 33,1. *85 :* 21,8. **Européen** *83 :* 6,2. *85 :* 4,1. **Américain** *83 :* 0,2. *85 :* 0,1.

Nota. — (1) Après prise de contrôle de Citroën. (2) Après prise de contrôle des filiales européennes de Chrysler.

Renault

Origine : *1898* Louis Renault construit à Billancourt une voiturette à prise directe. *1945-16-1* Renault est nationalisé. *1947* lancement de la 4 CV (1re voiture fr. vendue à + de 1 000 000 d'ex.). *1952* usine de Flins inaugurée. *1955* fusion Division poids lourds avec Latil et Somua. Création de la Saviem. *1956* Dauphine lancée. *1958* usine de Cléon mise en route. *1961* Renault *4* lancée (dépassera 5 millions d'ex. en 1977, record). *1962* 4e semaine de congés payés. *1966* usine Le Havre-Sandouville inaugurée. *1969* Renault *12* lancée. *1971* Acara Renault-Peugeot-Volvo pour prod. de moteurs. *1972* Renault *5* lancée. *1978* Renault *18* lancée. *1981* Renault *9* lancée. *1983* Renault *11* lancée. *1984* Renault *25* lancée. Nouveaux statuts.

P.D.G. *1945 :* Pierre Lefaucheux (1898-1956). *1955 :* Pierre Dreyfus (18-9-07). *1975 :* Bernard Vernier-Palliez (2-3-18). *1981 :* Bernard Hanon (7-1-32). *1985 :* Georges Besse (25-12-27).

Chiffre d'affaires H.T. consolidé (en milliards de F), entre parenthèses % du C.A. export. et, en italique, résultat du groupe (en milliards de F). 1980 : 80,1 (47,7) + *0,64*. **81 :** 88 (46,5) — *0,69*. **82 :** 104,1 (43,4) — *1,28*. **83 :** 110,3 (47) — *15,8*. **84 :** 117,6 (50) — *12,55* (dont branche auto 9,87). **85 :** 122,1 (51,2) — *10,93* (dont branche auto 10,9).

Quelques chiffres

Budget routier de l'État

• **Recettes.** *Source :* Union routière de France. « **Comptes de la route** » (en milliards de F en 1986). *Recettes* (fiscalité spécifique) 138,34 dont *pour l'État* (prélèvements obligatoires) 87,4 dont majoration du taux de la T.V.A. sur les voitures particulières (33,3 % au lieu de 18,6 %) 14, vignette et taxe spéciale [transférées aux départements (à la Région pour la Corse), l'État prélevant 2,5 % de leur produit] 0,24, voitures de société 2,02, taxe à l'essieu 0,43, taxes spécifiques sur les carburants (t. intérieure, fonds spécial de grands travaux, part de la T.V.A. assise sur cette taxe intérieure pour les voitures particulières et totalité de la T.V.A. non déductible pour les véhicules utilitaires) 99, surtaxe sur primes d'assurance (9 %) 5,15 ; *pour les établissements publics régionaux* (permis de conduire et cartes grises) 3,3 ; *pour les départements* (vignette) 9,4 ; *pour la S.S.* (majoration des primes d'assurance, 15 % en juillet 1985) 4,8 ; *péages sur les autoroutes* 9,02.

• **Coût. Dépenses routières de l'État** (en milliards de F en 1986) : 16,7. **Investissements routiers** (1984) 23,69 dont en % État 23,7, établissements publics régionaux 8,7, collectivités locales 47,2, Stés d'autoroutes 20,4. **En 1986** (en milliards de F) : État 6,12, E.P.R. 2,7, Stés autoroutes 5,4.

• **Bilan routier de l'État** (en milliards de F). **Recettes spécifiques.** *1981 :* 72, *82 :* 81,2, *83 :* 88,6, *84 :* 98,5, *85 :* 113,7, *86* (est.) : 120,8. **Dépenses routières.** *1981 :* 14,2, *82 :* 16,2, *83 :* 17,3, *84 :* 17, *85 :* 16,6, *86* (est.) : 16,7. **Excédent.** *1981 :* 57,9, *82 :* 64,9, *83 :* 71,3, *84 :* 81,4, *85 :* 94,8, *86* (est.) : 101,8.

Consommation

Consommation des ménages en transports (en milliards de F, 1984, prov.). *Transports individuels :* achat de véhicules 80,5 (dont voitures particulières 74,7), dépenses d'utilisation des véhicules 209,3 [dont pneus et réparations 78,3 (dont réparations automobiles 66,4), carburants et lubrifiants 105]. *Transports collectifs :* ferroviaires de voyageurs 14,3, urbains (y compris R.A.T.P.) 10,6, maritimes et aériens 8,1, autres 18,6.

Industrie automobile

• **Industrie automobile.** *Sources :* Chambre syndicale des constructeurs, Union routière, Commission des comptes des transports de la Nation (D.S.A.T.), min. des Transports.

Entreprises de transport routier [(y compris déménagement et location), auxiliaires des transp. terrestres (collecte de fret terrestre ou fluvial, et manutention terrestre ou fluviale) et transp. urbains et routiers de voyageurs. R.A.T.P. n.c.] en millions de F, en 1984. *Nombre total* 24 238. *Effectifs* 352 711. *Finances, frais de personnel* 32 894,7. *Recettes nettes (H.T.) des activités de transport* 78 834,8 (84 838 avec d'autres activités). *Investissements* 7 148.

Chiffre d'affaires (1984). Env. 170 milliards de F (dont construc. 128,5, équipements 41,51) soit env. 4 % du P.I.B. En 1983, l'ind. automobile occupe 27,3 % du marché européen et 8,2 % du marché mondial (part moyenne de l'écon. fr. dans le monde : env. 5 %). En 1985, l'automobile consommait 31 millions de TEP (t équivalent pétrole) (consommation fr. totale d'énergie 192,6 TEP dont pétrole 83,4).

Main-d'œuvre employée (1984, est.). *Production* 725 000 dont construc. mat. premières, sous-traitants 290 000, construction fr. 215 000 (en 1978 : 280 000), équipement-accessoires auto. 155 000, ind. du caoutchouc 75 000, carrosseries neuves, remorques caravanes 30 000, construc. étrangère en Fr. (pièces et organes) 10 000, robotique 1 000. *Transports, activités annexes :* 876 500 dont transp. routier public et privé, taxis 766 000, construc., entretien routes 80 000, fonction. police, santé, enseign. technique 18 000, autoroutes, parkings 7 000, presse-édition, publicité 3 200, organis. profess. sport-auto 2 300. *Usage de l'auto, réparation, entretien :* 512 000 dont distribution, répar., entr., stations-services 380 000, assur., experts-crédit 94 000, auto-écoles, examen permis 18 000, produc., approvisionnement carburants 13 000, rectifieurs, reconstructeurs électro-diesel 3 500, démolisseurs, récupérateurs 3 500.

Activités induites : les constructeurs d'autos ont plus de 12 000 fournisseurs (la plupart, petites et moyennes entreprises). L'industrie autom. compte pour un % des livraisons de certaines branches : fonderie, travail des métaux 26,3 %, minerais et métaux ferreux 16,6 %, caoutchouc, mat. plastique 13,2 %, services marchands aux entreprises 9,2 %, transports 4,3 %, construction mécanique 4,2 %, prod. pétroliers 3,1 %.

☞ Une voiture moyenne de 850 kg contient : acier 530 kg, fonte 145, caoutchouc 59, stérile 58, aluminium 30, verre 24, cuivre 4, plomb 4.

Augmentation de capital (en milliards de F). *82 :* 1,02. *83 :* 1. *84 :* 1,92. *85 :* 3,3.

Investissements et, entre parenthèses, dettes à long terme (en milliards de F). *1980 :* 6,7 (13,1). *81 :* 8 (18,5). *82 :* 8,6 (22). *83 :* 10,5 (28,3). *84 :* 9,9 (40,6). *85 :* 8,3 (48,6) (53 avec le court terme, 62 avec les filiales financières).

Production totale (en milliers de véhicules) dont, entre parenthèses, prod. France (y compris build-up et C.K.D.). *1980 :* 2 054 (1 493). *81 :* 1 812 (1 296). *82 :* 1 967 (1 492). *83 :* 2 072 (1 639). *84 :* 1 781 (1 429). *85 :* 1 675 (30 %).

Exportations (en milliers de véhicules). *1982 :* 913,6. *83 :* 1 077. *84 :* 1 024,5. *85 :* 905,2.

Part du marché en Europe et en France en %. *1981 :* 13,7 (40,2). *82 :* 14,5 (40,1). *83 :* 12,6 (36,5). *84 :* 10,9 (32,9). *85 :* 10,7 (30) [% du marché mondial 6 %].

Marché français. Total dont importés en milliers : *1979* 1 976 (429), *80* 1 873 (429), *81* 1 835 (515), *82* 2 056 (629), *83* 2 018 (659), *84* 1 758 (630), *85* 1 767 (646).

Évolution comparée. Renault : *79* 691, *80* 750, *81* 713, *82* 805, *83* 709, *84* 545, *85* 508. **P.S.A.** (Peugeot et Citroën) : *79* 531-325, *80* 414-271, *81* 346-260, *82* 373-249, *83* 391-259, *84* 358-224, *85* 386-227.

Effectifs totaux dont, entre parenthèses, Régie (en milliers). *1980 :* 223,4 (105,3). *81 :* 212,8 (103,6). *82 :* 217,2 (103,7). *83 :* 210 (102,5). *84 :* 210 (98,1). *85 :* 196,4 (86,1). *86 (fin) :* prév. 75,9.

• **Véhicules utilitaires. Production (1984) : – de 5 t :** 308 883 dont Renault 179 317, Peugeot 80 818, Citroën 37 127, Talbot 11 544, Sovam 77. *Petites collections (fabric. à l'étranger) :* 75 493 dont Citroën 28 583, Renault 25 277, Peugeot 21 633. **De + de 5 t :** 37 347 dont Renault 33 748, Unic 3 586, SOVAM 13. **Autocars et autobus** 2 633 dont Renault 2 540, C.B.M. 29.

Exportations. Total (1984) 146 848. **Jusqu'à 5 t** Peugeot 64 436, Renault 47 507, Citroën 11 706, Talbot 3 270. **Pet. coll. jusqu'à 5 t** : 38 964 dont Renault 30 318, Citroën 6 534, Peugeot 2 112. **+ de 5 t :** 19 297 dont Renault 15 177, Unic 4 119, Sovam 1 ; **autocars et autobus** 275 (Renault).

Nombre de voitures construites [1], entre parenthèses voitures neuves exportées, en italique importées. All. féd. : 1979 : 3 932 556 (1 947 331) *1 055 730.* **80 :** 3 520 934 (1 873 494) *1 026 790.* **81 :** 3 577 807 (1 949 479) *936 610.* **82 :** 3 761 436 (2 194 230) *837 358.* **83 :** 3 877 641 (2 188 810) *1 072 352.* **84 :** 3 790 164 (2 232 995) *1 108 566.* **France : 1979 :** 3 220 394 (1 697 904) *604 403.* **80 :** 2 938 581 (1 529 652) *683 806.* **81 :** 2 611 864 (1 393 602) *795 058.* **82 :** 2 777 125 (1 463 502) *1 000 567.* **83 :** 2 960 823 (1 613 720) *975 618.* **84 :** 2 713 269 (1 529 683) *897 764.* **G.-B. : 1979 :** 1 070 452 (409 864) *1 060 645.* **80 :** 923 744 (358 705) *863 079.* **81 :** 954 650 (304 678) *805 327.* **82 :** 887 679 (225 865) *934 141.* **83 :** 1 044 597 (237 376) *1 075 834.* **84 :** 908 906 (219 172) *997 721.* **Italie : 1979 :** 1 480 991 (647 215) *647 650.* **80 :** 1 445 221 (551 239) *907 512.* **81 :** 1 257 504 (423 609) *864 975.* **82 :** 1 297 351 (437 311) *853 368.* **83 :** 1 395 531 (491 510). **84 :** 1 439 283 (480 667). **Japon : 1979 :** 6 175 771 (3 101 996) *64 808.* **80 :** 7 038 108 (3 947 160) *46 285.* **81 :** 6 974 131 (3 946 542) *31 877.* **82 :** 6 881 586 (3 770 036) *36 462.* **83 :** 7 151 888 (3 806 396) *37 281.* **84 :** 7 073 173 (3 980 619) *44 128.* **U.S.A. : 1979 :** 9 434 150 (741 008) *3 005 523.* **80 :** 6 376 825 (559 721) *3 248 226.* **81 :** 6 253 096 (508 134) *2 998 561.* **82 :** 5 073 358 (352 781) *3 068 232.* **83 :** 6 781 184 (537 839) *3 690 985.* **84 :** 7 773 332 (616 228) *4 879 560.*

Nota. – (1) Non comprises les voitures françaises à l'exportation montées à l'étranger.

Véhicules utilitaires construits, entre parenthèses, véhicules neufs exportés, en italique importés. All. féd. : 1979 : 317 187 (178 170) *46 250.* **80 :** 357 481 (210 760) *47 703.* **81 :** 319 200 (203 848) *47 864.* **82 :** 301 229 (203 692) *38 355.* **83 :** 292 910 (180 568) *50 709.* **84 :** 236 668 (140 774) *49 767.* **France : 1979 :** 391 775 (162 041) *110 984.* **80 :** 439 852 (131 252) *118 090.* **81 :** 407 506 (144 583) *119 312.* **82 :** 371 682 (139 886) *129 909.* **83 :** 375 039 (142 896) *133 845.* **84 :** 348 863 (146 366) *122 291.* **G.-B. : 1979 :** 408 440 (137 073) *58 383.* **80 :** 389 170 (156 270) *67 453.* **81 :** 229 555 (113 862) *46 732.* **82 :** 268 798 (92 523) *71 471.* **83 :** 244 514 (62 801) *97 252.* **84 :** (76 502) *102 927.* **Italie : 1979 :** 151 298 (78 045) *71 932.* **80 :** 166 635 (80 387) *70 911.* **81 :** 176 403 (91 133) *86 774.* **82 :** 155 692 (90 681) *71 396.* **83 :** 179 620 (109 459) *58 669.* **Japon : 1979 :** 3 459 775 (1 460 791) *1 542.* **80 :** 4 004 776 (2 019 801) *1 632.* **81 :** 4 205 831 (2 101 905) *1 489.* **82 :** 3 850 208 (1 820 437) *824.* **83 :** 3 959 771 (1 863 114) *390.* **84 :** 4 391 747 (2 128 565) *363.* **U.S.A. : 1979 :** 3 046 586 (295 625) *275 564.* **80 :** 1 634 335 (203 475) *1 135 439.* **81 :** 1 683 074 (187 312) *841 934.* **82 :** 1 912 660 (127 259) *722 376.* **83 :** 2 424 304 (153 711) *748 814.* **84 :** 3 151 449 (155 414) *1 025 333.*

Construction dans le monde

Production 1984	Total	Voitures particul.	Véhicules utilitaires
Japon	11 464 920	7 073 173	4 391 747
U.S.A.	10 924 781	7 773 332	3 151 449
All. féd.	4 026 832	3 790 164	236 668
France	*3 062 132*	*2 713 269*	*348 863*
Italie [5]	1 575 151	1 395 531	179 620
Canada [4]	1 293 417	851 431	441 986
G.-B. [5]	1 289 111	1 044 597	244 514
Espagne	1 308 769	1 176 893	131 876
Belgique	1 009 688	972 255	37 433
Brésil	896 462	854 769	41 693
Mexique [4]	472 637	300 579	172 058
Afr. du S.	405 810	268 751	137 059
Australie	405 745	370 391	35 354
Suède	431 852	372 866	58 986
Pologne	334 100	279 000	55 100
Yougoslavie [5]	238 750	220 000	18 750
Tchéc. [1]	228 387	182 090	46 297
Corée	265 361	158 503	106 858
Venezuela [3]	154 471	105 881	48 590
Inde [5]	105 025	44 915	60 110
Chine [2]	132 580	132 116	464
N.-Zélande	114 769	89 772	24 997
P.-Bas	118 600	108 600	10 000
Thaïlande [5]	109 261	33 903	75 358
Portugal	66 283	65 903	380
Turquie [5]	63 939	30 651	33 288
Colombie [2]	42 727	32 274	10 453
Finlande	34 008	33 298	710
Maroc [4]	18 420	13 679	4 741
Kenya [2]	14 421	127	14 294
Autriche	11 099	5 629	5 470
Hongrie	12 018	–	12 018
Chili	6 747	4 188	2 559

Nota. – (1) 1979. (2) 1980. (3) 1981. (4) 1982. (5) 1983.

• **Sociétés principales (1984). Voitures particulières (v.p.) et véhicules industriels (v.i.).** *Source :* C.S.C.A. **All. féd.** *V.p.* 3 790 (Audi-NSU 345, BMW 412, Daimler-Benz 469, Ford 540, Opel 776, Porsche 44, Volkswagen 1 203). *V.i.* 255 (Aufwärter 0,8, Daimler-Benz 131, Faun 0,4, Kassbohrer 1,6, Magirus-Iveco 9, Man 15, Opel 19, Volkswagen 77). **Brésil** *V.p.* 690 (Fiat 128, Ford 112, General Motors 170, Volkswagen 275, divers 5). *V.i.* 135 (Chrysler 6, Fiat 25, Ford 24, General Motors 25, Mercedes-Benz 48, Volkswagen 6, divers 1). **Canada** *V.p.* 1 023 (American Motors 23, Ford 443, General Motors 546, Volvo 10). *V.i.* 807 (Chrysler 364, Ford 154, General Motors 274, International 9, divers 6). **Espagne** *V.p.* 1 177 [Citroën-Hispania 98, Fasa-Renault 215, Ford-España 262, General Motors (Opel) 260, Fiat 255, Talbot (España) 86]. *V.i.* 132 [Citroën-Hispania 22, Ebro-Alfa (Iber.) 19, Enasa (Sava-Pégaso 11), Fasa-Renault 25, Ford-España 7, Mercedes 8, Santa Ana 13, Fiat 23, divers 3]. **États-Unis.** *V.p.* 7 774 [Chrysler Corporation 1 248 (Chrysler 404, Dodge 466, Plymouth 378), Ford-Motor Company 1 775 (Ford 1 145, Lincoln 169, Mercury 461) General Motors 4 345 (Buick 988, Cadillac 329, Chevrolet 1 457, Oldsmobile 1 066, Pontiac 506), AMC/Renault/Jeep

Rolls-Royce

Origine. *Fondé* 1904 : accord entre Henry Royce (1867-1933), fils d'un minotier anglais, vendeur de journaux, puis ingénieur électricien à 20 ans, anobli en 1931, et Charles Stuart Rolls († 1910, 1er mort au cours d'un vol à moteur), aristocrate, meilleur pilote britannique de l'époque, et distributeur de voitures. Royce construisait les voitures et Rolls avait l'exclusivité de leur distribution pour la marque Rolls-Royce.

Depuis 1973, la Sté Rolls-Royce Motors s'est convertie en Sté anonyme, Rolls-Royce Motors Holding Ltd (fusion avec Vickers Ltd, en août 1980).

Différents modèles (34 depuis la fondation) : *1906-25* : 40/50 CV (Silver Ghost) : elle couvrit 25 500 km sans un seul arrêt involontaire ; production : 7 870 dont 1 700 à Springfield (U.S.A.). *1922-29 : 20 CV* (dite bébé Rolls-Royce) ; prod. 2 940. *1925-29 : Derby. 1926-31 : nouvelle Phantom :* version améliorée de la Silver Ghost, 1re Rolls à avoir des freins servo-assistés ; prod. 3 450 dont 1 240 aux U.S.A. *1929-35 : Phantom II :* mise au point à partir de la Ph. I ; Ph. II Continental (châssis plus court et rapport d'essieux différent) ; prod. 1 767. *1929-36 :* 20/25 CV : pointes d'env. 124 km/h ; prod. 3 827. *1936-39 : Ph. III* munie d'un moteur V 12 de 7 340 cc, vitesse jusqu'à plus de 160 km/h ; 1re R. à avoir une suspension avant indépendante ; prod. 710. *1938-39 : Wraith :* moteur de 4 237 cc modifié ; prod. 491. *1949-55 : Silver Dawn :* 1re R. dont la carrosserie a été construite par la société, et entièrement produite à Crewe (U.S.A.) ; moteur de 4 257 cc, puis capacité augmentée ensuite ; prod. env. 600 (avec Bentley). *1950-56 : Ph. IV,* 5 675 cc, 8 cyl. en ligne ; prod. 18. *1955-59 : Silver Cloud,* moteur 6 cyl. en ligne, 4 887 cc ; prod. env. 2 000. *1959-66 : Silver Cloud II,* nouveau moteur V 8 en aluminium de 6 230 cc ; prod. env. 2 700. *1959-68 : Ph. V,* 6 230 cc, V 8 ; prod. 832. *1962-66 : Silver Cloud III :* capot abaissé pour une meilleure visibilité ; prod. 4 000. *1965-80 : Silver Shadow, Silver Shadow II, Silver Wraith II, Corniche,* moteur V 8, 6 750 cc ; prod. 35 000 (toutes variantes). *1965 : Ph. VI,* moteur V 8, 6 750 cc ; prod. 20 par année. *1980 : Silver Spirit, Silver Spur, Bentley Mulsanne, Corniche,* moteur V 8, 6 750 cc. *1982 : Bentley Mulsanne Turbo :* moteur V 8, 6 750 cc avec turbocompresseur. *1985 :* Bentley Eight moteur V 8 6 750 cc, Bentley Turbo R moteur V 8 6 750 cc avec turbocompresseur, Bentley Continental moteur V 8 6 750 cc.

Modes de fabrication. Moteur V 8 de 6,75 l de cylindrée entièrement en aluminium ; chaque moteur achevé est rodé au gaz naturel sur banc d'essai pendant env. 240 km ; 1 moteur sur 100 fonctionne pendant 8 h à l'essence, et il est entièrement démonté ensuite ; ses pièces sont toutes contrôlées et chaque écart de dimension est comparé à la tolérance spécifiée sur le dessin d'origine ; le système de freinage à double circuit et freins à disque permet, à 96 km/h, de stopper la voiture en moins de 4 s en toute sécurité.

Prix : 907 060 à 1 369 000 F.

Ventes : *1977 :* 2 872 ; *78 :* 3 347 ; *79 :* 3 344 ; *80 :* 3 216 ; *81 :* 3 205 ; *83 :* 2 270. Plus de 50 % des 84 000 voitures de Rolls-Royce Motors vendues depuis 1904 sont encore en service.

Rolls-Royce et Bentley (1985). *Ventes :* 2 385 (dont aux U.S.A. 1 110, G.-B. 710, Europe + Afrique 272, Moyen-Orient 119, Canada + Pacific Rim 174).

192, Honda 139, Volkswagen 75]. *V.i.* 3 151 [Chrysler 213, Ford 1 170, General Motors 1 331 (Chevrolet 1 008, GMC 323), AMC/Renault/Jeep 187, International 75, Mack 26, Nissan 101, divers 49]. **France.** *V.p.* 2 713 (Alpine 0,7, Citroën 474, Peugeot 737, Renault et RVI 1 428, Talbot 74). *V.i.* 349 (Citroën 37, Peugeot 81, Renault et RVI 216, Talbot 12, Unic 4). **G.-B.** *V.p.* 909 [British-Leyland 383 (Austin Morris-Rover-Triumph), Ford 274, Talbot/Dodge 95, Vauxhall 117, Jaguar 33, Lotus 0,8, Rolls-Royce 2, TVR 0,4, divers 3]. *V.i.* 225 [British-Leyland 73 (Austin Morris-Rover-Triumph 60, Leyland Truch Division 12), Ford 94, Vauxhall 47, Seddon-Atkinson 2, Foden 0,7, Reliant Group 0,2, Renault Truck Industries 5, divers 4]. **Italie.** *V.p.* 1 439 [Alfa-Romeo 200, Autobianchi 88, Bertone 5, Ferrari 3, Fiat-Iveco 1 014, Innocenti (Nuova) 17, Lamborghini 0,2, Lancia 103, Maserati 6, Pininfarina 3]. *V.i.* 162 [Alfa-Romeo 3, Fiat/Iveco 95, Sevel (Fiat-PSA) 63, divers 0,6]. **Japon.** *V.p.* 7 073 [Daihatsu 162, Fuji (Subaru) 243, Honda 844, Isuzu 89, Mitsubishi 548, Nissan-Motor 1 846, Suzuki 164, Toyo-Kogyo (Mazda) 764, Toyota 2 413]. *V.i.* 4 392 [Daihatsu 404, Fuji (Subaru) 307, Hino 61, Honda 145, Isugu 344, Mitsubishi 547, Nissan-Diesel 37, Nissan-Motor 635, Suzuki 526, Toyo-Kogyo (Mazda) 369, Toyota 1 016, divers 0,6]. **P.-Bas.** *V.p.* 109 (Volvo 109). *V.i.* 14 (Daf-Trucks 14). **Pologne.** *V.p.* 265 (Polski 259, Syrena 6). *V.i.* 55 (divers 55). **Suède.** *V.p.* 353 (Saab 102, Volvo 251). *V.i.* 59 (Scania-Vabis 24, Volvo 35). **U.R.S.S.** *V.p.* 1 265 [Lada (Fiat) 785, Moskvitch 205, Volga 125, Saporoshje 150]. *V.i.* 875.

● **Principaux groupes producteurs de véhicules** (voitures particulières et véhicules utilitaires) (1984). *Source :* Argus de l'Automobile. General Motors 6 690 778. Ford Motor 3 865 414. Toyota 3 429 249. Gr. Nissan (Nissan-Fuji) 3 068 536. Volkswagen-Audi 2 154 164. Renault-R.V.I. 1 780 160. Chrysler Co. 1 627 531. P.S.A. : Peugeot-Talbot-Citroën 1 548 737. Ford Europe (D.G.-B.B.E.) 1 430 237. Fiat-Autobianchi-Lancia-OM 1 307 816. Opel (General Motors) 1 214 310. Tokyo-Kogyo (Mazda) 1 133 321. Mitsubishi 1 095 156. Honda 989 036. Lada 785 000.

Nota. – En 1984, *General Motors :* vente 83,9 milliards de $, bénéfice 4,5 (*1981 :* 0,33, *82 :* 0,96, *83 :* 3,7). *Part du marché U.S. :* 56 % des automobiles. *La Volkswagen :* conçue en 1936, vendue à 20 millions d'exemplaires dans le monde. Fabrication arrêtée en 1978 en Allemagne, en 1985 dans le monde.

Marché européen. Immatriculations (en milliers, 1985) : 10 619 dont All. 2 388, G.-B. 1 832, France 1 767, Italie 1 746, Espagne 541, P.-Bas 489,5, Belgique + Lux. 360, Suisse 271, Suède 262, Autriche 245, Norvège 159, Danemark 157, Finlande 141, Portugal 93, Grèce 77, Irlande 59.

Part de marché (% en 1985) : groupe VW 12,9, groupe Fiat 12,3, Ford Europe 11,9, Peugeot S.A. 11,6, General Motors 11,3, Renault 10,7, Japonais 10,7.

Parc automobile mondial au 1-1-1985

Nombre de voitures particulières et de véhicules industriels [autobus, autocars, camions, tracteurs (n.c. tr. agricoles)] en milliers, et nombre de voitures particulières par 1 000 habitants. *Source :* Fédération routière internationale.

Pays	V.P.	V.I.	V.P. % h.
Afrique			
Afr. du Sud	2 800	1 539,5	105
Algérie [3]	573,6	265,6	n.c.
Botswana [5]	11	20,7	11,8
Burkina [5]	21,2	6,6	3
Cameroun [5]	62,5	17	6,9
Centr. (Rép.) [5]	41,3	3,9	16,4
Côte-d'Ivoire	183	52,4	18,8
Djibouti [4]	9	10,5	n.c.
Égypte [5]	597,9	227	1,3
Éthiopie	43,6	13	1
Gabon [4]	16	10,7	n.c.
Gambie [5]	6,1	1	n.c.
Ghana [5]	52,9	24,3	n.c.
Kenya [4]	114,7	39,6	6,8
Lesotho [4]	5,1	12	5,1
Liberia [3]	1,6	13	0,6
Madagascar [5]	23,4	6,1	2
Malawi [3]	14,1	17,2	2,4
Maroc [5]	477,4	225,5	24
Maurice (île) [5]	26	17,9	26,9
Niger	23,1	9,1	5,7 [4]
Nigeria [2]	215,4	130,7	2,5
Ouganda	10,6	11,2	0,8
Rwanda	9,8	5,6	1,6
Sénégal [2]	82,3	31,6	13,9
Soudan [4]	150	22	n.c.
Swaziland [2]	13,3	5,4	26,9
Tanzanie [4]	48,8	31,9	1,7
Togo	3	0,2	0,8 [5]
Tunisie [4]	141,2	147,6	21,3
Zimbabwe	249	27,9	n.c.
Amérique			
Argentine	3 685	1 388	121,5
Brésil	10 008	1 082	75,8
Canada [4]	10 530,3	3 293,4	430
Chili	622	240	52,7
Colombie [3]	672,4	168	18,9 [1]
Costa Rica	104,4	77,8	n.c.
Dominic. (Rép.) [3]	102,1	66,6	21 [2]
Équateur	248,6	32,6	n.c.
Guyane fr.	20	4,6	n.c.
Honduras	36,9	18,4	n.c.
Martinique	140	3,7	n.c.
Mexique	5 221,2	1 978,3	n.c.
Nicaragua [3]	24,9	9,8	n.c.
Panama [1]	97,3	30,4	54,5
Porto Rico	1 020,7	23,7	n.c.
Salvador	129	19,3	n.c.
Trinidad	210,4	60,4	n.c.
Uruguay [3]	281,3	49,8	101
U.S.A. [5]	126 727,9	37 133,3	539,5
Venezuela	1 543	726	91
Europe			
All. féd.	25 377,6	1 558	401 [5]
Autriche	2 468,5	232,5	327
Belgique	3 300,2	310,8	331 [5]
Bulgarie	982,1	n.c.	94 [3]
Chypre	118,1	43,1	219,1
Danemark	1 440	395	283
Espagne	8 874,4	1 610,1	230,3
Finlande	1 474	182,8	301
France	*20 800*	*3 310*	*380*
Gibraltar	8,5	0,9	n.c.
G.-B.	16 055	2 322	293
Grèce	1 151	589,3	118
Hongrie [5]	1 258,5	211,5	117,6
Irlande	711,1	88	203
Islande	100,3	12,9	418
Italie [5]	20 450	1 720	359
Lux.	145,8	13,4	398
Malte	74,8	17,9	n.c.
Monaco	15,2	3,2	n.c.
Norvège	1 429,7	214,1	345
Pays-Bas	4 772	353	330
Pologne	3 425,8	811,9	92,4
Portugal [2]	1 269	1 114,7	136,5
Suède	3 081	540,5	369
Suisse	2 552,1	307,1	394
Tchécosl. [3]	2 475,8	524	129,4 [1]
Turquie [5]	697,8	919,3	14,8
U.R.S.S.	n.c.	n.c.	n.c.
Yougoslavie [5]	2 770,7	244,9	121
Asie			
Arabie S. [5]	1 856,4	2 272,7	242,7
Chine [4]	592,2	333,7	29,4 [2]
Corée	465,1	483,2	11,4
Hong Kong	204,8	84,6	37,9
Inde [5]	1 060,7	1 402,7	1,3 [4]
Irak [4]	229,5	152,8	n.c.
Israël [3]	459,1	105	115
Japon	27 144,1	17 386,3	225,5
Jordanie [4]	118,8	48,9	44,8 [3]
Koweit	395	119,5	221
Liban [4]	460,4	35	n.c.
Malaisie [5]	974,1	288,4	n.c.
Népal [5]	12,5	1,9	0,8
Pakistan	211,8	66,7	2,4
Philippines	360,7	n.c.	n.c.
Seychelles [4]	3,5	1	n.c.
Singapour	221,3	77,3	n.c.
Sri Lanka	141,7	197	n.c.
Thaïlande [5]	412	789,8	9,4 [3]
Yémen (Nord)	105,5	152,5	11,5
Océanie			
Australie	7 757,2	677,2	427
Fidji	26	21,7	n.c.
N.-Zélande	1 471,1	294,3	451

Nota. – (1) 1979. (2) 1980. (3) 1981. (4) 1982. (5) 1983.

Parc automobile

En France (en milliers)

Voitures particulières et commerciales (au 1-1). *1895* : 0,3. *1900* : 2,9. *1910* : 53,7. *14* : 107,5. *22* : 242,6. *30* : 1 109. *39* : 1 900. *44* : 680. *51* : 1 700. *56* : 3 240. *60* : 4 950. *65* : 8 320. *70* : 11 860. *74* : 14 620. 90k*77* : 16 230. *78* : 16 990. *79* : 17 720. *80* : 18 440. *81* : 19 130. *83* : 20 300. *84* : 20 600. *85* : 20 800 [dont Diesel 1 660. *5 CV et* – 6 645 (D. 316), *6 à 10 CV* 12 525 (D. 1 310), *11 CV et* + 1 630 (D. 34)]. *86* : 20 940. Au 1-1-86, 74,1 % des 20 100 000 ménages avaient une voiture (54 % 1 seule par ménage, 22,7 % 2 ou +). Nombre de voitures pour 1 000 h. : 380.

Véhicules utilitaires + cars (en milliers). *1956* : 1 203. *60* : 1 540. *69* : 1 770. *70* : 1 850. *76* : 2 290. *80* : 2 550. *81* : 2 650. *82* : 2 756. *83* : 3 037. *85* : 3 248 [dont Diesel 1 298. – *de 2,5 t* 2 029 (D. 278), *2,5 à 3,5 t ind.* 725 (D. 529), *3,6 à 5 t* 17 (D. 14), + *5 à 9 t* 92 (D. 92), *9 à 12 t* 66 (D. 66), *12 à 15 t* 39 (D. 39), *15 à 19 t ind.* 110 (D. 110), + *de 19 t* 33 (D. 33)]. *86* : 3 426. **Tracteurs routiers.** *Diesel* : 137. **Autocars-Autobus.** *Diesel* : 62.

Véhicules utilitaires neufs, par marques (1985). 342 164 dont *français* 265 537 dont Renault (R.V.I.) 129 067, Citroën 69 931, Peugeot 51 157, Talbot 3 879, Unic 10 985, autres marques françaises 400 ; étrangers 76 627 ; *allemands* : 27 469 dont Mercedes 16 044, Volkswagen 10 219, Ford C.E.E. 11 575 ; *italiens* : 21 056 dont Fiat 10 226 ; *japonais* : 9 203 dont Toyota 5 959, Datsun 1 186 ; *anglais* : 2 821 dont Rover 2 131, British Leyland 612 ; *autres marques* : 16 077.

Autocars et autobus neufs immatriculés en 1985 et, entre parenthèses, parc de ceux immatriculés au 31-12-1985 (tous âges confondus). 8 269 (85 736) dont de marques françaises 5 890 dont – *de 10 places* : 3 775 (36 009), *10 à 19* : 410 (4 528), *20 à 29* : 1 131 (9 836), *30 à 39* : 653 (7 947), *40 et* + : 2 300 (25 955), *non déterminés* : (1 461).

Camionnettes, camions et véhicules spéciaux neufs immatriculés en 1984 et, entre parenthèses, parc de ceux immatriculés au 31-12-1984 (tous âges confondus). 320 727 (3 001 004) dont de marques françaises 253 238 ; – *de 1 t* : 219 052 (1 795 940), *1 à 1,7* : 66 041 (701 590), *1,8 à 2,9* : 15 535 (231 249), *3 à 4,5* : 4 329 (55 022), *4,6 à 6,5* : 4 223 (52 453), *6,6 à 8,9* : 4 378 (48 492), *9 à 12,9* : 4 920 (57 036), *13 à 16,9* : 1 194 (17 419), *17 et* + : 85 (951), *non déterminés* : 970 (40 852).

Tracteurs routiers neufs immatriculés en 1985, et, entre parenthèses, parc de ceux immatriculés au 31-12-1985 (tous âges confondus). 13 168 (137 147) dont de marques françaises 6 409 ; – *de 11 CV* : 16 (227), *11 à 16* : 349 (3 403), *17 à 20* : 55 (1 873), *21 à 25* : 431 (7 243), + *de 25* : 12 317 (124 380), *non déterminés* : (21).

• **Immatriculations. Total de véhicules neufs et, entre parenthèses, d'occasion, 1985.** 2 168 157 (5 601 641) dont voitures partic. et commerc. 1 766 328 (4 802 837), autocars et autobus 8 269 (16 399), camions, camionnettes et véhicules spéciaux 320 727 (628 612), tracteurs routiers 13 168 (18 720), autres tracteurs (agricoles, forestiers, etc.) 47 493 (109 611), remorques 2 167 (4 274), semi-remorques 10 005 (21 188).

Voitures particulières et commerciales neuves (nombre, 1985). **Suivant la puissance** : 1 766 328 (264 757 diesel) dont *1 à 3 CV* : 31 670, *4 CV* : 409 118, *5 CV* : 326 789, *6 CV* : 280 501, *7 CV* : 459 641, *8 CV* : 89 390, *9 CV* : 91 672, *10 à 12 CV* : 61 265, *13 à 16 CV* : 14 506, *17 CV et* + : 1 767. **Par marques** : 1 766 328 dont *voitures françaises* : 1 120 102 dont Renault 507 788, Peugeot 364 367, Citroën 226 789, Talbot 21 100, autres marques 58 ; *marques étrangères 646 226* dont *allemandes* : 148 115 dont Ford C.E.E. 133 288, Volkswagen 86 221 ; *italiennes* : 119 109 dont Fiat 74 447, Alfa-Roméo 14 907 ; *japonaises* : 53 184 dont Datsun 15 515, Mazda 13 836, Toyota 11 933 ; *anglaises* : 30 436 dont Austin 20 791, Mini 6 240 ; *autres marques étrangères* : 279 465.

Dans le monde

Évolution. Voir Quid 1982, p. 1430.

Parc automobile mondial au 1-1-1983. Voir tableau p. 1378.

Pénétration des voitures japonaises (en 1983, en %). Norvège 35,9. Danemark 31,1. Irlande 30,1. Autriche 29,1. Suisse 27,6. P.-Bas 23,5. Belgique 22,9. Portugal 17,3. Suède 15,2. G.-B. 10,8. All. féd. 10,6. *France 2,7*. Italie 0,13.

Deux-roues

En France

Catégories

Cyclomoteurs. *Jusqu'à 50 c.c.* ; pédales non obligatoires dep. le 1-7-1983, vitesse limitée à 45 km/h, sans permis, âge 14 ans, bruit 72 dB, autoroutes interdites (pistes cyclables obligatoires). **Scooters 50 cc.**

Motos légères. *MTL 1 : de 50 cc (compris) à 80 cc. (non compris)* (automatique). Vitesse limitée à 75 km/h ; âge min. 16 ans ; permis A MTL ou B, C, D (délivré à partir du 1-3-80) [1,2,3,4], bruit 78 dB ; pistes cyclables interdites. *MTL 2 : de 50 cc à 80 cc (non compris)* (non automatique). Vit. limitée à 75 km/h ; âge min. 16 ans ; permis A MTL [1,2,3,4] ; bruit 78 dB. *MTL 3 : de 80 cc à 125 cc (non compris).* Puissance – de 13 CV ; vitesse non limitée à la construction ; âge min. 17 ans ; permis A MTL [1,2,3,4] ; bruit 80 dB.

Motos. *MTTE : de 80 cc à 125 cc (non compris).* Puissance 13 CV et + ; vitesse non limitée à la construction ; âge min. 18 ans ; permis A MTTE [2,3,4] ; bruit 80 dB. *MTTE : de 125 cc et* +. Puissance maxi. 100 CV ; vitesse non limitée à la construction ; âge min. 18 ans ; permis A MTTE [2,3,4] ; bruit 83 dB (de 125 à 350 cc), 85 (de 350 à 500 cc), 86 (supérieure à 500 cc). **Scooters 80 cc et 125 cc.**

Voiturettes (tricycles ou quadricycles *TQM*). *Jusqu'à 50 cc* : vitesse limitée à 50 km/h ; sans permis ; âge 14 ans ; bruit 73 dB ; pistes cyclables interdites. *Jusqu'à 125 cc* : vitesse non limitée ; permis A4 ; âge 16 ans ; bruit 80 dB ; pistes cyclables interdites.

Nota. – (1) Pour âgés d'au moins 17 ans et titulaires du permis A1 (délivré entre 1-3-80 et 31-12-84), A, B, C, D (délivré avant 1-3-80), licence de circulation délivrée avant 1-4-58 ; ces permis permettent aussi de conduire des 125 cc mis en circulation avant le 31-12-84. (2) Permis A2 (délivré entre 1-3-80 et 31-12-84, titulaire dep. au moins 2 ans, et justifiant une pratique suffisante). (3) A3 (délivré entre 1-3-80 et 31-12-84). (4) A (délivré avant le 1-3-80).

Assurance. *Pour cyclomoteurs, motos légères et motos : assurance obligatoire* ; l'ass. à responsabilité civile (aux tiers) ne joue que si le conducteur a bien l'âge et le permis requis, la garantie spéciale de la responsabilité du conducteur vis-à-vis de son passager est obligatoire, s'il en transporte un.

Pour voiturettes et tricycles, quadricycles : ass. à responsabilité civile.

Casque. *Port* : motos légères et motos, obligatoire pour conducteur et passager ; cyclomoteurs, conducteur obligatoire, passager conseillé ; voiturette, tricycle et quadricycle : sans casque.

Circulation. Conducteurs de cyclomoteurs et de motocyclettes ne doivent jamais rouler de front ; les cyclistes peuvent rouler (au plus) à 2 de front, mais doivent se mettre en file simple dès la chute du jour et si les conditions de la circulation l'exigent.

Signalisation. Cyclomoteurs : projecteur avant, portée 25 m, et feu rouge arrière. **Cycles** : lanterne unique à l'avant, feu rouge arrière. Un ou plusieurs dispositifs réfléchissants de couleur rouge (valable pour les cycles et cyclomoteurs). Pédales avec dispositifs réfléchissants orangés. Les motocyclettes (+ de 125 cm³) doivent, de jour, circuler les feux de croisement allumés sous peine d'amende de 150 à 300 F. Il est conseillé aux motocyclettes de 51 à 125 cm³ d'en faire autant. *Plaque d'identité* fixe avec nom et adresse du propriétaire obligatoire pour bicyclettes et cyclomoteurs (sous peine d'amende de 20 à 150 F pour les premiers, 300 à 600 pour les seconds).

Vignette moto. Instituée à l'automne 1979 pour les motos de plus de 750 cm³, supprimée fin 1981.

Consommation. Cyclomoteur de 50 cm³, 10 à 15 g d'essence au km (voiture 60 à 80).

Immatriculation. Pour tous, sauf cyclomoteurs, scooters 50 cc et voiturettes.

Transport de passagers. Pas de limite d'âge, sauf pour cyclomoteurs (pas + de 14 ans).

Production

• **Deux roues à moteur et assimilés. Chiffre d'affaires (H.T.).** En millions de F. *1971* : 592 ; *82* : 1 248 ; *83* : 1 236 ; *84* : 1 295.

Balance commerciale. (En millions de F. Exportations et, entre parenthèses, importations.) *1981* : 267 (786). *82* : 329 (973). *83* : 345 (988). *84* : 379 (1 024 [dont cyclomoteurs 269 (118) ; autres 110 (905)]. *85* : 361 (977) [dont – 50 cc 246 (118), autres 115 (859)].

Livraisons. Cyclomoteurs : *1950* : 94 398. *51* : 287 145. *52* : 382 768. *53* : 553 210. *54* : 694 252. *55* : 830 575. *60* : 962 338. *62* : 1 149 235. *65* : 1 111 867. *70* : 1 102 498. *74* : 1 381 480 (record). *75* : 1 073 105. *80* : 650 956. *81* : 486 375, *82* : 500 343, *83* : 508 738, *84* : 432 271 dont Peugeot 283 714, M.K.B. Industrie (dep. 1984, avant Motobécane) 148 557. *85* : – *50 cc* : 443 678 dont Peugeot 297 124 et MBK 146 554. **Motocyclettes** : *1950* : 18 592. *54* : 35 603. *57* : 10 416. *60* : 1 411. *63* : 241. *65* : 1. *68* : 14. *73* : 550. *75* : 492. *80* : 71. *81* : 5 492, *82* : 3 155, *83* : 2 397, *84* : 1 905 dont **1re catégorie** : 931 (Peugeot), **2e cat.** : 967 dont Peugeot 932, Boudet (a cessé ses activités en 1984) 35, **3e cat.** : 7 (M.K.B. Industrie). **Scooters** : *1950* : 1 820. *51* : 14 380. *52* : 50 829. *53* : 84 002. *54* : 100 366. *55* : 135 657. *56* : 118 293. *57* : 102 082. *58* : 51 668. *59* : 38 455. *60* : 37 038. *61* : 13 714. *62* : 304. *83* : 7 343, *84* : 15 141 dont **50 cc** : 11 480, **80 cc** : 3 661. **Vélomoteurs** : *1950* : 100 156. *54* : 171 974. *55* : 151 229. *57* : 86 987. *60* : 6 582. *63* : 2 658. *65* : 10 545. *68* : 5 045. *70* : 4 292. *75* : 8 021. *78* : 3 584. *79* : 3 964. *80* : 795.

Exportations (1985). – 50 cc : 120 655 ; + 50 cc : 8 337.

Principaux clients (1985). **Engins de – de 50 cc** : Tunisie 17 878, Burkina Faso 11 486, Belg.-Luxembourg 6 906, Italie 6 880, Algérie 3 011. **De + de 50 cc** : Italie 3 519, All. féd. 546.

Importations (1985). – *de 50 cc* : 35 805 dont Japon 12 375, Italie 10 070. + *de 50 cc* : 80 668 dont Japon 71 893, Italie 2 974, All. féd. 2 307.

Marché intérieur. – *de 50 cc (y compris scooters)* : *1981* : 357 529 (dont importations 53 580). *82* : 361 838 (60 546). *83* : 319 872 (55 090). *84* : 243 194 (39 735). *1985* : 223 710 (35 805). + *de 50 cc (y compris scooters)* : *1981* : 127 412 (dont imp. 122 179). *82* : 141 348 (138 929). *83* : 120 111 (111 317). *84* : 104 491 (90 899).

Immatriculations (véhicules neufs, 1985). **Motocyclettes** : 71 556 dont *1re cat.* : 18 038, *2e* : 31 512, *3e* : 29 066. *Par marque* : Honda (Jap.) 23 689, Yamaha (Jap.) 19 948, Kawasaki (Jap.) 6 339, Suzuki (Jap.) 8 887, Peugeot (Fr.) 3 064, Vespa-Piaggio (Ital.) 2 452, B.M.W. (All. féd.) 1 863, K.T.M. (Autr.) 1 009, Fantic (Ital.) 550, Husqvarna (Suède) 683, Guzzi (Ital.) 672, M.Z. (All. dém.) 907, Gilera-Piaggio (Ital.) 22, Montesa (Esp.) 160, Cagiva (Ital.) 18, Ducati (Ital.) 162, M.B.K. Industrie 33, Bultaco (Esp.) 22, Laverda (Ital.) 26, Harley-Davidson (U.S.A.) 36, Morini (Ital.) 10.

Cylindrée des machines immatriculées en 1983 (en %). Jusqu'à 80 cc : 26,86, *400 cc* : 37,33, + *de 400 cc* : 35,81.

• **Cycles. Ventes** (en milliers dont importation) : *1971* : 1 222,9 (189,7), *76* : 2 155,3 (586,9), *80* : 2 653,3 (508), *83* : 1 907,9. *84* : 1 935,8 (675,3).

Production des principales marques. *Motobécane* : *1960* : 115,9. *65* : 239,1. *70* : 425,5. *75* : 445,4. *76* : 490,4. *81* : 600. *Peugeot* : *1960* : 188,9. *65* : 208,1. *70* : 385,5. *75* : 742. *76* : 708,7. *81* : 657. *84* : 634.

Exportations *1971* : 518, *76* : 373,2, *80* : 630,7, *81* : 643,7, *83* : 514,1, *84* : 499,5, *85* : 516,1 (dont Italie 563,5, All. féd. 153,4, P.-Bas 52,3).

Parc

Au 1-1-1985. *Bicyclettes* : 19 000 000 (1983). *Cyclomoteurs* : 4 400 000 (*1948* : 41 000, *51* : 277 000, *55* : 1 880 000, *59* : 3 800 000, *74* : 5 950 000). *Vélomoteurs et motocyclettes* : 645 000 dont *1re cat.* : 58 000, *2e* : 425 000, *3e* : 162 000. *Scooters* : 20 000.

Prix

Motos neuves (en F, 1985). Yamaha : *350 LC* : 27 340 (avril) ; *DT 80 LC* : 13 258 (mars). Kawasaki : *600 E* : 25 970 (avril) ; *ZX 400* : 24 885 (avril) ; *KLR* : 20 150 (févr.). Honda : *MTX 200* : 16 500 (janv.) ; *MTX 80 R* : 10 651 (févr.) ; *VF 1000 R* : 73 000 (janv.). Guzzi : *V 65 Lario* : 28 750 (janv.) ; *1 000* : 43 435 (janv.). Suzuki : *RH 250* : 17 315 (janv.). Godier Genoud-Replica : entre 63 000 et 80 000 (selon les options).

Cyclomoteurs : 3 500 à 6 000 F (Peugeot 103 SP : 5 295 F).

Scooters : 6 785 à 14 000 F (Peugeot ST 50 L : 6 785 F, SC 50 L : 8 700 F, SC 80 L : 9 275 F).

Accessoires (en F, en 1986). Casque 290 (jet) à 1 450 (intégral en fibre de verre) (port obligatoire) ; blouson en cuir 1 500 à 3 000, ou combinaison 2 800 à 4 000 ; combinaison anti-pluie 400 à 650 ; bottes 650 à 1 200 ; gants 150 à 500 ; pneus (à changer tous les 5 000 km) 500 ; chaîne (15 000 km) 600. *Assurance* (tiers simple, vol, incendie, personnes transportées) *125 cm³* env. 5 000 ; *350 cm³* env. 6 500 ; *750 cm³* et + env. 10 000.

Nota. — En cas d'accident, les indemnités sont minorées si l'absence du port du casque a été la cause d'une aggravation des blessures.

Prix de revient (en F, en 1983). *Comparaison entre une Renault 5 GTL et une Honda 500 CX.* Prix d'achat 47 825 (20 615). Entretien 2 950 (2 325). Essence 7 000 (6 000). Équipement personnel (casque, gants, etc.) 0 (3 300). Assurance (responsabilité civile, défense-recours, vol, incendie, personnes transportées) 6 400 (7 500). Vignette 170 (0). *Total : 64 345 (39 740).*

Amortissement (valeur de reprise après un an) — 35 000 (— 15 000).

Total annuel 29 345 (24 740). Au km (20 000 km/an) 1,46 (1,24).

Dans le monde

Deux roues à moteur et assimilés

Parc au 1-1-1985	Total	Motos, scooters	Cyclo-moteurs
All. féd.	2 894 698	933 642	1 961 056 [1]
Belgique [2]	645 749	110 228	535 521
Espagne	706 017	706 017	n.c. [3]
France	*5 065 000*	*665 000*	*4 400 000*
G.-B.	1 225 000	776 000	449 000
Hongrie	422 012	166 884	255 128
Inde	3 511 868	3 511 868	n.c.
Italie	n.c.	1 205 754	n.c.
Japon [5]	17 353 659	3 450 087	13 903 572
Malaisie (Ouest)	2 132 791	2 132 791	n.c.
P.-Bas	784 000	127 000	657 000
Suisse	846 693	199 302	647 391
Thaïlande [6]	1 140 703	1 140 703	n.c.
U.S.A. [7]	6 685 112	5 585 112 [8]	1 100 000 [9]

Nota. — (1) Fin juin. (2) Au 1-8. (3) Ne sont pas immatriculés. (4) Y. c. motocyclettes jusqu'à 50 cc. (5) Au 31-3. (6) Au 31-12-1983. (7) Au 31-12-1983. (8) Motocyclettes seulement. (9) Vélomoteurs, ne sont pas immatriculés. — *Source :* F.R.I.

Production (1984). *Cyclomoteurs :* Japon 1 875 789, All. dém. 200 100 (1983), France 432 271, Italie 415 000, Inde 212 564 (1982), Espagne 143 250, Autriche 135 206, Pologne 107 000 (1983), Tchéc. 82 770 (1982), All. féd. 78 728, Youg. 66 406 (1982), Portugal 38 954 (1983), Grèce 31 730 (1982), Suisse 12 716, P.-Bas 6 100 (1982), Suède 2 929. *Motocycles (y compris scooters) :* Japon 2 150 518, U.R.S.S. 1 127 000 (1983), Inde 380 726 (1982), Italie 301 675, Tchéc. 135 728 (1982), U.S.A. 105 000 (1982), All. dém. 80 000 (1983), Pologne 55 000 (1983), All. féd. 41 295, Espagne 33 906, France 17 046, Autriche 10 743, Suède 7 010 (1983), Youg. 5 200 (1982), Portugal 2 277 (1983), G.-B. 2 200 (1982).

Nota. — **Japon :** toutes cylindrées, produits en 1984 : 4 026 307 (dont Honda 1 676 820, Yamaha 1 141 186, Suzuki 931 981, Kawasaki 276 320) ; exportations 2 122 440.

Cycles

Production (en millions, en 1984). Chine 17. Japon 6,8. U.S.A. 6,4. Inde 6. U.R.S.S. 5. All. féd. 3. Italie 2,5. Brésil 2,15. France 1,70.

Principaux constructeurs en France (en milliers, 1984). Peugeot 634, Micmo Gitane 150, M.B.K. 456, Yvars 34, Dangre 82, Lejeune 154, Mercier 30, France-Loire 36.

☞ Catégories, production, parc de deux-roues en France, voir p. 1379.

Camping-cars, caravanes

Camping-cars

Marché officiel (1984) : All. féd. 6 000, G.-B. 2 500, *France 3 922,* Italie 3 000, Belgique 500, Suisse 500, divers 300.

Parc aux U.S.A., 223 700 camping-cars.

% d'utilisateurs selon les régions (1984). Région parisienne 22,2, Midi-Pyrénées 20,2, Ouest 16,7, Rhône-Alpes 9,4, Méditerranée 11,4, Centre 6,7, Est 7,8, Nord 5,6.

Caravanes

En France

Source : Syndicat des Ind. de la caravane, des véh. et résidences de loisirs.

Principaux constructeurs (du 1-9-82 au 31-8-83). 43 873 dont *Car. de tourisme* (1984) : 44 492 (dont de 750 kg 15 970, + de 750 kg 26 037). *Résidences mobiles* 2 485. *Car. pliantes* 13 819.

Exportations. *1980 :* 22 883, *81 :* 24 774, *82 :* 22 320, *83 :* 20 620, *84 :* 21 002 (*vers* All. féd. 6 515, Italie 4 454, G.-B. 2 997, P.-Bas 2 346).

Importations. *1979 :* 36 712, *80 :* 34 364, *81 :* 33 160, *82 :* 30 310, *83 :* 34 210, *84 :* 14 875 (*dont* All. féd. 5 273, All. dém. 3 883, G.-B. 2 882).

Immatriculations (remorques et caravanes de + de 500 kg doivent avoir leur propre immatriculation). *1970 :* 52 000, *71 :* 58 620, *75 :* 74 000, *79 :* 89 996, *80 :* 81 829, *81 :* 71 728, *82 :* 68 422, *83 :* 58 387, *84 :* 48 507 (dont 38 249 fabriquées en Fr.).

Catégories socio-professionnelles d'acheteurs de caravanes (en %, 1984). Employés 35,5, ouvriers 15, retraités 13, cadres moyens 12,2, commerçants 6,1, cadres supérieurs 4,2, divers 14.

Dans le monde

Parc. *Nombre de caravanes* (en milliers, au 31-12-1984). U.S.A. 2 394, *France 1 210,* All. féd. 524,9, Pays-Bas 580, Suède 156,2, Italie 131,7 [1], Afr. du S. 128, Norvège 95,5, Danemark 74,5, Belgique 64, Finlande 30,7, Suisse 27,8, Luxembourg 2,6, Malawi 0,2 [2] (2,7 en 1980).

Nota. — (1) 31-12-1980. (2) 31-12-1980.

Voiturettes

En France. Production annuelle : 18 000. **Parc :** 60 000 environ.

Prix : 12 500 à + de 55 000 F.

Données techniques

Carburant

Généralités

Indice d'octane d'un carburant. Obtenu au moyen d'un moteur d'essai monocylindrique dans lequel le carburant de référence est un mélange d'iso-octane et d'heptane (ce dernier possédant de mauvaises propriétés « anticognement », alors que l'iso-octane représente la valeur optimale de 100). Si un carburant testé dans ce moteur donne les mêmes résultats qu'un mélange contenant par exemple 90 % d'iso-octane et 10 % d'heptane, on dit qu'il a un indice d'octane de 90.

Selon le procédé d'expérimentation utilisé, on parle d'*octane research* ou d'*octane motor* qui peuvent présenter des différences de 6 à 14 % (la cotation « octane motor » étant la plus élevée). C'est surtout l'élévation du taux de compression qui fait apparaître le régime de détonation. Les moteurs d'automobiles ont en général des taux de compression de 7,5, 8,5 ou 9. Toute élévation du taux de compression, ou tout facteur contribuant à l'augmenter doit être compensé par un carburant à indice d'octane élevé.

Le besoin en octane sera plus élevé si : la culasse et le bloc-moteur sont en fonte, l'emplacement des bougies est dans une zone froide, les sièges de soupapes sont étroits, la chambre de combustion a une forme « baignoire » ou « en coin », le moteur « remplit » bien, il y a trop d'avance à l'allumage, la boîte de vitesses est mécanique, etc. ; il fait chaud, l'on utilise de l'huile épaisse, les chambres de combustion sont calaminées, l'allumage est mal réglé, la température de fonctionnement est trop élevée, le moteur est vieux sans avoir été « nettoyé » ; les bougies sont vieilles, l'allumage est mal calé, le moteur doit supporter une forte charge à haut régime, il y a des dépôts dans la tubulure d'admission, etc.

Il sera moindre si : la culasse est en aluminium, les chambres de combustion sont hémisphériques, les bougies sont dans une zone chaude, les sièges de soupapes sont larges, la tubulure d'admission est longue, il n'y a qu'un seul carburateur, le mélange air-essence est riche, le remplissage des cylindres est moyen, la transmission est automatique...

Utilisation du G.P.L. *Définition :* V. énergie à l'Index. *Proportion de butane et de propane dans le carburant :* varie selon pays et saisons. *Température d'évaporation du mélange :* inférieure à la temp. extérieure (on doit le maintenir sous une pression de 2 à 8 bars). *Carburateur :* remplacé par un système comportant un détendeur et un adaptateur-mélangeur. *Quelques chiffres : stations* en France ravitaillant en G.P.L. [mai 82 (est.)] : 450. *Voitures équipées :* Italie 650 000, P.-Bas 300 000, *France 80 000,* Japon 29 000, Allemagne féd. 15 000.

Avantages : réduction de la consommation (en France en 1981 : 1,50 F par l d'essence). Rendement accru par une meilleure répartition du mélange dans les cylindres ; suppression du dépôt de calamine ; pollution moindre ; bruit réduit.

Inconvénients (pour la France, où l'utilisation de voitures mixtes gaz-essence est interdite) : encombrement des bouteilles de gaz, coût élevé de la transformation du carburateur (de 3 000 à 6 000 F) ; consommation accrue de 10 % (11 litres de G.P.L. équivalent à 10 litres de super) ; puissance maximale du véhicule diminuée de 8 %.

Consommation

France. Toutes utilisations (en millions de m³, 1983). 37,1 dont essence 3,1, super carburant 21,1, gaz oil 12,8.

Consommation routière totale (en millions de t, 1984). Essence et super et, entre parenthèses, gazole. *All. féd.* 23,6 (9,9), *G.-B.* 20,2 (6,8), *France* 18 (10,2), *Italie* 11,7 (12,2), *P.-Bas* 3,6 (2,5), *Belgique* 2,6 (2), *Grèce* 1,7 (1), *Danemark* 1,5 (0,7), *Irlande* 0,9 (0,4), *Luxembourg* 0,3 (0,2).

Pour 100 habitants (t, 1984). Suisse 61,3, All. féd. 54,6, France 51,7, G.-B. 48,6, Belgique 46,1, P.-Bas 42,4, Danemark 42,2, Italie 41,9, Japon 40, Irlande 35,6, Espagne 27,9, Grèce 27,2.

Moteur à explosion

Principes

Transforme l'énergie thermique produite par la combustion d'un mélange carburant-air en énergie mécanique.

Les *moteurs à 4 temps* sont munis de soupapes : 1 temps moteur tous les 2 tours de vilebrequin.

1er temps : aspiration. La soupape d'admission est ouverte, le piston aspire en descendant du mélange frais de carburant et d'air dans le cylindre. **2e temps : compression.** Les soupapes sont fermées, le piston comprime en remontant le mélange, ensuite a lieu l'allumage par bougie. **3e temps : explosion (temps moteur).** Les soupapes étant fermées, la pression des gaz produits par la combustion repousse le piston vers le bas. **4e temps : expulsion.** La soupape d'échappement étant ouverte, le piston chasse en remontant les gaz brûlés.

Moteur à 2 temps. Sauf cas spéciaux, n'ont pas de soupapes ; le piston libère dans son mouvement de va-et-vient des ouvertures dans la paroi du cylindre, les « lumières ». Allumage. Explosion. Le piston descend, la lumière d'échappement s'ouvre, les gaz brûlés s'échappent. La lumière d'admission est encore ouverte, la lumière de transfert est fermée. Le piston continue à descendre, la lumière d'admission dans le carter de précompression se ferme, puis la lumière de trop-plein s'ouvre. Les gaz frais passent du carter dans le cylindre. Le piston remonte, les 3 lumières sont fermées, le mélange est comprimé dans le cylindre. En fin de course, la lumière d'admission s'ouvre, un mélange frais pénètre dans le carter. C'est ainsi que l'alimentation en mélange frais carburant-lubrifiant s'opère par les lumières et le canal de transfert. Le trop-plein assure le balayage des gaz brûlés (voir figure page suivante).

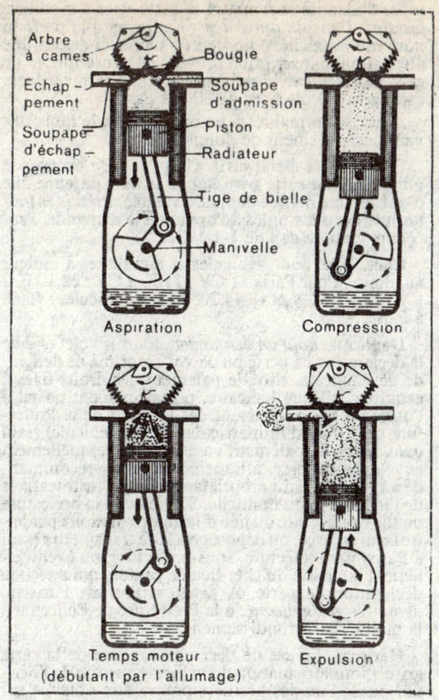

Moteur à 4 temps

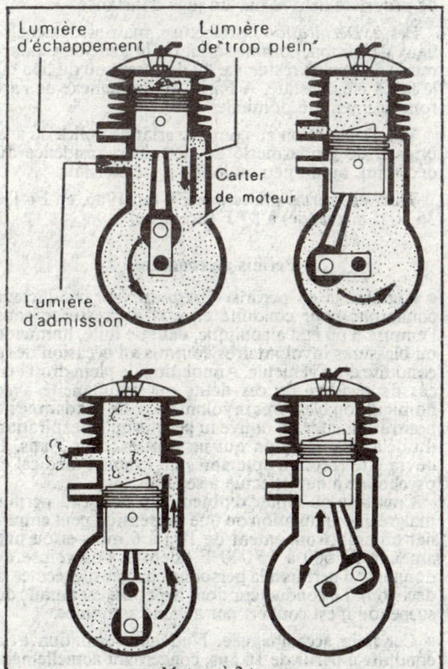

Moteur à 2 temps

Moteur diesel. Moteur à auto-inflammation du combustible qui se distingue par des taux de compression plus que doubles de ceux des moteurs allumage par étincelle (de 16 à 22/1). L'air aspiré dans le cylindre y est comprimé beaucoup plus fortement (de 700 à 900 °C) que dans le moteur à explosion. Alors est injectée dans le cylindre une certaine quantité de carburant qui s'enflamme spontanément. Mêmes cycles que dans le moteur à explosion (4 ou 2 temps). Dans un *moteur diesel à injection directe*, le carburant est injecté directement dans le cylindre. L'injecteur doit être conçu de façon que les jets qu'il émet puissent atteindre tout l'air contenu dans la chambre de combustion. Dans les *moteurs à chambre à turbulence*, l'air est envoyé dans la chambre par le piston et acquiert ainsi un mouvement tournant très rapide, ce qui favorise le mélange.

Avantages. *Consomme moins qu'un moteur à essence*, surtout au ralenti (*prix de revient* du km env. 50 % moins cher sur route, 60 % en ville). Pour chauffer l'air admis par simple compression, il faut un moteur dont le rapport volumétrique soit de l'ordre de 21 à 1. Les organes moteurs sont donc renforcés pour supporter cette pression. L'absence de système d'allumage électrique élimine nombre de pannes. L'isolation phonique nécessaire, car le moteur est bruyant, constitue une bonne protection contre la rouille, le sel, etc. La lutte contre les vibrations a conduit à fabriquer des vilebrequins à 5 paliers pour les 4 cylindres, plus robustes que les vilebrequins classiques. De plus les diesels sont rarement conduits comme des voitures de sport, donc longévité accrue. *Puissance à bas régime :* avantage pour tracter une remorque, une caravane, un bateau. N'émet pas d'oxyde de carbone, ni d'hydrocarbures, car combustion complète. *Assurances moins chères :* les diesels étant peu rapides. *Fiscalité réduite :* ex. : la CX 2400 (2 175 cm³) est une 9 CV (CX 2000 à essence 1 985 cm³, 11 CV). *Prix de revente* élevé.

Depuis 15 ans env., certains constructeurs ont mis au point de petits moteurs diesels refroidis par air à faible consommation.

Inconvénients. *Moteur bruyant :* le gazole s'enflammant dans les cylindres, provoque un claquement de combustion, surtout au ralenti. *Démarrages plus longs :* il faut chauffer l'air contenu dans les cylindres, entre 20 et 60 s, avant le 1er coup de démarreur. *Vibrations :* dues à la compression de l'air, surtout au-dessous de 50 km/h. *Manque de reprise. Vitesse maximum faible :* 120 à 150 km/h, mais maintenable sur de longues distances sans dommage pour le moteur, d'où des moyennes élevées surtout sur autoroutes. *Prix d'achat élevé :* usinage particulier, matériaux plus résistants. *Poids élevé. Entretien* délicat et assez coûteux. *Fumées* (suies) dès que le moteur se dérègle. *Odeurs* d'échappement difficiles à éliminer.

Moteur à piston rotatif. Fonctionne selon le cycle à 4 temps. A l'intérieur du piston rotatif, une roue dentée entraîne une autre roue dentée, l'excentrique de l'arbre-moteur.

L'ensemble de la disposition du moteur supprime le système de soupapes (remplacées par des lumières ou ouvertures comme sur le 2 temps), les bielles et le vilebrequin.

1er temps : Face *a :* l'admission commence. Chambre *b :* elle se remplit de mélange et la compression s'effectue. En *c :* a lieu la détente ou combustion des gaz. **2e temps :** détente des gaz terminée en chambre *c.* La barrette de pointe (en gros le sommet du triangle dont les côtés seraient *a* et *c*, la barrette correspond au segment du piston classique) vient de laisser ouverte la lumière d'échappement par où commencent de passer les gaz brûlés. **3e temps :** dans la chambre *a*, l'admission de mélange se poursuit toujours. En *b*, la compression atteint son maximum. Le mélange est mis à feu par la bougie, en *c*. L'échappement continue. **4e temps :** chambre *a* remplie de gaz frais. La compression débute dès que la barrette a obturé la lumière d'admission. Dans la chambre *b*, les gaz brûlés se détendent et entraînent l'arbre à excentrique par l'intermédiaire du piston.

Le piston n'a effectué qu'un tiers de tour. En un tour complet, le cycle à 4 temps se répète 3 fois, et l'arbre à excentrique effectue 3 tours.

Nota. — Avantages : supprime certaines vibrations dues au mouvement alternatif des pistons, dimensions restreintes, grande longévité, fiabilité élevée, peu de réparations. *Inconvénients :* consommation élevée (huile et carburant), difficultés à ramener la pollution aux limites légales, vitesse élevée de l'arbre de sortie, frein-moteur faible. Depuis 1978, seul Toyo-Kogyo (devenu Mazda Motor Co) continue à utiliser le moteur Wankel sur des voitures sportives, ayant résolu la majorité des problèmes.

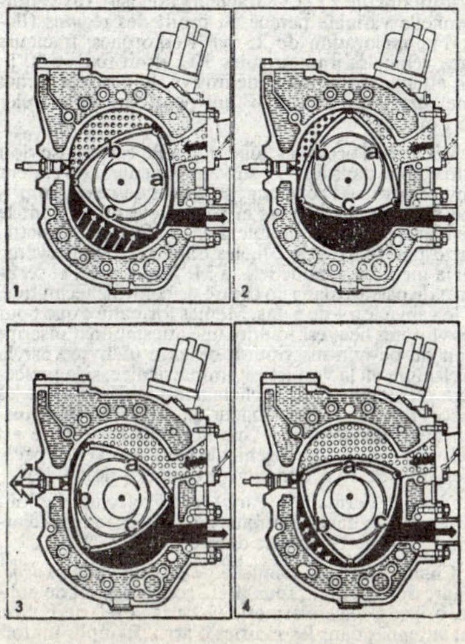

Moteur à piston rotatif

Moteur Stirling à combustion externe. *Principe de fonctionnement :* une masse de gaz parfait évolue en circuit fermé dans un ou plusieurs cylindres (étanches). Au cours du cycle moteur, elle subit d'abord une compression isotherme. Chauffée à volume constant, elle se détend isothermiquement au cours de la phase suivante en repoussant le piston auquel elle fournit le travail moteur. Enfin, elle se refroidit à volume constant, et le cycle recommence.

Particularité : l'énergie calorifique qui sert à échauffer la masse gazeuse est fournie par la chambre de combustion externe, et transmise par l'échangeur qui en récupère une partie au cours de la 4e phase. Cette chambre de combustion externe est indépendante. On peut donc théoriquement employer n'importe quel combustible.

Avantages : peu polluant et peu bruyant. Permet de réaliser des économies de carburant par rapport aux moteurs conventionnels (environ 30 %).

Inconvénients : encombrement. La société Philips International a pu réduire cet encombrement (un moteur de 15 à 17 chevaux logé dans une boîte carrée de 30 cm de côté).

Moteur à injection. A 4 ou 2 temps. Le moteur aspire seulement de l'air au 1er temps du cycle. *1° injection directe :* le carburant est injecté dans la chambre. *2° indirecte :* il est injecté dans la tubulure d'admission. L'allumage commandé se fait soit en même temps que l'inj., soit à la fin du temps de compression.

Avantages : diminution des émissions nocives, amélioration du rendement et de la puissance (surtout grâce à une régulation électronique de l'inj.). *Inconvénient :* coût plus élevé.

Suralimentation par compresseurs. Pour obtenir une puissance supérieure, on ne peut augmenter indéfiniment les cylindres (interdictions réglementaires, limitations de fait dues à l'encombrement). Il convient donc d'alimenter les cylindres par un gaz préalablement comprimé, grâce à un dispositif extérieur (suralimentation continue ou momentanée). *Types de compresseurs :* à entraînement mécanique ou à turbine utilisant les gaz d'échappement (turbo-compresseur).

Puissance d'un moteur

Dépend de la cylindrée, du rapport de compression et du carburant.

Puissance théorique. P. que fournirait le moteur si l'énergie thermique du combustible était transformée entièrement en travail mécanique. **Effective.** P. réellement utilisable sur l'arbre moteur [rendement : rapport entre l'énergie recueillie et l'énergie fournie au moteur sous forme de combustible (toujours inférieur à 1)]. **Spécifique.** Rapport de la p. maximale à la cylindrée, en moyenne 50 ch au litre (voitures de sport et de compétition : + de 100 ch).

Estimation brute SAE (Society of Automotive Engineers, des U.S.A.) : *puissance brute* (gross power) du moteur déconnecté de tous ses accessoires (filtre à air, ventilateur, dynamo ou alternateur, etc.) (ancienne formule).

Estimations nettes (SAE, DIN, ISO, CEE) : *puissance nette* mesurée sur l'arbre du moteur entraînant tous les accessoires nécessaires au fonctionnement de la voiture. Cette puissance constitue sensiblement la puissance utile restant disponible pour propulser le véhicule. Elle a une valeur similaire dans l'estimation SAE nette, DIN (Deutsche Industrial Normen : normes industrielles allemandes) ou ISO (Organisation internationale de standardisation). Cette valeur nette est aussi très voisine de la puissance nette mesurée suivant le projet de recommandation de Genève (CEE) : valeur utilisable par les divers gouvernements dans leurs législations nationales.

Puissance fiscale. Calculée, depuis le 1-1-1978, à partir de la cylindrée du moteur et d'un paramètre caractérisant la démultiplication de la transmission du mouvement et du carburant. Ce paramètre, fonction du type de transmission (boîtes de vitesses manuelles à 4 ou 5 rapports, boîtes de vitesses automatiques) est proportionnel à la somme des vitesses théoriquement atteintes au régime moteur de 1 000 t/mn, pour les différents rapports de démultiplication de la boîte de vitesses. *Formule* P : = m (0,0458 × C/K) 1,48. [C cylindrée du moteur, K rapport de démultiplication, m vaut 1 pour les véhicules à essence et 0,7 pour les véhicules diesel.] *Classement. De 10 à 19 ch* : 3 CV ; *20 à 29* : 4 ; *30 à 39* : 5 ; *40 à 49* : 6 ; *50 à 59* : 7 ; *60 à 69* : 8 ; *70 à 79* : 9 ; *80 à 89* : 10 ; *90 à 99* : 11 ; *100 à 109* : 12 ; *110 à 119* : 13 ; *120 à 129* : 14.

Nota. — Un coefficient spécifique est appliqué aux boîtes automatiques.

Système d'allumage

Durée de vie. *Bougies courantes* 10 000 à 15 000 km, *à électrode annulaire* 30 000 à 40 000 km. *Vis platinées du rupteur* 10 000 km. L'usure des vis platinées et des bougies fait augmenter la consommation (5 à 15 %) jusqu'à la panne d'allumage. *Condensateur* 20 000 à 40 000 km. *Bobine* jusqu'à 120 000 km.

Les systèmes d'allumage électroniques ou optoélectroniques modernes fournissent des étincelles bien réglées et leur vie est accrue parce qu'ils ne comportent pas de pièce frottante. Les modèles les plus récents permettent d'optimiser le retard à l'allumage pour n'importe quel point de fonctionnement du moteur. Certains systèmes d'allumage sont livrés pour la durée de la voiture, sans nécessiter de réglage ou de révision (en dehors d'accidents occasionnels).

Allumeur à contacts autonettoyants. Créé par la Sté C.A.V. Lucas. Permet d'espacer les opérations d'entretien (rupteur remplacé tous les 40 000 km, avec nettoyage intermédiaire aux 20 000 km).

Bougies à préchauffage rapide. Utilisées pour les diesels et permettant de démarrer en 6 secondes (ces bougies sont commercialisées depuis peu).

Pannes les plus fréquentes

Durabilité moyenne critique en km et taux global (en %). Échappement 18 000 (25), plaquettes/garniture 23 000 (19,5), allumage 36 000 (12), batterie 45 000 (10), essuie-glace/lave-glace 60 000 (7,5), amortisseurs 62 000 (7,3), alignement roues 62 000 (7,2), carburation 62 000 (7,2), embrayage 63 000 (7,1), culasse/joint culasse/soupapes 65 000 (6,9), éclairage route/clignoteur 68 000 (6,6), témoins tableau de bord 68 000 (6,6), frein à main 71 000 (6,3), alternateur 76 000 (5,9), circuit hydraulique/frein 77 000 (5,8), démarreur 82 000 (5,5), tambours disques 86 000 (5,2). Selon les automobiles clubs, 1 voiture sur 2 serait en mauvais état, 1 sur 3 a des freins défectueux, 1 sur 4 a des problèmes de direction et roule avec des pneus sous-gonflés ou abîmés.

Pneus

La différence entre la profondeur des rainures de 2 pneus montés sur un même essieu ne doit pas dépasser 5 mm (il faut donc les remplacer par paire). L'usure et le vieillissement diminuent l'adhérence sur sol mouillé, favorisent l'aquaplanage, entraînent un risque d'éclatement consécutif à un échauffement plus important de la carcasse.

Pneus cloutés. 100/150 crampons par pneu. Vitesse limitée à 90 km/h. Utilisation autorisée du 15-11 au 15-3. Interdits dans certains pays.

Kilométrage moyen d'usure. Base carcasse radiale avec ou sans chambre suivant les montes d'origine : véhic. à propulsion classique : 50 000 km ; véhic. à traction avant et utilitaires : 40 000 km (sauf Peugeot J9, Citroën C35, Renault Master, Ford Transit : 45 000 km).

En moy. un pneu fait 35 000 km. Mauvaises routes : 6 000 km. En ville : 4 500 km.

Transmission

Organes de transmission. *Embrayage* : assure la liaison (qu'on peut interrompre) entre le moteur et la boîte de vitesses. *Boîte de vitesses* : permet au moteur et aux roues tractrices de tourner à des vitesses adaptées aux circonstances et au terrain. *Couple conique* : envoie le mouvement aux arbres des roues. *Différentiel* : permet aux roues de tourner à des vitesses différentes dans les virages.

Boîtes automatiques. 5 à 6 % des voitures vendues en France en sont équipées (U.S.A. 90 %). *Avantages* : sécurité améliorée (le conducteur, n'ayant plus à manœuvrer le levier de vitesses, peut garder les mains sur le volant et consacrer toute son attention à la circulation). La voiture ne cale pas. *Inconvénients* : le prix d'achat est majoré. Le convertisseur hydraulique de couple absorbe une fraction de la puissance par glissement, d'où une augmentation de consommation, compensée par le fait du choix toujours optimal du rapport convenable. De nouvelles boîtes automatiques pour voitures légères consomment moins de puissance grâce au verrouillage du convertisseur en marche normale. *Boîtes semi-automatiques* : constituées d'un convertisseur hydraulique de couple associé à une boîte à sélection manuelle comportant un élément de coupure automatique (par ex., embrayage électromagnétique).

Transmission à variation continue. Longtemps proposée par DAF (Variomatic). Les brevets Van Doorne (DAF) vont être exploités par Ford et Fiat : une courroie métallique circule entre des disques formant poulies dilatables et assure une variation continue du rapport de démultiplication, avec régulation (transmission CVT).

Données pratiques

Papiers

Généralités

Papiers que l'on doit avoir sur soi en France. Permis de conduire valide, attestation d'assurance (V. assurances), carte grise (+ celle de la remorque si elle pèse plus de 500 kg en charge) (la photocopie certifiée conforme n'est autorisée que pour les véhic. de transports de marchandises très spéciaux d'un P.T.A.C. sup. à 3,5 t), volet détachable de la vignette du véhicule en cours. **Papiers perdus ou volés :** faire une déclaration au commissariat ou à la gendarmerie ; le récépissé qui sera délivré remplace le permis de conduire pendant 2 mois.

Papiers nécessaires à l'étranger. *En Europe* : carte verte d'assurance internationale, permis de conduire à 3 volets (ou permis intern. pour U.R.S.S. et Grèce) ; *hors d'Europe* : permis de conduire int. et certificat int. pour automobile sont parfois exigés. On se procure le permis de conduire intern. sur présentation du permis français, de 2 photos et d'un timbre fiscal, auprès : de la préfecture ; des automobiles clubs.

Carte grise

• **Formalités. Véhicule neuf :** s'adresser à la préfecture (à Paris, Préf. de police, 1, rue de Lutèce, 75004). Remplir un formulaire et joindre certificat de vente, cert. de conformité du constructeur, justification du domicile et pièce d'identité. Droits : Ils varient d'un département à un autre. Ex. pour Paris 46,80 F par cheval-vapeur. Demi-tarif pour moto et vélomoteur, v. utilitaire (de 2 t et +), tracteurs non agr. Taxe additionnelle variable perçue au profit des régions (Ile-de-Fr., majoration de 25 %). Remorques, tracteurs agr., véhicules immatriculés TT : droit fixe 66,30 F. En attendant l'immatr. définitive, le vendeur remet une *carte provisoire WW* qui permettra de circuler 15 j ouvrés.

Véhicule d'occasion : une nouvelle carte grise doit être établie dans les 15 j suivant la vente. Le vendeur doit remettre à l'acheteur : certificat de vente (imprimé dans les préfectures et sous-préfectures) dont le vendeur envoie le double à la préfecture, vignette, carte grise (barrée de 2 lignes transversales et revêtue de la mention vendue le ... à M. X et signée) et certificat de passage dans un centre de contrôle technique, si le véhicule a + de 5 ans. Mêmes formalités que pour les voitures neuves. Joindre une attestation d'inscription ou de non-inscription de gage (délivrée par la préfecture où la voiture est immatriculée, si la préfecture du domicile de l'acheteur est différente) et les pièces remises par le vendeur, pièce d'identité et justification du domicile. Une nouvelle carte grise est délivrée. Droits : voir véhicule neuf. Les véh. d'occasion de + de 10 a. bénéficient du demi-tarif.

Nota. — Formalités (Paris) : à la Préfecture de Police (ensemble des opérations) ou dans les mairies d'arrond. (transferts simples de propriété).

Changement de domicile. *Dans le même dép.* : s'adresser à la préf., sous-préf., commissariat de police, brigade de gendarmerie (à Paris : Préf. de Police, ou antennes dans les mairies d'arr.). Remplir un formulaire, présenter justification du nouveau domicile, pièce d'identité et remettre la carte grise à modifier. Gratuit. *Dans un autre dép.* : s'adresser à la préf. du nouveau domicile. Joindre aux pièces ci-dessus une attestation d'inscription ou de non-inscription de gage délivrée par la préf. qui a établi la précédente carte grise. Droit fixe : 46,80 F à Paris.

Nota. — Formalités à accomplir dans le mois suivant le changement de domicile.

Changement d'état civil. On peut faire changer le nom, mais une carte grise établie au nom de jeune fille d'une femme mariée demeure valable. Présenter toutes justifications utiles à l'appui de la demande. Procédure gratuite dep. le 1-1-1982.

Coût. Taxe pour véhicules et bicyclettes à moteur auxiliaire. Pour Paris : 1 CV : 11 F, 2 CV : 22,10 F, 3 CV : 33,10, 4 CV et + : 44,20. Autres véhicules : 46,80 à Paris.

Duplicata. *Pour en demander* : fournir volet n° 2 de la déclaration de perte ou de vol, imprimé de demande de duplicata, titre de paiement des droits fixes à acquitter [chèque bancaire, postal, mandat postal à l'ordre de M. le Régisseur des Recettes de la Préfecture de... (lieu d'immatriculation du véhicule), sauf dans le cas de paiement en espèces. Éventuellement enveloppe timbrée, affranchie au tarif « recommandé » et l'adresse du propriétaire]. Pièces justificatives de l'identité et du domicile. S'adresser à la préfecture ou sous-préfecture du lieu d'immatriculation : par lettre (sauf à Paris), ou déposer ou faire transmettre (sauf à Paris) par préfecture, sous-préfecture, ou éventuellement la mairie du chef-lieu de canton, qui a reçu la déclaration de perte. A PARIS, si l'on est Parisien, *demande de duplicata* : à la Préfecture de Police ou à la mairie de l'arrondissement.

Héritage. En cas de décès du titulaire de la carte grise, l'immatriculation du véhicule au nom de l'héritier ou de l'un des héritiers pourra être obtenue sur présentation d'une attestation du notaire, d'un certificat d'hérédité délivré par le maire, ou d'un certificat de propriété délivré par un juge d'instance.

Perte. *Déclaration* : préfecture, mairies des chefs-lieux de canton, commissariat ou brigade de gendarmerie du lieu de résidence du déclarant ou du lieu où le fait a été constaté. A Paris, mairie annexe de l'arrondissement du domicile.

Vol. Déclaration au commissariat de police ou à la brigade de gendarmerie du lieu de la résidence du déclarant, ou du lieu où le fait a été constaté.

Tarif des cartes grises par CV (en 1986, en F). De 36,50 (Languedoc) à 87 F (Bretagne).

Permis de conduire

• **Annulation du permis.** *Cas possibles* : conducteur condamné pour conduite en état d'ivresse ou sous l'empire d'un état alcoolique, délit de fuite, homicide ou blessures involontaires commis à l'occasion de la conduite d'un véhicule. Annulation de plein droit : en cas de récidive de ces délits ou simultanéité avec homicide ou blessures involontaires. Le condamné ne pourra solliciter un nouveau permis qu'à l'expiration du délai d'annulation qui ne peut excéder 3 ans. Il devra être reconnu apte après un examen médical et psychotechnique effectué à ses frais.

Conduire ou tenter d'obtenir un nouveau permis malgré une annulation ou une suspension peut entraîner un emprisonnement de 10 j à 6 mois et/ou une amende de 500 à 15 000 F (idem si l'on refuse de donner son permis à la personne chargée d'exécuter la décision). Le conducteur dont le permis est annulé ou suspendu n'est couvert par aucune assurance.

• **Conduite accompagnée.** Nouvelle formation à la conduite à partir de 16 ans, concernant actuellement 22 départements. *1re étape* : formation théorique et pratique dans une auto-école agréée. *2e étape* : conduite sur le territoire national (sauf autoroute) d'un véhicule comportant un frein à main avec un accompagnateur âgé de 28 ans révolus, possédant un permis en cours de validité depuis au moins 3 ans et non condamné pour infraction grave au Code de la route. L'âge de l'examen du permis est toujours à 18 ans.

• **Conversion de permis militaires en p. civils.** Les p. délivrés par l'autorité militaire aux conducteurs de véhicules automobiles des armées permettent d'obtenir, dès leur validation par l'autorité militaire et sans nouvel examen, des p. de conduire les véhic. des catégories A, B, C ou D suivant les mentions spéciales que portent ces p. et les équivalences auxquelles elles donnent droit. Conversion automatique. Le montant de la taxe afférente à la délivrance du permis n'est pas à la charge de l'intéressé.

• **Épreuve. Théorique** (code). Pour les permis A, B, C et D : examen audiovisuel et collectif, sauf pour les non-francophones, sourds, sourds-muets, illettrés qui sont examinés par une méthode audiovisuelle spéciale. Sur 40 diapositives avec questions, il faut 35 réponses justes pour être reçu. On peut le passer 6 mois avant d'avoir 18 ans. Valable 2 ans et pour 5 examens pratiques max. Ensuite, il faut repasser cette épreuve. Les titulaires d'un permis français de − de 5 ans sont dispensés de l'épreuve théorique s'ils désirent un permis d'une autre catégorie. Pour permis CL : 12 questions supplémentaires dont 10 exactes pour être reçu ; C et D : 15 questions supplémentaires dont 12 justes pour être reçu.

Pratique (conduite). Délais de 48 h entre 1er et 2e passage, de 30 j entre les suivants. On peut apprendre à conduire sans le concours d'une auto-école. Permis B, C et D : épreuve en circulation. Autres permis : épreuves en circulation et hors circulation.

• **Origine.** *14-3-1893 :* certificat de capacité délivré par les préfectures. *10-3-1899 :* certificat de capacité spéciale permettant de conduire sur route à 30 km/h et en ville à 20 km/h. *31-12-1922 :* permis de conduire. *10-7-1954 :* diverses catégories (sauf A1).

• **Permis. Types. AT.** Tricycle ou quadricycle à moteur, de 50 à 125 cc, 13 CV maximum, poids à vide 400 kg, PTAC 1 000 kg, âge 16 ans, vitesse de marche n'excède pas 75 km/h, bruit 80 dB, pistes cyclables interdites.

AL. Motocyclette légère. *Jusqu'à 80 cc :* vitesse maximum 75 km/h, âge 16 ans, bruit 78 dB, pistes cyclables interdites. *Jusqu'à 125 cc :* vitesse maximum 100 km/h, 13 CV maximum, âge 17 ans, bruit 80 dB, pistes cyclables interdites.

A. Toutes motocyclettes, 100 CV maximum, âge 18 ans, bruit 86 dB maximum. Les titulaires du permis A2 dep. au moins 2 ans pourront se voir délivrer un permis A (toutes motocyclettes − sous réserve qu'ils en fassent la demande auprès des services préfectoraux et qu'ils joignent une déclaration sur l'honneur certifiant une pratique motocycliste de 2 ans sur un véhicule de la catégorie A2).

B. *De tourisme.* Poids max. en charge 3 500 kg. Age 18 ans. Transport des personnes. 8 places assises au max., non comprise celle du conducteur. Remorque possible : poids total autorisé en charge (PTAC) : 750 kg. *Transport de marchandises.* PTAC max. 3 500 kg. Remorque possible de + de 750 kg n'entraînant pas le classement du véhicule dans la catégorie E. Voitures d'incendie pour le transport de personnes (10 places ou +) âge 18 ans. **B restrictif** (embrayage automatique). Véhic. automatiques (pour une voiture ordinaire, il faudra repasser la conduite). Age 18 ans.

CL. *Transport de marchandises ou de matériels.* Véhic. isolé, inf. ou égal à 19 000 kg, remorque possible de − de 750 kg ou véhic. dont le PTAC dépasse 3 500 kg et le PTRA (poids total roulant autor.) est inf. ou égal à 12 500 kg s'il s'agit du véhic. tracteur d'un ensemble de véhic. ou d'un véhic. articulé. Age 18 ans. Pour les + de 7,5 t : 21 ans, ou 18 a. si le conducteur a un certif. de formation de conducteur de transp. de marchandises par route. Valable 5 ans.

C. *Transport de marchandises ou de matériels.* Véhic. isolé de PTAC de + de 19 t, ou véhic. tracteur d'un ensemble de véhic. et véhic. articulé de PTRA de + de 12,5 t. Age 21 ans (18 a. si le conducteur a un certificat de formation de conducteur de transport de marchandises par route). Valable 5 ans.

D. *Transport de personnes.* PTAC de + de 3 500 kg ; transportant + de 8 personnes (conducteur exclu, enfants de − de 10 ans comptant pour 1/2) si leur nombre est inférieur à 10 ; + de 8 places assises (en plus du conducteur). Remorque possible de − de 750 kg. Age 21 ans. Valable 5 ans.

Les titulaires du permis D amenés à assurer des transports avec des véhicules de 15 places au maximum ne sont soumis à aucune restriction.

Les titulaires du permis D qui ne sont pas détenteurs d'un diplôme professionnel, ou qui ne peuvent pas justifier d'une année d'activité de conducteur affecté au transport des marchandises, sont autorisés à conduire des véhicules de + de 15 places, dans un rayon de 50 km au maximum autour du point d'attache du véhicule (sans limite lorsqu'ils justifieront avoir parcouru au moins 5 000 km pendant au moins 1 an avec un véhicule de transport en commun, quel que soit le nombre de places).

E. *Véhicules relevant de la catégorie B attelés d'une remorque* dont le PTAC dépasse 750 kg quand le PTAC de la remorque est sup. au poids à vide du véhicule tracteur, ou que le total des PTAC de l'ensemble (véhic. tracteur + remorque) est sup. à 3,5 t. *Ensemble de véhicules couplés dont le véhic. tracteur entre dans la catégorie C ou D* attelé d'une remorque dont le PTAC dépasse 750 kg.

F. Supprimé en 1984 en temps que catégorie spécifique aux handicapés ; ceux-ci conduiront des véhic. des catégories A et B avec aménagement et (ou) prothèses figurant sur le permis.

Nota. − Certains permis portent la mention « port de verres correcteurs obligatoires » (lunettes correctrices ou verres de contact ou lentilles cornéennes, suivant le cas). La mention peut être modifiée après l'obtention d'une attestation délivrée par un ophtalmologiste ou par un opticien. Toutefois, le titulaire doit être en possession à tout moment d'une paire de lunettes correctrices.

Sans permis. *Cyclomoteur :* véhicule ayant un moteur thermique auxiliaire de − de 50 cm³, un pédalier et une vitesse inférieure à 45 km/h, un embrayage et une boîte de vitesse automat. Age min. 14 ans. Assurance obligatoire. Interdiction de transporter un passager de + de 14 ans. Accès interdit aux autoroutes. Pistes cyclables obligatoires. *Voiture électrique :* ni carte grise, ni vignette, ni disque de stationnement, ni plaque d'assurance. Se conduit à partir de 14 ans. 3 ou 4 roues, 45 km/h max., au + 1 kilowatt. Moins de 50 cm³, 2 places, le passager ne devant pas avoir plus de 14 ans.

• **Permis de conduire international.** Valable dans tous les États sauf dans celui où le permis a été délivré. N'est plus valable dans un État dès lors que son titulaire y établit sa résidence. *S'adresser :* à la préfecture du domicile, ou Préfecture de police, 1, rue de Lutèce, 75004 Paris. *Formalités accomplies par le demandeur lui-même :* joindre permis de conduire national, carte d'identité, une quittance de loyer ou E.D.F., 2 photos. *Par une autre personne :* lui confier les pièces mentionnées ci-dessus, une procuration sur papier libre l'autorisant à retirer le permis de conduire international, pièce d'identité. *Prix :* 17 F, obtention immédiate et validité de 3 ans ou durée de validité du permis national si celui-ci est délivré pour une durée inf.

• **Statistiques** (1984). *Nombre d'examinés :* 1 772 471 (épreuves théoriques), 2 043 899 (épreuv. pratiques). *Reçus :* 956 620 (épreuv. théor.), 1 015 366 (épreuv. prat.). *Coût du permis :* l'heure conduite 105/120 F, code 40/50 F, total 3/4 000 F si l'on passe par une auto-école.

• **Suspension du permis de conduire. Procédure judiciaire.** Les tribunaux correctionnels ou de police peuvent prononcer la suspension du permis pendant 3 ans au plus (6 ans en cas de récidive, de délit de fuite ou de conduite sous l'empire d'un état alcoolique). La suspension peut être assortie du sursis (pas d'infraction pendant 5 ans sinon elle est exécutée), sauf en cas d'ivresse au volant.

Procédure administrative. Le préfet peut prononcer un avertissement ou suspendre le permis au max. pour 6 mois ou 1 an, en cas d'homicide ou blessures involontaires, de délit de fuite, de conduite en état d'ivresse ou sous l'empire d'un état alcoolique.

Officiers et agents de police judiciaire peuvent retenir le permis de conduire, à titre conservatoire et pour 72 h au plus, lorsque le conducteur, du fait du résultat et de son comportement, aura été présumé en état alcoolique. Dès lors que cet état alcoolique aura été établi, une suspension ferme du permis de 6 mois maximum pourra intervenir.

Le droit de conduire pour l'exercice d'une activité professionnelle. Peut parfois être maintenu malgré la suspension du permis (le tribunal en définit les conditions).

Infractions pouvant entraîner la suspension. 1 010 460. *Décisions préfectorales :* affaires classées sans suite 463 996, avertissements 118 407, affaires laissées à l'appréciation des tribunaux 219 274. *Suspensions : 1975 :* 261 771 ; *1976 :* 98 277 ; *1978 :* 185 717 ; *1979 :* 214 697 ; *1981 :* amnistie.

• **Visite médicale.** *Examen médical occasionnel : avant le permis :* après avoir déposé sa demande de permis, on doit déclarer sur l'honneur ne pas être atteint d'incapacité incompatible avec la conduite (cf. arrêté du 24-3-1981, fixant la liste des incapacités incompatibles avec l'obtention ou le maintien du permis de conduire). Si l'on signale une incapacité, il faut passer une visite médicale. *Après le permis :* après un accident, une infraction grave ou sur informations en sa possession, le préfet peut ordonner une visite médicale. *Examen médical périodique :* pour les candidats aux permis poids lourds, les titulaires de permis poids lourds, les taxis, ambulanciers, moniteurs d'auto-école, conducteurs de cars de ramassage scolaire, conducteurs tractant une remorque lourde, handicapés. La visite doit être repassée tous les 5 ans avant 60 ans, 2 ans de 60 à 76 ans, 1 an ensuite.

• **Vitesse limitée.** *A 90 km/h pendant 1 an* pour les nouveaux conducteurs : disque (90) apposé sur l'arrière du véhicule.

Projet de permis de conduire à points

Le conducteur aurait un certain nombre de points, enregistré au Fichier national du permis de conduire, qui serait amputé à chaque infraction, le nombre de points enlevé variant en fonction de la faute commise. Suivant le nombre de points de démérite obtenu, le conducteur passerait devant une commission d'aptitude qui pourrait envisager son recyclage. Ce système existe au Canada, dans certains États américains, en Australie, Japon et Allemagne. Les modalités de ce projet sont actuellement à l'étude.

Vignette

• **Achat.** *Vente* du 1-11 au 1-12 dans les recettes des impôts et les débits de tabac du département de l'immatriculation. Après le 1-12, dans les recettes en payant une amende (3 % du 1-12 au 31-12, puis 1 % par mois supplémentaire avec un minimum de perception de 5 F après le 31-12). On doit garder le reçu avec les papiers de la voiture, pour le présenter éventuellement lors d'un contrôle, sous peine d'amende (égale au double du prix de la vignette). *Valable* du 1-12 au 30-11.

Véhicules neufs. On a 1 mois après la mise en circulation pour acheter la vignette. Les véhic. mis en circulation entre le 15-8 et le 30-11 sont dispensés jusqu'au 1-12 suivant. **Véhicule d'occasion acheté à un particulier.** Doit être vendu avec la vignette, même s'il est vendu après le 15-8. Si le vendeur n'a pas sa vignette, l'acheteur peut en exiger le montant (éventuellement majoré de 10 %).

Poids lourds. Une *taxe à l'essieu* est perçue par le service des douanes.

• **Montant déterminé dep. le 1-1-1986 par chaque département.** Ex. : Paris (véhicules de − de 5 ans), cat. A (1 à 4 CV) 192 F. R (23 CV et +) 9 172, de 5 à 20 ans 96 et 4 586, de 20 à 25 a. (cat. S) 79.

☞ *A l'étranger :* P.-Bas : le prix de la vignette dépend du poids du véhicule ; All. féd. : de la cylindrée du moteur ; G.-B. : le prix est le même pour toutes les voitures particulières.

Vignettes délivrées. Nombre de véhicules (en milliers) et, entre parenthèses recouvrements (en millions de F). *1960 :* 5 817 (427,7). *70 :* 14 215 (1 390). *80* (tarifs augmentés) : 23 104 (5 545,1). *83* (tarifs augmentés) : 24 970 (7 679,5) dont *véhicules jusqu'à 5 ans :* 12 092, *de 5 à − de 20 a. :* 12 627, *+ de 20 a. et − de 25 a. :* 228. **Taxe spéciale :** *toutes catégories :* 23.

Taxe sur les voitures particulières des sociétés. Se cumule avec la taxe différentielle et la taxe spéciale sur les véhicules de plus de 16 CV.

Montant : 4 800 F pour les moins de 7 CV, 10 500 F pour les + de 7 CV.

• **Origine.** Créée le 30-6-1956 pour alimenter provisoirement le Fonds national de solidarité en faveur des personnes âgées. *Il y a 2 taxes : taxe différentielle* sur véhicules à moteur [*la taxe spéciale* sur les voitures particulières de + de 16 CV a été supprimée (incompatible avec la législation européenne)] et *la taxe sur les voitures de sociétés.*

• **Perte ou vol.** On peut avec le reçu se faire délivrer gratuitement un duplicata, à la recette des impôts du domicile. Si l'on n'a pas ce reçu, faire une déclaration dans les 15 j à la police ou à la gendarmerie. Le duplicata sera délivré par la recette des impôts qui a délivré la vignette.

• **Véhicules exonérés ou dispensés de vignette et taxe spéciale.** V. diplomatiques, soumis à la taxe à l'essieu, en transit temporaire (immatriculés TT), de plus de 25 ans, taxis, v. destinés normalement au transport en commun de voyageurs, v. spéciaux d'infirmes ou de mutilés, de tourisme appartenant à certains invalides militaires et pensionnés de guerre ou à leurs conjoints ou parents, s'ils ont la charge effective de l'invalide, de tourisme appartenant aux pensionnés (taux d'invalidité de 80 % au moins) ayant une carte avec mention : « station debout pénible », ou à leurs conjoints ou parents s'ils ont la charge effective du pensionné, véhicules sanitaires.

V. appartenant aux infirmes civils dont la carte porte la mention : « station debout pénible », et aux aveugles titulaires de la carte avec mention « cécité » ou « canne blanche », ou à leurs conj. ou parents s'ils ont la charge effective de l'infirme, appartenant aux V.R.P., v. des pensionnés ou infirmes qui ont acheté en crédit-bail ou en contrat de location de 2 ans ou plus, ambulances, corbillards et fourgons mortuaires, bennes à ordures, arroseuses et balayeuses, fourgons-pompe-tonnes de vidange, engins de travaux publics dont la circulation sur route est autorisée, camions-ateliers et camions dépanneurs munis d'un engin de levage, matériel de lutte contre l'incendie, mat. sanitaire, mat. de radio et de télévision fixé à titre permanent sur camion ou camionnette, certains véhic. militaires, véhic. aménagés pour transporter lait, vin, bétail, viande, ne sortant pas de leur zone de rattachement, immatriculés en W (vente, réparation, essai ou étude) ou en WW (véhic. sortant d'usine), et véhic. d'occasion en stock chez un négociant au 1er jour de l'ouverture de la période spéciale d'imposition.

Plaques d'immatriculation

● **Numéro. En France.** Dans les séries normales, le numéro d'immatriculation est formé de 1 à 3 lettres, sauf dans les départements où il n'est formé que de 1 à 2 lettres. Seules ne sont pas employées les lettres **I** (ni seule, ni combinée), **O** (ni seule, ni combinée à cause du risque de confusion avec le zéro), **D** (seule, elle est réservée aux voitures des Domaines), **U** (seule, à cause du risque de confusion avec la lettre V). *Cas particuliers :* **C** (consulat), lettres blanches sur fond vert jaspé, **CD** (corps diplomatique), **CMD** (chef de mission diplomatique), lettres orangées sur fond vert jaspé, **DF** (forces allemandes stationnées en France), **FFA** (forces françaises stationnées en All.), lettres blanches sur fond bleu clair, **FZ** (forces françaises stationnées à Berlin), lettres blanches sur fond noir, **K** (fonctionnaires internationaux, OCDE, UNESCO ; personnel administratif et technique des missions diplomatiques), lettres blanches sur fond vert jaspé, **SCV** (Cité du Vatican), lettres noires sur fond blanc, rouges sur fond blanc pour les hauts dignitaires de l'Église. **TT** (voitures en transit temporaire ou franchise de droits de douane), plaque rouge et lettres blanches (voit. achetée sans taxes par un étranger ne résidant pas en France, valable 1 an), **W** (voit. confiée à un garagiste qui l'essaie, ou non vendue et conduite chez un concessionnaire), **WW** [immatriculation temporaire (15 j ouvrés pour une voit. que l'on vient d'acheter)].

Corps diplomatique. Le *nombre* précédant les lettres *CD, C* ou *K* identifie le pays ; le nombre suivant indique l'ordre d'immatriculation par ambassade ou consulat. Les *lettres* précédant le 1er nombre identifient les délégations permanentes des pays étrangers auprès des organisations intern. (exemple : *U* = UNESCO). Les immatriculations *C* et *K* (si le véhicule appartient à un membre du personnel d'un consulat) sont suivies de l'*indicatif départemental* de la préfecture qui délivre la carte grise (75, 76, etc.).

TIR : transports internationaux routiers. Un groupe de chiffres indiq. le département d'immatriculation (sauf 2 A Corse-du-Sud et 2 B Haute-Corse). **Départements d'outre-mer,** depuis le 11-1-1972, 3 groupes de chiffres (ex. : 8 A 973). **Armée de terre,** lettres remplacées pour les véhicules militaires par un drapeau tricolore ; **Marine,** cocarde surchargée d'une ancre ; **Aviation,** un épervier. **Voitures circulant à l'étranger :** doivent porter l'indication du pays d'origine, à l'arrière. Les signes (EU Europe unie, **BZH** Bretagne libre ou **Oc.** Occitania) pouvant créer une confusion sont interdits (en fait tolérés).

Nota. — Un Français ne peut conduire en France un véhicule immatriculé à l'étranger.

Plaque GIC (Grands infirmes civils). Les invalides civils, handicapés physiques ou débiles mentaux, peuvent prétendre à l'obtention de l'insigne GIC s'ils satisfont à 2 conditions : être titulaires de la carte d'invalidité prévue par l'art. 173 du Code de la famille et de l'aide sociale, délivrée aux grands infirmes dont le taux d'invalidité est au moins égal à 80 % ; présenter un certificat médical du médecin expert de la DDASS attestant sans équivoque : a) qu'en ce qui concerne les handicapés physiques, notamment les « handicapés moteurs », la nature de leur infirmité rend impossible ou très difficile tout déplacement à pied ; b) en ce qui concerne les débiles mentaux, qu'ils ne disposent pas d'une autonomie suffisante pour se déplacer seuls et qu'ils doivent, de ce fait, être obligatoirement accompagnés par une tierce personne.

La carte d'invalidité « station debout pénible », qui répond à un autre critère, ne saurait être reconnue comme permettant l'octroi de l'insigne GIC.

Le bénéfice de cette mesure est étendu aux aveubles civils titulaires de la carte d'invalidité « cécité » auxquels l'assistance d'une tierce personne est reconnue de droit, ainsi qu'aux personnes atteintes de sillicose, dès lors que celles-ci remplissent les conditions édictées par les textes en vigueur. *S'adresser* à la préfecture (à Paris : Préfecture de Police, 11, rue des Ursins, 75001).

Infirmes de guerre ayant plus de 85 % d'invalidité ; possesseurs de la carte de mutilés de g. double bande rouge ou double bande bleue ayant au recto l'inscription « station debout pénible ». *Formalités :* produire carte grise du véhicule ; dernière vignette gratuite délivrée par l'Enregistrement ; fiche descriptive des infirmités. *Frais :* 55 F au siège, 65 F par courrier à l'ordre de la Fédération des amputés de guerre de France.

● **Pays. Signes distinctifs des automobiles.** *Source :* Nations Unies.

A Autriche. **ADN** Yémen (signe établi sous anc. Aden). **AFG** Afghanistan. **AL** Albanie. **AND** Andorre. **AUS** Australie. **B** Belgique. **BD** Bangladesh. **BDS** Barbade. **BG** Bulgarie. **BH** Bélize (anc. Honduras britannique). **BR** Brésil. **BRN** Bahreïn. **BRU** Brunei. **BS** Bahamas. **BUR** Birmanie. **BVI** îles Vierges. **C** Cuba. **CAM** Cameroun. **CDN** Canada. **CH** Suisse. **CI** Côte-d'Ivoire. **CL** Sri Lanka (anc. Ceylan). **CO** Colombie. **CR** Costa Rica. **CS** Tchécoslovaquie. **CY** Chypre. **D** Rép. féd. d'Allemagne. **DDR** Rép. dém. allemande. **DK** Danemark. **DOM** Rép. Dominicaine. **DY** Bénin (anc. Dahomey). **DZ** Algérie. **ES** El Salvador. **E** Espagne (y compris localités & prov. africaines). **EAZ** Tanzanie (signe établi sous anc. Zanzibar). **EAK** Kenya. **EAT** Tanzanie (anc. Tanganyika). **EAU** Ouganda. **EC** Équateur. **ET** Égypte (Rép. arabe d'). **ETH** Éthiopie.

F France (y compris départements et territoires français d'outre-mer). **FJI** Fidji. **FL** Liechtenstein. **FR** îles Féroé. **GAB** Gabon. **GB** Royaume-Uni de Grande-Bretagne et d'Irlande du Nord. **GBA** Aurigny (îles Anglo-Normandes). **GBG** Guernesey (îles Anglo-Normandes). **GBJ** Jersey (îles Anglo-Normandes). **GBM** île de Man. **GBZ** Gibraltar. **GCA** Guatemala. **GH** Ghana. **GR** Grèce. **GUY** Guyane (anc. Guyane britannique). **H** Hongrie. **HK** Hong Kong. **HKJ** Jordanie. **I** Italie. **IL** Israël. **IND** Inde. **IR** Iran. **IRL** Irlande. **IRQ** Irak. **IS** Islande. **J** Japon. **JA** Jamaïque. **K** Kampuchéa (anc. Cambodge). **KWT** Koweit.

L Luxembourg. **LAO** Laos. **LAR** Libye. **LB** Liberia. **LS** Lesotho (anc. Basutoland). **M** Malte. **MA** Maroc. **MAL** Malaysia. **MC** Monaco. **MEX** Mexique. **MOC** Mozambique. **MS** île Maurice. **MW** Malawi (anc. Nyassaland). **N** Norvège. **NA** Antilles néerlandaises. **NAU** Nauweu. **NEP** Népal. **NIC** Nicaragua. **NIG** Niger. **NL** Pays-Bas. **NZ** Nouvelle-Zélande. **P** Portugal. **PA** Panama. **PAK** Pakistan. **PE** Pérou. **PL** Pologne. **PNG** Papouasie Nouvelle-Guinée. **PY** Paraguay. **QA** Qatar.

RA Argentine. **RB** Botswana (anc. Bechuanaland). **RC** rép. nat. Chine (Formose-T'ai-wan). **RCA** Centrafrique. **RCB** Congo (Brazzaville). **RCH** Chili. **RG** Guinée. **RH** Haïti. **RI** Indonésie. **RIM** Mauritanie. **RL** Liban. **RM** Républ. malgache (Madagascar). **RMM** Mali. **RN** Niger. **RO** Roumanie. **ROK** Rép. Corée. **ROU** Uruguay. **RP** Philippines. **RSM** Saint-Marin. **RSR** Zimbabwe (anc. Rhodésie, aussi ZW). **RU** Burundi. **RWA** Rwanda. **S** Suède. **SD** Swaziland. **SF** Finlande. **SGP** Singapour. **SME** Surinam indépendant. **SN** Sénégal. **SO** Somalie. **SU** U.R.S.S. **SUD** Soudan. **SWA** Sud-Ouest africain [Namibie (aussi ZA)]. **SY** Seychelles. **SYR** Syrie.

T Thaïlande. **TD** ou **TCH** Tchad. **TG** Togo. **TN** Tunisie. **TR** Turquie. **TT** Trinité et Tobago. **U** Uruguay. **USA** États-Unis. **V** Saint-Siège. **VN** Rép. du Viêtnam. **WAG** Gambie. **WAL** Sierra Leone. **WAN** Nigeria. **WD** Dominique (îles du Vent). **WG** Grenade (îles du Vent). **WS** Samoa occidentales. **WV** Saint-Vincent (îles du Vent). **WL** St-Lucie (îles du Vent). **YAR** Rép. du Yémen. **YU** Yougoslavie. **YV** Venezuela. **Z** Zambie. **ZA** Afrique du Sud. **ZRE** Zaïre. **ZW** Zimbabwe.

Nota. — ° Signe exclu de la liste des Nations Unies de signes établis selon la Convention de 1949 sur la circulation routière.

Prix

Prix de revient du km

Source : Auto-Journal (décembre 1985).

Nota. — Tous ces prix correspondent à la zone D (Région parisienne). Ford Fiesta, Escort 1.1 L, Renault 5, 9 GTL ; VW Golf GL, Passat CL ; Audi 80 CL ; Talbot 1100 VF2 utilisent de l'essence ordinaire.

Formule de calcul du prix de revient du km.

$$\frac{\text{ÉC}}{100} + \frac{HQ + S}{V} + \frac{ZA}{TK} + \frac{R}{K} + F +$$
$$\frac{1}{K}(12\,G + X + I + Y) + \frac{PN}{Km} = PRK.$$

A Achat. *C* Consommation réelle de carburant aux 100 km en l. *É* Énergie (prix de 1 l de carburant). *F* Forfait de réparations calculé pour 1 km. *G* Garage prix mensuel. *H* Huile (prix de 1 l moteur). *I* Intérêt annuel du capital investi pour l'achat. *K* Kilométrage annuel choisi pour servir de base au calcul du prix de revient. *Km* Kilométrage moyen des pneus. *N* Nombre de pneumatiques composant un train. *P* Pneumatiques (prix). *PRK* Prix de revient kilométrique. *Q* Quantité d'huile contenue dans le carter moteur à laquelle on doit ajouter, s'il y a lieu, la quantité pour rétablir le niveau entre deux vidanges. *R* Remise en état du véhicule payé ou à prévoir pour un usager normal (pour les voitures d'occasion) égal au produit du taux kilométrique de la catégorie du véhicule par le nombre de km effectués au-delà d'une barre fixée à 20 000 km (mot. à essence), 25 000 km (diesel) (R = 0 si le kilométrage est inférieur à cette barre). *S* Station-service (prix d'une vidange et d'un graissage le cas échéant). *T* Temps d'utilisation du véhicule (en années). *V* Vidange (voit. à essence, tous les 10 000 km, diesel, 7 500 km). *X* Prime annuelle d'assurance. *Y* Vignette (sauf pour les exemptés V. p. 1342). *Z* % de dépréciation du véhicule au moment de la revente.

Nota. — Pour les véhicules de société, ajouter le facteur 8 100/K ou 4 200/K par année d'utilisation selon que la voiture fait + ou − de 7 CV, correspondant à l'impôt annuel.

Huile. *Prix du litre :* 32,5 F *moteur à ess.* (espacement des vidanges 10 000 km, 1,5 l d'huile supplémentaire entre chaque vidange, filtre d'huile tous les 20 000 km) ; 30 F *moteur diesel* (vidange tous les 7 500 km, 1,5 l d'huile supplémentaire entre chaque vidange, un filtre d'huile tous les 15 000 km).

Main-d'œuvre (réparations). *Heure :* 112 F [(T.T.C.), 15-2-86].

● **Consommation moyenne aux 100 km pour une vitesse de 80 km/h et,** entre parenthèses, **de 100 km/h.** 1 personne à bord 7 (8), 2 personnes à l'avant, voiture chargée à plein 7,6 (9), + galerie avec cantine et 2 valises 9,7 (14).

Sur un trajet de 1 000 km : elle mettra 10 h à 100 km/h et consommera 82 litres ; 8 h 20 à 120 km/h (103 l) ; 7 h à 140 km/h (116 l).

Coût du temps économisé en roulant à 120 km/h ou 130 km/h : 0,80 à 1 F la minute.

Consommation (en litres, 1985). Dep. le 1-4-1976, les constructeurs doivent fournir 3 chiffres de consommation ; sur terrain plat 90 et 120 km/h [mesure effectuée sur route avec modèle rodé (3 000 km minimum) sur 2 km au min., en terrain plat et dans des conditions atmosphériques normales], et en parcours de type urbain encombré (mesure effectuée sur un banc à rouleaux dont l'inertie est fixée en fonction du poids du véhicule).

Berlines françaises. *Citroën* 2 CV6 spécial : 6,5, LNA : 6,75, Visa : 7,25, Visa 11 RE : 7,25, BX 14 RE : 7,75, BX 16 TRS : 8,25, BX 19 GT : 8,25, CX 22 TRS : 9,5, CX 25 GTI : 10,5. *Peugeot* 104 Z : 7, 205 XE : 7,75, 205 GL 50 ch. : 7, 205 SR : 7, 305 GL : 8,75, 505 GL : 10,3, 305 GT : 8,25, 309 : 7,5, 309 SR : 7,5, 309 GL Profil : 7,25, 205 GTI : 8,25, 505 GTI : 10,8, 604 GTI : 13,5. *Renault* 4 GTL : 7,25, 5 GL 5P : 6,5, 9 TC : 7,25, 11 TL 3P : 7,25, 5 GTL 3P : 6,75, 11 GTL 5P : 8, 9 GTX : 7,5, 18 GTL Gala : 7,75, 11 TXE 5P : 7,5, 25 TS : 8,25, 25 GTS : 8,75, 25 GTX : 9,5, 25 V6 Inj. : 12. *Talbot* Samba GL : 7, Horizon LS : 8,5, Solara GL : 8,5.

Berlines étrangères. *Audi* 80 CC 90 ch : 8,75. *Austin* Metro E : 7,25. *Fiat* Panda 34 : 6,5, Uno 45 : 6,5, Ritmo 70 5P : 7,75, Regata 85 Super : 8,75. *Ford* Fiesta 1100 festival : 7,25, Escort 1100 Spéciale 3P : 7,75, Escort 1300 L 5P 5 vit. : 8,25, Sierra 1600 L 5 vit. : 8,5. *Opel* Corsa 1000 S L 3P : 7,25, Kadett 1300 S GL 5P 5 vit. : 7,75, Ascona 1600 S SR 4P : 8,75. *VW* Polo Oxford 45 ch : 7,25, Golf S 75 ch 5P : 7,75, Passat GL 90 ch : 8,5.

Berlines diesel. *Citroën* Visa 17D : 6, BX 19 TRD : 6,5, CX 25 TRD-Turbo : 7,75. *Fiat* Uno diesel 3P : 7, Regata diesel Super : 6,75. *Ford* Fiesta 1,6 D Sup. Fest. : 6. *Mercedes* 190 D 5 vit. : 7,75. *Peugeot* 205 GRD : 6, 305 GLD : 6,5, 505 GLD : 9, 505 SRD-Turbo : 8,5, 604 GTD-Turbo : 9. *Renault 5TD 5P : 6*, 11 GTD : 6,5, 18 1 GTD Gala : 7, 25 GTD : 8, 25 Turbo-D : 7,75. *Talbot* Horizon diesel : 6,5. *VW* Golf C diesel 54 ch : 6,5.

Barème du kilomètre roulant pour 1986

Dans le tableau ci-contre, nous donnons à droite, le prix du kilomètre roulant ; à gauche, le montant total des frais annuels obligatoires. Pour obtenir le montant kilométrique de ces frais fixes, il convient de diviser le total obtenu par le nombre de kilomètres parcourus dans l'année. Dans le prix du kilomètre roulant et dans les frais fixes annuels, n'est pas comprise la perte à la revente. Sous le titre « kilomètre roulant », le total correspond à l'addition des quatre éléments : carburant, graissage, pneus et forfait réparations. Mais, pour ce dernier, il n'a été tenu compte que du tarif de base de 3/4 ans. Les colonnes qui intéressent 1, 2 et 5 ans figurent à titre indicatif mais n'interviennent pas dans ce total

FRAIS FIXES ANNUELS						KILOMÈTRE ROULANT							
GAR.	ASSUR.	VIGN.	INT. CAPITAL	TOTAL		TOTAL	CARB.	GRAISS.	FORFAIT REPARATIONS 1 AN	2 ANS	3/4 ANS	5 ANS	PNEUS
3900	3510	192	1952	**9554**	CITROEN 2 CV 6 SPE.	0,5627	0,3640	0,0180	0,0980	0,1281	0,1507	0,1959	0,0300
3900	3925	192	2402	**10419**	CITROEN LNA	0,6204	0,3780	0,0193	0,1271	0,1663	0,1956	0,2543	0,0275
3900	4948	192	2405	**11445**	PEUGEOT 104 Z	0,6685	0,3920	0,0244	0,1480	0,1909	0,2246	0,2920	0,0275
3900	4948	192	2465	**11505**	TALBOT SAMBA	0,6743	0,3920	0,0244	0,1455	0,1902	0,2238	0,2909	0,0341
3900	3925	192	2528	**10545**	CITROEN VISA	0,6612	0,4060	0,0193	0,1355	0,1771	0,2084	0,2709	0,0275
3900	3925	192	2531	**10548**	RENAULT 4 GTL	0,6571	0,4060	0,0192	0,1329	0,1737	0,2044	0,2667	0,0275
3900	4334	192	2597	**11023**	RENAULT 5 TC 3P	0,6279	0,3640	0,0192	0,1362	0,1781	0,2095	0,2724	0,0352
3900	4334	192	2735	**11161**	PEUGEOT 205 XE	0,7136	0,4340	0,0244	0,1480	0,1935	0,2277	0,2960	0,0275
3900	4334	192	2927	**11353**	RENAULT 5 GL 5P	0,6413	0,3780	0,0192	0,1358	0,1776	0,2089	0,2716	0,0352
3900	4334	366	3067	**11667**	CITROEN VISA 11 RE	0,7033	0,4060	0,0225	0,1565	0,2046	0,2407	0,3129	0,0341
3900	4948	192	3113	**12153**	PEUGEOT 205 GL 50 ch	0,6769	0,3920	0,0244	0,1472	0,1924	0,2264	0,2943	0,0341
4680	4948	366	3187	**13181**	PEUGEOT 309	0,7066	0,4200	0,0203	0,1509	0,1974	0,2322	0,3019	0,0341
3900	5927	366	3409	**13602**	RENAULT 11 TL 3P	0,6702	0,4060	0,0192	0,1346	0,1760	0,2070	0,2691	0,0381
3900	5210	366	3421	**1297**	RENAULT 5 GTL 1.4 5P	0,6461	0,3780	0,0192	0,1362	0,1781	0,2095	0,2724	0,0394
3900	5210	366	3673	**13149**	PEUGEOT 205 SR	0,6904	0,3920	0,0244	0,1480	0,1935	0,2277	0,2960	0,0463
4680	5210	366	3679	**13935**	PEUGEOT 305 GL	0,7960	0,4900	0,0228	0,1619	0,2117	0,2490	0,3237	0,0343
4680	5927	868	3795	**15270**	PEUGEOT 309 GL PROFIL	0,7322	0,4060	0,0246	0,1509	0,1974	0,2322	0,3019	0,0695
3900	5927	366	3865	**14058**	RENAULT 11 GTL 5P	0,7104	0,4480	0,0192	0,1334	0,1744	0,2052	0,2668	0,0381
4680	5210	366	4033	**14289**	RENAULT 18 GTL Gala	0,7384	0,4340	0,0224	0,1585	0,2073	0,2439	0,3171	0,0381
4680	6113	366	4099	**15258**	RENAULT 9 GTX	0,6997	0,4200	0,0257	0,1314	0,1719	0,2022	0,2629	0,0518
4680	5721	366	4207	**14974**	CITROEN BX 14 RE	0,7263	0,4340	0,0257	0,1510	0,1975	0,2323	0,3020	0,0343
3900	6676	366	4411	**15353**	RENAULT 11 TXE 5P	0,7014	0,4200	0,0257	0,1325	0,1733	0,2039	0,2651	0,0518
4680	6113	366	4495	**15654**	PEUGEOT 309 SR	0,7227	0,4200	0,0242	0,1509	0,1974	0,2322	0,3019	0,0463
5520	6676	868	4500	**17564**	PEUGEOT 505 GL	0,8926	0,5600	0,0234	0,1745	0,2281	0,2684	0,3489	0,0408
3900	7829	868	4677	**17274**	PEUGEOT 205 GTI	0,8092	0,4620	0,0259	0,1607	0,2101	0,2472	0,3214	0,0741
4680	6676	366	4885	**16607**	CITROEN BX 16 TRS	0,7532	0,4480	0,0260	0,1510	0,1975	0,2323	0,3020	0,0470
5520	7829	366	5137	**18852**	RENAULT 25 TS	0,8458	0,4620	0,0262	0,2038	0,2666	0,3136	0,4077	0,0440
4680	7829	868	5292	**18669**	CITROEN BX 19 GT	0,7828	0,4620	0,0260	0,1533	0,2004	0,2358	0,3065	0,0591
5520	6676	868	5580	**18644**	PEUGEOT 505 SR	0,9833	0,5600	0,0234	0,2317	0,3030	0,3565	0,4635	0,0434
5520	8854	1020	5777	**21171**	CITROEN CX 22 TRS	0,9483	0,5320	0,0266	0,1986	0,2598	0,3056	0,3973	0,0841
5520	7829	868	5802	**20019**	RENAULT 25 GTS	0,8420	0,4480	0,0262	0,2038	0,2666	0,3136	0,4077	0,0542
5520	9184	1020	6299	**22023**	PEUGEOT 505 GTI	0,9452	0,6020	0,0267	0,1775	0,2321	0,2731	0,3550	0,0434
5520	8854	1020	6641	**22035**	RENAULT 25 GTX	0,9461	0,5040	0,0262	0,2131	0,2786	0,3278	0,4261	0,0881
5520	9858	1812	7618	**24808**	CITROEN CX 25 GTI	1,0467	0,5880	0,0253	0,2314	0,3026	0,3560	0,4628	0,0774
5520	8388	1812	8509	**24229**	RENAULT 25 V6 INJ.	1,1497	0,6720	0,0262	0,2362	0,3089	0,3634	0,4724	0,0881

Utilitaires. *Citroën* Acadiane : 7,5, C 35 1 800 kg diesel : 13. *Fiat* Fiorino diesel : 8. *Ford* Transit FT 80 diesel : 12, J5/C25 1300 kg diesel : 10. *Mercedes* 207 DA : 12,5. *Peugeot* 504 Pick-Up diesel : 11, J9 1 900 kg diesel : 13. *Renault* 4 F 4 355 kg : 8,5, Trafic 800 kg ess. : 12, Trafic Long. Sur. 1 200 kg dies. : 12, Master 3 T 500 diesel : 13. *Talbot* 1100 VF2 : 10,5. *V.W.* Transporter 1600 diesel : 12.

Prix de revient kilométrique pour kilométrage annuel de 20 000 km et durée de conservation de 3 ans.

Étude publiée dans l'Action automobile de janv. 1986 : *Les moins chères :* Austin mini E 1,172, Renault R 4 TL 1,219, Peugeot 104 Z 1,233, Citroën LNA 1,253, Talbot Samba 1,276, Citroën 2 CV 6 Charleston 1,276, Renault R 5 TC 3P 1,282, Volkswagen Polo Junior 1,285, Fiat Panda 45 Super 1,296. *Les plus chères :* BMW 520 I 3,026, BMW 524 Turbo diesel 3,035, Renault R 25 GTX 3,039, Peugeot 505 GTI 3,128, Mercedes 190 E 5V 3,149, Ford Scorpio GL 2000 3,159, Mercedes 200 D (diesel) 3,166, Audi 100 cc Turbo diesel 3,198, Citroën CX 25 TRD Turbo (diesel) 3,203, Peugeot 505 Turbo injection 3,517, Citroën CX 25 GTI 3,592, Mercedes 230 E 3,708, Citroën CX 25 GTI Turbo, 4,114, Renault R 25 V6 Turbo 4,711.

☞ **1973**-*2-10*, Ben et Caroline Visser (U.S.A.) : 3,78/litres pour 606 km, vitesse max. 20 km/h sur *Opel Caravan 959*, 1,5 l, modifié. **1979**-*10, 3 roues Diesel de 200 cm³* de Franz Maier (All.), 1 litre de gasoil pour 1 284,13 km. **1981**-*2-11* Douglas Malewicki (U.S.A.) roule 424,2 km à 90,6 km/h sur une *California Commuter à 3 roues* (1,49 litre au 100 km). **1984** *UFO 2* (20 kg, vit. max. 40 km, tricycle) 0,074 litre aux 100 km.

Prix de revient kilométrique selon les services fiscaux en 1985 en F (frais de garage exclus).

Pour un kilométrage de ←	5 000 km		10 000 km	
Puissance	Paris	Prov.	Paris	Prov.
	F	F	F	F
2 CV et 3 CV	1,41	1,35	1,04	1,00
4 CV	1,54	1,48	1,12	1,07
5 CV	1,71	1,65	1,24	1,19
6 CV	1,83	1,76	1,31	1,26
7 CV	1,92	1,84	1,37	1,31
8 CV	2,10	2,01	1,50	1,43
9 CV	2,18	2,08	1,55	1,47
10 CV	2,35	2,25	1,71	1,62
11 CV	2,42	2,29	1,76	1,65
12 CV	2,57	2,43	1,84	1,74
13 CV et + ...	2,63	2,48	1,91	1,79

☞ Selon une enquête de *50 millions de consommateurs,* une voiture revenait à 20 000 F par an en 1984 pour une 2 CV, et 50 000 F pour une BMW.

Location automobile

Nombre de locations. *1978 :* 1 000 000, *82 :* 1 500 000. *84 :* 3 500 000. Locations de courte durée (moins de 3 mois) en *1982 :* 95 000 (voitures et utilitaires légers).

Principales sociétés en France (nombre de stations, entre parenthèses nombre de véhicules en saison : particuliers, et utilitaires de 3,5 t max.) (1985). *Avis* 301 (9 800, 2 000), *Budget* 450 (6 800, 400), *Citer* 240 (3 500, 1 500), *Europcar* 330 (10 000, 2 800), *Euroto* 27 (240, 300), *Hertz* 250 (10 350, 1 600), *Inter-Rent* 175 (3 290, 1 600), *Mattei* 80 (1 500, 800), *Milleville* 150 (2 000, 3 000), *Thrifty* 60 (750, 250), *Wallgren* 80 (600, 950). *Total* 2 108 (48 030, 15 200) ; avec les indépendants 2 600 (78 000, 30 000).

Rentabilité. La location par rapport à un achat est rentable jusqu'à 90 à 110 j d'utilisation annuels pour 9 000 à 11 000 km, si l'on tient compte pour un achat des *intérêts du capital immobilisé :* 12 à 14 % du prix d'achat ; *de la dépréciation du véhicule :* 22 à 25 % ; *coût de l'entretien :* 3 à 6 % ; *d'une assurance tous risques avec franchise :* 6 à 12 %. *Total* 43 à 57 %.

Tarif (en F TTC, au 1-1-86). Par jour et, entre parenthèses, par km TTC. Petite voiture, ex. *Avis,* Opel Corsa : 191,33 (2,43), *Citer :* 160 (1,72), *Hertz,* Peugeot 104 : 192 (2,55), *Inter-Rent,* R 5 : 185,33 (2,13), *Mattei,* Fiat Panda : 200 (1,79), *Milleville,* Opel Corsa : 171 (2,14). Grande voiture ex. *Avis,* Mercedes 280 SE : 822,62 (8,77), *Hertz,* Mercedes 280 SE : 806,66 (9,20), *Inter-Rent,* R 25 : 366,66 (3,97), *Mattei 190 :* 397,33 (4,53), *Milleville,* Volvo 740 : 829 (8,54).

Voitures d'occasion

• **Age du véhicule.** *Indication de fausse sortie d'usine :* se reporter au *Catalogue des catalogues* (Éd. Lefèvre, 1, av. Félix-Faure, 75015 Paris).

Attention : la date de première mise en circulation portée sur la carte grise n'est pas un critère suffisant. Le numéro de série inscrit sur le châssis constitue une référence indispensable pour connaître le modèle, d'où une double définition (millésime et modèle).

• **Épaves.** 1 000 000 env. chaque année en France ; 120 000 sont vendues pour 100 F aux démolisseurs par les réseaux de démolition des constructeurs (notamment Peugeot « Assainauto », Citroën « Place Nette », Renault « Sococasse », Fiat « Afficasse »). 380 000 dues à des accidents sont revendues par les Cies d'assurance sur appel d'offres. 250 000 sont abandonnées dans la nature. 250 000 sont abandonnées à l'étranger, au fond d'un garage, etc. 275 démolisseurs de voitures traitent de 550 000 à 600 000 voitures par an, recyclant les pièces détachées (2 % du marché) et revendant les matériaux récupérés (+ de 500 000 t/an de métaux ferreux, cuivre, plomb, aluminium, etc.).

Le propriétaire d'un véhicule détruit, ou qu'il veut détruire, doit adresser au préfet du département de son domicile une déclaration de cette destruction avec la carte grise (art. R. 116 du Code de la route).

• **Formalités.** L'acheteur doit exiger : carte grise, barrée par le vendeur et portant la mention « vendue le... », signée de sa main, vignette (en 2 volets : l'un sur le pare-brise, l'autre détachable), certificat de non-gage — si le véhicule change de département — délivré par la préfecture (apportant la preuve que la voiture a été entièrement payée), reçu des sommes versées pour l'achat (acompte ou totalité).

L'assurance du véhicule vendu ne continue pas au bénéfice de l'acquéreur. La garantie cesse le soir même de la vente à minuit, si elle n'est pas reportée sur un autre véhicule. La vente doit être signalée immédiatement à l'assureur par lettre recommandée avec accusé de réception. L'acheteur doit demander à son assureur de garantir sa nouvelle voiture avant de prendre le volant.

• **Garanties proposées par les professionnels.** *G. constructeurs* (ex. « Garantie Or » chez Renault, « G. Eurocasion » chez Citroën). *G. contractuelle I.N.C.-C.S.N.C.-R.A.* prévoyant 2 contrats types : 1°) g. contractuelle complémentaire (conditions définies dans un « carnet de garantie » signé par les parties) ; 2°) contrôle de sécurité (le vendeur s'engage à l'effectuer sur amortisseurs, organes de direction, système de freinage, système d'éclairage, pneumatiques).

Garanties non professionnelles. *Centrale des particuliers :* garantie spéciale ; petites annonces et de propriétaire à propriétaire, par relations : aucune garantie (sauf celle de l'article 1611 du Code civil : « Le vendeur est tenu de la garantie à raison des défauts cachés dans la chose vendue qui la rendent impropre à l'usage auquel on la destine, ou qui diminuent tellement cet usage que l'acheteur ne l'aurait pas acquise ou bien n'en aurait donné qu'un moindre prix s'il les avait connus »).

Litige. *S'adresser :* Association de consommateurs, Syndicat professionnel du vendeur ou Boîte Postale 5000 de son département (Institut national de la consommation) ; recours judiciaire.

Constituer un dossier (compromis de vente, facture, garantie, dossier de crédit, certificat d'expertise, etc.).

S'il y a eu fraude, le faire constater par le Service de la répression des fraudes du département (adresse au tribunal de commerce).

Infraction à la réglementation sur la publicité des prix, s'adresser à la Direction de la concurrence et des prix du département.

Pour porter plainte, s'adresser au procureur de la République du tribunal de son domicile.

• **Précautions.** Vérifier l'aspect général de la voiture, dessous, jeu de direction (le volant à l'arrêt), le bon fonctionnement au ralenti, pot d'échappement (fumées bleuâtres : surconsommation d'huile ou mauvais état des soupapes, fumées blanches : joint de culasse à changer), taches d'huile ou d'eau sous la voiture à l'arrêt, état des pneus, bon fonctionnement des freins, qualité de l'embrayage (embrayer doucement en 4ᵉ, si le moteur cale l'embrayage est bon, s'il est défectueux, on entend patiner), sécurité du circuit électrique, amortisseurs (appuyer sur chaque aile, la voiture doit remonter sans se balancer).

• **Prix.** Seuls, peuvent porter le millésime d'une année modèle déterminée, les véhicules vendus à l'utilisateur à partir du 1-7 de l'année civile précédente. Règle entrée en vigueur avec les voitures du millésime 1980, vendues à partir du 1-7-1979. Pour les années antérieures, le début de « l'année automobile » reste fixé au 1-9.

Cours moyens Argus. Correspondent au mois moyen d'immatriculation dans une année modèle : janv. à partir du millésime 1980, début mars pour les années antérieures. Ils s'appliquent à un état standard : bon état de marche, sécurité, entretien, présentation, avec 5 pneus usés au max. à 50 %, les voitures à moteur essence ayant parcouru au max. 20 000 km par an, celles à moteur diesel au max. 35 000 par an. Au-delà, déduire pour **la voiture essence :** *2 à 4 CV :* 9 centimes par km au-delà de 20 000 km par an, *5 à 7 CV :* 10 c., *8 à 11 CV :* 11 c., *12 CV et + :* 12 c. **Diesel :** *jusqu'à 9 CV :* 10 c., par km au-delà de 35 000 km par an, *10 CV et + :* 11 c.

A cette valeur, le vendeur peut ajouter les frais de remise en état effectués. Pour la valeur de reprise, déduire environ 15 % pour frais professionnels du garagiste. V. tableaux pages suivantes.

Dépréciation théorique. *1ʳᵉ année :* 22 à 31 % (véhicules de grande diffusion). *L'année suivante :* env. 12 % par an.

Voitures de collection. Prix (1985-86, en milliers de F). *Alfa-Roméo 1933* 2 386. *Amilcar 1928* 73. *Aston Martin 1953 coach* 150, *coupé 1958* 185. *Bentley 1930* 2 800. *Bugatti 1929 10 CV type 40* 220, *coupé 1935 type 57* 1 900, *1938* 550, *10 CV 1925* 8 720, *10 CV 1926* 300, *1938 coupé* 1 859. *Buick 1953* 122. *Delage 1935* 132. *Delahaye 1954* 160. *Ferrari 1962 23 CV Super America* 690, *365 GT* 210, *25 CV 1971 Daytona* 630, *1970* 560. *Hispano-Suiza 1936 HS 26* 200, *coach décapotable (J 12 carrossé par Saoutchik et restauré)* 2 500, *modèle 1931* 1 100. *Jaguar type EV 12 série 3-1972* 138, *1949 Mark V 20 CV* 215, *1956 XK 140 roadster* 300. *Lamborghini 1967 23 CV Flying Star* 300. *Mercedes-Benz 300 SL 1956* 850, *1959 12 CV* 150. *Peugeot 1931 201 E coupé* 32. *Porsche 1958 356 A-1600 S cabriolet* 90. *Rolls Royce 1934 type 20/25* 165, *1954 26 CV Silver Wraith* 300, *21 CV 1934 type 20/25* 320, *Silver Cloud II 1961 36 CV* 186, *Silver Shadow 1969* 155, *Silver Dawn 1961* 170, *Silver Ghost* (partiellement plaquée or) 2 830. *Rosengart 1936* 32. *Talbot 1930* 100.

Musées automobiles en France

Alpes-Mar. : *Mougins* 80 voit. **Ardennes :** *Novion-Porcien* 40 véh. **Côte-d'Or :** *Savigny-les-Beaune* 180 mot. **Doubs :** *Montbéliard* 80 véh. **Drôme :** *St-Marcel-lès-Valence* 80 véh. **Eure :** *Buis-s.-Damville* 100 voit. et mot. **Gironde :** *Le Bec-Hellouin* 45 voit. **Haut-Rhin :** *Mulhouse* [collection rassemblée dans les années 60-70 par 2 industriels filateurs d'origine suisse, les frères Hans et Fritz Schlumpf : env. 500 voit. dont 125 Bugatti, dont 2 « Royale » ; à la suite de la fermeture de l'usine et de différents mouvements sociaux au sein de l'affaire, la collection est reprise par une association regroupant la ville de Mulhouse, le département du Ht-Rhin, l'Établissement public régional d'Alsace, la Chambre de commerce et d'industrie de Mulhouse, la Sté Panhard, le comité d'organisation Salon de l'Automobile et l'État. **En 1977,** les ouvriers de l'usine HCK, menacés de chômage, envahissent cette collection privée et l'ouvrent au public. **1978**-*18-4* le gouvernement le classe monument historique. **1981** *avril,* après jugement du tribunal de grande instance de Mulhouse, la collection fut cédée pour 40 millions de F]. **Ille-et-Vil. :** *Cesson-Sévigné* 65 véh. **Isère :** *Grenoble* 40 véh. **Indre :** *Valençay* 60 véh. **Loir-et-Cher :** *Romorantin* 30 voit., *Montrichard* 25 cam. **Loiret :** *Briare* 80 véh. **Marne :** *Reims* 120 voit. **Meurthe-et-Mos. :** *Lunéville* 200 mot. et vélos, *Vélaine-en-Haye* 110 voit. **Oise :** *Compiègne* 25 voit. *Paris 3ᵉ :* 20 voit., avions, mot. ; *Paris 8ᵉ :* 40 voit. **Pyrénées-Orient. :** *Canet-Roussillon* 80 véh. **Rhône :** *Vénissieux* 40 cam. et bus, *Rochetaille* 100 voit. **Sarthe :** *Le Mans* 200 véh. **Seine-Marit. :** *Clères* 100 véh. **Vendée :** *Talmont-St-Hilaire* 100 véh. **Vienne :** *Châtellerault* 130 véh. **Val-de-M. :** *St-Mandé* 100 autobus-tramways.

Prix des voitures neuves en France en juillet 1986 (*Source :* l'Action automobile et touristique)

Ces prix, clés en main (sans carte grise, ni plaques, ni plein d'essence), concernent les millésimes « 87 » et sont tels que nous les ont communiqués constructeurs ou importateurs à la date indiquée pour chacun. Les modèles marqués (*) peuvent être considérés comme véhicules utilitaires affectés d'une TVA de 18,6 %.

TYPE	CV	PRIX
CITROËN (01-07-86)		
2 CV 6 Spécial	3	34 900
2 CV 6 Club	3	39 900
2 CV 6 Charleston	3	40 600
Méhari	3	49 900
Axel	6	38 900
Axel 11 R	6	42 900
Axel 12 TRS	7	46 900
Visa	3	44 500
Visa Club	3	49 800
Visa 10 E	4	47 900
Visa 11 E	5	50 200
Visa 11 RE	5	54 200
Visa 14 TRS	5	58 500
Visa GTI	8	76 900
Visa 17 D	5	59 000
Visa 17 RD	5	64 500
BX	6	65 900
BX 14 E	7	70 900
BX 14 E break	7	81 900
BX 14 RE	7	75 300
BX 16 S	7	76 500
BX 16 RS	7	81 500
BX 16 RS aut.	8	88 100
BX 16 RS break	7	91 500
BX 16 TRS	7	87 900
BX 16 TRS aut.	8	94 500
BX D	6	81 500
BX 19 D break	7	94 800
BX 19 RD	6	86 400
BX 19 TRD	6	92 800
BX 19 RD break	7	98 300
BX 19 TRS	9	92 900
BX 19 TRS break	9	103 400
BX 19 GTI	9	99 900
BX Sport	9	109 600
CX 20 RE	10	92 200
CX 22 TRS	11	103 500
CX 20 RE break	10	109 600
CX 20 RE familiale	10	116 000
CX 25 RD	9	106 600
CX 25 TRD	9	122 900
CX 25 RD break	9	126 600
CX 25 RD familiale	9	132 000
CX 25 RD turbo	7	128 100
CX 25 TRD turbo	7	142 400
CX 25 TRD turbo break	7	157 800
CX 25 limousine turbo	7	153 600
CX 25 RI	13	119 900
CX 25 GTI	12	137 900
CX 25 GTI turbo	12	164 000
CX 25 TRI break	12	146 500
CX Prestige Aut.	12	180 300
CX Prestige Turbo	12	198 500
* Méhari	3	44 902
* Axel	6	34 501
* Axel 12 TRS	7	42 299
* Visa	4	42 299
* Visa 11 E	6	47 499
* Visa 17 D	7	56 003
* BX 14 E	8	67 602
* BX 14 E break	8	78 401
* BX 16 S break	9	83 002
* BX 16 RS	9	77 298
* BX 19 D	8	78 602
* BX 19 D break	8	89 501
* CX 20 RE break	11	105 003
* CX 25 RD break	10	121 197
PEUGEOT (01-07-86)		
104 Z	4	42 600
104 Style Z	4	48 500
104 GLS	4	49 100
205 XE	4	46 900
205 GL (954 cm³)	4	50 700
205 XL	4	52 600
205 GL (1 124 cm³)	4	54 200
205 XLD	5	61 300
205 GLD	5	62 900
205 XR (1 124 cm³)	4	57 600
205 GR (1 124 cm³)	4	59 200
205 XR (1 360 cm³)	5	61 100
205 GR (1 360 cm³)	5	62 700
205 Aut. 3 p.	7	71 500
205 XRD	5	69 300
205 XTD	5	73 600
205 GRD	5	70 900
205 SR	5	65 500
205 Aut. 5 p.	7	73 100
205 SRD	5	74 600
205 XT	7	67 500
205 XS	7	67 500
205 GT	7	69 100
205 GTI « 115 ch »	8	83 000
205 Cab. CT	7	89 600
205 Cab. CTI	8	103 600
305 GL	7	64 400
305 GLD	6	75 500
305 GR	7	69 800
305 SR	7	72 300
305 SRD	7	82 800
305 Aut.	8	84 600
305 GTX	9	83 200
305 GL break	7	69 200
305 GLD break	6	79 600
305 GR break	7	77 500
305 SRD break	7	90 100
305 Aut. break	8	90 600
305 GTX break	9	89 500
309	5	56 800
309 GL	5	62 400
309 GL Profil	6	67 100
309 GR 1.3	6	71 600
309 GR 1.6	7	74 900
309 SR	7	79 800
309 GT	8	85 500
505 GL	7	80 700
505 GLD	7	91 600
505 GR	7	89 600
505 GR	9	88 400
505 GRD	9	99 300
505 GR	9	100 600
505 SRD turbo	7	119 100
505 GTI	11	113 600
505 GTD turbo (A.M. 86)	8	123 000
505 Turbo inj. (A.M. 86)	10	135 400
505 GL break	10	86 500
505 GLD break	10	97 400
505 GR break	10	95 100
505 GRD break	10	106 000
505 GTI break	11	119 900
505 GTD turb. brk (A.M. 86)	9	134 500
* 104 ZA	6	41 747
* 205 XA	6	48 335
* 205 XAD	7	56 329
* 305 break essence	8	56 690
* 305 break diesel	8	65 942
RENAULT (01-07-86)		
4 TL Savane	4	39 200
4 GTL	4	43 900
5 C	4	42 600
5 TC 3 p.	4	46 400
5 TC 5 p.	4	48 500
5 TD	4	59 200
5 TD 5 p.	4	61 300
5 GL 3 p.	4	49 400
5 GL 5 p.	4	51 600
5 GTL	4	56 300
5 GTL 5 p.	4	60 800
5 GTD 5 p.	4	67 700
5 GTL 1.4 3 p.	5	58 700
5 GTL 1.4 5 p.	5	60 800
5 TS	7	59 800
5 TSE	7	67 500
5 GTS 5 p.	7	62 800
5 Autom. 3 p.	5	64 900
5 Autom. 5 p.	5	67 000
5 GT turbo	6	82 000
Express Break	5	55 700
Express Break 60 ch	6	58 700
Express Break Diesel	5	64 000
9 C	5	53 500
9 Broadway 1.2	7	58 700
9 TL	7	00 000
9 Broadway 1.4	7	61 800
9 GTL	7	65 300
9 Aut.	6	69 400
9 GTX	7	71 600
9 TXE	7	74 700
9 TD	5	65 300
9 Broadway 1.6 D	5	66 600
9 GTD	5	70 800
9 Turbo	6	84 200
11 TL 3 p.	7	59 700
11 GTL 3 p.	7	65 400
11 GTX 3 p.	7	69 800
11 Turbo	6	84 200
11 TL 5 p.	7	62 700
11 Broadway 1.4	7	61 800
11 GTL 5 p.	7	67 800
11 Aut. 5 p.	6	72 200
11 GTX 5 p.	7	72 200
11 TXE 5 p.	7	77 500
11 TXE Electronic 5 p.	7	85 800
11 Turbo 5 p.	6	86 600
11 Broadway 1.6 D	5	69 300
11 GTD	5	73 400
21 TL	7	70 800
21 TS	7	73 600
21 GTS	7	78 400
21 RS	8	86 000
21 TSE	7	90 700
21 RX	9	94 500
21 TXE	9	102 100
21 TD	6	81 900
21 GTD	6	87 100
21 Turbo D	6	97 100
21 Turbo DX	6	107 900
25 TS	7	91 400
25 GTS	9	103 200
25 GTS Aut.	9	107 080
25 GTX	11	118 100
25 GTX Aut.	10	121 980
25 V6 inj.	14	151 500
25 V6 inj. aut.	14	157 040
25 V6 turbo	12	197 600
25 TD	7	104 100
25 GTD	7	114 400
25 Turbo D	6	125 900
25 Turbo DX	6	151 500
Espace GTS	9	112 700
Espace TSE	9	126 500
Espace 2000-1 essence	9	141 700
Espace Turbo D	6	130 200
Espace Turbo DX	6	144 000
Espace 2000-1 diesel	6	159 200
Alpine V6 GT	15	188 000
Alpine V6 Turbo	12	227 000
Jeep Cherokee 4 places	8	183 000
* 5 C Société	5	42 221
* 5 D Société	6	53 785
* 5 GL Société	6	46 787
* 5 TD Société	6	55 979
* 11 TC Société essence	6	52 421
* 11 GTC Société essence	7	56 097
* 11 TD Société diesel	6	60 604
ALFA ROMEO (20-05-86)		
Alfa 33 1.3	6	65 200
Alfa 33 1.3 S	5	69 000
Alfa 33 1.5 95 ch	6	74 200
Alfa 33 4 × 4	8	83 500
Alfa 33 Quadrifoglio Verde	8	82 700
Alfa 33 break 4 × 2	8	87 500
Alfa 33 break 4 × 4	8	93 500
Sprint 1350	5	75 000
Sprint 1.5 Quadrifoglio	8	82 500
Alfa 75 1.6	8	83 500
Alfa 75 1.8	9	89 900
Alfa 75 2.0	10	99 900
Alfa 75 Turbo	7	115 000
Alfa 90 2 l inj.	8	104 000
Alfa 90 2,5 l V6	12	126 000
Alfa 90 2,4 l TD	7	121 000
GTV 2.0	10	99 500
GTV 2.5	13	129 500
Spider 2.0 Quadrifoglio	11	119 000
Alfa 6 2.5 Quadrifoglio	14	149 000
AUDI (12-05-86)		
80 60 ch 4 v.	5	71 550
80 75 ch	7	75 750
80 GT 75 ch	7	79 750
80 CC 75 ch	7	79 750
80 CC 90 ch	7	83 300
80 CC Aut. 90 ch	8	87 300
80 GT 90 ch	7	83 500
80 SC	7	89 250
80 CD	7	94 550
80 CD aut.	8	98 550
80 GTE	9	96 500
80 GTE Quattro	11	134 500
80 Diesel	5	83 050
80 CC Diesel	5	87 200
80 GT turbo diesel	5	94 650
80 CC turbo diesel	5	96 600
80 SC turbo diesel	5	100 550
80 CD turbo diesel	5	107 900
90 115 ch	10	112 950
90 115 ch Aut.	10	116 950
90 136 ch	11	129 500
90 136 ch aut.	11	133 500
90 Quattro	14	165 100
Coupé GT 115 ch	10	127 100
Coupé GT 115 ch aut.	10	131 100
Coupé GT 136 ch	11	139 850
Coupé GT 136 ch aut.	11	143 850
Coupé GT Quattro	14	175 800
100 75 ch	7	91 750
100 90 ch	7	99 200
100 Ascott	7	105 500
100 Ascott Aut.	8	112 650
100 CC 115 ch	10	127 900
100 CD	12	146 500
100 CD aut.	11	153 650
100 CS Quattro	13	180 400
100 diesel	7	109 900
100 CC diesel	7	124 450
100 CC turbo diesel	6	140 350
100 CC TD aut.	6	147 500
100 CD turbo diesel	6	161 450
100 Avant	7	112 250
100 Avant CC 115 ch	10	140 950
100 Avant CC aut.	10	148 100
100 Avant CD	12	158 600
100 Avant CS Quattro	13	193 450
100 Avant diesel	7	122 950
100 Avant CD turbo diesel	6	173 550
200 Turbo	10	217 600
200 Turbo aut.	10	224 750
200 Turbo Quattro	11	268 250
200 Avant Quattro	11	288 950
Quattro	12	339 250
Quattro Sport	11	816 000
AUSTIN (27-04-86)		
Mini E	4	37 750
Mini Mayfair	4	44 350
Mini Mayfair Aut.	6	49 350
Metro Special 3 p.	4	40 900
Metro Spécial 5 p.	4	42 900
Metro Surf 5 p.	5	46 500
Metro Mayfair 5 p.	5	56 000
Metro Vanden Plas 5 p.	6	67 000
MG Metro Turbo 3 p.	6	67 000
* Metro commerciale	6	41 750
Maestro 1.3	6	56 000
Maestro HL	6	62 500
Maestro 1.6 Mayfair	7	71 300
MG Maestro 2.0 EFI	9	81 000
Montego 1300	5	60 500
Montego 1600 HL	6	71 000
Montego 1.6 Mayfair	6	78 500
MG Montego 2.0 EFI	9	90 000
MG Montego Turbo	9	104 000
Break Montego 1.6 HL	6	83 750
AUTOBIANCHI (12-05-86)		
A 112 Junior	4	39 600
A 112 Ardea	4	40 600
A 112 Appia	4	42 600
Y 10 Fire	4	42 990
Y 10 Fire-Elite	4	47 020
Y 10 Touring	5	49 640
Y 10 Turbo	6	63 000
Y 10 Turbo Yearling	6	66 020
BMW (15-04-86)		
316, 2 p.	7	84 900
316 4 p.	8	89 500
318 i, 2 p.	7	98 600
318 i, 4 p.	7	103 200
320 i, 4 p.	8	119 800
325 i, 2 p.	13	141 300
325 i, Aut. 2 p.	12	148 000
325 i, 4 p.	13	145 900
325 i, Aut. 4 p.	12	152 600
325 i-4, 2 p.	13	174 700
325 i Cabriolet	13	177 000
324 D, 4 p.	7	109 900
324 D Aut. 4 p.	7	115 200
518 i	8	109 600
520 i	9	128 000
520 i, Aut.	9	133 300
524 TD	7	143 600
525 E	10	141 900
525 E Aut	7	147 200
525 i	12	144 500
528 i	14	164 200
M 535 i	20	250 500
628 CSI	14	262 500
635 CSI	20	319 000
M 635 CSI	20	414 000
728 i	14	210 000
728 i Luxe	14	218 000
728 i Aut.	14	215 300
735 i	20	260 000
745 i Aut.	20	317 800
FERRARI (01-01-86)		
328 GTB	22	389 000
328 GTS	22	400 000
Mondial 3,2	22	427 000
Mondial Cab. 3,2	22	475 000
412 Aut. ou Méc.	34	672 000
Testa Rossa	34	821 000
FIAT (28-04-86)		
126 FL	4	29 500
Panda 750 L	4	35 900
Panda 1 000 CL	4	38 900
Panda 1 000 Super	4	41 900
Panda 4 × 4	6	56 900
Uno 45 Fire	4	41 800
Uno 45 Fire Super	4	46 100
Uno 60 5 p.	5	48 200
Uno 60 Super 3 p.	5	49 800
Uno 60 Super 5 p.	5	52 300
Uno 60 SL 5 p.	5	55 900
Uno 70 SL 5 p.	6	59 200
Uno Diesel 3 p.	5	53 950
Uno Diesel Super 5 p.	5	59 750
Uno turbo ie	6	75 400
Ritmo III 60 CL, 3 p.	6	49 500
Ritmo III 60 CL, 5 p.	6	52 100
Ritmo III 60 ES	5	55 700
Ritmo III 70 CL, 5 p.	6	56 950
Ritmo III Super	7	66 950
Ritmo III Abarth 130 TC	10	83 90C
Ritmo III Diesel 5 p. CL	6	65 400
Regata 70 5 vit.	6	58 900
Regata 85 Super	7	69 400
Regata 85 Super Aut.	8	72 300
Regata 100 Super	7	74 400
Regata Diesel 1700	6	70 400
Regata Diesel Super 1900	7	80 500
Regata BK Week-End 85	7	66 200
Regata BK Week-End 100 S	7	78 600
Regata BK W.E. 1700 D	6	75 100
Regata BK W.E. 1900 SD	7	83 500
Croma CHT	9	88 700
Croma i.e.	9	99 800
Croma i.e. Turbo	9	131 900
Croma Turbo Diesel	7	114 800
X 1/9	8	84 200
Ritmo Cabrio II Palinuro	7	101 000
* Panda 750 L	5	33 801
* Uno 45 Fire	4	39 079
* Ritmo III	6	46 135
FORD (21-04-86)		
Fiesta 1000 C Festival	4	39 900
Fiesta 1000 C Super	4	43 600
Fiesta 1000 Rock	4	46 200
Fiesta 1.1 Super Festival	4	44 800
Fiesta 1.1 Ghia 5 v.	5	55 200
Fiesta 1.4 S	6	55 200
Fiesta 1.4 Ghia	6	59 000
Fiesta XR2	7	67 300
Fiesta 1.6 D Super Festival	4	54 900
Fiesta 1.6 D CL	4	59 200
Escort 1100 C 3 p.	5	54 000
Escort 1100 C 5 p.	5	57 000
Escort 1300 CL 3 p.	6	58 700
Escort 1400 CL, 5 p.	6	64 400
Escort 1600 Ghia	6	71 200
Escort XR3 i	8	87 200
Escort 1600 DCL	5	69 900
Escort break 1600 CL	6	70 800
Orion 1300 CL	6	61 200
Orion 1600 Ghia	6	72 200
Orion 1600 i	7	87 200
Orion 1600 D CL	5	69 900
Sierra 1600 L	7	67 900
Sierra 1600 GL	7	72 900
Sierra 1800 L	7	71 000
Sierra 1800 GL	7	76 000
Sierra 1800 Ghia	7	88 300
Sierra 2000 GL	8	78 100
Sierra 2000 i GL	10	83 300
Sierra 2000 i Ghia	10	95 600
Sierra 2000 Coupé inj.	10	85 500
Sierra XR 4 × 4	15	143 600
Sierra 2300 D GL	7	87 700
Sierra break 1600 L	7	73 700
Sierra break 1800 GL	7	81 700
Sierra break 2000 GL	8	83 800
Sierra break 2300 D GL	7	93 400
Scorpio 1.8 CL	8	95 000
Scorpio 1.8 GL	8	108 800
Scorpio 2.0 GL	8	115 500
Scorpio 2.0 i GL	10	119 300
Scorpio 2.0 i Ghia	10	138 900
Scorpio 2.8 i Ghia	15	153 200
Scorpio 2.8 i 4 × 4	15	170 100
Scorpio 2500 D CL	8	114 700
Scorpio 2500 D GL	8	124 600
HONDA (01-06-86)		
Civic 1 300, 3 p., 5 v.	5	59 850
Civic 1300 Aut. 3 p.	5	66 750
Civic 1500 GL 3 p.	7	65 450
Civic 1500 GL aut.	5	70 950
Civic GTi	6	75 750
Civic 1500 Shuttle	6	73 450
Civic 1500 Shuttle Aut.	5	76 750
Civic 1500 Shuttle 4 × 4	7	80 750
Civic 1500 Coupé CRX	6	90 450
Accord Aerodeck	9	104 500
Accord EX 2L	9	93 500
Accord EXI	9	103 500
Accord EXI Aut.	10	108 000
Accord EX IR 2L inj.	9	116 500
Prélude EX	9	99 500
Prélude EXIR	10	125 000
INNOCENTI (01-05-86)		
650	3	39 900
650 SE	3	43 900
Mini 3	5	41 900
Mini 3 SE	5	46 900
Minimatic SE	6	49 900
Minidiesel	3	48 900
Minidiesel SE	3	53 900
De Tomaso turbo	5	56 900
JAGUAR (25-08-85)		
XJ6 4,2 l, aut.	27	229 950
Sovereign 4,2 aut.	27	275 950
Sovereign 5,3 HE aut.	31	309 950
Daimler double-six	31	369 450
XJS 3,6 l méc.	21	277 150
XJS C 3,6 l méc.	21	312 350
XJS V12, aut.	31	312 850
XJS-C V12	31	339 450
LADA (01-01-86)		
1 200 S	7	30 500
1 500 break	7	38 750
2 105	7	34 700
2 107	7	38 750
Niva 4 × 4, 5 vit.	9	56 700
Niva 4 × 4 « Plein soleil »	9	79 200
LANCIA (12-05-86)		
Delta 1300	6	65 900
Delta 1600 GT i.e.	8	81 600
Delta 1600 Turbo HF	7	96 400
Prisma 1300	6	69 660
Prisma 1500	7	74 520
Prisma 1600	8	81 000
Prisma 1600 i.e.	8	86 400
Prisma D	7	85 100
Prisma Diesel turbo	6	95 520
Thema 2000 ie	10	115 000
Thema 2000 ie Turbo	9	142 800
Thema V6	15	148 000
Thema Turbo Diesel	7	130 500
MASERATI (01-03-86)		
Biturbo 2500 2 p.	12	216 500
Biturbo E 2 p.	12	251 500
Biturbo 425	12	257 500
Biturbo Spyder	12	261 500
MAZDA (01-04-86)		
323 1100 L 3 p.	5	50 500
323 1100 LX 4 p.	5	55 990
323 1100 LX 5 p.	5	53 990
323 1300 LX 4 p.	6	58 990
323 1300 LX 5 p.	6	56 990
323 1300 GLX 5 p.	6	59 990
323 1500 LX 4 p.	6	60 990
323 1500 LX 5 p.	6	58 990
323 1500 SSP 4 p.	6	73 500
323 1500 SSP 5 p.	6	71 500
323 1600 GT 3 p.	8	72 000
323 break	6	53 990
626 1600 LXE 4 p.	7	72 990
626 1600 GLXE 5 p.	7	81 990
626 2000 SDXE 4 p.	9	78 990
626 2000 SSE 5 p.	9	86 990
626 2000 coupé SDXE	9	81 990
626 2000 GT 5 p.	9	105 990
626 Diesel LX 4 p.	6	82 990
626 Diesel GLX 5 p.	6	87 990
929 LTD	9	82 990
929 LTD injection	10	94 990
929 Coupé TLD SS	10	123 990
RX 7 LX	15	155 000
RX7 GLX	15	185 000
MERCEDES (10-04-86)		
190 5 v.	7	128 200
190 E 5 v.	7	139 700
190 E Confort Aut.	10	156 240
190 E 2.3/16	12	278 860
190 D 5 v.	7	134 560
190 D 2.5 5 v.	9	147 640
200 5 v.	8	153 800
230 E 5 v.	9	169 240
300 E 5 v.	16	213 020
300 E Aut.	20	220 480
200 D 5 v.	7	156 280
250 D 5 v.	8	167 020
300 D 5 v.	10	189 380
260 SE 5 v.	13	259 200
300 SE 5 v.	16	276 880
420 SE	26	325 480
500 SE	34	349 920
300 SEL	23	305 920
560 SEL	40	538 280
420 SEC	26	461 200
560 SEC	40	593 640
300 SL 5 v.	16	311 840
500 SL	34	406 320
MITSUBISHI (12-06-86)		
Colt GT 5 p.	7	67 900
Colt GTI Turbo	7	92 600
Lancer	7	69 900
Space Wagon GLX 1800	8	93 900
Pajero	9	130 000
Pajero Wagon	9	158 200
NISSAN (01-05-86)		
Micra 1000 DX	4	43 980
Micra 1000 GL 5 v.	4	47 980
Micra 1000 GL Aut.	5	53 980
Cherry 1500 GL	6	62 480
Sunny 1500 GL	6	62 480
Sunny 1500 GL Auto.	7	65 480
Sunny coupé	6	65 480
Sunny Diesel	5	68 980
Bluebird 1600 SLX 5 p.	7	83 980
Bluebird 2000 SLX 4 p.	9	86 800
Bluebird 1800 Turbo SGX	7	105 540
Bluebird 2000 Diesel LX	6	88 860
Cedric 2.8 Diesel	11	116 980
Cedric 2.8 Diesel autom.	11	121 980
Prairie 1800 SGL	7	89 500
Patrol Turbo	13	148 840
300 ZX Aut.	16	209 320
300 ZX Turbo	16	243 660
OPEL (14-05-86)		
Corsa 1000 LS, 3 p. 4 v.	4	41 465
Corsa 1000 LS 5p. 4V.	4	43 615
Corsa 1000 GL, 5 p. 4 v.	4	48 885
Corsa 1200 GL, 3 p. 4 v.	5	48 430
Corsa 1200 GL 5 p. 4 v.	5	50 850
Corsa 1200 GL, 5 p. 5 v.	5	51 720
Corsa GT 5 v.	6	59 650
Kadett 1200 LS, 3 p. 4 v.	5	53 900
Kadett 1200 LS, 5 p. 4 v.	5	58 185
Kadett 1300 LS 3 p. 5 v.	6	57 375
Kadett 1300 LS 5 p. 5 v.	6	61 660
Kadett 1300 GL, 5 p. 4 v.	6	65 745
Kadett 1600 GL, 5 p. 4 v.	7	67 310
Kadett 1800 GSI, 3 p.	9	87 480
Kadett 1600 Diesel GL, 5 p.	5	72 250
Ascona 1300 LS, 4 p. 5 v.	6	62 260
Ascona 1600 LS, 5 p. 5 v.	6	67 420
Ascona 1600 GT 2 p.	7	69 315
Ascona 1600 LS Diesel, 5 p.	5	72 115
Ascona 1800 GT, 2 p.	10	76 490
Manta 2000 GSI, 2 p.	8	92 555
Rekord 1800 LS, 4 p.	7	80 100
Rekord 2300 GL TD, 4 p.	7	114 105
Senator 2200, 5 v.	10	113 650
Senator CD 3000 Aut.	16	180 940
Monza GSE	16	176 225
POLSKI (04-04-86)		
125 PX	7	35 340
125 PX break	7	35 720
Polonez	7	42 080
PORSCHE (23-04-86)		
924 S	14	167 500
924 S Aut.	12	176 400
944 Coupé Luxe	14	218 300
944 Turbo	12	307 000
911 Carrera	17	313 200
911 Carrera Cabriolet	17	352 500
911 Turbo	19	558 000
928 S	31	443 500
ROVER (27-04-86)		
213 S	6	65 000
213 SE Aut.	7	75 000
216 SE	6	75 000
216 Vitesse	8	87 000
2000 S, 5 v.	9	105 000
2600 S, 5 v.	11	122 000
2600 Vanden Plas	11	137 000
2600 Vanden Plas Aut.	12	137 000
SAAB (02-04-86)		
900 i, 3 p.	9	101 900
900 i, 4 p.	9	101 400
900 i, 5 p.	9	105 900
900 Turbo, 3 p.	9	133 100
900 Turbo, 4 p.	9	133 100
900 Turbo 16, 3 p.	9	150 700
900 Turbo 16 S 3 p.	9	158 900
9000 i 16	9	138 900
9000 Turbo 16	9	175 900
SEAT (28-04-86)		
Ronda P 1200 L	5	46 450
Ronda P 1500 SX	6	61 400
Ronda 1700 GLD	6	60 250
Ibiza 900 « J »	4	40 450
Ibiza 1200 L	5	45 100
Ibiza 1200 GL	5	48 600
Ibiza 1500 GLX S	6	60 000
Ibiza 1700 GLD	6	57 500
Malaga 1200 L	5	51 900
Malaga 1200 GLX	5	60 200
Malaga 1500 GLX	6	66 900
* Ibiza 1200 L	7	43 170
* Ibiza 1500 GL	8	49 753
* IBiza 1700 GLD	7	53 666
SKODA (01-06-86)		
120 L 5	6	30 600
130 L	6	34 100
130 R	6	37 550
TOYOTA (05-05-86)		
Tercel 4 × 4	8	79 450
Corolla 1300-DLX 4 p.	6	61 450
Corolla 1300-DLX 5 p.	6	59 950
Corolla 1300-DLX Aut. 5 p.	6	64 450
Corolla GT 16S	8	82 950
Corolla 1800 Diesel	5	72 450
Camry	8	80 450
Celica 2000 GT	10	122 450
Celica 2000 GT AC	10	129 450
Model F DLX	10	90 450
Model F GL	10	109 950
VOLKSWAGEN (28-04-86)		
Polo Junior	5	40 200
Polo Fox	5	44 900
Polo Oxford 45 ch	5	47 650
Polo Oxford 55 ch	6	51 200
Polo CL	6	53 800
Polo coupé GT	7	70 350
Golf Evasion, 2 p.	6	56 150
Golf Evasion, 4 p.	6	59 000
Golf S, 75 ch 4 p.	6	69 050
Golf S, 90 ch 4 p.	7	71 950
Golf GL 4 p.	7	79 050
Golf GL Aut. 4 p.	8	83 050
Golf Carat, 90 ch, 5 v.	7	97 900
Golf GTI, 2 p.	9	90 500
Golf GTI, 4 p.	9	94 550
Golf GTI 16 S, 3 p.	9	105 500
Golf GTI 16 S, 5 p.	9	109 550
Golf Syncro	10	103 350
Golf C Diesel, 2 p.	5	68 950
Golf GTD, 4 p.	4	90 900
Golf Cabriolet GLI	9	106 750
Jetta C	6	61 150
Jetta S 75 ch	6	70 500
Jetta GL	7	81 400
Jetta GL Aut.	8	85 400
Jetta Carat	7	101 800
Jetta GT	9	95 550
Jetta C Diesel	5	73 350
Jetta GL TD	4	93 750
Passat Touring C	6	71 950
Passat Touring GL	7	88 900
Passat Touring GT 136 ch	11	114 550
Passat Touring C Diesel	5	79 300
Passat Touring GL TD	5	99 950
Passat Variant GL TD	5	106 550
Passat Berline CL	7	81 200
Passat Berline Carat	8	112 200
Passat Berline CL TD	5	92 250
Scirocco GT, 90 ch	7	85 750
Scirocco GT 112 ch	9	97 500
Scirocco GTX 16S	9	122 800
VOLVO (01-01-86)		
340 3 p.	7	55 900
340 DL, 5 p.	6	64 700
340 DL Auto.	8	67 800
340 GL, 4 p.	7	76 300
360 GL, 5 p.	8	80 200
360 GLE, 4 p.	9	91 600
340 DL Diesel, 5 p.	5	73 000
340 GLE Diesel, 4 p.	5	82 300
240 DL	9	92 400
240 GL Diesel	9	113 600
240 Break GL	9	108 000
740 GL	9	110 700
740 GLE	11	138 300
740 GLE Turbo Diesel	8	154 000
740 Turbo	9	151 000
760 GLE	15	201 900
760 Turbo	11	198 500
760 GLE Turbo Diesel	8	195 100
740 GL break	9	122 600
740 GLE T.D. break	8	160 500
740 Turbo break	9	162 500
ZASTAVA (04-04-86)		
Yugo 45	4	30 880
Yugo 55 L	4	32 780
Yugo GTL 65	7	34 980

Prix des voitures d'occasion en juillet 1986
(*Source :* l'Auto-Journal)

TYPE	CV	1985	1984	1983	1982	1981
CITROËN						
2 CV 6 Spécial	3	24 600	20 300	17 000	14 500	12 000
2 CV 6 Club						
Charleston	3	28 900	24 200	20 400	17 200	14 200
Dyane 6	3			20 400	17 100	13 900
Mehari 2 - 2	3	36 000	30 500	26 700	23 100	18 000
LNA	4	29 700	25 300	22 000	17 500	14 600
LNA Club II E	4	30 600	26 500	22 500	18 100	
Axel 12 TRS	7	32 000				
Visa base/Spécial	3/4	31 800	26 400	23 000	18 800	15 500
Visa L/II E	5	37 000	28 500	24 300	20 000	
Visa GT	7	43 700	34 200	28 200		
Visa GTI X	8	53 000				
Visa Décapotable	5	48 000	39 000	33 400		
Visa 17 RD	5	43 800				
GSA	6			24 000	19 300	
GSA Spécial	6/7	39 200	31 100	24 000	20 500	14 500
GSA Club/X1	7	41 100	33 500	25 400	21 500	15 800
GSA Pallas	7	44 500	35 500	26 400	22 000	17 100
GSA X2/X3	7	45 500	36 700	29 000	22 300	17 300
GSA Club Bk	7	44 800	37 000	29 800	23 500	18 000
BX	6	45 800	39 000	32 600		
BX 14 RE	7	51 000	44 600	36 800		
BX 16 RS	7	57 000	47 500	39 000		
BX 16 TRS	7	61 000	49 700	40 200		
BX 19 GT	9	66 500				
BX 19 TRD	6	67 200	55 000			
CX Réflex/20	10	59 000	49 000	41 100	33 000	26 300
CX Athena/20 TRE	10	65 300	54 000	45 300	36 300	28 300
CX Pallas	12/13	80 500	64 000	52 200	42 600	31 800
CX GTI	12/13	84 000	66 200	54 000	43 200	33 000
CX Prestige	12/13	116 000	86 500	70 800	56 000	44 300
CX GTI Turbo	12	106 000				
CX 2500 D/Réflex	10	71 000	56 500	48 500	39 900	32 600
CX 25 RD Turbo	7	87 200	73 100	62 000		
CX 25 Diesel Bk	10	81 000	67 500	58 300	43 300	38 000
PEUGEOT						
104 GL	4/5		28 000	22 200	18 300	14 800
104 GR/SR	4/5			24 400	20 500	16 400
104 Z	4	31 600	26 700	22 600	18 400	14 500
104 ZS	7	40 000	33 100	28 000	22 100	18 000
205 XE/GL 45 ch	4	37 600	32 000	28 200		
205 XL/GL 50 ch	4	40 200	34 800	29 500		
205 XR/GR 50 ch	4	43 000	37 800	32 000		
205 SR	5	47 500	40 800	35 000		
205 XT/GT	7	49 200	42 900	37 000		
205 GTI	8	60 000	52 500			
205 XLD/GLD	5	44 500	37 300			
205 XRD/GRD	5	50 000	44 700			
305	6/7	39 000	34 000	28 100	22 000	18 300
305 GL	7	43 200	35 600	31 200	24 100	18 500
305 GR/SR	7/8	49 100	40 000	33 900	26 800	20 400
305 GT	7	53 000	44 000			
305 GTX	9	57 500				
305 GLD	6	52 600	44 900	37 000	30 800	24 000
305 GI Bk	7	49 000	39 800	34 800	27 600	21 800
305 SRD Bk	6/7	63 000	52 800	44 000	35 700	27 800
504 GR	9/10			31 100	25 800	20 100
504 GRD/SRD	8			35 000	29 700	23 200
504 Bk GL/GR	11				31 200	25 100
504 Famil. Diesel	9			42 300	33 600	29 000
504 Coupé V6	15			54 000	46 200	36 300
505 GL	9	52 600	43 900	36 800	29 600	
505 GR	9/10	57 500	48 500	39 000	33 000	26 000
505 STI	11			46 100	37 800	30 200
505 GTI	11	71 100	58 300			
505 Turbo Inj.	11	89 800	71 300	58 200		
505 GLD/GRD	9	65 000	55 100	44 400	36 600	29 400
505 GTD Turbo	8	81 700	70 200			
505 SRD Turbo	7	79 200	68 100	57 200	46 500	38 200
505 GR Bk	11	62 000	52 000	43 200	35 700	
505 SRD Bk/Fam.	10	76 300	66 300	56 300	44 000	
604 SL/TI	15				34 800	21 500
604 STi/GTI V6	15/16	80 000	67 900	51 200	40 000	29 500
504 SRD						
GTD Turbo	8	94 500	78 400	58 000	50 000	39 300
RENAULT						
R4	4	26 000	22 400	18 700	15 300	11 900
R4 TL	4	28 500	24 000	20 500	17 300	13 900
R4 GTL	4	31 400	26 000	22 400	18 500	15 000
R5 base/C	4		25 800	22 500	18 300	16 000
R Sup 5 C	4	31 000				
R5/Sup 5 TL	4	36 200	29 000	25 300	20 800	16 000
R5/Sup 5 GTL	4	40 000	31 800	28 000	22 800	18 300
R Sup 5 GTL 1.4	7	42 000				
R Sup 5 TSE	7	47 200				
R5/Sup 5 Autom.	5/6	48 000	36 200	31 200	26 400	20 800
R Sup 5 GT Turbo	6	61 500				
R5 Alpine Turbo	7/8	46 800	37 000	31 500	27 000	21 500
R5 Turbo 2	6	84 500	72 000	62 000		
R9 C	5	37 300	31 300	26 900	22 000	
R9 TC	5	38 800	31 500	27 000	23 100	
R9 GTL	7	44 200	36 000	30 100	24 000	
R9 GTX/TSE	7	50 200	40 800	33 000	27 000	
R9 TD	5	47 900	38 600	34 000		
R9 GTD	5	49 100	41 000	35 000		
R11 TL/TC	5/7	41 500	34 700	30 100		
R11 GTL	7	46 500	38 300	32 500		
R11 Aut.	6	50 600	44 500	38 000		
R11 GTX	7	51 000	43 000			
R11 TXE	7	53 300	45 000			
R11 Turbo	6	60 500	50 300			
R11 GTD	5	50 400	43 300			
R11 TDE	5	54 800	47 300			
R14 TL	6/7			24 100	20 100	16 100
R14 TS	7			28 700	22 000	18 700
R18 TL	6/7	43 800	37 100	30 100	25 000	19 100
R18 GTL	7	46 900	39 300	32 200	25 800	20 300
R18 GTS/GTX	8/9	52 000	43 500	34 100	27 100	21 200
R18 Turbo	7	61 800	51 300	40 500	33 500	27 300
R18 GTD	6/7	56 000	50 700	43 200	34 900	28 100
R18 TD Bk	7	53 000	49 100	42 100	34 900	28 500
R18 Turbo Bk	7	66 200	56 300			
Fuego TL	6/7	46 000	38 600	32 000	25 000	20 500
Fuego GTS	8/9	55 300	44 500	36 700	29 000	22 700
Fuego GTX	10			39 800	30 800	26 000
Fuego Turbo D	6	74 300	61 000	51 900		
R20 LS	7/11		45 000	37 900	30 600	23 000
R20 TS/TD	10/8		47 300	40 800	33 800	26 800
R20 TX	11/12		50 500	42 500	35 900	27 300
R20 GTD	8		54 000	46 000	39 600	31 500
R20 TD	7		63 000	54 600	38 700	
R25 TS	7	65 100	57 300			
R25 GTS	9	73 000	64 000			
R25 GTX	11	83 100	72 500			
R25 V6	14	99 000	88 000			
R25 V6 Turbo	12	136 000				
R25 GTD	7	81 000	70 500			
R25 Turbo D	6	92 000	81 000			
R30 TX	15		56 500	47 300	38 500	27 800
R30 TD	7		63 000	55 800	47 300	
Espace GTS	9	82 500	57 100			
Espace Turbo D	7	98 000	62 000			
A 310 V6/V6 GT	15	130 500	103 000	86 500	72 000	62 000
TALBOT-SIMCA						
Samba LS	4	32 000	27 300	23 500	18 500	
Samba GL	4	33 800	28 600	25 500	20 500	
Samba GLS	6/7		32 000	26 800	22 500	
Samba Rallye	7	41 500	34 500	28 400		
Samba Cabrio	6	55 800	45 000	37 200	30 000	
Horizon LS	6	35 100	29 000	24 800	19 300	15 600
Horizon GL	7	40 800	34 500	27 500	22 300	16 800
Horizon GLS	744	30000- R37 000	29 800	24 000	18 000	
Horizon EX	6/7	46 000	35 900	28 500	23 800	
Horizon EXD	7	48 000	43 000	34 000		
1510 LS	7				20 500	16 000
1510 GLS	7				23 500	18 500
Solara LS	7	41 600	35 100	29 200	24 500	19 000
Solara GLS	7	44 900	39 800	33 000	27 800	22 000
Solara SX	7	50 000	43 500	35 600	29 600	23 200
Tagora GLS	7			39 000	34 300	26 500
Rancho	8		44 400	37 500	30 800	25 000
Murena 1.6	9			43 700	36 600	27 400
Murena 2.2	12		60 000	50 400	41 700	30 800
ALFA ROMEO						
Alfasud 1300 Super	5/7		37 000	29 200	22 800	17 300
Alfasud 1500 TI	8		39 000	31 000	24 300	19 800
Sprint 1350	8	51 200	46 300	36 500	25 000	19 000
33 1.3	6	45 000	37 000			
33 1.5	6	51 600	43 000			
33 4x4	8	57 000				
Giulietta 1,6	6/9	54 800	45 100	36 200	28 600	22 900
Giulietta 1,8/2,0	8/11	57 900	47 200	37 900	31 100	23 800
Alfa 90 2.0	8	79 000				
Alfa 90 2,4 Turbo D	7	91 800				
Alfetta 2,0	8/11	59 000	49 500	39 800	31 100	24 000
GTV 2,0	10/11	66 000	55 800	42 300	35 500	27 300
GTV 2,5	13/14	86 200	68 500	54 000	45 600	35 700
AUDI						
80 L/CL	5/7	50 800	41 200	35 700	28 000	21 600
80 CLE/GLE/GTE	7/9	66 000	55 900	47 500	32 900	28 500
90 115 ch	10	79 600				
90 136 ch	11	86 000				
100 CC 90/100 ch	7/8	75 000	60 900	51 000		
100 CD	9/11	101 000	82 900	68 800	48 500	35 000
Coupé GT 5	9/10	88 000	64 000	56 000	45 300	34 800
200 Turbo	10/11	146 000	123 000		65 300	48 500
Quattro	10/12	215 000	186 000	145 600	109 600	81 500
AUSTIN ROVER						
Mini 1000/1000 E	4/6	26 700	22 700	19 200	15 800	12 800
Mini HL/HLE	4/6	29 800	24 000	20 800	17 800	14 500
Metro E/L	4/5	30 000	24 600	20 300	17 500	15 500
Metro HLE	4/5	33 000	28 000	21 200	18 200	16 400
Metro MG	6	38 900	32 000	25 400		
Maestro HL	6	40 600	32 900			
Maestro HLS	6	45 900	37 000			
Montego 1600 HL	6	51 800				
Rover 2000 S	9	65 900	54 200	45 000		
Rover 2600 S	11/12	74 500	63 000	46 200	37 800	
Rover 3500 Aut.	20	120 000	96 200	70 000	56 200	31 500
Range Rover 2 P. 5 PI	20	110 000	98 000	82 900	66 800	55 000
Range Rover 4 P. 5 PI.	20	129 000	109 000	104 000	80 800	61 500
AUTOBÌANCHI						
A 112 Junior	5	28 300	24 200	20 000	15 800	13 300
A 112 Elegant/Elite	5	32 800	27 200	23 300	19 200	15 100
A 112 LX	5	35 400	30 000	25 700		
A 112 Abarth	6	38 500	32 800	27 700	22 800	18 000
B.M.W.						
3.16 2P	8/9	58 000	51 600	43 800	37 100	31 300
3.18/3.18 i 2P	8/10	68 800	61 100	49 200	37 500	32 000
3.20/3.20 i 2PI	8/11	80 000	69 300	56 000	41 600	34 500
3.23 i 2P	11/12	85 000	72 000	60 500	47 600	39 000
5.18	9/10	70 500	62 000	52 900	41 800	34 600
5.20/5.20 i	9/11	85 800	72 400	61 000	51 100	40 900
5.25/5.25i	12/14	95 000	78 200	65 000	54 300	42 500
5.24 TD	7	102 000	84 000			
5.28/5.28 i	14/16	105 400	87 300	73 400	60 900	47 600
6.28 CSi	14	173 000	142 000	120 000	100 000	81 900
6.35 CSi	20	220 000	178 500	153 000	126 000	100 000
7.28 i	20	133 000	109 000	92 500	74 900	61 000
FIAT						
126 Personal	4	20 500	16 900	14 300	12 200	8 900
Panda 34	4	26 300	22 300	18 400	14 600	
Panda 45	4	29 000	24 400	20 300	16 500	13 400
Panda 4 x 4	6	43 800	36 000			
127 903 Super 3P	4/5/6	28 200	22 200	17 800	14 700	11 300
127 Diesel	5			18 900	16 100	
Uno 45	4	29 600	25 200	22 400		
Uno 55 Super	4	35 000	30 800	26 300		
Uno 70 Super	6	39 800	33 700	28 000		
Uno Diesel	5	41 500	35 000			
Uno Turbo	6	56 300				
Ritmo 60 L	6			20 700	17 700	14 000
Ritmo 65 CL	6			23 900	18 700	14 600
Ritmo 75 CL	7				20 100	16 000
Ritmo II 60	6	34 100	27 000	22 500		
Ritmo II 70 Super	6	38 000	30 900	25 800		
Ritmo 105 TC	9	45 000	36 100	30 800	25 000	
Ritmo Cabrio.	7	63 700	55 000	44 000		
131 1300 Panorama	7		31 700	23 000	17 700	14 100
131 1400 TC	7		32 200	27 000	22 000	
131 2500 Super D	9		36 000	28 000	22 000	16 000
131 2500 S D'Bk	9		40 000	31 600	25 000	17 500
Regata 70	6	41 500	36 200			
Regata 85 Super	7	46 500	40 800			
Regata 100 Super	7	50 800	44 600			
Regata 1900 Diesel	7	54 800				
Argenta 1.6/100	8	43 000	36 100	27 800	22 000	
Argenta 2.0/120 ie	11	59 200	39 600	34 000	25 900	
Argenta 2.5 D/TD	7/9	62 000	43 200	31 000	23 600	
X 1/9	8	55 000	48 000	37 500	30 800	24 000
900 E Mixte	5	34 300	29 500	25 900	19 800	16 000
Spider Europa	11	67 100	56 000	47 000		
FORD						
Fiesta 950 J./Fest.	5	29 800	24 700	20 800	17 000	13 000
Fiesta 950 L/S. F.	5	32 100	27 000	22 200	18 400	13 900
Fiesta 1100 L/Fest	6/4	33 800	27 900	24 000	19 300	15 200
Fiesta 1100 GL/S. F.	4/6	34 800	28 900	25 200	21 000	16 500
Fiesta 1300 Super	6	38 500				
Fiesta L Diesel	4	41 000	34 800			
Fiesta XR2	7	48 900	42 100	34 800	27 000	
Escort 1100 Spé.	4/5	39 000	31 900	27 000	22 400	17 800
Escort 1100 L/GL	5/6	41 000	34 600	30 900	24 300	19 400
Esc. 1100/1300 Bk	5/6	40 700	34 300	30 600	24 000	17 800
Escort 1300 GL	6/7	45 000	38 200	32 300	25 400	20 600
Escort XR3	7/8			36 500	30 900	25 900
Escort XR3 i	8	58 100	49 900	41 500		
Escort Cabrio	6	68 000				
Escort 1600 GL D	4	51 200				
Orion 1300 GL	6	44 800	37 000			
Orion 1600 GL	6	47 000	38 900			
Orion 1600 GL D	4	49 500				
Taunus 1300 L	7				20 000	16 000
Taunus 1300/1600 GL	7/8/9				20 800	17 500
Taunus 1300 Bk	7/8				21 900	18 300
Taunus 2000 GL	10/11				24 500	20 900
Capri 1.3 GL/2000 i	7/15			43 100	27 000	18 500
Sierra 1600 L/GL	7	50 000	42 800	35 200		
Sierra 1600 Bk	8	52 000	42 700	35 000		
Sierra 2000 GL	8	53 600	44 500	37 000		
Sierra 2000 Bk	8	60 000	48 000	41 000		
Sierra 2300 GL Bk	7	61 700	50 000	44 000		
Sierra 2300 V6 Ghia	9	65 000	55 300	46 100		
Sierra XR4i	15	70 000	59 200	55 000		
Granada 2000 L	10/11	50 000	44 800	36 000	31 000	24 000
Granada 2300 GL	11/13	64 000	54 500	44 800	34 500	25 300
Granada 2100/2500 D	8/9	63 500	56 100	46 000	36 000	27 300
HONDA						
Civic F3/1300	5	41 500	31 800	26 000	18 300	15 300
Quintet	7/8		37 000	32 000	27 000	
Accord 4P./Coupé	6/9	58 700	46 500	37 500	27 600	22 000
Prelude	6/8	67 500	56 800	37 100	29 200	23 500
INNOCENTI						
90 L	6				15 600	13 000
De Tomaso/Turbo	5	40 800			19 200	15 800
3 cyl. SE/SL	5	31 000	25 700	20 600		
JAGUAR						
XJ 4,2	27	171 000	136 000	111 000	85 000	70 000
XJ 5,3	31	223 000	184 000	147 500	117 500	84 800
LADA						
1200	7	19 800	17 000	13 800	11 300	8 700
2105	7	21 300	19 200	14 300	12 400	9 100
Niva 4 x 4	9	41 000	34 500	29 200	25 200	21 000
LANCIA						
Delta 1300	6	45 000	37 500	29 300	23 600	20 400
Delta 1500	8	54 000	45 000	33 000	27 400	22 300
Prisma 1300	6	48 000	41 000	34 000		
Prisma 1500	7	51 800	44 000	35 800		
Beta 1600 4P	9				23 900	19 400
Beta 2000 4P	11				25 000	20 200
Beta Coupé 1600	9		45 200	37 800	27 500	21 300
Beta Coupé 2000	11		53 000	46 000	30 800	24 000
Trevi 2000 Inj.	11	63 700	49 000	41 600	34 300	24 600
HPE 1600	9	66 000	49 200	40 000	32 000	23 300
Gamma 4P	14	82 000	69 000	56 000	48 000	29 700
MAZDA						
323 1300 DX	6	35 200	30 800	26 000	22 000	
323 1500 SDX	6	40 300	34 000	28 800	23 000	
626 DX 4P	7/8	50 200	38 200	33 600	26 500	19 300
626 SDX	9	53 200	46 100	33 000		
929 4 P	8	61 000	45 300	39 500	30 600	22 000
929 Coupé	8	56 000	50 000	41 000	32 500	
RX 7 Coupé	13	72 600	59 300	46 800	34 000	30 000
MERCEDES						
190	8	95 000	79 500			
190 Diesel	5	96 000	82 000			
200	9/10	103 800	75 500	64 200	54 200	46 000
200 Diesel	7/8	107 000	80 000	65 600	55 000	46 900
230/230 E	12/13	119 000	84 300	75 100	65 000	48 000
240 Luxe Diesel	8/10	96 800	81 000	70 200	58 300	50 400
240 TD Bk	10	112 000	92 000	78 800	65 300	57 000
300 Luxe Diesel	10	115 000	92 800	78 900	66 600	56 000
300 TD Bk	10/12	123 000	95 000	88 500	74 000	63 400
250 Ess./Diesel	8/14	114 000			61 800	46 500
280 E	16	128 000	100 000	83 000	74 000	61 000
280 CE	16	153 000	119 000	102 500	85 200	75 000
280 SE Aut.	16	178 000	154 000	130 000	114 000	95 000
MITSUBISHI						
Colt 3F/5P/GLX	6	41 000	33 800	26 700	20 900	16 800
Colt Turbo	6	47 000	40 200	34 000		
Lancer	7	45 600	39 800	31 300	25 700	20 000
Galant Turbo D	8/9	68 000	60 000	43 800	37 000	
Sapporo Coupé	10			41 800	35 000	23 800
NISSAN						
Micra 1000 GL	4	32 000	28 000			
Cherry 1500	5/6	42 500	34 600	28 200	21 500	17 000
Sunny 1500	5/6	42 900	38 400	32 000	22 500	17 900
Silvia coupé	8	76 000	50 200	41 000	33 800	28 300
Bluebird Diesel	7	57 000	48 300	40 600	31 800	
Cédric Diesel	12	78 700	59 500	48 600	37 500	28 600
Prairie	8	62 000				
Patrol 4 x 4 HT	13	101 600	67 700	56 200		
OPEL						
Corsa 1000/LS 3P	4	30 800	24 700	21 000		
Corsa 1000 L/GL 3P	4	33 500	28 800	22 500		
Corsa 1000 TR/GLS 3P	4	40 000	32 500	28 000		
Corsa 1200 TR/1300 GT	6	44 000	35 000	29 000		
Kadett L/LS 5P	5/6	41 600	34 600	30 500	24 200	18 000
Kadett GL 1200 5P	5/6	45 200	37 000	31 500	26 000	21 000
Kadett SR/GLS 5P	5/6	52 800	46 200	34 800	29 800	24 000
Kadett GTE/GSI	9	56 000	47 100			
Kadett GLD 5P	5	50 700	41 200	32 500	30 200	
Kadett L/GL Bk	6	49 100	37 000	31 800	26 300	21 100
Ascona L/LS 40	6/7	41 000	36 500	31 300	27 100	18 000
Ascona GL	6	45 800	38 000	34 000	27 900	
Ascona SR/GT 1600 4P	6/7	52 000	45 000	40 000	32 800	
Ascona Ber/GLS 1600	8/6	49 000	43 800	34 100	29 200	20 300
Ascona L/LS D. 4P	5/7	54 100	46 500	38 900	33 000	19 000
Ascona GL 5P	5/6/7	51 000	45 800	40 000	33 000	
Ascona SR/GT 1.6 5P	6/7/8	53 800	49 100	44 000	38 300	
Man. 1.3 GT J/GT	6	48 000	42 300	37 100		
Manta GTE/GSI	8/9	66 000	55 000	46 500	37 200	23 800
Rekord LS/GL 2.0	7/8	53 000	46 500	38 200	30 000	24 300
Rekord LS/GL Bk	7/8	62 900	48 300	40 800	31 000	26 200
Rekord LS/GL D. 2.3	7/8	69 500	54 800	44 000	34 000	25 800
Rekord Ber. GLS 2.0	8/9	66 000	55 700	42 900	31 200	21 000
Senator 2.2/2.5 E	8/10	85 800	72 700	63 200	52 000	
Monza C 2500 E	12	91 800	79 100	65 100	51 300	
PORSCHE						
924 Luxe	10	117 000	102 000	82 000	71 300	61 500
924 Turbo	9			100 000	93 000	85 300
944 Luxe	14	153 000	136 000	113 000	95 000	
911 SC	16/17	218 000	187 000	165 000	138 000	114 500
911 SC Targa	16/17	235 000	205 000	167 000	127 000	112 000
928 S	31	334 000	277 000	226 000	181 000	123 000
POLSKI-FIAT						
1300 PX	7	23 000	18 000	15 800	11 000	9 800
1500 PX	7	25 300	19 000	16 100	12 500	11 000
1500 Polonez	8	28 000	19 300	16 300	13 800	11 500
SAAB						
900 GLS	9				37 400	26 500
900 GLI	8/9		60 200	47 900	36 800	
900 Turbo	9/10	92 000	81 500	64 500	52 000	40 000
SKODA						
1050 L	6	20 000	16 000	13 500	9 800	7 500
120 LS	7	20 100	17 000	14 500	11 300	8 800
120 R	6	25 300	21 500	19 000		
TOYOTA						
Starlet 5 P 5 V	4/5			22 300	18 000	14 300
Tercel GL	5/6	39 000	34 400	26 000	21 100	16 000
Tercel GL 4x4 GL	8	56 300	48 300	42 800		
Corolla GL 4P	6/8	46 500	38 000	26 300	21 500	16 000
Corolla DLX Bk	6			26 100	21 300	15 900
Carina	8/9			27 000	22 600	16 200
Celica GT	10/11	59 000	49 200	37 100	29 200	21 000
Camry	8	60 300	50 900			
Cressida DLX	8			35 200	28 000	
TRIUMPH						
Spitfire	9					19 000
TR7 Cabrio	11					27 500
Acclaim HL	6		33 800	27 500	21 800	
Acclaim HLS	6		34 000	29 000	22 900	
VOLKSWAGEN						
Polo L/Spéciale	5	31 000	25 100	21 600	17 800	15 000
Polo Oxford 40 ch	6/7	33 600	28 000	24 600		
Polo CL	6/5	35 700	32 000	25 700	21 500	
Polo Coupé GT	6	50 800	41 500	36 000		
Golf L/C	6	42 000	29 300	24 300	21 500	17 800
Golf CL	6	45 800	38 700	30 700	23 800	
Golf GL/GLS	6/7	55 500	45 200	34 300	28 200	21 100
Golf GTI	8/9	65 200	55 000	43 100	34 600	27 800
Golf C Diesel	5/6	50 500	44 000	40 000	30 100	23 900
Golf CL/GL D	5	53 000	47 300	41 200	31 800	25 300
Golf GLD/GTD	4/5/6	66 000	53 300	42 400	32 100	26 000
Jetta L/C	6/7	46 800	38 500	32 000	26 800	20 700
Jetta GL/CL TD	5	54 000	47 000	39 000	31 000	23 600
Jetta GLI	8/9		45 900	38 100	30 200	22 600
Passat L/C	6/7	52 500	42 000	32 600	27 800	22 100
Passat GL/GLS	7/9	54 000	47 600	39 700	32 000	25 800
Passat C Diesel	5	62 800	47 200	40 000	32 800	
Passat GL/CL Diesel	5	70 800	50 500	43 600	35 200	
Variant GL/GLS	7/9	59 600	50 000	44 800	37 300	27 000
Scirocco GT	8/9	56 000		38 300	31 000	23 200
Scirocco CL	6		48 000	42 000	31 300	
Scirocco GTI	8			43 500	37 200	27 500
Santana GX/Topic	8	66 500	59 700	47 800		
Santana LX TD	5		62 000	48 500		
VOLVO						
340/343 DL	6/7	46 500	39 000	32 300	26 000	20 500
340/345 GL	6/7	51 800	44 500	37 000	31 400	25 200
360 GLE 4P	9	65 000	52 000			
360 GLS 5P	9	58 000	46 900	38 200		
240/244 DL 4P	11	60 800	50 300	42 500	34 900	28 800
240/244 GL	10	70 200	58 200	50 000	41 200	32 700
240/244 GLE Bk	10	87 000	71 300	56 000	46 200	36 200
740 GLE	11	93 500	81 200			
760 GLE TD	8	133 000	110 000	92 000		
ZASTAVA						
Yugo 45	4	20 800	16 900	13 500		

Nota. — Copie de la Bugatti 55 (modèle 1932) fabriquée en 1985 : 400 000 F.

Fédération française des automobiles d'époque : 8, place de la Concorde, 75008 Paris.

Revues spécialisées : *Auto-Moto-Rétro,* 23, bd des Capucines, 75002 Paris (mensuel). *La Vie de l'auto,* 16, rue Le Primatice, 77303 Fontainebleau (hebdo.). Le *Fanauto,* 15/17, quai de l'Oise, 75019 Paris (mensuel).

• **Vices cachés.** Les plus importants concernent en général des véhicules accidentés et mal réparés la plupart du temps en dehors des ateliers des professionnels, soit de la marque, soit ayant pignon sur rue. Le vendeur doit restituer le prix et rembourser les frais occasionnés par la vente si le véhicule est reconnu avoir été vendu entaché d'un vice ; s'il les connaissait, il doit en outre des dommages-intérêts. Si le vendeur est un professionnel, il est présumé avoir connu les vices du véhicule qu'il a vendu. Il ne peut s'exonérer en mentionnant sur la facture : « voiture d'occasion vendue dans son état actuel de mécanique et de carrosserie ».

Contrôle technique : obligatoire dep. le 1-1-86, pour les voitures de 5 ans et +, à l'occasion d'une transaction entraînant un changement de carte grise. Le propriétaire du véhicule doit en demander le contrôle et doit remettre le rapport à l'acheteur non professionnel. *Durée de validité du rapport :* 6 mois.

La police, constatant un accident, peut retirer la carte grise de tout véhicule présumé dangereux. Le véhicule ne pourra être remis en circulation qu'après expertise.

Routes

Quelques dates

• **Généralités. Réseau romain.** *Longueur* 80 000 km dont 4 000 km de Gaule. La plus ancienne voie pavée est la Via Appia (Rome-Capoue) (312 av. J.-C.). *Largeur : Via* 2,48 m en ligne droite (8 pieds), 4,96 m dans les courbes (16 p.) ; *actus* 1,20 m (4 p.) ; *iter* (chemin secondaire) 0,60 m (2 p.). Les chargements étaient limités à 492 kg. Les routes romaines ont subsisté jusqu'au XVIIe s.

XVIIe s. 1670 Colbert veut améliorer les voies : 4 chariots doivent pouvoir circuler de front sur les chemins royaux (larges de 7,80 à 9,80 m), 2 sur les chemins de travers (4,40 à 4,80 m).

XVIIIe s. 1716 Création du service public des Ponts et Chaussées (de l'École en 1747) ; le contrôleur général Orry nomme Daniel Trudaine (1703-69), conseiller d'État, intendant général des routes. *Pierre Trésaguet* (1716-96) : 1res routes économiques [hérisson (soubassement épais en pierre d'env. 17 cm), empierrement (env. 17 cm), couche d'usure en gravier fin (8 cm)]. *Telford* (1757-1834) en G.-B. : principe analogue : hérisson, 2 couches de pierre (50 cm d'épaisseur au milieu), couche d'usure de 5 cm de gravier. *Mac Adam* (1756-1836), ingénieur écossais, ayant observé qu'un sol sous-jacent sec peut supporter le trafic, se passe de hérisson : 3 couches de 5 cm de pierre de calibre décroissant posées sur un sol bombé. Les routes sont conçues pour une circulation légère, peu rapide et des véhicules plus étroits (1,44 m au lieu de 2 m) ; les diligences les plus volumineuses pèsent env. 5 t, circulent à 10-15 km/h. Le passage des gros « fardiers » hippomobiles plus lents est exceptionnel.

1908-13 : Congrès définissant des normes internationales (Paris, Londres, Bruxelles).

• **Données diverses. Dénomination. Routes :** construites et entretenues aux frais de l'État ou des départements ; **chemins :** aux frais des communes ; *vicinaux :* chem. *de grande communication d'intérêt commun et ordinaire* reliant les communes au chef-lieu de canton ou à d'autres communes ou hameaux.

Goudronnage. 1904-13 : 1ers essais de goudronnage superficiel des routes.

Jalonnement. Avant 1789, certaines routes ont été jalonnées tous les milles (1 852 m). **1830,** *les bornes kilométriques* (parfois hectométriques) apparaissent. A l'origine la nationale 7 était jalonnée par des bornes espacées de 10 en 10 m.

Longueur. V. 1789 : 32 000 km (15 000 rayonnant de Paris, 17 000 reliant les frontières). Chemins particuliers 20 000 km. *La France a le 1er réseau d'Europe.* **1811 :** routes impériales 33 162 km (dont à peine 30 000 ouverts à la circulation), routes départ. 25 155 (dont 18 600 praticables). **1847 :** routes nat. 34 798. **1900 :** routes nat. 38 065. **1930 :** routes nationales 40 000 km + 40 000 km de chemins départementaux classés r. nat. ; routes départ. 280 000 ; chem. vicinaux 370 000 dont 310 000 en état de viabilité ; chem. ruraux reconnus 215 000 ; chem. ruraux non reconnus 485 000 ; voies urbaines 45 000. **1981 :** voir p. 1390.

Numérotation des routes. 1786 22-4 implantation de la borne initiale sur le parvis de Notre-Dame à Paris, à partir de laquelle on mesure les distances sur routes. **1811** se fait à partir de Paris, les numéros des routes impériales ou nationales sont donnés dans le sens des aiguilles d'une montre [jusqu'en 1840 la route n° 7 de Paris vers Rome était le n° 1].

Relais. Après 1840, les relais des Postes nationales sont peu à peu abandonnés ; quelques auberges subsistent.

• **Autoroutes. 1909** La Sté A.V.U.S. (Automobile Verkehrs und Ubungs Strasse GmbH) dresse les plans et construit dans une lande sablonneuse à l'ouest de Berlin une route d'essai spécialisée de 10 km à 2 chaussées séparées ; mise en service le *25-9-1921.* **1914** Chaussée de 65 km (10 m de large), goudronnée, dans l'île de Long Island près de New York ; 1re route pour trafic à longue distance, sans accès direct des propriétés riveraines (desservies par des routes latérales), ayant peu de points d'échange avec la voirie ordinaire. **1923** L'Italien Puricelli (fondateur de la Sté Strade et Cave) définit les caractères spécifiques de l'autoroute, notamment les croisements à niveaux séparés. **1924** *(21-9) 1re autoroute du monde* (Milan-Varèse, Italie, 85 km, larg 11 à 14 m) construite par Puricelli. **1925-39** Construction en Italie de 482 km d'autostrades à chaussée unique (réseau suburbain au début, excepté la liaison Turin-Milan). **1927** Conception en Allemagne d'un réseau rapide à longue distance. **1927-51** Principes de la concession du financement et du péage aux U.S.A. (1927-32), en Allemagne (1921-33) et en Italie (1923-55). **1933-45** Réseau allemand : 3 869 km d'autoroutes en service, 25 000 km en travaux, 3 000 en projet. **V. 1950** Autoroutes urbaines aux U.S.A. et au Japon. **1957** Définition internationale de l'autoroute à la Conférence européenne des ministres des transports à Genève.

Réseau mondial

Redevances et dépenses routières des États

Légende : **1** — total des taxes routières. **2** — % du total des taxes rout. par rapport au P.N.B. **3** — % du total des taxes rout. par rapprort au total des taxes de l'État. **4** — total des dépenses rout. (en millions de F, 1984). *Source :* F.R.I.

Pays	1	2	3	4
All. féd.	94,916,5	1,8	3,9	59 397,66
Autriche	10 622	1,98	7,8	12 875,2
Danemark	14 366,96	3	5,3	5 608,98
Espagne	21 671,7	2,32	15,16	3 765,6
France	*123 500*	*2,89*	*13*	
G.-B.	124 192,8	3,5	8,1	34 846,7
Grèce	n.c.	n.c.	n.c.	1 583,9
Japon	193 207,6	1,7	3,4	245 167
Norvège	12 352,5	2,6	10,2	9 165,9 [2]
P.-Bas	24 177,7	2,7	6,8	5 278,1
Suède	14 553,1 [1]	1,9 [1]	6,1 [1]	6 359,1
Suisse	16 332,5	2,1	7,3	16 603,2
U.S.A.	412 970 [1]	1,4 [1]	4,5 [1]	412 973

Nota. — (1) En 1979.

Longueur

• **Longueur totale des routes non urbaines dont,** entre parenthèses, **autoroutes** en km.

Source : Féd. routière internationale (F.R.I.). Au 31-12-84.

Afrique. Afr. du S. [12,10,a] 184 330 (1 692). Algérie [9] 72 091. Bénin [3] 7 445 (10). Botswana 8 206. Burundi [9,c] 5 144. Cameroun 64 905. Rép. Centrafr. 20 218. Congo [6] 8 246. Côte-d'Ivoire [10] 53 736 (128). Djibouti [10] 2 795. Égypte 30 089 [10]. Éthiopie 37 506. Gabon [10] 7 393 (37). Gambie 3 083 [10]. Ghana 21 738 (24) [10]. Burkina Faso [13] 8 664. Kenya 64 584 [10]. Lesotho 4 085. Liberia [9] 5 412. Libye [2] 64 200. Madagascar [10] 49 638. Malawi [9,14] 10 772. Mali [5] 14 704. Maroc 57 651 (59). Maurice (île) 1 787 (33) [10]. Mauritanie [10] 6 904. Mozambique 19 990. Niger 19 000. Nigeria [8] 107 990 (115). Ouganda [10] 27 824. Rhodésie [4] 78 740. Rwanda 12 070. Sénégal [10] 13 968 (7). Sierra Leone [7] 7 395. Soudan [10] 9 018. Swaziland [10] 2 723. Tanzanie 81 895. Tchad [4] 30 725. Togo 7 000. Tunisie 26 194. Zaïre 145 000. Zambie [10] 37 232. Zimbabwe 185 580.

Amérique. Argentine [7] 212 305 (378). Brésil 1 437 574. Canada [10,15] 391 792 (5 848). Chili 79 010 (55). Colombie [8] 74 735. Costa Rica 29 093. Rép. Dom. [10] 17 362. El Salvador 12 146 (107). Équateur 37 718 (100,8). Guatemala [7] 17 278 (1). Guyane fr. [9] 678. Honduras 12 058. Martinique 1 819 (7). Mexique [10] 214 073 (1 178). Nicaragua [9] 6 712. Panama [8] 8 612. Paraguay 11 320. Pérou [3] 50 670. Porto Rico [10] 9 337 (236). Trinidad 5 175 (50). Uruguay [9] 49 813. U.S.A. [10] 6 242 340 (80 530). Venezuela [9] 63 050 (1 120).

Asie. Afghanistan [7] 18 752. Arabie Saoudite [10] 69 434. Chine [9] 17 530 (382). Corée 51 003 (1 421). Hong Kong 1 279. Inde [7] 1 604 110. Indonésie 177 896 (96). Irak [10,16] 25 265. Iran [10] 108 970 (457). Israël [9] 4 631 (95). Japon 1 125 217 (3 435). Jordanie 5 227 [10] (40) [8]. Koweit 1 944 (653). Liban [10] 7 000 (410). Malaisie 28 928. Népal [7] 4 600. Pakistan 100 300. Philippines 157 139. Singapour 2 594 (57). Seychelles [10] 257. Sri Lanka 86 218 (4 050). Syrie [1] 11 709. Thaïlande 76 315 (47). Viêt-nam [4] 29 917. Yémen du N. 36 412.

Europe. All. féd. [10] 487 251 (8 080). Autriche 107 404 (1 137). Belgique 127 688 (1 375). Bulgarie 37 691 (211). Chypre 11 292. Danemark 70 170 (549). Espagne 318 548 (1 977). Finlande 75 848 (205). *France 804 585 (6 085)* [17]. Gibraltar 50. G.-B. 347 376 (2 792). Grèce [11,b] 34 492 (92). Hongrie [10] 88 184 (230). Irlande 92 303 (8). Islande 11 619. Italie [10] 296 986 (5 901). Luxembourg 5 157 (58). Malte [10] 1 300. Monaco 47. Norvège 84 562 (74). P.-Bas [10] 110 327 (1 892). Pologne 299 887 (168). Portugal 51 929 [9] (181). Roumanie [10] 73 363 (96). Suède 136 418 (892). Suisse 70 820 (1 030). Tchéc. [9] 73 788 (373). Turquie [7] 232 162 (189). U.R.S.S. [2] 1 358 000. Youg. [10] 115 787 (613).

Océanie. Australie 796 960 (16 100). Fidji [10] 4 295. N.-Zélande 92 648 (134).

Il y a à Los Angeles (U.S.A.), agglomération longue de 100 km, 1 800 km d'autoroutes (pour 11 millions d'habitants et 7 millions d'automobiles).

Densité. Longueur des routes en km au km^2 (au 31-12-84). Malaisie 22. Belgique 4,2. Japon 2,98. P.-Bas 2,68 [10]. Luxembourg 1,99. All. féd. 1,96. Danemark 1,63. Suisse 1,7. Ile Maurice 1,55. G.-B. 1,49 [d]. *France 1,46.* Autriche 1,28. Chypre 1,24. Hong Kong 1,20. Italie 0,98. Pologne 0,96. Hongrie 0,95 [10]. U.S.A. 0,66 [10,18]. Espagne 0,63. Portugal 0,58 [9]. Youg. 0,45 [10]. Suède 0,30.

Nota. — (a) Au 31-3. (b) Au 30-4. (c) Au 30-6. (d) A partir du 1-4. (1) Au 31-12 : 1973 ; (2) 74 ; (3) 75 ; (4) 76 ; (5) 77 ; (6) 78 ; (7) 79 ; (8) 80 ; (9) 81 ; (10) 82 ; (11) 83. (12) Transkei, Bophuthatswana, Venda et Ciskei n.c. (13) n.c. 2 547 km de routes non classées. (14) Dont 6 000 km non revêtues. (15) n.c. voies municipales. (16) n.c. rues urbaines. (17) Dont 1 320 km d'autoroutes urbaines. (18) Uniquement routes publiques comprises.

• **Pistes cyclables (km).** U.S.A. 170 000. All. féd. 20 000. P.-Bas 10 000. Danemark 4 100. *France 2 500* (diminution due à la décentralisation et une absence de crédits de l'État dep. 1982). Dans les pays européens, pistes surtout à vocation urbaine (transp. domicile-travail).

Trafic routier

Parcours kilométriques annuels moyens d'une voiture particulière (au 31-12-83) (*source :* F.R.I.). Éthiopie 58 546. Jordanie [4] 30 000. Népal [1] 30 000. Colombie [4] 26 000. Sierra Leone [1] 25 747. Chine [1] 24 351. Panama [3] 20 000. Sénégal [4] 20 000. Ouganda [4] 18 000. Finlande 17 500. Israël 16 471. Hongrie [1] 15 800. Afr. du S. 15 600. G.-B. [4] 15 200. U.S.A. 15 000. Danemark 14 500. P.-Bas [4] 13 860. Suisse [4] 13 500. All. féd. 12 300. Belgique 11 000. Norvège [2] 12 600. *France 12 400.* Suède 12 000. Italie [4] 11 600. Islande [4] 11 500. Autriche 11 000. Chili 11 000. Corée 10 451. Japon [4] 10 400.

Nota. — (1) Au 1-1-79. (2) Au 1-1-80. (3) Au 1-1-81. (4) Au 1-1-82.

Marchandises sur routes 31-12-1984

Pays	Millions de t	Millions de t/km
All. féd.[4]	2 338	125 300
Australie [1]	912,6	48 127
Autriche [4]	15,6 [a]	7 264
Belgique [4]	343	17 600
Canada [2]	137	42 388
Danemark [4]	215	8 800
Espagne [4]	n.c.	92 400 [b]
Finlande	411	20 700
France	*1 260*	*105 000*
G.-B. [4]	1 402	100 400
Hongrie [4]	562	11 951
Italie [3]	n.c.	137 071
Japon [4]	5 123	193 537
Luxembourg [3]	14	263
Norvège [3]	220	5 424
P.-Bas	347,8	18 366
Pologne	1 421	426
Suède	378	22 986
Suisse	303	6 337
U.S.A. [3]	n.c.	768 000
Yougoslavie [4]	235 [c]	20 762

Nota. — (1) 1980. (2) 1981. (3) 1982. (4) 1983. (a) Transp. > 80 km. (b) Routes d'État. (c) Uniquement transports routiers publics.

Minisouterrains. Pour des gabarits de 1,90 m ou 2,60 m. Prix pour 200 m de long (dont 60 en tunnel, 6,70 m de large, 2,75 m de haut) 5 000 000 à 6 000 000 F (1980).

Tunnels routiers principaux

☞ Tunnels ferroviaires. Voir p. 1354.

Longueur en mètres.

St-Gothard (Suisse 1980) [1] 16 918
Arlberg (Autriche 1978) 13 972
Fréjus (France-Italie 1980) [2] 12 901
Mont-Blanc (France-Italie 1965) [3] 11 600
Kan Etsu (Japon 1984) 10 885
Gran Sasso (Italie 1984) 10 175
Plabutsch (Autriche en constr.) 9 755
Seelisberg (Suisse 1980) 9 280
Enasan 2 (Japon 1985) 8 625
Enasan (Japon 1975) 8 489
Gleinalm (Autriche 1978) 8 320
Hoyanger (Norvège 1982) 7 522
Vallavik (Norvège 1985) 7 520
Shin-Kobe (Japon 1976) 6 910
San Rokko (Japon 1976) 6 900
Maurice-Lemaire (France 1976) [4] 6 872
Floyfjells (Norvège en constr.) 6 850
Pfänder (Autriche 1980) 6 719
San Bernardino (Suisse 1967) 6 600
Tauern (Autriche 1975) 6 401
Fjaerlands (Norvège en constr.) 6 300
Grand-St-Bernard (Suisse-Italie 1964) 5 828
Kerenzerberg (Suisse en constr.) 5 760
Haukeli (Norvège 1968) 5 688
Katschberg (Autriche 1974) 5 439
Omachi 2 (Japon 1964) 5 420
Sierra del Cadi (Espagne 1984) 5 026
Tafjord (Norvège 1983) 5 360
Tosen (Norvège 1985) 5 200
Felbertauern (Autriche 1967) 5 183
Viella (Espagne 1948) 5 133
Ucka (Yougoslavie en constr.) 5 070
Bosruck (Autriche 1983) 5 500

Autres grands tunnels français : Roux (1930) 3 336. Chamoise (en constr.) 3 300. Tende (Fr.-It., 1882) 3 186. Épine (1974) 3 117. Aragnouet-Bielsa (Fr.-Esp., 1976) [5] 3 070. Fourvière (Lyon, 1971) 1 836-1 853. Croix-Rousse (Lyon, 1952) 1 753. Dullin (1974) 1 460-1 460. Chat (1931) 1 488. Voirie Forum Central-Semah (Halles, Paris, 1979) 1 470. Lioran (1847) 1 414. Vuache (1982) 1 390-1 430. Saint-Germain (en constr.) 1 200-1 200. L'Arme (1979) 1 105. Las Planas (1976-83) 1 072-1 108. Nogent (en constr.) 1 200-1 200. Marsal (?) 960. Saint-Cloud (1945-1976) [6] 832-909. Champigny (1976) 845-895. Tuileries (Paris, 1967) 861. Les Monts (1981-82) 842-862. Pénétrante des Halles (Strasbourg, 1980) 645-845. Boulogne (A. Paré) (1974) 828-828. Front de Mer (Bastia, 1983) 822. La Coupière (1970) 803-814. Rive Gauche du Paillon (PSGR, Nice, 1983) 1 100. Grand Chambon (1935) 753. Col du Rousset (1979) 769. Porte de Pantin (bd des Maréchaux, Paris, 1966) 655. Vieux-Port (Marseille, 1967) 597-602. Ardoisières (1858) 590. Jenner (Le Havre, 1956) 585. Parc-des-Princes (bd Périphérique, Paris, 1971) 580-580. Lac Supérieur (bd Périphérique, Paris, 1971) 574-580. Castellar (1970) 568-575. Orly (?) 550. Pessicart (1976-83) 599-600. Roissy (1970) 536-536. Reine-Blanche-Grandchamps (1970) 530. Mortier (1968) 502. Saint-Pancrasse (1954) 502. Rocher-Chambrand (?) 500. Épad (1984) 850. Montets (1985) 1 882. Courbevoie desserte int. (1983) 600. Puteaux desserte int. (1984) 600.

Nota. — (1) Réunit Göschenen (canton d'Uri) à Airolo (Canton du Tessin). Coût au km (en FS) 44 millions sans frais financiers. (2) 6,5 km en France. Chaussée 9 m de large. Largeur entre piédroits 10,10 m. Coût au km 100 900 000 F (total 1,5 milliard de F). Trafic (1984) : 1 579 véhic. par j dont 39,7 % de poids lourds. (3) Chaussée de 7 m de large, 5,98 m de haut., à 2 480 m du sommet ; haut. côté français 1 274 m, italien 1 381 m. Trafic (1984) : 3 516 véhic. par j dont 33,9 % de poids lourds. (4) Ste Marie-aux-Mines (ferroviaire 1937, routier 1976). Trafic (1984) : 1 800 véhic. par j dont 28 % de poids lourds. (5) 1 765 m en France, 1 305 m en Espagne. (6) 17 m de large. Dans l'Antiquité, tunnel d'Agrippa (près de Naples), sous le Mt Posilipe, 2 000 ans avant J.-C., long. 900 m, largeur 7,5 m.

Nombre de tunnels routiers (au 1-1-1986) : France 643 (161 km) compté en tube de tunnels. *Tunnels frontaliers :* 4 avec l'Italie (Tende, Mont Blanc, Fréjus, La Giraude), 1 avec l'Espagne (Aragnouet Bielsa).

Le plus large tunnel routier : Ile de Yerba Buena, San Francisco (Californie, U.S.A.). 23 m de large, 17 m de haut, 165 m de long. 35 000 000 véhicules empruntent ses 2 niveaux chaque année.

Réseau français

Données globales

Dépenses. *Budget direction des routes* (moyens d'engagement pour 1986 en millions de F). *Total 7 806,6* dont : construction d'autoroutes de liaison 677,2, investissements routiers en rase campagne et en milieu urbain 3 542,9, renforcements des chaussées et équipements 1 132,5, renforcements et entretien des ouvrages d'art 284, entretien des chaussées, équipements et dépendances 1 954,9, parcs et centres autoroutiers 215,1.

Direction de la Sécurité et de la circulation routière (1983, en millions de F). Sécurité et circulation 562,5, contrôle de la formation et de l'aptitude des conducteurs 201,8, viabilité hivernale 85,5. *Total* 849,8.

Nota. — Sans compter les emprunts des Stés concessionnaires d'autoroutes (4 095 MF), ni le Fonds général des grands travaux.

Dommages causés aux chaussées. Selon l'OCDE, les véhicules lourds (+ de 10 t de charge utile) seraient responsables de 55 à 75 % des dépenses d'entretien des chaussées (70 % en France), alors qu'ils ne représentent que 1,5 % du parc total des véhicules immatriculés. *Coûts sociaux de la circulation automobile* (accidents, bruit, pollution...) : 4 à 6 % du PNB, dont 20 % seraient imputables aux véhicules lourds.

Longueur (1-1-1984)

Longueur totale du réseau routier (non compris chemins ruraux) env. 803 000 km.

Autoroutes. 6 085 km dont 1 320 de voies rapides urbaines. 4 266 autoroutes concédées.

Routes nationales (en km) env. 29 000 dont 26 270 à chaussée unique (21 724 à 2 voies) et 2 246 à chaussées séparées (2 173 à 2 fois 2 voies).

Chemins départementaux. 347 000 km (1-1-83). 54 083 km de routes nat. secondaires (sur 82 000 km) ont été transférés à la voirie départementale (au 1-1-75) en application de la loi de Finances de 1972 qui a permis aux départements qui le souhaitaient d'intégrer dans leur réseau les routes nationales secondaires de leur territoire ; ils reçoivent une subvention annuelle (455 millions de F en 1980) en fonction de la situation financière et de l'état des routes du département (moyenne nationale 5 400 F par km). On revient ainsi à la situation d'avant 1930, où étaient classés 40 000 km de chemins départementaux dans le réseau national.

Chemins communaux [largeur min. 5 m (5,50 au passage des ouvrages d'art)]. Env. 421 000 km (1-1-83).

Chemins ruraux. 700 000 km.

Trafic

Indices annuels de la circulation motorisée (1984) par type de réseaux (base 100 en 1970). Routes nationales [1] 138, ensemble des autoroutes [2] 209. Ensemble du réseau national 158. **Nombre de voyageurs** (milliards de voy./km), **et entre parenthèses part du trafic total** (en %) **par mode de transport** (1984). Route [3] (rase campagne et voirie urbaine) 514 (87) dont voitures particulières 454 (76,8), autocars-autobus 60 (10,2). Fer (SNCF, RER, métro) 69 (11,7). Air 8 (1,3).

Nota. — (1) En rase campagne et agglomérations de — de 5 000 hab. (2) Indice de débit calculé à réseau comparable. (3) À l'except. des 2 roues.

Circulation parisienne. Chaque jour en moyenne 1 300 000 voitures entrent et sortent de Paris. 2 600 000 véhicules circulent sur les 1 245 km des 6 253 rues, traversent les 6 600 carrefours dont 1 100 équipés de feux.

Transports de voyageurs (dont entre parenthèses transport routier en 1983). *Source :* Enquête annuelle d'entreprises, DST. *Entreprises* 2 868 (2 710). *Effectifs* 80 261 (48 904). *Recettes nettes en MF HT* 13 553,1 (10 357,2). *Subventions d'exploitation* 1 695,1 (182,8). *Parc en service (autobus et autocars)* 48 895 (37 476).

Transports routiers de marchandises (au 31-12-1983). **Entreprises** 27 670 (zones longues et courtes 24 154, déménagement 1 316, location de véhicules 2 200). **Effectifs** 213 950 (zone l. et c. 180 224, dém. 12 206, loc. de véhic. 21 520). **Recettes nettes** (en millions de F MT) 64 631,4 (dont zone l. et c. 54 915,8, dém. 2 412,8, loc. de véhic. 7 302,8).

Parc des véhicules des 27 670 entreprises de transp. professionnel routier (au 31-12-1983). *Source :* Enquête annuelle d'entreprises, DST. *Camions de + de 3,5 t de PTCA :* zone l. et c. 53 575, dém. 4 074, loc. 18 203 ; *tracteurs routiers :* zone l. et c. 64 736, dém. 423, loc. 12 070 ; *semi-remorques :* zone l. et c. 80 881, dém. 447, loc. 11 498. **Tonnes transportées** (millions de t) **et, entre parenthèses, tonnes-kilomètres** (milliards de t-km) (1983). 1 253 (86,9) dont trafic intérieur 1 202 (78,2), importations 16 (3,9), exportations 17 (4,8).

Capacité (en milliers de t) 5 723 t (c. p. 3 291, c. d'a. 2 432). **Types de marchandises transportées** (en milliards de t/km). *Source :* Annuaire de statistiques des transports 1984. 88,4 (1 253 millions de t) dont prod. agr. et alim. 29,9, prod. énerg. 5, mat. 1re et 1/2 prod. 30,5, prod. manufacturés 22,5.

Utilisation du parc (camions, remorques et semi-remorques de 3,5 t et + de charge utile de — de 15 ans). 471 000 véhicules (dont compte propre 324 000, compte d'autrui 147 000). **Trafic intérieur et international** (en 1984, en milliards de t/km). 88,4 (78,6 trafic intérieur, 9,8 tr. intern.).

Vitesses limitées des véhic. de + de 10 t (en km/h). *Autoroutes* 90 : si — de 19 t ; 80 : si + de 19 t. *Routes à grande circulation* 80. *Autres routes* 80 : si — de 19 t ; 60 : si + de 19 t. *Agglomération* 50. **Véhic. (ou ensemble de véhic.) transportant des matières dangereuses.** *Autoroutes* 80. *Autres routes* 60. *Agglomération* 50. **Transports en commun.** *Hors agglomération* 90. *Agglomération* 50.

Autoroutes

Centre de renseignements autoroutes, 276, bd St-Germain, 75007 Paris.

Généralités

● **Définitions.** Permettent à un véh. isolé de rouler en tout point à une vitesse max. de 130 km/h sur aut. de liaison, 110 km/h sur aut. de dégagement. Comportent 2 chaussées (chacune dotée d'au moins 2 voies de 3,5 m) séparées par 1 terre-plein de 5 ou 12 m. Larg. moy. : 3,50 m par voie avec en général 2 × 2 voies (la + large a 2 × 6 v.).

● **Nom. Origine.** On utilisa des lettres : A (autor. principales), B (compléments), H (doublements), F (voies rapides) et des chiffres reprenant ceux des grandes nationales que les autor. doublaient : A-1 (RN 1), A-4 (RN 4), A-6 (RN 6), A-13 (RN 13). Puis quand le réseau s'étendit, on utilisa des groupes de numéros par régions (région Rhône-Alpes 40, Est 30, etc.).

Distances par la route en km	Paris	Lyon	Marseille	Strasbourg	Bruxelles	Genève	Luxembourg
Amsterdam	514	995	1 323	683	220	1 014	429
Athènes	3 146	2 774	2 797	2 581	3 021	2 692	2 744
Barcelone	1 125	644	515	1 072	1 419	758	1 153
Belgrade	1 957	1 585	1 608	1 392	832	1 503	1 555
Berlin	1 094	1 289	1 584	801	782	1 141	767
Berne	556	317	598	232	655	155	429
Bruxelles	294	671	999	488		674	220
Copenhague	1 329	1 586	1 914	1 158	1 035	1 531	1 106
Genève	546	162	443	371	674		492
Kiel	977	1 234	1 562	806	683	1 195	754
La Haye	464	945	1 273	668	170	964	390
Le Havre	211	692	1 020	667	407	757	511
Lisbonne	1 786	1 784	1 781	2 212	2 080	2 024	2 192
Luxembourg	348	509	873	224	220	492	
Lyon	481		382	428	671	162	509
Madrid	1 268	1 272	1 143	1 700	1 562	1 386	1 781
Marseille	809	328		814	999	443	837
Milan	850	494	587	511	934	412	708
Munich	827	753	1 034	371	811	591	543
Naples	1 764	1 299	1 189	1 425	1 848	1 326	1 622
Nice	921	440	227	868	1 277	483	949
Paris		481	809	456	294	546	348
Prague	1 094	1 116	1 397	638	911	954	746
Rome	1 531	1 066	956	1 192	1 615	1 093	1 389
Strasbourg	456	428	814		488	371	224
Stuttgart	621	667	948	165	641	505	325
Trieste	1 292	936	998	905	1 393	854	1 166
Venise	1 145	789	812	806	1 229	707	1 003
Vienne	1 285	1 217	1 414	829	1 134	1 055	1 001
Zurich	557	404	721	218	641	278	415

Trajet maritime par Suez et Le Cap. Le Havre : Bombay 11 500 (22 000). Singapour 15 000 (21 500). Yokohama 20 500 (26 500). Melbourne 20 500 (22 000).

Distances de Paris en km par la route. Bergen 2 303, Bucarest 2 890, Budapest 1 990, Cardiff 668, Cologne 494, Dublin 826, Edimbourg 1 044, Florence 1 215, Francfort 571, Gibraltar 2 020, Göteborg 1 492, Hambourg 955, Hammerfest 3 740, Helsinki, Messine 2 347, Moscou 2 747, Oslo 1 808, Saint-Sébastien 790, Salonique 2 561, Stockholm 1 856, Varsovie 1 440, Zagreb 1 434, Zurich 557.

De Tanger à : Alger 1 370, Annaba 1 965, Casablanca 373, Oran 919, Tunis 2 280.

☞ Distances par avion voir p. 1348.

En 1973 : 8 concours organisés par le ministère de l'Équipement (36 000 participants) permirent de choisir 8 noms d'autoroutes parmi une dizaine proposés ; *autoroute du Nord* : Paris-Lille (A-1) ; *de l'Est :* Paris-Strasbourg (A-4) ; *du Soleil :* Paris-Marseille (A-6, A-7) ; *la Provençale :* Aix-Nice (A-8) ; *la Languedocienne :* Orange-Narbonne (A-9) ; *l'Aquitaine :* Paris-Bordeaux (A-10) ; *l'Océane :* Paris-Nantes (A-11) ; *autoroute de Normandie :* Paris-Caen (A-13) ; *la Catalane :* Narbonne-Le Perthus (A-9) ; *l'autoroute des Deux-mers :* (A-62) ; *la Blanche :* (A-40, Suisse au Fayet).

Depuis 1982 : toutes les autoroutes sont désignées par la lettre A ; env. 1 000 km d'autor. changent de numéro ; les groupes de numéros par région sont maintenus.

• **Réseau** (en km, au 1-1-1986). ASF 1 306. SAPRR 898. SANEF 826. ESCOTA 309. SAPN 187. STMB 106. *Total* 3 632.

Nota. – *A.S.F. :* aut. du S. de la France (A7, A8, A9, A10, A61, A64, A72). *S.A.P.R.R. :* aut. Paris-Rhin-Rhône (A6, A26, A31, A36, A40 et A42). *S.A.N.E.F. :* aut. du N. et de l'E. de la France (A1, A2, A4, A26). *ES.COT.A. :* aut. de l'Estérel-Côte d'Azur (A8, A50, A51, A52). *S.A.P.N. :* aut. Paris-Normandie (A13). *S.T.M.B. :* tunnel sous le Mont-Blanc (A40).

Organisation des autoroutes

• **Non concédées ou libres.** Les 1res aut. furent construites par l'État sur ses crédits budgétaires ou sur le F.S.I.R. (Fonds spécial d'investissement routier) avec la participation des collectivités locales intéressées. Puis, il a confié à des entreprises semi-publiques (1955) ensuite privées (1970) la construction et l'exploitation d'une partie du réseau (90 % du réseau d'autoroutes de rase campagne en 1977).

• **Stés d'économie mixte (S.E.M.).** 8 S.E.M. gèrent 86 % du réseau concédé (3 970 km sur 4 600 km au 1-1-86) dont 7 (SANEF – SAPRR – ASF – ESCOTA – SAPN – AREA – ACOBA) au capital souscrit par collectivités territoriales, chambres de commerce, caisses d'épargne, Caisse de dépôts et consignations (principal actionnaire) et Sté centrale pour l'équipement du territoire qui leur fournit une assistance commune de gestion et 1 Sté de tunnel sous le Mont-Blanc (STMB), où l'État est majoritaire (52,5 %).

Chaque nouvelle section fait l'objet d'un contrat de concession entre la Sté concessionnaire et l'État (ministère chargé des Transports), pour en principe 35 ans. L'État détermine : tracé, échangeurs et caractéristiques générales des ouvrages. La Sté concessionnaire acquiert les emprises après déclaration d'utilité publique du projet, elle effectue études techniques détaillées pour marchés après appel à la concurrence, contrôle les travaux, entretient et exploite les ouvrages. Les 7 S.E.M. ont un m. d'œuvre commun : SCETAUROUTE. Le délai de construction d'une section est d'env. 3 ans. La Sté finance les dépenses par emprunts gagés sur les ressources de péage (Caisse nationale des autoroutes créée 1963). Selon les cas, l'État participe au financement de la construction par des avances budgétaires (15 % en moyenne), indexées et remboursables à Autoroutes de France (établissement public) qui recouvre toutes les créances de l'État sur les S.E.M. et contribue à l'équilibre financier de l'ensemble des S.E.M.

• **Stés privées.** Capital détenu par des entrepreneurs de travaux publics et des établ. financiers, les Stés privées financent par emprunt et réalisent les travaux. Leur capital atteint 10 % du coût des ouvrages. Dep. 1985, il en reste 1 (sur 4 en 1983) : COFIROUTE dont la 1re section concédée fut inaugurée en 1972 (Paris-Chartres).

1983 à 1985. Les anciennes Stés privées APEL, AREA et ACOBA ont été rachetées ; les 2 premières par la CDC, la dernière par l'ASF, dont elle est devenue filiale et la CDC. L'APEL a été fusionnée avec le SANEF au 1-1-86.

Réseaux (en km, au 1-1-86). *ACOBA :* Hendaye, St-Géours-de-Maremne (66,5 km). *AREA :* Lyon-Chambéry (92), Coiranne-Grenoble (50), Grenoble-Chambéry-Annecy-Scientrier (128). *ASF :* Lyon-Aix-Marseille (275), Orange-Le Perthus (286), Clermont-Ferrand-St-Étienne (116), Poitiers-Bordeaux (218), Bordeaux-Narbonne (354), Orthez-Pau (57). *COFIROUTE :* 629 dont Paris-Orléans-Poitiers (311), Ponthévrard-Le Mans (151), Nantes-Angers (66), Orléans-La Source (7), Le Mans-La Gravelle (94). *ESCOTA :* Aix-frontière italienne (206), Aix-Manosque (28), Aix-Toulon (75). *SANEF :* Paris-Lille (156), Combles-Valenciennes (43), Nordausques (Calais)-St-Quentin (162), Metz-Strasbourg (162), Paris-Metz (303). *SAPN :* Paris-Caen (187). *SAPRR :* Paris-Lyon (410), Langres-Semoutiers (21), Beaune-Toul (192), Beaune-Mulhouse (216), Bourg Nord-Bourg Sud (22), Lyon-Chazey (30), Tunnel Sainte-Marie-aux-Mines (7). *STMB :* frontière suisse-Le Fayet (autoroute Blanche) (58), Annemasse-Châtillon-en-Michaille (48).

Financement

• **Coût des autoroutes. Exemples.** *Construction. Autoroutes de rase campagne.* Coût au km, type II (plateforme de 34 m, 2 chaussées de 7 m, terre-plein central de 12 m) env. 24 MF (millions de F). *Ex. de coût (en MF au 1-1-85).* Aquitaine : Prisse-La Crèche 22,5, Le Paillon-La Turbie 113,5.

Structure de coût (moyenne en %, en 1981) pour les S.E.M. Ouvrages d'art 14, études et surveillance des travaux 7, terrains 9, terrassements 30, drainages des eaux 6, chaussées 23, divers (équipements de sécurité, glissières, plantations, etc.) 11.

Entretien. Coût annuel (pour 1 km). Autoroute 150 000 F (85) pour grosses réparations (couche de roulement et ouvrages d'art) et 150 000 F (85) pour entretien courant (viabilité hivernale normale, signalisation, ordures, remplacement des glissières, fauchage). 180 000 à 700 000 F en montagne (entretien des viaducs et des tunnels).

Couverture des dépenses. *Trafic moyen nécessaire :* 5 000 véhicules par jour pour couvrir les coûts d'exploitation et d'entretien. + de 15 000 pour rembourser les emprunts. *Fréquentation actuelle moyenne :* env. 16 000, parfois jusqu'à près de 40 000 (A1, A8, A10).

• **Intervention financière de l'État. Investissements directs** (autoroutes non concédées et quasi-totalité des voies rapides urbaines). **Aide aux Stés d'autoroutes.** Garantie (variable jusqu'à 70 % des emprunts à long terme émis par les sociétés), octroi d'avance à la construction (15 % en moyenne).

F.S.G.T. (Fonds spécial de grands travaux). Créé par la loi du 3-8-82. Géré par la Caisse des dépôts et consignations, peut contracter des emprunts [remboursement gagé sur une taxe sur carburants (12,2 centimes/litre fin 1986, soit un prélèvement annuel de 4,6 milliards de F). Ressources complétées par le fonds de concours des collectivités locales. Coût total des 5 tranches de travaux déjà lancées (1982-86) : 45 milliards de F (T.V.A. incluse).

Schéma directeur du réseau routier national (objectifs à atteindre vers l'an 2000). *Coût total :* 150 milliards de F. *Autoroutes :* 5 064 km (au 1-1-86) + 1 700 km prévus. *Liaisons assurant la continuité du réseau autoroutier :* 2 700 km (au 1-1-86) + 1 600 km prévus. *Grandes liaisons d'aménagement du territoire :* 6 400 km (au 1-1-86) + 4 600 km (pour relier pôles économiques, ports et métropoles) ; elles assurent liaisons entre métropoles et agglomérations de + de 100 000 h. *Réseau des routes nationales ordinaires :* 19 200 km. (*Coût total :* 150 milliards de F.)

Total des avances de l'État (en millions de F courants). *1972 :* 182, *73 :* 252, *74 :* 189, *75 :* 458, *76 :* 467, *77 :* 443, *78 :* 421, *79 :* 714, *80 :* 463, *81 :* 826, *82 :* 725, *83 :* 1 228, *84 :* 307, *85 :* 459.

Dep. 1974, les conditions économiques (emprunts plus onéreux, coûts de construction, ralentissement de la croissance du trafic) ont contraint l'État à intervenir pour assurer l'équilibre financier de certaines Stés.

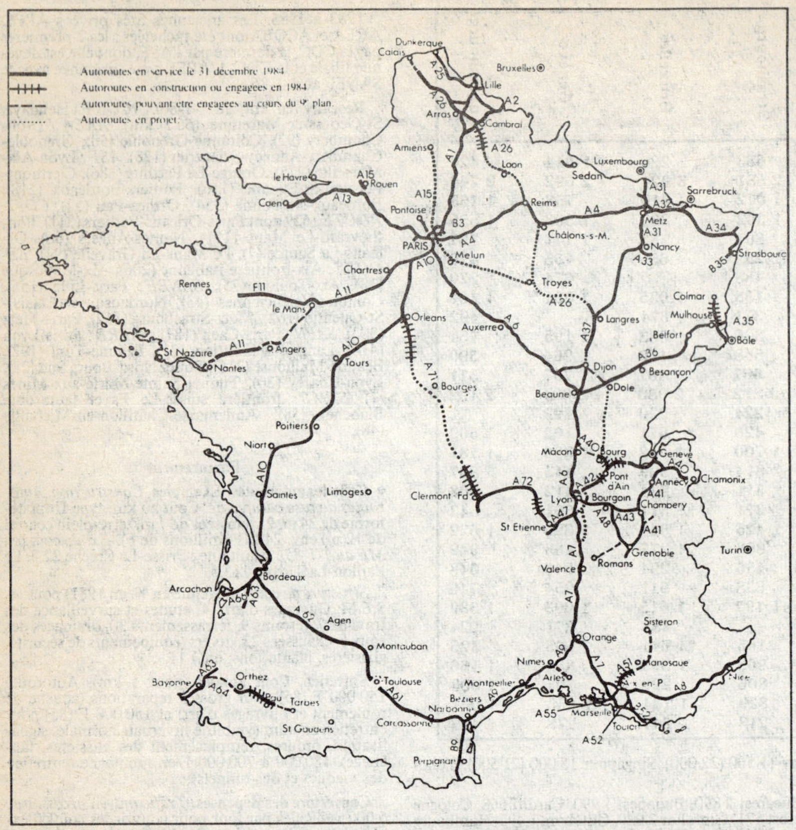

Une nouvelle politique autoroutière a été définie le 17-9-81 par le Gouvernement : maîtrise publique des Stés d'autoroutes en difficulté ; harmonisation progressive des péages sur la base d'un même tarif (modulé pour tenir compte notamment du coût des ouvrages except.), accompagnée d'une péréquation entre les Stés d'économie mixte par l'intermédiaire de l'établ. public « Autoroutes de France » ; évolution modérée des péages, l'objectif étant leur suppression à terme ; meilleure concertation pour la gestion du réseau avec les associations d'usagers ; amélioration de la qualité des services offerts (VL et PL) et accessiblité pour les handicapés.

● **Taux de péage.** Varie (du simple au double) selon le coût de construction et de trafic (taux de base, mai 1985, du km) pour les véhicules légers. **Stés d'économie mixte.** ESCOTA : 0,323 (Aix-Puget), 0,391 (Puget-frontière italienne), 0,327 (Aix-Toulon). STMB : 0,327 (Annemasse-Le Fayet), 0,458 (Châtillon-Annemasse). ASF : 0,278. SAPN : 0,237. SANEF : 0,255. SAPRR : 0,237 (Paris-Lyon), 0,284 (Beaune-Mulhouse). AREA : 0,363 (Lyon-La Tour-du-Pin), 0,415 (Lyon-Scientrier), 0,363 (Bourgoin-Grenoble-Chambéry). ACOBA : 0,417 (hors saison), 0,489 (haute saison).

Sté privée. COFIROUTE : 0,324.

Nota. — Taux réduits : 40 % pour les motos. Taux moyen : 0,28.

Réseau

● **Quelques dates. Les plus anciennes autoroutes françaises. 1946** A-13 St-Cloud-Orgeval (22 km) ; inaugurée en 1936, finissait aux Quatre-Pavés du Roy. **50** A-12 Rocquencourt-Trappes (8). **51-53** A-51 Nord de Marseille (12). **52** B-42, C-42 Lyon-tunnel de la Croix-Rousse et accès Sud-Est (6). **54** A-1 Lille-Carvin (19) ; A-25 (B-9 périphérique Sud Ronchin-Porte d'Arras) (1) ; C-27 Lille (B-9 périphérique Sud Ronchin-La Madeleine) (3).

Dates de mise en service du premier et du dernier tronçon des grandes autoroutes. *A-1* Paris-Belgique 1954-74. *A-4* Paris-Metz 1975-76. *A-6* Paris-Lyon 1960-71. *A-7* Lyon-Marseille 1958-74. *A-8* Coudoux-frontière italienne 1979, St-Isidore-Nice nord (2e chaussée) 1984. *A-9* Orange-Le Perthus 1978. *A-10* Palaiseau-déviation de Bordeaux 1967-81. *A-11* Paris-Le Mans 1966-78, Angers-Nantes 1980. *A-13* Paris-Caen 1946-77. *A-31* Toul-Montigny 1984. *A-41* Grenoble-Scientrier 1978-81. *A-43* Lyon-Chambéry 1974.1981. *A-48* Coiranne-Grenoble 1975. *A-61* Toulouse-Narbonne 1979. *A-62 A-61* Bordeaux-Narbonne (sauf contournement de Toulouse) 1975-82. *A-72* Chabreloche-Feurs 1984. *F-11* Le Mans-Laval 1980.

● **Longueur totale. Avant 1954** 77. **60** 174. **65** 653. **70** 1 599. **72** 2 172. **73** 2 474. **74** 2 878. **75** 3 401. **76** 3 985. **77** 4 293. **78** 4 604. **79** 4 896. **80** 5 251. **81** 5 715. **82** 5 934. **83** 6 113. **84** 6 085 dont voies rapides urbaines 1 320. **85** 6 350.

☞ Voir ci-dessus : Carte des autoroutes.

Kilométrage mis en service par année. Total dont autoroutes de liaison, routes express et, en italique, voies rapides urbaines. **1969** 190 (dont 59, *59*). **70** 258 (187, *71*). **71** 176 (120, *56*). **72** 397 (351, *9*). **73** 302 (231, 21, *75*). **74** 404 (287, 21, *96*). **75** 523 (489, 212, *75*). **76** 584 (489, 7, *88*). **77** 308 (228, *80*). **78** 311 (264, 16, *31*). **79** 292 (201, 19, *72*). **80** 392 (342, *50*). **81** 464 (416,6, *47,3*). **82** 217 (157 *60*). **83** 169 (136, *33*). **84** 204 (156, *48*). **85** 245,1 (152,9, 56,3, *35,9*).

Trafic des autoroutes

Moyenne journalière

● **Autoroutes non concédées. Paris** (*entrées + sorties* 1976). Autoroute du Sud (A-6) 107 562, (B-6) 90 977, Porte de la Chapelle (A-1) 132 723 ; Autoroute de l'Ouest (A-13) 115 336 ; de Bagnolet (A-3) 149 919.

● **Autoroutes concédées** (au 31-12-85). **Sociétés d'économie mixte. ASF :** *A7* [Condrieu (Vienne)-Orange] 36 797. *A7-A8* (Orange-Aix/Berre) 25 579. *A9* (Orange-Narbonne Sud) 24 563, (Narbonne Sud-Le Perthus) 13 735. *A10* (St-André-de-Cubzac-Poitiers Sud) 10 258. *A61* (Toulouse-Narbonne Sud) 12 747. *A62* (labrède-Toulouse N.) 9 882, (Langon-Agen) 7 558, (Agen-Toulouse Nord) 8 214. *A72* [Clermont-Ferrand-St-Etienne (Veauchatte)] 51 000. **SAPRR :** *A6* (Fleury-La-Garde) 28 687. *A31* (Beaune-Dijon) 11 152. *A36* (Beaune-Mulhouse) 9 002. **SANEF :** *A1* (Roissy-Fresnes-lès-Montauban) 32 480. *A2* (Combles-Hordain) 10 038. *A4* (Metz-Freyming) 11 171, (Freyming-Reichstatt) 8 656. *A26* [St-Quentin-Arras (Rœux)] 3 084, (Arras-Nordausques) 5 548. **ESCOTA :** *A8* (Aix-en-Provence-Puget-sur-Argens) 20 899, (Puget-sur-Argens-frontière ital.) 29 256. *A52-A50* (Châteauneuf-le-Rouge-Toulon 0) 20 322. **SAPN :** *A13* (Mantes-Caen) 16 404. **STMB :** *A40* (Le Fayet-frontière suisse) 8 899, (Annemasse-Châtillon-en-Michaille) 4 384. **APEL :** *A4* (Noisy-Metz) 8 632. **ACOBA :** *A63* (Hendaye-St-Géours-de-Maremne) 7 305. **AREA :** *A43* (Lyon-Coiranne) 27 081, (Coiranne-Chambéry Nord) 14 781. *A41 Nord* (Chambéry Nord-Scientrier) 10 778. *A41 Sud* (Chambéry Sud-Grenoble) 8 950. *A48* (Coiranne-Grenoble) 8 952, (bretelle de Satelas) 5 011.

Société privée. *COFIROUTE : A10* (La Folie Bessin-Ponthévrard) 38 617, (Ponthévrard-Chambray-lès-Tours) 18 010, (Chambray-lès-Tours-Poitiers Sud) 12 860. *A11* (Ponthévrard-Le Mans Ouest) 16 030, [St-Jean-de-Linières (Angers)-Carquefou (Nantes)] 5 484. *A71* (Orléans (A10/A71)-Orléans/La Source) 7 435. *A81* (Le Mans-La Gravelle) 9 852.

ESCOTA : *A51* (Aix-Pont de Mirabeau mis en service le 22-3-1985) 6504. **ASF :** *A64* (Ste-Suzanne-Soumoulou) 3 900. **SAPRR :** *A42* (Noyron-Chazey) 6 336, *A31* [Til Chatel-Gyo (Toul)] 5 937, *A26* [Beauchemin-Somoutiers (Chaumont)] 1 264, *A40* (Bourg N.-Bourg S.) 3 607, (tunnel de Ste-Marie-aux-Mines) 1 937.

Nota. — Le trafic nécessaire pour assurer le remboursement des emprunts est de 20 000 véhicules par jour.

Réseau autoroutier français. *Source :* Union Routière de France. Au 1-1-1986, le réseau totalisait 6 421,2 km dont 1 312,1 de voies rapides urbaines. *Autoroutes de liaison, et entre parenthèses voies rapides urbaines : 1980 :* 306 (49), *81 :* 417 (47), *82 :* 157 (60), *83 :* 136 (33), *84 :* 156 (48), *85 :* 152,9 (35,9). Pour les autoroutes de liaison, le nouveau schéma directeur prévoit, après les 510 km en construction ou ayant fait l'objet de décision et pour une échéance non définie, le lancement de 1 300 km supplémentaires : 5 à 800 km pourraient être engagés au cours du IXe plan (1984-1988).

Piétons

Réglementation. Un piéton isolé doit marcher à gauche, face au trafic. Idem pour une colonne par 1. Une colonne avec 2 ou 3 piétons de front doit marcher sur la droite de la chaussée en laissant toute la moitié gauche. De nuit, elle doit être signalée par un feu blanc ou jaune à l'avant, rouge à l'arrière. Les piétons doivent utiliser les passages prévus à leur intention lorsqu'il en existe à moins de 50 m. Engagés dans un passage réservé (en traversant une rue), ils ont priorité sur les automobilistes qui tournent à droite. Sur les trottoirs où sont aménagées des places de stationnement, les automobilistes doivent circuler à allure très réduite.

Loi Badinter : elle tend à l'indemnisation automatique du préjudice corporel des piétons et cyclistes de — de 16 ans et de + de 70 ans ainsi que des passagers transportés, sans discussion de la responsabilité (sauf cas d'accident volontaire).

La faute inexcusable, qui serait la cause exclusive de l'accident, serait retenue à l'encontre des piétons et cyclistes de 16 à 70 ans sauf s'ils sont titulaires d'un titre d'invalidité d'un taux égal à 80 % d'incapacité permanente.

Droits du piéton, 31, rue d'Enghien, 75010 Paris. Créé en avril 1959 par Roger Lapeyre (n. le 4-4-1911). Pt : Jean Tostain. 18 500 membres, 36 associations départementales.

Contraventions et délits

Généralités

● **Classes.** Le taux des amendes varie suivant leur classe, ex. : *1re :* traversée d'une rue en dehors de passages protégés ; *2e :* stationnement gênant ; *3e :* échappement silencieux défaillant ; *4e :* circulation à gauche en marche normale ; *5e :* encombrement de voie fermée par un troupeau.

● **Amendes. Amende forfaitaire.** *Procédure :* contraventions des 1re, 2e, 3e, 4e cl. qui ne sont sanctionnées que d'une peine d'amende ; police ou gendarmerie

Contraventions	Amende forfait. F	Amende pénale encourue (ou, si récidive) F	Prison possible pour contrevenant		Suspension possible du permis de conduire
			primaire 1 jour à	récidiviste 1 jour à	
Abandon de voiture-épave		1 300 à 2 500	5	10	
Arrêt dangereux (art. R. 37-2)		1 300 à 2 500	5	10	oui
Arrêt non respecté, signal par agent, panneau ou feu rouge		1 300 à 2 500	5	10	oui
Assurance (défaut d'attest.)	75	30 à 250			
Avertisseur sonore (usage abusif)	230	250 à 600			
– Non-usage si nécessité		1 300 à 2 500			
– Défaut	450	600 à 1 300			
Casque					
– Non-port de	230	250 à 600			
– Non conforme	75	30 à 250			
– Défaut d'équipement	450	600 à 1 300			
Ceintures de sécurité					
– Non-port de	230	250 à 600			
– Défaut d'équip.	450	600 à 1 300			
Chang. de direction sans précaution	230	250 à 600			oui
Chev. ou franchissement d'une ligne continue	230	1 300 à 2 500	5	10	oui
Circulation à gauche en marche normale		1 500 à 2 500	5	10	oui
Circul. sur chaussée, voie, piste réservées	230	250 à 600			
Course de véhic.					
– Sans respect de réglementations		1 300 à 2 500	5	10	
Dépassement – Accélérat. au moment d'être dépassé		1 300 à 2 500	5	10	oui
– A droite		1 300 à 2 500	5	10	oui
– Dans un virage		1 300 à 2 500	5	10	oui
– Dans une intersection non prioritaire		1 300 à 2 500	5	10	oui
– Défaut de serrer à droite		1 300 à 2 500	5	10	oui
– Malgré l'interdiction		1 300 à 2 500	5	10	oui
– Retour prémat. à droite		1 300 à 2 500	5	10	oui
Descente d'un véhicule sans précaution	75	30 à 250			
Disque (défaut de)	75	30 à 250			
Échappement silencieux défaillant	450	600 à 1 300		8	
Enfants (non-placement à l'arrière)	230	250 à 600			
Feux de route ou de brouillard maintenus en croisant		1 300 à 2 500	5	10	oui
Fumées gênantes	450	600 à 1 300		8	
Indicateurs de changement de direction défaillants ou irréguliers	450	600 à 1 300		8	
Motocyclette (non-allumage de jour des feux de croisement)	230	250 à 600			
Nouveaux conducteurs					
– Défaut de disque 90	230	250 à 600			
– Dépassem. des 90 km/h	230	250 à 600			oui
Péage (refus d'acquitter)	230	250 à 600			
Piétons (infract. des)	30	30 à 250			
Pneus lisses		1 300 à 2 500	5	10	
– Pneus à crampons non conformes ou hors des périodes		1 300 à 2 500	5	10	
Priorité, non-respect :					
– De la droite		1 300 à 2 500	5	10	oui
– D'une route à grande circ.		1 300 à 2 500	5	10	oui
– Indiquée par « Stop »		1 300 à 2 500	5	10	oui
– Non-respect de la priorité des piétons		1 300 à 2 500	5	10	
Radar (détention, usage ou vente appareil détecteur)		2 500 à 5 000	10 j à 1 mois 1 à 2 mois		
Sens interdit emprunté	75	30 à 250	5 000 à 10 000		
– Rampe d'accès autoroute		1 300 à 2 500	5	10	
Signaux de freinage défaillants ou irréguliers	450	600 à 1 300	5	10	
– Non-fonctionnement ou absence de feux		600 à 1 300			
– Feux d'une couleur autre que orangée ou rouge	450	600 à 1 300			
– Non-usage de ce dispositif pour signaler un ralentissement	230	250 à 600			oui
Stationnement abusif	230	250 à 600			
Arrêt : Dangereux		1 300 à 2 500	5	10	oui
– Gênant	230	250 à 600			
– Sur voie réservée aux transports en commun		1 300 à 2 500		cond. part.	
– Payant (non payé)	75	30 à 250			
Vitesse : Excès de		1 300 à 2 500	5	10	oui
– Non-maîtrise de la		1 300 à 2 500	5	10	oui
– Non réduite dans agglom.		1 300 à 2 500	5	10	oui
– Non réduite par temps de pluie		1 300 à 2 500	5	10	oui

n'adressent pas les procès-verbaux au parquet. L'amende est payable par timbre-amende : *1re classe :* 50 F, *2e :* 150 F, *3e :* 300 F, *4e :* 600 F. En cas de condamnation, le prévenu, la personne civilement responsable et le procureur de la Rép. peuvent faire appel dans un délai de 10 j si le jugement prononce une peine d'emprisonnement ou une amende supérieure à 600 F. **Amende pénale fixe** : s'il s'agit d'un stationnement irrégulier, le procureur de la Rép. prononce une amende pénale fixe : *1re classe :* 120 F, *2e :* 250 F, *3e :* 500 F, *4e :* 800 F. **Pour les autres contraventions** : il peut faire citer le contrevenant à l'audience du tribunal de police et requérir, selon la gravité de l'infraction, une peine d'amende, une peine d'emprisonnement et la suspension du permis de conduire. Il peut opter pour la procédure de l'ordonnance pénale qui n'exige pas la présence du justiciable à l'audience. Il transmet le procès-verbal au juge du tribunal de police qui, après lecture du dossier, ne peut infliger qu'une amende. Cette décision est notifiée par lettre recommandée. On peut contester la décision prise, dans le délai d'un mois ; l'affaire est alors débattue contradictoirement à l'audience publique. En cas de condamnation, le condamné peut, ainsi que le procureur de la Rép., faire appel du jugement si la peine est supérieure à 600 F.

Recouvrement des amendes. Toutes les amendes, sauf les forfaitaires acquittées par un timbre-amende, sont recouvrées par les agents du Trésor. Un 1er avertissement est envoyé, puis un 2e. *A défaut de paiement,* il est procédé à un commandement, puis à la saisie. Dans les cas extrêmes, le procureur de la Rép. peut ordonner la contrainte par corps : la personne qui refuse de payer l'amende est alors incarcérée pendant un délai variant suivant la somme due (ex. 20 j pour une amende pénale fixe de 800 F). Les frais de recouvrement s'ajoutent à l'amende. Si l'on paye l'ordonnance pénale dès sa réception sans attendre l'avertissement du comptable du Trésor, on ne devra aucun frais de recouvrement.

Nota. – Le recouvrement d'une amende revient en moyenne à 100 F à l'État. Les amendes ne peuvent donc guère être considérées pour lui comme une source importante de recettes.

Régularisation dans les 5 jours. Dep. le 15-1-1978, certaines infractions mineures sont dispensées d'amende et de poursuite judiciaire, si l'on régularise la situation dans les 5 j : *infractions* relatives à l'équipement des véhicules qui ne mettent pas en cause la sécurité routière ; défaut de présentation de la carte grise, du permis de conduire et de l'attestation d'assurance. Se présenter à la brigade de gendarmerie, au commissariat de police de son choix (avec son véhicule ou la carte grise, le permis de conduire ou l'attestation d'assurance qui manquait avec l'avis de contravention).

Saisie. Depuis le 15-1-1974, le percepteur chargé du recouvrement des amendes des 3 premières classes peut prélever directement celles-ci sur le compte bancaire ou postal du contrevenant ou entre les mains de son employeur. Le contrevenant doit être prévenu par le comptable du Trésor qu'une opposition sera exercée sur son compte s'il ne paie pas sa dette dans les 15 j. Ensuite, l'employeur reçoit une lettre lui donnant 15 j pour payer l'amende directement. Le prélèvement est proportionnel au salaire.

● **Voitures volées.** Envoyer, dès qu'on a reçu l'avis d'amende, une lettre recommandée avec demande d'avis de réception au procureur de la République (ou à l'organisme indiqué sur l'avis d'amende) pour signaler le vol. Joindre une photocopie de la déclaration de vol délivrée par le commissariat de police ou la gendarmerie.

● **Tarif des contraventions. 1re classe :** *timbre-amende* 30 à 250 F, *amende pénale fixe* 220 F. **2e cl. :** 250 à 600 F. **3e cl. :** 600 à 1 300 F. **4e cl. :** 1 300 à 2 500 F. **5e cl. :** 2 500 à 5 000 F.

● **Statistiques. Nombre de contraventions et entre parenthèses somme versée. 1973 :** 5 800 000 (47 900 000 F), **77 :** 12 200 000 (130 000 000 F), **80 :** 14 100 000 (195 000 000 F), **81 :** (est. 222 400 000 F), **83 :** 15 166 851 dont infr. aux règles de conduite 12 714 890, aux règles concernant le véhicule 773 946, aux règles administratives 961 597, autres infractions 716 418.

Chaque année, 200 000 automobilistes sont sanctionnés pour être passés au feu rouge.

Ces sommes servent à améliorer les transports en commun et la circulation. Elles sont redistribuées selon les recettes de chaque commune.

Moyenne en 1980. 46 contr. pour 100 véhicules (524 à Paris ; 1 en Lozère).

Infractions liées à la limitation de vitesse en 1983. 934 434 dont vitesse excessive en raison des circonstances 77 218, inobservation de la limitation de vitesse imposée aux nouveaux conducteurs 4 703, de la limitation générale de la vitesse en agglomération 476 555, des limitations imposées aux véhicules de P.T.A.C. de plus de 10 t 15 721, de la limitation générale hors aggl. 198 056, des arrêtés préfectoraux ou municipaux de limitation de vitesse 37 295, de la limitation générale de vitesse sur les autoroutes 125 286.

Enlèvement à Paris (1985). *Nombre :* 450 à 500 par j pour 100 000 station. illicites. *Coût :* 450 F (minimum) + 21 F de frais de garde + 150 F d'amende (minimum). La Sté de remorquage reçoit 150 F dont 30 pour le chauffeur du camion-grue.

Recensement

Casier des contraventions de circulation. Tenu au greffe du tribunal de grande instance (pour les personnes nées dans la circonscription du tribunal) et au ministère de la Justice (pour celles nées à l'étranger). Ex. : sens de circulation, vitesse, croisement et dépassement, priorité, usage des dispositifs d'éclairage et de signalisation, signalisations prescrivant l'arrêt absolu, manœuvres interdites sur autoroute, arrêt ou stationnement dangereux, etc.

Les fiches sont retirées du casier et détruites en cas de décès du condamné, d'amnistie et d'opposition à une condamnation par défaut ou à une ordonnance pénale, 2 ans après la condamnation à l'amende ou à l'emprisonnement, jusqu'à la fin de l'exécution de la mesure restrictive du droit de conduire, si elle est supérieure à 2 ans ; 1 an après l'expiration du délai d'épreuve de 5 ans lorsque la suspension du permis de conduire aura été assortie d'un sursis.

Le bulletin du casier est délivré uniquement aux autorités judiciaires et au commissaire de la République, saisi du procès-verbal d'une infraction l'autorisant à prononcer la suspension du permis de conduire. Le conducteur ne peut pas le demander. Mais s'il

Délits	Amende pénale encourue (ou, si récidive) F	Prison possible pour contrevenant	Suspension possible du permis de conduire
Assurances (défaut)	100 à 60 000 + 50 % (recouvr.)	10 jours à 6 mois	non
Barrage forcé, refus d'obtempérer	500 à 15 000	10 jours à 3 mois	oui
Barrière de dégel non respectée et passage sur les ponts	500 à 15 000	10 jours à 3 mois	oui
Carte grise :			
– Absence	500 à 15 000	10 jours à 6 mois	oui
– Défaut de	500 à 15 000	10 jours à 6 mois	oui
– Fausse ou altérée	500 à 20 000	6 mois à 5 ans	oui
Course de véhicules sans autorisation	2 000 à 120 000	10 jours à 6 mois	non
Délit de fuite	500 à 15 000	1 mois à 1 an	oui
Homicide involontaire	1 000 à 30 000	3 mois à 2 ans	oui
Ivresse : Taux d'alcool pur égal ou sup. à 0,80 g	500 à 15 000	1 mois à 1 an	oui
Permis de conduire :			
– Défaut de	500 à 15 000	10 jours à 3 mois	oui
– Conduite malgré suspension	500 à 15 000	10 jours à 6 mois	oui
Plaques d'immatriculation :			
– Défaut de	600 à 13 000	10 jours à 6 mois	oui
– Usages de fausses	500 à 20 000	6 mois à 5 ans	oui

est poursuivi devant une juridiction, son avocat peut en avoir connaissance en consultant le dossier, si les magistrats ont demandé un extrait de ce bulletin.

Fichier des conducteurs. Institué par la loi du 24-6-1970 et placé sous l'autorité et le contrôle du garde des Sceaux. Supprimé le 4-1-1980.

Fichier national des permis de conduire. Créé par la loi du 24-6-1970 ; sous le contrôle du ministère de l'Intérieur et de la Décentralisation, il contient les renseignements concernant les permis de conduire, les décisions administratives (restriction de validité, retrait provisoire, suspension, annulation et interdiction de délivrance), les avertissements adressés par le commissaire de la République sans suspension de permis ; les décisions judiciaires de suspension ou d'annulation de permis et d'interdiction de présentation au permis de conduire ou l'utilisation de véhicule.

Les autorités administratives et militaires, les compagnies d'assurances (pour conducteurs qu'elles garantissent) et le conducteur peuvent demander des renseignements sur l'existence et la validité du permis. La communication des renseignements contenus au fichier est assurée par l'autorité préfectorale du lieu de résidence du conducteur ou du siège des autorités précitées.

Quelques cas

Blessures. 1° *Blessures involontaires, coups ou maladies entraînant une incapacité totale de travail personnel* pendant plus de 3 mois : *délit :* empris. 15 j à 1 an, et amende de 500 à 20 000 F (ou l'une de ces 2 peines seulement).

2° *Si incapacité totale de travail personnel* de 3 m. au plus = *contravention (suspension du permis possible dans les 2 cas) :* emprisonnement de 10 j à 1 mois, amende de 1 200 à 3 000 F (ou l'une de ces 2 peines seulement). Néanmoins, pour un accident matériel grave, un constat d'huissier peut être une mesure de précaution.

Délit de fuite. Fait d'un conducteur, sachant qu'il vient de causer ou occasionner un accident, de ne pas s'arrêter et de tenter ainsi d'échapper à la responsabilité pénale ou civile qu'il peut avoir encourue. Ce délit est puni d'un emprisonnement de 1 mois à 1 an et/ou amende de 500 à 8 000 F. S'il y a en plus du délit de fuite, *soit homicide involontaire :* emprisonnement de 6 mois à 4 ans et/ou amende de 2 000 à 60 000 F ; *soit coups et blessures involontaires* ayant entraîné une incapacité totale de travail personnel de plus de 3 mois : emprisonnement de 30 j à 2 ans et/ou amende de 1 000 à 40 000 F. *S'il y a homicide involontaire :* empris. de 6 mois à 4 ans, et amende de 2 000 à 40 000 F. *S'il y a blessures invol.* ayant entraîné une incapacité totale de travail personnel de + de 3 mois : empris. de 30 j à 2 ans, amende de 1 000 F à 30 000 F (ou l'une de ces 2 peines).

Immobilisation du véhicule. Prescrite pour *a)* Conduite en état d'ivresse ou sous l'empire d'un état alcoolique. *b)* Défaut de permis de conduire. *c)* Mauvais état du véhicule, équipement réglementaire absent, non conforme ou défectueux (pression sur le sol, poids, forme et nature des pneus, freins, éclairage ou chargement) créant un danger important pour les autres usagers ou constituant une menace pour l'intégrité de la chaussée. Seuls sont retenus les dépassements de plus de 5 % du poids total autorisé en charge et de la charge par essieu. *d)* Défaut d'autorisation pour un transport exceptionnel. *e)* Détérioration de la route ou de ses dépendances. *f)* Infractions aux règlements relatifs aux barrières de dégel. *g)* Altération ou suppression des dispositifs contre le bruit et émissions de fumée. *h)* Entrave ou gêne à la circulation.

Non-assistance *à personne en péril sans risque pour soi ou pour les tiers :* 3 mois à 5 ans de prison et (ou) amende de 360 à 15 000 F ou l'une de ces 2 peines seulement.

Refus d'obtempérer à sommation de s'arrêter ou de se soumettre aux vérifications. Le conducteur d'un véhicule doit obéir aux sommations de s'arrêter des fonctionnaires ou agents chargés de constater les infractions et qui sont munis des insignes extérieurs et apparents de leur qualité.

Les précisions relatives aux sanctions indiquées ci-dessus ne préjugent pas de la position que pourraient prendre les tribunaux en raison de leur pouvoir souverain d'appréciation.

Suspension du permis de conduire. Voir p. 1 383.

Quelques précisions

• **Autoroute. Accès interdit :** piétons, cavaliers, cyclistes, animaux, véhicules à traction non mécanique, véhicules à traction mécanique non soumis à immatriculation (cyclomoteurs), véhicules ne pouvant circuler sans autorisation spéciale, transports exceptionnels, véhicules ne dépassant pas 40 km/h (si un véhicule est obligé de rouler très lentement, il doit prendre les mesures nécessaires pour faciliter son dépassement), tracteurs ou matériel agricole ou de travaux publics. Sont interdits les essais de véhicules à moteur, courses, épreuves sportives, leçons de conduite (sauf arrêté préfectoral).

Lorsqu'une route ou une autoroute comporte 3 voies ou + affectées à un même sens de circulation, il est interdit aux conducteurs des véhicules de + de 3,5 t (P.T.C.) ou d'ensembles de véhicules de + de 7 m ou aux véhic. de transport en commun d'emprunter d'autres voies que les 2 voies situées le plus près du bord droit de la chaussée.

• **Circulation.** N'utiliser la file de gauche que pour dépasser (circuler à gauche et accélérer l'allure alors que le conducteur est sur le point d'être dépassé peut entraîner une suspension de permis et une amende de 600 à 1 200 F). En cas de circulation dense, ne changer de file que pour préparer un changement de direction. Utiliser la voie réservée aux véhicules lents si on ne dépasse pas 60 km/h. Maintenir une distance suffisante entre les véhicules et signaler les manœuvres à l'avance à cause de la vitesse et des possibilités de collision en chaîne.

• **Éclairage des véhicules. Lumière jaune** supérieure à la blanche en vigueur dans les autres pays de la C.E.E. : augmentation de l'acuité visuelle (de 10 %), de la visibilité due à une moindre diffusion de la lumière jaune, aussi bien par temps clair que par temps brumeux, diminution du temps de réadaptation de l'œil à la vision normale après éblouissement prolongé.

L'allumage des feux de croisement (dits codes) en ville a été rendu obligatoire d'oct. 1979 au 18-6-82, puis rendu facultatif.

• **Freinage.** Tenir fermement le volant quand on freine. Freiner avant et non pas dans le virage. *Sur route non glissante :* il est recommandé de ne pas freiner en position « débrayée », mais de débrayer au dernier moment (moteur prêt à caler).

Si 2 véhicules se suivent à la même vitesse et que le 1er freine, le 2e conducteur réagira avec 3/4 à 1 seconde de retard.

Distances nécessaires pour freiner par km/h sur route sèche et route humide (en m). *A 40 km/h :* 20, 29 ; *50 :* 28, 42 ; *60 :* 37, 57 ; *70 :* 47, 75 ; *80 :* 58, 94 ; *90 :* 70, 115 ; *100 :* 95, 150 ; *110 :* 98, 166 ; *120 :* 113, 193.

Calcul de la distance d'arrêt total (distance parcourue pendant le temps de réaction et pendant le freinage) ; estimation : sur route sèche multiplier par lui-même le chiffre des dizaines de la vitesse. A 60 km/h : 6 × 6 = 36 m, à 80 km/h : 8 × 8 = 64 m, à 120 km/h 12 × 12 = 144 m. Sur route mouillée y ajouter la moitié de la distance. Ex. : à 80 km/h : 64 + 32 = 96 m.

L'arrêt d'une voiture roulant à 50 km/h correspond à une chute libre de 9 m de haut, à 75 km/h de 22 m, à 100 km/h de 40 m (sommet d'un immeuble de 14 étages).

A 80 km/h le cerveau, qui pèse normalement 1,5 kg, arrive à peser 33 kg. Le foie passe de 1,7 kg à 38 kg, le cœur de 300 g à 7 kg et le sang de 5 kg à 100 kg (168 kg à 120 km/h). Un homme de 75 kg, roulant à 50 km/h, se transforme au moment du choc en un projectile d'une masse de 3 t capable de tordre des barres d'acier, donc de déformer le tableau de bord.

• **Priorité à droite.** *1910* appliquée pour la 1re fois à Paris par le préfet Lépine. *1925* incorporée au Code de la route. *1944* des associations se prononcent pour la priorité à gauche. *1968* le Conseil économique recommande la priorité à gauche (il est en effet dangereux d'avancer jusqu'au milieu de la chaussée car on peut être heurté par un véhicule venant de la gauche ; 45 % des accidents ont lieu à des carrefours et auraient pu être évités si la priorité était différente).

A partir du 1-5-1984 « tout conducteur abordant un carrefour à sens giratoire est tenu, quel que soit le classement de la route qu'il s'apprête à quitter à céder le passage aux usagers circulant sur la chaussée qui ceinture le carrefour à sens giratoire ».

• **Remorque et caravane.** *Longueur max.* de l'attelage voiture et caravane 18 m, de la caravane timon non compris 11 m. *Largeur max.* 2,5 m. *Intervalles* entre voitures tractant remorque, caravane en dehors des agglomérations, 50 m (si l'ensemble voiture et caravane dépasse 7 m ou si le poids total en charge dépasse 3,5 t).

Transport d'un bateau. Aucune prescription réglementaire pour le transport sur le toit de la voiture ; au-dessus, remorque. Une voiture de 6 à 8 CV peut tracter une rem. de 100 à 150 kg de charge utile.

Trafic (comparaisons)

Trafic en France

Consommation par voyageurs × km transportés dans des conditions commerciales (en gramme équivalent pétrole). *Avion :* Fokker étape courte 173, Airbus Paris-Marseille 52 (haute densité 37), vol vacances Antilles Boeing 747 29. *Voiture :* conducteur seul en ville grosse cylindrée 93, petite 67, autoroute 2 personnes, grosse cylindrée 50, 7 CV 35, autocar 21. *Train omnibus*-rural 35-60, rapide TEE 20, train de banlieue 18, T.G.V. 17, express 15. *Métro* 23.

Trafic dans le monde

En % d'après les valeurs en millions de t-km (1984). *Source :* O.N.U.

Pays	Rail	Route	V. nav.	Oléoduc
All. dém.	75,8	20,7	3,5	–
All. féd.	24,1	51,7	20,8	3,4
Autriche [3]	53,4	16,5	6,6	23,5
Espagne	9,2	88,3	–	2,5
France	*33,3*	*47,9*	*4,8*	*14*
G.-B.	11,9	80,5	0,2	7,3
Hongrie	58	30,3	4,6	7,1
Italie	10,8	83,9	0,2	5,6
P.-Bas [1]	5,2	35	51,6	8,2
Pologne [2]	68,2	20,9	0,8	10,1
Suisse [2]	47,1	44,4	0,4	8,1
Tchéc.	68,4	19,3	4	8,2
U.R.S.S.	63,1	8,5	4,6	23,8
Youg. [1]	33	54,3	12,5	0,2

Nota. – (1) 1980. (2) 1982. (3) 1983.

Freinage non obligatoire si elle pèse – de 750 kg en charge et – de la moitié du poids à vide de la voiture tractrice. De 750 kg à 3 500, freinage « par inertie » obligatoire. Au-delà, freinage « en continu » (hydraulique, à dépression ou électrique). Voir remorque.

• **Stationnement. Arrêt.** Immobilisation momentanée pendant la montée et la descente des passagers et le chargement, le conducteur restant au volant ou à proximité de son véhicule pour pouvoir le déplacer ; stationnement : immobilisation de plus longue durée, en dehors de la présence du conducteur.

Quand le véhicule se trouve à un emplacement où il gêne la circulation, où le stationnement est interdit, en double file, dans un virage, il peut supporter tout ou partie de la responsabilité d'un accident, sauf si le stationnement irrégulier est toléré, s'il est visible sur une ligne droite, s'il est sans lien de causalité avec l'accident.

Interdictions. *Sur autoroute :* stationnement interdit sur chaussée, bande d'arrêt d'urgence (sauf en cas de nécessité absolue), bande séparant les chaussées, accotement, bretelles de raccordement.

Dans les agglomérations : sur emplacements réservés aux autobus, taxis, sur les ponts, dans les passages souterrains, tunnels, près des signaux lumineux de circulation ou des panneaux de signalisation (à Paris, laisser 10 m avant les feux de signalisation et 2 m avant l'alignement des immeubles de la rue transversale à une intersection). Si l'éclairage public est suffisant, on peut ne pas signaler la nuit un véhicule en stationnement sauf s'il a une remorque et dépasse 6 m de long et 2 m de large.

Si une auto bloque l'entrée d'un garage, on peut faire appel au commissariat de l'arrondissement. Si le commissariat ne peut faire enlever sur-le-champ le véhicule gênant, il établit un procès-verbal, on peut demander au procureur de la République auprès du tribunal compétent le numéro de ce procès-verbal, et se porter partie civile devant le tribunal de police et obtenir éventuellement des dommages et intérêts si l'on peut prouver que ce stationnement abusif a causé un préjudice. Procédure gratuite.

Préfourrière et fourrière. Une voiture en stationnement peut être déplacée [pour raison de sécurité notamment (s'adresser au commissariat de voie publique de l'arrondissement)] ; ou enlevée par un service de police (infraction grave : s'adresser au commissariat du quartier) et mise en préfourrière, puis après délai de 48 h, en fourrière.

Après 45 j, à compter de la mise en demeure faite au propriétaire d'avoir à retirer son véhic. par lettre recommandée avec A.R., les véhic. sont remis au service des Domaines qui les vend ou les envoie à la casse s'ils ne sont pas en état de circuler. On peut récupérer le prix de la vente après déduction des frais (garde, expertise, vente). **Frais** (en F). **Mise en fourrière :** *poids lourds* + de 3,5 t : enlèvement 300, opérations préalables 150 ; *voitures particulières :* enlèvement 450, préalables 105 ; *autres véhicules :* à moteur 53, sans moteur 26. **Garde en fourrière pour 24 h :** *poids lourds* 40, *voitures particulières et commerciales* 21, *autres véhicules* 16. *Si l'on arrive sur les lieux de l'infraction* avant que l'engin de remorquage de la fourrière ait quitté sa base, un procès-verbal est dressé et l'on ne paye pas la taxe d'enlèvement ; si l'engin a quitté sa base et fait route sur les lieux de l'enlèvement (ou est déjà sur place), on doit payer les frais.

• **Vitesse. Dans une agglomération.** Sauf signalisation spéciale, 60 km/h du panneau d'entrée en agglomération au panneau de sortie (50 km/h pour les poids lourds de + de 10 t et les véhicules transportant des matières dangereuses).

Limite. Sur route et sur autoroute en km/h. Allemagne féd. 100, 130 (recommandé). Autriche 100, 130. Belgique 90, 120. Danemark 80, 100. Espagne 90, 120. États-Unis env. 90 (55 mph, ensemble réseau rase campagne). *France 90 (110, routes à 4 voies séparées par un terre-plein central et autoroutes de dégagement, urbaines), 130 (80 au min. sur la bande de gauche).* G.-B. env. 95. Grèce 80, 100. Irlande 95 (pas d'autoroutes). Italie de 80 à 110 ou – de 90 à 140 (selon la cylindrée). Luxembourg 90, 120. Norvège 80, 90. Pays-Bas 80, 100. Pologne 80, 90. Portugal 80, 100. Suède de 70 à 110 (selon le type de route), 110. Suisse 80, 120. Turquie 90, 110. U.R.S.S. 90. Yougoslavie 80 ou 100 (selon le type de route), 120.

Par temps de pluie et autres précipitations (décret du 30-7-85). Autoroutes 110 km/h (100 sur les sections en zone d'habitat dense et sur les voies à 2 chaussées séparées par un terre-plein central), 80 km/h sur les autres routes.

Transports urbains

Transports parisiens

Quelques chiffres

Carrosses. *1550 :* 3. *1658 :* 310. *XVIIIe s. :* entre 6 000 et 24 000 (au moins 20 000 en 1752).

Voitures (au 1-1-1819 et, entre parenthèses, au 1-1-1891). **Transport des personnes :** v. bourgeoises de toutes sortes 8 804 (12 893), v. de louage dites « de place » (fiacres) 2 071 (9 136), dites « de remise » 877 (4 710), v. pour le transport en commun : omnibus ordinaires (628), tramways (806), chemins de fer voit. pour voyageurs avec bagages (421), ch. de fer omnibus pour voyageurs sans bagages (85), v. de l'extérieur dites « coucous » 500, messageries de long cours 484, messageries des environs de Paris 249 (786), omnibus servant au transport des facteurs dans Paris (28). **Total** 12 985 (29 493). **Transport des marchandises,** denrées et autres matières 10 424 (15 592). **Total général** 23 409 (45 085). **Chevaux,** juments, mulets et mules 16 000 (78 851).

Quelques dates

Jusqu'au XIIIe s. : charrettes et bacs. **XIVe s. :** chars et chariots employés par les souverains et la Cour ; *litière couverte* pour les femmes nobles. **1305 :** entrée d'Isabeau de Bavière sur un chariot branlant (1re voiture « suspendue »). **XVIe s. :** apparition du *carrosse* et **v. 1575-80 :** du *coche* (carrosse suspendu). **XVIIe s. :** la *chaise à bras (à porteurs ou portative)* d'abord utilisée pour les malades ou infirmes puis par tous.

1617-*22-10 :* 1re concession pour chaises portatives ; d'autres pour des carrosses ou carrioles de louage (Nicolas Sauvage) (on appela ces carrosses *fiacres,* car ils stationnaient devant une hôtellerie placée sous le patronage de saint Fiacre) ; Givray, en 1657, Catherine Henriette de Beauvais en 1661. **1662** *janvier :* des lettres patentes autorisent le duc de Rouanès, le Mis de Surches et le Mis de Crénan à faire circuler dans Paris des carrosses à itinéraire fixe. **1664 :** *calèche à cheval* et à 4 places ; chaise de Crenan, d'abord voiture de ville, puis chaise de poste. **1671 :** chaises roulantes (roulettes, brouettes et vinaigrettes). Transports à l'usage particulier : cabriolet, carrosse moderne, berline proprement dite, berline à 2 fonds, vis-à-vis, carrosse coupé en berlingot ou diligence, désobligeante. **1780 :** le cabriolet de louage remplace les chaises à porteurs et chaises roulantes.

1853 (16-8). Un ingénieur français, M. Loubat, qui en 1852 avait rétabli l'usage des tramways à New York (les tramways créés en 1832 avaient échoué), est autorisé à appliquer à Paris, entre Alma et Iéna, le système établi à New York. **1854** (8-2). Un décret l'autorise définitivement à établir une voie entre Sèvres et Vincennes avec embranchement sur le rond-point de Boulogne (long. 29 178 m), mais seule la concession entre la place de la Concorde et Vincennes sera exploitée. Mars et mai, ouverture du chemin de ceinture (R.D.) et de la gare St-Lazare à Auteuil. Création de la *C.G.O. (Cie gén. des omnibus)* qui reçoit pour 30 ans, puis pour 56 (jusqu'au 31-4-1910), le privilège de faire stationner et circuler des omnibus dans Paris, ainsi que la faculté de créer hors de la ville 2 lignes vers les bois de Boulogne et de Vincennes. Le réseau (150 km dans Paris), comprend 25 lignes (désignées par des lettres). **1855.** Les omnibus traînés par 2 chevaux offrent 24 places. *Tarifs :* 30 centimes à l'intérieur avec droit à la correspondance, 15 centimes sur l'impériale (inventée en 1853) sans droit à la correspondance. **1856.** Loubat rétrocède sa concession à la C.G.O.

1867. Exposition universelle, ouverture de l'embranchement du Champ-de-Mars (1-1-1867) et du chemin de fer de ceinture (rive gauche). 25-2 services des *Bateaux-Omnibus* et des *Hirondelles parisiennes* qui remplacent le bateau à roues du Port Royal à Saint-Cloud. **1874** (3-9). Ouverture de la ligne de tramway de l'Étoile à Courbevoie. **A partir de 1875.** Essor des tramways, ouverture de la ligne Étoile à la Villette (15-6). **1879.** Werner von Siemens construit la 1re locomotive électrique à Berlin.

1890 (31-12). 300 km de réseau en exploitation (Cie gén. des omnibus et Cies de tramways Nord et Sud). **1897.** Fulgence Bienvenüe (1858-1936) dresse l'avant-projet de métro puis le projet définitif (en profitant des études antérieures, comme celles de Berlier). **1898** (7-7). Début des travaux. On creusait soit à ciel ouvert une tranchée qu'on recouvrait ensuite d'un tablier pour continuer le percement à l'abri de la voûte *(méthode du cut and cover),* soit un souterrain à partir d'une galerie initiale élargie par la suite *(méthode de belge),* soit à l'aide d'un bouclier, notamment pour les traversées sous-fluviales (certaines ont cependant été construites par *fonçages de caissons dans le lit du fleuve).*

> **Vitesse** (v. 1900 en km/h). **Omnibus** à 2 chevaux 8,162, à 3 ch. 7,685. **Tramways** à traction animale 8,718, à tr. mécanique 10,218 (vit. max. autorisée : tr. méc. 6 km/h, automobile 12 km/h).

1900 (19-7). Inauguration de la 1re ligne Maillot-Vincennes construite en 19 mois, travaux dirigés par Fulgence Bienvenüe. Prix : 1re classe 0,25 F, 2e cl. 0,15. A.R. 0,20. **V. 1905.** 1er autobus à essence, rue de Rennes. Vitesse 14 km/h. **1913.** Suppression des derniers omnibus à chevaux (Villette-St-Sulpice) et des tramways à chevaux (Pantin-Opéra). **1921.** Création de la Sté des transports en commun de la région parisienne (S.T.C.R.P.) chargée d'exploiter l'ensemble des transports en commun de surface, sous la tutelle du département de la Seine. **1937** (15-3). Dernier voyage du tramway Vincennes-Porte de St-Cloud, le 123/124 (P.C.). **1948.** Loi du 21-3 instituant la Régie autonome des transports parisiens (R.A.T.P.), établissement public à caractère industriel et commercial doté du monopole des transports souterrains et des transports routiers en surface antérieurement assurés par la S.T.C.R.P. et la Cie du métropolitain de Paris.

Nota. – Il existe un musée des transports urbains à St-Mandé, 60, avenue Ste-Marie, 94160. – Histoire du métro, voir Quid 1982, p. 1464.

Quelques chiffres

• **Résultats d'exploitation, 1984** (en millions de F). Vente de tickets de métro et de bus 4 569 (34,2 % des dépenses d'exploitation). Remboursement des pertes de recettes (dues aux avantages tarifaires accordés à certaines catégories d'usagers, remboursées à 70 % par l'État et à 30 % par les collectivités locales) 2 462 ; indemnité compensatrice [payée par l'État (70 %) et les collectivités loc. (30 %), pour cause d'insuffisance des recettes qui découle du non-relèvement des tarifs au niveau d'équilibre] 5 007.

Dépenses de fonctionnement 13 291 dont personnel 7 921 (59,6 %), autres frais d'exploitation (impôts et taxes, énergie et mat. prem.) 2 454 (18,5 %), frais financiers (charges des emprunts) 1 468. *Part* des usagers 33 %, des employeurs 15, de l'État 30, des collectivités locales 14, divers 8.

Nota. – La part de l'État doit être peu à peu supprimée. Une loi du 12-7-1971 a institué un versement payé par les personnes physiques ou morales, publiques ou privées, qui emploient plus de 9 salariés à Paris et dans les départements de la région Ile-de-France. Ce versement est fixé à 1,9 % du montant des salaires payés dans la limite du plafond des cotisations du régime général de la Sécurité sociale pour Paris et les 3 départements de la petite couronne, à 1 % pour les 3 départements de la grande couronne. Il est destiné à compenser le manque à gagner résultant du prix des cartes hebdomadaires et orange.

Depuis nov. 1982, les employeurs prennent en charge 50 % du coût des déplacements domicile-travail effectués en transport en commun.

Les métros dans le monde

Le 1er métro du monde fut inauguré le 10-1-1863 (Londres-Paddington Station-Farrington Street, 6 322 m)
Le 1er métro entièrement automatique du monde fut inauguré le 25-4-1983 à Lille (France).

En service	Année d'inauguration	Long. km	Lignes	Stations	Vitesse km/h	Voy. en millions (1982)
Europe						
Amsterdam	1977-82	18,4	1	20	32-35	33,8
Athènes[1]	1925-57	25,7	1	21	30	87,3
Bakou	1967-76	18,6	2	12	40	136,2
Barcelone[2]	1924-82	54,2	4	77	27,6	214,2
Berlin-Est	1902-73	15,8	2	23	25-33	75
Berlin-Ouest[3]	1902-80	100,9	8	111	31,7	352,6
Bruxelles[4]	1976	20,5	1	33	30,2	44
Bucarest[5]	1979-81	17,4	1	12	36	52
Budapest[6]	1896-1982	24,2	3	36	19	362
Copenhague[7]	1934	134,5	7	61	–	15
Erevan	1981	6,6	1	5	40,9	18,2
Francfort[8]	1968	40,3	5	55	31,3	35,3
Glasgow	1896	10,5	1	15	29	11,9
Hambourg	1912-73	89,5	3	80	71,6	191,2
Helsinki[9]	1982-83	11,2	1	9	43	–
Kharkov	1975-78	17,3	1	13	40,3	180,1
Kiev	1960-82	30,6	2	25	40,6	335,3
Leningrad	1955-82	72,7	3	43	40,4	762,6
Lille[10]	1983	13,5	1	18	35,5	12
Lisbonne[11]	1959	12	1	20	28	132
Londres[12]	1863-1979	404	9	272	32,8	563
Lyon[13]	1978-81-84	16	3	24	29	65,3
Madrid[14]	1919-83	99,1	11	141	21,7-29,3	357
Marseille[15]	1977-84-86	15	2	19	33	36
Milan	1964-81	47,1	2	57	27-40	217,6
Minsk	1984	8,6	1	8	–	–
Moscou[16]	1935-79	184	8	115	40,9	2 417,2
Munich[17]	1971-83	38	4	44	34	158
Newcastle	1980-82	43,6	1	35	37	39,4
Nuremberg[18]	1972-82	15	1	22	33	
Oslo[19]	1966-81	37,8	1	45	32	32,8
Paris métro[20]	1900-85	198,3	15	366	23,7	1 177,1
Paris R.E.R[21]	1969-81	102,7	3	64	25,8	278
Prague[22]	1974-80	19,3	2	23	34	259,7
Rome[23]	1955-80	24,7	2	33	33-37,3	145
Rotterdam	1968-74	17,1	1	12	42	39,1
Stockholm[24]	1950-78	103,6	3	94	33-40	197
Tachkent	1977-80	15,4	1	12	39,5	92,7
Tbilissi	1966-79	18	2	16	39,1	143,7
Vienne[25]	1976	30,4	3	39	34,4	161,8
Wuppertal	1901-03	13,3	1	19	26,4	16
Amérique						
Atlanta	1979-82	25,7	2	20	32	21
Boston	1897-1980	55,1	3	51	27-39	95
Buenos Aires	1913-66	34	5	57	18-26	219,8
Chicago	1892-1983	150,2	6	142	38-45	147,2
Cleveland	1955-68	30,5	1	18	48	11
Mexico	1969-82	78,3	5	57	34,6	1 037,5
Montréal[26]	1966-82	46,7	3	51	38,7	191,3
New York :						
urbain[27]	1868-1968	369,8	23	461	30-35	991
régional	1908	22,2	1	13	34,4	53

En service	Année d'inauguration	Long. km	Lignes	Stations	Vitesse km/h	Voy. en millions (1981)
Philadelphie :						
urbain	1907	39,2	2	54	29-32	65
régional	1969	23,3	1	14	60	11
Rio de Janeiro[28]	1979-82	14,5	2	18	33,1	98,1
San Francisco	1972-74	115	1	34	53	53,7
Santiago	1975-80	25,6	2	35	32	122,2
São Paulo	1974-82	26	2	27	29-34	347,3
Toronto	1954-80	56,9	2	61	29-37	150,5
Washington[29]	1976-83	68,3	3	47	56	80,8
Asie						
Fukuoka[30]	1981-83	9,8	1	11		
Haïfa	1959	1,75	1	6	30	8,3
Hong Kong[31]	1979-82	26,1	2	25	32	351
Istanbul	1875	0,57	1	2	30	6,1
Kobé	1977-83	10	1	8	44,1	20
Kyoto	1981	6,9	1	8	33	
Nagoya[32]	1957-82	54,6	4	56	33-35	
Osaka	1933-83	90,6	6	88	29-34	794,2
Pékin	1971	23,6	1	17	38	45
Sapporo[34]	1971-82	31,6	2	33	31,7-34,6	–
Séoul[35]	1974-80	24,8	2	20	35	300
Tianjin	1980	5	1	6	–	–
Tokyo[36]	1960-80	54,9	3	60	31,4-31,9	398
Tokyo[37]	1927	142,1	7	132	24,9-44,9	1 694
Yokohama	1972-76	11,5	1	12	–	–
En construction						
Afrique						
Le Caire	1986	4,6	1	–	–	–
Europe						
Dniepropetrovsk	1984	4,2	1	9	–	–
Gorki	1984	9,6	1	8	–	–
Kouïbychev	1986	7,9	1	6	–	–
Naples	1987	11,4	1	16	–	–
Novossibirsk	1985	12,9	1	10	–	–
Séville	1985	10,5	1	16	–	–
Sofia	1985-86	7,5	1	7	–	–
Sverdlovsk	1987	18	1	6	–	–
Toulouse[33]	1992	13	1	16	–	–
Valence	1985	7,7	3	8	–	–
Amérique						
Baltimore	1983	12,9	1	9	48	–
Buffalo	–	10,3	1	14	–	–
Caracas	1983	20,7	1	23	34	–
Miami	1984	33	1	20	–	–
Asie						
Calcutta	1984-85	16,4	1	17	30	
Pusan	1985	14,4	1	16	–	–
Sendaï	1985	18	1	6	–	–
Téhéran	–	15,4	1	12	–	–

Nota. — (1) En projet : 2 lignes (28 km, 30 stations. (2) Prolongements et constr. d'une nouvelle l. (21 km, 29 stations). En projet : prolongement (46 km, 51 st.). (3) En constr. 8,1 km (8 st.). (4) Prolong. : 4 (9,2 km), 1984 à 1986. (5) Prolong. (17,6 km, 7 st.), mise en serv. 1983-85 et 2e ligne (17 km, 2 st.) en 1985-86. (6) Prolong. (8,8 km) ; mise en service partiel 1984. (7) 1981. (8) 1981. (9) En projet : prolong. (3,1 km, 2 st.). (10) Système Val ; coût 1,5 milliard de F (janv. 1977), début des travaux mai 1978, mise en service 16-5-1983 ; voitures à petit gabarit (2,06 m de large ext., 38 rames, fonctionnement automatique des stations). *Projet :* ligne 1 *bis,* desservant Lomme et Lambersat (1989, 12 km, 18 st.) et l. n° 2 Roubaix-Tourcoing (1990). (11) Lignes à branches. En constr. prolong. (1,1 km, 1 st.) et 2 branches (5,1 km, 5 st.). (12) Profondeur : 18 ou 19 m, parfois 55 m (à Hampstead), mis en service le 10-1-1863, reliait Paddington à Farrington Street (env. 6 400 m). Exploité à la vapeur 40 ans, tunnels et véhicules étaient éclairés au gaz ; après, électrification à partir de 1905. Le 1er tunnel de type *tube* fut ouvert en 1870, les passagers étaient transportés dans une voiture tirée par un câble. *Le 1er chemin de fer en tube* fut créé le 18-12-1890 ; il était mû par l'électricité. (13) Coût 1 315 MF (78), profondeur moy. en station 4,5 m, quais 70,8 × 3 à 4,5 m, long. (lignes A et B) 9,6 km, rames de 3 voitures, 160 passagers assis, 224 debout, 1re tranche mise en service le 2-5-1978, extension 2,4 km, ouverte au public en 1981. *Coût des travaux* (en millions de F, H.T.) : *1°) tranche* 1 315 ; *2°)* ligne D, Gorge-de-Loup-Gare de Vénissieux (mise en service de la 1re tranche en 1990). Une extension de la ligne C de 1,5 km de longueur (2 stations) a été effectuée le 8-12-84. La ligne DC, 4e ligne, sera équipée d'un pilotage automatique intégral : Maggaly (Métro automatique à grand gabarit de l'agglomération lyonnaise). (14) En constr. prolong. (4 km, 6 st.) ; ouverture 86 et 87 ; rame 4 voit. sur pneumatiques larg. 2,60 m, capacité 470 places dont 180 assises. En projet 5 km (6 st.). (15) Coût 1,11 milliard de F courants, largeur 2,60 m, sur pneus, projet d'extension sur 8 km avec la 2e ligne (12 st.). *Capacité d'une rame :* 472 voyageurs (dont 180 assis). (16) En constr. (16,7 km), prolong. (9,8 km) prév. 1984-85. En projet (15 km). (17) Réseau de 90 km prév. pour 1990 (en constr. 22,3 km). (18) 200 000 voy./jour (fin 81). (19) En constr. prolong. mis en serv. 1985. En projet : prolong. (5,5 km, 3 st.). (20) En constr. prolong. lignes 7 à La Courneuve (6,3 km, mises en serv. 1984-86). En projet : prolong. de plusieurs lignes de banlieue. (21) En constr. gare « St-Michel » (correspondance entre lignes B et C, l. 4 et 10 métro ; mise en serv. fin 1986). En cours de réalisation : interconnexion ligne A du R.E.R. avec ligne de Cergy de la S.N.C.F. (22) En constr. (9,8 km). En projet : (9,4 km). (23) En constr. (3,8 km, 4 st.) ; en projet (3,6 km, 4 st.). (24) En constr. (6,3 km, 5 st.). En projet (10,7 km). (25) En projet 2 lignes englobant la ligne de tramway. (26) Sur pneus. En constr. prolong. (3,5 km, 4 st.) et 4[e] ligne (9,7 km, 12 st.). En projet : prolong. (5,8 km, 6 st.). (27) 2 lignes en constr. (East 63 rd Street et Southeast Queens Line). (28) En constr. (19,2 km, 12 st.). En projet (16,6 km, 9 st.). (29) 612 km, 86 st. en 1993. (30) 52 000 voy./jour (fin 1982). (31) Constr. (12,5 km, 14 st.) ; 1985-86. (32) 750 000 voy./jour (début 1981). (33) Début des travaux en 1987. (34) 600 000 voy./jour en 1982. (35) En constr. (33,5 km). (36) En constr. (9,4 km) ; mise en serv. 1986. (37) En constr. (11,7 km) pour 1987.

● **Tarifs des cartes hebdomadaires** et, entre parenthèses, *billet 2e cl.* (vente au carnet) : *1-2-70* : 5,60 F (0,70) ; *1-7-75* : 6,50 F (0,90) ; *1-7-76* : 7,20 F (1) ; *1-7-77* : 7,80 F (1,10) ; *1-7-78* : 9,20 F (1,25) ; *1-7-79* : 11,80 F (1,50) ; *1-7-80* : 14 F (1,75) ; *1-7-81* : 16 F (2). *1-11-82* : 17,50 F (2,20) ; *1-4-85* : 22,50 F (26,50 F) (1re cl. 40 F ; *à l'unité* : 2e cl. 4,40 F, 1re cl. 6,50 F) ; *1-5-86* : 25 F (27,50 F) (1re cl. 42 F ; *à l'unité* : 2e cl. 4,60 F, 1re cl. 6,80 F).

Carte orange. *Mensuelle*, prix forfaitaire selon le nombre de zones. *1 et 2 zones* : 152 F ; *3* (z. 1-3) : 196 F, (z. 2-4) 187 F ; *4* (z. 1-4) : 266 F, (z. 2-5) 248 F ; *5* (z. 1-5) : 320 F. *Hebdomadaire : zones 1-2* : 43 F, *z. 2-3 ou 3-4 ou 4-5* : 42 F, *z. 1-2-3* : 56 F, *z. 2-3-4* : 53 F, *z. 3-4-5* : 58 F, *z. 1-2-3-4* : 76 F, *z. 2-3-4-5* : 71 F, *z. 1-2-3-4-5* : 91 F. Permet de circuler en Région parisienne dans les trains, autobus, métro et cars des Stés privées. *Annuelle* (2e cl. : paiement unique, entre parenthèses prélèvement automatique trimestriel, en italique prélèvement automatique mensuel : *zones 1-2* : 1 600 F (400 F) *133,33 F, z. 2-3 ou 3-4 ou 4-5* : 1 540 F (385 F) *128,33 F, z. 1-2-3* : 2 050 F (512,50 F) *170,83 F, z. 2-3-4* : 1 960 F (490 F) *163,33 F, z. 3-4-5* : 2 130 F (532,50 F) *177,50 F, z. 1-2-3-4* : 2 790 F (697,50 F) *232,50 F, z. 2-3-4-5* : 2 600 F (650 F) *216,66 F, z. 1-2-3-4-5* : 3 360 F (840 F) *280 F. Carte émeraude et rubis* : se renseigner.

☞ La R.A.T.P. n'est pas maîtresse de son exploitation et de ses tarifs. Le Syndicat des transports parisiens fixe le prix des transports et peut imposer la création de nouvelles dessertes, même si elles ne sont pas rentables compte tenu des tarifs en vigueur et de l'importance de la clientèle à recueillir. En contrepartie d'obligations légales (tarifs réduits, maintien des tarifs à un niveau modéré), la R.A.T.P. reçoit une subvention. Dep. le décret du 7-1-1959, le Syndicat des transports parisiens a pu subordonner le maintien ou la création de dessertes déficitaires, sur la demande des collectivités locales, au versement de subventions par ces collectivités.

Personnel

Effectif moyen. *70* : 39 573. *80* : 36 951. *82* : 36 914. *83* : 40 219. *1-1-1984* : 38 930. *1-1-1985* : 40 378 (dont 520 indisponibles non payés).

Effectif à disposition *(au 1-1-1985)*. 38 822 *dont* dir. du réseau ferré 15 021 (dont conducteurs métro 3 131), dir. du réseau routier (dont machinistes 9 391), dir. des services techniques 4 217, dir. des travaux neufs 801, dir. du développement 194, dir. des systèmes d'information et de l'organisation 676, services communs 2 297.

Effectif payé en moyenne annuelle. *1979* : 36 972. *80* : 36 552. *81* : 36 563. *82* : 38 171. *83* : 39 771. *84* : 40 378. *85* : 39 858.

Réseau du métro

● **Agressions contre des agents.** *1982* : 300. *84* : 404.

● **Ascenseurs.** 21 cabines (10 stations). Capacité variable (30, 50 ou 100 personnes). + *grande hauteur d'élévation* (en m) : Buttes-Chaumont 28,70 ; Abbesses 23,51 ; Lilas 21,92. *Plus faible* : St-Michel 8,10 ; Cité 13,18. R.E.R. 15 cabines (1 station).

Nota. — Distributeurs de confiserie supprimés en 1982.

● **Chaleur.** Énergie cinétique des trains se transforme en chaleur (1 500 watts par m de ligne), sauf sur les lignes 7, 8 et 13 où le freinage se fait avec récupération d'énergie ; chaque passager dégage 100 watts. *Courants d'air* : peuvent atteindre 40 km/h.

● **Contrôles magnétiques.** 1 780 lecteurs magn. équipent (au 1-1-85) 289 stations de métro.

● **Escaliers mécaniques** (1-12-82). 387 sur le métro (Place des Fêtes 20,32 m, le + long) dans 166 stations, 262 pour 24 gares du R.E.R.

● **Fraude.** *Taux : 1976* : 2,6 %, *1981* : 5,6 % (soit environ 200 000 usagers par jour), *1983* : 4,8 %. *Perte* : 150 millions de F (soit la valeur de 10 rames ou 40 escaliers mécaniques, ou encore le coût de construction d'1 km de ligne). La fraude aurait diminué en 1982 (pose de 727 portes antifraude infranchissables sans ticket, équipant entièrement 7 stations et partiellement 74 autres, ce qui permet de contrôler 15 % des entrées ; renforcement des brigades de contrôle.

Amendes. *Indemnité forfaitaire pour les voyageurs* : 1re cl. avec un billet de 2e cl. : 30 F ; pour un voyage sans billet en 2e cl. : 60 F. Amende transactionnelle pour les voyageurs rentrant par une sortie ou sautant le tourniquet : 160 F (80 F pour les voyageurs possédant une carte orange valable). *Recette 1983* : 5 millions de F.

Ceux qui refusent cette transaction sont passibles d'une amende de 250 F ou de poursuite devant les tribunaux.

● **Lignes exploitées. Longueur totale** (en km, au 31-12). *1900* : 13,3. *10* : 75,2. *20* : 94,7. *30* : 116,5. *38* : 154. *45* : 164,5. *47* : 166. *60* : 169. *70* : 171. *71* : 172. *72* : 173. *74* : 178,2. *75* : 178,7. *76* : 182,7. *77* : 183,4. *78* : 183,4. *79* : 185,7. *80* : 190,2. *81* : 190,8 (dont 157,4 à Paris, 34,6 banlieue et 14,8 aérien). *86* : 192. **La plus courte** 1,3 km (ligne 3 bis). **La plus longue** 22,1 (ligne 8). **Nombre** : 13 + 2 navettes, 3 bis et 7 bis. **Franchissement de la Seine** : aérien : 5 fois, tunnel 6.

Lignes sur pneumatiques. *11* « Châtelet-Mairie des Lilas » (mise en service en 1956) ; *1* « Pont de Neuilly-Château de Vincennes » (1963) ; *4* « Porte de Clignancourt-Porte d'Orléans » (1966) ; *6* « Nation-Charles-de-Gaulle-Étoile » (1-7-74). En 1986, parc de 928 voitures sur pneus.

Lignes. Créées depuis 1937. Voir Quid 1981, p. 1390 ab. *Propositions de la R.A.T.P.* : Pont de Neuilly-La Défense.

Extension des lignes. *1981* : **10** : Boulogne-Jean-Jaurès — Boulogne-Pont de St-Cloud. *1982* ; **7** : Maison-Blanche — Kremlin-Bicêtre. *1983* : Église de Pantin — Bobigny. *1985* : **7** : Kremlin-Bicêtre-Villejuif III ; **5** : *1986* : Fort d'Aubervilliers-La Courneuve.

Lignes les plus chargées (1984). **4** Pte d'Orléans-Pte de Clignancourt 139 539 441 voy. entrants. **1** Ch. de Vincennes-Pt de Neuilly 113 141 693. **9** Pont de Sèvres-Mairie de Montreuil 110 460 985. **7** Mairie d'Ivry-Fort d'Aubervilliers 109 679 662.

● **Matériel roulant (nouveau).** *MF 77* : conçu pour les lignes en banlieue à l'air libre. La commande de traction et de freinage est assurée par des hacheurs de courant économisant 30 % d'énergie. *Équipement terminé* (1-1-83). *13* St-Denis-Basilique Asnières — Châtillon-Montrouge, *8* Balard-Créteil (935 voitures). *7* Fort d'Aubervilliers — Mairie d'Ivry — Kremlin-Bicêtre. 1 000 voitures, soit l'équivalent de 200 trains, équipent ces 3 l. de métro.

● **Sécurité** (bilan de la Cie centrale de sécurité du métro en 1983). *Contrôle* des rames 350 975, visite des stations 340 000, interpellations pour vérifications 414 000, conduites au poste 11 470, remises à la police judiciaire 11 440. *Vol à la tire déclarés par les voyageurs* : *1985* : 4 077 ; *agressions de voyageurs* : *1970* : 133, *74* : 581, *81* : 1 110, *83* : 3 461, *84* : 4 101, *85* : 3 550 ; *d'agents* : 288. *Dépradation des sièges, 1983* : par mois 3 224.

Nota. — Selon la police, 1 640 affaires de violence ont été recencées en 1983 (3 461 selon les syndicats de la R.A.T.P.).

● **Stations** (réseau urbain). **Longueurs** (en m), 75 (231 stations), 80 (5 st.), 90 (37 st.), 105 (75 st.), 110 (5 st.), 120 (3 st.) (1 sur les lignes 1, 2, et 3). **Profondeur** *moyenne* : 4 à 12 m ; *les plus profondes* : Buttes-Chaumont 31,66 m (ligne no 7 *bis*). Abbesses 29,69 m (l. 12). Porte des Lilas 28,60 m (l. 3 *bis*). Télégraphe 25,63 m (l. 11). Place des Fêtes 25,26 m (l. 11). Lamarck-Caulaincourt 25,09 m (l. 12). **Nombre par lignes** : de 4 (ligne 3 *bis*) à 37 (8 et 9). **Nombre de points d'arrêt** (au 1-1-84) : 359 dont 286 nomin., 55 corresp., 315 à Paris. **Intervalle entre chaque arrêt moy.** 543 m (le + long. 1 756 m, Créteil Université — Crét. Préf.). **Stations fermées** définitivement : Arsenal, Champ-de-Mars, Croix-Rouge, Saint-Martin, Martin-Nadaud, Mairie de Clichy, Gabriel Péri (Cluny-les-Écoles sera rouverte lors de la mise en service de la gare St-Michel) ; *ouvertes* les jours ouvrables de 5 h 30 à 20 h : Liège et Rennes.

Stations les plus fréquentées (1985). Saint-Lazare 36 115 376. G. du Nord 30 215 843. Montparnasse-Bienvenüe 28 125 936. G. de l'Est-Verdun 25 556 117. République 16 135 359. Châtelet 15 807 987. G. de Lyon 15 389 156.

● **Suicides** (métro et R.E.R.). *1970* : 28. *80* : 116 (42 †). *81* : 146. *82* : 161 (52 †). *83* : 139 (50 †). *85* : 183 (56 †).

● **Trafic. Voyageurs transportés annuellement** par le métro (en millions). *1900* : 18. *10* : 318. *20* : 688. *30* : 888. *38* : 761. *46* : 1 598. *50* : 1 129. *60* : 1 213. *70* : 1 128. *75* : 1 055,4 (+ R.E.R. 130,2). *80* : 1 093,9 (+ R.E.R. 205,1). *81* : 1 109 (+ R.E.R. 223). 1 061 (+ R.E.R. 246). *83* : 1 156 (+ R.E.R. 257). *Par jour ouvrable d'hiver. 82* : 4,51 millions (+ R.E.R. 1,05). *83* : 1 082 (+ R.E.R. 257). *84* (est.) : 1 185 (+ R.E.R. 265).

Déplacements. *1982* : 2,2 milliards, *84* : 2,8 (métro 5 millions/j, tous modes : 8 millions/j).

Heures de pointe. Matin de 7 à 9 h. Soir 17 à 19 h.

● **Trains. Longueur des trains.** 3 voitures sur les lignes 3 bis ; 4 v. sur la ligne 11 et 7 bis ; 5 sur toutes les autres, sauf lignes 1 et 4 où il y a 6 voitures (long. . 90 m) (en 1910 : 5 voit. de 13,60 m soit 68 m).

Nombre max. de trains en semaine aux heures d'affluence. 571 sur le métro, 76 sur le R.E.R. (31-12-1984).

● **Trottoirs roulants** : Châtelet 2 (long. 132 m, larg. 1 m, vitesse 45 m/mn, débit horaire max. 10 000 personnes). Châtelet-Les Halles 3 (long. 154 m, larg. 1 m, vitesse 50 m/mn, débit horaire max. 10 000 p.). Invalides (174 m). Montparnasse-Bienvenüe 3 (long. 185 m, larg. 1,12 m, vitesse 50 m/mn, débit horaire max. 11 000 p.). Opéra-Auber 4 (long. 75 m, larg. 1,11 m, vitesse 50 m/mn, débit horaire max. 11 000 p.).

● **Voitures** (au 1-1-86). Métro 3 443 (2 136 motrices, 1 307 remorques). R.E.R. 773 (510 motrices, 263 remorques).

Réseau d'autobus

● **Arrêt (points d')** (au 1-1-85). 9 656 (lignes de Paris 7 315, de banlieue 2 341).

● **Carrefours (priorité aux).** Quelques carrefours isolés sont équipés d'un système permettant aux autobus de prolonger la phase verte ou d'anticiper son apparition. La quasi-totalité des carrefours des lignes 26 et 131 sont équipés. *Gain de temps* : 10 secondes env. par autobus et par carrefour (système onéreux). Autres études en cours : plans des feux, régulations centralisées, ondes vertes.

● **Couloirs réservés.** Créés 1964. Longueur (au 1-1-84) : *Paris* 107,3 km (concernant 79 lignes y compris les lignes pénétrant dans Paris). *Banlieue* 56,6 km (93 lignes). 659 agents R.A.T.P. assermentés relèvent les infractions des automobilistes (couloirs réservés, arrêts d'autobus).

● **Heures de pointe.** Matin 7 h 30-9 h. Soir 16 h 30-18 h 30.

● **Intervalle min. et max. entre 2 autobus** (en 1982). *Paris* min. 4 mn ; max. 10 mn. *Banlieue* min. 4 mn ; max. 15 mn.

● **Longueur** (au 1-1-86). *Paris* 513,9 km (56 l.). *Banlieue* 1 847,2 km (163 l. dont 29 affrétées à billetterie R.A.T.P.). *Services communaux* 54 km (9 l.). *Villes nouvelles* 271 km (23 l.). + 1 service communal 17 km (1 l.) à billetterie spéciale. Tous les autobus sont exploités par 1 agent. *Total* : 252 lignes.

● **Vitesse commerciale moyenne** (en km/h) : **Métro.** *1970* : 22,459. *1975* : 22,02. *1982* : 23,9. **Autobus.** *Paris* (et entre parenthèses banlieue) : *1952* : 13,4 (18).

Banlieue de Paris et R.E.R. (ligne C et partie nord de B). *Réseau S.N.C.F. de la banlieue de Paris* (fin 83) : lignes : 927 km dont 916 électrifiées, 326 gares sur 30 lignes dont la ligne C du R.E.R. (130 km), ligne B partie nord (41 km). *Trafic* (1984) : 465 millions de voyageurs. Rames automotrices et remorques. Fréquence (heures creuses) : trains : toutes les 15 mn jusqu'à 60 km ; doublés aux heures de pointe.

Métro aérien classique : *sur roues métalliques* dont les rails sont supportés par un viaduc. **Métro aérien porté**, *type ALWEG* (Seattle, Tokyo), dont la caisse est supportée par des pneus roulant sur un monorail en béton, soutenu par des pylônes. **Métro aérien suspendu**, dont l'ancêtre, à Wuppertal (All. féd.), sur roues métalliques, fonctionne dans la Ruhr depuis 1900, *type SAFEGE*. Caisse suspendue, avec un double roulement de pneus circulant à l'intérieur d'une poutre caisson montée sur pylônes espacés de 30 m. Voitures de 16 m sur 2,50 m (150 passagers dont 48 assis). Vitesse commerciale (arrêts compris, avec des stations distantes de 1 000 à 1 500 m) 60 km/h. Une ligne de 7 km existe au Japon dep. 1970 (Shonan) ; Chiba (banlieue de Tokyo) en construction. D'autres systèmes sont en cours d'expérimentation.

Tramways. Nantes. Mise en service le 7-1-1985. 1 tronçon de 10,6 km et 22 stations, 1 autre de 4 km. Coût total : 600 M.F. **Strasbourg.** En projet, 1 l. de 13 km et 23 stations. Coût : 730 MF h.t. **Grenoble.** 1 l. de 8,4 km et 18 stations en construction. 1 autre en projet, de 5 km. Coûts : 800 MF. **Toulouse.** Un réseau de 30 km à l'étude. **St-Étienne.** Modernisation depuis 1974 de la ligne.

Paris : plan du métro et du R.E.R.

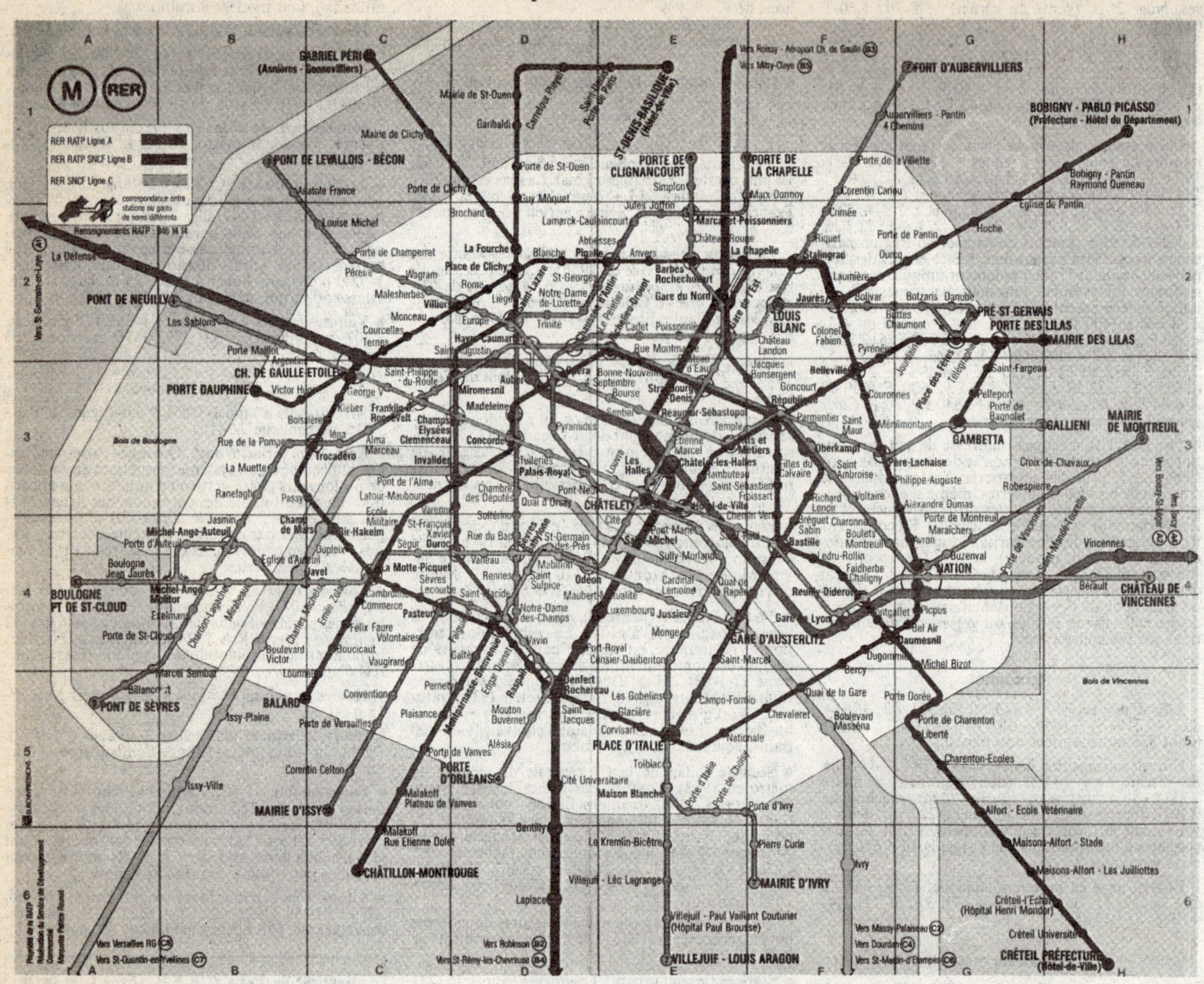

1955 : 12,6 (17,2). *1960 :* 11,6 (16,2). *1965 :* 10,7 (14,4). *1970 :* 11,2 (22,2). *1975 :* 9,92 (13,80). *1979* et *1980 :* 9,9 (13,8). *1982 :* 10,32 (13,43). *1983 :* 10,13 (13,26). *Grande banlieue* 24,5. *1980 :* 10,17 (13,23). *1981 :* 9,9 (13,8).

● **Voitures** (au 1-1-86). 4 026 dont 111 autobus articulés, 3 743 aut. standard, 97 aut. standard à moteur arrière, 2 aut. à gabarit réduit et 31 minibus. **Taux d'occupation moyen.** *1985 :* lignes de Paris 24 % ; de banlieue 19 %.

Autobus à étages : 82 places dont 52 assises. 2 portes, longueur 9,83 m. Largeur 2,50 m. Puissance 135 ch. ; mis en service à titre expérimental sur 2 lignes (53 et 94) en 1967 (1 seul) et 1968 (25 ex.), puis retirés de la circulation en raison de leur hauteur, ils ne pouvaient emprunter tous les itinéraires.

Nouveaux matériels : autobus à plate-forme ouverte (lignes 20 et 83), à banquette arrière en rotonde, à large plate-forme centrale, autobus articulés (148 places).

● **Voyageurs** (en millions, 1984). Lignes régulières : de Paris 319 ; de banlieue 436,3 avec la T.R.A. (lignes associées), villes nouvelles 20,26.

R.E.R.

● **Quelques dates. 1964** *1-8* exploitation de la totalité de la ligne de Sceaux par la R.A.T.P. ; section Sud (Massy-Palaiseau-St-Rémy). **1969** *14-12* Nation-Boissy-St-Léger avec réutilisation et électrification de l'ancienne ligne S.N.C.F. de Vincennes. **1970** *21-2* mise en service par la R.A.T.P. Charles-de-Gaulle-Étoile à La Défense. **1971** *23-11* prolongation de la ligne Charles-de-Gaulle-Étoile jusqu'à Auber. **1972** *1-10* La Défense-St-Germain-en-Laye après réélectrification en courant continu 1 500 V. **1977** *9-12* jonctions Auber-Nation (ligne A) et Châtelet-Les-Halles-Luxembourg (ligne B), ouverture d'une partie de la branche de Marne-la-Vallée (ligne A : Fontenay-Noisy-le-Grand-Mont d'Est). **1979** *30-9* liaison Gare d'Orsay-Invalides permettant la transversale rive gauche, ligne C du R.E.R. exploitée par la S.N.C.F. **1980** *19-12* ouverture de la totalité de la branche de Marne-la-Vallée (ligne A : Noisy-Torcy). **1981** *10-12* prolongement de la ligne B de Châtelet à Gare du Nord et mise en service de la gare souterraine de banlieue. **1983** *7-6* interconnexion partielle de la ligne B parcourue de bout en bout par les trains S.N.C.F. comme par les trains R.A.T.P. **Projets. 1986** interconnexion de la ligne de Cergy avec la ligne A du R.E.R. à Nanterre-Préfecture, création d'une gare de correspondance entre les lignes B et C à la station St-Michel, mise en service d'une antenne de la ligne C entre Champ-de-Mars et Ermont par aménagement de sections de lignes existantes (travaux en cours). **Vers 1988** interconnexion banlieue nord (Orry-la-Ville/Châtelet-les-Halles) puis banlieue sud-est. Le réseau interconnecté comprendra 4 axes : Nord-Sud : Mitry/Roissy-St-Rémy-lès-Chevreuse/Robinson (ligne B) ; Nord-Sud-Est : Orry la Ville-banlieue sud-est (Evry, Corbeil, Melun, ligne D) ; Est-Ouest rive droite : Boissy-St-Léger/Torcy-St-Germain-en-Laye/Cergy-Puiseux (ligne A) ; Est-Ouest rive gauche : St-Quentin-en-Yvelines/Versailles / Massy-Palaiseau / Dourdan / St-Martin-d'Étampes/Ermont et vallée de Montmorency (ligne C).

Coût des travaux. Ligne A : 5 milliards de F (79).

Exploitation. Lignes A et B (79) : dépenses 804,90 MF ; recettes 826,80 MF.

● **Lignes.** L'appellation R.E.R. couvre 3 lignes. *1 ligne R.A.T.P. :* St-Germain-en-Laye-Châtelet les Halles-Boissy-St-Léger/Torcy-Marne-la-Vallée (ligne A, 63,2 km, 32 gares). *1 ligne interconnectée S.N.C.F.-R.A.T.P. :* Mitry/Roissy-Gare du Nord-Châtelet les Halles-St-Rémy-lès-Chevreuse/Robinson (ligne B, 79,6 km, 57 gares). *1 ligne S.N.C.F. :* St-Martin d'Étampes/Dourdan/Massy-Palaiseau-Paris-Versailles rive gauche/St-Quentin-en-Yvelines (ligne C, 128 km, 52 gares, trafic : 270 000 voyageurs par jour ouvrable).

Longueur des lignes exploitées (en km, au 31-12). *1976 :* 74,86. *77 :* 92. *79 :* 92,20. *80 :* 230. *81 :* 270,8. *82 :* 274.

● **Matériel roulant** (date de construction, nombre, caractéristiques). **Automotrices** *Z* (ligne de Sceaux) (1936-62) : 148 motrices ; 2 moteurs (larg. 3,04 m, long. 20,7 m) ; en cours de réforme. **Matériel MS61** (1967-77), sur ligne A : 381 voitures dont 254 motrices (4 moteurs : 2,91 m / 23,8 m) et 127 remorques mixtes (2,91 m / 23,5 m).

Matériel interconnexion (MI 79/Z 8100). Peut recevoir une double alimentation (1,5 kV continu pour les lignes R.A.T.P. et S.N.C.F. du S.-Est et 25 kV alternatif pour les lignes S.N.C.F. de la banlieue nord avec commutation automatique de la tension d'alimentation) ; desservir des stations à quais de différentes hauteurs (*R.A.T.P.* : 1,10 m à 1 m ; *quais banlieue, gares souterraines* : 1 m, 0,80 m et 0,55 m). Utilise la capacité maximale permise par la longueur de quais de la R.A.T.P. (225 m) et S.N.C.F. (315 m) : exploitation avec un seul agent à bord ; composition modulable, performances élevées d'accélération et de décélération, vitesse maximale de 140 km/h, aptitude à gravir des rampes de 40,8 ‰. Au 1-1-86 : 120 rames livrées dont S.N.C.F. 51 et R.A.T.P. 272 voitures dont 136 motrices.

• **Stations. Longueur standard** 225 m, permettant d'accueillir le matériel interconnexion (1 élément de 4 voitures : 104 m ou 2 éléments de 8 v. : 208 m).

Station souterraine la plus grande du monde : station du R.E.R. Châtelet-les-Halles (long 315 m, larg. 82 m). 7 voies dont 2 ne seront exploitées qu'après la réalisation progressive de l'interconnexion (raccordement des lignes R.E.R. et de certaines lignes de banlieue S.N.C.F.).

Fréquentation. 256 800 000 voyageurs/an (dont Châtelet-les-Halles 33 837 213, Auber 23 589 093 Charles-de-Gaulle-Étoile 20 219 050, Gare de Lyon 19 760 993, la Défense 15 439 601).

Taxi

• **Abonnement.** Radio-téléphone. *Avantages variables* : selon les Cies, l'abonné peut disposer d'une ligne prioritaire, payer par chèque, réserver plus facilement (ex. la veille ou le jour même 1 h avant, alors qu'un non-abonné ne peut réserver que pour les déplacements de nuit ou aux heures creuses et uniquement la veille du déplacement).

• **Agressions.** De 1946 à fin nov. 81, 55 chauffeurs de taxis ont été tués en France. *Agressions : 1982* : 121 ; *83* : 147 ; *84* : 161 (dont 89 à Paris).

• **Client.** Il peut choisir, en station, le véhicule qui lui convient, sauf s'il existe des files d'attentes matérialisées par des chaînes (gares et aéroports principalement). Il *peut* ouvrir et fermer les glaces, exiger que le conducteur suive un itinéraire particulier et demander qu'il ferme sa radio.

• **Compteur.** Horokilométrique, il enregistre le prix de la course d'après la distance parcourue (la vitesse de marche ou le temps attendu).

• **Conducteur.** Il *doit accepter* un client lorsque le taxi est libre, quelle que soit la place de sa voiture sur une station de taxis ou lorsqu'il circule sur la voie publique. Il ne peut refuser une course qu'il estime trop courte. *Il doit refuser : 1°* de prendre un client à moins de 50 m d'une station occupée par des taxis libres ; *2°* d'attendre un client à un emplacement où le stationnement est interdit ou plus longtemps que la réglementation ne le permet.

Il peut, à son gré, conduire ou refuser : 1° un client pour toute destination hors de sa zone d'exercice (taxis parisiens : Paris, Hauts-de-S., Seine-St-D., Val-de-M., Le Bourget, Orly, Charles-de-Gaulle à Roissy, le parc des Expositions de Villepinte, *un taxi parisien stationnant à Roissy doit charger* pour n'importe quelle destination de la France métropolitaine ; *à Orly, il peut refuser* de conduire hors de la zone d'activité des taxis parisiens) ; *2° un client accompagné de plus de 2 grandes personnes* quand il n'y a pas de strapontin dans la voiture (2 enf. de moins de 10 a. comptent comme une personne) ; *3° un client dont les bagages sont trop nombreux* ou intransportables à la main ; *4° un voyageur à côté de lui, un client ivre* ou *accompagné d'un animal* (sauf chiens d'aveugles), ou *en tenue sale*, ou portant des bagages salissants, ou laissant une mauvaise odeur, un client voulant suivre un convoi funéraire. *Il ne peut refuser* les handicapés et leurs véhicules pliables. *Il peut prier son client de ne pas fumer*, mais ne peut le lui interdire.

Il ne peut exiger un pourboire (quoique ce soit un usage), ni *refuser* un bulletin mentionnant le prix de la course. *Il peut demander le paiement d'avance* de l'heure en cours lorsque le client lui demande de l'attendre ou s'il doit attendre son client sur une voie ou la durée de stationnement est limitée, ou s'il n'est pas immédiatement occupé après une demande.

• **Objets trouvés dans les voitures.** Ils sont déposés au Service des objets trouvés, 36, rue des Morillons, 75015 Paris.

• **Statistiques (Paris). Artisan taxi.** *Coût officieux de la cession de l'autorisation* : 100 000 à 110 000 F.

Montant d'une course moyenne : 8,50 F (prise en charge) + 6 × 2,44 (prix du km au tarif A) + $\frac{65}{10}$ (prix de l'heure d'attente) soit : 29,64 F.

Conducteurs salariés. *Recette minimale* : 12 792 F par mois (24 j à 533 F). *Salaire minimal* : 3 198 F (25 % de la recette min.) + *fixe journalier* 35,50 F × 24 = 852 F + 1 279 F de *pourboires plus suppléments* comptabilisés pour 10 % de la recette mais plus près de 7 %, soit un salaire brut mensuel de 4 813 F.

Courses. 1 150 000 par semaine. Moyenne, par chauffeur, 18 par j à Paris (35 avant-guerre).

Parcours quotidiens (par chauffeur) : moyenne 150 km dont 50 à vide. Soit 35 000 à 40 000 km en moy. par an.

Stations. 724 représentant 5 377 places, en banlieue 195. *Équipées de téléphone* : Paris 118, banlieue 83. *Chauffeurs* : à Paris 17 500 (dont 1 000 femmes).

Taxis (nombre à Paris). *1920* : 8 403, *25* : 13 426, *31* : 20 155, *36* : 14 000, *46* : 3 000, *49* : 10 000, *50* : 11 000, *54* : 12 500, *62* : 13 500, *67* : 14 300. *1985* : 14 300 (15 pour 10 000 habitants) dont catégorie A (artisans propriétaires de leur véhic.) 8 478, B (petits loueurs de 6 à 200 véhic.) 4 441, C (loueurs de plus de 200 véhic.) 1 381.

Aux heures de pointe : *0 h* : 2 800, *2 h* : 1 500, *4 h* : 700, *6 h* : 2 000, *8 h* : 5 500, *10 h* : 8 000, *12 h* : 9 200, *14 h* : 10 200, *15 h* : 10 600, *17 h* : 9 300, *19 h* : 6 000, *21 h* : 4 000, *23 h* : 3 000.

Inscrits sur la liste d'attente : 1 817. *Autorisations délivrées à titre gratuit* (en 1985) : 101. *Transferts d'autorisations* 792 (1985) [en 1982, à Londres 16 037, New York 12 500, Montréal 5 800, Rome 5 000, Milan 3 600].

Marques. *Les plus courantes* : Peugeot 505 et 305 D, 50 ; Renault (R 18 à 25 D).

• **Surveillance.** Assurée, à Paris, par 16 gardiens de la paix en civil (les Boers).

• **Tarif** (8-5-85). *Prise en charge* : 8,50 F ; km A : 2,44 ; km B : 3,80 ; km C : 5,10 ; heure d'attente : 65.

Tarif applicable de 6 h 30 à 21 h et, entre parenthèses, de 21 h à 6 h 30. *Zone parisienne (Paris, b. périphérique compris)* A (B) ; dimanches et jours fériés : B. *Zone suburbaine (Hauts-de-Seine, Seine-St-Denis, Val-de-M.)* B (C). *Au-delà : 1°* le taxi revient à vide C (C) ; *2°* le client garde le taxi pour le retour A (B). Aucune indemnité de retour n'est due. Le trajet pour aller chercher le client est tarifé comme une course normale quand la course est demandée par borne d'appel ou par téléphone.

Le dispositif lumineux placé sur l'avant du toit comporte la mention « Taxi parisien » et 3 répétiteurs de tarifs qui affichent la tarification applicable au compteur (lampe blanche : tarif A, orange : B, bleue : C).

Chaque taxi doit être muni d'une carte indiquant les limites des zones parisienne, suburbaine, extérieure. Pour les aéroports (Orly, Bourget, Roissy) le changement de tarif se fait à l'entrée des autoroutes.

Lorsqu'une voiture est occupée à l'heure où le tarif change (21 h ou 6 h 30), le conducteur doit aviser le client et faire apparaître sur le compteur l'indication du nouveau tarif (A, B ou C).

Gares. Prise en charge majorée de 3,80 F sur les stations des gares parisiennes, au terminal de la Porte Maillot et à l'aérogare des Invalides, et spécialement indiquées sur une pancarte.

Bagages. Petits objets, bagages à main, première valise ou premier colis de plus de 5 kg : gratuit ; autres valises et colis de plus de 5 kg : 2,70 F chacun. Bagages et colis encombrants (skis, vélo, malle, voiture d'enfant, etc.) : 3,30 F chacun, sans franchise pour le 1er colis. Prise en charge d'une 4e personne : 5 F. Prise en charge d'un animal : 3 F.

• **Taxi libre.** Lorsque le dispositif lumineux situé sur le toit est éclairé, sans gaine, et les 3 globes répétiteurs (A, B, C) éteints. *Heure de fin de service du conducteur* est indiquée sur un appareil éclairé la nuit, placé en général sur la plage arrière, derrière la lunette du taxi. Le conducteur peut, durant sa dernière demi-heure de travail, refuser une course l'éloignant trop de son garage ou de son domicile.

☞ Taxis scooters. Fin mai 1985 : 1er essai avec 4 scooters à Paris.

• **Voiture (durée de vie moyenne).** Artisans 3 ans, compagnies 4 ans.

Transports futurs et divers

Liaisons intervilles

Systèmes terrestres

• **Chemin de fer à haute vitesse. Sur les voies existantes** : l'amélioration de la vitesse est limitée en raison des courbes. **En France.** Vitesse max. en traction électrique sur les lignes, 200 km/h, là où le tracé le permet [en service courant entre Étampes et Vierzon (122 km) sur la ligne Paris-Toulouse, et entre Étampes et Bordeaux (357 km) sur la ligne Paris-Bordeaux, projets entre Le Mans et Nantes, dans la plaine d'Alsace, entre Lyon et Marseille notamment].

A l'étranger. Des trains avancés prétendent aller au-delà avec des caisses de wagons s'inclinant dans les courbes [ex. l'I.C.E. allemand (système intercités) voitures non articulées et encadrées par 2 locomotives : sur voie classique, a atteint 317 km/h le 26-11-1985].

A.P.T. britannique (Advanced Passenger Train) expérimenté dep. 1969, mais le relèvement de la vitesse demeurait limité (160 à 225 km/h). Abandonné en 1985 car l'inclinaison des caisses posait des problèmes.

Voies nouvelles. Pour atteindre ou dépasser 250 km/h ; généralement réservées aux voyageurs pour éviter un entretien accru par le passage de trains lourds.

En France, solution du T.G.V. : ligne directe Paris-Lyon (vitesse max. en service commercial : 270 km/h) V. p. 1356. *En Italie*, la *direttissima* Rome-Florence (1er tronçon achevé début 77) est ouverte aux trafics voyageurs et marchandises d'où une infrastructure lourde (par endroits 1 m de ballast sur une dalle rigide en béton), vitesse voyageurs 150 km/h puis 200 km/h.

Aérotrain. Inventé par le Français Jean Bertin (1917-75). Sustenté et guidé par des coussins d'air horizontaux et verticaux, il glisse sur une voie en béton ayant la forme d'un T inversé. Peut être propulsé de diverses manières.

Avantages : simplicité du système de sustentation et de guidage à coussins d'air, absence de contact avec la voie d'où économie d'entretien ; freinage, sécurité ; légèreté (permettant la réalisation économique de voies surélevées en viaduc, d'où insertion facile dans des sites difficiles, et bonne interconnexion avec d'autres modes). *Inconvénients* : consommation d'énergie permanente pour sustentation et guidage, partiellement compensée par les économies d'infrastructure, surtout pour les lignes à fréquentation moyenne ; problème de retournement des véhicules aéropulsés limitant leur capacité, tandis que les véhicules à propulsion électrique peuvent être assemblés en convoi et circuler dans les 2 sens.

2 véhicules d'essais à l'échelle 1/2 ont atteint 303 km/h en déc. 1966 et 422 km/h en janv. 1969. Puis un aérotrain de 80 places (vitesse de croisière 250 km/h, propulsé par hélice carénée) a été testé (entre 1969 et 1972) sur 18 km de voie surélevée (5 m du sol), tronçon d'une future ligne Paris-Orléans. Équipé ensuite d'un réacteur muni d'un dispositif d'insonorisation, il a atteint une vitesse stabilisée de 428 km/h en mars 1974.

L'aérotrain inter-villes a été testé dans une version à propulsion soufflante, peu polluante et d'un niveau sonore amélioré : à 300 km/h, 80 dbA, soit moins que le bruit d'un train électrique roulant sur rails soudés à 200 km/h. *Rentabilité :* à partir de 5 millions de passagers par an. Études les plus récentes : la ligne EUROPOLE (Bruxelles-Genève) sur un parcours parfois accidenté ; la desserte, de style RER, de la région Marseille-Aix-Vitrolles. Divers projets présentés en Argentine, à T'ai-wan, etc.

Nota. — La Sté de l'Aérotrain, créée en 1965, a été absorbée par la Sté Bertin en déc. 1980.

• **Hovertrain** (G.-B.). Sur coussins d'air. Au stade du prototype. Programme abandonné en 1973 à cause des difficultés de mise au point du moteur électrique linéaire. La configuration voie/véhicule (à cheval sur un U inversé) était également défavorable : obligation d'utiliser un moteur linéaire à plat d'où nécessité d'une suspension secondaire ; de plus, le guidage de détresse était délicat à réaliser.

Avion

S.T.O.L. (Short take-off landing : en français A.D.A.C., Avion à décollage et atterrissage court) et V.T.O.L. (Vertical take-off landing ; en français A.D.A.V., Avion à déc. et att. vertical). Utilisent le principe des ailes soufflées parfois lié à une géométrie variable (Bell XV 15 et X 22), ou encore des propulseurs orientables. *Avantage :* l'infrastructure nécessite peu d'investissements. *Inconvénient :* coût de fonctionnement très élevé [consommation de kérosène ; temps restreint d'amortissement (pour des raisons de sécurité) ; assistance au sol coûteuse (petits parcours) ; charge utile réduite si l'on veut limiter le bruit (aménagement entraînant une augmentation de poids)]. Dans le domaine militaire, des VTOL sont opérationnels : BAé Harrier et Sea Harrier [1] (G.-B.), Yak 36 (U.R.S.S.), AV-8B (U.S.A.).

Nota. — (1) A fait ses débuts opérationnels durant la guerre des Malouines.

Systèmes magnétiques

• **Sustentation magnétique** par attraction sur l'envers de la voie grâce à des bobines électromagnétiques.

Projets allemands : 1°) véhicule reposant sur 2 poutres parallèles (disposition abandonnée), 2°) véhicule enveloppant une large poutre caisson, solution retenue pour la ligne expérimentale de 31 km qui ouvrira en 1987 à Ems. Des bogies regroupent aimants porteurs et stators des moteurs linéaires, de chaque côté, les spires du « rotor long » étant noyées dans la voie. Suspension secondaire. Un véhicule de 100 places a été essayé depuis mai 1984 : malgré le refroidissement des bogies par eau, des échauffements anormaux s'y produisent.

Japonais : 2 véhicules d'essais miniatures de conception analogue ont été essayés par JAL à vitesses moyennes. A l'exposition de Tsukuba 85, un véhicule de 47 places a été présenté à 40 km/h, sur une piste de 350 mètres.

Avantages : similaires à ceux du coussin d'air pour le confort et le franchissement de fortes pentes. **Inconvénients :** véhicule et voie plus lourds et plus compliqués et nécessitant plus de précision ; d'où un coût d'infrastructure plusieurs fois supérieur ; en cas de pannes, le véhicule en détresse ne peut rester inerte ; il faut des dispositifs dont la fiabilité est encore peu sûre.

• **Répulsion électrodynamique.** Obtenue grâce à un déplacement de bobines supraconductrices induisant un courant dans une suite de bobines incorporées à la voie. Elle ne présente pas les mêmes problèmes de sécurité que la sustentation magnétique, mais son coût risque d'être élevé et les contraintes sont considérables : nécessité de faire baigner les aimants supraconducteurs dans une enceinte proche du zéro absolu (les véhicules doivent comporter une unité de reliquéfaction d'hélium pour compenser les pertes), nécessité d'un train de roues pour atteindre 100 km/h, vitesse à laquelle le phénomène électrodynamique qui se produit est suffisamment important pour sustenter le véhicule (véhicules lourds et sophistiqués).

État des travaux. Allemagne : abandonné. **Japon :** I.N.R. un véhicule d'essais a atteint la vitesse de 500 km/h sur 7 km. Une ligne plus longue avec des véhicules habités tarde à se réaliser, sans doute parce que les coûts très élevés d'infrastructure limitent le marché à des liaisons disposant de plusieurs centaines de milliers de passagers par jour (1 seule dans le monde pour le moment). **U.S.A. :** travaux en sommeil (à la suite d'une étude de l'Institut de recherches de Stanford).

Moteur linéaire (dit moteur axial). N'exige aucune conversion de mouvements tournants en mouvement longitudinal. Il comporte un alignement de bobinages sous tension alternative, créant, dans un conducteur placé entre les pôles, un champ électromagnétique variable, donc des courants induits dans ce conducteur. La force de réaction électromagnétique créée tend à déplacer le bloc de bobinages. Pour freiner, on inverse le sens de passage du courant dans le rotor du véhicule. Le moteur est silencieux et ne pollue pas l'atmosphère. Mis au point par Pierre Guimbal, son rendement élevé permettrait de l'adapter à l'aérotrain.

Moteur thermique rectilinéaire. Conçu et mis au point de 1970 à 1980 par Jean Jarret (né 8-7-1918) et Jacques Jarret (né 26-10-1924). Comprend cylindre fermé à ses 2 extrémités, à l'intérieur duquel se déplacent symétriquement 2 pistons. Chaque explosion, au centre du cylindre, écarte les pistons qui sont ensuite rapprochés par des ressorts hydrauliques. Des noyaux magnétiques solidaires des pistons constituent les éléments mobiles d'un générateur de courant électrique qui transmet à l'extérieur l'énergie utile.

Par rapport aux moteurs thermiques conventionnels, la durée des hautes températures est réduite de 95 %, tandis que le rapport volumétrique de détente est presque doublé. Ce cycle thermodynamique permet d'augmenter le rendement et de réduire la pollution.

• **Autoroutes automatiques.** Les automobiles sont asservies (par un dispositif embarqué à bord de la voiture) à un guidage magnétique le long de la route qui contrôle leur vitesse et leur espacement. Ainsi, la capacité de l'autoroute est augmentée et la sécurité théoriquement accrue.

Un projet de General Motors (Automatic Highway) permettrait d'écouler 3 500 véhicules par piste à des prix élevés, mais la fiabilité des automatismes laisse encore à désirer et aucune expérimentation en vraie grandeur n'a encore été réalisée à ce jour.

Tubes sous vide

La résistance de l'air croissant rapidement avec la vitesse, on a imaginé de faire circuler un véhicule dans un tube où le vide serait réalisé espérant ainsi atteindre 600 à 1 000 km/h.

Ces projets peu réalisables ont été abandonnés (coût et difficultés). Parmi eux, le *Rapid Gravity Tube* proposait un tube en forme de parabole s'enfonçant très loin dans la terre pour accélérer puis ralentir le véhicule par gravité.

Transports mixtes passagers et marchandises

Hochleistungs-Schnellbahn (H.S.B., All. féd.). Visait à transporter automobiles et camions qui, après avoir emprunté ce système, reprenaient la route. Les véhicules (8 m de large sur 7 m de haut) ont été envisagés soit sur rail, ou à sustentation sur coussins d'air, ou magnétiques à des vitesses d'env. 300 km/h. Abandonné au stade de l'étude (pas rentable).

Rollway (U.S.A.). Se proposait de transporter automobiles et voyageurs sur des wagons ferroviaires très larges (7 m) roulant sur une voie de 5,40 m à des vitesses supposées atteindre 320 km/h. Projet abandonné à cause du coût.

Transports urbains et suburbains

3 zones d'utilisation :

Liaisons suburbaines rapides

☞ *Vitesse* souhaitée : 150-200 km/h. *Capacités :* moyennes à fortes.

Véhicules expérimentaux. Coussins d'air. *France : Aérotrain S44* (40 places, moteur électrique linéaire) essayé à Gometz (Essonne) sur une piste de 4 km, a atteint 170 km/h en 1971, prototype devant ouvrir la voie à des véhicules accouplés à motorisation électrique (roues pressées ou moteur linéaire) pour les dessertes d'aéroports et de villes satellites. Après le rejet d'un projet de ligne « Orly-Roissy Charles de Gaulle » présenté par un consortium privé, les pouvoirs publics proposèrent la desserte « La Défense-Cergy Pontoise » qui était conçue pour déconcentrer les emplois tertiaires par une liaison directe avec La Défense. Le projet fut abandonné devant la résistance des banlieues traversées par la ligne mais non desservies. *U.S.A. :* aérotrain fabriqué sous licence par Rohr Industries pour le D.O.T. (Département fédéral des Transports), véhicule de 60 places, moteur électrique linéaire classique : a atteint 230 km/h en mai 76 sur une voie de 9 km.

Magnétique. Mêmes solutions techniques que pour la haute vitesse.

Trafic urbain

☞ Véhicule du genre métro, tramway, minibus, etc. *Vitesse* souhaitée : env. 60 km/h. *Capacités :* variables.

Très gros débits : *métro :* reste irremplaçable. **Débits moyens :** *tramway. Ex :* Citadis. Au stade du concept. Tramway à 2 wagons articulés, long. 23,2 m, larg. 2,5 m, hauteur 2,7 m. Vitesse max. 80 km/h. Capacité 68 places « assises », 57 « debout ». Isolation thermique et acoustique.

Nota. — Nantes : tramway mis en service en 1985, coût 120 millions de F (58 000 voyageurs par j, rames de 28,50 m, vitesse de 25 km/h), 168 voyageurs, 22 stations, 10,6 km, une ligne de Bellevue à La Haluchère). *Strasbourg :* projet de 2 lignes (vers Graffenstaden et Neudorf, 13 km) ; abandonné en nov. 1985 au profit de Val. *Grenoble :* 1 ligne (8,9 km). *St-Denis-Bobigny.*

Véhicules à roues monorail. ALWEG.

Véhicules à roues sur piste à plat. Il y en a un grand nombre, différenciés essentiellement par le guidage. **A.C.T.** (Automatically Controlled Transportation) : projet Ford (U.S.A.), véhicules modulaires, long. 7,5 m, larg. 2 m, sans conducteur, sur pneus, moteur électrique ; navette télécommandée par ordinateur : les passagers sélectionnent leur destination ; guidé sur 1 piste à bords relevés en U ; vitesse max. 48 km/h. **Airtrans** (Intra Airport Transportation System) : Dallas (U.S.A.) ; parcourt 14,5 km, guidé sur une piste à bords relevés en U, véhicule modulaire, long. 6,4 m, larg. 2,1 m, entièrement automatique, vitesse max. 30,6 km/h. Moteur électrique.

Évolution du trafic total de marchandises par moyen de transport
(en France, en milliards de t/km)

Année	S.N.C.F.		Route [1]		Voies nav. [2]		Oléoducs [3]	
	MT/km	%	MT/km	%	MT/km	%	MT/km	%
1971	67	37,2	72,2	40	13,8	7,6	27,3	14
1972	68,6	36,7	74,6	39,9	14,1	7,5	29,7	15,1
1973	73,9	36	83,2	40,4	13,8	6,7	34,6	15,9
1974	77,1	36,5	87,4	41,4	13,7	6,5	33,1	16,8
1975	64	35	78,5	43	11,9	6,5	28	15,7
1976	68,5	35,4	83,9	43,4	12,2	6,3	28,8	15,3
1977	66,2	34,3	85,5	44,4	11,3	5,9	29,5	14,9
1978	67,3	34	89,1	45	11,6	5,8	29,8	15,3
1979	70,7	33,7	94,6	45,1	11,9	5,6	32,3	15,4
1980	69,5	33	97,9	46,4	12,2	5,8	31	14,7
1981	64,4	33,5	87,8	45,7	11,1	5,8	28,8	15
1982	61,2	32,7	90,6	48,4	10,2	5,4	25,3	13,5
1983	59,4	32,3	88,9	48,4	9,5	5,2	26	14,1

Nota. — (1) transports routiers compte d'autrui et c. propre. (2) Navigation intérieure : transp. publics et transp. privés. (3) Oléoducs : produits finis et bruts.

Véhicules à sustentation par coussins d'air. TRIDIM : projet français Bertin, véhicules modulaires de 36 places « assises » et 16 « debout », associés en trains, vitesse de service 60 à 100 km/h, guidage sur une piste au sol ou surélevée. 3 propulsions possibles : moteur électrique linéaire, roues pressées, crémaillères souples à pignons à axes verticaux. **URBA** (projet abandonné), voir Quid 81, p. 1396 b.

Véhicules à sustentation magnétique. TRANSURBAN Conveyor Belt System : projet de Krauss-Maffei (All. féd.). Trottoir suspendu magnétiquement, équipé de sièges individuels. Vitesse 21 km/h. Déplacé par des moteurs linéaires asynchrones. Embarquement et débarquement s'effectuent grâce à des disques sur lesquels la vitesse décroît du centre au bord.

Véhicules à câbles. Suspendu : aérobus. Ligne expérimentale de 1 km sur les rives du lac de Zurich, caisse aérodynamique (30 places, plus tard 100) long. 10,50 m, larg. 2,20 m, *propulsé* par 12 moteurs électriques installés sur le toit et alimentés en courant continu de 500 volts. 12 roues motrices, garnies de caoutchouc, qui circulent sur 2 câbles à faible écartement. *Vitesse de croisière :* 70 km/h.

Tracté : système français **POMA 2000.** Envisagé puis abandonné par Grenoble ; ligne expérimentale 1,5 km, prévue par Laon de la gare à l'hôtel de ville. Cabine de 50 places sur chemin de roulement au sol ou aérien, tractée par câble. Cadence : 1 cab. toutes les 32 s. Vitesse 36 km/h.

Systèmes P.R.T. *(Personal Rapid Transit).* Capacité moyenne à faible, petits véhicules programmés directement par l'usager. **Skybus** (Sté Westinghouse), en service dans les aéroports de Tampa (Floride) et Seattle (Washington). **TTD-Otis** sur coussin d'air, hôpital de l'université de Duke (Carol.) pour assurer une intégration totale des transports horizontaux et des liaisons verticales par ascenseurs. **Aramis** (agencement en rames automatisées de modules indépendants en station) : Matra et *Cabinentaxi* (Demag et Messerschmidt-Bloehm-Bolkow) en cours d'expérimentation. *Cabine :* 2 t, 10 places assises, moteurs électriques placés sur les 4 roues (à pneus), 60 km/h. *Pas de conducteur :* cerveau électronique ; instructions envoyées au véhic. par un rail latéral par lequel lui arrive également le courant électrique. Les rames peuvent être composées de cabines faisant un bout de chemin ensemble, puis se séparant au gré des embranchements pour se diriger vers des terminus différents. *Voies :* 2, larg. totale 4,50 m (métro parisien : 7,50 m) ; hauteur 2,50 (tunnel métro : 4 m). Rampes 8 % (métro : 5 %), rayon de courbure : 25 m (métro : 40 m). Infrastructure des voies : 60 % du coût d'un métro. Fiabilité et sécurité encore incertaines ; capacité 17 000 voyageurs à l'heure (métro classique : 30 000). Sera expérimenté entre la place Balard et le bd Victor à Paris sur 1 km.

Transports hectométriques

Accélérateurs pour piétons. *Vitesse :* quelques km/h. *Capacités :* fortes. *Ex.* le *Trax :* trottoir roulant accéléré, entrée ou sortie 3 km/h, vitesse max. de 12 km/h. *Lieu :* Invalides (correspondance RER).

VEC. Les cabines ralentissent sans s'arrêter dans les stations puis accélèrent jusqu'à la vitesse de croisière. Capacité pratique 1 800 à 21 600 personnes à l'heure. Fréquence de passage des sièges 2 à 6 secondes.

Vitesse de l'univers

En km/h. *Terre, rotation :* autour du Soleil : 107 000 ; sur elle-même à l'équateur : 1 674, à Paris : 1100. *Autres planètes, rotation* sur elles-mêmes : *Mercure* 169,56, *Vénus* 96, *Mars* 86,76, *Pluton* 16,92. *Galaxies, vit. de rotation :* les astres tournent autour du centre de leur galaxie à une vitesse proportionnelle au carré de leur distance, mais avec 2 maximums (env. 900 000). *Soleil* 792 000 (220 km/s).

En m/s. *Corpuscules* élémentaires à 0 °C : molécule d'*hydrogène* 1 630 ; *oxygène* 375.

En km/s. *Lumière* 299 793 (soit 1 079 351 200 km/h). *Electron* dans un accélérateur de particules 280 000 ; *à 100 000 volts* 165 000, *à 200 000 volts* 210 000. *Rayon alpha* 10 000.

La masse augmente avec la vitesse. La masse d'une auto de 1 000 kg circulant à 60 km/h (17 m/s) augmente de 0,000 000 000 02 g. Entre 150 et 150 000 km/s, la masse augmente de 15 % ; au-delà, elle augmente, d'après les formules d'Einstein, à l'infini, et la vitesse de la lumière ne peut donc pas être donnée à un corps matériel (car la notion de « masse infinie » est inconcevable).

Vitesses dues à l'homme

En km/h. Espace. *Disque de plastique* de 2 microgrammes propulsé par laser 525 000. *Sonde* spatiale 51 800. *Vaisseau* spatial habité 39 897. *Obus* (canon K 12) 5 814. *Balle de fusil et obus* de 300 à 1 000. *Avion* à hélice 811,1. *Flèche* 360. *Balle de golf* 250 ; *de tennis* 248. *Fronde* 158. *Boomerang* 90. **Sur terre.** *Traîneau* à fusées 1 017. *Auto* 1 001,6. *Ch. de fer* 380. *Moto* 338. *Bobsleigh* 200. *Ski* 175, 43. *Vélo derrière moto* 122,77. *Luge* 100. *Patinage* 75,6. *Vélo* 47,347. *Ascenseur* 28,8 (8 m/s immeuble TWA à New York ; 9 m/s au World Trade Center) ; en Europe 21,6 km/h (6 m/s batterie haute de la tour Maine-Montparnasse à Paris). **Sur l'eau.** *Hors-bord* 459. *Paquebot* 65,8. *Voilier* 51,89. *Sous-marin* 37.

Transports par conduites (pipe-lines)

Généralités

Définition. Canalisation, généralement sous pression, utilisée pour le transport, à moyenne et grande distance, des hydrocarbures liquides (pétrole brut, produits raffinés) : oléoducs et gazeux (gaz naturel) : gazoducs.

Pour les solides en suspension (utilisé depuis longtemps sur de courtes distances dans les mines et pour les travaux de dragage) : se développent pour de plus longues distances. En *« capsules »* [(conteneurs rigides ou souples mus dans du liquide) sont encore à l'étude].

Entraînent peu de nuisances : encombrement, bruit, pollution, etc. Pour être rentables (investissement lourd), il leur faut un trafic régulier et important. Le coût du transport par pipe-line est inversement proportionnel au diamètre.

Pose. Composés de tubes soudés les uns aux autres, enfouis sous terre (0,80 à 1 mètre). Nécessite un matériel spécialisé (creusement et remblaiement des tranchées, soudure des tubes, etc.).

Oléoducs

● **Longueur en km et, entre parenthèses, millions de t transportées (1983).** U.S.A. 343 800 (804)[2]. U.R.S.S. 76 200 (649). Canada 36 500 (131). *France 5 386* (79). G.-B. 3 281 (51). Italie[2] 3 266 (60). All. féd. 1 715 (66). Pologne 1 984 (39). Hongrie 2 174 (15). Espagne 2 017 (12). All. dém. 1 301 (37). Turquie 641 (38). Tchécoslovaquie 951[1] (17). Yougoslavie 996 (6). Autriche 777 (27). Belgique 261 (18). P.-Bas 391 (n.c.). Norvège 350 (14). Suisse 239 (13). Danemark 68 (399).

Nota. — (1) 1980. (2) 1982.

Longueur en km des lignes de transport dans le monde (1982). Pétrole 420 000, gaz naturel 1 750 000.

Première conduite [diamètre de 2" (5 cm), longueur 8 km] construite en Pennsylvanie en 1865, elle transportait 100 m^3 de pétrole brut par jour.

Records de longueur. *Achevé :* pipe-line des puits d'Alberta à la raffinerie de Sarnia (Ontario, Canada), 2 911 km ; *en chantier :* Transsibérien (U.R.S.S.), 4 690 km.

● **Réseau français. Origine.** Né avec la Sté des transports pétroliers par pipe-line (TRAPIL) qui mit en service en 1953 le 1er pipe-line destiné au ravitaillement de la Région par. en produits pétroliers raffinés. Cette conduite de 10 pouces (25 cm de diamètre) et longue de 240 km fut doublée, puis triplée par des pipe-lines plus importants pour faire face à l'augmentation de la consommation des produits pétroliers. Des antennes partent pour ravitailler d'autres zones (ex. : Caen, Rouen, Orléans). Une nouvelle conduite entre Orléans et Tours a été mise en exploitation en oct. 1980. **Long. totale :** 3 513 km. **Réseau des pipe-lines de défense.** Ligne Le Havre-Cambrai-Valenciennes, ligne Marseille-Langres-Mirecourt-Strasbourg et système Donges-Metz. Il peut être utilisé à des fins civiles.

Voir dans Quid 1981 p. 1393, les caractéristiques de quelques oléoducs.

Gazoducs

● **Conduites de produits chimiques.** Transports sous forme liquide (par ex. sous pression et à basse température) ou gazeuse, assurant un transport plus sûr pour la qualité du produit et la sécurité de l'exploitation.

● **Records de longueur.** *Achevé :* pipe-line Texas-New York (U.S.A.) 3 444 km ; *en chantier :* Transcanadien 3 518, Transsibérien 9 344 [le plus long ouvrage jamais construit par les hommes (3 fois la Grande Muraille de Chine)].

● **Canalisations de transport de produits chimiques en France.** Année de mise en service, longueur (km), diamètre en pouces (") et débit possible en millions de tonnes/an (Mt).

Ammoniac. *Carling-Besch* (1968), 53 km, 4" 1/2, 0,16 Mt.

Éthylène. *Feyzin-St-Pierre-de-Chandieu-Tavaux* et *St-Pierre-de-Chandieu-Pont-de-Claix-Jarrie* (1967), 278 km, 8" ou 6" 5/8 0,11 à 0,28 Mt. *Lavera-Berre-St-Auban* (1968) 124 km, 8" 5/8 ou 10" 3/4, 0,08 à 0,1 Mt. *St-Auban-Pont-de-Claix* (1972), 146 km, 8" 5/8, 0,2 Mt. *Carling-Sarralbe* (1970), 30 km, 6", 0,07 Mt. *Gonfreville-Port-Jérôme,* 50 km, 6 ".

Gaz carbonique. *Carling-Besch* (1968), 53 km, 10" 3/4, 0,155 Mt.

Propylène. *Feyzin-le-Grand-Serre-Pont-de-Claix* (1972), 145 km, 8" 5/8 ou 6" 5/8, 0,25 Mt.

Saumure. *Hauterives-Pont-de-Claix* (1966), 80 km, 16" et 14", 3,5 Mt. *Vauvert-Lavera* (1966), 85 km, 18", 7 Mt.

(Photo : USIS)

Accidents

Données générales

Accidents en France

Nombre de voyageurs tués par milliards de voyageurs/kilomètres en France.

Année	SNCF	Transports routiers	Transports aériens
1957	2,42	119	8
1961	0,95	94	25
1965	0,31	88	1,3
1970	0,01	77	2,9
1978	0,00	47	0,05
1979	0,00	46	0,13
1980	0,00	46	0,08
1981	0,00	44	0,01
1982	0,05	n.c.	0,05
1983	0,12	n.c.	0
1984	n.c.	n.c.	0,02

Accidents aériens

Données globales

En 1984 : 448 morts (dont 150 en U.R.S.S.) sur les lignes internationales.

En 1983 : 809 (dont 240 dans le Boeing 747 coréen abattu par la chasse soviétique), 30 avions perdus dont 5 gros porteurs ; indemnisations globales versées : 3 milliards de F.

Les avions de transport à réaction (qui ont assuré 95 % du trafic) ont provoqué 65 % des accidents (13 accidents, 2 en 84, 755 †, 48 † en 84) alors que les appareils à hélices (turbopropulseurs et moteurs à pistons) (qui en assurent 4 %) ont entraîné 7 accidents 9 en 84 (47 †), 160 † en 84.

Dans le monde

Accidents d'aéronefs ayant entraîné la mort de passagers
Services aériens réguliers [1]

Année	Total Accidents	Nombre d'accidents mortels : Pour 100 millions de km	Pour 100 000 heures de vol	Pour 100 000 atterrissages	Total Passagers tués [C]	Nombre de passagers tués : Pour 100 millions de pass.- km
1962	29	0,90	0,37	0,44	778	0,60
1963	31	0,90	0,39	0,46	715	0,49
1964	25	0,68	0,30	0,35	616	0,36
1965	25	0,61	0,29	0,33	684	0,34
1966	31 [2]	0,69	0,33	0,40	1 001	0,44
1967	30	0,57	0,29	0,35	678	0,25
1968	35	0,57	0,31	0,38	912	0,29
1969	32	0,48	0,27	0,34	946	0,27
1970	28	0,40	0,23	0,30	779	0,18
1971	31	0,44	0,26	0,32	967	0,21
1972	42 [3]	0,58	0,34	0,44	1 210	0,26
1973	36	0,48	0,28	0,36	957	0,17
1974	29	0,39	0,23	0,30	1 383	0,24
1975	20	0,27	0,16	0,21	625	0,08
1976	20 [3]	0,25	0,15	0,20	1 487	0,12
1977	24	0,30	0,18	0,24	1 414	0,07
1978	25	0,29	0,18	0,24	1 116	0,09
1979	31	0,34	0,21	0,29	1 223	0,10
1980	21	0,23	0,14	0,20	740	0,09
1981	21	0,21	0,14	0,21	362	0,04
1982 [4]	25	0,28	0,17	0,25	753	0,08
1983 [4]	20 [5]	0,21	0,13	0,19	809	0,08
1984 [4]	15 [2]	0,15	0,10	0,14	448	0,02
1985					1 544 [c]	

Nota. — (1) Données incomplètes (U.R.S.S. non comprise). (2) Dont 1 abordage en vol compté comme un seul accident. (3) Dont 2 abordages en vol comptés comme 2 accidents. (4) Estimation. (5) Dont 1 collision à terre. (C) en incluant les charters.

Autres vols

Vols non réguliers des transports réguliers et vols de transport assurés par les exploitants de services commerciaux non réguliers. *1984 :* 36 acc. (142 †). *83 :* 30 (112). *81 :* 18 (243). *80 :* 29 (277).

Aviation générale (vols autres que ceux du transports aérien régulier et non régulier). *1983 :* env. 1 000 acc. (1 950 †) [dont aux U.S.A. 547 (1 046)]. *84 :* 529 (998).

En France

Accidents de personnes en France et nombre de victimes
nombre total dont aviation privée (hélicoptères, planeurs, ballons non compris)

Année	Accidents : Total	Accidents : Aviation privée	Morts : Total	Morts : Aviation privée	Blessés : Total	Blessés : Aviation privée
1972	71	63	141	66	78	65
1973	73	65	45	41	92	80
1974	84	71	77	71	98	80
1975	66	65	65	57	63	63
1976	68	66	71	67	62	62
1977	62	57	76	74	68	57
1978	78	74	104	88	72	65
1979	73	69	93	84	103	98
1980	66	62	83	81	71	68
1981	55	54	39	83	69	69
1982	45	42	34	31	64	61
1983	42	40	48	48	45	43
1984	60	55	62	60	69	62

Avions et hélicoptères

• **Accidents principaux.** Depuis 1974. **En France 1974-***3-3 :* DC 10 de la Turkish Airlines près d'Ermenonville, 346 † (cause : mauvaise fermeture d'une porte de soute). **Dans le monde : 1977-***27-3 :* coll. au sol entre 2 B 747 (Pan Am et KLM) à Tenerife (Canaries), 643 pers. à bord, 612 †, 3 blessés, 28 survivants ; indemnisation des victimes : env. 81,5 millions de $ (405 MF).

Plus graves accidents d'avions. De 1974 à 1984. 1974-*3-3 :* DC-10, Turkish Airlines, forêt d'Ermenonville (près de Paris), 346 † (voir ci-dessus), *-20-11 :* Lufthansa, Nairobi (Kenya), 59 †, *-4-12 :* DC-6 néerlandais transportant des pèlerins à La Mecque, près de Ceylan, 191 †. **1975-***4-4 :* C-5, Galaxy de l'U.S. Air Force, près d'Agadir (Maroc), 188 †. **1976-***19-9 :* B-727, Turkish Airlines, près d'Isparta (Turquie), 164 †. **1977-***27-3 :* 2 B-747, Ténériffe (Canaries), se télescopent sur la piste, 612 † (voir ci-dessus). **1978-***1-1 :* Boeing, Air India, près de Bombay (Inde), plonge dans la mer, 213 †, *-15-11 :* DC-8, Islandais transportant des pèlerins indonésiens à La Mecque, Colombo, 199 †. **1979-***25-5 :* DC-10, American Airlines, perd un réacteur au décollage, s'écrase sur l'aéroport de Chicago-O'Hare, 273 †, *-28-11 :* DC-10, néozél., heurte un volcan dans l'Antarctique, 257 †. **1980-***19-8 :* Lockeed Tristar Saoudien, près de Ryad (Arabie), 303 †, *-10-10 :* B-747, Korean Airlines, Séoul (Corée du S.), sort de la piste, 14 †. **1981-***1-12 :* DC-9 Yougoslave, s'écrase en Corse, 180 †. **1982-***9-7 :* B-727, Panam, près de la Nouvelle-Orléans (à cause du vent), 154 †. **1983-***1-9 :* B-747, Korean Airlines, abattu par chasse soviétique, 269 † (voir ci-dessous), *-27-11 :* B-747, Avianca, s'écrase à l'atterrissage près de Madrid, 179 †. **1985-***1-1 :* B-727, Eastern, La Paz (Bolivie), 29 †, *-18-1 :* AN 24, C.A.A.C., Jinan (Chine), 38 †, *-19-1 :* Ilyouchine IL 18, Cubana (La Havane, Cuba), 40 †, *-21-1 :* L 188 Electra Galaxy, Reno (U.S.A.), 71 †, *-23-1 :* Bandeirante de A de I Régionale, Bogota (Colombie), 17 †, *-23-1 :* Twin Otter AC Colombia, 23 † en Colombie, *-1-2 :* TU 134 de Aeroflot (Minsk, U.R.S.S.), 72 †, Islander (Kalimantan, Indonésie), 8 †, *-18-2 :* B-727 Ibéria s'écrase près de Bilbao (Espagne), 148 †, *-22-2 :* AN 24, Air Mali, Tombouctou, 50 †, *-28-3 :* Fokker F 28 Sabena, Florencia (Colombie), 52 †, *-15-4 :* B-737, Thai Airways (Phuket, Thaïlande), 11 †, TU 134/AN 2, Aeroflot militaire (Kvov, U.R.S.S.), 70 †, *-3-5 :* avion soviétique (U.R.S.S.), n.c., *-15-5 :* Islander, da En de TTA (Mozambique), 5 †, *-16-5 :* Ilyouchine IL 18, Aeroflot (Sakhaline, U.R.S.S.), n.c., *-28-5 :* Convair CV 580 (Cabinas Venezuela), 2 †, *-24-6 :* Bandeirante de Taba (Juara, Brésil), 17 †, *-18-7 :* Tupolev 154 (U.R.S.S.), 164 †, *-24-7 :* DC 6 militaire (Leticia, Colombie), 81 †, *-2-8 :* Tristar, Delta Airlines, s'écrase sur l'aéroport de Dallas (U.S.A.), 131 †, *-12-8 :* Japan Airlines s'écrase au sol, 524 †, (la + grave catastrophe civile concernant un seul appareil) : fuite d'air pressurisé à travers une cloison fendue ; Boeing a depuis demandé, aux 70 Cies exploitant les 615 B-747 actuellement en service, de renforcer la partie arrière de l'appareil, *-22-8 :* B-737/JT 8 D, British Airtours (Manchester, G.-B.), 54 †. **1986-***31-3* B-727, Mexicana (Mexique) 170 †.

• **Accidents lors de meetings aériens. Angleterre. Farnborough. 1952** *7-5 :* Super DH 110 De Havilland se désintègre, 27 † (pilote, navigateur, 25 spectateurs), 63 blessés graves. **1968** *20-9 :* Breguet 1150 Atlantic pris dans un courant descendant accroche un hangar et s'abat, 12 † dont plusieurs spectateurs. **1970** *10-9 :* rotor d'un autogire se brise, l'appareil tombe de 60 m. Pilote tué. **Old Warden. 1966** *26-6 :* Cessna biplace s'écrase sur des voitures, 3 † et 10 blessés.

France. 1911 *21-5 :* Berteaux (n. 1852), ministre de la Guerre, tué par l'hélice d'un monoplan sur le champ de manœuvres d'Issy au départ de la course Paris-Madrid. **1961** *4-6 :* bombardier amér. B 58 s'écrase près de Louvres, 3 †. **1963** *16-6 :* Hawker P 1127 prototype brit., manque son atterrissage, pilote indemne. **1965** *15-6 :* B 58 Hustler bombardier am. s'écrase près de Goussainville, 3 †. **1967** *4-6 :* Fouga-Magister de la Patrouille de France qui tente de se poser en catastrophe, train d'atterris. rentré, explose non loin de la tribune d'honneur, pilote † ; hélicoptère américain s'écrase près de la piste, 1 †. **1969 :** chasseur italien Fiat G 91 s'abat sur un parc à voitures, 6 † (5 spectateurs et pilote). **1973** *3-6 :* Tupolev 144 explose en vol et s'écrase au-dessus de Goussainville, 13 † (équipage 6, et 7 hab. de Goussainville).

Attentats : 1983-*23-9 :* Boeing de la Gulf Air à 120 km d'Abu Dhabi, 111 † (Brigades révol. arabes). **1985-***12-12 :* DC-8 amér. à Terre-Neuve, 256 milit. † (Organ. des révol. d'Égypte), *-31-3 :* B-727 Mexique, 170 † (Brigades révol. arabes), *-23-6 :* B-747 Air India, dans l'océan Atlantique, près de l'Irlande (explosion), 329 †. **1986-***2-4 :* B-727 de la TWA à 3 300 m au-dessus de Mycènes (Grèce), une explosion perfore la cabine, 4 passagers † (aspirés).

• **Avions civils abattus. 1943-***1-6 :* avion anglais de retour du Portugal abattu par les Allemands qui croyaient que Churchill était à bord, 17 †. **1954-***23-7 :* DC 4 de la Cathay Pacific Airways par les Chinois, 10 †. **1955-***27-7 :* Constellation d'El Al par des chasseurs bulgares, 58 †. **1973-***21-2 :* Boeing 727 de la Libyan Arab Airlines par la chasse israélienne au-dessus du Sinaï, 110 †, 3 blessés. **1983-***31-8 :* B-747 Korean Airlines, 269 † (abattu en vol par la chasse soviétique). L'ordinateur de l'avion aurait été mal programmé. L'équipage aurait fait preuve d'un manque d'attention au moment de cette programmation, et par la suite d'un manque de vigilance en ne se rendant pas compte de l'erreur commise. Selon le maréchal soviét. Kirsanov, le Boeing opérait pour le bénéfice d'observations confiées au satellite Ferret-2. *Le 31-10-1985 :* 747 japonais égaré a été intercepté par des chasseurs soviétiques qui l'ont raccompagné jusqu'au couloir de circulation normal.

• **Catastrophes ayant endeuillé le sport. 1949 :** équipe de football ital. à Superga (Italie) ; **1949-***27-10 :* aux Açores, Marcel Cerdan. **1958-***6-2- :* équipe de football Manchester U à Munich. **1961 :** 18 patineurs de l'équipe américaine à Bruxelles. **1966 :** équipe ital. de natation, à Brême. **1972 :** dans les Andes, équipe de rugby de Montevideo, survit grâce à l'anthropophagie. **1979 :** équipe de football soviétique de Tachkent. **1980-***14-3 :* 22 sportifs américains à Varsovie.

☞ **Hélicoptères. 1982-***11-9 :* de l'US Air Force s'écrase au sol à Mannheim (R.F.A.), 46 parachutistes (23 français) †. **1984-***11-4 :* 2 Puma se heurtent en vol près de Cosne-sur-Loire (Nièvre), 6 militaires †. **1985-***27-6 :* Jet Ranger de André Roussel s'écrase après avoir heurté une ligne de haute tension à Martini (Suisse), 4 †. *-11-8 :* près du sommet du Grand-Argentier (Savoie), hélico. s'écrase, 2 gendarmes †. **1986-***14-1 :* hélico. Écureuil de Thierry Sabine s'écrase (en Afrique) pendant le Paris-Dakar, 3 †.

Dirigeables

Nombre. De 1900 à 1939, 178 dirigeables de toutes nationalités ont effectué env. 80 000 h de vol. 99 d'entre eux ont connu une fin tragique : 13 brûlés dans leur hangar, 39 détruits pendant la guerre, 47 ont eu un accident de vol (dont 16 perdus en mer ou dans une tempête, 15 à l'atterrissage, 7 brûlés en vol, 6 au sol, 3 désintégrés en vol).

Principaux accidents. 1913-*17-10 :* LZ 18 (All.) brûle en vol, 28 †. **1917-***30-3 :* SL 9 (All.) brûle en vol, 23 †. **1921-***24-8 :* R 38 (ZR 2) (G.-B.) désintégré en vol, 44 †. **1923-***21-12 :* LZ 114 (Dixmude) (France) brûle en vol, 50 †. **1928** disparition au large du Svalbard du dirigeable *Italia* lors de l'expédition polaire de Nobile. **1930-***5-10 :* R 101 (G.-B.) s'écrase au sol à Allonne près de Beauvais, 48 †, 7 survivants. **1933-***4-4 :* ZRS-4 (Akron) (U.S.A.), tempête en mer, 73 †. **1937-***6-5 :* LZ 129 (Hindenburg) (All.) brûle en vol, 35 †.

Accidents de chemin de fer

Accidents graves

(Nombre de tués)

• **Trains. En France. 1842-***8-5 Meudon* (Ht-de-S.), ligne de Versailles (rive gauche) 150. **1910-***14-8 Villepreux* (Yv.), 37. *-10-9 Bernay* (Eure) 15. **1913-***4-11 Melun* (S.-et-M.), 39. **1917-***12-12 St-Michel-de-Maurienne* près de Modane (Sav.), 550 à 800. **1921-***5-10 Tunnel des Batignolles* (Paris) n.c. **1925-***29/30-7 St-Antoine-du-Rocher* (I.-et-L.) 16. **1927-***25-8 Montenvers* (Hte.-Sav.), 14. **1933-***24-10 St-Élier* (Eure), n.c. *-23-12 Lagny* (Oise), 230. **1946-***14-11 Revigny-sur-Ornain* (Meuse), 15. **1949-***17/18-2 Port-d'Atelier* (Hte-S.), 42. **1956-***14-6 Express Paris-Luxembourg* Fismes (Marne) [1], 11. **1957-***19-7 Nice-Paris* [1], Bollène (Vaucluse), 31. *-7-9 Paris-Nîmes* [1] Nozières-Brignon (Ardèche), 26. *16-9 Chantonnay* (Vendée), 29. *-16-11 autorail et train de marchandises* [2] (Vendée), 29. **1961-***18-6 Strasbourg-Paris* [1], Vitry-le-François (Marne), 24. **1962-***23-7 Paris-Marseille* [1] (Velars-sur-Ouche, près de Dijon), 39. oct. Montbard (C.-d'Or), 12. **1965-***28-8 Simplon Express et Lombardie Express* [2], gare de Pont d'Héry (Jura), 12. **1966-***21-10 Montargis-Nevers* [1], Cosne (Nièvre), 10. **1972-***16-6 effondrement voûte de tunnel* Vierzy (Aisne), sur 2 trans, 108. **1974-***4-8 Caen-Rennes,* Dol-de-Bretagne (I.-et-V.) [1], 10. **1975-***22-5 Séméac* (H.-Pyr.), 5. *-25-12 Chalon-sur-Saône* (S.-et-L.), 4. **1981-***mars Beaune* (C.-d'Or), 2. **1982-***15-1 Épinay-sur-Seine* (S.-St-D.), 3. **1983-***26-7 Barbentane-Rognonas,* 5. **1985-***8-7 Saint-Pierre-du-Vauvray* (Eure), 9. *-3-8 Flaujac* (Lot), 35 (2 trains se heurtent). *-31-8 Argenton-sur-Creuse* (Indre), 42.

Dans le monde. 1876-*29-12 Ashtabula River* [3] (Ohio, U.S.A.), 91. **1879-***28-12 Rivière de Tay* (Écosse) [3], 72. **1881-***2-6 Cuartla* (Mexique), 200. **1882-***13-7 Tcherny* (Russie), 150. **1889-***12-6 Ligne Great Northern Railway* (Irlande), 78. **1891** *Bâle* (Suisse), 100. **1915-***14-6 Quintin Hill* (Écosse), 227. **1917-***12-3 Bolivar* (Bolivie) [4] (29 f. et 30 enf.), 66. *-1-11 New York* (U.S.A.), 100. **1932-***14-9 Turenne* (Alg.), 61 ou +. **1939-***22-12 Magdebourg* (All.), 125. **1940-***29-1 Osaka* (Japon), 200. **1944-***2-3 Salerne* (Italie) [5], 521. **1945-***24-6 Ouarzirah* (Maroc), n.c. **1949-***22-10 Nowy Dwor* (Pol.), 200. **1950-***6-4 Rio de Janeiro* (Brésil), 128. **1952-***4-3 Rio de Janeiro* (B.), 119. *-9-7 Rzepin* (Pol.), 160. *-8-10 Harrow* (Angl.), 112. **1953-***24-12 Walouri* (N.-Zél.) [6], 184. *Sakvice* (Tchéc.), 103. **1954-***24-9 Madras-New Delhi* (Inde), 300. *-28-12 Hvderabad* (Inde), 137. **1955-***3-4 près de Guadalajara* (Mex.), 300. **1957-***1-9 Kendal* (Jamaïque), 120 ou 175. *-29-9 Montgomery* (Pakistan), 200. *-4-12 Lewisham* (Angl.), 90. **1958-***8-5 Rio de Janeiro* (B.), 128. **1959-***28-5 Djakarta* (Indon.), 185. **1960-***14-11 Pardubice* (Tchéc.), 117. **1961-***23-12 Catanzaro* (Italie), 69. **1962-***8-1 Woerden* (P.-Bas), 91. *-3-5 Mikawashima* (Japon) [7], 142. *-31-5 Voghera* (Italie), 65. *-21-7 Tumraon* (Pakistan), 65. **1963-***9-11 Tsurumi* (Japon) [7], 168. **1964-***27-7 Porto* (Portugal), 103. **1970-***4-2 près de Buenos Aires* (Arg.), 236. *-16-2 Langalanga* (Nigeria), 150. **1972-***20-7 El Curvo* (Esp.), 76. *-6-10 Saltillo* (Mex.), 204. **1975-***22-2* 2 trains, *Oslo* (Norvège) [2], 27. *-22-5 Rabat* (Maroc), 34. *-8-6 Warngau* (All. féd.), 36. *-19-7 Rio de Janeiro* (B.), 100. *-29-9 Buenos Aires* (Arg.), 32. **1976-***27-6 Neufvilles* (Belg.), 11. *-2-11* à *Czestochowa* (Pol.) [2], 26. *-23-7 Brigue* (Suisse), 6. **1977-***18-1 Granville* (Australie), 82. *-27-6 Francfort-sur-Oder* (All. dém.) [2], 19. **1978-***15-4 Mozzuno* (Italie) [2], 50. *-23-11 Oturkpo* (Nigeria), 100. *-18-12 Chengchow* (Chine), 104. **1979-***27-1 Chuadanga* (Bangladesh), 70. *-21-8 Bangkok* (Thaïlande), 50. *-13-9 Express Belgrade-Skopjie* (Yougoslavie) [2], 60. *-14-9 Stalac* (Yougoslavie), 57. *-10-11 Mississanga* (Canada), n.c. 250 000 personnes évacuées à cause des émanations toxiques (incendie du convoi spécial de produits chimiques dangereux). **1980-***juil. Torralbadel Moral* (Esp.). *-19-8 Torun* (Pol.) [2], 69. *-21-11 Calabre* (Italie) [2], 28. **1981-***16-3* (Pérou), 35. *-22-3 Youg* [8], 38. *-5-6 Samastipur* (Inde), 900. **1982-***27-1 Bou Halouane* (Alg.), 130. *-12-9 Zurich* (Suisse) [2], avec un car, 29. **1983-***avril prov. de Human* (Chine) [2], 600. **1984-***14-7 Youg.* [2], 31. *-1-9 Martigny* (Suisse), 6. **1985-***14-1* (Éthiopie), 450. *-11-9 Mangualde* (Portugal), 50. *-14-9 Renens* (Suisse), 5. **1986-***5-5 Santa Iria* (Portugal), 17. *-8-6 Hinton* (Canada), 30.

Nota. — (1) Déraillement. (2) Collision. (3) Pont effondré. (4) Panique. (5) Asphyxie. (6) Dans la mer. (7) Collision de 3 trains. (8) Chute dans rivière.

Accidents ferroviaires en France en 1984. Chemins de fer. *Accidents :* 566 dont acc. de trains 127, collisions 49, déraillement et autres 78. *Tués, entre parenthèses, blessés graves :* 127 (171) dont agents en service 6 (24), voyageurs 39 (102) [dont par acc. de trains 1 (3)], autres 81 (42). **Passage à niveau.** *Accidents :* 354 dont coll. de véhicules ferroviaires et routiers sur passages à niveau : avec signalisation automatique 211, non gardés (sans barrières, ni signalisation 80, gardés 27 ; acc. de piétons 36. *Tués :* 94. *Blessés graves :* 35.

S.N.C.F. (Nombre de tués)	Agents[1]	Voyageurs[2]	Divers[3]	Total
1975	24	51	150	225
1976	28	44	122	194
1977	24	43	167	234
1978	34	50	178	262
1979	23	45	136	204
1980	17	33	81	131
1981	21	45	85	151
1982	22	58	89	169
1983	14	64	100	178
1984	6	40	81	127

Nota. — (1) Tués en service. (2) Tués par accident individuel de chemin de fer. (3) *Ex. :* voyageurs montant dans un train en marche, automobiliste tué à un passage à niveau régulièrement signalé non gardé.

Accidents de métro

• **Paris. 1903-***10-8 :* court-circuit détecté à Barbès, le feu reprit à Ménilmontant ; à Couronnes, on fit descendre les voyageurs (300) ; mais la majorité restèrent sur le quai pour se faire rembourser leur billet. La fumée arriva par le tunnel et une panique s'ensuivit : 84 † asphyxiés. *23-4 :* coll. à la Porte de Vers. : 2 †. **1962-***8-2 :* métro Charonne, panique lors d'une manif. anti-O.A.S. : 9 †. **1976-***25-11 :* coll. entre Madeleine et Concorde : 33 bl. légers. **1981-***19-1 :* coll. à Auber : 1 †, 71 bl. *-6-2 :* coll. à Nation : 1 †, 5 bl.

Monde. Chicago. 1977-*4-2 :* coll. : 11 †, 200 bl. **Londres. 1975-***28-2 :* 29 †. **Mexico. 1975-***20-10 :* coll. : 50 †. **Moscou. 1981-***10-6 :* coll. : 7 †.

Accidents maritimes

Navires français et étrangers dans les eaux territoriales françaises

Accidents (mer) France	1979	1980	1981	1982	1983	1984
Total	2 529	2 815	3 691	3 855	3 152	2 522
commerce	316	268	348	441	407	393
pêche	354	319	445	442	411	376
plaisance	1 358	1 840	2 048	2 761	2 062	1 602
Morts	261	86	129	111	153	150
Blessés	145	66	193	158	146	110
Disparus	82	106	149	81	56	72
Sauvés	1 446	579	1 335	1 465	586	691

Naufrages

Navires de surface

(Causes et nombre de morts)

1799-*10-10* Lutine (avec un trésor de 250 000 à 1 400 000 livres sterling ; explorée en 1859, l'épave ne restituera que 100 000 livres, et la cloche qui depuis est suspendue au-dessus de l'estrade du Lloyds de Londres ; traditionnellement, sonne 2 coups pour annoncer les bonnes nouvelles maritimes, et 1 coup pour les mauvaises).

1816-*2-7 La Méduse* (Fr.) : env. 300 †. Sur 400 passagers, 66 personnes (commandant, officiers et leurs domestiques) ont embarqué sur des canots, 147 sur un radeau (20 m × 7 m) dont 27 ont survécu au bout du 4e jour (sans eau potable ni nourriture), 15 au bout de 13 jours (5 succombèrent une fois arrivés à terre). L'épave a été retrouvée en 1980 à 80 km au large de la Mauritanie. **54-***mars City of Glasgow* (G.-B.) : 450.

-27-9 Collision *Arctic* (G.-B.) *Vesta* (Fr.) : 346. **55-***15-2 La Sémillante* (Fr.), aux Lavezzi : 773. **56-***23-1 Pacific* disp. : 186. **65-***27-4 Sultana* (U.S.A.), explos. : 1 450. **72** *Marie-Céleste* (U.S.A.), trouvée le 7-12 abandonnée, l'équipage ayant disparu. **73-***1-4 Atlantic* (G.-B.) : 481 ou 585. *-23-11 Ville du Havre* (Fr.), collision : 230. **78-***3-9 Princess Alice* (G.-B.), collision : 700. *-18-12 Byzantin* (Fr.), collision : 210. **80-***24-11 Oncle Josef* (Fr.), collision : 250. **91-***17-3 Utopia* (G.-B.) : 574. *-30-1 Northfleet* (G.-B.) collision : 300. **94** *Kowshing* (G.-B.), torpillé : 1 150. **95-***29-1 Elbe* (All.), collision : 332. **98-***15-2 Maine* (U.S.A.) à Cuba, explosion : 266. *-4-7 La Bourgogne* (France), collision : 565.

1904-*15-6 General Slocum* (U.S.A.), incendie : 1 021. *-28-6 Norge : 590.* **06-***12-4 Cte de Smet de Naeyer* (navire école belge), tempête : 59. **07-***21-2 Berlin* (G.-B.), tempête : 129. *-12-3 Iéna* (cuirassé, Fr.) explosion à Toulon : 117. **10-***9-2 Général Chanzy* (France), à Minorque : 155. *-17-7 La Grandière* Chaloupe canonnière (Mékong) : 5. **11-***25-9 Liberté* (cuirassé, France) : 285. **12-***5-3 Principe de Asturias* (Esp.), rocher : 500. *Nuit 14/15-6* à 2 h 20 *Titanic* (G.-B.), réputé insubmersible, alors le plus grand navire du monde 271,60 m, 46 328 tjb) heurte un iceberg à 22 h15 (coule à 2 h 20) ; gît à 3 950 de fond ; 2 196 † (764 survivants : il n'y avait que 20 barques de sauvetage, capacité 1 200 personnes). Le coffre-fort contiendrait pour 300 millions de $ de bijoux (épave retrouvée et photographiée le 1-9-85). *-28-9 Kiche-maru* (Jap.) : 1 000. **13-***6-1 Masséna* (Fr.), explosion : 8. **14-***29-5 Empress of Ireland* (Angl.), coll. avec cargo norvégien *Storstad* sur le St-Laurent : 1 106. **15-***7-5 Lusitania* (G.-B.), torpillé : 1 198. *-24-7 Eastland* (U.S.A.), retourné : 812. **16-***26-2 Provence* (croiseur, Fr.), torpillé : 3 100. **17-***6-12 Mt-Blanc* (bateau de munitions ; Fr.), collision avec *Imo* (Belg.) à Halifax (Can.) : 1 600. **18-***11-11 Vestris* (E.-U.), tempête : 317. **19-***27-1 Chaonia* (Fr.) : 460. **20-***12-1 Afrique* (Fr.), machines : env. 450. *-2/4-2 Ville d'Alger* (Fr.) : tempête ; près de la Réunion ; incend. : 141. **27-***26-10 Principessa Mafalda* (It.) : 314. **31-***14-6 St-Philibert* (Fr.), temp. : 450. **32-***16-5 Georges Philipar* (Fr.), inc. : 90 (dont Albert Londres). **34-***8-9 Le Morro-Castle* (paquebot, U.S.A.), incendie : 180. **36-***16-9 Pourquoi pas ?* (nav. de bois de 449 tx), tempête, s'écrase sur un rocher à 40 km de Reyjavick (Finl.) 37 † [dont Jean Charcot (n. 15-7-1867) médecin, explorateur], 1 survivant. **38-***mars Admiral Karpfanger* (voilier école allem.), disparu : 60. **40-***28-5 Brazza* (nav. de commerce, Fr.) torpillé et coulé : 369. *-17-6 Le Lancastria* (paquebot la Cunard-Line), coulé au large de St-Nazaire par bombardiers all. : 6 000. **42-***9-1 Lamoricière* (Fr.) : 299. *-9-2 Normandie* (Fr.), inc. : 1. *-2-10 Curaçāo* (croiseur, G.-B.), heurté par le Queen Mary : 338. **45-***30-1 Wilhelm Gustloff* et *Gal Steuben* (All.), torpillés : 6 800. **47-***17-6 Ramdas* (Inde), orage : 625. **48-***3-12 Kianguya* (Chine), expl. : 1 000. **49-***27-1 3 navires* (Chine), coll. : 600. *-17-9 Noronic* (Can.), inc. : 138. **51-***28-12 Flying Enterprise* (U.S.A.), capitaine K. Carlsen reste seul à bord du navire en détresse, au large des côtes anglaises, dans l'Atlantique, jusqu'au 11-1-52. Le navire, a-t-on appris depuis, transportait du zirconium pour la fabrication du sous-marin atomique Nautilus. **52-***26-4 Hobson* (destroyer, U.S.A.), collision : 176. *-22-12 Champollion* (paquebot, Fr.), échoué : 15. **53-***31-1 Princ. Victoria* (G.-B.), tempête : 128. *-1-8 Monique* (Fr.), disparu : 120. **54-***26-9 2 ferries* (Japon), collision : 1 172. **56-***26-7 Andrea Doria* (It., paquebot), collision avec le paq. *Stockholm* (suédois) : 52. *-21-9* 1 *bateau* près Secunderabad (Inde) : 121. *-23-11* 1 *bateau :* rivière de Marudaiyar (Inde) : 143. **57-***14-7 Eshghabad* (U.R.S.S.), inc. : 270. **58-***1-3 ferry* (Turquie), temp. : 361. **59-***30-1 Hans Hedtoft* (Dan.), iceberg : 93. **61-***7-7 Save* (Port.), explos. : 150. *-8-8 Dara* (G.-B.), incendie : 212. *-4-12 Vencedor* (Col.), inc. : 300. **63-***11-7 Ciudad de Asuncion* (Arg.), inc. : 40. *-23-12 Lakonia* (Grèce), inc. : 155. **64-***26-7 Porto* (Portugal) : 94. **66-***7-12 Heraklion* (Gr.), temp. : 264. **67-***6-6 Langenweddingen* (All. dém.) : 82. *-22-9* Pakistan : 250. *-5-11 Londres* (G.-B.) : 53. **69-***18-8 Fraidieu* (lac Léman), temp. : 24. **70-***30-1* 1 *bateau :* Iran : 90. *-1-8 Christina* (Ile Nevis) : 125. *-7-8 Ste-Odile* (lac Léman), temp. : 7. **71-***28-5 Wuppertal* (All. féd.) : 47. *-28-8 Héléana* (Adriatique), inc. : 25. **72-***févr. A Rangoon* (Birmanie), collision : 200. *-11-5 Royston Grange et Tien Chee,* collision (Rio de la Plata) : 84. **73-***5-5* au Bangladesh, collision : 250. *-24-12 ferry-boat* (Équateur) : 200. **74-***25-10 ferry-boat* (Bangladesh) : 200. **75-***23-7 Vénus des Iles* (France) : 14. **79-***8-1 Betelgeuse* (pétrolier, Fr.), inc., explosion : 50. *-16-1 pétrolier* (Roumanie) : 51. *-14-2 François Vieljeux* (Fr.) chavirement : 23. *-26-6 Emmanuel Delmas* (Fr.) abordage avec le navire italien Vera Berlingieri, inc., explosion : 27. **80-***24-4 Don Juan* (Philippines) : 350. **81-***janv.* au Brésil, banc de sable : env. 200. *-27-1 Tamponas II* (Indonésie), incendie : 589. **84-***3-6 Marques* (G.-B.) au large des Bermudes : 19 †. *-2-10 Martina* (All.) coulé par le chargement d'un chaland à Hambourg : 23 †. **85-***30-5 Aéroglisseur* (G.-B.) heurte une jetée à Douvres : 2 †.

Nota. — Pour les naufrages de pétroliers voir pollution à l'Index.

Le plus grand navire du monde qui ait fait naufrage est le Marpessa, pétrolier de la Shell, coulé au cours de son 2e voyage, après un incendie, le 15-12-1969. Il avait coûté 73 millions de $.

279 navires marchands perdus en 80, à la suite d'accidents de tous ordres (collisions, incendies...).

Flotte française	Accidents	Morts	Blessés graves Tiers compris	Blessés légers	Nombre accidents matériels > 10 %
1973	82	54	39	64	260
1974	77	73	39	69	286
1975	70	65	23	56	239
1976	73	75	28	43	242
1977	69	85	23	52	257
1978	90	110	39	45	245
1979	84	92	40	68	222
1980	76	80	42	45	194
1981	67	78	19	45	169
1982	94	46	27	86	235
1983	74	62	22	40	200
1984	97	80	21	109	269

Sous-marins

(Nombre de morts)

1905 *Farfadet* (Fr.) 14. **10-***26-5 Pluviose* (Fr.) 27. **21** *M* (G.-B.) 69. **24-***10-1 L 24* (G.-B.) 48. **25-***26-8 Veniero* (Italie) 50. *-26-9 S 51* (U.S.A.), coll. 34. *-12-11 M 1* (G.-B.) 69. **28-***6-8 F 14* (It.), coulé 27. *-3-10 Ondine* (Fr.), coll. 43. **29-***9-7 H 47* (G.-B.), coll. n.c. **31-***22-5 Q* (U.R.S.S.) 35. **32-***26-1 M-2* (G.-B.) 66. *-7-7 Prométhée* (Fr.) 63. **39-***2-2 I-36* (Japon) 81. *-24-5 Squalus* (U.S.A.) 26. *-1-6 Thétis* (G.-B.) 98. *16-6 Phénix* (Fr.) 71. **41-***16-6 O 9* (U.S.A.) 33. **46-***6-12* le *2326* (Fr.) 22. **49-***août Cochino* (U.S.A.) 76. **50-***12-1 Truculent* (G.-B.), coll. 64 (la plupart de froid), 15 rescapés. **51-***17-4 Affray* (G.-B.) 75. **52-***24-9 Sibylle* (Fr.) 48. **53-***6-4 Dumlupinar* (Turquie) 91. **55-***16-6 Sidon* (G.-B.) 13. **63-***10-4 Tresher* (U.S.A.) s.-m- nucléaire 129. **66-***14-9 Hai* (All.) 20. **68-***25-1 Dakar* (Israël) 69. *-27-1 Minerve* (Fr.) 52. *-21-5 Scorpion* (U.S.A.) s.-m. nucléaire 99 ; *s.-m. nucléaire* (U.R.S.S.). **70-***4-3 Eurydice* (France) 57. *-20-8 Galatée* (Fr.) 6. **81-***août G* (Chine), explosion en plongée 100. **83** *juin s.-m. nucléaire* (U.R.S.S.).

Nota. — Les sous-marins sont conçus pour naviguer à 200/300 m de profondeur. Vers 500 m, la coque s'écrase.

Accidents de la route

Dans le monde

Le trafic étant estimé de différentes manières, ces chiffres sont difficilement comparables. Ainsi, en Suisse, toute personne décédée dans l'année qui suit l'accident est considérée comme tuée, alors que le délai est de 6 j en France, 30 j en G.-B.

Il y a env. 300 000 personnes tuées par les accidents de la route chaque année et env. 10 000 000 de blessés.

Les plus grands accidents routiers

Brésil. *1960-24-8* TURVO : autobus 60 †. *1974-28-7* BELEM : coll. autobus camion 69 †, 10 bl. **Corée du Sud.** *1972-10-5* autobus tombant dans l'eau, 77 noyés. **Égypte.** *1965-1-11* LE CAIRE : trolleybus tombant dans le Nil, 74 noyés, 19 survivants. **Espagne.** *1978-11-7* LOS ALFAQUES : camion de propylène explosant près d'un camping, env. 200 †. **France.** *1955-13-6* LE MANS : voiture de course entre dans la foule, 78 †. *1964-27-7* HARVILLE-SOUS-MONTFORT (Vosges) : car 20 †. *16-8* PETIT-ST-BERNARD : car 17 †. *1971-30-8* SANCY-LES-PROVINS (S.-et-M.) : car-camion 11 †. *1972-26-2* AUTOROUTE DU NORD : carambolage 12 †, 22 bl. graves. *1973-1-2* ST-AMAND-LES-EAUX (Nord) : explosion d'un camion-citerne, 4 †, 33 bl. *18-7* VIZILLE (Isère) : autocar belge, chute dans un ravin 43 †. *1975-2-4* VIZILLE (Isère) : chute d'un car, 29 †. *1976-21-12* un car transportant des enfants handicapés chute dans le Rhône à Lyon 14 †. *1978-28-3* COL DE PEYRESOURDE : autocar d'enfants, chute, 8 †, 18 bl. *1979-19-10* SÉMÉAC (Htes-Pyr.) : collision train et autocar de pèlerins, 21 †. *1980-23-3* car de la base aérienne d'Istres, chute, 17 †, 4 bl. *1981-5-12* PÉAGE-DE-ROUSSILLON (Isère) : collision en chaîne poids lourds et voitures, 6 †, 18 bl. *-19-11* LA GARDE-ADHÉMAR (Drôme) : incendie d'un car, 5 †. *1982-31-7* AUTOROUTE A-6 près de Beaune (Côte-d'Or) : collision et incendie de 2 cars d'enfants et 6 voitures, 53 †, dont 46 enfants. **Inde.** *1962-30-5* AHMADABAD : autobus, 69 †. *1973-7-7* ALWAR : autobus emporté par une rivière en crue, 78 noyés, 8 rescapés. *1975-19-5* POONO : véhicule de ferme transportant un mariage heurtant un train, 66 †, 18 bl. **Philippines.** *1967-6-1* TERPATE : collision de 2 autobus, 84 †, 140 bl. **Togo.** *1965-6-12* SOTOUBOUA : 2 camions entrent dans la foule, plus de 125 †.

Nombre de blessés et de tués
En 1983.
Source : Ministère de l'Urbanisme, du Logement et des Transports

Pays	Blessés	Tués
All. féd.	550 942	11 732
Belgique	81 487	2 090
Espagne	116 928	4 666
France	*301 434* *284 907* (2)	*11 946* *11 685* (2)
G.-B.	316 297	5 618
Italie	225 132 (1)	7 706 (1)
Luxembourg	2 203	85
P.-Bas	53 922 (1)	1 710 (1)
Suède	20 582	779
Suisse	33 630	1 159
U.S.A.	3 475 584	42 584

Nota. — (1) 1982. (2) 1984.

En France

Blessés. *Nombre. 1910 :* 185 031. *67 :* 301 356. *72 :* 388 067. *80 :* 339 632. *83 :* 301 434. *84 :* 284 907. *85 :* 270 799.

Tués. *Nombre et taux aux 100 millions de véhic./km. 1972 :* 16 617 (8,2). *73 :* 15 636 (7,1). *74 :* 13 521 (6,2). *75 :* 13 170 (5,8). *76 :* 13 787 (5,7). *77 :* 13 104 (5,3). *78 :* 12 137 (4,6). *79 :* 12 480 (4,6). *80 :* 12 543. *81 :* 12 428. *82 :* 12 410. *83 :* 11 946. *84 :* 11 685. *85 :* 10 448 (dont piétons 792, cyclistes 278, cyclomotoristes 525, motocyclistes 369, passagers de voitures de tourisme 3 139, d'utilitaires et poids lourds 314).

Bilan 1985. *Accidents :* 191 132, dont zone urbaine 124 221. *Blessés :* 270 799, dont z. urbaine 165 521. *Tués :* 10 448, dont z. urbaine 2 877. *Nombre de tués pour 100 accidents :* 6,9, hors agglomération 13,9 (*sur autoroutes* 13,3, *routes nationales* 14,5, *voies express* 9,2, *chemins départementaux* 10,4).

Répartition dans l'espace (1985). *Catégories de voies.* Chemins départementaux 39 492 accidents corporels (4 122 tués), routes nationales 16 351 (2 367), chemins communaux 7 190 (462), autoroutes 1 979 (263), routes express 349 (67), hors réseaux publics 268 (15), bretelles d'autoroutes 228 (13), autres voies 6 762 (272). *Situation des voies.* Hors agglomérations entre parenthèses, en agglom. : 42 025 acc. corporels : (24 886), 36 996 acc. non mortels (23 341), 5 029 acc. mortels (1 545), 5 859 tués (1 712), 27 592 blessés graves (13 622), 42 687 bl. légers (21 377). *Caractéristiques des voies.* Acc. corporels et, entre parenthèses, tués : plats 52 496 (5 842), hors intersections 52 162 (6 514), rectilignes 44 598 (4 812), en intersections 14 749 (1 057), courbes 8 363 (810), descentes 7 664 (808), montées 6 361 (584), bas de descentes 1 787 (213), sommets de côtes 1 002 (124). *Régime de circulation.* Acc. corporels et, entre parenthèses, tués : à 2 sens 62 301 (6 987), chaussées séparées 3 928 (489), sens uniques 1 806 (95).

Répartition par jour des accidents corporels dont acc. mortels entre par. (1985). *Lundi* 8 244 (713), *mardi* 8 106 (801), *mercredi* 7 981 (751), *jeudi* 8 458 (819), *vendredi* 10 004 (960), *samedi* 11 842 (1 209), *dimanche* 12 276 (1 321). *Jours primevère* 3 530 (363), *veille de fête* 1 602 (177), *jour férié* 1 503 (173), *lendemain de fête* 1 328 (139).

Répartition en %. Selon les heures (1985). *18-21 h :* 10,1 ; *15-18 h :* 8,1 ; *12-15 h :* 7,3 ; *9-12 h :* 7,6 ; *21-24 h :* 13,8 ; *6-9 h :* 9,5 ; *0-3 h :* 15,5 ; *3-6 h :* 14,7.

Accidents mortels par rapport aux accidents corporels en % (1985). Selon les mois : *janv.-févr.* : 9,8 ; *févr.-mars* : 9,6 ; *mars-avril* : 9,5 ; *avril-mai* : 9,8 ; *mai-juin* : 9,6 ; *juin-juillet* : 9,7 ; *juillet-août* : 10,1 ; *août-septembre* : 10 ; *sept.-octobre* : 10 ; *oct.-novembre* : 10,4 ; *nov.-décembre* : 10,8 ; *déc.-janv.* : 10,7. **Selon les heures :** *0-3 h* : 15,5 ; *3-6 h* : 14,7 ; *21-24 h* : 13,8 ; *18-21 h* : 10,1 ; *6-9 h* : 9,5 ; *15-18 h* : 8,1 ; *9-12 h* : 7,6 ; *12-15 h* : 7,3. **Selon le type de voie.** Voie express 16,3. Route nationale 12,7. Autoroute 10,5. Chemin départemental 9,7. Communal 7 [1]. Il y a 2 accidents corporels sur 3 et 3 acc. mortels sur 4 en dehors de toute agglomération.

Nota. — (1) 1982.

• **Usagers impliqués dans des accidents (1985).** Cyclistes 3 689, cyclomoteurs 9 264, vélomoteurs 537, motocyclettes 6 072, voitures particulières 140 410, transports en commun 2 913, piétons 6 541.

• **Auteurs présumés des accidents corporels (en %, 1985).** *Répartition selon l'ancienneté du permis de conduire : sans permis* 2,5. — *1 an* : 9,5. *De 1 à 5 ans* : 25,4. *De 5 à 20 ans* : 40,1. + *de 20 ans* : 22,5.

• **% de tués par rapport à l'ensemble des victimes (1985). Selon les mois.** *Janv.-févr.* 6,8 ; *févr.-mars* 6,5 ; *mars-avril* 6 ; *avril-mai* 6,7 ; *mai-juin* 6,7 ; *juin-juillet* 6,7 ; *juillet-août* 6,8 ; *août-septembre* 6,8 ; *sept.-octobre* 6,8 ; *oct.-novembre* 7,1 ; *nov.-décembre* 7,4 ; *déc.-janv.* 7,5. **Par catégorie d'usagers (1984).** Voitures utilitaires 6,3 ; voitures particulières 6,5 ; 2-roues 7,1 ; piétons 13,2. **Par tranches d'âges (1984).** — *de 14 ans* 4,9 ; *de 14 à 18* 4,6 ; *de 18 à 25* 25,4 ; *de 25 à 65* 50,9 ; + *de 65* 14,2.

Nota. — En 1984, les accidents les plus meurtriers eurent lieu sur les autoroutes (16,3 % de tués) et sur les routes nationales (15,8 %) ; voies express (12,3) ; chemins départementaux (10,4).

2-roues

Nombre de tués, en italique de blessés, entre parenthèses % sur le total des tués et blessés par les accidents de la route, en 1985. **Vélos** 280 (2,6) *3 269 (1,2).* **Cyclomoteurs** 542 (5,2) *8 120 (3).* **Vélomoteurs** 30 (0,3) *459 (0,1).* **Motocyclettes** 448 (4,3) *5 004 (1,8).* **Ensemble 2-roues** 1 300 (12,4) *16 852 (6,2).*

Taux de tués selon le port ou, entre parenthèses, l'absence de casque (80 % des accidents mortels de conducteurs de 2-roues sont dus aux blessures à la tête). *Rase campagne et milieu urbain* (1985) : cyclomoteurs 344 (155), vélomoteurs 19 (10), motos 360 (72).

Taux de port de casque (réseau rase campagne, Gend. nat. en 1985) cyclomoteurs 76 % ; motocycles 87 %.

Causes des accidents corporels

Causes (1985). *Causes humaines liées à un comportement infractionnel :* vitesse excessive (dépassement de la v. autorisée et v. inadaptée en raison des circonstances) 19 241 ; circulation à gauche 4 496 ; influence de l'alcool (déterm. à partir de l'alcootest, donc résultats inférieurs à la réalité puisque les dépistages ne peuvent être effectués sur les morts ou les blessés graves) 5 821 ; inobservation priorité 9 333 ; changement de direction sans précaution 3 330 ; dépassement dangereux 2 329 ; changement d'allure 36 ; arrêt ou stationnement dangereux 327 ; autres causes infractionnelles 13 169. *Liées à l'état de l'usager :* malaise, fatigue 1 336 ; autres causes humaines 96.

Autres causes liées : au véhicule 683 ; à la route 733 ; aux intempéries 958.

Diverses ou indéterminées (par rapport à toutes causes) : 5 023.

Circonstances (1985). *Mauvais état de la chaussée :* mouillée 11 207 ; enneigée 1 696 ; gravillons 907 ; boue 68 ; déformée 521 ; verglacée 1 722. *Mauvaises conditions atmosphériques :* pluie 6 505 ; neige, grêle 2 005 ; brouillard, fumée 1 305 ; vent fort, tempête 433 ; temps éblouissant 2 604. *Types de manœuvres :* dépassement 3 772 ; croisement 12 530 ; rabattement 974 ; changement de direction 7 070 ; circulation même sens 1 404 ; franchissement T.P.C. 133 ; arrêt stationnement 666. *Accidents avec collision (types) :* frontale 18 375 ; latérale 20 926 ; par l'arrière 6 293 ; en chaîne 1 240 ; contre obstacle fixe, avec sortie de chaussée 9 220 ; sans sortie de chaussée 1 143. *Accidents sans collision :* 3 809.

• **Appui-tête.** En cas de choc arrière : évite des lésions causées par de petites collisions (env. 35 km/h). Les chocs importants engendrent presque toujours un arrachement des sièges et un basculement vers l'arrière de l'ensemble siège-dossier sans intervention de l'appui-tête.

• **Ceinture de sécurité. Origine. 1973-*1-7*** obligatoire pour les conducteurs et passagers ayant des voitures particulières immatriculées dep. le 1-4-1970. **1975-*1-1*** dans les agglomérations, en permanence sur voies réservées aux véhic. auto., de 22 h à 6 h ailleurs (en toutes circonstances de jour comme de nuit dep. le 1-1-1979). **1978-*1-10*** équipement obligatoire en c. de sécurité pour places arrière des v. particulières neuves.

Accidents (% de tués). Selon une étude du laboratoire de physiologie et de biomécanique de l'assoc. Peugeot-Renault et de l'Institut de recherches orthopédiques de l'hôpital de Garches. Ceintures, entre parenthèses, sans ceintures (pour 100 victimes d'accidents de même nature). *Conducteurs* tués ceinturés 2,3 % (non ceinturés 7,6 %), *passagers* 2,5 (5,2).

Grossesse (en cas de). Le port de la ceinture « 3 points » est recommandé (même si l'on risque la mort du fœtus). En effet, en l'absence de ceinture, la mort du fœtus n'est pas évitée et s'accompagne souvent de mort maternelle.

Dans les chocs frontaux. *25 km/h* 0 (non ceinturés 0,5), *de 25 à 55 km/h* 2 (12). *Choc latéral.* Éjectés 0 (29), non éjectés 5,9 (7). *Retournement* (11 % des tués dans les voitures part. et 5 % des victimes de la route). 9,45 % dont 8,88 % après éjection (1,9 % pas d'éjection).

Incendie. 0,8 % des voitures recensées ont brûlé. 1 seul brûlé était ceinturé (brûlures au 1er degré aux membres avant de se dégager). 28 % ont perdu connaissance moins d'1/4 h. *Conducteurs* ceinturés blessés 14 % (non c. 28 %), *passagers* 3,4 (27).

• **État des voitures.** Sur env. 1 million de véhic. examinés dans le cadre de la campagne éclairage et signalisation en 1980, 66,03 % avaient des projecteurs mal réglés, 40,77 % des projecteurs défectueux.

En 1982, 60 000 contrôles ont montré que 65 % des véhicules avaient des projecteurs déréglés ou défectueux.

Nota. — **Sur les autoroutes** (sous le contrôle des C.R.S. 1985). 1 979 accidents corporels, 263 tués, 3 375 blessés. *Principales causes en %* : vitesses excessives et dangereuses 27,3. Véhicule 11,9. État alcoolique 2,4. État de l'usager 11,2.

Vitesse (avant la limitation) sur les autoroutes, il y avait 3,6 † pour 100 millions de km parcourus. De déc. 1972 à mars 1973, la vitesse a été limitée à 120 km/h, le taux de mortalité est tombé à 1,5. Il s'est élevé à nouveau quand la vitesse a été portée à 130 km/h.

Facteurs particuliers

Age. Le temps de réaction augmente des 2/3 entre 20 et 60 ans.

Alcool. Voir ci-contre.

Daltoniens : 3 à 4 % de la population. Certains voient le signal rouge en lumière vive mais ne le distinguent pas en lumière atténuée. Ils repèrent sa position du fait que le rouge est toujours placé en haut.

Faim. La baisse du taux de sucre dans le sang provoque très vite une diminution de l'attention et de la rapidité des réflexes.

Place du mort. Nom donné à la place du passager avant. Depuis le port obligatoire de la ceinture de sécurité, elle n'est pas plus dangereuse qu'une autre.

Seconde collision (collision du conducteur ou de son passager contre certains éléments de sa voiture). 30 % des blessures seraient causées par le volant, 21 % tableau de bord, 17 % pare-brise, 15 % portières.

Vision gênée. Dans 1 accident mortel sur 8, la vision du conducteur aurait été gênée (dans 40 % des cas par des bagages encombrants).

Coût des accidents de la route (1983, en milliards de F). *12 100 tués :* 18,15 ; *310 950 blessés :* 13,99 ; *223 162 accidents :* 1,9. **Total** env. 34.

Alcool au volant

• **Effets sur le conducteur.** L'alcool entraîne : perte de la capacité d'évaluer les distances, les vitesses et les risques, diminution des réflexes, augmentation du temps de réaction, diminution de l'acuité visuelle, incoordination motrice, jugement faussé, augmentation de l'état de choc en cas d'accident, concentration difficile, audace incontrôlée, moindre résistance à la fatigue, d'où imprudence.

Effets physiologiques selon le taux d'alcoolémie dans le sang (en g/litre), et coefficient multiplicateur du risque pour les accidents corporels (entre parenthèses pour les accidents mortels). *0,01 à 0,16 g* aucun effet apparent × 1,16 (× 1,20). *0,16 à 0,20 g* pour 20 % des conducteurs, réflexes diminués × 1,35 (× 1,45). *0,20 à 0,30 g* électro-encéphalogramme perturbé, mauvaise appréciation des distances et des vitesses × 1,57 (× 1,75). *0,30 à 0,50 g* aucun effet apparent mais vision troublée et légère euphorie × 2,12 (× 2,53). *0,50 à 0,80 g* peu d'effets apparents, temps de réaction allongé, réactions motrices perturbées, euphorie du conducteur × 3,33 (× 4,42). *0,80 à 1,50 g* réflexes de plus en plus troublés, ivresse légère, baisse de vigilance, perturbation générale du comportement, conduite dangereuse × 9,55 (× 16,21). *A partir de 1,50 g* ivresse manifeste : allure titubante, diplopie, incapacité de coordonner les mouvements nécessaires à la conduite. *Au-delà de 5 g* coma pouvant entraîner la mort.

Durée : le taux d'alcoolémie diminue en moyenne d'environ 0,15 g par heure. *Précautions :* si vous avez consommé 2 verres de vin à 10° ou 1 whisky ou 2 verres d'apéritif, il faut attendre 1 h avant de prendre le volant ; 1 verre de vin à 10° ou 1 whisky plus 1 coupe de champagne ou 2 v. d'alcool, 2 à 3 h (malgré l'absence de troubles apparents, le fonctionnement cérébral est altéré) ; 4 v. de vin à 10° ou ½ bouteille de vin fin ou 2 whiskies, 3 à 4 h (les temps de réaction de choix devant les obstacles sont nettement allongés) ; 5 v. de vin à 10° ou ½ bout. de vin fin + 1 apéritif ou 2 whiskies et 1 v. de vin, 4 à 5 h (dès ce stade, la plupart des gens perdent presque toutes les facultés nécessaires à la conduite).

• **Taux d'alcoolémie autorisé en France** (depuis 1970) jusqu'à 0,80 g. La *loi du 12-7-1978 :* prévoit que tout conducteur peut subir le contrôle de l'alcoolémie à titre préventif (sans qu'il y ait infraction ou accident) dans le cadre des contrôles ordonnés par le procureur de la République. Il est inutile de retarder le moment de la prise de sang lorsque le ballon est positif car le temps de retard est pris en compte (on ajoute 0,15 g par l et par h écoulés entre le dépistage et le moment de la prise de sang).

Lorsque le dépistage préventif se révèle positif, le conducteur doit s'abstenir de conduire le temps nécessaire à l'oxydation de l'alcool absorbé. Dans certains cas, il peut être procédé à l'immobilisation du véhicule. Le préfet peut décider d'une suspension de permis de conduire.

Loi du 8-12-1983. La conduite sous l'empire d'un état alcoolique est délictuelle dès le taux de 0,80 g % au lieu de 1,20 g. L'état alcoolique est caractérisé par la présence dans le sang d'un taux d'alcool pur égal ou supérieur à 0,80 g % ou par celle, dans l'air expiré, d'un taux d'alcool pur, égal ou supérieur à 0,40 milligrammes par l. *Sanctions :* emprisonnement (1 mois à 1 an) et amendes (8 000 à 15 000 F) ou l'une de ces 2 peines seulement. Suspension du permis ou annulation possible. Permis annulé de plein droit lorsque le taux d'alcool constaté est de 0,80 g % ou +, et que le conducteur a provoqué un homicide ou des blessures involontaires ou récidive de conduite avec un taux d'alcool de 0,80 % ou +.

• **Comparaisons avec l'étranger.** *Taux admissibles d'alcoolémie. 0,0 :* All. dém., Bulgarie, Hongrie, Roumanie, Tchécoslovaquie, U.R.S.S. *0,5 :* Finlande, Grèce, Islande, Norvège, P.-Bas, Pologne, Suède, Yougoslavie. *0,8 :* All. féd., Autriche, Belgique, Danemark, Espagne, G.-B., Luxembourg, Portugal, Suisse. *Pas de taux légal :* Italie, Monaco.

• **Mesure de l'alcoolisme. Alcootest.** Le ballon ne sert qu'à mesurer le volume d'air. A l'intérieur du tube se trouve une ampoule contenant un mélange d'acide sulfurique et de bichromate de potassium sur gel de silice de couleur jaune. L'alcool fait virer ce mélange au vert sur une longueur proportionnelle à la quantité d'alcool contenu dans l'air. Le niveau 0,80 g est marqué d'un trait ou d'une encoche. Le dépassement indique une présomption d'alcoolémie (marge d'erreur 15 %). Si le test est positif, une prise de sang déterminera l'alcoolémie précise.

L'alcootest permet de déterminer le taux d'alcool par l'analyse de l'air expiré. 2e contrôle de droit lorsqu'il est demandé par le conducteur.

Breathalyser (analyseur d'haleine) qui utilise le pouvoir réducteur de l'alcool sur le bichromate de potassium ; la modification de la coloration est appréciée par une cellule photo-électrique, le taux s'inscrit sur un cadran et une carte (l'air sera recueilli dans 3 récipients dont l'un a été scellé). Utilisé aux U.S.A., Canada, Australie, Ulster et G.-B. ; *appareils utilisant la chromographie, les semi-conducteurs.*

Éthylomètre. Ses indications numériques seront incontestables.

Éthylotest. Remplace progressivement l'alcootest au stade du dépistage de l'imprégnation alc. Lecture numérique utilisable plusieurs fois. Il fournit une présomption, la preuve de l'infraction ne pouvant être donnée que par la prise de sang.

Conduite sous l'empire d'un état alcoolique. Constatations de la gendarmerie. Nombre de dépistages en 1984 pratiqués et, entre parenthèses, positifs. *Total* 1 604 450 (40 494), dont contraventions routières 752 365 (11 735), contrôles préventifs (loi du 12-6-1978) 630 789 (3 620), délits routiers (sauf ivresse manifeste) 84 372 (1 997), conduite en état d'ivresse manifeste 16 700 (14 771), accidents matériels 12 199 (909), accidents corporels : mortels : 5 806 (544), autres acc. corporels 102 219 (6 918).

L'ascenseur est le moyen de transport le plus sûr : 3 accidents par an pour 25 millions d'usagers.

Tourisme

Sources : statistiques O.C.D.E., O.M.T., secrétariat au Tourisme, ministères et offices de tourisme étrangers. *Informations pratiques :* le Guide de l'étudiant.

Quelques grandes fêtes à l'étranger

Janvier : *Republic Day Parade* New Delhi (Inde). *Tamborrada de San Sebastian* (Espagne). *Le Jour des Rois* (Mexique).

Février : *Procession de la Saint-Jean* à San Juan de Zacatapeces (Guatemala). *Carnavals* de Belem, Bahia, Rio de Janeiro (Brésil) ; de Baranquilla (Colombie) ; d'Oruro (Bolivie) ; de Port-au-Prince (Haïti) ; de Munich, Rhénanie, Hesse (All. féd.) ; de Binche (Belgique). *Nouvel An Chinois* (Hong Kong). *Semaine de la Vierge* (Pérou).

Mars : *Cortège du Lundi-gras* Aix-la-Chapelle, Bonn, Düsseldorf, Cologne (All. féd.). *Fête de Holi* (nord de l'Inde). *Semaine sainte* Séville (Espagne) ; (Guatemala). *Fête de la St-Patrick* à New York (U.S.A.). *Fête de Sekaten* à Djogjakarta et Surakarta (Indonésie).

Avril : *Fête de Trichur* (Inde). *Nouvel An* à Bhadgaon (Népal) ; à Colombo (Sri Lanka).

Mai : *Carnaval sarde* à Sassari (Sardaigne). *Danse des Bergers* à Rothenbourg (R.F.A.). *Fête de la Crevette* à Oosduinkerke (Belgique). *Commémoration de la fête* de Morat (Suisse). *Fête de la San Isidro* (Mexique).

Juin : *Ballet du Ramayana* à Prambanan (Indonésie). *Spectacle inca* à Cuzco (Pérou). *Festival historique* « la Maîtresse rasade » à Rothenburg (All. féd). *Trooping the colour* à Londres. *Festival Viking* à Frederiksund (Danemark). *Veillée de la Saint-Jean* à Helsinki (Finlande). *Manifestation de la marche à pied* à Castelbar (Irlande). *Fête des Fleurs* à Genzano (Italie). *Joute du Pont* à Pisa (Italie). *Fête du Genêt* à Wiltz (Lux.). *Moussem de Goulimine* à Asrir (Maroc). *Fête des Tondeurs de moutons* à Ede (Pays-Bas). *Fête des Saints* à Lisbonne (Portugal). *Fête des Enfants* à Saint-Gall (Suisse). *Festival folklorique* de Straznice (Tchécoslovaquie). *Concours de lutte* à Edirne (Turquie). *Fête de la Danse des Écoliers* à Tallin (U.R.S.S.).

Juillet : *Course de chevaux du Palio delle Contrade* à Sienne (Italie). *Procession historique* à Gistel (Belgique). *Festival International des Jumeaux* à Barvaux (Belgique). *Cortège des Sorcières* à Besslare (Belgique). *Festival Andersen* à Odense (Danemark). *Championnats des flotteurs de bois* à Porttikoski (Finlande). *Championnats des chercheurs d'or* à Tankavaara (Finlande). *Festival de danses populaires* à Cobh (Irlande). *Journée des bergers* de Kiskunsag (Hongrie). *Festival des métiers anciens* à Meijel (Pays-Bas). *Foire de St-Jacques* à Covilha (Portugal). *Festival de Tabarka* (Tunisie). *Festival de Dubrovnik* (Yougoslavie). *Festival de musique légère* à Split (Yougoslavie). *Fête de l'Indépendance* (U.S.A.). *Fête de la San Firmin* à Pampelune (Espagne).

Août : *Moussem de Moulay Abdallah* à El Jadida (Maroc). *Show de Mount Hagen* (Nouvelle-Guinée). *Festival de Perahera* à Kandy (Sri Lanka). *Festival du Rhin en flammes* de Braubach à Coblence (All. féd.). *Festival* d'Épidaure (Grèce). *Festival de danses folkloriques* à Debrecen (Hongrie). *Foire annuelle aux chevaux* à Dublin (Irlande). *Festival de théâtre et de musique en plein air* à Wiltz (Luxembourg). *Fêtes d'Or* dans le nord de la Norvège. *Fêtes de Gualterianas* à Guimaraès (Portugal). *Fête des pêcheurs de harengs* à Soderhamn (Norvège). *Fête des bergers* à Daubensee (Suisse). *Foire internationale d'Izmir* (Turquie). *Festival de la chanson soviétique* à Moscou. *Pèlerinage* de Tinos (Grèce). *Fête de l'Assomption* (Mexique). *Festival du Kataragama* (Sri Lanka).

Septembre : *Moussem des fiançailles* à Imilchil (Maroc). *Fête de la bière* à Munich. *Joute du Sarrazin* à Arezzo (Italie). *Fête des Moulins* dans le nord des Pays-Bas. *Fête des vendanges* à Cunia (Portugal). *Festival de musique* à Sotchi (U.R.S.S.). *Jeux chevaleresques du XVIe s.* à Moneska (Yougoslavie). *Festival du vin* à Daphni (Grèce).

Octobre : *Moussem de Moulay Idriss* (Maroc). *Bouskachi royal* à Kaboul (Afghanistan). *Fête de l'avènement de la République* (Turquie).

Novembre : *Fête des éléphants* à Surin (Thaïlande). *Fête des morts* àTodos los Santos (Guatemala). *Fête de l'Empire Inca* à Puno (Pérou). *Foire aux chameaux* de Pushkar (Inde).

Décembre : *Saint Thomas* à Chichicastenango (Guatemala). *Noël* (Philippines). *Fête de Notre-Dame-de-Guadalupe* à Mexico. *Fête des derviches tourneurs* à Konya (Turquie).

Quelques hauts lieux Convention du patrimoine mondial

La Convention pour la protection du patrimoine mondial, culturel et naturel, vise à organiser la solidarité internationale pour sauvegarder des biens culturels et naturels inscrits sur la Liste du patrimoine mondial. *Entrée en vigueur* 1975. *États parties* (avril 1986) 89. *Sites de valeur universelle exceptionnelle inscrits* (avril 1986) 216.

● **Afrique. Algérie :** Kalâa des Béni Hammad, Tassili n'Ajjer, M'Zab (vallée), Djémila, Tipasa, Timgad. **Bénin :** Palais royaux d'Abomey. **Côte-d'Ivoire :** Taï et Comoé (parcs nationaux). **Égypte :** Memphis et sa nécropole, Guizeh à Dahchour (zones des pyramides), Thèbes antique et sa nécropole, Abou Mena, monuments de Nubie (d'Abou Simbel à Philae), Le Caire islamique. **Éthiopie :** L'Aouache (basse vallée), Tiya, Axoum, Omo (basse vallée), Fasil Ghebi, Lalibela (églises creusées dans le roc), Simen (parc national). **Ghana :** forts et châteaux de Volta, d'Accra et ses environs et des régions centrale et ouest, bâtiments traditionnels Asante. **Guinée et Côte-d'Ivoire :** réserve naturelle intégrale du Mont Nimba. **Libye :** Leptis Magna, Sabratha, Cyrène (sites, Tadrart Acacus (sites rupestres). **Malawi :** Lac Malawi (parc nat.). **Maroc :** Fès, Marrakech (médina). **Sénégal :** Gorée (île), Djoudj (parc nat. d'oiseaux), Niokolo-Koba (parc nat.). **Tanzanie :** Ngorongoro (zone de conservation), Serengeti (parc nat.), Kilwa Kisiwani et Songo Mnara (ruines), Selous (réserve de gibier). **Seychelles :** atoll d'Aldabra, Vallée de Mai (réserve nat.). **Tunisie :** Carthage, Kerkouane (sites puniques), El Djem (amphithéâtre romain), Ichkeul (parc national), Tunis (médina). **Zaïre :** Garamba, Kahuzi-Biega et Salonga (parcs nationaux), Virunga (parc national : source du Nil Blanc). **Zimbabwe :** Mana Pools (parc national), Safari Sapi, Chewore (aires).

● **Amérique. Argentine :** Los Glaciares Iguazu (parc nation.), San Ignacio Mini, Santa Ana, Nuestra Señora de Loreto, Santa Maria Mayor (missions jésuites des Guaranis). **Brésil :** Ouro Preto (ville historique), Olinda, Salvador de Bahia (centre historique), Sao Miguel das Missoes (ruines), Congonhas (sanctuaire du Bon Jésus). **Canada :** L'Anse aux Meadows, Nahanni et Wood Buffalo (parcs nationaux), Parcs des Rocheuses canadiennes, parc provincial des Dinosaures, Ile Anthony, « Head-Smashed-In Bison Jump Complex » (précipice à bisons), Québec (arr. histor). **Canada et États-Unis :** Kluane (parc national du Yukon) et Wrangell-St. Elias (monument, Alaska). **Colombie :** Carthagène (port forteresse et ensemble monumental). **Costa Rica :** réserves de la Cordillère de Talamanca-La Amistad. **Cuba :** La Havane (vieille ville et son système de fortifications). **Équateur :** Galapagos (îles), Quito (ville), Sangay (parc national). **États-Unis :** Everglades (parc nat., Floride), Grand Canyon (Arizona), Mesa Verde (Colorado), Independence Hall (Philadelphie), Redwood (parc nat., Californie), Yellowstone (parc nat.), Mammoth Cave (parc nat., Kentucky), parc national Olympique (Washington), Cahokia Mounds (site, Illinois), Great Sonoky Mountains (parc nat.), San Juan (Porto-Rico, site et forteresse), Statue de la Liberté, Yosemite (parc nat.). **Guatemala :** Tika (parc nat.), Antigua Guatemala (ville), Quirigua (parc et ruines). **Haïti :** Citadelle, Sans Souci, Ramiers (parc nat. historique). **Honduras :** Copan (site maya), Rio Platano (réserve de la biosphère). **Panama :** Portobelo, San Lorenzo (fortifications de la côte caraïbe), Darien (parc. nat.). **Pérou :** Cuzco (ville), Machupicchu (sanctuaire historique), Chavin (site archéol.), Huascaran (parc nat.).

● **Asie. Bangladesh :** Bagerhat (ville-mosquée hist.), Paharpur (ruines du Vihara bouddhique). **Chypre :** Paphos, Troodos (églises peintes). **Inde :** Ajanta, Ellora (grottes), Agra (forts), Taj Mahal (palais), temple du soleil Konarak, Mahabalipuram (monuments), Kaziranga, Keoladeo (parcs nat.), Manas (sanctuaire de faune). **Irak :** Hatra. **Iran :** Persépolis, Tchogha Zanbil, Ispahan (Meidan-e Shah : place Royale). **Jérusalem :** la vieille ville et ses remparts. **Jordanie :** Pétra, Quasair Amra. **Liban :** Anjar, Baalbek, Byblos, Tyr. **Népal :** Sagarmatha (parc contenant l'Everest : 8 848 m et 7 sommets de + de 7 000 m), Kathmandu (vallée), Royal Chitwan (parc nat.). **Pakistan :** Moenjo Daro (ruines archéologiques), Taxila, Takht-i-Bahi et Sahr-i-Bahlol (ruines bouddhistes), Thatta (monuments hist.), Lahore (fort et jardins de Shalimar). **Sri Lanka :** Anuradhapura (ville sainte), Polonnaruva (cité historique), Sigiriya (ville ancienne). **Syrie :** Damas et Bosra (anciennes villes), Palmyre (site). **Turquie :** Istanbul (zone hist.), Göreme (parc nat.), Cappadoce (sites rupestres), Divrigi (Grande Mosquée et hôpital). **Yémen démocr. :** Shibam (ancienne ville et mur d'enceinte).

● **Europe. All. féd. :** Aix-la-Chapelle (cath.), Spire (cathédrale), Wurtzbourg (résidence : jardins de la Cour, place de la Résidence), Wies (église de pèlerinage), Brühl (châteaux d'Augustusburg et de Falkenlust), Hildesheim (cath. Ste-Marie, égl. St-Michel). **Bulgarie :** Boyana (église avec peint.), Ivanovo (églises rupestres), Kazanlak, Svechtari (tombes thraces), Madara (cavalier), Nessebar (cité), Pirin (parc nat.), Rila (monastère), Srébarna (réserve). **Espagne :** Altamira (grotte), Asturies (églises du royaume), Avila (vieille ville et église), Barcelone (Casa Mila, parc et palais Güell), Burgos (cath.), Cordoue (Mosquée), Grenade (Alhambra et Generalife), Madrid (monastère et site de l'Escurial), Saint-Jacques-de-Compostelle (vieille ville), Ségovie (vieille ville et aqueduc). **France** : Amiens (cathédrale), Arles (monuments romains et romans), Chambord (château, domaine), Chartres (cathédrale), Fontainebleau (palais, parc), Fontenay (abbaye cistercienne), Mont-St-Michel et sa baie, Orange (théâtre antique, abords « Arc de Triomphe »), Pont du Gard, Versailles (palais, parc), Vézelay (basilique, colline), Vézère (grottes ornées), Arc et Senans (saline Royale), Nancy (places), St-Savin-sur-Gartempe (église), Girolata et Porto (caps), Scandola (réserve). **Italie** : Rome et Florence (centres historiques), Santa Maria delle Grazie avec « la Cène » de Léonard de Vinci (église, couvent dominicain), Valcamonica (art rupestre, 2 400 roches gravées). **Malte** : Ggantija (temples), Hal Saflieni (hypogée), La Valette (ville). **Norvège** : Atta (art rupestre), Bergen (vieux quartier de Bryggen), Røros, « Stavkirke » d'Urnes (église à piliers de bois XIIe s.). **Pologne** : Cracovie et Varsovie (centres historiques), Wieliczka (mines de sel), Auschwitz (camp), Bialowieza (parc nat., bisons). **Portugal** : Angra do Heroismo (Açores), Monastère des Hiéronymites et Tour de Belem (Lisbonne), Batalha (monastère), Tomar (couvent). **Saint-Siège** : Cité du Vatican. **Suisse** : St-Gall (couvent), St-Jean-des-Sœurs (couvent bénédictin, Müstair), Berne (vieille ville). **Yougoslavie** : Dubrovnik (vieille ville), Durmitor et Plitvicka (parcs nationaux), le vieux Ras avec Sopocani, Split (noyau historique, palais de Dioclétien), Ohrid et Kotor (régions, aspects culturels et hist.).

Océanie. Australie : Kakadu (parc nat.), La Grande Barrière, Willandra (région des lacs), Iles Lord Howe, Tasmanie occidentale (parcs nationaux des étendues sauvages).

Statistiques internationales

Budget touristique

Recettes (A) en millions de $ (1984) ; A' % de (A) par rapport aux export. de biens et services (1983). **Dépenses** (B) en millions de $ (1984). B' % de (B) par rapport aux importations de biens et services (1983).

Pays	Recettes A M $	Recettes A' %	Dépenses B M $	Dépenses B' %
All. féd.	5 479	2,6	13 910	7,8
Australie	1 228	4,4	1 970	5,7
Autriche	5 029	16,9	2 607	9,4
Belg.-Lux.	1 676	2,2	1 955	2,7
Canada	2 829	3,6	3 883	5,7
Danemark	1 292	5,8	1 220	5,2
Espagne	7 760	20,9	840	2,4
États-Unis	11 426	3,4	15 805	3,8
Finlande	490	3,2	682	3,8
France	*7 598*	*5*	*4 317*	*2,9*
Grèce	1 309	16,4	303	3,4
Irlande	479	5,1 [1]	410	3,9 [1]
Islande	34	2,4	68	5,8
Italie	8 595	9,4	2 098	1,9
Japon	973	0,5	4 639	2,8
Norvège	649	2,5	147	7,1
N.-Zélande	309	3,4	477	5,3
P.-Bas	1 532	1,8	3 061	4,2
Portugal	959	13,3	224	2,3
R.-Uni	5 546	4	6 143	4,6
Suède	1 073	3	1 653	4,6
Suisse	3 171	9,1	2 288	7
Turquie	562	5,3	277	1,1
Yougoslavie	1 054	4,4	—	—

Nota. — (1) 1982.

Tourisme mondial en 1978 (O.C.D.E.). *Total du nombre d'arrivées aux frontières.* 530 millions d'arrivées dont Europe 458 millions, Amérique du Nord 33 millions, groupe Australie-Japon 3 millions.

Dépenses du tourisme international (1985, O.C.D.E.) : 75,6, (84) 70,2 milliards de $ U.S.

Recettes (1984) : 70 milliards de $.

Hôtellerie dans le monde

• **Nombre de lits disponibles** (en milliers). Dans les hôtels et établissements assimilés et, entre parenthèses, dans les hébergements complémentaires au 1-1-84. *Source* : O.C.D.E. All. féd. 1 075,9 (490,6), Australie 107,4 (207,7), Autriche 662,9 (541,8), Belgique 83,2 (409,1), Canada 291,3 [2] (1,6) [2], Danemark 117,3 (9,4), Espagne 1 055,2 [2] (297,7) [2], États-Unis [1] : 2 625 (n.c.), Finlande 73,1 (n.c.), *France 481 [2] (2 340,9) [2]*, Grèce 322,7 (85,6), Irlande 44,4 (8,4) [2], Italie 1 598,4 [2] (3 165,9) [2], Japon 171,9 [2] (33,3) [2], Luxembourg n.c. (n.c.), Norvège 96 (245,2), Pays-Bas 104,9 [2] (1 477,2) [2], Portugal 131 (214,9), R.-Uni n.c. (n.c.), Suède 136,8 (298,4), Suisse 275,4 (868,3), Turquie 60,4 (7,9), Yougoslavie 318,8 (916,3).

Nota. — (1) 1979. (2) 1983.

• **Personnes employées dans l'industrie touristique** (1983). *Source* : O.C.D.E. All. féd. [4] 584 000. Australie [4] 268 605. Autriche 115 698. Belgique [2] 51 379. Canada 451 000. Espagne 800 000 (77). Finlande 64 000. Irlande 18 718 (78). Japon [1] 63 153. Norvège 42 000. Nouv.-Zélande [1] 42 454. Portugal [4] 33 519. Royaume-Uni 461 400. Suède 72 000. Suisse 175 100. Yougoslavie [1] 97 000.

Nota. — (1) 1979, (2) 1980, (3) 1981, (4) 1982.

• **Principales chaînes hôtelières.** Nombre de chambres (en milliers) et d'hôtels en 1984. *Holiday Inns* [1] : 315 (1 695 h.). *Sheraton* [1] : 128,6 (473). *Ramada Inns* [1] : 94 (571). *Hilton Hotels Corp.* [1] : 92,6 (258). *Quality Inns Intl.* [1] : 82 (700). *Trusthouse Forte* [2] : 72 (800). *Imperial Group* [1] : 61 (494). *Balkantourist* [4] : 61,3 (659). *Marriott Corp.* [1] : 61 (147). *Accor* [3] : 59,4 (485). *Club Méditerranée* [3] : 49,3 (178). *Days Inns of America* [1] : 47 (326). *Motel 6* [1] : 44 (394). *Hyatt Hotels* [1] : 43 (78). *Grand Metropolitan* [2] : 40,2 (134). *Intourist* [5] : 35 (87). *Hilton International* [1] : 34 (88). *Westin Hotels* [1] : 30 (53). *Econo Lodges of America Inc.* [1] : 23 (283). *Hospitality International C*[ie] [1] : 22 (216).

Nota. — (1) U.S.A. (2) G.-B. (3) France. (4) Bulgarie. (5) U.R.S.S.

• **Hôtel le plus grand.** *Du monde* (le plus grand nombre de chambres). Hôtel Rossia (Moscou, U.R.S.S.) : 12 étages, 3 200 ch. pouvant accueillir 6 000 clients, ouvert 1967. *Privé* : hôtel Hilton de Las Vegas (1981), U.S.A., 3 174 ch., 12 restaurants, 3 600 employés. Terrasse de 24 700 m² et salle de conférence de 11 600 m². **De France.** Hôtel Lafayette-Concorde (Porte Maillot à Paris, 1974) : 1 000 ch. dont 21 appart. dont 10 suites « présidentielles ».

Pays visités

Arrivées aux frontières par nationalité (1984)

Source : Organisation mondiale du tourisme, The Europa Year Book.

Légende. — (1) 1981. (2) 1983. (3) 1985. (4) Arrivées dans l'ensemble des moyens d'hébergement. (5) Nuitées dans l'ensemble des moyens d'hébergement. (6) Arrivées dans les hôtels et établissements assimilés.

Afr. du Sud [3] 460 000 (Pays d'Afrique exclus), dont : 140 000 Britanniques, 71 000 Américains, 58 808 Allemands féd., *14 400 [1] Français*, 14 300 Hollandais, 16 660 Australiens. **Allemagne fédérale** [3] (nombre d'arrivées dans les moyens d'hébergement) 9 829 600 dont : 1 559 500 Hollandais, 1 827 100 Américains, 1 827 100 Britanniques, *508 800 Français*, 409 900 Belges et Lux., 469 200 Danois, 465 400 Suédois, 465 000 Suisses. **Algérie** [2] 409 365 dont : 154 005 Tunisiens, *129 032 Français*, 15 107 Italiens, 11 959 Allemands féd., 6 264 Britanniques, 6 189 Marocains. **Andorre** [3] 9 943 615. **Australie** [2] 943 900 dont : 225 000 Néo-Zélandais, 147 700 Britanniques, 139 700 Amér. du N., 71 800 Japonais, 34 600 Allemands féd. et dém., 29 700 Singapores. **Autriche** [6] 9 472 678 dont : 5 370 986 Allemands féd., 754 410 Hollandais, 732 403 Britanniques, *498 797 Français*, 451 187 Italiens, 414 279 Suisses, 242 799 Belges et Luxembourgeois, 205 429 Suédois, 117 312 Hongrois, 119 569 Danois.

Bahamas 2 325 250 dont : 1 083 240 Amér. du N., 85 350 Canadiens, 40 700 Européens. **Barbade** 367 652 dont : 140 202 Amér. du N., 67 307 Canadiens, 46 274 Britanniques, 6 735 Caraïbes. **Belgique** (nuitées) 4 791 877 dont : 947 476 Britanniques, 694 016 Allemands féd., 626 201 Amér. du N., 602 598 Hollandais, *481 649 Français*, 190 722 Italiens. **Bermudes** 417 461 dont : 363 173 Amér. du N., 32 012 Canadiens, 13 600 Britanniques. **Bolivie** (74) 124 811. **Brésil** 1 595 726 dont : 446 055 Argentins, 205 034 Amér. du N., 166 753 Uruguayens, 119 880 Paraguayens, 58 305 All. féd., 51 963 Boliviens, 46 908 Chiliens, *41 055 Français*, 29 721 Espagnols, 26 858 Britanniques, 26 279 Portugais, 26 029 Suisses. **Bulgarie** 6 138 340 dont : 2 743 254 Turcs, 410 024 Tchécoslovaques.

Canada 13 416 600 dont : 11 706 500 Américains du N., 355 400 Britanniques, 174 000 All. féd., 139 100 Japonais, *111 100 Français*, 88 700 Caraïbes, 68 300 Australiens, 61 900 Hollandais. **Chili** 352 752 dont : 179 039 Argentins, 37 115 Amér. du N., 24 597 Brésiliens, 16 570 Boliviens, 9 191 All. féd., 7 974 Uruguayens, *7 737 Français*, 6 937 Britanniques. **Chypre** 736 972 dont : 210 156 Britanniques, 103 772 Libanais, 57 899 Suédois, 41 094 All. féd., 36 228 Grecs, 22 769 Suisses. **Colombie** 715 277 dont : 302 405 Vénézuéliens, 207 024 Équatoriens, 73 398 Amér. du N., 9 803 All. féd., 9 319 Péruviens, 8 267 Espagnols, 8 160 Panaméens, *8 144 Français*, 7 444 Argentins, 6 628 Italiens, 5 988 Mexicains. **Congo** [1] 62 303. **Costa Rica** 333 165. **Cuba** 206 575 dont : 23 823 Mexicains, 23 772 Canadiens, 22 278 Espagnols, 21 928 Soviétiques, 17 570 All. féd., 16 187 Amér. du N.

Danemark 9 112 271 dont : 3 677 135 All. féd., 1 294 624 Suédois, 1 055 181 Norvégiens, 724 805 Hollandais, 553 435 Amér. du N., 380 574 Britanniques, 198 958 Finlandais, *149 341 Français*. **Dominicaine (Rép.)** 341 166 dont : 226 138 Amér. du N., 16 865 Vénézuéliens, 14 116 Canadiens, 12 243 Espagnols, 5 146 Italiens, *4 127 Français*. **Dominique** 22 154.

Égypte [3] 1 518 426 dont : 168 971 Amér. du N., *119 881 Français*, 116 309 All. féd., 103 101 Britanniques, 82 811 Italiens, 31 384 Japonais. **Espagne** [3] 43 235 363 dont : *11 000 818 Français*, 7 742 427 Portugais, 5 644 095 All. féd., 5 035 050 Britanniques, 1 417 274 Hollandais, 1 052 692 Belges, 1 022 050 Italiens, 997 774 Amér. du N., 840 447 Suisses, 540 666 Suédois. **États-Unis** 19 350 678 dont : 10 981 949 Canadiens, 1 414 909 Japonais, 927 574 Britanniques, 841 116 Mexicains, 545 247 All. féd., *330 660 Français*.

Finlande [5] 2 112 508 dont : 540 861 Suédois, 227 889 All. féd., 245 766 Soviétiques, 166 007 Norvégiens, 157 477 Amér. du N., 108 073 Britanniques et Irlandais. **France** 34 812 000 dont : 7 656 000 All. féd., 5 786 000 Britanniques, 3 768 000 Hollandais, 3 714 000 Suisses, 3 043 000 Belges, 2 768 000 Amér. du N., 2 347 000 Italiens.

Ghana [1] 42 403. **Gibraltar** [1] 132 373. **Grande-Bretagne** 13 712 000 dont : 2 763 000 Amér. du N., *1 632 000 Français*, 1 485 000 All. féd., 977 000 Irlandais, 741 000 Hollandais, 567 000 Canadiens, 475 000 Italiens, 456 000 Australiens, 408 700 Belges, 402 000 Suédois, 313 000 Suisses. **Grèce** [3] 7 039 428 dont : 1 329 259 Britanniques, 1 050 078 All. féd., 466 155 Amér. du N., *441 141 Français*, 364 177 Italiens, 357 735 Yougoslaves. **Grenade** 23 270. **Guadeloupe** [6] 163 469 dont : 107 980 Européens *(94 557 Français)*, 36 905 Amér. du N., 14 402 Canadiens, 3 521 Latino-Américains.

Haïti 160 000 dont : 65 700 Amér. du N. **Hollande** [2,6] 2 991 800 dont : 601 100 All. féd., 542 900 Britanniques, 475 600 Amér. du N., *204 300 Français*, 109 400 Belges, 101 200 Suédois, 91 900 Italiens, 91 700 Canadiens, 71 900 Suisses, 66 900 Japonais. **Hong Kong** 3 443 173 dont : 626 066 Japonais, 623 850 Amér. du N., 252 854 Australiens, 226 493 Britanniques, 83 620 All. féd., *63 198 Français*, 43 806 Italiens. **Hongrie** [3] 8 731 000 dont : 3 035 000 Tchécoslovaques, 1 414 000 Polonais, 1 044 000 All. dém., 687 000 All. féd., 566 000 Autrichiens, 491 000 Yougoslaves, 330 000 Soviétiques, 201 000 Bulgares.

Inde [3] 835 503 dont : 124 205 Britanniques, 95 651 Amér. du N., 47 913 All. féd., *47 148 Français*. **Indonésie** 700 910 dont : 133 297 Singapores, 107 347 Australiens, 88 593 Japonais, 59 474 Malaisiens, 50 790 Amér. du N., 35 948 Britanniques, 31 415 Hollandais, 31 317 All. féd. **Iran** 135 071 dont : 12 261 Turcs. **Irlande** 2 428 000 dont : 1 710 000 Britanniques, 318 000 Amér. du N., 89 000 All. féd., *87 000 Français*. **Islande** [3] 31 633 Amér. du N., 9 419 All. féd., *4 483 Français*. **Israël** [3] 1 463 373 dont : 417 092 Amér. du N. et Canadiens, 145 747 All. féd., *140 744 Français*, 129 292 Britanniques, 44 441 Italiens, 36 236 Suisses, 32 101 Hollandais, 19 650 Belges. **Italie** 49 150 736 dont : 10 812 412 All. féd., 10 750 203 Suisses, *8 462 438 Français*, 4 981 180

Autrichiens, 1 820 682 Yougoslaves, 1 788 371 Britanniques, 1 774 821 Amér. du N., 1 763 087 Hollandais.

Jamaïque 603 436 dont : 467 876 Amér. du N., 78 918 Canadiens. **Japon** [3] 2 327 047 dont : 1 152 786 Asiatiques (397 424 Taiwanais, 203 563 Coréens, 90 914 Chinois de Rép. pop.), 558 029 Amér. du N., 415 083 Européens (182 804 Britanniques), 61 052 Canadiens, 57 559 Australiens. **Jersey** 1 222 470 dont : 275 996 « Continentaux ». **Jordanie** 1 588 195 dont : 635 237 Égyptiens, 264 496 Syriens, 171 871 Saoudiens, 107 634 Turcs, 65 215 Américains du Nord, 61 809 Irakiens, 46 193 Libanais, *24 440 Français.*

Kenya 380 500 dont : 66 600 All. féd., 48 200 Américains du Nord, 41 800 Britanniques, 31 700 Suisses, 24 600 Italiens, *17 900 Français,* 7 400 Scandinaves.

Libye (74) 295 984. **Luxembourg** (nuitées) 2 432 560.

Macao 752 348 dont : 167 093 Japonais, 163 856 Britanniques, 103 647 Amér. du N., 58 083 Australiens, 42 521 Thaïlandais, 39 711 Malaisiens. **Madagascar** [1] 12 112 dont : *3 876 Français.* **Malaisie** 1 980 776 dont : 646 887 Thaïlandais, 411 707 Singapour, 197 082 Japonais, 114 208 Britanniques, 109 508 Australiens et Néo-Zélandais. **Maldives** 83 814 dont : 22 133 All. féd., 17 019 Italiens, 7 268 Japonais, *6 476 Français.* **Malte** [3] 517 500 dont 256 406 Britanniques, 56 839 All. féd., 43 827 Italiens, *24 410 Français.* **Maroc** 2 008 082 dont : *401 392 Français,* 172 506 Espagnols, 151 358 Arabes, 144 361 Britanniques, 134 139 All. féd., 104 704 Amér. du N., 49 774 Italiens, 47 856 Scandinaves, 20 308 Belges, 16 724 Hollandais. **Martinique** 183 789. **Maurice** 151 880. **Mexique** 4 749 144 dont : 4 093 150 Amér. du N., 278 822 Européens, 169 671 Canadiens.

Népal 176 634 dont : 67 087 Indiens, 18 273 Amér. du N., *12 324 Français,* 11 488 Britanniques, 10 604 All. féd., 7 360 Japonais. **Norvège** [3,5] 8 577 000 dont All. féd. 3 388 500, Suédois 1 274 300, Hollandais 656 500, Amér. du N. 539 500, Britanniques 390 800, Finl. 201 900. **N.-Zélande** 567 611 dont : 250 879 Australiens, 101 032 Amér. du N., 41 888 Japonais, 40 209 Britanniques.

Pakistan 407 385 dont : 178 264 Indiens, 67 929 Britanniques, 22 597 Amér. du N., 10 033 Bangladesh, 9 728 All. féd., 7 807 Japonais, 7 392 Saoudiens. **Panama** 325 702 dont : 66 792 Amér. du N., 60 665 Colombiens, 54 482 Costa-Riciens, 11 545 Nicaraguayens, 9 384 Honduriens, 8 938 Péruviens, 8 796 Vénézuéliens. **Paraguay** 291 956 dont : 128 461 Argentins, 105 805 Brésiliens, 8 759 Uruguayens, 8 729 All. féd. **Philippines** 816 712 dont : 197 337 Amér. du N., 161 083 Japonais, 63 317 Hong Kong, 50 286 Australiens, 40 411 Taiwanais, 24 779 All. féd. **Pologne** [3] 3 346 219 dont : 930 933 Soviétiques, 716 542 All. dém., 561 311 Tchécoslovaques, 321 308 All. féd., 215 895 Hongrois, *44 223 Français.* **Polynésie française** 101 595. **Porto Rico** 1 496 420 dont : 1 127 049 Amér. du N. **Portugal** 4 118 626 dont : 1 924 561 Espagnols, 638 641 Britanniques, *312 783 Français,* 294 636 All. féd., 165 399 Amér. du N., 142 619 Hollandais.

Roumanie 6 584 000 dont : 1 510 000 Hongrois, 1 077 500 Polonais, 830 000 Tchécoslovaques, 818 000 Yougoslaves, 709 000 Bulgares, 565 400 Soviétiques, 496 000 All. dém., 170 000 All. féd.

Sénégal 233 401 dont : *128 530 Français.* **Seychelles** 72 542. **Singapour** 2 991 430 dont : 512 748 Malaisiens, 369 534 Japonais, 304 456 Indonésiens, 291 141 Australiens, 192 668 Indiens, 176 883 Amér. du N., 150 175 Britanniques. **Sri Lanka** 317 734 dont : 58 918 All. féd., 41 644 Indiens, *30 168 Français,* 29 536 Britanniques, 20 628 Japonais, 16 640 Italiens. **Suède** [3,5] 7 485 744 dont : *142 773 Français.* **Suisse** [4] 9 481 600 dont : 2 891 100 All. féd., 1 536 800 Amér. du N., *700 200 Français,* 699 000 Britanniques, 519 400 Hollandais, 516 700 Italiens, 304 900 Belges, 291 500 Japonais, 197 200 Espagnols. **Syrie** 976 030 dont : 252 082 Libanais, 135 847 Turcs, 107 217 Jordaniens, 45 702 Saoudiens, 29 187 Égyptiens, 19 762 All. féd.

T'ai-wan [1] 1 116 008 dont : 593 893 Japonais, 125 484 Amér. du N., 16 204 All. féd., 13 863 Britanniques, *7 740 Français.* **Tchécoslovaquie** 17 510 459 dont : 8 376 857 All. dém., 3 420 577 Hongrois, 3 085 776 Polonais, 469 225 All. féd., 396 948 Soviétiques, 334 058 Bulgares, 327 219 Yougoslaves, 308 314 Roumains, 221 476 Autrichiens, 58 803 Italiens. **Thaïlande** 2 346 709 dont : 592 472 Malaisiens, 221 945 Japonais, 155 326 Amér. du N., 142 308 Singapour, 133 209 Britanniques, 120 074 Indiens, 113 136 Taiwanais. **Togo** [2] 108 116 dont : *27 900 Français,* 12 157 Nigériens, 7 948 Béniniens, 7 830 All. féd. **Tunisie** [3] 2 002 997 dont : 769 555 Algériens, *401 030 Français,* 277 745 All. féd., 99 479 Britanniques, 83 323 Italiens, 87 586 Scandinaves, 44 957 Hollandais, 39 427 Suisses, 36 715 Autrichiens, 35 630 Belges, 31 805 Moyen-Orientaux. **Turquie** 1 582 222 dont : 248 113 All. féd., 222 101 Amér. du N., *201 687 Français,* 132 081 Autrichiens, 92 039 Italiens, 65 544 Iraniens, 64 740 Britanniques, 58 736 Saoudiens.

Uruguay 855 407 dont : 703 751 Argentins, 76 515 Brésiliens, 11 930 Amér. du N., 11 321 Chiliens, 6 594 Paraguayens.

Vanuatu 31 615 dont : 21 223 Australiens.

Yougoslavie 7 223 804 dont : 2 145 435 All. féd., 958 847 Italiens, 626 631 Autrichiens, 445 076 Britanniques, *431 894 Français,* 398 942 Tchécoslovaques, 356 808 Hollandais, 226 756 Amér. du N., 211 109 Soviétiques, 175 084 Hongrois, 123 624 Suisses, 119 815 Turcs.

Zambie 126 761 dont : 31 764 Zaïrois, 31 251 Zimbabwe, 11 985 Malawis, 9 102 Angolais, 5 869 Britanniques. **Zimbabwe** 314 383 dont 117 578 Africains du Sud.

Séjours et nuitées

Durée moyenne de séjour des touristes étrangers (en jours, dans les moyens d'héberg. en 1984). Australie [1] 33. Grèce [2] 14. Japon [1] 11,60. G.-B. 11. Irlande 10. *France* [1] *9.* Portugal 8,90. Espagne [1] 6,80. Canada [1] 5,60.

Nota. – (1) 1983. (2) Durée moyenne de séjour en jours.

Nuitées de touristes (en millions, 84 ; touristes nationaux et entre parenthèses étrangers). Italie 236,3 (95,2). Canada 229,3. Allemagne 195,3 (26,4). *France 79 (47,9).* Yougoslavie 55,3 (42,3). Espagne 40,2 (79,7) [1]. Suisse 38,5 (35). Autriche 27,9 (86,7). Suède 24,3 (7,5). Belgique 21,4 (8,9) [1]. Portugal 12,1 (12,5). Danemark 11,5 (9,1). Finlande 7,8 (2,5). Norvège 7,5 (3,5). Turquie 4,1 (2,9) [1].

Nota. – (1) 1983.

Touristes étrangers

Quels pays visitent-ils (en 1984)

Légende. – (1) Arrivées dans les hôtels. (2) Dans les moyens d'hébergement. (3) Nuitées dans les moyens d'hébergement. (4) Arrivées de touristes étrangers aux frontières. (5) Nuitées dans l'hôtellerie. (6) 1982. (7) 1983. (8) 1985.

Allemands féd. Italie 10 812 412 [4]. *France 7 656 000* [4]. Espagne 5 644 095 [8]. Autriche 5 370 986 [1]. Danemark 3 677 135 [4]. Suisse 2 891 000 [4]. Yougoslavie 2 145 435 [4]. G.-B. 1 485 000 [4]. Grèce 1 329 259 [8]. Belgique 694 016 [3]. P.-B. 601 100 [1,7]. États-Unis 545 247 [4]. Pologne 321 308 [4]. Portugal 294 636 [4]. Tunisie 277 745 [4]. Turquie 248 113 [4]. Finlande 227 889 [3].

Américains. Canada 11 706 000 [4]. Mexique 4 093 150 [4]. All. féd. 2 828 951 [3,6]. *France 2 768 000* [4]. G.-B. 2 763 000 [4]. Italie 1 774 821 [4]. Suisse 1 536 000 [4]. Porto-Rico 1 127 049 [4]. Bahamas 1 083 240 [4]. Espagne 997 774 [8]. Autriche 931 505 [2]. Belgique 626 201 [3]. Hong Kong 623 850 [4]. Norvège 561 033 [3]. Japon 558 029 [4]. Danemark 543 435 [4].

Anglais [4]. Espagne 5 022 000. *France 4 482 000.* Irlande 1 552 000. All. féd. 1 294 000. Italie 1 184 000. Grèce 1 048 000. P.-Bas 868 000 [1]. Belg.-Lux. 776 000. U.S.A. 719 000. Autres 5 127 000.

Australiens [4]. G.-B. 456 000. Singapour 291 141. Hong Kong 252 854. N.-Zélande 250 879. U.S.A. 231 429. Indonésie 107 347. All. féd. 90 673 [1,6]. Canada 68 300. Macao 58 083. Japon 57 559. Philippines 50 286.

Autrichiens [8]. Italie 528 000. Yougoslavie 378 000. Grèce 171 000. Espagne et Portugal 117 000.

Belges. *France 2 658 000* [4,8]. Espagne 1 001 983 [4]. Italie 880 558 [4]. Autriche 169 333 [2].

Canadiens. U.S.A. 10 981 949 [4]. G.-B. 567 000 [4]. *France 348 000* [4]. Italie 267 154 [2]. Espagne 155 570 [2]. Suisse 149 100 [2]. All. féd. 113 431 [1,6]. P.-B. 91 700 [1,7]. Bahamas 85 350 [4]. Jamaïque 78 918 [4]. Barbade 67 307 [4]. Japon 61 052 [4].

Espagnols. Portugal 1 924 561 [4]. *France 821 000* [4]. Italie 486 569 [4]. G.-B. 293 000 [4]. Suisse 197 000 [3]. U.S.A. 90 946 [4].

Français. Espagne 9 981 673 [4]. Italie 8 462 438 [7]. G.-B. 1 631 700 [4]. Suisse 531 541 [4]. All. féd. 574 758 [6]. Autriche 498 797 [4]. Yougoslavie 431 894 [4]. Grèce 405 907 [4]. U.S.A. 334 000 [4]. Portugal 312 783 [4]. P.-Bas 260 800 [1,6]. Turquie 103 354 [4].

Hollandais. *France 3 768 000* [4]. Italie 1 768 000 [4]. Espagne 1 417 174 [8]. Autriche 754 410 [1]. G.-B. 741 000 [4]. Danemark 724 805 [4]. Belgique 602 598 [3]. Suisse 519 400 [4]. Yougoslavie 356 808 [4]. Portugal 142 619 [4]. Norvège 137 704 [3]. U.S.A. 134 192 [4]. Canada 61 900 [4].

Italiens. *France 2 347 000* [4]. All. féd. 2 304 000 [6]. Espagne 1 022 050 [8]. Yougoslavie 958 847 [4]. Suisse 516 700 [4]. G.-B. 475 000 [4]. Autriche 451 187 [1]. Grèce 364 177 [8]. U.S.A. 218 379 [4]. Belgique 190 722 [3]. P.-Bas 91 900 [1,7].

Japonais. U.S.A. (Hawaii et Guam inclus) 1 414 909 [4]. Corée 638 941 [8]. Hong Kong 635 767 [8]. T'ai-wan 615 584 [8]. *France 447 843* [4]. Singapour 377 686 [8]. All. féd. 354 876 [7]. Chine (Rép. pop., estim.) 350 000 [4]. Italie 340 209 [4]. Suisse 283 896 [4]. G.-B. 200 600 [4]. Canada 169 103 [8]. Autriche 125 598 [8]. Espagne 108 563. Grèce 92 802 [8]. Indonésie 92 393 [4]. Australie 87 884 [4].

Polonais [8]. All. dém. 824 236. Tchécoslovaquie 656 940. Hongrie 609 301. All. féd. 332 281. Bulgarie 242 010. *France 47 134.*

Roumains [4]. Hongrie 382 000. Tchécoslovaquie 308 314. Bulgarie 243 847. Pologne 51 993. Turquie 20 231. Yougoslavie 16 074 [2]. Irak 13 095. Espagne 8 203. Grèce 7 333. Autriche 5 889. U.S.A. 3 759. Syrie 3 611. Égypte 3 303. Israël 3 251. Canada 1 300.

Soviétiques. Pologne 930 933 [8]. Roumanie 565 400 [4]. Tchécoslovaquie 396 948 [4]. Hongrie 330 000 [8]. Finlande 245 766 [3]. Yougoslavie 211 109 [4]. Espagne 165 880 [4]. All. féd. 38 493 [1,6]. Cuba 21 928 [4]. Turquie 15 302 [4]. Autriche 10 120 [2]. Japon 7 397 [4].

Suisses. *France 2 106 000* [4,7]. Italie 1 099 900 [3]. Espagne 817 800 [5]. Autriche 476 000 [3]. All. féd. 394 000 [3]. G.-B. 313 000 [3]. Grèce 157 000 [3]. U.S.A. 156 200 [3]. Yougoslavie 123 600 [3]. P.-Bas 74 200 [5]. Portugal 53 200 [3] (sans les appartements de vacances). Canada 46 600 [3]. Hongrie 46 500 [3].

Tchécoslovaquie [4]. Hongrie 2 614 141. All. dém. 2 287 387. Yougoslavie 724 106. U.R.S.S. 376 442. Bulgarie 356 554. Pologne 211 610. All. féd. 169 339. Autriche 98 615. Roumanie 91 211. Italie 32 661. *France 22 406.* G.-B. 12 771. Suède 5 824. U.S.A. 5 194.

Tunisiens [4]. *France 294 911.* Algérie 137 341. Italie 107 072. Libye 102 633. Moyen-Orient 41 921. All. féd. 19 920. Suisse 11 573. Belgique 9 057. Maroc 7 417. Autres pays 26 342.

Turcs. Bulgarie 2 743 254. All. féd. 210 211 [3,6]. Italie 200 362 [1]. Syrie 135 847. Yougoslavie 119 815. Jordanie 107 634. Grèce 42 770 [4]. Suisse 37 400 [2]. Autriche 24 277. G.-B. 19 000. Espagne 13 561. Iran 12 261.

Statistiques françaises

Budget

● **Effectifs salariés dans le tourisme** (au 31-12-84). Total 549 070 (98 652 établissements, en 1983) dont hôtellerie, restauration 461 502 [rest. et café rest. 157 242, hôtels et rest. 107 664, hôtels 20 058], agences de voyages 19 250, articles de sports et de campement, commerce de détail 15 855, fabrication 12 028, bateaux de plaisance 7 451, offices de tourisme 5 343, constr. de caravanes et remorques de tourisme 4 058, remontées mécaniques 6 669, établissements thermaux de thalassothérapie 17 184.

● **Finances. Balance de paiement du tourisme** (en millions de F). **1981** : recettes 39 340, dépenses 31 232, **1982** : r. 45 942, d. 33 892, **1983** : r. 55 075, d. 32 631, **1984** : r. 66 401, d. 37 324. **1985** (estim.) : 70 980, d. 40 745.

Consommation intérieure touristique : 342,9 milliards de F (276,5 pour les résidents en France, 66,4 pour les non-résidents) représentant 12,4 % de la consommation finale des ménages (*1982* : 11,8 %, *1983* : 12,3 %).

• **Hébergement** (1984). **Lits** 15,8 millions (dont en %) : villages de vacances et maisons familiales 1,7, hôtellerie 10,2, gîtes et chambres d'hôtes 1, résidences secondaires 71,6 (11 millions de lits).

Hôtels classés (au 31-12-83). 19 384 (chambres 481 045) dont : *1 étoile* : 10 253 (174 146), *2 ét.* : 6 660 (180 334), *3 ét.* : 1 986 (84 129), *4 ét.* : 350 (24 223), *4 ét. luxe* : 135 (18 213). **De préfecture.** (en 83) 29 237 (334 685). **Camping-caravaning** (terrains classés). Terrains 7 813 (places 2 407 000 en 1984) dont : *1 étoile* : 1 509 (218 441), *2 ét.* : 4 520 (1 213 794), *3 ét.* : 1 349 (589 023), *4 ét.* : 435 (262 296), *en cours* : 289 (76 893).

Maisons familiales de vacances (au 31-12-84). 840 (lits 89 221). **Villages de vacances agréés** : 580 (201 022). **Auberges de jeunesse** : 330 (18 452).

Hébergement à usage privé. *Caravanes.* Parc au 1-1-1984 : 1 200 000. *Résidences secondaires* (1982) 2 258 342. *Flotte de plaisance immatriculée* (y compris dériveurs et autres navires sans couchette au 30-9-1983). 604 723 dont Méditerranée 246 193, Atlantique 201 366, mer du Nord 157 164.

Foire. *Nombre de visiteurs* (1983) : 19 562 125.

Thermalisme. Curistes (libres ou assurés sociaux, 1983) 572 960.

• **Touristes étrangers (1984)** : *séjours* 34 812 000, *nuitées* 17 942 391, *durée moyenne des séjours* 8,6 j. **Arrivées par nationalités** (en %, 1984). All. féd. 22, G.-B. 16,6, P.-Bas 10,8, Suisse 10,7, Belg. 8,7, U.S.A. 7,9, Italie 6,7, Afrique 3,1 (Algérie 2), Espagne 2,4, Asie, Pacifique 2 (Japon 1,2), Amérique latine 1,4, Autriche 1,4, Scandinavie 1,3, Moy.-Or. 1.

Renseignements pratiques

Adresses utiles

• **Ambassades (A), Consulats (C) et offices de tourisme (O) étrangers à Paris.**

Afghanistan. A et C 32, av. Raphaël 16ᵉ. **Afrique du Sud.** A 59, quai d'Orsay 7ᵉ. O 9, bd de la Madeleine 1ᵉʳ. **Algérie.** A 18, r. Hamelin 16ᵉ. C 11, r. d'Argentine 16ᵉ. O 3, r. Joseph Sansbœuf 8ᵉ. **All. dém.** A 24, r. Marbeau 16ᵉ. O 49, av. de l'Opéra 2ᵉ. **All. féd.** A 13/15, av. F.-D.-Roosevelt 8ᵉ. C 34, av. d'Iéna 16ᵉ. O 4, place de l'Opéra 2ᵉ. **Angleterre.** A 35, r. du Faubourg-St-Honoré 8ᵉ. C 2, cité du Retiro 8ᵉ. O 6, place Vendôme 1ᵉʳ. **Argentine.** A 6, r. Cimarosa 16ᵉ. C impasse Kléber 16ᵉ. O 83, av. H.-Martin 16ᵉ. **Australie.** A et C 4, r. Jean-Rey 15ᵉ. O 12, r. Chabanais 2ᵉ. **Autriche.** A 6, r. Fabert 7ᵉ. C 12, r. Edmond-Valentin 7ᵉ. O 47, av. de l'Opéra 2ᵉ. **Bahamas.** O 9, bd de la Madeleine 1ᵉʳ. **Barbade, Ste-Lucie et Dominique.** O 102, av. des Ch.-Élysées 8ᵉ. **Belgique.** A et C 9, r. de Tilsitt 17ᵉ. O 21, bd des Capucines 2ᵉ. **Birmanie.** A et C 60, r. de Courcelles 8ᵉ. **Bolivie.** A et C 12, av. Kennedy 16ᵉ. O 18, rue de l'Exposition 7ᵉ. **Brésil.** A 34, cours Albert-Iᵉʳ 8ᵉ. C 122, av. des Champs-Élysées 8ᵉ. O 3, av. de l'Opéra 1ᵉʳ. **Bulgarie.** A 1, av. Rapp 7ᵉ. O 45, av. de l'Opéra 2ᵉ.

Cameroun. A et C 73, r. d'Auteuil 16ᵉ. Canada. A et C 35, av. Montaigne 8ᵉ. O 37, av. Montaigne 8ᵉ. **Ceylan (Sri Lanka).** A 15, r. d'Astorg 8ᵉ. O 19, r. du 4-Septembre 2ᵉ. **Chine (République populaire).** A 11, av. George-V 8ᵉ. O 51, r. Ste-Anne 2ᵉ. **Colombie.** A 22, r. de l'Élysée 8ᵉ. C 11, rue Christophe-Colomb 8ᵉ. O 8, bd de la Madeleine 1ᵉʳ. **Côte-d'Ivoire.** A 102, av. R.-Poincaré 16ᵉ. O 24, bd Suchet 16ᵉ. C 8, r. Dumont-d'Urville 16ᵉ. **Cuba.** A 16, rue de Presles 15ᵉ. C 14, r. de Presles 15ᵉ. O 24, r. du 4-Septembre 2ᵉ. **Danemark.** A 77, av. Marceau 16ᵉ. O 142, av. des Champs-Élysées 8ᵉ. **Égypte.** A 56, av. d'Iéna 16ᵉ. C 58, av. Foch 16ᵉ. O 90, av. des Champs-Élysées 8ᵉ.

Équateur. A et C 34, av. de Messine 8ᵉ. O 8, r. Mabillon 6ᵉ. **Espagne.** A 13, av. George-V 8ᵉ. C 165, bd Malesherbes 17ᵉ. O 43 ter, av. Pierre-Iᵉʳ-de-Serbie. 8ᵉ. **États-Unis.** A et C 2, av. Gabriel 8ᵉ. O 23, place Vendôme 1ᵉʳ. **Éthiopie.** A et C 35, av. Charles-Floquet 7ᵉ. O 10, r. Auber 9ᵉ. **Finlande.** A 2, r. Fabert 7ᵉ. C 18 bis, r. d'Anjou 8ᵉ. O 13, r. Auber 9ᵉ.

Grèce. A 17, r. Auguste-Vacquerie 16ᵉ. C 23, r. Galilée 16ᵉ. O 3, av. de l'Opéra 1ᵉʳ. **Guatemala.** A et C 73, r. de Courcelles 8ᵉ. **Hong Kong.** O 38, av. George-V 8ᵉ. **Hongrie.** A 5 bis, square de l'av. Foch 16ᵉ. C 326, r. St-Jacques 5ᵉ. O 27, r. du 4-septembre 2ᵉ. **Ile Maurice.** A 68, bd de Courcelles 17ᵉ Paris. O 225, r. du Fg-St-Honoré 8ᵉ. **Inde.** A 15, r. Alfred-Dehodencq 16ᵉ. O 8, bd de la Madeleine 9ᵉ. **Indonésie.** A, O et C 49, r. Cortambert 16ᵉ. **Irak.** A 53, r. de la Faisanderie 16ᵉ. C 9, rue du « G » Appert 16ᵉ. **Iran** A 4, av. d'Iéna 16ᵉ. **Irlande.** A 12, av. Foch 16ᵉ. O 9, bd de la Madeleine 1ᵉʳ. **Israël.** A et C 3, r. Rabelais 8ᵉ. O 14, r. de la Paix 2ᵉ. **Italie.** A 51, r. de Varenne 7ᵉ. C 5, bd Émile-Augier 16ᵉ. O 23, r. de la Paix 2ᵉ.

Japon. A 7, av. Hoche 8ᵉ. O 4/8, r. Ste-Anne 1ᵉʳ. **Jordanie.** C et O 80, bd Maurice-Barrès, 92 Neuilly. **Kenya.** A et C 3, r. Cimarosa 16ᵉ. O 5, rue Volnay 2ᵉ. **Liban.** A 3, villa Copernic 16ᵉ. C 47, rue Dumont-d'Urville 16ᵉ. O 124, r. du Fg-St-Honoré 8ᵉ. **Luxembourg.** A et C 33, av. Rapp 7ᵉ. O 21, bd des Capucines 2ᵉ.

Madagascar. A et O 4, av. Raphaël 16ᵉ. **Malaisie** A, C et O 2 bis, rue de Bénouville 16ᵉ. **Malte.** A et C 92, av. des Ch.-Élysées 8ᵉ. O 82, r. Vaneau 7ᵉ. **Maroc.** A 3/5, r. Le Tasse 16ᵉ. C 19, r. Saulnier 9ᵉ. O 161, r. St-Honoré 1ᵉʳ. **Mexique.** A 9, r. de Longchamp 16ᵉ. C 16, r. Hamelin 16ᵉ. O 34, av. George-V 8ᵉ. **Monaco.** A 22, bd Suchet 16ᵉ. O 9, r. de la Paix 1ᵉʳ. **Népal.** A et C 7, r. Washington 8ᵉ. **Niger.** A et C 154, r. de Longchamp 16ᵉ. **Norvège.** A et C 28, r. Bayard 8ᵉ. O 88, av. Charles-de-Gaulle, 92 Neuilly.

Pakistan. A et C 18, rue Lord-Byron 8ᵉ. **Paraguay.** A 8, av. Ch.-Floquet 7ᵉ. C 12, r. de l'Abreuvoir, 92 Courbevoie. **Pays-Bas.** A et C 7-9, r. Éblé 7ᵉ. O 31/33 av. des Ch.-Élysées 8ᵉ. **Pérou.** A et C 50, av. Kléber 16ᵉ. O Uniclam, 63, rue Monsieur-le-Prince, 6ᵉ Paris. **Philippines.** A et C 39, av. Georges-Mandel 16ᵉ. O Atlantic Associate, 259, rue St-Honoré 1ᵉʳ. **Pologne.** A 1/3, r. de Talleyrand 7ᵉ. C 5, r. de Talleyrand 7ᵉ. O 49, av. de l'Opéra 2ᵉ. **Portugal.** A 3, r. Noisiel 16ᵉ. C 187, r. Chevaleret 13ᵉ. O 7, r. Scribe 9ᵉ. **Roumanie.** A 5, r. de l'Exposition 7ᵉ. O 38, av. de l'Opéra 1ᵉʳ.

Sénégal. A 14, av. Robert-Schuman 7ᵉ. C 22, r. Hamelin 16ᵉ. O 30, av. George-V 8ᵉ. **Seychelles.** C 53, r. François-Iᵉʳ 8ᵉ. O 32, r. de Ponthieu 9ᵉ. **Singapour.** A 12, sq. de l'av. Foch 16ᵉ. O 2, pl. du Palais Royal 1ᵉʳ. **Suède.** A 17, r. Barbet-de-Jouy 7ᵉ. O 146-150, av. des Champs-Élysées 8ᵉ. **Suisse.** A. 142, r. de Grenelle 7ᵉ. O 11 bis, r. Scribe 9ᵉ. **Syrie.** A 20, r. Vaneau 7ᵉ. O 103, r. La Boétie 8ᵉ. **Thaïlande.** A et C 8, r. Greuze 16ᵉ. O 90, av. des Champs-Élysées 8ᵉ. **Trinité et Tobago.** O B.O.M.C. 91, av. des Champs-Élysées 8ᵉ. **Tunisie.** A 25, r. Barbet-de-Jouy 7ᵉ. C 17, rue de Lübeck 16ᵉ. O 32, av. de l'Opéra 2ᵉ. **Turquie.** A 16, av. de Lamballe 16ᵉ. C 184, bd Malesherbes 17ᵉ. O 102, av. des Champs-Élysées 8ᵉ.

U.R.S.S. A 40-50, bd Lannes 16ᵉ. C 8, r. de Prony 17ᵉ. O 7, bd des Capucines 2ᵉ. **Venezuela.** A 11, r. Copernic 16ᵉ. C 42, av. du Pt-Wilson 16ᵉ. **Yougoslavie.** A et C 5, r. de la Faisanderie 16ᵉ. O 31, bd des Italiens 2ᵉ. **Zaïre.** A et C 32, cours Albert-Iᵉʳ 16ᵉ. **Zambie.** A et C 76, av. d'Iéna 16ᵉ.

• **Auberges de France** (voir Logis de France).

• **Auberges de jeunesse (Fédération unie des auberges de jeunesse) (F.U.A.J.),** 6, rue Mesnil, 75116 Paris. *Créée* 6-4-56. *Agréée* 3-7-59. *Pt* : Serge Goupil. *Secr. gén.* : Edith Arnoult. Affiliée à la Fédération internationale des auberges de jeunesse (International Youth Hostel Federation/IYHF). *Nombre* : 200 (14 000 lits), 1 300 000 nuitées. *Adhérents* : 160 000. Les membres adhérents peuvent utiliser les auberges de jeunesse françaises (+ de 200) et étrangères (+ de 5 500). Carte F.U.A.J., annuelle intern. : – de 18 ans 10 F, *18-26 ans* 43 F, + *de 26 ans* 63 F. Tarif hébergement (18 à 30 F selon catégorie). Certaines aub. assurent repas : petit déj. 9,50 F ; repas 31,50 F (boissons n.c.). *Activités* (séjours individuels ou collectifs en pension complète). *Hiver* (17 centres) : stages de ski (piste, fond, randonnée, compétition). *Été* (env. 150 programmes dans 55 A.J.) : stages d'activités sportives, culturelles, artisanales. Chantiers de jeunes, rencontres intern. Fr. et étr. *Voyages à l'étranger* : env. 60 circuits. *Accueil* : groupes scolaires, sportifs, fr. et étr. (½ pens. ou pens. compl.). *Organisation*, sur demande : w.-e., circuits, séjours, activités. *Renseign.* : Guide des A.J. en Fr. (gratuit), Guide intern. des A.J.

• **Auto-stop (Organismes).** Mettent en relation, moyennant une cotisation et participation aux frais. *Allostop-Paris.* 84, passage Brady, 75010. Province et étranger. Membre d'Eurostop International. Voir Quid 1982, p. 1618.

• **Bourses de voyage. B. de l'aventure** (plusieurs dizaines) 3 000 à 5 000 F. **Dotation nation. de l'av.** 11, rue de Vaugirard, 75006 Paris. **B. de l'av. équestre** (min. une dizaine) 5 000 F attribuées par le service des haras et de l'équitation du min. de l'Agr. **B. de l'av. Albin-Michel** (1) 10 000 F. **B. de l'av. Telcipro-Fuji-Films** 70 000 F de pellicules et prestations permettant la réalisation d'un film 16 mm professionnel. **B. de l'av. Yamaha** (6) env. 3 000 F + pièces détachées ou XT 500 cm³. **B. jeune découverte** (200) 1 500 F, attribuées par la Fondation de France. **B. tiers monde** (3) 2 000 F, accordées par le min. de la Jeunesse et des Sports. **B. Elf de l'Aventure Utile** 5 000 à 50 000 F. **B. verte** (une cinquantaine) 5 000 ou 20 000 F, offertes par le Crédit agricole. **Dotation 3 M au jeune reportage** (12) 2 000 à 4 000 F + matériel 3 M (pellicules photo, films super 8). **Première Rank Xérox** (1) 10 000 F, non cumulable. **Oscars Camping Gaz de l'aventure sportive** 3 000 à 10 000 F, projets impliquant une performance sportive. **B. Objectif Vieux Campeur,** 48, rue des Écoles, 75005 Paris. Festival amateur de l'aventure sportive. Récompense au retour d'expédition : 25 000 F en bons d'achat (6 catégories). **B. de l'Aventure Camel Briquet** 5 000 F à 25 000 F. **B. Sopad Nestlé de la Coopération Volontaire** de 5 000 F à 10 000 F pour des projets tiers monde. **Dotation Paris-Match de la Coopération Volontaire** 100 000 F, attribuée lors du Forum d'Agen de la Coopération Volontaire (oct.). **Dotation de l'Aventure du Figaro Magazine** 100 000 F attribuée lors du Festival de La Plagne (mi-déc.) pour les projets d'av. sportive de haut niveau. **Fuji-Films,** 2, av. Franklin, 78186 Saint-Quentin-en-Yvelines Cedex. Émulsions photo-cinéma (don en pellicules équivalent à 50 % des quantités d'émulsions déjà achetées auprès du revendeur habituel). Pas de dotation en 1986. **B. de l'association des lauréats Zellidja,** 33, rue Campagne Première, 75014 Paris. 4 000 F maxi. pour voyage d'étude de 4 semaines min., sur un thème librement choisi, à faire seul, à toute période de l'année, avec rapport au retour (si jugé bon, possibilité de 2ᵉ voyage (6 000 F max.), attribution de titre de lauréat Zellidja à la remise du second rapport + prix de 15 000 F pour le meilleur rapport de 2ᵉ voyage. **Dotation Kodak grand reportage,** 8/26, rue Villiot, 75594 Paris Cedex 12. De 2 000 à 10 000 F en produits photo. **Prix découverte du Japon,** Association de presse France-Japon, 14, rue de Cimarosa, 75116 Paris. (1) séjour au Japon en été, billet avion AR, logement pour 1 mois dans la maison franco-japonaise de Tokyo, avec bourse, pour Français de moins de 30 ans n'ayant jamais été au Japon. **Prix du Rayonnement français,** 11, rue Nicolo, 75116 Paris. Comité du Rayonnement Français. Prix des Sciences biologiques et médicales. Prix des Sciences physiques et mathématiques. Prix des Sciences économiques et sociales. Prix du Rayonnement Français dans le tiers monde. Prix de l'Illustration des Arts. (Chacun de ces Prix fondés en 1981 est doté de 50 000 francs). S'y ajoute le Prix Chateaubriand (littéraire) fondé en 1975 et doté à l'égal des autres. **Programme O.F.A.J. pour individuels,** Office franco-allemand pour la jeunesse, 6, rue Casimir-Delavigne, 75007 Paris. (25) remboursement billet AR chemin de fer 2ᵉ classe, frais de séjour 500 à 750 F/semaine. **Programme O.F.Q.J.,** Office franco-québécois pour la jeunesse, 5, rue Logelbach, 75847 Paris Cedex 17. 30 bourses Jeunesse Aventure Québec de 4 000 F pour les 18-30 ans. Aide financière et technique pour les 18-35 ans dans le cadre de programmes d'échanges Contact, Formation et Recherche.

• **Campeurs-randonneurs (Union laïque des)** (U.L.C.R.). 12, r. de la Victoire, 75441 Paris Cedex 02.

• **Cheval voyage. Hobby voyage. Nautic voyage.** 8, rue de Milan, 75009 Paris. Séjours en house-boat (Bourgogne, Nivernais, Camargue).

• **Gîtes ruraux (Fédération nat. des Gîtes de France).** 35, rue Godot-de-Mauroy, 75009 Paris. 94 relais départementaux assurent contrôle et classement de 33 000 gîtes ruraux, 5 400 chambres d'hôtes, 600 tables d'hôtes, 400 gîtes d'étape, 380 gîtes d'enfants, 600 campings à la ferme.

• **Handicapés, séjours de vacances. Amitiés des aveugles de France,** 58, av. Bosquet, 75007 Paris. **Association nationale animation-éducation (ANAE),** 21, r. Viète, 75017 Paris. **Comité nat. français de liaison pour la réadaptation des handicapés,** 38, bd Raspail, 75007 Paris. **Concordia,** 27, r. du Pont-Neuf, 75001 Paris. **Éclaireurs et Éclaireuses de France,** 66, r. de la Chaussée-d'Antin, 75009 Paris. **Groupement pour l'insertion des handicapés physiques,** 20, av. Paul-Appell, 75014 Paris. **Scouts de France,** 23, r. Ligner, 75020 Paris. **Sentier fleuri,** 219, r. St-Honoré, 75001 Paris. **S.O.S. Jeunes, Secours catholique,** 106 r. du Bac, 75007 Paris. **Union française des colonies de vacances,** 28, r. d'Angleterre, 59000 Lille. Voir aussi brochure (Vacances pour handicapés) éditée par le C.I.D.J.

• **Logis et auberges de France (Fédération nationale des).** 25, r. Jean-Mermoz, 75008 Paris. Guide : 3 915 hôtels « logis » et 640 « auberges » (garantis par signature d'une charte).

• **Loisirs de France.** 30, rue Godot-de-Mauroy, 75009 Paris. *Créée* 1954. Séjours en hôtels, locations pour vac. voyages, villages-vac. **Loisirs de France jeunes** (même adresse). Colonies de vac. enfants et adolescents dans 13 centres (mer, montagne-été, hiver). *Créée* 1966.

• **Maisons familiales de vacances. Fédération des Maisons familiales de vacances (M.F.V.).** 28, place St-Georges, 75009 Paris. Tarif dégressif pour les enfants. Accueil de retraités, classes et groupes hors vacances scolaires. **Loisirs Vacances Tourisme.** 67, rue de Dunkerque, 75009 Paris. *Créé* nov. 1974. 160 associations gérant plus de 200 réalisations de vac. (maisons familiales, gîtes, circuits en roulotte, tourisme fluvial, stages sportifs, techniques et artisanaux, voyages et circuits en France et à l'étranger, etc.). Tarifs dégressifs suivant ressources. Accueil de familles, jeunes, retraités, handicapés, classes, séminaires et congrès. **Fédération des œuvres laïques de Paris (Vacances pour tous).** 12, r. de la Victoire, 75441 Paris Cedex 09 : + de 2 000 *centres de vac.* (4-18 ans), *maisons familiales, séjours linguistiques, séjours et circuits à l'étranger.* Stages, activités sportives et associatives, spectacles à prix réduits. **Vacances Loisirs Familles.** 12, rue du 8-Mai-1945, 75010 Paris.

• **Maisons provinciales** à Paris. **Alpes-Dauphiné.** 2, pl. André-Malraux 1er. **Alsace.** 39, Ch.-Élysées, 8e. **Auvergne.** 194 bis, r. de Rivoli, 1er. **Bretagne.** 17, r. de l'Arrivée, 14e. **Corse.** 82, bd Haussmann, 8e. **D.O.M.-T.O.M.** 8, av. de l'Opéra, 1er. **Drôme.** 14, bd Haussmann, 9e. **Franche-Comté.** 10, rue du Colisée, 8e. **Gers et Armagnac.** 16, bd Haussmann, 9e. **Htes-Alpes-Ubaye.** 4, av. de l'Opéra, 1er. **Limousin.** 18, bd Haussmann, 9e. **Lot-et-Garonne.** 15-17, pass. Choiseul, 2e. **Lozère.** 4, r. Hautefeuille, 6e. **Nord-Pas-de-Calais.** 18, bd Haussmann, 9e. **Périgord.** 30, r. Louis-le-Grand, 2e. **Poitou-Charente-Vendée.** 4, av. de l'Opéra, 1er. **Pyrénées.** 95, rue St-Augustin, 8e. **Savoie.** 16, bd Haussmann, 9e. **Tarn.** 34, av. de Villiers, 17e.

• **Meublés.** V. logement à l'Index. **Fédération nationale des agents immobiliers** 129, rue du Faubourg-St-Honoré, Paris 8e : *brochure : « Allô Vacances ».* **Bertrand** (11, r. du Louvre, 75001 Paris) publie un indicateur et, chaque année, « Vacances » (adresses de loueurs), « Locations de vacances » (agences et loueurs professionnels), « Vacances-hiver » (octobre). **Lagrange** (34, r. Pasquier, 75008 Paris) : catalogue de l'agence du même nom.

• **Raids** (organismes). PARIS : **Club Aventure.** 27, bd de la Tour-Maubourg, 75007 Paris. **Nouvelles Frontières.** 37, rue Violet, 75015 Paris. **Explorator.** 16, place de la Madeleine, 75008 Paris. **Rivages.** 26, rue Soufflot, 75005 Paris. **Terres d'aventure.** 5, rue St-Victor, 75005 Paris. **Visages du monde.** 4, rue Roger, 75014 Paris. PROVINCE : **Arvel.** 57, rue Paul-Verlaine, 69100 Villeurbanne. **Askavel.** 25, rue des Caboteurs, 44600 St-Nazaire. **Bivouacs au bout du monde.** Scientrier, 74800 La Roche-sur-Foron. **Guilde Européenne.** 11, rue de Vaugirard, 75006 Paris. 230 projets attribués en 81, 1 projet peut être présenté à plusieurs jurys. Plusieurs bourses. **Sté des explorateurs et des voyageurs français,** 184, bd St-Germain, 75006 Paris. B. pour les jeunes voyageurs, séances d'initiation au voyage et à l'exploration, conférences.

• **Séjours linguistiques. UNOSEL** (Union des organisations de séjours linguistiques). 69, av. du Maine, 75014 Paris. *Bibliogr. :* les dossiers de l'Étudiant, vacances-voyages (mars ou avril).

• **Stations de sports d'hiver. Maison des Arcs.** 54, rue Boissonnade. **M. de l'Alpe-d'Huez.** 6, r. Marbeuf. **M. d'Avoriaz.** 54, av. Marceau, 8e. **M. de Flaine.** 23, r. Cambon, 8e. **M. de la Plagne.** 6, av. des Champs-Élysées, 8e. **M. de Superdévoluy.** 18, av. des Champs-Élysées, 8e. **M. de Tignes.** 46, r. de la Tour, 16e. **M. des Trois-Vallées (Courchevel-Méribel-Les-Ménuires).** 10, rue Auber, 8e. **M. de Valmorel.** 58, rue Maurice-Ripoche, 14e. **M. de Val-Thorens.** S.E.T.A.M. 73440.

• **Stations vertes de vacances (Fédération française des).** Hôtels du département de la Sarthe, 72040 Le Mans. Regroupe env. 750 localités (du village au bourg de 10 000 h.) Possédant au minimum : 1 hôtel classé 1 étoile ou Logis de France, un certain nombre de meublés ou gîtes ruraux, 1 camping 2 ét., 1 piscine ou baignade surveillée (étang, rivière aménagée) ; 1 terrain de jeux, 1 court de tennis et des magasins ouverts en permanence. *Au total :* 44 880 chambres d'hôtel, 9 500 meublés ou gîtes ruraux, 10 100 lits dans villages de vacances, 181 500 places dans campings (soit 316 825 lits).

Vacances des Français

Vacances dans l'année (1985)

Nota. – (1) 1982. (2) 1983.

Personnes parties : 31 400 000. **Taux de départ (% de personnes parties au moins 1 fois) :** 57,5 % (*75* 52,5 %), **suivant les catégories socio-professionnelles :** cadres supérieurs et prof. libérales 90,8, cadres moyens 85,3, employés 66,9, patrons de l'industrie et du commerce 59,2, personnel de service 54,5, ouvriers 51,9, exploitants et salariés agricoles 22,2, autres actifs 71,4, inactifs 43,9, **selon l'âge** *0 à 13 ans :* 64,8, *14 à 19 a. :* 60,6, *20 à 24 a. :* 55,4, *25 à 29 a. :* 63,7, *30 à 39 a. :* 65,3, *40 à 49 a. :* 62,8, *50 à 54 a. :* 52,3, *55 à 59 a. :* 49,5, *60 à 64 a. :* 47,7 *65 à 69 a. :* 48,7.

Séjours de vacances (nombre) : 57,6 millions (en France 48,8, à l'étranger 8,8). **Journées de vacances :** 915,6 millions (France 746,7, étranger 168,9). **Nombre moyen de j. par personnes parties** [1] : 29,5 (habitants de commune rurale 21,2 agglo. de + de 100 000 h. 31, de Paris 41,9) dont cadres supérieurs et prof. libérales 37, cadres moyens 31, employés 27,3, personnel de service 25,1, ouvriers 25, patrons de l'industrie et du commerce 20,6, exploitants et salariés agricoles 15,8, autres actifs 35, inactifs 35.

Mode de transport [1] **(%).** Auto 76,6 (Parisiens 54,5), train 11,7 (26,9), avion 6,1 (13,3), car 3,7 (0,7).

Séjours (genre) en % [2]. Mer 32,2, campagne 27,6, montagne hors sports d'hiver 11,8, ville 9,2, sports d'hiver 24,7, circuit 3,4. *Professions libérales et cadres supérieurs et, entre parenthèses, ouvriers et personnel de service* [1] : mer 33,6 (30), campagne 23,5 (28,3), sports d'hiver 25,8 (19,9), hors sports d'hiver 9,6 (12,9), circuit 6,3 (4,2), ville 8,7 (12,3).

Hébergement (% des séjours) [2]. *Professions libérales et cadres supérieurs et, entre parenthèses, ouvriers et personnel de service* [1] : parents et amis 20,4 (32), r. secondaire 14,4 (7,4), hôtel 15,9 (9,8), parents et amis (r. secondaire) 15,1 (4,5), location 13,3 (10,1), tente et caravane 7,7 (16,9), autres 3,5 (2,9).

Vacances d'hiver

Personnes parties (1985) : 13,6 millions. **Taux de départ :** 24,9 % (**84 :** 26,2) dont cadres supérieurs et prof. libérales 60,3, cadres moyens 46,6, employés 25,4, patrons de l'industrie et du commerce 22,3, ouvriers 16, personnel de service 15,5, exploitants et salariés agricoles 6,8, autres actifs 35,9, inactifs 18,8. **Selon l'âge :** *0 à 13 ans :* 26,8, *14 à 19 a. :* 24,4, *20 à 24 a. :* 25,7, *25 à 29 a. :* 27,8, *30 à 39 a. :* 30,3, *40 à 49 a. :* 26,9, *50 à 54 a. :* 22,6, *55 à 59 a. :* 22, *60 à 64 a. :* 21,6, *65 à 69 a. :* 26,3, *70 a. et + :* 12,1).

Séjours de vacances en 1985 (nombre) : 19,5 millions (France 17,1, étranger 2,5). **Selon la date (nbre de pers. simultanément en vacances) : oct. hors vac. sc. :** 9,2 ; **Toussaint :** 10,1 ; **nov. et déc. hors vac. :** 11 ; **Noël :** 37,2 ; **janv. et févr. hors vac. :** 15,3 ; **févr. :** 32,9 ; **févr. mars avril hors vac. :** 12,2 ; **Printemps :** 51 ; **avril hors vac. :** 8,9.

Journées de vacances (1985) (total) : 193 millions (France 162, étranger 31). **Par personnes parties :** 14,2 (cadres sup. 15, employés 12,4, ouvriers 10,5). **Mode de transport :** auto 69,7, train 17,4, avion 8,4, car 3,2, bateau et autres 1,3.

Hébergement en France (% des séjours). Entre parenthèses, à l'étranger. Parents et amis 42,8 (38,6). Hôtel 9,2 (34,7). R. secondaire 15,9 (7,4). Location 12,2 (6,2). R. secondaire parents et amis 10,4 (2,1). Tente et caravane 0,6 (1,2). Auberge de jeunesse 1,2 (0,5). Village de vacances 4,4 (2,9). Autres 3,3 (6,4).

Vacances d'été

Période des départs (en %). *Mai* 2,4. *Juin* 4,2. *Juillet* 28,2. *Août* 38,4. *Sept.* 6,1.

Personnes parties. 29,4 millions (53,8 %).

Hébergement (% des séjours). En 1984, entre parenthèses en 1985, en ital. étrangers. Parents et amis 29,6 (29,2) *38 (35,8).* Hôtel 7,7 (8,9) *26,1 (31,7).* R. secondaire 8,7 (9,1) *5,5 (4).* Location 14,8 (14,4) *8,9 (7,6).* R. secondaire parents et amis 9,8 (10,5) *4,1 (4).* Plein air 21,5 (19,5) *9,3 (9,8).* Autres 7,9 (8,6) *8,1 (7,1).*

Section Village de neige : 20 petites communes de moyenne montagne possédant des équipements d'hébergement et de loisirs liés à la neige et ne pouvant prétendre au titre de stations de sports d'hiver.

• **Syndicats d'initiative - offices de tourisme (Fédération nationale).** 74, av. Paul-Doumer, 75016 Paris. Regroupe 1 800 Synd. d'init. et Offices de T. loc. (1er synd. d'init. Gérardmer 1875, 2e Grenoble 1884).

• **Travail en vacances. Cotravaux (organisme de cogestion pour le travail volontaire des jeunes).** 11, rue de Clichy, 75009 Paris. *Créé* 1959, sous le patronage du Haut Comité de la jeunesse. Regroupe 10 associations ou fédérations qui organisent des chantiers en France et à l'étranger, ainsi que les principaux départements ministériels concernés. Chantiers rassemblant, en général, 3 semaines, 15 à 25 adolescents (14-18 ans) ou adultes (18-30 ans). Types de travaux proposés : aménagement de villages et équipement rural, équipements sportifs et socioculturels, équipements touristiques, protection de la nature, fouilles archéologiques, aide aux mal logés... **Associations membres. Alpes de lumière.** Rue Saunerie, St-Michel l'Observatoire, 04300 Forcalquier. **Les Compagnons bâtisseurs.** 5, r. des Immeubles-Industriels, 75011 Paris. **Concordia.** 27, r. du Pont-Neuf, Paris 1er. **Études et Chantiers.** 33, r. Campagne-Première, Paris 14e. **Jeunesse et reconstruction.** 10, rue de Trévise, 75009 Paris. **Moulins des apprentis.** 23220 Bonnat-Creuse. **Neiges et Merveilles.** St-Dalmas-de-Tende, 06430 Tende. **Section des jeunes du mouvement chrétien pour la paix.** 46, r. de Vaugirard, Paris 6e. **Service civil international.** 129, r. du Fg-Poissonnière, Paris 9e. **Union REMP Art.** 1, r. des Guillemites, Paris 2e.

Autres associations. Ass. chantiers internationaux de volontaires. 1, av. St-Félix, 44000 Nantes. **Ass. Lou Valat.** Vernet, 48240 St-Germain-de-Calberte. **Ass. lyonnaise de sauvetage des sites archéologiques médiévaux.** J.-F. Reynaud, URA 26, archéologie médiévale, 18, quai Claude-Bernard, 69365 Lyon Cedex 2. **Ass. de mise en valeur du château de Coucy.** 02380 Coucy-le-Château. **Ass. de sauvegarde de lieu restauré.** 60123 Bonneuil-en-Valois. **Centre d'archéol. histor. des musées de Grenoble et de l'Isère.** 11, montée de Chalemont, 38000 Grenoble. **Centre culturel scientifique et technique.** La Casemate, place St-Laurent, 38000 Grenoble. **Centre de recherches archéol. de la moyenne vallée de l'Oise.** Musée Vivenel, 2, rue d'Austerlitz, 60200 Compiègne. **Centre nat. de la recherche scientifique.** 31, rue du Pt-Calmette, 92190 Meudon. **Chantiers de jeunes de Provence-Côte d'Azur.** 3, rue Esprit-Violet, 06400 Cannes. **Le Club du Vieux-Manoir.** 10, rue de la Cossonnerie, 75001 Paris. **Fédération mondiale des villes jumelées.** 2, rue de Logelbach, 75017 Paris. **Féd. unie des auberges de jeunesse.** 6, rue Mesnil, 75116 Paris. **Fouilles urbaines de St-Denis.** 8, rue de Strasbourg, 93200 St-Denis. **Le Grappe.** 6, rue Burdeau, 69001 Lyon. **Institut Dolomieu.** Géologie et minéralogie, Université 1 de Grenoble, rue M.-Cignoux, 38031 Grenoble. **Maison des jeunes et de la culture de St-Denis.** 40, rue de la Légion-d'Honneur, 93200 St-Denis. **Mouvement Alternative 114.** 29, rue du Stade Champeaux, 77720 Mormant (section jeunesse du mouvement Aide à toute détresse ATD-quart monde). **Pierres et Vestiges.** 15, rue de Neez, 64110 Jurançon. **Sté archéol. histor. et géogr.** de Creil et de sa région. Mairie, Creil.

☞ *Pour tous renseignements : C.I.D.J.,* 101, quai Branly, 75754 Paris, Cedex 15.

Centre d'étude et d'information du volontariat. 130, rue des Poissonniers, 75018 Paris.

• **A l'étranger. Comité de coordination du service volontaire international (C.C.I.V.S.).** UNESCO, 1, rue Miolis, 75015 Paris. *Créé* 1948. 113 organisations membres. Service volontaire à court terme (1-3 mois) et à long terme (6 mois-2 ans). **Allemagne.** *Office franco-allemand pour la jeunesse (O.F.A.J.),* section de Paris, 6, r. Casimir-Delavigne, 75006 Paris. **Espagne.** *Bolsa Universitaria del Trabajo S.E.U.,* Glorieta de Quevedo, 8, Madrid-10. **Italie.** *Centre international de coordination culturelle,* Via Cassia 00123 la Storta (Rome) ou à *Amitié mondiale,* 39, rue Cambon, Paris 1er. **Suède.** *Section suédoise du Service civil international :* 129, r. du Fg-Poissonnière, Paris 9e.

● **Villages de vacances. Club Méditerranée.** 25, rue Vivienne, 75002 Paris. *Créé* 1950. PDG : Gilbert Trigano (28-7-1920).

Installations en *Europe, Afrique:* 84 villages (53 119 lits). *Amér. du N. et centrale:* 30 vil. (17 100 lits). *Asie, Pacifique, Océan Indien:* 11 vil. (3 770 lits). *Amér. du S.:* 2 vil. (1 300 lits). *Capital:* 238 112 225 F. 4e chaîne hôtelière européenne, 11e chaîne mondiale.

Organisation centrale des camps et activités de jeunesse (O.C.C.A.J.). 9, rue de Vienne, 75008 Paris. Cadets (6-14 ans), Juniors (15-17 ans), Jeunes (18-35 ans), adultes (célib. et couples sans enfant). Familles et 3e âge. Adhérents : 6 000 pers. et 300 collectivités. Voyages à thème, France et étranger, vac. sportives.

Touring Club de France. 6-8, rue Firmin-Gillot, 75737 Paris Cedex 15. Voir Quid 83. Sté en liquidation le 28-3-1983. Plan de relance accepté par le Pt du tribunal de grande instance de Paris le 27-4-1984. 3 organismes reprennent les activités du T.C.F. : Villages-Vacances-Familles.

Tourisme et Travail. 187-189, quai de Valmy, 75010 Paris. *Créé* 1944. 465 000 adhérents individuels et 5 000 collectivités représentant 3 700 000 de ressortissants, campeurs-caravaniers. 125 000 vignettes FFCC diffusées. 100 villages de vacances et terrains de camping en France (35 000 lits). *Villages avec ou sans pension complète (gîtes).* 20 c. d'accueil à l'étranger (165 000 pers.), voyages, séjours, week-ends France et étranger. Activités, loisirs toute l'année dans 220 associations locales. 700 000 pers. concernées par les activités en 1983. *Revue:* T.T. magazine.

Villages Vacances Familles (V.V.F.). Tour Maine-Montparnasse, 33, av. du Maine, 75755 Paris cedex 15. *Créé* 1959. 130 villages dont 3 aux Antilles et 3 à la Réunion + 14 camp.-caravanages. Total 60 000 lits, 5 500 000 journées vacances en 85. *Tarifs* familiaux selon revenus et âge des enfants.

Voyages Vacances Tourisme (V.V.T.). Agence de voyages spécialisée, *créée* par V.V.F., 38, bd Edgar-Quinet, 75014 Paris. Séjours en hôtels et résidences.

Chèque-vacances. *Créé* en 1982. *Attribué* aux salariés dont le foyer fiscal paie moins de 5 000 F d'impôt sur le revenu et qui versent une épargne mensuelle (71,04 à 355,23 F). *Montant:* variable selon la contribution de l'employeur (max. annuel : nombre de salariés × SMIC mensuel brut : 2) et proportionnel à la participation du salarié (20 à 80 % de la valeur libératoire des c. vac.). 5 000 personnes env. en ont bénéficié en 1983.

Agences de voyages

● **Responsabilité.** Toute vente de prestations de séjours ou de voyages donne lieu à la remise d'un document approprié. L'ag. n'est pas responsable en cas de retard de l'avion, grèves, catastrophes ou événement de force majeure. Pour les réservations de places dans les hôtels, l'organisation de la visite des musées et des monuments, la location de places à des entreprises de transports qu'elles n'utilisent pas de façon exclusive, etc., les agences agissent comme mandataires et ne sont responsables que de leurs fautes prouvées. *Bagages:* les conditions générales prévues par les agences de voyages comportent la plupart du temps une clause se déclinant toute resp. en cas de perte, de vol ou d'avarie des bagages. Cette clause n'est valable que pour les bagages, bijoux ou vêtements que les voyageurs conservent auprès d'eux pendant la durée du voyage.

Le client peut se plaindre en cas de *tromperie* (l'hôtel n'est pas de la catégorie promise), *dol* (les excursions sont en supplément alors qu'elles sont comprises sur la brochure), *« surbooking »* (l'ag. a vendu plus de billets qu'elle n'a de places pour pallier les défaillances éventuelles).

Adresser les plaintes au: ministère chargé du Tourisme, 17, r. de l'Ingénieur-Keller, 75740 Paris cedex 15 ; Syndicat nat. des ag. de voyages, 6, rue Villaret de Joyeuse, 75017 Paris.

On peut souscrire une ass. individuelle garantissant contre tout dommage matériel ou corporel survenu au cours du voyage.

● **Voyage annulé.** *Du fait du client:* il est pénalisé mais peut souscrire une assurance annulation (la plupart ne jouent qu'en cas d'annulation pour raison de santé ou pour motif familial).

Du fait de l'agence: elle doit rembourser les sommes versées par son client, lui payer, à titre de pénalité, une indemnité égale à celle qu'il aurait dû verser si l'annulation lui était imputable. L'indemnité n'est pas due lorsque l'annulation est imposée par force majeure, la sécurité des voyageurs ou l'insuffisance du nombre des participants, tel que précisé dans le contrat.

● **Modification du voyage ou séjour.** *Avant le départ, l'agence modifie un voyage ou un séjour sur des éléments essentiels:* le client pourra choisir de mettre fin à sa réservation et de se faire rembourser sommes versées et pénalité prévue au contrat, ou accepter le changement en signant un avenant au contrat, avec éventuellement augmentation ou diminution du prix.

En cours de voyage: le client peut à son retour demander le remboursement des prestations non effectuées et non remplacées.

Le client ne peut modifier son séjour ou son voyage qu'avec l'accord préalable de l'organisateur.

Formalités

Change

● **Achat et location de biens immobiliers à l'étranger.** Les résidents ne peuvent acquérir une résidence princ. ou secondaire (sans caractère de placement), sous forme de bien immeuble, droits immobiliers ou parts sociales de S.C.I. sans autorisation de la Banque de France ou de la Caisse centrale de coop. écon. (D.O.M.-T.O.M.), dep. le 25-3-1982. Les frais d'acte afférents à ces acquisitions peuvent être réglés en sus de ce montant. Se renseigner auprès d'une banque intermédiaire agréée.

● **Donations entre vifs de fonds ou titres.** Il n'est plus possible pour un Français résident dep. le 25-3-1982 de transférer à l'étranger le montant d'une donation faite à un non-résident, sans autorisation de la Banque de France.

● **Envoi de fonds.** Un résident peut envoyer à l'étranger jusqu'à : 1°) 3 000 F par mois sans avoir à fournir de justificatif, 2°) 6 000 F par mois (délégation « secours ») si le bénéficiaire est une pers. physique non résidente, ou établie à l'étranger qui justifie d'un lien de parenté avec le demandeur.

● **Rapatriement obligatoire des créances sur l'étranger.** Se renseigner auprès d'une banque agréée.

● **Voyages touristiques.** Les résidents se rendant à l'étranger peuvent faire régler par voie de transfert et sur présentation de justificatifs l'ensemble des dépenses exposées sans limite de montant. On peut emporter à chaque voyage 12 000 F par pers. (ou l'équivalent en devises). *Évolution des allocations touristiques (accordées)* en devises et, entre parenthèses, en francs : *1957:* 200 (200). *1959:* 1 000 (au 1-6). 1 500 (au 29-10) (200). *1960:* 1 500 (500). *1961:* 2 500 (500). *1962-63:* 3 500 par voy. (illim.). *1964-65:* 5 000 par voy. (illim.). *1967:* illimité (illim.). *1968:* 1 000 (200) du 29-5 au 4-9 et 500 (200) après le 24-11. *1969:* 1 000 (200). *1970:* 1 500 (200 puis 500). *1971:* 2 000 (500). *1972-73:* 3 500 (500). *1973* (10-8) : 5 000 (ou 5 000). *1983* (28-3) : 2 000 (1 000). *1984:* 5 000 (5 000) par voy. (illim.). *1985:* 12 000.

Voyages d'affaires et professionnels. Allocation complémentaire égale à 1 000 F/j ou valeur en devises, en plus des 12 000 F par voyage.

Autres voyages. *Stages à l'étranger* (hors séjours d'études) : peuvent faire l'objet d'allocations spécifiques. Se renseigner à la Banque de France. *Soins médicaux:* frais d'hospitalisation et de soins reçus à l'étranger peuvent être transférés sans être imputés sur l'allocation touristique. *Groupes scolaires:* v. stages à l'étranger. *Voyages linguistiques:* cadre des dispositions propres aux voyages touristiques. *Voyages divers (déplacements sportifs, artistiques, missions humanitaires...):* peuvent recevoir une autorisation particulière de la Banque de France ou de la Caisse centrale de coopération économique.

Cartes de crédit, de paiement... Retrait jusqu'à 2 000 F par semaine autorisé pour régler dépenses exposées au titre des voyages à l'étranger.

Sanction en cas d'infractions de sortie frauduleuse de devises. *Sur le plan légal:* peines d'emprisonnement de 1 à 5 ans ; confiscation du corps du délit ; amende de 1 à 5 fois les sommes sur lesquelles a porté l'infraction. *Par transaction:* le montant de l'amende de composition est inférieur aux sanctions légales.

Douane

Quelques chiffres. Au 1-1-1985, la Douane employait 21 502 agents, utilisait 15 avions, 6 hélicoptères, 65 bateaux, 33 canots pneumatiques, 2 028 véhicules.

En 1985 elle a dépensé 3 086 millions de F, recouvré 257 milliards de F, soit 24 % des recettes fiscales de l'État, constaté 216 000 infractions, saisi 6 918 kg de cannabis, 74,4 kg de cocaïne, 10 050 doses de LSD et enregistré 19 609 000 déclarations. Sur 290 points de passage carrossables aux frontières, 200 sont gardés.

Il existe au moins 1 bureau de douane dans chaque département.

Marchandises. En millions de t, entre parenthèses en milliards de F. Importations. *1984:* 235 (870,7), *1985:* 239,9 (930,9). Exportations. *1984:* 137 (850,9), *1985:* 145,3 (906,8).

Voyageurs. En 1984 et 85, env. 232 millions ont franchi les frontières.

Contrôles. Les contrôles de douane peuvent avoir lieu à la frontière ou à l'intérieur du territoire. Le fait d'avoir été contrôlé une fois n'exclut pas la possibilité d'autres contrôles, surtout près des frontières. Les personnes contrôlées sont tenues de présenter une pièce d'identité, d'ouvrir leurs bagages ainsi que les coffres de leurs véhicules et de permettre aux agents de procéder à l'examen de leurs véhicules.

Visites domiciliaires. Les agents des douanes peuvent, sauf la nuit, procéder à des visites domiciliaires pour rechercher des marchandises détenues frauduleusement, accompagnés d'un officier municipal ou de police judiciaire. Ces visites peuvent être effectuées à tout moment en cas de poursuite à vue. Les dénonciateurs (15 % des affaires courantes) sont rémunérés selon l'ampleur de la fraude détectée (plafond de 20 000 F).

Déclaration. On doit : tout déclarer sauf les produits admis en franchise des droits de taxes ; il faut pouvoir justifier le prix et l'origine par présentation d'une facture ou d'une quittance de douane.

Les voyageurs peuvent rapporter en franchise, quand ils ne sont pas destinés à un usage commercial, des objets ou produits, mais sous certaines conditions.

Voyageurs venant d'un des pays membres de la C.E.E. (Marché commun) : franchise de 2 400 F (620 pour les − de 15 ans). *D'un autre pays:* fr. de 300 F (150 F pour − de 15 ans). Au-delà de ces limites, les voyageurs doivent déclarer les marchandises transportées. Ces sommes ne sont pas cumulables par plusieurs personnes pour acheter un objet [4 adultes ne peuvent ainsi rapporter d'un pays C.E.E. un appareil de photo valant 9 600 F (4 × 2 400)].

Ce que l'on peut importer dans les bagages à main, sans payer de droits et taxes. Si l'on vient d'un pays de la C.E.E. et, entre parenthèses, d'un autre pays. *Alcool:* 5 litres de vin de table (2 l), 3 l de boissons alcoolisées de 22° ou − (2 l), de + de 22°, 1,5 l (1 l) ; *café:* 1 000 g (500), extraits 300 g (200) ; *parfum:* 75 g (50) [eau de toilette : 37,5 cl (25 cl)] ; *tabac (+ de 15 ans): cigares:* 75 (50), *cigarettes:* 300 (200), *cigarillos:* 150 (100), *tabac:* 400 g (250) ; *thé:* 150 g (100)), extraits 60 g (40).

Animaux familiers. *Chiens et chats de − de 3 mois:* entrée en France interdite, *de + de 3 mois:* admise (maximum 3 animaux dont 1 seul chat), sur présentation d'un certificat vétérinaire attestant que ces animaux sont originaires d'un pays indemne de la rage depuis 3 ans. *Autres animaux:* formalités particulières. Se renseigner auprès du Service vétérinaire de la Santé et de la Protection animale [1], ministère de l'Agriculture. *Viandes et denrées animales ou d'origine animale. − Produits de la mer et d'eau douce:* pour les marchandises non prohibées, les formalités sanitaires sont exigibles pour les quantités supérieures à 1 kg (viandes et denrées d'origine animale) et 2 kg (produits de la mer et d'eau douce). Se renseigner auprès du Service vétérinaire et d'Hygiène alimentaire. *Végétaux et produits végétaux.* − L'importation de certains végétaux est prohibée (notamment les plantes et parties de plantes hôtes du feu bactérien, telles que les rosacées, les cotoneasters). Se renseigner auprès du Service de la Protection des végétaux [1].

Nota. − (1) Min. de l'Agriculture, 175, rue du Chevaleret, 75646 Paris Cedex 13.

Armes et munitions. *1re catégorie:* armes à feu de guerre ; *4e:* à feu de défense ; *5e:* − de chasse ; *6e:* blanches ; *7e:* − de tir, foire ou salon ; *8e:* − historiques et de collection. Il faut produire : à la sortie : *1re et 4e cat.:* autorisation de détention ; *autre cat.:*

néant. A L'ENTRÉE : *1°) l'arme initialement sortie de la 1re et 4e cat.* : autorisation de détention ; *d'une autre cat.* : néant. *2°) arme introduite pour la 1re fois en France ; 1re et 4e cat.* : autorisation d'acquisition et de détention à demander à la Préfecture du département du lieu du domicile ; attestation d'importation (cerfa 30 1598) établie en 3 exemplaires ; *de 5e et 6e cat.* : autorisation d'importation délivrée par la direction générale des Douanes sur demande adressée au min. de la Défense D.G.A.-D.A.I., 14, rue St-Dominique, 75997 Paris-Armées ; *de 7e cat.* : néant ; *8e cat.* : arme dédouanée à Bourges (si antérieure au 1-1-80), ou St-Étienne (si rendue inapte au tir).

A la sortie comme au retour, on doit soit pouvoir justifier que l'arme a été acquise en France ou régulièrement introduite (facture d'achat, quittance de droits et taxes ou carte de libre circulation), soit acquitter droits et taxes éventuellement exigibles. Demander, le cas échéant, une carte de libre circulation.

Boissons alcoolisées. (Eaux-de-vie, apéritifs, liqueurs, vermouth, vins, cidres, poirés...) : se procurer auprès des services fiscaux (contributions indirectes) un « titre de mouvement ». *Tolérances admises* : voir plus haut.

Gibier mort. On peut en rapporter pendant la période d'ouverture de la chasse en France à l'exception de certains gibiers de montagne, des oiseaux migrateurs et de certaines espèces d'oiseaux. Se renseigner auprès de la direction de la Protection de la Nature (service de la police et de la chasse), min. de l'Environnement, 14, bd du Général-Leclerc, 92521 Neuilly-sur-Seine Cedex.

Espèces de faune et de flore sauvages menacées d'extinction et produits issus de ces espèces (convention de Washington). Autorisation de la direction de la Protection de la Nature sauf pour marchandises de faible valeur. Ceux qui ne sont pas prohibés peuvent être importés en petite quantité par les particuliers.

Œuvres d'art exécutées par des particuliers : exemptes de droits de douane, mais passibles de la T.V.A. au taux de 17,6 % sur 30 % de la valeur en douane. Si elles sont importées par l'auteur ou ses ayants droit, ou en suite d'achat direct à l'auteur ou à ses ayants droit, dispense de T.V.A. sous réserve d'une justification. **Antiquités** (+ de 100 ans d'âge) : exemptes de droits de douane, mais passibles de la T.V.A. au taux applicable aux objets neufs.

Or et matières d'or. *Or non monétaire* (articles ou bijoux en or) : établir une déclaration modèle DI (importation) ou DE (exportation). Dispensé pour bijoux personnels dans la limite de 500 g. *Or monétaire* : il faut une autorisation de la Banque de France (Services étrangers, 39, rue Croix-des-Petits-Champs, 75001 Paris).

Interdictions absolues. Stupéfiants, contrefaçons en librairie, spiritueux anisés non conformes à la législation française, chiens et chats de – de 3 mois, certains produits animaux et en particulier la charcuterie venant d'Espagne et du Portugal demeure prohibée, à l'exception des produits de l'espèce présentés sous forme de conserve. *Renseignements* : Service vétérinaire et d'hygiène alimentaire, min. de l'Agriculture, 175, rue du Chevaleret, 75646 Paris Cedex 13. Tous les produits médicaux [médecine humaine et vétérinaire (dont les stupéfiants)] et diététiques sont frappés de prohibition à l'entrée sur le territoire douanier et ne peuvent être mis sur le marché qu'après obtention d'une autorisation préalable de la Direction de la Pharmacie ou de la Direction des Services vétérinaires (arrêté du 22 septembre 1965). Les courants d'importation de produits « à risques » doivent être détectés et le ministère de la Santé averti (produits alim.). Les normes à l'importation des produits industriels sont contrôlées.

Formalités spéciales. *Voitures particulières et autres véhicules de tourisme* (motos, bateaux, avions privés...). Pays de la C.E.E. : réparations effectuées ; n'appartenant pas à la C.E.E. : taxables sauf s'il s'agit de réparations consécutives à un accident ou à une panne.

Cas particuliers des frontaliers et assimilés. Trafic France/C.E.E. *Frontaliers* : personnes résidant dans la zone frontalière, zone inscrite dans un cercle de 15 km de rayon dont le centre se situe au point de passage en douane. Si, habitant une zone frontalière d'un pays de la C.E.E., l'on se rend en touriste dans ce pays, on bénéficie au retour du régime de franchise de droit commun. *Travailleurs frontaliers et personnes assimilées* (sauf pour la réglementation des changes) : personnel des moyens de transport utilisés dans le trafic international, personnels des forces armées (statut spécial pour militaires stationnés à Berlin), d'un État de la C.E.E. stationnés dans un autre État de la C.E.E. (y compris personnel civil, conjoints et enfants à charge) : mêmes facilités que pour touristes venant de la C.E.E. Valeur non taxable jusqu'à 240 F par adulte, 62 F par personne de – de 15 ans ; *tabacs* : 40 cigarettes, 20 cigarillos ou 10 cigares, 50 g de tabac à fumer ; *boissons alcoolisées* : vin de table et d'appellation non pétillants non mousseux 0,5 l et, soit 0,25 l de boissons titrant plus de 22 %, soit 0,5 l de boissons titrant 22° ou moins ; *parfums* : 7,5 g ; *eaux de toilette* : 3,75 cl ; *cafés* : 100 g ou *extraits et essences de café* : 40 g ; *thé* : 20 g ou *extraits et essences de thé* : 8 g. **France-Suisse et France-Andorre.** Zone frontalière de 10 km à la frontière suisse, 15 km à celle d'Andorre. *Frontaliers, travailleurs frontaliers et assimilés* : 140 F par adulte et 40 F par personne de – de 15 ans. Mêmes restrictions quantitatives que précédemment.

Marchandises rapportées des îles anglo-normandes. Facilités moins larges que pour la G.-B. **Iles de St-Barthélemy et de St-Marin** (partie française) : facilités pour les voyageurs en provenance d'autres pays que ceux de la C.E.E.

☞ *Centre de renseignements douaniers*, 182, rue St-Honoré, 75001 Paris. Ouvert tous les jours, sauf le samedi, de 9 h à 17 h. Bordeaux : 1, quai de la Douane. Lyon : 44, rue Sala. Marseille : CMCI,2, rue H.-Barbusse. Strasbourg : Maison du Commerce International, 4, rue Kléber.

Pièces nécessaires aux Français pour se rendre à l'étranger

Généralités

Attention, toutes ces données peuvent changer. Voir aussi Assurances à l'Index.

● **Autorisation parentale de sortie du territoire.** Pour les mineurs (sauf ceux qui possèdent un passeport valide). *Pièces à fournir* au commissariat : livret de famille, cartes d'identités ; présence des parents ; jugement à fournir en cas de divorce. *Validité* : 5 ans. *Obtention* : immédiate.

● **Cartes internationales d'étudiants.** Nombreuses réductions à l'étranger (avions, trains, bateaux, musées, théâtres, cités universitaires...) et mêmes droits que les étudiants du pays étranger. ISIC (International Student Identity Card), UIC (Union intern. des étudiants pour les pays de l'Est), carte franco-allemande. **Carte Fiyto** (Féder. intern. des organisations de voyages pour jeunes). Nombreuses réd. pour les – de 26 ans. S'adresser à l'*O.T.U.*, 137, bd St-Michel, 75005 Paris, ou au C.R.O.U.S.

Carte d'adhésion internationale des Auberges de la jeunesse. S'adresser à la *Féd. unie des auberges de jeunesse*, Centre national, 6, rue Mesnil, 75116 Paris, ou à l'Association départementale des A.J. de la région paris., 10, rue N.-D. de Lorette, 75009 Paris (utilisée dans 52 pays et 5 000 auberges de jeunesse, surtout en Europe, Moyen-Orient et Japon). Pour tous à 35 ans.

● **Passeport.** *Délivrance (Paris* : mairie ; *autres départements* : mairie, commissariat de police, préfecture, sous-préfecture) : fournir carte d'identité nationale ; justification de domicile (quittances de loyer, E.D.F...) ; timbre fiscal de 335 F (dans les bureaux de tabac) ; 2 photos de face récentes et identiques. Délai d'obtention : en général aussitôt. *Validité* : 5 ans. Jugement du divorce pour le parent investi du droit de garde.

Enfants mineurs : le père ou la mère doit remplir une autorisation de demande de passeport. Les – de 15 ans peuvent avoir un passeport individuel ou être inscrits sur le passeport d'une personne française qui les accompagne, même si cette personne a moins de 18 ans. Pour inscrire un enfant sur un passeport, remplir un formulaire spécial, être muni(e) de : son passeport et son livret de famille ou une fiche d'état civil de l'enfant ; 2 photos d'identité par enfant âgé de plus de 7 ans (gratuit).

● **Sécurité sociale.** Voir Index.

● **Vaccins.** Voir aussi Médecine p. 156. **Certificat de vaccination.** Exigé pour les voyages internationaux et dans les zones d'endémie de fièvre jaune et de choléra (voir médecine). **Choléra** : en fonction de circonstances épidémiques, seuls quelques pays exigent encore un certificat de vaccination anticholérique. Il est surtout recommandé d'appliquer des règles strictes d'hygiène dans les pays où sévit cette maladie : Asie du Sud-Ouest, Inde, Bangladesh, Afrique. **Fièvre jaune** : il est vivement conseillé de se faire vacciner (au plus tard 10 j. avant le départ). Durée de validité : 10 ans. Implantée en Afrique intertropicale, Amér. du Sud (Bassin amazonien), partie Amér. centrale (partie méridionale). **Hépatite B** : vaccin utile dans les régions hyperendémiques. **Paludisme** : risque en Afr. tropicale, S.-Est asiatique, Afr. du Nord (except. Tunisie), Madagascar, M.-Orient, Inde, Océanie (variable selon îles et territoires), Amér. centrale, Amér. du Sud (zone tropicale). Un séjour très bref, une escale peuvent suffire. *Protection* : éviter la piqûre des moustiques infestants (moustiquaire, pommades aromatiques répulsives), prise régulière d'un médicament protecteur dès l'arrivée en zone infestée pendant tout le séjour et les 2 mois suivant le retour en zone indemne. **Poliomyélite et tétanos** : mise à jour conseillée en association avec rappel tous les 10 ans. **Typhoïde** : v. parfois utile dans une région hyperendémique du tiers monde. **Variole** : n'est plus demandé.

Délivrance des certificats internationaux. Choléra. Par : un médecin inscrit au Conseil de l'Ordre des médecins, le certificat devant être authentifié par un cachet du médecin vaccinateur, ou de la Direction départementale des Affaires sanitaires et soc. du départ. (DASS) d'exercice du médecin vaccinateur ; un centre agréé par le min. de la Santé et de la Séc. sociale ; les Forces armées. **Fièvre jaune** : liste des centres habilités sur le plan international disponible dans les mairies, Directions départementales des Affaires sanitaires et sociales, aéroports, ministère chargé de la Santé. **Paludisme** : médecin traitant (peut prescrire un traitement par voie orale).

● **Visa.** Obligatoire dans certains pays ; s'obtient au consulat à Paris ou parfois à la frontière (souvent plus cher). **Pièces à fournir** : passeport, 3 photos d'identité, billet aller et retour. **Visa de transit** (simple passage dans le pays) ou de **double transit** (2 passages) ; **de tourisme** : valable de 15 j à 3 mois, peut être prolongé au bureau du Service d'immigration ou au Serv. de douane du pays. **Prix** : variable selon les pays, 30 à 200 F. **Délai d'obtention** : 1 j à 1 sem., parfois + avant les vacances.

Pièces nécessaires selon les pays

Légende : 1, carte d'identité. 2, passeport. 3, visa obligatoire. 5, vaccin anticholérique. 6, carte de tourisme. 7, carte de travail. 8, caution ou billet A.R. 9, vaccin fièvre jaune. 10, paludisme. 11, vaccin typhoïde et paratyphoïde.

Abu Dhabi 2, 3. Afghanistan 2, 3, 5. Alaska 2, 3. Albanie [6] 2, 3. Algérie 2. Allemagne dém. 2, 3. All. féd. 1. Andorre 1. Antigua 2. Antilles françaises 1 ou 2, 8. Arabie Saoudite 2, 3. Argentine 2, 3. Australie 2, 3, 8. Autriche 1 ou 2. Bahamas 2, 8. Bahreïn 2, 3. Bangladesh 2, 3, 5. Barbades 2, 3, 8. Belgique 1. Bénin 2, 3, 5, 9. Bermudes 2, 8. Bhoutan [1] 2, 3. Birmanie 2, 3, 8. Bolivie 2, 3, 8, 9. Brésil 2, 3, 8, 9. Bulgarie 2, 3. Burkina Faso 2, 3, 8, 9. Burundi 2, 3, 8. Cameroun 2, 3, 9. Canada 2, 8. Centrafrique 1, 8, 9. Ceylan 2, 3, 8. Chili 2, 3. Chine [2] 2, 3. Chypre 2. Colombie 2, 3, 8, 9. Comores 2, 3, 8, 9. Congo 2, 3, 5, 8, 9. Corée 2, 3. Costa Rica 2, 8. Côte-d'Ivoire 2, 8, 9. Cuba [7] 2, 3. Danemark 1. Djibouti 2, 3, 9. Rép. Dominicaine 2, 3. Dubay 2, 3. Égypte 2, 3. Équateur 2, 3. Espagne 1. États-Unis 2, 3. Éthiopie 2, 3, 9. Fidji 2. Finlande 1. Gabon 2, 8, 9. Ghana 2, 3, 8. Gibraltar 2. G.-B. 1. Grèce 1. Guadeloupe 1, 8. Guatemala 2, 3. Guinée 2, 3, 8, 9. Guyane fr. 1, 8. Haïti 2, 3, 8. Honduras 2, 3, 8. Hong Kong 2. Hongrie 2, 3. Inde 2, 3, 8. Indonésie 2, 3, 8. Irak 2, 3. Iran [3]. Irlande 1. Islande 2, 8. Israël 2, 3. Italie 1. Japon 2, 3. Jordanie 2, 3. Kenya 2, 3, 8. Koweït 2, 3. Laos [3] 2, 3, 5. Liban [4] 2, 3. Liberia 2, 3, 8, 9. Libye [3] 2. Luxembourg 1. Macao 2. Madagascar 2, 3. Malaisie 2, 3, 8. Malawi 2, 3, 8. Mali 2, 8, 9. Maroc 2. Martinique 1, 8. Maurice 2, 8. Mauritanie 2, 8, 9. Mexique 2, 6. Mongolie 2, 3. Mozambique 2, 3, 5. Népal 2, 3. Nicaragua 2, 3, 8. Niger 2, 8, 9. Nigeria 2, 3, 5, 9. Norvège 1. Nouv.-Calédonie 2, 8. Nouv.-Hébrides 2, 8. Nouv.-Zélande 2, 8. Ouganda 2, 3, 5, 8, 9. Pakistan 2, 3, 5. Panama 2, 3, 8, 9. Paraguay 2, 3. Pays-Bas 1. Pérou 2, 8. Philippines 2, 3, 8. Pologne 2, 3. Polynésie fr. 2, 8. Portugal 1. Puerto Rico 2, 3. Qatar 2, 3, 5. Réunion 1, 8. Roumanie 2, 3. Rwanda 2, 3, 9. Sénégal 2, 8, 9. Seychelles [5] 2, 8. Sierra Leone 2, 3, 8. Singapour 2, 8. Somalie 2, 3, 5, 8, 9. Soudan 2, 3. Sri Lanka 2, 3, 8. Suède 1. Suisse 1. Surinam 2, 3, 8. Syrie 2, 3. Tahiti 2, 8. Tanzanie 2, 3, 8, 9. Tchad 2, 3, 5, 8, 9. Tchécoslovaquie 2, 3. Thaïlande 2, 3, 5. Togo 2, 8, 9. Trinidad 2. Tunisie 1 ou 2. Turquie 1 ou 2. U.R.S.S. 2,3. Uruguay 2. Venezuela [5] 2, 3. Viêt-nam [6] 2, 3, 5. Yémen-Sud [6] 2, 3. Yémen-Nord [4] 2, 3, 8. Yougoslavie 1. Zaïre 2, 3, 5, 8, 9, 11. Zambie 2, 3, 8. Zimbabwe 2, 8.

Nota. – Se munir des factures des appareils photo, caméra, etc. (1) + autorisation spéciale du min. des Aff. étrangères à New-Delhi (Inde), rarement accordée aux groupes, pour 10 j max. (2) Voyage individuel : autorisation préalable auprès de l'Agence du tourisme intern. de Chine, Hsidam Building, Beijing, Rép. pop. de Chine, en indiquant les motifs du voyage. (3) Aucun visa touristique délivré. (4) Sans visa israélien. (5) + justification de revenus du voyageur ou de ses parents. (6) Voyages en groupe seulement. (7) Justification de réservation d'hôtel.

Hôtellerie en France

Renseignements pratiques

Chambre (réservation). Demander à l'hôtelier une lettre signée précisant éléments de confort, situation de la chambre, conditions de location, etc.

L'hôtelier qui ne fournit pas la chambre réservée est responsable vis-à-vis du voyageur. En revanche, celui-ci devra réparer le préjudice causé à l'hôtelier s'il ne prend pas possession de la chambre retenue, s'il vient avec moins de personnes qu'il n'en a indiquées et s'il quitte l'hôtel sans motif légitime, avant l'expiration de la durée prévue du séjour.

Fiche d'accueil. Non obligatoire et destinée à faciliter l'exploitation de l'établiss. (la fiche de police dans les hôtels a été supprimée en fin 1974 sauf pour les étrangers). Les hôteliers ne peuvent pas refuser une ch. à une pers. ne voulant pas donner son identité ; ils doivent établir pour chaque client une note avec son identité, mais ne peuvent exiger pour cela une pièce d'id. La fiche peut donc comporter un nom d'emprunt.

Prix. *Doivent être affichés,* au lieu de réception et dans chaque chambre, les prix de la location, taxes et service compris, des chambres, du petit déjeuner, de la demi-pension et de la pension ; à l'extérieur de l'établissement, les prix minima et maxima des différentes catégories de chambres. En cas de non-paiement intégral, l'hôtelier peut garder en gage les bagages ou la voiture jusqu'au paiement. L'hôtelier peut exiger le paiement d'avance si le client arrive tard, sans bagages ou sans réservation.

Responsabilité des hôteliers. Illimitée, nonobstant toute clause contraire, en cas de vol ou de détérioration des objets déposés entre leurs mains ou qu'ils ont refusé de recevoir sans motif légitime, ou en cas de faute de l'hôtelier pour les objets non spécialement confiés à leur garde. Dans tous les autres cas, les dommages-intérêts dus au voyageur, s'il peut prouver qu'il était en possession des objets volés ou détériorés, sont, à l'exclusion de toute limitation conventionnelle inférieure, limités à l'équivalent de cent fois le prix de location du logement par journée, sauf lorsque le voyageur démontre que le préjudice qu'il a subi résulte d'une faute de celui qui l'héberge ou des personnes dont ce dernier doit répondre. Aubergistes ou hôteliers sont responsables des objets laissés dans les véhicules stationnés sur les lieux dont ils ont la jouissance privative à concurrence de 50 fois le prix de location du logement par journée.

Types d'hôtel : hôtels de tourisme homologués par l'autorité de tutelle (Tourisme). *1 ét. :* chambres avec eau chaude et froide à toute heure, chauffage central, 1 W.-C. par étage pour 10 chambres, 1 salle de douche pour 30 personnes, petit déjeuner dans la chambre. *2 ét. :* ascenseur obligatoire à partir du 4e étage, 1 s. de b. ou de douche pour 20 personnes, personnel parlant 1 langue étrangère, possibilité de petit déjeuner dans la chambre. *3 ét. :* moquette ou matériau de haute qualité dans le hall, salons et bar, personnel parlant au moins 2 langues étrangères (dont l'anglais), 2 W.C. et 2 lavabos au 1er ou au 2e niveau d'exploitation ou au sous-sol. *4 ét. :* restaurant, ascenseur pour le 2e étage. **Hôtels de préfecture** (ces hôtels sont souvent de dimensions modestes) qui n'ont pas normalement de relations avec le secrétariat d'État mais avec les services des préfectures (classement de F à M par ordre décroissant). Confort moins élevé et prix modestes.

Statistiques

Emplois dans l'industrie hôtelière (en janv. 1984). Hôtels et hôtels-restaurants 340 000. Restaurants publics 70 000, collectifs 250 000. Cafés, débits de boisson 150 000. Divers 50 000. *Total 860 000.*

Fréquentation (occupation des chambres en %) et, entre parenthèses, **durée moy. de séjour dans l'hôtellerie parisienne** (1984). *H. luxe :* 70,2 (2,4 j), *4 ét. :* 75,7 (2,7 j), *3 ét. :* 84,5 (2,6 j), *2 ét.* (2,5), *1 ét.* (2,9).

Taille moyenne des h. homologués : 25 chambres (*1 ét. :* 17,4 ch., *2 ét. :* 27,1, *3 ét. :* 43,7, *4 ét. :* 68,1, *4 ét. luxe :* 141,5). Il y a 284 établ. de plus de 100 ch. dont 107 en 3 ét., 4 200 de 16 à 20 ch., 3 233 de 1 à 10 ch.

Principales sociétés propriétaires d'hôtels. ACCOR 59 438 ch., 485 h. *Grils-Campanile* 5 600 ch., 110 h. (135 h. fin 86). *C.G.H.T.* 506 ch., 3 h. *Cie française du thermalisme* 1 558 ch., 25 h. *Cie intern. des wagons-lits et du tourisme :* Arcade 2 946 ch., 18 h. Concorde 7 930 ch., 35 h. Copatel 360 ch., 4 h. Elitair Maxim's 270 ch., 2 h. Esso-Motor Hôtels (n.c.). Eurotel 75 ch., 1 h. Évian 153 ch., 2 h. Frantour (S.N.C.F.) 1 384 ch., 6 h. Gr. des Hôtels de la Cité 950 ch., 5 h. Hilton-France 1 111 ch., 3 h. Holiday Inn 1 216 ch., 8 h. Ibis 10 824 ch., 128 h. (dont 112 en Fr). Urbis 329 ch., 6 h. Immobilière hôtelière Montparnasse (I.H.M.) 1 000 ch., 1 h. Inter Continental Hotels 1 700 ch., 4 h. Lucien Barrière 830 ch., 3 h. Mercure 5 620 ch., 54 h. Méridien (S.H.M.) 17 150 ch., 50 h. Novotel 28 428 ch., 190 h. Penta Hotel 5 400 ch., 18 h. P.L.M.-ETAP-Frantel 17 973 ch., 140 h. (couvre 25 pays). Ramada 197 ch., 1 h. Relais Aériens Relais Top (n.c.). Sepad Flaine 769 ch., 5 h. Sofitel 7 784 ch., 47 h. Groupement des Palaces de la Côte d'Azur 2 300 ch., 18 h.. Sté nouvelle de l'Hôtel Claridge 157 ch. (92 en service), 3 h. Trust House Forte Ltd 740 ch., 3 h.

Congrès internationaux (nombre en 1985). États-Unis 706. G.-B. 598 (dont Londres 238). France 591 (dont Paris 274). All. féd. 235. Bruxelles 219. Genève 212. Vienne 127.

Chaînes hôtelières (chiffre d'aff. T.T.C. en millions de F, 1984). *Club Méditerranée* 5 400. *Méridien* 3 388. *Novotel* 2 360. *Sofitel* 1 206. *Ibis/Urbis* 746. **Clientèle étrangère en France** (en %, 1984). *Méridien* 80. *L'Horset* 70. *Frantour* 60. *Sofitel* 52. *Sudotel* 46. **Présence à l'étranger. Nombre d'établissements (au 1-1-85).** *Club Méditerranée* 95. *Novotel* 94. *PLM Etap Frantel* 86. *Méridien* 42. *Sofitel* 22. **Chaînes volontaires. Nombre total de chambres (au 1-1-1985).** *Logis et auberges de France* 75 165. *Relais et châteaux* 10 000. *Mapotel* 8 500. *Interhôtel* 8 000. *Relais du silence* 6 586. **Présence à l'étranger et dans les DOM-TOM au 1-1-1985. Nombre d'établissements.** *Relais et châteaux* 190. *Relais du silence* 108. *Châteaux et demeures de tradition* 8. *Mapotel* 7. *Hôtels d'altitude* 2. **Chaînes hôtelières (C.A. : chiffre d'aff. en milliards de F). Accor** *(Novotel, Mercure, Sofitel, Ibis/Urbis et hôtels gérés par ACCOR). Fondé* 28-6-1983. **Au 1-1-1985 :** 448 hôtels, 53 650 chambres (dont *France* 278 h., 28 188 ch.), C.A. 5,3. **Arcade.** *Fondé* sept. 1976. 16 h., 2 850 ch. (dont *France* 12 h. 2 étoiles, 2 100 ch.), **C.A.** 0,16. **Campanile Campaville.** *Fondé* 1976. 85 h., 4 019 ch. (dont *France* 85 h., 4 019 ch.), **C.A.** 0,3. **Club Méditerranée.** *Créé* 1950 (Ass.), 1957 (Sté anonyme). 173 h., 92 569 lits en France. **C.A.** 5,4. **Concorde.** 29 h., 6 800 ch. (dont *France* 20 h., 4 420 ch.). **Frantour.** 12 h., 1 384 ch. *Résidences de vacances* 6 h., 3 890 lits. **C.A.** h. 0,114, résidences de vacances 0,064. **Ibis/Urbis.** *Rattachés :* Sphere S.A. (liés groupe ACCOR). Unités 134, 11 153 ch. (dont *France* 114 h., 8 721 ch.). **Mercure.** *Rattaché* groupe ACCOR. 54 h., 5 620 ch. *Taux d'occupation moyen (1984) :* 62,2 %. **Méridien.** *Créé* 26-12-1972. *Rattaché* Air France. 46 h., 16 224 ch. (dont *France* 7 h., 2 306 ch.). *Taux d'occupation moyen (1984) :* 62,8 %. **Novotel.** *Créé* 1967. *Rattaché* ACCOR. 177 h., 24 775 ch. (dont *France et DOM-TOM* 83 h., 9 569 ch.). **PLM/ETAP Frantel.** *Créé* 1-1-1985. *Rattaché* C.I.W.L.T. 135 h., 17 370 ch. (dont *France* 50 h., 6 378 ch.), **C.A.** PLM-ETAP 0,6 ; Frantel 0,2. **Sofitel.** *Créé* 1961. *Rattaché* ACCOR. 47 h., 7 784 ch. dont *France* 25 h., 3 719 ch. *Taux d'occupation* 65,2 %. **Groupement des palaces de la Côte d'Azur.** *Créé* 1962. 20 h., 2 397 ch. **Logis et auberges de France.** *Créé* 1950. 4 562 h., 75 165 ch. **C.A.** 0,5. **Relais et châteaux.** *Créé* 1954. 342 h., 10 000 ch. dont *France* 152 adh., 3 750 ch. **C.A.** 2,3.

Camping-caravaning

● **Adresses (quelques).** *Féd fr. de camping et de caravaning,* 78, rue de Rivoli, 75004 Paris ; *Féd. nat de l'hôtellerie de plein air,* 105, rue Lafayette, 75010 Paris ; *Syndicat des industries de la caravane, des véhicules et résidences de loisirs,* 75013 Paris ; *Union nat. des parcs résidentiels de loisirs,* H. Dauguet, Camping Clos Goujet, 78200 Boinvilliers ; *Clubs de caravaniers : Auto-camping-Club de Fr.,* 37, rue d'Hauteville, 75010 Paris ; *Camping-Club de Fr.,* 218, boulevard Saint-Germain, 75007 Paris ; *Camping-Club international de Fr.,* 14, rue des Bourdonnais, 75001 Paris ; *Groupement des campeurs universitaires de Fr.,* 24, rue du Rocher, 75008 Paris.

● **Guides (quelques).** *Guide officiel Bienvenue à la Ferme,* Agriculture et Tourisme, 9, av. Georges-V, 75008 Paris. *Guide officiel Camping-caravaning* (F.F.C.C.), 78, rue de Rivoli, 75004 Paris. *Guide du Camping-caravaning (Guide Michelin),* 46, av. de Breteuil, 75007 Paris. *Guide Susse Camping-caravaning* (France, Europe, Afrique), 5, rue de la Baume, 75008 Paris.

● **Réglementation. Camping libre :** hors de l'emprise des routes et voies publiques, avec l'accord de celui qui a la jouissance du sol, sous réserve de l'opposition du propriétaire. La pratique du camping en dehors des terrains aménagés peut être interdite par arrêté dans certaines zones pour des motifs prévus par décret, sur demande ou après avis du conseil municipal (proximité d'un site historique). Ces interdictions doivent être indiquées par apposition de panneaux réglementaires. De manière occasionnelle, sans formalité, un propriétaire ou la personne qui a la jouissance du sol peut recevoir sur son terrain jusqu'à 20 personnes dans 6 abris de camping (tentes ou caravanes) au maximum. Cette mise à disposition de manière habituelle nécessite une déclaration auprès du maire de la commune. **Camping en forêt domaniale :** autorisation possible dans un endroit déterminé sur présentation d'une carte de club de camping ou d'une attestation d'assurance en responsabilité civile incendie. **Campings aménagés :** 4 catégories : 1 à 4 étoiles. Emplacements délimités dans les 3 et 4 ét. : 95 à 100 m². Nouveau classement pour les terrains créés depuis déc. 1985 avec une nouvelle catégorie : 4 ét. grand confort.

Caravanes. Ne peuvent stationner plus de 3 mois par an, consécutifs ou non, sans autorisation du maire, excepté sur des terrains collectifs, dans jardin, remise ou garage de la résidence de l'utilisateur.

● **Statistiques** (1986). Terrains camping : 8 115 classés par arrêté préfectoral ; total : 789 664 emplacements (soit 2 411 157 pers.) ; environ 2 000 terrains libres.

Camping le plus grand de France. Vieux Bourg de Préhérel (Tréhel, C.-du-N.), 52 ha.

Naturisme

Se caractérise par la pratique de la nudité en commun ayant pour but de favoriser le respect de soi-même, des autres, de l'environnement (congr. intern. d'Agde).

● **Histoire. 1903** 1er centre gymnique créé par Paul Zimmermann en Allemagne à Klingberg. **1904** S. Gay crée en France au Bois-Fourgon une colonie naturiste. **1907** L'abbé Legree avec l'accord de ses supérieurs emmène ses élèves se baigner sans maillot. **1922** Jacques Demarquette fonde un camp naturiste à Chevreuse. **1926** Marcel Kienné, journaliste, crée le *Sparta Club,* 1er grand club naturiste, et lance la revue *Vivre intégralement.* **1930** 2 médecins, André et Gaston Durville, ouvrent un centre naturiste à Villennes (Physiopolis) ; 1er congrès nudiste. **1931** L'île du Levant devient le lieu de rassemblement des nudistes du monde entier. **1936** Léo Lagrange (1er sous-secr. d'État aux Sports et Loisirs) reconnaît officiellement l'utilité du mouvement naturiste. **1944** Albert Lecoq crée le *Club du Soleil.* **1949** Ouverture du centre hélio-marin par une municipalité à Montalivet. **1950** Fédération française de naturisme créée, 26 clubs affiliés. **1953** Féd. naturiste internationale (F.N.I.) créée.

● **Législation.** Pas de dispositions légales. Le nudisme relève de l'art. 330 du Code pénal : distinction est faite entre nudisme voyant et provocant et la pratique de naturisme dans des lieux signalés.

● **Pays pratiquant le naturisme :** Afrique du S., Allemagne, Argentine, Australie, Autriche, Belgique, Canada, Côte-d'Ivoire, Danemark, Espagne, France, G.-B., Guadeloupe, Irlande, Italie, Maroc, Norvège, N.-Hébrides, N.-Zélande, P.-Bas, Polynésie fr., Suède, Suisse, Tchécoslovaquie, Uruguay, U.S.A., Yougoslavie ; Canaries (à titre individuel sur des plages isolées) ; Portugal (pas de clubs ni terrains, mais possibilité de contacts avec naturistes). U.R.S.S., Chili, certaines rép. populaires interdisent les assoc. de naturistes. **Monde :** 1 700 000 à 2 000 000 de naturistes.

● **Statistiques. France.** La Fédération française de naturisme (F.F.N.) (53, rue de la Chaussée-d'Antin, 75009 Paris) possède env. 225 associations et sections d'ass. et 45 centres de vacances.

Adhérents des associations : *1956 :* 6 672, *66 :* 17 492, *76 :* 59 820, *83 :* 84 500. *Origine :* Ile-de-France 1/3, province 2/3. *Age moyen :* 39 ans pour les h., 34 ans pour les f. Tendance au rajeunissement. Les familles, avec les enfants de – de 15 ans, représentent près de 80 %. *Catégories socio-professionnelles* en %. Cadres moyens 34, cadres sup., prof. libérales 19, non-actifs 14, employés 11, patrons de l'ind. et du comm. 8, ouvriers 6, autres 5, personnel de service 2, agriculteurs 1. **Saisonniers** (non inscrits dans les associations) : + de 500 000.

Terrains. *Nombre :* 20 en Ile-de-France (surface totale aménagée 3 500 ha). 45 sont classés Centres de vacances naturistes. *Structures d'accueil et de loisirs :* 18 000 places pour les tentes et les caravanes, 3 600 bungalows, 70 piscines, 28 plages, 35 restaurants. *Coût* d'un séjour dans un camp, exemple : 1 semaine au Centre hélio-marin de Montalivet pour un couple avec 2 enfants, formule « Camping » : 288 F, « Bungalow » : 1 570 à 3 500 F selon confort. *Nombre d'étrangers* dans les camps français 200 000 (Allemands 50 %, Benelux 30 %, Scandinaves et Anglais 10 %, divers 10 %).

● **Villages naturistes en France.** *Montalivet* (v. ci-dessus). *Cap-d'Agde :* C.H.M. (camping créé 1966), complexe naturiste (1971-74). *Centre Euronat* (Gironde) (1975). *Port Leucate. Les centres Ulysse et Aphrodite* (Aude) (1975). *Hauts-de-Belezy* (Provence) où on peut acquérir un appartement.

Camp de naturistes le plus grand : Beau Valley Country Club (Warmbath, Centrafrique) : superficie + de 4 km², 2 000 visiteurs/an.

En France : centre hélio-marin de Montalivet (C.H.M.) (Gironde) : créé 1949, 170 ha clos (+ 20 ha de plage), capacité d'accueil + de 5 000 personnes.

Plages

● **Naturisme.** Plages réservées. Ailleurs, infractions passibles de 3 mois à 2 ans de prison et de 500 à 4 500 F d'amende.

Les 2 pièces et maillots sont parfois interdits hors de la plage par les municipalités.

● **Plages payantes.** Gérées par une commune ou un particulier (l'État ne peut en concéder que 30 % sur les plages naturelles et 75 % sur les plages artificielles). Leur accès est libre (pas de droit d'entrée) mais différents services payants sont offerts, parfois obligatoires pour l'usager (passage libre, stationnement subordonné à l'utilisation payante des installations ou services : parasols, cabines...).

Plages privées. Les écriteaux « plages privées » sont illégaux : jusqu'au niveau atteint par la mer aux marées hautes + de 3 m, elles sont dom. public ; murs et grillages élevés par des riverains empêchant la circulation sur le rivage sont interdits. Par contre, les rochers tombant directement dans la mer peuvent être privés et entourés de murs ou grillages.

● **Sécurité.** La commune peut être responsable des accidents ; les vacanciers doivent respecter les différentes consignes de séc. : pavillon **vert** : baignade surveillée non dangereuse ; **jaune** : b. surveillée dangereuse ; **rouge** : b. interdite.

● **Séjours.** 39,8 % des journées de vacances sont prises à la mer, 19 millions de touristes fréquentent le littoral. Ils ont rapporté env. 90 milliards de F (en 1978) aux régions côtières. La Méditerranée accueille 38 % des touristes, la Bretagne 21 %. 40 % des séjours ont lieu du 15-7 au 15-8.

Vacanciers par km de plage en Provence-Côte d'Azur 12 000, Languedoc-Roussillon 3 500.

Potentiel de zones industrialo-portuaires 30 000 ha dont 8 000 utilisés (majeure partie Calais-Dunkerque, Le Havre, la basse Loire et Marseille-Fos).

Restaurants

Réglementation

Prix affichés : dans les *cafés,* doivent être affichés (à l'extérieur et à l'intérieur) les prix, taxes comprises, de toutes les consommations, et le taux du service s'il est facturé séparément. Dans les *restaurants,* doivent être affichés (à l'extérieur et à l'intérieur) menus ou cartes du jour avec les prix des plats proposés et les indications relatives au « service ». L'affichage dans l'entrée et non à l'extérieur est tolérée pour les restaurants de luxe. **Eau, vin :** on ne peut vous obliger à consommer du vin ou de l'eau en bouteille (ordonnance du 30-6-1945). Le restaurateur doit vous apporter de l'eau si vous le désirez. **Pain, couvert :** il est interdit de facturer pain et couvert sauf dans les cafétérias. **Note :** on est tenu de vous remettre une note datée, indiquant prix de chaque prestation servie, montant du service, total des sommes dues (pour les repas de moins de 60 F, T.V.A. comprise : la note est facultative sauf sur la demande expresse du consommateur). Prix libérés à partir du 15-5-86 pour les alcools titrant à + de 25 %, sauf les anisés.

Perte d'effets : la présomption de faute pèse sur le restaurateur s'il y a eu dépôt des objets au vestiaire du restaurant, présomption dont il ne pourra se décharger qu'en établissant cas fortuit ou force majeure. L'affiche ou la mention inscrite au bas du menu selon laquelle « la maison n'est pas responsable des objets volés » ne l'exonère pas de sa responsabilité. La perte du ticket n'empêche pas de récupérer son vêtement si le propriétaire peut faire état du témoignage d'une personne l'accompagnant. *Rec. :* (1).

Grands restaurants (1986)

Selon les guides spécialisés. **Bottin gourmand** (1re éd. 1983), classant 14 *4 étoiles,* 44 *3 ét.,* 126 *2 ét.,* 625 *1 ét.* et citant 7 497 établissements. **Guide Gault-Millau** (*créé* 1972, tirage 1986 : 220 000 ex.), citant, en 1984 : *Super 4 toques :* 9 ; *4 t.,* 11 ; *3 t.,* 88 ; *2 t.,* 420 ; *1 t.,* 1 210 et distinguant entre toques blanches (cuisine classique) et rouges (cuis. nouvelle), citant 5 400 établissements (dont 3 179 restaurants). **Guide Michelin** (créé 1900, indique les meilleurs restaurants en 1926, 30 000 ex., vente du 20 000 000e ex. en 1986 ; tirage 1986 : 620 000), classant en 1986 : 20 *3 étoiles* (une des meilleures tables de Fr., vaut le voyage, créé en 1931), 84 *2 ét.* (table excellente, mérite le détour, créé en 1931), 574 *1 ét.* (très bonne table dans sa catégorie, créé en 1926) et citant 10 405 établissements classés pour 6 604 localités.

Le *guide Kléber,* créé en 1954, ne paraît plus depuis 1982.

> *Légende :* B : Bottin gourmand, nombre d'étoiles. G : Gault et Millau, nombre de toques et note (sur 20). M : Michelin nombre d'étoiles.

Paris 1er arrondissement. *Carré des Feuillants* (Alain Dutournier) : G3-18, M2 ; *Gérard Besson :* B1, G2-15, M2 ; *Le Grand Véfour :* B2, G2-16, M2 (3 de 53 à 82) ; *Mercure Galand :* B1, G1-14, M1 ; *Le Ritz Espadon* (Guy Legay) : B3, G1-14, M2. **2e**. *Drouant :* G1-13, M0. **4e**. *Bofinger :* G1-13, M0. **5e**. *L'Ambroisie* (Pacaud) : B2, G2-15, M2 ; *Dodin Bouffant :* B2, G2-16, M1 ; *Le Duquesnoy :* G2-16, M2 ; *La Tour d'Argent* (Claude Terrail, n. 4-12-1917) : B3, G3-18, M3 dep. 49. **6e**. *Allard :* M1 ; *Jacques Cagna :* B2, G3-18, M2 ; *La Pérouse :* B1, G0, M non cité ; *Relais Louis XIII :* B1, G2-15, M2. **7e**. *L'Argonne :* G1-13, M1 ; *Le Bourdonnais :* G3-17 dep. 86 ; *Chez les Anges :* B1, G1-14, M1 ; *Le Divellec :* B3 dep. 86, G3-18, M2 ; *La Flamberge :* B2, G1-14, M1 ; *Jules Verne* (2e tour Eiffel) : B2, G2-16, M1 ; *Le Récamier :* B2, G2-15, M1. **8e**. *Les Ambassadeurs* (Hôtel de Crillon, J.-P. Bonin) : G3-17, M2 ; *Bristol* (Émile Tabourdiau) : B3, G2-16, M2 ; *Chiberta* (Jean-Michel Bédier) : B2, G2-16, M2 ; *Fouquet's :* M2 ; *La Marée :* B2, G3-18, M2 ; *Lamazère* (Roger Lamazère) : B2, G2-16, M1 ; *Lasserre* (René Lasserre) : B3, G2-16, M2 dep. 84 ; *Laurent* (Marc Pralong) : B2, G2-16, M1 ; *Ledoyen :* M1 ; *Lucas-Carton* (Alain Senderens) : B4, G4-19,5, M3 ; *Maxim's :* B2, G2-16, M non cité ; *Pavillon Élysée* (Patrick Lenôtre) : B2, G3-18, M2 ; *Taillevent* (J.-C. Vrinat) : B4, G4-19, M3 dep. 73. **10e**. *Chez Michel :* B2, G2-15, M2. **11e**. *A Sousseyrac :* B2, G2-10, M1. **12e**. *Au Pressoir :* B2, G2-16, M1 ; *Le Trou Gascon :* B1, G3-18, M2. **14e**. *Le Duc :* B2, G3-17, M1. **15e**. *Olympe* (Dominique Nahmias) : B2, G3-17, M1 ; *Pierre Vedel :* B2, G2-15, M1 ; *Le Relais de Sèvres :* B2, G2-16, M1. **16e**. *Faugeron* (Henri Faugeron) : B3, G3-18, M2 ; *Jean-Claude Ferrero :* B2, G2-16, M1 ; *Le Petit Bedon* (Ignace) : B2, G2-16, M2 ; *Le Pré Catelan :* B1, G3-17, M2 ; *Prunier Traktir* (Claude Bernagoud) : B1, G1-14, M0 ; *Robuchon* (ex-Jamin, Joël Robuchon) : B4, G4-19,5, M3 ; *Guy Savoy :* B3 dep. 86, G3-18, M2 ; *Le Toit de Passy :* B2, G2-15, M1 ; *Le Vivarois* (Claude Peyrot) : B3, G3-17, M2 (3 de 73 à 82). **17e**. *Apicius :* B2, G2-16, M1 ; *Le Bernardin* (Le Coze) : B2, G3-17, M2 ; *Le Manoir de Paris :* B2, G3-17, M1 ; *Michel Rostang :* B3, G3-18, M2. **18e**. *Beauvilliers* (Édouard Beauvilliers) : B2, G3-17, M1.

Province. Albertville (Savoie) : *Million* B2, G2-16, M2. **Ammerschwir** (Ht-Rhin) : *Aux Armes de France* B2, G2-15, M2. **Angers** (M.-et-L.) : *Le Quéré* G3-17 dep. 86. **Antibes** (A.-M.) : *La Bonne Auberge* (Philippe Rostang) B3, G3-18, M2 dep. 84. **Auch** (Gers) : *Hôtel de France* (André Daguin) B3, G3-17, M2. **Avignon** (Vaucl.) : *Hiély-Lucullus* B2, G3-17, M2. **Baux-de-Provence** (B.-du-Rh.) : *Oustaù de Baumanière* (Jean-André Charial) : B3, G3-17, M3 dep. 54. **Bézards (Les)** (Loiret) : *Auberge des Templiers* (Philippe Depée) B3, G3-18, M2. **Biarritz** (Pyr.-Atl.) : *Le Café de Paris* B3, G3-18, M1. **Bordeaux** (Gironde) : *Clavel* (Francis Garcia) B3, G3-17, M1 ; *Dubern* (Christian Clément) : B2, G3-17, M1 ; *Jean Ramet* B2, G3-17, M1 ; *Saint-James* (Amat) B2, G3-17, M2. **Bougival** (Yvelines) : *Le Camélia* (Jean Delaveyne) B3, G3-17, M1 ; *Le Coq Hardi* B1, G2-15, M2. **Boulogne-Billancourt** (Hts-de-S.) : *Au Comte de Gascogne* G2-16, M1 ; *La Bretonnière* G2-15, M1. **Bracieux** (L.-et-Cher) : *Le Relais* G3-17 dep. 85, M2. **Caen** (Bénouville, Calvados) : *Le Manoir d'Hastings* (Scaviner) B2, G3-17, M1. **Cannes** (Alp.-Mar.) : *Le Royal Gray* (Jacques Chibois) B3, G3-17, M2. **Chagny** (S.-et-L.) : *Lameloise* (Jacques Lameloise) B3, G3-18, M3 dep. 79. **Champagnac-de-Bélair** (Dord.) : *Le Moulin du Roc* G3-17 dep. 86, M2. **Château-Arnoux** (A. de Hte-P.) : *La Bonne Étape* (Pierre Gleize) B3, G3-17, M1. **Châteaufort** (Yv.) : *La Belle Époque* B2, G3-17, M1. **Châteauroux** (Indre) : *Jean Bardet* G4-19, M2. **Dijon** (C.-d'O.) : *Jean-Pierre Billoux* B2, G3-17, M2. **Enghien** (V.-d'O.) : *Le Duc d'Enghien* B3 dep. 86, G3-17, M2. **Eugénie-les-B.** (Landes) : *Les Prés d'Eugénie* (Michel Guérard) B4, G4-19,5, M3 dep. 77. **Eyzies (Les)** (Dor.) : *Le Centenaire* B3, G2-15, M2. **Fère-en-Tardenois** (Aisne) : *Hostellerie du Château* B3, G3-17 dep. 86, M1. **Ferté-sous-Jouarre (La)** (S.-et-M.) : *Auberge du Condé* (Pascal Tingaud) B3, G2-15, M2. **Gevrey-Chambertin** (C.-d'O.) : *Rôtisserie du Chambertin* (Pierre Menneveau) B1, G3-17, M1. **Hennebont** (Morb.) : *Château de Locguénolé* B3, G3-17, M2. **Illhaeusern** (Ht-Rh.) : *Auberge de l'Ill* (Paul et Marc Haeberlin) B4, G4-19, M3 dep. 67. **Joigny** (Yonne) : *A la Côte Saint-Jacques* (Michel Lorain) B3, G4-19, M3 dep. 86. **Juan-les-Pins** (A.-M.) : *La Terrasse* (Alain Ducasse) B3 dep. 86, G3-17, M2. **Laguiole** (Aveyron) : *Lou Mazuc* G4-19, M1. **Lille** (Nord) : *Le Flambard* B3, G3-18, M2. **Loué** (Sarthe) : *Ricordeau* G3-17, M2. **Lyon** (Rhône) : *Henry* B2, G2-16, M1 ; *Léon de Lyon* G3-18, M2 ; *Nandron* G3-17, M1 ; *Orsi* B3, G2-16, M2 ; *La Tour Rose* G3-17, M1 ; **à Collonges-au-Mont-d'Or :** *Bocuse* (Paul Bocuse, n. 11-2-26) B4, G4-19, M3 dep. 65. **Maisons-Lafitte** (Yv.) : *Le Tastevin* G2-16, M2 ; *La Vieille Fontaine* (François Clerc) B3, G3-18, M2. **Marseille** (B.-du-Rh.) : *Le Petit Nice* B3 dep. 86, G2-16, M2. **Meudon** (Hts-de-S.) : *Relais des Gardes* G2-15, M1. **Mionnay** (Ain) : *Alain Chapel* B4, G4-19, M3 dep. 73. **Montrond-les-Bains** (Loire) : *La Poularde* (Gilles Étéocle) B3, G3-17, M2. **Mougins** (A.-M.) : *L'Amandier de Mougins* B2, G2-16, M2 ; *Le Moulin de Mougins* (Roger Vergé) B4, G4-19,5, M3 dep. 74) ; *Le Relais de Mougins* B3, G2-15, M1. **Nantes (Ste-Luce-sur-L.)** (L.-A.) : *Delphin* B3, G2-15, M2 ; *Domaine d'Orvault* B2, G2-15, M1. **Napoule (La)** (A.-M.) : *L'Oasis* (Louis Outhier) B4, G4-19,5, M3 dep. 70. **Neuilly** (Hts-de-S.) : *Jacqueline Fénix* G2-15, M1. **Nice** (A.-M.) : *Chantecler* (Jacques Maximin) B4, G4-19,5, M2. **Nuits-St-Georges** (C.-d'O.) : *La Côte d'Or* G2-16, M2. **Pont de l'Isère** (Drôme) : *Chabran* B3, G3-17, M2. **Puymirol** (L.-et-G.) : *L'Aubergade* B3 dep. 86, G3-18 dep. 85, M2. **Questembert** (Morbihan) : *La Bretagne* (Georges Paineau) B3, G3-17, M2. **Reims** (Marne) : *Boyer Les Crayères* (G. et E. Boyer) B4, G3-18, M3 dep. 79. **Roanne** (Loire) : *Troisgros (Les)* (Pierre et Michel Troigros) B4, G4-19, M3 dep. 68. **Rochelle (La)** (Hte-V.) : *Richard Coutanceau* G2-15, M2. **Romorantin** (L.-et-Cher) : *Le Lion d'Or* G3-18, M2. **Saulieu** (C.-d'Or) : *La Côte-d'Or* B3, G4-19 dep. 86, M2. **St-Cloud** (Hts-de-S.) : *Le Florian* (Carini) B1, G1-14, M1. **St-Étienne** (Loire) : *Pierre Gagnaire* B2, G4-19, M2. **St-Germain** (Yv.) : *Cazaudehore* G1-14, M2. **St-Jean-Pied-de-Port** (P.-A.) : *Les Pyrénées* G3-18, M2. **Strasbourg** (B.-Rh.) : *Au Crocodile* (Émile Jung) B3, G3-18, M2 ; *Buerehiesel* B3, G3-17, M2. **Talloires** (H.-S.) : *Auberge du Père Bise* B3, G2-16, M3. **Toulouse** (H.-G.) : *Vanel* B3, G3-17, M2. **Valence** (Drôme) : *Pic* (Jacques Pic, fils d'André 1893-1964) B4, G3-18, M3 dep. 73. **Versailles** (Yv.) : *Les Trois Marches* (Gérard Vié) B3, G3-18, M2. **Vézelay** (Yonne) : *L'Espérance* (Marc Meneau) B3, G4-19,5, M3. **Vichy** (Allier) : *Pavillon Sévigné* B2, G2-15. **Vienne** (Isère) : *La Pyramide* (Mado Point, Guy Thivard) B3, G2-16, M3. **Vignoles** (Beaune, C.-d'O.) : *Au Petit Truc* G3-17. **Villeneuve-de-Marsan** (Landes) : *Darroze* B2, G2-15, M1. **Vonnas-sur-Veyle** (Ain) : *La Mère Blanc* (Georges Blanc) B4, G4-19,5, M3.

Monuments ou musées

Visites de centrales. 1980 : 7 centrales nucléaires en service et 29 centrales classiques (en 1979) ouvertes au public. Nombre de visiteurs (1979) : 109 000 (dont 2 500 étrangers). *1980* : Saint-Laurent-des-Eaux 27 000 ; Le Bugey 26 000 ; Gravelines 25 500 ; Chinon, Dampierre, Fessenheim env. 20 000.

Paris

Nombre d'entrées en 1985. Centre Pompidou 7 366 535. Tour Eiffel 4 368 573. Versailles (y compris Grand et Petit Trianon) 3 609 767. Louvre 3 210 708. M. de l'Armée (y compris tombeau de Napoléon) [résulte de la fusion (décret du 26-7-1905) du M. de l'Artillerie (successeur, en 1871, des collections de l'Arsenal remontant au début du XVIIe s.) et du M. historique de l'Armée (1896). Rivalise, par ses collections, avec ceux de Madrid, Vienne ou Londres, et possède une annexe avec le M. de L'Empéri (Salon-de-Provence)] 1 269 692. Parc zoologique 943 000. Palais de la Découverte 660 000. Jeu de Paume 877 738. Arc de Triomphe 736 278. M. Grévin 606 274. Tours de Notre-Dame 631 003. Ste-Chapelle 638 298. M. d'art moderne 485 134. Jardin des Plantes 500 000. M. du Petit Palais 203 360. Trianons 359 281[1]. M. Rodin 360 621. Arts africains et océaniens 277 982. M. de l'Homme 316 314. M. des arts décoratifs 140 000. Panthéon 154 879. M. de la marine (f. 1827) 212 201. Conciergerie 232 467. Carnavalet 284 293. M. des Thermes et Hôtel de Cluny 182 410. Crypte N.-D. 96 660. M. des monuments français 117 856. Basilique St-Denis 100 258. Maison de Victor Hugo 155 726. M. de l'Air et de l'Espace 86 094. Guimet 74 222. M. de la mode et du costume 92 705. Vincennes 59 642 (donjon, porte du Bois). Gobelins 20 158. M. Cognacq-Jay 25 519. Maison de Balzac 21 102. M. Bourdelle 13 537. Chapelle expiatoire 9 583.

Province

Légende : ab. : abbaye, cath. : cathédrale, ch. : château, égl. : église, m. : musée. (1) 1975. (2) 1976. (3) 1977. (4) 1978. (5) 1979. (6) 1980. (7) 1981. (8) 1982. (9) 1983. (10) 1984. (11) 1985.

Ain[11]. *Bourg-en-Bresse* : anc. ab. de Brou 98 402. **Aisne.** *Blérancourt* : 3 866 ; *Coucy* : ch. 11 958[10]. **Allier**[9]. *Lapalisse* : ch. 14 225 ; *Montluçon* : M. municipal 10 026 ; *Moulins* : triptyque (cath.) 11 051 ; *St-Augustin* : 25 000[1]. *Souvigny* : ab. 18 400. **Alpes-de-Haute-Provence**[5]. *Barcelonette* : m. Chabrand, m. municipal ; *Colmar-les-Alpes* : fort de Savoie ; *Digne-les-Bains* : m. municipal 6 800, villa Alexandra David Neel 2 000 ; *Entrevaux* : citadelle ; *Forcalquier* : couvent des Cordeliers ; *Ganagobie* : prieuré ; *Mane* : prieuré de Salagon ; *Moustiers-Ste-Marie* : m. artistique de la Faïence (du 1-4 au 31-10) 2 500 v. par mois ; *Riez* : m. lapidaire ; Seyne-les-Alpes : fort ; *Sisteron* : m. du vieux Sisteron, Citadelle (d'avril à nov.) 70,4. **Alpes (Htes)**[5]. *Boscodon* : ab. ; *Briançon* : citadelle, remparts et égl. fortifiée 151 ; *Embrun* : cath. 11 500 ; *Gap* : m. départemental 6 329 ; *Montdauphin* : citadelle ; *Montmaur* : ch. ; *Tallard* : ch. **Alpes-Maritimes.** *Beaulieu* : villa Keyrilos ; *Cagnes-sur-Mer* : ch.-m. ; *Cannes* : fort Ste-Marguerite ; *Gourdon* : ch. ; *La Turbie* : trophée d'Auguste 71 506[11] ; *Nice* : m. Chagall 107 487[11], m. Masséna 22 454[8], m. Jules-Chéret 28 000[8], m. Matisse 65 036[8], m. d'Archéologie 35 000[4], m. Barla 26 000[4], pal. Lascaris 47 512 ; *Vallauris* : m. Picasso 15 854[8], m. F.-Léger 22 185[1] ; *Villefranche* : citadelle. **Ardèche**[6]. *Aubenas* : ch. 25 000. *Orgnac* : aven 138 450 ; *Peaugres* : safari-parc 250 000 ; *Vivarais* : chemin de fer 51 500. **Ardennes**[11]. *Bazeilles* : m. de la « Dernière Cartouche » 5 345 ; *Charleville-Mézières* : m. Rimbaud 19 260 ; *Fumay* : m. de l'Ardoise 3 327[11]. *Givet* : fort Charlemont 2 428. *Moncornet* : ch. 3 763 ; *Sedan* : ch.-fort 32 413 ; *Villy-la-Ferté* : fort 2 850[9]. **Ariège.** *Foix* : ch. et m. départ. 80 000[10] ; *Labouiche* : rivière souterraine ; *Mas d'Azil* : grottes préhistoriques 45 750 ; *Montségur* : ch. 115 000 (est.) ; *Niaux* : grottes préhist. 24 260. **Aube**[9]. *Troyes* : m. des Beaux-Arts 17 715, de la Bonneterie 11 576, pharmacie de l'Hôtel-Dieu 5 952 ; *La Motte-Tilly* : ch. 18 036[10] ; *Outil* : maison 16 000 (14 000 payantes, 4 000 scol.) ; *Vauluisant* : m. 10 216. **Aude**[9]. *Carcassonne* : cité 193 457[10], m. 16 320, trésor de la cath. 52[7] ; *Narbonne* : palais des Archevêques 102 871. **Aveyron**[8]. *Roquefort* : caves 171 456.

Bouches-du-Rhône. *Arles* : arènes 219 019[4], th. ant. 166 270[4] ; *Glanum*[8] : fouilles 82 259[10] ; *Marseille* : ch. d'If 90 551[10] ; *Montmajour* : ab. 47 906[10] ; *Silvacane* : ab. 25 977[10] ; *Tarascon* : ch. 42 362[10].

Calvados[5]. *Arromanches* : m. du Débarquement 400 000 ; *Bayeux* : tapisserie 240 000[6] ; *Balleroy* : ch. et m. de l'Aérostation 20 000[6], ab. aux Hommes 7 136 ; *Caen* : m. de Normandie 16 053[4], m. des Beaux-Arts 10 969[4] ; *Honfleur* : m. Boudin 24 000[6] ; *Martainville* : 8 941[10]. **Cantal**[10]. *St-Flour* : m. Hte-Auvergne 6 900 ; *Val* : ch. 58 432[11], Maisons des Volcans 15 522. **Charente**[6]. *Angoulême* : ruines gallo-romaines à Chassenon 25 000 ; m. de Cognac 20 800 ; cath. 200 000 ; m. 28 200 ; m. archéologique et historique 3 500 ; *Aubeterre* : égl. monolithe 20 000 ; m. de Rochebrune 7 000 ; circuits de la Préhistoire 3 000. **Charente-Maritime**[8]. *Aix (île)* : m. Napoléon 35 848[11] ; *La Roche-Courbon* : 53 000 ; *La Rochelle* : tour de St-Nicolas 32 804[10] ; M. africain 27 375[11] ; à la Chaîne 16 014 ; de la Lanterne 48 956 ; *Rochefort* : m. Pierre-Loti 17 060 ; *Saintes* : arènes. **Cher**[11]. *Apremont* : 34 000 ; *Bourges* : tour cath. 38 800, palais Jacques-Cœur 27 965, hôtel Lallemant 8 132 ; *Noirlac* : ab. 30 158, m. du Berry 23 757. **Corrèze**[7]. *Arnac-Pompadour* : jardins du ch. et haras ; *Aubazine* : abbaye cistercienne ; *Beaulieu* : égl. ; *Bort-les-Orgues* : château de Val ; *Clergoux* : ch. de Sédières ; *Noaihac* : ch. de Lacoste ; *St-Géniez ô Merle* : tours de Merle (son et lumière) ; *Ségur* : ch. et vill. médiéval ; *Turenne* : ch. ; **Corse**[11]. *Ajaccio* : 76 781. **Côte-d'Or.** *Beaune* : Hôtel-Dieu 169 416[5] ; *Bussy-Rabutin* : ch. 19 816[10] ; *Châteauneuf* : ch. 10 415[8] ; *Fontenay* : 80 000[11]. **Côtes-du-Nord.** *Tréguier* : maison de Renan et cloître 2 441[10] ; m. de St-Brieuc ; m. de Dinan. **Creuse**[7]. *Aubusson* : maison du Vieux-Tapissier ; Centre culturel Jean-Lurçat, Musée départemental de la tapisserie ; *Bourganeuf* : tour Zizim et coll. archéol. ; *Boussac* : ch. ; *Guéret* : m. 8 080[8] ; *Lavaufranche* : commanderie des Templiers ; *Mainsat* : ch. des Portes ; *St-Germain Beaupré* : ch. ; *St-Maixant* : ch. et parc animalier ; *Ste-Feyre* : ch.

Dordogne[8]. *Beynac* : ch. 70 000[11] ; *Combarelles* : grottes 19 627[10] ; *Les Eyzies* : m. 286 012[11], m. et grottes du Grand-Roc 115 092 ; *Font-de-Gaume* : grotte 37 754[10] ; *Hautefort* : ch. 54 500[11]. *Laugerie-Haute* : gisement 3 416[10] ; *Montcaret* : fouilles 4 031 ; *Montfort* : ch. 40 000[1] ; *Puy Guilhem* : ch. 16 000 ; *Thonac* : m. 25 000 ; *Bourdeilles* : ch. 45 000 ; *Biron* : 31 000. **Doubs**[2]. *Besançon* : m. populaire comtois 164 651, m. de la Résistance 62 097 ; m. du château 28 377, m. des B.-A. ; m. hist. du Palais Orauvelle ; *Montbéliard* : m. hist. 400[4]. **Drôme**[1]. *Die* : m. ; *Grignan* : m. ; *Pègue* : m. préhistorique ; *Poet-Laval* : m. du Protestantisme ; *Romans* : m. de la Chaussure 45 000 ; *Valence* : m. 16 250 ; *Vassieux-en-Vercors* : m. de la Déportation.

Essonne[8]. *Montlhéry* : tour 9 264[10]. **Eure**[5]. *Les Andelys* : Ch.-Gaillard 17 000 ; *Bec-Hellouin* : ab. 28 900[10] ; *Bizy* : ch. 17 000 ; *Gisors* : ch. 11 000 ; *Giverny* : jardin et maison de Claude Monet 76 000 ; *Harcourt* : ch. 18 000 ; *Mortemer* : ab. 19 000 ; *Vascœuil* : ch. 35 000. **Eure-et-Loir**[11]. *Anet* : ch. 39 800 ; *Brou* : égl. 85 965 ; *Chartres* : clocher cath. 43 797, m. des B.-A. 10 000 ; *Châteaudun* : ch. 35 252, m. 11 200 ; *Dreux* : beffroi 2 122, m. 2 500, Chap. royale 40 000 ; *Maintenon* : ch. 43 800.

Finistère. *Brest* : m. des B.-A. ; m. Naval (ch.) ; m. de la ville (tour de la Motte Tanguy) ; *Camaret* : m. naval ; *Concarneau* : m. de la pêche ; *Kerjean* : ch. 20 279[10] ; *Morlaix* : m. des Jacobins ; *Penmarch* : m. préhistorique 17 000[8] ; *Pont-l'Abbé* : m. bigouden 19 533[8] ; *Quimper* : m. breton, m. des B.-A. 42 967[8].

Gard[11]. *Aigues-Mortes* : remparts 188 000 ; *Nîmes* : arènes, tour Magne, Maison carrée... 292 757 ; *Villeneuve-lès-Avignon* : chartreuse 29 930, fort St-André 24 371. **Garonne (Haute-).** *Toulouse* : m. d'Hist. nat. 45 000[4], des Augustins 37 005[1]. **Gers**[5]. *Auch* : cath. 85 300 ; m. d'archéol. ; *Condom* : m. de l'Armagnac 4 800 ; *Flaran* : ab. 20 000 ; *Lectoure* : m. lapidaire 5 200 ; *Mirande* : m. des Peintres 2 700. **Gironde**[7]. *Blasimon* : ab. St-Nicolas ; *Bordeaux* : trésor de la cath. ; *Entre-Deux-Mers* : bastides ; *Gamage et Dropt (vallées)* : moulins fortifiés (Espiet, St-Aubin-de-Branne, Labarthe, Cleyrac, Gornac) ; *Sauve-Majeure* : ab. 8 207[10] ; *Villandraut* : ch. clémentins du Bazadais.

Hauts-de-Seine[5]. *Boulogne-Billancourt* : maison de la nature 49 500, jardins A. Kahn 75 000 ; *Meudon* : m. de l'Air 20 477 ; *Rueil-Malmaison* : Bois Préau, ch. de la Malmaison 131 667[11] ; *Sèvres* : M. nat. de la céramique 35 173[11] ; *Sceaux* : M. de l'Ile-de-France 26 782. **Hérault**[10]. *Ensérune* : M. de l'oppidum 36 651 ; *Sète* : m. Paul Valéry 65 000 ; *St-Bauzille* : grottes des Demoiselles 120 000.

Ille-et-Vilaine[5]. *Combourg* : ch. 40 000[11] ; *Fougères* : m. Emmanuel de la Villéon 2 455[10] ; *Rennes* : m. des B.-A. 38 586, m. de Bretagne 40 000[10] ; *St-Malo* : International du Long Cours Cap Hornier 12 700 ; *Vitré* : m. du ch. 31 000[10]. **Indre**[9]. *Argentomagus* : fouilles 8 654 ; *Argy* : ch. 3 000 ; *Azay-le-Ferron* : ch. 13 668 ; *Bouges* : ch. 12 501[10] ; *Châteauroux* : m. Bertrand 8 600[10] ; *Châtillon-sur-Indre* : donjon : 583 ; *Diors* : m. des 3 Guerres 9 700 ; *Gargilesse-Dampierre* : égl. 11 400, m. G.-Sand 8 000 ; *Issoudun* : m. Saint-Roch 4 210 ; *La Châtre* : m. G.-Sand 4 478 ; *Nohant* : domaine de G. Sand 31 171[10] ; *Rosnay* : ch. du Bouchet 4 200 ; *Sarzay* : ch. 800 ; *Valençay* : ch. 115 000. **Indre-et-Loire.** *Amboise* : ch. 380 000[11] ; *Azay-le-Rideau* : ch. 334 700[11] ; *Chenonceau* : ch. 812 000[11] ; *Chinon* : ch. 113 894[10] ; *Le Clos Lucé* 119 720[11] ; *Langeais* : ch. 135 000[9] ; *Loches* : ch. 112 827[10] ; *Psalette (La)* : ch. 2 174[7] ; *Saché* : ch. 25 191[10] ; *Tours* : cath. 607 899[8], m. du compagnonnage 66 511[10], m. des B.-A. 27 632[5]. *Villandry* : 243 000[11]. **Isère.** *Vizille* : ch. 45 324[9].

Jura. *Arbois* : maison de Pasteur ; *Arlay* : ch. du Pin ; *Beaume-les-Messieurs* : ab. ; *Grigny* : égl. ; *St-Claude* : cath., m. de la Pipe.

Landes[5]. *Biscarrosse* : M. des hydravions 5 000 ; *Biscarrosse Bourg* : m. Naturama 5 500 ; *Brassempouy* : M. de la préhistoire 2 000 ; *Dax* : m. de Borda 3 356 ; *Hastingues* : m. + abbaye d'Arthous 4 600 ; *Mont-de-Marsan* : m. de sculpture Despiau-Wlérick, m. Dubalen (préhistoire et sciences naturelles) 8 120 ; *Montfort-en-Chalosse* : m. de la Chalosse 3 000 ; *Parentis-en-Born* : M. du pétrole 85 000 ; *Sabres* : Écomusée de la Grande Lande 97 402 ; *Samadet* : M. de la faïencerie 5 662 ; *St-Sever* : m. des Jacobins 4 800 ; *Sanguinet* : m. 3 000. **Loir-et-Cher**[9]. *Blois* : ch. 408 005 ; *Chambord* : ch. 527 936[10] ; *Chaumont* : ch. et écuries 112 620[10] ; *Fougères-sur-Bièvre* : ch. 8 009[10] ; *Montrichard* : ch. 8 434 ; *Romorantin* : m. de Sologne 7 053 ; *Talcy* : ch. 16 747 ; *Vendôme* : m. 3 322, ch. 6 424. **Loire**[5]. *Ambierle* : m. forezien 7 921 ; *Roanne* : m. Joseph-Déchelette 11 000 ; *St-Étienne* : m. de la Mine 35 000/40 000 ; *St-Rambert-sur-Loire* : m. 29 000. **Loire-Atlantique.** *Blain* : maison des Arts et traditions populaires ; *Bourgneuf* : m. du pays de Retz ; *Le Croisic* : m. de la Marine ; *Guérande* : m. de Guérande ; *Nantes* : m. des B.-A., m. Dobrée, museum d'Hist. nat., m. Jules-Verne, m. des Salorges, m. Breton ; *St-Guénolé-Penmarch* : m. préhistorique finistérien. **Haute-Loire**[11]. *Chaise-Dieu* : ab. 59 000[10] ; *Polignac* : donjon 19 500 ; *Puy (Le)* : rocher Corneille 143 187[10], N.-D. de France 152 069, cath. (cloître) 31 523, m. Crozatier 32 333 ; *St-Michel d'Aiguilhe* : chap. 59 567. **Loiret**[9]. *Artenay* : moulin de pierre 2 200 ; *Beaugency* : m. Dunois 17 355 ; *Gien* : ch. (m. de la Chasse) 81 641 ; *La Bussière* : ch. des Pêcheurs 12 889 ; *Meung-sur-L.* : ch. 11 204 ; *Orléans* : m. des Beaux-Arts 30 759, Jeanne d'Arc 25 280, des Sc. naturelles 35 689, Parc floral 161 253, m. Hist. et Arch. 5 397 ; *Pithiviers* : m. des transports 2 835 ; *Sully-sur-Loire* : ch. (m. de la Chasse) 55 819 ; *Vienne-en-Val* : dépôt archéol. 265. **Lot**[5]. *Assier* : ch. 2 705 ; *Castelnau-Bretenoux* : ch. 38 046[10] ; *Cougnac* : grotte 21 986 ; *Genevières* : ch. 4 972 ; *Lacave* : grotte 159 076 ; *Montal* : ch. 13 525 ; *Padirac* : gouffre 403 672 ; *Presque* : grotte 22 952. **Lot-et-Garonne**[5]. *Agen* : m. 9 527 ; *Fumel* : ch. de Bonaguil 43 750 ; *Gavaudun* : ch. 8 000 ; *Nérac* : m. 7 052 ; *Villeneuve-sur-Lot* : m. 1 600. **Lozère.** *Mende* : m. env. 5 000[7].

Maine-et-Loire[8]. *Angers* : trésor de la cath. 4 246[10] et ch. du roi René 160 883[10] ; *Brissac* : 28 200[11] ; *Fontevraud* : ab. 98 020 ; *Lurçat* : m. 42 074 ; *Montreuil-Bellay* : ch. 32 500[11] ; *Plessis-Bourré* : ch. 28 300[11] ; *Saumur* : ch. 136 115, m. des blindés, m. de l'école de cavalerie 12 000, m. des champignons 19 000. **Manche**[9]. *Avranches* : m. 7 025 ; *Cerisy-la-Forêt* : m. de l'ab. 4 560 ; *Cherbourg* : m. du Roule 20 429, m. des B.-A. 3 500 ; *Coutances* : m. 7 490 ; *Granville* : m. du Vieux Granville 7 688 ; *Hambye* : ab. 19 150 ; *Lucerne d'Outre-Mer* : ab. 15 396 ; *Mont-St-Michel* : m. historial 57 293[8], m. historique 153 000[8], ab. 648 587[10], Porte du Roy 220 184[8], jardins 79 756[10], m. de Ste-Mère-l'Église ; *Mortain* : ab. blanche 10 855 ; *Pirou* : ch. 11 521 ; *St-Lô* : m. 2 450 ; *St-Michel-de-Montjoie* : m. du Grabit 8 624 ; *St-Sauveur-le-Vicomte* : m. Barbey d'Aurevilly 4 260 ; *Ste-Marie-du-Mont* : m. du débarquement 68 187 ; *Ste-Mère-Église* : m. des troupes aéroportées 109 747, m. de la ferme 18 785 ; *Valognes* : m. régional du cidre 15 661 ; *Villedieu-les-Poêles* : m. du cuivre 20 144, m. du meuble 22 813. **Marne**[7]. *Châlons* : N.-D. en Vaux 3 350 ; *Épernay* : caves Moët et Chandon 143 383[1] ; *Reims* : palais du Thau 57 335[10], tour de la cath. 3 025[9]. **Marne (Haute-)**[5]. *Chaumont* : m. 8 000 ; *Colombey-les-Deux-Églises* : mémorial du Gal de Gaulle 397 108, m. de la Boisserie. **Mayenne**[6]. *Cosse-le-Vivien* : m. Robert-Tatin 10 310 ; *Laval* : m. art naïf

11 500. **Meurthe-et-Moselle.** *Baccarat :* m. du cristal 28 500 [9] ; *Fermont :* (ligne Maginot) 22 515 [9] ; *Jarville :* m. du Fer 10 600 [8] ; *Lunéville :* m. 26 800 [9] ; *Nancy :* M. lorrain 75 495 [9], m. des B.-A. 20 000 [7], ab. des Prémontrés 17 000 [7], Zoologie et aquarium m. 63 226 [9] ; *Velaine-en-Haye :* m. de l'Automobile 20 479 [9]. **Meuse** [5]. *Bar-le-Duc :* égl. St-Étienne ; *Douaumont :* ossuaire 410 581, fort 132 732 ; *Hattonchatel :* égl. ; *Nubécourt :* sépulture du Pt Poincaré ; *Princerie :* m. 7 700 ; *St-Michel :* égl. de St-Michel et St-Étienne ; *Verdun :* Hôtel de V. et m. de la Guerre 22 500. **Morbihan.** *Carnac :* mégalithes ; *Guehenno :* calvaire ; *Inzinzac-Lochrist :* éco-m. ouvrier des forges d'Hennebont ; *Josselin :* ch. 77 000 [11] ; *Lorient :* m. de la Marine et base sous-marine ; *Ploermel :* égl. ; *Pontivy :* ch. ; *Port-Louis :* m. de l'Atlantique ; *Saint-Marcel :* m. de la Résistance ; *Sarzeau :* ch. de Suscinio 60 005 [2] ; *Vannes :* m. archéol, trésor de la cath. et remparts. **Moselle** [5]. *Bitche :* m. 12 051 ; *Gravelotte :* m. 4 900 ; *Marshal :* m. du Sel 10 037 ; *Metz :* m. 47 942 ; *Phalsbourg, Sarreguemines, Fenetrange :* m. ; *Sierck-les-Bains :* m. 17 000.

Nord. *Douai :* égl. N.-D. ; *Dunkerque :* égl. St-Éloi, m. d'Art contemporain ; *Lille :* m. des Beaux-Arts (peintures, porcelaines), m. de l'Hospice Comtesse (art et traditions populaires), vieille bourse ; *Villeneuve-d'Ascq :* m. d'Art moderne.

Oise [5]. *Beauvais :* (tapisseries) ch. 13 288 [9] ; *Chantilly :* m. 210 000 ; *Compiègne :* ch. 173 787 [11] ; *Orrouy :* ruines de Champlieu 11 128 ; *Pierrefonds :* ch. 100 010 [10] ; *Senlis :* m. de la Vènerie 15 753. **Orne** [5]. *Aigle (L') :* m. « Juin 44 » 11 000 [2] ; *Alençon :* maison de Ste-Thérèse, école dentellière 7 800 [2], m. d'Ozé 589 [2], égl. N.-D. ; *Carrouges :* ch. 14 783 [10] ; *Mortrée :* ch. d'O ; *Pin (Le) :* haras 32 000 [2] ; *Sées :* cath. ; *St-Cyr-la-Rosière :* m. des Traditions populaires 9 580 [2].

Pas-de-Calais. *N.-D. de Lorette :* cimetière mil. 183 000 [5] ; *Wimille :* colonne de la Grande Armée 8 307 [10]. **Puy-de-Dôme.** *Livradois :* m. vivants 115 857 [8] ; *Puy-de-Dôme :* sommet 374 500 [9] ; *Villeneuve-Lembron :* ch. 4 454 [10].

Pyrénées-Atlantiques [5]. *Bayonne :* M. basque 46 500, m. Bonnat 6 574 ; *Biarritz :* m. de la Mer 162 194 ; *Cambo :* m. E.-Rostand 62 763 ; *Pau :* ch. 116 394 [11], m. des B.-A. 19 755. **Pyrénées (H.-).** *Lourdes :* M. pyrénéen 200 000 [5] ; *Tarbes :* maison du maréchal Foch 922 [10]. **Pyrénées-Or.** *Arles-sur-Tech :* égl. et cloître ; *Castelnou :* ch. 36 861 [6] ; *Collioure :* égl. et tour ; *Elne :* cloître ; *Marchands :* loge ; *Maureillas :* chapelle de St-Martin de Fenouillar ; *Perpignan :* palais des rois de Majorque et le Castillet, *St-Jacques* égl. ; *St-Martin-du-Canigou :* ab. ; *St-Michel-de-Cuxa :* ab. ; *Salses :* fort 79 646 [10] ; *Serrabonne :* égl. ; *Thuir :* caves de Byrrh 212 000 [3] ; *Villefranche-de-Conflent :* égl. et remparts.

Rhin (Bas-). *Ht-Koenigsbourg :* ch. 501 566 [10] ; *Natzwiller :* camp de Struthof 140 255 [6] ; *Strasbourg :* cath. 239 000 [9]. **Rhin (Haut-).** *Cernay* (près de) : monument du Viel-Armand 105 260 [2] ; *Colmar :* m. Unterlinden 355 192 [10] ; *Mulhouse :* m. de l'automobile 1 359 323 [10]. **Rhône.** *Lyon :* cath. St-Jean 10 772 [10] ; *Rochetaillé :* m. automobile 159 101 [2].

Saône (Haute-) [10]. *Champagney :* m. de la Négritude 1 500 ; *Champlitte :* m. Albert-Demard 50 200 ; *Château-Lambert :* m. 15 200 [9] ; *Fougerolles :* m. rural 4 000 ; *Gray :* m. Baron-Martin 7 100 ; *Haut-du-Them :* m. de la Montagne 12 000 [9] ; *Luxeuil-les-Bains :* m. d'Archéologie 5 757 ; *Passavant la Rochère :* verreries 90 000 [9] ; *Ray-sur-Saône :* ch. 3 000 [9] ; *Ronchamp :* chapelle Notre-Dame-du-Haut 110 000 [9] ; *Vesoul :* m. 3 200. **Saône-et-Loire.** *Champlieu :* 7 126 [7] ; *Cluny :* ab. 100 782 [10]. **Sarthe** [8]. *Breil-sur-Merise :* ch. de Pescheray 40 274 ; *Fresnay-sur-Sarthe :* m. des Coiffes 3 566 ; *La Flèche :* m. de l'automobile 59 264, zoo 165 679 [7] ; *Le Lude :* ch. (son et lumière) 70 000 [7] ; *L'Épau :* ab. 22 860 ; *Poncé :* centre artisanal 100 000 [7] ; *Tessé :* m. 34 358 ; *Vivoin :* prieuré. **Savoie** [5]. *Aix-les-Bains :* thermes 51 173 [10] curistes ; *Chambéry :* ch. des Ducs de Savoie 10 619 ; *Vanoise :* parc 700 000 [10] journées. **Savoie (Hte-)** [10]. *Annecy :* ch. et palais de l'Isle 82 581 ; *Clermont :* ch. 3 500 ; *Lovagny :* ch. de Montrottier 30 600 ; *Menthon-St-Bernard :* ch. 18 000 ; *Thonon :* ch. de Riapille 17 500 ; *Thorens :* ch. de Sales. **Seine-et-Marne.** *Anet-sur-Marne :* ch. ; *Champs-sur-Marne :* ch. 22 092 [7] ; *Fontainebleau :* ch. 440 186 [11] ; *Moret-sur-Loing :* ch. (festival en juin) ; *Morin :* vallée du Grand et du Petit (pêche) ; *Provins :* ch. ; *Vaux-le-Vicomte :* ch. 266 000 [11]. **Seine-Maritime** [6]. *Dieppe :* m. du ch. 72 500 ; *Jumièges :* ab. 61 783 [10], m. Antiquités 26 000 [6] ; *Martinville :* ch. 6 471 [6] ; *Rouen :* m. des Beaux-Arts : 100 000 [6]. **Sèvres (Deux-).** *Niort :* 10 000 [5] ; *Oiron :* ch. 10 627 [10]. **Somme.** *Amiens :* cath. 870 [10], m. de Picardie et d'Art local 62 000 [3], centre culturel de St-Riquier 17 000 [3], ab. du Gard ; *Bagatelle :* ch. 2 700 [4] ; *Naours :* grottes 14 000 [3] ; *Rambures :* ch. 12 000 [3] ; *Villers-Bretonneux :* mémorial.

Tarn [11]. *Albi :* m. Toulouse-Lautrec 88 908 ; *Castres :* m. Goya 14 682. **Tarn-et-Garonne** [8]. *Aveyron :* vallée ; *Beaulieu :* ab. 6 109 ; *Gramont :* ch. Renaissance 3 309 [10] ; *Malause-Golfech :* plan d'eau ; *Montauban :* m. Ingres 20 051 ; *Moissac :* cloître 40 250 ; *St-Antonin-Noble-Val :* village médiéval. **Territoire de Belfort.** *Belfort :* Lion (Bartholdi), ch. et m. historique 47 804 [2].

Val-d'Oise. *Ecouen :* ch. et m. 74 744 [11].

Var. *Collobrières :* chartreuse de la Verne 22 010 [1] ; *Fréjus :* cath. (cloître) 26 531 [10] ; *La Seyne-sur-Mer :* fort de Balaguier (1er m. naval de Fr.) + de 50 000/an ; *St-Maximin :* ab. 13 320 [1] ; *St-Tropez :* m. de l'Annonciade 10 805 [1] ; *Thoronet (le) :* ab. 78 019 [10] ; *Toulon :* mémorial du mt Faron 116 300 [1], m. naval et tour Royale 35 781 [5]. **Vaucluse** [5]. *Avignon :* palais des Papes 468 489 [11], N.-D. des Doms, rocher des Doms, remparts, m. Calvet 19 150, pont St-Bénézet 48 546 [11] ; *Carpentras :* 42 923 [2], cath. St-Siffrein 2 500 [2] et synagogue 4 440 [2] ; *Cavaillon :* cath., arc romain et synagogue ; *Gordes :* ab. cistercienne de Sénanque 103 626, m. Vasarely 51 390 [11] ; *Orange :* th. antique 184 448 [11] ; *Vaison :* ville romaine et bourg médiéval, fouilles archéologiques 124 912 [11]. **Vendée** [8]. Mouilleron-en-P. (m.) : 11 374 [11]. *Fontenay-le-Comte :* ch. de Terre-Neuve 11 645 ; *Les Epesses :* ch. du Puy-du-Fou (spectacle) 187 402 ; *Les Sables-d'Olonne :* m. de l'ab. Ste-Croix 6 134 ; *Maillezais :* son et lumière 1 335 ; *Noirmoutiers :* ch. 49 268 ; *St-Cyr-en-Talmondais, La Court d'Aron :* parc floral 65 157, ch. 12 090 ; *St-Vincent-sur-Jard :* m. Clemenceau 30 278 [10]. **Vienne (Hte-)** [9]. *Chalus :* ch. Chabrol ; *Champagnac-la Rivière :* ch. de Brie ; *Charroux :* 2 976 [10] ; *Chateauponsac :* m. ; *Dournazac :* ch. de Montbrun ; *Limoges :* m. de l'Évêché 41 964, m. Adrien-Dubouché 32 706 [11], égl. St-Michel, cath., égl. St-Pierre-du-Queyroix, chapelle St-Aurélien, crypte St-Martial ; *Oradour-sur-Glane :* ruines ; *Rochechouart :* m. 6 400 ; *Sanxay :* 14 321 [10]. **Vosges** [9]. *Domrémy-la-Pucelle :* maison de Jeanne d'Arc 62 483 ; *Épinal :* m. de l'Imagerie 31 915 ; *Gand :* mosaïque et amphithéâtre 14 986.

Yonne. *Ancy-le-Franc :* ch. 27 000 [11] ; *Auxerre :* maison du Coche d'eau 20 250 [2], anc. ab. de St-Germain 13 483 [7] ; *Sens :* m. municipal et trésor de la cath. 13 549 [11], palais synodal 3 774 [9] ; *Tanlay :* ch. 11 000 [2]. **Yvelines.** *Maisons-Laffitte :* ch. 5 531 [10] ; *Rambouillet :* ch. 37 035 [10] (laiterie de la Reine et pavillon des Coquillages 6 223) [10] ; *St-Germain-en-Laye :* ch. 280 711 [11] ; ch. de Breteuil 85 000 [11]. *Versailles :* ch. 3 250 886 [11] ; Trianon 359 281 [11]. *Port-Royal :* 7 130 [11] ; *Thoiry :* parc et ch. 440 000 [11].

Nota. — RECORD DE FRÉQUENTATION DES PRINCIPAUX MONUMENTS HISTORIQUES PRIVÉS **(1983).** Chenonceau (I.-et-L.) 800 000. Thoiry (château et zoo, Yvelines) 370 000. Amboise (I.-et-L.) 360 000. Vaux-le-Vicomte (S.-et-M.) 230 000. Villandry (I.-et-L.) 217 000. Saint-Augustin (Allier) 80 000. Breteuil (Yvelines) 71 000.

Devises de quelques pays

☞ Suite des pages 1029 et 1063.

Koweit : Pas de devise. Emblème : faucon dont les ailes déployées encerclent un boutre koweitien.
Laos : Devise officieuse : Patrie, Religion, Roi et Constitution.
Lesotho : Khotso Pula, Nata.
Liban : Pas de devise, un emblème : le cèdre. Dev. du Chef de l'État : Ma Patrie a toujours raison.
Liberia : The love of liberty brought us here (L'amour de la liberté nous amena ici).
Libye : Liberté, Socialisme, Unité.
Liechtenstein : Dieu, Prince, Patrie.
Luxembourg : Je sers (devise du Grand-Duc). Mir wellen bleiven wat mir sin (Nous voulons rester ce que nous sommes), devise nationale depuis 1867.
Madagascar : Liberté, Patrie, Progrès.
Malaisie : Unity is strength (L'unité fait la force).
Malawi : Unity and Freedom (Unité et Liberté).
Mali : Un peuple, un but, une foi.
Malte : Virtute et Constantia (Par le courage et la constance).
Maroc : Dieu, la Patrie, le Roi.
Maurice : Étoile et clé de l'océan Indien.
Mauritanie : Honneur, Fraternité, Justice.
Mexique : Dev. du Chef de l'État : Arriba y adelante (Plus haut et plus loin).
Monaco : Deo juvante (Avec l'aide de Dieu) (devise des princes).
Népal : La vérité prévaudra toujours. Il est doux et honorable de mourir pour la patrie.
Nicaragua : Dios, Patria y Honor (Dieu, Patrie et Honneur).
Niger : Fraternité, Travail, Progrès.
Nigeria : Unity and Faith (Unité et Loyauté).
Norvège : Devise du roi : Alltfør Norge (Tout pour la Norvège).
Nouvelle-Zélande : Onward (Toujours droit).
Ouganda : For God and my Country (Pour Dieu et mon pays).
Pakistan : Ittehad, Yaquin-i-Mukham, Tanzim (Unité, Foi, Discipline).
Panama : Pro Mundi Beneficio (Pour le plus grand bien du monde entier).
Paraguay : Paz y progreso (Paix et Progrès).
Pays-Bas : Je maintiendrai.
Pérou : Firme y feliz por la Unión (Stable et heureux grâce à l'union de tous).
Portugal : O Bem da Nação (Le bien de la nation).
Réunion : Florebo quocumque ferrar (Je fleurirai partout où je serai porté).
Rhodésie : Sit nomine digna (Qu'elle soit digne de son nom).
Ruanda : Liberté, Coopération, Progrès.
Saint-Marin : Libertas (Liberté).
Salvador : Dios, Union y libertad (Dieu, Union et Liberté).
Sénégal : Un peuple, un but, une foi.
Sierra Leone : Unity, Freedom, Justice (Unité, Liberté, Justice).
Singapour : Majulah Singapura (Puisse Singapour prospérer).
Soudan : Dieu, Peuple, Patrie.
Suède : Devise pour chaque roi. Actuellement : För Sverige, i tiden (Pour la Suède au rythme du temps).
Suisse : Un pour tous, tous pour un.
Surinam : Justitia, Pietas, Fides (Justice, Piété, Foi).
Swaziland : Siyinqaba (Nous sommes une forteresse).
Syrie : Unité, Liberté, Socialisme.
Tanzanie : Uhuru na Kazi (Indép. et Travail).
Tchad : Unité, Travail, Progrès.
Thaïlande : Patrie, Religion, Roi.
Togo : Travail, Liberté, Patrie.
Trinité et Tobago : Together we aspire, together we achieve (Même idéal, même ouvrage).
Tunisie : Liberté, Ordre, Justice.
Turquie : Paix dans le pays, paix hors des frontières (slogan).
U.R.S.S. : Prolétaires de tous les pays, unissez-vous.
Uruguay : Con libertad, no ofenso ni temo (En liberté, je n'offense ni ne crains).
Venezuela : Liberté, Égalité, Fraternité.
Viêt-nam : Dôc lâp, tu do, hanh phuc (Indépendance, Liberté, Bonheur).
Yémen du N. : Allah, al Watan, al Shaab (Dieu, la patrie, le peuple).
Yémen (Rép. démoc. pop. du) : Officieuse : Ame, sang, pour le Yémen.
Zaïre : Paix, Justice, Travail.
Zambie : One Zambia, one nation (Une seule Zambie, une seule nation).

Énergie

Généralités

Quelques équivalences

Nouvelles équivalences obtenues à partir du pouvoir calorifique inférieur pour les combustibles. Charbon *(1 t)* : houille 0,619 tep (26 gigajoules), coke de houille 0,667 (28), agglomérés et briquettes de lignite 0,762 (32), lignites et produits cendreux de récupération 0,405 (17) ; **produits pétroliers** *(1 t)* : pétrole brut, gazole, fuel domestique, produits à usages non énergétiques 1 (42), gaz de pétrole liquéfié 1,095 (46), essences moteur et carburéacteur 1,048 (44), fuels-oils lourds 0,952 (40), coke de pétrole 0,762 (32) ; **électricité** *(1 mégawattheure)* : 0,222 (9,33) ; **gaz naturel** *(1 mégawattheure PCS)* : 0,077 (3,24), [ancienne équivalence 0,086 (on prenait en compte le pouvoir calorifique supérieur du gaz)].

Pétrole. 1 baril = 159 l ; *1 baril de brut* = 0,14 tonne métrique ; *1 baril/jour* = 50 t/an ; **1 tonne** = 6,7 à 7,7 barils (moy. 7,3) ; *1 t* équivalent *tep* = 1,5 tec, 10 000 thermies soit 11 626 kWh, 7,3 barils, 1 000 m³ de gaz naturel, 1,75 m³ de gaz naturel liquéfié, 4 500 kWhe (kWh électrique) ; **1 tec** = 2/3 tep ; **1 quad** [ou 1 quadrillon Btu (British thermal unit) soit 10^{15} Btu] × 2,1 = 1 million de barils par jour d'équivalent pétrole (1 mbdoe) soit 50 millions de tep (toe) par an (1 t courte = 907,20 kg) ; *1 pied cube/jour* = 10 m³/an.

Uranium. *Centrales nucléaires classiques* : 1 t d'uranium naturel = 15 000 tec ou 45 millions de kWh ; *surgénérateurs* : 1 t d'uranium naturel = 900 000 tec ou 2,7 milliards de kWh.

Nota. — Tec : tonne d'équivalent charbon. Tep tonne d'équivalent pétrole.

Dans le monde

Consommation d'énergie

Consommation et, en ital., production d'énergie (en millions de tep, en 1985)

Pays	Comb. sol.	Pétr.	Gaz nat.	Élect. [1]	Total
U.S.A.	444,5	724,1	443,3	187,5	1 799,4
	494,4	*503*	*422,3*	*187,5* [1]	*1 607,2*
U.R.S.S.	361,9	447,7	477,2	89,5	1 376,3
	363,2	*597*	*578,6*	*89,5* [1]	*1 628,3*
Chine	509,4	87,6	11,5	25,8	634,3
	512,9	*124,8*	*11,5*	*25,8*	*675*
Japon	72,6	201,3	36	55,4	365,3
	10,9	*0,5*	*2*	*55,4*	*68,8*
France	24,1	83,9	23,3	58	192,6
	10,6	*3,2*	*4,5*	*58*	*76,3*
Eur. occ.	255	568,6	192,5	222	1 238,1
	192,1	*189,3*	*156,4*	*222*	*759,8*
Monde	2 277,8	2 809,4	1 491,8	853,3	7 414,3
	2 270,9	*2 777,6*	*1 535,4*	*835,3*	*7 419,2*

Nota. — (1) Électricité primaire.

Consommation prévisible en l'an 2000 et 2020 (en millions de tep). **Pays industrialisés** 11 540 (14 650) dont Amérique du Nord 3 910 (4 660), Europe de l'Ouest 2 430 (2 950), Japon, Océanie 1 090 (1 450), Europe de l'Est 4 110 (4 500). **Pays en voie de développement** 5 040 (13 160) dont O.P.E.P. 910 (2 800), autres pays 2 520 (6 160), Chine 1 610 (4 200). **Monde** *16 580 (27 720).*

Répartition des sources d'énergie en l'an 2000 (en %) : charbon 28, pétrole 25, gaz 22, nucléaire 9, énergies renouvelables 8, hydraulique 6 (source : Conférence mondiale de l'énergie).

Consommation individuelle. Exprimée en thermies par j (dont alimentation, domestique et tertiaire, industrie et agriculture, transport). *Homme primitif* : 2. *Chasseur* : 5 (dont al. 3, dom. et t. 2). *Agriculteur primitif* : 12 (dont al. 4, dom. et t. 4, ind. et agr. 4). *Évolué* : 26 (dont al. 6, dom. et t. 12, ind. et agr. 7, transp. 1). *Homme « industriel »* : 77 (dont al. 7, dom. et t. 32, ind. et agr. 24, transp. 14). *« Technologique »* : 230 (dont al. 10, dom. et t. 66, ind. et agr. 91, transp. 63). *Source* : UNESCO.

Consommation d'énergie. Total des besoins en énergie en tep par hab., 1984. Canada 8,91. Luxembourg 8,53. U.S.A. 7,61. Norvège 6,39. Islande 6,10. Suède 5,91. Finlande 5,22. Australie 4,82. All. féd. 4,31. P.-Bas 4,23. Belgique 4,21. Suisse 3,89. Nlle-Zélande 3,89. Autriche 3,55. *France 3,48.* G.-B. 3,40. Danemark 3,37. Japon 3,14. Irlande 2,44. Italie 2,39. Espagne 1,91. Grèce 1,77. Portugal 1,25. Turquie 0,78.

Coûts

Coûts de production techniques des différentes sources d'énergie (en 1980).

☞ Voir Quid 1986, p. 1375.

Coûts énergétiques des produits indispensables à notre vie quotidienne. Consommation totale d'énergie (fabrication plus fonctionnement) de 35 produits courants, sur un an et pour une personne, en thermies. *Source* : Science et Vie. **5954** habitat individuel ; chauffage central fuel (15 °C) ; **4807** trajet domicile-travail en auto ; **4106** habitat collectif ; chauffage fuel (19 °C) ; **3600** h. en béton : chauffage électrique (19 °C) ; **3309** gaz par appartement (19 °C) ; **2260** (16 °C) ; **1606** plat principal du soir : poisson d'élevage frais, cuisson électrique à domicile ; **1397** vêtements en coton ; **1392** trajet domicile-travail en autobus ; **1381** vêtements en textile synthétique ; **1350** plat principal du soir ; bœuf bourguignon surgelé, cuisson électrique à domicile ; **1058** frais, cuisson électrique à domicile ; **1040** en conserve, cuisson électrique à domicile ; **1025** steak frais, cuisson électrique à domicile ; **1014** cuisson gaz à domicile ; **927** lavage du corps : baignoire + lavabo ; chauffage urbain ; **825** trajet de week-ends et vacances en automobile ; **822** trajet domicile-travail en train ; **769** lavage du corps : douche ; chauffage urbain ; **717** trajet de week-ends et vacances en autocar ; **603** vêtements en laine fabriqués à domicile ; **532** relations humaines à distance : trajet en automobile ; **519** trajet de week-ends et vacances en train ; **405** plat principal du soir : protéines végétales ; cuisson électrique à domicile ; **345** lavage du linge à domicile ; machine à chauffage intégré (95 °C) ; **335** en laverie collective ; chauffage intégré (95 °C) ; **263** trajet domicile-travail à bicyclette ; **253** lavage du linge à domicile ; machine à chauffage intégré (60 °C) ; **217** approvisionnement : en hypermarché : trajet en voiture ; **209** en supérette ; trajet à pied ; **180** relations humaines à distance : visiophone ; **157** lavage du linge en machine simple (Calor 60 °C) ; chaudière mixte gaz ; **135** lavage du corps : lavabo ; chauffage urbain ; **92** lavage du linge à la main (40 °C) ; chaudière mixte gaz ; **84** approvisionnement : par livraison à domicile ; commande par téléphone hebdomadaire.

Nota. — Une maison individuelle chauffée au fuel à 19° consomme 2,6 fois plus d'énergie qu'un appartement chauffé au gaz à 16°. L'utilisation d'une voiture, par exemple, pour partir en vacances ou en week-end consomme à peine plus d'énergie (825 thermies) que l'autocar (717 thermies). On consomme 4 fois plus d'énergie en dînant d'un poisson d'élevage qu'en mangeant des protéines végétales. Aller faire ses courses chez l'épicier du coin est 2,5 fois plus « énergivore » que de passer sa commande par téléphone et de se faire livrer.

Nombre de t d'équivalent pétrole nécessaires pour obtenir : 1 t d'acier ordinaire 6,7, papier 6,2, verre 6, ciment 6,2, aluminium 42, P.V.C. 15, polystyrène 25.

Dépendance énergétique dans la C.E.E.

Échanges d'énergie [importations nettes (+) ; exportations (—)] (en M tep, 1984). All. féd. 129,2. *France 115,9.* Italie 112,7. Belgique 31,7. G.-B. 20,3. Danemark 14,8. Grèce 11,3. P.-Bas 6,7. Irlande 4,7. Luxembourg 3.

Part des importations nettes dans la consommation intérieure brute d'énergie + soutes (en %, 1984). Luxemb. 99,9. Danemark 86,7. Italie 78,7. Belgique 69,8. Grèce 62,3. *France 60,7.* All. féd. 50,6. Irlande 43,9. P.-Bas 6,3. G.-B. — 17,6.

Sources d'économie possibles. 1/3 diminution du gaspillage, 1/3 grâce à des investissements mettant en œuvre des techniques éprouvées [niveau raisonnable d'investissement, 3 500 F par tep économisée, or l'investissement coûte plus de 4 000 F par tep (eau chaude solaire 6 000, chauffage solaire 10 000)], 1/3 grâce à des investissements reposant sur des techniques nouvelles.

Exemples d'économies : *chauffage* : 1 °C représente 7 % de consommation en + ou en —. *Automobile* : un conducteur attentif peut réduire d'au moins 1/3 sa consommation d'essence. *Ciment* : par voie sèche : économise 40 % par rapport à la voie humide. *Aluminium* : recyclé, consomme 11 fois moins d'énergie par t. *Transport par rail* : développé. *Centrales thermiques* : on récupère leur chaleur dégagée (25 millions de tep en 2000).

En France

Facture énergétique de la France (milliards de F)

Années	78	82	83	84	85
Pétr. brut	− 53,9	− 128,9	− 119,8	− 136,3	− 126,7
CMS [1]	− 5,5	− 9,7	− 8,8	− 9,6	− 9,9
Gaz nat.	− 4,9	− 23,1	− 24,2	− 28,3	− 30,3
Électr.	− 0,6	− 0,3	+ 1,3	+ 3,5	+ 4,2
Prod. pétr. raffinés	+ 2,9	− 16	− 16,9	− 16,2	− 17,9
Total	− 62	− 177,9	− 168,3	− 187	− 180,6

Nota. — (1) Combustibles minéraux solides.

Économies réalisées depuis 1974 (lancement du programme d'économies) en millions de tep. **1974** *5.* **75** *12.* **76** *13.* **77** *14,5.* **78** *15,5.* **79** *18.* **80** *24.* **81** *27,5.* **82** *30,3* (dont résidentiel et tertiaire 16,1, ind. et sidérurgie 7,6, transports 5,1, pertes 1,5). **83** *31,6.* **84** *34.* **85** *35.* **90** *65,3.*

Investissements : 2,4 milliards de F en 1984. **Emplois :** 150 000 en 1985.

Répercussion en % d'une hausse de 100 % de produits énergétiques sur le prix de certains produits

Source : I.N.S.E.E.	Pétrole raffiné	Électr.	Gaz	Charbon
Cons. ménages	+ 6,5	2,1	0,5	0,4
Transports terrestres	+ 10,5	+ 1,6	0,1	0,3
Transports aériens	19,1	0,7	—	—
Matér. de construction	7,1	2,4	0,4	0,9
Verre	7,8	2,2	1,1	0,9
Sidérurgie	2,7	3,8	1,6	0,8
App. ménagers	6,0	1,0	0,1	—
Chimie organ.	6,8	4,7	1,6	0,3
Caoutchouc brut	7,1	2,1	0,8	0,1
Produits de la pêche	11,1	0,0	—	0,4
Automobiles	2,7	1,8	0,3	0,2

Charbon

Généralités

Origine

Formation. Il y a 250 à 300 millions d'années (période carbonifère à la fin de l'ère primaire), la forêt hercynienne, aux arbres géants, aux fougères arborescentes, couvrait de vastes étendues. Les débris végétaux (bois, écorces, feuilles, spores, algues microscopiques) s'accumulaient dans un site géologique propice, car ils allaient être recouverts par les eaux (sans doute à la suite d'un affaissement du sol). Puis des alluvions s'y ajouteraient. Enfermés à l'abri de l'air, le dépôt végétal allait fermenter et s'enrichir en carbone. Ces débris végétaux se sont accumulés sur place dans des dépressions (bassins autochtones) ou ont pu être transportés par les cours d'eau qui les ont déposés au fond des bassins de sédimentation comme ceux du N. de l'Europe occidentale et de l'Ouest des Appalaches (U.S.A.).

Composition du charbon en %. Humidité 1,2, cendres 7,3, carbone « total » 78, hydrogène 5, oxygène 6,4, azote 1,4, soufre 0,7.

Avantages du charbon

Énergie fossile la plus abondante et la mieux répartie dans le monde, le charbon est une énergie particulièrement sûre pour l'utilisateur, offerte à bas prix sur le marché mondial.

La pollution est aujourd'hui bien maîtrisée (choisi pour le chauffage urbain de Versailles). Le charbon représente 31 % de l'énergie consommée dans le monde (2e rang après le pétrole).

Différents charbons

On pense que les charbons dérivent les uns des autres, mais la question n'est pas tranchée : des terrains primaires recèlent des lignites, des houilles se trouvent dans des terrains secondaires.

Anthracite. Massive, homogène, teneur en matières volatiles très réduite, dure, cassure brillante.

Coke. Obtenu en calcinant la houille dans des fours à plus de 1 000 °C pendant 12 à 18 h. Dépourvu des produits volatils de la houille, il brûle sans fumée ni odeur. *Coke métallurgique :* utilisé dans les hauts fourneaux, très compact, fournit environ 7 000 kilocalories et laisse peu de cendres. *Classification* en mm. 10/20 ; 20/40 ; 40/60 ; 60/90.

Graphite. Carbone naturel cristallisé. Ses gisements dérivent pour la grande majorité du métamorphisme de couches charbonneuses. Se trouve à l'état de paillettes (cristallisé) ou finement divisé (amorphe ou cryptocristallin). On obtient du graphite artificiel à partir du charbon ou du coke de pétrole. *Utilisation :* creuset et moule pour fonderie (variété cristalline) ; aciers spéciaux, lubrifiants, piles et crayons.

Houille. Variété de charbon formée à l'époque carbonifère de l'ère primaire. Au microscope, fragments d'écorces, tissus ligneux, feuilles et spores, noyés dans une masse fondamentale, une espèce de gelée. Riche en carbone ; teneur en eau et en matières volatiles diminuant. 1 t de houille donne env. 750 kg de coke, 30 à 35 kg de goudrons, dont on fractionne par distillation les nombreux composants, 7 à 12 kg de benzol brut raffiné et rectifié pour séparer les divers aromatiques, 9 à 10 kg de sulfate d'ammoniaque, 300 à 350 m^3 de gaz, dont une partie est réutilisée pour le chauffage des fours à coke, le reste étant traité après liquéfaction pour séparer les 3 éléments essentiels : hydrogène, méthane et éthylène.

Lignite. Noir, brun noirâtre, parfois brun, formation tertiaire. Structure fibreuse plus homogène que la tourbe, laisse apparaître des rameaux et de grosses branches. Plus riche en carbone que la tourbe, mais teneur en matières volatiles élevée, combustible assez médiocre.

Tourbe. Noirâtre ou brune, fibreuse, retenant fortement l'eau, de formation quaternaire. Les tourbières d'où elle est extraite sont des marais couverts d'une végétation hygrophile, de mousses en particulier. Elle contient peu de carbone. Après dessiccation, sa combustion dégage beaucoup de fumée, peu de chaleur et laisse des résidus importants.

Types d'exploitation

Mine souterraine. Le charbon est extrait par creusement de galeries à l'intérieur du sol jusqu'à la veine. Celle-ci est exploitée à l'aide de matériel d'extraction souterrain (haveuses et machines en continu par longue taille et taille courte). On classe les mines souterraines en fonction du type de traçage utilisé pour atteindre le charbon : galerie au rocher (g. de niveau), g. inclinée, ou puits (g. verticale). *Rendement (fond) en t par mineur et par heure (1984) :* All. féd. 0,6, G.-B. 0,4, *France 0,4*, U.S.A. 1,6.

Mine à ciel ouvert (ou découverte). L'exploitation est généralement située à 10 m de la surface du sol. Les couches de terre recouvrant ou entourant le charbon (morts terrains) sont décapées pour mettre à nu la veine de charbon, qui est exploitée avec des engins de chantier, tels que dragues, pelleteuses mécaniques, bulldozers, chargeuses, etc. *Rendement en t par mineur et par heure (1984) :* U.S.A. 3,7.

Évolution. Les mines à ciel ouvert assurent la majeure partie de l'accroissement des productions mondiales de charbon. *% de production 1984*, entre parenthèses *en 1970 :* mines souterraines 66 (78), à ciel ouvert 34 (22).

Le charbon dans le monde

Réserves

Techniquement et économiquement exploitables au coût actuel dans le monde, elles représentent 75 % de l'ensemble des énergies fossiles, soit 7 fois plus que le gaz et que le pétrole. En prévoyant une croissance annuelle régulière de 2,8 %, les réserves exploitables sont estimées suffisantes pour 250 ans.

Réserves prouvées récupérables de charbon dans le monde en milliards de t

Pays	Houille		Lignite	
	Tonnes	%	Tonnes	%
Europe de l'Est	138,8	28,2	170,6	42,4
U.R.S.S.	108,8		131,5	
Pologne	27,0		12,0	
Tchécosl.	2,7		2,9	
Youg.	0,1		16,5	
All. dém.	–		n.c.	
Bulgarie	–		3,7	
Hongrie	0,2		4,0	
Asie	101,2	20,5	4,8	1,2
Chine	99,0		nd	
Inde	nd		1,6	
Japon	1,0		–	
Turquie	0,2		1,7	
Amér. du Nord	127,0	25,8	136,1	33,9
U.S.A.	125,4		131,8	
Canada	1,6		4,3	
Europe de l'Ouest	36,9	7,5	37,8	9,4
G.-B.	4,6		–	
All. féd.	29,9		35,2	
France	*0,4*		*0,1*	
Grèce	–		1,6	
Espagne	0,9		0,8	
Afrique	59,1	12,0	0,2	
Afr. du S.	51,9		–	
Botswana	3,5		–	
Zimbabwe	0,7		–	
Swaziland	1,8		–	
Zaïre	0,6		–	
Nigeria	nd		–	
Océanie	27,5	5,6	38,6	9,6
Australie	27,5		38,3	
Amér. latine	2,6	0,5	14,9	3,7
Mexique	1,3		0,5	
Colombie	1,0		–	
Chili	–		1,2	
Brésil	–		13,0	
Monde	493	100	402	100

Source : « Survey of Energy Resources 1983 » (Conférence mondiale de l'Énergie).

Production

• **Houille (y compris anthracite). Production** (en millions de t, 1985, prov.). Chine 847, U.S.A. 735, U.R.S.S. 485, C.E.E. 218 (G.-B. 91, All. féd. 89, *France 15*), Pologne 192, Afr. du S. 169, Inde 146, Australie 129, autres pays 205. *Monde 3 126.* **Perspectives en 1990 et en 2000.** Total 3 530 (4 500) dont U.S.A. 810 (1 070), Chine 640 (900), U.R.S.S. 630 (640), Inde 200 (300), Pologne 180 (195), Afr. du S. 160 (260), Australie 130 (220), All. féd. 115 (115), G.-B. 95 (95), Canada 70 (105), autres pays 500 (600).

• **Lignite. Production** (en millions de t, 1984). All. dém. 283, U.R.S.S. 157, All. féd. 127, Tchécoslovaquie 103, Yougoslavie 56, U.S.A. 51, autres pays 326. *Monde 1 103.*

Commerce

Transport. Le charbon peut être transporté par pipelines, carboducs, sous forme de poussières diluées dans une solution liquide (petites distances), par voie fluviale (péniche ou barge), par train ou bateau. En 1985, 274 millions de t de charbon dont 140 de coke et 134 de charbon vapeur on été transportées par mer dans le monde, dont 15 pour la France (75 % sous pavillon français). De nombreux ports pourront recevoir et décharger les navires minéraliers de 100 000 à 200 000 t pl.

Commerce maritime. *Export.* (en millions de t, 1985) : Australie 88, U.S.A. 68, Afr. du S. 43, Canada 28, Pologne 21, autres pays 26. *Import. :* C.E.E. (12 pays) 94 *(France 15)*, Japon 93, autres Asie 39, autres pays d'Eur. occ. 18, autres pays 30. Monde 274.

Utilisations

Secteurs principaux. Production d'électricité (40 % de l'électricité mondiale), de coke sidérurgique ; grandes chaufferies (industrie, collectifs, chauffages urbains). *U.S.A. (1985) :* centrales électriques 85 %, cokeries 5 %, industrie et foyers domestiques 10 %. *France (1985) :* centrales 45 %, sidérurgie 29 %, industrie et chauffage 26 %.

• **Perspectives.** *En développement :* chaudières à « lit fluidisé » permettant de réduire la taille des installations et le prix de revient de la chaleur produite tout en assurant une combustion propre et efficace de charbons de faible qualité ; procédés de cokéfaction qui permettraient d'utiliser des charbons de moins bonne qualité ; gazéification souterraine (grâce à 2 puits percés à faible distance) pour obtenir un substitut au gaz naturel, le gaz naturel de synthèse (GNS), par combustion directe dans la veine et récupération du gaz ainsi produit ; liquéfaction et gazéification en surface permettant de fabriquer des carburants ou des fluides susceptibles d'être brûlés dans les chaudières ou transformés dans la chimie.

L'*Allemagne* produisit pendant la guerre de 1939-45 5 millions de t/a d'essence à partir de la houille. En *Afrique du Sud*, à Sasol, 230 000 t d'essence synthétique sont produites par an. Actuellement l'unité pilote de BASF et Mines de Sarre produit 3 t d'hydrocarbures à partir de 6 t de houille.

• **Reconversion au charbon. Statistiques. Zone OCDE.** *Capacité installée des centrales au charbon en GW* (gigawatts). *1977 :* 35, 1983 : 476, *2000 :* 725. **États-Unis.** Conversion de 50 centrales à fuel pour 1985. Coût : 10 millions de $. Économie : 400 000 barils par jour. **France.** *1978* construction de 2 centrales à charbon de 600 MW au Havre et à Carling (Moselle) et d'une tranche à charbon de 600 MW à Cordemais (Loire-Atl.). *1984* mise en service de la centrale thermique de Gardanne. Une dizaine de centrales à fuel lourd ont été reconverties au charbon entre 1975 et 1980 (coût : 1,5 million de F par MW). Nombreuses conversions du fuel au charbon dans l'industrie (chimie, papeteries), l'agroalimentaire (sucreries, serres), chauffages urbains (Cergy, Versailles, Paris), collectifs et publics (hôpitaux, HLM).

Le charbon en France

Quelques dates

XIIIe s. le charbon est exploité ; d'abord les « affleurements » à St-Étienne, au Creusot, à Alès, Graissessac, Carmaux, par des galeries à flanc de coteau ou par des puits, de quelques m, équipés d'un treuil en bois. **XVe s.** pénurie de bois, des industries se concentrent autour des exploitations (ex. à St-Étienne et environs : forgerons, couteliers, quincailliers, armuriers). **1548** Henri II adjuge l'exploitation des gisements découverts ou à découvrir à une compagnie privilégiée. **1597** Henri IV restitue le droit d'exploiter aux propriétaires, mais avec un contrôle royal plus strict. **1601** il crée une « Grande Maîtrise des mines et minières de France », seule habilitée à accorder l'autorisation d'ouvrir une mine. **XVIIe s.** le charbon de Brassac (Auvergne) grâce au canal de Briare, en 1664, peut se vendre à Paris. Mines exploitées dans le Boulonnais et le Hainaut. Tout propriétaire d'une parcelle peut en exploiter le tréfonds d'où un morcellement interdisant toute installation rentable. En cas d'éboulements, on abandonne le puits. Dangers : l'eau qu'on ne peut épuiser, les incendies qui se prolongent. **1689** Louis XIV donne au duc de Montpensier le monopole de l'ouverture des mines. **1698** devant la médiocrité des résultats, le roi rend aux propriétaires la liberté de forer les puits. **1717** la Grande Maîtrise est rétablie pour le duc de Bourbon et supprimée à sa mort. **XVIIIe s.** le charbon est l'élément moteur de la révolution industrielle : G.-B., puis France. *Prospection et découvertes :* Languedoc, Alpes et Provence, bassin du N. Des nobles s'intéressent à l'exploitation des mines (n'entraînant pas « la dérogeance »). **1733** découverte à Anzin suivie de *progrès technique :* bennes mues par des treuils, puits spéciaux d'aération, galeries maçonnées, petites pompes à bras, grandes pompes mues par un homme et des chevaux, puis par des machines à vapeur. **1810** loi du 21-4 instituant la propriété perpétuelle des concessions (qui ne sera remise en cause qu'en 1919). L'inventeur d'un gisement n'est assuré d'obtenir la permission d'exploiter que s'il présente des garanties rigoureuses, qu'en pratique seules des stés de capitaux sont en mesure de réunir. **1815** prospection en Lorraine. La France perd la partie houillère de la Sarre qui revient à la Prusse. **1820** concession accordée à Schoeneck. A Stiring : commencement de l'exploitation, ainsi qu'à la Petite-Rosselle. Au début, la difficulté à s'approvisionner en charbon explique la répugnance des industriels à l'adopter. Dans la métallurgie, beaucoup croient à la supériorité de la fonte au bois. Le développement des chemins de fer, de la navigation à vapeur donne l'impulsion à la production du charbon. **1827** 1er chemin de fer français entre St-Étienne et Andrézieux, pour transporter le charbon entre la mine et le port d'embarquement sur la Loire. La sidérurgie adopte définitivement la fonte au coke. Des usines à gaz se créent. **1860** des sous-produits de la houille sont traités. Nouvelles voies avec l'électricité. **1871** tr. de Francfort, la France perd le bassin houiller lorrain.

1919 tr. de Versailles, la France exploite les mines de la Sarre. **1925** les mines du Nord sont réparées. Centrales électriques nombreuses. Après les travaux de Georges Claude sur la fabrication de l'ammoniac, le gaz des fours à coke devient la matière première d'une ind. de synthèse. **1956** prévisions de production pour *1960 :* 30,8 millions de t, *65 :* 33,3, *75 :* 36,2. **1957** les stocks s'accumulent en Belgique et en Allemagne : *1957 :* 10 millions de t. *1958 :* 30, *1959 :* 40, tandis que le chômage s'étend. **1960** le gouvernement français révise le Plan, prévoyant de baisser la production houillère au rythme de 1, puis 2, puis 3 millions de t par an, puis propose de ramener la production française en 1975 à 25,6 millions de t. **1973** crise pétrolière remettant « en selle » le charbon. **1974** la C.E.E. décide que les combustibles minéraux solides doivent participer à concurrence de 17 %, soit 250 millions de tep ou 375 millions de t, à son approvisionnement énergétique. Charbonnages de France établit un nouveau programme charbonnier. La consommation devra passer dans l'industrie et les chauffages collectifs de 5 à 15 Mt en 1990. En **1978-80**, l'étude WOCOL (World Coal Study, 96 pays participants) révèle que la consommation de charbon devra tripler en 20 ans pour couvrir env. 2/3 de l'augmentation de la consommation totale d'énergie avant l'an 2000 surtout dans l'ind. (× 2 ou 4 d'ici à l'an 2000). **1979** (déc.), le Parti communiste affirme qu'on peut porter la production française à 45 millions de t en 1990 et, grâce à la gazéification en profondeur, à 70 millions de t en l'an 2000. **1981** (oct.), le gouvernement envisage une relance (objectif souhaitable : 30 millions de t). **1981-82** près de 10 000 mineurs embauchés. **1983** cet objectif est remis en cause par les données budgétaires (simple maintien de la subvention en F constants) et par l'aggravation des résultats financiers de Charbonnages de France entraînée par la politique de relance. **1984** CdF annonce la suppression, sans licenciement, de 6 000 postes par an pour réduire de moitié l'effectif d'ici 1988. A cette date, les résultats de l'entreprise devront être équilibrés. L'État s'engage à maintenir une subvention annuelle de 6,5 milliards de F valeur 1984 pendant la durée du IXe Plan (1984-88). Une subvention annuelle spécifique de 325 MF sera en outre versée à CdF pendant la même période pour soutenir l'industrialisation des régions minières, dont beaucoup sont désignées comme « pôles de conversion ». L'industrialisation menée par CdF a permis de créer 3 460 emplois en 1984 et 6 050 en 1985 dans les régions minières. Un contrat, signé avec E.D.F. pour la période 1984-88, prévoit quantités et prix des charbons et de l'électricité qui seront fournis par CdF à E.D.F., qui s'engage à embaucher en priorité 5 000 mineurs pendant les 5 années du contrat. Un plan social encourage les départs des agents de CdF vers d'autres entreprises, les mutations de mineurs de mines à fermer vers les mines plus durables et les retours au pays. Production envisagée en 1990 : 11 millions de t. A cette époque, les dernières mines du Nord-Pas-de-Calais auront été fermées ainsi que la plupart des mines de fond du Centre-Midi. Pour profiter de la croissance du secteur charbonnier dans le monde, la CFP s'est tournée vers des achats, CdF s'oriente vers la vente de savoir-faire à des partenaires miniers et charbonniers étrangers (Inde, Niger) et développe son activité dans le négoce international du charbon.

Organisation de l'industrie

• **Avant 1939**, il y avait 113 Stés productrices (dont – de 30 assuraient 90 % de la prod.). **De 1944 à 1946**, 98 % env. des charbonnages français ont été nationalisés. L'exploitation ne peut se faire qu'en vertu d'une concession (perpétuelle) de l'État ou d'un permis (renouvelable) pour les petits gisements. En 1946, à chaque grand gisement correspondait un organisme de gestion et d'exploitation. 9 houillères de bassin regroupaient toutes les concessions minières autrefois accordées sur une même formation géologique, et l'ensemble était coiffé par un organisme central, *Charbonnages de France.* **Dep. le 1-1-1969**, les gisements sont gérés par 4 établissements publics dotés de la personnalité civile et de l'autonomie financière, soit : *3 houillères de bassin* (Nord et P.-de-C., Lorraine, Centre-Midi qui regroupe les houillères d'Aquitaine, Auvergne, Blanzy, Cévennes, Dauphiné, Loire, Provence), organes de prod., d'exploitation et 1 *établissement central,* qui coordonne leur activité, Charbonnages de France.

• **Le groupe CdF** (en millions de t, 1985). *Production et vente de charbon :* 16,3 ; *vente à E.D.F. d'électricité produite par les centrales minières :* 15,1 milliards de kWh ; *prod. de coke :* 3,64 ; *usines d'agglomérés :* 1,12.

Effectifs totaux des houillères. *1947 :* 358 000. *58 :* 240 000. *70 :* 120 000. *75 :* 84 939. *80 :* 60 931 (dont fond 27 350, jour 15 837). *83 :* 55 918. *84 :* 50 978. *85 :* 46 295.

Endettement de Charbonnages de France (en milliards de F courants). *Au 1-1-1973 :* 4,9 ; *79 :* 6,6 ; *80 :* 6,8 ; *81 :* 7,9 ; *82 :* 10,5 ; *83 :* 12,1 ; *84 :* 14,4 ; *85 :* 14,1.

Subventions de l'État à Charbonnages de France (en milliards de F et, entre parenthèses, subventions d'exploitation pour favoriser le charbon national). *1980 :* 4,001 ; *81 :* 4,097 ; *82 :* 5,902 (3,391) ; *83 :* 6,435 (3,776) ; *84 :* 6,5 (3,705) ; *85 :* 6,8 (3,37). Outre le soutien du charbon national, la subvention est destinée pour plus de 50 % à compenser des charges sociales (avantages en nature des retraités) et financières imputables au passé de l'entreprise. Le soutien au charbon national compense les différences entre les coûts de revient élevés dus à des conditions d'extraction difficile et les prix de vente fixés par le marché.

• **Filiales. CdF Chimie** (ex-Société chimique des charbonnages, 99 %). Capacité prod. par an : ammoniac 1 700 000 t ; engrais (azotés, complexes, urée) 5 700 000 t ; polyéthylène (basse densité) 355 000 t.

CdF Énergie. G.I.E. créé en 1983 pour promouvoir la commercialisation des charbons produits et importés par CdF.

CdF Informatique. Progiciels de gestion, matériel micro de gestion.

CdF Ingénierie. Ingénierie minière, industrielle et génie civil.

CdF International. *Mission :* gérer les participations dans les mines à l'étranger. Le groupe CdF développe vente de technique et de matériels sur l'ensemble de la chaîne charbonnière mondiale.

CdF Energy International. *Marque créée en 1985 :* négoce international du charbon (CTC) et des produits pétroliers (CPC).

Cerchar. Centre d'études et recherches de Charbonnages de Fr. Dispose de plates-formes d'essais dans les bassins du Nord-Pas-de-Calais et en Lorraine. Direction à Verneuil-en-Halatte près de Creil. Spécialiste des questions de sécurité, de transformation et d'utilisation du charbon.

Production

• **Production de charbon et lignite.** En millions de tonnes. *1811 :* 0,8. *40 :* 3. *70 :* 13,3. *1900 :* 33,4. *12 :* 41,1. *30 :* 55. *38 :* 40,6. *45 :* 35. *60 :* 55,9. *65 :* 31,3. *70 :* 37,3. *73 :* 27,1. *75 :* 22,4. *80 :* 18,1. *81 :* 18,6. *82 :* 16,9. *83 :* 19,6. *84 :* 19. *85 :* 17. *Est. 88 :* 10,3. *Est. 90 :* 10 à 15. **Lignite**, *1960 :* 57. *70 :* 40,1. *73 :* 27,1. *75 :* 25,6. *80 :* 20,7. *81 :* 21,5. *82 :* 20. *83 (est.) :* 19,6 (contre 20,19 importés).

Mines non nationalisées subsistant. *Houille :* production totale env. 11 000 t contre 1 330 000 t en 1947. *Lignite :* mine d'Arjuzanx (Landes, prod. est. 1985 : 700 000 t) exploitée par E.D.F. pour l'alimentation d'une centrale thermique.

• **Caractéristiques des gisements.** Chiffres : rendement et effectifs au 1-1-1985. **Nord-Pas-de-Calais** (Douai) contiendrait env. 400 couches, exploitables ou non, correspondant à autant de cycles végétaux successifs. S'étageant sur + de 2 000 m de profondeur, le charbon occupe une épaisseur totale d'env. 50 m. Conditions d'exploitation mauvaises ; veines peu épaisses (80 cm) souvent faillées, venues d'eau fréquentes, puits profonds (+ de 1 000 m parfois dans l'ouest du bassin). S'étend sur une centaine de km de long. Anthraciteux maigres : 81 %, demi-gras et gras : 19 %. *Rendement de fond :* 1 921 kg/mineur/poste. *Réserves planifiables :* 10 millions de t. *Effectifs :* 16 127 dont 6 003 min. de fond.

Lorraine (Freyming-Merlebach). Réserves riches, veines épaisses (1,30 m à 4,30 m en semi-dressants et plateurs, 1,80 à 5 m en dressants) et régulières. Gras 56 %, flambants gras 33 %, secs 11 %. *Cokéfaction* avec appoint de charbons amaigrissants de la Ruhr. 60 % de la prod. fr. en 1984. *Rendement de fond :* 4 441 kg/mineur. *Réserves planifiables :* 262 millions de t. *Effectifs :* 21 823 dont 10 588 min. de fond.

Centre-Midi (regroupement en 1968, en %). *Aquitaine :* gras 89, flambants secs 11 ; *Auvergne :* flambants 96, maigres 4 ; *Blanzy :* maigres 25, quart-gras 37, flambants secs 25 ; *Cévennes :* anthracite 65, maigres 18, demi-gras 17 ; *Dauphiné :* anthracite 100 ; *Provence :* flambants secs 100. *Rendement de fond :* 3 735 kg/mineur. *Réserves planifiables :* 109 millions de t. *Effectifs :* 8 345 dont 3 046 mineurs de fond. Des 6 exploitations en veine souterraine, seul le gisement de Provence et celui de l'Aumance (Allier) disposent de couches épaisses et régulières, permettant une forte mécanisation.

Production des bassins en millions de t

	1965	1970	1975	1980	1984	1985
Nord-P.-de-C.	25,3	17	7,7	4,46	2,50	2,38
Lorraine	15,5	12,8	10	9,81	10,88	9,81
Centre-Midi	11,1	9,1	6,3	5,44	4,82	4,15
Total Houillères	51,9	38,9	24	19,71	18,38 [2]	18,52 [1,3]
Total France	*52,9*	*40,1*	*25,6*	*20,72*	*19,96* [2]	*19,61* [1,3]

Nota. – (1) dont Arjuzant 1,1. (2) 1982. (3) 1983.

Mines à ciel ouvert en exploitation. *Aquitaine :* Decazeville (Aveyron) et Carmaux (La Babinière, Tarn) ; *Auvergne :* Aumance (Allier, veine très irrégulière), Blanzy et Montceau-les-Mines (S.-et-L.) ; *Cévennes :* Alès (Gard), Graissessac (Hérault). Ces mines, plus performantes, seront développées, notamment à Carmaux où ont commencé les premiers travaux d'enlèvement des terres.

• **Classification des charbons.** *Par catégorie (% de matières volatiles).* Anthracite – de 8, maigres anthraciteux 8 à 14, 1/4 gras 12 à 16, 1/2 gras 14 à 22, gras à courte flamme ou 3/4 gras 18 à 27, gras proprement dit 27 à 40, flambants gras + de 30, secs + de 34. *Par calibre (dimensions en mm).* Gros calibres 80 × 120 ; gailletins 50 × 80 ; noix 30 × 50 ; noisettes 20 × 30 ou 15 × 30 ; braisettes 10 × 20 ou 10 × 15 ; grains 6 × 10. *Par pouvoir calorifique (en millithermies).* Anthracites 8 450/8 640, maigres 8 510/8 710, 1/4 gras 8 580/8 800, 1/2 gras 8 590/8 830, gras à courte flamme 8 560/8 810, g. proprement dit 8 390/8 600, flambants gras 8 110/8 335, secs 7 810/8 050, ligniteux 7 210/7 540.

Ces classifications divergent légèrement de bassin à bassin, pour tenir compte des usages régionaux. Les *charbons maigres* sont utilisés surtout dans les fours à feu continu. Les *flambants* permettent de donner des « coups de feu ». Plus il y a de matières volatiles, plus le charbon brûle vite.

Importations

Importations (en millions de t) *1983 :* 20,25 ; *84 :* 23,8 ; *85 :* 21,3 (dont de la *CECA :* All. féd. 4,5, Belgique 0,62, P.-B. 0,38, G.-B. 0,28 ; *des pays tiers :* Afr. du S. 6,4, U.S.A. 4,02, Australie 2,8, Pologne 1,07, Canada 0,76, U.R.S.S. 0,16).

● **Nouvelles exploitations. Pour justifier la création d'une nouvelle exploitation, un** *gisement de charbon souterrain* doit contenir au moins 50 millions de t de réserves planifiables. Les investissements sont d'env. 1 500 F par t de charbon exploitée par an, soit 3 milliards de F pour une production annuelle de 2 millions de t. Le délai entre l'exploration et la mise en production est, en général, de 10 ans. *Pour les mines à ciel ouvert,* l'exploitation peut être envisagée lorsque, pour une tonne de charbon vendu (soit 1 m^3 de minerai brut avant lavage), il ne faut pas avoir à enlever plus de 10 m^3 (soit 24 à 25 t) de terrains de couverture.

● **Les terrils.** Généralement coniques. Entassement des déchets de la mine : pierres et terres, *stériles* (morceaux de charbon non minéralisés) rejetés après triage et lavage, cendres et scories des chaudières. Certains atteignent sur les mines anciennes 50 à 100 m de haut. Sont exploités dans les foyers des centrales électriques minières pour la fabrication de matériaux de construction (briques surschistes) et dans les travaux publics (fondations d'autoroutes, etc.). D'autres sont aménagés, notamment plantés d'arbres avec sentiers au bord d'étangs.

Consommation

Consommation de minéraux solides (houille, lignite, coke et agglomérés en millions de t). *73 :* 46,2 ; *83 :* 43,6 ; *84 :* 41,9 ; *85 :* 40,6. **Importations** (millions de t). *73 :* 16,5 ; *83 :* 20,3 ; *84 :* 23,8 ; *85 :* 21,3.

Part du charbon dans la consommation totale d'énergie (en France) y compris les importations. En % : *62* 54. *67* 38. *70* 29. *73* 15,2. *82* 15,5. *83* 14. *84* 13,2. *85* 12,5.

Principaux utilisateurs (1985) (en millions de t). *Centrales électriques* 18,3 (dont importations E.D.F. 6,2), *sidérurgie* 11,8 (dont imp. 9,3), *industrie hors sidérurgie* 5,7, *résidentiel et tertiaire* 4.

Prix du charbon

Les conditions difficiles des gisements français (profondeur, épaisseur des couches, discontinuité géologique) expliquent son prix de revient élevé.

Prix de revient à la t (1983, F) : 630,96 (592 en 1982) dont main-d'œuvre 352,45 ; fournitures 200,15 dont bois de mine 6,07, soutènements métalliques 17,90 ; frais généraux, taxes et charges financières 51,54 ; amortissements 26,82. En 1983 (F) : 633,84 (dont fond 657,06, découvertes 399,43) dont Nord-Pas-de-Calais 903,93, Centre-Midi 602,76 (2 866 dans le fond en 1982), Lorraine 566,04. Tonne importée 383.

Recette moyenne par t (en F). *1981 :* 415,18. *82 :* 598. *83 :* 436,61. **Perte par t** (en F). *1981 :* 57 ; *82 :* 169 ; *83 :* 194,35. **Déficit à la t produite (en F).** *1980 :* 101,66. *83 :* 195. L'État accorde une subvention pour rétablir la compétitivité du charbon national par rapport au charbon importé.

Prix de vente T.T.C. au kWh (1 kWh = 0,866 thermie). *Rendu région parisienne (1985) :* charbon domestique 20,3 à 25,4 c. ; industriel (fines 0/6 HBL) 8,6 c. [fioul lourd 14,2 à 19,8 c.].

Électricité

Généralités

☞ **Définition, effets et production du courant.** Voir p. 216. **Quelques dates** Voir Quid 1982 p. 1545.

Définitions courantes. Unités énergie. kWh (kilowatts-heure) = 1 000 Wh (watts-heure). **MWh** (mégawatts-heure) = 1 000 kWh. **GWh** (gigawatts-heure) = 1 000 000 000 000 Wh. **TWh** (terawatts-heure) = 1 milliard de kWh. **Unités puissance. W** (watt). **kW** (kilowatt) = 1 000 W. **MW** (mégawatt) = 1 000 000 W. **GW** (gigawatt) = 1 000 000 000 W.

Caractéristiques

Origines. *Hydro-électricité :* cours d'eau (débits irréguliers). *Centrales thermiques classiques :* fuel, charbon. *Nucléaires :* Voir p. 1425, *marémotrices :* Voir p. 1445.

Stockage. *2 formes : 1° Énergie mécanique potentielle* (réservoirs alimentés par pompage aux heures creuses permettant de produire du courant aux heures de pointe). *2° Énergie chimique* (par accumulateurs, rentable pour le stockage d'énergie très faible). *Contraintes :* un réseau longue distance entre transformateurs des centrales productrices et transformateurs des zones consommatrices. A partir de ces derniers, rayonnent des lignes à basse tension (220 V pour usage domestique, 380 pour la force, plusieurs milliers pour l'industrie). Pour l'industrie, l'énergie mécanique est transformée en énergie électrique par des générateurs.

Transports. Instantané vers un grand nombre d'utilisateurs à partir d'un seul centre de production.

☞ **L'électricité sans fil.** On étudie (au Japon) la transmission de l'énergie par faisceau d'ondes ou par rayon laser. L'énergie électrique serait produite en orbite par des photopiles ou en utilisant le rayonnement solaire pour chauffer un fluide qui actionnerait une machine thermique. L'onde serait reçue par un champ d'antennes de 10 km de diamètre (un rayon laser permettrait cependant des collecteurs plus petits).

Électricité dans le monde

Consommation d'électricité (pertes comprises) en milliards de kWh et, entre parenthèses, part du nucléaire en %, en 1985. All. féd. 383 (31,2 %). Belgique 52,7 (59,8). Danemark 27,7. Esp. 116,3 (22). *France 303 (64,8).* G.-B. 275,1 (19,3). Grèce 26,4. Irlande 10,9. Italie 195,3 (3,8). Lux. 3,8. Port. 20,4.

C. moyenne par habitant (en kWh, 1983). Norvège 22 200. Canada 14 370. Suède 12 300. U.S.A. 10 240. Suisse 6 630. All. féd. 5 850. Belgique 4 920. *France 4 910.* Japon 4 900. Danemark 4 880. U.R.S.S. 4 830. G.-B. 4 600. Pays-Bas 4 290. Italie 3 200. Espagne 2 840.

● **Centrales hydro-électriques principales.** (Pays, date de mise en service), puissance en MW. Itaïpu (Brésil-Paraguay 1982) 12,6, Grand Coulée (U.S.A. 1942) 9,8, Guri (Venezuela 1968) 8,85, Tucurui (Brésil 1982) 6,48, Sayan-Suchensk (U.R.S.S. 1980) 6,4, Krasnoïarsk (U.R.S.S. 1968) 6, La Grande 2 (Canada 1982) 5,33 [1], Churchill Falls (Canada 1971) 5,22, Bratsk (U.R.S.S. 1964) 4,6, Ust-Ilim (U.R.S.S. 1974) 4,5, Yacireta-Apipe (Paraguay-Argentine 1985) 4,05, Cabora Bassa (Mozambique 1975) 4, Chief Joseph (U.S.A. 1956) 3,67, Rogun (U.R.S.S. 1985) 3,6, Inga (Zaïre 1974) 3,5.

Nota. — (1) *Projet de la baie James (Canada).* L'énergie vient d'un lac artificiel (au N. du Québec), grand comme 5 fois le Léman. 125 km de digues (600 m de largeur à la base, 18 au sommet) retiennent les eaux. *Puissance installée (prévue)* 21 000 MW, avec les complexes de la Grande Baleine au Nord, N.B.R., de la rivière Rupert au Sud. 5 150 km de lignes de 735 000 volts apporteront le courant à Montréal ou Québec. *Coût :* env. 15,1 milliards de $ canadiens (env. 55 milliards de F) pour la phase 1 (10 000 mégawatts avec les centrales L.G.2. (la plus grande centrale souterraine du monde : long. 480 m, haut. 47, larg. 26, creusée à 140 m sous terre ; 12 turbines, puissance installée de 5 300 mégawatts), L.G.3. et L.G.4.).

Part de l'électro-nucléaire dans le monde. *1980 :* 2,5 %, *1983 :* 10 %, *1984 :* 12 %, *1985 :* 15 %, *2000 :* 25 %. **En France :** *1978 :* 13,4 %, *1980 :* 23,5 %, *1981 :* 37,1 %, *1982 :* 38,7, *1983 :* 48,3 %, *1984 :* 58,7 %, *1990 :* 70 %, *2000 :* près de 80 %. *Source :* C.E.A.-DPg.

● **Productibilité** (en gigawatts-heure) : Bratsk 22 600, Boguchansk 21 000, Krasnoïarsk 20 000.

Barrages

Types de barrages

● **Remblayés. En terre :** ce sont les plus anciens. *Les plus hauts :* Rogun (U.R.S.S., h. 325 m, l. 760 m, v. 75,7 Mm^3), Nurek (U.R.S.S., . 300 m, l. 704 m, v. 68 Mm^3), Oroville (U.S.A., 1968, h. 236 m, l. 2 316 m, v. 60 Mm^3). **En enrochements :** massif d'éléments rocheux, dont les dimensions s'étalent, suivant les cas, sur un très large éventail, l'étanchéité venant soit d'un masque, soit d'un écran placé dans le corps du massif.

Production d'énergie commerciale

1982	Production d'Énergie Primaire (milliers de t métriques d'équivalent houille)					Capacité de production d'électricité (en millions de kWh)				
	Totale	Solides	Liquides	Gaz	Électricité	Totale	Therm.	Hydr.	Nucléaire	Géotherm.
Afr. du S.	102 420	102 281			139	18,8 [1]	18 [1]	0,7 [1]		
All. dém.	89 855	84 231	80	3 992	1 552	21,2	17,5	1,8	1,8	
All. féd.	163 702	127 475	6 190	19 801	10 236	85,8	69,4	6,5	9,8	
Argentine	54 067	515	37 756	13 403	2 393	13,5	8,5	4,6	0,37	
Australie	154 001	109 005	29 503	13 648	1 845	27,5	21,3	6,3		
Autriche	8 884	1 385	1 876	1 825	3 798	14,2	4,7	9,5		
Belgique	8 636	6 539		42	2 056	12	8,2	1,3	2,6	
Brésil	43 035	4 574	19 281	1 809	17 371	38,9	6	32,9	0	
Bulgarie	18 442	16 211	436	97	1 697	9,2	6	1,9	1,3	
Canada	274 510	34 979	106 701	96 375	36 454	83	31	46,4	5,6	
Chine	636 674	463 196	148 483	15 844	9 151	76	50	26		
Colombie	24 676	5 550	10 911	5 933	2 282	5,8	1,8	4		
Corée du N.	13 930	13 219			711	7	3	4		
Corée du S.	45 875	42 800			3 075	11,6	9,1	1,2	1,3	
Danemark	2 455	0	2 451		3	6,8	6,8	0,008		
Espagne	25 558	18 804	2 226	1	4 527	29,9	15,7	12,7	1,5	
Finlande	3 990	450			3 540	11,1	6,5	2,5	2,2	
France	*55 885*	*20 595*	*3 460*	*10 440*	*21 390*	*74*	*29,5*	*21,2*	*23,3*	
G.-B.	311 327	103 261	154 404	47 561	6 102	69,2	60,2	2,5	6,5	
Grèce	7 154	5 225	1 490		438	6	4,3	1,7		
Hongrie	22 933	10 036	4 102	8 776	20	4,9	4,8	0,046		
Inde	132 526	93 859	28 769	3 024	6 874	38,8	24,9	13,1	0,86	
Italie	28 878	454	2 810	19 019	6 595	50	31,4	16,9	1,3	0,44
Japon	43 514	16 681	607	3 134	23 092	154,8	104	33,3	17,3	0,16
Mexique	269 866	5 857	217 684	43 349	2 977	21,6	14,7	6,6		0,2
Norvège	83 119	472	35 728	35 488	11 432	22,1	0,25	21,9		
N.-Zélande	7 867	1 831	992	2 680	2 365	6,8	2,8	3,9		0,14
P.-Bas	92 047	0	14 605	76 961	480	18,7	18,2		0,52	
Pologne	171 081	164 639	418	5 703	320	26	24,2	1,8		
Roumanie	92 607	17 331	17 859	55 958	1 458	17,2	13,6	3,6		
Suède	11 697	27	20		11 650	29,7	8	15,2	6,4	
Suisse	6 311				6 311	14,1	0,7	11,5	1,9	
Tchécosl.	66 265	64 176	134	776	1 179	18,1	14,4	2,8	0,86	
U.R.S.S.	2 013 473	495 618	892 263	594 193	31 399	285,5	211,6	55,9	18	
U.S.A.	1 996 055	624 092	696 652	601 708	73 604	666,4	523,8	78,4	63	1,13
Venezuela	174 532	47	149 275	23 337	1 873	9,3	6,3	3		
Yougoslavie	35 005	22 901	6 326	2 381	3 397	14,8	7,75	6,4	0,65	

Source : Ann. stat. de l'O.N.U. *Nota.* — (1) 1980.

Les plus hauts : Chicoassen (Mexique, 1980, h. 263 m, l. 600 m, v. 15 Mm³), Mica (Can., h. 240 m, l. 792 m, v. 32 Mm³), Chivor (Colombie, 1975, h. 237 m, l. 280 m, v. 11 Mm³), Keban (Turquie, 1974, h. 207 m, l. 1 097 m, v. 15 Mm³), Sadd el Aali (Égypte, 1970, h. 111 m, l. 3 830 m, v. 43 milliards de m³) construit principalement en sable, sur le Nil.

• **En béton. Barrage-poids :** généralement un gros mur implanté à travers la vallée suivant un axe rectiligne ou incurvé à très grand rayon dont l'épaisseur augmentée de la crête au pied est constante à chaque niveau, d'une rive à l'autre ; il semble destiné aux vallées larges et très larges. *Les plus importants :* Grand-Coulee (U.S.A., 1942, h. 168 m, l. 1 272 m, v. 8 Mm³), Bratsk (U.R.S.S., 1964, h. 123 m, l. 1 430 m, 4,4 m³. Grande-Dixence (Suisse, h. 285 m, l 695 m), Bhakra (Inde, h. 226 m, l 518 m). En France : Sarrans (h. 113 m, l. 220 m).

Barrage-poids évidé : on réserve au cœur du massif, à intervalles réguliers, des grands vides depuis la fondation. *Le plus important :* Itaïpu (Brésil, 1983, h. 185 m, l. 2 050 m).

Barrage-voûte : voûte à convexité tournée vers la retenue et prenant appui sur le terrain des rives. Le barrage italien de Vajont a eu seulement ses superstructures légères abîmées dans la ruée d'une lame déversante de 200 à 300 m de hauteur provoquée par la chute brutale d'un énorme pan de montagne dans la retenue. Sur plus de 700 barrages-voûtes en service dans le monde (dont une centaine ont plus de 100 m) à peine quelques-uns ont éprouvé des dommages mineurs dus à leur environnement. Cependant, accident de Malpasset, en 1959 (rupture brutale de l'appui rive gauche et non défaillance de la voûte). *Les plus anciens :* en Iran, fin XIIIe ou début XIVe s., Kebar (h. 45 m, l. 55 m), Kurit (h. 66 m). En Italie et en Espagne, XVIe s. : Ponte-Alto, Almanza, Elche. *Temps modernes* en France, Zola (h. 42 m, l. 66 m) ; aux U.S.A., Ottay Upper (1901, h. 27 m, l. 86 m). Le barrage-voûte commence à acquérir ses formes spécifiques modernes avec Marèges (Fr., 1935, h. 90 m, l. 200 m). On construisit d'abord les barrages-voûtes dans les vallées étroites avant de réussir à les adapter aux vallées larges. Ex. : Kariba (Zimbabwe, sur le Zambèze, 1959, h. 126 m, l. 617 m, v. 1 Mm³) ; Hendrik Verwaerd (Afrique du Sud) : h. 88 m, l. 914 m, v. 1,4 m³. *Les plus hauts :* Inguri (U.R.S.S., h. 272 m, l. 680 m), Sayano Suschensk (U.R.S.S., h. 242 m, l. 1 068 m), Mauvoisin (Suisse, 1957, h. 237 m, l. 520 m) ; en France, Tignes (1962, h. 180 m, l. 375 m). *Barrage dit « voûte épaisse » ou poids-voûte.* Ex. : L'Aigle (Fr., 1949, h. 95 m, l. 290 m, v. 240 000 m³).

Barrages à contreforts. *Les plus hauts :* Alcantara II (Esp. 1969, h. 138 m, l. 570 m), Hatanagi (Jap. 1962, h. 125 m, l. 228 m), Valle-Grande (Argentine, 1965, h. 115 m, l. 300 m). **Barrages à voûtes multiples.** Beaucoup ont d'abord été réalisés suivant les techniques du béton armé, c'est-à-dire en petites épaisseurs renforcées par des ferraillages selon les besoins. Ex. : La Roche-qui-Boit (Fr., 1919, h. 15 m, l. 125 m), Vezins (Fr. 1932, h. 36 m, l. 250 m), Faux-la-Montagne (Fr., 1951, h. 19 m, l. 130 m) dont les voûtes n'ont que 6 cm d'épaisseur et dont l'épaisseur moyenne (voûtes et contreforts) est de l'ordre de 20 cm seulement. Puis on a utilisé du béton ordinaire, sans la sujétion de la minceur et des armatures. Ex. en France : Pradeaux (1940, h. 26 m, l. 200 m), Pannessière-Chaumard (1950, h. 50 m, l. 340 m). A Coyne, dans les années 50 avec Nebeur (Tunisie, 1955, h. 71 m, l. 470 m), on a utilisé des contreforts largement espacés (50 m) et épais (5 m) et des voûtes épaisses (7 m à la base). Sur ce modèle ont été élevés : Grandval (Fr., 1959, h. 88 m, l. 400 m), Daniel-Johnson (Can., 1968, h. 251 m, l. 1 314 m, v. 2,3 Mm³) initialement dénommé Manicouagan n° 5, dont les voûtes ordinaires ont une portée de 75 m et la voûte centrale 150 m. La retenue est une des plus vastes du monde : 142 milliards de m³. *Les plus élevés :* Daniel Johnson Mossyrock (U.S.A., h. 185 m), Beznar (Esp., h. 137 m, l. 405 m).

Barrages en rivière : ouvrages en béton, ou mixtes béton/terre ou béton/enrochement, qui ne remontent pas fortement le niveau comparativement à la profondeur naturelle du cours d'eau. Certains servent à détourner le courant dans le canal ou la galerie alimentant une centrale située plus en aval (cas de nombreux petits barrages de montagne). La digue du Bazacle, sur la Garonne à Toulouse, fin du XIIe s., réalisée en enrochements contenus dans des caissons à claire-voie en bois remplis d'alluvions est assimilable à cette catégorie de barrage.

Grands barrages

Définition. Selon la Commission internationale des grands barrages (C.I.G.B.), un *grand barrage* a au min. 15 m de haut au-dessus du plus bas de la fondation, ou 10 à 15 m avec des conditions complémentaires, ou de longueur selon la crête, ou de capacité ou de débit max. des évacuateurs, ou de difficultés de sa fondation, ou de conception inhabituelle.

• **Dans le monde. Statistiques. Nombre de barrages** (fin 1982). 35 000 dont Chine 53 %, U.S.A. 15 %, Japon 6 %, autres pays 25 % et 1 500 en construction. **Hauteur :** – de 30 m 80 %, 30 à 60 m 16 %, + de 60 m 4 % (dont 0,2 % de plus de 150 m).

En 1982, 83 % du type remblayé dont 78 % en terre et 5 % en enrochement. 50 % des barrages en terre aux U.S.A., 25 % en Asie, 25 % ailleurs.

Plus grands réservoirs artificiels (capacité en milliards de m³). Owen Falls (Ouganda) 204,75, Bratsk (U.R.S.S.) 169,2, Assouan (Égypte) 169, Kariba (Zimbabwe) 160,3, Akosombo (Ghana) 148, Daniel Johnson (Canada) 142 (France : Serre-Ponçon 1,27). **Plus grand lac artificiel** (en superficie). *Volta* (Ghana, retenu par le barrage d'Akosombo) 8 482 km².

☞ **Problèmes écologiques.** Les *grands barrages*, très estimés entre 1960 et 1970, sont critiqués actuellement par les écologistes.

A *Assouan,* l'eau infiltrée a dissous le sel souterrain et brûlé plus de terres que l'irrigation n'en a gagné ; les alluvions qui fertilisaient la vallée du Nil sont retenues en amont ; les poissons de mer nourris par ces alluvions ont disparu ; la bilharziose infeste les régions irriguées ; l'érosion marine détruit le delta du Nil. A *Itaïpu,* on redoute des miniséismes provoqués par le poids de l'eau (voir Index). A *Lubuanga* (île de Luçon, Philippines), un barrage sur le Chico, de même grandeur qu'Itaïpu, inonde les terres de 100 000 riziculteurs. A *Sélingué* (Mali), le barrage sur le Niger coupe le chemin des poissons migrateurs ; le bassin est envahi par la végétation.

• **En France. Nombre.** En 1982, 430 barrages (1,2 % du monde), env. 20 en construction. *Hauteur :* – de 30 m 63 %, de 30 à 60 m 25 %, + de 30 m 12 %, 1 barrage pour 1 270 km². **Histoire. 1675** barrage construit à Saint-Ferréol par Henri Riquet pour alimenter le bief supérieur du Canal du Midi. **1782** 2 barrages de plus d'une vingtaine de m. **1837** début de la série industrielle (Chazilly, Côte-d'Or). **1900** env. 30 barrages, hauteur moy. 29 m (max. 52 m au Gouffre d'Enfer construit en 1866 pour alimenter Saint-Étienne). **1950** env. 170 barrages, hauteur moy. 56 m (max. 136 m à Chambon sur la Romanche, 1934).

Digues les plus importantes. Mont-Cenis, long. 1 400 m, haut. 120 m, 14,85 millions de m³ de terre et d'enrochement, Serre-Ponçon (14,1 millions de m³, 129 m de haut), Grand'Maison, haut. 160 m, long. 550 m (12,5 millions de m³ de terre et enrochement). **Barrage situé à l'altitude la plus élevée :** Le Portillon (Hte-Gar.) à 2 560 m d'alt. **Le plus haut :** Tignes, voûte 180 m. **Le plus grand réservoir artificiel :** Serre-Ponçon, 1,2 milliard de m³.

Quelques barrages célèbres

Assouan (Égypte). *Inauguré* le 16-1-1971. *Coût :* 5 milliards de F. 36 000 ingénieurs et ouvriers égyptiens ont travaillé 11 ans sous la direction d'env. 2 000 experts soviétiques et 451 Égyptiens sont morts d'accidents pendant les travaux, 425 autres ont été blessés. *Volume* (terre et enrochement) : 43 millions de m³. *Longueur :* 3,6 km. *Haut. :* 110 m. *Capacité :* 169 milliards de m³. *Puissance :* 2,1 millions de kW. Permet de rendre le Nil plus navigable et plus régulier, d'augmenter de 50 000 km² la superficie cultivable de l'Égypte. Le lac (500 km × 10 à 30 km) a en moy. 100 m de profondeur.

Cabora Bassa (Mozambique). Barrage voûte mis en service en 1975. *Volume :* 510 000 m³. *Longueur :* en crête, 321 m. *Haut. :* 170 m. *Lac de retenue :* 220 km de long, 64 milliards de m³. Alimente une usine de 2 000 MW (pouvant être portée à 4 000 MW).

Fort Peck Dam (U.S.A., sur le Missouri). *Volume :* 96 millions de m³ de terre. *Haut. :* 76 m. *Longueur* (en crête : 6 400 m. *Retenue :* 23 600 millions de m³.

Itaïpu (sur le Parana, tronçon commun au Brésil, Argentine et au Paraguay). Inaug. en 1982. Barrage à contreforts en béton et digues en enrochement et en terre. *Volume des ouvrages :* 27 millions de m³. *Haut. :* 195 m. *Longueur :* 7 900 m. *Capacité du réservoir :* 29 milliards de m³. *Coût :* 14 milliards de $. Alimente l'usine la plus puissante du monde (1er tronçon mis en service en 1983), coût 3 milliards de $, puissance 12 600 MW. *Prod. annuelle :* vers 1988, 75 milliards de kWh.

Yacireta et **Corpus** (voir p. 954).

Tarbela (Pakistan, sur l'Indus). Achevé en 1976. Le plus grand barrage du monde. *Volume :* 121 millions de m³ de terre et d'enrochement (3 fois le volume d'Assouan). *Haut. :* 148 m. *Longueur* (en crête) : 2 750 m. *Retenue :* 13 287 millions de m³. Alimente une usine de 4 groupes de 175 MW, dont la puissance totale peut être portée à 2 100 MW.

Électricité en France

Organisation

Origine. En 1946, il y avait en France 86 *centrales thermiques* réparties entre 54 Stés et 300 *centrales hydrauliques* appartenant à 100 Stés. Le *transport* était partagé entre 86 Stés et la distribution entre 1 150 Stés.

E.D.F.

• **Statut. La loi de nationalisation** du 8-4-1946 a transféré à *Électricité de France,* pour des raisons politiques, sociales et économiques, les biens des entreprises de production, de transport et de distribution d'électricité. *En furent exclus :* les entreprises de production d'électricité dont la production annuelle moyenne de 1942 et 1943 avait été inférieure à 12 millions de kWh ; les ouvrages de production d'électricité appartenant à la S.N.C.F. et aux Houillères nationales ; les concessions de distribution d'électricité gérées par des Régies ou des Syndicats d'intérêt collectif agricole (S.I.C.A.). Ces organismes, d'un intérêt local, sont d'ailleurs alimentés dans la plupart des cas en haute tension par E.D.F. et distribuent principalement en basse tension. **Monopole d'E.D.F.** E.D.F. a le monopole de la distribution, mais pas celui de la production d'électricité. Un particulier peut fabriquer sa propre électricité et, depuis la loi du 15-7-1980, construire une micro-centrale hydraulique après autorisation du Commissaire de la République pour 75 ans max. (– de 4 500 kW) ou concession accordée par le Conseil d'État pour 75 ans, renouvelable pour 30 ans (4 500 à 8 000 kW).

• **Budget** (en milliards de F). **Résultats du chiffre d'affaires :** *1984* 119,2, *85* 130,9. Investissements : *1984* 38,7, *85* 38,9. Capacité d'autofinancement : *1984* 24,5, *85* 30,5.

Résultats nets. *1981 :* 4,38, *82 :* 7,9. Si les tarifs d'E.D.F. s'étaient situés au niveau européen, elle aurait enregistré un excédent de 16 milliards de F ; par rapport à la moyenne européenne, les tarifs français sont moins élevés de 20 % pour la basse tension, 40 % pour la moyenne, 60 % pour la haute], *83 :* – 5,7, *84 :* – 0,9, *85 :* + 9,9.

• **Endettement (au 1-1).** *1984 :* 189 milliards de F, *85 :* 216, *86 :* 213.

Indice d'endettement. *Dettes à long, moyen et court terme* divisé par le chiffre d'affaire × 100 : *1973 :* 191 %, *78 :* 162, *83 :* 177, *85 :* 165. *Charges financières* (comprenant provisions pour pertes de change) divisé par chiffre d'affaires × 100 : *1973 :* 15,2 %, *78 :* 14,4, *83 :* 25,7.

• **Financement (en milliards de F, 1982 et, entre parenthèses, 1983).** *Besoins :* investissements (hors taxes) 39 (41,3), remboursements d'emprunts 2,6 (6,1), variation des stocks, du fonds de roulement et divers 2 (4,4) ; total 43,6 (51,8). *Ressources :* autofinancement 12,3 (19,7), participations et avances 1,1 (1), emprunts en francs 17,3 (18,2) : emprunts à moyen et long terme 13,8 (25,4) et variations des crédits à court terme 3,5 (– 7,2), emprunts en devises 12,9 (12,9) ; total 43,6 (51,8).

• **Domaine** d'E.D.F. : privé 435 km², concédé 1 300 km². Les sols survolés par les lignes de transport ne sont pas concédés mais frappés de servitude.

• **Effectifs** (1-6-1983). 121 800 dont distribution 68 262, prod. et transport 27 891, autres 12 700.

Autres producteurs

• **Compagnie nationale du Rhône** (créée en 1921). Propriétaire d'ouvrages implantés sur le Rhône, notamment les usines de Génissiat, Bollène (Donzère-Mondragon), Châteauneuf-du-Rhône, Logis-Neuf, Beauchastel, Bourg-lès-Valence, Seyssel, Gervans, Sablons, Pierre-Bénite, Beaucaire, Avignon-Sauveterre, Caderousse, Vaugris, Chautagne, mais leur exploitation est assurée par E.D.F. En construction, St-Brenaz et Loyettes.

• **Producteurs autonomes** 1 400 gèrent ainsi des centrales et produisent 2 milliards de kWh (1 % de la consommation). *Investissements nécessaires :* 5 000 à 15 000 F par kWh installé (pour produire l'électricité d'une famille, il faut une centrale de 500 kW soit

(Information)

investir env. 5 millions de F). En cas de production exédentaire, E.D.F. doit acheter celle-ci au producteur autonome (22,79 c. le kWh en hiver et 11,41 c. en été, plus primes si le débit est régulier).

Production totale

TWh, térawattheures (ou milliards de kWh)

Date	Total	Thermique Nucl.	Thermique Class.	Hydraul.	Solde
1938	20,7	–	10,4	10,3	0,404
1950	33,2	–	17	16,2	0,365
1955	49,7	–	24,1	25,6	0,061 [1]
1960	72,3	0,13	31,64	40,5	0,098 [1]
1970	140,7	5,15	78,95	56,6	0,506 [1]
1975	178,5	17,45	101,17	59,8	2,5
1980	245,8	57,94	118,84	69,8	3,09
1981	264	99,62	92,1	72,7	4,82
1982	265,9	103,01	92,23	71,04	3,84 [1]
1983	283,4 [2]	137	75,8	70,6	13,4 [1]
1984	309,5	181,8	60,7	67	24,8 [1]
1985	265,1	213,1	52,1	63,4	

Nota. — (1) Exportations. (2) *Part E.D.F.* (1984) 275,9 (dont nucléaire 178,5, thermique classique 35,6, hydraulique 61,8), énergie livrée 261 (dont haute tension 154,4, basse tension 106,6).

Production par origine énergétique (Plan national, en GWR, 1985). Nucléaire 213,1, hydraulique 67,9, classique 52,1 dont charbon 38,1, fuel-oil 5,5, gaz naturel 3,2, divers 5,2.

Électricité thermique

• **Consommation de combustible** (Plan national, en millions de t et entre parenthèses en millions de tep, en 1984). Uranium (42,5), charbon 21,1 et lignite 1,1 (11,5), fuel-oil 1,7 (1,7), gaz naturel (0,7), gaz de hauts fourneaux ou de cokeries (1,5), combustibles fossiles (15,4). *Total (57,9).*

• **Besoins en eau des centrales thermiques** réfrigérées en circuit ouvert selon la puissance nominale des tranches. Débit traversant le conducteur en m³/s, échauffement de l'eau en °C, volume prélevé par kWh produit en litres : *classiques* : 125 MW 5,5 m³/s, 7°, 158 l. 250 MW 10 m³/s, 7°, 144 l. 600 MW 24 m³/s, 7°, 144 l ; *nucléaires* : PWR 900 MW 41 m³/s, 10,8°, 164 l. PWR 1 300 MW 45 m³/s, 13,8°, 130 l. Rapide 1 200 MW 36 m³/s, 11°, 108 l.

• **Puissance maximale possible** au 1-1-85 en MW. *Total* (classique + nucléaire) : plan national 64 733 dont : E.D.F. 57 075, houillères 3 800, autres 4 200. *Équipement thermique classique* : plan national 27 246 dont : E.D.F. 20 135, houillères 3 800, autres 3 700 ; *nucléaire* : plan national 37 487 dont E.D.F. 36 940 (PWR 30 724, gaz graphite 1 920, eau lourde 70), autres 547 (PWR 314, neutrons rapides 233).

• **Principales usines thermiques.** Production 1985 en GWh. Puissance maximale possible en MW en italique. N = centrale nucléaire. Bugey (Ain) (N) 25 576 *4 180*. Gravelines (Nord) (N) 34 603 *5 460*. Tricastin (Drôme) (N) 25 794 *3 660*. Blayais (N) 25 580 *3 640*. Dampierre-en-Burly (Loiret) (N) 24 005 *3 560*. Fessenheim (Ht-Rhin) (N) 11 960 *1 760*. St-Laurent-des-Eaux (L.-et-Ch.) (N) 10 919 *1 760*. Chinon B (N) 11 012 *1 740*. Cruas-Meysse (N) 22 290 *3 520*. Émile-Huchet (M.-et-M.) 5 319 *1 149*. Le Havre (S.-M.) 3 920 *2 000*. St-Laurent-des-Eaux A (L.-et-Ch.) (N) 4 039 *840*. Vitry (V.-de-M.) 3 270 *1 120*. Blenod (M.-et-M.) 1 945 *1 000*. Cordemais (L.-A.) 4 160 *3 115*. Paluel (N) 12 242 *3 870*. Chinon A (M.-et-L.) (N) 697 *360*. Hornaing (Nord) 2 250 *474*. Gardanne (B.-du-Rh.) 2 659 *825*. Chooz (Ardennes) (N) 1 684 *305*. Bouchain (Nord) 1 569 *582*. La Maxe (Moselle) 1 216 *500*. Champagne-sur-Oise (V.-d'O.) 1 114 *538*. Ansereuilles (Nord) 812 *234*. Dunkerque (Nord) 1 441 *468*.

Nota. — Entre 1984 et 1986, env. 40 unités de production de centrales E.D.F. seront déclassées (trop vieilles, manque de compétitivité) dont Anserevilles, Comines, Pont-sur-Sambre, Beautor, Strasbourg, Chalon, Marcoule, Artix, Cheviré, Brennilis, Brest.

• **Thermique nucléaire.** Voir p. 1430.

Électricité hydraulique

• **Avantages.** Longévité des ouvrages, modicité d'entretien, souplesse de fonctionnement, possibilité d'associer la production d'électricité à d'autres usages (écrêtement ou laminage des crues, soutien des étiages, alimentation urbaine, etc.), source nationale, renouvelable et propre.

• **Potentiel français.** La 1re haute chute fut équipée en 1880 près de Grenoble par Aristide Bergès, qui le 1er parla de *houille blanche*. 300 000 petites chutes pourraient être aménagées ; (*hauteur* moyenne annuelle des précipitations 315 mm, soit 173 milliards de m³) pour produire 1 kWh, 1 m³ d'eau douce doit tomber de 365 m. L'altitude moyenne de chute est estimée en France à 560 m (soit 1,53 fois 365 m). *Potentiel théorique* [défini à partir de 265 TWh (88 Mtec)]. *Potentiel équipable* 100 TWh. *Potentiel économique utilisable* 72 TWh (24 Mtec). En 1977 et jusqu'en août 78, grâce à une hydraulicité exceptionnelle, ce niveau a été dépassé de 4 TWh.

• **Équipement actuel,** en année normale, fournit 62 TWh (21 Mtec), soit en puissance 18 500 MW. *Futur* il reste 10 TWh disponibles. 5 devraient être fournis *d'ici à 1985*, 5 pourraient être fournis avant 2000. Selon E.D.F., 4 000 chutes pourraient être dotées d'une turbine de — de 2 000 kWh, et fournir 8 millions de kWh. L'équipement des quelques centaines de sites les plus favorables permettrait d'économiser 4 millions de t de pétrole par an. Mais cela entraînerait des inconvénients : les barrages empêchent les migrations des poissons et provoquent un réchauffement des eaux ; au moment des lâchers, le lit est pollué par les boues ; les turbines sont des pièges à poissons [la construction de micro-centrales est ainsi interdite sur une vingtaine de rivières à poissons (Loire, Canche, bassin de l'Adour, rivières normandes, bretonnes)] les descentes en canoë sont gênées (ex. : sur la Vézère, l'Auvezère, la Dordogne), l'environnement peut en souffrir (ex. : gorges du Verdon).

• **Catégories d'usines. Lac** : usines ayant un réservoir dont le temps de remplissage, égal ou supérieur à 400 h, permet de stocker les apports en période de hautes eaux pour les libérer en période de pointes de consommation. Parfois **de haute chute,** demandent au moins 400 m pour que leur réserve atteigne la cote normale. Ex. : dans les Alpes, la Bathie Roselend 552 MW (productibilité). **Usines au fil de l'eau, de basse chute** : ne peuvent retenir l'eau plus de 2 h. Ex. : Bollène sur le Rhône (323 MW, 2 080 GWh). Les chutes fournissent des kWh toute l'année, et assurent la base du diagramme de production électrique ; les hautes chutes mobilisent leur puissance aux h de pointe et aux h pleines d'hiver, soit env. 1/5 de l'année. **Éclusées** : usines ayant un réservoir dont le temps de remplissage, entre 2 et 400 h, permet de stocker de l'eau pendant la nuit pour turbiner aux h de forte charge. Ex. : Éguzon sur la Creuse (64 MW, 90 GWh) ou Génissiat sur le Rhône (404 MW, 1 660 GWh). **Fil de l'eau** : usines ayant un réservoir à temps de remplissage de 2 h au moins et utilisant le débit tel qu'il se présente. **Pompage** : centrales disposant de 2 réservoirs, un supérieur et un inférieur, reliés par des pompes, pour remonter l'eau, et des turbines pour produire de l'énergie. *Pompage pur* : apports naturels dans le réservoir supérieur négligeables (la productibilité est donc nulle). Ex. : Revin près de la Meuse, 1re grande installation de ce type (1976, de 800 MW). *Pompage mixte* : apports naturels, productibilité certaine. Mobilisables au moment voulu moyennant une perte physique de 1/3 compensé par un gain économique : le kWh turbiné le matin ou le soir vaut en hiver jusqu'à 2 fois celui du refoulement à minuit. Sites recensés en France, total : puissance 18 500 MW ou +.

• **Statistiques (1985). Puissance installée nominale** [somme des puissances nominales des générateurs principaux d'énergie électrique (à l'exclusion des auxiliaires)], en MW 21 972 dont fil 7 896, éclusées 4 556, lac 6 990, pompage pur 1 720, mixte 810.

Prévu : 24 000 MWe [avec l'aménagement du cours supérieur du Rhône français (5 barrages : 500 MWh) et des usines de pompage (ex. : ouvrage de Grandmaison 1 800 MWh, Montézic, Super-Bissorte)].

Production (en 1985) (en GWh, plan national et entre parenthèses E.D.F.) usines au fil de l'eau 36 055 (32 641), éclusées 13 077 (12 153), lac 11 682 (10 902), pompage pur 1 270 (1 270), mixte 1 330 (1 330). *Total 63 414 (58 296)* dont Alpes 46 748 (44 568), Centre 10 306 (9 014), Pyrénées 6 360 (4 714).

Productibilité (quantité annuelle moyenne d'énergie que les apports permettraient de produire ou de stocker durant l'année en l'absence de toute indisponibilité de matériel et de toute contrainte d'exploitation), en GWh. 67 730 dont fil 39 713, éclusées 14 630, lac 12 204, pompage pur 1 183.

• **Réservoirs saisonniers.** Réservoirs dont la capacité utile permet le stockage des apports en période de hautes eaux afin de les utiliser lors de fortes demandes en périodes d'apports faibles. Remplissage en général à partir de la fonte des neiges (mai-juin), maximum atteint en automne. Le déstockage permet de faire face aux périodes de grosse consommation en hiver.

Capacité en énergie (quantité d'énergie qui serait produite dans l'ensemble des usines de tête et aval si on vidait le réservoir plein). Réservoirs saisonniers et, entre parenthèses, E.D.F. (en GWh, 1985). *Total* 9 831 (9 150) dont (1984) centrales de tête 4 574 (4 035), centrales aval 4 758 (4 616) [1] ; Alpes 67 % de la capacité.

Principaux réservoirs saisonniers. Capacité en millions de kWh. *Alpes* : Serre-Ponçon 1 677, Mont-Cenis 1 063, Tignes 665, Roselend 639, Vouglans 312, Ste-Croix 297, Monteynard 171, Bissorte 171, Girotte 159, Castillon 152. *Pyrénées* : Cap-de-Long 299, Lanoux 257, Naguilhès 114. *Centre* : Bort 311, Grandval 271, Sarrans 251, Pareloup 239.

• **Principaux aménagements hydrauliques.** Production et productibilité annuelle moyenne, en italique [somme des moyennes de productibilités annuelles nettes calculées pour chaque usine sur le plus grand nombre d'années possible], en GWh ; *puissance maximale possible*, entre parenthèses, de 1 h : somme des p. max. nettes réalisables par chaque usine en service continu, quand chacune de ses installations principales et annexes est en état de marche et quand les conditions de débit, de réserve et de hauteur de chute sont optimales], en MW (1985).

Bollène (Vaucluse, canal du Rhône) 1 881 *2 110* (335). Génissiat (Ain, Ht-Rhône) 1 744 *1 700* (405). Châteauneuf-du-Rhône (Drôme, dérivation du Rhône) 1 343 *1 660* (285). Beaucaire (Gard, Rhône) 1 211 *1 310* (208). Beauchastel (Ardèche, dériv. du Rhône) 1 120 *1 226* (223). Logis-Neuf (Drôme, dériv. du Rhône) 1 109 *1 210* (210). Bourg-lès-Valence (Drôme, Rhône) 1 003 *1 110* (190). Fessenheim (Ht-Rhin, canal d'Alsace) 966 *1 030* (166). La Bathie-Roselend (Savoie, Isère) 1 373 *1 070* (546). Ottmarsheim (Ht-Rhin, canal d'Alsace) 916 *980* (156). Rhinau (B.-Rhin, Rhin) 851 *946* (161). Marckolsheim (B.-Rhin, Rhin) 833 *938* (156). Kembs (Ht-Rhin, Rhin) 867 *938* (158). Strasbourg (B.-Rhin, Rhin) 800 *868* (131). Avignon-Sauveterre (Vaucluse, Rhône) 801 *940* (169). Brommat (Aveyron, Truyère) 794 *880* (412). Gerstheim (B.-Rhin) 748 *818* (130). Sablons (Isère) 821 *906* (161). Vogelgrun (Ht-Rhin) 729 *820* (130). Caderousse (Vaucluse) 776 *870* (156). Villarodin-Combe d'Avrieux (Savoie) 994 *710* (482). Le Cheylas (Isère, Arc) 837 *680* (485). Oraison (A.-de-Hte-Pr., Durance) 804 *755* (192). Gervans (Drôme) 604 *710* (116). Malgovert (Savoie, Isère) 763 *660* (297). Sisteron (A.-de-Hte-Pr., Durance) 775 *690* (214). Saint-Estève (P.-orientale) 742 *670* (141). Serre-Ponçon (A.-de-Hte-Pr., Durance) 746 *710* (385). Rance (I.-et-Vilaine) 603 *540* (240). Randens (Savoie) 489 *472* (124).

• **Hydraulique.** Puissance nominale en construction en milliers de kW, productibilité annuelle moyenne en millions de kWh en italique, date de mise en service entre parenthèses. *Vieux-pré* 11 (1986). *Super-Bissorte* 750 (1986-87). *Moyenne Isère Aval* 92 *430* (1990-92). *Grand-Maison* 1 650 (1986). *Saint-Pierre-de-Marèges* 122 *33* (1986). *Alrance* 6 (1987). *Ferrières* 37 *120* (1986). *Sovenzia* 15 *35* (1985).

Consommation

• **Consommation** (en GWh, 1985). **Totale** 302 707 (*haute tension* 165 639, *basse tension* 113 763, *pertes* 23 305). **Par activité (1984)** *haute tension* : 154 400 dont chimie et ind. minérales 13 500, ind. mécan. et élec. 13 600, sidérurgie 10 400, électro-métallurgie 10 300, commerce 15 100, transports 9 600, services publics 9 400, électrochimie 6 200, ind. alim. 8 600, papier et carton 6 200, autres énergies 17 600, pétrole 4 500, 1re transformation et fonderie 4 700, filatures et tissages 3 000, ciment 2 700, houillères 1 900, agriculture 1 800, autres industries 15 300. *Basse tension* : 106 600 dont usages domestiques 79 700, professionnels 20 600, services publics 6 300.

Par ville (ou région) (total en 1984, GWh dont, en italique, haute tension). Ile-de-France 38 500 *19 000*. Paris 9 780 *4 061*. Marseille 2 283 *883*. Lyon 1 526 *677*. Toulouse 1 391 *839*. Strasbourg 1 117 *695*. Nice 925 *263*. Le Havre 612 *319*. Bordeaux 753 *357*. Clermont-Fd 651 *443*. St-Étienne 682 *412*. Grenoble 694 *390*. Reims 654 *404*. Lille 647 *347*. Nantes 651 *311*. Mulhouse 576 *408*. Le Mans 531 *322*. Boulogne-Billancourt 475 *273*. Amiens 496 *322*. Rennes 509 *261*. Montpellier 511 *169*. Courbevoie 445 *319*.

Par fournisseur d'énergie (en GWh, 1985). HAUTE TENSION. *Total* 165 639 (E.D.F. 149 521, distributeurs non nationalisés 4 500, industries sur production propre 11 618). BASSE TENSION. *Total* 113 763 (E.D.F. 107 463, distributeurs non nationalisés 6 300).

Abonnés (1984). L'E.D.F. dessert 25 055 000 *abonnés en basse tension* (puissance souscrite 175 000 MW, énergie consommée 100 700 GWh) et 550 *abonnés en haute tension Sce National* (puissance souscrite 15 100 MW, énergie consommée 75 700 GWh) + 159 600 *abonnés Distribution* (puissance souscrite 28 200 MW, énergie consommée 73 000 GWh).

• **Journée la plus chargée de l'hiver (1984-85). En puissance :** 16-1-1985 à 19 h = 60 GW. Maxima production thermique 47,8 GW le 16-1-1985 à 19 h, 14,8 GW le 18-2-1985 à 19 h 30. **Consommation de la journée** = 1 341 GWh. **Journée moyenne** = 869 GW.

• **Consommation de la pointe d'hiver** (en mégawatts, pointe maximale prévisible pour un mois de janvier moy. et, entre parenthèses, consommation annuelle intérieure en milliards de kWh). *1980* 47 700 (260,3). *1985* prév. 61 900 (355).

Répartition des usages à la pointe d'une journée d'hiver (j ouvrable de forte consommation). *Pointe de 10 h :* grosse industrie 25 %, P.M.I. et secteur tertiaire (commerces, écoles, hôpitaux, etc.) 45, usages domestiques et agricoles 30 (dont chauffage 9, éclairage 4). *Pointe de 19 h :* grosse ind. 25 %, P.M.I. et tertiaire 40, usages dom. et agr. 35 (dont chauff. 9, éclairage 11).

• **Puissance maximale journalière** (en mégawatts et en millions de kWh). **1950**-*21-12* 6 500 (116). **60**-*15-12* 12 900 (246). **70**-*18-12* 23 300 (478). **80**-*9-12* 44 100 MW en puissance (949). **81**-*18-12* (935).

• **Scénario type d'une journée à risque maximum de coupures.** Un mardi, mercredi ou jeudi de la 2e semaine de janvier à la fin février par un temps froid et sec. Une baisse de température d'un degré entraîne une consommation supplémentaire de 400 MGW. Entre 9 h et midi, et 17 et 21 h, E.D.F. peut alors être contraint de couper 1, 2 ou 3 % de la consommation nationale.

• **Pannes. 19-12-1978** (8 h 26 à 13 h 45). Due au déclenchement pour surcharge de la ligne 400 kV Bezaumont (N. de Nancy)-Greney (Troyes) qui entraîna en cascade l'interruption de l'alimentation sauf dans les régions N., E., S.-E. et Alpes, les lignes du réseau étant interconnectées. Profondeur max. de la coupure 29 ± 1 GW sur un appel de consommation de 38,5 GW. **14-1-1985** Paris (Nord et Ouest) 18 h 45-21 h.

Pannes de New York : 9-11-1965, panne de générateurs, elle toucha 25 000 000 de personnes (N.-E. des U.S.A. et une partie du Canada), dura 24 h. **13/14-7-1977**, dura plus de 24 h.

Échanges d'énergie avec l'étranger

En millions de kWh, en 1985. Importations et, entre parenthèses, exportations. Belgique + Lux. + Holl. 4 451 (6 435). Suisse 498 (9 789). Espagne + Andorre 735 (2 067). All. féd. 126 (2 670). Italie + Youg. (6 525). Monaco (218). G.-B. 126. *Total* 5 810 (27 830).

Réseau

Définition

Réseaux très haute tension : exploitées au niveau national, les lignes à 400 000 V relient entre elles les principales centrales de production (thermiques, nucléaires et hydro-électriques) et assurent l'interconnexion régionale et internationale). **Haute tension :** assurent les mouvements d'énergie régionaux, l'alimentation des centres de distribution et de certains gros usagers industriels. **Moyenne tension :** assure les mouvements d'énergie dans le cadre régional, et la fourniture de l'énergie aux usagers industriels dans le cadre local. Exploité par les Services de la Distribution. **Basse tension :** assure dans le cadre local la distribution aux usagers domestiques, aux petits industriels, commerciaux et divers. Exploité par les Services de la Distribution.

Statistiques

• **Longueur des lignes** (km au 1-1-86, plan national au 1-1-86 et entre parenthèses E.D.F.). *400 000 volts :* 15 800 (15 800), *225 000 :* 24 850 (24 800), *150 000 :* 3 700 (3 700). *HT :* 47 600 (41 800), *MT :* 537 500 (505 000), *BT :* 645 500 (610 000).

Technique

• **Câbles.** Pour 400 000 volts, faisceau de 3 câbles pesant 4,8 kg par m, soutenu par un pylône de 6 à 80 t tous les 500 m en moyenne. Pour 63 000 v., câble unique, 800 g par m, pylônes de 1 à 3 t tous les 250 m en moyenne. 20 % des lignes à moyenne tension et 15 % à basse tension sont enterrées.

Une ligne capable de résister à une surcharge de 6 kg par m coûte 100 à 110 % de plus qu'une ligne ordinaire qui supporte une surcharge de 2 kg par m. La neige peut enrober les câbles d'un manchon de 15 cm de diamètre parfois sur des câbles d'env. 3 cm de diamètre ce qui entraîne une surcharge de 10 kg par m. Certains câbles sont faits de torons d'aluminium. Poids 350 à quelques g par m, utilisés pour les lignes à moyenne et basse tension. Possibilité de surcharge de 1 à 6 kg.

Câble et interconnexion des réseaux français et anglais. Permet de favoriser les échanges d'électricité car les heures de pointes ne sont pas les mêmes selon les pays. **1961 :** *Ifa 1 entre Echinghen près de Boulogne-sur-Mer et Lydd (G.-B.) puissance 160 MW ;* **1981** exploitation arrêtée (frais d'entretien prohibitifs dus aux avaries des ancres et chaluts). **1985, 1990 :** *Ifa 2* courant continu, puissance 2 000 MW. 8 câbles sous-marins (groupés par paires) de 270 kilovolts, enterrés à 1,70 m sous le fond de la mer entre Sangatte et Folkestone (45 km). Câbles de 900 mm² de section, faits de 12 couches de maillages d'acier et d'isolants qui protègent le conducteur en cuivre. Fabriqués par tronçons de 50 km (1 800 t) car doivent être posés d'un seul morceau.

• **Poteaux.** *Nombre* 15 à 17 millions. Il en faut chaque année 450 000 (lignes nouvelles 150 000, remplacement 300 000). *Matériaux : bois :* durée de vie moy. 35 à 40 ans, prix 310 F (H.T.). *Béton :* utilisé lorsque les poteaux doivent supporter des efforts importants ou avoir plus de 14 m de haut ; prix b. armé : 700 F, précontraint 705 F. *Bois lamellé* collé. *Plastique. Tôle* d'acier ou d'aluminium.

• **Lignes souterraines.** Elles sont l'exception du fait de leurs inconvénients. **Coût** *ligne souterraine de 400 kV :* 8 à 13 fois supérieur à celui d'une ligne aérienne ; *de 225 kV* 7 à 8 fois ; *63 et 90 kV* 6 fois ; *moy. tension* 3,5 à 5, *basse tension* 2,5 à 3. **Pertes en ligne :** au-delà de 45 km, un câble de 400 kV ne peut plus transporter de courant utile. En pratique, les liaisons souterraines ne peuvent dépasser 10 km en 400 kV, 20 km en 225 kV. **Probabilités d'avarie.** 2 fois plus en haute tension, parfois 30 fois plus pour la très haute tension (pas d'entretien préventif possible, vulnérabilité aux engins de terrassement, etc.). **Emprise :** une ligne souterraine empêche toute construction sur une bande de terrain de 4 à 5 m de large. Soit 4 000 m² au km (contre 100 à 200 m² pour les pylônes d'une ligne aérienne). **Réparations :** ne peuvent être faites sous tension et demandent beaucoup plus de temps (5 fois plus pour une ligne de 225 kV).

Prix

• **Coût moyen du kW/h, en 1985 et, entre parenthèses, en 1973.** 24 centimes (*1973* 5 centimes). Prix de vente moyen grosse industrie 26 c. (6 c.), clients domestiques abonnements inclus 63 c. (25 c.). [Si la France avait abandonné le nucléaire (qui fournit 65 % du courant) et l'avait remplacé par le charbon, le prix de revient aurait été de 33 c. (remplacé par le fuel : 50 c.)].

• **Indices des prix hors taxes de l'électricité en France et dans les pays de la communauté (1-1-84).** *Usages domestiques* (3 500 kWh/an dont 1 300 en heures creuses) et *usages industriels* [160 000 kWh/an (100 kW × 1 600 h)]. All. féd. 129 (138). P.-Bas (1-1-83) 128 (147). Belgique 119 (128). G.-B. (1-1-83) 116 (113). Danemark (1-1-83) 114 (100). Irlande 108 (147). Italie n.c. (125). *France 100 (100).*

Énergie nucléaire

Sources : E.D.F. ; C.E.A.

Généralités

Réactions nucléaires

• **Principes.** Le noyau d'un atome se compose de neutrons non chargés et de protons chargés d'électricité positive. Les protons portant une charge de même signe devraient se repousser mutuellement. Or, ils demeurent rassemblés, la force d'attraction du noyau étant supérieure à la force de répulsion électrique. Mais la masse du noyau est inférieure à celle que totaliseraient ses constituants s'ils étaient libres. Il y a donc dans le noyau un *défaut de masse* Δ m, équivalant à une certaine quantité d'énergie de liaison E qui assure la cohésion du noyau. C'est l'énergie qu'il faut fournir au noyau pour dissocier les particules qui le composent : $E = \Delta m \times C^2$ (C, vitesse de la lumière = 300 000 km/s). Un très faible défaut de masse correspond à une énergie importante. Le défaut de masse n'est pas le même pour tous les noyaux : relativement faible pour les noyaux légers (hydrogène), il est maximal pour les noyaux de masse moyenne (fer), et il est à nouveau plus faible pour les noyaux lourds (uranium).

L'apparition de l'énergie nucléaire résulte d'une *modification du noyau.* Elle s'accompagne d'une disparition de matière, c'est-à-dire d'une augmentation du défaut de masse. Cette réaction ne peut être accélérée ou arrêtée par aucun procédé physique ou chimique.

Les *réactions nucléaires* se produisent *spontanément* dans certains éléments naturels. Exemple : l'uranium 238 se transforme en thorium 234 en émettant un rayonnement α. Le nombre des désintégrations qui se produisent dans une substance radioactive est appelé *activité,* mesurée en curie (voir page 229). La période de demi-vie est le temps au bout duquel il ne reste que la moitié du corps radioactif.

On peut les produire artificiellement en provoquant une transformation donnant des noyaux de masse moyenne pour lesquels le défaut de masse est maximum. D'où 2 types de réactions nucléaires énergétiques. 1° la *fission* ou rupture d'un noyau très lourd en 2 noyaux plus légers ; 2° la *fusion* ou agglomération de noyaux très légers pour former un noyau plus lourd.

• **Période de quelques éléments radioactifs.** *Polonium 212* 3.10^{-7} s, *polonium 214* $1{,}6.10^{-4}$ s, *iode 128* 25 mn, *sodium 24* 15 h, *radon 222* 3,8 jours, *iode 131* 8 j, *phosphore 32* 14,3 j, *cobalt 60* 5,3 ans, *strontium 90* 28 a, *césium 137* 33 a, *radium 226* 1 620 a, *plutonium 239* 24 100 a, *uranium 234* $0{,}25.10^4$ a, *uranium 235* 710.10^6 a, *uranium 238* $4{,}5.10^9$ a, *thorium 232* 14.10^9 a.

Fission nucléaire

• **Théorie.** La fission est la rupture d'un noyau lourd (uranium 235 par ex.), sous l'impact d'un neutron, en noyaux plus petits. Elle s'accompagne d'un dégagement d'énergie (env. 200 millions d'électrons-volts) dû à l'augmentation de la perte de masse. Simultanément se produit pour la libération de 2 ou 3 neutrons et de produits radioactifs. Exemple :

$$^{1}_{0}n + ^{235}_{92}U \leftarrow ^{94}_{38}Sr + ^{140}_{54}Xe + 2\ ^{1}_{0}n + \text{énergie}$$

Les neutrons libérés peuvent provoquer à leur tour la fission d'autres noyaux et la libération d'autres neutrons, et ainsi de suite (c'est la *réaction en chaîne*), mais les neutrons peuvent aussi être absorbés dans l'uranium 238 ou s'évader sans provoquer de fission. Pour qu'une réaction en chaîne s'établisse, il faut rassembler en un même volume une masse suffisante de noyaux fissiles, appelée *masse critique,* afin que le nombre de neutrons productifs (susceptibles de provoquer des fissions) soit supérieur au nombre de neutrons improductifs (qui seront absorbés ou s'évaderont). Lors de sa fission, le noyau éclate. Les fragments sont ralentis au contact des noyaux voisins. Cette agitation produit un échauffement de la matière fissile. Cette réaction, facile à obtenir, est à la base du fonctionnement des centrales nucléaires actuelles.

La *bombe atomique* est constituée par une masse critique où la réaction en chaîne se propage si rapidement qu'elle conduit à une réaction explosive dégageant une énergie considérable (V. Index).

Histoire. *1re fission* de l'atome : 1938 par O. Hahn et F. Strassmann à Copenhague dans le laboratoire de Niels Nohr, *1re pile* fonctionne à l'Université de Chicago le 2-12-1942.

Fusion nucléaire

• **Principe.** Forme l'énergie la plus répandue dans l'univers : des noyaux d'atomes fusionnent en permanence au sein des étoiles. La fusion est utilisée dans la bombe H, mais son utilisation pacifique en est encore au stade expérimental.

Pour réaliser la fusion des noyaux d'atomes, il faut vaincre leur répulsion électrostatique et les amener au contact l'un de l'autre. Alors ils s'interpénètrent, forment très brièvement un noyau unique qui se redécompose en noyaux différents de ceux dont on est parti. Les réactions nucléaires auxquelles on s'intéresse pour produire de l'énergie font intervenir les isotopes de l'hydrogène, le deutérium et le tritium, ainsi que l'hélium :

$${}^{2}_{1}H + {}^{2}_{1}H \mid {}^{2}_{0} + 3{,}27\ MeV$$

$${}^{2}_{1}H + {}^{2}_{1}H \rightarrow {}^{3}_{1}H + {}^{1}_{1}p + 4{,}03\ MeV$$

$${}^{2}_{1}H + {}^{3}_{1}H + {}^{4}_{1}He + {}^{1}_{0}n + 18{,}2\ MeV$$

$${}^{2}_{1}H + {}^{3}_{2}He \rightarrow {}^{4}_{2}He + {}^{1}_{1}p + 18{,}3\ MeV$$

Nota. — MeV : mégaélectronvolt.

Les taux de réaction sont différents pour chacune de ces fusions et dépendent de l'énergie fournie aux particules incidentes. A énergie égale, c'est la 3e réaction, deutérium + tritium, qui a le taux le plus élevé. Elle a un intérêt industriel potentiel pour une énergie des particules correspondant à une agitation thermique de 100 millions de degrés K. Les autres réactions demandent, à taux égal, des températures bien plus élevées et ne sont pas pour le moment envisagées dans les expériences.

A ces températures très élevées, la matière se trouve à l'état de *plasma* (les atomes sont totalement ou fortement dépouillés de leurs électrons périphériques). La physique correspondante combine les propriétés des gaz et les lois de l'électromagnétisme. Les particules en présence, noyaux et électrons, sont en effet chargées électriquement, et partant de là sensibles aux champs électriques et magnétiques.

● **Méthodes.** Dans les réacteurs futurs, il faudra bien évidemment que l'énergie produite par la fusion soit très supérieure à celle investie dans le chauffage des particules et dans le fonctionnement des circuits. Le rendement énergétique doit être très supérieur à l'unité. Il faut pour cela que le produit de la densité, n, du plasma par le temps, t, pendant lequel son énergie reste confinée loin de toutes parois matérielles, soit supérieur à une certaine valeur :

$n \times 1 \leq 100\,000$ milliards de $cm^{-3} \times$ sec.

2 voies se présentent en pratique :

La voie du confinement magnétique. La densité n est faible et le temps t est long. On s'efforce de maintenir les particules loin des parois grâce à un champ magnétique. Les meilleures performances ont été obtenues sur les Tokamak (*Tok,* en russe, courant électrique) à symétrie toroïdale (de *tore :* sorte d'anneau). Ces machines inventées par les Soviétiques en 1958 se sont développées depuis aux U.S.A., en Europe et au Japon.

La voie du confinement inertiel. La densité n est très forte, 1 000 fois celle des solides, et le temps t est très court. Les particules sont échauffées et comprimées grâce à une impulsion sphérique provoquée par une convergence de faisceaux lasers, de faisceaux d'électrons ou d'ions.

Dans les 2 cas, la majeure partie de l'énergie de fusion est emportée par les neutrons. Ces particules cèdent leur énergie à une enceinte extérieure qui devient de ce fait source d'énergie thermique. Cette source est ensuite exploitée de façon classique.

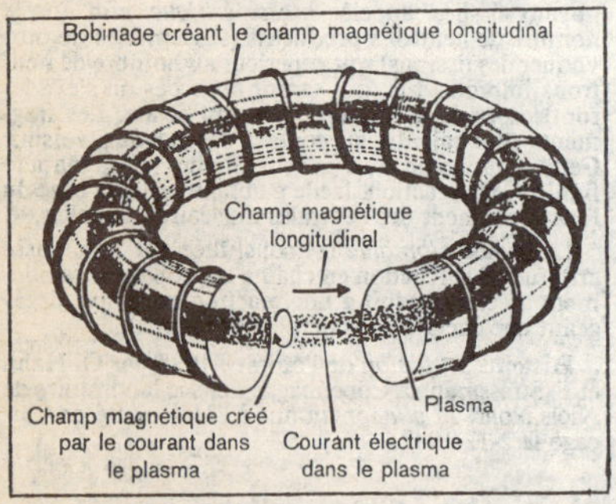

Principe de la machine Tokamak

● **Équivalence.** L'énergie libérée par la fusion de tous les atomes contenus dans 1 g de gaz de deutérium équivaudrait à celle de 3 t de charbon.

Nota. — Le tritium ^{3}H qui n'existe qu'en très faible quantité dans l'atmosphère, où il est produit par les rayons cosmiques, est obtenu par bombardement neutronique du lithium.

Centrales nucléaires

Généralités

● **Principe.** Les centrales nucléaires comme les c. thermiques classiques au charbon ou au fuel transforment l'énergie libérée par un combustible sous forme de chaleur. *Dans les centrales thermiques,* cette chaleur est produite par la combustion du charbon ou du fuel dans une chaudière. *Dans les centrales nucléaires,* elle est produite par la fission de l'uranium dans le réacteur (dit aussi pile atomique). Dans les 2 types de centrales, la chaleur produite sert à vaporiser de l'eau ; la vapeur est ensuite détendue dans une turbine qui entraîne un alternateur produisant de l'énergie électrique. Dans les centrales nucléaires, la chaleur est recueillie par un *fluide caloporteur.* La vapeur peut être produite soit directement dans le réacteur (cycle direct), soit par l'intermédiaire d'un échangeur (cycle indirect). Une enveloppe résistant à la pression du fluide caloporteur entoure le cœur du réacteur.

● **Composition d'un réacteur.** *La partie active* d'un réacteur, appelée cœur, est constituée par une masse critique ou la réaction en chaîne est contrôlée de façon à obtenir un dégagement d'énergie continu et prédéterminé. Sachant qu'ainsi 1 000 fissions donnent spontanément naissance à env. 2 500 neutrons, il faut alors 1 000 fissions nouvelles et 1 500 captures et fuites. Matériaux et taille du cœur du réacteur sont calculés pour obtenir cet équilibre. Le réglage fin est assuré par des barres de contrôle. *Un réacteur utilisé dans une centrale est composé de :* **1° Un combustible** qui comprend de la matière fissile [soit de l'uranium naturel (qui contient 1 atome d'U 235 pour 139 d'U 238), soit de l'uranium enrichi en U 235, soit du plutonium ou de l'U 233 produit à partir du thorium (expérience en cours à Shippingport, U.S.A.) et en général un matériau fertile (uranium 238 ou thorium 232)]. L'ensemble est protégé par des gaines métalliques étanches.

2° **Un modérateur** ou ralentisseur (dans les réacteurs à neutrons thermiques), chargé de ralentir les neutrons issus d'une fission, neutrons généralement trop rapides pour pouvoir engendrer une nouvelle fission. Le modérateur est constitué généralement par du graphite, de l'eau lourde ou de l'eau ordinaire. L'*eau lourde* est de l'eau dans laquelle l'hydrogène est remplacé par son isotope à 1 neutron, le deutérium (ou hydrogène lourd qui est très rare dans la nature ; sur 100 000 atomes d'hydrogène, il y en a 15 seulement de deutérium). Elle existe en faible quantité dans l'eau ordinaire. On peut l'en isoler par électrolyse ou par d'autres procédés (échange isotopique, etc.). Certains réacteurs utilisent la même matière à la fois comme modérateur et comme réflecteur.

3° **Un fluide** caloporteur (gaz, eau ou métal liquide) pour évacuer et éventuellement récupérer l'énergie thermique produite par la fission. Il est généralement contenu dans une cuve métallique.

4° **Un système de contrôle** pour maintenir constante ou faire varier la densité des réactions de fission. Il est constitué par des barres en acier au bore, au cadmium ou au hafnium (qui absorbent les neutrons) pouvant être plongées à l'intérieur du cœur du réacteur.

5° **Une enceinte assurant l'étanchéité vis-à-vis de l'extérieur** et servant de protection contre les rayonnements, dite enceinte de confinement. Au cours de ce séjour dans le réacteur (plusieurs années), le combustible se transforme. La fission des noyaux fissiles donne naissance à des produits de fission constitués de nombreux éléments sous la forme d'isotopes radioactifs. La capture des neutrons par des noyaux lourds engendre des éléments « transuraniens » également radioactifs. L'évolution du combustible ainsi irradié se caractérise par son taux de combustion [quantité d'énergie produite par unité de poids du combustible, unité : MWj/t (million de watts × jour par tonne)]. Le taux varie selon le type de réacteur.

● **Puissance d'un réacteur.** Elle est définie par le nombre de fissions par unité de temps ; chaque fission libère environ 200 MeV soit $3{,}2.\ 10^{-4}$ ergs ou $3{,}2.10^{-11}$ watt p. seconde ; 1 kW correspond alors à 3.10^{13} fissions par seconde.

Principales filières

☞ *R.E.P. :* Réacteur à eau pressurisée (en anglais *P.W.R. :* Pressurized Water Reactor), *R.E.B. :* Réacteur à eau bouillante (en anglais *B.W.R. :* Boiling Water Reactor).

Description

On distingue : **les réacteurs à neutrons rapides** (ex. : Creys-Malville), où les neutrons ne sont pas ralentis ; il faut alors un combustible très fissile. **Les réacteurs à neutrons lents** (ou thermiques) où les neutrons sont ralentis par un *modérateur* (les neutrons lents provoquent plus de fission que les neutrons rapides). **Les réacteurs hétérogènes** (matières fissiles séparées par le modérateur) ou *homogènes* (combustible et modérateur intimement mélangés).

On peut classer les réacteurs suivant la *nature du combustible* (uranium naturel ou enrichi, plutonium) ou les *utilisations envisagées* (recherche, étude des matériaux, prod. d'isotopes, de plutonium, d'énergie électrique). On les distingue aussi selon leur filière (combustible, modérateur, fluide caloporteur).

● **Uranium naturel, graphite, gaz (UNGG).** *Combustible :* uranium naturel (0,7 % d'U 235 et 99,3 % d'U 238). *Modérateur :* graphite. *Fluide caloporteur :* gaz carbonique à 25 kg de pression/cm^2, atteignant une température de 400 °C. [Réacteurs développés en G.-B. et en France. *Centrale type* (St-Laurent-des-Eaux) puissance électrique 500 MWe pour 1 500 MW de puissance thermique.] *Chargement en uranium naturel :* env. 400 t. Le combustible est déchargé en continu sans arrêter le réacteur. *Taux de combustion max. :* 6 500 MWj/t.

● **Eau lourde.** *Combustible :* uranium naturel ou très légèrement enrichi. *Fluide caloporteur :* eau lourde ou eau ordinaire ou gaz. *Modérateur :* eau lourde (le meilleur modérateur mais difficile à fabriquer). [Filière développée industriellement, surtout au Canada (filière CANDU : uranium naturel, fluide caloporteur eau lourde) et en All. féd.] *Chargement en uranium naturel d'une centrale de 500 MWe :* env. 90 t. *Taux de combustion max. (filière CANDU) :* 7 500 MWj/t.

● **Eau ordinaire.** *Combustible :* uranium enrichi (3,5 % en uranium 235). *Fluide caloporteur :* eau ordinaire. *Modérateur : 1° à eau pressurisée (PWR = Pressurized Water Reactor) : pression de 150 kg/cm² pour empêcher l'ébullition ; 2° à eau bouillante (BWR = Boiling Water Reactor) :* sous pression à 70 kg/cm^2 permettant l'ébullition ; température de l'eau à la sortie du réacteur : env. 320 °C. [Ces 2 types ont été développés aux U.S.A., essentiellement par Westinghouse pour les PWR et General Electric pour les REB, et en France par Framatome.] *Chargement en uranium pour une centrale de 1 000 MWe (3 000 MW thermiques) :* env. 85 t pour un REP (enrichissement moyen de 3,5 %) et 110 t pour un REB (enr. moyen de 2,7 %). Le combustible séjourne 3 à 4 ans dans le réacteur qui est déchargé par fraction tous les ans. *Taux de combustion max. :* 33 000 MWj/t (porté à 45 000 dans l'avenir). Utilisé pour les sous-marins atomiques (petite taille).

● **Filière à haute température (HTR).** *Combustible :* uranium enrichi (5 à 10 %), ou thorium très enrichi (90 %) sous forme de particules enrobées de pyrocarbone qui résistent à des températures beaucoup plus élevées que les gaines métalliques. *Fluide caloporteur :* hélium. *Modérateur :* graphite. Le fluide atteint près de 900 °C et on envisage l'utilisation de ces réacteurs comme sources de chaleur industrielles pour des installations sidérurgiques ou chimiques, ou pour produire de l'hydrogène (plusieurs sous-filières existent au stade de prototypes en G.-B., All. féd., U.S.A.). *Rendement d'une centrale électrogène HTR :* env. 40 %. *Taux de combustion max. :* 80 000 MWj/t. *Temps de séjour dans le réacteur :* 6 ans.

● **Filière à neutrons rapides ou « surgénérateurs ».** *Combustible :* uranium enrichi (20 à 30 %), ou surtout plutonium (sous-produit des réacteurs à uranium, voir retraitement). *Fluide caloporteur :* sodium liquide (à cause de ses propriétés thermo-dynamiques). Il

Schéma de principe d'une centrale nucléaire avec réacteur à uranium enrichi et eau sous pression. (PWR)

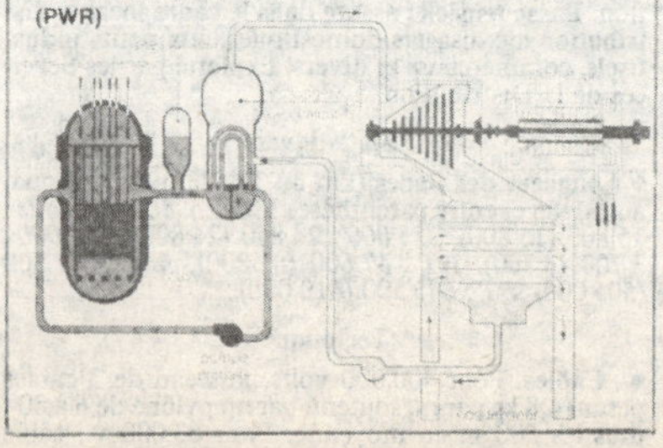

récupère la chaleur et la transmet à un circuit d'eau qui se transforme en vapeur et fait tourner les turbines. *Pas de modérateur.* On dispose *en couverture* autour du cœur des éléments d'uranium naturel ou appauvri (venant d'un enrichiss. de l'uranium). Les neutrons très lourds ou neutrons rapides émis par le cœur y sont capturés par l'uranium 238 qui se transforme en plutonium. Cœur et couverture donnent ainsi à la fin du séjour dans le réacteur plus de plutonium fabriqué qu'il n'y en avait lors du chargement initial. En retraitant les produits de fission, on extraira ce plutonium fabriqué qui constituera le combustible d'un nouveau réacteur. Cette filière, plus économique qu'une centrale nucléaire classique, donne peu de déchets et fournit 50 à 70 fois plus d'énergie qu'une centrale classique avec la même quantité d'uranium. On appelle *temps de doublement* le temps qu'il faut à un surgénérateur pour fabriquer la charge en plutonium d'un nouveau réacteur. *Taux de combustion :* env. 100 000 MWj/t. *Charge d'une centrale de 1 200 MWe :* 4 t de plutonium (rend. thermique 40 %).

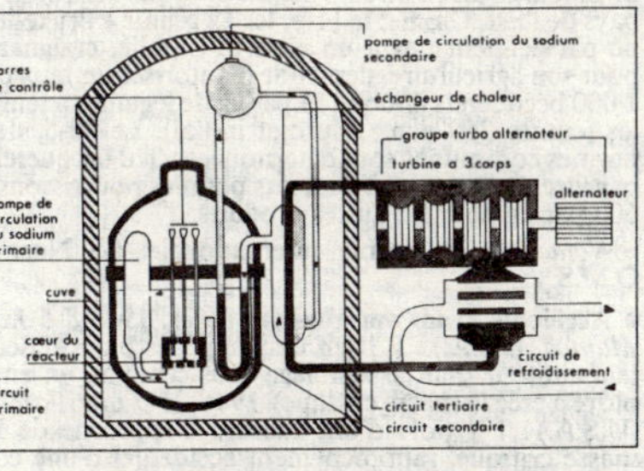

Centrale thermique nucléaire « surgénérateur » à neutrons rapides, refroidie au sodium

Comparaisons

Facteur de charge ou coefficient de production (% de la production réelle d'électricité par rapport à la production théorique, pour les unités couplées au réseau avant le 1-1-1984).

Dans le monde (pays à économie de marché en 1984) : réacteurs à eau ordinaire sous pression 67 % (138 unités) dont 14 unités nouvelles. Réacteurs à eau ordinaire bouillante 62,5 % (74 unités) dont 9 unités nouvelles. Réacteurs graphite-gaz 56,3 % (41 unités) dont 2 unités nouvelles. Réacteurs à eau lourde 68,5 % (23 unités) dont 3 unités nouvelles.

En Fance en 1984 : du fait de l'utilisation des centrales nucléaires au suivi de charge, compte tenu des besoins du réseau, le coefficient de disponibilité en énergie associé au coefficient de production donne une image plus fidèle des performances des unités françaises : REP-900 : disponible en énergie 79,4 %, coefficient de production 74 % (31 unités) dont 4 unités nouvelles ; REP-1300 : 2 unités nouvelles couplées en 1984, autres filières, disponibilité en énergie 57,9 %, coefficient de production 52 % (7 unités).

Source : Banque de données ELECNUC-C.E.A.

Pour les tranches en service industriel, en France, la commission PEON (Production d'électricité d'origine nucléaire) a retenu des hypothèses de fonctionnement pour des unités utilisées en base sur le réseau : 1re année : 4 400 h, 50 % ; 2 et 3e années : 5 300 h, 60 % ; 4e année et suivantes : 6 200 h, 70 %.

Valeur moyenne du coefficient de production (1-1-1985, de 28 réacteurs à eau ordinaire REP-900 en service industriel) : 1re année 55 % (27 unités), 2e a. 54,5 (23), 3e a. 66,3 (21), 4e a. et suivantes 72,6 % (27 périodes de 12 mois, 15 unités en 4e a., 6 en 5e a., 4 en 6e a., 2 en 7e a.). *Source :* Banque de données ELECNUC-C.E.A.

Superficie nécessaire. *Centrale nucléaire* de 4 tranches de 900 MW, 150 à 200 ha (1 tranche comporte 1 réacteur, 1 groupe turbine alternateur et 1 transformateur). *C. thermique classique :* besoins du même ordre (il n'y en a pas en France).

Réfrigération. Circuit ouvert : *1 tranche classique 600 MW :* 22 m³/s d'eau réchauffée de 7 à 8 °C. *4 tranches 900 MW :* 140 à 180 m³/s d'eau réchauffée de 10 à 12 °C. **Fermé** : sur rivière pour limiter le réchauffement ; on utilise au besoin des tours de réfrigération pour une partie ou la totalité des tranches. *4 tranches 900 MW,* prélèvement de 8 à 16 m³/s dont 2,5 m³/s seront évaporés.

Construction (durée théorique). *Centrale thermique classique :* 4 ans ; *nucléaire* 900 MW : 5 ; 1 300 : 6.

Combustible nécessaire (pour produire 1 milliard de kWh) : *charbon* 390 000 t (6,15 thermies/kg) ; *fuel-oil* 235 000 t (10,23 th/kg) ; *uranium enrichi* 4,3 t (soit 25 t d'uranium naturel).

Critiques de l'énergie nucléaire

Les partisans du remplacement des centrales thermiques classiques par des nucléaires insistent sur : le *prix de revient* moins élevé de l'électricité produite (prix kw/h E.D.F. nucléaire : 23 c, charbon : 33 c, fuel : 43 c) ; la *pollution* plus faible : d'après le Comité scientifique des Nations-Unies, si 60 % de l'énergie utilisée était d'origine nucléaire en l'an 2000, la contamination due à cette énergie nucléaire atteindrait au max. 4 % de l'irradiation naturelle ; l'*indépendance* vis-à-vis des producteurs de pétrole ; la *nécessité de disposer d'une source d'énergie différente* avant l'épuisement des réserves d'hydrocarbures qu'il est préférable de conserver pour l'industrie chimique (fabrication des plastiques, etc.) ; la *nécessité d'approvisionner le pays en énergie* (sans le nucléaire, la pénurie menacerait gravement car les autres sources ne peuvent couvrir les besoins, sauf importations massives) ; la sécurité : depuis son origine, l'énergie nucléaire n'a provoqué aucun accident mortel du fait de l'irradiation [par contre les autres sources d'énergie (charbon, pétrole) ont provoqué de nombreuses morts].

Les adversaires répondent : *1° La faible pollution ne résiste pas à l'analyse :* même en fonctionnement normal, une centrale rejette des produits radioactifs. Elle peut en rejeter des quantités considérables par suite d'accidents, de négligences, de sabotages ou de faits de guerre. Ces radiations peuvent provoquer la mort de milliers d'individus, un accroissement des maladies cancéreuses, des anomalies génétiques. Quelles que soient les sécurités, une installation n'est jamais sûre à 100 %. Tous les risques n'ont pas été évalués. Même si les plans sont parfaits, la réalisation peut laisser à désirer. Le problème des déchets n'a été résolu que temporairement et, malgré les précautions prises, il n'existe pas de conditionnement satisfaisant pour les déchets alpha présentant des risques pendant plusieurs dizaines de milliers d'années (plutonium 239), ou plusieurs millions (neptunium 237). La pollution thermique des rivières et des mers peut provoquer des modifications de la faune et de la flore. *2° D'autres sources d'énergie naturelles sont envisageables pour remplacer le pétrole :* géothermie, énergie solaire. On ne consacre à l'étude de celles-ci que des sommes très faibles par rapport à celles qui sont consacrées à l'énergie nucléaire.

Radioactivité, sécurité

Radioactivité

● **Nature.** Les radioéléments naturels ou artificiels et les réacteurs nucléaires sont des sources de rayonnements qui pénètrent dans la matière environnante où ils perdent leur énergie (voir Physique à l'Index).

● **Effets sur l'homme. 1° Sur le corps.** Les rayonnements agissent par ionisation ou par excitation des molécules. Les molécules comportant des atomes excités (un électron change d'orbite) ou ionisés (un électron est expulsé de l'atome) sont plus aptes à réagir, et par conséquent modifiées en provoquant des cassures d'autres molécules. Sur les organes formateurs du sang, l'intestin grêle (hémorragies, infections), les organes génitaux (stérilité), la peau (brûlures).

● **Effets (en cas d'une irradiation de l'ensemble de l'organisme)** : *50 à 100 rems :* diminution des globules blancs. *100 à 200 :* diminution des globules blancs et rouges, moindre résistance aux infections, nausées, vomissements, fatigue. *200 à 400 :* diarrhée, mortalité dans 10 à 60 % des cas pour complications infectieuses. *400 à 600 :* mort certaine dans 90 % des cas en moins de 1 mois. Le risque de cancer et de leucémie augmente avec la dose. **En cas d'irradiation partielle** (par ex. : traitement du cancer), l'apport de doses très supérieures (2 500 à 3 000 rems) entraîne des inconvénients considérés comme secondaires par rapport au risque de mortalité. Une irradiation de 600 à 700 rems à l'œil peut provoquer une cataracte.

2° Effets génétiques. Mutations portant sur la constitution du descendant ou sur son aptitude à se reproduire. Aucune mutation n'a été observée chez les descendants des irradiés d'Hiroshima et de Nagasaki ; on ignore si elles pourraient apparaître après plusieurs générations, et pour des doses faibles comme celles de la radioactivité mutuelle.

● **Dose absorbée en France. Mode de calcul.** En rems, en multipliant la dose reçue par un homme en rad (10^{-2} Joule/kg ou 100 erg/g) par un facteur de qualité (rayons gamma, X et particules β : 1, particules α : 10, neutrons : 3 à 10). Limites réglementaires de la radioactivité émanant des centrales nucléaires (en millirems par an) : pour les travailleurs des installations nucléaires 5 000 ; personne du public 500 ; ensemble de la population 170, c.-à-d. 5 rems en 30 ans. En fait, les doses reçues n'excèdent pas quelques millirems près des centrales.

Danger du plutonium. *Pénétration directe dans le sang :* risques plus grands dans le cas d'inhalation de poussières de plutonium, ou de pénétration directe dans le sang par blessure ; réduits dans le tube digestif [avec les aliments ou l'eau de boisson, car il ne traverse que dans une proportion infime (du 1/10 000 au 1/1 000 000) la paroi intestinale]. Le plutonium dispersé dans le sol n'est pratiquement pas absorbé par les plantes.

Toxicité du plutonium 239. *Risques mortels* en moins de 2 mois (pour 50 % des personnes intoxiquées) : inhalé à partir de 50 mg ou à partir de 25 mg quand il y a eu pénétration directe dans le sang. *Risques à long terme* (en l'absence de traitement approprié) : au poumon pour 0,1 mg fixé (soit au moins 0,4 mg inhalé) ; à l'os pour 0,3 mg dans le sang. *Doses de sécurité (limites à ne pas dépasser pour les travailleurs nucléaires) :* plutonium fixé au poumon 0,25 microgramme (1 millionième de g) (soit au moins 1 microgramme inhalé) ; plutonium fixé dans l'os : 0,65 microgramme.

Taux d'irradiation annuelle (en rad.) : *0,001 :* activité nucléaire (centrales, recherche, etc.). *0,002 :* écran de télévision ou montre lumineuse. *0,100 :* irradiation naturelle. *0,1 à 0,2 :* dans les régions granitiques [dans certaines zones des Indes (Kerala) et du Brésil].

Nota. — Dose reçue pour un examen radiologique complet : 0,050.

Selon l'Académie américaine des Sciences, une *irradiation de 1 rem* prévue sur 1 million de sujets provoquerait 67 à 226 décès ; *de 4 millirems* par an [due à l'ensemble des activités industrielles humaines : vols à haute altitude, utilisation industrielle des corps radioactifs, énergie nucléaire (en 1980, 25 % du total)], pendant 20 ans, et affectant l'ensemble de la population américaine (250 millions d'habitants) elle provoquerait 2 000 cancers dont la plupart ne surviendraient que longtemps après l'an 2000. A rapprocher du nombre d'autres cancers survenus dans le même temps (500 000/an soit 10 000 000 en 20 ans dont au moins 2 500 000 dus au tabac) ; ou du nombre de † par accidents d'automobile (50 000/an pendant 20 ans soit 1 000 000).

Mesures de sécurité

● **Barrières. 1° Centrales à eau sous pression (PWR) :** 3 barrières : gaine métallique qui contient le combustible, cuve en acier (340 t, hauteur 12 m, diamètre 4 m, épaisseur 23 cm), circuits réacteurs-échangeurs, enceinte étanche en béton. En cas de rupture complète et instantanée d'une conduite entre réacteur et générateur de vapeur, plusieurs systèmes de refroidissement de secours se substitueraient automatiquement au circuit défaillant et assureraient la réfrigération du cœur, pour empêcher une fusion du combustible car, même la réaction stoppée, les produits de fission entretiennent une puissance calorifique importante (chaleur résiduelle). *En cas de défaillance généralisée de tous les systèmes de réfrigération,* le cœur fondrait au-dessus de 2 700 °C.

2° Surgénérateurs (Super-Phénix) : 4 barrières : gaine métallique, cuve interne et dalle de fermeture, cuve de sécurité et dôme d'acier, bâtiment du réacteur. Même en cas d'arrêt des pompes, la chaleur résiduelle peut être évacuée par convexion naturelle (thermo-syphon). Si les pompes s'arrêtaient, il se peut qu'aucune chute de barre ne se produise (la chute d'une seule barre réduit la réaction à un niveau très faible) pour que le cœur fonde. Super-phénix a 3 systèmes de barres indépendants, chacun assure l'arrêt total de la réaction. L'un comporte des barres articulées pouvant pénétrer dans le cœur même après déformation des conduits où elles circulent (moins de 1 chance par an sur 10 à 100 millions). La fusion du cœur n'engendrerait pas d'explosion nucléaire mais, dans des hypothèses très pessimistes, des réactions thermodynamiques violentes (comme lorsque l'on jette de l'eau sur une surface très chaude). Ce phénomène de réaction nucléaire incontrôlée, appelé *excursion* ou *accident de surcriticité* a été provoqué expérimentalement (réacteur Cabri). Il disparaît par dispersion du combustible sous l'effet de la chaleur.

Accidents

Généralités

• **Comparaisons des effets d'une bombe atomique** (type Hiroshima) **et d'une explosion nucléaire.** La pression produite par la bombe est env. 10^{12} fois plus grande ; la température env. 10^6 fois plus élevée ; l'énergie mécanique dégagée env. 10^5 fois plus forte.

• **Événements exceptionnels : chute d'avion, séisme.** Les centrales sont prévues pour fonctionner normalement après un séisme de la plus grande intensité jamais observée dans la région.

Leur système de confinement des produits radioactifs ne doit pas être compromis après un sinistre d'intensité double. L'enceinte bétonnée extérieure qui protège chaque réacteur doit pouvoir résister à l'impact d'un avion de tourisme ou d'un moteur de Boeing 747.

Fréquences d'accidents prévisibles. D'après le rapport du Pr Rasmussen (U.S.A.), il y aurait, par réacteur, risque de fusion du cœur 1 fois tous les 20 000 ans (cette fusion ne provoquant généralement ni morts, ni blessés) ; un sinistre provoquant la mort de 10 personnes 1 fois tous les 3 000 000 d'années ; de 3 300 personnes 1 fois tous les milliards d'années (si la méthode de rapport reste valide, les chiffres sont cependant contestés). Pour 100 centrales nucléaires en service aux U.S.A., le risque d'accident mortel est le même que celui de voir tomber une grosse météorite sur une ville.

Accidents principaux

• **Windscale** (G.-B., 1957). En cause, le ralentisseur de graphite, qui avait libéré brutalement l'énergie considérable accumulée dans le graphite par effet Wigner. Des produits de fission, dont 20 000 Ci d'iode-131, furent libérés dans l'environnement. Sur 238 personnes examinées, 126 présentaient une légère contamination au niveau de la thyroïde ; 96 travaillant dans l'installation furent légèrement contaminées ; 14 agents subirent une faible irradiation externe (inférieure à ce que délivrent certaines radiographies médicales).

• **Three Mile Island** (Pennsylvannie, U.S.A., 28-3-1979). Les pompes principales d'alimentation en eau tombèrent en panne, interrompant ainsi l'évacuation de la chaleur par le circuit primaire. Les systèmes de sécurité, constitués par un jeu de pompes (2 électriques et 1 fonctionnant à la vapeur), se mirent automatiquement en route, mais les soupapes des canalisations de refoulement des pompes de secours avaient été fermées par inadvertance 2 j avant l'accident. Le système de pompage du circuit secondaire se trouva hors d'état de marche, les générateurs de vapeur furent rapidement asséchés ; la vanne de décharge du circuit primaire, au sommet du pressuriseur, ayant été ouverte pendant 15 secondes et ne s'étant pas refermée, le système principal se mit alors lui-même à fuir, sans que les opérateurs en soient informés.

On avait pu ouvrir les soupapes 8 minutes après le début de l'accident, assez tôt pour éviter des dégâts plus importants. Quand le système de secours qui surveillait le refroidissement du cœur se mit automatiquement en marche (2 minutes après le début de l'accident), les opérateurs crurent à une erreur, et ne le laissèrent opérer que 2 minutes environ, avant de l'arrêter. La fuite dans la vanne de décharge ne fut découverte et fermée que 2 h ½ après.

Le cœur resta finalement à découvert plusieurs heures, au cours desquelles le combustible fut fortement endommagé (sans subir de fusion). Durant cette période, une bulle d'hydrogène s'est formée par oxydation du zirconium des gaines de combustible, avant d'être piégée à la partie supérieure de la cuve contenant le réacteur. On entama une course contre la montre pour tenter d'évacuer cette bulle d'hydrogène avant qu'il y ait suffisamment d'oxygène pour provoquer une explosion. Dès les premiers instants, il y eut émission de xénon 133 (période de 5 j). Cette émission était surveillée et l'irradiation réelle du public a été d'environ 40 hommes-sievert (taux d'irradiation correspondant, en risque de cancers, à moins d'un cas au cours des 30 à 40 années à venir). S'il y avait eu fusion du cœur du réacteur (évitée selon certains à 30-60 mn près) les barres de combustible, entrées en fusion, auraient pu traverser le fond de la cuve du réacteur (20 cm d'acier) et le combustible s'enfoncer dans le sol (syndrome chinois).

En 1984, la Commission de contrôle nucléaire a décidé que les 2 réacteurs non touchés par l'accident pourraient être remis en marche.

• **Tchernobyl** (U.R.S.S., à 130 km au nord de Kiev). **Déroulement.** Le 26-4-1986 (à 1 h 23). Dans la centrale (filière graphite-uranium naturel-refroidissement à l'eau bouillante) produisant du plutonium militaire. Une explosion dans le réacteur nº 4 provoque un incendie et la destruction partielle du cœur du réacteur (qui fonctionnait à 7 % de sa puissance, car il était en phase de déchargement-rechargement du combustible).

L'incendie des bâtiments sera maîtrisé dans la matinée, mais le cœur du réacteur continuera longtemps de brûler, tandis qu'augmentera la radioactivité de l'atmosphère. Des hélicoptères largueront sur le réacteur 5 000 t de sable et des produits neutralisants (bore et 70 t de plomb). Des plongeurs sous-marins videront la piscine sous le réacteur, puis 400 mineurs creuseront un tunnel de 160 m à 6 m de profondeur pour permettre d'injecter du béton dans le vide ainsi créé. Pour stopper le risque d'une contamination de la nappe phréatique, le sol sera gelé autour du réacteur par injection d'azote liquide.

Causes. 3 hypothèses retenues. 1º) Après interruption de la circulation de l'eau de refroidissement (provoquée par fausse manœuvre ou panne de circuit électrique), les gaines d'uranium et les tubes de force s'échauffent, provoquant une réaction du zirconium avec l'eau, un dégagement d'hydrogène et une explosion qui brise la cuve en acier protégeant le cœur et le réservoir d'eau au-dessus, provoquant à nouveau une réaction zirconium/eau, un dégagement d'hydrogène et une 2e explosion brisant la dalle de béton sous le cœur. Le graphite porté à plus de 2 000 ºC se serait alors enflammé au contact de l'air. 2º) Rupture accidentelle de plusieurs tubes de force (obligeant à stopper la circulation de l'eau, et simultanément panne des mécanismes commandant l'enfoncement des barres de contrôle. 3º) Rupture des tubes de force lors de l'opération périodique consistant à porter les blocs de graphite à une température élevée pour réorganiser leur structure cristalline. Il ne semble pas cependant qu'il y ait eu fusion du combustible ou des gaines de protection, ni risque réel d'enfoncement du réacteur dans le sol (« syndrome chinois »).

Bilan. *Personnes évacuées* et soumises à des contrôles médicaux 150 000. *Morts* (au 4-6) 25 officiellement. *Blessés* graves 299 (membres du personnel ou sauveteurs). *Irradiés* 50 cas supérieurs à 500 rads, env. 100 à + de 300 ; 100 entre 200 et 100. Dans 5 ans, on prévoit 51 280 cancers dont 5 128 mortels. *Nuage nucléaire :* l'émission de radio-éléments (césium 134 et 137, iode 131, molybdène 99, ruthénium 103, cérium 143, lanthane 140, zirconium 95) a été favorisée par l'absence d'une enceinte de confinement. Le nuage radioactif a fait le tour de la Terre, touchant particulièrement Ukraine, Finlande, Scandinavie, Pologne, Allemagne de l'Est et de l'Ouest, France. *Répercussions économiques :* spéculations sur sucre et céréales (contrôle sévère et souvent un boycottage de certains produits alimentaires, lait ou légumes verts) ; *politiques :* remise en cause des programmes nucléaires civils en Occident, perte de crédibilité de M. Gorbatchev (lenteur des autorités soviétiques à avertir les pays voisins).

Taux de radioactivité. *Pologne :* le 5-5, taux 500 fois supérieur à la normale. *Pays-Bas :* eaux du Rhin et de la Meuse 80 fois ; herbe jusqu'à 10 000 becquerels (10 000 désintégrations/s) d'iode 131 par m². *Suède* (Nord) : 170 000 becquerels d'iode 231 par m². *Allemagne :* Essen 10 000 becquerels, Bonn 25 000, Düsseldorf 50 000, Bavière 115 000 (il y a beaucoup plus). *Angleterre :* eaux de pluie 3 000 par l ; Écosse 10 000. *France :* taux habituel, entre parenthèses taux maximal admissible et en italique taux max. trouvé (becquerels/m³) dans l'air 0,0007 (0,37[1]) *2 600 ;* eau (b./litre) 0,1-0,5 (2 000[2]) *2 600 ;* lait (b./litre) 40 (2 000[2]) *1 000 ;* légumes (b./kg) 0,1 [2 000 (France), 350 (C.E.E.)] *2 600 ;* viande (b./kg) 0 [8 000 (France), 200 (All. féd.)] *25 000 ;* sol (b./m²) 2-3 (pas de norme) *500.* Par rapport aux analyses effectuées à Paris après l'explosion en Chine d'une bombe d'1 mégatonne, on détecte dans l'air des concentrations multipliées par 6 000 (pour le césium 137), 3 000 (ruthénium 103), 30 000 (iode 131). Cependant, on peut évaluer la dose moyenne de radiations subie par les Français du fait de Tchernobyl au cinquième de celle qu'occasionne un voyage en avion Paris-Los Angeles ou 15 jours aux sports d'hiver.

Précautions prises. *U.R.S.S.* Vêtements et cheveux des habitants demeurant au-delà du périmètre interdit ont été contrôlés. Interdiction de consommer les aliments produits sur place. A Kiev où le nuage a stationné quelques j, lavage des trottoirs, confinement des femmes enceintes à domicile. Vacances scolaires avancées au 15-5. Dans les autres régions affectées par le nuage radioactif, les aliments ont été contrôlés. A Moscou, aucune mise en vente n'était possible sans un contrôle préalable (cependant, un rôti de veau acheté par un garde de l'ambassade de France, présentait 3 500 b./kg, soit 10 fois + que le taux admis par la C.E.E. pour les femmes enceintes et les enfants de 6 mois, et 6 fois + que celui admis pour le reste de la population). *Pays occidentaux :* exemple, Scandinavie. Il est recommandé de n'acheter ni lait ni produits frais et de donner aux enfants et aux femmes enceintes des pastilles d'iode (la glande thyroïde ainsi saturée ne fixe pas l'iode radioactif). *France :* décrète un embargo jusqu'au 31-5 sur les produits venant de 7 pays de l'Est. C.E.E. : le 11-5, les 12 réunis à Bruxelles ne parviennent pas à un accord. L'Italie, craignant pour son agriculture, demande d'autoriser un taux de 1 000 becquerels d'iode 131 par kg de légumes à feuilles (contre 250 dans le projet initial). Le 30-5, des normes communes sont déterminées : 370 becquerels par litre de lait et kg d'aliments pour les nourrissons ; 600 par kg pour les autres produits.

Nota. — (1) Norme internationale. (2) Norme O.M.S.

• **Accidents ayant entraîné des décès. 1945**-*8-6 Los Alamos* (U.S.A.) : 1 † (en empilant des blocs réflecteurs autour d'un assemblage sous-critique, un employé a créé la masse critique). **1946**-*21-5 Los Alamos* (U.S.A.) : 1 † (lors d'une mesure d'approche de la masse critique, rapprochement accidentel d'une coquille creuse réflectrice de neutrons). **1958**-*15-10 Vinca* (Youg.) : 1 † (erreur humaine : montée du niveau d'eau lourde dans un réacteur de recherche non protégé). *-30-12 Los Alamos* (U.S.A.) : 1 † (transvasement d'un liquide). **1961**-*3-1 Idaho Falls* (U.S.A.) : 3 † [transgression des consignes de sécurité lors du retrait des barres de contrôle. 2 † sur le coup (explosion due à un « coup d'eau »), 1 † 2 h plus tard (blessure à la tête), il ne s'agit pas d'un accident d'irradiation]. **1964**-*24-7 Woods River* (U.S.A.) : 1 † (erreur de transvasement d'une solution de nitrate d'uranyle très enrichi). **1975**-*13-5* Italie : 1 † [irradiation dans une installation de stérilisation de denrées alimentaires (la source de CO^{60} s'était détachée de son support)].

☞ **Morts.** *Charbon :* 4 500 mineurs depuis 1940. *Énergie hydraulique :* par rupture de barrage 9 000 depuis 1960. *Énergie nucléaire :* **1986**-*4-1* Webber Falls (Oklahoma, U.S.A.) 1, explosion de réservoir ; env. 100 en tout, y compris les ouvriers tombant d'un échafaudage. *26-4* Tchernobyl (U.R.S.S.) 25 (au 30-6-86).

Accidents en France

• **Avec irradiation.** *Aucun n'a été mortel.* L'emploi de sources radioactives a produit quelques irradiations, dont plusieurs, importantes, ont nécessité des amputations. Pour les centrales nucléaires, il n'y a eu qu'un seul cas d'irradiation du personnel (mars 1965, Chinon 1, un agent a franchi une balise d'interdiction et a reçu une dose de 0,56 Gy).

• **Sans irradiation de personnes.** Plusieurs ont entraîné une indisponibilité des installations, dont en 1968, Sena-Chooz (réacteur à eau ordinaire PWR de 300 MWe), arrêt du réacteur pendant 2 mois ; 1976 Phénix, à Marcoule (surgénérateur de 250 MWe), fuite de sodium secondaire sur 2 échangeurs intermédiaires, arrêt de 15 mois.

Plan O.R.S.E.C.-Rad

Variante du plan O.R.S.E.C. contre irradiation et contamination radioactives accidentelles. Mis au point le 3-8-1963. Un par département. Reste confidentiel. 3 étapes : état d'alerte des spécialistes du service central de protection contre les rayons ionisants (S.C.P.R.I., au Vésinet, Yvelines) ; mise à l'abri de la pop. et du bétail ; évacuation. Applicable aux transports civils et militaires et aux centrales.

☞ Quid 1982 : p. 1541 **Accidents,** p. 1542 **Histoire de l'opposition au nucléaire.**

Rejets thermiques et chimiques

Rejets thermiques

Une centrale graphite-gaz transforme en électricité 30 % de la chaleur produite ; *à eau légère* 34 % ; *Phénix* 45 % (rendements bruts). Le reste de la chaleur est évacué dans l'eau d'un fleuve ou de la mer (circuit ouvert), ou dans l'air (circuit fermé avec réfrigérants atmosphériques).

• **Refroidissement.** Le refroidissement de la vapeur sortant d'une turbine associée à une centrale thermique classique ou nucléaire nécessite, au niveau des condenseurs, 40 m³/s d'eau froide pour une tranche de 1 000 MW (mégawatts). Cette eau se réchauffe d'env. 10 à 12 °C dans le condenseur avant de retourner à la source froide d'où elle a été prélevée. L'eau vient :

1°) Soit d'un circuit ouvert : d'une rivière, d'un lac ou de la mer. Un prélèvement en rivière de 100 m³/s élevé de 10 °C n'entraînera, après mélange, qu'un échauffement de 3 °C immédiatement en aval de la centrale si l'étiage est de 300 m³/s. Pendant la majeure partie du temps, cet échauffement sera très inférieur à 3 °C puisque le débit de la rivière dépassera le débit d'étiage. En mer, les échauffements supérieurs à quelques degrés restent limités dans une zone restreinte (5 km² pour une centrale de 5 000 MW et un échauffement de + de 1 °C).

2°) Soit d'un circuit fermé si les débits d'étiage de la rivière sont faibles et les possibilités de refroidissement limitées. Ce circuit est équipé de réfrigérants atmosphériques *humides* (l'eau de refroidissement venant du condenseur est mise, dans le réfrigérant, en contact direct avec l'air atmosphérique ; à la traversée du réfrigérant, cet air est échauffé et saturé en vapeur d'eau, tandis que l'eau est refroidie), ou *secs* [aérocondenseurs : l'air se réchauffe au contact d'une paroi (métal plastique) qui le sépare de l'eau du condenseur ou, plus directement, de la vapeur de la turbine ; on parle de *réfrigérant sec* lorsque celui-ci reçoit l'eau chaude d'un condenseur ; d'aérocondenseur lorsqu'il reçoit directement la vapeur de la turbine et joue simultanément un rôle de condenseur et de réfrigérant], ou *humides-secs* (l'eau du condenseur est refroidie en partie par contact indirect avec l'air).

L'air d'un réfrigérant, pour une tranche nucléaire REP 900, comprend un débit de 25 000 à 30 000 m³/s (dans le cas d'une réfrigération humide). Pour obtenir la pression motrice assurant la circulation de tels débits on utilise : *soit le tirage naturel :* avec une tour d'env. 160 m formant cheminée ; la différence de masse des colonnes d'air à l'intérieur de la tour (air chaud) et à l'extérieur (air atmosphérique) fournit une pression motrice faible, imposant des vitesses d'air modérées (quelques m/s) et, compte tenu des débits en jeu, des sections de passage considérables ; *soit le tirage forcé ou induit :* avec de nombreux ventilateurs axiaux, à grand diamètre de roue. Ces ventilateurs permettent de diminuer la hauteur des tours de réfrigération (d'où une économie d'investissement), mais ils nécessitent une très forte puissance électrique (pour la ventilation). L'air y est réchauffé de 15 °C. 0,5 m³ d'eau sont évaporés par seconde et par tour (1 000 MW) de 160 m, la vapeur en se condensant formant parfois un panache (exceptionnellement un nuage).

Utilisation de la chaleur des réacteurs. L'eau réchauffée rejetée peut servir au réchauffage des sols, à l'agriculture, à la pisciculture, au chauffage urbain et à l'industrie. Certains réacteurs en cours d'expérimentation (type H.T.R.) permettraient d'obtenir des températures d'env. 800 °C. Cette chaleur serait utilisable par les raffineries et certaines industries ou pour produire économiquement de l'hydrogène par décomposition thermochimique de l'eau. Le C.E.A. étudie des réacteurs calogènes de puissance réduite fournissant uniquement de la chaleur sous forme de vapeur ou d'eau chaude.

Rejets chimiques

Centrales à eau pressurisée (REP) (par réacteur de 1 000 MW et par an) : *effluents gazeux* 10 000 curies de gaz rares (krypton, xénon). Ces gaz n'ont pas d'affinités chimiques et ne peuvent se fixer dans l'organisme ; *effluents rejetés dans l'eau* 1 500 curies de tritium (eau tritiée) ; *autres rejets* (dans l'air ou dans l'eau) : moins de 5 curies au total : cérium, cobalt, manganèse, iode en quantités très faibles. Ces rejets sont effectués après accord du S.C.P.R.I. (Service central de protection contre les rayonnements ionisants, relevant du ministère de la Santé).

Pour une centrale de 1 300 MW : chlore : 18 à 19 g/s, et entre 0,75 et 1,5 t/jour.

Surgénérateurs : très peu de rejets liquides, peu de rejets gazeux (le sodium piégeant ces gaz).

L'énergie nucléaire dans le monde

Données globales

• **Premières centrales.** **U.S.A.** E.B.R.-1, 20-12-1951 (300 kW), 1re unité nucléaire électrogène au monde. **U.R.S.S.** A.P.S.-Obninsk, mai 1954. **G.-B.** Calder Hall, mai 1956. **France** G1-Marcoule, janvier 1956.

• **Prévisions d'installations nucléaires dans le monde** (en GW, en 2000). Monde occidental, prév. faite en 1975 : 2 500 (prév. faite en 1985 : *368,9*). U.S.A. 1 000 *(104,6)*. France 170 *(69,9)*. Japon 157 *(56,9)*. Allemagne 134 *(32,6)*. G.-B. 104 *(12,6)*.

Parc électronucléaire dans le monde au 1-1-86, par filière

Puissance en GWe nets et, entre parenthèses, nombre d'unités.

	Installé [1]	En construction	En commande [2]	Total
Eau ordinaire [3]	149,7 (191)	106,6 (110)	43,1 (46)	299,4 (347)
Eau bouillante [4]	62,9 (81)	20,0 (20)	3,7 (4)	86,6 (105)
Eau lourde [5]	12,7 (25)	8,6 (14)	0,6 (1)	21,9 (40)
Graphite-Gaz [6]	14,3 (43)	2,5 (4)	–	16,8 (47)
Eau ordinaire [7]	16,4 (28)	8,2 (7)	11,6 (9)	36,2 (44)
Neutrons rapides [8]	2,4 (8)	0,3 (2)	2,5 (3)	5,2 (13)
Divers	0,9 (5)	0,04 (1)	–	0,9 (6)

Nota. — (1) Unités ayant réalisé leur première divergence. (2) Unités en attente de début de travaux. (3) Sous pression REP ou PWR et VVER soviétiques. (4) REB ou BWR. (5) PHWR, BHWR, CANDU. (6) UNGG, MG-UNGG, AGR. (7) RBMK, soviétique. (8) FBR, Surgénérateur.

Source : ELECNUC, janvier 86.

Puissance nucléaire par pays

Pays	P.N. [1] installée en GWe nets	% de la P.N. [1] mondiale	Tranches	Prod. TWh bruts
États-Unis	82,3	31,8	97	404
France	*39*	*15,1*	*44*	*224*
U.R.S.S.	28,6	11,1	51	175
Japon	23,6	9,1	33	152
All. féd.	16,4	6,3	19	126
Royaume-Uni	11,8	4,6	38	61
Canada	10,1	3,9	17	64
Suède	9,6	3,7	12	59
Espagne	5,6	2,2	8	28
Belgique	5,5	2,1	8	35
Chine-T'ai-wan	4,9	1,9	6	29
Suisse	2,9	1,1	5	22
Corée du S.	2,7	1	4	16,5
Finlande	2,3	0,9	4	19 [2]
Tchécoslovaquie	2	0,8	5	8
Afrique du S.	1,8	0,7	2	6
All. dém.	1,7	0,7	5	12 [2]
Bulgarie	1,6	0,6	4	13 [2]
Italie	1,3	0,5	3	7
Inde	1,3	0,5	7	4
Argentine	0,9	0,4	4	6
Hongrie	0,8	0,3	2	6,5
Yougoslavie	0,6	0,2	1	4
Brésil	0,6	0,2	1	3
Pays-Bas	0,5	0,2	2	4
Pākistān	0,1	0,1	1	0,3
Monde	258,7	100	381	

Nota. — D. Pg. (1) Puissance nucléaire. (2) Ox.

Source : C.E.A. (au 1-1-86).

Énergie produite dans le monde (1985). 1 486,8 milliards de KWh bruts (dont pays de l'Est 214,5), par *type de réacteurs ou filière :* REP 762,9, BWR 345,2[1], eau lourde 77,6, gaz-graphite 72,3, VVER 7,5[1], eau-graphite 2,9[1], surgénérateurs 2,3[1], divers 1,5.

Nota. — (1) Dans les pays à économie de marché seulement.

Sources : Banque de données ELECNUC-C.E.A.

Nota. — Une tranche de 1 GWe (10^9 We) évite la consommation de 1,2 à 1,3 Mtep/an. Les commandes de centrales flottantes qui devaient entrer en service aux U.S.A. dans les années 90 ont été annulées courant 1978.

L'U.R.S.S. est le seul pays au monde à avoir en construction des tranches nucléaires d'une puissance unitaire de 1 500 MWe (Drukshai 1 et 2 dont la 1re unité a divergé en octobre 1983, en Lituanie et Kostroma 1 et 2).

• **Puissance électrique d'origine nucléaire dans les principaux pays,** en milliers de MWe nets (1987 et entre parenthèses en 1995-2000). **Europe.** All. dém. 2,5 (5,2-6,9), All. féd. 19,2 (22,9-28,9), Belgique 5,5 (5,5-6,9), Bulgarie 2,6 (5,4-8,3), Espagne 6,6 (8,5-10,3), Finlande 2,3 (2,3-3,3), *France 48,4 (64,4-71,3),* Hongrie 1,6 (2,5-3,3), Italie 1,3 (2,8-6,7), P.-Bas 0,5 (0,5-2,4), Pologne 0,4 (2,7-3,6), Roumanie 0,6 (2,8-5,3), R.-Uni 13 (11,4-11,3), Suède 9,6 (9,6-9,6), Suisse 2,9 (2,9-3,5), Tchécoslovaquie 2,4 (6,5-10), U.R.S.S. 41,9 (99-127), Yougoslavie 0,6 (0,6-1,6). **Afrique.** Afrique du S. 1,8 (1,8-1,8), Égypte 0,0 (0,0-0,9), Libye 0,0 (0,0-0,3). **Amérique.** Argentine 0,9 (1,6-1,6), Brésil 0,6 (1,8-1,8), Cuba 0,4 (0,8-1,6), États-Unis 101,2 (109,1-103,9), Mexique 0,0 (1,3-1,3). **Asie.** Chine pop. 0,0 (2-1-2,1), Chine T'ai-wan 4,9 (6,8-9,1), Corée du S. 5,4 (7,2-8,9), Inde 1,3 (3-5,8), Japon 26,9 (39,8-52,4), Philippines 0,6 (0,6-0,6), Turquie 0,0 (0,0-0,6). **Monde.** 316,9 (466,9-531,6).

Nota. — Au 31-12-1985 : 381 tranches installées dans le monde [26 pays, puissance totale 239,2 GWe nets dont 380 tranches couplées au réseau (258,7 GWe nets)].

Source : Banque de données ELECNUC-C.E.A.

Formules de réacteurs choisies

Allemagne fédérale. Construit des centrales de la filière uranium enrichi-eau ordinaire du type pressurisé (licence KWU) et du type à eau bouillante (licence General Electric US et licence KWU). Les compagnies d'électricité semblent actuellement plus favorables au type pressurisé.

France. S'était orientée d'abord vers la filière uranium naturel-graphite-gaz [*Marcoule* 1956, *Chinon 1* (70 MW, mis en service 1963, arrêté 1973), *2* (210 MW, 1965), *3* (400 MW, 1967), *St-Laurent-des-Eaux 1* (400 MW, 1969), *2* (515 MW, 1971), *Bugey 1* (540 MW, 1972)] ; mais cette filière revenant plus cher, l'E.D.F. décida en 1969, comme la plupart des grands pays industriels, de construire des centrales à uranium enrichi-eau ordinaire. La 1re commencée en 1970 (Fessenheim, Alsace, 900 MW) a produit ses 1ers kWh en 1977.

Le prix du pétrole restant très avantageux jusqu'à fin 1973, on ne mit en chantier que 5 tranches de 900 MW de 1970 à 73. Après la crise pétrolière d'oct. 1973, un programme nucléaire capable de couvrir une part importante des besoins énergétiques français fut décidé.

G.-B. En 1965, choisit de construire des réacteurs AGR, à uranium faiblement enrichi, mais des difficultés techniques retardèrent le programme. La G.-B. envisagea alors d'utiliser la filière SGHWR (version britannique de la filière à eau lourde) puis elle lança en janv. 1978 un nouveau programme de 4 tranches A.G.R. et décida d'étudier l'introduction industrielle de la filière uranium enrichi-eau ordinaire du type pressurisé (R.E.P.). Une enquête publique pour la réalisation d'une tranche P.W.R. est en cours. Début de la construction 1986-87.

U.R.S.S. A choisi la filière uranium enrichi-eau ordinaire sous pression, V.V.E.R. (proche des réalisations occidentales et américaines) et des centrales à uranium enrichi, graphite, eau ordinaire bouillante (filière R.B.M.K., de type canal). Elle a annoncé en 1984 son intention de construire une série de réacteurs sur générateurs du type BN-800.

U.S.A. Disposant d'uranium enrichi produit par leurs 3 usines d'enrichissement construites à des fins militaires, se sont orientés pendant les années 50 vers les réacteurs de la filière uranium enrichi-eau ordinaire, du type pressurisé et du type à eau bouillante.

Nota. — Au 1-1-1984, dans le monde, la filière à uranium enrichi et eau ordinaire du type pressurisé (P.W.R. : pressurized water reactor, R.E.P. réacteur à eau ordinaire sous pression, V.V.E.R. : acronyme soviétique de ces réacteurs) représentait 55,7 % de la puissance installée (1re divergence réalisée), 72,3 % de celle en construction, et 75 % de celle en commande.

Parc de surgénérateurs

• **Électrogènes, réacteurs expérimentaux ou prototypes commerciaux** (en service, en construction, ou en projet, nom du réacteur ou de la tranche, année de 1re divergence, puissance électrique en millions de watts). **All. féd.** : *K.N.K. II*, 1977, 21 ; *S.N.R.-300 Kalkar*, 1987, 327. **France** : *Phénix*, 1973 (-31-8) à Marcoule, 250 ; *Super-Phénix 1*, 1985, à Creys-Malville [E.D.F. 51 %, Enel (Italie) 33 %, S.K.B. (All. féd.)] 1985, 1 240 ; relié le 14-1-86 au réseau E.D.F. **G.-B.** : P.F.R. Dounreay, 1974, 270. **Inde** : *F.B.T.R.-Kalpakkam*, 1985, 15. **Japon** : *MONJU J.P.F.R.*, 1992, 280. **U.R.S.S.** : *BOR-60*, 1968, 12 ; *BN-350* (Schevchenko), 1972, 150 ; *BN-600*, 1980, 600 ; *BN-800 Beloyarsk*, après 1990, 800 ; *BN-1 600 Obninsk*, après 1993, 1 600 ; *Youzhno Ouralsk*, après 1995, 800. **U.S.A.** : *E.B.R. 2* (Experimental Breeder Reactor) 1963, 20 ; *C.R.B.R.* (Clinch River Breeder Reactor, projet abandonné définitivement en 1983), 350.

• **Non électrogènes, prototypes.** Puissance thermique en millions de watts. **France** : Rapsodie, 1967, 40. **Japon** : Joyo ou J.E.F.R., 1977. **U.S.A.** : F.F.T.F., 1979-80, 400.

☞ Si le programme de construction de réacteurs rapides était établi en fonction de la production de plutonium issu des centrales nucléaires existantes (plutonium affecté 6 ans après la 1re charge des réacteurs rapides), 1 000 MW/an pourraient être mis en service vers la fin des années 80.

En 2000, 20 à 25 % du parc nucléaire serait alors composé de réacteurs rapides.

L'énergie nucléaire en France

Commissariat à l'énergie atomique

• **Organisation.** Créé 18-10-1945. **Administrateur général** : Gérard Renon (n. 1940). **Haut-Commissaire** : Jean Teillac (n. 1920). **Secr. gén.** : Pierre Pelletier. **Filiales les plus importantes** : *C.O.G.E.M.A.* (Cie gén. des matières nucléaires) qui gère le cycle du combustible nucléaire, et en particulier le retraitement, *Technicatome* qui étudie et construit les réacteurs de recherche et les petits réacteurs de puissance, *C.I.S.I.* entreprise d'informatique, *E.F.C.I.S.* composants électroniques, *ECOPOL* lutte contre les nuisances, sécurité industrielle, *Intercontrôle* contrôle non destructif des équipements ind., *Sofratome* assistance technique à l'étranger. **Employés** : 30 000. **Chiffre d'aff.** (1984) : 24,3 milliards de F. **Crédit** 3,39 milliards de F (pour l'amélioration du rendement dans le retraitement des combustibles nucléaires).

• **Rôle** : matières nucléaires, applications militaires, recherche fondamentale, protection et sûreté nucléaire, applications industrielles nucléaires. Peut également, dans les limites fixées par le gouvernement, prolonger certaines activités de recherche et de développement dans des domaines non nucléaires, à des fins économiques, ou pour participer à des programmes d'intérêt général. **L'Agence Nationale pour la Gestion des Déchets Radioactifs (A.N.D.R.A.)**, *créée* le 7-11-1979, dépend du C.E.A.

Matériel

• **Constructeurs de réacteurs.** *Framatome* (actionnaires Creusot-Loire 70 %, CEA 30 %) pour la filière sous pression PWR : 1 REP 330 en service, 34 REP 900 en service, construction ou commande, 18 REP 1 300 en construction ou commande. *Novatome* (actionnaires Framatome 70 %, Alsthom-Atlantique 15 %, Neyrpic 15 %) pour les surgénérateurs : 1 surgénérateur en construction à Creys-Malville.

• **Exportations de centrales.** Localisation, date de mise en service industriel, système, puiss. *Groupement d'industriels français* : Espagne, Vandellos 1 (1972, UNGG, 480 MWe). *Framatome* : Belgique, Tihange 1 (1975, REP, 870), Tihange 2 (1983, REP, 902), Doel 3 (1983, REP, 891) ; Afr. du S., Koeberg 1 (1984, REP, 922), Koeberg 2 (1985, REP, 922) ; Corée du S., Uljin-1 et Uljin-2 (1988, REP, 900), Buku-Ri 2 (1989, REP, 900) ; Iran (2 commandes en 1977, annulées en 1979). Négociations en cours avec Mexique, Finlande, Égypte, Chine, T'ai-wan, Pakistan, Maroc, Yougoslavie.

Centrales

Données globales

• **Perspectives en France 1986. 44 unités installées**, dont : 4 tranches nucléaires anciennes (graphite-gaz), 2 surgénérateurs, 38 réacteurs à eau ordinaire sous pression (1 REP de 300 MWe, 32 REP de 900 MWe, 5 REP de 1 300 MWe.

Production d'électricité nucléaire de 213,1 TWh nets (prov., 1985) (Tera-watts-heures ou milliards de KWh), soit env. 64,8 % de la prod. élec.

Puissance en 1990. 57 unités installées, dont : 3 tranches nucléaires anciennes (graphite-gaz), 2 surgénérateurs, 52 réacteurs à eau ordinaire sous pression (34 REP de 900 MWe, 18 REP de 1 300 MWe).

• **Puissance nucléaire couplée au réseau** (au 1-1 de chaque année, en MWe bruts et entre parenthèses nombre d'unités). *1970* : 1 796 (8), *73* : 2 881 (10), *80* : 8 675 (16), *81* : 15 269 (22), *82* : 22 797 (30), *83* : 24 667 (32), *84* : 33 248 (41), *85* : 38 958 (44).

Aptitude à produire de l'électricité, que la centrale fonctionne à pleine puissance ou à charge partielle, qu'elle soit ou non appelée sur le réseau. *Coefficient de disponibilité en % (de mars 85 à mars 86)* : Centrales à eau légère 1 300 MW 90,5 ; de 900 MW 83,5 ; uranium naturel gaz-graphite 47,2 ; ensemble des centrales nucléaires E.D.F. 81,6.

Liste des centrales

Site, appellation des tranches, année de mise en service industriel, puissance électrique en MWe nets, observations. Belleville *(Cher)* : *1* (1987, REP, 1 275 MWe), *2* (1988, REP, 1 275). **Bugey** *(Ain)* : *1* (1972, UNGG, 540), *2* (1979, REP, 920), *3* (1979, REP, 920), *4* (1979, REP, 900), *5* (1980, REP, 900). **Cattenom** *(Moselle)* : *1* (1987, REP, 1 265), *2* (1987, REP, 1 265), *3* (1989, REP, 1 265), *4* (1990, 1 265). **Chinon** *(I.-et-L.)* : *A3* (1967, UNGG, 480), *B1* (1984, REP, 870), *B2* (1984, REP, 870), *B3* (1987, REP, 870), *B4* (1987, REP, 870). **Chooz** *(Ardennes)* : *A1* (1970, REP, 310, centrale de la SENA, EDF 50 %), *B1* (1991, PWR, 1 375), *B2* (1992, PWR, 1 375). **Civaux** *(Vienne)* : *1* (1994, PWR, 1 375). **Creys-Malville** *(Isère)* : *1* (1986, 1 200). Le 31-7-1977, un manifestant antinucléaire y avait été tué par une grenade lancée par les forces de l'ordre. Le 18-1-1982, des inconnus avaient lancé 5 roquettes. *Coût* : 1er devis (1977), 5,35 milliards de F ; oct. 1983 : 9,3 (valeur 1977) ; fin de contrat 19. Le kWh sera 2 fois plus cher que celui d'une centrale nucléaire classique type REP. **Cruas Meysse** *(Ardèche)* : *1* (1984, REP, 880), *2* (1985, REP, 880), *3* (1984, REP, 880), *4* (1985, REP, 880). **Dampierre** *(Loiret)* : *1* (1980, REP, 890), *2* (1981, REP, 890), *3* (1981, REP,

Sites nucléaires en France au 1-1-1986

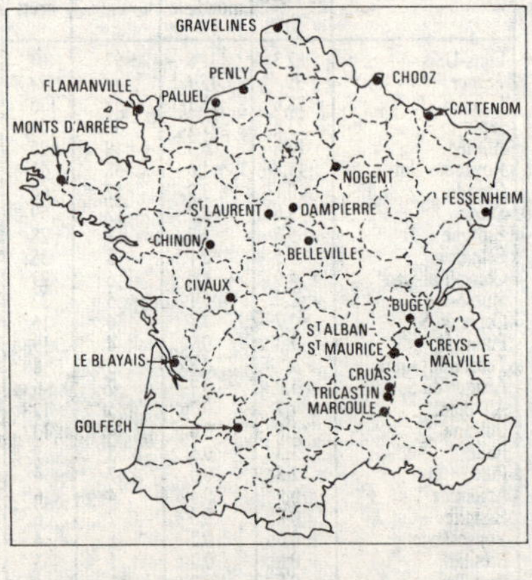

890), *4* (1981, REP, 890). **Fessenheim** *(Ht-Rhin)* : *1* (1977, REP, 880), *2* (1978, REP, 880). **Flamanville** *(Manche)* : *1* (1986, REP, 1 290), *2* (1986, REP, 1 290). **Golfech** *(T.-et-G.)* : *1* (1990, REP, 1 275), *2* (1992, REP, 1 275). **Gravelines** *(Nord)* : *B1* (1980, REP, 910), *B2* (1980, REP, 910), *B3* (1981, REP, 910), *B4* (1981, REP, 910), *C5* (1985, REP, 910), *C6* (1985, REP, 910). **Le Blayais** *(Gironde)* : *1* (1981, REP, 910), *2* (1983, REP, 910), *3* (1983, REP, 910), *4* (1983, REP, 910). **Nogent-sur-Seine** *(Aube)* : *1* (1988, REP, 1 275), *2* (1989, REP, 1 275). **Paluel** *(S.-M.)* : *1* (1985, REP, 1 290), *2* (1985, REP, 1 290), *3* (1986, REP, 1 290), *4* (1986, REP, 1 290). **Penly** *(S.-M.)* : *1* (1989, REP, 1 290), *2* (1991, REP, 1 290), *3* (1995, PWR, 1 375). **Phenix** *(site de Marcoule)* : *1* (1974, surgénérateur, CEA-EDF, 233). **St-Alban** *(Isère)* : *1* (1986, REP, 1 300), *2* (1986, REP, 1 300). **St-Laurent-des-Eaux** *(L.-et-C.)* : *A1* (1969, UNGG, 480), *A2* (1971, UNGG, 515), *B1* (1983, REP, 880), *B2* (1983, REP, 880). **Tricastin** *(Drôme)* : *1* (1980, REP, 915), *2* (1980, REP, 915), *3* (1981, REP, 915), *4* (1981, REP, 915).

Nota. — Coefficient de production du parc EdF (%) : *1980* : 60,5 (22), *1981* : 59,1 (30), *1982* : 53,3 (32), *1983* : 62,5 (36), *1984* : 70,5 (41) (toutes filières de réacteur confondues), *1985* : 70,6 (coefficient de disponibilité en énergie à partir de la mise en service industriel).

Tranches en commande. 2 avec réacteur à eau ordinaire sous pression dont 1 engagement autorisé en 1986 [Golfech-2 1 275 MWe nets (mise en service 1992)] et 1 eng. proposé en 1987 [Chooz-B-2 1 375 MWe nets (1992)].

Combustible nucléaire

Minerais et concentrés

Principaux types de minerais

• **Uranium.** *Pechblende* (mélange d'oxydes d'uranium, teneur de 50 à 80 %) et dérivés ; *vanadates* (francevillite, carnotite) ; *phosphates* (chalcolite, autunite).

Cycle

L'uranium *est extrait* de mines souterraines ou à ciel ouvert. Les parties les plus riches sélectionnées à l'abattage, puis à la remontée, avec des compteurs Geiger, sont *concentrées* (par traitement chimique donnant de l'uranate à 60 % d'uranium ou du nitrate d'uranyle à 400 g d'uranium par litre), puis *raffinées* (purification par voie aqueuse, puis élaboration du produit fini, par voie sèche). Le composé obtenu se présente sous forme de poudre ou de liquide. Son transport n'exige aucune précaution particulière.

L'uranium naturel métal sert pour la filière uranium naturel-graphite-gaz. Pour les filières uranium enrichi, l'uranium doit d'abord être mis sous forme d'*hexafluorure UF6* (en France l'usine de Pierrelatte assure cette production depuis 1962, sa capacité actuelle est de 8 000 t). Il sera ensuite *enrichi* (voir plus bas : Raffinage).

Puis on fabrique les éléments combustibles (UO^2) et, après les avoir gainés, on les assemble en grappes.

Après env. 3 ans d'utilisation dans un réacteur nucléaire, on décharge le combustible et on l'entrepose env. 6 mois dans une piscine d'eau pour laisser décroître sa radioactivité. Ensuite on le transporte dans des conteneurs à parois de plomb et d'acier (les « châteaux ») à l'usine de traitement des combustibles irradiés, où l'on sépare l'uranium et le plutonium, qui seront réutilisés, et les produits de fission qui seront stockés.

1 kg d'uranium enrichi à 3 % donne après retraitement 1 kg d'uranium à 0,9 %, 6 g de plutonium fissile (isotopes 239 et 241), 4 g de plutonium non fissile et certains déchets : strontium 90, césium 137 et neptunium récupérés pour l'utilisation comme source autonome d'irradiation et de chaleur, avec ou sans transformation en énergie [*stimulateurs cardiaques* (à générateur isotopique) : batteries au plutonium 238 ; *bouées-balises de navigation* (à générateur isotopique) ; *conservation des denrées alimentaires* (par le rayonnement gamma, émis par le cobalt 60 ou le césium 137, ou par le traitement par des électrons d'une énergie inférieure à 10 MeV).

• **Thorium.** *Thorianite* (45 à 88 % de thorium) ; *uranothorianite* (jusqu'à 12 % d'uranium) ; *monazite* (12 % de thorium, parfois un peu d'uranium ; Madagascar, Inde, Austr., Brésil).

Statistiques mondiales

• **Production d'uranium** (en millions de kg d'U_3O_8, en 1985, entre parenthèses 1994). Canada 13 (16,3). Afr. du S. 5,5 (5). U.S.A. 5 (4,5). Centrafrique 4,8 (4,5), Australie 3,8 (8,2). Namibie 3,8 (3,6). *France 3,6 (2,7).* Autres 1 (0,9). *Monde 40,7 (45,8).*

• **Consommation d'uranium** (en millions de kg d'U_3O_8 en 1985, entre parenthèses 1988 et en italique 1994). Monde 34,4 (45,4) *52,2* dont Europe occ. 15,4 (20,4) *24.* U.S.A. 11,7 (14,5) *15.* Extrême-Or. 5,1 (7,7) *10.* Autres 2 (2,7) *3,2.*

● **Besoins annuels mondiaux d'uranium** (monde occidental, milliers de t d'uranium naturel et, entre parenthèses, français). *85 :* 39,8 (6,8), *90 :* 47,8 (8,9), *95 :* 49,8 (8,6), *2000 :* 53,3 (8,4). *Quantités que devraient importer par an à partir de 1985 :* U.S.A. 37 000 t (ils ne produisent que 23 000 t), All. féd. 7 500 (11 850 en 1990), Japon 6 345 (10 250 en 90), G.-B. 3 175 (5 340 en 90).

● **Plus grandes régions uranifères** *(connues) :* plateau du Colorado (U.S.A.), Blind River (Canada), territoires du Nord (Australie), Witwatersrand (Afr. du S.), chaîne hercynienne (Europe, Mexique).

Réserves et, entre parenthèses, ressources connues du M.E.M. [1] (en 10^3 t.u, au 1-1-1986). (*Réserves :* ressources raisonnablement assurées récupérables à moins de 80 $/kgU ; *ressources connues :* raisonnablement assurées + ressources supplémentaires estimées, récupérables à moins de 130 $/kgU.) Afr. du S. 257 (483), Australie 463 (903), Brésil 163 (256), Canada 155 (411), *France 56 (112)*, Namibie 104 (173), Niger 180 (482), U.S.A. 131 (398), autres 100 (324).

Nota. — (1) *M.E.M. :* Monde à Économie de Marché. (2) Pour le M.E.M., le potentiel estimé, hors ressources connues, est de 9,6 à 12,1 millions de t ; le potentiel uranifère estimé des pays à économie planifiée s'élève de 5,2 à 6,5 millions de t.

L'uranium est assez répandu, mais peu de gisements sont rentables. Faute de nouvelles découvertes (170 000 t/an entre 80 et 85, 230 000 t/an entre 85 et 90), la pénurie se fera sentir dès les années 1990-95, surtout si des difficultés d'approvisionnement incitaient les acheteurs à retenir à l'avance le minerai nécessaire pour la durée de fonctionnement de leurs centrales (5 000 t pour chaque centrale de 1 000 MWe fonctionnant pendant 30 ans).

● **Réserves mondiales d'uranium** (en millions de kg d'U_3O_8, en 1985 et entre parenthèses 1994). Inventaire d'origine 214 (187,3) production 40,7 (45,8), la consommation 34,4 (52,2). Inventaire final 220,4 (181).

Statistiques françaises

● **Exploitations minières en France.** La prospection a commencé en 1946. En dehors des gisements exploités, il existe d'autres petits gisements : Massif armoricain, Cantal. Les réserves sûres ont augmenté de 20 % en 1980 avec la découverte, à 15 km au nord de Libourne (Coutras), d'un gisement évalué à 20 000 t soit l'équivalent de 200 millions de t de pétrole ou la consommation fr. d'électricité pendant 3 ans.

Principales sociétés productrices (1984, en t d'uranium contenues). Total : 3 168. *C.O.G.E.M.A. (Cie gén. des matières nucléaires)* (100 % C.E.A.) 2 768 ; 3 divisions minières : Limousin 988, Vendée 557, Hérault 1 223 ; travaux de prospection en Gironde, Dordogne, Alpes-Mar., Var. *Dong-Trieu* 452 (Limousin). *C.F.M. (Cie française de Mokta)* 206 (Creuse et Lozère). *S.C.U.M.R.A. (Sté centrale de l'uranium et des minerais et métaux radio-actifs)* 98 (Cantal-Creuse et Aveyron). *S.M.U.C. (Sté des mines d'uranium du Centre)* 47 (Corrèze). *S.I.M.U.R.A. (Sté ind. des mines d'uranium)* 14 (Morbihan). *Total Cie minière.*

Concentration de minerais d'uranium. *C.O.G.E.M.A.* dans chacune de ses divisions minières [Lodève, St-Jean-du-Bosc (Hérault), Bessines (Hte-V.), l'Escarpière (L.-Atl.), et Langogne (Lozère)] ; *C.F.M.*, à St-Jean-la-Fouillouse (Lozère) ; *S.C.U.M.R.A.*, à St-Pierre-du-Cantal ; Cie minière de *D.O.N.G.-T.R.I.E.U.*, Lussac-les-Églises (Hte-V.).

● **Prix de revient. Minerai** (en $ par livre anglaise d'U_3O_8) vers *1953 :* 8 (commandes militaires importantes) puis 5. *1974 :* 7. *75 :* + de 10. *78 :* env. 20. *79 :* 45. *80 :* 26. *82 :* 19. *83 :* 22. Uranium métal (1981) : en France 336 F le kg ; **enrichi :** 350 ; **eau lourde :** 494 F le litre.

● **Production** (1983). 3 585 t d'uranium contenues dans 1 649 966 t de minerai (teneur moyenne 2,17 ‰).

● **Stocks français.** 12 000 t (en 1984) + production nationale annuelle (3 086,6 t en 1982), d'où une autonomie de 5 ans. A charges financières égales, 3 mois de stockage de produits pétroliers correspondent à 1 an 1/2 de stockage d'uranium. L'objectif français est de disposer d'au moins 1 an de réserves.

Enrichissement de l'uranium

Définition. Enrichir l'uranium naturel c'est le soumettre à des opérations qui le séparent en 2 mélanges : *uranium enrichi* qui contient une proportion plus grande d'U 235 et *uranium appauvri* qui en contient moins (0,2 à 0,3 %).

Nécessité. L'uranium naturel est un mélange de plusieurs isotopes (isotopes = corps ayant le même nombre de protons, mais se différenciant par le nombre de neutrons) : $^{234}_{92}$U (0,056 % de la masse) ; $^{235}_{92}$U (0,711 %) ; $^{238}_{92}$U (99,283 %). En cas de choc d'un neutron sur un atome d'U 235 il y a fission ; sur un atome d'U 238 il y a capture de neutron avec production de plutonium. On dit que l'U 235 est *fissile* et l'U 238 *fertile.*

Technique. Il existe plusieurs procédés pour séparer, dans l'uranium naturel, l'isotope 235 du 238, par *diffusion gazeuse, centrifugation, diffusion thermique, séparation électromagnétique, séparation par laser.* Tous utilisent la différence de masses des 2 isotopes, différence inférieure à 1 %, ce qui rend la séparation très laborieuse.

☞ Voir croquis ci-dessous.

En mai 1977, la France a annoncé qu'elle détenait un nouveau procédé d'enrichissement de l'uranium, fondé sur de simples réactions chimiques qui, dans une solution liquide de sels d'uranium font migrer l'uranium 235 et 238 à des vitesses différentes. Ce procédé permettrait d'obtenir de l'uranium enrichi à 3 %, suffisant pour les réacteurs civils, mais il faudrait 30 ans pour atteindre un taux de 90 %, taux nécessaire pour les bombes atomiques.

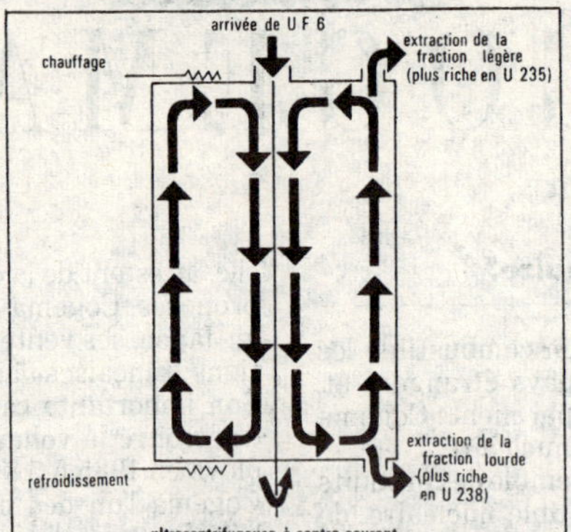

ultracentrifugeuse à contre-courant

Statistiques

● **Besoins d'enrichissement en millions d'U.T.S.** (unité de travail de séparation isotopique) avec taux de rejet de 0,2 %. **France :** *78* 1,1 ; *80* 6,4 ; *90* 57,5. **U.S.A. :** *78* 6,9 ; *80* 22,3 ; *90* 172,7. **Europe :** *78* 6,4 ; *80* 20,2 ; *90* 157. **Japon :** *78* 1,5 ; *80* 5 ; *90* 46,2. **Monde** (hors pays de l'Est) : *78* 13,2 ; *80* 49,5 ; *90* 414,5.

Capacité d'enrichissement en millions d'U.T.S./an

	1977	1980	1985	1990
US DOE [1] (diff. civil)	15,9	21,4	26,5	26,5
US ERDA [2] centrifugation	0	0	0	8,8
EURODIF [3]	0	6,3	10,8	10,8
COREDIF [4]	0	0	3	10
URENCO	0,2	1,4	2,7	2,7
URSS (export)	3	4	4	4
Total	*19,1*	*33,1*	*47* [5]	*62,8* [5]

Nota. — (1) DOE (Department of Energy). (2) ERDA (Energy Research and Development Administration). Début production 1986 (1,1 million d'U.T.S.) ; pleine production 1988. (3) EURODIF (Sté européenne d'enrichissement de l'uranium) selon le procédé de la diffusion gazeuse. Participants (en %) : *France* (C.E.A.) 51,55, Italie (Agip nucleare, Enea) 16,25, Belgique (Soben) 11, Espagne (Enusa) 11, Iran 10. Regroupés dans la Sté EURODIF. *Capacité prévue :* 10,8 millions d'U.T.S. par an, soit 2 670 t d'uranium enrichi à 3,15 % par an. *Teneur de rejet* 0,25 %. *Puissance électrique moyenne nécessaire* pour alimenter l'usine 3 100 MW. *Implantation :* Tricastin (Drôme). *Coût :* 12 milliards de F. *Construction :* 1974-82. (4) COREDIF (Cie de réalisation d'usines de diffusion gazeuse). Planning de réalisation pas encore définitivement arrêté. (5) Il faut ajouter les capacités des usines envisagées mais non décidées. *1985 :* URENCO 1,5 ; Japon 0,5. *1990 :* URENCO 8 ; Japon 2 ; Afr. du S. 5 ; Brésil 2.

● **Enrichissement de l'uranium en France.** La transformation à partir du tétrafluorure (UF 4) pour la filière UNGG (Uranium Naturel Graphite Gaz) en hexafluorure (UF 6), en vue de l'enrichissement ultérieur pour les tranches REP, est assurée par la Sté Comurhex (à participation Cogéma 39 %, PUK 51 %, Imétal 10 %). Capacité de Pierrelatte pour l'UF 6 (1977) : 8 000 t ; prévu : 15 000 t.

Approvisionnement *français en uranium enrichi* (en 1980 et 1985, en %). *EURODIF* 76,1 (84,3). U.R.S.S. 19,6 (11,4). U.S.A. 4,3 (4,3).

Fabrication des combustibles

Réacteurs à eau pressurisée. Fabrication par la Sté franco-belge FBFC, filiale de Framatome, Westinghouse à Dessel (Belgique) et bientôt en France à Romans (Drôme). Le combustible utilisé se présente sous forme de pastilles d'oxyde d'uranium empilées dans des tubes de zircalloy (alliage de zirconium) formant la *gaine* (longueur de ces crayons, égale à la hauteur du cœur, env. 4 m ; diamètre env. 10 mm). On constitue des assemblages allant jusqu'à 200 crayons dans des boîtiers verticaux.

Surgénérateurs. Fabrication à Cadarache (C.E.A.). Le combustible est constitué d'aiguilles faites de pastilles d'oxyde mixte d'uranium et de plutonium de 5,5 mm de diamètre empilées dans des gaines en acier inoxydable.

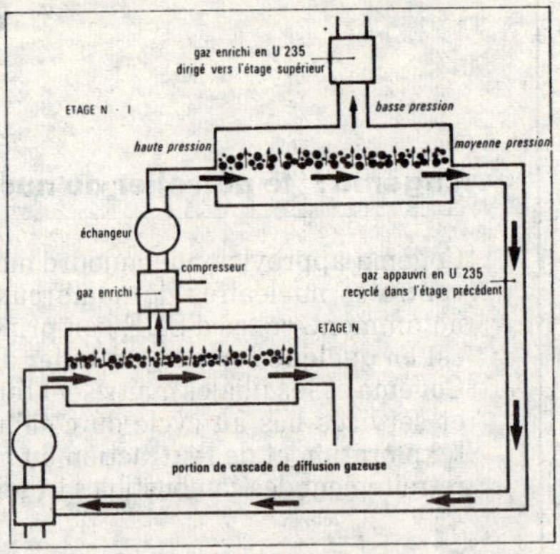

Combustibles irradiés

Généralités

Processus. Dans le cœur du réacteur, le combustible subit un taux de combustion exprimé en Mégawatts (thermiques) × jours par tonne (MWj/t), mesurant l'énergie fournie et son taux d'usure. Une fois irradié, le combustible contient : *1° Les produits de fission* de corps généralement émetteurs β et γ de période relativement courte, responsables de la quasi-totalité de l'activité. *2° Des corps lourds* généralement émetteurs α de longue période (transuraniens comme les isotopes du neptunium, plutonium, americium et curium). *3° Du tritium* formé par fission ternaire. Après le déchargement, l'ensemble de cette radioactivité dégage de la chaleur (exprimée en w/t) qui forme la puissance résiduelle (de l'ordre de 6 % de la puissance du réacteur au départ, elle tombe au 1/100 de sa valeur au bout de 180 j).

Bilan. Après 3 ans en centrale nucléaire : 100 kg d'uranium (97 kg d'U 238 + 3 d'U 235) donnent 95 kg d'U 238, 1 d'U 235, 1 kg de plutonium, 3 kg de produits de fission.

Transport. Les conteneurs de combustibles irradiés doivent résister à une chute de 9 m sur une surface très rigide, à un incendie de 30 mn, à la pression de 15 m d'eau. En 1972, 2 trains ayant déraillé (1 aux U.S.A., 1 en All. féd.) ; les conteneurs ont résisté. Il faut 10 transports par an pour 1 réacteur de 1 000 MW (volume 100 à 200 m²).

Retraitement. Série d'opérations mécaniques et chimiques pour séparer des combustibles irradiés, uranium, plutonium, des produits de fission et autres éléments transuraniens. *Technique :* les assemblages de combustibles irradiés (sous forme d'env. 250

« crayons » enfermés dans des tubes de zirconium) sont immergés dans une piscine pendant 2 ans env. ; l'eau assure une protection contre les rayons γ des produits de fission et contre la chaleur dégagée par la radioactivité. Puis les crayons combustibles, cisaillés en tronçons de 3 à 5 cm, sont dissous dans une solution d'acide nitrique. Uranium et plutonium, sous forme de nitrates, sont séparés des produits de fission par voie chimique (solvants organiques), puis séparés l'un de l'autre et purifiés, également par voie chimique. On obtient un uranium appauvri par rapport à celui entré dans les centrales (3 %), mais enrichi par rapport à son état naturel. (Une fois réenrichi, il peut être réutilisé dans les centrales REP.) Le plutonium, stocké sous forme d'oxydes, pourra être réutilisé dans les surgénérateurs et les REP.

La France récupère le plutonium pour s'affranchir de l'uranium comme combustible, ce qui permet aussi de réduire les risques des corps radio-actifs produits dans les combustibles. Les U.S.A. voulant éviter la prolifération des matières fissiles (que facilitent le retraitement et le développement des surgénérateurs) ont par contre abandonné le retraitement. Ils stockent leurs combustibles irradiés d'une manière réversible *(stoaway cycle)* dans des zones désertiques (ils pourront être retraités plus tard), ou d'une manière définitive *(throaway cycle)*.

Statistiques

• **Besoins de traitement** en t d'uranium, **capacité** entre parenthèses et **tonnages non retraités** : *U.S.A. 1976* : 1 162 (750) 1 933, *78* : 1 701 (1 500) 2 146, *80* : 2 212 (1 500) 2 012 ; *Europe 1976* : 215 (400), *78* : 720 (750) ; *Japon 1975* : 50 (0) 50.

Coût du retraitement. Prix du kg d'uranium traité en France (en F courants) : *1975* : 450, *80* : 3 000, *81* : 4 200, *82* : 4 660, *83* : 5 600, *84* : 6 150.

• **Usines de retraitement.** Date de mise en service et capacité théorique annuelle en t d'U.

France : Marcoule UP 1 *1958* : 800-1 000 [a]. La Hague UP 2 *1967* : 800 [a], *76* : 800 [a] (ou 400 [b]) ; l'usine rend aux étrangers les déchets radioactifs et l'uranium récupéré, mais garde le plutonium, à moins que le client puisse l'utiliser à des fins civiles (ex. : All. féd.).

G.-B. Windscale (tête oxyde Windscale) (arrêtée en 1973 à la suite d'un accident de contamination). *1964* : 1 500-2 000 [a]. *80* : 1 200 t. **All. féd. :** G.W.K. Karlsruhe *1970* : 35 [b]. *Mars 80* : l'All. renonce à construire une autre usine. **Japon :** Tokaï Mura *1968* : 20, *77* : 200 [b]. **Inde :** Trombay *1975* : 100 [b,c] ; Tarapur *1979* : 100 [b,c]. **Italie :** Saluggia *1970* : 25.

Programmées. France : La Hague (UP 2 800) *1991* 850 [b] ; (UP 3), *1989* : 900 [b]. **G.-B. :** Windscale (Thorp [1]) *1987* : 1 200 [b]. **All. féd. :** Gorleben (D.W.K.) *1989* : 1 400 [b], 1 500 [b,2]. **Envisagées, Japon :** 1 500 [b] (en attendant : retraitement assuré par France et G.-B.). **Espagne :** ? 1 000. **Pâkistân :** ? 100. **Brésil :** ? 35. **Belgique :** Belgoprocess 60 (ex-Eurochemic, en veilleuse depuis 1966), *1986 (mai)* : Alanden. **U.S.A. :** situation bloquée depuis avril 1977 [West Valley 300 (mise en service en 1966, fermée), Barnwell (Caroline du S., 1 500 t/an) achevée en 1976, n'a jamais fonctionné].

Nota. — Combustible retraité : (a) métal, (b) oxyde, (c) eau lourde. (1) Enquête publique en cours. (2) Sous réserve des conclusions de l'instruction du dossier de sécurité. France, G.-B., All. féd., se sont réunies en 1971 dans une association, l'United Reprocessors GmbH.

Déchets

Généralités

• **Nature. Déchets de faible activité.** Pièces contaminées par la radioactivité : gants, chiffons, plastiques, matériel consommable de laboratoires, pièces d'équipement d'usines non réutilisables, etc. provenant des centrales nucléaires, centres de recherche, usines (Dagneux, Conservatome) du cycle de combustibles, hôpitaux ou laboratoires utilisant des radio-isotopes (C.N.R.S., I.N.S.E.R.M.) à vie courte.

Déchets de haute activité. Le combustible des réacteurs est renouvelé en moyenne tous les 3 ans. Les produits de fission qu'on récupère contiennent plus de 99 % de la radioactivité produite par les réacteurs. Cette radioactivité décroîtra à une vitesse variable, les périodes (temps où la décroissance atteint 50 %) varient d'une fraction de seconde pour certains corps à 28 ans pour le strontium 90, et 30 a. pour le césium 137. Ainsi, au bout de 10 périodes, la quantité produite est divisée par 1 000 env. et par 1 million au bout de 20 périodes. Reste mêlé aux produits de fission un faible % de transuraniens qui ne peuvent être récupérés en totalité. Il s'agit surtout du plutonium 239 (période 24 000 ans) et du plutonium 240 (période 6 000 a.).

• **Modes de gestion des déchets radioactifs.** Ils sont le plus souvent enrobés de bitume, de béton ou de résine thermodurcissable selon leur niveau d'activité. La France a mis au point un procédé de vitrification permettant de conditionner les produits de fission sous forme de blocs solides de verre insoluble. La Belgique et l'All. féd. étudient l'utilisation de petites billes de verre ou de céramique noyées dans du plomb.

Stockage prévu pour les déchets radioactifs à vie longue. *Entreposage de quelques dizaines d'années* sur place dans des puits bétonnés (et ventilés) dans les usines de retraitement ; puis stockage dans des formations géologiques (basaltiques ou granitiques ou même de sel) stables et exemptes de venue d'eau, sans gardiennage mais sous contrôle. Ces déchets contiennent une certaine quantité d'éléments transuraniens qui posent les problèmes les plus délicats compte tenu de leur durée de vie extrêmement longue. La solution de stockage en formation géologique semble pouvoir donner la garantie suffisante. On étudie par ailleurs le recyclage dans les réacteurs à neutrons rapides (voir surgénérateurs). Les déchets radioactifs à vie courte sont conditionnés et stockés en surface (tumulus et monolithes). Pour la France, l'A.N.D.R.A. gère l'ensemble des déchets radioactifs nationaux.

• **Lieux de stockage. All. féd.** (mines de sel d'Asse), **G.-B., Suisse, Pays-bas, Belgique** les rejettent en containers à la mer, **Japon** (dans une fosse au N. des Mariannes), **Chine** (désert de Gobi, en négociation avec Suisse et All. féd.). **France.** *La Hague* (Manche, dep. 1960). Le choix de sites de surface doit intervenir en 1986.

Emprise au sol : 200 hectares dont 90 % d'espaces verts, pour une centrale de 5 000 MW, soit env. 60 km^2 pour des sites de l'an 2000.

Statistiques

• **Production annuelle de déchets d'une centrale nucléaire de 1 000 MW aux différents stades.** *Concentration du minerai* : déchets solides 105 000 t, liquides 300 m^3. **Conversion, enrichissement :** déchets solides : quantité négligeable. **Réacteur :** rejets gazeux centrale BWR 100 000 curies ; REP 40 000 curies. **Station de traitement des effluents :** rejets liquides 4 m^3 par heure (dilués dans 80 000 m^3 d'eau par heure), *centrale PWR* 105 curies (+ 1 000 ^{3}H), *REB* 100 curies (+ 30 ^{3}H) ; déchets solides 100 à 300 m^3 ; rejets gazeux 300 000 ^{85} krypton. **Retraitement :** rejets liquides 1 200 m^3 et 300 curies.

Comparaisons. L'électricité nécessaire à la consommation d'une ville de 100 000 h. pendant 1 an entraînerait, si elle était produite par une centrale nucléaire, 90 l de verre de stockage des déchets radioactifs de haute activité (0,15 m^3 par t de combustibles) [+ 20 à 25 m^3 de déchets de faible et moyenne activité par t retraitée à La Hague dont un certain nombre de produits contaminés par des émetteurs alpha posant des problèmes à très long terme (million d'années)]. La même électricité produite par une centrale thermique au charbon donnerait env. 20 000 t de déchets (cendres et stériles).

• **Dans le monde. Radioactivité cumulée** en millions de curies en 1980 et, entre parenthèses, en l'an 2000 : *césium 137* : 2 000 (30 000-40 000) ; *strontium 90* : 1 600 (20 000-25 000).

On ne peut pas comparer ces chiffres à ceux de la radioactivité naturelle de la Terre qui, dans les 2 000 m superficiels, contient + de 160 milliards de t d'uranium (activité contenue : + de 10 000 milliards de curies, dont + de 1 000 milliards de curies de radium).

Production cumulée de produits de fission gazeux rejetés dans l'atmosphère (en millions de curies en 1980 et en l'an 2000) : *tritium* 12 (180-250) ; *krypton 85* 400 (4 500-6 000).

Aux U.S.A., l'irradiation due à ces effluents sera en 1980 de 0,05 millirem/an et en l'an 2000 de 0,37 mrem/an (irradiation naturelle : 100 et 300 mrem/an).

Proportion de transuraniens dans les déchets de haute activité : 1/400 soit un total cumulé, d'ici à l'an 2000, de 10 m^3.

Transuraniens, retrouvés dans les déchets (en t en 1980 et en l'an 2000) : plutonium 0,2 (8-11) [soit en millions de curies : 3,10 (120-170)] ; américium 0,3 (15-20) [soit : 4 (200-260)] ; curium 0,14 (0,5-0,7) [soit : 83 (300-400)].

En France. Volume de déchets enrobés (en m^3). **Quantité cumulée en 1982 et, entre parenthèses, en 2000.** Déchets : faible et moyenne activité [1] : 170 000 (700 000 à 900 000), alpha [2] 10 000 (60 000 à 80 000), de haute activité [3] (vitrifiés ou, en cas de non-retraitement, combustibles irradiés) 120 (3 000).

Nota. — (1) Radioéléments artificiels à vie courte. Très faible proportion de radioéléments à vie longue, dans certains cas. Activité spécifique radioactive faible ou moyenne. (2) Radioél. artif. à vie longue. Activ. spécif. radioact. faible et moyenne. (3) Radioél. artif. à vie courte avec activ. spécif. radioact. très élevée ; fort dégagement de chaleur. Radioél. artif. à vie longue avec activ. spécif. radioact. moyenne.

Réacteurs arrêtés

Sort des réacteurs après leur arrêt définitif. On retire le combustible irradié et on l'expédie à l'usine de traitement. Ensuite plusieurs possibilités : a) les ouvertures du réacteur sont obturées et les installations sont laissées en l'état sous surveillance ; b) les pièces les plus radioactives sont démontées puis stockées sur un autre emplacement et l'installation est condamnée ; c) le réacteur est totalement démonté et l'emplacement est réutilisé (coût de 50 à 75 millions de F pour une tranche de 900 MW). De nouvelles centrales sont construites à côté des anciennes, la surveillance de celles-ci étant ainsi assurée. A Chinon (1re tranche E.D.F.), c'est cette dernière solution qui a été adoptée par E.D.F.

Réacteurs arrêtés en France. *1965* réacteur de recherche EL 2 (Saclay, 2 000 kW, ralenti à l'eau lourde, avec réflecteur de graphite, et refroidi par du bioxyde de carbone sous pression). *15-10-1968* réacteur *G-1* (Marcoule, ralenti au graphite et refroidi par de l'air circulant en circuit ouvert). *16-4-1973* Chinon 1 (80 MWe). *1974 Zoé* réacteur expérimental (fort de Chatillon, ralenti et refroidi à l'eau lourde, 100 kW). *1975 Pégase*, réacteur expérimental (Cadarache) destiné à effectuer des essais sur les combustibles des filières à gaz ; sa piscine sera utilisée pour stocker des combustibles irradiés. *1976 Peggy*, réacteur expérimental de faible puissance, maquette du réacteur *Pégase*. Démontage complet ; sa piscine, qui ne présente plus de trace de radioactivité, est utilisée pour effectuer des expériences de neutronique. *2-2-1980* Marcoule G-2 (43 MWe). *20-6-1984* Marcoule G-3 (42 MWe). *14-6-1985* Chinon A-2 (210 MWe). *31-7-1985* Monts d'Arrée-EL4 (70 MWe).

Gaz

Généralités

• **Quelques dates. Fin XVIIIe** le *gaz de ville* (appelé longtemps *gaz d'éclairage*) est découvert simultanément par le Français Philippe Lebon (1769-1804) et l'Anglais William Murdoch (1754-1839). Fabriqué en chauffant de la houille ou de la sciure de bois à l'abri de l'air, pendant plusieurs heures à 1 100 °C ; la houille ainsi distillée donnait naissance à 2 produits principaux : gaz et coke. **Jusqu'en 1850,** le gaz de houille est surtout utilisé pour l'éclairage des rues, des lieux publics et des logements, puis d'autres emplois apparurent (cuisine, production d'eau chaude). L'industrie du gaz progressa alors rapidement d'année en année. **A partir de 1880,** l'électricité le concurrence pour l'éclairage ; l'usage du gaz se développe alors autrement. **1929** la crise stoppe cet essor. **A partir de 1930** les U.S.A. commencent à tirer profit des gisements de gaz indépendants des nappes pétrolières. Jusque-là, le gaz était réinjecté dans les puits de pétrole, pour maintenir la pression (ou brûlé à la torche). **1939-45** la guerre aggrave la situation : vieillissement des structures, prix de revient élevé du gaz face à celui du charbon et du pétrole. **Après 1945** progrès (techniques de prod. et transport), découverte de très importants gisements de gaz naturel, permettant un nouveau développement. **1983** le gaz représentait env. 20 % de l'énergie consommée dans le monde (5 % en 1939).

• **Définitions. Gaz manufacturé.** La houille donnait un mélange de gaz comprenant : hydrogène (H), méthane (CH_4), oxyde de carbone (CO), carbures d'hydrogène non saturés et aromatiques (Cn Hm), en proportion variable suivant la qualité des houilles, les systèmes de fours employés et la façon dont était conduite la distillation.

On ajouta du *gaz pauvre* venant des gazogènes servant au chauffage des fours, et constitué principalement d'oxyde de carbone CO et d'azote inerte, ou du *gaz à l'eau* obtenu en injectant de la vapeur d'eau sur le coke incandescent en fin de distillation, ce qui donnait un mélange d'hydrogène et d'oxyde de carbone.

GNL. (Gaz naturel liquéfié) : inventé en 1883 par Faraday, forme sous laquelle est transporté le gaz naturel sur de longues distances ; il faut ensuite le regazéifier pour lui rendre son état naturel. **GNS (gaz naturel synthétique)** fabriqué par traitement du charbon ; pourrait à longue échéance remplacer le gaz naturel. **GPL (gaz de pétrole liquéfié)** fraction de gaz naturel séparée de celui-ci ; propane, butane.

• **Pouvoir calorifique.** Quantité de chaleur développée par la combustion de 1 m³ de gaz. Comparaison (en kWh, par m³) : carbures non saturés et aromatiques 17,5 à 40,5, méthane 11, hydrogène 3,15, oxyde de carbone 3,5 [*butane* GPL 34,9 ; *propane* GPL 26,7 ; *air propané* (mélange d'air et propane) 15,7 (ou 7,5) ; *gaz nat.* d'Hassi R'Mel (Alg.) 12,3, Ekofisk (Norvège) 11,6, Aquitaine 11,2, Orenbourg (U.R.S.S.) 10, Groningue (P.-B.) 9,8 ; *manufacturé* 5,2].

Gaz naturel

Généralités

• **Origine.** Connu dans l'Antiquité [Perse, Chine (les Chinois en cherchant des gisements de sel trouvaient parfois des poches de gaz qu'ils canalisaient dans des tiges de bambou)]. Formé il y a des millions d'années à partir des dépôts organiques au fond des océans ou des lacs. On le trouve en gisement *sec* (accompagné parfois de gouttelettes dispersées de pétrole parce que le pétrole a « fui » ailleurs, ou parce qu'il ne s'est pas formé en quantité suffisante), ou *humide* (associé au pétrole ; le plus souvent, le gaz, moins lourd, occupe la partie supérieure de la cavité appelée « roche magasin », le pétrole, la partie moyenne, et de l'eau salée, la partie basse. Il arrive aussi que le gaz naturel soit seul). Il est épuré et traité avant d'être utilisé. Souvent, il faut séparer des gouttelettes d'hydrocarbure liquide se trouvant en suspension dans le gaz, par lavage des huiles d'absorption sous pression *(dégazolinage)*.

• **Accidents.** Les explosions se produisent quand il y a : fuite de gaz non brûlé dans un local fermé, mélange de gaz avec l'air dans une proportion de 5 à 15 % env. pour le gaz naturel, et présence d'une flamme ou d'une étincelle. Les explosions de gaz, bien que parfois très spectaculaires, sont en fait très rares : — de 0,3 % seulement des accidents mortels recensés en France sont imputables au gaz distribué par GDF. La plupart sont provoqués par le non-respect des règles élémentaires de sécurité. Le gaz naturel *n'est pas toxique*, ce qui rend impossible toute intoxication par l'oxyde de carbone ou... tout suicide au gaz. Le fonctionnement défectueux d'un appareil ménager, quel que soit le combustible qui l'alimente, peut être la cause d'une combustion incomplète qui entraînera un dégagement d'oxyde de carbone.

En 1984, nombre d'accidents 272 (*1974* 418), décès 52 (*1974* 108), consommation de gaz 277 milliards de KWh (*1974* 134).

L'explosion de la rue Raynouard à Paris (1977) a coûté 58 millions de F aux assurances.

Explosions (causes) : 1° *affaissement de terrain*, provoqué le plus souvent par la circulation, le stationnement de poids lourds sur les trottoirs, les travaux de terrassement, la pose d'égouts, la rupture des conduites d'eau ; 2° *détérioration involontaire* à l'occasion de travaux de voirie ou de terrassement ; 3° *défauts ou imperfections de joints exceptionnels.* Le gaz naturel ne ronge pas les tuyaux, il est épuré, débarrassé de son soufre (dès sa sortie du gisement) et conditionné (on lui injecte de la vapeur d'eau et un liquide solvant, pour que les joints assument leur service avec le maximum d'efficacité).

• **Avantages du gaz naturel.** Énergie propre (sa flamme en brûlant ne dégage ni cendres, ni oxyde de carbone, ni produits sulfureux, mais seulement du gaz carbonique et de la vapeur d'eau ; ne contenant pas d'oxyde de carbone, il n'est pas toxique).

Il est normalement inodore, mais, avant d'être distribué, il est odorisé par l'adjonction d'un produit chimique, généralement du tétrahydrothyophène (T.H.T.). Absence de stockage, faiblesse des dépenses d'entretien et de dispositifs antipollution, haut pouvoir calorifique ; souplesse générale d'emploi, sécurité d'approvisionnement (les ressources étant surtout situées dans des régions politiquement stables).

• **Contrats de fourniture de gaz.** Presque toujours à long terme, 2 formules possibles :

1° *Contrats « supply ».* Le producteur s'engage à livrer et l'acheteur à enlever un volume donné par an, pendant un nombre donné d'années (ex. : contrats hollandais de Groningue).

2° *Contrats « depletion ».* Lorsque la recherche, la mise en production des puits, les gazoducs sous-marins, etc. (mer du Nord par ex.), demandent des investissements considérables. Ce type de contrat couvre toutes les réserves économiquement récupérables du gisement.

• **Stockage. En nappe aquifère.** On réalise artificiellement un gisement de gaz dans une roche poreuse et perméable (calcaire ou grès) (entre — 300 et — 1 200 m), surmontée d'une couche de terrain imperméable (argile), généralement en forme de dôme. Pour le bon fonctionnement technique du réservoir, on laisse en place un « coussin de gaz », qui réduit à la moitié du volume total la capacité utile du réservoir. **En couches de sel.** On dissout à l'eau douce le sel d'un gisement pour réaliser des cavités piriformes dans lesquelles le gaz est stocké sous pression élevée et soutiré par simple détente. **Réservoir le plus grand du monde :** Herscher Dome (U.S.A.) : 2,5 milliards de m³.

• **Transport. Après épuration sur les lieux mêmes du gisement. Moyens : Gazoducs.** Conduites souterraines ou immergées (entre Tunisie et Sicile par ex.). *Coût :* 3 fois supérieur au coût du transport d'une même quantité d'énergie de pétrole par oléoduc. Un gazoduc est constitué par des tubes d'acier soudés (épaisseur quelques mm, diamètre 20 cm à 1,40 m). Pour donner au gaz une vitesse de transport suffisante, on utilise la pression existant à la sortie du gisement puis, pour assurer dans les conduites le maintien de la pression désirée (en moyenne 70 bars), des stations de compression sont installées en principe tous les 80 km. Des pistons râcleurs permettent de nettoyer l'intérieur des canalisations. Des inspections périodiques sont effectuées sur le terrain ou en hélicoptère (la végétation plantée au-dessus du gazoduc enterré change d'aspect si des fuites se produisent). **Navires.** *Coût* encore plus élevé : il faut au départ liquéfier le gaz au port d'embarquement à 160 °C pour réduire de 600 fois son volume, le transporter sur le méthanier, puis le regazéifier après déchargement. *Chaînes de transport entrées en service :* **1964** Algérie-G.-B. **65** Alg.-France (Le Havre). **69** U.S.A. (Alaska)-Japon. **72** Libye-Italie ; Libye-Espagne. **73** Alg.-France (Fos-sur-Mer), Alg.-U.S.A. ; Brunei-Japon ; Alg.-Esp. **77** Abu-Dhabi-Japon. **78** Indonésie-Japon. **82** Alg.-France (Montoir-de-Bretagne).

Nota. — **Avion** projet présenté le 6-5-80 par Boeing (aile rectangulaire, 160 m d'envergure, 16 m de large, 2,4 m d'épaisseur).

Caractéristiques de certains gisements

	Lacq (France)	Orenbourg (U.R.S.S.)	Hassi R'Mel (Algérie)	Groningue (Pays-Bas)	Cortemaggiore (Italie)
Prof. minimale (en m)	3 000	1 800	2 200	3 000	850
max.	5 200				2 000
Temp. au fond (°C)	140	—	90	70	—
Pression fond (bars)	670	210	310	296	177
Teneur (en %) méthane	69,2	82,1	83,5	81,3	95,9
Teneur méthane	3,3	3,7	7,9	2,9	1,4
Teneur propane	1,0	1,5	2,1	0,4	0,4
Teneur butane	0,6	1,4	1,0	0,2	0,2
Teneur hydrogène sulfuré	15,2	1,5	—	—	15,2
Teneur azote	0,6	7,5	5,3	14,3	1,8
Teneur gaz carbonique	9,6	0,5	0,2	0,9	0,2
Teneur dérivés du carbone	0,5	—	—	—	—

Nota. — Les forages profonds (5 000 à 9 000 m) présentent des obstacles techniques (pression, chaleur, sulfuration) et coûtent cher : 3,5 à 8 millions de $ (— de 2 000 m : 0,4 $).

Statistiques mondiales

• **Généralités (contenance initiale de quelques grands gisements, en milliards de m³).** *Groningue* (P.-Bas), *Hassi R'Mel* (Algérie), *Orenbourg* (U.R.S.S.) 2 000, *Troll-Bergen* (mer du Nord) 1 300, situé sous 336 m d'eau, *Frigg* (mer du N.) 300, *Lacq* (France) 200, *Ekofisk* (mer du N.) 200, *Panhandle-Hugoton* (Texas) 190.

• **Producteurs principaux** (en milliards de m³) en 1984. **Mondial** : production brute 2 026 dont réinjectée, brûlée ou perdue (340), commercialisée *1 686.* **Afrique** 131,91 (80,83) *51,08 :* Algérie 91,27 (52,74) *38,53 ;* Nigeria 16,50 (13,75) *2,75 ;* Libye 12,35 (7,75) *4,60 ;* Égypte 4,95 (0,89) *4,06 ;* Gabon [1] 1,92 (1,77) *0,15 ;* Angola [1] 2 (1,65) *0,35 ;* Tunisie [1] 1,06 (0,62) *0,44 ;* Congo [1] 0,74 (0,72) *0,02 ;* Maroc [1] 0,09 *0,09.* **Amérique latine** 120,76 (43,27) *77,49 :* Mexique 38,89 (9,54) *29,35 ;* Venezuela 34,11 (16,85) *17,26 ;* Argentine 18,60 (4,62) *13,98 ;* Trinidad 6,51 (1,08) *5,43 ;* Chili 4,90 (3,53) *1,37 ;* Bolivie 4,92 (2,32) *2,60 ;* Colombie 5,18 (1,12) *4,06 ;* Brésil 4,92 (2,83) *2,09 ;* Pérou 2,32 (1,03) *1,29 ;* Équateur [1] 0,42 (0,32) *0,10.* **Amérique du Nord** 666,20 (100,51) *565,69 :* États-Unis 562,31 (74,81) *487,50 ;* Canada 103,89 (25,70) *78,19.* **Asie/Océanie** 127,97 (20,77) *107,20 :* Indonésie 42,70 (12,65) *30,05 ;* Chine 18 (0) *18 ;* Brunei 9,11 (0,54) *8,57 ;* Australie 12,58 (1,16) *11,42 ;* Pākistān 10,04 (0) *10,04 ;* Afghanistan 2,90 (0) *2,90 ;* Malaisie 11,90 (2,70) *9,20 ;* Japon 2,41 (0) *2,41 ;* Inde 5,73 (2,51) *3,22 ;* Formose [1] 1,48 *1,48 ;* Bangladesh 4,20 (0) *4,20 ;* Nlle-Zélande 3,83 (1,16) *2,67 ;* Birmanie [1] 0,68 (0,15) *0,53 ;* Thaïlande 2,40 (0) *2,40.* **Europe de l'Est** 668,50 (17,19) *651,31 :* U.R.S.S. 603,60 (16,60) *587 ;* Roumanie 38,15 (0,25) *37,90 ;* All. dém. 12,37 (0) *12,37 ;* Pologne 6 (0) *6 ;* Hongrie 7,24 (0,34) *6,90 ;* Tchécoslovaquie [1] 0,60 *0,60 ;* Bulgarie [1] 0,10 *0,10 ;* Albanie [1] 0,30 *0,30.* **Europe de l'Ouest** 206,17 (18,93) *187,24 :* P.-Bas 75,14 (0) *75,14 ;* G.-B. 49,86 (9,70) *40,16 ;* Norvège 33,18 (5,90) *27,28 ;* All. féd. 18,57 (0) *18,57 ;* Italie 13,62 (0) *13,62 ; France 8,94 (2,68) 6,26 ;* Autriche 1,27 (0) *1,27 ;* Yougoslavie 2,05 (0) *2,05 ;* Irlande 2,34 *2,34.* **Proche-Orient** 104,68 (58,33) *46,35 :* Arabie Saoudite 29,05 (21,90) *7,15 ;* Iran 30,50 (17) *13,50 ;* Abu Dhabi 9,40 (1,74) *7,66 ;* Irak [1] 4,01 (3,36) *0,65 ;* Koweit 5,80 (1,70) *4,10 ;* Qatar 6,80 (0,87) *5,93 ;* Bahreïn 5,54 (1,77) *3,77 ;* Oman 3,50 (2,16) *1,34 ;* Dubaï [1] 3,13 (1,84) *1,29 ;* Syrie [1] 1,74 (1,49) *0,25 ;* zone neutre [1] 1,39 (1,24) *0,15 ;* Israël [1] 0,06 *0,06.*

Nota. — (1) 1983. ÉTATS-UNIS : *Production* en l'an 2000 : 225 milliards de m³, de quoi satisfaire la demande nationale en énergie. Le droit d'exploitation appartient au propriétaire du terrain. Ainsi, en Oklahoma, le gaz naturel est exploité par 25 compagnies privées qui versent à 30 000 petits propriétaires un loyer annuel d'env. 750 $ par ha. Le propriétaire peut également être associé aux résultats du forage. *Transport :* la loi interdit que le gaz soit consommé dans l'État où il a été extrait.

• **Commerce** (en milliards de m³ en 1984). **Exportateurs** entre parenthèses, 1er pays client, en 1983). U.R.S.S. 66,05 (All. féd.), Pays-Bas 37,35 (All. féd.), Norvège 26,24 (All. féd.), Canada 21,44 (U.S.A.), Indonésie 18,98 (Japon), Brunei 7,07 (Japon), Algérie 7 (U.S.A.), Abu Dhabi 2,82 (Japon), Afghanistan 2,32 (U.R.S.S.). *Monde 213,76.* **Importateurs.** Japon 45, All. féd. 36,5, U.S.A. 24, *France 22,6,* Italie 19,2, G.-B. 13,6, Tchécoslovaquie 9,6, Belgique 9,3, All. dém. 6,7, Pologne 5,7, Bulgarie 5, Hongrie 4,3, Autriche 4, Yougoslavie 3,6, P.-Bas 3, U.R.S.S. 2,3, Argentine 2,2, Espagne 2. Monde 213,8.

• **Réserves** (situation au 1-1-85, en milliards de m³). 96 197 dont **Afrique** 5 884 (Algérie 3 087, Nigeria 1 330, Libye 570), **Amérique lat.** 5 454 (Mexique 2 172, Venezuela 1 650, Argentine 673), **Amérique du N.** 8 330 (U.S.A. 5 670, Canada 2 660), **Asie-Océanie** 7 243 (Australie 1 482, Malaisie 1 390, Indonésie 1 100, Chine 850, Pakistan 600, Inde 478), **Europe de l'E.** 38 078 (U.R.S.S. 37 500), **Europe de l'O.** 5 599 (Norvège 2 236, Pays-Bas 1 890, G.-B. 725, Italie 250, All. féd. 191, *France 40*), **Moyen-Orient** 25 609 (Iran 13 550, Qatar 4 280, Abu-Dhabi 2 650, Arabie Saoudite 2 350, Koweit 985, Irak 760).

• **Transport de gaz** (en milliards de m³). *Total général (1984) :* 213,76 dont **par gazoduc** 165,64 (dont U.R.S.S. 66,05, Pays-Bas 37,35, Norvège 26,24, Canada 21,44, Bolivie 2,23, Afghanistan 2,32, Mexique

1,53, All. féd. 1,11, Roumanie 0,20, Danemark 0,12. **Par méthaniers (1984)** 48,12 (dont Indonésie 18,98, Algérie 12,04, Brunei 7,07, Abu Dhabi 2,82, U.S.A. 1,37, Libye 1,13).

Nota. — Réseau de transport U.S.A. 400 000 km, U.R.S.S. 135 000, Canada 50 000, *France 23 000.* Nombre (au 1-1-1982) : transporteurs de GPL 137, méthaniers (jusqu'à 125 000 m^3) 62.

Le gaz en France

Généralités

• **Histoire** (gaz naturel). **XVIIe s.** Connu en France (en Isère : le docteur Tardin s'intéressa à la « fontaine qui brûle près de Grenoble »). **1925** petit gisement exploité quelques années dans le Jura (à Vaux-en-Bugey). **1939** exploitation du 1er véritable gisement d'intérêt régional (St-Marcet, Hte-Garonne). **1946** le gaz naturel et, pour les villes éloignées des réseaux de transport, des gaz d'origine pétrolière, remplaçent le gaz de houille. **1951** découverte du gisement de Lacq (P.-Atl.). **1957** exploitation de Lacq.

• **Gaz de France.** Créé par la loi du 8-4-1946 qui nationalisa les industries du gaz et de l'électricité, soit 615 exploitations gazières, représentant 550 usines à gaz de houille (94 % de l'actif gazier français). **Aujourd'hui**, Gaz de France a perdu sa fonction de producteur de gaz ; ses missions essentielles consistent à conclure les contrats d'approvisionnement de la France en gaz naturel, à transporter, commercialiser et distribuer ce gaz à l'intérieur du pays.

Conseil d'administration. 18 membres : 6 représentants de l'État, 6 repr. du personnel, 6 personnalités choisies en raison de leur compétence. **Effectif.** (1-1-86) 29 025.

En millions de F : *chiffre d'affaires* : **1969** : 2 300. **80** : 29 371. **81** : 29 400. **82** : 34 800. **83** : 40 677. **84** : 48 000. **85** : 56 000 ; *résultat d'exploitation* : **76** : + 91,6 ; **77** : − 341,2 ; **78** : − 379,5 ; **79** : − 276,5 ; **80** : 51,6 ; **81** : − 600,5 ; **82** : − 1 833,5 ; **83** : − 1 446,1 ; **84** : − 3 000 ; **85** : + 485 ; *endettement* **82** : 22 000, **83** : 26 000, **est. 84** : 30 000 ; *pertes* **82** : 2 500, **83** : 2 500. On l'estimait pour 84 à 4 000 (dont 1 500 dus au surcoût du gaz algérien et 2 500 au $ et au retard tarifaire).

Principales filiales. *Cie française du méthane (CeFeM), Sté nationale des gaz du Sud-Ouest (SNGSO),* formées avec la SNER (P), et chargées sur le réseau du gaz d'Aquitaine de commercialiser ce gaz auprès de gros industriels. *Sofregaz*, génie technique. *Technigaz* et *Gazocéan Gaz Transport*, études. *Gaz Marine*, propriétaire du méthanier « Jules-Verne » [en 1981, a effectué 36 voyages Algérie-France (25 cargaisons enlevées à Arzew et 11 à Skikda, 31 déchargées à Fos-sur-Mer, 4 au Havre et 1 à Montoir-de-Bretagne) ; a été immobilisé 12 j pour diverses interventions sur les chaudières et 51 j pour l'arrêt technique annuel]. *Messigaz*, chargé d'exploiter le méthanier « Tellier ». *Segamo*, études pour la traversée de la Méditerranée occ. par un gazoduc sous-marin. *Compagnie gazière de service et d'entretien (CGST-SAVE). Sté auxiliaire pour le financement d'installations de gaz (Sofigaz). Sté de service gazier. Pétrofigaz*, crédit. *Sté pour le développement de l'industrie du gaz en France (SDIG). BOG* (Baumgarten Oberkappel Gasleitung GmbH) (Autriche). *SEGEO* (Sté européenne du gazoduc Est-Ouest) (Belgique). *MEGAL GmbH* (All. féd.) qui a construit et exploite le gazoduc destiné au transport du gaz soviétique. *MEGAL, FINCO* (All. féd.), qui financent MEGAL GmbH.

Statistiques

• **Bilan** (milliards de kWh, en 1985). **Ressources** : 324 dont GNL algérien 88,1, gaz néerlandais 76,1, production nationale (Lacq de divers Sud-Ouest) 56,8, gaz soviétique 74,5, gaz de la mer du Nord 27,4, autres 0,5.

Consommation annuelle par abonné domestique (gaz unitaire, en kWh). **1969** : 4 277, **71** : 5 232, **81** : 8 975, **82** : 8 546, **83** : 9 355, **84** (est.) : 9 730, **85** : 10 580.

• **Distribution. Cessions de gaz** (en milliards de kWh, 1985, prov.). **1947** : 12, **69** : 100,1, **71** : 116,3, **75** : 200,1, **83** : 285,5, **84** : 300,8, **85** : 314,9 (dont G.D.F. 275,8). *Par nature de gaz de l'industrie gazière de la SNEA* : 304,4 dont gaz naturel distribué pur 302,6, de distillation, craquage ou mélange 0,2, propane pur 0,7, air propané 0,9. *Par usage (cession de G.D.F.)* : 304,4 dont domestiques individuels 87, commerciaux 73,2, industriels 12,6, autres 31,5.

Abonnements. 1971 : 7 250 000 (dont gaz naturel pur 4 000 000). **85** : 8 554 000 (dont gaz nat. pur 8 430 000) : domestiques 8 200 000, commerciaux 337 000 et industriels 17 000.

Appareils (1984). Cuisine 7 916 000, chauffe-eau 2 500 000, chauffe-bains et accumulateurs 1 957 000, radiateurs 1 399 000, chauffage central 3 328 000.

Prix moyens de vente du gaz (en centimes par kWh H.T.). Pour usages domestiques individuels : **1958** : 7,39, **78** : 9,53, **79** : 9,96, **80** : 12,79, **81** : 16,08, **82** : 19,52, **83** : 21,21, **84** : 22,6, **85** : 24,3 ; industriels : **58** : 3,05, **78** : 3,82, **79** : 4,2, **80** : 6,40, **81** : 8,44, **82** : 10,59, **83** : 11,57, **84** : 12,5, **85** : 13,4.

• **Production** (1985, en millions de m^3) 7 808 (dont Aquitaine : S.N.E.A. 7 737, ESSOREP 26 ; Bassin Parisien : EURAFREP 43 ; autres régions : 2) dont commercialisée 5 419.

Gisements SNEA (P) (année de découverte, profondeur moyenne en m en italique, et production cumulée en 1985 en millions de m^3 entre parenthèses). **Saint-Marcet** 1939, *845* (6 835), **Lacq profond** 1951, *3 100* (194 516), **Meillon (Saint-Faust** 1965, *4 000*, **Mazères profond** 1965, *4 200*, **Pont d'As-Bay-sère** 1967, *4 500*) (41 024), **Rousse** 1967, *4 230* (2 971), **Ucha** 1970, *4 460* (1 298), **Pécorade** 1974, *3 250* (190).

On peut espérer découvrir des réserves de gaz en France d'ici à 1990 (env. 30 à 40 millions de tep).

Produits extraits du gaz naturel (SNEA-P, 1985, en milliers de t). Soufre 1 400,4 ; butane 125,7 ; propane 113,7 ; carburants auto 362,3.

• **Importations. Fournisseurs. Algérie.** 3 contrats (en milliards de m^3/an) : *1962* prévoyant pour *1965-90* 0,5. *1971* prévoyant pour *1973-98* 3,5. *1976* prévoyant pour *1982-2002* 5,1, *1982* 9,5. Le gaz découvert en 1956 vient d'*Hassi R'Mel* (Sahara) par : *1) Le Havre* : depuis 1965, le méthanier français Jules-Verne (25 000 m^3) assure la liaison avec Arzew. *2) Fos-sur-Mer* : dep. 1973, le Hassi R'Mel et le Tellier (40 000 m^3) l'assurent avec Skikda. *3) Montoir-de-Bretagne (Loire-Atl.)* : pouvant accueillir des navires de 25 000 à 130 000 m^3, comme l'Édouard L.D. et le Ramdane Abane en liaison avec le Béthioua. 30 % des app. fr. en 1990. **Prix** du G.N.L. livré à Gaz de France par la Sonatrach au 1-1-84 : 3,98 $ pour 1 million de B.T.U. = 293 kWh = 25 m^3 = 0,18 baril de pétrole brut). Indexé sur l'évolution des cours des bruts algérien (Sahara blend), nigérian (Bras River), koweitien, libyen (Zuetina), saoudien (Arabian Light), irakien (Kirkouk), iranien (Light) et des Émirats (Murban). L'accord avec l'Algérie est fondé sur la moyenne trimestrielle des cours de bruts retenus. Au 25-3-86 3,10 $ (accord provisoire).

Golfe de Guinée [Nigeria (réseau importations), Cameroun, Congo, Côte-d'Ivoire, Gabon, Guinée-Bissau].

Iran. En juillet 1979, l'Iran a cessé d'exporter son gaz naturel et a décidé d'annuler la construction d'un 2e gazoduc transiranien, IGAT-2, qui devait acheminer par an 13 milliards de m^3 vers le sud de l'U.R.S.S. Or, de 1983 à 2003, l'U.R.S.S. devrait en principe livrer à la France (via U.R.S.S., Tchécoslovaquie, All. féd.) environ 3,66 milliards de m^3 de gaz sibérien, en contrepartie du gaz iranien conservé par l'U.R.S.S. (soit pour l'année 1985 : 9,3 % des approvisionnements français).

Mer du Nord. Zone britannique : contient les plus grandes réserves, la totalité serait réservée au marché intérieur anglais (capacité de consommation 70 milliards de m^3 en 1980). **Zone norvégienne** : **Ekofisk** exploité dep. le 17-9-1977. Le gaz est amené à Emden (All. féd.) par gazoduc sous-marin de 443 km ; la participation des sociétés pétrolières françaises est de 13,3 % ; France, Belgique et P.-Bas se répartissent les quantités disponibles (2,5 milliards de m^3 pour la France en 1985). *Frigg*, dans lequel les sociétés françaises ont un intérêt de 62 %, est destiné à la G.-B. Un contrat signé en juin 1986 entre un consortium européen et la Norvège prévoit pour la France en supplément, à partir de l'an 2000, 8 milliards de m^3 de gaz provenant des gisements de Troll et de Sleipner.

Pays-Bas. Vient de *Groningue* (découvert en 1959), en France via la Belgique dep. 1967. Dessert Région parisienne, Nord et Est. Le contrat en vigueur sera prolongé vers 1995 par un autre contrat de 10 ans, les réserves de gaz des Pays-Bas ayant été réévaluées en hausse.

U.R.S.S. Détient + de 40 % des réserves mondiales [en Sibérie occidentale (Tioumen), en Asie centrale (Tachkent) et dans l'Oural (Orenbourg)]. A fourni de 1976 à 1979 du gaz par échange (gaz soviétique échangé contre du gaz néerlandais initialement destiné à l'Italie). Dep. le 1-1-1980, le gaz vient directement en France par les réseaux WAG et MEGAL (Mittel Europäische Gasleiungs Gesellschaft) à travers Autriche et All. féd. L'accord du 22-1-82 a prévu la fourniture maximale de 8 milliards de m³ par an pendant 25 ans à partir du 1-1-1984 (s'ajoutant aux 4 milliards que l'U.R.S.S. livrait déjà) par gazoduc. *Coût total* en 25 ans : 212 millions de F (+ hausses éventuelles, les prix étant indexés sur celui du pétrole). *8 gazoducs :* Brastvo [(2 500 km), vers la Tchécoslovaquie à partir de laquelle il se divise en 2 branches : 1° vers Italie et Autriche avec prolongement vers la France ; 2° vers Allem. de l'O.] ; Soyouz [(2 750 km) desservant Europe de l'Est et Allem., Italie et France ; « Projet Russie n° 6 » [(5 500 km), coût 10 milliards de $ (70 milliards de F)] construit pour fournir à l'Europe occidentale un supplément de 40 milliards de m³ venant d'Urengoï.

☞ *Prix du transport par million de B.T.U. vers la France :* d'Algérie 2 $; du Proche-Orient 4 $.

● **Transport. Canalisations de transport.** 23 037 km [Gaz de France 21 813, Gaz du S.-O. 3 400, Houillères 110, S.N.E.A. (P.) 93].

Réseau de distribution. Env. 98 000 km fin 1985 (G. de F. 89 400). Les réseaux de distribution sont reliés à l'artère de transport par des postes de détente qui abaissent la pression du gaz, d'abord en moyenne pression (entre 50 mbars et 5 bars) puis en basse (env. 20 mbars pour le gaz naturel). Dans les réseaux nouveaux, on n'utilise pratiquement plus la basse pression, et le gaz livré en moyenne pression est détendu chez le client au moyen d'un détendeur individuel, ou au niveau de l'immeuble par un détendeur collectif. *Diamètre des conduites :* 8 cm et 1 m, enterrées à env. 0,80 m. Env. 30 000 km sont des tuyaux en fonte grise, 8 000 km en matériaux divers [tôle bitumée (à Paris, 5 000 km), cuivre et polyéthylène] et 65 000 km en acier ou fonte souple, maintenant seuls utilisés pour remplacer les vieilles canalisations et allonger le réseau au rythme d'env. 3 000 km par an. *Terminaux méthaniers :* 3 (Le Havre, Fos-sur-Mer, Montoir-de-Bretagne).

● **Stockage. Capacité** (en milliards de m³). *1983 :* 6,8. *1990 :* 12. **Coût** 1,30 F par m³.

Réservoirs souterrains. Profondeur en m de la partie supérieure du réservoir, capacité max. de stockage en millions de m³, débit max. de soutirage journalier en millions de m³. **En nappe aquifère.** *Beynes supérieur* (Yv., 1956) 405 m 475 (4,5). *Lussagnet* (Landes, 1957) 600 m 1 300 à 3 000, (11,2). *St-Illiers* (Yv., 1965) 470 m 1 260, (14). *Chémery* (L.-et-Cher, 1968) 1 120 m 5 500 (37). *Velaine-sous-Amance* (M.-et-M., 1970) 470 m 1 375 (12). *Beynes Profond* (Yv., 1975) 740 m 800 (6,7). *Gournay-sur-Aronde* (Oise, 1976) 750 m 3 100 (15). *Izaute* (Gers, 1981) 487 m 4 500 (3,2). *St-Clair-sur-Epte* (Val-d'Oise, 1979) 742 m 600 (1,8). *Soings-en-Sologne* (L.-et-Cher, 1981) 1 135 m 700 (2,6), *Germigny-sous-Coulombs* (S.-et-M., 1982) 892 m 2 200. **En couches de sel.** *Tersanne* (Drôme, 1970) 1 400 m 480 (14,6). *Etrez* (Ain, 1979) 1 400 m, 1 160 (7,5).

Stockages souterrains de gaz naturel

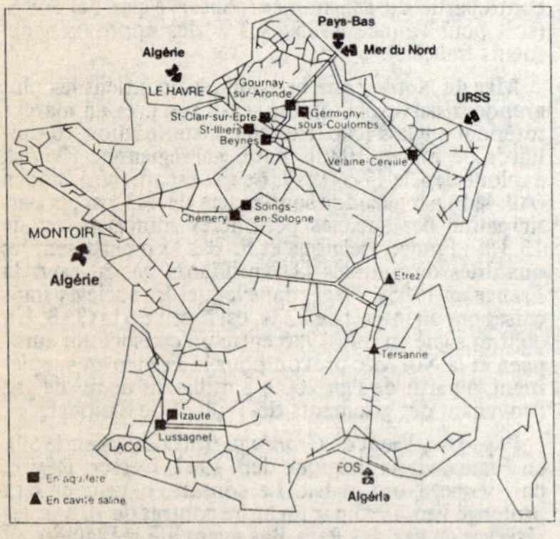

Gaz de pétrole liquéfiés (G.P.L.). Butane (utilisé en France dep. 1932) et propane (dep. 1939). Distribués en 1985 par 10 sociétés (disposant de 90 centres emplisseurs de bouteilles ou de dépôts vrac pour camions-citernes) et 200 000 détaillants. *Parc.* En service chez des particuliers, 47 000 000 bouteilles et 490 000 réservoirs.

Ventes de G.P.L. (1985, en t) 2 821 447 dont bouteilles 1 208 500, vrac 1 550 072, carburant automobile 63 833. *Utilisateurs.* Env. 12 000 000 dont (en %) domestique 60, ind. et services publics 19, agricole et agro-alimentaire 12, tertiaire 7, carburant automobile 2.

Gaz industriels

Origine. Oxygène, azote et gaz rares (néon, argon, xénon, krypton, hélium) sont obtenus de façon industrielle par distillation fractionnée de l'air liquide à basse température. Les autres gaz produits, l'hydrogène et l'acétylène, n'existent pas à l'état naturel.

Chiffre d'affaires annuel. Env. 1 milliard de F en France (3,6 aux U.S.A.).

Consommation. En expansion. **Oxygène :** sidérurgie (acier à l'oxygène), métallurgie (coupage et soudage), chimie (fabrication de l'ammoniac, du méthanol, de l'oxyde d'éthylène), lutte contre la pollution (épuration des eaux, des effluents gazeux des centrales thermiques à fuel ; remplacement du chlore par l'oxygène pour le blanchiment de la pâte à papier). **Azote :** industrie du froid (alimentation), du verre (procédé float-glass), chimie de synthèse et électronique. **Hydrogène :** pétrochimie et cryogénie. **Gaz rares :** éclairage (tubes fluorescents), soudage à l'arc sous flux gazeux, médecine (encéphalographie), étude des très basses températures (hélium liquide).

Groupes internationaux. *Américains :* Union Carbide, Airco, Air Products et Chemetron Corporation. *Européens :* Air liquide (numéro 1 mondial), British Oxygen, Aga (Suède), Linde et Messer (All. féd.). De petites affaires subsistent, juridiquement contrôlées ou liées par des contrats d'approvisionnement aux principaux groupes : ainsi en France, l'Oxhydrique française avec Duffour, et Igon avec l'Air liquide.

Transport. Par gazoducs (oxyducs) (v. page 1401). L'Air liquide dispose ainsi d'un réseau de plus de 1 000 km, lui permettant de desservir plusieurs pays européens.

Pétrole

Origine

Nom. Du latin médiéval « petroleum » : huile de pierre. **Antiquité :** l'arche de Noé et le berceau de Moïse auraient été calfatés avec du bitume pétrolier. **Avant J.-C.,** les Chinois forent des puits de 1 000 m de profondeur. **XVIIIe s.** en France, le gisement de Pechelbronn est connu. **1857** Bucarest (Roumanie) est éclairée au pétrole. **1859** 1er forage de l'ère industrielle à Titusville (Pennsylvanie, U.S.A.), par Drake, à 23 m de profondeur.

Principaux bruts. Degré API et teneur en soufre (% poids). *Abu Dhabi :* Murban 39° (0,8 %), *Algérie :* Sahara 44° (0,1 %), *Arabie Saoudite :* léger 34° (1,8 %), moyen 31° (2,4 %), lourd 27° (2,8 %), *Indonésie :* Sumatra 34° (0,1 %), Bekapai 31° (0,1 %), *Koweït :* 31° (2,5 %), *Mer du Nord :* Brent 38° (0,4 %), Forties 37° (0,3 %), *Mexique :* Maya 22° (3,3 %), Isthmus 34° (1,5 %), *Nigeria :* Forcados 30° (0,2 %), Bonny 37° (0,1 %), *U.S.A. :* West Texas Intermediate 40° (0,4 %), Alaska 27° (0,1 %), *Venezuela :* Bachequero 17° (2,9 %).

Nota. — Le degré A.P.I. (American Petroleum Institute) est calculé selon la formule : (141,5/densité à 60 °F) — 131,5. Plus il est élevé, plus le pétrole est léger et riche en essence et en coupes légères.

Prospection

Diverses méthodes. Les plus courantes : **sismique** (l'onde de choc de l'explosion d'une charge de dynamite se réfléchit différemment sur des roches et permet d'en calculer les profondeurs approximatives) ; **gravimétrique** (observation des variations de l'attraction terrestre) ; **magnétique** (variation du champ magnétique terrestre) ; **électrique** [mesure de la résistance opposée par les roches aux passages du courant, obtenue maintenant par diagraphie pratiquée dans le trou de sondage ; inventée par *Schlumberger* en 1927 (« carottage électrique »)] ; **acoustique** (amélioration de la méth. sismique ; la mesure des variations de l'impédance acoustique permet de déterminer les couches de sables riches en pétrole situées sous l'argile imperméable) ; *compteur Geiger ;* **chimique,** au stade expérimental ; la présence dans des carottes de marqueurs biologiques identiques ou apparentés à des marqueurs déjà répertoriés signale donc la présence de pétrole. Il ne reste plus pour forer qu'à repérer la roche-magasin où celui-ci est accumulé.

Forage

Généralités

● **Coût moyen. Forage :** *à terre* 5 à 20 millions de F, *en mer* 40 à 60. Le mètre foré au-delà de 5 000 m de profondeur coûte 8 fois plus cher qu'entre 500 et 800 m. Son prix en Alaska est actuellement 100 fois plus élevé que dans les autres États américains.

Coût technique de production du pétrole brut (y compris amortissements) en $/baril et entre parenthèses en F/tonne, début 1986 (1 $ = 7,50 FF). *Moyen-Orient :* à terre : champ ancien 0,4 — 0,8 (20-45), récent 0,5 — 3 (30-170) ; en mer : 2 — 6 (110-330). *U.S.A. :* 3 — 13 (160-720). *Mer du Nord :* 4 — 25 (220-15 700).

● **Profondeur. Maximale :** 17 400 m (en cours) à Saatly (Azerbaïdjan, U.R.S.S.) ; 11 000 m, presqu'île de Kola (U.R.S.S.) ; 9 583 m, Oklahoma (U.S.A.) ; 6 650 m (Ger 1, France). **Moyenne :** 3 350 m, Hassi Messaoud (Sahara) ; 2 350 m, Parentis (France). **Sous-marins :** 1 740 m, Méditerranée (Espagne) ; 1 325 m de hauteur d'eau (Congo).

● **Puits forés.** (Dans les pays à économie de marché, nombre de forages, profondeur en milliers de m en italique, et profondeur moyenne en m entre parenthèses). **1950** 47 365 *52 658* (1 112). **1955** 63 658 *79 824* (1 254). **1960** 55 616 *73 731* (1 326). **1965** 48 738 *68 085* (1 397). **1970** 35 187 *54 956* (1 562). **1975** 47 748 *70 508* (1 477). **1980** 85 291 *125 836* (1 475). **1982** 99 873 *146 128* (1 463). **1983** 87 355 *124 587* (1 426). **1984** (prov.) 97 585 dont **Amér. du N.** 84 978 (U.S.A. 75 618 Canada 9 050, Mexique 275), **Amér. latine** 3 506 (Brésil 1 200, Argentine 1 057, Venezuela 521, Colombie 250, Trinité et Tobago 189, Pérou 111). **Europe occ.** 1 121 (G.-B. 350, Italie 140, *France 129,* All. féd. 105, P.-Bas 100, Turquie 80, Norvège 76, Autriche 70, Espagne 25, Danemark 14, Grèce 6). **Afrique** 779 (Égypte 142, Algérie 120, Nigeria 100, Angola 88, Cameroun 60, Libye 60, Gabon 41, Congo 34, Tunisie 28, Zaïre 25, Maroc 15). **Moyen-Orient** 651 (Abu Dhabi 151, Oman 138, Arabie Saoudite 110, Syrie 100, Koweït 30, Qatar 30, Dubaï 26, Bahreïn 11, Sharjah 11, zone neutre 6). **Extrême-Orient-Océanie** 6 550 (Chine 4 500, Indonésie 884, Australie 305, Inde 240, Birmanie 130, Thaïlande 110, Malaisie 105, Brunei 90, Japon 70, Pâkistân 60, Nlle-Zélande 18, T'ai-wan 10, Philippines 8).

● **Rendement moyen annuel d'un puits.** Proche-Orient 250 000 t ; Venezuela 20 000 t ; U.S.A. 600 t (beaucoup de puits ne sont exploités que quelques j par mois).

● **Taux de récupération.** (Pétrole qui peut être ramené à la surface.) **Récupération primaire :** prod. naturelle du puits par décompression, env. 10 % du contenu. **R. secondaire :** pompage ou injection d'un fluide non miscible comme de l'eau sous pression ou du gaz (balayage), env. 15 à 20 %. **R. tertiaire :** *procédé thermique* (injection de vapeur ou combustion souterraine), *procédé par injection de solvants miscibles* (hydrocarbures légers ou gaz carbonique), *pr. chimiques* (injections de polymères organiques), env. 30 à 60 %. Aux États-Unis, on pourrait extraire, par récupération secondaire, 43 milliards de t supplémentaires ; assistée, 7 milliards de t. En l'an 2000, la récupération représenterait chaque année 1,5 milliard de t.

● **Technique.** Trou réalisé par rotation d'un outil ou trépan par l'intermédiaire de tiges creuses vissées bout à bout et dont la manœuvre nécessite un chevalement *(derrick)* ou maintenant, de plus en plus, des « mâts » (2 poutres à treillis en forme de V renversé) pouvant être déplacés par le treuil de forage en quelques mn (hauteur 18 à 60 m). 3 mois au moins sont nécessaires pour forer un puits ; 6 à 9 puits sont « secs » pour un seul prometteur.

Méthodes. 1° *Classique (Rotary) :* trépans à molettes et couronnes diamantaires entraînés depuis la surface par le train de tiges. 2° *Turboforage :* train de tiges fixe, une turbine située au fond du puits entraîne le trépan ; méthode évitant la perte d'énergie due au frottement (9/10 à 3 000 m) et le risque de torsion des tiges. Les forages à l'horizontale permettent d'envisager l'exploitation des gisements d'huiles lourdes et visqueuses.

• **Tours de forage en service dans le monde** (1-1-1984). 4 133 dont Amérique du N. 2 933 (U.S.A. 2 710, Canada 223), Am. du Centre et du S. 425 (Mexique 185, Argentine 73, Brésil 68, Venezuela 30, Colombie 20, Pérou 16), Asie 253 (Indonésie 81, Inde 58, Birmanie 33, Pakistan 17, Japon 21), Europe de l'Ouest 171 (G.-B. 42, Italie 25, Turquie 24, P.-B. 17, Danemark 17, *France 16*), Afrique 161 (Égypte 38, Algérie 35, Libye 28, Nigeria 13), Moyen-Orient 135 (Abu Dhabi 26, Arabie Saoudite 23, Iran 20, Irak 18, Syrie 16).

Forages en mer (off shore)

• **Origines. 1er** 1947, Nouvelle-Orléans (U.S.A.).

• **Plates-formes. Types.** *Fixe sur pilotis* (jacked) : dep. 1950, peu coûteuse mais vulnérable aux vents et aux vagues ; « clouée » au fond en cas de tempête avec des pieux (12 par jambe) qui pénètrent de plusieurs dizaines de m dans le sous-sol. *Auto-élévatrice* depuis 1953 (329) : peut aller jusqu'à 100 m de fond, se déplace sur les fonds une fois les piliers relevés par des vérins ou des crics ; sur l'emplacement du forage, elle abaisse ses piles au fond de la mer et élève sa plate-forme au-dessus de la surface de l'eau ; l'outil de forage est à l'extérieur sur un support en porte à faux. *Semi-submersible* de type Pentagone dep. 1962 : maintenue en place par un système d'ancrage (ballasts immergés en dessous de la couche d'eau agitée par les vagues) ; sensibilité au vent et aux courants de marée, ancrage difficile et long (15 000 à 30 000 $ par j). *A embase poids :* construite sur une base en béton d'un poids suffisant pour assurer la stabilité sans ancrage par piles. Lorsque la base est en forme de caisson, elle peut être utilisée comme réservoir de pétrole. Une capacité de 150 000 t de pétrole permet, sans arrêter la production du champ, d'attendre le chargement dans un navire-citerne.

Dimensions. *Jusqu'à 100 m de prof. de la mer :* ex. *acier* (3 000 à 8 000 t, 2 000 à 5 000 t d'équipements, 100 à 500 millions de F), *béton* (200 000 t, 40 000 t d'équipements, 250 à 500 millions de F). **Plus de 200 m :** *acier* (45 000 t, 1 500 millions de F). Les plates-formes sont conçues pour résister à des vagues de 30 m de haut et des vents de 230 km/h. **Plus grande plate-forme** à 160 km au S. de New Orleans (Louisiane, U.S.A.), pylônes à 312 m de profondeur, haut. totale 385,5 m ; *coût :* 1 500 millions de F. En mer du Nord, plate-forme Statfjord B, 816 000 t, béton, 271 m de haut.

Nota. — Exemples de poids (en milliers de t de béton) Ekofisk 180, Frigg 239, Statfjord 816, Troll (projet) 1 000 (Tour Eiffel 7).

Nombre (au 1-1-83). **En service :** 673 (auto-élévatrices 421, semi-submersibles 135, nav. de forage 69, barges 26, submersibles 22). **En construction :** 91 (45 auto-élévatrices, 39 semi-submersibles, 5 sub., 2 nav. de forage) dont U.S.A. 16, Japon 14, Sing. 14, Corée du S. 9, *France 7,* Brésil 5, Chine 5.

Accidents (nombre). Mer du Nord : *1975, novembre* Ekofisk, plate-forme « Alfa », explosion : 3 †. *1976, mars* échouage d'une pl.-f. au large de la Norvège : 6 noyés. *1977,* 22-4 Ekofisk, pl.-f. « Bravo », explosion : 12 000 t de pétrole répandues. *1978, février* pl.-f. « Statfjord », incendie : 5 †. *1980,* 27-3 Ekofisk, pl.-f. « Alexander-Kielland » ; rupture d'un longeron, d'où rupture d'1 des 5 pieds et retournement : 123 †, 89 rescapés. *1981,* 24-11 pl.-f. « Philipps SS et Transworld 58 », rompent leurs amarres, dérivent et sont évacuées. *1981, déc.* Écosse, pl.-f. « Borgland-Dolphin », fissure, évacuation. **Chine :** *1979,* 25-11 pl.-f. « Bohai-2 », effondrement au large de Tianjin : 72 †. **Golfe du Mexique :** *1976,* 16-4 pl.-f. « Ocean Express », naufrage : 13 †. **Terre-Neuve :** *1982,* 15-2 pl.-f. « Odeco Ocean Ranger », coule (tempête) : 84 †.

• **Navires de forage.** *Rapides* (10 à 13 nœuds), capables de résister au mauvais temps ou de le fuir. Prix : 600 millions de F. Certains sont à *positionnement dynamique* (maintenus à la verticale par des hélices, l'influence du vent et de la houle étant automatiquement corrigée par ordinateur). Forages jusqu'à 1 200 m sans équipements particuliers.

• **Forage sous-marin automatique.** Permet la prospection jusqu'à 1 000 m ; au fond, têtes de puits sous-marines télécommandées avec connection automatique et canalisations souples faisant remonter le pétrole à une plate-forme flottante. Le robot TIM (Télémanipulateur d'Intervention et de Maintenance) pesant 12 t a été mis en service par Elf sur le champ de Grondin au Gabon (1re mondiale). 5 caméras permettent de le manœuvrer. *Coût :* 230 millions de F.

• **Marché mondial de l'off shore.** Évalué à 10 milliards de $. La France (au 2e rang, après les U.S.A.) détient 40 à 50 % du marché de la plongée sous-marine industrielle (COMEX) et + de 10 % de la géophysique marine ; en mer du Nord assure 50 % des commandes de plates-formes en béton, 25 % des pl.-f. en acier, 10 % des pl.-f. semi-submersibles.

Réserves de pétrole brut

• **Montant. R. récupérables** (au prix et avec la technologie du moment), 90 milliards de t. **Réserves probables prouvées** (découvertes attendues à court terme et exploitables aux mêmes conditions de coût et de technologie) en milliards de t. **1940 :** 4,5, **50 :** 11, **60 :** 41, **70 :** 73, **80 :** 87,5, **82 :** 91,9, **83 :** 91,9, **84 :** 92,4, **85 :** 96,1, **86 :** 96,7. **Ultimes** (sans considération de conditions d'exploitation) 300. **Pétrole non conventionnel** (à extraire des schistes bitumeux et des sables asphaltiques) + de 1 000 milliards de t (le charbon ultime représenterait 6 000 milliards de tep).

Équivalent des réserves prouvées en années de production de l'époque. **1948 :** 20 ans ; **58 :** 41 ; **79 :** 29 ; **83 :** 33,7 ; **84 :** 33,9 ; **85 :** 34,4 ; **86 :** 34,8.

En moins de 40 ans, les réserves ont été multipliées par 20 (la consommation se multipliant par 10). Or la consommation annuelle (équivalant à toute la production) dépasse depuis quelques années le niveau des découvertes (on ne tenait pas compte des réévaluations des réserves des gisements anciens).

Selon le rapport WAES (établi par le Massachusetts Institute of Technology en mai 1977), la production pétrolière va sans doute plafonner dans le monde occidental à partir de 1990 (ou 1985) tandis que la demande d'énergie croîtra de 3 à 4 % ou + (augmentation de la population, croissance des besoins des pays en voie de développement).

Réserves mondiales prouvées de pétrole brut
(au 1-1, en millions de t)

Régions et pays	1973	1986	Équivalence en années de prod. (base 1985)
Amér. du N.	6 415	4 707	8
dont : États-Unis	5 023	3 820	7,6
Canada	1 392	887	10,5
Amér. Latine	4 448	13 163	38,7
dont : Venezuela	1 869	3 825	42,2
Mexique	382	8 050	52,8
Proche-Orient	49 257	54 301	107,2
dont : Abu Dhabi	2 833	4 229	110,4
Arabie Saoudite [1]	19 918	23 396	138,6
Irak	3 957	6 018	86,1
Iran	8 868	6 531	59,9
Koweit [1]	9 945	12 614	245
Oman	682	546	24
Qatar	955	450	31,1
Extr.-Orient et Océanie	2 036	2 653	17,2
dont : Indonésie	1 365	1 160	19
Inde	114	510	17,2
Australie	289	210	7,9
Afrique	8 922	7 740	30,2
dont : Algérie	1 528	1 203	27,1
Égypte	167	525	11,8
Gabon	104	71	8,2
Libye	4 148	2 906	57,5
Nigeria	2 046	2 265	30,9
Europe occidentale	1 648	3 064	16,2
dont : Royaume-Uni	682	1 230	9,6
Norvège	273	1 487	38,7
Pays à économie planifiée	13 370	11 101	14,9
dont : U.R.S.S. [2]	10 232	8 322	13,9
Chine [3]	2 660	2 513	20,1
TOTAL MONDIAL	86 096	96 730	34,8

Nota. — Conversion en t sur la base d'1 t = 7,33 barils. (1) Les réserves de la zone neutre ont été réparties en parts égales entre l'Arabie Saoudite et le Koweit. (2) Estimation controversée. (3) Selon la Chine 7 milliards de t.

• **Situation.** Dans les terrains sédimentaires, qui couvrent environ 29,4 millions de km² (dont 11,3 en U.R.S.S.), certains sont encore vierges : nord du Canada, Australie centrale, Afrique du Sud, Asie sino-soviétique, Antarctique, mer de Louisiane, golfe Persique, mer Rouge, mers Australes, Méditerranée, Caspienne, des Caraïbes, golfe du Mexique, régions de Bornéo, de Java et Sumatra, Arctique. Réserves possibles. *En superficie :* sur 362 millions de km² de terres immergées, 84 millions de bassins sédimentaires pourraient renfermer du pétrole. Dont (en milliers de km²) : *0 à 20 m de prof.* 9,4. *20 à 100 m* 15,2. *100 à 300 m* 3,1. *300 à 1 000 m* 15. *1 000 à 2 000 m* 15. *2 000 à 3 000 m* 26,3. Actuellement, l'essentiel de la production *off shore* vient de gisements à moins de 200 m de fond, mais les forages à 500 m deviennent courants et les 1 000 m devraient être bientôt atteints. *En milliards de t. A — de 200 m :* prouvées 27 ; possibles 68. *A + de 200 m :* estimées 50 à 150 ; prouvées 20.

• **Réserves en millions de barils par hab.** *Koweit* 65,4. *E.A.U.* 45. *Arabie S.* 21. *Libye* 8,36. *Irak* 2,52. *Iran* 1,64. *Venezuela* 1,45. *Indonésie* 0,66. *Algérie* 0,45. *Nigeria* 0,24.

Gisements géants et super-géants. Un gisement est *super-géant* si ses réserves, ramenées à l'année de découverte, sont supérieures à 700 millions de t (*géant :* 70 millions de t). En 1975, il y avait 272 gisements géants et super-géants (soit 1 % des 30 000 gisements mondiaux et 75 % du pétrole). 33 gisements contenaient 50 % des réserves, 25 super-géants sur 33 se trouvaient au Moyen-Orient dont 10 en Arabie Saoudite, 2 en U.R.S.S., 2 aux U.S.A., 1 au Venezuela, 1 en Chine, 1 en Algérie et 1 en zone neutre.

Production de pétrole brut

Évolution

Production pétrolière (en millions de t). 1929 : 191,4 dont U.S.A. 138,1, Venezuela 19,9, U.R.S.S. 13,5, Mexique 6,4, Iran 5,8, Indonésie 5,2, Roumanie 4,8, Colombie 2,9, Pérou 1,8, Argentine 1,4, Trinité 1,2, Pologne 0,7, Japon 0,3, Égypte 0,3, Inde 0,2, Équateur 0,2, Canada 0,1, Irak 0,1, All. occ. 0,1. **1938 :** 271,6 dont U.S.A. 234,3, U.R.S.S. 30,1, Venezuela 27,5, Iran 10,3, Indonésie 7,3, Roumanie 6, Mexique 5,5, Irak 4,3, Colombie 3, Trinité 2,6, Argentine 2,4, Pérou 2,1, Bahreïn 1,1, Birmanie 1, Canada 0,8, Brunei 0,7, All. occ. 0,5, Pologne 0,5, Japon 0,3, Inde 0,3, Équateur 0,3, Égypte 0,2, G.-B. 0,1, *France 0,08,* Arabie Saoudite 0,06, Autriche 0,05, Hongrie 0,04, Tchécoslovaquie 0,02. **1946 :** 375 dont U.S.A. 234,3, Venezuela 56,8, U.R.S.S. 21,8, Abu Dhabi 8,2, Mexique 7, Irak 4,7, Roumanie 4,1, Colombie 3,1, Argentine 3, Trinité 2,9, Pérou 1,7, Égypte 1,2, Bahreïn 1,1, Canada 0,9, Autriche 0,8, Koweit 0,8, Hongrie 0,7, All. féd. 0,6, Équateur 0,3, Indonésie 0,3, Brunei 0,3, Japon 0,2, G.-B. 0,2, Pologne 0,1. **1955 :** 772,8 dont U.S.A. 335,7, Moyen-Orient (total) 161,7, Venezuela 115,1, U.R.S.S. 70,7, Koweit 54,7, Arabie Saoudite 47, Irak 32,7, Canada 17,4, Iran 17, Mexique 12,8, Indonésie 11,7, Roumanie 10,5, Colombie 5,5, Qatar 5,4, Brunei 5,2, Argentine 4,4, Autriche 3,6, Trinité 3,5, All. féd. 3,1, Pérou 2,3, Égypte 1,8, Hongrie 1,6, Bahreïn 1,5, P.-B. 1, Chine (Rép. pop.) 0,9, *France 0,9,* Équateur 0,4, Chili 0,3, Bolivie, Inde 0,3, Japon 0,3, Pakistan 0,2, Brésil 0,2, Yougoslavie 0,2, Birmanie 0,2, Albanie 0,2, Italie 0,2, Pologne 0,1, G.-B. 0,1, Bulgarie 0,1, Tchécoslovaquie 0,1, Maroc 0,1, Algérie 0,05, Espagne 0,03. **1960 :** 1 056,8 dont U.S.A. 348, Moyen-Orient (total) 161,7, Venezuela 152,3, U.R.S.S. 147,8, Koweit 81,8, Arabie Saoudite 62, Iran 52,2, Irak 47,4, Canada 26, Indonésie 20,6, Mexique 14,3, Roumanie 11,5, Argentine 9,1, Algérie 8,8, Qatar 8,2, Colombie 7,6, Turquie 7,2, Trinité 6, All. féd. 5,5, Chine (pop.) 5,5, Brunei 4,6, Brésil 3,8, Égypte 3,3, Pérou 2,5, Autriche 2,4, Bahreïn 2,2, Italie 2, *France 1,9,* P.-B. 1,9, Hongrie 1,2, Yougoslavie 0,9, Chili 0,9, Nigeria 0,8, Gabon 0,8, Albanie 0,6, Birmanie 0,5, Japon 0,5, Inde 0,4, Bolivie 0,4, Turquie 0,3, Équateur 0,3, Pakistan 0,3, Nlle-Guinée 0,2, Bulgarie 0,2, Pologne 0,2, G.-B. 0,1, Tchécoslovaquie 0,1, Israël 0,1, Maroc 0,09, Angola 0,06.

1970 : 2 278,4 dont Moyen-Or. (total) 711,9, U.S.A. 475,2, U.R.S.S. 353, Venezuela 194,3, Iran 191,7, Arabie Saoudite 176,8, Libye 161,7, Koweit 137,3, Irak 76,4, Canada 60,6, Nigeria 54, Indonésie 42,1, Algérie 48,2, Abu Dhabi 33,7, Chine (pop.) 29, Mexique 21,5, Argentine 20, Qatar 17,3, Égypte 16,4,

Production mondiale de pétrole brut (milliers de t)

Pays	1ère année de production	1980	1984	1985
U.S.A.	1859	475 594	502 304	503 044
Canada	1862	78 650	82 678	84 328
AMÉR. DU NORD		554 244	584 982	587 372
Mexique	1901	106 260	152 720	152 535
Venezuela *	1917	114 788	98 068	90 721
Argentine	1907	25 200	24 593	23 056
Brésil	1940	9 360	23 135	28 260
Équateur *	1917	10 398	13 034	14 176
Pérou	1896	9 550	9 119	9 300
Colombie	1921	6 465	8 650	8 900
Trinité	1908	10 982	8 800	9 400
Chili	1929	1 560	1 800	1 700
Bolivie	1950	1 135	962	909
Cuba	1976	105	775	1 020
Guatemala	1978	250	250	150
Barbades	1978	50	85	100
AMÉR. LATINE		296 103	341 991	340 227
Arabie Saoudite *	1936	494 829	228 721	168 765
Iran *	1913	74 077	101 419	108 948
Irak *	1927	83 541	59 811	69 891
Koweit *	1946	129 959	57 308	51 485
Abu Dhabi *	1962	64 526	34 792	38 310
Oman	1967	17 490	20 786	22 777
Qatar *	1949	22 763	18 178	14 489
Dubaï *	1969	14 010	16 712	17 152
Syrie	1968	8 498	8 963	9 000
Sharjah *	1974	485	2 695	3 137
Bahrein	1932	2 414	2 090	2 100
Rasal-Khaimah *	1984	–	–	400
Israël	1956	20	12	12
PROCHE-ORIENT		915 262	551 787	506 466
Nigeria *	1958	101 866	69 041	73 194
Libye *	1961	88 450	51 956	50 512
Algérie *	1956	51 534	44 600	44 357
Égypte	1911	30 083	41 217	44 361
Angola/Cabinda	1972	8 851	10 280	11 019
Gabon *	1957	7 500	8 750	8 670
Cameroun	1978	2 765	7 825	9 161
Congo	1969	3 318	6 007	6 826
Tunisie	1966	5 652	5 490	5 405
Zaïre	1975		1 607	1 414
Côte-d'Ivoire	1980	1 023	1 000	997
Bénin	1982	175	400	371
Ghana	1979	40	29	29
Maroc	1943	–	29	15
AFRIQUE		301 307	248 231	256 331

Pays	1ère année de production	1980	1984	1985
G.-B.	1919	80 374	125 939	127 500
Norvège	1971	24 408	35 043	38 410
All. féd.	1880	4 055	4 055	4 105
Pays-Bas	1943	1 565	3 432	4 069
France	*1918*	*1 825*	*2 725*	*3 244*
Espagne	1967	2 248	2 316	2 184
Italie	1933	1 594	2 273	2 384
Danemark	1972	298	2 314	2 891
Turquie	1948		2 086	2 108
Grèce	1974		1 317	1 318
Autriche	1860	1 476	1 205	1 067
Suède	1982		13	9
EUR. OCCID.		118 419	182 718	189 289
Indonésie *	1893	77 473	71 810	60 980
Inde	1889	9 404	27 900	29 700
Australie	1933	18 750	23 125	26 578
Malaisie	1968	13 156	21 000	20 200
Brunei	1913	12 485	8 000	7 500
Birmanie	1934	1 395	1 400	1 500
Pakistan	1947	494	900	1 650
N.-Zélande	1978	330	800	1 200
Philippines	1979	513	600	1 750
Thaïlande	1882		2 500	2 500
Japon	1975	432	407	534
Taïwan	1976	180	175	
EXTR.-ORIENT		134 612	158 617	154 092
U.R.S.S.	1863	603 000	613 000	597 000
Roumanie	1857	11 500	12 000	11 600
Yougoslavie	1943	4 244	4 034	4 100
Albanie	1933	3 500	3 000	3 500
Hongrie	1937	2 033	2 010	2 050
Bulgarie	1955	329	300	300
Pologne	1874	275	250	250
Tchécoslovaquie	1919	96	90	90
All. dém.	1880	55	60	60
EUR. ORIENT.	–	625 032	634 804	618 950
Chine	1939	105 950	114 530	124 800
TOTAL MONDIAL		3 050 929	2 817 120	2 777 527
dont : O.P.E.P.		1 341 030	877 195	815 187

* Pays membres de l'O.P.E.P.
Source : C.P.D.P.

Oman 16,3, Roumanie 13,3, Colombie 11,3, Australie 8,4, Brésil 7,9, All. féd. 7,5, Trinité 7,2, Inde 6,8, Brunei 6,6, Gabon 5,4, Angola 5, Syrie 4,2, Dubai 4,2, Tunisie 4,1, Bahreïn 3,8, Pérou 3,5, Turquie 3,5, Autriche 2,8, *France 2,3,* Hongrie 1,9, P.-B. 1,9, Chili 1,5, Albanie 1,4, Italie 1,4, Bolivie 1,1, Malaisie 0,8, Birmanie 0,8, Japon 0,7, Pakistan 0,5, Pologne 0,4, Bulgarie 0,3, Tchécoslovaquie 0,2, Équateur 0,1, Espagne 0,1, Israël 0,08, P.-B. 0,08, All. dém. 0,06, Maroc 0,04, Congo (Rép. pop.) 0,01.

☞ Voir tableau ci-dessus.

Zones de développement

• **Afrique du Nord** (Libye, Algérie, Égypte). **Afr. noire** (Nigeria).

• **Amérique. Alaska.** Gisement principal à Prudhoe Bay. *Réserves :* pétrole : 1,6 milliard de t (36 % des réserves prouvées des U.S.A.) ; gaz : 900 milliards de m³ (15 %). *1res explorations* en 1963, *découvertes* en 1965. *Investissements :* 15 milliards de $, dont 10 pour le pipe-line. *Coût de maintenance :* 240 millions de $/an, soit environ 55 cents par baril. *Production (1982) :* pétrole : 83,3 millions de t, gaz : 6 920 millions de m³. Plus des 2/3 des revenus de l'État d'Alaska viennent actuellement du pétrole. *Exploitation :* elle est très difficile sur la terre ferme, en raison du *permafrost* (sol gelé, ne dégelant que superficiellement l'été dans le Nord) et, sur la mer, en raison des *glaces* (banquises ou icebergs). L'été, le sol devient un bourbier (marécages remplis de moustiques) où s'enlisent les véhicules et où basculent les structures. Les hydrocarbures arrivant en surface à des températures d'autant plus élevées que la profondeur du gisement est grande et que le débit est important, il faut donc isoler les puits pour éviter le dégel afin que les têtes de puits auxquelles sont accrochés tous les tubes et toutes les vannes dont dépend la sécurité du forage ne s'effondrent pas. *Évacuation du pétrole :* après les essais du pétrolier brise-glace *Manhattan* en 1969, on a reconnu que le *pipe-line* était la seule voie rationnelle [*longueur* 1 275 km (de Prudhoe Bay à Valdez) ; franchit 3 chaînes de montagnes, 70 cours d'eau et des zones sismiques ; doit être isolé du permafrost pour ne pas le faire dégeler (le pétrole, en raison des frictions dues à son écoulement, atteindrait + 145 °C)]. **Mexique. Venezuela.**

• **Asie. Indonésie** (faible teneur en soufre : 0,038 %) dans le nord de Sumatra ; présence à 3 000 km du Japon (appelé à devenir l'un des plus importants consommateurs).

• **Europe. Mer du Nord. Historique. 1965** 1er gisement de gaz (West Sole, zone brit. découvert). **1969** 1er gisement de pétrole (Ekofisk, zone norvégienne). **1983** 36 champs de gaz en exploitation (14 z. norv., 10 z. brit., 11 z. néerl., 1 z. danoise), 56 gisements de pétrole (35 z. brit., 16 z. norv., 3 z. danoise, 2 z. néerl.).

Forages. Profondeurs max. : *1977 :* 480 m (Ekofisk 70 m, Forties 120 m, Brent 150 m). *1980 :* 1 000 m. **Conditions climatiques :** pointes de vent de 245 km/h (travail impossible si le vent souffle à plus de 80 km/h), vagues hautes de 25 à 30 m, courtes périodes de travail (dans les cas extrêmes, sur 360 périodes de 12 h, 38 sont favorables au travail, 49 médiocres et 273 mauvaises). *1985 :* 56 forages d'exploration.

Intérêts français en mer du Nord : regroupés dans un Consortium composé de Petroland (Erap-Elf) (86,3 %), la C.F.P. (30 %), la S.N.P.A. (20 %), les Stés Coparex (8,2 %), Eurafrep (8,8 %), Francarep (3 %) ; la C.F.P. est surtout implantée en zone britannique, l'E.R.A.P. en zone norv., all. et néerl.

Production. Pétrole (en millions de t) : **1972 :** 1,7, **75 :** 11,1, **76 :** 25,7, **77 :** 50,5, **78 :** 71,2, **79 :** 97, **80 :** 104,9, **82 :** 129,4, **83 :** 148,6, **84 :** 164,4 (dont zones brit. 120,8) (**85 :** 130 à 150), norv. 35, danoise 2,3, néerl. 3,4). **Gaz naturel** (en milliards de m³) : **70 :** 11,3, **75 :** 37,2, **80 :** 76,9, **82 :** 75,7, **83 :** 76,8, **84 :** 79,7 dont zones brit. 40,2, norv. 26,4, néerl. (en mer) 15,8, dan. 0,8.

Réserves. Env. 2 millions de t de pétrole, 2 700 milliards de m³ de gaz, représentent 6 % des réserves mondiales off shore. À partir de 1985, les réserves s'épuiseront env. en 15 a. Les réserves totales représenteraient alors 1 an de consommation mondiale.

Superficie (répartition entre les pays, en km² et, entre parenthèses, en %). G.-B. 244 000 (46). Norvège 131 000 (27). Pays-Bas 62 000 (11). Danemark 56 000 (10). All. féd. 24 000 (5). Belgique 4 000 (0,5). *France 4 000 (0,5).*

• **U.R.S.S.** *Principaux gisements exploités :* Bakou (Azerbaïdjan), bassin de la Volga entre Kouibichev et Perm, Sibérie occidentale (Samotlor, Tyoumen, Kazakstan, Turkménie). *Gisements non exploités :* Sibérie orientale. Les Suédois avaient annoncé le 5-12-80 que la formation de Bazhenov (1 million de km²) recelait 619 milliards environ de t de réserves dont 30 % récupérables, mais les Soviétiques l'ont démenti en mars 81.

Caspienne (off shore). *Réserves :* 5 milliards de t en 1977 selon la C.I.A. ; plus de 20 milliards selon la Sté suédoise Pétrostudies. *Prévisions 1985* (O.C.D.E.) : production 625 millions de t, consommation 525, exp. vers pays de l'Est 140. Selon la C.I.A., l'U.R.S.S. devrait, au contraire, s'approvisionner sur le marché mondial (450 000 barils/j).

Pétroles non conventionnels

Exploitations en cours

• **Huiles lourdes.** Pétroles très denses et très visqueux. En appliquant des traitements thermiques pour diminuer la viscosité, on peut en extraire de 15 à 40 % (+ dans certains cas). *Coût :* 22/23 $ le baril d'équivalent pétrole. *Potentiel* (en milliards de t) : *Canada* (sables) : Athabasca, Cold Lake, Wabasca, Peace River 140 à 200, « Triangle carbonaté » (Alberta) n.c. *U.S.A.* (sables) : Utah et Californie 4. *U.R.S.S.* (sables, carbonates) : Melekess (Volga-Oural) 20, divers 3. *Venezuela* (sables) : Orénoque 150 à 300. *Autres pays :* 50 à 70. *Total :* 370 à 600.

• **Sables asphaltiques.** Hydrocarbures très visqueux, très lourds, piégés dans des sables ou des grès ou dans des schistes, calcaires, conglomérats. Venezuela, U.S.A. (Utah, 3,5 milliards de t de réserves), Madagascar (2,5), Trinité, Argentine, Mexique, Colombie, Roumanie, U.R.S.S., Canada [en Alberta : Athabasca, Cold Lake, Wabasca et Peace River ; plus de 120 milliards de t dont plus de 10 % exploitables en carrières ; installations de production de Great Canadian Oil Stands Ltd (2,5 millions de t d'huile par an) dep. 1971, Syncrude Canada (6,25 millions de t par an) dep. 1978].

Schistes bitumeux. Teneur en kérogène : 30 à 40 l par t (ex. : 120 à 140 l au Colorado, 40/50 l Est de la France). Une teneur inférieure ne permet pas une exploitation rentable. **Extraction** *par distillation* du kérogène (à 500 °C sous vide) dans des installations de surface (après extraction de la roche), ou directement par combustion contrôlée *in situ,* ou par une méthode mixte (foudroyage de galeries de mines à la base de la couche de combustion *in situ,* en utilisant les éboulis ainsi créés) ; ou chauffage par des champs électriques créés par des fréquences radio, gaz et pétrole se trouvant ainsi libérés.

Ressources potentielles (en milliards de t) : *U.S.A.* (gisements de Green River, Colorado) : plusieurs centaines de gisements dont 20 à 25 extractibles économiquement. *Canada :* couvriraient les besoins pendant 1 000 ans. *Amérique du Sud :* 110. *Afrique :* 13. *Asie :* 12. *Europe :* 7 (*France :* 1, bordure est du Bassin parisien ; sud du Luxembourg jusqu'au Morvan ; exploités à Autun de 1837 à 1945 ; possibilités à Fécocourt, près Nancy).

Exploitation en cours. *Brésil* (à São Mateu do Sul, 2 500 t de roches fournissent 1 000 barils d'huile et

36 500 m³ de gaz par j). *Chine* (Mandchourie). *Maroc* (projet à Timahdit dans l'Atlas, 30 à 40 millions de t par an). *U.R.S.S., U.S.A.* (Colorado : prod. à partir de 1985 de 2,4 millions de t par an).

Raffinage

Définition. Transformation du pétrole brut en carburants, combustibles, solvants, lubrifiants, bitumes, paraffines (au total env. 500 produits). Le *brut* est constitué d'un mélange complexe d'hydrocarbures inutilisables à l'état naturel (trop inflammables, trop riches en carbone). Sa composition varie d'un gisement à l'autre (bruts paraffiniques, naphténiques ou aromatiques).

Principaux procédés. *Séparation* qui isole les uns des autres les hydrocarbures : *distillation* [par condensation des vapeurs du pétrole brut (ses composants, ayant un point d'ébullition différent, sont séparés par chauffage progressif)] ; *extraction* par solvant ; *absorption* par tamis moléculaires. **D'épuration** qui purifient en retenant les fractions indésirables [ex. : *désulfuration, dégazolinage* (épuration des gaz de leurs éléments condensables)]. **De synthèse** : *craquage* [*cracking* : casse les molécules lourdes en molécules plus légères ; *hydrocracking* : un flux d'hydrogène à haute température et à haute pression (en présence d'un catalyseur chimique qui active les réactions) « découpe » les molécules du fuel lourd] ; *hydrogénation, isomérisation, reformage* catalytique [*reforming :* transforme la structure moléculaire des essences issues de la distillation (essence légère et essence lourde)] ; *alkylation, polymérisation* qui créent des hydrocarbures nouveaux.

SOURCE Raffinage : *Divers*	CAPACITÉ DE TRAITEMENT		
	1973	1978	1985 (provisoire)
Amér. du N.	**767,8**	**982,7**	**879,7**
dont :			
États-Unis	680,8	368,6	777
Canada	87	114,1	102,7
Amér. lat.	**327**	**414,4**	**357,4**
dont :			
Mexique	31,3	48,7	72,4
Brésil	37,9	60,2	65,3
Venezuela	73,9	76	64
Argentine	31,6	32,6	33,9
Antilles néerl.	46	41,9	16
Bahamas	12,5		
Proche-Orient	**145,2**	**178,3**	**217,9**
dont :			
Arabie S.	33,8	38	77,2
Iran	31	53,8	30,5
Koweit	25,9	25,9	31
Extr.-Orient/ Océanie	**384,7**	**494,3**	**511,3**
dont :			
Japon	207,4	267	224
Singapour	224,2	45,7	50,9
Indonésie	19,1	23,5	45
Inde	22	31,2	46,5
Australie	32,1	35,3	33
Afrique	**60,7**	**82,2**	**127,8**
dont :			
Algérie	5,9	5,8	21,9
Europe occid.	**847,5**	**1 038,4**	**738,6**
dont :			
Italie	188,5	211,6	135
France	*144,9*	*169*	*108,8*
R.-U.	123,1	133,5	96,1
All. féd.	130	159,4	86,8
P.-Bas	90,7	92,5	76,2
Espagne	43,7	76,1	64,4
Belgique	42,3	55,6	30,7
Europe orientale/ Chine	**473**	**730,7**	**864**
dont :			
U.R.S.S.	361	521,8	612
Chine	34	78,6	107
Total	**3 005,9**	**3 921**	**3 696,7**

Produits de la distillation du brut. Gaz, fuels (domestiques ou industriels), essences 80 %, naphta 20 % (dont 90 % servent à fabriquer des carburants). Les mesures antipollution impliquent que la part du naphta augmente dans la confection des essences. Autres débouchés : élaboration des matières plastiques et fabrication des engrais.

Raffineries d'Europe occidentale (localisation et volume en millions de t/an, fin 1984 de la capacité de raffinage). *All. féd. :* Gelsenkirchen 10,5. *Belgique :* Anvers (Sté ind. belg. des pétroles) 15. *Espagne :* Tarragone 11. *France :* Gonfreville 15,1. *Italie :* Sarroch 15,5, Priolo 15. *P.-B. :* Rotterdam 21,7 Pernis (Shell 21,8 Chevron Petroleum MIJ 13). *G.-B. :* Fawley 14.

Commerce du pétrole

Données globales

Principaux pays exportateurs
(en millions de t)

	1978	1980	1982	1983	1984	1985 [1]
OPEP TOTAL	1 305	1 133	734	632	607	532
dont :						
Arabie Saoudite	398	460	287	185	159	96
Iran	223	40	79	87	73	80
Irak	117	120	39	36	36	40
Libye	89	82	49	45	45	43
Nigeria	90	97	60	54	56	60
Émir. Arabes Unis	88	82	51	54	49	54
Koweit	88	65	20	28	30	24
Indonésie	62	51	42	42	48	37
Venezuela	65	68	54	51	52	45
Algérie	47	33	27	31	27	26
Autres pays :						
U.R.S.S.	113	122	121	126	129	117
Mexique	18	30	77	79	78	77
Royaume-Uni	23	38	62	70	79	81
Total mondial	1 570	1 525	1 245	1 195	1 190	1 110

Nota. — (1) Chiffres provisoires.

Principaux pays importateurs
(en millions de t)

	1978	1980	1982	1983	1984	1985 [1]
États-Unis	314	260	171	167	172	162
Japon	270	220	182	177	183	169
France	*116*	*109*	*76*	*69*	*70*	*69*
Italie	108	89	80	70	66	63
Allemagne	96	98	73	65	67	64
Brésil	45	43	40	35	32	30
Espagne	47	47	43	42	41	43
Pays-Bas	55	50	36	39	44	38
Royaume-Uni	68	47	34	30	32	36
Belgique	33	32	24	20	18	16
Canada	31	29	17	12	12	14
Total mondial	1 570	1 525	1 245	1 195	1 190	1 110

Nota. — (1) Chiffres provisoires.

Coût des importations de pétrole brut
(en milliards de $)

	1973	1974	1980	1982	1983	1984	1985
All.	3,4	8,8	24,3	18,4	13,4	14,6	13,6
Bel.	1,2	3,2	9,7	9,3	5,2	7,8	5,4
Esp.	1,1	3,4	11,3	10	9	8,7	7,9
U.S.A.	4,2	16,6	64,6	47,4	39,5	37,9	34,1
France	*3,5*	*10,1*	*26,2*	*19,8*	*14,2*	*15,7*	14,1
Italie	3,4	9,6	20,2	18,9	15,9	13,2	7
Japon	5,9	18,9	52,7	46,3	40	39,4	34,6
P.-Bas	2,1	4,8	12,0	9,5	9	9,6	9,3
R.-Uni	3,1	8,7	9,5	6,8	5	5	

OPEP (Organisation des pays exportateurs de pétrole)

Origine. *Avant 1939,* de grandes compagnies disposaient de vastes concessions, égales parfois à l'étendue totale d'un pays, et versaient de faibles royalties. *1948,* le Venezuela obtient le partage des revenus pétroliers avec les compagnies concessionnaires. *1949,* l'Américain Paul Getty offre à l'Arabie des royalties importantes. La plupart des compagnies doivent suivre. *1949,* le Venezuela propose à 6 pays du Moyen-Orient (dont Iran, Irak, Koweit et Arabie Saoudite) de se réunir. *Au début des années 50,* l'Anglo-Iranian Oil Company, issue de l'exploitation de la concession d'Arcy, refuse le partage des revenus pétroliers avec l'Iran sur la base 50-50. **1951**-*29-4* ses gisements sont nationalisés sous l'influence du PM Mossadegh. Mais ce dernier est éliminé après 2 ans d'affrontement, l'Anglo-Iranian étant soutenue par le gouvernement britannique et la C.I.A. américaine. **1954** nouvel accord, remettant en cause les mesures de 1951, tout en ne contestant pas le principe de la nationalisation. **1959**-*16-4* Pacte de Maadi, création au Caire d'une Commission consultative du pétrole, des pays demanderont aux Cies de consulter les gouv. des pays prod. pour fixer les prix (les Cies ayant réduit les prix du baril de 0,05 et 0,25 $ au Venezuela et de 0,18 $ au Moyen-Orient). **1960** *août* nouvelle réduction de 0,10 à 0,14 $ (décision unilatérale). Les 5 principaux producteurs (Venezuela, Iran, Irak, Arabie Saoudite, Koweit) se réunissent à Bagdad *(10-9)* pour étudier les moyens de protéger leurs revenus et fondent l'*Organisation des pays exportateurs de pétrole le 14-9.* Peu à peu elle regroupera les grands producteurs du tiers-monde.

Selon l'économiste américain V.H. Oppenheim, les U.S.A. auraient encouragé à partir de 1971 les pays de l'OPEP à accroître fortement le prix du pétrole pour : enrichir l'Arabie Saoud. et l'Iran, les lier stratégiquement aux États-Unis et garantir l'approvisionnement du pétrole ; rentabiliser la relance des recherches en Amérique.

Siège. Vienne (Autriche). **Membres** (en 1986). Iran, Koweit, Arabie Saoudite, Venezuela, Irak (dep. 1960) ; Qatar (janvier 1961) ; Indonésie, Libye (juin 1962) ; Abu Dhabi (novembre 1967) ; Algérie (juillet 1969) ; Nigeria (juillet 1971) ; Équateur (novembre 1973) ; Gabon (juin 1975). Sont candidats : Mexique, Tunisie.

☞ Avant la crise (1973), 4 États de l'OPEP (Arabie Saoudite, Émirats Arabes Unis, Koweit, Qatar) recevaient 22 milliards de $ par an, qu'ils utilisaient pour leurs importations. En 1978, leur excédent commercial était de 47 milliards de $. Incapables d'absorber ces excédents, ces États les ont recyclés dans les circuits économiques mondiaux. On a parlé de pétrodollars [terme journalistique formé comme eurodollars, avoirs en monnaie étrangère ($ ou autre) détenus par un ressortissant d'un pays ayant des revenus pétroliers].

OPAEP (Organisation des pays arabes exportateurs de pétrole)

Autonome de l'OPEP. Créée 1968. **Siège :** Koweit. **Membres :** Arabie Saoudite, Koweit, Libye (m. fondateurs), Irak, Algérie, Émirats Ar. Unis, Qatar, Syrie, Bahreïn, Tunisie (dep. 6-3-82). L'Égypte demeure membre mais les rapports avec elle sont gelés jusqu'à nouvel ordre par décision du Conseil des ministres de l'OPAEP du 17-4-1979.

Depuis 1982 le Centre arabe d'étude de l'énergie suit l'évolution de la situation mondiale ; il n'intervient pas sur le prix du pétrole ni sur les quotas de production (ce domaine étant réservé à l'OPEP à Vienne).

Prix du pétrole

☞ Prix de revient technique, voir Index.

Régime des prix

Avant 1971. Système du Gulf Plus. 1928 *Accord de la ligne rouge :* le golfe du Mexique est le centre à partir duquel est calculé le prix de base, auquel les vendeurs ajoutent un coût de fret. Ce coût est égal aux dépenses de transport entre le golfe et le point de destination. Ce système avantage donc les producteurs américains qui bénéficient d'une rente de situation. **1948** *Double Basing Point System.* Le prix pratiqué dans le golfe du Mexique reste le prix directeur, mais on évalue le coût du fret à partir du Moyen-Orient ou du Mexique. **1950** *les prix affichés.* Système introduit au Moyen-Orient pour servir au calcul de la taxe fiscale que les entreprises doivent verser aux pays propriétaires des ressources. Ces prix sont fixés par les entreprises pétrolières elles-mêmes ; ils baisseront de 1950 à 1960, (env. 2 $ le baril de 1960 à 1970). **Prix de**

revient brut : prix comprenant le coût de production, la redevance (12,5 %) et l'impôt (55 % du prix affiché diminué des coûts de production et des redevances) dus aux pays producteurs, et la marge bénéficiaire des compagnies ; **net :** prix C.A.F. (moyenne du prix de transport du pétrole venant de la Méditerranée et de celui venant du golfe Persique). **Prix du marché :** prix de vente du surplus des compagnies selon l'offre et la demande.

Depuis 1971. La production se décompose en : **brut de participation :** quantité de pétrole dont l'État producteur est propriétaire ; il est revendu aux compagnies à 93 % du prix affiché ; **brut de concession :** le *prix de revient brut* est la « moyenne » du prix participation et du prix concession.

Évolution des prix

1961-70. Varient peu. **1970** *déc. conférence de l'O.P.E.P. à Caracas :* augmentation générale des prix affichés, généralisation à 55 % du taux de l'impôt sur les bénéfices. **1971**-*14-2 accord de Téhéran* entre États producteurs du golfe Persique et compagnies pétrolières. *2-4 accord de Tripoli* analogue pour les pays intéressés au pétrole livré en Méditerranée ; prévoit la généralisation du taux de l'impôt à 55 %, une majoration immédiate des prix affichés et un calendrier des majorations ultérieures jusqu'en 1975. **1972**-*20-1 1er accord de Genève :* prévoit une révision trimestrielle des prix affichés en fonction de l'évolution des taux de change d'un cocktail de monnaies, et décide une augmentation de 8,49 % à cause de la dévaluation du dollar du 18-12-71 (– 7,89 %). **1973**-*1-6 2e accord de Genève* après une nouvelle dévaluation du dollar (– 10 % le 12-2-73), augmentation de 11,9 % des prix affichés ; la révision des prix sera désormais mensuelle. *-6-10* guerre du Kippour. **1er choc pétrolier** *-16-10* les États producteurs du Proche-Orient réunis au *Koweït* décident une hausse de 70 à 100 % selon origines et quantités, embargo (V. Index). *-23-12* ils décident à *Téhéran* que les prix affichés seront plus que doublés (130 % pour les pays de l'O.P.E.P.) à compter du 1-1-74. **1974**-*1-7 Conf. de Quito (O.P.E.P.) :* la redevance passe de 12,5 % du prix affiché à 14,5 % ; le prix de revient du brut participation passe à 94,8 % du prix affiché. *-1-10 Conf. de Vienne (I) :* redevance passe à 16,67 % du prix affiché, impôt sur le bénéfice passe de 55 % à 65,7 % ; prix du brut participation 93 % du prix affiché. *-1-11 Abu Dhabi :* Arabie S., Qatar et Abu Dhabi décident une baisse de 0,40 $ par baril du prix affiché et une hausse de la redevance (20 %) et de l'impôt (85 %). *-13-12 Conf. de Vienne (II) :* l'OPEP ratifie les décisions prises. Le prix de vente (93 % du prix affiché) est de 10,46 $ par baril, le pétrole de concession vaut 9,92 $ par baril et le prix moyen (60 % de brut participation et 40 % de pétrole concession) revient à 10,24 $ le baril. Le prélèvement du pays producteur est de 10,12 $ par baril et le coût de production de 0,12 $. **1975**-*9-6 Conf. de Libreville (OPEP) :* réajustement des prix à partir du 1-10-75, adoption des D.T.S. comme unité de compte. *-24/27-9 Conf. de Vienne (III) :* hausse de 10 % du prix du brut de référence « Arabian Light » à partir du 1-10-75 ; gel des prix jusqu'en juin 76 ; le dollar étant remonté, on renonce aux D.T.S. **1976**-*mai Conf. de Bali :* maintien jusqu'à fin 76 des prix en vigueur dep. le 1-10-75. *-16-12 Conf. de Doha (OPEP) :* hausse de 5 % à partir du 1-1-77 (Ar. S. et Émirats Arabes Unis) et 10,33 % pour les autres pays producteurs. **1977**-*1-1* hausse de 5 % en moy. pour l'Arabie S. et Émirats, 10 % en moy. pour les autres pays de l'OPEP. *-1-7* hausse supplémentaire de 5 % pour Arabie S. et Émirats Arabes, les autres membres renonçant à la hausse supplémentaire de 5 % prévue. *-13-7 Conf. de Stockholm :* Arabie S. et Émirats augmentent leurs prix de 5 %, mettant ainsi fin au double prix en vigueur dep. le 1-1. Les autres États de l'OPEP abandonnent la hausse envisagée de 5 %. *20/21-12 Conf. de Caracas :* le prix de l' « Arabian Light » reste à son niveau antérieur (12,70 $ le baril), les pays membres n'ayant pu parvenir à un accord sur une hausse éventuelle des prix. **1978**-*17/19-6 Conf. de Genève :* reconduction du gel des prix jusqu'à fin 78. *-16-12 Conf. d'Abu Dhabi :* prix de l' « Arabian Light » passé à 13,339 $ le baril ; calendrier des hausses pour 1979 : + 5 % au 1-1 (13,339), + 3,809 % au 1-4 (13,843), + 2,294 % au 1-7 (14,161), + 2,691 % au 1-10 (14,542). Calendrier non tenu dès avril. **1978** *fin déc.-janv. 79* arrêt des livraisons iraniennes après le départ du Shah. **2e choc pétrolier. 1979**-*27-3 Conf. de Genève :* prix de l' « Arabian Light » augmenté de 9,5 % au 1-4 (14,546) soit le niveau initialement prévu au 1-10. *-26/28-6 Conf. de Genève :* Arabian Light à 18 $ au 1-7 et à 24 $ au 14-12. *-17/20-12 Conf. de Caracas :* les pays producteurs ne peuvent s'entendre sur les prix. Augmentation du prix moyen des bruts de l'OPEP de 24,8 % de juillet à déc. (20,30 $/b. à 25,75 $/b. en moyenne) (doublement de déc. 78 à déc. 79). **3e choc pétrolier. 1980** hausses. *-9/10-6 Conf. d'Alger :* hausses variables selon les pays au 1-7. *-12-9 guerre Irak-Iran.* Hausses désordonnées tout au long de l'année. *-15/16-9 Conf. de Vienne :* Arabian Light à 30 $ au 1-8, hausse de 2 $ dans les Émirats au 1-9. 6 pays de l'OPEP proposent l'indexation du prix du baril sur l'inflation et le taux de croissance des pays ind. ; repoussé. *-15-12 Conf. de Bali :* hausse de 2 $ pour l'Arabie au 1-11 et de 3 à 4 $ au 1-1-81 pour autres pays. **1981**-*1-1* augmentation mondiale d'env. 10 %. *A Genève* projet de diminuer de 2 millions de barils la prod. saoudienne et d'augmenter de 2 $ env. le prix du baril de pétrole saoudien. *-juill.-nov.* baisse de 2 à 3 $ en Irak, 3,5 $ au Nigeria et en Libye, 3,5 à 6 $ au Mexique, 1,8 au Qatar, 2,75 en Mer du N. *-18-8 Conf. de Genève :* pas d'accord sur un prix unique, Arabian Light à 32 $, diminution de la prod. *-29-10 Conf. de Genève :* essai de remise en ordre des prix, Arabian Light à 34 $ jusqu'au 31-12-81, baisses ou hausses des autres qualités selon les cas. **1982**-*20-3 Conf. de Vienne :* contrôle et plafonnement de la prod. à 17,5 Mb/j et un quota par pays. Refus de l'Iran. *-20-5 Conf. de Quito :* maintien du contrôle de la prod., gel des prix jusqu'à fin 82. *Août* l'Irak décide le blocus du terminal iranien de Kharg. *-20-12 Conf. de Vienne :* pas d'accord.

Années	E.A.U.*	Arabie Saoudite	Iran	Irak	Koweït	Qatar	Algérie	Libye	Nigeria	Gabon	Venezuela	Indonésie	Équateur
1970	233	1 214	1 109	521	821	125	272	1 351	247	4	1 377	254	–
1971	431	1 885	1 851	840	954	200	321	1 674	847	9	1 675	336	–
1972	551	2 745	2 396	575	1 404	255	613	1 563	1 117	18	1 902	506	30
1973	900	4 340	4 399	1 843	1 735	463	988	2 223	2 048	29	3 029	688	129
1974	5 536	22 573	17 822	5 700	6 543	1 451	3 299	5 999	6 654	173	9 271	1 364	414
1975	6 000	25 676	18 433	7 500	6 393	1 685	3 262	5 101	7 422	484	6 968	3 233	293
1976	7 000	30 755	20 243	8 500	6 870	2 092	3 699	7 500	7 715	800	7 713	4 466	533
1977	9 030	36 538	21 210	9 631	7 516	1 994	4 254	8 850	9 600	600	8 106	4 692	499
1978	8 200	32 234	19 300	10 200	7 952	2 200	4 589	8 400	7 900	500	7 319	5 200	400
1979	12 862	57 522	20 500	21 291	16 863	3 082	7 513	15 223	15 900	900	11 956	8 100	800
1980	19 500	102 212	13 500	26 100	17 900	4 795	12 500	22 600	23 405	1 800	16 344	12 859	1 394
1981	18 700	113 200	9 300	10 400	14 900	4 722	10 700	15 600	16 713	1 600	17 401	14 393	1 560
1982	16 000	76 000	17 600	9 500	9 477	3 145	8 500	14 000	13 086	1 500	13 543	12 703	1 184
1983	12 800	46 100	20 000	8 400	9 900	3 000	9 700	11 200	10 100	1 500	13 500	9 660	1 100
1984	13 000	43 700	16 700	10 400	10 800	4 400	9 700	10 400	12 400	1 400	13 700	10 400	1 600

Revenus des pays producteurs en provenance du pétrole
(en millions de $)

Nota. – * Abu Dhabi, Dubaï, Sharjah. *Source :* OPEP.

1983-*24-1 : Conf. de Genève :* pas d'accord. *Févr.* de nombreux prod. baissent leurs prix (offre trop importante). *-7-3 Conf. de Londres :* accord le 14-3 sur un prix de référence à 29 $, un système de quotas (17,5 millions de barils/j pour 1983 à répartir). *Juil. Conf. d'Helsinki :* reconduction de l'accord du 14-3. *Sept. Conf. de Vienne :* idem. *-7-12 Conf. de Genève :* idem. **1984** *avril-mai* l'Irak (à cause du blocus du terminal de l'île iranienne de Kharg qui n'est pas respecté), puis l'Iran (en représailles) bombardent des pétroliers dans le Golfe d'Ormuz. *29/31-10 : Conf. extraordinaire à Genève :* le plafond de la production globale des 13 pays membres est abaissé de 17,5 Mb/j à 16 Mb/j. *19/21 et 27/29-12 : Conf. à Genève :* le brut de référence est maintenu à 20 $/b. Un rajustement des différentiels de qualité est décidé ; un conseil exécutif ministériel chargé de vérifier l'application des mesures concernant les prix et le production sera créé. P. brut de référence : « Arabian Light » (Ar. S.), remplacé par le « Brent » (G.-B.). **1985**-*28/30-1 : à Genève :* abandon théorique de la notion de brut de référence ; baisse des prix des bruts légers (l'Arabian Light est ramené à 28 $/b) ; resserrement à 2,40 $/b du différentiel entre bruts légers et lourds. *-1-2* le nouveau prix moyen pondéré du brut OPEP se situe à 27,96 $/b. *-7/9-12 à Genève :* les pays membres décident d'assurer et de défendre pour l'OPEP une « juste part » du marché mondial ; un comité spécial (ministres du Venezuela, de l'Indonésie, de l'Irak, du Koweït et des EAU) est mis en place. La priorité donnée par l'OPEP à la défense sa part du marché, provoquera immédiatement une baisse des prix du brut qui s'accélérera au cours des mois suivants. **1986**-*16 au 24-3 et 15 au 21-4 :* les ministres de l'OPEP adoptent à Genève le principe d'une répartition de la production de brut entre eux sans parvenir à un accord sur sa mise en pratique. 10 pays fixent un objectif global de production de 16,7 Mb/j pour 1986, qu'Algérie, Iran et Libye refusent d'accepter le trouvant trop élevé. La chute des prix du brut s'accélère ; fin mars, les cours spot (moyenne des bruts OPEP et brut de Brent) frisent les 12 $/b.

Transactions pétrolières. Récemment, 95 % s'effectuaient par contrats à long terme entre pays producteurs et compagnies étrangères ou États consommateurs. Le solde était traité au coup par coup sur le marché libre de Rotterdam *(marché spot)* qui permettait d'écouler ou de trouver un supplément disponible (produits raffinés surtout). Début 1980, les pays producteurs écoulaient jusqu'à 15 % de leur brut sur un marché parallèle, à des prix supérieurs aux prix officiels. Privées de leurs approvisionnements traditionnels, les grandes compagnies devaient se fournir en partie sur le marché spot (1,5 million de barils par jour et jusqu'à 20 % de leurs besoins pour 4 compagnies sur 7). D'où une surenchère par rapport aux prix de l'OPEP. Actuellement, les contrats sont négociés au niveau des gouvernements, puis gérés par des entreprises désignées.

Définitions. Baril : unité de mesure du pétrole brut. 1 baril équivaut à 159 litres. Il y a 7,3 barils dans 1 tonne. 1 million de barils/jour équivaut à 50 millions de tonnes/an. **Barter :** troc (compensation). **Brent :** mélange type de qualités de bruts de la mer du Nord, production (environ 1 million de barils/jour) presque toute vendue sur le marché libre. **Brut :** pétrole non raffiné. Nombreuses variétés, selon provenances et qualités : plus « légers », dépourvus de soufre, « lourds », visqueux (presque solides). Le « brent », le « WTI » américain, l'« Arabe léger » saoudien, l'« Oural » soviétique, sont les plus connus. Brut *Mollah* (ou princier) : pétrole vendu sous le manteau par des intermédiaires touchant des bakchichs. **Daisy chain** « guirlande de marguerites » : ensemble des acheteurs et vendeurs successifs d'une même cargaison, record de 56. **Distressed cargo** (cargo en détresse) : se dit d'une cargaison de brut en cours de transport non encore vendue à un utilisateur final. *Le trader* (dernier propriétaire) devra, pour trouver acheteur, brader ses prix. **Marché du brent :** marché à terme, informel, entre gros opérateurs. Les transactions, cargaison par cargaison (500 millions de $ environ), dépassent de 2 à 3 fois le volume du pétrole réellement échangé. Des ventes « promptes » au jour le jour, s'y effectuent également. **Marché de Rotterdam :** souvent confondu avec le précédent. Aujourd'hui limité aux ventes de produits raffinés destinés aux marchés de l'Europe du Nord. Rotterdam est le plus grand centre de stockage et de raffinage de la région et le berceau du marché libre. *Marché spot ou marché libre :* ensemble des ventes ne faisant pas l'objet de contrats à moyen terme entre producteurs et compagnies. Est « spot » toute vente. Des prix fixés instantanément ou révisable à très court terme. **Merc ou Nymex :** New York Mercantile Exchange, marché à terme de New York, où sont cotés des lots de « WTI » (West Texas Intermediate), qualité de brut américaine le plus échangée. **Netback,** ou valorisation : calcul théorique de la valeur d'un brut à partir des cours des produits qu'on en tire après son raffinage. En juillet 1985, l'Arabie Saoudite a adopté ce type d'accord qui s'est multiplié depuis. **Paper baril,** baril-papier, ou baril-titre : cargaison souvent fictive, vendue à terme, et dont la date de livraison est suffisamment éloignée (2 à 3 mois) pour qu'elle puisse passer de main en main avant qu'une date précise ne soit fixée. **« Platt's » :** quotidien publiant des cours. **Processing** (contrat de) : raffinage à façon, souvent fictif, moyen pour les producteurs de vendre du brut au-delà des quotas de l'OPEP. **Trader :** négociant alors que le « broker », courtier, est un simple intermédiaire payé au %, lui achète et revend, prend des positions. **Wet baril :** « baril mouillé ». Cargaison dont la date de livraison approche et dont la vente doit faire l'objet d'un échange physique de pétrole.

Prix de vente des carburants
(au 15-4-1986)

Pays	Essence		Super		Gasoil	
	% taxes	Prix en F/l	% taxes	Prix en F/l	% taxes	Prix en F/l
All. féd.	58,8	3,50	56,7	3,68	51,3	3,47
Autriche	52,6	4,41	53,5	4,68	50,6	4,37
Belgique	63,1	3,90	61 6	4,03	43,8	3,31
Danemark	61,0	4,88	60 1	4,99	31,2	3,07
Espagne [1]	63,1	3,95	63,1	4,25	40,9	3,03
Finlande	41,8	4,65	40,2	4,83	33,7	3,44
France	*69,2*	*4,65*	*70,8*	*4,76*	*52,4*	*3,59*
Italie [1]	74,0	5,55	71,6	5,77	35,9	2,82
Luxemb.	50,9	3,34	49,4	3,48	33,9	2,77
Pays-Bas	65,2	3,99	63,6	4,13	36,2	2,66
Portugal [1]	58,6	5,22	56,9	5,41	39,6	3,29
Roy.-Uni	58,1	4,09	57,0	4,19	51,4	4,06
Suède	54,8	4,17	53,5	4,26	20,1	2,56
Suisse	52,2	3,81	57,3	4,00	54,4	4,26

Nota. — (1) Prix de barème.

Prix de vente du baril de 159 l d' « Arabian Light » (API 34 °) (par rapport auquel sont fixés les prix des autres bruts, en $). **1970 :** 1,8, **71** *15-2 :* 2,2, **72 :** *20-1 :* 2,5, **73 :** *1-6 :* 2,9, *16-10 :* 5,11, **74 :** *1-1 :* 11,6, *1-11 :* 11,2, **75** *1-10 :* 11,5, **77** *1-1 :* 12, *1-7 :* 12,7, **79** *1-1 :* 13,3, *1-4 :* 14,5, *1-7 :* 18, *1-11 :* 24, **80** *1-1 :* 26, *1-4 :* 28, *1-8 :* 30, *1-11 :* 32, **81** *1-11 :* 34, **83** *14-3 :* 29, **84** *févr. :* 29, **85** *févr. :* 28.

Prix spot de vente des pétroles bruts ($ par baril en février 1986 et entre parenthèses au 1-1-1981). *Algérie* (mélange Sahara) 17,70 (40). *Libye* (Brega) 30,50 [2] (41). *Mer du Nord* (Ekofisk) 17 (40), *Libye* (Es Sider) 17,35 (40,78). *Nigeria* (Bonny) 17,30 (40,02). *Venezuela* (Tia Juana) 28,05 (36). *Irak* (Kirkouk) 16,50 (37,50). *Mer du Nord* (Forties) 16,80 (39,25). *Indonésie* (Minas) 19 (35). *Arabie* (Berri) 27 (33,52). *Qatar* 16,30 (37,42). *Arabie* (Lourd) 25,20 (31). *Iran lourd* 19,50 (36). *U.S.A.* 25,92 [1] (28,52). *Mexique* (Maya) 25,50 (34,50) [2]. *Venezuela* (Bachaquero) 18,80 (27,95).

Nota. — (1) Octobre 1954. (2) Prix officiel en février 1985.

Prix « spot » et, entre parenthèses, net back (valeur en produits) du pétrole. En $, par baril. Brent. *1986 fin janv. :* 18,40 (23,74), *28-3 :* 11,75 (18,95). **West Texas Intermediate (W.T.I.).** *1986 fin janv. :* 19,60 (21,92), *28-3 :* 11,35 (16,36).

Marges bénéficiaires laissées, par baril, aux sociétés concessionnaires par les producteurs. Golfe Persique (Arabie Saoudite exclue) 20 à 40 cents. Algérie, Irak, Indonésie, Nigeria 50 c à 1 $. Pays industriels (G.-B., Norvège, U.S.A., Canada) 3 à 6 $, le reste étant repris par la fiscalité.

Sociétés pétrolières

Généralités

Principales sociétés. *1° les Majors* (autrefois appelés les « 7 sœurs ») : 6 depuis la fusion de Gulf et Chevron, ex-standard Oil of California, en 1984 dont 4 américains (Chevron, Exxon, Mobil, Texaco) et 2 européens (British Petroleum et Royal Dutch/Shell) ; *2° les indépendants américains :* Amoco (Standard Oil of Indiana), Arco (Atlantic Richfield), Phillips, Sun, Sohio, Tenneco, etc. ; *3° les Compagnies des pays consommateurs à participation étatique :* B.P. (G.-B.), ENI (Italie), SNEA et TOTAL-CFP (France), VEBA (All. féd.) etc. ; *4° les Compagnies nationales des grands pays exportateurs :* Pemex (Mexique), Sonatrach (Algérie), NIOC (Iran), Pertamina (Indonésie), Koweit Oil C° (Koweit), Aramco (Arabie Saoudite), etc.

● **Régimes des sociétés. Association.** Sté d'État et compagnie privée constituent une société commune. Elles assument les investissements et se partagent le pétrole au prorata de leur participation. Ex. Elf, au Nigeria (l'État à 55 %), l'ENI en Libye (51 % à l'État). **Concession :** l'État producteur cède les droits miniers à la compagnie qui devient propriétaire du pétrole. L'État perçoit l'impôt, reçoit des « royalties ». **Contrat d'entreprise :** la compagnie, prestataire de services, fait les recherches et avance les investissements. Elle est rémunérée par du brut et peut voir ses frais remboursés en cas de découverte (ex. Indonésie).

Cas particuliers. Iran : jusqu'en 1979 : exploitation du pétrole nationalisé mais concédée aux compagnies étr. ; dep. 1979 : le nouveau régime de l'ayatollah Khomeiny a démantelé le consortium de Cies étr. et créé la Cie nationale N.I.O.C. (National Iranian Oil Company). **Irak :** l'I.N.O.C. (créée en 1964) reste l'unique Cie nationale après la nationalisation des Cies étrangères de 1972 à 1975.

● **Résultats nets (consolidés) des grandes compagnies pétrolières** (en milliards de $ en 1984 et entre parenthèses 1985). Exxon 5,53 (4,87), Royal Dutch/Shell 5,14 (4), B.P. 2,72 (3), Amoco (Standard Oil Indiana) 2,18 (1,95), Chevron 1,55 (1,53), Texaco 1,07 (1,23), Mobil 1,26 (1,04).

● **British Petroleum Co.** (Ex. Anglo-Persian Oil Co., fondée en 1909, devenue en 1935 l'Anglo-Iranian Co.), Détenue par l'État britannique à 31,6 %. *Statistiques 1985* et entre parenthèses 1984. *Production :* 670 000 barils/j (636 000). *Vente de prod. raff. :* 1 914 000 b./j (1 841 000). *Revenu net :* 1,6 milliard de £ (1,4). *C.A. :* 41 milliards de £ (37,9).

● **Chevron Corporation.** *Créée* 1-7-1984 après l'acquisition de la Gulf Corporation par la Standard Oil of California le 15-6-1984. *Revenus* (1984, millions de $) : 29 207. *Ventes de pétrole raffiné* (1984, b/jour) : 2 441.

● **Exxon Corporation.** Ex-Standard Oil Cy (New Jersey). 1er des producteurs, raffineurs et distributeurs mondiaux de pétrole brut et produits raffinés. *C.A.* (1985) 93,2 milliards de $, bénéfice net 4,9 milliards de $. *Activités diversifiées* (fabrication et vente de pr. chimiques, exploitation et vente de charbon et d'uranium, fabrication et vente de combustibles nucléaires, minerais, énergie solaire, commercialisation de systèmes avancés de transmission, stockage et traitement des informations). *Production (1985) : pétrole brut* 85 millions de t ; *brut raffiné* 145 millions de t. *Ventes : produits pétroliers* 204 millions de t. *Distribue ses produits* dans une centaine de pays. **En France : Esso S.A.F.** (filiale à 81,5 %), 2 raffineries à Port-Jérôme, Fos-sur-Mer. Une quarantaine de dépôts vrac sur le territoire métropolitain, 3 500 stations-service. **Esso R.E.P.** (filiale à 89 % d'Esso S.A.F.) : domaine minier en métropole de 55 000 km² exploré (en participation). *Production (1985) :* 1 312 514 t de brut (1er producteur français). **Esso chimie** (filiale à 98,6 %) : usines à Notre-Dame-de-Gravenchon à côté de la raffinerie Esso.

● **Mobil Oil Corporation** (1983). *Production pétrole brut et gaz nat. liquide :* 660 millions de b/j dont U.S.A. 353, Europe 115, Canada 86, Indonésie 34, divers 72. *Prod. gaz nat. :* 72 milliers de b/j. *Capacité de raffinage :* 2 186 milliers de b/j. *Flotte :* 58 navires. *Ventes (France) :* 4 855 milliers de t. *Revenu net :* 1 503 milliards de $.

● **Pétrofina.** Fondée 1920 à Anvers Belgique. *Production* (1985) : 6,5 millions de t (mer du Nord 3 millions de t, U.S.A. 1 million de t, Angola 645 000 t). Ses ressources couvrent 26 % de ses besoins. *Capacité de raffinage :* 27 millions de t. *Traitement :* 20,9 millions de t. *Flotte :* 1 282 000 t. *Vente produits finis :* 24 millions de t, *gaz naturel :* 4,5 milliards de m³. *Pétrochimie :* env. 13 % du C.A.

● **Royal Dutch/Shell.** Filiale à 60 % de la Sté néerlandaise Royal Dutch Petroleum Cy et à 40 % de la Sté britannique Shell Transport and Trading Cy. *Activités* (1985) : actif net 23 435 millions de £. *Investissements :* 5 623 millions de £. *Approvisionnements :* en pétrole brut (1 000 barils/j) 4 427 ; pétrole brut traité 3 223. *Ventes :* pétrole (1 000 barils/j) 5 561 ; gaz naturel (millions de m³/j) 165 ; *bénéfice du secteur chimique :* 208 millions de £.

● **Société nationale Elf Aquitaine. (S.N.E.A.).** *Créée* 1976, filiale de l'Entreprise de recherches et d'activités pétrolières (E.R.A.P.), établissement public à caractère industriel et commercial, qui détient environ 67 % de son capital. **Principales filiales.** *Exploration et production des hydrocarbures,* S.N.E.A. (P), Elf Norge, Elf Gabon, Elf Aquitaine Petroleum, etc. ; *raffinage* et *distribution des produits finis,* Elf France, Elf Mineraloel, etc., avec pour principales marques commerciales Elf et Antar ; *pétrochimie* et *chimie lourde,* Atochem, Texasgulf Chemicals (engrais) ; *chimie fine,* Ceca, M & T Chemicals ; *pharmacie,* Sanofi et filiales ; *Bio-technologies Sanofi* (Elf Bio-industries) ; *Transports maritimes* (Cie nationale de navigation). *Recherche :* 16 centres ; 4 000 personnes. **Principaux chiffres (1985).** *Domaine minier :* 34 pays ; 583 488 km² dont 229 722 km² en mer. *Production :* 15 pays ; de pétrole brut 17 000 000 t ; *gaz naturel commercialisable :* 18 milliards de m³ ; *soufre :* 1 855 000 t. *Raffineries :* 10 en propre ou en participation dont 5 se trouvent en France. *Transports maritimes :* 9 navires (0,7 million de TPL) ; 15,3 millions de t de brut transportées. *Effectifs en 1985 :* 73 800 dont secteur pétrolier 28 700. *C.A. :* 180 milliards de F. *Bénéfice consolidé :* 5,2 milliards de F. *Investissements* (en milliards de F) : 27,5 dont prospection pétrolière 5,5.

● **Standard Oil Cy of California** (Chevron Group of Companies) (1985). Fondée 1870 par John D. Rockefeller à Cleveland (U.S.A.). *Ventes* 2 929 millions de $. *Revenu net* 0,3 milliard de $. *Production* 719 700 barils/j dont 678 800 de l'Alaska. *Raffinage* 656 000 barils/j. *Flotte* (1983) 55 bateaux (8 702 millions de TPL).

● **Texaco Inc.** *Production* (1984) : 84 millions de t [en % : Amérique 40,7 (U.S.A. 24,3) ; Proche-Orient 36,8 ; Extrême-Orient 18,2 ; reste du monde 4,3]. (1983) 1 615 000 barils/j. *Revenu net* (1984) 1 071 millions de $. *CA :* 48 milliards de $.

● **Total — Compagnie française des pétroles** (T.-C.F.P.). Société anonyme française fondée en 1924, pour gérer la part française dans la Turkish Petroleum C° d'Irak, à l'initiative de l'État français qui en détient directement 35 % du capital et 40 % des voix. Devenu l'un des 10 plus grands groupes pétroliers intégrés mondiaux [hydrocarbures (recherche, production, transport, raffinage et distribution) et pétrochimie, charbon, uranium, énergie solaire]. **Filiales :** env. 550 filiales et participations dans 75 pays dont près de 200 directement ou indirectement majoritaires. Détient 68,5 % du capital de la *Compagnie de raffinage et de distribution Total-France* (C.F.R.) qui traite env. 25 % du pétrole brut raffiné en France et assure l'approvisionnement d'env. 20 % du marché français des carburants.

Potentiel industriel (1-1-1986). Zone d'intérêts miniers (pétrole et gaz) : env. 674 000 km² dont 177 000 de part nette. *Flotte pétrolière :* 7 navires totalisant 1,48 million de t de port en lourd. *Capacité de raffinage :* 47,2 millions de t/an dans 15 raffineries.

Résultats financiers (Maison mère, en milliards de F, 85 ; capital social 1,5 ; C.A. 80,7 ; bénéfice net 1,6 ; bénéfice distribué 0,6). *Activité du groupe (consolidé) :* ressources pétrole brut 49 millions de t ; gaz naturel 5 700 millions de m³ ; investissements 7,1 milliards de F en 1984 ; effectifs (31-12-85) 44 557.

Pays consommateurs

Statistiques

Principaux pays consommateurs en 1985 et, en italique, 1973 (en millions de t). 2 802 *2 798* dont *Amér. du N. :* U.S.A. 708 *818,* Canada 68 *83,7. Amér. latine :* 219 *160,3* dont Mexique 62,5, Brésil 47, Venezuela 18, Argentine 21, Antilles néerl. 6. *Proche-Or. :* 90 *62,2* dont Arabie Saoudite 22, Iran 25, Koweit 5,2. *Extr.-Or., Océanie :* 415 dont Japon 200 *269,1,* Singapour 18, Indonésie 23, Inde 40, Australie 25,2 *34,8. Afrique :* 85 *49,5* dont Algérie 15. *Europe occ. :* 572 *737,6* dont All. féd. 112,5 *149,7,* Italie 85,4 *103,6,* G.-B. 84,6 *113,2,* France 84,5 *127,3,* Espagne 45,9 *39,1,* P.-B. 24 *41,3,* Belgique 19,4. *Europe or., Chine :* 645 dont U.R.S.S. 445 *325,7,* Chine 91 *53,8.*

Conférences

Agence internationale de l'énergie. 2, rue André-Pascal, 75775 Paris Cedex 16, France. *Créée* le 15-11-1974 au sein de l'O.C.D.E. *Pt :* A. J. Woods (Austr.). *Dir. exécutif :* Helga Steeg (All. féd.). *Sous-dir. exécutif :* J. Wallace Hopkins (U.S.A.). *Pays adhérents :* All. féd., Australie, Autriche, Belgique, Canada, Danemark, Espagne, G.-B., Grèce, Irlande, Italie, Japon, Luxembourg, N.-Zélande, Pays-Bas, Portugal, Suède, Suisse, Turquie, U.S.A. ; la Norvège a un statut spécial. *But :* assurer en cas d'urgence l'approvisionnement, élaborer un programme de coopération à long terme.

Conférence tripartite sur l'énergie. Doit réunir, à l'initiative de la France, pays consomm. et product.

de pétrole et des représentants du tiers monde non pétrolier.

Crise de Suez (1956)

● **Origine. 1956**-*26-7* nationalisation du canal par le Col. Nasser. Les mois suivants, négociations menées par G.-B., France et U.S.A. pour obtenir la libre circulation sur le canal. -*16-8* 1re conférence à Londres des usagers du canal. -*29-10* g. avec Israël. -*7-11* cessez-le-feu franco-brit. Le canal rendu impraticable par l'Égypte entraîne un déficit pour l'Europe d'env. 100 millions de t par an (env. 25 %). Les Français commencent à constituer des stocks.

● **Mesures prises en France après la fermeture du canal. 1956**-*28-11*, rationnement décidé. Chaque possesseur de véhicule a droit à une allocation de base pour la période du 28-11 au 31-12-56 : voiture de + *de 5 CV* 30 l d'essence ; — *de 5 CV* 20 l ; *camions et camionnettes* 40 l ; *cars* 50 l. Allocations spéciales pour médecins, prêtres, policiers, livreurs, -*21-12*, allocations de base pour janvier et février : — *de 4 CV* 15 l, *5 à 10 CV* 20 l, *11 CV et* + 25 l. **1957**-*10-1*, allocation spéciale pour tout acheteur d'une voiture d'occasion. -*1-2*, allocation de 30 à 50 l à tout acheteur d'une voiture neuve, suivant la puissance fiscale. -*8-3*, le système en vigueur (inscription auprès d'un garagiste) est aboli et remplacé, pour les vacances, par une organisation à base de tickets. *Avril-mai-juin* : approvisionnement redevenant progressivement normal. -*1-7* abolition du contingentement. **Évolution du prix de l'essence ordinaire. 1-1-1956** 64,20 A.F. (dont taxes 44,70) ; **31-12** 73,10 F (46,62). **1-1-58** 92,70 F (70,05).

Crise de 1973

● **Décisions des pays de l'OPEP. 1973**-*17-10*, à Koweit, les pays de l'OPEP décident de réduire de 5 % chaque mois les livraisons de brut à la plupart des pays consommateurs. U.S.A., P.-Bas, Portugal, Rhodésie et Afr. du Sud sont frappés d'embargo total. -*5-11*, le % de départ est porté à 25 % pour les pays neutres. France, Espagne et G.-B. considérés comme « amis » recevront les mêmes quantités qu'en sept. -*19-11* la réduction supplémentaire de 5 % prévue pour déc. ne sera pas appliquée à l'Europe et au Japon. -*26-12* le % est ramené de 25 à 15 % pour les pays neutres. Japon et Belgique sont considérés comme amis. En fait, la réduction de la prod. ne dépassera pas 25 % par rapport à sept. 1973. Les Cies répartiront le pétrole disponible. Les autres prod. y compris l'Irak (qui s'était désolidarisé des mesures prises par l'OPEP) ont augmenté leur production.

● **Mesures prises par les pays consommateurs. Restriction de la circulation.** *All. féd.* (mesures levées le 12-1-74), *Autriche* (1 jour par semaine à partir du 14-1-74 au choix ; mesure levée le 15-2-74), *Belgique* (2 dimanches sur 4 ; circulation libre à partir du 3-2-74), *Danemark, Italie, Japon, Luxembourg, Norvège* (interdiction de circuler durant le week-end, levée le 31-1-74), *Pays-Bas* (mesures levées le 12-1-74), *Suisse* (mesures levées le 12-1-74), *Israël* (1 j par semaine au choix).

Limitation de vitesse. *Afr. du Sud, All. dém., All. féd., Autriche* (levée le 15-3-74), *Belgique* (100 km/h sur tout le réseau ; à partir du 1-3-74 : 120 km/h sur les autoroutes), *Bulgarie, Corée du S., Danemark, Finlande, France, G.-B., Grèce, Israël, Italie, Japon, Luxembourg, N.-Zélande, Philippines, Pologne, Portugal, Roumanie, Suisse, U.S.A.*

Fermeture des pompes durant le week-end. *Afr. du Sud, Belgique, Italie, Japon, Luxembourg, Norvège, Portugal, U.S.A.* **Interdiction du stockage de carburant par les particuliers.** *Belgique, France, G.-B.* (à partir du 22-2-74, les particuliers peuvent acheter de l'essence en bidon), *Luxembourg, Norvège, Suisse.* **Rationnement de l'essence.** *Afr. du Sud, Bulgarie* (45 l par mois). *Corée du S., U.S.A.* (dans certains États, les automobilistes ne sont autorisés à acheter de l'essence qu'un j sur deux), *G.-B.* (distribution de tickets mais non-utilisation), *Norvège* (80 l par conducteur à partir du 25-1-74 ; non appliqué), *N.-Zélande, P.-Bas* (15 l par semaine, 30 l pour les étrangers, à partir du 8-1-74 ; rationnement levé le 29-1-74), *Roumanie* (40 l par mois), *Suède* (100 l pour 7 semaines à partir du 8-1-74 ; rationnement levé le 29-1-74), *Suisse* (appliqué seulement aux étrangers ; ceux-ci ne peuvent plus acheter d'essence en Suisse ; envisagé pour les nationaux). **Du fuel.** *All. féd., Danemark, Finlande, Japon, Luxembourg, U.S.A.*

Évolution des besoins. Baisse de la consommation des pays industrialisés en 1974 à la suite de la récession, de la lutte contre le gaspillage et d'un hiver particulièrement doux (en %) : U.S.A. 4, Japon 4, G.-B. 4, *France 5*, All. féd. 10, Pays-Bas 15, Belgique 17.

Mesures prises depuis en France. 1975. *Achats pétroliers* limités à 51 milliards en 1975 ; chauffage des locaux baissé à 20 °C et 8 °C s'ils sont inhabités pendant 48 h, rationnement par les prix du naphte et du fuel industriel ; adoption d'un nouveau plan charbonnier ; abaissement de la vitesse limite sur autoroute à 130 km/h. **1976** adoption de l'heure d'été qui permet d'économiser chaque année 300 000 t d'équivalent pétrole, soit 5 à 10 % de la consommation d'électricité destinée à l'éclairage. **1977** rationnement du fuel domestique accentué (pas + de 30 millions de t de mazout) ; consommations de gaz et d'électricité à usage industriel contrôlées ; vignette augmentée pour les véhicules dont la puissance fiscale est inférieure à la puissance réelle ; dépassements de vitesse sanctionnés (suspension de permis de conduire) ; voitures « économiques » pour les administrations. **1979** chauffage des locaux baissé à 19 °C ; limitation de vitesse renforcée. -*1-7*, entrée en vigueur de l'encadrement du fuel-oil domestique.

Surtaxe portée de 600 à 3 800 F pour les voitures particulières de plus de 17 CV ; comptage individuel de chaleur obligatoire dans les logements collectifs ; création d'aides spécifiques à l'innovation dans le domaine des systèmes récupérateurs de chaleur, etc.

Transport de pétrole

Flotte pétrolière

Total mondial (en millions de tdw). **1970** : 132,1. **75** : 255,8. **78** : 332,5. **80** : 327,9. **81** : 324,7. **82** : 320,2. **83** : 303,7. **84** : 283,2. **85** : 269,7. **86** : 246,7 (soit 2 874 bateaux) dont Liberia 63, Japon 23,3, Grèce 18,3, Panama 16,8, U.S.A. 15,1, G.-B. 12,4, Norvège 8,5, Bahamas 7,5, Chypre 7,2, U.R.S.S. 6,2, *France 5,6*, Espagne 4,8, Italie 4,7, Danemark 4, Brésil 3,5, Singapour 3,4, Inde 3,2, Koweit 3, Turquie 3, Arabie Saoudite 2,8, Chine 2,2, Corée-du-S. 1,9, P.-Bas 1,9.

Commerce maritime en millions de t, et en %, part du pétrole. **1937/38** : 490 (21,4). **60** : 1 100 (49). **70** : 2 605 (55,3). **73** : 3 190 (57,7). **79** : 3 755 (41). **82** : 3 249 (40). **83** : 3 090 (39,4). **84** : 3 312 (37,6). **85** : 3 289 (36,4).

Les routes du pétrole vers l'Ouest

De la mer Rouge au canal de Suez : fermée en 1967, elle n'a été rouverte qu'en juin 1975, après enlèvement des épaves et dégagement du chenal, mais seules les unités de — de 150 000 tpl peuvent l'emprunter. **Euphrate à Méditerranée par le désert de Syrie** : les oléoducs du Proche-Orient se sont multipliés depuis 1932 (capacité totale 90 millions de t). **Route du Cap** : en 1974, avant la réouverture de Suez, sur 773 millions de t de pétrole venant du Proche-Orient, 644 millions de t (83 %) passaient par Le Cap.

Le pétrole en France

Généralités

● **Organisation.** La loi de 1928 a confié à l'État le monopole de l'importation du pétrole afin d'assurer la sécurité d'approvisionnement. L'État l'a délégué aux Stés pétrolières aux conditions suivantes : 1) participation au ravitaillement national, contrôlée par la présentation d'un plan d'approvisionnement ; 2) fourniture prioritaire des services publics ; 3) constitution de réserves pour 3 mois de consommation ; 4) participation à l'exécution de contrats d'intérêt national pour l'acquisition de pétrole ou la fabrication de produits utiles à l'économie. Les licences d'importation délivrées sont valables 10 ans pour les imp. de pétrole brut et 3 ans pour les produits finis.

Nota. — Rapport Schwartz. V. Q. 1980, p. 1448.

● **Perspectives. Plan « hydrocarbures français ».** Priorité aux recherches sur les franges des bassins sédimentaires jusqu'à 5 000/6 000 m, et en mer (Méditerranée sur environ 60 000 km², îles Kerguelen, St-Pierre-et-Miquelon, N.-Calédonie). Développement des huiles lourdes, schistes et pétrole de mers profondes (stations sous-marines automatisées). Récupération assistée (injection de gaz, vapeurs ou additifs chimiques) pour accroître de 15 % (soit 30 millions de t) le pétrole exploitable.

Perspectives de la politique pétrolière française. *Réduire la consommation* (économies d'énergie, recours accru au nucléaire). *Reconvertir l'appareil de raffinage* pour pouvoir extraire des bruts lourds davantage de produits légers de plus en plus demandés (essence pour transports, fuel-oil domestique). *Diversifier les approvisionnements* (Norvège, G.-B., U.R.S.S., Mexique). *Compenser les importations* par des ventes accrues dans les pays producteurs, ce qui suppose que la France s'approvisionne auprès de pays dont le développement ferait pour elle des clients importants (Nigeria, Chine, Algérie, U.R.S.S.).

Bilan global

● **Bilan en tonnage** (millions de t en 1985). *Entrées en raffineries* : 77,5 dont importations de brut 68,7, importations d'autres produits à distiller 5,2, production de brut 2,6, importations de charges 1,1, recyclage 0,4. *Production nette des raffineries* : 72,5 dont autoconsommations 4,4, pertes 0,7.

Produits raffinés. *Ressources totales* : 81,3 dont prod. nette 72,5, importations 20,3, exportations 11,8, retours de la pétrochimie 1,4, hydrocarbures extraits du gaz naturel 0,6, huiles régénérées 0,06 ; *variations de stocks en raffineries* : — 1,1 ; *en distribution* : — 0,6. **Consommation totale nette en France calculée** : 79,9. *Consommation observée* : 77,5.

Bilan financier. Facture pétrolière de la France et, entre parenthèses, facture énergétique totale (solde des importations et des exportations en milliards de F). *1973* : — 13,6 (— 16,6) ; *74* : — 45 ; *75* : — 36,9 ; *76* : — 51,1 ; *77* : — 52,4 ; *78* : — 49 (— 62) ; *79* : — 66,1 ; *80* : — 108 (— 132,9) ; *81* : — 128,7 (— 162) ; *82* : — 140,1 (— 177,9) ; *83* : — 131,7 (— 168,3) ; *84* : — 145,4 (— 187) ; *85* : — 137,3 (— 180,6) dont brut importé — 119,3, raffinés importés — 49,3, export. de prod. raffinés + 26,7, avitaillement étranger + 4,6. *86 (janv. à avril)* : 2,76.

Coût moyen du pétrole brut importé (valeur moyenne du brut en F par t et entre parenthèses parité $/F). *1973* : 120 (4,465), *74* : 377 (4,812), *75* : 381 (4,289), *76* : 452 (4,779), *77* : 491 (4,914), *78* : 464 (4,512), *79* : 580 (4,255), *80* : 1 016 (4,221), *81* : 1 460,3 (5,432), *82* : 1 693,1 (6,578), *83* : 1 742,9 (7,622), *84* : 1 892,8 (8,740), *85* : 1 838,9 (8,985), *86 janv.* : 1 497,7 (7,498), *févr.* : 1 171,7 (7,162), *mars* : 1 057,6 (6,963), *avril* : 918 (7,19), correspondant à un prix de 17,4 $ par baril.

Consommation

Du Marché Intérieur (millions de t). Total : 73 112, **78** 105, **79** 106, **80** 98,5, **81** 87,2, **83** 79,7, **84** 76,6 [dont fuel-oil domestique 21, lourds 10,1 (dont ind. et divers 8,1, centrales électr. : E.D.F. + C.D.F. 1,1), supercarburant 18,3, gasoil 10,6, fractions légères, bases pétrochimie 6,4, gaz de pétrole liquéfiés 2,8, bitumes 2, carburéacteurs 2,4, coke de pétrole 1,7, lubrifiants 0,08, fuel-oil léger 0,3 (en 1979), white-spirit 0,1, paraffine, cires 0,07, pétrole lampant 0,03, essences spéciales 0,03, essences aviation 0,02, gaz incondensables 0,09].

Principaux secteurs d'utilisation (estim. en millions de t, 1984). Consommation totale 79 dont *industrie et divers* 22,1 ; *transports* 34,7 (routiers 28,8, maritimes 3, aériens et fluviaux 2,4, ferroviaires 0,5) ; *secteur domestique et tertiaire* 19,4 ; *agriculture* 2,7. *En %* : transports 44 ; résidentiel et tertiaire 24,6 ; industrie et divers 27,9 ; agriculture 3,1.

Points de vente de carburants. Stations-service (réseau routier) *1973* 46 000, *80* 41 000, *86 (1-1)* 30 000 dont grandes marques : *début 1983* 27 780. *85* 23 840. *86* 21 340 (dont Elf + Antar [1] 4 220, Shell 2 710, Esso 3 600, BP 1 850, Mobil 1 310, Fina 1 000, Agip 195). *Débit* mensuel moyen (1983) 60 m³.

Nota. — (1) Réseau direct, hors réseau des filiales à la marque.

Record des ventes sur autoroutes (1981). *Station* Total de Phalempin *(aut. A)* : 2 400 000 litres par mois (tous carburants confondus).

Gisements

● **Production des gisements.** Année de découverte, profondeur moyenne en mètres, et, en italique, production cumulée fin 85, en milliers de tonnes.

Esso Rep. Parentis (1954) 2 350 m *26 169*. Mothes (1955) 2 470 m *1 105* [1]. Lugos (1956) 1 600 m *1 383*. Lucats (1956) 2 000 m *94* [1]. Cazaux (1959) 2 400 m et Cazaux prof. (1961) 3 026 m *8 667*. Mimizan Nord (1959) 1 470 m *508* [1]. Lavergne La Teste (1962) 3 500 m *1 541*. Cabeil (1965) 2 030 m *229* [1]. Donnemarie (1979) 2 535 m *164*. Chaunoy (1983) 2 300 m *739*.

Pétrorep. Coulommes (1949) 1 900 m *1 764*.

Shell française. St-Martin de Bossenay (1959) 1 400 m *1 090* [1].

S.N.E.A. (P). Lacq supérieur (1949) 660 m *3 634*. Brie (1959-68) 1 580-2 123 m et Chailly-en-Bière (1958) 1 650 m *1 230*. Châteaurenard (1958) 395 m *631*. Grandville (1959) 2 070 m *197* [1]. Villemer (1959) 1 520 m *621* [1]. Valence-en-Brie (1960) 1 770 m *94*. St-Firmin (1960) 550 m *1 291* [1]. Chuelles (1961) 426 m *918*. Courtenay (1964) 440 m *330*. Marolles (1965) 1 470 m *93*. Bonrepos (1972) 2 275 m *25*. Montastruc (1973) 1 585 m *664*. Pécorade (1974) 3 250 m *1 003*. Castera Lou (1975) 3 400 m *277*.

S.N.E.A. (P)-Esso Rep. Soudron (1976) 1 223 m *214*. Vic Bilh (1979) 2 160 m *1 155*.

Nota. — **Gisement de Burosse** : à une trentaine de km de Pau (6 à 10 millions de t) ; ce gisement pourrait produire 600 000 à 1 million de t/an (1 % de la consommation).

● **Production de pétrole brut** (en milliers de t, non compris les groupes à capitaux français à l'étranger).

1953	367,4	1964	2 845,3	1975	1 027,6
1954	505,2	1965	2 987,8	1976	1 057,3
1955	878,4	1966	2 931,9	1977	1 037,1
1956	1 263,6	1967	2 832,4	1978	1 112
1957	1 410,5	1968	2 687,7	1979	1 196,1
1958	1 386,3	1969	2 498,6	1980	1 415,4
1959	1 617,3	1970	2 308,9	1981	1 675,9
1960	1 976,5	1971	1 861,1	1982	1 629
1961	2 163,4	1972	1 483,6	1983	1 655
1962	2 370,2	1973	1 254	1984	2 064
1963	2 522,1	1974	1 079,6	1985	2 642 [1]

Nota. — (1) Dont *Aquitaine* : ESSOREP (Parentis, Cazaux, Lugos) 689, SNEA (Lacq Supérieur, Lagrave, Pécorade, Vic-Bilh) 789 ; *Bassin parisien* : ESSOREP (Donnemarie, Chaunoy) 500, PETROREP (Coulommes) 23, SHELL (St-Martin) 18, SNEA (Châteaurenard, St-Firmin, Chuelles, Soudron) 22, TOTALEX (Villeperdue) 290, TRITON (Blandy, Sivry, St-Germain) 98 ; *autres régions* : 32.

● **Réserves** (1-1-1984). 21,3 millions de t de pétrole brut. Depuis 1939 (découverte de St-Marcet), 2 800 forages ont été exécutés (1 pour 200 km², 1 pour 20 km² dans le Bassin aquitain).

Répartition du marché de la distribution
(en 1985, en %)

Sociétés	Essence et super	Gasoil	Fuel dom.	Fuel ind.
Total	17,72	20,61	16,44	21,42
Elf	17,36	16,92	14,64	18,54
Shell	11,21	9,18	9,89	5,87
Esso	11,20	10,42	9,20	11,78
B.P.	8,48	7,53	8,47	10,08
Mobil	5,49	5,09	4,97	5,87
Fina	3,72	5,39	3,46	4,12
Agip + Aral	0,88	0,78	0,65	1,37
TOTAL RAFFINEURS	76,06	75,92	67,72	79,05
Afip + Macron [1]	11,21	14,86	21,92	18,42
F.F.C. [2]	4,53	5,55	5,49	0,22
Divers [3]	0,78	1,44	4,80	2,31
Indépendants	16,52	21,85	32,21	20,95
7 grandes surfaces [4]	7,42	2,23	0,07	0

Nota. — (1) Comptoir oyonnaxien des combustibles, Wallach. (2) Christol, Charvet, Nervol, Stela, Urbaine. (3) Poitou-Carburants, Provence-Mazout, Rhin-Rhône, Sopeco, Lyonnaise d'exploitation, Vialard. (4) Carfuel, Distriservice, Euromarché, Centres Leclerc, OK Pétrole, Pétrodoc, Pétrovex. Parts de marché du groupe Avia (regroupant 10 indépendants A3) dont 8 membres de l'AFIP, 1 de la FFC et 1 non syndiqué, en 1985 : 6,52 % pour carburants-auto, 6,80 % gasoil, 6,86 % fuel domestique, et lourd 2,48 %.

Raffinage

Données globales (millions de t). **Brut traité. 1973** : 135, **78** : 118, **79** : 127,6, **80** : 114 [1], **81** : 97,6 [1], **82** : 82,8 [1], **83** : 76 [1], **84** : 76,6 [1], **85** : 76,9 [1]. **Production nette** *(produits finis)* **73** : 127,2, **78** : 112,9, **79** : 120,8, **80** : 108,4, **81** : 91,4, **82** : 79,4, **83** : 74,5, **84** : 75,3, **85** : 74,8.

Prix de vente (début janvier) de produits raffinés

	1973	1978	1979	1980	1981	1982	1983	1984	1985 [4]
Essence [1]	112,00	219,00	254,00	306,00	344,00	409,00	437,00	471	544
dont droits et taxes	*80,35*	*132,57*	*174,73*	*182,57*	*188,28*	*216,79*	*227,23*	*259,40*	*320,92*
Supercarburant [1] ...	121,00	237,00	275,00	327,00	365,00	432,00	465,00	504	576
dont droits et taxes	*84,63*	*141,58*	*186,74*	*194,57*	*200,31*	*230,30*	*241,68*	*276,37*	*338,18*
Gasoil [1]	77,50	143,00	172,00	222,00	263,00	315,00	367,00	380	428
dont droits et taxes	*47,94*	*71,37*	*102,07*	*109,60*	*115,79*	*134,03*	*147,15*	*164,29*	*191,44*
Fuel-oil domestique [2]	29,20	80,60	91,00	141,20	181,60	220,40	267,80	263,90	299,50
dont droits et taxes	*6,39*	*14,27*	*28,07*	*35,63*	*41,75*	*47,60*	*56,61*	*58,51*	*75,52*
Fuel-oil lourd n° 2 ordinaire [3]	115,48	414-415	417	795	1 015	1 160	1 385	1 632	1 396
dont droits et taxes	*0,25*	*0,80*	*0,80*	*0,80*	*1,00*	*47,05*	*48,09*	*55,10*	*63,80* [5]

Nota. — (1) Prix à la pompe à Paris, en F/hl TTC ; depuis 1983, prix correspondant aux prix de reprise plafonds. (2) Prix à Paris en F/hl TTC pour livraison unitaire de 2 à 5 m³ ; depuis 1983, prix plafond. (3) Prix départ raffinerie ou point d'importation de cote nulle, en F/t, hors TVA. Depuis le 17-5-1976, les prix sont libres ; les prix indiqués dep. 1978 correspondent aux prix de barèmes déposés par la majorité des Stés pétrolières. (4) Novembre. (5) Début janv.

Capacité de traitement *(dist. atmosph., fin d'année, non compris Carling 1985)* 108,8 [dont *Nord* : Flandres (C.F.R.) 6, Dunkerque (S.F.B.P.) 4,4 [2], Valenciennes (ELF) 3,3 [2] ; *Basse-Seine* : Gonfreville (C.F.R.) 15,1, Petit-Couronne (Shell) 10,7, Port-Jérôme (Esso) 6,8, Vernon (S.F.B.P.) 3,4 [6], Gravenchon (Mobil) 3,5 ; *Atlantique* : Donges (ELF) 9,8, Pauillac (Shell) 4, Bordeaux (Esso) 2,9 [5], Ambès (ELF) 2,1 [3], Vern-sur-Seiche (ELF) 1,5 [4] ; *Méditerranée* : Berre (Shell) 6,3, La Mede (C.F.R.) 6,7, Lavera (S.F.B.P.) 8,5, Fos-sur-Mer (Esso) 8, Frontignan (Mobil) 5,7 ; *Est* : Hauconcourt (S.R.L.) 5,1 [2], Herrlishem (S.R.S.) 4,6 [6], Reichstett (C.R.R.) 4,2 ; *Lyonnais* : Feyzin (ELF) 8,8 ; *région Paris* : Gargenville (ELF) 6,1 [5], Grandpuits (ELF) 4,6].

Nota. — (1) Y compris condensats et produits intermédiaires à distiller *(80* : 4,3 Mt, *81* : 7,3, *82* : 7,1, *83* : 6,2, *84* : 5,4). (2) En 1981. (3) En 1973. (4) En 1978. (5) En 1982. (6) En 1983.

Recherche

Forages (milliers de m forés). **1979** : 112, **80** : 161,1, **81** : 255,4, **82** : 207,9, **83** : 238, **84** : 280,6, **85** : 438,5 (dont exploration 113,4, extension-développement 325). Géophysique (mois-équipe) 85,6.

Stockage

Stockages (millions de m³). *Total* : **1981** : 68,6 (dont pétrole brut 18,7), **82** : 65,9 (17,7), **83** : 63,2 (16,2), **84** : 62,1 (16,1), **85** : 60,2 dont : raffinage (pétrole brut et produits finis) **81** : 54,2, **82** : 51,5, **83** : 48,4, **84** : 48, **85** : 46,6, distribution (prod. finis) **81** : 14,4. **82** : 14,4 [1]. **83** : 14,7. **84** : 14,1. **85** : 13,6.

Nota. — (1) Non compris capacités libérées par la fermeture des raffineries et non encore affectées.

Soutes maritimes. Total, entre parenthèses, françaises et en italique étrangères (millions de t). **1973** : 5,5 (2,1) *3,4*, **82** : 3 (1,4) *1,5*, **83** : 2,6 (1,2) *1,4*, **84** : 2,4 (1,2) *1,2*, **85** : 2,5 (1,2) *1,3*.

Transports

● **Maritimes. Pétroliers au long cours** (nombre de navires-citernes et entre parenthèses port en lourd global). *1973* : 88 (10 356 000), *80* : 66 (15 404 000), *81* : 58 (13 986 000), *82* : 50 (12 211 000), *83* : 48 (11 142 000), *84* : 40 (9 510 000), *85* : 24 (5 149 000). **Dont pétroliers de + de 200 000 t** *1973* : 24 (5 768 000), *80* : 48 (13 193 000), *81* : 42 (12 082 000), *82* : 35 (10 448 000), *83* : 31 (9 174 000), *84* : 26 (8 015 000).

Tonnage transporté sous pavillon français (en millions de t/miles et entre parenthèses en % du total). *1973* : 506,1 (51,4), *80* : 619 (83,8), *81* : 494,1 (81,4), *82* : 364,6 (84,2), *83* : 255,5 (82,5), *84* : 197,9 (86,3), *85* : 150,7 (71,8).

● **Pipelines** (quantités transportées en millions de t). *Pétrole brut* : Lavera-Fos-Strasbourg-Karlsruhe (1 796 km) (toutes liaisons comprises) *1978* : 36,9. *82* : 28,8. *83* : 28. *84* : 28,6. *85* : 26,7. Le Havre-Grandpuits (252 km) *1978* : 8. *82* : 8,6. *83* : 5,8. *84* : 5,6. *85* : 5,3. Parentis-Bec d'Ambès (171 km) *1978* : 0,7. *82* : 0,9. *83* : 1,6. *84* : 1,1. *85* : 1. Antifer-Le Havre (27 km) *1978* : 33,7. *82* : 18,3. *83* : 14,2. *84* : 8,8. *85* : 6,4. Folking-Carling (16 km) *1978* : 0,8. *82* : 0,6. *83* : 0,7. *84* : 0,6. *85* : 0,5.

Produits finis. Le Havre-Paris (complexe Trapil 1 340 km) *1978* : 20. *82* : 17,6. *83* : 17,6. *84* : 16,4. *85* : 16,6. Méditerranée-Rhône (603 km) *1978* : 6,5. *82* : 6,5. *83* : 6,6. *84* : 6,8. *85* : 6,9.

Prix

Depuis l'arrêté du 29-1-1985, les prix de vente de l'essence, du supercarburant et du gasoil sont librement déterminés à tous les stades, dans le cadre d'engagements de lutte contre l'inflation souscrits par autorisés spéciaux et grossistes. La « formule » mise en application en mai 1982 pour la détermination des prix de reprise demeure en vigueur pour le fuel-oil domestique ainsi que les autres éléments de la structure (marges de distribution, rémunération des stocks de réserve, et bien entendu la fiscalité).

Supercarburant (prix de vente au 11-3-1985 en F/hl). 561. *Prix hors taxes* : 213. *Taxes et redevances* : 260,17 dont taxe intérieure 253,22, taxe C.N.E. 0,14, fonds de soutien hydrocarb. 1, fonds spécial grands travaux 4,70, I.F.P. 1,11. *Total hors TVA* 473, *TVA* 88. *Total taxes et redevances* 348.

Taxation (%) maximale et minimale depuis 1932. *Essence* 76,5 (1959), 51,2 (1932) ; *super* dep. 1964 72,8 (1970), 52 (1983) ; *gas-oil* 68 (1966-67), 38,9 (1950) ; *fuel-oil domestique* 30,9 (1979), 3 (1951) ; lourd n° 2 22,2 (1985), 3 (1951). **Taxation (1986)** essence 64,5, super 66, gasoil 47,8, fuel domestique 28,4, fuel lourd n° 2 19,6.

Commerce extérieur
(en millions de t)

● **Par pays. Importations.** *Pétrole brut* : total **1973** : 135, **78** : 115,6, **79** : 126, **80** : 109,5, **81** : 90,3 [1], **82** : 75,4 [1], **83** : 68,9, **84** : 69,9, **85** : 73,8 [dont Proche-Orient 19,6 (Irak 6,1, Arabie Saoudite 5,2, Iran 4,1, Abu Dhabi 1,9, Qatar 1,6, Dubaï 0,4), Afrique méd. 8,2 (dont Algérie 3,4, Libye 2,9, Égypte 1,5, Tunisie 0,3), reste Afrique 14,1 (Nigeria 8,1, Cameroun 3, Gabon 2,1, Congo 0,5), Mer du Nord 19,1, U.R.S.S. 3, Mexique 2,6, Asie 0,8].

Produits raffinés : **1973** : 7,3, **78** : 9,5, **79** : 13,4, **80** : 18,4 [1], **81** : 18,6 [1], **82** : 22,51 [1], **83** : 22,6, **84** : 19,8, **85** : 22,3.

Exportations (prod. raffinés). *Total* : **1973** : 13,4, **78** : 14,3, **79** : 17,5, **80** : 16, **81** : 16, **82** : 11,2, **83** : 11,2, **84** : 11,2 (G.-B. 1,9, All. féd. 1,7, Suisse 1,6, Italie 1,4, P.-Bas 0,9, Belg.-Lux. 0,5), **85** : 12,5 (Italie 2,1, All. féd. 2, Suisse 1,8, G.-B. 1,3, autres pays d'Eur. 3,5).

Avitaillement (navires et avions étrangers) : **1973** : 4,2, **78** : 3,5, **79** : 3,7, **80** : 3,1, **81** : 3,1, **82** : 2,4, **83** : 2,3, **84** : 2,2, **85** : 2,5.

Nota. — (1) Y compris produits intermédiaires à distiller. *Source* : DHYCA (pétrole brut), Douanes (produits raffinés).

● **Par produits** (milliards de F, 1985). *Importations totales CAF* : 962,7 dont produits énergétiques CAF 213,5, combustibles minéraux solides 11,4, gaz naturel 30,7, pétrole brut 126,5, produits pétroliers raffinés 44, électricité 1,2. *Exportations totales FAB* : 871,6 dont produits énergétiques FAB 33. CMS 1,5, produits pétroliers raffinés 28,5, électricité 5,7.

Solde balance : total énergie CAF/FAB − 180,5 − *16,6* [dont pétrole brut − 126,5 − *15,7*, gaz naturel − 30,3 − *0,5*, prod. pétroliers raffinés (avitaill. inclus)

– 10,6 + *2,2*, CMS – 9,9 *2*. Imp. totales FAB 930,9 *155,5*, exp. totales FAB 906,9 *162,4*, solde général FAB/FAB – 24 + 7].

Nouvelles sources d'énergie

Problème actuel de l'énergie. Abondance d'énergie brute. Énergie solaire. Le soleil déverse sur terre l'équivalent de 10 000 fois les besoins mondiaux d'aujourd'hui sous des formes diverses : mouvements de l'air et des eaux, métamorphoses chlorophylienne de la lumière en matière végétale. **Chaleur du magma terrestre** : de quoi couvrir des milliers de fois les besoins présents de l'humanité.

Pénurie d'énergie utile. Nous devons construire des chaînes de convertisseurs pour que cette énergie parvienne à l'utilisateur final (sous la forme demandée, thermique, mécanique, électrique) là et au moment où il en a besoin.

Vent. Hélice éolienne : capter des vents faibles pour éviter des arrêts trop prolongés et être robuste pour éviter des bourrasques. Sauf pour pomper de l'eau dans un puits, elle ne fournira jamais qu'une énergie d'appoint si on ne la couple pas à un accumulateur coûteux. Rapportés à l'énergie produite, le matériel et l'encombrement de l'espace apparaissent considérables si l'on veut disposer d'une production notable.

Rayonnement solaire. Le captage par des panneaux ou des miroirs exige de vastes espaces et des dispositifs de concentration et de stockage atteignant des coûts prohibitifs (la domestication du rayonnement solaire ne peut progresser qu'au rythme général du progrès des techniques).

Énergie semi-concentrée. Hydro-électricité : l'énergie du soleil, captée par l'eau des océans qui s'évapore dans l'atmosphère, est concentrée ensuite par le ruissellement des pluies au flanc des montagnes, formant des cours d'eau dont on peut exploiter la chute (il faut recourir à des barrages et des usines coûteux).

Utilisation mondiale actuelle et future des sources d'énergie nouvelles et renouvelables [milliards (10⁹) de kWh] et, en italique, utilisation en l'an 2000. *Source :* O.N.U. Solaire 2-3 *2 000-5 000*, Géothermique 55 *1 000-5 000*, Éolienne 2 *1 000-5 000*, Marémotrice 0,4 *30-60*, Des Vagues 0 *10*, Thermique des mers 0 *1 000*. *Biomasse 550-700 2 000-5 000*, Bois de chauffage 10 000-12 000 *15 000-20 000*, Charbon de bois 1 000 *2 000-5 000*, Tourbe 20 *1 000*, Animaux de trait 30 (en Inde) *1 000*, Schistes bitumineux 15 *500*, Sables asphaltiques 130 *1 000*, Hydraulique 1 500 *3 000*.

Énergie éolienne

Généralités

Nom. Du nom grec du dieu du Vent « Éole ».

Force du vent. Puissance totale des courants atmosphériques : 100 milliards de gigawatts (millions de kW). Le vent est plus faible en zone polaire Nord et en zone intertropicale, et plus fort aux latitudes de + 55°. Globalement, il est plus abondant l'hiver en Europe occidentale. Il varie peu entre le jour et la nuit : entre 30 et 70 m de hauteur ; au-dessus de 70 m, il est plus fort la nuit ; au-dessous de 30 m, plus fort le jour. Son énergie cinétique peut être transformée en énergie mécanique ou électrique dans des machines éoliennes et aérogénérateurs, et servir à moudre le grain, pomper l'eau, produire de l'électricité. Pour obtenir 1 kW, le diamètre de l'éolienne sera de 2,5 à 4 m selon les sites. *Vitesse nécessaire* pour rendre l'énergie éolienne performante : 7 m/s. Une turbine industrielle de bon rendement brassant 1 000 m² de surface (diamètre 40 m) captera env. 1 000 kW/m² par an soit au total 1 million de kWh. Une éolienne de 4,5 m de diamètre et de rendement médiocre, captant 300 kWh/m² par an, fournirait 6 000 kWh (consomm. d'un foyer domestique 1 000 à 6 000 kWh par an).

● **Aérogénérateur.** Ensemble composé d'une éolienne et d'une dynamo ou d'un alternateur. Puissance de quelques W à plusieurs centaines de kW. Les petites

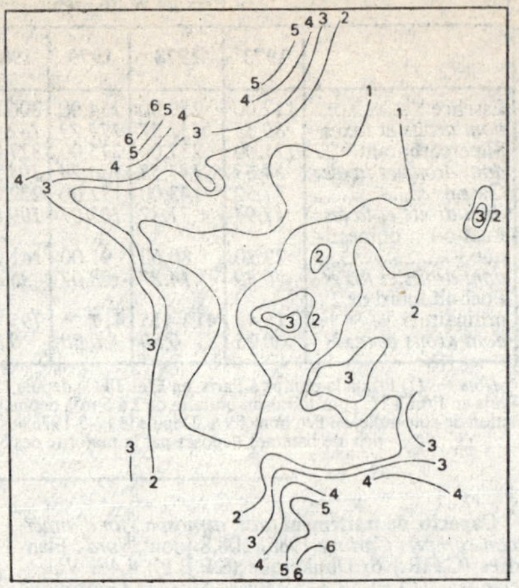

Énergie éolienne disponible par unité de surface (m²) et par an à une altitude de 40 m au-dessus du sol. Les lignes continues sont des courbes d'égale énergie (unité 1 000 kWh/m²). Régions les plus favorables : zones côtières. En plaine, l'énergie disponible est 3 à 4 fois plus faible. Les montagnes sont inutilisables en raison de la turbulence de l'air. On peut imaginer d'installer en France 2 000 éoliennes de 2 MW, qui fourniraient 10 % de la puissance transportée aujourd'hui sur le réseau.

installations, en raison de leurs coûts élevés, ne se justifient qu'en site isolé. Couplé à des panneaux photovoltaïques raccordés à une même batterie d'accumulateurs, l'aérogénérateur peut fournir de l'électricité à la mauvaise saison, au moment où les panneaux en fournissent moins. **Réalisations. États-Unis** : + de 300 000 aérogénér. fournissent 300 millions de kWh par an (3 éoliennes de 2 500 kW à l'essai). **Australie** et **N.-Zélande** : nombreuses fermes isolées équipées de petites installations.

● **Capteurs. Éoliennes à axe vertical.** *Machines à traînée* utilisent la viscosité de l'air ; volumineuses et chères. *Panémones* (du grec, tous les vents) tournant à tous les vents, ne demandant pas de dispositif d'orientation, rendement médiocre, transmettent le mouvement au sol.

Machines à axe horizontal. *Moulin hollandais* à 2 ou 4 pales se prêtant bien à la production d'électricité. *Moulin américain* multipales. *Pales* : en bois, alliages d'aluminium, résines ou plastiques armés ; soumises à l'érosion (sables, poussières, grêle, pluie), la corrosion (fumées, embruns), des efforts variables (poussée du vent, force centrifuge, moment gyroscopique). *Nombre de pales* : 2 le plus souvent, la puissance recueillie étant pratiquement la même pour les machines tripales ou bipales. On peut envisager, pour les très grandes machines, une pale unique équilibrée par un contrepoids.

Stockage de l'énergie : avec des batteries d'accumulateurs au plomb jusqu'à 10 kW. Au-delà, prix prohibitif (200 F le kW). Solution possible dans l'avenir : pile à combustible (hydrogène produit par électrolyse de l'eau).

● **Grandes éoliennes. Étranger : Algérie.** *Aérogénérateur* Andreau-Enfiels (1950-57), diamètre 24,4 m (100 kW), installé à Grand-Vent. **Allemagne.** *Studiengesellschaf Windkraf* (1959-61), 34 m (100 kW), Stötten (construit à Kaiser Wilhem-Krog, *Growian 1* 1982), diamètre 104 m, H. ¹ 100 m, 2 pales (3 MW), prod. théorique 10 000 MWh/an. *2* (1981) diam. 24 m, 1 pale (0,35 MW). *Voigth* (1981), diam. 52 m, H. 30 m, 2 pales, 0,265 MW. **Canada.** *Éol.* à axe vertical de 108 m de haut, 3,8 MW (projet au Québec). Projet d'éolienne à axe vertical de 110 m de haut, 4 MW à Cap-Chat en Gaspésie. **Danemark.** *Gedser Lykegaard Smidth* (1954-59), 24,4 m, H. 24 m (200 kW). *Tvind* (1975), H : 53 m (2 MW), 1 hélice (pales de 36 m) ; production théorique : 4 MW/an. *Tvind* (1977), diam. 54 m, H. ¹ 63 m, 3 pales (2 MW). *NIBEA & B* (1979), diam. 40 m, H. ¹ 45 m, 3 pales (0,63 MW), prod. théorique 1 500 MW/an. **G.-B.** John Brown Cᵉ (1950-55) 15,6 m (100 kW), îles des Orcades. 250 kW (1983), diam. 20 m, H. ¹ 24 m, 3 pales (0,20 MW). **Irlande.** *AW 120 KFP 14* (Bellacorick 1982), diam. 18 m, H. ¹ 30 m, 2 pales (0,12 MW). *VW 55* (Pollaphuca, 1982), diam. 14 m, H. ¹ 18 m, 3 pales (0,06 MW). *DAF Indal* (Milton Mowbray, 1982), diam. 11 m, H. ¹ 10 m, 2 pales (0,05 MW). **Italie.** *Wenco* (1980), diam. 18 m, H. ¹ 20 m, 2 pales (0,10 MW). *ENEL* (Sant Catarina, Sardaigne, 1981), diam. 13 m, 3 pales (0,07 MW). **P.-Bas.** Prototype de turbine, hauteur 37,5 m, diamètre du rotor 25 m, 300 kW (2 000 MW en 2000) à Petten. **Suède.** *WTS-75* (Nassuden, 1982), diam. 75 m, H. ¹ 80 m, 2 pales (2 MW), prod. théorique 6 000 MWh/an. *WTS-3* (*Maglarp*, 1982), diam. 78,2, H. ¹ 80 m, 220 t, 2 pales (3 MW), prod. théo. 8 000 MWh/an. **U.R.S.S.** près de Yalta (1931). *Éol.* 30 m (puissance moyenne 32 kW pendant 2 ans). **U.S.A.** *Mod 1* (Car. du N.), diam. 60 m, H. 41 m, puissance 2 MW par vent de 45 km/h. *Mod 2*, hélice : diam. 90 m ; entraîne un alternateur de 2 500 kW. *Éol. bipale* de 53 m (puissance 1 250 kW) installée en 1941 dans le Vermont : ne fonctionne que 1 030 h et fournit 360 000 kWh. *Éol. de 70 m* avec 2 pales de 100 m (Palm Springs), 1ʳᵉ d'un groupe de 50 moulins devant produire en 1990 env. 360 MW. Des éoliennes de 18 m (28 kW) ont également fonctionné.

France. *Nogent-le-Roi* (E.-et-L.), aérogénérateur expérimental de 800 kW, hélice de 30,2 m, a fonctionné de 1958 à 1962. *St-Rémy-des-Landes* (Manche) aér. commercial de 132 kW, 21,2 m ; 1 MW, 35 m, a fonctionné de 1963 à 1964. *Ouessant*, aér. comm., 100 kW, 18 m, érigé le 24-5-1984 au Centre national d'essai éolien. *Lastours* (près de Narbonne), aér. comm., 10 machines de 10 kW, 7 m, couplé sur le réseau (12-9-84). *Projets A.F.M.E. : Ouessant* (été 1985) : aér. comm. 100 kW, 18 m. *Corbières* (fin 1986) : aér. prototype de 750 kW, 40 m.

● **Petites éoliennes.** Peuvent fournir une tension de 110 volts (en continu), une puissance d'env. 2 500 W et alimenter 30 lampes, appareils électroménagers, radio, T.V., petits moteurs jusqu'à 1,4 ch, électrophones (coût : installation 23 000 F + 12 000 F pour convertisseur statique en c. alternatif). *Le Service des phares et balises* exploite 30 stations automatiques (50 d'ici peu) de faible puissance (24 à 300 W) et 9 stations gardées de moyenne et forte puissance (1,1 à 4 kW) fonctionnant à l'électricité éolienne.

Usages domestiques, sans chauffage : machine de 4 kW (9 m de diam., 140 000 F env.). *Desserte de points d'eau* avec débit journalier de 40 m³, machine 1 kW (5 m de diam., 40 000 F).

Prod. prévue 1990 : 0,4 à 0,5 million de tep.

Éoliennes de pompage. Petites (pour abreuvoirs, irrigation ou besoins domestiques, de 6 à 15 pales) ; prof. de pompage, jusqu'à 12 m ; débit 500 à 600 l/h ; diam. de la roue 1,75 m ; hauteur totale 6 m env. ; prévoir un réservoir assez grand pour 2 à 3 j sans vent). **Grandes** (pour irrigation de grandes surfaces, alimentation en eau de terrains de camping, etc.), prof. de pompage jusqu'à 150/170 m ; débit jusqu'à 25 000 l/h ; diam. 3,50 à 5 m ; démarrage par vents de 2 à 3 m/s. *Coût* : 3 000 à 6 000 F pour une éolienne de pompage simple).

Projets. Moulins de 180 m de haut construits sur des îles artificielles. Éolienne avec ailes en fibre de verre de 60 m (un vent de 35 km/h suffira à la faire tourner à sa puissance maximale).

Énergie éolienne en France

Potentiel : le long de l'Atlantique et de la Manche, dans le Roussillon et le bas cours du Rhône, de 300 à 3 000 kWh par m² d'hélice et par an, suivant l'éloignement des côtes ; 100 à 1 000 kWh/m².

Nota. – Il existe à Lannion un Centre national d'essais éoliens (C.N.E.E.L.).

Énergie géothermique

Généralités

● **Conditions.** La température de la Terre augmente avec la profondeur d'environ 1 °C pour 30 m, variant suivant régions et structures géologiques. Cette variation s'appelle le gradient géothermique. A 2 000-3 000 m de profondeur, la température peut atteindre 50 à 350 °C (les nappes d'eau existant à cette profondeur atteignent aussi cette température).

● **Exploitation.** En général (cas du Bassin parisien), on doit réaliser un *doublet* (2 forages : puisage et réinjection de l'eau utilisée pour réalimenter la nappe). L'eau chaude cède dans un échangeur ses calories à l'eau du réseau (on ne la fait pas passer dans le réseau car trop salée, elle entraînerait la corrosion des tuyaux). La zone refroidie s'étend peu à peu. On doit écarter les puits pour pouvoir exploiter le gisement à température constante pendant 30 ans, ensuite la décroissance de la température est très progressive (2 °C tous les 5 ans). Le meilleur rendement est obtenu avec une utilisation en *cascades* : chauffage de logements, serres, piscicultures et enfin arrosage.

Un doublet, qui pompe 200 m³/h d'eau à 75 °C, rejette après passage dans l'échangeur de l'eau à 35 °C et produit 8 000 thermies/h (env. 1 t équivalent pétrole) soit les besoins de base de 2 000 à 3 000 logements. *Coût d'un doublet* : env. 40 millions de F.

Structures géologiques favorables : bassins sédimentaires (couches continues), régions volcaniques (présence de magmas chauds à faible profondeur), régions plissées ou faillées (sources thermales, remontées d'eaux chaudes le long de plans de failles), régions de socle cristallin non fracturé (roches chaudes et sèches).

• **Haute énergie.** Températures (vapeur ou eau liquide sous pression) de 150 à 320 °C. *Réserves* : 300 000 MW dans le monde. Se développe dans des zones où les phénomènes de convection entraînent le réchauffement des aquifères superficiels. Par forage, on extrait de la vapeur sèche ou humide qui, en se détendant dans des turbines, peut produire de l'électricité. Sur les bons gisements, le coût du kWh géothermique est comparable au coût du kWh produit par des combustibles fossiles. La prospection est moins chère que la prospection pétrolière. Devrait fournir 300 000 000 MWh/an au début du XXIe s.

Puissance installée (en MW, en 1985). Monde (18 pays) 4 760 MW dont U.S.A. 202, Philippines 894, Italie 519, Mexique 645, Japon 215, N.-Zélande 167, El Salvador 95, Kenya 45, Islande 39, Nicaragua 35, Indonésie 32, Turquie 21, Chine 14, U.R.S.S. 11, *France (Guadeloupe) 4,2*, Açores 3, Grèce 2.

• **Moyenne énergie.** 90 à 150 °C. Exploite des nappes profondes dans des régions à gradient normal ou faiblement anormal. Pour produire de l'électricité, on doit transférer la chaleur à un fluide à bas point d'ébullition qui sert d'intermédiaire (ammoniaque, fréon, isobutane) avec un rendement très faible, mais peut être utilisé pour le chauffage. **Localisation.** *U.R.S.S. Chine. U.S.A. France* : Alsace, Chaudes-Aigues (Cantal, prototype de 20 kW).

• **Basse énergie.** 50 à 90 °C. *Réserves* 32 millions de kW dans le monde. Zones à gradient normal avec conditions géologiques favorables (porosité, perméabilité, épaisseur). **Utilisations** : eau chaude sanitaire, chauffage des logements, serres agricoles... **Localisation. France** (20 % du sous-sol français). Bassin parisien : gisement correspondant à la formation du Dogger (profondeur 1 600 à 2 000 m, temp. 50 à 85 °C, eau saline ; pour 100 m³/h d'une eau que l'on refroidit de 50 °C, on obtient 5 milliards de calories par heure, env. 300 kW) ; Bassin aquitain : (prof. 1 300 à 2 000 m, temp. 50 à 60 °C et plus, douce). **Islande** : 70 % de la population chauffée par géothermie. *U.R.S.S., U.S.A., Hongrie, Japon, N.-Zélande.*

• **Très basse énergie.** 20 à 50 °C. 500 à 1 000 m de prof. Coûts de forages réduits. Pas de réinjection. Nécessité d'utiliser des pompes à chaleur pour le chauffage des logements. Utilisations en serres, pisciculture, chauffage des piscines. **Localisation.** *France* : Bassin parisien (formation de l'Albien, crétacé inférieur, prof. 300 à 500 m, 4 milliards de m³ à 30 °C, alimente les évaporateurs des pompes à chaleur de la Maison de la Radio à Paris). De nombreuses opérations de pompes à chaleur sur nappes peu profondes ont été réalisées.

• **Roches chaudes sèches.** *Géothermie profonde généralisée.* Seraient un très important réservoir énergétique. Il faudrait pouvoir fracturer les roches (200 °C à 3 000 m) pour créer un échangeur souterrain, en injectant sous pression de l'eau froide. On espère récupérer de la vapeur pour produire de l'électricité. **Localisation.** La chaleur stockée sous les 135 000 000 km² de terres émergées dans une couche de granite de 1 000 m d'épaisseur (entre 4 500 et 5 000 m de profondeur) représente l'équivalent d'1 million de milliards de t de pétrole (1×10^{15}) (3 600 milliards de t de pétrole pour la France). *U.S.A.* : *prototype à Los Alamos* (N.-Mex.) : échangeur souterrain entre 4 000 et 4 800 m, 250 °C, puissance 35 000 kW thermiques, problèmes d'approvisionnement en eau. *G.-B.* : expérimentation en cours en Cornouailles. *All. féd.* : à Falkenberg près de la Tchécoslovaquie et Urach (Jura souabe). *France* : flux dépassant 100 mW (moy. européenne 64 mW) sur 50 % du territoire (triangle sud de la Bretagne-Alsace-côte languedocienne) ; en Auvergne 128 mW. 2 forages expérimentaux et des essais de fracturation ont été réalisés au Mayet-de-Montagne (Allier), ainsi que 2 forages dans le Cézallier (500 et 1 400 m) dans le cadre du programme Géothermie Profonde Généralisée (BRGM, INAG, IFP, École des Mines). Sous la conduite du ministère de l'Industrie et de l'A.F.M.E., un 2e forage sera réalisé en 85 ainsi que des essais de fracturation. Un autre forage (2 000 m) est prévu à Haguenau-Soultz (Alsace).

• **Énergie des volcans.** Il n'y a pas de technologie adaptée.

Géothermies en France

• **Extension des nappes** (en km²). **Basse énergie** (température 50 à 90 °C) : Bassin parisien 38 000, aquitain 20 000, Alsace 7 000, Limagne 1 000, Bresse-Jura 1 500, Rhône-Alpes 5 000, Languedoc-Roussillon 5 000. **Moyenne** (90 à 150 °C), Alsace 550, Limagne 250. **Haute** (150 °C et +) : Antilles 4,2 MW (200 MW), La Réunion (100 MW) à l'horizon 2000.

• **Sources thermales** (50 °C et +) répertoriées en kW : Pyrénées 12 (60 prod. possible), Massif central 9 (50), Vosges 5 (20), Alpes 2 (5), Corse 2 (5).

Dans les zones favorables, la géothermie peut couvrir jusqu'à 90 % des besoins de chauffage nécessaires aux logements, le reste étant fourni par une énergie d'appoint. L'exploitation se fait sous couvert d'un titre (de type minier) qui donne l'exclusivité pour quelques km².

• **Une soixantaine d'opérations terminées ou en cours de raccordement** (début 86) : dont une cinquantaine dans le Bassin parisien. Nombre de forages géothermiques 130. *Projets pour 1990* : économiser 500 000 tep.

En 1985/86 : 200 000 équivalents-logements chauffés par géothermie économisaient 200 000 tep. *Prévisions an 2000* : env. 1 million de tep économisées.

Énergie des mers

Énergie marémotrice

• **Conditions.** Pour qu'une usine marémotrice soit envisageable, il faut de fortes marées, des emplacements favorables pour la construction de l'usine, et un réseau électrique dans l'arrière-pays assez puissant pour s'adapter aux fluctuations de l'énergie des marées.

• **Puissance des marées mondiales.** Env. 3 milliards de kW dont 1/3 est perdu le long des côtes. Si l'on savait en utiliser 20 %, on obtiendrait 400 milliards de kWh.

• **Sites favorables. Étranger. Argentine. Australie. Canada.** *Passamaquoddy* (baie de Fundy) : 50 GWh, amplitude de la marée 17 m. *Bassin de Cumberland* : amplitude 10 m, bassin 90 km², puissance 4 500 GWh. *Baie de Cobequid* : amplitude 11,5 m, bassin 240 km², puissance 15 000 GWh. **Corée du S.** *Baie de Garolin* : amplitude 5,3 m, bassin 85 km², puissance 850 GWh. **G.-B.** *Estuaire de la Severn* : amplitude 8,5 m, bassin 410 km², puissance 15 000 GWh. **Inde.** *Golfe de Cambay* : amplitude 6,8 m, bassin 1 200 km², puissance 27 000 GWh. **U.R.S.S.** *Kislogoubskaia* : usine expérimentale dep. 1968, amplitude 2,4 m, bassin 2 km², puissance 6 GWh (pour les essais 0,4 MWh). *Golfe de Mezen* : amplitude 6,5 m, bassin 140 km², puissance 3 000 GWh. **U.S.A.** *Baie de Passamaquoddy* : amplitude 5,5 m, bassin 120 km², puissance 1 800 GWh.

France (réalisations et projets). Usine de la Rance (Bretagne) : la + grande usine marémotrice du monde (distance entre les rives 750 m, bassin 544 km², amplitude moy. 8,17 m, max. des marées 13,50 m). *Conçue* en 1943, achevée le 26-11-66. *Coût* 420 millions de F. L'ouvrage comporte une usine de 24 groupes (chacun de 10 000 kW), une digue morte de 163 m sur 27 m de haut et un barrage mobile à vannes, permettant d'accélérer le remplissage ou le vidage de l'estuaire. *Volume d'eau turbinable* : 180 millions de m³. *Puissance totale* : 240 MW. *Énergie moyenne nette* : 544 GWh/an, obtenue en « turbinant » dans le sens bassin-mer (474,5 GWh), et mer-bassin (134), soit au total 608,5, moins 64,4, consommés pour le pompage. Fonctionne 4 000 h par an en production et 1 000 h/an en pompe. **Projet Cacquot** *(baie du Mt St-Michel)* : amplitude 15 m, digue de 55 km par 30 à 40 m de fond pour isoler 2 bassins de 1 100 km², débit des vannes 500 000 m³/s, usine marémotrice de 30 à 40 TWh par an s'appuyant sur les îles Chausey. *Travaux* sur 10 ans.

Différence de niveaux marins

• **Conditions.** Certaines mers ayant leur niveau plus bas que le niveau moyen des océans, on pourrait créer une force hydro-électrique inépuisable en dirigeant vers leur bassin les eaux océaniques.

• **Sites favorables. Égypte** (dépression d'El-Qattara). **Israël** [un canal souterrain de 100 km de long et 5,5 m de diamètre reliant la Méditerranée à la mer Morte (dénivellation de 400 m) alimenterait une station de 600 MW, coût 700 millions à 1 milliard de $].

Énergie thermique des mers

• **Conditions.** 45 % de l'énergie rayonnée par le Soleil sur Terre tombe dans les mers tropicales. La différence de température (22-24°) entre les eaux de surface et les eaux de profondeur (− 6 °C à 1 000 m) pourrait mettre en mouvement un moteur thermique du type machine à vapeur ou moteur à explosion. Le moteur doit fournir une énergie supérieure à celle dépensée pour remonter l'eau froide.

• **Systèmes de conversion. 1° Cycle ouvert** : l'eau tiède est évaporée sous faible pression (3/100e d'atmosphère). La vapeur passe dans une enceinte à pression très faible et entraîne une turbine. *Avantage* : la vapeur donne de l'eau douce. *Inconvénients* : une partie de l'énergie assure le pompage dans les enceintes, il faut de très grandes turbines.

2° Cycle fermé : nécessité d'avoir un fluide intermédiaire (ammoniac). L'eau tiède s'évapore dans le serpentin d'un échangeur. La vapeur produite actionne une turbine. Le fluide se recondense dans un serpentin plongé dans de l'eau froide et repart à l'entrée. *Inconvénient* : il faut de très volumineux échangeurs.

• **Réalisations.** En 1934, le Français Georges Claude (1870-1960) fit un essai à l'aide de tuyaux et de 8 turbines basse-pression sur le cargo « Tunisie » pour fournir 2 MW pour fabriquer de la glace. En 1940, projet Abidjan (centrale à terre devant produire 40 MW pour alimenter la ville).

L'IFREMER, ex-CNEXO, a commandé en 1978 des études à la CGE et à Creusot-Loire pour un générateur de 3 000 kW en Polynésie. Envisageant, si elles s'étaient révélées positives, de commander une centrale de 100 000 kW à Tahiti (100 millions de F env.). La National Science Foundation (U.S.A.) finance l'étude de centrales thermiques flottantes sur les côtes méridionales de l'Amérique.

Petite centrale à Hawaii (50 kW, a fonctionné 3 mois en 1979). Expérience Otec I (sur un pétrolier au large de Hawaii, 1 MW, a marché 4 mois en 1979-80). Nansu (usine de 100 kW, marche dep. oct. 1981). Études par l'IFREMER dep. 1982 pour une centrale de 5 MWe à Tahiti.

Énergie des vagues

• **Conditions. Systèmes.** 1° S. transformant l'énergie des vagues en variations de pression ou d'équilibre hydrostatique. 2° S. convertissant le mouvement ondulatoire des vagues en mouvement de rotation ou de bascule d'éléments mécaniques. **Puissance** : fonction de la hauteur et de la période de la vague (env. 50 à 80 kW par mètre linéaire de front de vague). **Coût** : l'énergie des vagues serait env. 20 fois trop chère compte tenu de son débit potentiel. Électricité 5 à 10 fois trop coûteuse.

• **Réalisations. 1° Batteurs ou canards de Stephen Salter.** Axe parallèle au front de la vague sur lequel on fixe une série de batteurs (arrondis vers l'arrière, effilés en bec de canard vers l'avant). Le bec est soulevé par la vague puis retombe. Un système interne de pompes utilise le mouvement pour comprimer un fluide qui actionne une turbine. Dep. 1977, une maquette au 1/10e est essayée sur le Loch Ness (amplitude des vagues 10 fois inférieure à celles de l'Atlantique) ; un axe de 50 cm de long porte 20 canards. Une station d'un km fournirait 45 mégawatts. *Inconvénients* : installation flottante demandant un axe très résistant, reconversion difficile de l'énergie. *Avantage* : bonne récupération de l'énergie. **2° Radeaux articulés de Sir Christopher Cockerell** (inventeur de l'hovercraft). Radeaux de 120 m de long faits de 2 panneaux articulés et d'une partie centrale contenant les unités productrices. La vague soulève et abaisse les parties mobiles, le mouvement est récupéré dans l'articulation par des pompes pour produire de l'énergie. Une maquette au 1/10e est expérimentée dans le Solent (entre Wight et la G.-B.), radeaux de 100 m de long et 50 m de large devant produire 1 à 2 MW. Des radeaux sur 25 à 30 km fourniraient 500 MW soit la moitié d'une centrale nucléaire. **3° Rectificateur de**

l'équipe de Robert Russel. Caisse ouverte sur le large et divisée en 2 compartiments superposés. La vague remplit le haut du réservoir, puis tombe dans la partie inférieure en actionnant une turbine. L'ensemble est construit au fond de la mer. **4° Colonne d'eau oscillante.** Caisson à clapet où la montée de l'eau poussée par la vague joue comme un piston et comprime une bulle d'air qui fait tourner un turbogénérateur. Principe des bouées lumineuses japonaises.

● **Installations. A Monaco,** la houle fait fonctionner la pompe qui alimente l'aquarium du musée océanographique. **En G.-B.,** un système installé sur 400 km entre l'Irlande et les Hébrides permettrait d'obtenir l'équivalent de 25 millions de t de charbon.

Énergie solaire

Énergie reçue

Monde. La Terre intercepte un deux-milliardième env. de l'énergie envoyée par le Soleil, soit l'équivalent thermique de 50 000 000 de tranches nucléaires de 1 000 MW, soit 10 000 fois les besoins mondiaux.

Par temps clair, la Terre reçoit une puissance solaire de 1 kW par m² de surface normale au rayonnement et par jour ; selon la latitude, 1 m² de surface horizontale reçoit par an une énergie thermique de 1 100 à 1 900 kWh par m² (Sahara 2 300). L'énergie solaire est diffuse, intermittente, propre, disponible.

France. Ensoleillement (sur 8 760 h). *Régions les plus favorisées :* Côte d'Azur 2 882 h, Provence 2 856, Languedoc-Roussillon 2 742, Alpes du Sud 2 160, Vallée du Rhône 2 072, Vendée 2 038. *Les plus défavorisées :* Nord 1 514 h, Alsace 1 750.

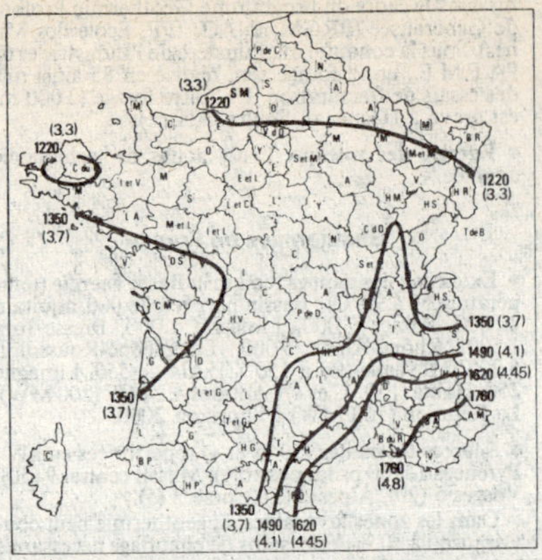

Valeur moyenne journalière, en joules par cm² du rayonnement solaire reçu sur un plan d'inclinaison égal à la latitude et orienté vers le sud. Ordres de grandeur résultant de valeurs calculées (entre parenthèses valeurs en kWh/m²).

En France, surface : 1,5 m² pour un ballon de 75 l. *Économie d'énergie :* 50 à 70 % de l'énergie consommée par un chauffe-eau classique, selon régions et installations. *Prix :* pour une maison individuelle avec un ballon de 200 l : 6 000 F.

Conversion thermodynamique

Principe

Une surface exposée au soleil capte une partie du rayonnement, se réchauffe, et réfléchit une autre partie. Ex. : une surface noire idéale absorbe tout le rayonnement (ce qui explique qu'on la voie noire), une blanche réfléchit tout le spectre visible.

Système à basses températures
(– de 150 °C)

● **Système Trombe-Michel (architecture bioclimatique).** Limite les déperditions (isolation, doubles fenêtres, espaces tampons au N., murs de végétation pour couper le vent, volets pour isoler du froid...) ; récupération des apports solaires par des baies vitrées et des serres orientées au S. ; accumulation de la chaleur en donnant une masse thermique importante à l'habitation (murs épais, masses d'eau chauffées pendant la journée) ; protection des surchauffes (pare-soleil, climatisation, ventilation de nuit, inertie). Peut être associé au système actif. La façade sud d'une maison peinte en noir (mur Trombe) est recouverte d'un vitrage isolant (verre double ou triple ou simple). Le mur de béton sert à la fois de surface absorbante et de stockage. L'air réchauffé circule entre les 2 parois et les pièces de la maison grâce à des orifices ménagés en haut et en bas du mur de béton. L'air froid de la face nord permet un système de climatisation (dans le cas de la ventilation de nuit, des ouvertures en façade nord).

● **Système actif.** Par capteurs plans inclinés à 45° (collecteurs de rayonnements, plats, n'utilisant pas la concentration optique, recevant les rayonnements directs et diffus) ou à concentration (rayonnements directs, qui restreignent les utilisations quand le rayonnement diffus est en grande proportion).

Capteurs solaires. Constitués d'une paroi métallique absorbante (sombre), isolée d'un côté et recouverte d'un vitrage à quelques cm de l'autre. **A air.** L'énergie qu'il récupère est transmise directement à l'air. **A eau.** L'énergie est transmise à un circuit fermé d'eau en contact thermique avec la paroi.

Chauffe-eau solaire. *Composants :* capteurs à eau (2 à 4 m² par logement selon besoins et région) ; meilleure orientation : plein sud à 10 ou 20° près ; inclinaison : 30 à 60° par rapport à l'horizontale. Ballon de stockage bien calorifugé, de 150 à 200 l selon besoins. Système d'appoint (électrique, gaz, fuel, charbon, etc.) pour les périodes de non-ensoleillement. Régulation. *Fonctionnement :* l'eau se réchauffe dans les capteurs, arrive ensuite dans le ballon par pompe ou circulation naturelle. L'eau la plus froide du ballon repart se réchauffer dans le capteur et ainsi de suite.

Chauffage solaire. *Composants :* capteurs à eau (inclinés généralement à 70° sur l'horizontale, placés en toiture, terrasse ou façade) ; réservoir de stockage de quelques m³ (reçoit l'eau chauffée par les capteurs) ; système de distribution de la chaleur à partir du réservoir, par un circuit d'eau (radiateurs et panneaux chauffants) ou d'air (soufflé dans les pièces par des ventilateurs) ; chauffage d'appoint, branché sur le chauffage solaire ou indépendant (ex. radiateur électrique) à cause du déficit énergétique des mois d'hiver ; dispositif de régulation. *Surcoûts :* en France 30 000 à 50 000 F par logement. *Économies :* 30 à 60 % selon régions et systèmes.

Nombre de logements équipés : *1981 :* 60 000, *85* (prév.) : 600 000, *90* (prév.) : 2 000 000. **Unités vendues :** *1978 :* 3 100, *79 :* 7 600, *80 :* 11 500, *81 :* 12 500. *Production cumulée prévue en 1985* (objectif) : 600 000.

Moteurs solaires. *Pompage* de l'eau dans les régions ensoleillées et isolées. Les capteurs contiennent un liquide caloporteur (eau) qui collecte la chaleur, la transporte, et la cède au butane ou au fréon en provoquant sa vaporisation. La pression obtenue actionne un convertisseur thermodynamique à expansion (moteur à turbine, à piston ou à vis). Le fluide détendu dans le convertisseur est ensuite liquéfié dans un condensateur et refroidi par l'eau pompée. Quelques unités en état de marche.

Réalisation israélienne (fonctionnant sans concentration optique, 0,15 MW). Sur la mer Morte (eau de surface 20 à 25 °C, du fond 80 à 90 °C). Principe : de l'eau fortement salée (densité forte) est retenue au fond d'un bassin peint en noir ou au fond de la mer, et recouverte d'eau douce qui joue le rôle d'une couverture qui laisse passer la chaleur. Les couches les plus profondes atteignent rapidement un point proche de l'ébullition et sont dirigées vers des échangeurs de chaleur qui alimentent les turbines.

Production de froid (climatisation ou conservation des aliments) par machine à absorption et capteurs performants.

Systèmes à moyenne température
(100 à 300 °C)

Principe. En concentrant le rayonnement solaire 10 à 50 fois, sur une ligne (capteurs à miroirs segmentés ou cylindres paraboliques) ou sur un point (paraboloïdes de révolution ou THEK donnant une meilleure concentration mais nécessitant une mécanique d'orientation plus complexe), on obtient de hautes températures, alimentant la source chaude d'un cycle thermodynamique.

Capteurs Thek et Coss (C.N.R.S. et E.D.F.). Capteurs à concentration qui permettent, à partir de miroirs paraboliques suivant la course du soleil, en concentrant le rayonnement du soleil, d'obtenir des températures de 150 °C et 300 °C. Cette puissance récupérée est suffisante pour produire de l'électricité. Les Thek s'utilisent seuls ou en plusieurs unités couplées. 8 sont installés à St-Chamas (B.-du-R.) à des fins d'expérimentation. Ces capteurs sont intéressants en site isolé et dans les pays du tiers monde. 4 sociétés françaises en fabriquent.

Applications. *Centrales électriques :* 100 à 1 000 kWh, adaptées à des communautés isolées dans des régions très ensoleillées. *Centrale* de Vignola (Corse-du-S., 1982) ; puissance 100 kW, max. 500 kW ; coût : env. 15 millions de F.

Chaleur industrielle. Les ind. chimiques et agro-alimentaires ont besoin de 40 % de chaleur à 300 °C qui pourrait être fournie par des capteurs solaires à moyenne concentration. Voie non encore exploitée industriellement.

Applications. *Centrale expérimentale de Thémis* (Thermo-hélio-électrique-mégawatt projet bis). Décidée en 1979, construite à 1 700 m d'alt. à Targasonne (Pyr.-Or.) ; raccordée au réseau du 17-5-1983 à fin juin 1986. *Coût :* env. 230 millions de F financés par E.D.F. 60 %, Commissariat à l'énergie solaire (COMES) puis Agence française pour la maîtrise de l'énergie (AFME) 23 %, région Languedoc-Roussillon et département 7 % ; issue du programme de recherche THEM (thermo-hélio-électrique-mégawatt) lancé en 1975-76 par le C.N.R.S. et l'E.D.F. Le projet THEM-1 (centrale à tour de 3,5 MW) avait été ramené à 2 MW. Les rayons du soleil, réfléchis par 201 miroirs orientables (héliostats argentés, à faible rayon de courbure) de 53,7 m² soit 10 793 m² répartis sur 5 ha (il faut en moy. 3 ha/mégawatt), sont concentrés sur une chaudière (cylindre creux tapissé de tubes) placée au sommet d'une tour de 101 m de hauteur. Ils y pénètrent par une ouverture d'env. 4 × 4 m et chauffent le fluide caloporteur composé de sels fondus (nitrate de potassium 53 %, nitrite de sodium 40 %, nitrate de sodium 7 %), qui entre dans la chaudière à 250 °C et en ressort à 450 °C en régime normal. Les sels donnent leurs calories à un générateur de vapeur d'eau (la vapeur en sort à 50 atmosphères et 430 °C, elle entraîne un turbo-alternateur). Durée du stockage : 5 h. *Prix de revient du kWh :* 10 F (contre 0,23 F pour le kWh nucléaire).

EURELIOS (1981). A Adrano (Sicile). Construite par la C.E.E. avec participation France (17 %), All. féd., Italie. *Coût :* 70 millions de F. Puissance 1 MW. 112 petits héliostats de 23 m² et 70 grands de 52 m² soit 6 216 m². Tour : 55 m. Générateur de vapeur à 512 °C sous 64 bars eff. Stockage : ½ h d'ensoleillement. **Centrale Solar One** (Barstow, Californie, U.S.A.). En service. Puissance 10 MW. 52 ha. 1 818 héliostats de 39,3 m² chacun soit 71 447 m². Tour de 80 m. Fluide caloporteur : eau et vapeur surchauffée. Stockage : 3 h. **Centrale SSPS** (Alméria, Espagne, 1971). Puissance 0,5 MW. 93 héliostats de 39,3 m² chacun soit 3 655 m². Tour de 43 m. Fluide caloporteur : sodium. Stockage : 2 h. **Centrale CESA 1** (Tabernas, Esp., 1983-84). Puissance 1 MW. 273 héliostats de 36 m² chacun soit 9 828 m². Tour de 80 m. Fluide caloporteur : eau et vapeur surchauffée. Stockage : 3 h. **Centrale Nio** (Japon, 1981). Puissance 1 MW. 807 héliostats de 16 m² chacun soit 12 912 m². Tour de 69 m. Fluide caloporteur : eau et vapeur saturée. Stockage : 3 h. **Crimée** (U.R.S.S., projet 82). Puissance 5 MW. 1 600 héliostats de 25 m² chacun soit 40 000 m². Tour de 80 m. Fluide caloporteur : eau et vapeur saturée. Stockage : 3 h. **En construction ou à l'étude : Périclès** (100-200 kW, C.N.R.S.) ; **Sirocco** (C.N.R.S., centrale à très haute température 800 °C, turbines à gaz). Capteurs prototypes S.E.P.R. et Creusot-Loire. **Autre application possible :** la production d'eau chaude même par temps couvert, bassins solaires salés.

Conversion photovoltaïque

● **Principe.** Conversion *directe* du rayonnement solaire en électricité, produite par des éléments semi-conducteurs (cellules photovoltaïques), isolants à basse température, conducteurs à température ambiante.

Les particules élémentaires de lumière peuvent arracher des électrons périphériques aux atomes de matière. Si un champ électrique convenable règne, les électrons sont balayés et peuvent être recueillis par des grilles métalliques et générer du courant électrique. Lorsqu'un photon frappe la zone de transition, il arrache un électron à l'atome (silicium par ex.) qui se déplace d'un côté tandis que le *trou* créé se déplace en sens inverse. Il se produit donc des courants électriques de même sens, les charges étant opposées.

● **Photopiles** (ou cellules solaires). Plaquettes de silicium cristallin de quelques dixièmes de mm d'épaisseur et d'une dizaine de cm de diamètre. La cellule est formée de 2 couches de silicium cristallin, contenant des « dopants » (bore, phosphore) et présentant entre elles une différence de potentiel de 0,6 volt env. Quand la lumière éclaire la photopile, les grains de lumière ou photons créent, par collision avec les atomes du cristal de silicium, des charges électriques libres (positives et négatives) qui sont entraînées par la différence de potentiel, fournissant ainsi un courant électrique collecté. Les *photopiles à cellules au silicium monocristallin* (les plus courantes) sont formées de silicium ultra-pur. Des monocristaux sont tirés au diamètre de 100 mm puis découpés. Dans chaque tranche on crée une jonction positif-négatif par apports d'impuretés dopantes. On forme les contacts par évaporation et par dépôt électrolytique. Les cellules sont assemblées en panneaux constitués par 2 plaques de verre formant une enveloppe étanche. *Rendement à terre :* 11 à 12 %. Puissance max. reçue du Soleil : 1 kW/m².

Avantages. Fonctionnement à basse température. Pas de pièces mobiles. Utilisation du rayonnement solaire global. Utile dans les zones isolées.

Inconvénients. Prix de revient élevé, env. 60 F le watt-crête (watt électrique fourni sous éclairement solaire de 1 kW/m², cellule à 25 °C ; un module de 1 watt-crête donne 1 à 1,5 kWh/an). Installé, prévisions 10 à 20 F en 1985. Rendement limité (23 % ou 10 % sans le stockage).

Utilisations. Créées vers 1960 pour les *satellites artificiels. Balises lumineuses isolées en mer* (Ouistreham dans la Manche), *phares, aéroports* (Médine en Arabie Saoudite). *Radio-balises de navigation aérienne. Alimentation de postes de télévision* dans des régions isolées (au Niger, l'O.R.T.F. a installé des télévisions solaires ; l'ensoleillement permet 8 h d'écoute). *Bornes de secours sur autoroutes* (A. du Sud). *Passages à niveau* (près de Tours). Éclairage de cabines téléphoniques. Électricité pour habitats en zone isolées (Hérault), fonctionnement des montres et magnétophones.

Centrales en zones désertiques. *Stations hertziennes :* la Turbie (C.N.E.T., générateur électrique de puissance continue de 180 W), Pardailhan (Montpellier, 450 W), Esne (15 W), Ile Losquet (C.-du-N., 400 W). *Pompage et irrigation :* Paris (laboratoire d'électronique et de physique appliquées, pompe à eau, 200 W, débit 15 m³ par jour, 1 200 h de soleil par an fournissant 3 000 m³ d'eau), La Valette (près de Montpellier, domaine de l'INRA, dep. sept. 80, pompe alimentée par 192 panneaux et 49 152 cellules, puissance 26 kW), Nebraska (U.S.A.), Mexique, Sahel, Bourriot, Bergonce (Landes).

Production mondiale (en 1982). 8 MW dont 1/10e est produit par la France (95 % de la production française sont exportés).

En France (81). *Capacité de production 1980 :* + de 500 kW (crête), *1981 :* + de 1 MW (crête). *Prod. réelle 1980 :* 400 kW (crête) dont 90 % exportée. *81 :* 500 kW (crête) dont 90 % exportée. *85* (objectif) : 5 000 kW à moins de 13 F/W crête. *Budget :* recherche et développement 27 MF, opérations de démonstration 13 MF.

Avenir. Matériaux à l'étude. *Cellules à base de sulfure de cadmium et de phosphure d'indium* (rendement 12,5 %) ; *arséniures de gallium* (rendement 25 %) ; *silicium polycristallin* [rend. + de 10 % ; prix envisagé : 50 F/kg (mono-cristal : 3 000 F/kg)] ; *composés II-VI et III-V ; tellure de cadmium et sulfure de cuivre* (rend. 5 à 7,5 %) ; *silicium amorphe hydrogéné* (rend. 5 à 6 % max.).

Les photopiles pourraient servir au pompage (de petites puissances, 10 kW en zones isolées) et aux stations autonomes d'env. 1 000 watts (aux U.S.A. on prévoit une production annuelle de 5 millions de m² en 1986 au prix de 0,7 $/W).

● **Projets. Solar Power Satellite.** *Hélio-centrale orbitale* (NASA). Projet basé en partie sur des technologies encore inexistantes. Satellite formé de 2 panneaux de 3 × 5 km portant des photopiles disposées en rangées. L'énergie sera transmise à la Terre par un pinceau d'ondes (longueur d'ondes 12,2 cm, fréquence 2,45 GHz). Les photopiles fourniront une tension continue de 20 000 volts à des amplitrons, canons à électrons générateurs d'oscillations. Le rendement serait de l'ordre de 70 %. Ces panneaux devront rester tournés vers le Soleil, donc effectuer une rotation sur eux-mêmes en un an ; les antennes devront viser toujours le même point sur la Terre, donc effectuer une rotation par jour. Les 2 parties de la station devraient être mobiles l'une par rapport à l'autre. La station, d'une masse de 80 000 t, serait lancée par un lanceur lourd HLLV (heavy lift launch vehicle), assemblée en orbite basse, puis transportée sur une orbite géostationnaire à 36 000 km par un remorqueur à propulsion ionique.

Le terminal terrestre (*rectenna :* receiving antenna) sera une antenne de 10 km env. constituée d'une série de dipôles, tiges dans lesquelles le pinceau d'ondes produira un courant alternatif. Un convertisseur produira un courant alternatif à haute tension. *Prix du rectenna :* 11 $ par m². *Puissance :* 5 000 à 10 000 MW (consommation de New York). La station recevra l'énergie solaire, nuit et jour, sans être gênée par les nuages qui absorbent la moitié de l'énergie atteignant la Terre. *Coût de l'opération :* 60 milliards de $.

Projet Marshall. Mise sur orbite d'une structure d'aluminium de 23 km sur 4 ; *poids* 37 000 t ; équipée de cellules solaires au gallium ; *puissance* 5 GW retransmise au sol par ondes ultra-courtes.

Projet Johnson. Structure de graphite de 21 km sur 5, en forme de galette ; *poids* 100 000 t, cellules de silicium, 1 ou 2 systèmes de transmission de 5 GW.

● **Fours solaires. Meudon** (Hts-de-Seine) 1res expériences de 1946 à 1949. **Odeilho-Font Romeu** (Pyr.-Or.) achevé en 1968, partie d'un ensemble créé par le C.N.R.S. pour développer les recherches sur l'énergie solaire réalisées par Félix Trombe (1906-85) et ses collaborateurs. Permet les traitements de matériaux réfractaires à hautes températures et les études de chocs thermiques sous haut flux thermique. *Puissance* 1 000 kW thermiques, température au centre = 3 800 °C. Essentiellement composé d'1 grand miroir parabolique de 2 000 m² (9 500 glaces de 45 cm de côté) auquel font face 63 miroirs orienteurs de 45 m² chacun, disposés en quinconce sur une série de 8 terrasses. Le rayonnement solaire est d'abord reçu par les miroirs orienteurs mobiles (orientés en permanence en fonction de la position du Soleil) qui le renvoient sur le grand miroir parabolique fixe, lequel le concentre sur la zone focale d'utilisation. C'est l'appareil de ce type le plus puissant du monde. Ouvert au public dep. juin 1984. **Montlouis** [(Pyr.-Or.) construit v. 1952 et réhabilité en 1982. Puissance 50 kW].

Autres fours solaires : Odeilho (four de l'ETCA) 42 kW. **Nattick** (U.S.A., U.S. Army) 35 kW. **Sendai** (Japon, Université Tohoku) 40 kW. **Bouzareah** (Algérie, à l'origine Univ. Aix, Alger) 40 kW.

Projets. *Sirocco :* boucle thermodynamique comprenant une chaudière à gaz (t = 850 °C p = 4 bars) et une turbine de détente. *Boucle thermique* comprenant une chaudière à sable (1 000 °C) et un stockage chaud. *Four à chaux solaire* (fournissant du CO_2 pur). *Gazéification* solaire de biomasse. Thermolyse de l'eau (hydrogène). *Traitements de minerais divers.*

Chimie solaire

Photochimie. Utilise l'énergie de rayonnement pour produire des réactions photochimiques : *synthèse ind. de molécule :* hexachlorocyclohexane, certains médicaments, caprolactame et polyamide 12 ; *réactions photochimiques pouvant donner naissance à des combustibles ou de l'électricité :* photoélectrolyse de l'eau, catalysée par des semiconducteurs ; *réactions photochimiques réversibles.*

Dessalement. Grâce au principe de la serre, de la distillation ou des membranes.

Une feuille artificielle capable de transformer la lumière en énergie électrochimique comme une véritable plante est étudiée aux U.S.A. Se présentant sous forme de « sandwich » de verre, métal et caoutchouc, contenant de la chlorophylle, elle peut absorber du gaz carbonique et libérer de l'oxygène, fabriquer des composés organiques, de l'hydrogène, ou même produire directement de l'électricité.

Politique solaire française

But. *Production :* 1,3 à 1,5 million de tep en 1990. 30 000 maisons solaires doivent être construites en 1985. Actuellement, l'énergie solaire est compétitive pour les logements collectifs et les pavillons neufs. D'ici à l'an 2000, l'énergie solaire pourrait fournir en France 5 % de nos besoins énergétiques, soit 14 à 16 millions de tep, dont : *eau chaude sanitaire* 1,5 (5 000 000 de logements) ; *chauffage des bâtiments* 2 (1 500 000 log. ou équivalents pour le tertiaire) ; *chauffage industriel* 0,5 ; *électricité solaire* 0,25 ; *valorisation des déchets agricoles* 3 à 4 ; *valorisation énergétique du bois* 7 à 8.

Agence française pour la maîtrise de l'énergie

Statut. *Créée* par décret du 13-5-1982. Regroupe Agence pour les économies d'énergie (créée 1974), Commissariat à l'énergie solaire (créé en 1978), Comité géothermique, Mission nationale pour la valorisation de la chaleur. *Pt* Michel Rolant (21-3-1934). Établissement public à caractère industriel et commercial. Dépend des ministères de l'Industrie et de la Recherche. **Employés** (1986) : 578. **Budget** (1986). AFME 707 MF dont min. de la Recherche 200 MF, min. de l'Industrie 500 MF + budget except. FSGT 360 MF. **Objectifs pour 1990 :** stabiliser la consommation d'énergie pour une croissance économique : 2,3 millions de tep ; remplacer des énergies par celles les moins chères et d'origine nationale ; réduire de 10 milliards de F le déficit des échanges sur les matières 1res (objectif annuel de 2,1 Mtep substituées). *Allègement annuel de la balance des paiements :* 8 milliards de F.

Biomasse ou énergie verte

● **Potentiel des sous-produits en France :** 8 millions de t d'équivalent pétrole en 1990, 12 en 2000 par récupération des sous-produits sylvicoles (forêt non exploitée : 15 millions de t de matière sèche par an ; industrie du bois : 9), agricoles (paille de céréales : 21, maïs : 6), d'élevage (fumier, lisier : 15), et les résidus urbains (ordures ménagères, boues des stations d'épuration, industries agro-alim. : 8). Une partie des déchets végétaux doit servir à reconstituer l'humus ou à fournir des litières aux animaux.

● **Cultures énergétiques : 1° ligno-cellulosique** [canne de Provence, taillis à courte rotation (en taillis à courte rotation : 10 000 ha, à 3 000 plants par ha, avec une rotation de 5 ans, permettent d'alimenter une centrale électrique de 35 MW), jacinthes d'eau, algues] ; **2° sucres fermentescibles** (betteraves, canne à sucre, topinambours) ; **3° oléagineux,** fournissant des huiles végétales pouvant alimenter directement des brûleurs ou des moteurs.

● **Production.** *Production mondiale annuelle :* 200 milliards de t (72 milliards de tep, France 74 millions de tep). *1985 :* 5 Mtep ; *90 :* 8,5 à 12 Mtep.

● **Projets. Brésil** produira 110 millions d'hl d'alcool de canne à sucre (1985). **États-Unis** 95 millions d'hl d'alcool de maïs (1985). **France :** pour produire 2,5 millions de t d'alcool carburant par an, il faudrait consacrer 600 000 ha aux cultures énergétiques. 1 t de topinambours pourrait donner 100 à 120 l d'alcool au prix moyen de 1,70 F le l. 10 % de composés oxygénés autorisés dans le carburant, 3 + 2 % de méthanol + butanol recommandé. Poursuite des recherches pour améliorer la filière acétonobutylique.

● **Rendement :** en zone tempérée, une plante transforme 0,5 à 1 % de l'énergie solaire captée en produits hydrocarbonés, sources de calories thermiques ou alimentaires.

● **Utilisation. Voie thermochimique.** Concerne des prod. végétaux à faible teneur en eau et font intervenir chaleur et oxygène. 1° **Combustion directe.** *Sont utilisés :* bois et ses déchets, paille, autres sous-prod. de l'agriculture, ordures ménagères (papier, déchets de nourriture). *Matériel de combustion :* cheminées (10 à 20 % de rendement), chaudières à bois (70 %), cuisinières, installations industrielles (80 %). 2° **Pyrolyse ou carbonisation.** Toutes les matières végétales (charbon végétal). En chauffant le bois, on obtient un résidu solide (charbon de bois), un mélange gazeux combustible et un liquide (eau et goudrons). 100 kg de bois donnent env. 30 kg de charbon de bois. Production en France/an : 600 000 t. 3° **Gazéification** de déchets végétaux, agro-alim., ordures ménagères. Technique semblable à celle de la pyrolyse mais nécessitant plus de chaleur et d'air. Donne un gaz pauvre, mélange de monoxyde de carbone et d'hydrogène (80 % de rendement). Combustion incomplète (900° à 1 500°). *Matériel de combustion :* le gaz peut être brûlé à la sortie du gazogène dans une chaudière modifiée (gaz de ville). *Utilisations :* moteur diesel (10 % de gazole, 90 % de gaz pauvre) ; moins bon rendement dans un moteur à essence ; électricité en site isolé. Prod. de méthanol (à partir du gaz obtenu par gazéification à l'oxygène) dans l'industrie et pour certains moteurs. Chauffage collectif (H.L.M. à Belfort).

L'énergie solaire des centrales peut contribuer à la production de carburants (hydrogène, hydrazine, méthanol, éthanol, méthane, ammoniac). La décomposition de l'eau par cycle thermochimique dans des réacteurs chimiques pourrait fournir de l'hydrogène dont la production est actuellement très coûteuse. La possibilité de récupérer le carbone du gaz carbonique ou des carbonates est étudiée.

La gazéification à l'air produit un gaz pauvre pouvant, après dépoussiérage et dégoudronnage, alimenter un moteur thermique couplé à un alternateur pour produire de l'électricité. On peut, après gazéification, valoriser les cendres qui contiennent jusqu'à 80 % de carbone (par broyage, granulation, étuvage).

• **Voies biochimiques.** Procédés chimiques utilisant des organismes vivants. Permettent d'obtenir 2 catégories de produits. **Biogaz.** Obtenu par la fermentation (anaérobies) de la biomasse. Se forme dans la nature (feux follets des marais) ou à partir de déchets animaux ou végétaux (fumiers, vinasses de distillerie). Nécessite humidité et absence d'air. A 37 °C ou 55 °C se développent des bactéries (anaérobies) qui provoquent une fermentation : le biogaz contenant 50 à 65 % de méthane (CH_4) et 35 à 50 % de gaz carbonique (CO_2). Pouvoir calorifique du gaz non purifié : 5 000 à 60 000 kilocalories/m³.

Fermentation méthanique. Méthanol ou alcool méthylique, issu du gaz naturel. Par reformage, le méthane réagit avec la vapeur d'eau et donne un mélange d'oxyde de carbone et d'hydrogène appelé gaz de synthèse ou gaz industriel. On comprime ce gaz en présence d'un catalyseur et l'on obtient du méthanol aqueux que l'on distille pour avoir du méthanol pur. Le gaz de synthèse peut aussi venir de charbon, lignite, hydrocarbures, tourbe, biomasse ligneuse, bois, déchets ; en effet, toute biomasse peut être gazéifiée mais il faut l'oxygéner. Rendement 50 %. *Prix de revient :* 1,10 à 1,40 F/l. 3 ateliers-pilote pour fabriquer du méthanol sont en construction à Clamecy, Attin et Soustons.

Alcools ou biocarburants. Carburant et alcool. Produits oxygénés (composés de carbone, hydrogène et oxygène) que l'on peut ajouter au super (les hydrocarbures ne comprennent que du carbone et de l'hydrogène). 3 voies possibles.

Alcool éthylique ou éthanol : à partir de biomasse riche en sucres ou en amidon (fruits, mélasses de canne à sucre, topinambours, sorgho, betteraves, céréales). *Pouvoir calorifique* env. 6 000 kilocalories. Sa production nécessite, comme celle du biogaz, l'intervention de levures (organismes vivants). Elle est plus simple à partir de végétaux sucrés qu'à partir de ceux qui contiennent de l'amidon. On peut aussi obtenir de l'éthanol à partir de bois transformés en sucres par voie acide (coûteux) ou enzymatique (stade expérimental). *Processus de méthanisation.* a) Dégradation des molécules organiques complexes (glucides, lipides, protides) en molécules simples (sucres, alcools, acides gras, acides aminés). b) Transformation des molécules simples de la phase précédente en acides organiques, en CO_2 et H_2S. Formation de méthane et de gaz carbonique. *Matériel de combustion.* L'installation comprend un fermenteur ou digesteur (cuve fermée et légèrement chauffée) et des gazomètres pour recueillir le gaz. *Utilisation :* dans tous les appareils à gaz, après adaptation des brûleurs ; carburant dans des moteurs (après épuration en H_2S et en CO_2) ; fabrication d'électricité. Après la fermentation, il faut séparer l'éthanol du substrat par distillation (coûteux en énergie). *Utilisation :* employé au Brésil et aux U.S.A. pur et/ou mélangé à l'essence vendue aux automobilistes. *Rendement en pouvoir calorifique* par rapport au matériau de base (biomasse) 65 %. *Prix de revient :* l'éthanol de synthèse est obtenu à partir de pétrole et l'éthanol agricole a un prix de revient élevé (alcool de vin 12 à 15 F/l, de betterave 3 F/l). *Production* (France) : + de 3 millions de tep/an.

Le butanol nécessite une bactérie spécifique. On utilise des jus sucrés (topinambours) ou des produits cellulosiques (papier, luzerne, betterave, p. de terre, sorgho, manioc, canne à sucre, bois, tiges et rafles de maïs, pailles) qui, par fermentation acétonobutylique, donnent le mélange MBAE (Butanol, Acétone, Ethanol). 20 kg de topinambours donnent 1 kg de MBAE. *Utilisation :* associé au méthanol, forme un carburant de substitution (biocarburant). *Rendement :* 80 %. *Prix de revient :* 2,10 F/l.

Bioconversion directe. On trouve des hydrocarbures de faible qualité dans divers végétaux : poires, pommes, carottes, tomates, etc. (1 kg de poires produit 0,9 mg d'éthylène/jour). Mais une algue unicellulaire cultivée à des fins expérimentales, la « Botryococcus braunii », fabrique des hydrocarbures localisés, sous forme de globules, sur sa paroi externe, faciles à extraire. *Rendement prévu :* 8 t d'hydrocarbures à l'hectare an/m³.

De nombreux produits utilisables pour l'industrie sont synthétisés par des végétaux ou micro-organismes, grâce à la photosynthèse, et en sont excrétés ou facilement extraits (glycérol, alginates, carraghénanes...). L'hydrogène peut être un combustible propre et facile à utiliser. Différents mécanismes des organismes photosynthétiques réalisent la séparation de l'eau en ses 2 constituants élémentaires, l'hydrogène et l'oxygène. On cherche donc à maîtriser ce processus et à sélectionner des végétaux (algues) pouvant fabriquer de l'hydrogène dans des conditions industrielles viables.

Avantages et inconvénients. Indice d'octane élevé (pas besoin d'ajouter du plomb). Pouvoir calorifique faible, mais aptitude à brûler des mélanges pauvres. Départs à froid difficiles. Reprises moins bonnes. Attirés par l'eau, méthanol et éthanol se séparent de l'essence s'il y a de l'humidité (nécessite un tiers-solvant) ; nécessité d'une bonne isolation. Méthanol : importante corrosion (joints et robinets) des moteurs, toxique.

Autres possibilités

• **Carburants gazeux. Propane, gaz de ville, acétylène, méthane, butane et gaz naturel.** *Coût du carburateur et des appareils :* 2 000 F. Env. 10 000 véhicules au gaz naturel circulent en France. *Inconvénients :* autonomie réduite (250 km), peu de postes de ravitaillement.

Hydrogène. *Avantages :* pouvoir calorifique 2,6 fois celui de l'essence (H_2 : 28,5 kcal/g ; essence 11,2 kcal/g). Moteur propre : le produit de sa combustion est de l'eau, qui peut être retransformée en hydrogène par électrolyse. Pratiquement pas de vidange. *Inconvénient :* stockage d'un grand volume d'hydrogène dans le véhicule. *Danger :* il peut exploser, car il forme avec l'air des mélanges explosifs (lorsque son volume représente 4 à 74,2 % du mélange), l'hydrogène diffuse rapidement [en fait, une fuite d'essence dans un carburateur peut être aussi dangereuse qu'une fuite d'hydrogène, car il faut une concentration encore moindre (2 % au lieu de 4 %) pour que le mélange essence-air soit explosif].

Possibilités de stockage : 1° hydrogène gazeux comprimé à 200 atmosphères ; 2° hydrogène liquide à − 253 °C : cher et s'évapore (on perdrait 0,5 à 1 % de poids chaque jour) ; 3° stockage à température ambiante (1 ou 2 atm.) grâce aux hydrures, mais l'hydrure vanadium (VHA) est trop lourd et le lanthane-nickel ($LaNi_5H_{67}$) a trop peu d'hydrogène.

Procédés expérimentaux. Conversion directe des déchets cellulosiques en hydrogène par des micro-organismes (algues photosynthétiques, bactéries) ou en alcools par des levures qui dégraderaient la cellulose en glucose.

• **Fumées industrielles.** Générateur de vapeur, turbine de détente, condenseur ou récupérateur permettant de récupérer 60 % de l'énergie et de la transformer en énergie utilisable. Étudié par Bertin et Cie (machine qui effectue ce transfert).

• **Piles à combustibles.** Générateurs qui transforment directement l'énergie chimique du combustible en électricité avec un rendement de 60 % (processus inverse de l'électrolyse). *Inconvénients :* performances massiques (par kg de pile) 10 fois plus faibles que celles des machines thermiques. Prix de revient élevé. Domaines d'applications restreints (missions spatiales de longue durée ; les piles utilisées sont à électrolyte acide et à électrodes de platine). Les piles à combustibles se corrodent après 2 ans et sont chères : le kW installé est 5 fois + cher que le kW des centrales thermiques (2 000 $ au lieu de 400).

Situation économique

Dans le monde

Données générales

On peut apprécier la situation économique d'un pays à l'aide de nombreux indices, mais la comparaison entre plusieurs pays doit tenir compte de l'avance ou du retard de chacun ; ainsi le taux d'accroissement de l'Europe a été plus élevé ces dernières années que celui des États-Unis, car un retard considérable était à combler.

Produit national brut (P.N.B.), obtenu en additionnant la valeur des biens et des services acquis par l'activité économique d'une année sans déduire les amortissements. En anglais : G.N.P. *(Gross National Product).*

Produit national net (P.N.N.), égal au P.N.B. moins les amortissements (qui ne représentent pas un gain pour une nation) ; *le P.N.N. aux prix de marché* fait apparaître les prix offerts aux acheteurs, comprend les impôts, et déduit les subventions ; *le P.N.N. au coût des facteurs* (de production) supprime amortissements et impôts, mais ajoute les subventions.

Production intérieure brute (P.I.B.), obtenue en accumulant toutes les valeurs ajoutées par chacun des secteurs de l'activité nat., + les droits et taxes à l'import. En France, ne comprend pas les gains de l'État.

Valeur ajoutée, ensemble des biens et services produits au cours d'une année par un secteur de l'activité nationale, moins la valeur des biens et services incorporés dans le processus de production (consommation intermédiaire).

Production industrielle, obtenue en additionnant la valeur des produits ind. (elle ne tient pas compte de l'agriculture ni des services, et est souvent calculée sans l'industrie du bâtiment).

Position des balances : 1° du commerce extérieur. Solde des exportations et des importations, elle couvre les opérations du commerce international soumises aux statistiques ou au contrôle des douanes. **2° des paiements.** Ensemble des recettes et des dépenses, des débits et des crédits couvrant toutes les opérations de commerce effectuées entre le pays et les autres pays, et entre les résidents de ce pays et les résidents des autres pays. Principaux postes : marchandises (c.-à-d. la balance du commerce extérieur) ; transports (affrètements, prix des billets de passage, etc.) ; revenus des capitaux ; revenus du travail (ex. : transfert de salaires de la main-d'œuvre étrangère en France ou française à l'étranger ; brevets, droits d'auteurs, etc.) ; intérêts des emprunts et des placements publics ; contributions versées aux organismes internationaux ; dons, collectes et secours ; investissements à l'étranger.

Autres indices : consommation d'énergie, d'acier, de carton ; **trafic** des voies navigables, maritimes, aériennes, nombre d'arrivées dans les ports, nombre de wagons chargés ; **billets** en circulation, **crédits** octroyés par la Banque nationale, **comptes** créditeurs des grandes banques, **indices de bourse.**

Commerce extérieur des principaux pays, en 1985
en millions de dollars US. *Source :* O.N.U.

Pays	*Imp.*	*Exp.*	*Pays*	*Imp.*	*Exp.*	*Pays*	*Imp.*	*Exp.*
Afghanistan [5]	695	708	Gambie [7]	591	571	N.-Calédonie [7]	311	207
Afr. du S. [7]	14 956	9 334	Ghana [5]	50	12	N.-Zélande	6 045	5 726
Algérie [7]	10 289	11 886	Gibraltar [6]	94	37	Ouganda [3]	293	345
All. dém. [7]	22 940	24 836	G.-B.	109 269	101 332	Pakistan [7]	5 873	2 614
All. féd.	157 000	182 000	Grèce [7]	9 434	4 811	Panama [7]	1 423	256
Angola [7]	636	2 029	Groenland [7]	279	175	Papouasie [7]	968	895
Ant. néerl. [6]	4 527	4 409	Guadeloupe [7]	599	86	Paraguay [7]	563	386
Arabie S. [7]	25 000	24 000	Guatemala [7]	1 278	1 129	P.-Bas	65 212	68 282
Argentine [7]	4 583	8 107	Guyane [7]	601	91	Pérou [7]	1 870	3 131
Australie [7]	23 424	23 998	Guy. fr. [7]	249	37	Philippines [7]	6 099	5 293
Autriche	20 830	17 108	Haïti [6]	437	187	Pologne [7]	10 633	11 687
Bahamas [7]	3 025	2 346	Honduras [6]	804	667	Polyn. fr.	549	41
Bangladesh [7]	2 042	934	Hong Kong	29 577	30 055	Portugal [7]	7 797	5 184
Barbade [7]	659	391	Hongrie [7]	8 091	8 563	Réunion [7]	791	77
Belg.-Lux.	55 303	53 000	Inde [7]	13 732	8 674	Roumanie [6]	9 959	13 241
Bénin [5]	476	43	Indonésie [7]	13 882	21 888	Rwanda [7]	295	83
Bermudes [7]	414	41	Irak [4]	7 903	10 530	Salv. (El) [7]	1 314	607
Birmanie [7]	239	310	Iran [6]	18 296	20 247	Samoa am. [5]	119	187
Bolivie [7]	631	773	Irlande [7]	9 663	9 629	Samoa occ. [7]	50	19
Brésil	15 210	26 000	Islande [7]	838	738	Sénégal [6]	1 039	416
Brunei [6]	728	3 386	Israël [7]	8 411	5 804	Sierra Leone [7]	166	148
Bulgarie [7]	12 715	12 850	Italie	90 000	78 000	Singapour	26 189	23 756
Burundi [7]	186	98	Jamaïque [7]	1 146	747	Somalie [7]	109	45
Burkina Faso [6]	268	57	Japon	129 531	176 000	Soudan [6]	1 354	624
Cameroun [7]	1 106	882	Jordanie [7]	2 784	752	Sri Lanka [7]	1 845	1 454
Canada	82 000	88 000	Kampuchea [1]	101	10	Suède	28 000	30 000
Centrafr. [5]	127	109	Kenya [7]	1 502	1 083	Suisse	30 729	27 447
Chili [7]	3 191	3 657	Koweit [7]	7 697	10 750	Surinam [7]	346	356
Chine	40 000	27 000	Laos [4]	125	33	Syrie [7]	4 116	1 853
Chypre [7]	1 364	567	Liban [7]	287	582	Tanzanie [6]	822	
Colombie [7]	4 052	3 462	Liberia [7]	363	452	Tchad [5]	109	58
Congo [6]	806	1 066	Libye [5]	7 175	13 951	Tchéc. [7]	17 080	17 196
Corée Rép.	31 000	31 000	Macao [7]	796	911	Thaïlande [7]	10 398	7 413
C. Rica [7]	1 085	978	Madagascar [7]	370	334	Togo [6]	284	162
C.-d'Ivoire [7]	98	47	Malaisie [5]	13 987	13 917	Trinité-Tobago [7]	2 101	2 194
Cuba [7]	8 144	6 197	Malawi [7]	268	309	Tunisie	2 420	1 618
Danemark	18 031	16 896	Mali [6]	344	167	Turquie [7]	10 822	7 086
Domin. [7]	1 257	868	Malte [7]	717	394	U.R.S.S.	79 000	86 000
Égypte [7]	10 911	3 203	Maroc [7]	3 861	2 095	Uruguay [7]	776	925
Équateur [7]	1 716	2 581	Martinique [7]	647	105	Vanuatu [7]	67	44
Espagne	29 992	24 301	Maurice (î.) [7]	472	373	Venezuela [7]	6 676	14 337
Ét.-Unis	359 000	206 000	Mauritanie [7]	246	297	Vierges (î.) [2]	3 139	2 542
Éthiopie [6]	875	403	Mexique [7]	11 302	23 603	Viêt-nam		
Féroé (îles) [7]	264	160	Mozamb. [7]	487	86	Yémen [5]	1 521	39
Fidji (îles) [7]	450	256	Nicaragua [7]	826	385	Youg. [7]	11 538	9 811
Finlande	13 151	13 616	Niger [5]	442	333	Zaïre [7]	682	1 004
France	*106 000*	*102 000*	Nigeria [6]	13 440	11 317	Zambie [7]	566	648
Gabon [7]	888	2 018	Norvège	15 558	19 941	Zimbabwe [7]	959	1 008

Nota. — (1) 1972. (2) 1978. (3) 1980. (4) 1981. (5) 1982. (6) 1983. (7) 1984.

Composition du commerce extérieur de quelques pays en 1985 (en %)

	All. féd.			France			G.-B.			Italie [1]			Japon			U.S.A.		
	Imp. (CAF)	Exp. (FOB)	Couv.	Imp. (CAF)	Exp. (FOB)	Couv.	Imp. (CAF)	Exp. (FOB)	Couv.	Imp. (CAF)	Exp. (FOB)	Couv.	Imp. (CAF)	Exp. (FOB)	Couv.	Imp. (CAF)	Exp. (FOB)	Couv.
Prod. alim.	12,1	5,5	50	11	16,3	134	11,9	6,6	51	12,4	6,8	47	13,7	0,8	8	7	13,5	111
Énergie	19,9	2,8	17	22,4	3,7	16	12,4	21,3	159	23,5	5,2	19	43,1	0,3	1	15,4	4,8	18
Prod. bruts	5,9	2	38	4,8	3,6	68	5,4	2,5	42	11	1,3	10	12,2	0,7	8	3,1	6,1	114
Machines et mat. de transport	22,8	45,9	233	24,9	32,8	119	31,7	31,5	92	18,5	29,7	138	8,6	61,7	969	39,2	45,6	67
Autres articles manufacturés	39,3	44,1	130	37	43,4	106	38,6	38,1	91	34,6	57	141	22,5	36,5	219	35,3	30	49
Total	100,0	100,0	116	100,0	100,0	90	100,0	100,0	92	100,0	100,0	86	100,0	100,0	135	100,0	100,0	57

Nota. — (1) 9 mois.

P.N.B. par habitant $ en (1984 [1])

Moins de 200 $. Afrique Éthiopie 110. Guinée-Bissau 180 [2]. Burkina Faso 160. Mali 140. Niger 190. Tchad 80 [3]. Zaïre 140. **Asie** Bangladesh 130. Bhoutan 80 [4]. Birmanie 180. Laos 80 [4]. Népal 160.

De 200 à 500 $. Afrique Angola 470 [5]. Bénin 270. Burundi 220. Cap-Vert 320. Centrafrique 270 [2]. Comores 340 [2, 3, 6]. Djibouti 480 [4]. Gambie 260. Ghana 350. Guinée 300. Kenya 300. Lesotho 530 [1]. Liberia 470. Madagascar 270. Malawi 210. Mauritanie 450. Mozambique 270 [5]. Ouganda 230 [1]. Rwanda 270. São Tomé et Principe 320. Sénégal 380. Sierra Leone 300. Somalie 260. Soudan 340. Tanzanie 210 [9]. Togo 250. Zambie 470. **Asie** Chine 310. Inde 260. Maldives (îles) 260 [5]. Pakistan 380. Sri Lanka 360. **Océanie** Kiribati 460 [1,2]. Vanuatu 350 [4]. **Amér. Centre** Haïti 320. **Amér. Sud** Bolivie 410.

De 500 à 1000 $. Afr. Botswana 910. Cameroun 810. Côte-d'Ivoire 610. Égypte 720, Maroc 670. Nigeria 770. Zimbabwe 740. **Asie** Philippines 660. Thaïlande 850. **Océan. et Indon.** Indonésie 540. Papouasie et Nouvelle-Guinée 760. Salomon (îles) 640. Tonga 780 [2]. Tuvalu 680 [4]. **Amér. Nord et Centre** Dominicaine (Rép.) 990. Grenade 880. Honduras 700. Nicaragua 870. St-Vincent 900. Salvador 710. **Amér. Sud** Guyane 580. Pérou 980.

De 1 000 à 3 000 $. Afr. Afr. du Sud 2 260. Algérie 2 380. Congo 1 120. Maurice (île) 1 100. Namibie 1 470 [1]. Seychelles 2 430 [10]. Tunisie 1 250. **Asie** Corée Sud 2 090. Jordanie 1 710 [8], Macao 2 560 [2]. Malaisie 1 990. Syrie 1 870. **Europe** Hongrie 2 050. Portugal 1 970. Roumanie 2 540 [4]. **Océan.** Fidji (îles) 1 840. **Amér. Nord et Centre** Antigua et Barbades 1 830. Belize 1 150. Costa Rica 1 210. Dominique 1 080. Guatemala 1 120. Jamaïque 1 080. Mexique 2 060. Montserrat 2 360. Panama 2 100. Ste-Lucie 1 030. **Amér. Sud** Argentine 2 230. Brésil 1 710. Chili 1 710. Colombie 1 370. Équateur 1 220. Paraguay 1 250. St-Christophe 1 390. Uruguay 1 970.

De 3 000 à 10 000 $. Afr. Gabon 3 480. Libye 8 230. Réunion 3 690 [1]. **Asie** Hong Kong 6 300. Irak [1] 3 020 [5]. Israël 5 100. Oman 6 230. Singapour 7 260. **Eur.** All. dém. 7 180 [5], Bulgarie 4 150 [5]. Chypre 3 590. Espagne 4 470. *France 9 860.* Gibraltar 4 240 [1]. Grèce 3 740. Groenland 7 190 [1]. Irlande 4 950. Islande 9 380. Italie 6 440. Malte 3 370. Pays-Bas 9 430. Pologne 3 900 [5]. Tchécoslovaquie 5 820 [5]. **Océan.** Nouvelle-Calédonie 6 240 [12]. Nouvelle-Zélande 7 240. Polynésie française 8 190 [2]. Samoa 4 170 [5]. **Amér. Nord et Centre** Antilles néerlandaises 5 430 [3]. Bahamas 4 260 [1]. Barbade 4 340. Guadeloupe 4 330 [2]. Martinique 4 260 [10]. Puerto-Rico 4 200. Trinité et Tobago 7 140. Vierges (îles) 8 800 [1]. **Amér. Sud.** Guyane française 3 230 [3]. Surinam 3 520. Venezuela 3 220.

Plus de 10 000 $. Europe. Suisse 15 990. All. féd. 11 090. Danemark 11 290. Finlande 10 830. Luxembourg 13 650. Norvège 13 750. Suède 11 880. **Asie.** Arabie Saoudite 10 740. Bahreïn 10 480 [1]. Brunei 21 140 [2]. Emirats Arabes Unis 22 300. Japon 10 390. Koweit 15 410. Qatar 20 600 [1]. **Amér. Nord et Centre** Bermudes 15 810 [1]. Canada 13 140. États-Unis 15 490. **Océanie** Australie 11 890.

Nota. — (1) Chiffres provisoires. (2) Tentatives d'estimation. (3) 1982. (4) 1981. (5) 1980. (6) Mayotte n.c. (7) Métropole uniquement. (8) Pour la banque de l'Est uniquement. (9) Tanzanie continentale. (10) 1983.

Grands pays exportateurs. Part des 10 principaux pays exportateurs (% des export. mond. depuis 1875). **1875 :** G.-B. 21, *France 11,5,* All. 9, U.S.A. 7,8, Belg. 3,3, P.-Bas 3,2. **1923 :** G.-B. 13,1, U.S.A. 12,2, All. 9,6, *France 6,8,* Belg. 3,9, Italie 2,5, P.-Bas 2,2, Canada 2,1, Australie 2, Japon 1. **1938 :** U.S.A. 13,5, G.-B. 12,1, Japon 4,9, *France 3,9,* Canada 3,8, U.E.B.L. 3,2, P.-Bas 2,6, Italie 2,4, Australie 2,3. **1960 :** U.S.A. 15,8, All. féd. 8,9, G.-B. 7,7, *France 5,3,* Canada 3,3, U.R.S.S. 4,4, Japon 3,1, P.-Bas 3,1, U.E.B.L. 3, Italie 2,9. **1970 :** U.S.A. 13,5, All. féd. 10,8, *France 6,6,* Japon 6,1, G.-B. 6,1, Canada 5,2, Italie 4,2, U.R.S.S. 4,1, P.-Bas 3,7, U.E.B.L. 3,7. **1985 :** U.S.A. 10,8, All. féd. 9,5, Japon 9,2, *France 5,3,* G.-B. 5,2, Canada 4,6, U.R.S.S. 4,5, Italie 4,1, P.-Bas 3,5, Belg.-Lux. 2,8.

Industries nationales détenant au moins 20 % du marché mondial, par spécialité, en 1982

Allemagne. Équipements pour les services 25,6, machines pour les métaux 25,5, automobile 24,3, caoutchouc 21,3, construction électrique, plastique 21,1, machines spéciales 20,4, machines non électriques 20,3.

États-Unis. Informatique 35,6, aérospatial 30,9, équipement de bureau 29,8, moteurs, machines agricoles 21.

Italie. Chaussures, cuir 21,4, ameublement.

Japon. Construction navale 36,1, T.V., radios, hifi 32, auto. 26, électron. et composants 24,3, acier 24.

• **Exportations (en milliards de dollars, 1983) vers les pays de l'O.P.E.P.).** Japon 19,1, États-Unis 16,9, All. 12,4, Italie 9,9, *France 8,7,* G.-B. 8. **Vers les pays de l'Est :** All. 10,4, Japon 3,5, *France 3,3,* États-Unis 2,8, Italie 2,7, G.-B. 1,4.

• **Secteurs publics dans la C.E.E.** (impact par rapport à l'économie du pays, moyenne arithmétique de 3 critères : effectifs, valeur ajoutée, investissements). *Source :* rapport Charzat 1984. *France 22,8 %.* Grèce 22,3. Italie 20. G.-B. 16,7 (compte tenu des dénationalisations en cours). Irlande 15. Portugal 15. Allemagne 14. Danemark 12. Benelux 9,6. Espagne 8.

Économie française

Rang dans le monde (81). 2e bett. à sucre, raisins. 3e lait. 4e orge. 5e céréales. 6e blé, avoine. 7e uranium. 8e p. de t., maïs. 9e porcins. 10e seigle. 11e bauxite. 12e bovins, fer.

Commerce extérieur

• **Soldes par produits (CAF/FOB, en milliards de F). Principaux excédents des exportations (1985).** Céré-

Principales données économiques
(*Source :* O.C.D.E.)

	P.I.B.			Budget courant de l'État en % du P.I.B. 1984		Taux national net d'épargne	Balance exterieure (biens et services)	Réserves officielles totales	Importations totales	Exportations totales
	Milliards de $ EU [3]		par hab. [4] en $ EU [2] 1984	Dépenses	Recettes	en % du P.I.B. 1984	en % du P.I.B. 1984	en millions de DTS au 31-12-85	en % du P.I.B. [4] 1984	en % du P.I.B. [4] 1984
	1984	1985 [1]								
Allemagne	613,4	611,8	10 025	44,2	45,6	9,3	2,4	43 562	24,8	27,9
Australie	170,7	153,8	11 178	32,6 [7]	32,8 [7]	12,9	– 2,3	5 528	13,5	13,7
Autriche	64,5	65,1	8 535	44,8	46,8	11,8	– 0,3	5 611	30,4	24,4
Belgique	75,8	77,5	7 697	52,9	46	6	1,7	5 080 [6]	72,9 [6]	68,2 [6]
Canada	334,1	341,8	13 285	44	39,6	7,4	3,8	2 982	22,1	26
Danemark	54,6	56,6	10 690	58,2 [8]	53,2 [8]	7,2	1,1	4 999	30,4	29,1
Espagne	160,9	167,5	4 192	31,8 [9]	30,7 [9]	9,6	2,9	11 421	17,9	14,6
États-Unis	3 634,6	3 865	15 356	36,9 [8]	31,7 [8]	4,2	– 3	38 412	9	6
Finlande	51,23	54,1	10 493	36,2	39	10,2	2,6	3 481	24,3	26,3
France	*489,4*	*503,1*	*8 907*	*49,4*	*48,4*	*6,5*	*0,3*	*24 478*	*21,1*	*19*
Grèce	33,5	33,1	3 380	38,4	33	7,3	– 8,3	935	28,7	14,4
Irlande	17,7	18,2	4 986	51,1 [8]	43,4 [8]	7,8	– 0,2	2 689	54,9	54,8
Islande	2,6	2,6	10 723	26,4	34,8	4,9	0,5	189	33,6	29,6
Italie	348,4	354	6 114	51,2 [8]	45 [8]	7,5	– 0,3	16 458	24,2	21,1
Japon	1 255	1 307,6	10 457	27,6 [8]	29,9 [8]	17,2	2,8	25 173	10,8	13,5
Luxembourg	3,38	3,5	9 235	46,5 [11]	52,4 [11]	46,4	1	5 080 [6]	72,9 [6]	68,2 [6]
Norvège	54,7	56,2	13 215	44,8	53,9	16,3	9,7	12 711	25,3	34,5
N.-Zélande	23,2	22,9	7 159	–	–	17,6	– 3,5	1 449	26,6	23
Pays-Bas	123,1	122,3	8 534	57,7 [8]	55,9 [8]	12,5	5,1	11 354	50,4	53,3
Portugal	19,3	20,4	1 905	37,5 [10]	33,1 [10]	15,8 [5]	– 7,1	2 392	40,1	26,8
Roy.-Uni	423,4	438,4	7 495	44,9	42,9	7,2	0	12 373	24,8	22,2
Suède	94,8	99	11 369	61,3 [8]	60 [8]	5,8	3,6	3 449	27,8	30,9
Suisse	91,1	91,5	14 002	31,2	34,5	18,5	– 0,3	19 317	32,2	28,3
Turquie	49,6	53	1 018	–	–	11,7 [5]	– 3,5	1 173	22	14,3

Nota. – (1) Chiffres provisoires. (2) Conversion par taux de change courants. (3) Aux prix et taux de change courants. (4) Aux prix courants. (5) Estim. (6) U.E.B.L. (7) 1983-84. (8) 1983. (9) 1982. (10) 1981. (11) 1980.

Répartition de l'industrie française par secteurs

Source : Enquête annuelle d'entreprise, S.E.S.S.I., ministère de l'Industrie et de la Recherche.

1983	Nombre [1] d'entreprises	Effectif [1] (× 1 000)	Ventes [1] HT (MF)
Prod. de combustibles minéraux solides et cokéfaction	7	S	S
Prod. de pétrole et de gaz naturel	63	41,2	335 590
Prod. et distribution d'électricité	73	129,0	109 142
Distrib. de gaz	7	S	S
Distrib. d'eau et chauffage urbain	115	27,6	18 930
Extraction et prépa. de minerai de fer	10	S	S
Sidérurgie	43	110,9	73 399
1re transformation de l'acier	172	43,3	20 956
Extraction et préparation de minerais non ferreux	11	1,8	907
Métallurgie et 1re transformation des métaux non ferreux	137	61,6	60 650
Prod. de minéraux divers	80	13,1	5 471
Prod. de matériaux de constr. et de céramique	1 916	128,6	57 598
Ind. du verre	227	58,9	24 044
Ind. chimique de base	370	118,1	145 013
Parachimie	701	112,2	76 221
Ind. pharmaceutique	312	66,5	49 764
Fonderie	436	63,9	19 151
Travail des métaux	5 409	315,5	106 259
Fabric. de machines agricoles	407	33,7	14 553
Fabric. de machines-outils	567	47,4	15 557
Prod. d'équipement industriel	2 701	216,8	91 637
Fabric. de matériel de manutention, de matériel pour les mines, la sidérurgie, le génie civil	518	58,9	28 659
Fabric. de machines de bureau et de mat. de traitement de l'information	61	49,5	40 107
Fabric. de matériel électrique	907	213,0	82 077
Fabric. de matériel électronique ménager et professionnel	1 134	243,5	98 732
Fabric. d'équipement ménager	120	56,5	20 770
Constr. de véhicules automobiles et autres matériels de transport terrestre	858	474,7	257 102
Constr. navale	126	29,6	9 576
Constr. aéronautique	92	115,4	66 914
Fabric. d'instruments et matériels de précision	696	59,4	19 291
Fabric. de produits amylacés	7	S	S
Fabric. d'huiles et corps gras bruts	58	9,6	13 940
Ind. des fils et fibres artificiels et synthétiques	11	S	S
Ind. textile	2 449	248,7	86 285
Ind. du cuir	558	27,4	8 890
Ind. de la chaussure	521	68,4	19 451
Ind. de l'habillement	2 843	179,2	43 200
Travail mécanique du bois	1 101	61,7	22 719
Ind. de l'ameublement	1 432	82,5	25 206
Ind. du papier et du carton	804	103,2	55 939
Imprimerie presse, édition	2 836	168,6	77 848
Ind. du caoutchouc	238	96,6	32 411
Transf. des matières plastiques	1 274	95,7	42 339
Industries diverses	1 255	77,2	26 119
Ensemble de l'industrie y c. énergie	**33 663**	**4 215,4**	**2 371 955**
Ensemble de l'industrie hors énergie	**33 471**	**3 927,6**	**1 849 982**

Nota. – Entreprises de 10 personnes ou plus.

ales 32,7, mat. de transport (dont automobiles) 32,1, construction aéronautique 14,2, lait et prod. laitiers 12,1, mat. électrique 11,1, sidérurgie 11, vins 10,2, chimie organique, fils, fibre, caoutchouc synthétique 9,2, parachimie 9, pharmacie 8,2, équipement industriel 7,6. **Principaux déficits des importations.** Pétrole brut et raffiné 144,4, gaz naturel 30,3, café, thé, cacao, fruits tropicaux 10,8, pâte à papier, papier et carton 10,1, combustibles minéraux solides 9,9, équipement ménager 9,3, matières 1res minérales 8,5, corps gras alimentaires 8,2, appareils électroniques 7,9, bonneterie, articles d'habillement 7,5, meubles et prod. du bois 7,4. **Par pays. Principaux excédents des exportations.** Suisse 16,2, Égypte 5,1, Guyane française 4, La Réunion 3,8, Maroc 3,1, Guadeloupe 2,8, Tunisie 2,7, Martinique 2,6, Chine (R.P.) 2,5, Canada 2,5. **Principaux déficits des exportations.** All. féd. 28,6, Japon 16,2, P.-Bas 15,9, Nigeria 10,3, Norvège 10,1, U.E.B.L. 8,3, G.-B. 7,4, Espagne 7,2, Brésil 6,5, Irak 6,1.

● **Coût des aides à l'exportation (en millions de F). 1975 :** 2 524. **76 :** 3 836. **77 :** 4 080. **78 :** 4 430. **79 :** 7 170. **80 :** 10 404. **81 :** 15 772. **82 :** 17 091. **83 :** 18 806 *dont* coût de l'alignement sur les conditions pratiquées par nos concurrents : 12 194 (réescompte Banque de France, coût extra-budgétaire : 6 600 ; compte de gestion Trésor-B.F.C.E., coût net : 5 594) ; coût de l'assurance crédit : 5 247 (résultat net comptable de la C.O.F.A.C.E. pour le compte de l'État : 3 753 ; consolidations nettes du Trésor : 1 494) ; coût net de l'assurance prospection et de l'assurance foire : 295 ; coût net de la garantie du risque économique : 1 070, + coût budgétaire des prêts du Trésor (aide au développement) : 1 942 ; total général : 20 748.

Principaux clients et fournisseurs de la France en 1985 (en millions de F). % par rapport au total. *Clients :* All. féd. 15,0, Italie 10,9, U.S.A. 8,6, Belg.-Lux. 8,5, G.-B. 8,2, P.-Bas 4,9, Suisse 4,2, Espagne 3,4, Algérie 2,5, U.R.S.S. 2,0, Suède 1,5, Arabie Saoudite 1,3. *Fournisseurs :* All. féd. 16,5, Italie 10,1, Belg.-Lux. 8,5, G.-B. 8,2, U.S.A. 7,6, P.-Bas 6,1, Espagne 3,8, Japon 2,8, U.R.S.S. 2,3, Algérie 2,2, Suisse 2,1, Nigeria 1,6, Norvège 1,6.

● **Part des produits français sur 100 ventes effectuées en 1981 en France (en %).** Chaussures 68, automobiles 66, cyclomoteurs, vélos 60, petits appareils ménagers 60, sous-vêtements 60, articles sport et camping 59, appareil radio télé 57, bijouterie, joaillerie 55, faïences, céramiques 53, jeux-jouets 52, prod. photo-cinéma 50, jus de fruits et légumes 50, outillage à main 50, électroménager 48, lampes électriques 47, soieries 47, chandails, bonneterie 47, bateaux 43, céréales transformées (corn flakes, etc.) 41, tapis 30, instruments de musique 25, armes de chasse et de tir 25, appareils photo-cinéma, motos, magnétophones et magnétoscopes négligeable. *Source :* min. du Commerce extérieur.

Statistiques. Voir p. suivante.

Aides de l'État aux entreprises

Entreprises créées, dont reprises en %. *1981* 242 080 (28,5), *1982* 229 599 (27,8), *1983* 209 330 (25,1), *1984* 217 389 (23,2), *1985* 244 480 (21,7).

Réformes de la politique d'aide en 1982-83. *Refonte des organismes d'aide aux entreprises en difficulté :* 3 échelons : CIRI (Comité interministériel de restructuration ind.) : remplace dep. juillet 1982 le CIASI ; CORRI (Comités régionaux de restructuration ind.), présidés par le commissaire de la République et associant toutes les administrations concernées ; CODEFI (Comités départementaux d'examen des problèmes de financ. des entrepr.), présidés par le c. de la Rép. du dép. *Simplification des procédures d'attribution des crédits d'aide à l'ind., création de la prime d'aménagement du territoire (PAT). Mise en place des prêts participatifs simplifiés. Création de la Sofaris* (déc. 82) : prend en charge une part des risques liés aux opérations fin. (prêts participatifs...). *Création du Fonds industriel de modernisation* (FIM, 29-7-83) : fin. des inv. matériels et immatériels en vue de la modernisation des entreprises dans des secteurs prioritaires : installation de machines et éq. à haute technologie, développement de la bureautique et des cartes à mémoire, biotechnologies, équipement des établ. d'éducation et de formation en micro-ordinateurs, mise au point de véhicules économes en énergie. Dotation (sept. 83/déc. 84) : 11 milliards de F (8,4 milliards utilisés).

Évolution de la part (en %) détenue par la France dans les importations d'autres pays, en 1970 (1er ch.) ; 1978 (2e ch.) ; 1981 (3e ch.) ; 1984 (4e ch.) ; U.S.A. 3,3 ; 4,2 ; 4,2 ; 4,1. Japon 1,9 ; 2,4 ; 2,4 ; 2,3. All. féd. 16,4 ; 15,5 ; 14,9 ; 13,9. G.-B. 6,1 ; 11,3 ; 9,9 ; 9,2.

Zones à régime préférentiel. *Instituées* dans le cadre de l'aménagement du territoire. *But :* aider des régions économiquement défavorisées : sinistrées, en reconversion industrielle, insuffisamment industrialisées... *Bénéficiaires :* entreprises s'y installant et y créant des emplois.

Avantages (dep. 1982). Prime d'aménagement du territoire (PAT), attribuée sur des fonds d'État par les commissaires de la Délégation à l'aménagement du territoire (DATAR) : 35 000 à 50 000 F par emploi dans la limite de 17 à 25 % de l'inv. de l'entreprise. Primes régionales à l'emploi (PRE) et primes régionales à la création d'entreprises (PRCE) attribuées par les conseils régionaux et financées par les régions. Avantages récents instaurés par certains présidents de régions : prêts, avances, cautions, bonifications d'intérêt, exonération partielle de la taxe professionnelle (« zones franches »). Participation des régions aux apports en fonds propres : directe : Instituts de participation, indirecte : Sociétés de développement régional (SDR).

Nota. – La création de « zones franches » dans lesquelles l'État accorderait des avantages supplémentaires aux entreprises est à l'étude. Mais l'attribution par un État membre de la CEE d'aides à des zones défavorisées dépend d'un accord communautaire (fixation d'un quota).

Par ailleurs, dep. 1984 des allégements aux contraintes douanières ont été réalisés dans certains ports : au Havre, ouverture le 29-10-84 d'un « magasin franc » (suspension des droits et taxes pour les produits en transit international et en stockage, sociétés cautionnées auprès des Douanes par l'autorité portuaire) ; à Marseille, dep. le 21-3-85, même formule appliquée sur toute l'étendue du port, transformations industrielles en franchise possibles dans certaines zones. La création d'une véritable zone franche industrielle est à l'étude pour la région de Mulhouse (Mulhouse-Ottwarsheim, Saint-Louis) ; celle d'une zone franche portuaire est aussi envisagée pour Pointe-à-Pitre/Jarry en Guadeloupe.

Structure du commerce extérieur de la France avec quelques grands pays industrialisés en 1985 (en %)

	All. féd.			Belg.-Lux.			G.-B.		
	Imp. (CAF)	Exp. (FOB)	Couv.	Imp. (CAF)	Exp. (FOB)	Couv.	Imp. (CAF)	Exp. (FOB)	Couv.
Prod. agro.-alim.	5,6	17,5	255	16,9	24,8	132	8,4	16,4	177
Prod. énergétiques	3,1	4,3	114	5,1	2,9	51	42,4	3,7	8
Mat. 1res et demi-produits	35,3	33,8	79	44,3	30,2	61	18	29,2	148
Biens d'équipement prof.	26,1	19,6	61	7,4	10,2	124	15,7	20,2	116
Biens d'équipement ménager	2,9	1,5	42	–	–	–	1,1	2,1	175
Voitures et matériel de transport terrestre	15,2	9,8	53	7,5	11,4	137	3,7	13	319
Biens de consom. hors auto.	11,4	12,8	91	16,9	18	96	10,2	15,2	135
Divers	0,4	1	211	1,9	2,4	114	0,5	0,1	28
Total	100,0	100,0	81	100,0	100,0	90	100,0	100,0	91

	Italie			Japon			P.-Bas		
	Imp. (CAF)	Exp. (FOB)	Couv.	Imp. (CAF)	Exp. (FOB)	Couv.	Imp. (CAF)	Exp. (FOB)	Couv.
Prod. agro.-alim.	8,4	25,9	302	0,8	14,3	729	27,6	25,9	68
Prod. énergétiques	3,1	5	161	–	–	–	24,1	4,5	14
Mat. 1res et demi-produits	26,8	26,3	97	12	33,4	111	28	27,4	71
Biens d'équipement prof.	18,7	12,9	68	48,2	20,1	17	8,8	20	165
Biens d'équipement ménager	3,1	1,3	41	14	0,3	1	–	–	–
Voitures et matériel de transport terrestre	9,5	13,7	142	14,4	1,2	3	3,1	9,7	224
Biens de consom. hors auto.	30,3	11,8	38	10,3	0,5	119	7,1	11	112
Divers	0,1	0,3	2 177	0,3	0,2	33	1,3	1,6	93
Total	100,0	100,0	98	100,0	100,0	40	100,0	100,0	73

	Suisse			U.R.S.S.			U.S.A.		
	Imp. (CAF)	Exp. (FOB)	Couv.	Imp. (CAF)	Exp. (FOB)	Couv.	Imp. (CAF	Exp. (FOB)	Couv.
Prod. agro.-alim.	3,5	12,1	630	1,7	42,4	1 874	8,3	11	137
Prod. énergétiques	1	16,8	2 894	87,7	0,9	1	4,7	2,3	51
Mat. 1res et demi-produits	34,9	25,5	132	7	30,4	332	18,4	30,1	168
Biens d'équipement prof.	33,5	14,4	77	0,5	17,7	3 032	57,7	32,7	58
Biens d'équipement ménager	–	–	–	–	–	–	–	–	–
Voitures et matériel de transport terrestre	0,6	5,8	1 650	1,2	0,4	28	1,7	9,7	595
Biens de consom. hors auto.	25,2	24,3	174	1,8	7,8	339	7,7	13,5	180
Divers	1,3	1	139	0,1	0,3	147	1,5	0,7	45
Total	100,0	100,0	180	100,0	100,0	77	100,0	100,0	103

Évolution du commerce extérieur français
(en millions de F, CAF et FOB)
Sources : Direction générale des douanes et B.F.C.E.

Années	Importations CAF	Exportations FOB	% de couverture (1)	Solde	Années	Importations FOB (3)	Exportations FOB (3)	% de couverture (2)	Solde (1)
1973	166 123	159 174	96,1	– 6 409	1973	155 832	162 462	104,3	+ 6 630
1974	254 651	220 213	86,5	– 34 438	1974	239 611	222 241	92,8	– 17 370
1975	231 269	223 362	96,6	– 7 907	1975	220 434	227 198	103,1	+ 6 764
1976	308 012	266 228	86,4	– 41 784	1976	295 380	272 560	92,3	– 22 820
1977	346 207	311 550	90,0	– 34 657	1977	333 106	319 177	95,8	– 13 929
1978	368 401	344 594	93,5	– 23 807	1978	355 048	357 595	100,7	+ 2 547
1979	457 128	414 677	90,7	– 42 451	1979	440 294	426 742	96,9	– 13 552
1980	570 778	469 694	82,3	– 101 084	1980	551 825	489 845	88,8	– 61 980
1981	654 239	549 500	84,0	– 104 739	1981	635 186	575 796	90,6	– 59 390
1982	757 595	606 094	80,0	– 151 501	1982	725 675	632 198	87,1	– 93 477
1983	799 754	694 659	86,9	– 105 095	1983	771 500	722 695	93,7	– 48 805
1984	905 421	813 003	89,8	– 92 418	1984	870 723	850 944	97,7	– 19 779
1985	962 722	871 641	90,5	– 91 081	1985	930 931	906 887	97,4	– 24 044

Nota. – FOB : franco de port (sans coûts d'assurance et de fret). CAF : coûts d'assurance et de fret. (1) des importations par les exportations. (2) des importations par les exportations. (3) matériel militaire inclus.

Poids de l'effectif industriel dans chaque région en 1983 (en milliers)
Sources : Annuaire I.N.S.E.E., S.E.S.S.I., ministère de l'Industrie et de la Recherche.

Régions	Agriculture	Industrie [1]	BGCA [2]	Tertiaire	Total	Régions	Agriculture	Industrie [1]	BGCA [2]	Tertiaire	Total
Ile-de-France	26,5	1 087,3	287,2	3 269,8	4 670,8	Pays de la Loire	158,7	299,9	94,9	591,6	1 145,1
Champagne-Ardenne	56,6	155,6	34,4	268,1	514,7	Bretagne	173,1	195,2	86,8	575,5	1 030,5
Picardie	56,6	206,9	38,6	324,2	626,3	Poitou-Charentes	93,2	125,0	48,4	319,0	585,6
Haute-Normandie	40,4	202,5	49,2	356,7	648,8	Aquitaine	131,9	201,4	83,9	586,5	1 003,7
Centre	94,4	248,7	71,4	480,6	895,2	Midi-Pyrénées	128,0	171,0	75,0	498,7	872,7
Basse-Normandie	91,9	128,7	41,5	271,3	533,4	Limousin	49,2	62,5	22,7	150,8	285,2
Bourgogne	68,2	165,7	44,6	330,0	608,5	Rhône-Alpes	116,2	603,9	164,8	1 152,3	2 037,2
Nord-Pas-de-Calais	65,1	421,8	92,4	726,7	1 306,0	Auvergne	73,8	133,7	40,8	265,9	514,2
Lorraine	39,7	271,5	61,4	449,3	821,9	Languedoc-Roussillon	78,0	91,2	62,8	411,8	643,8
Alsace	23,8	199,6	42,2	341,1	606,7	Prov.-Alpes-Côte-d'Azur-Corse	79,9	230,3	136,3	1 015,3	1 461,8
Franche-Comté	33,2	150,1	26,6	199,1	409,0	**Ensemble**	**1 678,4**	**5 352,5**	**1 605,9**	**12 584,3**	**21 221,1**

Nota. – (1) Y compris agro-alimentaire. (2) Bâtiment et Génie civil.

Investissements étrangers en France

Au 1-1-84, les 2 353 entreprises fr. dans lesquelles la particip. étr., dépassait 20 % du cap. employaient 18,6 % des effectifs des entr. ind. de + de 20 salariés et distribuaient 20,3 % de leurs salaires, représentaient 27,2 % des ventes (633 milliards de F), 20,4 % de la valeur ajoutée, 15,4 % des inv. (18 milliards de F), 29,2 % des exp.

Les entreprises à participation étrangère majoritaire employaient 15,3 % de l'effectif et distribuaient 16,8 % des salaires, représentaient 24 % des ventes, 17,2 % de la valeur ajoutée, 13,1 % des inv., 25,5 % des exp.

Nota. – Création d'emplois d'origine étrangère : *1983 :* 11 400, *1984 :* 13 395 (U.S.A. 36 %, Japon 35, All. féd. 10, G.-B. 8,4).

Investissements par secteurs. Les étrangers investissent de moins en moins dans l'*industrie*, 33,5 % en 1980, de plus en plus dans l'*immobilier :* en *1971* 20 5. *1980* 31,9 % (Suisse 44,3, G.-B. 38,2, U.S.A. 26,7, All. féd. 26,4, Belg.-Lux. 22,6).

Agriculture : les acquisitions depuis 10 ans sont évaluées à 45 000 hectares, c'est-à-dire 1 % du sol cultivable français.

Origine des investissements bruts étrangers en France dans l'ind. (en %), au 1-1-84. C.E.E. 50,2 (All. féd. 20, G.-B. 11,4, Belg.-Lux. 10,2) ; U.S.A. 22,7 ; autres pays de l'Europe occ. 20,8 ; reste du monde 6,3.

Indice de pénétration (selon les ventes) des entreprises à participation étrangère dans l'industrie (au 1-1-84). Machines de bureau et matériel de traitement de l'information 70,5. Parachimie 54,4. Pétrole brut et gaz naturel 52,6. Machinisme agricole 46,3. Pharmacie 42,8. Fabrication huiles et corps gras 39,8. Produits amylacés 39,7. Chimie de base 36. Matériel de manutention 34,4. Industrie de la chaussure 34,4. Instruments de précision 34,3. Machines-outils 27,4. Équipement industriel 27. Métallurgie des non-ferreux 26,9. Minéraux divers 26,5. Matériel électronique professionnel 26,3. Industrie du caoutchouc 26,2. Industrie du papier carton 24,6. Équipement ménager 24,4. Transformation des matières plastiques 23,7. Fils et fibres artificiels 23,5. Construction électrique 22,5. Minerai de fer 21,3. Matériaux de construction et céramique 18,9. Construction navale 17,3. Industrie du verre 16,5. Industries diverses (objets d'art, de collection et d'antiquité) 15,1. Construction automobile et autres matériels de transport terrestre 14,8. Imprimerie, presse, édition 13,2. Travail des métaux 12,6. 1re transformation de l'acier 12. Travail mécanique du bois 8,6. Industrie de l'ameublement 8,5. Industrie textile (matières naturelles) 7,8. Fonderie 7,3. Sidérurgie 7. Industrie de l'habillement 6,4. Industrie du cuir 5,2. Minerais non ferreux 4,5. Construction aéronautique 2,1. Électricité 0,2. Distribution d'eau et de chauffage urbain 0,1. *Moyenne : 25,2.*

Investissements dans l'ind. par région (% du total des inv. réalisé par les stés à part. étrangère) au 1-1-84. Alsace 35, Aquitaine 34,6, Picardie 25,8, Rég. par. 24,7, Bourgogne 21,3, Prov.-Côte-d'Azur 19,8, Languedoc 17,9, Hte-Normandie 13,7, Franche-Comté 13,6, Auvergne 13,4, Lorraine 13,1, Champagne 12,5, Rhône-Alpes 11,7, Poitou-Charentes 11,1, Pays de la Loire 10,9, Nord 10,8, Limousin 8,5, Pyrénées 8,4, Centre 8,2, Bretagne 6,5, Basse-Normandie 2,5, Corse 0,4. *Moyenne : 15,4.*

Planification

Généralités

La planification a été instituée, en France, par le décret du 3-1-1946 créant un Conseil du Plan et un Commissariat général (rattaché au Pt du Conseil puis au PM, et responsable de l'élaboration et du contrôle de l'exécution du Plan).

Le Plan dont la forme finale doit être approuvée par le Parlement, sert d'instrument d'orientation et de cadre des programmes d'investissements publics et privés.

Commissaires au Plan. 1946 Jean Monnet (n. 9-11-1888/16-03-1979) ; **1952** Étienne Hirsch (n. 24-1-1901) ; **1959** Pierre Massé (n. 13-1-1898) ; **1966** François Ortoli (16-2-1925) ; **1967** René Montjoie (1926-82) ; **1974** Jean Ripert (n. 23-2-1922) ; **1978** Michel Albert (n. 25-2-1930) ; **1981** Hubert Prévost (n. 2-10-1928).

• **1er Plan** *1947-1953* (Monnet). But : reconstituer les ind. de base et rejoindre, en 1949, le niveau atteint en 1929, donner à la France des moyens de production adéquats pour produire plus et au plus vite.

• **2e Plan** *1954-1957.* But : acroissement de la production, mais aussi amélioration de la qualité des produits et de la rentabilité, en vue d'un régime d'échange plus libre.

• **3e Plan** *1958-61* (plan intérimaire les 2 dernières années à cause de la crise de 1958 ; mise à jour du 3e Plan en 1960 et 1961 et préparation du Plan suivant). Préparer le plein-emploi de la jeunesse atteignant l'âge du travail, et acheminer l'économie vers le Marché commun (c.-à-d. une concurrence plus large), avec une plus grande stabilité monétaire et un équilibre de la balance des paiements.

• **4e Plan** *1962-65.* Expansion, modernisation, investissements, mais aussi répartition des fruits de la croissance, aménagement du territoire et action régionale au profit des catégories sociales déshéritées et des régions retardées.

• **5e Plan** *1966-70.* Objectif de compétitivité prioritaire en vue de préserver l'indépendance et l'expansion de l'économie.

• **6e Plan** *1971-75.* Croissance forte, compétitive et équilibrée avec priorité au développement industriel.

☞ Voir Quid 1976 page 1330 et Quid 1977 page 1184.

Répartition du commerce extérieur de la France, par pays en 1985 (en milliards de F)

Source : Direction générale des douanes

	Exp.	Imp.
OCDE	**642**	**719**
CEE	**432,1**	**493,6**
All. féd.	130,5	159
Danemark	7,1	6,6
Grèce	6,8	4,4
Irlande	4	6,8
Italie	95,4	96,8
Pays-Bas	42,6	58,5
Royaume-Uni	71,6	79
U.E.B.L.	73,9	82,3
OCDE HORS CEE	**209,9**	**225,4**
Autres pays d'Europe	**109,4**	**111,4**
Autriche	6,3	6,4
Espagne	29,4	36,5
Finlande	3,8	5,5
Norvège	5	15,1
Portugal	6,1	6,8
Suède	12,9	14,3
Suisse	36,5	20,2
Turquie	5	2,7
Yougoslavie	3,5	2,9
Autres	0,6	0,6
Amér. du Nord	**84,8**	**80,2**
Canada	9,5	7
États-Unis	75,3	73,2
Autres OCDE	**15,6**	**33,7**
Australie	4,2	5,5
Japon	10,7	26,9
Nouv.-Zél.	0,6	1,3
NON OCDE	**229,6**	**243,7**
AUTRES PAYS DÉVELOPPÉS	**6,2**	**8,5**
Afrique du Sud	3,4	5,7
Israël	2,7	2,8
PAYS SOCIALISTES	**34,7**	**38,8**
All. dém.	1,8	2,6
Bulgarie	1,4	0,5
Chine (R.P.)	7	4,4
Cuba	0,9	0,3
Hongrie	1,5	1,4
Pologne	1,8	2,6
Roumanie	1,2	2,8
Tchécoslovaquie	1,1	1,4
U.R.S.S.	17	22
Autres	0,7	0,5
PAYS PÉTROLIERS	**77**	**102,7**
Algérie	21,8	20,7
Arabie Saoudite	10,9	10,8
Égypte	8,9	3,8
Émirats arabes unis	3,5	5,2
Équateur	0,2	0,1
Gabon	3,6	5,6
Indonésie	3,6	1,5
Irak	6,1	12,2
Iran	1,4	6,9
Koweit	2,2	2,7
Libye	2,2	6,9
Mexique	2,6	5,3
Nigeria	4,9	15,2
Oman	0,9	0,2
Qatar	0,9	3,1
Venezuela	2,8	2

	Exp.	Imp.
AUTRES PAYS EN VOIE DE DÉV.	**106,6**	**83,1**
Afrique (zone Franc - n.c. Gabon	**23,7**	**18**
Bénin	0,7	–
Burkina-Faso	0,7	–
Cameroun	5,4	7,2
Congo (R.P.)	2,3	1
Côte-d'Ivoire	4,1	5,2
Mali	1	–
Niger	0,8	1,6
Réunion	4,1	0,3
Sénégal	2,3	1,3
Togo	0,9	–
Autres	1	1,1
Amérique (zone Franc - n.c. St-Pierre-et-Miquelon)	**11**	**1,6**
Guadeloupe	3,4	0,6
Guyane	4	–
Martinique	3,5	0,9
Autres	–	–
Océanie (zone Franc)	**2,3**	**1,5**
Nouv.-Cal.	0,9	1,4
Polynésie fr.	1,3	–
Autres	–	–
Afrique (hors zone F.)	**25,8**	**16,7**
Angola	1,2	0,7
Guinée	0,9	–
Kenya	0,4	0,3
Liberia	0,4	0,4
Madagascar	0,9	0,7
Maroc	9,2	6
Maurice	–	0,9
Mauritanie	0,8	0,4
Soudan	0,7	–
Tunisie	6,4	3,7
Zaïre	1,1	0,8
Zambie	–	0,6
Zimbabwe	0,2	0,2
Autres	3,2	1,6
Amérique (hors zone F.)	**11,6**	**19,3**
Antilles néerl.	0,2	–
Argentine	2,1	2,5
Bermudes	–	–
Brésil	3,6	10,1
Chili	0,6	2,2
Colombie	1,2	0,8
Panama	0,8	–
Pérou	0,5	1
Autres	2,3	2,5
Asie	**31,8**	**25,9**
Corée (R.)	4,1	4
Hong Kong	3,7	2,9
Inde	5,3	3,3
Jordanie	0,9	–
Liban	1,7	–
Macao	–	1
Malaisie	1,1	2,9
Pakistan	1,2	0,7
Philippines	0,6	1,3
Singapour	4,4	2,1
Syrie	1,9	1,2
T'ai-wan	1,8	3,5
Thaïlande	2,7	1,8
Yémen (R.A.)	0,6	–
Autres	1,3	0,8
Océanie (hors zone F.)	**0,2**	**0,1**
DIVERS	**5**	**10,4**
Andorre	1,4	–
Chypre	1,1	–
Pays N.D.A.	1,9	1,9
France (réimport)	–	7,9
Autres	0,5	0,5
TOTAL GÉNÉRAL	**871,6**	**962,7**

Commerce extérieur de la France par produits (en 1985, en milliards de F)

	Exp.	Imp.
Agriculture, sylviculture et pêche	**74,6**	**52,8**
Fruits tropicaux, café, thé, cacao	0,4	11,2
Autres produits tropicaux	0,2	3,9
Céréales	34,5	1,7
Fruits et légumes	7,8	12,4
Vins	12,2	1,9
Produits végétaux divers	6,6	6,3
Laine en suint et divers	0,3	3,3
Autres produits animaux	7,7	3,3
Sylviculture, expl. forestière	1,9	1,9
Produits de la pêche	2,7	6,5
Produits des industries agri. alimentaires	**76,6**	**67,3**
Cuirs et peaux brutes	2,9	1,7
Viandes et leurs conserves	11,1	17,6
Lait et produits laitiers	15,8	3,7
Autres produits alimentaires	21,1	21,9
Corps gras alimentaires	3,8	12
Sucre	6,1	1,3
Boissons, alcools, tabacs	15,7	8,9
Produits énergétiques	**32,9**	**213,4**
Combustibles minéraux solides, prod. de la cokéfaction	1,5	11,4
Pétrole brut et raffiné	25,4	169,8
Gaz naturel	0,3	30,7
Électricité, gaz, eau	5,7	1,5
Matières premières minérales	**2,1**	**10,6**
Métaux et produits du travail des métaux	**105,4**	**91,9**
Produits sidérurgiques	32,3	21,4
Produits de la première transformation de l'acier	13,2	7,8
Métaux et demi-produits non ferreux	35,3	41,1
Produits de la fonderie et du travail des métaux	24,4	21,5
Produits chimiques et demi-produits divers	**137,5**	**135,3**
Matériaux de construction et verre	18,2	13,8
Chimie minérale et engrais	11,1	13,7

	Exp.	Imp.
Chimie organique, fils et fibres artificiels et synthétiques, caoutchouc synthétique	68,2	59
Pâte à papier, papier et carton	15,5	25,5
Produits en caoutchouc et matières plastiques	24,4	23,1
Biens d'équip. professionnel	**198,8**	**172**
Machines agricoles	5,2	6,9
Machines-outils	8,5	11,2
Équipement industriel	38,8	31,2
Matériel de manutention	16,1	9,8
Matériel électrique	25,2	14,1
Appareils électroniques	60,5	68,4
Armement	–	–
Construction navale	2	1,2
Construction aéronautique	29,9	15,7
Matériel de précision	12,4	13,3
Biens d'équip. ménager	**10,2**	**19,5**
Équip. automobile des ménages	**48,8**	**36,2**
Voitures particulières	47,6	34,5
Motocycles, cycles et caravanes	1,2	1,7
Pièces détachées de véhicules et mat. utilitaire transp. terrestre	**51,2**	**31,7**
Autres biens de consommation	**124,2**	**128,7**
Produits pharmaceutiques	11,5	3,2
Produits de la parachimie	27,6	18,6
Fils, filés, ouvrages text. en filés	26,9	27,3
Bonneterie, articles d'hab.	19,1	26,6
Cuir, articles en cuir, chaus.	9,2	14,2
Presse et édition	6,6	8
Meubles et produits du bois	7,5	14,9
Produits divers	15,5	15,6
Divers	**8,9**	**3**
TOTAL GÉNÉRAL	**871,6**	**962,7**

• **7e Plan** *1976-80*. ORIENTATIONS : 1°) Assurer les conditions économiques du plein-emploi, du progrès social et de la liberté de décision. 2°) Améliorer la qualité de la vie. 3°) Réduire les inégalités. 4°) Mieux répartir les responsabilités.

• **8e Plan** *1981-85*. N'a pas été voté. Prévoyait 7 priorités : 1°) favoriser la recherche, 2°) réduire la dépendance énergétique et en matières 1res, 3°) développer une industrie concurrentielle et les technologies d'avenir, 4°) valoriser le potentiel agricole et alim., 5°) développer la formation, 6°) consolider la protection rurale, 7°) améliorer le cadre de vie.

☞ Voir Quid 1983, p. 1318.

Politique de la nouvelle majorité de 1981

Création d'un ministère du Plan et de l'Aménagement du territoire. *Buts :* 1°) rendre au Plan un rôle moteur dans la conception et l'exécution de la pol. éco. et soc. à moyen terme, destinée à lutter contre la crise ; 2°) assurer la décentralisation de l'aménagement de l'espace, la croissance devant reposer principalement sur de nouvelles techniques de production et la valorisation de potentialités locales ; le rôle de l'État consiste à donner plus de libertés aux régions et aux collectivités locales, à soutenir les initiatives locales en assurant leur cohérence avec les choix nationaux, et à garantir la solidarité entre les collectivités territoriales. *Moyens :* le secr. d'État (Jean Le Garrec dep. le 22-3-1983) exerce par délégation les pouvoirs du P.M. dans ce domaine et dispose de 2 administrations : le Commissariat gén. du Plan (C.G.P.) et la Délégation à l'aménagement du territoire et à l'action rég. (DATAR) ; il propose les mesures concernant la coopération et la planification, préside plusieurs comités interministériels (développement et aménagement rural, aménagement du territoire, Cons. sup. de la coopération) ; Groupe central des villes nouv. rattaché au min. Dotations budgétaires (en 82, en millions de F) : crédits de paiement 1 871,6 (1 488,8 en 81), soit + 25,7 % ; autorisations de programme : 2 641,7 (1 713,7 en 81), soit + 54,1 %.

Principales orientations. Aménagement du territoire décentralisé. *Buts :* 1°) supprimer les inégalités entre régions : faible revenu brut d'exploitation agric. dans l'Ouest ; fort chômage dans les bassins ind. du Nord et de Lorraine, les centres de constr. navale ; faiblesse démographique et manque de communications dans le S.-O. ; déclin de zones rurales fragiles (en montagne par ex.) ; 2°) à l'intérieur des régions, favoriser un développement équilibré par le soutien des initiatives locales (création de P.M.E., mise en place de nouvelles filières de prod., valorisation des ressources locales). *Moyens :* 1°) participation active des régions (interlocuteurs privilégiés de l'État) à l'élaboration de la planification ; 2°) signature de contrats entre l'État et les régions, par ex. pour l'implantation des grands équipements d'intérêt national et le financement des actions nat. prioritaires. *Réhabilitation du Plan.* 1°) Moyens renforcés : crédits en 82 : 95,8 millions de F (+ 31,6 % par rapport à 81) dont 47,2 pour le Commissariat gén. du Plan (+ 49,4 %). 2°) Nouvelles méthodes : concertation suivie avec toutes les instances intéressées dès la préparation des options, à partir d'études détaillées. 3°) Rôle sélectif du Plan lui permettant d'être une norme de référence pour tous : orientation des interventions publiques (cadre de réglementation et instance de coordination) et entraînement vis-à-vis des secteurs privés et des collectivités décentralisées (contrats avec les intéressés, diffusion des travaux du Plan).

Principaux résultats économiques

Sources : Comptes de la Nation, Banque française du commerce ext., min. du Travail.

P.I.B. (*objectifs :* + 5,5 % par an). *76* + 4,9, *77* + 3,3, *78* + 3,3, *79* + 3,4, *80* + 1,3, *81* + 0,4, *82* + 2, *83* 0,7, *84* 1,5, *85* 1,1. **Emploi** (*nombre de chômeurs : janv. 76* 993 000, 4,4 % de la pop. active), *déc. 80* 1 451 000 (6,5 %), *janv. 81* 2 129 995, *mai 84* 2 295 900, *avril 86* 2 579 183 (10,3). **Formation brute de cap. fixe** (*objectif :* + 6,7 % par an). *76* 5,7, *77* – 0,4, *78* + 0,1, *79* + 0,8, *80* + 0,3, *81* – 0,5, *82* – 1,1, *83* – 2,9, *84* – 2, *85* + 1,6. **Inflation :** *76* + 9,8, *77* + 9, *78* + 8,8, *79* + 10,4, *80* + 13,1, *81* + 12,5, *82* + 11,9, *83* + 9,8, *84* 7,4, *85* 5,8. **Solde du commerce ext.** en milliards de F (CAF/FOB). *76* – 41,8, *77* – 34,6, *78* – 23,8, *79* – 42,4, *80* – 101, *81* – 104,7, *82* – 151,5, *83* – 105,1, *84* – 87,1, *85* – 84,8.

Impulsion au secteur de l'économie sociale. Concerne les mouvements associatifs, coopératifs et mutualistes (1 070 000 salariés, soit 6,1 % du total). *Buts et moyens :* modification du statut des coopératives et mutuelles pour permettre la participation des salariés à leur gestion, renforcement des moyens fin., pol. favorable de l'État (marchés publics, bonification des prêts, etc.), création d'organismes régionaux, création d'une délégation interministérielle à l'écon. sociale. Loi réformant la planification votée le 7-7-1982.

Plan intermédiaire pour 1982-83. Approuvé par le Conseil des ministres du 14-10-81. *Buts :* stabiliser le chômage, puis le réduire (création de 4 à 500 000 emplois par an à partir de 83), recréer les conditions d'une croissance saine (+ 3 % prévus pour 82-83) par l'investissement, amorcer la rénovation de l'appareil productif, restaurer la solidarité (partage du travail et des revenus), établir un dialogue social efficace ; stratégie régionale définie pour chaque secteur.

• **9e Plan.** *Élaboration.* 1re application de la loi du 29-7-1982. *1re loi de Plan* (stratégie écon. et grandes actions) : *sept. 1982-mars 1983 :* la Commission nat. de planification (CNP v. ci-dessous) reçoit le doc. d'orientation du Gouv. et remet en mars au min. du Plan un rapport ; *18-5-83 :* projet adopté en cons. des min. et soumis au Parlement. *13-7-83 :* loi promulguée. *2e loi de Plan* (moyens d'exécution) : *août 83 :* avis de la CNP sur le projet ; *19-10-83 :* projet adopté en cons. des min. *22-12-83 :* vote par le Parlement (loi du 24-12-83).

Buts : 1) assurer l'autorité de la France dans le monde : maintenir l'ouverture des frontières, favoriser la concertation entre pays industrialisés, alléger la charge fin. du tiers monde et accroître l'effort pour son développement, revivifier l'Europe, développer le dialogue culturel international, assurer l'indépendance nat. ; *2) pol. globale en faveur de l'emploi :* à long terme, reconstituer un potentiel de croissance le + élevé possible, compatible avec l'équilibre intérieur ; à plus court terme, économies d'énergie, grands travaux et soutien au logement ; aller vers les 35 h de façon sélective, décentralisée et contractuelle ; *3) assurer l'avenir des jeunes :* renouvellement profond du système éducatif ; *4) réduire les inégalités :* revalorisation des bas salaires, concertation avec les non-salariés, encouragement à l'épargne populaire, lutte contre l'inflation et réforme de la fiscalité (notamment agricole) ; *5) améliorer la qualité de la vie sociale :* rénovation des services collectifs, amélioration de la formation des travailleurs sociaux, modernisation des transports collectifs, meilleure gestion des villes ; *6) assurer l'équilibrage du territoire :* actions en faveur des régions de conversion industrielle (Nord-Est), des T.O.M., du développement de l'Ouest et du Sud-Ouest, des activités tertiaires décentralisées, de la protection du patrimoine naturel.

Moyens : 1) en faveur de la décentralisation : poursuite du partage des compétences, financement amélioré, contrats de plan État-Régions... ; *2) modernisation de l'industrie et mutation de l'appareil productif :* action prioritaire en faveur de l'électronique, redressement des finances des entreprises... ; *3) développement de la formation, de la recherche et de l'innovation* (2,5 % du P.I.B. en 1985) ; *4) renouveau culturel :* promotion de la diversité des expressions.

Conditions : 1) redressement des échanges extérieurs : équilibre commercial d'ici le début de 1985, taux d'indépendance énergétique porté à 50 % au min. d'ici 1990 ; *2) rigueur dans l'emploi des ressources :* lutte contre l'inflation en agissant sur les mécanismes de formation des revenus, restauration de la capacité de financement des entreprises, mobilisation des banques au service de l'économie nat. (baisse des taux d'intérêt réels, fonds propres consacrés aux priorités du Plan, services accrus aux entreprises), gestion rigoureuse des fin. publiques (croissance des recettes et dépenses limitée, affectation prioritaire des ressources à l'exécution du Plan, aux dépenses militaires d'équipement, à la recherche-développement, l'aide publique).

Programmes prioritaires d'exécution. 12 [1er ch. : dépenses ordinaires, 2e ch. : autorisations de programme, 1984-88, en millions de F) : 1) moderniser l'ind. grâce aux nouvelles technologies et à un effort d'épargne (3 871, 16 009) ; 2) poursuivre la rénovation du système d'éducation et de formation des jeunes (70 135, 21 102) ; 3) favoriser la recherche et l'innovation (3 342, 60 963) ; 4) développer les ind. de communication (19 462, 1 729) ; 5) réduire la dépendance énergétique (3 403, 12 059) ; 6) agir pour l'emploi (34 980, 1 298) ; 7) vendre mieux en France et à l'étranger (20 308, 7 882) ; 8) assurer un environnement favorable à la famille et à la natalité (1 084, 225) ; 9) réussir la décentralisation (2 357, 18 686) ; 10) mieux vivre dans la ville (534, 14 552) ; 11) moderniser et mieux gérer le système de santé (20 767, 7 931) ; 12) améliorer la justice et la sécurité (3 562, 4 299). *Total :* 183 805, 166 735 (dont en 1984 31 516, 27 850)].

Contrats de plan État-régions. Dotations (en millions de F) : *1985 :* 9 350,2, *1986 :* 9 492,9 (+ 15,2 %).

Lois de programmes. 2 : militaire (8-7-83) : 830 milliards de F pour la modernisation ; *de la recherche :* 2,5 % du PIB en 1985 (1,85 % en 1980).

Autres objectifs quantifiés. Aide publique au développement : 0,7 % du PNB en 1988 ; indépendance énergétique : à 50 % au moins en 1990 (35 % en 1982). *Croissance :* 2,6 % par an (soit 1 point de + que les autres pays de l'O.C.D.E.).

Exécution et suivi. 2 rapports annuels du Gouv. au Parlement : sessions de printemps (sur l'état de l'exécution) et d'automne (r. annexé au projet de loi de fin. : fin. publ.). Participation de la Commission nat. de planification, consultation des partenaires écon. et sociaux...

Crédits du Commissariat au Plan (en millions de F) : *1983 :* 107,6, *1984 :* 129,9 (+ 20,7 %). *1986 :* 220.

Le plan de restructuration industrielle. Étudié en Cons. des ministres le 8-2-1984 et soumis aux partenaires sociaux. *But :* modernisation de l'ind. française. *1) Volet indust.* Nécessité d'adapter plusieurs secteurs ind. aux technologies nouvelles et à l'évolution du marché. *Sidérurgie :* retour à l'équilibre, investiss. dans les unités compétitives, prudence afin d'éviter de nouvelles surcapacités. *Charbonnages :* concentration de l'exploitation sur les meilleurs gisements et redressement de la productivité poursuivis ; emploi : non-remplacement des départs en retraite et en préretraite, conversion avec l'aide de l'E.D.F. *Construction navale :* réduction dans la construction de navires de technologie avancée ; emploi : congés de conversion, suspension de l'embauche, préretraite à 55 ans et reclassement local. *Automobile :* soutien de l'inv. des 2 groupes pour une sortie rapide de nouveaux modèles et l'amélioration de la productivité. *Ind. du téléphone :* développement poursuivi de produits nouveaux et pol. + offensive d'exp. vers les pays développés. *2) Volet social. But :* permettre un reclassement réel et rapide des salariés dont les postes de travail sont supprimés. *Moyens : adaptation de mesures existantes :* préretraites, aides à la réduction du temps de travail (contrats de solidarité), aides à la réinsertion des salariés étrangers dans leurs pays d'origine, prime (45 000 à 50 000 F) pour les entreprises recrutant des salariés licenciés de la sidérurgie, allocation temporaire dégressive pour les salariés acceptant un emploi avec rémunération inférieure à la précédente. *Congé de conversion :* branches : sidérurgie, chantiers navals, charbonnages ; modalités : 2 ans max. de formation, avec rémunération semblable à celle des chômeurs en formation. *3) Volet économique.* Action orientée en priorité sur les pôles géographiques de conversion d'activités. *Moyens :* 1) En favorisant la création et le développement des entreprises : mesures fiscales en faveur des intérêts d'emprunts personnels des créateurs d'entreprises, des dépenses de recherche et d'informatique ; dans les pôles de conversion : exonération de la taxe professionnelle et de l'impôt sur les stés favorisée, possibilité de tenir compte des reports déficitaires d'une entreprise reprise, incitation des fonds communs de placement à risque, reprise progressive du capital d'une entreprise par une partie de ses salariés ; livret d'épargne entreprise : complément de fonds propres alloué aux groupes ind. nat. pour localiser des projets ind. dans les pôles de conversion. 2) Crédits supplémentaires : 3e tranche de 4 milliards de F du Fonds spécial de grands travaux pour 1984 (loi votée au printemps 84), dotation spéciale de 3 milliards de F pour des projets ind. nouveaux. 3) Renforcement des dispositifs locaux : simplification, déconcentration et accélération des procédures d'aide publique ; renforcement des moyens d'action des commissaires de la Rép. en matière d'action écon. et de reclassement ; assouplissement et dérogations pour faciliter l'implantation ou le développement des entreprises ; programmes contractuels de redéveloppement des bassins d'emploi : contribution des groupes ind. aux actions de conversion.

Pôles de conversion : Dunkerque-Calais (constr. navale), bassin minier du Nord-Pas-de-Calais et Valenciennois (sidérurgie), vallée de la Meuse (sidérurgie et métallurgie), bassin sidérurgique du Nord de la Lorraine, sidér. Sud-Lorraine, région de Caen (sidérurgie et travail des métaux), Le Creusot-Montceau-les-Mines-Chalon-sur-Saône (métallurgie, mines, sidérurgie), b. de Montluçon (caoutchouc), b. de Roanne, Sud du dép. de la Loire (métallurgie, sidér.), b. de Decazeville (sidér., métallurgie), b. d'Albi-Carmaux (métallurgie-charbon), b. de La Seyne et La Ciotat (constr. navale).

Secteur public

Généralités

Définition. La nationalisation est un acte qui transfère à la collectivité nationale la propriété d'entreprises privées. Ce transfert peut se faire de différentes manières. En 1945-46, on a surtout utilisé 2 modes principaux : 1) la propriété des actions est transférée au profit de l'État, la Sté étant maintenue avec l'État comme seul actionnaire ou actionnaire principal, et le patrimoine social restant dans les mains de la Sté (Banque de France, 4 grandes banques de dépôts, Cies d'assurances) ; 2) le transfert porte directement sur les éléments corporels et incorporels constituant l'entr., les biens nat. étant remis à des personnes morales nouvelles (E.D.F., G.D.F., C.D.F., Renault). Les entr. nat. ont un devoir de bonne gestion : elles doivent reconstituer le capital en cas de pertes d'exploitations.

Structures juridiques. 2 types : *établissement public industriel et commercial* (E.D.F., Charbonnages, R.A.T.P.) ; *Sté d'économie mixte* (S.N.C.F., Air France). Les entreprises nationalisées de banque et d'assurances ont une situation spéciale puisque l'État est l'unique actionnaire. Les entreprises publiques sont placées sous la tutelle ou l'autorité des pouvoirs publics (ainsi la Régie Renault n'a pas de conseil d'administration représentant les actionnaires qui sont l'État et les salariés ; le Pt et les directeurs généraux sont nommés par le Gouvernement).

Le Gouv. peut leur imposer des servitudes économiques et l'on admet plus facilement que leur exploitation soit déficitaire.

Interventions avant 1981

Au XIXe s. 1800 Banque de France (statut spécial). **1810** Régie des Tabacs. **1816** Caisse des Dépôts (statut spécial). **1877** prise de contrôle des Chemins de fer de l'Ouest (après faillite). **1880** Journaux officiels. *Après g. de 1914-18. Pour gérer des biens allemands confisqués : entreprises publiques* (mines de Potasses d'Alsace, Office nat. ind. de l'Azote) ou *stés d'économie mixte* (mines de la Sarre et de Silésie, Pétroles de Roumanie, Cie Française des Pétroles qui reprend les intérêts allemands dans les pétroles d'Irak). *Pour aider au relèvement de l'économie :* organismes fin. : **1919** Crédit National. **1930** Crédit agricole. **1923** Crédit Hôtelier. *Pour développer les infrastructures :* **1921** Cie nat. du Rhône. **1932** Office du Niger. *Pour lutter contre la crise de 1929 :* renflouement de la Cie gén. transatlantique **(1933)**, Air France **(1935)**. **1936**-*24-7*, conseil de régence de la Banque de France remplacé par un conseil général presque totalement nommé par l'État ; *11-8*, nationalisation des industries de guerre (Hotchkiss, Sté des torpilles de St-Tropez...). **1937** *janvier*, participation majoritaire de l'État dans des Stés aéronautiques (Potez...) ; *31-8*, création de la S.N.C.F. (51 % des actions détenues par l'État). **1944** *sept.*, création de l'Agence France-Presse ; *13-12*, Houillères du Nord et du P.-de-C. **1945**-*16-1*, nationalisation de Renault ; *29-5*, Gnôme et Rhône ; *26-6*, Air France ; *2-12*, Banque de France et 4 banques de dépôts (Crédit Lyonnais, Sté Générale, Comptoir d'Escompte de Paris, Banque nat. pour le commerce et l'industrie). Création de la SNECMA. **1946**-*8-4*, création d'E.D.F. et G.D.F. ; nationalisation des principales Stés de production électricité, gaz ; *25-4*, nationalisation de 34 Cies et 2 Mutuelles d'assurances ; *17-5*, des Charbonnages de France. **1965** création de ELF-ERAP (pétrole). *A partir de 1976.* ELF-ERAP regroupé avec S.N.P.A. dans secteur public en *1980* (v. Quid 1983, p. 1321) : Elf Aquitaine nationalisé en 1981-82.

Contrôle des entreprises publiques

Tutelle ministérielle. 1) Sur les hommes. Nomination des administrateurs présidents et directeurs gén. par décret en Cons. des ministres (représentants de l'État désignés par les ministres concernés) ; instructions impératives de l'État aux pts et représentants de l'État (le plus souvent générales pour respecter l'autonomie de gestion) ; révocation possible : des pts et représentants de l'État (sans avoir à être motivée par une faute), des autres représentants (pour faute grave), de tout le conseil (si dissensions graves). **2) Sur les actes.** Surveillance du min. sectoriel et du min. de l'Éc. et des Finances : sur budgets, bilans et affectations de résultats, prises ou extensions de participations fin., rénumérations des pts et dir. gén. ; parfois sur prix, emprunts, statuts et rénumérations des personnels, programmes d'inv. : approbation pour les décisions stratégiques (ex. : restructurations) ; dans certains cas, commissaire du Gouv. désigné auprès de l'entreprise ; min. de l'Éc. et des Fin. représenté par des contrôleurs d'État (droits de veto, de visa...) ; contrôle de l'Inspection gén. des Fin. **Vérification par la Cour des comptes** (voir p. 649). Sur les comptes et la qualité de la gestion. Pouvoirs de contrôles sur place, de communication des documents ou des données informatiques, de convocation des responsables, d'enquête des services fiscaux auprès des tiers et de consultation des dossiers de travail des commissaires aux comptes. Procédure contradictoire. **Contrôle parlementaire.** Informations dues au Parlement : nomenclature des entreprises publiques avec divers renseignements, comptes et bilans (mais tardive, incomplète, sans données écon.) ; rapports de la Cour des comptes sur chaque entreprise, adressés aux parlementaires « spécialisés » ; documents et rapports du *Haut Conseil du secteur public* (créé 11-2-1982) où siègent 10 députés et sénateurs, 5 repr. des syndicats, 5 repr. de l'État et 5 personnalités cooptées (*Pt :* Maurice Blin, sénateur centriste des Ardennes). Pouvoirs d'investigations : demandes d'enquête à la Cour des comptes, contrôles directs (auditions, sur pièces et sur place pour les parlementaires spécialisés), missions d'information, commissions d'enquête (recueil des informations) ou de contrôle (examen des gestions), questions orales et écrites.

Nationalisations de 1981-82

Généralités

Historique. 1981 *8-7* discours de P. Mauroy définissant les grandes orientations du projet de nationalisation (prévu par le Programme commun de la Gauche du 26-6-72). *9-9* cotation des valeurs nat. suspendue en bourse ; *22-9* avis du conseil d'État sur le projet de loi ; pose les problèmes de critères d'indemnisation, de la rétrocession au secteur privé des participations ind. de Paribas et Suez, de la portée juridique des nationalisations à l'étranger, du seuil des dépôts retenus pour la nat. des banques. *23-9* projet de loi adopté en Cons. des ministres ; *30-9* reprise des cotations sauf sur Matra, Dassault, Usinor et Sacilor ; *7-10* rétrocession des filiales de Paribas et Suez supprimée par la commission parlementaire ; *8-10* accord sur la part de l'État dans Dassault Breguet ; l'Ass. nat. note la nat. de la sidérurgie (333 v. contre 148) ; *9-10* OPA de Pargesa sur Paribas-Suisse ; *22-10* le Sénat repousse la nat. de la sidérurgie (164 v. contre 124) ; *26-10* l'Ass. nat. vote la loi de nationalisation (332 v. contre 134) ; *29-10* 2e vote de l'Ass. nat. pour la nat. de la sidérurgie ; *4-11* l'Ass. nat. adopte en 3e lecture la nat. de la sidérurgie (repoussée une 2e fois par le Sénat) ; *23-11* le Sénat rejette le texte sur les nat. (184 v. contre 109) ; *3-12* loi sur les nat. votée en 2e lecture par l'Ass. nat. (332 v. contre 157) ; *16-12* le Sénat juge la loi irrecevable (184 v. contre 128) ; *18-12* saisine du Conseil constitutionnel. **1982**-*16-1* le Conseil const. juge constitutionnels le principe et le programme des nationalisations, mais déclare inconstitutionnels certains articles (modalités d'indemnisation, non-nationalisation des banques, mutualités ou coopératives...) ; *19-1* avis favorable du Conseil d'État sur le nouveau projet de loi ; *20-1* adoption par le Cons. des ministres ; *29-1* l'Ass. nat. adopte le projet de loi (rejet de la motion de censure : 154 v. pour) ; *4-2* le Sénat adopte une question préalable ; *5-2* adoption en 2e lecture par l'Ass. nat., 2e question préalable au Sénat, adoption définitive par l'Ass. nat. ; *11-2* loi jugée constitutionnelle par le Conseil const. ; *13-2* loi promulguée ; *17-3* nomination des nouveaux dirigeants.

Indemnisation. *Base :* meilleure moyenne mensuelle des cours de bourse entre le 1-10-1980 et le 30-3-1981, avec prise en compte de l'inflation dep. le 1-1-1981 et intégration des dividendes au titre de l'exercice 81 [projet précédent : cours de bourse moyen (pour moitié), actif net comptable et capitalisation des résultats (pour 1/4)]. *Modalités :* en échange des titres détenus, remise d'obligations indemnitaires garanties par l'État auprès des établissements financiers, émises par la Caisse nat. de l'Industrie (pour les Stés industrielles) et la Caisse nat. des Banques (pour banques et Cies fin.). *Délais pour l'échange :* titres cotés, jusqu'au 12-2-1983, non cotés, jusqu'au 30-6-83, au-delà, à la Caisse des dépôts et consignations. L'opération concernait 1 million de personnes, 200 millions de titres dont env. 80 % échangés avant début février 1983. Montant des obligations : 5 000 F, en complément 500 F ; pour le solde : soit paiement en espèces, soit versement en espèces en complément du solde pour obtenir une obligation de 500 F en +. Voir aussi Finances. *Coût :* env. 41-43 milliards de F, dont 35,12 pour les Stés cotées (+ 22 % par rapport au projet initial) : groupes ind. 17,38 (+ 14,8 %), Cies fin. 9,15 (+ 36,6 %), b. nat. 0,658 (− 27,9 %), b. cotées 7,93 (+ 31,5 %) ; Stés non cotées ; de 5,9 à 7,7 milliards de F.

Portée

● **Secteur industriel (groupe).** C.G.E., St-Gobain, Péchiney-Ugine-Kuhlmann, Rhône-Poulenc, Thomson-Brandt.

Stés non concernées par la loi de nationalisation, mais nationalisées ou contrôlées par l'État (v. ci-dessus) : **Usinor** (1/2 de la prod. d'acier en France) et **Sacilor** (30 % de la prod. d'acier en France) ; **Matra** [secteur militaire, C.A. (en 85) : 15 000 (est.) millions de F]. **Dassault-Breguet** (aéronautique, C.A. en 1985 : 16 440 (est.) millions de F dont 68,55 % à l'exportation) ; **I.T.T. France :** C.A. en 1979 : 1 951 millions de F ; **CII-Honeywell-Bull :** C.A. en 1985 : 16 100 millions de F (1er constr. d'ordinateurs français) ; **Roussel-Uclaf :** C.A. en 1979 : 4 523 millions de F (2e gr. français dans la parachimie).

Dotations en capital pour 1986. Versées par l'État en tant qu'actionnaire. En milliards de F. Total : 8,88 dont sidérurgie (Sacilor et Usinor) 5,75, Chimie (CDF 0,7, FMC 0,15) 0,85. Renault 3. Bull 1. Thomson 13. SNIAS et SNECMA 0. Rhône-Poulenc 0. St-Gobain 0,15. CGCT (ex-ITT) 0,335. Péchiney 0.

Nota. − + Prêts participatifs : 4 ou 5 milliards. + Titres participatifs de certains groupes : 4 milliards.

Poids des groupes publics dans l'industrie (en 1984)

	Effectifs en %	Ventes (H.T.) en %	Investissements en %
Combustibles minéraux solides et cokéfaction	99,8	98,2	100,0
Pétrole et gaz naturel	42,0	28,2	27,4
Électricité, distr. de gaz et d'eau	83,2	86,9	96,4
Minerais et métaux ferreux, 1re transf. de l'acier	59,6	66,4	75,5
Minerais, métaux et demi-produits non ferreux	67,2	68,4	88,6
Matériaux de construction et minerais divers	8,6	8,6	10,3
Ind. du verre	28,5	30,7	39,6
Chimie de base, fils et fibres artificiels et synth.	49,8	49,4	50,3
Parachimie et ind. pharm.	17,9	16,7	22,7
Fonderie, trav. des métaux	10,2	12,8	24,4
Constr. mécanique	6,0	8,8	10,4
Constr. électr. et électron.	38,1	37,2	38,6
Constr. véhicules auto. et autres matériels de transport terrestres	31,8	37,1	42,4
Constr. navale et aéron.	53,0	58,6	69,5
Ind. textile (habillement)	0,6	0,5	0,5
Ind. cuir et chaussure	0,0	0,0	0,0
Ind. bois et ameublement, industries diverses	1,6	2,0	1,3
Ind. papier, carton	6,9	9,1	8,7
Imprim., presse, édition	2,0	2,1	3,3
Ind. caoutchouc et transf. des mat. plast.	6,4	0,5	10,3
Total activités industr.	24,5	31,6	59,3

L'État prévoyait de consacrer 30 milliards de F à la sidérurgie de 1984 à 1987 (15 milliards de F, valeur 1984 d'investissements étaient prévus).

● **Secteur bancaire et financier. Banques :** 36 (banques dont les débits atteignent 1 million de F ou +) : Crédit du Nord, Crédit Commercial de France, Crédit ind. et commercial, Sté lyonnaise de dépôts et de crédit ind., B. de Paris et des Pays-Bas, Sté nancéienne du crédit ind. Varin-Bernier, B. Worms, B Scalbert-Dupont, Crédit ind. d'Alsace et de Lorraine, Crédit ind. de l'Ouest, Sté marseillaise de crédit, B. de l'Indochine et de Suez, B. de l'Union européenne, Sté gén. alsacienne de Banque, B. Vernes et comm. de Bretagne, B. corporative du bâtiment et des trav. publics, Crédit ind. de Normandie, B. régionale de l'Ouest, B. de La Hénin, Union de banques à Paris, Sté bordelaise de crédit ind. et comm., Sté centrale de banque, Sté séquanaise de banque, B. régionale de l'Ain, B. Chaix, B. Tarneaud, B. ind. et mobilière privée, Sofinco La Hénin, Monod française de Banque, B. Odier Bungener Courvoisier, B. Laydernier. *En outre, 3 b, mutualistes, sans être nationalisées, auront un statut spécial :* B. féd. du Crédit mutuel, B. centrale des coopératives et des mutuelles, B. française de crédit coopératif.

Compagnies financières : Cie fin. de Paris et des P.-Bas : 1er gr. fin. de France ; bilan total (1984, millions de F) : 539 000 ; activités : bancaires et fin. (contrôle de B. de Paris et des P.-Bas, Crédit du Nord, Cie bancaire, banques à l'étranger, Stés d'assurances), participations ind. et commerciales (alimentation, bâtiment-TP, constr. mécan., hôtels-tourisme, imprimerie-papier-édition, magasins-commerces, mat. électrique, métallurgie, pétrole, prod. chim., Stés de services, hte technologie, Stés de portefeuille), conseil et services ; effectif (Stés consolidées) : 25 868. **Cie fin. de Suez :** bilan (1984, millions de F) : 264 000. 4 secteurs : banque-finance-assurance (B. de l'Indochine et de Suez, CIC, B. Vernes), holdings, industrie (St-Gobain-Pont-à-Mousson, Béghin-Say...), services-immobiliers-TP (Cie La Hénin, Sté lyonnaise des eaux, Bouygues...) ; valeur boursière du portefeuille (fin 1980, millions de F) : 1 259 (val. françaises 43 %, U.S.A.-Canada 29,9 %), dont pétrole 25,5 %, mat. électrique 15,3, val. à revenu fixe 12,6.

Extension et importance du secteur public. Dep. 1983, à la suite de reclassements, les 135 banques du « secteur public inscrit » totalisent 86,8 % des dépôts, 81 % des crédits et 75,4 % du bilan de l'ensemble des b. inscrites ; effectif en 1980 : 203 201 (dont nouv. b. nationalisées : 71 214).

En outre, les 2 Cies fin. nat., par leurs participations dans les nouv. Stés ind. nat., dans certains secteurs ind. (én. nucléaire, constr. électro-mécanique...), leur contrôle de plusieurs réseaux bancaires, sont 2 des centres stratégiques du contrôle de l'économie.

☞ **Principales restructurations dans les groupes nationalisés en 1982-83.** Voir Quid 1986, p. 1412 ab.

Bilan

Coût des nationalisations de 1981-82 pour les contribuables (estim. avril 1983). Total 58 milliards de F en 1982 soit 3 250 F par ménage en 1983 dont contribution à l'exploitation des entreprises publiques traditionnelles 25, à la couverture des charges de retraite des cheminots et mineurs 17,1, apport d'actionnaire sous forme de concours en capital 12 (au bénéfice des entreprises nouvellement nationalisées 8,1), indemnisation des anciens actionnaires 3,3, prêts du FDES 1.

Coût théorique 51 087 millions de F dont banques et compagnies financières. 27 994 dont [(actions 26 315, obligations convertibles 1 679) dont banques cotées 9 923, banques non cotées 7 886 et compagnies financières 10 185]. *Sociétés industrielles.* 23 093 dont Stés industrielles nationalisées, le 11-2-1982, 18 520 et prise de participations [dont majoritaires (Matra, CGCT, LCT, Bull) 4 038 et minoritaires (Roussel Uclaf) 535].

Coût réel inférieur car toutes les actions n'ont pas été présentées à l'échange, notamment celles détenues par des investisseurs institutionnels du secteur public (5/6 000 MF). Le rachat de CII-HB par la Compagnie des machines Bull : 150 millions de $ en devises.

L'échange des titres indemnitaires a été réalisé à près de 100 % au 31-12-1983.

Indemnisation des actionnaires des sociétés cotées nationalisées. Valeur assignée aux Stés nationalisées par la loi du 11-2-1982 (compte non tenu des obligations convertibles) : produit du montant de l'indemnité par action par le nombre d'actions au 31-12-81 (en MF). Entre parenthèses montant de l'indemnité par action en F.

Sociétés industrielles : Rhône-Poulenc 2 749 (120,96), PUK 3 167 (124,25), St-Gobain 6 050 (174,61), CGE 3 487 (492,27), Thomson-Brandt 1 951 (306,94). *Compagnies financières :* Paribas 5 020 (303,35), Suez 4 010 (423,09). *Banques :* BNP 2 773 (339,72), Société générale 3 790 (331,68), Crédit Lyonnais 1 841 (342,48), Crédit du Nord 520 (102,26), CCF 1 773 (253,88), CIC 921 (203,33), Lyonnaise de dépôts 505 (246,08), Nancéienne Varin-Bernier 359 (350,71), Banque Worms 576 (229,10), Scalbert Dupont 250 (175,28), CIAL 551 (345,15). Crédit industriel de l'Ouest 291 (176,81), Marseillaise de crédit 634 (331,55), Sogenal 435 (402,11), Banque Rothschild 412 (197,20), Banque Hervet 394 (276,93), Banque de Bretagne 150 (181,58), Crédit industriel de Normandie 72 (163,91), Bordelaise de CIC 38 (88,83), Société centrale de banque 63 (100,51), Séquanaise de banque 165 (329,33). *Total 42 947.*

☞ **Résultats, 1981 à 1985, des entreprises publiques « traditionnelles » et nationalisées (depuis 1981)** en millions de F. Voir tableau ci-contre.

Évolution de l'endettement des entreprises nationalisées du secteur commercial. En milliards de F, en 1981 (1er ch.) et 1984 (2e ch.). Renault 31,4, 59,6, C.G.E. 9,1, 12,3, St-Gobain 13,2, 24, Thomson 8,9, 19,1 [3], Péchiney 19,7, 17,1, Rhône-Poulenc 16,7, 17,6, Sacilor 11,2, 19,2, Usinor 16,1, 21,6 [4], C.D.F. Chimie 5,3, 12,4, E.M.C. 2,7, 3,1, Bull 6,2, 6,2 [2], C.G.C.T. –, 1,6, ELF Aquitaine 37, 42, C.F.A. Industries 18,9, 19.

Nota. — (1) A moyen et long terme et court terme financier. (2) 5,4 (est. en 85). (3) 17 (est. en 85). (4) En 83.

Coût pour le budget de l'État du secteur public (en milliards de F). *1980 :* 45,3, *81 :* 43,3, *82 :* 58,3, *83 :* 66,8, *84 :* 72, *85 :* 75,4 (loi de Finances initiales).

Débat

• **Raisons et objectifs des nationalisations** (donnés par la majorité de gauche). *Buts généraux :* mettre fin à la mainmise d'intérêts privés et internationaux devenus, par le jeu des concentrations, les véritables centres de décision économique, financier et politique, aux dépens de l'intérêt général et de l'indépendance nationale ; surmonter la crise et doter la France d'une économie puissante, équilibrée et en expansion par une politique de développement industriel et de croissance sociale.

Moyens et objectifs précis : 1) *Dynamiser l'industrie ;* pôles d'innovation technologique et investisseurs majeurs, les entr. nat. doivent être le moteur de l'économie interne (en stabilisant l'environnement écon. des petites et moyennes entreprises et industries et en valorisant un potentiel d'expansion ind. souvent mal exploité), et être le fer de lance de la bataille écon. internationale et de la reconquête compétitive du marché national ; leur dynamisme sera assuré par le respect de leur autonomie de gestion (dans le cadre des grandes orientations écon. et sociales définies par le Gouv. et approuvées par le Parlement). 2) *Maîtriser le crédit :* les moyens fin. des banques (et des Cies d'assurances) doivent être orientés en priorité vers l'investissement productif et l'innovation indispensables à la réalisation des objectifs écon. 3) *Affirmer la démocratie écon. :* en donnant aux salariés du secteur public un pouvoir concret de participation aux décisions sur l'organisation de leur travail, d'information sur les options stratégiques de leur entreprise, de gestion grâce à leurs représentants, et la possibilité de s'associer aux mutations du progrès technique, en favorisant la responsabilité individuelle et collective des travailleurs dans leur activité ; enfin en assurant la participation des usagers.

Nota. — Principales raisons des nationalisations de 1936-37 et 1945-46 (outre des raisons conjoncturelles : ex. nationalisation de Renault pour faits de collaboration) souci de soustraire aux intérêts privés et aux lois du marché des activités et secteurs où existait une situation de quasi monopole, correspondant à un service public de fait, nécessitant d'importants investissements souvent peu rentables : ex. production d'électricité, de charbon, transports ferroviaires et aériens.

• **Critiques de l'opposition. Sous l'angle économique et financier.** I — *Incohérence entre les moyens et les objectifs a) L'appropriation à 100 % des cap.* 1° conduit à « renationaliser » une partie du cap. ouverte aux investisseurs privés (ex. : Sté Générale, B.N.P., Ass. gén. de France) ; 2e est très coûteuse pour l'État, donc pour le contribuable (+ de 40 milliards de F pour l'indemnisation + 8 milliards de F/an pour la gestion) alors qu'une prise de contrôle majoritaire aurait permis d'atteindre les mêmes buts ; 3e ne permet pas de connaître avec précision les limites du nouveau domaine du secteur public (extension diffuse du fait des structures diversifiées de certains groupes).

b) Critères contestables : 1° choix des 5 groupes ind. alors que la pol. ind. n'est pas définie, que d'autres groupes sont aussi « stratégiques », que ces grou-

Dotations en capital du secteur public industriel

En millions de francs courants	1982	1983	1984	1985	Total
C.G.E.		150			150
Thomson	300	550	1 700	1 300	3 850
Bull		1 500	1 000	1 000	3 500
C.G.C.T.		388	600	450	1 438
Saint-Gobain	200	250	150	150	750
Péchiney	2 000	2 700	150		4 850
Rhône-Poulenc	1 100	300	300		1 700
Renault	1 020	1 000	1 757	3 000	6 777
C.d.F.-Chimie	450	300	1 000	700	2 450
E.M.C.	100	50	200	150	500
Sidérurgie	2 800	5 800	5 500	5 750	19 850
Restructuration chimie et engrais		1 650	1 000	1 060	3 710
Divers			200		200
Total	7 970	14 638	13 557	13 560	49 725

Résultats des entreprises publiques (en millions de F)

Résultats nets comptables, après concours à l'exploitation et contribution aux charges de retraites, et en retenant, pour les groupes, les périmètres de consolidation de l'Observatoire des entreprises nationales.

	1980	1981	1982	1983	1984	1985 (est.)
1. Entreprises publiques « traditionnelles »						
Charbonnages de France	+ 59	– 67	– 692	– 768	0	0
Électricité de France	+ 84	– 4 640	– 8 363	– 5 450	– 900	+ 900
Gaz de France	+ 49	– 950	– 2 560	– 2 380	– 3 025	0
S.N.C.F.	– 675	– 2 020	– 5 300	– 8 380	– 5 540	– 4 500
R.A.T.P. *Sans signification, du fait de l'octroi d'une subvention d'équilibre.*						
Cie générale maritime (C.G.M.)	– 360	– 481	– 736	– 540	– 380	
Aéroport de Paris	+ 58	+ 28	+ 9	+ 17	+ 50	
Air France	+ 10	– 378	– 792	+ 87	+ 530	+ 700
Snias	+ 118	+ 153	+ 96	– 357	+ 330	
Snecma	+ 70	– 65	– 45	– 39	+ 40	
Renault	+ 1 547	– 690	– 1 281	– 1 576	– 12 500	
C.d.F.-Chimie	– 550	– 1 213	– 834	– 2 760	– 865	– 1 180
Entreprise minière et chimique (E.M.C.)	+ 10	– 312	– 946	– 160	0	+ 100
	+ 420	– 10 635	– 21 444	– 22 306	– 22 260	
2. Entreprises nationalisées depuis 1981						
Cie générale d'électricité (C.G.E.)	+ 556	+ 586	+ 638	+ 662	+ 650	+900 – 1 000
Saint-Gobain	+ 932	+ 566	– 745	+ 405	+ 500	+ 750
Thomson	+ 502	– 170	– 2 208	– 1 251	0	+ 400 – 500
Bull	+ 180	– 449	– 1 351	– 625	– 500	+ 50 – 100
Rhône-Poulenc	– 1 884	– 266	– 787	+ 159	+ 1 989	+ 2 200
Péchiney	+ 607	– 2 465	– 4 615	– 295	+ 550	+ 750
Sacilor	– 1 255	– 4 241	– 4 604	– 5 610	– 8 100	– 4 600
Usinor	– 2 006	– 2 897	– 3 737	– 5 456	– 7 300	– 3 200
C.G.C.T.	–	–	– 325	– 555	– 550	– 200
S.G.E.-S.B.	–	–	–	–	– 1 100	
Thomson Télécom.	–	–	–	–	– 180	
L.T.T.	–	–	–	–	– 110	
	– 2 368	– 9 336	– 17 734	– 12 566	– 14 151	
Ensemble	*– 1 948*	*– 19 971*	*39 178*	*– 34 872*	*– 36 411*	

Nota. — Pour Sacilor et Usinor, les chiffres incluent des pertes exceptionnelles dues aux provisions pour congés de conversion et à la création des filiales communes Unimétal et Ascométal.

pes produisent peu de biens de consommation et ne peuvent donc permettre la reconquête du marché intérieur ; 2° les crédits distribués par les banques auraient été un meilleur critère de la nat. que les dépôts (en outre, la fixation d'un seuil pour ceux-ci est arbitraire car leur montant varie d'un mois à l'autre) ; 3° risques de double emploi liés au choix de 2 Cies fin. opérant dans un même domaine de spécialisation.

c) Le principe de l'autonomie des entreprises nat. contredit la volonté de maîtriser la restructuration de l'économie : 1° les besoins de rentabilité sont peu conciliables avec la garantie de l'emploi (dans le passé, les Stés nat. ont supprimé beaucoup d'emplois) ; 2° les entr. publiques ne permettent pas forcément de relancer la croissance : elles investissent peu par autofinancement et assèchent le marché fin. où elles bénéficient de privilèges par rapport aux Stés privées (la charge de leurs dettes est payée par les contribuables quand elle s'élève trop), la rentabilité de leurs inv. est de 50 % inf. à celle des Stés privées ; 3° la nat. de nouv. banques se justifie peu, car celles-ci avaient pu accepter les risques industriels et de fin. à long terme et répondre aux besoins des P.M.E., et il n'est pas nécessaire de nat. les b. pour maîtriser la monnaie (rôle décisif de la B. de France) ; elle ne réglera pas le problème majeur de la concurrence entre les b. inscrites et les b. mutualistes (les nouv. b. nat. font moins de crédit que le Crédit Agricole) ; 4° la nationalisation va à l'encontre de la décentralisation.

II — *Risques et dangers des nationalisations.*

a) Pour les P.M.E. : confrontées à des entr. nat., en position de quasi-monopole ou largement dominantes dans la plupart des branches ind., qui peuvent leur imposer leurs conditions, elles seront défavorisées par rapport à celles-ci pour l'accès au crédit (en outre, celui-ci sera accordé selon des critères « sociaux » et non de rentabilité).

Selon le R.P.R., le secteur public a reçu 71 % des sommes distribuées à l'industrie de 1982 à 1984 et 60 % des aides consenties à l'exportation.

b) Pour la Bourse : la cote de la B. étant réduite de + de 1/5 (150 à 200 milliards de F au lieu de 240 fin 1980), le marché fin. ne pourra fournir aux Stés privées les ressources nécessaires ; l'épargne sera orientée vers la sécurité des placements au détriment du risque calculé des rendements variables.

c) Pour la position internat. de la France : l'écon. fr. risque de perdre personnels, partenaires, marchés, réseaux et filiales, avec comme conséquences l'effacement de Paris comme place fin. internat.

d) Pour les fin. publiques : au coût de l'indemnisation des actionnaires et de la charge des services des intérêts (v. ci-dessus), s'ajouteront le fin. des pertes d'exploitation de Stés structurellement déficitaires (Usinor, Sacilor), l'octroi de dotations de cap. et la compensation de charges de service public imposées aux Stés par les futurs « contrats de plan » (est. pour 1983 : + 50 % pour les concours de l'État aux Stés nat.).

e) En général, la loi du marché étant assujettie à des impératifs non économiques, la rentabilité est sacrifiée à des considérations sociales et politiques, et l'impunité financière (quasi-absence du risque de faillite) et la lourdeur de l'organisation (de type administratif) rendent difficiles les adaptations rendues nécessaires par l'évolution économique (besoins du marché, conditions de production...).

Sous l'angle social. 1° La loi n'étant qu'une 1re étape, le législateur doit se prononcer en ignorant quelles seront les structures des Stés nat. ; 2° l'actionnariat salarié est supprimé ; 3° les personnels ignorent si leurs droits acquis seront confirmés et si leur emploi ne sera pas menacé par les restructurations ; 4° ni les non-syndiqués (nombreux dans les nouv. b. nat.) ni les cadres ne sont représentés au conseil d'administration.

Sous l'angle juridique et constitutionnel. Voir historique (décision du Cons. const.).

Programme de privatisation de J. Chirac

Sociétés concernées. Banques et Cies d'assurances nat. en 1965 (B.N.P., Sté Générale, Crédit Lyonnais ; U.A.P., G.A.N., A.G.F.), agence Havas, Sté nat. ELF-Aquitaine, stés nat. en 1982 (Cies fin. Paribas et Suez ; groupes ind. C.G.E., St-Gobain, Péchiney, Rhône-Poulenc, Thomson, Bull, Matra, C.G.C.T.).

En outre, possibilité pour les autres stés du secteur public de céder (par décret) une partie de leur capital (49 % au max.).

Groupes privatisables. Actionnaires principaux, chiffre d'affaires (CA) et, en italique, résultats nets 1985 en milliards de F, effectifs mondiaux (e), principales filiales et, entre parenthèses, % de participation. *Péchiney :* État 82 %, CA 35,9, *0,75*, 48 221 e ; Aluminium Péchiney (100), Cebal (97), Cegedur (100), Comurhex (51), Tréfimétaux (100). *Thomson S.A. :* État 100 %, CA 59, *0,4 à 0,5* (estim.), 110 851 e ; Thomson C.S.F. (50,62). *Bull :* État 97 %, CA 16,1, *0,11*, 26 403 e ; C.I.I. Honeywell Bull (97). *C.G.C.T. :* État 100 %, CA 3, – *0,2*, 7 030 e ; La Signalisation L.C.T. Pouyet. *C.G.E. :* État 100 %, CA 80 (estim.), *entre 0,75 et 0,8* (estim.), 155 000 e ; Alsthom-Atlantique (67), C.G.E. Alsthom (99,9), C.I.T. Alcatel (68), Thomson Télécommunications-Les Câbles de Lyon (75), Saft (79), Framatome (40). *Saint-Gobain :* État 100 %, CA 66,7 (estim.), *0,75* (estim.), 125 228 e ; Saint-Gobain Vitrage (100), Isover (100), Pont-à-Mousson S.A. (98,3), Sobea (98,3), Cellulose du Pain (69,8), Saint-Gobain Emballage (85), S.E.P.R. (84,8). *Rhône-Poulenc :* État 90,9 %, CA 56, 102, *2,311*, 80 120 e ; R.P. Chimie (100), Laboratoire Roger Bellon (58,90), Institut Mérieux (50,3), R.P. Sante (100), Specia (100), R.P. Agrochimie (100). *Elf-Aquitaine :* Erap 67 %, investisseurs institutionnels 10 %, public 23 %, CA 180,7, *5,3*, 73 800 e ; Sanofi (60,70), Atochem (100), Ceca (100). *Groupe Havas :* État 50,26 %, investisseurs institutionnels 33,3 % (dont C.D.C. 9,96 ; U.A.P. 4,58 ; A.G.F. 3,81), personnel 0,41 %, CA 9,4, *0,022* (estim.), 14 250 e ; Eurocom (45), Havas tourisme (99,99), Compagnie européenne de publication (35), Canal Plus (25). *Avions Marcel Dassault :* État 51 %, CA 16,4 (estim.), *0,4317* (1984), 16 196 e ; Générale de Mécanique aéronautique (99,99), Dassault Systems (52), Sogitec (70). *Matra :* État 50,97 %, Sté Matra 4,41 %, CA 15 (estim.), *0,05* (estim.) ; Manhurin (79,76), Matra Harris semi-conducteurs (49,93), Jaeger (59,09), Solex (97,72), Matra transports (97,56).

Conditions de privatisation. Délai : 5 ans. Modalités du transfert : fixées dans un délai de 6 mois. Principes d'action : progressivité, transparence et recours au marché, formules variées adaptées aux conditions du marché et aux caractéristiques des stés (achat, échange d'obligations de l'État, augmentation de capital...), garantie des intérêts nationaux, participation (actionnariat populaire et participation des salariés : 10 % des actions réservés en priorité et à des conditions préférentielles).

> **Gestion des entreprises privatisables pendant la période transitoire**
>
> *Période transitoire :* Celle pendant laquelle les stés, inscrites sur la liste des stés privatisables, demeureraient la propriété de l'État.
>
> *Modalités prévues :* Nomination immédiate d'un Pt et constitution d'un nouveau conseil d'administration. Chargés de gérer la sté et de préparer le mise en œuvre de la privatisation. Possibilité pour la sté de choisir entre le maintien ou règles de la loi de « démocratisation du secteur public » ou d'adoption des règles du droit commun des stés. Maintien des règles de participation des salariés aux organes de gestion (si adoption du droit commun, par dérogation, 1/3 du conseil d'administration réservé aux représentants des salariés).

Raisons avancées par le gouv. Souci d'efficacité écon. : les règles de l'État sont incompatibles avec la nécessité de décisions rapides, de structures souples et de capacité d'adaptation aux événements dans un monde de plus en plus concurrentiel ; politisation trop fréquente des nominations des dirigeants ; interventionnisme de l'État ne tenant pas compte de la rentabilité des opérations imposées aux stés.

Procédure législative. Projet de loi voté le 10-4-1986 (par 292 v. contre 285, vote de confiance [1]). Autorise le gouv. à fixer les conditions de la privatisation par ordonnance.

Nota. — (1) Pour : 155 R.P.R., 131 U.D.F., 5 non-inscrits divers droite, E.-F. Dupont (F.N., Paris). Contre : 212 P.S., 35 P.C., 34 F.N., 4 non-inscrits divers gauche.

Quelques critiques et problèmes. Opposition partielle du Pt de la Rép. Refus annoncé (Cons. des min. du 9-4-86) de signer des « ordonnances portant sur le principe et les modalités de la privatisation d'entreprises nationalisées avant 1981, qui transgresseraient les règles d'évaluation admises lors du passage du secteur privé au secteur public, qui entraîneraient des mesures contraires à la démocratisation du secteur public ». Une des raisons est qu'« on ne peut acheter à l'État dans des conditions qui ne correspondraient pas aux conditions posées lorsqu'on a vendu à l'État » ; or, en 1945-46, « il n'y avait pas eu de règles d'évaluation ». En cas de refus du Pt de la Rép. de signer une ordonnance, le gouv. pourrait faire voter une loi selon la procédure d'urgence.

Modalités législatives. Alors que les nationalisations avaient été décidées par la loi, la privatisation s'effectuera par ordonnances ; or la loi d'habilitation manque de précision sur les mécanismes financiers.

Nomination des P.-D.G. Les ordonnances devant être contresignées par le Pt de la Rép., son accord sera nécessaire (sinon, vote d'une loi nécessaire, cf. ci-dessus).

Capacité d'absorption du marché financier. Risque de saturation financière, la privatisation devant s'effectuer par des ventes d'action. Pour certains (ex. : L. Zinson, collaborateur de L. Fabius), une dénationalisation à grande échelle est de ce fait impossible. Pour d'autres (divers financiers), le marché peut absorber 25 à 30 milliards de F d'actions par an (soit, sur 5 ans, un total correspondant à peu près au produit estimé de la privatisation (v. ci-dessous).

Combien valent les entreprises dénationalisables ? *Méthodes d'évaluation.* Selon C. Cabana, min. délégué chargé de la Privatisation (mai 1986), l'évaluation se fera par « référence au marché » et « dans les mêmes termes » pour chaque sté. Le prix de vente de chacune tiendra compte, notamment, de tous les critères retenus par la loi de nationalisation de 1982 (valeur boursière, actif net, bénéfices) et de la « batterie de critères diversifiée » utilisée pour une introduction de titres sur le marché fin. (capacité bénéficiaire à venir). Un « conseil de déontologie » (composé de 5 à 7 personnalités indépendantes n'appartenant pas à la fonction publique) donnera son avis sur l'évaluation de chaque sté et veillera au « respect des intérêts patrimoniaux de l'État ».

Évaluation. Selon les Échos (en janvier 1986, en milliards de F) : total [1] 228,8 dont stés cotées 34,4, banques 56,6, assurances 37,1, stés nationalisées en 1982 76,2 (dont stés ind. 50,5, Cies fin. 25,7), entreprises diverses non cotées 24,5.

Selon d'autres sources, total (concernant les seules stés dont la privatisation est prévue) de 150 à 250 milliards de F (dir. du Trésor au min. des Finances, en tenant compte de la forte hausse de la Bourse durant les 1ers mois de l'année).

Nota. — (1) Englobe toutes les stés publiques sauf les stés de télévision et de services publics ; certaines de ces stés ne figurent pas sur la liste des stés dont la privatisation est prévue.

> **Y aura-t-il des « golden shares » dans le capital des entreprises privatisées ?**
>
> Les *golden shares* sont des actions de préférence permettant à l'État de garder un droit de veto pendant une durée déterminée dans une entreprise privatisée (utilisées notamment en G.-B. lors des dénationalisations récentes, voir Index).
>
> Selon C. Cabana, min. délégué chargé de la Privatisation (en mai 86), le mécanisme sera peut-être utilisé, mais à titre exceptionnel sans doute (car dérogatoire du droit commun), p. ex. pour défendre les « intérêts nationaux » face aux capitaux étrangers.

Bilan des sociétés nationalisées (1981-85)

Aspects positifs. *Amélioration des résultats financiers* de 6 stés ind. (C.G.E., St-Gobain, Péchiney, Rhône-Poulenc, Thomson et Bull) devenues bénéficiaires (env. 6 milliards de F en 1985) alors que plusieurs étaient déficitaires en 1981 (bénéfices en 1984 : 4 milliards de F) [1]. Les pertes des groupes sidérurgiques (Sacilor et Usinor) ont baissé de plus de 50 % de 1984 à 1986 (– 7 500 contre 15 440). *Hausse des investissements* + 15 % de 1984 à 1985 (24 milliards de F) pour 11 groupes (St-Gobain, C.G.E., Thomson, Péchiney, Rhône-Poulenc, Bull, C.G.C.T., Sacilor, Usinor, Matra, Dassault) ; hausse globale de 16,5 % de 1981 à 1985 pour 12 groupes (avec Renault) contre une baisse de 9 % dans l'ind. privée. *Succès en Bourse des titres émis* (titres participatifs, certificats d'inv.).

Nota. — (1) En outre, les bénéfices de Matra et de Dassault sont à peu près égaux à ceux de 1984.

Aspects négatifs ou critiques. *Important déficit cumulé.* Pour les 12 groupes ind. 71 milliards de F en 4 ans. *Endettement* en forte hausse. *Dette à + d'un an* (en milliards de F) pour les 8 groupes nationalisés en 1982 : *1980* 43,2, *1984* 88,2 (+ 104 %) ; pour les stés nat. avant 1982 : *1980* 28,7, *1984* 63,7 (+ 122 %). *Dette* *totale pour l'ensemble du secteur ind. concurrentiel* (en milliards de F) : *1981* : 103, *1985* : + de 200. *Coût élevé pour l'État.* + de 45 milliards de F de dotations de capital de 1982 à 1985 [1]. *Réduction des effectifs* alors que les stés nationalisées devaient être « le fer de lance de l'emploi » (P. Mauroy, 8-7-81) ; selon E. Baladur, min. des Finances, baisse de 9 % de l'effectif des stés nat. du secteur concurrentiel de fin 1982 (805 000) à fin 1985 (735 000).

Autofinancement insuffisant. Selon E. Baladur, pour les stés ind. (sans la sidérurgie), il a été inférieur de 25 % à celui du secteur privé comparable, de 1981 à 1985.

Nota. — (1) S'y ajoutent les aides des min. de l'Économie, de la Recherche ou de l'Énergie et les prêts participatifs accordés à des conditions privilégiées par les banques nationalisées.

Marchés publics

Définitions. Contrat écrit passé obligatoirement entre administrations et org. publics et leurs fournisseurs pour leurs commandes de travaux, fournitures et serv. supérieurs à un certain montant (en *1985* : 180 000 F). *L'adjudication,* pendant longtemps la seule procédure de droit commun, est moins utilisée car elle ne permet pas la sélection des candidats selon plusieurs critères adaptés à l'objet du contrat (seul critère, le prix de la prestation).

Nota. — La Commission centrale des marchés, créée en 1959, assure la concertation et la coordination écon. et fin. des administrations, traite tous les problèmes importants posés par les achats publics et contrôle les marchés de l'État.

Nombre de marchés et avenants et, entre parenthèses, montant (en millions de F, en 1983). *État* 85 169 (88 149), *collectivités locales* 88 176 (40 135), *entreprises publiques* 59 426 (131 021). *Total* 232 771 (259 305).

Marchés passés par les services de l'État (% pour les nombres et, entre parenthèses, pour le montant, en 1983) : adjudication : 0,2 (0,1), appel d'offres ouverts ou restreints : 52,7 (29,2), marchés négociés : 47,1 (70,7).

Répartition des marchés de l'État par secteur écon. (en %, en 1983) : Constructions électriques et électron. 27, constr. aéronaut. et spatiales 14, génie civil 11, bâtiment 10, études et recherches 8.

Nota. — Marchés ou commandes de l'État, des collectivités locales, des établissements et entreprises publics représentent env. 16 % du P.I.B.

Tiers monde

Origine du sous-développement

• **Par les 4 cercles vicieux** (travaux de François Perroux vers 1950-55).

1°) *Taux* de natalité, de mortalité et d'accroissement net de la population élevés, niveau des subsistances élémentaires faible ; l'abaissement de la mortalité augmentant, le taux d'accroissement s'élève et risque de diminuer le niveau des subsistances. 2°) *L'industrialisation* suppose un développement de l'agriculture pour fournir les matières premières locales et augmenter les rations des travailleurs ; pour équilibrer leur balance des paiements, certains pays sous-développés exportent leurs produits agricoles ; d'autres exportent un produit industriel (ex. : pétrole). Les investissements sont spécialisés, dominés par l'étranger et ne vont pas toujours dans l'agriculture. 3°) *Le revenu national est bas* : il y a donc peu d'épargne à investir. Il faut alors recourir à l'impôt (mais la masse imposable est faible) ou à l'investissement étranger, mais celui-ci imposera ses exigences. 4°) *L'économie est désarticulée* : la consomm. n'augmente pas systématiquement avec le plan monétaire. Cette structure l'expose à des blocages de développement ou de croissance.

Par un retard de croissance (travaux de W. Rostow vers 1960). Chaque pays passe par 5 phases successives : 1°) sociétés traditionnelles ; 2°) transition préparant le démarrage ; 3°) démarrage de l'économie ; 4°) marche vers la maturité ; 5°) ère de la consommation de masse.

Exemples : phases 1 et 2 : Chine, Tchad, Mauritanie ; 3 : Brésil, Mexique, Algérie ; 4 : U.R.S.S. (début), Japon (milieu), France (fin) ; 5 : U.S.A. Chaque pays doit « suivre la filière ». Le sous-développement est donc un retard de développement. Les rapports entre pays riches et pauvres peuvent accélérer le développement en opérant des transferts de capitaux et de connaissances techniques.

Par l'échange inégal (1970, travaux de G. Myrdal et A. Emmanuel notamment). Depuis 1950, les échanges commerciaux progressent en valeur entre pays riches, mais diminuent entre pays riches et pays pauvres. Les pays pauvres vendent moins cher leurs produits ; les pays riches vendent plus cher les leurs.

• **Écart entre nations riches et nations en voie de développement.** *1770* : 1,2 à 1. *1870* : de 3 à 1, *1972* : 10 à 1, *1979* : 12 à 1. **En Amérique latine** : 5 % de la pop. disposent de 26,5 % à + de 30 % du revenu national, 50 % des terres agricoles appartenant à 4 % des propriétaires. **En Asie et Afrique** : 5 % de la pop. reçoivent près de 40 % du revenu national à Madagascar, 47 % au Gabon, 50 % au Zaïre.

Mesure du sous-développement

• **Critères.** On utilise habituellement comme « instrument de mesure » le P.I.B. (produit intérieur brut), le taux de croissance et le P.N.B. (produit national brut) par habitant. Mais beaucoup estiment que cette méthode ne convient pas pour les pays sous-développés car les statistiques manquent, l'auto-consommation, importante, est difficile à estimer, les coûts de développement ou les avantages des sociétés traditionnelles, comme l'environnement, ne sont pas pris en compte. On a proposé d'autres méthodes tenant compte de données négligées (patrimoine socioculturel, ressources telles que l'air et l'eau).

• **Classement des pays. P.M.A. (pays les moins avancés).** Critères (retenus par l'O.N.U.) : faible niveau du revenu par habitant (inf. à 330 $/hab.) ; contribution du secteur industriel au produit intérieur brut (P.I.B.) de 10 % au moins (pays en dévelop. env. 20 %) ; taux d'alphabétisation de 20 % au moins.

Liste : Afghanistan, Bangladesh, Bénin, Bhoutan, Botswana, Burkina Faso, Burundi, Cap-Vert, Rép. Centrafricaine, Comores, Djibouti, Éthiopie, Gambie, Guinée, Guinée-Bissau, Guinée Équatoriale, Haïti, Laos, Lesotho, Malawi, Maldives, Mali, Népal, Niger, Ouganda, Rwanda, Samoa occident., São Tomé et Príncipe, Sierra Leone, Somalie, Soudan, Tanzanie, Tchad, Togo, Yémen pop., Yémen dém.

Nouveaux pays industriels (pays ayant connu une industrialisation et un développement économique accélérés au cours des dernières décennies) : Afrique du Sud, Argentine, Brésil, Corée, Grèce, Hong Kong, Israël, Portugal, Singapour, Yougoslavie.

Quelques données

Source : Banque mondiale.

• **Agriculture.** *Agriculteurs* : nombre élevé (env. 70 % de la population dans les pays à faible revenu). Faible productivité 50 à 93 %. *Chômage* : l'agriculture ne peut absorber le surplus de jeunes, et l'industrie pour sa compétitivité adopte les méthodes occidentales fondées plus sur l'emploi de machines que sur celui de main-d'œuvre.

Conditions climatiques. Sécheresse dans le Sahel et en Éthiopie (1980-85).

« Révolution verte » (dep. 1966-67). **Principe.** Utilisation des variétés à haut rendement notamment le riz I.R.S., développement de l'irrigation et de l'usage des engrais, suivre de plus près les innovations technologiques. En Inde, la « révolution verte », une politique de stockage et un système de distribution populaire assez efficace ont fait disparaître depuis 20 ans les disettes à grande échelle, et la prod. actuelle (156 millions de t de céréales en 1983-84) permet d'exporter du blé en U.R.S.S., du riz au Bangladesh. *Inconvénients* : a accru la dépendance des pays concernés vis-à-vis de l'extérieur (irrigation, achat de semences, engrais, herbicides, pesticides, tracteurs, non produits sur place) et leur endettement ; en outre, elle a fait naître un chômage rural, l'expérience ayant été faite sur les grandes surfaces des fermiers riches, afin d'obtenir la meilleure rentabilisation ; enfin, elle a accru la pollution.

Mauvaise utilisation des sols cultivables. Accaparement par une minorité de gros exploitants (ex. Brésil) ; les petits exploitants sont obligés sous la pression des multinationales étrangères et des gros exploitants de produire au détriment des cultures vivrières, des cultures destinées à l'exportation (café, cacao, soja, arachides, canne à sucre, manioc) que ne peut acheter la population locale à faible revenu (son niveau alimentaire en pâtit).

• **Alimentation. Insuffisance alimentaire.** Si toutes les ressources alimentaires du monde étaient équitablement partagées, la population entière du globe pourrait satisfaire ses besoins en *calories* (un peu — de 2 500 calories par jour et par habitant avec des variations, selon le climat, l'exigence étant moindre en pays très chaud qu'en pays plus tempéré) et en *protéines.* Or 61 pays disposent de — de 1 200 calories par j et par hab. 13 % des Latino-Américains, 25 % des Africains, 28 % des Asiatiques disposent de — de 2 200 cal./jour. Les disponibilités en *protéines* vont de 90 g (par kg de poids) par personne et par j dans les pays développés, à 57 g dans les pays en voie de développement. Pour les seules protéines animales, qui donnent une indication sur la qualité des protéines disponibles, l'écart est plus marqué (72 g en N.-Zélande et 6 g en Inde). *En 1985* : 800 millions d'hommes souffraient de malnutrition. 500 millions étaient sous-alimentés et 500 millions étaient condamnés à mourir de faim d'ici à l'an 2000 si des mesures n'étaient pas prévues.

Enfants : sur les 800 millions d'enfants des pays en voie de développement, plus des 2/3 seront frappés de maladies ou d'incapacités, dues à la malnutrition ou aggravées par elle. Le taux de mortalité infantile peut être de 3 à 10 fois plus élevé que celui des pays industrialisés du monde ; le taux de mortalité des enfants d'âge préscolaire peut être de 30 à 50 fois supérieur. Selon l'U.N.I.C.E.F., 40 000 enfants meurent chaque jour de malnutrition et d'infections.

Plus de 300 millions d'enfants présentent tous les signes d'une croissance et d'un développement retardés et nombreux sont les handicapés mentaux. Cette situation vient d'une agriculture insuffisamment développée et de l'ignorance des besoins nutritionnels. Souvent aussi, la meilleure nourriture, sur le plan nutritionnel, est réservée aux hommes alors que les jeunes enfants, les futures mères ou les nourrices en auraient le plus besoin.

Remèdes. Il faudrait réorienter 2 % de la production céréalière mondiale vers les pays les moins avancés pour éliminer la malnutrition. Le bétail des p. riches consomme à lui seul 1/3 de la prod. céréalière mondiale, soit autant que 2 milliards d'habitants du tiers monde.

Nota. — Grâce au LLS [champignon produit en cultivant le petit lait (le lactosérum) que jettent les fromagers] qui possède les 8 protéines nécessaires à la croissance cérébrale des nouveau-nés, 10 millions d'enfants pourraient être sauvés.

• **Analphabétisme.** Il y a 800 millions d'illettrés dans le monde. Le nombre absolu d'adultes analphabètes augmente à cause de l'accroissement démographique. *Diplômés :* la majorité des diplômés formés à l'étranger y retournent faute de pouvoir exercer leur profession chez eux. Le nombre de diplômés scientifiques est très faible.

● **Carences et maladies les plus courantes. Anémie ferriprive.** 700 millions de personnes (20 % de la pop. mondiale, 50 % des femmes des p. en voie de dév.) souffrent d'une carence en fer, qui réduit leurs capacités de travail. En *Afrique*, 6 à 17 % des hommes, 15 à 50 % des femmes (sauf les Bantous du S.) présentent une carence. En *Amérique du Sud*, 5 à 15 % des hommes et 10 à 35 % des femmes. En *Asie*, 10 % des hommes, 20 à 40 % des femmes et + de 50 % des enfants. Au *Moyen-Orient*, 25 à 70 % des enfants et 20 à 25 % des femmes enceintes possédaient des taux d'hémoglobine insuffisants. **Anémies mégaloblastiques.** Habituellement dues à une insuffisance d'acide folique. **Béribéri.** Dû à la carence en vit. B. A presque disparu chez l'adulte, mais les enfants en souffrent encore dans certaines zones d'Asie. **Bilharziose. Goitre endémique et crétinisme.** Dus à l'insuffisance en iode ; dans certaines régions, 5 % des enfants en sont atteints. Env. 200 millions de victimes (régions subhimalayennes, montagneuses d'Am. latine, quelques parties d'Afrique). **Maladie du sommeil.** Due à la piqûre de la mouche tsé-tsé (le 1/3 de l'Afrique). **Paludisme. Pellagre.** Persiste pour les femmes enceintes, les enfants d'environ 12 à 18 mois et les tuberculeux. Souvent associée à l'éthylisme dans les pays où l'aliment de base est le maïs. **Rachitisme.** Formes graves encore fréquentes dans certains pays, particulièrement au Moyen-Orient et en Afrique du Nord. **Scorbut.** Très rare, mais une hypovitaminose C bénigne et saisonnière se rencontre encore fréquemment. **Xérophtalmie.** Carence de vitamine A courante au Brésil, Cambodge, Égypte, El Salvador, Haïti, Inde, Indonésie, Jordanie, Libye, Pakistan, Soudan, Sri Lanka, Syrie, Tanzanie et Viêt-nam. Chaque année, la xérophtalmie provoque la cécité chez des centaines de milliers d'enfants.

● **Démographie. Nombre d'habitants du tiers monde** 4,8 milliards [3/4 de la pop. mondiale (dont 40 % ont – de 15 ans]. **Taux annuel moyen d'accroissement** (en %, moy. pondérée). 1960-70, entre parenthèses 1970-81, en italique 1980-2000 (prév.). *P. à faible revenu :* + 2,3 (+ 1,9) + *1,7* ; Chine et Inde + 2,3 (+ 1,7) + *1,4* ; autres pays + 2,5 (+ 2,6) + *3,9*. *P. à revenu intermédiaire :* + 2,5 (+ 2,4) + *2,3*. *P. industriels à économie de marché* + 1,1 (+ 0,7) + *0,7* ; à économie planifiée + 1,1 (+ 0,8) + 0,7. **Taux brut de natalité des p. à faible revenu** (moy. pondérée) : *1960 :* 42 ‰ (Chine et Inde 41 ‰, autres pays 48 ‰), *1980 :* 31 ‰ (Chine et Inde 27 ‰, autres pays 44 ‰) jusqu'à 56 ‰ ; p. à revenu intermédiaire 43 ‰ à 35 ‰. La limitation des naissances a été programmée dans les pays représentant + de 70 % de la pop. du tiers monde. **Taux de mortalité.** *1950 :* 40 ‰, *1980 :* 11 ‰. *Déclin de la mortalité infantile :* proportion de nouveau-nés survivant au-delà de 1 an : *1960 :* 84 % ; *1981 :* 90 %. **Espérance de vie :** 50 à 65 ans (p. industriels à économie de marché 75, à économie planifiée 72).

● **Désertification.** Menace + de 20 % des terres émergées, soit 30 à 40 millions de km² de zones arides ou semi-arides (chaque année 0,3 % de sol arable du tiers monde est perdu ; dep.1980, chaque année, 200 000 km² sont perdus). *Causes :* la croissance démographique entraîne *surculture* (épuisement des terres et baisses des rendements), *surpâturage* (multiplication du bétail sur des surfaces qui diminuent, la végétation naturelle ne repousse plus), *déboisement* [le bois est utilisé comme combustible (chaque année le déboisement progresse de 11 à 24 millions d'ha. La replantation représente au maximum 4 millions d'ha. A ce rythme 40 % des forêts tropicales auront disparu en l'an 2000, toutes d'ici à 83 ans. Au Nigeria 250 000 ha sont perdus chaque année, en C.-d'Ivoire 400 000 ; aux Philippines et en Malaisie les basses forêts n'existeront plus à la fin du siècle)] et *irrigation inappropriée* (absence de drainage qui stérilise les sols dont la teneur en sel augmente ; chaque année 200 000 à 300 000 ha perdus ainsi). *Conséquences : écologiques :* inondations, périodes de sécheresse, érosion, sédimentation des réservoirs, disparition de milliers d'espèces de plantes et d'animaux, altération du cycle de l'eau et diminution de la capacité d'absorption du gaz carbonique par la végétation ; *économiques :* difficultés d'approvisionnement en papier et en bois de chauffage. D'ici à 20 ans les besoins en bois de chauffage dépasseront les disponibilités de 25 %.

● **Eau potable (problème de l'). Soif.** 1 250 millions de personnes, dont 700 millions d'enfants, ne disposent pas suffisamment d'eau. 38 % seulement des hab. du tiers monde ont accès à l'eau potable (9 à 37 % suivant les pays au Sahel d'Afr. occ.). **Maladies associées à l'eau :** microbes ingérés avec de l'eau contaminée et donnant fièvre typhoïde, gastro-entérite ou choléra ; mal. à transmission favorisées par une pénurie d'eau ou sa mauvaise qualité ; mal. causées par des parasites vivant dans l'eau et qui s'introduisent sous la peau (schistosomiase, darconculose) ; vecteurs de mal. se reproduisant dans l'eau : anophèle (paludisme), mouche (onchocercoce ou cécité des rivières). *Nombre de malades* (1979, en millions) : gastro-entérite 400, schistosomiase 200, paludisme 160, cécité des rivières 30. 140 milliards de $ seraient nécessaires pour approvisionner le tiers monde en eau potable en 1990.

● **Échanges. Subordination économique.** Commerce essentiellement orienté vers l'étranger, au détriment des productions locales, et souvent aux mains des firmes étrangères et des multinationales (1/3 du commerce mondial est constitué d'un commerce intérieur aux multinationales). Les règles du commerce international fixées par le G.A.T.T., favorisent presque exclusivement les pays riches. Les prix des produits industriels (que vendent les pays riches) et les prix des produits énergétiques ont augmenté tandis que les prix des exportations des produits primaires et des denrées alimentaires vendus par les pays en développement baissaient (sinon en valeur courante, du moins en valeur réelle, compte tenu de l'inflation). Le ralentissement de l'activité économique dans les pays riches (dû à la crise) a pesé sur les cours des matières premières vendues par les pays pauvres.

Taux de dépendance de certains pays à l'égard des exportations de matières premières (en %). Zambie 93,1. Côte-d'Ivoire 74,5. Colombie 72,2. Zaïre 67. Chili 61,2. Pérou 56,3. Malaisie 50,7.

Évolution des P.V.D.
1 : espérance de vie en années.
2 : nombre de décès pour 1 000 enfants de 1 à 4 ans.
3 : % d'alphabétisation

	1			2			3		
	60	70	83	60	70	83	60	70	83 [2]
Ensemble	44	51	59	25	17	9	37	45	59
A faible revenu	42	49	58	27	19	9	27	36	55
Afghanistan	33	36	36	41	36	34	8	10	12
Bangladesh	43	44	49	24	23	19	22	–	24
Bolivie	42	45	50	40	34	21	39	40	63
Chine	41	52	66	26	14	2	–	–	69
Égypte	46	49	57	23	20	14	26	40	44
Éthiopie	43	47	47	42	33	30	–	6	15
Ghana	48	53	58	27	21	12	27	30	32
Inde	42	47	55	26	20	11	28	33	36
Indonésie	41	47	53	22	16	13	39	57	64
Kenya	46	51	57	21	18	14	20	30	47
Malawi	36	39	44	58	42	38	–	22	25
Niger	40	41	45	44	35	28	1	–	10
Pākistān	43	46	50	25	21	16	15	20	23
Rwanda	46	47	46	40	32	26	16	23	50
Soudan	38	41	47	40	32	19	13	15	32
Sri Lanka	62	63	69	7	5	2	75	78	80
A rev. intermédiaire	52	57	62	20	14	7	52	65	78
Brésil	54	58	63	19	12	6	61	66	78
Chili	56	62	70	20	9	2	84	88	90
Colombie	53	58	64	11	5	3	63	73	81
Corée	53	59	67	8	3	2	71	78	91
Côte-d'Ivoire	41	45	51	40	31	20	5	20	35
Cuba	63	69	74	2	3	1	–	–	96
Grèce	68	71	74	3	1	1	81	84	87
Guatemala	46	52	60	10	11	5	32	47	49
Israël	71	71	74	2	1	1	84	84	90
Jordanie	46	54	63	26	12	5	32	62	70
Maroc	46	50	52	36	26	12	14	21	28
Mexique	57	61	65	10	6	3	65	74	83
Papouasie	40	46	53	26	19	12	29	32	34
Pérou	47	53	58	37	20	12	61	72	80
Portugal	64	67	–	8	8	1	62	71	72
Thaïlande	52	58	63	13	7	4	68	79	86
Tunisie	48	54	61	36	20	8	16	24	37
Turquie	50	55	63	30	22	8	38	56	62
Exportateurs de pétrole à rev. élevé	44	50	59	42	25	11	10	20	32
Arabie Saoudite	43	48	56	47	30	13	3	15	25
Pays industriels à économies de marché [1]	69	71	74	2	1	0	96	98	99

Nota. – (1) Pays de l'O.C.D.E. (sauf Grèce, Portugal, Turquie). (2) 1981 pour un certain nombre de pays. *Source :* Banque mondiale et secrétariat de l'O.C.D.E.

Déficit des échanges. Les échanges commerciaux des P.V.D. avec le reste du monde sont déficitaires de 20 à 25 %. Les quantités importées s'accroissent plus vite que les exportées, surtout depuis la récession mondiale des années 80 (les pays ind. à l'activité ralentie ont moins besoin de matières 1res). Ne gagnant pas assez de devises, les P.V.D. s'endettent.

Variations en % des termes de l'échange (indice des valeurs unitaires à l'exportation divisé par l'indice des valeurs unitaires à l'importation). Ensemble des P.V.D. dont, entre parenthèses, **exportateurs de pétrole et**, en italique, **non pétroliers.** *Moyenne 1967-1976 :* + 4,1 (+ 11,4) – *0,6. 1977 :* + 3,7 (+ 1) + *6,2. 1978 :* – 6,7 (– 9,7) – *4,1. 1979 :* + 10,8 (+ 26,9) – *1,6. 1980 :* + 15,2 (+ 40,4) – *5,7. 1981 :* + 1,2 (+ 8,5) – *5,5. 1982 :* – 1,7 (– 1,1) – *2,2. 1983 :* – 2,1 (– 7,5) + *2,4. 1984 :* + 0,3 (+ 0,1) + *0,6*.

P.V.D. à croissance très rapide. Taux annuel de croissance du P.N.B. et, entre parenthèses, du P.N.B. par habitant, en 1970-82. Arabie Saoudite 11,7 (6,7). Botswana 10,8 (6,2). Jordanie 10,1 (7,4). T'ai-wan 9,7 (7,6). Hong Kong 9,2 (6,7). Syrie 9,2 (5,5). Lesotho 8,6 (6,1). Singapour 8,6 (7,0). Corée 7,7 (5,9). Paraguay 7,7 (4,9). Égypte 7,4 (4,8). Malaisie 7,4 (4,8). Tunisie 7,3 (4,9). Équateur 7,2 (4,4). Indonésie 7,1 (4,7). Kenya 7,1 (2,9). Congo 6,9 (3,9). Brésil 6,7 (4,3). Cameroun 6,2 (3,2). Thaïlande 6,2 (3,7). Chine 5,9 (4,3). Algérie 5,8 (2,6). Mexique 5,8 (2,7). Philippines 5,8 (3,0). Irak 5,7 (2,1). Malawi 5,4 (2,3). Côte-d'Ivoire 5,3 (0,4). Colombie 5,2 (3,2). Pākistān 5,1 (1,9). Turquie 5,0 (2,6).

Part des importations des pays industriels venant des P.V.D. (Chine et pays soc. d'Asie exclus, en % du total de leurs imp.). *79 :* 26,6. *80 :* 29,2. *81 :* 29. *82 :* 26,5. *83 :* 24,8. *84 :* 24,5.

Importations des pays industriels de produits manufacturés venant des P.V.D. En milliards de $ (1er ch.) et en % des imp. totales de prod. man. (2e ch. entre parenthèses). *79 :* 60,5 (10,1). *80 :* 69,7 (10,3). *81 :* 75,5 (11,5). *82 :* 76,9 (12). *83 :* 86 (13,1). *84 :* 108,8 (14,5) [dont en % du total : U.S.A. 57,5, C.E.E. 23,6, Japon 8].

Nota. – Les 10 premiers P.V.D. fournisseurs (T'ai-wan, Corée du S., Hong Kong, Mexique, Brésil, Singapour, Chine, Malaisie, Yougoslavie, Philippines) représentaient 83 % du total en 1984 (78,3 en 1979).

Évolution des exportations des P.V.D. (en % annuel). *1965-73 :* + 5,6 (dont p. à faible revenu + 3, p. à revenu intermédiaire imp. de pétrole + 6,8, exp. de pétrole + 5,3). *1973-80 :* + 2 (+ 5, + 6,9, – 2,5). *1980 :* – 2,8 (+ 5,3, + 8,3, – 15,2). *1981 :* – 2,7 (+ 7,3, + 9,9, – 20,9). *1982 :* + 4,4 (+ 6,2, + 4,4, + 3,8). *1983 :* + 5,6 (+ 3,7, + 7, + 3,7). *1984 :* + 8,6 (+ 11,1, + 8,9, + 7,3).

Part des P.V.D. dans les exportations de produits manufacturés des pays industriels en %. *79 :* O.C.D.E. 26,8, U.S.A. 39,6, Japon 48,7, C.E.E. [1] 42,7. *84 :* O.C.D.E. 25,7, U.S.A. 35,8, Japon 40,6, C.E.E. [1] 38,5.

Nota. – (1) Échanges intra-C.E.E. exclus.

Part des P.V.D. dans les exportations mondiales de certains produits agricoles (en % des exp. mondiales). *1978-80 :* café 97, huile de palme 96, bananes 94, thé 77, huile d'arachide 74, sucre 63, coton 47, riz 46, tourteaux de soja 40, viandes bovines et bois 30.

Envois de fonds des travailleurs destinés aux P.V.D. (milliards de $). *1970 :* 2,3 ; *73 :* 6,7 ; *80 :* 24 ; *81 :* 25,5 ; *82 :* 27,6.

Balance des paiements des P.V.D. *Paiements courants* (milliards de $) : *1970 :* – 12 ; *80 :* + 22,6 ; *81 :* – 56,3 ; *82 :* – 99,6 ; *83 :* – 70,5 ; *84 :* – 43,9 (dont pays exp. de pétrole – 5,7, imp. de pétrole – 38,2 ; par région : Afr. – 10,9, Amér. – 5,5, Asie – 7,9, Eur. – 3,3, Moyen-Orient – 16,3).

● **Endettement. Dette totale des P.V.D.** (milliards de $). (*Source :* Banque mondiale). *1980 :* 610, *81 :* 702, *82 :* 775, *83 :* 843, *84 :* 895, *85 :* 970.

La dette a augmenté de 480 milliards de $ de 1973 à 1982 (dont 260 dus à la hausse du prix du pétrole sup. à l'inflation U.S., 100 à la détérioration des termes de l'échange et aux pertes d'exp. en volume à cause de la récession mondiale de 1981-82, 40 à la hausse des taux d'intérêt en 81-82).

Répartition de la dette par continent (en 1983). *Dette brute (milliards de $) :* Amér. latine 339,2, Asie [1] 179,2, Afrique sub-saharienne 73,2. *Taux d'endettement par rapport au P.I.B. ou P.N.B.* (%) : Amér. lat. 48,9, Afr. sub-sahar. 41,2, Asie [1] 30,9. *Dette par hab.* ($) : Amér. lat. 916, Afr. sub-sahar. 185, Asie [1] 137. *Service de la dette* (milliards de $) : Amér. lat. 52,2, Afr. sub-sahar. 7,9, Asie [1] 22,4 ; *par hab. (en $) :* Amér. lat. 141, Afr. sub-sahar. 20, Asie [1] 17. *Taux de* *charge de la dette* (%) : Amér. lat. 15, Asie [1] 12, Afr. sub-sahar. 11.

Nota. — (1) Sans les pays socialistes.

Principaux pays débiteurs (fin 1985). Dette totale en milliards de $ et, en italique, % des ressources à l'exp. consacré au service de la dette. Brésil 107,3 *38,2* ; Mexique 99 *34,1* ; Argentine 50,8 *25,4* ; Venezuela 33,6 *10,4* ; Philippines 24,8 *12,3* ; Chili 21 *42,9* ; Yougoslavie 19,6 *12,4* ; Nigeria 19,3 *12,1* ; Maroc 14 *12,7* ; Pérou 13,4 *7,9* ; Colombie 11,3 *16,4*.

Problèmes posés. Les emprunts servent surtout à acheter des marchandises dans les pays ind. où ils ont contribué à créer des millions d'emplois. Il y a de plus en plus de prêts en crédits destinés à l'exp. de produits spécifiques, et des financements pour des projets précis, favorisant l'échange avec les p. riches et non l'amélioration des revenus de la population de ces pays. Beaucoup de pays en dév. sont en état de cessation de paiement. Les banques occidentales, dont les prêts augmentaient régulièrement chaque année, craignent un krach financier international. *Les dettes publiques* (emprunts auprès d'États et crédits commerciaux garantis par l'État) sont renégociées au Club de Paris ou dans des consortiums d'aide ; *les dettes commerciales* (banques commerciales) sont renégociées avec des comités de banquiers. Il peut y avoir refinancement ou rééchelonnement des prêts existants d'assez courte durée (7 à 10 ans avec 3 à 4 ans de différé d'amortissement ; dettes commerciales en 5 à 10 a., l'allégement ne couvrant que les montants dus au titre du principal) ; actuellement, le Club de Paris et les banques commerciales exigent que le pays débiteur ait soumis un programme de stabilisation au FMI malgré les rééchelonnements.

En 1984, la situation des pays endettés s'est légèrement améliorée grâce à la hausse de leurs exportations, la baisse des taux d'intérêt, aux pol. d'ajustement et de rééchelonnement de la dette : rapport dette-export. *1983* : 158 %, *84* : 151, dette à court terme *fin 1982* : 155 milliards de $, *fin 84* : 126 (15,25 % de la dette globale contre 20,5 % en 1980-82), dette à long terme venant à échéance refinancée (accords pluriannuels), rapport de service de la dette *1982* : 24,5 %, *1983-84* : 22,5.

• **Industrie. Industrialisation insuffisante et limitée.** Les *politiques fiscale et de protectionnisme des pays importateurs* peuvent décourager les exportations de produits manufacturés même compétitifs. Les conditions techniques et de commercialisation ne sont pas encore adaptées et augmentent le coût de l'industrialisation.

% de la pop. active travaillant dans l'industrie en 1980. P. à faible revenu 15, à r. intermédiaire 21. **Part dans le P.I.B. en 1981** (moy. pondérée) : p. à faible r. 34 %, à r. intermédiaire 38 % (p. industrialisés 36 % ; p. exp. de pétrole 40 %, à r. élevé 76 %).

Secteur tertiaire trop élevé par rapport au secteur secondaire. Pour l'ensemble des P.V.D. 53 % du P.I.B. (agric. 8 %, ind. 39 %) l'hypertrophie des services est due au fractionnement de la distribution. Commerçants tout-puissants recourant aux formes anciennes de la traite (contrôle du financement des transports et de la distribution des produits importés). *Manque de garanties pour les petits exploitants*, adaptation difficile des agr. à de nouvelles techniques agricoles, structures agraires existantes défavorables, coût élevé des transactions pour les petits exploitants familiaux (échanges de petites quantités).

• **Inflation.** Généralisée et élevée, elle s'est souvent accélérée ces dernières années.

Évolution. Hausse annuelle des prix à la consommation en %. *1967-76* : 13,8 (Afr. 8,5, Am. 24,5, Asie 9,4, Eur. 9, Moyen-Orient 8,7). *1980* : 27,3 (Afr. 16,6, Am. 54, Asie 13,1, Eur. 37,9, M.-O. 17,4). *1983* : 33 (Afr. 19, Am. 100,5, Asie 6,6, Eur. 23,2, M.-O. 12,7). *1984* : 37,7 (Afr. 17,8, Am. 119,8, Asie 69, Eur. 28, M.-O. 16,5).

Rapports pays riches pays en développement

• **Nouvel ordre économique international.** *1974*, l'Assemblée générale de l'O.N.U. adopte une *« Déclaration concernant l'instauration d'un nouvel ordre écon. international »* touchant les accords sur les produits de base, le commerce. *1977* les « 77 » pays en dév. réclament notamment : la restructuration du commerce intern. (par un mécanisme intern. de contrôle et la condamnation du protectionnisme), les flux d'aide à des conditions libérales, l'allégement généralisé de la dette, la réforme du système monétaire international, l'accélération de l'industrialisation des p. en dév., les transferts de technologie, les approvisionnements sûrs et bon marché en céréales vivrières et l'élaboration d'un nouveau droit de la mer.

• **Différents projets. Fonds commun.** Pour stabiliser les cours, les « 77 » ont proposé la création d'un fonds commun de 3 milliards de $ (ultérieurement porté à 6) cofinancé par producteurs et consommateurs ; il aurait servi à financer l'acquisition de stocks régulateurs pour les matières premières les plus sensibles : 10 d'abord, puis 18.

Projet R.I.O. (Reshaping the international order) élaboré sous l'égide du Club de Rome : préconise l'établissement d'une trésorerie mondiale et d'impôts internationaux sur les matières premières pour combler l'écart entre pays riches et pauvres ; création d'une autorité mondiale en matière de denrées alimentaires, d'une agence du désarmement et d'une organisation internat. du commerce et du dévelop. Les pays dév. auraient dû consacrer 0,7 % de leur P.N.B. à l'aide au tiers monde jusqu'en 1980 et 1 % au moins après. A partir de 1985, la moitié au moins de tous les transferts de technologie vers les pays démunis auraient dû se faire automatiquement. Voir aide au tiers monde, ci-contre.

Dialogue Nord-Sud

• **Conférence Nord-Sud.** Conçue d'abord comme une réunion sur l'énergie (proposée par la France en oct. 1974), rassemblait à l'origine les représentants des pays producteurs de pétrole, les pays consommateurs et sous-développés (Brésil, Zaïre, Inde).

• **Sessions de la C.N.U.C.E.D.** (Conférence sur le commerce et le développement des Nations unies). *1964 ; 68 ; 70* : accord prévoyant l'octroi à tous les P.V.D. d'avantages tarifaires sans réciprocité ni discrimination sur leurs exp. de prod. manuf. et semi-finis [1] ; *72 ; 76 ; 77 ; 79 ; 81* (sept.), à Paris, 1re conf. sur les pays les moins avancés pour mettre au point un programme d'action en faveur des 31 pays les plus pauvres du monde en vue de doubler de 1982 à 90 leur revenu et d'en faire bénéficier les plus pauvres. *But* : promouvoir le commerce international pour favoriser le développement des P.V.D. Dep. la 1re session, le groupe des 77 pays les moins avancés est devenu le principal organe du tiers monde dans la négociation avec les p. industrialisés et les Nations unies. *83* (juin), à Belgrade : mesures étudiées pour fournir aux pays du tiers monde non prod. de pétrole env. 70 milliards de $ dans les années à venir.

Nota. — (1) Dep. 1976, date d'entrée en vigueur de cet accord, les imp. préférentielles sont passées de 12 milliards de $ à 32 (1982). En 1983, 28 milliards de $ vers les pays de l'O.C.D.E.

• **Conférence sur la coopération économique internationale** (C.C.E.I., élargissement de la C.N.U.C.E.D. en déc. 75-juin 77). *4 commissions* : énergie, matières premières, développement, affaires financières.

• **Conférence mondiale de l'emploi** (juin 1976). Les « 77 » ont accepté la création du Fonds international d'aide aux travailleurs, proposé par le B.I.T., à condition qu'il soit financé uniquement par les pays riches.

• **Tokyo Round** (1978-79). Négociations commerciales multilatérales mondiales : libéralisation des échanges commerciaux permettant notamment aux P.V.D. de développer leurs export. vers les p. dév.

• **Assemblée gén. des Nations unies** en août 1980 (11e session). Une nouvelle stratégie internationale de développement a été définie : les P.V.D. doivent avoir une croissance de 7 % de 1980 à 1990 ; les pays développés doivent augmenter l'aide publique au dév. pour atteindre et dépasser 0,7 % de leur P.N.B.

• **Convention de Lomé.** Voir Index.

• **Conférence de Nairobi** (10/21-8-1981). Sur les énergies nouvelles et renouvelées.

• **Sommet Nord-Sud** (oct. 1981, Cancun, Mexique). Pays participants : 22 pays développés ou en voie de développement. L'idée d'interdépendance (notamment dans le domaine de l'énergie) progresse : accord sur le lancement des négociations globales.

• **Sommet de Versailles** (au 6-7-1982, Paris). Dans le cadre des discussions générales de 7 principaux p. industrialisés. Accord sur le principe de l'accroissement des flux d'aide publique, amélioration des mécanismes financiers, action renforcée en direction des pays les moins avancés (P.M.A.). Le texte de résolution des « 77 » de mars 1982 est accepté sous réserve de 4 amendements dont 2 refusés par les « 77 ».

• **Sommet franco-africain** (oct. 1982 à Kinshasa, Zaïre). 19 États (absents : Algérie, Libye, Ghana, Guinée, Cameroun). Le Pt Mitterrand s'engage à consacrer 0,52 % du P.N.B. français en 1983 à l'assistance au tiers monde (1982 : 0,42 %).

• **Conférence ACP/CEE** [ministres des Aff. étrangères de la CEE et de 65 pays de l'ACP (Afrique, Caraïbes, Pacifique) signataires de la convention de Lomé + Angola et Mozambique]. 1re (6-10-1983) et 2e (9/10-2-1984) à Bruxelles. Renouvellement de l'accord de coopération en vigueur. L'ACP estime que l'aide financière de la CEE devrait atteindre 55 milliards de F de 1985 à 1989 (soit + 50 % par rapport à la dernière période). Décision en sept. 84.

Dialogue Sud-Sud

• **Mouvement des p. non-alignés.** *Créé* 1961 à Belgrade (1re conf. des chefs d'état et de gouv.). *Objectif* : préserver l'indépendance de ces p. par rapport aux 2 superpuissances (U.S.A. et U.R.S.S.).

• **Conf. des min. des Aff. étrangères** (1972, Georgetown). Élaboration d'un programme d'action pour la coopération économique entre P.V.D.

• **Sommet d'Alger** (1973). Les pays non-alignés décident d'utiliser tous les moyens disponibles pour atteindre leurs objectifs économiques, y compris l'établissement d'un nouvel ordre économique international. Ils joueront un rôle déterminant à la 6e session de l'Assemblée gén. des Nations unies (1974) où sont adoptées les « Déclarations et programmes d'action pour l'établissement d'un nouvel ordre économique international (NOEI). Leur mouvement est peu à peu remplacé dans les discussions Nord-Sud par le Groupe des 77 (125 États membres en 1981).

• **Rencontres des ministres du groupe des 77** (3e, en 1976, Manille) et Conférence sur la coopération économique entre pays en développement (13/22-9-1976, Mexico). Préparation d'un programme détaillé de coopération économique.

• **Coopération Sud-Sud** (mai 1981, Caracas, Venezuela). Échanges de vues sur le commerce entre les pays en développement. Création prévue d'un groupe technique pour l'application des programmes de coop. économique.

• **Consultations de New Delhi** (1980). Sur l'industrialisation (22/24-2-1982). Relance du dialogue Nord-Sud à l'initiative d'Indira Gandhi (44 P.V.D.). *7e sommet* (7/10-3-1983) : déclaration sur l'autonomie collective des pays non-alignés et autres pays en voie de développement, et programme d'action pour la coopération économique. Projet d'une banque des pays en développement.

• **11e et dernière session de la 3e Conférence des Nations unies sur le droit de la mer** (8-3/30-4-1982). Approbation du projet de Convention sur le droit de la mer prévoyant une gestion internationale des ressources minérales des fonds marins. Vote positif de la France, négatif des U.S.A., abstention de l'U.R.S.S.

• **Accords internationaux en fonctionnement en 1983.** Date de l'accord et, entre parenthèses, mécanisme. **Existants :** *Étain* 6e accord 1982 (stock régulateur). *Sucre* 5e 1980 (quotas et stock complémentaire). *Cacao* 3e 1980 (stock régulateur), le stock a épuisé ses ressources (absence de la Côte-d'Ivoire et des U.S.A.). *Café* 3e 1976 (quotas), fonctionne dep. 1980 (absence de l'U.R.S.S.). *Caoutchouc* 1er 1979 (stock régulateur), a commencé à opérer en 1982. *Jute* 1er 1982, pas de cl. économique. **Arrangements :** *viandes* GATT 1980, pas de cl. économique. *Produits laitiers* GATT 1980 (prix minimal à l'exportation). *Blé* accord de 1971, convention d'aide alimentaire (11,9 millions de t de céréales livrées en 84-85). *Huile d'olive* 3e accord, pas de clause économique. *Fonds commun pour les produits de base* 1980, 1er guichet (stabilisation) = 400 millions de $, 2e guichet (orientation) = 350 millions de $ (pas encore totalement ratifié).

Aide au tiers monde

Organisation et formes de l'aide

Formes d'aides. *Multilatérale* : s'effectue par l'intermédiaire d'organismes internationaux. *Bilatérale* : aide directe entre pays ; s'effectue sous forme publique (prêts gouvernementaux, assistance technique) ou privée (investissements, crédits commerciaux...).

Position des pays industrialisés par rapport à l'aide aux pays en développement. 2 géants (U.R.S.S., Chine) n'attachent aux problèmes du tiers monde qu'un intérêt restreint, ayant par ailleurs chez eux beaucoup à faire. Les U.S.A. ont un tel potentiel économique interne qu'ils sont relativement peu concernés par les problèmes économiques extérieurs, sauf en ce qui concerne leurs propres intérêts, ou leur propre sécurité. Europe et Japon (pauvres en énergie et en mat. 1res du fait de l'exiguïté de leur territoire) sont nécessairement tournés vers l'extérieur.

Aide sur le plan mondial

• **Organisation des Nations unies.** Aides aux pays sous-développés prévues dans la charte de San Francisco. Env. 370 millions de $ par an.

• **Assistance directe. Programme ordinaire d'assistance technique (P.O.A.T.)** : envoi d'experts, octroi de bourses, fonctionnaires OPEX (travaillant dans un service public). Crédits très limités. **Fonds des Nations unies d'aide à l'enfance (U.N.I.C.E.F.)** : financé par des contributions volontaires. Aide sanitaire, formation d'éducateurs. Crédits très limités. **Programme des Nations unies pour le développement (P.N.U.D.)** : contributions volontaires 732 millions de $ en 1981. Envoi d'experts : 71 %, octroi de bourses : 18 %, matériel : 11 %, fonds spécial pour les opérations de préinvestissements (recherche, etc.), mis en œuvre par l'O.N.U. ou des organisations spécialisées : O.I.T. ; F.A.O. ; U.N.E.S.C.O. ; O.M.S. ; F.M.I. ; Programme alimentaire mondial (P.A.M.) ; B.I.R.D. ; O.N.U.D.I. (v. ces mot à l'Index).

Nota. — L'aide financière comprend dons, prêts (assortis de conditions financières plus ou moins avantageuses : délai de remboursement, taux d'intérêt, délai de franchise), investissements privés directs, crédits à l'exportation, assistance technique, aide alimentaire.

• **Fonds international de développement agricole (F.I.D.A.).** *Constitué* le 13-11-1977. *Pt* : M. Al Suédari. Doté de 1 015 millions de $; par les p. développés 620 ; l'O.P.E.P. 450 et pays en voie de développement 30 (France env. 25 millions de $, aucun pays de l'Est n'a contribué sauf Roumanie et Yougoslavie).

• **Incitations à l'aide. Conseil économique et social (C.E.S.)** : organisme d'études, contrôle les activités du P.N.U.D. et de la C.N.U.C.E.D. *Commissions économiques régionales de l'O.N.U.* **Association pour l'alimentation et l'agriculture (F.A.O.)** : cherche à utiliser les surplus alimentaires pour le développement. En février 85, création d'un Fonds spécial d'aide à l'Afrique (budget prévu : 1 milliard de $). **Accord général sur les tarifs douaniers et le commerce (G.A.T.T.)** : pour la réduction des droits de douane, la libéralisation du commerce international, la hausse des recettes d'exportation. **Conférence des Nations unies sur le développement et le commerce (C.N.U.C.E.D.)** : organisation internationale des marchés, questions monétaires et problèmes de développement. 1re réunion en 1984.

Banque internationale pour la reconstruction et le développement (B.I.R.D.). Voir p. 773.

Association internationale de développement (A.I.D.). Voir p. 773.

☞ Voir aussi Organisations internationales p. 770.

Aide sur le plan régional

• **Organismes de la C.E.E.** Politique d'aide aux pays associés : Afrique (1958), puis autres pays d'outre-mer (1963). **Fonds européen de développement (F.E.D.)** : voir p. 776. **Banque européenne d'investissement (B.E.I.)** : voir p. 776.

• **Organismes de l'O.C.D.E. Comité d'aide au développement (C.A.D.)** : institué en 1960, coordonne les actions menées par les donneurs d'aide. Les pays membres du C.A.D. sont à l'origine de 74,2 % de l'aide accordée aux pays les moins développés.

• **Aide publique au développement (A.P.D.)** : désigne les apports de capitaux visant à aider les programmes de développement nationaux, financés par le secteur public et assortis de conditions préférentielles comportant un élément de libéralité au moins égal à 25 %, par opposition aux prêts consentis aux conditions normales du marché (dans le cas de dons, l'élément de libéralité est de 100 %).

• **Autres organismes financiers « régionaux »** : *Banque interaméricaine de développement. Fonds africain de développement* (dont 15 m. non africains : All. féd., Suisse, Suède...). *Banque africaine de développement* : dep. 1979, participation de pays non africains (dont la France). *Banque africaine de développement* avec la *Sté internationale financière de développement en Afrique (S.I.F.I.D.A.)* : prêts (aux taux du marché) aux secteurs privés et semi-privés qui investissent en Afrique. *Fonds d'investissement de l'O.P.A.F.P. Les pays communistes* apportent une aide importante.

Autres formes d'aide

• **Accords entre groupes de pays développés et en voie de développement.** Voir p. 1459.

• **Fonds de l'O.P.E.P. pour le développement international** : *créé* 1976 pour aider les pays les plus pauvres (18 % du total de l'A.P.D. en 1979, 7,2 % en 1982) ; *ressources* : 4 milliards de $.

L'aide multilatérale des pays de l'O.P.E.P. transite aussi par la *Banque islamique de dév.*, la *Banque arabe pour le dév. écon. de l'Afrique (B.A.D.E.A.)*, etc.

Montant et répartition de l'aide

Source : C.A.D.

• **Aide publique** (en milliards de $ et, entre parenthèses, en % du P.N.B.). **C.A.D.** *1984* 28,65 (0,36) [dont U.S.A. 8,70 (0,24). Japon 4,32 (0,35). Allemagne 2,78 (0,45). France 2,55 (0,52). Canada 1,62 (0,50). G.-B. 1,43 (0,33). P.-Bas 1,27 (1,02). Italie 1,10 (0,32). Australie 0,77 (0,45). Suède 0,74 (0,8). Norvège 0,53 (0,99). Danemark 0,45 (0,85). Belgique 0,43 (0,56). Suisse 0,29 (0,3). Autriche 0,18 (0,28). Finlande 0,18 (0,36). N.-Zélande 0,06 (0,27)]. **O.P.E.P.** *1983* 5,5 (1,05) [dont Arabie Saoudite 3,9 (3,53). Koweït 1 (4,46). E.A.U. 0,1 (0,42). Irak n.c. Qatar n.c. Autres 0,4 (0,14)]. **C.A.E.M.** *1983* 2,9 (0,17) [dont U.R.S.S. 2,5 (0,19). All. dém. 0,2 (0,12). Autres pays 0,3 (0,12)]. **Autres donneurs** *1983* 0,3. **Total** *1983* 36,3 (0,38).

• **Aide des pays de l'O.P.E.P. à des conditions libérales.** Versements nets en millions de $ et en % du P.N.B., 1983. *Pays arabes* 5 034 (2,98) dont Arabie Saoudite 3 916 (3,53), Koweït 996 (3,46), E.A.U. 100 (0,42), Qatar 22 (0,42) ; autres pays 126 (0,12) dont Libye 85 (0,35), Algérie 44 (0,09). *Pays non arabes* 315 (0,13) dont Venezuela 141 (0,20), Iran 139 (0,13), Nigeria 315 (0,05).

Principaux bénéficiaires de l'aide bilatérale des pays arabes de l'O.P.E.P. en 1984, en millions de $. Syrie 834. Jordanie 613. Bahreïn 208. Yémen 183. Soudan 118. Autres pays arabes 259. Kenya 53. Sénégal 25. Tanzanie 12. Autres pays afr. non arabes 217. Bangladesh 28. Autres pays d'Asie 237. Amérique, Europe, Océanie 61. Non ventilé (1) 1 392.

Nota. — (1) Principalement dons et prêts du ministère des Finances saoudien dont la ventilation n'a pas été communiquée.

• **Aide des pays du C.A.E.M.** (U.R.S.S. et Europe de l'Est). Représente 2,9 % de l'aide totale en 1983. Fournie en roubles non convertibles, remboursement plus rapide que pour les pays de l'O.C.D.E.

Apport total de ressources aux P.V.D. en milliards de $ aux prix et taux de change de 1983. *1960-61* : 34,83. *1970* : 53,09. *1980* : 93,88. *1981* : 106,76. *1982* : 96,09. *1983* : 118,26. *1984* : 92,25 dont A.P.D. 35,75 [dont bilatérale 27,35 (dont pays du C.A.D. — 20,10, de l'O.P.E.P. 3,79, du C.A.E.M. 3,79, de l'O.C.D.E. non membres du C.A.D. 0,10, en développement donneurs 0,41) ; organismes multilatéraux 8,40] ; *dons des organismes privés bénévoles* 2,50 ; *apports à des conditions non libérales* 54 [dont publics ou bénéficiant du soutien du secteur 20 (dont crédits privés à l'exp./C.A.D. 5, crédits publics à l'exp./C.A.D. 2,50, multilatéraux 7,50, autres apports publics et privés/C.A.D. 3 (1), autres donneurs 2) ; privés 34 (dont investissements directs 9,50, secteur bancaire 24 (2), prêts obligatoires 0,50)]. Financement public du développement (2) 43,25.

En 1984, total de l'A.P.D. aux P.V.D. et aux organismes multilatéraux 37,40 dont pays du C.A.D. 29,30, de l'O.P.E.P. 4,60, du C.A.E.M. 3, de l'O.C.D.E. non membres du C.A.D. 0,20 ; P.V.D. donneurs 0,30 ; prêts bancaires totaux 18 (dont à court terme — 6, achats nets du F.M.I. 5,50).

Nota. — (1) 1983. (2) Chiffre couvrant un important volume de dettes à court terme rééchelonnées.

Versements nets des pays du C.A.E.M. aux pays en développement et aux organismes multilatéraux en millions de $. *1975* : 1 512 (% du P.N.B. : 0,14). *1980* : 2 699 (0,17). *1984* : 3 033 (0,21) dont aide bilatérale nette 3 024 (dont P.V.D. membres du C.A.E.M. 2 347, autres pays communistes 217, autres P.V.D. — 9, bourses 415 ; contributions multilatérales 9).

Principaux bénéficiaires en 1984, en millions de $. Viêt-nam 1 180. Cuba 680. Mongolie 620. Afghanistan 203. Éthiopie 155. Inde 84. Autres pays d'Afr. subsaharienne 78. Cambodge 65.

Viêt-nam. *1955* : 1er accord signé ; aide à la construction et à la fourniture de biens de consommation. *1981-85* : plan quinquennal privilégiant centrales électriques, charbonnages, prospection de gaz et de pétrole, irrigation des terres agricoles. Les déficits commerciaux avec les pays du C.A.E.M. ont été automatiquement convertis en prêts à long terme, remboursables sur 30 ans, avec un différé d'amortissement de 10 ans. Beaucoup de Vietnamiens sont formés dans les pays du C.A.E.M., surtout en U.R.S.S. **Aide de l'U.R.S.S.** *1983-84* : 1 milliard de $, apport des pays d'Europe de l'Est : env. 180 millions de $. **Cuba.** *1960-61* : aide soviétique avec 2 prêts (raffinerie de pétrole et centrale électrique). *Jusqu'en 1975-76* : crédits pour financer le déficit commercial entre les 2 pays. L'U.R.S.S. fournit d'importants concours pour développer industries du sucre et du nickel, centrales électriques (notamment c. nucléaire de Cienfuegos) et production d'agrumes. *1980* : contribution 500 millions de $ par an (+ pays de l'Europe de l'Est : 180). L'U.R.S.S. consent des bonifications sur les prix du sucre et parfois du nickel. *1984* : l'U.R.S.S. apporte une aide de + de 3,6 milliards de $ et livre à Cuba du pétrole à un prix inférieur à celui du marché mondial. Ces dernières années, l'U.R.S.S. ayant augmenté le prix de son pétrole tandis que le prix baissait sur le marché mondial, la bonification s'est réduite (*1981* 1,5 milliard de $, *83* 200 millions, *84* 35). Cuba peut vendre en devises fortes le pétrole soviétique importé qu'elle n'a pas utilisé (revente en 1984 : env. 550 millions de $). **Mongolie.** *1980* : aide économique soviétique (env. 600 millions de $ par an), principalement axée sur le développement des industries extractives, de la métallurgie des non-ferreux et de l'agriculture, élevage surtout. **Afghanistan.** *1954* : 1er pays non communiste à recevoir un prêt de l'U.R.S.S. **Inde.** *1955* : l'U.R.S.S. finance les aciéries de Bhilai. *A la fin 1984* : l'aide est intervenue pour 40 % de la capacité de production d'acier (selon des sources indiennes), + des installations de 30 % d'extraction de pétrole, 40 % de la capacité de raffinage de pétrole, 80 % des équipements de la métallurgie, + de 50 % des équipements lourds des centrales et 10 % de la production d'électricité. *Période 1980-83* : les versements nets de l'U.R.S.S. représentent en moy. 1 % du montant total net reçu par l'Inde au titre de l'aide. *1985* : nouvel accord. **Afrique subsaharienne.** Aide faible. *1980-83* : en moy. 4 % de l'apport total.

• **Aide fournie par les pays en développement. Chine.** *1971* : versements annuels nets d'1 milliard de $ (prix et taux de change de 1983) au Pakistan, à la Tanzanie et à la Zambie ; *1983* : — de 150 millions de $. *Principaux bénéficiaires* : Kenya, Bangladesh, Zimbabwe, Cap-Vert. Prêts à long terme sans intérêt (dep. 1980). *Personnel d'assistance technique. 1981* : 9 700. *1982* : 17 000.

Inde. Versements d'aide (1983) : 104 millions de $ dont Bhoutan et Népal (près des 3/4), Viêt-nam, Tanzanie, Zambie.

Yougoslavie. Prêts assortis de conditions libérales ou dons. *1976* : versements de + de 30 millions de $. *1982* : 20 millions de $.

Les pays en développement versent aussi des contributions aux institutions multilatérales, en particulier au P.N.U.D. et à quelques autres institutions des Nations Unies ainsi qu'aux institutions financières régionales.

Types d'aide des pays du C.A.D. (en millions de $ 1983). *A.P.D.* 27 458 (40 %) dont dons bilatéraux et assimilés 14 126 (20 %), prêts bilatéraux 4 403 (6 %), contributions aux organismes multilatéraux (O.N.U., C.E.E., I.D.A., banques régionales de développement) 8 930 (13 %) ; *autres apports publics* 5 029 (7 %) dont bilatéraux 4 925 (7 %), multilatéraux 105 ; *apports privés* 34 300 (50 %) dont investissements directs 6 287 (9 %), inv. de portefeuille bilatéraux 17 459 (25 %), multilatéraux 5 359 (8 %), crédits à l'exp. 5 196 (7 %) ; dans des organismes privés bénévoles 2 344 (3 %). *Total* 69 131.

• **Assistance dispensée par des pays du tiers monde.** Principalement sous forme d'assistance technique et de contributions à des organismes multilatéraux.

Apports des organismes multilatéraux. Versements nets (prêts et dons en millions de $, 1983). B.I.R.D. 5 164 ; O.N.U. 2 739 ; I.D.A. 2 336 ; C.E.E. 1 417 ; B.I.D. 1 321 ; Banques régionales 1 114 ; S.F.I. 366 ; F.I.D.A. 144. Institutions de l'O.P.E.P. et des pays arabes 391. *Total* 14 792.

Ressources totales reçues (en millions de $, 1983). *Europe* 7 098,3 dont Turquie 1 863,1. Espagne 1 270,8. Youg. 1 159,7. Grèce 700,3. *Afrique* 18 930 dont Maroc 1 052, C.-d'Ivoire 903, Tanzanie 806, Zaïre 742, Soudan 695, Liberia 404. *Amérique* 23 591 dont Brésil 4 210, Venezuela 1 287, Panamá 740, Mexique 733, Pérou 620, Antilles néerl. 196. *Asie* 16 197 dont Inde 2 398, Indonésie 1 749, Syrie 1 649, Israël 1 271, Pakistan 1 201, Bangladesh 1 214, Corée du S. 823. *Océanie* 1 120,5 dont Papouasie-N.-Guinée 390. *P.V.D. non spécifié* 12 012,8. *Total mondial 78 949,6.*

Principaux pays en développement dépendant de l'aide. Part de l'aide de toutes provenances, en valeur nette dans le P.N.B., en %, en 1982-83. Cap-Vert [1] 58,0. Guinée-Bissau [1] 40,8. Mauritanie 25,3. Tchad [1] 24,9. Somalie [1] 24,3. Gambie [1] 22,2. Mali [1] 21,0. Jordanie 20,1. Djibouti [1] 18,6. Burkina Faso [1] 17,8. Iles du Pacifique 16,1. Lesotho [1] 15,7. Niger [1] 15,5. Papouasie-N.-Guinée 14,1. Rép. Centrafr. [1] 13,9. Tanzanie [1] 13,7. Botswana [1] 13,6. Burundi [1] 12,9. Togo [1] 12,6. Sénégal 12,4. Yémen démocr. [1] 12,3. Libéria 11,9. Seychelles 11,5. Guyane 11,1. Bangladesh [1] 10,8. Soudan [1] 10,8. Rwanda [1] 10,0.

Nota. — (1) Indique les pays les moins avancés.

• **Aide des pays du C.A.D. Apports totaux nets financiers aux P.V.D. et aux agences multilatérales** (en milliards de dollars U.S. et en % du P.N.B., 1983). U.S.A. 22,9 (0,96). *France 9,3 (1,81).* Japon 8,7 (0,75). All. féd. 7 (1,07). G.-B. 5,7 (1,25). Suisse 3,2 (3,22). Canada 2,4 (0,76). Italie 2,2 (0,63). P.-Bas 2,2 (1,66). Suède 1,3 (1,48). Danemark 1,1 (1,98). Belgique 0,9 (1,17). Australie 0,9 (0,98). Norvège 0,7 (1,34). Autriche 0,13 (0,19). Finlande 0,12 (0,27). N.-Zélande 0,12 (0,56). *Total : 69,1 (0,91).*

• **Aide publique au développement** (en milliards de $ et en % du P.N.B.). **C.A.D.** : *1975* 13,8 *0,36. 76* 13,9 *0,33. 77* 15,7 *0,31. 78* 19,9 *0,32. 79* 22,8 *0,35. 80* 27,3 *0,38. 81* 25,5 *0,35. 82* 27,7 *0,38. 83* 27,6 *0,36.*

Aide française

Apports totaux. Valeur (milliards de F) et, entre parenthèses, en % du P.N.B. *1975 :* 16,9 (1,16). *76 :* 25,4 (1,53). *77 :* 25,6 (1,37). *78 :* 35,8 (1,67). *79 :* 36,9 (1,52). *80 :* 48,7 (1,77). *81 :* 62,3 (2,01) [sans DOM-TOM 52,5 (1,70)]. *82 :* 89,2 (2,51) [79 (2,22)]. *83 :* 71,1 (1,80) [59,7 (1,51)]. *84 :* 77,8 (1,82) [65,3 (1,53)] dont *1°) A.P.D.* avec DOM-TOM 33,1 (sans DOM-TOM 22,3) (dons 27,3, prêts nets 5,8), dont : *aide bilatérale* 27,7 (sans DOM-TOM 16,9) [coopération technique et culturelle 13,2, aide aux investissements 7,1 (dons 3,2, prêts nets 4,3), soutien économique et financier 7 (aide alimentaire 0,3, consolidation de dettes 1,5)], *aide multilatérale* 5,4. *2°) Autres apports du secteur public* 10,9 (sans DOM-TOM 9,3). *3°) Apports privés* 33,8 (crédits privés à l'exportation garantis 18,5, prêts et investissements 15, dons des organismes bénévoles 0,2).

Aide publique au développement (en milliards de F et, entre parenthèses, en % du P.N.B.). *Avec DOM-TOM. 79 :* 14,3 (0,59). *80 :* 17,1 (0,62). *81 :* 22,7 (0,73). *82 :* 26,5 (0,75). *83 :* 29,1 (0,73). *84 :* 33,1 (0,77). *Hors DOM-TOM. 79 :* 8,3 (0,34). *80 :* 10 (0,36). *81 :* 14,1 (0,45). *82 :* 17,2 (0,49). *83 :* 19,1 (0,48). *84 :* 22,3 (0,52).

Répartition géographique de l'aide bilatérale (sans DOM-TOM), en % en 1984. Eur. du S. 1, Afr. du N. 12,4 (dont Maghreb 9,8), Afr. subsaharienne 55,4, Am. 5,1, Proche-Orient 2,3, Asie du S. 3,8, Extrême-Orient-Océanie 5,6, non ventilable 14,4.

Aide publique bilatérale par ministère (hors DOM-TOM), en millions de F, en 1984. Total 16 895 dont économie et fin. 5 338 (prêts du Trésor 2 063, prêts de la Caisse centr. de coop. écon. 1 691, annulations et consolidations de dettes 1 497), relations ext. 6 533 (coopération technique 3 344, f.d.c. 1 007, service dipl. et généraux 1 648), recherche 1 995, éd. nat. 695, autres min. 359, coûts adm. 843.

Dettes envers la France

En millions de F. Engagements dette publique ext. (dette tirée + non tirée) et entre parenthèses encours de la dette ext. tirée (net des remboursements) au 1-1-80. Bénin 1 339 (791). Burundi 856 (438). Cameroun 11 157 (6 951). Centrafrique 875 (638). Congo 4 021 (3 398). Côte-d'Ivoire 23 718 (15 091). Gabon 6 284 (5 163). Haïti 1 471 (1 091). Hte-Volta 1 722 (1 091). Madagascar 3 058 (1 479). Mali 3 247 (2 320). Maurice 1 571 (365). Mauritanie 4 746 (2 511). Niger 2 247 (996). Rwanda 929 (528). Sénégal 5 494 (3 343). Tchad 1 156 (730). Togo 4 596 (3 621). Zaïre 19 447 (16 081). *Total 97 928 (67 022).*

Dette des 12 États afr. francophones (Cameroun, C.-d'Ivoire, Burkina Faso, Madagascar, Mali, Mauritanie, Niger, Rép. centrafricaine, Sénégal, Tchad, Togo, Bénin) ; en milliards de F C.F.A. : *1973* 25 ; *77* 114 ; *80* 243 à 260.

A la suite de 11 autres pays, la France se propose d'annuler les dettes publiques (env. 700 millions de F) contractées à son égard par les nations les plus déshéritées (Bangladesh, Bénin, Burundi, Rép. centrafricaine, Comores, Guinée, Hte-Volta, Mali, Niger, Tchad). *Annulation de la dette* (en millions de F, en 1981) : 205,8.

Coopération

Budget (dotations initiales en millions de F). **1980** 3 015. **1981** 4 709. **1982** 4 898. **1983** 5 477. **1984** 6 448. **1985** 6 203. **1986** 6 447 dont moyens des services 191, assistance technique enseignants 1 382, ass. technique techniciens 857, concours fin. 529, contributions multilatérales 296, transport de l'aide alimentaire 125, coopération décentralisée 123, actions de coopération pour le développement 944, F.A.C. 1 161, divers 38, crédits militaires 800.

Assistance technique. Postes rémunérés par la coopération (1985). 14 688 dont C.-d'Ivoire 3 092. Maroc 2 633. Algérie 1 444. Sénégal 1 014. Cameroun 611. Gabon 598. Tunisie 594. Asecna et Offermat 538. Madagascar 466. Djibouti 429. Congo 353. Niger 345. Centrafrique 338. Burkina Faso 316. Mauritanie 281. Mali 259. Togo 185. Zaïre 129. **Effectif** (prévisions 1985). Total 23 496 dont : enseignants des services français 4 891 ; ens. à la disposition des États 9 901 ; administration générale 1 051 ; économie et finances 247 ; travail et santé 1 340 ; agriculture, élevage et génie rural 616 ; énergie 204 ; construction, travaux publics et transports et télécommunications 1 549 ; armées 1 309 ; divers (dont police) 2 388.

Nota. — Ne sont pas compris : les militaires du contingent servant dans les établissements fr. à l'étranger ; les enseignants intégralement rémunérés par les États étrangers ; les ens. affectés dans les établ. fr. à l'étranger à l'exception de l'Afrique.

Assistance technique militaire. Assistance mil. *1960-1961* 3 000 cadres français ; *71* 1 946 ; *75* 940 ; *80* 1 134 ; *82* 977 ; *84* 1 318 ; *85* 1 304. **Formation de stagiaires :** 1 771 officiers et sous-officiers en *1982.* **Soutien logistique :** aide directe (fourniture gratuite de matériels militaires), services d'inspecteurs techniques.

Ministère des Affaires étrangères (ex. Relations extérieures). (Dir. générale des Relations culturelles, scientifiques et techniques : D.G.R.C.S.T.). **Budget** (en millions de F) : *1980 :* 1 218, *1981 :* 2 528, *1982 :* 2 959, *1983 :* 3 009, *1984 :* 3 286, *1985 :* 3 198. **Coopérants** (1983) : 16 527 (dont enseignants 11 851, coopérants techniques 3 664) dont *Afrique du N. :* 13 701 dont Algérie 4 980, Libye 88, Maroc 6 523, Tunisie 2 110 ; *au sud du Sahara :* 417 dont Éthiopie 103, Gambie 4, Ghana 52, Guinée-Bissau 2, Guinée équ. 2, Kenya 44, Lesotho 3, Liberia 12, Malawi 28, Nigeria 39, Ouganda 29, Seychelles 5, Sierra Leone 15, Somalie 4, Soudan 32, Tanzanie 12, Zambie 30. *Amérique latine :* 544 dont Argentine 14, Bolivie 15, Brésil 72, Chili 30, Colombie 35, Costa Rica 7, Cuba 7, Dominique 2, El Salvador 6, Équateur 21, Guatemala 10, Haïti 85, Honduras 10, Jamaïque 2, Mexique 48, Nicaragua 17, Panamá 5, Paraguay 4, Pérou 38, République Dominicaine 8, Uruguay 3, Venezuela 105. *Du N. :* Canada 393 dont Québec 383. *Asie-Océanie :* 845 dont Afghanistan 70, Birmanie 3, Cambodge 158, Corée du S. 19, Inde 13, Indonésie 25, Laos 331, Malaisie 6, Népal 2, Pakistan 10, Philippines 5, Singapour 8, Sri Lanka 5, Thaïlande 21, Viêt-nam Sud 167, Viêt-nam Nord 2. *Europe :* 81 dont Chypre 5, Espagne 15, Grèce 3, Malte 8, Portugal 3, Turquie 47. *Proche et Moyen-Orient :* 546 dont Arabie Saoudite 40, Égypte 157, Émirats arabes unis 7, Irak 39, Iran 52, Jordanie 18, Koweït 20, Liban 111, Syrie 81, Yémen Nord 13, Yémen Sud 8.

Volontaires du service national actif (au 1-1-83). enseignants 803, coopérants techniques 2 660.

Bourses accordées au titre de la coopération du min. des Relations ext. : univ. 2 138, professionnelles en Fr. 2 160, en Afrique 925, de recherche 234, de voyage 311.

Critiques de l'aide et stratégies de développement

Critiques de l'aide

L'aide est insuffisante (voir plus haut).

— *Elle est mal distribuée.* Chaque pays donne ce qu'il veut, selon ses intérêts propres et non ceux du pays assisté. De sorte que chaque chef d'État du tiers monde doit quémander cette aide chaque année, sans aucune sécurité pour les années suivantes, et cela auprès des quelque 20 pays qui font des dons au tiers monde.

— *Elle est mal utilisée.* Des investissements somptuaires ont été faits, des frais diplomatiques exagérés sont engagés, mais les réformes de structure essentielles n'ont pas été réalisées. Trop de fonctionnaires des pays assistés s'occupent dans la capitale de leur propre fonctionnement et ne se préoccupent pas des hommes de la brousse et de leur production.

Le statut de la fonction publique, l'organisation des ministères, les méthodes d'enseignement, le statut médical, la justice, la force armée, trop souvent copiés sur l'ancien colonisateur, ne conviennent pas. Les hommes sont mal formés aux tâches du développement.

— *Les grandes organisations internationales sont peu efficaces. Elles n'ont pas été conçues pour agir en faveur du tiers monde,* car, à l'époque de leur création, le problème du sous-développement était mal connu. Leur structure qui les oblige à avoir des fonctionnaires de tous les pays les condamne à une certaine inefficacité. C'est pourquoi l'U.N.E.S.C.O. reconnaît que, depuis qu'elle existe, le nombre d'illettrés va croissant, et la F.A.O. admet que la faim augmente dans le monde.

Critiques des politiques de développement

Les pays du tiers monde ont eu le tort de rechercher des taux de croissance élevés selon les modèles propres aux pays développés (sans se préoccuper de la structure et de la répartition de la croissance ni des caractéristiques originales de leur situation), d'accorder trop d'importance à l'aide extérieure, enfin d'adopter un système d'économie mixte qui a combiné les inconvénients et non les avantages des systèmes capitaliste et socialiste.

Stratégies de développement

— Certaines insistent sur une internationalisation du développement et prévoient notamment :

1° *De favoriser les groupements régionaux et continentaux.* Aucun pays, par exemple en Afrique, à 3 ou 4 exceptions près, ne peut posséder sérieusement une aciérie, une raffinerie de pétrole ou une industrie mécanique, etc. dans des conditions normales et compétitives d'exploitation technique et commerciale. 2° *Des consortiums de développement* groupant les pays donateurs et disposant d'une autorité réelle. 3° *Des banques continentales de développement* comme la Banque interaméricaine de développement (B.I.D.). 4° *Des instituts continentaux de développement,* organes de recherche et d'études. 5° *De favoriser l'industrialisation.* 6° *De régulariser le commerce mondial.* 7° *Des formes de développement du type communautaire.* 8° *De « repenser » l'enseignement.* Seules de nouvelles techniques d'éducation qu'il faut inventer pourront agir en profondeur sur le comportement, l'esprit et la sensibilité d'hommes fermés sur eux-mêmes depuis des millénaires et dominés par le fatalisme et l'irrationnel. L'enseignement doit également revaloriser le travail manuel et agricole. La fuite des cerveaux (notamment des médecins) devrait être évitée (30 % des médecins du centre de l'Angleterre sont pakistanais et indiens ; il y a davantage de médecins dahoméens à Paris que dans tout le Bénin). 9° *Une université internationale pour le développement.*

— D'autres insistent sur l'adoption de nouveaux modèles de développement, s'inspirant de l'exemple chinois, adaptés aux conditions et problèmes spécifiques des pays du tiers monde. Elles préconisent notamment :

1° *De tenir compte* des besoins minimaux essentiels des plus pauvres, qui ne s'expriment pas dans la demande du marché, pour éliminer progressivement malnutrition, maladie, analphabétisme, absence d'hygiène, chômage et inégalités. 2° *De réaliser* simultanément la croissance de la production et l'amélioration de la distribution, l'emploi devenant un objectif primordial et le capital étant réparti sur des secteurs étendus de l'économie grâce à des travaux publics (même si la productivité doit baisser) et non plus concentré sur un petit secteur moderne à haute productivité. 3° *De transformer* les institutions politiques, économiques et sociales pour créer un ordre économique et social au niveau de vie modeste mais fondé sur l'égalitarisme. 4° *De renforcer* la position des pays pauvres dans leurs rapports avec les pays riches.

Abréviations

Nota. — Voir également l'Index.

A1 First class (De première classe).
A.A. Automobile Association. Architecte, membre de l'Académie d'architecture. **A/A** Articles of association (statuts d'une société).
a.a.O. Am angegebenen Orte (à l'endroit cité).
aar Against all risks (Contre tous risques).
AAT Administration de l'Assistance Technique (Nations Unies).
Ab. Abîmé.
Abb. Abbildung (illustration).
Abf. Abfahrt (départ).
Abg. Abgeordneter (député).
Abk. Abkürzung (abréviation).
A.b.m. Antiballistic missiles.
Abs. Absatz (alinéa).
abstr. Abstrait.
abt. About (au sujet de).
Abt. Abteilung (section).
abz. Abzüglich (sous déduction de).
A/c Account [current] (Compte [courant]).
AC Anciens Combattants. Ante Christum. Antichars.
Acc Acceptance, Accepted (Acceptation, accepté).
ACE Avion de Combat Européen.
ACF Automobile Club de France.
ACGF Action Cathol. Génér. des Femmes.
ACGH Action Cathol. Génér. des Hommes.
Ach. Achète.
ACI Alliance Coopérative Intern. Action Cathol. Indépendante.
ACJ Alliance Universelle des Unions Chrétiennes de Jeunes Gens.
ACLI Association Chrétienne des Travailleurs Italiens.
ACO Action catholique ouvrière. Automobile Club de l'Ouest.
ACP Afrique, Caraïbes, Pacifique.
ACTA Association de coordination technique agricole.
a/d A dater, à la date de.
AD Anno Domini (année du Seigneur).
A.D. Außer Dienst (en retraite).
ad. Advertissement (petite annonce).
ADAC Allgemeiner Deutscher Automobil Klub (Automobile Club Allemand). Avion à Décollage et Atterrissage Courts.
ADAS Association pour le Développement des Activités Sociales à la Faculté de Paris.
ADEP Agence nationale pour le développement de l'éducation permanente.
ADN Acide désoxyribonucléique.
Adr. Adresser.
adv. Advice (conseils).
AE Affaires Étrangères.
AEC Atomic Energy Commission. Commission de l'Énergie Atomique.
AeCF Aéro-club de France.
AECR Arme à Effets Collatéraux Réduits.
AEE Agence pour les économies d'énergie.
AEF Afrique Équatoriale Française.
AEG Allgemeine Elektrizitätsgesellschaft. — Compagnie Générale d'Électricité.
AEIOU Austriae est imperare orbi universo.
AELE Association Eur. de Libre Échange.
AEP Agence Europ. de Productivité.
A et M Arts et Métiers.
AF Action Française. Allocations Fam. Société des artistes français. Air France.
AFAP Association Française pour l'Accroissement de la Productivité.
AFAT Auxiliaire Féminin de l'Armée de Terre.
AFEI Association Française pour l'Étiquette d'Information.
Aff. étr. Affaires étrangères.
AFL Association Française pour la Lecture.
AFL/CIO American Federation of Labour/Congress of Industrial Organization.
AFME Agence Française pour la Maîtrise de l'Énergie.
AFN Afrique Française du Nord.
AFNOR Association Française de Normalisation.
AFP Agence France-Presse.
AFPA Association pour la formation professionnelle des adultes.
AFRESCO Association fr. de recherches et statistiques commerciales.
AFTRP Agence Foncière et Technique de la Région parisienne.
AG Aktiengesellschaft (société par actions).
AGI Année Géophysique Internationale.
AGIRC Association générale des Institutions de retraite des cadres.
AGM Annual General Meeting (Assemblée générale annuelle). Air Ground Missile (missile air-sol).
AGR Advanced Gas-Cooled Reactor (réacteur à refroidissement à gaz).
AI Air India.
AIEA Agence Intern. de l'Énergie Atomique.
AIM Ass. Intern. de Météorologie.
AIPS Ass. Internationale de la Presse Sportive.
AISS Ass. Intern. de la Sécurité Sociale.
AIT Association Internationale du Tourisme.
AIU Ass. Intern. des Universités. Ass. Israélite Universelle.
aj. Ajouté.
AJF Fédération Internationale des Amies de la Jeune Fille.
AL Avant lettre.
ALE Association de Libre Échange.
a./Lfg an Lieferung (à la livraison).
ALN Armée de Libération Nationale.
ALPE Association Laïque des Parents d'Élèves.
a.m. Ante meridiem (avant midi).
AM Ante meridiem (avant midi). Arts et Métiers.
AMDG Ad Majorem Dei Gloriam (pour la plus grande gloire de Dieu).
AME Accord Monétaire Européen.
AMEXA Assurance Maladie des Exploitants Agricoles.
AMM Association Médicale Mondiale.
AMRF Accès multiple par répartition en fréquence.
AMRT Accès multiple par répartition dans le temps.
AMT Air Mail Transfer (Transfert par avion).
amt. Amount (montant).
ANA Arab News Agency. Agencia Noticiosa Argentina.
ANAH Agence Nationale pour l'Amélioration de l'Habitat.
Anc. Ancien.
ANF Association de la Noblesse Française.
ANFANOMA Association Nationale des Français d'Afrique du Nord.
Ang. Anglais.
ANI Agencia de Noticias e Informações.
ANIL Association Nationale pour l'Information sur le Logement.
Anl. Anlage (en annexe).
Anm. Anmerkung (remarque).
ANP Armée Nationale Populaire.
ANPE Agence nationale pour l'emploi.
ANS Missile Antinavire Supersonique.
Ans. Answer (réponse).
ANSA Agenzia Nazionale Stampa Associata (Italie).
ANT Arme Nucléaire Tactique.
ANVAR Agence Nationale pour la Valorisation de la Recherche.
ANZUS Australia New Zealand United States Pact.
a/o Account of (pour compte de).
AO Afrique orientale, Ruanda-Urundi (aujourd'hui Burundi).
AOA American Overseas Airlines.
AOF Afrique Occidentale Française.
a/or And/or (et/ou).
AP To be protested [bills] (A protester [effets de commerce]).
A/P Additional Premium (complément de prime d'assurance).
AP Assistance Publique. Associated Press. Autorisation de programme.
APCA Assemblée Permanente des Chambres d'Agriculture.
APCM Assemblée Permanente des Chambres des Métiers.
APE Assemblée Parlementaire Eur.
APEC Association pour l'Emploi des Cadres.
APECITA Association pour l'Emploi des Cadres, Ingénieurs et Techniciens de l'Agriculture.
APEL Association des Parents d'Élèves de l'Enseignement Libre.
APL Agence de Presse Libération.
appro. Approval (acheter à l'essai).
Appt. Appartement.
APS Algérie Presse Service.
APUR Atelier parisien d'urbanisme.
A/R All risks (Tous risques).
AR Accusé de réception.
ARAMCO Arabian American Oil Cy.
ARCO Association pour la reconversion civile des officiers.
ARIC Association Régionale d'Information Communale.
A.R.N. Acide ribonucléique.
arr. Arrival (arrivée). Arrondissement.
ARRCO Association des Régimes de Retraites complémentaires.
art. Article.
Art. 10 Article 10 de la Police d'Assurance d'Anvers.
AS Assurances Sociales. **A/S** Account sales (Compte de vente).
a.s.a.p. As soon as possible (dès que possible).
ASATS Anti-Satellite System (système antisatellite, US).
Asc. Ascenseur.
ASCOFAM Association Mondiale de la Lutte contre la Faim.
ASDIC Anti-Submarine Detection and Identification Committee (Comité pour la Détection et l'Identification des Sous-marins).
ASEAN Association des nations du Sud-Est asiatique.
Asfo Association de formation.
ASMP Missile Air-Sol Moyenne Portée.
ASR Aide Spéciale Rurale.
ASROC Anti-Submarine Rocket (roquette anti-sous-marine).
ASSEDIC Association pour l'Emploi dans l'Industrie et le Commerce.
ASSU Association du sport scolaire et universitaire.
ASW Anti-Submarine Warfare (guerre anti-sous-marine).
AT Admission Temporaire. Ancien Testament.
ATF Avion de Transport Futur.
A & T Annam et Tonkin.
ATITRA Association Technique Interministérielle des Transports.
Atl. Atlas.
ATO Aquitaine Total Organico devenu **ATOCHEM** (regroupement de **ATO** Chimie, **CHLOE** chimie et **PCUK**).
ats At the suit of (A la requête de [droit]).
AU Alliance Universelle.
Aufl. Auflage (édition, tirage).
Autogr. Autographe.
Av. Avenue.
av. Average (moyenne).
A/V Ad valorem.
AVA Assurance Vieillesse Agricole.
av. J.-C. Avant Jésus-Christ.
avt Avant.
AVTS Allocation aux Vieux Travailleurs Agricoles.
A/W Actual Weight (poids actuel).
AWACS Airborne Warning and Control System (système de contrôle et d'alerte aéroporté).
AWB Airway Bill (lettre de transport aérien).
AZ Alitalia.
a.Z. Auf Zeit (à terme).
B Bale (balle). Bag (sac). Baumé (degré).
B (pour les colonies des détroits) Bangkok.
BA Bachelor of Arts. Beaux-Arts. British Airways. Base aérienne.
bal. Balance (solde).
BAD Banque Africaine de Développement.
BADEA Banque Arabe pour le Développement Économique en Afrique.

BAI Baccalaureus in Arte Ingeniaria (Licence d'Ingénieur).
BAFA Brevet d'Aptitude aux Fonctions d'Animateur.
BALO Bulletin des Annonces Légales Obligatoires.
BAS Bureau d'Aide Sociale.
bas. Basane.
Bart Baronet.
bat. Bataillon.
B/B Bed and Breakfast.
BBC British Broadcasting Corporation.
BC British Council. Before Christ (av. J.-C.).
BCA Afrique centrale britannique.
BCA Banque Commerciale Africaine.
BCBG Bon chic, bon genre.
BCEAO Banque Commerciale des États d'Afrique de l'Ouest.
BCG Bacille Calmette-Guérin.
BCh Baccalaureus Chirurgiae (Licencié en Chirurgie).
B/CH Bristol Channel (Canal St-Georges).
BCL Bachelor of Civil Law (Licencié en Droit Civil).
bcp Beaucoup.
Bd Band (volume).
B/D Bar draft (Tirant d'eau sur la barre). Bank draft (chèque tiré sur banque).
bd, boul. Boulevard.
b.d.c. Bas de casse.
BDS Bachelor of Dental Surgery (Chirurgie Dentaire).
BE Brevet élémentaire. Bachelor of Engineering (Licence d'Ingénieur).
B/E Bill of Exchange (Lettre de change).
BEA British European Airways.
BEI Banque européenne d'investissements.
BEM Breveté d'État-Major (Officier). British Empire Medal.
BENELUX Union Douanière pour Belgique, Luxemb. et Pays-Bas.
BEP Brevet d'Études Professionnelles.
BEPA Brevet d'Études Professionnelles Agricoles.
BEPC Brevet d'Études du 1er Cycle.
Berks Berkshire.
BET Borkou, Ennedi, Tibesti (au Tchad).
betr. Betreffend (concernant).
Betr. in Betreff (au sujet de, objet).
bez. Bezahlt (payé). Bezüglich (concernant).
BF Basse fréquence
b/f Brought forward (Report).
BFCE Banque Fr. du Commerce Extérieur.
B'ham. Birmingham.
b.h.p. Brake horse-power (puissance au frein).
BIC Bataillon d'Infanterie Col. Bénéfices Industriels et Commerciaux.
BIE Bureau Intern. de l'Éducation.
BIEM Bureau International d'Enregistrement Mécanique.
BIH Bureau Intern. de l'Heure.
BIRD Banque Internationale pour la Reconstruction et le Développement.
BIS Bank for International Settlements (voir BRI).
BIT Bureau International du Travail.
BK Bacille de Koch (Tuberculose).
Bk. Bank, book, backwardation (banque, livre, déport).
bl. Barrel (tonneau).
BL Bachelor of Law (Licencié en Droit), Bach. of Letters (Licencié ès Lettres).
B/L Bill of lading (Connaissement).
BLS Bern-Lötschberg-Simplon (Suisse).
Blvd Boulevard.
BM Bachelor of Medicine (Diplôme de médecine). British Museum.
BMEWS Ballistic Missile Early Warning System (système d'alerte avancé pour les missiles balistiques).
B.N. Bibliothèque Nationale.
Bn Baron.
BNC Bénéfices non commerciaux.
BNCI Banque Nationale pour le Commerce et l'Industrie.
BNIST Bureau National de l'Information scientifique et technique.
BNM Bureau National de Métrologie.
BNP Banque Nationale de Paris.
BO Bulletin officiel ; agence.
B/O Buyer's Option (À l'option de l'acheteur).
BOAC British Overseas Airways Corporation.
B. of E. Bank of England.
Bon, Bonne Baron, baronne.
Bor Borough.
BOSP Bulletin officiel du service des prix.
BOT Board of Trade (ministère du Commerce).
bot. Bottle (bouteille). Bought (acheté).
B/P Bills payable (Effets à payer).
BP British Petroleum. Baden Powell. Basse pression.
BPF Bon pour francs.
B/R Bills receivable (Effets à recevoir).
BR British Railways (G.-B.).
br. Broché.
br. n. Broché neuf.
Bro Brother.
Bros Brothers.
brad. Bradel.
BRGM Bureau de Recherches Géologiques et Minières.
BRI Banque des Règlements Internationaux.
broc. Brochure.
Bros. Brothers (frères).
BRP Bureau de Recherche des Pétroles.
BRS British Road Services (transports routiers brit.).
BRT Bruttoregistertonnen (tonnes brutes — marine).
B/S Balance-sheet (bilan). Bachelor of Science ou of Surgery (Diplôme de Sciences ou de Chirurgie).
BSEC Brevet supérieur d'enseignement commercial.
BSI Bristish Standards Institution.
BSN Boussois Souchon Neuvecel. Bureau du service national (ou bureau de recrutement).
BSO Blue Stellar Object.
BST British Summer Time (heure d'été britannique). British Standard Time.
BT Brevet de technicien.
Bt Baronet (angl.). Bâtiment.
BT Basse tension. Brevet de Technicien.
BTA Brevet de Technicien Agricole.
BTAG Brevet de Techn. Agricole Général.
BTAO Brevet de Techn. Agr. à Option.
B Th U British Thermal Unit.
BTn Baccalauréat de technicien.
BTS Brevet de Technicien Supérieur.
BTSA Brevet de Technicien Supérieur Agricole.
Bucks Buckinghamshire.
BUE Banque de l'Union Européenne.
bull. Bulletin.
BUP British United Press. Banque de l'Union Parisienne.
BUS Bureau Univers. de Statistiques.
BVP Bureau de Vérification de la Publicité.
b.w. Bitte wenden (tournez la page s'il vous plaît).
BWI British West Indies.
BWR Boiling Water Reactor (réacteur nucléaire à eau bouillante).
bx Box (caisse).
bzw. Beziehungsweise (respectivement, ou bien).
C. Celsius, centigrade. Code.
c. Cent. Circa (environ). Coins. Chapter. Centime.
C/ Case[s] (Caisse[s]).
CA Chartered accountant (expert-comptable). Conseil d'Administration.
CAAC Compagnie Chinoise d'Aviation.
c.-à-d. C'est-à-dire.
CAD Comité d'Aide au Développement.
CAEI Certificat d'Aptitude à l'Enseignement des enfants Inadaptés.
CAEM Conseil d'Aide Économique Mutuel.
Caetera desunt (le reste manque).
CAF Coût, Assurance, Fret. Caisse d'Allocations Familiales.
CAFAS Certificat d'aptitude à la formation artistique supérieure.
CAHT Chiffre d'affaires hors taxes.
CAL Centre d'amélioration du logement. Comité d'action lycéen.
CAMEL Compagnie Algérienne du Méthane Liquide.
CANDU Canadian Deuterium Uranium Reactor (réacteur canadien à uranium et deuterium).
Cantab of Cambridge.
cap. Capitale. Chapter.
CAP Certificat d'aptitude professionnelle. Certif. d'aptitude pédagogique (1er degré).
CAPA Certificat d'aptitude à la profession d'avocat. Certif. d'Aptitude Professionnelle Agricole.
CAPES Certificat d'aptitude au professorat de l'enseign. du second degré.
CAPET Certificat d'aptitude au professorat de l'enseignement technique.
cap(s) Capital letter(s) (majuscules).
Capt. Captain (capitaine).
car. Caractère. **CAR** Conférence d'action régionale.
cart. Cartonné. **cart. n.r.** Cartonné, non rogné.
cash. Cashier (caissiers).
cat. Catalogue.
CAVMU Caisse d'allocation vieillesse des professeurs de musique, des musiciens, des auteurs et des compositeurs.
CB Cash-Book (livre de caisse).
CBD Cash before delivery (règlement av. livraison).
CBE Commander of the Order of the British Empire.
CBS Columbia Broadcasting System.
CBW Chemical, Biological Warfare (guerre chimique et biologique).
CC Corps Consulaire.
CCA Centre de Communication Avancé.
CCCC Caisse Centrale de Crédit Coopératif.
CCE Conseiller du Commerce Extérieur.
CCFD Comité Catholique contre la Faim et pour le Développement.
C CH Cochinchine.
CCI Chambre de Commerce Intern.
CCIF Centre Cathol. des Intellectuels Français.
CCIR Comité Consultatif International des Radiocommunications.
C. civ. Code civil.
C. com. Code de commerce.
CCP Compte Chèques Postaux.
c/d Carried down (reporté).
CD Corps Diplomatique.
c.d. Cum dividendo.
CDES Commission Départementale de l'Éducation Spécialisée.
CdF Charbonnages de Fr.
CDI Centre des Impôts. Centre de Documentation et d'Information.
CDR Comité de Défense de la République.
CE Communautés européennes. Conseil de l'Europe. Conseil Écon. Cours élémentaire. Civil Engineer. Church of England.
CEA Commissariat à l'Énergie Atomique (France). Commission Économique pour l'Afrique (ONU). Compte d'Épargne en Actions.
CEAO Communauté Éco. de l'Afr. de l'Ouest.
CEAT Commandement des Écoles de l'Armée de Terre.
CECA Communauté Européenne du Charbon et de l'Acier.
CED Communauté Européenne de Défense.
CEDEAO Communauté Éco. des États de l'Afr. de l'Ouest.
CEE Communauté Économique Européenne (Marché Commun) ou Commission Économique pour l'Europe. Centre d'Études de l'Emploi.
CEEA Communauté Européenne de l'Énergie Atomique.
c. & f. Cost and freight (Coût et fret).
CEF Corps expéditionnaire français (Cameroun, Chine).
CEFAGI Centre d'Études et de Formation des Assistants en Gestion Industrielle.
CEG Collège d'Enseignement Général.
CEL Compte d'Épargne Logement.
CELIB Comité d'Entente et de Liaison des Intérêts Bretons.
CELSA Centre d'études littéraires et scientifiques appliquées.
CELT Compte d'Épargne à long terme.
CEM Conseil des Communes d'Europe.
CEMAGREF Centre national du machinisme agricole, du génie rural, des eaux et forêts.
CENS Centre d'Études Nucléaires de Saclay.
Cent. Centigrade.
CEP Caisse d'Épargne de Paris. Certificat d'Études Primaires. Certificat d'éducation professionnelle. Circular Error Probable (Écart circulaire probable. Centre d'Expérimentation pédagogique.
CEPE Certificat d'études primaires et élémentaires.
CER Comité d'Expansion Régional.
CERC Centre d'Études des Revenus et des Coûts.
CERCEE Centre d'Études et de Recherches de Création et d'Expansion d'Entreprises.
CERCHAR Centre d'Études et de Recherches des Charbonnages de Fr.
CEREP Centre d'études et de réalisations pour l'éducation permanente.
CEREQ Centre d'Études et de Recherches sur les Qualifications.
CERN Centre Eur. de Recherches Nucl.
CERS Centre Européen de Recherche Spatiale (en angl. ESRO).
CES Collège d'Enseignement Secondaire.
CESP Centre d'Études des Supports de Publicité.
CESR Comité Économique et Social Régional.
CESTA Centre d'études des systèmes et des technologies avancées.
CET Collège d'Enseignement Technique.
CETA Centre d'Études Techniques Agricoles.
c/f Carried forward (à reporter).
CF Communauté Française.
cf Confer (reportez-vous à).
CFA Communauté Française d'Afrique. Communauté Financière

Africaine. Centre de formation d'Apprentis.
CFCE Centre fr. du commerce extérieur.
CFDT Confédération Française et Démocratique du Travail.
CFES Certificat de Fin d'Études Secondaires.
CFF Chemins de Fer Fédéraux (Suisse).
CFL Chemins de Fer Luxembourgeois.
CFM Compagnie Française de Méthane.
CFP Communauté Française du Pacifique.
CFPA Centre de Formation pour Adultes. Centre de Formation Professionnelle Agricole.
CFPC Centre chrétien des partons et dirigeants d'entreprise français.
CFTC Confédération Française des Travailleurs Chrétiens.
CGA Conf. Générale de l'Agriculture.
CGAF Conf. Gén. de l'Artisanat Fr.
CGC Confédération Générale des Cadres.
cge pd Carriage paid (port payé).
cgo. Contango (report en Bourse).
CGS Centimètre, Gramme, Seconde.
CGSU Conf. Gén. des Syndicats Unifiés.
CGT Compagnie Générale Transatlantique. Confédération Générale du Travail.
CGT-FO Force Ouvrière.
CGTU Confédération générale des travailleurs unifiés.
C.H. Bureau de Douane. Caisse de Compensation. Change Exchange (Bourse). Confédération Helvétique.
ch. chant. Cosinus hyperbolique. Chose.
chag. Chagrin.
chap. Chapitre.
Chbre Chambre.
Ch. comp. Charges comprises.
chiff. Chiffré.
ch.-l. Chef-lieu.
chq. Chèque.
CHU Centre hospitalier universitaire.
CI Cercle Interallié. **C/I** Certificate of Insurance (Certificat d'assurance).
CIA Confédération Internationale de l'Agriculture (Internationale Verte). Central Intelligence Agency.
CIAI Comité International d'Aide aux Intellectuels.
Cial Commercial.
CIAM Congrès International d'Architecture Moderne.
CIASI Comité Interministériel pour l'Aménagement des Structures Industrielles.
CIC Centre d'information civique. Confédération Intern. des Cadres. Crédit Industriel et Commercial. Carrefour Intern. de la Communication.
CICA Comité Interconfédéral de Coordination de l'Artisanat.
CICR Comité International de la Croix-Rouge.
CID Criminal Investigation Department. Comité d'Information et de Défense.
CIDISE Comité Interministériel pour le Développement de l'Investissement et de l'Emploi.
CIDJ Centre d'Information et de Documentaiton Jeunesse.
CIDUNATI Comité d'information et de défense de l'Union nationale des artisans et travailleurs indépendants.
CIE Centre International de l'Enfance.
Cie Compagnie.
CIEE Council of International Educational Exchange.
CIF Cost, Insurance and Freight (Coût, assurance et fret).
c.i.f. & c. Coût, assurance, fret et commission.
c.i.f.c. & i. Coût, assurance, fret, commission et intérêt.
CIJ Centre d'Information Jeunesse.
CIMADE Comité Inter-Mouvements Auprès des Évacués.
CIME Comité intergouvernemental pour les mouvements migratoires d'Europe.
CIN Centre d'instruction navale.
CIO Congrès des organis. industr. Comité international olympique. Centre d'information et d'orientation.
CISC Confédération Internationale des Syndycats Chrétiens.
CISL Confédération Internationale des Syndycats Libres.
CIT Comité International des Transports par chemin de fer. Compagnie Italienne de Tourisme.
CITI Confédération Internationale des Travailleurs Intellectuels.
CJD Centre des jeunes dirigeants d'entreprise.
CJM Congrès Juifs Mondial.
CJP Centre des jeunes patrons.
ck. Cask (tonneau, baril).
c.l. Car Load (Charge complète).
CLERU Comité de Liaison étudiant pour la rénovation universitaire.
CM Cours moyen.
CMI Comité Maritime International.
CMP Chemin de fer métropolitain de Paris.
C/N Crédit Note (Note de crédit); chèque de voyage.
CNAH Centre Nat. pour l'Amélioration de l'Habitat.
CNAM Conservatoire national des Arts et Métiers.
CNAP Centre National d'Animation et de Promotion.
C. Nap. Code Napoléon.
CNASEA Centre national pour l'aménagement des structures des exploitations agricoles.
CNAVTS Caisse Nationale d'Assurance Vieillesse des Travailleurs Salariés.
CNC Comité National de la Consommation.
CNCA Caisse Nationale du Crédit Agricole.
CNCE Centre Nat. du Commerce Extérieur.
CNE Caisse Nationale d'Épargne. Caisse Nationale de l'Énergie.
CNEC Centre National d'Enseignement par Correspondance.
CNEEMA Centre National d'Études et d'Expérimentation du Machinisme Agricole.
CNEP Comptoir Nat. d'Escompte de Paris.
CNERP Conseil National des Économies Régionales et de la Productivité.
CNES Centre National d'Études Spatiales.
CNESER Conseil national de l'enseignement supérieur et de la recherche.
CNET Centre National d'Études des Télécommunications.
CNEXO Centre national d'exploitation des océans.
CNIPE Centre National d'Information pour la Productivité des Entreprises.
CNIT Centre National des Industries et des Techniques (Paris).
CNJA Centre National des Jeunes Agriculteurs.
CNJC Centre national des jeunes cadres.
CNME Caisse Nationale des Marchés de l'État.
CNOUS Centre national des œuvres universitaires et scolaires.
CNPF Conseil National du Patronat Français.
CNR Conseil National de la Résistance. Compagnie Nationale du Rhône.
CNRA Conseil National de la Révolution Algérienne.
CNRS Centre National de la Recherche Scientifique.
CNTE Centre national de télé-enseignement.
CNUCED Conf. des Nat. unies sur le Commerce et le Développement.
CO Conseiller d'orientation.
c/o Care of (aux bons soins de); carried over (reporté en Bourse).
C/O Certificate of Origin.
Co. Company (société, compagnie).
COB Commission des Opérations de Bourse.
COD Cash on delivery (Contre remboursement).
CODEFI Comités Interdépartementaux d'Examen des Problèmes de Fonctionnement des Entreprises.
CODER Commission de Développement Économique Régional.
COE Conseil Œcuménique des Églises.
COGEFI Conseil en Organisation de Gestion Économique et Financière d'Entreprises.
col. Colonnes.
Com. Commission.
COMECON Conseil pour l'Aide Mutuelle Économique.
COMES Commissariat à l'Énergie Solaire.
COMINFORM Bureau d'Information du Parti Communiste et des Travailleurs.
Consol. Consolidated (consolidé).
contref. Contrefaçon.
COOC Contact with Oil or Other Cargo.
COPAR Comité Parisien des Œuvres Scolaires et Universitaires.
COS Coefficient d'occupation du sol.
COTAM Commandement du Transport Aérien Militaire.
C/P Charter Party (Charte-Partie).
CP Crédits de paiement. Cours préparatoire.
CPA Centre de perfectionnement à l'administration des affaires. Classe Préparatoire à l'Apprentissage.
CPAG Centre de Préparation à l'Administration Générale.
CPAM Caisse Primaire d'Assurance Maladie.
cpdt Cependant.
CPPN Classe Pré-Professionnelle de Niveau.
CPR Centre Pédagogique Régional.
Cpt Comptant.
C.Q.F.D. Ce qu'il fallait démontrer.
CR At company's risks (aux risques et périls de la compagnie); C.R. cadre de réserve.
c.r. Compte rendu. **Cr** Crédit, creditor (Crédit, créditeur).
CRDP Centre Régional de Documentation Pédagogique.
CREDIF Centre de recherche et d'étude pour la diffusion du français.
CREDOC Centre de Recher., d'Ét. et de Docum. sur la Consommation.
CREPS Centre régional d'éducation physique et sportive.
CRESAS Centre de Recherches et d'Études Sur l'Adaptation Scolaire.
CRF Croix-Rouge Française.
CRID Centre de Recherche et d'Information pour le Développement.
CROUS Centre régional des œuvres universitaires et scolaires.
CRS Compagnies Républ. de Sécurité.
c/s Cases (Caisses). **CS** Civil Service (fonction publique).
CSAIO Chef de service académique d'information et d'orientation.
CSEN Conseil Supérieur de l'Éducation Nationale.
CSF Compagnie Générale de Télégraphie sans Fil.
CSM Conseil supérieur de la magistrature.
CSR République Tchécoslovaque.
CST Central Standard Time.
CSTB Centre Scientifique et Technique du Bâtiment.
C/T Conference Terms (Aux conditions des conférences maritimes, mois courant).
Cte, Ctesse Comte, comtesse.
Ctge Cartage (camionnage).
c.t.l. Constructive total loss (perte censée totale).
Cts Crates (Caisses, cageots).
CUIO Cellule Universitaire d'Information et d'Orientation.
CUMA Coop. d'Utilis. du Matériel Agric.
cum d/ Cum dividend (Coupon attaché).
curr., currt. Current (du mois en cours, actuel).
CV Curriculum vitæ.
CVO Commander of the Victorian Order.
CWO Paiement à la commande.
Cwt Hundredweight (Quintal [de 112 lbs]).
d. Day (Jour). Penny [pence] (Denier). **D.** Dom.
d/a Days after acceptance (Jours après l'acceptation). **DA** Deposit account (compte de dépôt).
D/A Documents against acceptance (documents contre acceptation).
DAM Division Aéromobile.
DASS Direction de l'Action Sanitaire et Sociale.
DATAR Délégation à l'Aménagement du Territoire et à l'Action Régionale.
d.b. Demi-basance. **DB** Bundes Bahn (DDR). Division blindée. Direction des bibliothèques.
Dbk Drawback (Remboursement en douane).
DBRD Dépense Brute de Recherche et Développement.
DC Direct Current. District of Columbia.
DCA Défense contre Avion.
d.ch. Demi-chagrin.
d.d. Days'date (jours de date).
d/d Delivered (livré).
DDA Direction Départementale de l'Agriculture.
DDASS Direction Départementale de l'Action Sanitaire et Sociale.
DDE Direction Départementale de l'Équipement.
DDR Deutsche Demokratische Republik.
DDT Dichloro-Diphényl-Trichloréthane.
DDTE Direction Départementale du Travail et de l'Emploi.
DEA Diplôme d'Études Approfondies.
deb Debenture (obligation).
dec. Decrease (baisse, diminution).
DECS Diplôme d'Études Comptables Supérieures.
def. Deferred (différé). Définition.
DEFA Diplôme d'Études Fondamentales en Architecture.
dely Delivery (livraison).
dept Department (service).
DES Diplômes d'Études Sup.
desgl. Desgleichen (de même).
DESS Diplôme d'Études Supérieures Spécialisées.
D^esse^ Duchesse.
DEST Diplôme d'enseignement supérieur technique.
DEUG Diplôme d'études universitaires générales.

DEUST Diplôme d'Études Universitaires de Sciences et de Techniques.
DEW Line Distant Early Warning Line [ligne de radars de détection pour l'alerte avancée (dans le temps) et lointaine (dans l'espace) (US)].
d.f. Dead freight (Faux fret).
DFEO Diplôme de fin d'étud. obligatoires.
DFCEN Dir. de la Flotte de Commerce et de l'Équipement Naval.
Dft Draft (Traite).
DG Dei Gratia (Par la grâce de Dieu).
DGER Direction Générale des Enquêtes et Recherches.
dgl. Dergleichen (pareil, semblable).
DGRST Délégation Générale à la Recherche Scientifique et Technique.
dh. Das heisst (c'est-à-dire).
di. Dienstag (mardi). **Di** Dienstags (le mardi). **DI** Division d'Infanterie.
DICA Direction des Carburants (ministère de l'industrie).
DII Direction Interdépartementale de l'Industrie.
DIM Maison de Décoration Intérieure Moderne.
DIMA Division d'Infanterie de Marine.
DIN Deutsche Industrie-Norm(en) (norme Industrielle allemande).
DIRCEN Direction des Centres d'Expérimentations Nucléaires.
DIRD Dépense intérieure de recherche et développement.
dis., disc., disct. Discount (escompte).
div. Dividend (dividende).
d.J. Dieses Jahres (de cette année).
DJ Djibouti.
DKR Couronne danoise.
DLB Division Légère Blindée.
DLH Deutsche Lufthansa.
d.m. Demi-maroquin.
DM Deutsche Mark. **d.M.** Dieses Monats (de ce mois).
DMA Délégation ministérielle de l'armement.
DMN Direction de la Météorologie Nationale.
DMT Division Militaire Territoriale.
D/N Debit Note (Note de débit).
DN Dispatch note (bulletin d'expédition).
DNRD Dépense Nationale de recherche et développement.
do. Donnerstags (le jeudi).
Do Donnerstag (jeudi). **D/O** Delivery Order (Ordre de livraison).
d° Dito (ce qui a été dit).
dol(s) Dollar(s).
DOM Département d'Outre-Mer.
dor.s.tr. Doré sur tranches.
DOT Défense Opérationnelle du Territoire. Deep Ocean Techn.
doz. Dozen (Douzaine).
DP Défense Passive. Displaced persons. Division Parachutiste.
D/P Documents against payment (documents contre paiement).
DPLG Diplômé par le Gouvernement.
DPO Direction par Objectifs.
DQ Dernier quartier.
d.r. Demi-reliure. **Dr** Débit ; Dr(s) Debtor(s) (débiteurs). dr. Droit. Dr Docteur.
DR Deutsch Reichsbank.
DRAC Droit des Religieux Anciens Combattants. Direction Régionale des Affaires culturelles.
dr. can. Droit canon.
dr. cout. Droit coutumier.
DRE Direction Régionale de l'Équipement.
Drzava SHS Yougoslavie.
ds Dans. **d/s** Days'sight (Jours de vue).
DSC Distinguished Service Cross.
DSM Distinguished Service Medal.
DSO Distinguished Service Order.
DST Direction de la Surveillance du Territoire.
dt. Deutsch (allemand).
DT Diphtérie, tétanos.
DTCP Diphtérie, tétanos, coqueluche, polio.
DTP Diphtérie, tétanos, polio.
Dtzd Dutzend (douzaine).
d.U. Der Unterzeichnete (le soussigné).
DTS Droits de Tirages Spéciaux.
DUEL Diplôme Universitaire d'Études Littéraires.
DUES Diplôme Univ. d'Ét. Scientifiques.
DUP Déclaration d'utilité publique.
DUT Diplôme univ. de technologie.
d.v. Demi-veau. **DV** Deo Volente (à la volonté de Dieu).
d.w. Deadweight (Port en lourd).
D/W Dock-warrant (certificat d'entrepôt).
d/y Delivery (livraison).
dz Doppelzentner (quintal).
E East (est).
ea. Each (chaque, chacun).
ebd. Ebenda (au même endroit).
ECA Economical Cooperation Administration (Plan Marshall).
ECAFE Commission Écon. des Nations unies pour l'Asie et l'Extrême-Orient.
Eccl. Ecclésiaste (livre de la Bible), Ecclésiastique.
ECL École Centrale de Lyon.
ECOSOC Conseil Économique et Social.
ECP École Centrale de Paris. Écart circulaire probable.
Ecr. Écrire.
ECU European Currency Unit.
éd. Édition.
EDF Électricité de France.
EDHEC École Des Hautes Études Commerciales.
édit. Éditeur.
EDP Electronic Data Processing (analyse électronique des données).
EE Errors excepted (sauf erreurs).
EEC European Economic Community (V. CEE).
EEF Corps expéditionnaire égyptien (Palestine).
EEMI École d'Électricité Mécanique Industrielle.
EE UU de CES del T. Tolima (Colombie).
EF Eau-forte.
eff. Efficace (puissance).
EFO Établissements Français d'Océanie.
E & O.E. Errors and omissions excepted (sauf erreurs ou omissions).
EFTA European Free Trade Association.
e.G. Eingetragene Genossenschaft (coopérative enregistrée). **e.g.** For Instance (par exemple).
EGF Électricité-Gaz de France.
égl. Églogue.
e.h. Ehrenhalber (honoris causa).
EHESS École des Hautes Études en Sciences Sociales.
einschl. Einschliesslich (y compris).
ELAS Armée Populaire Hellénique de Libération.
elz. Elzévirien.
EMIA École Militaire Interarmes.
EMMIR Élément Médical Militaire d'Intervention Rapide.
EMP École des Mines de Paris. Electro Magnetic Pulse (impulsion électromagnétique).
EMT Équivalent mégatonnique.
ENA École Nationale d'Administration.
Enc. Enclosure (Pièces jointes).
ENI Ente Nazionale Idrocarburi. École nationale d'ingénieurs.
ENIT Ente Italiano Turismo.
ENNA École Normale d'Apprentissage.
ENP École Nationale de Perfectionnement.
ens. Ensemble. **ENS** École Normale Supérieure.
ENSA École Nat. Sup. Agronomique. École Nat. Sup. d'Aéronautique. École Nat. de Ski et d'Alpinisme.
ENSAD École Nationale Supérieure des Arts Déco.
ENSAM École Nationale Supérieure d'Arts et Métiers.
ENSI Écoles nationales supérieures d'Ingénieurs.
ENSP École Nationale de la Santé Publique.
Env. Envoyer. Environ.
E.o. Ex Officio. **EO** Édition Originale.
eod. Eodem (du même).
eod. loc. Eodem loco (au même endroit).
eod. op. Eodem opere (au même ouvrage).
EOR Élève-Officier de Réserve.
ép. Épître. Époque. Épreuve.
EPC École de physique et de chimie.
EPF École Polytechnique Féminine.
EPR Établissement public régional.
EPS École primaire supérieure.
ER En retraite.
ESAM Équipes Spéciales d'Aide aux Mineurs.
ESC École supérieure de commerce.
ESCAE École Sup. de Commerce et d'administration des entreprises.
ESCP École Sup. de Commerce de Paris.
ESD Électronique Serge Dassault.
ESE École Supérieure d'Électricité.
ESEU Examen Spécial d'Entrée à l'Université.
ESG École Supérieure de Guerre.
Esq. Esquire.
ESSEC École Supérieure des Sciences Économiques et Commerciales.
ESSO Standard Oil Cy.
est. Established (fondé).
ESU English Speaking Union.
Et al et alibi (et ailleurs) ; et alia, et alii (et d'autres).
Et seq et sequens (et la suite).
ETP École spéciale des Travaux Publics.
EUA États-Unis d'Amérique.
e.V. Eingetragener Verein (association déclarée). **EV** En ville.
év. Évêque.
EVDA Engagé Volontaire par Devancement d'Appel.
EVR Electro Video Recorder.
EVSOM Engagé Volontaire pour service outre-mer.
EWG Europäische Wirtschaftsgemeinschaft (voir CEE).
ex. Example (exemple). Sans, hors de, venant de.
Exc Excellency.
ex-cp. Ex-coupon (coupon détaché).
ex. de tr. Exemplaire de travail.
ex-div. Ex-dividende.
ex int. Exclusive of interest (intérêts non compris).
exor Executor (exécuteur testamentaire).
exrx Executrix (exécutrice testamentaire).
exs Expenses (dépenses, frais).
ex ss Ex steamer (au débarquement).
ex stre Ex store (disponible).
extr. Extrait.
ex whf Ex wharf (franco à quai).
ex whse Ex warehouse (disponible).
f., ff. Feuillet, feuillets.
F Fahrenheit. **F.** Force (physique). Frère. **F** Franc (**FB** Franc belge, **FF** Franc Français, **FS** Franc suisse).
Fa. Firma (firme commerciale).
FAA Free of all average (Franc d'avaries).
FAAR Force d'Action et d'Assistance rapide.
FAC Fonds d'Aide et de Coopération.
FAF Fonds d'assurance formation.
FAHMIR Force d'Assistance Humanitaire Militaire d'Intervention Rapide.
FAO Food and Agricultural Organization.
FAP sauf Franc d'avaries particulières.
f.a.q. Fair average quality (bonne qualité courante).
FAR Force d'Action Rapide.
FAS Free alongside ship (franco le long du bord).
FASASA Fonds d'Action Sociale pour l'Aménagement des Structures Agricoles.
fasc. Fascicule.
FAU Fonds d'Aménagement Urbain.
faub., fg Faubourg.
FBA Fellow of the British Academy.
FBI Federal Bureau of Investigation.
FBS Forward Based Systems (bases américaines avancées en Europe).
f.c.é.m. Force contre-électromotrice.
Fco Franco.
FCPE Fédération des Conseils de Parents d'Élèves des écoles publiques.
f.c.s.r. & c.c. Free of capture, seizure, riots, and civil commotions (Franc de capture, saisie, émeutes et troubles civils).
FD (ou Fid. Def.) Fidei Defensor (Défenseur de la foi).
FDES Fonds de Développement Économique et Social.
FE Fiscalité des Entreprises.
FED Fonds européen de Développement.
f.é.m. Force électromotrice.
FEN Fédération de l'Éducation Nationale.
FEOGA Fonds Eur. d'Orientation et de Garantie Agricole.
FER Féd. des Étudiants Révolutionnaires.
FETTA Formation élémentaire toutes armes (« les classes »).
ff. Folgende Seiten (pages suivantes). **FF** Frères.
FFA Forces Françaises en Allemagne. **f.f.a.** Free from alongside ([livré] sous palan).
FFAJ Fédération Française des Auberges de la Jeunesse.
FFI Forces Françaises de l'Intérieur.
FFL Forces Françaises Libres.
FFN Fonds Forestier National.
ff^on^ Faisant fonction.
f.g.a. Free of general average (franc d'avarie grosse ou commune).
FGDS Fédération de la Gauche Démocratique et Socialiste.
FHAR Front Homosexuel d'Action Révolutionnaire.
FI Fiscalité Immobilière.
f.i. For instance (Par exemple).
FIAT Fabbrica Italiana Automobili Torino. Fonds d'Intervention pour l'Aménagement du Territoire.
FIDAR Fonds Interministériel de Développement et d'Aménagement Rural.
FIDES Fonds d'Investissement pour le Développement Économique et Social.
FIDOM Fonds d'Investissement des Départements d'Outre-Mer.
FIEJ Fédération Internationale des Éditeurs de Journaux et de Publications.
FIFA Féd. Intern. de Football Association.

fig. Figure (chiffre).
FIH Féd. Internationale des Hôpitaux.
FIJC Féd. Intern. de la Jeunesse Cath.
FIJM Féd. Intern. des Jeunesses Musicales.
fil. Filets.
f.i.o. Free in and out (De bord en bord).
FIRS Fonds d'intervention et de régularisation du marché du sucre.
FIPRESCI Presse internationale cinématographique.
FISE Fonds Intern. de Secours à l'Enfance.
FISL Féd. Intern. des Syndicats Libres.
f.i.t. Free of income-tax (net d'impôt, exempt d'impôt sur le revenu).
fl. Florin.
FLB Front de Libération de la Bretagne.
FLN Front de Libération Nationale.
FLQ Front de Libération Québécois.
FM Franchise Militaire, Franc-Maçon, Fusil Mitrailleur. Frequency Modulation. Voir aussi **MF.**
fm fathom.
FME Fonds de Modernisation et d'Équipement. **Fme** Femme.
FMF Fédération des Médecins de France.
FMI Fonds Monétaire International.
FMVJ Fédération Mondiale des Villes Jumelées.
FNAFU Fonds national d'aménagement Foncier et d'Urbanisme.
FNAGE Féd. Nat. d'Ass. des Élèves des Grandes Écoles.
FNAH Fonds Nat. d'amélioration de l'Habitat.
FNAPEEP Fédér. Nat. des Associations de Parents d'Élèves de l'Enseignement Public.
FNCC Fédér. Nat. des Coopératives de Consommation.
FNDA Fonds National de Développement Agricole.
FNE Fonds National de l'Emploi.
FNEF Féd. Nat. des Étudiants de France.
FNL Front National de Libération.
FNR Front National des Rapatriés.
FNS Forces Nucléaires Stratégiques. Fonds National de Solidarité.
FNSA Féd. Nat. des Syndicats Agric.
FNSEA Fédération Nationale des Syndicats d'Exploitants Agricoles.
f°, ff° Folio, folios.
f.o. For orders (Pour ordres).
FO Force Ouvrière. Foreign Office. Firm offer (offre ferme).
f.o.b. Free on board (franco à bord).
f.o.c. Free of charge (franco de port et d'emballage).
FOEVEN Fédération des œuvres éducatives et de vacances de l'Éducation nationale.
folg Following (suivant).
FOMODA Fonds de Modernisation et de Développement de l'Artisanat.
f.o.q. Free on quai (franco à quai).
f.o.r. Free on rail (franco sur wagon).
FORMA Fonds d'Orientation et de Régularisation des Marchés Agricoles.
f.o.s. Free on steamer (franco à bord du navire).
f.o.t. Free on truck (franco sur wagon).
f.o.w. Free on wagon (franco sur wagon). First open water (Dès l'ouverture de la navigation).
FP Fiscalité Personnelle.
f.p. Fully paid (intégralement versé).
FPA Formation professionnelle des adultes.
f.p.a. Free of particular average (Franc d'avaries particulières).
FPLP Front populaire pour la Libération de la Palestine.
Fr. Freitag (vendredi). Frau (madame). **fr.** Freitags (le vendredi). Fers.
ffrs. Französische Francs (francs français).
Fr.-M. Franc-maçon.
FROG Free-flight Rocket Over Ground (fusée à vol libre).
front. Frontispice.
frt Freight (Fret).
FS Ferrovie dello Stato (Italie). Faire suivre (Poste). Franc Suisse.
FSAI Fonds Spécial d'Adaptation Industrielle.
FSI Fédération Syndicale Internationale.
FSM Fédération Syndicale Mondiale.
ft Foot. feet (Pied [s]).
FTDA France Terre D'Asile.
FUACE Fédération Universelle des Associations Chrétiennes d'Étudiants.
FUAJ Fédér. Unie des Auberges de Jeunesse.
FUCAPE Fédér. des Unions de Commerçants, d'Artisans et de Petites Entreprises.
fwd Forward (à terme, livrable).
fx-tit. Faux-titre.
g Accélération de la pesanteur (physique). **G** Guinea. **G** (sur les timbres du cap de Bonne-Espérance) Griqualand occidental.
GA General average (Avarie commune).
GAEC Groupement Agricole d'Exploitation en Commun.
GAGMI Groupement d'Achat des Grands Magasins Indépendants.
gal., gall. Gallon.
GAM Groupes d'action municipale.
GANIL Grand accélérateur à ions lourds.
GAPP Groupe d'Aide psychopédagogique.
GATT General Agreement on Tariff and Trade.
GB Great Britain (Grande-Bretagne).
GBE Grand-Croix de l'Ordre de l'Empire Britannique.
G.b.o. Goods in bad order (Marchandises en mauvais état).
GCB Grand-Croix du Bain.
GCR Gas-Cooled Reactor (réacteur à refroidissement gazeux).
gd Grand.
G & D Guadeloupe et territoires dépendants.
GDF Gaz de France.
GE General Electric Compagny.
GEA Groupe d'études des Problèmes des grandes Entreprises agricoles. **GEA** Tanganyika.
geb. Geboren (né).
gefl. Gefälligst (s'il vous plaît).
GERDAT Groupement d'Études et de Recherches pour le Développement de l'Agronomie Tropicale.
GERS Groupe d'activités et de recherches sous-marines.
Ges. Gesellschaft (société).
gest. Gestorben (décédé).
GESTAPO Geheime Staatspolizei (Police d'État).
gez. Gezeichnet (signé).
GFA Groupement Foncier Agricole.
ggf. Gegebenenfalls (le cas échéant).
G.gr. Great gross [144 dz] (12 grosses).
GHQ General Headquarters.
GI Government Issue.
GIC Grand infirme civil.
GICEL Groupement des Industries de la Construction Électrique.
GIE Groupement d'Intérêt Économique.
GIEP Groupe Indépendant Européen de Programme.
GIG Grand Invalide de Guerre.
Giuba Djouba, Juba (Éthiopie).
Glos Gloucestershire.
GM Génie Maritime. Génie Milit. Gouverneur Militaire.
GmbH Gesellschaft mit beschränkter Haftung (société à responsabilité limitée).
GMC General Motor's Corporation.
GMQ Good merchantable quality (bonne qualité marchande).
GMT Greenwich mean time (temps moyen de Greenwich).
GNP Gross national product (produit national brut).
gns. Guinées.
GO Garantie d'Origine. Grandes Ondes.
g.o.b. Good ordinary brand (bonne marque ordinaire).
GOP « Great Old Party » (désigne aux U.S.A. le Parti Républicain).
GPE Guadeloupe.
GPO General Post Office (Bureau central des PTT).
GPRA Gouvernement Provisoire de la République Algérienne.
GQG Grand Quartier Général.
grav. Gravure.
gr. cap. Grande capitale.
Greta Groupements d'établissements pour la formation continue.
GRI Nouvelle-Angleterre, Samoa.
g.r.t. Gross registered tonnage (t. brut).
gr. wt Gross weight (poids brut).
GUD Groupe Union défense.
gvt. Gouvernement.
Hbf. Hauptbahnhof (gare centrale).
h.c. Hors commerce.
HC House of Commons.
HCR Haut Commissariat des Nations unies pour les Réfugiés.
Hdlg. Handlung (maison de commerce).
HEC Hautes Études Commerciales.
HEI Hautes Études Industrielles.
HF Haute Fréquence (Électricité). Home Fleet (Flotte de guerre anglaise).
HGB Handelsgesetzbuch (Code de commerce).
hg (b). Herausgegeben (édité).
hhd Hogshead (fût de 240 l).
HL House of Lords.
HLM Habitation à Loyer Modéré.
HMC His (Her) Majesty's Customs (douanes brit.).
Hme Homme.
HMS Her Majesty's Ship. - His (Her) Majesty's Service.
HO Head office (siège social).
Holl. Hollande.
Hon. Honourable. Honorary.
HP Horse Power (Cheval-vapeur). Haute pression. Hire purchase (vente à tempérament).
Hpt. Hauptmann (capitaine).
HQ Headquarters. Quartier Général.
Hr. Herr (monsieur). **HR** House of Representatives (am.).
HRH His (Her) Royal Highness.
Hrn. Herren (messieurs).
HSP Haute Société Protestante.
h.t. Hors texte.
HT Haute tension.
hygr. Hygrométrie.
HWR Heavy Water Reactor (réacteur à l'eau lourde).
IA Inspecteur d'académie.
i.A. Im Auftrag (d'ordre de, par délégation).
IAA Industries agricoles et alimentaires.
IAB Institut Agricole de Beauvais.
IAC Indian Airlines.
IAN Institut Agronomique de Nancy.
IARD Incendie Accidents Resp. Divers.
IATA Intern. Air Transport Association.
IB Invoice book (facturier).
Ibid. Ibidem (au même endroit).
IBM International Business Machines Corporation.
IBRD International Bank for Reconstruction and Development.
ICAM Institut Catholique d'Arts et Métiers.
ICAO International Civil Aviation Organization (voir **OACI**).
ICBM Intercontinental Ballistic Missile.
ICC International Chamber of Commerce.
ICI Imperial Chemical Industries.
ICITO Commission Intérimaire de l'Organisation Internationale du Commerce.
id. Idem (le même).
IDEM Inspectrice Départementale des Écoles Maternelles.
IDHEC Institut des Hautes Études Cinématographiques (France).
IDI Institut de Développement Industriel.
IDN Institut Industriel du Nord.
IDS Initiative de Défense Stratégique.
i.e. Id est (That is - C'est-à-dire).
IEF Corps expéditionnaire anglais en Inde.
IEF « D » Mossoul (Irak).
IEM Impulsion électromagnétique.
IEP Institut d'Études Politiques.
IFOP Institut Français d'Opinion Publique.
IFP Institut Français du Pétrole.
IFR Instrument Flight Rules (règles de vol aux instruments).
IFREMER Institut Français de Recherche pour l'Exploitation de la Mer.
IGAME Inspecteur Général de l'Administration en Mission Extraordinaire.
IGEN Inspecteur Générale de l'Éducation Nationale.
IGN Institut Géographique national.
IGR Impôt Général sur le Revenu.
IHEDN Institut des Hautes Études de Défense Nationale.
i.h.l. In hoc loco (en ce lieu).
IHS Iesus Hominum Salvator (Jésus sauveur des hommes).
i.J. Im Jahre (dans l'année).
I/L Import Licence (Lic. d'import.).
ill. Illustré.
ILM Immeuble à Loyer Moyen.
ILO International Labour Organization.
IMF International Monetary Fund.
Imm. Immeuble.
in. Inch, Inches.
INA Institut National Agronomique.
INAO Institut Nat. des Appellations d'Origine.
Inbegr. Inbegriffen (y compris).
inc. Incorporated (constituée pour une société) ; increase (augmentation).
INC Institut Nat. de la Consommation.
ince. ins., insce Insurance (assurance).
INED Institut National des Études Démographiques.
in-f° In-folio.
Inh. Inhaber (propriétaire).
INIAG Institut National des Industries et des Arts Graphiques (France).
INLCO Institut des Langues et Civilisations Orientales.
in-8° In-octavo.
INPE Institut National pour la for-

mation de l'Entreprise. **in-4°** In-quarto.
INR Institut Nat. belge de Radiodiffusion.
INRA Institut National de la Recherche Agronomique.
INRDP Institut National de Recherche et de Documentation Pédagogiques.
INRI Iesus Nazarenus Rex Iudaeorum (Jésus de Nazareth, roi des Juifs).
INRP Institut National de Recherche Pédagogique.
INRS Institut National de Recherche et de Sécurité.
INS Institut National des Sports.
INSA Institut National des Sciences Appliquées.
INSEAD Institut Européen d'Administration des Affaires.
INSEE Institut National de la Statistique et des Études Économiques.
INSERM Institut National de la Santé et de la Recherche Médicale.
inst. Instant (du mois en cours).
INSTN Institut National des Sciences et Techniques Nucléaires.
int. Interest (intérêt). Intérieur.
inv. Invoice (facture).
IOCU Organisation Internationale des Unions de Consommateurs.
IOE Institut d'Observation Économique.
IOU I owe you (Reconnaissance de dette).
IPA Institut de Préparation aux Affaires.
IPC Iraq Petroleum Company. International Petroleum Company.
IPES Institut de Préparation aux Enseignements du Second Degré.
i.R. Im Ruhestand(e) (en retraite).
IR Inland Revenue (fisc).
IRA Irish Republican Army.
IRBM Intermediate Range Ballistic Missile.
IRCA Institut de Recherche de la Chimie Appliquée.
IRCAM Institut de Recherche et de Coordination Acoustique Musique.
IRCANTEC Institut de Retraite des Agents non Titulaires de l'État et des Collectivités Publiques.
IRCHA Institut National de Recherche Chimique Appliquée.
IREM Institut de Recherche sur l'Enseignement des Mathématiques.
IREPS Institut Régional d'Éducation Physique et Sportive.
IRIA Institut de Recherche d'Informatique et d'Automatique.
IRO International Refugee Organization.
IRPP Impôt sur le Revenu des Personnes Physiques.
IRSID Institut de Recherches de la Sidérurgie.
IRT International Road Transport. Institut de recherche des transports.
ISA Institut Supérieur des Affaires. Imprimé sans adresse.
ISBL Institution sans but lucratif.
ISBN International Standard Book Number.
ISM Indemnité Spéciale de Montagne.
ISO International Organization for Standardization.
ISP Indemnité Spéciale de Piedmont.
iss. Issue (émission).
ISSN International Standard Serial Number.
ISTPM Institut Scientifique et Technique des Pêches maritimes.
IT Air Inter.
ITA Ingénieurs, techniciens, administratifs.
ital. Italique.
ITBB Fédération Internationale des Travailleurs du Bois et du Bâtiment.
ITO International Trade Organization.
ITU Intern. Telecommunication Union.
IUHEI Institut Universitaire des Hautes Études Internationales (Genève).
IUT Institut Universitaire de Technologie.
i.V. In Vertretung (par délégation).
IVD Indemnité Viagère de Départ.
IVG Interruption Volontaire de Grossesse.
J Journal (journal, livre de comptabilité).
J/A Joint account (compte conjoint).
JAC Jeunesse Agricole Catholique.
JAL Japon Airlines.
jans. Janséniste.
Jb. Jahrbuch (annuaire).
J.-C. Jésus-Christ.
JCR Jeunesse Communiste Révolutionnaire.
JEC Jeunesse Étudiante Chrétienne.
JF Jeune fille.
Jg. Jahrgang (année).
JH Jeune homme.
Jh (dt). Jahrhundert (siècle).
JHS Jesus Hominum Salvator.
JIC Jeunesse Indépendante Catholique.
JMF Jeunesses Musicales de France.
JO Journal Officiel. Jeux Olympiques.
JOC Jeunesse Ouvrière Chrétienne.
Jun Jr Junior.
K Kiwanis club de Paris.
KB King's Bench [Le Banc du Roi) (Cour supérieure de Justice)]. Knight bachelor.
KBE Knight Commander of the Order of the British Empire.
KCB Knight Commander of the order of the Bath.
Kfz Kraftfahrzeug (véhicule automobile).
KG Knight of the Order of the Garter. Kommanditgesellschaft (société en commandite).
KGB Komitet Gosudarstvennoi Bezopasnosti (de contre-espionnage soviét.).
KGCA Carinthie.
KGL Post From Denmark. Indes occident. dan.
k.J. Kommenden Jahres (de l'année prochaine).
KK Post-stempel Autriche, Italie autrichienne.
KLM Koninklijke Luchtvaart Maatshappij (Ligne Aérienne Néerl.).
KO Knock Out (Hors de combat).
KPHTH Crète.
Kt Knight (Chevalier). **KT** Knight of the Order of the Thistle. Knight Templar.
Kto Konto (compte).
Kuk Königlich und Kaiserlich (royal et impérial).
Ky. Kentucky.
£ Pound (Livre sterling).
LA Lettre autographe.
La. Louisiana.
LAI Linee Aeree Italiane.
Lancs. Lancashire.
LAS Lettre autographe signée.
LASER Light Amplification by Stimulated Emission of Radiation.
lat. Latitude.
lb. Pound (livre).
lbs. avdp. Livres avoir du pois (poids anglais).
L/C Letter of credit (Lettre de crédit). **LC** Lions Club.
l.c.l. Less car load (Charge incomplète).
LCPC Laboratoire central des Ponts et Chaussées.
ldg. Loading (chargement).
led. Ledger (grand Livre). Ledig (célibataire).
Leics. Leicestershire.
LEM Livret d'Épargne Manuelle.
LEP Livret d'Épargne Populaire. Lycée d'enseign. professionnel.
lfd. Laufend (courant).
lfd.M. Laufenden Monats (du mois courant).
LICA Ligue contre l'antisémitisme.
LIDIE Liste Indépendante de Défense des Intérêts des Étudiants.
lim. Limite.
Lincs. Lincolnshire.
LIP Life Insurance Policy (police d'assur.-vie).
LIT Lire italienne.
liv. Livre.
L.J. Laufenden Jahres (de l'année courante). **LJ** Lord Justice.
Lkw Lastkraftwagen (camion).
LL.AA. Leurs Altesses.
LL.AA.EE. Leurs Altesses Électorales.
LL.AA.EEm. Leurs Altesses Éminentissimes.
LL.AA.II. Leurs Altesses Impériales.
LL.AA.RR. Leurs Altesses Royales.
LL.AA.SS. Leurs Altesses Sérénissimes.
LL.EE. Leurs Excellences.
LL.EEm. Leurs Éminences.
LL.GGr. Leurs Grâces.
LL.HH.PP. Leurs Hautes Puissances.
LL.MM.II. Leurs Majestés Impériales.
LL.MM.RR. Leurs Majestés Royales.
LM Légion du Mérite des USA.
LMc L'île de la Trinité, timbre local.
loc. cit. *Loco citato* (endroit cité).
loc. laud *Loco laudato* (passage loué).
LOF Loi d'orientation foncière.
log. Logarithme. Log. Logarithme népérien.
long. Longitude.
LOT Compagnie polonaise d'aviation (LOTnicze).
L'pool Liverpool.
LQ *Lege, quaeso* (lisez, je vous prie).
LR Lettre recommandée.
LS Locus sigilli (Leurs Sceaux, Emplacement du cachet). Lettre signée.
L.s.d. Librae solidi denarii (Livres, shillings, pence). Lyserg Saüre Diäthylamid.
LSE London School of Economics.
lt. Laut (selon).
Ltd Limited (Responsabilité limitée).
Ltn. Leutnant (sous-lieutenant).
LVF Légion des volontaires français.
m. Maroquin.
MA Master of Arts (lic. ès lettres). Modulation d'amplitude.
M/A Memorandum of association (acte constitutif).
m.a.b. Mise à bord.
MACA Mouvement d'Action des Commerçants et Artisans.
MAD Mutual Assured Destruction (destruction mutuelle assurée).
MAPKA *En russe :* timbre poste.
MARV Manœuvrable Re-entry Vehicle (véhicule de rentrée manœuvrable).
MAS Manuscrit autographe signé.
MASER Microwave Amplification by Stimulated Emission of Radiations.
max. Maximum.
MB Bachelor of Medicine.
MBA Master of Business Administration.
MBC Maxim's Business Club.
MBE Member of the Order of the British Empire.
MBFV Mutual and Balanced Force Reductions (réduction mutuelle et équilibrée des forces en Europe).
MC Military Cross. Master of Ceremonies. Member of Congress. Member of Council. **M/C., M/chtr.** Manchester. **m.c.** monnaie de compte (devise de référence pour la signature d'un contrat).
MCC Ministère de la Culture et de la Communication.
MCM Montants Compensatoires Monétaires.
MD Docteur en Médecine.Mentally deficient (débile).
m/d Months after date (à... mois d'échéance).
mdse merchandise (marchandise).
m.E. Meines Erachtens (à mon avis).
Me Maître.
MECV Ministère de l'Environnement et du Cadre de Vie.
Mehrw.St. Mehrwertsteuer (taxe sur la valeur ajoutée).
Mes Maîtres.
Messrs. Messieurs ; utilisé en anglais pour le pluriel de Mr. avec la même signification : Messieurs.
MEZ Mitteleuropäische Zeit (heure de l'Europe centrale).
MF Modulation de fréquence.
M.F. Moyenne fréquence.
mfg Manufacturing (fabrication).
mfr Manufacturer (fabricant).
MGEN Mutuelle générale de l'Éducation nationale.
Mgl Mitglied (membre).
MGM Metro-Goldwyn-Mayer.
mgr Manager. **Mgr** Monseigneur.
MI Military Intelligence. **MI5** Security services. **MI6** Secret Intelligence Service.
MIAGE Maîtrise d'Informatique Appliquée à la Gestion des Entreprises.
MIDAS Missile Defense Alarm System.
MIDEM Marché International du Disque et de l'Édition musicale.
MIIC Mouvement Intern. des Intellectuels Cath. « Pax Romana ».
MIL Microsystems International Limited.
MIN Marché d'intérêt national.
Min. Wt Minimum Weight (Poids min.).
Mio Million.
MIRV Multiple Independently Targetable Re-entry Vehicle (véhicule de rentrée à têtes multiples).
Mis, M^ise^ Marquis, marquise.
MIT Massachusetts Institute of Technology.
mi(ttw). Mittwochs (le mercredi).
MKSA Système mètre, kilogramme, seconde accélération (Giorgi).
MLF Mouvement de Libération des Femmes.
MLRS Multiple Launch Rocket System.
m/m Même mois.
m/n ou **m$s** Moneda nacional (monnaie du pays considéré).
MNA Mouvement Nationaliste Algérien.
MNEF Mutuelle nationale des étudiants de France.
MO Money-order (mandat postal).
mo(s) Month(s).
MOB Mouv. d'Organis. de la Bretagne.
MOCI Moniteur Officiel du Commerce et de l'Industrie.
mod. Moderne.
MODEF Mouvement de Défense des Exploitations Familiales.
mo(nt). Montags (le lundi).
MP Membre du Parlement. Military Police. A remettre en main propre. Moyenne pression.
MPC Mathématiques, Physique, Chimie.
MPC Miles per gallon.

MPH Miles per Hour (Miles à l'heure).
MPW Mouvement Populaire Wallon.
mq. mque Manque.
M/R Mates Receipt (Reçu de bord).
Mr., Mrs. Mister, Mistress.
MRAP Mouvement contre le racisme, l'antisémitisme et pour la paix.
MRBM Middle Range Ballistic Middle (missile balistique à portée moyenne).
Mrd Milliard.
MRJC Mouvement rural de la jeunesse chrétienne.
MRP Mouvement répub. populaire.
ms Manuscript (Manuscript). **ms., mss** Manuscrits. **MS** Master of Science. **MS** ou **M/S** Motor ship [Vessel] (Navire à moteur). **m/s** Months after sight (à... mois de vue). Ms se prononce « Miz », employé surtout aux USA quand on ignore si la personne à qui l'on adresse une lettre est Mademoiselle (Miss) ou Madame (Mrs.).
MSA Mutual Security Agency. (Caisse de Mutualité sociale agricole.)
MSBS Missile Sol-Sol Balistique Stratégique.
MSC Manchester Ship Canal.
MSG Maîtrise des Sciences de Gestion.
MSP Mouvement pour le socialisme par la participation.
MST Maladies sexuellement transmissibles.
MSTCF Maîtrise des sciences et techniques comptables et financières.
MT Mail Transfer (Transfert par courrier ordinaire).
mt Measurement (Cubage).
mtl. Monatlich (mensuel).
MTLD Mouvement pour le triomphe des libertés démocratiques (Algérie).
MTS Mètre, Tonne, Seconde.
MV ou M/V Motor ship [Vessel] (navire à moteur).
My.C. Military Cross.
m.Z. Mangels Zahlung (faute de paiement). **Mz.** Mehrzahl (pluriel).
N... Nom inconnu. **N.** Nord.
n., n/ Near (près de).
n.a. Not applicable (Pas applicable). Not available (non disponible).
Nachf. Nachfolger (successeur).
nachm. Nachmittags (l'après-midi).
NAF Nouvelle Action française.
NASA National Aeronautics and Space Administration.
NATO North Atlantic Treaty Organization (voir **OTAN**).
NB *Nota bene* (Notez bien).
nbr. Nombreux.
NC Non communiqué. Non coupé.
NCB National Coal Board.
NCE Nouvelle-Calédonie.
NCO Non Commissioned Officer (sous-officier).
n.c.v. No commercial value (Sans valeur commerciale).
n.d. Not dated (non daté).
N-D Notre-Dame.
NDLR Note de la Rédaction.
NEP Nouvelle Politique Économique.
NF Forces terrestres du Nyassaland (au Tanganyika). Newfoundland (Terre-Neuve).
NIRC National Industrial Relations Court.
N.L. Nouvelle lune.
NMBS Initiales flamandes de SNCB.
NMPP Nouv. Messageries de la Presse Parisienne.
NN.SS. Nos Seigneurs (les évêques).
NN.TT.CC.FF. Nos très chers Frères.
N.-O. Nord-ouest. **No.** Number (numéro).
NOAA National Oceanic and Atmospheric Agency.
Nom. Cap. Nominal capital (capital nominal).
nomin. Nominatif.
NORAD North American Air Defense Command (commandement de la défense aérienne de l'Amérique du Nord).
Northants. Northamptonshire.
Notts. Nottinghamshire.
NP Notary Public (notaire).
nr Near (près de).
NRA National Recovery Administration.
NRF Nouvelle Revue française.
n.r.t. Net registered tonnage (T. net).
NS Nachschrift (post-scriptum). Nova Scotia. Nouveau Style. Nederlandse Spoorwegen (P.-Bas).
NSB Nossi-Bé.
N.-S.J.-C. Notre-Seigneur Jésus-Christ.
NSP Notre Saint Père (le pape).
NSW New South Wales (Nouvelle-Galles-du-Sud).
N.T. Nouveau Testament.
NTCF Notre Très Cher Frère.
NTSC National Television System Committee.
NU Nations unies.
NUR National Union of Railwaymen.
NY New York.
NZ New-Zealand.
O. Order (commande). Ouest.
O/a On account of (Pour le compte de).
OAA Organis. des Nations Unies pour l'Alimentation et l'Agriculture (voir **FAO**).
OACI Org. de l'Aviation Civile Internationale.
OAP Old-age pension (retraite).
OAS Organization of American States. Organis. de l'Armée Secrète.
obl. Oblong.
o/c Overcharge (surcharge, trop-perçu).
OCAM Organisation Commune Africaine et Malgache.
OCDE Organisation de Coopération et de Développement Économique.
OCIC Office Catholique International Cinématographique.
od. Oder (ou). **o/d** On demand (Sur demande). **O/d** Overdraft (découvert).
OEA Organisation des États Américains.
OEC Organisation Eur. du Charbon.
OECE Organisation Européenne de Coopération Économique.
OEEC Organization for European Economic Cooperation.
OERT Organisation Européenne de Recherche sur le Traitement du Cancer.
OFM Ordre des Frères Mineurs (franciscains).
OFPRA Office Français de Protection des Réfugiés et Apatrides.
OFRATEME Office Français des Techniques Modernes d'éducation.
OGAF Opération Groupée d'Aménagement Foncier.
OHG Offene Handelsgesellschaft (société en nom collectif).
OHMS On Her Majesty's Service (G.-B.).
OIE Organisation Intern. des Employeurs.
OING Organisations internationales non gouvernementales.
OIPN Office International pour la Protection de la Nature.
OIR Organ. Intern. des Réfugiés. Organ. Intern. de Radiodiffusion.
OIT Organisation Internationale du Travail.
OIV Office International du Vin.
OJD Office de la Justification de la Diffusion (Journaux).
o.K. ohne Kosten (sans frais).
OK Oll Kurrect (all correct).
OLAS Organisation Latino-américaine de Solidarité.
OMC Outboard Marine Corporation.
OMI Organisation Météorologique Intern.
OMM Organ. Météorologique Mondiale.
OMS Organisation Mondiale de la Santé.
OMT Organisation Mondiale du Tourisme.
ONERA Office National d'Études et de Recherches Aérospatiales.
ONG Organisation non Gouvernementale.
ONIA Office Nat. Industriel de l'Azote.
ONIC Office National Interprofessionnel des Céréales.
ONISEP Office National d'Information sur les Enseignements et les Professions.
ONM Office Nat. Météorologique.
O.-N.-O. ouest-nord-ouest.
ONU Organisation des Nations Unies.
ONUDI Organisation des Nations Unies pour le développement industriel.
o/o Order of (à l'ordre de).
Op. Opus (ouvrage). **OP** Ordre des Prêcheurs (dominicains). Open policy (police ouverte). **o/p** Out of print (tirage épuisé). Orden de pago (ordre de paiement).
OPA Offre Publique d'Achat.
OPAEP Organisation des Pays Arabes Exportateurs de Pétrole.
op. cit. *Opere citato* (ouvrage cité).
OPE Offre Publique d'Échange.
OPEP Organisation des Pays Exportateurs de Pétrole.
op.laud. *Opere laudato* (ouvrage loué).
O/R Owner's risks (Aux risques du propriétaire).
ord. Ordinary (ordinaire). Ordinary share (action ordinaire).
ORE Office Régional pour l'Europe.
ORGECO Organisation Générale des Consommateurs.
orig. Original.
ORSEC Organisation des Secours.
ORSTOM Office de la Recherche Scientifique et Technique d'Outre-Mer.
ORTF Office de la Radiodiffusion et Télévision Française.
OS Ouvrier spécialisé.
OSB Ordre de St-Benoît (bénédictins).
OSE Organ. de Secours aux Enfants (Juifs).
O.-S.-O. ouest-sud-ouest.
OSS Office of Strategic Services.
OST Organisation Scientifique du Travail.
OTAN Organisation du Traité de l'Atlantique Nord.
OTASE Organisation du Traité de l'Asie du Sud-Est.
OTS Orbital Test Satellite.
OUA Organisation de l'Unité Africaine.
o.u.O. Ohne unser Obligo (sans garantie, ni responsabilité de notre part).
OURS Off. Univers. de Rech. Socialiste.
OVNI Objet volant non identifié.
Oz Ounce (Once).
p. Page. pages. **P** Père.
PA Particular average (Avaries particulières). **p.A.** Per Adresse (aux bons soins de). **p.a.** *Per annum* (Par an). **P/A** Power of attorney (Procuration).
PAA Pan American Airways.
PAE Projet d'Action Éducative.
PAL Phase Alternative Line. Philippine Airlines.
pap. Papier.
PAP Programme d'Action Prioritaire. Prêt pour l'Accession à la Propriété.
PAR Plan d'Aménagement Rural.
parch. Parchemin.
part. Partie.
PAS Pièce autographe signée.
P. at. Poids atomique.
PAWA Pan American World Airways.
PAYE Pay as you earn (retenue à la source sur salaire).
PAZ Plan d'Aménagement de Zones.
PC Accusé de réception. Parti Communiste. Poste de Commandement. Prêt Conventionné. Petty cash (petite caisse). **PC** Prêt conventionné. Permis de Construire. **P/C** Price current (prix courant).
PCB Physique, Chimie, Biologie. Petty cash book (livre de petite caisse).
PCC Pour copie conforme.
PCCP *(caractères cyrilliques)*. Voir **RSFSR**.
Pce, Pcesse Prince, princesse.
pcl Parcel (colis).
PCV Paiement contre vérification.
pd Paid (Payé).
PDEM Pays Développés à Économie de Marché.
PDG Président-directeur général.
pdo Pasado (du mois écoulé).
PDR Prime de Développement Régional.
PE Égypte.
PEEP Fédération des Parents d'Élèves de l'Enseignement Public.
PEG Peloton d'élèves gradés (sous-officiers).
PEGC Professeur d'enseignement général de collège.
PEGC-CET Professeur d'enseignement général des collèges d'enseignement technique.
PEL Plan d'épargne-logement.
Pembs. Pembrokeshire.
PEN (Fédération Internationale des Clubs [Poets, Essayists, Novelists]).
PER Price Earning Rate (rapport cours-bénéfice net).
perc. Percaline.
Per pro *Per procurationem* (Par procur.).
PERT Program Evaluation and Review Technique (ou Research Task).
PETT Professeur d'enseignement technique théorique.
P. et CH. Ponts et Chaussées.
P et P Profits et Pertes.
p. ex. Par exemple.
Pfd Pfund (Livre).
PGCD Plus grand commun diviseur.
p.i. Par intérim.
PIA Pakistan International Airlines.
PIB Produit Intérieur Brut.
PIC Prêts Immobiliers Conventionnés.
pinx. *Pinxit* (peint par).
piq. de v. Piqûres de vers.
PIRE Puissance Isotrope Rayonnée Équivalente.
PJ Police Judiciaire.
pkg. Package (colis).
Pkt Paket (paquet). Punkt (point).
Pkw Personenkraftwagen (voiture de tourisme).
Pl. Place. **pl.** Planche. **P.L.** Pleine lune. **P & L** Profit and Loss (profits et pertes).
PLAR Prime de Localisation des Activités de Recherche.

PLAT Prime de Localisation des Activités Tertiaires.
PLD Plafond Légal de Densité.
PLM Paris-Lyon-Méditerranée.
PLOUF Projet de Loi d'Orientation Foncière et Urbaine.
PLP Parti libéral politique.
PLR Programme à Loyer Réduit.
pl. rel. pleine reliure.
p.m. *Post meridiem* [(h) après-midi].
pm. Premium (prime d'assurance).
PM Préparation militaire.
PME Petites et Moyennes Entreprises.
PMFAT Personnel Militaire Féminin de l'Armée de Terre.
PMG Postmaster General.
PMI Petites et moyennes industries.
P. mol. Poids moléculaire.
PMP Préparation militaire parachutiste.
PMS Préparation Militaire Supérieure.
PMU Paris Mutuel Urbain.
P/N Promissory Note (Billet à ordre).
PNB Parti National Breton. Produit National Brut.
PNUD Programme des Nations Unies pour le développement.
PO Post Office. Paris-Orléans. Postal order (mandat postal).
P & O Peninsular and Oriental Steamship Company.
POB Post Office Box (Boîte postale).
POD Pay on delivery (Payable à la livraison).
POE Port of embarkation (P. d'emb.)
POO Post Office Order (mandat-poste).
POS Plan d'occupation des sols.
PP Préventive de la Pellage (Vitamine). Parcel post. **pp, p.p., ppa., p.pa.** *Per procurationem* (par procuration).
PPBS Planning Programmy Budgetary System.
P.p.c. Pour prendre congé.
PPCM Plus petit commun multiple.
ppd. Prepaid (Payé d'avance).
PPEOR Peloton préparatoire d'élèves-officiers de réserve.
PPF Parti Populaire Français.
P PGS Perak.
PPLO Pleuro-Pneumonia Like Organisms.
Ppté. Propriété.
PR Poste restante. **Pr.** Professeur.
P.Q. Premier quartier.
pref. Preference.
Prét. Prétentions.
Prox. Proximité. **prox.** Proximo [(du mois) prochain].
PS Post-scriptum. Parti socialiste. **ps.** Psaume, psaumes. **p.s.** Pointe sèche.
PSC Parti social-chrétien.
PSEG Peloton spécial d'élèves gradés. Les brevetés PM « Air » avec mention TB peuvent y être incorporés (en octobre) et devenir EOR de l'Armée de l'air.
PSNC Pérou (Compagnie du Pacifique de la navigation à vapeur).
PSU Parti Socialiste Unifié.
PSV Pilotage sans Visibilité.
P et T Postes et Télécommunications.
PTA Professeur technique adjoint. Prepaid Ticket Advice.
PTCA Poids total en charge autorisé.
PTCT Professeur technique chef de travaux.
PTEP Professeur technique d'enseignement professionnel.
PTMA Poids total max. autorisé.
pt(s) Pint(s).
PTO Please turn over (Tournez la page s.v.p.).
PTT Postes Télégraphes Téléphones. Postes et Télécommunications.
PUF Presses Universitaires de France.
PUK Péchiney-Ugine-Kuhlman.
PV Procès-verbal.
PVD Paquet avec valeur déclarée. Pays en Voie de Développement.
PWR Pressurised Water Reactor (réacteur à eau pressurisée).
Q. Question.
q.e.d. *Quod erat demonstrandum* (ce qu'il fallait démontrer).
q.e.f. Quod erat faciendum (ce qu'il fallait faire).
q.e.i. quod erat inveniendum (ce qu'il fallait trouver).
QG Quartier Général.
QI Quotient d'Intelligence.
q.l. *Quantum libet* (autant qu'il plaît).
qlty Quality (qualité).
QMG Quartermaster General (Intendant général d'armée).
qq Quelques.
QR Quotient Respiratoire.
QS Quantité suffisante.
QSO Quasi Stellar Objects.
QSS Quasi Stellar Radiosources.
Q.v. Quantum vult (autant qu'on veut).
r. Recto. **R.** Rue. Réponse. Jind timbre : le Jind formait avec les États de Patiala et de Nabha les « Phulkian States ».
RA Royal Academy. Royal Artillery.
Rand A Royal and Ancient.
rac. Raciné. **RAC** Royal Automobile Club.
RADAR Radio Direction and Range.
RAF Royal Air Force.
RANFRAN Rassemblement National des Français Rapatriés d'Afr. du N. et d'outre-mer.
RAP Régie Autonome des Pétroles. Règlement d'Administration Publique.
RAS Rien à signaler.
RATP Régit Auton. des Transp. Paris.
RAU République Arabe Unie.
RBE Résultat Brut d'Exploitation.
RC Red-Cross. Roman Catholic. Racing Club.
RCA Radio Corporation of America. République centrafricaine.
RCB Rationalisation des Choix Budgétaires.
R/D Refer to drawer [voir le tireur (banque)] **rd** Round (environ, approximativement). **r.d.** Running days [jours courants (successifs)].
RDA Républ. démocratique allemande. Rassemblement démocratique afric.
R.-de-ch. Rez-de-chaussée.
Re Respecting (Concernant).
Recd. Received (Reçu).
R et D Recherche et Développement.
red. Redeemable (amortissable).
ref. Référence.
Regd. Registered (Enregistré).
rel. Relié.
RENFE Red nacional de Ferrocariles Españoles (Espagne).
REP Ras. des Étud. pour la Particip.
retd Returned (en retour).
RF République Française.
RFA République fédérale allemande.
RGR Rassemblement des Gauches Répub.
RH République haïtienne.
RI Rotary Club International. Régiment d'Infanterie.
RM Réarmement Moral.
RN Royal Navy. Revenu National.
RNAC Royal Nepal Airlines Corporation.
RNP Rassemblement National Populaire.
r° Recto.
RO Roumélie orientale.
Rp Réponse payée. **RP** Représentation Proportionnelle. Révérend Père.
RPF Rassemblement du Peuple Franç.
RRPP Révérends Pères.
RSA République sud-africaine.
RSFSR République soviétique fédérative socialiste de Russie.
RSVP Répondez s'il vous plaît.
Rte Route.
RTF Radiodiffusion-Télévision Franç.
RTL Radio-Télévision Luxembourgeoise.
RTS Radio Télévision Scolaire.
RV Rendez-vous.
Ry Railway (Chemin de fer).
RY Rotary Club.
$ Dollar (U.S.).
sh(s). Shilling(s).
S. Sud. Seite (page). **s.** Siehe (voyez). Siècle.
sa. Samstags, sonnabends (le samedi). **SA** Société Anonyme. South Africa. Son Altesse. Sturmabteillung (section d'assaut).
SABENA Société Anonyme Belge de Navigation Aérienne.
SAC Service d'Action Civique. Strategic Air Command.
SACD Société des Auteurs et Compositeurs Dramatiques.
SACEM Société des Auteurs, Compositeurs et Éditeurs de Musique.
SACEUR Supreme Allied Commander Europe (commandement suprême des forces alliées en Europe).
SACLANT Supreme Allied Commander Atlantic (comm. supr. atlant. allié).
SAE Son Altesse Éminentissime.
SAFER Société d'Aménagement Foncier et d'Établissement Rural.
SAI Son Altesse Impériale.
SALT Strategic Arms Limitation Talks (pourparlers sur la limitation des armements stratégiques).
SAM Surface-to-Air Missile (missile sol-air).
SAMRO Satellite Militaire de Reconnaissance Optique.
SAR Son Altesse Royale. South African Republic. Secteur d'Amélioration Rurale.
SARL Société à Responsabilité Limitée.
SAS Scandinavian Airlines System. Son Altesse Sérénissime.
SATCP Missiles Sol-Air Très Courte Portée.
SAU Surface Agricole Utile.
SB Sales-book (livre des ventes).
s.b.f. Sauf bonne fin.
sc. Scène. **SC** The World Security Council.
Sc D Scientiae Doctor (Docteur ès Sciences).
SCI Service Civil International. Société Civile Immobilière.
SCOA Société Com. de l'Ouest Africain.
SCPI Société Civile de Placement Immobilier.
SCPRI Service Central de Protection contre les Rayonnements Ionisants.
sculp., sc. *Sculpsit* (gravé par).
s.d. Sans date.
SD *Sine die.*
SDAU Schémas directeurs d'aménagement et d'urbanisme.
S.d.b. Salle de bains.
SDECE Service de Documentation Extérieure et de Contre-Espionnage.
SDN Société des Nations (1919-1945).
SE Son Excellence. Son Éminence. Stock Exchange.
SEA Société d'économie mixte.
SEATO South-East Asia Treaty Organization (voir **OTASE**).
sec. Sécante. **Sec.** Section, secretary (section, secrétaire).
SECAM Séquentiel à Mémoire.
sect. Section.
SEEF Service d'Études Écon. et Fin.
S. & F.A. Shipping and Forwarding Agent (Transitaire).
SEITA Société nat. d'Exploitation Industr. des Tabacs et Allumettes.
SEm Son Éminence (un cardinal).
SEMA Société d'Économie de Mathématiques appliquées.
Sen., Senr. Senior.
SEO Sauf erreur ou omission.
SEPOR Service des programmes des organismes de recherche.
Seq... the following (... et la suite).
SEREPT Société de Recherche et d'Exploitation du Pétrole en Tunisie.
s.e.u.o. Salvo error u omisión (sauf erreur ou omission).
SExc Son Excellence (un évêque).
SF Sans frais. Stade-Français.
SFI Société Financière Internationale.
SFIO Section Française de l'Internationale Ouvrière (Parti Social. IIe Internationale).
sgd Signed (signé).
SGDG Sans garantie du gouvern.
SGDN Secrétariat Général de la Défense Nationale.
SGEN Synd. Général Éduc. Nationale.
SGL Société des Gens de Lettres.
SGr Sa Grâce (un duc).
sh., shr. Share (action).
sh Sinus hyperbolique. **SH** Société Hippique. **Sa** Hautesse (sultan). Schleswig-Holstein.
s.h. ex. Sundays and Holidays excepted (Dimanche et jours fériés exceptés).
SHAPE Supreme Headquarter (of the) Allied Powers in Europe.
shipt Shipment (expédition).
SHOM Service hydrographique et océanographique de la Marine.
SHS Yougoslavie (Royaume des Serbes, des Croates et des Slovènes).
s.i. Sauf imprévus. **SI** Syndicat d'Initiative.
SIBEV Société Interprofessionnelle du Bétail et des Viandes.
SICA Société d'Intérêt Collectif Agricole.
SICAV Soc. d'Invest. à Capital Variable.
SICI Soc. Immobilière pour le Commerce et l'Industrie.
SICOB Salon des Industries du Commerce et de l'Organisation du Bureau.
SICOVAM Société Interprof. pour la Compensation des Valeurs Mobilières.
SIDA Syndrome immunodéficitaire acquis.
SIDO Société Interprofessionnelle des Oléagineux.
SIGYCOP profil médical. S : membres sup., I : membres inf., G : état général, Y : yeux, vision (couleurs exclues), C : vision des couleurs, O : oreilles et audition, P : psychisme.
SIMCA Société Industrielle de Mécanique et de Carrosserie.
sin Sinus.
SIRPA Service d'information et de relations publiques des armées.
SIRTC Société Intern. des Recherches contre la Tuberculose et le Cancer.
SIVOM Syndicat intercommunal à vocation multiple.
SJ Société de Jésus (Jésuites).
s.l. Sans lieu.

s.l.n.d. Sans lieu ni date.
SM Sa Majesté.
SMAG Salaire Minimum Agricole Garanti.
SMB Sa Majesté Britannique.
SMC Sa Majesté Catholique.
SME Système Monétaire Européen.
SMI Sa Majesté Impériale.
SMIC Salaire Minimum Interprof. de Croissance.
SMIG Salaire Minimum Interprofessionnel Garanti.
SMR Sa Majesté Royale.
SMSR Service Médical de Surveillance Radiologique.
SMTC Sa Majesté Très Chrétienne.
SMTF Sa Majesté Très Fidèle.
sn Sans nom. **S/N** Shipping note (note de chargement).
SNA Sous-marin Nucléaire d'Attaque.
SNCASO Société Nationale de Construction Aéronautique du Sud-Ouest.
SNCASE Société Nationale de Construction Aéronautique du Sud-Est.
SNCB Société Nationale des Chemins de Fer Belges.
SNCF Soc. Nat. des Chemins de Fer Français.
SNECMA Société Nationale d'Études et de Construction de Moteurs d'Avions.
SNESup. Syndycat National de l'Enseignement Supérieur.
SNES Syndicat. Nat. Ens. Secondaire.
SNET Synd. Nat. de l'Ens. Technique.
SNETAP Syndicat National de l'Enseignement Technique Agricole Public.
SNGR Sin Nuestra Garantia ni Responsabilidad (sans garantie, ni responsabilité de notre part).
SNI Syndycat National des Instituteurs.
SNIAS Soc. Nat. des Industries Aéronautiques et Spatiales.
SNLE Sous-marin Nucléaire Lanceur d'Engins.
SNPA Soc. Nat. des Pétroles d'Aquitaine.
SNPE Société Nationale des Poudres et Explosifs.
SNPQR Syndicat National de la Presse Quotidienne Régionale.
s.o. Seller's option (option du vendeur). Siehe oben (voir plus haut).
SO Silésie orientale. **so.** Sonntags (le dimanche).
SOFIRAD Soc. Financière de Radiodiffusion.
SOFRES Soc. Franç. d'Enquêtes par Sondage.
SOMIVAC Société pour la Mise en Valeur de la Corse.
SOPEXA Société pour l'Expansion des Ventes de Produits Agricoles Alimentaires.
SOS Save Our Souls.
SP Secteur postal.
SPA Société Protectrice des Animaux.
SPCN Sciences Physiques, Chimiques, Naturelles.
SPM St-Pierre-et-Miquelon.
SPQR *Senatus populusque romanus* (le sénat et le peuple romains).
Sq. Stéréo quadriphonie. *sq Sequens* (suivant). Square (carré).
sqq. Sequentes (suivants).
SR Service de Renseignements.
SS Sécurité Sociale. Steamship. Sa Sainteté. Schutzstaffel (All., Section spéciale). Secteur Sauvegardé.
S/S Steamship (bateau à vapeur).
S.-S.-E. Sud-sud-est.
S'sea Swansea.
S.-S.-O. Sud-sud-ouest.
st. Stone. Station. St Street (rue). Stück (pièce).
Staffs. Staffordshire.
START Strategic Arms Reduction Talks (Négociations sur la Réduction des Armements stratégiques).
std Standard. Std. Stunde(n) [heure(s)].
Sté Société.
ster., stg Sterling.
STGM Sa Très Gracieuse Majesté.
STH Surface toujours en herbe.
stk Stock.
STOL Short Take Off and Landing.
S. to S. Station to Station (de gare à g.).
s.u. Siehe unten (voir plus bas).
SVP S'il vous plaît.
SWA Sud-Ouest africain.
t. Tome. Toile. Tonne.
TA Telegraphic address (ad. télégraphique).
TAAF Terres Australes et Antarctiques Françaises.
TAI Transports Aériens Intercontinentaux. Temps Atomique International.
TAP Troupes aéroportées.
TB Trial balance (balance de vérification).
TB ex. Très bon exemplaire.
TC Télégramme collationné.
TCA Taxe sur le Chiffre d'Affaires.
TCF Touring-Club de France. Très Cher Frère.
TCS Touring-Club de Suisse.
TD Travaux dirigés.
TEE Trans-Europ-Express.
Tél. Téléphone.
TEP Tonne Equivalent Pétrole.
tg. Tangente.
tgl. Täglich (tous les jours).
TGV Train à grande vitesse.
th Tangente hyperbolique.
THAI Thai International Airways.
TIF Transports internationaux par chemin de fer.
TIR Transports Internationaux Routiers.
Thro'B.-L. Through the Bill of Loading (Par le connaissement).
Tir. tirage.
TL Total loss (perte totale).
TLE Taxe locale d'équipement.
TLI Taxe locale incluse.
t.l.o. Total loss only (Perte totale seulement).
tlw Teilweise (partiellement).
TMO Telegraphic money order (mandat télégraphique).
TNC Théâtre National de Chaillot.
TNP Théâtre National Populaire.
TNT Trinitrotoluène.
t.o. Toit ouvrant.
TO Turnover (chiffre d'affaires).
TOE Théâtre d'Opérations extérieures.
TOM Territoire d'Outre-Mer.
TP Travaux pratiques. Travaux publics.
TPS Taxe de prestation de service.
tr. Trustee (curateur, dépositaire). Travellers Club. Tranche.
Tsd. Tausend (mille).
TSF Télégraphie sans fil.
TSS Très Saint-Sacrement.
TSVP Tournez s'il vous plaît.
TT Telegraphic transfer (transfert tél.). Transit temporaire (ou TTX).
TTC Toutes Taxes Comprises (prix).
TTCCFF Très Chers Frères.
Tt cft Tout confort.
TU Temps Universel.
TUC Trade Union Congress. Temps Universel Coordonné.
TUP Titre Universel de Paiement.
TVA Taxe sur la Valeur Ajoutée. Tennessee Valley Authority.
TWA Trans World Airlines.
u. Und (et).
u.a Unter anderen (entre autres).
UAMCE Union Africaine et Malgache de Coopération Économique.
UAR United Arab Republic.
UASPTT Union des Associations Sportives des PTT.
UAT Union Aéromaritime de Transport.
u.A.w.g. Um Antwort wird gebeten (répondre s'il vous plaît).
UCE Unité de Compte Européenne.
UCJF Union Chrétienne des Jeunes Filles.
UCJG Union Chrétienne des Jeunes Gens.
UDAO Un. Douan. de l'Afriq. de l'O.
UDCA Union de Défense des Commerçants et Artisans (Poujade).
UDR Union des Démocrates p. la Ve Rép.
UDSR Union Démocratique et Socialiste de la Résistance.
UDT Union Démocratique du Travail.
UEBL Union Économique Belgo-Luxembourgeoise.
UEO Union de l'Europe Occidentale.
UEP Union Européenne des Paiements.
UER Unité d'Enseignement et de Recherche. Union Eur. de Radiodiffusion.
UFC Union Fédérale de la Consommation.
UFJT Un. des Foyers des Jeunes Trav.
UFM Union Fédéraliste Mondiale.
UG Ouganda.
UGB Unité Gros Bétail.
UGE Union des Grandes Écoles.
UGTAN Union Générale des Travailleurs d'Afrique Noire.
UHF Ultra High Frequency.
UHT Ultra Haute Température.
UIA Union Intern. contre l'Alcoolisme. Union Intern. Antiraciste. Union Intern. des Architectes. Union Intern. des Syndicats des Industries Alim.
UIAA Union Internationale des Associations d'Alpinisme.
UIC Union Intern. des Chemins de Fer.
UICC Union Intern. contre le Cancer.
UICT Union Intern. contre la Tuberculose.
UIE Union Intern. des Étudiants.
UIMM Union Industr. Métal. Minière.
UINF Union Int. de la Navig. Fluviale.
UIP Union Interparlementaire.
UIPE Union Internationale de Protection de l'Enfance.
UIS Union Internationale de Secours.
UISC Unité d'Instruction et de Sécurité Civile.
UIT Union Int. des Télécommunications.
UJP Union de Jeunes pour le Progrès.
UJRF Union de la Jeunesse Rép. de France.
UK United Kingdom.
Ult. Ultimo (dernier du mois écoulé).
UN United Nations.
UNAF Union Nat. des Assoc. Familiales.
UNATI Union Nat. des Artisans et Travailleurs Indépendants.
UNC Union Nationale des Combattants.
UNCAL Union Nationale des Comités d'Action Lycéens.
UNCAP Union Nat. des Commerçants Artisans et Prof. Libérales.
UNCDF United Nations Capital Development Fund.
UNDP United Nations Development Program.
UNEDIC Union Nationale pour l'Emploi dans l'Industrie et le Commerce.
UNEF Union Nationale des Étudiants de France.
UNESCO United Nations Educational Scientific and Cultural Organization.
UNFPA United Nations Fund for Population Activities.
UNI Union Nat. Interuniversitaire.
UNICEF United Nations International Children's Emergency Fund.
UNIDO United Nations Industrial Development Organization.
UNO United Nations Organization.
UNOF Union Nat. des Organis. Famil.
UNR Union pour la Nouvelle Rép.
UNRRA United Nations Relief and Rehabilitation Administration (Administration des Nations Unies pour le Secours et la Reconstruction).
UNRWA Office de Secours des Nations Unies et de Travaux pour les Réfugiés (palestiniens).
UNTCD United Nations Technical Cooperation for Development.
UP United Press.
UPA Unité Prioritaire d'Aménagement.
UPU Union Postale Universelle.
URAC Union des Rép. d'Afrique Centrale.
URSS Union des Républiques Socialistes Soviétiques.
URSSAF Union pour le Recouvrement des Cotisations de la Séc. Soc. et des Alloc. Fam.
us. Usé.
USA United States of America.
USD Dollar (USA).
USMC US Marine Corps.
USSR Rép. Soviétique Socialiste d'Ukraine.
usw. Und so weiter (et ainsi de suite, etc.).
UTA Union de Transports Aériens. Unité de Traction Animale. Unité de Travail Annuel.
UTH Unité de Travail Homme.
UTO United Towns Organization.
u.U. Unter Umständen (le cas échéant).
UV Unité de Valeur.
U/W Underwriter (assureur).
u.zw. Und zwar (à savoir).
v. Vers. Veau. **V.** *Versus* [Contre (droit)]. Voir, voyez.
VAB Véhicule de l'Avant-Blindé.
VAG Volkswagenwerk AG.
Val. Valuta, Wert (valeur).
Var. Var. Variante.
VARIG Viação Aerea Rio Grandense (Cie d'aviation de l'État de Rio Grande do Sul).
VAT Volontaire pour l'aide technique.
VC Victoria Cross.
Vd Vend.
verh. Verheiratet (marié).
verw. Verwitwet (veuf).
v.g. *Verbi gratia* (exemple).
vgl. Vergleiche (comparez).
v.H. Vor Hundert (pour cent).
VHF Very High Frequency.
vign. Vignette.
VIP Very Important Person.
viz. Namely (à savoir).
v.J. vorigen Jahres (de l'année précédente).
v.M. vorigen Monats (du mois précédent).
v°, v[is] *Verbo, verbis.*
v° Verso.
Vol Volume.
VO Vice-président.
VQPRD Vin de qualité produit dans des régions déterminées.
VRP Voyageurs de Commerce, Représentants et Placiers.
VSNA Volontaire pour le service national actif au titre de la coopération.
VSOP Very Superior Old Pale (très vieil alcool supérieur).

Vte, V^tesse^ Vicomte, vicomtesse.
Vto Vencimiento (échéance).
VTOL Vertical Take Off and Landing.
v.v. *Vice versa.*
Vve Veuve.
vx Vieux.
vx fr. Vieux français.
WA With Particular Average ou WPA (couverture plus large que celle du FPA).
WASP White anglo-saxon protestant.
WC Water-closet. West-Center.
Wd Warranted (garanti).
WEU Western European Union.
WFP World Food Program.
WFTU World Federation of Trade Unions.
wgt Weight (poids).
Wh Whatmann.
whf Wharf (quai).
WHO World Health Organization (voir **OMS**).
whse Warehouse (entrepôt).
WJC World Jewish Congress.
wk Week (semaine).
W/M Weight or measurement (poids ou cube).
WMO World Meteorological Organiz. (voir **OMM**).
WOR Without Our Responsability (Sans responsabilité de notre part).
WPA With particular average (Avec avaries particulières).
WPC World Power Conference.
w.p.m. Words per minute (mots à la minute).
WR Wire Reply (câble réponse).
Wt Weight (poids).
WTO World Tourist Organization.
W/W Warehouse-warrant.
w.w.d. Weather working days, weather permitting (Jours ouvrables, temps le permettant).
X.c. Ex-coupon (dividende).
X.d. Ex-dividende.
x.i. Ex-interest (ex-intérêt).
Xmas Christmas (Noël).
x-ml, x-mll Ex mill (départ usine).
XP Express paid.
x-ship, x-shp Ex ship (au débarquement).
x-stre Ex store (disponible).
x-whse Ex warehouse (disponible).
x-wks Ex works (départ usine).
Y/A York Antwerp Rules [Règles d'York et Anvers (Ass. mar.)].
YCF Yacht-Club de France.
Yd Yard.
YMCA Young Men's Christian Association.
YMCF Yacht Motor Club de France.
Yorks. Yorkshire.
yr Year, Your (année, vôtre).
YWCA World's Alliance of Young Women's Christian Association.
Z Zéro.
ZAC Zone d'Aménagement Concerté.
ZAD Zone d'Aménagement Différé.
z.B. Zum Beispiel (par exemple).
z.d.A. Zu den Akten (à classer).
ZAR Transvaal.
ZEAT Zone d'Études et d'Aménagement du Territoire.
ZEDE Zone d'Étude Démographique et d'Emploi.
ZEP Zone d'Environnement Protégé.
ZIF Zone d'Intervention Foncière.
ZIV Zone Industrielle Verticale.
ZPIU Zone de Peuplement Industriel ou Urbain.
z.T. Zum Teil (en partie).
Ztg. Zeitung (journal).
Ztr. Zentner (50 kg).
ZUP Zone à Urbaniser en Priorité.
zuz zuzüglich (en supplément).
z.Z. zur Zeit (actuellement).
1'6" 1 foot 6 inches (1 pied six pouces).
1 cu. ft. 1 cubic foot (1 pied cubique).

Chiffres romains

I	II	III	IV	V	VI	VII	VIII	IX	X	XI
1	2	3	4	5	6	7	8	9	10	11
XII	XX	XXX	XL	L	LX	LXX				
12	20	30	40	50	60	70				
LXXX	XC	C	D	M						
80	90	100	500	1000						

Principe d'écriture. *Si à la droite d'un chiffre* on en écrit un autre moindre ou égal, la valeur du 1er chiffre se trouve augmentée de la valeur du 2e.

Ex. : VIII = 5 + 3 ou 8 ; XX = 10 + 10 ou 20 ; LXVII = 50 + 10 + 5 + 2 = 67.

Si à la gauche on en écrit un autre moindre, la valeur du 2e se trouve diminuée de la valeur du 1er.
Ex. : IV = 5 − 1 ou 4 ; XL = 50 − 10 ou 40, mais ce système n'est pas employé pour les milliers (M).

Le chiffre romain le plus long : MMMMDCCCCLXXXVIII (4 988).

Alphabets

☞ Voir autres alphabets Index.

Alphabet morse international

Inventé par Samuel Morse, peintre et physicien américain (1791-1872). Un trait égale 3 points. L'espace entre les différents signes d'une lettre égale 1 point ; entre 2 lettres : 3 points ; entre 2 mots : 7 points.

Point · — · — · —
Alinéa · — · — · ·
Virgule — — · · — —
Point-virgule — · — · — ·
Deux points ou signe de division (:) — — — · · ·
Guillemet · — · · — ·
Point interrogatif · · — — · ·
Point exclamatif — — · · — —
Apostrophe · — — — — ·
Trait d'union, tiret ou signe de soustraction — · · · · —
Souligné · · — — · —
Parenthèse de gauche [(] — · — — ·
Parenthèse de droite [)] — — — · —
Double trait (=) — · · · —
Croix ou signe d'addition (+) · — · —
Signe de multiplication — · · —
Barre de fraction ou (/) — · · — ·
Début d'émission — · — · —
De — · · ·
Erreur · · · · · · · ·
Répétez après · · — — · ·
Compris · · · — · —
Transmettez — · — —
Attendez · — · · · —
Reçu · — ·
Fin de transmission · · · — · —

A · — B — · · · C — · — · D — · · E · ÉÈÊ · · — · · F · · — · G — — · H · · · · I · · J · — — — K — · — L · — · · M — — N — · O — — — P · — — · Q — — · — R · — · S · · · T — U · · — V · · · — W · — — X — · · — Y — · — — Z — — · ·

1 · — — — — 2 · · — — — 3 · · · — — 4 · · · · — 5 · · · · · 6 — · · · · 7 — — · · · 8 — — — · · 9 — — — — · 0 — — — — —

Dans les répétitions d'office, lorsqu'il ne peut y avoir de malentendu du fait de la coexistence de chiffres et de lettres ou de groupes de lettres, les chiffres peuvent être transmis au moyen des signaux suivants :

1 · — 2 · · — 3 · · · — 4 · · · · — 5 · · · · · 6 — · · · · 7 — · · · 8 — · · 9 — · 0 —

Code international sol/air

Nota. — Peut être utilisé à l'intention des avions. Les panneaux doivent être de 3 à 4 m de long. On peut utiliser les moyens disponibles (cailloux, branchages, etc.).

1	besoin carte et boussole	□	11	non, négatif	N
2	besoin essence et huile	L	12	non compris	JL
3	tout va bien	LL	13	besoin lampe et radio	— —
4	véhicule endommagé	⊔	14	besoin arme et munitions	≫
5	besoin médecin	—	15	nous avançons dans cette direction	←
6	besoin médicaments	=	16	indiquer la direction a suivre	K
7	incapable d'avancer	X	17	vêtements nécessaires	≡
8	besoin eau et vivres	F	18	atterrissage dans cette direction	◁—
9	mécanicien nécessaire	W	19	ne pas atterrir ici	✱
10	oui, affirmatif	Y	20	essaierons de continuer	<|

Sémaphore

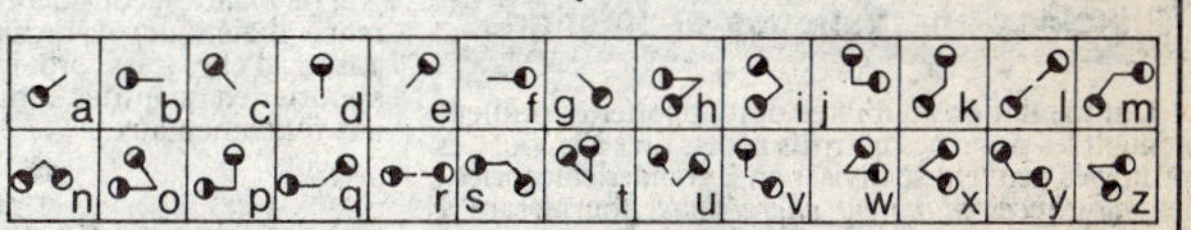

Nota. — 1 = a. 2 = b. 3 = c. 4 = d. 5 = e. 6 = f. 7 = g. 8 = h. 9 = i. 0 = j.

Alphabet gothique

IMPRIMERIE	ÉCRITURE	APPELLATION	IMPRIMERIE	ÉCRITURE	APPELLATION
𝔄 𝔞		a â	𝔑 𝔫		n enn
𝔅 𝔟		b bé	𝔒 𝔬		o ô
ℭ 𝔠		c tsé	𝔓 𝔭		p pé
𝔇 𝔡		d dé	𝔔 𝔮		q kou
𝔈 𝔢		e é	ℜ 𝔯		r err
𝔉 𝔣		f eff	𝔖 ſ		s ess
𝔊 𝔤		g ghé	𝔗 𝔱		t té
ℌ 𝔥		h hâ	𝔘 𝔲		u ou
ℑ 𝔦		i i	𝔙 𝔳		v faou
𝔍 𝔧		j iott	𝔚 𝔴		w vé
𝔎 𝔨		k kâ	𝔛 𝔵		x iks
𝔏 𝔩		l ell	𝔜 𝔶		y ipsilonn
𝔐 𝔪		m emm	ℨ 𝔷		z tsett

☞ Voir également page suivante le texte sur la signalisation phonétique internationale.

Les administrations ou exploitations privées reconnues, utilisant des convertisseurs de code, peuvent transmettre les guillemets en répétant 2 fois le signe apostrophe avant et après les mots.

Demande de répétition d'une transmission non comprise · · — — · ·

Un nombre dans lequel entre une fraction est transmis en liant la fraction au nombre entier par un tiret. Exemples : pour 1 3/4 transmettre 1 — 3/4 et non 13/4 ; pour 3/48 transmettre — 3/48 et non 3/48 ; pour 363 1/245 642 transmettre 363 — 1/245 642 et non 3 631/245 642.

Les lettres et signaux suivants peuvent être employés dans les relations entre les pays qui les acceptent :

ä ou æ · — · — â ou à · — — · — ch — — — — ñ — — · — — ö ou Ø — — — · ü · · — —

Le signe des minutes (') et le signe des secondes (") sont transmis en utilisant le signe de l'apostrophe : 1 fois pour les minutes et 2 fois pour les secondes.

Pour le signe % ou ‰ on transmet le chiffre 0, la barre de fraction et le chiffre 0 ou les chiffres 00 (c.-à-d. : 0/0, 0/00).

Un nombre entier, un nombre fractionnaire ou une fraction suivis du signe % ou ‰ sont transmis en liant le nombre entier, le nombre fractionnaire ou la fraction au signe % ou au signe ‰ par un tiret. Ex. : pour 2 % transmettre 2 — 0/0 et non 20/0 ; pour 4 1/2 ‰ transmettre 4 — 1/2 — 0/00 et non 41/20/00.

Signalisation phonétique internationale

A alpha. B bravo. C Charlie. D delta. E écho. F fox-trot. G golf. H hôtel. I India. J Juliet. K kilo. L Lima. M Mike (pron. maike). N november. O Ohio (pron. oayo), Oscar. P pap. Q Québec. R Roméo. S Sierra. T tango. U uniform (pron. iouniform). V Victor. W whisky. X x-ray. Y yankee (pron. yanki). Z Zulu (pron. zoulou).

Transmission des nombres : chiffre par chiffre (sauf multiples exacts de 100 et 1 000 et nombres 17, 18 et 19). Décomposition : **1** un tout seul. **2** un et un. **3** deux et un. **4** deux fois deux. **5** trois et deux. **6** deux fois trois. **7** quatre et trois. **8** deux fois quatre. **9** cinq et quatre. **0** zéro.

Alimentation

☞ Voir Gastronomie à l'Index, Environnement p. 1499.

Généralités

Principes énergétiques et plastiques

L'alimentation équilibrée doit apporter quotidiennement les principes nutritifs nécessaires à la vie. Ces principes peuvent se diviser en 2 grandes catégories : les *substances purement énergétiques* fournissant à l'organisme les calories dont il a besoin, les *substances plastiques* contribuant en outre à sa construction.

• **Glucides** (purement énergétiques). Les *sucres simples* ou oses consommés sous forme de sucre de table (blanc raffiné ou roux non raffiné qui contient plus de vitamines et de matières minérales), d'aliments sucrés, de fruits, de miel (glucose et fructose) ou de lait (lactose) sont directement assimilables par le tube digestif sans transformation préalable. Les *sucres composés* ou osides et les *amidons* (présents dans les céréales, les pommes de terre et les légumes secs) doivent être attaqués par les sucs digestifs, et transformés pour être assimilés. Les glucides « combustibles », les mieux adaptés au travail musculaire, fournissent 4 calories au gramme.

Bien que le sucre ne soit pas indispensable à son organisme, on constate chez l'homme une attirance pour le goût sucré reposant sur un *élément physiologique :* le sucre ne demande qu'un travail digestif infime et son assimilation est très rapide.

• **Lipides** (essentiellement énergétiques). Constituants essentiels des corps gras. D'une densité inférieure à celle de l'eau, insolubles dans celle-ci, ils libèrent beaucoup de chaleur, particulièrement utilisée dans la lutte contre le froid. Fournissent 9 calories au gramme. Certaines graisses animales (ex. : le beurre) contiennent des vitamines (A et D) et la plupart des huiles végétales renferment des acides gras (dont certains appelés gras essentiels sont indispensables à l'organisme) servant à la constitution de certains éléments. Les lipides comprennent 2 catégories : les lipides complexes (graisses neutres, phospholipides, stérols) et les lipides simples ou acides gras qui ont un rôle majeur comme fournisseurs d'énergie. D'après leur composition chimique, ces acides gras se distinguent en acides gras saturés et insaturés qui ont des rôles physiologiques différents.

Taux de cholestérol pour 100 g. Cervelle 2 500 mg, jaune d'œuf 1 600, rognons 400, foie 350, caviar 300, beurre 250, crabe 125, huîtres 100, fromage, lait entier, crème fraîche 90. Il ne faut pas dépasser 300 mg par jour.

• **Protides** (énergétiques et plastiques). Éléments principaux de la matière vivante, ils participent à l'élaboration des tissus musculaires, nerveux, osseux, cartilagineux. Sang, urine, sécrétions digestives, anticorps, hormones ont une base protidique. Nécessaires à l'édification et à l'entretien du corps humain, ils contiennent, en proportions variables, des acides aminés dont 8 sont indispensables à l'homme et ne peuvent être synthétisés par lui (le tryptophane, la leucine, l'isoleucine, la lysine, la méthionine, la phénylalanine, la thréonine et la valine). Les protides animaux sont généralement plus riches en acides aminés indispensables que les protides végétaux. Les protides fournissent 4 calories au gramme. Mais leur utilisation est coûteuse (la digestion des protéines consomme 20 % de l'énergie qu'elles apportent) et aboutit à la formation de déchets azotés (urée).

Les protéines ont une valeur métabolique différente selon les acides aminés qu'elles contiennent. Viennent en tête les protéines animales : viande, poisson, œuf (le blanc est considéré comme la protéine de référence diététique). L'organisme humain ne peut se passer d'elles ; les protéines végétales ne peuvent apporter en quantités suffisantes tous les acides aminés fondamentaux.

Principes non énergétiques

Permettent l'utilisation des principes nutritifs énergétiques.

• **Cellulose.** Membrane de la cellule végétale. Généralement non attaquée par les enzymes digestives, mais nécessaire à l'organisme, car elle augmente le volume fécal et facilite ainsi le transit intestinal. Son action mécanique sur les muqueuses digestives déclenche le réflexe des mouvements péristaltiques et des sécrétions (intérêt du son par ex. dans le pain complet). La teneur en cellulose des aliments intervient dans la rapidité d'absorption des principes énergétiques et plastiques (glucides en particulier) en la diminuant.

• **Eau.** Constitue 50 à 70 % du poids, suivant l'adiposité (jusqu'à 80 % chez l'enfant). Indispensable à la vie, car elle apporte aux cellules les éléments nutritifs et assure l'élimination des déchets. *L'organisme perd chaque jour environ 2,5 l d'eau* par transpiration, respiration, excrétion urinaire et fécale. *Perte compensée par un apport journalier* de 0,5 à 0,8 l fourni par les aliments solides assez riches en eau (viande 75 % ; légumes verts et fruits 80 à 90 % ; pain 55 %...) ; 0,3 à 0,4 l produit durant la digestion lors de la combustion des aliments ; 1 l environ apporté par les boissons.

• **Oligo-éléments.** L'alimentation comporte également des métaux ou métalloïdes retenus en quantités infinitésimales mais indispensables à la vie, soit qu'ils se trouvent incorporés dans une molécule d'enzyme, soit qu'ils participent à l'établissement de liaisons qui rendent certaines protéines actives : rôle proche des vitamines. *Principaux :* zinc, chrome, lithium, manganèse, etc.

• **Sels minéraux. Calcium** (lait, fromage, végétaux frais). Constituant principal du squelette et des dents.

Phosphore (viande, poisson, œuf, etc.). Besoins en rapport avec les apports caloriques. Le rapport $\frac{ca}{phosp}$ optimal est de 0,8 chez l'adulte et 1,5 chez l'enfant. Entre dans la composition des os. Utilisé pour la formation des cellules nerveuses du cerveau.

Phosphore-calcium (en mg pour 100 g). Fromage (pâte ferme) 500, 750. Amande, noix, noisette 400, 175. Légumes secs : haricot 400, 70. Céréales 300, 50. Viande 260, 10. Poisson 225, 60. Œuf 200, 50. Fromage (pâte molle) 180, 130. Pain complet 130, 40. Lait 100, 130. Fruits séchés 100, 120.

Fer. Élément essentiel de la composition des hématies (globules rouges). Plus de 10 mg pour 100 g : persil. De 10 à 5 mg : foie de veau, haricot sec, huître, jaune d'œuf, lentille sèche, mélasse, pois sec.

Sodium, potassium, magnésium, chlore, soufre, etc. ; **oligo-éléments : iode, cuivre, manganèse, fluor,** etc. Notre alimentation actuelle est souvent pauvre en calcium, magnésium et fer.

• **Vitamines.** Substances indispensables à l'organisme en quantité infinitésimale. Fragiles, elles résistent peu à la chaleur, à la lumière, à la dessiccation et l'oxydation.

1) Vitamines hydrosolubles (solubles dans l'eau). Groupe B (viande, poisson, coquillages, beurre, œufs, lait, fromage, levure de bière, graines germées) : agit sur l'équilibre général et l'équilibre nerveux ; rôle essentiel dans l'utilisation des principes nutritifs. **B1** (aneurine ou thiamine) agit sur les systèmes nerveux et musculaire, facilite l'assimilation des glucides, prévient la polynévrite ; **B2** (riboflavine) croissance, importante action métabolique (phosphorylation) ; **PP** (acide nicotamide) assimilation cellulaire, action antipellagreuse ; **B4** (acide pantothénique) ; **B6** (pyridoxine) métabolisme protéique ; **B12** (cyanocobalamine) antianémique ; **B9** ou acide folique antianémique.

Vitamine C ou acide ascorbique (végétaux frais, agrumes, foie, salade, persil). Antiscorbutique, la vitamine C augmente la résistance aux infections et à la fatigue, agit dans l'ossification. Rôle important dans le métabolisme des glucides et des acides aminés et le fonctionnement des glandes endocrines.

2) Vitamines liposolubles (solubles dans les graisses). A ou rétinol (jaune d'œuf, carotte, salade, épinard, foie, lait, beurre, huile de poisson, etc.). Favorise la croissance des organes, protège l'équilibre de la vision, combat les affections cutanées, etc. **D** ou calciférol (lait, beurre, huile végétale, jaune d'œuf, foie de poisson, etc.), dite antirachitique. Joue un rôle efficace dans l'absorption intestinale du calcium, etc. **E** ou tocophérol (beurre, germe de céréales, soja, blé, œuf, etc.). Vitamine de la gestation, a par ailleurs une action synergique sur la vitamine A qu'elle protège de l'oxydation. **K** ou phytoménadione (épinard, huile de soja, foie, fruits, p. de terre, etc.). Coagulation du sang.

Ration alimentaire

Quantité d'aliments consommés quotidiennement par chacun.

Doit subvenir aux besoins quantitatifs (notion d'énergie) et qualitatifs (notions d'équilibre de l'organisme).

Énergie

Besoin énergétique. S'exprime en calories (ou en kilojoules), libérables dans le corps sous forme de chaleur et de travail. [La calorie est la quantité de chaleur nécessaire pour élever de 1 °C un kg d'eau. Le terme *calorie* employé pour les besoins alimentaires désigne en fait une kilocalorie (1 000 cal). On utilise maintenant le joule. 1 cal = 4,185 kj (kilojoules). 1 kcal = 4 185 kj ou 4,185 mj (mégajoules). 1 g de glucide ou 1 g de protide fournit 4 cal (17 kj). 1 g de lipide, 9 cal (18 kj).]

Calories contenues

Boissons : demi-verre de rhum *320*, verre à porto *160*, grand verre de jus de fruit sucré 200 g *200*, 1/2 litre de vin rouge (10°) 500 g *350*, grand verre de jus de fruit frais 200 g *100*, litre de bière *440*.

Céréales et dérivés : 5 biscuits sablés 30 g *138*, assiette de pâtes 200 g *280*, bol de flocons d'avoine 50 g *175*, tasse de muesli 30 g *99*, tranche de pain complet 25 g *60*, tranche de pain blanc 25 g *65*, beurrée 29 g *95*, avec une cuillerée à café de confiture 37 g *118*, crêpe 25 g *48*.

Corps gras, produits sucrés : cuillère à soupe d'huile 15 g *135*, c. à café de beurre 6 g *47*, barre de chocolat 40 g, *240*, c. à café de sucre 5 g *20*, de miel 8 g *25*, de confiture 8 g *23*.

Fruits : 5 noix (avec coque) 25 g *150*, 10 noisettes décortiquées 10 g *62*, 10 amandes séchées 8 g *48*, cuillère à soupe d'env. 50 raisins secs 10 g *29*, demi-avocat 110 g *187*, banane 120 g *108*, 50 raisins frais 150 g *105*, pomme 120 g *72*, orange 150 g *68*, demi-pamplemousse 240 g *100*, melon 230 g *35*.

Lait et fromage : tranche de gruyère 60 g *234*, crème Chantilly 100 g *320*, portion de camembert 30 g *90*, crème de gruyère 25 g *70*, tasse de chocolat 170 g *374*, yaourt aux fruits sucré 120 g *144* (nature *72*), grand verre de lait entier 250 g *163*, demi-écrémé *125*.

Légumes, salades : bol de lentilles 200 g *200*, bol de haricots blancs 180 g *170*, pomme de t. bouillie 125 g *100*, bol de petits pois 200 g *110*, assiette de carottes 120 g *54*, a. de haricots verts 120 g *48*, 2 poireaux 120 g *42*, tomate 120 g *26*, salade avec huile 30 g *25*, demi-concombre 200 g *26*.

Sandwich [quart de baguette (60 g), tranche de jambon (50 g), beurre (10 g)], baguette de pain (250 g) 360.

Sucre n° 4 : 24.

Viandes, poissons, œufs, (poids, calories en italique) : côte de porc 80 g *264*, saucisse Francfort 60 g *160*, petite boîte de thon à l'huile 80 g *224*, bifteck 100 g *260*, tranche de jambon 30 g *75*, 2 côtelettes de mouton grillées 80 g *160*, escalope 80 g *128*, œuf 50 g *75*, cuisse de poulet 85 g *93*, tranche de colin 100 g *80*, 2 filets de sole 120 g *90*, petit carré de charcuteries, rillettes 50 g *300*, boudin 120 g *588*.

Valeur des nutriments pour 100 g

● **Glucides :** sucre 99, tapioca 87, farine de riz 79, dattes 74, figues sèches 74, miel 74, farine de blé 74, pâtes aliment. 73, pruneaux 73, raisins secs 71, oignons secs 67, avoine 67, abricots secs 63, haricots secs 62, lentilles 60, pain blanc 54, pain complet 48, lait en poudre 38, ananas conserve 37, bananes 23, p. de t. bouillies 21, raisin 19, topinambour 17, lait frais 5.

● **Lipides :** huile 100, beurre 84, bacon fumé 65, lard fumé 65, noix sèches 58, rillettes 56, amandes 54, charcuterie 33, jaune d'œuf 33, gruyère 30, lait en poudre 25, chocolat 25, macarons 24, sardines à l'huile 20, soja 15, saumon 13, œufs 10, biscuits 10.

● **Protéines de haute valeur biologique :** parmesan 39, viande séchée 35, côtelettes de mouton 32, fromage de chèvre 32, fromage blanc 32, boudin 28, crevettes 28, saucisson 25, œufs de cabillaud 24, thon 24, charcuteries 23, poissons 20, volaille 20, veau 19, foie 19, viande de bœuf 17, jambon 17, rognons 17, porc 15, jaune d'œuf 16. **Autres sources de protéines :** levure diététique 46, farine de soja 45, lait sec écrémé 37, livarot 31, lentilles sèches 25, germe de blé 25, noix et amandes 21. **Aliments de grande consommation :** haricots blancs 20, flocons d'avoine 9, pain complet 8, pain blanc 7, macarons 7, pâtes alimentaires 5, pommes de terre frites 5, lait frais 3,3.

● **Sels minéraux. Calcium :** lait sec écrémé [1], fruits oléagineux, légumineuses, céréales, lait et fromages, œufs de poissons, figues sèches [1]. **Magnésium :** germe de blé [1], blé entier, gruyère, amandes [1], chocolat, soja, algues séchées. **Sodium :** viandes, poissons, coquillages, lait, gruyère, blé entier, fruits oléagineux [1]. **Soufre :** viandes, poissons, soja [1], germe de blé, avoine, riz, lentilles, noix, noisettes, lait écrémé en poudre. **Phosphore :** germe de blé, avoine, blé entier, lentilles, haricots secs, pois, amandes, noix [1], noisettes, viande séchée [1]. **Fer :** jaune d'œuf, gruyère [1], cœur de bœuf, abats, blé entier, lentilles, fruits secs, fruits oléagineux, huîtres, chocolat. **Chlore :** œufs d'esturgeon, lait sec écrémé, harengs marinés, sardines, pain, céréales, dattes séchées, banane séchée, carottes en conserve, petits pois en conserve, emmenthal, jambon cru fumé, lait, mélasse. **Potassium :** viandes, poissons, œufs, lait, haricots, lentilles [1], pois secs, pommes de terre [1], châtaignes, dattes, fruits secs, épinards, amandes, noisettes, germe de blé [1], lait écrémé en poudre.

Nota. — (1) Très riches en sels minéraux.

Dépense d'énergie. *De fond : le métabolisme de base,* qui correspond à la dépense d'énergie d'un sujet au repos absolu, à jeun, à une température de 16 à 18 °C. Il s'exprime en k calories par heure et par m² de surface corporelle (36 calories pour un adulte env.) ; dépense de fond globale : homme 1 580 k calories par 24 h, femme 1 400 k cal. *Activité,* qui correspond : 1° aux dépenses non apparentes (travail digestif, maintien de la température corporelle) ; 2° aux dépenses variant selon le degré d'activité du sujet (activités musculaire, professionnelle, sportive, etc.).

Besoins journaliers en calories

Enfants. *1 à 3 ans* : 1 360. *4 à 6* : 1 360 à 1 830. *7 à 9* : 1 830 à 2 190. **Adolescents (et adolescentes).** *10 à 12* : 2 600 (2 350). *13 à 15* : 2 600 à 2 900 (2 350 à 2 490). *16 à 19* : 2 900 à 3 070 (2 310).

Hommes. *Vie sédentaire ou légère activité* : 2 400 à 2 700. *Travailleur de force 4e et 3e catégories* : 3 200 à 3 800 ; *2e et 1re cat.* : 4 000 à 5 500. **Femmes.** *Vie sédentaire ou légère activité* : 2 000 à 2 400. *Enceintes 5e au 9e mois* : 2 800 à 3 200. *Allaitant* : 3 000 à 3 500.

Vieillards. 1 800 à 2 000.

Dépenses caloriques moyennes par demi-heure. *Station assise* (bureau) 20-25, *marche à 4 km/h* 40-50, *tir à l'arc* 90, *golf* ou *ping-pong* 150, *randonnée* 180, *voile* ou *windsurf* 250, *alpinisme* 270, *gymnastique, tennis, canoë-kayak, football* ou *ski* 300, *aviron* 350, *natation* 360, *cyclisme* 380, *course à pied* 390, *squash* ou *ski de fond* 450.

Pour brûler : *1 cuillère de mayonnaise (100 calories),* il faut 1 h de marche ; *10 sucres (200 cal),* 2 h de marche ou 1 h de tennis ; *2 tartines beurrées avec confiture (300 cal),* 3 h de marche ou 1 h de course ; *1 whisky (ou 1 apéritif) plus 5 biscuits, 40 noisettes et 10 chips de cocktail (500 cal),* 5 h de marche ou 2 h de danse.

Un coureur sur longue distance consommera 14 321 calories par 24 h.

Proportions à respecter entre les aliments (selon le Docteur A. Creff : formule 421). *4* portions de glucides, soit 50 à 60 % de la ration calorique [*1* de céréales ou féculents, *1* légumes cuits, *1* salade, *1* aliments sucrés (miel, fruits)] ; *2* de protéines, 12 % [*1* sans calcium (viande, poisson), *1* avec c. (lait, fromage)] ; *1* de lipides, 30 % [½ matières grasses animales, ½ végétales (huile d'assaisonnement)].

☞ Voir tableaux des besoins journaliers p. 1474.

Boulimie : désir morbide de nourriture. **Dipsomanie :** soif pathologique.

Record de consommation. *1743* : 174 kg absorbés en 6 j par un malade de 12 ans, « cas Mortimer ». *1974* : Fannie Meyer (Afr. du S.) but 90 l d'eau par j.

Grèves de la faim. La plus longue : 35 ans [sœur Thérèse Neumann (1898-1962) a vécu en n'absorbant qu'une hostie chaque matin à la messe] ; 94 j [du 11-8 au 12-11-1920 (9 prisonniers à Cork, Irlande ; un 10e gréviste était mort le 76e j)] ; grève la plus longue avec alimentation forcée : 375 j du 23-1-1970 au 2-2-71 (Ronald Barker, emprisonné à Leeds G.-B., puis reconnu innocent).

Équilibre

Les rations doivent maintenir un équilibre entre les principes nutritifs : glucides, protides, lipides ; protides animaux-protides végétaux (les deux sont nécessaires pour l'apport en acides aminés indispensables), lipides animaux-lipides végétaux (nécessaires à l'équilibre en acides gras saturés et insaturés), acidité-alcalinité.

Calcium : 1er élément du corps humain (os) ; *adulte* 0,7 kg, *nouveau-né* 0,014. Associé au **phosphore.** Source principale : lait, fromages. **Fer :** cacao, fruits secs, amandes, légumes secs, cresson, persil, épinards, abats, huîtres. **Magnésium** (capital humain 0 à 9 g) : fruits secs, amandes, légumes secs farineux, fruits de mer, chocolat.

Vitamine B1-glucides (la vit. B1 permet l'utilisation des glucides). **B2** (augmentant le métabolisme basal), **vitamine A** (le diminuant). **C :** normes françaises 90 mg env. ; anglaises 20 mg/jour. *Principales sources :* agrumes, chou cru, fenouil cru (+ que les agrumes).

Aliments acidifiants (viandes, œufs, céréales) *forts* (céréales, fromage, poisson, viande de boucherie, volaille) ; *faibles* (beurre, chocolat, œufs, pain sec, saindoux, sucre) ; **et alcalinisants** (lait, légumes, fruits) *forts* (abricot, carotte, épinard, lait, orange, raisin sec, salade) ; *faibles* (asperge, banane, chou, haricot, poire, pomme, p. de terre).

Ration quotidienne

Exemples de menus.

● **Enfant de 10 à 13 ans. Déjeuner du matin :** 1 verre de jus de fruit (jus d'agrumes de préférence) ; 1 bol de lait + céréales ou pain grillé ou biscottes beurrées + miel ou confiture. Éventuellement, fromage ou même œuf coque (selon la composition des autres repas de la journée et l'activité de l'enfant) ; nécessité absolue le matin d'un aliment protidique (fromage, œuf). **Déjeuner :** rudités 80 g + 2 cuillerées à café d'huile ; 100 g de viande ou de poisson ou 2 œufs ; 250 g de pommes de terre ou 65 g de pâtes ou riz ; ou bien légumes frais à volonté, assaisonnés de beurre frais (1 à 2 cuillères à café) ; fromage 30 g ou yaourt ou fromage blanc 100 g, sucré avec 1 cuillère à soupe de sucre (si les crudités n'ont pas été consommées en entrée, prévoir 1 fruit ou 1 jus de fruit). **Goûter :** 1 à 2 verres de lait chaud ou froid aromatisé ou non + pain grillé avec miel, confiture ou chocolat selon l'appétit ; 1 fruit éventuellement. **Dîner :** légumes frais, ou pâtes, riz, pommes de terre (selon le légume du déjeuner) ; 1 œuf ou tranche de jambon ; salade verte (selon le menu du déjeuner) ; entremets de céréales au lait ou fromage et fruit.

● **Adolescent.** En outre : 30 g de fromage ou de jambon ou 1 œuf coque au petit déjeuner. Viande froide, poisson (70 à 100 g) ou 2 œufs au dîner. Légère augmentation des autres quantités.

● **Adulte.** Une boisson chaude ou froide remplace le goûter. Mêmes quantités totales de viande, poisson ou œufs que l'adolescent, mais en en prenant moins au dîner. Trop souvent ration protidique insuffisante le matin.

● **Personne âgée.** Aliments faciles à mâcher et digérer, beaucoup de prod. laitiers. Moins de viande, poissons et œufs : 80 à 100 g à midi, 1 œuf, ou plat avec œuf le soir. 1 tasse de lait + biscuits l'après-midi.

Alimentation des Français

Graisses (% de l'apport énergétique total) *1800-1900* : 18. *1900-13* : 22. *1920-34* : 28. *1950-80* : 35. *1986* : 40-44. **Légumes secs** (kg par an). *1925* : 7,3. *1936* : 4,3. *1975* : 2,1. *1978* : 1,7. **Pain** (kg par an et entre parenthèses par jour), *1880* : 219 (0,6). *1910* : 182 (0,5). *1936* : 128 (0,35). *1967* : 82 (0,225). *1979* : 63 (0,172). *1980* : 61,5 (0,169). **Pommes de terre** (kg par an). *1925* : 178. *1936* : 143. *1960* : 116. *1978* : 84. **Sucre** (kg par an). *1900* : 1,7. *1936* : 22. *1959* : 27-29. *1980* : 36,4. **Viande** (kg par an). *1900* : 30. *1936* : 47. *1959* : 68,8. *1969* : 84. *1980* : 110.

Régimes

Produits diététiques et de régime. Production et diffusion réglementées par l'arrêté du 20-6-77 pris en application du décret du 24-01-75. Composés et présentés comme pouvant convenir à certaines catégories de sujets (ex. : aux régimes hyposodés, hypoglucidiques, etc.). Il existe aussi des produits diététiques à teneur garantie [ex. : en certaines vitamines ou en certains acides aminés essentiels ou, au contraire, exempts de certains nutriments (gluten)]. La création de nouveaux produits est soumise à l'avis d'une commission interministérielle permanente. L'étiquetage comporte les renseignements concernant leur composition et leur emploi.

Moyenne, par jour, en poids brut, en grammes	3-6 ans	6-10 ans	10-14 ans	15-20 ans	Homme activité moyenne [3]	Trav. de force	Vieillard
Viande	50	75	90	125	80	100	55
Poisson	20	25	40	50	15	25	15
Œufs	10	10	15	25	20	20	10
Lait	600	600	500	500	350	400	400
Fromage	20	25	40	30	40	50	30
Beurre	20	20	25	20	15	20	10
Graisse	–	–	–	10	15	20	10
Huile	10	15	15	15	15	20	10
Pain	100-150	200-250	250-300	500	400	500	250
Farineux	25	30	35	35	35	50	35
Pommes de terre	175	220	265	350	300	350	285
Légumes frais	200	250	275	350	300	350	285
Légumes secs	40	40	50	30	25	30	25
Fruits frais	100	100	150	170	150	200	150
Fruits secs	–	–	–	10	5	5	5
Sucre	40	40	45	40	40	40	25
Confitures	–	–	–	20	20	20	20
Chocolat	–	–	–	10	10	10	5
Vin (litre)	–	–	–	1/4 [1]	1/4 [1]	1/2 [2]	1/4

Nota. – (1) à 1/2 l. (2) à 1 l. (3) Pour les femmes diminuer les quantités de 10 à 15 %. *Source : Les Rations alimentaires équilibrées* par Lucie Randoin, Pierre Le Gallic, Jean Gauseret et Georges Duchêne (J. Lanore, éd.).

Besoins journaliers (limites moyennes)	En grammes			En milligrammes			
	Protides	Lip.	Gluc.	Calcium [7]	Phosphore	Fer	Vit. C
2 à 4 ans	30/35	32	200/250	700/750	650/700	8/10	40/60
4 à 6 ans	35/40	33	200/250	600/800	600/800	8/10	40/60
6 à 10 ans	45/55	37	300/340	850/950	850/950	8/10	40/60
10 à 12 ans (filles 9 à 11)	60/65	50	350/400 [1]	1 000/1 200	1 100/1 300	20/30	60/100
12 à 15 ans (filles 11 à 13)	65/95 [2]	65	400/550 [3]	1 200/1 400	1 300/1 500	20/30	60/100
15 à 20 ans (filles 13 à 18)	75/100 [4]	75	550/600 [5]	1 400/1 600	1 500/1 700	20/30	60/100
Hommes							
Vie sédentaire [6]	75/85	60	400/500	800/900	1 200/1 400	18/20	70/80
Travail de force							
4e et 3e cat.	85/110	75	550/700	1 000/1 200	1 500/1 800	23/26	90/110
2e et 1re cat.	100/110	95	850/1 000	1 400/1 600	2 000/2 400	30/45	130/150
Femmes							
Vie sédentaires [6]	65/75	50	350/400	800/900	1 000/1 200	15/20	60/70
Enceintes (5e-9e mois) [6]	90/100	80	500/550	1 500/2 000	1 500/2 000	20/25	100/150
Allaitant [6]	100/110	80	500/550	1 500/2 000	1 500/2 000	20/25	100/150
Vieillards [6]	65	45	300/400	900/1 000	900/1 000	14/16	50/60

Nota. – Pour les filles : (1) 330/350. (2) 80/85. (3) 400/500. (4) 85-90. (5) 500/550. (6) Vie sédentaire ou légère activité. (7) Contenu surtout dans le fromage et le lait.

Végétariens et végétaliens

Végétariens. Rejettent de leur alimentation les viandes dites toxiques et putrescibles pour des raisons : *diététiques :* la viande laisse dans l'organisme humain des déchets acides dangereux pour l'intestin et les reins de l'homme qui est un frugivore-granivore et non un carnivore ; *philosophiques ou éthiques :* respect de la vie animale et non-violence (Gandhi, Tolstoï, Lanza del Vasto). Refus de « sacrifier » l'animal contre sa volonté et de le maltraiter (abattoirs, conditions d'élevage industrialisé amenant à des excès dans un souci de rentabilité : veaux « aux hormones », élevages intensifs, production en batteries avec non-respect des rythmes et des cycles de la nature...) ; *économiques :* l'élevage des an. de boucherie occupe une part des terres agric. qui, consacrées à la culture des céréales, légumineuses, légumes, etc., seraient capables de nourrir proportionnellement plus d'êtres humains. *Régime* associé avec méthodes hygiénistes et naturelles (ex. : *hébertisme,* de Georges Hébert (Fr. 1875-1957), exercices dans la nature, bains de soleil). *Références* (en Occident) : ouvrages du Dr Paul Carton (Fr. 1875-1947) (ex. : la Cuisine simple). *Repas type :* crudités variées, légumes, céréales, fromages frais non fermentés ; fruits entre ou au début des repas. *Instinctothérapie :* aliments originels, purement crus, pris selon l'appétit. *Formule 60/20/20 Vie et Action :* régime comportant, en poids : 60 % de légumes et fruits crus et cuits, 20 % de protides (notamment fruits oléagineux, œufs et fromages), 20 % de glucides (sucres et amidons) [les lipides sont contenus dans les aliments eux-mêmes].

Végétaliens. Rejettent viandes, poissons et sous-produits animaux (lait, laitages, œufs, miel) pour leur toxicité.

Céréaliens ou **macrobiotes** (du grec *makros :* grand, *bios :* vie ; régime de longue vie). Consomment beaucoup de céréales, des légumineuses, peu de légumes, presque pas de fruits (excepté fruits secs) (École Oshawa, théorie du ying et du yang, équilibre entre énergies positive et négative, entre substances basiques et acides.)

Crudivoristes. Se nourrissent d'aliments crus qui n'ont pas besoin d'être cuits pour être assimilés : fruits, légumes verts, fromages, œufs.

Frugivores. Vivent uniquement de fruits de toute espèce (rares dans climats tempérés).

☞ **Adresses utiles.** Vivre en harmonie, 5, rue Émile-Level, 75017 Paris. Académie des sciences de l'homme, école de naturopathie orthodoxe (hygiène vitale) fondée en 1935 (Marchesseau), 26, rue d'Enghien, 75010 Paris. Association Vie et Action, 06140 Vence (enseignement des méthodes naturelles de vie et d'alimentation).

Régime amaigrissant. *Diminution* des aliments énergétiques (féculents, sucres, matières grasses, boissons alcoolisées). *Maintien (essentiel) du taux* des autres aliments (viande, poisson, œufs, légumes verts et fruits). Répartition de la nourriture en 4 ou 5 repas (le fractionnement de la ration favorise l'amaigrissement).

Attention : les *biscottes,* étant un pain sans eau, ne font pas maigrir pour autant, 100 g de biscottes contiennent : 362 cal, 3 % de lipides ; 100 g de *pain :* 250 cal, 1 % de lipides ; 1 biscotte pèse env. 15 g. *Il faut boire* environ 1 l à 1,5 l d'eau par jour pour évacuer les déchets. *Supprimer le sel peut être dangereux* (baisse de tension artérielle, apparition d'asthénie). Les *médicaments miracles* n'existent pas, la plupart sont inefficaces et souvent nocifs (diurétiques). Le *petit déjeuner* doit être conservé et comporter des protides. La margarine a la même valeur énergétique que le beurre.

Sucres non énergétiques. Substances chimiques (édulcorants de synthèse), pouvoir sucrant 100 à 1 000 fois celui du saccharose. *Saccharine* (acide orthosulfamide benzoïque), vendue sous 3 formes en pharmacie : à l'état pur (Sucredulcor) ; associée avec du cyclamate (Sucaryl) ; ass. à un dérivé de la vanilline *(ODA). Les cyclamates :* en poudre, comprimés, liquides. L'aspartam : en poudre, comprimés (Cauderel, Pouss-suc, D-Sucril).

Régime sans sel. 1) Modéré (500 mg à 1 g de sodium) : *suppression* du sel d'assaisonnement ; *exclusion* des aliments avec ajout de sel (viandes et poissons fumés et salés, charcuterie, moutarde, olives, cornichons, conserves, pain, beurre salé, etc.).

2) Sévère (– de 500 mg de sodium) : *suppression* supplémentaire des aliments contenant naturellement du sel : lait, œufs, fromage, abats, crustacés, oléagineux, certains légumes et fruits, etc.

Régimes liés à des maladies

• **Cancer.** *Accroissement des risques :* alcool (œsophage, larynx, foie), tabac (poumons), alcool + tabac (œsophage), environnement (foie, pancréas, vessie), alimentation (pancréas, côlon, estomac, sein, prostate), environnement + alimentation : ex. : nitrosamines (foie).

• **Cœur (maladies de).** *Dépendent de plusieurs effets :* embonpoint, obésité (alimentation trop riche, sédentarité) ; taux de cholestérol dans le sang trop élevé (excès de graisses et de poids, tabagisme, alcool) ; hypertension (excès de sel, excès de poids, diabète, tabagisme, alcool) ; diabète (excès de sucreries, hérédité).

• **Diabète.** En général, 150 à 180 g environ de glucides (hydrates de carbone) par jour ; des tables de teneur des divers aliments en glucides permettent de calculer cette ration.

Aliments contenant peu ou pas d'hydrates de carbone : viande, œufs, poissons, asperges, aubergines, céleri, champignons, chicorée, chou, chou-fleur, chou de Bruxelles, concombres, cornichons, cresson, endives, épinards, haricots verts, laitues, oseille, pissenlits, poireaux, radis, rhubarbe, scarole, tomates. *Aliments en contenant* (ils doivent être pesés) : pain, lait, farineux et féculents, pommes de terre, riz, pâtes, légumes secs, haricots en grains, petits pois, fruits, pâtisseries, sucreries. Aliments pauvres en glucides : aliments animaux (sauf le lait), légumes-feuilles (salades, épinards) ; sont plus riches les légumes-racines (carottes) et tubercules (p. de terre) ; sont très riches, les fruits et les graines.

• **Dysmétaboliques (maladies).** D'origine génétique. Exclusion d'un nutriment (gluten, galactose, fructose, phénylalanine) ; recours à des aliments synthétiques souvent nécessaire.

• **Foie et d'estomac (mal de).** Diminution ou suppression des corps gras cuits, pâtisseries grasses, charcuterie, œufs parfois, légumes secs, sauces, crudités parfois, mollusques, crustacés, alcool, thé, café, etc.

Aliments

Conservation

Procédés

• **Procédés anciens.** Boucanage (viande séchée à la fumée), salage, utilisation de l'alcool ou du vinaigre.

• **Appertisation.** Inventée par le Français Nicolas Appert (1749-1841) en 1800. Destruction par la chaleur des formes végétatives et sporulées des micro-organismes. *2 opérations :* conditionnement du produit dans un récipient étanche à l'eau, aux gaz et aux micro-organismes et action de la chaleur qui détruit ou inhibe enzymes, micro-organismes et toxines. Conservation plusieurs années.

% moyen de vitamine conservée, par rapport à la quantité initiale contenue dans le produit frais.

Produits appertisés	Vit. C	Carotène	Vit. B1	Vit. B2	Vit. PP
Haricots	87	90	–	–	–
Asperges	93	–	68	88	96
Haricots verts	55	87	71	96	93
Petits pois	72	97	54	82	65
Carottes	–	97	–	–	–

• **Congélation et surgélation.** Mise au point par le Français Charles Tellier. Immobilise une partie de l'eau de constitution sous forme de cristaux de glace ce qui réduit l'activité de l'eau (a_w). La surgélation ou congélation ultra-rapide consiste à franchir très rapidement la zone de cristallisation max. (– 1 à – 5 °C) et à amener la température à – 18 °C au centre thermique du produit.

Congélation lente pour grosses pièces ou congélation domestique (gros cristaux, peu nombreux, en forme d'aiguilles ou dendrites, en dehors et à la périphérie des cellules ; exsudat important à la décongélation) ; *surgélation* pour petites pièces avec matériel adapté au produit (petits cristaux, très nombreux, en sphérules, répartis au sein des cellules ; exsudat faible).

Conservation : très longue. La teneur en vitamine varie selon la température de stockage, ex. après un an à – 20 °C, les haricots ont perdu 10 % de leur teneur en vitamines. La présence de matières grasses limite la durée de conservation.

Décongélation et recongélation : doit s'effectuer à basse température, env. + 4° ou + 5 °C (à la température ambiante ou par trempage dans l'eau, on risque sur les parties superficielles une prolifération microbienne qui peut engendrer des troubles digestifs assez graves). Doivent être décongelés avant emploi ou cuisson : viandes en muscles, gros abats, volailles, gibiers, gros poissons entiers, filets de poisson agglomérés en blocs, blocs de pâte à pâtisserie et tous prod. à consommer sans cuisson (crevettes, fruits...). Tout prod. décongelé doit être consommé dans les meilleurs délais. *Ne pas recongeler un produit décongelé*, la recongélation ne détruit pas les micro-organismes qui se sont développés quand le produit était décongelé. Un produit décongelé cuit peut être recongelé (veiller à l'hygiène et à la rapidité). Ne peut être conservé au réfrigérateur.

Plafonds de température à respecter. *Au niveau de la fabrication, de l'entreposage et du transport : glaces et crèmes glacées* − 20 °C ; *tous produits « surgelés » :* − 18 °C ; *prod. « congelés » :* prod. de pêche et plats cuisinés − 18 °C, beurres, graisses alim. − 14 °C, ovo-produits, abats, issues, lapin, volailles, gibiers, viandes et autres denrées « congelées » animales ou d'origine animale, non désignées ci-dessus − 12 °C.

Durée de conservation (en mois) des denrées congelées à − 18 °C (durées calculées à partir de la date de surgélation du produit, toujours mentionnée sur les conditionnements, et non à partir de la date d'achat) **Fruits** 30. **Jus de fruits** 30. **Légumes** 24. **Poissons maigres** 24. **Poissons gras** 9 à 18. **Crustacés entiers** 18 ; **décortiqués** 9. **Viandes** bœuf, veau, mouton 18, porc 12 ; steak hachés 9. **Produits préparés** 12 à 24. **Produits de boulangerie et pâtisserie** 12 à 24.

● **Déshydratation.** Séchage des aliments par la chaleur ou par un courant d'air chaud. Permet d'éliminer la plus grande partie de l'eau de constitution. S'applique à des produits petits ou découpés. La forme initiale change (racornissement). Le séchage par dispersion ou nébulisation est utilisé pour déshydrater certains liquides (pulvérisation en brouillard dans un courant).

● **Lyophilisation.** Dessiccation sous vide, à très basses températures (− 50 à − 60 °C) par sublimation. S'applique à des produits petits. La forme initiale est conservée. Le produit ne subit pas les dommages de la chaleur. Il est emballé de façon à être protégé de la vapeur d'eau et des chocs mécaniques. La teneur en eau des légumes frais tombe de 90-95 % à 1 %.

● **Pasteurisation.** Destruction par la chaleur des formes végétatives des micro-organismes. Sauf pour aliments acides (ex. confitures), conservation limitée.

● **Réfrigération.** En général + 3 °C. Permet une conservation limitée (2 fois la durée normale) qui peut être prolongée si l'on y combine l'emploi de l'atmosphère contrôlée. Les germes pathogènes ne prolifèrent pas, mais les bactéries psychrophiles, levures et moisissures le font.

Délais de conservation fixés par la réglementation ou les codes d'usages. *Charcuterie :* produits crus 7 j + 5 °C, étuvés 14 j + 5 °C ; jambon cuit 14 j + 5 °C, pasteurisé 21 j + 5 °C ; autres produits cuits 21 j + 5 °C, crus, séchés, fumés ou non en tranches ou en morceaux 28 j + 5 °C ; semi-conserves 6 mois + 10 °C, 12 m. + 5 °C. *Produits laitiers :* lait cru conditionné 3 j après conditionnement + 4 °C (+ 6 °C pendant 5 ans) ; pasteurisé 7 j après cond. + 6 °C (+ 8 °C admis jusqu'en 1987) ; stérilisé U.H.T. 90 j après traitement, température ambiante ; stérilisé 150 j après tr., temp. amb. ; crème crue 7 j après fabrication + 6 °C, pasteurisée 30 j après fabr. + 6 °C, stérilisée U.H.T. 4 mois, temp. amb., stérilisée 8 m. temp. amb. ; yaourt 24 j après fabr. + 6 °C. *Plats cuisinés :* à l'avance réfrigérés 6 j (prolongation possible par dérogation ministérielle) + 3 °C. *Viandes :* hachées réfrigérées 6 j après condition. (prolongation possible par dérogation ministérielle) + 3 °C. *Autres produits « frais » :* 21 j au plus + 3 °C.

☞ **Après 24 h d'entreposage à température ordinaire** les asperges n'ont conservé que 60 % de leur teneur en vitamine C, chou brocoli 50, épinards 70, haricots secs écossés 60, non écossés 80, verts 80.

Étiquetage

Produits alimentaires préemballés. Dep. le décret du 7-12-1984, les dispositions de la C.E.E. en matière d'étiquetage doivent être appliquées.

Code barres

Étiquetage électronique. Composé de barres et de chiffres. Introduit en 1980. Établi avec le Groupement d'études, de normalisation et de codification (Gencod, 13, bd Lefèbvre 75010 Paris). Le prix du produit étant indiqué, la lecture optique permettra de diminuer les erreurs.

Renseignements : Conserves : Centre technique des conserves de produits agricoles, 44, rue d'Alésia, 75682 Paris Cedex. *Produits surgelés et congelés :* Fédération interprofessionnelle de la congélation ultra-rapide (F.I.C.U.R.), 3, rue de Logelbach, 75847 Paris Cedex 17. *Glaces, crèmes glacées, sorbets :* S.F.I.G., 3, rue de Logelbach 75017 Paris.

Date de fabrication

Doit être indiquée pour les conserves, semi-conserves, laits concentré et sec, congelés, glaces, sorbets. *Code :* une lettre remplaçant l'année est suivie du quantième du jour dans l'année. *Légende :* C. conserves. S.C. semi-conserves.

Année	C.	S.C.	Année	C.	S.C.
1970	E	B	1979	P	J
1971	D	F	1980	C	R
1972	L	O	1981	B	E
1973	J	S	1982	F	N
1974	R	P	1983	Y	A
1975	H	C	1984	U	S
1976	S	D	1985	J	P
1977	T	L	1986	L	H
1978	V	U			

Exemple : J 345 = 11-12-85.

Laits concentré et sec. Sur 1 ou 2 rangées, de gauche à dr. : la date (même code que pour conserves), un signe représentant le lot de fabrication (propre à chaque fabricant), un signe indicatif de l'usine, une majuscule pour la nature du produit (A lait conc. non sucré, B l.c. sucré, C lait en poudre...).

Semi-code. L'année est représentée par les 2 derniers chiffres (ou le dernier chiffre) de cette année, suivis du quantième du jour dans l'année. Ex. : 85 345 ou 5 345 pour le 11-12-1985. *En clair :* jour, mois, année (mois en chiffres ou lettres). Obligatoire pour les produits congelés, les glaces, crèmes glacées, sorbets et les œufs.

Nota. — Dep. 1981, le marquage jusqu'ici admis sous forme de 3 lettres pour conserves et semi-conserves n'est plus autorisé (sauf pour laits de conserve).

Produits surgelés. L'étiquetage doit indiquer la date de fabrication [*ex. :* lot 5/135 (mois et quantième jour) = 20-5-85] et la date limite d'utilisation optimale.

Date limite d'utilisation optimale (D.L.U.O.)

Signale la date jusqu'à laquelle le produit conserve ses qualités optimales, nutritionnelles et organoleptiques. Obligatoire pour les denrées autres qu'altérables, conserves, produits surgelés, congelés, glaces, crèmes glacées et sorbets, produits préemballés. Que la date de fabrication soit exprimée en code ou en clair, la D.L.U.O. est indiquée obligatoirement en clair : ex. pour une conserve : « A consommer de préférence avant fin 1989 ».

Nota. — Le produit peut être commercialisé après la D.L.U.O. figurant sur l'emballage. La durée de conservation n'est pas fixée par l'administration, mais placée sous responsabilité du conditionneur.

Date limite de consommation (D.L.C.) ou date de péremption

Concerne produits altérables préemballés frais (lait, viande), semi-conserves et viandes hâchées.surgelées. Doit être écrite en clair. Indique jour, mois, année de limite de vente ou mois et année pour les produits de plus longue conservation.

Pour les produits altérables, au-delà de la date fixée, le prod. ne peut plus être commercialisé, ses caractéristiques sanitaires et hygiéniques n'étant plus satisfaisantes.

Format de boîtes	Contenance	Poids du produit égoutté
Légumes		
1/4	212 ml	100 à 150 g
1/2	425 ml	250 à 300 g
1/1	850 ml	500 à 600 g
2/1	1 700 ml	1 000 à 1 200 g
Thon		
1/6	142 ml	104 g
1/5	170 ml	124 g
1/4	212 ml	154 g
1/3	283 ml	207 g
1/2	425 ml	310 g

Contenance des récipients

Assiettes. Creuses 1/4 l.

Bouteilles. *Bourgogne, bordeaux et anjou :* 75 cl, 6 à 7 verres ; magnum 1,5, 2 bout. ; jéroboam 3 l, 4 bout. *Alsace :* 72 cl, 6 à 7 verres. *Champagne :* bouteille : 80 cl, 6 à 7 coupes ; magnum : 1,6 l, 2 bout. ; jéroboam : 3,2 l, 4 bout. : mathusalem 6,4 l, 8 bout. ; salmanesar : 9,6 l, 12 bout. ; balthazar : 12,8 l, 16 bout. ; nabuchodonosor : 16 l, 20 bout.

Cuillers. *A café :* 5 g d'eau, 4 g de sucre en poudre (9 g débordante) ; *à dessert :* 10 g d'eau, 8 g de sucre en poudre (18 g débordante) ; *à soupe :* 15 g d'eau, 15 g de sucre en poudre (30 g débordante).

Verres. *A eau :* 24 cl ; *à bordeaux :* 12 à 14 cl ; *à bourgogne :* 12 à 14 cl ; *à madère :* 8 à 10 cl ; *à liqueur :* 2 à 2,5 cl ; *coupe* à champagne et *flûte :* 14 à 18 cl ; bol : 1/2 l ; *à bière :* bock 12,5 cl, demi 25 cl, distingué 50 cl, baron 1/2 l, parfait 1 l, sérieux 2 l, formidable 3 l.

Comment mesurer sans peser (poids en g). *Sucre semoule :* cuiller à soupe 15 g, tasse à thé 175 g. Sucre morceaux : nº 4 5 g, *nº 3* 7 g. *Beurre :* 1/2 cuiller à café ou noisette 4, cuiller à café ou noix 7, cuiller à soupe 22. *Farine :* cuiller à café 5, à soupe 15, tasse à thé 125. *Tapioca :* cuiller à soupe 12. *Sel :* cuiller à café 5, à soupe 15. *Café soluble :* cuiller à café 2, à soupe 8, tasse à thé 220. *Semoule :* cuiller à soupe 16. *Riz :* cuiller à soupe 19. *Huile :* cuiller à café 5, à soupe 17,5, tasse 210. *Eau :* cuiller à café 5, à soupe 20. *Lait :* cuiller à soupe 21, tasse à thé 235.

Poids

● **Poids moyen.** A la pièce, en grammes. **Crustacés (entiers).** Écrevisse 34. Homard 885. **Fromages.** Camembert 250. Livarot 500. Pont-l'Évêque 320. Suisse 25-30. Yaourt (petit pot) 120-150. **Fruits.** Abricot 55. Banane 90. Citron 100. Datte 10. Figue sèche 42. Figue fraîche 45. Mandarine 70. Noix 5. Orange 170. Pamplemousse 300. Pêche 70. Poire 120. Pomme 120. Pruneau 15. **Légumes.** Artichaut 250. Aubergine 125. Chicorée frisée 200. Chou 1 000. Chou-fleur 1 200. Laitue 200. Laitue romaine 250. Melon 700. Radis (la botte) 350. Tomate 100. **Poissons (entiers).** Brochet 1 250. Carpe 775. Colin 2 000. Daurade 600. Églefin 350. Hareng 170. Hareng saur 130. Limande 150. Maquereau 250. Merlan 230. Plie 160. Sardine 45. Truite 675. Turbot 2 350. **Viandes.** Lapin (vidé) 1 500 ; oie (entière) 5 500 ; poulet (entier) 1 800. *Cervelle :* bœuf 500, veau 300, mouton 100, porc 110. *Cœur :* bœuf 2 750, veau 500, mouton 230, porc 225. *Foie :* bœuf 8 500, veau 2 500, porc 750. *Langue :* bœuf 4 000, veau 1 000. *Pied* de porc 200. *Ris* de veau 750. *Rognon :* bœuf 1 000, veau 250, porc 170. **Divers.** Biscuit sec 10. Biscotte 18. Croissant 50. Morceau de sucre 6. Œuf de poule 55.

● **Nombre moyen au kilo. Fruits.** Abricot 18. Banane 11. Citron 10. Datte 100. Figue sèche 24. Figue fraîche 22. Mandarine 14. Noix 200. Orange 6. Pamplemousse 3 ou 4. Pêche 14. Poire 8. Pomme 8. Pruneau 67. **Légumes.** Artichaut 4. Aubergine 8. Chicorée frisée 5. Chou 1. Laitue 5. Laitue romaine 4. Tomate 10. **Œufs.** Œuf de poule 18.

● **Modification.** Poids brut d'aliments cuits résultant de la cuisson de 100 g d'aliments crus. **Farineux.** Coquillettes 385. Macaroni 400. Nouilles 385. Riz 295. Spaghetti 385. **Fruits.** Poire 92. Pomme en compote 118. **Légumes. Frais.** Artichaut 87. Asperge 87. Bettes 90. Betterave rouge à l'eau 91 ; au four 57. Carotte à l'eau 100 ; à l'étouffée 86. Céleri (côtes) 94. Céleri-rave cuit à l'eau 91 ; sauté 54. Champignon couche frit 83. Chou vert, cuit à l'eau 92 ; à l'étouffée 64. Chou de Bruxelles 86. Chou-fleur 92. Épinard, cuit à l'eau ou au jus 83. Haricot vert, cuit à l'eau 104 ; à l'étouffée 90. Navet, cuit à l'eau 95 ; à l'étouffée 92. Oseille 99. Poireau 81. P. de terre, en robe des champs 98 ; à l'anglaise 95 ; au four 80 ; en purée 119 ; en ragoût 154 ; frites 44 [1]. Potiron 55. Scarole 71. Tomate frite 69. **Secs.** Févette 310. Haricot 270. Lentille 345. Pois cassé 400. **Poissons.** Au court-bouillon 95 ; frits 81. *Crevettes :* 97. **Viandes.** *Bœuf :* bifteck grillé 88 ; au gril 83 ; au plat 88 ; rôti (½ h) 77 ; bouilli 83. *Veau :* à la poêle 93 ; rôti (3/4 d'h) 74. *Mouton :* rôti 73 ; sauté 69. *Porc :* côtelette 83 ; rôti 64. *Cheval :* bifteck à la poêle 93. *Foie :* 91. *Boudin :* 94. *Saucisse fraîche :* 92.

Nota. — (1) En cuisant, les pommes frites absorbent 8 à 10 % de matières grasses.

Partie comestible

En pourcentage du poids.

Crustacés. Crabe 44. Crevette 47. Écrevisse 22. Homard 38. **Fromages.** Brie 91. Camembert 83. Coulommiers 91. Pont-l'Évêque 96. Roquefort 95. St-Paulin 95. **Fruits.** Abricot 91. Banane 65. Cerise 86. Citron 64 (donne 35 % de jus). Datte 87. Figue 90. Fraise 92. Framboise 91. Groseille 85. Mandarine 71. Orange 73. Pamplemousse 65. Pêche 86. Poire 88. Pomme 84. Prune 93. Pruneau 85. Raisin 93. **Légumes.** Artichaut 36. Asperge 61. Aubergine 85. Bette 67. Betterave rouge 82. Carotte 82. Céleri-rave 73. Chicorée frisée 71. Chou 68. Chou de Bruxelles 82. Chou-fleur 63. Chou rouge 80. Concombre 77. Courgette 74. Endive 81. Épinard 82. Fève 60. Haricot blanc 49. Haricot vert 92. Laitue 66. Mâche 81. Melon 60. Navet 73. Oignon 90. Oseille 77. Poireau 65. Pois 63. Radis 61. Romaine 84. Salsifis 61. Scarole 64. Tomate 94. **Mollusques.** Huître 17. Moule 34. **Œufs.** Œuf de poule 89. **Poissons frais (entiers).** Aiglefin 56. Colin 64. Dorade 57. Hareng 59. Limande 69. Maquereau 47. Merlan 66. Morue 48. Raie 57. Sardine 77. Saumon 67. Sole 52. Truite 52. Turbot 54. **Viandes.** *Bœuf :* aloyau 83, faux-filet 77, foie 93, langue 81, pot-au-feu 79, rognon 80. *Mouton :* côte 83, épaule 90, foie 100, gigot 80, ragoût 78, rognon 100. *Porc :* carré 80, côte 84, jambon avec os 86, lard 92, rognon 100, rôti 87. *Veau :* côtelette 80, foie 100, jarret 77, langue 100, ragoût 83, rognon 100, rôti 91. *Canard :* 89 [3]. *Dinde :* 80 [3]. *Lapin :* 85 [1]. *Lièvre :* 65 [2] et 88 [1]. *Oie :* 79 [4] et 90 [3]. *Pigeon :* 90 [2]. *Poulet :* 70 [4], 79 [1].

Nota. — (1) Sans peau, ni tête, ni extrémités et vidé. (2) Entier. (3) Plumé, vidé, paré. (4) Non vidé, non plumé.

Intoxication alimentaire

Contamination des aliments. Elle peut se produire à différents stades : résidus de pesticides, d'additifs introduits dans les aliments destinés aux animaux d'élevage, d'hormones ou de produits thérapeutiques administrés à ces animaux, substances venant des emballages ou de filtrage (amiante dans le cas du vin). Généralement, les taux de produits toxiques sont minimes, mais certaines substances s'accumulent dans les tissus : ex. D.D.T. et pesticides liposolubles : des vaches ingérant des fourrages contaminés par peu de D.D.T. et ne présentant aucun signe d'intoxication ont un lait suffisamment contaminé pour provoquer des troubles nerveux chez des veaux encore à la mamelle.

Exemples de contamination chimique. *Mercure :* des intoxications par du poisson contenant du *mercure* ont causé au Japon des troubles neurologiques (engourdissement, fourmillement, spasmodicité, perte de vision, désorientation auditive) et même la mort (43 pêcheurs morts à Minamata, Japon, en 1956). Des semences de blé et d'orge traitées à l'oxyde de mercure consommées en 1971 au Pakistan ont causé env. 6 000 décès. Des céréales traitées au mercure en 1972 ont tué 300 pers. en Irak. *En France* le taux de mercure max. recommandé est de 0,5 mg/kg dans le poisson avec tolérance à 0,7 dans certains cas (0,3 mg de méthylmercure par jour est considéré comme toxique, ce qui représenterait, au taux de 0,5, l'ingestion quotidienne de 600 g de poisson). *Plomb :* selon l'O.M.S.-F.A.O., la dose hebdomadaire tolérable de plomb est de 3 mg pour un adulte (dose moy. actuelle 1,3 à 2,4 mg). *Pesticides :* dans les années 60, intoxications alimentaires dues à la contamination accidentelle de farine par des *pesticides* tels que l'endrine et le parathion.

Les *pesticides* [insecticides, fongicides (contre les moisissures, ex. diphényle, thiabendazole, orthophénylphénol), herbicides et rodenticides (contre les rongeurs)] autorisés figurent sur une liste établie par les min. de l'Agriculture et de la Santé (le D.D.T. est proscrit). Lavage, épluchage ou grattage et cuisson éliminent une grande partie des pesticides.

Vins trafiqués : rajout immodéré de ferrocyanure (dans des vins autrichiens en 1985 : plusieurs morts), glycérole, acide sulfurique, phosphorique ; addition de méthanol provenant de la distillation de fibres ligneuses ou fabriqué à partir de dérivés de la houille pour augmenter le degré alcoolique (cas de nombreux vins italiens en 1985-86 : plusieurs morts en Italie).

Contamination biologique (Staphylocoques, Salmonella, Clostridium botulinum, etc.) des aliments, existant en particulier dans de nombreux pays en voie de développement, peut entraîner des troubles graves et parfois mortels. Due à un manque d'hygiène dans les récipients et la manipulation. Les cas de botulisme viennent de conserves ménagères insuffisamment stérilisées. *Divers :* il y a des poisons dans les aliments *naturels :* ex. : les glucosides cynogénétiques dans les haricots de Birmanie ou les pois de Java.

Additifs alimentaires

Catégories d'additifs

Utilisés pour améliorer apparence, saveur, consistance ou conservation des aliments. Ils sont *naturels* ou *artificiels.* Un produit chimique ne peut être utilisé que s'il a fait l'objet d'un arrêté interministériel après avis du Conseil supérieur de l'hygiène publique et de l'Académie nationale de médecine (décret du 12-2-73). En 1981, en France, 151 additifs sont autorisés. La catégorie d'appartenance des additifs, ainsi que leur nom ou leur symbole C.E.E. doivent être indiqués en clair sur les aliments préemballés : colorant ; conservateur ; antioxygène ; émulsifiant ; épaississant ; gélifiant ; stabilisant ; exhausteur de goût ; acidifiant ; correcteur d'acidité ; antiagglomérant ; amidon modifié ; poudre à lever ; agent d'enrobage ; sel de fonte.

Colorant. Peut être extrait d'un élément naturel (ex. : rouge des graines de rocou), être produit en synthétisant les constituants chimiques d'un élément naturel (riboflavine jaune présente dans le lait), ou être la synthèse d'un produit nouveau (tartrazine, jaune de synthèse).

Émulsifiant. Utilisé pour mélanger de l'eau (ou un produit ayant une affinité pour l'eau) avec un corps gras (ou un produit ayant une affinité avec les corps gras), en formant un film extrêmement mince entre les gouttelettes des 2 produits. *Naturel* (ex. : la lécithine, qui fait « prendre » la mayonnaise, se trouve dans l'œuf ou dans le soja) ; *de synthèse :* monostéarate de glycérine, pour fabriquer la margarine.

Exhausteur de saveur. Le plus connu est le monoglutamate de sodium, acide aminé isolé en 1912. Il existe dans les tissus végétaux et animaux (champignons, blé, lait en sont particulièrement riches). Le glutamate, préparé aujourd'hui en utilisant le gluten de blé ou la mélasse de betterave, est employé dans les potages déshydratés et en boîte, plats surgelés ou préparés, sauces, etc.

Nota. — Les *rayons ultraviolets* sont utilisés pour assainir les eaux de distribution publique ; *ultra-sons* favorisent la solution des résines de houblon pour la fabrication de la bière. Actuellement, seuls oignons, épices, aulx, échalotes, légumes déshydratés, flocons et germes de céréales et viandes de volailles séparées mécaniquement peuvent être *irradiés.*

Code des principaux additifs

(Numérotation C.E.E.)

Colorants. Codes E 100 à E 180 (29 autorisés). **Jaune :** E 100 curcumine, E 101 lactoflavine ou riboflavine, E 102 tartrazine, E 103 chrysoïne S [1], E 104 jaune de quinoléine, E 105 jaune solide [1]. **Orange :** E 110 jaune orangé S, E 111 orange GGN [1]. **Rouge :** E 120 cochenille ou acide carminique, E 121 oseille orcéine [1], E 122 azorubine, E 123 amarante [2], E 124 rouge cochenille A, E 125 écarlate GN [1], E 126 ponceau 6 R [1], E 127 érythrosine. **Bleu :** E 130 bleu anthraquinonique [1], E 131 bleu patenté V, E 132 indigotine ou carmin d'indigo. **Vert :** E 140 chlorophylles, E 141 complexes cuivriques des chlorophylles et des chlorophyllines, E 142 vert acide brillant BS. **Brun :** E 150 caramel. **Noir :** E 151 noir brillant BN, E 152 noir 7984 [1], E 153 charbon végétal médicinal. **Nuances diverses :** E 160 caroténoïdes, bixine ou carotène, E 161 xanthophylles, E 162 rouge de betterave ou bétanine, E 163 anthocyanes, E 170 carbonate de calcium, E 171 bioxyde de titane, E 172 oxydes et hydroxydes de fer, E 173 aluminium, E 174 argent, E 175 or, E 180 pigment rubis [3], E 181 terre d'ombre brûlée [1].

Nota. — (1) Utilisation interdite à compter du 1-10-1976. (2) Interdit sauf pour le caviar. (3) Interdit sauf pour la croûte des fromages.

Conservateurs. Codes E 200 à E 290 (35 autorisés). 200 acide sorbique, 201 sorbate de sodium, 202 sorbate de potassium, 203 sorbate de calcium, 210 acide benzoïque, 211 benzoate de sodium, 212 benzoate de potassium, 213 benzoate de calcium, 214 para-hydroxybenzoate d'éthyle, 215 dérivé sodique du para-hydroxybenzoate d'éthyle, 216 para-hydroxybenzoate de propyle, 217 dérivé sodique du para-hydroxybenzoate de propyle, 218 para-hydroxybenzoate de méthyle, 219 dérivé sodique du para-hydroxybenzoate de méthyle, 220 anhydride sulfureux, 221 sulfite de sodium, 222 sulfite acide de sodium, 223 disulfite de sodium, 224 disulfite de potassium, 225 disulfite de calcium, 226 sulfite de calcium, 227 sulfite acide de calcium, 230 diphényle, 231 orthophénylphénol, 232 orthophénylphénate de sodium, 233 thiabendazole, 236 acide formique, 237 formiate de sodium, 238 formiate de calcium, 239 hexaméthylène-tétramine, 240 acide borique, 249 nitrite de potassium, 250 nitrite de sodium, 251 nitrate de sodium, 252 nitrate de potassium, 260 acide acétique, 261 acétate de potassium, 262 diacétate de sodium, 263 acétate de calcium, 270 acide lactique, 280 acide propionique, 281 propionate de sodium, 282 propionate de calcium, 283 propionate de potassium, 290 anhydride carbonique.

Antioxygènes. Codes E 300 à E 321 (11 autorisés). Empêchent les corps gras de rancir (le rancissement se produit lorsque l'oxygène attaque les acides gras). Antioxydants *naturels :* acide ascorbique ou vitamine C (dans les fruits), vitamine C et E (dans les fruits), vitamine E (dans les huiles) ; *de synthèse :* BHA ou butylhydroxyanisol (dose max. autorisée dans les purées en flocons : 25 mg/kg). *Codes :* 300 acide ascorbique, 301 ascorbate de sodium, 302 ascorbate de calcium, 304 palmitate d'ascorbyle, 306 extraits d'origine naturelle riches en tocophérols, 307 alphatocophérol de synthèse, 308 gammatocophérol de synth., 309 deltatocophérol de synth., 310 gallate de propyle, 311 gallate d'octyle, 321 gallate de dodécyle, 320 BHA (butylhydroxyanisole), 321 BHT (butylhydroxytoluène). *Substances ayant entre autres fonctions une action antioxygène :* 220 anhydride sulfureux, 221 sulfite de sodium, 222 sulfite acide de sodium, 223 disulfite de sodium, 224 disulfite de potassium, 226 sulfite de calcium, 322 lécithines. *Substances pouvant renforcer l'action antioxygène d'une autre substance :* 270 acide lactique, 325 lactate de sodium, 326 lactate de potassium, 327 lactate de calcium, 330 acide citrique, 331 citrates de sodium, 332 citrates de potassium, 333 citrates de calcium, 334 acide tartrique, 335 tartrates de sodium, 336 tartrates de potassium, 337 tartrate double de sodium et de potassium, 338 acide orthophosphorique, 339 orthophosphates de sodium, 340 orthophosphates de potassium, 341 orthophosphates de calcium, 472c ester citrique des mono- et diglycérides d'acides gras alimentaires.

Agents de texture (émulsifiants, stabilisants, épaississants et gélifiants). Codes E 400 à E 483 (26 autorisés), 322 lécithines, 339 orthophosphates de sodium, 340 orthophosphates de potassium, 341 orthophosphates de calcium, 400 acide alginique, 401 alginate de sodium, 402 alginate de potassium, 403 alginate d'ammonium, 404 alginate de calcium, 405 alginate de propylène-glycol, 406 agar-agar, 407 carraghen, carraghénines, carraghénanes, 410 farine de graines de caroube, 412 farine de graines de guar, gomme de guar, 413 gomme adragante, 414 gomme arabique, 415 gomme xanthane, 420 sorbitol, 421 mannitol, 422 glycérol, 440 pectines, 450 polyphosphates de sodium et de potassium, 460 cellulose microcristalline, 461 méthylcellulose, 463 hydroxypropylcellulose, 464 hydroxypropylméthylcellulose, 465 méthyléthylcellulose, 466 carboxyméthylcellulose, 470 sels de sodium, de potassium, de calcium, des acides gras alimentaires, 471 mono- et diglycérides d'acides gras alimentaires, 472 esters (a-acétique, b-lactique, c-citrique, d-tartrique, etc.), 473 sucroesters, 474 sucroglycérides, 475 esters polyglycériques des acides gras alimentaires non polymérisés, E 477 esters du propylène glycol, d'acides gras, E 481 stearoyl — 2 — lactylate de sodium, E 483 tartrate de Stéaroyle. *Divers :* codes 100 à 920 (sans E).

Divers

Ne pas lire en mangeant ni regarder la télévision. La sécrétion des sucs digestifs est stimulée par la vue, l'odeur, le contact des aliments. Ces stimuli provoquent la sécrétion de la salive et du suc gastrique. Beaucoup de digestions difficiles et de troubles dyspepsiques sont dus au manque d'attention apportée aux aliments.

Alcool. *Il ne réchauffe pas,* mais provoque une dilatation des vaisseaux périphériques (ce qui donne une sensation illusoire de réchauffement) favorisant la perte de chaleur et perturbant les mécanismes naturels de la défense contre le froid. *Il ne facilite pas l'effort musculaire.* Il contribue à augmenter la ration calorique et, pris en excès, favorise la prise de poids. Voir Alcoolisme à l'Index.

Aliments fumés. Peuvent être cancérigènes s'ils ont été préparés (malgré la réglementation) avec du bois goudronné dont la fumée contient du benzopyrène.

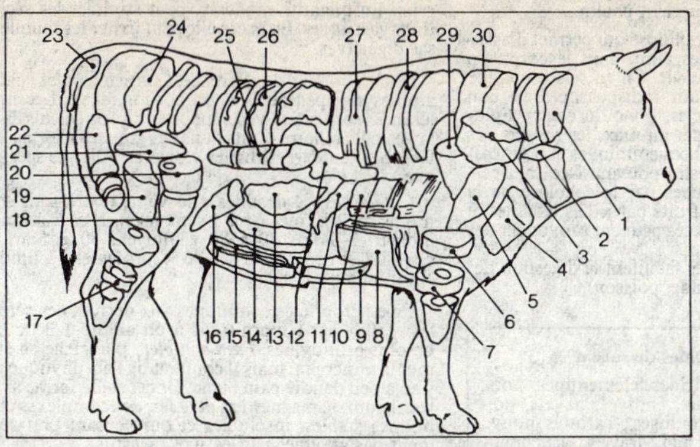

Le bœuf

Principaux morceaux. 1 Veine maigre. 2 Veine grasse. 3 Macreuse. 4 Griffe. 5 Jumeau. 6 Charolaise. 7 Gîte-gîte avant. 8 Poitrine. 9 Tendron. 10 Plat-de-côte. 11 Hampe. 12 Onglet. 13 Bavette à bifteck. 14 Bavette à pot-au-feu. 15 Flanchet. 16 Aiguillette baronne. 17 Gîte-gîte arrière. 18 Tranche grasse. 19 Gîte à la noix. 20 Rond de tranche. 21 Tende de tranche. 22 Rond de gîte. 23 Queue. 24 Rumsteck. 25 Filet. 26 Faux-filet (ou contre-filet). 27 Entrecôtes. 28 Côtes. 29 Paleron. 30 Basses-côtes.

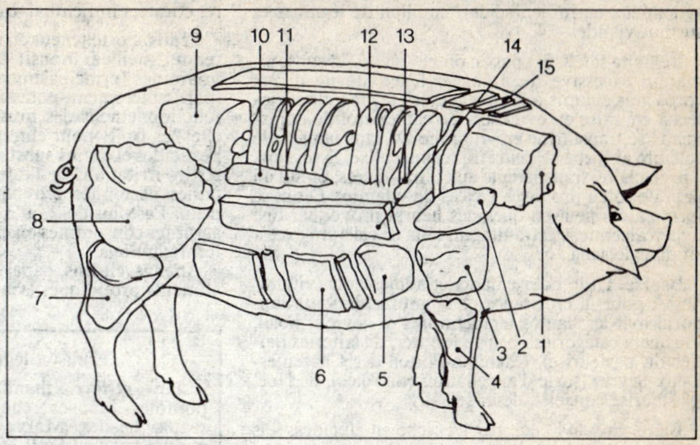

Le porc

Principaux morceaux. 1 Échine. 2 Palette. 3 Épaule. 4 Jarret avant. 5 Plat-de-côtes. 6 Poitrine. 7 Jarret arrière. 8 Jambon. 9 Pointe de filet. 10 Milieu de filet. 11 Filet mignon. 12 Carré de côtes. 13 Grillade. 14 Travers. 15 Lard gras.

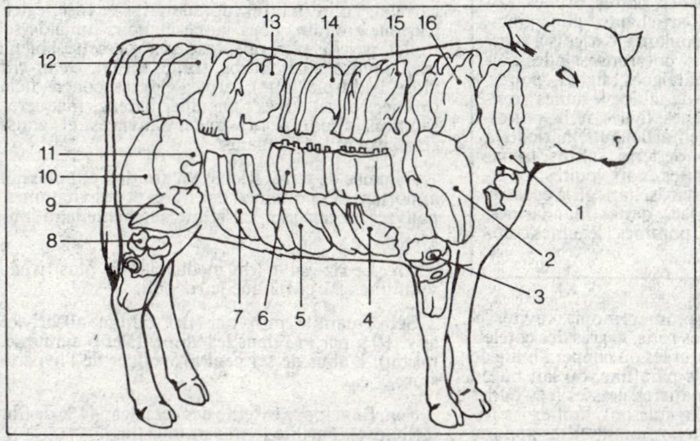

Le veau

Principaux morceaux. 1 Collier ou collet. 2 Épaule. 3 Jarret-avant. 4 Poitrine. 5 Tendron. 6 Haut-de-côtes. 7 Flanchet. 8 Jarret arrière. 9 Noix pâtissière. 10 Sous-noix. 11 Noix. 12 Quasi-culotte. 13 Longe et filet. 14 Côtes premières. 15 Côtes couvertes. 16 Côtes découvertes.

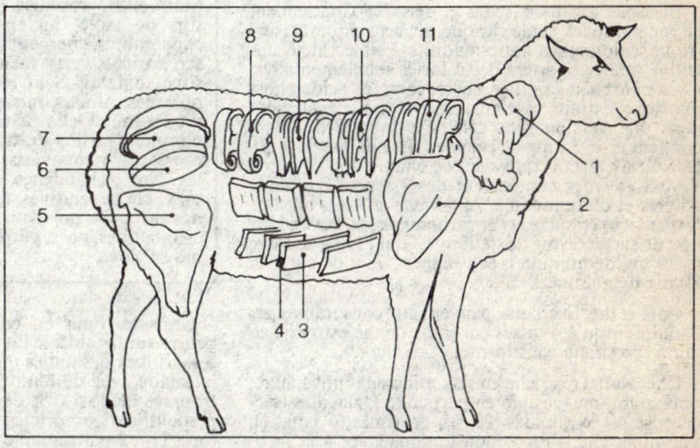

Le mouton

Principaux morceaux. 1 Collier ou collet. 2 Épaule. 3 Poitrine. 4 Haut-de-côtelettes. 5 Gigot raccourci. 6 Côte de gigot. 7 Selle. 8 Côtelettes filet. 9 Côtelettes premières. 10 Côtelettes secondes. 11 Côtelettes découvertes.

● **Caractéristiques des viandes.** *Cuisson :* poêle P, rôti R, ragoût Ra, grillade G. *Coût :* cher C1, raisonnable C2, économique C3. *Qualité :* peu tendre T1, assez tendre T2, bien tendre T3.

Bœuf. Aiguillette baronne G, R, T3, C1. Basse-côte G, T3, C2. Bavette à bifteck G, T3, C1. Bavette à pot-au-feu Ra, T1, C2. Charolaise Ra, T1, C2. Côte G, R, T2, C1. Entrecôte G, R, T3, C1. Faux-filet G, R, T3, C1. Filet G, R, T3, C1. Flanchet Ra, T1, C3. Gîte-gîte arrière Ra, T1, C3. Gîte-gîte avant Ra, T1, C3. Gîte à la noix Ra, G, T1, C2. Griffe Ra, T1, C2. Hampe G, T2, C2. Jumeau G, T1-2, C1-2. Macreuse Ra, G, R, T2, C2. Onglet G, T3, C2. Paleron R, Ra, T2, C2. Plat-de-côte Ra, T1, C3. Poitrine Ra, T1, C3. Queue Ra, T1, C3. Rond de gîte G, T2, C2. Rond de tranche G, T2, C2. Rumsteack G, R, T3, C1. Tende de tranche G, T2, C2. Tendron Ra, T1, C2. Tranche grasse Ra, G, T1, C2. Veine grasse Ra, T1, C3. Veine maigre Ra, T1, C3.

Veau. Collier Ra, T1, C3. Côtes découvertes R, Ra, T2, C2. Côtes premières P, T2-3, C1. Côtes secondes P, T3 C1. Épaule Ra, R, P, T2, C2. Flanchet Ra, T1, C3. Haut de côtes Ra, T1, C2. Jarrets avant et arrière Ra, T2, C2. Longe et filet R, P, T3, C1. Noix R, P, T3, C1. Noix pâtissière R, P, T3, C1. Poitrine Ra, T2, C2. Quasi-culotte R, T2, C2. Sous-noix R, P, T2, C2. Tendron Ra, T1, C3.

Mouton. Collier Ra, T1, C2. Côtelettes découvertes G, T2, C1. Côtelettes filet G, R, T3, C1. Côtelettes premières G, R, T2, C1. Côtelettes secondes R, G, T2, C1. Épaule R, Ra, T1, C2. Gigot G, R, T3, C1. Haut de côtelettes Ra, T1, C3. Poitrine Ra, T1, C3. Selle G, R, T2, C1.

Porc. Carré de côtes G, R, T3, C1. Échine Ra, G, R, T3, C2. Épaule Ra, G, R, T2, C2. Filet G, R, T3, C1. Grillade G, T3, C1. Jambon R, T2, C1. Jarrets (jambonneaux) Ra, R, T2, C2. Lard gras Ra, T1, C3. Palette R, Ra, T2, C1. Plat de côtes Ra, T1, C3. Poitrine Ra, T1, C3. Travers G, R, T2, C3.

● **Quantité par personne.** Cervelle de bœuf 1 pour 4, veau 1 p. 2, mouton 1. Langue de bœuf 200 g, sans cornet 150 g, veau 150 g, mouton 1. Tête de veau 150 g. Cœur de veau 200 g, mouton 3 p. 2. Ris de veau (poids brut) 200 g. Ris d'agneau (poids net) 150 g. Rognon de bœuf 150 g, veau 150 g, mouton 2 rognons, porc 1 rognon. Foie de bœuf 110 g, veau 110 g, agneau 110 g. Tripes à la mode de Caen 250 g.

● **Transformation du bœuf.** Animal vif, départ ferme 680 kg, avant abattage 650 kg (perte pendant transport, attente 4,4 %). Carcasse chaude 371 kg. Froide 364 kg [après pertes au ressuage (perte de liquide) 2 %]. Avant découpe 360 kg (pertes pendant la maturation 1,1 %). Viande nette (désossée et parée) 245 kg.

Les morceaux à cuisson rapide (biftecks et rôtis) représentent 54 % de la carcasse soit 132 kg ; *à cuisson lente* (pot-au-feu et bourguignon) 46 % soit 113 kg. Les bêtes sont estimées selon leur rendement à l'abattage calculé sur le poids de la carcasse froide (jeunes bovins : 54 à 58 %, bœufs : 52 à 57 %, génisses : 50 à 56 %, vaches : 49 à 52 %).

Dans une carcasse : rendement viande : 56 à 75 %, os : 13 à 18 %, gras : 5 à 22 %, déchets : 4 à 7 %, morceaux à cuisson rapide : 52 à 56 %, cuisson lente : 44 à 48 %.

● **5ᵉ quartier.** *Issues :* cuir (30 à 45 kg) ; suifs d'abattage (5 à 18 kg) ; gras de rognons (5 à 12 kg) ; glandes, vessie... ; sang (12 à 15 litres) ; corne, onglons, poils... *Abats blancs :* panse (1 520 kg) ; intestins (boyaux) (8-10 kg) ; museau (2 kg) ; 4 pieds (11-12 kg) ; mamelle (chez les femelles). *Abats rouges :* foie (6-8 kg) ; cœur (2-3 kg) ; poumon (4 kg) ; cervelle ; rate (0,7 kg) ; langue (4 kg avec cornet) ; joues (4-5 kg désossées) ; rognons (0,7 kg) ; poumons (4 kg).

Apéritifs sans alcool. Sel (stimule glandes salivaires), fruits et jus légèrement acides (le suc gastrique agit mieux en milieu acide), bouillon de légumes et surtout viande.

Bains de soleil. Si vous en prenez, évitez la consommation excessive de fromage. L'activité de divers corps gras soumis à l'influence des rayons ultra-violets a été mise en évidence. Le cholestérol de l'organisme se transforme en vitamine D3 sans laquelle le calcium absorbé ne peut être retenu et fixé. Si un sujet à peau claire, transparente aux ultra-violets, prend un bain de soleil prolongé, l'excès de vitamine D qui se forme alors peut en quelques heures provoquer une hypercalcémie, c'est-à-dire un taux de calcium excessif dans le sang.

Beurre. Utile pour enfants et adolescents (vitamines A pour la croissance et D antirachitique). Supporte mal les hautes températures et devient nocif. Plusieurs catégories : beurre fermier, de laiteries (laitier ou pasteurisé), Charente-Poitou-des Charentes-Deux-Sèvres (sorte d'appellation contrôlée), de Noël (pasteurisé congelé), demi-sel.

Bière. Env. 440 cal. par l. ; riche en glucides, sels minéraux, vitamine B. Diurétique.

Boissons aux fruits. *Jus de fr. :* obtenu à partir de fr. frais, en possède couleur, arôme et goût, peut être pur ou dérivé de jus de fr. concentrés ou reconstitués (est indiqué). *Nectar de fr. :* jus ou purées de fr. mélangés à de l'eau et du sucre. *Boisson aux fr. :* eau plate ou gazeuse, 12 % de jus de fr., sucre, extraits ou arômes naturels de fr., acidulants. *Jus déshydraté :* permet de fabriquer par dilution une boisson instantanée.

Boissons gazeuses (sodas et dérivés). Contiennent en général sucre, acide citrique, ac. benzoïque, ac. tartrique, colorants et autres additifs. Faible valeur nutritive, mais apportent des calories supplémentaires. *Coca-cola :* eau gazéifiée, sucre, caramel, acide phosphorique, extraits végétaux, caféine (existe également dans une version sans caféine) ; 1 boîte de 33 cl contient env. 35 mg de caféine (tasse de thé 30 à 50, café 60 à 120) et l'équivalent de 5 morceaux de sucre. *Tonics et bitter* contiennent des essences d'oranges amères et du quinquina. *Limonade et sodas* ont une forte teneur en sucre et gaz carbonique [ex. Seven Up : 81 g de sucre, 66 mg de sodium/l, Gini : 112 g de sucre et 30 mg de quinine/l, Schweppes : 78 g de sucre et 80 mg de quinine/l.

Café et thé. Excitants, peuvent être consommés par l'adulte jusqu'à 4 tasses par jour. Le thé est riche en tanin (propriété constipante) et en fluor.

Chocolat. Très riche en sels minéraux (phosphore, potassium, magnésium en particulier), glucides (saccharose 40 %), lipides (29 %), protéines (6 %) et en vitamines (B2, PP). Action tonique grâce à la théobromine, parfois indigeste à cause de sa richesse en lipides. Son intolérance relève de l'allergie.

Crudités. Peu caloriques, riches en vitamines A et C, en sels minéraux (calcium et potassium) et en fibres alim. qui facilitent le transit intestinal.

Eau du robinet. 2 à 5 millions de Français consomment de l'eau dont la teneur en nitrates dépasse le taux max. admissible de 50 mg/l (au-dessus de ce taux, les nitrates perturbent l'oxygénation du sang et peuvent provoquer chez les bébés la méthémoglobinémie). *Régions les plus touchées :* Nord, Ouest, Bassin parisien.

Eaux minérales. Peu minéralisées peuvent être consommées régulièrement (Charrier, Évian, Vittel grande source, Volvic, etc.), riches en sels minéraux (Contrexéville, Vittel, Hépar, etc.) sur avis médical. Ne pas stocker de bouteilles en plastique.

Féculents. Riches en glucides, protéines végétales, calcium.

Fibres. Absorbent l'eau, accroissent le volume des selles (éliminent la constipation), accélèrent le transit intestinal, permettent d'éliminer le cholestérol et certains sels biliaires, diminuent la quantité de glucose et d'acides gras dans le sang, absorbent les ions positifs, aident à éliminer certaines substances cancérigènes ou co-cancérigènes, procurent un milieu favorable au développement de certaines bactéries du côlon. ALIMENTS RICHES EN FIBRES. *Poids en % de fibres brutes :* blé complet, céréales complètes 2 g pour 100 g ; haricots, lentilles 3 à 5 g ; figues sèches 11 g ; mendiant, raisins secs, noisettes, amandes 12 g ; son 10 à 14 g. *Ration quotidienne recommandée de fibres brutes :* 6 à 8 g soit 30 à 40 g de fibres alim., soit 30 g de son [3 cuillers à soupe bien pleines ou 10 tranches de pain au son (3 g par tranche) ou 200 g de pain complet (12 à 15 tranches)].

Fromages. *Catégories :* voir Index. *Les moins gras :* brie, coulommiers, camembert. *Les plus gras :* gruyère, comté, emmenthal, cantal, st-paulin.

Fruits. Forte teneur en cellulose qui permet d'assurer un meilleur transit des alim. dans le corps, en vitamines (principalement vit. C), en sels minéraux (particulièrement potassium indispensable au bon fonctionnement des muscles, donc du cœur). Éplucher les fruits pour éliminer au max. les résidus des pesticides et autres substances chimiques et pour éviter les irritations de l'intestin pouvant être chez certaines personnes provoquées par la cellulose de la peau. Pas plus de 2 ou 3 fruits par j. Les bananes et agrumes consommés en excès peuvent provoquer des fermentations.

Ananas, citrons, papayes facilitent la digestion des aliments protidiques (viande, poisson).

Fruits et légumes de saison

Janv. et févr. : mandarines, clémentines, noix, pommes, oranges ; choux, endives, navets, poireaux, salades. **Mars :** oranges ; carottes nouv., endives, radis. **Avril et mai :** fraises ; artichauts, asperges, navets nouv., carottes nouv., épinards, petits pois, pommes de terre nouv., radis. **Juin :** abricots, cerises, fraises ; artichauts, asperges, carottes nouv., épinards, haricots verts, petits pois, pommes de t. nouv., salades. **Juill. :** abricots, cerises, fraises, amandes vertes, framboises, pêches, prunes, melons ; artichauts, carottes nouv., concombres, épinards, haricots verts, petits pois, pommes de t. nouv., salades, tomates. **Août :** framboises, groseilles, pêches, poires, prunes, raisins de table, melons ; artichauts, aubergines, concombres, courgettes, épinards, haricots à écosser, haricots verts, melons, poivrons, salades, salsifis, tomates. **Sept. :** châtaignes, figues, poires, pommes, prunes, raisins de table ; légumes comme en août. **Oct. :** châtaignes, figues, noix, poires, pommes, raisins de table ; artichauts, haricots à écosser, haricots verts, p. de terre, salsifis, tomates. **Nov. :** châtaignes, dattes, noix, poires, pommes ; choux, endives, épinards, haricots à écosser, navets nouv., poivrons. **Déc. :** dattes, mandarines, clémentines, noix, poires, pommes ; légumes comme en nov.

Graisses. Pour en consommer moins : éviter le beurre sur la table, le jus des rôtis, le gras des côtelettes. Utiliser des huiles insaturées ou couper l'huile de la salade avec de l'huile de paraffine, du lait ou du fromage blanc à 0 % de matières grasses (ces huiles perdent leurs propriétés à la cuisson), limiter les fritures (1 à 2 par semaine ; 1 portion de frites apporte environ 15 à 20 g de graisses).

Huiles. Pour fritures et assaisonnement, contiennent une proportion plus ou moins grande d'acides gras polyinsaturés (tournesol, colza, soja). *H. olive :* très riche en vitamine E, n'a subi aucun traitement chimique. *Tournesol, pépins de raisins, maïs, germes de blé, sésame* (surtout en Orient), *soja :* ne supportent pas les hautes températures. *Arachide :* convient aux fritures, assez riche en vitamine E. *Colza :* résiste mal à la chaleur et à la lumière, les variétés actuelles n'ont plus qu'une faible teneur en acide érucique (toxique).

Renouveler fréquemment les bains de friture et les filtrer après usage pour éviter la formation d'acroléine (substance cancérigène).

Lait. Enfant : source de protéines et de calcium nécessaires à la croissance. Adulte : ½ litre par j couvre ses besoins en calcium ; bien digéré en Europe ; en Afrique et en Asie, les adultes ne le digèrent pas car ils n'ont plus de lactase (enzyme). Après ouverture, un emballage de lait doit être consommé dans les 3 j suivant la date limite de vente, stérilisé ou U.H.T. doit être consommé dans les 24 h.

Légumes. *Frais et cuits :* ont les mêmes propriétés que les crudités, la cuisson n'entraîne qu'une diminution de la teneur en vitamine (surtout vit. C). *Secs :* énergétiques, riches en protides, sels minéraux et vitamines du groupe B ; leur richesse en cellulose est souvent moins bien tolérée que celle des fruits et légumes. Une cuisson prolongée facilite l'utilisation digestive. Faire tremper les légumes secs longtemps avant cuisson.

Margarine. En principe mélange d'huiles, graisses végétales (coprah, soja, etc., riches en acides gras polyinsaturés), animales (suif et saindoux), et huiles d'animaux marins (baleine). Les m. végétales au tournesol sont recommandées si l'on a du cholestérol.

Moutarde. Peut contenir des colorants, acide tartrique, ac. citrique, bisulfites alcalins, anhydride sulfureux. En quantité modérée, peut stimuler les sécrétions gastriques. En excès elle peut irriter les muqueuses digestives.

Œufs. Protéine de référence. Contiennent les acides aminés indispensables en proportion idéale. Les intolérances sont rares. Mal supportés lors de calculs dans la vésicule biliaire. Cuits dans des graisses trop chauffées, peuvent être difficiles à digérer. Allergie spécifique.

Catégories : A destinés à la vente (extra-frais soit moins de 7 j, frais 7 j à 3 semaines), *B et C* à usage industriel. Poids 30 à 80 g, moyen. 60 g. Sans la coquille, se compose d'eau 73 %, protéines 13, lipides 12, minéraux 1, sucre 1.

Pain. Propriétés communes aux dérivés des céréales. 350 g par j fournissent à un adulte 1/3 de ses besoins protidiques. *Pain complet :* plus riche en éléments minéraux, mais il contient de l'ac. phytique ; il y en a peu dans le pain blanc. Or cet acide forme avec le calcium, le magnésium et le fer, des complexes chimiques stables, insolubles et qui ne sont pratiquement pas attaqués par les sucs digestifs.

Pâtes et semoules. Fabriquées avec des farines de blé dur ; après cuisson, pauvres en vitamines B.

Persil-cerfeuil. Riches en vitamine C, calcium, potassium.

Poissons. Riches en protéines et vitamines. La graisse de poisson apporte des vitamines A et D. *Maigres :* anchois, bar, brême, brochet, cabillaud, carpe, carrelet, colin (merlu), dorade grise et rose, églefin, gardon, grondin, lieus jaune et noir, limande-sole, mulet, perche, plie, raie, rascasse, roussette, chien de mer, sandre, sole, tourbe, truite, turbot. *Demi-gras :* alose, baudroie (lotte), carpe d'élevage, congre, flétan, orphie, rouget. *Gras :* anguille, hareng, maquereau, saumon, thon. *Nota :* œufs, laitances et graisses concentrent les polluants.

Pommes de terre. Riches en amidon et potassium, apportent des protéines, des fibres et des vitamines C, pauvres en calcium. La friture augmente la ration de graisse.

Riz. Le riz étuvé (dit incollable) est plus riche en vitamines B1 et B2 que le riz poli.

Sel. Quantité moyenne de sodium absorbable : env. 10 g par j (3 dans les aliments et 6 ajoutés à la ration). L'abus de sel peut provoquer de l'hypertension.

Son. Enveloppe externe des céréales : 44 % de fibres (cellulose). Facilite le transit intestinal.

Sucre. La consommation de glucides ne devrait pas dépasser 50 à 55 % de la ration alimentaire (58 % pour les enfants) car les sucres se transforment en graisses. *Glucides à absorption lente :* amidons (pain, riz, farine, p. de terre, etc.) ; *rapide :* saccharose (ou sucre), glucose-fructose (dans les fruits, légumes), lactose (dans le lait).

Le *sucre roux* n'est pas raffiné et contient 2 à 3 % d'impuretés. le *s. blanc* peut se présenter sous forme aggloméré, cristallisé, semoule, glacé, morceaux, candi, Adam. Les *édulcorants* ne doivent être utilisés qu'en cas d'obésité et de diabète et momentanément.

Dangers du sucre raffiné en quantité excessive. Il se déverse rapidement dans le sang (18 à 20 minutes, sous forme de glucose), stimulant une forte et rapide production d'insuline par le pancréas. Le niveau de sucre dans le sang baisse au-dessous de la normale : état d'hypoglycémie (fatigue, dépression) qui appelle une recherche de sucre ou de café, libérant le glycogène du foie et donnant un coup de fouet (action indirecte de l'adrénaline et déversement de sucre dans le sang). Le sucre ne fournit pas de protéines, sels minéraux ou vitamines, dont certaines comme la vitamine B1 sont essentielles pour assimiler le glucose.

La saccharose favorise la carie dentaire.

Végétaline. Huile de palmiste 10 %, de coprah 90 %. Supporte bien les hautes températures (fritures par ex.).

Viande. Riche en protéines, sels minéraux, phosphore, zinc, fer, vitamine B, pauvre en calcium. *Maigre :* cheval, poulet, foie, lapin, pigeon, cerf, chevreuil, lièvre, faisan, perdrix, canard. *Mi-grasse :* bœuf, veau, mouton, agneau, canard, dinde, porc. *Grasse :* charcuterie, oie, etc. La plus maigre est la moins calorique et la plus digeste. Rouge et blanche ont une valeur comparable. Trop peu cuite, risques de parasites (ex. : ténia dans v. de bœuf ou de porc). La v. braisée ou bouillie, plus riche en collagène, est moins digestible.

Les *abats* (cœur, foie, rognons) apportent plus de vitamines et autant de protides. Le foie contient beaucoup de vitamines et de fer, mais il faut en limiter la consommation : c'est lui qui métabolise les substances chimiques incorporées à la nourriture ou utilisées pour le traitement du bétail (antibiotiques). De même pour les rognons.

Viande hachée : peut se polluer gravement en 3 h. La mention viande attendrie doit figurer sur les morceaux traités. L'attendrisseur (peigne métallique à double mâchoire) peut inoculer des microbes à l'intérieur de la viande, interdit dans 21 départements.

Ne pas consommer trop de charcuteries (saucisse, saucisson, pâté). Les protides en excès sont éliminés sous forme d'urée, la viande contient des graisses saturées mauvaises pour l'appareil cardio-vasculaire. Une ration trop copieuse risque de faire oublier d'autres aliments nécessaires (légumes verts, fromages, fruits).

Attention : une viande trop grillée sur un gril surchauffé peut contenir des dérivés polycycliques d'hydrocarbures cancérigènes.

La viande : contient 10 à 40 % de graisses, selon morceaux et animaux ; *poisson :* 1 à 12 %, volailles 4 %.

Yaourts. Même valeur nutritive que le lait mais plus faciles à digérer car le lactose s'est transformé en acide lactique.

Qualités prêtées à certains aliments : *diurétiques :* tisanes classiques riches en potassium, aliments riches en eau (oignon, poireau...), agrumes, raisin ; *constipants :* coing, aliments riches en tanin ; *laxatifs :* prunes, poires, pruneaux et fruits analogues, rhubarbe, épinards, aliments riches en cellulose ; *aphrodisiaques :* les laitances de poisson, la truffe, l'amande et le gingembre (prétend-on) ; *circulation sanguine :* ail ; *antiseptique :* thym, serpolet ; *stimulant digestion :* épices dont safran, piment, cumin.

Nota. — En principe le foie supporte mal œufs, chocolat, graisses cuites (alim. « revenus » ou « sautés »), viande fraîche. La *crise de foie* désigne l'ensemble des troubles digestifs avec nausées et douleurs sous-costales à droite. Elle correspond à une poussée de cholécystite, à une crise de colite ou à une douleur solaire.

Associations

Associations

Définition. « Convention par laquelle 2 ou plusieurs personnes mettent en commun d'une façon permanente leurs connaissances ou leur activité dans un but autre que de partager des bénéfices. » *3 catégories :* ass. non déclarée, déclarée et d'utilité publique.

Création. La loi du 1-7-1901 permet de créer librement toute association non déclarée, sans formalité. Il suffit de se réunir et de décider de l'objet (même sans avoir des statuts et sans désigner des dirigeants). Toute association doit se composer, pour une assoc. déclarée, au min. de 2 personnes ; il n'y a pas de nombre max. On peut déclarer à tout moment une association, même fonctionnant depuis plusieurs années.

Nota. — Une assoc. non déclarée n'est pas illégale, mais elle est dépourvue de capacité juridique et ne peut signer un bail, ouvrir un compte en banque, posséder des biens, cependant elle peut encaisser des cotisations et avoir des biens mobiliers indivis entre ses membres.

Déposer la déclaration à la préfecture ou à la sous-préfecture du département du siège de l'association (à Paris : préfecture de police). Rédigée sur papier libre, elle doit mentionner titre et buts de l'association, adresse du siège, nom, profession et domicile des administrateurs, comprendre 2 exemplaires des statuts et la liste des personnes chargées de l'administration ; un cahier spécial à pages numérotées pour la transcription des modifications de statuts ou d'administration doit être paraphé par la personne chargée de l'administration (souvent le Pt). Conservé par l'association, il doit pouvoir être présenté à tout moment aux autorités administratives et judiciaires.

L'Administration doit, dans les 5 j, délivrer un récépissé à toute personne qui a déposé régulièrement un dossier de déclaration. L'assoc. sera rendue publique à partir de la publication au J.O.

Dissolution. Volontaire selon les modalités prévues dans les statuts ou en assemblée générale. L'Administration ne peut s'opposer à la création d'une association, ni à la publication d'un extrait de ses statuts au J.O. Mais le min. de l'Intérieur peut demander au procureur de la République d'entamer dans les 3 jours une procédure d'annulation et de dissolution devant le tribunal de grande instance, car « toute association fondée sur une cause ou en vue d'un objet illicite, contraire aux lois, aux bonnes mœurs, ou qui aurait pour but de porter atteinte à l'intégrité du territoire ou à la forme républicaine du gouvernement, est nulle et de nul effet ». Le ministre doit apporter la preuve que les buts et l'activité de l'association sont dangereux pour l'ordre public. La loi du 10-1-1936 permet la dissolution administrative par décret pris en Conseil des ministres de toute association, déclarée ou non, ayant enfreint l'art. 3 de la loi de 1901.

Pouvoirs. L'assoc. déclarée a une personne morale réduite. Elle peut posséder des meubles (matériel de bureau ou d'imprimerie, etc.), un local destiné à l'administration et à la réunion de ses membres et des biens immobiliers lorsqu'ils sont nécessaires à l'accomplissement des buts qu'elle se propose.

Elle peut emprunter de l'argent en dehors des cotisations, mais ne peut recevoir ni donations ni legs, sauf des « libéralités modiques » (dons manuels).

Elle ne peut avoir de buts commerciaux, mais peut accessoirement accomplir des actes de commerce de toute sorte, certains d'entre eux étant assujettis à la T.V.A. Elle ne doit pas répartir les bénéfices éventuels entre ses membres mais les réinvestir dans l'association. En aucun cas, l'association n'est assujettie à l'impôt sur les sociétés, lorsqu'elle respecte le caractère de non-lucrativité. Il arrive parfois que certaines associations loi 1901 soient imposables, mais il s'agit toujours d'associations qui n'ont pas respecté l'article 1 de la loi 1901 et dont le caractère lucratif a été démontré par les services du fisc.

Utilité publique. Pour être reconnue d'utilité publique, l'association doit avoir déjà fonctionné 3 ans sous forme d'association déclarée. Son but doit être d'intérêt général (philanthropie, action sociale, littérature, sciences, arts). La demande de reconnaissance doit être adressée au min. de l'Intérieur qui décide de transmettre ou non le dossier au Conseil d'État. Toutefois, lorsque le ministre de l'Intérieur décide de ne pas transmettre le dossier, il doit obligatoirement en donner les raisons. Le Conseil d'État donne un avis. Si celui-ci est favorable, le Conseil d'État prépare alors le décret de reconnaissance d'utilité publique pris en la forme réglementaire. Ce décret est alors signé par le Premier ministre, le ministre de l'Intérieur, et généralement par le ministre de tutelle dont dépend l'association.

L'association reconnue d'utilité publique possède une personne morale plus étendue et peut recevoir des dons et des legs. Elle est placée sous tutelle administrative.

Nombre d'associations : env. 600 000 en 1984. Assoc. nouvelles par an : *1975 :* 23 318 ; *1981 :* 33 006 ; *1984 :* 46 112 (env. 2/3 disparaissent au bout de 5 ans). 776 373 salariés de 67 000 associations en 1984 (dont 55 000 ass. de — de 10 salariés et 33 de + de 1 000 salariés).

☞ **Associations dites « étrangères ».** Régies par le décret. La loi du 12-4-1939 et le titre IV du décret du 1-6 de la même année n'existent plus. En effet, la loi 81.909 du 9 octobre 1981 annule toutes les dispositions concernant la participation des étrangers à la vie associative. Ainsi les étrangers n'ont plus besoin d'une autorisation préalable du ministère de l'Intérieur. Les formalités de déclaration sont identiques, que les membres de l'association soient français ou étrangers. Si le siège social est à l'étranger, la déclaration préalable sera faite à la préfecture du département du siège du principal établissement.

Manifestations

Réglementées par le décret-loi du 23-10-1935.

Déclarations. *Cortèges, défilés, rassemblements de personnes,* et *toutes manifestations sur la voie publique* doivent être déclarés préalablement. Seule exception, les manif. conformes aux usages locaux, et processions religieuses ou manifestations folkloriques.

La déclaration doit être faite à la mairie ou à la préfecture (pour Paris) 3 j au moins et 15 j au plus avant la manif. Elle doit indiquer nom et domicile des principaux organisateurs et être signée par 3 d'entre eux, titulaires de l'ensemble de leurs droits civiques, spécifier le but de la manif., sa date, son heure, les groupements qui y participeront et l'itinéraire envisagé. Un récépissé de déclaration est délivré. Si la déclaration est faite à la mairie, elle est transmise au préfet dans les 24 h avec le cas échéant l'arrêté d'interdiction qui l'annule ou confirme.

Interdiction. Le préfet ou le maire peut interdire la manifestation s'il l'estime de nature à troubler l'ordre public. On peut saisir le tribunal administratif d'un recours pour excès de pouvoir (qui ne sera vérifié que plusieurs mois ou même plusieurs années après). Sont interdits : manif. faite sans déclaration ou après interdiction. Considérée juridiquement comme un attroupement, peut être dispersée par la force.

Les représentants de l'ordre peuvent faire usage de la force pour disperser un attroupement pacifique *après 2 sommations,* faites par haut-parleur, sonnerie de trompettes, roulement de tambour, feu rouge ou fusée de même couleur ; *sans sommation* « si des violences ou voies de fait sont exercées contre eux ou s'ils ne peuvent défendre autrement le terrain qu'ils occupent ou les postes dont la garde leur a été confiée ».

Attroupement. Réunion concertée ou non de plusieurs personnes sur la voie publique susceptible de créer des désordres. Interdit si un ou plusieurs des participants sont armés ou s'il doit troubler la tranquillité publique. L'attr. est considéré comme armé si l'un des participants porte une arme apparente ou si plusieurs portent des armes cachées ou des objets quelconques destinés à servir d'armes.

La personne qui fait partie d'un attr. est punissable si elle ne l'a pas abandonné après une 1re sommation du préfet, maire, commissaire de police ou off. de police judiciaire, si elle porte une arme apparente ou cachée.

Tous ceux qui, par des discours publics ou des écrits (journaux, tracts, affiches), auront appelé à participer à un attroupement peuvent encourir 1 mois à 1 an de prison si la provocation a été suivie d'effets, 2 à 6 mois et (ou) 2 000 à 8 000 F d'amende si elle n'a pas été suivie d'effets (peines + graves si l'attr. est armé).

L'attroupement injurieux ou nocturne troublant la tranquillité entraîne une contravention de 300 à 600 F.

Réunions

Définition. Rencontre épisodique, limitée en durée, concertée, dans un but fixé à l'avance. *2 catégories* selon l'accès. Réunion privée si la personne est conviée, publique si la réunion est ouverte à tous.

Réunions publiques. Réglementées par la loi du 30-6-1881. Libres sans demander l'autorisation, ni faire de déclaration préalable. Ne peuvent se prolonger après 23 h, sauf dans les localités où cafés, théâtres ou cinémas sont autorisés à fermer plus tard.

Doivent avoir un bureau (au min. 3 personnes, élues par les membres de la réunion et, en général, désignées avant le début de la réunion par les organisateurs). Le bureau doit maintenir l'ordre matériel et moral. Il doit empêcher « tout discours contraire à l'ordre public et aux bonnes mœurs ou contenant une provocation à un acte qualifié de crime ou délit ». En cas d'infraction, la responsabilité de ses membres peut être mise en jeu.

Un « fonctionnaire délégué » (généralement un commissaire de police) peut y assister. Il doit se faire connaître des organisateurs, choisit sa place et en cas de désordre peut prononcer la dissolution.

La circulaire du ministre de l'Intérieur du 27-11-1935 précise que peuvent être interdites les « réunions » qui, par la période choisie, le lieu où elles doivent se tenir, la façon dont elles ont été organisées, le mode selon lequel elles doivent se dérouler, sont de nature à laisser prévoir des incidents.

Les réunions publiques sont interdites sur la voie publ. car elles sont alors considérées comme des *attroupements* et peuvent être réprimées par la force ; ceux qui y participent sont passibles des peines prévues pour les manifestations non déclarées ou interdites et s'exposent à l'application de la loi *« anticasseurs »*.

Réunions privées. Libres, sans autorisation ni déclaration, ni contrôle, ni réglementation. Elles doivent avoir lieu dans un local fermé, sans accès trop facile. Ce local peut être public (ex. : arrière-salle d'un café ou salle de spectacle), mais l'accès doit en être réservé à des personnes nominativement désignées, en général prévenues par une invitation individuelle. On doit pouvoir contrôler l'identité des personnes présentes.

Une réunion réservée aux seuls membres d'une association est considérée comme privée : l'invitation personnelle peut être remplacée par la carte d'adhérent. Une réunion privée et gratuite comportant une partie « variétés » n'est pas soumise aux taxes sur les spectacles ni au paiement des droits d'auteurs des réunions publiques.

Les autorités administratives ne peuvent interdire légalement une réunion que si elles n'ont aucun moyen d'assurer le maintien de l'ordre public et si la menace de troubles est exceptionnellement grave et dangereuse.

L'interdiction générale de toute réunion dans le cadre d'une ville ou d'un département est contraire à l'esprit et à la lettre de la loi de 1881. Chaque réunion doit être examinée individuellement.

Une réunion privée peut être considérée comme une tentative de reconstitution d'une ligue dissoute si un certain nombre de participants appartenaient précédemment à une organisation dissoute.

Assurances

Données générales

Origine

1347 1re police d'assurance connue : police maritime établie à Gênes, pour le navire *Santa Clara.* **XVe s.** 1re police en France (à Marseille). **1666**-*2-9* l'assurance terrestre apparaît en G.-B. (jour de la destruction de Londres par un incendie). Un aubergiste, Edward Lloyd, crée un « office d'assurances générales » qui deviendra l'organisation la plus importante dans le monde des assurances : la Lloyd's de Londres. **1667** création du « Fire Office ».

1681 ordonnance de Colbert réglementant l'assurance maritime en France. **1686** 1re Cie Générale pour les assurances maritimes en France. **1717** en France, création du « Bureau des incendies ». **1753** de la « Compagnie d'assurances générales » qui disparaitra sous la Révolution. **1762** l'Équitable (G.-B.) 1re Sté mutuelle d'ass. vie scientifiquement organisée. **1786** 1re Cie d'ass. incendie en France. **1864** 1re Sté d'ass. accident [la Préservatrice (France)].

Organisation des assurances en France

☞ Les plus petites (quelques employés) couvrent en général un risque déterminé (grêle, bris de glace, etc.), les grandes (généralement plus de 10 000 employés) couvrent souvent tous les risques. Certaines font partie de groupes. Il est interdit à une Sté d'assurances sur la vie de vendre également de l'assurance dommages et réciproquement.

Secteurs public et semi-public

Sociétés d'assurances nationalisées. L'État a nationalisé, le 25-4-1946, 34 Stés d'assurances et de capitalisation, constituées en 9 groupes, puis, le 17-1-68, en 4 : U.A.P. (Union des ass. de Paris), A.G.F. (Ass. gén. de France), G.A.N. (Groupe des ass. nat.), Groupe des mutuelles gén. franç.

Elles ont conservé une gestion commerciale et concurrentielle, sont soumises aux mêmes règles comptables, fiscales et de contrôle que les Stés du secteur privé et ne jouissent d'aucun privilège. Des sociétés centrales de groupe (créées le 4-1-73) détiennent toutes les actions des Sociétés constituant chacun des groupes A.G.F., G.A.N. et U.A.P. (directement ou non).

Assurance des biens appartenant à l'État. En principe l'État est son propre assureur ; il est même dispensé de l'obligation d'assurance auto. Néanmoins des organismes publics souscrivent des contrats d'assurance auto et des établissements publics à caractère industriel ou commercial (E.D.F., C.E.A.) souscrivent des contrats de responsabilité civile.

Secteur privé

Sociétés commerciales. Soumises au statut des Stés anonymes ; gestion réglementée par les lois de contrôle.

Sociétés mutuelles et à forme mutuelle (surtout branches incendie, auto et grêle ; 34,4 % en 1984 du chiffre d'affaires assurances de dommages français). L'assuré est adhérent de la mutuelle et assureur des autres adhérents. On lui remet les statuts de la Sté avec la police d'ass. qu'il a souscrite. La mutuelle est une Sté civile ; elle ne peut distribuer de bénéfices qu'à ses adhérents et n'a pas de capital social représenté par des actions. Elle peut, pour payer intégralement tous les sinistres, procéder sur les adhérents à des rappels de cotisation selon des limites indiquées par les statuts, s'il s'agit d'une Sté à forme mutuelle à cotisations variables ou d'une Sté mutuelle pure. On distingue la **Sté à forme mutuelle** qui peut opérer sans limitation géographique ni de profession, et peut rémunérer un réseau commercial ; la **Sté mutuelle** à clientèle limitée statutairement à une région ou à une profession, qui ne peut rémunérer un réseau commercial. Voir encadré M.A.I.F., p. 1481.

Statistiques

● **En France. Effectifs (en 1984).** 208 140, dont salariés des Stés d'assurance 123 200 (dont services administratifs 97 700, réseaux commerciaux 25 500), Caisse nationale de prévoyance 1 840, agents généraux 68 200 (dont titulaires 23 200, sous-agents 15 000, salariés 30 000), courtiers 11 700 (dont titulaires 1 700, salariés 10 000), experts 3 200. **Sociétés** 482 (au 31-12-84).

Chiffre d'affaires (par branches : primes directes émises en milliards de F en 1984) : 207 (vie, y compris C.N.P. et capitalisation 59,4, dommages 147,6).

Primes nettes (en milliards de F, 1984). *Affaires directes en France métropolitaine :* 182,8 [dont ass. vie (y compris tontines) : 49,1, capitalisation 6,2, auto. 54,1, incendie 18,8, autres dommages aux biens et grêle 6,8, accidents corporels 9,9, maladie 11,2, responsabilité civile générale 7,7, transports (y compris aviation) 5,4, ass. construction 3,5, catastrophes naturelles 2,8, divers (y compris crédit) 2,3]. *Outre-mer* 1,1 + 0,1 *vie. Étranger* 4,9 *dont* 1,1 *acceptations* + 0,7 *vie. Acceptations en réassurance France et étranger toutes branches confondues* 14,1 + 3,2 *vie.*

Sociétés (1984, en milliards de F). Union des assurances de Paris (U.A.P.) 24,5. Assurances générales de France (A.G.F.) 15,6. G.A.N. 12,12. Mutuelle générale française (M.G.F.) 9,01.

Répartition en % des primes d'assurance dommage, affaires directes : automobile 42,4, incendie 14,7, autres risques (accidents corporels, maladie, transports, responsabilité civile générale, autres dommages aux biens, divers) 42,9.

Provisions mathématiques en assurance-vie (en milliards de F, au 31-12-1984) : 192,7 pour 24 000 000 de contrats individuels et collectifs en cours.

Placements de l'assurance (en %, au 31-12-1984). (Répartition et, entre parenthèses, quota à respecter), obligations 52,7 (au minimum 33), actions 15,2, placements immobiliers 18 (au max. 40), prêts 6,6 (au max. 35), bons et dépôts 4,3, liquidités et divers 3,2 (liquidités, au max. 15).

Parts du marché en % du C.A. par types de Stés : assurance-vie et, entre parenthèses, **dommages 1984.** Nationalisées 38,9 (25,9). Stés anonymes 33,9 (32,6). Stés à caractère mutuel 8,3 (34,4). C.N.P. 15,3. Stés étrangères 3,6 (7,1).

● **Dans le monde** (1984). **Primes d'assurances directes** (en milliards de F), et entre parenthèses, **% du total mondial :** U.S.A. 2 430,6 (50,9), Japon 705,8 (14,8), All. féd. 311,8 (6,5), G.-B. 253,8 (5,3), *France 183 (3,8),* Canada 151,5 (3,2), Australie 83,7 (1,7), Italie 70,7 (1,5), P.-B. 59,2 (1,2), Suisse 54,3 (1,1), Corée du S. 45,9 (1), Suède 34,8 (0,7).

Primes en % du P.N.B. (toutes branches confondues) (1984) : U.S.A. 6,9, Irlande 8,5, Suisse 6,5, G.-B. 7, Japon 6,2, Corée du S. 6, All. féd. 5,9, Afr. du S. 6,8, Australie 5,62, P.-B. 5,6. *France 4,3.*

Exemples de gros sinistres en Europe (estimation des dommages en millions de F). Un automobiliste fait dérailler un train à Bar-le-Duc (18-3-76), dommages matériels 15. Collision entre 2 Boeing à Teneriffe (27-3-77) 600. Incendie dans un dépôt en Allemagne, Ford (20-10-77) 830. Explosion due au gaz, rue Raynouard à Paris, dommages matériels (17-2-78) 50. Explosion d'un camion citerne près d'un terrain de camping, Los Alfaques (Esp.), indemnités versées aux familles (11-7-78) 170. Effondrement de la plate-forme pétrolière Alexander Kielland (Norvège), dommages matériels (27-3-80) 280. Explosion dans un entrepôt en G.-B. (27-10-80) 320. **En France.** Port autonome du Havre, hangars (11-9-82) 155. Incendie d'une usine (31-1-84) 380. Incendie dans une fabrique de prod. laitiers (19-12-85) 150 millions de F de dommages en incendie.

Contrats

Données générales

● **Souscription.** S'adresser à la société d'ass., ou à l'agent général ou courtier d'ass. de son choix. **Omission de déclaration ou déclaration inexacte, conséquences :** *en cas de bonne foi* avant tout sinistre, possibilité de résiliation pour l'assureur, réduction proportionnelle de l'indemnité après sinistre ; *mauvaise foi* nullité du contrat, l'assureur conservant les primes échues à titre de dommages et intérêts.

Si l'on désire une garantie immédiate, demander une *note de couverture.* Elle sera remplacée ensuite par une *police d'assurance,* acte définitif précisant les engagements de l'assuré et de l'assureur.

Un assuré qui souscrit plusieurs garanties d'ass. auprès de différents assureurs pour couvrir le même risque (par ex. responsabilité civile comprise dans une multirisques habitation, une ass. scolaire et une ass. responsabilité civile pour la pratique du sport) doit en faire la déclaration à tous les assureurs.

En cas d'accident causé par son enfant, il pourra s'adresser à l'assureur de son choix qui réglera l'indemnité due (loi du 13-7-1982).

● **Durée.** Fixée par la police d'ass. Sauf l'ass. grêle (10 ans), tous les contrats peuvent être souscrits pour 1 an et renouvelables par tacite reconduction pour un an ;

pour cela, la mention *RA* (résiliable annuellement) doit figurer sur le contrat. La mention *Sté, Cie* ou *contractuelle* dans la colonne durée indique que le contrat est conclu pour plus d'un an.

● **Résiliation. Conditions.** Fixées par la police d'ass. (si elle ne mentionne pas la durée du contrat lorsqu'elle excède 3 ans au-dessus de l'emplacement réservé à la signature, et si le contrat a été souscrit après le 1-2-1967, possibilité de résiliation avec préavis de 1 mois).

En général : *automobile* contrat de 1 an, renouvelable par tacite reconduction, dénoncé avec un préavis de 1 à 3 mois ; *habitation* 3 ans, tacite reconduction sauf dénonciation avec un préavis de 3 mois pour 3 ans. Après la 6e année, résiliation possible chaque année. Chaque partie a le droit, moyennant préavis de 3 mois, de résilier, d'abord lors de l'expiration de la 1re période de 3 ans, puis de la 2e période de 3 ans, ensuite annuellement. *Individuelle accident et maladie* 5 ans, tacite reconduction, préavis de 3 mois ; *grêle* 10 ans, préavis de 3 mois ; *vie* tout moment en cessant d'acquitter les primes.

Modalités. Parfois indiquées dans la police. Résiliation, à la date anniversaire du contrat ou à l'échéance annuelle. L'assuré peut résilier par déclaration avec récépissé faite au siège de la Société, par acte extrajudiciaire, par lettre recommandée avec ou sans A.R., ou par tout autre moyen indiqué dans la police. Le délai ne commence à courir que du jour où l'assureur a reçu la lettre de l'assuré (et non à partir de la date du cachet de la poste).

Résiliation avant terme. *Causes :* changement de situation (domicile, mariage, profession, régime matrimonial, retraite ou cessation d'activité professionnelle).

Le Code des ass. (Art. L 113-16) indique que le contrat résilié doit avoir pour objet la garantie de risques qui ne se retrouvent pas dans la situation nouvelle de l'assuré. Cette loi n'est pas applicable aux contrats souscrits en Ht-Rhin, Bas-Rhin et Moselle quand ils sont régis par la loi locale du 30-5-1908. Disparition du bien assuré, vente du bien assuré ou décès de l'assuré, pour sinistre par l'assureur, pour augmentation de prime.

☞ **Pour tout renseignement :** *Centre de documentation et d'information de l'assurance* (2, rue de la Chaussée-d'Antin, 75009 Paris).

Résiliation après sinistre. La police peut prévoir que la Sté pourra résilier le contrat après sinistre. La garantie cesse un mois après l'envoi d'une lettre recommandée. Si un mois après, la Sté a encaissé une prime (ou une portion) postérieure à la date du sinistre sans faire de réserves, elle ne peut plus se prévaloir de la faculté de résiliation. L'assuré peut demander, dans le mois suivant la lettre de résiliation de la police sinistrée, la résiliation de toutes les autres polices d'assurance souscrites auprès de la même Sté (mais non des contrats souscrits auprès d'autres Stés du même groupe). **Ass. auto** (garantie obligatoire de responsabilité civile) : dep. le 15-6-1983 (arrêté du 9-6) le contrat d'ass. auto. ne peut être résilié par l'assureur qu'après un sinistre causé par un conducteur en état d'imprégnation alcoolique, ou coupable d'une infraction entraînant une suspension judiciaire ou administrative du permis d'au moins 1 mois, ou son annulation. La Sté d'ass. conserve le droit de résilier le contrat à l'échéance annuelle. Mais pour l'ass. obligatoire de responsabilité civile, le délai de préavis minimum est désormais de 2 mois.

Délai de réflexion. Celui qui a signé une proposition ou une police d'assurance-vie peut y renoncer par lettre recommandée (avec demande d'avis de réception) pendant 30 j à compter du 1er versement. L'assureur doit indiquer les 6 premières valeurs de rachat ainsi que le sort de la garantie décès en cas de dénonciation du contrat. Il doit également remettre, en plus d'une note d'information sur le contrat, un modèle de lettre de renonciation. A défaut, le délai sera prolongé de 30 j à partir de la remise effective des documents. Un nouveau délai de 30 j court à compter de la réception de la police lorsque celle-ci apporte des réserves ou des modifications essentielles à l'offre originelle ou à compter de l'acceptation écrite de ces réserves. La renonciation entraîne la restitution par l'assureur des sommes versées dans les 30 j ; au-delà les sommes produisent intérêt au taux légal majoré de 50 % durant 2 mois, pris au double du taux légal à l'expiration de ce délai. Ces dispositions ne s'appliquent pas aux contrats dont la durée est inférieure à 2 mois.

● **Sinistre.** Événement (par exemple : incendie, accident, vol, etc.) ouvrant droit au paiement d'une indemnité.

Déclaration. (Nom, prénom, adresse, no de contrat, nom et adresse du courtier, date et lieu du sinistre, victimes, dommages, témoins) doit être faite par écrit, en principe par lettre recommandée adressée à la société ou à son représentant. Délai normal 5 jours (min. légal), à partir du jour où on a connaissance du sinistre. Sauf dans le cas fortuit ou de force majeure.

Délais spéciaux : *Ass. sur la vie :* laissés aux soins des parties (lire le contrat). *Contre la grêle* (sauf cas fortuit ou de force majeure, ou convention contraire des parties) : 4 j. *Contre la mortalité du bétail* (mêmes réserves) : 24 h. *Contre le vol :* en général 24 h et l'assuré doit porter plainte.

La **non-déclaration** ou la *déclaration tardive* peut entraîner la déchéance de tous droits à indemnité à condition que celle-ci soit mentionnée en caractères apparents dans les conditions générales de la police. **Accidents matériels de la circulation :** la formule de constat amiable comporte la déclaration de sinistre. Envoyer l'exemplaire à l'assureur dans les 5 jours et garder une photocopie.

Exclusions de risques. *Légales* [exclusions de la faute intentionnelle ou dolosive de l'assuré (interdiction d'assurer), des risques de guerre étrangère, g. civile, émeutes et mouvements populaires (sauf inopinés), du suicide volontaire et conscient pendant les 2 premières années du contrat en assurance-vie], *conventionnelles* (lire le contrat).

Émeute. La commune était responsable des dégâts causés par des rassemblements qui ne résultent ni d'une g. étrangère ni d'une g. civile en vertu d'une disposition du Code communal (art. L 133-1). Mais dep. la loi du 7-1-1981 (art. 92) l'État est civilement responsable des dégâts et dommages résultant des crimes et délits commis par violence, par attroupements ou rassemblements armés ou non armés, soit contre les personnes soit contre les biens. « Il peut exercer une action récursoire contre la commune lorsque la responsabilité de celle-ci se trouve engagée. » Dep. le 1-3-1983 les Stés d'ass. se sont engagées à garantir, contre les dommages matériels résultant d'incendie ou d'explosion provoqué par un attentat commis dans le cadre d'une action concertée, tous les assurés qui en feront la demande. Cette garantie est acquise à tous les automobilistes ayant une garantie incendie, dommages-collision, ou dommages tous accidents et à tous les titulaires d'une multirisque habitation. Les assurés qui ne désirent pas bénéficier de cette nouvelle garantie, devront formuler leur refus par écrit à leur assureur. Les assureurs ne pourront pas refuser d'assurer les personnes qui auront eu des sinistres ou qui sont plus particulièrement exposées au risque d'attentat. Mais ils pourront réclamer une prime plus élevée.

Primes. L'assuré a 10 j pour payer. Au-delà, l'assureur peut poursuivre le recouvrement en justice, sauf pour les assurances sur la vie. L'assureur peut suspendre la garantie 30 j après avoir envoyé une lettre de mise en demeure avec A.R. (obligatoire uniquement si l'assuré est hors de France métro.), si la prime n'a pas été payée entre-temps. La lettre peut en même temps notifier la résiliation si la prime n'a pas été payée, le contrat est résilié 40 j après l'envoi de la lettre. Si elle ne la notifie pas, l'assureur peut résilier 10 j après l'expiration du délai de 30 j par une 2e lettre recom. Si la garantie est suspendue (et si le contrat n'est pas encore résilié), l'assuré peut remettre la garantie en vigueur en payant la ou les primes arriérées. La garantie reprend le lendemain à midi du j où l'arriéré aura été payé. **Majorations.** Ne peuvent être refusées quand elles sont dues à une décision légale ou réglementaire (exemple : hausse des taux de taxes ou, en auto, application de la charge bonus-malus) ou si le contrat prévoit une clause de revalorisation ou d'indexation de la prime ou encore si le contrat interdit la résiliation pour les hausses inférieures à 10 % par ex. Lorsqu'elle est possible, la résiliation pour hausse de prime doit en général être faite par lettre recommandée dans les 15 jours de la réception de l'avis d'échéance.

☞ Voir également :
— les données générales (origine des assurances, organisation des assurances en France, statistiques), page 1480 ;
— la liste des papiers à garder pour l'automobile et la maison, au chapitre Formalités, page 1530.

Accidents corporels (assurances)

• **Assurances individuelles accidents.** Indemnité forfaitaire fixée par contrat, ex. *en cas d'invalidité permanente :* capital proportionnel à l'invalidité ; *incapacité temporaire :* indemnités journalières et éventuellement des remboursements des frais médicaux (non pris en charge par un organisme social). *Décès :* capital au bénéficiaire désigné.

Risques exclus. *1°) Maladie :* « accidents cardiaques » et acc. causés par une maladie ou une infirmité antérieure (chute à la suite d'une attaque cardiaque ou d'épilepsie) ; hernies et maladies de toute nature, varices, sciatiques, attaques de poliomyélite, d'épilepsie ou d'apoplexie, rhumatismes et ruptures d'anévrisme, paralysie, délire alcoolique, aliénation mentale, maladies du cerveau et de la moelle épinière ; conséquences d'opérations chirurgicales n'ayant pas pour cause un accident garanti par le contrat ou entreprises sur l'assuré par lui-même ou un tiers non qualifié ; lésions causées par les rayons X et leurs composés, et d'une façon générale les risques atomiques tels que définis par la clause en usage. *2°) Suicide, mutilations volontaires. 3°) Meurtre de l'assuré par le bénéficiaire. 4°) Accidents survenus dans certaines circonstances dangereuses :* période militaire de + de 30 j (en service commandé, l'Armée est responsable) ; duels ou rixes (sauf cas de légitime défense) ; rallyes ou épreuves de vitesse ou d'endurance ; sports dangereux (skeleton, bobsleigh, alpinisme en haute montagne) ou pratiqués professionnellement ; sports aériens (vol à voile, parachutisme, deltaplane et tout pilotage d'avion), pratique de l'aviation en dehors des lignes commerciales régulières ; parfois accidents de ski. *5°) Accidents intentionnellement causés ou provoqués par les bénéficiaires* de la police ou par la victime elle-même. *6°) Conséquences de l'ivresse,* stupéfiants, tentative de suicide même due à un dérangement mental. *7°) Cas de g. civile ou étrangère,* émeutes, actes de terrorisme dans le cadre d'actions concertées. *8°) Cataclysmes* (tremblements de terre ou inondations).
On peut couvrir certains risques exclus.

• **Assurances individuelles limitées. Assurance « individuelle accidents »** pour les salariés bénéficiant de la législation des acc. du travail. Chasse, sports d'hiver, aviation... ; personnes transportées, y compris le conducteur, dans un véhicule automobile, dans la limite des places prévues par le constructeur (garantie limitée). S'ajoute en général aux indemnités qui peuvent être dues par le responsable. Voir ass. auto.

Risques compris. L'usage de taxis, bus, automobiles (pour 2-roues à moteur, sauf cyclomoteurs, surprime), avion ou hélicoptère d'une Sté (comme passager), mort ou infirmité par accident de circulation, attentats non commis dans le cadre d'une action concertée contre assuré, accidents survenus en cas de légitime défense et au cours de sauvetage de personnes, mort par asphyxie, noyade ou hydrocution, piqûres médicales (vérifier cependant le contrat), brûlures, électrocution, foudre, morsures de serpents, empoisonnement ou brûlures causées par des substances vénéneuses ou corrosives, ou par des aliments avariés absorbés par erreur ou dus à l'action criminelle d'un tiers, congestions, insolations et autres effets de la température, consécutifs à un accident garanti, les conséquences directes et immédiates d'un accident compris dans la garantie, cas de rage ou de charbon consécutifs à des morsures d'animaux ou à des piqûres d'insectes, accidents, pendant les périodes du service militaire de 30 j max. en temps de paix.

Tarif des primes. Se calcule en % des sommes assurées. Dépend du secteur d'activité et de la nature du travail effectué (aucun travail manuel, tr. manuel occasionnel, tr. manuel habituel).

Multirisques loisirs. Pour les sportifs et vacanciers (garantie individuelle accidents).

Préjudice en cas d'accident

• **Cas de survie. Incapacité permanente.** Préjudice établi en fonction de la diminution des ressources de la victime, soit grâce à l'examen de ces ressources et des documents relatifs au préjudice subi, soit par calcul « au point » *(unité d'incapacité correspondant à 1/100 du taux d'incapacité), ou encore par calcul mathématique :* un homme de 36 ans gagnant 60 000 F par an, ayant une incapacité de 40 %, le prix du franc de rente du barème droit commun (taux 5,75 %) étant à 36 ans de 14,128, on évalue le préjudice à :

$$\frac{60\,000 \times 14{,}128 \times 40}{100} = 339\,072 \text{ F.}$$

Prix du F de rente. 20 ans : 15,773, *30 :* 14,891, *40 :* 13,516, *50 :* 11,593, *60 :* 9,155, *70 :* 6,447, *80 :* 3,908.

La rente peut être révisée s'il y a aggravation de l'état de la victime, mais non s'il y a amélioration.

Revalorisation de divers avantages d'accident du travail (effectuées 2 fois/an), le taux de majoration ou de revalorisation prenant effet au 1-1-1984 a été fixé à 1,8 %. Les pensions et rentes liquidées avec entrée en jouissance antérieure au 1-1-1984 sont donc revalorisées par application du coefficient 1,018. *Au 1-7-84 :* revalorisation + 2,2 % ; *1-1-85 :* + 3,4 % ; *1-7-85 :* + 2,8 % (arrêté du 28-12-84).

Jugements de 1984. Femme 20 ans, célibataire, étudiante en terminale 66 %, 760 000 F. Homme 32 ans, manœuvre 23 %, 115 000 F. Homme 46 ans, 5 %, 15 000 F.

Préjudice de la douleur. Pour la souffrance endurée au moment de l'accident ou durant les traitements ou opérations postérieures jusqu'à la consolidation des blessures.

Indemnités (moyenne 1981) : légères 2 000 à 4 000, modérées 4 000 à 8 000, moyennes 8 000 à 15 000, assez importantes 15 000 à 25 000, importantes 25 000 à 50 000, très importantes 50 000 et au-delà.

Préjudice d'agrément. Calculé en fonction de l'atteinte portée aux satisfactions et plaisirs de la vie (mai 1983, un homme de 21 ans, ne pouvant plus pratiquer la plupart des sports, s'est vu allouer 30 000 F), (1984, perte de l'œil droit pour un chasseur gaucher de 30 ans : 10 000 F).

Préjudice esthétique. Souvent fonction du sexe, de l'âge, de l'état de célibat, de la profession. Très léger 500 à 3 000 F, léger 1 000 à 5 000, modéré 2 000 à 10 000, moyen 4 000 à 20 000, assez important 15 000 à 30 000, important 20 000 à 60 000, très important 50 000 et plus.

• **Cas d'accident mortel.** *Peuvent solliciter des dommages-intérêts :* conjoint survivant, enfants légitimes, adoptés, naturels, petits-enfants à raison de leur intimité avec leurs grands-parents, lorsqu'ils vivent avec eux ou bénéficient de leur part d'une aide pécuniaire, grands-parents légitimes ou naturels, collatéraux, frères, sœurs, neveux, amis intimes (s'ils ont subi un préjudice), fiancé (parfois), concubin ou concubine (parfois), nièces, à défaut de parents plus proches.

Ex. : pour le *décès d'un mari* (50 ans, revenu net annuel 100 000 F) et de *2 de ses petits-enfants* (4 à 2 ans). *Veuve :* préjudice matrimonial 600 000 F, moral 80 000 F. *Fille de la victime, mère de 2 enfants tués :* pr. moral 100 000 F. Frais d'obsèques 6 500 F. Une autre *fille de la victime :* pr. moral 15 000 F. *Arrière-grand-mère maternelle des enfants :* pr. moral 6 000 F.

☞ En 1983, les assurances ont versé en moyenne par victime tuée 197 840 F (pour un homme actif, 311 500 F) ; pour un blessé grave, 65 370 F.

• **Accidents en France.** Nombre moyen par an. *Domestiques :* blessés 500 000 à domicile dont 193 000 pendant leurs loisirs (dont 73 000 enfants et 48 000 adultes bricoleurs (sur 7 000 000 d'adeptes), morts 5 000. *De la circulation :* blessés 300 000, morts 1 200. *De sport :* blessés 200 000, morts 300. *Du travail :* blessés 900 000, morts 1 500.

Auto (assurance)

Généralités

Garantie obligatoire. Responsabilité. Dep. la loi du 27-2-1958, tout utilisateur d'un véhicule terrestre à moteur (propriétaire, locataire ou conducteur) dont l'utilisation principale ou accessoire est de transporter une ou plusieurs personnes doit souscrire un contrat d'assurance de responsabilité civile à l'égard des tiers. Cette assurance de responsabilité civile est obligatoire pour tous les *véhicules en circulation,* se déplaçant sur une voie publique, une voie privée ou même sur des terrains non ouverts à la circulation ou qui sont en stationnement sur ces mêmes voies.

Le souscripteur du contrat, le propriétaire de la voiture, les représentants légaux de la personne morale propriétaire de véhicules sont désormais considérés comme des tiers et indemnisés par cette garantie lorsqu'ils ne conduisent pas.

Le contrat d'assurance garantit également la responsabilité civile encourue par les passagers du véhicule ; seuls les dommages atteignant immeubles, choses ou animaux loués ou confiés *au conducteur* sont exclus.

Autres garanties (dommage tous accidents, dommage-collision, défense-recours, incendie, vol et bris de glace) sont facultatives.

• **Attestation d'assurance.** Le document justificatif *(carte verte, certificat d'assurance)* est valable 1 mois après la date d'échéance. La carte verte est exigée dans les pays où l'ass. auto est obligatoire. Elle ne garantit que l'ass. obligatoire « responsabilité civile » à l'égard des tiers. Pour les pays qui seraient rayés sur la carte verte, il faut souscrire une « ass. frontière ». Vérifier si les garanties non obligatoires (vol, incendie, dommages au véhicule) s'appliquent dans les pays visités. *L'attestation et le certificat provisoires* délivrés par l'assureur à l'acquéreur d'un nouveau véhicule établissent une présomption d'assurance pour 1 mois.

Certificat d'assurance. Depuis le 1-7-1986, les souscripteurs de contrats relatifs aux véhicules de — de 3,5 t et aux 2 roues, immatriculés ou non, doivent apposer un certificat d'assurance faisant présumer le respect de l'obligation d'assurance. Le défaut d'apposition du certificat ou le défaut de présentation de l'attestation constitue une contravention de 2e classe (peine d'amende de 250 à 600 F). Cette infraction ne se confond pas avec celle du défaut d'assurance (absence de souscription d'un contrat) réprimée par une contravention de 5e cl.

• **Tarification.** Variable en fonction du véhicule, de la franchise choisie par l'assuré (s'il accepte de garder à sa charge, en cas de dommage, une partie des frais, sa prime sera moins élevée), de la zone géographique, de l'utilisation du véhicule, de la personnalité du conducteur (âge, sexe, situation de famille, ancienneté du permis de conduire, passé automobile de l'assuré).

Le code des assurances oblige les Stés d'assurance à décliner à toute personne qui saisit le B.C.T. (Bureau central de tarification) un devis indiquant le coût des garanties. Ces Stés se sont engagées à délivrer ce devis en dehors de toute procédure B.C.T. Le B.C.T. est composé d'assureurs et d'assurés dont la mission est de fixer le tarif de la prime que sera tenu d'appliquer l'assureur qui aura préalablement refusé d'assurer une personne soumise à obligation.

Conducteurs « novices ». Assurés ayant un permis de — de 3 ans. Assurés ayant un permis de 3 ans et +, mais qui ne peuvent justifier, sur les 3 années antérieures à la souscription du contrat, une assurance effective. *Surprime* facultative (au max. 140 % de la prime de référence). Doit être réduite de moitié au moins par année sans sinistre responsable et disparaît après 2 ans sans sinistre.

Risques « aggravés » (article 335-9-2 du code). Assurés responsables d'un accident et reconnus en état d'imprégnation alcoolique au moment de l'accident : surprime 150 %. Ass. responsables d'un accident ou d'une infraction aux règles de la circulation qui a conduit à la suspension ou à l'annulation du permis de conduire : susp. de 2 à 6 mois : 50 %, de + de 6 mois : 100 %, annul. ou plusieurs susp. de + de 2 mois au cours de la même période de référence : 200 %. Ass. coupables de délit de fuite après accident : 100 %. Ass. n'ayant pas déclaré, à la souscription d'un contrat, une ou plusieurs des circonstances aggravantes indiquées ci-dessus ou n'ayant pas déclaré les sinistres dont ils ont été responsables au cours des 3 années précédant la souscription d'un contrat : 100 %. Ass. responsables de 3 sinistres ou + au cours de la période annuelle de référence : 50 %.

Ces différentes surprimes peuvent se cumuler, mais le montant total de la surprime ne peut dépasser 400 % de la prime de référence. L'application de ces surprimes est limitée dans le temps, chacune étant supprimée après 2 ans au plus.

Réduction de tarif. 3 cas prévus : formation et perfectionnement à la conduite, contrôle technique des véhicules (doivent correspondre au minimum aux normes AFNOR), conducteurs d'élite. % de réduction laissés à l'appréciation de chaque assureur.

La notion de « conducteur d'élite », définie librement par les entreprises, recouvre généralement les critères suivants : période ininterrompue de 7 ans max. sans accidents ; période plus courte (5 ans par exemple) sans accidents mais chez le même assureur ;

bonus max. atteint, afin que l'assuré continue à être motivé.

Bonus-Malus. Clause-type obligatoire pour tout « véhicule terrestre à moteur », sauf pour les véhicules de moins de 81 cm³, ou certains véhicules ou matériels (agricoles, forestiers, de travaux publics ou de lutte contre l'incendie). *Bonus :* barème : 5 %, soit un coefficient de 0,95 à l'issue de chaque année sans sinistre. L'assuré qui a 2 accidents pendant 2 années consécutives ne perd pas automatiquement la totalité de son bonus. *Malus :* taux de 25 %, soit un coefficient multiplicateur de 1,25 appliqué lors de chaque sinistre. Plafond maximal : 250 % (coefficient 3,50).

La majoration est réduite de moitié lorsque la responsabilité de l'accident est partagée, notamment lors d'un accident mettant en cause un piéton ou un cycliste. Ne donnent pas lieu à majoration les sinistres lorsque : « 1° L'auteur de l'accident conduit le véhicule à l'insu du propriétaire ou de l'un des conducteurs désignés, sauf s'il vit habituellement au foyer de l'un de ceux-ci ; 2° La cause de l'accident est un événement, non imputable à l'assuré, ayant les caractéristiques de la force majeure ; 3° La cause de l'accident est entièrement imputable à la victime ou à un tiers. » *Coefficients spéciaux de bonus-malus* pour certains assurés lorsque le véhicule est assuré pour un usage « tournées » ou « tous déplacements » : taux de réduction de 7 % (coefficient bonus de 0,93), t. de majoration 20 % (coeff. malus 1,20) (en effet la prime de référence est plus chère).

Il n'y a pas d'acquisition de bonus lorsqu'un sinistre de parking, un vol ou un bris de glace est enregistré sur le contrat.

• **Voiture louée.** Bien respecter les conditions du contrat : âge, ancienneté du permis... Le conducteur doit être mentionné sur le contrat et agréé par le loueur. L'ass. couvre les risques obligatoires (dommages causés à des tiers) sans limitation de somme, le vol et l'incendie du véhicule loué. Les dommages accidentels causés au véhicule sont souvent assurés, mais avec une franchise. Sinon, on peut souscrire cette ass. pour éviter, en cas d'accident, que la Sté de location se retourne contre vous pour se faire rembourser les dommages.

Ass. complémentaire possible pour garantir le paiement d'indemnités forfaitaires aux personnes transportées.

• **Voiture laissée à des amis ou à des enfants.** Vérifier si le contrat comprend une garantie « conduite exclusive ». Demander une modification de cette clause pour pouvoir la prêter. Communiquer à l'assureur par lettre recommandée l'identité des personnes susceptibles de conduire habituellement votre véhicule ou une garantie « prêt de véhicule » ou « prêt de volant ». Vérifier conditions d'application de ces garanties et conséquences contractuelles prévues en cas de sinistre consécutif à un prêt. En cas d'utilisation régulière du véhicule par d'autres personnes que le conducteur habituel, il est prudent de le déclarer à l'assureur.

Remorquage. Éviter le remorquage bénévole (interdit sur autoroute) : les dommages causés aux tiers par le véhicule remorqué ou par le remorqueur peuvent être exclus des polices d'assurance respectives.

Formalités en cas de sinistre

1°) En cas de collision avec un autre véhicule. Constat amiable. Porter en bas le nombre de cases utilisées pour éviter que d'autres cases soient cochées ensuite. Ne pas signer avant que l'autre partie n'ait complété sa colonne et que le croquis de l'accident ne soit réalisé. En signant le constat, vous exprimez votre accord sur la relation des faits qui serviront à déterminer les responsabilités. Si les circonstances de l'accident ne correspondent pas aux cas types énumérés, il vaut mieux n'en cocher aucune et utiliser la rubrique « observations ». Relever noms et adresses de témoins (de préférence autres que ceux des passagers du véhicule). Si l'on n'est pas d'accord sur le déroulement des faits et que chacun refuse de signer le constat, l'adresser néanmoins à son assureur. Une fois que les 2 exemplaires du constat amiable sont séparés, ne pas raturer ou surcharger le sien sous peine d'être taxé de fraude.

Dans tous les cas, adresser le constat à l'assureur par lettre recommandée dans les 5 j après avoir complété le verso.

Sans constat amiable. Ex. : *si l'auteur de l'accident n'est pas identifié,* on ne peut obtenir en l'absence de dommages corporels, d'indemnisation à moins d'avoir souscrit une assurance « tous accidents ». Faire une déclaration d'accident dans les plus brefs délais. En cas de dommages matériels et corporels, un recours est possible auprès du Fonds de garantie automobile (64, rue de France, 94300 Vincennes) pendant 3 ans à compter de l'accident. *Si le véhicule,* instrument du dommage, *est identifié,* informer votre assureur afin qu'il obtienne le nom du propriétaire du véhicule. *Si le véhicule a été volé,* accomplir la même démarche, car l'assureur du véhicule volé est tenu d'indemniser les victimes d'accidents causés par le voleur.

2°) En cas de vol, incendie... Vol. Porter plainte au commissariat de police ou à la gendarmerie, et demander un récépissé. Joindre ce récépissé à la déclaration de sinistre, l'adresser à l'assureur, par courrier recommandé dans les 24 h après la connaissance du vol. Ne pas attendre une pièce justificative (tel le récépissé de dépôt de plainte). *Si le véhicule volé est retrouvé* avant que l'on soit indemnisé, faire constater et consigner par écrit les dégâts par l'autorité qui le restituera. Avec l'accord de l'assureur, il vaut mieux aussi faire essayer le véhicule par un professionnel (garagiste ou expert). **Incendie, explosion.** Informer l'assureur dans les 5 j. **Bris de glace.** Idem. **Autres cas.** Vandalisme, attentat, émeute, catastrophe naturelle (inondation, glissement de terrain), déclaration dans les 5 j.

Indemnisation

• **Cas où l'on peut être indemnisé selon les garanties souscrites. Assurance « dommages tous accidents » dite « tous risques ».** On peut être indemnisé, si l'on part en tonneau, à la suite d'un dérapage, en cas de choc contre un autre v. ou un immeuble, de collision avec un animal, un autre véhicule... **Assurance « dommages collisions ».** On peut être indemnisé, seulement en cas de collision avec un autre véhicule, ou un animal, dont le propriétaire est identifié. La garantie ne jouera pas si le conducteur a pris la fuite, s'il n'a pas laissé sa carte de visite, en cas de collision avec un animal sauvage égaré... **Garantie incendie :** explosion, chute de la foudre, sont aussi couverts mais il ne faut pas que le sinistre résulte d'un transport de matières explosives dans le véhicule. **Bris de glace accidentels :** pare-brise, glaces arrières et latérales sont remplacés à l'identique. **Vol :** en général, le véhicule (ou les dommages qu'il a subis s'il est retrouvé) est remboursé s'il y a vol avec effraction. L'effraction du véhicule n'est pas nécessaire si le garage privé où il était a été fracturé ou s'il a été pris au moyen de violences corporelles. Souvent les biens qui se trouvaient dans le véhicule (effets personnels, auto-radio) ne sont pas couverts si le véhicule n'a pas été déplacé (c'est-à-dire s'ils ont été volés pour eux-mêmes), une garantie spéciale peut être souscrite.

On ne peut toucher l'indemnité que 30 j au moins après le vol ; si les 30 j sont passés et que la voiture est retrouvée avant que l'indemnité soit versée on doit selon les clauses des contrats, reprendre la voiture. Toutes ces garanties comptent des exclusions ; notamment conduite en état d'ivresse, dommages résultant d'un défaut d'entretien ou de l'usure de pièces...

• **Bases d'indemnisation. Valeur vénale :** déterminée par un expert (quelques contrats font encore référence à la « valeur Argus »). Correspond au prix que l'on aurait tiré de la vente du véhicule avant le sinistre. Le montant des réparations nécessaires à sa remise en état ne peut être pris en charge que dans la limite de la valeur du véhicule avant le sinistre. *Pour les préjudices inférieurs à une certaine somme* (1 000 F par exemple), l'expertise n'est pas exigée. *Si le véhicule est volé ou complètement détruit ou si le prix des réparations dépasse sa valeur,* l'expert déterminera l'indemnisation en incluant (les contrats le prévoient généralement), « les équipements optionnels prévus au catalogue du constructeur » après déduction de la valeur de sauvetage, s'il y a lieu (prix de vente de l'épave à la casse) ; les montants de la vignette et de la carte grise peuvent être pris en charge dans certaines conditions.

Valeurs conventionnelles : clauses permettant l'indemnisation au prix catalogue pour les véhicules récents, ou pour un prix plancher pour les v. anciens. Selon les Stés, une voiture achetée depuis — de 6 mois, est indemnisée sur la base du prix au catalogue de la marque au jour de l'achat de la voiture ou au jour du sinistre... Après ces 6 mois, l'assureur applique un abattement de 1 à 2 % par mois pendant 1, 2 ou 3 ans. Cette garantie n'est pas forcément automatique. Certaines Stés refusent de délivrer une garantie dommage si le véhicule est trop ancien (+ de 5 ans par exemple). Si le v. est très ancien (+ de 15 ans ou sorti avant 1945), une garantie spéciale sur la base d'une expertise préalable à la souscription du contrat d'assurance est possible.

Accident causé par un tiers. Si l'on n'a pas de garantie dommage, on sera indemnisé dans le cadre de l'ass. « responsabilité civile obligatoire » : soit par son assureur dans le cadre de la convention I.D.A. (d'indemnisation directe des assurés) si le montant des dommages matériels ne dépasse pas 20 000 F H.T. ; soit par l'assureur du responsable si le montant est plus élevé. La victime a droit à une indemnité d'immobilisaton de son véhicule (calculée en j par l'expert).

Fonds de garantie automobile. *Créé* en 1951 et financé par un prélèvement de 1,9 % sur les primes d'assurance responsabilité civile automobile (assurance au tiers). Il joue *1° en cas de dommages corporels,* si le responsable n'a pas été identifié ou s'il n'est pas assuré ; *2° en cas de dommages uniquement matériels,* si le responsable de l'accident a été identifié et si sa responsabilité est établie. Une franchise est appliquée (2 000 F). L'indemnisation ne peut dépasser 3 millions de F. Certains biens ne sont pas indemnisés (espèces, valeurs, bijoux). Les effets personnels le sont jusqu'à 6 000 F par personne. Le Fonds de garantie a déboursé en *1983 :* 280 millions de F, *1984 :* 295 (35 000 dossiers ouverts).

Statistiques

Conducteurs responsables d'un accident et non assurés : *1970 :* 2 000, *80 :* 5 700, *81 :* 7 900, *82 :* 9 800, *83 :* 10 900, *84 :* 11 700. Les chiffres ne concernent que les personnes pour lesquelles il est prouvé qu'elles n'avaient souscrit aucun contrat d'assurance. Ils incluent les personnes non garanties, les personnes dont le contrat était suspendu, pour cause de non-paiement de la prime, et les auteurs inconnus. *Sanctions :* contravention de 5ᵉ cl. 2 500 F à 5 000 F et/ou prison de 10 j à 1 mois ; majoration de 50 % des amendes au profit du F.G.A. ; retrait du permis de conduire.

Taxes. Garantie responsabilité civile obligatoire. Pour 100 F, l'assuré paie 35 F de taxes (dont : Séc. soc. 15 F, revalorisation des rentes versées à certaines victimes d'accidents de la route 0,10 F, fonds de garantie automobile : 1,90 F taxe fiscale 18 F). GARANTIES FACULTATIVES : taxe fiscale de 18 %.

Répartition des primes (en %) en 1983 : nationalisées 21,8, privées 28,9, à forme mutuelle avec intermédiaires 10,1, sans interm. 34,5, étrangères 4,7.

Escroqueries à l'assurance : en 1980, sur 11 milliards de F versées pour l'indemnisation des collisions, vols et bris de glace, 10 % auraient correspondu à des fraudes non prouvées. En 1983, sur 253 000 voitures volées, 42 000 n'ont pas été retrouvées. 60 % des voitures volées ont + de 8 ans d'âge, 70 % sont de faux vols.

Catastrophes naturelles

Inondations, ruissellements d'eau, de boue ou de lave, glissements ou effondrements de terrain, inondations, avalanches, tremblements de terre, raz de marée, etc. Les victimes « d'éléments naturels ayant une intensité anormale » sont désormais indemnisées par leurs Cies d'assurance (loi du 13-7-1982). En contrepartie, majoration obligatoire de 9 % du montant de la « multirisques habitation », et de 0,5 % de la prime dommages (collision ou tous accidents) ou 6 % de la prime vol et incendie.

Chômage (assurance)

Ouverte à toute personne de 55 ou de 60 ans, exerçant une activité salariée non saisonnière, n'étant plus en période d'essai et n'ayant pas fait l'objet d'un préavis de licenciement et susceptible de bénéficier des allocations ASSEDIC. On peut y souscrire lors d'une demande de prêt pour un bien immobilier ou d'équipement. Toute garantie chômage comporte une franchise de 60 à 90 j. Certaines imposent un délai de carence de 3 à 9 mois à compter du début du crédit.

☞ Voir aussi Index.

Dégâts des eaux (assurance)

• **Risques couverts habituellement.** Fuites et ruptures accidentelles des conduites non enterrées, appareils à effet d'eau, y compris ceux servant au chauffage, dommages causés aux biens de l'assuré lui-même ou aux biens des tiers (ass. de dommages et ass. de responsabilité). Il est exigé de vidanger conduits et réservoirs d'eau ou de prévoir des produits antigel spéciaux, pendant l'hiver dans les locaux non chauffés.

Couverts également selon les contrats. Infiltrations au travers de terrasses, toitures ou ciels vitrés ; éventuellement frais de recherche des fuites d'eau (la réparation de l'origine de la fuite n'est pas remboursée) ; dommages causés par le gel aux conduites intérieures.

• **Exclus.** Dommages aux espèces, billets de banque, collections ; guerres ; humidité, condensation, infiltrations, refoulements ou débordements d'eaux de pluie, cours d'eau, mares, canaux, égouts ou puisards, défaut d'entretien délibéré. Certaines polices anciennes excluent les dégâts de conduites souples (tuyau de vidange de machine à laver, par ex.).

Nota. — Les garanties « dégâts des eaux » peuvent être accordées par une police spéciale, mais sont le plus souvent souscrites dans le cadre d'une police « multirisques habitation ».

Incendie (assurance)

• **Risques couverts. Habituellement.** *1° Dommages matériels aux biens immobiliers : immeubles et leurs dépendances* (sauf clôtures ne faisant pas partie intégrante des bâtiments), *immeuble par destination* (ascenseurs, tapis d'escalier, chauffage central, etc.). *Aux embellissements* (bibliothèques murales, placards, peintures, papiers peints). *2° Dommages aux biens mobiliers* (de l'assuré, de sa famille, son personnel de maison, des personnes habitant ordinairement avec lui). Aux objets pris en location, si ces objets ne sont pas ou sont insuffisamment assurés ; bijoux, pierreries, perles fines, statues et tableaux de valeur, collections, objets rares et précieux (garantie limitée par exemple à 20 ou 30 % du capital assuré sur mobilier). *3° Privation de jouissance ou perte de loyers. 4° Responsabilités. Locative.* (V. p. 1485 à « Immeubles ».) *Le locataire est vis-à-vis de son propriétaire resp. pour la perte du loyer de ses colocataires. Recours des voisins et des tiers :* joue, s'il y a faute prouvée. Par contre, présomption de responsabilité en cas d'explosion (ou de dégâts des eaux).

Recours des locataires contre le propriétaire : dommages au mobilier du locataire, occasionnés par un incendie dû à un vice de construction ou défaut d'entretien dont le propriétaire serait responsable.

Autres risques pouvant être assurés par la police incendie. Chute de la foudre, explosions, tremblements de terre, poids de la neige sur le toit. Choc ou chute d'appareils de navigation aérienne et spatiale ou de parties d'appareils ou d'objets tombant de ceux-ci. *Dommages d'ordre électrique :* le plus souvent en option ; frais de déplacement du mobilier de l'assuré et garantie du remboursement de l'expert choisi par l'assuré.

• **Risques. Toujours exclus.** Dommages intentionnellement causés ou provoqués par l'assuré ou avec sa complicité.

Exclus sauf convention contraire. Tout dommage : guerre étrangère ; g. civile, terrorisme ou sabotage commis dans le cadre d'actions concertées ; émeutes et mouvements populaires. *Attentats.* Garantie désormais automatique (mais non obligatoire) moyennant une surprime variable, en fonction des zones. Couvre les dommages matériels et, le cas échéant, les dommages corporels. Destruction d'espèces monnayées, titres, billets de banque. Vol des objets assurés pendant un incendie (la preuve du vol étant à la charge de l'assureur) ; risque atomique (possibilité d'assurance sauf pour engins militaires). Dommages autres que ceux d'incendie provenant : d'ouragan, tempête, trombe ou cyclone (assurance tempête possible) ; possibilité d'assurer contre le poids de la neige sur le toit ; d'un vice propre ou d'un défaut de fabrication des objets assurés, de leur fermentation ou de leur oxydation lente (seuls les dommages dus à la combustion vive ou à l'explosion sont garantis) ; accidents de fumeurs, objets tombés ou jetés dans un foyer, brûlures occasionnées par un excès de chaleur sans embrasement (accidents ménagers).

Estimation après sinistre

Bâtiments. Valeur de reconstruction au j du sinistre, après déduction de la vétusté (évaluée à dire d'experts) ; ou valeur à neuf, la différence du vieux au neuf est versée au fur et à mesure de la reconstruction (en général max. 25 % de la valeur neuve). Valeur de reconstitution (valeur de reconstruction réelle) pour des bâtiments industriels seulement.

Mobilier. Valeur de remplacement au j du sinistre, déduction faite de sa vétusté. Possibilité de garantie en « valeur à neuf ».

Matières premières, emballages, approvisionnements et marchandises. Au prix d'achat au dernier cours précédant le sinistre, y compris frais de transport, T.V.A. déduite sauf si l'assuré n'y est pas assujetti et ne peut la récupérer. La T.V.A. sera maintenant récupérable en vol.

Produits finis ou en cours de fabrication. Au prix de revient, T.V.A. déduite.

Maladie (assurance)

☞ V. Sécurité sociale à l'Index.

• **Généralités.** Elle prévoit : 1°) *un délai de carence* (partant de la date d'effet du contrat, et selon les Stés d'assurances et le type de maladie de 3, 6 ou 9 mois) pendant lequel certaines maladies à évolution lente (cancer, tuberculose, etc.) ne sont pas prises en charge ; 2°) *un plafond par maladie ou par personne dans le temps* pour les indemnités journalières.

• **Risques toujours exclus** (liste non limitative). Suicide, alcoolisme, insurrections, émeutes, guerre, cataclysmes, matches, paris, sports prof., sports dangereux, frais de séjours des cures thermales (les soins sont couverts), traitements esthétiques de rajeunissement, traitement par personne non diplômée (rebouteux, guérisseur). **Pouvant être garantis.** Frais de soins (après déduction de la prise en charge par les organismes sociaux), indemnités journalières (y compris en cas d'hospitalisation), rente en cas d'invalidité par suite de maladies ou d'accidents.

Multirisques habitation (assurance)

• **Couvre** tout ou partie des risques : incendie, dégâts des eaux, vol, responsabilité civile familiale.

• **Prime** fixée en fonction du nombre de pièces occupées ou de la surface développée des locaux, généralement *indexée* sur le coût de la constr. (comme la garantie).

Protection juridique

• **Contrat de protection juridique.** Permet de s'assurer contre les conflits de la vie quotidienne. Tout est assuré sauf ce qui est indiqué dans le contrat, en général le divorce et les affaires relatives à l'état des personnes (recherche de paternité) et aux successions, les conflits résultant de l'expression d'opinions politiques ou syndicales et les conflits collectifs, les litiges avec les impôts, quelquefois les accidents de la circulation. Tout ce qui n'est pas exclu est couvert.

Responsabilité civile (assurance de)

Généralités

• **Nature de la responsabilité. Définition.** « Tout fait quelconque de l'homme, qui cause à autrui un dommage, oblige celui par la faute duquel il est arrivé à le réparer » (Art. 1382 du Code civil). « Chacun est responsable du dommage qu'il a causé non seulement par son fait mais encore par sa négligence ou son imprudence » (Art. 1833).

Le *préjudice doit être actuel et certain,* mais des dommages-intérêts peuvent être alloués pour un dommage futur s'il est dès à présent certain. *L'évaluation se fait au jour du jugement* ou de la transaction. En ce qui concerne les dommages corporels, la victime peut toujours former une demande d'augmentation, lorsque son état s'est aggravé (si l'indemnité est allouée judiciairement en cas de transaction, il faut prouver un fait non décelable au moment de l'expertise, sauf si la quittance comporte des « réserves en cas d'aggravation » . Son amélioration ne justifie pas de réduction. *Il faut prouver l'existence d'une faute,* et la relation de cause à effet entre la faute et le dommage. Mais cette faute est souvent présumée (responsabilité du fait des choses ou des animaux, voir plus bas).

Les dommages causés sous l'empire d'un trouble mental entraînent la responsabilité de leur auteur (art. 489-2 du Code civil), qui doit donc indemniser celui qui les a subis.

Responsabilité contractuelle. La responsabilité est contractuelle lorsque le préjudice résulte de l'inexécution d'un contrat [ex. de contrat : peut comporter : 1°) une obligation de résultat (le débiteur ne peut s'en dégager qu'en prouvant un cas de force majeure ou le fait d'un tiers ou de la victime)] ; le transporteur doit conduire le voyageur à bon port, saint et sauf : 2°) seulement une *obligation de moyen :* sans garantie du résultat (ex. le médecin s'engage non à guérir le malade mais à lui donner des soins en fonction des données actuelles de la science). Quand il n'y a qu'*obligation de moyen,* c'est à la victime de prouver une faute dans l'exécution du contrat (négligence, ignorance, etc.).

Clauses de limitations de responsabilité : ne sont admises en matière contractuelle que dans des cas particuliers (ex. transport de marchandises) ; la faute lourde appréciée par les tribunaux fait échec à cette limitation.

Responsabilités délictuelle ou quasi délictuelle. On ne peut s'exonérer par avance de sa responsabilité. Les tribunaux civils sont seuls compétents pour juger de la non-exécution d'une convention. Si celle-ci résulte d'une faute pénale, les juridictions répressives (tribunal de police, correctionnel) sont aussi compétentes (par ex. en cas de blessure ou d'homicide par imprudence).

Toute faute, même légère, commise hors du cadre d'un contrat engage la responsabilité de son auteur. Aucune mise en demeure n'est nécessaire. Les clauses de non-responsabilité sont nulles. La victime a le choix entre tribunaux civils et tribunaux répressifs (si la faute est punie par la loi pénale). La preuve de la faute est en principe à la charge de la victime.

• **Responsabilité du fait d'autrui.** On est responsable du dommage causé par des personnes dont on doit répondre (art. 1384 du Code civil). Responsabilité seulement civile [exceptionnellement, le responsable doit payer l'amende à laquelle est condamné l'auteur d'un délit fiscal ou en matière de douane ou éventuellement de conduite automobile (art. L. 21 du Code de la route)]. *Dommage causé par un enfant :* lorsque *l'enfant* a *père* et *mère,* la responsabilité pèse sur les deux, même si l'enfant s'en est allé, sans motif légitime (ex. : pour se livrer au vagabondage). Père et mère échappent à la présomption s'ils démontrent n'avoir commis aucune faute de surveillance ou d'éducation. En cas d'un acte répréhensible ou dangereux, il ne suffit pas de prouver qu'on l'a « interdit », il faut établir qu'on a pris des précautions suffisantes pour l'empêcher.

Dommages causés. Par les domestiques (attachés au service d'une personne ou chargés de l'entretien de sa maison) ou *préposés* (ceux auxquels le maître ou le commettant a le droit de donner des ordres ou des instructions, sur la manière de remplir les fonctions auxquelles ils sont employés ou salariés) : la responsabilité ne joue que lorsque employé ou préposé *ont agi dans l'exercice de leurs fonctions,* dans certains cas par abus de fonctions (nombreux litiges en assurance automobile). **Par un apprenti :** si l'apprenti est lui-même victime d'un accident, la responsabilité de l'artisan qui l'emploie relève le plus souvent de la loi sur les accidents du travail. **Par les élèves :** la responsabilité des enseignants n'est pas présumée ; la victime doit apporter la preuve d'une faute de leur part (défaut de surveillance par ex.). **Par des animaux :** le propriétaire d'un animal, ou celui qui s'en sert, que l'animal soit sous sa garde ou qu'il soit égaré ou échappé, est responsable ; exemple : chien échappé provoquant la chute d'un motocycliste. Si l'animal est affecté à un usage professionnel (garde d'une propriété agricole, d'un entrepôt), les risques sont couverts par le contrat « responsabilité civile professionnelle ou agricole ». **Par des choses inanimées que l'on a sous sa garde** (outil, automobile). La victime n'a pas à prouver la faute du « gardien » de la chose. C'est à celui-ci de se disculper en prouvant la force majeure, la faute d'un tiers ou de la victime, ou encore le « rôle passif » de la chose incriminée. La « Loi Badinter » (1985) vise à améliorer l'indemnisation des piétons, cyclistes et passagers ; il n'est plus prononcé de partage de responsabilité en cas de faute (sauf inexcusable) de la victime qui est donc intégralement indemnisée (seuls les conducteurs n'en bénéficient pas). Les assureurs doivent respecter une procédure amiable d'indemnisation et proposer au besoin des provisions (délais impératifs sous peine de sanctions financières).

Assurance responsabilité civile familiale

• **Généralités.** Le plus souvent comprise dans une multirisques habitation. Elle couvre la responsabilité éventuelle pour les dommages causés à autrui par les occupants de la maison au cours de leur vie privée : le souscripteur, son conjoint, enfants, employés de maison, animaux.

☞ **Vérifier** que la responsabilité de toutes les personnes vivant habituellement sous le toit de l'assuré est bien couverte, ainsi que celles des enfants majeurs non encore indépendants. *Certains sports* particulièrement dangereux (bobsleigh, sports aériens) ou pratiqués à titre professionnel, peuvent être exclus. Si *l'on possède des chiens* dressés pour l'attaque, ou de race dangereuse, vérifier s'ils ne font pas l'objet d'une exclusion, et demander alors une extension.

Attention : cette assurance rembourse les tiers (mais pas l'assuré, ni son conjoint, ses ascendants, descendants, associés salariés et préposés dans l'exercice de leurs fonctions). Les recours exercés par la Séc. soc. pour dommages corporels aux conjoints, ascendants et descendants de l'assuré, s'ils sont affiliés personnellement à la Séc. soc. (par ex. : femme salariée), sont cependant couverts. Certaines sociétés proposent une extension aux membres de la famille victimes d'accidents corporels.

• **Montant de la garantie. Dommages corporels** : garantie illimitée, sauf pour les sinistres visés à l'annexe « dommages exceptionnels » limités à 20 millions par sinistre (sinistres susceptibles de faire un très grand nombre de victimes : intoxications alimentaires, écrasements ou étouffements dus à la panique, etc.). **Matériels** : d'accidents, d'incendie : garantie limitée (souvent avec franchise).

• **« A côtés ». Défense et recours.** La Sté d'ass. exerce les recours que l'assuré peut avoir contre les *tiers responsables* de dommages corporels ou matériels, mettant en jeu les garanties principales du contrat ; cette garantie s'étend aussi aux personnes dont la resp. à l'égard des accidents causés aux tiers est couverte par le contrat d'assurance de la resp. civile.

Défense devant les tribunaux répressifs. En cas de poursuite pour homicide par imprudence, blessures, infractions aux lois, arrêtés et règlements sur la circulation ou la divagation des animaux par suite de la propriété, garde ou utilisation des véhicules ou animaux pour lesquels l'assurance est accordée.

Protection juridique. Des contrats spécifiques couvrent plus largement l'assuré pour sa vie privée et éventuellement sa vie professionnelle. Ils couvrent aussi les litiges avec employeurs, bailleurs, locataires, voisins, organismes sociaux.

Étendue géographique de la garantie. En général, France et pays limitrophes. Vérifier ce qu'il en est avant de partir à l'étranger (vérifier également, pour l'automobile, si les pays traversés sont inscrits sur la carte verte).

Artisans et commerçants. L'assurance de responsabilité civile familiale ou professionnelle des artisans et commerçants est généralement inscrite dans un contrat multirisques, (incendie, explosion, responsabilité civile, dégâts des eaux, défense et recours).

• **Points particuliers. A l'école. Si l'enfant cause un accident,** l'*assurance responsabilité-chef de famille* des parents les garantit s'ils sont déclarés responsables du fait de leur enfant. Au cas où la responsabilité personnelle de l'enfant est retenue, les dommages seront pris en charge par le même contrat, l'enfant ayant lui-même pratiquement toujours la qualité d'assuré dans les contrats actuels, ou par le contrat d'assur. scolaire. **Si l'enfant est victime d'un accident,** l'*ass. scolaire* ou une *ass. « individuelle accidents »,* souscrite par les parents, complète les prestations sociales et, en cas d'invalidité, verse un capital. L'assurance scolaire couvre aussi souvent la responsabilité de l'enfant ou des parents. *Si l'ass. scolaire n'est pas obligatoire, le refus des parents n'autorise pas l'école à refuser l'enfant,* sauf pour sorties, voyages et séjours notamment à l'étranger, qui n'entrent pas dans la scolarité proprement dite. *Si le trajet scolaire s'effectue en deux-roues à moteur,* l'assurance spécifique pour les deux-roues est obligatoire. L'ass. de la responsabilité civile du conducteur à l'égard du passager est automatique. L'ass. scolaire ne couvre l'enfant que pendant le trajet aller-retour le plus direct entre le domicile et l'école ; s'il fait un détour, il n'est pas couvert en cas d'accident.

Handicapés. *Mineurs :* les parents doivent s'assurer que leur multirisques habitation ne comporte pas de restriction. Sinon, extension à demander par lettre recommandée avec A.R. *Majeur.* Une extension peut être nécessaire. *Conduite automobile* (handicapé titulaire d'un permis F permettant de conduire des véhicules des catégories A 1 à A 4 et B). L'assurance souscrite ne joue que si l'handicapé a utilisé la prothèse imposée et/ou un véhicule comportant les aménagements prévus pour le permis de conduire.

Immeubles. Pour le locataire (ou l'étudiant logé chez un particulier gratuitement ou non, sans être « au pair »), l'assurance des responsabilités qu'il encourt vis-à-vis de son propriétaire est obligatoire et à défaut de cette assurance le bail ne pourra pas être renouvelé [loi du 22-6-1982 (*J.O.* du 23-6)]. *Exceptions :* meublés, locations saisonnières, logements de fonction, location (accession à la propriété, loc. de chambres par l'occupant principal, certains logements), foyers à caractère social. **Propriétaire occupant** : couvrir sa resp. du fait des immeubles et dépendances constituant sa résidence y compris arbres et clôtures.

Propriétaire d'immeuble. Penser à assurer [accidents causés aux tiers (locataires)] *du fait des immeubles, des concierges, de leurs aides ou remplaçants* (accidents causés par les *ascenseurs,* etc.) ; *vols* commis au préjudice des locataires à la suite de fautes ou de négligences des concierges.

« Hors locaux occupés », choisir un contrat « responsabilité civile familiale » couvrant la responsabilité du fait de *l'incendie* provoqué par les personnes visées hors des locaux assurés (camping, pique-nique, feux d'herbes dans le jardin, etc.). Sont aussi exclus les dommages matériels consécutifs à un incendie ou une explosion prenant naissance dans les lieux habités temporairement ou non par l'assuré, ou dont il est prop. (la couverture ressort des polices d'assurances contre l'incendie). Même extension de garantie pour les *dégâts des eaux* (exemple : en séjour chez des amis).

Vacances-Villégiature. En général, les contrats multirisques habitation garantissent les responsabilités de l'occupant au lieu de villégiature vis-à-vis du propriétaire (loc. saisonnière), des voisins, des tiers (ex. : incendie en camping). Vérifier que les garanties jouent en cas d'incendie et de dégâts des eaux. Les objets emportés par l'occupant peuvent également être couverts (vérifier son contrat). En général, contrat séparé pour la résidence secondaire (voir plus loin : vacances).

Véhicules. A moteur : non couverts par l'assurance de responsabilité civile du particulier ou familiale (même les 2-roues). **Sans moteur** : sont couverts : bicyclettes, diables, poussettes, voitures d'enfants, brouettes, jouets sportifs, utilisés dans un but non professionnel, parfois embarcations à rames ou à voile, sans moteur, de moins de 3 ou 5 m hors tout ; dommages causés aux tiers par un mineur au volant d'une voiture étrangère à la famille (par ex.: la voiture du père d'un camarade à l'insu des parents et du propriétaire du véhicule).

Sport (assurance pour le)

• **Généralités.** Sur 15 millions de Français pratiquant un sport, env. 200 000 sont victimes d'un accident (dont 300 succombent à leurs blessures). *Coût moyen d'un accident de sport :* 10 000 F. *Coût total du risque sportif* (évaluation) (dommages corporels, dégâts matériels, frais de recherche et de transport, pertes indirectes, etc.) : 3 milliards de F.

☞ **Vérifier** : 1° si le sport est couvert par l'ass. responsabilité civile du contrat multirisques habitation (y a-t-il des limites ?) ; s'ils pratiquent en dehors de toute association, ils peuvent se protéger par une assurance personnelle. La garantie « responsabilité civile familiale » de leur contrat « multirisque-habitation » intervient pour les dommages causés aux tiers, à condition que le contrat n'exclue pas le sport pratiqué (ex. : sport de combat). 2° s'il existe des assur. collectives (clubs, associations) et quelles sont leurs limites. Souscrire éventuellement un contrat spécial (demander à son assureur, au club, à la fédération...). S'ils font partie d'un club, ils bénéficient de l'ass. souscrite par ce club au profit de ses adhérents (joue aussi bien pendant compétitions et entraînements). Cette assurance obligatoire couvre la responsabilité civile encourue notamment par le pratiquant. En outre, les groupements sportifs doivent proposer des formules de garanties individuelles, permettant la réparation des dommages corporels subis par les pratiquants. Tout groupement sportif doit souscrire un contrat couvrant sa responsabilité civile, celle de ses préposés et de ses adhérents (loi du 16-7-1984, décret d'application non paru).

Pour les blessures subies de leur propre fait, les sportifs peuvent souscrire une ass. « individuelle-accidents » auprès de leur assureur personnel.

• **Bateau. Sans moteur** (plaisance ou pêche) sur rivières, lacs et canaux, à l'exclusion des activités plus spécialement sportives (canoë, kayak) : couvert par l'assurance resp. civ. ou par contrat spécial.

A moteur (nautisme). Contrat spécial, demander à son assureur, à la Féd. fr. de voile, 55, av. Kléber, 75784 Paris Cedex 16 ou à la Féd. fr. de motonautisme, 8, place de la Concorde, 75008 Paris. Un bateau s'assure comme une voiture (accidents, aux tiers, vol, incendie, défense recours, dommages au bateau, assurance pilote et passagers).

• **Bicyclette** (sans moteur). Responsable d'un accident, couverte en général par l'assurance responsabilité civile familiale (ne couvre pas un tiers auquel la bicyclette serait prêtée). Victime d'un accident, on peut faire intervenir « le contrat individuelle-accident » (versement d'un capital en cas de décès ou d'incapacité et remboursement des frais de soins en complément de la Séc. soc.). Certaines Stés proposent un contrat spécial bicyclette.

• **Chasse.** Assurance obligatoire, couvre les accidents corporels causés aux tiers par le chasseur et ses chiens pour tout acte de chasse ou de destruction d'animaux nuisibles (garantis par arrêté du 9-6-1983). Sont exclus ses préposés (employés) pendant leur service (couverts par la législation sur les accidents du travail) ; les dommages matériels, et les accidents provoqués par les armes en dehors de toute action de chasse (au cours du trajet, pendant le nettoyage de l'arme, en voiture, etc.) ou par les chiens de chasse. *Pour être couvert, demander à être assuré pour :* responsabilité civile à raison d'accidents matériels qu'on peut causer (par ex. : tuer le chien d'un autre chasseur) ; défense et recours (la Sté d'ass. s'en charge).

Il existe un *Fonds de garantie pour l'indemnisation des accidents corporels de chasse* (64, rue Defrance, 94300 Vincennes), lorsque l'auteur est demeuré inconnu, ou connu mais non assuré.

• **Équitation.** Couverte par l'ass. resp. civile (dommages causés aux tiers) ou ass. spéciale, notamment si l'on est propriétaire de son cheval.

• **Pêche.** Couverte par l'ass. resp. civ. si l'on utilise un bateau sans moteur (dommages causés aux tiers).

Pêche ou plongée sous-marine. Licence obligatoire (délivrée par association reconnue). Assurance de responsabilité civile obligatoire pour la pratique de la pêche sous-marine de loisirs.

• **Ski.** Couvert par l'ass. responsabilité civile personnelle (sauf exclusion), par un contrat spécial « sports d'hiver », la carte neige, ou par l'ass. de la Féd. fr. de ski pour les affiliés. Les exploitants des téléphériques ou télécabines peuvent être responsables (en tant que transporteurs), sauf imprudence de la victime. **Ski nautique.** Couvert en principe par l'assurance du bateau remorqueur, sinon contrat spécial (se renseigner auprès du club, association). Avec une licence de la féd., on peut bénéficier d'une assurance.

Vie (assurance sur la)

Généralités

• **Assurance de groupe.** Permet, par un même contrat, de garantir à titre obligatoire ou facultatif un ensemble de personnes présentant des caractères communs (personnel d'une entreprise, emprunteurs d'un établissement de crédit, membres d'une association), pour des risques dépendant de la durée de la vie humaine (décès, retraite), l'invalidité, l'incapacité de travail, et pour des risques complémentaires (maladie, chômage).

• **Assuré.** Personne dont le décès ou la survie entraîne le paiement du capital ou de la rente, l'ass. repose sur sa tête. On ne peut souscrire à son insu une ass. sur la tête d'une personne en cas de décès. Le contrat est nul si l'assuré n'a pas donné son consentement par écrit avec indication du capital ou de la rente ; si l'on a assuré en cas de décès : un enfant de − de 12 ans, un mineur de + de 12 ans sans son consentement et celui de la personne investie de la puissance paternelle (parent ou tuteur) ou un majeur en tutelle. Cependant, le représentant majeur d'un majeur en tutelle peut accepter une ass. de groupe pour l'exécution d'un contrat de travail ou d'un accord d'entreprise. Certaines Stés acceptent d'assurer les malades atteints d'une maladie grave avec surprime proportionnée à la gravité de la maladie. L'assuré doit remplir un questionnaire médical et l'assureur peut lui demander de se soumettre à un examen médical.

● **Avance sur police.** Faculté qui permet au contractant, en cas de difficulté financière ou pour un motif quelconque, de prélever une partie de la provision mathématique de son contrat, c'est-à-dire de l'épargne constituée qui représente les engagements de la Sté d'ass. vis-à-vis de l'assuré. L'avance est accordée dans la limite de la valeur de rachat du contrat, et moyennant le paiement d'un intérêt. L'avance ne suspend pas le paiement des primes. Elle peut être remboursée à tout moment, ou être déduite du capital versé au terme du contrat.

● **Bénéfices (participation aux).** Rémunération de l'épargne constituée au contrat, due par la Sté d'ass. en fonction de ses résultats. La loi prévoit au minimum la répartition de 85 % des bénéfices financiers (produits tirés des placements) et de 90 % des bénéfices techniques (bénéfices de gestion et de mortalité).

● **Bénéficiaire.** Personne à laquelle sera versé le capital ou la rente, choisie par le souscripteur, en général désignée au moment de la signature du contrat. Le bén. peut être le conjoint (personne qui a cette qualité au moment de l'exigibilité), les enfants nés ou à naître (sans qu'il soit obligatoire d'inscrire leur nom). On peut changer de bén. en avertissant l'assureur, mais si le souscripteur et l'assuré ne sont pas la même personne, il faut le consentement de l'assuré. La désignation est définitive et ne peut être changée si le bénéficiaire a accepté expressément (par lettre, en signant la police, en payant la prime...) sauf dans quelques cas (accord du bénéficiaire, donations entre époux toujours révocables, tentative de meurtre de l'assuré par le bénéficiaire, ingratitude et survenance d'enfant, divorce prononcé aux torts exclusifs de l'époux bénéficiaire). En cas de divorce, le contrat doit être compté dans le partage.

● **Capitaux versés en exécution de contrats d'assurance vie.** En cas de décès de l'assuré, le capital versé à un bénéficiaire désigné est exonéré des droits de mutation. S'il n'y a pas de bénéficiaire désigné ou si le bénéficiaire meurt avant l'assuré, le capital est soumis à droits de succession. Dep. 1980, les contrats, souscrits par des personnes d'au moins 66 ans, sont soumis à droits de succession pour la partie du capital supérieure à 100 000 F, si le montant total des primes pour les 4 premières années représente les 3/4 du capital assuré. En cas de vie de l'assuré, le capital versé à l'assuré ou au bénéficiaire est exonéré de l'impôt sur le revenu.

EXCEPTION : selon l'article 125-O-A du Code général des impôts, l'excédent entre le capital et les primes versées est taxé si le contrat a été souscrit depuis le 1-1-1983 et a duré moins de 6 ans. L'intéressé a le choix entre la réintégration dans sa déclaration de revenus et un prélèvement libératoire dont le taux varie selon la durée du contrat.

Cas de non-paiement du capital. Délai de carence prévu dans le contrat. **Fausse déclaration** *intentionnelle.* **Meurtre de l'assuré par le bénéficiaire,** le bénéficiaire doit avoir été condamné pour que le contrat cesse (loi du 7-1-1981). Dès lors, seule la provision mathématique, c.-à-d. l'épargne accumulée au titre du contrat est versée aux héritiers du contractant. *Si la tentative de meurtre échoue,* le contractant peut révoquer l'attribution du bénéficiaire, même si celui-ci avait déjà accepté la stipulation faite à son profit. **Suicide de l'assuré :** il est interdit de couvrir le suicide conscient et volontaire de l'assuré, pendant les 2 premières années. Toutefois, si cela se produit, l'assureur verse aux ayants droit la provision mathématique du contrat. Si le suicide est inconscient (instinct vital anéanti par maladie, douleur physique ou morale : dépression, cancer, perte d'un être cher, de son bonheur, etc), il peut être couvert, mais ce n'est pas une obligation.

● **Fiscalité.** Contrats donnant droit à des réductions d'impôts : contrats constitutifs d'épargne (tous les contrats d'assurance-vie et de rente viagère différée) de durée effective au moins égale à 6 ans, sauf temporaires-décès et rentes viagères immédiates.

Montant de la réduction d'impôt. Égal à 25 % de la part de prime représentative de l'opération d'épargne, dans la limite de 4 000 F par foyer fiscal + 1 000 F par enfant à charge. Pour les contrats d'assurance-décès souscrits en faveur d'un handicapé, égal à 25 % de la part de prime dans la limite de 7 000 + 1 500 F par enfant à charge. Cette réduction se cumule avec la précédente. Des dispositions spéciales régissent l'assurance-vie vis-à-vis de l'I.G.F.

Impôt sur les grandes fortunes [1]. Sont incluses dans l'assiette de l'impôt : la valeur de rachat, des contrats d'assurance-vie, les primes d'assurance-décès souscrites après 66 ans (loi de fin. pour 1980) et dont le rapport des primes au capital est égal ou supérieur à 3/4, la valeur de capitalisation des rentes viagères sauf si elles ont le caractère de retraites professionnelles.

Nota. — (1) Supprimé à compter du 1-1-1987.

● **Prime.** *Calculée* grâce aux tables de mortalité de l'INSEE en fonction des probabilités de vie ou de mort de l'assuré à certains moments. *Payée* par le souscripteur ou toute personne y ayant intérêt. Se compose de : 1°) épargne que la Sté fait fructifier, récupérable en partie lors d'un rachat ; 2°) assurance-décès et garanties complémentaires en cas d'accident (doublement du capital, par ex.) utilisées pour la garantie des risques ; 3°) frais d'acquisition et de gestion du contrat ; 4°) taxe de 5,15 % versée à l'État. Si la prime n'est pas payée dans les 10 j de son échéance, l'assureur informe par lettre recommandée qu'à l'expiration d'un délai de 40 j à dater de l'envoi de la lettre, le défaut de paiement entraînera : la résiliation du contrat s'il s'agit d'une ass. temporaire, ou de tout autre contrat, ne comportant pas de valeur de rachat, ou l'avance par l'assureur de la prime ou de la fraction de prime non payée dans la limite de la valeur de rachat du contrat, selon des modalités déterminées par un règlement général mentionné dans la police, ou la réduction (diminution du capital ou de la rente) du contrat, si le contractant renonce expressément à l'avance ci-dessus, avant l'expiration des 40 j. *Valeur de réduction.* Les contrats vie entière ou en cas de vie ouvrent droit à une garantie réduite (valeurs de réduction), quand 2 primes annuelles au moins ont été payées, ou pour les contrats souscrits ou transformés à partir du 1-1-86, lorsque 15 % des primes ont été versées. Les garanties sont réduites à peu près dans la proportion du nombre de primes payées au nombre de primes stipulées au contrat (sauf pour contrat à primes viagères). Le capital réduit est payable dans les mêmes conditions que le capital initial, soit en cas de sinistre soit au terme de l'assurance. Le contrat réduit doit continuer à participer aux bénéfices pour au moins 75 % du montant attribué aux contrats de sa catégorie en cours de paiement de primes, à condition qu'il ait été souscrit ou transformé après le 15-10-85.

● **Rachat.** Possibilité offerte au souscripteur (uniquement) de résilier son contrat (vie entière, mixte, capital différé) après le **versement** de 2 primes annuelles pour les contrats souscrits dep. le 1-1-1982 (avant, 3 primes) ou parfois plus tôt (contrats à prime unique). Pour les contrats souscrits ou transformés à compter du 1-1-86, rachat possible si 15 % des primes ou cotisations prévues ont été versées, même si 2 primes annuelles n'ont pas été payées (loi du 11-6-85). Le rachat entraîne le paiement du montant de la créance que l'assuré possède au titre contrat, il n'est pas égal au total des primes versées. Sa valeur correspond à la provision mathématique (l'épargne capitalisée) diminuée des frais de commercialisation non encore amortis et d'une indemnité de rachat maximale (5 % de la provision mathématique pendant 10 ans). Elle est nulle après 10 ans à compter de la date d'effet du contrat (décret du 30-12-85). Pour les contrats souscrits ou transformés dep. le 1-1-86, le rachat se substitue à la réduction si sa valeur est inférieure à la moitié du montant brut mensuel du S.M.I.C., calculé sur la base de la durée légale hebdomadaire du travail. On retient celui du 1-7 précédant la date à laquelle la réduction est demandée. Pour les contrats souscrits ou transformés depuis le 1-1-82, l'assureur doit obligatoirement, à chaque échéance annuelle, communiquer le montant des valeurs de rachat et de réduction. Pour les contrats en cours au 1-1-82, l'assureur y est tenu seulement si l'assuré le demande, une fois par an au maximum. Il en va de même des contrats pour lesquels aucune prime ne reste due (contrat à prime unique, par exemple).

Parties contractantes. Contractant ou souscripteur ou preneur d'assurance, signe le contrat et paie les primes, souvent la même personne que l'assuré.

● **Revalorisation. Progression contractuelle ou forfaitaire :** tous les ans, capital garanti et primes sont réévalués dans la même proportion. **Indexation :** la progression des primes est fonction d'un indice du point de retraite des cadres A.G.I.R.C., plafond de la Séc. soc. L'augmentation de la prime est alors supérieure à l'augmentation du capital. Si l'assuré refuse la revalorisation, il se verra attribuer généralement la participation aux bénéfices, et son contrat continuera sur les bases antérieures.

Contrats basés sur des SICAV : primes et capital garantis varient en fonction du cours de l'action, en hausse comme en baisse (la loi prévoit un « plancher » en cas de décès). **Contrats : « Pierre » :** capital et primes sont basés sur la valeur d'une action de Sté immobilière ou d'un groupe d'immeubles. La valeur des immeubles est par exemple fixée tous les ans (v. police) par des experts du Crédit foncier. Entre-temps, la variation est basée sur celle d'un indice composite (coût de la construction, loyers, etc.). Le capital versé en cas de décès ne peut être inférieur à ce qu'il aurait été sur la base de la valeur de l'unité de compte lors de la souscripion (loi du 7-1-1981).

Types de contrat

Assurance sur la vie

● **En cas de décès. Assurance temporaire.** La Sté paye le capital assuré si le décès survient avant l'échéance du contrat ; *en cas de survie* après l'échéance du contrat, les engagements de la Sté sont éteints, les primes ayant servi à régler les prestations dues aux bénéficiaires des assurés dont le décès s'est produit pendant la durée du contrat. Primes ne donnant pas droit à la réduction d'impôt sauf en faveur d'un enfant handicapé. Si l'assurance est souscrite sur 2 têtes, le capital est payable au décès de l'assuré qui meurt le 1er.

Contrats de capitalisation

● **Titre de capitalisation.** Bon au porteur (transmissible sans frais ni formalité) ou bien nominatif. Le contrat de capitalisation est souscrit pour une durée fixe (de 6 à 30 ans) et prévoit un capital nominal payable au terme, moyennant le versement par le souscripteur d'une cotisation unique ou de cotisations périodiques (annuelles, trim. ou mensuelles). Selon son objectif (épargne ou placement), le souscripteur choisit un contrat de capitalisation à cotisations périodiques ou unique. S'il préfère les titres à prime unique, il peut programmer son épargne en achetant un ou plusieurs titres chaque année, ou selon toute autre périodicité à sa convenance. A l'échéance du contrat, le capital nominal est versé, augmenté des participations aux bénéfices. Tout titre de capitalisation dont 8 % des cotisations prévues ont été payées comporte une valeur de rachat.

Fiscalité. Les cotisations des contrats de capitalisation ne sont pas soumises à la taxe d'assurance, mais n'ouvrent pas droit à la réduction d'impôt. Les capitaux versés sont exonérés de l'impôt sur le revenu si le contrat a duré au moins 6 ans (comme en assurance-vie). Ces capitaux sont soumis aux droits de succession. La valeur de rachat est à inclure dans l'assiette de l'impôt sur les grandes fortunes. A compter du 1-1-82, les bons de capitalisation sont soumis d'office, lorsque leur détenteur reste anonyme, à un prélèvement dû autant de fois que le 1er janvier d'une année se trouve compris dans la période allant de l'émission du bon, quelle qu'en soit la date, à son remboursement. Ce prélèvement, fixé à 1,5 % de la valeur de remboursement pour 1982 et 1983, a été porté à 2 % à compter du 1-1-84. Il est dû même si le détenteur du bon n'est pas soumis à l'impôt sur les grandes fortunes.

Tirage au sort : certains titres prévoient un système de tirage au sort. Si le n° du titre du souscripteur sort, il reçoit immédiatement la somme qu'il aurait dû avoir en fin de contrat, même s'il n'a payé qu'une seule prime. Les tirages, généralement mensuels, sont publics et se déroulent en présence d'un huissier. La Sté avise le propriétaire du titre sorti au tirage. Le taux de sortie au tirage joue, assez peu, sur le montant des primes.

Assurance vie entière. Quelle que soit l'époque du décès, la Sté doit verser le capital assuré. Peut être prise *à prime unique* (versée en une fois), *viagère* (versée toute la vie) ou *temporaire* (versée un certain temps seulement). Lorsque plus de 2 primes ont été versées (ou pour les contrats souscrits à compter du 1-1-86, dès lors que 15 % des primes ont été réglées), ces contrats ont une valeur de réduction et de rachat.

● **En cas de vie. Capital ou rente différés.** Si l'assuré est vivant, le Sté offre en fin de contrat le choix entre les options suivantes : versement du capital, service d'une rente viagère immédiate, ou d'une rente comportant des annuités certaines, rester assuré pour la vie entière.

En général le contrat comporte une *contre-assurance :* en cas de décès de l'assuré avant l'échéance du contrat, les primes payées sont versées au bénéficiaire désigné, augmentées le cas échéant de la participation aux bénéfices (en fait, contrat d'épargne).

● **Assurance mixte.** La Sté s'engage à payer un capital au terme du contrat si l'assuré est vivant, ou ce même capital avant le terme si l'assuré décède (prime + élevée) ou **combinée** : lorsque les capitaux prévus en cas de vie et en cas de décès ne sont pas identiques (ex. : formule 100/25 : le capital est payé à *100 %* en cas de décès, à *25 %* en cas de vie à l'échéance du contrat).

Souscrite pour une durée fixe, en gén. échéance à 60 ou 65 ans. La Sté s'engage à verser le capital assuré au décès de l'assuré (s'il survient au cours du contrat) ou à l'échéance. On peut choisir entre : le capital ; une rente viagère ou un nombre fixe d'annuités, certaines réversibles en cas de décès, sur la ou les personnes désignées ; un capital (en restant assuré en cas de décès pour un autre capital) ; une rente (ou des annuités fixes), en restant assuré en cas de décès pour un capital.

Assurance complémentaire : moyennant le paiement d'une surprime, on peut être garanti en cas de décès par accident (doublement ou triplement du capital-décès), d'invalidité (exonération du paiement des primes, service d'une rente, paiement anticipé du capital s'il y a invalidité absolue), de chômage (facilités pour le paiement des primes).

Participation aux bénéfices. Tous les contrats de capitalisation souscrits dep. le 1-1-1981 participent aux bénéfices de la Sté (loi du 7-1-81). Les modalités d'application de la participation aux bénéfices sont semblables à celles applicables en assurance-vie.

Vol (assurance contre le)

• **Risques couverts en général.** *Vols commis avec effraction* (porte enfoncée, serrure forcée), *escalade* ou *usage de fausses clefs*, ou *introduction clandestine*, ou accompagnés de meurtre, de tentative de meurtre ou de violences. Des assureurs garantissent le vol avec usage de clefs perdues ou dérobées préalablement. Certains contrats couvrent le vol commis dans des circonstances dûment établies. Sauf dérogation, la garantie sur objets précieux (bijoux, pierreries, perles fines, objets en métaux précieux et pierres dures, et objets dont la valeur unitaire est sup. à un indice de réf.) est fixée à un % limité (souvent 10 à 30 %) du capital assuré sur le mobilier ou à un multiple de l'indice ou de la prime. Les espèces (billets de banque, lingots, titres et valeurs, collections de timbres) sont garanties forfaitairement pour un montant très limité. Pour l'assurance des objets de valeur, les Cies demandent une protection supplémentaire (blindage, alarme, télé-surveillance...). L'assureur peut procéder à une expertise préalable des lieux pour en vérifier la protection. En général, les sociétés garantissent le vol commis par les personnes habitant chez le souscripteur (sauf les membres de la famille, c'est-à-dire les époux, enfants ou autres descendants, pères et mères ou autres ascendants et alliés au même degré) sous certaines conditions ou par son personnel salarié, à la condition que les auteurs fassent l'objet d'un dépôt de plainte non suivi de retrait, sans l'assentiment de la Sté d'assurance.

Garanties complémentaires. Détériorations immobilières du fait des voleurs ; espèces monnayées, titres et valeurs en coffre-fort ou meuble fermé à clef (cette garantie est en général limitée à 3 ou 5 % de la valeur choisie pour le mobilier ; l'effraction doit avoir eu lieu avec des fausses clefs ou avec fracture du meuble lui-même ou exceptionnellement avec les clefs du propriétaire s'il y a eu violence faite sur sa personne) ; objets contenus dans les dépendances et chambres d'employés de maison, à l'exclusion des espèces, titres, bijoux, fourrures. Dans les contrats multirisques, ces % peuvent être exprimés en multiples de la prime ou de l'indice.

☞ *Si le contrat est ancien,* vérifier le montant du capital assuré.

Nota. — Certains contrats exigent que l'assuré dépose ses biens de valeur dans un coffre-fort, quand il n'en use pas.

Objets d'art. Un expert d'assuré peut effectuer une évaluation préalable du mobilier et des objets à assurer, ce qui permet en cas de sinistre d'apporter plus facilement la preuve de leur existence, de leur authenticité et de leur valeur. Certains cabinets d'experts pour assurés peuvent établir pour chaque objet de valeur une fiche descriptive complète, et un marquage secret sur les objets lorsque la matière de ceux-ci le permet. Pour un abonnement annuel elle assure la remise à jour des estimations et, en cas de vol, la circulation immédiate des fiches établies. Sinon, photographier les objets dans leur environnement en les décrivant au verso. En cas de vol, l'indemnisation sera facilitée. On peut confier des objets d'art en garde à certaines banques ou chez une filiale bancaire spécialisée dans la conservation des objets d'art (salles de cimaises climatisées, salons de présentation, véhicules sécurisés). Ex. : à Sogégarde (4, av. R.-Poincaré, Paris 16ᵉ), les tarifs varient selon la durée des dépôts et le volume des objets d'art ou la superficie des tableaux.

Déclaration. Garanties spécifiques vol et tous risques objets précieux : depuis 1982, obligation est faite aux Cies de déclarer au fisc les polices (objets d'art et de collection) couvrant des valeurs supérieures à 100 000 F.

• **Inhabitation.** Sauf stipulation spéciale, la garantie est suspendue de plein droit le 91ᵉ j (ou parfois le 45ᵉ) de la date à laquelle les locaux d'habitation ont cessé d'être habités pendant la nuit, en une ou plusieurs périodes au cours d'une même année d'assurance (durée très différente selon les contrats).

• **Nécessité d'une fermeture.** La garantie « vol » est subordonnée au fait que les moyens de protection aient été utilisés (serrure de sûreté fermée à double tour, etc.). Cependant, pour une absence de courte durée (le temps d'une course par exemple), l'utilisation de protections telles que les volets des fenêtres n'est pas toujours demandée (le vérifier dans le contrat d'assurance). Dans certains cas (pavillons isolés, assurance d'objets précieux, de collections, appartements situés au rez-de-chaussée), la société fait visiter les lieux et exige un certain nombre de moyens de protection (par exemple : serrures de haute sûreté certifiées A2P, pose d'étriers, barreaudage des soupiraux, volets sur les portes vitrées, etc.). Dans tous les cas, les ouvertures accessibles (soupiraux, portes vitrées) doivent être protégées. L'assureur peut même demander la pose d'une *installation d'alarme.* Si la sirène donne sur la voie publique, l'autorisation de la préfecture est nécessaire.

• **En cas de vol.** Ne rien modifier à l'état des lieux avant le constat par l'autorité de police ; déposer plainte dans les 24 h (parfois dans les 12 h) auprès de l'autorité de police ; aviser, dans les 24 h, l'assureur par lettre recommandée avec A.R. ; puis établir un état de perte chiffré, et l'envoyer à l'assureur.

Voyage (assurances en)

• **Agences de voyages.** Leur responsabilité est parfois celle d'un transporteur. Pour les réservations de place dans les hôtels, l'organisation de la visite des musées et des monuments, la location de places à des entreprises de transports qu'elles n'utilisent pas de façon exclusive, etc., les agences agissent comme mandataires et ne sont responsables que de leurs fautes prouvées. Les agences déclinent souvent toute resp. en cas de perte, de vol ou d'avarie de bagages. Cette clause n'est valable qu'en ce qui concerne les bagages, bijoux ou vêtements que les voyageurs conservent avec eux pendant le voyage. Les agences sont obligées d'informer leur clientèle. En particulier, elles doivent indiquer nom et adresse de leur assureur et rappeler l'existence de contrats d'assurance facultatifs couvrant les conséquences de certains cas d'annulation.

• **Assistance. Contrat d'assistance.** Contrat de service entre le souscripteur (l'abonné) et la Sté d'assistance qui s'engage à prendre, à organiser et à exécuter immédiatement, en cas d'urgence, les mesures appropriées pour résoudre un problème majeur, empêchant la continuation normale et prévue d'un voyage ou d'un déplacement, et, le cas échéant, prend à charge les frais de l'intervention. Certaines Stés d'assistance procurent également des prestations à domicile (abonnements annuels « famille »).

Assistance : aux personnes en voyage. En France ou à l'étranger la franchise kilométrique tend à disparaître. Rapatriement du blessé ou du malade par avion sanitaire, avion de ligne, train ou ambulance selon l'état du malade et après avis du médecin régulateur de la Sté d'assistance. Transport du corps en cas de décès. Rapatriement des autres personnes inscrites au contrat. Visite sur place d'un proche parent en cas d'hospitalisation à l'étranger. Prise en charge des enfants mineurs du malade ou du blessé. Remboursement des frais médicaux à l'étranger. Mise à disposition d'un billet en cas de décès d'un proche resté en France. Avance de la caution pénale et des frais d'avocat à l'étranger. Frais médicaux, franchise de 100 F. Assistance et frais accidents de ski, et assistance « Navigation de plaisance » (sauf frais services techniques qui sont refacturés) couverts par certaines Stés d'assistance. *Exclusions :* rapatriements : maladies mentales ayant déjà fait l'objet d'un traitement, lésions bénignes, convalescences, rechutes de maladies antérieurement constituées, complications après le 6ᵉ mois de grossesse. *Remboursements :* lunettes, prothèses, cures thermales, frais médicaux/chirurgicaux engagés en France, frais consécutifs à une rechute de maladie antérieurement constituée, frais occasionnés par le diagnostic pour affection antérieure, services médicaux dont le caractère thérapeutique n'est pas reconnu par la législation française. **A domicile** (dans certains types de contrats). *Assistance Parents* (enfants, scolarité, éducation, vacances, loisirs...) ; *Assistance Conseils* (problèmes administratifs, juridiques ou sociaux privés) ; *Assistance Urgence* (recherche d'un médecin en urgence, d'une ambulance ; aide familiale en cas d'hospitalisation d'un abonné ; hébergement à la suite d'incendie, d'inondation, de cambriolage ; dépannage serrurier). **Aux véhicules.** Envoi de pièces détachées. Mise à disposition d'un véhicule ou d'un billet de train pour continuer le voyage et/ou retourner à la maison et aller chercher un véhicule réparé entre-temps (base : train 1ʳᵉ classe) ou d'un chauffeur. Remorquage en cas de panne (en général jusqu'à 700 F). Frais de taxi jusqu'à 300 F et/ou frais d'hôtel 300 F par nuit par personne abonnée, si la réparation dure moins de 48 h.

Garanties d'assurance incluses dans l'assistance : pour les contrats d'assistance émis en France, le remboursement des frais médicaux (en général avec limite de 10 000 à 25 000 F, et souvent après prestation préalable de la sécurité sociale obligatoire). Remorquage (en général limité de 400 à 900 F). Taxi (limité à 300 F). Jusque 3 nuits d'hôtel (limité à 300 F par abonné), varie d'une Sté d'assistance à l'autre.

• **Bagages.** Possibilité de les assurer. Ne sont pas couverts les dommages dus à des défauts d'emballage ou occasionnés par les services douaniers.

• **Camping.** Vérifier si son ass. resp. civile familiale n'exclut pas le camping. Si oui, on peut la modifier (avec surprime) ou souscrire une assurance spéciale. Pour le camping en forêts, assurance obligatoire. La carte de la Féd. franç. de Camping-caravaning comporte une assurance de responsabilité civile.

• **Caravane.** L'attelage auto + caravane doit être mentionné sur le contrat d'ass., sinon la garantie tombe, même si la caravane n'est pas à l'origine de l'accident. Vérifier sur l'attestation délivrée que la police d'ass. garantit la remorque (beaucoup garantissent systématiquement celles de 500 à 750 kg), sinon demander une extension à l'assureur (surprime : env. 15 % de la prime) pour les dommages couverts par l'assurance obligatoire, résultant des « accidents, incendies ou explosions causés par le véhicule et sa remorque, les accessoires et les produits servant à son utilisation, les objets et les substances qu'il transporte » et ceux qui proviennent « de la chute des accessoires, objets, substances ou produits ». L'attestation d'assurance doit mentionner la remorque.

On peut assurer la remorque elle-même contre l'incendie, les dommages en cas d'accidents, le vol. Les contrats « caravaning » couvrent aussi la responsabilité pour la caravane en stationnement (par ex. en cas d'incendie ou d'explosion).

• **Hôtel, pension de famille, gîte rural.** *En cas de vol :* l'hôtelier est assuré pour ses clients, [dans la limite, sauf faute de sa part, de 100 fois le prix, par jour, de la chambre ou 50 fois pour les objets laissés dans les voitures remisées dont l'hôtelier a la disposition, qu'ils soient commis dans l'hôtel même ou dans ses dépendances (ex. : garage)]. *Bijoux, autres objets précieux :* on doit les déposer, contre reçu au bureau de l'hôtel si on ne les garde pas sur soi. Si on les laisse dans la chambre, on risque de n'avoir droit à aucune indemnité ou à une indemnité très faible. Les inscriptions telles que « la maison n'est pas responsable des vols ou échanges de vêtements » ou encore « ... des vols survenus dans le garage », sont sans valeur juridique et ne sont pas opposables au client. L'hôtelier disposant d'un garage, mais qui demande à son client de garer sa voiture à un endroit déterminé hors de l'hôtel (ex. : quand son garage est plein), est responsable des vols commis dans ladite voiture.

Si le client commet une imprudence entraînant le vol (ex. : chambre non fermée à clé), la responsabilité de l'hôtelier est diminuée, voire annulée.

• **Location** (villa ou appartement). Le locataire est responsable à l'égard du propriétaire des dommages pouvant survenir à son immeuble et à son mobilier, sauf si le loc. prouve un cas de force majeure, un vice de construction, un défaut d'entretien à la charge du propriétaire, ou que le feu a pris dans une maison voisine (sauf si le contrat d'ass. du propriétaire prévoit que la Sté d'ass. renonce à user de son droit de recours contre les locataires). On a intérêt à s'assurer spécialement : 1) par une « extension » de l'ass. couvrant sa résidence principale (clause villégiature) ; 2) ou par une assurance spéciale pour les vacances. On peut assurer, par la même extension de sa police générale, le « mobilier » que l'on emporte (meubles meublants, vêtements, linge, skis, électrophones, articles de plage, etc.).

Nota. — La plupart des contrats multirisque actuels comprennent des clauses villégiature (vérifier le montant de la garantie).

• **Résidence prêtée. Vacances chez des parents ou des amis.** On est responsable des dégâts causés par sa faute ou sa négligence à l'immeuble ou aux meubles qui le garnissent. L'ass. de la personne qui héberge pourra se retourner contre l'hébergé, sauf si le contrat prévoit la renonciation à recours contre les « occupants temporaires ». Vérifier que son contrat d'ass. « multirisque habitation » comporte une clause « villégiature » couvrant ces responsabilités.

• **Transporteurs.** Sont responsables des dommages causés à un voyageur, aux bagages enregistrés (pertes, avaries, retards dans l'acheminement) pour des montants limités. Ils ne sont pas responsables pour les bagages à main. On peut assurer la totalité de ses bagages, enregistrés ou non, quel que soit leur mode de locomotion (même dans sa voiture), pour la durée d'un déplacement. Une clause exige généralement verrouillage de la voiture et fermeture des glaces lorsque les bagages sont dans une automobile en stationnement (la garantie joue, à la condition que la voiture soit stationnée dans un lieu gardé ou dans un garage fermé à clef (entre 22 h et 7 h).

• **Voiture.** Voir assurance auto.

Défense du consommateur

Organisations

Administration compétente

Direction générale de la concurrence, de la consommation et de la répression des fraudes (D.G.C.C.R.F.). 41, quai Branly, 75007 Paris, dépend du ministère chargé de l'Économie et des Finances. Dotée de services départementaux [Dir. départementale de la concurrence, de la consommation et de la répression des fraudes (D.D.C.C.R.F.)] et de laboratoires. Élabore le droit de la consommation. Fait appliquer la réglementation concernant tarifs (marges ou prix illicites), facturations non conformes, ventes à crédit, ventes avec primes (liquidations, soldes), publicité des prix, (étiquetage, prix des produits ou services), annonces de nature à induire en erreur ; fait également appliquer la réglementation concernant les produits alimentaires et industriels : qualité, hygiène et sécurité des consommateurs. La D.G.C.C.R.F. soutient les associations nationales et locales de consommateurs et assure une information des consommateurs (T.V...). *Publications :* Revue de la concurrence et de la consommation, Bulletin officiel de la concurrence et de la consommation.

Institut national de la consommation

Siège : 80, rue Lecourbe, 75732 Paris Cedex 15. *Créé* en 1967. *Établissement* public autonome, sous la tutelle du ministère de l'Économie et des Finances chargé de la protection et de l'information des consommateurs. *Composition :* directeur nommé par le ministère de tutelle. *Conseil* d'administration composé de représentants des associations de consom. reconnues au niveau national, de personnes qualifiées et de représentants du personnel de l'I.N.C. La réforme de 1983 a donné une indépendance accrue aux organisations de consommateurs (notamment d'origine syndicale) dans l'adm. de l'I.N.C. *Activités :* recherche (technique, juridique, économique), formation et information. *Budget* (1984) : 76,5 millions de F, dont 52,3 % provenant d'un crédit budgétaire et 47,7 % de ressources propres (vente des publications). *1985 :* 92,04 millions de F dont 44,29 % provenant d'un crédit budgétaire et 55,71 % de ressources propres (ventes des publications et recettes de la télématique). *Publications :* « Cinquante Millions de consommateurs », 250 000 ex., mensuel grand public, diffuse des résultats d'essais comparatifs, des études et des enquêtes ; publie 5 n^os^ hors-série par an (diffusés à 250 000 ex.). « Consommateurs-Actualités », 7 000 ex., hebdomadaire technique destiné aux professionnels de la consommation. *Télévision (« D'accord, pas d'accord ») :* l'I.N.C. dispose de 10 mn par semaine sur TF1 et A2 et de 4 mn sur FR3. *Consultations juridiques :* par téléphone (sauf mercredi) de 9 h 30 à 12 h 30 ; sur place à l'I.N.C., de 14 h à 16 h 30 (sauf mercredi : 80, rue Lecourbe, 75015 Paris). *Service Minitel consommateurs :* Bulletin d'informations téléphonées (24 h sur 24). *Centre de documentation :* ouvert mercredi sur rendez-vous.

Centre de recherches, d'études et de documentation sur la consommation (CREDOC). 45, rue de la Gare, 75013 Paris. *Fondé* 1953. Réalise analyses sur consommation et l'épargne. *Presse :* « Consommation ».

Organismes associant les consommateurs

Conseil national de la consommation (C.N.C.) *Créé* le 12-7-83. Organe consultatif auprès du secrét. d'État à la Consommation (éclaire les différents ministères sur tout ce qui concerne les consommateurs et permet la concertation entre représentants des consommateurs et des professionnels).

Comité des prix. National. 2 représentants des consommateurs. **Départementaux.** *Créés* auprès des préfets. 2 représentants des consommateurs donnent leur avis sur les décisions en matière de prix.

Comités économiques sociaux et régionaux. *Créés* par la loi du 5-7-1972. Donnent leur avis au conseil régional.

Commissions d'urbanisme commercial. La loi d'orientation du commerce et de l'artisanat (loi Royer) a donné, aux commissions départementales, pouvoir de décision sur les projets de création de grandes surfaces. 2 représentants des organisations de consommateurs y siègent aux côtés de commerçants et d'élus locaux. La commission nationale n'a qu'un rôle consultatif.

Organisations diverses

Généralités. Il existe plusieurs organisations nationales, axées uniquement ou non sur les problèmes de la consommation, et des groupements régionaux. La plupart des organisations nationales ont des groupes locaux. Toutes éditent une ou plusieurs publications. Les organisations agréées pour exercer l'action civile ou dispensées d'agrément sont indiquées ci-dessous par un *. Pour obtenir son agrément, l'association doit justifier d'une année d'existence à compter de sa déclaration et d'activité effective et publique en vue de la défense des intérêts des consommateurs.

Organisations nationales

Association Études et Consommation-C.F.D.T. (ASSECO-C.F.D.T.). 4, bd de la Villette, 75019 Paris. *Fondée* 1981 par la C.F.D.T.

Association F.O. Consommateurs (A.F.O.C.)*. 198, avenue du Maine, 75680 Paris Cedex 14. *Fondée :* 19-2-74. *Adhérents :* 1 100 000. F.O. membres de droit. Ass. locales 160. *Presse :* « Les Cahiers de l'A.F.O.C. » 10 000 ex. ; rubrique régulière dans « F.D. Magasine », 750 000 ex. ; « Guide du consommateur » (1 350 pages), remis à jour chaque année.

Association pour l'éducation et l'information du consommateur (ADEIC-FEN). 53, rue La Bruyère, 75009 Paris. *Fondée* en mars 1983, agréée en janvier 1985. Constituée par 12 organisations.

Association pour l'information et la défense des consommateurs salariés (INDECOSA-C.G.T.)*. 263, rue de Paris, 93514 Montreuil Cedex. *Fondée* 1979 par la C.G.T. *Adhérents :* 1 500 000 (surtout de la C.G.T., membres de droit de l'association). 200 ass. locales ou départementales. *Mensuel :* « INDECOSA-Informations ».

Association fédérale des nouveaux consommateurs (A.N.C.). 58, rue Jean-Jacques Rousseau, 75001 Paris. *Fondée* 1975. *Adhérents :* 45 000. Association indépendante de tout autre mouvement. *Publication :* le « Télégramme ».

Comité national des ass. populaires fam. syndicales. 1, rue de Maubeuge, 75009 Paris. *Fondé* 1952. *Adhérents :* 22 000 familles. *Publications :* « Empreinte » env. 5 par an.

Confédération générale du logement (C.G.L.). 67, rue de Dunkerque, 75009 Paris. *Fondée* en 1954 à l'appel de l'abbé Pierre, pour organiser la défense des locataires, copropriétaires et accédants à la propriété. *Adhérents :* 75 000. 600 ass. locales ou d'immeuble. *Mensuel :* « Action-Logement ».

Confédération nationale du logement (C.N.L.). 8, rue Mériel, B.P. 73, 93120 Montreuil. *Fondée* 1916. *Adhérents :* 300 000. Activité dans secteurs locatif et accession à la propriété. *Presse :* « Logement et Famille » (200 000 ex.).

Confédération syndicale des familles (C.S.F.)*. 53, rue Riquet, 75019 Paris. *Fondée* 1946. *But :* la défense des intérêts des familles dans leurs fonctions de consommation d'éducation et d'usage. *Adhérents :* 30 000 familles regroupées en 300 sections syndicales locales. *Presse :* « Nous » (bimestriel, 20 000 ex.) ; « Action syndicale des familles » (bimestriel, 2 500 ex.).

Confédération syndicale du cadre de vie (C.S.C.V.)*. Ancienne Confédération nationale des associations populaires familiales (C.N.A.P.F.)*. 12, avenue du Gal de Gaulle, Vincennes 94300. *Fondée* 1952. *Adhérents :* 60 000 regroupés dans 700 syndicats de quartiers et 60 fédérations départementales. *Journal :* « Cadre de vie » envoyé à tous les adhérents (4 n^os^ par an), Guides pratiques et dossiers spécifiques.

Conseil national des Associations familiales laïques (C.N.A.F.A.L.). 4, rue Giffard, 75013 Paris. *Fondé* 1967.

Fédération Léo-Lagrange. 21, rue de Provence, 75009 Paris.

Fédération des familles de France (F.F.F.)*. 28, pl. St-Georges, Paris 75009. *Fondée* 1921. *Adhérents :* 152 839 regroupés en 626 associations fam. et comités locaux de consommateurs (CO.LO.C.). *Publications :* « Familles de France » (mensuel, 20 000 ex.) ; « Action familiale » (mensuel, 1 800 ex.).

Fédération nationale des associations familiales rurales (F.N.A.F.R.). 81, av. Raymond-Poincaré, 75116 Paris. *Fondée* 1944. *Adhérents :* 160 000 regroupés dans 3 200 associations locales. Permanence d'inf. consommateurs dans de nombreuses localités, solutions des litiges, formation des responsables. *Presse :* « Familles rurales » (mensuel, 6 000 ex.), « Flash » (mensuel, 70 000 ex.).

Fédération nationale des coopératives de consommateurs (F.N.C.C.)*. 27/33, quai Le Gallo, 92100 Boulogne-Billancourt. *Fondée* 1912. *Adhérents :* 2 millions de familles associées regroupées en 18 Stés coopératives régionales et 182 petites Stés locales et spécialisées. *Presse :* « COOP-INFO », mensuel édité par la S.C.E.L. (1 million d'ex.).

Ventes par correspondance. Voir p. 1492.

Organisation générale des consommateurs (ORGECO). 3, rue de Provence, 75009 Paris. *Fondée* 1959 par la C.G.C. et C.F.T.C. *Adhérents :* 480 000 (provenance C.F.T.C., C.G.C. et individuels) regroupés en unions départ., rég. et locales. Membre du B.E.U.C. *Actions :* stages de formation, colloques, traitements des litiges. *Presse :* « Information, consommation » (mensuel, par abonnement).

Union fédérale des consommateurs (U.F.C.). 14, rue Froment, 75011 Paris. *Fondée* 1951, indépendante de tout mouvement politique ou syndical. *Adhérents :* 50 000 regroupés en 220 unions locales. Membre du B.E.U.C. Examine localement 25 000 cas par an. *Presse :* « Que choisir ? » (mensuel, 300 000 exemplaires dont 200 000 abonnés) ; Guides et numéros spéciaux.

Union féminine civique et sociale (U.F.C.S.). 6, rue Béranger, 75003 Paris. *Créée* en 1925 ; organisation de consommateurs dep. 1961. *Presse :* « Dialoguer » (bimestriel), « Cahiers d'éducation civique » (trimestriel).

Union nationale des associations familiales et des unions départementales (U.N.A.F.). 28, place St-Georges, 75009 Paris. Voir p. 1524 et 1593.

Groupements régionaux

La plupart collaborent aux émissions télévisées régionales « Consommateur-Informations ».

Centres techniques régionaux de la consommation et associations de consommateurs réalisant un bulletin « Consommateurs information » (C.T.R.C.). *Ajaccio*, 2, rue San-Lazaro. *Amiens*, 34, rue Lamartine. *Besançon*, 37, rue du Battant. *Blois*, 4, impasse Lavailière. *Bordeaux*, 11, cours du Chapeau-Rouge. *Caen*, 32, quai Vandœuvre. *Châlons-sur-Marne*, 44, rue Grande-Étape. *Clermont-Ferrand*, 3, rue du Maréchal-Joffre. *Dijon*, 14, rue du Palais. *Fort de France*, 18, rue du Gouverneur-Félix-Éboué. *Le Havre*, 113, rue Hélène. *Lille*, 11, rue du Palais-Rihour. *Limoges*, 25, rue Encombre-Vineuse. *Lyon*, 20, rue de Condé. *Marseille*, 23, rue du Coq. *Montpellier*, 1, rue de la Carbonnerie. *Nancy*, UNORCO, 5, rue St-Léon. *Nantes*, 4, rue Pierre-Étienne-Flandin. *Paris*, 13, rue de Tocqueville, 17ᵉ. *Poitiers*, 13, av. Robert-Schumann. *Rennes*, 19 bis, rue Duhamel. *Strasbourg*, Chambre de la Consommation d'Alsace, 7, rue de la Brigade, Pointe-à-Pitre, Tour Frébault 1, St-Denis-de-la-Réunion 39, SHLMR le Butor.

Organisations internationales

Bureau européen des unions de consommateurs (B.E.U.C.)*. 29, rue Royale, 1000 Bruxelles, Belgique. *Fondé* 1962. Regroupe 20 associations (17 membres et 3 membres correspondants). *Organisations franç. représentées :* U.F.C., ORGECO. Dispose de 6 sièges au Comité consultatif des cons. auprès de la C.E.E.

Comité des consommateurs de l'alliance coopérative internationale (I.C.A. ou A.C.I.). *Secrétariat :* M. L. Varadi, A.C.I., 15, route des Morillons, CH-1218 Grand-Saconnex, Genève, Suisse. *Fondé* 1971. Regroupe 15 pays et le Comité régional de Sud-Est-Asie.

Communauté européenne des coopératives de consommateurs (EURO COOP). 17 A, rue Archimède, Bte 2-B-1040 Bruxelles. Belgique. *Créée* 1957. Membres 16 000 000. Représentée au Comité consultatif des consommateurs.

Confédération des organisations familiales de la communauté européenne (C.O.F.A.C.E.). 17, rue de Londres, 1050 Bruxelles, Belgique. *Fondée* 1969. 60 organisations membres dont 16 françaises. Dispose de 6 sièges au Comité consultatif des consommateurs auprès de la C.E.E.

Organisation internationale des unions de consommateurs (I.O.C.U.). 9, Emmastraat, 2 595 EG, La Haye, P.-Bas. *Fondée* 1960 par 5 unions (U.S.A., G.-B., Australie, Belgique, P.-Bas). 136 organisations dans 52 pays.

Aide de l'État (millions de F) *aux organisations de consommation : 1976 :* 0,5 ; *77 :* 0,9 ; *78 :* 1,05 ; *79 :* 2 ; *80 :* 4 ; *81 :* 5 ; *82 :* 8,5 ; *83 :* 9,2 ; *84 :* 10,5 ; *85 :* 11,7 ; *86 :* 22,05 ; *à la consommation* (actions concertées y compris subv. U.R.O.C.) : *1976 :* 2,1 ; *77 :* 4,2 ; *78 :* 5,6 ; *79 :* 8 ; *80 :* 11,1 ; *81 :* 14,3 ; *82 :* 20,9 ; *83 :* 22,6 ; *84 :* 24,5 ; *85 :* 25,1 ; *86 :* 16,8.

Recours du consommateur

Généralités

A) Règlement amiable avec 1° *vendeur*, chef de rayon ou directeur du magasin. 2° *syndicat professionnel* du fabricant ou du commerçant.

B) Recours auprès de l'Institut national de la consommation ou auprès d'organisations de consommateurs agréées qui ont le droit de se porter partie civile pour la défense de l'intérêt général des consommateurs (loi du 27-12-1973). Demander la liste des organisations du département à la préfecture.

C) Recours aux pouvoirs publics. Par l'intermédiaire des différents services compétents, pour faire dresser le procès-verbal constatant l'infraction. L'administration transmet ensuite les procès-verbaux au parquet qui apprécie la suite à donner.

Le consommateur peut aussi porter plainte directement au Parquet du procureur de la République qui disposes de l'opportunité des poursuites. Aussi a-t-on intérêt, avant, à demander conseil aux organismes compétents (voir ci-dessus).

Quelques cas

Légende : Rec. : Recours ; *Rens. :* Renseignements ; (1) Direction départementale de la concurrence et de la consommation et de la répression des fraudes (D.D.C.C.R.F.), 8, rue Froissart, 75003 Paris ; (2) Service des instruments de mesure du ministère de l'Industrie.

Achat (protection légale)

En matière civile. 1. Les vices de consentement. L'annulation du contrat peut être obtenue en invoquant l'erreur sur la substance, c'est-à-dire le défaut d'authenticité (qualité essentielle de l'objet). Cependant la jurisprudence a souvent introduit une condition supplémentaire à l'annulation : la qualité « convenue » de l'objet (clause tacite ou explicite de garantie). Le *« dol »*, qui entraîne une erreur chez l'acheteur, peut être constitué par le silence, la réticence du vendeur qui s'adressant à un acheteur inexpérimenté a le devoir d'informer.

2. Le vice caché. L'acquéreur peut rendre l'objet et se faire restituer le prix sauf pour les ventes en douane (la décision appartient aux douanes), les ventes de domaines et les ventes aux enchères publiques.

En matière pénale. L'acheteur peut invoquer le délit de *tromperie* ou d'*escroquerie* (doit être prouvé par la partie civile ou le ministère public).

L'acheteur qui s'estime lésé a le choix de divers recours, mais actuellement le meilleur résultat s'obtient sur la base de la tromperie.

Les œuvres d'art vendues par les maisons de vente anglaises ne sont pas garanties.

● **Achat à crédit.** Tout crédit consenti par un professionnel (vendeur, banque), pour + de 3 mois, d'un montant inférieur ou égal à 100 000 F et destiné au paiement d'un bien mobilier (voiture, TV) pour la consommation personnelle, est soumis à la loi du 10-1-1978. Cette loi réglemente la publicité et la teneur du contrat (dit « offre préalable ») de crédit, impose un délai de réflexion de 7 j, lie juridiquement contrats de crédit et de vente, limite les pénalités encourues en cas de non-paiement des mensualités. L'acompte ne peut être exigé qu'à l'expiration du *délai de réflexion* (ne sont pas en compte samedi, dimanche, jours fériés et chômés lorsqu'ils constituent le jour d'expiration des 7 j).

Litige : s'adresser au procureur de la Rép. du tribunal de grande instance du domicile ; pour engager un procès civil (demande de dédommagement), au tr. d'instance du siège social de l'établissement financier, du lieu du magasin ou du domicile. *Délai de prescription :* 2 ans à compter de l'événement qui a donné naissance au litige.

● **Acompte.** 1ᵉʳ paiement à valoir sur un objet. Le contrat est valable et définitif dès ce moment. *L'acheteur* ne peut se dédire et peut être condamné à payer des dommages et intérêts s'il tente de se dédire (sauf cas de force majeure). Le *commerçant*, s'il se dédit ou si l'objet n'est pas conforme, doit rembourser l'acompte et peut également être condamné à payer des dommages et intérêts.

● **Aliments de régime et diététique.** *Rec. :* D.D.C.C.R.F. [1]. Service départ. de la Santé publique.

● **Arrhes.** *L'acheteur* peut se dédire en abandonnant les arrhes, le *vendeur* le peut aussi mais en remboursant le *double* des arrhes. À défaut d'accord amiable, seule une décision de justice peut régler un litige en interprétant les dispositions du contrat. Dans certains cas, le montant des arrhes ou des acomptes est réglementé par la loi, p. ex. : location saisonnière en meublé par un loueur professionnel (les arrhes ne peuvent excéder 25 % du loyer global) ; vente mobilière d'objets courants : voitures, etc. (toute somme versée plus de 3 mois à l'avance est productrice d'intérêts).

● **Astreintes.** Moyens de pression : le juge condamne le professionnel à vous verser par jour, semaine ou mois de retard, une somme d'argent fixe. *A. provisoire :* le juge se réserve la possibilité de la réduire ou de la supprimer ultérieurement en fonction de l'attitude adoptée par le débiteur. *A. définitive :* le juge a expressément, dans sa décision, renoncé à la réviser.

● **Automobiles (réparations).** *Rec. :* Chambre syndicale nat. du commerce et de la réparation de l'automobile, 6, rue Léonard-de-Vinci, 75116 Paris, D.D.C.C.R.F. [1].

● **Bruits dans les locaux ind.** *Rec. :* Inspection du travail, organismes de Sécurité sociale. — **De voisinage, des automobiles :** Tout bruit causé sans nécessité ou dû à un manque de précaution, quelle que soit l'heure, est passible d'une contravention. *Rec. :* préfectures, mairies, services de police et de gendarmerie.

● **Coiffeur.** Affichage des prix obligatoire. En cas d'accident (brûlure, allergie) la responsabilité du coiffeur est engagée.

● **Colis épargne.** Le consommateur verse une certaine somme pendant un délai donné au bout duquel lui est remis un colis de marchandises. Pratique licite seulement si le consommateur a connaissance du contenu du colis au moment de son engagement et si au dernier paiement apparaît une déduction correspondant aux intérêts des sommes versées.

● **Commerçant.** *En cas d'infraction : Rec.* à Paris : D.D.C.C.R.F. [1]. *Litiges d'ordre privé :* demander conseil aux organisations de consommateurs ou à l'Institut national de la consommation. *Pièces à conserver :* contrat, ticket de caisse, facture, reçu pour arrhes, devis, documents publicitaires, certificats de garantie, attestations de livraison et mise en route, courrier reçu, constats d'huissier. *Garantie pour vices cachés :* l'action doit être intentée par l'acquéreur dans « un bref délai suivant la nature et l'usage au lieu où la vente s'est effectuée ». Cette garantie est soumise à une prescription trentenaire (sauf pour les animaux domestiques qui bénéficient d'une garantie illimitée). La garantie ne peut se trouver limitée par une clause dans le contrat de vente sauf si l'acheteur est considéré comme professionnel ou s'il a connaissance du vice caché.

Commissaires-priseurs et experts. Dans les ventes publiques, les mentions portées sur le catalogue de vente font foi sauf si, au moment de la vente, le commissaire-priseur ou l'expert infirme la mention portée sur le catalogue, cette déclaration devant être portée sur le procès-verbal. Actuellement le recours en garantie de l'acheteur peut s'exercer dans un délai de 30 ans.

● **Commission des clauses abusives (C.C.A.).** *Créée* 1978. Rattachée en 1981 au ministère de la Consommation. Chargée de rechercher dans contrats et bons de commande les clauses abusives définies à partir de la notion d'« abus de puissance économique ».

● **Contrat.** Accord de volonté entre 2 ou plusieurs personnes qui engendre des obligations réciproques ou à la charge d'une seule d'entre elles. Le contrat doit être signé dans toutes ses parties (pas de renvoi à des feuilles détachées). Pour certains contrats, le consentement ne suffit pas : la loi les soumet à certaines conditions (c. de mariage, donation, hypothèque) et ils doivent être rédigés par un notaire. *Délai de réflexion :* imposé parfois par la loi, il suit ou précède la signature du contrat. Ex. : démarchage ou crédit ordinaire, enseignement à distance, 7 jours ; démarchage pour plan d'épargne en valeur mobilière, 30 j et crédit immobilier, 10 j. Des tribunaux estiment que des promesses faites sur des documents publicitaires (catalogues, affiches...) peuvent aussi être considérées comme des engagements contractuels. *Les clauses abusives* (par ex. : droit pour le vendeur de ne pas donner suite à une commande) *ou élisibles* (par ex. : imprimées en caractères illisibles au verso du document ou mentionnées perpendiculairement aux autres dispositions du bon de commande), ne sont pas opposables à l'acheteur. *Contrat d'achat ou bon de commande.* Vérifier qu'il comporte au minimum les modalités de livraison (délai, transport, montage, réclamation), le montant du prix à payer et les garanties éventuellement accordées. *Exécution.* Dès le contrat formé, chaque contractant est tenu d'exécuter ses obligations (art. 1134 du Code civil). Si l'un se dérobe, l'autre peut demander la *résolution* (suppression rétroactive des obligations du contrat), la *résiliation* [valant suppression pour l'avenir d'un contrat successif (ex. location)] ou l'*exécution forcée* du contrat. Si celle-ci est impossible à obtenir, le tribunal devra déterminer le dommage subi par le créancier et en assurer la réparation sous forme de dommages-intérêts. *S'il s'agit d'une somme d'argent*, il ordonnera la saisie et la vente des biens du débiteur ; *d'un objet déterminé*, il pourra mettre le créancier en possession de l'objet ; *d'obligation de faire et de ne pas faire*, il pourra condamner le débiteur à une astreinte (somme d'argent déterminée) pour l'obliger à réagir.

Le *créancier a droit à des dommages-intérêts* en cas d'inexécution totale, partielle ou d'exécution tardive du contrat. Pour constater le retard d'exécution, il doit envoyer une mise en demeure (art. 1230 du Code civil) sous forme de sommation ou de commandement, ou par simple lettre recommandée avec accusé de réception. Il doit préciser qu'il subit un préjudice chiffrable et qu'il y a faute du débiteur [celle-ci peut être difficile à établir s'il s'agit d'une obligation de moyens (ex. : le médecin qui n'arrive pas à sauver son malade)].

● **Cas de vices.** *En cas de vices du consentement* : on peut demander l'annulation du contrat. *Dol* : ex. vente d'une voiture d'occasion millésimée 1982 alors qu'elle est de 1979. *Erreur* : ex. portant sur une qualité du produit qui a été déterminante dans la décision d'acheter. *Violence* : ex. personne contrainte à donner de l'argent sous la menace.

Contrat d'entretien. Si la société n'a pas rempli ses engagements, le report automatique du contrat sur l'année à venir doit être exigé. *Contrat AFNOR* : la base des prestations à faire impérativement.

● **Copropriété (règlement de).** *Rec.* : trib. de grande instance.

● **Délai franc.** Délai dans lequel ne sont comptés ni le *dies a quo* (jour de départ) ni le *dies ad quem* (celui de l'échéance). Délai non franc : le *dies ad quem*.

● **Dépannage à domicile.** *Rec.* : boîte 5 000 du département (préfecture), association des consommateurs, syndicats professionnels, ou D.D.C.C.R.F. [1].

● **Devis.** En général gratuit, sauf si l'on fait appel à un spécialiste (ex. architecte) ou procéder à un travail particulier (ex. démontage d'un appareil). *Doit comporter* : coût de la main-d'œuvre, montant des taxes (si la T.V.A. ne figure pas, le devis ne signifie rien), date de livraison ou de fin des travaux, mode et délai de règlement. En l'absence de devis écrit, aucun recours possible. L'entrepreneur doit demander l'accord du client avant de faire des travaux entraînant une modification du devis initial.

● **Diffamation.** C'est « toute allégation ou imputation d'un fait qui porte atteinte à l'honneur ou à la considération de la personne ou du corps auquel le fait est imputé ». Pour que le délit soit établi, il faut que : la diffamation soit revêtue de publicité (discours ou cris dans un lieu public, écrits, imprimés vendus ou distribués dans un lieu public) ; qu'il y ait un fait déterminé dont l'exactitude ou l'inexactitude peut être vérifiée (ex. imputation d'un vol) ; que ce fait soit contraire à la probité, à la loyauté, à la bonne conduite ; que la personne visée, qui n'a pas besoin d'être désignée nommément, soit aisée à reconnaître ; qu'il y ait intention coupable de la part de l'auteur (celle-ci est présumée). La preuve de la diffamation peut faire disparaître le délit.

Celui qui est diffamé peut dans les 3 mois s'adresser : 1° *au tribunal correctionnel* (*pénalités* : 5 j à 6 mois d'emprisonnement, amende de 150 à 80 000 F ou l'une de ces deux peines seulement) ; 2° *au tribunal d'instance* (s'il réclame des dommages-intérêts de 5 000 F au maximum) *ou de grande instance* (s'il demande plus).

● **Dommages-intérêts.** Destinés à réparer le préjudice subi. Il s'agit souvent d'une somme d'argent : *d.-i. compensatoires.* En cas de retard de paiement d'une somme due, le créancier a seulement droit à des intérêts au taux légal : *d.-i. moratoires.* Il peut obtenir des d.-i. suppl. s'il démontre la mauvaise foi du débiteur et un préjudice distinct du retard (ex. une agence de voyage ayant tardé à rembourser un acompte, vous avez dû renoncer à partir en vacances).

● **Emballage.** Le commerçant n'a pas le droit de le faire payer à moins qu'un écriteau avertisse le consommateur avant l'achat. Il doit indiquer le prix au kg sur un certain nombre de produits alimentaires préemballés : viande, charcuterie, poissons, fruits, légumes, fromages. 2 arrêtés du 22-9-75 fixent les poids nets des emballages dans lesquels certains produits peuvent être offerts à la vente. *Fruits surgelés* : 250 g, 500 g, 1 kg, 1,5 kg, 2 kg, 2,5 kg et multiples de 1 kg. *Légumes surgelés* : 150 g, 300 g, 450 g, 600 g, 750 g, 1 kg, 1,5 kg, 2 kg, 2,5 kg et multiples de 1 kg. *Poissons surgelés* : *entiers* : truites vendues par 2 unités 340 g, 750 g, 1 kg, 1,5 kg, 2 kg, 2,5 kg et multiples de 1 kg ; *en filets* : 100 g, 200 g, 300 g, 400 g, 500 g, 750 g, 1 kg, 1,5 kg, 2 kg, 2,5 kg et multiples de 1 kg. *Filets : de harengs saurs au naturel* : 200 g, 500 g, 1 kg et multiples de 1 kg ; *de morue* : 400 g, 1 kg et multiples de 1 kg. L'étiquetage des produits alimentaires doit comporter : proportions des composants qui font la spécialité du prod. ; poids net ou volume net ; date de fabrication ou de vente limite ; indication de la provenance : nom et adresse du fabricant.

● **Envoi forcé.** Sont interdites les *ventes forcées* qui consistent à adresser d'office certains objets (disques, montres, livres, stylos, etc.) et à exiger ensuite le retour (même sans frais) ou le paiement. Ne rien payer et conserver l'objet. *Rens.* D.D.C.C.R.F. [1].

● **Essayage. Ex. : cas d'une chemise.** La chemise a été achetée pour être portée : si le client n'a pas pu l'essayer et qu'elle ne lui va pas le contrat est nul. On peut être remboursé sauf si la chemise était correctement étiquetée (mention de la taille, coupe, longueur des manches).

● **Établissements dangereux, insalubres, incommodes.** Il existe une nomenclature de ces étab. (dits étab. classés) publiée par les J.O. *Rens.* : Service de prévention des nuisances industrielles, 68, rue de Bellechasse, Paris 7e. Ministère de l'Environnement. Préfecture (Service admin. et inspection des établ. classés). *Rec.* : services préfectoraux des établissements classés, Trib. administratif, Conseil d'État, Tribunal de grande instance (demandes de dommages-intérêts).

Étiquettes ou labels

Légende : *Rec.* : Recours ; *Rens.* : Renseignements ; (1) D.D.C.C.R.F. [Direction départementale de la concurrence et de la consommation et de la répression des fraudes (8, rue Froissart, 75003 Paris)].

● **Étiquetage.** Il faut distinguer : *l'étiquetage apposé par le fabricant ou le distributeur* d'un produit sur ce produit. Il peut consister en une marque individuelle ou collective ou en un étiquetage informatif. Il peut résulter : 1° de dispositions législatives ou réglementaires le rendant obligatoire ; 2° d'une décision du professionnel souhaitant informer le consommateur.

Étiquetage obligatoire. Produits alimentaires : (nature précise de la marchandise selon la dénomination de vente à laquelle elle est astreinte, nom ou raison sociale et adresse du fabricant, nom du pays d'origine de la marchandise, poids net ou volume net, date de péremption, énumération par ordre d'importance décroissante des composants du produit et, lorsque la dénomination du produit se réfère à un composant, proportion de ce composant contenue dans le produit, énumération des additifs, colorants, conservateurs antioxygène, émulsifiants, agent de texture, de sapidité, d'aromatisation. **Produits diététiques et de régime :** mêmes mentions + l'indication des composants du produit par ordre d'importance quantitative décroissante, la valeur calorique et les teneurs en protides, lipides et glucides. **Produits cosmétiques et d'origine corporelle :** dénomination du produit, nom et adresse du fabricant, volume ou poids net, date limite d'utilisation pour les produits dont la durée de stabilité est inférieure à 3 ans, numéro de lot, énonciation des substances dont la présence est revendiquée dans la publicité, précautions particulières d'emploi. **Dates.** L'étiquetage doit obligatoirement indiquer la date de fabrication (en clair ou en code), la date limite de consommation (DLV) pour les produits alimentaires périssables préemballés, la date limite d'utilisation optimale (DLLO) pour les conserves, surgelés, crèmes glacées, produits de beauté, médicaments ; cette date n'est pas contraignante (sauf pour les médicaments) mais indicative. **Prix.** Depuis février 1983 affichage des prix à la livre ou au kg obligatoire pour les produits préemballés.

Infractions constatées. Nombre de contrôles et entre parenthèses procès verbaux (1980). Marquage et affichage des prix 230 651 (4 514). Publicité trompeuse 12 109 (863), mensongère 3 825 (549). Ventes à crédit 3 126 (142). Dons et ventes avec prime aux consommateurs 999 (183).

Étiquetage contrôlé par un organisme indépendant du fabricant, de l'importateur ou du vendeur. Concerne les *produits agricoles* (législation et réglementation sur les labels agricoles : loi n° 60-808 du 5-8-1960 modifiée par la loi n° 78-23 du 10-1-1978, décret n° 83 507 du 10-6-1983, loi d'orientation agricole 80 502 du 4-7-1980 (art. 14) sur les marques collectives régionales) ; les *produits industriels, produits agricoles non alimentaires transformés ou biens d'équipement* (ex. : Woolmark, Fleur Bleue, Coton-Flor, Belle Literie) ; législation et réglementation sur les certificats de qualification, articles 22 et suivants de la loi n° 78-23 du 10-1-1978.

Faux certificats de qualité ou faux labels. 1) Marques privées : elles ne se présentent pas en principe comme des labels de garantie, sauf exception. **2) Faux diplômes :** laissent entendre qu'un jury compétent et impartial a attribué un prix pour la qualité, le prestige, la supériorité, etc. Ex. : Prestige de la France, Coupe du bon goût français. Sélection Europe. Il s'agit en fait d'opérations purement publicitaires et commerciales. **3) Marques collectives :** marques privées réunies sous un nom commun. Parfois cette réunion s'effectue en fonction d'un règlement qualitatif (qui n'est garanti que par les producteurs) : ex. popeline d'Alsace.

Labels, marques de qualité, certificats de qualité, etc. faisant référence : 1) A un règlement technique privé. Exemples. *Woolmark* : née de la volonté des éleveurs de moutons d'Australie, de N.-Zélande et d'Afrique du S. *Contrôle* : Secrétariat international de la laine. L'article est pure laine ou comporte au minimum 60 % de laine s'il est étiqueté « mélange Woolmark ». *Fleur bleue* : créée par la Confédération générale des fabricants de toile de France pour les articles en lin, en métis, en lin mélangé et en toiles lourdes (bâches).

2) Aux normes françaises. *Marque NF* : créée 1938, devenue certificat de qualification en 1981 (loi du 10-1-1978 et décret d'application du 9-7-1980). Estampille rouge et bleue, apposée sur le produit. Accordée sous la responsabilité de l'Association française de normalisation (AFNOR, association privée, reconnue d'utilité publique, ayant le monopole de la normalisation en France). Env. 1 000 normes sont établies par an. Avant d'être homologuée, la norme est soumise à enquête probatoire. Quand elle est adoptée, la marque NF est apposée sur les produits répondant à la norme (un contrôle technique est réalisé). *Litige* : s'adresser à l'AFNOR qui interviendra auprès du fabricant pour l'inciter à honorer ses engagements.

3) A un règlement d'ordre public (loi, décret ou arrêté) : *Appellation d'origine contrôlée* : vins, fromages ; *appellation d'origine simples* : fruits, légumes, volaille, produits divers ; *labels nationaux* (homologation ou arrêté) : volailles (ex. volaille de Loué), fromage (ex. Emmental Est Cantal, Grand cru), divers ; *labels régionaux* : homologation régionale par produit après homologation nationale du label. *Marque régionale* : *Savoie* : produits : Emmental, fruits, *Normandie* : produits : cidre.

4) A un contrat pour l'amélioration de la qualité. Contrats de droit privé conclus et légués après négociation entre les organisations nationales des consommateurs et des entreprises de toute nature (producteurs, distributeurs, prestataires de services). Conclus pour une durée déterminée ; *but* : valoriser l'effort des entreprises pour une qualité plus grande des produits. Les améliorations peuvent concerner les produits et services ou leur environnement (fabrication, distribution, garantie, service après vente, relations avec l'usager, prix...). Les produits concernés sont signalés au public par une marque collective comprenant le logo « Approuvé » rouge sur fond rouge et bleu du contrat.

● **Facture.** *Obligatoire.* Pour tout *service* d'un prix supérieur à 100 F. Elle doit comporter date, nom et adresse de l'entreprise, le décompte détaillé en quantité et prix des prestations fournies et des prod. vendus accessoirement. L'original est remis au client ; le double doit être conservé par l'entreprise pendant 1 an lorsque le prix payé est supérieur à 50 F (T.V.A. comprise). *Non obligatoire* pour les *achats*, il est préférable de la demander car elle attestera la date d'achat, point de départ de la garantie.

Le prestataire de services ou le commerçant peuvent exiger d'être payés avant l'envoi de leur facture.

Frais de facturation : interdits lorsque la remise d'une facture est obligatoire (réparations automobiles ou à domicile par exemple). Mais lorsqu'elle est facultative, l'Administration les tolère à condition qu'ils ne dépassent pas les frais réels de l'établissement du décompte. Cette pratique doit être portée à la connaissance de la clientèle par une publicité appropriée. Elle doit être conservée 2 ans pour les valeurs marchandes et 30 ans pour les services.

• **Fouille des clients.** Le commerçant ou son personnel n'ont pas le droit de contrôler le contenu des sacs des clients. Ceux-ci peuvent exiger que cette fouille soit exécutée par un officier de police.

• **Frais pour paiement tardif.** Le créancier peut obtenir des dommages-intérêts moratoires fixés au taux légal et courant à compter du jour de la sommation de payer.

• **Frais de remboursement.** Si un commerçant charge un office de recouvrement de récupérer une dette, c'est un mandat, or l'art. 1999 du Code civil prévoit que si l'exécution du mandat entraîne des frais pour le mandataire (ici l'office de recouvrement), le mandant (le commerçant) doit les rembourser et non le débiteur qui n'est pas partie à ce contrat.

• **Garantie légale.** Art. 1 641 à 1 649 du Code civil et jurisprudence), dite aussi *g. des vices cachés* de la chose vendue. Illimitée dans le temps. Pour la mettre en œuvre, *3 conditions doivent être réunies : le défaut doit être grave* (rendant le produit impropre à l'usage prévu, ou réduisant tellement cet usage que l'acheteur aurait renoncé à son acquisition ou n'en aurait payé qu'un moindre prix s'il l'avait connu) ; *caché* (il était raisonnablement impossible de s'en rendre compte lors de l'achat) ; *antérieur à la vente* (le consommateur doit prouver qu'il existait déjà lorsqu'il a acheté l'appareil, et qu'il n'est pas le résultat d'une mauvaise utilisation, ou d'une usure normale). Un vendeur doit donc livrer une « chose » (même soldée) propre à l'usage auquel on la destine, c.-à-d. en parfait état de marche. Si elle tombe en panne, sans qu'il y ait faute de l'acheteur, il doit la rembourser ou prendre à sa charge les frais de réparation (pièces, main-d'œuvre, transport) et verser des dommages-intérêts pour le préjudice entraîné par la privation de l'objet, mais c'est à l'acheteur de prouver l'existence du vice caché.

• **Garantie contractuelle.** Résultat d'un contrat entre vendeur et acheteur lors de la transaction.

Il faut vérifier les points suivants du certificat : *durée* (est-elle la même pour toutes les pièces ?) ; *pièces* de l'appareil couvertes par la garantie ; *pièces défectueuses et pièces cassées* (sont-elles garanties ?) ; *frais de main-d'œuvre* et *de déplacement de la main-d'œuvre* (sont-ils à votre charge ?) ; *frais de transport* de l'appareil (s'il doit être retourné à l'usine ?).

Certains glissent des formules ambiguës : « telle garantie ne s'applique pas aux remplacements et réparations devenus nécessaires par suite de l'usure normale... », « seul le 1er usager bénéficie des avantages généraux de la garantie... », etc. « La date de mise en service pour l'application de la garantie ne peut être postérieure de 6 mois à la date de facturation du matériel ». « Les frais de main-d'œuvre sont à la charge exclusive de l'utilisateur. » « La livraison des pièces de rechange sera effectuée par le constructeur dans les meilleurs délais possibles, sans que d'éventuels retards puissent être invoqués pour une demande de dédommagement ou simplement une prolongation de la période de garantie ». « Les indications de consommation qui peuvent être fournies par le constructeur le sont toujours à titre indicatif »... « Les éléments plastiques (tuyaux, courroies...) sont exclus du bénéfice de la garantie »... « Les frais et conséquences de l'immobilisation de l'appareil pendant sa réparation ne sont pas couverts par cette garantie »... « Mais la garantie légale s'applique toujours et cette circonstance doit obligatoirement apparaître sur le bon de garantie. » Une fois passée la période de garantie, le fabricant n'est plus tenu d'assurer, dans le cadre de la garantie contractuelle, la fourniture des pièces.

Les indications de consommation fournies à titre indicatif ne concernent pas la garantie. L'usage de la norme NF × 5 000 2 est facultatif et ne peut faire l'objet de contrôle. Par contre, le fait pour un professionnel d'annoncer qu'il respecte cette norme l'oblige à le faire (et s'il ne le fait pas s'adresser à l'AFNOR ou à l'administration pour publicité mensongère).

Nota. — Si des lettres au vendeur chargé d'assurer la garantie reviennent avec la mention « inconnu à l'adresse indiquée », *la Sté a pu changer d'adresse* (se renseigner auprès du registre du commerce au greffe du tribunal de commerce), ou *elle a pu être mise en liquidation de biens* (prendre contact avec le tribunal de commerce pour avoir les références du syndic chargé de la liquidation).

• **Hôtels, garages publics, terrains de camping.** *Rens. :* auprès des préfectures.

• **Hygiène alimentaire et publique.** *Rens. :* Dir. départ. de l'Action sanitaire et sociale, Inspecteur de la Santé, Services de Police et de Gendarmerie, ou toutes administrations, Secrétaires généraux de préfecture, Sous-Préfets, Maires.

• **Hygiène et beauté.** *Produits à caractère pharmaceutique, cosmétiques et hygiène corporelle. Rec. :* D.D.C.C.R.F. [1]. Service départ. de la Santé publique.

• **Injonction de payer.** *Conditions exigées :* 1°) la somme qui est due doit avoir « une cause contractuelle » ou « résulter d'une obligation de caractère statutaire » ; 2°) le montant de la somme due doit être déterminable à partir du contrat (ex. dépôt de garantie non rendu). *Comment procéder :* adresser une requête en injonction de payer au Greffe du tribunal d'instance compétent (celui du domicile du débiteur) ; après réception de l'ordonnance (8 j à 6 semaines après), la remettre à un huissier qui la notifiera à l'adversaire ; à l'expiration d'un délai d'un mois à compter de cette notification, en justifier auprès du greffier qui portera sur l'ordonnance la formule exécutoire ; si, dans le mois qui suit la notification, le Greffe n'a enregistré aucune opposition du débiteur, il retourne l'ordonnance avec la signature du Président au bas de la formule exécutoire ; l'adresser à nouveau à l'huissier pour qu'il contraigne le débiteur à payer ce qu'il doit en lui demandant de recouvrer les sommes dues en précisant qu'il doit le faire par « voie d'exécution forcée ». Celui-ci peut demander une provision (env. 500 F) mais les frais de recouvrement incomberont entièrement finalement au débiteur.

Incident. Si le Président rejette la requête, procéder selon les procédures habituelles (voir index procès). Si l'adversaire fait opposition dans le mois, ou jusqu'à la 1re mesure d'exécution (saisie), on reçoit une convocation invitant à venir s'expliquer avec l'adversaire devant le tribunal. Si l'on préfère, dans ce cas, renoncer, écrire au Président du tribunal que l'on se désiste de sa demande et que dans le cas où l'adversaire formerait une demande à son encontre (demande reconventionnelle) on sollicite le renvoi de l'affaire à une autre date.

• **Leasing.** Location avec promesse de vente ou bail avec option d'achat. Réglementé par la loi de janvier 1978. Exemple : leasing d'une voiture. *Avantage :* mensualités peu élevées réparties sur une très longue durée. *Inconvénients :* coût plus élevé que le crédit. Frais généralement supportés par le propriétaire mis à votre charge : vignette ; carte grise (au nom du bailleur : en cas d'achat final, il faudra la payer une 2e fois) ; assurance décès-invalidité (facultative), tous-risques (obligatoire, souscrite au bénéfice du propriétaire) ; frais d'entretien (dérogation à l'art. 1719 du Code civil) et toutes les réparations que l'utilisation pourrait nécessiter (dérogation à l'art. 1720). Les Stés de leasing insérant dans leurs contrats une clause les exonérant de toute garantie pour vices ou défauts de la chose louée, en cas de problème, le locataire doit faire jouer la garantie du fabricant en se retournant vers lui. En cas de sinistre total (vol, incendie, destruction totale), la Sté de leasing propriétaire exige le remplacement du véhicule et peut demander une indemnité s'il y a faute du locataire. Certaines Stés demandent le paiement d'une somme égale aux loyers à échoir augmentée de la valeur résiduelle du véhicule et diminuée de l'indemnité versée par l'assurance au propriétaire ; d'autres se contentent du montant de l'option d'achat diminué de l'indemnité d'assurance. *Si l'on a des difficultés pour payer les mensualités,* si le bailleur n'exige pas la résiliation du contrat, il peut demander une indemnité égale à 8 % des loyers impayés ; s'il exige la résiliation, il peut se faire restituer le véhicule et demander une indemnité égale à la différence entre : 1°) la somme des loyers non encore échus et la valeur résiduelle (montant de l'option finale d'achat) et, 2°) la valeur vénale du véhicule à la date de la défaillance.

• **Lettres anonymes.** Il y a délit, si la lettre renferme une menace : *D'attentat :* peines prévues : emprisonnement de 2 à 5 ans, amende : 500 à 4 500 F (si la menace a été accompagnée de l'ordre de déposer une somme d'argent ou de toute autre condition) ; 1 à 3 ans (au plus), amende : 500 à 4 500 F (sans ordre, ni condition) ; 6 mois à 2 ans, amende : 500 à 4 500 F (menace avec ordre et sous condition verbale). En outre, dans les 3 cas, une peine d'interdiction de séjour peut être prononcée. *De voies de fait ou de violence légère avec ordre ou sous condition :* emprisonnement 6 j à 3 mois, amende : 500 à 1 000 F, ou l'une de ces deux peines seulement. *D'incendie ou de destruction :* mêmes peines que celles prévues par art. 305, 306 et 307 du Code pénal selon la même distinction. *Des injures ou une allégation diffamatoire :* on peut se porter partie civile au cours du procès pénal, lorsque l'auteur de la lettre est poursuivi par le Parquet. A défaut de cette poursuite, on peut s'adresser à la juridiction civile.

• **Livraison.** *Date non respectée :* envoyer au vendeur (en recommandé avec accusé de réception) une mise en demeure de procéder à la livraison dans un délai strict, ou d'annuler la commande en restituant la somme versée (on peut demander des dommages-intérêts si la défaillance du vendeur a causé un préjudice). *L. partielle :* même procédure. *L. non conforme :* la refuser et adresser une lettre au vendeur avec mise en demeure de remplacer l'objet (se prévaloir de l'art. 1614). *Litige :* s'adresser à la D.D.C.C.R.F. [1] ; à l'Association nat. pour la vente et le service à domicile, 29, av. de l'Opéra, Paris 1er, s'il s'agit d'une société adhérente (cela est en principe précisé dans le contrat) ; porter plainte au procureur de la Rép. du tribunal de grande instance de son arrondissement (plainte n'entraînant aucun frais).

• **Locations-logements.** *Rens. : Province :* Dir. départ. de l'Équipement et du Logement ; *Paris :* Préfecture de Police, Service du Logement, 50, rue de Turbigo, Paris 3e. *Rec. :* s'adresser à ces services.

• **Marchandise détériorée.** Le vendeur est responsable s'il s'est servi de son véhicule. Vente franco contre remboursement : idem. Si le vendeur s'est adressé à un transporteur, se retourner contre celui-ci.

• **Marque et qualité. Appellations d'origine.** *Rec. :* D.D.C.C.R.F. [1]. **Infraction à la marque** NF (norme franç.). *Rens. :* AFNOR, Tour Europe, Cedex 7, 92080 Paris La Défense. *Rec. :* à l'amiable avec le vendeur NF ou avec le fabricant licencié NF (en cas d'échec avertir l'AFNOR). **Labels agricoles.** *Rec. :* D.D.C.C.R.F. [1].

• **Mode d'emploi.** Doit être rédigé en français. L'importateur ou le vendeur qui ne respecterait pas cette obligation pourrait être puni d'une amende de 300 à 600 F.

• **Paiement par chèque.** Un commerçant peut refuser tout paiement par chèque (ce dernier n'a pas cours forcé). Il peut relever le numéro de la carte d'identité du client qui règle par chèque (la loi du 3-1-1973 précise que celui qui paie par chèque doit justifier de son identité au moyen d'un document officiel portant sa photographie). Il ne peut pas refuser, sous quelque prétexte que ce soit, un paiement en espèces.

• **Parasites radio-électriques.** Provoqués par un appareil électrique en fonctionnement. *Rec. :* Radio-France, Centre Protection Réception, 3 bis, rue Jeanne-d'Arc, Issy-les-Moulineaux 92130.

• **Pellicule photographique.** Le photographe doit restituer les articles après traitement.

• **Pièces de rechange.** La durée de conservation varie selon les fabricants, de 2 à 10 ans. Si la durée est inférieure à la durée moyenne de vie du produit lui-même, qu'en conséquence un appareil ne peut être réparé, faute de pièces de rechange, l'acheteur doit demander le remboursement partiel ou total ou l'échange de l'appareil contre un article équivalent.

• **Poids et étiquetage (tromperie sur).** *Rec. :* D.D.C.C.R.F. [1] et Service des instruments de mesure du min. de l'Industrie.

• **Pourboire.** Jamais obligatoire. Ne pas confondre avec le service (coiffeur, restaurant) qui peut être compris et éventuellement affiché, ou non compris et obligatoirement affiché.

• **Prix.** *Rec. :* D.D.C.C.R.F. [1] et Service des instruments de mesure du min. de l'Industrie, et accessoirement : Service de Police et de Gendarmerie. Les prix des objets exposés à la vue du public doivent être affichés.

Tout produit destiné à la vente au détail est soumis à la publicité des prix. Le prix doit apparaître « toutes taxes comprises » et « en monnaie française ».

Exceptions. *Produits alimentaires périssables* (viande, fruits et légumes frais, produits laitiers frais, produits de la mer) : l'écriteau ne demeure obligatoire que s'ils sont placés à la vue du public. *Marchandises gardées hors la vue de la clientèle, mais dont un spécimen est exposé en magasin, nanti de son écriteau* (articles électro-ménagers encombrants). *Produits non périssables, mais vendus en vrac* (graines, articles de quincaillerie tels que clous et vis, charbons) : un écriteau portera mention du prix, placé sur un échantillon exposé à la vue du public, ou alors des catalogues avec des tarifs énumérant les produits en vente avec, en regard, le prix de chacun d'eux, seront mis à la disposition de la clientèle.

• **Publicité mensongère.** *Rec. :* D.D.C.C.R.F. [1].

• **Qualité des produits (tromperie sur la).** *Rec. :* amiable avec vendeur ou fabricant ; Chambre syndicale professionnelle ; en cas d'échec à D.D.C.C.R.F. [1].

• **Réparation.** Les pièces qui ont été changées restent la propriété du client ; elles doivent lui être remises sur sa demande. Se faire préciser par écrit les délais de réparation. Exiger un reçu daté comportant l'identification de l'appareil et mentionnant aussi le délai de réparation.

• **Santé, protection individuelle.** *Rens. :* Dir. départ. de l'Action sanitaire et sociale. Protection générale : *Rec. :* Dir. départ. de la Santé Publique.

• **Textes de loi, ordonnances, règlements, décrets** paraissent au Journal officiel. *Rens. :* 26, rue Desaix, Paris 15ᵉ.

• **Textiles.** L'étiquetage doit mentionner la nature des fibres. Si une fibre est utilisée dans la proportion de 100 %, mention « pure laine », « pur coton », « pure soie », « pur lin » ; à 85 % minimum, « laine », « coton », « soie », « lin » sans mention des autres fibres. En dessous de 85 % les diverses fibres doivent être mentionnées avec leur %.

• **Travaux.** Par artisan ou entrepreneur (ex. couverture, plomberie, maçonnerie, menuiserie, etc.).

Travail **à forfait.** Ne verser qu'un acompte limité à la commande. L'entrepreneur doit exécuter parfaitement le travail dans les meilleures conditions et conformément aux règles de l'art. Il doit nettoyer son chantier en fin de travail et réparer les dommages qu'il aurait pu commettre. Il ne peut réclamer plus que le prix figurant dans la commande. En cas de travaux imprévus s'avérant nécessaires, il doit, avant de les exécuter, les faire constater et avoir un accord écrit (pour les travaux de bâtiment) sur le supplément de prix correspondant. Pour les autres travaux (aménagement intérieur), un accord verbal de celui qui les a commandés suffit.

A la série de prix. En fin de chantier, un métreur passe, aux frais de l'entrepreneur, relever le travail exécuté et en calcule le coût d'après les prix unitaires de la série de prix du Nord. Il faut connaître la limitation du travail et faire confirmer par l'entrepreneur, par écrit, le rabais qu'il fait sur la série de prix et l'ordre de grandeur du coût du travail proposé. Les clauses générales de la série de prix prévoient : 1° que l'entrepreneur doit s'assurer des défectuosités et les faire constater, sinon il ne peut prétendre à aucune rémunération pour les travaux supplémentaires qu'il serait amené à faire. 2° qu'en cas de modification dans le volume des travaux portant au moins sur 20 % de la masse totale du travail, un nouvel accord doit intervenir entre entrepreneur et client. On peut demander à assister au métré (pour les travaux difficiles à vérifier ultérieurement : fosse, égout, etc., l'entrepreneur doit avertir à l'avance pour que le relevé d'un métré puisse être contradictoire). Pendant 3 mois seulement on pourra contester le métré.

• **Usure.** *Rec. : Pour un taux usuraire pratiqué par :* 1° *banques ou organismes financiers :* Banque de France, Dir. gén. du Crédit, 9, rue Croix-des-Petits-Champs, Paris 1ᵉʳ. 2° *un notaire :* Chambre dép. des Notaires ou min. de la Justice, Dir. des Affaires civiles et du Sceau, bureau des Officiers ministériels, 13, place Vendôme, Paris 1ᵉʳ. V. Index.

Taux d'usure flagrant. Plainte au procureur de la République, services de Police ou de Gendarmerie.

• **Ventes. A crédit.** *Rens. :* D.D.C.C.R.F. [1] : services de Police et Fraudes suivant les cas. *Remise d'une offre* préalable de crédit précisant le montant du crédit, la durée et le coût total, valable 15 j. Possibilité de se rétracter dans les 7 j suivant la signature de l'offre préalable.

Nota. — Si un achat à crédit a été conclu en l'absence de l'un des époux, celui-ci n'est pas engagé et a intérêt à le faire savoir au vendeur par lettre recommandée avec avis de réception. Cela est valable si l'époux signataire n'a aucune source de revenus (cas des femmes au foyer) et si le paiement a été fait par chèque. En revanche, versements et arrhes en espèces sont irrécupérables.

Démarchage à domicile. Un contrat précisant noms et adresses du fournisseur et du démarcheur, date et lieu de conclusion du contrat, désignation précise de l'objet ou du service vendu, conditions d'exécution et modalités de livraison, prix global et conditions de paiement, le taux d'intérêt en cas de crédit et les conditions de résiliation, doit être remis à l'acheteur au moment de l'achat ; le client peut résilier la vente pendant une semaine, à compter de la date d'achat, par lettre recommandée avec accusé de réception ; il est interdit au démarcheur de réclamer un acompte ou un cautionnement lors de ses visites à domicile.

Quoi que vous dise le démarcheur, une signature engage toujours ; *se renseigner :* demander le prix comptant, la valeur de chaque article du lot. On ne peut refuser l'achat séparé de chaque article ; *ne jamais verser d'argent* au démarcheur et ne pas signer de chèque ; *ne jamais suivre le démarcheur* qui prétend avoir laissé ses papiers dans sa camionnette, tout contrat signé hors du domicile est définitif.

Une jurisprudence constante fait entrer dans le champ d'application de la loi du 22-12-1972, relative à la protection des consommateurs en matière de démarchage et de vente à domicile, les ventes sollicitées (effectuées au domicile d'un particulier) après que celui-ci a retourné à la Sté vendeuse un coupon-réponse indiquant son intention d'être documenté sur les biens ou prestations de services proposés.

Demander les cartes officielles de ceux qui prétendent venir de la part du préfet, maire, inspecteur d'Académie, Assistance sociale, caisse d'Allocations familiales, INSEE, etc. Les associations charitables ne pratiquent plus de quête à domicile hors de leurs journées nationales, les articles que certaines d'entre elles vendent portent obligatoirement un label officiel.

Le Syndicat national de la vente et du service à domicile (42, rue Laugier, 75017 Paris) peut intervenir pour le règlement de litiges occasionnés par des vendeurs indélicats même si la Sté venderesse ne fait pas partie de ses adhérents.

A la boule de neige (ou « à la chaîne »). Consistent à offrir des marchandises au public en faisant miroiter l'espoir de les obtenir soit gratuitement, soit pour une somme modique, par le placement de bons à des tiers qui doivent à leur tour recruter de nouveaux acheteurs. Le nombre des participants croissant sans cesse, il est difficile que l'affaire ne dégénère pas en escroquerie.

Au détail, à l'unité de produits groupés sous un même emballage. Doit être possible quelle que soit la mention figurant sur l'emballage. Cependant la vente uniquement par lots est admise lorsqu'elle correspond aux besoins d'un consommateur isolé (ex. : petits-suisses). *Rec. :* D.D.C.C.R.F. [1].

Avec primes. Interdites. *Ne sont pas considérés comme primes :* Récipients, emballages usuels ou accessoires vendus normalement avec le produit. Menus objets publicitaires n'excédant pas chacun 10 F ni 5 % du prix (T.T.C.) du produit vendu. Timbre-escompte remboursé en espèces. « 13 à la douzaine » ou ses équivalents.

Ces objets doivent être marqués de manière indélébile et apparente, l'inscription publicitaire étant facilement lisible dans leur position normale d'utilisation.

Pour la détermination de la valeur maximale des récipients et emballages, la valeur du contenant usuel pourra, le cas échéant, être déduite de celle du contenant publicitaire. La valeur de la prime s'entend départ production pour les objets produits en France, et franco frontière pour les objets importés.

Colportage et démarchage financier. *Colportage :* offre ou achat à domicile ou sur le lieu de travail des valeurs mobilières avec livraison ou paiement immédiat : interdit. *Démarchage :* conseil d'achat, d'échange ou de vente de valeurs mobilières, recueil des engagements : permis aux banques, établissements financiers, remisiers, caisses d'épargne et agents de change. Le démarcheur doit posséder une carte spéciale et remettre une note d'information succincte. L'engagement pris doit être constaté par un bulletin signé du souscripteur (il peut, dans les 15 jours, dénoncer son engagement). Les frais à verser au cours de la 1ʳᵉ année doivent être limités à 33 % du montant des capitaux versés.

En soldes, en liquidation ou au « déballage ». Les soldes occasionnels portant sur des articles dépareillés, défraîchis, de fin de série, et les liquidations sont soumis à autorisation du maire (à Paris, le préfet de police). Le demandeur doit être propriétaire de la marchandise et en justifier la provenance en produisant ses livres et factures pendant la liquidation. Il lui est interdit de se réapprovisionner. Les soldes saisonniers (2 fois par an et pour 2 mois au max.) ne sont pas soumis à autorisation. La publicité annonçant des ventes en « soldes » doit indiquer si elle concerne tout le stock ou préciser les articles ou les catégories d'articles soldés qui doivent être présents dans le magasin depuis au moins 3 mois.

Toute publicité de prix doit faire apparaître le total à payer par l'acheteur. A cette somme peuvent être ajoutés les frais de services, demandés par l'acheteur (retouches, livraison...). Aucune publicité de prix ne peut être effectuée sur des articles indisponibles à la vente ou des services qui ne peuvent être fournis durant la période à laquelle se rapporte cette publicité. Les articles soldés doivent comporter le prix actuel et le prix ancien.

La formule « ni repris ni échangé » ne peut priver le client d'obtenir un remboursement si l'article présente un défaut indécelable au moment de l'achat.

Rec. : D.D.C.C.R.F. [1].

Jumelée ou par lots, par correspondance, démarchage à domicile, à la boule de neige, envois forcés. *Rec. :* D.D.C.C.R.F. [1] ; plainte au procureur de la Rép.

Par correspondance. Peut se faire à partir de bons de commande découpés dans la presse, de dépliants ou brochures reçus par la poste, ou sur catalogue. Il n'y a aucune réglementation propre. *Litige :* se reporter à la réglementation existante pour d'autres formes de vente, et à la jurisprudence.

— *En l'absence : de toute commande ou de tout contrat* créant une obligation d'achat on n'est pas tenu de payer un « envoi forcé », ni de le renvoyer, même si le port de retour était payé à l'avance ; *de toute obligation d'achat, par contrat,* sur une période fixée ou pour une quantité déterminée de marchandise, on n'est pas tenu de payer ou de réexpédier les envois ultérieurs si l'on a envoyé une lettre recommandée, avec accusé de réception, exprimant une volonté d'arrêter ses achats.

Si l'on désire recevoir moins de publicités à son nom, écrire à **Stop Publicité — Union de la publicité directe,** 60, rue La Boétie, 75008 Paris ou au Syndicat de la vente par corresp., qui interviendront auprès de nombreuses Stés pour qu'elles n'envoient plus de documents.

Promesse de vente. Avec dédit. Les parties se réservent la possibilité de se dédire (l'acquéreur verse une certaine somme et s'il ne donne pas suite à sa promesse, cette somme est perdue ; en revanche, si le vendeur n'est plus d'accord, il doit rembourser à l'acquéreur le double de la somme reçue). **Ferme.** La promesse vaut vente, lorsqu'il y a consentement réciproque des 2 parties sur la chose et sur le prix. La somme versée par l'acquéreur a ici le caractère d'acompte.

1ᵉʳ cas : l'acquéreur ne donne pas suite. Si l'acompte représentait une somme considérable par rapport au prix, il pourra engager un procès pour obliger le vendeur à la restitution d'une partie, l'autre étant conservée à titre de dommages-intérêts. Le vendeur pourrait aussi poursuivre la vente en justice. il aurait sans doute gain de cause, mais il lui resterait à obtenir le paiement du complément de prix. Étant donné les difficultés, il préférera sans doute en rester là.

2ᵉ cas : le vendeur refuse la vente. L'acquéreur peut se contenter du remboursement de son acompte ; demander en plus des dommages-intérêts (il sera sans doute obligé d'aller en justice) ou enfin, demander au tribunal de prononcer la vente.

• **Vêtements.** Sont obligatoires les étiquetages de composition et d'origine. Les indications d'entretien (pas toujours fiables seront les tests de l'INC) sont facultatives.

Sécurité. D'après la loi du 21-7-83, les produits et services doivent, dans des conditions normales ou prévisibles d'utilisation, présenter la sécurité à laquelle on peut légitimement s'attendre ; le décret du 11-4-1984 a défini la rôle de la Commission de la Sécurité des Consommateurs, instituée par la loi. *Statistiques :* env. 5 000 décès sont dus chaque année à des accidents domestiques. *Causes :* négligence des parents (61 %), imprudence (51), précipitation (44), insuffisance de sécurité sur certains appareils (19), de certains jeux (8).

Économie ménagère

Équipement des ménages

Catégorie socio-professionnelle du chef de ménage et possession de biens durables (taux de possession en %)
Source : Enquêtes de conjoncture auprès des ménages de mai 1985, INSEE

CATÉGORIES SOCIO-PROFESSIONNELLES	AUDIO-VISUEL			Automobile	CONSERVATION				LAVAGE		Magnétoscope [1]	MÉNAGE
	Téléviseur noir et blanc	*Téléviseur couleur*	*Téléviseur (ensemble)*		*Réfrigérateur simple* [2]	*Réfrigérateur combiné* [2]	*Réfrigérateur (ensemble)*	*Congélateur*	*Lave-vaisselle*	*Lave-linge (ensemble)*		*Nombre de ménages (en milliers)*
Exploitants agricoles	18,7	56,5	92,4	93,2	85,3	12,7	98,2	77,3	27,7	92,8	1,7	811
Salariés agricoles [3]	25,5	54,9	88,2	74,5	72,4	25,5	92,2	51	9,8	78,4	1,7	149
Patrons de l'industrie et du commerce	34,8	79,9	91,3	94,5	72,4	30,7	98,2	44,8	44,6	94,7	10	1 333
Cadres supérieurs et professions libérales	47,7	79,5	91,2	93,3	65,1	43,1	99,5	40,6	54,6	90,8	17,4	1 394
Cadres moyens	40,2	73,8	91,4	93,6	67,8	34,8	99,2	35,6	38,1	87,4	11,9	2 179
Employés	35,5	71,6	92,5	76,3	65,9	35,1	97,9	30	20,4	85,5	8,5	1 674
Ouvriers-qualifiés	37	67,8	94,1	84,4	70,5	28,8	97,7	38,6	18,8	88,9	9,8	5 043
Personnel de service [3]	24,4	51,2	82,9	51,2	69,7	27,1	95,1	21,9	9,7	76,8	7,3	239
Autres actifs [3]	40,4	71,8	93,6	88,5	62,7	39,9	98,1	41	28,8	85,9	15,7	455
Inactifs	25,3	67,2	92,2	48,3	76,6	21,2	94,6	26,2	11,6	74	2,2	7 205
ENSEMBLE	32,8	69,5	92,6	73,3	72,1	28,0	96,9	35,2	23	83,6	7,7	20 482

Nota. — (1) Enquête de janvier 1986. (2) Enquête de mai et octobre 1984. (3) Catégorie de faible effectif, données imprécises.

Parc (en millions). *Juin 1984 :* Automobile : possession 19,3. Réfrigérateur 21,5. Lave-linge 17,9 dont non portatif 16,8. Lave-vaisselle 4,7. Congélateur 7,1. Télévision 20,5 (dont couleurs 13,6). *1984 :* Radio 59 (dont portables non combinés 27,7, radio recorders 28,5, autoradios 13, postes de table 1,2, radio réveil 9,7). Chaînes électro-acoustiques 7,1 [avec H.F. (tuner) 7,5]. Électrophones 10,7. Magnétophones 15,5.

Mode de chauffage des logements neufs livrés en 1984. *Électrique :* 66 % des logements collectifs et 87 % des individuels.

Chauffage

• **Accumulateurs.** *Poids* 100 à 450 kg ; restituent le jour, au fur et à mesure des besoins, la chaleur stockée la nuit au tarif heures creuses. *2 types : 1° accumulateurs 8 heures :* exigent une puissance électrique importante. *2° Dynamiques 24 heures et statiques compensés :* peuvent pendant les grands froids ou en cas de besoin fournir un complément de chauffage en direct (la consommation d'électricité est alors facturée au tarif jour). Puissance électrique nécessaire 2 à 3 fois moins importante que celle des accumulateurs 8 h. D'autres appareils (radiateurs soufflants, radiants ou bains d'huile) sont conçus pour le chauffage d'appoint. Rarement équipés de dispositifs de régulation qui assurent température constante et économie d'énergie.

• **Campagne de chauffe.** En principe de 183 j (15 oct.-15 avril).

• **Convecteurs.** Diffusent instantanément la chaleur et ne consomment de l'électricité que lors de leur utilisation. Recommandés pour les logements bien isolés et pour les pièces chauffées par intermittence (chambre, salle d'eau, etc.).

• **Contrats de chauffage.** Passés entre l'exploitant de chauffage et l'organisme gestionnaire de l'immeuble, ils prévoient 3 services : fourniture du combustible (P. 1), conduite des installations et petit entretien du matériel (P. 2), garantie totale des installations (P. 3), afin de simplifier la gestion des immeubles. Ils sont souvent conclus pour 10, 15 ou 30 ans.

• **Économies. Grâce à l'entretien et la régulation.** Remplacement d'un brûleur usagé (+ de 8 ans) 9 %, ou de la chaudière usagée (+ de 12 a.) 20 à 30 %, calorifugeage de la chaudière 6 %, des canalisations et vannes 3 %, pose de thermostats d'ambiance 10 %, ou d'un thermostat horloge 15 %, complété par des robinets thermostatiques 10 à 15 % (moyennes établies par l'Agence française pour la maîtrise de l'énergie).

Coût comparé du chauffage

Pour un logement de 110 m² de surface habitable avec 3 ou 4 occupants, zone H2 (1 900 degrés/jour). Besoins en chauffage : *électrique* 8 850 kWh (G = 0,95), *autre* 9 500 kWh (G = 1).

Source : Agence française pour la maîtrise de l'énergie.

Prix en janvier 1986	Dépense annuelle en F [1]		Coût du kWh utile (F)	Consommation (unité de) facturation)	Abonnement [2] EDF-GDF
	Tous usages	Dont chauffage			
Électricité	9 040	5 410	0,651	8 130 kWh	12 DT
Propane	8 290	4 830	0,526	990 kg	6 ST
Fuel	7 390	3 950	0,472	1 400 l	6 DT
Charbon	7 250	3 450	0,382	1 730 kg	6 DT
PAC + Fuel (hors ESP)	7 160	3 220	0,504	420 l/3 010 kWh	9 DT
Gaz naturel	7 090	3 990	0,434	14 040 kWhPCS	3 Gb/6 ST
PAC (eau-eau)	6 800	2 870	0,467	3 820 kWh	12 DT
Gaz naturel (condensation)	6 550	3 570	0,390	12 180 kWhPCS	3 Gb/6 ST
Bois	6 010	2 210	0,252	7,9 stères	6 DT

Nota. — 1re colonne : dépenses en chauffage + les dépenses des autres besoins en énergie, en kWh : *eau chaude sanitaire* 2 350 (42 m³), *cuisine* 1 000, *éclairage et électroménager* 1 700. (1) Avec un chauffe-eau de type ballon électrique et une cuisine à l'électricité, sauf pour le gaz (tout gaz). (2) Abonnement : *ST* EDF simple tarif ; *DT* EDF double tarif. *Source :* AFME.

☞ Prix (investissement et frais d'entretien exclus) de l'énergie nécessaire pour produire 1 kWh utile de chauffage direct par chaudière ou convecteur (au 1er trim. 1986). Prix (TTC) min. (barème le plus intéressant avec un bon rendement) ; max. (barème défavorable, rendement médiocre) en F. Bois local (transport — de 50 km) 0,10 (0,30), charbon 0,18 (0,40), fuel domestique 0,27 (0,41), gaz 0,28 (0,48), électricité directe (utilisée avec des résistances électriques) 0,69 (0,99).

Au-delà de 17° à 18°, le degré supplémentaire augmente de 7 % la consommation de fuel. Chauffer à 22/23 °C coûte 2 fois plus de fuel que chauffer à 15/16 °C.

Coût d'investissement d'installation de chauffage estimé en 1983, en F, pour une maison de 120 m². Solaire à eau 84 400. Pompe à chaleur (Perche FTI et chaudière fuel d'appoint) 66 609. Charbon (ch. central) 55 482. Solaire à air 47 800. Pompe à chaleur air-air 45 600. Fuel (chauffage central) 42 903. Électricité (convecteurs) 34 100. Bois (ch. central) 27 060. Électricité (ch. central au fuel) 25 804.

Source : « Comprendre » (sept. 1983).

Par l'isolation thermique. Peut être améliorée de 10 à 30 %.

Coefficient de déperdition thermique : vitrage simple *5*, v. isolant de 6 mm *3,3 ;* 8 mm *3,1 ;* 10 mm, *3 ;* 12 mm *2,9*. Avec une temp. extérieure de — 5 °C et intérieure de 19 °C, un vitrage simple est à + 4 °C, un v. isolant à + 12 °C. L'effet de paroi froide, très atténué, permet, à confort égal, d'abaisser la température du local de 1 °C, soit une économie de chauffage de 7 %.

Par d'autres moyens. Fermer les radiateurs non indispensables, réduire le chauffage dans les pièces ensoleillées. La nuit, fermer les volets et tirer les rideaux en évitant de cacher les radiateurs. Ne pas trop aérer : portes et fenêtres ouvertes permettent de renouveler 30 à 50 m³ d'air en moins de 5 min. Régler les chauffe-eau à 60 °C au lieu de 70 (éc. 5 %).

• **Équivalence thermique en kEP (kilogramme équivalent pétrole).** *Électricité* 1 kWh E.D.F. = 0,25 kEP. *Gaz* (réseau) 1 kWh G.D.F. = 0,0774. *Fuel, oil* 1 litre F.O.D. = 0,86. *Charbon* 1 kg = 0,66. *Butane/propane* 1 kg = 1,10. *Bois* 1 stère = 150.

Électricité 1 TEP = 4 000 kWh E.D.F. *Gaz* (réseau) 12 920 kWh P.C.S. gaz. *Fuel, oil* 1 160 litres F.O.D. *Charbon* 1 500 kg charbon. *Butane/propane* 900 kg de butane/propane. *Bois* 6,66 stères de bois.

• **Prix rendu de l'énergie en région parisienne (au 15-5-1986).** *Source :* A.T.E.E. (revue : Énergie-Plus).

1°) Domestique (T.T.C.) (maisons individuelles). *Charbon* [1] (la t : 8 801 kWh) : 2 220 F la t (25,2 c. le kWh PCI). *Gaz naturel* [2] (le kWh/PCS : 0,909 kWh) : 0,253 F (27,8 c.). *Fuel domestique* [3] (l'hl : 995 kWh) : 223,20 F (22,4 c.). *Propane* [4] (la t : 12 790 kWh) :

3 977,40 (31,1 c.) dont frais de stockage 753,70 F. *Électricité*[5] (le kWh) : tout électrique (double tarif) 0,677 F, prix marginal (hors abonnement) heures creuses 0,360 F.

Évolution dep. janvier 1973 (indice 100). *Fuel dom.* 764,4, *charbon* 630,7, *électricité* : prix marginal (hors abonnement) heures creuses 585,4, *gaz naturel* 513,6, *propane* 476,3, électr. : tout électrique (double tarif) 441.

Nota. – (1) *Charbon* : anthracite 20 du Nord-Pas-de-Calais. Livraison 1 à 2 t, par sacs de 50 kg. (2) *Gaz naturel* : tarif 3 Gb individuel, pour consommation de 25 000 kWh PCS/an. (3) *Fuel domestique* : livraison par camion citerne, comprise entre 2 000 et 4 999 litres (tarif C1 Zone D). (4) *Propane* : livraison par camion citerne. Livraison unitaire 701 à 1 300 kg - Zone B. (5) *Électricité* : Tarif BT tout électrique, double tarif (compteurs heures pleines et heures creuses). Puissance souscrite 12 kVA. Consommation 13 000 kWh/an, dont 5 000 en heures creuses. Les taux des taxes municipales et départementales varient selon les localités (respectivement entre 0 et 8 %, et 0 et 4 % sur 80 % du prix total hors TVA) ; elles sont ici prises égales à leur valeur à Versailles, soit 2 + 8 = 10 %. Afin de tenir compte de la possibilité de prod. d'eau chaude sanitaire en heures creuses, le prix du kWh correspondant a également été indiqué.

• **Définitions. K,** coefficient de déperdition d'une paroi (ou valeur de transmission thermique de cette paroi pour 1 °C d'écart entre l'extérieur et l'intérieur, divisée par sa surface) : se calcule en watt/m² pour 1 °C. **R,** résistance thermique de la paroi pour 1 °C d'écart et par m² : R = 1. λ, conductivité thermique d'un matériau, flux de chaleur par m² traversant une paroi d'1 m d'épaisseur d'un matériau homogène pour 1 °C d'écart entre extérieur et intérieur : se calcule en watt/m pour 1 °C. **G,** coefficient volumique de déperdition : flux de chaleur perdue par un local pour 1 °C de différence entre l'extérieur et l'intérieur divisé par le volume du local : se calcule en watt/m³ pour 1 °C. **B,** coefficient déterminant les besoins de chauffage, déduction faite des apports solaires et autres rapports « gratuits » (institué en 1982).

Attention. *Loi du 29-10-1974 rend nuls* les contrats de chauffage encourageant la consommation d'énergie ; *obligatoires,* dans les immeubles collectifs à chauffage commun, des installations permettant de déterminer les quantités de chaleur et d'eau chaude effectivement consommées dans chaque logement ; *prévoit* de nouvelles normes d'isolation et de régulation pour les locaux nouveaux du secteur tertiaire, et dans les locaux existants. *Décret du 3-12-74* : interdit les températures de chauffage supérieures à 20 °C. *Décret du 22-10-79* : limite la température légale à 19 °C. *Contrôles* : par le Service des Instruments de Mesure, 2, rue Jules-César, Paris 12ᵉ.

Piscines : arrêté du 25-7-1977 fixant les températures max. hall des bassins 27 °C, annexes (vestiaires, douches) 23 ; eau : bassins sportifs 25, bassins d'apprentissage 27, pédiluve 20, douches 34.

2°) **Industrielle (hors T.V.A., sauf pour le fuel domestique dont la T.V.A. n'est pas déductible).** *Charbon*[1] (la t : 7 540 kWh) : 590,45 F la t (7,8 c. le kWh PCI). *Gaz naturel*[2] (le kWh/PCS : 0,909 kWh) : 0,102 F (11,2 c.). *Fuel domestique*[3] (l'hl : 995 kWh) : 199,05 F (20 c.). *Fuel lourd*[4] n° 2 ordinaire (la t : 10 990 kWh) : 896 F (8,2 c.), *0,5 à 1 % soufre* (la t : 11 200 kWh) : 1 061 F (9,5 c.). *Butane*[5] (la t : 12 670 kWh) : 2 376,80 F (18,8 c.). *Propane*[5] (la t : 12 790 kWh) : 2 376,80 F (18,6 c.). *Électricité*[6] le KWh : moyenne tension[7] : 0,481 F, haute tension[8] : 0,309 F.

Évolution dep. janv. 1973 (indice 100). *Fuel lourd 0,5 à 1 % soufre* 732,5, *fuel domestique* 721,2, *gaz naturel* 685,3, *fuel lourd n° 2 ordinaire* 659,5, *butane* 531,7, *propane* 531,7, *charbon* 515,2, *électricité* : MT 421,9, HT 420,7.

Nota. – (1) *Charbon* : fines lavées flambants gras de Lorraine, calibre 0/6 - 0/7 - 0/10, livraison par train complet. (2) *Gaz naturel* : consommation de 130.10⁶ kWh PCS/an – 6 000 h/300 jours d'utilisation de la puissance souscrite. (3) *Fuel domestique* : livraison par camion citerne d'au moins 27 000 l (tarif C4. Zone D). (4) *Fuel lourd n° 2* : livraison par train complet (1 200 t) ex. Le Havre. (5) *Butane/Propane* : livraison ex Basse Seine par camion de 20 t, pour utilisateur ayant un stockage supérieur ou égal à 70 m³ (35 t) et consommant environ 300 t/an. (6) *Électricité.* (7) *Client MT* : prix moyen annuel (et prix marginal heures creuses d'été) pour un client type alimenté en 15 kV, et consommant 2 500 000 kWh/an pour une puissance souscrite de 1 000 kW. (8) *Client HT* : prix moyen (et prix marginal heures creuses d'été) pour un client type alimenté en 60 kV, et consommant 50 000 000 kWh/an pour une puissance souscrite de 10 mW (10 000 kW).

Il faut tenir compte du rendement réel de chaque installation. On obtiendra les prix correspondant à la thermie en multipliant par 1,16 les prix exprimés en kWh.

Coke. Coûte moins cher, mais il occasionne un travail quotidien (chargement, décendrage).

• **Bois.** Bon marché dans les régions boisées, nécessite un local de stockage (seul le bois sec de 2 ans brûle correctement), occasionne un travail quotidien. L'adjonction d'une *pompe à chaleur* permet de réduire le coût du kWh chauffage. Les résultats les plus favorables sont obtenus par chauffage à basse temp. avec une pompe à chaleur air/eau ou eau/eau.

Prix (feuillus) : sur pied (m³) taillis env. 25 F, houppier 11 F ; bord de route (stère) 140 à 250 F.

• **Paille (à chaudières).** Apparues en 1978-79, brûlent des balles de 10 à 20 kg, de grosses balles broyées ou des granules de paille agglomérés en usine par granulation à froid. *Prix de la t de paille* : 200/300 F ; granulés 400/600 F.

Équivalence : 1 kg de paille, à 15 % d'humidité et laissant 5 % de cendres, équivaut à 3500 kcal. 1 l de fuel, à 8500 kcal. Si l'intervalle à paille a un rendement global de 50 % et celle du fuel de 75 %, il faudrait selon la formule :

$$\text{n l de fuel} \times \frac{8\,500}{3\,500} \times \frac{0{,}75}{0{,}50},$$

3,64 kg de paille par 1 de fuel consommé auparavant.

Dépenses d'acquisition et d'installation sont déductibles du revenu imposable (maximum 12 000 F + 2 000 F par personne à charge). On peut obtenir une subvention (jusqu'à 50 %), demande à adresser à l'AFME.

• **Récupération de la chaleur.** On peut transmettre les calories de l'air vicié à l'air neuf avec un *échangeur de chaleur* (la chaleur passe naturellement de l'air chaud vicié à l'air froid neuf) ou une *pompe à chaleur* (machine qui effectue ce transfert).

Échangeur de chaleur. Il met en contact les gaines d'air vicié chaud et d'air froid neuf par des surfaces en métal très conductrices ; le transfert de la chaleur se fait naturellement de l'air vicié à l'air neuf sans aucune consommation d'énergie. *Exemple* : la température de l'air vicié va baisser de 22 °C à presque 7 °C et celle de l'air neuf va monter de 0 °C à 15 °C. 65 % de la chaleur de l'air vicié auront ainsi été récupérés avant que l'air vicié ne soit rejeté dans l'atmosphère par la ventilation. **Coût** : surcoût moyen par rapport à une ventilation mécanique contrôlée classique : 6 000 F pour un pavillon. **Économie** : environ 800 F par an.

Pompe à chaleur. On opère un transfert de chaleur dans le sens contraire du mouvement naturel qui, lui, va du milieu chaud au milieu froid. La quantité de chaleur déplacée est 3 à 4 fois supérieure à l'énergie qu'elle consomme. **Principe.** Un fluide frigorigène en passant dans un évaporateur passe de l'état liquide à l'état gazeux, prélevant ainsi de la chaleur dans le milieu ambiant. En traversant un condenseur, ce fluide passe de l'état gazeux à l'état liquide. Il cède alors de la chaleur dans le milieu ambiant. Une pompe peut abaisser la température d'un milieu froid de 10 °C à 5 °C, et faire monter la température du milieu chaud (le local à chauffer) de 15 °C à 20 °C. *Exemple* : la pompe air extérieur-eau utilise l'air extérieur comme source froide et l'eau comme source chaude. Elle pompe des calories dans l'air extérieur, même s'il est froid, pour les donner au circuit de chauffage (radiateurs à eau). Pour le chauffage, la source froide peut être *l'air* (extérieur, extrait du local par ventilation mécanique ou un mélange des 2) ou *l'eau* (rivière, lac, de nappe phréatique, eaux usées). La source chaude peut être *l'eau* (chauffage par radiateurs ou panneaux chauffants) ou *l'air* (chauffage par air neuf, air intérieur réchauffé ou mélangé des 2). Un chauffage d'appoint est légèrement nécessaire.

Chaudière électrique. Solution plus coûteuse à l'investissement et à l'utilisation, même en utilisant le tarif EJP (effacement jours de pointe).

Chaudière électro-fuel (avec régulation en fonction de la température extérieure et des tarifs). Surcoût 3/5 000 F par rapport à une chaudière mono-énergie. En 1986, coût d'utilisation plus élevé que celui d'une chaudière à gaz naturel ou à fuel.

Eau

☞ Voir aussi Eau à l'Index.

Eau chaude

Nombre de litres obtenus en ajoutant de l'eau froide (10 °C) à de l'eau chaude (75 °C). *Pour 5 l d'eau à 75 °C on peut obtenir* 11 l d'eau à 40 °C ou 7 l à 60 °C, *pour 7* : 15 ou 9, *10* : 21 ou 13, *15* : 32 ou 20, *20* : 42 ou 26, *30* : 63 ou 39, *40* : 84 ou 52, *50* : 105 ou 65, *70* : 147 ou 91.

Pour éviter l'entartrage des chauffe-eau, les régler à moins de 65 °C. *L'arrêté du 23-6-1978* fixe à 60 °C max. la temp. de l'eau fournie par les immeubles.

Besoin d'eau chaude. *Par jour et par personne.* Cuisine et vaisselle 10 l (60 °C). Toilette 15 (40°). Douche 20 à 40 (40°). Petit bain 70 (40°). Grand bain 130 à 170 (40°). Petits lavages 10 (40°). *Par an. 60 °C* (en m³ et, entre parenthèses, consommation annuelle en kWh/h PCS). *Évier de cuisine 1 à 2 personnes* : 10 m³ (900 kWh), *3 à 4 p.* : 13 (1 100), *5 à 6 p.* : 16 (1 400). *Lavabo toilette 1 à 2 p.* : 11 (1 000), *3 à 4 p.* : 19 (1 700), *5 à 6 p.* : 26 (2 300). *Évier, lavabo, grande baignoire et douche 1 à 2 p.* : 29 (2 500), *3 à 4 p.* : 48 (4 200), *5 à 6 p.* : 63 (5 500).

Coût de production de 1 000 l d'eau chaude (au 6-4-1986). *Prix de l'énergie* : 0,337 F TTC/kWh. *Ballon d'eau chaude sur chaudière de chauffage central* : rendement 0,75 (hiver), 0,20 (été) ; coût de l'eau chaude 19 F TTC/m³ (hiver), 67 F TTC/m³ (été). *Production instantanée « chauffe-eau »* : rendement 0,75 ; coût de l'eau chaude 19 F TTC/m³. *Production instantanée par une chaudière à condensation sans veilleuse* : rendement 0,90 ; coût de l'eau chaude 15 F TTC/m³.

Un robinet mal fermé : peut laisser échapper plus d'un m³ en 24 h (soit plus d'1 litre à la minute) ou 40 à 50 m³ par mois.

Électricité

Généralités

Consommation. Se mesure en *watts-heures* (Wh) ou en *kilowatts-heures* (1 kWh = 1 000 Wh : quantité de chaleur nécessaire pour élever de 1 °C 860 l d'eau. Il vaut 0,86 thermie). Avec 1 kWh, on peut : préparer un repas pour 2 personnes ; frire 2 kg de pommes de terre ; chauffer 30 l d'eau pour la toilette ; chauffer une pièce moyenne pendant 2 h. Une lampe de 100 W fonctionnant de 17 à 22 h, soit pendant 5 h, aura consommé 100 W × 5 = 500 Wh ou 0,5 kWh. Si le prix du courant est de 0,62 F le kWh, ces 5 h d'éclairage auront coûté 0,29 F.

Consommation moyenne annuelle pour 1 famille de 4 à 5 personnes (en kWh). Eau chaude 2 500, cuisinière 2 000, éclairage 1 200, lave-vaisselle 1 100, machine à laver le linge 900, réfrigérateur/conservateur 800, télévision en couleurs 400.

Fréquence d'un courant alternatif. Nombre de périodes par seconde exprimé en *hertz* (Hz). En France et en général en Europe, le *courant industriel* est de 50 Hz, les *courants téléphoniques* entre 100 et 10 000 Hz. Dans les télécommunications (T.S.F., TV), on utilise des courants de 10^5 Hz (100 kilohertz) à 10^8 Hz (100 mégahertz), et de plus de 10^{10} Hz dans certaines installations de *radar.*

Intensité du courant *ampères* (A) (Voir l'Index).

Puissance de l'installation électrique. En *watts* (W) ou kilowatts (1 kW = 1 000 watts) : le watt est l'énergie dépensée en 1 seconde par un courant électrique d'intensité constante égale à 1 ampère sous une tension de 1 volt. Si la tension est de 220 volts et si le compteur est réglé à 15 ampères, la puissance de l'installation sera de 220 v × 15 ampères = 3 300 W ou 3,3 kW. On pourra disposer d'une puissance totale de 3,3 kW sans faire « sauter » fusible ou disjoncteur.

Tension (ou *« voltage »*). Exprimé en volts (V). *En 1985,* près de 95 % des usagers français sont alimentés en 220 ou 220/380 V, 5 % en 110 V.

En général, EDF alimente les particuliers en courant monophasé 220 volts (avec 2 fils). Pour des puissances importantes (au-delà de 12 à 18 kW), il faut des branchements 4 fils 220/380 V. Pour certains gros appareils domestiques (cuisinières, machines à laver ou chauffe-eau), il faut des prises pentapolaires (5 pôles soit 3 de phases, 1 pour le neutre et 1 pour la

Principales inventions

Ascenseur. 1743 1er construit à Versailles : permettait au roi Louis XV de monter jusqu'à l'appartement de sa maîtresse (Mme de Châteauroux), fonctionne avec un contrepoids. **1829** 1er a. public mécanique à Londres dans le Coliseum. **1857**-*23-3* 1er a. mécanique construit par Elisha Graves Otis pour un magasin de 5 étages (New York). **1867** 1er a. hydraulique [2 appareils élévateurs de 21 m. installés par Léon Edoux (1827-1910) lors de l'exposition universelle à Paris ; le 2e sera monté peu après au palais de St-Cloud]. **1887** 1er a. électrique par Siemens et Halske pour l'exposition industrielle de Mannheim. **1890** 1er a. à air comprimé. **1895** a. électrique, généralisé v. 1905.

Aspirateur domestique. 1er fabriqué en 1906 à Paris. Type Birum.

Assainissement. 1843 tinette filtrante (perfectionnement des tonneaux en bois). **1860** fosse septique Mourras. **1864** 600 tinettes filtrantes à Paris. **1871** 6 000. **1870** 140 000. **1899** (30-12) 27 142, 54 668 fosses fixes, 12 996 tonneaux mobiles.

Bain. Moyen Age, étuves. **1650** baignoire en métal (cuivre). **1770** en tôle. **V. 1819** on commence à distribuer des bains à domicile. **1840** b. en zinc chauffée au bois ou au charbon. **1852** 1er chauffage bains à gaz d'origine anglaise. **1871** généralisation. **1880** b. en fonte. **1900** b. en porcelaine ou céramique.

Électricité. 1876 lampe, bougie Jablockoff. **1878-79** l. à incandescence (Thomas Edison et Joseph Swan). **V. 1900** l. à arc à flamme. **1904** l. à arc à charbons minéralisés. **1905** au tantale. **1910** au tungstène aggloméré. **1910** 1er tube au néon (Grand Palais Paris). **1912** l. au tungstène étiré. **1918** l. à atmosphère gazeuse. **1965** ampoule sans filament ni électrode « Litec » par l'Américain Donald Hollister (U.S.A.) : l'ampoule contient de la vapeur de mercure et sa paroi interne est recouverte de phosphore : excitée par un champ magnétique créé par un minuscule électro-aimant lorsque le courant passe, la vapeur de mercure, produit des photons ultra-violets qui frappent alors la couche de phosphore, qui émet la lumière visible.

Gaz. 1811 bec à verre d'Argond (galerie Montesquieu). **1817** 1re utilisation dans les salles à manger. **1829** éclairage général, bec papillon. **1837** 1re cuisinière à gaz. **1851** 1er chauffage, bains à gaz. **1880** chauffage, bains instantanés. **1886** bec Auer à manchon (1er brevet 1885), généralisé 1893.

Ordures. 1912 1res chutes d'ordures dans 3 immeubles. **1925** incinération des ordures.

Toilettes. 1775 chasse d'eau d'Alexandre Cunnings (G.-B.). **1778** mécanisme à valve et siphon de Joseph Brahama (G.-B.) **1842** toilettes avec bonde et chaînette alimentés au seau et au broc. **1878** apparition de l'eau chaude et de l'eau froide. **1880** cuvettes basculant dans un réservoir. **1890** 1er vidage perfectionné dit « Américain ». **1910** toilettes vidange perfectionnée genre « Verdun ».

W.C. Des chaises percées (garde-robes mobiles) existent sous la Renaissance. **1660** emploi à l'eau dans les cabines. **1812** cuvette avec appareil à tirage et fosse-sièges inodores (Sageret). **1842** garde-robes à l'anglaise et hydrauliques. **1843** cuvette à effet d'eau (alimentée par réservoir rempli au seau). **1855** le siège Havard « triomphe à l'Exposition universelle ». **1894** origine du réservoir de chasse actuel. **1903** cuvette, robinet de chasse à personne.

Ustensiles ménagers. 1912 lave-vaisselle. **1917** fer à repasser électrique. **1952** lave-linge. **1953** cocotte-minute. **1954** machine à repasser.

terre). Dans ce cas, presque toujours, les circuits de l'appareil sont placés en service sous la tension 220 V (raccordement entre conducteur de phase et fil neutre). Parfois (mais rarement), les circuits de l'appareil sont raccordés entre phases, la tension à l'intérieur de l'appareil atteint alors 380 V. Si quelqu'un touche un conducteur de phase mal isolé, il sera exposé à la tension 220 V car le courant passera entre le conducteur et la terre à travers son corps. Pour qu'elle soit soumise à la tension de 380 V, il faudrait toucher à la fois 2 conducteurs de phase non isolés, ce qui est rare. *Accidents* (nombre en France par an) : env. 200 tués et 5 000 blessés par électrocution.

L'élévation de la tension permet de disposer d'une puissance électrique plus élevée avec un fil de même section.

Calibre de prise de courant en ampères, fils d'alimentation en mm², fusibles de protection du disjoncteur divisionnaire en ampères, puissance max. des appareils alimentés par la prise en 110 V et 220 V.

Calibre	Fil	Fus.	Puiss.
10/16	2,5	20/25	1 750
20	4	20/25	2 200
32	6	32/38	3 500/7 000

Les conducteurs des circuits électriques intérieurs des habitations et des appareils sont prévus pour une tension d'utilisation de 500 V, mais ils doivent tenir jusqu'à 1 500 V.

Précautions

Circuits distincts : protégés par des fusibles calibrés, pour foyers lumineux fixes, prises de courant (calibre 10/16 ampères), cuisinière électr., machines à laver, chauffe-eau électr. **Fils de section suffisante :** foyers lumineux fixes et appliques murales 1,5 mm² ; prises de courant confort 2,5 ; machine à laver le linge 2,5 ou 4 ; cuisinière électr. 6 ; chauffe-eau électr. 2,5. **Prises :** mach. à laver de 10-16 ou 20 ampères ; cuisinière électr. de 32 amp. Prises de la cuisine, salle d'eau et autres locaux humides ou à sol conducteur (carrelage, ciment, etc.) doivent comporter un contact de terre relié à *une prise de terre.* Dans la salle d'eau, un conducteur doit relier entre elles toutes les parties métalliques (canalisations d'eau, de gaz, parties métalliques du matériel sanitaire...). Il doit aussi être raccordé aux conducteurs de protection.

Couper le courant au disjoncteur avant toute *intervention sur l'installation* (même pour changer une lampe). **Fusible :** ne jamais remplacer un *fusible* fondu d'un calibre déterminé par un fusible de calibre supérieur. Utiliser des fusibles de calibre normalisé. **Salles d'eau :** vérifier que les appareils, interrupteurs, prises de courant (même avec contact de mise à la terre) sont hors de portée des personnes se trouvant dans la baignoire ou la douche.

Consuel (Comité national pour la sécurité des usagers de l'électricité). *Créé* 1964. Chargé de contrôler la conformité des installations électr. intérieures des bâtiments neufs aux normes et règlements en vigueur.

Promotelec. 52, bd Malesherbes, Paris 8e. *Créé* 1962, pour promouvoir qualité et sécurité dans des installations électr. intérieures. Groupe organisations professionnelles (Constructeurs, installateurs et E.D.F.). Label décerné aux logements neufs équipés d'une installation électr., d'un chauffage électr. de qualité et aux logements anciens.

Qualifelec. 5, rue Hamelin, 75016 Paris. Association regroupant : Ordre des Architectes, Électricité de France, Union Technique de l'Électricité, Organisations professionnelles d'installateurs électriciens, sélectionne les entreprises d'installation électrique et leur délivre un certificat de qualification.

Union technique de l'électricité. 12, place des États-Unis, Paris 16e. Établit et diffuse les normes concernant les matériels électriques et électroniques et leur installation, attribue et contrôle les marques de conformité aux normes NF-Électricité, NF-USE, NF-Luminaires, etc.

Abonnements E.D.F.

Usages domestiques et agricoles

• **Abonnement 3 kWh.** Correspond à l'éclairage, aux appareils ménagers courants tels fer à repasser, réfrigérateur, téléviseur, aspirateur, batteur, radiateurs de puissance totale inférieure à 2 000 W. **6 kWh** (éclairage, tous appareils électro-ménagers courants, chauffe-eau électrique, radiateurs de puissance totale inférieure à 3 000 W, plus machine à laver, cuisinière, lave-vaisselle s'ils ne fonctionnent pas en même temps. **9 kWh.** Mêmes appareils que précédemment mais il est alors possible de faire fonctionner en même temps 2 appareils importants (lave-linge, lave-vaisselle ou cuisinière électrique). **12, 15, 18 kWh ou plus.** Logements équipés à l'électricité (12 kWh si moins de 100 m², 15 à 18 kWh ou plus au-delà).

Tarifs

Simple : pas de distinction dans les horaires de consommation, compteur à un seul cadran, consommation facturée à un seul prix. *Avec heures creuses :* (8 h par jour) prix réduit pour les utilisations en heures creuses, mais l'abonnement est plus coûteux. *Tarif Effacement jours de pointe :* prix du kWh élevé 400 h par an (18 h par jour durant 22 j entre le 1-11 et le 31-3 à des dates variables), un prix du kWh bas le reste du temps (8 360 h par an).

• **Tarifs basse tension** (au 16-4-86). **Prix d'abonnement en F, par an, selon la puissance souscrite en kWh.** *Puissance souscrite 3 kWh,* tarif simple *6 kWh :* 399,84 (tarif aux h creuses 681), *9 kWh :* 769,20 (1 103,40), *12 kWh :* 1 125,60 (1 551,24), *avec Effacement jours de pointe :* E.J.P. 681, *15 kWh :* 1 482 (1 999,08) *1 103,40, 18 kWh :* 1 838,40 (2 446,92) *1 551,24.*

Prix du kWh. Tarif simple. *Puissance 3 kW :* 60,11 c, *6 kW et au-delà :* h pleines : 49,69 c, h creuses : 28,42 c, E.J.P. : h chargées (400 h) : 289,13 c, h normales : 31,81 c.

Compteur bleu. Permet sans frais et dans la limite de 9 kWh de modifier la puissance souscrite ou de changer de tarif (mis en service automatiquement).

Usages professionnels

• **Facture.** Comprend une redevance d'abonnement variant selon la puissance et la version tarifaire (sans ou avec h creuses, E.J.P.) ; en F par mois, la TVA à 18,60 % sur le montant HT de la redevance et la consommation, des taxes variant selon les communes (0 à 8 %) et les départements (0 à 4%), s'appliquant sur 80 % de l'abonnement et de la consommation jusqu'à 36 kVA, 30 % au-delà.

• **Tarifs** (H.T. au 16-4-86). **Prix du kWh** (H.T.). *1re tranche (jusqu'à 18 kVA) :* 53,08 c. *Surplus :* 49,69 c, *(au-delà de 18 kVA) :* 49,69 c. *Pendant les heures creuses :* 28,42 c. *E.J.P. :* 239,13 c *(h chargées)* et 31,81 c *(h normales).*

Redevances d'abonnement par mois, par kWh. *Jusqu'à 18 kVA :* tarif simple : 41,16 F plus 11,16 F par kVA, tarif avec h creuses : 45,08 F plus 13,33 F par kVA ; *au-delà de 18 kVA :* tarif simple : 48,02 F plus 19,12 F par kVA, tarif avec h creuses : 68,61 F plus 21,96 F par kVA ; *E.J.P. :* 18 kVA : 130,15 F, 36 kVA : 300,28 F.

Éclairage

Définitions

• **Éclairement.** Quantité de lumière (flux lumineux) reçue sur 1 m² de cette surface. Se mesure en lux (lx). Un flux lumineux de 1 lm atteignant une surface de 1 m² y produit un éclairement de 1 lx.

$$\text{Éclairement en lux} : \frac{\text{flux lumineux reçu en lumen}}{\text{surface éclairée en mètres carrés.}}$$

$$\text{Ou plus simplement : } E\ (\text{lx}) = \frac{\Phi\ (\text{lm})}{S\ (\text{m}^2)}$$

Éclairements moyens habituels : *extérieur* en plein soleil : 50 000 à 100 000 lx. Rue large par temps clair : 25 000 à 30 000 lx. Nuageux : 10 000 à 15 000 lx. Avec éclairage public : de 20 à 100 lx. En éclairage lunaire : de 0,1 à 1 lx.

Intérieur sur une table devant une fenêtre avec vue dégagée et par temps clair, mais sans soleil dans la pièce à 0,50 m : sans voilage 2 500 à 5 000 lx (avec v. 700 à 1 500). A 1,50 m : sans voilage 700 à 900 lx (avec v. 300 à 400).

Sur un plan à 2 m au-dessous d'une lampe de 75 W, à la verticale de la lampe : 150 lx ; à 1 m de la verticale : 100 lx ; à 2 m : 45 ; à 4 m : 12.

Niveaux conseillés par l'Association française de l'éclairage (en lux). *Circulations* 100 à 150, *salle à manger :* sur la table 200, *séjour :* coin d'écriture 300, lecture 300, couture ou tricot 500, *cuisine :* éclairage général 200, plan de travail 300, *rangement :* 100, *salle de bains :* éclairage général 100, au niveau du miroir 300, *chambre à coucher :* éclairage général 150, tête de lit pour lecture 300, table de travail de l'écolier 300, *vitrine, tableau, sculpture :* 150.

• **Efficacité lumineuse.** Rapport du flux lumineux produit à la puissance de la source en watts. S'exprime en lumen par watt (lm/W).

• **Intensité lumineuse (symbole).** Exprime la quantité de lumière émise dans une direction bien précise. Se mesure en candela (cd).

• **Luminances (symbole).** Quantité de lumière réfléchie par un objet éclairé. La luminance d'une surface dans une direction donnée est le rapport de l'intensité de la lumière dans cette direction, expérimentée en candela, à la valeur de la surface apparente, en m^2, vue suivant la même direction. Mesuré en candela par m^2 (cd/m^2) ou en candela par cm^2 (cd/cm^2). Ces calculs présentent peu d'intérêt en éclairage, la luminance dépendant du niveau d'éclairement, de la couleur, de la nature lisse ou rugueuse de la surface, ainsi que de la position de l'observateur et de la source d'éclairage. La luminance d'une surface parfaitement diffusante est donnée, en fonction de son éclairement (E en lux).

Luminances courantes en cd/cm^2. Soleil au zénith 160 000. Ciel 0,8. Lampe à incandescence : claire (filament visible) 200, dépolie ou opalisée 10. Tube fluorescent : standard Ø 38 0,8, haute efficacité Ø 26 1,5. Valeur acceptable pour le confort visuel 0,2. Papier blanc éclairé à 300 lx 0,008.

• **Réflexion. Valeurs moyennes en %.** *Matériaux :* plâtre 85, papier blanc 84, marbre blanc 83, peinture blanche 75, carreaux faïence 70, ciment 55, sycomore 52, pierre de taille 50, chêne naturel 33, brique rouge 20, noyer 16, acajou 12, ardoise 10. *Couleurs :* blanc neige 76, ivoire 70, crème clair 70, foncé 70, jaune citron 70, paille 65, d'or 62, chamois clair 60, bleu clair 48, gris clair 45, beige 43, rose saumon 42, orange 40, vert d'eau 38, havane 32, bleu turquoise 27, rouge clair 21, vert prairie 19, grenat 12, bleu (outremer) 10, violet 7.

• **Température de la couleur.** Une basse température de couleur correspond à une lumière riche en rouge. Cette dominante disparaît quand la température de la couleur s'élève et laisse la place d'abord à une lumière blanche puis à une lumière à tendance bleue. S'exprime en kelvin (K) : Celsius (Tc), par la formule : T_k = Tc + 273.

Températures de couleur des sources usuelles : lampes à incandescence 2 700 K, certains tubes fluorescents 6 000 K.

Mode d'éclairage

Par incandescence. Un filament en matière réfractaire est porté à haute température en y faisant circuler un courant électrique. À L'ORIGINE, utilisation du *carbone* dans le vide ; durée 1 000 h, *température du filament :* 1 800 °C ; *efficacité lumineuse :* 3 lumens par W (lm/W). AUJOURD'HUI, *tungstène* dans un mélange d'argon et d'azote, à une pression d'env. 0,5 atmosphère à froid, le filament est enroulé en double hélice pour réduire la perte de chaleur dans le gaz ; durée 1 000 h ; *température du filament :* 2 400 à 2 600 °C, *efficacité lumineuse :* 11 à 19 lm/W pour des lampes de 40 à 1 000 W. En remplaçant l'argon par du krypton, le filament peut fonctionner à une plus haute température, d'où une lumière plus blanche.

En ajoutant à l'argon un *halogène* (iode, brome) ou un composé organique halogéné, on peut améliorer les performances de la lampe (efficacité lumineuse 25 lm/W, durée de vie 1 000 à 2 000 h) et éviter le noircissement de l'ampoule. Il existe de nombreux modèles de lampe à halogène fonctionnant en basses et très basses tensions. Plus faible puissance, 250 W (sauf cas spéciaux en basse tension).

Avantages : branchement direct sur le secteur, teinte chaude de la lumière. Production importante de chaleur.

Emploi : éclairage d'appoint allumé et souvent éteint.

Par fluorescence. Un tube en verre renfermant de la vapeur de mercure et de l'argon à très faibles pressions est traversé par une décharge électrique, il y a alors émission de rayonnement ultra-violet qui excite une couche de substances fluorescentes déposée sur la paroi interne du tube. À L'ORIGINE (1936), l'efficacité lumineuse, pour une lampe de 40 W, était d'environ 35 lm/W, AUJOURD'HUI pour une lampe de 36 W, 77 lm/W. Progrès obtenu en réduisant le diamètre du tube, en ajoutant du krypton à l'argon et en utilisant de nouvelles substances fluorescentes (à 3 bandes d'émission). Les lampes fluorescentes modernes peuvent fournir une lumière donnant un bon rendu des couleurs. *Durée de vie :* env. 7 000 h. La lampe fluorescente requiert pour son fonctionnement un ballast et un starter. Lumière plus froide. Faible production de chaleur. Bon éclairage d'ambiance. *Lampes fluorescentes compactes. Durée :* 6 000 h, efficacité lumineuse, environ 50 lm/W.

Par décharge. Lampes à vapeur de sodium à basse pression de très faible puissance, émettant une lumière jaune à forte efficacité lumineuse.

Consommation moyenne

Dans un appartement de 4 pièces, 4 personnes. Durée moyenne d'utilisation, puissance en W et, entre parenthèses, consommation en kWh.

Hiver : total par journée d'hiver 6 150 dont LE MATIN : *Salle de bains* - toilettes (1 h) éclairage général 200 ; du miroir (40 W × 4) 160 (0,360) ; *3 chambres* (½ h par pièce) écl. général 150 ; tête de lit 75 (0,345) ; *Cuisine :* repas (1 h) écl. général fluorescent 200 ; plans de travail 120 (0,320) ; rangement-nettoyage (1 h) (0,320) ; *Circulations* (1 h) (0,200) ; LE SOIR : *Chambre d'enfants* (devoirs et jeux) (3 h) 150 ; écl. général 100 ; du bureau 250 (1,500) ; *Cuisine :* préparation et rangement (3 h) (0,960) ; *Salle à manger - repas* (1 h) 200 ; ambiance fluorescent 225 ; table (75 W × 3) 425 (0,425) ; *Travaux divers :* couture, tricot, lecture, écriture (2 h) 200 ; d'ambiance fluorescent 200 ; localisés (100 W × 2) 400 (0,800) ; *Télévision* (2 h) lampe d'ambiance 60 (0,120) ; *Salle de bains* (½ h) écl. général 200 (0,100) ; *3 chambres :* tête de lit (75 W par personne) (½ h avec gradateur) (0,100) ; *Circulations* (3 h) (0,600).

Été : total par j 1 210 dont MATIN : *Salle de bains :* éclairage du miroir (½ h) 120 (0,060) ; *3 chambres :* tête de lit (20 min par pièce) 75 (0,075) ; LE SOIR : *Cuisine :* rangement (1 h) 330 (0,330) ; *Salle à manger* - repas (1 h) : complément sur la table 225 (0,225) ; *Télévision* ambiance (2 h) (0,120) ; *Salle de bains* (½ h) éclairage général (0,100) ; *3 chambres :* tête de lit (avec gradateur) (0,100) ; *Circulations* (1 h) (0,200).

Économies possibles. Choisir des lampes satinées ou opalisées plutôt que des lampes claires, des tubes fluorescents (cuisine, s. de bains) plutôt que des lampes à incandescence (un tube de 40 W éclaire autant qu'une lampe de 150 W). Adapter un gradateur aux lampes puissantes.

Électroménager
Consommation de quelques appareils

Puissance nécessaire en watts, consommation en kWh et coût moyen (T.V.A.) à Melun en F au 16-4-86.

Aspirateur balai. *Puissance* 800 W ; *traîneau* 700 à 1 000 W. *Cons. annuelle* 50 kWh/an soit 25 F pour 1 à 2 h d'utilisation par semaine.

Chauffe-eau. *Puissance* 1 800 à 6 000 W, *cons. par an* 2 800 kWh en heures creuses (pour 4 personnes) 950 F.

TYPES. *A chauffe normale :* contient dans un réservoir calorifugé 50 à 150 l d'eau chaude (appareil mural) et 100 à 300 l (ap. sur socle), mise en température 6 h avec moins de possibilités de fonctionnement au tarif « h. creuses » (puissance de chauffe 12 W/l). *A accumulation (chauffe accélérée) :* mise en température 30 min à 1 h ; capacité 5 à 100 l ; *puissance* 3 000 W max. ; un appareil pour alimenter un évier produit 15 l en 40 min env. *Instantané :* eau chauffée au fur et à mesure de son écoulement, ce qui nécessite une forte puissance.

Cireuse. *Puissance* 300 W. *Consommation annuelle* 20 kWh/an (12 F), à raison d'1 h environ par semaine.

Cuisinière électrique. *Puissance* 6 000 à 11 700 W. *Cons. par j* 1 kWh par pers. ; par an 1 000 kWh pour 4 pers. (600 F).

Fer à repasser. *Puissance* 300 à 1 200 W. *Cons. horaire* 0,5 kWh (30 c).

Four à micro-ondes. Un dispositif électronique (magnetron) engendre des ondes électromagnétiques (micro-ondes) qui, réfléchies par les parois métalliques, sont absorbées par les molécules d'eau des aliments. Ces micro-ondes provoquent le changement d'orientation ultra-rapide des molécules, entraînant une élévation de température. L'échauffement est immédiat sur toute la périphérie de l'aliment jusqu'à env. 2 cm de profondeur, puis la chaleur se transmet par conduction vers l'intérieur, si l'aliment est plus épais. Puissance absorbée : 1 200 à 1 700 W. Apprécié pour sa rapidité dans : décongélation des aliments, réchauffage de plats préparés, cuisson d'aliments riches en eau comme le poisson. Il cuit une pomme en 1 min 1/2, un œuf à la coque en 99 s., des pommes de terre à l'eau et des légumes en quelques min, une dorade de 800 g en 12 min, un rôti de 1 kg en 15 min. Utiliser des plats « transparents » aux micro-ondes (ex. verre, vitrocéramique, matières plastiques, etc.). Les plats doivent être couverts pour éviter la déshydratation. Le dorage s'effectue sous gril ou sur plaque, avant ou après l'exposition aux micro-ondes. On peut aussi utiliser un plat brunisseur qui absorbe une partie des micro-ondes, chauffe et dore les aliments à son contact. Enceinte de cuisson en acier inox., portes en verre tramé de métal (les micro-ondes ne traversent pas le métal). Il se nettoie à l'eau savonneuse. *Consomme :* cuisson d'un poulet en morceaux 0,4 kWh, 16 c.

Hotte aspirante. *Puissance* 240 à 280 W. *Cons. hor.* 0,1 kWh (6 c).

Lampe d'éclairage (pièces d'habitation). *Coût horaire :* 1 *lampe à incandescence* (100 W), env. 6 c. ; 1 *tube fluorescent* (40 W, 1,20 m de longueur), 3 c ; *nouvelles lampes fluorescentes* (18 W), 1 c.

Lave-vaisselle. *Puissance* 2 350 à 3 400 W. Cons. 50 l d'eau pour laver 12 couverts ; *annuelle* 500 kWh (170 à 300 F).

Machine à coudre. *Puissance* 80 W. *Cons. hor.* 0,8 kWh (5 c).

Machine à laver et à essorer le linge. (4 à 5 kg). *Puissance* 3 000 W. Chauffage 2 000 à 3 400 W [min. 550, max. (6 kg) 4 000 W]. *Cons. annuelle* 300 kWh (100 à 180 F).

Perceuse. *Puissance* 400 W. *Cons. hor.* 0,4 kWh (25 c).

Radiateurs. *Puissance* 500 à 2 000 W. *Cons. hor. de fonctionnement et par kW :* en h pleine : 0,60 F, en h creuse : 0,34 F.

Rasoir électrique. *Puissance* 6 W. *Cons.* par heure 10 à 12 kWh (0,8 c).

Réfrigérateur-Congélateur. *Puissance* 150-200 W. *Cons.* par jour et par an en kWh (réfrigérateur 330 j, congélateur 365 j) : *réfrigérateur — de 150 l :* 0,8 à 1 (265 à 330), *de 150 à 250 l :* 1 à 1,2 (330 à 400), *+ de 250 l :* 1,3 à 1,5 (430 à 500) ; *conservateur* 1,8 à 2 (600 à 660) ; *congélateur* 2 (660), *— de 100 l :* 1 à 1,2 (365 à 440), *de 100 à 200 l :* 1,2 à 2 (440 à 660), *200 à 300 l :* 2 à 2,5 (660 à 825), *+ de 300 l :* 2,5 à 3,5 (825 à 1 150).

Étoiles. Fabrication de glace : pas d'étoile. Entreposage des produits congelés pendant 2 ou 3 jours (— 6 °C) : 1 ét. Pendant 3 semaines max. (— 12 °C) : 2 ét.

Utilisation économique

Chauffage. Voir p. 1494. **Chauffe-eau.** Réglé à 65 °C (10 % d'économie par rapport à 80 °C), isolation de l'appareil s'il est dans un local non chauffé (économie 10 %). **Cuisinière électrique :** utiliser des récipients à fond bien plat, de même diamètre que la plaque chauffante. Couper la plaque quelques minutes avant la fin de la cuisson. *Utilisation :* tables de cuisson avec plaques thermostatiques ou doseur d'énergie. **Lave-linge et lave-vaisselle :** n'utiliser la machine qu'à plein, remplacer les programmes à haute température par le programme à 60 °C (35 % d'économie par rapport à un programme à 90 °C), utiliser les programmes écon. Éviter les cycles « très sale », « intensif » ou « spécial casserole » ; un trempage de quelques min économise env. 1 kWh à chaque fois. **Températures de lavage :** coton blanc 90 °C, couleur 60 °C, synthétique 40 °C, tissus délicats 30 °C. Chaque lavage à la température max. coûte env. 2,80 F en eau, électricité, et produits de lavage. **Réfrigérateur, congélateur :** installation loin d'une source de chaleur. N'y mettre que des plats froids. Ouvrir le moins possible. Dégivrer régulièrement.

Durée moyenne de vie

En années ou en h de fonctionnement. Aspirateurs 10 ans ; autoradios 6 a. ; chaînes haute fidélité, amplificateur 12 a., tuners 12 a., ampli-tuners 9,1 a., combinés 12 a. ; congélateurs 10,8 a. ; couteaux électriques 100-200 h ; électrophones 8 a. ; fers à repasser 8 a., à vapeur 9 a. ; lave-vaisselle 10 a. ; machines à laver 10,4 a. ; magnétophones à bobines 7,3 a., à cassettes 7 a. ; mixers 150-200 h ; moulins à café 100-250 h ; platines de tourne-disques 12 a. ; radio-enregistreurs 7,4 a. ; réfrigérateurs 13 a. ; rôtissoires 2 000 h ; sèche-cheveux 400-1 400 h ; T.V. noir et blanc 10,4 a., couleurs 10 a.

☞ Voir également au chapitre Défense du consommateur, pages 1491, 1492, les textes suivants : garantie (légale et contractuelle), livraison (litige), marchandise détériorée, marque et qualité, prix, réparation.

Conservation des produits congelés de 3 mois à 1 an : 3 ét. Conservation des produits congelés de 3 mois à 1 an. Congélation d'au moins 6,5 kg de denrées fraîches par 24 h pour un volume de 100 l. Pour les appareils NF : 4 ét.

Volume nécessaire pour 1 pers. : 120 l, pour 5 ou 6 personnes 350 l.

Sèche-linge. *Consommation* 3,3 kWh pour 4,5 kg de linge.

Table de cuisson à induction. En vitrocéramique. Générateur électrique placé sous la table qui crée un champ magnétique faisant monter la température du récipient en métal ferreux posé sur la plaque (uniquement fer brut émaillé ou fonte). Montée en température instantanée. Ni flamme ni surface brûlante, seule la casserole chauffe, la plaque ne fait que tiédir. Économie d'énergie d'env. 20 %.

Téléviseur. Noir et blanc. *Puissance* 50 à 75 W. *Couleur* 100 à 150 W. *Cons. annuelle* 50 à 100 kWh pour 1 000 à 1 500 h de marche (30 à 60 F). Couleurs 100 à 200 kWh (60 à 120 F).

Tondeuse à gazon. *Cons. hor.* 0,6 à 1 kWh (0,36/0,60 c).

Tourne-disque. *Puis.* 100 W. *Cons. hor.* 30 Wh (1 à 2 c).

Train électrique miniature (5 ou 6 wagons, locom.). *Cons. hor.* 3 Wh (0,1 c).

Tuner, radio, ampli. *Cons. hor.* 15 à 20 Wh (− de 1 c).

Nota. — La mise en service d'un appareil électroménager doit être exécutée par le vendeur gratuitement sauf les travaux de raccordement.

Facture EDF-GDF

1re facture. Dans le mois suivant l'enregistrement de l'abonnement. *Avances sur consommation électricité et gaz* (au 16-4-1985).

Frais de mise en électricité, en F (H.T.) : déplacement d'agent 60,30 (pose d'1 compteur 78,70), **gaz** : 109,10 (152,80).

Factures intermédiaires. Si le montant des consommations est suffisamment important, on reçoit, entre 2 factures sur relevé, une facture intermédiaire (redevance pour les 2 mois précédents, montant estimé de la consommation d'après celle des 2 mois précédents). La facture suivante tiendra compte des consommations relevées, moins le montant de la facture intermédiaire.

Relevé. Attention, l'action de l'EDF s'étend jusqu'au disjoncteur ; au-delà commence l'installation intérieure (sous votre responsabilité). Le relevé a lieu tous les 4 mois en ville (6 m. dans quelques zones rurales). **En cas d'absence,** EDF peut fournir une carte d'*autorelevé* qu'il suffit de compléter et de retourner au centre EDF-GDF au moins 1 fois par an.

Déménagement. Prendre rendez-vous avec l'EDF 15 j avant *1° de partir* : pour le relevé de compteur [permettra d'établir la *facture de résiliation* (comportant le remboursement de l'avance sur consommation)] ; *2° d'emménager* : l'EDF pourra établir *l'abonnement* avant et poser un compteur si nécessaire.

Redressement. EDF-GDF dispose de 5 ans pour rectifier une facture en cas d'erreur de comptage ou de facturation.

Gaz

Généralités

● **Pouvoir calorifique au m³.** Gaz manufacturé 5,2 kWh, gaz naturel 9,8 ou 11,4, air propané 7,5 ou 13,7. Pour brûler correctement, le gaz doit se trouver mélangé au moment de la combustion avec une quantité d'air bien déterminée.

● **Brûleurs.** On admet aux orifices de combustion un mélange de gaz et d'air réalisé au préalable dans un *« mélangeur »*. Dans les appareils domestiques, « brûleurs atmosphériques », le gaz à la pression du réseau est admis à l'orifice d'un *« injecteur »*, et on utilise sa détente dans le mélangeur pour entraîner la quantité d'air suffisante.

Une flamme bleue *bien aérée* présente l'aspect d'un cône bleu-vert aux contours bien délimités surmonté d'un panache violacé plus flou. Elle est stable, silencieuse et s'éteint sans bruit. Une flamme *insuffisamment aérée* est fuligineuse, le cône bleu est inexistant ou ses contours ne sont pas nets, elle noircit le fond des casseroles. Une flamme *trop aérée* est sifflante et instable, un claquement se produit à l'extinction du brûleur. Pour qu'une flamme bleue *soit stable*, il est nécessaire que, pour tout débit inférieur au régime normal, elle reste bien fixée aux orifices qui se trouvent à la sortie du brûleur. *Si la flamme rentre* à l'intérieur du mélangeur et vient se fixer au nez de l'injecteur, la combustion et le fonctionnement du brûleur deviennent défectueux. Cet incident se produit surtout avec les gaz de houille et assimilés à forte teneur en hydrogène libre.

Si la flamme se décolle (se détache) d'un ou de plusieurs orifices et, si le phénomène persiste, elle s'éteint, le gaz s'écoulant sans brûler. Cela arrive plutôt avec les gaz « riches », dont la vitesse de propagation de flamme est faible.

Un brûleur doit être capable d'assurer un débit calorifique déterminé, appelé *« puissance nominale du brûleur »* (en kilowatts, elle est égale au pouvoir calorifique du gaz en kWh/m² par le débit maximal du brûleur en m³/h) ; de réaliser la combustion complète du gaz ; de donner une flamme stable n'ayant pas tendance à décoller des orifices de combustion ou à rentrer à l'intérieur du mélangeur.

Brûleur séquentiel. Un dispositif électromécanique permet au brûleur d'effectuer des cycles de 33 s (14 s de marche et 19 s d'arrêt). Les points de surchauffe dus au contact de la flamme du gaz avec le fond des récipients disparaissent, ils refroidissent pendant le temps d'arrêt et communiquent leur chaleur au fond de l'ustensile. Chauffant 2 fois moins, il supprime l'usage du bain-marie et du diffuseur. Diminue de 10 à 15 % la consommation de gaz. Tolère l'absence d'eau et de gras. S'éteint et s'allume env. 100 fois par h. A chaque allumage, temps mort entre le moment où le gaz sort et celui où il s'enflamme.

● **Chauffage à catalyse.** La catalyse permet de transformer le gaz en chaleur sans flamme apparente. Prendre des précautions à cause de la grande consommation d'oxygène, du dégagement d'anhydride carbonique, et de la formation d'oxyde de carbone.

● **Chauffe-eau. Instantané.** Le brûleur s'allume automatiquement à l'ouverture du robinet d'eau. **Accumulation :** l'eau est maintenue à la température désirée. *Temps maximal* pour élever de 50° la température de 100 l d'eau : accumulateur à chauffage normal = 4 h 30, rapide = 1 h 30.

Seuls les petits chauffe-eau de 8, 7 kW peuvent ne pas être raccordés à un conduit de fumée ou une ventouse. Ils sont munis d'un contrôleur d'atmosphère et de sécurité contre l'encrassement.

● **Tuyaux flexibles ou tubes souples.** Normalisés NF-Gaz, 2 m maximum. Durée maximale 4 ans (année limite d'emploi indiquée sur le tuyau ou le tube).

Consommation d'appareils

● **Chauffe-eau au gaz.** Alimenté en eau froide à 15 °C ; *chauffe-eau de 8,7 kW* : env. 5 l d'eau à 40° (2,8 l d'eau à 60°) ; *17,4 kW* : 10 l à 40° (5 l à 60°) ; *22,4 kW* : 13 l à 40° (7 l à 65°). *A puissance variable* : *27,9 kW* : 9 à 16 l de 40° à 60°.

Consommation moyenne en kWh. Cuisine (5 l à 65°) 0,3. Petits lavages (10 l à 40°) 0,3. Toilette (15 l à 40°) 0,32. Vaisselle (15 l à 60°) 0,6. Douche (20 l à 40°) 0,6. Petit bain (70 l à 40°) 2,3. Grand bain (150 l à 40°) 4,7. Une famille moyenne consomme 3 500 à 6 000 kWh par an d'eau chaude.

● **Cuisinière.** *Brûleurs* semi-rapides 2,3 kW, rapides de 2,3 à 3,5 kW, *ultra-rapides* plus de 3,5 kW. *A gaz butane* : un grand brûleur utilise 100 l de gaz (250 g) par h, soit 1 kg de gaz en 4 h. Une bonbonne de 13 kg fera donc 52 h d'usage.

Consommation de gaz en kilowatt-heure et durée de cuisson. *Lait* (1 l) [1] 0,3 kWh, 5 mn. *Blanquette de veau* [2] (1 kg + 1,5 l), 1,5 kWh, 90 mn. *Pot-au-feu* [3] (1 kg + 1,5 l), 2,5 kWh, 180 mn. *Frites* [2] (1 kg) 1,4 kWh, 25 mn. *Tournedos* [4,5] (1 kg), 1 kWh, 12 mn [6]. *Poulet* [5,6] (1,250 kg), 3,2 kWh, 70 mn [6].

Une famille moyenne (4 personnes) consomme 1 000 à 1 700 kWh par an pour cuisiner.

Nota. — (1) Brûleur rapide. (2) Brûleur intensif et lent. (3) Brûleur intensif. (4) Grilloir. (5) Four (th. 7). (6) Y compris temps de préchauffage.

Tarifs

Principaux tarifs de vente du gaz naturel

Clientèle domestique individuelle. *Tarif général ou tarif de base* (jusqu'à 1 000 kWh) cuisine, forfait cuisine proposé sous certaines conditions ; *B0* (de 1 000 à 7 000 kWh) cuisine et eau chaude sanitaire ; *B1* (de 7 000 à 30 000 kWh) chauffage et, le cas échéant cuisine et/ou eau chaude sanitaire ; *B2I* (au-delà de 30 000 kWh) cuisine, eau chaude sanitaire et chauffage.

Clientèle domestique collective, tertiaire ou industrielle. *Général ou de base, BO, B1 et 3Gb* jusqu'à 30 000 kWh ; *B2I* de 30 000 à 150 000 kWh (utilisation régulière du gaz) ou 30 000 à 350 000 kWh (en cas d'utilisation de chauffage seul) ; *B2S* au-delà de 350 000 kWh (en cas d'utilisation de chauffage seul) ; *appoint-secours* fournitures d'appoint ou de secours à d'autres énergies.

Prix au 16-4-1986 (T.V.A non comprise 18,6 %). *Tarif général ou de base* correspondant respectivement à la redevance de location et d'entretien de compteur de débit compris entre 5 et 10 m³/h, et au prix par kWh applicable en 1re tranche. *Tarif général ou de base* F/an) [et, entre crochets, prix par kWh, en centimes] : 129,60 [prix par kWh 33,90]. *Tarifs : B0* : 211,32 [26,79]. *B1* : 866,52 [17,84 à 19,64]. *B2I* : 1 076,52 [17,14 à 18,94]. *B2S* : 4 250,52 [*hiver* (1-11/31-3) 17,07 à 18,87 ; *été* (1-4/31-10) 13,35 à 15,15]. *Appoint-secours* : 4 250,52 [14,16 à 15,56] [Prix variables selon localités et nature du gaz distribué ; se renseigner auprès du centre de distribution. A Paris (intra-muros), le tarif B1 comporte désormais un prix proportionnel unique égal à 19,56 c/kWh. Compte tenu de ce niveau tarifaire particulier, le tarif 3 Gb n'est pas appliqué].

Clientèle grande industrie. Des tarifs à souscription sont proposés sous certaines conditions pour des utilisations industrielles supérieures à 5 millions de kWh/an.

En Région parisienne, au 1-4-1986, pour une fourniture industrielle de 30 millions de kWh/an et d'un débit de 120 000 kWh/j et d'une consommation de 45 % en hiver et 55 % en été, le prix moyen (abonnement compris) est de 9,95 c/kWh.

Vêtements

Mesures de confection

Confection dames

T. poitrine T. bassin	80 84	84 88	88 92	92 96	96 100	100 104	104 108	110 112	116 118
France	36	38	40	42	44	46	48	50	52
G.-B., U.S.A.	8	10	12	14	16	18	20	22	24
Allemagne	34	36	38	40	42	44	46	48	50
Italie	38	40	42	44	46	48	50	52	54

Tour de poitrine : au-dessous des aisselles ; **de ceinture :** horizontalement dans le creux de la taille ; *stature :* du sommet du crâne à terre, sujet pieds nus ; **bassin :** horizontalement au niveau le plus large du bassin ; **entrejambes :** de la fourche à terre (sujet pieds nus) ou à la semelle de la chaussure ; **hauteur côté :** du creux de la taille à terre (pieds nus) ou à la semelle de la chaussure.

Soutiens-gorge et combinés

Désignation française (tour de poitrine) et européenne (tour mesuré sous la poitrine).

Taille		*Profondeur des bonnets*			
Europ.	Fr.	A	B	C	D
65	80	77-79	79-81	81-83	83-85
70	85	82-84	84-86	86-88	88-90
75	90	87-89	89-91	91-93	93-95
115	130	127-129	129-131	131-133	133-135

Nota. — Les lettres A, B, C, D, correspondent à la nouvelle normalisation européenne : A, petite poitrine ; B, poitrine moyenne ; C, poitrine forte ; D, poitrine très forte.

Chaussettes		Chaussures [1]		Chemises	
Fr.	An.	Fr.	An.	Fr.	An., Am.
37-38	9	37	4	36	14
39-40	9 ½	38	5	37	14 ½
40-41	10	39	6	38	15
41-42	10 ½	40	7	39	15 ½
42-43	11	41	7 ½	40	15 ¾
43-44	11 ½	42	8	41	16
		43	8 ¾	42	16 ½
		44	10	43	17
		45	10 ½	44	17,5
				45	18
				46	18

Conf. (hommes)		Conf. (enf.)	
Fr.	An., am.	Fr., An.	Am.
46	36	1	2
48	38	2	4
50	39	5	6
52	41	7	8
54	42	9	10
56	44	10	13
58	45	12	15

Nota. — (1) Mesure en points. *Points français* (ou points de Paris) 2/3 de cm soit 6,666 mm ; une pointure de 40 vaut donc 40 × 6,666 = 26,66 cm ; *anglais* 1/3 de pouce (inch) soit 8,466 mm.

Confection hommes. Tailles homologuées par la Féd. française des industries du vêtement masculin. *Marquage des tailles sur les étiquettes* des vêtements fait par la mention des 3 mesures suivantes : ½ tour de poitrine en cm : exemple 44 ; ½ tour de ceinture en cm : ex. 36 ; stature P (extra-court) 159 à 165 cm, C (court) 165 à 171 cm, M (moyen) 171 à 177, L (long) 177 à 183, X (extra-long) 183 à 189. La combinaison de ces 3 mesures donne la conformation visualisée ainsi : athlétique : étiquette rouge ; élancé : gris clair ; normal : blanche ; fort : bleu foncé ; trapu : bleu clair ; corpulent : verte ; ventru : jaune.

Nettoyage

Linge à laver. Poids (en grammes). Bleu de travail 1 600, blouse dame 300, chemise homme 250 à 300, chemisier dame 250, drap enfant 800, grand lit 1 500, essuie-main ou torchon 100, mouchoir 20, nappe toile (160 × 160) 600, pyjama (2 pièces) enfant 400, homme 500.

• **Teinturier.** Il a une obligation de résultat ; lavage ou nettoyage doit être satisfaisant, compte tenu de l'état du vêtement et des réserves portées sur le ticket de dépôt.

Dépôt (délai maximal). Sauf pour des vêtements de grand prix (fourrures, vêtements d'apparat...), le teinturier ne peut demander de supplément avant 3 mois de garde ; la loi du 31-12-1968 stipule que les objets confiés à un professionnel pour être travaillés, réparés ou nettoyés et qui ne sont pas retirés, ne peuvent pas être vendus dans l'année qui suit leur dépôt. Si le teinturier n'est pas en mesure de remettre un vêtement confié depuis moins d'un an, on peut exiger le remboursement ou, en tout cas, le dédommagement comme pour n'importe quel article égaré. Après un an, en cas de vente aux enchères, il faut demander aux dépôts et consignations le produit de la vente diminué des frais.

Détérioration. MONTANT DU REMBOURSEMENT. *Blanchisserie :* les professionnels prévoient un remboursement égal à 12 fois le prix du blanchissage (15 fois pour les draps).

En teinturerie : la plupart des teinturiers affichent un barème sur lequel ils pratiquent un abattement selon la vétusté (le remboursement sera de 80 % pour un article de 3 mois, 60 % pour — de 30 mois et 30 % au-delà).

Nota. — Pour un article très usagé, le teinturier peut exprimer des réserves sur le ticket du dépôt de l'article ; pour les articles d'une valeur visiblement très inférieure à celle du barème, le montant du remboursement ne pourra excéder la valeur de l'article.

Valeurs limites servant de bases pour le calcul du barème de remboursement (en F, en vigueur pour 1986). Pure laine ou soie, entre parenthèses : mixte et synthétique, et en italique : coton. **Hommes :** complet 3 pièces 1 295 (1 165) *845*, veston et pantalon (complet 2 pièces) 1 165 (970), ensemble blouson-pantalon *845*, veston 845 (650) *260*, pantalon 325 (295) *260*, blouson 390, anorak 390 (390), 3/4 autocoat, caban vareuse 870 (740), loden (970), pardessus, gabardine 1 165 (970), trench-coat triplure, imperméable (970), cravate 120 (85), pull 160 (120), shetland 200, veste d'intérieur (390), de chasse *615*, pantalon de chasse *615*, survêtement (260), chemise (160). **Femmes :** jupe, jupe-culotte, kilt 390 (260) *200*, robe 740 (480) *260*, pantalon 325 (295) *260*, manteau 1 230 (970), imperméable (970), tunique 260 (200), 2 pièces, ensemble dames 740 (390), pull 270 (160), 3/4 plastique fourré (615), robe de chambre Pyrénées (485), ouatinée (290), corsage sans manches *160*, carré écharpe 200 *95*, chemisier (320). **Enfants de 6 à 12 ans :** veston, blouson 485 (325) *260*, veston plastique (325), pantalon 200 (160) *160*, pull 135 (110), jupe 290 (180) *160*, robe 390, manteau 650 (485), anorak (290). **Divers :** couverture 1 place 485 (290), 2 pl. 740 (455).

Si l'on estime ce dédommagement insuffisant, on peut essayer par entente amiable d'obtenir plus (analyse préliminaire par le syndicat local, une commission mixte, un organisme ou un expert agréé) ; et, en cas d'insuccès, assigner le teinturier en justice après avoir chiffré les dommages, preuves à l'appui. Le juge décidera.

Manque (costume rendu dépareillé). Afficher « en cas de détérioration d'un ensemble (costume, tailleur), seule la partie endommagée (veste, pantalon ou jupe) est remboursée » est abusif : un costume est acheté en tant que tel et ce n'est pas l'addition d'une veste et d'un pantalon (arrêt Cour de cassation le 17-3-1981).

Vol. La preuve du vol et la justification du montant de celui-ci sont à la charge du client (témoignages en simples présomptions peuvent suffire).

Responsabilités encourues (R) ou irresponsabilités (I) du teinturier nettoyeur dans le nettoyage à sec ou le lavage d'articles textiles. Vêtements (avec étiquette d'entretien et, entre parenthèses, sans ou étiquette erronée). Vol, incendie, dégâts des eaux, perte, accidents de machine, substitution, manutention, traitement, livraison R (R). Traitement non approprié R (I). Vices cachés (usures, mites, projections acides, stylo à l'intérieur des doublures, etc.), coutures bord à bord I (I). Pli permanent, plastiques, non tissés, contrecollage, flocages, colorants pigmentaires, enductions, pertes d'apprêt R (I). Fibrillations, taches tenaces I (I). Décolorations sur coloris fragiles, couleurs R (I). Retraits, allongements, feutrage R (I). Articles non décatis I (I). Fautes prof. (coup de fer), fusion ou glaçage des fibres, détachage non approprié R (R). **Boutons, garnitures.** *Aucune garantie.* Bris, décoloration, fusion, déformation, perte par fil cassés, décollage I (I). Boutons déteignant à la vapeur I (I).

☞ On peut obtenir l'adresse d'un expert auprès de cour d'appel, des tribunaux d'instance et de grande instance et auprès des tribunaux de commerce.

Syndicats professionnels. Conseil nat. de la blanchisserie-teinturerie : 21, rue Dautancourt, 75017 Paris. — Fédération nationale des pressings et laveries : 53, rue du Château-d'Eau, 75010 Paris.

Environnement

Généralités

Quelques définitions

Abiotique (qui n'a pas trait à la vie). Les facteurs physiques et chimiques de l'environnement. Facteurs écologiques abiotiques : facteurs climatiques et f. édaphiques ou, en milieu aquatique, les caractères physico-chimiques des eaux.

Aphotique. Biotope où la lumière solaire ne pénètre pas (fonds marins) et où les plantes vertes ne peuvent se développer.

Autotrophe. Organisme vivant capable de réaliser la synthèse de ses composés organiques à partir des éléments minéraux prélevés dans le milieu et d'une source d'énergie extérieure, solaire (plantes vertes photosynthétiques), ou réactions chimiques exothermiques (bactéries chimio-synthétiques) ou les deux (bactéries chimio-photosynthétiques).

Biocénose. Ensemble équilibré d'animaux et de plantes occupant de façon cyclique ou permanente un biotope donné.

Biomasse. Masse de matériel vivant par unité de surface, c'est-à-dire le poids de tous les organismes vivants d'une communauté biologique à un moment donné. Elle s'exprime en unité de poids sec à 65-70° par unité de surface (en général g par m² ou kg ou t par hectare). On distingue la biomasse végétale ou **phytomasse** constituée par les végétaux (phytocénose), la biomasse animale ou **zoomasse** (zoocénose), la biomasse microbienne (microbiocénose).

Biosphère. Partie de l'écorce terrestre où la vie est possible (une partie de la lithosphère, de l'atmosphère et de l'hydrosphère).

Biotope. Milieu physique délimité où vit une biocénose déterminée (ce peut être une flaque d'eau).

Chorologie. Étude de la répartition géographique des espèces prises isolément.

Cycle. Succession régulière de changements morphologiques, biologiques ou physico-chimiques affectant les organismes vivants ou les écosystèmes, s'achevant par un retour à la situation initiale.

Cycle biogéochimique. Se décomposant en **absorption** des éléments du biotope par les organismes, **rétention** dans les divers organes des organismes, **restitution** au sol de ces éléments par chute et décomposition des litières et des cadavres, sécrétions diverses et lavage par les eaux de pluie.

Cycle biologique. Succession des diverses phases de développement d'un organisme vivant de sa naissance à sa mort.

Cycle phénologique. Variations saisonnières des phases de développement d'un organisme au cours d'une période végétative.

Écologie. Terme inventé en 1885 par le zoologiste allemand Reiter, et signifiant étymologiquement « Sciences de l'habitat ». Étude des relations réciproques entre les organismes et leur environnement.

Écosystème. Ensemble d'une biocénose et d'un biotope.

Écotope. Ensemble des facteurs climatiques **(climatope)** et édaphiques **(édaphotope)** caractérisant l'aire (biotope) occupée par une biocénose.

Écotype. Subdivision de l'espèce (sous-espèces, variétés, sous-variétés, races) présentant des caractères particuliers héréditaires, résultant d'une sélection naturelle exercée par les facteurs du milieu.

Édaphique. Qui concerne le sol.

Édaphologie. Science traitant le sol en tant que milieu pour les êtres vivants (la *pédologie* concernant la description, la genèse et la classification des sols).

Défense de l'environnement

Dans le monde

Conférence internationale pour la réglementation de la chasse à la baleine (signée 2-12-1946). *Convention internat. pour la protection des oiseaux* (18-10-1950). *Conv. pour l'établissement de l'organisation européenne et méditerranéenne pour la protection des plantes* (18-4-1951). *Conv. internat. pour les végétaux*

(6-12-1951). *Accord sur la protection des végétaux dans la région du S.-E. asiatique et du Pacifique* (27-2-1956). *Conv. sur la pêche et la conservation des ressources biologiques de la haute mer* (29-4-1958). *Conv. relative aux zones humides d'importance internat. particulièrement comme habitats de la sauvagine* (2-2-1971). *Conv. pour la protection des phoques de l'Antarctique* (1-6-1972). *Conf. des Nations unies sur l'environnement* (16-6-1972). *Charte européenne des sols* (août 1972). *Conv. concernant la protection du patrimoine mondial, culturel et naturel* (23-11-1972). *Conv. sur le commerce internat. des espèces sauvages de faune et de flore menacées d'extinction* (3-3-1973). *Convention sur la protection de la nature dans le Pacifique Sud* (1976). *Directive relative à la conservation des oiseaux sauvages* (2-4-79). *Protocole additionnel à la Conv. eur. sur la protection des animaux en transport internat.* (10-5-1979). *Conv. sur la conservation des espèces migratoires appartenant à la faune sauvage* (23-6-1979). *Conv. relative à la conservation de la vie sauvage et du milieu naturel de l'Europe* (19-9-1979). *Conv. sur la pollution atmosph. transfrontières à longue distance* (nov. 1979). *Convention sur la conservation de la faune et de la flore marines de l'Antarctique* (1980). *Convention pour la protection de la Méditerranée contre la pollution et protocole relatif aux aires spécialement protégées* (1982).

Greenpeace. Association internationale, fondée en 1971 à Vancouver (Canada). S'oppose aux essais nucléaires en mer, aux rejets en mer, à la chasse des baleines.

Écothèque. *Créée* 1973 à Montpellier. *Centre international de recherche sur l'environnement et le développement (C.I.R.E.D.)* : *créé* 1973 à Paris dans le cadre de l'École des hautes études en sciences sociales. Recherches dans les pays en développement. *Centre de formation internationale à la gestion des ressources en eau (Ce-F.I.G.R.E.)* : *créé* 1975 à Antibes, financé par le P.N.U.E. et le Gouvernement français. *Centre de documentation, de recherche et d'expérimentation sur les pollutions accidentelles des eaux (Ce.D.R.E., Brest)* : *créé* 1978. *Fondation de l'eau* : *créée* 1976 à l'Université de Limoges. Objectif : la formation professionnelle et spécialisation des ingénieurs, techniciens et ouvriers chargés de la conduite des usines de traitement des eaux et des réseaux. Centres à Limoges et à La Souterraine. *Commission d'études pratiques de lutte antipollution de la Marine nationale (C.E.P.P.O.L.).*

En France

Sur le plan maritime. Plusieurs conventions ont été signées pour la prévention de la pollution des mers par les immersions et les incinérations (convention de Londres et convention d'Oslo, 1972). *D'origine tellurique* (Paris, 1975) : en 1976, convention pour la protection de la Méditerranée comportant 2 protocoles : immersion en cas de pollution accidentelle et pollution tellurique. En cas de pollution accidentelle en Manche, mer du Nord, accord de Bonn 1983. L'indemnisation des victimes de pollution par les hydrocarbures est organisée par 2 conventions de Bruxelles de 1969 et 1971. Cette dernière créant un *fond international d'indemnisation* permettant une indemnisation globale des victimes de pollution.

Coût de la pollution

États-Unis

Dépenses globales (fédérales et industrielles), environnement (en milliards de $). *1979* : 49,2 ; *80* : 55,7 ; *81* : 56,5 ; *82* : 56.

France

Dépenses en faveur de l'environnement (en milliards de F en 1983). Administrations publiques 27,4, industries 12,2, ménages 7,6, *total* 47,2 dont *eau* (assainissement et épuration) 19,2, *air* 4,3, *bruit* 1,9, *déchets* 11,5, *patrimoine écol.* 0,43, *cadre de vie* 9,8.

Budget du ministère de l'Environnement, crédits de paiement (en millions de F). *1978* : 238 ; *79* : 344 ; *80* : 373 ; *81* : 471 ; *82* : 530 ; *83* : 761 ; *84* : 794 ; *85* : 817,6 ; *86* : 867,5 (0,07 % des dépenses de l'État contre 0,04 en 1982). Autorisation de programme 407,4. Dépenses ordinaires 397,8. En capital 469,7. **Crédits par action.** Prévention des pollutions 228,8, protection de la nature 220,3, qualité de la vie 173, recherche 45,2, études et divers 30, dépenses de fonctionnement 170.

Coût de la pollution (1984). Chaque Français verse en moyenne 670 F par an, soit directement, soit par l'intermédiaire de l'État, des collectivités locales et des entreprises, pour lutter contre la pollution et les nuisances (399 F par habitant en Corse, 144 F en Lorraine et Ile-de-France).

Coûts d'élimination des ordures ménagères (en 1985, en F). En F/tonne et, entre parenthèses, en F/hab./an. Collecte 170-400 (50-130). Incinération sans récupération de chaleur 100-300 (30-90). Incinération avec récupération de chaleur 50-150 (15-45). Compostage 80-200 (25-60). Broyage 70-100 (20-35). Décharge contrôlée 40-80 (15-25).

Pollution industrielle, principales branches (en 1983). Eau : matières organiques et, entre parenthèses, toxiques. *Total* : 2 434 t (44 826 Kéq) dont (en %) ind. agricole et alim. 46 (0), chimie, parachimie 18 (53), papiers, cartons, bois 13 (1), textile, cuirs 9 (6), extraction (ind. des métaux, ind. mécaniques) 10 (38), énergie (centrales thermiques, raffineries) 1 (1), mat. de construction céramique, verre 0 (1). **Déchets (en 1980)** : *total* 169 millions de t (dont industriels 17) dont en % extraction (ind. des métaux, mécanique) 51 (31), énergie (centr. thermiques, raffineries) 19 (5), ind. agricole et alim. 11 (15), mat. de constr., céramique, verre, 11 (2), textile, cuirs 4 (40), chimie, parachimie 2 (6), papiers, cartons, bois 2 (1).

Satisfaction du cadre de vie quotidien en % (1981-82). Paris, et entre parenthèses villes de — de 2 000 hab. : très satisfait 25 (32,2). Satisfait 48 (56,9). Peu ou pas satisfait 27 (10,9).

Apports moyens hebdomadaires contaminants dans le régime alimentaire total des Français, entre parenthèses doses maximales fixées par l'O.M.S. Hg mercure 0,07 (0,3). Cd Cadmium 0,2 (0,4-0,5). Pb Plomb 1,2 (3). NO_3 nitrates 2 000 (2 500). NO_2 nitrites 40 (85).

Source : ministère de l'Environnement. Direction de la prévention, des pollutions.

Espaces verts (en m² par hab., intra-muros). Besançon 55,4, Rennes 24,4, Le Havre 23,8, Bordeaux 22,8, Orléans 20,6, Caen 19,6, Limoges 19, Dijon 18,8, Metz 18,5, Mulhouse 18,5 (mais : Le Mans 6,5, Lyon 5,7, Perpignan 5,6, Tourcoing 5,6, Roubaix 5,4, Villeurbanne 4,1, Aix-en-Provence 3,4, Boulogne-Billancourt 2,7, Toulon 2,7, Brest 0,9). **Pistes cyclables** (en km). Strasbourg 43, Rennes 26,6, Marseille 26, Montpellier 26, Grenoble 20 (mais : Argenteuil 0, Limoges 0, Nancy 0, Boulogne-Billancourt 0, Tourcoing 0,6, Perpignan 0,9, Roubaix 1,2, Lyon 1,71, Bordeaux, Villeurbanne et Clermont-Ferrand 2). **Espaces piétonniers** (en m²). Paris 157 000, Rouen 81 642, Nice 70 000, Dijon 62 650, Nancy 61 854 (mais : Brest 0, Le Havre 1 200, Amiens 1 500, Villeurbanne 5 000, Argenteuil 5 630, Roubaix 7 000).

Concentration des précipitations acides par régions (pH, entre parenthèses : SO_4 en mg/l, en ital., NO_3 en mg/l). Grands lacs (USA, 1982) : 4,30 (2,83) *1,58*. Kanto District (Japon, 1979) : 4,30 (4,40) *2,70*. Offagne (Belgique, 1983) : 4,98 (3,12) *1,17*. Vert-le-Petit (France, 1982) : 4,50 (5,25) *3,43*. Schavinsland (All. féd., 1981) : 4,50 (3,11). Rorvik (Suède, 1983) : 4,30 (4,11) *2,73*. Inverpolly (G.-B., 1983) : 5,52 (1,87) *0,50*.

Accidents technologiques majeurs

Depuis 1982. Lieu, substances concernées, effets sur les personnes, nature de l'accident. **1982.** *Bluff Council*, U.S.A. : stockage de grains ; 5 †, 24 blessés ; explosion de poussières ; coût env. 10 millions de $. *Taft*, U.S.A. : acroléine, acide acrylique ; 17 000 évacués ; explosion. *Tacoa (Caracas)*, Venezuela (déc.) : pétrole ; 101 †, 1 000 bl. ; explosion, courant coupé à Caracas. **1983.** *Newark*, U.S.A. (janv.) : pétrole ; 1 †, 24 bl. ; débordement d'une cuve. *Hambourg*, All. féd. (juil.) : huilerie ; 2 †, 11 bl. ; explosion d'hexane. *Région de Lvov*, U.R.S.S. (sept.) : engrais potassiques ; rupture d'une digue en terre d'un dépôt de résidus potassiques (pollution du Dniestr sur 500 km). **1984.** *Nashville*, U.S.A. (avril) : méthanol ; évacuation de l'agglomération ; déraillement d'un train, explosion et incendie. *Cubatao*, Brésil (mars) : pétrole ; 90 † ; explosion d'un oléoduc. *Mondejar*, Espagne (nov.) : aérosols ; 9 † ; explosion dans un dépôt. *Mexico*, Mexique (nov.) : gaz liquéfiés ; 500 † ; explosion d'un dépôt. *Bhopal*, Inde (3-12) : usine d'insecticides ; isocyanate de méthyle ; env. 2 500 † (1 754 veuves), 320 000 affectés (14 000 très atteints) ; nuage toxique (Union Carbide a offert 350 millions de $ de dédommagement). **1985.** *Karlskoga*, Suède (janv.) : oléum ; 20 hospitalisés (irritations) ; nuage acide au-dessus de la ville. *Cologne*, All. féd. (janv.) : pétrochimie ; 26 bl. ; explosion. *Bahia Blanca*, Arg. (mars) : stockage de grains ; 20 † ; explosion de poussières. *Westmalle*, Belgique (mars) : chlore ; 25 hospitalisés ; nuage toxique. *Région de Johannesburg*, Afr. du S. (mars) : dynamiterie ; 5 †, 25 bl. ; explosion. *Région de Djakarta*, Indon. (mars) : ammoniac ; 130 bl. ; nuage toxique. *Banchung*, Indon. (mars) : dépôt de munitions ; 18 † ; explosion. *Rinteln*, All. féd. (mai) : phosphine ; 3 †, 1 bl. grave ; intoxication par un gaz désinfectant. *San Roque*, Espagne (mai) : pétrole ; incendie de 2 pétroliers, marée noire. *Tesero*, Italie (juil.) : boues de décantation d'une mine ; env. 200 † ; rupture d'une digue.

Bruit

Définitions

Son. Dû à une variation de la pression régnant dans l'atmosphère. **Bruit.** Ensemble de sons provoquant une sensation désagréable. *Bruit le plus violent de l'histoire* : l'explosion du volcan Krakatoa (Indonésie) 26/28-8-1883, perçue jusqu'à 5 000 km.

Niveau sonore. *Puissance acoustique W* : énergie libérée par unité de temps par une source sonore, exprimée en watts (W). *Intensité acoustique P* : puissance W dissipée par unité de surface, exprimée en watts par m² (W/m²). *Pression acoustique* : différence entre la pression instantanée de l'air en présence d'ondes acoustiques et la pression atmosphérique ; p = pression instantanée — pression atm., exprimée en pascals (Pa). L'oreille est sensible à des pressions allant du seuil minimal de perception (2.10^{-5} Pa) au seuil de douleur (20 Pa).

Bruit routier. *Leq* : 8 h-20 h. Niveaux sonores moyens émis par des véhicules circulant à 50-60 km/h dans une rue de centre urbain, de 12 à 15 m de largeur [nombre de véhicules/h, entre parenthèses niveau sonore leq (1 h) en dB(A), et débits journaliers approximatifs] *100 v/h* (63 dB) 1 500 /j ; *500* (70) 7 500 ; *1 000* (73) 15 000 ; *2 000* (76) 30 000. Diviser le trafic par 2 n'apporte qu'une réduction de 3 dB(A).

Fréquence. Nombre d'évolutions par seconde autour d'une position moyenne des molécules d'air agitées par la variation de pression. Permet de définir *la hauteur* (du grave à l'aigu) exprimée en hertz (Hz) égale à un battement par seconde.

Spectre. Les différentes fréquences d'un son complexe permettent de définir sa composition (le timbre), l'oreille peut distinguer des sons de même hauteur venant de sources différentes, par ex. les notes du violon et de la flûte.

Indices. Statistiques : correspondant à des niveaux atteints ou dépassés pendant un % déterminé du temps. Ils permettent notamment d'approcher *le bruit de crête* (niveau L1 dépassé 1 % du temps) et *le bruit de fond* (niveau L 95 dépassé 95 % du temps). **Énergitiques :** ainsi le Leq correspond à la moyenne de l'énergie sonore pendant un temps donné.

Évaluation physiologique

Décibel. Entre le seuil de perception, 2.10^{-5} Pa et le seuil de douleur (20 Pa), le rapport est de 1 million. Physiologiquement, la perception du niveau sonore est proportionnelle au logarithme de l'intensité de l'excitation. Ainsi, quand l'énergie acoustique est multipliée par 10, la sensation sonore n'est augmentée que d'une unité, le bel ; dans la pratique, on utilise le décibel (dB).

Formule exprimant le niveau de pression. Niveau en décibels : $LP = 20 \log \frac{P}{Po}$.

Les niveaux sonores de 2 ou plusieurs sons ne s'additionnent pas selon l'arithmétique classique. L'émission sonore de 2 trompettes est 2 fois plus forte que celle d'une seule, mais le niveau sonore n'augmente que de 3 dB (limite de sensibilité de l'oreille à 1 000

Hz : 1 dB). 80 dB + 80 dB = 83 dB. L'émission de 10 trompettes multiplie par 10 l'émission sonore, mais le niveau sonore n'augmente que de 10 dB, ce qui correspond à un doublement de la sensation auditive (le son est « ressenti » comme 2 fois plus fort). Quand 2 sources qui émettent simultanément ont des niveaux sonores très différents, l'une *masque* l'autre : lorsque la différence est supérieure à 10 dB, le niveau résultant est égal au plus grand des deux. 60 dB + 70 dB ← 70 dB.

Décibel A dB (A). L'oreille humaine n'a pas la même sensibilité suivant la fréquence dans l'ensemble du domaine audible : pour une même intensité, sons graves et aigus sont moins bien perçus que les sons intermédiaires (médiums). Le niveau sonore exprimé en dB est corrigé dans les appareils de mesure du bruit pour tenir compte de cette particularité, par un filtre de pondération.

Propagation du bruit

Aspects physiques

• **Distance.** *Cas d'une source ponctuelle :* l'atténuation géométrique du niveau de pression est de 6 dB par doublement de la distance. On passera ainsi par exemple de 86 dB à 80 dB entre 10 m et 20 m, puis à 74 dB à 40 m. *Cas d'une source linéaire* (ex. : file de véhicules sur une route) : la variation est de 3 dB chaque fois qu'on double la distance d'observation. Par ailleurs, une partie de l'énergie sonore se dissipe dans l'air et l'amplitude de l'ébranlement décroît au fur et à mesure de l'éloignement à la source.

• **Facteurs divers. Vent.** Il peut provoquer des écarts allant jusqu'à 6 dB (A) entre des points situés à une même distance d'une source. Mais, sur de longues périodes, la dose de bruit perçu varie peu d'un point à un autre, en dehors de vent très largement dominant. **Température.** Les sons se propagent d'autant plus facilement que la température de l'air est élevée. Une modification de la décroissance des températures en fonction de la hauteur au-dessus du sol (inversion entre l'été et l'hiver, entre le jour et la nuit par ex.) se traduit par un changement sensible de la propagation des bruits et peut provoquer des écarts de niveaux sonores allant jusqu'à 5 dB (A) pour une même source en un même point. **Sol réfléchissant** (parkings, surface en béton, plan d'eau...). Le bruit décroît moins rapidement en fonction de la distance qu'à proximité d'un sol absorbant (pelouses et plantations, jardins, terre labourée, etc.). Les écarts peuvent aller jusqu'à 5 à 6 dB (A) pour un récepteur situé à 50 m. **Végétation.** Il faut 10 m de *végétation dense,* avec des feuilles, pour réduire le bruit de 1 dB (A). L'effet de la végétation en milieu urbain est sensible : elle absorbe une partie des fréquences aiguës et modifie la perception du bruit.

• **Catégories de bruits et remèdes.** *Bruit aérien :* parois de masse élevée ou composite ; *d'impact :* dalle flottante ou revêtement de sol souple ; *d'équipement :* désolidarisation et silencieux ; *de l'extérieur :* châssis étanches, vitres épaisses, doubles fenêtres.

Murs : un vide entre 2 murs indépendants empêche la transmission des vibrations. On peut doubler les parois de l'un des locaux par des plaques de plâtre de 10 à 25 mm d'épaisseur, avec un écart de 50 mm, rempli aux 2/3 de fibres minérales. Un matériau absorbant (liège, tentures) sur les murs ne protège pas des bruits venant des appartements mitoyens. Le mobilier (tapis, sièges, armoires, lit, etc.) permet d'atténuer les bruits émis à l'intérieur de la pièce.

Toiture (peu étanche) : la doubler de vermiculite ou de fibres minérales (150 mm).

Réduction en dB (A). *Béton* (18 cm) 50 à 55 dB (A). *Briques* pleines (11 cm avec enduit) 44. *Verre* multiple (4-6-10 mm d'épaisseur, lame d'air faisant 6 mm sur menuiserie étanche) 35 ; 10 à 15 pour les basses fréquences (bruit de la circulation). *Plâtre (carreaux)* pleins (7 cm) 34, creux 32. *Porte :* palière 25 à 35 ; intérieure 15 à 20. *Fenêtres* doubles 40 à 45 [le bruit routier, ayant des composants sonores de forte intensité aux basses fréquences, n'est guère arrêté par le double vitrage].

Contrôle. Si l'isolation acoustique d'un logement neuf n'est pas suffisante (voir arrêté du 14-6-1969 modifié par l'arrêté du 22-12-75 ; arrêté du 6-10-78, modifié par l'arrêté du 23-2-83) et si la demande du permis de construire a été déposée après le 1-7-1970, demander un contrôle à un laboratoire agréé par le ministère de l'Équipement : l'I.N.C. prendra à sa charge 50 % des frais de contrôle, le coût total étant de 4 000 F.

Dep. le 1-1-79, le 1er occupant d'un logement neuf peut se retourner contre le vendeur dans les 6 mois après sa prise de possession des lieux s'il y a non-conformité acoustique.

Effets sur l'organisme

Oreille. Voir Index.

Système nerveux. L'individu soumis dans la journée à une intense activité auditive ne recevra pas sans danger des perturbations sonores pendant son sommeil (un fonds sonore de 30 dB (A) peut empêcher de dormir. 60 dB réveillent la moitié des personnes). Il ne pourra plus réparer correctement sa fatigue nerveuse diurne et risquera de tomber alors dans un processus insomniaque.

Troubles du sommeil. 1re partie : le sommeil présente une prépondérance des stades de sommeil lent ou profond et assure la réparation physique. *2e partie :* période de rêves, plus grande ; réparation nerveuse grâce à une activité électrique intense ; le sommeil est relativement léger, les bruits peuvent entraver la réparation du système nerveux.

Système cardio-vasculaire. Le diamètre des vaisseaux et artères diminue au niveau des membres ; la pression artérielle augmente.

Système respiratoire. Essoufflement et impression d'étouffement.

Appareil digestif. Les glandes chargées de fabriquer ou de réguler des éléments chimiques fondamentaux pour notre équilibre général sont touchées (surrénales, hypophyse...).

Niveau sexuel. Chutes de fécondité chez des populations soumises à des bruits importants [80 à 90 dB (A)].

Réglementation en France

• **Habitation. Objectif à respecter** pour les voies nouvelles du réseau national 65 dB (A) en façade des immeubles existants (60 dB (A) étant recherché dans les zones résidentielles calmes et 70 dB (A) pouvant être accepté dans certains cas marginaux). Les équipements collectifs : ascenseurs, chaufferies, vide-ordures, etc., ne doivent pas engendrer + de 30 dB (A) dans les pièces principales des logements (arrêté du 14-6-1969 sur l'isolation acoustique des habitations).

Dans les propriétés, les locaux d'habitation, leurs parties communes et leurs dépendances, toutes précautions doivent être prises pour ne troubler ni les occupants, ni le voisinage par des bruits tels que ceux provenant de l'usage d'instruments de musique, d'appareils de diffusion sonore, d'appareils ménagers ou d'appareils sanitaires, de moteurs ainsi que ceux résultant du port de chaussures ou de la pratique d'activités ou de jeux non adaptés à ces lieux. Aucun bruit ne doit être audible du voisinage entre 22 h et 7 h (art. 102-4 du Règlement sanitaire de Paris). Selon la commission technique d'étude du bruit du min. de la Santé (21-6-1963) : « La nuisance est incontestable dans les pièces habitables lorsque l'augmentation d'intensité sonore, produite par un bruit perturbateur, par rapport à la valeur minimale du bruit ambiant, dépasse + 5 dBA le jour et + 3 dBA la nuit. »

• **Transports. Avion.** On exprime le niveau de bruit perçu par le PNdB (perceived noise decibel). En tenant compte de la durée de perception du passage de l'avion, variable selon la position de l'auditeur par rapport à la trajectoire on a l'EPNdB (effective perceived noise decibel). Actuellement, les moteurs des avions de la 3e génération (dont *airbus*) sont à fort « taux de dilution ». Leur spectre comporte des fréquences plus élevées qui s'amortissent plus facilement dans l'atmosphère que les sons basse fréquence des moteurs « simple flux » perçus à grande distance. **Bruit au décollage** *(bruit à 6 500 m du point de départ de l'avion sur la piste) en EPNdB et entre parenthèses, bruit à l'approche de* **l'atterrissage** *(à 2 000 m du point où se pose l'avion) : Caravelle 3* (simple flux) 104 (111). *B 707-320 B* (double flux, faible dilution) 113 (118). *Mercure* 100 A (double flux, faible dilution) 96 (108). *B 727-200* 100 (109). *Airbus A 300 B2* (double flux, forte dilution) 88 (101). *B 747-200* (double flux, forte dilution) 108 (107). **Passage en vol horizontal [bruit en dB(A)].** *Monomoteur 600 kg :* 62 à 68. *1 000 :* 68 à 76. *1 500 :* 77 à 82. *3 000 :* env. 82. *Bimoteur 3 000 :* 82 à 90.

Trains. Niveau de pression acoustique au passage. Vitesse en km/h, son en dB (A) mesurés à 7,50 m et entre parenthèses 50 m. *Rapides 200 km/h :* 104 (93). *Express 160 :* 102 (91). *Messageries 120 :* 100 (88). *Marchandises 100 :* 97 (86). *T.GV. 260 :* 103 (92).

Véhicules. Niveau limite en dB (A) selon les catégories et entre parenthèses propositions fr. pour la nouvelle directive (à partir de 1988). A1 (voitures particulières) (77). **A2** (autres véhicules poids max. en charg. inf. à 3,5 t) 81 (77 à 79). **A3** (transport en commun : – de 35 t) autobus 82 (80), autocars 84 (80). **A4** (v. utilitaires + de 3,5 t) 86 (81 à 83). **A5** (tr. en commun, moteur 200 CV ou +) autobus 85 (83), autocars 87 (85). **A6** (v. utilitaires + de 12 t, moteur 200 CV ou +) 88 (84). **C1** (2 roues) cyclomoteurs 72, moto (5 cat. selon cylindrée) 78 à 86 (77 à 80). **C2** (2 roues) cyclomoteurs 73, tricycles et quadricycles à moteurs 80. – Aucun véhicule neuf ne devrait dépasser 80 dB (A), en 1990. – Au-delà de 80 km/h, le bruit de roulement peut représenter 70 % du bruit global rayonné par une voiture.

• **Plaintes.** On peut faire faire un constat par huissier et réclamer à l'auteur du bruit des dommages et intérêts devant le tribunal d'instance. *Sanctions :* amendes de 300 à 600 F, et/ou 4 j max. de prison pour les particuliers ; 500 000 F et 6 mois pour les ind. soumises à réglementation.

Services officiels. *Min. de l'Intérieur.* Direction gén. des collectivités locales, 4, rue d'Aguesseau, 75008 Paris. *Min. de l'Environnement.* Dir. de la prévention des pollutions - Mission Bruit, 14, bd du Gal-Leclerc, 92522 Neuilly. *Centre d'information et de documentation sur le bruit* (C.I.D.B.), 4, rue du Beffroy, 92000 Neuilly.

PARIS : *bruits de voisinage, d'origine industrielle ou de chantiers :* Préfecture de police, Direction de la prévention et de la protection civile, 12, quai de Gesvres. *Circulation et tapages nocturnes :* commissariat d'arrondissement. PROVINCE : *Bruits de voisinage et sur la voie publique :* police, gendarmerie ou maire. *Bruits d'une installation industrielle ou artisanale :* préfecture (mise en place d'un département de bruit avec un chargé de mission pour l'environnement, service des nuisances ou bureau de l'environnement).

Populations exposées au bruit

• **Dans les pays de l'O.C.D.E.** (1980). 16 % env. de la population vivent dans des zones exposées à des intensités de bruit à la limite de l'acceptable [65 dB(A) en façade exprimés avec l'indice Leq diurne]. 50 % sont exposés à un niveau sonore supérieur à la limite de confort [55 dB(A) en façade]. Certains pays sont particulièrement bruyants tel le Japon, d'autres particulièrement silencieux telle la Norvège. La France est dans la moyenne.

En France. Population (en millions, 1980) habitant des zones exposées et % exposé à des niveaux de bruits extérieurs diurnes [Leq (6 h-22 h) dB (A)]. *Zones urbaines A :* 200 000 à 2 000 000 hab. ; *B :* 20 000 à 200 000 hab.

	Pop.	55 dB (A)	60 dB (A)	70 dB (A)	75 dB (A)
Paris	2,3	84	64	48	20
– agglom.	8,5	78	52	28	7
Zones A	10,3	68	51	23	8
Zones B	11,6	70	50	30	9

Plaintes. 56 % des Français placent le bruit au 1er rang des gênes qu'ils subissent. 42 % se plaignent du bruit dans leur logement. 70 % des hab. des villes de + de 10 000 hab. se déclarent un peu ou beaucoup gênés [39 %, des villes de 50 000 à 100 000 hab. 61 %, des occupants de H.L.M. ou I.L.N. 29 %, des occupants de pavillon]. Les services publics enregistrent 100 000 plaintes par an.

Bruits les plus souvents cités (jour et, entre parenthèses, nuit) : circulation auto et ferroviaire 60,6 (43,7). Bruits de 2 roues 49 (37,3). Bruits des voisins 34 (25,4). Bruits intérieurs 19,8 (13,6). Animaux 13,6 (8,6). App. ménagers 9,2 (3,3).

Coût du bruit (1983-84). 100 milliards de F env. dont coût médical env. 25 [sans tenir compte des effets secondaires comme les retards scolaires, les « accidents » (blessés et morts) dus à la violence engendrée par le bruit]. *Lui seraient imputables :* 11 % des accidents du travail, 15 % des journées de travail perdues, 20 % des internements psychiatriques.

Recueil des textes relatifs au bruit (Journal officiel, 26, rue Desaix, 75732 Paris Cedex 15). Le Maire et le Bruit Carnet nº 6 (C.I.D.B. 4, rue du Beffroy 92000 Neuilly).

Services spécialisés. *Institut de recherche des transports,* Centre d'évaluation et de recherche des nuisances (IRTECERNE), 109, av. Salvador-Allende, 69672 Bron. *Centre d'études des transports urbains* (CETUR), 8, av. A.-Briand, 92220 Bagneux.

Associations. *Ligue française contre le bruit,* 23, rue de Madrid, 75008 Paris, 4 600 adh. *Ligue méridionale contre le bruit,* 8, rue Pierre-Curie, 13100 Aix-en-Provence. *Association de défense des victimes de troubles de voisinage,* 8, allée de la Forêt, 78170 La Celle-St-Cloud, 46 500 adh. *Comité national d'action contre le bruit* (C.N.A.B.)-*S.O.S. Environnement,* 31, rue d'Enghien, 75010 Paris, 1 500 adh. **Organisations techniques.** *Centre scientifique et technique du bâtiment,* 4, av. du Recteur-Poincaré, 75782 Paris Cedex 16. *Synd. de l'ingénierie acoustique* (S.I.A.C.), 8, rue de Navarre, 75008 Paris. *Comité fr. pour l'isolation,* 4, rue Cimarosa, 75016 Paris. *Association française des ingénieurs et acoustique architecturale et industrielle (A.F.I.A.),* Maison de l'Ingénierie : 3, rue Léon-Bonnat, 75016 Paris. *Syndicat nat. de l'isolation (S.N.I.),* 10, rue du Débarcadère, 75017 Paris.

Pollution de l'air

Principaux polluants

- **Atmosphériques radioactifs.** Krypton 85 émis par les centrales nucléaires (période : 10 ans) ; radon par la décomposition du thorium 230 (p. : 80 000 ans). Voir plus bas.

- **Gazeux. Monoxyde de carbone (CO) :** le plus répandu. Se produit dans toute combustion incomplète quel que soit le combustible. Incolore, inodore, il diffuse très facilement. Responsable d'intoxications souvent mortelles dans les habitations. *Principales sources :* appareils à combustion (voir pollutions intérieures), véhicules.

Locaux d'habitation : principal polluant, monoxyde de carbone (CO) (à Paris, de janv. à mars 1985 : 21 † et 50 hospitalisés). *Causes :* appareils de chauffage, de production d'eau chaude et de cuisson défectueux (défaut d'entretien ou mauvaise installation). L'utilisation prolongée d'un chauffe-eau à gaz non raccordé à un conduit d'évacuation et la mise au ralenti d'un appareil de chauffage à charbon ou au bois par temps doux entraînent souvent des accidents. S'inquiéter en cas de maux de tête, fatigue générale, nausées, étourdissements, syncopes. Entretenir et faire réviser les appareils périodiquement, dégager les orifices de ventilation, ramoner chaque année. Les orifices de ventilation des pièces doivent être dégagés. L'utilisation dans des locaux d'habitation d'appareils de chauffage de fortune (brasero, panneau radiant...) est dangereux.

Anhydride sulfureux ou dioxyde de soufre (SO_2) : émis principalement lors de la combustion (surtout dans les centrales thermiques, les chaudières industrielles et les chauffages domestiques) du fuel et du charbon, du gas-oil par les diesels, du raffinage des pétroles. **Hydrogène sulfuré (H_2S) :** toxique et malodorant [l'industrie en dégage relativement peu : 3 % (sauf dans certaines zones limitées), par rapport au dégagement naturel des fermentations anaérobies].

Nota. — En 1980, 24 % du SO_2 rejeté provenait de l'industrie des pays de l'OCDE.

Mercaptans (odeur très désagréable).

Gaz carbonique (CO_2) : constituant naturel de l'atmosphère, pas de pollution chimique, mais effet de serre entraînant le réchauffement de l'atmosphère (modification des climats, fonte de la banquise...) ; sa concentration augmente d'env. 2 % en volume en 10 ans (combustion de charbon, gaz, pétrole). *Taux dans l'atmosphère. 1860 :* 280 parties par million, *84 :* 340, *2 020 (prév.) :* 680. Plus le taux de CO_2 est élevé, plus la croissance des arbres est rapide (effet de serre autour de la Terre).

Hydrocarbures et aldéhydes : dégagés lors d'une combustion incomplète (moteurs, appareils de chauffage). Des émissions de formaldéhyde (formol) peuvent se produire dans les locaux d'habitation suite à la décomposition de colles ou de mousses d'isolation utilisées dans la construction. Les carbures éthyléniques interviennent dans le smog photochimique ; les hydrocarbures aromatiques (benzopyrène, fluoranthrènes) ont des effets cancérigènes. *Émissions d'hydrocarbures (1983) :* 2 310 000 t (causes %) solvants 42, transports 38, l'industrie 20.

1985	Émissions (milliers de t)	Responsabilité des différents agents				
		Habitat tertiaire	Agriculture Industrie	Centrales thermiques	Transports essence	Transports gazole
Dioxyde de soufre	1 716	13 %	54 %	27 %	0,5 %	5,5 %
Oxydes d'azote	1 600	7 %	12 %	9 %	40 %	32 %
Particules	193	9 %	31 %	26 %	4 %	30 %
Monoxyde de carbone [1]	6 420	12 %	20 %	–	62 %	6 %

Nota. — (1) 1983.

Dioxyde d'azote (NO_2) : jaune, réagit avec les hydrocarbures éthyléniques aux ultraviolets, provoquant les smogs photochimiques. Les combustions à haute température (moteurs de voitures, chaudières) produisent du monoxyde d'azote (NO) qui donnera avec l'oxygène de l'air du NO_2, qui pourra avec la vapeur d'eau donner de l'acide nitrique HNO_3.

Smogs photochimiques. Produits par des réactions complexes entre divers polluants (hydrocarbures éthyléniques, oxydes d'azote) en présence d'une forte lumière solaire (ex. à Los Angeles). **Principaux composants :** *ozone ; peroxy-acétyl-nitrates* (P.A.N. : combinaison d'un ion organique avec le dioxyde d'azote) ; *polluants chlorés* (chlore et acide chlorhydrique), surtout émis par les usines de synthèse, incinération des déchets. *Fluors et polluants fluorés* (rejetés par les usines d'aluminium, d'engrais phosphatés, les tuileries et briqueteries, ateliers de peinture et de verres textiles, la combustion du charbon).

Nota. — L'état gazeux ou sous forme de fines particules, divers métaux et métalloïdes sont toxiques pour l'homme (cancérigènes et mutagènes, lésions rénales et hépatiques, troubles du système nerveux central) : ex. : arsenic, béryllium, cadmium, plomb, mercure. Voir p. 1503.

L'amiante

Utilisation. Produits à base d'amiante ciment, garnitures de friction (freins, embrayages), bardeaux synthétiques des toitures, isolants thermiques, matériaux ignifuges pour navires et grands immeubles. Certains talcs contiennent naturellement des fibres d'amiante (ce n'est pas le cas des variétés utilisées en France). *Filtres alimentaires* à base d'amiante sont interdits en France.

Conséquences. L'inhalation d'amiante augmente le risque de cancer (mésothéliome...) et de fibrose du poumon (asbestose...). Ces maladies très graves surviennent 20 à 40 ans après l'exposition. *Risques :* professionnels (ouvriers de l'amiante) ; séjour dans des locaux où l'amiante a été mal appliqué ; voisinage industriel (à long terme).

Réglementation. L'exposition des travailleurs à l'amiante est réglementée. Des normes sont imposées pour les rejets dans l'air des usines (0,1 mg/m³), réduisant ainsi d'un facteur 100, les émissions.

- **Liquides. Aérosols** (fines particules liquides ou solides en suspension). *Origines diverses :* combustions, mines et carrières, cimenteries, industries métallurgiques, du bâtiment, du plomb amiante, fer, aluminium, zinc, vanadium, mercure, béryllium, fluorures, poussières siliceuses, suies, arsenic, etc.

Bombes aérosols : elles peuvent contenir, comme pulseurs de l'air, de l'azote, du dioxyde de carbone, des hydrocarbures (butane, propane) ou des chlorofluoro-carbones. Ces derniers modifieraient la couche d'ozone de l'atmosphère [leur utilisation a été réduite de 30 % fin 1981 par rapport à 1976 (et interdite aux U.S.A.)]. En 1974, un calcul laissait penser que si leur production se poursuivait au même rythme (500 000 t par an), la couche d'ozone diminuerait de près de 7 % en 50 ans. Dans ce cas, le bombardement ultraviolet au sol deviendrait plus intense, provoquant une augmentation sensible du nombre des cancers de la peau : en 1983, les prévisions retenues sont d'env. 1 %, tandis que les prélèvements n'indiquent aucune diminution de teneur dans la stratosphère. Un groupe de l'ONU étudie les problèmes posés par émissions terrestres sur la couche d'ozone.

Pluies acides. Dues surtout aux émissions de dioxyde de soufre et ensuite à celles d'oxydes d'azote. Ces polluants sont oxydés au cours de leur transport dans l'atmosphère sur des distances pouvant atteindre plusieurs milliers de km et retombent sous forme d'acides sulfurique (H_2SO_4) et nitrique (HNO_3). En outre, les oxydants photochimiques agissent directement sur la cuticule des feuilles et sur les aiguilles des arbres, favorisant ainsi la pénétration des polluants acides.

Effets

- **Sur le climat.** Ensoleillement réduit (parfois de 50 % en hiver), précipitations plus nombreuses. Les concentrations importantes s'observent souvent dans les mêmes conditions que celles qui provoquent les brouillards hivernaux liés à l'inversion de température (couche d'air froid au sol surmontée d'une couche d'air chaud) qui empêche l'évacuation des polluants par convection naturelle. Seules des réductions très importantes des émissions dès qu'apparaissent et persistent ces conditions peuvent y remédier. **Sur les plantes.** Notamment : gaz sulfureux, fluor (ex. les forêts résineuses des vallées de montagnes sont très sensibles), dioxyde d'azote, P.A.N., ozone, éthylène et ses oxydes. **Sur les animaux.** Fluor, plomb. **Sur l'homme.** Aggravation des troubles cardio-vasculaires, respiratoires, maladies pulmonaires (bronchite chronique, emphysème, asthme, cancer du poumon), effets de mutations (notamment à cause du benzopyrène et des dérivés organiques de l'azote). [*Principaux accidents :* Londres (5/9-12-1952) où le smog provoqua 4 000 décès, vallée de la Meuse (1930), Donora (Pennsylvanie, oct. 1948)].

- **Sur les monuments.** Pierres attaquées, façades encrassées, oxydation des parties métalliques. **Sur les sols.** Acidification des terres et des lacs pouvant aller jusqu'à la stérilisation.

- **Sur les espaces verts.** Un hectare d'arbres fixe 50 tonnes de poussière par an ; un hectare de pelouse capte 1 000 m³ de carbone provenant de la photosynthèse de 2 400 m³ de gaz carbonique. *Forêts atteintes :* Tchécos. 60 %, All. dém. 60, All. féd. 50, Autriche 38, Suisse 34 de conifères, France [1985 (rapport ONF) provisoire. *Résineux les plus touchés :* sapin, épicéa, pin-sylvestre. *% d'arbres atteints* (ayant perdu plus de 25 % de leurs aiguilles = stade 3 et plus) : Alsace : 23, Lorraine : 14, Rhône-Alpes : 15, Auvergne : 12, Franche-Comté : 10, Ile-de-France : 4, Cévennes : 4].

En France

Mesures prises

- **Établissements.** La loi de 1917 sur les établissements classés dangereux, insalubres ou incommodes a été refondue par la loi du 19-7-1976 sur les installations classées pour la protection de l'environnement. Elle soumet à des procédures d'autorisation (avec enquête publique) ou de déclaration les usines, les grands élevages, et plus généralement les installations publiques ou privées qui pourraient entraîner des dangers ou des inconvénients importants. Elle les oblige à mener au préalable une *étude d'impact* permettant d'apprécier les conséquences d'une éventuelle atteinte au milieu naturel.

Il y a 50 000 installations soumises à autorisation et 400 000 à déclaration. On enregistre chaque année 1 600 autorisations et 10 000 déclarations. Les préfets peuvent arrêter certaines usines en cas de pollution grave. 400 inspecteurs surveillent les installations sources de pollution. La teneur maximale des émissions autorisées est fixée cas par cas. Des zones de protection spéciale ont été créées (Région parisienne, Nord, Lyon, Marseille). Une est en cours de mise au point à Strasbourg.

Nota. — **Plan Orsec Tox.** Organisation des secours en cas de pollution toxique. Créé en 1973. Pour les industries dangereuses : instruction Orsec Risques technologiques de 1985.

- **Véhicules.** Émissions réglementées et vérifiées au cours d'une épreuve d'homologation, contrôlées sur les voies publiques. Les moteurs à essence doivent

Radioactivité

• **Principaux radioéléments. Naturels.** Potassium 40 (isotope radioactif présent en proportion constante dans le potassium naturel), l'uranium et ses descendants (radium 226, radon 222), le thorium 232 et ses descendants. Leurs activités varient suivant par exemple les conditions météo (cas du radon 222 dans l'air) et la nature du sous-sol (cas de l'uranium et du radium 226 dans les eaux souterraines).

L'homme est plongé dans un bain de rayonnement naturel, qu'il s'agisse de l'exposition externe (sources telluriques, rayonnement cosmique) ou de l'exposition interne résultant de l'incorporation normale de radioéléments naturels (potassium 40, radium, radon, etc.). Cette exposition varie (de 1 à 10 ou +) d'un lieu à l'autre, en particulier en fonction de l'altitude et de la composition des terrains. Le potassium radioactif contenu naturellement dans chaque organisme humain provoque à lui seul plus de 200 000 désintégrations radioactives par minute et pendant son existence.

Artificiels. Viennent des tests nucléaires atmosphériques et des rejets d'effluents liés au fonctionnement des centres nucléaires et aux utilisations diverses des radioéléments (hôpitaux, centres de recherches,...). La part de l'exposition de l'homme due à la radioactivité d'origine artificielle est très faible.

• **Radioactivité atmosphérique. Air au niveau du sol.** *Activités moyennes/an (picocuries par m³, 1981 et entre parenthèses 1963).* Activité totale 0,084 (2,8). Strontium *90 :* 0,0011. Césium *137 :* 0,0054.

• **Radioactivité des eaux. Eaux superficielles.** Le strontium 90 et le césium 137 présents actuellement dans les cours d'eau viennent en grande partie des retombées. Les activités se maintiennent à des niveaux très faibles ; dans les grands fleuves *Strontium 90 :* 0,20 à 0,57 pCi/l. *Césium 137 :* aucune activité significative observée en 1981, sauf dans l'eau du Rhône en aval d'Avignon (< à 2,0 pCi/l). *Tritium* très faibles ; en 1981, activités moyennes < à 1 100 pCi/l.

Eaux de pluie. *Activités volumiques moy./an (picocuries par l, en 1981 et entre parenthèses 1963).* Activité ß totale : 18 (1 400). Strontium 90 < 0,38 (27). Césium 137 : < 6,8 (39).

Activités surfaciques déposées moy. (millicuries par km²/an, en 1981 et, entre parenthèses 1963). Activité ß totale : 18 (1 100). Strontium 90 : < 0,35 (22). Césium 137 < 6,8 (34).

Eaux de mer (station de Dinard). *Activités moyennes annuelles (picocuries par l en 1981).* Strontium 90 : 0,38. Césium 137 : 2.

Exposition naturelle (en millirads/an) inévitable, médicale moy. : 100 ; peintures radioluminescentes, télévision : 5 ; ind. traditionnelles : 3 ; ind. nucléaire < 1 ; retombées radioactives < 1.

Activités annuelles autorisées à être rejetées par couple de réacteurs PWR 900 MWe (en curies). *Effectifs liquides :* ensemble des radioéléments (hors tritium) 20 ; tritium 1 500. *Effluents gazeux :* gaz rares 31 000, halogènes + aérosols 1. Les rejets effectifs sont fonction des interventions subies par le réacteur et de son régime de fonctionnement. Ils n'atteignent pas le niveau des autorisations.

Activités annuelles autorisées à être rejetées par l'usine de retraitement des combustibles irradiés de La Hague (en curies). **Effluents liquides :** radioéléments (hors tritium) 46 000 dont *strontium* 90 et *césium 137 :* 6 000, *tritium* 1 000 000, *émetteurs alpha* 46. **Effluents gazeux :** *gaz autres que tritium* 13 000 000, *tritium* 60 000.

être réglés pour ne pas émettre, au ralenti, plus de 4,5 % de monoxyde de carbone ; les moteurs diesel ne doivent pas émettre de fumées noires excessives.

Carburants. *Teneur en soufre* du fuel domestique et du gazole abaissée à 0,3 % le 1-9-80 ; *en plomb* de l'essence et du super abaissée à 0,40 g/l à compter du 1-1-1981. La C.E.E. a décidé que les carburants ne devraient plus contenir de plomb (le plomb évitait les détonations) d'ici au 1-10-1989.

Pot d'échappement à conversion catalytique. Le 21-3-1985 la C.E.E. a décidé son adoption progressive, selon les cylindrées. *+ de 2 litres :* 1988-89. *Entre 1,4 et 2 l :* 1991-93. *— de 1,4 l :* 1990-91 (réduction de 50 % des émissions polluantes) ; 1993-94 le taux de réduction sera fixé en 1987.

Nota. — La 1re date correspond aux nouveaux modèles de voitures, la 2e à l'ensemble des voitures sortant des chaînes. L'application s'entend au 1-10 de l'année concernée.

Filtre antipollution. Efficace à 90 %. Coût env. 5 000 F ; consommation plus importante, moteur moins bruyant, utilise de l'essence sans plomb.

• **Adresses utiles :** *Ministère de l'Environnement,* Direction de la Prévention des pollutions, 14, bd du Général-Leclerc, 92521 Neuilly-sur-Seine. *Agence Nationale pour la récupération et l'élimination des déchets,* B.P. 406, 49004 Angers Cedex. *Agence pour la Qualité de l'air :* installée en 1982 sous la tutelle du min. de l'Environnement, Tour GAN, Cedex 13, 92082 Paris La Défense 2.

Statistiques

• **Réseaux de surveillance.** Pour l'ensemble des polluants, il y avait en 1982, 2 000 capteurs regroupés en 120 réseaux de surveillance. Certains comprennent des stations automatiques, dotées de capteurs capables de mesurer un grand nombre de polluants. Certains comme à Paris, Lille, Nantes, Marseille, Lyon, Grenoble, Rouen, Le Havre et Fos traitent en temps réel les données recueillies. Ils permettent de prévoir l'évolution de la pollution et de déclencher des alertes conduisant à des restrictions temporaires dans l'emploi de certains combustibles.

Les agglomérations de + de 500 000 h. étaient toutes dotées d'un réseau de mesure du dioxyde de soufre et de poussières ; des mesures de ces polluants étaient effectuées dans 80 % des villes de 200 000 à 500 000 h. et dans 60 % des villes de 100 000 à 200 000 h.

5 nouvelles stations de mesure implantées en 1985 dans les massifs forestiers des Vosges (Donon), Alpes du Nord (Chartreuse), Landes, Jura, Ardennes.

• **Pollution industrielle.** *4 branches principales :* combustions ind., sidérurgie, chimie et raffineries sont à l'origine de la pollution ind. de l'air. Des règlements (notamment sur les installations classées), l'application du principe « pollueur-payeur » et la concertation ont permis de réduire globalement les nuisances industrielles (à 90 % pour certaines branches). Le remplacement progressif des installations anciennes par des installations non polluantes est long (la durée de vie des installations ind. est de 30 à 40 ans, celle des matériels de 15 à 20 a.). Accidents importants tels ceux de Flixborough (G.-B., 1974), de Seveso (Italie, 1976), Bhopal (Inde, 1984).

• **Émissions totales de polluants traditionnels en France** (milliers de t, 1980). *Oxydes de soufre* (SO_x) 3 460, *particules* 278, *oxydes d'azote* (NO_x) 1 847, *monoxyde de carbone* (CO) 660. Les SO_x et NO_x participent aux précipitations acides, le CO aux problèmes posés par le CO_2, les NO_x et hydrocarbures à la pollution par les oxydants photochimiques.

• **Variation moyenne en %.** *Dioxyde de soufre, 1973 à 1983 :* — 42. *Monoxyde de carbone, 1973 à 1980 :* faible diminution (à Paris, — 50 %), dep. légère augmentation. *Poussières 1973 à 1983 :* — 40 % (rejets de cimenterie 500 g/t au lieu de 14 kg/t en 1960). Émissions de *fluor* (ind. de l'aluminium) *1971 à 1975 :* — 10 %. *Plomb* en 1981 les niveaux sont revenus à ceux de 1972, diminution correspondant à l'abaissement de la teneur en plomb des carburants (0,4 g/l à compter du 1-1-81) ; stabilité relative depuis (à Paris 7,8 mg/m³ en 1978, 3,9 en 1983).

• **Moyennes annuelles de pollution atmosphérique, en microgrammes de polluant par m³ d'air,** en 1984 [ou (1) 1983], et entre parenthèses 1974 : principalement dioxyde de soufre (SO_2). Fos-Berre (zone) 29 (56). Caen 20 (49). Dunkerque 22 (42). Le Havre 44 (66). Lille 32 (77). Lyon 55 (82). Marseille 38 (86). Nantes [1] 22 (35). Paris (ville) 57 (110), Rouen 39 (84). Strasbourg 61 (84).

Fumées noires (1983, et entre parenthèses 1975). Bordeaux 30 (52). Lille-Roubaix-Tourcoing 15 (46). Paris (ville) 46 (57). Petite couronne de Paris 35 (42). Rouen 21 (36 [1]). Depuis 1971, les taux d'acidité forte ont décru de 30 % en moyenne : Clermont-Ferrand et Lyon 49 %, Lille 48 %, Rouen 36 %, Paris 27 %.

Nota. — (1) 1979.

• **Émissions d'oxyde d'azote en France** (milliers de t). *Sources mobiles : 1970 :* 537, *80 :* 1 042, *83 :* 1 085. *Centrales d'énergie : 1970 :* 209, *80 :* 297, *83 :* 200. *Utilisation de combustibles : 1970 :* 547, *80 :* 482, *83 :* 371.

• **Émissions d'oxyde de soufre en France** (milliers de t). *Sources mobiles : 1970 :* 68, *80 :* 131, *83 :* 97. *Centrales d'énergie : 1970 :* 770, *80 :* 1 241, *83 :* 686. *Utilisation de combustibles : 1970 :* 1 622, *80 :* 1 661, *83 :* 1 116. *Procédés industriels : 1970 :* 505, *80 :* 427, *83 :* 286. *Total : 1970 :* 400, *80 :* 570, *83 :* 475.

• **Production cumulée et rejet dans l'atmosphère d'hydrocarbures chlorofluorés** (**CFC_{11}, CFC_{12}**) (de 1931 à 1983) en milliers de tonnes. *CFC_{11} :* production 5 886,5 (rejet 5 164). *CFC_{12} :* pr. 8 589,3 (r. 7 849,6).

☞ Défense de l'environnement et coût de la pollution, voir p. 1499 et 1500.

Pollution par les produits chimiques

Pesticides

Destinés à lutter contre des insectes, champignons, mauvaises herbes, bactéries... causant des déprédations aux cultures.

• **Pesticides** (produits phytosanitaires, pr. phytopharmaceutiques). Regroupent principalement fongicides (contre champignons), insecticides (contre insectes), herbicides (contre mauvaises herbes). *Inconvénients :* persistance des molécules, manque de sélectivité, capacité à s'accumuler le long des chaînes alimentaires entraînant la disparition d'espèces utiles, un déséquilibre des éco-systèmes et l'apparition de souches de ravageurs résistants à ces produits ; contamination des aliments et des nappes phréatiques, effets tératogènes et carcinogènes de certains pesticides, tels que les organochlorés.

• **Fongicides (organiques de synthèse) :** dithiocarbamates (ferbame, manèbe, mancozèbe), dérivés du benzène (peu toxiques et assez spécifiques), dérivés des quinones (peu toxiques et assez polyvalents), crotonates, phtalimides (polyvalents et peu toxiques), dérivés de la quinoléine, quinolaxines ; **bactéricides :** à base d'antibiotiques.

Particuliers : préparats biodynamiques, essences de plantes, dilutions homéopathiques, algues vertes, poudres de roches siliceuses. Agissent directement sur le parasite ou renforcent la plante. Sans précaution d'emploi, certains produits de traitements peuvent laisser des résidus dans les aliments et sont toxiques pour l'homme.

• **Herbicides (désherbants)** (env. 2 000 spécialités herbicides sont utilisées en France). Certains sont sélectifs. Ils agissent soit en détruisant directement le feuillage ; soit en pénétrant les tissus de la plante par les feuilles et interférence avec le fonctionnement métabolique ; soit en pénétrant par la racine, les qualités du sol influant sur l'action du produit. *Matières actives :* m. minérales (chlorate de soude, sulfamate d'ammonium, sulfate de fer, huiles de pétrole), ou organiques de synthèse (dérivés du phénol et du crésol), aryloxyacides, carbamates, urées substituées, diazines, triazines, amides, ammoniums quaternaires, benzonitriles, toluidines, etc.).

• **Insecticides.** *Usage :* utilisés pour traiter sol, semences, parties aériennes des plantes, denrées alimentaires stockées, locaux, bétail ; contre les insectes vecteurs des maladies humaines (moustiques). *Origine :* 2e moitié du XIXe s., on commence à utiliser les ins. chimiques d'origine minérale (acétoarsénite de cuivre contre le doryphore, acide cyanhydrique contre la chochenille, etc.), bouillie bordelaise (sur la vigne contre le mildiou, les arbres fruitiers, etc.).

Insecticides organiques de synthèse. Organo-halogénés (ou chlorés) : groupe du D.D.T. et composés voisins (y compris les carbinols) ; chlordane et composés voisins (interdits depuis 1972) ; H.C.H. (hexachlorocyclohexane) et composés voisins ; dérivés de l'essence de térébenthine. Ils ne sont pas véhiculés par la sève à l'intérieur des végétaux, mais peuvent s'accumuler dans les organismes animaux. **Organo-phosphorés :** agissant sur le système nerveux des parasites. Les uns demeurent à la surface du végétal (externes), les autres pénètrent dans les tissus végétaux et sont transportés par la sève (endothérapiques). Le 1er commercialisé a été le parathion en 1944. **Sulfones et sulfonates :** destructeurs d'acariens (petites araignées). **Carbamates :** dérivés de l'acide carbamique : fongicides et herbicides. **Acaricides divers :** dérivés benzéniques, quinoxalines, formamidines.

Insecticides microbiologiques. Champignons, bactéries, virus, rickettsies, protozoaires (ex. Bacillus thuringiensis : bactérie découverte en 1911, dont les spores provoquent des toxémies en germant dans le tube digestif des insectes ; *avantage :* innocuité pour l'homme, les vertébrés supérieurs, les abeilles et les auxiliaires naturels).

Insecticides végétaux. Roténone : extraite des racines de diverses légumineuses exotiques ; agit par contact ; on lui associe généralement la poudre de pyrèthre qui ouvre les organes respiratoires des insectes. **Nicotine :** efficacité augmentée lorsqu'elle est ajoutée à une émulsion d'huile végétale (huile blanche) ; toxique ; intérêt : se dégrade rapidement. **Alcaloïdes :** plus guère utilisés (ex. ryanodine). **Pyréthrines :** efficaces contre les insectes et les animaux à sang froid et non dangereuses pour l'homme, mais elles s'altèrent vite. Les pyréthrinoïdes de synthèse voisins des précédents demandent des précautions, compte tenu de leur rémanence particulière qui leur donne le temps de pertuber l'ensemble des insectes et d'atteindre les poissons.

Hormones

Utilisées en élevage pour accélérer la croissance et la résistance aux maladies — sont interdites par la loi du 27-11-1976 qui interdit l'administration de substances à action œstrogène aux animaux dont la chair ou les produits sont destinés à la consommation humaine. Exception : celles administrées à des femelles adultes pour assurer la maîtrise de leur cycle. Les œstrogènes naturels sont tolérés jusqu'à 0,01 mg/kg sur les animaux en âge de reproduire et jusqu'à 0,0002 mg/kg sur les veaux et autres jeunes animaux. 80 % au moins des veaux sont traités aux hormones. Un mot d'ordre de boycottage a été lancé par l'Union fédérale des consommateurs, le 11-9-1980.

Pollution chimique des aliments

On distingue 3 principales familles de contaminants chimiques des aliments.

1) Métaux lourds. Mercure : vient surtout de la consommation des poissons et crustacés : s'accumule dans le corps : peut provoquer des atteintes irréversibles du système nerveux central. Il y eut de très nombreux empoisonnements mortels en 1972 en Irak à la suite de l'utilisation à des fins alimentaires de semences de blé et d'avoine traitées avec un fongicide mercuriel (pratique criminelle ou inconsciente). **Plomb :** peut provoquer anémie et autres maladies. La plupart des aliments en renferment de petites quantités d'origine naturelle ou venant des boîtes de conserve soudées (poisson), de capsules en plomb de bouteilles, ou de fruits et légumes cultivés dans des terrains recevant des eaux d'épandage ou au voisinage d'usines de traitement de plomb. Doses hebdomadaires tolérables par l'organisme : 0,05 g par kg de poids corporel ou 3 mg pour un homme de 60 kg. Les études ont montré que le consommateur moyen dans les pays industriels ingère moins de plomb dans son alimentation que cette dose limite. **Cadmium :** peut être accumulé dans certains produits de la mer à des concentrations plusieurs milliers de fois supérieures à celles présentes dans l'eau. Il pénètre également dans la chaîne alimentaire à partir du sol. Il peut provoquer de graves maladies rénales. **Étain :** la teneur des produits alimentaires est pauvre en étain, mais les quantités d'étain sont accrues dans les denrées en boîtes de conserve en fer-blanc, la corrosion de certains emballages défectueux pouvant même entraîner des intoxications aiguës (réversibles).

2) Pesticides. L'emploi des insecticides organochlorés persistants (tels D.D.T. et dieldrine) est désormais interdit en agriculture en France et dans la plupart des États européens ; les teneurs dans les aliments diminuent donc et ne sont décelables aujourd'hui que dans les aliments riches en graisse. Ils sont maintenant remplacés par des composés organophosphorés et des carbamates plus toxiques mais laissant moins de résidus dans les denrées alim.

3) Mycotoxines. Céréales et arachides (au cours de leur récolte et de leur emmagasinage) peuvent être infectées par des moisissures. Celles-ci peuvent sécréter des produits chimiques très toxiques, comme l'aflatoxine produite par une moisissure surtout présente dans les cacahuètes.

4) Autres contaminants chimiques. Nitrosamines : se sont révélés puissamment cancérigènes chez plusieurs espèces animales. **Polychlorobiphényles :** détectés récemment dans l'environnement, avaient été utilisés industriellement ; en raison de leur rémanence, ne peuvent plus être employés que dans des conditions prévenant leur dissémination dans l'environnement. Des cas d'empoisonnement avaient été signalés au Japon après la consommation d'huile de son de riz très contaminée par des polychlorobiphényles.

Accidents graves

Seveso, 1976-*10-7* un nuage de vapeurs toxiques émanant de l'usine de produits chimiques ICMESA (filiales de Givaudan) (dioxine) s'abat sur Seveso près de Milan. Il était dû à une fuite (due à une trop forte pression) dans un réacteur chimique produisant du chlorophénol. On observera la mort de nombreux petits animaux et des « brûlures » et lésions cutanées dans la population de Seveso (36 000 h. vivaient dans la zone potentiellement contaminée, 736 durent être évacués). Au total, la firme suisse a versé 338 millions de F français pour dédommager les victimes et elle finance également les travaux de décontamination. **1982**-*24-6* directive européenne dite « Seveso » sur la prévention des accidents industriels majeurs. *-10-9* de la terre imprégnée de dioxine quitte l'Italie dans des fûts. 41 seront retrouvés en mai 1983 en France, près de St-Quentin. *Bilan :* 1 800 ha ont été contaminés à Seveso, 7 % sont encore interdits d'accès. **1983** *sept.* procès de 5 personnes faisant partie de la direction, condamnées à des peines de prison de 2 ans et demi à 5 ans. Le responsable de la production d'ICMESA avait été assassiné le 5-2-1980 par des terroristes de « Prima Linea ». **1984**-*27-11* début de l'incinération des déchets à Bâle. **1985**-*11-3* procès en appel des dirigeants [-26-6 transporteur condamné à 18 mois de prison (dont 17 avec sursis) et 100 000 F d'amende (son employé, à 6 mois de prison avec sursis et 10 000 F d'amende). La dioxine ne disparaîtra définitivement que vers 2040. Tous les cas de chloracné ont été guéris. Il y a eu davantage de cancers du foie et plus de naissances d'enfants malformés, mais il n'est pas prouvé que la dioxine en soit la cause].

Bhopal (Inde). **1984**-*3-12* usine d'Union Carbide. Fuite de gaz, isocyanate de méthyle servant à fabriquer un pesticide (Sevin). Env. 2 500 †, nombreux aveugles et problèmes respiratoires. Union Carbide possédait des usines utilisant l'isocyanate de méthyle en Floride et en France (Béziers, où l'on a arrêté en 1985 d'utiliser ce produit). Les usines dangereuses sont soumises à la législation sur les installations classées par la protection de l'environnement. Une directive européenne de 1982 (« Seveso ») harmonise les procédures applicables aux usines dangereuses en Europe (327 usines y sont soumises en France).

☞ Sur 450 000 transformateurs en service, 11 000 sont isolés et réfrigérés par du pyralène (technique utilisée jusqu'en 1983), pour remplacer l'huile jugée trop inflammable mais dégageant des toxiques dont dioxine lorsqu'il est chauffé à 300 degrés. **A Binghamton** (état de New York), *en févr. 1981*, dans un immeuble de 19 étages, un transformateur a brûlé et explosé ; sous l'effet de la chaleur, la moitié des 800 litres de liquide isolant ont été pyrolisés, l'immeuble a été condamné et ne sera plus jamais occupé.

Pollution des sols

● **Conversion des terres agricoles en terrains bâtis** (% de terres agricoles : 1960-70, entre parenthèses 1970-80). All. féd. 2,5 (2,4), Canada 0,3 (0,1), Danemark 3 (1,5), *France 1,8 (1,1)*, G.-B. 1,8 (0,6), Italie (2,5), Japon 7,3 (5,7), Pays-Bas 4,3 (3,6), Suède 1 (1), U.S.A. 0,8 (2,8).

● **Érosion des sols et désertification.** *Érosion* (perte de la couche superficielle du sol) dépend de la nature et de la structure du sol, de la couverture végétale, de la pente et des conditions atmosphériques ; elle peut être aggravée par certaines pratiques agricoles. *Désertification* (déclin et destruction de la productivité biologique des terres arides et semi-arides) peut résulter de contraintes d'origine humaine telles que cultures intensives, surpâturage, etc.

Conséquences d'ordre économique et environnemental (diminution de la capacité de production des terres agricoles, dépôts de sédiments et pollution des cours d'eau et des estuaires...).

1970-80 (en % de la superficie totale des terres) érosion et, entre parenthèses, désertification : Australie 10,7 (17,91), Canada 5,5 (0,38), Espagne (44,68), *France 8,2*, G.-B. 0,1, Grèce 37,5, N.-Zélande 33,3, Portugal (51,94), Turquie 74,1, U.S.A. 59,7 (9,98), Yougoslavie 54.

Modes de contamination

Éléments-traces (métaux et métalloïdes) [naturels, liés directement à la composition de la roche-mère originelle ou résultant des activités humaines (épandage de produits à usage agricole, dépôts de déchets, retombées atmosphériques de gaz et poussières)] et **micropolluants organiques** qui peuvent migrer vers les eaux souterraines ou être absorbés par les plantes, contaminer la chaîne alimentaire et produire sur l'homme et les animaux des effets toxiques, cancérigènes, tératogènes ou mutagènes.

Les cultures peuvent être également contaminées en éléments-traces par voie aérienne.

Éléments-traces les plus préoccupants sur le plan de l'accumulation : cadmium, mercure et plomb. Puis nickel, cuivre, zinc, chrome et sélénium toxiques pour les végétaux.

Zones critiques : *z. proches des gisements miniers ; z. ayant reçu de longue date des engrais* riches en éléments-traces (scories de déphosphoration, phosphates naturels) ; *z. de vignobles fortement traitées* au sulfate de cuivre ; *sols maraîchers et jardins familiaux* des z. urbaines et périurbaines au réseau routier important (aggl. parisienne, lyonnaise) ; *prairies le long des grands axes routiers* ; *grandes régions industrielles* (Nord, Lorraine, Étang de Berre, certaines vallées alpines...) ; *terrains d'épandage incontrôlé* de déchets depuis plusieurs décennies (eaux usées, boues de dragage, déchets industriels...) ; *sols où l'on pratique depuis longtemps l'épandage des résidus organiques* (boues d'épuration, composts urbains, effluents agro-industriels). **Surface recevant du compost urbain :** 100 000 ha [1]. *Boues d'épuration :* 60 000 ha [2]. *Lisiers de porcs* 260 000 ha [3]. *Le long des axes routiers importants :* 200 000 ha. *A proximité d'un centre industriel :* dans un rayon de 8 km, sur env. 200 km² : 400 000 ha.

Nota. — (1) On utilise par an 400 000 t de compost (7 % des ordures sont compostées). Soit 300 000 t de matière sèche (T.M.S.) à raison de 3 T.M.S./ha/an. (2) 180 000 t de matière sèche (25 % des boues sont utilisées en agriculture) à raison de 3 T.M.S./ha/an. (3) 13 millions de m³ soit 1,3 million de T.M.S. utilisé à raison de 5 T.M.S./ha/an. *Surfaces les plus concernées par la pollution d'éléments-traces en France :* env. 1 million d'ha (10 000 km²) à terme de 50 ans, soit 2 % du territoire national ou 3 % de la surface agricole utilisable, dont liés aux rejets industriels 40 %, à l'épandage de lisiers 25, la circulation routière 20, l'épandage des boues et compost 15.

☞ Voir Déchets, Récupération, p. 1314.

Mer, Rivage, Eau Pollution des eaux

☞ Voir aussi Eau à l'Index.

Eau potable

Elle doit être limpide, pure, dépourvue d'odeurs, de substances toxiques et de microbes et virus pathogènes.

Normes européennes (15-7-1980). Concentration maximale admissible (en mg/l) : résidus secs 1 500, fer 0,2, manganèse 0,05, sulfates 250, détergents anioniques 0,2, nitrates 50, ammonium 0,5, fluor 1,5, phénols 0,0005, arsenic 0,05, cyanures 0,05, cadmium 0,005, chrome 0,05, plomb 0,05, sélénium 0,01, mercure 0,001, magnésium 50, potassium 12, aluminium 0,2, nitrite 0,1, nickel 0,05, antimoine 0,01, azote 1, pesticides 0,0005. 80 % des maladies du monde sont liées à la mauvaise qualité de l'eau potable.

Effets de la pollution des eaux

Sur la vie animale et végétale dans l'eau. Le développement de la vie animale et végétale dans l'eau est lié : *1°) à la pénétration de la lumière* qui, grâce à la photosynthèse, permet aux organismes végétaux de fabriquer de la matière vivante à partir de l'énergie solaire, du gaz carbonique et des sels minéraux. *2°) à la richesse de l'eau en éléments nutritifs.* Ce n'est qu'au voisinage des côtes que les conditions optimales sont remplies. Mais c'est là aussi que les pollutions affectent le plus le milieu marin. Les *rejets organiques* peuvent asphyxier les zones de frayères et les nurseries, zones essentielles pour la vie aquatique. Conduit à la formation de vases réductrices toxiques pour plantes et animaux marins. *Matières en suspension :* réduisent la pénétration de la lumière (et donc la photosynthèse) ; colmatent les appareils respiratoires des poissons. Certains composés, non toxiques pour les 1ers échelons de la « chaîne alimentaire », peuvent se concentrer dans les êtres vivants des échelons suivants et atteindre ainsi, par bioaccumulation, un niveau de toxicité élevé, préjudiciable à la vie des êtres marins ou à la santé des consommateurs.

Les organismes marins peuvent concentrer des produits toxiques par *filtration :* pollution bactérienne accumulée dans les mollusques élevés dans des zones insalubres ; par *accumulation alimentaire :* les poissons peuvent accumuler les métaux lourds et les composés organochlorés (baie de Minamata au Japon : 79 morts et 600 pêcheurs intoxiqués par du méthylmercure). Les rejets urbains non traités recèlent de nombreux micro-organismes, généralement inoffensifs pour les animaux marins, mais ces virus et bactéries sont dangereux pour l'homme.

Sur l'homme. Par absorption accidentelle d'eau polluée ou contact. **Bactéries :** infections gastro-intestinales épidémiques et endémiques (fièvre typhoïde, choléra). **Virus :** infections virales, hépatite épidémique, inflammation des yeux et de la peau chez les nageurs. **Protozoaires et métazoaires :** amibiase et autres infections parasitaires. **Métaux :** intoxication par le plomb, le mercure, le cadmium (par les chaînes alimentaires), l'arsenic (maladie dite blackfoot). **Nitrates :** changements dans la molécule de sang (perturbation de son oxygénation), troubles digestifs, gastro-entérites, méthémoglobinémie (altération du sang des bébés par manque d'oxygène). Une eau chargée en nitrates (50 à 100 mg/l) est déconseillée aux femmes enceintes et pour la préparation des biberons. **Fluorures :** marbrures de l'émail dentaire en cas d'excès. **Pétroles, phénols, solides dissous :** diminution de la potabilité de l'eau.

☞ Depuis la catastrophe de Minamata au Japon, on vérifie en France que les poissons vendus pour la consommation ne contiennent pas plus de 0,5 milligramme de mercure par kilo. Une enquête a montré que l'on trouve parfois des doses plus fortes (0,6 ou 0,7) sur des thons ou des lieus. On peut trouver aussi du mercure dans la volaille (dinde, dindonneau, pintade, canard), les champignons de Paris en boîte, les cacahuètes, les groseilles, les framboises, le pain complet, les pâtes.

Formes de pollution

Pollution tellurique venue du continent. *Rejets ou dépôts du fait des activités économiques et des agglomérations.* Quantité de pollution rejetée par les communes littorales (France) : 3,6 millions d'équivalents habitants (éq/hab.) l'hiver, 7,3 millions d'éq/hab. l'été (pollution urbaine : 3 millions d'éq/hab.).

Pollution pélagique. *Transports maritimes.* Pétroliers et autres navires (cargos, minéraliers, bateaux de pêche et de plaisance, etc.) à l'origine de pollutions chroniques (liées à la marche normale du navire) ou accidentelles ; ou délibérées (rejets d'eaux de cale, de lavage de citernes, de ballast à partir de navires, pétroliers ou non).

Exploitation du sous-sol marin. Accidents ou incidents au cours de forage en mer ; défauts de fonctionnement ou exploitation incorrecte des plates-formes ou navires de forage, éruptions incontrôlées dues à de mauvaises manœuvres, évaluation erronée des caractéristiques des couches traversées en forage, accidents survenant à des oléoducs sous-marins.

Rejets liés aux émissions naturelles (env. 600 000 t par an) et retombées d'hydrocarbures à partir de l'atmosphère. Émanations des avions et voitures, des unités de traitement industriel et de la combustion des fuels env. 600 000 t.

Nota. — Sur 6 millions de t d'hydrocarbures déversés chaque année dans les mers, il y a 2,7 millions de t de rejets telluriques et 2,1 millions de t de rejets des navires (dont 300 000 t env. à la suite d'accidents de navigation).

Principaux polluants

Pollution chimique. *Origines :* déchets industriels minéraux et organiques. Certains de ces déchets peuvent détruire flore et faune à des doses très faibles, inférieures à 1 mg/l (chromates, cyanures, pesticides). Il peut s'agir d'hydrocarbures, de détergents, d'engrais agricoles, de pesticides. Certains bio-accumulables peuvent, à travers la chaîne alimentaire depuis le plancton, atteindre l'homme (mercure, pesticides par exemple).

Pollution organique. Rejets des égouts, abattoirs, porcheries, laiteries, fromageries, sucreries, papeteries, tanneries, etc. *Résultats :* la décomposition des matières organiques dans l'eau consomme l'oxygène dissous dans l'eau au détriment des besoins de la faune et de la flore aquatiques ; aucun poisson ne peut plus vivre dans ces eaux polluées, seuls se développent des invertébrés (perles, éphémères, chironomes, simulies), des animaux et végétaux du plancton (flagellés, ciliés, diatomées), de nombreuses bactéries, des champignons microscopiques (ascomycètes, phycomycètes).

Pollution thermique. Élévation de la température de l'eau par les rejets des centrales thermiques et nucléaires. Une directive européenne impose de ne dépasser en rivière, en aucune période, 21,5 °C pour les salmonidés, 28 °C pour les cyprinidés, 10 °C pour les espèces ayant besoin d'eaux froides pour leur reproduction en période de frai.

Dans l'eau réchauffée, le taux d'oxygène dissous diminue, provoquant ainsi l'asphyxie des êtres vivants. Le nombre d'espèces du phytoplancton et des algues s'amenuise, la flore devient plus uniforme, la faune s'en trouve affectée.

Eaux polluées (exemples)

● **Eau souterraine.** Le taux de nitrate augmente à cause des engrais et des égouts (max. autorisé 50 milligr./l). Il est dépassé en Beauce, Lorraine, Loiret, Yonne, Indre, Finistère-N., Yvelines, Vendée.

● **Cours d'eau. Garonne :** pollutions chimiques [papeteries de St-Gaudens, industries de Toulouse (huiles de Sud-Aviation)] ; organique (abattoirs de Toulouse). Épuration naturelle sur 40 km après Toulouse puis repollution à Agen et Bordeaux. Pollution thermique (centrales nucléaires de Golfech, Bran et St-Louis : 10 ° pour 200 m³/s).

Rhin : pollution saline : 170 kg/s d'ion chlore en France, 130 en Allemagne. Pollution chimique importante (en milliers de t par an) : nitrates 4 000, sulfates 2 200, acide carbonique 1 200, huiles 75, zinc 11, nickel 10,5, hydrocarbures 7,2, chrome 2, fer 1,8, cuivre 1,4, arsenic 1 ; p. thermique : courant d'eau chaude de 28 ° à 38 °C.

En déc. 1976, P.-Bas, Allemagne, Suisse, Luxembourg et France ont signé la convention de Bonn sur la pollution saline. Le 17-11-1981, les ministres de l'Environnement des États du Rhin ont retenu une solution mixte, injection d'env. 700 000 t/an en Alsace sous réserve d'avis d'experts (coût 130 000 000 F dont 90 000 000 F financés par les partenaires) et création d'une saline (150 000 000 F, financée par la France, 300 000 à 500 000 t produites par an) en Alsace. Voir Quid 1983, p. 1697.

Nota. — Dep. 1970, la qualité de l'eau s'est améliorée grâce à la réduction de la quantité de certains polluants. Ainsi la teneur en oxygène a augmenté (degré de saturation revenu à 80 % de son état normal), la charge en métaux lourds a baissé d'env. 50 % en moyenne (90 % pour le mercure) et la pollution par des micropolluants organiques et les hydrocarbures a diminué.

Rhône : danger de pollution thermique (centrales nucléaires). Micropolluants des rejets industriels.

Seine : danger de pollution thermique (centrales nucléaires et thermiques). Importance de la pollution de la Région parisienne, même après épuration. Rejets industriels importants en basse Seine. L'usine d'épuration d'Achères permet actuellement de supprimer 55 % de la poll. ; retour du poisson. *1985,* mise en service de la station d'épuration de Valenton qui permet d'épurer à 80 %.

Autres rivières polluées : Liepvrette, Lys, Moselle, Saône, Bourbre, Huveaune, Gier, Lot en partie, Oise, Yerres, Gard. On a pu rétablir une qualité satisfaisante pour Vire, Doubs, certains cours d'eau du Nord, etc.

● **Lacs.** Surtout menacés par *l'eutrophisation* due à la présence de substances fertilisantes (azote, phosphore, silice). Phénomène s'accompagnant d'une diminution de la transparence des eaux, du développement d'algues, de la raréfaction des poissons, d'une production anormale de phytoplancton. On agit en éliminant le phosphore (facteur limitant) ou en détournant les rejets à l'extérieur des lacs. *Lac d'Annecy :* préservé par un collecteur de ceinture. *Lac du Bourget :* rejets détournés vers le Rhône en 1980 (coût : 140 millions de F). *Lac Léman :* vers 1960 apparition d'algues brunes (oscillatoria rubescens, détectée en 1967), 1960 création d'une commission franco-suisse de surveillance du lac ; programme de déphosphoration des rejets en cours. Ses effets se feront sentir à long terme en raison du stock de phosphore du lac (8 000 t, 60 microgrammes par litre), l'objectif étant de diviser par 4 ce stock.

Boues rouges

Désignent couramment les rejets en mer de résidus de fabrication d'oxyde de titane (à l'origine fabrication d'aluminium qui sont les seuls à être effectivement rouges). Ces rejets peuvent être effectués par immersion (à partir de navires : Montedison en mer Tyrrhénienne, en 1972, à 40 km au N. du cap Corse) ou par tuyaux à partir de la côte (majorité des usines européennes en bord de mer, dont 2 usines françaises à Calais et au Havre en service depuis plusieurs années). Au Havre, le remplacement de l'ilménite par des slags africains qui ne contiennent pas de fer a permis de réduire d'environ 70 % les rejets. Frais antipollution de la société : 5 % du C.A.

● **Mer. « Zone économique » fr. (de 0 à 200 milles de nos côtes).** *De 1976 à 1983 :* 250 cas de pollution dont 37 ont donné lieu à une condamnation obligeant les responsables à payer une amende. *Infractions :* Grèce 49 (dont 25 impunies), Liberia 36 (34), Italie 22 (22), Norvège 17 (16), Panama 15 (10), G.-B. 15 (15), All. féd. 14 (13), *France 11 (9),* Danemark 9 (9), Singapour 8 (7), U.R.S.S. 7 (6), Espagne 6 (6), Suède 6 (6), P.-Bas 5 (5), Brésil 5 (5), Suisse 4 (4), Inde 4 (4), Finlande 4 (4), Maroc 4 (4), Israël 3 (3), Chypre 3 (3), Égypte 3 (3).

Qualité bactériologique des eaux marines (1980). % des eaux contenant, pour 100 ml, moins de 10 000 coliformes totaux et — de 2 000 coliformes [1] fécaux dans au moins 95 % des mesures et — de 500 c. totaux et — de 100 c. fécaux dans au moins 80 % des mers. Australie 47,37. Belgique 0. Canada 71,23. *France 28,41.* G.-B. 15,38. Italie 56,28. Norvège 0. P.-Bas 16,67. Portugal 0. Yougoslavie 47,2.

Nota. — (1) *Coliforme :* bacille d'origine fécale. Toute eau renfermant au moins un coliforme fécal dans 100 ml est impropre à la consommation.

Accidents pétroliers principaux

Quantités déversées en t (source : IFP).

Forages. Santa Barbara (Calif. 28-1-69) 4 000. Main Pass (Louisiane 10-2-70) 9 060. Golfe Persique (2-12-71) 14 000. Ekofisk (22-4-75) 12 000. Ixtoc 1 (golfe du Mexique 3-6-79) colmaté le 23-3-80 après 9 mois, 70 000 barils/j. 1 000 000 t env., une partie de ce pétrole a brûlé sur place mais le reste a dérivé pour atteindre 2 mois après les côtes du Texas et de la Floride.

Installations côtières. Seewaren (New Jersey 31-10-69) 28 600. Douglasville (Pennsylvanie 22-6-72) 30 000. Nowrouz (G. Persique, mars 83) 30/40 000, dérivant vers les émirats de Bahreïn et du Qatar après le bombardement des installations par les Irakiens.

Oléoducs. Louisiane (15-10-67) 23 000. Arabie S. (20-4-76) 14 000.

Navires. 1967 (18-3) **Torrey Canyon** (Liberia) (Angleterre, 18-3-67), appartenant à la Barracuda TankerCorporation, filiale libérienne de la société américaine Union Oil Company of California ; chargé de 119 000 t de pétrole brut (appartenant à la BP), s'échoue sur les récifs des Seven Stones, entre les Cornouailles et les îles Sorlingues. Il était assuré pour 84 millions de F et, pour les dommages aux tiers, pour 100 millions de F. Dégâts : des milliards de F. **1970** (20-3) **Othello** 60 000 (mer Baltique). **1971** (27-2) **Wafra** (lib.) 63 000 (Afr. du S.). **1972** (19-12) **Sea Star** (Coréen) 115 000 (golfe d'Oman). **1974** (9-8) **Metula** (Ang.) 53 000 (détroit de Magellan). (11-11) **Yuyo Maru** (Jap.) 50 000 (Jap.). **1975** (29-1) **Jakob Maersk** (Dan.) 84 000 (Portugal). (Mai) **Epic Colocotronis** (Grèce) 57 000 (St-Dominique). **1976** (12-5) **Urquiola** (Esp.) 101 000 (Espagne). **1977** (25-2) **Hawaiian Patriot** (Lib.) 99 000 (océan Pacifique). **1978** (16-3) **Amoco Cadiz** (France), 230 000 t ; devant Portsall en Bretagne. Fin août 78 363 km de côtes de Brest à la baie de St-Brieuc et 200 000 ha de surface marine avaient été gravement pollués. La mortalité générale dans cette zone était évaluée à 30 %, la perte de matériau vivant à 260 000 t. 35 espèces d'oiseaux avaient été touchées [75 % appartenant au groupe des alcidés en voie de disparition (macareux, pingouins, guille-

Moyens de lutte contre les accidents pétroliers

Chimiques. 1° *Les dispersants :* hydrocarbures dispersés dans la masse d'eau afin de faciliter leur dégradation par les micro-organismes marins, d'éviter le maintien des nappes d'hydrocarbures en surface, de faciliter la dissémination des nappes en fonction des conditions météo et océanographiques, éviter l'arrivée à la côte de dépôts compacts et massifs. *Les produits de 1re génération* (utilisés lors de l'accident du Torrey Canyon) étaient de toxicité assez élevée. *Ceux de la 2e génération* utilisent 15 à 20 % de tensio-actifs non ioniques et des solvants pétroliers à faible teneur en aromatique (BP 1100, FINASOL OSR 2, etc.). Ils sont peu toxiques aux doses normales d'emploi (15 à 30 % du poids du pétrole à traiter) et doivent être utilisés sans dilution préalable. Ils peuvent s'avérer plus efficaces que les autres sur des produits vieillis ou émulsionnés (2e g.). *Les dispersants de la 3e génération,* composés de 50 % ou plus de tensio-actifs non ioniques, sont en solution dans un solvant partiellement soluble dans l'eau de mer. Peu toxiques aux doses normales d'emploi (2 à 7 % de la masse à traiter), ils peuvent être utilisés après dilution dans l'eau de mer (BP 1100 WD, FINASOL OSR 5 et 7). Ils sont efficaces sur des nappes très jeunes et non émulsionnées. 2° *Les repousseurs* versés à la périphérie d'une nappe créent un barrage chimique à l'expansion du pétrole et le rassemblent. On peut ensuite le pomper. Peu efficaces car ils n'opèrent que si la surface de l'eau est parfaitement calme. 3° *Précipitation d'hydrocarbures* sur les fonds marins (kaolin, craie, sulfate de baryte, sables, etc., éventuellement traités pour les rendre oléophiles). Ces produits ne peuvent être utilisés que sur des fonds sans intérêt biologique, loin des côtes et des zones de frayères. 4° *Les absorbants* flottants permettent d'agglomérer le pétrole en surface et de le récupérer par des moyens mécaniques : sciure de bois de pin, paille, tourbe, poudrette de caoutchouc (Oléosorb), mousse de polyuréthane, serpillières montées sur des chaînes sans fin (système américain Oil mop). Ces systèmes ne permettent de récupérer que de petites quantités. 5° *Les gélifiants* mêlés au pétrole le transforment en gelée. Ces produits sont très chers et pas encore commercialisés. Ils ne sont efficaces que si des pompes assurent leur brassage intense avec le pétrole. 6° *Les désémulsifiants,* produits tensio-actifs qui, en modifiant la tension interfaciale entre l'eau et le pétrole provoquent la rupture des émulsions inverses et favorisent la récupération du pétrole en permettant la séparation des deux phases : eau et huile.

Mécaniques. Ils visent essentiellement à récupérer les hydrocarbures répartis à la surface des eaux, soit directement, soit après confinement (barrages). Ils procèdent par écrémage (récupérateurs à déversoirs, à bande transporteuse et bande absorbante), ou par pompage (récupérateurs statiques montés ou non à demeure sur des navires récupérateurs). Vagues et courants rendent leur utilisation difficile au-delà de creux de 2 m et de courants de quelques nœuds. La France est équipée de barrages (35 km), de modules de récupération et d'écrémage de type Vortex ou Cyclonet, d'engins de récupération de type Egmopol, de barrages de type Sirène (barrage dynamique associé à un module de pompage). Elle dispose, pour le stockage provisoire des hydrocarbures récupérés, de citernes souples de plusieurs types (de 5 à 200 m³).

mots), 20 000 oiseaux], 25 à 30 % des huîtres dans les *abers* (petits estuaires) étaient mortes et une génération de laminaires (grandes algues) perdue. 20 mois après, 90 à 95 % des espèces étaient revenues. Certaines avaient prospéré (crevettes roses par ex., qui se nourrissent de zooplanctons dont le développement aurait été favorisé par les hydrocarbures). D'autres (tourteaux) avaient diminué. Les poissons plats, vivant en contact direct avec le sable du fond, avaient les nageoires rongées par le pétrole. La mer ne portait plus de trace de pollution mais les abers étaient encore pollués et dans le sable à 50 ou 80 cm, on pouvait trouver des couches pétrolières (appelées à disparaître sous l'effet des bactéries). Le *13-4-84,* jugement à Chicago : la Standard Oil of Indiana déclarée responsable de la catastrophe. *Indemnités demandées en mars 1985 au procès :* 768,8 millions de $ dont Syndicat mixte de défense et de protection des 90 communes bretonnes 287,8 (soit 980 millions de F dont Côtes-du-N. 13,7, Finistère 15,9, 43 communes des C.-du-N. 339,5, 47 communes du Finistère 454,8, marins-pêcheurs 57,2, ostréiculteurs 75,5, associations de protection de la nature 6,3, professionnels du tourisme 16,3, plus les intérêts), État français 263, Stés privées 218. *Coût (en millions de F, 1978) pour la France et entre parenthèses coût pour le monde.* Nettoyage [1] 430-475 (445-490), perte de ressources marines [2] 140 (140), perte de satisfaction 31-290 (53-342), pertes de l'industrie touristique 29 (0), autres 5 (179-216), effets régionaux induits 0 (0), totaux 635-935 (817-11 188). (10-7) **Cabo Tamaro** 60 000 (Chili). (31-12) **Andros Patria** (Grèce) 40 000 (Espagne). **1979 Atlantic Express** 90 000 (Caraïbes).

Nota. — (1) Dépenses effectives (achat de dispersants ou location de camions), valeur du temps des marins et des soldats qui ont fait l'essentiel du travail (on a compté le temps des militaires de carrière au prix de leur salaire, et celui des recrues du contingent au prix du S.M.I.G.). (2) Essentiellement des pertes d'huîtres. On estime à 30 000 (et non à des millions comme on l'a écrit) le nombre des oiseaux tués.

1980 *(24-2).* **Irenes Serenade** (Grèce) 102 000 (Grèce). *(7-3)* **Tanio** (malgache) (France), chargé de 27 000 t de fuel lourd, se casse en deux au large de Portsall (nord de l'île de Bath) ; l'avant coule ; 8 marins † ; l'arrière (10 000 t) est remorqué au Havre ; 8 000 t se répandent dans la mer ; côtes polluées : Finistère 120 km, C.-du-Nord 20 km. 8 000 t restent dans les soutes à env. 90 m de profondeur. De mars à juin 80, 53 642 t de résidus solides récupérées et 2 510 t de produits liquides. 5 165 m³ de produits, piégés dans la partie avant coulée de l'épave, ont été récupérés par la COMEX entre le 4-10-80 et le 18-8-81. Coût de nettoyage et de pompage : 500 millions de F. **1981** *(29-3)* **Cavo Cambanos** (Grèce), chargé de 20 100 t de produit léger, explose après incendie au large de la Corse : 18 000 t déversées ; 501 millions de F. **1983** *(6-5)* **Castello de Beluer** (Espagne) 255 525 (Afr. du S.). **1984** *(7-1)* **Assimi** (n.c.) 51 431 (Oman). **1985** *(21-3)* collision **Patmos** (Grèce) et **Castillo Monte Aragon** (Espagne) dans le détroit de Messine (Sicile).

• **Statistiques. Causes des 387 principaux accidents de navires, en %.** Échouement 36,7, collision 26,6, explosion 11,4, voie d'eau 7,5, structure 5,7, incendie 3,6, terminal 2, reste 6,5.

Principaux pays responsables (en %). Liberia 25,4, Grèce 12,2, U.S.A. 11,1, G.-B. 7, Norvège 6,2, Panamá 5,7, Japon 4,9, Italie 3,2, *France 2,7,* Suède 1,6, Chypre 1,6.

Rapport du nombre d'accidents à la flotte pétrolière totale du pays (nbre d'accid./TPL × 10⁶). Chypre 20, U.S.A. 2,8, Grèce 2,3, Panamá 1,9, Italie 1,2, Liberia, G.-B. et Suède 0,8, Norvège 0,7, Japon et *France 0,6.* Sur 156 navires accidentés en 1979, il y avait 27 pétroliers, dont 5 de plus de 200 000 t.

Autres accidents

1984 *(25-8)* éperonné par le car-ferry all. Olau Britannia, le cargo **Mont-Louis** de la Cie générale maritime s'échoue à 18 km au large d'Ostende, sur le chemin de l'U.R.S.S. Contient 30 fûts d'hexafluorure d'uranium (15 t chacun, 4 m sur 1,40 m de diam.), 12 fûts vides destinés à ramener de l'uranium enrichi d'U.R.S.S. et des métaux destinés au gazoduc sibérien. Le 32e fût est remonté à la surface le 3-10.

Qualité des eaux en France

Statistiques

Eaux intérieures

• **Prélèvements d'eau par secteur** (France entière,en 1983, en milliards de m³). 27 dont eau potable 3,6 (13 %) (particuliers 1,9), industries 5,5 (20 %), centrales thermiques (refroidissement) 12 (44 %), agriculture 5,9 (21 %). **Consommations nettes.** 23 dont eau potable 4 (17 %), industries 4,5 (20 %), centrales thermiques 9,5 (41 %), agr. 5 (22 %).

De 1979 à 81, 96 à 98 % de la pop. fr. étaient alimentés par des eaux dont la teneur en nitrate était inf. ou égale à 50 mg/l (max. fixé par la loi), 81 %, valeur inf. ou égale à 25 mg/l. 2 500 000 s'alimentent avec des eaux à teneur en nitrate compris entre 50 et 100 (mg/l), surtout dans le Nord et l'Ouest (P.-de-C., Finistère, Nord, S.-et-M., Oise, E.-et-Loire, Loiret, Aisne, puis M.-et-L., Indre-et-L., Sarthe, puis Ch.-Mar., H.-Gar., Indre, Loire-Atl.).

• **Pollution nette rejetée en t/jour** en matières oxydables 4 800. Matières en suspension 3 945 et toxiques (en kiloéquitox/jour) 49 400.

Contribution des grands secteurs d'activité (en M.E.S., entre parenthèses M.O. et en italiques T.). *Industrie chimique :* 32,2 (21,7) *47,7. Ind. agro-alimentaire :* 20,9 (38,9) *0. Métallurgie :* 15,6 (10) *41,6. Bois, papier, cartons :* 10 (13,3) *1,7. Ind. textile :* 5,8 (8,9) *4,2. Commerce et services :* 5,5 (3,1) *0. Ind. extractives :* 4 (0,9) *1,6. Cuirs et peaux :* 1,2 (1,3) *1,3. Production d'énergie :* 1,1 (1,3) *1. Industries minérales :* 1,8 (0,3) *0,8. Autres indéterminés :* 2,7 (0,3) *0.*

• **États des eaux. Eaux superficielles** (répartition par classe de qualité en % des points de mesure). **Matières oxydables :** 133 points dont cl. *1A* 17, *1B* 44, *2* 28, *3* 8, *H.C.* 3. Substances minérales et toxiques, 1981 : 133 points dont cl. *1A* 7, *1B* 11, *2* 33, *3* 48, *H.C.* 1.

Nota. — Classe 1A : eaux exemptes de pollution. *Cl. 1B* satisfait tous les usages. *Cl. 2 :* qualité suffisante pour l'irrigation, usages ind., production d'eau potable après un traitement poussé, abreuvage des animaux en général toléré. Le poisson y vit normalement mais sa reproduction peut être aléatoire. Les loisirs liés à l'eau y sont possibles lorsqu'ils ne nécessitent que des contacts exceptionnels avec elle. *Cl. 3 :* qualité médiocre ; sert au refroidissement et à la navigation. Vie piscicole aléatoire. *Hors classe :* eaux dépassant la valeur maximale tolérée en cl. 3 pour 1 ou plusieurs paramètres. Inaptes à la plupart des usages, peuvent constituer une menace pour la santé publique et l'environnement.

Eaux douces de baignade. Qualité bonne ou moyenne et entre parenthèses, pollution momentanée ou mauvaise qualité (en %, 1981). Rivière 40,9 (59,1). Étang 81,7 (18,3), Lac 84,1 (15,9). Autres lieux (barrage, carrière, canal) 82,3 (17,7).

Eaux souterraines. Dans le Nord, l'Alsace et le Bassin parisien, pollution liée aux effluents des activités humaines (surtout dérivés de l'azote, liés aux activités agricoles). Les teneurs en nitrates augmentent régulièrement, dépassant en certains endroits 44 mg/l, limite acceptable pour la fabrication d'eau potable selon la législation française. Ex. : Yonne 1969 et, entre parenthèses 1979, en % : *teneur en nitrate inférieure à 22 mg/l* 98 (34,5), *entre 22 et 44 mg/l* 2 (44,4), *supérieure à 44 mg/l* 0 (21,1). Cet accroissement de la teneur en nitrate ne pourra pas se ralentir avant au moins 15 ans. Les nitrates qui sont lessivés des terrains de culture descendent vers les nappes à une vitesse d'env. 80 cm par an et mettent donc de 15 à 30 ans avant d'atteindre les nappes phréatiques. Les bouleversements des sols (défrichage, retournement de prairies, lotissements, grands travaux publics) rompent brutalement l'équilibre de l'azote dans le sol et libèrent des quantités importantes de nitrates qui se retrouvent dans les nappes. L'absence ou l'insuffisance de l'assainissement peut ponctuellement provoquer une importante pollution. Sur les 30 000 à 40 000 captages communaux intéressant l'alimentation humaine, seulement 10 % sont protégés en application du Code de la santé publique et de la loi sur l'eau du 16-12-1964. 1/3 seulement de la pollution liquide rejetée par les Français est effectivement traitée.

Eaux maritimes

• **État général.** Les concentrations moyennes en micropolluants minéraux sont inférieures aux niveaux dangereux. Par rapport aux zones de référence (Brest et Cannes-Villefranche), les embouchures des estuaires et des zones industrielles présentent les concentrations les plus élevées, surtout en baie de Seine (zinc, cadmium), à Dunkerque (plomb, zinc), en Gironde (cuivre, zinc). Aucune augmentation des concentrations en détergents anioniques n'a été observée ; les pesticides chlorés (le lindane et l'H.C.H.) sont, dans 60 % des cas, en deçà des niveaux critiques. En raison du phénomène de concentration le long des chaînes alimentaires, les niveaux observés dans la matière vivante sont nettement supérieurs. Dans la zone de Fos et de l'étang de Berre, la pollution des eaux a été réduite de 95 % entre 1972 et 1982. Déversements ramenés de 180 t/j à 18 t/j ; rejets d'hydrocarbures 6 400 kg/j à 400 kg/j. En basse Seine diminution de 60 % depuis 1978.

• **Immersion de déchets nucléaires en mer** (1967-82). *Poids brut :* 94 604 t. *Radioactivité approximative (curies) :* Alpha 13 805, Beta-gamma 470 051, Tritium 511 706. L'immersion a été arrêtée en 1983.

Teneurs en micropolluants dans la matière vivante (moyenne des résultats R.N.O., 1979, par espèce). *Mercure :* moule 0,25, huître 0,31, crevette 0,35. *Zinc :* m. 148, h. 2 500, c. 64. *Plomb :* m. 4,1, h. 2,4, c. 1,2. *Cuivre :* m. 8, h. 230, c. 35. *Cadmium :* m. 1,7, h. 8,4, c. 0,22. *P.C.B. :* m. 1,5, h. 0,43, c. 0,49.

Risques d'accidents pétroliers. Manche et Pas-de-Calais. La route maritime longeant Ouessant les Casquets est parcourue par 52 000 bâtiments de tout tonnage par an dont env. 10 % de pétroliers transportant des hydrocarbures (bruts ou prod. raffinés) ; env. 1 million de t transitent journellement en face des côtes de Bretagne et Manche dont env. 200 000 t à destination des ports français ; des conditions météorologiques et océanologiques souvent mauvaises y règnent (brume, vent, courant).

• **Plages.** Le conseil de communauté européenne a établi le 8-12-1975 des normes pour déterminer la qualité des eaux de baignades (normes impératives et normes guides). A partir de ces normes, une plage peut être classée de A : eaux de très bonne qualité à D : eaux de mauvaise qualité, plage interdite à la baignade. En 1983, sur 1 700 plages analysées en France : A 298 (*82* : 416) (dont Vendée 43, C.-du-Nord 41, A.-Maritimes 41, Var 18), D 51 (dont Finistère 8, P.-de-Calais 7, I.-et-V. 49).

Moyens de lutte en France

Réglementation. Elle permet de surveiller les déversements dans les eaux de surface et les eaux souterraines. Des contrats de branches sont signés avec les industries : papeteries, sucreries, féculeries, distilleries, levureries, ateliers d'électrolyse, lavage et peignage des laines, mégisseries. Depuis déc. 1977, l'emploi des détergents ayant un taux de biodégradabilité inférieur à 90 % est interdit. On a relevé la taxe sur la pollution organique au niveau du coût de l'épuration (Institut des taxes sur la pollution thermique et la pollution par les engrais chimiques).

Indemnisation des victimes de la pollution par les hydrocarbures : est prévue (loi de 1977, conventions internationales de 1969 et 1971). **Rejets illicites** d'hydrocarbures : indemnisations définies par la conv. intern. de 1973 et reprises par la loi du 5-7-1983 (1 million de F et 2 ans d'emprisonnement au maximum). La pollution consécutive à un accident résultant d'une imprudence, négligence ou inobservation des lois et règlements est passible de la moitié de ces peines, le paiement des amendes prononcées à l'encontre du capitaine peut être mis à la charge de l'armateur.

Moyens de prévention. Réseau national d'observation de la qualité du milieu marin (R.N.O.) : opérationnel depuis 1974, il contrôle la qualité des eaux littorales. **IFREMER** (Institut Français de Recherche pour l'Exploitation de la Mer, 66, av. d'Iéna, 75116 Paris) : surveille eau et coquillages destinés à être commercialisés. **Sécurité du trafic maritime.** *4 Centres régionaux opérationnels de surveillance et de sauvetage (C.R.O.S.S.) : Manche* à Jobourg, *Atlantique* à Etel, et Corsen-Ouessant. *Méditerranée* à Toulon + des sous-C.R.O.S.S. permanents (*Gris-Nez, Iroise* et *Soulac*) et le sémaphore de *Pertusato* (Corse). La Marine nationale surveille la zone 24 h sur 24 et intervient sur tout navire contrevenant. 3 remorqueurs de 23 000 cv (70 millions de F) assistent les navires en difficulté. Un réseau de centres de surveillance radar et d'information est en voie d'installation. Dans le P.-de-C. un radar à grande portée surveille en permanence la navigation de plus de 300 navires chaque jour. Un extracteur automatique trie les échos radar, élimine les faux échos et assure la poursuite des échos de navires. Des stations identiques ont été installées ou sont en cours d'installation à l'extrémité ouest de la Bretagne (Ouessant) et à la pointe du Cotentin (Jobourg). La Conv. intern. de 1974 pour la sauvegarde de la vie humaine en mer (dite *Convention SOLAS*) en vigueur depuis 1981 est le texte de base pour la réglementation technique de sécurité applicable au niveau intern. *En mars 1981*, remodelage du trafic de la Manche : 2 couloirs parallèles (montant et descendant) repoussant les navires à au moins 24 milles des côtes. *En 1985*, mise en service du plus grand phare du monde à 25 milles au large d'Ouessant (coût : 250 millions de F).

Mesures de lutte. *Plan Polmar.* Déclenché lorsque les moyens disponibles locaux sont insuffisants. *Mer* (déclenché par le préfet maritime de la région touchée) ou *Terre* [par le commissaire de la Rép. du (ou des) départements touchés]. Le plan ouvre le droit à l'accès au Fonds d'intervention contre les pollutions marines accidentelles géré par le ministère de l'Environnement. Principaux responsables de la lutte : Mer : Marine nationale ; Terre : Direction de la Sécurité civile (min. de l'Intérieur) : création de 5 unités spécialisées dans la lutte contre la pollution par les hydrocarbures.

Recherche. *Centre de documentation, recherche et expérimentation sur les pollutions accidentelles des eaux (C.E.D.R.E.).*

Stations d'épuration. Nombre. 10 000 en 1981. Sur 1 007 communes littorales (au 1-1-82), 80 % des com. relevant d'un assainissement collectif avaient une station d'épuration. 224 relevaient d'un assainissement individuel. Elles permettaient de traiter la pollution d'env. 8 850 000 hab. **Villes côtières encore dépourvues de stations.** Marseille, La Ciotat, Toulon, Sainte-Maxime, Antibes, Nice, Villefranche, Menton, Roquebrune, Bastia.

Contrôle des plages en 1984 : 17 603 prélèvements effectués en 1 553 points de 562 communes littorales. *Par rapport à 1983* : 309 points de surveillance (21,3 %) se sont améliorés et 186 (12,8 %) se sont détériorés. Parmi les plages les plus mauvaises : certaines de Cherbourg, Le Crotoy, Concarneau, St-Malo, Cagnes-sur-Mer et Nice.

Méduses. *Causes de leur prolifération :* augmentation des matières organiques dans la mer qui, en se dégradant, fabriquent des sels minéraux, dont se nourrissent les planctons, qui nourrissent à leur tour les méduses ; variations thermiques de l'eau ; pollution de l'eau (lorsque l'environnement devient hostile, le polype générateur de méduses, situé au fond de l'eau, libère de petites méduses qui gagnent des eaux plus accueillantes) ; disparition des tortues de mer (consommatrices de méduses, elles avalent souvent par erreur des sacs en plastique flottant à la surface de l'eau et en meurent par occlusion intestinale).

Famille

Quelques chiffres

Évolution de la famille

Évolution de la famille en France

Évolution. *Au XVIIIe s.*, la majorité des Français perdaient leurs père et mère entre 25 et 35 ans (aujourd'hui entre 30 et 60). Sur 100 enfants, 5 avaient à leur naissance leurs 4 grands-parents vivants (auj. 41) : 91 % des personnes de 30 ans avaient leur 4 grands-parents décédés, et 28 % leurs 2 parents décédés (auj. 53 % et 4 %). La coexistence de 3 générations est aujourd'hui la norme ; celle de 4 générations n'est plus exceptionnelle. A 60 ans, 1 salarié sur 5 a des enfants, des petits-enfants et 1 ou 2 parents vivants. Nombre moyen de frères et sœurs au XVIIIe s. 6,5, en 1960 2,8.

« Ménages » et « Familles » (en 1982, milliers). *Population totale* 54 273, *« ménages »* (ensemble des personnes partageant le même logement) 19 590 (moyenne 2,70 personne), *« familles »* (au moins 2 personnes : soit un couple avec ou sans enfant, soit un parent isolé — le plus souvent avec au moins un enfant, moyenne 3,15 personnes) 14 119, *« ménages » d'une personne* 4 817, *personnes « isolées »* au sein des « ménages » 3 714.

Couples. *Nombre selon le nombre d'enfants de — de 25 ans vivant avec eux* (en 1982 en milliers, variation % par rapport à 1962). Sans enfants 5 420 (+ 28,3 %), avec 1 enfant 3 048 (+ 26,7). 2 e. 2 880 (+ 50,2). 3 e. 1 233 (+ 15,2). 4 e. et + 651 (— 35,3). *Totaux* couples 13 232 (+ 24,6) ; enfants 15 578 (+ 7,8).

Nombre moyen *d'enfants par couple* (en 1982, variation % par rapport à 62) 1,18 (— 13,5). *Frères et sœurs par enfant* 1,58 (— 24,3).

Enfants

125 millions d'enfants naissent chaque année dans le monde (dont 20 ont une insuffisance pondérale). 300 millions de couples dans le monde ne désirent plus d'enfants mais n'utilisent aucun moyen de planification familiale, faute d'accès à des méthodes appropriées.

40 000 enfants meurent chaque jour de la faim et des infections précoces. Dans le tiers monde 6 000 000 enfants meurent chaque année de tuberculose, poliomyélite, diphtérie, tétanos, coqueluche et rougeole.

Un enfant de moins de 14 ans meurt accidentellement toutes les 3 à 4 heures en France (en 1979 : 2 382).

2 000 000 enfants sont sexuellement exploités dans le monde (8 000 de moins de 18 ans se prostituent à Paris).

Nombre de naissances d'enfants naturels (France). *1975* : 63 429 (8,5 % du total). *1983* : 118 851 (15,9 %). *1984* : 135 265 (17,7 %). *1980* chez les étudiants 29,2, artistes 24,7, patrons de l'industrie et du commerce 20,6, personnel de service 16,6, ouvriers 13,4, salariés agricoles 12,1, inactifs 11,5, employés 9,4, cadres moyens 7,9, armée, police 7,7, professions libérales et cadres supérieurs 6,5, agriculteurs exploitants 3.

En % : Suède 37,5, Danemark 30,7, U.S.A. 17,2, Canada 12,2, G.-B. 10,6, *France 10,3*, Portugal 8,2, All. féd. 7,1, Luxembourg 5,6, Irlande 4,6, Italie 3,8, P.-Bas 3,5, Belgique 3,4, Espagne 2,1, Grèce 1,4.

Descendance finale des générations (France). *1670-89* : 6,5 ; *1690-1719* : 6,2 ; *1720-39* : 6 ; *1740-69* : 5,8 ; *1770-89* : 5,5 ; *1790-1819* : 4,6 ; *1815-55* : 3,4 ; *1870* : 2,7 ; *1900* : 2 ; *1930* : 2,6 ; *1940* : 2,5 ; *1946* : 2,1. *1982* : enquête portant sur les femmes nées entre 1919 et 1939 : 2,65 dont : agriculteur 2,8, ouvrier 2,69, employé 2,45, artisan-commerçant 2,44, profession intermédiaire 2,37, cadre 2,58.

Nombre moyen d'enfants nés vivants par femme en France. *1866-70* : 3,5, *1901-05* : 2,79, *1916-20* : 1,65, *1921-25* : 2,42, *1931-35* : 2,16, *1941-45* : 2,11, *1946-50* : 2,98, *1956-60* : 2,7, *1961-65* : 2,84, *1971-75* : 2,24. *1976-80* : 1,86, *1981-85* : 1,85. [All. dém. 1,79 [1], All. féd. 1,27, Australie 1,93 [1], Autriche 1,54, Belgique 1,56 [1], Canada 1,68 [1], Danemark 1,4, Espagne 1,87 [2], Finlande 1,74 [1], *France 1,81* [1], G.-B. 1,77 [1], Grèce 1,94 [1], Hongrie 1,73, Irlande 2,74 [1], Israël 3,14 [1], Italie 1,53 [1], Japon 1,75 [2], Luxembourg 1,45 [1], Norvège 1,65, P.-Bas 1,47 [1], Pologne 2,4 [1], Roumanie 2 [1], Suède 1,61, Suisse 1,51 [1], Tchécosl. 2,09, U.R.S.S. 2,37 [1], U.S.A. 1,75 [1]].

Nota. — (1) 1983. (2) 1982.

Familles selon le nombre d'enfants (France) (1982). 14 118 940 dont familles ayant : *aucun enfant* : 7 130 440, *1 enfant* : 3 200 000, *2* : 2 498 220, *3* : 918 780, *4* : 241 040, *5 ou +* : 129 960.

Enfants de 0 à 16 ans, nombre total : 12 647 040.

La Caisse nationale d'allocations familiales versait au 31-12-1982 (est.) des prestations familiales (régime général) à 63 414 familles de *6 enfants* et +, dont 37 386 de *6 enfants*, 15 611 de *7 enfants*, 6 474 de *8 enfants*, 2 472 de *9 enfants*, 905 de *10 enfants*, 355 de *11 enfants* et 211 de *12 enfants et plus.*

Enfants

Hérédité et chromosomes

Hérédité. Transmission par les parents à leurs descendants de caractères ou de qualités exprimés ou non. Ces caractères sont inscrits dans les gènes supportés par les chromosomes, sous forme de messages codés qui régleront la synthèse protidique que la cellule doit effectuer pendant la vie.

Lois définies par Johann Mendel (1822-84) : **ségrégation : «** Les caractères unis dans l'organisme se disjoignent dans les éléments reproducteurs » ; **pureté des caractères : «** Les caractères héréditaires se comportent comme des unités stables qui persévèrent dans leur intégrité à travers les générations successives » ; **dominance : «** Si 2 caractères opposés se trouvent en présence dans l'organisme, l'un des deux éclipse totalement l'autre, et son influence est seule à s'exprimer. »

Les singes anthropomorphes ont 48 chromosomes (soit 24 paires) alors que l'homme actuel n'en possède que 46. Souvent 2 *chromosomes acrocentriques* s'accolent pour donner un seul élément métacentrique. Ce genre de fusion a dû jouer un rôle essentiel dans l'évolution.

Étant donné les conditions de vie probables de ces « ancêtres » (groupes de quelques dizaines d'individus sexuellement dominés par un mâle), il a pu suffire de 2 générations (environ 50 ans) à partir de l'apparition d'un mutant à 47 chromosomes (caryotype instable) pour passer du caryotype préhominien à celui de l'homme actuel.

Chromosomes. Chacune de nos cellules comprend, au sein du noyau, 46 chromosomes constitués par les *gènes*, qui déterminent les caractères héréditaires.

Chaque chromosome se caractérise par sa taille, et par le *centromère* qui joue un rôle essentiel lors de la division cellulaire, au moment où les chromosomes se dédoublent. Selon la position de celui-ci (terminale, près d'une extrémité, au milieu), on peut répartir les chromosomes en acrocentriques, télocentriques ou métacentriques.

Les chromosomes sont groupés par paires identiques : paires de chromosomes somatiques *(autosomes)* déterminant les caractères, 1 paire de chromosomes sexuels ou *gonosomes* (2 chromosomes X chez la femme, 1 X et 1 Y chez l'homme) qui commandent la détermination sexuelle et les caractères somatiques qui lui sont liés. Le chromosome Y est plus grand chez les Sémites (Arabes et Juifs) et chez les Japonais que dans le reste du monde ; ce grand Y est dit *« chromosome d'Abraham ».* La garniture chromosomique (ou *caryotype*) provient pour moitié de nos 2 parents ; en effet, à la suite de ses divisions, l'ovule ne contient que 23 chromosomes (dont 1 X) lorsqu'il est fertilisé par le spermatozoïde, qui en contient 23 également [s'il contient aussi 1 X, l'enfant sera une fille (XX), et si le gonosome est 1 Y, un garçon (XY)].

Mais il arrive qu'une erreur se produise au moment des divisions cellulaires paternelle ou maternelle ; par exemple : 2 chromosomes passent ensemble dans une cellule fille au lieu de se séparer. *S'il s'agit de la paire de chromosomes sexuels XY et d'un chromosome X, le caryotype* (1) *comprendra des gonosomes XXY* et le bébé présente un *syndrome de Klinefelter* caractérisé par diverses malformations congénitales : retard mental, non-apparition de la puberté et, s'agissant de garçons (puisqu'ils possèdent le chromosome Y), une asthénie particulière et une stérilité. *S'il s'agit d'un Y, l'enfant a un caryotype XYY* et ne présente aucune anomalie à première vue, mais on a discerné chez ces sujets une agressivité accrue. Des chiffres ont été avancés, selon lesquels la présence d'un X ou d'un Y surnuméraire multiplierait par 70 (aux U.S.A.) ou par 40 (en Fr.) les risques d'un acte délictueux.

La descendance des hommes portant un XYY paraît normale, chez tous ceux du moins qui ont été étudiés à ce jour.

S'il s'agit du chromosome 21 (trisomie 21). L'une des plus fréquentes (1 sur 600/700 naissances dans toutes les races) est imprévisible et donne les enf. *mongoliens* (face large, des yeux bridés à leur angle interne, d'où une certaine ressemblance avec les races jaunes ; débiles mentaux, présentant des malformations congénitales du cœur).

4 % des mongoliens sont le fruit d'une tare héréditaire parentale ; 96 % résultent d'un accident (vieillissement de l'ovule), fréquent chez les mères de plus de 40 ans.

D'après Suobel, 8 % des conceptions dans le monde s'accompagnent d'aberrations chromosomiques ; 60 % des fausses couches survenues les 3 premiers mois de la grossesse présentent des anomalies chromosomiques. Des essais de « correction » génétique (synthèse ou suppression d'un gène indésirable) ont été tentés.

Certaines affections résultant d'anomalies chromosomiques sont très localisées. Ainsi la *luxation congénitale de la hanche,* qui atteint particulièrement les femmes (5 f. pour 1 h.) du pays Bigouden en Bretagne (à Pont-L'Abbé, 3 % des femmes boitent).

Nota. — *L'amniocentèse,* ponction de liquide amniotique à travers la paroi abdominale d'une femme enceinte, permet de connaître la carte chromosomique du fœtus et de déceler d'éventuelles anomalies. Elle doit être proposée systématiquement à toute femme enceinte de 38 ans et plus. Il faut la réaliser vers la 17e semaine d'aménorrhée pour le cas où une décision d'interruption de grossesse serait à envisager.

De la conception à la naissance

Le choix du sexe

On peut tenter de choisir le sexe de l'enfant en tenant compte lors de la conception des facteurs suivants.

I. — Les spermatozoïdes de l'homme sont de 2 sortes : les sp. porteurs du chromosome Y qui donnent des garçons, les sp. porteurs du chr. X qui donnent des filles. Des altérations du sperme, des rapports sexuels trop fréquents favorisent la prédominance des sp. X ; 6 % des hommes n'ont qu'une seule sorte de sp. et ne peuvent engendrer qu'un seul sexe.

II. — Au moment de la conception *1°) date :* si le rapport sexuel a lieu au moment de l'ovulation ou 1 à 2 j après, les Y (garçon), plus rapides, sont favorisés. Si le rapport a lieu de 2 à 5 j avant l'ovulation, une fille est probable. *2°) technique :* une pénétration peu profonde favorise les X (fille) car moins fragiles ils supportent mieux un long trajet. *3°) nombre :* les éjaculations nombreuses les j qui précèdent la fécondation favorisent la naissance de filles. *4°) orgasme féminin ;* un rapport sexuel accompagné d'orgasme féminin favorise les Y (garçon) ; en l'absence d'orgasme fém. les chances restent égales entre X et Y. L'hyperacidité des sécrétions vaginales défavorise les Y (garçon).

L'homme produit environ 200 millions de spermatozoïdes par jour, l'ovaire de la femme un seul *ovule* par mois. Une fille nouveau-née possède environ 200 000 à 400 000 ovules dont le nombre diminue ensuite : 10 000 à la puberté dont 400 arrivent à maturité.

Le régime alimentaire de la femme peut jouer un rôle. Pour avoir une fille, exclure sodium et potassium, un garçon exclure calcium et magnésium. Commencer plusieurs semaines avant la conception.

Étapes du développement

☞ On parle d'*embryon* pendant les 2 premiers mois de grossesse puis de *fœtus.*

1re semaine (1-7e jour). *Fécondation.* 1re division cellulaire (après 30 h). Déjà les *faux jumeaux* sont distincts. L'amas cellulaire progresse dans la trompe de Fallope, longue de 10 cm et, en route, devient un *blastocyste* creux. Pénètre dans l'utérus (entre 3e et 5e j). S'y implante (6e au 7e j). Au 6e j, un dosage plasmatique radio-immunologique permet de confirmer biologiquement la grossesse. **2e sem. (8-14e j).** Accroissement du flux sanguin sur le lieu de la nidation, peut (rarement) produire un saignement, qui peut être confondu avec les règles. L'embryon a une forme aplatie. Membrane vitelline et *amnios* sont formés les premiers. Les *vrais jumeaux* apparaissent. **3e sem. (15-21e j).** Nausées et sensibilité des seins peuvent apparaître. Embryon de 2 à 3 mm en forme de poire. Cavité amniotique formée. Au 18e j, *yeux* et *oreilles* s'ébauchent. **4e sem. (22-28e j).** Le médecin peut confirmer chimiquement à la femme qu'elle est enceinte (il lui donne une date à 238 j de là). Embryon 5 mm (5 000 fois plus gros que l'ovule). Cœur (2 mm) se met à battre au 25e j. **5e sem. (29-35e j).** Embryon 8 mm. Cœur joue son rôle de pompe. Oreilles externes commencent à prendre forme. Membres supérieurs se différencient en mains, bras, épaules (31e j). Dessin des doigts apparaît (33e j). Pied : protubérance plate et bourgeonnante. Nez, mâchoire supérieure et estomac commencent à se former. **6e sem. (36-42e j).** Embryon 12 mm. Bout du nez visible (37e j). Paupières commencent à se former, 5 doigts distincts. Estomac, intestins, organes génitaux, reins, vessie, foie, poumons, cerveau, nerfs, système circulatoire se développent. **7e sem. (43-49e j).** 17 mm. Oreille externe et son mécanisme auditif presque complets. Mâchoire supérieure et mâchoire inférieure apparaissent nettement. La bouche a des lèvres, un bout de langue et les 1ers bourgeons dentaires. Pouce différencié. **8e sem. (50-56e j).** Cou visible. **9e sem. (57-63e j).** Fœtus est animé de mouvements spontanés. Sexe décelable extérieurement. Empreintes du pied et de la paume gravées pour la vie. Ongles commencent à pousser. *Faux jumeaux* commencent à se différencier. Les paupières se ferment sur les yeux pour la 1re fois et ceux-ci sont divergents. **10e sem. (64-70e j).** Placenta, qui ne pèse pas 30 g, est 3 fois plus lourd que le fœtus. Utérus pèse 200 g et contient 30 g de liquide amniotique (peut-être 2 ou 3 fois plus). [Les seins de la femme ont grossi.] **11e à 14e sem. (71-98e j).** Cordes vocales formées. La miction a commencé et l'urine est éliminée avec le renouvellement régulier du liquide amniotique. **12e sem. :** fœtus 7 cm (5,5 sans les jambes), poids 20 g., la période de croissance commence. Sexe physiquement déterminé et les organes se distinguent. **15e à 18e sem. (99-126e j).** Fœtus 22,5 cm (15 sans les jambes) ; poids 310 g. La tête représente le tiers de la longueur totale du corps. Cheveux, cils et sourcils commencent à pousser. Mamelons apparaissent. Ongles deviennent durs. On entend le battement du cœur. La mère sent les mouvements du fœtus (1ers mouvements 6 sem. auparavant). (La mère a pris 4 kg à la 18e sem. soit 13 fois le poids du fœtus. Elle prend 500 g par semaine et grossira à ce rythme pendant les 2 mois suivants, après quoi le gain de poids diminuera légèrement. Ses seins ont grossi d'environ 220 g et on peut en exprimer le *colostrum*). **19e à 24e sem. (127-154e j).** Paupières s'ouvrent. **23e à 26e sem. (155-182e j).** Fœtus 30 cm (sans les jambes 22,5) ; poids 1 210 g. Cheveux poussent (bien que beaucoup de bébés naissent chauves). *Vie prématurée possible* à partir de 6 mois. **27e à 30e sem. (183-210e j).** Fœtus s'installe généralement la tête en bas. (A la 28e sem., la mère a gagné en moyenne 9 kg, soit presque 6 fois le poids de l'enfant ; ses seins ont pris env. 400 g). **31e à 34e sem. (211-238e j).** Fœtus 43,5 cm (30 cm sans les jambes) ; 2,3 kg. **35e à 38e sem. (239-266e j).** La mère a gagné en moy. 13 à 14 kg, parfois aucun, parfois 30 kg ; la surface de son corps s'est accrue de 1 350 cm². En moyenne elle donne naissance à un bébé de 3,2 kg, expulse un placenta de 650 g et 800 g de liquide amniotique. Son utérus a pris un bon kilo. Ses seins ont grossi de 400 g. Elle a 1 240 g de sang et 1 200 g d'eau en +.

Règles

Age des premières règles. 11-14 ans (autrefois 14-15 ans). **Périodicité normale** de 19 à 37 j, intervalle moyen : 28 (mois lunaire).

Après l'accouchement, le retour des règles peut se produire dès la fin de la 4e semaine après l'accouchement. Dans 45 % des cas, il se produit après la 6e semaine, dans 35 % après la 12e. Si la femme allaite, il peut se produire après 4 ou 5 semaines. Dans la moitié des cas, il se produit à environ 12 semaines. La 1re ovulation, que la femme allaite ou non, peut se produire à partir du 25e j.

Ménopause (arrêt des menstruations). Elle correspond à la diminution progressive des sécrétions hormonales de l'ovaire, d'abord progestérones, puis œstrogènes. Survient entre 45 et 55 ans (autrefois v. 45 ans). Souvent précédée d'une phase au cours de laquelle la sécrétion ovarienne de progestérone diminue, amenant une irrégularité des cycles menstruels avec alternance d'aménorrhées (interruption des règles) et d'hémorragies. Des bouffées de chaleur apparaissent, souvent accompagnées de transpirations nocturnes, d'insomnies et de troubles psychologiques. Si des hémorragies non menstruelles apparaissent, un bilan gynécologique est impératif. Progressivement, la sécrétion ovarienne se tarit, les règles disparaissent. La ménopause, liée étroitement à l'allongement de la durée de la vie féminine, est considérée comme devant être médicalement traitée en l'absence de contre-indication.

Diagnostic de la grossesse

En laboratoire ou à domicile.

● **Principe.** Le diagnostic de la grossesse repose sur la détection dans l'urine ou le plasma de la femme enceinte d'une hormone particulière, l'h. gonadotrophine chorionique (H.C.G.) produite par le tissu placentaire. Elle apparaît très rapidement dans le sang et les urines après la fécondation, sa concentration croît les 3 premiers mois de la grossesse, puis décroît et disparaît complètement après l'accouchement. Le dosage radio-immunologique de la fraction ß de l'H.C.G. pratiqué en laboratoire peut être positif dès le 6e j de la fécondation.

● **Tests biologiques.** 1ers tests de mise en évidence de l'hormone H.C.G. faisaient appel à un animal auquel de l'urine de femme présumée enceinte était injectée. La présence d'H.C.G. provoquant des modifications biologiques permettait de conclure à l'existence de la grossesse (test de Galli-Mainini sur le crapaud, d'Ascheimzondeck sur la souris, de Friedman sur la lapine, etc.). Ces tests sont maintenant abandonnés au profit de tests immunologiques plus précoces, plus précis et moins onéreux.

● **Tests immunologiques.** Reposent sur la visualisation de la réaction se produisant entre un *antigène* (globules rouges ou particules de latex sur lesquels a été fixée de l'hormone H.C.G.) et un *anticorps,* sérum de lapin, auquel on a fait des injections d'H.C.G. provoquant la formation d'anticorps anti-H.C.G. En présence d'H.C.G. venant de l'urine de femme enceinte, l'anticorps réagit préférentiellement avec l'H.C.G. de l'urine, inhibant la réaction antigène-anticorps. *2 méthodes :* tests sur lame, réservés aux laboratoires d'analyse (réponse rapide mais lecture délicate). Tests en tubes, conseillés pour les tests à domicile, vendus en pharmacie, non remboursés par la Séc. sociale.

● **Tests (vendus en pharmacie dep. 1973).** Non remboursés par la Sécurité sociale. Utilisent en général un test immunologique en tube.

G. Test : 1er test de grossesse personnel mis à la disposition des femmes en 1973. Dans l'éprouvette de réactif, les érythrocytes (globules rouges) recouverts d'H.C.G. (antigène) sont lyophilisés avec du sérum de lapin anti-H.C.G. (anticorps). Lorsque l'on ajoute l'urine et le solvant (eau distillée) selon les quantités indiquées, l'H.C.G. libre, présente dans l'urine de la femme enceinte, entre en réaction avec l'antisérum, inhibant la réaction d'hémagglutination. Les globules rouges qui n'ont pas été agglutinés sédimentent en donnant un anneau au fond de l'éprouvette, le test est alors positif. Lorsque l'urine ne contient pas d'hormone H.C.G., la réaction d'hémagglutination n'est pas perturbée et il se forme un « réseau d'agglutination » qui sédimente uniformément dans l'éprouvette : pas d'anneau, le test est négatif. *Résultats :* fiabilité env. 99 % en cas de grossesses de plus de 20 j (t. positifs 5 à 15 j après la date où l'on attendait ses règles).

Eva Test. Lisible dès le 3e j de retard. Si négatif, recommencer 2 j après.

Eva Test Bêta monoclonal. Utilisable dès le 1er j de retard.

Test-réponse B 125 : positif le jour présumé des règles.

G-Test Bêta 250. Plus fiables et plus précoces, mettent en évidence une fraction de l'hormone H.C.G. : la sous-unité B, spécifique de H.C.G. évitant ainsi toute possibilité de réaction avec des hormones voisines (notamment l'hormone L.H. qui peut interférer au moment de la ménopause). Ont permis d'améliorer la sensibilité des tests et de détecter la grossesse dès le 2e j. de retard des règles.

Predictor color. Test utilisant des anticorps monoclonaux fixés sur des particules d'or. Il donne une réaction en 10 minutes au lieu de 2 h dès le 2e jour de retard des règles (il est recommandé d'attendre le 4e j). Réponse fiable à 99,8 %. Test très lisible, chocs et vibrations n'influent pas sur le résultat.

Blue-Test. Test utilisable avant le retard des règles.

Causes d'erreurs des tests de grossesse. Elles sont dues à une perturbation de l'élimination urinaire de l'hormone H.C.G. *Résultats faussement positifs :* rares, cas de môles (dégénérescence de l'œuf) ; *faussement négatifs :* cas d'élimination anormalement basse d'H.C.G., tests effectués trop précocement (erreurs dans la date prévue pour les règles) ; certains cas de grossesse extra-utérine. Un résultat négatif doit toujours être confirmé par une méthode plus sensible quand l'exactitude du diagnostic est d'importance. Un résultat positif qui serait en désaccord avec les autres informations recueillies mérite également une confirmation par une autre méthode.

Précautions à prendre. Éviter les vibrations (ne pas poser le test sur un réfrigérateur, faire attention aux traces de détergent (bien rincer le récipient où l'on recueille les urines).

Pendant la grossesse

● **Alimentation. Protéines :** pour fournir à l'enfant les 10 g quotidiens nécessaires à sa croissance, il faut absorber 20 g de protéines supplémentaires pour une femme de 60 kg (total 60 g par j) : viandes, poissons, légumes secs.

Calcium : besoins triplés. 1 200 g/j. Fromages, fruits secs, eaux minérales riches en calcium, chocolat noir. (Attention au poids !).

Fer : foie (peu cuit), œufs, chocolat, quelques légumes verts. **Sel :** 8 g/j.

Éviter : mets toxiques (viandes faisandées), alcools et excitants (thé, café). (Éviter surtout de « manger pour deux » et de prendre plus de 1 kg par mois.)

● **Médicaments.** Pendant toute la grossesse, tout ce que la mère absorbe ou presque (gaz, alcool, barbituriques, antibiotiques et tranquillisants) peut passer de son organisme à celui de son enfant.

Sont notamment dangereux pour le fœtus. *Les médicaments tératogènes* (quinine à dose massive), certains *anticoagulants oraux, antibiotiques* tels que streptomycine, tétracycline, en emploi prolongé, certains *produits hormonaux* et *anticonvulsivants.* L'innocuité de certains *vaccins* à virus vivants n'est pas prouvée : antivariolique, antiamarile, antigrippal, antirubéoleux.

Toute influence nuisible risque d'affecter les organes lorsqu'ils traversent la phase critique de leur formation. *Cerveau :* 2e à la 11e semaine ; *yeux* 3e à 8e ; *cœur* 2e à 8e ; *doigts et orteils* 4e à 9e ; *dents* 6e à 11e ; *oreilles* 6e à 12e ; *lèvres* 4e à 6e ; *palais* 10e à 11e ; *abdomen* 10e à 12e.

● **Précautions. Avion :** éviter après 8e mois. **Baignades :** éviter l'eau trop froide et les durées excessives. **Ceinture de sécurité :** doit encadrer le ventre et non le serrer. **Courses :** éviter les poids trop lourds. **Ménage :** avec mesure. **Montagne :** déconseillée au-dessus de 1 500 m. **Rapports sexuels :** en cas de menace d'accouchement prématuré, avis médical nécessaire. **Soleil :** éviter trop longues expositions. **Sorties :** éviter sorties prolongées. **Sport :** *conseillés :* marche et la nage sur le dos ; *déconseillés :* efforts longs et violents. **Tabac :** à éviter. **Toxoplasmose :** les femmes ne l'ayant jamais eue doivent éviter contact avec les chats, viande mal cuite, fruits et légumes non lavés. **Train :** *conseillé :* couchette pour longs voyages. **Vaccination préalable des femmes contre la rubéole :** permettrait d'éviter les malformations qu'elle provoque (10 % des enfants sourds). **Visites prénatales :** en France, 4 sont obligatoires, mais on a calculé que 7 visites pourraient éviter en 15 ans 18 000 morts et 36 000 anormaux. 10 visites éviteraient 60 000 morts et 110 000 anormaux. **Voiture :** éviter, surtout, dans la 2e moitié de la grossesse, les trajets trop longs. (Train et voiture déconseillés à la femme enceinte.)

Stérilité

● **Définition.** On parle de stérilité lorsque après 2 ans de rapports sexuels réguliers et complets, un couple ne peut obtenir de grossesse. L'homme et la femme peuvent être en cause. Avant tout traitement, un bilan gynécologique est nécessaire (en préambule, courbe de température et spermogramme).

● **Statistiques.** Il existe 15 % de couples hypo-fertiles. L'homme est responsable dans env. 40 % des cas, la femme 40 %, les deux 20 %.

● **Remèdes. Insémination artificielle** permet souvent de remédier à certains cas de stérilité ; l'Église catholique la déconseille (elle l'interdit s'il est fait appel à du sperme d'un autre que le père).

Bébés-éprouvettes. (Conçus par fertilisation « in vitro ».) Méthode destinée aux femmes dont les trompes de Fallope sont obturées et ne peuvent être débouchées par la chirurgie (40 % des stérilités féminines). Un ovule est prélevé, fécondé en laboratoire avec le sperme du mari et réimplanté dans l'utérus maternel au stade de 8 cellules, après 3 j « in vitro » (18 % de succès pour les 2 premiers mois de 1984). *1er bébé-éprouvette :* Louisa Brown (G.-B.) 25-7-78. *1er en France :* Amandine, 24-2-82 ; *1ers « jumeaux-éprouvettes » :* Australie, 1982, *France* 1-10-83. 1er triplé en France (4-1-84). 1er quadruplé 2-5-85 (Londres).

Nombre (avril 86) : + de 2 000 dans le monde. En France : 200 (au 1-4-85) dont 100 en 1984. *Coût d'une tentative :* env. 6 000 F. *% de succès :* 10 à 15 % d'enfants nés par patiente traitée.

Coût (1986). **Fécondation in vitro :** 15 000 F par tentative soit 150 000 à 450 000 F par succès (9 naissances pour 100 tentatives). **Insémination artificielle** (hôpital Necker) 10 400 F la tentative, soit 20 500 F par succès. Prise en charge à 100 % par la Séc. soc.

Nombre. En France jusqu'au début 1986. + de 200 grossesses ont été réalisées par FIVETE (fécondation *in vitro* avec transfert d'embryons). + de 2 000 enfants dans le monde.

Banques de sperme. En France, en 1986, 20 C.E.C.O.S. (Centre d'étude et de conservation du sperme humain) : 3 à Paris (Bicêtre, Necker, Hôtel-Dieu), Marseille, Lille, Nancy, Lyon, Bordeaux, Besançon, Toulouse, Tours, Strasbourg, Rennes, La Tronche, Caen, Reims, Montpellier, Amiens, Clermont-Ferrand, Rouen. *Rôle :* conservent le sperme dans l'azote liquide à − 196 °C. Permettent de préserver le sperme d'un homme avant de voir la fertilité compromise (du fait d'une maladie, d'un traitement ou d'une vasectomie) ou de le stocker pour en fournir à des femmes dont le conjoint serait stérile. On recourt à des donneurs bénévoles, de − de 55 ans, mariés, pères d'au moins un enfant normal ; par suite du manque de donneurs volontaires, le délai d'attente est d'environ 1 an. Échecs : 30 % env.

En mars 1984, une fille (Zoé) est née après congélation de l'embryon (pendant 4 mois). Plusieurs fécondations avaient été réalisées entre des ovules prélevés chez sa mère et des spermatozoïdes de son père. 3 embryons avaient ensuite été implantés dans l'utérus maternel, sans succès. Un nouvel essai fut tenté 2 mois plus tard, après décongélation des 3 embryons. L'un d'eux se développa normalement jusqu'à 36 semaines.

Le 3-2-1984, une femme stérile a donné naissance à un garçon venant de l'ovule d'une autre femme. Des médecins avaient pratiqué l'insémination de cet ovule avec le sperme du mari de la femme stérile. Après 5 j. dans l'utérus de l'autre femme, l'œuf fécondé avait été prélevé (sans intervention chirurgicale) et implanté dans l'utérus de la femme stérile.

Le 1-8-1984, Corinne Parpalaix obtient du tribunal de Créteil le droit de se faire inséminer par du sperme congelé de son mari décédé mais elle n'a pas pu être fécondée (le taux de réussite des fécondations avec du sperme congelé est de 10 à 15 %).

Le 22-5-1984 et le 20-9-1985. Naissance à 16 mois d'intervalle de sœurs jumelles à l'hôpital Queen Victoria de Melbourne, en utilisant la technique de la fécondation *in vitro.* L'un des embryons avait été immédiatement implanté dans l'utérus maternel, l'autre, conservé par congélation, a été implanté après la naissance du 1er.

Coût : chaque dose de sperme 277,40 F, frais d'insémination (100 à 200 F), coût de la conservation : 150 F par an. *Nombre de grossesses obtenues par I.A.D. de 1973 à 1985 :* 13 000.

Mère suppléante (ou porteuse) : apparue en 1979 aux États-Unis. La mère « suppléante » fécondée par le sperme du mari s'engage par contrat à mener la grossesse à terme et à remettre l'enfant au couple, à sa naissance, contre 10 000 à 18 000 $. En G.-B. : Kim Cotton, 28 ans, le 4-11-84 a donné naissance à une fille pour un couple stérile. En France : une femme de Montpellier a accepté de mettre au monde (26-4-83) un enfant pour sa sœur jumelle stérile. Fin 1984, une quinzaine de femmes acceptaient de devenir une mère porteuse (1er cas Patricia Lavisse, 31 ans, de Marseille, qui a reçu une indemnité de 50 000 F et un pendentif orné d'un diamant, a donné naissance à une fille).

Selon le Comité consultatif national d'éthique pour les sciences de la vie et de la santé (créé le 23-2-1983), le prêt d'utérus relèverait de l'art. 353-1 du

C. pénal punissant l'incitation à l'abandon d'enfants. (Sera puni de 10 j à 1 mois d'emprisonnement et de 500 F à 10 000 F d'amende « quiconque aura dans un esprit de lucre provoqué les parents, ou l'un d'eux, à abandonner l'enfant né ou à naître.) En fait, cet art. ajouté en 1958 au C. pénal (datant lui-même de 1898) concernait « l'exposition et le délaissement d'enfants » ; « les agissements des œuvres ou des personnes ayant été amenés à provoquer des abandons d'enfants pour satisfaire les demandes d'adoption qui leur étaient faites ». En G.-B., le Comité Warnock (Comité d'enquête sur la fécondation et l'embryologie humaines, présidé par Lady Warnock) a rendu un avis similaire.

Recherches. *Hybridation cellulaire :* technique de fusion de cellules employée pour étudier le comportement de cellules complexes d'organismes supérieurs ou de cellules pathologiques par rapport à des cellules normales. On sait obtenir et faire se multiplier des hybrides de cellules de souris et d'homme, de moustique et d'homme, de cellules normales et cancéreuses. *Clonage :* méthode visant à énucléer des cellules somatiques ou sexuelles et à remplacer leur noyau par celui d'autres cellules au contenu génétique différent. Cette méthode commence à être utilisée chez les mammifères.

Information. *Ligue nationale fr. contre le péril vénérien* [*Institut Alfred-Fournier,* 25, rue du Faubourg-St-Jacques, Paris 14e. *Association pour la diffusion de l'information sur les maladies sexuellement transmissibles (ADIMST),* 59, rue St-André-des-Arts, Paris 6e]. *Association nationale pour l'insémination artificielle de substitution (ANIAS),* créée 1983, 6, rue Robert-Estienne, Paris 8e. *Mères d'accueil,* association créée 1983 à Marseille (Pt : Docteur Sacha Geller).

Consultations et soins : *Institut Alfred-Fournier,* 4, rue Darreau, Paris 14e. *Inst. Arthur-Vernes* ex-Institut prophylactique, 40, rue d'Assas, Paris 6e. *Hôpital Tarnier,* 89, rue d'Assas, Paris 6e. *Croix Rouge,* 43, rue de Valois, Paris 1er. *Cité Universitaire,* 42, bd Jourdan, Paris 14e. *Ligue de préservation sociale,* 29, rue Falguière, Paris 15e. *Hôpital St-Joseph,* 191, rue Raymond-Losserand, Paris 14e. *Enfance et Famille,* 6, rue Clavel, Paris 19e.

En France, les déclarations anonymes sont obligatoires pour la syphilis, blennorragie à gonocoque, chancre mou et hépatite virale.

Accouchements

☞ **Définition :** on appelle *primipares* les femmes à leur 1er accouchement ; *parturition* l'accouchement ; *parturiente* la femme qui accouche.

● **Accouchement sans crainte (avant, dit sans douleur).** *Psychoprophylaxie,* comportant une préparation psychologique et physique. Par *analgésie locorégionale* (para-cervicale, épidurale). Insensibilise les nerfs qui transmettent la douleur utérine. *Sous anesthésie générale :* 1re fois en 1847 par Sir James Simpson ; la reine Victoria, le 7-4-1853, adopta le chloroforme. *Sous électro-analgésie* (anesthésie locale au moyen d'électrodes), en cours d'expérimentation.

● **Avortements spontanés** *(fausses couches).* 30 % des œufs fécondés humains seraient éliminés avant l'implantation dans l'utérus. 20 % des embryons font l'objet d'un avortement spontané précoce. Semblent plus fréquents pour les fœtus masculins (rejet immunologique par la mère ?).

● **Césarienne** (1981). 10,9 % d'enfants naissent en France par césarienne (1960 : 3 %). Aux U.S.A. 14 %. Autrefois réservée aux accouchements compliqués (bassin de la mère trop étroit, placenta mal placé ou décollé, etc.), pratiquée aujourd'hui quand le traumatisme fœtal découlant d'un accouchement naturel mettrait en danger la vie du nouveau-né (grands prématurés, nouveau-nés hypotrophiques, etc.).

● **Époque.** Généralement 266 j après la fécondation. *Pour trouver la date de naissance :* ajouter 280 j à la date du début des dernières règles ; mesure échographique précoce avant 15 semaines d'aménorrhée (13 semaines de grossesse), courbe de température contemporaine de la fécondation.

Nota. — En France, naissances les plus nombreuses en févr.-mars et sept.-oct., les mardi et vendredi, début du travail entre 1 et 2 h du matin.

● **Frais d'accouchement.** Voir Index. Si la mère est célibataire et non assurée sociale, elle peut être prise en charge au titre de ses parents ou de ses grands-parents ou de sa sœur si elle vit sous le même toit et se consacre exclusivement aux travaux du ménage et à l'éducation d'au moins 2 enfants de — de 14 ans à la charge de l'assuré.

● **Incompatibilité Rhésus** (Différence de facteur Rhésus entre le père et la mère). Nécessite un contrôle systématique du groupe Rhésus de la mère avant la naissance, et en cas de Rhésus négatif, de contrôler chaque mois de grossesse l'absence d'anticorps (pouvant agresser le fœtus) dans le sang de la mère.

Remèdes. *Exsanguino-transfusion,* pratiquée dès la naissance. *Déclenchement artificiel de l'accouchement* avant terme pour soustraire l'enfant aux anticorps de sa mère et procéder le plus tôt possible à la transfusion. *Transfusion à l'enfant* au sein même de l'utérus. Chez 80 % des couples Rhésus incompatibles, l'interaction génétique produit un mécanisme protecteur qui inhibe la formation d'anticorps nocifs pour l'enfant. En dépit d'une incompatibilité Rhésus, les enfants de ces couples, que l'on dit « ABO » incompatibles, seront normaux.

Nota. — Une injection d'anticorps anti-Rhésus dans les 72 h suivant chaque accouchement et avortement prémunit les mères contre les accidents pour la grossesse suivante, mais aussi en cas de traumatisme abdominal, amniocentèse, version par manœuvre externe d'une présentation du siège. Tout événement pouvant occasionner le passage de sang fœtal chez la mère Rhésus — et y induire la fabrication d'anticorps anti-Rh. +.

● **Jumeaux. Sortes : Vrais jumeaux** (ou j. identiques *monozygotes, uniovulaires*) issus d'un seul ovule et de même sexe ; ils peuvent être mono— ou dichorioniques ; 30 % sont créés avant la nidation (qui se produit 6 j après la fécondation). Leurs empreintes digitales sont très semblables. **Faux jumeaux** (j. non identiques, *dizygotes, biovulaires*) issus de 2 ovocytes fécondés par 2 spermatozoïdes différents.

Facteurs de prédisposition : poids maternel, existence dans la famille maternelle de jumeaux dizygotes, régularité des cycles menstruels, absence d'utilisation de la pilule, groupe sanguin A ou O, rang de la conception (+ il est élevé, + les chances de j. sont grandes). Les naissances gémellaires sont plus fréquentes après 35 ans. 2 jumeaux peuvent être de pères différents. La conception peut même s'être produite à plusieurs jours d'intervalle pendant le même cycle menstruel. Le jumeau le plus gros serait le plus intelligent. Celui qui naît le second court plus de risques à la naissance. En Europe, les jumeaux sont du même sexe dans 63 % des cas.

Nombre en France. Chaque année 7 500 couples de jumeaux dont 3,5 pour 1 000 de vrais jumeaux.

Jumeaux célèbres. Ils sont rares ; on peut citer : les saints Côme et Damien (IIIe siècle) ; les filles jumelles du roi Henri II ; les frères Lionnet, chanteurs du XIXe s. ; Auguste et Jean Piccard, stratonautes ; les « idiots-savants » George et Charles, calculateurs prodiges, à New York.

> *Au Moyen Age,* l'accoucheuse opérait sous les jupes, il était interdit aux hommes d'assister à un accouchement (en 1521, un médecin de Hambourg fut envoyé au bûcher pour s'être déguisé en sage-femme). Louis XIV fit faire des progrès à l'obstétrique en assistant à l'accouchement de ses maîtresses. On avait des seringues courbes pour répandre de l'eau bénite sur le fœtus mal en point et toujours prisonnier.

● **Lieux d'accouchements.** *1952* 452 naissances pour 1 000 ont eu lieu dans le logement maternel, 532 à l'hôpital, 12 dans un lieu inhabituel ou inconnu ; *1980 :* 986 à l'hôpital, 4 au domicile de la mère. *Mort-nés* lors d'accouchements à domicile : *1952 :* 18 pour 1 000 (contre 25 à l'hôpital), *1980 :* à l'hôpital 11. La surveillance électronique (ou *monitorage*) du rythme cardiaque de l'enfant à naître est fréquente. On a recours à la *césarienne* dans 10,9 % des cas (1981), *à l'anesthésie péridurale* dans 3,9 % des cas (1981).

● **Mortalité maternelle. Taux** *XVIIIe s. :* 20 décès maternels pour 1 000 naissances vivantes. *1945 :* 0,80 à 2 ; *1985 :* 0,06 (Europe) à 10 (Afrique, Asie) selon les pays. **Nombre en France** *1978 :* 114 (dont *15 à 24 a. :* 23 ; *25 à 34 :* 64 ; *35 à 44 :* 22 ; *45 à 54 :* 5).

● **Naissance après la mort de la mère.** Plusieurs cas connus. Le 30-3-1983 est né par césarienne un garçon de 1,3 kg. Sa mère (27 a.) avait été artificiellement maintenue en vie pendant 9 semaines pour permettre la naissance (à 22 semaines).

● **Prématurés. Définition.** Enfant né avant 37 sem. (⩽ 258 j). [Des bébés de 224 j (32 sem.) peuvent peser 2,5 kg et arriver 56 j avant les prévisions du médecin sans incident.] **Record.** Aux U.S.A., une fille est née le 23-2-83 après 22 semaines. Elle pesait 552,8 g et mesurait 26,7 cm. **Nombre en France.** *1972 :* 8,2 %. *1981 :* 5,6 %.

Facteurs de risque élevé : âge très jeune ou très élevé (— de 20 ans, + de 40) ; faible taille ; parité (naissance de rang élevé) ; conditions de vie (travail fatigant, travail debout, logement exigu) ; causes médicales (placenta bas, malformation fœtale grave, grossesses multiples, infections...) ; sociales (surmenage, voyages, etc.).

Taux de mortalité 32 % *(de 26 à 28 semaines :* peu survivent ; *de 28 à 30 s. :* près de 60 % survivent ; *à 32 s. :* 75 % ; *à partir de 36 s. :* 95 %). 18 % pour les enfants pesant entre 1 000 et 1 500 g. 50 % pour ceux de 500 à 1 000 g. Seul 1 enfant de — de 750 g sur 5 survit plus de quelques jours. *Séquelles.* Pour les enfants de 500 à 1 000 g, des handicaps intellectuels (débilité), moteurs (hémiplégies, par exemple) ou sensoriels (surdité ou cécité) s'observent dans 8 à 30 % des cas.

Prématurés célèbres. Napoléon Bonaparte, Isaac Newton, Charles Darwin, Victor Hugo et Voltaire.

● **Présentation.** *Tête la première,* présentation du sommet et le visage tourné vers le bas 95 %. Très rarement, visage tourné vers l'accoucheur 0,4 à 0,8 %. *Par le siège* (fesses d'abord, parfois les pieds) : 3,5 %, peut entraîner des complications mécaniques lors de l'accouchement.

● **Terme dépassé.** La mortalité fœtale et néo-natale est plus importante lors de naissances à terme dépassé (après 42 sem. d'aménorrhée, ⩾ 294 j).

☞ Betsy Sneith, 23 ans, sur laquelle avait été greffé en fév. 1980 le cœur d'un homme mort dans un accident d'automobile, a mis au monde par césarienne une fille de 3,2 kg (1er exemple connu de ce type de naissance).

Allaitement

Lactation. L'allaitement maternel est adapté aux besoins du nouveau-né et lui fournit un aliment complet, équilibré, spécifique, stérile, facilement et rapidement digérable et contenant des anticorps maternels. Il peut être remplacé par du lait maternisé adapté à l'âge de l'enfant. La lactation peut être arrêtée par sevrage (espacement des tétées, la mère limitant la prise de boisson), ou artificiellement (par injection d'œstrogène ou par prise de comprimés de bromocriptine) ou se poursuivre des années (parfois pendant 3 ans). Certaines femmes sécrètent 5 l de lait par jour.

Prise. L'enfant prend (au rythme normal) env. 200 g de lait par kg de poids en 24 h. Après 9 mois environ, il a besoin d'autres nourritures en plus du lait maternel.

Lait maternel le plus gras. Celui de l'otarie 53,3 g de matières grasses pour 100 g de lait [phoque gris 53,2, baleine bleue 42,3, ourse polaire 33,1, lapine 18,3, souris 13,1, chienne 12,9, éléphante (Inde) 11,6, hérisson 10,1, echnidé 9,6, brebis 7,4, truie 6,8, chatte 4,8, chamelle 4,5, chèvre 4,5, guenon rhésus 4, femme 3,8, vache 3,7, kangourou rouge 3,4, jument 1,9].

Fourniture de lait. Les 18 *lactariums* français ont, en 1981, collecté 100 000 litres de lait. L'*Institut de puériculture* de Paris approvisionne les centres de néonatalité, elle propose une indemnité de 28 F par litre, mais sur 500 mères donneuses, 50 % sont bénévoles. Certaines femmes donnent jusqu'à 10 l de lait par semaine.

Avortement

Généralités

Définition. Interruption de grossesse avant la viabilité légale : 6 mois avant le terme. L'avortement peut être spontané ou volontaire (cas envisagé ici).

Avortements partiels. Pratiqués sur des femmes portant plusieurs fœtus. Le 1er a été pratiqué en 1977 en Suède (une dizaine en France en 2 ans).

● **Méthodes. Aspiration (méthode Karman)** jusqu'à 10 semaines de grossesse ; canule reliée à une pompe aspirante et introduite dans l'utérus, sous anesthésie locale ou générale, durée quelques min. Peu de complications sauf si une dilatation du col est nécessaire, pour passer la canule aspirante. Ne peut être pratiquée que dans un délai de 10 semaines, sinon la calcification de la tête et du rachis embryonnaires empêcheraient leur passage dans la canule.

Curetage. Après dilatation, curetage de l'œuf sous anesthésie générale. Peut laisser des séquelles dues aux lésions ainsi infligées à la matrice.

Induction des règles ou mini-aspiration. Sans anesthésie ou sous anesthésie locale, permet d'aspirer le contenu de l'utérus au cours de la 1re semaine qui suit la date présumée des règles. Pratiqué par certains C.I.V.G. (Centre de contraception et d'I.V.G.). Illégal.

Injection de sérum salé hypertonique dans le sac amniotique (après la 15e semaine de grossesse), expulsion du fœtus 24 à 72 h après dans 90 % des cas. Dangereux. Ne se pratique plus.

Prostaglandines (2e trim. de la grossesse) : 80 % de succès par injection dans l'utérus.

Petite césarienne. Dangereux. Peut être associée à une stérilisation chirurgicale.

☞ **Moyens dangereux autrefois utilisés** (avortements clandestins) : *chimiques* (injection dans l'utérus d'eau de Javel, sels de mercure, aluminium ou plomb, permanganate de potassium ou même acide sulfurique), *mécaniques* (aiguilles à tricoter, queues de lierre, sonde de caoutchouc, fils de fer, etc.).

• **Risques.** Dus surtout à la fragilité des organes génitaux et aux dangers d'infection. En pratique, c'est entre la 5e et la 7e semaine que l'intervention est la plus mineure. Les risques d'hémorragies secondaires augmentent avec l'âge de la grossesse. Des avortements répétés majorent les risques. Pour les avortements clandestins, risques infectieux et hémorragiques importants.

Décès dus à l'avortement (provoqué ou spontané). *1970 à 1972 :* 46 par an en moyenne. *1975* (avortement légalisé) : 15, *1976 :* 6, *1977 :* 9. *Taux de mortalité :* — de 1 pour 100 000.

Les Anciens estimaient que l'animation ne se produisait qu'au bout de 40 j pour un embryon masculin (et 80 j pour un féminin). Au Moyen Age, saint Thomas d'Aquin et les canonistes décidaient 40 j et les juristes musulmans 120 j.

L'Église catholique romaine estime aujourd'hui qu'un être humain existe dès la fécondation de l'ovule par le spermatozoïde, et a proclamé lors du concile Vatican II que « l'avortement et l'infanticide sont des crimes abominables », langage repris par Paul VI et Jean-Paul II. Mais il existe des opinions dissidentes parmi les théologiens.

L'Église a toujours condamné l'avortement. Le concile d'Ancyre (an 314), par exemple, inflige 10 ans de pénitence au fidèle qui s'est rendu coupable d'avortement. Actuellement un avortement encourt le risque théorique d'excommunication.

Chez les anciens Hébreux l'avortement était sanctionné. Chez les Grecs il était autorisé avant l'« animation » du fœtus (40 j pour le f. mâle, 80 pour le f. femelle). A Rome il était assimilé à l'empoisonnement. Au XIIIe s. ; en Angleterre, il était puni de mort ; en Suisse, l'avorteuse était enterrée vivante ; au Brabant, avortée et avorteuse étaient brûlées vives.

Depuis 1960, de très nombreux pays ont libéralisé l'avortement. Certains ont par la suite restreint la pratique pour favoriser la natalité (ex. : Roumanie 1966, Tchécosl. 1973, Hongrie 1974).

Avortements en France

• **Histoire. Jusqu'au règne de Louis XV,** mère et complices étaient punis de mort. **Au XVIIIe** s. peine commuée en 20 ans de fers, la mère n'étant plus punie. **Au XIXe s.** Le Code pénal considère l'avortement comme un crime jugé en assises. Mais les acquittements sont nombreux. **1923.** La loi du 27-3 fait de l'av. un délit soumis à la juridiction des magistrats de correctionnelle. **1975.** La loi du 17-1 libéralise l'av. (Voir Quid 1978 p. 884). **1982**-*31-12* l'av. est remboursé partiellement.

Peines encourues avant 1974. *Personne procurant les moyens de faire un avort. :* 1 à 5 ans de prison, 1 800 à 36 000 F d'amende (de 5 à 10 a. de prison, de 18 000 à 72 000 F d'amende pour une pratique habituelle) ; *femme ayant avorté :* 6 m. à 2 a. de prison et 360 à 7 200 F d'amende ; *personnel médical ayant recouru à l'avort. :* mêmes peines plus suspension pendant 5 a. au moins.

• **Réglementation actuelle.** L'interruption volontaire de grossesse (I.V.G.) décidée par la femme enceinte ne peut être pratiquée qu'avant la fin de la 10e semaine de grossesse. *Si la femme est mineure célibataire,* il faut le consentement d'une personne exerçant l'autorité parentale ou du représentant légal. Chaque fois que cela est possible, le couple participe à la consultation et à la décision, mais l'accord du mari n'est pas indispensable. *Les femmes étrangères* doivent justifier de leur résidence en Fr. dep. 3 mois. *L'interruption est possible à toute époque* si 2 médecins attestent que la poursuite de la grossesse met en péril la santé de la femme ou que l'enfant à naître aura très probablement une affection grave reconnue comme incurable lors du diagnostic (avortement thérapeutique).

3 étapes : consultation auprès d'un médecin le plus tôt possible (10 j de retard) ; consult. auprès d'un centre de planification, ou d'un service social ou d'un établissement d'information agréé, pour recevoir conseils et une attestation d'entretien (obligatoire) ; après réflexion (min. 11 j), retourner chez le médecin et lui remettre confirmation écrite de la décision prise.

Le médecin peut toujours refuser de faire les I.V.G. (clause de conscience). *L'établissement privé le peut aussi, sauf si,* assurant le service public hospitalier, les besoins locaux ne sont pas couverts par ailleurs. *Les établissements publics sont tenus de se donner les moyens de pratiquer les I.V.G.* (décret du 27-9-82). Si les praticiens hospitaliers s'y refusent, l'hôpital peut faire appel à des vacataires extérieurs. Les établissements doivent assurer, après l'intervention, l'information de la femme en matière de régulation des naissances.

L'interruption ne peut être pratiquée que par un médecin et ne peut avoir lieu que dans un établissement d'hospitalisation public ou un établissement privé recevant les femmes enceintes. Aucun établissement ne peut dépasser pour une année déterminée 25 % d'interruptions par rapport aux actes opératoires.

Prix (secteur public au 21-4-86). *I.V.G. sans anesthésie* $\leqslant$ *12 h :* 835 F ; *avec anesthésie* $\leqslant$ *12 h :* 1 126,75 F ; *12 h à 24 h :* 1 003,50 F ; *générale 12 à 24 h :* 1 294,75 F. *Forfait pour 24 h de plus :* 168 F.

Aide médicale gratuite : peut être obtenue auprès de la D.D.A.S.S., après enquête sur les ressources de l'intéressée. **Remboursement :** aux caisses de Sécurité sociale (loi du 31-12-82).

Statistiques. Avortements clandestins (avant 1976). 250 000 à 350 000 par an. *En 1975 :* 14 000 Françaises avaient été se faire avorter en G.-B. et 9 000 aux P.-Bas. **Légaux déclarés :** *1976 :* 134 173. *78 :* 150 417. *80 :* 171 218. *81 :* 181 695. *82 :* 182 802. *83 :* 184 144. *84 :* 179 973 [23,6 pour 100 naissances (mort-nés inclus)]. *85 :* env. 170 000 (22) : en fait au total 30 000 à 35 000.

Associations

• **Pour l'avortement. M.L.A.C.** *(Mouvement pour la liberté de l'avortement et de la contraception),* 34, rue Vieille-du-Temple, Paris 4e. Créé en 1973, 10 comités. Adhésions libres. **Choisir,** 102, rue St-Dominique, 75007 Paris. **M.F.P.F.** *(Mouvement français pour le Planning familial).* 4, square Saint-Irénée, 75011 Paris. *Créé* en 1956. 90 associations départementales, 2 000 militants, 20 000 adhérents. *Adhésion :* 60 F par an.

• **Contre. Association des médecins pour le respect de la vie,** B.P. 234-07, 75327 Paris Cedex 07. **Laissez-les vivre — S.O.S. futures mères,** B.P. 111-10, 75463 Paris Cedex 10. *Créée* 1971. *Membres* 30 000. **Cartel des groupements et personnes pour le respect de la vie,** 139, bd Magenta, 75010 Paris. *Créé* 1977, assure liaisons entre 150 associations. **Union syndicale des médecins respectant la vie humaine (USMRV),** 139, bd Magenta, Paris 10e. *Créée* 1975. *Membres* 600.

Déclaration de naissance

• **Formalités.** A la mairie de la commune de l'accouchement dans les 3 j suivants (j de naissance non compris) (si le dernier j est férié, le délai est prolongé jusqu'au 1er j ouvrable qui suit). Peuvent être faits par le père légitime ou naturel, le médecin, la sage-femme, la personne chez qui l'accouchement a eu lieu ou toute personne y ayant assisté. Présenter le livret de famille et le certificat du docteur ou de la sage-femme. Depuis 1919, l'enfant n'a plus à être présenté en personne. *Lorsqu'une naissance n'aura pas été déclarée dans le délai légal,* l'officier de l'état civil ne pourra l'inscrire sur les registres qu'en vertu d'un jugement rendu par le tribunal de grande instance de la circonscription où est né l'enfant et mention sommaire sera faite en marge à la date de la naissance. Si le lieu de naissance est inconnu, le tribunal compétent sera celui du domicile du requérant.

Une mère célibataire peut déclarer son enfant sous son nom de jeune fille. Si une mère (célibataire ou mariée) ne désire pas que leur lien de filiation soit établi, la déclaration est faite par une personne ayant assisté à l'accouchement. La mère pourra reconnaître son enfant ultérieurement, mais elle devra veiller à ce que l'enfant ne soit pas adopté entre-temps.

• **Prénoms.** La loi du 11 germinal an XI permet de donner comme prénoms ceux qui figurent dans les divers calendriers (des saints, révolutionnaire, musulman, etc.), ou les noms de personnages connus dans l'histoire ancienne, à condition qu'ils aient existé et se soient manifestés avant le Moyen Age (sont ainsi autorisés : Achille, Nestor, Vercingétorix, mais les dieux de la mythologie sont exclus). Une circulaire du 12-4-1966, modifiant l'instruction générale sur l'état civil, demande aux off. de l'état civil de faire preuve de libéralisme dans l'admission des prénoms. Les off. de l'état civil ne doivent refuser que les prénoms qui ne figurent pas sur un calendrier et qui ne sont pas consacrés par l'usage. Si l'off. de l'état civil refuse le prénom proposé, s'adresser au procureur de la République, et, si celui-ci refuse également, saisir le tribunal de grande instance. Si le prénom est définitivement refusé, les parents pourront en choisir un autre qui sera accolé par jugement aux autres.

☞ Ont été admis les prénoms de *Bergamote* (1975), *Cerise* (1981), mais *Vanille* a été refusé par le tribunal de Pontoise en 1984.

Modification (loi du 12-11-1955). Le tribunal de grande instance peut (sur la requête d'un individu ou de son représentant légal) autoriser des modifications pour les personnes affublées de prénoms ridicules ou qui sont l'objet de risées par l'effet de la juxtaposition de ce prénom au nom patronymique (ex. : Jean Bon).

Prénoms les plus répandus. Entre 1890 et 1978 Jean et Marie, et leurs composés (Jean-Pierre, Jean-Claude, Marie-Anne, Marie-Pierre) 6 % chacun : Pierre, Michel, André, Jeanne, Marcel, René, Philippe et Alain.

☞ La loi du 6 fructidor an VI interdit de porter des noms et prénoms autres que ceux exprimés dans l'acte de naissance.

Saints du Calendrier. Nombre de Saints patrons. Le calendrier des Postes donne le nom du « Saint du jour » soit env. 365. Mais en réalité 6 216 saints et bienheureux figurent au calendrier de l'Église, selon les tables dressées par les Bénédictins de Paris en 1959, soit une vingtaine par jour. Il y a en outre de nombreux martyrs inconnus, groupés selon le lieu et la date de leur mort, et dont on ne connaît que le chiffre [de 2 à 10 203 (Rome)].

Le chiffre de 11 000 vierges martyres (à Cologne) est sans doute dû à une erreur, voir Religions, p. 476. A Trèves, le groupe de martyrs est donné comme « presque innombrable » et à Saragosse (Espagne, persécution de Domitien, en 95 ap. J.-C.) comme « innombrable ». Des Espagnols portent le prénom de *Innumerables.*

Rapport des noms et des personnages. Les 6 216 noms cités renvoient à env. 5 000 personnages. De nombreux saints sont en effet nommés à la fois par leur prénom, leur nom de religion et leur patronyme. Les noms de religion peuvent être utilisés comme prénoms (par ex. Jean de Dieu) et les patronymes de saints comme prénoms chrétiens [ex. Chantal (s. Jeanne Ch.), Garicoïts (Michel G.), Gonzague (Louis de G.) ; Jogue (au Canada : René J.), Régis (François R.), Vianney (Jean-Marie V.), Xavier et Xavière (François X.)]. Cet usage permettrait de donner comme noms de baptêmes les patronymes suivants : *pittoresques :* Cornebout, Cufitelle, Piécourt, Sautemouche ; *prosaïques :* Dufour, Dumoulin, Duval ; *exotiques* (martyrs d'Extrême-Orient) : Chien, Fou, Du, Mao.

Féminisation de prénoms masculins. Outre Xavier (patronyme) féminisé en Xavière, de nombreux prénoms n'existant qu'au masculin ont été mis au féminin : Armel, Ghislain, Joël, Michel, Nicolas (Armelle, Ghislaine, Joëlle, Michelle ou Michèle, Nicole, etc.). Certains prénoms sont à la fois masculin et féminin : Camille, Claude, Dominique.

Noms hérités de l'Antiquité chrétienne (martyrs, ermites, évêques fondateurs de diocèses). Certains, bien que leur sens n'ait pas évolué de façon anormale, sont devenus rébarbatifs pour des questions de sonorité : Amphilogue, Carpophore, Cordodème, Érotéide et Érotide, Euprépius, Eupsygue, Nymphodore, Pélée et Pélade.

D'autres sont devenus pittoresques pour des raisons de signification : *1) Noms d'animaux :* Carpe, Castor, Colombe, Corneille, Faucon, Félin, Héron, Léopard, Loup, Luciole, Ours, Tigre. [Patronymes de martyrs modernes : avec jeu de mots : Chien (Extrême-Orient) ; sans jeu de mots : Bufalo (espagnol). Martyr perse du VIe siècle (jeu de mots) : Dada.] *2) Noms d'objets ou de réalités courantes :* Censure, Mître, Néon, Palais, Panacée, Pipe, Porphyre, Prime, Principe, Projet, Tripode, Vanne. *3) Noms géographiques ou astronomiques :* Désert, Métropole, Nil, Océan, Olympe, Orion, Seine. *4) Noms de mois :* Octobre, Mars, Janvier. *5) Personnages de la mythologie ou de l'Antiquité païenne* (prénoms à la mode à l'époque et portés par des baptisés) : Achille, Aphrodite, Cléopâtre, Diane, Jason, Marius, Néron, Oreste, Platon, Plutarque, Pompée, Priam, Romulus, Socrate, Thémistocle, Tibère, Virgile, Xénophon. *6) Noms de végétaux :* Céréale, Fleur, Narcisse, Olive, Rose (Marguerite n'est pas un nom de fleur, mais signifie : *perle*). *7) Noms d'abstractions :* Abondance, Amour, Espérance, Foi, Grâce, Humilité, Mémoire, Méthode, Prudence, Victoire. *8) Noms communs de personnages :* Dominateur, Héros, Libérateur, Marin, Martyr, Matrone, Moniteur, Néophyte, Nymphe, Pasteur, Pèlerin, Philologue, Possesseur, Romain, Satyre, Scholastique, Sénateur, Sicaire, Vigile. *9) Épithètes :* Beaucoup ont gardé un sens flatteur : Candide, Bonne, Carissime, Claire, Dévote, Digne, Doux, Fort, Franche, Généreux, Gentil, Honoré, Humble, Juste, Libéral, Lucide, Martial, Modeste, Opportune, Pacifique, Parfait, Patient, Pie, Placide, Probe, Prosper, Prudent, Révérend, Serein, Stable, Tranquille, Viril, Vital. Mais certaines ont changé de sens et ne sont plus des compliments : Illuminé, Passif, Primitif, Rustique, Sévère, Servile, Spécieux, Sibylline. Il existe aussi un Saint Mieux (mais il s'agit d'une forme locale du nom de Maoc).

Prénoms les plus courts : Y (forme dialectale du nom de St Aile) ; U (patronyme de martyr extrême-oriental).

Fréquence des noms de Saints. *Noms courants :* Jean 302, Pierre 177, Paul 72, François 71, Jacques 59, Antoine 58, André 51, Alexandre 48, Étienne 45, Joseph 44, Dominique 41, Louis 37, Léon 30, Martin 28, Laurent 24, Philippe 23, Marcel 19. *Noms peu utilisés actuellement :* Anastase 20, Marcien 18, Sévère 17, Macaire 16, Janvier 14, Candide 13, Anatole, Acace 6.

Saintes : Marie 127, Jeanne 26, Anne 24, Marguerite 21, Madeleine 20, Lucie 19, Élisabeth 16.

• **Nom de famille** (patronyme). Héréditaire et transmis le plus souvent par le père, apparaît en France vers le XIe-XIIe s. Fixé par l'édit de Villers-Cotterêts (1539). Généralement fondé sur origine (Pagnol = l'Espagnol), nom de lieu (ville, hameau), aspect physique (Petit, Legros), métier (Boulanger, Tailleur), sobriquet (Leborgne), parenté (Cousin, Neveu), et pour les familles d'ancienne noblesse, le fief (Talleyrand, La Rochefoucauld). Les noms israélites ne sont devenus définitifs qu'en 1808 (décret obligeant les Juifs à adopter un nom de famille fixe).

Enfants trouvés. L'officier de l'état civil attribue des prénoms à l'enfant, le dernier servant de nom patronymique. Si l'enfant n'est pas un nouveau-né, le tribunal de grande instance est alors compétent.

Statistiques. Env. 250 000 noms de famille différents existent en France, dont *très fréquents* (portés par + de 45 000 homonymes) 1 000 (0,4 %), *fréquents* (de 1 200 à 4 500 h.) 6 000 (2,4 %), *rares* (300 à 1 200 h.) 33 000 (13,2 %), *très rares* (– de 300) 210 000 (84 %). Dans 1 ou 2 siècles, 84 % des noms de famille devraient avoir disparu au profit des noms les plus fréquents. 100 noms représentent actuellement 11,22 % des noms portés. Noms les plus fréquents : Martin, Bernard, Moreau, Durand, Petit, Thomas, Dubois, Michel, Laurent, Simon, etc. Dupont n'apparaît qu'au 15e rang. 12,2 % des noms français commencent par B, 10 % par L. Très peu commencent par un X.

Développement de l'enfant

• **Quelques étapes. 1 mois :** suit des yeux un objet qui se déplace, regarde un visage, commence à sourire. **2 mois :** sourit, tient sa tête. **3 mois :** gazouille spontanément et en réponse, regarde ses mains, tient le hochet, le regarde. **4 mois :** rit aux éclats, saisit les jouets et les porte à sa bouche. **5 mois :** cherche un jouet perdu, sourit au miroir. **6 à 8 mois :** passe un objet d'une main à l'autre, tient assis seul quelques instants sur un plan dur, reconnaît le visage de sa mère. **8 à 10 mois :** marche à 4 pattes, saisit un petit objet entre pouce et index, répète des syllabes (ma, pa, ta), répond à son nom, fait « au revoir, bravo ». **11 mois :** son cri peut atteindre une intensité sonore de 100 à 177 dB (un marteau pneumatique atteint 120 dB ; un klaxon, 100 dB à 5 m). **12 à 18 mois :** marche seul, dit quelques mots, boit seul à la timbale, empile 2 à 3 cubes. **18 à 22 mois :** gribouillage spontané, phrases de 2 à 3 mots, montre ses yeux, son nez. **24 mois :** monte et descend un escalier, mange seul, se nomme par son prénom, construit une tour de 6 cubes. **2 ans et demi :** saute à pieds joints, court, défait un paquet, reproduit un trait vertical ou horizontal. **3 ans :** marche sur la pointe des pieds, langage élaboré, propre la nuit, lance une balle, reproduit un cercle. **3 ans et demi :** se déshabille seul, commence à s'habiller seul. **4 ans :** saute à cloche-pied, lace ses souliers, reproduit un carré sur un papier, donne son adresse. **5 ans :** grimpe aux arbres, peut rester immobile 1 minute, utilise « hier », « demain », compte 4 objets. **6 ans :** fait un puzzle de plus de 10 morceaux, indique le jour de la semaine.

☞ Pour connaître la manière dont un enfant se développe par rapport aux autres enfants du même âge : on cherche à situer *son niveau de réalisation* grâce à des épreuves favorisant un appel à des éléments cliniques ou psychométriques [chez l'enfant jeune (jusque vers 4-5 ans) on parle d'un « niveau de développement » qu'on évalue à l'aide d'échelles de « développement psychomoteur », dans lesquelles interviennent des facteurs d'ordre psychologique (langage, socialisation...) ou moteur (coordination motrice, contrôle postural...)] ; chez l'enfant plus âgé, on cherche à connaître une « Efficience Intellectuelle » en estimant son quotient intellectuel [rapport entre âge mental (âge de réussite des épreuves) et âge réel (test type Binet, Simon] ou en situant l'enfant dans la population générale et par rapport à ses pairs (test du type Weschler)]. Le niveau de réalisation dépend beaucoup des facteurs affectifs et a une certaine influence sur eux. Cette interdépendance marque tout ce qui touche le développement et la personnalité, dans un contexte familial et un milieu socio-culturel donné.

Contraception

Méthodes

• **Abstinence périodique.** Basées sur l'hyp. que la femme n'est fécondable que 4 à 6 j par cycle durant la période ovulatoire connue grâce aux observations : *1) de la température* (voir ci-dessous). *2) de la glaire cervicale ou méthode Billings :* sécrétion vaginale transparente, abondante et élastique apparaissant 4 à 6 jours avant l'ovulation. Une femme n'est fécondable que durant la période de glaire. Après l'ovulation, la glaire s'épaissit, se transforme en une sorte de bouchon ; le col utérin reste fermé jusqu'au 1er j des règles suivantes. *3) Du col utérin :* assez dur au moment des règles, il devient plus mou durant la 2e partie du cycle ; il est ouvert au début du cycle et fermé à la fin. Ces 3 méthodes d'auto-observation peuvent être combinées ou dissociées mais se complètent.

• **Ogino [1]-Knaus [2].** Pas de rapports entre le 11e et le 18e jour avant les règles (n'est utilisable que par les femmes normalement réglées tous les 28 à 30 j). Échecs : 14 à 38 %. Exige des cycles réguliers.

Nota. – (1) Médecin japonais (1882-1975), il découvrit en 1924 la période d'ovulation des femmes entre le 12e et le 16e j. (2) Médecin allemand.

• **Température.** Méthode découverte en 1937. Fondée sur l'observation d'une courbe de la température rectale qui doit être notée chaque jour : la température de l'organisme prise le matin au lever augmente de quelques dixièmes à partir de la date de l'ovulation (14e j env. avant les règles à venir). Abstinence totale du 1er j des règles jusqu'au 3e j du « plateau thermique ». *Échecs :* 14 %. Parfois difficile à appliquer.

Une courbe, qui partirait de 37°, descendrait à 36,8° dans les 1ers j du cycle, tomberait à 36,6 ° au moment de l'ovulation, remonterait à 37,2° et resterait à ce niveau jusqu'à la veille ou l'avant-veille des règles suivantes, puis reviendrait alors à 37°. Si elle ne redescend pas à ce moment, ce peut être le signe que l'ovule a été fécondé (ce sera confirmé, ou non, par l'absence des règles suivantes). *Le j le plus propice* pour ceux qui veulent un enfant est celui où se produit le renversement des températures. On pense que 50 % des grossesses se produisent ce jour-là, les autres résultant de rapports dans les 5 j qui le précèdent ou les 2 j qui le suivent. Méthode de plus en plus utilisée en l'associant à l'observation des glaires.

• **Acte interrompu.** Retrait de l'homme avant la fin de l'acte sexuel. *Échecs :* 40 %. Peu fiable, prive en outre le couple d'une pleine satisfaction sexuelle.

• **Injection vaginale.** Avec eau additionnée d'un produit spermicide. *Échecs :* 40 %.

• **Pilules.** Médicament hormonal qui bloque l'ovulation. Comprimés pris tous les jours pendant 21 j à partir du 5e j du cycle. Puis arrêt de 7 j ; 2 oublis consécutifs compromettent le traitement pour la pilule traditionnelle. *Contre-indications :* diabète, maladies hépatiques, troubles circulatoires graves, hyperlipidémie. *Échecs :* 0,3 %. Nécessitent une stricte surveillance médicale (bilan régulier au moins tous les 6 mois). *Catégories :* la p. *traditionnelle,* inventée en 1956 par les docteurs américains Gregory Pincus et John Rock († en 1984 à 96 ans), et qui associe 2 sortes d'hormones, œstrogènes et progestérones. *P. séquentielle :* au début du cycle, la femme prend une pilule qui comprend uniquement des œstrogènes, puis, dans les 10 derniers j, une pilule associant œstrogènes et progestérones ; elle n'est pas sûre à 100 % et provoque des saignements en cours de cycle. *Mini-pilule :* dosage identique d'œstrogènes et de progestérones en quantité inférieure à la p. traditionnelle (30 microgrammes d'œstrogènes au lieu de 50) : les effets secondaires semblent moins importants (prise de poids, ennuis digestifs et veineux, congestion des seins). La mini-pilule doit être prise avec moins de 8 h de décalage par rapport au jour précédent. En cas d'oubli, la mini-pilule est moins efficace. *P. biphasique :* mieux dosée, elle présente moins d'effets secondaires ; en début de cycle, la femme prend une faible quantité d'œstrogènes et de progestérones, qui augmente en cours de cycle. *P. triphasique :* p. œstro-progestative qui tient compte des phases naturelles du cycle. Principal avantage : la réduction de la dose progestative administrée à la femme, la dose d'œstrogènes demeurant toujours parmi les plus basses proposées. Les accidents vasculaires et métaboliques devraient être nettement réduits. *Micro-pilule :* contient des progestatifs à faible dose ; prise en continu ; prescrite si les œstrogènes sont interdits. Elle n'empêche pas l'ovulation mais ferme le col par coagulation de la glaire. Elle présente moins de contre-indications. **Pilule du « lendemain ».** Administrée à forte dose (2 500 µg d'éthinyl-œstradiol) pendant 4 à 6 j après les rapports, préviendrait l'implantation du blastocyste. À ces fortes doses, les œstrogènes entraînent des troubles digestifs pouvant être gênants. *Déconseillée par de nombreux médecins.* La pilule traditionnelle (2 comprimés le + tôt possible après le rapport et 2 c. 12 h après, dans les 48 h) est mieux supportée. Une pilule antiprogestérone (associant le R.U. 486 et des prostoglandines) est en cours d'expérimentation. **Piqûre retard.** Progestatif-retard (acétate de médroxy-progestérone) administré par voie intramusculaire à fortes doses (150 mg), une injection tous les 3 mois. Inconvénient majeur : hémorragies gênantes et troubles des règles. Elle est de moins en moins prescrite.

• **Préservatifs. Masculins** (ou condoms). Très répandus en France. Vente libre. *Échecs :* + 5 %, mais l'efficacité de la méthode dépend surtout de l'utilisateur (risque de déchirure) ; pour une plus grande efficacité, adjoindre une gelée spermicide. **Féminins.** Diaphragme, cape, destinés à obstruer le col de l'utérus (+ gelée). Délivrés sur ordonnance. *Échecs :* 8 à 17 % (appareils trop petits ou trop grands, mauvaise mise en place, etc.).

• **Spermicides chimiques.** Gelées, crèmes, ovules acides placés au niveau du col de l'utérus et qui détruisent les spermatozoïdes. *Échecs :* 0 à 3 %. **Tampon contraceptif :** contenant un spermicide puissant non irritant (chlorure de benzalkonium), placé au fond du vagin, assure une protection dès la pose et pendant 24 h. Peut être mis plusieurs h avant les rapports et être retiré 1 h après le dernier rapport.

• **Stérilet.** Spirale, anneau en plastique, recouvert de cuivre ou d'argent, placé de façon permanente dans l'utérus. Empêche la fixation de l'œuf fécondé sur la paroi utérine. N'est pas recommandé chez la jeune fille en raison des risques infectieux qu'il fait courir avant la 1re grossesse. *Échecs :* 0 à 5 %. Est expulsé spontanément dans 1à 10 % des cas. *Stérilet du lendemain :* l'œuf mettant 8 j pour s'implanter dans l'utérus, on dispose d'une bonne semaine après un rapport jugé « dangereux » pour mettre un stérilet avant cette nidation.

Stérilet à la progestérone : diffuse à taux constant et très faible de la progestérone. Pour les femmes qui ne pouvaient jusque-là pas recevoir de stérilet.

Prénoms et dates des fêtes

Aaron 1-7
Abel 5-8
Abella 5-8
Abraham 20-12
Achille 12-5
Ada 4-12
Adélaïde 16-12
Adèle 24-12
Adeline 20-10
Adelphe 11-9
Adnette 4-12
Adolphe 30-6
Adrien8-9
Adrienne 8-9
Agathe 5-2
Agnès 21-1
Ahmed 21-8
Aimable 18-10
Aimé 13-9
Aimée 20-2
Alain 9-9
Alban 22-6
Albane 22-6
Albe 22-6
Albéric 15-11
Albert 15-11
Alberta 15-11
Alberte 15-11
Albin 1-3
Alda 26-4
Alèthe 4-4
Alette 4-4
Alexandra 22-4
Alexandre 22-4
Alexia 9-1
Alexis 17-2
Alfred 15-8
Alice 16-12
Alida 26-4
Aline 20-10
Alix 9-1
Aloïs 21-6
Alphonse 1-8
Amaël 24-5
Amand 6-2
Amandine 9-7
Amaury 15-1
Ambroise 7-12
Amé 13-9
Amédée 30-3
Amélie 19-9
Amos 31-3
Amour 9-8
Anaïs 26-7
Anastasie 10-3
Anatole 3-7
Andoche 24-9
André 30-11
Andrée 30-11
Ange 5-5
Angèle 27-1
Angélique 27-1
Anita 26-7
Annabelle 26-7
Anne 26-7
Annie 26-7
Annonciade 25-3
Anouchka 26-7
Anouck 26-7
Anselme 21-4
Anthelme 26-6
Anthony *cf.* Antoine
Antoine (ab.) 17-1
Antoine (Pad.) 13-6
Antoinette 28-2
Antonin 2-5
Apollinaire 12-9
Apolline 9-2
Apollos 25-1
Arcadius 1-8
Arcady 1-8
Ariane 18-9
Arielle 1-10
Aristide 31-8
Arlette 17-7
Armand 8-6
Armande 8-6
Armel 16-8
Armelle 16-8
Arnaud 10-2
Arnold 14-8
Arnould 18-7
Arsène 19-7
Arthur 15-11
Astrid 27-11
Athanase 2-5
Aubert 10-9
Aubierge 7-7
Aubin 1-3
Aude 18-11
Audrey 23-6
Augusta 24-11
Auguste 29-2
Augustin 28-8
Augustine 28-8
Aure 4-10
Aurèle 15-10
Aurélie 15-10
Aurélien 16-6
Aurore 13-12
Avit 5-2
Aymar 29-5
Aymeric 4-11
Babette 17-11
Babine 31-3

Baptiste 24-6
Barbara 4-12
Barbe 4-12
Barberine 4-12
Barnabé 11-6
Barnard 23-1
Barthélemy 24-8
Bartolomé 24-8
Basile 2-1
Bastien 20-1
Bathylle 30-1
Baudouin 17-10
Béatrice 13-2
Bénédicte 16-3
Benjamin 31-3
Benjamine 31-3
Benoît 11-7
Benoît-Joseph 16-4
Bérenger 26-5
Bérengère 26-5
Bérénice 4-2
Bernadette 18-2
Bernard de C. 20-8
Bernard de M. 15-6
Bernardin 20-5
Berthe 4-7
Bertille 6-11
Bertrand 16-10
Bertrand 6-9
Bettina 17-11
Betty 17-11
Bienvenue 30-10
Billy 10-1
Blaise 3-2
Blanche 3-10
Blandine 2-6
Bluette 5-10
Bonaventure 15-7
Boniface 5-6
Boris 2-5
Briac 18-12
Brice 13-11
Brieuc 1-5
Brigitte 25-7
Bruno 6-10

Calliste 14-10
Camille 14-7
Candide 3-10
Carine 7-11
Carl 4-11
Carlos 4-11
Carmen 16-7
Carole 17-7
Caroline 17-7
Casimir 4-3
Cathel
Catherine (L.) 25-11
Catherine 29-4
Cécile 22-11
Cédric 7-1
Céleste 14-10
Célestin 19-5
Célia 22-11
Céline 21-10
César 26-8
Césarine 12-1
Chantal 12-12
Charles 4-11
Charley *cf.* Charles
Charlotte 17-7
Charly *cf.* Charles
Christel 24-7
Christian 12-11
Christiane (Nino) 15-12
Christine 24-7
Christophe 25-7
Clair 8-11
Claire 11-8
Clarisse 12-8
Claude (Bx) 15-2
Claude 6-6
Claudette 6-6
Claudie 6-6
Claudine 6-6
Claudius 6-6
Clélia 13-7
Clémence 21-3
Clément 23-11
Clémentine 23-11
Clet 26-4
Clotilde 4-6
Clovis 25-8
Colette 6-3
Colin 6-12
Colombe 31-12
Côme 26-9
Conrad 26-11
Constance 8-4
Constant 23-9
Constantin 21-5
Cora 18-5
Coralie 18-5
Corentin 12-12
Corinne 18-5
Cyprien 16-9
Cyriaque 8-8
Cyrille 18-3

Dahlia 5-10
Daisy 16-11
Damien 26-9
Daniel 11-12
Danièle 11-12
Danitza 11-12
Dany 11-12
Daria 25-10
David 29-12
Davy 20-9
Débora 21-9
Delphin 24-12
Delphine 26-11
Denis 9-10
Denise 15-5
Désiré 8-5
Diane 9-6
Didier 23-5
Diégo 13-11
Dietrich 1-7
Dieudonné 10-8
Dimitri 26-10
Dirk 1-7
Dolorès 15-9
Dominique 8-8
Domitille 7-5
Domnin 21-7
Donald 15-7
Donatien 24-5
Dora 9-11
Doria 25-10
Dorothée 6-2

Edgar 8-7
Édith 16-9
Edma 20-11
Edmée 20-11
Edmond 20-11
Édouard 5-1
Édouardine 5-1
Edwige 16-10
Éléazar 1-8
Éléonore 25-6
Elfi 8-12
Elfried 8-12
Éliane 4-7
Élie 20-7
Éliette 20-7
Éline 18-8
Élisabeth 4-7
Élise 17-11
Élisée 14-6
Ella 1-2
Ellenita 1-2
Élodie 22-10
Éloi 1-12
Elphège 12-3
Elsa 17-11
Elsy 17-11
Elvire 16-7
Emeline 27-10
Émeric 4-11
Émile 22-5
Émilie 19-9
Émilien 12-11
Émilienne 5-1
Emma 19-4
Emmanuel 25-12
Emmanuelle 11-10
Enguerrand 25-10
Enrique 13-7
Éphrem 9-6
Éric 18-5
Erich 18-5
Erika 18-5
Ernest 7-11
Ernestine 7-11
Erwan 19-5
Erwin 19-5
Espérance 1-8
Estelle 11-5
Esther 1-7
Étienne 26-12
Étoile 11-5
Eudes 19-8
Eugène 13-7
Eugénie 7-2
Eulalie 12-2
Eurielle 1-10
Eusèbe 2-8
Éva 6-9
Évelyne 6-9
Evrard 14-8

Fabien 20-1
Fabienne 20-1
Fabiola 27-12
Fabrice 22-8
Fanchon *cf.* Françoise
Fanny 26-12
Faustin 15-2
Félicie 7-3
Félicien 9-6
Félicité 7-3
Félix 12-2
Ferdinand 30-5
Fernand 27-6
Fernande 27-6
Ferréol 16-6

Fiacre 30-8
Fidèle 24-4
Firmin 11-10
Flavie 7-5
Flavien 18-2
Fleur 5-10
Flora 24-11
Florence 1-12
Florent 3-1 et 4-7
Florentin 24-10
Florian 4-5
Fortunat 23-4
Fourier 9-12
France 4-10
Francelin 4-10
Franceline 4-10
Francette 4-10
Francine 4-10
Francis 4-10
Francisque 4-10
Franck 4-10
François (d'A.) 4-10
François (de S.) 24-1
François (X.) 3-12
Françoise 9-3
Françoise (Xavier) 22-12
Frankie *cf.* François
Freddy 18-7
Frédéric 18-7
Frédérique 18-7
Frida 18-7
Fulbert 10-4

Gabin 19-2
Gabriel 19-9
Gaby 29-9
Gaël 17-12
Gaëlle 17-12
Gaétan 7-8
Gaétane 7-8
Gaspard 28-12
Gaston 6-2
Gatien 18-12
Gaud 29-7
Gautier 9-4
Gélase 21-11
Geneviève 3-1
Genn 18-10
Geoffroy 8-11
Georges 23-4
Georgette 23-4
Georgine 23-4
Gérald 5-12
Géraldine 5-12
Gérard 3-10
Géraud 13-10
Germain (d'A.) 31-7
Germain (de P.) 28-5
Germaine 15-6
Géronima 30-9
Gertrude 16-11
Gervais 19-6
Gervaise 19-6
Géry 11-8
Ghislain 10-10
Ghislaine 10-10
Gilbert 4-2
Gilberte 11-8
Gildas 29-1
Gilles 1-9
Ginette 3-1
Gina 21-6
Gino 21-6
Giraud 20-4
Gisèle 7-5
Godefroy 8-11
Gontran 28-3
Gonzague 21-6
Goulven 1-7
Grâce 21-8
Gracieuse 21-8
Grégoire 3-9
Grégory 3-9
Guennolé 3-3
Guewen 18-10
Guillaume 10-1
Guillemette 10-1
Gustave 7-10
Guy 12-6
Gwénaël 3-11
Gwenaëlle 3-11
Gwendoline 14-10
Gwénola 18-10
Gwladys 29-3

Habib 27-3
Hans 24-6
Harold 1-11
Harry 13-7
Hélène 18-8
Héliéna 18-8
Hélyette 20-7
Henri 13-7
Henriette 13-7

Herbert 20-3
Hermance 28-8
Hermann 25-9
Hermès 28-8
Hermine 9-7
Hervé 17-6
Hilaire 13-1
Hilda 17-11
Hippolyte 13-8
Honorat 16-1
Honoré 16-5
Honorine 27-2
Hortense 5-10
Hubert 3-11
Hugues 1-4
Huguette 1-4
Hyacinthe 17-8

Iadine 3-2
Ida 13-4
Ignace 31-7
Igor 5-6
Imré 4-11
Inès 10-9
Ingrid 2-9
Irène 5-4
Irénée 28-6
Iris 4-9
Irma 9-7
Irma (de S.) 4-9
Isaac 20-12
Isabelle 22-2
Isaïe 9-5
Isidore 4-4
Ivan 24-6

Jacinthe 30-1
Jackie 8-2
Jacob 20-12
Jacqueline 8-2
Jacques (Maj.) 25-7
Jacques (Min.) 3-5
Jacquette 8-2
Jacquine 25-7
Jacquotte 8-2
James 25-7
Jaouen 2-3
Jasmine 5-10
Jean (de l'A.) 27-12
Jean (de B.) 24-6
Jeanne 8 et 30-5
Jeanne (de C.) 12-12
Jeannine 8-5
Jenny 8-5
Jérémie 1-5
Jérôme 30-10
Jessica 4-11
Jessy 4-11
Jim 25-7
Joachim 26-7
Joël 13-7
Joëlle 13-7
Joévin 2-3
Johanne 30-5
John 24-7
Johnny 24-7
Jordanne 13-2
Joris 26-7
José 19-3
Joseph 19-3
Joséphine 19-3
Josette 19-3
Josiane 19-3
Josselin 13-12
Josseline 13-12
Josué 1-9
Juanita 8-5
Jude 28-10
Judicaël 17-12
Judith 5-5
Jules 12-4
Julie 8-4
Julien 2-8
Julienne 16-2
Juliette 18-5
Juste 14-10
Justin 1-6
Justine 12-3
Juvénal 3-5

Karelle 7-11
Karen 7-11
Karine 7-11
Katel 24-3
Katia 24-3
Katy 24-3
Ketty 24-3
Kévin 3-6
Kurt 26-11

Laetitia 18-8
Lambert 17-9
Landry 10-6
Lara 26-3
Larissa 26-3

Laure 10-8
Laurence 10-8
Laurent 10-8
Laurentine 10-8
Laurette 10-8
Laurie 10-8
Lazare 29-7
Léa 22-3
Léger 2-10
Lélia 22-3
Léna 18-8
Lénaïc 18-8
Léon 10-11
Léonard 6-11
Léone 10-11
Léonce 18-6
Léonilde 10-11
Léontine 10-11
Léopold 15-11
Leslie 17-11
Lia 22-3
Lidwine 14-4
Lila 22-3
Lilian 4-7
Liliane 4-7
Lily 17-11
Linda 28-8
Line 20-10
Lionel 10-11
Lisbeth 17-11
Lisette 17-11
Lizzie 17-11
Loïc 25-8
Loïs 21-6
Lola 15-9
Lolita 15-9
Loraine 30-5
Lore 25-6
Louis (roi) 25-8
Louis de G. 21-6
Louis-Marie 28-4
Louise 15-3
Loup 29-7
Luc 18-10
Lucas 18-10
Lucette 13-12
Lucie 13-12
Lucien 8-1
Lucienne 8-1
Lucille 16-2
Lucrèce 15-3
Ludmilla 16-9
Ludovic 25-8
Ludwig 25-8
Lydie 3-8
Lydiane 3-8

Macrine 6-7
Maddy 22-7
Madeleine 22-7
Maël 24-5
Maëlle 24-5
Magali 22-7
Maggy 22-7
Maglöire 24-10
Maïté 7-6
Malo 15-11
Manoël 25-12
Manuel 26-12
Marc 25-4
Marceau 16-1
Marcel 16-1
Marcelle 31-1
Marcellin 6-4
Marcelline 17-7
Marcien 25-8
Marguerite-M. 16-10
Marguerite ou Marina 20-7
Mariam 15-8
Marianne 9-7
Mariannick *cf.* Marie et Anne
Marie 1-1, 15-8
Marie-Madeleine 22-7
Marielle 15-8
Marien 30-4
Mariette 6-7
Marilyne 15-8
Marin 4-9
Marina 20-7
Marinette 20-7
Marion 15-8
Marius 19-1
Marjolaine 15-8
Marjorie 20-7
Mars 8-6
Marthe 29-7
Martial 30-6
Martin 11-11
Martine 30-1
Martinien 2-7
Marylise 15-8
Maryse 15-8
Maryvonne 15-8
Materne 14-9
Mathilde 14-3
Mathurin 1-11

Mathias 14-5
Matthieu 21-9
Maud 14-3
Maurice 22-9
Mauricette 22-9
Maxime 14-4
Maximilien 12-3
Maximilien 15-8
Maximin 29-5
Mayeul 11-5
Médard 8-6
Melaine 6-1
Mélanie 26-1
Mériadec 7-6
Michel 29-9
Michèle 29-9
Micheline 19-6
Mikaël 29-9
Mildred 13-7
Milène 19-8
Miloud 22-5
Mireille 15-8
Modeste 24-2
Moïse 4-9
Monique 27-8
Morvan 22-9
Moshé 4-9
Muguet 1-5
Muguette 1-5
Muriel 15-8
Myriam 15-8
Myrtille 5-10

Nadette 18-2
Nadège 1-8
Nadia 18-9
Nadine 18-2
Nahum 1-12
Nancy 26-7
Narcisse 29-10
Natacha 26-8
Nathalie 27-7
Nathanaëlle 24-8
Nello 25-12
Nelly 18-8
Nestor 26-2
Nicolas 6-12
Nicole 6-3
Nicoletta 6-3
Ninon 6-12
Nkita 31-1
Nina 14-1
Nino 15-12
Noé 10-11
Noël 25-12
Noëlle 25-12
Nolwenn 6-7
Nora 25-6
Norbert 6-6

Octave 20-11
Octavie 20-11
Octavien 6-8
Odette 20-4
Odile 14-12
Odilon 4-1
Olga 11-7
Olive 5-3
Olivette 5-3
Olivia 5-3
Olivier 12-7
Ombeline 21-8
Orianne 4-10
Oscar 3-2
Oswald 5-8
Otmar 16-11

Pablo 29-6
Paco 24-1
Pacôme 9-5
Pamphile 16-2
Paméla 16-2
Paola 26-1
Pâquerette 5-10
Paquita 12-12
Paquito 24-1
Parfait 18-4
Pascal 17-5
Pascale 17-5
Patrice 17-3
Patricia 17-3
Patrick 17-3
Paul 29-6
Paula 26-1
Paule 26-1
Paulette 26-1
Paulin 11-1
Peggy 8-1
Pélagie 8-10
Perlette 16-10
Pernelle 31-5
Péroline 31-5
Perpétue 7-3
Perrette 31-5
Perrine 31-5
Pervenche 5-10
Peter 29-6
Philibert 20-8
Philiberte 20-8
Philippe 3-5
Pierre 29-6
Pierrick 29-6

Placie 5-10
Pol 12-3
Polycarpe 23-2
Primaël 15-5
Prisca 18-1
Priscille 16-1
Privat 21-8
Prosper 25-6
Prudence 6-5

Quentin 31-10

Rachel 15-1
Rachilde 23-11
Rainier 17-6
Raïssa 5-9
Ralph 21-6
Raoul 7-7
Raphaël 29-9
Raymond 7-1
Raymonde 7-1
Reginald 17-9
Régine 7-9
Régis 16-6
Regnault 16-9
Reine 7-9
Réjane 7-9
Rémi 15-1
Renald 17-9
Renauld 17-9
René 19-10
Richard 3-4
Rita 22-5
Robert 30-4
Roberte 30-4
Roch 16-8
Rodolphe 21-6
Rodrigue 13-3
Rogatien 24-5
Roger 30-12
Roland 15-9
Rolande 13-5
Romain 28-2
Romaric 10-12
Roméo 25-2
Romuald 19-6
Ronald 17-9
Ronan 1-6
Roparz 30-4
Rosalie 4-9
Rose 23-8
Roseline 17-1
Rosemonde 30-4
Rosette 23-8
Rosine 11-3
Rosita 23-8
Rosy 23-8
Rozenn 23-8
Rudy 21-6
Ruffin 14-6

Sabine 29-8
Sabrina 30-8
Sacha 30-8
Salomé 22-10
Salomon 25-6
Salvatore 18-3
Samson 28-7
Samuel 20-8
Samy 20-8
Sandie 2-4
Sandra 2-4
Sandrine 2-4
Sara 9-10
Saturnin 20-11
Sébastien 20-1
Ségolène 24-7
Selma 21-4
Séraphin 12-10
Serge 7-10
Sergine 7-10
Servan 1-7
Servane 1-7
Séverin 27-11
Séverine 27-11
Sheila 22-11
Sibille 9-10
Sidoine 14-11
Sidonie 14-11
Siegfried 22-8
Silvère 20-6
Siméon 18-2
Simon 28-10
Simone 28-10
Soizic 24-1
Solange 10-5
Soledad 11-10
Solenne 17-10
Soline 17-10
Sonia 18-9
Sophie 25-5
Stanislas 11-4
Stella 11-5
Stéphane 26-12

Stéphanie 26-12
Stève 26-12
Suzanne 11-8
Suzel 11-8
Suzette 11-8
Suzon 11-8
Suzy 11-8
Svetlana 20-3
Sylvain 4-5
Sylvaine 4-5
Sylvestre 31-12
Sylvette 5-11
Sylvianne 5-11
Sylvie 5-11
Symphorien 22-8

Tamara 1-5
Tanguy 19-11
Tania 12-1
Tatiana 12-1
Tatienne 12-1
Teddy 5-1
Térésa 15-10
Tessa 17-12
Thaddée 28-10
Thècle 24-9
Théodore 9-11
Théophane 2-2
Théophile 20-12
Thérèse 15-10
Thérèse 1-10
Thibaut 8-7
Thiébaud 8-7
Thierry 1-7
Thomas 3-7
Tino 14-2, 21-5
Tiphaine 6-1
Toussaint (e) 1-11
Tudal 1-12
Tudi 9-5

Ulrich 10-7
Urbain 19-12
Urielle 1-10
Ursula 21-10
Ursule 21-10

Valentin 14-2
Valentine 25-7
Valère 14-6
Valérie 28-4
Valéry 1-4
Vanessa 4-2
Vanina 4-2
Vassili 2-1
Venceslas 28-9
Véra 18-9
Vérane 11-11
Véronique 4-2
Vianney 4-8
Victoire 15-11
Victor 21-7
Victorien 23-3
Vincent 22-1
Vincent de P. 27-9
Vinciane 11-9
Violaine 5-10
Violette 5-10
Virginie 7-1
Viridiana 1-2
Vital 2-6
Viviane 2-12
Vivien 10-3

Walter 9-4
Wenceslas 28-9
Wilfried 12-10
William 10-1
Willy 10-1
Winnoc 6-11
Wladimir 15-7
Wolfgang 31-10
Wulfran 20-3

Xavier 3-12
Xavière 22-12

Yann 24-6
Yannick 24-6
Yoann 24-6
Yolande 11-6
Youri 23-4
Yvan 24-6
Yves 19-5
Yvette 13-1
Yvon 19-5
Yvonne 19-5

Zacharie 5-11
Zéphirin 20-12
Zita 27-4
Zoé 2-5

• **Stérilisation. Féminine :** par ligature des trompes par cœlioscopie (courte incision au niveau de l'ombilic). **Masculine :** par ligature des canaux déférents : peut être réversible grâce à l'anastomose des canaux déférents sous microchirurgie (stade expérimental). 50 % d'échec de la fertilité par phénomènes immunologiques. *En 1984,* il y aurait eu en France au moins 80 000 stérilisations tubaires. Pas de chiffres connus pour la vasectomie.

Perspectives
(stade expérimental)

Antizygotiques, antihistaminiques, antiœstrogènes : s'attaquent au blastocyte lui-même, empêchent son implantation ou inhibent la décidualisation.

Implants sous-cutanés. Capsule de silicone implantée sous la peau, contenant progestatif de synthèse et œstrogène, qui seraient libérés progressivement. Dispositifs intra-cervicaux diffusant des hormones.

Pilule au RU 486. A base de stéroïde antiprogestérone qui empêche la nidation de l'œuf fécondé. Peut être prise 2 j avant les règles pour les faire arriver de toute façon à la date prévue, ou pendant 4 j si l'on est enceinte pour entraîner un avortement. Pas d'effets secondaires. **Pilule mensuelle de Greenblatt.** Œstrogène retard associé à un progestatif ; se prend tous les 25e j du cycle. **Pilule « suédoise ».** A base de diphényléthylène (antiprogestérone ; abortif).

Méthodes immunologiques : font appel à des anticorps antispermatozoïdes, anti B-HCG, LHRH.

Pilule pour hommes. Composée de Danazol, réduit dans 83 % des cas la production de sperme au-dessous du seuil de fertilité, mais, toxique, elle a été abandonnée. Les recherches actuelles s'orientent vers les progestatifs + testostérone. L.H.R.H., gossypol, chaleur.

Contraception en France

Réglementation. La loi du 28-12-1967 libéralisant la contraception est complétée par la loi du 4-12-1974. La vente des produits, médicaments et objets contraceptifs est effectuée librement en pharmacie sur prescription médicale valable 1 an. Le pharmacien peut délivrer en une seule fois pour 3 mois de contraceptifs oraux. *Remboursement* par la Sécurité sociale des contraceptifs, des analyses et examens préalables. Aide médicale prise en charge par le département.

Les centres de planification familiale et les centres d'orthogénie du M.F.P.F. peuvent délivrer gratuitement des contraceptifs aux mineures et aux femmes ne bénéficiant pas de la Sécurité sociale. Les services départementaux de la Protection maternelle et infantile (P.M.I.) prennent en charge les dépenses de fonctionnement des Centres. Les établissements de consultation familiale et conjugale, agréés par les D.D.A.S.S., informent gratuitement.

Pratique contraceptive (en 1981). 32 % des femmes en âge de procréer utilisent des moyens contraceptifs modernes, 34 % pratiquent une contraception traditionnelle, 34 % aucune méthode contraceptive. 15 % des femmes de 16 à 18 ans pratiquent la contr. (or 70 % des femmes ont des rapports sexuels avant 18 ans et 1 avortement sur 3 concerne une femme de moins de 20 ans). Choix des méthodes : pilule 25,36 % (1983), stérilet 13,3 % (1983), baisse due sans doute à la plus longue durée d'efficacité des stérilets. Autres méthodes 26.

☞ Le pape Jean-Paul II a condamné la contraception « artificielle » disant : « Quand, par la contraception, des époux soustraient à l'exercice de leur sexualité conjugale sa potentialité procréative, ils s'attribuent un pouvoir qui appartient seulement à Dieu : le pouvoir de décider en dernière instance la venue au monde d'une personne humaine. Ils s'attribuent la qualité d'être, non plus les instruments de la volonté de Dieu, mais les dépositaires ultimes de la source de la vie humaine. » Il a ainsi rejeté le point de vue de la Conférence épiscopale de France de 1968 admettant dans certaines circonstances la contraception (ne constituant pas un « péché grave »).

Établissements et œuvres pour enfants

• **Animations de loisirs en milieu hospitalier. Association. Réadaptation par le travail et les loisirs.** 5, rue Barye, 75017 Paris.

• **Baby-sitting.** Voir Index.

• **Centres aérés.** Enfants pris en charge le matin et rendus le soir aux parents. A partir de 3 ans. Renseignements : mairie, école, assistante sociale.

• **Centre d'études, de documentation, d'information et d'action sociale** (C.E.D.I.A.S.), 5, rue Las Cases, Paris 7e, édite des brochures répertoriant 30 000 à 35 000 organismes).

• **Centres de loisirs sans hébergement (C.L.S.H.).** Enfants pris en charge le matin et rendus le soir aux parents. A partir de 3 ans. *Renseignements :* mairie, école, assistante sociale, Union française des centres de vacances et de loisirs (U.F.C.V.).

• **Centres de placements familiaux surveillés.** *Œuvres Louis Colombant,* 184, quai de Jemmapes, Paris 10e (4 à 12 ans, en été, dans familles rurales du Cantal). *Nouvelle Étoile des enfants de France,* 3, rue de Pontoise, Paris 5e, placements familiaux surveillés conventionnés par l'Aide sociale à l'enfance dans Yvelines, Essonne, E.-et-L., S.-et-M. ; 135 assist. mat. agréées.

• **Centres de vacances** (de 6 à 17 ans). Organisés par associations, comités d'entreprises, municipalités, services sociaux. *Renseignements :* mairie, comité d'entreprise, d'école, paroisse, etc., ou Fédérations des centres de vacances ou organismes suivants : *Fédération des œuvres laïques,* 12, rue de la Victoire, 75009 Paris (+ de 2 000 implantations en France et à l'étranger pour enfants de 4 à 18 ans) ; *Union française des centres de vacances,* 19, rue Dareau, 75014 Paris (5 000 centres en France et à l'étranger). *Association interprofessionnelle de vacances santé et loisirs de la région par.,* 59, rue Ampère, 75017 Paris (à partir de 6 ans). *Les Fauvettes,* ministère de l'Éducation nationale, 10, rue Léon-Jouhaux, 75010 Paris.

• **Comité français F.I.S.E./U.N.I.C.E.F.** 35, rue Félicien-David, 75781 Paris Cedex 16. (Voir O.N.U.) *Fondé* 03-09-64.

• **Comité français de secours aux enfants.** 25, av. de Wagram, 75017 Paris. *Fondé* 1919.

• **Crèches collectives.** Gardent pendant la journée les enfants de — de 3 ans, pendant que la mère travaille. **Mini-crèches.** Mêmes conditions 12 à 15 enfants. **Familiales (dites « à domicile »).** Au domicile d'assistantes maternelles gardiennes agréées.

• **Enfance missionnaire.** 15, villa Molitor, 75016 Paris. *Créée* milieu du XIXe s. par Mgr Forbin-Janson (« Sainte-Enfance »). 5-5-1970 *association* sous le nom « Œuvre de la Sainte Enfance » ou « Enfance missionnaire ». *Publication :* « Terres lointaines » (10 fois par an à 75 000 ex.).

• **Association. Nouvelle étoile des enfants de France (La).** 3, rue de Pontoise, 75005 Paris. *Fondée* en 1896. Dispensaire. Hygiène mentale enfants et adultes, P.M.I., 2 crèches collectives, 3 placements familiaux agréés A.S.E., 1 Centre d'accueil, d'hébergement et de réinsertion sociale de mères en détresse avec enfants.

• **Garde. Ass. des marraines du mercredi.** 56, rue de Passy, 75016 Paris. Accueil d'enfants les mercredis scolaires.

• **Grand-mères occasionnelles.** 48, rue des Bergers, 75015 Paris. Garde bénévole à domicile d'enfants de moins de 4 ans habitant Paris.

• **Haltes-garderies.** Accueil pendant la journée (pour une durée relativement restreinte) des enfants âgés de moins de 6 ans.

• **Homes d'enfants.** Enfants normaux et en bonne santé, à partir de 3 ans, à la mer, montagne, campagne, région parisienne, vacances ou année scolaire. *Homes d'enfants de France* BP 3, 50110 Tourlaville ; BP 32, 74110 Morzine.

• **Hôtels maternels.** Reçoivent des jeunes mères en difficulté sociale accompagnées de leurs enfants à condition que le plus jeune ait + de 2 mois ou — de 3 ans. Une participation aux frais de séjour peut être demandée par la D.D.A.S.S. qui prend en charge le placement de la mère et de l'enfant. Renseignements : D.D.A.S.S. (Service de l'aide sociale de l'enfance).

• **Interservices Parents.** Service téléphonique de l'École des parents et éducateurs (éducation, scolarité, loisirs, droit de la famille) à Strasbourg, Colmar, Bordeaux, Grenoble, Metz, Lyon.

• **Jardins d'enfants.** Reçoivent pendant la journée les enfants de 3 à 6 ans, dès 2 ans si l'enfant peut s'adapter.

• **Maisons d'enfants et d'adolescents de France.** Annuaire national + de 2 500 adresses. *Sté de Presse nationale et régionale,* 52, rue de la Tour-d'Auvergne, 75009 Paris.

• **Maisons maternelles.** Une par département (sinon le dép. passe un accord avec un de ses voisins). Accueillent sans formalités : 1° femmes enceintes d'au moins 7 mois (ou moins pour celles qui demandent le secret et sont sans ressources, ou qui ont un certificat d'indigence) ; 2° mères et enfants, après l'accouchement, pendant au maximum 2 mois (sauf prolongation justifiée).

Si la mère demande le secret de la naissance, elle peut être accueillie à la maison maternelle, ou à défaut dans le service de maternité d'un hôpital public, où elle sera admise sans formalité, son identité étant maintenue secrète. Frais de séjour pris en charge au titre de l'aide sociale à l'enfance. *Renseignements :* Direction départementale des Affaires sanitaires et sociales, Service de l'Aide sociale à l'enfance.

Statistiques

Mode de garde (au 1-1-1983, établissements et entre par. nombre de places). Crèches collectives 1 402 (75 775), mini-crèches et crèches parentales 150 (2 929), familiales 639 (40 270), haltes-garderies 1 647, garderies et jardins d'enfants 272 (12 778), pouponnières 150 (5 429), assistantes maternelles agréées 197 367 (dont 24 739 dans les crèches familiales).

Répartition selon l'âge. *1 à 2 ans :* chez leur mère (70 % à 1 an, 65 % à 2 ans), au-dehors (30 % à 1 a. et à 2 a.) ; scolarisés à 2 a. (5 %). *2 à 5 a. :* vont à l'école à 3 a. 41 %, à 4 a. 87 %, 5 a. + de 97 %.

Nota. — Des centres maternels doivent progressivement se substituer aux maisons et aux hôtels maternels afin d'éviter la multiplicité des placements des jeunes mères et de leurs enfants et de permettre une continuité de l'action éducative.

• **Placement familial.** Enfants confiés à titre permanent chez une assistante maternelle.

• **Les pouponnières sociales.** Gardent jour et nuit des enfants de — de 3 ans accomplis qui ne peuvent ni rester dans leur famille, ni bénéficier d'un placement familial surveillé.

Les pouponnières sanitaires. Gardent jour et nuit des enfants de — de 3 ans accomplis dont l'état de santé exige des soins que leur famille ne peut leur donner.

• **S.O.S. Maman,** bureau du C.L.I.S. (Comité de liaison des instit. sociales) du 16e, 71, av. Henri-Martin, mardi et jeudi de 14 h 30 à 17 h. Assoc. de mères de famille qualifiées se tenant à la disposition d'autres mères pour la garde temporaire et immédiate de leur enfant en cas d'urgence.

• **S.O.S. Parents-Enfants.** Problèmes de relations parents-enfants (sexualité, mauvais traitements, etc.).

• **Terre des hommes (France).** Organisation de soutien au Développement dans le tiers monde. 26, rue des Bateliers, 93400 St-Ouen. *Fondée* 1963. *Membres :* 1 100. *Donateurs :* env. 25 000. *Publication :* « Défi » (trim.), 25 000 ex.

• **Villages d'enfants S.O.S.** 6, cité Monthiers, 75009 Paris. *Fondés* 1956. Prise en charge d'enfants de famille nombreuse, orphelins ou en difficultés familiales, par des « mères de remplacement ».

Filiation

Dispositions générales

(Art. 311 et suiv. Code civil)

Période légale de la conception. « La conception est présumée avoir eu lieu entre le 300e et le 180e j inclusivement avant la naissance. La preuve contraire est recevable ».

Les principaux faits établissant la possession d'état qui doit être continue sont : *1°* « que l'individu a toujours porté le nom de ceux dont il est issu » ; *2°* « que ceux-ci l'ont traité comme leur enfant et qu'il les a traités comme ses père et mère » ; « qu'ils ont, en cette qualité, pourvu à son éducation, à son entretien et à son établissement » ; *3°* « qu'il est reconnu pour tel, dans la société et par la famille » ; « que l'autorité publique le considère comme tel » (renommée).

Pour prouver être en possession d'état : s'adresser au juge des tutelles (tribunal d'instance), en lui demandant un acte de notoriété faisant foi jusqu'à preuve contraire (art. 311-3 Code civil).

Actions relatives à la filiation. Chacun peut réclamer en justice devant le tribunal de grande instance, statuant en matière civile, la filiation à laquelle il prétend avoir droit, chacun peut contester celle qu'il a. Cependant, aucune action n'est reçue quant à la filiation d'un enfant qui n'est pas né viable. Les actions relatives à la filiation ne peuvent faire l'objet de renonciation (art. 311-9 civ.).

Les jugements rendus ont autorité à l'égard de tous, mais les tiers peuvent former tierce opposition (art. 582 et suivants du Code de procédure civile).

La filiation de l'enfant est régie par la loi personnelle de la mère au jour de la naissance et, si celle-ci n'est pas connue, par la loi personnelle de l'enfant (ex. : pour une mère française, la loi française s'applique). Si l'enfant légitime et ses père et mère, l'enfant naturel et l'un de ses père et mère, ont en France leur résidence habituelle, commune ou séparée, la possession d'état produit toutes les conséquences qui en découlent selon la loi française, lors même que les autres éléments de la filiation auraient pu dépendre d'une loi étrangère.

Filiation légitime

Présomption de paternité (art. 312 et suivants du Code civil)

Preuve de la filiation. Par les actes de l'état civil, et si c'est impossible (destruction des registres, par exemple) par la « possession d'état » d'enfant légitime.

Par tous les moyens en cas de supposition ou de substitution d'enfant, même involontaire, soit avant, soit après la rédaction de l'acte de naissance ; *par témoins*, s'il y a commencement de preuve par écrit ou indices graves en cas d'absence de titre ou de « possession d'état » ou si l'enfant a été inscrit sous de faux noms ou sans indication du nom de la mère.

Enfant conçu pendant le mariage. « Il a pour père le mari. Néanmoins, celui-ci pourra désavouer l'enfant en justice s'il démontre qu'il ne peut pas être le père. » Il peut le faire par tous les moyens (témoignages, lettres, etc.).

La présomption de paternité ne s'applique pas : a) *En cas de résidence séparée des époux résultant de l'ordonnance de non-conciliation* pour l'enfant né plus de 300 j après cette ordonnance et moins de 180 j depuis le rejet définitif de la demande ou depuis la réconciliation, dans le cas de jugement ou de demande de divorce ou de séparation de corps ; s'applique cependant si l'enfant a la possession d'état d'enfant légitime. b) *Lorsque l'enfant est inscrit sans l'indication du nom du mari* (exemple : une femme mariée, séparée de fait de son mari, mettant au monde, sous son nom de jeune fille, un enfant) (art. 313, 313-1).

Enfant conçu avant le mariage et né avant le 180e j du mariage. Il est légitime et réputé l'avoir été dès sa conception.

Le mari pourra le désavouer devant le tribunal de grande instance du lieu de son domicile, s'il peut prouver qu'il ne peut être le père (la date de l'accouchement peut être une preuve suffisante, à moins qu'il n'ait connu la grossesse avant le mariage ou qu'il ne se soit, après la naissance, comporté comme le père) (art. 314).

Enfants nés plus de 300 j après la dissolution du mariage. Ils sont enfants naturels de la mère (art. 315).

Action en désaveu de paternité (art. 316 et suiv.)

Par le mari. S'il conteste être le père d'un enfant, il doit introduire son action devant le tribunal de grande instance dans les 6 mois de la naissance s'il se trouve sur les lieux (ou 6 mois de son retour) ou les 6 mois suivant la découverte de la fraude (si la naissance lui a été cachée). S'il meurt avant d'avoir introduit une action dans les délais prévus, ses héritiers peuvent le faire s'ils sont encore dans ces délais. Leur action cessera d'être recevable lorsque 6 mois se seront écoulés à partir de l'époque où l'enfant se sera mis en possession des biens prétendus paternels ou à partir de l'époque où les héritiers auront été troublés par l'enfant dans leur propre possession.

Par la mère. Elle peut, même en l'absence d'un désaveu du père, contester dans les 6 mois qui suivent le mariage et avant que l'enfant n'ait atteint 7 ans la paternité du mari, mais seulement aux fins de légitimation, quand elle se sera, après dissolution du mariage, remariée avec le véritable père de l'enfant. La demande doit être introduite par la mère et le nouveau conjoint. Le tribunal statue sur les deux actions par le même jugement.

Légitimation d'un enfant naturel (art. 329 et suiv.)

Légitimation par mariage. Tous les enfants nés hors mariage sont légitimés de plein droit par le mariage subséquent de leurs père et mère.

Si leur filiation n'était pas déjà établie, ils font l'objet d'une reconnaissance au moment de la célébration du mariage (l'officier de l'état civil qui procède à la célébration constate la reconnaissance et la légitimation dans un acte séparé). La légitimation peut avoir lieu après la mort de l'enfant, s'il a laissé des descendants, elle profite alors à ceux-ci.

L'enfant légitimé a ainsi les droits et pouvoirs de l'enfant légitime à la date du mariage.

Légitimation judiciaire. « Si le mariage est impossible, l'enfant peut être légitimé par autorité de justice, pourvu qu'il ait, à l'endroit du parent qui la requiert, la possession d'état d'enfant naturel. »

Cette légitimation peut avoir lieu à l'égard d'un seul des parents ou des deux.

Le parent qui désire légitimer son enfant naturel doit : prouver que cet enfant est bien son enfant naturel et que sa filiation est établie à son égard (par reconnaissance ou par jugement) ; présenter une requête devant le tribunal de grande instance aux fins de légitimation.

Si, au moment de la conception, le parent demandeur était marié, il devra obtenir le consentement de son conjoint.

Le tribunal pourra, avant jugement, entendre, le cas échéant, les observations de l'enfant naturel (il apprécie souverainement le bien-fondé de la requête en légitimation), celles de l'autre parent (s'il est connu et étranger à la requête) et celles du conjoint du demandeur.

Si deux parents naturels qui ne se marient pas désirent légitimer un enfant, ils forment conjointement la requête.

L'enfant prend le nom du père et le tribunal statue sur la garde comme en matière de divorce.

Filiation naturelle

Définition. L'enfant naturel est l'enfant né d'un couple qui n'est pas engagé dans les liens du mariage. Il n'y a plus de distinction (comme avant la loi du 3-1-1972) entre enfants naturels dits simples et enfants naturels incestueux et adultérins (dont l'un des parents, ou les 2, est déjà marié). La mère exerce sur lui l'autorité parentale, qu'elle l'ait reconnu seule ou qu'il l'ait été également par le père (art. 374) sous réserve de modification par le tribunal.

Congé de naissance. Il est dû au père par l'employeur aux mêmes conditions que pour un enfant légitime, si le père l'a reconnu et vit de façon permanente et notoire avec la mère de l'enfant (art. 35 du Code de la famille et de l'aide sociale).

Droits de l'enfant naturel

• **Cas général.** « L'enfant *naturel* a en général les mêmes droits et les mêmes devoirs que l'enfant *légitime* dans ses rapports avec ses père et mère » (art. 334 du Code civil).

Sa parenté est reconnue à l'égard de la famille de ses parents : grands-parents, oncles et tantes, cousins et cousines.

• **Cas particuliers.** *Si la filiation est partielle (établie seulement à l'égard d'un de ses parents).* L'administration de ses biens est confiée au parent investi de l'autorité parentale sous le contrôle du juge des tutelles. L'autorité parentale est exercée par la mère si elle a reconnu l'enfant.

Si, au temps de la conception, le père ou la mère était engagé dans les liens du mariage avec une autre personne, l'enfant naturel se trouve en concurrence avec une famille légitime, et ses droits « ne peuvent préjudicier que dans la mesure réglée par la loi aux engagements que, par le fait du mariage, ses parents avaient contractés » (art. 334, al. 3). Toutefois, si l'un des parents était célibataire au moment de sa conception, l'enfant a, lorsque sa filiation est établie, la qualité d'enfant naturel et des droits égaux à ceux d'un enfant légitime. S'il est appelé à la succession en concours avec les enfants légitimes, il ne recevra que la moitié de la part à laquelle il aurait eu droit si tous les enfants du défunt, y compris lui-même, eussent été des enfants légitimes (art. 759).

D'après la jurisprudence récente de la cour de cassation, il semblerait que l'enfant, d'origine adultérine, verrait ses droits réduits dans la succession de ses grands-parents (application du même art.).

Le parent naturel peut écarter son ou ses enfants naturels du partage de la succession en leur faisant, de son vivant, une attribution suffisante de biens, et en stipulant qu'elle a lieu en règlement anticipé de leurs droits successoraux. Si, à l'ouverture de la succession, on constate que les biens attribués excèdent les droits de l'attributaire, ou leur sont inférieurs, il y aura réduction ou complément, selon les cas, sans que les autres héritiers ou l'enfant puissent réclamer pour les revenus perçus en trop ou en moins avant le décès. S'il y a complément, celui-ci est fourni en argent ou en nature au gré des autres héritiers (art. 759 et suiv.).

Nota. — Si l'auteur (père ou mère) était marié avec un tiers lors de la conception, il ne peut faire par donation entre vifs ou donner par testament à l'enfant naturel plus de droits que ceux qui sont prévus. Mais, si l'auteur n'était pas marié, son enfant naturel est, comme ses enfants légitimes, héritier réservataire (on ne peut lui retirer sa part héréditaire dans la succession de ses père et mère et autres ascendants), son ascendant peut lui donner ou léguer des biens dans la limite de la quotité disponible, en respectant les réserves des autres héritiers réservataires.

Nom de l'enfant naturel

Principe. L'enfant naturel acquiert le nom du parent à l'égard de qui sa filiation est établie en premier, ou le nom de son père si la filiation est établie simultanément à l'égard de ses deux parents. Il ne peut porter de nom double (arrêt de la Cour de Cass. 25-11-82).

Exception. L'enfant naturel pourra, même si sa filiation est établie en second à l'égard de son père, prendre le nom de son père par substitution à celui de sa mère (s'il a plus de 15 ans, il devra y consentir personnellement) si, pendant sa minorité, les 2 parents font une déclaration conjointe en ce sens devant le juge des tutelles (art. 334-1 et suiv.).

En outre, on peut donner à l'enfant naturel d'une femme mariée le nom de son mari lorsque l'enfant n'a pas de filiation paternelle établie et si le mari de la mère y consent. L'enfant pourra reprendre son nom antérieur sur demande au tribunal de grande instance dans les 2 ans suivant sa majorité.

1°) Par la reconnaissance volontaire. Faite en même temps que la déclaration de naissance par la mère et par le père ou l'un d'entre eux (la reconnaissance faite par le père lors de la déclaration de naissance ne produit d'effet qu'à l'égard du père sans l'aveu et l'indication de la mère) ; ou plus tard par un acte authentique de reconnaissance. (Si l'acte de naissance comporte le nom de la mère et que l'enfant a « la possession d'état » d'enfant naturel, il vaut reconnaissance.) (art. 335 et suiv.)

Une reconnaissance peut être contestée par toute personne y ayant intérêt, même son auteur. 10 ans après cette reconnaissance, seul l'autre parent, l'enfant lui-même ou ceux qui se prétendent les parents véritables peuvent contester (art. 339).

2°) Par une décision judiciaire établissant la filiation (tribunal de grande instance). 2 actions judiciaires peuvent être entreprises pour l'établir (art. 340 et suiv.) :

a) action en recherche de paternité. Possible dans des cas limités : enlèvement ou viol au moment de la conception ; séduction à l'aide de manœuvres dolosives, abus d'autorité, promesse de mariage ou de fiançailles ; existence de lettres ou autre écrit du père prétendu, dont il résulte un aveu non équivoque de paternité ; concubinage notoire du père prétendu et de la mère pendant la période légale de la conception ; participation par le père prétendu à l'entretien, à l'éducation et à l'établissement de l'enfant en qualité de père.

La demande est irrecevable dans 3 cas :

1°) *Inconduite notoire de la mère ou preuve qu'elle a eu des rapports avec un autre individu*, sauf si l'examen des sangs (ou toute autre méthode médicale) certifie que cet individu ne peut être le père.

2°) *Éloignement ou impossibilité physique* accidentelle du père prétendu, rendant sa paternité impossible.

Droit de l'enfant selon l'âge

Mineurs

Enfants à naître. Dans des cas limités (par ex. un grand-père peut prévoir des donations particulières pour les enfants nés ou à naître de ses enfants). **Enfant conçu.** Peut être héritier ou légataire, à condition de naître « viable ». **Dès la naissance :** on peut lui attribuer des actions, un livret de Caisse d'épargne, une carte d'identité.

2 ans. Peut entrer à la maternelle.

7 ans. Age minimum pour le football.

12 ans. On peut établir sur sa tête une assurance-décès (son consentement est nécessaire). Age minimum pour la boxe.

13 ans, + de 13 ans. Doit consentir personnellement à son adoption plénière. Peut voir certains films interdits aux — de 13 ans.

14 ans. Peut conduire un cyclomoteur (45 km/h max., moins de 50 cm^3, avec pédale).

15 ans (avant). Ne peut recevoir des corrections corporelles légères (art. 312 du C. pénal) : coups de pied au derrière, gifle, coups de règle.

15 ans. On doit obtenir son consentement en cas d'adoption (simple). Peut (sous condition d'être autorisé) répudier ou réclamer la nationalité ou la naturalisation. Une fille peut se marier avec l'autorisation de ses parents. Passeport obligatoire en cas de voyage dans les pays où il est nécessaire. En cas de relation sexuelle, il n'y a plus d'attentat à la pudeur. Age minimum pour des courses de vélo.

16 ans. Il peut : réclamer la qualité de Français (après autorisation des parents), disposer de la moitié de ses biens par testament ; adhérer à un syndicat professionnel (sauf opposition des père, mère ou tuteur) sans pouvoir toutefois participer à l'administration de ce groupement ; retirer des fonds figurant sur un livret de Caisse d'épargne (sauf opposition de la part du représentant légal). Ouvrir un compte d'épargne-logement auprès d'une Caisse d'épargne ; (avoir un compte en banque et un carnet de chèques avec autorisation parentale, faire des actes conservatoires, interrompre une prescription, faire apposer des scellés, obliger le juge des tutelles à convoquer le conseil de famille). Conduire une moto de 50 à 125 cm^3. **Peut être émancipé** par le juge des tutelles (de plein droit s'il se marie) : en conséquence : il pourra accomplir seul la plupart des actes de la vie civile et, en particulier, administrer lui-même ses biens (art. 481 du Code civil) ; échapper à l'autorité parentale (exercée par ses parents ou par un tuteur légal), ne plus habiter sous le toit de ses parents ; décider de son domicile, des études qu'il désire entreprendre, s'engager dans la vie professionnelle sans autorisation. Mais il ne pourra ni se marier, ni se faire adopter sans l'autorisation de ses parents ou de son tuteur ; ni être commerçant (mais il pourra accomplir des actes de commerce « isolés »), ni voter. *Une fille mariée* avant 18 ans restera émancipée même après le divorce ou décès du conjoint (art. 477, 78, 79). Ne peut régulièrement travailler avant d'être régulièrement libéré de l'obligation scolaire.

A partir du moment où il est en âge de gagner sa vie (après l'obligation scolaire), il peut : consentir un contrat de travail comme ouvrier ou employé (sauf opposition de ses père, mère ou tuteur) ; agir par lui-même dans les litiges qui peuvent survenir à cette occasion (Conseil des prud'hommes par ex.).

Quel que soit son âge. Il ne peut contracter sans l'autorisation de ses parents ou de son tuteur, sauf pour des achats courants (apparaissant normaux par rapport au train de vie habituel de la famille) et s'il a « l'âge du discernement », c'est-à-dire s'il comprend la portée de ses actes.

Formalités. Contrats passés avec des mineurs sans que les parents soient au courant. Ils peuvent être **1° reconnus comme nuls.** *Nullité absolue :* s'il y a eu non-respect de la loi ou d'une règle d'intérêt général (ex. contrat de travail signé par un mineur encore en âge scolaire). *Relative :* si les règles assurant la protection des contractants et des intérêts privés ont été violées. Ex. : un acte « nul en la forme » passé par un mineur, sans autorisation même verbale. Ce contrat peut pourtant être « confirmé » (considéré comme valable) si le mineur atteint sa majorité, si les contractants renoncent à la clause de nullité et si les formalités requises pour le valider sont accomplies.

2° annulés pour sanctionner des actes désavantageux pour un jeune (ex. : disproportion, même minime, entre le prix payé et la chose vendue). Les parents doivent prouver devant les tribunaux que leur enfant a été lésé.

Pour faire annuler un contrat signé par un mineur, envoyer une lettre recommandée avec accusé de réception à la personne qui a signé le contrat, en demandant son annulation pour une raison donnée. Si cela ne suffit pas, saisir le tribunal d'instance si la somme engagée ne dépasse pas 20 000 F, de grande instance au-delà.

Majeurs

18 ans. Il devient majeur, citoyen à part entière (loi du 7-7-1974 ; avant, la majorité était de 21 ans). *Responsabilité :* le majeur peut contracter personnellement une assurance responsabilité civile (les assurances « chef de famille » continuent à jouer pour les 18-21 ans si la police a été signée avant la promulgation de la loi). S'il est à l'université, sa mutuelle étudiant peut couvrir cette responsabilité civile. *L'obligation d'entretien des parents à son égard* cesse, mais peut être prolongée en particulier pour permettre la continuation des études (jurisprudence). *Études :* il peut faire les études de son choix ou abandonner ; obtenir que ses notes lui soient directement communiquées. Dans les internats, il bénéficie d'une réglementation différente.

Vie civile : il peut se marier, obtenir toutes pièces d'état civil de son nom, sur simple demande, se faire embaucher par qui il veut, créer une entreprise ou un commerce, signer des contrats, disposer de ses revenus et de ses biens à sa guise, entrer en possession d'un héritage, ouvrir un compte de chèques bancaire ou postal, quitter le territoire national, choisir son domicile.

Vie civique : il a le droit d'être électeur (il lui faut s'inscrire sur les listes électorales de la mairie de son domicile entre le 1er septembre et le 31 décembre).

21 ans. Peut devenir conseiller municipal ou conseiller général, conseiller régional, maire (s'il satisfait aux obligations militaires).

23 ans. Peut devenir député, président de la République.

24 ans. Ne peut plus se présenter à Normale supérieure.

25 ans. Peut accéder à certaines professions (ex. pharmacien titulaire d'une officine), ne peut plus reporter au-delà son service militaire s'il est étudiant de pharmacie ou dentaire.

27 ans. Ne peut reporter au-delà son service s'il est étudiant en médecine ou médecine vétérinaire. Age souvent limite pour le maintien sous le régime de la Séc. soc. étudiante.

30 ans. Age limite pour la candidature à un emploi de l'État ou d'une collectivité locale. Peut adopter un enfant sans être marié et à condition d'avoir 15 ans de différence avec l'enfant.

35 ans. Peut devenir sénateur.

Majorité

● **Droit romain.** Distinction entre *impuberté* (jusqu'à 12 ans pour les filles et 14 pour les garçons) ; *minorité* (de 12/14 ans à 25) et *majorité* (après 25). En droit privé, on restait sous la puissance paternelle même après cet âge. En droit public, on était soldat à partir de 17 a., éligible et électeur aux magistratures à 27 a.

● **En France. Droit féodal.** 21 a. (mais la puissance paternelle est maintenue) ; les garçons peuvent être écuyers à 17 a., chevaliers à 21. *Age du mariage :* celui du droit romain (filles 12 a. ; garçons 14). Il y a des exceptions (dans l'Est, l'âge de la majorité est celui du mariage : 12/14 a.). **Droit coutumier.** Variable. En général, au XVIIIe s., 25 a. pour aliéner des biens et se marier sans le consentement paternel. Les nobles sont souvent distingués des roturiers (En Bretagne, nobles, majeurs à 17 a. ; roturiers à 20).

Après la Révolution. Majorités (civile et électorale) à 21 a., mais à 18 a., possibilité d'émancipation, fin de la jouissance légale, majorité pénale, engagement militaire, pratiques judiciaires particulières (droit de visite, responsabilité civile des parents).

Loi du 5 juill. 1974. Majorités civile et électorale à 18 a. (exemples de G.-B. 1969, All. féd. 1972). V. Index.

3°) *Preuve apportée par le père prétendu* au moyen d'analyse de sang ou de toute autre méthode médicale certaine qu'il ne peut être le père de l'enfant.

Nota. — (Art. 340-2 et suiv.) Cette action appartient à l'enfant, mais la mère de l'enfant, même mineure, a seule qualité pendant la minorité de l'enfant pour l'exercer (elle doit le faire dans les 2 ans suivant la naissance). En cas de concubinage notoire ou de participation à l'entretien de l'enfant, à l'expiration des 2 années suivant la cessation soit du concubinage, soit des actes de participation.

Si la mère est décédée ou si elle n'a pas reconnu l'enfant ou est dans l'impossibilité d'exercer cette action (incapable majeure), c'est le tuteur de l'enfant, autorisé par le conseil de famille qui l'exercera. L'enfant majeur peut l'exercer dans les 2 ans suivant sa majorité. Cette action est dirigée contre le père prétendu ; s'il est décédé, contre ses héritiers ; si les héritiers ont renoncé à la succession, contre l'État.

Le jugement établit la filiation naturelle, et statue, s'il y a lieu, sur l'attribution du nom de l'enfant et de l'autorité parentale. Il peut condamner le père à rembourser à la mère tout ou partie de ses frais de maternité et d'entretien pendant les 3 mois qui ont précédé et les 3 mois qui ont suivi la naissance et accorder à la mère des dommages et intérêts pour le préjudice subi du fait de la cessation de la vie commune, de la naissance de l'enfant, de la rupture de la promesse de mariage, du viol, etc. En cas de rejet de la demande, le tribunal peut allouer des subsides à l'enfant, s'il est établi que la mère et le défendeur ont eu des relations pendant la période légale de conception.

En cas d'action en recherche de paternité faite de mauvaise foi et si la demande est rejetée, le responsable pourra être puni d'un emprisonnement de 1 à 5 ans et d'une amende de 3 600 à 60 000 F et être privé d'une partie de ses droits civiques, civils et de famille pendant 5 à 10 ans (art. 400, al. 2 du Code pénal).

b) action en recherche de maternité (art. 341 Code civil). L'enfant déclaré de mère inconnue ou sans indication du nom de la mère et qui n'a pas de filiation établie à l'égard de sa mère peut introduire, à l'encontre de la mère prétendue, une action en recherche de maternité. Il devra prouver qu'il est l'enfant dont la prétendue mère est accouchée, par la possession d'état d'enfant naturel de cette femme ou à défaut par témoins, s'il existe : des présomptions ou des indices graves, un commencement de preuve par écrit résultant des titres de famille, registres et papiers domestiques ainsi que de tous autres écrits publics ou privés émanant d'une partie engagée dans la contestation ou qui y aurait intérêt si elle était vivante. La filiation de l'enfant est établie par le jugement à l'égard de la mère avec toutes les conséquences : nom, autorité parentale.

Action pour obtenir des subsides (art. 342 et suiv.)

L'action est exercée devant le tribunal de grande instance, pendant la minorité de l'enfant ou dans les 2 ans suivant la majorité de l'enfant, si l'action n'a pas été intentée pendant sa minorité.

Peuvent exercer cette action : 1°) *l'enfant naturel dont la filiation paternelle n'est pas légalement établie,* même si le père ou la mère était au moment de la conception marié avec une autre personne, ou s'il existait entre eux des empêchements à mariage réglés par les articles 161 à 164 du Code civil (enfants nés d'un inceste, de parenté trop proche pour que le mariage soit autorisé).

2°) *l'enfant naturel d'une femme mariée* dont le titre d'enfant légitime n'est pas confirmé par la « possession d'état » : un enfant né d'une femme mariée, mais non élevé par le mari de sa mère.

Nota. — L'enfant étant mineur, c'est la mère de l'enfant (ou son tuteur si elle est décédée) qui exerce cette action.

L'homme contre lequel une action « à fin de subsides » est dirigée peut faire écarter cette demande par le tribunal de grande instance s'il prouve qu'il ne peut être le père de l'enfant ou que la mère se livrait à la débauche.

Versement des subsides. Sous forme de pension en tenant compte des besoins de l'enfant, des ressources du débiteur et de sa situation familiale. La pension peut être due au-delà de la majorité de l'enfant s'il est encore dans le besoin (sauf s'il l'est par sa faute).

Si le défendeur prouve que la mère a eu des relations avec plusieurs hommes pendant la période de conception légale, ceux-ci pourront être appelés dans l'instance et « le juge, en l'absence d'autres éléments de décision, peut mettre à leur charge une indemnité destinée à assurer l'entretien et l'éducation de l'enfant, si des fautes sont établies à leur encontre ou si des engagements ont été pris antérieurement par eux ».

Les subsides sont versés soit par celui contre lequel l'action est engagée et qui y est condamné, soit par l'Aide sociale à l'enfance ou un mandataire de justice tenu au secret professionnel (si le juge a condamné plusieurs défendeurs à une indemnité), soit par les héritiers du débiteur s'il est décédé. Cette pension prélevée sur l'héritage est supportée par tous les héritiers et, en cas d'insuffisance, par tous les légataires particuliers, proportionnellement à leur legs. « Toutefois, si le défunt a expressément déclaré que tel legs sera acquitté de préférence aux autres, le legs ne sera réduit que dans la mesure où la valeur des autres ne permettrait pas le paiement de cette pension » (207-I, al. 2, C. civ.).

Le non-paiement des subsides fixés est puni des peines d'abandon de famille : de 3 mois à 1 an de prison et amende de 300 à 8 000 F (357-2 C. pénal).

Nota. — Cette action « crée entre le débiteur et le bénéficiaire, ainsi que, le cas échéant, entre chacun d'eux et les parents, ou le conjoint de l'autre, les mêmes empêchements à mariage qu'entre parents proches (ascendants et descendants, frères et sœurs...). Elle n'empêche pas une action ultérieure en paternité. Celui qui aura fait de mauvaise foi une demande de subsides qui aura été rejetée par la juridiction civile sera puni d'un emprisonnement de 1 à 5 ans et d'une amende de 3 600 à 60 000 F » (400 C. pénal).

Filiation adoptive

(art. 343 et suiv. du Code civil)

• **Adoption plénière. Conditions pour adopter** (art. 343 à 359). *Époux :* être mariés depuis + de 5 ans ou avoir chacun + de 30 ans (jurisprudence de 1982), ne pas être séparés de corps, avoir 15 ans de + que l'adopté (10 si l'adopté est l'enfant du conjoint, même décédé). Toutefois le tribunal peut, s'il y a de justes motifs, prononcer l'adoption lorsque la différence d'âge est inférieure à celles prévues. *Personne seule* (célibataire, divorcée, veuve ou mariée) avoir + de 30 ans, avoir 15 ans de + que l'adopté. Si la personne est mariée et non séparée de corps, le consentement de son conjoint est nécessaire, à moins qu'il ne soit dans l'incapacité de manifester sa volonté. Le fait d'avoir déjà des enfants n'est pas un obstacle à l'adoption. En cas de décès de l'adoptant, une nouvelle adoption peut être prononcée si la demande est présentée par le nouveau conjoint du survivant. L'adoption n'est permise qu'en faveur des enfants de — de 15 ans, accueillis au foyer du ou des adoptants depuis au moins 6 mois. Toutefois, si l'enfant a + de 15 ans mais a été accueilli avant par des personnes ne remplissant pas les conditions légales pour adopter, s'il fait l'objet d'une adoption simple avant 15 ans, l'adoption plénière pourra être demandée si les conditions sont remplies pendant la minorité de l'enfant. Les enfants de + de 13 ans remplissant ces conditions doivent consentir personnellement à leur adoption.

L'adoption est prononcée par le tribunal de gde instance, saisi par une requête de l'adoptant (les détails sur la procédure à suivre peuvent être donnés par le procureur de la République ou par un notaire) ; il vérifie si les conditions légales sont remplies et veille à ce que l'adoption soit conforme aux intérêts de l'enfant. Si l'adoptant a des descendants, le tribunal vérifie en outre si l'adoption n'est pas de nature à compromettre la vie familiale. La tierce opposition à l'encontre du jugement d'adoption n'est recevable qu'en cas de dol ou de fraude imputable aux adoptants.

• **Effets.** *Pour les rapports entre adoptant et adopté :* à compter du jour du dépôt de la requête en adoption. *Pour les tiers, étrangers à la procédure d'adoption :* à partir des mesures de publicité du jugement (la transcription du jugement, dans les 15 j s'il est devenu définitif, sur les registres de l'état civil du lieu de naissance de l'enfant, lui tient désormais lieu d'acte de naissance ; celui-ci ne contiendra aucune indication relative à sa filiation réelle).

L'adoption rompt définitivement le lien unissant l'adopté à sa famille par le sang pour lui conférer une filiation nouvelle. Tout se passe comme si l'adopté était l'enfant de l'adoptant sous réserve des empêchements au mariage fondés sur la parenté ou l'alliance. L'adopté porte le nom de l'adoptant et prend sa nationalité (sur la demande du ou des adoptants, le tribunal peut modifier les prénoms de l'enfant) ; il sera héritier réservataire, en cas de succession, au même titre que l'enfant légitime.

L'adoption de l'enfant du conjoint laisse subsister sa filiation d'origine à l'égard de ce conjoint et de sa famille. Elle produit pour le surplus les effets d'une adoption par 2 époux.

L'obligation alimentaire existe réciproquement entre l'adoptant et l'adopté.

L'adoption est irrévocable (art. 359).

• **Adoption simple** (art. 360 à 370-2). **Conditions.** *Pour l'adoptant,* les mêmes que pour l'adoption plénière. Permise quel que soit l'âge de l'adopté. Mais s'il a + de 15 ans, il doit consentir personnellement à son adoption. Révocable (art. 370 du Code civil) pour motifs graves, à la demande de l'adoptant (si l'adopté a + de 15 ans) ou de l'adopté (si l'adopté est mineur : des père et mère par le sang ou, à défaut, un membre de la famille d'origine jusqu'au 3e degré inclus). Le jugement de révocation doit être motivé. Il est mentionné en marge de l'acte de naissance ou de la transcription du jugement d'adoption. La révocation fait cesser pour l'avenir tous les effets de l'adoption.

Effets. Moins étendus. *L'adopté :* en principe, il ajoute à son nom celui de l'adoptant, mais le tribunal peut décider qu'il ne portera que le nom de l'adoptant ; il continue à faire partie de sa famille d'origine et y conserve tous ses droits, notamment ses droits de succession. Dans la famille de l'adoptant, il a les mêmes droits de succession qu'un enfant légitime réservataire dans la succession des ascendants ; il n'acquiert pas automatiquement la nationalité de l'adoptant.

L'adoptant a tous les droits (autorité parentale dep. 1970), y compris celui de consentir au mariage de l'adopté. Si l'adopté est l'enfant du conjoint de l'adoptant, la puissance paternelle est accordée aux 2 époux.

• **Autres formules. Adoption** d'enfants du tiers monde (Coréens, Indiens, Colombiens, etc.). Frais : env. 20 000 à 60 000 F. Nécessite un agrément du service de l'Aide sociale à l'enfance (voir plus loin : où s'adresser) comme pour les pupilles de l'État nés en France. **Parrainage :** d'enfants vivant en France, non adoptables, reçus pour le week-end, les vac. scolaires : soutiens éducatif, affectif, matériel à des enfants placés dans des collect., institutions (pour des raisons graves) ou vivant dans des familles éprouvées ou démunies ; d'enfants de pays en voie de dév. : soutien matériel (particip. financière trim.) permettant meilleure nourriture, soins et surtout scolarisation ainsi que, malgré la distance, soutiens moral et affectif ; les parrains reçoivent régul. photos et nouvelles de l'enfant.

• **Congé d'adoption.** La mère de famille a droit aux mêmes congés que pour une naissance (10 semaines pour le 1er et le 2e enfant, 18 à partir du 3e). Il est accordé au père de famille salarié les mêmes conditions que pour un congé de naissance (3 j à prendre dans les 15 j précédant ou suivant l'arrivée de l'enfant). Père et mère ont droit au congé parental (2 ans).

• **Enfants susceptibles d'être adoptés.** 1°) Enfants nés en France recueillis par une œuvre d'adoption autorisée et ayant fait l'objet d'un consentement à l'adoption. 2°) Enfants nés en France, admis dans la catégorie des pupilles de l'État sous la tutelle du préfet (DDASS) et pour lesquels les père et mère ou le conseil de famille ont valablement consenti à l'adoption. Ces enfants ont été remis aux services de l'Aide sociale à l'enfance par leurs parents, ou après une déchéance d'autorité parentale, ou une déclaration judiciaire d'abandon (art. 350 du Code civil). 3°) Enfants d'origine étrangère confiés en vue d'adoption par décision juridique du pays concerné.

• **Statistiques.** Personnes attendant un enfant à adopter : 20 000 couples (1981) ou personnes isolées. *Nombre d'adoptions simples* (1980) : 2 597 (dont pupilles de l'État 308, autres adoptés 2 289, dont étrangers 163). *Plénières :* 3 922 (dont p. de l'État 2 057, autres adoptés 1 865, dont étrangers 1 172). Adoption d'enfants étrangers en 1985 : env. 2 500. *Enfants adoptables au niveau de la D.D.A.S.S.* (1982) : 14 400, dont 10 200 ont + de 10 ans, la majorité d'entre eux sont si bien insérés dans des familles d'accueil que leur adoption par une autre famille ne peut être envisagée.

☞ **Où s'adresser. Adoption :** Service de l'Aide sociale à l'enfance du Conseil général (A.S.E.) (au chef-lieu de chaque dép.), qui délivre les agréments pour les adoptions des pupilles de l'État et d'enfants nés à l'étranger (non placés par une œuvre d'adoption française) et qui peut également donner la liste des œuvres d'adoption autorisées. Œuvres d'adoption autorisées. **Parrainage :** Terre des hommes ; Comité fr. de secours aux enfants, 25, av. de Wagram, Paris 17e ; Un enfant, une famille, 110, rue de Fleury, 92140 Clamart ; Centre français de protection de l'enfance, 97, bd Berthier, Paris 7e ; Les Petits Filleuls, 16, rue de la Bûcherie, Paris 5e. **Information des candidats :** *Enfance et Familles d'Adoption* (Fédération nationale des associations de foyers adoptifs), 35, rue St-Georges, 75009 Paris.

Tutelle

(art. 389 à 475)

Conseil de famille. 4 à 6 membres choisis par le juge des tutelles parmi parents, alliés, amis ou voisins des père et mère. Convoqué par le juge des t. (soit à l'initiative de celui-ci, soit sur demande de 2 membres du conseil, ou du tuteur, ou du subrogé t., ou encore du mineur lui-même pourvu qu'il ait 16 ans révolus). Il peut, parfois, être consulté par correspondance par le juge des t. Le tuteur ne fait pas partie du conseil, mais participe à ses délibérations (pas plus que le juge des tutelles), le subrogé tuteur en fait partie.

Fonctionnement. Le conseil règle les conditions générales de l'entretien et de l'éducation de l'enfant, eu égard à la volonté qu'ont pu exprimer les père et mère. Le t. prend soin de l'enfant et le représente dans les actes civils, sauf ceux dans lesquels la loi ou l'usage autorise les mineurs à agir par eux-mêmes. Il administre les biens du mineur, en bon père de famille, mais ne peut ni les acheter ni les prendre à bail ou à ferme (à moins que le conseil n'ait expressément autorisé le subrogé t. à lui en passer bail). Le t. accomplit seul tous les actes d'administration : vente des meubles d'usage courant, acceptation des donations et des legs non grevés de charge, action en justice relative aux droits patrimoniaux. Il ne peut accepter de succession sans bénéfice d'inventaire ou disposer au nom du mineur qu'avec l'autorisation du conseil, lequel peut décider de passer outre à la règle selon laquelle la vente d'un immeuble ou d'un fonds de commerce du mineur se fait publiquement. Dans la limite d'une certaine somme, l'autorisation du juge des t. peut être substituée à celle du conseil.

Tout tuteur est responsable de sa gestion. Chaque année, il remet au subrogé t. un compte de gestion dont le juge des t. peut décider qu'il sera communiqué au mineur. Dans les 3 mois qui suivent la fin de la tutelle, le t. remet un compte définitif au mineur devenu majeur ou émancipé, ou à ses héritiers. Après un délai d'un mois, il appartient à l'ex-pupille d'approuver le compte de tutelle. Toute action du mineur contre le t. relativement aux faits de la tutelle se prescrit par 5 ans à compter de la majorité (lors même qu'il y aurait eu émancipation).

Juge des tutelles. Juge du tribunal d'instance dans le ressort duquel le mineur a son domicile. Il exerce une surveillance générale sur les administrations légales et les tutelles de son ressort. Il peut convoquer les administrateurs légaux, tuteurs et autres organes tutélaires pour leur réclamer des éclaircissements, faire des observations et prononcer contre eux des injonctions, dont l'inexécution peut être sanctionnée par une amende. Il nomme un administrateur *ad hoc,* lorsqu'il y a opposition d'intérêts entre le mineur et l'administration légale (art. 393 à 396 et 499).

Subrogé tuteur. Choisi parmi les membres du conseil de famille. Fonction : surveiller la gestion tutélaire.

Tuteur (art. 397 à 406). Désigné pour exercer la puissance paternelle et l'administration légale, soit par le dernier mourant des père et mère, si celui-ci a conservé au jour de sa mort l'exercice de l'administration légale ou de la tutelle (sous forme d'un testament ou d'une déclaration spéciale devant notaire), soit par le conseil de famille. Lorsqu'il n'a pas été choisi de tuteur ou que celui-ci n'a pas accepté cette charge, la tutelle de l'enfant légitime est déférée par le conseil de famille à celui des ascendants du degré le plus proche ou à un parent, allié ou ami de la famille. Le t. est désigné pour la durée de la tutelle ; il peut être remplacé en cas de circonstances graves. Dans certains cas, le conseil de famille peut diviser la tutelle entre un t. à la personne et un t. aux biens. Il peut aussi désigner un t. adjoint pour la gestion de certains biens. En principe, parents ou alliés du mineur ne peuvent refuser la tutelle que pour de justes motifs. *Personnes considérées comme incapables d'exercer la tutelle.* Mineur (sauf pour ses propres enfants), interdit, aliéné, personne pourvue d'un conseil judiciaire, parents déchus de la puissance paternelle, condamnés à une peine afflictive ou infamante, condamnés privés à titre accessoire du droit d'être t., personnes d'inconduite notoire ou d'improbité, négligence ou inaptitude aux affaires constatées. Celui qui n'est ni parent ni allié du mineur ne peut être forcé d'accepter la tutelle.

☞ Voir également le texte sur l'autorité parentale p. 1525.

Enfance maltraitée

Quiconque a connaissance de mauvais traitements à un enfant (violences physiques, négligences graves, abus sexuels, violences éducatives et psychologiques) *est tenu* de le signaler ; les médecins peuvent être déliés du secret professionnel, au titre de l'assistance à personne en danger.

Peines prévues (art. 312 C. pénal L. du 2-2-1981). *Pour quiconque aura volontairement porté des coups à un enfant de — de 15 ans ou aura commis à son encontre des violences ou voies de fait, à l'exclusion de violences légères :* 3 mois à 3 ans de prison, amende de 500 à 20 000 F s'il n'est pas résulté une maladie ou une incapacité de travail de + de 8 j. 2 ans à 5 ans de prison, amende de 5 000 à 100 000 F en cas de maladie ou incapacité de + de 8 j. Réclusion criminelle de 10 à 20 ans en cas de mutilation, amputation, privation de l'usage d'un membre, cécité, perte d'un œil, autres infirmités permanentes ou homicide involontaire. *Si les coupables sont les père et mère légitimes, naturels ou adoptifs, ou toute autre personne ayant autorité sur l'enfant ou chargée de sa garde,* maximum de l'emprisonnement porté au double pour maladie ou incapacité de + de 8 j, réclusion criminelle à perpétuité pour les mutilations, etc. Les peines peuvent être assorties de la privation des droits civiques, civils et de famille pour 5 à 10 ans. *Pour celui qui, ayant connaissance de sévices ou privations infligés à un mineur de — de 15 ans, n'en aura pas averti les autorités administratives ou judiciaires,* 2 mois à 4 ans de prison et (ou) une amende de 2 000 à 20 000 F (art. 62 C. pénal L. du 2-2-1981).

Principales causes des mauvais traitements. Le déséquilibre psycho-affectif des parents, leur jeune âge, l'isolement, les antécédents de sévices moraux et physiques dans l'enfance, *quelle que soit l'origine sociale.* Les facteurs socio-économiques : chômage, promiscuité, maladie, alcoolisme jouent un rôle favorisant.

Couples homosexuels. Certains désireux de bénéficier des avantages du mariage en matière de nom, de succession, d'achats en commun, etc. imaginent une adoption, le plus âgé peut légalement adopter le plus jeune si celui-ci a au moins 15 ans de moins que lui.

Inceste. *Non mentionné dans la loi,* il tombe sous le coup des art. 331 et 332 du Code pénal relatifs à l'attentat à la pudeur à l'égard d'un mineur, avec aggravation de la peine s'il y a violence et lorsqu'il s'agit d'un attentat commis par un ascendant ou quelqu'un ayant autorité sur le mineur.
La majorité des cas reste dissimulée. Env. 300 cas par an sont traités par les instances judiciaires.

Statistiques. En permanence 48 000 à 50 000 enfants (dont la plupart ont — de 6 ans) sont victimes de mauvais traitements et 3 000 à 3 500 victimes de sévices graves, 3 000 à 5 000 sont hospitalisés chaque année (env. 700 décéderaient par an).

☞ Adresses : Province. *Juge des Enfants compétent,* ou *commissariat de Police* ou *Brigade* ou *Gendarmerie. Brigade de protection des mineurs,* 12, quai de Gesvres, Paris 75004. *Féd. nat. des comités Alexis-Danan pour la protection de l'enfance* (140 comités, revue « Tribune de l'Enfance »), 5, rue Gassendi, 75014 Paris. *Ligue nationale pour la protection de l'enfance martyre,* 10, rue Michel-Chasles, Paris 75012. *Association fr. d'information et de recherche sur l'enfance maltraitée (AFIREM),* Hôpital des enfants malades, 149, rue de Sèvres, 75730 Paris Cedex 15. *Service juridique de protection de l'enfance,* 8, av. de la Résistance, 93340 Le Raincy. *S.O.S. Parents-Enfants,* (1) 345-48-06. Garantie de l'anonymat. Les associations peuvent se porter partie civile dans les procès instruits contre les parents maltraitants également l'aide sociale à l'enfance.

Mariage

Les noces

Noms traditionnels. Coton ou papier 1 an. Cuir 2. Froment 3. Cire 4. Bois 5. Cuivre ou Chypre 6. Laine 7. Coquelicot 8. Faïence 9. Étain ou fer 10. Corail 11. Soie 12. Muguet 13. Plomb 14. Cristal 15. Saphir 16. Rose 17. Turquoise 18. Cretonne 19. Porcelaine 20. Opale 21. Bronze 22. Béryl 23. Satin 24. Argent 25. Jade 26. Acajou 27. Nickel 28. Velours 29. Perle 30. Basane 31. Cuivre 32. Porphyre 33. Ambre 34. Rubis 35. Mousseline 36. Papier 37. Mercure 38. Crêpe 39. Émeraude 40. Fer 41. Nacre 42. Flanelle 43. Topaze 44. Vermeil 45. Lavande 46. Cachemire 47. Améthyste 48. Cèdre 49. Or 50. Diamant 60. Platine 70. Albâtre 75. Chêne 80.

• Prêtres et religieuses célèbrent les anniversaires de leur entrée dans les ordres. Autrefois, au bout de 25 ans, les religieuses portaient un anneau d'argent, de 50 ans, un a. d'or, et de 75 ans, un a. portant un diamant.

• Depuis les lois romaines qui interdisaient les mariages en mai et les jours fériés, on a attribué au mois de mai une influence néfaste sur les mariages célébrés à cette époque.

Mariage civil

Conditions requises

• **Conditions générales. Age.** *Homme :* 18 ans révolus. *Femmes :* 15 ans révolus (sauf dispenses par le procureur de la Rép. pour motifs graves du lieu où le mariage doit être célébré). *Avant 18 ans révolus,* le consentement des père et mère ou celui des aïeuls, ou aïeules du conseil de famille, ou, si les père et mère sont décédés, l'autorisation du conseil de famille présidé par le juge des tutelles est nécessaire. Pour les mineurs pupilles de l'Assistance publique : autorisation du conseil de famille de l'A.P.

Parentés. Il est interdit de se marier (art. 161, 162, 163) entre parents et alliés en ligne directe quand la personne qui créait l'alliance est décédée : frère et sœur, oncle et nièce, tante et neveu (dispense très rare), adopté et adoptant, enfants adoptifs (dispense possible), adopté et enfant qui pourrait survenir à l'adoptant (dispense possible).

Mariage avec un(e) étranger(e). Le mariage s'exerce de plein droit et n'a aucun effet sur la nationalité. Un étranger qui épouse une Française peut devenir français par simple déclaration sans condition de délai, ni de résidence sur justification du dépôt de l'acte de mariage auprès de l'autorité administrative compétente (de même pour une étrangère épousant un Français). Cf. l'article 37-1 du Code de la nationalité.

Mariage posthume. Le Pt de la République peut, pour des motifs graves, autoriser la célébration du mariage si l'un des futurs époux est décédé après l'accomplissement de formalités officielles marquant sans équivoque son consentement (art. 171 C. civil). En 1984, le Pt a considéré que l'achat d'alliances de mariage et certains préparatifs en vue de la noce valaient consentement.

En 1976 il y eut 56 demandes, 10 furent autorisées, 32 rejetées.

Nom des époux. Voir p. 1535.

Statistiques

Nombre annuel en France. *Mariages civils. 1980 :* 334 300 (dont 54 000 impliquant au moins 1 divorcé). *1982 :* 312 000. *1984 :* 284 000. **Mariages catholiques** (% par rapport aux mariages civils) *1954 :* 79, *1963 :* 79, *1972 :* 75, *1980 :* 64,5 (215 700 mar.), 77 % des mariages civils n'impliquent pas de divorcé, *1981 :* 64,1.

☞ Sur 800 000 personnes en âge de se marier, 600 000 se marient, 200 000 divorcent avant 5 ans (soit 33 %, en Suède 40 %).

Les sociologues pensent que la 1re fois qu'elles se marient, les femmes épousent un homme en fonction de leur père. En cas de remariage, leur 2e mari ressemble au 1er.

Age et état matrimonial en France. V. Quid 1982.

☞ Voir également au chapitre Démographie, page 104, les statistiques sur le mariage.

Les Français croient-ils à l'amour ? Selon une enquête de *Madame Figaro* réalisée du 14 au 21 septembre 1982 auprès de 1 000 personnes, le grand amour existe sûrement pour 67 % des hommes et 70 % des femmes. C'est de la littérature pour 10 % des H. et 12 % des femmes. 93 % des 18-24 ans, 44 % des agriculteurs y croient. 26 % des H. et 25 % des F. pensaient vivre au moment de l'enquête un grand amour. 30 % des H. et 46 % des F en avaient vécu un. 20 % des H. et 13 % des F. pensaient le rencontrer. 25 % des H. et 22 % des F. estimaient le mariage néfaste au grand amour ; 55 % des H. et 57 % des F. pensaient que non. 5 % des H. et 4 % des F. pensaient qu'il durerait des semaines ; 38 % des H. et 53 % des femmes toute la vie.

Nouveaux mariages. Une femme ne peut en contracter un que 300 j révolus après la dissolution du mariage précédent (délai de viduité). Le délai prend fin en cas d'accouchement après le décès du mari ou si la femme produit un certificat médical attestant qu'elle n'est pas en état de grossesse.

Pour la femme divorcée, ce délai compte à partir de l'ordonnance de non-conciliation l'autorisant à avoir une résidence séparée. Le Pt du tribunal de gde instance peut, par ordonnance, dispenser de ce délai de viduité.

Formalités

Célébration. S'adresser à la mairie du domicile de l'un ou de l'autre époux, ou de la résidence continue d'un mois à la date de la publication.

Publication du mariage. A la mairie du lieu du mariage et à celle du lieu où chacune des parties a son domicile ou sa résidence. Le procureur de la République peut, pour des causes graves (art. 169) (ex. : maladies, départ forcé ou subit, imminence de l'accouchement de la future, désir pour 2 concubins de régulariser une union sans « scandale »), dispenser de la publication et de tout délai ou de l'affichage de la publication seulement. Le délai légal de publication expire le matin du 11e j de l'apposition de l'affiche à la porte de la mairie.

Pièces à fournir

• **Pour les publications.** 2 certificats d'*examen médical prénuptial* concernant les 2 futurs époux (datant de moins de 2 mois au dépôt du dossier). *Extrait de naissance* de moins de 3 mois à la date de mariage. *Attestation de domicile et pièce d'identité.*

Certificat prénuptial. Délivré par un médecin (librement choisi), après avoir pris connaissance d'un examen sérologique effectué par un laboratoire agréé. Au vu des résultats « il communique ses constatations à l'intéressé et lui en signale la portée ». **Frais d'examen.** Remboursés par la Sécurité sociale ou par l'aide médicale pour ceux qui en bénéficient. *Validité :* 2 mois. *Dispense possible* par le procureur de la Rép. pour les 2 époux ou pour l'un d'eux ; pas exigé en cas de péril imminent pour l'un d'eux.

Nature de l'examen. *1°) test sérologique* de rubéole, de toxoplasmose, recherche du groupe sanguin. *2°) dépistage de la syphilis :* interrogatoire, examen clinique et sérologique (réaction de Bordet-Wassermann et test de Nelson). Attention : un examen sérologique négatif ne peut donner une sécurité totale ; des tests de laboratoire positifs ne sont pas toujours synonymes de maladie syphilitique. En cas de syphilis récente, le malade devrait reculer son mariage, se soigner et n'avoir des enfants que lorsqu'il sera guéri (s'il est bien soigné, ceux-ci seront normaux). *3°) de la blennoragie :* difficile si elle est ancienne chez l'homme, et dans tous les cas pour la femme, chez qui elle peut entraîner la stérilité. *4°) de la tuberculose :* examen clinique, radiologique complété, si nécessaire, par examen des crachats. En cas de tuberculose récente, repousser le mariage (des tuberculeux non stabilisés font des rechutes).

L'examen doit comporter un interrogatoire très complet sur les antécédents héréditaires et collatéraux, pour dépister les tares et certaines prédispositions morbides. Le médecin déconseillera le mariage lorsque les tares seront graves et en cas de consanguinité (mariage entre cousins germains ou issus de germains).

• **Pour le mariage. Extrait d'acte de naissance** délivré spécialement dep. – de 3 mois à la date du mariage (depuis – de 6 mois s'il a été établi dans un territoire d'outre-mer ou un consulat).

Pour les mineurs : le *consentement* du père ou de la mère peut être donné verbalement au moment de la célébration du mariage, ou préalablement devant notaire ou devant l'officier d'état civil du domicile ou de la résidence de l'ascendant. (En cas de dissentiment entre le père et la mère, ce partage emporte consentement ; en cas de mort de l'un d'eux, le consentement du survivant est suffisant).

Certificat du notaire s'il a été fait un contrat de mariage.

Pour le mari : pour gendarmes, pompiers, ou militaires épousant une étrangère, consentement de l'autorité lorsqu'il est nécessaire.

Témoins. *Indication des prénoms, noms, professions et domiciles des témoins* (1 ou 2 par époux) ; père et mère du futur époux majeur peuvent servir de témoins.

S'il y a des enfants nés avant le mariage à légitimer, en prévenir à l'avance la mairie et présenter l'acte de naissance des enfants, délivré en vue de la légitimation, en même temps que les autres pièces.

Agences matrimoniales

Nombre : 1 000 à 3 000, la profession n'est régie par aucun statut. 3 types : agences boîtes aux lettres (tarif de 1 500 à 5 000 F env.), ag. de présentation (3 500 à 7 000 F), instituts de présélection psychologique (4 500 à 6 900 F). Certaines font payer illégalement une partie de l'inscription, au mariage.

Mariages réalisés : env. 4 % des mariages (50 % annoncent certaines agences).

• **Demande de dispense. Dispense d'âge** (hommes : – de 18 ans ; femmes : – de 15 ans), justifier d'un « motif grave » (le plus courant : celui de grossesse de la future épouse). Les 2 futurs époux doivent établir et signer une requête (simple lettre) au procureur de la Rép. et y joindre leurs actes de naissance, certificat médical en cas de grossesse ; si l'un est étranger, la dispense d'âge accordée par le gouvernement de son pays ou la justification que dans ce pays il pourrait légalement à l'âge atteint contracter un mariage valable. Requête et pièces établies sur papier timbré. Droit de 50 F (exemption possible aussi p. les droits de timbre en cas d'indigence : joindre alors un certificat d'indigence à demander à la mairie). Le dossier est transmis pour instruction au procureur de la Rép. du domicile de la future épouse.

Autres dispenses (ex. : mariage entre alliés) : demande adressée au Pt de la Rép. doit être signée par les 2 futurs époux, en exposant les motifs pour lesquels elle est faite (ex. intérêts matériels sérieux tels que l'avantage d'éviter des procès ou liquidation, existence d'enfants à légitimer). La demande est transmise au proc. de la Rép. du domicile de la future épouse ainsi que les actes de naissance des futurs époux et les pièces établissant parenté ou alliance.

Règles légales du Code civil s'appliquant à tous les époux. *Art. 212* « Les époux se doivent mutuellement fidélité, secours et assistance. » *Art. 213* « Les époux assurent ensemble la direction morale et matérielle de la famille. Ils pourvoient à l'éducation des enfants et préparent leur avenir. » *Art. 215* « Les époux s'obligent mutuellement à une communauté de vie. La résidence de la famille est un lieu qu'ils choisissent d'un commun accord. Les époux ne peuvent l'un sans l'autre disposer des droits par lesquels est assuré le logement de la famille, ni des meubles meublants dont il est garni. Celui des deux qui n'a pas donné son consentement à l'acte peut en demander l'annulation : l'action en nullité lui est ouverte dans l'année à partir du jour où il a eu connaissance de l'acte, sans pouvoir jamais être intentée plus d'un an après que le régime matrimonial s'est dissous. » *Art. 221* « Chacun des époux peut se faire ouvrir, sans le consentement de l'autre, tout compte de dépôt ou tout compte de titres en son nom personnel. L'époux déposant est réputé, à l'égard du dépositaire, avoir la libre disposition des fonds et des titres en dépôt ». *Art. 223* « La femme a le droit d'exercer une profession sans le consentement de son mari, et elle peut toujours, pour les besoins de cette profession, aliéner ou obliger seule ses biens personnels en pleine propriété. » *Art. 224* « Chacun des époux perçoit ses gains et salaires et peut en disposer librement après s'être acquitté des charges du mariage. »

☞ Un mari a été condamné « parce qu'il n'avait que des rapports incomplets avec sa femme, ne procurant à celle-ci ni plaisir, ni espérance de maternité ». Un homme a vu le divorce prononcé à ses torts à 70 ans pour avoir fait preuve d'un empressement amoureux sans relâche auprès de son épouse.

Mariage catholique

L'Église catholique considère le mariage comme un acte religieux. Pour elle comme pour les Églises orientales, c'est un sacrement.

Les théologiens, au Moyen Age, ont longtemps discuté pour déterminer à quel moment se forme le lien matrimonial : est-ce lors de l'échange des consentements, ou par le premier rapport conjugal ? On conclut finalement qu'il y a mariage dès l'échange des consentements, mais qu'il n'est pleinement indissoluble, sans dispense possible, qu'après consommation.

Plus tard, légistes et juristes voulurent distinguer le *contrat,* qui fait entrer dans l'institution matrimoniale, du *sacrement :* on soumettait alors le contrat au pouvoir civil, lequel avait ainsi autorité pour le rompre : d'où l'instauration du divorce, à l'époque de la Révolution.

Louis XVI institua (1787) une forme civile du mariage pour les non-catholiques : auparavant, seul existait le mariage en présence du curé de la paroisse, institué par le Concile de Trente (1563) pour faire cesser les mariages clandestins.

Depuis la loi du 18 germinal an X (articles organiques du Concordat), le mariage civil institué par la loi du 20-9-1792 doit précéder la célébration du mariage religieux.

☞ « Tout ministre d'un culte qui procédera aux cérémonies religieuses d'un mariage sans qu'il lui ait été justifié d'un acte de mariage préalablement reçu par les officiers de l'état civil sera, pour la première fois, puni d'une amende de 1 000 à 2 000 F. » En cas de 1re récidive, emprisonnement de 2 à 5 ans ; pour la 2e, détention criminelle de 10 à 20 ans (art. 199 et 200 du C. pénal).

Pour qu'il y ait mariage, il faut :

I – Que soit manifesté devant 2 témoins un vrai consentement. Don mutuel, libre, instaurant une communauté de toute la vie en vue du bien des époux et de la mise au monde et de l'éducation des enfants ; pas de rejet de la fidélité, de l'unité, ni de l'indissolubilité ; pas de troubles psychiques rendant incapable d'apprécier ce qu'est ce don mutuel ou d'en assumer les obligations.

II – Qu'il n'y ait pas d'empêchements. Le droit canonique en vigueur (depuis le 27-11-1983) connaît *12 empêchements dirimants :* qui rendent nul le mariage, à moins d'une dispense (lorsqu'elle est possible, et opportune) : *1°) Age :* homme 16 ans, femme 14 ; *2°) Impuissance :* Impossibilité physique de l'union charnelle (la stérilité n'est pas un empêchement) ; *3°) Mariage antérieur* (hors le cas de veuvage, et le *privilège paulin :* conversion au christianisme et séparation d'avec l'époux qui demeure non chrétien, en raison de la position prise à ce propos par l'apôtre Paul dans la 1re épître aux Corinthiens) ; dispense dans 2 cas particuliers (voir ci-dessous) ; *4°) Disparité de culte :* mariage d'un catholique avec une personne non baptisée ; *5°) Ordre sacré :* diaconat, prêtrise ; *6°) Vœu public perpétuel de chasteté :* dans un institut religieux ; *7°) Rapt :* tant qu'il persiste ; *8°) Crime :* meurtre avec intention de mariage de son conjoint ou du conjoint de la personne que l'on veut épouser, meurtre d'un conjoint d'un accord commun ; *9°) Consanguinité :* en ligne directe (pas de dispense), entre frère et sœur (pas de dispense), cousins germains, oncle et nièce, tante et neveu, grand-oncle et petite-nièce, grand-tante et petit-neveu ; *10°) Affinité :* avec la famille en ligne directe du conjoint décédé ; *11°) Honnêteté publique :* après un mariage invalide (purement civil, ou déclaré nul) ou une vie commune notoire sans mariage, empêchement vis-à-vis des père/mère, fils/filles du conjoint ; *12°) Parenté adoptive :* en ligne directe, et entre frère et sœur.

Dans le cas d'un mariage mixte. Entre chrétiens dont un seul est catholique, il n'y a pas d'empêchement proprement dit, mais l'Eglise demande que le catholique ait l'accord de l'évêque du lieu, auquel elle met certaines conditions.

III – Que ce mariage soit célébré, en plus des deux témoins toujours indispensables, devant un représentant qualifié de l'Église (évêque du lieu, curé du lieu, prêtre ou diacre délégué par l'un d'eux ; en certains pays, laïc délégué par l'évêque). 2 exceptions : 1) *Impossibilité de joindre un représentant qualifié* pendant au moins un mois ; 2) *Péril de mort.* Dans l'un et l'autre cas, la présence d'un prêtre ou d'un diacre non qualifié est souhaitable, mais non indispensable. Pour un *mariage mixte,* dispense peut parfois être donnée, mais il doit toujours y avoir une célébration publique (ex. le mariage civil) ; si le non-catholique est un chrétien de rite oriental, la dispense n'est pas indispensable mais il faut une célébration religieuse dans laquelle intervienne le prêtre.

Nullité des mariages

Attitude de l'Église. Elle professe l'indissolubilité du mariage sacramentel consommé. Elle est amenée à reconnaître parfois qu'un tel mariage est nul.

Formalités pour une déclaration de nullité. Chaque cas relève d'une procédure judiciaire confiée à un tribunal religieux, l'*Officialité.* On demande à ce trib. de constater, grâce aux preuves qu'il pourra recueillir (témoignages, doc.), que, malgré les apparences, malgré parfois la durée de la vie commune, il n'y a pas eu un véritable engagement de mariage (sans qu'il y ait forcément mauvaise foi de l'un ou de l'autre).

S'il s'agit de constater que le représentant de l'Église n'était pas qualifié (ce qui est rare), *ou qu'il existait un empêchement* dont on n'a pas tenu compte, la procédure est assez rapide (moins d'un an, parfois quelques mois).

Si la question se pose de la valeur du consentement, elle est beaucoup plus délicate. Il faut 2 décisions conformes, donc au moins 2 jugements successifs, ce qui prend souvent 2 à 3 ans. Une fois les 2 époux entendus et les preuves recueillies, un jugement est rendu par 3 juges (dont 2 prêtres, le 3e pouvant être un laïc, homme ou femme, tous les trois nommés par l'évêque, ou les évêques de la région), qui forment leur conviction à partir d'un dossier écrit préparé par l'instructeur, qui est assez souvent l'un des trois.

Où s'adresser ? A l'Officialité de l'évêché, qui, dans certains diocèses de France, s'en occupe sur place, l'appel ayant lieu dans un évêché voisin. Mais, de plus en plus, les *Officialités* sont *régionales,* avec 2 instances (Bordeaux et Bayonne, Paris et Versailles, Toulouse et Rodez... dans la même ville pour Angers et pour Lyon).

Une 3e instance (après 2 sentences contradictoires) a lieu à la Rote, à Rome ; on peut y faire appel dès la 2e instance. Chaque année, elle juge environ 250 causes. *Frais :* les Officialités tendent à s'organiser pour que l'avocat ecclésiastique (prêtre ou laïc homme ou femme, connaissant le droit canonique et la jurisprudence, et agréé) soit rémunéré par les diocèses, et que l'on propose un forfait global (frais de procédure, y compris ceux de l'avocat, frais de constitution du dossier écrit, parfois frais d'expertise, de déplacements). Ainsi à Paris (1986) : 3 000 à 4 000 F, Versailles : 1 500 F. Chacun prend en charge ce que ses ressources lui permettent de payer.

Dispense des mariages

L'Église peut accorder une dispense dans certains cas de mariage non consommé entre 2 chrétiens, ou de mariage même consommé entre 2 époux dont un seul est chrétien. Dispense que se réserve le pape, après enquête faite le plus souvent par l'Officialité sur la vérité du fait et les motifs de la demande.

☞ En 1983, 73 593 décisions de nullité et 2 882 dispenses ont été prises dans le monde (en France, 315 causes de nullité et 59 dispenses) ; au 31-12-83, 60 331 dossiers de nullité étaient en cours d'examen (552 en France).

Mariage juif

Mariage religieux « Quiddouchin » (consécration). Bénédiction remerciant Dieu qui a révélé la législation du mariage. Remise de l'alliance par le fiancé à la fiancée, geste accompagné d'une déclaration en hébreu, disant que la mariée lui est « consacrée selon la Loi de Moïse et d'Israël », lecture de l'acte de mariage *(Ketoubah)* stipulant les obligations de l'époux envers l'épouse : affection, entretien et protection. Chant des « Sept Bénédictions ». Les fiancés doivent en principe avoir jeûné, ils se tiennent, côte à côte, sous un dais *(Houppah)* qui symbolise la protection divine et l'entrée de la nouvelle épouse dans le foyer. A la fin, le marié brise un verre, rappel de la fragilité du bonheur humain et des malheurs d'Israël. La célébration du mariage religieux avec une personne étrangère au judaïsme est impossible, les rites prévus ne s'appliquant pas. La conversion au judaïsme, en vue du mariage, est en principe peu admise.

Le but du mariage est la procréation ; la contraception est condamnée, sauf si la future mère est en danger. Toutes les déviations sexuelles sont sévèrement prohibées.

Polygamie. La Bible et l'usage antique ne l'interdisaient pas. Une décision *(Taqanah)* du XIe s. l'a prohibée dans la plupart des pays, en l'assortissant d'excommunication *(Herem)*.

Divorce. Permis. Le tribunal rabbinique *(Beyt-Din)* rédige un acte de divorce *(Guet)*, calligraphié, d'un bout à l'autre de ses 12 lignes réglementaires. Pour se remarier, la femme doit attendre au minimum 90 j. Les descendants des prêtres *(Kohanim)* du Temple de Jérusalem ne peuvent épouser une divorcée ; leur origine leur est connue par une tradition qui passe de père en fils. La répudiation d'une épouse aliénée est pratiquement impossible.

Mariage musulman

Mariage. Contrat basé sur le libre consentement des 2 parties, sans différence entre l'homme et la femme. Il a comme fondement l'amour et la compassion que Dieu a infusés dans le cœur de l'homme et de la femme afin qu'ils forment un couple (verset du Coran n° 21 Sourate 30). Avant le mariage, on se met d'accord sur la dot que le prétendant doit accorder à sa future épouse (la dot restant la propriété exclusive de l'épouse). Un musulman peut épouser une juive ou une chrétienne mais pas une idolâtre, une polythéiste ou une athée. Une musulmane ne peut pas épouser un non-musulman.

Polygamie. Doit rester une exception. L'islam l'autorise. La femme peut faire figurer dans le contrat que son mari restera monogame.

Divorce. La loi islamique permet l'annulation du mariage : 1) *par décision unilatérale* (l'homme a le droit de divorcer ; la femme peut obtenir ce droit de par son contrat de mariage ; le tribunal peut séparer les époux sur plainte de la femme lorsque l'homme est incapable de remplir ses devoirs conjugaux ou qu'il souffre de maladie particulièrement grave ou qu'il disparaît 4 ans et +) ; autres motifs : action infamante, ivrognerie, apostasie, sévices graves, refus de subvenir aux besoins du foyer (logement, nourriture, habillement) ; 2) *par décision bilatérale* lorsque les 2 époux se mettent d'accord. Le Coran insiste pour que les 2 époux soumettent leurs querelles à un arbitrage avant de se décider au divorce.

Mariage protestant

La tradition protestante considère qu'un mariage est conclu par l'engagement libre des époux l'un envers l'autre.

La cérémonie religieuse manifeste que cet engagement a été pris par les époux devant Dieu. L'Église leur annonce alors la Parole de Dieu qui bénit leur union et leur donne l'occasion de témoigner de leur foi dans la reconnaissance et l'intercession de la Communauté réunie.

Cette Bénédiction se réfère aux récits bibliques de la Création où la créature humaine, « image de Dieu », est essentiellement – et « singulièrement » – le *couple* (Genèse I et II ; V/1-2), récits confirmés par Jésus-Christ dans l'Évangile (Matthieu 19/1-6 ; Marc 10/1-9) avec l'avertissement public : « Que l'homme ne sépare pas ce que Dieu a uni. »

Il s'agit de témoigner dans la fidélité conjugale de la fidélité de Dieu à *son alliance* avec l'homme (Épître aux Éphésiens, chap. V).

Régimes matrimoniaux

Généralités

☞ **Pour le choix :** se renseigner auprès d'un notaire.

Coût d'un contrat de mariage (1982). 800 à 1 000 F. Si une clause d'apport figure dans le contrat, frais variables selon la valeur des apports (600 F pour 10 000 F d'apport, 1 100 F pour 100 000 F).

Régime matrimonial et succession. De nombreuses solutions peuvent être mises en œuvre, ex. : l'adoption de la communauté universelle avec clause d'attribution au conjoint de toute la communauté mais en usufruit seulement (les enfants recueillant la nue-propriété des biens) ; l'adjonction au régime de la communauté réduite aux acquêts d'une clause d'attribution intégrale de la communauté (les enfants ayant droit aux biens personnels de l'époux décédé) ; l'adjonction à un régime de communauté d'une clause de partage inégal de la communauté (2/3 ou 3/4 de la communauté revenant au conjoint survivant et le reste aux enfants) ; l'adjonction d'une « clause de préciput » permettant au conjoint de prélever gratuitement sur la communauté un bien déterminé (le logement familial par exemple).

Marié sous le régime de la communauté universelle, le survivant a droit à la moitié du patrimoine total du couple et même à la totalité de ce patrimoine si une clause du contrat de mariage stipulait l'attribution de l'intégralité de la communauté au survivant ; ce dernier recueillant tout le patrimoine sans payer de droits de succession modifiant ainsi les règles de la dévolution successorale.

L'attribution de toute la communauté au conjoint survivant est peu favorable aux enfants : 1° Ils doivent attendre le décès du 2e conjoint pour hériter. 2° Ils supportent un prélèvement fiscal supérieur à ce qu'il aurait été s'ils avaient recueilli successivement les 2 successions de leurs père et mère, car ils ne bénéficieront qu'une seule fois de l'abattement à la base et qu'une seule fois de la progressivité du barème de l'impôt sur les successions, alors que normalement ils en auraient profité à chacun des décès de leurs parents.

Changement. On peut, au cours du mariage, changer *de régime matrimonial* si ce régime a reçu 2 ans d'application et si le changement « est réclamé à la demande de l'un des époux, dans le cas de la séparation de biens ou des autres mesures judiciaires de protection, ou à la requête conjointe des époux ». Il faut un acte notarié, qui doit être soumis à l'homologation du tribunal de grande instance (art. 1397).

Le tribunal vérifie seulement que le changement envisagé n'est pas déraisonnable et qu'il n'a pas été fait pour frauder les droits des tiers et des créanciers (ce qui est rarement le cas). En cas d'enfants d'un 1er lit, le tribunal vérifie si la situation pécuniaire personnelle du conjoint justifie le changement de régime matrimonial, l'Administration considère les avantages matrimoniaux comme de véritables donations taxables aux droits de succession. La loi du 23-12-1985 conserve l'égalité des époux dans les régimes matrimoniaux.

Régimes types

Régimes communautaires

Communauté légale (Communauté des biens réduite aux acquêts).

Régime légal depuis le 1-2-1966 pour ceux qui sont mariés sans faire de contrat de mariage. La com. lég. comprenait autrefois, en plus des acquêts, les biens mobiliers (y compris ceux que chacun avait au moment de son mariage ou avait reçus depuis par donation ou par succession).

Contenu de la communauté. *Chacun des époux conserve la propriété de ses biens propres* (ceux qu'il possède au jour du mariage ou a recueillis pendant le mariage, par succession, legs ou donations) ; *seuls les « revenus » de ces biens peuvent profiter à la communauté.* Chacun administre ses biens propres et en dispose librement. La justice peut intervenir en cas d'absence, d'incapacité, de mauvaise gestion ou de détournement des revenus.

La communauté ne comprend que les acquêts : biens acquis pendant le mariage par les époux, ensemble ou séparément, avec le produit de leur activité et les économies faites sur les revenus de leurs biens propres ; sauf preuve contraire, tous les biens, meubles et immeubles, sont réputés acquêts de communauté (c'est-à-dire propriété commune du mari et de la femme). Les *biens réservés* de la femme, quoique soumis à des règles de gestion spéciales, font partie des acquêts. Les *dettes* sont à la charge de celui qui les a contractées sauf les dettes alimentaires dues par les époux et celles qu'ils ont contractées pour l'entretien du ménage et l'éducation des enfants.

Chaque fois que la communauté a tiré profit d'un bien propre, elle doit une indemnité à l'époux propriétaire. Celui-ci a un droit de « reprise » sur la communauté.

Si l'un des époux a tiré profit de la communauté (ex. pour améliorer son patrimoine personnel), il doit indemniser la communauté ; il doit une « récompense » à la communauté.

Administration des biens de la communauté. *Par le mari,* mais il doit obtenir le consentement de sa femme pour : aliéner, hypothéquer ou grever de droits réels les biens de communauté (immeubles, fonds de commerce et exploitations, droits sociaux non négociables et certains meubles corporels dont l'aliénation est soumise à publicité...) ; faire un bail à ferme, ou un bail commercial ; donner des biens de la communauté, même pour l'établissement des enfants communs.

Dissolution de la communauté. Chaque époux conserve ou reprend ses biens personnels. Le compte des reprises et récompenses est établi avant le partage de la communauté, car chacun des époux, ou sa succession, peut avoir une dette ou posséder une créance. La femme, en cas d'insuffisance des biens communs, exerce ses reprises sur les biens personnels du mari ; le mari ne peut prélever ses reprises que sur les biens communs (art. 1472 C. civil).

Communauté de biens meubles et acquêts. L'adoption de ce régime nécessite la rédaction d'un contrat de mariage. **Contenu :** tous les biens sont communs, à l'exception des immeubles possédés par les futurs époux avant le mariage ou recueillis à titre gratuit pendant le mariage (sauf exceptions) si par ex. le donateur ou le testateur a stipulé le contraire. Tous les autres biens acquis à titre onéreux pendant le mariage tomberont dans la communauté (sauf exception). Il existe donc 3 patrimoines : 1° de la communauté, 2° des biens propres du mari, 3° des biens propres de la femme.

Communauté universelle. L'adoption d'un tel régime nécessite la rédaction d'un contrat de mariage. **Contenu :** tous les biens meubles ou immeubles quelles que soient leurs origines, sont communs. Il n'existe donc qu'un seul patrimoine : celui de la communauté (art. 1526 C. civil).

Les dettes contractées par chacun des époux devenant communes, les créanciers peuvent se faire payer sur l'ensemble du patrimoine du couple. Ce régime est parfois déconseillé aux couples dont l'un des époux continue d'exercer une activité commerciale indépendante.

Régimes séparatistes

Caractérisés par l'absence de communauté de propriété et de gestion, par l'indépendance des patrimoines (celui du mari et celui de la femme).

Séparation des biens. L'adoption d'un tel régime nécessite la rédaction d'un contrat de mariage.

Fonctionnement. Chacun des époux administre ses biens personnels, en jouit et en dispose librement. Mais chacun doit supporter les charges du mariage selon les conventions du contrat ou dans la proportion des revenus et gains respectifs des époux. Le contrat stipule généralement qu'aucun compte n'est établi entre les époux, les dépenses en question étant supposées réglées au jour le jour. *Si l'on achète conjointement* un bien, celui-ci sera indivis. *Les meubles* appartiennent à l'époux qui les a payés. A défaut de facture à son nom, il peut faire la preuve par tous autres moyens ; le contrat de mariage contient souvent des clauses de « présomption de propriété » : tous les biens sur lesquels aucun des époux ne prouve sa propriété sont réputés appartenir « pour moitié » à chacun des époux. On peut prévoir dans le contrat une clause permettant au survivant des époux de prélever, avant partage, sur la succession du conjoint certains biens (appartement, fonds de commerce, droits sociaux, etc.), moyennant indemnité compensatrice.

Les créanciers du mari ne peuvent saisir les biens de la femme et vice versa. *En cas de règlement judiciaire ou de liquidation des biens,* les biens acquis au nom d'un conjoint peuvent être compris dans l'actif revenant aux créanciers, s'ils prouvent que le prix des acquisitions a été fourni par le conjoint en difficulté.

Contribution aux charges du mariage. Si les conventions matrimoniales ne la règlent pas, les époux y contribuent à proportion de leurs facultés respectives (art. 214 du Code civil). Si l'un des époux ne respecte pas ses obligations, l'autre peut recourir à la demande de contribution aux charges du mariage. S'adresser au greffe du tribunal d'instance du domicile conjugal. Procédure gratuite.

☞ Pour une femme sans situation indépendante, et sans fortune, ce régime présente des inconvénients qui peuvent être corrigés, à la volonté du mari, par donation, testament, ou assurance-vie.

Régimes mixtes

Il s'agit surtout du régime de participation aux acquêts (loi du 13 juillet 1965).

Participation aux acquêts. Fonctionnement. Comme pour celui de la séparation de biens : chacun des époux possède l'administration, la jouissance et la libre disposition de ses biens personnels, sans distinction d'origine ou de provenance.

A la dissolution du mariage, chacun des époux a le droit de participer, pour moitié en valeur, aux acquêts nets constatés dans le patrimoine de l'autre, et établis par la double estimation du patrimoine originaire et du patrimoine final. Les biens recueillis par chacun par donations ou successions ou les fruits de tous les biens ne constituent pas les acquêts.

Concubinage

Généralités

Définition. État d'un homme et d'une femme non mariés ensemble, qui vivent maritalement ; ignoré du Code civil, il commence à être reconnu par la jurisprudence et certaines dispositions légales. La mairie délivre des certificats de concubinage. **Nombre de couples vivant en France en concubinage.** *1975 :* 445 000, *1982 :* 809 000 (dont env. 320 000 de jeunes célibataires). *1985 :* 975 206 couples (dont 589 301 où l'homme a – de 35 ans).

Renseignements pratiques

• **Accidents.** Si l'un meurt dans un *accident,* le survivant peut demander l'indemnisation de son préjudice dans la mesure où cette liaison présentait des garanties de stabilité et de durée et si ni l'un ni l'autre n'était marié. La cour d'appel de Riom a, le 9-11-1978, partagé l'indemnité entre une veuve et une concubine, consacrant ainsi une sorte de polygamie légale.

Accidents du travail et maladies professionnelles suivis de la mort de l'assuré : les c. sont exclus du droit à rente viagère réservée à l'époux survivant.

• **Assurances automobiles.** Les c. ne sont pas reconnus, ils n'ont pas de parenté, ils sont donc des tiers l'un à l'égard de l'autre. Si l'un des 2 meurt lors d'un accident, le survivant peut demander des dommages-intérêts. Conditions : que le concubinage soit stable et ni adultérin ni incestueux.

Ass. décès : le capital décès est attribué au c. qui était à la charge totale et permanente du défunt.

Ass. maladie. La personne qui vit maritalement avec un assuré social et se trouve à sa charge effective, totale et permanente, bénéficie du remboursement des frais de maladie. Les c. doivent déclarer sur l'honneur leur situation chaque année sur un imprimé fourni par la caisse primaire d'assurance maladie, en mentionnant sur chaque feuille de soins la situation de « concubin à charge » ou encore certificat de concubinage obtenu à la mairie du domicile commun sur attestation de 2 témoins. En cas de cessation de concubinage ou de décès d'un assuré, son c. conserve le droit au remboursement des frais de maladie pendant 1 an (jusqu'à ce que le dernier enfant ait 3 ans, en cas de décès).

Ass. maternité. Elle bénéficie à la personne qui vit maritalement avec un assuré et se trouve à sa charge, dans les mêmes conditions que l'assurance maladie.

Ass. personnelle. Le c. resté seul après le départ ou le décès de l'autre, qui ne bénéficie plus de la couverture sociale, et ne dépend pas d'un régime obligatoire, peut souscrire une assurance personnelle qui couvre frais de maladie et maternité. Les cotisations sont calculées d'après les revenus imposables de l'année précédente. Elles peuvent être prises en charge par les Caisses d'all. fam. ou par l'Aide sociale, selon les ressources du demandeur. La demande d'assurance est adressée à la Caisse primaire d'ass. maladie du domicile ou à la mairie du domicile si la prise en charge par l'Aide soc. est demandée.

Ass. vieillesse. Les c. n'ont aucun droit de réservation sur les pensions du c. décédé (sauf dans certains régimes de retraite complémentaire). Une femme divorcée ou veuve perd en principe sa pension de réversion si elle vit ensuite en concubinage Cependant, depuis le 1er-12-1982, elle peut demander à bénéficier de la pension constituée par son mari, s'il n'existe pas d'autre ayant-droit à la pension et si elle ne peut bénéficier d'aucun droit de réversion du chef de son concubin.

• **Certificat de concubinage notoire** à demander à la mairie du domicile des concubins en présence de 2 témoins.

• **Compte en banque.** On peut avoir : 1°) *2 comptes séparés.* Une procuration mutuelle (toujours révocable individuellement par les intéressés) est possible. 2°) *un compte joint* (permet des transferts de l'un à l'autre – non bloqué au décès ; en cas de compte débiteur ou d'émission de chèque sans provision : les 2 intéressés sont responsables).

• **Contrats entre concubins.** Toute forme de Sté commerciale est licite (comme entre toutes autres personnes) si la cause du contrat n'est pas la poursuite de relations immorales ou une donation déguisée. La jurisprudence admet la création entre concubins d'une « société de fait » donnant lieu à un partage des biens acquis par l'un des c. avec fruits de l'activité commune.

Droits des réservataires : ils disposent d'une part intangible de la succession, variable selon le nombre d'enfants (moitié, tiers ou quart selon respectivement 1 enfant, 2, 3 ou plus). *Réparation du préjudice à la suite d'un décès accidentel :* l'exigence antérieure d'un « intérêt légitime juridiquement protégé » ayant disparu (le 1er arrêt de la Cour de cassation est du 27-2-1970) ; dès lors que le concubinage est stable et non délictueux (cette restriction, paraissant viser l'adultère, a été abandonnée).

• **Dons et legs** sont valides s'ils ont été faits par affection désintéressée pour l'avenir de l'autre. Mais s'ils ont eu pour origine la création, la poursuite ou la reprise d'une situation immorale, ils sont nuls. Les c. n'étant pas parents n'héritent pas l'un de l'autre (sauf testament, mais on ne peut léguer que la moitié de ses biens si l'on a 1 enfant, 1/3 si l'on en a 2, 1/4 pour 3 enf. ou +, que ces enf. soient naturels ou légitimes). Si un enfant naturel conçu pendant le mariage du c. avec une autre que sa mère (ou que son père) vient en concours avec des enfants légitimes, sa part égale la moitié de celle qu'il aurait eue s'il avait été légitime.

• **Enfants** (voir Filiation naturelle, p. 1515).

• **Impôt. Sur le revenu.** Le fait qu'il y a 2 foyers fiscaux distincts permet de multiplier par 2 toutes les réductions offertes au foyer fiscal. L'Administration ignore le concubinage : il y a donc 2 « foyers fiscaux » à la même adresse. Chacun déclare ses revenus et dispose d'1 part (les époux, eux, font masse de leurs revenus et disposent de 2 parts). L'enfant peut en principe être rattaché à l'un ou l'autre de ses parents, pourvu qu'il l'ait reconnu (soit 3 parts en tout, alors que le couple marié avec 1 enfant n'a que 2 parts et demi). Chacun des c. a droit aux différentes déductions : frais de garde de l'enfant, intérêts des prêts contractés pour acquérir ou améliorer le logement, économies d'énergie, investissement en CODEVI, primes d'assurance-vie.

Décès. Les c. n'étant pas parents, n'héritent pas l'un de l'autre, à moins d'un testament. Le c. peut léguer tous ses biens (legs universels) ou quote-part (legs à titre universel) ou un bien particulier (legs particulier). S'il n'existe pas d'héritier réservataire (enfant ou parent, ayant droit à une part précise de la succession), le légataire universel devra être « envoyé en possession » par le Pt du tribunal du lieu du décès. Le testament sera contrôlé judiciairement sauf s'il s'agit d'un testament authentique notarié. S'il existe des héritiers réservataires, ceux-ci, dans tous les cas, devront consentir à l'exécution du legs.

Droits de succession. Le c. n'a aucun droit à l'héritage du concubin décédé. Considéré comme un étranger, les droits de succession s'élèvent au taux maximum. Pour réduire le coût, il peut léguer un usufruit viager ou un droit d'usage et d'habitation (la base d'imposition restant élevée si le survivant est jeune). *Tontine :* même dans le cas le plus favorable, il faut payer les droits de vente (environ 6 %) dans les 6 mois qui suivent le décès. *Dons manuels :* (remises d'argent sous forme de chèques, d'espèces ou de meubles) ; on doit acquitter les droits à 60 % en les déclarant au moment du décès. L'Administration a le droit de contrôler les mouvements sur le compte bancaire du défunt.

Taxe d'habitation. En principe, seule la personne titulaire du bail ou propriétaire occupant est taxée, (alors que le couple marié est assujetti). Les exonérations pour personnes à charge sont appliquées normalement.

• **Logement. Acquisition :** peut être faite : 1°) *Indivisément,* par parts égales ou inégales, et assortie d'un testament. 2°) *Pour le compte du survivant (« tontine »).* Elle n'est pas considérée comme une donation, et n'entame pas la partie de ses biens dont on peut disposer en présence d'enfants (« quotité disponible »). Dep. la loi du 18-1-1980. a) Pour l'habitation principale commune et jusqu'à la valeur de 500 000 F, la tontine est taxée comme une vente ordinaire, lors de l'acquisition. Au premier décès, le survivant paie les droits de vente sur la moitié qu'il recueille (6 à 7 %). b) Dans les autres cas, au droit de vente d'origine s'ajoutent les droits de succession au tarif entre étrangers sur la part transmise (60 %). La tontine n'a donc plus alors d'intérêt. Inconvénients des tontines : si les concubins viennent à se séparer, l'un d'eux ne pourra efficacement « réclamer sa part » si l'autre s'y oppose.

Location (loi Quilliot). Le bail continue au profit du « concubin notoire » qui vit effectivement dep. 1 an au moins avec un locataire qui abandonne son domicile ou qui vient de décéder (art. 16). Le concubinage n'est donc pas une cause de résiliation du bail (hormis le cas de prostitution). Pour les locations régies par la loi du 1er-9-1948 (surface corrigée), le c. dont la cohabitation date de plus de 6 mois a droit au maintien dans les lieux, s'il peut être considéré comme personne à charge du défunt.

Malgré l'évolution des mœurs et sous réserve de l'appréciation d'une situation particulière, la situation d'un couple marié apparaît plus commode et plus stable.

• **Mobilier.** La mise en commun ou l'achat en commun de mobilier peut entraîner des difficultés en cas de séparation, ou vis-à-vis des créanciers de l'un des c. Il faut conserver la facture d'achat des meubles importants et établir, par acte sous seing privé ou notarié, une « déclaration de propriété de meubles ». Les fournitures faites pour les besoins du ménage et des enfants engagent 2 époux solidairement. Pour les c., lorsque l'union libre a l'apparence d'un véritable ménage, les fournisseurs qui ont vendu à crédit à la femme pourront, s'ils sont de bonne foi, demander le remboursement à son concubin.

• **Prestations familiales.** *Allocation de salaire unique et all. familiales :* les c. ont les mêmes droits que les couples mariés. Les revenus des 2 c. sont pris en compte pour le calcul des ressources pour l'all. logement et le complément familial. *All. d'orphelin, de parent isolé ou de veuvage :* le concubinage, comme le mariage, suspend le versement de ces allocations.

• **Séparation.** • La dissolution du couple, n'étant pas prévue par la loi, entraîne des difficultés au niveau du logement, du partage des biens, du partage des dettes, des enfants. • Celui qui n'a apporté que son travail, et qui a été moins rémunéré ou moins prévoyant que l'autre, soutient parfois qu'il s'est créé une « société de fait » (les tribunaux l'ont parfois admis, quand il y avait eu une véritable volonté de mise en commun et d'association pour exercer une activité professionnelle). Parfois aussi, ils invoquent « l'enrichissement sans cause ». • **En cas de rupture,** pas d'obligation, ni de réparation. Les concubines délaissées n'obtiennent pas de dommages-intérêts, sauf circonstances particulières (ex. : promesse de mariage rompue). Si le concubin a promis de payer une pension à la concubine délaissée, il pourra être forcé de remplir son engagement.

• **Transports. SNCF** accorde bénéfice de la carte « couple » ou « famille ». **Air Inter** consent sur certains vols des tarifs réduits sur présentation d'une carte « couple ».

• **Vie courante.** L'un des concubins ne dispose d'aucun recours contre celui qui refuserait de verser sa part contributive. Par contre, en vertu de l'apparence, les 2 concubins pourront être engagés l'un et l'autre pour les dettes courantes : commande de véhicule, de livres...

Divorce, séparation de corps

Origine. Institué en France en 1792, aboli en 1816, rétabli en 1884 (loi Naquet), il a été libéralisé en 1975 (loi du 11-7-1975).

Statistiques (France). Indice synthétique de divorcialité (pour 100 mariages). *1972 :* 13,1 ; *1980 :* 22,2 ; *1984 :* 29,1. **Nombre de divorces prononcés :** *1972 :* 44 738 ; *1975 :* 55 612 ; *1980 :* 81 143 ; *1984 :* 103 905 (dont consentement mutuel 53 063, rupture de vie commune 1 241, faute 48 121, séparation de corps convertie en divorce 1 580). **Remariage des divorcés. Taux en %** (hommes et entre parenthèses femmes) : *1977 :* 63,7 (57,3) ; *1984 :* 46,4 (42,1).

Formes

1°) Par consentement mutuel (après 6 mois de mariage, minimum).

Sur requête conjointe. Les époux, sans avoir à faire connaître leurs motifs, demandent ensemble le div. Ils soumettent au juge des affaires matrimoniales (JAM) pour homologation les conventions temporaires (rapports des époux pendant l'instance) et définitives (conséquences du div. : pensions, garde des enfants...) qu'ils ont définies entre eux.

Demandé par un des époux et accepté par l'autre. L'un des époux, sans les qualifier, ni les imputer à l'un ou l'autre, fait état d'un ensemble de faits rendant intolérable le maintien de la vie commune. Si l'autre époux reconnaît ces faits, le div. est prononcé sans autre motif que le constat des faits par le JAM, aux torts partagés. *Si l'autre époux ne reconnaît pas les faits, le div. ne peut être prononcé.*

2°) Pour rupture prolongée de la vie commune. A la demande de l'un des époux s'ils vivent séparés de fait depuis 6 ans au moins ; ou si les facultés mentales d'un conjoint se trouvent dep. 6 ans si gravement altérées qu'aucune communauté de vie ne subsiste plus et ne pourra pas raisonnablement se reconstituer.

Dans les 2 cas : la demande doit exposer les moyens par lesquels l'époux demandeur assumera son devoir de secours ainsi que les obligations à l'égard des enfants. Elle doit justifier de la réalité de la situation. Le tribunal peut rejeter d'office la demande, si le div. risque d'avoir des conséquences graves sur l'autre conjoint, ou s'il est établi qu'il aurait pour le conjoint ou pour les enfants des « conséquences matérielles ou morales d'une exceptionelle dureté ».

3°) Pour faute. Demandé par un époux pour des faits imputables à l'autre lorsque ces faits constituent une violation grave et anormale des devoirs et obligations du mariage et rendent intolérable le maintien de la vie commune. Les faits, qu'apprécie souverainement le juge de divorce, sont essentiellement :

L'adultère. On peut en faire la preuve par : *une correspondance* (entre le conjoint et une tierce personne démontrant clairement les rapports adultères) tombée d'une façon légitime entre les mains de l'époux demandeur. L'adultère n'étant plus un délit pénal, il n'est plus possible d'en faire la preuve par un rapport de police établi à la suite d'une plainte adressée au procureur de la République. Ce n'est plus une cause péremptoire.

Condamnation du conjoint à une peine afflictive et infamante. Réclusion ou détention criminelle à perpétuité ou à temps. Cette condamnation doit être définitive et passée en force de chose jugée, c'est-à-dire ne plus être susceptible de pourvoi en cassation. Mais ce n'est plus une *cause péremptoire* de divorce. Le trib. n'est plus obligé de prononcer le divorce demandé pour cette cause et peut donc en rejeter la demande ou prononcer le divorce aux torts partagés.

Injures graves. *Manquements renouvelés aux devoirs nés du mariage,* scènes de ménage, insultes, paroles inconvenantes et outrageantes, lettres injurieuses, manquement au devoir de fidélité, de cohabitation (refus du mari de recevoir sa femme au domicile conjugal, absences fréquentes et injustifiées de l'un des époux, abandon du domicile conjugal et refus de le réintégrer lorsqu'il procède du refus de se soumettre aux obligations du mariage). Si cet abandon est justifié (ex. : femme quittant le domicile pour se soigner parce qu'elle a été l'objet de sévices, ou en raison de l'infidélité ou de l'inconduite de son mari), il ne peut être une cause.

Faute dans les relations sexuelles : abstention volontaire de consommation du mariage, refus par l'un des deux époux d'avoir des enfants.

Ivrognerie, dissipation des biens de la femme par le mari, *condamnation à une peine correctionnelle, refus de contribuer aux charges du ménage, habitudes de jeu* de l'un des conjoints ayant des répercussions sur la vie du foyer.

Le demandeur doit apporter des preuves des griefs, par des documents (lettres, attestations, certificats médicaux ; l'aveu est aussi admis comme preuve).

Excès, sévices et injures ne sont pris en considération comme causes de divorce que s'ils constituent une violation grave ou renouvelée des devoirs et obligations résultant du mariage, et s'ils rendent intolérable le maintien du lien conjugal.

La réconciliation des époux intervenue depuis les faits allégués empêche de les invoquer comme cause de div. Les partis peuvent demander ensemble l'omission de cause de div. dans le jugement.

Procédure

Selon les causes. Compétence du tribunal de grande instance (TGI) du lieu où se trouve la résidence de la famille (domicile de l'époux vivant avec les enfants mineurs), à défaut domicile du défendeur auquel est substitué le juge des affaires matrimoniales (JAM) dans le cas de requête conjointe, demande acceptée par l'autre (1re phase) et pour les modifications après le prononcé du jugement de div. (garde, pensions). Avocat obligatoire dans tous les cas.

1°) *Requête conjointe.* Présentée au JAM par les avocats (ou par un seul avocat choisi par les époux) à laquelle sont joints les projets de conventions. Le JAM entend séparément chacun des époux, puis les réunit, il appelle ensuite les avocats ; si les époux persistent en leur intention, il les informe qu'ils ont un délai de réflexion de 3 mois à l'issue duquel ils auront 6 mois pour renouveler leur demande. Les parties comparaissent à nouveau et, à moins qu'il ne demande des modifications, le JAM rend un jugement homologuant la convention définitive et prononçant le div. L'intervention d'un notaire peut être nécessaire pour liquider la communauté. Pas d'appel possible.

2°) *Demande acceptée. Demande accompagnée d'un mémoire* sur les faits allégués, communiquée par lettre recommandée sous 15 j par le greffe à l'autre époux qui a 1 mois pour accepter ou refuser. Un défaut de *réponse* équivaut à un refus. Si l'autre époux reconnaît les faits devant le juge, celui-ci prononce le divorce sans avoir à statuer sur la répartition des torts (le divorce ainsi prononcé produit les effets d'un divorce aux torts partagés). Si l'autre époux ne reconnaît pas les faits, le divorce n'est pas prononcé.

3°) *Pour faute et pour rupture de la vie commune.*

Phases

● **1re phase : devant le président du tribunal. 1° Présentation de la requête.** Par l'intermédiaire de l'avocat du demandeur.

2° Tentative de conciliation. L'autre époux, qui a reçu une convocation du greffe avec copie de l'ordonnance, se présente devant le JAM au jour indiqué. Les époux, qui sont seuls (les avocats ne peuvent les assister), et d'abord entendus séparément, expliquent leurs positions. Le JAM leur fait les suggestions qu'il estime propres à opérer un rapprochement et peut leur imposer un délai de réflexion (renouvelable, celui-ci ne peut excéder 6 mois pendant lesquels des mesures provisoires seront aussi prises). Si les époux ne se réconcilient pas, ou en cas de défaut de l'époux cité, le JAM constate la non-conciliation et autorise le demandeur à assigner son conjoint devant le tribunal.

3° Mesures provisoires. Prises par le JAM après avoir entendu les avocats des parties. Il peut notamment : autoriser les époux à avoir une résidence séparée ; attendre ou partager entre les époux la jouissance du logement et du mobilier ; ordonner la remise des vêtements et objets personnels ; fixer la pension alimentaire et la provision pour frais d'instance concernant l'un des époux.

Le montant de la pension alimentaire dépend des ressources ; pour les enfants : chacun des parents doit contribuer à l'entretien des enfants dans la mesure de ses moyens « à proportion de ses facultés ». L'époux qui ne verserait pas la pension alimentaire à laquelle le juge l'a condamné pourra être poursuivi correctionnellement pour délit d'abandon de famille ou être l'objet d'une saisie-arrêt sur ses salaires.

Mesures relatives au patrimoine de la femme mariée sous un régime de communauté. Le juge peut accorder à l'un des époux des provisions sur sa part de communauté, si la situation le rend nécessaire. Ex. : apposition des scellés, inventaire du mobilier et des valeurs, inscriptions de l'hypothèque légale de la femme mariée.

Il doit se prononcer sur la garde des enfants, ainsi que sur le droit de visite et d'hébergement. Il fixe la contribution due pour l'époux qui n'a pas la garde.

Nota. — Les époux peuvent faire appel à des mesures provisoires dans la quinzaine de la signification de l'ordonnance.

● **2e phase : devant le tribunal.** *Le demandeur* qui en a obtenu l'autorisation assigne son conjoint devant le tribunal dans les 3 mois de l'ordonnance de non-conciliation et des mesures prises (sous peine de déchéance). L'autre époux dispose d'un nouveau délai de 3 mois pour assigner.

L'époux assigné peut, soit : *1°) ne rien faire* (il risque d'être condamné par un jugement réputé contradictoire) ; *2°) s'opposer* à la demande introduite en contestant les faits allégués (il doit dès le reçu de l'assignation prendre contact avec un avocat) ; *3°) se porter demandeur reconventionnel* en divorce ou en séparation de corps, s'il estime avoir lui aussi des griefs et demander divorce ou séparation de corps (sans tenir compte de ce qu'a demandé son conjoint).

En cas de div. pour rupture de la vie commune, la demande reconventionnelle entraîne un jugement de div. aux torts du demandeur principal.

Mais s'il sollicite le divorce sur une demande de son conjoint en séparation de corps, il devra procéder par voie de « seconde demande principale ». L'affaire désormais suit son cours. Ell est inscrite au rôle. Le tribunal fixe une date pour entendre les avocats, il peut rendre un jugement s'il a des preuves suffisantes des faits reprochés, ou ordonner une enquête.

Au jour fixé, les conjoints comparaîtront devant le juge chargé de l'enquête avec leurs témoins (leurs descendants ne peuvent être témoins) et toute personne ayant assisté aux faits allégués ou pouvant témoigner sur les griefs articulés, tels les parents et les domestiques. Ensuite, l'affaire reviendra pour être plaidée devant le tribunal, qui rendra son jugement.

Les débats en matière de divorce ne sont pas publics.

● **3e phase : quand le jugement est prononcé.** Le dispositif du jugement (ou de l'arrêt en cas d'appel) est transcrit. Il est mentionné en marge de l'acte de mariage et des actes de naissance de chacun des époux. Chacun des époux peut faire appel devant la Cour d'appel dans le mois de la signification du jugement. Il devra constituer avoué à la Cour d'appel. Toutefois, lorsque le jugement de divorce n'a pas été rendu contradictoirement mais est simplement réputé contradictoire, il existe un délai maximum d'un an pour demander au Premier Pt de la Cour d'appel d'être relevé de la forclusion du délai d'appel périmé. Dans le cas d'un possible relevé de forclusion, celui

L'Église catholique et le divorce

Le divorce ne change pas la situation d'un chrétien dans l'Église, ni ses devoirs ni ses droits ; il touche seulement les effets civils du mariage. Aux yeux de l'Église, le lien subsiste, ou bien n'a jamais véritablement existé. Ce lien ne permet pas un nouveau mariage religieux.

Le droit pénal actuel de l'Église ne prévoit pas de mesures générales à l'égard des divorcés remariés civilement. Les communautés chrétiennes ont à leur permettre de trouver leur place en elles.

Un catholique qui ne serait pas marié religieusement mais seulement civilement et qui divorcerait pourrait se remarier religieusement, à condition qu'il remplisse ses obligations éventuelles vis-à-vis de son ex-conjoint, et des enfants qu'ils auraient eus. De même, le catholique dont le mariage religieux aurait été reconnu nul ou dissous.

Les protestants et le divorce

Les protestants enseignent l'indissolubilité du mariage sur la base des références bibliques, mais se refusent le pouvoir de limiter juridiquement le pardon et la grâce de Dieu en condamnant ceux qui, reconnaissant loyalement leur échec, désirent la possibilité d'un commencement nouveau par un recours exceptionnel à la seule grâce de Dieu qui délivre... — Une « Commission du remariage » est chargée de cet accompagnement avec le pasteur local. Elle peut être amenée à différer la cérémonie religieuse.

des époux qui a intérêt à bénéficier d'un jugement de divorce définitif, devra attendre un an au maximum après la signification pour transcrire le dispositif du jugement de divorce. Après l'arrêt de la Cour d'appel, il peut, dans les 2 mois de sa signification, former un pourvoi en cassation ou de séparation de corps. Le pourvoi a un effet suspensif.

L'acquiescement au jugement ou à l'arrêt de divorce, c'est-à-dire la renonciation à faire jouer les possibilités de recours, est possible, art. 49 du décret 75-1124 du 5-12-1975, sauf s'il a été rendu contre un majeur protégé ou contre le conjoint pour altération des facultés mentales. Pour les mêmes cas, pas de possibilités de désistement d'appel.

Effets du divorce

Le *divorce* dissout les liens nés du mariage et rend chacun des époux libre à l'égard de l'autre, la *séparation de corps* dispense seulement les époux du devoir de cohabitation, tous les autres devoirs nés du mariage subsistant (l'obligation d'aliments et de fidélité étant atténuée par la suppression du délit d'adultère).

Le jugement de divorce prend effet dans les rapports entre époux en ce qui concerne leurs biens dès la date de l'assignation. Opposable aux tiers en ce qui concerne les biens au jour où les formalités prescrites de mention en marge ont été accomplies.

A l'égard des époux

1°) Biens. Le divorce met fin au régime matrimonial, et les biens sont répartis entre les époux à l'amiable (notamment dans le div. sur demande conjointe) ou par voie judiciaire, selon les règles propres à chaque régime. Les droits successoraux de l'un vis-à-vis de l'autre disparaissent.

2°) Dommages-intérêts. Ils peuvent aussi être accordés quand le divorce est prononcé aux torts exclusifs de l'un des époux (ex. : en réparation de coups et blessures ; pour dissipation des biens de la communauté ; pour l'attitude du conjoint qui a retardé d'une manière malicieuse la solution de l'instance).

L'époux coupable perd les avantages accordés par son conjoint par contrat de mariage ou pendant le mariage (ex. : donations et legs, usufruit, partage inégal de la communauté).

3°) Droit au bail qui sert effectivement à l'habitation des époux, sans caractère professionnel ou commercial, ou droit au maintien dans les lieux. Le tribunal, à la fin de l'instance en divorce, l'attribue à l'un des époux, sous réserve des droits à récompense ou à indemnité au profit de l'autre époux, en considérant les intérêts sociaux et familiaux en cause.

Nota. — Dans le cas du div. sur demande conjointe, les points des 5ᵉ, 6ᵉ, 7ᵉ, 8ᵉ et 10ᵉ paragraphes (voir ci-dessous) sont réglés par la convention définitive. Pensions ou dommages-intérêts sont remplacés par une prestation compensatoire exécutée de différentes formes (versement d'un capital, abandon en usufruit, rente annuelle indexée...). Dans le cas du div. sur demande acceptée, il s'agit d'un div. aux torts partagés. Chacun des époux peut alors révoquer tout ou partie des avantages consentis à l'autre. Div. pour rupt. de la vie com., celui qui a pris l'initiative du div. perd de plein droit les donations et avantages que lui avait consentis un époux.

4°) Nom. La femme reprend son nom de jeune fille, et le mari perd la possibilité (usage) d'ajouter le nom de sa femme au sien. La femme peut conserver le nom de son mari si le div. est prononcé à la demande de celui-ci pour rupt. de la vie commune, en altération des facultés mentales du mari. Si la femme est propriétaire d'une maison de commerce connue sous le nom du mari, le tribunal peut l'autoriser à employer les termes « ex » précédant le nom ou « ancienne maison X ». Le mari peut accepter que sa femme fasse usage de son nom ou le tribunal si la femme justifie un intérêt pour elle-même ou pour les enfants.

5°) Pension alimentaire (art. 281 et suivants C. civil). Ne subsiste que dans le divorce pour rupture de vie commune. Dans les autres cas de divorce cette pension prend la forme d'une prestation compensatoire. Elle est concédée en fonction des besoins et possibilités de l'un et l'autre conjoint. Elle est révisable en cas de besoins nouveaux ou de possibilités nouvelles des créanciers et débiteurs de la pension, même si l'aggravation des besoins du créancier est sans rapport avec le divorce ; si le créancier se remarie, il perd droit à la pension ; si le débiteur se remarie, il peut obtenir une réduction en raison de ses charges supplémentaires.

On ne peut renoncer au droit de demander cette pension ni transiger à son sujet ; le débiteur ne peut la racheter. Après le décès du débiteur, ses héritiers sont tenus de payer la pension.

Le versement de la pension est garanti par : l'hypothèque légale de la femme si cette hypothèque est inscrite ; la saisie-arrêt ; la plainte en abandon de famille : le débiteur qui est resté 2 mois sans la payer peut être poursuivi pénalement devant le tribunal correctionnel en « abandon de famille », le créancier peut se constituer partie civile et demander des dommages-intérêts. Elle est normalement accordée par le jugement ou l'arrêt ayant prononcé le divorce.

Depuis le 1-4-1973, le bénéficiaire de la pension alimentaire est dispensé de recourir à une nouvelle procédure judiciaire. Il peut se faire payer directement cette pension par l'employeur de son débiteur ou par le dépositaire de fonds appartenant à ce dernier (banque, chèques postaux, par ex.). Il lui suffit de faire notifier le jugement qui lui octroie la pension par l'intermédiaire d'un huissier de justice du lieu de sa résidence.

6°) Pension sous forme de capital ou de rente. « Prestation compensatoire » qui peut être accordée en réparation du préjudice moral ou matériel (en principe n'est pas révisable). Son défaut de paiement n'entraîne pas le délit d'abandon de famille.

7°) Pensions de réversion. Y ont droit tous les ex-conjoints divorcés non remariés (seuls, les régimes des artisans et commerçants ont été oubliés involontairement). Les régimes complémentaires ne partagent la pension de réversion que si le divorce est postérieur au 1-7-1980, sinon ils accordent aux conjoints divorcés une part de pension en conservant à la veuve le bénéfice de la pension totale. Tout ex-conjoint divorcé, même si le divorce a été prononcé à ses torts exclusifs, est assimilé à un conjoint survivant. Il doit donc remplir les mêmes conditions générales d'attribution : 2 ans minimum de mariage avec l'assuré décédé ; avoir 55 ans au moins et des ressources personnelles inférieures au montant annuel du S.M.I.C. ; ne pas s'être remarié. La divorcée remariée redevenue veuve récupère ses droits à pension dans les mêmes conditions que la veuve remariée redevenue veuve.

Une femme coupable perd le droit à certaines pensions de retraite du Code des pensions civiles et militaires de retraite.

La même règle joue en cas de remariage de la veuve suivi de divorce ; le divorce doit être prononcé à son profit exclusif pour que joue le droit de réversion. De toute manière, si le remariage a lieu avant le décès de l'ex-époux, tous les droits de la femme sont supprimés (même si le divorce est aux torts réciproques).

Si le mari s'est remarié après divorce et a laissé une veuve ayant droit à une pension, la femme divorcée à son profit partage avec la veuve la pension de réversion au prorata des années de mariage.

8°) Remariage. Le mari divorcé peut se remarier immédiatement, la femme doit observer un *« délai de viduité »* pour éviter toute incertitude sur la filiation des enfants à naître (300 j depuis l'ordonnance fixant une résidence séparée). Ce délai prend fin en cas d'accouchement survenu entre-temps. Si le mari meurt avant que le jugement ou l'arrêt prononçant le divorce soit devenu définitif, la veuve peut se remarier sans attendre, s'il s'est écoulé 300 j depuis la décision autorisant la résidence séparée. *Si les époux se remarient ensemble,* ils peuvent adopter un régime matrimonial différent de celui qu'ils avaient auparavant. Ils doivent procéder à une nouvelle célébration de mariage. Aucun délai si div. prononcé pour rupture de la vie commune.

9°) Salaire différé. *Le coupable perd ses droits* (ex. : cas de l'épouse d'un fils d'exploitant agricole ayant participé à l'exploitation).

10°) Sécurité sociale. Les droits demeurent pour l'ayant-droit pendant 1 an après le divorce, puis le div. supprime tous les droits, par ex. : les prestations maladie cessent d'être servies à l'ancien conjoint non salarié. L'ancien époux survivant perd le bénéfice de l'assurance décès et de toutes les assurances vieillesse (ass. aux vieux travailleurs salariés) sauf les allocations aux mères ayant élevé des enfants. Il garde le droit à pension de réversion dans les mêmes conditions d'attribution que les veuves. V. aussi à Sécurité soc. Les allocations fam. sont versées à celui qui assume la charge effective des enfants. L'époux demandant le divorce doit payer l'assurance volontaire si l'épouse n'est pas elle-même assurée.

A l'égard des enfants nés du mariage

Les devoirs des enfants à l'égard des parents ne sont pas modifiés, de même les droits et devoirs des parents à l'égard des enfants, mais *les attributs de la puissance paternelle sont dissociés.*

Adoption de l'enfant. Père et mère doivent y consentir l'un et l'autre.

Biens des enfants. Le droit de jouissance légale cesse pour les causes qui mettent fin à l'autorité parentale ou encore pour celles qui mettent fin à l'administration légale. L'époux coupable (entièrement ou aux torts réciproques) perd le droit de jouissance légale, même s'il a la garde de l'enfant, sur les biens des enfants mineurs.

En principe, le *droit d'administrer* les biens revient à celui qui a la garde ; mais, exceptionnellement et suivant l'intérêt de l'enfant, le tribunal peut en décider autrement si l'autre époux est plus apte à gérer ces biens.

Émancipation. Le droit appartient à celui qui a la garde. La mère devra demander au juge des tutelles de prononcer l'émancipation.

Engagement d'un enfant mineur. Le consentement du parent qui a la garde de l'enfant est seul nécessaire.

Entretien. Le parent privé du droit de garde doit participer aussi à l'entretien des enfants communs, dans la mesure de ses possibilités et des besoins de l'enfant, sous la forme d'une pension alimentaire mensuelle. Cette pension est susceptible d'être révisée, compte tenu des besoins et des ressources de l'enfant (travail de l'enfant) et de celui des parents qui la verse. Elle cesse à la majorité de l'enfant, et à son mariage ou après si l'enfant poursuit des études.

Garde de l'enfant. Selon l'intérêt de l'enfant, la garde peut être confiée à l'un ou l'autre des époux. Si les parents sont d'accord sur l'attribution de la garde à l'un d'eux, le tribunal normalement y fait droit si l'intérêt des enfants ne s'y oppose pas. S'il n'y a pas d'accord, les enfants sont très souvent confiés à la mère, mais le tribunal peut en décider autrement.

Celui qui n'a pas la garde de l'enfant conserve un droit de surveillance sous la forme du *droit de visite* réglementé par le tribunal (les grands-parents peuvent aussi le réclamer, art. 371-4 du Code civil), du *droit de correspondance* avec l'enfant sans limitations, du *droit de veiller à l'instruction* de l'enfant et à son éducation (les chefs d'établiss. scolaires sont tenus de notifier les notes au père qui n'a pas la garde). Dans 85 % des cas, la mère obtient la garde.

Si l'ancien conjoint ne permet pas à l'autre d'exercer le droit de surveillance et de visite, il peut y avoir des dommages-intérêts et des astreintes sur le plan civil, ainsi que des peines correctionnelles pour *délit de non-représentation d'enfant* sur le plan pénal.

Le droit de garde comme la pension alimentaire sont toujours susceptibles de révision, sur demande de l'un des 2 parents (si l'enfant en exprime le désir, le parent sera gardien et pourra demander une révision du droit de garde), s'il estime l'enfant en danger moral ou si le conjoint ne parvient plus à exercer son autorité sur l'enfant. *En cas de décès de son ancien conjoint, celui qui n'a pas la garde des enfants* recouvre l'exercice de l'autorité parentale et reprend la garde des enfants, même si ceux-ci avaient été confiés à un tiers.

Mariage d'un mineur. Les parents conservent l'un et l'autre le droit de donner ou de refuser leur consentement, mais il suffit que l'un d'entre eux le donne.

Quelques adresses

Défense des intérêts des divorcés et de leurs enfants mineurs. (DIDEM) 4 bis, rue Cuvier, 44100 Nantes. **Mouv. de la condition parentale** (MCP) 8, rue Hoche, 93500 Pantin. **Mouv. pour l'égalité parentale** (MEP) 50, rue de Sèvres, 75006 Paris.

Association d'accueil et d'orientation foyers dissociés (A.O.F.D.) 9, rue Guénégaud, 75006 Paris.

Fédération syndicale des familles monoparentales, 53, rue Riquet, 75019 Paris. *Créée* 1967. Regroupe les parents seuls (femmes ou hommes : veufs, divorcés, séparés, mères et pères célibataires). 49 associations en France.

Séparation de corps

Conditions. Réalisée dans les mêmes cas et aux mêmes conditions que le divorce.

Effets. Les époux ne sont plus obligés de vivre ensemble, mais le mariage subsiste, les époux se doivent fidélité, et le droit au nom subsiste. Toutefois le jugement de séparation de corps ou un jugement postérieur peut l'interdire. L'obligation de secours subsiste même au profit de l'époux coupable. La *séparation de biens* a lieu.

En cas de décès, l'époux survivant conserve les droits que la loi accorde à celui-ci, à moins que la séparation de corps ait été prononcée à ses torts exclusifs. Sur demande conjointe les époux peuvent renoncer à leurs droits successoraux des art. 765 et suivants. Pour les prestations de Sécurité sociale, les allocations familiales, les avantages matrimoniaux, les pensions civiles et militaires de retraite, le salaire différé, le droit au bail ou droit de maintien dans les lieux, les effets à l'égard des enfants : mêmes règles que pour le divorce. La femme séparée conserve l'usage du nom de son mari. Un jugement peut toutefois le lui interdire.

Fin de la séparation de corps. Par : 1°) La *réconciliation* des époux (elle doit être constatée par notaire et est soumise à publicité ; le régime matrimonial des époux demeure celui de la séparation des biens, sauf à convenir d'un nouveau régime).

2°) La *conversion en divorce* (il faut un jugement ; après 3 ans, le tribunal, sur la demande de l'un ou l'autre des époux, prononce de plein droit le divorce sans pouvoir d'appréciation, la procédure est rapide et simple ; peut être faite par demande conjointe).

3°) La *mort* de l'un des époux.

Pension alimentaire

☞ Loi du 2-1-1973 – décret du 1-3-1973, L. du 11-7-1975, d. du 31-12-1975, L. du 23-12-80.

Définition

Par *aliments* on entend les *besoins vitaux d'une personne* : nourriture, habillement, logement, chauffage, etc. Le *montant* dépend des besoins du réclamant et de la fortune de celui qui doit. La pension est insaisissable, toujours révisable, selon besoins ou charges, coût de la vie, etc. Si le créancier ne réclame pas son dû, on présume qu'il n'en a pas besoin, ou bien il devra prouver qu'il n'a pu le réclamer. Prescription de 5 ans.

La pension est intransmissible en cas de mort. Les héritiers du débiteur de la pension peuvent être tenus de continuer à la verser, en raison de leur propre parenté avec le créancier de la pension. Les arrérages échus au décès du débiteur de la pension et non payés constituent une dette ordinaire de la succession. La succession de l'époux décédé doit des aliments à l'époux survivant qui est dans le besoin.

Obligations

• **Entre ascendants et descendants.** Obligation alimentaire, qu'il s'agisse d'enfants légitimes ou d'enfants naturels (art. 205 et 334 du Code civil). L'obligation d'aliments est réciproque.

Personnes âgées sans ressources. Peuvent former une demande de pension alimentaire devant le tribunal d'instance de leur domicile contre tous les enfants. Le juge fixe le montant de la pension en tenant compte des besoins du demandeur et des charges et ressources des enfants et répartit le paiement. Procédure peu coûteuse (consulter un avocat).

Pupilles de l'État, *élevés par l'Aide sociale à l'enfance :* jusqu'à la fin de la scolarité, à moins que les frais n'aient été remboursés à l'administration ; à moins de décision judiciaire contraire, ils sont dispensés vis-à-vis de leurs père et mère.

Enfant naturel. Il n'a droit à des aliments de ses parents qu'à la condition d'avoir été reconnu (volontairement ou à la suite d'une action en recherche de paternité ou de maternité). En l'absence de reconnaissance, une action en paiement de pension alimentaire est recevable, contre le père prétendu qui a pris l'engagement formel par écrit de participer à l'entretien et à l'éducation de l'enfant en qualité de père. En outre, tout enfant naturel dont la filiation paternelle n'est pas légalement établie peut réclamer des subsides à celui qui a eu des relations avec sa mère pendant la période légale de la conception.

Adopté. *Adoption plénière :* plus d'obligation envers les père et mère concepteurs. *Adoption simple :* l'adopté ne doit des aliments qu'à l'adoptant, mais père et mère sont tenus de lui fournir des aliments s'il ne peut en obtenir de l'adoptant.

• **Alliés.** *Gendres et belles-filles* sont tenus à l'égard de leurs beaux-parents. L'obligation cesse lorsque celui des époux d'où provenait le lien de parenté et les enfants issus de cette union sont décédés (art. 206). *Frères et sœurs :* pas d'obligation entre eux.

• **Époux séparés ou divorcés.** Voir p. 1523.

Procédures

• **Tribunaux compétents.** *Entre ascendants et descendants légitimes et entre alliés du 1er degré, entre l'adopté et l'adoptant en cas d'adoption plénière :* tr. d'instance ; après divorce ou séparation de corps, le juge aux affaires matrimoniales. Le créancier peut intenter une action contre le débiteur de son choix. Si quelqu'un est secouru par le Bureau d'aide sociale, le préfet peut intenter lui-même une action en paiement contre les débiteurs.

Le Fonds national de solidarité a un recours pour les vieillards qui bénéficient de la retraite des vieux.

Le débiteur condamné peut aussi faire appel, puis se pourvoir en cassation : certaines instances durent ainsi plusieurs années, pendant lesquelles le paiement de la pension reste suspendu. Si le débiteur ne peut payer, le tribunal peut ordonner qu'il entretienne dans sa demeure le créancier. Lorsque père ou mère proposent de recevoir l'enfant dans sa demeure, celui-ci ne peut refuser.

Les pensions alimentaires sont déductibles des revenus imposables.

• **Sanctions en cas de non-paiement.** *Civiles :* jugement de condamnation qui permet de recourir aux saisies et aux hypothèques ; *pénales :* délit pénal d'abandon de famille lorsque le débiteur est resté plus de 2 mois sans payer. *Peines* d'amende ou d'emprisonnement, de 3 mois à 1 an et amende de 300 à 8 000 F. *Recouvrement de droit commun par saisie* sur les meubles du débiteur, *saisie-arrêt* (sur les comptes bancaires ou postaux, voir un huissier), sur traitements et salaires (s'adresser au greffe du tribunal d'instance). *Paiement direct* (loi du 2-1-1973) : par un tiers débiteur de celui qui doit payer la pension directement au bénéficiaire, sans autre intervention que celle d'un huissier. *Recouvrement direct par le Trésor public* (loi du 11-7-1975, décret du 31-12-1975) : lorsque les autres moyens de droit sont restés inefficaces. Procédure gratuite.

• **Recours** (non-paiement). *En cas de séparation de fait,* si la femme connaît l'adresse de son mari, elle peut s'adresser au greffe du tribunal d'instance de son domicile. Si le mari a disparu, sa femme peut déposer une plainte pour abandon de famille si l'abandon a plus de 2 mois, ou si elle est enceinte, ou si elle a des enfants (simple lettre adressée au procureur de la République du tribunal de grande instance de son domicile).

En cas de jugement de séparation ou de divorce, la femme peut : obtenir une saisie-arrêt sur le salaire de son ex-mari, ou ses revenus ; prendre une hypothèque sur les biens de son mari ; faire annuler des actes passés par son mari afin de se rendre insolvable ; le poursuivre pour abandon de famille (demande au tribunal de grande instance) ; faire appel à l'administration des finances.

• **Statistiques.** Env. 600 000 conjoints (femmes surtout) touchent une pension alimentaire. 600 000 enf. en bénéficient. Env. 38 % des pensions ne sont jamais versées. Artifices utilisés pour tourner la loi : par exemple, le mari divorcé est employé par sa concubine pour un salaire équivalant au S.M.I.C., ou représentant sans fixe (véhicule et appartement étant au nom de la famille).

Parents

Abandon et disparition

• **Abandon de famille.** Fait pour l'un des parents d'abandonner sans motif grave la résidence familiale pendant plus de 2 mois, et de se soustraire à tout ou partie de ses obligations d'ordre moral ou matériel résultant de l'autorité parentale ; de rester plus de 2 mois sans payer la pension ou les subsides auxquels il a été condamné par décision de justice. Ces faits constituent un délit sanctionné (amende et emprisonnement) (cf. art. 357-1 Code pénal).

Union nationale des associations familiales (U.N.A.F.). 28, pl. St-Georges, 75009 Paris. *Fondée* 1945. *Adhérents :* 770 000 familles, regroupées en 6 384 ass. fam. locales dont beaucoup sont fédérées par 57 mouvements fam. (ass. privées) tels que la F.N.A.F.R., la C.S.F., la F.F.F., qui participent au conseil d'administration de l'U.N.A.F. et conservent leur autonomie. *Presse :* « Réalités Familiales » (trimestriel, 21 000 ex.), « La lettre de l'U.N.A.F. » (bimensuel, 6 000 ex.).

La femme peut obtenir une *saisie-arrêt* sur les salaires entre les mains de l'employeur de son mari en s'adressant au tribunal d'instance du domicile conjugal. Le Président fixera la « contribution » en tenant compte des ressources et charges respectives des époux, salaires et revenus personnels de l'un et l'autre, frais d'entretien et d'éducation des enfants, montant du loyer, existence possible de dettes, etc.

Elle peut obtenir un paiement direct à partir du moment où il y a un jugement de contribution aux charges du ménage.

Si le mari quitte son emploi, signaler au greffe du tribunal d'instance où la décision a été rendue le nom et l'adresse du nouvel employeur du mari.

Si l'abandon de la famille répond aux conditions détaillées par les articles 357-1, 357-2 et 357-3 du Code pénal, il s'agit d'un délit pénal, et la recherche du délinquant appartient au pouvoir judiciaire.

Demande de divorce ou d'aliments. Si le mari est parti et que l'on ne connaisse ni son adresse ni son lieu de travail, et si plus de 2 mois s'écoulent sans aucun paiement du mari lui-même, *s'adresser* à un huissier puis, en cas d'échec, au procureur de la République en application de l'art. 659 du Code de procédure civile.

Non-représentation d'enfant ou abandon de famille (essentiellement recouvrement de pensions alimentaires), *s'adresser* au procureur de la Rép. qui désigne un juge d'instruction. Dans aucun de ces 2 cas, l'Administration ne peut intervenir. Chaque année 450 enfants de parents divorcés disparaissent l'été.

• **Disparitions volontaires et simples pertes de vue.** *Recherches administratives « dans l'intérêt des familles ».* Ne peuvent se faire qu'entre personnes majeures ayant un lien de parenté légal [ce qui exclut parrainage, concubinage non établi sans enfant commun reconnu, enfants naturels non reconnus (sauf dans les délais légaux de demande de reconnaissance) et certains cas d'adoption]. Il n'est pas fait de recherches de personnes manifestement décédées, ni de recherches d'hérédité. L'adresse de la personne retrouvée ne peut être communiquée sans son consentement formellement exprimé. Après un certain délai, il peut être délivré, sous certaines conditions, un certificat de vaines recherches par le ministre de l'Intérieur. *S'adresser* à la préfecture du domicile du demandeur en province. Dans 60 % des cas env., les recherches sont positives.

Disparitions involontaires ou présumées telles au vu des circonstances (voir cas précédent). Lorsque la personne qui les signale est parente, ces recherches peuvent *sans délai* être transformées en recherches dans l'intérêt des familles en recherches de police judiciaire, et inversement, suivant les circonstances qui se révèlent.

Disparitions de mineurs. *Seuls ou avec des personnes n'en ayant pas la garde légale :* elles relèvent de la Brigade des mineurs de la police judiciaire ; *avec une personne ayant sur eux tutelle ou droit de garde :* on se trouve généralement dans le cas judiciaire de non-représentation d'enfant. Dans les 2 cas, saisir le procureur de la Rép. qui actionnera la police judiciaire. En outre (si l'on a qualité à cet effet), faire opposition auprès du commissariat, de la gendarmerie ou du service des passeports (selon l'urgence) à la sortie du mineur du territoire français.

Victimes de disparitions (enlèvements, meurtres, accidents, amnésie). 80 % des enquêtes de la préfecture de police aboutissent dans les 2 mois.

Au 31-12-1983, 19 128 personnes étaient recherchées (dont 9 212 femmes), 39,68 % des personnes recherchées avaient été retrouvées. Dans l'année, 11 060 demandes de recherches avaient été formulées (dont femmes 5 391), 42,97 % des femmes recherchées avaient été retrouvées (36,79 % des hommes).

Mineurs disparus. 54 000 en 1979, dont à Paris 431 garçons et 630 filles. Env. 60 % des fugueurs rentrent dans un délai de 24 à 48 h, 27 % sont retrouvés dans les 15 j, 5 % entre 1 et 3 mois. C'est de mars à juin que les fugues sont les plus nombreuses.

Autorité parentale

• **Appartenance.** Depuis la loi du 4-6-1970 « père et mère exercent en commun cette autorité ».

Enfant légitime. A l'égard des tiers, chacun est supposé agir avec l'accord de l'autre, quand il agit seul pour un *« acte usuel »* concernant l'enfant (art. 372-2 C. civil). Ex. : inscription d'un enfant à l'école, au lycée, au collège, au catéchisme, à une colonie de vacances, à un voyage en groupe ; poursuite d'études ou mise au travail de l'enfant ; autorisation donnée à un chirurgien de procéder à une opération en cas d'urgence.

Si les père et mère sont divorcés ou séparés de corps, l'autorité parentale est exercée par celui d'entre eux à qui le tribunal a confié la garde de l'enfant, sauf le droit de visite et de surveillance de l'autre. Lorsque la garde est confiée à un tiers, les autres attributs de l'autorité parentale continuent d'être exercés par les père et mère. Mais le tribunal, en désignant un tiers comme gardien provisoire, peut décider qu'il devra requérir l'ouverture d'une tutelle.

Enfant naturel. *1°) Reconnu par un seul de ses parents.* Celui-ci a droit à l'autorité parentale. *2°) Reconnu par ses 2 parents :* la mère seule exerce l'autorité parentale en son entier. Le tribunal pourra à la demande de l'un ou de l'autre des parents, ou du ministère public, décider que l'autorité parentale sera exercée par le père seul ou par le père et la mère conjointement, auxquels l'article 372 et l'article 372-2 seront alors applicables, comme si l'enfant était légitime.

• **Code.** L'enfant peut contester l'autorité parentale « si sa santé, sa sécurité ou sa moralité sont en danger ».

• **Contrôle.** Un contrôle peut être effectué par le juge des enfants (à charge d'appel) « si la santé, la sécurité ou la moralité d'un mineur non émancipé sont en danger ; ou si les conditions de son éducation sont gravement compromises ».

Le juge doit maintenir l'enfant au sein de sa famille chaque fois que cela est possible. Il peut alors demander l'assistance d'une personne qualifiée ou d'un service d'observation, d'éducation ou de rééducation en milieu ouvert.

Il peut aussi le maintenir, sous réserve d'obligations particulières (ex. : fréquenter régulièrement un établissement sanitaire ou d'éducation ordinaire ou spécialisé, ou exercer une activité professionnelle). Il peut le confier : à celui des père et mère qui n'en a pas la garde ; à un autre membre de la famille ou à un tiers ; à un service ou à un établissement sanitaire ou d'éducation, ordinaire ou spécialisé ; au service départemental de l'Aide sociale à l'enfance.

Si les parents sont divorcés, séparés ou absents, déchus, décédés, etc., celui des parents qui exerce l'autorité parentale administre les biens de l'enfant sous le contrôle judiciaire du juge des tutelles.

• **Déchéance et retrait partiel** (art. 378 et suivants C. civil). CAS POSSIBLES : *Condamnation pénale pour certains crimes et délits* commis sur leur enfant ou par leur enfant. *Déchéance en dehors de tout crime ou délit :* père et mère qui mettent en danger la sécurité, la santé ou la moralité de l'enfant par de mauvais traitements, l'exemple d'ivrognerie habituelle, d'inconduite notoire, de délinquance ou par un défaut de soins ou un manque de direction. *Abstention volontaire pendant plus de 2 ans de l'exercice de leurs droits* par les père et mère lorsque l'enfant est placé sous le contrôle de l'assistance éducative.

Le jugement peut prononcer : *la déchéance de tous les droits* découlant de l'autorité parentale à l'égard de tous les enfants mineurs déjà nés au moment du jugement, l'enfant est dispensé de l'obligation alimentaire à l'égard des père et mère déchus, sauf disposition contraire dans le jugement, ou le *retrait partiel des droits,* limité éventuellement à tel ou tel enfant.

Père et mère déchus peuvent, par requête adressée au tribunal de grande instance, demander la restitution partielle ou totale des droits qui leur ont été retirés si des circonstances nouvelles justifient cette demande.

Celle-ci ne peut être présentée qu'un an au plus tôt après le jugement prononçant la déchéance ou le retrait est devenu irrévocable.

• **Délégation.** L'autorité parentale des parents ne peut pas être l'objet de transaction, renonciation ou cession.

Si des parents, notamment en cas de séparation de fait, concluent entre eux des accords concernant la garde des enfants, ces pactes sont nuls parce qu'ils sont contraires à l'ordre public, cependant un tribunal amené à décider par la suite de la garde des enfants peut prendre ces pactes en considération. Le droit de consentir à l'adoption du mineur n'est jamais délégué.

• **Perte de l'exercice de cette autorité.** Celui des père et mère, qui : est hors d'état de manifester sa volonté (incapacité, absence, éloignement ou toute autre cause) ; a « volontairement délégué (tout ou en partie) ses droits à un particulier digne de confiance, à un établissement agréé à cette fin ou au service départemental de l'Aide sociale à l'enfance » ; a été l'objet d'un jugement de déchéance ou de retrait des droits ou de certains droits de l'autorité parentale ; a été condamné pour abandon de famille, tant qu'il n'a pas recommencé à assumer ses obligations pendant 6 mois au moins.

Biens de l'enfant

Le père, avec le concours de la mère, est l'administrateur légal (art. 382 et suivants du Code civil). *Il gère et administre tous les biens du mineur ; seuls y échappent* les biens donnés ou légués à l'enfant sous la condition qu'ils seraient administrés par un tiers. *Il représente le mineur dans tous les actes juridiques et judiciaires,* sauf : les actes pour lesquels la représentation est impossible en raison de leur caractère personnel (exemple : reconnaissance d'un enfant naturel, mariage et contrat de mariage, action en recherche de paternité) ; les actes qui sont autorisés au mineur (ouverture d'un livret de caisse d'épargne à 16 ans ; disposition par testament de la moitié de ses biens à 16 ans révolus) ; consentement du mineur à sa propre adoption (15 ans) ; adhésion à un syndicat professionnel (16 ans).

En cas de désaccord des parents. Le juge des tutelles tranchera s'il ne parvient pas à une conciliation.

Les parents disposent librement du revenu des biens de l'enfant. Ils en profitent sans pouvoir les vendre, ni en altérer la substance ni en diminuer la valeur. Ainsi l'administrateur légal percevra les loyers, dividendes des valeurs mobilières, intérêts du capital appartenant à l'enfant, sans avoir à lui rendre compte de l'emploi de ces fonds à sa majorité.

Sont exclus du droit de jouissance légale : les biens acquis par l'enfant par son travail ; donnés ou légués sous la condition expresse que les père et mère n'en jouiront pas.

Le droit de jouissance légale cesse : dès que l'enfant a 16 ans (plus tôt s'il se marie) ; par les causes qui mettent fin à l'autorité parentale (notamment celles qui mettent fin à l'administration légale) ; perte totale de la chose donnant droit à la jouissance.

Choix de la résidence

« Les époux s'obligent mutuellement à une communauté de vie. La résidence de la famille est au lieu qu'ils choisissent d'un commun accord et, faute d'accord, au lieu choisi par le mari. Si la résidence choisie par le mari présente pour la famille des inconvénients graves, la femme peut être autorisée par le tribunal à avoir une résidence distincte. » (Art. 215.)

Devoirs des parents

« Les époux assurent ensemble la direction morale et matérielle de la famille, ils pourvoient à l'éducation des enfants et préparent leur avenir. »

Devoir de surveillance. *1° Les relations :* les parents peuvent interdire à leurs enfants de voir (recevoir ou être reçus) des personnes qui ne leur conviennent pas, sauf s'il s'agit de leurs grands-parents (à moins de motifs graves : à défaut d'accord entre les parties, les modalités de ces relations sont réglées par le tribunal). *2° Correspondance :* les parents peuvent contrôler, décacheter et retenir les lettres de leurs enfants.

Nota. — Le tribunal peut accorder un droit de correspondance ou de visite à d'autres personnes, parents ou non, dans des cas exceptionnels.

Devoirs d'éducation. Les parents ont le choix de l'instruction, du mode d'éducation (notamment religieuse), de la religion.

Devoir d'entretien. Les parents doivent subvenir aux besoins de leurs enfants : nourriture, entretien, éducation, selon leur fortune.

Droits des parents

Droit d'être honorés et respectés à tout âge par leurs enfants. « L'enfant, à tout âge, doit honneur et respect à ses père et mère. » (Art. 371 du Code civil.)

L'enfant doit fournir, à ses ascendants âgés et dans le besoin, des moyens de subsistance (nourriture, vêtements, logement, soins médicaux).

Droit de garde. L'enfant reste sous leur autorité jusqu'à sa majorité ou son émancipation (art. 371-1).

Les père et mère ne peuvent sauf motif grave faire obstacle aux relations de l'enfant avec ses grands-parents. A titre exceptionnel, droit de correspondance ou de visite accordé par le tribunal à d'autres personnes (art. 371-4).

Responsabilité des parents

Les parents sont solidairement responsables des conséquences civiles des faits dommageables causés par leurs enfants mineurs vivant sous leur toit, en tant qu'ils exercent le droit de garde. Cette responsabilité repose sur une présomption de faute commise par les parents dans leur devoir de surveillance et d'éducation ; ils peuvent se libérer de cette présomption en démontrant qu'ils n'ont commis aucune faute de surveillance et d'éducation (art. 138-4). Voir aussi Index : Assurance.

Personnes âgées

• **Aide ménagère :** Accordée sur demande après enquête sociale, assure : entretien du logement, courses, repas et soins sommaires d'hygiène. Limitée à 30 h par mois. *Financée* par l'Aide sociale, la Caisse nationale d'assurance-vieillesse, les régimes spéciaux, les caisses de retraite complémentaire et parfois par les intéressés eux-mêmes, compte tenu de leurs ressources. *S'adresser* au Bureau d'aide sociale de la commune ou auprès de la D.D.A.S.S. (Direction départementale de l'action sanitaire et sociale) ou du C.I.C.A.S. (Centre d'information et de coordination de l'action sociale) ou de la Caisse de retraite dont dépend la personne.

• **Cinéma.** Cartes « Vermeil » et « Age d'Or » 50 % de réduction env. pour les + de 60 ans, avant 18 h sauf samedi et dimanche (dans certains cinémas).

• **Logement. Aide :** V. Sécurité sociale à l'Index. **Aide à la réfection :** s'adresser à la Fédération nat. des centres P.A.C.T. (Protection, amélioration, conservation de l'habitat), 4, place de Vénétie, 75013 Paris. **Maintien dans les lieux :** les + de 70 ans ne peuvent être expulsés, s'ils disposent de ressources inférieures à 15 000 F par an (pour une personne seule), sauf si le bénéficiaire de la reprise a lui-même + de 65 ans. **Taxe foncière :** sont exonérés les + de 75 ans non passibles de l'impôt sur le revenu au titre de l'année précédente et s'ils habitent seuls l'immeuble en cause. **Taxe d'habitation :** sont exonérés les + de 75 ans non passibles de l'impôt sur le revenu au titre de l'année précédente, occupant leur habitation seuls, avec leur conjoint, avec des personnes à leur charge ou titulaires de l'allocation supplémentaire du Fonds nat. de solidarité.

• **Maison de retraite :** pour les bénéficiaires de l'Aide sociale, ils reçoivent une allocation min. **Foyers-logements :** pour 1 ou 2 personnes. Conditions de ressource : mêmes que pour H.L.M. **Foyers-soleil :** composés d'un foyer et de logements loués dans les immeubles alentours. S'adresser au C.E.D.I.A.S. (Centre d'études, de documentation, d'information et d'action sociale) 4, rue Las Cases, 75007 Paris, et, à l'U.N.I.O.P.S.S. (Union nat. interfédérale des œuvres privées sanitaires et sociales) 103, Fg Saint-Honoré, 75008 Paris.

• **Maladie.** Les bénéficiaires de l'Aide sociale peuvent demander *l'aide médicale,* si elles justifient ne pas pouvoir payer. Les handicapés âgés seront placés en service hospitalier, service des *chroniques.*

• **Musées.** Entrée gratuite, parfois sur demande.

• **Téléphone.** Priorité pour les + de 72 ans. La fondation Delta 7 (201, rue Lecourbe, 75015 Paris) permet aux personnes âgées d'avoir le téléphone sans trop de frais et d'être en liaison directe avec un central Delta-Revie qui peut à tout moment se charger de leur envoyer un médecin, une ambulance ou même un réparateur, un artisan, une aide-ménagère.

• **Télévision.** Exonération de la redevance pour les + de 65 ans dont les revenus ne dépassent pas le plafond de l'allocation du Fonds national de solidarité.

• **Voyages. Air Inter.** Réduction possible.

• **Train :** 1 voyage par an avec 30 % de réd. et la « *carte vermeil* » (50 %).

Partage

En faveur des enfants

• **Donation-partage.** Devant notaire sous peine de nullité. Permet aux parents de partager irrévocablement, de leur vivant, leurs biens entre les enfants, d'éviter le recours à un partage judiciaire quand il y a 1 ou plusieurs enfants mineurs ; d'assurer à l'enfant qui devrait prendre la relève de son père la conservation d'une exploitation, du vivant de celui-ci. Exonération d'impôt pour les donations de moins de 275 000 F (300 000 F pour les handicapés). Au-dessus droit à 5 % jusqu'à 50 000 F ; 10 % de 50 000 à 75 000 F ; 15 % de 75 000 à 100 000 F ; 20 % de 100 000 à 3 400 000 F ; 30 % de 3 400 000 à 5 600 000 F ; 35 % de 5 600 000 à 11 200 000 F ; 40 % au-dessus (loi n° 83-1179 du 29-12-1983). *Émoluments du notaire :* v. p. 1527.

La donation-partage bénéficiait de 2 avantages : l'un, institué en 1942, minorait les droits dus de 25 % (puis de 20 % en 1980) ; l'autre, datant de 1969, avait instauré un barème d'imposition, identique à celui des successions entre époux à la progressivité réduite. En 1981, elles furent soumises aux mêmes règles que les successions en ligne directe.

On peut. *1° faire un partage partiel :* les parents gardent la propriété d'une partie de leur patrimoine qui se transmettra normalement à leur décès.

2° conserver l'usufruit des biens partagés, ce qui garantit l'avenir des parents.

3° prévoir dans l'acte le versement d'une rente viagère avec, éventuellement, une clause de réversibilité sur le survivant.

Vente à l'un de leurs enfants d'un bien immeuble appartenant aux parents. Ceux-ci doivent faire intervenir à l'acte de vente les autres enfants, si la vente est faite soit à charge de rente viagère, soit à fonds perdu ou avec réserve d'usufruit.

En faveur de l'époux survivant

• **Donation entre époux.** *Frais de rédaction de l'acte de donation chez le notaire :* env. 375 F + T.V.A., timbre selon le nombre de pages. Après le décès, le notaire chargé de l'exécution de la donation réclamera des émoluments calculés sur l'actif net recueilli. Le barème est égal aux 2/3 de celui du partage, soit de 0 à 20 000 F, 5 % ; de 20 001 à 40 000 F, 3,30 % ; de 40 001 à 110 000 F, 1,65 % ; au-dessus de 110 000 F, 0,825 % à ne compter que pour 2/3 + T.V.A.

Révocation. *Don. par contrat de mariage* révocables pour ingratitude (demande formulée dans l'année de la découverte du fait allégué). Les *donations entre époux et les testaments pendant le mariage,* révocation possible, chacune séparément (sans que le donateur ait à donner de motif) par testament ou acte notarié (art. 1096), pas révocable par la survenance d'enfants.

En cas de divorce : *si le div. est prononcé aux torts exclusifs de l'un des époux,* celui-ci perd de plein droit les don. qui lui avaient été consenties (art. 267, Code civil). L'autre époux conserve l'entier bénéfice des don. faites, même si elles avaient été stipulées réciproques.

Si le div. est prononcé sur demande conjointe, les 2 époux peuvent révoquer les don. (art. 267-1 et 268, Code civil). S'ils ne décident rien, les don. sont maintenues. Si le divorce est prononcé en raison de la rupture de la vie commune, celui qui a pris l'initiative du divorce perd de plein droit les donations que son conjoint lui avait consenties. L'autre époux les conserve.

• **Communauté universelle.** Après 2 ans de mariage, les époux peuvent modifier par acte notarié leur convention de mariage (loi du 13-7-1965). Cette modification doit être homologuée par le tribunal de grande instance. Ils peuvent, pour protéger le conjoint survivant, opter pour la communauté universelle assortie d'une clause d'*attribution de la communauté en totalité à l'époux survivant.* Ce régime dépossède les enfants à venir. En cas de divorce ou de séparation de biens, la clause d'attribution ne bénéficie à aucun des époux. En cas de décès, l'époux survivant n'est pas soumis aux droits de mutation.

Bien de famille insaisissable

Objet : permet d'éviter que certains descendants dilapident l'héritage.

Garanties : le bien de famille et ses fruits insaisissables ne peuvent être vendus par les créanciers ou hypothéqués. Ils peuvent être saisis pour paiement des dettes résultant de condamnations, paiement des impôts, des dettes alimentaires. Le propriétaire peut aliéner tout ou partie du bien de famille ou renoncer à l'insaisissabilité du bien avec l'accord des 2 époux ou l'autorisation du conseil de famille s'il a des enfants mineurs.

Que peut-on laisser à son conjoint ? Celui-ci n'est pas un héritier réservataire. *Avec une donation entre époux ou un testament (1°) ou à défaut de disponibilités particulières (2°).* **Si on laisse : un ou plusieurs enfants. 1°)** au choix : soit la totalité de la succession en usufruit, soit 1/4 en toute propriété et 3/4 en usufruit, soit 1/2, 1/3 ou 1/4 en toute propriété selon le nombre d'enfants : 1, 2, 3 ou + [2°) 1/4 seulement de la succession en usufruit]. **Un père ou une mère. 1°)** 3/4 en toute propriété et 1/4 en nue-propriété [2°) 1/2 en toute propriété]. **Un père et une mère. 1°)** 1/2 en toute propriété et 1/2 en nue-propriété [2°) 1/2 en usufruit]. **Des frères ou des sœurs. 1°)** La totalité de la succession en toute propriété [2°) 1/2 en usufruit]. **D'autres parents** (oncle, tante, cousins...). **1°)** La totalité de la succession en toute propriété [2°) idem].

Constitution : *peut être constitué par* les époux, le survivant des époux, des ascendants qui recueillent leurs petits-enfants, le père ou la mère d'un enfant naturel reconnu ou adopté. *Ne peut être constitué* qu'avec une maison ou une portion « divise » de maison, des terres attenantes ou voisines, occupées et exploitées par la famille, une maison avec boutique ou atelier et le matériel ou l'outillage qu'ils contiennent.

La valeur du bien ne doit pas dépasser 50 000 F. *S'effectue* par déclaration reçue par un notaire, testament ou donation homologuée par le juge d'instance.

Succession

Statistiques (France)

Montants globaux des successions

Montant global (héritages et donations). *1982 :* 162 milliards de F [impôts 8,9 MF (*1983 :* 10 MF)].

Nombre. *Donations. 1977 :* 144 862 (impôt 567 millions de F). *1980 :* 162 496 (750). *81 :* 206 791 (2 585). *82 :* 189 640 (1 407). *83 :* 184 905 (1 583).

Successions. 1977 : 242 735 (impôt 3 200 MF). *83 :* 285 673 (8 585 MF). Sur 281 000 successions en 1982, 100 000 furent assujetties à l'impôt. Toutes les successions de – 10 000 F et + doivent être déclarées. Mais toutes ne sont pas taxables.

Patrimoine transmis. *Montant moyen* (en milliers de F, en 1982). Par personne décédée laissant une succession, et entre parenthèses, par personnes donatrice (donation-partage). Cadre supérieur 530 (1 240), profession indépendante 490 (1 320), exploitant agricole 280 (300), cadre moyen 200 (210), employé 120 (170), ouvrier 100 (70), salarié agricole 70.

Héritiers (1977). Sur 661 500 héritiers, on comptait : 387 100 enfants et petits-enfants, 117 000 conjoints, 74 200 autres parents, 54 000 frères et sœurs, 22 000 non-parents (amis ou institutions, maisons de retraite, etc.), 7 200 ascendants.

Testament

• **Types.** On distingue les testaments :

a) authentique : établi par 2 notaires ou 1 assisté de 2 témoins. Conservé dans les « minutes » de l'étude, il ne risque pas d'être égaré, détruit ou divulgué. Inattaquable, sauf pour vice de forme (art. 971 et suivants). Peu usité.

b) mystique (peu courant) : présenté par le testateur clos, cacheté et scellé au notaire devant 2 témoins. Il peut être écrit par un autre que le testateur. Utile lorsque le testateur ne sait pas écrire et qu'il ne veut pas parler devant des témoins pour exprimer ses volontés. Pratiquement peu usité (art. 976).

c) olographe : entièrement écrit, daté, signé à la main par le testateur. Il n'est assujetti à aucune autre forme (art. 970 du Code civ.). Il faut éviter ratures, surcharges ou interlignes ou, s'il en existe, les approuver (signature) et préciser qu'ils sont de la même date que le corps même du texte. On ne peut utiliser la dactylographie. Un *aveugle* peut écrire en braille. La main du testateur peut s'il en est besoin être aidée ou guidée (il faut que l'écriture soit reconnaissable et que l'assistance ait été simplement matérielle). Frais de notaire réduits de moitié.

• **Si l'on désire modifier un testament,** le mieux est de le détruire et d'en établir un second, mais on peut également rédiger un *codicille* (texte complétant ou modifiant le t. initial à la suite du t., ou par écrit séparé, mais en prenant soin de dater et signer ce texte complémentaire). Le codicille doit être aussi écrit de la main du testateur.

• **Pour révoquer un testament,** il suffit d'en rédiger un autre indiquant clairement sa décision (révocation expresse) ou qui comporte des dispositions incompatibles avec celles figurant dans un testament antérieur (révocation tacite). C'est le dernier document en date qui est valable.

• **Garde.** On peut conserver un testament olographe chez soi, mais si l'on craint qu'il disparaisse après sa mort, on peut le remettre au notaire ou à toute autre personne.

Fichier des testaments. Avec l'accord de l'intéressé, le notaire signale l'existence du testament (ou de la donation entre époux) au Fichier central des dispositions de dernières volontés. Après le décès, il sera possible de savoir chez quel notaire a été déposé un testament (ou effectuée une donation entre époux). Testament authentique de moins en moins utilisé.

• **Statistiques.** Selon la Société française de thanatologie (1979), à peine 10 % des Français font un testament, dont 3 % chez les moins de 35 ans, 19 % chez les + de 65 ans. Les professions libérales, les cadres supérieurs, les célibataires, divorcés, couples sans enfants et veufs testent davantage.

Héritiers

Ordre des héritiers. La dévolution successorale a lieu dans l'ordre hiérarchique de 5 catég. d'héritiers : *descendants* (enfants, petits-enfants, arrière-petits-enfants du défunt) puis les *ascendants privilégiés* (père et mère du défunt) ; et les *collatéraux privilégiés* (frères et sœurs, neveux, petits-neveux du défunt) ; ensuite les *ascendants ordinaires* (aïeuls, bisaïeuls, c.-à-d. grands-parents et arrière-grands-parents du défunt) ; et les *collatéraux ordinaires* (oncles, tantes, cousins... du défunt).

Degrés de parenté. *Héritiers en ligne directe :* fils 1er degré, pour la succession de son père ; petit-fils 2e, arrière-petit-fils 3e, etc. *En ligne collatérale :* frère 2e degré ; neveu 3e (succession de son oncle) ; cousin germain 4e ; cousin issu de germain 6e ; cousin plus éloigné 8e ; etc., oncle 3e ; grand-oncle 4e ; arrière-grand-oncle 5e.

Au-delà du 6e degré, les parents ne sont pas héritiers, et la succession revient à l'État, sauf si le défunt a rédigé un testament. Exception : lorsque le défunt est mort en état d'incapacité de tester (ex. : démence), les héritiers sont appelés jusqu'au 12e degré.

Nota. — Ligne : ensemble de personnes qui descendent d'un auteur commun. Chaque *degré* correspond à une génération.

Réserve héréditaire. Part minimale de l'héritage reçue obligatoirement par les enfants ou ascendants directs (héritiers réservataires). *1 enfant :* 1/2, *2 :* 2/3, *3 :* 3/4, *ascendants dans les 2 lignes :* 1/2, *asc. dans 1 seule ligne :* 1/4.

Quotité disponible. Actif de l'héritage diminué de cette réserve qui peut être réservé au conjoint survivant ou à toute autre personne.

Droits du conjoint survivant

Succession sans testament

Le conjoint survivant n'est pas héritier réservataire comme les enfants ou les père et mère et ses droits légaux sont limités notamment en présence d'ascendants et de frères et sœurs du défunt. Si un époux veut avantager son conjoint au-delà de ce que prévoit la loi, il doit le faire dans une donation ou un testament. Si un époux ne veut pas laisser à son conjoint une part plus importante que celle prévue par la loi, il parviendra à ce résultat soit en ne prenant aucune disposition particulière, soit, s'il en prend, en prévoyant expressément que les droits successoraux légaux de son conjoint sont réservés.

Règles communes aux régimes de la communauté et à la séparation de biens. *1°) Le défunt n'avait aucun parent* ou seulement des oncles ou tantes, cousins ou cousines : le survivant non divorcé a la pleine propriété de tous les biens de la succession (art. 765).

2°) Il existe un ou plusieurs enfants, soit légitimes, issus ou non du mariage, soit naturels : le conjoint a droit à un usufruit légal portant sur le quart ou la moitié de la succession (art. 767).

3°) Il existe des collatéraux privilégiés (frères, sœurs, neveux et nièces), ou des ascendants dans les 2 lignes : le conjoint a droit à un usufruit portant sur la moitié de la succession.

4°) Il n'existe d'ascendants que dans une ligne : le conjoint a droit à la moitié de la succession en toute propriété.

Si l'époux prédécédé laisse des enfants adultérins les droits en toute propriété du conjoint survivant sont diminués de moitié, ses droits en usufruit ne sont pas modifiés.

Nota. — Jusqu'au partage définitif, les héritiers peuvent exiger, moyennant sûretés suffisantes (hypothèque, caution, etc.) et garantie du maintien de l'équivalence initiale, que l'usufruit de l'époux survivant soit converti en une rente viagère équivalente. Si tous les héritiers ne sont pas d'accord pour cette conversion, elle peut être décidée par le tribunal.

Si le conjoint survivant se remarie, l'usufruit ne cesse pas pour cela.

Régime de communauté de biens. Une fois le partage effectué, le survivant demandera à exercer ses droits éventuels sur la succession (autre moitié de la communauté, plus les biens propres du prédécédé s'il y en a). Le survivant a droit, les 9 mois suivant le décès de son époux, à la nourriture, au logement et au remboursement des frais de deuil ; cela constitue un passif de communauté.

Succession avec testament

1°) S'il n'y a pas d'enfant, de descendant ou ascendant : chaque époux peut, par testament ou donation, laisser à l'autre toute sa succession.

2°) S'il existe des ascendants : ceux-ci ont chacun droit à une réserve du quart qui généralement porte sur la pleine propriété de la part de biens que cette réserve englobe. Il en est ainsi lorsque le « de cujus » fait un legs à un tiers quelconque. Si le legs (ou donation) est consenti en faveur de l'époux survivant, le testateur (ou donateur) peut disposer, s'il n'existe d'ascendants que dans une seule ligne, de 3/4 en toute propriété, 1/4 en nue-propriété. S'il en existe dans les 2 lignes, de 1/2 en toute propriété, 1/2 en nue-propriété.

3°) S'il existe des enfants communs des époux, et pas d'enfants nés d'un 1er lit : un conjoint peut donner ou léguer à l'autre : *a) Soit des biens en toute propriété* d'une valeur égale à ceux dont il peut disposer au profit d'une personne qui lui est étrangère, soit 50 % s'il y a un enfant, 1/3 s'il y en a 2, 1/4 s'il y en a 3 ou plus. *b) Soit le 1/4 de ses biens en propriété et les 3/4 en usufruit. c) Soit la totalité de ses biens en usufruit.*

S'il s'est contenté d'indiquer que le bénéficiaire recevra la plus forte quotité disponible, celui-ci aura le choix entre ce qui est indiqué en *a*, *b* et *c*.

4°) S'il existe des enfants nés d'un précédent mariage du conjoint décédé : la part des biens qu'on peut donner ou léguer au conjoint est la même que dans le 3e cas. Mais pour les libéralités, les enfants du 1er lit peuvent substituer un usufruit à l'exécution en propriété.

Déclaration de succession

Formalités. Toute personne recueillant un héritage est tenue de souscrire une déclaration de succession dans les 6 mois, indiquant tous les biens meubles ou immeubles dépendant de la succession. Dès le décès, les personnes se présumant héritières devront prendre contact avec le notaire du défunt ou à défaut leur notaire personnel. La déclaration peut aussi être faite aux Impôts (la succession s'ouvre au décès).

Estimation

Immeubles et fonds de commerce : sur leur valeur vénale réelle au jour du décès.

Le *droit de présentation*, reconnu aux personnes titulaires d'une charge ou office, constitue une valeur patrimoniale, transmissible aux héritiers, et de ce fait, soumise aux droits de mutation par décès. Il en est de même pour le droit de présenter un successeur dans le bénéfice d'une autorisation administrative.

Valeurs mobilières françaises et étrangères admises à une cote officielle (rentes, actions, obligations) : estimées au cours moyen de la bourse du jour du décès.

Meubles meublants et objets mobiliers : à défaut d'acte de vente ou d'inventaire estimatif, la valeur ne peut être inférieure à 5 % de l'ensemble de l'actif successoral, à moins que preuve contraire en soit apportée, notamment par inventaire. La valeur des bijoux, pierreries, objets d'art ou de collection, ne peut être inférieure à 60 % de l'évaluation contenue dans les polices d'assurances contre le vol ou l'incendie conclues par le défunt moins de 10 ans avant l'ouverture de la succession.

Déductions. *Dettes* lorsque leur existence au jour de l'ouverture de la succession est justifiée. Les dettes commerciales sont provisoirement admises, sauf contrôle. *Frais justifiés de dernière maladie* sans limitation de somme. *Frais funéraires* justifiés jusqu'à 3 000 F (en fait l'Administration admet une déduction sans justification de 1 000 F).

Partage des droits entre l'usufruit et la nue-propriété

Âge de l'usufruitier	Valeur de l'usufruit	Valeur de la nue-propriété
– de 20 a. révolus	7/10 [1]	3/10 [1]
20 à 30 ans	6/10	4/10
30 à 40 ans	5/10	5/10
40 à 50 ans	4/10	6/10
50 à 60 ans	3/10	7/10
60 à 70 ans	2/10	8/10
+ de 70 ans	1/10	9/10

Nota. — (1) De la pleine propriété.

Honoraires du notaire

Partage communauté, succession *(avec ou sans liquidation), sur l'actif brut, déduction faite des legs particuliers.* De 0 à 20 000 F 5 % ; de 20 001 à 40 000 F 3,30 % ; de 40 001 à 110 000 F 1,65 % ; au-dessus de 110 000 F 0,825 % + T.V.A.

Attestation notariée destinée à constater la transmission par décès d'immeubles ou de droits immobiliers. De 0 à 20 000 F 2,20 % ; de 20 001 à 40 000 F 1,65 % ; de 40 001 à 110 000 F 1,10 % ; + de 110 000 F 0,55 % ; à multiplier par le coeff. 0,80 + T.V.A.

Testament. *T. authentique.* Frais de rédaction env. 300 F + T.V.A. + timbre selon nombre de pages. Au décès, sur la valeur calculée à la date du décès, de l'actif net recueilli par chaque bénéficiaire. Si celui-ci a droit à une réserve, il n'est rien dû sur ce qu'il recueille à ce titre. En ligne directe : de 0 à 20 000 F 5 % ; de 20 001 à 40 000 F 3,30 % ; de 40 001 à 110 000 F 1,65 % ; au-dessus de 110 000 F 0,825 %. Entre époux : 2/3 du tarif en ligne directe. En ligne collatérale et entre étrangers, tarif en ligne directe multiplié par le coefficient 1,33 + T.V.A. *Testament olographe.* Rédaction. Honoraire libre. Au décès. Moitié des émoluments proportionnels perçus en matière de testament authentique, plus 245 F + T.V.A.

Droits de succession

Généralités

Évolution. 1901, taxation progressive en fonction de l'importance de la succession et du degré de parenté. **1917 à 1932,** une taxe globale s'ajoute aux droits personnels sur les parts d'héritages. *Dep. 1930,* exonérations, abattements, réductions se sont succédé. **1956,** taxe de 1 à 5 % sur l'ensemble de la succession (instituée par le min. des Fin. Ramadier). **1959, 63, 65, 66,** taxe Ramadier supprimée, tarifs allégés, abattements élargis ou multipliés, majorations applicables aux héritiers âgés ou sans enfants abolies. Grâce aux *exonérations,* plus du tiers des successions des grandes fortunes échappent légalement à l'impôt. **1969,** le taux supérieur des droits en ligne directe et entre époux passe de 15 à 20 %.

Paiement. Dans les 6 mois du décès au Bureau de l'enregistrement des successions du domicile du défunt, et en même temps que la déclaration de succession ; en numéraire, par chèque à l'ordre du Trésor public ou en remettant certains titres, ex. : emprunt Giscard 4,5 % 1973 (au cours de reprise, fixé tous les 6 mois) ou sous forme de tableaux, de livres, de manuscrits, d'argenterie, de tapisseries ou de meubles anciens (une « commission d'agrément », composée des représentants des services du 1er Min., des Finances, des Affaires culturelles et de l'Éducation nationale, consultera des experts avant de se prononcer).

Paiement différé. Pour les biens en nue-propriété. Permet d'attendre la réunion de l'usufruit à la nue-propriété pour payer les droits. On peut choisir de payer des droits calculés sur la valeur de la nue-propriété avec des intérêts payables chaque année, ou des droits sur la valeur en pleine propriété des biens calculée le jour du décès (pas d'intérêts). *Intérêts :* voir ci-dessous paiement fractionné. *Demande de p. différé :* voir ci-dessous p. fractionné.

Paiement fractionné des droits de succession. Possibilité de payer les droits dans des délais variables moyennant paiement d'intérêts et si des garanties sont fournies. Peut être demandé par tout légataire ou héritier lors d'une succession. *Cas général :* les droits peuvent être acquittés en plusieurs versements égaux, le 1er lors du dépôt de déclaration de succession, le dernier 5 ans après le délai légal de souscription de la déclaration. *Nombre de versements :* si la proportion entre les droits du et le montant taxable des parts recueillies est de 5 % : 2 versements ; de 5 à 10 % : 4 vers. ; de 10 à 15 % : 6 vers. ; de 15 à 20 % : 8 vers. ; 20 % et + : 10 vers. *Cas particulier :* pour les héritiers en ligne directe et le conjoint, possibilité d'un délai de 10 ans et du doublement du nombre de versements (max. 20). Si l'actif de la succession comprend au moins 50 % de biens non liquides (brevets d'invention, fonds de commerce, immeubles, etc.). *Intérêts dus.* Leur taux est fixé pour chaque semestre civil (ex. 2e semest. 1985 : 11,1 %). *Demande de p. fractionné :* peut être faite au pied de la déclaration de succession ou par lettre jointe, et doit être accompagnée des justifications nécessaires et d'une offre de garantie (hypothèque sur un immeuble successionnel, etc.). Réponse du receveur des impôts dans les 3 mois.

Taux normaux

1°) Ligne directe de parents à enfants. *Taux jusqu'à 50 000 F :* 5 % ; *de 50 001 à 75 000 F :* 10 % ; *de 75 001 à 100 000 F :* 15 % ; *de 100 001 à 3 400 000 F :* 20 % ; *de 3 400 001 à 5 600 000 :* 30 % ; *de 5 600 001 à 11 200 000 F :* 35 % ; *au-delà :* 40 %.

Abattement : 275 000 F pour la part de chacun des ascendants et de chacun des enfants vivants ou représentés. Si l'un des héritiers a au moins 3 enfants vivants, il peut déduire des droits 4 000 F par enfant en plus du 2e.

2°) Entre époux. *Taux jusqu'à 50 000 F :* 5 % ; *de 50 001 à 100 000 F :* 10 % ; *de 100 001 à 200 000 F :* 15 % ; *de 200 001 à 3 400 000 :* 20 % ; *de 3 400 001 à 5 600 000 :* 30 % ; *de 5 600 001 à 11 200 000 :* 35 % ; *au-delà :* 40 %. *Abattement :* 275 000 F ; même réduction que ci-dessus pour 3 enfants et +.

3°) Entre frères et sœurs. *Taux. Jusqu'à 150 000 F :* 35 %. *Au-delà :* 45 %. *Abattement :* 100 000 F sur la part de chaque frère et sœur, célibataire, veuf, divorcé ou séparé de corps s'il a plus de 50 ans ou ne peut subvenir par son travail aux nécessités de l'existence (il faut qu'il ait habité pendant 5 ans au moins avec le défunt à la date du décès). Autres cas : 10 000 F.

4°) Entre parents jusqu'au 4e degré *(c.-à-d. oncles et tantes et neveux ou nièces, grands-oncles ou grand-tantes et petits-neveux, petites-nièces, cousins germains). Taux :* 55 %. *Abattement :* 10 000 F.

5°) Entre parents au-delà du 4e degré et entre personnes non parentes. 60 %. *Abattement :* 10 000 F.

6°) Adoptés. En principe, il n'est pas tenu compte du lien de parenté résultant de l'adoption simple, mais seulement du lien de parenté naturelle pouvant exister entre adoptant et adopté. Cependant l'adopté peut bénéficier du régime des transmissions en ligne directe si, dans sa minorité et pendant 5 ans (6 ans avant la loi du 30-12-75) au moins, il a reçu secours et soins. Ou si secours et soins, *commencés pendant la minorité*, ont continué après sa majorité et duré au moins 10 ans au total.

Peuvent encore bénéficier de ce régime d'autres adoptés, en particulier les enfants issus d'un 1er mar. du conjoint de l'adoptant. Les enfants ayant bénéficié d'une légitimation adoptive ou d'une adoption plénière sont assimilés aux enfants légitimes (décret du 23-3-1985, J.O. 24).

Réductions de droits

Familles nombreuses. Héritier ou donataire ayant 3 enfants ou plus, vivants ou représentés au moment de l'ouverture de la succession ou au jour de la donation : réduction de 100 % (avec un max. de 2 000 F par enfant en sus du 2e, 4 000 F pour donations et successions en ligne directe et entre époux).

Mutilés de guerre invalides à 50 % au moins. Réduction de 50 % (max. 2 000 F).

Handicapés physiques ou mentaux. *Abattement :* 300 000 F quel que soit le lien de parenté avec le donateur ou le défunt et même s'il n'y a pas de lien de parenté. Ne se cumule pas avec les abattements de 275 000 et 100 000 F applicables en ligne directe ou entre époux et entre frères et sœurs.

Exonérations

Assurances-vies contractées par le défunt au profit de bénéficiaires déterminés, ainsi que celles qui sont contractées par un tiers sur la tête du défunt au profit des ayants droit de ce dernier (elles sont cependant soumises aux droits de succession si elles ont été souscrites par l'assuré après 66 ans et si le montant des primes pour 4 ans représente au moins les 3/4 du capital assuré). V. Index.

Bois et forêts et parts de groupements forestiers à concurrence des 3/4 de leur valeur s'il s'agit d'une exploitation régulière et si les héritiers s'engagent à la continuer 30 ans, et parts de G.F.A. (Groupements Fonciers Agricoles).

Les biens ruraux donnés à bail à long terme à concurrence des 3/4 de leur valeur lors de leur 1re transmission à titre gratuit, à la condition, pour les parts de G.F.A. que : les statuts interdisent le faire-valoir direct ; les biens du groupement soient donnés à bail à long terme ; les parts soient détenues dep. 2 ans au moins par le donateur ou le défunt. Lorsque les biens ruraux et les parts de GFA transmis par le donateur ou le défunt à un même donateur, héritier ou légataire sont d'une valeur supérieure à 500 000 F, l'exonération partielle est ramenée de 15 % à 50 % au-delà de cette limite (loi du 29-12-1983).

Réversions de rentes viagères entre époux ou parents en ligne directe.

Nota. — L'*emprunt Pinay* (3,5 % 1952 et 1958) à capital garanti qui était exonéré a été supprimé le 20-9-1973. L'*emprunt Giscard d'Estaing* qui le remplace (4,5 % : échange possible) n'est pas exonéré. *Option successorale.* Les héritiers peuvent accepter, accepter sous bénéfice d'inventaire, ou renoncer à une succession. Ils bénéficient d'un délai de 3 mois pour l'inventaire et de 40 j pour se prononcer.

Décès

Définitions

Définition classique. Une personne est morte lorsque son cœur ne bat plus et qu'elle cesse de respirer. Cette règle permet de prolonger la vie de personnes inconscientes pendant longtemps, grâce à des appareillages modernes.

Définition américaine. En 1981, une commission a recommandé aux États fédéraux d'adopter cette définition : un individu est décédé lorsqu'il a subi, soit une cessation irréversible des fonctions circulatoires et respiratoires, soit une cessation irréversible de toutes les fonctions du cerveau, y compris le tronc cérébral. Avec cette définition, 10 à 20 % des Américains dont on entretient la respiration ou la circulation sanguine de manière artificielle pourraient être considérés comme « morts ».

Définition française. La mort était définie par l'arrêt irréversible des contractions cardiaques.

Usufruit

● **Définition.** Démembrement temporaire de la propriété qui donne le droit de jouir des choses dont un autre a la propriété, comme le propriétaire lui-même, mais à la charge d'en conserver la substance. L'*usufruitier* peut user du bien et en percevoir les fruits (revenus), le *nu-propriétaire* (propriétaire du bien grevé de l'usufruit) dispose des autres prérogatives découlant du droit de propriété (essentiellement du droit d'aliéner la chose). Le droit d'usufruit a un caractère personnel et temporaire (le plus souvent viager). Il ne se transmet pas aux héritiers et prend fin à la mort de l'usufruitier. L'usufruit peut s'exercer sur : meubles incorporels (valeurs en Bourse), meubles corporels (meubles meublants), immeubles déterminés ou succession entière.

● **Obligations à la charge de l'usufruitier. 1° Au début de l'usufruit.** *Inventaire. Caution de jouir en bon père de famille :* une personne solvable qui garantira sur ses biens personnels le nu-propriétaire contre les abus de jouissance de l'usufruitier, et contre le défaut de restitution des meubles. L'usufruitier peut être dispensé par le nu-propriétaire de fournir une caution, cas fréquent dans les donations et testaments établissant un usufruit.

Si l'usufruitier ne peut fournir caution : celle-ci peut être remplacée par une hypothèque. Si l'usufruitier est dans l'impossibilité de fournir une garantie, les immeubles sont donnés à bail ou mis sous séquestre ; les sommes comprises dans l'usufruit sont placées ; les meubles sont vendus et le montant de la vente est placé (les intérêts des sommes ainsi placées et le montant des loyers reviennent à l'usufruitier).

2° Pendant la durée de l'usufruit. L'usufruitier a un droit d'usage et de jouissance. Il peut utiliser le bien objet de l'usufruit pour son usage personnel, percevoir les fruits et revenus, les loyers, les récoltes, accomplir tous actes d'administration (mais il ne peut disposer de la chose, l'aliéner, l'hypothéquer) couper les arbres suivant l'usage des lieux, acquitter les charges (impôts), faire les réparations d'entretien. Il doit se comporter en « bon père de famille ». Les baux qui portent sur des fonds ruraux, des immeubles à usage commercial, industriel ou artisanal, de 9 ans, exigent le concours du nu-propriétaire et de l'usufruitier. Les baux d'habitation et à usage professionnel conclus par l'usufruitier ne peuvent être opposables au nu-propriétaire pour plus de 9 ans quand l'usufruit prend fin. *Il doit rendre les meubles dans l'état où ils se trouvent à l'expiration de son droit* et non dans celui où ils se trouvaient au début de l'usufruit. Il ne doit indemnité que si les dégradations résultent de son dol ou de sa faute (dispense pour le père ou la mère qui ont l'usufruit légal des biens de leurs enfants, le vendeur ou le donateur sous réserve d'usufruit).

3° Lors de la cessation de l'usufruit. Restitution de la chose. Reddition de compte par l'usufruitier ou ses héritiers.

● **Obligations à la charge du nu-propriétaire.** Il n'est pas tenu de faire jouir l'usufruitier (si l'usufruitier est évincé par un tiers, il doit agir contre ce tiers, mais ne peut troubler par un fait personnel la jouissance de l'usufruitier).

Il doit les *grosses réparations* et les *charges extraordinaires :* branchement à l'égout, par ex. ; (les charges ordinaires et les réparations d'entretien incombent à l'usufruitier). Le tribunal de grande instance est compétent en cas de litige entre usufruitier et nu-propriétaire.

Pour les malades maintenus en vie artificiellement par l'emploi d'appareils assurant la respiration et de perfusions adéquates on a, depuis la circulaire ministérielle du 24 avril 1968, défini le concept de *« mort cérébrale »*. Celle-ci est appréciée par la disparition de toute activité, l'arrêt de toute respiration spontanée, la dilatation fixe des pupilles, le silence de l'électro-encéphalogramme pendant au moins 48 heures. La constatation de cette *« mort cérébrale »* autorise à interrompre les manœuvres de réanimation.

Formalités

Déclaration. A la mairie de la commune où a lieu le décès, le plus tôt possible. La mairie avise le médecin légiste préposé à ce quartier. Celui-ci se présente 6 h après le décès afin d'en faire le constat. Il remet la lettre de constat à la famille ou aux Pompes funèbres, qui doit la rapporter, avec le livret de famille du décédé, à la mairie ; à ce moment seulement, le permis d'inhumer est délivré. L'officier d'État Civil (par ex. le commissaire de police) avisé par les Pompes funèbres devant s'occuper du convoi, délivrera sur papier libre et sans frais, au vu de la déclaration et du permis d'inhumer, une *autorisation de fermeture du cercueil* (en cas d'inhumation sans autorisation préalable : 10 j à 1 mois de prison et/ou 400 F à 1 000 F d'amende) (art. R40 Code pénal).

En cas de mort violente ou suspecte, le procureur de la République peut faire procéder à une autopsie et ordonner une expertise médicale.

Une autorisation de fermeture du cercueil est nécessaire pour les enfants mort-nés et les fœtus s'ils ont 6 mois de gestation.

La famille peut ne pas rendre publiques les causes d'un décès.

Usages du deuil au début du xxe s.	*Crêpe*	*Soie noire*	*Demi-deuil*
Grands deuils			
Veuf, veuve	1 an	6 m	6 m
Père, mère	9 m	6 m	3 m
Beau-père, b.-mère	9 m	6 m	3 m
Enf., gendre, b.-fille	6 m	3 m	3 m
Grands-parents	6 m	3 m	3 m
Frère, sœur	6 m	2 m	2 m
B.-frère, b.-sœur	6 m	2 m	2 m
Petits deuils			
Oncle, tante		3 m	3 m
Cousin, cousine		6 sem.	6 sem.

Prélèvements sur comptes bloqués. Lorsqu'une succession est ouverte, les comptes bancaires, postaux ou d'épargne du décédé sont bloqués et ne peuvent donc normalement être utilisés pour régler les frais d'obsèques. Sur la demande expresse des ayants droit du défunt, le directeur de l'établissement financier concerné (banque, centre de chèques postaux, caisse d'épargne) peut effectuer à l'entreprise chargée des obsèques un virement direct d'un max. de 10 000 F (à ne pas confondre avec le plafond déductible de l'actif successoral pour frais funéraires, fixé à 3 000 F).

Chèques postaux. Le compte est bloqué dès la connaissance officielle du décès. Un des héritiers peut se « porter fort » jusqu'à 8 000 F. Au-delà, un certificat de propriété est nécessaire. Le compte joint évite le blocage, pour les chèques postaux et en matière bancaire.

Le médecin doit-il la vérité au malade ?

Le médecin apprécie l'attitude la moins traumatisante pour ses malades compte tenu de ce qu'il connaît de ses croyances, de sa famille... Sauf, l'exception définie par l'article 42 du Code de Déontologie médicale : « Pour des raisons légitimes que le médecin apprécie en conscience, un malade peut être laissé dans l'ignorance d'un diagnostic ou d'un pronostic grave.

Un pronostic fatal ne doit être révélé qu'avec la plus grande circonspection, mais la famille doit généralement en être prévenue, à moins que le malade n'ait préalablement interdit cette révélation, ou désigné les tiers auxquels elle doit être faite. »

Enterrement

Généralités

● **Date.** Le maire autorise l'inhumation ou la crémation 24 h au plus tôt après le décès (autorisation délivrée par l'officier d'état civil sur production d'un certificat médical).

● **Enterrements religieux. Catholique.** Baptisés, catéchumènes, petits enfants dont les parents envisageaient le baptême peuvent être enterrés religieusement. Seule une attitude d'opposition violente au christianisme entraînerait un refus : apostats notoires, personnes ayant demandé l'incinération pour des motifs antireligieux, personnes dont l'enterrement religieux ferait scandale. *Frais :* parfois ils correspondent aux dépenses de la paroisse pour la circonstance (personnel laïc), ailleurs l'offrande faite contribue surtout à la vie matérielle du prêtre.

Protestant. Levée de corps dans l'intimité suivie d'une inhumation. Après celle-ci, culte d'adoration et de reconnaissance généralement célébré au temple. Offrande libre.

Israélite. Pas de cérémonie religieuse à la synagogue. Prières et psaumes au cimetière. Toilette et vêtements rituels.

Musulman. Prières au domicile de la famille et au cimetière au moment de l'inhumation.

• **Liberté des funérailles.** Principe établi par la loi du 15-11-1887 et divers règlements. Ceux qui donneraient aux funérailles un caractère contraire à la volonté du défunt, ou à la décision de justice, encourraient une amende de 1 200 à 3 000 F (décret du 18-7-1980) ; de 2 ans à 5 ans de prison en cas de récidive, et la détention criminelle de 10 à 20 ans en cas de 2e récidive (art. 199 et 200 Code pénal).

• **Prestations. Catégories** (loi du 28-12-1904). 1°) *service extérieur,* qui regroupe : cercueil (et sa livraison), corbillard, personnel nécessaire, tentures et façades extérieures, transport du corps dans la limite de la commune. 2°) *service intérieur,* qui concerne la cérémonie religieuse. 3°) *service libre,* qui comprend toutes fournitures et travaux laissés hors des services ext. et int. : croix et emblèmes religieux, plaques, garniture intérieure du cercueil, soins de conservation, faire-part, fleurs, couronnes, etc.

Les communes ont le monopole du service extérieur. Le service intérieur est confié aux associations cultuelles qui fixent librement leurs tarifs. La concurrence s'exerce pour le service libre. Tous les services et fournitures monopolisés sont fournis à Paris par le Service municipal des pompes funèbres, auquel sont tenues de s'adresser les entreprises privées. Celles-ci ne peuvent prélever aucun bénéfice ni commission sur ces prestations qui font l'objet d'une facture distincte et sont exonérées de la T.V.A. 42 villes (dont Paris et Marseille) exploitent en *régie* le service *extérieur* d'où exonération pour les administrés de la T.V.A.). La plupart des autres (750 villes de + de 10 000 hab. et env. 4 000 communes de moyenne importance) en confient l'exécution à un concessionnaire, principalement les *Pompes funèbres générales* ou l'une de leurs 16 filiales (Borniol, Roblot, Lamy-Trouvain, etc.). Le groupe des P.F.G. enterre 250 000 des 550 000 Français qui meurent chaque année, soit 2 par jour pour une commune de 70 000 hab.

Dans beaucoup de communes rurales, les familles pourvoient elles-mêmes au transport ou à l'enterrement de leurs morts. Le cercueil est fabriqué alors par le menuisier du village.

En Moselle, Bas-Rhin, Ht-Rhin, les fabriques des églises et des consistoires ont gardé le monopole, mais peuvent le concéder, le régime du Concordat étant toujours en vigueur (décret du 22 prairial an XII).

• **Conservation des corps.** Peut être assurée par le froid (case réfrigérante, neige carbonique) ou par des soins « somatiques » : ex., procédé I.F.T. (Institut français de thanatopraxie) avec injection dans le corps d'un liquide aseptique. Pour les I.F.T., il faut l'autorisation du maire (ou du préfet de police à Paris).

• **Frais d'obsèques. Financement.** *Sécurité sociale :* verse un capital-décès équivalent à 3 mois du salaire soumis aux cotisations (dans la limite du plafond). *Stés mutualistes :* complètent les remboursements de la Séc. soc. ; prévoient un capital obsèques (les Pompes funèbres se font régler par la mutuelle la facture approuvée par la famille). *Assurance-vie :* voir p. 1485. *Assurances-obsèques. Banques :* certaines proposent contre env. 30 F par an, un capital (3 000 F à 100 000 F) en cas de décès du titulaire du compte, en rapport avec la valeur en jours du décès.

Prix d'un enterrement à Paris. Tarif au 1-1-1986 des Pompes funèbres générales. *Convoi de 4e classe* avec cercueil volige (pas d'aménagement intérieur) 834 F. *3e classe* c. en bois dur teinté 4 418 F. *2e classe* c. en bois dur vernis 7 288 F.

Cercueils (prix en F). *Peuplier* teinté 868, *chêne* verni 1 902, avec socle 3 985, massif verni à panneaux 5 469, *acajou* socle 7 575, verni lustré 13 130, *prestige* 21 715.

☞ **Un convoi comprend :** cerceuil, porteurs, corbillard, tenture de façade de la maison mortuaire, fournitures non monopolisées (garnitures intérieures, plaques, etc.), frais d'organisation des obsèques et d'assistance d'un employé à la mise en bière et au convoi (sauf pour la 4e cl.).

• **Obsèques de personnalités.** Le gouvernement décide s'il s'agit d'*obsèques nationales* (réservées à des personnalités ayant eu un rôle exceptionnel dans la vie du pays) ou d'*obsèques solennelles* ; il n'est tenu par aucune règle. Les cérémonies tiennent compte de la qualité du défunt : chef de l'État, chef du gouvernement, militaire, et du fait qu'il était ou non en fonction. Généralement les membres du gouvernement, le corps diplomatique, les corps constitués y participent ; les honneurs militaires sont rendus avec plus ou moins de faste. Les frais des obsèques nationales sont pris en charge par l'État, parfois ceux des solennelles. Ont eu des obsèques nationales : les maréchaux Leclerc, De Lattre de Tassigny, Juin. Le général de Gaulle et le Pt Pompidou ont eu des obsèques privées, mais un hommage solennel a été rendu par le gouvernement à N.-Dame de Paris.

A combien revient un mort ? En 1984, les assurances payaient par tué une indemnité moyenne de 208 000 F. *Par tranches d'âges : 0 à 9 ans* 102 000. *10 à 14 ans* 107 000. *15 à 19 ans* 124 000. *20 à 24 ans* 175 000. *25 à 44 ans* 369 000. *45 à 64 ans* 275 000. *+ de 65 ans* 115 000.

☞ **Enterrés vivants.** A la fin du XIXe s., un chercheur les avait évalués à 2 700 par an en Angleterre et au Pays de Galles. Lors du transfert aux U.S.A. des cimetières de soldats américains au Viêt-nam (et aussi des soldats morts en France en 1944), on avait constaté dans 4 % des cas des altérations et des déplacements éloquents (poignets rongés, squelettes retournés...).

☞ Une entreprise de pompes funèbres de Floride, Celestis, a proposé en 1985 à ses futurs clients d'envoyer (pour 3 900 $) leurs cendres en orbite dans un satellite placé à 3 000 km de la Terre. Celui-ci, pesant 150 kg, aurait emporté les restes de 10 000 personnes dont les cendres (une dizaine de grammes) seraient placées dans des gélules de 1 cm sur 5, portant le nom du défunt et une indication de sa religion. Avec de bonnes jumelles, les parents des disparus auraient pu suivre le satellite dans l'espace pendant 63 millions d'années.

Transports de corps

Sans cercueil. Nécessite l'autorisation du maire de la commune où est situé l'établissement (préfet de police à Paris) après accord écrit du dir. de l'établ. et du médecin-chef. *Distance max.* à parcourir, 200 km. *Délai max.,* 18 h à compter du décès. Si le défunt a reçu des soins de conservation, pas de distance max., délai 36 h.

Transport autorisé à destination : d'une chambre funéraire ou athanée (établ. destiné à recevoir les défunts avant mise en bière, 1re réalisation en France : Menton 1962) lorsque la famille ou la personne chez qui le décès a eu lieu le demande et qu'elle produit un certificat attestant que le décès n'est pas dû à une maladie contagieuse ; *à destination d'un établ. d'hospitalisation, d'enseignement ou de recherche* si l'intéressé en a fait déclaration écrite ; *de la résidence du défunt ou d'un membre* de sa famille après décès dans un établissement d'hospitalisation.

En cercueil. *Sur le territoire français :* autorisation donnée par le maire de la commune du décès (ou du lieu de fermeture du cercueil) ou le préfet de police à Paris. Présence nécessaire d'un commissaire de police ou garde-champêtre au départ et à l'arrivée, auquel il faut régler une vacation. Le cercueil devra être hermétique (ou étanche selon délais ou distance). *A destination de l'étranger :* cercueil hermétique et autorisation donnée par le sous-préfet, le préfet (ou le préfet de police pour Paris). S'adresser également au consulat du pays destinataire sauf si l'État destinataire est partie à l'accord de Berlin de 1937.

Transport par avion : le cercueil doit comporter un épurateur. *Rapatriement de corps ou transit :* pour l'entrée en France (ou le transit), il faut une autorisation délivrée par le représentant consulaire français du pays du décès sauf si ce dernier est partie à la convention de Berlin. *Tarifs des transports à distance. Par fourgon en dehors de Paris, toutes destinations :* chaque km de l'aller (retour compris) : 7,34 F, minimum de perception : 421,52 F.

Cimetière

• **Lieu.** Doit être à 35 m au moins en dehors des villes et bourgs, de préférence au nord ; la municipalité demande l'avis d'un géologue. La superficie est fonction du nombre présumé des morts à y enterrer chaque année, et la durée de rotation proposée par le géologue en fonction de la composition géologique et de l'humidité du sol.

Si le géologue indique que la durée de renouvellement des fosses doit être fixée à 7, 8 ou 10 ans, la surface du cimetière affectée aux inhumations en terrain commun devra être 7, 8 ou 10 fois supérieure à l'espace nécessaire aux inhumations à assurer dans une année. Sauf en cas de concession, les fosses peuvent être reprises tous les 5 ans.

Les corps doivent être enterrés à au moins 1,5 m de profondeur, certaines tolérances existant pour les inhumations en caveau dans les régions où existent des caveaux bâtis en surface. Lorsque la superficie du cimetière le permet, la commune peut en affecter une partie à des *concessions* pour des sépultures de famille (droit d'usage acquis par des particuliers).

Concessions. Au minimum 2 m². La commune doit fournir gratuitement, autour des tombes ou des concessions, une bande de terrain de 0,30 à 0,50 m à la tête et au pied, et de 0,30 m à 0,40 m sur les côtés, qui fait partie du domaine public (interconcessions). Quand la concession est reprise par la commune, les restes sont réinhumés dans l'ossuaire perpétuel du cimetière. *Catégories :* temporaires (6 à 15 ans), trentenaires, cinquantenaires, perpétuelles.

Fosses en terrain communal. Fosses individuelles à au moins 30 cm les unes des autres ou tranchée qui reçoit des cercueils au fur et à mesure des décès, à 20 cm les uns des autres. Ces emplacements sont fournis gratuitement pour 5 ans.

• **Tarifs à Paris (au 1-1-1986).** *Concessions temporaires* à Pantin et Thiais *6 ans* 193 F, *10 ans* 661 F. *Trentenaires* à Pantin et Thiais 3 675 F, Bagneux, Ivry, St-Ouen, La Chapelle (uniquement renouvellement) 3 965 F, *Cinquantenaires* à Thiais 4 935 F, Ivry, St-Ouen, La Chapelle, Pantin 6 909 F, Nord, La Villette, Batignolles, Bagneux 8 585 F. *Perpétuelles* à Thiais 9 089,56 F, St-Ouen, La Chapelle, Pantin, Ivry 13 010,73 F, Bagneux 13 701,33 F, Est, Sud, Nord, Bercy, Batignolles, Charonne, Belleville, Auteuil, Grenelle, St-Vincent, Vaugirard, Le Calvaire, La Villette 15 527,31 F, Passy et bordure d'avenue, Est, Sud, Nord, Batignolles 28 941,24 F.

Nota. — Nord : Montmartre, Est : Père Lachaise, Sud : Montparnasse.

☞ Chaque tombe occupant en moyenne 3 m². 550 000 décès par an représentent 165 ha.

Cimetières militaires. *Régime :* défini par les traités de Francfort (*10-5-1871* ; 40 000 Allemands en Fr.) et de Versailles (*28-6-1919* ; 470 000 All. en Fr.) et par plusieurs lois françaises, notamment : *4-5-1873* (création de carrés militaires dans les cimetières communaux) ; *31-6-1930* (sépulture perpétuelle des morts pour la France). *Nombre : Guerre 14-18 :* 253 nécropoles nationales, 1 913 carrés militaires municipaux (total 790 000 tombes). Ossuaires (corps non identifiés) : 550. Cimetières français à l'étranger : Belgique 32 000 tombes ; Dardanelles 15 000 ; Grèce 40 000 ; Yougoslavie 4 000 ; Albanie 2 000 ; Italie 1 000. *Guerre 39-45 :* 125 000 corps restitués aux familles sur 255 000. Nécropoles nationales (24) : 40 000 tombes ; cimetières de 14-18 agrandis (35) : 9 000 ; carrés militaires municipaux : 70 000. Mémoriaux nationaux : France combattante : Mont-Valérien (Suresnes, Hts-de-Seine) : 16 combattants d'une des phases de la guerre : mai-juin 40, France libre, déportation, etc. Déportation : camp de Struthof (Natzwiller, Bas-Rhin) : 1 100 déportés. *Réseau du Souvenir :* île de la Cité, Paris ; crypte : 1 déporté inconnu. *Nécropoles nationales :* Boulouris (Var) : 460 militaires † 15/27-8-1944 en Provence. *Sigolsheim* (Ht-Rhin) : morts de la campagne d'Alsace (1944-45).

Crémation

Autorisation. Accordée par le maire du lieu où est situé le crématorium au vu de l'expression écrite des dernières volontés du défunt ou de la demande de la personne qui a qualité pour pourvoir aux funérailles ; du certificat du médecin d'état-civil chargé de s'assurer que le décès ne pose pas de problème médico-légal. Dans le cas contraire, l'autorisation du Parquet est obligatoire.

Durée. Env. 1 h dans un four chauffé de 700° à 1200°. Les cendres pulvérisées, puis recueillies dans une urne peuvent être : remises à la famille pour être conservées à domicile ; placées dans une case de columbarium ; inhumées dans une sépulture traditionnelle ou jardin d'urnes ; dispersées au jardin du souvenir ou en pleine nature à l'exclusion des voies publiques.

Religion et crémation. Admise par catholiques (dep. 1963) et protestants, refusée par juifs et non pratiquée par musulmans. **Nombre :** 11 812 en 1984 en Fr. soit 2,12 % des décès en France (Japon 90, G.-B. 67, Suisse 50, P.-Bas 38, All. féd. 17, Belg. 5,4).

Tarif des crémations. Ils varient selon les exigences locales. Ils se situent entre 600 et 1 500 F env. **A Paris, au Père-Lachaise (1986).** *Services obligatoires :* corps venant de Paris : 1 186 F, hors de Paris : 1 541,80 F, indigents : gratuit. *Redevance pour la location au columbarium :* grande salle 284,64 F, petit salon 94,88 F. *Emploi de l'orgue :* 213,48 F. *Cachet de l'organiste :* 170 F.

Tarif des concessions de cases au columbarium (1-1-1986). *Concession temporaire de 6 ans* 193 F, *trentenaire :* 1 980 F, *cinquantenaire :* 3 305 F, *perpétuelle :* 6 802,08 F.

Villes possédant un crématorium : Amiens, Bordeaux, Clermont-Ferrand, le Havre, Les Joncherolles (Pierrefitte), Lille, (Watreloos), Lyon, Marseille, Montpellier, Mulhouse, Nice, Orange, Paris, Rouen, Strasbourg, Toulouse. Ces crématoires acceptent toute crémation quel que soit le lieu du décès.

Projets de crématorium : Lens, Valenton (ouverture prévue oct. 86), Grenoble, Caen, St-Étienne, Nantes, Carhaix-Plouguer, Angers, Nancy, Thionville.

Renseignements : *Fédération française de crémation :* 50, rue Richer, 75009 Paris. *Mutuelle des associations crématistes :* Maison de la Mutualité, 88, rue de la 32e, 34000 Montpellier.

Exhumation

Demander l'autorisation au maire de la commune où doit avoir lieu l'exhumation (au préfet de police pour Paris). Accordée sur demande écrite du parent le plus proche, ordonnée par décision administrative (translation d'un cimetière, par ex.), ou prescrite par l'autorité judiciaire. Un membre de la famille doit être présent ou dûment représenté.

Violations de sépulture

Quiconque se sera rendu coupable de violation de tombeau ou de sépulture, sera puni d'un emprisonnement de 3 mois à un an et de 500 à 8 000 F d'amende, sans préjudice des peines contre les crimes ou les délits qui seraient joints à celui-ci.

Cérémonial du souvenir

Tombe du soldat inconnu. Origine. *26-11-1916.* F. Simon (Pt du Souvenir français de Rennes) propose de choisir le corps d'un soldat français tué et non identifié ; *12-7-18* Maurice Maunoury (député d'E.-et-L.) propose d'élever un tombeau au soldat anonyme ; *7-12-18* M. Crescitz (Pt de la Sté française de Berne) propose à Clemenceau le transfert au Panthéon de corps de soldats inconnus. *12-11-19* la Chambre des dép. décide que le corps d'un soldat inconnu sera transporté au Panthéon. *1919-20* campagne de presse *(le Journal, le Matin)* pour l'inhumation d'un soldat inconnu sous l'Arc de Triomphe. *2-11-20* projet de loi, déposé par le gouv. de Georges Leygues, prévoyant le Panthéon. *8-11-20* loi votée (à l'unanimité par les 2 Chambres) prévoyant de rendre les honneurs du Panthéon aux restes du soldat inconnu et de les inhumer sous l'Arc de Triomphe le *11-11.* André Maginot (min. des Pensions) ordonne aux 9 commandants de région de faire exhumer « dans un point de chaque région pris au hasard et qui devra rester secret, le corps d'un soldat identifié comme Français, mais dont l'identité personnelle n'aura pû être établie ». Le corps sera placé dans un cercueil de chêne et dirigé en auto sur Verdun. 8 cercueils arrivent à Verdun le 9-11 [d'Artois, Somme, Île-de-France (sans doute Ourcq ou Marne), Chemin-des-Dames, Champagne, Verdun, Lorraine, Flandres] ; dans une région on n'a pu identifier la nationalité du corps exhumé. *10-11* le corps est choisi. Le soldat Auguste Thin (fils d'un père disparu, originaire de Caen, engagé volontaire de la classe 19, un des rares survivants du 132e rég. d'infanterie) dépose un bouquet cueilli à Verdun sur le 6e cercueil (œillets rouges et blancs). Il a additionné les chiffres du no de son régiment 1, 2, 3. Le cercueil choisi est conduit à la gare de Verdun sur un affût de canon et les 7 autres sont inhumés dans le cimetière du Fg Paué. *11-11* après une cérémonie au Panthéon, le cercueil est déposé à l'Arc de Triomphe de l'Étoile, à Paris, où, après la cérémonie, il est placé au 1er étage, en attendant d'être transporté dans sa tombe. (28-1-21) *21-1-21* Gabriel Boissy (1879-1949) propose de faire brûler une flamme en permanence et Jacques Péricard de faire ranimer celle-ci chaque jour par des combattants. Sur les plans de l'architecte Henri Favier, le ferronnier Edgar Brandt exécuta ce dispositif. La flamme surgit d'un canon braqué vers le ciel, encastré au centre d'une sorte de rosace représentant un bouclier renversé dont la surface ciselée est constituée par des épées formant étoile. *11-11-1923* André Maginot allume la flamme.

Tous les jours à 18 h 30, une ou plusieurs Stés d'Anciens Combattants vient y raviver la *Flamme du Souvenir :* une flamme alimentée au gaz reste en veilleuse jour et nuit. Au cours de la cérémonie on actionne le robinet d'ouverture avec une épée dont l'extrémité est plate : une flamme jaillit et la fanfare donne la *Sonnerie aux morts* en usage dans les pays anglo-saxons *(Last Call).*

Soldat inconnu d'Indochine. L'un des 57 958 militaires français (11 747 corps rapatriés) tués en Indochine, enseveli le 7/8-6-1980 au cimetière national de N.-D.-de-Lorette (P.-de-C.).

Minute de silence. Date du 11 novembre 1919 (1er anniversaire de l'armistice) ; dans les pays anglo-saxons ce silence dure 2 minutes.

Le Souvenir français (association créée 1887, environ 1 300 comités, 300 000 membres, 9, rue de Clichy, 75009 Paris) se propose d'entretenir tombes et monuments consacrés à la mémoire de ceux qui sont « morts pour la France ».

Formalités

Papiers à garder

• **Automobile.** *Jusqu'à la réception de la suivante :* attestation d'assurance, carnet d'entretien. *1 an :* vignette. *2 ans :* facture d'achat d'un véhicule, quittances d'assurance. *En cas de vente :* courrier avec l'assureur. *4 ans :* souche d'une amende munie de son timbre, avis de paiement d'une amende. *10 ans :* contrat de crédit-bail ou leasing, avis d'échéance, de paiement automatique, carnet d'entretien, factures d'entr., quittances de location de garage. *30 ans :* double du certificat de vente et références du paiement en cas d'achat à un particulier, contrat d'ass., dossier de règlement d'un accident ; si l'on a affaire à un artisan : factures d'entretien, quittances de location de garage.

• **Employeur.** Le Code de commerce impose la conservation pendant 10 ans de : *livre-journal, livre des inventaires* (ainsi que les l. et documents annexes si le livre-journal ne comporte pas une récapitulation journalière) et *correspondance commerciale.*

Les réclamations et poursuites de la S. S. ne peuvent porter que sur les 5 années précédentes. *Registres de salaires et de personnel, bulletins de paie, livre de paie, justifications du versement des cotisations à la S. S.* doivent être conservés pendant ce délai. *Délai de la prescription fiscale :* 4 ans.

Nota. – Les infractions relatives à la tenue des registres prescrits par le Code du travail se prescrivent par 3 ans pour celles relevant du tribunal correctionnel et par 1 an devant le tribunal de simple police.

• **Enfants.** *2 ans :* certificats de scolarité, récépissés d'assurances, double de la déclaration d'accident. *4 à 7 ans :* livrets de bulletins scolaires, dossiers de bourse, carnets de vaccination et carnets de santé. *10 ans :* carte d'identité, passeport.

• **Famille.** *5 ans :* justificatifs des paiements des pensions alimentaires, honoraires des notaires et des avocats. *Toute la vie :* livret de famille, contrat de mariage, documents concernant les successions recueillies,jugement de divorce ou de séparation de corps, acte de liquidation de la communauté, acte du règlement de la succession du conjoint, titres de propriété, contrat de concession du caveau de famille.

• **Finances.** *Jusqu'à la fin du mois suivant leur émission :* mandats (encaissement). *Après leur émission 2 mois :* chèques postaux (encaissement) ; *1 an :* mandats internationaux (réclamation), chèque postal (réclamation) ; *1 an et 1 j. :* chèques bancaires (encaissement) ; *2 ans :* mandats (réclamation) ; chèque postal transformé en mandat (réclamation) ; *4 ans :* bordereaux des avoirs fiscaux. *5 ans :* avis de mise en paiement des dividendes, intérêts coupons. *10 ans :* si l'on n'a pas de trace avant : bordereaux de versement d'argent liquide, de chèques ou d'ordres de virement, à compter de l'amortissement ou de la dissolution,obligations, actions. *30 ans :* reconnaissance de dette. *Variable :* talons de chéquiers, relevés de comptes bancaires ou postaux (au min. 6 ans, 10 ans en cas de contestation de virement ou d'encaissement devant un tribunal), avis de prélèvement automatique. *Au moins jusqu'au remboursement total :* dossiers de prêts.

• **Impôts.** *1 à 2 ans :* avertissements, justificatifs, avis de prélèvement automatique et correspondance en matière d'impôts locaux. *4 ans :* pièces ci-dessus en cas de réclamation de paiement, double de la déclaration de revenus, avertissements, justificatifs, tiers provisionnels, avis du prélèvement automatique et correspondance en matière d'impôts sur le revenu. *6 ans :* pièces ci-dessus en cas d'agissements frauduleux. *9 ans :* double des déclarations, justificatifs et correspondance s'il y a report de déficits fonciers. *10 ans :* double de la déclaration du droit au bail, actes, annexes et justificatifs, soumis à enregistrement.

• **Maison.** *Le temps de la garantie :* factures des appareils ménagers. *6 mois :* notes d'hôtel. *1 an :* certificats de ramonage, récépissés d'envoi d'objets recommandés, acte ou lettre de résiliation d'un contrat. *2 ans :* quittances d'assurance, contrat d'assurance résilié, factures de téléphone, factures de fuel, ticket de caisse en cas de gros achat. *3 ans :* quittances de redevance TV. *5 ans :* quittances de loyer, décomptes de charges, bail résilié ; pour le bailleur : fiche de renseignement, bail, état des lieux, surface corrigée et quittances de loyer. *10 ans :* factures d'eau, E.D.F., G.D.F., de travaux faits par des commerçants ; copropriété : correspondance avec le syndic, décomptes de charges. + *10 ans :* permis de construire, contrats, factures et procès-verbaux de chantier. *30 ans :* *copropriété* règlement, procès-verbaux des assemblées générales ; dossier de remboursement d'un sinistre, contrat de responsabilité civile, factures de travaux faits par des non-commerçants.

Toute la vie ou jusqu'à la revente : titre de propriété, immeuble. *Variable* (durée d'un bail) : état des lieux.

• **Personnels.** *2 ans* (après l'échéance du contrat ou le règlement de la succession) : contrat, quittances, correspondance, questionnaire médical de l'assurance-vie (s'il n'y a ni omission ni fausse déclaration). *3 ans :* carte d'électeur. *4 ans* [1] : dossier « assurances » si les primes sont déductibles des revenus. *5 ans :* relevés de séc. soc., cotisations à l'URSSAF. *10 ans :* carte d'identité, passeport. *Toute la vie :* livret militaire, carte de service national, état signalétique des services, titres et distinctions honorifiques, diplômes scolaires et universitaires. Jugement de divorce ou de séparation de corps, acte de reconnaissance d'enfant naturel, carnet de santé, certificats de vaccination, carte d'immatriculation à la séc. sociale.

• **Santé.** *2 ans :* double des honoraires ou indications de paiement des honoraires des médecins, chirurgiens, dentistes. *2 ans suivant la date d'émission :* décomptes de remboursement, bulletin de versement des allocations familiales. *2 ans suivant la 1re déclaration de grossesse :* décompte des prestations de maternité. *2 ans et 1 trimestre* suivant l'exécution de l'ordonnance : double des feuilles de soins. *5 ans :* double des fiches de paye et double des relevés de cotisations

Les Archives en France

Origine. L'organisation des archives publiques remonte à Philippe Auguste (1194) et, sous sa forme actuelle, à la Révolution (1790).

Activité. Rassemblent, conservent et communiquent les documents qui résultent de l'activité politique, administrative et économique, quelle que soit leur présentation (manuscrits, dact. ou impr., photographiques, sonores, informatiques...). Ces doc. servent à la gestion des affaires, à la sauvegarde des droits des citoyens, à la recherche historique et à l'animation culturelle.

Époques couvertes. Du VIe s. à nos jours (les 9/10 sont des XIXe et XXe) : *actes les plus anciens des Arch. nat. : Mérovingiens* (481-751) : 47 originaux venant en majorité de l'abbaye de St-Denis (le plus ancien date de 625 : papyrus concernant la donation à l'abbaye d'un terrain situé à Paris). *Carolingiens* (751-987) : règne de Pépin le Bref (5), de Charlemagne (31), de Louis le Pieux (28), de Charles le Chauve (69). *Capétiens* (987-1328) : Hugues Capet (1), Robert le Pieux (21), puis le nombre augmente : plus de 1 000 pour Philippe Auguste, plusieurs milliers pour St-Louis, etc.

Statut. Régies par la loi du 3-1 et les décrets du 3-12-1979. Les A. nationales, départementales et communales ressortissent à la Direction des A. de France (min. de la Culture et de la Communication) ; les a. des min. des Aff. étrangères et de la Défense, à ces 2 min. **Personnel** : env. 3 700 personnes, dont A. nat. 360, dép. 1 600, comm. 600. Conservateurs recrutés parmi les archivistes-paléographes [diplômés de l'École des chartes (fondée 1821), après 4 ans d'école et soutenance d'une thèse]. *Personnel de direction* (conservateurs) : recruté parmi les archivistes-paléographes [diplômés de l'École des chartes (fondée en 1821) ; placée sous le patronnage de l'Académie des inscr. et belles-lettres), diplôme obtenu après 4 ans d'études et soutenance d'une thèse].

Organisation et contenu. A. nationales. Conservent les doc. venant des organes centraux de l'État (actes les plus anciens : 47 originaux de l'époque mérovingienne [481-751], venant en majorité de l'abbaye de St-Denis ; le plus ancien est un papyrus de 625, concernant la donation à l'abbaye d'un terrain situé à Paris). Comprennent 5 dépôts : *1°* dépôt central à Paris (hôtels de Soubise et de Rohan dans le Marais : 310 km de rayonnages occupés par les doc.) ; *2°* Cité des arch. contemporaines à Fontainebleau (qui abritera, lors de son achèvement, 800 km de rayonnages souterrains ; en 1985, 220 km occupés) ; *3°* Centre des a. d'Outre-mer à Aix-en-Pr. (30 km en 1985) ; *4°* Centre des arch. du monde du travail à Roubaix (en cours de réalisation) ; *5°* Dépôt central de microfilms, dans le Gard (voir ci-dessous). **A. départementales.** Nombre 100 (un dépôt dans chaque chef-lieu de dép.). En 1984, 1 720 km de rayonnages occupés. **A. communales.** Dans chaque commune, en 1986, seules 290 villes d'une certaine importance ont un service organisé, rayonnage (1985) : env. 600 km. *Rayonnage total* des arch. conservées en France 3 380 km (dont A. nat. et dép., 2 280 km, soit env. 22 millions de liasses ou cartons, soit 120 000 tonnes).

Catégories particulières de documents. *Notaires.* Tenus dep. l'ordonnance de Villers-Cotterets (1539) de conserver leurs documents à perpétuité, versent aux Arch. nat. ou départementales leurs archives de plus de 100 ans. Dep. 1928, les 122 études de Paris ont remis aux Arch. nat. plus de 80 000 000 d'actes remontant au XVe s. (26 km de rayonnages).

Particuliers et entreprises, organismes ou assoc. privés peuvent déposer leurs arch. en en gardant la propriété, les donner, les léguer ou en proposer la dation ou le microfilmage. En 1985, aux Arch. nat., 477 fonds d'arch. privées, 255 d'arch. économiques, d'assoc., de syndicats et de presse. Les a. les plus précieuses, celles qui complètent les fonds d'un service d'a. et d'importants fonds d'a. familiales et d'entreprises, sont *microfilmés* par les A. nat. et dép. En 1985, 6 000 km de microfilms (soit env. 150 millions de micro-images), dont 745 km (16 millions de micro-images) pour les A. nat. à Paris. Le Dépôt central de micro. à Espeyran (Gard) conserve, à titre de sécurité, les négatifs originaux (1 500 km de film en 1985).

Consultation. Toute personne peut consulter les a. dans les salles de lecture des Arch. *En général,* les doc. sont consultables au bout de *30 ans ;* certains ne le sont qu'après 60 à 150 ans, pour protéger vie privée, sécurité publique ou secrets couverts par la loi ; d'autres le sont dès leur création. *L'État général des fonds des Arch. nat.* (4 vol., 1978-80) donne un tableau d'ensemble des 4 millions de registres et liasses de doc. antérieurs à 1940 qui y sont conservés. Un *État des inventaires des arch. dép., comm. et hospitalières,* est paru en 1984 ; une collection de *Guides* par dép. est en cours (50 vol. parus en 1985). En 1984, les salles de lecture des Arch. nat. et dép. ont reçu 116 192 chercheurs qui ont consulté 2 189 000 « articles » (registres, liasses de doc., bobines de micro., etc.). Les 102 services éducatifs des Arch. nat., dép. ou munic. ont accueilli, en 1984-85, 380 000 élèves, étudiants et adultes, pour des visites et des présentations de doc. ou des expositions.

si vous employez du personnel de maison. *Toute la vie :* carte d'immatriculation à la S.S., certificats de vaccinations, radiographies, résultats d'analyses ou d'examens spéciaux, doubles des ordonnances, adresses des médecins, chirurgiens, carte de groupe sanguin.

• **Travail.** *Jusqu'au paiement effectif :* avis de paiement de pension. *2 mois :* reçu pour solde de tout compte (*5 ans* s'il est entaché d'un vice de forme). *1 an :* échéances trimestrielles de pension. *5 ans au moins :* contrat de travail expiré. *Toute la retraite :* notifications d'attribution de pension, de révision, accusé de réception du dossier de liquidation (retraite complémentaire), bordereau de reconstitution de carrière (retraite complémentaire), notification de chaque caisse de retraite complémentaire. *Toute la vie active :* contrat de travail expiré, certificat de travail. *Toute la vie :* fiches de paye (ou récapitulatif annuel), relevés de points de caisses de retraite complémentaire, copies des arrêts de travail, certificats de grossesse, bordereaux des indemnités ASSEDIC (ou récapitulatif annuel).

Actes

Formes

• **Acte authentique.** Acte reçu par un officier public (ex. : notaire) ayant le droit d'instrumenter dans les lieux où l'acte a été rédigé et avec les solennités requises, dont les affirmations font foi jusqu'à inscription de faux, et dont les copies exécutoires (grosses ou copies littérales) sont susceptibles d'exécution forcée. Certains actes sont obligatoirement authentiques (ex. : ventes d'immeubles).

• **Acte de notoriété.** *Utile* quand il est impossible d'obtenir une copie ou un extrait d'acte d'état civil (registres perdus ou détruits, acte non dressé par erreur, absence de l'endroit où a été dressé l'acte). *Formalités :* se présenter devant le juge d'instance du lieu de naissance ou du domicile avec pièces justificatives (carte d'identité, passeport, papiers de famille, etc.), avec 3 témoins majeurs, parents ou non (pas indispensables pour les Français d'Algérie). *Gratuit.* Les *actes simplifiés* (pour les copies et extraits d'acte figurant sur des registres perdus ou détruits) sont dispensés d'homologations. *Pour un extrait (ou une copie)* d'acte de not., s'adresser au greffe du tribunal d'instance qui l'a dressé. L'acte de notoriété est indispensable en matière de succession pour établir la dévolution ; dans ce cas, c'est généralement le notaire qui l'établit.

• **Propriété (Certificat de ou acte de notoriété).** Acte par lequel un notaire certifie le droit de propriété d'une personne. Utilisé en matière de succession pour permettre aux héritiers d'entrer en possession de certains biens ayant appartenu au défunt. *S'adresser* au tribunal d'instance (pour succession simple sans donation, testament, enfant mineur, contrat de mariage, sauf contrat de communauté universelle), frais 10 à 70 F, ou chez le notaire (certificat de notoriété qui sert à prouver ses droits d'héritier).

• **Actes pouvant être passés sous seing privé (s.s.p.).** Tout acte établi sans faire appel à un officier public. La signature de chacune des parties ou de leurs représentants est indispensable pour que l'acte soit valide. Les conventions pouvant porter atteinte à l'ordre public ou aux bonnes mœurs sont proscrites. Ex. :

Documents administratifs

Droits. Toute personne (française ou non, physique ou morale) peut obtenir un document administratif, de caractère général (rapports, procès-verbaux, dossiers, directives, statistiques, comptes des communes, etc.) ou nominatifs (concernant la personne intéressée) sans avoir à expliquer les motifs de sa demande, dans les conditions prévues par la loi du 17-7-1978, modifiée par celle du 11-7-1979. *Exceptions :* documents couverts par des secrets protégés, dans l'intérêt public (sûreté de l'État et sécurité publique, crédit, infractions fiscales et douanières) ou de tiers (vie privée, secret industriel et commercial, déroulement de procédures contentieuses).

Formalités. Demandent, dans une lettre, les documents aux services admin. qui les détiennent. (Les bulletins officiels, périodiques édités par les admin. pour le public, publient les circulaires d'intérêt général, et signalent sous forme de listes les autres doc. communicables.) Consultation gratuite sur place du document ou photocopie du document (1 F la page). On ne peut utiliser à des fins commerciales les documents communiqués.

En cas de refus (ou de non-réponse, dans les 2 mois à dater de la réception de la lettre de demande), on peut saisir la Commission d'accès aux documents admin. 72, rue de Varenne, 75007 Paris (écrire au Pt). Réponse dans les 2 mois par la commission. Si l'administration refuse de suivre l'avis de la commission, on peut s'adresser au tribunal admin. pour lui demander l'annulation de la décision de refus de communication. Le tribunal a 6 mois pour rendre son jugement.

Cession de bail. Il faut avoir l'accord du propriétaire. Le plus souvent il faut se reporter au contrat de location.

Compromis. Convention par laquelle 2 personnes décident de soumettre le litige qui les oppose à des arbitres qu'elles désignent. Ce terme est aujourd'hui employé de façon impropre pour désigner la convention provisoire par laquelle acheteur et vendeur constatent leur accord sur les conditions d'une vente, soit d'un immeuble en attendant de régulariser l'opération devant notaire, soit d'un fonds de commerce avant de commencer les opérations de publicité prescrites par la loi, soit la cession d'un bail avant d'avoir obtenu, si nécessaire, l'accord du propriétaire.

Engagements unilatéraux. L'article 1326 du Code civil a été modifié par la loi n° 80.525 du 12-7-1980 : l'acte juridique par lequel une seule partie s'engage envers une autre à lui payer une somme d'argent ou à lui livrer un bien fongible, doit être constaté dans un titre qui comporte la signature de celui qui souscrit cet engagement ainsi que la mention, écrite de sa main, de la somme ou de la qualité en toutes lettres et en chiffres. En cas de différence, l'acte sous seing privé vaut pour la somme écrite en toutes lettres.

Location. Voir Index.

Reconnaissance de dette. Le débiteur s'engage à rembourser.

Sociétés non anonymes (Constit. de). Voir Index.

Testament olographe. Voir p. 1526.

Vente de fonds de commerce. Demander un modèle, différentes mentions devant être obligatoirement prévues dans l'intérêt de l'acquéreur qui peut en demander la nullité si elles ne figurent pas (ex. : origine de propriété, état de privilèges et nantissements grevant le fonds, chiffre d'affaires et bénéfices commerciaux des 3 dernières années et toutes indications utiles concernant le bail). Si le prix est payé à crédit, un privilège est réservé au profit du vendeur et il doit être inscrit au greffe du trib. de commerce dans un délai de 15 j. Le propriétaire de l'immeuble doit généralement intervenir à l'acte. Le séquestre du prix de vente qui recevra les oppositions de créanciers doit être mentionné. Ce séquestre doit adhérer à une société de caution mutuelle pour permettre la garantie du vendeur quant au solde du prix à recevoir après les oppositions.

Les actes sous seing privé concernant ventes de fonds de commerce, cessions de droits sociaux (parts de société, si celle-ci détient dans son patrimoine un fonds ou un immeuble), cessions de parts de société immobilières, peuvent être établis, sauf les parties elles-mêmes, par des professionnels de ces activités (titulaires d'une carte et adhérant à une société de caution mutuelle).

Rédaction des actes

Formulaires. Dans certaines librairies. **Papier timbré.** Tarif : feuille (21 × 29,7) 28 F ; (29,7 × 42), normale 56 F, p. registre (42 × 59,4) 112 F.

Nombre d'exemplaires. Autant d'originaux qu'il y a de parties ayant un intérêt distinct. Si toutes les parties conviennent d'établir leur convention en un seul ex. et de le remettre à un dépositaire unique, mention doit en être faite dans l'acte. Cas fréquent pour les ventes d'immeubles ou de fonds de commerce.

Modifications. Si, lors de la lecture de l'acte, un complément est nécessaire, il sera « piqué » un renvoi dans le texte, et l'adjonction figurant dans la marge sera approuvée par le paraphe des parties. Les mots inutiles seront rayés un à un ; les lignes entières le seront d'un seul trait ; l'ensemble des mots et des lignes sera récapitulé en fin d'acte et leur nombre sera « approuvé » au moyen de paraphes.

Date et lieu de signature, et nombre des originaux doivent être mentionnés.

Les parties, sauf pour certains documents commerciaux, doivent faire précéder dans les actes s.s.p. leur signature de la mention manuscrite « Lu et approuvé ». D'autres formules sont souvent nécessaires dans divers cas particuliers, notamment pour les ventes de fonds de commerce.

Formalités à remplir

Enregistrement. Formalités. Tous les exemplaires originaux doivent être enregistrés : les clauses principales sont transcrites sur un registre tenu par l'administration et une mention est apposée sur chaque exemplaire de l'acte. A cette occasion, l'Enregistrement perçoit des droits variables selon la nature des actes. Les actes soumis à l'Enregistrement doivent être présentés dans le mois de leur date, sinon les droits sont doubles.

Actes de vente. *Actes obligatoirement enregistrés :* ventes d'immeubles et de fonds de commerce, actes constitutifs de société, augmentations de capital, cessions de parts. Un acte de société adaptant les statuts à la nouvelle législation n'est pas forcément timbré, ni enregistré ; les baux ne sont plus enregistrés, mais cela peut être utile en cas de vente de l'immeuble pour que ce bail soit opposable à l'acquéreur (l'enregistrement confère une « date certaine » à l'acte ; si l'une des parties perd son original, elle peut en demander une expédition ou copie au bureau de l'Enregistrement où l'acte a été formalisé).

- **Copie conforme.** S'adresser au commissariat (ou à la gendarmerie) pour les diplômes, à la mairie pour les titres de retraites, papiers militaires et attestations de diplômes. Au maire, au commissaire de police, à l'officier d'état civil pour les extraits d'actes d'état civil, à l'off. ministériel (notaire ou greffier) qui détient la minute ou le brevet d'un acte pour tout doc. particulier, au ministère des Relations extérieures pour les doc. destinés à l'étranger. Gratuit. Pour un document portant un timbre fiscal, prix du timbre fiscal.

Photocopies. Elles n'ont aucune valeur juridique pour les documents administratifs. 2 exceptions : pour les loueurs de véhicules (pouvant confier à leurs clients la photocopie de la carte grise pour éviter la vente illégale des véhicules loués), les conducteurs de camions de 3,5 t soumis à des visites techniques périodiques.

- **Légalisation d'un document.** En France, au Bureau des légalisations. A l'étranger, au Consulat le plus proche. Gratuit. Obtention immédiate.

Légalisation (ou authentification) d'une signature. S'adresser dans une mairie, exécuter devant l'officier d'état civil une signature pour comparaison. *Pour la signature d'un tiers :* présenter la pièce dont la signature est à légaliser et la carte d'identité nationale du signataire. Gratuit. Formalité envisageable pour des pièces produites à l'étranger.

- **Traduction d'une pièce d'état civil.** S'adresser à la mairie pour une formule plurilingue. Gratuite. Sinon, s'adresser à un traducteur agréé (liste dans les mairies). Frais : 70 F env.

Légalisation : 31, rue Dumont-d'Urville, 75016 Paris. Frais : variables suivant nationalité.

Publication. Souvent les actes doivent faire l'objet d'une publication dans un journal d'annonces légales : c'est le cas par exemple pour les ventes de fonds de commerce.

Dépôt au greffe du Tribunal de commerce. Pour les actes de sociétés.

Modifications au Registre de commerce.

Procuration. Nécessaire pour certains actes. *Ex. :* « Je, soussigné (nom, prénom, adresse), déclare donner procuration à X... (nom, prénom, adresse) pour (signer tel acte, me représenter dans telle circonstance, etc.). »

Certaines doivent être signées devant un officier de police et légalisées (se renseigner).

Armes

Catégories

Décret-loi du 18 avril 1939. Décret n° 73-364 du 12-3-1973.

Matériels de guerre

1re catégorie. *Pistolets automatiques* tirant munition 7,65 long ou calibre supérieur ou dont la longueur du canon est ⩾ 11 cm. P.A. de tous calibres pouvant tirer par rafales ou dont le magasin peut contenir plus de 10 cartouches. *Toutes autres armes de poing* tirant des munitions utilisables dans des armes classées matériels de guerre : canons, carcasses et barillets à l'usage de ces armes. *Fusils, mousquetons et carabines* conçus pour l'usage militaire. *Pistolets mitrailleurs, fusils mitrailleurs et mitrailleuses* de tous calibres. Canons, obusiers, et mortiers de tous calibres. *Munitions* pour ces armes. *Grenades, bombes, torpilles et mines, roquettes, missiles, lance-flammes* et tous engins de projection servant à la guerre chimique ou incendiaire. *Engins nucléaires explosifs,* leurs composants spécifiques et les outillages spécialisés de fabrication et d'essai. *Armes laser* et leurs composants spécifiques.

2e catégorie. *Engins porteurs d'armes à feu* ou destinés à les utiliser au combat.

3e catégorie. *Matériels de protection contre les gaz de combat et produits destinés à la guerre chimique ou incendiaire.*

Autres Armes

4e catégorie. *Armes à feu dites de défense et leurs munitions et éléments de ces armes et munitions. Armes de poing,* à percussion centrale, non comprises dans la 1re cat. ; à percussion annulaire, semi-automatique ou à répétition ; à percussion annulaire, à un coup. *Armes convertibles* en armes de poing des types ci-dessus. *Pistolets d'abattage* utilisant les munitions des armes de 4e cat. *Canon, culasse mobile, boîte de culasse, carcasse et barillet, munitions et douilles* chargées ou non chargées à l'usage des armes ci-dessus, à l'exception des munitions de 5,5 à percussion annulaire et de leurs douilles chargées ou non chargées.

Armes d'épaule, semi-automatiques ou à répétition, dont longueur du canon < 45 cm ou longueur totale < 80 cm ; d'un ou plusieurs canons lisses d'une longueur < 60 cm et tirant plus de 3 coups ; à canon rayé, semi-automatique ou à répétition, pouvant tirer plus de 10 coups ainsi que les chargeurs de plus de 10 coups.

5e catégorie. Armes de chasse. *Fusils, carabines* ou *canardières ayant un ou plusieurs canons lisses,* quel que soit leur système d'alimentation. *Fusils et carabines à canon rayé,* à percussion centrale, quel que soit leur système d'alimentation [1]. *Fusils, mousquetons, carabines* d'un calibre supérieur à 10 mm et d'un système conçu avant le 1-1-1886 pour le tir de munitions chargées à poudre noire et balles plomb et leurs munitions.

6e catégorie. Armes blanches. *Baïonnettes, sabres-baïonnettes, poignards, couteaux-poignards,* mais aussi *matraques, casse-tête cannes à épée, cannes plombées et ferrées,* sauf celles qui ne sont ferrées qu'à un bout. *Tous autres objets susceptibles de constituer une arme dangereuse* pour la sécurité publique. *Lance-pierres* de compétition, *projecteurs hypodermiques.*

7e catégorie. Armes de tir, de foire, de salon. *Armes à feu de tous calibres* à percussion annulaire, autres que celles classées en 4e catégorie et leurs munitions [2]. *Armes d'alarme,* de signalisation et de starter à condition qu'elles ne permettent pas le tir de cartouches à balle.

8e catégorie. Armes historiques et de collection. *Armes dont le modèle et, sauf exception, l'année de fabrication sont antérieurs à des dates fixées par arrêté ministériel,* sous réserve qu'elles ne puissent tirer des munitions des 1re et 4e cat., et leurs munitions [3]. *Armes rendues inaptes au tir* de toutes les munitions, quels qu'en soient le modèle et l'année de fabrication par l'application de procédés techniques [4]. *Reproduction d'armes* [5] historiques et de collection dont le modèle est antérieur à la date fixée par A.M. [3] et dont les caractéristiques techniques sont définies par arrêté interministériel [6].

Nota. — (1) Sous réserves énoncées à l'art. 1er (avant-dernier alinéa) du décret du 18-4-1939. (2) Les détenteurs d'armes de poing à percussion annulaire à un coup acquises régulièrement comme arme de 7e catégorie et classées en 4e cat. sont autorisés à les conserver sans formalité (Décret n° 81-197 du 24-2-1981, *J.O.* du 4-3-1981). (3) Millésime de référence pour les armes historiques et de collection : le modèle de l'arme et son année de fabrication doivent être antérieurs au 1er janvier 1870 (A.M. du 13-12-1978). (4) Procédés techniques définis par arrêté interministériel du 13-12-1978. (5) Fusils, mousquetons, carabines, pistolets et revolvers conçus pour l'utilisation de la poudre noire et des balles en plomb et se chargeant par la bouche ou par l'avant du barillet ou tirant des cartouches avec étui en papier ou en carton et se chargeant par la culasse, à l'exclusion de toutes armes permettant l'utilisation d'une cartouche avec étui métallique. (6) Arrêté interministériel du 9-10-1979.

Acquisition, détention

1°) Des armes de 1re cat. (§§ 1, 2 et 3) et de 4e cat. L'achat par des particuliers de 21 ans et + (sauf pour tireurs sélectionnés) d'armes et de munitions de 1re (§§ 1, 2 et 3) et de 4e cat. ne peut être effectué que sur présentation d'une autorisation d'acquisition et de détention délivrée par le commissaire de la Rép. du lieu de leur domicile. Demandes à déposer au commissariat de police ou, à défaut, à la gendarmerie avec : pièces justificatives du domicile ; fiche individuelle d'état civil et de nationalité française ; s'il y a lieu : pièce justificative du local professionnel ou de la résidence secondaire.

En plus pour les étrangers : carte de résident ordinaire ou privilégié ; carte de séjour de ressortissant de la C.E.E.

La décision est notifiée par l'intermédiaire de l'autorité de police qui a reçu la demande.

L'autorisation, accordée pour au max. 5 ans (3 pour tireurs sportifs et exploitants de tir forains) doit être renouvelée selon les mêmes conditions.

2°) Autres armes : (5e, 6e, 7e et 8e cat.). Achat et détention sont libres mais interdits aux mineurs sauf autorisation parentale pour les + de 16 ans. L'identité et la résidence des acquéreurs d'armes des cat. 5 et 7 (sauf des armes à canons lisses) sont relevées sur un registre spécial tenu par le vendeur. Les transactions entre particuliers doivent être également inscrites sur le registre d'un armurier.

Port d'armes

Principe : interdiction. *Exceptions :* fonctionnaires et agents chargés d'un service de police ou soumis à des risques d'agression, militaires, personnels des entreprises de transport de fonds ou d'entreprises se trouvant dans l'obligation d'assurer la sécurité de leurs biens dûment agréés par le commissaire de la République.

Autorisations délivrées selon le cas par le commissaire de la République ou le ministre de l'Intérieur et de la Décentralisation. Le port d'arme doit être distingué du simple transport, lequel n'est autorisé que dans la mesure où un « motif légitime » peut être invoqué.

Sanctions

Acquisition ou détention sans autorisation d'une arme de 1re ou 4e cat. ou de munitions pour ces armes : emprisonnement de 1 à 3 ans et amende de 360 à 8 000 F. *Port* des mêmes armes sans motif légitime : emprisonnement de 2 à 5 ans et amende de 3 000 à 20 000 F. *Port illégal d'une arme de 6e cat.* (armes blanches) : emprisonnement de 1 à 3 ans et amende de 2 000 à 20 000 F.

Cartes

● **Carte nationale d'identité.** Elle n'est pas obligatoire, mais facilite de nombreuses formalités.

1°) **Délivrance.** Se présenter personnellement au commissariat de police ou, à défaut, à la mairie de son domicile (pour Paris, mairie). En cas d'urgence à la préfecture ou sous-préfecture, remplir soi-même la notice de demande, à moins d'empêchement (ex. infirmité). Déposer : 2 photos 3,5 × 4 cm, identiques et récentes, tête nue, de face ou au max. de 3/4, la tête ayant une hauteur de 2 cm, et 115 F (timbre quittance). *Délai* 8 à 20 j (Paris immédiatement).

Français à l'étranger : demander auprès des postes diplomatiques et consulaires où l'on est immatriculé. *Français nés en Algérie, au Maroc et en Tunisie :* doivent fournir les extraits des pièces d'état civil exigées (à demander au Service de l'état civil, B.P. 1056, 44035 Nantes Cedex).

2°) **Pièces à fournir. 1) Domicile :** quittance de loyer, de gaz, d'électricité, de téléphone ou de paiement d'allocations familiales récentes.

2) État civil : mineurs non émancipés : extrait de naissance, ou livret de famille des parents, autorisation établie sur imprimé spécial (obtenu au commissariat de pol.) par la personne investie de l'autorité parentale, à moins que le mineur ne soit accompagné de son père, de sa mère, ou de son tuteur. **Hommes** *majeurs et mineurs émancipés :* extrait d'acte de naissance, ou d'acte de mariage, ou livret de famille, ou livret des parents ou fiche d'état civil. **Femmes** célibataires majeures et mineures émancipées : extrait d'acte de naissance ou livret de famille personnel ou des parents, ou fiche d'état civil. *Mariées :* extrait d'acte de naissance ou de mariage ou livret de famille ou fiche d'état civil. Carte établie à leur nom de jeune fille, suivi (sauf à la demande expresse de l'intéressée) du nom d'épouse. *Divorcées :* mêmes pièces que pour les célib. Si elles demandent *l'établissement de la carte comportant à la suite du nom patronymique la mention « divorcée » :* extrait d'acte de naissance ou livret de fam. (personnel ou des parents) ou l'une de ces pièces ne mentionnant pas le divorce et l'expédition du jugement de divorce. *Veuves :* extrait d'acte de naissance, ou livret de famille, et (à défaut d'inscription du décès sur le livret de famille ou sur la fiche d'état civil) avec l'une ou l'autre des pièces précitées, la justification du décès du mari par un extrait d'acte de décès portant mention du mariage ou d'acte de naissance portant mention du mariage et du décès. *Une veuve* peut obtenir sur sa demande expresse une carte établie à son seul nom patronymique de jeune fille et ne portant pas la mention « veuve X... ».

3) Validité : 10 ans pour le franchissement des frontières (excepté pour un mineur non émancipé seul). Une carte de plus de 10 ans demeure suffisante pour la France si la personne est reconnaissable, mais n'a plus aucune valeur si l'on veut obtenir une fiche d'état civil et de nationalité.

4) Renouvellement : mêmes formalités, mais sans joindre les pièces d'état civil (à moins de changement dans cet état civil). Pièces à présenter : carte périmée, 2 photos d'identité récentes, timbre fiscal de 115 F.

5) Changement de nom par mariage, veuvage ou divorce : la femme peut demander une nouvelle carte. **Changement de résidence facultatif :** *carte délivrée avant le 11-5-63 :* en demander une nouvelle en présentant 2 photos, une justification de la résidence nouvelle, l'ancienne carte et acquitter la taxe de 115 F. *Carte délivrée depuis le 11-5-63 :* changement inscrit sur la carte. Demander au comm. de police ou à la mairie.

6) Perte : déclaration au commissariat de police, à la gendarmerie ou à la mairie du lieu où s'est produit le vol ou la perte (si la carte a été délivrée par une mairie de Paris, déclaration à cette mairie). Le service délivrera un récépissé de déclaration de perte. Pour un duplicata, présenter aux services compétents de son domicile récépissé et documents requis lors de l'établissement de la pièce initiale.

● **Carte de cécité (carte « étoile verte »). Délivrance :** *s'adresser à la mairie.* **Conditions :** vision centrale bilatérale nulle ou inférieure à 1/20 de la normale après correction par des verres à chaque œil.

Avantages : droit au port de *la canne blanche ; R.A.T.P.-S.N.C.F. Banlieue zones carte orange* (réduction de 50 % pour le titulaire, gratuité pour son guide). *S.N.C.F. Grandes lignes* (gratuité pour le guide en toutes cl.). *Air-Inter :* sous certaines conditions (aveugles ne payant pas d'impôt sur le revenu) exonération redevance TV. *Impôts :* 1/2 part supplémentaire. *Vignette automobile :* gratuite pour le véhicule dont l'aveugle est propriétaire. *Ressources :* possibilité d'allocations diverses suivant ressources.

Nota. — La carte *« canne blanche »* (avec 1 canne blanche au dos) : vision égale au plus à 1/10 de la normale à chaque œil. *Donne droit au port de la canne. Impôts :* 1/2 part supplémentaire, suivant ressources, possibilité d'allocation. *S.N.C.F.* uniquement 50 % de réduction pour le guide mais seulement en période bleue.

● **Carte de combattant. Délivrance :** par les services départementaux de l'Office national des anciens combattants et victimes de guerre. La plupart des mairies peuvent délivrer le formulaire et constituer le dossier. Attribuée aux mil. ayant combattu pendant les guerres de 1914-1918, 1939-45, Indochine-Corée et dans les T.O.E., ainsi qu'aux mil. et membres des forces supplétives ayant participé aux actions d'Afr. du N. entre le 1-1-52 et le 2-7-62 qui ont appartenu 3 mois, consécutifs ou non, à une unité combattante, condition de durée non exigée en cas de détention par l'adversaire, blessure de guerre, évacuation d'une unité combattante pour blessure ou maladie contractée en service. La qualité de combattant peut aussi être reconnue aux mil. et civils ayant pris part au cours des opérations d'Afr. du N., ou dont l'unité aura connu pendant leur temps de présence 9 actions de combat ou de feu. **Avantages :** droit au port de la croix de combattant ; patronage matériel et moral de l'Office national, secours, prêts sociaux à faible taux d'intérêt, accès aux écoles de rééducation professionnelle et aux maisons de retraite de l'Office nat., etc. ; droit à la retraite du comb. (voir ci-dessous) ; avantages en matière de retraite professionnelle (voir ci-dessous), possibilité d'obtenir la participation de l'État dans la constitution d'une retraite mutualiste (voir ci-dessous). Dans la région parisienne et certaines villes de province, pour les anciens comb. de 14-18, carte de transport gratuite.

Retraite du combattant : attribuée à partir de 65 ans, sur demande auprès du service départemental qui a délivré la carte. Possibilité d'obtention dès 60 ans si l'ancien c. : a) est bénéficiaire de l'allocation du Fonds nat. de solidarité ; b) est à la fois titulaire d'une pension mil. d'invalidité ou de victime civile de g. de 50 % au moins et bénéficiaire d'une allocation d'aide sociale ; c) réside dans les D.O.M.-T.O.M. ou en Algérie. *Montant :* calculé par référence à la valeur du point d'indice des traitements des fonctionnaires (soit 33 × 59,73 = 1 971,09 F par an au 1-2-1986).

Retraite mutualiste. Les anciens c. qui cotisent à une mutuelle ont droit, au moment de sa liquidation, à la majoration de leur retraite mutualiste par l'État de 12,5 à 25 %, dans la limite de 4 650 F au 1-1-86. Ont également droit à cet avantage : certaines catégories de victimes civiles de g. (veuves de g., orphelins de g., ascendants) et les titulaires du titre de reconnaissance de la nation (délivré aux mil. ayant participé pendant 3 mois aux opérations d'Afr. du N. entre 1952 et 1962).

Retraite professionnelle. a) s'ils exercent une profession indépendante, libérale, artisanale, commerciale ou s'ils sont exploitants agricoles, les anciens c. et pris. de g. peuvent prendre une retraite anticipée au taux plein de 50 % entre 60 et 65 ans (au lieu de 65 a.), à un âge qui est fonction de la durée des services de g. ou de captivité, soit : 64 a. pour 6 à 17 mois de service, 63 (18 à 29 m.), 62 (30 à 41 m.), 61 (42 à 53 m.), 60 (54 m. et +) ainsi que pour les prisonniers évadés après 6 mois de captivité, les Alsaciens-Lorrains incorporés de force dans la Wehrmacht qui ont déserté après au moins 6 mois d'incorporation, les prisonniers rapatriés pour blessure ou maladie, les anciens c. réformés pour blessure ou maladie avant la fin des hostilités (loi du 21-11-1973) ; b) dispositions maintenues pour les anc. c. et pris. de g. salariés et sal. agricoles qui n'ont pas cotisé assez longtemps pour bénéficier d'une retraite au taux de 50 % dès 60 a. (ordonnance du 26-3-1982) ; c) dans tous les régimes de retraite ci-dessus, la durée des services militaires et de la captivité est assimilée gratuitement à une période de cotisation à l'assurance-vieillesse.

Anciens combattants titulaires de la carte : 3 480 000 ; *victimes de g. :* 847 000.

Autres cartes délivrées par le secrétariat d'État aux Anciens combattants : c. de déporté de la Résistance, d'interné de la Résistance, de déporté politique, d'interné politique, de « patriote résistant à l'occupation des dép. du Rhin et de la Moselle incarcéré dans les camps spéciaux ».

● **Cartes d'invalidité. Grand infirme civil.** Taux d'invalidité, 80 %, examen médical. *S'adresser* à la préfecture de Paris (Bureau d'aide sociale de la mairie du domicile). En province, à la préfecture de chaque département. *Avantages :* places réservées et réductions dans chemins de fer et transports en commun. Réduction possible d'impôt sur le revenu. Exonération de vignette auto (sous certaines conditions), de redevance radio et télévision, P.T.T. Allocations diverses. Gratuit. Délai : de 6 mois à 1 an.

Macaron G.I.C. : peut être demandé à la préfecture par titulaires d'une carte d'invalidité, se déplaçant en fauteuil roulant, paralysés ou amputés des membres inférieurs, aveugles civils, atteints de certaines maladies mentales. Donne droit à une tolérance en matière de stationnement et à la gratuité des parcmètres dans certaines villes (dont Paris).

Mutilé de guerre. *S'adresser* aux services départementaux des anciens comb. et victimes de g., à la commission d'orientation des handicapés ou à la mairie de résidence. *Bénéficiaires :* tous les mutilés de g., réformés et pensionnés aux taux d'invalidité de 25 % ou +. *Avantages :* réductions et places réservées dans les t. en commun et à la S.N.C.F. suivant le taux d'inv. (de 50 à 75 % avec éventuellement réduction ou gratuité pour le guide) ; sur certains transports routiers, maritimes et aériens : se renseigner auprès des compagnies. La mention « station debout pénible » donne priorité dans tous les transports en commun, places réservées, priorité aux bureaux et guichets des administrations publiques et aux magasins de commerce. Réduction possible d'impôt sur le revenu. Exonération éventuelle de vignette auto, de redevance télévision et magnétoscope. Réduction aux P.T.T., sur l'entrée dans les stades et les cartes de pêche.

● **Carte « jeune »** *Créée* juin 1985. *Bénéficiaires :* — de 26 a. quelle que soit leur nationalité. *Avantages :* tarifs réduits pour sports, musées, cinémas, restaurants, etc. (liste des avantages sur guide remis avec la carte). *S'adresser* aux centres d'information jeunesse, guichets du Crédit mutuel, banques CIC. *Coût :* 50 F. *Délai :* immédiat. *Durée :* 1 a.

● **Cartes de priorité. Carte « Station debout pénible ».** Priorité dans les transports en commun. Peut être attribuée à des personnes atteintes d'une incapacité inférieure à 80 %.

Aveugles civils. *S'adresser* à la préfecture de police (à Paris). Fournir : carte d'invalidité revêtue de la mention « cécité » ou d'une étoile verte délivrée par la préfecture de Paris (les cartes d'invalidité délivrées par les dir. dép. de l'Action sanitaire et sociale des autres dép. sont également valables) ou un certificat médical attestant que la vision est inf. à 1/20 pour chaque œil ; pièce d'identité, attestation de résidence ; 2 photos. *Bénéficiaires :* personne ayant une acuité inférieure à 1/20 pour chaque œil et résidant à Paris, dans une commune desservie par la R.A.T.P., ou justifiant d'occupations professionnelles les appelant quotidiennement à Paris. *Avantages :* priorité dans véhicules de R.A.T.P., places réservées, réduc. de 50 % pour le titulaire de la carte et gratuité pour le guide.

Handicapés. *S'adresser* au bureau d'aide sociale de la mairie du domicile. N'est délivrée qu'en Ile-de-France. *Avantages :* priorité dans les transports en commun, files d'attente des taxis uniquement dans les gares.

Infirmes civils. *S'adresser* à la préfecture de pol. *Bénéficiaires :* amputés d'un membre inférieur (amputation totale ou partielle) ; hémiplégiques et paraplégiques, résidant à Paris ou dans une commune desservie par la R.A.T.P. ou justifiant d'occupations professionnelles les appelant quotidiennement à Paris. Les autres catégories de grands malades pouvant justifier que la station debout leur est pénible de par la nature et l'état de l'affection sont considérées comme bénéficiaires. *Avantages :* priorité dans les véhicules de la R.A.T.P. (sans réduction de tarif). Fournir certificat médical exposant nature et état actuel de l'affection rendant pénible la station debout ; pièce d'identité ; attestation de résidence, 2 photos. La nationalité française n'est pas exigée.

Invalides du travail. *S'adresser* à la préfecture de police (Val-de-Marne : Cité administrative, route de Choisy à Créteil ; Seine-St-Denis : préfecture de Bobigny). Fournir notification de la décision de l'organisme attribuant une rente au titre d'accident du travail (caisse régionale de S. S.), certificat médical récent mentionnant la nature de l'invalidité et indiquant que cette invalidité rend la station debout pénible ou nécessite l'aide constante d'une tierce personne, pièce d'identité, 2 photos. *Bénéficiaires :* domiciliés à Paris ou dans les départements périphériques. *Avantages :* priorité dans tous les véhicules en commun du territoire national.

Mères de famille. Mères ayant 3 enfants vivants de – de 16 ans (ou 3 e. v. de – de 14 ans ; ou 2 e. v. de – de 4 ans). Femmes enceintes ; mères jusqu'à 6 mois après la naissance ; mères allaitant jusqu'à 1 an ; mères décorées de la méd. de la Famille française. *Avantages :* valables pour les transports publics (à Paris, autobus et métro), les bureaux et guichets des services publics et dans certaines files d'attente (ex. : taxis). *S'adresser* à la mairie du domicile. *Fournir :* livret de famille, carte d'identité ou fiche familiale, photos, carnet de maternité, ou à défaut certificat médical indiquant la date de l'accouchement, certificat d'allaitement, diplôme de la médaille de la Famille. Gratuit. Délivrance immédiate. Valable un an. Tous les ans un nouveau timbre.

Médecins, sages-femmes et donneurs de sang (cartes de surcharge). *Avantages :* admission en surcharge dans les voitures de la R.A.T.P. (sans réduction de tarif). *S'adresser* à la préfecture de police (habitants de Paris, des Hauts-de-Seine, de Seine-St-Denis et du Val-de-Marne).

Mutilés de guerre. *S'adresser* à la mairie de la résidence. Fournir copie certifiée conforme du diagnostic de réforme établi par les experts (certificat modèle n° 15), déclaration sur l'honneur attestant la résidence à Paris ou dans les départements périphériques, 2 photos, cartes d'invalidité pour les mutilés à 25 % et audessus. *Bénéficiaires :* mutilé de 14-18, 39-45, Indochine, Alg., mutilés milit. hors guerre, victimes civiles de guerre domiciliés à Paris ou dans une commune desservie par la R.A.T.P. *Avantages :* priorité dans les véhicules de la R.A.T.P. ; places réservées. Réduction de 50 %. Pour les grands mutilés bénéficiaires de l'article 18 du Code des pensions militaires d'invalidité, gratuité pour l'accompagnateur.

Cartes de transport. Ex. c. émeraude, améthyste ou rubis (se renseigner R.A.T.P.), c. vermeil (S.N.C.F.).

• **Carte sociale des économiquement faibles.** N'est plus délivrée, v. Quid 1983, p. 1606.

• **Carte vermeil « cinéma ».** Donne droit à un prix préférentiel à Paris et en province dans les salles (Gaumont, U.G.C., Pathé) indiquant qu'elles pratiquent une réduction. Valable en principe uniquement en semaine. *Conditions :* avoir + de 60 ans. *Formalités :* s'adresser au Bureau d'aide sociale de la mairie du domicile. Gratuite.

• **Carte de donneur d'organes.** S'adresser à la Fédération française des donneurs d'organes et de tissus humains, cité Joliot-Curie, route d'Enghien, 95100 Argenteuil. Pour l'obtenir, pas de limite d'âge (mais l'âge limite des prélèvements pour greffe est en général de 55 ans). Depuis le 31-3-78, la loi autorise tout hôpital à faire des prélèvements d'organes sur une personne morte, si cette dernière n'a pas manifesté son opposition, soit en le faisant savoir autour d'elle, soit en le faisant noter sur un registre spécial à son arrivée à l'hôpital.

• **Carte d'électeur.** Automatiquement envoyée à toutes les personnes inscrites sur les listes électorales. N'est pas obligatoire pour aller voter si l'électeur est inscrit sur les listes et qu'il n'y a aucun doute sur son identité. En cas de perte ou vol, on peut demander à la mairie de la commune où on est inscrit une attestation d'inscription sur les listes électorales. Voir p. 672.

Certificats

Bonne vie et mœurs : remplacé par l'extrait de casier judiciaire.

Concubinage (nécessaire pour bénéficier de certains avantages ou allocations : prise en charge par l'assurance-maladie du concubin, réductions sur la S.N.C.F. identiques à celles des couples mariés avec la carte couple-famille...) : attestation sur l'honneur ou demander ce certificat à la mairie du lieu de domicile en se présentant avec 2 témoins majeurs français non apparentés aux concubins (présenter 1 justificatif de domicile et 1 pièce d'identité). Gratuit.

Coutume (de) : demandé par l'étranger au consulat de son pays. (Reproduction des dispositions d'une loi étrangère relative au mariage.) Concerne les mariages de 2 étrangers ou d'un Français avec une étrangère.

Domicile : attestation sur l'honneur que l'on souscrit soi-même.

Hérédité : exigé des héritiers qui veulent percevoir les sommes versées par un défunt sur livret de Caisse d'épargne, compte bancaire, etc., si ce montant est inférieur à 10 000 F. S'adresser à la mairie de son domicile ou du domicile du défunt, présenter le livret de famille du défunt avec mention de son décès ou copie de l'acte de décès (héritiers directs), ou la copie de l'acte de naissance de son père ou de sa mère et celle du défunt avec l'acte de décès (neveux). *Coût :* gratuit. *Délai :* 8 jours.

Nationalité : délivré par le président du tribunal d'instance du domicile sur présentation du livret de famille ou de l'acte de naissance de l'intéressé. Gratuit. Délai : 8 j au minimum.

Non-imposition : délivré automatiquement aux personnes concernées lorsqu'elles ont fait leur déclaration (1985 : – de 33 600 F de revenus après déduction des frais person. ; 367 000 pour les + de 65 a.).

Position militaire : s'adresser au bureau de recrutement du domicile au moment du recensement, fournir fiche d'état civil, n° matricule, enveloppe timbrée. *État signalétique et des services,* s'adresser : *classes de 1890 à 1907* Service historique de l'armée de terre, Vincennes ; *1908-30* Bureau central d'archives administ. milit., caserne Bernadotte, Pau ; *1931-37* Bureau spécial de recrutement, caserne Marceau, Chartres ; *1938 et suiv.* Bureau de recrut. d'origine.

Propriété : s'adresser au tribunal d'instance (frais 90 à 100 F) ou chez le notaire (frais 0,3 % du montant du paiement à obtenir.

Scolarité : délivré par le directeur de l'école.

Vaccination : délivré par le praticien ou le dispensaire.

Vie : s'adresser au bureau des certificats d'une mairie quelconque. Faire établir une fiche d'état civil comportant la mention « non décédé ».

Vie-procuration : s'adresser à la mairie de son domicile ou devant notaire. Gratuit. *Validité :* 1 an.

État civil

• **Actes de l'état civil (copies et extraits) :** (naissance, mariage, décès). *Délivrés* par la mairie du lieu où l'acte a été enregistré ou le greffe du tribunal de grande instance ; pour les D.O.M.-T.O.M. (actes de moins de 100 ans), au min. des D.O.M.-T.O.M., Service de l'état civil, 27, rue Oudinot, 75007 Paris ; pour les anciennes colonies (actes de moins de 100 ans) et l'étranger, au min. des Affaires étrangères, Service de l'état civil, B.P. 1056, 44035 Nantes Cedex ; pour les actes de plus de 100 ans des D.O.M.-T.O.M. et des anciennes colonies, aux Archives nationales, Centre des Archives d'Outre-mer, 29, chemin du Moulin-de-Testas, 13090 Aix-en-Provence. Pour l'envoi à domicile : joindre envel. timbrée ou 2 F. Les *copies* reproduisent intégralement l'acte original, mentions marginales comprises. Nul, sauf le procureur de la République, les ascendants et descendants de la personne concernée, son conjoint, son tuteur ou son représentant légal si elle est mineure ou en état d'incapacité, ne pourra obtenir une *copie intégrale d'un acte de l'état civil* autre que le sien, si ce n'est avec l'autorisation du procureur de la République.

La copie d'un acte de reconnaissance peut aussi être demandée par les héritiers de l'enfant ou par une administration publique ; *copie d'un acte de décès, extraits (réduits) des actes de naissance et de mariage :* peuvent être demandés à la mairie par toute personne.

• **Casier judiciaire (extrait du).** *Délivrance :* pour les personnes nées en France métropolitaine, à l'étranger ou si le lieu de naissance est inconnu : au casier judiciaire national, 44079 Nantes Cedex 01 ; pour celles nées dans les D.O.M.-T.O.M. : au greffe du tribunal de grande instance dont dépend le lieu de naissance. *3 types. Bulletin N° 1 :* relevé intégral des condamnations et des décisions. Ne pouvant être délivré qu'aux autorités judiciaires. On peut en obtenir une communication orale en s'adressant au procureur de la Rép. du tribunal de grande instance du lieu de résidence, mais aucune copie ne pourra être remise. *N° 2 :* relevé partiel comportant la plupart des condamnations prononcées pour crime ou délit. Certaines condamnations n'y sont pas inscrites (ex. : c. prononcées contre des mineurs, c. pour contraventions de police, c. avec sursis avec ou sans mise à l'épreuve lorsqu'elles sont non avenues). La réhabilitation entraîne l'effacement des condamnations de ce bulletin. Ne peut être demandé que par certaines autorités administratives pour des motifs limitativement énumérés (ex. : accès à un emploi public, à certaines professions, obtention d'une distinction honorifique). On peut demander au moment de la condamnation ou par un jugement postérieur, la dispense d'inscription des c. au bulletin N° 2, mais elles restent inscrites au bulletin N° 1. *N° 3 :* Seul l'intéressé peut le demander. Gratuit. Délai : de 1 à 3 semaines.

L'extrait porte le relevé des condamnations à des peines privatives de liberté sans sursis, de + de 2 ans, prononcées par un tribunal français pour crime ou délit, si elles n'ont pas été effacées par la réhabilitation ou l'amnistie. Mentionne également : les condamnations à des interdictions, déchéances ou incapacités prononcées à titre de mesure principale, pendant la durée de celle-ci ; des peines d'emprisonnement ferme inférieures à 2 ans si le tribunal l'ordonne.

• **Consultation directe des registres** de l'état civil datant de – de 100 ans : interdite sauf aux agents de l'État habilités et aux personnes munies d'une autorisation écrite du procureur de la République.

• **Répertoire civil.** Fichier déposé au greffe du tribunal de grande instance, où se trouvent classées les décisions judiciaires concernant mises en tutelle des majeurs, demandes de séparation de biens, transferts de pouvoirs entre époux. Chaque fois qu'une inscription a été faite au répertoire civil, il en fait mention sur l'acte de naissance (et l'extrait d'acte de naissance).

Rôle. Faire connaître, à quiconque le désire, si une tierce personne jouit d'une pleine responsabilité (si elle est ou non en tutelle ou curatelle), et éventuellement quel est son régime matrimonial.

Formalités. Demander un extrait d'acte de naissance de la personne sur laquelle on veut des renseignements. Si l'acte mentionne une inscription au répertoire civil, s'adresser au greffe du tribunal de grande instance pour avoir connaissance de cette inscription par une copie ou un extrait. On peut s'adresser aussi directement au greffe du tribunal de grande instance en en indiquant les noms, prénoms, date et lieu de naissance de la personne.

• **Fiches d'état civil** (individuelle ou familiale). Délivrées par l'Admin. réclamant la pièce ou par une mairie. Fournir uniquement livret de famille ou extrait de naiss. (même ancien) ou carte d'identité en cours de validité (– de 10 ans) pour une fiche sans filiation. Gratuit. Obtention immédiate.

• **Livret de famille. 1° Des époux :** délivré gratuitement par l'officier de l'état civil qui célèbre le mariage (par l'agent diplomatique ou consulaire, à l'étranger).

En cas de perte, vol ou destruction : demander un duplicata à l'officier d'état civil qui a célébré le mariage ou reçu sa transcription ou à la mairie du domicile ; fournir tous renseignements sur les personnes figurant sur le 1er livret (nature et dates des actes). Un 2e livret peut être délivré dans les cas de divorce, séparation de corps, mésentente... Duplicata gratuit.

2° Un livret de famille peut être remis, sur leur demande, par l'officier d'état civil du lieu de naissance de l'enfant : séparément aux 2 parents naturels ; aux *mères* et *pères* célibataires, lorsque la filiation naturelle de l'enfant est établie ; aux *femmes non mariées ayant adopté* un enfant sans filiation paternelle ni maternelle, ou dont les liens avec la famille d'origine ont été rompus lors de son adoption ; aux *femmes mariées* ayant eu un enfant pendant une période de séparation légale.

• **Nom (changement).** Celui qui désire modifier son patronyme doit justifier de motifs valables, ex. : nom ridicule (Cochon, Patate...) ou déshonoré (Landru, Hitler...), reprise d'un nom porté par ses ancêtres avant 1789, relèvement d'un nom illustre (ou prétendu tel). L'adjonction ou la substitution du nom du conjoint n'est pas accordée. Celle du nom de la mère peut être autorisée si le véritable intérêt de l'enfant le commande.

Formalités. La demande est formulée par toute personne majeure et, pour un mineur, par le représentant légal de celui-ci (parents ou tuteur).

1°) On doit publier son intention avec le nom choisi, au *Journal officiel*, dans un journal désigné pour les annonces légales dans l'arrond. où l'intéressé, majeur ou mineur, est né, et dans un journal de même nature de l'arrondissement où il a son domicile.

2°) Adresser au garde des Sceaux, ministre de la Justice, 13, place Vendôme, 75001 Paris, une requête en double exemplaire sur papier libre précisant les motifs allégués à l'appui de l'abandon du nom d'origine et au soutien du nom demandé ; joindre tous documents en établissant le bien-fondé ; un exemplaire des journaux ayant reçu les publications exigées ; copie intégrale de l'acte de naissance de chaque intéressé majeur ou mineur ; un certificat de nationalité française de chacun des intéressés (pièce délivrée par le juge d'instance dans le ressort duquel est située la résidence). Le procureur de la République instruit le dossier et l'adresse à la Chancellerie qui le soumet, pour avis, à l'examen du Conseil d'État. La décision définitive fait l'objet d'un décret pris par le Premier ministre et publié au J.O.

Le décret prend effet un an après cette publication pour permettre au tiers qui serait lésé de présenter un recours contentieux devant le Conseil d'État qui peut annuler le décret. Lorsque la décision publiée est devenue définitive, le bénéficiaire doit solliciter du procureur la mention du nouveau nom sur les actes de l'état civil, après avoir demandé au secrétariat de la section du contentieux du Conseil d'État un certificat de non-opposition.

Frais. Droit de sceau : 1 000 F par demandeur majeur + frais de publication env. 900 F (exonération totale ou partielle possible) ; frais d'insertion dans les divers journaux d'annonces légales ; honoraires d'avocat (si l'on y a recours).

Nom des époux. Ils gardent le nom figurant sur leur acte de naissance, mais chacun peut utiliser, dans la vie courante, s'il le désire, le nom de son conjoint, en l'ajoutant à son propre nom ou même, pour la femme (ce qui est courant), en le substituant au sien.

Nom d'usage. Depuis le 3-7-1986, toute personne peut aussi ajouter à son nom le nom de celui de ses parents qui ne lui a pas été transmis. Ceux qui le désirent peuvent faire modifier leurs pièces d'état civil en ce sens. Mais il ne s'agit que de « l'usage » du nom non transmissible aux descendants ; en aucun cas il n'en est fait mention dans les registres de l'état civil. A l'égard des enfants mineurs, ce droit est mis en œuvre par le titulaire de l'exercice de l'autorité parentale (loi du 23-12-1985, J.O. du 26).

En cas de divorce, la femme peut conserver l'usage du nom de son ex-mari si celui-ci l'y autorise, si le mari a demandé le divorce pour rupture de la vie commune ou si elle y est autorisée par le juge en raison d'un intérêt particulier pour elle-même ou pour les enfants.

• **Prénom (changement).** Permis par l'art. 57 du Code civil. Demande par requête auprès du tribunal de grande instance, donnant lieu à un jugement rendu par ce tribunal après avis du procureur de la République. Assistance d'un avocat obligatoire.

• **Français vivant à l'étranger.** Les consulats de France et les sections consulaires des Ambassades de France sont compétents pour : dresser ou transcrire les actes d'état civil (naissance, mariage, décès), établir des procurations de vote, délivrer des fiches d'état civil, recevoir des actes notariés (contrats de mariage, procurations, etc.), délivrer, proroger ou renouveler les passeports ; *pour les seuls Français immatriculés auprès des services consulaires :* délivrer ou renouveler les cartes nationales d'identité.

Domicile

• **Attestation.** Dep. 1953 une déclaration sur l'honneur suffit (mais il est préférable d'apporter une quittance EDF-GDF, ou téléph.).

• **Définition. Domicile légal.** Lieu, en principe unique, où la loi présume qu'une personne se trouve pour l'exercice de ses droits et de ses devoirs (distinct de la *résidence,* lieu où elle se trouve en fait). Comprend la résidence principale et les résidences secondaires, la cour et le jardin les entourant s'ils sont clos, le véhicule servant de domicile (caravane ou voiture aménagée), la tente de camping, la chambre d'hôtel ou le meublé. Que l'on soit Français ou étranger, propriétaire, locataire ou occupant à titre gratuit, le domicile est protégé.

• **Changement de domicile (formalités à accomplir). Assurances.** Transférer son ass. sur son nouveau logement en demandant la modification du contrat si les 2 logements ont des caractéristiques différentes. Prévenir sa compagnie d'ass. avant de quitter son ancien domicile.

Carte d'électeur. Se faire inscrire sur la liste électorale du nouveau domicile, lors de la révision annuelle des listes (1er sept.-31 déc.).

Présenter sa carte et le livret de famille et une justification du nouveau domicile (quittance de loyer, de gaz, d'électricité, ou déclaration sur l'honneur qui sera remplie à la main), ou la carte d'identité ou un passeport mentionnant le nouveau domicile.

Carte grise. *Pour un changement dans Paris ou dans un département :* se présenter à la préfecture de police avec une justification du nouveau domicile et une pièce d'identité ; le changement est gratuit. *Pour un changement de département :* une nouvelle carte sera refaite à la préfecture du nouveau dép. ; outre les papiers ci-dessus, présenter un certificat de non-gage délivré par la préfecture où était immatriculé le véhicule, droit de timbre de 20 F. Le changement doit être fait dans les 15 j à compter du déménagement (sinon, amende possible de 30 F ou +).

Carte d'identité. Gratuit si la nouvelle adresse peut être portée dans l'une des cases prévues au dos de la carte.

Contribution mobilière. Aviser l'inspecteur des contributions de l'ancien et du nouveau domicile. C'est toujours l'occupant de l'appartement au 1er janvier qui paie la contribution mobilière.

Électricité et gaz. Faire couper le gaz et l'électricité dans l'ancien domicile, résilier l'abonnement souscrit par celui-ci. Avertir au plus tôt 3 mois, au plus tard 3 j avant le déménagement.

Impôts directs. Quoique le percepteur de l'ancien domicile doive être avisé du changement d'adresse, (avant le 1er janvier), il recevra les acomptes provisionnels. Le solde et la déclaration de l'année suivante seront envoyés au percepteur du nouveau domicile.

Inscriptions scolaires. Les enfants qui vont à l'école primaire doivent être inscrits le plus tôt possible, sur présentation des livrets scolaires, à la mairie ou à l'école la plus proche du nouveau domicile. S'ils sont au lycée : demander une attestation d'inscription au secrétariat de l'ancien établissement.

Livret militaire. Se présenter à la mairie du nouveau domicile ou se présenter à la gendarmerie.

Sécurité sociale. Demander à la nouvelle caisse le transfert du dossier d'assuré social en indiquant l'adresse de l'ancienne caisse, son numéro d'immatriculation, qui restera toujours le même, les adresses de l'ancien et du nouveau domicile.

Téléphone. Demander au central dont on dépend le transfert de son poste tél. à son nouveau domicile.

Vins. Pour transférer une cave (vins et alcools) demander l'autorisation à la Recette des impôts du domicile.

• **Inviolabilité.** De 21 h à 6 h du matin et les jours de fête légale sauf autorisation judiciaire.

Exceptions. *Flagrant délit :* les officiers de police judiciaire peuvent perquisitionner, même de nuit, en se rendant sur les lieux du crime. *Information pénale sans flagrant délit :* il faut un mandat du juge d'instruction ou une commission rogatoire pour faire une perquisition ou une saisie. On peut exiger la présen-

Notaire

Généralités. Officier public, qui exerce dans le cadre d'une profession libérale, pour recevoir tous les actes et contrats auxquels les parties doivent ou veulent donner le caractère d'authenticité attaché aux actes de l'autorité publique, et pour en assurer la date, en conserver le dépôt, en délivrer des copies exécutoires et expéditions ; intervient également dans le domaine du droit de la famille et dans celui du droit des entreprises. *Nommé* à vie, par arrêté du garde des Sceaux, ministre de la Justice. Pour *s'établir,* le notaire doit : être Français ; jouir de ses droits de citoyen et ne pas avoir encouru certaines condamnations ; être titulaire de la maîtrise en droit ou d'un diplôme reconnu équivalent (sauf pour les clercs exerçant depuis 12 ans, dont 6 en qualité de principal ou de sous-principal, s'ils ont passé l'examen de 1er clerc et subi un examen de contrôle) ; avoir fait un stage de 2,5 ou 3 ans dont 2 au moins chez un notaire ; avoir réussi l'examen d'aptitude aux fonctions de notaire ou être titulaire du diplôme supérieur du notariat. Il lui faut alors acquérir un office ou des parts d'une société civile professionnelle dont les prix de cession varient en fonction des produits réalisés au cours des 5 ans précédant la mutation. Il ne peut changer de résidence sans l'autorisation du garde des Sceaux, ni créer une charge là où il l'entend. Pour financer son acquisition, le candidat notaire peut obtenir un prêt limité à 80 % du prix d'acquisition, garanti par l'Association notariale de caution, au taux d'intérêt de 9,50 % par an + un dépôt de garantie, sur 15 ans au maximum.

Les n. ne peuvent exercer leurs fonctions que dans le ressort de la cour d'appel de leur office, et dans le ressort des tribunaux de grande instance limitrophes.

Le notaire peut, en instrumentant dans son étude, recevoir des actes pour des personnes domiciliées en dehors de son ressort ou portant sur des biens situés en dehors de celui-là ; il peut aussi accueillir sa clientèle et recevoir ses contrats dans l'office d'un confrère, au domicile ou à la résidence de l'une des parties, dans les mairies, tribunaux, établissements hospitaliers ou locaux des organismes professionnels. Mais il lui est interdit de se transporter à jour fixe ou à des époques périodiques, hors du siège de son office et des bureaux secondaires ou annexes.

Choix du notaire. *En cas d'achat,* l'acquéreur peut choisir son notaire ; si la vente a lieu chez le n. d'une Sté de construction ou du vendeur, il peut se faire assister par son n. *En cas de location,* le propriétaire choisit le n., mais le locataire peut se faire assister par son n. On peut toujours changer de n. Plusieurs n. peuvent intervenir dans une même affaire. Les émoluments afférents à l'acte notarié seront partagés (et non mutipliés) entre les deux.

Principaux actes notariés. Baux à ferme, ventes, contrats de mariage ; actes de reconnaissance, reconnaissance des enfants naturels, ventes d'immeubles, adoption, donation ; testaments authentiques, partages, liquidations de successions ; prêts hypothécaires ; sociétés.

Rémunération. *Émoluments :* a) proportionnels (rémunérant la plupart des actes) ; b) fixes (rémun. certains actes et la plupart des formalités) ; tarifs publics obligatoires pour le notaire ; si la prestation ne figure pas au tarif, le n. doit établir un devis préalable. *Honoraires :* pour services rendus qui ne sont pas prévus par le tarif des notaires (consultations, expertises, estimations), fixés d'un commun accord entre notaire et client. V. Index.

Responsabilité. Peut être engagée pour une erreur commise dans la rédaction d'un acte ou l'accomplissement des formalités, pour manquement au devoir de conseil. Chaque n. doit assurer sa responsabilité auprès d'une Cie d'assurances : il existe en outre une caisse de garantie collective alimentée par les cotisations des n. au sein d'une même chambre départementale. La caisse de garantie des n. rembourse les sommes reçues à l'occasion des actes de leur ministère ou des opérations dont ils sont chargés en raison de leurs fonctions.

Rôle du notaire. *Obligatoire :* rédaction des actes authentiques [monopole des testaments authentiques et des donations entre époux, des transactions immobilières (il est correspondant du fichier immobilier : mutation, donation, succession)]. Pour certains actes juridiques, la concurrence des conseillers juridiques ou fiscaux et des avocats peut jouer. *Utile :* pour prêts, baux, promesses de vente, déclaration de succession, cessions de parts de soc. civ. de construction. *Conseil des parties :* pour rédaction d'un acte, aux problèmes de financement.

Le notaire doit garder minute de tous les actes qu'il reçoit, sauf pour les procurations, actes de notoriété, etc., et il ne doit en délivrer des copies sous forme de copies exécutoires et expéditions qu'aux parties.

Sanctions. *Peines disciplinaires* pouvant être prononcées par la Chambre de discipline : rappel à l'ordre, censure simple, censure devant la Chambre assemblée. Le tribunal de grande instance statuant disciplinairement peut prononcer ces mêmes sanctions et également : la défense de récidiver, l'interdiction temporaire, la destitution.

Tout officier public ou ministériel qui fait l'objet d'une poursuite pénale ou disciplinaire peut se voir suspendre provisoirement l'exercice de ses fonctions.

Secret professionnel : le notaire y est tenu.

Statistiques. *Effectifs.* Au 1-4-86 : 7 310 notaires dont 255 femmes, 5 083 offices dont 1 700 en sociétés civiles professionnelles regroupant 3 957 notaires associés. 37 181 clercs et associés (au 1-11-85). En 1980, 4 701 804 actes ont été réalisés.

tation du mandat. La perquisition doit avoir lieu en présence de l'occupant ou de son représentant. Seul un juge d'instruction ou un magistrat peut perquisitionner de nuit.

Les huissiers, autorisés par justice, peuvent pénétrer ; ils sont en général accompagnés par un serrurier et un commissaire de police. Les agents des douanes peuvent entrer sans le consentement du titulaire, même de nuit, pour rechercher des marchandises détenues frauduleusement, mais ils doivent être accompagnés d'un officier municipal ou de police judiciaire. Les inspecteurs du travail peuvent surveiller des travailleurs à domicile avec l'autorisation des personnes habitant les locaux. En cas de crime ou délit contre la sûreté de l'État, les préfets peuvent pénétrer chez un particulier comme un juge d'instruction.

Violation par des particuliers. Il y a délit si l'on use de manœuvres (ex. ruse, utilisation de fausses clefs), menaces (visant biens ou personnes), voies de fait (ex. pénétration par escalade) ou contrainte (ex. non-respect d'une défense d'entrer) (art. 184 Code pénal).

En cas de violation, on peut porter plainte au commissariat ou au parquet.

Protection. *Préventive :* blindage, œil, caméra, raccordement au commissariat, société de gardiennage, absence de l'annuaire téléphonique (liste rouge). *Sont interdits :* pièges à feu, tessons de bouteilles, transistors piégés, milices de citoyens... *Légitime défense :* l'attaque doit être actuelle, viser les personnes et les biens, constituer un danger sérieux et imminent (des injures ou des voies de fait ne suffisent pas) et entraîner une riposte proportionnée.

Sanctions pour violation. *Pénales :* de 6 j à 1 an de prison et de 500 à 8 000 F d'amende, peines doublées si le délit a été commis en groupe. *Civiles :* réparation des préjudices moral, physique et matériel.

Règlement judiciaire Liquidation des biens

Définition

Procédures pour régler la situation du débiteur qui, ne pouvant faire face à son passif exigible grâce à son actif disponible, se trouve en *état de cessation de ses paiements* (non-règlement d'une dette à son échéance).

Elles peuvent s'appliquer à un débiteur commerçant, à une Sté civile ou com., à une association.

Liquidation de biens. Intervient lorsque la situation de l'entreprise du débiteur ne permet pas d'envisager la continuation de son activité. Elle entraîne la vente de tous les éléments d'actif pour assurer le paiement des créanciers ; l'entreprise disparaît. **Règlement judiciaire.** S'applique lorsque la situation du débiteur permet d'envisager le rétablissement de son entreprise si son passif peut être réglé d'une manière acceptable par ses créanciers. Ceux-ci votent un accord (appelé *concordat*) avec le débiteur par lequel ils lui consentent des délais de paiement ou une remise partielle de ses dettes. Le tribunal homologue le concordat (concordat judiciaire).

Créanciers privilégiés

Propriétaire. Il a un privilège sur les meubles garnissant les lieux loués par le débiteur, pour les 2 dernières années de location échues durant le jugement déclaratif, pour l'année courante, ainsi que pour les sommes en exécution du bail ou à titre de dommages-intérêts. *Le conjoint* doit établir la preuve de ses droits, justifier être propriétaire d'immeubles acquis avant le mariage ou avoir recueilli ceux-là par voie successorale.

Salarié. Il bénéficie d'un superprivilège, qui oblige le syndic à lui payer dans les 10 j qui suivent le jugement déclaratif (de règlement judiciaire ou de liquidation des biens) les rémunérations dues pour les 60 derniers j de travail jusqu'à concurrence d'un plafond mensuel qui ne doit pas être inférieur au double de celui retenu pour le calcul des cotisations de la Sécurité sociale. Tout employeur est tenu de contracter une assurance contre le risque de non-paiement dû au salarié à la date du jugement déclaratif. Cette assurance garantit également le paiement des arrérages de préretraite ou de complément de retraite, échus ou à échoir, qui seraient dus à un salarié ou à un ancien salarié à la suite d'un accord d'entreprise, d'une convention collective ou d'un accord professionnel ou interprofessionnel. L'association pour la gestion du régime d'assurance des créances des salariés (A.G.S.) ; assoc. patronale ayant passé une convention avec l'UNEDIC, qui assure, par l'intermédiaire des ASSEDIC, l'encaissement des cotisations et le paiement des créances salariales.

Vendeur de meubles non payé. Il peut demander la résolution de la vente (c.-à-d. l'annulation du contrat pour inexécution par l'acheteur de son obligation de payer le prix) tant qu'il ne s'est pas dessaisi de l'objet de la vente.

Vendeur impayé. Il peut revendiquer tant qu'elles existent en nature, en tout ou en partie, les marchandises dont la *vente* a été *résolue antérieurement* au jugement ; soit aussi par le jeu d'une clause résolutoire prévue au contrat de vente. La revendication est également admise, bien que la résolution de vente soit postérieure au jugement prononçant le règlement ou la liquidation, si l'action en revendication ou en résolution est antérieure au jugement déclaratif. Le vendeur peut conserver les marchandises qui ne sont pas encore expédiées au débiteur ; revendiquer les marchandises expédiées au débiteur tant que la remise matérielle n'en a point été effectuée dans ses magasins ou dans ceux du commissionnaire chargé de les revendre pour son compte.

Divers. Sécurité sociale, créanciers nantis, créanciers hypothécaires.

Formalités

• *Tous les créanciers,* privilégiés ou non, doivent « produire » leurs créances entre les mains du syndic dans la quinzaine à compter du jugement. Si certains ne l'ont pas fait, le syndic les avise d'avoir à le faire par simple lettre (pour les créanciers *chirographaires*) ou lettre recommandée (pour les créanciers privilégiés), par insertion dans un journal d'annonces légales et au Bulletin officiel des annonces civiles et commerciales (B.O.A.C.C.), rappelant le numéro du journal dans lequel a été faite la précédente insertion. A compter de la date de l'insertion dans le B.O.A.C.C., les créanciers ont 15 j pour déposer leur « dossier de production » constitué par une « déclaration » du montant des sommes réclamées, assortie de toutes les pièces justifiant celles-ci (ce délai comporte la forclusion et la sanction peut être grave). A défaut, les créanciers négligents ne sont pas admis dans les répartitions et dividendes, à moins que le tribunal ne les relève de leur forclusion s'ils établissent que leur défaillance n'est pas due à leur fait. En ce cas ils ne peuvent concourir que pour la distribution des répartitions ou des dividendes à venir.

Le juge commissaire arrête l'état des créances. Tout créancier peut réclamer dans les 15 j qui suivent l'insertion au B.O.A.C.C.

Le tribunal (qui connaît du règlement judiciaire ou de la liquidation de biens) peut prononcer la *faillite personnelle* du débiteur ou des dirigeants sociaux si ceux-ci se sont rendus coupables d'agissements malhonnêtes ou très imprudents. Cette faillite entraîne des déchéances ou interdictions (par ex. interdiction de gérer, administrer, contrôler une entreprise).

Formalités et statut concernant les étrangers

Définition et conditions de naturalisation

Dans les recensements de la population, sont classés comme étrangers les habitants s'étant déclarés comme tels à la question 6 du bulletin individuel.

S'agissant d'une personne née en France de parent(s) étranger(s), elle peut s'être déclarée étrangère alors que, vis-à-vis du Code de la nationalité française, elle est française ou, inversement. Ainsi, selon la loi française : — *est Français par filiation* tout enfant, légitime ou naturel, dont l'un des parents au moins est Français (« Jus sanguinis ») : tous les enfants de couples dits « mixtes » sont Français ;

— *est Français par la naissance en France* tout enfant, légitime ou naturel, né en France lorsque l'un de ses parents au moins y est lui-même né (« Jus soli ») avec la faculté de répudier cette qualité dans les 6 mois précédant sa majorité. Dans les textes sur la nationalité, la France comprend la France métropolitaine, les DOM-TOM et, pour toute personne née avant 1962, l'Algérie. Il en résulte qu'un enfant né en France de parent(s) algérien(s) né(s) en Algérie avant 1962 est Français. Or un très grand nombre de ces enfants sont déclarés Algériens au recensement : au recensement de 1975, env. 200 000 enfants mineurs nés en France métropolitaine ont ainsi été déclarés Algériens (soit 20 % des enfants étrangers de — de 18 ans) ; au recensement de 1982 : 220 000 env. (soit 20 %).

Autres cas : — tout enfant étranger né en France et qui y réside peut réclamer, durant sa minorité, la nationalité française par déclaration s'il a en France sa résidence habituelle (4 000 à 5 000 cas par an) ;

— tout enfant étranger né en France et qui y réside deviendra automatiquement Français le jour de sa majorité sauf si, dans l'année qui la précède, il décline la qualité de Français (10 000 à 15 000 par an) ;

— les enfants étrangers mineurs peuvent devenir Français à l'occasion de la naturalisation accordée par décret à leur(s) parent(s) (9 000 à 10 000 par an) ;

— tout étranger contractant mariage avec un conjoint de nationalité française peut acquérir cette nationalité par déclaration (9 000 en 1975, 13 000 en 1981) ;

— sont Français à la naissance, les enfants nés en France de parents inconnus ou apatrides, ou de 2 parents étrangers si la loi étrangère n'attribue aux enfants aucune nationalité (Grecs et Chiliens).

Nota. — A l'origine d'une législation favorable à l'acquisition automatique de la nat. fr., raisons militaires (1851, 1889) et démographiques (1927, 1945). Quelques textes : lois du 7-2-1851, du 26-6-1889, du 15-7-1889 (sur le serv. mil.), du 10-8-1927 ; Code de la nationalité du 19-10-1945.

Acquisition volontaire de la nationalité française. 1°) Par déclaration auprès du trib. d'instance (qui peut refuser si les conditions ne sont pas remplies) : « déclaration acquisitive » (mariage mixte-enfants d'étrangers nés en France, avant la majorité), à laquelle le gouv. peut s'opposer ; « réintégration » pour les Français d'origine ayant acquis une autre nationalité (le gouv. ne peut s'y opposer).

2°) Par faveur : elle fait l'objet d'un décret et est du ressort du ministère des Affaires sociales et de la Solidarité (naturalisation, réintégration). Il y a possibilité de refus pour irrecevabilité (décision motivée) ou rejet (décision non motivée).

Nota. — De 1975 à 1982, env. 40 000 acquisitions volontaires par an (contre 60 000 acquisitions automatiques par des enfants d'un ou 2 parents étr., nés ou devenus Fr.).

☞ *Francisation du nom et du prénom, pour ceux qui désirent se faire naturaliser :* le faire avec le dépôt de la demande.

Liberté d'aller et venir

États membres de la C.E.E. *Libre circulation. A l'entrée en France,* doivent présenter une carte d'identité ou un passeport valide. *Peuvent séjourner* 3 mois sans carte de séjour. S'ils s'installent en France pour plus de 3 mois, ils doivent demander, dans les 3 mois suivant leur entrée en France, une carte de séjour valide 5 ans et renouvelée automatiquement pour 10 ans. S'ils sont au chômage dep. plus d'un an, le renouvellement peut être limité à un an, puis refusé si les personnes demeurent au chômage à l'expiration de la période. Sauf urgence, pas d'expulsion sans audition préalable par une commission spéciale.

Autres États. Entrée et séjour en Fr. réglementés par ordonnance du 2-11-1945, modifiée par la loi du 20-10-1981. *Entrée :* carte d'identité ou passeport avec ou sans visa selon cas. *Séjour :* selon motifs et durée, cartes différentes (de séjour temporaire, de résident ordinaire ou privilégié : V. Index, Travail).

Entrée ou séjour irrégulier. Délit passible de 1 mois à 1 an de prison et de 180 à 8 000 F d'amende. Le condamné peut être reconduit à la frontière sauf s'il : est mineur ; réside en Fr. depuis l'âge de 10 ans ou dep. + de 15 ans ; est marié depuis 6 mois ou + à un(e) Français(e) ; est père (mère) d'un enfant résidant en Fr. ; a un taux d'incapacité permanente partielle d'au moins 20 %, et bénéficie d'une rente d'accident du travail versée par un organisme français.

Expulsion. Mesure prise par arrêté du min. de l'Intérieur qui peut à tout moment être abrogée. Prononcée contre un étranger dont la présence en Fr. constitue une menace pour l'ordre public, s'il a été condamné à une peine de 1 an ou + de prison ferme, ou si, quelle que soit la peine, il a été condamné pour infraction à l'hébergement collectif, ou pour avoir frauduleusement fourni un titre de travail à un étranger, ou pour proxénétisme. Ceux qui ne peuvent faire l'objet d'une reconduction à la frontière ne peuvent être expulsés (sauf urgence ou nécessité absolue pour la sûreté de l'État ou la sécurité publique). Les mineurs ne peuvent pas être expulsés.

Maintien administratif. On peut retenir dans des locaux non pénitentiaires et pendant le temps nécessaire à leur départ les étrangers qui font l'objet d'un refus d'entrée en Fr., d'une expulsion ou d'une reconduction à la frontière, et qui ne peuvent quitter immédiatement le territoire.

Extraditions

Droit d'asile. Repose sur les textes suivants : préambule de la Constitution de 1946, confirmé par celle de 1958 ; conventions internationales auxquelles la France est partie, notamment celle de Genève en 1951 sur les réfugiés ; loi de 1927.

La France refuse l'extradition des personnes bénéficiant de l'asile politique dès lors qu'elle est réclamée pour les faits à raison desquels cet asile a été accordé. **Critères.** Les demandes d'extradition sont appréciées selon 4 critères pouvant fonder un refus d'extrader : la nature du système politique et judiciaire de l'État demandeur ; le caractère pol. de l'infraction poursuivie ; le mobile pol. de la demande d'extradition ; le risque d'aggravation en cas d'extradition de la situation de la personne concernée en raison notamment de son action ou de ses opinions politiques, de sa race, de sa religion. La nature pol. de l'infraction n'est pas retenue, et l'extradition est en principe accordée, sous réserve de l'avis de la chambre d'accusation, quand auront été commis dans un état respectueux des libertés et droits fondamentaux, des actes criminels (prises d'otages, meurtres, violences ayant entraîné des blessures graves ou la mort, etc.) de nature telle, que la fin politique alléguée ne saurait justifier la mise en œuvre de moyens inacceptables.

Réfugiés et apatrides

Tout demandeur d'asile doit demander à la préfecture de son département de résidence (à Paris, préfecture de police) une autorisation provisoire de séjour ou un récépissé de demande de carte de séjour (1 à 3 mois renouvelable). S'il a un passeport en cours de validité (avec ou sans visa d'entrée), il a 3 mois pour déposer sa demande et est considéré pendant ce temps comme touriste. S'il n'a aucun document de voyage, ou seulement un sauf-conduit, il doit faire cette démarche dans les plus brefs délais.

Avec un titre de séjour provisoire il peut bénéficier d'une autorisation provisoire de travail (6 mois), il peut demander à l'O.F.P.R.A. (Office français de protection pour les réfugiés et apatrides) [1] un certificat attestant son statut de réfugié ou d'apatride.

Si la demande est acceptée (4 mois de délai pour la réponse), l'O.F.P.R.A. [1] délivre un certificat attestant son statut de réfugié ou d'apatride (validité de 3 ans, renouvelable pour 5 ans). En cas de refus, pourvoi possible auprès de la Commission des recours ; si le rejet est définitif, l'étr. doit quitter la Fr. (délai d'un mois) sous peine de poursuites judiciaires.

Droits spéciaux. Pour les titulaires du certificat de réfugié : autorisation provisoire de travail (valable 6 mois et renouvelable) avant la délivrance de la carte de travail, carte de travail de type C (valable 10 ans pour les salariés) si le réfugié vit en France dep. au — 3 ans ou a un ou plusieurs enfants de nat. fr., droit à l'éducation et à la formation prof. (cours d'alphabétisation et de préformation, stages de formation de droit commun, accès à l'ens. scolaire et univ.), droit à la Séc. soc. Les étr. ayant sollicité la reconnaissance de la qualité de réfugiés peuvent recevoir l'aide de l'Ag. nat. pour l'emploi et obtenir (demande à la Dir. dép. du trav. et de l'emploi) une autorisation provisoire de travail (valable 6 mois) ; droit à la Sécurité sociale s'ils travaillent ou perçoivent des allocations de chômage.

Nota. — D. Bariani propose un contrôle des demandeurs d'asile avec 2 mesures : non-admission des étr. ayant séjourné plusieurs mois dans d'autres pays (ex. : Congolais qui deviennent Zaïrois après être passés en Belgique), reconduction automatique à la frontière une fois les voies de recours épuisées et fermeture effective des frontières aux personnes reconduites ou refoulées.

(1) Créé le 25-7-1952 ; établissement public chargé de la protection juridique et adm. des réfugiés et apatrides, il assure, en liaison avec les min. concernés, l'exécution des conventions, accords et arrangements internationaux.

☞ Voir aussi Haut-Commissariat des Réfugiés, p. 771.

Mariage

Dep. le décret du 26-5-1982, le mariage des étrangers est possible sans autorisation des pouvoirs publics.

Réglementation (séjour, résidence)

Séjour. Les étrangers entrés régulièrement en France peuvent y séjourner 3 mois sans formalités particulières (C.I., passeport, et parfois visa). Ils sont considérés comme touristes. Au-delà ils doivent posséder un titre de séjour en cours de validité : autorisation provisoire, récépissé de demande de carte ou carte de séjour qui doit être prolongée ou renouvelée à temps (un passeport ne suffit pas).

Pour entrer en France, les étrangers (sauf CEE et États limitrophes) doivent produire : les documents (C.I., passeport), visas et justifications exigibles ; dep. la loi du 29-2-1981 les documents établissant objet et conditions de leur séjour ainsi que les garanties de rapatriement ; les documents nécessaires à l'exercice d'une profession pour les étrangers désirant en exercer une. *Motifs de refus :* menace pour l'ordre public, interdiction du territoire, arrêté d'expulsion.

Étudiants : doivent avoir une *carte de séjour tempor.* valable 1 an et renouvelable. Pour les ressortissants de la CEE, la c. de s. est valable 5 ans et peut être renouvelée de plein droit pour 10 ans comme pour les résidents privilégiés. [Selon le projet gouvernemental, ils devraient avoir satisfait aux formalités de préinscription à l'ambassade de France du pays d'origine, déposé en banque une somme égale au montant de la bourse offerte par le gouv. français (10 000 à 15 000 F), ne pas figurer au fichier d'opposition.] Depuis le 28-4-82, bourses d'ens. sup. pour les étrangers dont les parents et leurs autres enfants résident en France depuis 2 ans.

Résidence. *La carte de résident temporaire* (rouge) est valable de 3 mois à 1 an ; la *carte de résident privilégié* (bleue) 10 ans. Conditions : variables selon les pays d'origine. Ceux qui désirent s'établir en France doivent obtenir la *carte de résident ordinaire* valable 3 ans et renouvelable. Plus la durée de validité est longue, plus le renouvellement est aisé.

Les Algériens doivent obtenir le *certificat de résidence* portant la mention « travailleur salarié ». A partir du 15-1-84, carte dyptique pour les Maghrébins (séjour max. : 3 mois). Un des volets est donné aux autorités à l'entrée en France, l'autre gardé par le visiteur leur est remis à sa sortie.

Travail

• **Conditions à remplir. 1°) Par le travailleur étranger.** Il doit avoir *avant son entrée en France* une autorisation de travail visée par la direction de la main-d'œuvre étrangère du ministère du Travail (de nombreuses professions lui sont interdites, le lieu de son travail lui est souvent imposé) et subir à son entrée un *contrôle médical.* S'il ne peut en justifier, son employeur devra rembourser aux Caisses les prestations versées aux assurés malades. Pour les employés de la C.E.E., une carte de séjour, pour laquelle il faut justifier d'un emploi, suffit. Les *Algériens* doivent avoir un certificat de résidence pour Algérien (C.R.A.).

Rapatriement : depuis 1980, des garanties de rapatriement sont nécessaires (ex. : billet de retour, somme d'argent) ; conjoints, enfants mineurs, personnes pouvant rendre des services à la France peuvent en être dispensés.

Nota. — Les habitants des départements d'outre-mer ne sont pas des étrangers. Monégasques et Andorrans bénéficient de règles particulières leur permettant de travailler librement en France. Les réfugiés ne sont pas obligés de détenir un titre de travail (loi du 17-10-81).

2°) Par l'employeur. On ne peut engager ou conserver à son service un étranger : 1) sans titre l'autorisant à exercer une activité salariée en France lorsque ce titre est exigé en vertu de dispositions législatives ou réglementaires, ou de traités ou accords internationaux ; 2) dans une catégorie professionnelle, profession ou zone géographique autres que celles mentionnées, le cas échéant, sur le titre prévu ci-dessus.

Le recrutement de travailleurs étrangers effectué en infraction du monopole de l'ONI (délit de *marchandage*) est puni, dès la 1re fois, d'une amende de 2 000 à 21 000 F et/ou d'un emprisonnement de 2 mois à 1 an, d'une amende de 40 000 F et d'un emprisonnement de 2 ans en cas de récidive.

Le salaire doit être égal au SMIC (ou au minimum prévu par la convention collective applicable) et à la rémunération du salarié fr. de même qualification et ancienneté employé dans l'entreprise, et en tout état de cause aux taux couramment pratiqués dans la région.

• **Carte de travail.** Permet d'exercer une activité professionnelle salariée en France métropolitaine à temps plein ou à temps partiel. **Carte temporaire ou carte A** permet d'exercer une activité professionnelle salariée déterminée dans le ou les départements qui y sont mentionnés. **Validité** 1 an, renouvelable. Demandes de renouvellement à présenter au service compétent dans les 3 mois précédant l'expiration de la validité. **Carte ordinaire** *dite carte B* permet d'exercer sur l'ensemble du territoire métropolitain toutes professions salariées. **Validité** 3 ans, renouvelable (mêmes conditions de renouvellement). **Carte toutes professions** *dite carte C* permet d'exercer dans toute la France métropolitaine toute activité professionnelle salariée. Validité 10 ans, renouvelable (mêmes conditions de renouvellement).

Des autorisations provisoires n'excédant pas 6 mois pourront être délivrées à titre exceptionnel. Certains étrangers, ayant des attaches familiales en Fr. depuis un certain temps, reçoivent la carte C sur simple demande et sans que la situation de l'emploi puisse leur être opposée.

Opération de régularisation exceptionnelle

Décidée le 23-7-1981 permettant un meilleur contrôle de l'immigration, et la lutte contre le travail clandestin.

Bénéficiaires : clandestins entrés en France avant le 1-1-1981 et justifiant d'un emploi stable ; certains saisonniers devenus « permanents ». *Procédure :* décision favorable de la Dir. départementale du travail et de l'emploi (de la préfecture pour les Algériens), octroi d'une carte de séjour et d'une carte de travail, valables 1 an (ou d'un certificat de résidence valable 3 ans et 3 mois et portant la mention « travailleur salarié » pour les Algériens). *Les employeurs* consentant à souscrire un contrat de travail en faveur des étrangers qu'ils employaient irrégulièrement étaient assurés qu'ils ne seraient l'objet d'aucune poursuite. Exonérés du versement d'une partie de la contribution forfaitaire due à l'ONI, ainsi que des arriérés de cotisations sociales ; à l'expiration de la période de régularisation exceptionnelle, ils devaient être sanctionnés avec une rigueur accrue (2 mois à 1 an de prison, amende de 2 000 à 20 000 F par étranger).

Statistiques : voir p. 550.

Les ressortissants de la CEE, peuvent entrer librement en Fr. pour chercher un emploi, mais dès qu'ils l'ont trouvé, ils doivent demander une « carte de séjour de ressortissant de la CEE ».

Les Algériens peuvent exercer une activité professionnelle salariée sous le couvert d'un certificat de résidence valable 5 ou 10 ans et renouvelable automatiquement, portant la mention « travailleur salarié ». Carte unique (à partir de fin 84). Attribuée aux immigrés en France depuis au moins 30 ans. Renouvelable tous les 10 ans.

Frontaliers et saisonniers

• **Frontaliers étrangers travaillant en France :** l'employeur doit déposer une demande à l'ANPE qui vérifie s'il n'y a pas de candidat possible : le travailleur doit posséder une carte de circulation frontalière ou une carte valable 5 ans pour les ressortissants de la CEE.

• **Réglementation du travail saisonnier.** *Conditions :* impossibilité de trouver la main-d'œuvre nécessaire, nécessité d'un contrat de 21 j min. et 8 mois max., âge : 16 ans min.

Introduction : l'employeur dépose à l'ANPE un dossier comprenant un contrat type et un engagement à verser, à l'ONI, le montant de la redevance forfaitaire. L'agence transmet le dossier à la direction dép. du travail qui vise le contrat et à l'ONI qui recrute. L'introduction est *anonyme* si l'employeur s'en remet à l'ONI (valable dans les pays où existe une mission de l'ONI : Espagne, Maroc, Portugal, Tunisie, Yougoslavie), ou *nominative.*

Régimes spéciaux : concernent vendangeurs espagnols, betteraviers, Belges, Pyrénéens.

• **Changement de domicile.** Se présenter au moment du départ au commissariat de police ou à la mairie de l'ancien domicile puis, dans les 8 j de l'arrivée, au com. de police ou à la mairie du nouveau domicile.

• **Nombre min. d'h de travail** chez un ou plusieurs employeurs, imposé par l'Administration. 30 h par semaine pour 1 personne seule et 18 h si le conjoint ou un proche parent travaille en France en situation régulière. Une durée inférieure peut être admise si la rémunération hebdomadaire atteint l'équivalent de 40 h de SMIC.

• **Syndicats.** Les étrangers peuvent être désignés délégués syndicaux et, s'ils travaillent en Fr. depuis 5 ans, accéder aux fonctions d'administration ou de direction (la proportion d'étrangers à ces fonctions est limitée au tiers).

Résorption de la main-d'œuvre étrangère

• **Arrêt de l'immigration.** Depuis la loi d'août 1974. Ne s'applique pas aux cadres supérieurs, à l'immigration humanitaire et aux familles d'immigrés déjà installés.

• **Aide au retour.** Instaurée en 1977 par Lionel Stoléru, secrétaire d'État chargé des travailleurs immigrés. Supprimée le 25-11-1982.

Montant : 10 000 F. *Bénéficiaires* (au 30-6-1981) : 57 953 travailleurs (90 782 personnes avec les familles), dont 40 % d'Espagnols, 26,3 % de Portugais, 3,7 % d'Algériens.

En 1976, une étude interministérielle, réalisée sous la direction d'Anicet Le Pors, avait démontré que le départ de 150 000 étrangers travaillant en France permettrait, au mieux, de libérer 13 000 emplois, compte tenu de l'état de la robotisation à cette époque.

• **Aide à la réinsertion dans le pays d'origine.** Créée en faveur des chômeurs le 27-4-1984 (fin. par l'État, l'U.N.E.D.I.C. – ass. chômage – et les entreprises employant des trav. étr.), allocation max. 20 000 F versée dans le pays + frais de voyage (bons de transport pour billets non cessibles et non transférables) et allocations de déménagements versés avant le départ.

Destination [Europe (y compris Turquie) et, entre parenthèses, hors d'Europe] : *demandeur :* 2 500 F (4 000), *conjoint :* 1 000 (2 000), *pour chaque enfant :* 800 (1 000) ; max. 6 700 (10 000).

Droit de vote

En France, les étrangers n'ont pas le droit de vote. Dans le passé, la Constitution de 1793 accordait le droit de vote aux immigrés domiciliés en France depuis plus d'1 an (de même en 1830 et 1871).

En 1984, selon un sondage, 74 % des Français étaient hostiles à la reconnaissance du droit de vote aux immigrés (58 % en 81), alors que le gouvernement y était favorable.

Nota. – A Mons-en-Barœul (Nord) (27 000 habitants), le 21-2-1985, le conseil municipal a permis à 700 immigrés de plus de 18 ans, détenteurs d'un titre de séjour, n'ayant pas fait l'objet de condamnation pour délit ou crime, résidant à Mons avant le 1-1-1985, susceptibles d'y payer les impôts locaux (ce qui laisse à l'écart les étudiants) et ne possédant pas la nationalité française, de désigner 3 conseillers municipaux associés. 1 Algérien, 1 Marocain et 1 Laotien ont été élus le 19-5-1985 par 489 votants, soit 70 % des électeurs potentiels (80 % de Marocains, 5 % de Turcs et 86,4 % des inscrits). Ces conseillers n'ont pas le droit de vote ; assistés de 16 délégués (dont 2 femmes), élus le 19-5-85 (8 nationalités).

A l'étranger. En Suède, les étrangers résidant dans le pays depuis plus de 3 ans peuvent, depuis 1975, voter aux élections communales. Aux dernières élections, 242 000 (3,6 % du corps électoral) étaient inscrits sur les listes. Ils sont également éligibles. En 1979, 173 étrangers sur 19 870 conseillers municipaux ont été élus (– de 1 %) et 25 conseillers généraux sur 4 065. En Norvège, dep. 1983, les résidents étr. peuvent voter et être éligibles aux él. locales. En All. féd., les immigrés élisent dans les municipalités des représentants dans des conseils ou des commissions qui ont un rôle consultatif. Aux Pays-Bas, dep. mai 1985, droit de vote aux él. mun. pour les étr. vivant aux P.-Bas dep. 5 ans (1res élections en mars 1986).

Libertés

Liberté d'aller et venir

Définition

La liberté d'aller et venir s'étend à tous les endroits du pays appartenant aux collectivités publiques (État, départ., communes), destinés à l'usage public, et aménagés à cet effet (rues, plages, fleuves...).

Limites

Impossibilités de pénétrer dans la propriété d'autrui. Pénétrer constitue un délit (art. 184 du Code pénal) (V. Violation de domicile), une contravention de 1re classe (ex. passage sur un terrain préparé ou ensemencé) ou de 2e cl. (ex. passage sur une vigne ou un champ de blé).

Exceptions. *En cas d'enclave ; pour une réparation* (sur un bâtiment) ; *droit de puisage ; droit de pêche* (chez les riverains des cours d'eaux domaniaux, s'il existait avant 1965 une servitude de halage et de marche-pied le long du cours d'eau) ; *passage des piétons le long de la mer* (3 m de large sauf si le passage est à moins de 15 m d'une maison ou s'il faut traverser un terrain clos de murs et attenant à une maison) ; *passage pour skieurs et alpinistes* (pendant la période skiable, zone délimitée par le préfet ; le propriétaire doit enlever les obstacles et laisser le passage).

Libre choix du domicile

Exceptions. *Enfants mineurs non émancipés* (domiciliés obligatoirement chez leurs parents) ; *mari et femme* (dep. le 11-7-75 peuvent avoir des domiciles distincts sans qu'il soit porté atteinte aux règles de la vie commune mais doivent cohabiter) ; *fonctionnaires nommés à vie* (magistrats) *et officiers ministériels* (avoués, notaires, huissiers) (doivent avoir leur domicile légal au lieu où ils exercent leurs fonctions) ; *personnes ayant été en détention provisoire et remises en liberté* (doivent résider dans la ville où se fait l'information ou dans celle où se trouve la juridiction saisie de l'affaire) ; *personnes en libération conditionnelle ; condamnées avec sursis ; étrangers faisant l'objet d'un arrêté d'expulsion et ne pouvant quitter le territoire.*

Doivent signaler leur changement de domicile. Les possesseurs d'une voiture (délai d'un mois, à la préfecture, sinon amende de 600 à 1 200 F) ; les étrangers résidant en France (dans les 8 j suivant l'arrivée, au commissariat ou à la mairie) ; les condamnés avec sursis et mise à l'épreuve (agent de probation) ; les hommes soumis au service national, y compris les réservistes (à la gendarmerie ou au consulat).

Mesures privatives de liberté

• **Procédure pénale. Avant le jugement.** *Crime, délit flagrant :* possibilité d'audition des témoins, de vérification d'identité, de garde à vue. *Enquête préliminaire :* garde à vue. *Au cours de l'instruction :* contrôle judiciaire, art. 138 et suiv. du Code de procédure pénale (on doit se présenter périodiquement à la mairie ou à la gendarmerie, ne pas se déplacer hors d'un certain périmètre, remettre ses pièces d'identité, ne pas fréquenter certains lieux ou personnes) ou détention provisoire (exceptionnelle, si elle est nécessaire pour mener l'instruction à bien, si la peine encourue est au min. de 2 ans ; dure 4 mois ; renouvelable de 4 mois en 4 mois).

Après le jugement. *Peines privatives :* emprisonnement ou réclusion criminelle. *Restrictives :* surtout de déplacement. *Interdiction de séjour :* de 2 à 10 ans, ne peut être prononcée contre des personnes de 65 ans ou +. *Sursis avec mise à l'épreuve :* de 2 à 5 ans ; on doit prévenir l'agent de probation des changements de résidence et de tout déplacement de plus de 8 j, obtenir l'autorisation du juge de l'application des peines avant d'aller à l'étranger, et on peut se voir interdire certains lieux. *Dans le cadre de la libération conditionnelle.*

• **Mesures de protection sanitaire.** *Placement des alcooliques dangereux :* décidé par le tribunal de grande instance, 6 mois renouvelables. *Internement des malades mentaux :* V. Index, Aliéné.

Droit de recours devant la Commission européenne des droits de l'homme. Dep. le 2-10-1981, toute personne française ou étrangère qui s'estime victime d'une violation par l'État français des droits garantis par la Convention européenne des droits de l'homme (promulguée en 1974 en France) peut saisir la commission (Conseil de l'Europe, 67006 Strasbourg) qui peut condamner l'État à payer des indemnités. Pour exercer ce recours, il faut être allé en cassation.

Limitations dues aux moyens de transports

• **Avions.** *Circulation* libre au-dessus de la Fr. (sauf dans certaines zones militaires ou pour des raisons de sécurité publique). L'avion doit être *immatriculé* sur un registre tenu par le min. chargé de l'aviation civile. On doit avoir les *certificats d'immatriculation, de navigabilité* (avion conforme à un type certifié), *de limitation des nuisances, le brevet d'aptitude au pilotage.*

• **Bateaux.** *Permis obligatoire.* Les bateaux de plaisance [sauf périssoires, canoës, kayaks et navires de – de 2 tonneaux (sauf s'ils sortent des eaux territoriales pour aller à l'étranger)] doivent avoir un *port d'attache,* être *francisés* par l'administration des Douanes, *immatriculés* auprès des Affaires maritimes qui délivrent la carte de circulation.

• **Camping-caravaning.** *Stationnement de caravanes et camping-cars* libre en dehors des terrains aménagés, sous réserve des réglementations préfector. et d'une autorisation du maire (pour plus de 3 mois). *Camping* libre avec l'accord de la personne qui jouit du terrain, interdit sur emprise des routes et voies publiques, rivage de la mer, dans un rayon de 200 m des points d'eau captés pour la consommation, des sites classés, inscrits ou protégés, et à moins de 500 m d'un monument historique classé ou inscrit.

• **Circulation routière.** *Véhicules :* V. Code de la route et règlements (ministre, préfets, maires). On doit détenir certains *papiers* (V. Index, Automobile). L'État *contrôle* si le véhicule est conforme aux règlements (freins, éclairage, signalisation, signaux d'avertissement, plaques, inscriptions) ; s'il ne l'est pas, le véhicule peut être immobilisé, mis en fourrière ou retiré de la circulation.

Circulation : on doit respecter le code, les interdictions [ex. les poids lourds de + de 6 t ou transportant des matières dangereuses ne peuvent circuler les samedis et veilles de jours fériés à partir de 22 h pour les + de 6 t (et de 12 h pour les matières dangereuses) jusqu'au dimanche et jours fériés à 22 h (24 h pour les mat. dang.) ; accès aux autoroutes interdit aux piétons, cyclistes, cyclomoteurs, ensembles routiers comportant plusieurs remorques ; accès avec péage pour certains ponts et autoroutes], les règles du stationnement [distinction entre stationnement abusif (ininterrompu au même endroit plus de 7 j), gênant et dangereux]. Certains emplacements peuvent être payants pour faciliter la circulation, et non seulement pour procurer des ressources à la commune. Auparavant, des mesures dissuasives ou répressives (interdiction de stationner, zone bleue) ont dû se révéler inefficaces. Les emplacements doivent respecter droits d'accès et desserte des riverains. Les taxes sont les mêmes pour tous.

Permis de conduire : le préfet, après avis de commissions spéciales, peut le refuser pour incapacité physique ; suspension (V. Index) ; retrait par les tribunaux judiciaires pour 3 ans max. si le conducteur est condamné pour conduite en état d'ivresse, délit de fuite, homicide ou blessures involontaires (on peut ensuite solliciter un autre permis) ; par le préfet après un examen médical. Recours possibles : gracieux, devant le préfet ou le min. de l'Intérieur ; pour excès de pouvoir, devant le tribunal administratif ; en indemnité pour suspension illégale.

Profession ambulante

• **Commerçant ambulant ayant un domicile fixe.** Activité ambulante si elle est exercée en totalité hors de la commune (sauf pour les tournées des boulangers ruraux, par ex.). La préfecture délivre une carte de com. non sédentaire.

• **Personne n'ayant ni domicile ni résidence fixe dep. 6 mois.** Ne peut exercer une profession ambulante que si elle est française ou de la C.E.E. A partir de 16 ans, possède un livret de circulation délivré par la préfecture.

Liberté d'expression

• **Associations, réunions, manifestations, attroupements.** V. Index.

• **Audiovisuel.** La radiodiffusion-télévision française est un **monopole d'État** (loi du 3-7-1972).

Dérogations. *Programmes* s'adressant à un public déterminé (certaines catégories professionnelles), diffusés en circuit fermé dans des enceintes privées ; expériences de recherche scientifique ; programmes diffusés dans l'intérêt de la défense nationale ou de la sécurité publique. *Radios locales privées ou radios libres :* V. Index.

• **Presse. Liberté.** Régie par la loi du 29-7-1881. V. Index.

Limites. *Droit de rectification :* reconnu aux dépositaires de l'autorité publique (ex. préfet) dont les actes ont été inexactement rapportés ; l'article rectificatif ne peut dépasser le double de l'article incriminé. *Droit de réponse :* toute personne désignée ou mise en cause dans une publication périodique peut répondre dans l'année qui suit (max. 50 à 200 lignes selon la longueur de la mise en cause) ; un quotidien doit publier la réponse dans les 3 j., un périodique dans un numéro qui suit le surlendemain de la réception. La publication intégrale doit être faite à la même place et dans les mêmes caractères. Le directeur de la publication peut refuser d'insérer une réponse trop longue ou nuisant à l'ordre public, contraire à l'intérêt de tiers, portant atteinte à l'honneur ou à la considération du journaliste ou du journal. *Délits commis par voie de presse :* ex. délits ou crimes contre l'ordre public (apologie du crime, provocation à la haine, provocation des militaires à la désobéissance), ou le pouvoir (offense au chef de l'État, fausses nouvelles), outrage aux bonnes mœurs. *Diffamation :* V. à l'Index ; Presse étrangère, Publications destinées à la jeunesse.

Intégrité corporelle

Corps humain

• **Don du corps à la science.** On peut donner son corps à un hôpital, une université ou un centre de recherche. Il faut une déclaration datée et signée.

• **Don multitransplantaire.** Le corps est légué en vue de l'utilisation de tout ou partie des organes transplantables. *S'adresser* à la F.N.D.O.T. (voir ci-dessous) qui est en relation avec l'association France-Transplant, hôpital St-Louis, 2, place du Docteur-Fournier, 75010 Paris.

• **Dons d'organes. F.F.D.O.T.** (Féd. fr. pour le don d'organes et de tissus humains). Cité Joliot-Curie, route d'Enghien, 95100 Argenteuil. *Fondée* 5-8-1969. *Adhérents :* 54 000.

Don corporel simple. Aux facultés de médecine : pour Paris et la Région parisienne, se renseigner par écrit auprès du *Service du don des corps de l'Université René-Descartes,* 45, rue des Sts-Pères, 75270 Paris Cedex 06. En province auprès des *laboratoires d'anatomie, des facultés ou écoles de médecine.* Si les familles ne réclament pas les restes du donateur, ils seront conservés ou inhumés anonymement.

Don corporel unitransplantaire. Possible par testament. **Yeux :** legs à une œuvre reconnue d'utilité publique (Banque française des yeux, 56, av. Mathurin-Moreau, Paris, 19e, qui est seule qualifiée pour établir la carte officielle de « donneur d'yeux ») ou à la F.F.D.O.T. Prélèvement dans les 8 h suivant le décès. Si le prélèvement a lieu dans un intérêt scientifique ou thérapeutique, la famille ne peut s'y opposer sauf disposition testamentaire ou déclaration expresse (loi du 22-12-1976 dite loi Caillavet). **Peau :** s'adresser de préférence aux Hôpitaux St-Louis, 38, rue Bichat, 75010 Paris ou Cochin, 27, rue du Fbg-St-Jacques, 75005 Paris, ou au centre médico-chirurgical Foch, 40, rue Worth, 92150 Suresnes. **Os :** hôpital de la Salpêtrière, 83, boulevard de l'Hôpital, 75013 Paris. **Moelle :** hôpital St-Louis. **Reins :** hôpital Necker, 149, rue de Sèvres, 75015 Paris ou au centre Foch.

• **Don du sang.** Donneur bénévole de 18 à 60 ans sans contre-indications (V. Médecine).

• **Insémination artificielle** (Voir Index).

• **Interruption volontaire de grossesse** (Voir Index).

• **Prélèvement ou greffe d'organe. Donneur vivant.** *Si le donneur est majeur,* il peut donner un organe non régénérable comme un de ses 2 reins (son consentement doit être donné devant un magistrat, par ex. le Pt du tribunal de grande instance dont dépend son domicile), ou régénérable (consentement par écrit devant témoins). *Si le donneur est mineur,* le prélèvement n'est autorisé que si le receveur est son frère ou sa sœur (son représentant légal donne son consentement devant le Pt du tribunal de grande instance et si un comité de 2 médecins le permet). **Prélèvements après le décès.** Pour les mineurs et incapables, il faut le consentement de leur représentant légal, pour les autres le prélèvement peut être effectué si le donneur n'a pas fait connaître son refus de son vivant.

Nota. — On ne prélève l'organe que lorsque la mort a été constatée par 2 médecins n'appartenant pas à l'équipe qui fait la greffe. Le prélèvement de la cornée n'est fait que sur une personne qui par testament a légué sa cornée.

• **Relations avec le médecin. Un contrat** existe avec le malade. Le médecin est lié à son malade par une *« obligation de moyens »* non de *« résultats »* ; sa responsabilité peut être engagée en cas de faute *prouvée* par le malade ou sa famille. Le médecin s'engage à soigner et à guérir si possible, le malade à payer les honoraires et à collaborer avec le médecin et à suivre le traitement. Le médecin doit informer le malade (maladie, traitement, soins, risques). Le consentement du malade est nécessaire.

Hospitalisation. Elle nécessite en principe le consentement du malade. Le malade ou sa famille peuvent demander le transfert à domicile si l'état est très grave et le décès imminent. Si le malade veut sortir de l'hôpital contre l'avis des médecins, il doit signer une attestation par laquelle il reconnaît avoir été informé des dangers de sa sortie.

Dossier médical. Propriété de l'établissement. Conservé sous la responsabilité du chef de service. Dep. la loi du 31-12-1970, doit être communiqué au médecin traitant. Dep. le décret du 7-3-1974, avant la 2e semaine d'hospitalisation, on doit informer le médecin désigné par le malade ou sa famille s'il en fait la demande écrite.

Protection de la santé publique. *Vaccinations obligatoires, déclaration des maladies contagieuses et vénériennes, vérification du taux d'alcoolisme, traitement des alcooliques dangereux et des toxicomanes :* V. Médecine.

Mort. Euthanasie. *Passive :* un malade peut vouloir mettre fin à ses jours et demander clairement et formellement au médecin de cesser les soins qui pourraient les prolonger. *Active :* assimilée à un homicide ; peines allant jusqu'à la réclusion à perpétuité pour le responsable.

Respect de la vie privée

☞ **Domicile.** Voir p. 1535.

Secret de la correspondance

Correspondance confidentielle et sous pli fermé : le secret est protégé pénalement.

L'ouverture par erreur n'est pas poursuivie. *Sanctions :* 3 mois à 5 ans de prison, 500 à 3 000 F d'amende. *Exceptions :* les agents des postes peuvent convoquer le destinataire pour qu'il ouvre la lettre devant eux (si celle-ci semble contenir de l'argent) ou ouvrir eux-mêmes les plis en franchise. L'administration pénitentiaire peut, pour des raisons d'ordre public, ouvrir le courrier des détenus (sauf celui échangé avec les avocats). Peuvent faire de même le juge d'instruction ou le préfet, dans l'intérêt de la manifestation de la vérité.

Civilement, le secret est protégé après réception par le destinataire, mais il ne peut être invoqué lorsque les faits contenus sont tombés dans le domaine public. Le destinataire acquiert la propriété matérielle de la lettre reçue, mais l'auteur (ainsi que ses héritiers 50 ans après sa mort) en gardent la propriété morale.

Secret professionnel

Y sont tenus : *professions de santé* (médecin, chirurgien, pharmacien, sage-femme, dentiste, masseur, orthophoniste, pédicure, nourrice-gardienne d'enfants, leurs collaborateurs et auxiliaires) ; *travailleurs sociaux* (assistante sociale, auxiliaire de service social) ; *personnes participant à l'administration de la justice ; fonctionnaires ;* certains *hommes d'affaires* (expert comptable, commissaire aux comptes, banquier) ; *confidents nécessaires* (ministre du culte, psychologue, avocat, avoué, huissier, notaire, agent de change, courtier en valeurs mobilières) ; *agents de l'administration fiscale ; journalistes.*

Exceptions. Le secret est obligatoirement levé dans l'*intérêt de la justice,* l'obligation de déposer comme témoin primant le secret professionnel, ou dans l'*intérêt de l'État.* Les banques, les notaires, huissiers, greffiers, dépositaires des registres d'état civil et des rôles des contributions ou des autorités judiciaires doivent communiquer des renseignements aux services fiscaux. Le *secret médical* est levé pour dénoncer certaines affections dangereuses pour la santé publique (variole, m. vénériennes professionnelles, alcoolisme) ; il ne concerne pas le médecin expert.

Nota. — Dans certains cas (avortement délictueux, sévices ou privations à mineurs de — de 15 ans), avec l'accord de la victime, chaque profession peut lever le secret.

Photographies

Droit à la personnalité. On peut se défendre contre l'*altération de sa personnalité* par des montages photographiques ou la manipulation de son image (ex. une légende) ou son *exploitation mercantile ou politique* (publicité, propagande).

Respect de la vie privée. On peut s'opposer à la publication de son image s'il s'agit d'un événement de sa vie privée, mais pas si l'on est le sujet ou le parti-

Commission nationale de l'informatique et des libertés (C.N.I.L.). *Siège.* 21, rue Saint-Guillaume, 75007 Paris. *Créée* par la loi du 6-1-1978. *But :* veiller au respect de la loi en informant les personnes de leurs droits et obligations, en se concertant avec elles et en contrôlant l'application de l'informatique au traitement des informations nominatives.

Composition : 17 m. dont 3 nommés par le gouv., 2 par les Pts de l'Ass. nation. et du Sénat, 6 par les 3 Assemblées, 6 par les 3 Hautes Juridictions. Pt Jacques Fauvet (n. 8-6-14).

Obligations des détenteurs de fichiers. Informer la C.N.I.L. en donnant les caractéristiques du traitement. L'Administration doit aussi obtenir un avis favorable, et ne peut passer outre qu'avec l'accord du Conseil d'État.

Protection des personnes fichées. Information du caractère obligatoire ou facultatif de la réponse, de la destination des informations, du droit d'accès (droit de connaître les fichiers, de contrôler s'il existe des informations les concernant, les vérifier et les faire rectifier). Certaines données sensibles (dont les opinions politiques, philosophiques ou religieuses) ne peuvent être enregistrées sans l'accord des personnes, mais des dérogations sont prévues pour la Police et la Défense.

La Commission peut saisir la justice et des pénalités sont prévues pour infraction à la loi du 6-1-1978.

cipant d'un événement. Si l'on figure accessoirement sur la photo d'un monument historique, d'un paysage ou d'un lieu public, on peut demander que l'on masque son visage si l'on est reconnaissable. On peut avoir consenti à la prise d'une photo, mais pas à son utilisation (art. 9 du Code civil, art. 368 et suiv. du Code pénal).

Sanctions. *Droit de réponse. Suppression ou nonparution de l'image* ordonnée par le juge des référés (peut entraîner la saisie ou l'interdiction de vente d'un journal).

Réparation par le tribunal. *Sanction pénale.*

Écoutes et enregistrements

Le Code pénal prévoit 2 mois à 1 an de prison ou 2 000 à 60 000 F d'amende, et parfois la saisie du matériel d'espionnage acoustique. Il faut qu'il y ait captation par un procédé technique (écouteur du téléphone), que cela porte sur des paroles tenues dans un lieu privé (même cantine, bureau, pont de bateau), en dehors du consentement des intéressés, dans le but de porter atteinte à la vie privée (art. 368).

Appels téléphoniques anonymes. Après le dépôt d'une plainte, le juge d'instruction peut autoriser des écoutes téléphoniques pour identifier le correspondant.

Logement

Logement dans le monde

• **Parc de logements (en 1981 pour 1 000 hab.).** All. dém. 412 [2], All. féd. 418, Autriche 410, Belgique 387, Bulgarie 327, Canada 351, Danemark 424, Espagne 350 [1], États-Unis 390, Finlande 385, *France 436* [2], Irlande 268, Italie 338 [2], Japon 1 493 [2], Norvège 376, P.-Bas 348, Pologne 277, Roumanie 191 [2], G.-B. 388, Suède 440, Suisse 424, Tchéc. 361, U.R.S.S. 266 [2], Youg. 278 [2].

Nota. – (1) 1978. (2) 1980.

Taux de construction (au 31-12-1982, pour 1 000 hab.). Finlande 9,9, Japon 9,8, Australie 9, P.-Bas 8,8, Bulgarie 7,7, Irlande 7,7, U.R.S.S. 7,4, All. dém. 7,3, Suisse 7,2, *France 7*, Roumanie 6,7, Youg. 6,2, Espagne 6, All. féd. 5,6, Canada 5,4, Suède 5,4, Italie 5,1, U.S.A. 4,4, Portugal 4,1, Danemark 4, G.-B. 3,3.

Nota. – (1) 1981.

Source : CIDHEC (Centre intergouvernemental de documentation sur l'habitat et l'environnement pour les pays de la Commission économique pour l'Europe des Nations unies), Berkeley Building, Cedex 19, 92081 Paris-La Défense.

Logements mis en chantier (en 1981, en milliers). All. dém. 126. Australie 140. Belgique 57. Bulgarie 70. Canada 178. Danemark 13. *France 400.* G.-B. 151. Hongrie 77. Japon 1 152. Nlle-Zélande 17. Norvège 36. P.-Bas 120. Pologne 183. Roumanie 164. Suède 43. Tchécosl. 94. U.R.S.S. 2 115. U.S.A. 1 100.

Logement en France

Statistiques globales

Utilisation du territoire

En 1981. Agricole 328 725 km² (59,9 %). Bois, forêts 146 767 (26,7). Production minière et piscicole 1 979 (0,4). Industrie, énergie 1 983 (0,4). Commerce, bureaux 766 (0,1). Réseaux divers 11 564 (2,1). Armée, équipements divers 3 440 (0,6). Sports et loisirs 2 550 (0,5). Habitat 13 414 (2,4). Divers et absence d'usage 38 004 (6,9). *Total 549 192 km² (100).*

Source : ministère de l'Agriculture.

Parc de logements

• **Parc [en millions (dont résidences secondaires)].** *1954 :* 14,4 (0,6), *60 :* 16,1 (0,93), *65 :* 17,2 (1,12), *70 :* 18,95 (1,4), *75 :* 21,1 (1,7), *80 :* 23,1 (2,1), *82 :* 23,7 (2,26).

• **Nombre total (1982). Résidences principales.** 19 590 400 dont logements ordinaires (logements-foyers pour pers. âgées) 19 351 520 ; pièces indépendantes 86 400 ; chambres meublées en hôtels ou garnis 122 480 ; habitat provisoire ou de fortune 30 000. *Logements vacants* (pas nécessairement disponibles) 1 853 860. **Selon le type de l'immeuble.** Imm. à *1 seul logement :* fermes 849 740, maisons individuelles 9 418 000, autres 315 880 ; *2 à 4 log. :* 1 795 200 ; *5 à 9 :* 1 774 600 ; *10 à 19 :* 2 726 880 ; *20 ou + :* 2 710 100.

Selon le statut d'occupation. Propriétaire copropriétaire 9 928 780 ; logé par l'employeur 783 540 ; logé à titre gracieux 845 380 ; locataire ou sous-loc. (local loué vide 7 746 400, meublé 286 300).

Selon la date de la construction (en %). *Avant 1948 :* 44 (à Paris 44,9), *1948 à 1967 :* 23,6 (26,7), *1968 à 1974 :* 16,7 (17,3), *après 1974 :* 15,7 (11,1).

Proportion de propriétaires selon leur catégorie socio-professionnelle (en %). Agriculteurs exploitants 77,6 ; patrons de l'ind. et du commerce 64,7 ; prof. libérales et cadres sup. 57,7 ; inactifs 55,5 ; cadres moyens 49,8 ; ouvriers 43,3 ; employés 40,9 ; salariés agricoles 38,2 ; autres catégories d'actifs 30,6 ; personnels de service 29,5.

Peuplement normal (selon l'INSEE) : *1 personne :* 1 pièce ; *2 pers. :* 2-3 p. ; *1 ménage avec 1 enfant :* 3 p. ; *2 enf. :* 3, 4 ou 5 p. ; *3 enf. :* 4-5 p. ; *4 enf. :* 4, 5 ou 6 p. ; *5 enf. :* 6-7 p. **Réel** (en %, en 1978) : surpeuplement accentué 3,2 ; modéré 13,9 ; peuplement normal 28,4 ; sous-peuplement modéré 27,2 ; accentué 27,3. **A Paris.** *1982 :* 1 279 730 logements (1,91 occupant par log.), 111 961 log. vacants (ne pas confondre avec inoccupés : en cours de travaux, promis à démolition, en cours d'achèvement, etc.).

Confort (en %, en 1982). *Logement :* sans eau : 0,8 (soit 148 280 logements) ; eau seulement : 9,4 ; eau, WC, sans installations sanitaires : 5,1 ; eau, sanit. sans WC : 5 ; eau, sanit., WC, sans chauffage central : 17,1 ; eau, WC, avec ch. cent. : 62,6.

En 1962 : 3 millions de logements étaient sans eau courante, 40 % du parc étaient équipés de WC, 29 % d'une baignoire ou d'une douche, 19 % du chauffage central. 56 % des résidences principales ayant le chauffage central ont été construites depuis 1962. 23 % des ménages où la personne de référence est âgée de 75 ans ou plus ne disposent ni de WC, ni d'installations sanitaires.

• **Résidences secondaires (1982). Nombre total.** *1968 :* 1 300 000, *76 :* 1 700 000, *80 :* 2 000 000, *82 :* 2 265 000, [*85 :* 2 700 000 (4 000 000 de personnes hébergées)]. **Lieu 2/3** sont à la campagne, 1/3 au bord de la mer ou à la montagne, 1 200 000 dans des communes rurales, 55 369 à Paris.

Taux dans les régions : littoral + de 10 % dans villes de – de 50 000 hab. (Var 30 %, Vendée 28 %, L.-Atlantique 26 %, Hérault 25 %, Calvados 21,5 %, Gironde 21 %). **Origine socio-professionnelle des propriétaires :** prof. libérales et cadres sup. 35 %, c. moyens 27 %, employés 10 %, ouvriers 5,4 %.

Construction

• **Destructions dues à la guerre. 1914-18 :** habitations détruites : 368 000 ; devenues inhabitables : 559 000 ; total : 927 000. **1939-45 :** totalement détruites : 432 000 ; devenues inhab. : 890 000 ; total : 1 322 000. La *reconstruction* a été achevée en 1964 (60 milliards de NF de l'époque ont été versés aux sinistrés depuis la guerre).

• **Besoins en logements** (1986-90, est. du IXe Plan, en milliers). 350 à 430 dont résidences principales nouvelles 200 à 220, rés. secondaires nouvelles 50 à 60, rés. de remplacement 80 à 125, logements vacants 20 à 25.

• **Logements construits. De 1900 à 1911 :** 200 000 par an. **19 à 39 :** 100 000. **45 à 64 :** 180 000. **74 :** 554 000. **80 :** 438 000. **81 :** 410 000. **83 :** 388 000. **83 :** commerces 334 226 (usines 314 143). **84 :** 295 000 (270 793). **85 :** 295 500 (254 686 dont individuels 171 600, collectifs 83 100).

• **Logements autorisés.** *1981 :* 489 000, *82 :* 425 134, *83 :* 371 835, *84 :* 343 458, *85 :* 349 818 (aidé 53 157, accession aidée 84 073, autres 212 588) dont indiv. 215 170, collectifs 134 648. **Maisons individuelles :** *1979 :* 981 000, *81 :* 251 000, *82 :* 219 000, *83 :* 219 313, *84 :* 195 542. **Bureaux, usines, commerces** (en m²) : *1981 :* 3 900 000, *82 :* 2 900 000 (– 65 % pour les bureaux, – 20 % pour les équipements collectifs). *1983* la baisse continue.

Logements financés par des prêts locatifs aidés (P.L.A.) : *1981 :* 51 000, *82 :* 55 000, *83 est. :* 52 200, *84 :* 47 000, *85 :* 55 000, **prêts à l'accession à la propriété** (P.A.P.) *1981 :* 118 000, *82 :* 115 000, *83 :* 110 000, *84 :* 113 000, *85 :* 105 000, **prêts conventionnés** *1981 :* 82 000, *82 :* 81 000, *83 :* 90 000, *84 :* 95 000, *85 :* 105 000, **secteur libre** (sans aide de l'État) *1981 :* 147 000, *82 :* 92 000 (dont 59 000 en immeubles et 33 000 maisons indiv.), *83 :* 80 000, *84 :* 40 000, *85 :* 40 000.

Région parisienne. Logements mis en chantier : *1970-74 :* 111 000 par an, *73 :* 120 000, *81 :* 50 800, *82 :* 43 200, *83 est. :* 40 000, *84 :* 37 000 (dont non aidés 14 400, aidés 11 800), *85 :* 38 587.

• **Professionnels de l'immobilier.** *Conf. Générale du Logement (C.G.L.)*, 67, rue de Dunkerque, 75009 Paris. *Fédération Nat. des Agents Immobiliers (F.N.A.I.M.)*, 129, rue du Fg-St-Honoré, 75008. *Conseil Supérieur du Notariat*, 31, rue du Général-Foy, 75008. *Syndicat des Stés Immobilières Françaises (S.S.I.F.)*, 37, rue de Rome, 75008. *Fédération Nationale des Promoteurs-Constructeurs (F.N.P.C.)*, 106, rue de l'Université, 75007. *Syndicat Nat. des Professionnels Immobiliers (S.N.P.I.)*, 91, rue de Prony, 75017. *Féd. Fr. des Professionnels Immobiliers et Commerciaux (F.F.P.I.C.)*, 50, rue Duhesme, 75018. *Union Nat. Interprofessionnelle du Logement (U.N.I.L.)*, 72, rue St-Charles, 75015. *Commission des Opérations de Bourse (C.O.B.)*, Tour Mirabeau, 39/43, quai André-Citroën, 75015. *Union Nat. Indépendante des Transactionnaires Immobiliers, Administrateurs de Biens, Mandataires en vente de fonds de commerce (U.N.I.T.)*, 4, rue Gerando, 75009. *Conf. Nat. des Administrateurs de Biens, Syndics de Copropriété de France (C.N.A.B.)*, 53, rue du Rocher, 75008 Paris. *Union Nat. des Constructeurs de Maisons Individuelles (U.N.C.M.I.)*, 3, avenue du Pt-Wilson, 75116 Paris.

• **Urbanisme.** *Préfecture de Paris*, 17, bd Morland, 75004. Direction de la Construction et du Logement, Dir. de l'Urbanisme. *En Province :* s'adresser aux dir. départementales de l'équipement. *S.O.S. Paris*, 27, rue St-André-des-Arts, 75006.

Définitions

• **Agents immobiliers. Nombre :** 12 500 selon l'INSEE, dont 8 à 9 000 appartiennent à une organisation prof. (6 300 à la F.N.A.I.M.).

Précautions à prendre *avant de traiter avec un agent immobilier.* Vérifier s'il est déclaré à la préfecture (demandez-lui sa carte professionnelle), affilié à un syndicat professionnel, inscrit à une caisse de caution mutuelle ; s'il a reçu un mandat régulier du propriétaire actuel du logement. Se méfier des faux « particuliers », des « clubs de locataires » ou marchands de listes et autres « associations ». Ne jamais verser d'argent (surtout commission), avant la signature d'un contrat de location.

Rémunération. Pour une vente, montant max. Honoraires couvrant frais de publicité (T.V.A. 18,60 %) et h. de négociation. En principe réglés par le vendeur. *0 à 50 000 F :* 8 %, *50 000 à 100 000 :* 7, *100 000 à 150 000 :* 6, *150 000 à 350 000 :* 5, *350 000 à 700 000 :* 4, *au-dessus :* libre. *Location de – de 1 an :* 10 % du loyer net de charges pour la période couverte par le contrat de location. Si le loyer mensuel excède 1 000 F : 9 % de la tranche entre 1 000 et 1 500 F, 8 % entre 1 501 et 2 000 F, 7 % au-delà de 2 001 F. *Locations de 1 an et + :* 10 % du loyer net de charges de la 1re année + 1 % par année supplémentaire de bail. Loyer annuel supérieur à 12 000 F : 9 % sur la part de loyer annuel entre 12 001 et 18 000 F, 8 % entre 18 001 et 24 000 F, 7 % au-delà de 24 001 F.

• **Aide personnalisée au logement** (A.P.L.). Pour en bénéficier, il faut : soit être locataire d'un logement pour lequel le propriétaire a passé une convention avec l'État en contrepartie de l'octroi de prêts ou d'aides financières (log. « conventionnés ») ; soit acheter, construire ou améliorer son log. avec un prêt aidé P.A.P. ou avec certaines catégories de prêts conventionnés. L'A.P.L. est versé au bailleur ou au prêteur. *Montant mensuel* calculé en appliquant un coefficient de prise en charge, variable selon ressources et composition de la famille, à la différence entre loyer réel (ou mensualité de remboursement plafonné, majorée de charges forfaitaires) et loyer minimum qui doit rester à la charge du bénéficiaire. Barème révisé chaque année au 1-7. *Seuils de ressources au-delà desquels il n'y a plus droit à l'A.P.L.* (période du 1-7-1985 au 30-6-1986) : zone I (et III) ; isolé 79 000 F (71 000), ménage 94 000 (84 500), 3 personnes à charge 153 000 (138 000).

• **Architecte.** Depuis le 20-3-1980, rémunération en fonction du contenu et de l'étendue de la mission, de la complexité de l'opération et de l'importance de l'ouvrage.

Responsabilité. Voir Quid 1981, p. 1707 a. **Assurance construction :** vendeur, constructeur, architecte et entrepreneur doivent être couverts par une assurance responsabilité. Le maître d'ouvrage doit prendre une assurance-dommages. **Recours à l'architecte :** obligatoire, sauf pour ceux voulant édifier ou modifier pour eux-mêmes une construction de – de 170 m^2 de surface de plancher hors œuvre nette, une construction à usage agricole dont la surface de plancher hors œuvre brute n'excède pas 800 m^2, des serres de production dont le pied droit a une hauteur inférieure à 4 m et dont la surface de plancher hors œuvre brute n'excède pas 2 000 m^2.

• **Cadastre.** Entrepris à Paris en 1974 (en 1986 les 20 arrondissements ont été cadastrés). Il y a à Paris 70 000 propriétaires fonciers, 75 000 parcelles, 2 millions de locaux divers dont 140 000 changent de main chaque année.

• **Certificat d'urbanisme.** Délivré dans un délai de 2 mois par le maire ou le commissaire de la Rép. (dir. départemental de l'Équipement, par délégation) à la demande du propriétaire du terrain ou d'une autre personne. Il indique les dispositions d'urbanisme applicables au terrain, les limitations adm. au droit de propriété (servitudes d'utilité publique et installations d'intérêt général), la desserte du terrain par les équipements publics existants ou prévus (notamment réseaux d'eau et d'élec.). Il informe le demandeur sur la constructibilité du terrain ou sur les possibilités d'y réaliser une opération déterminée. *Validité :* pour 1 an (pouvant être portée à 18 mois maximum pour une demande portant sur la réalisation d'une opération déterminée), délai pendant lequel ses dispositions ne peuvent être remises en cause. Les divisions d'une propriété foncière en vue de l'implantation de bâtiments qui ne constituent pas des lotissements (c'est-à-dire les divisions en 2 parties, sans prendre en compte les parties supportant déjà des bâtiments) doivent être précédées de la délivrance d'un cert. d'urbanisme portant sur chacun des terrains devant provenir de la division.

• **Conseils départementaux de l'habitat.** Créés par la loi du 7-1-1983 sur la décentralisation (v. p. 654) et le décret du 30-6-1984. Remplacent les commissions départementales (sauf les C.D.R.L. et celles de l'A.N.A.H.). Consultatifs (sauf pour l'aide publique au logement) ; avis sur situation du logement, programmation annuelle des aides de l'État, financements, logement des immigrés, etc. *Composition :* 1/3 d'élus, 1/3 de professionnels, 1/3 d'usagers et gestionnaires.

• **Copropriété.** *Règlement* (loi du 31-12-1985) : vaut comme un contrat à l'égard de chaque copropriétaire. L'accord de chacun est nécessaire et, par conséquent, l'unanimité requise pour modifier le règlement concernant la destination des parties privatives ou les modalités de leur jouissance. *Vote dans les assemblées générales :* les décisions sont prises à des majorités différentes selon les décisions à prendre. Il faut : *1) la majorité des voix (en millièmes) des présents et représentés* pour l'exécution de travaux d'entretien courant ou la simple administration de l'immeuble ; *2) la majorité des voix (en millièmes) de tous les copropriétaires,* pour désignation ou révocation du syndic et des membres du conseil syndical, modalités d'exécution de travaux obligatoires (ravalements) ; travaux d'économie d'énergie ; travaux de mise en conformité aux normes d'habitabilité ; travaux d'accessibilité de l'immeuble, installation d'antennes collectives de radiodiffusion ; les travaux entrepris avec l'autorisation de l'assemblée générale et à leurs frais sur les parties communes par un ou plusieurs copropriétaires ; à défaut, une 2e assemblée gén. peut statuer à la majorité (en millièmes) des présents et représentés ; *3) la double majorité* [majorité des copropriétaires représentant au moins les 2/3 des voix (en millièmes)] pour modifier le règlement de la jouissance, l'usage et l'administration des parties communes, pour les travaux d'amélioration (ex. installation d'un ascenseur) ; *4) l'unanimité* pour modifications du règlement portant sur des points non indiqués au 3°, pour la vente de parties communes dont la conservation est nécessaire au respect de la destination de l'immeuble ; pour les autres parties communes, la majorité des 2/3 suffit.

En cas de désaccord sur une décision prise par l'assemblée, les copropriétaires qui se sont opposés à cette décision (ceux qui ont voté contre) et les copropriétaires défaillants (absents et non représentés à l'assemblée) peuvent exercer l'action en contestation de la décision, permettant éventuellement d'obtenir son annulation. Le recours doit être porté devant le tribunal de grande instance du lieu de situation de l'immeuble.

Si un copropriétaire a donné mandat à une personne (copropriétaire ou tiers) pour être représenté (c'est-à-dire pour qu'il vote à sa place), il ne pourra contester la décision que si son mandataire a voté contre cette décision. Il est donc opportun d'indiquer avec précision sur le mandat dans quel sens le vote doit être effectué, résolution par résolution.

Mandat : on ne doit pas donner « pouvoir au syndic » ni à son épouse et à leurs préposés ni au copropriétaire qui assure les fonctions de syndic. Nul ne peut détenir + de 3 mandats en ass. gén. On peut donner mandat au président du conseil syndical.

Charges. *Entraînées par les services collectifs et les éléments d'équipement commun* (ascenseur, chauffage notamment) : répartition en fonction de l'utilité. *Ch. relatives à la conservation, à l'entretien et à l'administration des parties communes :* répartition proportionnellement aux millièmes.

Conseil syndical : désigné par l'Assemblée générale des copr. Contrôle gestion et assistance du syndic. Mandat : max. 3 ans renouvelables.

Syndics. *Nommés* par l'Assemblée générale des copr. (pour 3 ans au maximum par l'Ass. à la majorité absolue des voix) ou le Pt du trib. ou le règlement de copr. *Activités principales :* exécute les décisions du syndicat des copr. prises en ass. générale (éventuellement sous le contrôle d'un conseil syndical) ; mandataire du syndicat et seul responsable de sa gestion, de la garde de l'immeuble et du fonctionnement des équipements collectifs, il représente le syndicat dans tous les actes civils et en justice, a des pouvoirs d'initiative et, en cas d'urgence, peut faire exécuter tous travaux nécessaires à la sauvegarde de l'immeuble. Profession *réglementée* par la loi du 2-1-1970 et le décret du 20-7-1972 modifié, sauf si le syndic (copropriétaire dans l'immeuble) est bénévole (il peut être rémunéré). *Honoraires (à Paris 16-1-80) :* les parties (syndic et syndicat des copropriétaires) conviennent d'une somme globale pour gestion courante et frais administratifs divers (timbres, téléphone, photocopies, etc.). *Pour les lots,* variables dep. le 1-1-81.

• **COS (coefficient d'occupation du sol).** Rapport exprimant [sous réserve des autres règles du P.O.S. (hauteur, emprise, prospects, etc.) et des servitudes grevant l'utilisation du sol] le nombre de m^2 de planchers hors œuvre nette susceptibles d'être construits par m^2 de sol. Ex. : avec un C.O.S. de 3, on peut construire un nombre de m^2 de planchers hors œuvre égal à 3 fois la surface du terrain d'assiette. La valeur du C.O.S. varie selon les zones figurant dans le plan d'occupation des sols (P.O.S.).

Pour favoriser un regroupement des constructions dans une zone à protéger en raison de la qualité de ses paysages, le C.O.S. peut être dépassé dans certains secteurs de cette zone, par transfert des possibilités de construction d'autres terrains devenant alors inconstructibles.

• **Hypothèque.** Affectation d'un immeuble à la garantie d'une dette (garantie sans dessaisissement). Droit réel accessoire donnant au créancier non payé à l'échéance le droit de saisir l'immeuble, en quelques mains qu'il se trouve (droit de suite), et de se faire payer par priorité sur le prix (droit de préférence). *Constitution :* pour que la garantie soit valable, elle doit être inscrite par l'intermédiaire du notaire au bureau des hypothèques. Transferts immobiliers par décès. Ils doivent figurer dans un acte destiné à constater, au bénéfice des héritiers, la transmission par décès de la propriété ; cet acte est publié aux « hypothèques » et seul un notaire peut l'établir.

• **Multipropriété.** Opération consistant pour un promoteur à vendre à des particuliers un droit de séjour d'1 ou plusieurs semaines prises à des périodes fixes, dans une résidence meublée, équipée et prête à l'usage. Le prix varie en fonction de la période d'utilisation. Certaines Stés ont créé un système : échanger une période d'utilisation contre une autre. *Nombre de multipropriétaires :* env. 80 000 (en 1985).

• **Notaire.** L'acheteur peut faire appel au notaire de son choix ; le vendeur peut faire intervenir un 2e notaire qui assistera le 1er. Si 2 notaires sont appelés, ils partagent leurs honoraires sans frais supplémentaires pour l'acheteur. Voir l'Index.

• **PAF (programmes d'action foncière).** Lancés en 1974. Permettent aux collectivités locales de constituer des réserves foncières (acquisitions de terrains programmées sur 3 ou 5 ans, à utiliser au fur et à mesure de la réalisation d'opérations d'aménagement prévues).

Jusqu'en 1984, l'État a versé des subventions pour la réalisation des PAF pris en considération (30 % des dépenses d'acquisition de terrains). A partir de 1985, l'aide de l'État est comprise dans la dotation globale d'équipement (DGE) versée aux collectivités. Fin 1984 : 45 PAF pris en considération (communes, groupements de communes, départements).

• **PAZ (plan d'aménagement de zone).** (Décret n° 77-757 du 7-7-77.) Lorsque, pour la réalisation d'une zone d'aménagement concerté (ZAC), les dispositions du plan d'occupation des sols (POS) ne sont pas maintenues en vigueur, un plan d'aménagement de zone (PAZ) compatible avec le schéma directeur ou le schéma de secteur est établi. Il fait apparaître l'organisation de la zone (tracé des voies de circulation, emplacement des ouvrages publics et des espaces verts), les espaces boisés classés, les servitudes d'utilité publique. Le règlement fixe les règles applicables aux terrains de chaque îlot de la zone (comme en matière de POS).

• **Périmètres sensibles.** *But :* pour préserver le caractère de certains départements nécessitant une protection spéciale en raison de l'intérêt de leurs sites et paysages (littoral, montagne, secteurs fragiles). Les départements ont un droit de préemption dans des zones délimitées. La loi du 18-7-1985 autorise le département à instituer une taxe départementale des espaces naturels sensibles perçue sur tout le dép. et permettant d'acheter, aménager et entretenir des terrains ouverts au public. Des zones de protection particulière dans lesquelles sont édictées les mesures nécessaires à la préservation des sites et paysages (qui cessent d'être applicables dès qu'un POS est publié ou approuvé) peuvent être délimitées. Départements soumis à cette législation (au 1-1-1983) : 41 ; P. sensibles délimités dans 28 départements (6 108 communes, 94 283 km^2). Zones soumises à droit de préemption : 6 855 km^2 dont 53 km^2 acquis.

• **Permis de construire.** (Décrets n° 83-1261 du 30-12-83, et n° 84-225 du 29-3-84.) **Définition.** Arrêté du commissaire de la Rép. ou du maire accordant l'autorisation de construire. Nécessaire pour tous les travaux de construction durables (à usage d'habitation ou non, même ne comportant pas de fondations) ou modifiant une construction existante (lorsque ces travaux en changent la destination, en modifient l'aspect extérieur ou le volume ou créent des niveaux supplémentaires). Doit être obtenu avant le début des travaux. Le décret 86-514 du 14-3-1986 donne la liste des travaux exemptés de permis. **Demande.** L'adresser au maire de la commune (en 4 ex.). Dans les 15 j suivants, le maire ou le directeur départemental de l'Équipement doit adresser une lettre recommandée au demandeur l'informant que son dossier est complet ou l'invitant à le compléter, et lui indiquant la date avant laquelle la décision devra lui être notifiée. Si aucune décision n'a été prise avant la date ainsi fixée, la lettre du maire vaut permis de construire pour le projet déposé. Ce permis est valable 2 ans, les travaux ne devant pas être arrêtés pendant plus d'1 an. Il peut être prorogé une fois pour 1 an (la demande de prorogation se fait par lettre recommandée, 2 mois avant l'expiration du délai de validité).

Sursis à statuer. La décision sur la demande de permis de construire peut être renvoyée à 2 ans maximum dans les cas suivants : *1°) Lorsqu'un POS a été prescrit ou que la révision d'un POS approuvé a été ordonnée :* si les constructions projetées sont de nature à compromettre ou à rendre plus onéreuse l'exécution du futur plan. *2°) Lorsque la mise à l'étude d'un projet de travaux publics a été prise en considération ou que l'enquête préalable à la déclaration d'utilité publique d'une opération a été ouverte :* si les constructions projetées sont susceptibles de compromettre l'exécution de ces travaux publics ou de cette opération. *3°) Lorsqu'une zone d'aménagement concerté (ZAC) a été créée :* sur les demandes de permis de construire intéressant le périmètre de la ZAC. *4°) Lorsqu'un secteur sauvegardé a été délimité :* jusqu'à l'intervention de l'acte rendant public le plan de sauvegarde et de mise en valeur, sur la demande d'autorisation de modifier l'état des immeubles.

A l'expiration du délai de validité du sursis à statuer, une décision doit, sur simple confirmation par l'intéressé de sa demande, être prise par l'autorité compétente dans les 2 mois. L'autorisation ne peut être refusée pour des motifs tirés du projet de POS si celui-ci n'a pas encore été rendu public. Si des motifs différents rendent possible l'intervention d'un autre sursis à statuer, la durée totale des sursis ne peut excéder 3 ans. A défaut de la notification d'une décision dans les 2 mois, l'autorisation est considérée comme accordée. Cependant, un motif préexistant à la décision de sursis à statuer rend possible un refus d'autorisation. Par ailleurs, si une décision de refus est intervenue dans le cadre d'un projet de travaux publics ou d'une opération, le propriétaire du terrain concerné peut mettre en demeure le bénéficiaire des travaux publics ou de la déclaration d'utilité publique de procéder à l'acquisition de son terrain dans les 2 ans, délai pouvant être prorogé d'1 an.

Formalités postérieures à la délivrance du permis. *Affichage du permis :* sur le terrain pendant toute la durée du chantier, sous peine d'amende. *Ouverture du chantier :* dès le début des travaux, le bénéficiaire du permis adresse au maire une déclaration d'ouverture du chantier. *Achèvement des travaux :* lorsque les travaux sont terminés, le bénéficiaire du permis adresse au maire une déclaration d'achèvement. L'autorité compétente délivre alors, après vérification, un certificat attestant la conformité des travaux avec le permis de construire délivré.

Refus de permis. Le demandeur peut former un recours devant le commissaire de la Rép. ou le tribunal administratif.

● **PLD (Plafond légal de densité).** *Densité de construction :* rapport entre la surface de planchers hors œuvre nette de cette construction et la surface du terrain sur laquelle elle est ou doit être implantée. Une densité égale à 1 (1,5 pour Paris) constitue la limite légale de densité et peut être augmentée (depuis 1983) jusqu'à 2 (3 pour Paris) par décision du conseil municipal. Au-delà, le droit de construire est subordonné au versement aux collectivités (commune et département) d'une somme égale à la valeur du terrain dont l'acquisition serait nécessaire pour que la densité de construction n'excède pas ce plafond.

● **POS (plan d'occupation des sols).** Loi n° 83-8 du 7-1-83 et décret n° 83-813 du 9-9-83 fixe à moyen terme (dans le cadre des orientations du schéma directeur ou de secteur, s'il en existe) les règles générales et les servitudes d'utilisation des sols applicables aux parcelles de terrain. Le P.O.S. est élaboré à l'initiative et sous la responsabilité de la commune. Le représentant de l'État et, à leur demande, la région, le département, les chambres de commerce, des métiers et d'agriculture sont associés à cette élaboration. Il comprend des documents graphiques et un règlement. Il divise le territoire communal en : *1°) zones urbaines (U)* où les capacités des équipements publics existants ou en cours de réalisation permettent d'admettre immédiatement des constructions. *2°) zones naturelles (N)* divisées en : *z. d'urbanisation future (NA) :* non équipées en l'état actuel, pourront être urbanisées par des opérations d'aménagement d'ensemble, *z. NB :* où les constructions peuvent être autorisées en fonction des seuls équipements existants, sans renforcement de leurs capacités, *z. de richesses naturelles (NC) :* à protéger en raison notamment de la valeur agricole des terres ou de la richesse du sol ou du sous-sol. N'y sont autorisées que les installations liées aux activités correspondantes, *z. ND :* à protéger en raison de la qualité des sites, des milieux naturels et des paysages, ou de l'existence de risques (ex. éboulements, avalanches). *3°) zones d'activités spécialisées* (éventuellement) : z. industr., artisanales, commerciales, etc.

Le POS comporte l'indication du tracé des voies à créer ou à modifier, les emplacements réservés pour les ouvrages publics, les installations d'intérêt général et les espaces verts publics. Il fixe les règles applicables aux terrains des diverses zones (coefficient d'occupation du sol, emprise et hauteur des constructions, aspect extérieur des bâtiments, implantation par rapport aux voies et aux limites séparatives, etc.). *Publication :* le POS, arrêté par délibération du conseil municipal, après avis des administrations et organismes associés à son élaboration, est rendu public par arrêté du maire puis, après enquête publique (1 mois au moins) est approuvé par délibération du conseil municipal. Il est « opposable aux tiers » dès qu'il a été rendu public (les demandes d'autorisation d'occuper ou d'utiliser le sol doivent être conformes avec les dispositions du plan). En l'absence de POS « opposable aux tiers », les règles générales d'aménagement et d'urbanisme dites « règlement national d'urbanisme » (RNU) s'appliquent. Dans ce cas, depuis le 1-10-84, seules sont autorisées les constructions à édifier dans les parties déjà urbanisées de la commune (sauf si, un P.O.S. ayant été prescrit, le conseil municipal et l'administration sont convenus de « modalités d'application du RNU » spécifiques à la commune : ces modalités sont alors applicables pendant 2 ans au maximum).

Situation des POS (au 1-4-86). *Communes métropolitaines :* sur 36 536 communes, 16 281 ont élaboré un POS (POS approuvés 7 968, publiés 1 394, prescrits 6 919). *Populations concernées :* 50,5 millions d'hab. (POS approuvés 40,8, publiés 0,8, prescrits 8,9). *Superficies couvertes :* 345 215 km² (POS approuvés 147 750, publiés 17 437, prescrits 180 028). Part des z. naturelles protégées pour les 139 583 km² des POS approuvés et publiés (84,5 %), z. NC (52,5 %), z. ND (32 %).

● **Promoteurs-constructeurs.** Personnes physiques ou morales dont la profession ou l'objet est de prendre, de façon habituelle, et dans le cadre d'une organisation permanente, l'initiative de réalisations immobilières et d'assumer la responsabilité de la coordination des opérations intervenant pour l'étude, l'exécution et la mise à disposition des usagers de programmes de construction.

Fédération nationale des promoteurs-constructeurs (F.N.P.C.). Seule organisation représentative. Adhérents : 500 (1-1-1986) entreprises de promotion sur env. 650 promoteurs non occasionnels.

● **S.D.A.U. (schéma directeur d'aménagement et d'urbanisme).** (Régl. loi n° 83-8 du 7-1-1983 et décret n° 83-812 du 9-9-1983.) Fixe à moyen et long terme les orientations de l'aménagement des agglomérations ou des ensembles de communes présentant une communauté d'intérêts économiques et sociaux. Détermine la destination générale des sols, la nature et le tracé des grands équipements d'infrastructure, la localisation des services et activités les plus importants ainsi que les zones préférentielles d'extension et de rénovation urbaines, les sites à protéger, les espaces agricoles ou boisés à maintenir ou à créer. Peut être complété par un schéma de secteur qui en détaille et précise le contenu. Élaboré à l'initiative des communes par un groupement de communes. Le représentant de l'État et, sur leur demande, la région, le département, les chambres de commerce, des métiers et d'agriculture y sont associés. *Le schéma directeur* (ou *le schéma de secteur*), arrêté après avis des conseils municipaux, des administrations et organismes associés à son élaboration, est mis à la disposition du public pendant 1 mois pour recueillir ses observations, puis est approuvé par le groupement des communes. Les POS et les grands travaux d'équipements doivent être compatibles avec les dispositions du schéma directeur.

● **SHA (surface habitable) :** surf. construite déduction faite de l'espace occupé par murs, cloisons, emmarchements et trémies d'escaliers, gaines, embrasures de portes et fenêtres n'excédant pas 0,30 m de profondeur. La surface habitable comprend la surface des pièces d'habitation, celle des pièces de service et de circulation.

● **SHON** (Surface hors œuvre nette). Égale à la somme des surfaces des planchers hors œuvre brute de chaque niveau, après déduction des surfaces : des combles et sous-sols non aménageables ; des toitures-terrasses, balcons et loggias ; affectées au stationnement des véhicules ; affectées au stockage agricole.

● **Viager.** *Montant de la rente,* fixé librement entre les parties. *Annulation :* possible lorsque le taux de la rente est inférieur au taux d'intérêt légal ; lorsque le contrat a été créé sur la tête d'une personne déjà morte au j de sa conclusion ou atteinte d'une maladie dont elle est décédée dans les 20 j de la conclusion du contrat, ou si le crédirentier était, lors du contrat, d'un âge avancé et atteint d'une maladie grave devant amener la mort à brève échéance.

● **ZAC (zone d'aménagement concerté).** (Art. R 311-1 et R 311-20 du Code de l'urbanisme.) Zone à l'intérieur de laquelle État, collectivité locale ou certains établissements publics décident d'intervenir pour réaliser ou faire réaliser l'aménagement et l'équipement de terrains en vue d'y implanter des constructions à usage d'habitation, de commerce, d'industrie, de services et des installations et équipements collectifs. L'aménagement peut être conduit par la collectivité ou être concédé à un établissement public ou à une sté d'économie mixte ou être confié, par convention, à une personne privée ou publique.

La ZAC fait l'objet d'un dossier de création (délimitation du périmètre, choix du mode de réalisation), et d'un dossier de réalisation [comportant un plan d'aménagement de zone (PAZ) indiquant les dispositions d'urbanisme spécifiques à la zone]. Si, à l'intérieur de la ZAC, les dispositions du POS publié ou approuvé sont maintenues, le POS tient lieu de plan d'aménagement de la zone concernée. La ZAC et son PAZ doivent être compatibles avec le schéma directeur ou le schéma de secteur.

● **ZAD (zone d'aménagement différé).** (Art. R 212-1 et suivants du Code de l'urbanisme.) Périmètre à l'intérieur duquel l'État, une collectivité locale, certains établissements publics, certains offices publics bénéficient, pendant 14 ans à partir de l'institution de la zone, d'un droit de préemption à l'occasion d'aliénations à titre onéreux de tout immeuble, bâti ou non bâti. Créées en vue notamment de la création ou de la rénovation de secteurs urbains, de la création de zones d'activités ou de la constitution de réserves foncières. Préalablement à la vente d'un terrain, le propriétaire doit déclarer son intention d'aliéner son bien au bénéficiaire du droit de préemption. Si ce dernier n'a pas notifié sa décision au propriétaire dans les 2 mois, son silence vaut renonciation à l'exercice du droit de préemption. *Situation cumulée au 1-11-1984 :* 5 672 ZAD couvrant 595 634 ha.

● **ZEP (zone d'environnement protégé).** Instituée par le décret n° 77-754 du 7-7-1977 pour la protection de l'espace rural, des activités agricoles ou des paysages sur le territoire d'une ou plusieurs communes.

Supprimées par la loi n° 83-8 du 7-1-1983. Cesseront de produire leurs effets le 1-10-1986 si elles n'ont pas été remplacées, à cette date, par des plans d'occupation des sols (POS). Au 1-10-1984, 347 communes étaient dotées de ZEP.

● **ZIF (zone d'intervention foncière).** Dans les communes de + de 10 000 hab., dotées d'un POS, zone dans laquelle une personne publique a un droit de préemption (prix du marché) pour la création d'espaces verts publics, la réalisation de logements sociaux et collectifs, la restauration, la rénovation et la constitution de réserves foncières. Le prix du bien acquis par préemption doit être réglé au plus tard 10 mois après la décision.

● **ZUP (zone à urbaniser en priorité).** Formule créée en 1958, remplacée par la ZAC.

Propriété

● **Droit de propriété.** Droit personnel : la chose appartient en propre à une personne, exclusif (opposable à tous), perpétuel (dure autant que la chose et ne s'éteint pas par le non-usage). Ce droit peut être attaché à un bien qui est une abstraction : droit d'auteur, de créance, action en dommages-intérêts, action en revendication, etc.

Éléments : *1° l'usus* (jouissance) : droit qu'a le propriétaire de profiter personnellement de l'utilité d'une chose. *2° le fructus* (fruit) : droit pour le propr. de percevoir des revenus sur son bien. *3° l'abusus* (abus) : le propr. doit disposer comme il l'entend de la chose, la consommer si elle est consommable, la détruire, la vendre ou la donner. Il peut faire de la chose tout ce qui n'est pas contraire aux lois et aux règlements. **Limitations.** Le propr. ne doit pas porter atteinte à la propriété d'autrui. D'où servitudes publiques ou privées de vues, régime des eaux (écoulement, irrigation, drainage), de bornage et de clôture.

● **Définition des biens. Biens corporels** (visibles et palpables) ; *immeubles :* fixes, on ne peut les déplacer (terre, maison, etc.) ; *immeubles par destination :* bétail dans une ferme, des fruits tant qu'ils ne sont pas cueillis, glace scellée dans un mur. *Meubles :* ne sont pas fixes (automobile, tapis, bijoux, argent en espèces, gaz, courant électrique, etc.). **Biens incorporels** représentent des droits (droits d'auteur, de créance, pension, rente, etc.).

● **On devient propriétaire. Par convention :** vente, échange, donation. Dès qu'il y a accord des parties sur la chose et sur le prix, il y a transfert de propriété ; mais ce transfert peut être retardé ou soumis à la réalisation de conditions si le contrat le spécifie. Pour donner une validité à ces consenteurs, à l'égard des tiers, il faut remplir certaines formalités. Ainsi la vente ou l'échange d'un bien immobilier nécessitent un acte notarié, une inscription hypothécaire ; la vente d'une automobile, le changement de la carte grise, etc. **En vertu de la loi.** Par *succession :* c'est l'accession (l'accessoire de l'autre bien dit « principal »). Le propriétaire d'un terrain devient propr. des constructions élevées sur son terrain par une autre personne, le locataire, par ex., dès que cessent les droits de la personne qui a construit (fin de bail par ex.). Certains meubles n'ont pas de propriétaire : produits de la chasse, de la pêche, chose abandonnée (bijoux perdus du propr. par ex.), trésor (un trésor appartient à celui qui le trouve dans son propre fonds ; s'il est trouvé dans le fonds d'autrui, il appartient, pour moitié, à celui qui l'a découvert et, pour l'autre moitié, au propriétaire du fonds).

Par possession prolongée permet de se substituer au précédent propriétaire de la chose. **Prescription acquisitive :** il faut que la possession de la chose soit continue, paisible, publique (connue), non équivoque et assurée à titre de propriétaire ; que le possesseur ait entretenu et administré la chose comme l'aurait fait le propriétaire lui-même ; que la possession n'ait pas commencé par une possession pour le compte d'autrui ; qu'elle n'ait pas été interrompue pendant plus d'un an (jouissance de la chose par l'ancien propriétaire ou par un tiers) ; que le possesseur n'ait pas reçu, avant la prescription, une citation en justice, un commandement ou une saisie émanant de l'ancien propriétaire et relative au droit de propriété ; que le possesseur n'ait pas reconnu les droits de l'ancien propriétaire (lettres, paiement d'intérêts) ; que l'ancien propriétaire ne soit pas un mineur non émancipé ou un majeur en tutelle, ni l'un des époux ; cependant la prescription court contre la femme mariée, à l'égard des biens dont le mari a l'administration. *Durée* 30 ans ; 10 ans pour celui qui achète de bonne foi un immeuble, alors qu'en fait il appartient à quelqu'un d'autre que le vendeur ; 20 ans si le propriétaire véritable habite une localité située dans le ressort d'une autre cour d'appel que celle du lieu de situation de l'immeuble. **Pour les meubles,** « la possession vaut titre » : il suffit de les posséder pour être considéré comme leur propriétaire. En cas de vol ou de perte : revendication pendant 3 ans. Celui qui a acheté, dans une foire, un marché, une vente publique ou un magasin, un objet perdu ou volé ne peut être obligé de le rendre à son vrai propriétaire que si celui-ci le lui paye au prix coûtant.

● **Démembrement de la propriété.** V. *Servitude* plus loin et v. *Usufruit* à l'Index. **Le droit d'usage et d'habitation,** forme atténuée de l'usufruit, connaît un regain de faveur, il est utilisé pour les résidences-retraites. Les investisseurs gardent la nue-propriété et cèdent le droit d'habitation à des retraités qui peuvent ainsi acquérir à moitié prix, ou même beaucoup moins, l'usage, leur vie durant, de leur appartement.

● **Expropriation. Peuvent exproprier :** l'État, les départements, les communes, les établissements publics (E.D.F., chambre de commerce, etc.), les concessionnaires d'un service public, certains particuliers (propr. de sources thermales, Cie nationale du Rhône, Sté chargée de la construction et de l'installation d'usines de fabrication de carburants synthétiques pour l'édification des usines, etc.), les Stés d'État.

Biens expropriables. Immeubles, terrains ou bâtiments. Les meubles ne peuvent qu'être réquisitionnés (brevets d'invention intéressant la Défense nationale, objets et approvisionnements indispensables au fonctionnement d'une usine de guerre). **Formalités :** *pour exproprier* il faut : *une enquête d'utilité publique* permettant à tout intéressé de faire des objections, et à l'Administration de connaître les biens qu'elle veut exproprier, *une déclaration d'utilité publique ;* le juge des expropriations, juge spécialisé du tribunal de grande instance, vérifie la régularité des opérations qui précèdent et rend *une ordonnance d'expropriation* (à moins que, par accord amiable entre l'Administration expropriante et les propr., des cessions aient déjà été faites). Ordonnance d'expropriation : transfère la propriété, même si une procédure doit suivre pour la fixation des indemnités. Elle peut faire l'objet d'un pourvoi en cassation. **Indemnisation :** nul exproprié ne peut être dépossédé sans avoir reçu une juste et préalable indemnité. Le jugement de l'expropriation fixe les indemnités, et peut faire l'objet d'un appel devant une chambre spéciale de la cour d'appel dans les 15 j qui suivent la notification de l'expropriation. Celle-ci est évaluée selon *le préjudice direct : matériel (le préjudice moral est exclu).* Elle est fixée selon la valeur du bien au jour de la décision de 1re instance. *Indemnités accessoires :* frais de déménagement, transport, aménagement, coût des installations à réaliser, dépréciation du reste de la propriété si seulement une partie est expropriée, etc. *Indemnité de remploi* pour rembourser les frais que coûte le remploi de l'indemnité (souvent 20 à 30 % de l'indemnité principale). La valeur, donnée par le juge aux biens expropriés, ne peut excéder l'estimation faite lors de leur plus récente mutation (vente, donation, succession), lorsque celle-ci est antérieure de – de 5 ans à la date de l'ordonnance d'expropriation.

● **Limites. Bornage.** Fixe la limite séparative de 2 terrains contigus. Chaque propriétaire peut procéder au bornage à l'amiable avec son voisin par un géomètre-expert, ou l'y obliger par décision du tribunal d'instance. Le bornage se fait alors à frais communs. Peuvent également demander le bornage : l'usufruitier, le nu-propriétaire, l'usager (qui possède un droit d'usage et d'habitation), le copropriétaire indivis et le titulaire d'un bail emphytéotique. On ne peut pas demander le bornage du côté du domaine public : il existe une procédure particulière de délimitation, « l'alignement ». Un bornage unilatéral n'est pas opposable au voisin qui n'y a pas pris part. Si un bornage a été fait contradictoirement, il n'est plus possible de le remettre en cause, tant que les bornes subsistent ou qu'elles n'ont pas été déplacées. Il faut s'adresser, en cas de bornage à un géomètre-expert qui se rend sur les lieux en leur présence, examine les titres de propriété et dresse un procès-verbal. S'il y a contestation sur la propriété du terrain (une parcelle est revendiquée par le voisin), le litige doit être porté devant le tribunal de grande instance du lieu. Si un voisin déplace une borne : le propriétaire, lésé, peut exercer contre son voisin une action possessoire, dite « complainte » devant le tribunal d'instance ou déposer une plainte auprès du procureur de la Rép. pour « déplacement » ou « suppression de bornes » (délit passible de peines correctionnelles). EMPIÉTEMENT. *Sans construction :* ex. : clôture établie par un propriétaire ; la victime, lésée, dispose de l'action en « complainte », action possessoire (c.-à-d. destinée à protéger sa possession) devant le tribunal d'instance (dans l'année des faits). *Avec construction :* recourir au tribunal de grande instance. La victime peut se référer au Code civil (art. 545 « nul ne peut être contraint de céder sa propriété ») et demander la démolition de la partie de la construction qui dépasse la limite séparative ou des dommages-intérêts (10 cm sur la propriété voisine suffisent pour demander la démolition). *Si la construction est élevée entièrement sur le terrain d'autrui.* Voir l'art. 555 du Code civil : le propriétaire du terrain devient, par « accession », propriétaire de la construction élevée chez lui sans son accord, mais à charge pour lui d'indemniser le propriétaire de cette construction. En cas de mauvaise foi de ce dernier, il peut exiger la suppression de la construction à la diligence et aux frais du responsable.

Clôtures. LIBRE : *tout propriétaire peut clore son héritage,* mais si son voisin est enclavé, et donc bénéficie d'une servitude de passage, il ne peut rien faire qui tende à en diminuer l'usage ou à la rendre plus incommode. FORCÉE : dans les villes et faubourgs, chacun peut obliger son voisin à participer à la construction d'une clôture destinée à séparer « maisons, cours et jardins », et à participer aux éventuelles réparations. Cette règle ne s'applique pas à la campagne sauf dans un village ou un hameau ; elle ne joue que pour les terrains dépendant d'habitations. Le mur sera édifié à cheval sur la limite séparative et aura la nature de mur mitoyen. Les frais seront partagés par moitié, sauf si les 2 terrains sont à des niveaux différents. Le voisin peut se soustraire à l'obligation de participer aux frais en abandonnant à l'autre propriétaire la bande de terrain correspondant à la moitié du mur. On ne peut forcer son voisin à participer au coût du mur de clôture que si celui-ci n'est pas encore construit et non après coup. Si l'on édifie un mur à cheval sur la ligne séparative sans accord du voisin, celui-ci peut en demander la démolition ou réclamer d'en acquérir la moitié. Si le voisin refuse de participer, le tribunal d'instance tranchera le différend. *Hauteur* fixée suivant usages du lieu et règlements particuliers et, à défaut, à une haut. min. de 3,30 m dans les villes de 50 000 hab. et +, et de 2,60 m dans les autres villes. Demander les règlements (mairie, direction départementale de l'Équipement). *En cas de « vaine pâture » :* si celle-ci profite à tous les habitants de la commune (titre ou usage ancien), le propriétaire peut, néanmoins, se clore et son terrain cesse d'être soumis à la vaine pâture ; si celle-ci résulte d'un titre (contrat, jugement), le propriétaire doit respecter ce titre, mais peut s'en affranchir contre indemnité.

Mitoyenneté. Mur mitoyen. Est mitoyen un mur construit à frais commun, par 2 voisins. On peut acquérir la mitoyenneté (c'est un droit absolu et imprescriptible) si on le désire, mais on ne peut contraindre son voisin à l'acheter. On peut si on le désire acquérir la mitoyenneté par prescription à condition que le propriétaire ait agi comme si le mur était mitoyen, d'une façon paisible, continue, sans équivoque, pendant 30 ans. On peut bâtir contre un mur mitoyen, placer poutres et solives dans toute son épaisseur (à 54 cm près), et l'exhausser.

Preuve de la mitoyenneté : peut résulter d'un titre, acte, contrat constatant la construction à frais communs d'un mur sur la ligne séparative. Souvent les titres de propriété ne donnent pas de renseignements. Aussi la loi précise-t-elle que dans les villes et les campagnes, tout mur servant de séparation entre bâtiments jusqu'à l'héberge, ou entre cours et jardins et même entre enclos dans les champs, est présumé mitoyen s'il n'y a pas titre ni marque contraires.

● **Servitudes.** Charge imposée à un terrain bâti ou non, ou à un immeuble, au profit d'un autre immeuble appartenant à un autre propriétaire pour permettre à ce dernier un certain usage du terrain frappé de la servitude. Les servitudes peuvent être faites dans l'intérêt d'un particulier ou d'une administration (dans l'intérêt public). Certaines sont imposées par la loi (ex. servitude de passage au profit d'un terrain enclavé). D'autres sont conventionnelles : décidées par 2 propr. voisins ; par ex. 2 voisins s'interdisent réciproquement d'utiliser leur terrain pour la construction, ou au contraire s'y obligent.

Servitudes de passage. *De plein droit* (par l'effet de la loi), si le fonds est enclavé. *Résultant d'un titre* (contrat, écrit, acte notarié, etc. qui donne ou confirme ce droit) ou *de la destination du père de famille* [lors d'un partage entre ses descendants, un propriétaire a prévu ce droit de passage pour ceux de ses enfants qui n'ont pas accès directement sur la voie publique ; souvent ce droit est inscrit dans une donation, un testament ; mais il est également admis que l'on peut prouver ce droit de passage s'il est révélé par un signe apparent (qui ne peut avoir été réalisé que pour assurer ce droit de passage qui se transmet à tous les propriétaires successifs)]. **Passage des eaux et canalisations.** Servitude légale pour les eaux pluviales ou de source. Les eaux domestiques (ménagères ou pluviales s'écoulant du toit) doivent être évacuées sur la voie publique ou sur le terrain du propriétaire.

Servitude du tour d'échelle. Pour des travaux indispensables à l'entretien d'un bâtiment ou d'un mur construit sur la limite d'une propriété, on peut passer chez le voisin et établir en bordure des échafaudages (c'est la servitude dite du *tour d'échelle*). Si l'on ne peut s'entendre à l'amiable avec le voisin, en cas d'urgence le juge des référés peut autoriser une occupation provisoire pour les travaux indispensables.

Servitude de vue. Sauf prescription trentenaire, le Code interdit d'avoir des « vues droites » sur la propriété voisine à moins de 1,90 m de la limite (interdiction d'ouvrir une fenêtre, de construire une terrasse, un escalier extérieur, etc.), et des « vues obliques » à moins de 60 cm. *Jours de souffrance :* autorisés dans un mur en limite de propriété, à condition qu'il ne soit pas mitoyen.

Servitude de voisinage. Les branches d'arbres ne doivent pas déborder sur une voie de circulation.

Plantations : règlements variables suivant chaque POS, ou usages locaux. En général au min. à 2 m de la limite, si la hauteur des arbres et arbustes dépasse 2 m (sinon à 0,50 m). Le voisin peut exiger l'arrachage s'ils sont à – de 0,50 m, ou leur coupe à hauteur s'ils sont entre 0,50 m et 2 m et dépassent en hauteur 2 m.

On peut couper soi-même racines, ronces et brindilles avançant sur son terrain. A Paris on plante jusqu'à l'extrême limite, le voisin ne peut demander l'élagage. En cas de prescription trentenaire, de titres (écrits) ou de destination du père de famille, on n'est pas astreint. S'il y a un mur, il suffit que les arbres ne dépassent pas la crête du mur. Le tribunal d'instance est compétent.

Troubles anormaux du voisinage. Pas de définition légale. *Bruit :* tout bruit excessif est répréhensible (un bruit nocturne sera considéré plus facilement comme anormal par les tribunaux, mais il est faux de croire que chacun a le droit de faire du bruit jusqu'à 22 h ou qu'il existe une tolérance spéciale le samedi soir).

Domaine de l'État

• **Domaine privé.** Soumis aux règles du Code civil (les litiges relèvent des tribunaux judiciaires).

• **Domaine public.** L'administration délimite le domaine public naturel et crée le d. public artificiel par classement. Elle peut classer dans le domaine public des biens de son domaine privé. Pour aliéner un bien du domaine public, elle doit d'abord le déclasser en domaine privé. *Régime spécial :* il est inaliénable, imprescriptible (les litiges relèvent des juridictions administratives). Mais il peut être loué par l'État, et être affecté uniquement à des usages publics et à des équipements ouverts au public. La construction de logements privatifs est exclue. L'État possède au 28-4-1986, 9 536 561 ha dont 8 710 983 ha de forêts domaniales (6 944 540 ha de la forêt guyanaise) ; la S.N.C.F. : 100 000 ha ; l'aéroport de Paris : 6 490 ; le port autonome de Marseille-Fos : 20 000 ; les houillères : 42 000. *Domaine public naturel :* rivages de la mer, étangs salés communiquant avec la mer, cours d'eau navigables et flottables, lacs, espace aérien, certains cours d'eau qui ne sont plus catalogués nav. et flottables ; *artificiel :* ports maritimes ou fluviaux, canaux, voies publiques, infrastructure du chemin de fer, aérodromes, édifices affectés à un usage public ou un service public (ex. musées, églises, bibliothèques, écoles, halles et marchés ; souvent domaine public communal). Les particuliers usent librement du domaine public, le plus souvent gratuitement. L'État peut accorder des autorisations d'occupation temporaire : permis de stationnement, permission de voirie, concessions. Ces occupations autorisées par l'Adm. sont révocables et ne confèrent aucun droit réel ou personnel à leur titulaire.

• **Domaine public mobilier.** Biens meubles qui ont fait l'objet d'une procédure de classement en raison de l'intérêt public qu'ils présentent du point de vue historique, artistique ou scientifique et objets qui sont déposés dans un musée public ou une collection nationale.

• **Domaine maritime public. Étendue :** rivages (le plus grand flot de l'année en définit la limite), lais et relais de la mer, ports, havres, rades et généralement toutes les portions du territoire français qui ne sont pas susceptibles d'une propriété privée. *Sol et sous-sol des eaux territoriales :* sur 12 milles. Les eaux territoriales elles-mêmes ne sont pas propriété de l'État. *Lais et relais de la mer :* incorporés au domaine public maritime dep. 1963, appartenaient auparavant au domaine privé de l'État ; lais et relais anciens constitués avant 1963 : peuvent être incorporés au domaine public maritime par arrêté préfectoral. La délimitation côté terre des lais et relais est faite, après enquête, par décret du Conseil d'État rendu sur le rapport du ministre chargé des ports maritimes ; s'il n'y a pas d'opposition manifestée pendant l'enquête, la délimitation est approuvée par arrêté préfectoral. Lorsqu'ils ne sont pas utiles à la satisfaction des besoins d'intérêt public, lais et relais peuvent être déclassés et réservés ainsi au domaine privé. *Étangs salés :* baie communiquant avec la mer avec une issue plus ou moins étroite et qui en est une prolongation et une partie intégrante formée des mêmes eaux et peuplées des mêmes poissons. *Terrains privés ayant fait l'objet d'une réserve.* Dans la mesure où la procédure de création de réserve est appliquée, les terrains acquis par l'État sont incorporés au domaine public maritime. *Ports havres et rades :* le préfet procède à la délimitation des ports maritimes du côté de la mer ou du côté des côtes. *Terrains artificiellement soustraits à l'action du flot :* sous réserve du droit des tiers ou de dispositions contraires d'actes de concession.

Mode d'occupation du domaine public maritime. L'État peut accorder une autorisation d'utilisation privative. En général, il le fait à *titre précaire et révocable* sans indemnité (sauf pour les établissements de pêche. Cette autorisation est délivrée par le ministère chargé des ports et du domaine public maritime). Ces occupations sont réglementées par des arrêtés, fixant les conditions techniques. *Principales autorisations :* exploitation des gisements marins et sous-marins, cultures marines, plages naturelles concédées, travaux tels que escaliers, digues, etc. *Concessions de travaux immobiliers :* outillages publics dans les ports ; de services ou de travaux publics : de port de plaisance, de plage artificielle, d'exploitation de la force motrice des marées : d'endigage, d'établissements de pêche.

Domaine maritime privé de l'État. Lais et relais de l'État antérieurs à 1963, lorsqu'ils ne sont pas incorporés au domaine public maritime. Lais et relais incorporés au domaine public maritime, puis ultérieurement déclassés, îles, îlots, forts, châteaux-forts et batteries du littoral ayant fait l'objet d'un usage militaire et déclassés, étangs salés isolés de toutes communications avec la mer et sous réserve des droits des particuliers.

Propriétés privées. Délimitées côté mer par des opérations de délimitation du domaine public maritime, notamment lorsqu'il y a création de lais et relais. Peuvent être frappées de mise en réserve sur une bande de 20 m pour les terrains clos ou construits et de 50 m pour les terrains non construits. Sont frappées d'une servitude de passage de piétons sur 3 m de large à partir des limites du domaine public maritime ; les riverains du domaine public maritime n'ont ni droit d'accès, ni droit de vue, le domaine public maritime ne pouvant être l'objet de servitudes. A l'exception des terrains situés à moins de 15 m de bâtiments à usage d'habitation, et clos de murs édifiés avant le 1-1-1976. Cette distance peut être réduite dans la mesure où la servitude est le seul moyen d'assurer le libre accès des piétons au rivage de la mer. La servitude peut être suspendue après enquête : ex. : si elle fait obstacle au fonctionnement d'un service public, d'un établissement de pêche bénéficiaire d'une concession, d'une entreprise de construction ou de réparation navale à l'intérieur d'un port maritime proche d'installations utilisées pour les besoins de la défense nationale, si elle peut compromettre la conservation d'un site à protéger pour des raisons d'ordre écologique ou archéologique, ou la stabilité des sols.

Plages. Concession de plages naturelles : les communes ou leur groupement bénéficient d'un droit de préférence : le libre accès à la mer en tout point et la libre circulation le long du rivage sont obligatoirement maintenus. Le stationnement du public ne peut être subordonné à l'utilisation des installations établies par le concessionnaire que sur 30 % au max. de la surface concédée, les 70 % restants doivent être totalement libres d'accès. Les parties de plages incluses dans les 30 % ne doivent pas constituer un front de mer continu, ni s'étaler sur une longueur supérieure à 30 % de la longueur totale de la plage. La perception des droits pour l'utilisation des installations et matériels exploités par le concessionnaire doit être égalitaire. La concession peut prendre fin sans indemnisation dès qu'un motif d'intérêt public le nécessite. *Durée des concessions :* environ 15 ans pour les collectivités locales, 5 ans au maximum pour des particuliers. Le préfet peut révoquer la concession en cas de non-respect des prescriptions du cahier des charges.

Concession de plages artificielles : part des superficies concédées à accès du public : 25 %, la durée de concession est de 30 ans.

Ventes d'immeubles aux enchères

Ventes judiciaires

Circonstances. Le plus souvent pratiquées sur saisie immobilière ou liquidation des biens d'un débiteur insolvable, réalisées devant le tribunal de grande instance. Un avocat poursuivant demande au tribunal d'ordonner la vente. Si des irrégularités ont été commises au cours de la procédure, le jugement d'adjudication peut être frappé d'un pourvoi devant la Cour de cassation (il n'y a pas d'appel).

Mise à prix. Fixée par le créancier en fonction de la somme qu'il veut récupérer. **Avocat :** on doit pour enchérir prendre un avocat inscrit au barreau du tribunal du lieu de la vente. Il prendra notamment connaissance du cahier des charges. *Avant la vente,* on doit remettre un chèque certifié couvrant les frais préalables à la vente (environ 15 % de la mise à prix), et une partie de la mise à prix (env. 10 %). Si l'on n'est pas déclaré adjudicataire, l'avocat peut cependant demander des honoraires correspondant à son déplacement pour assister à la vente, aux conseils donnés quant au cahier des charges.

Surenchère. On peut dans les 10 jours (j. fériés en plus) suivant la vente faire présenter au greffe (par l'avocat) une déclaration de surenchère par laquelle on offre d'acheter au prix d'adjudication augmenté de 10 %. Une nouvelle séance d'adjudication aura lieu, à partir du prix proposé : si aucun autre amateur ne se présente, on devient propriétaire ; sinon, le plus offrant l'emporte. On ne peut surenchérir qu'une fois.

Règlement. Si étant adjudicataire, on ne peut payer le prix dans les délais fixés par le cahier des charges, la vente sera reprise sur folle enchère et recommencera à la mise à prix initiale. On devra régler les frais de la 1re vente faite inutilement et, si la 2e adjudication est inférieure à la 1re, la différence entre les deux. Frais annexes. Préalables : frais de poursuite, de publicité (indiqués au cahier des charges). *Postérieurs :* dû aux avocats (3/4 vont à l'avocat du vendeur, 1/4 à l'avocat de l'acheteur). *A Paris : 0 à 17 500 F :* 10 % ; *17 501 à 36 500 F :* 6,60 % ; *36 501 à 102 000 F :* 3,30 % ; *102 000 F et + :* 1,65 %. Autres émoluments à taux fixe : exemple, signification du jugement : 50,80 F, ou variable (rédaction des bordereaux). Droits de timbre et frais de publicité... Frais des quittances notariés. *Entrée en jouissance :* dès le délai de surenchère expiré (c'est-à-dire le 11e jour après la vente ou immédiatement si celle-ci est consécutive à une surenchère).

Ventes par-devant notaires

Lieu. 28 centres de vente agissent dans le cadre du « marché immobilier des notaires », qui publie un bulletin annonçant les séances d'adjudication. Enchères en général à la chambre des notaires, parfois à la mairie ou à la chambre de commerce. Des notaires de service, présents dans la salle, portent les enchères sans aucun frais.

Mise à prix. Fixée par le notaire et le vendeur (souvent prix d'estimation diminué de 20 %). Pour participer à la vente, consigner auprès du notaire vendeur, un chèque certifié du montant indiqué au programme des ventes (env. 10 % du montant de la mise à prix).

Surenchère. Possible comme pour les ventes judiciaires. Règlement : dans les 45 jours. *Frais annexes :* une partie des frais de publicité, les frais du cahier des charges et une partie des honoraires du notaire vendeur.

Ventes des domaines

Lieu. *Paris :* salle des ventes des Domaines, 9, rue Scribe (9e) ; *province :* préfectures, mairies, etc. **Annonces :** dans le Bulletin Officiel des annonces des Domaines.

Mise à prix. Souvent très basse ; sert à fixer le montant du cautionnement à verser pour être admis à enchérir. On peut enchérir directement. **Règlement :** dans le mois si − 20 000 F, dans les 2 mois si de 20 000 à 100 000 F, au-delà consulter le cahier des charges. *Frais annexes :* droits de timbres du procès-verbal d'adjudication, coût de 2 copies. Ventes mobilières domaniales (1985) : 295 000 000 F.

☞ **Droits dus dans les trois types de vente.** *Enregistrement :* 13,60 % ou dans certains cas, taux réduit à 2,60 %. Taxe départementale 1,60 %, communauté ou fonds de péréquation 1,20 %, régionale 1 à 2 %. Les ventes d'immeubles par les Domaines n'entraînent aucun frais.

Achat de terrains à bâtir

Frais à prévoir pour l'achat d'un terrain à bâtir. *Équipement du terrain :* frais d'arpentage et de bornage (demander un devis préalable), expertise du sol, frais de voirie (par ex., établissement d'une servitude de passage), frais d'adduction d'eau et de branchement au réseau, électricité, gaz, téléphone ; *commission de l'intermédiaire* (agent immobilier, géomètre, notaire) ; *promesse de vente ou compromis* (possibilité d'honoraires de rédaction d'acte) ; *frais d'achat :* honoraires du notaire, droits de mutation (T.V.A. ou droits d'enregistrement), taxe locale d'équipement.

Si les travaux de construction ne sont pas terminés au bout de 4 a. (délai éventuellement prorogeable) et sauf cas de force majeure, l'acquéreur doit acquitter les droits d'enregistrement et une amende de 6 % même s'il n'est pas propriétaire du terrain.

Prix des terrains destinés à la construction, à l'aménagement et l'équipement (en F, au m², en oct. 84). Villes de *+ de 200 000 hab. :* env. 450 F ; *de 20 à 200 000 :* 150 F ; *− de 20 000 :* 80 à 100 F.

Paris et région parisienne. Évolution. 1900 hausse. **1910-18** baisse. **1919-28** hausse. **1929-42** baisse. **1943-**

57 hausse. **1958-63** le prix a triplé. **1964-67** peu d'acquéreurs et peu de transactions. **1968** faibles hausses, principalement dans la proche banlieue. **Depuis août 1969** (dévaluation du F) : hausse marquée.

Province. Prix moyens en F au m² au début 1983. Terrains urbains et, entre parenthèses, lotissements. *Source :* F.N.A.I.M.

Agen 300/800 (100/160). Aix-en-Provence 500/800 (350/500). Alès 600/850 (250/350). Angers 500/2 000 (180/400). Angoulême (70/150). Annecy 100/300 (100/250). Auxerre 170/300 +. Avignon (300/400). Bastia 300/400 (120/140). Bayonne 300/500 (150/300). Bergerac-Périgueux 120/200 (100/150). Bordeaux 300/900 (140/230). Bourg-en-Bresse 100/400 (100/250). Brest 230/450 (220/400). Brive 200/400 (150/400). Chartres 300/1 000 (180/300). Clermont-Ferrand 250/500 (200/400). Le Mans (120/130). Limoges 300/1 000 (300/500). Lyon 700/1 400. Marseille 800/1 200 (200/1 000). Melun 500/1 200 (170/450). Metz (275/450). Montluçon 100/500 (120/150). Nancy (300/650). Nantes 600/3 300 (250/700). Nevers 300/1 000 (100/150). Nîmes 180/400 (250/400). Pau 500/1 000 (200/350). Poitiers 500/2 000 (150/250). Reims 300/500 (300/350). Rennes 300/1 000 (100/500). Roanne (100/120). Rodez (250 +). Rouen 180/1 500 (150/300). St-Cyprien 1 000/1 500 (350/600). Saintes (200/400). Strasbourg 600/1 000 (200/800). Tours (220/350). Vichy 300/800 (120/150). Troyes 250/400 (100/200). Vierzon 100/150 (100/150).

Achat de logements

Prix des logements

Paris

• **Prix du m² en milliers de F. Appartements neufs. 1964** 2,56, **65** 2,68, **66** 2,74, **67** 2,7, **68** 2,68, **69** 2,76, **70** 2,98, **71** 3,18, **72** 3,38, **73** 3,76, **74** 4,58, **75** 5,66, **76** 6,46, **77** 7,2, **78** 7,9, **79** 8,6, **86** (1-4) *1er* : 22, *2e* : 22, *3e* : 18, *4e* : 18, *5e* : 18, *6e* : 18, *7e* : 18, *8e* : 18, *9e* : 18, *10e* : 13, *11e* : 14, *12e* : 14, *13e* : 14, *14e* : 21 (Montparnasse), 14 (Denfert-Rochereau), *15e* : 21, *16e* : 24, *17e* : 16, *18e* : 13, *19e* : 11, *20e* : 13 (logement social 8).

Nota. — Le marché du logement neuf à Paris est constitué de 50 programmes représentant 450 appartements disponibles à la vente.

• **Appartements anciens et récents libres** (selon la Chambre des notaires) **81** 6,9 (*18e arr.* : 4,8, *16e* : 10,4), **82** 7,1 (*19e* : 4,9, *6e* : 9,7), **83** 7,9 (*10e* : 5,1, *6e* : 11,9), **84** 8,6 (*19e* : 5,9, *16e* : 12,3), **85** 10,1 (*1er* : 9,3, *2e* : 8,1, *3e* : 9, *4e* : 12,9, *5e* : 11,8, *6e* : 13,1, *7e* : 15,3, *8e* : 13,1, *9e* : 8, *10e* : 6,8, *11e* : 8, *12e* : 9, *13e* : 9,1, *14e* : 10,4, *15e* : 11,3, *16e* : 14,6, *17e* : 9,9, *18e* : 6,7, *19e* : 7,4, *20e* : 7,2).

Structure du prix d'un logement et en %. Exemple en 1980. A Paris : 8e arrondissement (m² vendu 13 000 F) et en banlieue (bénéficiant d'un prêt conventionné, m² vendu 7 500 F). *Terrain :* 30 (10) ; *construction :* 30 (49) ; *frais annexes :* 16 (17) ; *TVA :* 15 (15) ; *marge :* 9 (9).

• **Situation (début 1986). Neuf.** Au début 1986, il y avait entre 550 et 600 appartements « neufs » à vendre à Paris (en 1975, 19 600), env. 250 étaient terminés et certains avaient été commencés en 1976.

Nombre d'appartements à vendre en déc. 1985 et prix (en milliers de F le m²) : *1er arr.* : 25 (22/28), *3e* : 10 (18/25), *5e* : 5 (22/25), *8e* : 10 (18/25), *10e* : 50 (9/14), *11e* : 30 (12/14), *12e* : 15 (12,5/14), *14e* : 60 (14/25), *15e* : 150 (14,5/20), *16e* : 25 (19/30), *17e* : 15 (10,7/19), *18e* : 15 (11,3/14), *19e* : 65 (7,5/13), *20e* : 70 (10/13). Il n'y avait pas d'appartements neufs à vendre dans les 2e, 4e, 6e, 7e et 9e arr.

Ancien. 17 850 appartements anciens avaient été vendus 1er semestre 1985 dont 2/3 de petits appartements (chambres, studios et 2 pièces) et 5 % de grands appartements (5 à 6 pièces et plus).

Prix moyens en 1985 : chambre et studio 223 000 F, 2 pièces 323 000, 3 pièces 367 000, 4 pièces 930 000, 6 pièces 1 368 000.

Un appartement de 170 m² place des Vosges a été vendu 42 000 F le m². L'avenue la plus chère de Paris était l'avenue Montaigne (8e).

• **Parking** (en F, au 1-1-85). **Publics,** *concessions temporaires.* Sentier 80 000 à 120 000, Bourse 75 000 à 80 000, Beaubourg 80 000, XVe 50 000, XIIIe 35 000. *Location* 400 à 800 F par mois. Dep. janv. 84, augmentation max. réglementée (3 % en 85). Charges env. 1 200 F par an. **Privés.** Beaubourg 80 000, XVe 50 000, Boulogne 30 000 ; *location* 300 à 800 F par mois ; *charges* variables selon le règlement de copropriété.

TVA de 18,6 % en plus pour les loyers de + de 9 000 F par an.

Banlieue et Province

• **Banlieue. Prix moyen au m² en milliers de F (en 1985). Appartements anciens et récents libres.** *Hts-de-Seine :* Boulogne-Billancourt 9,8, Clichy 5,3, Neuilly 14,5, St-Cloud 10 ; *Seine-St-Denis :* Aubervilliers 4, Montreuil 5,3, Pantin 4,9, Saint-Denis 4,2 ; *Val-de-Marne :* Champigny-sur-Marne 5,1, Créteil 6,2, Nogent-s/Marne 8,4, Vincennes 8,1. **Maisons individuelles.** 500 000 F (5 pièces 110 m² + combles) à 1 800 000 F (6/8 pièces, 250 m², 1 000 m² de jardin).

• **Province** (en 1986). **Prix du m²** (en milliers de F) **appartements neufs**, entre parenthèses, **anciens (de + de 10 ans)** libres [1]. Agen 6/8 (3/4,5), Angers 5/8,2 (2,3/4,1), Angoulême 8 (3/4,5), Annecy 8/12 (5/8), Auxerre 5/7 (2,5/4), Avignon 8/12 (2/10), Bastia 7/9 (4,5/5,8), Bayonne 7/10 (4/7,5), Besançon 6/8 (2/4), Bordeaux 6/10 (3/7), Brest 4,5/10 (3,3/4), Brive 5,5/7,5 (2,5/4,5), Chambéry 6,5 (3/4), Clermont-Ferrand 5,5/9 (2/5), Dijon 5,9/7,5 (3,3/5), Grenoble 7/10 (3,5/5,5), Le Touquet 11,5/14 (7/9), Lille 0 (2,3/5,4), Limoges 6/9 (1,5/3), Lorient 4/9 (2,5/3), Lyon 8,5/12 (4/6), Marseille 7,5/11 (3,5/6, Montpellier 6,5/10 (3/5), Nancy 4,5/9 (1,6/3,8), Nantes 6,5/12 (2,5/6), Nevers 5,5/7 (2/3,7), Nice 8,5/28 (4,5/13), Nîmes 7/8 (3/5), Orléans 5/7 (2/3), Pau 4,5 /10 (2,8/4), Périgueux 5,5 [10] (2,5/4), Perpignan 7/11 (3/7), Poitiers 5/10 (3,5/6,5), Rennes 6/9 (2/6), Roubaix 0 (2/6), Rouen 6/9 (1,8/5,3), Strasbourg 5,5/11,5 (4,7), Toulon 7/11 (6/9), Toulouse 7/11 (4/7), Valence 7,8/10 (3,5/6), Vannes 7/7,5 (3,5/4), Vierzon 7,5/8,5 (2/4).

• **Montagne. Achats en copropriété classique. Prix du m²** (en milliers de F en 1985). Courchevel 20/30, Megève 15/22, Tignes 15/20, Valmorel 14/20, Les Arcs 15/18, La Plagne 15/18, Val-d'Isère 15/18, Chamonix 12/16, Avoriaz 14/15, Alpe-d'Huez 14/15, Les Deux-Alpes 14/15, Val-Thorens 12/15, La Clusaz 11,5/14, Le Grand-Bornand 11/13, Isola-2000 11/13, Villard-de-Lans 9/13.

• **Côtes. Prix du neuf au m²** (en milliers de F, 1985). **Normandes :** Le Touquet 8,2/11, Deauville 8/10, Villers 6/8,5, Houlgate 5/7, Cabourg 6,5/9. **Bretagne-Vendée :** St-Malo-Dinard 8/12, Perros-Guirec 8/9,5, Concarneau 8/10, Carnac 6,5/12, Quiberon 10/11, La Baule 7,5/15, Pornic 8/9, St-Jean-de-Monts 8/9,5, Les Sables-d'Olonne 7,5/11,5, Royan 8/12,5. **Aquitaine :** Lacanau 9,5/10, Arcachon 9/16,5, Port-d'Albret 8/8,5, Cap Breton 6,5/10, Anglet 7/10, St-Jean-de-Luz 9,5/14, Biarritz 10/18. **Languedoc-Roussillon :** Collioure 8/9,5, St-Cyprien 8,2/12, Canet-Plage 10,5/12, Port-Barcarès 6/10, La Coudalère 7,5/8,5, Port-Leucate 7/7,5, Narbonne-Plage 6,5/8,1, Cap-d'Agde 9/11,5, La Grande-Motte 9/11,5, Le Grau-du-Roi 8,5/9, Port-Camargue 12/13. **D'Azur** (1986) : Antibes 8,5/20, Bandol 12/15, Bormes-les-Mimosas 9/10, Cagnes-sur-Mer 11/12, Cannes 12/30, Cassis 7/10, Grasse 9/10, Hyères 10/15, La Seyne-sur-Mer 7/10, Le Lavandou 10/12, Mougins 8/20, Nice 7/20, Ste-Maxime 11/17, St-Raphaël/Fréjus 10/15, St-Tropez 13/18, Toulon 8/14,5, Vence 10/12.

• **Prix d'un studio en « multipropriété ». En milliers de F en 1985. Montagne** (une semaine) en janv., févr., mars : Avoriaz 18,2/27,6 (59/69) *25,3/37 ;* Chamonix 17/22 (35) *19 ;* Méribel 19/35 (53/69,5) 31/42 ; Serre-Chevalier 19/23 (37,8/44) *25/29 ;* Megève 18/32 (45/71) *25,3/42 ;* Tignes 21/25,4 (40,5/44,3) *27,3/38,1.* **Mer** (une quinzaine) en juin-sept., juillet-août et hiver (5/6 mois) : Antibes 49/65 (69/90) *202/273 ;* Cannes 49/69 (77/97) *150/234 ;* Théoule 43/49 (73/86) *132/153 ;* St-Raphaël 46/55 (79,5/93,5) *139/149 ;* St-Mandrier 33,5/48,5 (71,5/93,5) *68,5/96 ;* Nice 57/67 (80/90) *250 ;* St-Tropez 79/98 (148/174) *210/250.*

Maison industrialisée (Phénix). *Maison L* (Ile-de-France), 5 pièces, 80 m², toiture 2 pentes 45°, chauffage électrique, prix au 1-6-85 : 285 800 F. *Bel Accueil* (Provence, Bouches-du-Rhône), 5 pièces, 88 m², toiture 2 pentes 19°, chauff. électrique, prix au 1-7-85 : 262 100. **(Maison évolutive.)** *Majeur* (Rhône-Alpes) ossature bois, 4 pièces, 74 m², toiture 2 pentes 45 %, chauff. électrique, prix au 1-7-1986 : 262 000 F. *Enghein* (Ile-de-France) ossature bois, 7 pièces, 150 m², chauff. électrique, prix au 1-7-1986 : 470 000 F.

Prêts

☞ **Montant total des financements au logement (en 1984) :** 212 milliards de F (177 en 1982).

Secteur aidé

• **Aide personnalisée au logement ou A.P.L.** S'adr. à la Caisse d'allocations familiales, ou de Mutualité sociale agricole, de sa résidence. Destinée à remplacer progressivement l'allocation-logement.

Bénéficiaire : toute personne résidant en France, locataire d'un logement conventionné, propriétaire d'un logement bénéficiant d'un prêt P.A.P. conventionné ou de l'A.N.A.H. *Conditions :* résidence principale, salubre, pas de sous-location, conditions ressources.

Aide financière à l'habitat autonome des jeunes agriculteurs. S'adr. au min. de l'Agriculture.

Allocation de logement (v. Index). *Secteur social.* Allocation de logement aux + de 65 ans et, dans certains cas d'inaptitude au travail, aux + de 60 ans ; aux infirmes ; aux travailleurs manuels admis à la retraite anticipée de 60 à 65 ans ; aux jeunes travailleurs salariés de — de 25 ans ; aux époux (de — de 40 ans au moment de leur mariage) mariés dep. — de 5 ans ; aux familles ayant 1 enfant à charge ; aux personnes touchant déjà une allocation familiale. S'adresser à la Caisse d'all. fam. de sa résidence.

Frais annexes

En cas d'achat. 1° Droits d'enregistrement (taxe de publicité foncière) perçus par le notaire et reversés par lui à l'Administration fiscale. Pour l'achat d'immeubles (appartements...) destinés à l'habitation. *Droit départemental d'enregistrement* (ou taxe départementale de publicité foncière), 4,20 % ; sur le montant des droits ainsi déterminé, l'État prélève en plus 2,50 %. *Taxe communale* de 1,20 %. *Taxe régionale* de 1,60 % sauf en Ile-de-France 0,65 %, région Rhône-Alpes 1,50 %. Pour un immeuble achevé depuis — de 5 ans, mutation en principe soumise à la TVA. Perçue au taux de 18,60 %, elle est à la charge du vendeur, qui peut déduire de la TVA due celle payée « en amont » sur les travaux précédemment effectués. Taxe de publicité foncière due en plus : 0,60 % sur la valeur de l'immeuble. **2° Commission de l'agent immobilier :** de 0 à 50 000 F : 8 %, *50 001 à 100 000 :* 7 %, *100 000 à 150 000 :* 6 %, *150 001 à 350 000 :* 5 %, *350 000 à 700 000 :* 4 %, *au-delà* libre. **3° Émoluments du notaire :** série S 2 (baux, quittances) : tranches de *0 à 17 500 :* 2,20 %, *17 501 à 36 500 :* 1,65 %, *36 501 à 102 000 :* 1,10 %, *+ de 102 000 :* 0,55 % ; série S 3 (prêts immobiliers) *: 0 à 17 500 :* 2,50 %, *17 501 à 36 500 :* 1,65 %, *36 501 à 102 000 :* 1,10 %, *102 001 à 724 000 :* 0,55 %, *+ de 724 000 F :* 0,30 %. *Vente négociée par notaire :* droit à un émolument spécial de négociation (*de 0 à 12 000 F* 5 %, *au-dessus* 2,5 %) + frais que le notaire engage pour le compte du client (timbres fiscaux...). **4° Salaire du conservateur des hypothèques :** pour la vente 0,50 sur la tr. de *0 à 6 000 F,* 0,30 sur la tr. *6 à 10 000,* 0,20 sur la tr. *10 à 14 000,* 0,12 sur la tr. *14 à 18 000,* 0,06 *au-dessus de 18 000.* **5° Honoraires de copies et particuliers** pour les diverses formalités antérieures et postérieures à la vente très variables. **6° Droits de timbre** (selon dimension de la feuille) 28 F (21 × 29,7), 56 F (29,7 × 42).

Expertise. *Par un notaire :* maison, appartements ou terrain. Hors taxe : *1 à 75 000 F :* 0,7 %. *75 à 150 000 F :* 0,5. *150 000 à 300 000 F :* 0,3. *300 000 à 700 000 F :* 0,2. *Au-delà :* 0,1. Sinon honoraires libres, se renseigner.

• **Prêts à l'aide à l'accession à la propriété (P.A.P.).** Pour résidence principale : terrain, construction d'une maison individuelle, achat d'un logement neuf (appartement ou maison indiv. groupés dans un programme en construction, achat d'un logement ancien (+ de 20 ans) pour l'améliorer, agrandissement d'un log. existant (par extension ou surélévation) ou aménagement à usage de locaux non destinés à l'habitation. *Travaux :* ne doivent pas dépasser certains plafonds de prix de revient (secteur groupé, construction neuve) ; doivent mettre le logement de + de 20 ans en conformité avec les normes minimales d'habitabilité, v. p. 1547 ; conduire à une création de surface habitable d'au moins 14 m² (agrandissement, aménagement) ; il y a des surfaces maximales de logement à ne pas dépasser selon le nombre de personnes. *Montant plafonné* selon situation de famille, ressources. Autorisation préalable de la D.D.E. *Apport personnel :* au min. 10 % (sauf pour familles de 3 enfants, en cas de faibles revenus). *Durée* 15, 18 ou 20 ans. S'adresser au Crédit foncier, D.D.E., Crédit agricole, Stés de crédit immobilier H.L.M. Ouvre droit à l'A.P.L. *1983 :* réduction des taux d'intérêts ; extension aux opérations de lotissement (préfinancement). *Nouvelle formule de P.A.P. :* prêt à taux ajustable (P.A.J.). *Taux d'intérêt (au 16-5-86) :* P.A.P. à taux fixe 9,10 % (5 1res années), 9,7 % (2 années suivantes) et 11,85 % (années suivantes) ; à taux variable 8,75 % (7 1res années) et 11,35 % (années suivantes).

Prêts conventionnés (P.C.) (dep. le 22-11-1977). *Conditions :* résidence principale, achat d'un logement neuf, construction d'une maison, amélioration d'un logement ancien (de + de 20 ans, ou si les travaux entrent dans le cadre d'un programme officiel de rénovation urbaine), économies d'énergie. Accordés par les banques et établ. financiers qui s'engagent à respecter un taux de référence fixé par le Crédit foncier et auquel ils peuvent rajouter une marge de 1,75 point pour les prêts inférieurs à 15 ans et 1,50 point pour les prêts égaux ou supérieurs à 15 ans. Pas de conditions de ressources. *Demande :* D.D.E., Caisses d'épargne, Caisse régionale de crédit agricole, Caisse de crédit mutuel, banque ou établ. financier ayant accès au marché hypothécaire. *Cumulable* avec prêt du 1 %, épargne-logement, C.A.F. ou M.S.A., ouvre droit à l'A.P.L. Prix plafonds majorés de 15 % fin 1983. *Montant du prêt conventionné :* de 70 à 90 % du coût total. *Durée max. :* 20 ans (pour acheter ou construire).

Prêts des Caisses d'allocations familiales et Caisses de mutualité sociale agricole. *Prêts aux jeunes ménages :* équipement mobilier ou ménager, location ou achat d'un logement. L'âge cumulé des époux ne doit pas dépasser 52 ans, dépend aussi des ressources. S'adr. à ces organismes. *Prêts à la construction :* personnes à faibles ressources bénéficiant d'un P.A.P., prêt conventionné ou d'une Sté de crédit H.L.M., ayant sollicité un prêt au titre du 0,9 % construction. *Prêts à l'amélioration de l'habitat :* réparation, assainissement, amélioration, mise en état (except. équipement ménager, achèvement de construction, d'entretien). *Prêts complémentaires* à un prêt principal (sans intérêt) pour l'acquisition, la construction ou l'amélioration d'une maison d'habitation par le propriétaire.

Prêt locatif aidé (P.L.A.). S'adr. à la D.D.E.

Prêt au titre de la participation des employeurs à l'effort de construction (0,9 % construction). *But :* favoriser la mobilité professionnelle. Entreprises de + de 10 personnes. Pour construction ou achat d'un logement, résidence principale, ou lorsque l'occupation du précédent logement est incompatible avec un nouveau lieu de travail. Le prêt ne peut dépasser 70 % de la valeur du logement précédent. Montant maximal du prêt calculé en fonction des ressources du salarié (ressources inférieures à 70 % des plafonds P.A.P., entre 70 et 140 %, supérieures à 140 % des plafonds P.A.P.).

● **Autres prêts. Prêts du Crédit agricole** (s'adresser au Crédit agricole). **Caisses de retraite** (s'adresser à ces organismes). Complémentaires aux fonctionnaires (s'adr. à la D.D.E.). **Hypothécaires** (s'adr. aux établissements financiers). **Épargne-logement** (v. chapitre finances). **Caisses d'Épargne** [prêts personnels. *Montant max.* 300 000 F en zones I et II, 250 000 F en zone III (rurale)]. **Crédit foncier** (P.A.P., prêts conventionnés, immobiliers du secteur libre, pour résidences secondaires, ouverture de crédit hypothécaire). **Crédit mutuel** (prêts conventionnés, prêts complémentaires aux P.A.P., aux prêts du Crédit foncier ou aux prêts d'une Sté de Crédit immobilier ; prêts classiques au logement pouvant atteindre 2 ans). **Caisses départementales d'aide au logement** (*les ressources* ne doivent pas dépasser le plafond I, financement principal par P.A.P.).

S.C.I., H.L.M. (P.A.P., prêts destinés à l'amélioration ou à l'agrandissement des logements. S'adr. aux Offices d'H.L.M.).

● **Primes. Prime à l'amélioration des logements à usage locatif et à occupation sociale (P.A.L.U.L.O.S.).** *Bénéficiaires :* organismes d'H.L.M., établissements publics, communes, Stés d'économie mixte et houillères de bassins. *Subvention :* 20 % des travaux, max. 14 000 F.

Prime à l'amélioration de l'habitat (P.A.H.). Créée par décret du 20-11-1979 pour remplacer la prime à l'amélioration de l'habitat rural et la prime à l'amélioration de l'habitat. *But :* travaux d'équipement du log. *Bénéficiaires :* personnes physiques qui effectuent des travaux dans un logement dont elles sont propriétaires ou usufruitières et qu'elles occupent à titre de résidence principale, ou dont leurs ascendants ou descendants (ou ceux de leur conjoint) sont propriétaires ou usufruitiers et occupants à titre de résidence principale ; exploitant agricole, associé d'exploitation titulaire d'un contrat enregistré ou ouvrier agricole. *S'adr.* au min. du Logement. *Occupation :* doit avoir lieu dans l'année suivant le versement du solde de la prime et pendant 10 ans (3 ans si le bénéficiaire revient d'un D.O.M. ou d'un T.O.M., 5 ans s'il s'agit d'un départ à la retraite).

Prime. Pour mise aux normes minimales d'habitabilité, ou si le log. est inclus dans un programme d'intérêt général. *Amélioration ponctuelle :* forfait par type de travaux max. *Travaux d'accessibilité du logement aux handicapés physiques, d'isolation phonique et d'occultation de la lumière naturelle des logements occupés par des travailleurs manuels appelés à travailler la nuit :* 50 % des travaux. S'adr. aux centres P.A.C.T. On ne peut commencer les travaux avant la décision d'octroi de prime.

Subvention pour la lutte contre l'insalubrité. *Bénéficiaire :* propriétaire occupant depuis plus de 2 ans, ressources inférieures aux plafonds des prêts aidés par l'État (P.A.P.). *Travaux :* stabilité et étanchéité à l'air des murs ; stabilité des planchers, escaliers, charpentes ; étanchéité des toitures ; lutte contre l'humidité ; w.-c., égouts, eau, gaz, électricité ; ventilation et conduits de fumée ; isolation thermique ; démolition de bâtiments annexes facteurs d'insalubrité. Il faut habiter le logement plus de 15 ans, sinon remboursement de la prime. S'adresser à la D.D.E. et aux centres P.A.C.T.

Nota. — Prime cumulable avec les autres et un prêt conventionné.

● **Autres subventions. Surcoûts architecturaux** (travaux sur immeuble classé ou inscrit, situé en secteur sauvegardé ou en site ; demande : à la D.D.E.). **Aide des collectivités territoriales :** (demande : Secrétariat du Conseil général de chaque département). **Aides d'organismes sociaux** (retraités du régime de la S.S., Caisses d'All. fam., subventions aux familles relevant de cas sociaux, demande à la Caisse d'All. fam. ou à la mutuelle sociale agricole). **Chauffe-eau solaire** (*prêt forfaitaire :* s'adr. à la D.D.E.). **Économies d'énergie** [s'adr. à l'Agence française pour la maîtrise de l'énergie (A.F.M.E.), 91168 Longjumeau Cedex].

A.N.A.H. (Agence nationale pour l'amélioration de l'habitat). Établissement public financièrement autonome, créé en 1971, sous tutelle du ministère de l'Urbanisme, des Transports et du Logement, et du min. de l'Économie, des Finances et du Budget. *Ressources :* taxe additionnelle au droit de bail de 3,5 % du montant des loyers, perçue sur les logements achevés avant 1948, et 0,5 % sur ceux achevés de 1948 à 1975. *Subventions :* en 1985, l'A.N.A.H. a payé 1 416 000 000 F pour env. 140 000 logements améliorés, soit 80 000 construits av. 1948 et 60 000 entre 1948 et 75. *Bénéficiaires :* propriétaires-bailleurs ayant acquitté la taxe additionnelle au droit de bail pendant 2 ans (des dérogations sont possibles) et s'engageant à louer pendant 10 ans minimum comme résidence principale, locataires ayant l'accord de leur propriétaire. L'immeuble doit avoir été achevé avant le 1-9-1948 (travaux d'amélioration du confort) et le 31-12-1975 (travaux destinés à économiser l'énergie), ne pas avoir été vendu dans les 2 ans précédents. *Travaux subventionnés : immeubles achevés avant le 1-9-1948 :* amélioration du logement : création de w.-c. intérieurs, salle d'eau, chauffage... ; remise en état de l'immeuble : toitures, façades, consolidation des murs... (lorsque les logements sont totalement ou partiellement dépourvus de confort). *Achevés avant le 31-12-1975 :* isolation thermique : toitures, combles, façades, fenêtres... ; amélioration du chauffage : régulation, thermostats, remplacement de certains matériels, substitution d'énergie... S'adr. à l'A.N.A.H., 17, rue de la Paix, 75002 Paris ou à la Délégation départementale de l'A.N.A.H., à la Direction départementale de l'Équipement.

● **Apport personnel.** Certains prêts peuvent en tenir lieu. *Comptes et plans d'épargne-logement. 1 % patronal :* taux 0 à 3 %, durée 1 à 20 ans, montant 77 000 maximum (renseignements : entreprise, U.N.I.L., 72, rue St-Charles, 75015 Paris). *Caisse des cadres :* 13 %, 7 ans, 15 000 F. *Caisse de retraite :* 8,5 à 11 %, jusqu'à 10 ans, 10/50 000 F. *Fonctionnaires :* 4 % pendant 3 ans, 7 % ensuite ; 10 à 15 ans, 25 500 F. Crédit Foncier. **Familial :** 0 à 5 %, 5 ans, 10 à 15 000 F. Caisses d'Allocations Familiales. **Jeunes ménages :** 0 %, 8 ans, 13 500 F. Caisses d'Allocations Familiales. **Collectivités locales :** 9 %, 5/7/9 ans, 18 à 23 000 F. Mairies.

Protection des emprunteurs

Loi du 13-7-1979 ; (l'acte d'achat doit être signé au max. 4 mois après le contrat de prêt ; le contrat d'achat n'est définitif que si les prêts sont obtenus) les emprunts en cours de remboursement peuvent être transférés (le prêteur peut aussi ne pas accepter une telle convention) ; le *remboursement anticipé est autorisé.*

Logements loués

Réglementation

● **Animaux.** Un propriétaire ne peut interdire à son locataire d'avoir un animal familier dans les lieux loués, si cet animal ne cause aucun dégât à l'immeuble, ni aucun trouble de jouissance aux occupants de celui-ci.

● **Associations de locataires** (délégués des). Créées par la loi Quilliot : consultés sur leur demande, au moins 1 fois par trimestre, sur la gestion du bâtiment.

● **Bail.** Définit les rapports entre le bailleur (propriétaire ou usufruitier, ou leur mandataire) et le preneur. L'enregistrement (non obligatoire) lui donne une date certaine. Doit appliquer les prescriptions d'ordre public de la loi Quilliot. Les *engagements de location* soumis à la loi du 1-9-1948 subsistent ; toutefois certains articles de la loi Quilliot leur sont immédiatement applicables. Les baux dits « de sortie de la loi du 1-9-1948 », en cours, conservent leur validité bien que, pour l'avenir, les possibilités de signer un bail soient très limitées ; les baux de droit commun du secteur « libre » restent valables jusqu'à leur terme, s'ils sont à durée déterminée, ou jusqu'au 24-6-1983 s'il s'agit de contrats à durée indéterminée. **Durée.** 6 ans (obligatoirement si le propriétaire est une personne morale) ou 3 ans.

Honoraires de rédaction. *Taux :* 2 % sur la part de loyer annuel, net de charges, comprise entre 0 et 7 000 F ; 1,5 % sur la part de loyer annuel, net de charges, comprise entre 7 001 F et 15 000 F ; 1 % sur la part de loyer annuel, net de charges, comprise entre 15 0001 F et 30 000 F ; 0,5 % au-dessus de 30 000 F. T.T.C. *Ex. : rédaction des baux :* durée au moins égale à 6 ans (art. 3 bis, 3 ter, 3 quater, 3 quinquies de la loi du 1-9-1948 modifiée), les honoraires déterminés par application de l'art. 1er peuvent être majorés dans la limite de 10 %.

Baux commerciaux. En général, honoraires libres, sous réserve de l'encadrement des prix.

● **Bail commercial.** *Durée de location :* min. 9 ans, au bout desquels le locataire a droit au renouvellement ou à une indemnité d'éviction. Le bail précise obligatoirement la destination des locaux (le type d'activité qui peut y être exercé). *Loyer :* la fixation du loyer initial est libre. On peut introduire une clause prévoyant l'indexation annuelle du loyer, sinon les loyers sont réévalués tous les 3 ans. *Droit au bail :* un locataire qui ne peut trouver un preneur pour son fonds de commerce peut vendre son droit au bail, c'est-à-dire le droit au renouvellement du bail pour les activités prévues. *Fonds de commerce :* il comprend des éléments matériels (mobilier, matériel, stock) et incorporels (clientèle, enseigne et droit au bail). La plupart des commerçants qui s'installent ne souhaitent pas acheter les murs et acquièrent soit un fonds de commerce soit le seul droit au bail. *Pas de porte :* somme que doit payer le locataire lors de son entrée dans les lieux, en sus du loyer, du fait de la primauté de l'emplacement.

● **Caution.** 2 mois de loyer au maximum. Prohibée si le loyer est payé d'avance par trimestre.

● **Charges récupérables** (loi Quilliot, décrets des 12-11-82). *Ascenseurs et monte-charges :* électricité, dépenses d'exploitation, d'entretien courant et de menues réparations. *Eau froide et chaude, chauffage collectif et individuel :* dépenses relatives à la consommation et à l'entretien courant et menues réparations. *Installations individuelles :* dépenses d'alimentation commune de combustible, exploitation et entretien courant (vérification et réglage des appareils de commande, réglage des thermostats, etc.), menues réparations (remplacement des joints, clapets des robinets, des joints et flotteurs des chasses d'eau, etc.). *Parties communes intérieures au bâtiment ou à l'ensemble des bâtiments :* dépenses relatives à l'électricité, aux produits d'entretien, exploitation et entretien courant

Adresses

Accueil et reclassement féminin. Œuvre des gares. *Siège :* 21, av. du Gal-Michel-Bizot, 75012 Paris. Hébergement destiné aux jeunes femmes de 18 à 30 ans, en détresse, accompagnées ou non d'enfants. Accueil en gares : Est, Nord, Lyon.

Bureau d'accueil des jeunes (B.A.D.J.). 11, avenue Victoria, 75014 Paris.

Centre régional des œuvres universitaires et scolaires (C.R.O.U.S.), 39, av. Georges-Bernanos, Paris 5e ; 70, av. du G[al]-de-Gaulle, 94010 Créteil Cedex ; B.P. 109, 78103 St-Germain-en-Laye. **Centre Richelieu,** 8, place de la Sorbonne, Paris 5e. **Fédération des associations d'élèves des grandes écoles de Paris,** 18, rue Dauphine, Paris 6e. **Loisirs-logements-contrats,** 18, rue du Cardinal-Lemoine, Paris 5e. **Mutuelle de logement pour les jeunes.** Créée par les ministères de l'Équipement, de la Santé et de la Jeunesse, des Sports et des Loisirs, avec l'Union des foyers de jeunes travailleurs. Avancer les sommes nécessaires à une 1re installation (caution, loyer d'avance, etc.) moyennant un remboursement progressif à Paris (21, rue des Malmaisons, 13e), Nantes (Foyer C.A.P., 16, rue du Cap.-Corumel), Clermont-Ferrand (Foyer St-Jean, 17, rue Gaultier-de-Biauzat).

Résidences universitaires. Env. 100 000 places en France. Les 3 C.R.O.U.S. de la Région parisienne gèrent env. 10 000 chambres (508 à 628 F ch. seule, 770 à 1 138 F pour un F1-F2 en 1985). *Demandes :* au C.R.O.U.S. de l'académie avant le 1er mars.

Union des foyers de jeunes travailleurs, 46, rue Decamps, Paris 16e. Accueille garçons et filles de 16 à 25 ans. Au total 55 000 places, presque toutes en chambres individuelles. *Coût* (demi-pension) : Paris 1 500/2 000 F.

☞ Locations par correspondance, voir Index.

(minuterie, tapis), menues réparations des appareils d'entretien, etc. *Espaces extérieurs au bâtiment ou à l'ensemble des bâtiments :* dépenses relatives à l'électricité, l'essence, l'huile, exploitation et entretien courant (espaces verts, bassins, aires de jeux). *Hygiène :* dépenses de fournitures (sacs en plastique, produits de désinfection), exploitation et entretien courant (vidange des fosses d'aisance). *Équipements divers :* fourniture d'énergie pour la ventilation mécanique, entretien des conduits, abonnement des postes de téléphone à la disposition des locataires. *Impositions et redevances :* droit de bail, taxe ou redevance d'enlèvement des ordures ménagères, taxe de balayage.

Personnel assurant l'entretien des parties communes et le service des poubelles. Dans les immeubles du secteur privé, si ces tâches sont assurées par un employé de l'immeuble, toutes les dépenses correspondant à sa rémunération sont récupérables par le propriétaire au titre des charges. Si elles sont remplies par un gardien ou un concierge, le propriétaire ne peut réclamer que les 3/4 des dépenses salariales.

Nota. — Il est interdit de fixer forfaitairement des charges.

Coût annuel des charges en Ile-de-France en 1985. Exemple pour un logement de 65 m². Charges locatives et, entre parenthèses, de copropriété (min. et max., en F). Taxes municipales 173/635 (16/200) ; eau 28/1 155 (146/987) ; chauffage seul ; combustible 2 450/5 284 (2 910/4 822), conduite et exploitation 135/417 (167/355) ; chauffage et eau chaude : combustible 3 066/5 781 (2 800/5 596), conduite et exploitation 245/438 (235/574) ; ascenseur : électricité 180/232 (127/360), entretien et réparations 224/426 (244/452) ; parties communes 74/284 (105/315) ; espaces verts 95/407 (100/226) ; gardien 63/1 836 (800/1 622) ; entretien courant 58/545 (84/352) ; grosses réparations (236/850) ; gestion et divers (394/1 018).

● **Coût moyen annuel au m²** (en F). *Immeubles d'avant 1948* sans confort collectif 71,11, avec chauffage et ascenseurs 153,45, *imm. de 1948 à 70* 168,38, *imm. de 1970 à 76* 180,70, *imm. construits depuis 76* 172,30 (normes d'isolation plus sévères), *tours* 231,54.

● **Commissions** (frais) d'agence, de notaire : partagés par moitié entre locataire et propriétaire. Voir Agents immobiliers p. 1540.

● **Droit de bail.** Perçu sur les baux à durée limitée et les locations verbales. *Taux :* 2,50 % sur le prix annuel de la location. L'Administration peut retenir la valeur locative réelle si elle est supérieure. *Locations qui n'y sont pas soumises :* celles au loyer annuel inférieur à 200 F ; celles soumises à la T.V.A. (meublé, fonds de commerce ou locaux industriels équipés ou les locations dont le bailleur a opté pour la T.V.A.). Le propriétaire doit souscrire, avant la fin de l'année, une déclaration des loyers courus pendant la période du 1-10 au 30-9 et acquitter les droits correspondant à ces loyers (droit de bail et, éventuellement, la taxe additionnelle au droit de bail).

● **Étudiants.** Location et sous-location en meublé à des étudiants et à des jeunes travailleurs portant sur une partie des locaux de la résidence principale du loueur, et effectuées à un prix raisonnable, sont *exonérées de patente, d'impôt sur le revenu, de T.V.A.*

● **Expulsion. Cas possibles.** Dans une location libre, le bailleur peut demander au juge du tribunal d'instance d'ordonner l'expulsion d'un locataire qui ne respecte pas le contrat (ex. loyers impayés), ne quitte pas les lieux après avoir reçu légalement son congé, ou quand le bail arrive à expiration. Dans une location régie par la loi du 1-9-1948, le juge peut (en référé) octroyer au locataire un sursis renouvelable supérieur à 3 ans (si le relogement ne peut se réaliser dans des conditions normales, loi du 4-1-1980).

Procédure. *Le propriétaire transmet à son avocat une demande d'expulsion.* L'avocat saisit le tribunal d'instance et le locataire est convoqué en audience de conciliation par le greffe d'instance. *Lors de l'audience,* le locataire prend un engagement devant le juge et le représentant du propriétaire. S'il ne respecte pas cet engagement, l'avocat obtient le permis de citer, et le locataire comparaît une nouvelle fois devant le tribunal. S'il ne se présente pas ou s'il n'a pas la possibilité de régler à l'audience, le juge prend jugement. *Le jugement est signifié* au locataire par exploit d'huissier. Il peut faire appel (1 mois) mais, en cas de non-paiement de loyer, ce n'est guère possible à moins de pouvoir trouver et prouver un vice de forme dans le jugement (ex. : le locataire n'a pas reçu de convocation à comparaître devant le tribunal). *L'huissier délivre alors à l'occupant un commandement de vider les lieux* (appelé encore *commandement de déguerpir*). Si le locataire reste, l'huissier dresse un procès-verbal de carence et un procès-verbal de tentative d'expulsion, et demande l'assistance de la force publique au commissaire de police.

Le commissaire convoque l'intéressé et tente d'obtenir le paiement. Il demande à la Préfecture l'autorisation d'expulser et d'intervenir avec la force publique. Il demande au maire si l'expulsion est justifiée et si elle ne risque pas de troubler l'ordre public et demande en même temps à la Direction départementale de l'action sanitaire et sociale (D.D.A.S.S.) de faire une enquête sociale sur la famille concernée (enquête confiée au secteur de la Protection maternelle et infantile : P.M.I.). *Une assistante sociale effectue l'enquête* et demande des renseignements au propriétaire (par ex., possibilité d'arrêter la procédure en cas de paiement d'une forte somme, ou d'une mise en tutelle des prestations familiales, etc.). Dans tous les cas, le Préfet décide d'accorder ou non l'expulsion après avoir réuni les renseignements fournis par la mairie et le rapport de l'assistance sociale. *Durée de la procédure :* 3 à 18 mois.

Dates. On ne peut exécuter une mesure d'expulsion du 1er déc. au 15 mars, sauf si le relogement est assuré dans des conditions normales, s'il y a un arrêté de péril, s'il s'agit de logements pour étudiants ayant cessé de satisfaire aux conditions.

Nombre d'expulsions (1981). Réalisées avec le concours de la police : 1 711 dont 317 à Paris.

● **Habitabilité** (normes minimales). **État :** gros œuvre étanche et en bon état d'entretien, parties communes en bon état d'entretien, canalisations d'eau en bon état, conformes au règlement sanitaire en vigueur et suffisantes pour une distribution permanente avec un débit correct. **Pièces :** au minimum 1 pièce principale, 1 pièce de service (salle d'eau, W.-C.) et un coin cuisine. *Surface habitable minimale :* 16 m² pour une surface moyenne des pièces habitables d'au moins 9 m² (minimum par pièce 7 m²). *Hauteur sous plafond min. :* 2,20 m. *Aération.* Pièces principales : une ouverture donnant à l'air libre ; autres pièces, une ventilation suffisante. *Cuisines et coins cuisine :* un évier avec siphon alimenté en eau potable chaude et froide ; il doit être possible d'y installer un appareil de cuisson. Installations de gaz et d'électricité : suffisantes et conformes aux règlements en vigueur.

Équipement sanitaire : *logements de + de 2 pièces principales,* 1 W.-C. séparé de la cuisine et de la pièce principale par un sas, 1 salle d'eau avec lavabo, baignoire ou douche, alimentés en eau chaude ou froide ; *d'1 ou 2 p. principales,* 1 pièce avec W.-C. ne communiquant pas directement avec la cuisine et 1 lavabo avec eau chaude et froide, ou 1 salle d'eau ou 1 coin douche, le W.-C. à usage privatif étant à l'étage ou à un demi-palier de distance.

Chauffage : dispositif de réglage automatique de température. S'il n'existe pas de chauffage central, pour un logement de *3 p. principales :* 1 appareil fixe, poêle ou radiateur à gaz ou électrique ; *de 3 ou 4 p. :* 2 appareils ; *de 5 p. ou + :* au moins 3 appareils.

● **Litiges propriétaires-locataires.** Lorsqu'un locataire a reçu un *congé* pour « un motif légitime et sérieux » qu'il conteste, il a 1 mois à compter de la notification du congé pour saisir la commission. *Représentant statutaire des locataires :* tout congé qui lui est notifié pendant son mandat ou les 6 mois suivants doit être soumis, pour avis, préalablement à la commission départementale des rapports locatifs. *Contestation d'un nouveau loyer :* saisir la commission départementale des paiements locatifs (D.D.E. ou Préfecture).

● **Locataire. Obligations.** Il ne doit pas changer la destination des lieux loués et doit en user en bon père de famille. Il ne peut changer l'état matériel des lieux sans le consentement du propriétaire. *Le loc. peut* effectuer des travaux d'amélioration, sous réserve qu'ils restent à usage privatif et ne compromettent pas le bon aspect et la solidité de l'immeuble. Il doit effectuer les réparations dites locatives et celles mises à sa charge par une clause particulière du bail.

Statistiques. En 1985, env. 700 000 logements étaient régis par la loi du 1-9-1948 ; droit au maintien dans les lieux, 2 500 000 étaient logés en H.L.M. (droit au maintien dans les lieux), l'augmentation annuelle de leur loyer étant réglementé. 4 000 000 pers. (plus de 50 %) étaient au régime de droit commun.

● **Loi Quilliot** *(22-6-1982).* S'applique aux locaux à usage d'habitation et d'usage mixte (habitation et professionnels). Sont exclus les locaux loués par des professionnels, logement de fonction, log.-foyers, locations-accession, chambres meublées, locaux à caractère saisonnier (art. 2), résidences secondaires (arrêt de la Cour de cassation du 29-11-1983). Réforme envisagée par la nouvelle majorité élue en mars 1986.

● **Maintien dans les lieux** (droit). Existe dans les logements soumis à la loi de 1948 et à loyer réglementé (H.L.M.) sauf pour les sous-locations partielles [le *sous-locataire* a droit au maintien dans les lieux à l'encontre du locataire principal, sauf droit de reprise de ce dernier ; mais pas à l'encontre du propriétaire de l'immeuble lorsque le locataire principal quitte les lieux, renonce ou est déchu du droit au maintien en possession]. Ont droit au maintien dans les lieux les locataires ou occupants de « bonne foi » : *l'étudiant* (dans les mêmes conditions qu'un autre locataire), *le fonctionnaire* détaché hors de France. En cas d'abandon ou de décès de l'occupant, les ascendants, descendants ou personnes à charge qui vivaient effectivement avec lui depuis plus d'1 an. *L'occupant d'un logement accessoire* (de fonction) n'a pas droit au maintien dans les lieux.

Le droit au maintien dans les lieux ne peut être opposé : 1° *au propriétaire qui a obtenu l'autorisation de démolir* un immeuble pour en construire un autre ayant plusieurs logements, et dont la surface habitable sera supérieure, *ou l'autorisation d'effectuer des travaux ayant pour objet d'augmenter la surface habitable,* le nombre de logements, le confort de l'immeuble. Le propriétaire doit donner un préavis de 6 mois et commencer les travaux de reconstruction dans les 3 mois du départ du dernier occupant. Souvent, l'administration subordonne l'autorisation de démolir au relogement des occupants évincés. Les occupants évincés ont un *droit de réintégration* dans les locaux reconstruits ou aménagés quand ils ne sont pas relogés dans un local ayant au moins les mêmes conditions d'hygiène. 2° *au propriétaire qui exerce son droit de reprise pour occuper lui-même son logement ou le faire occuper par un membre de sa famille.* L'exercice du droit de reprise par le propriétaire peut entraîner pour lui l'obligation de reloger le locataire.

● **Meublés. Location par un non-professionnel.** Secteur libre : loyer libre. Locaux encore soumis à la loi de 1948 : loyer libre mais le prix doit respecter les conditions de l'art. 43 : loyer du local nu majoré de la location des meubles qui ne peut dépasser le montant du loyer principal. **Par les professionnels** (hôtels meublés, pension de famille...) : loyer fixé par arrêté préfectoral. Sont considérés comme loueurs professionnels les personnes inscrites en tant que tels au registre du commerce et qui réalisent + de 150 000 F de recettes annuelles ou retirent de cette activité + de 50 % de leur revenu global. Ils sont redevables de la T.V.A. (taux de 7 % sur les recettes venant de la fourniture de logement, 18,60 % sur les ventes de nourriture et autres prestations). Leurs bénéfices sont imposables au régime du forfait (recettes inférieures à 150 000 F) ou au régime du bénéfice réel, normal ou simplifié.

Taxe professionnelle : tous les loueurs en meublé y sont soumis, sauf les loueurs accidentels (et sans caractère périodique) d'une partie de leur habitation principale ou les loueurs même à titre habituel d'une partie de cette même habitation qui sont exonérés de toute autre imposition ; les loueurs d'une façon saisonnière d'une partie de leur habitation, à titre de gîte rural à l'occasion des vacances, d'une partie de leur résidence principale ou secondaire, à la semaine et pour un nombre de semaines n'excédant pas 12.

● **Personnes âgées.** *Location régie par la loi du 1-9-1948 :* maintien dans les lieux possible : les + de 70 ans, ne disposant pas de revenus suffisants (max. : 1 fois ½ le montant annuel du SMIC), si leur relogement n'est pas assuré et si le bénéficiaire de la reprise a — de 65 ans ; et les + de 65 ans (60 en cas d'inaptitude au travail), et occupant un logement II A, s'ils n'ont pas un revenu annuel imposable au max. de 39 000 F (Ile-de-France), 24 000 F (autres régions).

● **Propriétaire. Obligations.** Le propriétaire est garant : 1° *des vices ou défauts* de la chose louée qui en empêchent l'usage, quand même il ne les aurait pas connus lors du bail (cheminées qui fument ou qui ne permettent pas d'y faire du feu, humidité due à l'insuffisance de l'épaisseur des murs, infiltrations d'eau tenant à la mauvaise construction de l'immeuble ou à la nature du sol) ; 2° *des troubles apportés à la jouissance* de la chose louée, troubles venant de son fait, du fait du concierge ou des locataires (en cas de défaut d'entretien, le preneur a droit à une réduction du loyer si l'étendue de sa jouissance est diminuée) ; 3° *des vols* commis dans les locaux loués s'ils sont la conséquence d'une négligence grave du concierge. Ex. : concierge travaillant à l'extérieur laissant la loge à l'abandon toute la journée, sans que le propriétaire informé de cette situation ait rien fait pour y remédier. **Grosses réparations.** Elles lui incombent normalement (sauf conventions contraires) : si elles excèdent le cadre de l'entretien courant, travaux de ravalement, réparations extérieures : murs, toitures, escaliers en mauvais état, balcons, barres des fenêtres, ascenseurs. Ni le cas fortuit, ni la force majeure, ni la vétusté, la malfaçon ou le vice de construction ne peuvent l'exonérer de cette obligation. **En cas de perte** totale ou partielle de l'immeuble, il n'est pas obligé de reconstruire. **Il n'est pas** tenu de délivrer un certificat de domicile à un locataire, il doit lui délivrer une quittance de loyer. **Il ne peut :** 1° s'opposer à l'installation par le loc. du gaz et de l'électricité ; 2° interdire au loc. d'avoir un animal familier dans son logement. Le propriétaire qui loue un local avec une ligne téléphonique lui appartenant doit prévoir une clause spéciale.

● **Réparations locatives** (locaux et équipements à usage privatif). Sont à la charge du locataire, les travaux d'entretien courant et menues réparations, y compris les remplacements d'éléments assimilables aux dites réparations (peintures, revêtements de sol, mastics des fenêtres, canalisations de gaz, conduits d'évacuation et de ventilation des fumées et gaz, etc.).

● **Reprise (par le propriétaire). Pour vendre :** *bail de 6 ans,* au bout de 3 ans sur justification de circonstances économiques ou familiales graves ; *bail de 3 ans,* au bout de 3 ans sur justification de vente. **Pour habiter** (propriétaire ou sa famille) ; *bail de 6 ans,* chaque année à condition qu'une clause expresse figure dans le contrat ; *bail de 3 ans,* au bout de 3 ans.

● **Résiliation de bail par le propriétaire.** Exemple : en cas de non-paiement.

Si l'engagement de location comporte une clause résolutoire (ex. : en cas de défaut de paiement du loyer à son échéance), la location sera résiliée après un commandement de payer demeuré infructueux ; le propriétaire peut poursuivre l'expulsion par voie de référé devant le pt du trib. de grande instance. Après un mois, le propriétaire peut faire jouer la clause résolutoire du bail que le juge prononcera obligatoirement. *Pour y faire échec, le locataire* peut prendre l'initiative d'introduire lui-même un référé pour solliciter des délais de paiement dans le mois du commandement (art. 80 de la loi du 1-9-1948).

Si l'engagement ne comporte pas de clause résolutoire, le propriétaire fait délivrer un *commandement de payer* par l'huissier. Le commandement est souvent suivi d'une *saisie-gagerie* du mobilier. Le mobilier saisi et gagé ne peut être ni déplacé ni vendu par le locataire, mais il est laissé dans l'appartement. Il est rarement mis en vente par l'huissier, car le produit de la vente, bien souvent, ne couvre que les frais (commissaire priseur, déménagement à la salle des ventes, affichage, etc.). Le juge peut, « en considération des situations économiques des parties, accorder des délais de paiement renouvelables qui ne peuvent excéder 2 ans ». Si le locataire se libère de sa dette dans les délais fixés par le juge, la clause résolutoire est réputée n'avoir jamais joué et le contrat se poursuit, sinon le contrat est résilié. Le juge peut aussi rejeter toute demande de résiliation, si le locataire est « de bonne foi et privé de moyens d'existence ». Mais cet article 26 de la loi Quilliot n'a encore jamais pu jouer, la loi déterminant « les règles d'indemnisation du bailleur » qui devait venir le compléter n'ayant pas encore vu le jour. Si le locataire a laissé passer le délai d'un mois après le commandement de payer sans saisir le juge, le propriétaire peut l'assigner en référé ou au fond. La procédure classique commence. Seul le tribunal d'instance du lieu de situation de l'immeuble est compétent. (V. Expulsion.)

● **Sous-location.** Interdite sauf accord exprès et écrit du bailleur. **Logement soumis à la loi de 1948 :** interdite, en principe, par la loi du 1-9-1948 sauf clause contraire expresse du bail ou accord (écrit) du bailleur. Cependant, le locataire qui n'a pas reçu congé peut toujours sous-louer une pièce malgré toute clause contraire du bail, si le logement comporte plus d'1 pièce (la chambre de service peut compter pour une pièce mais non les annexes). Le *locataire* doit notifier au propr. la sous-location dans le délai d'1 mois par lettre recommandée avec accusé de réception en indiquant le prix demandé et le nom du sous-loc., sous peine de déchéance du droit au maintien dans les lieux. Le propr. peut majorer de 50 % la valeur locative du local sous-loué tant que dure la sous-location. Dans la région parisienne, le locataire principal vivant seul, âgé de plus de 65 ans, peut sous-louer 2 pièces à 1 ou 2 personnes différentes, à condition que son log. n'ait pas plus de 5 pièces. Le *sous-locataire* a droit au maintien dans les lieux (mêmes conditions que le loc. principal) si la sous-location est régulière (autorisée par bail ou accord exprès du bailleur), si le sous-loc. est de bonne foi et occupe effectivement les lieux 8 mois par an.

● **Taxe. Additionnelle au droit de bail.** 3,50 % sur les immeubles achevés avant 48, 0,50 % pour ceux achevés entre 48 et 75 ; ne peut être mise à la charge du locataire. **Foncière.** Ne peut être récupérée sur le locataire.

● **Ventes.** Le locataire a un droit de préemption au prix indiqué en cas de congé pour vente.

H.L.M. (habitation à loyer modéré)

● **Organismes fédérés.** Chaque « famille » d'organismes d'H.L.M. est regroupée, à l'échelon national, dans une fédération : *Féd. nat. des offices publics d'H.L.M. et des O.P.A.C.* Pt : Jacques Badet. *Féd. nat. des Stés anonymes et fondations d'H.L.M.* Pt : Marcel Lair. *Féd. nat. des Stés coop. d'H.L.M.* Pt : Daniel Pétrequin. *Féd. des Stés de crédit immobilier de France.* Pt : Pierre Delmon. *Féd. nat. des associations régionales d'H.L.M.* Pt : Pierre Lhuillier. Ces 5 féd. sont regroupées au sein de l'Union nat. des féd. d'organismes d'H.L.M.

● **Offices publics d'aménagement et de construction (O.P.A.C.).** Établ. publics à caractère industriel et commercial. *Créés* par décret du 22-10-1973 pris en Conseil d'État par transformation d'offices publics d'H.L.M. existants. Assurent construction et gestion d'H.L.M., peuvent réaliser les mêmes opérations que les offices publics (restauration immobilière, prestations de services, opérations prévues avec le concours de primes à la construction). Attributions en matière d'aménagement, d'équipement de terrains, de lotissements, rénovation d'îlots urbains, sur le territoire de la région et des départements limitrophes. Tutelle et contrôle allégés, recours plus large au droit privé.

● **Offices publics d'habitations à loyer modéré (O.P.H.L.M.).** Établissements publics à caractère administratif institués par la loi du 23-12-1912. *Créés* à l'initiative d'une collectivité locale (département, commune ou syndicat de communes), par décret pris en Conseil d'État, et gérés par un conseil d'administration (15 membres dont les fonctions sont gratuites). *Objet :* Constr. et gestion de logements collectifs ou individuels destinés à être loués à des personnes de condition modeste (plafonds de ressources réglementaires, voire barèmes). Peuvent également effectuer des opérations d'accession à la propriété et réaliser des opérations d'aménagement des Z.U.P. et de rénovation d'îlots urbains défectueux et insalubres.

● **Stés anonymes d'H.L.M.** *Instituées* par la loi du 12-4-1906. Soumises à la législation sur les Stés par actions et aux dispositions prévues par la législation H.L.M. *Créées* à l'initiative privée par des institutions sociales (caisse d'alloc. familiales, caisse d'épargne, ou autres organismes du même type) ou par des groupements prof. intéressés au logement de leur personnel. Réalisent des programmes locatifs pour des personnes de revenus modestes (conditions de location et calcul des loyers identiques à ceux des Offices publics), ou des opérations d'accession à la propriété, en collaboration avec des Stés de crédit immobilier. Bénéficient de prêts de l'État dans les mêmes conditions que les Offices publics. Les attributions sont faites dans l'ordre de la liste de classement établie par le règlement intérieur de la Sté.

● **Stés coopératives de production d'H.L.M.** *Régies* par décret du 15-3-1974, la législation des Stés commerciales, le statut de la coopération et la législation H.L.M, les coopératives ont vu leur compétence étendue par la loi du 20-7-1983 tant en accession qu'en locatif. Réalisent des programmes de constr. pour des Stés coop. de constr. (groupant des coopérateurs accédant à la propriété), avec lesquelles elles passent une convention de prestation de services ; elles en assurent la gestion, le financement, le rôle de syndic parfois. Les logements construits sont en général transférés aux coopérateurs par attribution-partage des immeubles.

● **Stés de crédit immobilier.** *Instituées* par la loi du 10-4-1908. Stés anonymes par actions, constituées à l'initiative privée, soumises à la législation des Stés par actions et aux dispositions de la législation H.L.M. (mandat des administrateurs gratuit). *Objet :* favoriser, par des prêts, l'accession à la propriété de logements au bénéfice de familles de revenus modestes. Réaliser des opérations groupées, des lotissements et des maisons individuelles au coup par coup.

● **Activités nouvelles.** Les organismes d'H.L.M. peuvent intervenir également sous certaines conditions dans les secteurs de l'aménagement, de la réhabilitation de l'habitat et du tourisme social.

Statistiques (1985)

● **1 062 organismes** d'H.L.M. O.P.H.L.M. 300 [dont 15 OPAC], 360 Stés anonymes, 172 Stés de crédit immobilier, 230 Stés coop. d'H.L.M. gérées par env. 15 000 administrateurs bénévoles (dont : 112 députés et 87 sénateurs, 33 Pts de Conseils généraux, 826 conseillers généraux, 807 maires, 100 conseillers régionaux ou membres des comités économiques et sociaux régionaux), 60 000 agents salariés assurant la maîtrise d'ouvrage des programmes, la gestion des organismes et des patrimoines H.L.M.

● **Construction (1985).** % des H.L.M. Dans la construction globale : 30 ; aidée : 50. **Logements financés par les H.L.M. (en 1985) :** total 110 500 dont *locatif aidé* 82 300 (H.L.M. 73 000), *accession* 117 100 (H.L.M. 37 500).

% de log. collectifs et individuels réalisés par les organismes d'H.L.M. (1985). *Locatifs :* collectifs 75, individuels 25. *Accession :* collectifs 30, ind. 70.

Constructions *(dep. 1945) :* 4 500 000 logements collectifs et individuels réalisés à plus de 90 %, dont : + de 3 000 000 logements locatifs, 1 250 000 logements en accession à la propriété.

● **Poids économique** (en milliards de F, 1985). Investissement total de la construction neuve H.L.M. 33 (terrain compris). Par ailleurs les organismes d'H.L.M. ont géré 29 milliards de F de loyers, 13 de charges locatives.

● **Résultats d'exploitation des H.L.M.** (en millions de F). **Résultats annuels.** *1981 :* + 750. *82 :* + 570. *83 :* + 210. *84 :* — 150. *85 :* — 510. **Résultats cumulés.** *1985 :* + 870. *86 :* — 20. *87 :* — 1 280. *90 :* — 7 090. *95 :* — 19 080. *99 :* — 29 690.

● **Usagers :** env. 13 millions logés par les H.L.M. (dont : locataires 9 m., accédants à la propriété 3,8). 75,3 % des locataires et 74 % des accédants à la propriété H.L.M. sont ouvriers, employés, personnels de service, retraités (autres parcs locatifs 61 %, autres accédants 52 %), 10,8 % de nationalité étrangère.

● **Impayés** (en % des loyers + charges) *1980* Offices 1,54, S.A. 1,62 ; *83* O. 2,56, S.A. 2,77.

Conditions d'attribution des logements

● **Location :** s'adresser à la mairie du domicile qui délivre un numéro et un certificat d'inscription. Prendre également contact directement avec un organisme d'H.L.M. Les ressources annuelles imposables ne doivent pas dépasser un certain plafond (ex. ménage de 2 personnes en Ile-de-Fr. 69 156 F par an (85 752 si 2 revenus).

• **Accession à la propriété** : *s'adresser* directement plus particulièrement aux Stés de crédit immobilier, Stés anonymes d'H.L.M., Stés coopératives d'H.L.M. [adresses communiquées par les directions départementales de l'Équipement, la mairie du domicile et les centres d'information sur l'habitat agréés par l'ANIL (Association nationale pour l'information sur le logement)].

Loyers

Régime des loyers en 1986

• **Locaux soumis à la loi Quillot** (décret du 26-12-1985). **Secteur I : H.L.M.** Révision du loyer : 2,7 % au 1-1-1986. Travaux : majoration égale à 10 % du coût des travaux, max. 9 000 F par logement plus 2 000 F par pièce principale. **Secteurs II : Stés d'économie mixte, Caisse des Dépôts, Bailleurs sociaux non H.L.M., III : Assurances, Stés immobilières, Banques, IV : Bailleurs privés.** Révision du loyer, renouvellement du bail et changement de locataire : max. 100 % de la variation annuelle de l'indice I.N.S.E.E. du coût de la construction. Mais, en cas de nouvelle location, le loyer peut faire l'objet d'une modulation particulière qui ne peut le porter au-dessus de loyers pratiqués localement pour le même type de logements. **Secteur II** : travaux, voir secteur I. **Secteurs III et IV** : travaux, majoration de 8 %, max. 9 000 F par logement plus 2 000 F par pièce principale.

• **Locaux soumis à la loi du 1-9-1948.** Loyers forfaitaires : aux termes du décret du 28-6-85, à compter du 1-7-1985 (nouveau décret le 30-6-1986) : augmentation de 4 % pour les locaux de catégorie II A, III B ; augmentation de 6 % pour les cat. II C ; les cat. II B et II A restant soumises aux dispositions de la loi de 1948. Les locaux de catégorie IV ne peuvent subir aucune majoration annuelle de loyer.

Valeur locative mensuelle en F à compter du 1-7-1985 : prix de base de chacun des 10 premiers m^2 de surface corrigée et, entre parenthèses, prix de base de chacun des m^2 suivants. *Catégories II A* : 24,21 (14,42), *II B* : 16,71 (9,04), *II C* : 12,78 (6,91), *III A* : 9,14 (4,91), *III B* : 5,50 (2,86), *IV* : 1,70 (0,80).

Prix de location

• **Paris.** Prix mensuels, hors charges, non meublés (en milliers de F, 1986). 2 pièces et, entre parenthèses, 4 pièces. *Source* : Franco-suisse de gestion. *1er arr.* : 2,5/3,5 (4,8/6) ; *2e* : 2,5/3,5 (4,5/5) ; *3e* : 2,5/3,3 (4/5) ; *4e* : 2,5/3,5 (4,5/5,5). *Ile St-Louis* : 3,5/4,5 (5,5/7,5) ; *5e* : 2,6/3,6 (4,5/6) ; *6e* : 2,8/4,5 (5/8) ; *7e* : 3,5/4 (5/8) ; *8e* : 3/4,5 (5/8) ; *9e* : 2,2/2,9 (3,5/4,4) ; *10e* : 2,2/2,7 (3/4,2) ; *11e* : 2,2/2,7 (3/4) ; *12e* : 2,4/3 (3,8/5,5) ; *13e* : 2,1/3,2 (3,4/4,8) ; *14e* : 2,2/3,4 (3,8/6,5) ; *15e* : 2,5/3,5 (4,4/5,5) ; *16e* : 3/4,2 (5,5/8) ; *Foch* : 3,5/4,5 (8/10) ; *17e* : 2/4 (3,5/8) ; *18e* : 1,8/3 (3/5,5) ; *19e* : 1,8/3,2 (3/5) ; *20e* : 1,8/2,3 (3/4) ; *Boulogne* : 2,4/4 (4,5/8) ; *Neuilly* : 3,3/4,5 (5,5/10).

• **Banlieue** (juill.-août 1983). Studio (30 m^2), entre parenthèses 2 pièces (50 m^2) et en italique 4 pièces (90 m^2). *Hts-de-Seine* 1,2/1,5 (1,5/2,1) *2,6/3,5. Yvelines* 1,1/1,2 (1,3/1,7) *1,9/2,7. Val-de-Marne* 0,9/1,3 (1,4/1,7) *2/2,9. Val-d'Oise* 0,9/1,2 (1,2/1,5) *1,7/2,2. Seine-St-Denis* 0,8/1,1 (1/1,3) *1,5/1. Essonne* 0,8/1 (1/1,4) *1,5/2,2.*

Source : l'Immobilier.

Nota. — Chambre indépendante (juillet-août 1985) : *Paris* 800 à 1 600 F par mois ; *province* 500 à 1 200 (Aix 1 000 à 1 700).

Loyers H.L.M. (exemples). Surface réelle en italique : surface corrigée (en m^2) et loyer févr. 83, entre parenthèses, loyer + charges (en F). Appartement [1] **2 pièces 1954** 42 m^2 *76 m^2* 465,29 F (941,28 F). **2 pièces [1] 1982** 63, *93,1* 201,29 (1 387,71). **Maison [1] 4 pièces 1954** 70, *113* 705,50 (885,51). **Appt [1] 4 p. 1972** 83, *126* 1 280,45 (2 219,50).

Nota. — (1) Situé à Sceaux.

• **Province.** Loyer mensuel hors charges pour un 4 pièces (en milliers de F, 1986). Angers 1,3/2,4, Angoulême 1,8/2,6, Bastia 3,5/3,8, Bayonne 2/3, Besançon 1,3/3, Bordeaux 2/4,5, Brest 1,3, Chambéry 2,2, Clermont-Ferrand 1/3,9, Dijon 1,7/2,4, Lille 3/4, Limoges 1,5/3, Lyon 2,5, Marseille 2/3,5, Montpellier 2,5, Nancy 1,4/2,5, Nantes 1,2/3, Nice 3/6, Orléans 2, Périgueux 2,2, Poitiers 2, Roubaix 2,5/3,3, Rouen 2/2,8, Strasbourg 1,8/2,8, Toulon 3,1/3,5, Valence 1,7, Vannes 2.

Source : F.N.A.I.M.

Mer. (Midi) studio, 2 p., et villa (15 jours, été 1986) prix moyen en milliers de F. Antibes 3,5/4,5/12. Bandol 4/5,2/12. Bormes-les-Mimosas 3/4/10. Cagnes-sur-Mer 2,3/3,5/9. Cannes 3/4,5/18. Cassis 1,5/2/6. Grasse 3/3,5/9. Hyères 2,5/3,5/12. La Seyne-sur-Mer 1,8/2,4/10. Le Lavandou 3/4/7. Mougins 3/3,5/10. Nice 2/3,5/9. Ste-Maxime 2,5/3,5/8. St-Raphaël/Fréjus 3,2/4,2/11. St-Tropez 4,2/6/15. Toulon 1,6/2,5/10. Vence 2,4/3/10.

☞ **Chiffre d'affaires du marché de l'immobilier en France** : 1 million de transactions, 300 milliards de Francs.

Indices du coût de la construction

• **Indice du coût de la construction publié par l'I.N.S.E.E.** (base 100 au 4e trim. 1953). **1975** *1er* 345, *2e* 353, *3e* 357, *4e* 364. **76** *1er* 375, *2e* 391, *3e* 403, *4e* 415. **77** *1er* 416, *2e* 430, *3e* 438, *4e* 449. **78** *1er* 452, *2e* 461, *3e* 472, *4e* 499. **79** *1er* 502, *2e* 510, *3e* 525, *4e* 548. **80** *1er* 569, *2e* 587, *3e* 604, *4e* 610. **81** *1er* 630, *2e* 636, *3e* 652, *4e* 673. **82** *1er* 697, *2e* 717, *3e* 732, *4e* 727. **83** *1er* 746, *2e* 760, *3e* 776, *4e* 782. **84** *1er* 794, *2e* 810, *3e* 820, *4e* 821. **85** *1er* 826, *2e* 834, *3e* 841.

Indices de la Fédération nationale du bâtiment (base 1 au 1-1-1941, Paris et petite couronne). **75** *1er* 112,9, *2e* 115, *3e* 119,2, *4e* 121,6. **76** *1er* 125,4, *2e* 132,5, *3e* 136,9, *4e* 139,2. **77** *1er* 141,9, *2e* 144,4, *3e* 148,1, *4e* 151,9. **78** *1er* 156, *2e* 161,1, *3e* 167,7, *4e* 171,1. **79** *1er 179,9*, *2e* 186,2, *3e* 191,9, *4e* 197,7. **80** *1er* 205,3, *2e* 212,7, *3e 220,9*, *4e* 229. **81** *1er* 285,3, *2e* 245,3, *3e* 252,8, *4e* 263,1. **82** *1er* 278,4, *2e* 288,1, *3e* 289,9, *4e* 297,1. **83** *1er* 305,6, *2e* 313,4, *3e* 318,8, *4e* 326. **84** *1er* 334,5, *2e* 339,2, *3e* 342,8, *4e* 348. **85** *1er* 356,1, *2e* 361,7, *3e* 365,4, *4e* 369,3. **86** *1er* 373,5.

Indice BT 01, a remplacé, depuis juillet 1977, sous certaines conditions, l'indice pondéré départ. (base 100 en janv. 1974). **78** (1-1) 166. **79** (1-1) 187,4. **80** (1-.1) 220,1. **81** (1-1) 251,8. **82** (1-2) 294,1. **83** (1-1) 324,6. **84** (1-1) 355,4. **85** (1-1) 383,6. **86** (1-1) 400.

Taux de variation annuel en % par rapport à l'année précédente (4e trimestre). **73** + 8,9 ; **74** + 21,1 ; **75** + 10,9 ; **76** + 14 ; **77** + 8,2 ; **78** + 11,13 ; **79** + 10,7 ; **80** + 11,3 ; **81** 10,3 ; **82** 8,02 ; **83** 7,57 ; **84** 4,99 ; **85** 6,12.

Indice S.C.A. publié par l'Académie d'architecture (base 1 en 1914). **75** *1er* 1 325,17, *2e* 1 347,13, *3e* 1 391,07, *4e* 1 419,71. **76** *1er* 1 453,95, *2e* 1 535,39, *3e* 1 602,75, *4e* 1 633,08. **77** *1er* 1 663,97, *2e* 1 698,78, *3e* 1 742,94, *4e* 1 782,47. **78** *1er* 1 831,33, *2e* 1 887,91, *3e* 1 971,49, *4e* 2 005,67. **79** *1er* 2 082,87, *2e* 2 161,45, *3e* 2 224,19, *4e* 2 300,19. **80** *1er* 2 390,02, *2e* 2 482,63, *3e* 2 570,04, *4e* 2 658,01. **81** *1er* 2 745,97, *2e* 2 836,13, *3e* 2 935,93, *4e* 3 024,67. **82** *1er* 3 137,10, *2e* 3 271,37, *3e* 3 302,27, *4e* 3 346,18. **83** *1er* 3 428,84, *2e* 3 498,68, *3e* 3 587,02, *4e* 3 630. **84** *1er* 3 754,10, *2e* 3 812,47, *3e* 3 836,95, *4e* 3 857,97. **85** *1er* 3 999, *2e* 4 077, *3e* 4 085, *4e* 4 114. **86** 4 160.

Bureaux, magasins

Achat

• **Bureaux. Région parisienne.** Valeur vénale (en milliers de F/m^2, 1985). **Paris** : 1er arr. 11,5-28. 2e 11,5-26,5. 3e 8-16. 4e 8-23. 5e 10-25. 6e 10-25. 7e 12-26. 8e 13-40. 9e 13-40. 10e 6-12. 11e 5,5-12. 12e 4,5-17. 13e 7-12. 14e 7,5-22. 15e 10-25. 16e 13-40. 17e 5-35. 18e 4,5-10. 19e 4,5-10. 20e 4,5-10. **Proche banlieue** : Défense 12,5-25. Neuilly 13-25. Ouest 7-16. Sud 6-12. Est 4-7,5. Nord 4-7,5. **Grande banlieue** : Ouest 4,8-9,5. Sud 4,5-8,5. Est 4,5-8,5. Nord 3,2-6. **Villes nouvelles** : Cergy-P. 4-9. Evry 4-8. Marne-la-V. 4,5-9. St-Quentin-en-Yv. 5,5-10,5.

• **Magasins. Paris. Surface pondérée en m^2,** et entre parenthèses, **valeur locative du m^2/an en F.** Exemples : *1er arr.* : avenue Opéra 60 (4 580). *4e* : place des Vosges 70 (1 780). *5e* : rue de Sèvres 65 (6 230). *6e* : rue Cler 33 (2 700). *8e* : rue St-Honoré 45 (7 330) ; bd Haussmann 46 (2 565) ; av. Montaigne 38 (6 470). *9e* : rue St-Lazare 60 (1 250). *10e* : bd Magenta 94 (823). *15e* : rue de la Croix-Nivert 63 (840). *16e* : rue St-Didier 48 (875) ; av. Victor-Hugo 104 (4 230). *17e* : av. de Villiers 48 (1 500) ; av. de Clichy 110 (5 450).

Province. B. neufs (en milliers de F, en 1986). Lyon 4,5/12,2. Marseille 7/7,8. Nantes 6,2/7. Nice 6/8. Orléans 5,5/7. Strasbourg 5,2/6,3. Toulouse 6,6/7,2.

Source : Investir.

Location

• **Région parisienne.** En milliers de F H.T. par m^2 par an en 1985. Ancien (entre parenthèses, neuf, récent, rénové). **Paris.** *1er* : 1,2/1,8 (1,8/2,5) ; *2e* : 1/1,5 (1,5/2,4) ; *3e* : 0,8/1 (0,9/1,3) ; *4e* : 0,8/1 (1,1/1,7) ; *5e et 6e* : 1/1,6 (1,2/2) ; *7e* : 1,2/1,5 (1,5/2,3) ; *8e est-Europe* : 1,1/1,5 (1,6/2,3) ; *Madeleine* : 1,2/1,7 (1,8/2,6) ; *9e* : 0,9/1,4 (1,5/2,2) ; *10e et 11e* : 0,6/1,2 (1,1/1,5) ; *12e ouest Gare Lyon* : (1,1/1,7) ; *12e autre sect.* : 0,7/0,9 (0,8/1,2) ; *13e* : 0,6/0,8 (0,8/1,1) ; *14e* : 0,7/1 (1/1,6) ; *Montparnasse* : 1/1,4 (1,3/1,9) ; *15e* : 0,9/1,2 (1,3/1,9) ; *16e sud* : 1/1,3 (1,3/1,8) ; *17e + 8e ouest + 16e nord* : 1,4/2 (1,8/2,8) ; *17e centre* : 1,1/1,4 (1,3/1,8) ; *18e + 19e + 20e + 12e est et 17e est* : 0,5/0,7 (0,7/1,1).

Banlieue. Neuf. Essonne 0,5/0,8 ; Versailles, Vélizy, St-Germain 0,7/0,9 ; autres zones 0,5/0,7 ; Val-d'Oise 0,4/0,5 ; Val-de-Marne (hors proche périphérie) 0,6/0,8 ; Neuilly 1,4/1,8 ; Levallois, Boulogne, Issy-les-Moulineaux 0,9/1,4 ; La Défense A 1,1/1,8 ; La Défense B 1/1,2 ; Clichy, Puteaux, Courbevoie (hors Défense) 0,7/1,1 ; Rueil, Nanterre (hors Défense) 0,7/1 ; Suresnes, Sèvres, St-Cloud 0,7/1 ; Vanves, Montrouge, Malakoff 0,9/1,1 ; Hauts-de-Seine (autres zones) 0,6/0,8 ; proche périphérie nord et est 0,5/0,8 ; S.-St-Denis 0,3/0,5 ; proche Roissy 0,5/0,6.

Villes nouvelles. St-Quentin-en-Yvelines 0,7/0,8 ; Cergy 0,6/0,7 ; Marne-la-V. 0,5/0,8 ; Evry 0,5/0,7.

Nota. — Loyer record. 600 m^2 de bureaux et magasins, place de la Madeleine, loués en 1985 4,8 millions de F par an.

• **Province.** (1986, en F/m^2, par an) Lyon 0,5/1,1 ; Marseille 0,6/0,7 ; Nantes 0,5/0,7 ; Nice 0,6/0,8 ; Orléans 0,6/0,7 ; Rouen 0,5/0,7 ; Strasbourg 0,5/0,6 ; Toulouse 0,6/0,65.

☞ **Stock de bureaux disponibles** en région parisienne au 1-1-1986 : 1 300 000 m^2 (dont à moins d'1 an 660 000). 1 500 000 m^2 de stock d'offres min. serait nécessaire à l'équilibre du marché. *Livraisons d'immeubles neufs de bureaux prévues* : *1986* : 250 000 m^2, *1987* : + de 400 000, ce qui permettra au marché de retrouver son équilibre vers le milieu de 1987.

Loyers de bureaux de grand standing. Surface moyenne 500 m^2 (en milliers de F/m^2/1986). Tokyo 5,5 ; Londres 4 ; New York 2,6 ; Hong Kong 2,6 ; Paris 2,5 ; Sydney 2 ; Los Angeles 1,8 ; Singapour 1,7 ; San Francisco 1,6 ; Francfort 1,3 ; Bruxelles 0,9 ; Amsterdam 0,8 ; Edimbourg 0,8 ; Houston 0,7 ; Dublin 0,7.

Estimation des fonds de commerce

Barème généralement admis par l'administration fiscale. C.A. = Chiffre d'affaires annuel.

Administrateur de biens : à Paris et en région parisienne 1,5 à 2 fois les honoraires encaissés la dernière année. Consultations, baux, etc. 0,5 % des honoraires annuels (moyenne sur 3 ans). **Agent d'assurances** : 3 fois le C.A. (— polices vie). **Agent immobilier et mandataire en vente de fonds de commerce** : 2 fois le bénéfice réel net moyen des 3 dernières années. **Alimentation générale** : 3 à 4 fois le bénéfice annuel, ou 80 à 120 fois la recette journalière. **Ameublement** : 3 fois le bénéfice net moyen des 3 dernières années. **Antiquaire** : 100 à 150 % du C.A. annuel sans que la valeur du fonds puisse être inférieure à celle du pas-de-porte. Bénéfice brut de 40 à 50 % du C.A., net de 25 à 35 %. **Architecte avec gérance d'immeubles** : 3 fois le bén. réel annuel, ou 2 fois le C.A. **Armurier** : 40 à 60 % du C.A. Bénéfice brut de 20 à 30 % du C.A., net 12 à 15 % des commerces sans personnel salarié, 5 à 10 % des commerces avec personnel salarié. **Articles de pêche** : 80 % du C.A. **Articles de sport** : raquettes, skis, ballons, patins, etc. 50 % de la branche d'activité. Habillement et bonneterie 50 % du C.A. réel de la branche, camping 30 à 40 % du C.A. réel de la branche, location de skis 2 fois le montant des locations encaissées dans l'année. Bénéfice brut 10 à 50 % suivant les articles, net 12 à 18 % du C.A. pour les commerces ordinaires, 5 à 12 % du C.A. pour les entr. moyennes, 5 à 15 % du C.A. pour les entr. importantes.

Bains : 2 à 3 fois le C.A. **Bazars** (grands magasins, Prisunics) : 50 % du C.A. **Bijouterie fantaisie** (fabricant) : 1 fois 1/2 à 2 fois 1/2 le bén. réel, plus le matériel. **Bijouterie, horlogerie** : 40 à 70 % du C.A. selon emplacement. **Blanchisserie** : 40 à 50 % du C.A. avec matériel en bon état. **Bois et charbon** : 30 à 50 % du C.A. ou 60 à 80 F la t de charbon ou de fuel vendue par an, + le matériel. **Bonneterie-confection-lingerie :** 50 à 70 % du C.A. **Boucherie :** 10 à 15 fois la recette hebdomadaire ou 20 à 30 % du C.A. **B. chevaline :** 15 à 20 fois la r. hebd. ou 30 à 40 % du C.A. **Boulangerie :** 90 à 100 % du C.A. avec moins de 40 quintaux par mois. Les pains vendus à des collectivités ne doivent pas être comptés plus de 10 %. **Boulangerie-pâtisserie :** ajouter à la valeur de la boulangerie le C.A. de la pâtisserie. **Brasserie-restaurant limonade :** 1 fois 1/2 le C.A. ; restaurant : 70 à 100 % du C.A. **Brevets d'invention :** 6 à 10 fois la redevance annuelle suivant l'âge du crédirentier.

Café : 250 à 400 fois la recette journalière (500 à 700 fois dans les centres-villes, parfois 1 000 à 1 200). **Café-tabac :** 400 à 600 fois la recette journalière + tabletterie 100 % du C.A. + 3 ans de remise nette. **Charcuterie :** 30 à 60 % du C.A. selon l'importance du matériel. **Chaussures :** 70 % du C.A. **Cinéma :** 50 à 70 fois la recette moyenne hebdomadaire cinématographique taxable (80 fois pour les salles d'exclusivité à Paris). **Coiffure :** 50 à 75 % du C.A. **Confiserie :** C.A. **Couleurs et vernis :** 70 % du C.A. **Crémerie :** 3 à 4 fois la moyenne des 3 dernières années de bénéfice net. 60 à 80 fois la recette journalière en négligeant la recette du lait.

Dancing : 200 à 300 fois la place autorisée par la préfecture. **Dépôt de vins :** 150 fois la recette journalière. **Épicerie en gros :** 3 fois le bén. réel annuel + le matériel. **Entreprise de peinture :** 20 % du C.A. plus matériel. **Fleuriste :** *ordinaire* 70 à 90 % du C.A. réel non compris celui réalisé par Interflora. **Garage :** *Station-Service* Paris et grandes villes : 50 à 70 % du C.A. annuel ; autres villes : 40 à 50 % du C.A. *Atelier de réparation :* 50 à 60 % du C.A. *Pièces détaillées :* 40 à 50 % (concessionnaires), 24 à 35 % (agents). *Garage-hôtel :* 3 000 à 9 000 F la place suivant situation (à Paris) ; 1 500 à 4 000 F (en province).

Hôtel-maison meublée : 3 à 5 fois le C.A. matériel compris ou valeur du matériel s'il est récent — 3 à 5 fois le bénéfice net annuel, ou valeur unitaire de la chambre multipliée par leur nombre (10 000 à 40 000 F suivant catégorie).

Imprimerie : valeur du pas-de-porte. **Laboratoire :** 50 à 60 % du C.A. ou 5 à 6 fois les B.I.C. à 10 % du C.A. moyen. **Laverie automatique :** 50 % du C.A. mensuel moyen de l'année. **Librairie-papeterie :** *sans vente de journaux* Paris 80 à 100 % du C.A., *avec* 60 % du C.A. sans logement, 80 % avec log., 100 % avec log. et agencements neufs. Province 50 à 60 % du C.A. sans log., 70 à 90 % avec, 90 % avec log. et agencement neufs. **Libre-service :** 30 à 35 % du C.A. **Lingerie-mercerie :** 50 à 70 % du C.A. ou 3 fois le bén. réel annuel.

Maisons meublées : 3 à 4 fois le C.A. moyen à 50 % du coefficient d'occup. si l'exploitation est réputée marginale. **Maroquinerie :** 50 à 60 % du C.A. **Marques de fabrique :** 5 à 6 fois la redevance. **Nouveautés-confections :** 50 à 60 % du C.A. **Optique :** ville importante 1 an de C.A., petite 80 à 90 % du C.A. **Orfèvrerie :** 70 à 80 % du C.A.

Papeterie : 70 à 80 % du C.A., ou 3 à 4 fois le bén. annuel. **Parfumerie :** 70 à 80 % du C.A. moyen des 3 dernières années. **Pâtisserie :** 1 an de C.A. (moyenne des 3 dernières années). **Pension de famille :** 4 fois le C.A. moyen. **Pharmacie :** officine urbanisée 1 an de C.A., petite ville 80 à 90 % du C.A., rurale 60 à 90 %. **Plomberie-couverture :** 10 % du C.A., ou 4 à 5 fois le bén. réel annuel. **Poissonnerie :** 40 à 50 % du C.A. + 30 % pour les tournées. **Primeurs :** 3 fois le bén. réel annuel.

Quincaillerie : 40 % du C.A. ou 2 fois le bénéfice net moyen sur 3 ans. **Restaurant :** artisan 70 à 80 % du C.A. luxe 70 à 100 %, moyen 80 à 100 %. **Rôtisserie :** 100 fois la recette journalière. **Tabac :** Paris 3 à 5 ans de remise nette tabac + 100 % du C.A. tabletterie. **Teinturerie :** C.A.

Patrimoine Français

Classement

☞ Longtemps les procédures de protection des monuments historiques ne furent pas entamées, l'Administration savait que le propriétaire refuserait son accord, et elle reculait devant le classement d'office à cause du risque d'indemnisation que ce classement pouvait comporter (actuellement les propr. réclament souvent eux-mêmes le classement et il n'y a pratiquement plus de classement d'office).

Inventaire général des monuments et des richesses artistiques de la France

Origine. L'idée naquit en 1790. De 1861 à 1910, le Comité des arts et monuments fit paraître les 21 premiers vol. de l'Inventaire général des richesses d'art de la France (dont 14 pour Paris et sa région). La *commission nationale d'inventaire,* créée le 4-3-1964, est entièrement renouvelée en 1985. **Réalisation :** *au 31-12-1985,* opérations d'inventaire (approfondies) terminées dans 65 cantons ; pré-inventaire normalisé (plus rapide) dans 200 c., au 31-12-1985 étaient archivés : 90 000 dossiers et fiches, 1 300 000 photographies, 16 000 clichés photogrammétriques. Centre de documentation à Paris (Hôtel de Vigny, 10, rue du Parc-Royal, 75003), Besançon, Montpellier, Nantes, Orléans, Poitiers, Rennes, Rouen. **Personnel** (1986) : 243. **Budget** (1986) : fonctionnement 5 000 000 F, équipement 3 900 000 F. **Publications** (31-12-1985). *4 vocabulaires* (tapisserie, architecture, sculpture, objets domestiques) ; *15 inventaires topographiques* (cantons de : Saverne, Guebwiller, Thann, Peyrehorade, Vic-sur-Cère, Sombernon, Carhaix-Plouguer, Belle-Ile-en-Mer, Faouët et Gourin, Lyons-la-Forêt, Aigues-Mortes, Gondrecourt-le-Château, La Ferté-Bernard, l'Ile de Ré, Pays d'Aigues) ; *13 « Répertoires des Inventaires » ; 11 « Indicateurs du patrimoine » ; 25 « Images du patrimoine » ; 7 « Cahiers de l'Inventaire » ; 130 catalogues d'expositions.*

Nota. — Des inventaires ont été entrepris dans 17 pays d'Europe. [En All. dès 1860 (90 % du territoire répertorié), en Suisse 1927.]

Archéologie

Organisation. Tout sondage ou toute fouille archéologique doit être auparavant autorisé (loi du 27-9-1941). L'État contrôle ces opérations, participe à leur financement et assure lui-même nombre de fouilles de sauvetage sur les sites menacés de destruction. Il dispose, dans chaque région, d'une Direction des antiquités préhistoriques et d'une Direction des antiquités historiques. En 1985, 1 739 opérations terrestres, dont 1 065 non programmées (299 sondages, 766 sauvetages urgents), 674 programmées (268 sauvetages, 406 fouilles).

La Sous-Direction de l'archéologie réalise, depuis 1978, un inventaire des sites archéologiques (actuellement, env. 52 000 recensés).

Crédits prévus en millions de F (1986) : fonctionnement des chantiers 17,5 ; équipement 50,5.

● **Procédures de protection des immeubles. Monuments.** Dep. le 1-1-1985, toutes les demandes de protection au titre des Monuments historiques portant sur des immeubles non encore protégés doivent être adressées au commissaire de la Rép. de la région où est situé l'immeuble, conformément aux dispositions du décret nº 84-1006 du 15-11-1984. Les propositions de classement et d'inscription sur l'Inventaire supplémentaire des Monuments historiques sont examinées par la Commission régionale du patrimoine historique, archéologique et ethnologique (COREPHAE) instituée par décret nº 84-1007 du 15-11-1984 auprès de chaque commissaire de la Rép. de région.

Après avis de la COREPHAE, le Comm. de la Rép. de région peut alors prescrire par arrêté l'inscription de l'immeuble sur l'inventaire supplémentaire des Monuments Historiques ou proposer au min. de la Culture une mesure de classement. Toutefois, lorsque les différentes parties d'un immeuble font à la fois l'objet, les unes d'une procédure de classement, les autres d'inscription sur l'inventaire supplémentaire des Monuments Historiques, les arrêtés correspondants sont pris par le min. chargé de la Culture. Le comm. de la Rép. qui a inscrit un immeuble sur l'inventaire supplémentaire des Monuments Historiques peut proposer son classement au min. de la Culture, qui statue sur cette proposition après avoir recueilli l'avis de la Commission Sup. des Monuments Historiques, lequel est communiqué à la COREPHAE par le comm. de la Rép. de région. Lorsque le min. de la Culture prend l'initiative d'un classement, il demande au comm. de la Rép. de région de recueillir l'avis de la COREPHAE et il consulte ensuite la Commission Sup. des Monuments Historiques. Le classement d'un immeuble est prononcé par un arrêté du min. de la Culture. La mesure de classement d'office par décret en Conseil d'État est maintenue. Ensuite, tout travail de restauration, réparation ou modification doit avoir l'accord préalable du ministre. Après accord du ministère de la Culture, le propriétaire peut faire effectuer des travaux de restauration et recevoir une subvention de l'ordre de 40 % à 50 %. Le classement fait l'objet d'une publication à la *Conservation des Hypothèques.* Le ministre de la Culture et de la Communication doit être informé de toutes les mutations de propriété.

Inscription à l'Inventaire supplémentaire. *Travaux* soumis au régime du permis de construire. Les projets doivent être déposés auprès du directeur régional des Affaires culturelles 4 mois avant les travaux. *Subventions accordées par l'État* 10 à 15 % du montant des travaux de restauration. Les propriétaires privés peuvent déduire de leur impôt sur le revenu l'intégralité des sommes consacrées aux travaux de restauration lorsque ceux-ci sont subventionnés ou effectués sous la surveillance du min. des Affaires culturelles. Ils peuvent également déduire, dans une proportion variant selon les modalités d'ouverture au public, les dépenses de gardiennage, de gestion et d'accueil. La procédure du décret en Conseil d'État ne peut être engagée, car le propr. n'est pas invité à faire connaître s'il est d'accord ou non sur la mesure envisagée (en fait, l'inscription est normalement prononcée sur la demande du propr. pour bénéficier des avantages fiscaux.). L'agrément ministériel est prononcé, par délégation du ministre de l'Économie, par le dir. départemental des Impôts. Il n'entraîne aucune obligation particulière pour la conservation de l'immeuble, mais seulement celle d'ouvrir le monument à la visite.

Expropriation, peut être employée par l'État pour sauver un monument, doit être précédée d'un classement.

● **Abords.** Lorsqu'un immeuble (bâti ou non bâti) est situé dans le champ de visibilité d'un monument historique classé ou inscrit, il ne peut faire l'objet (tant de la part du propr. privé que des collectivités et établissements publics) d'aucune construction nouvelle, démolition, déboisement, transformation ou modification de nature à en affecter l'aspect, sans une autorisation préalable. Toutefois l'exploitation rationnelle et raisonnable d'une plantation est possible. Les *commissions départementales des sites et paysages* comprennent des représentants des collectivités locales, des personnalités compétentes dans la science de la nature. Les associations de sauvegarde peuvent présenter à des commissions des propositions d'inscription ou de classement d'un site. Le classement est prononcé généralement par un arrêté du ministre de l'Environnement. Si l'un des propr. intéressés fait opposition, le classement ne peut être prononcé que par un décret pris en Conseil d'État. Le propr. peut être indemnisé s'il prouve un préjudice « direct, matériel et certain ».

● **Zones de protection** autour des sites classés ou inscrits. L'administration peut interdire construction, démolition ou exécution de certains travaux affectant l'utilisation des sols, mais elle ne peut interdire les travaux visant à l'amélioration des exploitations agricoles ou forestières et aux coupes d'arbres, à moins qu'il ne s'agisse de coupes rases.

Après décision du ministre, les *architectes des Bâtiments de France* (échelon départemental), *architectes en chef des Monuments historiques* (45 en 1982), *inspecteurs généraux* (architectes ou non) appliquent les mesures concernant ces monuments ou leur environnement, les conservations régionales gérant les crédits.

Statistiques

Budget (millions de F). *Travaux d'entretien des mon. classés et inscrits : 1980 :* 49,3 ; *81 :* 51 ; *83 :* 89 ; *84 :* 89 ; *85 :* 70. *Restauration des monuments classés et inscrits : 1980 :* 372,7 ; *81 :* 421,7 ; *82 :* 727 ; *83 :* 627,3 ; *84 :* 610 ; *85 :* 655 ; *restauration des monuments historiques classés et inscrits* 655.

Monuments protégés (au 1-1-1986). 12 846 classés. 22 358 inscrits. Sur 12 846 classements : 89 cathédrales, 4 259 édifices cultuels (sans les chapelles), 600 chapelles, 1 279 antiquités préhistoriques, 489 antiquités historiques, 1 315 châteaux et manoirs, 476 architectures militaires, 500 établissements monastiques, 538 édifices publics urbains, 1 119 édifices civils privés, 1 318 divers. 61,1 % appartenant aux communes, 5,8 % à l'État, 26,2 % à des propriétaires privés, 1,6 % aux départements, 1,1 % à des établissements publics.

Objets protégés (au 1-1-1986). 68 681 inscrits, 117 466 classées, 613 orgues (instruments) classées, 110 orgues (instruments) inscrites, 493 buffets d'orgue classés.

Régions ayant le plus grand nombre de monuments

classés. Bretagne 1 011, Ile-de-France 943, Centre 736, Bourgogne 699, Provence-Côte-d'Azur 683, Poitou-Charentes 666, Midi-Pyrénées 662, Rhône-Alpes 651.

Organismes divers

Association de la Sauvegarde de l'art français. 22, rue de Douai, 75009 Paris. *Créée* 9-12-1921 par le duc de Trévise († 9-9-1946), et la M^ise^ de Maillé († 19-11-1972). *Membres :* 1 000. *Pt :* Général de Cossé Brissac. Depuis 1974, plus de 450 églises rurales, non classées, antérieures à 1800, ont reçu des secours.

Fédération nationale des associations de sauvegarde des sites et ensembles monumentaux (F.N.A.S.S.E.M.). 20, av. Mac-Mahon, 75017 Paris. *Fondée* 1967 par Henry de Ségogne. *Pte :* Mme J. Cahen-Salvador.

Caisse nationale des Monuments historiques et des sites (C.N.M.H.S.). Hôtel de Sully, 62, rue St-Antoine, 75003 Paris. *Créée* par la loi du 10-7-1914. *Pt du Conseil d'administration :* Max Querrien (directeur : Françoise Sabatier). Établissement public chargé de gérer les monuments historiques de l'État, d'assurer les services du droit d'entrée, de les faire connaître (rôle d'éditeur et de libraire) et de les mettre en valeur (présentation, animation permanente ou occasionnelle). Alimenté essentiellement par droits d'entrée, ventes d'ouvrages, location, dons et legs.

Centres culturels de rencontre et de séjour. Association *créée* 1972 pour développer une politique d'animation permanente dans les monuments historiques. Regroupe 8 monuments : abbayes des Prémontrés à Pont-à-Mousson (M.-et-M.), de Royaumont (Val-d'Oise), de Fontevrault (M.-et-L.), de Sénanque (Vaucluse) ; Salines d'Arc-et-Senans (Doubs) ; Chartreuse de Villeneuve-lès-Avignon (Gard) ; ancien couvent royal de St-Maximin (Var) ; éco-musée du chât. de la Verrerie au Creusot (Loire).

Club du Vieux Manoir. 10, rue de la Cossonnerie, 75001 Paris. Voir p. 1194.

La Demeure historique. 57, quai de la Tournelle, 75005 Paris. *Créée* 1924 par le Dr Carvallo († 1936), propriétaire de Villandry (I.-et-L.). *Adhér. :* 1 700 (propriétaires d'un mon. hist. classé, inscrit ou susceptible de l'être) *Pt :* H.-F. de Breteuil. *But :* rechercher, étudier et faire connaître les immeubles, châteaux, maisons avec leurs parcs et jardins, offrant un caractère historique ou artistique ; faciliter tout ce qui peut en assurer la défense, la conservation et la mise en valeur.

> **Location d'un monument historique**
> (prix à la journée, en F)
>
> **Orangerie de Versailles** 30 000. **Maisons-Laffitte.** Tout le château 20 000. **Au-delà de 3 h du matin** 500 F par h de présence. **Saint-Germain.** Parc 1 000. **Vincennes.** Chapelle Royale (pour concerts) 1 400. **Marly.** Parc 1 000. **Saint-Cloud.** Parc 1 400. **Carcassonne.** Tour narbonnaise 1 700. **La Rochelle.** Tour St-Nicolas (par salle) 700. **Aigues-Mortes.** Cour du Château 1 300. **Azay-le-Rideau.** Salle 2 200, parc 1 400. **Chambord.** Salle de Chasse 6 200, parc 1 400. **Mont St-Michel.** Salle de la Belle-chaise 1 400.

Études et chantiers. 33, rue Campagne-Première, 75014 Paris. Voir p. 1194.

Ligue urbaine et rurale. 8, rue de Montyon, 75009 Paris. *Fondée* 1939 par Jean Giraudoux ; reconnue d'utilité publique en 1970. *Pt :* Xavier de Christen. *Adhérents :* plusieurs milliers. Intervient auprès des pouvoirs publics pour parer aux menaces qui pèsent sur paysages et édifices. *Publication :* revue trimestrielle : « Les Cahiers de la Ligue urbaine et rurale. »

Maisons paysannes de France. 3, rue Léo-Délibes, 75116 Paris. Association reconnue d'utilité publique. *Pt :* J.-L. Soubrier. *Revue :* Maisons paysannes de Fr. *Activités :* conseils de restauration, documentation, conférences, visites de maisons restaurées, stages de formation, expositions, concours.

Sté française d'archéologie. Musée des Monuments français, Palais de Chaillot, 75116 Paris. *Fondée* 1834. *Pt :* A. Erlande-Brandenburg. *Membres :* 2 800. *But :* faire connaître par analyse scientifique les monuments anciens. *Publ. trimestr. :* Bulletin monumental ; *annuelle :* Congrès archéologique de Fr.

Sté pour la protection des paysages et de l'esthétique générale de la France. 39, av. de la Motte-Picquet, 75007 Paris. Appelée d'abord Sté pour la protection des paysages de France [*fondée* 1901 sur l'initiative du poète Jean Lahor (Dr Cazalis)], reconnue d'utilité publique en 1936. *Pt :* Jacques de Sacy. *Membres :* 7 000. *But :* intervient auprès des pouvoirs publics pour la protection du patrimoine historique, esthétique, urbain et rural français, organise des réunions et colloques. *Revue trimestrielle :* Sites et monuments.

Union REMPART (Union des associations d'animation et de chantiers de sauvegarde pour la Réhabilitation et l'Entretien des Monuments et du Patrimoine Artistique), 1, rue des Guillemites, 75004 Paris. *Créée* 11-7-1966. Reconnue d'utilité publique 13-7-1982. *Pt :* Henri de Lépinay. *Membres :* 140 assoc. de sauvegarde du patrimoine organisant 150 chantiers réunissant 4 000 bénévoles réalisant 150 000 journées de travail, des animations culturelles et de défense du patrimoine. *Publ. :* Collection « Patrimoine Vivant » ; « Cahiers techniques » ; « Petit Rempart Illustré ».

Vieilles Maisons françaises (Les). 93, rue de l'Université, 75007 Paris. Association de propriétaires et d'amateurs d'art, de monuments et demeures anciennes. *Créée* 1958, reconnue d'utilité publique en 1963. *Adhérents :* 20 000 (accès sur parrainage). *Pte fondatrice d'honneur :* M^ise^ de Amodio. *Pte :* Mme de Lacretelle. *Secr. gén. :* B^onne^ Jacques de Ladoucette. *Activités :* conseils aux propriétaires privés de demeures anciennes, prix de restauration, relations avec les pouvoirs publics. *Publ. :* 30 000 ex. (5 numéros par an).

Concours

Concours annuel des chantiers bénévoles de jeunes. Organisé par la C.N.M.H.S. De 1967 (date de création) à 1978, plus de 266 chantiers récompensés (1 984 500 F de prix), 25 participants par an. *Condition :* être une association de jeunes bénévoles travaillant sur un édifice protégé ou non. *Prix annuels : 1er* 30 000 F, *2e* 20 000 F, *2e* (spécial action éducative) 20 000 F.

Chefs-d'œuvre en péril. *Créé* 1963 par Pierre de Lagarde (n. 25-3-32) pour récompenser et aider ceux qui ont permis de sauver un monument. A permis de sauver plus de 700 monuments. **Prix du concours (en 1985).** *1er prix :* Buffet d'orgues d'Arleux (Nord) : 60 000 F (prix du Ministre). *2e p. :* Relais de poste à L'Aigle (Orne) : 50 000 F (prix de la Caisse nat. des Monuments hist. et des sites). *3e p. :* « Ailes anciennes » : 40 000 F (Fondation de France).

> **Le public et le patrimoine national** (1978)
>
> *Visiteurs :* musées 18,4 millions ; monuments historiques 13,1 millions ; archives : ont communiqué 1 000 000 de dossiers et reçu 200 000 élèves ; *fouilles :* plusieurs dizaines de milliers de bénévoles ont travaillé sur env. 25 000 chantiers ; *associations :* œuvres pour la protection du patrimoine : env. 6 000.

Œuvres

Œuvres générales

☞ Les versements faits à une œuvre d'utilité publique sont déductibles pour le montant maximal suivant : pour un particulier : 5 % de ses revenus imposables ; pour une entreprise : 3 ‰ du chiffre d'affaires.

Dons et legs sont exonérés des droits de mutation.

● **Armée du Salut.** 76, rue de Rome, 75008 Paris. *Fondée* 1865 par William Booth. Soutien moral, spirituel et matériel à toutes personnes en difficulté, sans discrimination de classe sociale, religion ou race. *Secteur évangélisation :* 44 centres, *social :* 33 centres. *Capacité d'accueil* en France 4 000 (*nombre de bénéficiaires* env. 55 000).

● **C.E.D.I.A.S.** (Centre d'études, de documentation, d'information et d'action sociales). *Musée social,* 5, rue Las Cases, 75007 Paris. *Fondé* 1894. Nombreuses publications. Renseignements sur les établissements de placement pour malades, handicapés, personnes âgées.

● **Croix-Rouge internationale.** Comprend : *Comité international de la Croix-Rouge* (C.I.C.R.), *fondé* 1863 par cinq Suisses dont Henry Dunant (1828-1910) pour aider les militaires blessés. Le 7-9-1759, au cours de la guerre de 7 ans, le marquis de Rougé, lieutenant-général des Armées du Roi, signa avec le major prussien baron de Buddenbrock la « Convention de Brandebourg ». Traité et Convention pour les malades, blessés et prisonniers de guerre. Les adversaires s'engagent à respecter hôpitaux et lazarets et à ne pas considérer les médecins et leurs auxiliaires comme prisonniers de guerre. Institution fondatrice du mouvement. Institution humanitaire indépendante, de caractère privé, neutre sur le plan politique, idéologique et religieux. Il est formé uniquement de citoyens suisses recrutés par cooptation (25 au max.). Mission internationale. Il intervient en temps de conflits armés ou de troubles intérieurs, en faveur des victimes civiles et militaires. Action fondée sur les Conventions de Genève (1949), leurs Protocoles additionnels (1977), les tr. de droit international ou sur sa propre initiative.

Ligue des Stés de la Croix-Rouge et du Croissant-Rouge. Fondée 1919. Fédération. En temps de paix, la Ligue contribue au développement des Stés nationales, coordonne leurs opérations de secours en faveur des victimes de catastrophes naturelles, et aide les réfugiés en dehors des zones de conflit.

Stés nationales de la Croix-Rouge et du Croissant-Rouge. Reconnues par le C.I.C.R. 137. Regroupent env. 230 000 000 m. Les Stés nationales assurent en outre des activités dans le domaine médico-social. Indépendantes de leurs gouvernements, elles sont cependant leurs auxiliaires dans le domaine social et humanitaire. *Principes fondamentaux de la Croix-Rouge :* Humanité, Impartialité, Neutralité, Indépendance, Caractère bénévole, Unité et Universalité. En outre, le Mouvement favorise la compréhension mutuelle, l'amitié et la solidarité entre les peuples, et apporte sa contribution à la paix dans le monde.

Emblèmes : croix rouge sur fond blanc, croissant rouge sur fond blanc. *Siège* du C.I.C.R. et de la Ligue à Genève.

● **Croix-Rouge française.** 1, place Henry-Dunant, 75384 Paris Cedex 08. **Origine.** Fusion en août 1940 de la Sté de secours aux blessés militaires (S.S.B.M.) créée 1864, de l'Association des dames françaises (A.D.F.) créée 1879, et de l'Union des femmes de France (U.F.F.), créée 1881. *Organisation.* Conseil d'administration : 46 membres dont 25 élus par l'Assemblée générale de la Croix-Rouge française et 21 représentants de ministères, de Corps constitués et de grandes organisations nationales. 1 Pt et 2 vice-Pts, élus par le conseil d'administration et agréés par le

Gouvernement. 101 conseils départementaux dirigés par un Pt, assisté d'un conseil, et 1 200 comités locaux, en métropole et dans les D.O.M. L'association est indépendante du Gouvernement. **Personnel.** 100 000 bénévoles et 13 000 salariés (hospitaliers, enseignants, administratifs). Fonctions électives assurées bénévolement.

Ressources. *Total* (transitant par l'association). 2 milliards de F (1985) dont les 3/5 viennent du remboursement par la Séc. soc. des hospitalisations. *Libres* (fonds dont l'association peut disposer pour ses secours). Cotisations des adhérents (1 200 000) (dons, legs, quête nationale, etc.).

Activités. *Enseignements professionnels.* 10 000 étudiants env. dans 100 écoles ou centres de formation sanitaires et sociaux : 8 d'assistantes de service social, 36 d'infirmières, 10 de secrétariat médicosocial, 13 d'auxiliaires de puériculture, 13 d'aides-soignants, 2 de puéricultrices, 1 d'infirmières de salle d'opération, de cadres infirmiers, de masseurs-kinésithérapeutes, d'écoles et établ. sanitaires et sociaux, de cadres pédagogiques.

Secouristes : formation : 150 000 brevets et attestations de premier secours plus formations techniques et pédagogiques avec 3 500 médecins, 1 000 instructeurs, 3 500 moniteurs, éducation pour la santé, sécurité familiale et perfectionnement professionnel des personnels sanitaires et sociaux. *Action médico-sociale :* 170 établ. médico-sociaux et de soins (10 710 places), 165 dispensaires et services de soins à domicile, 50 services d'aide ménagère. *Soins :* dans 120 établ. pénitentiaires. *Service des recherches :* renseigne les familles séparées dans le cadre des conflits internationaux, des guerres civiles ou des situations de troubles et de tensions intérieures, recherche les disparus, réunit les familles, accueille et agit en faveur des réfugiés et migrants.

Urgence. *Individuelle.* Cas se présentant. *Collective.* Participe au Plan ORSEC. Réserve de 20 000 personnels sanitaires et auxiliaires sanitaires pour les urgences en temps de paix ou en temps de conflits armés mis à la disposition des pouvoirs publics selon sa vocation originelle (service de santé des armées, ministère de la Santé pour les équipes sanitaires mobiles). *Internationale.* Agit seule ou avec d'autres organisations humanitaires, participe aux actions d'assistance engagées : par la Ligue des Sociétés de la C.-R., en cas de catastrophes naturelles, par le Comité international de la C.-R., en cas de conflits armés.

Équipes secouristes. 40 000 secouristes actifs, 55 000 postes de secours, 5 500 000 heures de bénévolat, et S.O.S. dépannage 3e âge. **Animation.** Clubs de jeunesse C.-R. française et en milieu scolaire, clubs « Rencontre, Vie et Santé ».

● **Équipes St-Vincent (Fédération française des).** 67, rue de Sèvres, 75006 Paris. *Fondées* 1617 à Châtillon-les-Dombes par saint Vincent-de-Paul (1581-1660) sous le nom de « Confréries de Charité ». 1629 : 1re « Charité » à Paris (Dames de Charité). 1634 fondations hors de France (Italie, Pologne). 1935 reconnues d'utilité publique. 1968 les « Dames de Charité » deviennent « Équipes St-Vincent ». Au service de tous ceux qui souffrent (inadaptés, personnes âgées, migrants, isolés). *Membres :* 200 000, en France 7 500 bénévoles et 7 000 auxiliaires réunis en 300 équipes. *Publication :* bulletin (3 200 ex.).

● **Fondation Claude Pompidou.** 42, rue du Louvre, 75001 Paris. *Fondée* 16-9-1970. Personnes âgées. Clubs 3e âge, aide volontaire auprès des familles d'enfants handicapés, aide volontaire auprès des personnes hospitalisées, construction et gestion d'établ. de soins, d'hébergement et de rééducation pour personnes âgées, enfants et adultes handicapés.

● **Fondation de France.** 40, av. Hoche, 75008 Paris. *Créée* 9-1-1969. *Pt* Pierre Giraudet. Intervient en faveur des handicapés, du 3e âge, des jeunes, des enfants, du tiers monde, de la recherche scientifique, de la valorisation des ressources naturelles, de la santé publique, de l'art et de la culture. Lutte contre la pauvreté. *Ressources :* dons de particuliers ou d'entreprises, revenus des dotations ou legs qu'elle capitalise. *Avantages fiscaux accordés aux donateurs :* les versements des particuliers sont déductibles de leur revenu imposable à concurrence de 5 % de celui-ci, des entreprises à concurrence de 3 ‰ de leur chiffre d'affaires. Dons et legs faits à la Fondation sont exonérés de droits de mutation. *Membres :* 250 000.

● **Œuvres hospitalières française de l'ordre de Malte (O.H.F.O.M.),** 92, rue du Ranelagh, 75016 Paris, reconnues d'utilité publique le 19-8-1928. Lutte contre maladie, faim et analphabétisme dans le monde. Par tradition séculaire : soins principalement aux lépreux (à Paris : pavillon de Malte de l'hôpital St-Louis, Centre de recherche anti-lèpre à la faculté de Lariboisière, nombreux hôpitaux, dispensaires et centres de léprologie dans le monde. Assistance à la jeunesse handicapée (Maison d'accueil spécialisée de Rochefort-sur-Mer et aides à d'autres fondations). Aide médicale et envois de médicaments, aliments, vêtements, etc., partout dans le monde, spécialement auprès des réfugiés. Organisation de secours d'urgence lors des catastrophes, de campagnes de vaccinations. Subventions à des hôpitaux, etc. *Ressources :* quêtes, legs et dons.

● **Secours catholique (ou Caritas France).** 106, rue du Bac, 75341 Paris Cedex 07. Association reconnue d'utilité publique. Loi de 1901. *Pt :* André Aumonier. Personnel salarié + 58 000 bénévoles en France. *Mission :* venir en aide à toute personne en difficulté quelles que soient ses opinions politiques ou religieuses, aider les bénéficiaires de son action à se prendre eux-mêmes en charge, sensibiliser tous les communautés (chrétiennes et humaines) à l'existence de la pauvreté sous toutes ses formes et aux nécessités d'un vrai partage, et travailler à parfaire une législation sociale où toute personne serait reconnue et aidée (action institutionnelle). *Activités :* au niveau des personnes âgées, femmes et enfants, détenus et leurs familles, les malades et handicapés, jeunes en difficulté, victimes du chômage, étrangers en France. *Urgences* à la suite de catastrophes ou conflits, aides aux personnes émigrées et réfugiées. *Journal mensuel :* « Messages » : 1 100 000 ex.

● **Secours populaire français.** 9, rue Froissart, 75003 Paris. Solidarité aux plus défavorisés. *Créé* 29-1-1946. Regroupe 4 800 comités, antennes et relais. *Adhérents :* 615 000. Actions de solidarité en France (1 200 000 personnes aidées par les médecins du S.P.F. en 1985) et à l'étranger (155 projets d'aide au développement dans 45 pays). *Publication :* « Convergence » (mens., 600 000 ex.).

Autres œuvres

● **Accueil des villes françaises** (pour nouveaux arrivants). 2, rue des Princes, 92100 Boulogne.

● **Adoption. Famille adoptive française (La).** 90, rue de Paris, 92100 Boulogne. **Œuvre de l'adoption.** 10, rue Philibert-Delorme, 75017 Paris.

● **Alcooliques anonymes.** 21, rue Trousseau, 75011 Paris. *Créé* 1960. *Membres :* env. 6 000.

● **Alphabétisation. Comité de liaison pour l'alphabétisation et la promotion (C.L.A.P.).** 71-73, rue Broca, 75013 Paris.

● **Aveugles. Ass. des donneurs de voix.** 19, rue Blanche, 75009 Paris. *Créée* en octobre 1972. Édite des livres sur cassettes pour mal-voyants. **Ass. nat. des parents d'enfants aveugles (ANPEA).** 74, rue de Sèvres, 75007 Paris. *Fondée* 1964. *Membres :* 2 300 dont 1 100 parents d'enfants aveugles ou gravement déficients visuels, soit plus de 60 % des familles concernées. *Publication :* « Comme les autres ». **Ass. Valentin-Haüy.** 5, rue Duroc, 75007 Paris. *Fondée* 1889. Prêts gratuits de livres et partitions en Braille, et de cassettes du Livre parlé. Action sociale, culturelle et de formation prof. **Auxiliaires des aveugles.** 19, rue du Général-Bertrand, 75007 Paris. *Fondés* 1963. Aides, lectures, guidages, visites, activités culturelles et sportives destinés aux aveugles. **Croisade des aveugles.** 15, rue Mayet, 75016 Paris. *Adhérents :* 12 000. 100 groupes locaux. **Croix-Rouge française.** Voir plus haut. **Fondation pour la réadaptation des déficients visuels.** 3, rue Lyautey, 75016 Paris. **Groupement des intellectuels aveugles ou amblyopes.** 5, av. Daniel-Lesueur, 75007 Paris.

● **Bénévoles. Centre national du volontariat (C.N.V.).** 130, rue des Poissonniers, 75018 Paris. *Fondé* 1974. Orientation des bénévoles. Liaison avec les associations. Recherches sur le volontariat. *Publication trim. :* « Volontariat, Bénévolat au Présent ».

● **Cancer. Ass. pour le développement de la recherche sur le cancer.** 16, av. Vaillant-Couturier, 94800 Villejuif. *Fondée* 1962. *Membres :* 600 (adhérents 600 000). Dep. 10 ans a recueilli + de 200 millions de F. **Ligue nationale française contre le cancer.** 1, av. Stéphen-Pichon, 75013 Paris. **Vivre comme avant,** 8, rue Taine, 75012 Paris. *Fondée* 1975. Aide morale aux femmes ayant subi l'ablation du sein.

● **Culture et bibliothèque pour tous.** 63, rue de Varenne, 75007 Paris. *Fondée* 1971 (anciennes « Bibliothèques pour tous » créées en 1935). *Prêts/an :* 8 millions de livres, 159 000 disques et cassettes (disco-magnétothèques).

● **Défavorisés. Association Emmaüs.** 32, rue des Bourdonnais, 75001 Paris. *Créée* 1954. Plus de 150 groupements en France, 270 à l'étranger. *Publication :* « Faim et soif des hommes ». **A.T.D. Quart Monde.** 107, av. Gal-Leclerc, 95480 Pierrelaye. Aide à toute détresse. *Créée* 1957. *Publ. :* « Feuille de Route Quart Monde » (mens. 55 000 ex.), « Igloos » (trim. : 5 000 ex.). **Comité catholique contre la faim et pour le développement.** 4, rue Jean-Lantier, 75001 Paris. Formé de 25 mouvements. *Publication :* « Faim-Développement-Magazine » (mens., 500 000 ex.). **Frères du Ciel et de la Terre.** 12, rue Léopold-Bellan, 75002 Paris. *Fondée* 1969. Ass. catho. d'accueil pour les personnes isolées. **Grand-Cœur.** 74 bis, av. Ledru-Rollin, 94170 Le Perreux. **Sté philanthropique.** *Fondée* 1780. 15, rue Bellechasse, 75007 Paris. **Sté de St-Vincent-de-Paul.** *Fondée* par Frédéric Ozanam (1813-53) en 1833. Siège nat. : 5, rue du Pré-aux-Clercs, 75007 Paris. Action près des isolés et déshérités. 775 000 membres répartis en 40 434 « conférences » dans 108 pays.

● **Délinquants (jeunes). Ass. Pierre-Kohlmann.** *Créée* 1976. 16, rue de l'Abbaye, 92160 Antony.

● **Dépressifs. SOS Amitié.** 12, rue du Havre, 75009 Paris. *Fondée* en 1960, pour apporter une aide morale à toute personne en difficulté psychologique ou morale. Écoute 24 h/24. 573 000 appels reçus en 1985 dans 50 postes dont **SOS Help,** B.P. 23916, 75765 Paris Cedex 16. Aide morale en anglais. **Phénix,** S.O.S. Suicide, 28 r. de Gergovie, 75014 Paris. **La Porte ouverte,** 21, rue Duperré, 75009 Paris, 4, rue des Prêtres-Saint-Séverin, 75005 Paris.

● **Dons d'organes. F.F.D.O.T.** (Féd. fr. pour le don d'organes et de tissus humains). 96, avenue Marcel-Cachin, 95100 Argenteuil. *Fondée* 5-8-1969. *Adhérents :* 54 000.

● **Étranger. Aide médicale internationale.** 119, rue des Amandiers, 75020 Paris. Entretient en permanence sur le terrain env. 20 médecins et 10 infirmières en Afghanistan, Cambodge, Laos, Kurdistan iranien, Colombie, Haïti et Birmanie. Le docteur Augoyard, retenu prisonnier en Afghanistan en 83, en était membre. **Frères des hommes** (Action directe pour le développement des peuples d'Asie, d'Afrique et d'Amérique latine ; sans appartenance politique ni confessionnelle). 9, rue de Savoie, 75006 Paris. *Fondée* le 16-9-1965 par Armand Marquiset (1900-81). *Membres :* 1 500. *Publications :* « F.D.H. » (trim. : 120 000 ex.), « Une seule Terre » (mens. : 1 500 ex.). **Médecins sans frontières.** 68, bd St-Marcel, 75005 Paris. *Créée* 1971. *Adhérents* 3 000. *Budget :* 75 millions de F (81 % venant de dons, 19 % de l'O.N.U. et du Fonds d'aide d'urgence de la C.E.E.). Envoie chaque année 700 médecins et infirmières en mission dont 300 dans des opérations d'urgence (en 1985 : Afghanistan, Érythrée, Tchad, Nicaragua, Angola) et 300 dans des camps de réfugiés (Thaïlande, Malaisie, Soudan, Éthiopie, Cameroun, Salvador). *Publication :* « M.S.F. » (trim.), 400 000 ex. **Médecins du Monde.** 67, av. de la République, 75011 Paris. *Fondée* 1979 par Bernard Kouchner, fondateur de Méd. sans frontières. Organisation médicale, actions d'urgences, de développement et de formation. 800 membres actifs, cotisants ; env. 250 médecins et infirmières sur le terrain. En permanence 20 missions de type divers dans le tiers monde. *Revue :* « les Nouvelles de MDM », tous les 2 mois. *Budget 1986 :* 35 millions de F.

● **Évacués. Comité intermouvement auprès des évacués (C.I.M.A.D.E.).** Service œcuménique d'entraide, 176, rue de Grenelle, 75007 Paris.

● **Famille. Féd. des Familles de France.** 28, place Saint-Georges, 75009 Paris. *Créée* 22-9-1921. *Adhérents :* 764 195, regroupés dans 626 associations et 80 fédérations départementales. *Publication :* « Familles de France » (mens., 50 000 ex.). **Outre-mer. A.C.A.F.O.M.** (Association culturelle et amicale des familles d'outre-mer et migrants). 222-224, bd St-Germain, 75008 Paris.

● **Handicapés. Ass. de l'amicale des bien-portants et des handicapés.** 16, rue Champ-Lagarde, 78000 Versailles. *Créée* 1981 par D. Goglia. *But :* créer un dialogue plus étroit entre 2 univers. *Adhérents :* 350. **Ass. nat. des amis des handicapés physiques.** 2, av. Garibaldi, 21000 Dijon. **Ass. nat. des I.M.C.** (handicapés moteurs). 33, rue Blanche, 75009 Paris. *Créée* novembre 1954. *Publication :* « Défi » (trim.). **Ass. des paralysés de Fr. (A.P.F.).** 17, bd Auguste-Blanqui, 75013 Paris. *Publication :* « Faire face ». **Auxilia.** 102, rue d'Aguesseau, 92100 Boulogne. Association *fondée* 1926. Reclassement professionnel et réinsertion sociale des handicapés physiques et des détenus par l'enseignement par correspondance (cours gratuits). *Adhérents :* 1 828. *Professeurs* 2 000. Élèves 3 000 dont 1 400 handicapés, 1 600 prisonniers. **Foi et Lumière.** 3, rue du Laos, 75015 Paris. Association *fondée*

1971. *Membres :* 21 000. **Fraternité catholique malades et handicapés.** 66, rue du Garde-Chasse, B.P. 9, 93260, Les Lilas. **Groupement pour l'insertion des handicapés physiques (G.I.H.P.).** 8, rue des Myosotis, 54500 Vandœuvre. **Office chrétien des handicapés et inadaptés.** 90, av. de Suffren, 75738 Paris Cedex 15. *Fondé* 1963. *Adhérents* 32 000. *Publication :* « Ombres et lumière ». **Union nat. des associations de parents d'enfants inadaptés (U.N.A.P.E.I.).** 15, rue Coysevox, 75018 Paris. *Publ. :* « Épanouir » 70 000 ex. **Ass. franco-amér. des volontaires au service des handicapés mentaux (F.A.V.A.).** 24, rue d'Alsace-Lorraine, 75019 Paris. **Comité d'études, de soins et d'action permanente en faveur des déficients mentaux (C.E.S.A.P.).** 81, rue St-Lazare, 75009 Paris. *Créé* mai 1965. **Union nationale des amis et familles de malades mentaux (U.N.A.F.A.M.).** 8, rue de Montyon, 75009 Paris. *Fondée* 1963. *Adhérents :* 7 000. **Réinsertion. Ass. de placement et d'aide pour jeunes handicapés (A.P.A.J.H.).** 26, rue du Chemin-Vert, 75011 Paris. **Comité national français pour la réadaptation des handicapés (C.N.F.L.R.H.).** 38, bd Raspail, 75007 Paris. *Fondée* 1962. *Associations adhérentes :* 53. *Membres associés :* 45 (particuliers, sociétés). **Ligue pour l'adaptation du diminué physique au travail (L.A.D.A.P.T.).** 185 bis, rue Ordener, 75882 Paris. Cedex 18. *Fondée* 1929.

• **Hôpitaux. École à l'hôpital Marie-Louise Imbert.** 123, bd de Port-Royal, 75014 Paris. *Fondée* 1929. Organise la scolarité des malades hospitalisés. **Visite des malades dans les établissements hospitaliers (V.M.E.H.).** 39, rue N.-D.-des-Champs, 75006 Paris. *Fondée* 1933. *Membres :* 7 800.

• **Isolés.** Œuvre Falret (hébergement). 52, rue du-Théâtre, 75015 Paris.

• **Justice. Bureau de la protection des victimes et de la prévention.** Min. de la Justice, 13, pl. Vendôme, 75042 Paris Cedex 01.

• **Lèpre. Fondation Raoul Follereau.** 33, rue de Dantzig, 75015 Paris. *Créée* 1968. Soigne 400 000 lépreux dans 189 centres de traitement dans 30 pays.

• **Malades. Maison médicale Jeanne-Garnier.** Association des Dames du Calvaire. 55, rue de Lourmel, 75015 Paris.

• **Orphelins. Œuvre des orph. apprentis d'Auteuil.** Catholique. 40, rue La Fontaine, 75016 Paris. *Créée* 1866. *Publication :* « A l'écoute » (200 000 ex.). **Les Enfants des Arts.** 14, rue de la Montagne, 92400 Courbevoie.

• **Personnes âgées. Accueil et service-SOS 3e âge.** 163, rue de Charenton, 75012 Paris. *Fondée* 1974 pour le maintien à domicile des personnes âgées ou

Fondation

Définition. Établissement de caractère privé, créé par une ou plusieurs personnes privées dans un but déterminé, financé par des fonds privés. Demander au min. de l'Intérieur une autorisation expresse, qui sera accordée sous forme de décret pris après avis du Conseil d'État. La création nécessite : une déclaration de volonté du fondateur [donation par acte authentique (acte passé devant notaire), l'acte est exonéré de droits de mutation] et une reconnaissance d'utilité publique (accordée si le but est désintéressé et présente un caractère d'intérêt général, et si la dotation en capital est suffisante pour permettre le fonctionnement régulier de l'œuvre, min. 1 000 000 F). **Fonctionnement** libre. L'État n'exerce de tutelle que sur statuts, règlement intérieur et opérations concernant le patrimoine de la fondation. Pas de membres, donc pas d'assemblée générale des sociétaires, mais un conseil d'administration (composition fixée par les statuts qui se réunit au moins 2 fois par an). *Peut recevoir* legs, dons, subventions publiques ou privées, *bénéficier* de droits d'entrée (visites, expositions, concerts) et des produits de ventes de publications, reproductions, prix de journée... **Fiscalité.** *Pas d'impôt sur les sociétés* sauf s'il y a une activité lucrative. *Impôt sur le revenu :* sur le placement de la dotation (loyers, fermages, intérêts, dividendes). Pas de T.V.A. (en principe) sur les ventes. *Pas de taxe professionnelle. Pas de droits de mutation* sur dons et legs, taxe réduite pour les achats d'immeubles sociaux.

handicapées. **Petits Frères des pauvres (Les).** 64, av. Parmentier, 75011 Paris. *Créés* 1946 par Armand Marquiset (29-9-1900/14-7-81). Soutien moral et matériel à des personnes âgées handicapées et isolées. **Bersabée** en dépend et s'occupe du logement. **Télé-entraide région parisienne personnes âgées (T.E.R.P.P.A.).** 8, rue Flatters, 75005 Paris. *Fondée* 1969. Écoute. Aides diverses aux personnes âgées.

• **Planning familial. Mouvement français pour le planning familial.** 4, Square Saint-Irénée, 75011 Paris.

• **Prison. L'îlot.** 9, rue Yvonne-Le Tac, 75018 Paris. *Fondé* 1967. Aide aux personnes sorties de prison. **Œuvre de la visite des détenus dans les prisons (O.V.D.P.).** 5, rue du Pré-aux-Clercs, 75007 Paris. *Fondée* 1932. *Membres :* 900.

• **Prostitution. Mouvement du Nid.** 7, rue du Landy, 92110 Clichy. *Fondée* 1937. *Publ. :* « Femmes et mondes » (trim.) 12 à 21 000 ex.

• **Racisme. Ligue intern. contre le racisme et l'antisémitisme (L.I.C.R.A.).** 40, rue de Paradis, 75010 Paris. *Fondée* 1928. *Publication :* « Le droit de vivre » (mens.).

• **Religion. Œuvre des campagnes.** 2, rue de la Planche, 75007 Paris. *Fondée* 1857. Dirigée par des laïcs chrétiens désireux de venir en aide aux curés de campagne les plus démunis. **Œuvre de secours aux églises de Fr. et d'aide aux prêtres.** 66, rue de Grenelle, 75007 Paris.

• **Œuvres pontificales missionnaires (O.P.P.).** *4 branches : Œuvre de la propagation de la foi,* fondée 1822 à Lyon, par Pauline Jaricot ; *Œuvre de saint Pierre Apôtre,* fondée 1889 à Caen, par Stéphanie et Jeanne Bigard ; *Œuvre de la Sainte-Enfance ou Enfance missionnaire,* fondée 1843 par Mgr de Forbin-Janson (évêque de Nancy) ; *Union pontificale missionnaire,* fondée 1916 en Italie par le Père Manna. Elles existent dans 95 pays du monde. *Adresses en France :* Centre de Paris : 5, rue Monsieur, 75007 Paris. Centre de Lyon : 12, rue Sala, 69287 Lyon Cedex 02. *Subsides* (1984, en millions de F) : Propagation de la foi : 725, Œuvre de St Pierre Apôtre : 282, Enfance missionnaire : 101. *Presse O.P.M. :* « Solidaires » 175 000 ex. ; « Lumière du Monde », 100 000 ex. ; « Terres Lointaines », 90 000 ex. ; « Mission de l'Église », 13 000 ex. *Autres revues missionnaires :* « Peuples du Monde », magazine de la mission universelle, 50 000 ex. ; « Pentecôte sur le monde », 25 000 ex. ; « Pôles et Tropiques », 30 000 ex. ; « Missi », 30 000 ex.

Le nombre des missionnaires originaires du tiers monde ne cesse de s'accroître (Indiens, Malgaches, Japonais, Brésiliens entre autres). Des instituts de missions étrangères se sont ouverts au Mexique, Colombie, Inde et Corée.

• **Sourds. Ass. nat. des parents d'enfants déficients auditifs (A.N.D.E.P.A.).** 37, rue St-Sébastien, 75011 Paris. *Fondée* 1965 par Josette Chalude (1918). 90 associations affiliées. *Publ. :* « Communiquer ». **Union nat. pour l'insertion sociale du déficient auditif (U.N.I.S.D.A.).** 38, bd Raspail, 75007 Paris. *Fondée* 1974.

• **Tabagisme. Comité nat. contre le t.** 68, bd St-Michel, 75006 Paris.

• **Tuberculose. Comité national contre la tuberculose et les maladies respiratoires.** 66, bd St-Michel, 75006 Paris.

• **Vacances. Ass. interprofessionnelle de vacances santé et loisirs de la région parisienne (A.I.V.).** 145, av. Charles-de-Gaulle, 92200 Neuilly-sur-S.

• **Volontariat. Centre de volontariat de Paris.** Voir page 1552.

P.T.T.

Postes

Quelques dates

Antiquité. Chine. Plus anciens services postaux créés vers l'an 4000 av. J.-C. **Perse.** Cyrus avait, selon Hérodote, inventé la poste. **Empire romain.** L'empereur Auguste crée une poste d'État : des messagers porteurs de documents officiels ont droit d'utiliser les relais militaires sur les routes romaines. **Moyen Age.** Des messagers *intra muros* portent les messages et convocations de communes. **XIIIe s.** L'université de Paris utilise des *messagers volants* pour permettre aux écoliers provinciaux et étrangers de correspondre avec leur famille (1re mention, 1296). **1463.** Les maisons du Pont Notre-Dame à Paris reçoivent des numéros. **1470-1480.** Louis XI crée la poste aux chevaux, la charge de conseiller grand-maître des courriers de France et un service des relais. La Poste est alors un instrument du pouvoir royal à l'usage exclusif du prince. Henri IV met la Poste royale à la disposition du public. Des services parallèles multiples fonctionneront cependant encore pendant de nombreuses années. **1506.** Louis XII met le service des relais à la disposition de voyageurs. **1576 (nov.).** Henri III met les *Messageries Royales* au service des particuliers. **Sous Henri IV.** Organisation de la *Poste aux chevaux* pour le transport des personnes. **1627.** *1er tarif postal* en France entre Paris et quelques grandes villes. **1630.** Création de la Surintendance générale des Postes dont les agents sont les « maîtres des Postes », les « maîtres des courriers », les coursiers et les commis. **1653.** Création de la *Petite Poste* par Renouard de Villayer. Les lettres de Paris pour Paris, déposées dans une boîte et munies d'un billet de port payé que l'on se procurait au siège de l'organisation, étaient distribuées par des facteurs. Expérience éphémère, reprise en 1758 et étendue à plusieurs villes du royaume. **1672.** Avec Louvois, le service des Postes fait l'objet d'un bail applicable à tout le territoire : la Ferme Générale des Postes. Ainsi apparaissent 2 niveaux d'autorité, un niveau politique, celui du Surintendant qui avait pour mission de fixer les tarifs, de signer les traités internationaux et de veiller à l'application des règlements, et un niveau administratif, celui du Fermier, qui devait organiser et exploiter à son profit le service des Postes.

1708. 1re édition du Livre de Poste renseignant les voyageurs sur les routes en service ; fixe le nombre de postes entre 2 établissements et fournit les bases du paiement dû par les voyageurs. **1792.** Proclamation de la République qui commande la rédaction de la 1re instruction générale sur le service des Postes. Ce document, réédité à de nombreuses reprises, a un caractère administratif et réglementaire, mais peut aussi servir de référence juridique. Un décret crée la Régie nationale des Postes et place Postes et Messageries sous l'autorité d'un Directoire, élu par la Convention nationale. **1801.** *Un arrêté* attribue définitivement à l'État le *monopole du transport des lettres.* **1804.** Frochot crée à Paris un *numérotage régulier.* **1817.** Création du service des *mandats postaux.* **1823.** A Paris, les facteurs à pied sont remplacés par des facteurs à cheval : les lettres des départements et de l'étranger sont distribuées avant midi. **1828.** Les correspondances sont frappées d'un *timbre à date* au départ et à l'arrivée. **1829.** Création du service des *lettres recommandées* et organisation du service de la *distribution à domicile* à partir du 1-4-1830 (le facteur était payé 4 centimes le km à pied) et du *relevage des correspondances* dans toutes les communes de Fr. **1837.** Une loi pose les bases du *monopole des télécom.*

interdisant à quiconque la transmission des signaux. **1848-49.** La IIe République adopte l'usage du timbre-poste et du tarif unique qui vont favoriser l'expansion commerciale. **1855 (17-8).** *1er calendrier des Postes* pour les étrennes des facteurs, imprimé à Rennes par François-Charles Oberthur. Liaison par câble avec la Corse. *Timbres-poste :* vente obligatoire dans les bureaux de tabac. **1869 (1-10).** *1re carte postale :* Autriche.

1870. Des *dépêches microfilmées* sont transportées par des *pigeons* pendant la guerre franco-prussienne. « Boules de Moulins » : des lettres (500 à 1 000 par boule) à destination de Paris assiégé sont enfermées à Moulins (Allier) dans des sphères métalliques munies d'ailettes et immergées dans la Seine. Sur 55, aucune ne fut recueillie ; elles dérivèrent jusqu'à l'embouchure du fleuve et se perdirent. Depuis, une bonne moitié a été repêchée lors de dragages en Seine-Maritime. Si l'administration n'a pu trouver les descendants éventuels, elle confie les lettres recueillies au Musée de la Poste. **1873.** Les 1res cartes postales, dont le principe a été adopté en 1872, sont mises en circulation. **1878.** Fusion, en France, des *Administrations des lignes télégraphiques et des services postaux.* Création de l'*Union postale universelle.*

1881. Caisse nationale d'Épargne créée. Carte postale illustrée. Service des colis postaux en France. **1889.** L'État prend en France le *monopole du téléphone*, exploité dès 1880 par des sociétés privées. Une loi consacre l'appellation de ministère des « Postes, Télégraphes et Téléphone ». **1895.** La bicyclette est autorisée pour la distribution télégraphique (avec indemnités pour achat et entretien). **1899.** Grève des facteurs, naissance du syndicalisme dans les services postaux. **1909** 1res automobiles pour le transport des dépêches à Paris.

1911. 1er transport de courrier par avion effectué par le Français *Henri Pequet* (n. 1888) aux Indes. **1913.** Le lieutenant Ronin convoie à bord d'un Morane-Saulnier le courrier à destination de l'Amérique du Sud entre Villacoublay et Pauillac. **1914.** Création de cartes postales en franchise pour militaires et marins. **1918.** Création du service des *chèques postaux.* **1919.** Exploitation de la ligne Toulouse-Rabat par P. G. Latécoère. **1923.** Création du budget annexe des P.T.T. **1927.** 1er courrier postal aérien entre U.S.A. et France sur l'avion América. 1ers circuits de poste automobile rurale (transport de courrier et de passagers). **1935.** Création du réseau postal aérien intérieur. **1941.** Suppression de la distribution du courrier le dimanche. Affiliation des C.C.P. aux chambres de compensation des banques. **1942.** Création de 2 Directions générales distinctes, « Postes » et « Télécommunications », sous la tutelle d'un ministère unique. **1959.** Le ministère prend le titre de « Postes et Télécommunications », mais le sigle « P.T.T. » est maintenu. **1960.** Introduction de la mécanisation du tri (machines électromécaniques). **1964.** Début de la codification des adresses postales. **1965.** Les cachets à date comportent le n° minéralogique du département (2 chiffres). **1972.** Lancement du code postal à 5 chiffres. **1973.** Début de l'automatisation du tri (lecture optique des adresses et tri automatique). **1984.** T.G.V. postal Paris-Lyon.

Timbres

Premiers timbres

● **Origine. 1819-*3-6*** les postes sardes émettent un papier postal timbré (les « Cavallini » à 3 sols, 5 sols ou 10 sols). **1840** 1 penny noir et 2 pence bleu introduits le 2-5 et affranchis le 6-5. Le *timbre-poste* (1 penny noir) est adopté en Angleterre sur l'initiative de sir Rowland Hill (1795-1879), directeur des Postes. Son projet remontait à 1837, mais déjà James Chalmers, libraire imprimeur, en avait eu l'idée et avait tiré quelques spécimens de timbres dans son imprimerie (1834-38). **1843** Brésil (dits œil-de-bœuf) ; Suisse (canton de Zurich, c. de Genève et c. de Vaud). **1845** U.S.A. (à New York pour corresp. locale). **1847** Trinité, U.S.A., Maurice. **1849** France (1-1) ; Belgique (7-7) ; Bavière (1-11). **1850** Autriche, Hanovre, Prusse, Saxe, Schleswig-Holstein, Espagne, Suisse, etc.

● **En France.** 1ers timbres de type Cérès, **1 F vermillon** (1-1-1849) tiré à 1 020 000 ex., remplacé le 1-12 pour éviter des confusions avec le 40 c orange que l'on allait mettre en service. Estimé neuf 300 000 F, oblitéré 140 000 F. **20 c noir** (1-1-1849) tiré à 41 600 000 ex., supprimé le 1-7-1850. Estimé neuf 2 150 à 19 000 F, oblitéré 375 à 10 000 F selon les nuances des couleurs. **20 c bleu**, non émis. Tiré du 7-4-1849 au 20-5-1850 à 22 995 000 ex. pour remplacer le 20 c noir sur lequel les oblitérations se voyaient mal. La loi du 15-5-1850 modifiant le tarif le rendit inutile ; mais, craignant que la nouvelle valeur à 25 c ne soit pas prête à temps, on fit surcharger « 25 c » en rouge le stock de timbres à 20 c bleu. Ce timbre ne sortit pas : quelques-uns avant sa mise en service, le 1-7-1850, parut un 25 c bleu qui fut tiré à 45 218 000 ex. Le stock des 20 c, y compris les surchargés, fut incinéré, sauf quelques feuilles. Le non-surchargé est estimé à 6 500 F et le surchargé 35 000 F.

1er timbre tiré à plus de 100 millions d'ex. 1 c vert olive émis le 1-11-1860 et supprimé le 15-10-1862 (170 000 000 d'ex.). **A plus de 1 milliard d'ex.** 20 c bleu émis le 1-7-1854 et supprimé en octobre 1862.

1re contrefaçon. En France. Signalée le 4-5-1849. **1er timbre dentelé.** 1862. **1ers cachets.** Provisoires, fabriqués par les villes, en 1849, alors qu'elles n'avaient pas encore le cachet d'oblitération officiel (croix de Troyes, de La Rochelle, rectangle de Béziers, barre de Cherbourg, d'Autun, grille de Châteauroux, etc.), ce sont des pièces rares : *Croix de Troyes*, estimé 125 000 F sur 1 lettre.

Collections

Principaux types de collections. Chronologique, thématique, de pièces rares, de variétés, d'oblitérations, etc. **1res collections.** Remontent à 1841-42. **1ers catalogues :** parus en 1861 (Timbres-poste d'Oscar Berger-Levrault et Catalogue des timbres-poste créés dans les divers États du Globe, d'Alfred Potiquet). **1er album :** paru en 1862 à Paris. **1re vente aux enchères :** 29-12-1865 à l'Hôtel Drouot.

Collectionneurs. U.S.A. 20 000 000, U.R.S.S. 12 000 000, All. féd. 10 000 000, France occasionnels 3 000 000 (permanents 400 000). **Collections célèbres privées.** Pce Rainier de Monaco ; Ferrari (vendue 1921-25) ; Reine d'Angleterre ; Saul Newbury (Chicago) ; P. de Liechtenstein ; Steinway (New York) ; Caspary (New York, vendue entre 1955 et 1958, 2 895 148 $) ; Burrus (vendue 1962-64). **Publiques.** *Londres*, collection Tapling au British Museum ; *Washington*, Smithsonian Institute ; *Berlin ; La Haye ; Stockholm*, Musée suédois ; *Paris*, Musée postal.

Coût de la collection complète des timbres émis en France pour 1 année (somme des cotes des timbres neufs). **1981 :** 312,5 F. **82 :** 470. **83 :** 260. **84 :** 255. **86 :** 270 (74 timbres).

Cours des timbres

● **Évolution.** A poids égal, aucune matière au monde n'a atteint la valeur des timbres.

Timbres d'avant 1900. Timbres rares + de 4 à 6 % l'an en F constants ; t. moyens (valeur 10 à 2 000 F) + 5 à 8 % ; communs + 4 % ou moins. **Après 1900.** Timbres oblitérés (indice 100 en 1910), *1914 :* 91,1, *18 :* 64,7, *22 :* 173, *26 :* 137,7, *32 :* 439, *44 :* 1 477, *48 :* 623,3, *78 :* 3 025,8.

Cours de quelques timbres

Source : Yvert et Tellier.

	1955	1970	1985
France. 40 c Empire dentelé obl.	0,15	15	90
30 c Mouchon retouché	7,50	275	2 000
80 c Semeuse lignée	0,20	32,50	320
10 c Minéraline	8,50	250	1 400
Colombe de la Paix (oblit.)	0,75	55	100
2 F Rivière bretonne	2,25	65	300
3,50 F St Trophime	1,80	60	250
12 F Maréchal Leclerc	0,18	5,50	15
Série des jeux Olympiques	2,60	50	475
Série Napoléon	3	65	400
Série Paul Valéry	2,75	110	950
1 F (+ 3 F) Philatec 1964	0,00	32,50	200
Laos. 50 Pi Sisavang Poste aér.	0,75	250	1 000
Sarre. 15 + 5 Diligence	0,30	110	400
Viêt-nam. Série Bao Long	25	300	400

● **Timbres les plus rares. Étrangers. Timbres connus à 1 seul exemplaire : Guyane britannique :** *One cent magenta d'avril 1856*, acheté en 1922, 35 000 £ (env. 100 000 F-or) et en 1943, 45 000 $; il appartenait à J. et H. Slotow (New York), fut vendu, le 24-3-1970, 1 550 000 F à J. Weinberg, et, le 5-4-1980, 850 000 $ (3 845 000 F) à un acheteur anonyme. **Togo allemand :** *1 mark* surchargé en 1915 lors de l'arrivée des troupes franco-anglaises. **Côte du Niger :** *20 shillings* surcharge noire « Oil Rivers ». **U.S.A. :** *5 c noir sur bleuté d'Alexandria (Virginie)* appelé *Blue Boy* vendu 1 000 000 de $ par la Maison Feldman de Genève en 1982. **Timbres connus à 2 exemplaires : N.-Zélande :** *3 pence lilas.* **Hawaii :** *2 cents bleu de 1851 :* 1 500 000 F. **Autres timbres cours exceptionnel : Bavière :** *9 k vert* erreur de couleur, vendu en 1985 dans la vente de Boker 800 000 F. **Suisse :** *Double de Genève (1843)* 300 000 F. *10 shillings ancre marque d'eau gris verdâtre 10 c. noir* neuf 70 000 (1859). **G.-B. :** (1867-82) 160 000 F. **Ile Maurice** *(1847) : « Post Office »* 3 000 000 F.

Français. *1849 :* 1 F vermillon terne, bande de 3 485 000 F ; 1 F vermillon vif, bloc de 4, 1 750 000 F ; 10 c bistre jaune, tête-bêche 375 000 F ; 10 c bistre verdâtre 525 000 F ; 15 c vert oblitéré 8 500 F. *1850 :* 15 c vert neuf 76 500 F ; 15 c vert tête-bêche sur lettre 900 000 F. *1869 :* 5 F empire 40 000 F. *1880 :* 1 c noir sur bleu de Prusse 55 000 F neuf. *1932 :* 20 F chaudron clair, Pont-du-Gard 7 150 F. *Poste aérienne. 1928 :* 10 F sur 1,50 F bleu 58 000 F. *Taxe. 1859 :* 10 c noir lithographié 70 000 F neuf.

● **Timbre ayant la plus haute valeur faciale** (valeur d'affranchissement indiquée). Timbre allemand de 1923 (50 milliards de marks).

● **Vente de timbres-poste.** Marché aux timbres du carré Marigny (dep. 1874), à Paris (jeudi après-midi, samedi et dimanche toute la journée), bourses aux timbres à l'occasion de manifestations philatéliques nationales (journées du timbre, Paris et province, etc.), marchés spécialisés, Hôtel des ventes. Les philatélistes paient rarement + de 60 % de la cote des catalogues spécialisés.

Fabrication

Dimensions. De 1 cm² [Colombie, timbre de 10 cents et 1 peso de Bolivar 1863 (9,5 × 8 mm)] à 30 cm² (U.S.A., timbre pour journaux).

Erreurs historiques. Voir Quid 1981, p. 1695.

Matériau utilisé. Papier. *Cire :* n° 1 B des Indes anglaises dans lequel sont frappées les armoiries du district de Scinde. *Papier aluminisé :* Hongrie (1955). *Or :* Gabon (1968). *Soie :* Pologne (1958). *Acier :* Bhoutan (1969).

Réimpression. Certains timbres qui n'étaient plus en cours ont parfois été tirés de nouveau à l'occasion d'une exposition, ou pour un collectionneur bien en cour. Ainsi le baron de Rothschild, banquier de Napoléon III, obtint la réimpression de 7 timbres de l'émission de 1862 pour la collection de son fils Arthur. Il y aurait eu 600 à 700 ex. de chaque. Ces timbres n'étaient pas destinés à affranchir le courrier ; cependant en 1869, quelques feuilles furent livrées dans des bureaux du Nord et à Nancy. Les timbres du type Sage furent réimprimés en 1876-80 (émission des Régents), puis en 1887 (réimpression Granet).

Tête-bêche. Paire de timbres dont l'un se trouve, par erreur, renversé par rapport à l'autre.

Statistiques

● **Dans le monde. Espèces de timbres.** *1840-49 :* 47. *1850-59 :* 778. *1860-69 :* 1 851. *1870-79 :* 2 616. *1880-89 :* 4 000. *1890-99 :* 6 875. *1900-09 :* 10 618. *1976 :* 750 000. 7 000 nouveaux timbres sont émis chaque année dans le monde (France : 60 en moy., Canada env. 12). Beaucoup d'administrations postales destinent une grande partie de leurs productions à des firmes privées, qui ont le monopole des ventes (ex. : vignettes postales de certains émirats).

● **France. Consommation** (en millions) : *1844* 51,8. *1859* 226. *1869* 515. *1889* 1 300. *1909* 3 000. *1973* 6 158,5. *1982* 7 000.

Tirages importants. *Parmi les timbres émis en 1985 : + fort tirage :* 15 000 000 d'ex. St Michel de Cuxa (2,20 F), La Documentation française (2,20 F). *+ faible tirage :* 3 250 000 d'ex. : série de personnages célèbres (V. Hugo, R. Rolland, F. Mauriac, J. Romains, R. Dorgelès, J.-P. Sartre).

Imprimerie des timbres-poste. Créée *1880*, installée à l'origine rue d'Hauteville, puis 103, bd Brune, à Paris, a été transférée à Périgueux en 1970.

Production commercialisable en 1985. *France* 4,2 milliards de timbres en feuille, 66 millions de carnets de timbres, 14 millions de figurines en roulettes, 77 timbres nouveaux ; *étranger :* 162 émissions nouvelles (Andorre, Monaco, T.O.M., Islande, Luxembourg, pays d'Afrique francophone) 650 millions de timbres (France) ; *Direction générale des Impôts (France) et services fiscaux étrangers :* 300 millions de valeurs fiduciaires fiscales. *Émissions nouvelles :* (timbres-poste et fiscaux) 241 dont 193 en taille-douce, 32 en héliogravure, 0 en typographie et 16 en offset. A consommé en 1985 : 1 580 tonnes de papiers gommés et non gommés et 108 tonnes d'encres.

Productivité comparée : France (U.S.A.). *Habitants desservis* par un préposé : 765 (1 282). *Objets par tournée* (par an) : 161 922 (606 860). *Volume d'objets par habitants* 212 (473). *Productivité* de la distribution : 1 (3,75).

Courrier

Renseignements pratiques

• **Aérogramme.** Correspondance avion constituée par une feuille de papier convenablement fixée et collée sur tous ses côtés, dont les dimensions répondent aux exigences de la normalisation des envois. En vente dans tous les bureaux de poste (3,90 F).

• **Avis de réception.** *Tarifs :* 5,10 F en plus de la taxe d'affranchissement d'un envoi recommandé.

• **Cartes postales.** Feuilles de carton suffisamment résistant dont la moitié droite, au moins, d'une face est réservée à l'adresse du destinataire, à l'affranchissement et aux indications de service. *Tarifs : Rég. intérieur* c.p. simples 1,90 F, urgentes 2,20 F. *Rég. international* régime général (sauf tarifs spéciaux ci-dessous) : ordinaires ou illustrées 2,70 F (illustrées avec 5 mots de vœux max. 2 F). *Tarifs spéciaux* (All. féd., Autriche, Belgique, Canada, Danemark, G.-B., Grèce, Irlande, Italie, Liechtenstein, Luxembourg, P.-Bas, St-Marin, Suisse, et région limitrophe France-Espagne) 1,90 ; régime particulier avec certains pays africains c.p. simples 1,90 F, urgentes 3,40 F. **Collection.** Voir Index.

• **Cedex.** Courrier d'entreprise à distribution exceptionnelle. Dans les villes importantes, définit une entité regroupant les sections spécialisées de distribution (boîtes postales, services publics, vaguemestres, clients importants) auxquelles correspondent des numéros de codes spécifiques collectifs ou individualisés (environ 1 000 objets par jour). Cette organisation permet de faciliter le tri mécanique du courrier d'entreprise au niveau de la distribution.

Monopole. Les P.T.T. *ont le monopole du transport des lettres* (quel que soit leur poids), *des papiers d'affaires* n'excédant pas 1 kg, et des *télécommunications* (télégraphe, téléphone, émission de radio, T.V.). *Il n'y a pas de monopole pour le transport des colis,* de la *messagerie,* des *journaux* et des *imprimés* expédiés non clos.

Une société peut organiser le transport et la distribution de son propre courrier, sous réserve que le service soit assuré à l'aide de son propre personnel salarié, et que celui-ci soit uniquement utilisé à cet effet pendant la durée de cette tâche. Par contre, si elle fait appel à une entreprise de services pour le transport d'envois soumis au monopole, cette dernière ne peut agir qu'illégalement et est passible d'amendes d'un montant de 1 200 F à 3 000 F par pli en infraction. En outre, les plis peuvent être saisis, et remis aux destinataires contre paiement d'une taxe égale à 4 fois la taxe d'affranchissement exigible.

Responsabilité. Celle des P.T.T. n'est pas engagée en cas de retard ou de perte de courrier ordinaire. Un postier est passible de sanction ou de condamnation (tribunal correctionnel) en cas de révélation consciente du secret professionnel même involontaire ou sans l'intention de nuire. Ce délit est distinct de la *violation des correspondances,* sanctionnées par des textes différents.

• **Chronopost.** Service accéléré en France et pour l'étranger, commercialisé par la Sté française de messagerie internationale, filiale de droit privé, créée par les P.T.T. [capital détenu à 66 % par P.T.T. et 34 % par T.A.T. (Transport aérien transrégional)]. En France, Chronopost assure l'acheminement en moins de 24 h. Pour l'étranger, les entreprises peuvent expédier des documents ou des marchandises de manière régulière ou occasionnelle. Dessert une soixantaine de pays. Chronopost International accepte documents et marchandises jusqu'à 20 kg (poids pouvant varier en fonction des règlements étrangères).

• **Cidex.** Courrier individuel à distribution exceptionnelle. Mis en place en zone rurale, suburbaine et estivale ; les boîtes aux lettres fournies gratuitement aux usagers sont regroupées en batteries et installées en des endroits faciles d'accès (bordure de chemin, place du village...) à faible distance du domicile des intéressés. Offre un service amélioré (réception matinale et régulière du courrier, vers 10 h 30). Il n'est pas obligatoire. Env. 897 350 boîtes au 31-12-85.

• **Code postal.** A 5 chiffres (mis en application depuis le 23-3-1972) : les 2 premiers représentent le numéro minéralogique du département, les 3 autres le bureau distributeur (en tout 6 142 en 1985 soit de 30 à 250 par département). Triple zéro réservé aux chefs-lieux de département, double zéro aux autres bureaux importants.

Pour les lettres aux particuliers de Paris, Lyon et Marseille, les 2 derniers chiffres sont le numéro de l'arrondissement. Les 5 chiffres portés par l'expéditeur devant le nom du bureau de poste distributeur constituent la dernière ligne de l'adresse (ligne acheminement).

• **Colis postal.** Régime international. Poids max. 20 kg. *Catégories :* colis voie de surface (terrestre ou maritime), c. S.A.L. (ach. par voie aérienne avec priorité réduite d'embarquement), c. avion (ach. avec priorité absolue), Eurocolis (remplace le c. avion dans certaines relations européennes ; emprunte la voie la plus opportune : avion, fer, route ; régime d'indemnisation particulier). Selon les relations, les c. postaux peuvent être expédiés avec déclaration de valeur, contre remboursement, francs de taxe et de droits, avec avis de non-livraison.

• **Courrier électronique.** Mis en service en 1982 par France câbles et radio, filiale des P.T.T., il permet de recevoir sur écran ou sur imprimante les messages que les correspondants ont déposé dans la « boîte à lettres électronique ».

Nota. — Par ailleurs, les P.T.T. mettent à la disposition du public un service postal de télécopie *Postéclair,* voir p. 1556.

• **Dimensions des envois. Cartes postales et plis non urgents à découvert** *min.* 14 × 9 cm, *max.* 15 × 10,7 cm.

Envois sous enveloppe ou pochette *min.* 14 × 9, *max.* long. + larg. + hauteur = 100 cm (l. max. 60 cm).

Paquets *min.* une face au moins égale à 10 × 7 cm, *max.* long. + larg. + haut. = 100 cm (l. max. 60 cm).

Rouleaux *min.* long. + 2 diamètres 17 cm (long. min. 10 cm), *max.* long. + 2 diam. 104 cm (long. max. 90 cm).

• **Franchise. Sont dispensées** d'affranchissement les correspondances de certains organismes ou personnalités. *Organismes :* Allocations familiales ; Chèques postaux (titulaires d'un compte) ; Fonds national de Solidarité ; Sécurité sociale. Dep. 1-4-86, franchise supprimée pour le courrier administratif du régime général de la Sécurité sociale. Cependant, la dispense est maintenue pour les assurés sociaux écrivant aux organismes de Séc. soc. et pour l'adm. de certains régimes spéciaux (militaires, mineurs, invalides de la marine, clercs de notaire, RATP) ou autonomes (ass. vieillesse des prof. libérales et des barreaux français) et pour le Fonds national de solidarité. *Personnalités :* Pt de la Rép. Chancelier (grand) de la Légion d'honneur, de l'ordre de la Libération. Commandant de la place de Paris. Commissaire du gouvernement près le conseil des Prises. Conseil d'État (Vice-Pt, et le Pt du contentieux, Secrétaire général). Conseil constitutionnel (Pt, Secrétaire général). Conseil des Prises (Pt). Cour de cassation (Premier Pt, Procureur général). Cour des comptes (Premier Pt, Procureur général). Haute Cour de Justice (Premier Pt, Procureur général). Cour supérieure d'arbitrage (Pt). Directeurs généraux : des Impôts, de la Caisse des Dépôts, des douanes et droits indirects, des manufactures de l'État, de l'Office national des forêts. Directeurs de l'Administration des monnaies et médailles. Gouverneur militaire de Paris. Ministres. Commissaire de la Rép. de la Région d'Ile-de-France, Com. de la Rép. du département de Paris. Président de l'Assemblée nationale, du Sénat. Président de la Commission chargée d'établir les listes des candidatures aux bureaux de tabac, de la Commission spéciale de cassation adjointe au Conseil d'État. Secrétaires d'État. *Correspondances déposées à Paris :* Com. de la Rép. de la région d'Ile-de-Fr., Com. de la Rép. du département de Paris, directeur de l'Assistance publique, procureur de la République. *Correspondances déposées dans leur ressort même :* Commandant de corps d'armée ou de région (r. du comm.), procureurs généraux (r. de la cour d'appel).

Statistiques. *Plis de service et correspondance circulant en franchise* (1985, en millions). 3 036,7 dont — de 20 g 2 632, + de 20 g 295,8, paquets ordinaires 33,2, plis chargés et recommandés 75,7.

• **Journaux.** *Tarifs spéciaux :* charges résultant du tarif préférentiel réservé à la presse qui bénéficie à 14 000 publications et dont les expéditions constituent 13,6 % du trafic postal en nombre d'objets et 30 % du poids transporté. **Charges (et déficit) en millions de F.** *1973 :* 1 009 (899). *74 :* 1 251 (1 188). *75 :* 1 577 (1 377). *76 :* 1 816 (1 569). *77 :* 2 049 (1 787). *78 :* 2 309 (2 024). *79 :* 2 458 (2 163). *80 :* 2 888 (2 481). *81 :* 3 433 (2 951). *82 :* 3 854 (2 089). *83 :* 4 317 (2 322). *84 :* 4 079 (1 735). *Prévisions : 85 :* 4 320 (1 800). *86 :* 4 540 (3 300).

Nota. — Compte tenu pour 1984 et 85 des contributions du budget général 1 433 et 1 500 millions de F. Pour 1986 pas de contribution. *Journaux* expédiés par les particuliers : *tarif* des plis non urgents (poids maximum : 5 kg).

• **Lettres.** Tous envois à découvert ou sous enveloppe contenant essentiellement de la correspondance ou des papiers pouvant en tenir lieu. **Régime intérieur : tarif lettres** (étiquette ou mention « lettre » obligatoire au-dessus de 20 g pour les lettres ordinaires, rouleaux non admis) et entre parenthèses les **plis non urgents** (correspondances de toutes natures, ne peuvent être recommandées, rouleaux non admis). *Jusqu'à 20 g* 2,20 F (1,90 F). *50 g* 3,70 (2,70). *100* 5,40 (3,50). *250* 11,70 (7,10). *500* 14,60 (10,30). *1 000* 19,20 (14,60). *2 000* 25,70 (21). *3 000* 31,70 (26,50). *4 000* 36 (31,50). *5 000* 41 (36,50). **Régime international :** *régime général* (tous les pays étrangers sauf tarifs spéciaux) *et entre parenthèses régime particulier* [Bénin, Burkina-Faso, Cameroun, Centrafricaine (Rép.), Comores, Congo, Côte-d'Ivoire, Djibouti, Gabon, Guinée, Madagascar, Mali, Mauritanie, Niger, Sénégal, Tchad, Togo, Tunisie] : **lettres et paquets** (affranchis au tarif des lettres ordinaires) *jusqu'à 20 g* 3,40 F (3,40 F). *50* 5,60 (5,20). *100* 7,60 (6,80). *250* 14,30 (14). *500* 27,30 (17,70). *1 000* 47,80 (25). *2 000* 78 (33). *Tarifs spéciaux* (exemples lettres 20 et 50 g) : Canada 2,20 F, *4,70 F.* All. féd., Italie, Luxembourg, St-Marin 2,20, *3,70.* Belgique, Danemark, P.-Bas 2,20, *5,60.* Autriche, G.-B., Grèce, Irlande, Liechtenstein, Suisse 2,50, *5,60.*

• **Machines à affranchir.** Usage autorisé en France dep. 1923. Au 1-4-86, 177 022 machines pour un montant annuel de 16,3 milliards de F en France. Distribuées par 3 Stés avec l'agrément des P.T.T.

• **Mandats. Mandat-carte :** établi sur une formule remplie par l'expéditeur. Il comporte un coupon de correspondance. Le service se charge de faire parvenir le titre au bureau de destination. **M. lettre :** délivré à la personne qui dépose ses fonds dans un bureau de poste et transmis par celle-ci au bénéficiaire qui le présentera à l'encaissement au guichet de poste ou pourra le faire imputer à son C.C.P. **M. optique :** titre entièrement servi par l'organisme créancier qui le remet au débiteur. **Encaissements à domicile.** *Tarifs :* se renseigner au bureau de poste.

Tarifs. Régime intérieur : *mandats-lettres, et entre parenthèses, mandats-cartes : jusqu'à 1 000 F* 9,50 F (12,80). *1 000,01 à 2 000* 11,45 (14,75). *2 000,01 à 3 000* 13,40 (16,70). *3 000,01 à 4 000* 15,30 (18,65). *Au-dessus :* ajouter 1,95 par 2 000 F ou fraction. *Mandats de versement à un C.C.P. :* versement des titulaires à leur propre compte : gratuit (sauf T.O.M.). *Autres mandats de versement : jusqu'à 1 000 F :* 6,30 ; *au-dessus :* 8,40. *M. optiques :* 4,70 quel que soit le montant. **Régime international :** *mandats-cartes ordinaires et télégraphiques payables en espèces* (droits généraux et, entre parenthèses, droits exceptionnels, selon pays) : *jusqu'à 250 F* 12,90 (18,70). *250,01 à 1 000* 31,80 (37,60). *1 000,01 à 2 000* 42 (47,80). *Mandats-cartes et télégraphiques de versement : jusqu'à 1 000* 7,70 ; *au-dessus* 11,80.

• **Normalisation des envois.** Tous envois : du côté de la souscription, une zone rectangulaire de 40 mm de hauteur (tolérance de 2 mm) à partir du bord supérieur et 74 mm de longueur à partir du bord droit doit être réservée à l'affranchissement et aux empreintes d'oblitération. A l'intérieur de cette zone, les timbres-poste ou empreintes d'affranchissement doivent être apposés à l'angle supérieur droit. La normalisation est obligatoire pour les envois à tarifs spéciaux (courrier d'entreprises). La mécanisation du courrier exige que les envois de moins de 20 g soient codifiés et normalisés. Pour inciter les entreprises utilisatrices de machines à respecter les règles de la normalisation, l'Administration des P.T.T. consent des réductions de taxes modulées.

• **Objets contre remboursement.** (France métropolitaine, D.O.M., Monaco). Autres relations, se renseigner au guichet. Taxes d'affranchissement des envois de même catégorie recommandée ou avec valeur déclarée + droit fixe. Droit : mandat de versement à un C.C.P. 16,90 F, mandat payable en espèces 23,70 F ; optique 15,40 F. *Tarif :* en plus de la taxe d'affranchissement, par objet admis 20 F (poids max. 3 kg).

• **Paquets-poste.** Marchandises et échantillons de march. jusqu'à 5 kg en France (1 à 3 kg suivant les pays). Peuvent contenir de la correspondance, des factures, bordereaux d'envoi, etc. Pour les envois à l'étranger, il existe le petit paquet jusqu'à 1 kg. Les envois supérieurs à 1 kg peuvent être admis sous forme de paquets clos affranchis au tarif des lettres jusqu'à 2 kg. Le colis avion permet d'envoyer des marchandises jusqu'à 20 kg. Emballages vendus à l'unité ou par étui de 25 dans les bureaux de poste : 4 formats.

Il est interdit d'expédier les objets qui, par leur nature, leur emballage, peuvent présenter du danger pour les agents, salir ou détériorer les corresp. ; les matières explosives, inflamm., radioact. et dangereuses ; les animaux morts, non naturalisés (ex. : gibier) ; les animaux vivants à l'exclusion des sangsues, des abeilles, des vers à soie adressés au Muséum d'hist. nat. ; les objets obscènes ou immoraux et les marchandises prohibées, les objets exhalant une odeur fétide, etc. *Emballages préformés* (payants) : 4 formats disponibles dans les bureaux de poste : 200 × 133 × 70 ; 250 × 170 × 95 ; 300 × 200 × 120 ; 360 × 220 × 145. **Tarifs** (régime intérieur). Tarif général (distribution par porteur spécial : tarif urgent obligatoire, pour France, Andorre, Monaco et Poste militaire), entre parenthèses *paquets-poste intradépartementaux* (envois de messagerie déposés et à distribuer dans un même département métropolitain ou d'O.-M. ; distribution par porteur spécial non admise), et en italiques *paquets-poste urgents* (France métropolitaine, Andorre, Monaco et Poste militaire seulement ; étiquette ou mention « URGENT » obligatoire sur chaque face où figure l'adresse du destinataire) (envoi ordinaire) : *jusqu'à 100 g :* 3,20 F (3,20 F) *5 F. 250 g :* 6,50 (6,50) *10,70. 500 g :* 9,50 (9,50) *13,40. 1 000 g :* 13,50 (13,50) *17,90. 2 000 g :* 19,60 (17,10) *24. 3 000 g :* 25,30 (21,30) *29,60. 4 000 g :* 30,50 (25,20) *34,80. 5 000 g :* 35,30 (29) *39,50.*

• **Poste aérienne.** Régime intérieur : *Aérogramme :* tarif unique 3,70 F. *Lettres* sans surtaxe jusqu'à 20 g pour les LC (lettres, cartes postales urgentes, valeurs déclarées) ; au-dessus surtaxe calculée sur le poids total, Guadeloupe, Guyane française, Martinique, Réunion, St-Pierre-et-Miquelon, et entre parenthèses, Mayotte, N.-Calédonie, Polynésie fr., Terres Australes et Antarctiques fr., Wallis-et-Futuna. *Affranchissement total calculé jusqu'à 50 g (taxe postale + surtaxe aérienne) : jusqu'à 20 g* 2,20 F (2,20 F). *25* 5,90 (7,15). *30* 6,30 (7,80). *35* 6,70 (8,45). *40* 7,10 (9,10). *45* 7,50 (9,75). *50* 7,90 (10,40).

Surtaxe (en plus de la taxe postale) quand le poids dépasse 20 g, calculée sur le poids total : LC par 5 g 0,40 (0,65). AO (autres objets) par 25 g 0,55 (1,05). Régime international : *Aérogramme* tarif unique 3,70 F. *Europe :* tous pays, lettres jusqu'à 2 kg, cartes postales et valeurs déclarées : sans surtaxe. *Autres pays :* se renseigner ; exemples : *Algérie* surtaxe 0,10 F par 5 g pour les LC ; surtaxe de 0,30 F par 25 g pour les autres objets. *Maroc, Tunisie* affranchissement total 3,20 F pour lettres et cartes jusqu'à 20 g (au-delà, surtaxe comme Algérie). *Canada* et, entre parenthèses, autres pays d'Amérique (affranchissement total pour les LC) *jusqu'à 5 g* 2,85 F (3,85 F). *10* 3,50 (4,50). *15* 4,15 (4,95). *20* 4,80 (5,80). *25* 7,65 (8,55) ; pour les AO, surtaxes de 1,05 F par 25 g.

• **Posteclair.** Service postal de télécopie. Permet de transmettre en France et à l'étranger la copie de tout document (dactylographie, manuscrit, graphique, schéma, plan, illustration) dans les meilleures conditions de rapidité, fidèlement, en toute intégralité et confidentialité. Le réseau Posteclair relie plus de 300 villes françaises, les D.O.M.-T.O.M. et plus de 37 pays étrangers. En France, les documents sont remis au destinataire, au bureau de poste, à domicile ou par réception sur télécopieur privé.

• **Postexpress.** Service de transport accéléré à l'intérieur des agglomérations, garantit une distribution en quelques h des lettres et paquets (poids max. de 5 kg). En Ile-de-France, couvre Paris, Hauts-de-S., S.-St-Denis, Val-de-M. et les localités importantes de S.-et-M., Yvelines, Essonne, Val-d'O. En province, fonctionne dans certaines villes importantes.

Allo Postexpress (Paris et Angers). Service « porte-à-porte ». Assuré sur appel téléphonique, grâce à un équipement en radio-téléphone des véhicules, un ramassage-transport-livraison à domicile dans les meilleurs délais.

• **Poste restante.** Offre la faculté de se faire adresser le courrier dans un bureau de poste de son choix où il sera retiré au guichet moyennant une taxe, sur présentation d'une pièce d'identité. Les mineurs doivent présenter une autorisation parentale. Courrier gardé pendant 15 j par le bureau de poste.

• **Plis non urgents.** Correspondances de toute nature pour lesquelles l'expéditeur accepte un acheminement moins rapide que celui des lettres, présentées sous enveloppe, sous bande et à découvert.

• **Pneumatiques.** Supprimés dep. 30-3-1984.

• **Porteur spécial** (envois distribués par). Distribués immédiatement. Les envois à destination de la commune siège du bureau de dépôt sont acceptés (18,10 F en plus de la taxe d'affranchissement).

• **Recommandés.** Envois pour lettres et paquets, remboursement en cas de perte ou de spoliation totale, selon le taux choisi. *Tarifs* (en plus de la taxe d'affranchissement) : *régime intérieur.*

Indemnité maximale en cas de perte	Code	Droits (1)	
		Lettres	Paquets
100 F	R 1	13,00 F	6,00 F
430 F	R 2	14,60 F	7,50 F
860 F	R 3	16,20 F	9,10 F
1 220 F	R 4	17,80 F	10,70 F

Nota. – (1) Valeurs déclarées : 14,60 F ; cartes postales urgentes : 13 F ; journaux : 6 F ; valeurs à recouvrer et cartes-remboursement : 7,50 F.

Régime international : indemnité max. en cas de perte 180 F.

Valeurs déclarées. *Régime intérieur :* tarif R2 des lettres recommandées + assurance : 0,60 F par 200 F ou fraction (avec minimum de 9 F). *Régime international :* tarif général : t. des lettres recom. + assu. : 2,20 F par 350 FF ou fraction. T. particulier : t. des lettres recomm. jusqu'à 2 kg ; au-delà (+ ass. : 0,60 F par 200 FF ou fraction avec minimum de 9 F) : jusqu'à 3 kg (paquets et boîtes de valeur) 53,60 F ; 4 (boîtes de valeur) 66,60 F ; 5 (boîtes de valeur) 79,60 F.

• **Réexpédition.** Par le service postal (tarif : se renseigner à la poste) qui peut utiliser les enveloppes de réexpédition délivrées gratuitement à la poste.

• **Régime intérieur et assimilé.** *Régime intérieur :* France métropolitaine, Guadeloupe, Guyane française, Martinique, Réunion, St-Pierre-et-Miquelon, Andorre, Monaco, postes militaire et navale. *Assimilé :* N.-Calédonie, Polynésie française, Terres Australes et Antarctiques fr., Wallis-et-Futuna, Mayotte.

• **Rouleaux.** Assimilés aux paquets-poste : leur longueur + 2 fois leur diamètre ne peut être supérieure à 104 cm ou inférieure à 17 cm. Les envois non normalisés ne sont pas refusés, mais ils pourraient être frappés, à terme, de la taxe du 2e échelon de poids de la catégorie.

• **Transporteurs privés.** *Indemnité maximale (en 1984) : par train :* 100 F/kg (France) ; 91 F (étranger) ; *route :* 90 F/kg (France) ; 45,50 F (étranger) ; *mer :* 11 F (max. 37 F) ; *avion :* 91,68 F. L'expéditeur et, éventuellement, le destinataire peuvent faire assurer leur envoi pour sa valeur réelle.

Fédération nat. des associations des usagers de la poste (F.N.A.S.S.U.P.). 18, rue Vignon, 75009 Paris. *Créée* 1979. *Périodique :* Affranchir (6 000 exemplaires).

Quelques statistiques

• **Aviation postale.** Le réseau postal aérien intérieur de nuit, créé en mai 1939, interrompu pendant la guerre, fut rétabli en oct. 1945. *Flotte :* 15 Fokker F 27-500 (capacité : 5,5 t) et 2 Transall-C-160 (capacité : 14,3 t), propriétés du Secrétariat d'État aux Postes et Télécommunications. Lignes exploitées par le centre d'exploitation postale d'Air-France. 18 escales desservies.

En 1985, la flotte postale a transporté en France 39 138 t de courrier en 13 707 h de vol et sur 4 215 255 km. Budget de fonctionnement de l'Aviation postale intérieure : env. 298 millions de F, y compris le carburant.

• **Budget des P.T.T.** (en milliards de F). *1970 :* 15,4 ; *75 :* 35,8 ; *80 :* 90,9 ; *82 :* 122 ; *83 :* 143. *84 :* 155,7 ; *85 :* 169. *86 :* 179,4. *Budget d'investissement. 83 :* 29,8. *84 :* 35,9. *85 :* 41,7. *86 :* 45,2. *Endettement 1977 :* 39,5 : *81 :* 74,4 : *84 :* 104,1. *85 (est.) :* 115,4.

• **Bureaux de poste** (au 31-12-85). 17 223 établ. postaux dont 9 793 recettes de plein exercice, 3 060 recettes rurales (anciennement recettes-distribution), 3 276 agences postales et correspondants postaux, 1 094 guichets annexes. **Nombre d'habitants par bureau.** France métropolitaine 3 219 dont Paris 12 961, Nord-Pas-de-Calais 5 902, Provence-Alpes-Côte d'Azur 4 414, R.-Alpes 3 102, Languedoc-Roussillon 2 039, Auvergne 1 697.

Les usagers qui ont le moins de chemin à faire pour aller à la poste sont ceux de Paris (1 bureau pour 1 km²). *Ceux qui en ont le plus :* Alpes-de-Hte-Provence (1 pour 68,5 km²), Htes-Alpes (1 pour 68 km²), Gers (1 pour 61 km²), Landes (1 pour 55 km²).

• **Bureaux de tabac.** Nombre 43 000. Remise sur les timbres : *1810* 1 %, *1871* 1,5 %, *1983* (mars) 2 %. Pour la 1re fois font la grève (du 4 au 15-3-1983) pour obtenir une augmentation de leur remise. *1985 :* 3 %.

• **Capacité de tri.** Un bureau central d'arrondissement comme celui de Paris-8e (573 machines à affranchir) traite en moyenne, par j, 530 000 objets (lettres, paquets, imprimés). 190 000 objets sont déposés par les gros usagers, 100 000 relevés dans les boîtes aux lettres, 230 000 dans les bureaux satellites.

• **Distribution.** Habitants desservis par un préposé : 765. Objets par tournée (par an) : 172 895. Nombre d'objets par hab. : 305.

• **Effectifs** (personnel titulaire au 31-12-85, en milliers). 453 (dont 37,8 % de femmes) dont services généraux 5,8, Poste 28,3, Télécom. 163,9.

Grèves. *1983 :* avec préavis 643, sans 1 184. *84 :* 772, 304. **Journées perdues.** *1983 :* avec préavis 47 813, sans 54 402. *84 :* 246 192, 11 919.

• **Objets acheminés par les P.T.T.** (en 1985, en milliards). 15,94 dont trafic payant 12,91 [lettres jusqu'à 20 g et cartes postales urgentes 3,80, de + de 20 g 0,63, lettres recommandées 0,11, plis non urgents tarif normal 2,99, plis non urgents tarifs spéciaux 1,91, catalogues 0,07, imprimés sans adresse 1,04, périodiques 2,07 ; paquets urgents 0,04, recommandés 0,04, non urgents 0,2, objets avec valeur déclarée 0,003]. *Plis de service et franchises* 3,04 (non compris les mandats).

En 1985, chaque Français a en moyenne déposé 81 lettres ou cartes postales, 90 plis non urgents, 6,1 paquets.

Régions qui ont eu la plume la plus facile en 1985 (dépôt de lettres par hab.). Paris 358, Ile-de-Fr. 149, Provence-Alpes-Côte d'Azur 87, Rhône-Alpes 79, Centre 73, P. de la Loire Aquitaine 70.

Régions où ont été déposés le plus grand nombre de paquets en moyenne par hab. en 1985. Nord-P.-de-Calais 26,5 (V.P.C. La Redoute, Les 3 Suisses). Paris 20,8. Ile-de-Fr. 8,6. Haute-Normandie 10,2. Centre 7,7 (V.P.C. Quelle).

En 1984, les Français ont envoyé à l'étranger plus de correspondance (473 millions) qu'ils n'en ont reçu (402 millions).

Délais. En 1985, 78,4 % des lettres et cartes affranchies à 2,10 F (2,20 F à partir du 1-8-85) étaient distribuées le lendemain, 95,7 % arrivaient au plus tard le surlendemain. 30,8 % du courrier (toutes catégories confondues) a été déposé quotidiennement par les usagers entre 17 h et 19 h (contre 37,2 % en 1982).

La poste traite env. 70 % du courrier déposé quotidiennement entre 17 et 19 h.

Télécommunications

Téléphone

Quelques dates. 1854. *Découverte des principes du téléphone* par le Français Charles Bourseul. **1876.** *Téléphone mis au point* par un Américain d'origine anglaise, Alexander Graham Bell (1847-1922). **1956.** 1er *câble sous-marin* téléphonique entre la G.-B. et les U.S.A. **1972.** A Lannion, mise en service du 1er central électronique français (1er commutateur électronique temporel du monde). **1984.** Lancement, par la fusée Ariane, du satellite de télécommunications « Télécom I ».

Chiffres clés 1985

• **Résultats** (en milliards de F). *Chiffre d'affaires des Télécommunications :* 85,2. *Résultat net :* 11,5. *Marge brute d'autofinancement :* 30,5.

• **Données économiques.** *Valeur ajoutée :* 76 milliards de F, soit 1,7 % du produit intérieur brut national. *Rythme de croissance :* 19 % supérieur à celui du P.I.B. national. *Investissement :* 31,3 milliards de F = 3,26 % de la formation brute du capital fixe (F.B.C.F.) nationale.

Services grand public

Téléphone

Renseignements pratiques

• **Abonnement** (1-8-85). *Nouvel abonnement* taxe d'accès au réseau : 250 F. *Réattribution d'abonnement* si la ligne est en service ou résiliée depuis — de 2 mois : 150 F. *Redevance mensuelle :* abonnement résidentiel : 47 F (circonscription de Paris), 40 F (circonscr. comptant + de 50 000 abonnements principaux), 35 F (autres circonscr.) ; abonnement d'affaires (+ de 2 lignes : 60 F (dep. le 1-5-1984). *Prises* 2 gratuites. Si la 3e ou la 4e prise est installée lors du raccordement de la ligne ou simultanément à l'installation d'une autre prise 80 F.

• **Facture (contestation de).** 74 % des abonnés estiment juste leur note de téléphone. *En 1985,* sur 133 millions de factures émises, env. 475 000 ont donné lieu à un dégrèvement (remboursement partiel ou total). Dans le cadre d'une contestation de taxe, pour vérifier le bon fonctionnement d'un compteur, l'abonné peut réclamer la communication d'une bande de contrôle qui enregistrera les communications pendant un certain laps de temps.

Un compteur de taxes peut être installé aux frais de l'abonné par les P.T.T. ou par une entreprise privée. Il montre les impulsions de taxation reçues et aide à se rendre compte des dépenses de téléphone mais ne constitue pas pour l'administration une preuve formelle (alors que les notes d'électricité, d'eau, de gaz, sont basées sur la lecture des compteurs chez les abonnés).

Frais initiaux : installation du compteur 140 F ; *dispositif de retransmission de taxes :* 60 F. *Redevance mensuelle :* 40 F.

Facturation détaillée Communications taxées à la durée : possible pour les lignes rattachées à un central électronique ; indique heure, numéro demandé (sans les 4 derniers chiffres, conformément à l'avis de la Commission nationale de l'Informatique et des Libertés), destination, durée, prix. Service payant proposé aux abonnés qui en font la demande (20 F tous les 2 mois jusqu'à 100 communications détaillées, et 10 F par tranche supplémentaire de 100 communications détaillées).

Factures non payées. Délai réglementaire d'exigibilité : 15 j. Si aucun paiement n'est pris en compte, un avis de rappel 30 j après envoi de la facture. Au bout de 37 j, application systématique d'une taxe pour paiement tardif (10 % du montant de la facture avec minimum de perception de 25 F la 1re fois et de 250 F en cas de récidive dans les 7 mois). Après 40 j, la ligne est suspendue.

• **Location de téléphone.** 8 à 35 F selon modèle.

• **Numéro d'appel (changement de).** 75 F.

• **Relevé de compte partiel.** 75 F.

• **Réseau commercial** (au 30-4-1986). 347 téléboutiques et 175 agences commerciales (appel gratuit en composant le 14).

• **Tarification des communications. A partir d'un poste d'abonné** (dep. 1-8-85) 0,77 F (taxe de base) par période d'autant plus courte que la distance entre correspondants est plus grande. Les taxes sont déterminées par multiples de la taxe de base.

Communications des circonscriptions. 1 taxe de base par 20 mn (en tarif rouge). Sans limitation de durée autrement.

Communications de voisinage. Circonscriptions entre circonscriptions : dont les chefs-lieux sont distants de 25 km au + : 1 unité toutes les 72 sec. Circ. limitrophes ou chef-l. distants de 25 à 30 km : 1 un. toutes les 45 sec. Circ. dans le même département mais non limitrophes dont chefs-l. distants de + de 50 km : 1 un. toutes les 24 sec.

Communications à moyenne ou grande distance. C. autres que celles-ci dessus, d'après la distance à vol d'oiseau entre les chefs-l. de département : jusqu'à 100 km : 1 un. toutes les 24 sec., + de 100 km : 1 un. toutes les 12 sec.

Cas particuliers. *Entre Paris* et zone périphérique n° 1 (Argenteuil, Draveil, Écouen, Versailles, etc.) dans un rayon voisin de 20 km autour de la circonscription de Paris : 1 un. toutes les 120 sec. et zone périph. n° 2 (Arpajon, Brie-Comte-Robert, Chevreux, Luzarches, Pontoise), rayon de 20 à 30 km : 1 un. toutes les 72 sec. Entre Marseille et zone périph. : 1 un. toutes les 120 sec.

• **Téléphone sans fil.** Permet de s'éloigner de 100 à 140 m de la prise d'arrivée (env. 2 500 F en 1984).

• **Tarifs réduits à l'intérieur de la France.** Tarif *blanc* (— 30 %) du lundi au vendredi de 18 h à 21 h 30 ; *bleu* (— 50 %) dim. et fêtes de 6 h à 23 h, samedi 6 h à 8 h et de 14 h à 23 h, lundi au vendredi de 6 h à 8 h et de 21 h 30 à 23 h ; *bleu nuit* (— 65 %) du lundi au vendredi, samedi, dimanche et fêtes de 23 h à 6 h.

Renseignements statistiques

• **Appels reçus** (services spéciaux) au 31-12-1985, en milliers. *Service des renseignements téléphoniques* (le 12) 174 000.

• **Cabines téléphoniques** (1984). 192 000 (en moyenne une heure par jour) ont écoulé 2 milliards de communications (durée moyenne 2 min 30) et rapporté 3 milliards de F. *Destructions :* 210 000, coût 320 millions de F. 30 000 cabines ont du être remplacées. 35 % des cabines sont saccagées tous les 2 mois dans les grandes villes.

• **Circuits interurbains** (au 1-1-85) : 543 773. *Internationaux :* 33 745.

• **Demandes en instance** (au 31-12) en milliers : *1977 :* 1 582. *78 :* 1 511. *79 :* 1 084. *80 :* 936. *81 :* 799. *82 :* 516. *83 :* 276. *84 :* 184. *85 :* 144.

• **Lignes principales.** *En milliers* (au 31-12) : *1970 :* 4 295. *77 :* 10 060. *78 :* 12 010. *79 :* 13 959. *80 :* 15 898. *81 :* 17 743. *82 :* 19 478. *83 :* 20 942. *84 :* 22 086. *85 :* 23 000 000.

Densité pour 100 habitants (en 1985). *France 41,2,* All. féd. 40,8 ², G.-B. 37,1, Japon 36,7 ², Italie 29 ².

Nota. — (1) 1982.

• **Postes de toute nature** (au 31-12) en milliers : *1970 :* 8 827. *77 :* 17 635. *78 :* 20 002. *79 :* 22 361. *80 :* 24 860. *81 :* 27 136. *82 :* 29 594. *83 :* 31 543. *84 :* 33 002. *85 :* 34 348.

• **Raccordement (délai).** *1974 :* 16 mois. *75 :* 11. *76 :* 10. *77 :* 9. *78 :* 7. *79 :* 5. *80 :* 4. *81 :* 3. *82 :* 2. *Fin 83 :* 1. *84 :* 20,5 jours. *85 :* 15,5 j.

• **Service (qualité en 1985).** *Indice global de qualité :* 94,5. *% d'appels attendant la tonalité + de 3"* à l'heure chargée : 0. *% des communications efficaces* (dépendant de l'état du réseau et de la présence de l'abonné demandé) : 67,1 (locale), 68 (interurbaine). *Nombre de dérangements* pour 100 lignes principales par an : 22,7. *Délai moyen de raccordement :* 15,5 jours. **Vitesse de relève des dérangements.** 87,6 % moins de 2 j ; 99,6 % moins de 8 j.

• **Taux d'équipement** au 31-12-85 en %. Ménages 93. Patrons de l'industrie et du commerce 107,4. Prof. libérales et cadres supérieurs 101,1. Cadres moyens 98,8. Employés 90,1. Agriculteurs, exploitants et salariés agricoles 94,1. Ouvriers et personnels de service 82,3. Inactifs 83,5.

• **Trafic téléphonique** en millions de taxes de base au 31-12 : *1970 :* 15 574. *77 :* 39 275. *78 :* 45 954. *79 :* 53 530. *80 :* 56 486. *83 :* 74 489. *84 :* 78 894. *85 :* 82 894.

Services du téléphone

• **Annuaire du téléphone.** 24 millions d'ex. (40 000 t de papier consommées). On peut refuser d'y figurer : moyennant une redevance mensuelle de 11 F, on sera sur la liste rouge (les P.T.T. ne devront pas communiquer le numéro). Concerne 8 % des abonnés.

• **Audiphone.** Permet à toute personne disposant d'un poste téléphonique d'écouter un message préalablement enregistré par une autre personne. Ouvert en oct. 83. *Nombre d'appels enregistrés 1984 :* 32 938 320. *85 :* 73 763 566.

• **Cabines téléphoniques.** *1977 :* 39 000. *80 :* 102 000. *81 :* 125 000. *82 :* 145 000. *83 :* 167 000. *84 :* 173 000. *85 :* 190 000. Des appareils utilisant la carte Télécom (carte à mémoire) fonctionnent depuis juin 1983 à Lyon et Blois ; *1984 :* 2 000 appareils installés, *prévisions : 86 :* 10 000. La carte Télécom permet d'appeler soit à partir d'un publiphone à carte à mémoire, soit à partir d'un poste téléphonique. Des cabines solaires expérimentales peuvent fonctionner 7 h de nuit totale grâce à des batteries chargées par des cellules photovoltaïques. *1986 :* toutes les cabines sont directement appelables par les usagers.

• **Cartes télécommunications.** Mise en service en 1984. Permet de faire imputer sur sa facture de téléphone des communications émises à partir de n'importe quel poste ou cabine téléphonique. *3 options :* internationale, nationale, sociétés. Pour les 2 premières, c'est une carte à microcircuit utilisable dans des publiphones à cartes à mémoire ou par l'intermédiaire d'un opérateur. La carte option sociétés ne permet que des communications par opérateur. Abonnement annuel : option 1 : 60 F, option 2 : 40 F, option 3 : 40 F.

• **Handicapés.** *Auditifs :* bobine magnétique pour capsule téléphonique standard S 63 pour ceux ayant une prothèse auditive avec la position « téléphone » (20 F) ; combiné téléphonique à écoute amplifiée réglable de 15 décibels (location-entretien : 20 F/mois), flash lumineux, accompagnant la sonnerie du téléphone (location-entretien : 15 F/mois).

Visuels : disques à gros chiffres, à repères ou en braille (20 F).

Moteurs : poste téléphonique comportant 2 numéros préenregistrés pour appel d'urgence. Peut convenir aux personnes ayant des difficultés à numéroter (location entretien : 35 F/mois). Ouïe et parole le minitel 1 dialogue (voir Vidéotex-Minitel).

• **Hôtel, café, bar, restaurant (téléphone à partir d'un).** Fixé par arrêté n° 83-73 du 8-12-1983 : 1 F pour toutes les impulsions. 130 % de la taxe de base.

• **P.C.V. (à percevoir).** N'est plus assuré dep. le 1-9-85.

• **Renseignements téléphoniques.** *A partir d'un poste d'abonné :* 4 taxes de base soit : 0,77 × 4 = 3,08 F ; *des cabines publiques :* gratuit.

• **Répondeurs téléphoniques.** Commercialisés par les Télécommunications et sa filiale, E.G.T. *Simple* (diffusant une annonce) 1 200 F (T.T.C.). *Enregistreur* (des messages de correspondants) 1 798 F (T.T.C.). *Enregistreurs à interrogation à distance* (possibilité de consulter par téléphone les messages reçus) 2 968 F (T.T.C.). *Parc* (31-12) : *1981 :* 121 000, *83 :* 250 000, *84 :* (est.) 520 000, *85 :* (est.) 625 000.

• **Réveil (service du).** Par appel : automatique 3 taxes de base soit : 0,77 × 3 = 2,31 F, manuel 8 taxes de base soit : 0,77 × 8 = 8,16 F.

• **Services supplémentaires** de la commutation électronique : conférence à 3, indication d'appel en instance, renvoi temporaire (accessibles aux 1 750 000 abonnés disposant d'un poste téléphonique à clavier à signalisation en fréquence vocale). Tarif : redevance mensuelle d'abonnement 1 service : 15 F. 2 : 25 F. 3 : 30 F.

• **Téléalarme.** Transmetteur placé sous le poste téléphonique. En cas de détresse, il suffit d'appuyer sur une poire ou sur le bouton rouge de la télécommande radio et le terminal compose le numéro préenregistré du Centre d'Écoute qui déclenche les services de secours (S.A.M.U., pompiers, médecins, police). Demander à la mairie les conditions de raccordement.

Vidéotex

• **Annuaire électronique.** Service Télétel d'information accessible 24/24 h et mis à jour en permanence. Renseignements sur abonnés (nom, adresse, n° de tél.) et services complémentaires (tarifs, nos d'urgence...). La recherche des abonnés s'effectue sur critères alphabétique, professionnel ou de voie dans les localités importantes. *Zones Emeraude :* Minitel fourni sans supplément d'abonnement en remplacement de l'annuaire papier ; gratuité de 3 min. *Zones Rubis :* Minitel fourni en location-entretien (85 F par mois au 30-4-86).

• **Minitel.** Marque déposée. Nom de la gamme de terminaux commercialisés par les Télécommunications, permettant d'accéder à l'annuaire électronique et aux services Télétel. Pour les brancher, il suffit d'une prise électrique 220 V et d'une prise téléph.

Modèles proposés : *Minitel 1 :* terminal de base, proposé dans les zones Emeraude en remplacement de l'annuaire papier et dans les autres zones (zones Rubis) pour 85 F par mois (au 30-4-86) ; *Minitel 1 Bistandard :* plus particulièrement destiné aux usages professionnels ; permet, en plus, l'accès aux applications télé-informatiques ASCII avec un affichage 80 colonnes; *Minitel 1 Dialogue:* destiné à titre principal aux handicapés (ouïe et parole), permet la communication de Minitel à Minitel sur le réseau téléphonique. Supplément 10 F par mois (au 30-04-86); *Minitel 10:* intègre les fonctions d'un poste téléphonique moderne, supplément 60 F par mois (au 30-4-86); *Minitel 1 couleur:* 200 F par mois (au 30-4-86).

Minitels en service (au 31-12) *82:* 10 000; *83:* 120 000; *84:* 500 000; *85:* 1 300 000; *86:* 2 500 000 à 3 000 000.

Communication de Minitel à Minitel (par écrit). Service accessible: sur le réseau téléphonique usuel en utilisant au moins un Minitel spécifique (Minitel 1 Dialogue), même tarif que le téléphone; ou sur le réseau Télétel entre 2 Minitel quelconques (tarif: 0,77 F toutes les 45 sec. avec mêmes réductions horaires que pour le téléphone).

● **Télétel.** Nom donné au système français de vidéotex qui permet le dialogue à distance avec un ordinateur. Il comporte des terminaux Minitel, un réseau d'accès sur toute la France et des services d'information. L'usager accède aux services Télétel soit par l'utilisation exclusive du réseau téléphonique habituel, soit par l'utilisation du service d'accès Télétel qui grâce à l'utilisation du réseau Transpac conjointe avec celle du réseau téléphonique permet des tarifications plus adaptées, et notamment, indépendante de la distance. Au 30-4-86, **4 régimes de taxation**: *taxation téléphonique ordinaire* par les accès utilisant le réseau téléphonique habituel; *Télétel 1:* taxation au demandé, 0,77 F pour l'utilisateur quelle que soit la durée aux heures creuses et 0,77 F toutes les 20 minutes aux heures rouges. Le fournisseur demandé paye la partie complémentaire du transport; *Télétel 2:* taxation au demandeur 0,77 F pour l'utilisateur toutes les 2 min. avec les tarifs réduits identiques à ceux du téléphone; *Télétel 3:* taxation « Kiosque » qui intègre à la fois le prix de la communication et celui du service. 0,77 F pour l'utilisateur toutes les 45 sec.

Services professionnels

Communication de groupe

● **Audioconférence.** Voir p. 1304.

● **Réunion par téléphone.** Permet à plusieurs personnes (en France ou à l'étranger, disposant de postes téléphoniques simples) de communiquer par le réseau téléphonique commuté (3 à 20 personnes). Après réservation préalable (1 h avant la réunion par appel du Numéro vert) on attribue à la réunion un numéro de téléphone confidentiel que les correspondants appellent simultanément.

Tarifs: réservation 20 F/30 min./personne ou abonnement mensuel 200 F donnant droit à un demi-tarif, communications (indépendantes de la distance) 1 taxe de base/24 secondes/personne. Facturation au choix de l'organisateur ou aux participants (la réservation restant à charge de l'organisateur).

● **Téléconférence.** Voir Audioconférence, Visioconférence, Réunion par téléphone.

● **Visioconférence.** Permet à 2 groupes éloignés de dialoguer, de se voir et de montrer des documents ou des objets, à partir de salles spécialement aménagées. Ces liaisons peuvent être établies entre des studios installés en France ou dans les pays étrangers disposant d'un système équivalent (U.S.A., G.-B., All. féd., Suisse). **Studios publics** (au 30-05-1986): *nombre* 12; *tarifs (France):* 1 800 F/heure/studio (location + communication). **Privés** (au 30-05-1986): *nombre* 8; *tarifs (France):* 20 000 F/mois/studio pour 15 h d'utilisation, au-delà 700 F. *Tarifs internationaux* (redevance perçue en France): Europe: 2 000 F/h, U.S.A.: 3 500 F/h.

Communication de l'écrit

● **Télécopie.** Voir p. 1304.

● **Télétex**: service du courrier électronique d'entreprise, ouvert depuis févr. 1985. Constitue le 1er pas vers un courrier électronique d'entreprise universel puisque toutes les machines de traitement de textes, les machines à écrire électroniques et les micro-ordinateurs pourront être reliés entre eux en permanence quels que soient leur marque et leur pays. Une page 21 × 29,7 (A4) est transmise en 10 sec. *Coût de transmission:* 0,77 à 1,54 F la page suivant la distance.

● **Télex. Origine.** De l'anglais *telegraph exchange,* « échange de communications télégraphiques ». *1er téléscripteur imprimant directement les caractères à la réception* réalisé à Paris en 1860 par l'Américain Hughes qui n'avait pu trouver d'appui dans son pays. *1875 multiplex à impulsions codées (MIC)* d'Émile Baudot opérant selon le principe de la numérotation binaire des signaux, tous formés de 5 impulsions successives d'égale durée (moments). Conçu surtout pour partager la même ligne entre plusieurs opérateurs, ce système était encore exploité avant 1939. *1914-18 téléimprimeur arythmique* aux U.S.A., associe moteur électrique, clavier, codeur, émetteur, enregistreur et traducteur imprimant.

Statistiques. Abonnés (au 31-12): *1957:* 1 165. *61:* 3 846. *65:* 9 008. *71:* 29 215. *75:* 53 752. *77:* 65 884. *78:* 71 109. *79:* 77 453. *80:* 83 211. *81:* 89 060. *82:* 96 706. *83:* 104 986. *84:* 114 320. *85:* 124 515 (1 600 000 abonnés dans le monde en 1985).

Trafic télex (en millions de mn): *1980:* 328,2; *83:* 413,2; *84:* 474,5; *85:* 519,9.

Tarifs. Frais initiaux (1985): accès au réseau 250 F (ou 150 F si on reprend une installation en service ou interrompue depuis 1 mois max.); installation d'un téléimprimeur 225 F. *Redevances mensuelles:* abonnement 147 F; location-entretien d'un téléimprimeur: selon le type d'appareil.

Communications à partir d'un poste d'abonnement (Fr. métr.): échanges entre abonnés dépendant d'une même circonscription de taxe télex: 0,77 F toutes les 36 sec. (tarif normal) ou toutes les 72 sec. (tarifs réduits: de 12 h 30 à 14 h et de 18 h à 8 h, les dimanches et jours fériés toute la journée). Abonnés de circonscriptions de taxes différentes: 0,77 F toutes les 18 sec. (tarif normal) ou toutes les 36 sec. (tarif réduit).

● **Eurosignal.** Système d'appel de personne utilisé en Europe occ. Permet d'avertir une personne munie d'un petit récepteur radio. Au 1-7-1985: par mois pour un n° d'appel national 85 F (international 170 F + location entretien 217,58 à 271,98 F) et coût des communications. *Prix de vente:* 7 780,16 à 9 203,36 F (T.T.C). *Nombre* (au 31-12): *1981:* 28 349. *83:* 50 448. *Numéros utilisés* (au 31-12): *1981:* 43 990. *83:* 76 271. *84:* 73 000. *85:* 108 000.

● **Liaisons spécialisées.** Relation permanente entre 2 ou plusieurs points à l'usage exclusif d'un utilisateur (au 31-12-85: 386 000).

● **Numéro vert.** Communications payables par l'abonné demandé et établies par voie entièrement automatique. Service ouvert en juillet 1983. *Abonnés* (au *31-12) 1984:* 3 000. *85:* 5 000.

● **Réseaux spécialisés** (au 31-12-1984). *Tous usages:* 331 376 dont 123 792 de transmissions données. *Télex:* 124 515 abonnés raccordés. *Transpac:* 31 410 accès directs en service. *Transfix:* 657 liaisons moyens et hauts débits. *Colisée:* 31 réseaux d'entreprises et 5 024 circuits téléphoniques.

● **Automobiles** *équipées de radiotéléphones* au 31-12-1985: 12 000 (Ile-de-Fr. 7 500, province 4 500).

● **Compteur téléphonique à domicile.** Permet de connaître le nombre d'unités pour les communications téléphoniques automatiques établies à partir d'une ligne (accès possible pour 900 000 abonnés au 31-12-1983). *Tarif:* 200 F + abonnement 40 F par mois.

● **Écoutes téléphoniques.** Elles sont courantes dans la plupart des pays. Elles sont très faciles à réaliser. La forme d'écoute la plus difficile à détecter est la pose de micros (par ex.: sous le plancher) branchés à un dispositif d'écoute par des fils.

Chiffres d'affaires 1981 en millions de F (et effectifs). *Groupe Thomson:* Groupe Thomson-C.S.F., 14 015 (37 300). Thomson-C.S.F.-Téléphone: 2 852 (10 900), dont L.T.T.: 956 (4 300). *Groupe C.G.E.:* C.I.T. Alcatel: 4 893 (17 065). Telic 762 (1 823). Câbles de Lyon: 2 464 (4 573). *Groupes G. 3S:* S.A.G.E.M.: 2 017 (7 743). S.A.T.: 2 006 (6 800). *Groupe Matra:* 4 500 (5 500). *C.G.C.T.:* 1 623 (6 677). *T.R.T.:* 1 177 (4 174).

Télégraphe

● **Quelques dates. 1794 (28 thermidor, an II; 15 août).** Transmission de la 1re dépêche télégraphique par le *télégraphe aérien de Chappe* (1763-1805), composé de 3 pièces mobiles, en bois (transmission de la nouvelle de la prise du Quesnoy par les troupes françaises aux Parisiens). Réservé aux communications officielles. Fonctionne le jour et par temps clair. **1844.** *Télégraphe électrique.* L'Américain Samuel Morse utilise les travaux de Volta et d'Ampère. *Transport de courrier par chemin de fer:* 1ers essais sur la ligne Paris-Rouen. **1845.** Création de 2 bureaux ambulants entre Paris et Rouen. Le télégraphe *Morse* équipe la ligne *Paris-Rouen,* **1846** *Paris-Lille;* en **1851**, il est mis à la disposition du public. **1850.** Des *câbles télégraphiques sous-marins* relient l'Angleterre à la France, en **1862** l'Angleterre aux Indes. **1861.** Pose d'un câble entre la France et l'Algérie. **1866.** Pose du 1er câble transatlantique nord par le *Great Eastern* (G.-B.). **1887.** L'Allemand *Henri Hertz* (1857-94) révèle les *ondes radio-électriques* qui offrent à la voix humaine un autre support, mais ne se transmettent qu'en ligne droite et en visibilité directe. **1895.** En Russie, *Alexandre Popov* (1859-1906) crée l'antenne et envoie le 1er message radio. **1896.** L'Italien *Guglielmo Marconi* (1874-1937), utilisant les travaux du Français *Édouard Branly* (1844-1940) sur le révélateur d'ondes, met au point la télégraphie sans fil, ou T.S.F. **1954-61,** 18 *centres automatiques* de télégraphie installés: automatisation entière du réseau. **1974** *Commutation électronique de messages* apparaît en France au Bureau télégraphique international, puis en mars **1979** à Paris Bourse pour France-Nord et en sept. **1980** à Marseille Le Canet pour France-Sud.

● **Statistiques. Télégrammes transmis** (en milliers). *1979:* 13 230. *80:* 11 151. *81:* 10 400. *82:* 8 572. *83:* 10 601. *84:* 10 633. *85:* 10 887.

● **Tarifs.** France métr. (ou chaque D.O.M. ou entre Guadeloupe et Martinique) et, entre parenthèses, échanges entre France métr. et D.O.M. ou entre D.O.M. (sauf Guad.-Mart.). Par mot (min. 10): 0,65 F (1,35 F); surface fixe par télégr.: 12,50 F (15 F); min. de perception: 19 F (28,50 F).

Spéciaux: tél. déposés à l'avance: dans les 10 j ouvrables précédant la date de remise et au plus tard l'avant-veille de ce j (dimanche et j fériés non compris dans le calcul de ce délai). Indiquer sur le télégramme la date de remise. Par mot (min. 10): 0,38 F; surtaxe fixe: 12,50 F; min. de perception: 16,30 F;

Télégrammes illustrés: surtaxe par télégramme: 8,10 F (dont 0,77 F au profit de la Croix-Rouge française).

Comparaisons

Régime. U.S.A. le téléphone est assuré par des Cies privées ayant des concessions géographiques. *Répartition* (en millions): A.T.T. (Bell System qui détient tout le réseau de liaisons interurbaines et le réseau vers l'étranger) 134 (1-1-79); General Telephone and Electronic 16,5 (1-1-79); United Telecommunication 2,9; Continental Telephone 2,1; Centel 1,1; 1 698 autres sociétés 7,9.

La Federal Communications Commission (FCC) et les Public Utilities Commissions défendent les intérêts des usagers, contrôlent tarifs, qualité du service, bénéfices des compagnies.

En Europe. Espagne, le téléphone est assuré par une société d'économie mixte. **Belgique et Suède,** la régie des téléphones (et des autres services de télécommunications) est un organisme public indépendant des Postes.

Tarifs. Abonnement annuel dans la capitale (en francs français, en avril 1986). All. féd. 1 033, Belgique 856, Danemark 773, Espagne 552, *France 564,* G.-B. 814, Grèce 1 100, Italie 360, Norvège 1 107, P.-Bas 780, Portugal 660, Suède 400, Suisse 920.

Communication locale, minimum de taxation en centimes (en avril 1986). All. féd. 73, Belgique 93, Danemark 17, Espagne 13, *France 77,* G.-B. 62, Grèce 10, Italie 65, Norvège 91, P.-Bas 42 (sans limite de durée), Port. 36, Suède 23, Suisse 38.

Taxe de raccordement (entre parenthèses prix en F, en avril 1986). Belgique 5 593 F belges (875). Danemark 1 335 couronnes (1 152). G.-B. 98 livres (1 052). Italie résidence 218 000 lires (1 013), affaires. P.-Bas 227,5 florins (643). All. féd. 65 DM (207). Suède 570 couronnes (565). Suisse: devis de l'installateur privé. *France* (abonnement nouveau) *250 F* (dispense pour les 65 ans et +, allocataires du F.N.S.) + isolement.

Association d'usagers des Télécommunications: AFUTT, B.P. n° 1, 92430 Marnes-la-Coquette. Cette association informe, conseille et défend les utilisateurs (particuliers et entreprises) des Télécommunications.

Santé

Hôpitaux

Statistiques

• **Publics (au 31-12-1984)** (total et, entre parenthèses, secteurs hôpital, hospice et maison de retraite, annexes). **Nombre de lits** 437 616 (317 349, 113 667, 6 600).

Entrées 6 657 030 (6 549 269, 93 618, 14 143). **Sorties** 4 247 453 (4 181 461, 57 729, 8 263). **Journées d'hospitalisation ou d'hébergement.** 129 614 445 (89 798 891, 38 184 546, 1 631 008).

Durée moyenne de séjour (en jours, 1984). Médecine 10,1 ; chirurgie 7,9 ; gynéco-obstétrique 6,3 ; lutte contre maladies mentales et toxicomanie 38,6. Moyen séjour 44,4 ; long séjour 391,8. Ensemble de la section hôpital 13,7.

Prix de la journée en 1986 (en F) (prix de l'Assistance publique de Paris). *Malades aigus hospitalisés pour plusieurs jours :* Médecine générale 1 379, spécialisée 1 970. Chirurgie générale et maternité 2 228. Services haut. spécialisées 4 470. *Longs séjours :* agréés 476. Cure médicale 415,6. Valides 470.

Séjours de – de 24 h (en 1986). Dialyse 2 996. Chimiothérapie 1 736. Intervention forfaitaire SAMU 1 470 [1]. Moyen séjour : rééducation spécialisée 1 043, convalescents 692. Neurochirurgie 1983.

Nota. – (1) 1982.

• **Privés (au 31-12-1984)** (France métropolitaine). **Établissements.** 2 577 (dont à but lucratif 1 492, non lucratif 1 085). **Lits installés** 194 901 (dont secteur commercial 101 508, non lucratif 93 393). Parmi ces 2 577 établissements, 275 dispensent des soins dans les disciplines de santé mentale (16 324 lits installés) et 106 dans celles de lutte contre la tuberculose (7 031 lits installés). **Admissions** 4 487 572, *journées d'hospitalisation* 62 027 721. **Personnel** (effectifs, toutes catégories confondues) : plein temps 521 492, temps partiel 46 599, dont personnel médical (médecins et biologistes) plein temps 19 851, temps partiel 5 584. **Recettes** (1984) : env. 30 % de l'ensemble des frais d'hospitalisation, 15 % de la consommation méd. finale.

Dépenses nationales de santé

Budget de min. de la Solidarité nationale (1985). 58,9 milliards de F dont 25,9 milliards pour les interventions.

Dépenses de santé en F par Français. *1980 :* 3 845, *81 :* 4 526, *82 :* 5 300, *83 :* 5 847, *84 :* 6 462, *85 :* 7 130.

Consommation médicale finale (1985). Achats par les ménages de biens et services médicaux. En milliards de F, et entre parenthèses, % : *hospitalisation* 194,8 (49,4) dont hospitalisation publique 138,9 (35,2), privée 51,4 (13). *Transports* 4,6 (1,2). *Soins ambulatoires* 118,4 (30) dont soins de médecins 58,1 (14,7), d'auxiliaires 13,6 (3,4), analyses 9,8 (2,5), de dentistes 34,4 (8,7). *Cures thermales* 2,5 (0,6). *Biens médicaux* 80,6 (20,5) dont pharmacie 72,7 (18,4), lunetterie et orthopédie 8,9 (2). *Divers* non ventilables 0,3 (0,07). *Total général* 394 (prov.).

Prestations sociales reçues par les ménages ventilées selon le risque couvert (en milliards de F et, entre parenthèses, variation annuelle en %, 1983). *Santé :* maladie 317,8 (7,9), invalidité, infirmité 69,3 (5,4), accident du travail 35,3 (5,2 %). *Maternité-Famille :* maternité 21,2 (2), famille 146,2 (5,4).

Source : Les Comptes de la Nation.

Statut

Régime hospitalier. 1°) Établissements d'hospitalisation publics. On distingue : centres hospitaliers universitaires (C.H.U.) qui ont une vocation d'enseignement en même temps que de dispense de soins, centres hospitaliers généraux, centres hospitaliers de secteur, hôpitaux locaux ou ruraux, centres médicaux de long séjour (C.M.L.S.). Les hôpitaux sont divisés en *services,* dirigés par un *patron* désigné jusqu'à sa retraite, par le min. de la Santé (pour les hôpitaux non universitaires), ou par les min. de la Santé et de l'Éducation nationale (pour les C.H.U.). On envisage de créer des départements regroupant plusieurs services appelés unités. Un *patron* dirige le département élu avec un *collège* (75 % de médecins plein-temps à statut d'hospitaliers, 12,5 % de praticiens à temps partiel non titulaires, 12,5 % du personnel non médecin, pour 4 ans renouvelables). A la tête des unités se trouvent des chefs de service devenus *coordonnateurs* et désignés par un *conseil de département* (composé de 4 représentants des médecins titulaires, 1 délégué des praticiens non titulaires, 2 membres du personnel non médecin) élu au suffrage direct.

2°) Établissements d'hospitalisation privés à but lucratif ; à but non lucratif (dont certains « participant au service public hospitalier » : accueil de tous les malades, assurance d'un service de garde..., prix de journée préfectoral).

Prix de la journée. *Secteur commercial :* variable selon catégories et régions, fixé par convention entre Sécurité sociale et établissements. Les malades sont remboursés à l'hôpital public, seuls restent à leur charge les suppléments comme chambre particulière, téléphone, coiffeur, etc. *Secteur à but non lucratif :* prix fixés par les préfets en vue de budgets prévisionnels (mode de fixation identique aux hôpitaux publics).

Établissements sociaux

• **Enfance. Établissements d'éducation spéciale pour l'enfance handicapée** (mineurs présentant des troubles de comportement et du caractère, déficients mentaux, handicapés moteurs, déficients sensoriels) (au 30-10-1983) : 1860 (127 078 pl.).

Établissements de l'aide sociale à l'enfance (1-1-1984). *Foyers de l'enfance* [1] 151 (9 700 pl.). *Maisons d'enfants à caractère social et ét. privés habilités Justice* 1 069 (48 400 pl.) [4]. *Centres maternels* [2] 60 (1 631). *Maisons maternelles* 32 (532). *Hôtels maternels* [3] 10 (281).

Nota. – (1) Non compris les places en section pouponnière ; y c. les centres de préapprentissage pour pupilles en 1963. (2) Établ. regroupant maisons et hôtels. (3) Certains établ. sont en fait des sections de maisons maternelles. (4) 1984.

• **Adultes handicapés** au 31-10-83 (travail protégé, réinsertion professionnelle, hébergement) : 1 826 ét. (96 554 pl.). Voir p. 145.

• **Familles et jeunes travailleurs.** En 1984. **Centres sociaux et socio-culturels :** 1 200. **Maisons familiales de vacances** 431 (48 900 pl.). **Foyers de jeunes travailleurs** 579 (53 000 places) : (ces foyers reçoivent, en séjour temporaire ou entre 2 placements, des enfants pris en charge par les services de l'Aide sociale). Voir Index.

• **Accueil des personnes âgées. Hébergement** (31-12-1984). Hébergement : Hospices et maisons de retraite publics autonomes [2] 1 235 (103 000 pl.). Sections hospices et maisons de retraite des hôpitaux publics 832 (113 000 pl.). Maisons de retraite privées 2 088 (112 000 pl.). Logements-foyers [2] 2 143 (109 000 pl.). Voir Index.

Nota. – (1) Non compris sections annexes ; y compris places occupées par pers. de – de 60 a. dont le nombre était d'env. 35 000 au 31-12-78. (2) A l'exclusion des lits de long séjour.

Établissements spécialisés

• **Maladies mentales. Catégories d'établissements. Publics :** *98 centres hospitaliers spécialisés en psychiatrie (C.H.S.) :* 23 hôpitaux privés psychiatriques (H.P.P.) faisant fonction d'hôpitaux publics, liés au département par un contrat ; 113 *services de psychiatrie (S.P.)* (annexés à des hôpitaux généraux), gérés par la commission administrative de l'hôpital dont ils font partie.

Privés : *maisons de santé* pour malades mentaux [qui, sauf exception, ne peuvent recevoir des malades placés au titre de la loi du 30-6-1838 (malades en placement d'office ou volontaires)].

Nota. – La France est divisée depuis 1960 en secteurs psychiatriques (sur une base géographique et humaine homogène) de 70 000 h. environ : chaque secteur, qui regroupe les moyens hospitaliers et extra-hospitaliers, est placé sous la responsabilité d'une psychiatre (700 environ sur 1 800 psychiatres exerçant en France).

Établissements psychiatriques publics (ou faisant fonction de publics). *Lits installés* (au 31-12-1984) : 102 998 dont C.H.S. 69 961, H.P.P. 16 275, service de psych. dépendant d'hôp. généraux 17 900 ; services pour enfants 7 000 (6 %), hospitalisation à temps partiel 8 000 (6,9 %).

Malades (au 31-12-1984). 249 041 (dont 1res adm. 99 946, réadm. 149 095) dont 131 651 hommes, 107 351 femmes et 10 039 enfants.

Mouvement hospitalier psychiatrique (1984). *Admissions :* 249 041 dont hommes 131 651, femmes 10 735, enfants 1 039 (1res admissions 99 946, réadmissions 149 095). *Journées d'hospitalisation :* 25 554 662 (hommes 13 252 280, femmes 11 270 185, enfants 1 032 185). *Durée moyenne de séjour :* 102,6 j. (hommes 100,7, femmes 105, enfants 102,8). *Sorties :* évasions 911, décès 7 012, sorties d'essai 12 010 (hommes 7 551, femmes 4 459) dont 3 180 transformées en sorties définitives. *Hospitalisation à temps partiel :* 36 880 malades en hospitalisation de jour, 5 253 en hospitalisation de nuit.

• **Régimes d'internement.** Il y a 2 procédures régies par les lois de 1838 et de 1968. Tous les 6 mois, une visite des hôpitaux psychiatriques est prévue par le procureur de la République, ou le Pt du tribunal de grande instance, le juge d'instance et le maire de la commune, pour recueillir les doléances éventuelles des malades.

Placement libre au 1-1-84 (env. 67 % des malades et 90 % des admissions). Les règles de l'admission sont celles d'un hôpital général. Formule inaugurée en 1922 par Édouard Toulouse, à l'hôpital Henri-Rousselle dans l'enceinte de l'hôpital Ste-Anne.

Placement volontaire (env. 30 % des malades mais 8 % des admissions). La demande d'admission, adressée au directeur de l'hôpital, doit être signée par un proche du malade (de sa famille, à défaut un ami, ou une assistante sociale) et accompagnée d'un « certificat d'internement » rédigé par un médecin non attaché à l'établissement où sera interné le malade, ni parent du patient. Dans les 24 h suivant l'internement, les médecins de l'hôpital doivent signer un certificat justifiant cette mesure. Ils doivent renouveler cette procédure après 15 j. Le malade peut quitter l'hôpital sur demande de la famille ou décision d'un médecin du service (celui-ci doit en aviser le préfet).

Placement d'office (3 % des malades et 2 % des admissions). Placement autoritaire d'un malade que son état rend « dangereux pour lui-même ou pour autrui » ; le préfet doit avoir signé un arrêté d'internement (en cas d'urgence, cet arrêté peut être remplacé par un réquisitoire du maire ou du commissaire de police). L'arrêté doit être accompagné d'un état de renseignements sur les biens du malade et d'un certificat médical théoriquement facultatif, motivant la demande d'internement. Le médecin ne doit être ni membre de la famille ni attaché à l'établissement. Des certificats médicaux doivent aussi être rédigés 24 h, puis 15 j après l'internement par des médecins de l'hôpital.

Le placement d'office est levé par arrêté préfectoral et décision d'un médecin de l'établissement.

• **Lutte contre la tuberculose. Établissements.** *Nombre* (31-12-82) : 106 (privés).

• **Centres anticancéreux** (au 31-12-1984). **Nombre.** 22. **Lits en service.** 4 391 (y compris les hôpitaux de jour). Admissions 128 778, journées d'hospitalisation (y c. l'activité en hôpital de jour) 1 271 533.

Nouveaux malades. *1968 :* 55 160. *70 :* 71 912. *75 :* 110 400. *77 :* 108 917. *78 :* 116 923. *80 :* 131 341. *81 :* 139 163. *82 :* 145 114 admissions.

Assistance publique

Hospitalisation. *Hôpitaux ou groupes d'hôpitaux.* 39 soit 47 établissements en Ile-de-France, et 5 en province : Berck (P.-de-C.), Hendaye (Pyr.-Atl.), San Salvadour (Var) (hôp. pour convalescents et déficients mentaux polyhandicapés), et 2 à Liancourt (Oise). *Écoles d'enseignement paramédical.* 39 dont 28 d'infirmières. *Lits* (1986) 32 269 dont court séjour (malades aigus) 19 260, moyen séjour 4 028, long séjour 8 621. *Coefficient d'occupation* (1984) court séjour (malades aigus) 81,09, moyen séjour 87,29, long séjour 94,46.

Personnel hospitalier (1986). Médical 18 394 dont hospitalo-universitaire 2 749 ; (au 31-12-1985) non médical 64 313 (dont hospitalier 52 201, administratif 7 001, ouvrier 4 953, technique 156).

Budget consolidé d'exploitation des établissements hospitaliers et budgets annexes en millions de F (1986). 16 043. *Déficit de l'hospitalisation* 66,6 (1984).

Institut Pasteur

Créé le 14-11-1888 par Louis Pasteur. **Siège.** 25, rue du Dr-Roux, 75015 Paris. Fondation de droit privé. Un conseil d'administr. de 20 membres, nommé par une assemblée de 100 m. env., désigne le directeur, qui est assisté d'un conseil scientifique de 12 m. Réseau d'Instituts Pasteur dans le monde. **Directeur.** Raymond Dedonder (n. 30-08-1920).

Personnel. 1 800 (dont 450 chercheurs) à la Fondation.

Activités. Recherche fondamentale et appliquée, enseignement, expertises et documentation, fabrication et distribution de produits biologiques par ses sociétés filiales « Pasteur Vaccins » et « Diagnostic Pasteur ».

Principales découvertes. *Théoriques* (en bactériologie, immunologie fondamentale, biologie moléculaire) et *pratiques :* mise au point de *vaccins* contre diphtérie, tétanos, tuberculose (B.C.G.), coqueluche, choléra, grippe, hépatite B, poliomyélite (Lépine), de *sérothérapies* diverses, de la *sulfamidothérapie,* etc.

Ressources (en %). *4 sources principales :* aide de l'État 50 ; redevance industrielle 11 ; ressources propres (contrats, expertises, revenus du patrimoine) 27 ; concours privés (dons, legs) 12. *Budget de fonctionnement en 1986 :* 500 000 000 F.

Personnel médical

Statistiques

Chirurgiens-dentistes et docteurs en chirurgie dentaire

● **Nombre 1900 :** 1 788. **1959**-*1-1 :* 14 631 (dont 3 804 femmes). **1968**-*1-1 :* 20 618 (5 490 f.). **1986**-*19-2 :* inscrits à l'Ordre 38 044 (hommes 27 409, femmes 10 635). Dipl. (82) 1 909. Titulaires d'un cabinet principal : exercice individuel 22 046, groupé 9 186 (dont 1 439 en soc. civiles professionnelles). Assistants-opérateurs : chez un praticien 775, dans une collectivité 1 496. Assistants-collaborateurs 1 433. Praticiens exerçant en convention d'exercice conjoint 248. Remplaçants 94. Gérants 40. Enseignants, Professeurs, Chefs de travaux 130. Dentistes conseils 335. Divers 38. Praticiens sans exercice 2 242. *Total soignants :* 35 337 (dentistes conseils, enseignants et praticiens sans exercice déduits).

Densité *nombre pour 100 000 h.* (au 1-1). **1959 :** 32,5. **1970 :** 39,3. **1981 :** 60,2. **1982**-*31-12 :* 60,8. *Nombre d'h. pour 1 chirurgien-dent.* (9-1-1984) : 1 pour 1 635 (métropole), 1 pour 1 647 (métropole + départements et territoires d'outre-mer).

● **Ordre national des chirurgiens-dentistes.** *Créé* par l'ordonnance du 24-9-1945 après dissolution d'un Ordre créé le 7-10-1940. *Mission :* représenter la profession, assurer la discipline intérieure. Nul ne peut exercer s'il n'est inscrit à l'Ordre.

Médecins

Médecins inscrits à l'Ordre. *1955 :* 39 100, *60 :* 44 829, *63 :* 51 060, *65 :* 54 048, *70 :* 65 219, *79 :* 109 378, *80 :* 116 104, *81 :* 124 412, *82 :* 138 370, *83 :* 145 283, *84 :* 151 623, *85 :* 159 407. En 1983, m. à temps partiel compris : en activité 118 000 dont : exercice libéral 67,2 % (39 % à titre exclusif) ; hospitalier 32,1 % (14,5 % à t. ex.) ; salarié 32,5 % (12,9 % à t. ex.). Il y a en outre (1986) 2 800 médecins militaires d'active (2 000 en métropole, 1 700 médecins appelés dans le cadre du service national) en général non inscrits à l'Ordre (dont 900 dans les unités des 3 armes, 300 affectés hors des armées et 500 dans les hôpitaux des armées) et (en 1983) env. 800 médecins fonctionnaires non inscrits à l'Ordre, env. 1 500 internes ayant soutenu leur thèse et non inscrits.

Conventionnement. Au 31-12-1984, sur 86 755 médecins libéraux, 86 020 étaient conventionnés (735 non conventionnés). *Secteur I* m. sans droit permanent à dépassement (D.P.) 69 094, avec D.P. 7 186. *S. II* (honoraires libres) 9 740.

Nombre de femmes. % par rapport au total des médecins : *1977 :* 11,5 (dont spécialistes 15,2), *78 :* 12 (15,8), *79 :* 12,9 (16,8), *80 :* 13,7 (17,6), *81 :* 14,4 (18,2), *82 :* 15,1 (19), *83 :* 15,7, *84 :* 16,6 (21). En 1984, 44,4 % des femmes médecins sont salariées, 37,5 % exercent à l'hôpital, 52,9 % sous forme libérale (total supérieur à 100 % en raison des exercices mixtes).

Médecins actifs (m. libéraux effectuant plus de 600 actes par an (spécialistes) ou + de 1 200 (omnipraticiens) 76 230 (87,9 %) dont omnipraticiens : 44 484 (87,8 %), spécialistes : 31 746 (87,9 %).

Entretiens de Bichat. Forum médical annuel qui se tient à Paris à la Faculté de Médecine Pitié-Salpêtrière. *Créé* en 1947 à l'hôpital Bichat.
En *1985,* 12 000 participants ; 36 tables rondes et débats ; 358 entretiens de médecine, chirurgie, thérapeutie, spécialités, rééducation, posologie, colloque infirmier, 47 films médicaux, vidéothèque, exposition scientifique.

Densité médicale. Taux pour 100 000 hab. *1959-60 :* 98,6 ; *69 :* 121,5 ; *73 :* 136,7 ; *75 :* 147 ; *77 :* 171,9 ; *79 :* 135 ; *80 :* 217 (Paris 356) ; *82-83* (1-1) : 211,5 ; *85* (prév.) : 235 à 250 ; *2000* (prév.) : 330.

Répartition par âge. Au 31-12-1982, en %. *Moins de 35 ans :* 35,4. *De 35 à 44 a. :* 28,6. *De 45 à 54 a. :* 18,8. *De 56 à 64 a. :* 13,7. *65 a. et + :* 2,6.

Actes médicaux. De 1971 à 1981, nombre de médecins libéraux + 50 %, des consultations + 70 %, des visites à domicile + 40 %. Actes cotés K (chirurgie et spécialités) + 130 %, actes cotés Z (radiologie) + 140 %. **Causes :** extension de la protection sociale et prise de conscience accrue par la popul. des bienfaits d'une surveillance sanitaire et de traitements précoces ; progression des effectifs des médecins.

Nota. — Les caisses d'assurance-maladie estiment qu'elles n'ont pas à offrir une garantie de revenus à une profession qui a mal contrôlé la croissance de ses effectifs ; que la multiplication inutile et coûteuse des actes n'a fait que refléter le désir des praticiens de maintenir leur niveau de vie.

Qualifications accordées dans chaque discipline (en France métropolitaine et, entre parenthèses, dans les D.O.M., au 31-12-83). Allergologie 946 (12). Anatomie et cytologie pathologique humaine : spécialistes 431 (5), compétents 472 (6). Anesthésie, réanimation : spéc. 4 702 (80), comp. 419 (3). Angéiologie 531. Biologie médicale 801 (3). Cancérologie 297 (2). Cardiologie : spéc. 2 788 (33), comp. 604 (2). Chirurgie 5 123 (68). Chirurgie maxillo-faciale 441 (2). Chirurgie pédiatrique 110 (3). Chirurgie plastique et reconstructrice 242 (1). Dermatologie, vénéréologie : spéc. 1 979 (24), comp. 106 (3). Diabétologie, nutrition 536 (4). Électro-radiologie 2 035 (14). Endocrinologie 582 (6). Gynécologie-obstétrique : spéc. 831 (10), comp. ex. gynéc. 1 402 (7), comp. ex. obst. 290 (1), comp. gynéc. 303 (4), comp. obst. 118 (1), bi comp. ex. gynéco. 1 539 (36), bi comp. gynéco. et obst. 316 (7). Maladies de l'appareil digestif : spéc. 1 362 (15), comp. 455 (3). Maladies du sang 52. Médecine exotique 165 (16). Médecine interne 1 749 (16). Médecine légale 262 (3). Médecine nucléaire 79. Médecine du sport 3 750 (17). Médecine du travail 3 470 (24). Néphrologie : spéc. 229 (6), comp. 169 (2). Neurologie : spéc. 330 (5), comp. 31 (1). Neurochirurgie : spéc. 146 (2), comp. 31. Neuropsychiatrie : spéc. 2 075 (12), comp. 97. Ophtalmologie 2 613 (51). Oto-rhino-laryngologie 2 341 (31). Orthopédie 992 (10). Pédiatrie : spéc. 3 689 (59), comp. 398 (5). Phoniatrie 165. Pneumologie : spéc. 1 389 (12), comp. 463 (3). Psychiatrie : spéc. 4 120 (39), comp. 96 (3). Pédo-psychiatrie : spéc. 274 (1), comp. 5. Radiologie : options diag. 2 215 (39), thér. 187 (3), diag. et thér. 50 (1). Réanimation 148. Rhumatologie : spéc. 1 488 (14), comp. 311 (3). Rééducation et réadaptation fonctionnelle : spéc. 609 (3), comp. 452 (3). Stomatologie 1 483 (16). Urologie comp. ex. 61, comp. 499 (3). *Total des médecins spécialistes et compétents* 66 444 (755).

Départements ayant le plus de médecins inscrits (1983). Paris 17 679. B.-du-Rh. 6 452. Nord 5 470. H.-de-Seine 4 945. Rhône 4 491. Gironde 3 911. V.-de-Marne 3 861. Alpes-Mar. 3 604. Hte-Gar. 3 375. Hérault 2 981. **Le moins.** Lozère 141. Creuse 248. Belfort 260. Hte-Corse 291. Cantal 320. Htes-Alpes 323. Corse du S. 333. Lot 338. **Le plus de femmes médecins.** Paris 6 124. H.-de-S. 1 636. B.-du-Rh. 1 491. V.-de M. 1 326. Rhône 1 198. Nord 1 110. Hte-Gar. 938. Yvelines 909. **Le moins.** Lozère 27. Hte-Loire 48. Creuse 49. Hte-Corse 50. Belfort 51.

Nota. — Env. 500 procès sont intentés chaque année en France contre les médecins. En 1985, 180 procès étaient en cours contre des chirurgiens ayant oublié des objets dans le corps de leurs patients. Ils concernaient surtout des textiles (compresses, champs opératoires), et des pièces métalliques (aiguilles, pinces). Le record a été une « semelle de Pauchet-Duval », instrument de 39 cm de long et 900 g, servant à refouler les viscères, oublié dans l'abdomen d'une opérée. Sur 180 procès en cours, 114 concernaient la chirurgie viscérale, 25 la chirurgie osseuse, 2 la chirurgie esth., les 39 autres diverses spécialités.

Médecins du travail (31-12-82). 6 059 dont à temps plein 3 005, partiel 3 054. Travailleurs surveillés 11 762 970.

Pharmaciens

● **Historique. 1777** la profession des apothicaires est différente de celle des épiciers, naissance de l'enseignement privé de la pharmacie. *An XI :* la *loi du 21 germinal* consacre le 1er véritable statut de l'officine (en vigueur jusqu'en **1941**). **1803** 4 écoles publiques de pharmacie sont créées.

Étudiants en pharmacie. *1960-61 :* 8 722 ; *70-71 :* 22 161 ; *80-81 :* 37 081 ; *82-83 :* 37 504 (3 996 à la fac. de Paris-V) ; *83-84 :* 37 645 (8 365 à Paris) (2 500 étudiants autorisés à passer de 1re année en 2e année, contre 2 800 les 3 années précédentes). Env. 4 000 étudiants sortent chaque année des facultés (mais en 82, seulement 2 150 diplômés).

● **Diplômes délivrés.** *1960 :* 1 085. *70 :* 2 312. *80 :* 3 980. *82 :* 2 150. *83 :* 3 065.

Régime actuel. Arrêté du 19-6-1980 pour les 3 premières années d'études et arrêté du 12-9-85 pour les 4e, 5e et 6e années. Il a été créé une 5e année d'hospitalo-universitaire et une 6e année option officine ou industrie pour les étudiants des filiaires courtes de « pharmacie générale ». Les reçus à l'internat en fin de 5e année, peuvent s'orienter vers le 3e cycle, et préparer un D.E.S. : institution de 5 D.E.S. par arrêté du 3-11-1983 (durée : 4 ans) : pharmacie hospitalière ; ph. industrielle bio-médicale ; innovation pharmaceutique, évaluation et production du médicament ; ph. et santé publique ; biologie médicale. Les étudiants finissent leur scolarité avec le diplôme d'État de docteur en pharmacie.

● **Pharmaciens.** *Nombre* (titulaires d'officines) : **1866 :** 5 661, **1947 :** 13 153, **1982**-*31-12 :* 21 737. *Nombre total* (1986-1-1) : 43 965 (46 179 avec l'outre-mer), dont : titulaires d'officines 23 127 ; d'hôpitaux et cliniques 3 049 ; fabricants (propriétaires ou mandataires sociaux) 586 ; grossistes-répartiteurs et dépositaires (propriétaires ou mandataires sociaux) 123 ; assistants 14 075 (dont en ph. d'officine 11 701, établ. de fabrication 1 500, établ. de répartition et dépositaires 311) ; pharm. mutualistes 141 ; biologistes 6 369 (certains cumuls d'activités sont légalement autorisés).

Densité. Nombre pour 100 000 h. (1-1-83) : 80,3.

● **Pharmacies d'officine.** *Nombre.* Au 1-1-1986, 21 184 pharmacies d'officine ouvertes au public, c.-à-d. pharmacies qui ne sont pas réservées à un usage particulier intérieur, comme les ph. d'hôpitaux, de cliniques, et les ph. mutualistes (70) ou de secours minières (74). *Densité moy.* (France, 1-1-86) : 1 pharmacie pour 2 604 hab.

Création. Pour créer une pharmacie, un pharmacien doit obtenir une licence, accordée par la préfecture en fonction des conditions démographiques. Quorums fixés par le Code de la santé publ. (art. L.

571) : 1 pharmacie pour 3 000 h. dans les villes de 30 000 h. et + ; pour 2 500 h. dans v. de 5 000 h. à 30 000 h. ; 1 par tranche de 2 000 h. dans communes de — de 5 000 h. (Alsace-Lorr. quorum particulier : 1 p. 5 000 h.). Si l'intérêt de la santé publique l'exige, des créations peuvent être accordées même si les quorums ci-dessus sont atteints (+ des 3/4 des créations actuelles).

Le ph. d'officine doit employer un ou plusieurs ph. assistants selon son chiffre d'affaires (1 ph. assist. au-delà de 2 450 000 F (hors T.V.A.) et ensuite 1 pharmacien par tranche de 2 450 000 F (hors T.V.A.).

En 1985, les ventes portant sur des articles de « parapharmacie » (produits diététiques, orthopédie, acoustique, cosmétologie, etc.) représentaient 10 à 12 % du chiffre d'affaires global des officines.

Coût mooyen d'une officine (1985) : 2 millions de F (est.). Prix de vente équivalent de 70 à 100 % de 1 an de chiffre d'affaires.

Sages-femmes

Au 1-1-85, 11 600 dont en exercice 10 800 : hospitalières 4 100, de cliniques 3 700, de P.M.I. (surveillance de grossesse à domicile) 810, libérales 1 260, de maisons maternelles 65, centres de planification familiale 150, divers (crèches, laboratoires d'analyse) 715. *Diplômées* (1983) : 720.

Professions paramédicales

Effectifs et, entre parenthèses, effectifs pour 100 000 h. (1-1-1982).

Aides-orthopédistes. 600. **Aides-soignantes** (1-1-82) 157 313. **Anesthésistes.** Faute de spécialistes (2 000 en 1972, alors qu'il en aurait fallu 3 000, et 6 000 en 1980), de très nombreux malades étaient « endormis » par des auxiliaires. **Assistants et assistantes du service social** (1981) 1 918 diplômes. *Effectifs* (1-1-83) : 31 450 (57,9). **Audioprothésistes** (1-1-83) : 1 110 (2). **Diététiciennes** (1-1-70) : 600. **Infirmiers** (1-1-83) : 271 253 (499,2) dont dipl. d'État et autorisés 211 393 (389), psychiatriques 59 860 (110,2) ; libéraux 11 %, hôpital (1-1-82) public 56 %, privé 15 %. En 1982, 13 761 dipl. d'État, 2 146 dipl. psych. **Ergothérapeutes. Masseurs-kinésithérapeutes.** 36 écoles, 6 293 élèves à la rentrée 1981, 1 758 diplômes délivrés en 1982. *Effectifs* (1-1-83) : 33 341 (61,4) dont libéraux 66,9 %. **Orthophonistes** (1-1-85) : 7 769 (14,3) ; libéraux 57,3 % ; 649 dipl. délivrés en 1980. **Orthoptistes** (1-1-83) : 1 338 (2,5). **Pédicures.** 10 écoles, 876 élèves en 1982, 342 dipl. délivrés en 1982. *Effectifs* (1-1-83) : 6 167 (11,3). **Préparateurs en pharmacie** (1-1-82) : 22 600 en activité (42,3). **Psychomotriciens.** 350 diplômés par an. **Puéricultrices.** 34 écoles, 835 élèves, 752 dipl. en 1982, 6 800 en activité en 1978. **Sages-femmes.** *Densité :* 74,3 pour 100 000 h.

Nota. — Les professions paramédicales groupent env. 300 000 personnes en France.

Psychanalystes

Sté psychanalytique de Paris (S.P.P.) fondée 1927 (297 membres dont 59 enseignants) avec l'*Institut de psychanalyse de Paris* (I.P.P. ; env. 350 élèves).

Association psychanalytique de France (A.P.F.) fondée 1963 ; 55 membres, 24 enseignants, env. 80 analystes en formation.

L'École freudienne [dissidente : 465 m. dont 34 enseignants et 311 dits praticiens (env. 35 % de médecins)] a été dissoute en 1980. Ses membres sont regroupés en une quinzaine de groupes.

Quatrième groupe (Organisation psychanalytique de langue française) fondée 1969 par une dizaine d'analystes de la Sté psychanalytique de Paris, de la Sté française de psychanalyse et surtout de l'École freudienne. 25 psychanalystes, 150 participants aux activités de recherche et de formation.

Sapeurs-pompiers

Sécurité civile

• **Historique. 1951 :** création du Service national de la protection civile. **1975 :** restructuration du service qui devient la Direction de la sécurité civile.

• **Mission. Temps de paix :** assurer la sécurité des personnes et des biens contre les risques d'accidents, de sinistres ou de catastrophes de toute nature. **Temps de crise ou de conflit :** assurer la sauvegarde de la population civile contre les risques qui pourraient la menacer.

• **Organisation. Direction de la défense et de la sécurité civiles (D.S.C.) rattachée au ministère de l'Intérieur.** Élabore les textes réglementaires relatifs à la prévention des risques et à l'organisation des secours, anime et coordonne les services chargés de la mise en œuvre des mesures de prévention et de secours en cas de sinistre ou de catastrophe. *Au niveau départemental :* Service interministériel des affaires civiles et économiques de défense et de la protection civile sous l'autorité du commissaire de la Rép., Dir. dép. des services d'incendies et de secours (D.D.S.I.S.), établissements publics dép. gérés par le Pt du Conseil général mais relevant de l'autorité du com. de la Rép. pour la mise en œuvre opérationnelle des moyens de secours.

• **Moyens d'intervention. Groupement aérien :** 32 hélicoptères répartis sur 19 bases pour secours médicalisés d'urgence et sauvetages divers (27 alouettes, 4 dauphins, 1 écureuil) ; 24 bombardiers d'eau regroupés à Marignane pour lutte contre feux de forêts et pollutions par hydrocarbures (11 canadairs, 9 trackers, 4 DC6).

Déminage : centres 19, agents 113.

Alerte aux populations : bureaux d'alerte 51, sirènes 4 500, équipes de contrôle de la radioactivité 600, détecteurs fixes d'alarme de la radioactivité 2 500.

Unité d'instruction de la sécurité civile (U.I.S.C.) : UISC1 à Nogent-le-Rotrou (E.-et-L.), U.I.S.C.7 à Brignoles (Var), Escadron de Corte (Corse).

Unités militaires spécialisées : armée de terre 12, de l'air 1, marine 1.

Sapeurs-pompiers : militaires (brigade des sapeurs-pompiers de Paris, bataillon des marins-pompiers de Marseille), professionnels, volontaires.

Centre interrégional de coordination opérationnelle de la sécurité civile (C.I.R.C.O.S.C.) implanté à Valabre (B.-du-R.), assure la gestion et la coordination des moyens pour la lutte contre les incendies de forêts dans 14 départements du S.-E. Le Centre opérationnel de la Dir. de la sécurité civile (C.O.D.I.S.C.) anime et assure les coordinations nécessaires au niveau national, voire international.

Sapeurs-pompiers

Données générales

• **Effectifs (au 1-1-1984) :** 228 383 dont sapeurs-pompiers volontaires 201 445, professionnels 18 561, militaires 8 377 [BSPP 6 949, MP Marseille 1 428].

Nota. — 17 sapeurs-pompiers sont morts, victimes du devoir, en 1985.

• **Centres de secours :** 11 356 dont corps de première intervention 8 272, centres de secours 2 535, centres de secours principaux 549, centres de secours relevant des sapeurs-pompiers militaires 100.

• **Brigade des sapeurs-pompiers de Paris** (Paris, H.-de-S., Seine-St-D., Val-de-M.). **Origine :** *1716* création du poste de directeur des Pompes de la ville de Paris. *1722* création d'une compagnie de gardes pompes. *1811* formation du bataillon des s.-p. de la ville de Paris. *1867* le bataillon devient régiment des s.-pompiers de P. *1967* la brigade des s.-pompiers de P. est intégrée dans l'arme du Génie de l'armée de terre. **Effectifs** (1-1-85) : 7 451 (dont 233 officiers, 41 médecins, 1 145 sous-off., 6 032 militaires du rang).

• **Bataillon des marins-pompiers de Marseille :** 1 428 marins-pompiers de la Marine nationale.

• **Pompiers communaux et départementaux. Effectifs** (1-1-85) : 227 728 hommes placés sous l'autorité des collectivités territoriales. **Historique :** *1815 :* organisation au niveau de chaque commune d'un service de secours pour lutter contre les incendies et sauver personnes et effets. *1831 :* création au sein de la Garde nationale des compagnies de s.-p. qui peuvent recevoir des armes pour concourir au maintien de l'ordre. *1852 :* un décret maintient l'incorporation dans la Garde nationale. Les s.-p. sont chargés des incendies, du service d'ordre et de la sécurité. *1871 :* suppression des gardes nationaux. Organisation spécifique des corps des s.-p. *1903 :* nouvelle organisation, transformation des institutions politiques et municipales. *1925 :* les corps de s.-pompiers relèvent en temps de paix du min. de l'Intérieur (sauf Paris où demeure un corps militaire). Les dépenses relatives au service d'incendie sont à la charge des communes. *1953 :* organisation départementale des secours avec centres de secours principaux et corps de première intervention. *1982 :* réorganisation suite à la loi de décentralisation. Les conseils généraux prennent une place importante dans la gestion des D.D.S.I.S.

Signification des sirènes

Appel des sapeurs-pompiers : code fixé par arrêté préfectoral.

Code national d'alerte : *signal modulé par fractions de 7 s d'une durée de 1 mn :* mise à l'abri immédiate, *signal continu de 30 secondes :* fin d'alerte.

Essais : tous les premiers mercredi de chaque mois sur l'ensemble du territoire (le 1er mercredi de chaque mois pair pour Paris, Hts-de-S., S.-St-Denis, Val-de-M.), à midi, signal modulé d'une minute par fractions de 7 s., à midi dix, un signal continu de 30 s.

Signal d'alerte du danger aérien : 5 modulations d'une durée totale d'une minute. *Fin d'alerte :* signal continu de 30 s.

Statistiques

• **Sinistres déclarés aux compagnies d'assurances.** *Nombre en 1983* (en milliers) : Incendies 1 959, Accidents corporels 1 151, Automobile 10 007. *Indemnités versées en 1983 pour les dommages :* 106,7 milliards de F.

• **Interventions des sapeurs-pompiers (1984). Total :** 2 009 405. **Incendies :** 227 935 dont (en %) habitat 31,8, feux de forêts 18,1, véhicules 10, établissements recevant du public 2,6, docks et entrepôts 1,6, divers 33,7. **Accidents de la circulation :** 317 099 dont routière 286 617, divers 30 482. **Secours à victimes :** 428 736 dont intoxications 37 837, suffocations 40 051, accidents en milieu aquatique 4 828, de montagne 2 036, autres 325 121. **Prévention des accidents :** 514 984 dont animaux en péril 184 870, personnes en péril 60 125, biens menacés 71 299, autres 198 690. **Sorties diverses :** 464 084 dont sorties sans intervention 171 162, fausses alertes 50 487, ouvertures de portes 32 496, recherches 24 277, autres 185 662. **Autres accidents :** 56 567 dont pollutions par hydrocarbure 5 464, produits dangereux 1 312, inondations 26 376, effondrements 1 695, explosions 897, contaminations 161, autres 20 662.

• **Personnes secourues. Total :** 801 726 dont *décédées :* 29 699 [dans les incendies 380, accidents de la circulation 10 526 (accidents de la circulation routière 9 404, autres 1 122)]. *Blessées :* graves 170 566, légers 569 458. *Indemmes :* 32 003. *Autres personnes décédées :* accidents ne nécessitant que des secours à victimes 18 592, suffocations mortelles 567, intoxications mortelles 928, noyades 1 889, accidents de montagne mortels 193, autres 11 015, dans les autres accidents 200. *Morts par incendie (par million d'habitants, moy. 1980-82) :* U.S.A. 28,9. Canada 28,7. Japon 15,5. Autriche 8,7. Pays-Bas 5,9. France 5,5.

Risques d'incendies des habitations (1980). **Selon les lieux (%) :** cuisine 21, cave 1er sous-sol 20, vide-ordures 17, chambre à coucher 8,9, salle de séjour 8,6, cages d'ascenseurs 3, d'escalier 2, garage, box 1. **Selon les causes (%) :** fait indéterminé 4,6, acte d'inconnu 8, appareils de chauffage 7, court-circuit 6, acte d'enfant 5, de fumeur 4.

Sécurité sociale

Généralités

• **Origine. 1898** couverture des accidents du travail. **1910** retraites ouvrières et paysannes. **1930**-*30-4* assurances sociales. **1932** allocations familiales pour les salariés. **1938** alloc. familiales pour les agriculteurs exploitants. Création du régime gén. de Sécurité soc. par ordonnances : **1945**-*4-10 :* ordonnance créant S.S., fixation d'un cadre ; *19-10 :* régime des assurances soc. ; **1946**-*30-1 :* accidents du travail ; *22-8 :* prestations familiales. **1947** création par les cadres salariés de l'A.G.I.R.C., Association générale des institutions de retraite complémentaire. **1967** l'ordonnance modifiant le régime général de la Sécurité sociale instaure une gestion paritaire (50 %/50 %) et décide la désignation des administrateurs par leurs organisations ouvrières et patronales. **1974** instauration d'un système de compensations financières entre les divers régimes obligatoires de protection sociale. **1975** loi étendant la Sécurité sociale : prestations en nature de l'assurance maladie et maternité (à compter du 1-7-75) aux jeunes gens en quête d'un 1er emploi ; assurance vieillesse à toutes les personnes sans exception ; prestations familiales à l'ensemble de la population résidant en France.

• **Organismes.** La Sécurité sociale comprend : *le Régime des salariés* (3 *caisses :* maladie-maternité, invalidité-décès, accidents du travail ; vieillesse ; prestations familiales) ; *les régimes agricoles ; les r. spéciaux de salariés et les régimes de non-salariés ; les organismes de retraites complémentaires.* [Caisse nationale, caisses régionales et primaires sont administrées par un conseil d'adm. composé de représent. des employeurs (50 %) et des salariés (50 %), nommés pour 4 ans par décret ou arrêté du ministre de la Santé et de la S.S. Des représentants des médecins, chirurgiens-dentistes, pharmaciens, de la Fédération nat. de la mutualité française et des unions d'associations familiales siègent aux conseils d'admin. des caisses régionales et des caisses de la Santé et de la S.S. avec voix consultative].

Agence centrale des organismes de Sécurité sociale (A.C.O.S.S.). Assure la gestion commune de la trésorerie des différents risques relevant des 3 caisses.

Union de recouvrement des cotisations de Sécurité sociale et d'allocations familiales (U.R.S.S.A.F.).

Organismes de contrôle. *Direction de l'ass. maladie et des caisses de Séc. soc. Direction générale de la famille, de la vieillesse et de l'action sociale. Inspection générale. Directions régionales de Séc. soc.*

• **Personnes couvertes par la Séc. soc.** (et % de la population totale). *1958* 24 000 000 (58). *1964* 30 000 000 (66,2). *1967* 49 000 000 (98). *1976* (env. 98,5). *1978* (100).

Budget social

Définition. Appelé maintenant « État retraçant l'effort social de la Nation ». Document annexe au projet de loi de finances, il couvre les diverses prestations dont bénéficient les ménages de la part de l'État, des organismes de Sécurité sociale, d'assistance et de promotion sociale : maladie, invalidité, vieillesse, décès, maternité, situation de famille, logement, accidents de travail, maladies professionnelles, événements politiques et calamités naturelles (les congés payés ne sont pas pris en compte).

• **Budget social global** (en milliards de F, 1984). *Ressources* 1 309,3 *dépenses* 1 273, soit 34,04 % par rapport au P.I.B.

Ventilation (en %, 1984). *Recettes :* assurés 21,9, employeurs 49,9, États puissance public 20,2, collectivités locales 1,7, taxes affectées 3,2, revenus capitaux 1,5, recettes diverses 1,5. *Dépenses :* services communs 11,5, santé 22,6, invalidité, vieillesse, décès 35,7, famille 12,5, logement 4,6, chômage-formation 8,4, autres 4,5.

Cotisants actifs (au 1-7-1984). *Salariés :* C.N.A.V. 12 924 810, fonctionnaires civils 1 828 825, ouvriers de l'État 101 743, fonctionnaires militaires 367 619, salariés agricoles 653 302, C.R.A.C.L. 1 254 774, mines 85 480, S.N.C.F. 249 800, R.A.T.P. 40 138, marins 63 840, C.R.P.C.E.N. 36 382, E.G.F. 162 521, C.A.M.R. 1 011. *Non salariés :* B.A.P.S.A. 1 854 385 [1], ORGANIC 675 732, C.A.N.C.A.V.A. 561 362, professions libérales 276 725 [1], C.A.N.A.M. 1 301 098, C.A.M.A.V.I.C. 43 364. Salariés cotisant au-dessus du plafond : 30 % (1984).

Nota. — (1) Au 1-7-1983.

• **Prestations. Maladie-Maternité. Nombre de personnes protégées et, entre parenthèses, prestations en nature** (moyenne en F) **par personne protégée, puis par cotisant** (1982). *Salariés :* régime général 44 054 000 (4 047. 9 556), salariés agricoles 1 753 016 (4 754. 13 525). *Non salariés :* exploitants agricoles 3 848 521 (4 198. 15 269), non salariés non agricoles 3 546 282 (3 101. 8 824).

Principaux postes de dépenses maladie du régime général (en millions de F, 1986). Honoraires médicaux 30 041, soins dentaires 8 458, honoraires du secteur public et hospitalisation 119 846, autres soins de santé 43 390, pharmacie 30 914, indemnités journalières 17 188. *Total maladie* 294 302.

Accidents du travail. Nombre (1984). 1 733 907 dont travail 1 563 261, trajet 170 646. **Dépenses** (en millions de F, 1984). 24 096 dont prestations d'incapacité temporaire 3 796 (en nature), 4 135 (en espèces) ; incapacité permanente 16 145 ; autres dépenses 20.

Vieillesse. Bénéficiaires F.N.S. (au 1-1-1985) : 1 604 505. **Dépenses totales** (hors invalidité) (1983) : 20 824 dont régime général 8 387, autres régimes 12 437.

Retraites des différents régimes. Nombre total (au 1-7-1984). *Régimes salariés :* régime général 5 578 422, S.N.C.F. 389 900, mines 415 209, marins 99 175, C.A.M.R. 37 034, E.G.F. 117 965, R.A.T.P. 39 994, Banque de France 12 417, Collectivités locales 286 674, fonctionnaires civils et militaires 1 264 446, clercs de notaires 22 854, salariés agricoles 1 152 674, ouvriers de l'État 104 624. *Régime des non-salariés :* artisans 478 575, commerçants 742 783, professions libérales 95 617, exploitants agricoles 1 797 750, C.A.M.A.V.I.C. 61 785.

Dépenses nettes (en milliards de F). *1984 :* 972, *1985 :* 1 051. **Prestations maladie** (en milliards de F). *1984 :* 276, *1985 :* 300. **Vieillesse.** *1984 :* 429, *1985 :* 466. **Familiales.** *1984 :* 117, *1985 :* 123. **Recettes en 1984.** *Par régimes :* de base 902, complémentaires 104. **Cotisations.** *1984 :* 856, *1985 :* 913. **Impôts et taxes.** *1984 :* 40,1, *1985 :* 31 (suppression du 1 %).

Transferts et subventions (en milliards de F). *Régime général : 1984 :* 10,8, *1985 :* 12,3. *Autres régimes : 1984 :* + 83,6, *1985 :* + 87,1.

Ensemble des différents régimes de Sécurité sociale

Soldes (en milliards de F)	1983	1984	1985
Régimes de base	13 385	18 648	− 5 198
Salariés	13 084	17 747	− 5 342
Régime général	11 173	18 088	− 3 230
Salariés agricoles	270	53	126
Régimes spéciaux	1 641	− 394	− 2 237
dont : CNRACL	393	− 830	− 2 189
Non-salariés	169	905	144
Non agricoles	518	541	− 135
dont : CANAM	135	− 247	− 801
BAPSA	− 349	364	279
FSAV	132	− 4	0
Régimes complém.	13 774	16 214	14 954
Salariés	10 639	12 994	11 670
Non-salariés	3 135	3 221	3 284
Total tous régimes	27 159	34 862	9 756

Subventions de l'État : remboursements de prestations comme le FNS (Fonds national de solidarité) et l'AAH (Allocation adultes handicapés), ou prise en charge de cotisations, d'autre part des subventions d'équilibre à certains régimes. Les transferts opèrent une redistribution au sein des régimes.

Régime général. Dépenses (en %). *1986* (prév.) : maladie 45,6, accidents du travail 5,3. CNAM 50,8, CNAV 27, CNAF 22,2. **Recettes** (en %). *1986 :* cotisations 90,6 (assurés 27,9, employeurs 72,1), impôts et taxes affectés (y compris la taxe sur les tabacs) 1,08, subventions de l'État 1,6, transferts reçus 2,4, produits financiers 0,4, recettes diverses 1,6.

Dépenses et, entre parenthèses, recettes (en milliards de F). *1981 :* 413,9 (407,3). *82 :* 494,6 (486,9). *83 :* 550,9 (562). *84* 614,8 (631,5). *85 :* 657 (670,5). *86 (prév.) :* 710,9, dont maladie 323, vieillesse 192, alloc. familiales 157,5, accidents du travail 37,9 (711,3 dont cotisations 635,9, subventions de l'État 27,2, transferts reçus 16,3, impôts et taxes 7,5, recettes diverses 11,3). **Solde.** *1981 :* − 6,6. *82 :* − 7,7. *83 :* + 11,1. *84 :* + 16,6. *85 :* + 13,4. *86 (prév.) :* − 20 dont allocations familiales + 2,3, accidents du travail + 9,2, maladie − 5,7, vieillesse − 17,6.

Augmentation récente des recettes : majorations de cotisations décidées fin 1981 dont l'effet a joué en 1982 : augmentation d'un point de la cotisation d'assurance maladie à la charge des salariés et déplafonnement de 3,5 points à la charge des entreprises ; création en 1982 d'une cotisation d'assurance maladie de 1 % sur les indemnités de chômage supérieures au SMIC et de 2 % sur les pré-retraites ; création d'une taxe sur les alcools (avril 1983) ; sur le tabac (juin 1983) ; sur la publicité pharmaceutique ; majoration de la taxe additionnelle sur les contrats d'assurance automobile ; prise en charge par l'État du financement de l'allocation aux adultes handicapés ; institution d'un prélèvement exceptionnel de 1 % sur le revenu imposable en 1983 et 84 ; majoration d'un point de la cotisation d'assurance vieillesse des salariés au 1-1-1984. Augmentation (1-7-1986) de 0,7 % de la cotisation vieillesse et prélèvement de 0,4 % sur les revenus imposables de 1986-87.

Régimes

Régime général de la Sécurité sociale

Généralités

Personnes concernées. Applicable à l'ensemble des salariés du secteur privé de l'industrie et du commerce, et des gens de maison.

Sont affiliés obligatoirement aux assurances sociales, quel que soit leur âge et même s'ils sont titulaires d'une pension, tous les Français(es), salariés ou travaillant en quelque lieu que ce soit, pour un ou plusieurs employeurs, et quels que soient le montant et la nature de leur rémunération, la forme, la nature ou la validité de leur contrat.

Immatriculation des salariés. *Composition du numéro matricule.* Exemple : 1 08 04 06 088 046. Il s'agit d'un homme (1) (pour une femme un 2), né en 1908 (08), en avril (04), dans les A.-M. (06), commune de Nice (088). C'était la 46e personne inscrite sur les registres de l'état civil en avril 1908 (046).

Immatriculation des employeurs. Numéro d'immatriculation attribué par la Caisse régionale en liaison avec l'INSEE (ou nº SIRET) (14 chiffres répartis en 2 composantes (dep. le 1-1-75). *1re composante :* nº SIREN à 9 chiffres attribué à chaque entreprise ; *2e composante :* 5 chiffres attribués même dans le cas où l'entreprise ne comporte qu'un seul établissement ; il y a en outre un *nº d'activité principale* (code APE) de 4 chiffres, selon la nomenclature des activités économiques de 1974.

Conditions d'ouverture des droits

• **Assurance maladie. Prestations en nature :** avoir occupé un emploi salarié ou assimilé soit pendant au moins 200 h au cours du trimestre civil ou des 3 mois de date à date précédant la date des soins, soit pendant 120 h au cours du mois civil ou de date à date précédant cette même date. Autre possibilité : avoir occupé un emploi salarié ou assimilé pendant au moins 1 200 h au cours d'une année civile (A), ce qui ouvre droit aux prestations de 1/4 de l'année B au 31-3 de l'année C.

Prestations en espèces les 6 premiers mois : avoir occupé un emploi salarié ou assimilé pendant au moins 200 h au cours des 3 mois précédant l'interruption de travail *ou* justifier des mêmes conditions d'heures de travail au cours du trimestre civil précédant l'interruption du travail ; **au-delà de 6 mois :** avoir été immatriculé depuis 12 mois au moins au 1er j du mois au cours duquel est intervenue l'interruption de travail, et justifier avoir travaillé pendant au moins 800 h au cours des 12 mois précédant l'interruption de travail dont 200 h au cours des 3 premiers mois *ou* justifier de ces mêmes conditions d'heures de travail au cours des 4 trimestres civils précédant l'interruption de travail, ou au cours du 1er de ces trimestres.

• **Assurance maternité.** Avoir occupé un emploi salarié ou assimilé soit pendant au moins 200 h au cours des 3 mois précédant le début du 9e mois avant la date présumée de l'accouchement, soit pendant 120 h au cours du mois précédant cette même date *ou* justifier des mêmes conditions d'heures de travail au cours du trimestre civil, ou du mois civil, précédant cette même date. Justifier en outre de 10 mois d'immatriculation à la date présumée de l'accouchement.

• **Assurance invalidité.** Avoir été immatriculé depuis 12 mois au 1er j du mois au cours duquel est survenue l'interruption de travail suivie d'invalidité ou la constatation médicale de l'état d'invalidité résultant de l'usure prématurée de l'organisme, et justifier avoir travaillé pendant au moins 800 h au cours des 12 mois précédant l'interruption de travail ou la constatation de l'état d'invalidité résultant de l'usure prématurée de l'organisme, dont 200 h au cours des 3 premiers *ou* justifier des mêmes conditions d'heures de travail au cours des 4 trimestres civils ou au cours du 1er de ces trimestres, précédant l'interruption de travail ou la constatation de l'état d'invalidité.

• **Assurance décès.** Avoir occupé un emploi salarié ou assimilé pendant au moins 200 h au cours des 3 mois précédant la date du décès, et au moins 120 h au cours du mois précédant cette même date *ou* justifier des mêmes conditions d'heures de travail au cours du trimestre civil, ou du mois civil, précédant le décès.

Bénéficiaires des prestations

Conjoint, enfants, ascendants, descendants, collatéraux et alliés jusqu'au 3e degré du salarié n'ont pas droit aux prestations en espèces, mais ils peuvent avoir droit aux prestations en nature dans les conditions suivantes : **le conjoint légitime** sauf s'il est lui-même assuré social, ou s'il exerce une activité professionnelle pour le compte de l'assuré ou d'un tiers, ou s'il est inscrit au registre des métiers ou du commerce, ou s'il exerce une profession libérale, ou s'il bénéficie d'un régime spécial d'assurance (fonctionnaires, cheminots, EDF-GDF, mineurs, etc.) ; **les enfants non salariés** et à charge jusqu'à 16 ans, 18 ans s'ils sont en apprentissage, 20 ans s'ils poursuivent leurs études ou sont infirmes ou incurables ; **les enfants de moins de 17 ans** à la recherche d'une première activité professionnelle, et inscrits comme demandeurs d'emploi à l'Agence nationale pour l'emploi ; **les ascendants, descendants, collatéraux et alliés** jusqu'au 3e degré s'ils vivent sous le même toit que l'assuré et se consacrent exclusivement aux travaux du ménage et à l'éducation d'au moins 2 enfants de moins de 14 ans à la charge de l'assuré.

L'ancien assuré titulaire d'une pension vieillesse a droit aux prestations en nature de l'ass. maladie.

L'assuré titulaire d'une pension d'invalidité bénéficie pendant toute son invalidité des mêmes prestations.

Régimes spéciaux

Professions concernées : salariés des professions agricoles et forestières ; marins et inscrits maritimes [1] ; mineurs et assimilés [1] ; personnel de la S.N.C.F. (les agents des chemins de fer secondaires, d'intérêt général ou local ont appartenu à un régime particulier avec intervention partielle du régime général ; le personnel embauché après le 1-10-54 relève du régime général) ; de la Cie Générale des Eaux ; de la Banque de France ; clercs et employés de notaires [2] ; personnel de la R.A.T.P. ; de la Caisse nationale de Sécurité sociale dans les mines ; de la chambre de commerce de Paris ; des chemins de fer d'intérêt général secondaire et local et des tramways [3] ; militaires de carrière.

Nota. — (1) Sont affiliés au régime général des All. fam. tout en ayant des caisses particulières. (2) Sont affiliés au régime général pour accidents du travail et prestations fam. (3) Figurent dans les régimes spéciaux, ou particuliers selon le régime choisi par la collectivité considérée, sont affiliés au régime général pour les prestations fam.

En matière d'ass. vieillesse, les régimes spéciaux intéressent : administrations, services, offices, établissements publics de l'État ; départements et communes ; établ. publics départ., communaux n'ayant pas le caractère industriel et commercial ; activités entraînant l'affiliation au régime d'ass. des marins ; entreprises minières et assim. ; S.N.C.F. ; chemins de fer secondaires, locaux, tramways ; expl. de prod. de transport et de distrib. d'énergie électr. et de gaz ; Cie gén. des Eaux ; Banque de France ; Opéra, Opéra-Comique et Comédie-Française.

Régimes particuliers

• **Régimes comportant une intervention partielle du régime général :** fonct. de l'État, magistrats et ouvriers de l'État ; agents E.D.F. et G.D.F. ; théâtres nationaux (Opéra, Opéra-Comique, Comédie-Française) ; Crédit foncier ; fonct. départ. et communaux ; ch. de fer secondaires et d'intérêt local et des tramways ; étudiants ; grands invalides de guerre, veuves et orphelins de guerre.

• **Assurance maladie et maternité des travailleurs non salariés des professions non agricoles.** Personnes assujetties à titre obligatoire :

a) Travailleurs non salariés : artisans inscrits au répertoire des métiers ou exerçant une activité rattachée par décret aux professions artisanales ; **industriels ou commerçants** inscrits au registre du commerce, ou assujettis à une patente commerciale, ou exerçant une activité rattachée par décret aux professions industrielles ou commerciales ; **professions libérales :** médecin, dentiste, sage-femme, pharmacien, architecte, expert-comptable, vétérinaire, notaire, avocat, huissier, syndic ou liquidateur judiciaire, courtier juré d'assurance, greffier, expert devant les tribunaux, homme de lettres, artiste, ingénieur-conseil, auxiliaire médical, agent général d'assurance, etc. **b) Personnes ayant exercé une activité** *non salariée, non agricole et bénéficiant à ce titre d'une allocation, d'une pension* de vieillesse ou d'invalidité servie par une caisse ou organisme d'allocation vieillesse. **c) Conjoints survivants** des personnes citées en **a**, s'ils bénéficient d'une allocation ou d'une pension de réversion.

Assurances personnelle et volontaire
(depuis le 1-1-1981)

Assurance personnelle. Pour les risques et charges maladie et maternité. *Bénéficiaires :* toute personne résidant en France et n'ayant pas droit aux prestations en nature d'un régime obligatoire d'assurance maladie-maternité. *Cotisations :* assises sur les revenus nets de frais passibles de l'impôt sur le revenu perçu l'année précédente, établie pour période de 1 an du 1-7 au 30-6. *Taux normal* (1-7-85 au 30-6-86) : 14,85 % jusqu'à 106 740 F/an (sommes des plafonds mensuels 1985) + 11,50 % entre 106 740 et 533 700 F/an (5 fois la somme précédente). *Minimum de cot. :* calculée sur la moitié de la somme des plafonds mensuels (1985 : 53 370 F) soit 7 925 F/an. *Cot. forfaitaires annuelles* (1-7-85 au 30-6-86) : él. de l'enseign. secondaire ou de l'établ. agréés, âgés de — de 26 a. 359 F, — de 27 a. 821 F ; étud. étrangers titulaires d'une bourse de leur gouv. 3 963 F ; travaill. frontaliers, personnes hospitalisées dep. + de 3 a. 7 925 F. Les cot. peuvent être prises en charge par le régime des prestations familiales ou par l'aide sociale.

Assurance volontaire. Pour les risques vieillesse et invalidité (pour maladie-maternité, ce régime ne concerne plus que les anciens assurés à ce régime avant 3-8-1968). Doit être remplacé par l'assurance personnelle.

Cotisations

Régime général

Cotisations normales. *Plafond.* Les salaires sont retenus dans les limites suivantes (sauf pour la part « déplafonnée » d'assurance maladie) dep. le 1-1-1986 : 108 720 F (annuel *1962 :* 9 600, *1970 :* 18 000, *1975 :* 33 000, *1979 :* 60 120, *1982 :* 82 020). *Trimestre* 27 660, *mois* 9 220, *quinzaine* 4 610, *quatorzaine* 4 255, *décade* 3 073, *semaine* 2 128, *jour* 426, *demi-journée* 213, *heure* 55.

Taux des cotisations

Risques ou charges	Taux global	Part employeur	Part salarié	Assiette
	%	%	%	
Assurance veuvage	0,10	—	0,10	*Totalité*
Maladie (a)	18,10	12,60	5,50 (b)	*du salaire*
FNAL (c)	0,13	0,13	—	
Vieillesse	13,90	8,20	5,70	
Alloc. familiales ...	9,00	9,00	—	*Sommes*
Accidents du travail	(d)	(d)	—	*inférieures*
FNAL (c)	0,10	0,10	—	*ou égales*
Versem. transports région parisienne (e)	2,00	2,00	—	*au plafond*

Nota. — a) *Assurance maladie-maternité-invalidité-décès :* nouvelle répartition des taux dep. le 1-1-1984, avec déplafonnement complet de la cotisation patronale et baisse de son taux (loi du 30-11-1983). Dep. le 1-7-1980, une cotisation est due sur les retraites ou assimilées : 1 % sur retraite de base, 2 % sur retraites complémentaires et garantie de ressources-démission. Dep. le 1-4-1983, une cotisation de 5,5 % est due sur les préretraites sup. au SMIC ; garantie de ressources-licenciement ou démission (au lieu des 2 % sur GR-démission), FNE, contrat de solidarité. Dep. le 1-6-1982, une cotisation de 1 % est prélevée sur les alloc. de chômage sup. au SMIC. b) *Dans les départements du Ht-Rhin, Bas-Rhin et Moselle,* s'ajoute une part « salarié » de 1,50 % sur la totalité du salaire (dep. le 11-1-1986, décret du 31-12-85). c) Fonds national d'aide au logement : 0,13 % déplafonné dû par les employeurs de + de 9 salariés dep. 86. Il s'ajoute au 0,10 % plafonné dû par tous les employeurs. d) Cotisation à la charge de l'employeur, variable selon les entreprises et les branches d'activité. e) En province, de 0,10 (Le Puy, Béziers, Villefranche-sur-Saône) à 1,50 (Lille, Lyon, Marseille).

Cotisations salariales particulières

● **Services domestiques.** Le système de cotisations sur une base forfaitaire est supprimé depuis le 1-1-86. Les cotisations sont désormais calculées sur le salaire brut. Voir ci-dessus. Accidents du travail 4,40 % (Alsace-Lorr. 2,3 %).

● **Autres cotisations particulières.** Médecins à temps partiel, artistes du spectacle, colonies de vacances. **Stagiaires étrangères, aides familiales.** *Cotisation « employeur »* seulement calculée sur une base forfaitaire se référant au SMIC en vigueur au 1er jour de chaque trimestre civil, soit par *heure* pour l'ensemble des départements (en F) 26,04 (pour Ht-Rhin, Bas-Rhin, Moselle 2,68), *jour* 21,92 (20,76), *semaine* 116,28 (109,16), *mois* 500,09 (469,48), *trimestre* 1 509,54 (1 417,12). **Régimes particuliers.** Fonctionnaires, colonies de vacances, taux spéciaux, se renseigner. **V.R.P. cartes multiples** (assurances sociales). *Cotisations patronales* (trimestrielles) : dans la limite du plafond trim. (27 660 F au 1-1-86) ; taux : 13,65 + 0,09 % de frais de gestion = 13,74 %, sur tout le salaire 12,6 %. *Cotisations salariales* (trimestrielles) : calculées selon les taux des cotisations salariales du régime général. **Régime « étudiants ».** Cotisation forfaitaire assurance maladie : *1985-86* 450 F.

Régime agricole

Risques ou charges	Taux global	Part employeur	Part salarié	Assiette
	% (a)	%	%	
● **Veuvage** (b)	0,10	–	0,10	*Totalité*
● **Maladie, maternité, invalidité, décès**	16,40	10,90 (c)	5,50 (c)	*du salaire*
	–	– (c)	– (d)	*Salaire limité*
● **Vieillesse** . .	12,90	7,20	5,70	*au plafond*

Nota. — (a) Taux global « assurances sociales » 29,40 % et 2,7 % de frais de gestion, à la charge de l'employeur, soit 32,10 %. (b) Assurance veuvage : déplafonnée à compter du 1-1-1982. (c) Répartition des taux modifiée depuis le 1-1-1984. (d) Haut-Rhin, Bas-Rhin, Moselle : cot. supplémentaire de 1,50 % dans la limite du plafond (0,25 % « employeur » et 1,25 % « salarié »).

Évaluation forfaitaire des avantages en nature (au 1-1-86). *Si la rémunération ne dépasse pas le plafond de la S.S. Nourriture (par jour)* à 1 repas (min. garanti × 1 = 13,72 F), 2 repas (min. gar. × 2 = 27,44). *Logement par mois* 274,40 F. *Autres avantages* valeur réelle.

Cotisations des non-salariés

Assurance maladie maternité

Non-salariés non agricoles. Du 1-4-1985 au 31-3-86. *Assiette :* ensemble des revenus professionnels nets de l'année précédente et des pensions ou allocations du régime des non-salariés (assiette de l'impôt sur le revenu), les revenus provenant d'une activité non salariée donnent lieu à paiement d'une cotisation au régime des salariés.

Taux et plafonds (1986) sur revenus professionnels 1985 : 11,55 %, dont 3,10 % dans la limite de 112 200 F et 8,45 % dans la limite de 561 600 F ; sur pension ou allocations 5 % dans la limite de 5 fois le plafond (561 000). *Cotisation minimale :* au 1-4-1986 : calculée sur la base d'un revenu égal à 40 % du plafond de la Séc. soc. en vigueur au 1-7-1986. *Exonération : a)* bénéficiaires du F.N.S. ; *b)* pensionnés d'invalidité. *c)* pensionnés de vieillesse dont les revenus déclarés n'atteignent pas 31 770 F (isolé) ou 55 940 F (marié). Un système de décote est institué pour les revenus ne dépassant pas ces plafonds de + de 2 000 F.

Allocations familiales

Employeurs et travailleurs indépendants. Par an. *Assiette :* revenu professionnel retenu au titre de l'avant-dernière année pour le calcul de l'impôt sur le revenu et dans la limite du plafond de Sécurité sociale applicable au 1er janv. de l'année, au titre de laquelle cette cotisation est due (revenu de 1984 retenu dans la limite de 112 200 en 1986). *Taux :* 9 % jusqu'au plafond.

Exonération : 1) Personnes dont le revenu professionnel est inférieur au salaire de base annuel retenu pour le calcul des prestations familiales 1 642,05 × 12 = 19 705 F au 1-1-86). 2) Travailleurs indépendants qui ont assumé la charge d'au moins 4 enfants jusqu'à 14 ans et ont au moins 65 ans (60 pour la femme veuve ou célibataire, séparée, divorcée, si elle ne vit pas maritalement). Montant. Voir p. 1566.

Assurance vieillesse des non-salariés

Artisans, industriels et commerçants. Dep. le 1-1-73, « alignés » sur le régime général de la Séc. soc. selon certaines modalités particulières. *Assiette :* revenus professionnels non salariés, non agricoles, retenus pour l'assiette de l'impôt sur le revenu mais dans la limite du plafond des cotisations de Sécurité sociale (112 200 F pour 1986). Pour les titulaires d'une pension, rente ou allocation qui exercent une activité non salariée, l'abattement de 10 000 F prévu sur l'assiette des cotisations est supprimé pour les pensions liquidées après le 30-6-84 ; de même que l'exonération des revenus d'activité inférieurs à 11 000 F. *Taux :* 13,90 % ; jusqu'à 65 ans. *Cotisation minimale :* calculée sur 200 fois le S.M.I.C. en vigueur au 1er janv. de l'année considérée, soit pour 1986 : 26,04 × 200 = 5 208 F.

1° Droits acquis depuis 1973. Pension de vieillesse : calculée comme dans le régime général, sur la base du revenu annuel moyen correspondant à l'ensemble des cotisations versées depuis 1973 (à partir de 1983 : les 10 meilleures années depuis 1973) ; même revalorisation annuelle que dans le régime général. Droit éventuel, comme dans le régime général, à : pension pour inaptitude, pension de réversion, majoration pour enfants, allocation supplémentaire du F.N.S., A.V.T.N.S. **2° Droits acquis avant 1973. Retraites calculées en points :** nombre de points acquis par cotisation (variable selon la classe de cotisation choisie) ou attribués gratuitement (reconstitution de carrière période avant 1949). Pension de réversion pour conjoint survivant.

Valeurs du point de retraite au 1-7-1986 : régime « artisans » 36,10 F, « industriels et commerçants » 49,90 F. Ces points sont revalorisés au 1-1 et au 1-7.

Allocation minimale : devenue « allocation aux vieux travailleurs non salariés » (A.V.T.N.S.), égale à l'A.V.T.S.

● **Professions libérales. Allocations vieillesse.** *Cotisation annuelle (en F).* Agents généraux d'assurance 9 100. Architectes, ingénieurs, techniciens, experts et conseils 9 600. Auxiliaires médicaux 7 464. Chirurgiens-dentistes 8 300. Experts-comptables, comptables agréés, commissaires aux comptes 9 748. Géomètres, experts agricoles et fonciers 9 904. Médecins 8 572. Musiciens, professeurs de musique, artistes, auteurs 8 076. Notaires 11 000. Officiers ministériels, officiers publics et des compagnies judiciaires 11 428. Pharmaciens 7 700. Sages-femmes 7 640. Vétérinaires 8 624. Réduction selon revenu net imposable de 1984 : de 3/4 si revenu ≤ 34 000 ; de 1/2 si revenu ≤ 56 000 ; de 1/4 si revenu ≤ 78 000 F. **Allocation minimale.** Même taux et plafonds que l'A.V.T.S.

Allocation vieillesse aux mères de famille. Mêmes taux et plafond que l'A.V.T.S.

Nota. — Les membres des professions libérales sont aussi assujettis à titre obligatoire, à des régimes complémentaires de retraite et de prévoyance.

Chômeurs

Dep. le 1-6-82, une cotisation est perçue sur les revenus de remplacement, indemnités et allocations servis aux salariés sans emploi relevant du régime général de la Séc. soc., du régime des ass. soc. agricoles et des régimes spéciaux (sauf pour les personnes aux revenus modestes). *Taux* (cotisations d'assurance maladie, maternité, invalidité, décès) : 1 % sur l'ensemble des revenus de remplacement suivants : allocation de base ; alloc. spéciale allouée à la suite d'un licenciement pour motif économique ; alloc. forfaitaires versées à certains jeunes, femmes ou catégories particulières de chômeurs ; alloc. de fin de droits ; alloc. spéciale du FNE versée aux bénéficiaires d'une convention du FNE : indemnités de formation versées par les ASSEDIC ; alloc. servies par employeurs et entreprises publiques ; alloc. spécifique et alloc. conventionnelles complémentaires de chômage partiel ; ind. de chômage intempérie : ind. de garantie des dockers 2 % ; alloc. de garantie de ressources versées en cas de licenciement ou de démission ; alloc. conventionnelle versée aux bénéficiaires d'une convention du FNE. Revenus de remplacement versés au titre d'un contrat de solidarité, en cas de cessation anticipée d'activité définitive ou progressive, c'est-à-dire l'alloc. conventionnelle de solidarité (ACS), l'alloc. conventionnelle complémentaire (ACC) et l'alloc. spéciale du FNE.

Sont exonérées : les personnes privées d'emploi, lorsque le montant journalier des avantages versés par les institutions d'indemnisation du chômage n'excède pas 1/7 du SMIC horaire multiplié par 39 h ; les personnes partiellement privées d'emploi lorsque le montant mensuel cumulé de leur rémunération d'activité et de leur revenu de remplacement n'excède pas 1/12 du SMIC horaire = 2 028 h (52 sem. × 39 h).

Prestations d'Assurances sociales

• **Assurance maladie. Prestations en nature.** *Honoraires médicaux.* Dep. le 1-7-80, 4 secteurs : sect. conventionnel avec application des tarifs conventionnels ; sect. conventionnel avec possibilité d'utilisation du droit à dépassement permanent (DP) pour ceux qui en bénéficiaient déjà antérieurement ; sect. conventionnel avec possibilité d'application des honoraires libres (HL) ; sect. non conventionnel. Pour les 3 premiers sect., les remboursements s'effectuent sur la base des tarifs conventionnels. Pour le 4e, le remboursement intervient sur la base du tarif d'autorité. Frais médicaux et pharmaceutiques pris en charge à 100 % par le système d'avance de frais.

Taux de remboursement sur tarif Sécurité soc. (en %). Médecins et infirmier(e)s 75, Autres auxiliaires médicaux 65, Dentistes (soins et prothèses) 75. Pharmacie : médicaments irremplaçables 100, méd. pour troubles sans gravité 40, autres méd. 70, laboratoire, prothèse, pansements, optique 70. Hospitalisation (établ. publics, privés, conventionnés) 80. Le ticket modérateur d'ordre public est abrogé.

Prestations en espèces (au 1-1-1986). *Indemnités journalières (I.J.) en cas d'arrêt de travail :* 50 % du gain journalier de base. Maladie, max. I. j. 153,66 F. I. j. max. majorée (à partir du 31e j si l'assuré a 3 enfants ou + à charge) 204,88 F. I. j. min. 36,05 F (à compter du 1er jour du 7e mois d'arrêt maladie continu et indemnisé). I. j. min. majorée, maladie, 48,07 F (à compter du 1er j du 7e mois d'arrêt de trav. continu et indemnisé si l'assuré a 3 enf. ou + à charge).

Médecins au 15-2-86 (C : consultation omnipraticien) 75 F. *Cs* (c. spécialiste) 110 F. *CNPSY* (c. neuropsychiatre) 175 F. *V* (visite omnipraticien) 85 F[2]. *Vs* (v. spécialisée) 110 F[2]. *N* (majoration v. nuit) 142 F. *F* (maj. dimanche[1]) 105 F. *Z* (actes par électroradiologistes gastro-entérologues) 9,80 F, (par rhumatologues, pneumophtisiologues) 8,95 F. Autres spécialistes omnipraticiens 7,60 F. *Forfait accouchement* simple 980 F. Gémellaire 1 140 F. *K* actes chirurgicaux 11,75 F. *KC*[3] a. chirurg. et d'anesthésie-réanimation de coefficient au moins égal à 35,12 F.

Nota. — (1) Dès le samedi midi pour la visite. (2) Au 15-2-86. (3) L'arrêté du 26-4-84 instaurant la lettre-clé « KC » pour certains actes chirurg. et a. d'anesth.-réanimation.

Chirurgiens dentistes (au 15-2-86). *C* (consultation) 75 F. *V* (visite) 85 F. *D* (acte chirurgiens-dentistes) 11,65 F. *S.C.P.* (soins conservateurs et prothèses) 13,30 F.

Sages-femmes au 15-2-86. *C* (cons.) 50. *V* (vis.) 71. *SF* (acte spécialisé) 13,90 F. *SFI* (soins infirmiers) 13,30 F. *Accouchement* simple 810 F, gémellaire 970 F. Indemnité déplacement 21 F.

Auxiliaires médicaux au 15-2-86. (I.d. : indemnités déplacement). *AMI* (infirmiers et infirmières) 13,30 F. I.d. 7,60 F. *AMM* (masseurs kinésithérapeutes) 10,95 F. I.d. (masseurs kinési. I.F.A.) 11 F. *AMO* (orthophonistes) 12,60 F. I.d. (IFA) 9,50 F. *AMP* (pédicures) 4,15 F. I.d. zone A 3,30 F, zone B et C 3,10 F. *AMY* (orthoptistes) 12,75 F.

Les indemnités journalières pour interruption de travail sont revalorisées si elles se prolongent au-delà du 3e mois et en cas d'une augmentation générale des salaires. Les ind. journ. maladie sont imposables sauf si elles sont servies au titre d'une affection de longue durée, d'une maternité ou d'un accident de travail.

Soins dentaires. Remboursés d'après la nomenclature (l'accord de la Caisse est nécessaire pour toutes les prothèses et tous les actes d'orthopédie faciale). **Prothèse :** 1) *Appareils fonctionnels :* si le bénéficiaire a moins de 5 couples de prémolaires ou molaires en antagonisme physiologique (les dents de sagesse comptant pour 1/2 couple) ou une édentation du groupe incisivo-canin totale ou partielle. 2) *Appareils thérapeutiques :* l'attribution d'un appareil de prothèse peut être autorisée, après avis du contrôle médical, lorsqu'un état pathologique du sujet dûment constaté par le médecin peut être influencé par l'état de la denture, dans le cas où les conditions fonctionnelles ne sont pas remplies. 3) *Appareils nécessaires à l'exercice d'une profession.*

Nota. — Pour l'orthopédie dentofaciale, la responsabilité de l'assurance maladie est limitée au traitement commencé avant le 12e anniversaire.

Travailleurs indépendants *assujettis au régime d'ass. maladie-maternité fixé par loi du 12-7-1966.*

Taux de remboursement des prestations en %. *Honoraires médicaux et paramédicaux.* 50 (en consultations externes de l'hôpital public ou assimilé 70), en cas de maladies longues et coûteuses (M.L.C.) ou de traitement prolongé entraînant une thérapeutique particulièrement coûteuse (T.P.C.) ; 80 (hôp. 85). Traitements de radiothérapie : 100. *Frais pharmaceutiques :* 50 (M.L.C. ou T.P.C. : 100). *Appareils d'orthopédie et prothèse, frais d'analyses et d'examens de laboratoires :* 50 (hôp. 70), en cas de M.L.C. ou T.P.C. 80 (hôp. 85) grand appareillage : 100. *Hospitalisation :* 80 les 30 premiers j., 100 à compter du 31e jour ou en cas d'acte supérieur ou égal à 50, ou en cas de M.L.C. ou T.P.C. ou pour hospitalisation des nouveau-nés dans les 30 j. suivant la naissance. *Soins et prothèses dentaires :* 50 (hôp. 70), en cas de M.L.C. ou T.P.C. : 80 (hôp. 85). *Frais d'optique :* 50 (hôp. 70), en cas de M.L.C. ou T.P.C. 80 (hôp. 85). *Frais de transport :* même taux que pour traitement ou soins. *Cures thermales :* forfait de surveillance médicale : 50 (en cas de M.L.C. ou T.P.C. : 80) (éventuellement : actes médicaux complémentaires 50, en cas de M.L.C. ou T.P.C. : 80). *Vaccinations obligatoires des enfants :* 50 (hôp. 70). *Soins et éducation spéciale des enfants handicapés :* 100 (nécessité d'une décision de la commission départementale d'éducation spéciale). *Diagnostic et traitement de la stérilité :* 100 (avec accord de la Caisse). *Maternité :* honoraires d'accouchement, examens pré- et postnataux 100 ; autres frais au domicile de la femme ou au cabinet du praticien 50 (hôp. 70) (100 % pendant les 4 derniers mois de la grossesse, et pour toutes les dépenses de soins au titre de l'assurance maladie), hospitalisation 100 : examens de surveillance sanitaire des enfants 100. *Versement :* aux femmes artisanes, commerçantes ou membres d'une profession libérale, aux conjointes de travailleurs indépendants, sous certaines conditions, d'une allocation forfaitaire de repos maternel et d'une indemnité de remplacement.

Ticket modérateur. Part des frais restant à la charge de l'assuré ou de sa mutuelle lors du remboursement (20 à 60 %). Il ne joue pas sur les hospitalisations de + de 30 j ou nécessitées par une intervention chirurgicale affectée d'un coefficient au moins égal à 50. Pas de ticket modérateur non plus pour les maladies inscrites sur une liste (25), les arrêts de + de 3 mois, les invalides, les accidentés du travail, les pensionnés de guerre, les affections comportant un traitement prolongé et une thérapeutique coûteuse, sous réserve d'une franchise mensuelle de 80 F. Tiers payant chez les pharmaciens conventionnés ; il est possible de ne payer que le ticket modérateur (30 à 60 % sur tous les médicaments). Présenter carte d'immatriculation, bulletin de salaire (ou attestation d'activité ou titre de pension), justificatif de la Caisse en cas de prise en charge à 100 %.

Nota. — *19-6-85 :* liste de 379 médicaments pour lesquels le ticket modérateur passe de 30 à 60 %. Économie estimée à 550 millions de F en 1985, 1,1 milliard en 86.

Taux de remboursement : 40 % certains produits pharmaceutiques (vignettes bleues). 65 % soins AMM, soins dispensés par masseurs ; AMO par orthophonistes ; AMP par pédicures ; AMY par orthoptistes ; AMI avec analyses, soins infirmiers. 70 % (vignettes blanches) pharmacie ; analyses ; (FSO) frais de salle opératoire ; transports ambulances. 75 % soins dispensaires, praticiens, dentaires C, V, (consultations, visites, actes radiologiques, etc.). 80 % soins hospitaliers ; titulaire d'une pension vieillesse FNS ; examens de labo. prescrits par l'hôpital, effectués à l'extérieur. 100 % médicaments comportant une croix sur la vignette (type de gamma-globuline).

Forfait journalier hospitalier. Au 1-1-86, 23 F. Exonérations : se renseigner.

• **Assurance maternité. Indemnités journalières.** Pendant le congé légal de 16 semaines (6 avant, 10 après), égales à 84 % du gain journalier de base (max. égal à 1/400 du plafond annuel soit au 1-1-86 258,16 F). Minimum 36,05 F (1-1-86). Indemnité journalière min. majorée à compter du 31e jour de repos prénatal indemnisé si l'assurée a déjà au moins 3 enfants à charge soit 46,17 F au 1-1-1985. *Période supplémentaire* indemnisable si la grossesse le nécessite (ne peut être reportée sur la période postnatale). **Prime d'allaitement.** Taux fixé par les caisses d'A.M. **Remboursement des examens médicaux** obligatoires et des **frais d'accouchement.**

• **Pension d'invalidité. Invalides pouvant travailler :** *maximum :* 33 192 F au 1-1-86 (30 % du plafond cotisations). Ne pouvant pas : *max. :* 55 320 F (50 % du plafond cotisations). *Min. :* 13 160 F (au 1-1-86). *Majoration pour tierce personne :* min. annuel 52 123,88 F (au 1-1-86).

Cumul possible avec pension militaire, rente A.T., pension d'un régime spécial, d'invalidité du rég. des salariés ou des exploitants agricoles dans la limite du salaire perçu par un travailleur valide de la même catég. professionnelle (majoration pour tierce personne n'entrant pas en ligne de compte). **En cas d'hospitalisation,** pension réduite comme en matière d'assurance maladie. **Stage de rééducation professionnelle** ou de réadaptation fonctionnelle possible avec participation de la S.S. aux frais du stage ou de traitement. Possibilité de maintien d'une partie de la pension pendant le stage et 3 ans après.

☞ Avantages vieillesse. Voir Retraite p. 1567.

• **Capital décès.** *Min. :* 1 106,40 F au 1-1-86 (1 % du plafond annuel des salaires soumis aux cotisations de S.S.). *Max. :* 27 660 F au 1-1-86 (3 fois le plafond mensuel des cotisations de la S.S). *Montant :* 90 fois le gain journalier de base de l'assuré. Les bénéficiaires disposent de 2 ans à compter du 1er j du décès pour en solliciter le règlement.

• **Prestations facultatives.** *Prise en charge* éventuelle du ticket modérateur, participation aux frais de transport non pris en charge par l'ass. maladie, attribution de prestations en nature à des ayants droit non visés par le Code. *Attribution* après examen de chaque cas par le conseil d'administration de la Caisse. Aucun recours en cas de refus.

• **Secours.** Quand les conditions d'ouverture aux prestations légales ou supplémentaires ne sont pas remplies, un secours individuel est accordé après enquête.

• **Cures thermales.** *Participation :* au titre des prestations supplémentaires aux frais de séjour, de transport de l'assuré ou de ses ayants droit. *Conditions :* 1986 (chiffre majoré de 50 % pour le conjoint et pour chacun des enfants, ascendants et des autres ayants droit à charge, et pour le concubin). *Plafond de ressources pour bénéficier des prestations :* assuré seul : frais séjour, déplacements 78 880 F, indemnités journalières 110 640 F. *Remboursements :* honoraires médicaux (forfait ; remboursement à 75 %) : médecin conventionné 390 F (arrêté du 4-7-85) ; m. non conventionné 45 F. Frais de séjour (forfait ; remboursement à 70 %) : 830 F (en 86).

Prestations familiales

Généralités

• **Conditions générales. Résidence.** Français et étrangers résidant en France peuvent bénéficier des prestations familiales. Les étrangers doivent disposer d'un titre de séjour régulier, mais aucune durée de résidence en France ne leur est demandée.

Enfant à charge. Les prestations sont versées aux personnes assumant la charge effective et permanente de l'enfant (charge financière, affective et éducative). Elles sont dues tant que dure l'obligation scolaire. Leur service est prolongé : jusqu'à 17 ans pour les enfants non salariés, 20 ans pour ceux placés en apprentissage ; en stage de formation prof. ; poursuivant des études ; ceux qui par suite d'infirmité ou maladie chronique ne peuvent avoir une activité prof. et ceux qui ouvrent droit à l'alloc. d'éducation spéciale. L'ensemble de ces catégories bénéficient des prestations familiales si la rémunération qu'ils peuvent percevoir est inférieure à 55 % du SMIC.

• **Prestations familiales** (1984). **Montants** (en milliards de F) **et, entre parenthèses, familles bénéficiaires** (en milliers). Allocations familiales 52,4 (4 458), complément familial 20,7 (2 674), alloc. prénatales 2,2 (2 274)[1], post-natales 3,3 (2 203)[1], congés de naissance 0,4 (310)[1], alloc. d'éduc. spéciale 0,9 (90)[2], aux adultes handicapés 11 (458), d'orphelins 2,9 (658)[2], différentielles 0,06 (8), prestations versées à l'étranger 0,9 (211), alloc. parent isolé 2,5 (104), logement 12,3 (1 737), aide personnalisée au logement 9,9 (1 128), primes de déménagement 0,5, alloc. de rentrée scolaire 1,4 (4 579)[2], prestations D.O.M. 2,1.

Nota. — (1) Nombre de paiements. (2) Nombre d'enfants.

Allocations

• **Accidents du travail (et maladies professionnelles).** Voir page 1579. **Droits.** La victime a droit : **1° A des prestations en nature** (frais médicaux et pharmaceutiques remboursés à 100 %). **2° A des indemnités : a)**

journalières. *Les 28 premiers j :* 50 % du salaire réel (max. 553,20 F par j au 1-1-86). *A partir du 29e j :* 2/3 (max. 737,60 F par j au 1-1-86). **b) Décès.** Remboursement des frais funéraires à concurrence de 1/24 du plafond annuel de cotisations (4 610 F au 1-1-86). **c) Incapacité permanente** (au 1-1-86). Pour une incapacité au moins égale à 10 %, rente calculée d'après un salaire annuel réduit : pour une tranche de salaire réel annuel jusqu'à 142 268,86 F, tranche du salaire annuel réduit égale au salaire réel (min. 71 134,43 F) ; entre 142 268,86 F et 569 075,44 F : 1/3 du salaire réel. Le salaire fictif est affecté d'un % correspondant aux taux de la rente, mais la partie de ce taux inférieure à 50 % est réduite de moitié et la partie supérieure à 50 % est augmentée de moitié. **d) Assistance d'une tierce personne.** Allocation égale à 40 % du montant de la rente (min. annuel 51 556,76 F au 1-1-86). **e) Accident mortel.** Rentes calculées en appliquant, au salaire annuel réduit, ces % (voir plus haut). *Conjoint.* 30 % (50 % en cas d'incapacité de travail ou à partir de 55 ans). *Enfants à charge.* 1 : 15 % ; 2 : 30 % ; par enfant en plus : 10 % (20 % par enfant orphelin de père et de mère). *Revalorisation bisannuelle des rentes au 1-1 et au 1-7.* **Ascendants.** 10 % (à défaut de conjoint et d'enfants). **Total des rentes allouées aux survivants :** maximum 85 %. **f) Rééducation professionnelle.** *Prime de fin de rééducation :* 3 319,20 à 8 851,20 F. *Prêt d'honneur* 199 152 F accordé pour 20 a. à 2 % remboursable par annuités égales. *Prix de journée et frais de rééducation :* variables suivant les centres et la rééducation poursuivie, pris en charge par la Caisse primaire d'assurance maladie.

● **Allocation compensatrice.** Pour handicapés de + de 16 ans, à l'incapacité min. d'au moins 80 %, ayant besoin d'un tiers pour les actes essentiels de la vie même. **Plafond de ressources.** Le même que pour l'allocation aux adultes handicapés. **Montant annuel.** 20 622,70 F à 41 245,41 F.

● **Allocation d'éducation spéciale. Bénéficiaires.** Handicapés jusqu'à 20 ans. 1° à l'incapacité permanente au min. de 80 %, non admis dans un établ. d'éducation spéciale ou pris en charge au titre de l'éd. sp. ; 2° à l'incapacité permanente au min. de 50 %, admis dans un établ. ou pris en charge par un service d'éducation ou de soins à domicile (sauf placement en internat pris intégralement en charge par l'ass. maladie, par l'État ou par l'aide sociale). **Montant mensuel.** 538,67 F (+ 1 202,01 F pour un enfant obligé d'avoir recours à l'aide constante d'un tiers ; ou + 404 F s'il y a nécessité d'une aide quotidienne mais discontinue d'un tiers).

● **Allocations familiales.** Versées à compter du 2e enfant à charge. Elles ne sont soumises à aucune condition de ressources.

Montant mensuel (en F, au 1-7-86). *2 enfants :* 538,67, *3* 1 228,84, *4 :* 1 919,01, *5 :* 2 609,19, *par enfant en + :* 690,17, *majoration pour enfant âgé de + de 10 ans :* 151,50, *et de 15 ans :* 269,33.

Salaire mensuel d'appoint limite de l'enfant travailleur, étudiant ou apprenti pour ouvrir droit aux all. fam. 2 502 F depuis le 1-7-86.

Complément familial. Créé par la loi du 12-7-1977, se substitue depuis le 1-1-1978 à l'*all. de salaire unique*, de la mère au foyer et à leurs majorations respectives, et à l'*all. pour frais de garde*. Les prestations peuvent être maintenues au titre des droits acquis par les familles qui au 1-1-78 n'ouvraient pas droit au complément familial ou ouvraient droit à des prestations supérieures. **Bénéficiaires à compter du 1-1-85 :** ménage ou personne qui assume la charge d'au moins 3 enfants, tous âgés de 3 ans ou +, lorsque ses ressources n'excèdent pas un certain plafond. Maintien temporaire quand le nombre d'enfants à charge diminue (pendant 1 an si décès d'un enfant). **Bénéficiaire à titre transitoire :** maintien du complément familial aux familles bénéficiaires ayant au moins 1 enfant de − de 3 ans conçu avant le 1-1-85 (n'ouvrant donc pas droit à la nouvelle « allocation au jeune enfant »). Le complément familial est alors versé autant de fois que la famille compte d'enfants de − de 3 ans conçus avant cette date. **Montant du complément familial par mois** pour 3 enfants ou plus de + de 3 ans (ou par enfant de − de 3 ans conçu avant le 1-1-85) : 41,65 % de la base des A.F. (arrondis au F le + proche) : 701 F au 1-7-86. *Plafond annuel jusqu'au 30-6-1987 :* 60 784 F, avec un enfant 75 980 F, 2 enfants 91 176 F, 3 enfants 109 411 F, au-delà du 3e enfant + 18 235 F par enfant.

● **Allocation aux adultes handicapés. Bénéficiaires.** + de 20 ans à l'incapacité permanente d'au moins 80 % ne pouvant, compte tenu du handicap, se procurer un emploi et dont les ressources ne dépassent pas un certain plafond [*célibataire :* 31 370 F, *marié non séparé (ou vie maritale) :* 62 740 F, *en plus par enfant à charge :* 15 685 F].

Montant mensuel (au 1-7-86). *Taux normal* 2 572,50 F

Garantie de ressources. Pour handicapé travailleur salarié, un complément de rémunération (remboursé par l'État) égal à la différence entre cette rémunération et la « garantie de ressources », pour la durée du travail effectif limitée à la durée légale.

● **Allocation au jeune enfant.** Créée par la loi du 4-1-1985 ; remplace les alloc. prénatales, postnatales et le complément familial dep. le 1-1-85. Pour chaque enfant conçu après le 31-12-84 ; déclaration de grossesse dans les 15 premières semaines : *versement à compter du 1er j. du mois suivant le 3e mois de grossesse* (12 semaines de date à date) ; au 3e mois après la naissance, sans condition de ressources ; jusqu'aux 3 ans avec un plafond (75 980 F de revenu net impos. avec 1 enfant à charge, 91 176 F avec 2 enf., + 18 235 F par enf. en + ; si ménage à 2 revenus, abattement pour double activité : 24 431 F). Subordonnée à la passation des examens prénataux et postnataux. *Montant mensuel par enfant bénéficiaire, à compter du 1-7-86* (46 % de la base de calcul des A.F.) : 773 F.

● **Allocation de logement.** Servie aux pers. bénéficiant d'une prestation familiale ou ayant à charge, soit un enfant qui n'ouvre pas droit aux alloc. familiales, soit un ascendant de plus de 65 ans (ou de 60 ans en cas d'inaptitude au travail), soit un ascendant, descendant, collatéral infirme et ayant de faibles ressources ; aux jeunes ménages sans enfant pendant 5 ans à compter du mariage si chacun des époux a − de 40 ans à la date du mariage ; si l'on est locataire ou sous-locataire ou accédant à la propriété de son logement ; si ce logement répond à certaines conditions de peuplement et de salubrité, et si la personne consacre à son loyer ou à ses mensualités d'accession à la propriété un certain % des ressources totales du foyer.

Allocation de logement aux personnes âgées, aux infirmes, aux jeunes travailleurs salariés et aux chômeurs. Locataires, sous-locataires, accédants à la propriété, local d'au moins 9 m² + 7 m² par personne en plus. **Conditions.** *Moins de 25 ans :* exercer une activité salariée et être affilié à la Séc. soc. *Personnes âgées et personnes atteintes d'une infirmité :* avoir au moins 65 ans ; ou avoir au moins 60 ans et être inapte au travail ou ancien déporté ou interné de la Résistance ou la carte de déporté ou interné politique ; être reconnu inapte au travail et à une rééducation professionnelle par la Commission technique d'orientation et de reclassement professionnel. *Chômeurs* (à compter du 1-4-86) : être bénéficiaire soit de l'allocation de solidarité spécifique, soit de l'allocation de fin de droit ou qui sans la recevoir se situent dans la période maximale d'indemnisation et qui satisfont aux conditions d'activité antérieure et de ressources prévues pour l'allocation de solidarité spécifique (les conditions de solidarité ne sont pas opposables aux personnes âgées et infirmes). **Loyer minimum.** *Pour ménage sans personne à charge :* tranche de ressources annuelles 0 % ⩽ 6 008, 15 % 6 008 à 12 015, 26 % 12 015 à 24 030, 36 % > 24 030. **En F par mois.** *Plafonds de loyer personne seule : location et accession à la propriété (à partir du 1-1-85), tous locaux* zone *1* 1 044, zone *2* 998, zone *3* 951 (majoration forfaitaire pour charges 255) ; *logements foyers (loyers forfaitaires) : jeunes travailleurs et chômeurs :* 694 ; *personnes âgées et infirmes (isolées ou ménages)* 844. **Montant de l'allocation de logement.** L'allocation de logement servie aux chômeurs est affectée d'un coefficient égal à 0,6.

● **Allocation d'orphelin.** Remplacée par l'alloc. de soutien familial dep. le 1-1-85.

● **Allocation parentale d'éducation.** Peut être versée à chaque personne qui interrompt ou réduit son activité professionnelle à l'occasion de la naissance, de l'adoption ou de l'accueil d'un enfant de − de 3 ans, portant à 3 ou + le nombre d'enfants à charge. Le bénéficiaire doit avoir exercé une activité professionnelle ou assimilée pendant 24 mois au cours des 30 mois précédant la naissance ou la demande d'A.P.E. Versée pendant 24 mois max. **Montant mensuel** (en F au 1-7-86) 1 518 en cas d'arrêt total, 759 en cas d'arrêt partiel.

● **Allocation de parent isolé. Bénéficiaire.** Toute personne isolée résidant en France, exerçant ou non une activité professionnelle et assumant seule la charge d'au moins un enfant. **Montant** (en F dep. le 1-7-86). *Femme enceinte sans enfant à charge* 2 525,03, *parent isolé avec :* 1 enfant à charge : 3 366,69, *par enfant en plus* 841,67 F.

● **Allocations postnatales. Conditions.** Mère résidant régulièrement en France, observation des 3 examens médicaux des 8 premiers j, au 9e et au 24e mois de l'enfant. **Montant (enf. conçus av. le 1-1-85).** Payables en 3 fractions : 8 j après la naissance 2 807,90 F, au 9e mois 582,92, au 24e mois 582,92. Total : 3 973,74 F) ; *majoration* pour naissances multiples : par enfant au-delà du 1er 3 029,58 F.

● **Allocations prénatales. Conditions.** La mère doit : *1)* déclarer sa grossesse à la Caisse d'assurance maladie ou à la Caisse d'all. familiales dont elle relève avant la 15e semaine de grossesse, en envoyant le feuillet n° 1 de la feuille de l'examen de santé prénatal ; *2)* subir *les examens prénatals* et envoyer les certificats correspondants à la Caisse d'all. fam. *1er ex. :* général et obstétrical (la justification doit parvenir à la Caisse avant la 15e semaine) + des examens de laboratoire (justif. avant la fin du 4e mois). *2e :* au cours du 6e mois. *3e :* dans les 15 premiers j du 8e mois. Suppression du délai d'envoi pour les 2e et 3e examens. **Montant (enf. conçus av. le 1-1-85).** *Après le 1er examen* 656,82 F, le *2e* 1 313,64 F, le *3e* 1 009,86 F, *total* 2 980,32 F. *En cas de déclaration tardive,* versement entre le 1er j du mois de la déclaration et le dernier j du mois précédant l'accouchement ou l'interruption de la grossesse. *Si l'un des examens n'est pas subi,* suppression des versements correspondants. EN CAS D'INTERRUPTION PRÉMATURÉE DE LA GROSSESSE : *avant le 1er examen :* aucun versement. *Entre le 1er et le 3e examen :* v. partiel. *Après le 3e examen :* v. total.

☞ A compter du 1-1-85, allocations prénatales et postnatales ne sont plus servies que pour les enfants conçus avant le 1-1-85. La majoration pour 3e naissance (ou +) est supprimée pour les enfants nés après le 31-12-84. Les enfants conçus depuis le 31-12-84 ouvrent droit à la nouvelle « allocation au jeune enfant ».

● **Allocation de rentrée scolaire. Bénéficiaires.** Familles bén. d'une prestation familiale dont les ressources nettes imposables en 1985 n'ont pas dépassé 72 104 F pour 1 enfant, + 16 639 F par enfant en plus. **Montant** (en 1986) versé à la rentrée scolaire, pour chaque enfant inscrit (6 à 16 ans) dans un établissement public ou privé : 336,67 F.

● **Allocation de soutien familial.** Créée par la loi du 22-12-1984 qui confie aux Caisses d'allocations familiales l'aide au recouvrement des pensions alimentaires. Remplace l'alloc. d'orphelin dep. le 1-1-85. Pour les personnes isolées, en cas de non-versement par l'un des parents de la pension alimentaire mise à charge par décision de justice, la Caisse d'alloc. fam. verse cette alloc. à l'autre parent. Cette allocation est versée à titre d'avance, la Caisse étant subrogée dans les droits du parent créancier et habilitée à entreprendre les actions nécessaires en vue du recouvrement de la pension alimentaire. Les C.A.F. peuvent aussi aider tout parent titulaire d'une créance alimentaire même s'il n'est pas isolé et ne remplit pas les conditions d'attribution de l'allocation de soutien familial. **Montant mensuel** (en F) : parent seul : 378,75, foyer recueillant : 505.

● **Allocation veuvage.** Veufs ou veuves brutalement sans ressources. *Conditions :* ayant − de 55 ans, vivant seuls, ayant encore 1 enfant à charge ou ayant élevé 1 enfant pendant au moins 9 ans avant son 16e anniversaire (les enf. adoptés sont assimilés). L'assuré décédé devait avoir la qualité d'assuré au regard du risque veuvage ; le veuf ou la veuve doivent en principe résider en France. **Plafond de ressources :** 8 494 F pour le trimestre précédant la demande (y compris le montant de l'all. veuvage mais non comprises les prestations familiales). **Montant** (au 1-1-86) : 2 358 F par mois la 1re année, 1 549 la 2e, 1 181 la dernière année. Plafond de ressources (par trimestre) : 8 843 F.

● **Prime de déménagement. Conditions.** Emménagement dans un local offrant de meilleures conditions ou mieux adapté si l'on a droit à l'allocation de logement. **Montant maximum** (en F au 1-7-86). *Familles : 1 enfant :* 3 366,70, *2 :* 3 703,37, *3 :* 4 040,04, *4 :* 4 376,71, *5 :* 4 713,38, *par enfant en + :* 336,67. *Personnes âgées ou infirmes :* 3 366,70. *Jeune travailleur salarié :* 1 683,35.

Aide sociale légale

● **Administrée par la D.D.A.S.S. (Direction dép. de l'action sanitaire et sociale), alimentée par les collectivités publiques, destinée aux non-bénéficiaires de la Séc. sociale. Doit disparaître progressivement avec sa généralisation à l'ensemble de la population.**

• **Aide à l'enfance.** Montant fixé dans chaque département par le conseil général.

• **Aide à la famille.** Proportionnelle aux ressources et aux charges du demandeur. Ne peut excéder le montant des alloc. familiales versées dans la commune.

• **Aide judiciaire.** Voir Index.

• **Aide médicale** (au 1-1-86). *Allocation mensuelle* de 1 096,66 F (365,55 F en cas d'hospitalisation) soit 13 160 F par an (4 386,66 F en cas d'hospitalisation), après 3 mois d'admission à l'aide médicale. *Prise en charge* des frais médicaux et pharmaceutiques.

• **Aide ménagère à domicile.** *Accordée*, dans les communes où sont organisés des services spécialisés, aux personnes âgées qui ont besoin, pour demeurer à leur domicile, d'une aide matérielle et ne disposent pas de ressources supérieures à celles qui sont prévues pour l'octroi de l'allocation simple d'aide sociale (voir Index). La Commission d'admission fixe, après une enquête, la nature des services et leur durée (au max. 60 h par mois), ainsi que la participation horaire des assurés selon leurs ressources.

• **Aide aux personnes âgées** (au 1-1-86). *Allocation simple d'aide à domicile* : 13 160 F par an. *Plafond des ressources* : 31 770 F par an. *Allocations de logement et de loyer* (voir ci-dessous). *Allocations représentatives des services ménagers* : 60 % du coût des services ménagers ou 30 h d'aide ménagère par mois. *Placement en établissement* : somme mensuelle minimale laissée à la personne placée : 308,70 F par mois ; pension attribuée à la famille d'accueil : montant annuel fixé par le conseil gén. entre l'allocation d'aide à domicile et 80 % du max. de l'alloc. compensatrice aux adultes handicapés entre 13 160 et 41 249,47 F au 1-1-86. *Allocation « Ville de Paris »*. Attribuée aux + de 65 ans (+ de 60 ans si inaptes au travail) résidant depuis + de 3 ans à Paris. *Plafond de ressources* se renseigner à sa mairie.

• **Aide sociale à l'enfance** (ex-Assistance publique) : tutelle des pupilles de l'État, protection des enfants pris en charge jusqu'à 18 ou 21 a. (468 975 enf. bénéficiaires au 1-1-80), P.M.I. (protection maternelle et infantile).

• **Aide sociale générale :** pour les personnes aux ressources insuffisantes. *Nombre de bénéficiaires* : malades : + de 1 000 000, personnes âgées (aide médicale à domicile ou en établissement) : env. 270 000, handicapés : env. 200 000, personnes ou familles en difficulté : env. 100 000. *Demande* : bureau d'aide sociale de la mairie.

• **Allocation de loyer.** *Bénéficiaires* : personnes ni âgées ni infirmes aux ressources inférieures à 1 440 F par an (plafond non réévalué dep. 1961).

• **Allocation militaire.** *Bénéficiaires* : la famille ou l'appelé ayant un certain plafond de ressources calculé selon le nombre de personnes à charge. *Montant mensuel* (au 1-1-86, en F). Allocation principale de 100 à 300, majoration par ascendant de 50 à 150 ; pour enfants à charge : chacun des *2 premiers* 532,02, *3ᵉ* enfant 681,65 chaque enfant *en plus* 681,65.

Retraite

Age de la retraite

• **Dans le monde.** Pour les hommes et, entre parenthèses, pour les femmes ; C : cumul possible retraite et travail ; B : bonification si pension retardée ; V : vérification des gains pour moduler la pension.

Albanie 60 (55), All. dém. 65 (60), All. féd. C 65 (65), Australie 65 (60), Autriche V 65 (60), Belgique 65 (60), Bulgarie 60 (55), Canada V 65 (65), Danemark CV 67 (65), Espagne 65 (65), États-Unis V 65 (65), Finlande 63 (63), *France CB 60 (60)*, Grèce 65 (65), Hongrie 60 (55), Irlande C 65 (65), Israël 65 (60), Italie CB 60 (55), Japon 65 (55), Luxembourg C 65 (65), Norvège 67 (67), Pays-Bas C 65 (65), Roy.-Uni BV 65 (60), Suède CBV 67 (67), Suisse C 65 (62), Tchécoslovaquie 60 (55), U.R.S.S. 60 (55), Yougoslavie 60 (55).

• **En France.** En 1981-82, 46,2 % des salariés du secteur privé non agricole ont pris leur retraite à 65 a. et +, 53,8 % avant. En 1983, 73,3 % des assurés du régime général ont pris leur retraite avant 65 ans, 19,1 % à 65 ans, 7,6 % après. *Actifs à 75 ans* : *1962* : env. 14 % ; *1968* : 8 % ; *1975* : 4 %. ; *1983* : 300 000 personnes concernées par la retraite à 60 ans ; *1985* : en activité à 60 ans et + 4 %, 65 a. et + 1 %, 75 a. et + 0,2 %.

Fonctionnaires civils, ouvriers d'État, agents des collectivités locales. 1° Peuvent demander et obtenir *leur admission à la retraite à partir de 60 ans (sédentaires) ou 55 a. (actifs).* La jouissance de la pension est immédiate à 60 a. (et 15 a. de services effectifs), 55 avec 15 a. au moins dans un emploi de la cat. B (cas de nombreux enseignants ayant exercé 15 a. ou + comme instituteurs). **2° Limite d'âge obligatoire.** Fixée plus tard. *Catégorie A (sédentaires) : 1ᵉʳ, 2ᵉ et 3ᵉ échelons :* 70 ans ; *4ᵉ* : 67 ans ; *5ᵉ* : 65 ans. *B (actifs) : 1ᵉʳ éch.* : 67 ; *2ᵉ* : 65 ; *3ᵉ* : 62 ; *4ᵉ* : 60 ; [mai 1984 : projet de loi tendant à ramener à 65 a. l'âge de la retraite pour tous les fonctionnaires]. **Recul de limite d'âge pour chargés de famille :** 1 an par *enfant à charge* (max. cat. A 73 ans et B 70). 1 an pour le fonctionnaire qui à 50 ans est père de 3 enf. vivants (ou morts pour la France), s'il continue à exercer son emploi sans cumuler cet avantage avec celui ci-dessus, il peut reculer la limite au-delà de 71 ans pour la cat. A et 68 pour la B. **Ascendants d'enfants morts pour la France :** 1 an par enfant décédé ainsi.

Répartition par âge des prestataires bénéficiaires d'un avantage de vieillesse (en %) (*source* : C.N.A.V.T.S.). *1981* : avant 65 ans 63,34, à 65 ans et plus 36,65 ; *1982* : avant 65 a. 63,81, à 65 a. et + 36,18.

Militaires de carrière. *Officiers* : après 25 ou 30 ans de carrière ; *non-officiers* : après 15 ans de service. **Mines.** 55 ans (50 après 20 ans de travail au fond). **S.N.C.F.** 55 ans (50 après 25 ans de service dont 15 de conduite). **E.D.F.-G.D.F.** 60 ans (55). **R.A.T.P.** 60 ou 55 ans (50).

Abaissement de l'âge de la retraite. Depuis le 1-4-83 (ordonnance du 26-3-1982) peuvent obtenir au régime général le taux maximal (50 %) tous les salariés du régime général et du régime agricole, artisans, commerçants et industriels, agents non tit. de l'État et des collectivités locales ; âgés de 60 a. qui totalisent tous régimes de retraite confondus 37 a. et demi, soit 150 trimestres de périodes d'assurance et de périodes reconnues équivalentes ; reconnus inaptes au travail à la date de leur demande de retraite ; titulaires de la carte de déporté ou interné politique ou de la résistance ; de la carte de combattant ou anciens prisonniers de guerre, à un âge déterminé en fonction de la durée de leurs services militaires ou de leur captivité ; demandant leur pension en qualité d'ouvrière mère de 3 enfants, si elles justifient de 30 a. d'assurance. L'assuré qui quitte un emploi ou en chômage reçoit, des régimes complémentaires, une pension liquidée également sans abattement. A compter du 1-4-86, un salarié licencié à partir de 60 ans inscrit comme demandeur d'emploi et non titulaire d'une retraite, perçoit de l'ASSEDIC une allocation de base (fixe plus 40 % du salaire avec minimum de 57 % du salaire), jusqu'à 150 trimestres d'assurance ou 65 ans.

Cessation anticipée d'activité. Possible, mais garantie de ressources versée par les ASSEDIC ; a été supprimée en 1983.

Contrats de solidarité (avant 60 a.). Ordonnances des 16 et 30-1-1982 pour favoriser les départs en préretraite partielle ou complète à condition que de nouvelles embauches soient effectuées. Possibilité supprimée dep. le 31-12-1983. Assuraient en moyenne 70 % du salaire de référence. *Bénéficiaires : potentiels* (1983) 700 000 ; *effectifs* (1983) 175 000.

Convention de coopération du Fonds nat. de l'emploi (F.N.E.). Les salariés licenciés pour motif économique à partir de 56 a. et 2 mois (exceptionnellement 55 a.) peuvent bénéficier d'un revenu de remplacement d'un montant égal à 65 % du salaire jusqu'au plafond de la Sécurité sociale et 50 % au-delà.

Organisation en France

Généralités

Principes. Les régimes de retraite se sont développés à partir de 2 idées.

1°) L'idée d'assurance qui conduit à rendre les pensions de retraite fonction des cotisations versées par les bénéficiaires au cours de leur vie active.

2°) L'idée de solidarité, entre actifs et retraités, réalisée par le système de la *répartition* : les pensions versées aux retraités actuels sont financées par les cotisations des actifs actuels.

Situation des régimes (au 1-07-83). *Régime général des retraités* 12 924 810 cotisants (5 290 867 retraités, rapport 2,44). (Au 1-1-83.) *Régimes particuliers et spéciaux : fonctionnaires et régimes spéciaux* 3 876 517 (2 652 022 ; r. 1,5). *Salariés agricoles* 688 181 (1 009 259 ; r. 1,1). *Exploitants agricoles* 2 009 668 (1 843 369 ; r. 1,1). *Commerçants, artisans, prof. libérales* 1 542 686 (1 279 807 ; r. 1,2).

Fonctionnement. Tous les salariés, sauf régimes spéciaux, bénéficient d'un régime de retraite de base (régime général de Séc. sociale) et d'un régime de retraite complémentaire.

Régime général

Retraite des non-cadres

• **Calcul de la pension de retraite.** Les salariés du régime général et du régime agricole peuvent prendre leur retraite à 60 ans en bénéficiant d'une retraite à « taux plein » égale à 50 % du salaire annuel moyen des 10 meilleures années d'activité, à condition de faire état de 150 trimestres (37,5 ans) d'activité professionnelle (ou « assimilée ») ayant donné lieu à versement de cotisations à un régime d'assurance-vieillesse quel qu'il soit.

La pension maximale est bloquée au taux de 50 % du salaire-plafond du régime général : autrement dit, les + de 60 ans qui ont cotisé plus de 37,5 ans ne percevront pas de pensions à un taux supérieur même s'ils continuent de travailler après 60 ans.

Les femmes assurées ayant élevé des enfants pendant 9 ans avant l'âge de 16 ans bénéficient de 2 ans d'assurance gratuite par enfant. En outre, la pension est majorée de 10 % lorsque l'assuré (homme ou femme) a eu ou élevé 3 enfants. Les situations « assimilées » à des périodes d'activité professionnelle (maternité, maladie, frais de guerre...) dans l'ancienne législation persistent dans la nouvelle.

Chômeurs. Indemnisés ou non, ils peuvent bénéficier de la retraite à 60 ans. *Conditions* : avoir 60 ans ou +, être inscrit à l'ANPE dep. le 1-2-82, justifier de 10 années de cotisation (40 trimestres).

Taux de la pension (au 1-1-1986). *Minimum* 29 575,04 F/an pour les tit. de pensions attribuées aux taux de 50 % (si — de 150 trim., min. proportionnel), soit 2 464 F/mois ; compte tenu de la diversité des situations individuelles et des retraites complémentaires, montant échelonné entre 59 % et 92 % du salaire net. *Max.* : 55 320 F/an (50 % du plafond de cotisations).

• **Rachat de cotisations.** En général et en l'absence d'ouverture d'un nouveau délai, les rachats de cotisations ne sont plus possibles. Toutefois certains rapatriés d'Algérie ou de territoires anciennement placés sous la souveraineté, la tutelle ou la protection de la France peuvent effectuer des rachats de cotisations dans les conditions prévues par la loi du 10-7-1965 (loi n° 85-1274 du 4-12-1985).

Avantages complémentaires. *Bonification pour enfants* : 10 % de la pension. Condition : avoir eu ou élevé 3 enfants pendant au moins 9 ans avant le 16ᵉ anniversaire. *Majoration pour conjoint à charge* : 4 000 F par an portée au montant de l'allocation aux vieux travailleurs salariés soit 13 160 F par an si les ressources du ménage ne dépassent pas au 1-1-1986 55 940 F par an. *Majoration pour tierce personne* : pour tit. d'une pension anticipée au titre de l'inaptitude au travail ou accordée aux anciens déportés ou internés ou anciens combattants et prisonniers de g. ayant un état de santé nécessitant l'assistance d'une tierce personne pour les actes ordinaires de la vie (prouvé avant 65 a.). *Montant* : 40 % de la pension principale, min. (1-1-86) 51 556,76 F.

Cumul d'une pension au titre de l'inaptitude et d'un emploi. Réglementé jusqu'à 65 a. Possible si les revenus professionnels ne dépassent pas par trimestre 50 % du SMIC. Calculé sur la base de 520 h.

Contribution solidarité. Les dispositions de l'ordonnance du 30-3-1982 ont été modifiées, notamment le taux de la contribution (17-1-1986) porté à 20 % partagés en parts égales entre employeur et salarié. Il demeure de 10 % pour les artistes (5 % pour 1 employeur, 5 % pour 1 salarié).

• **Pension de réversion.** Due au conjoint survivant non remarié ou au conjoint divorcé non remarié, âgé de 50 ans. *Montant* : 60 % de la pension du défunt ou disparu.

Min. annuel (1-1-1986) : 13 160 F. *Plafond de ressources* : montant annuel du SMIC calculé pour 2 080 h à la date de la demande ou du décès.

• **Minimum vieillesse.** *Montant (dep. 1-1-1986)* : 7 717,50 F par trimestre (personne seule), soit 30 870 F/an (couple : 13 985/trimestre, 55 940/an). Il se compose 1°) d'un avantage de base au moins égal au montant de l'A.V.T.S. soit 3 290 F par trimestre (13 160/an) et constitué par une pension calculée ou une pension portée au minimum ou une allocation. 2°) de l'allocation supplémentaire du Fonds national de solidarité soit 4 427,50 F par trimestre (17 710/an) qui majore la pension de base complétant le revenu des personnes âgées disposant de faibles ressources. Être âgé de 65 ans ou 60 ans en cas d'inaptitude au travail, résider en France métrop. ou dans un territoire ou département d'outre-mer, être Français ou ressortissant d'un pays ayant passé une convention de réciprocité avec la Fr., avoir des ressources inférieures à un montant fixé par décret, soit au 1-1-1986, 31 770 F pour une personne seule et 55 940 F pour un couple. **Alloc. supplémentaire du Fonds nat. de solidarité (FNS)** financée par l'État et attribuée sous certaines conditions de ressources. *Montant :* 17 710 F/an. *Plafond de ressources annuelles* (au 1-1-86) : 7 942,50 F/trimestre pour une personne seule (31 770/an), 13 985 F/trimestre pour un couple (55 940/an). **Total minimum vieillesse :** 2 572,50 F/mois pour une personne seule (30 870/an), 4 661,66/mois pour un couple (55 940/an).

Mode d'évaluation des ressources : toutes les ressources doivent être déclarées, y compris avantages d'invalidité ou de vieillesse, retraites complémentaires, revenus professionnels ou autres sauf : valeur des locaux d'habitation effectivement occupés ; valeur des bâtiments de l'exploitation agricole ; prestations familiales ; indemnités de soins aux tuberculeux ; majoration pour aide constante d'une tierce personne ; alloc. de compensation aveugles et grands infirmes ; retraite combattant et pension attachées aux distinctions honorifiques. *Les biens immobiliers et mobiliers actuels, ou que l'intéressé à donnés à ses descendants depuis 5 ans,* sont censés procurer 3 % de leur valeur vénale à la date de la demande. Pour les biens donnés entre 5 et 10 ans, ils sont évalués à 1,5 % de leur valeur. Les biens donnés au cours des 10 années précédant la demande à un autre descendant sont censés procurer une rente viagère calculée sur la base de la valeur de ces biens à la date de la demande. Les ressources prises en considération sont celles des 3 mois précédant la date d'entrée en jouissance dans certaines conditions.

• **Allocation aux vieux travailleurs salariés (AVTS).** Instituée en 1941 pour les anciens salariés qui n'avaient pu se constituer une retraite suffisante. Pratiquement plus attribuée aujourd'hui puisqu'il suffit maintenant d'un trimestre d'assurance pour donner droit à une pension. *Montant principal* (par an au 1-1-86) : 13 160 F, bonification pour 3 enf. (par an) 1 316 F, plafond de ressources annuelles (alloc. comprise) 1 : personne seule 31 770, ménage 55 940 F.

• **Secours viager.** Attribué aux veufs ou veuves dont le conjoint décédé bénéficia de l'AVTS ou de l'AVTNS. Alloc. aux vieux trav. non salariés. Mêmes taux et plafonds que l'AVTS.

• **Allocation aux mères de famille.** Pour les femmes ayant élevé au moins 5 enfants et n'ayant pas d'autre alloc. vieillesse. Mêmes taux que l'AVTS.

• **Alloc. spéciale vieillesse.** Attribuée aux personnes non bénéficiaires d'aucune alloc. de vieillesse. Mêmes conditions et montant que celles de l'AVTS.

• **Pension d'invalidité :** *1er groupe :* 33 192 F, *2e et 3e groupe :* 55 320 F.

Régime complémentaire

• **Définition.** L'A.R.R.C.O. (Association des régimes de retraites complémentaires) a été créée en application de l'accord national interprofessionnel de retraite du 8-12-1961 conclu entre le C.N.P.F. et les organisations syndicales. La loi de généralisation du 29-12-1972 a étendu les dispositions de cet accord à tous les salariés et anciens salariés relevant du régime général de Séc. soc. ou du régime agricole, qui sont depuis cette date affiliés obligatoirement à un régime membre de l'A.R.R.C.O. L'A.R.R.C.O. est chargée d'assurer entre les 45 régimes qu'elle fédère : compensation financière, harmonisation réglementaire, coordination de l'action sociale. **Bénéficiaires.** Tous les salariés et anciens salariés (notamment les cadres pour la partie de salaire inférieure au plafond de la Sécurité sociale) de l'industrie, du commerce des secteurs privés, des mines et du secteur agricole. **Taux de cotisations.** 4 % mais la cotisation appelée représente en fait 4,60 % du salaire dans la limite du plafond de la Séc. soc. pour les cadres, et de 3 fois ce même plafond pour les non-cadres. Opérations facult. réalisées par diverses institutions (fractions de taux excédant 4 %).

• **Calcul de la retraite.** Prise en compte des périodes de travail accomplies depuis l'âge de 16 ans. Aux droits acquis par cotisation, s'ajoutent les droits correspondant aux périodes d'activité effectuées : avant l'adhésion de l'entreprise ou dans une entreprise disparue. Dans la plupart des régimes, la retraite est exprimée en points. Son montant est égal au produit du nombre de points acquis par la valeur du point. Le nombre de points acquis au cours d'une année est obtenu en divisant les cotisations de l'année par le salaire de référence de la même année. Quelques régimes expriment l'allocation en % de salaire.

Principaux régimes A.R.R.C.O. utilisant le système par points. Valeur au 1-1-86 et, entre parenthèses, salaire de référence 1984. A.G.R.R. 1,912 F (14,22 F). A.N.E.P. 15,16 F (109,30 F). C.G.I.S. 20,60 F (21,82 F) [1]. C.N.R.O. 1,926 F (14,59 F). F.N.I.R.R. 2,0342 F (14,70 F). I.R.P.S.I.M.M.E.C. 2,11 F (15,84 F). I.S.I.C.A. 2,8863 F (20,00 F). U.N.I.R.S. 1,928 F (14,36 F).

Nota. — (1) Prix d'achat d'un point C.G.I.S. : 145,47 F.

Retraite complémentaire à 60 ans (ordonnance du 26-3-82). Les salariés en activité, les chômeurs indemnisés (y compris les bénéficiaires de la garantie de ressources), les chômeurs qui ne sont plus indemnisés mais qui sont toujours inscrits à l'A.N.P.E. comme demandeurs d'emploi dep. au moins 6 mois, peuvent faire valoir leur droit à la retraite complémentaire, sous réserve d'avoir entre 60 et 65 ans et de justifier d'une durée d'assurance de 37,5 ans. L'accord du 4-2-83 prévoit une garantie de retraite égale à 20 % du salaire moyen de la carrière pour 37,5 années validées à l'A.R.R.C.O. sur la base du taux obligatoire des cotisations. *Soit le calcul suivant :* 13,333 × 4 % = 0,5333 %. Le % de la pension de retraite complémentaire par rapport au salaire moyen de carrière sera, pour 37,5 années d'assurance, de 0,5333 × 37,5 = 20 %. Si la cotisation payée par l'assuré a été, même pendant quelques années, supérieure au taux contributif minimal de 4 %, le niveau de sa pension sera augmenté corrélativement.

☞ Les Institutions A.R.R.C.O. disposent de fonds sociaux qui leur permettent d'attribuer des aides à leurs retraités les plus défavorisés et de financer des investissements à caractère social, dans les domaines considérés comme prioritaires par l'A.R.R.C.O. : action en faveur du maintien à domicile : amélioration du logement et aide ménagère, équipements destinés aux personnes âgées dépendantes : maison de rééducation, section de cure, M.A.P.A. *Renseignements :* Centres d'information et de coordination de l'action sociale : C.I.C.A.S. créés par l'A.R.R.C.O. dans chaque département (et assurant des permanences dans de nombreuses localités de la circonscription) et dans des arrondissements de Paris sont à la disposition des travailleurs âgés qui, lorsqu'ils prennent leur retraite, ont besoin de renseignements précis et de conseils (constitutions de dossiers notamment).

% du dernier salaire (brut et, entre parenthèses, net) touché pour 37,5 ans de cotisations aux régimes général et complémentaire, et, en italique, pour 37,5 ans de cotisations dans divers régimes. Non-cadre : Rt [1] 70 à 72 (80 à 82), *60 à 65 (68 à 74)* ; Pa [2] 70 (79,1), *70 (79,1)* ; Pn [3] 65 (71), *65 (71)*. Cadre : Rt 57 à 60 (64 à 67), *50 à 55 (56 à 62)* ; Pa 70 (79,1), *70 (79,1)* ; Pn 58 à 59 (63 à 64), *58 à 59 (63 à 64)*.

Nota. — (1) Rt : retraite totale à 60 ans. (2) Préretraite ancienne formule. (3) Préretraite nouvelle formule.

Retraite des cadres

Toutes les entreprises dont le personnel est assujetti au régime général de la Séc. soc. (exceptions : banques, entreprises ayant un rég. complémentaire institué par une loi ou un règlement public, ou établi par une convention collective nécessitant agrément ministériel) et les syndicats, associations ou groupements divers intéressant une branche d'activité représentée au C.N.P.F., sont obligés de s'affilier à une Caisse et de verser au moins les cotisations du régime obligatoire.

• **Cotisations. Base** (1-7-86). Calculée sur la rémunération brute dans la limite de certains plafonds : *Tranche A* de 0 à 9 480 F par mois. *Tranche B* (limite supérieure des cotisations : 4 fois le plafond de 9 480 à 37 920 par mois (2e trim.) (soit 112 200 à 448 800 F par an).

Taux : retraite par répartition. Régime obligatoire minimal (en 1986 les cotisations sont appelées à 106 % c.-à-d. majorées de 6 % mais sans effet sur le nombre de points acquis). Taux fixé dans l'entreprise au min. à 8 % de la tranche B (2 % à la charge du salarié, 6 % de l'employeur). A compter du 1-1-81, taux de 12 % obligatoire pour les entreprises nouvelles.

Cotisations au « premier franc » : affiliation des participants au régime des cadres à une institution de retraites complémentaires membre de l'A.R.R.C.O. (Assoc. des régimes de retraites complémentaires), sur la base d'une cotisation de 4,6 % sur tranche A (répartition employeur/salarié selon les institutions ; le plus souvent 60/40 % comme à l'U.N.I.R.S.).

Régime supplémentaire facultatif : le taux de 8 % ou 12 % peut être majoré jusqu'à 16 % de la tranche B. Le supplément est réparti par moitié entre l'employeur et le salarié.

Allocation annuelle de retraite. Égale au produit du nombre de points acquis en cotisant (ou attribués gratuitement) par la valeur du point en vigueur lors du versement. Le nombre de points acquis au cours d'une année est obtenu en divisant les cotisations de l'année par le salaire de référence de la même année.

Valeur du point (au 1-1-86). 1,885 F. Dernier salaire de référence connu (exercice 1985) 14,82 F. Se renseigner auprès de la Caisse dont on dépend : points gratuits éventuels, cas d'inaptitude, validité de services accomplis avant le 1-4-47, majoration par enfant, coefficient d'anticipation.

Réversion. La retraite du cadre décédé est reversée à 50 ans pour les *veuves* (sauf si elles ont au moins 2 enfants mineurs à charge ou si elles sont invalides au moment du décès de leur époux) ; et à 65 ans aux *veufs de cadres féminins*. Le conjoint survivant a droit à 60 % de la retraite perçue par le cadre décédé (ou 60 % du montant de celle à laquelle il pouvait prétendre).

Les orphelins de père et de mère bénéficient d'une réversion de 30 % des points acquis par le cadre décédé, jusqu'à leur majorité ou au-delà s'ils sont invalides.

Association générale des institutions de retraite des cadres (A.G.I.R.C.). 4, rue Leroux, 75116 Paris. 57 caisses professionnelles et interprofessionnelles au 31-12-85.

Entreprises 391 244. *Participants actifs* 2 238 120. *Allocataires* 734 915 (retraités 456 009, conjoints survivants 277 433, orphelins 1 473).

Rapport du nombre des cotisants à celui des allocataires (en comptant les conjoints survivants pour 6/10 et les orphelins pour 3/10) au 31-12-84 : 3,59.

Montant moyen de la retraite annuelle (en F, 1984). Art. 4 et 4 *bis*. Retraités 46 203 ; conjoints survivants 27 365.

Taux moyen de cotisation : 13,84 %.

Cotisations versées par les actifs. En milliards de F (1984). 24,2. Sommes versées aux allocataires 23,8. Réserves effectives 21,7.

Les ex-conjoints divorcés non remariés peuvent bénéficier d'allocations de réversion uniquement si le décès du participant est intervenu postérieurement au 30-6-80.

• **Age moyen des prises de retraite.** Cadre ayant effectivement cotisé : *1950 :* 68 ans 5 mois. *1960 :* 66 ans 2 mois. *1984 :* art. *4* et *4 bis* 62 ans 6 mois.

• **Taux de cotisation « décès ».** Obligatoire. 1,5 % de la tranche A. L'employeur en situation irrégulière est tenu de verser aux ayants droit du cadre décédé une somme égale à 3 fois le plafond annuel de la Séc. soc. en vigueur lors du décès.

• **Assurances facultatives.** *Complément du capital décès souscrit par l'entreprise :* assurance complémentaire des frais de maladie, hospitalisation, etc. ; *assurance du risque invalidité ; rente éducation* (en cas de décès du bénéficiaire pour ses enfants à charge).

Régimes spéciaux

• **Origine.** Contrairement aux objectifs des ordonnances de 1945 et de la loi de mai 1946, qui prévoyaient l'institution d'une assurance vieillesse unique pour tous les Français, l'État a accepté le maintien ou la création de régimes spéciaux et autonomes, sous la pression des catégories intéressées : mineurs, cheminots, fonctionnaires qui bénéficiaient d'une assurance vieillesse privilégiée depuis 1890, marins de commerce qui en avaient une depuis 1668.

Leurs institutions furent maintenues « à titre provisoire ». Industriels, commerçants et artisans préfèrent quelques années plus tard créer des Caisses de retraite autonomes. En 1971, l'État a versé 4 383 millions de F pour équilibrer les régimes spéciaux de retraite alors que le régime général ne recevait aucune aide de l'État et participait au financement de ces régimes spéciaux.

L'ORGANIC a été créée en 1948, lorsque les commerçants obtinrent le droit de gérer eux-mêmes leur régime de retraite.

Les mutations du secteur et la transformation de nombre de commerçants indépendants en salariés ont entraîné un déséquilibre démographique qui a ruiné le système financier du régime. Les commerçants en activité (691 716) ne sont plus seuls à financer les retraites de leurs aînés (749 862). En 1985, leurs cotisations ont représenté 5 723 000 F. 6 676 000 F ont été apportés au régime par les sociétés, par l'État ou au titre de la compensation entre régimes de retraites. L'aide spéciale compensatrice et l'aide sur fonds sociaux ont été renouvelées pour la seule année 1981 pour venir en aide aux commerçants âgés qui ne pouvaient vendre leur fonds. En 1982, a été instituée sur des principes voisins une indemnité de départ qui remplace l'aide spéciale compensatrice.

Régime complémentaire des conjoints (obligatoire). Cotisations = 0,50 % jusqu'à 37 400 ; 1,82 % de 37 400 à 112 200 F.

Régime d'assurance invalidité-décès (obligatoire). Cotisations = 444 F en 1985.

Retraite complémentaire. Un régime complémentaire facultatif a été mis en place pour permettre aux commerçants qui le peuvent d'améliorer le montant de leur retraite.

• **Régime légal d'assurance vieillesse des commerçants.** L'ORGANIC a été créée en 1948 lorsque les commerçants obtinrent le droit de gérer eux-mêmes leur régime de retraite. Les mutations du secteur et la transformation de nombre de commerçants indépendants en salariés ont entraîné un certain déséquilibre démographique. Les commerçants en activité (691 716) ne sont plus les seuls à financer les retraites de leurs aînés (749 862). En 1984, leurs cotisations au titre du régime de base ont représenté 5 427 millions de F. 5 127 millions ont été apportés au régime par les sociétés, ou au titre de la compensation entre régimes de retraite. *Régime de base :* cotisations et montant de la retraite varient selon les revenus des cotisants et de la durée d'assurance. Les cotisations au régime de base sont calculées sur 13,90 % des revenus professionnels dans la limite du plafond de la Sécurité sociale. Les droits sont, depuis 1973, alignés sur ceux de la Séc. soc. : retraite à 60 ans égale à 50 % de la moyenne des revenus professionnels revalorisés qui ont servi à l'établissement de leurs cotisations calculées sur les dix meilleures années, dans la mesure où l'intéressé a cotisé pendant 150 trimestres, tous régimes confondus, et au prorata de la durée d'assurance depuis 1972. A cette retraite, s'ajoutent les droits calculés en points acquis pendant les périodes d'activité antérieures à cette date. *Régimes complémentaires. Régime obligatoire :* pour le conjoint qui, moyennant une cotisation modique, garantit à 65 ans une majoration pour conjoint coexistant égale à 50 % des droits de l'assuré et une pension de réversion de 75 % de ceux de l'assuré. Ce régime autorise, sous certaines conditions, le cumul intégral entre une pension personnelle et une pension de conjoint. *Régime facultatif :* pour permettre aux commerçants en activité, qui le peuvent, d'améliorer dans des conditions avantageuses, notamment du point de vue fiscal, le montant de leur retraite. *Aide aux commerçants âgés :* depuis le 1-1-1982 (loi du 30-12-1981), une indemnité de départ peut être attribuée sous certaines conditions de ressources et de durée d'activité par une commission présidée par un magistrat. Les caisses de retraite sont les mieux placées pour aider les commerçants à présenter leur dossier.

• **Fonction publique.** *Bénéficiaires :* fonctionnaires civils soumis au statut de la fonction publique, magistrats de l'ordre judiciaire, militaires (tous grades).

Taux de cotisation : 6 % du traitement. *Droit à pension :* acquis après 15 ans de services (sans condition de durée en cas d'invalidité) ; à — de 15 ans, le fonct. est rétabli dans la situation qui aurait été sienne en cas d'affiliation au régime général de S.S. *Entrée en jouissance :* règle générale 60 ans (50-55 a. dans certains cas). *Taux :* nombre déterminé d'annuités liquidables, chacune donnant droit à une allocation égale à 2 % des émoluments de base. *Minimum :* traitement brut à l'indice 100 pour 25 a. de service. *Maximum :* 37,5 annuités (40 si bonification) ; *majoration :* si le titulaire a élevé 3 enfants ou +.

Mesures spéciales en faveur des personnes âgées. *Démunies de ressources :* aide en argent (minimum vieillesse), gratuité sur certains transports en commun, allocation logement, en cas d'expulsion : le droit à être relogé dans des conditions similaires, prime de déménagement, installation gratuite du téléphone, exonération : de la redevance TV, des impôts locaux (taxe foncière et d'habitation), de la cotisation Sécurité sociale des employés de maison. *Toutes personnes âgées sans condition de ressources peuvent obtenir :* réduction sur transports en commun [S.N.C.F., avion, région parisienne (anciens combattants ou veuves de guerre 14-18)] ; installation du téléphone en priorité ; réduction dans certains musées et salles de cinéma.

• **Industries électriques et gazières.** *Bénéficiaires :* agents ayant 25 a. de services, à partir de 55 a. dans les services actifs et insalubres, à partir de 60 a. dans les services sédentaires. *Calcul de la pension :* 2 % du traitement par annuité.

• **Mines.** *Bénéficiaires :* mineurs de 55 a. ; l'âge d'ouverture du droit à pension, sans pouvoir être inf. à 50 ans, est abaissé d'un an par tranche de 4 ans de service au fond pour les trav. ayant au — 30 ans d'affiliation. *Pension normale :* pour l'affilié justifiant de 120 trim. de travail à la mine. *Montant :* fixé par texte réglementaire.

• **Marins du commerce, de pêche et de plaisance. Types de pensions :** d'ancienneté : dès 50 ans, si l'affilié justifie d'au moins 25 ans de services. Annuités limitées à 25, quel que soit le nombre réel. Pension suspendue en cas de reprise d'activité avant 55 ans. En cas de liquidation différée à 55 ans, rémunération de toutes les annuités dans la limite de 37,5 ; proportionnelle : à partir de 55 ans, si l'affilié justifie d'au moins 15 ans de services ; spéciale : de « carrière courte » (entre 5 et 15 ans). Liquidable à partir de l'entrée en jouissance d'une pension acquise au titre d'un autre régime. A défaut, à 65 ans. *Calcul des pensions :* sur la base d'un salaire forfaitaire. Valeur de l'annuité : 2 %.

• **Salariés agricoles.** Le régime agricole a bénéficié dès sa création d'une aide des pouvoirs publics ; mais la diminution du nombre des exploitants agricoles a entraîné une augmentation des subventions de l'État. En 1970, la profession agricole ne couvrait que 1/5 des dépenses de son régime. Le régime autonome des travailleurs indépendants connaît aussi un déficit.

Prestations vieillesse du régime d'assurances sociales agricoles. *Bénéficiaires :* salariés des professions agricoles et forestières. *Prestations :* comme régime général, sauf pour détermination des périodes d'assurances valables : 1 trimestre est décompté pour tout versement de cotisations correspondant à 50 jours.

• **S.N.C.F.** *Bénéficiaires :* agents ayant 25 a. de service valable et 55 ans d'âge (50 ans pour certaines catégories de cheminots). Pension calculée par année de services, à raison de 1/50 de la rémunération de base.

Préretraite

Préretraite. *Peuvent en bénéficier :* les salariés licenciés pour motif économique : il faut que leur entreprise ait passé une convention du F.N.E. (Fonds national de l'emploi) avec l'État, être âgé d'au moins 56 ans et 2 mois (exceptionnel : 55 ans), avoir appartenu pendant 10 ans au moins à un ou plusieurs régimes de Séc. soc., justifier d'au moins 6 mois d'appartenance à l'entreprise à la date du licenciement, ne pas être chômeur saisonnier, ne pas être en mesure de bénéficier d'une pension de vieillesse pour inaptitude au travail et ne pas demander la liquidation de sa retraite. *Montant :* 65 % du dernier salaire dans la limite du plafond Sécurité sociale, 50 % au-dessus (cette somme ne peut être cumulée avec une autre rente vieillesse). Revalorisée 2 fois par an en janv. et en juillet. *Maximum :* on ne tient pas compte de la partie du salaire dépassant 4 fois le salaire mensuel plafond de la Séc. soc.

Certaines catégories de personnes ayant démissionné avant l'entrée en vigueur des nouveaux taux continuent à bénéficier du taux à 70 %. *Durée :* jusqu'à l'âge où l'on peut obtenir une retraite à taux plein, donc où l'on totalise 37,5 ans de cotisations et, au plus tard, jusqu'à 65 ans. *Décès de l'allocataire :* son conjoint reçoit une somme égale à 8 mois d'allocation + 3 mois pour chaque enfant à charge.

Préretraite progressive. Peuvent en bénéficier les salariés qui acceptent que leur emploi à plein temps soit transformé en emploi à mi-temps : avoir + de 55 ans, avoir cotisé au moins 10 ans à Séc. soc., avoir été employé au moins 6 mois dans l'entreprise, être âgé de — de 65 ans (60 ans si 150 trimestres de cotisation à l'assurance vieillesse), ne pas faire liquider sa retraite, que l'entreprise ait signé un contrat de solidarité de préretraite progressive avec l'État. *Montant :* 30 % du salaire de référence calculé sur les 12 derniers mois de travail.

☞ Entre 1972 et 1985, 1 302 297 personnes sont parties en préretraite. Il n'existe plus de préretraite volontaire. La garantie de ressources a été supprimée en 1983. Subsiste la préretraite pour des salariés licenciés pour motif économique dont l'entreprise a signé un contrat avec le F.N.E. (Fonds national de l'emploi). Fin 1985, on comptait 221 863 préretraités FNE, 205 049 contrats de solidarité, 310 217 garanties de ressources licenciement et garanties de ressources démission. Soit, en ajoutant sidérurgie et chantiers navals, env. 750 000 personnes.

Adresses utiles

Gérontoscope (guide pratique d'adresses pour tous les problèmes du 3ᵉ âge) 68, rue de Miromesnil, 75008 Paris. **Fondation nationale de gérontologie** 49, rue de Mirabeau, 75116 Paris. **Centre de liaison, d'étude, d'information et de recherche sur les problèmes des personnes âgées (Cleirpa)** 15, rue Châteaubriand, 75008 Paris. **Institut national de recherche sur la prévention du vieillissement cérébral (INRPVC)** hôpital de Bicêtre, 78, rue de Gal Leclerc, 94270 Le Kremlin-Bicêtre. **Observatoire de l'âge** 91, rue Jouffroy, 75017 Paris.

Faites ce test

Les greffes cardiaques sont-elles fréquentes en France ?

En avril 1986, l'hôpital de la Pitié-Salpêtrière a fêté le succès de sa 200ᵉ transplantation cardiaque. Entre 1968 et 1981, le taux de survie ne dépassait pas 15 %, faute de disposer de médicaments antirejets efficaces. A partir de 1981, la ciclosporine, immunosuppresseur très puissant, a permis d'élever le taux de survie à plus de 80 %. Certains greffés ont repris une activité sportive intense. Ils doivent seulement suivre un traitement à vie fondé sur une association de ciclosporine et de corticoïdes à petites doses, et des contrôles médicaux réguliers. Les décès observés surviennent dans les 15 jours à 3 semaines suivant la greffe. Ils sont dus en général à la mauvaise qualité du cœur du donneur, ou à une incompatibilité entre donneur et receveur, ou parfois à l'organisme épuisé du receveur.

Les greffes de cœurs d'animaux sur des êtres humains ont un avenir certain. On utilise déjà des valves cardiaques biologiques d'origine animale. En 1985, le Dr Bailey a greffé sur « Baby Fae » un cœur de babouin.

Quelle serait la population souhaitable de la Chine ?

D'après les officiels chinois, 600 millions d'habitants, si elle veut connaître un niveau de vie comparable à celui de l'Occident. Or, la Chine a environ 1 005 000 000 d'habitants en 1986. Pour retomber à 600 millions, il faudrait qu'il n'y ait plus qu'un enfant par famille jusqu'en 2060. Aussi prend-on des mesures spéciales : la prime (10 yuans/mois, 1/5ᵉ du salaire), crèche et soins médicaux gratuits pour l'enfant unique. L'avortement est fortement conseillé (à Canton, 80 % des grossesses se terminent par un avortement dont 1/3 après le 6ᵉ mois).

Syndicats

Données générales

● **Définition.** Un syndicat est une association de personnes exerçant la même profession, ou des métiers similaires ou connexes, ou des métiers différents dans une même branche d'activité, et qui a exclusivement pour objet l'étude et la défense des droits et des intérêts matériels et moraux, collectifs ou individuels de l'ensemble de ses membres. Le syndicat peut être d'entreprise ou local.

● **Droit syndical. Adhésion.** Le préambule de la Constitution de 1946, repris par celle du 4-10-1958, proclame : « Tout homme peut défendre ses droits et intérêts par l'action syndicale, adhérer au syndicat de son choix. » Nul n'est tenu d'adhérer à un synd. L'appartenance à une organisation syndicale ne fut obligatoire que durant la période d'application de la Charte du travail, de 1941 à 1944, les syndicats étant alors sous la tutelle de l'État.

Un syndiqué peut se retirer du syndicat à tout instant nonobstant toute clause contraire, sans préjudice du droit, pour le syndicat, de réclamer la cotisation afférente aux 6 mois suivant le retrait. Celui qui se retire conserve le droit d'être membre des Stés de secours mutuel et de retraite pour la vieillesse à l'actif desquelles il a contribué par des cotisations ou versements de fonds.

Un employeur ne peut prendre en considération l'appartenance à un syndicat ou l'exercice d'une activité synd. pour arrêter ses décisions (ex. : pour embauchage, conduite et répartition du travail, formation professionnelle, avancement, rémunération et octroi d'avantages sociaux, mesures de discipline et de congédiement). Le chef d'entreprise ou ses représentants ne doivent exercer aucune pression pour ou contre quelque organisation synd. que ce soit.

Exercice du droit syndical. Reconnu dans toutes les entreprises quelle que soit leur importance. Dans celles employant au moins 50 salariés, les sections syndicales bénéficient d'avantages matériels permettant l'exercice du droit syndical. Un crédit global est alloué à la section : 10 h/an dans les entreprises d'au moins 500 salariés, 15 h/an dans les entreprises d'au moins 1 000 salariés.

Toute personne se réclamant de la section syndicale peut : collecter librement les cotisations syndicales à l'intérieur de l'entreprise pendant le temps de travail et sur les lieux de travail, afficher librement les communications syndicales sur lesquelles l'employeur ne dispose d'aucun droit de contrôle ni de censure préalable, diffuser tracts et publications dans l'entreprise aux heures d'entrée et de sortie du travail, inviter dans le local syndical des personnalités extérieures sans autorisation préalable de l'employeur s'il s'agit de personnalités syndicales.

Toute entrave *apportée intentionnellement* à l'exercice du droit syndical, à la constitution des sections syndicales, à la libre désignation des délégués syndicaux est punie d'une amende de 2 000 à 20 000 F, et d'un emprisonnement de 2 mois à 1 an.

Des conventions collectives, des accords d'entreprise ou des accords particuliers peuvent comporter des clauses plus favorables que la loi.

● **Affichage des communications syndicales.** Il s'effectue librement sur des panneaux propres à chaque section (modalités à fixer par accord avec l'employeur) et distincts de ceux affectés aux délégués du personnel et au comité d'entreprise. Un exemplaire doit être communiqué simultanément à l'employeur. Libre distribution, dans l'entreprise, des publications et tracts syndic. aux heures d'entrée et de sortie du travail.

● **Réunion des adhérents de chaque section.** 1 fois par mois dans l'enceinte de l'entreprise en dehors des heures et locaux de travail (modalités à fixer par accord avec l'employeur). Dans les entreprises de + de 200 salariés, un local commun doit être mis à la disposition des sections syndicales ; dans les entreprises de + de 1 000 salariés, chaque section syndicale a droit à son local propre.

Nota. — Les modalités d'aménagement et d'utilisation du local sont à fixer avec l'employeur.

Politique. La loi du 28-10-1982 autorise le débat politique au sein des entreprises : le contenu des publications et tracts syndicaux diffusés dans l'entreprise est librement déterminé par l'organisation syndicale représentative sous la seule réserve des dispositions relatives à la presse ; des personnalités extérieures à l'entr., syndicales ou non, peuvent être invitées dans l'entr. par les sections syndicales ou le comité d'entr. (l'accord du chef d'entr. n'est requis que pour les personnes non syndicales pour les réunions hors du local syndical ou du C.E.) ; le comité d'entr. peut organiser dans son local des réunions d'informations internes au personnel sur des problèmes d'actualité, c.-à-d., les cas échéant, sans lien avec les problèmes spécifiques de l'entr. ; le c. d'e. s'occupe d'œuvres sociales et aussi d'activités culturelles.

Représentativité syndicale

● **Salariés.** Tout syndicat affilié à une centrale syndicale représentative sur le plan national (C.G.T., C.G.T.-F.O., C.F.D.T., C.F.T.C. et C.G.C.) est, de plein droit, considéré comme représentatif dans l'entreprise, quel que soit le nombre de ses adhérents ou le nombre de ses sympathisants dans l'entreprise. Ces centrales peuvent constituer une section syndicale commune à toutes les catégories de personnel quelle que soit la taille de l'entreprise, désigner un (ou plusieurs) représentant syndical au comité d'entreprise, même si elles n'y ont aucun élu, désigner les candidats du 1er tour, désigner les membres du comité de groupe.

Pour accéder à ce droit, les autres syndicats doivent faire la preuve de leur représentativité dans l'entreprise. Ils doivent répondre à 5 critères (repris par la loi du 13-11-1982) : effectifs (nombre d'adhérents), indépendance (vis-à-vis de l'employeur), cotisations (importance et régularité de leurs versements), expérience et ancienneté, attitude patriotique pendant l'occupation. La jurisprudence a dégagé 2 autres critères : activité et influence réelle du syndicat.

Employeurs : C.N.P.F. (Conseil national du Patronat français), C.G.P.M.E. et organisations représentant les artisans (C.N.A.M. et C.A.P.E.B., S.N.P.M.).

● **Pouvoirs :** seuls les synd. reconnus comme représentatifs peuvent signer les conventions de caractère national et interprofessionnel. Ils sont consultés lors de l'élaboration du Plan, représentés au Conseil économique et social, à la commission supérieure des conventions collectives, aux prud'hommes. Ils ont seuls le droit de présenter des candidats au 1er tour des élections professionnelles.

● **Ressources :** *cotisations* des membres (taux fixé par les statuts ou l'assemblée générale). L'employeur n'a pas le droit de prélever les cotisations synd. sur les salaires de son personnel et de les payer à la place de celui-ci. *Soutiens* divers voir ci-dessous.

Soutien de l'État : 100 millions de F en 1982 dont : *subventions du ministère du Travail (motifs) : formation économique et sociale des travailleurs* appelés à exercer des responsabilités syndicales 34,31 (dont 6,55 F alloués à la C.G.T., à la C.F.D.T. et à F.O.) ; *formation des conseillers prud'hommes :* 20 ; *remboursement des frais de propagande* engagés en vue des élections prud'homales. *Subventions du ministère de la Formation professionnelle, formation économique des militants et information de ceux-ci sur la formation professionnelle continue :* 30 (1983). *Institut de recherches économiques et sociales* (créé en 1982 par les organisations représentatives et par la FEN) : 13. *Participation à l'opération de régularisation des travailleurs immigrés. Aide* (en sus de prêts à taux avantageux) à la C.G.T. et à la C.F.D.T. pour leurs opérations immobilières (7,6 dep. 1981).

Délégué syndical

● **Statut.** Représentant désigné d'un syndicat auprès du chef d'entreprise. Il peut discuter et signer les accords avec celui-ci. Ses fonctions ne peuvent se substituer à celles des délégués du personnel ou membres de comités d'entreprise. Doit avoir 18 ans accomplis, n'avoir encouru aucune condamnation privative du droit de vote politique, travailler dans l'entreprise depuis 1 an au moins (4 mois en cas de création d'entreprise ou ouverture d'établissement). Dans les entreprises de — de 50 salariés, un délégué du personnel peut faire fonction de délégué syndical. Dans les entreprises de — de 300 sal., le délégué syndical est de droit représentant syndical au comité d'entreprise ; il peut être également membre de ce comité, à condition de renoncer à sa fonction de représentant syndical.

Protection particulière. Le dél. syndical ne peut être licencié qu'après avis conforme de l'inspecteur du travail. Sa mise à pied immédiate peut être prononcée provisoirement en cas de faute grave, mais sous peine de nullité elle doit être motivée et notifiée à l'inspecteur du travail dans les 48 h de prise d'effet. Si l'inspecteur refuse le licenciement, la mise à pied et ses effets sont annulés. La même procédure est applicable au licenciement d'un délégué ayant exercé pendant 1 an, 1 an après sa cessation de fonction. En cas d'annulation de l'autorisation administrative, de licenciement, le dél. syndical peut réintégrer l'entreprise s'il le désire.

● **Statistiques. Nombre de délégués** *par section syndicale :* 1 de 50 à 1 000 salariés, 2 de 1 001 à 3 000, 3 de 3 001 à 6 000, 4 au-delà. **Temps de fonction rémunérée** *par délégué :* min. 10 h par mois pour les entreprises de 50 à 150 salariés, 15 h pour les entreprises de 151 à 500 salariés. Au moins 20 h pour les entreprises de + de 500 salariés (art. L 412-20). **Effectif que représente le nombre d'heures de délégation** attribuées par la loi aux représentants du personnel et des syndicats : 81 934 personnes à temps plein (pour un salaire moyen mensuel de 6 460 F net). Soit une charge de 11,6 milliards de F pour les entreprises.

☞ **Représentants syndicaux** aux C.E. et aux C.C.E. sont pris parmi les délégués syndicaux et cumulent les 2 fonctions. Le nombre de dél. syndicaux que chaque syndicat peut désigner en fonction de l'effectif de l'entreprise (ou de l'établissement) doit faire l'objet d'un décret. Le syndicat peut désigner un dél. syndical supplémentaire au collège, s'il a au moins 1 élu dans ce collège.

Salariés protégés. Nombre total : 2 millions de mandats (17 % de la pop. active des salariés de l'ind. et du commerce) dont 1 672 950 salariés dont le licenciement ne peut intervenir qu'avec l'autorisation de l'inspecteur du travail, + les anciens représentants syndicaux (pendant 6 mois), les anciens candidats aux fonctions de représentation élective du personnel (pendant 6 mois pour les fonctions de délégué du personnel et 3 mois pour celles de membres du comité d'entreprise), les anciens délégués syndicaux (pendant 12 mois après la cessation de leurs fonctions), les administrateurs et anciens administrateurs salariés des organismes de S. Sociale ainsi que les candidats à ces fonctions (pendant 3 mois), les conseillers prud'hommes et anciens conseillers prud'hommes (pendant 6 mois).

Statistiques

Taux de syndicalisation (1982-85, en %). Finlande, Suède 80 à 90, Belgique, Danemark 70 à 80, Autriche, Luxembourg, Norvège 60 à 70, Australie, Irlande, Italie, G.-B. 50 à 60, All. féd., N.-Zélande 40 à 50, Canada, Grèce, Japon, P.-Bas, Suisse 30 à 40, Espagne,

U.S.A., *France*, Portugal 15 à 30. **Le % des syndiqués en France (moins de 20 %)** est plus élevé en période de fièvre sociale (ex. : 1936). Il est plus élevé dans le public que dans le privé, où il varie selon branches professionnelles et entreprises, le % étant le + fort dans les industries modernes (pétrochimie, par ex.).

Sections syndicales d'entreprise en 1981. *Source :* ministère des Affaires sociales : bilan au 1-7-1981. Restent en dehors de cette enquête : personnels des entreprises agricoles, de la fonction publique, collectivités locales et établissements publics à caractère administratif.

Entreprises assujetties 36 548 (dont 60,49 % ayant 1 ou plusieurs sections). *Sections syndicales* 39 019. *Délégués syndicaux* 44 140. *Répartition des sections* (en %) : CGT 37,62. CFDT 24,20. FO 14,47. CGC 12,31. CFTC 5,62. CSL 0,75. CGSI (n.c.). UCT (n.c.). Autres syndicats 5,03.

Audience aux élections en %. Comités d'entreprise 1983 (%). C.G.T. 28,5. « Non syndiqués » 22,8. C.F.D.T. 21,91. F.O. 11,1. C.G.C. 6,5. C.F.T.C. 4. **Prud'hommes (1982).** C.G.T. 36,8. C.F.D.T. 23,5. F.O. 17,8. C.G.C. 9,6. C.F.T.C. 8,5. **Sécurité sociale (caisses primaires, 1983).** C.G.T. 28,25. F.O. 25,16. C.F.D.T. 18,36. C.G.C. 15,89. C.F.T.C. 12,31. **Entreprises du secteur public** (1984, représentants salariés aux conseils d'administration). C.G.T. 35,1. C.F.D.T. 22,8. F.O. 16,9. C.G.C. 15,6. C.F.T.C. 6,6.

Principaux syndicats français

Syndicats ouvriers

• **C.A.T. Confédération autonome du travail.** 19, bd de Sébastopol, 75001 Paris. *Issue* d'une scission de la C.G.T. en 1947, confédération en 1953. *Secr. gén. :* Jean Fraleux (22-6-1933). 76 200 cotisants.

• **C.F.D.T. Confédération française démocratique du travail.** 4, bd de la Villette, 75995 Paris Cedex 19. *Issue* de la C.F.T.C. en 1964. *Secr. gén. :* Edmond Maire (24-1-31). Affiliée à la C.E.S.

Adhérents (au 31-12). 1965 : 681 100, *71 :* 917 955, *76 :* 1 077 731, *80 :* 963 220, *81 :* 949 350, *82 :* 958 990, *83 :* 885 671 (+ 81 500 retraités), *84 :* 740 940. *Cotisants réguliers (au 31-12). 77 :* 828 516, *81 :* 730 270, *82 :* 737 700, *83 :* 681 300. *Militants (au 31-12).* 150 000 (19 000 dél. et représentants syndicaux, 60 000 dél. du personnel, 34 000 dél. au comité d'entreprise, 10 000 dél. de C.H.S., env. 15 000 élus dans la fonction publique, les représentants dans les institutions, les permanents et militants sans mandat dans les commissions de C.E.). **Budget (1984).** *Ressources en %. Fonctionnement :* part confédérale de la cotisation 78,97, reversements des membres du Conseil économique et social (C.E.S.) 11,54, dotations (émoluments des conseillers techniques et des membres de conseils d'administrations des organismes paritaires ou nationalisés) et recettes diverses (intérêts des placements, dons, vente de documents : agenda C.F.D.T., etc.) 9,49. Les *membres* du C.E.S. reversent toute leur rémunération mensuelle à la Confédération (en moyenne 15 000 F pour un conseiller et 4 200 F pour un membre de section en déc. 1984) ; la C.F.D.T. y dispose de 17 sièges. **Ressources extérieures.** *Ministère du Travail :* formation économique et sociale des travailleurs appelés pour exercer des responsabilités syndicales ; formation des conseillers prud'hommes (4 035 000 F) ; *I.N.F.F.O. (ex. C.N.I.P.E.) :* formation et information économique des travailleurs (2 360 000 F) ; *convention au titre de la formation professionnelle permanente* (4 325 000 F). En 1985, la cotisation représentait au minimum 0,75 % du salaire mensuel.

• **C.F.T.C. Confédération française des travailleurs chrétiens.** 13, rue des Écluses-St-Martin, 75010 Paris. *Fondée* les 1ers et 2-11-1919. Les 1ers syndicats d'inspiration chrétienne remontent à 1887 (S.E.C.I. : Synd. des employés du commerce et de l'industrie de la région parisienne). Regroupe syndicats et fédérations qui, au congrès de nov. 1964, ont refusé l'abandon de la référence statutaire à la morale sociale chrétienne. Un arrêt du Conseil d'État en avril 1970 a confirmé son caractère représentatif au niveau national. Un accord amiable entre la C.F.T.C. et la C.F.D.T. (janvier 1971) a alors mis fin à toute instance judiciaire. *Principes :* rejette la lutte systématique de classes, entend développer l'organisation des salariés pour accroître leur force contractuelle, considère la grève comme ultime recours, et veut éviter la confusion entre responsabilités politiques et syndicales. A recueilli 8,4 % des suffrages aux élections prud'homales de déc. 1982. 12,31 % aux él. aux conseils d'adm. des Caisses d'ass. maladie (octobre 1983). 12,46 % aux conseils d'adm. des Caisses d'alloc. familiales (octobre 1983). 1 701 syndicats, 101 unions départem., 30 féd. professionnelles. Très influente dans mines, enseignement libre, banques, employés de commerce. En progression dans métallurgie, textile, P.T.T. et cheminots. Sect. privé 40 % d'adhérents ; public, 60 %. *1939 :* 396 700, *40 :* 566 800, *61 :* 617 800, *63 :* 736 800, *64 :* scission de la C.F.D.T., *1983 :* + de 265 000 cotisants (cotisation = 1 h de salaire par mois).

Fondateurs : Pt (1919-40) : Jules Zirnheld (1876-1940) ; *secr. gén.* (1919-40, 1944-48) : Gaston Tessier (1887-1960). *Pts successifs :* 1945-48 Georges Torcq ; 1948-53 Gaston Tessier ; 1953-61 Maurice Bouladoux ; 1961-64 Jeoys Levard ; 1964-70 Joseph Sauty ; 1970-81 Jacques Tessier (23-5-11) dep. 1981 Jean Bornard (4-6-28) ; *secr. gén. :* 1948-53 Maurice Bouladoux ; 1953-61 Jeoys Levard ; 1961-64 Eugène Descamps ; 1964-70 Jacques Tessier ; 1970-81 Jean Bornard ; dep. 1981 Guy Drilleaud (2-5-33).

• **C.G.T. Confédération générale du travail.** 263, rue de Paris, 93516 Montreuil Cedex. **Histoire.** *1895* 23/24-9 Congrès de Limoges. 75 délégués (dont 3 femmes corsetières en grève) représentant 28 fédérations, 18 Bourses du travail, 126 syndicats non fédérés, créent une organisation unitaire et collective. Peuvent se confédérer directement syndicats de base, unions et fédérations. Les socialistes non guesdistes, Jean Allemane, Édouard Vaillant, Auguste Keufer jouent un rôle important. *1896* l'affiliation directe est supprimée pour les syndicats de base. *1902* Montpellier, 2e congrès se dote d'une base départementale avec les Bourses, et industrielle avec les fédérations sous l'impulsion de Louis Niel. *1906* 8 au 14-10 après avoir échoué dans la grève générale, se donne comme loi la charte d'Amiens. *1914* 31-7 se rallie à la défense nationale. *1920* exclut les membres des comités syndicalistes révolutionnaires (C.S.R.) qui ont refusé de s'incliner devant la majorité et qui fondent la C.G.T.-U. *1936* 2 au 5-3 réunification au congrès de Toulouse. *1939* 25-9 la Commission administrative exclut les communistes. *1943* 17-4 réunification, accords du Perreux. *Affiliée* F.S.M. La C.E.S. (Conf. europ. des syndicats) a refusé l'affiliation de la C.G.T. en 1980. **Présidents.** *1902 :* Victor Griffuelhes (1874-1922) ; *1909 :* Léon Jouhaux [(1879-1954), *12-7* secr. gén. de la C.G.T., *1919-1945* Vice-Pt de Féd. synd. intern., *1936* seul secr. gén. C.G.T., *1941* arrêté, *1943 mars* livré aux nazis et déporté, *1948* Vice-Pt de la Féd. synd. mondiale, *1947-54* Pt du Conseil écon., *1947-19-12* démissionne de la C.G.T. et participe à la création de la C.G.T.-F.O., *1948-14-4* Pt de la C.G.T.-F.O., *1951* Prix Nobel] ; *1967 :* Benoît Frachon [(1893-1975), *1926* membre du Comité du P.C.F., *1936-45* membre du bureau politique du P.C.F., *1936* un des deux secr. de la C.G.T. la représente aux accords Matignon, résistant, joue un rôle important dans la Résistance, *1944* co-secr. gén. de la C.G.T. avec Léon Jouhaux, *1947 déc.* seul secr. gén., *1967* Pt de la C.G.T.]. **Secr. gén.** *1967* Georges Séguy (16-3-27) ; *1982 juin* Henri Krasucki [(n. 2-9-1924 à Wolomin, Pologne). Pour fuir les persécutions antisémites, se réfugie avec ses parents (militants communistes) à Paris ; ouvrier, puis résistant, *1943* déporté à Auschwitz puis Büchenwald, *1945* ajusteur chez Renault, *1949* secrétaire de l'U.D.C.G.T., *1956* entre au Comité central du P.C.F., *1961* au Bureau confédéral de la C.G.T., *1964* au Bureau politique du P.C.F. Il a dirigé « La Vie ouvrière » pendant 22 ans].

Effectifs *(actifs + retraités) de la C.G.T. Chiffres officiels : 1946 :* 3 952 400, *48 :* 4 428 622, *51 :* 3 615 440, *59 :* 1 624 322, *62 :* 1 993 120, *68 :* 2 031 504, *70 :* 2 333 056, *75 :* 2 377 551, *77 :* 2 322 055 (dont 305 214 retraités), *80 :* 1 918 583 (284 208), *81 :* 1 925 432 (278 579), *82 :* 1 721 463 (261 523), *83 :* 1 622 095 (259 133). *Chiffres estimés* (source : *Le Monde*) : *1972 :* 1 381 358, *75 :* 1 808 388, *80 :* 1 174 156, *83 :* 888 101.

Si presque tous les membres du parti communiste choisissent la C.G.T., celle-ci est composée en majorité d'adhérents non communistes (les communistes y sont environ 200 000 à 250 000). La C.G.T. a le monopole syndical chez les dockers (sauf à Marseille) et les ouvriers de la presse à Paris.

Presse (1986) : « La Vie ouvrière » 120 000 ex. (*1981 :* 400 000), « Peuple » 30 000 ex. (dont 10 469 ab.), « Antoinette » 50 000 ex.

Budget (1983) : *recettes :* 28 337 064 F (dont cotisations 25 781 484 F) ; *bilan :* exercice déficitaire.

• **C.G.T.-F.O. Force ouvrière.** 198, av. du Maine, 75014 Paris. *Fondée* le 19-12-1947, après la scission avec la C.G.T. en raison des grèves insurrectionnelles décidées en dehors des instances régulières de la

C.G.T. par un comité national de grève composé uniquement de communistes. Le 1er prés. et le seul fut Léon Jouhaux (1879-1954), C.G.T. *Secr. gén.* : *1947* : Robert Bothereau (1901-85). *1963* : André Bergeron (1-1-22). *Budget (en millions de F, en 1984)* : budget 83,2, cotisations 61,8, subventions 20,3, divers 1,1. *Membres* : 1 183 000 adhérents (selon *le Monde* du 5-6-85) ; F.O. ne publie aucun chiffre officiellement. Affiliée à la Conf. intern. des synd. libres.

● **C.S.L. Confédération des syndicats libres.** 13, rue Péclet, 75015 Paris. A pris en 1977 la suite de la C.F.T. [Confédération française du travail, fondée en 1959 après la division, en 1949, en plusieurs tendances de la C.G.S.I. (Confédération générale de syndicats indépendants) formée de syndicats indépendants]. Veut aboutir à terme à la « cogestion à la française » en défendant la concertation et la participation et en refusant la lutte des classes marxistes. *Secr. gén.* : Auguste Blanc (8-6-1934). *Adhérents* : 250 000 répartis en syndicats, unions régionales, unions départementales, fédérations, synd. nat. Implantations principales : métallurgie, alimentation, chimie, textile, P.T.T., transports, santé. *Publications* : « Tract » (mensuel), « Profil syndical » (hebdomadaire).

● **U.F.T. Union française du travail.** 39, rue Vivienne, 75002 Paris. *Fondée* 1975. *Secr. gén.* : Jacques Simakis (dirigeant des syndicats indépendants depuis 1949, secr. confédéral 1952), fondateur et secr. gén. de la C.F.T. de 1959 à 1975. Structure d'accueil des syndicats indépendants et autonomes dont la doctrine est proche de celle des syndicats polonais « Solidarité ». *Adhérents* : 190 000 (cotisants 130 000, militants 2 000). *1975* : 70 000. *78* : 100 000. *81* : 150 000. *85* : 160 000. *Structure* : 18 unions régionales, 17 fédérations professionnelles. *Budget* (1984, millions de F) : 10,5 (dont cotisations 10,4, subventions 0,1). Secteurs importants : commerce, métallurgie, chimie, pharmacie, alimentation, transports, universités, offices publics. *Presse* : « Liberté syndicale », « Flash infos » (commerce), « L'Indépendant » (alimentation), « L'Aéropresse » (transports et aviation), « Le Courrier des employés d'immeubles » (gardiens et concierges).

● **C.N.S.F. Confédération nationale des salariés de France-Fédérations nationales des chauffeurs routiers.** 6, 7, 8, rue d'Isly, 75008 Paris. *Créée* 1949. *Fondateur et Secr. conféd.* : Francis de Saulieu (19-2-07). Comprend des Féd. nat. des Chauffeurs routiers et des Féd. de salariés (une par branche de métier). 9 délégations régionales et 400 unions locales. *Cotisants réguliers* : + de 100 000. Antimarxiste, opposée à la lutte des classes.

Syndicat de cadres

● **C.F.E.-C.G.C., Conféd. fr. de l'encadrement de la Conféd. gén. des cadres C.G.C.** 30, rue de Gramont, 75002 Paris. *Fondée* 15-10-1944. Nouveau sigle adopté le 21-5-81 au congrès de Nanterre (1944). *Pt* : Paul Marchelli (n. 1933). *Secr. gén.* : Jean de Santis (n. 1930). *Membres* : 300 000 en 1983 (dont 143 007 ayant cotisé un trimestre) dont (en %) cadres et ingénieurs 35, agents de maîtrise, techniciens et assimilés 35, V.R.P. 20, retraités 10 (140 000 unités comptables en 1983). *Les membres* sont groupés dans des syndicats ou fédérations à structure géographique ou professionnelle. Les V.R.P. sont obligatoirement regroupés dans la Fédération nationale des représentants de l'industrie et du commerce (F.N.R.I.C.). L'Union des cadres et techniciens (U.C.T.) s'est dissoute et est entrée à la C.G.C. le 8-12-1979. *Budget (millions de F, 1983)* : 36,4 (cotisations 20, subventions 13, divers 1,3, déficit 2,1).

Syndicats professionnels

● **C.A.P.E.B. Conf. de l'artisanat et des petites entreprises du bâtiment.** 2 bis, rue Michelet, 92130 Issy-les-Moulineaux. *Pt* : Paul Letertre. *Adhérents* : 98 891.

● **C.T.I. Confédération des travailleurs intellectuels de France.** 17, r. St Dominique, 75007 Paris. *Fondée* mars 1928. *Pt* : Maurice Letulle (16-10-1923). *Secr. gén.* : Pierre-Julien Dubost. Regroupe 200 organisations. *Adhérents* : 500 000.

● **F.E.N. Féd. de l'Éducation nationale.** 48, rue La Bruyère, 75001 Paris. *Fondée* 1924, adhère à la C.G.T. jusqu'en 1948, puis devient autonome. *Secr. gén.* : Jacques Pommatau (15-09-32) dep. 1981. Regroupe 49 syndicats. *Adhérents* : 450 000.

● **F.G.A.F. Fédération générale autonome des fonctionnaires.** 19, bd de Sébastopol, 75001 Paris. *Fondée* 1949 après scission avec la C.G.T. en 1948. *Pt d'honneur* : Maurice Morin. *Secr. gén.* : Louis Pérignon. *Adhérents* : 150 000 [dep. l'adhésion de la F.A.S.P. (Fédération autonome des syndicats de police) à la F.G.A.F.].

● **F.N.A.R. Féd. nationale des artisans et petites entreprises en milieu rural.** 31, cité d'Antin, 75009 Paris. *Pt* : Jean-Pierre Bidaud. *Adhérents* : 7 000.

● **F.N.C.A.A. Féd. nat. du commerce et de l'artisanat de l'automobile.** 140, bd Haussmann, 75008 Paris. *Adhérents* : 18 000.

● **F.N.C.R.M. Féd. nat. du commerce et de la réparation des cycles et des motocycles.** 140, bd Haussmann, 75008 Paris. *Adhérents* : 6 000.

Syndicats patronaux

● **C.G.A.D. Confédération générale de l'alimentation en détail.** 15, rue de Rome, 75008 Paris. *Pt* : Jacques Chesnaud. Regroupe 18 confédérations, 85 sections départementales, 790 syndicats départementaux, 270 000 entreprises commerciales et 120 000 artisanales. *Publications* : « Toute l'alimentation » (mensuel) ; « Guide social du commerçant », « de l'Artisan » (annuels).

● **C.G.P.M.E. Confédération générale des petites et moyennes entreprises.** 1, av. du Gal-de-Gaulle, Terrasse Bellini, 92806 Puteaux Cedex. *Créée* oct. 1944 par Léon Gingembre (n. 1904). *Adhérents* : 3 000 syndicats professionnels et groupements interprofessionnels représentant env. 1 500 000 entreprises (industrielles, commerciales et services). *Pt* : R. Bernasconi (n. 1916) dep. 1978. *Publications* : La Volonté du commerce, de l'industrie et des prestataires de services (mens.), PMI-France, Flash-PME (mens.). Propriétaire et dépositaire des sigles P.M.E., P.M.I., P.M.C., C.G.P.M.E.

● **C.N.A.M. Confédération nationale de l'artisanat et des métiers.** 31, cité d'Antin, 75009 Paris. *Pt* : Albert Léon (3-4-1913). *Adhérents* : 100 000 entreprises ; 1 051 syndicats et 28 féd. de métiers.

● **C.N.C.M. Comité national de liaison et d'action des classes moyennes** (1947). 16, place de la Madeleine, 75008 Paris. *Créé* 1946 par Roger Millot. *Adhérents* : les grandes organisations professionnelles des artisans, de l'agriculture, des cadres, des petites et moyennes entreprises et des prof. libérales. *Pt* : Lucien Rebuffel.

● **C.N.P.F. Conseil national du patronat français.** 31, av. Pierre-Ier-de-Serbie, 75016 Paris. *Créé* 1946. Représente *les entreprises de toutes tailles, de tous secteurs* (industrie, commerce, services) *et statuts* (tout le secteur concurrentiel privé et public) auprès des pouvoirs publics, des syndicats et de l'opinion. Confédération de 85 *organisations professionnelles* (regroupant les entreprises d'une même profession, regroupées elles-mêmes en 681 chambres syndicales prof.) et *d'unions interprof. territoriales* (rassemblant les entreprises de professions différentes d'un même secteur géographique). Il existe 51 unions patronales locales, 88 départementales et 26 régionales. Au total le C.N.P.F. regroupe + de 1 million d'entreprises.

Histoire. Origine. 1835 Comité des industriels de l'Est. **1840** Union des constructeurs de machines, Comité des intérêts métallurgiques et Comité des Houillères. **1846** ces organisations fusionnent et constituent l'Association pour la défense du travail national qui se présente comme un mouvement d'idées chargé de défendre les thèses protectionnistes. **1864** *Comité des Forges* qui exercera une influence considérable sur tous les milieux industriels jusqu'en 1936. **1901** plusieurs chambres syndicales professionnelles (telles que sidérurgie, fonderie, constructions électrique, navale et mécanique) confient leurs problèmes sociaux à l'U.I.M.M. (Union des industries métallurgiques, minières et de la construction mécanique). **1919** *Confédération générale de la production française (C.G.P.F.)*. Créée grâce au ministre du Commerce, Clémentel, désireux de voir en face de la puissante C.G.T. une organisation patronale unifiée ; rassemble une douzaine de groupes industriels et 1 500 organisations primaires ; 1er Pt : M. Darcy puis en 1926 René Duchemin. **1936** 27 grands groupes, 4 000 organisations primaires ; lors des grèves (des milliers d'usines étant occupées), les patrons jugeant leur droit de propriété bafoué, commencent par refuser de négocier. Le mouvement se poursuit, certains d'entre eux cèdent. Lambert-Ribot, secr. gén. du Comité des Forges, rencontre Léon Blum et propose des augmentations de salaires en échange de l'évacuation des usines. R. Duchemin finit par autoriser ses représentants à rencontrer 8 syndicalistes en présence de 4 ministres. De ces discussions naissent les *accords de Matignon*. Le patronat fait des concessions sur libertés syndicales, conventions collectives, salaires, horaires et congés payés. La féd. du textile et les petits patrons désavouent les signataires. *Octobre* R. Duchemin démissionne ; Claude Gignoux, prof. et journaliste, ex-député et ministre lui succède. La Conf. se transforme en *Confédération générale du patronat français* et se dote d'un service social. **1940**-*9-11* un décret dissout toutes les confédérations. Le gouvernement réorganise le mouvement patronal dans le cadre d'une économie corporatiste. **1944** *été* abolition de la Charte du travail. **1946**-*26-4* le gouvernement restitue aux syndicats patronaux leurs archives, leur confie la charge de répartir les matières premières, et les incite à rebâtir leur mouvement. *Juin* 1re assemblée générale du C.N.P.F. de l'après-guerre. Pt : Georges Villiers. **1948** la C.G.P.M.E. se retire du C.N.P.F. mais reste associée aux accords et conventions signés par le C.N.P.F. avec les organisations syndicales de salariés. **1965**-*19-1* l'assemblée générale adopte une déclaration en 14 points qui défend les notions de profit et d'autorité dans l'entreprise tout en s'élevant contre le dirigisme étatique. **1966** Pt : Paul Huvelin. **1968**-*25-5* négociations de Grenelle : le C.N.P.F. accepte de relever le salaire minimum et d'étendre les droits syndicaux mais la Féd. du caoutchouc, entraînée par Michelin, fait sécession. **1968-1973** accords nationaux signés concernant mensualisation, indemnités journalières du congé de maternité, formation professionnelle et garantie de ressources. **1972** *déc.* François Ceyrac élu Pt. **1979** *janv.* le C.N.P.F.demande que soit reconsidéré l'ensemble du financement de la protection sociale. La S.S. doit retrouver son rôle d'assurance, et ne pas être confondue avec un instrument de politique des revenus. Le C.N.P.F. réclame une répartition plus équitable des charges entre État et entreprises. **1976** *été*, le C.N.P.F. assigne à la politique salariale le seul objectif du maintien du pouvoir d'achat, tout en acceptant de faire un effort de revalorisation des bas salaires. **1978** François Ceyrac réélu Pt par une procédure exceptionnelle. Il affirme son opposition au programme commun de la gauche ; le gouvernement libère les prix industriels entre juin et août. **1980**-*1-1* libération des marges du commerce. **1981** *mai* le patronat qui n'avait pas prévu l'arrivée de la gauche au pouvoir proteste contre les réformes de structures (nationalisations jugées brutales puisqu'elles procèdent à une « confiscation du capital » et qualifiées « d'inutiles, coûteuses et dangereuses ». Impôt sur les grandes fortunes). Loi d'amnistie qui prévoit que des entreprises pourront être obligées de réintégrer des représentants du personnel et des dél. syndicaux qui ont pris part à des affrontements directs et personnels avec des agents de maîtrise, des cadres ou des patrons. *-15-12* Yvon Gattaz élu Pt. **1982**-*16-1* les 39 h hebdomadaires et la 5e semaine de congés sont imposées par ordonnance. Le C.N.P.F. réclame que le financement des allocations familiales ne relève plus des seules entreprises. Il demande une réforme de la taxe professionnelle. *Avril* le C.N.P.F. obtient du gouvernement qu'il s'engage jusqu'en juillet 1983 à n'imposer aucune charge supplémentaire aux entreprises, ni de nouvelles réductions de la durée du travail. *Juin* le gouv. Mauroy bloque 4 mois prix et salaires. Le C.N.P.F. proteste ; c'est par le contrôle du budget de l'État et du budget social de la nation, que la lutte contre l'inflation pourra être menée avec succès ; il demande la répercussion du coût des matières 1res et de l'énergie importées, des autorisations de fixation de prix pour les produits nouveaux ou saisonniers, l'abandon de la règle du blocage toute taxe comprise (alors que la T.V.A. est passée de 17,6 % à 18,6 % au 1-7-82, les prix bloqués imposent en réalité aux entreprises une baisse de leurs prix de vente hors taxes) ; le blocage des prix aggrave l'emprise de la bureaucratie et interdit aux entreprises toute politique commerciale. *-15-9* le patronat obtient l'atténuation et le report des mesures de l'impôt sur les grandes fortunes. Sous certaines conditions d'investissement dans leur entreprise, les chefs d'entreprise seront exonérés de l'I.G.F. pour leurs biens professionnels. *Novembre* le C.N.P.F. refuse toute augmentation des cotisations des entreprises et dénonce la convention de l'U.N.E.D.I.C. de déc. 1958, modifiée en mars 1979. *-14-12* le C.N.P.F. organise les « États généraux des entreprises » et mobilise + de 20 000 chefs d'entreprise, notamment des P.M.E. de province. L'augmentation des charges des entreprises (cumulant celle des charges sociales, des salaires et du S.M.I.C., des frais financiers et des impôts) évaluée par le C.N.P.F. en juin 1982 à 90 milliards de F sur 12 mois, est la cause de « l'effondrement » de notre compétitivité. **1985** *29-11* Jean-Louis Giral (n. 25-8-1934) Vice-Pt démissionne : il reproche au Pt Gattaz d'avoir ignoré l'opposition de droite. **1986** *17-3* démission d'Yvon Chotard (n. 25-5-1921) 1er vice-Pt. Fondateur et Pt de 1951 à 56 de la Jeune chambre économique française,

Pt du C.F.P.C. (Centre chrétien des patrons et dirigeants d'entreprises) de 1965 à 73, Pt du syndicat national de l'Édition de 1975 à 79. *15-4* Guy Brana vice-Pt échappe à un attentat.

Principales fédérations du C.N.P.F. (classées selon les cotisations versées). *U.I.M.M. (Union des industries métallurgiques et minières)* 15 000 entreprises. *Féd. nationale du bâtiment* 55 000 ent., *Féd. nat. des travaux publics* 5 600 ent., *Union des ind. chimiques* 1 500 ent., *Union des ind. textiles* 2 450 ent., *Union des chambres syndicales des ind. du pétrole* 38 ent., *F.I.M.T.M. (Féd. des ind. mécaniques et transformatrices des métaux)* 9 000 ent., *F.I.E.E. (Féd. des ind. électriques et électroniques)* 800 ent., *Association française des banques* 400 ent., *Ass. des ind. agro-alimentaires* 4 000 ent. Le *Conseil national du commerce* regroupant 700 000 ent., essentiellement des P.M.E., voit son influence grandir.

Organes dirigeants. *Assemblée générale* (565 membres dont 530 représentants des membres actifs et 30 représentants des membres associés, 5 personnalités désignées par le Pt) ; se réunit tous les ans. *Assemblée permanente* (225 m.) se réunit 1 fois par mois. *Conseil exécutif* (35 m.) comprend 21 sièges pour féd. professionnelles, dont la moitié environ pour féd. de faible importance, 9 pour unions patronales, dont 4 représentant en même temps une fédération professionnelle, 5 sièges pour chefs d'entreprise désignés par le Pt du C.N.P.F. *Président :* élu pour 5 ans, renouvelable une fois pour 3 ans (âge limite : 70 ans). *8 vice-présidents,* dont un vice-Pt trésorier, mandat de 3 ans (âge limite : 70 ans). *Comité statutaire :* ses 7 membres, élus par l'Assemblée générale, veillent à l'application des statuts. *Assises nationales :* au moins 1 fois tous les 3 ans (Lyon 1970, Marseille 1972, Lille 1975, Paris 1977, Strasbourg 1980).

Dirigeants. *Président :* Yvon Gattaz (n. 17-6-1925). *Vice-Pts :* Jean-Claude Achille (n. 6-6-26), Pt de l'Union des industries chimiques. Jacques Brunier, Pt de la Fédération nationale du bâtiment. Michel Maury-Laribière, Pt de l'Union patronale de la Charente (n. 1920). René Boit, Pt de l'Union des industries textiles (n. 1912). Pierre Bellon, P.D.G. de Sodexho (n. 1931). Émile Boursier (U.I.M.M.) (n. 1912). Vice-Pt d'honneur du C.N.P.F. Guy Brana (n. 1924). Jacques Dermagne, Pt du C.N.C. (Conseil national du commerce) (n. 1938). Roland Koch (F.I.M.T.M.) (n. 1916). Francis Lepatre, Pt de l'A.N.I.A.

● **S.N.P.M.I. Syndicat national du patronat moderne et indépendant.** Les Mercuriales, Tour du Levant, 40, rue Jean-Jaurès, 93176 Bagnolet Cedex. *Pt :* Gérard Delval (élu 24-6-85). Séparé de la C.G.P.M.E. en 1979, le S.N.P.M.I. ne regroupait, récemment, que les petites industries. Il s'est élargi au commerce et à l'artisanat. *Adhérents :* 35 000.

● **U.N.I.C.A.M. Union confédérale artisanale de la mécanique.** 140, bd Haussmann, 75008 Paris. Formée de 4 organisations nationales : F.N.C.A.A. (Féd. nat. du commerce et de l'artisanat de l'automobile), même adresse ; F.N.C.R.M. (Féd. nat. du commerce et de la réparation du cycle et du motocycle), même adresse ; G.N.C.R. (Groupement nat. des carrossiers réparateurs), et de 1 organisation régionale, C.A.M.R.N. (Chambre artisanale de la mécan. gén. de la région Nord). *Pt :* R. Stépho. *Secr. adm. :* Fantinel. *Adhérents :* 25 000.

● **U.P.A. Union professionnelle artisanale.** 2 bis, rue Michelet, 92130 Issy-les-Moulineaux. Formée de la C.A.P.E.B., de la C.N.A.M., et de la section artisanale de la C.G.A.D. Secrétariat assuré par la C.A.P.E.B. *Pt :* Jean Millet. *Adhérents :* env. 300 000.

Mouvements patronaux associés

● **C.F.P.C. Centre chrétien des patrons et dirigeants d'entreprises français** (anciennement Centre français du patronat chrétien). 24, rue Hamelin, 75116 Paris. *Créé* 1926. *Pt :* André Courtaigne. *Membres :* 1 500 adhérents actifs ; audience : + de 5 000 personnes. *Presse :* « Professions et Entreprises ».

● **C.J.D. Centre des jeunes dirigeants d'entreprise.** 19, av. George-V, 75008 Paris. *Pt nat. :* Philippe Willaume. 111 sections locales. *Adhérents :* 3 000. *Presse :* « Dirigeant » (5 000 abonnés).

● **U.N.I.C.E.R.** *Créée* en 1975 par Léon Gingembre pour la défense de la libre entreprise. 2, av. Marceau, 75008 Paris. *Pt :* Pierre Dubois. *Adhérents :* 10 000.

Corporations Compagnonnage et syndicats

Moyen Age. Les 1res associations ouvrières connues : *confréries religieuses* qui rassemblaient maîtres et compagnons du même métier et semblent avoir existé depuis Charlemagne. *XIIe s. corporations patronales réglées* (1 centaine en 1268, au moment où leurs statuts sont enregistrés dans les Établissements des Métiers de Paris). Les corporations surtout commerçantes (à Paris les Six-Corps : drapiers, épiciers, pelletiers, merciers, orfèvres et bonnetiers) créent un fossé entre maîtres et compagnons dont la condition sociale se dégrade. **De Philippe le Bel à Louis XI** le pouvoir royal transforme la corporation réglée en *corporation jurée* ou *jurande,* qui facilite leur contrôle et permet la perception de taxes pour le Trésor. Le *Compagnonnage* est la réaction des ouvriers à l'autorité du pouvoir et des corporations dominées par les commerçants. Il réunit tailleurs de pierre, charpentiers, menuisiers, serrruriers et professions du bâtiment. **1469** le *Tour de France* apparaît, devient obligatoire et de plus en plus difficile. **1571** Un édit condamne toutes manières de confréries ; inappliqué. **Fin XVIIe s.,** les grandes ordonnances de Colbert étendent le système des jurandes aux métiers les plus importants. L'accès de la maîtrise est soumis à des conditions strictes : origine, âge, religion, stage préparatoire de 10 ans. Cependant, le Compagnonnage continue à prospérer. **Fin XVIIIe s.,** il interdit l'embauche aux non-affiliés, ce qui pousse Turgot à proposer la suppression des corporations. **1791** (2-3) la loi d'Allarde abolit maîtrises et corporations. **1791** (14-6) la *loi Le Chapelier* interdit le Compagnonnage ; décisions confirmées par les art. 291-92 et 414-15 du Code Napoléon. **Sous la Restauration,** le Compagnonnage prend un essor nouveau. **1830 à 1840,** bagarres sanglantes entre Compagnons du Devoir et Compagnons du Devoir de Liberté. **1848** (21-3) réconciliation générale de courte durée. Des formes d'association nouvelles sont proposées mais elles donnent de faibles résultats : les *associations coopératives de production* (450) ont en 1914 moins de 20 000 membres ; les *coopératives de consommation,* plus prospères, groupent plus d'employés que d'ouvriers ; les *sociétés de secours mutuel* regroupant des membres de toutes les professions, n'intéressent plus les ouvriers. **1884,** une loi autorise le *syndicat professionnel,* imité de la trade-union anglaise, qui était toléré. La plupart des syndicats adhèrent au socialisme, on les appelle *« rouges ».* Quelques patrons tentent de leur opposer des syndicats d'ouvriers dociles ; celui de Montceau (1899) a une bannière à gland jaune : le surnom de *« jaunes »* fut donné par leurs adversaires à tous les syndicats sympathiques aux patrons. Une « fédération nationale des jaunes », fondée en 1902, ne dura pas. Les syndicats socialistes n'eurent alors plus d'autres concurrents que les sociétés catholiques d'ouvriers.

Établissements publics

● **Chambres de commerce et d'industrie.** *Origine* XVIIe s., *Statut* (légal 9-4-1898). 21 chambres régionales et 1 Assemblée permanente des Ch. de comm. et d'ind. (A.P.C.C.I., 45, av. d'Iéna, 75116 Paris). 153 Chambres, 8 dans les D.O.M. et T.O.M. à 64 m. titulaires (sièges répartis par cat. prof.), des m. associés. Établissements publics soumis à la tutelle de l'État, tirant 20 % de leurs ressources des centimes additionnels à la taxe professionnelle. Représentent les intérêts du commerce et de l'industrie auprès des pouvoirs publics. *Activités* consulaires (électeurs consulaires 1 500 000, élus cons. 4 172, salariés des C.C.I. 22 000). Administrent des entrepôts, bourses de commerce, ports, aéroports, zones d'activités, expositions, etc. ou des établissements d'enseignement (ex. : H.E.C., 18 écoles supérieures de commerce de province, 50 instituts de promotion commerciale). Gèrent 159 établissements d'enseignement et 200 centres de formation continue, formant chaque année 250 000 jeunes et adultes. 299 zones d'activités. Gestion de 46 p. de commerce, 51 de pêche, 21 de voyageurs, 38 fluviaux, 49 de plaisance ; 115 C.C.I. sont concessionnaires d'aéroports, et 38 de gares routières.

54 gèrent des entrepôts et magasins généraux. 74 collectent directement ou indirectement le 0,9 % logement pour un total de 524 millions de F (1984). 910 A.T.C. (Assistants techniques au commerce), 85 A.T.H. (Ass. tech. à l'hôtellerie) et 500 A.T.I. (Ass. tech. à l'industrie) sont en fonction dans les C.C.I. en 1986. 500 pers. travaillent au développement des échanges extérieurs du commerce français.

● **Chambres des métiers.** Établissements publics, créés par la loi du 26-7-1925.

Représentent auprès des pouvoirs publics les intérêts généraux de l'artisanat de leur circonscription (généralement un département). Instituées par décret, elles sont 104 (en général 40 m. élus, dont 24 chefs d'entreprise, répartis en 6 catégories professionnelles et élus par leurs pairs, 6 compagnons élus par leurs pairs, 10 chefs d'entreprises élus par les organisations syndicales représentatives).

● **Chambres d'agriculture.** Voir à l'Index.

Centrales internationales syndicales

● **Confédération internationale des cadres (C.I.C.).** 30, rue de Gramont, 75002 Paris. *Pt :* dott. Fausto d'Elia (It.). *Pts :* 1951 Giuseppe Togni (It.) ; 1969 André Malterre (Fr. 1909-75) ; 1975 Costantino Bagna (It.) ; 1976 Philippe Dassargues (Belgique) ; 1982 Friedrich Ische (All. féd.). *Secr. gén. :* Jean de Santis (Fr.). *Création :* 1950. *Adhérents :* organisations nationales de 9 pays et 6 fédérations professionnelles internationales.

● **Confédération internationale des syndicats libres (International Confederation of Free Trade Unions) [C.I.S.L. (I.C.F.T.U.)].** 37-41, r. Montagne-aux-Herbes-Potagères, 1 000 Bruxelles. *Pt :* P.P. Narayanan (Malaisie). *Secr. gén. :* John Vanderveken (Belgique). *Création :* déc. 1949, après scission de la F.S.M. *Adhérents :* 82 millions de m. (1986) dans 146 organisations syndicales de 99 pays.

● **Confédération mondiale du travail [C.M.T. (W.C.L.)].** 33, rue de Trèves, 1040 Bruxelles, Belgique. *Pt :* Juan C. Tan (Philippines). *Secr. gén. :* Jean Kulakowski (Belgique). *Création :* 1920 (Conf. intern. des synd. chrétiens : C.I.S.C.). *Adhérents :* 15 000 000 dans 80 pays. 88 organisations nationales et 8 fédérations intern. professionnelles.

● **Fédération syndicale mondiale (World Federation of Trade Unions) [F.S.M. (W.F.T.U.)].** Prague. *Pt :* Sandor Gaspar (Hongrie). *Secr. gén. :* Ibrahim Zakaria (Soudan). *Création :* 1945. *Adhérents :* plus de 206 millions (1982) dans 84 organisations synd. de 74 pays. Conseil général tous les ans, bureau (2 sessions par an), secrétariat. La F.S.M. compte en son sein 11 Unions internationales des syndicats de branches.

● **Secrétariats professionnels internationaux (S.P.I.).** Groupent des syndicats nationaux selon les professions (16).

Syndicats patronaux

● **Union internationale de l'artisanat et des petites et moyennes entreprises (U.I.A.P.M.E.).** Case postale 2721, CH 3001-Berne, Suisse. *Pt :* P. Schnitker (R.F.A.). *Secr. gén. :* B. Horber (Suisse). *Créée :* 1947. *Adhérents :* 10 millions d'entreprises dans 26 pays.

Travail

Population active

Dans le monde

Esclavage

● **Définition** (convention de 1926, adoptée par la S.D.N.) : « L'esclavage est l'état ou condition d'un individu sur lequel s'exercent les attributs du droit de propriété ou certains d'entre eux. » A l'esclavage se rattachent la servitude pour dette, le péonage.

● **Quelques dates. 1415.** Les musulmans expulsés d'Espagne se réfugient en Afrique. Les Portugais en font des prisonniers et les vendent à Lisbonne comme esclaves. Les parents des captifs offrent en rançon des esclaves noirs. **1498.** Selon la bulle du pape Alexandre VI « ... la Terre appartient au Christ et le Vicaire du Christ a le droit de disposer de tout ce qui n'est pas occupé par les chrétiens. Les infidèles ne sauraient être possesseurs d'aucune partie de la Terre ». **1517.** Charles Quint autorise le recrutement d'esclaves en Afrique en se prévalant de la thèse du dominicain Las Casas « afin que leur service aux mines et dans les champs permette de rendre moins dur celui des Indiens ». Madrid confie leur transport aux marchands flamands.

1774. Le Rhode Island abolit la traite. **1787.** La traite atteint annuellement 100 000 Noirs (en transportent : Angleterre 38 000, France 31 000, Portugal 25 000, Hollande 4 000, Danemark 2 000). De 1511 à 1789, 4 à 5 millions ont été déplacés. **1792.** New Hampshire et Danemark abolissent la traite. **1794.** La France abolit l'esclavage. **1802.** Napoléon, Premier Consul, rétablit l'esclavage. **1803.** Le Canada abolit la traite. **1815.** Au Congrès de Vienne, Angleterre, Autriche, France, Portugal, Russie, Espagne et Suède abolissent la traite, assimilée à la piraterie. Navires de guerre français et anglais ont le droit de visite. Le navire, confisqué, peut être brûlé. **1838.** Les colons anglais abolissent l'esclavage. **1848.** En France (IIe République), Victor Schœlcher (1804-93), sous-secrétaire aux Colonies, signe l'abolition de l'esclavage. Une indemnité de 1 200 F (puis 500 F) par esclave (alors 249 000) est offerte aux propriétaires. **1862.** Les colons hollandais abolissent l'esclavage. **1874.** Cuba, colonie esp., compte encore 396 000 esclaves. **1887.** Le Brésil (qui absorbait 100 000 escl. par an) abolit l'esclavage.

● **Statistiques. Nombre.** Dans le monde plus de 15 millions d'esclaves au sens large, et quelques centaines de milliers au sens restreint. Malgré sa suppression officielle, l'esclavage est encore pratiqué dans plus de 40 pays en raison de la négligence, de l'inefficacité, de la corruption de l'adm., ou de la pauvreté. Ex. : Arabie, Brésil (servitude pour dettes), Afrique (Algérie, Libye, Maroc, Mauritanie, Sénégal, Mali, Niger, etc.), Inde (nombre de travailleurs asservis, identifiés et libérés au 30-6-1983, selon le B.I.T. : 157 580).

Prix. Un esclave, homme adulte et en bonne santé, est, en Afrique, estimé 10 chameaux (de 25 000 à 50 000 F CFA). Une femme en général le double (les enfants appartiennent au propriétaire de la mère et jamais à celui du père, même lorsqu'ils sont issus d'un mariage et que le père est libre.

Travail forcé ou obligatoire

Définition de l'O.I.T. (convention de 1930). « Travail ou service exigé d'un individu sous la menace d'une peine quelconque et pour lequel l'individu ne s'est pas offert de plein gré. » La Convention concernant l'abolition du travail forcé (adoptée par l'O.I.T. en 1957) oblige les États qui la ratifient à ne jamais recourir au travail forcé ou obligatoire en tant que : a) mesure de coercition ou d'éducation politique ou en tant que sanction à l'égard de personnes qui ont ou expriment certaines opinions politiques ou qui manifestent leur opposition idéologique à l'ordre politique, social ou économique établi ; b) méthode de mobilisation et d'utilisation de la main-d'œuvre à des fins de développement économique ; c) mesure de discipline du travail ; d) punition pour avoir participé à des grèves ou e) mesure de discrimination raciale, sociale, nationale ou religieuse.

☞ Enfants : selon le BIT, plus de 50 millions de moins de 15 ans travaillent dans des conditions dangereuses et nuisibles « à leur développement physique et moral » ; 100 millions si l'on tient compte de tous ceux qui travaillent uniquement pour gagner de l'argent de poche, de ceux qui aident leurs parents à la ferme ou dans de petites entreprises, ou qui passent des heures à des travaux ménagers, et des marginaux (mendiants, prostitués ou voleurs occasionnels).

Statistiques

Répartition de la population active par secteur pour les pays développés dans le monde (1984)

Pays	Total milliers	dont : femmes %	Prim. %	Sec. %	Tert. %
All. féd.	27 317	38,7	5,1	40,2	52,6
Australie [1]	7 250	38,4	5,9	27,2	62,2
Autriche	3 363	39,7	9,1	38,6	51,8
Belgique	4 213	38,8	2,5	26,3	57,5
Canada	12 678	41,9	5,1	23,4	60,7
Danemark	2 720	45,5	6,4	26,7	64,8
Espagne	13 228	30,1	15,7	32,7	43,2
États-Unis	115 241	43,3	3,3	28,5	65,7
Finlande [2]	2 574	47,2	12,7	33,2	54,2
France	*23 573* [2]	*41,8*	*7,0*	*29,3*	*52,5*
Grèce [2]	3 808	34,1	27,7	28,3	39,6
Irlande [2]	1 309	29,7	14,7	30,5	49
Islande	111 [2]	31,5 [2]	11,2 [5]	37,1 [5]	51,7 [5]
Italie	23 199	35,0	10,5	31,2	48,9
Japon	59 270	39,6	8,6	33,9	54,4
Luxembourg	161 [3]	29,8 [4]	5,6 [2]	38,1 [2]	56,3 [2]
Norvège	2 031	42,9	6,9	28,4	63,6
Nlle-Zélande	1 340 [3]	34,4 [2]	11,4 [2]	32,9 [2]	55,7 [2]
Pays-Bas [2]	5 814	34,0	5,1	27,8	67,1
Portugal	4 356 [3]	41,5 [2]	25,9 [2]	37,1 [2]	37,0 [2]
Roy.-Uni [2]	26 776	39,6	2,7	33,6	63,8
Suède	4 390	46,9	5,0	28,9	63,1
Suisse [2]	3 020	35,3	7,1	37,6	55,3
Turquie [2]	18 993	–	58,9	16,6	24,5

Nota. – (1) 1985. (2) 1983. (3) 1982. (4) Estim. 1982. (5) Estim. 1983. Le total de la répartition en % par secteur *ne donne pas 100 %,* car il ne comprend pas les activités mal désignées ni, selon les cas, les membres des forces armées et les chômeurs (partiellement ou en totalité).

Source : B.I.T. *Annuaire des statistiques du travail, édition 1985.*

Évolution par zone

En millions	1750	1900	1985	2025
Asie du Sud	106	183	592	1 187
Asie orientale	118	207	707	924
Afrique	48	56	214	650
Amérique latine	7	27	140	308
Europe	56	134	226	230
U.R.S.S.	20	61	143	175
Amérique du Nord	1	33	130	158
Océanie	1	3	11	17
Monde			*2 163*	*3 649*

Source : B.I.T.

En France

Quelques dates

1791-*17-3.* Décret d'Allarde qui supprime les *corporations* et proclame la liberté du travail. *14 et 17-6.* La loi Le Chapelier interdit les *coalitions d'ouvriers,* ce que reprend le Code pénal de 1810.

1803-*12-4.* Extension à tous les ouvriers de l'obligation du *livret ouvrier.* Cette mesure plusieurs fois rapportée ne sera définitivement abolie qu'en 1890. **1806**-*18-3.* 1er *conseil de prud'hommes.* D'abord formés uniquement de patrons, ils seront paritaires avec la loi du 27-3-1907. **1813**-*3-1.* Décret interdisant de faire descendre dans les mines des enfants de moins de 10 ans. **1841**-*24-3.* Loi fixant la durée du travail des enfants dans les ateliers à 12 h de 12 à 16 ans ; à 8 h de 8 à 12 ans. **1848**-*4-3.* Décret interdisant le marchandage et fixant la journée du travail à 10 h à Paris, à 11 h en province. La loi du 20-8-1848 allonge la durée du travail à 12 h. **1852**-*26-3.* Loi autorisant les sociétés de secours mutuel sous certaines conditions. **1864**-*25-5.* Loi accordant la liberté de coalition. **1874**-*19-5.* Loi réduisant la durée du travail des femmes et des enfants. Création de l'Inspection du travail. **1884**-*21-5.* Loi Waldeck-Rousseau accordant la liberté de création des syndicats. **1886**-*1-4.* Loi sur les sociétés de secours mutuel. **1891.** Convention d'Arras, introduction des conventions collectives dans les mines du Nord et du Pas-de-Calais. **1892**-*2-11.* Loi fixant la durée du travail des femmes et des enfants à 11 h (femmes et enfants – 18 a.), 12 h (hommes). **1893**-*12-6.* Loi posant les normes d'hygiène et de sécurité du travail. **1895**-*12-1.* Loi limitant la saisie des salaires. **1898**-*9-4.* Loi sur les accidents du travail. **1899.** Création du Conseil supérieur du travail. Reconnaissance par l'État des délégués syndicaux.

1900-*30-3.* Loi sur la limitation de la durée du travail à 10 h par jour, par étape de 2 à 4 ans. **1904**-*1-5.* Loi supprimant les bureaux de placement payants. **1906**-*13-7.* Loi sur le repos hebdomadaire. *-25-10.* Un ministère Clemenceau crée le ministère du Travail (1er titulaire René Viviani). **1909**-*28-12.* Loi garantissant leur emploi aux femmes en couches. **1910**-*5-4.* Loi sur les retraites ouvrières. *-28-12.* Loi rassemblant pour la 1re fois la législation éparse sous forme de *Code du travail.* **1913**-*17-6.* Loi instituant le repos des femmes en couches. *-10-7.* Décret sur l'hygiène et la sécurité. **1914**-*21-3.* Décret interdisant certains travaux aux femmes et aux enfants. **1917**-*5-2/17-5.* Circulaires d'Albert Thomas instituant les *délégués ouvriers* dans les usines d'armement. **1919**-*25-3.* Loi accroissant l'autorité des conventions collectives, modifiée ultérieurement par les lois du 24-6-1936, du 23-12-1946, du 11-2-1950 et du 13-7-1971. *-23-4.* Loi fixant la durée du travail à 8 h par jour. *-25-10.* Loi étendant aux maladies professionnelles le régime protecteur des accidents du travail de 1898.

Exposition nationale du travail

Créée en 1923. *But :* améliorer la formation professionnelle, fortifier l'esprit corporatif, développer le goût et l'attachement de l'ouvrier et de l'artisan à leur travail, permettre à l'un et à l'autre d'affirmer leur personnalité, leur esprit d'initiative et de progrès, et d'obtenir la juste récompense de leur effort. Instituée périodiquement par les ministères de l'Éducation, du Travail, de l'Industrie, du Commerce et de l'Artisanat avec le concours des chefs d'entreprises, une Exposition nationale du Travail. Elle intéresse toutes les branches de la prod. nationale et donne lieu à la désignation des Meilleurs Ouvriers de France. *Depuis 1924 :* 17 expositions. *Nombre de candidats admis de 1924 à 1982 :* Meilleurs Ouvriers de France env. 6 700 ; Médaille d'Argent env. 1 600.

Population totale, active par sexe et par âge (au 4-3-1982)

Age au 1-1-1983	SEXE MASCULIN			SEXE FÉMININ		
	Total	Dont actifs	% (A)	Total	Dont actives	% (A)
	26.492.800	13.940.400	52,6	27.780.400	9.584.720	34,5
0-14 ans	5.761.580	...	...	5.471.400	...	...
15-19 ans	2.231.320	486.360	21,8	2.130.660	356.320	16,7
20-24 ans	2.124.840	1.481.820	69,7	2.106.700	1.410.320	66,9
25-29 ans	2.104.780	1.956.540	93,0	2.089.920	1.475.100	70,6
30-34 ans	2.221.800	2.142.480	96,4	2.151.700	1.441.380	67,0
35-39 ans	1.857.320	1.797.360	96,8	1.766.380	1.150.260	65,1
40-44 ans	1.472.560	1.416.120	96,2	1.413.440	876.580	62,0
45-49 ans	1.554.120	1.474.540	94,9	1.523.400	888.820	58,3
50-54 ans	1.589.440	1.445.580	90,9	1.622.160	877.140	54,1
55-59 ans	1.475.260	1.133.960	76,9	1.580.680	711.420	45,0
60-64 ans	1.174.700	459.600	39,1	1.334.040	297.060	22,3
65-69 ans	806.740	75.600	9,4	1.003.100	49.720	5,0
70-74 ans	900.540	41.560	4,6	1.244.560	27.280	2,2
75-79 ans	654.380	18.480	2,8	1.045.380	12.840	1,2
80-84 ans	380.460	7.260	1,9	739.480	6.680	0,9
85-89 ans	137.440	2.480	1,8	387.820	2.800	0,7
90 ans ou plus	45.520	660	1,4	169.580	1.000	0,6

Nota. — (A) Nombre d'actifs pour 100 personnes de même sexe et groupe d'âge (taux d'activité).

1920-*12-3*. Loi reconnaissant aux syndicats le droit de se porter partie civile. **1924** *août*. Le Gouvernement reconnaît aux syndicats le droit de représenter les fonctionnaires : complété en 1932. **1928**-*5-4*. Loi instituant les *Assur. sociales*. **1932**-*11-3*. Loi créant les *Alloc. familiales*. **1936**-*8-6*. *Accords Matignon :* hausse des salaires, congés payés, 40 h, délégués du personnel et conv. collectives que préciseront 4 lois.

1941-*4-10*. Publication de la *Charte du travail* qui comporte l'instauration de syndicat unique, obligatoire et officiel. **1945**-*13-12*. Nationalisation des Houillères. *Ensuite :* Air France, Banque de France, 4 banques de dépôts, Gaz et Électricité, Assurances. **1945**-*22-2*. Ordonnance instituant les *comités d'entreprise,* élargie par les lois du 16-5-1946 et du 18-6-1966. *-19-10*. Ordonnance réorganisant les institutions de Sécurité sociale. **1946.** Le préambule de la Constitution garantit le droit de grève. Protection sociale calquée sur le modèle britannique. *-16-4*. Loi instituant les *délégués du personnel*. *-11-10*. Loi créant la *médecine du travail*. *-19-10*. Le statut général des *fonctionnaires* reconnaît expressément la liberté syndicale des serviteurs de l'État. *-30-10*. Loi sur les *accidents du travail*. **1947**-*14-3*. Institution du régime prioritaire de retraites complémentaires des cadres. Création de l'AGIRC.

1950-*7-7*. Droit de grève accordé aux agents publics. Création de l'échelle mobile du SMIG. Essor des conventions collectives. **1953**-*9-8*. Contribution patronale de 1 % à la construction de logements. **1955**-*sept*. Accord Renault liant pour la 1re fois les salaires au progrès de la production et portant à 3 semaines les congés payés. **1956**-*27-3*. Loi rendant obligatoires les *congés payés* de 3 semaines. Création du *Fonds national de solidarité* destiné à renforcer

Population totale par sexe, âge et catégorie socio-professionnelle (au 4-3-1982)

Catégorie socio-professionnelle	HOMMES & FEMMES		HOMMES				FEMMES			
	Total	%	Total	dont 15-34 ans	dont 35-54 ans	dont 55 ou +	Total	dont 15-34 ans	dont 35-54 ans	dont 55 ou +
TOTAL	54.273.200	100,0	26.492.800	8.682.740	6.473.440	5.575.040	27.780.400	8.478.980	6.325.380	7.504.640
Dont actifs (10 à 69 et 81)	23.525.120	43,4	13.940.400	6.067.200	6.133.600	1.739.600	9.584.720	4.683.120	3.792.800	1.108.800
1. Agriculteurs exploitants	**1.475.380**	**2,7**	**927.340**	**215.440**	**411.080**	**300.820**	**548.040**	**83.100**	**295.320**	**169.620**
2. Artisans, commerçants, chefs d'entrep.	**1.834.620**	**3,4**	**1.218.340**	**288.440**	**668.940**	**260.960**	**616.280**	**133.980**	**332.460**	**149.840**
21. Artisans	903.600	1,7	684.380	175.260	383.680	125.440	219.220	55.980	121.980	41.260
22. Commerçants et assimilés	797.100	1,5	422.480	99.360	219.080	104.040	374.620	75.020	197.260	102.340
23. Chefs d'entréprise de 10 salariés ou +	133.920	0,2	111.480	13.820	66.180	31.480	22.440	2.980	13.220	6.240
3. Cadres, profes. intellectuelles supér.	**1.894.720**	**3,5**	**1.424.940**	**399.440**	**805.880**	**219.620**	**469.780**	**181.080**	**235.260**	**53.440**
31. Professions libérales	238.900	0,4	173.320	45.940	88.120	39.260	65.580	23.520	31.640	10.420
32. Cadres fonct. publ., prof. intel. et art.	714.340	1,3	448.360	151.520	232.920	63.920	265.980	113.580	126.140	26.260
36. Cadres d'entreprise	941.480	1,7	803.260	201.980	484.840	116.440	138.220	43.980	77.480	16.760
4. Professions intermédiaires	**3.971.100**	**7,3**	**2.369.480**	**943.560**	**1.175.300**	**250.620**	**1.601.620**	**782.800**	**683.220**	**135.600**
41. Enseignement, santé, fonction publ.	1.726.860	3,2	620.480	273.580	283.560	63.340	1.106.380	566.340	453.260	86.780
46. Administration, commerce des entr.	995.400	1,8	596.560	242.100	280.820	73.640	398.840	169.760	188.800	40.280
47. Techniciens	678.260	1,2	616.440	303.480	269.900	43.060	61.820	38.040	20.560	3.220
48. Contremaîtres, agents de maîtrise	570.580	1,1	536.000	124.400	341.020	70.580	34.580	8.660	20.600	5.320
5. Employés	**6.247.240**	**11,5**	**1.724.860**	**949.680**	**604.920**	**170.260**	**4.522.380**	**2.484.640**	**1.616.600**	**421.140**
51. Employés fonction publique	2.082.880	3,8	776.780	400.080	303.540	73.160	1.306.100	623.660	546.500	135.940
54. Employés administratifs d'entreprise	2.532.040	4,7	639.260	366.360	207.560	65.340	1.892.780	1.182.380	586.320	124.080
55. Employés de commerce	742.180	1,4	157.320	97.100	47.480	12.740	584.860	352.280	185.860	46.720
56. Personnels des services aux particul.	890.140	1,6	151.500	86.140	46.340	19.020	738.640	326.320	297.920	114.400
6. Ouvriers (y compris ouvriers agricoles)	**7.748.860**	**14,3**	**6.147.700**	**3.146.160**	**2.465.060**	**536.480**	**1.601.160**	**815.640**	**612.520**	**173.000**
61. Ouvriers qualifiés	4.094.780	7,5	3.738.320	1.907.540	1.529.960	300.820	356.460	165.420	147.140	43.900
66. Ouvriers non qualifiés	3.359.580	6,2	2.160.700	1.129.260	838.180	193.260	1.198.880	629.460	447.400	122.020
69. Ouvriers agricoles	294.500	0,5	248.680	109.360	96.920	42.400	45.820	20.760	17.980	7.080
7. Retraités	**7.436.020**	**13,7**	**3.619.600**	...	**28.120**	**3.591.480**	**3.816.420**	...	**16.680**	**3.799.740**
71. Anciens agriculteurs exploitants	1.346.040	2,5	582.640	...	940	581.700	763.400	...	1.720	761.680
72. Anc. artisans, commer., chefs d'entr.	754.940	1,4	331.580	...	1.340	330.240	423.360	...	2.140	421.220
73. Anciens cadres et professions interm.	1.065.440	2,0	630.640	...	4.120	626.520	434.800	...	3.240	431.560
76. Anciens employés ouvriers	4.269.600	7,9	2.074.740	...	21.720	2.053.020	2.194.860	...	9.580	2.185.280
8. Autres personnes sans activité profes.	**23.665.260**	**43,6**	**9.060.540**	**2.740.020**	**314.140**	**244.800**	**14.604.720**	**3.997.740**	**2.533.320**	**2.602.260**
81. Chômeurs n'ayant jamais travaillé	353.200	0,7	127.740	124.480	2.420	840	225.460	201.880	17.420	6.160
82. Inactifs divers (C)	23.312.060	43,0	8.932.800	2.615.540	311.720	243.960	14.379.260	3.795.860	2.515.900	2.596.100

Population active ayant un emploi, par sexe, statut, nationalité et activité économique (au 4-3-1982)

Activité économique	HOMMES & FEMMES		HOMMES		FEMMES	
	Total	dont sal. étrangers	Total	dont salariés	Total	dont salariées
TOTAL (actifs ayant un emploi)	21.465.960	1.257.860	13.006.280	10.633.900	8.459.680	7.188.560
● U01. T01. Agricult., sylvicult., pêche	**1.759.220**	**50.020**	**1.162.120**	**243.500**	**597.100**	**51.460**
● U02. Industries agricoles et alimentaires	**626.420**	**29.240**	**406.200**	**353.960**	**220.220**	**183.120**
T02. Industries de la viande et du lait	189.040	10.000	130.240	125.840	58.800	57.900
T03. Autres industries agricoles et alimentaires	437.380	19.240	275.960	228.120	161.420	125.220
● U03. Prod. et distribution d'énergie	**301.440**	**16.220**	**253.680**	**253.180**	**47.760**	**47.680**
T04. Prod. de combustibles minéraux solides, cokefaction	58.920	9.640	56.880	56.820	2.040	2.020
T05. Prod. de pétrole et de gaz naturel	41.300	1.560	33.260	33.040	8.040	8.000
T06. Prod. et distrib. d'électricité, distribution gaz et eau	201.220	5.020	163.540	163.320	37.680	37.660
● U04. Industries des biens intermédiaires	**1.452.440**	**143.520**	**1.165.280**	**1.126.840**	**287.160**	**280.120**
T07. Prod. minerais, métaux ferreux, 1ere tranform. acier	163.520	20.060	150.040	149.760	13.480	13.440
T08. Prod. minerais, métaux, demi-produits non ferreux	77.580	7.200	66.400	66.100	11.180	11.180
T09. Prod. matériaux de construction et minéraux divers	184.780	20.480	154.500	146.320	30.280	28.400
T10. Industrie du verrre	67.560	3.700	54.720	53.340	12.840	12.600
T11. Chimie de base, prod. fils et fibres artif. et synth.	150.520	8.200	123.380	122.540	27.140	27.020
T13. Fonderie et travail des métaux	474.760	51.680	383.800	360.580	90.960	87.100
T21. Industrie du papier et du carton	114.100	7.860	78.300	76.960	35.800	35.460
T23. Industrie caoutchouc, tranf. des matières plastiques	219.620	24.340	154.140	151.240	65.480	64.920
● U05. Industries des biens d'équipement	**1.797.420**	**146.120**	**1.385.520**	**1.350.860**	**411.900**	**405.700**
T14. Construction mécanique	532.100	37.160	438.680	413.620	93.420	88.860
T15A Construction matériels électrique et électronique professionnels	484.200	28.760	317.120	311.320	167.080	166.080
T15B Fabric. d'équipement ménager	80.940	5.420	44.800	44.180	36.140	36.040
T16. Constr. véhic. autom., autres maté. transport terrestre	472.920	68.260	387.040	384.980	85.880	85.460
T17. Construc. navale et aéronautique, armement	227.260	6.520	197.880	196.760	29.380	29.260
● U06. Indus. des biens de consommation	**1.403.580**	**107.540**	**727.280**	**647.240**	**676.300**	**645.300**
T12. Parachimie et indust. pharmaceut.	177.400	8.520	98.920	97.160	78.480	78.200
T18. Ind. du textile et de l'habillement	513.080	51.620	167.020	151.820	346.060	331.760
T19. Indust. du cuir et de la chaussure	102.960	6.360	41.700	37.840	61.260	59.920
T20. Industries bois et ameublement, industries diverses	381.540	29.920	271.160	227.260	110.380	100.320
T22. Imprimerie, presse, édition	228.600	11.120	148.480	133.160	80.120	75.100
● U07. T24. Bâtiment génie civil et agric.	**1.763.380**	**280.280**	**1.639.580**	**1.313.680**	**123.800**	**88.120**
● U08. Commerce	**2.542.660**	**96.080**	**1.340.680**	**1.008.580**	**1.201.980**	**926.800**
T25. Commerce de gros alimentaire	294.180	15.100	208.080	180.020	86.100	77.440
T26. Commerce de gros non alimentaire	663.580	33.680	446.460	402.100	217.120	206.020
T27. Commerce de détail alimentaire	652.360	20.080	307.700	203.760	344.660	256.020
T28. Commerce de détail non aliment.	932.540	27.220	378.440	222.700	554.100	387.320
● U09. Transports et télécommunications	**1.358.160**	**46.200**	**1.032.920**	**975.080**	**325.240**	**314.100**
T31. Transports	890.440	44.300	747.560	690.000	142.880	131.780
T32. Télécommunications et postes	467.720	1.900	285.360	285.080	182.360	182.320
● U10. Services marchands	**4.032.100**	**209.320**	**1.863.980**	**1.345.480**	**2.168.120**	**1.853.040**
T29. Réparation et commerce de l'auto.	411.240	24.360	334.300	269.900	76.940	55.480
T30. Hôtels, cafés, restaurants	620.280	48.480	299.000	197.520	321.280	203.140
T33. Services marchands rendus aux entreprises	1.062.340	65.160	585.360	441.280	476.980	435.380
T34. Services marchands rendus aux particuliers	1.938.240	71.320	645.320	436.780	1.292.920	1.159.040
● U11. T35. Location et crédit-bail immobilier	**68.800**	**4.020**	**35.300**	**33.160**	**33.500**	**31.920**
● U12. T36. Assurances	**147.920**	**2.580**	**65.960**	**61.820**	**81.960**	**80.700**
● U13. T37. Organismes financiers	**429.540**	**6.220**	**218.600**	**217.520**	**210.940**	**210.780**
● U14. T38. Services non marchands	**3.782.880**	**120.500**	**1.709.180**	**1.703.000**	**2.073.700**	**2.069.720**

l'aide vieillesse. **1957**-*15-5*. Régime de retraites des non-cadres (UNIRS). **1958**-*31-12*. Convention entre le CNPF et les syndicats créant un *régime d'assurance-chômage* (UNEDIC et ASSEDIC). *-19-2* Loi instituant un préavis légal de 1 mois en cas de licenciement. **1959**-*7-1*. Ordonnances sur : l'action en faveur des *travailleurs sans emploi ;* la *participation* (facultative) des salariés au bénéfice des entreprises. Formule obligatoire prévue par l'ordon. du 17-8-1967.

1961-*8-12*. Accord portant sur généralisation des retraites des non-cadres. Association des régimes de retraites complémentaires (ARRCO). Signataires : CFDT, CFTC, CGT-FO, CGC. *-29-12*. 4 semaines de congés payés chez Renault. **1963**-*18-12*. Loi créant le *Fonds national de l'emploi*. **1966**-*28-11*. Création paritaire de l'APEC. *-30-12* Garantie de l'emploi en cas de maternité **1967**-*13-7*. Création de l'*Agence nationale pour l'emploi*. *-17-8*. Ordonnance sur la *participation* obligatoire aux fruits de l'expansion. **1968**-*21-2*. Accord avec NPI : versement aux travailleurs en chômage partiel d'une allocation complémentaire aux indemnités d'État. Signataires : CGC, CGT, CGT-FO. *-27-5 Constat de Grenelle :* hausse des salaires, engagements tenus par la loi du 28-12 concernant la section syndicale d'entreprise, accords professionnels sur la réduction du temps de travail (Voir Quid 1972, p. 795). *-27-12*. Loi relative à l'exercice du *droit syndical* dans l'entreprise. Liberté de constitution de sections syndicales dans l'entr. **1969**-*10-2*. Accord national interprofessionnel sur la *sécurité de l'emploi*. Accord avec commissions paritaires de l'emploi au niveau professionnel et interprofessionnel, précisant les modalités de saisine du comité d'entreprise avant tout licenciement collectif pour raisons économiques. Signataires : CFDT, CFTC, CGC, CGT, CGT-FO. *-16-5*. Loi généralisant les *congés payés* de 4 sem. — *Déc. 1er contrat de progrès* signé à EDF-GDF. *Mensualisation des salaires.*

1970-*2-1*. Loi instituant le *SMIC*. *-20-4*. Déclaration commune du patronat et des syndicats sur la *mensualisation*. *-2-7-* Accord pour une meilleure indemnisation du *congé-maternité*. *-9-7*. Accord sur la *formation* et le *perfectionnement professionnels*. **1971**-*16-7*. 3 lois sur l'*apprentissage*, l'*enseignement technologique* et *la formation professionnelle*. *-30-11/3-12*. Lois réformant l'allocation de *salaire unique*, majorant les *pensions vieillesse* et la *préretraite* des travailleurs frappés d'inaptitude. **1972**-*27-3*. Accord national interprofessionnel portant *garantie de ressources* pour les chômeurs de + de 60 ans. **1973**-*19-3*. Accord sur l'affiliation des jeunes aux régimes de retraites complémentaires, dès leur entrée dans l'entreprise. *-13-7*. Réforme du *droit de licenciement* obligeant l'employeur à fournir une explication. *-27-12*. Création de l'Agence nationale pour l'amélioration des conditions de l'emploi (ANACT). **1974**-*30-2*. Création du *fonds de garantie des salaires* assurant à tous les travailleurs victimes d'une faillite le paiement de leur dû. **1975**-*3-1* et *5-5*. Loi et décret sur le contrôle des licenciements économiques. *-30-6*. Loi d'orientation pour les handicapés. *-1-7*. Retraite à taux plein à 60 ans pour les travailleurs manuels et les mères de famille ayant élevé 3 enfants ou plus. Conditions : avoir accompli 5 années de travail « manuel » et 42 années de cotisations au régime général de la Sécurité sociale pour les hommes ou 30 années pour les mères de 3 enfants. *-4-7*. Loi sur la généralisation de la Sécurité sociale. *-11-7*. Lois définissant les droits des travailleurs étrangers. *-27-12*. Lois garantissant le versement des salaires en cas de règlement judiciaire et liquidation (complément) ; sur la réduction de la durée légale du travail. **1977**. 1er Pacte pour l'emploi. *-12-7*. Lois sur la retraite des femmes à 60 ans, le congé parental d'éducation, le bilan social de l'entreprise. *-10-12*. Accord national interprofessionnel sur la mensualisation. **1978**-*19-1*. Loi sur la généralisation minimum de la mensualisation. *-17-7*. Loi interdisant toute mesure discriminatoire pour faits de grève. **1979**-*3-1*. Loi délimitant les contrats à durée déterminée. *-18-4*. Accord avec CNPF relatif au versement d'une allocation supplémentaire d'attente aux salariés licenciés pour motif économique. **1980**-*22-12*. Loi sur l'aide à la création d'entreprise.

1981-*7-1*. Loi garantissant l'emploi après un accident du travail. **1982**-*16-1*. Ordonnance sur les contrats de solidarité. Ord. fixant à 39 h la durée légale de la semaine de travail et instituant la 5e semaine de congés payés. *-5-2*. Ord. sur les contrats de travail à durée déterminée. Ord. sur le travail temporaire. *-26-3*. Ord. sur le travail à temps partiel. Ord. fixant l'âge de la retraite à 60 ans. Ord. sur l'insertion des jeunes de 16 à 18 ans. *-28-5*. Décret sur le droit syndical dans la Fonction publique. *-4-8*. Loi sur les garanties disciplinaires, le règlement intérieur et le droit d'expression directe et collective. *-28-10*. Loi sur la réforme et le développement du droit syndical, délégués du personnel, comités. *-13-11*. Loi réglementant les conflits collectifs et la négociation collective annuelle. *-23-12*. Loi sur la création de comités d'hygiène, de sécurité et des conditions de travail (CHSCT). Abaissement de l'âge de la retraite à 60 ans au taux plein pour les assurés comptant 150 trim. d'assurance. Droits accrus pour les fonctionnaires. **1983**-*13-7*. Lois sur les droits et les obligations des fonctionnaires ; sur l'égalité professionnelle des hommes et des femmes. *-26-7*. Loi de démocratisation du secteur public et nationalisé. Développement des institutions représentatives du personnel et clarification de leur rôle. **1984**-*11-1*. Loi sur le statut de la Fonction publique d'État. *-24-2*. Loi sur la formation professionnelle et les congés de formation. Nouvelle répartition des rôles État-partenaires sociaux au sein de l'UNEDIC à partir du 1-4-1984.

Statistiques

Actifs. Accroissement annuel moyen (en %). *1968-75 :* 0,10 ; *1975-80 :* 0,6 ; *1980-85 :* 0,8.

Nombre. (Total et entre parenthèses, %.). *1968 :* 20 729 000 (41,7). *1970 :* 20 549 000 (44,9). *1975 :* 20 898 000 (49,4). *1980 :* 21 526 000 (51,9). *1985 :* 22 428 000 (49,7), soit + 230 000 dont + 185 000 pour des raisons démog., + 95 000, augmentation de l'activité féminine des femmes de 25 à 54 ans, — 50 000, âge de la retraite (activité des hommes et des femmes de + de 55 ans). *1990 :* 25 500 000.

Effectifs salariés par sexe (variation en milliers). *1974 :* hommes — 76,7, femmes + 45,9. *75 :* — 131, + 7,6. *76 :* + 115,7, + 126,5. *77 :* — 48,2, + 56,8. *78 :* — 43,7, + 80,3. *79 :* + 22,2, + 70,1. *80 :* — 69,6, + 24,4. *81 :* — 131,1, + 2,9. *82 :* + 35, + 38. *83 :* — 126, — 122. *84 :* — 44,1, — 39,2.

Non-actifs. Nombre pour 100 actifs. *1968 :* 139,9 ; *70 :* 144,9 ; *75 :* 149,4 ; *80 :* 151,9 ; *85 :* 151,9.

Population active (au rec. de 1982)

Au recensement du 4 mars 1982, sur 54 334 871 habitants, il y avait 23 525 120 actifs dont

21 465 960 occupés, *0-19 ans :* 842 680, *20-64 ans :* 22 436 080, *65 ans ou + :* 246 360 ; et 2 059 160 chômeurs. En 7 ans, dep. le rec., de 1975 à 1982, les actifs avaient augmenté de 2,5 %, les chômeurs de 147 %.

Actifs occupés (1982). 21 465 960, dont non-salariés 3 643 500 (dont indépendants et employeurs 2 869 760, aides familiaux 773 740) ; salariés 17 822 460 (dont salariés de l'État et des collectivités locales 4 464 460). **Chômeurs** 2 059 160. **Par activités économiques** (nombre et, entre parenthèses, %) : agriculture, sylviculture et pêche 1 759 220 (8,1), industrie, bâtiment, génie civil et agricole 7 344 680 (34,2), commerce, transports et services 13 362 060 (57,6).

Actifs étrangers (1982). 1 555 260 (soit 6,6 % du total) dont 1 187 120 hommes (8,5 % du total des h. actifs), 369 140 femmes (3,9 % des f. actives). Voir p. 551.

Salariés du secteur privé (1-1-1985). 12 765 073, dont (en % du total) secteur primaire 0,7, secondaire 46,1 (dont B.T.P. 9,8), tertiaire 53,2.

Chômage

Chômage dans le monde

Définition du B.I.T. 4 conditions : être sans emploi pendant la semaine de référence, rechercher un emploi salarié, faire un acte de recherche effectif pendant le mois précédant l'enquête, être disponible pour travailler immédiatement. Aux chômeurs ainsi définis il faut ajouter : ceux qui ont trouvé du travail mais dont le nouvel emploi ne commence qu'ultérieurement ; les salariés normalement pourvus d'un emploi mais qui n'ont pas travaillé pendant la semaine de référence en raison de difficultés économiques.

Les statistiques donnent le nombre de chômeurs recensés. Elles ne tiennent pas compte dans certains pays des chômeurs partiels (travaillant moins de la durée légale) qui peuvent atteindre un nombre élevé dans les pays sous-développés. Même dans les pays connaissant un manque de main-d'œuvre, il existe toujours un chômage résiduel : travailleurs instables ou inadaptables (env. 0,25 à 0,3 %) ou non encore reclassés. Le nombre des chômeurs peut varier considérablement d'un mois à l'autre (parfois de 1 à 4).

Entre 1929 et 1931, au *maximum de la crise*, il y eut aux U.S.A. 12 800 000 chômeurs (soit 25 % de la population active), en Allemagne féd. 5 580 000 (30 %), G.-B. 2 180 000 (18 %), Italie 1 020 000 (n.c.), Canada 650 000 (21 %), Japon 490 000 (7 %), *France 480 000 (n.c.)*, Belgique 230 000 (23 %), Pays-Bas 170 000 (36 %), Suisse 90 000 (13 %).

Chômage dans l'O.C.D.E. (1986). Taux en %. G.-B. 11,75, *France 11,25*, Italie 11, Canada 10,75, All. féd. 8, U.S.A. 7,25, Japon 2,5, autres pays de l'O.C.D.E. 11,75, total O.C.D.E. 8,5 (Europe 11,25). **Nombre de chômeurs (en millions).** Total O.C.D.E. 31,5, (Europe 19,25, Amér. du N. 10).

Chômage en %	1979	1980	1981	1982	1983	1984	1985
Allemagne fédérale	3,2	3,1	4,3	6,1	7,6	8,5	8,6
Australie	6,2	6	5,7	7,1	9,8	8,1	8,1
Autriche	2,1	1,9	2,5	3,5	4,1	3,8	3,6
Belgique	8,4	9	10,9	13,1	14,5	14	13,2
Canada	7,4	7,5	7,5	10,9	11,8	11,2	10,4
Danemark	6	7	9,2	11	11,4		
Espagne	8,5	11,2	14	15,9	17,4	20,1	21,5
Finlande	6	4,9	5,2	5,8	6,1	6,1	6,2
France				*8*	*8,1*	*9,7*	*10,1*
Grande-Bretagne	5,7	7,4	11,3	12,7	13,2	13,2	13,2
Grèce [1]	1,9	2,2	2,6	5,8	7,9		
Irlande	7,9	9	11,3	10,7	14,1		
Islande	0,4	0,4	0,5	0,6			
Italie	7,5	7,4	8,3	8,9	9,7	10,2	10,5
Japon	2,1	2	2,2	2,4	2,6	2,7	2,6
Luxembourg	0,7	0,7	1	1,2			
Nouvelle-Zélande	1,9	2,7	3,6	3,5			
Pays-Bas	4,2	4,9	7,5	11,4	13,7	14	13
Portugal	8,1	8	10	7,3			
Norvège	2	1,7	2	2,6	3,3	3	2,5
Suède	2,1	2	2,5	3,1	3,5	3,1	2,8
Suisse	0,3	0,2	0,2	0,4	0,9	1,1	1
Turquie (estim.)	13,9	20	20	17,7	18,8		
U.S.A.	5,7	7	7,5	10,9	9,5	7,4	7,1
Ensemble	5,1	5,8	7,2	8,1			
Dont C.E.E.	5,6	6	8		11,5	11,7	11,9
Nombre en millions	18,3	20,8	25,4	30	33		

Nota. — (1) Chiffres au mois de juin pour chaque année.

Chômage des jeunes (15 à 24 ans) [1]**. En %, en 1986, et entre parenthèses en 1980.** Allemagne 9 (3,9), Australie 14 (12,2), Canada 17 (13,2), Espagne 46,5 (28,5), États-Unis 12,5 (13,3), Finlande 10,25 (9), *France 31 (15)*, Italie 37 (25,2), Japon 5 (3,4), Norvège 6,5 (5,4), Royaume-Uni 21 (13,9), Suède 6 (5,1).

Nota. — (1) Sauf Italie, U.S.A., G.-B., Norvège, Espagne et Suède (16 à 24 ans).

Chômage en France

Généralités

● **Définitions. 1°) Personnes sans emploi qui désireraient travailler :** pop. disponible à la recherche d'un emploi ; évaluée lors des recensements, et enquêtes annuelles de l'INSEE. *Population marginale disponible à la recherche d'un emploi* (PMDRE). Les personnes qui se sont classées parmi la pop. inactive (ménagères, étudiants, retraités), mais disent rechercher un emploi.

2°) Chômeurs secourus : travailleurs qui, ayant perdu un emploi, n'en ont pas encore retrouvé d'autre, et (sous certaines conditions de qualification et de temps de recherche) jeunes travailleurs à la recherche d'un 1er emploi.

3°) Demandes d'emploi non satisfaites : relevées tous les mois dans les agences locales de l'emploi ; s'y inscrivent tous ceux qui y trouvent intérêt pour trouver un emploi ou pour préserver certains droits (allocations de chômage, Sécurité sociale).

● **Catégories de chômeurs.** *Conjoncturels :* 1°) Licenciés économiques. 2°) + de 50 ou 60 ans. 3°) Handicapés physiques qui vont à l'ANPE. 4°) Saisonniers. 5°) Femmes (32 à 40 ans) qui reviennent sur le marché du travail quand leur dernier enfant va à l'école. 6°) Personnes en transit. 7°) Asociaux. 8°) Jeunes.

● **Coût global du chômage en France.** En milliards de F et entre par., en % du P.I.B. *1977 :* 20,74 (1,10). *78 :* 29,76 (1,39). *79 :* 37,71 (1,55). *80 :* 45,45 (1,65). *81 :* 54,7 (5,8). *82 :* 76,2 (6,5). *83 :* 98.4.

● **Évolution. 1946-48.** Pénurie de main-d'œuvre. Demandes de 35 000 à 70 000. Offres de 30 000 à 65 000. Chômeurs secourus 12 000. **1949-55.** Difficultés d'emploi. Demandes de 100 000 à — de 250 000 (1954). Offres de 30 000 (min. 6 500 en 1953). Chômeurs secourus 50 000 à 60 000. **1956-64.** Emploi à peu près équilibré, sauf en 1958-59 (crise de l'industrie textile). Demandes — de 10 000 sauf en 1959-60. Offres + de 40 000 sauf début 1959 (8 000). Chômeurs secourus 20 000 à 25 000 sauf 1959-60 (43 000 et 41 000). **1965-68.** Demandes en progression, de 100 000 à 250 000 fin 1967. Offres de 35 000 sauf 1966, 24 000 fin 1967. Chômeurs secourus 36 000 (65) à 63 000 (67). Chômage des cadres (pour cause de fusions ou concentrations), puis chômage d'ouvriers et nombre croissant de jeunes ne trouvant pas de travail. **1969-73.** Légère régression du chômage liée à la croissance économique. **1974-84.** Accroissement.

● **Demandes selon la catégorie. Demandes de catégorie 1** (personne sans emploi immédiatement disponible, à la recherche d'un emploi à durée indéterminée, à temps plein) **et offres d'emploi.** Données brutes et données corrigées des variables saisonnières (CVS).

	Demandes		Offres	
	Brutes	CVS	Brutes	CVS
1980 fin janv.	1 485 443		86 168	
1981 fin janv.	1 680 323		66 500	
1982 fin janv.	2 034 027	192 800	60 986	
1982 fin mai	1 885 300	2 000 100	82 847	477 500
1983 fin janv.	2 129 995	2 019 300	103 315	
1983 fin mai	1 913 022	2 029 200	88 786	82 600
1984 fin janv.	2 252 144	2 135 600	48 996	59 100
1984 fin avril	2 234 823	2 296 400	49 551	45 100
1985 fin avril	2 338 303	2 392 800	48 671	46 200
1986 fin mai	2 447 704	2 317 900	51 100	48 200
1990 est.	3 000 000			

Fin 1985 : **catégorie 2** (pers. à la recherche d'un emploi à temps partiel) *(brut)* 148 600 ; **3** (pers. à la recherche d'un emploi à durée déterminée) *(brut)* 56 700.

Demandes selon le sexe (février 1986). Hommes 1 221 600, femmes 1 146 700. **Selon la qualification** (en mars 1986, en %) : employés qualifiés 29,3, ouvriers qualifiés 24,7, ouvriers spécialisés 16,4, employés non qualifiés 15,4, agents de maîtrise et techniciens 3,4, cadres 2,9.

Demandes selon la raison du dépôt, *hommes et femmes (févr. 1986, cat. 1).* 260 413 dont fin de contrat à durée déterminée 89 882, licenciement pour cause économique 42 855, 1re entrée 30 819, reprise d'activité 27 574, autre licenciement 25 421, démission 18 421, fin de mission d'intérim 13 643, autres cas 11 766.

Ancienneté moyenne des demandes en fin de mois (en j) en févr. 1986 (et févr. 85) 329 (321) ; *durée moyenne d'attente des demandes placées ou annulées (en j)* 236 (226).

Taux de chômage régionaux en moyennes annuelles, en %. En 1980, entre parenthèses 1981, et en italique 1985. Ile-de-France 5,6 (6,2) *8,1.* Champagne-Ardenne 6,7 (8,0) *11,6.* Picardie 7,2 (8,6) *11,2.* Hte-Normandie 8,3 (9,8) *12,2.* Centre 4,9 (6,2) *9,2.* Basse-Normandie 6,9 (8,4) *11,1.* Bourgogne 5,3 (6,7) *9,9.* Nord-P.-de-Calais 8,8 (10,1) *13,2.* Lorraine 5,9 (7,3) *10,7.* Alsace 3,9 (5,0) *8,6.* Franche-Comté 5,2 (6,9) *9,4.* Pays de la Loire 6,6 (7,9) *11,5.* Bretagne 6,8 (7,6) *10,8.* Poitou-Char. 7 (8,4) *11,4.* Aquitaine 7 (8,0) *11,1.* Mid.-Pyr. 6,6 (7,5) *9,5.* Limousin 4,8 (5,3) *8,9.* Rhône-Alpes 5,2 (6,2) *8,6.* Auvergne 5,8 (6,9) *9,8.* Languedoc-Rousillon 8,3 (9,1) *13,9.* Provence Alpes-C. d'Azur 8,2 (9,0) *12,2.* Corse 7,3 (7,9) *11,2.*

Part des jeunes (— de 25 ans) en %. Pour chaque année, ensemble des jeunes dont entre parenthèses, 1er emploi. *1980 mars :* 39,8 (12,1), *81 :* 39,9 (10,8), *82 :* 40,1 (11,3), *83 :* 39,5 (10,6). *84 :* 44 (14,1). *86 :* 31,4.

En 10 ans (1970-80), le nombre de chômeurs a été multiplié par 4,7 chez les 15-17 ans, 5,1 chez les 18-24 ans (3,4 chez les + de 25 ans). Certains ne désirent pas travailler régulièrement avant le service militaire ou trouvent des réticences à l'embauche avant de le faire, ou préfèrent le secteur tertiaire.

Chaque classe d'âge compte environ 850 000 jeunes. 800 000 débouchent sur le marché du travail chaque année. 200 000 sont sans formation. L'enseignement supérieur ne prépare que 60 % des ingénieurs et scientifiques et le tiers des cadres commerciaux dont on a besoin, alors qu'on forme 3 à 4 fois trop de juristes et de littéraires. 41 % des bacheliers n'avaient pas trouvé d'emploi en 1979 (5,4 % en 1974).

Demandes selon l'ancienneté du dépôt, *hommes et femmes, fin avril 1986.* 2 371 588 dont — *de 1 mois :* 219 040, *1 à 3 mois :* 349 321, *3 à 6 mois :* 455 884, *6 mois à 1 an :* 629 499, *1 à — de 2 ans :* 437 415, *2 ans et + :* 280 429.

Demandes d'étrangers (fin 1er trim. 86). Hors CEE 272 458 dont hommes 195 551, femmes 76 907 : Algériens 72 665, Marocains 44 589, Portugais 38 722, Tunisiens 22 487, Vietnamiens, Laotiens et Cambodgiens 16 670, Espagnols 13 334, Turcs 12 727.

Étrangers demandeurs d'emploi (au 31-3-1986). 291 831 (dont femmes 84 064, — de 25 ans 55 461, ancienneté moyenne 329 j dont : de C.E.E. 71 432 dont Portugais 38 722, Italiens 13 342, Espagnols 13 334, Allemands 2 026, Belges 2 018, Britanniques 1 171, Hollandais 430, Grecs 122, Irlandais 97, Danois 84, Luxembourgeois 83) ; hors C.E.E. 220 402 dont Algériens 72 665, Marocains 44 589, Tunisiens 22 487, Vietnamiens, Laotiens, Cambodgiens 16 670 (autres Asiat. 9 489). Turcs 12 727, Pays Afr. Noire 5 823 (autres pays africains 19 719), Yougoslaves 5 799, autres Européens 4 990, Amér. du S. 3 026, Océaniens 1 619, Amér. du N. 799.

Part des femmes dans les demandes en fin de mois (en % à fin mars). *1980 :* 54,6, *81 :* 51,6, *82 :* 49,4, *83 :* 48,8, *84 (avril) :* 46,9. *85 (avril) :* 47,5. *86 :* 48.

Part des étrangers (hors CEE) dans les demandes (en % à fin mars). *1980 :* 10, *81 :* 11, *82 :* 11,9, *83 :* 11,7. *85 (avril) :* 11,8. *86 :* 11,3.

Indicateur ARIES

Selon l'ARIES (Association de recherches internationales économiques et sociales), présidée par Lionel Stoléru, les chiffres officiels du chômage sont sous-estimés depuis le 1-10-1982.

Statistiques (1985). 290 000 dont *traitement social* 50 000 (dont départs volontaires en préretraites + 10 000, retraite à 60 ans + 10 000, arrêt volontaire de recherche d'emploi + 30 000) ; *tr. politique* 240 000 [dont T.U.C. 180 000, radiations 25 000, parking scolaire 20 000, V.S.L. 10 000, congés conversion 5 000).

Interprétant les recommandations du B.I.T., l'indicateur ARIES distingue *chômage* (indice officiel ANPE corrigé des préretraites forcées et des radiations forcées) et *sous-emploi* (par rapport à des normes déterminées ou à un autre emploi possible, compte tenu de la qualification professionnelle (formation ou expérience de travail de l'intéressé)] : effectifs acceptés en attente d'emploi, redoublements scolaires, TUC, congés de conversion, V.S.L.

Indicateur ARIES au 1-1-1986 et, entre parenthèses, évolution en 1985. *Total* 3 040 000 (+ 250 000) [indice officiel 2 350 000 (− 50 000)] dont *chômage* 2 735 000 (+ 25 000) ; *sous-emploi* 305 000 (+ 225 000).

Nouveaux chômeurs (1985). 250 000 dont *pertes d'emploi* − 120 000 (salariés hors administrations − 100 000, des admin. + 40 000, non salariés − 60 000) ; *nouveaux actifs* + 130 000.

Disparus du chômage en 1985. Motifs : *traitement social :* opérations de préretraite et de retraite (nombreuses en 1983 et 84, presque nulles en 85). Technique permettant aux chômeurs indemnisés de + de 57 ans de toucher leurs allocations sans s'inscrire comme demandeurs d'emploi (procédure dite « arrêt de recherche d'emploi »). **Traitement « politique » des statistiques.** *Préretraites forcées* (pas d'effet en 1985) ; *radiations forcées :* la procédure d'informatisation des fichiers au printemps 1985 entraîne env. 25 000 radiations forcées (« annulations sur inventaire ») ; *redoublements scolaires :* env. 20 000, chiffre faible par rapport à la circulaire demandant d'augmenter de 60 000 la capacité d'accueil des classes de terminales correspondantes ; *congés de conversion :* mise en place très lente de ce système correspondant au « stockage » de 5 000 licenciés en 1985 ; *T.U.C.* (travaux d'utilité collectifs), « évacués » des statistiques du chômage (alors que dans l'enquête emploi, les « tucistes » se déclarent toujours à la recherche d'un emploi) ; *V.S.L. :* « volontaires pour le service long ».

Chômeurs secourus (totaux)

	Fonds publics	Alloc. Assedic
1967 1-1	41 133	56 498
1968 1-1	97 100	88 932
1968 1-6	119 687	107 607
1969 1-1	122 131	110 913
1970 1-5	110 582	113 321
1971 1-5	131 100	143 811
1972 1-5	144 100	169 240
1973 1-5	132 100	177 137
1974 1-5	150 100	212 109
1975 1-5	293 800	279 700
1976 1-4	452 200	399 000
1977 1-6	514 900	541 901
1978 1-2	218 196 [1]	614 235
1979 1-3	285 435	783 666
1981 [2]	1 021 200	
1982	1 226 500	
1983	1 702 800	
1984	1 878 583	
1985 (avril)	2 027 617	
1986 (avril)	2 374 400	

Nota. − (1) Allocataires de la seule aide publique. (2) Dep. le 16-1-1979, indemnisation unique versée par l'Unedic.

● **Bénéficiaires d'aides.** Avril 1986, et en italique, avril 85. **1°) Demandeurs d'emploi allocataires en cours, en fin de mois :** 1 479 593 *1 360 200* dont : ensemble du régime d'assurance-chômage 1 114 220 *1 061 517*, alloc. d'insertion et alloc. forfaitaire 188 097 *192 804*, alloc. de solidarité spécifique et aide de secours exceptionnel 177 276 *105 879*. **2°) Garantie de ressources :** 325 563 *385 768*. **3°) Alloc. spéciale** (ou conventionnelle) du F.N.E. 161 170 *130 842*, alloc. conventionnelle de solidarité préretraite démission 91 068 *133 675*, alloc. de préretraite progressive 3 354 *1 691*, alloc. complémentaire 1 361 *368*, indemnité de formation 1 134 *15 173*.

● **Demandeurs d'emplois non indemnisés (31-3-1985).** *1°) Non-demandeurs d'allocations :* chômeurs inscrits à l'ANPE mais qui n'ont pas renvoyé de demande d'all. à l'ASSEDIC 196 000 soit 21,1 % (femmes 55,3 %. *2°) Demandeurs rejetés :* ne remplissant pas les conditions d'ouverture de droits à l'ass. chômage, ni à l'all. d'insertion 329 300 soit 35,4 % (62 % de femmes). *Motifs de rejet (en %) :* rejets ass. chômage 65,4 (dont durée affiliation insuffisante 29,6, activité hors champ 11,5, démission non légitime 8,9, autres causes 15,4) ; rejets allocations insertion 20,8 (dont attestation de fin de cycle ou diplôme absent ou non reconnu 11,0) ; motifs de rejets non reconstitués 13,8. *3°) Demandeurs classés sans suite :* 26 500 soit 2,9 %. *4°) Acceptés en indemnisation mais en situation de carence :* 98 000 soit 10,5 %. *5°) Chômeurs ayant épuisé leurs droits à l'indemnisation :* 253 900 soit 27,3 % (58,9 % de femmes, en raison de leurs durées moyennes d'indemnisation plus courtes que les hommes et de leur plus grande difficulté de réinsertion sur le marché du travail) ; − de 25 ans : + de 50 %. *6°) Chômeurs en interruptions momentanées d'indemnisation :* 25 700 (soit 2,8 %). *7°) Cas indemnisés* 42 900.

☞ *Les chômeurs non indemnisés* sont à 70 % célibataires ; 52 % des cas 1, 2, 3 habitent chez leurs parents, 69 % des cas 5 ; 20 % sont chefs de famille. Parmi les foyers ayant 1 chômeur non indemnisé, 35 % ne comptent aucune autre personne ayant un emploi. Dans 75 % des cas, les revenus salariaux de la famille sont à peine supérieurs au SMIC ; 10 % des foyers ont un autre membre en chômage indemnisé, et 20 % une personne en préretraite ou en retraite. 50 % perçoivent des prestations familiales (all. familiales, all. logement, aides sociales à l'enfance...), 15 % des aides versées par des institutions ou collectivités (Secours catholique, aides spéciales d'all. familiales...), 17 % une aide de la famille non rattachée au foyer.

☞ **Au 30-9-1985 (6 mois plus tard)**, il apparaît que 51 % des non indemnisés au 31-3-1985 ont été radiés de l'ANPE depuis.

● **Offres d'emploi non satisfaites. 1972-***1-5 :* 138 500, **74-***1-5 :* 235 800, **75-***1-5 :* 105 877, **76-***1-5 :* 129 032, **77-***31-1 :* 96 133, **79-***1-2 :* 69 699, **80-***1-4 :* 97 392, **81-***1-5 :* 77 761, **82-***1-5 :* 78 585 (74 300 corrigé de variations saisonnières), **83-***1-5 :* 95 035 (90 500), **84-***1-4 :* 49 555 (48 671), **85-***1-6 :* 50 000 (47 200). **86-***1-6 :* 51 100 (48 200).

Offres d'emploi en fin de mois et, entre parenthèses, demandes d'emploi par régions (avril 1986). 48 496 (2 371 588) dont Ile-de-Fr. 13 054 (415 142), Champagne-Ardenne 1 087 (66 557), Picardie 1 392 (79 129), Hte-Normandie 1 007 (89 694). Centre 1 744 (91 942), Basse-Normandie 995 (60 999), Bourgogne 1 076 (62 933), Nord-P.-de-Calais 2 889 (196 582), Lorraine 2 253 (94 355), Alsace 1 913 (51 421), Franche-Comté 877 (41 281), P.-de-la-Loire 2 055 (141 242), Bretagne 1 601 (121 156), Poitou-Charentes 1 159 (72 233), Aquitaine 1 784 (123 555), Midi-Pyrénées 1 919 (87 720), Limousin 583 (26 431), Rhône-Alpes 4 957 (186 199), Auvergne 746 (55 339), Languedoc-Roussillon 1 838 (101 091), Pr.-Alpes-C. d'Azur 3 395 (195 826), Corse 172 (10 761).

● **Pacte pour l'emploi des jeunes. But :** développer l'effort des entreprises en faveur de l'embauche des jeunes (par une exonération des cotisations sociales des employeurs) ; permettre aux jeunes de parfaire leur formation et leur expérience professionnelle par des mesures diversifiées (apprentissage, contrat emploi-formation, stages de formation, stages pratiques en entreprises). **Chiffres.** Dep. 1977, les 3 pactes pour l'emploi ont concerné 1 218 168 jeunes.

Plan Avenirs jeunes. A succédé en juillet 1981 au Pacte pour l'emploi. Principales modifications : exonération des charges patronales (50 % pendant 1 an) subordonnée à l'octroi d'un contrat de 1 an ou 24 mois (au lieu de 6 mois), exon. étendue aux femmes seules et aux chômeurs de + de 45 ans ; contrats emploi-formation : leur durée moyenne passe de 380 h à 440 h. Les stages de formation sont remplacés par des stages de préparation à la vie prof. (60 000 dont 20 000 pris en charge par le secteur associatif).

1983-84. *Actions en faveur des jeunes de 16 à 18 a. en difficulté :* accueil par les permanences d'accueil, d'information et d'orientation (PAIO), ou dans les missions locales dans les régions ou les problèmes d'insertion des jeunes sont particulièrement aigus (élargies aux 16-25 ans). *Stages Rigout* d'orientation, d'insertion ou de qualification avec nouveau titre possible à l'issue des stages : certificat d'études générales. *Bilan :* 142 000 jeunes sur 195 000 sortis en 1982 sans qualification suffisante ont été accueillis. *Élargissement des formules de stages 16-18 ans aux 18-25 ans* à la rentrée 1982 : stages de préparation à la vie professionnelle proposés par les ag. locales pour l'emploi, stages jeunes volontaires de 6 à 12 mois, rémunérés à 40 % du SMIC, stages de mise à niveau rémunérés, du Fonds nat. de l'Emploi, de l'AFPA, contrats emploi-formation.

1985. *Réinsertion des chômeurs de longue durée. Décret du 3-4-1985 :* possibilité pour les demandeurs d'emploi inscrits à l'A.N.P.E. depuis plus de 12 mois, de bénéficier d'un nouveau type de contrat à durée déterminée. Cette disposition, d'application immédiate, restera en vigueur jusqu'au 4-4-1987.

Travaux d'utilité collective (T.U.C.). Stages créés par les décrets des 16 et 25-10-1984. *Conditions :* âge : 16 à 25 ans (à la date de l'affectation), être sans emploi. *Durée :* 3 à 12 mois, 20 h par semaine. *Rémunérations :* 1 200 F par mois (État) + indemnité représentative de frais de 500 F max. (employeur). *Nature :* travaux destinés à satisfaire des besoins ressentis par la population (action sociale, environnement, équipements collectifs, etc.). Seuls les associations sans but lucratif, les fondations, les collectivités territoriales, les établissements publics peuvent organiser des T.U.C. Une attestation d'expérience professionnelle est délivrée à la fin du stage. En 1985 : 360 000 propositions et 185 000 T.U.C. (fin mai 1986 : 189 600). En 1 an, 5 % ont trouvé une embauche.

Chômage total (Assedic)

Régime d'assurance chômage

Financé par entreprises (à 64,9 % [1]) et salariés (à 35,10 % [1]), destiné aux chômeurs ayant travaillé suffisamment : allocation de base, allocation de fin de droits (et prolongations individuelles possibles).

Nota. − (1) Dep. le 1-11-85.

● **Champ d'application.** Métropole et DOM (adapté pour salariés du secteur privé). **Secteur public :** allocations du régime d'assurance servies par l'organisme employeur, ou par l'intermédiaire des Assedic (convention de gestion). Les organismes publics peuvent aussi adhérer au régime d'assurance (sauf État, collectivités publiques et établ. publics administratifs qui garantissent les mêmes allocations à leurs agents non titulaires en cas de perte involontaire d'emploi).

● **Contributions.** *Assiette et plafond :* rémunérations brutes définies pour la taxe sur les salaires, limitées au plafond supérieur du régime de retraite des cadres (36 880 F/mois durant le 1er semestre 1986). Sont exclues les rémun. des salariés de 65 ans et +.

Part *« employeur »* 4,27 % (+ 0,25 % pour le régime d'assurance des créances des salariés) ; *« salarié »* 2,31 % (dep le 1-11-85), 0,50 % (sur la tranche des rémunérations comprises entre le plafond de la Séc. soc. et celui du régime de retraite des cadres (soit, durant le 1er sem. 1986 : entre 9 220 F et 36 880 F par mois).

Contribution de solidarité des pensionnés « actifs » de + de 60 ans : 20 % de la rémunération brute (10 % employeur, 10 % salarié), sauf si avantages de vieillesse inférieurs au SMIC. Due à l'Assedic (sans plafond).

● **Allocation de base (AB).** Après licenciement (ordinaire ou économique), fin de contrat à durée déterminée ou démission pour motif reconnu légitime par l'Assedic. Il faut être inscrit comme demandeur d'emploi, physiquement apte et avoir − de 60 ans (ou + jusqu'à réunir 150 trimestres d'assurance vieillesse, mais 65 ans au plus tard).

Durée d'affiliation préalable et âge (en italique), durée d'attribution de droit à l'AB, et entre parenthèses, prolongation possible (p.p.). *91 j dans les 12 derniers mois :* 91 j. *182 j dans les 12 derniers mois, − de 50 ans :* 243 j (p.p. 61 j) ; *50 ans et + :* 274 j (p.p. 182 j). *365 j dans les 24 derniers mois ou 182 j dans les 12 derniers mois si 10 ans d'affiliation dans les 15 dernières années, − de 50 ans :* 426 j (p.p. 152 j) : *50 ans et + :* 548 j (p.p. 456 j). *730 j dans les 36 derniers mois, de 50 à − de 55 ans :* 639 j (p.p. 365 j) ; *55 ans et + :* 821 j (p.p. 548 j).

Nota. − *Exception pour allocataires de 57 ans 6 mois :* maintien de l'AB jusqu'à 60 ans (ou jusqu'à 150 trimestres d'assurance vieillesse et 65 ans au plus tard), si 1 an de chômage et 10 ans d'activité salariée, dont 1 continu ou 2 discontinus dans les 5 dernières années de travail. *Délai de carence :* l'AB n'est versée qu'à l'expiration du nombre de j calendaires correspondant à une indemnité compensatrice ; pour 30 j ouvrables, délai de carence : (30 × 7) : 6 = 35 j calendaires.

Montant de l'AB pendant la durée « de droit » (au 1-4-86). *Montant minoré,* suivant une affiliation préalable entre 91 j et − de 182 j : allocation journalière = une partie proportionnelle égale à 30 % du salaire journalier de référence + 32,90 F. Minimum 79 F ; maximum 56,25 % du s.r. *Montant normal,* après affiliation préalable d'au moins 182 j, partie proportionnelle égale à 40 % du s.r. + 43,87 F, ou 57 % du s.r. si ce calcul est plus avantageux. *Montant pendant les prolongations :* − 15 % tous les 6 mois pour les − de 50 ans, dès la date de la 1re prolongation, − 10 % tous les 9 mois pour les 50-55 ans.

Salaire de référence. Rémunérations soumises aux cotisations au titre des 12 mois civils précédant le dernier j de travail payé, y compris la fraction afférente des primes ou avantages annuels, dans la limite du plafond de la retraite des cadres (36 880 F/mois au 1er sem. 1986). Ces rémunérations sont revalorisées par application de la moitié du dernier taux de revalorisation connu.

Les alloc. servies après 3 ou 6 mois d'affiliation seulement sont calculées sur les rémunérations des 3 ou 6 derniers mois civils. *Salaire journalier de référence (s.r.)*, égal au quotient du s. de réf. ci-dessus par le nombre de j d'appartenance (ouvrables ou non) au titre desquels ces salaires ont été perçus.

• **Allocation de fin de droits (AFD).** Accordée au travailleur privé d'emploi qui n'est plus indemnisé au titre du droit à l'AB (pour au moins 6 mois) ni au titre d'une prolongation de celle-ci.

Durée d'attribution de l'AFD (en j ouvrables ou non) : dépend de la durée d'affiliation préalable et de l'âge à la date de rupture du contrat de travail ayant ouvert le droit à l'AB. Une *durée maximale d'indemnisation*, au titre d'une rupture de contrat, est prévue « toutes prestations confondues ».

Durée d'affiliation préalable et âge (en italique), durée d'attribution de droit à l'AFD, entre parenthèses prolongation possible (p.p.) et durée maximale (toutes alloc.). *182 j dans les 12 derniers mois, – de 50 ans* : 182 j (p.p. 31 j), max. 456 j ; *50 ans et + :* 274 j (p.p. 91 j), max. 639 j. *365 j dans les 24 derniers mois ou 182 j dans les 12 derniers mois si 10 ans d'affiliation dans les 15 dernières années, – de 50 ans :* 365 j (p.p. 121 j), max. 912 j ; *50 ans et + :* 456 j (p.p. 274 j), max. 1 369 j. *730 j dans les 36 derniers mois, de 50 à – de 55 ans :* 456 j (p.p. 274 j), max 1 369 j ; *55 ans et + :* 548 j (p.p. 274 j), max. 1 825 j.

Nota. – Exception pour allocataires de 57 ans 6 mois : maintien de l'AFD jusqu'à 60 ans (ou jusqu'à 150 trimestres d'ass. vieillesse et 65 ans au plus tard), si 1 an de chômage et 10 ans d'activité salariée, dont 1 an continu ou 2 ans discontinus dans les 5 dernières années de travail.

Montant pendant la durée « de droit » comme pendant les « prolongations » éventuelles : **normal** par jour 64 F (au 1-4-86) ; majoré pour **certains chômeurs âgés** 89 F (+ de 55 ans, après 1 an de chômage, si 20 ans d'emplois salariés dont 1 an continu ou 2 ans discontinus au cours des 5 dernières années de travail). Maximum : 75 % du salaire de référence (v. plus haut) et montant de la dernière AB versée.

Revalorisation. 2 fois par an, au 1er avril et au 1er oct., des allocations ou partie d'all. d'un montant fixe ; du salaire de référence des allocataires dont le salaire est constitué par des rémunérations anciennes d'au moins 6 mois.

Régime de solidarité

• **Allocation d'insertion.** Pour certains demandeurs d'emploi qui n'ont pu acquérir un droit d'indemnisation supérieur à 3 mois au titre de l'ass. chômage. PRINCIPAUX BÉNÉFICIAIRES : 1°) *Jeunes de 16 à 25 ans justifiant : soit* d'un diplôme ou d'un certificat de fin de stage qualifiant : allocation versée après un délai de carence (d.c.) de 6 mois ; *soit*, pour les – de 18 ans, de l'achèvement d'un cycle complet de l'enseignement secondaire ou supérieur : après un d.c. de 6 mois ; *soit* de l'achèvement des obligations du service national depuis – de 6 mois : après un d.c. de 1 mois ; *soit* de la qualité de soutien de famille : après un d.c. de 1 mois ; *soit* de 3 mois de travail salarié dans les 12 mois précédents : après un d.c. de 3 mois. 2°) *Femmes seules ayant au moins 1 enfant à charge* (veuves, divorcées, séparées judiciairement, célibataires) : dans cette situation depuis – de 5 ans et sous condition de ressources mensuelles (7 866 F max., allocation comprise). 3°) *Détenus libérés*, sauf après certaines condamnations (proxénétisme, stupéfiants...), dans les 12 mois suivant une détention d'au moins 2 mois, sous condition de ressources mensuelles (max. : 3 933 F célibataire ; 7 866 F couple). 4°) *Victimes d'accident du travail ou maladie professionnelle* en attente de réinsertion ou de reclassement, sous condition de ressources mensuelles (max. : 3 933 F célibataire ; 7 866 F couple). 5°) *Rapatriés, apatrides, réfugiés :* dans les 12 mois du rapatriement, de la demande d'asile ou de la délivrance de la carte de réfugié. 6°) *Certains salariés expatriés*, non couverts par le régime d'assurance.

Montant journalier (1-1-1986) : 43,70 F ; femmes seules 87,40 F ; jeunes de 16 à 25 ans 41,40 F.

Durée d'attribution : 1 an max. ; par période de 6 mois (fractionnable), renouvelable après contrôle.

• **Allocation de solidarité.** Pour certains chômeurs de longue durée qui ont épuisé leurs droits aux allocations d'assurance.

Conditions : justifier de 5 ans d'activité salariée (réduction de 1 an par enfant à charge ou élevé, dans la limite de 3 ans) dans les 10 ans précédant la rupture du contrat de travail ; ne pas disposer de ressources mensuelles (allocation de solidarité comprise ; prestations familiales non comprises) supérieures à : 3 870 F pour un célibataire ; 7 740 F pour un couple ; l'allocation peut être versée sous forme différentielle ; être à la recherche d'un emploi (sauf dispense : accordée sur demande aux + de 55 ans).

Montant journalier : (1-7-1985) : 64,50 F ; allocataire de 57 ans 1/2 et + justifiant de 10 ans d'activité salariée, et allocataire de 55 ans et + justifiant de 20 ans d'activité salariée [durée réduite pour les femmes assurées sociales (2 ans par enfant élevé) ou les bénéficiaires d'un congé parental (durée du congé), dans les limites respectives de 6 ans (pour 10 ans d'activité) et de 12 ans (pour 20 ans d'activité)] : 86 F.

Durée d'attribution. Allocation versée par périodes de 6 mois renouvelables (pour une durée indéterminée, tant que les autres conditions sont remplies, en cas de dispense de recherche d'emploi). N'est allouée qu'à l'expiration de la période maximale d'indemnisation d'assurance-chômage. Toutefois, peut être attribuée aux chômeurs de 50 ans au moins qui ne bénéficient pas d'une prolongation de droits ou qui optent pour l'allocation de solidarité. Âge limite : 60 ans et 150 trimestres d'ass. vieillesse (max. : 65 ans ou 150 trimestres réunis).

Chômage partiel

• **Aide publique.** Allocation « spécifique » par h de travail perdue au-dessous de la durée légale : 70 % du « minimum garanti » en vigueur au 1-7- de chaque année, soit dep. le 1-7-1985 : 9,604 F. 500 h indemnisables en 1986 (arrêté du 26-2-1986). Ni majoration pour personne à charge, ni plafond de ressources.

• **Indemnisation complémentaire.** Indemnité horaire égale à 50 % de la rémunération horaire brute, allocation publique comprise, avec plancher de 23 F dep. le 1-7-1985 (accord nat. interprofessionnel du 21-2-1968).

Aides aux demandeurs d'emploi

Bons de transport gratuit et indemnités de recherche d'emploi par l'ANPE dans 3 cas : convocation par l'ANPE : indemnité forfaitaire variable entre 1 et 20 fois le « minimum garanti » selon la distance (12,44 à 248,80 F) ; déplacement pour rencontrer un employeur proposé par l'ANPE : indemnité forfaitaire de déplacement analogue, plus indemnité de frais selon la distance (3 ou 15 fois le MG : 37,32 à 186,60 G) ; envoi par l'ANPE dans un lieu d'insertion professionnelle : bon de transport ou indemnité « convocation » (voir plus haut), plus indemnité de frais (ci-dessus).

Intempéries (indemnités). Pour les travailleurs du bâtiment et des travaux publics. Versées pour chaque h perdue à partir de la 2e au cours de la même semaine, dans la limite de 9 h par j. *Montant :* les 3/4 du salaire.

Travaux auxquels peuvent être obligés les chômeurs secourus

Certains travaux peuvent être imposés aux chômeurs (au max. 30 h par semaine) par le service départemental de la main-d'œuvre ou par la commune en accord avec ce service : menus travaux ou travaux d'entretien qui ne justifieraient pas l'emploi de salariés. Des chantiers départementaux ou communaux subventionnés par l'État peuvent être créés s'ils sont ouverts au moins pour 5 chômeurs et s'ils occupent au minimum 75 % des chômeurs. Ils peuvent comprendre des dépouillements et classements d'archives, de bibliothèques, établissement de fichiers, réfections de peintures et sculptures, travaux de laboratoires pour travailleurs intellectuels (gérés par l'Entraide des travailleurs intellectuels, 1, rue de Courcelles, 75008 Paris). Au-delà de 2 h non rémunérées, ces heures sont payées sur la base de 50 % du salaire servant au calcul des allocations familiales.

L'utilisation de chômeurs ne doit pas être un obstacle à l'emploi de la main-d'œuvre locale.

Travailleurs frontaliers français. *Français par pays d'accueil, entre parenthèses femmes, en % :* Suisse 54 500 (34 %). All. féd. 30 260 (29). Monaco 9 400 (36). Luxembourg 6 140 (23). Belgique 4 840 (31). *Total :* 105 140 (32).

Travailleurs français à l'étranger

Travailleurs établis. Au 1-1-1983, sur 1 474 259 Français à l'étranger, 143 397 travaillent dans le secteur public, 270 473 dans le privé (ind. 106 011, commerce 112 536), 569 562 sont hors classement (étudiants et écoliers 242 878, mères au foyer 114 592, religieux 12 592), 490 827 ne sont pas immatriculés.

Écarts sur les gains (France = 100), et entre parenthèses femmes, avril 1982). Suisse 185 (155). All. féd. 139 (127). Belgique 129 (117). Luxembourg 124 (99).

Renseignements pratiques

Absentéisme

Absentéisme pour maladie (nombre de journées, en moyenne, par salarié). **1968 :** 19,3, **78 :** 16,4. D'après des enquêtes du ministère du Travail auprès d'établissements de + de 10 salariés, taux d'absences non identifiées : hommes 0,8 %, femmes 0,6 % ; absences autorisées : H. et F. 0,5 % ; pour accident de travail et maladie : H. 3,8 %, F. 4,8 %. Total : H. 5,1 %, F. 5,9.

Jours d'absence par mois (hommes et, entre parenthèses, femmes). (*Source :* Enquête sur la structure des salaires, 1978.) *Industries :* non ouvriers 1,1 (1,5), cadres 0,6 (0,8), assistants 1 (1,8), employés 1,2 (1,4), maîtrise ouvrière 1,3 (1,3) ; ouvriers 1,8 (2,3), dont qualifiés 1,7 (2), semi-qualifiés 2,1 (2,3), non qualifiés 2 (2,4). *Bâtiments, travaux publics :* ouvriers 2, dont qualifiés 1,9, semi-qualifiés 2,6, non qualifiés 2,5. *Commerce :* cadres 0,3 (0,5), assistants 0,4 (0,8), employés très qualifiés 0,6 (1,2), qualifiés 0,8 (1,4), peu qualifiés 1,3 (1,8), *Banque et assurance :* cadres 0,7 (1,4), assistants 0,8 (1,3), employés très qualifiés 0,8 (1,8), qualifiés 0,9 (2), peu qualifiés 1 (1,9).

L'absentéisme des femmes est d'env. 50 % plus élevé que celui des hommes dans l'ind., près du double dans les commerces et près du triple dans les organismes financiers, selon le ministère du Travail. Si l'on exclut les congés maternité, l'absentéisme féminin baisse de 47 % à 16 %. L'absentéisme croît régulièrement pour les salariés les plus âgés. Vers 40 ans, hommes et femmes ont des taux d'absence voisins, en particulier dans les catégories les moins qualifiées (exécutions et ouvriers). Au-delà de 40 ans, les ouvrières ont tendance à être moins absentes que les ouvriers à qualification égale.

Accidents du travail

Généralités

• **Accidents du travail** survenus quelle qu'en soit la cause *par le fait ou à l'occasion du travail* à tout salarié ou travailleur, à quelque titre ou en quelque lieu que ce soit.

• **Accidents de trajet** pendant l'aller et retour, de porte à porte, entre le lieu de travail et la résidence (ou tout autre lieu où le travailleur se rend habituellement pour des motifs d'ordre familial), le restaurant (la cantine, ou le lieu où le travailleur prend habituellement ses repas), et dans la mesure où le parcours n'a pas été interrompu ou détourné pour un motif personnel et étranger aux nécessités essentielles de la vie courante.

• **Indemnisation.** Réparation *forfaitaire. Exceptions :* faute intentionnelle de l'employeur ou de l'un de ses préposés, la responsabilité civile jouera ; la faute inexcusable de l'employeur ou de l'un de ses « substitués dans la direction » entraîne une réparation plus étendue. Si l'accident est dû à un tiers, la victime a un droit de recours contre celui-ci pour la partie du préjudice non réparée par la S.S. (*pretium doloris*, préjudice moral, préjudice esthétique, etc.). Si la victime a commis une faute *« inexcusable »*, les réparations seront réduites ; faute *« intentionnelle » :* aucune réparation.

• **Responsabilité pénale de l'employeur.** Peut être engagée s'il y a infraction aux dispositions relatives à l'hygiène et à la sécurité, même en l'absence d'un accident (Code du travail).

• **Sanctions.** Toute infraction aux prescriptions des art. L. 234-1 à L. 234-5 et des règlements pris pour leur exécution et de l'art. R. 232-30 sera passible d'un emprisonnement de 10 j à 1 mois et d'une amende de 1 200 à 3 000 F ou de l'une de ces 2 peines seulement. En cas de récidive dans le délai de 1 an, la peine d'emprisonnement pourra être portée à 2 mois et celle d'amende à 6 000 F. Le chef d'établissement sera puni d'une amende de 1 200 à 3 000 F lorsque, à l'expiration du délai prévu à l'article R. 231-12, il n'aura pas été satisfait à la mise en demeure. L'amende est appliquée autant de fois qu'il y a de salariés directement exposés à la situation dangereuse visée par la mise en demeure. En cas de récidive, il pourra être prononcé une peine d'emprisonnement (max. 10 j) et une amende de 6 000 F ou l'une de ces 2 peines seulement.

• **Protection de l'emploi.** La loi du 7-1-1981 prévoit notamment la suspension du contrat du salarié accidenté du travail ou victime d'une maladie professionnelle pendant l'arrêt de travail, avec interdiction de licenciement (sauf cas exceptionnels), et reclassement de l'intéressé à son retour, avec droit au même emploi ou à un emploi approprié en cas de diminution de ses capacités. L'ancienneté continue à courir pendant la durée de la suspension.

• **Prévention.** Les caisses régionales d'assurance maladie peuvent inviter les employeurs exerçant une même activité à pratiquer certaines mesures de prévention. En cas d'inobservation, l'employeur peut être contraint à payer une cotisation supplémentaire [1re infraction, 25 % de la cotisation accidents du travail de l'établissement, 50 % en cas de récidive dans un délai de 3 ans ou de non-réalisation des mesures prescrites dans un délai de 6 mois, 200 % en cas de non-réalisation de mesures prescrites dans l'année après l'imposition de la cotisation supplémentaire (8 mois pour les chantiers temporaires)].

Statistiques

• **Accidents du travail** (nombre, 1984). 13 515 024. **Pour salariés.** *Avec arrêt* 777 867. *Avec incapacité permanente* 79 606. *Mortels* 1 130. *Journées perdues pour incapacité temporaire* 24 229 219. *Somme des taux d'incapacité permanente* 773 708. *Taux de fréquence* 31,4. *De gravité des incapacités temporaires* 0,98. *Indice de gravité des incapacités permanentes* 31,2.

Par branche : (entre parenthèses, décès). *BTP* 178 895 (317). *Métallurgie* 173 391 (145). *Interprofessionnel* 126 222 (131). *Alimentation* 88 142 (101). *Commerces non aliment.* 48 240 (91). *Transports et manutention* 148 948 (180). *Bois* 30 844 (26). *Pierres et terres à feu* 19 562 (48). *Caoutchouc, papier et carton* 13 969 (9). *Chimie* 14 139 (16). *Textiles* 12 020 (4). *Vêtement* 7 820 (2). *Livre* 8 312 (12). *Cuirs et peaux* 4 020 (3). *Eau, gaz et électricité* 7 273 (5).

• **Accidents du trajet.** *Avec arrêt 1979 :* 154 652 (dont 1 024 *mortels*), *80 :* 133 255 (957), *81 :* 124 759 (880), *82 :* 125 071 (903), *83 :* 111 311 (874), *84 :* 101 886 (714). *Avec incapacité permanente* 19 856. *Journées perdues pour incapacité temporaire* 5 169 727. *Somme des taux d'incapacité permanente* 262 973.

• **Maladies professionnelles constatées.** *1980 :* 3 824, *81 :* 4 101, *82 :* 4 395, *83 :* 5 114, *84 :* 5 018 (dont affections provoquées par : bruit 1 411, bois 124, amiante 211, ciments 530 ; hépatites virales 285, silicoses 478, allergies 183, affections péri-articulaires 666). Nombre d'I.P. 3 252, journées perdues par I.T. 368 079, somme des taux d'I.P. 64 010.

Décès intervenus avant consolidation (avant fixation d'un taux d'incapacité permanente et liquidation d'une rente). *1977 :* 34, *78 :* 43, *80 :* 44, *81 :* 55, *82 :* 43, *83 :* 47, *84 :* 48 (dont benzolisme 10, rayons X 5, silicose 4, asbestose 14, maladies provoquées par les bois 12, chlorure de vinyle 2, glycols 1). **Décès survenus après attribution de rentes.** *1984 :* 168 dont 100 silicoses.

Taux de fréquence. *Nombre d'accidents avec arrêt/nombre d'heures travaillées × 1 000 000,* pour l'ensemble des activités : *1965 :* 47. *75 :* 40. *80 :* 34,9. *81 :* 34,5. *82 :* 35,6. *83 :* 33,5. *84 :* 31,4. Les accidents du travail sont les plus fréquents dans le bâtiment et les travaux publics (143 pour 1 000) et les moins fréquents dans le vêtement (29 pour 1 000). Chez les ouvriers 51,8 % ; autres personnels 14,1. La fréquence est supérieure à la moyenne avant 30 ans, mais la gravité augmente régulièrement au-delà. De gravité. *Nombre de j perdus/nombre d'h travaillées × 1 000 : 1965 :* 1,09. *75 :* 1,11. *80 :* 0,98. *81 :* 1. *82 :* 1,05. *83 :* 1. *84 :* 0,98. **Indice.** *Somme des taux d'incapacité permanente/nombre d'h travaillées × 1 000 000 : 1965 :* 56,3 ; *75 :* 46,7 ; *80 :* 35,8 ; *81 :* 37 ; *82 :* 36,2. *83 :* 34,6 ; *84 :* 31,2.

Par branches d'activité. *Taux de fréquence* [1] *et entre parenthèses taux de gravité* [2]. BTP 75 (0,99). Pierres et terres à feu 52 (1,61). Bois 51 (1,34). Transports et manutention 48 (1,85). Métallurgie 38 (0,99). Alimentation 41 (1,05). Caoutchouc, papier et carton 38 (1,05). Eau, gaz et électricité 36 (1,05). Textiles 29 (0,73). Chimie 24 (0,70). Cuirs et peaux 20 (0,50). Livre 20 (0,64). Commerces non alimentaires 18 (0,57). Vêtement 16 (0,40). Interprofessionnel 15 (0,48).

Nota. — (1) Taux de fréquence =

$$\frac{\text{nombre d'accidents avec arrêt}}{\text{Nombre d'heures travaillées}} \times 1\,000\,000.$$

(2) Taux de gravité =

$$\frac{\text{nombre de journées perdues}}{\text{Nombre d'heures travaillées}} \times 1\,000.$$

Journées perdues pour maladies professionnelles. *1979 :* 329 372, *80 :* 298 170, *82 :* 334 877, *83 :* 357 028, *84 :* 368 079.

Accidents mortels

Nombre (y compris décès après consolidation). **Travail :** *1977 :* 1 838, *78 :* 1 674, *79 :* 1 584, *80 :* 1 505, *81 :* 1 504, *82 :* 1 454, *83 :* 1 355, *84 :* 1 209 (dont 1 130 avant consolidation, dont métallurgie 145, B.T.P. 317, transports et manutention 180, commerces non alimentaires 91, interprofessionnel 171, alimentation 101). + *(1981)* DOM 28, *catégories forfaitaires* (GdM-VRP) 16, *mines* 25, *SNCF* 34, *EDF* 12, *RATP* 1, *personnel civil défense nationale* 7, *salariés agricoles* 124. **Trajet :** *1977 :* 1 206, *78 :* 1 083, *79 :* 1 052, *80 :* 989, *81 :* 913, *82 :* 935, *83 :* 894, *84 :* 743 (dont 714 avant consolidation, 20 après consolidation). **Maladies professionnelles :** *1977 :* 185, *78 :* 209, *79 :* 184, *80 :* 243, *81 :* 253, *82 :* 180, *83 :* 180, *84 :* 210 (dont 48 avant consolidation, 162 après consolidation).

• **Accidents du travail dans le monde.** 110 millions par an, soit 350 000 par j. Environ 180 000 mortels par an (les a. mortels ont doublé ou triplé dans les pays en voie de développement). Dans les pays industrialisés, 1 travailleur sur 10 est victime d'un a. du t. déclaré.

Agence nationale pour l'emploi (ANPE)

Siège. 53, rue du Gal-Leclerc, 92136 Issy-les-Moulineaux Cedex. **Créée** 13-7-1967 et modifiée par décret du 23-7-1980 : placée sous l'autorité du ministre de l'Emploi.

Missions principales. 1) Prospection des emplois disponibles et placement des demandeurs. 2) Information, orientation et conseil professionnel des travailleurs. 3) Opérations préalables aux formations professionnelles vers lesquelles elle oriente les demandeurs d'emploi. 4) Placement des travailleurs handicapés. 5) Élaboration des statistiques de l'emploi.

Implantation en 1985. 25 centres régionaux, 102 sections départementales, 711 agences locales ou antennes.

Budget en millions de F. *1968 :* 18, *71 :* 125, *75 :* 346, *80 :* 932, *81 :* 1 048, *82 :* 1 508, *83 :* 1 750, *84 :* 2 203, *85 :* 2 376. **Effectifs** (1984) : 11 592 (11 149 en 1985) agents dont 4 402 prospecteurs-placiers, 1 579 chargés d'information et conseillers professionnels, 3 635 agents administratifs.

Nota. — En France, un prospecteur-placier gère 500 demandeurs d'emploi (en All. féd. 120).

Résultats 1985 (entre parenthèses 1984). *Demandes d'emploi* enregistrées 4 191 448 (4 116 698). *Offres d'emploi* enregistrées 847 350. *Placements toutes catégories* confondues 521 049 (547 018). *Stages de mise à niveau* organisés 16 000 (788). *Stages de formation modulaire* 73 000. % de femmes sur l'ensemble des demandeurs d'emploi au 31-12-85 (cat. I) : 48,2 %. % des — de 25 ans (cat. I) : 38,2 %.

Nota. — Dep. fin 1985, les unités gèrent informatiquement la demande d'emploi, en liaison avec les ASSEDIC. Le pointage physique des demandeurs d'emploi est remplacé par une actualisation mensuelle par correspondance.

Apprentissage

Contrat d'apprentissage. L'employeur (maître d'apprentissage) doit être agréé par le commissaire de la République du département, après avis d'une commission. Il s'engage à assurer la formation de l'apprenti, à l'inscrire dans un C.F.A. et à le présenter aux examens, et à lui verser un salaire équivalent à 15 % du SMIC augmenté tous les semestres jusqu'à 60 %. Pour les entreprises de 10 salariés au plus, les charges sociales relatives à l'apprenti sont prises en charge par l'État et le maître d'apprentissage reçoit une indemnité forfaitaire du FNIC (Fonds national interconsulaire de compensation).

Taxe d'apprentissage. Due par les entreprises industrielles et commerciales. *Taux :* 0,5 % de la masse salariale. Les assujettis peuvent librement affecter le montant dû soit au paiement d'une partie du salaire des apprentis, soit à des versements à des C.F.A. ou à des établissements d'enseignement technique, soit à des organismes collecteurs, sous réserve que 20 % de ce montant soit consacré au développement de l'apprentissage et 7 % soit versé au FNIC.

☞ Voir p. 1155.

Artisan

Définition. Travailleur indépendant qui, seul ou avec le concours d'un nombre limité de salariés, exerce une activité de production, de réparations ou de prestations de service, dans des secteurs autres que l'agriculture, la pêche, le commerce ou les activités purement intellectuelles. *Au sens juridique et fiscal,* l'artisan doit être indépendant de ses fournisseurs et de ses clients, travailler seul ou avec peu d'ouvriers, tirer son bénéfice principal d'un travail manuel, et non de l'emploi de machines ou de la revente de marchandises. Il est alors de statut civil. *Sur le plan administratif,* l'artisanat est défini par l'exercice d'un métier figurant sur une liste fixée par arrêté (arrêté du 30-8-1983) et par la taille de l'entreprise (pas plus de 10 salariés, sauf en Alsace et en Moselle). *Artisan et maître artisan* sont des titres donnés aux chefs d'entreprise possédant une certaine qualification. L'entreprise est inscrite au registre des métiers ; si elle l'est aussi au registre du commerce, le droit commercial est alors applicable. Des chambres de métiers élues (en général 1 par département) représentent le secteur, tiennent le répertoire des métiers, organisent la formation, décernent les titres de qualification.

Statistiques (1985). Entreprises artisanales : 850 000 (surtout bâtiment, réparations et services, alimentation). Salariés : 1 000 000 (plus de la moitié des entreprises n'en ont aucun). Emplois : 2 300 000 (y compris chefs d'entr. et aides familiaux soit 10 % de la population active. Chiffre d'affaires : 500 milliards de F.

Formes juridiques. Entreprises individuelles, ou S.A.R.L. (en particulier S.A.R.L. de famille ou, prochainement, entreprises unipersonnelles à responsabilité limitée) ; coopératives artisanales (loi du 23-7-1983).

Qualification et formation. Liberté d'installation (aucun diplôme exigé sauf pour certains métiers : coiffeurs, ambulanciers, etc. ; stage d'initiation à la gestion obligatoire (loi du 23-12-1982). *Formation continue des artisans :* des fonds d'assurance formation (FAF) sont alimentés par une taxe additionnelle à la taxe des chambres de métiers. *Formation des salariés :* taxe de 0,1 % sur les salaires.

Régime fiscal. *Impôt sur les sociétés :* les SARL de famille (sur option) et les coopératives n'y sont pas soumises. *BIC et TVA :* possibilité d'opter, selon le chiffre d'affaires, entre les régimes du forfait, du réel simplifié ou du réel normal. Dans les deux derniers cas, l'adhésion à un centre de gestion agréé entraîne un abattement fiscal de 20 % des bénéfices.

Taxe professionnelle. Réduction de la base d'imposition si 3 salariés au plus (1/4 pour 3 ; 1/2 pour 2 ; 3/4 pour 1) ; exonération si l'artisan n'emploie pas d'ouvriers, mais seulement des apprentis. *Versements sur salaires au titre de la formation professionnelle, de l'habitat et des transports :* exonération des entreprises de moins de 10 salariés.

Protection sociale. Affiliation obligatoire à des régimes particuliers d'assurance vieillesse-invalidité-décès ; possibilité de retraite à 60 ans et d'assurance maladie-maternité.

Conjoints d'artisans (statuts de la loi du 10-7-1982). Choix entre *1°) Conjoint collaborateur :* mentionné au répertoire des métiers, électeur et éligible à la chambre de métiers, possibilité d'acquérir des droits propres en matière d'assurance vieillesse, notamment par partage de l'assiette des cotisations. *2°) Conjoint salarié :* déduction fiscale du salaire total si régime de séparation de biens, ou plafonnée au montant du SMIC pour les adhérents à un centre de gestion agréé. *3°) Conjoint associé :* si non salarié, mêmes droits que le chef d'entreprise.

Assedic

(Associations pour l'emploi dans l'industrie et le commerce). Régime d'assurance chômage fusionné avec l'aide publique dep. la loi du 16-1-1979. Cotisation obligatoire.

Organisation. *Instituées* par une convention du 31-12-1958 entre CNPF et confédérations syndicales ouvrières. Fédérées dans l'*Unedic* (Union nationale interprofessionnelle pour l'emploi dans l'industrie et le commerce, regroupant 48 Assedic + 5 dans les DOM), 77, rue de Miromesnil, Paris 8ᵉ. *Administrées* par un conseil d'admin. composé en nombre égal de représentants des organisations. *Effectif :* 8 500 agents (Unedic et Assedic).

Entreprises affiliées : + d'un million. *Salariés garantis :* 13 000 000.

Tous les employeurs sont assujettis au régime d'assurance chômage (les employeurs de gens de maison dep. le 1-1-1980), sauf l'État, les collectivités locales et les établissements publics qui font bénéficier leur personnel non statutaire ou non fonctionnaire d'avantages analogues.

Plafond des rémunérations supportant la cotisation Assedic. 36 880 F par mois au 1-4-1986. Les rémunérations des salariés de 65 ans ou des personnes non liées par un contrat de travail, P.-D.G. et administrateurs de Sté anonyme, gérants de SARL, gérants non salariés de succursales, etc., sont exclues.

Cotisation. 6,58 % (employeur 4,27 %, salarié 2,3 %). *Taux réduits* prévus pour les VRP multicartes, pour les artistes et pour les musiciens : 4,24 % (3,14 employeur et 1,10 salarié).

Nota. – Les expatriés sont couverts par le régime. Pour certains, l'affiliation par leur employeur est obligatoire ; pour les autres, si leur employeur n'a pas demandé l'adhésion facultative ou s'ils n'ont pas adhéré eux-mêmes à titre individuel, ils peuvent prétendre à une allocation forfaitaire (34,05 F par j au 1-1-83).

Budget (1984). 55 milliards. *Ressources :* cotisations employeurs et salariés 70 %, subventions de l'État 30 %. *Dépenses :* prestations 95 %, frais de gestion 5 %.

Comité d'entreprise

Composition. Obligatoire dans toutes les entreprises occupant au moins 50 salariés, encouragée en deçà de ce seuil.

Comprend le chef d'entreprise ou son représentant et une délégation du personnel. Nombre égal de titulaires et de suppléants. Dans les entreprises de *50 à 74 salariés :* 3 ; *75 à 99 :* 4 ; *100 à 399 :* 5 ; *401 à 749 :* 6 ; *750 à 999 :* 7 ; *1 000 à 1 999 :* 8 ; *2 000 à 2 999 :* 9 ; *3 000 à 3 999 :* 10 ; *4 000 à 4 999 :* 11 ; *5 000 à 7 499 :* 12 ; *7 500 à 9 999 :* 13 ; *+ de 10 000 :* 15.

Élections. *Conditions pour être électeur :* âge min. 16 ans, ancienneté 3 mois. *Candidats :* élus pour 2 ans, 18 ans min., ancienneté un an. Les élections, organisées par le chef d'entreprise, ont lieu par collège : *1ᵉʳ* employés et ouvriers, *2ᵉ* agents de maîtrise, techniciens, ingénieurs et cadres. S'il y a au moins 25 cadres salariés, les cadres forment un *3ᵉ col.* Parfois, le *1ᵉʳ col.* éclate en 2 : ouvriers et employés. Au 1ᵉʳ tour, les listes de candidats doivent être présentées par les org. syndicales les plus représentatives dans l'entreprise (par l'arrêté du 31-3-1966, CGT, CFDT, CGT-FO, CFTC, CGC), soit CFT, CGSI, UCT, soit non affiliées à une conf. nationale. Si le nombre des votants est inférieur à la moitié des électeurs inscrits, il y a un 2ᵉ tour et les électeurs peuvent alors voter pour d'autres listes non présentées par les différentes org. synd. ou autres.

Rôle. Étudie les suggestions du personnel pour accroître la production et améliorer le rendement de l'entreprise. Est obligatoirement consulté sur les questions intéressant l'organisation et la marche de l'entreprise. En cas d'introduction de nouvelles techniques, doit disposer des orientations et d'une étude

Élections pour la création ou le renouvellement des comités d'entreprises en 1984

Répartition des sièges obtenus [1]

Origine des candidatures	Ensemble		1ᵉʳ collège		2ᵉ collège		3ᵉ collège		Collège unique	
	Sièges obtenus	%	Sièges obtenus	%	Sièges obtenus	%	Sièges obtenus	%	Sièges obtenus	%
CGT	11 194	21,9	9 190	31,0	897	7,3	33	1,4	1 074	15,5
CFDT	8 538	16,7	5 633	19,0	1 608	13,2	136	5,9	1 161	16,8
CFTC	1 644	3,2	856	2,8	485	3,9	117	5,1	186	2,6
CGT-FO	5 331	10,4	3 347	11,3	1 230	10,1	171	7,4	583	8,4
CGC	3 222	6,3	135	0,4	2 035	16,7	997	43,5	55	0,7
FGSOA	201	0,3	130	0,4	53	0,4	8	0,3	10	0,1
Autres syndicats	1 808	3,5	885	2,9	547	4,5	118	5,1	258	3,7
Non syndiqués	18 975	37,2	9 417	31,8	5 285	43,5	708	30,9	3 565	51,7
Total	*50 913*	*100,0*	*29 593*	*100,0*	*12 140*	*100,0*	*2 288*	*100,0*	*6 892*	*100,0*

Répartition (en %) des suffrages exprimés suivant l'origine des candidatures par collège

Origine des candidatures	Ensemble		1ᵉʳ collège		2ᵉ collège		3ᵉ collège		Collège unique	
	1982	1984	1982	1984	1982	1984	1982	1984	1982	1984
CGT	32,3	29,3	41,1	37,2	15,9	14,3	5,0	4,3	19,8	17,4
CFDT	22,8	21,0	24,0	22,7	22,7	19,4	12,2	9,9	19,4	17,2
FO	11,7	13,9	11,8	14,6	13,1	14,4	8,5	9,2	8,6	9,4
CGC	7,0	7,1	0,4	0,4	19,6	19,6	48,1	49,8	1,0	1,3
CFTC	2,9	3,8	2,8	3,5	3,4	4,5	3,2	4,7	2,3	2,9
Autres syndicats	4,4	4,8	4,4	4,6	4,4	6,0	5,5	5,6	3,8	3,8
Non syndiqués	18,4	19,7	15,0	16,6	20,5	21,3	16,9	16,0	44,7	47,6

d'impact du projet sur l'emploi, la rémunération du personnel, les conditions d'organisation du travail, de qualification et de formation. Assure ou contrôle la gestion des activités sociales ou culturelles. L'employeur doit présenter au comité d'entreprise ou à la commission spéciale, au moins 1 fois par an, un rapport sur la situation et l'évolution des emplois à durée déterminée, sur la durée et l'aménagement du temps de travail. Doit être consulté en cas de prise de participation dans ou par une autre entreprise. Peut donner son avis sur les augmentations de prix et être consulté par les autorités chargées de la fixation et du contrôle des prix.

Entreprises de 1 000 salariés et +. Création d'une commission économique au sein du CE, comprenant 5 membres du CE dont au moins 1 cadre. Crédit de 40 h/an au maximum. Réunion 2 fois par an au minimum. **D'au moins 300 salariés.** Le CE peut faire appel à des experts extérieurs payés par l'entreprise, et pour ses propres travaux à un expert qu'il rémunère. Dans toute entreprise, possibilité de se faire assister d'un expert-comptable.

Subvention de fonctionnement. Égale à 0,2 % de la masse salariale brute de l'entreprise.

Formation économique et financière. Instituée pour les membres du CE. Stages de 5 j ouvrables au maximum. Financée par le CE.

Peines prévues en cas d'entrave à la constitution d'un comité, à la libre désignation de ses membres ou à son fonctionnement régulier : amende de 2 000 à 20 000 F et emprisonnement de 2 m. à 1 an ou l'une de ces 2 peines ; en cas de récidive peines de 2 ans et 40 000 F.

Licenciement d'un repres. du personnel. Doit être soumis obligatoirement au comité d'entreprise. En cas de désaccord, il ne peut intervenir que sur la décision de l'inspecteur du travail. Toutefois, en cas de faute grave, l'employeur peut prononcer la mise à pied immédiate en attendant la décision définitive. S'il n'y a pas de comité d'entreprise, la question est soumise à l'inspecteur du travail.

Comité de groupe. Créé au niveau de la direction des groupes d'entreprises pour permettre aux CE des filiales d'être informés de la stratégie du groupe. Doit être informé de la situation économique du groupe, de l'évolution de l'emploi, des relations financières internes, des comptes et bilans consolidés du groupe. Répartition des sièges entre les élus des collèges électoraux, proportionnellement à leur nombre d'élus. Désignation pour 2 ans par les syndicats.

Comités d'hygiène, de sécurité et des conditions de travail (CHSCT) (loi du 28-12-1982). Obligatoires dans les établissements industriels, agricoles et commerciaux de + de 50 salariés. En cas de danger immédiat, l'employeur doit procéder sur-le-champ à une enquête avec les membres du CHSCT et prendre les mesures nécessaires. A défaut d'accord, saisie immédiate de l'inspecteur du travail. Tant que persiste le danger, l'employeur ne peut demander au salarié de reprendre son travail. Aucune sanction ou retenue de salaire ne peut être prise contre le salarié qui refuse de travailler dans une situation présentant un danger grave et imminent.

Conditions de travail des Français

Agence nationale pour l'amélioration des conditions de travail (ANACT). 7, bd Romain-Rolland, 92120 Montrouge. *Créée* 1973. Établissement public sous tutelle du ministère de l'Emploi.

- **Chèque-vacances.** Créé par l'ordonnance du 26-3-1982. Exonéré de la taxe sur les salaires pour l'employeur et de l'impôt sur le revenu pour le salarié. **Condition :** ne pas être redevable d'une cotisation d'impôt supérieure à 1 000 F avant imputation de l'avoir fiscal, du crédit d'impôt et des prélèvements et retenues non libératoires. **Financement :** *salarié :* versements mensuels obligatoirement répartis sur au moins 8 mois, compris entre 2 et 10 % du SMIC, calculé sur une base mensuelle. **Employeur :** 20 % au minimum, 80 % au + de la valeur libératoire du chèque-vacances. **Comité d'entreprise :** contribution facultative et non limitative. Les chèques-vacances ne sont pas un droit pour le salarié mais sont laissés à l'initiative de l'employeur. Ils ne peuvent être utilisés qu'en France.

- **Durée du travail.** Voir plus loin.

- **Horaires. Répartition pour un salarié.** Sur 7 jours de 24 h soit 168 h. Nombre d'heures à Paris et, entre parenthèses, en province. *Vie professionnelle :* 57,9 (56,4) dont temps de travail 45,8 (48,8), trajet domicile-travail 8,7 (6,1), temps divers sur le lieu de travail 3,4 (1,5). *Vie privée :* 100,1 (111,6), dont sommeil 54 (52,6), loisirs, enfants 16,5 (16,7), repas à domicile 12,3 (12), soins personnels 5,5, (6), information, formation 5,3 (5,5), activités domestiques 5 (4,4), divers 11,5 (14,4).

- **Hygiène. Aération :** locaux fermés : il faut au moins 7 m³ d'air par personne (10 m³ dans laboratoires, cuisines, chais et magasins, boutiques et bureaux ouverts au public). **Cabinet et urinoir :** 1 cab. et 1 urinoir par fraction de 25 h. 1 cab. par fraction de 25 femmes. Lorsqu'il y a plus de 50 femmes, des cabinets à sièges pour femmes enceintes sont obligatoires. **Chauffage :** doit être assuré de telle façon qu'il maintienne une température convenable (pas de minimum précis) et ne donne lieu à aucune émanation délétère. **Douches :**

le temps de la douche doit être rémunéré au tarif normal des h de travail, sans qu'il puisse être décompté dans la durée du travail effectif ; il doit être au moins de 1/4 d'h (déshabillage et habillage compris) et au plus de 1 h. **Eau potable** : optimum entre 9° et 12° : elle ne devrait pas dépasser 15°. Des boissons non alcoolisées sont obligatoires dans certains cas.

● **Lieu de travail.** *Un changement comportant un transfert de résidence* ne peut être imposé au salarié. L'intéressé qui refuse ne peut être considéré comme démissionnaire.

● **Nuisances.** 1 salarié sur 30 (1 ouvrier sur 14) travaille en permanence dans une ambiance bruyante lui interdisant d'entendre une personne à 2 ou 3 m. Plus de 1 salarié sur 4 subit par intermittence des bruits très forts ou très aigus cumulés avec un niveau de bruit moyen élevé. 1 salarié sur 5 subit des températures très élevées, 1 sur 6 des températures très basses, 1 sur 3 travaille constamment à la lumière artificielle.

● **Sécurité du travail.** Les employeurs qui ont contrevenu aux règles relatives à la sécurité des travailleurs sont passibles de peines d'amendes et d'emprisonnement.

En vertu du Code pénal, *art. 319 :* accident mortel, homicide involontaire, prison 3 mois à 2 ans, amende de 1 000 à 20 000 F ; *art. 320 :* ac. non mortel avec une incapacité de + de 3 mois, prison 15 j à 1 an et/ou amende de 5 000 à 15 000 F ; ac. non mortel avec incapacité de – de 3 mois, contravention de 5ᵉ classe art. R. 404, prison 10 j à 1 mois et/ou amende de 400 à 1 000 F.

En vertu du Code du travail, art. *L. 263-2 :* amende de 500 à 3 000 F autant de fois qu'il y a de salariés ; *art. L 263-4 :* prison, 2 mois à 1 an et/ou amende 2 000 à 50 000 F.

● **Travail de nuit. Législation.** Interdit dans l'industrie aux femmes entre 22 h et 5 h et aux – de 18 ans entre 22 h et 6 h. **Statistiques.** En 1984, 600 000 personnes travaillaient la nuit (300 000 en 1978). **% des effectifs travaillant la nuit par branche** : minerais, métaux ferreux et sidérurgie 48,46, verre 43,15, transports 40,55, chimie 30, énergie 29,34, agro-alimentaire (sauf viande et lait) 26,87, caoutchouc, plastiques 26,65, non ferreux 23,74, papier, carton 24,72, imprimerie, presse, édition 24,14.

● **Travail dominical.** 3 290 000 personnes (1 sur 5) travaillent au moins 1 dimanche par an. 550 000 (1 sur 30) travaillent + de 40 dimanches par an. : commerce, hôtellerie, spectacles, presse, transports, et pour env. la moitié travaillant dans des activités ind., énergétiques, admin. ou agricoles.

● **Travail en équipe et à la chaîne. Origine. 1911.** Un ancien ouvrier devenu ingénieur, *Frederick W. Taylor,* publie *Scientific Management* : l'entreprise organise le travail de ses employés, minute leurs gestes, décompose les tâches, et détermine les rémunérations en fonction des résultats. Plus les tâches sont simples et de courte durée et plus les chances sont grandes de les voir effectuées correctement. *Carl G. Barth, Henri L. Gantl, C.B. Thomson, Lilian Gilbreth,* etc., les systématisèrent. Le système du travail permet d'accroître la productivité et favorise l'emploi peu qualifié. Cependant il apparaît vite que : 1) l'accroissement de production ne peut être obtenu que par le surmenage des ouvriers ; 2) l'ouvrier est réduit au rang de manœuvre, sa situation intellectuelle et sociale est amoindrie ; 3) la monotonie du travail et l'absence de tout effort intellectuel découragent les bons ouvriers. **1927-32.** Recherches d'*Elton Mayo* et de ses disciples de Harvard, sur les employés de la *Western Electric* à Hawthorne. L'intérêt de développer les relations humaines dans les entreprises apparaît. **1929.** Un ouvrier syndicaliste et essayiste, *Hyacinthe Dubreuil,* publie *Standards* où les thèmes actuels d'*enrichissement des tâches,* de *décentralisation* ou d'*autogestion* sont exposés.

1967. Les expériences se rattachent à 2 courants : 1) *américain* [leader : Frederick Herzberg, professeur à la Western University de Cleveland (à l'origine de différentes tentatives aux U.S.A. et en G.-B.)], cherche à *« enrichir les tâches »* pour que le travailleur motivé puisse réaliser une œuvre utile et personnalisée ; 2) *britannique,* issu des travaux de l'Institut Tavistock, qui a fait école en Scandinavie et s'intéresse à l'interférence des facteurs techniques et sociaux (étude socio-technique du travail).

A la chaîne. Concerne 600 000 salariés dont 1 ouvrier spécialisé homme sur 13, 1 O.S. femme sur 4, 1 manœuvre sur 12, 1 ouvrière qualifiée sur 7, 1 ouvrier qualifié sur 50.

Conflits du travail

Nota. – Le conflit peut être *individuel* (réglé devant les prud'hommes) ou *collectif* (réglé en général par des voies extra-juridictionnelles). Pour qu'un conflit soit collectif, il doit concerner un groupement de salariés ayant la personnalité juridique (ex. syndicat) et l'employeur, et tendre à faire reconnaître des droits pour l'ensemble des travailleurs.

Grève dans le secteur privé

Définition de la grève. Cessation concertée du travail pour appuyer des revendications que l'employeur ne veut pas satisfaire. Pour qu'il y ait grève, il faut : une *cessation totale du travail* (le ralentissement du travail ou *grève perlée* ne sont pas des grèves ; le caractère licite ou illicite de la grève du zèle est controversé ; les débrayages sont une grève), une *décision préalable concertée des salariés* (ils se placent volontairement hors de leur contrat de travail : l'arrêt de travail d'un seul salarié est une grève s'il se rattache à un mouvement national), une *revendication professionnelle* connue de l'employeur (salaire, conditions de travail, droits collectifs, emploi ; la grève de solidarité avec un salarié est licite ; la grève politique est une faute lourde ; la grève mixte peut être licite si le motif professionnel domine).

Droit de grève. Inscrit dans la Constitution, il est limité par certains principes (ex. continuité du service public, santé et sécurité des personnes et des biens) et des clauses conventionnelles. Ainsi, une grève licite peut devenir abusive et être condamnée par les tribunaux (grève exagérément désorganisatrice, tournante, bouchons). Les piquets de grève sont illicites s'ils aboutissent à l'interdiction d'accès de l'entreprise. L'occupation des lieux de travail, parfois tolérée, est souvent considérée comme illicite, le juge des référés peut ordonner l'expulsion des grévistes en se fondant sur l'atteinte à la liberté du travail, au droit de propriété et au libre exercice de l'industrie. Certains actes commis au cours de la grève constituent des délits : entraves à la liberté du travail, infractions du droit commun commises au cours des grèves (séquestration, violation de domicile, détériorations, vols, diffamation).

Salaire. On retient le salaire correspondant à l'interruption de travail, de même pour les primes, calcul des congés payés, etc. Les non-grévistes ont droit à leurs salaires.

Nota. – On appelle *lock-out* la fermeture temporaire de l'entreprise par l'employeur à l'occasion d'un conflit collectif (but : ne pas payer les salaires des non-grévistes, par ex. en cas de grèves tournantes ou bouchons).

Grève dans le secteur public

Histoire. Jusqu'en 1940, la grève des agents du service public est considérée comme faute grave, mais, depuis, les préambules des constitutions de 1946 et 58 ont reconnu à tous le droit de grève.

Loi du 31-7-1963 (modifiée par la loi du 19-10-1982). Institue un statut unique pour tous les participants à la gestion d'un service public, instaure un préavis de grève, interdit les grèves tournantes. Cependant, certains agents n'ont pas le droit de grève, d'autres doivent un service minimum ou peuvent être réquisitionnés.

Loi du 13-7-1983. Droit de grève des fonctionnaires dans le cadre des lois le réglementant.

Négociation collective

Obligation de négocier (loi du 13-11-1982). 1) Au niveau de la branche au moins 1 fois par an (salaires) et tous les 5 ans (réexamen des qualifications). 2) Au niveau de l'entreprise 1 fois par an (salaires, temps et aménagement du temps de travail).

Droit de veto pour toute organisation syndicale ayant obtenu au moins 50 % des voix aux dernières élections du CE. Obligation pour l'employeur de remettre le texte de la convention collective aux membres du CE et aux délégués syndicaux et du personnel. En cas de carence, le ministre du Travail peut autoritairement étendre les conventions collectives d'une branche proche à la branche d'activité où il n'y a pas eu d'accord.

Nouvelles clauses obligatoires : égalité de salaire entre salariés français et étrangers, et entre hommes et femmes ; conditions d'emploi et rémunération des salariés à domicile ; condition d'emploi des travailleurs temporaires.

Conflits collectifs du travail. Une procédure de médiation peut être engagée par le ministre du Travail à la demande écrite et motivée de l'une des parties, pour tout conflit survenant à l'occasion de l'établissement, du renouvellement ou de la révision d'une convention collective.

Quelques dates

1870-*19/21-1* grève des métallurgistes au Creusot (avec l'ouvrier Assi). -*21-3/5-4* g. des mineurs au Creusot. **1882** *août* g. à Blanzy et Montceau-les-Mines. **1883** à Carmaux. **1886** g. à Decazeville ; un ingénieur, Watrin, est lynché. **1906**-*8/10-4* après avoir échoué dans la g. générale, la C.G.T. se donne comme loi la Charte d'Amiens. **1910** *oct.* échec de la g. des cheminots. **1920** *févr.* échec de la g. des cheminots. **1936** *juin* g. et occupations d'usines. *Dans l'année :* 16 907 conflits, 2 423 000 grévistes. **1947**-*19-12* en raison des g., la tendance Force Ouvrière quitte la C.G.T. et constitue la C.G.T.-F.O. les *12* et *13-4-1948.* **1953** *août* g. du secteur public (métro, 21 j), arrêtée par l'ordre de reprise de la C.F.T.C. et de la C.G.T.-F.O. **1963** g. des mineurs commencée le 1-3 pour 48 h, dure 35 j, l'ordre de réquisition annoncé par le gouvernement avant le début des arrêts de travail et signé le 2-3 par le Gᵃˡ de Gaulle ayant durci cette grève et entraîné des arrêts de travail d'autres catégories de salariés : mineurs de fer, cheminots, personnel de Lacq, etc. **1966** g. de Sochaux. **1967** g. de St-Nazaire. **1968** *mai-juin* g. générale avec occupation. **1971**-*18-1/2-3* g. de Batignolles à Nantes, 44 j ; -*24-4/24-5* g. de Renault au Mans, 26 j. **1972**-*16-3/18-5* g. du Joint français à St-Brieuc. **1973**-*17-4* Affaire Lip : 1 280 salariés s'opposent à la liquidation de l'entreprise ; réglée le 24-1-74 par la signature des accords de Dole (survie de l'entreprise, réemploi de la majorité des salariés). **1974** g. des banques, de la Bourse. *Oct.-nov.* g. des Postes et Télécommunications, 46 j *(18-10/2-12),* 36 % de grévistes (Paris 50, Province 30). **1975** *févr.-avr.* Renault, g. des usines (9 sem. pour une augmentation d'env. 40 F par mois). **1976** *oct.-nov.-déc.* g. de la Caisse d'Épargne de Paris. **1975-77** g. du « Parisien Libéré ». **1980**-*24-10* venus du Nord-Pas-de-Calais, d'Alsace-Lorraine et du Massif central, 100 000 mineurs participent à une marche sur Paris organisée par la C.G.T. **1981** Renault, grève des O.S. de Billancourt, 3 sem. -*27/30-3* Air France, g. des navigants qui contestent le pilotage à 2 sur les Boeing 737. -*15-10* Banques, à propos des salaires et des 35 h. -*29-10/24-11* Caisse d'Épargne de Paris. *Oct.-nov.* Ceraver (filiale de C.G.E. à Tarbes), g. de 8 sem. pour protester contre 766 licenciements. [**Ouvriers dockers** *(nombre d'arrêts de travail et entre parenthèses % d'heures perdues).* Dunkerque 7 (2,8) ; Le Havre 6 (2,6) ; Rouen 7 (5,6) ; Nantes-St-Nazaire 11 (5) ; Bordeaux 9 (4,7) ; Marseille 10 (4). *1982* (1ᵉʳ semestre) : Dunkerque 5 (1,4) ; Le Havre 4 (0,5) ; Rouen 4 (1,3) ; Nantes-St-Nazaire 3 (1,2) ; Bordeaux 3 (1,2) ; Marseille 3 (1,1).] **1982.** Du 9 au 24-2 g. à la

Statistiques

Conflits du travail : journées de travail perdues, pour 1 000 salariés dans les industries extractives et manufacturières, la construction, les transports, entrepôts et communications

Pays	1980	1981	1982	1983	1984
All féd.	11	5	1	3	518
Australie	1 184	1 488	790	541	457
Autriche	7	1	– (2)	1	– (3)
Belgique	143	– (3)	– (3)	– (3)	– (3)
Canada	1 746	2 148	1 617	622	1 012
Danemark	– (3)	785	– (3)	85	– (3)
Espagne	– (3)	– (3)	– (3)	– (3)	– (3)
États-Unis (1)	512	448	285	559	148
Finlande (1)	1 269	558	223	394	700
France	*174*	*161*	*259*	*159*	*165*
Italie (1)	1 622	972	1 944	1 505	778
Japon	46	23	24	23	16
Norvège	136	39	385	6	57
N.-Zélande	816	855	759	905	995
Pays-Bas	33	13	59	42	– (3)
Portugal	511	717	444	– (3)	– (3)
Roy.-Uni	1 156	326	463	331	3 228
Suède	2 134	57	1	6	15
Suisse	4	– (2)	– (2)	– (3)	– (3)

Source : B.I.T., Annuaire des statistiques du travail, 1985.

Nota. – (1) Y compris électricité, gaz et eau. (2) Nul ou négligeable. (3) Pas disponible.

fromagerie Besnier d'Isigny ; un « commando » patronal s'empare des fromages. *22-3 :* 100 000 agriculteurs défilent de la Nation à la porte de Pantin. *Mai-juin* g. de 5 sem. dans les usines Citroën d'Aulnay, Asnières, Montreuil, Levallois, St-Ouen. *30-9* professions libérales : 50 000 personnes défilent à Paris de la place Fontenoy au Palais-Royal. **1984**-*24-1 :* 3 000 ouvriers des chantiers navals à Paris. *22-2* routiers : blocus : opérations « Escargot » sur les bd des Maréchaux et sur les périphériques. *2-3* mineurs : 15 000 manifestants (selon les organisateurs) à Paris. *13-4 :* 40 000 Lorrains défilent de la Nation au Champ-de-Mars.

Journées de grève (Jg) et **effectifs en grève** (Eg) en milliers. **Nombre de conflits** (Conf.). En France.

	Jg	Eg	Conf.		Jg	Eg	Conf. [1]
46	374	–	523	*66*	2 523	1 029	1 711
47	23 371	–	3 598	*67*	4 204	2 824	1 675
48	11 918	–	1 374	*68*	150 000	n.c.	n.c.
49	7 292	–	1 413	*69*	2 223	1 444	2 207
50	11 710	–	2 585	*70*	1 742	1 080	2 942
51	3 294	–	2 514	*71*	4 388	n.c.	4 318
52	1 733	1 155	1 749	*72*	3 755	2 721	3 464
53	9 722	1 784	1 761	*73*	3 015	2 246	3 731
54	1 140	1 269	1 479	*74*	3 380	1 563	3 381
55	3 079	792	2 672	*75*	3 869	1 827	3 888
56	1 422	666	2 440	*76*	5 011	2 023	4 348
57	4 121	2 161	2 623	*77*	3 666	1 910	3 302
58	1 138	858	954	*78*	2 200	705	3 206
59	1 938	581	1 512	*79*	3 657	967	3 104
60	1 070	839	1 494	*80*	1 674	501	3 542
61	2 601	1 270	1 963	*81*	1 496	329	2 504
62	1 901	834	1 884	*82*	2 250	467,9	3 240
63	5 991	1 148	2 382	*83*	1 320	453,7	3 364
64	2 497	1 047	2 281	*84*	1 317	505,9	2 800
65	980	688	1 674	*85*	885	273,6	2 198

Nota. — (1) Conflits résolus.

Pour 1968 : évaluation incluant les journées perdues lors des arrêts de travail indirectement liés aux grèves (absence de moyens de transport, rupture des stocks, etc.). Les grèves ont coûté 3 % de la production non agricole, 2,4 % de la production totale d'une année. Sans compter mai et juin il y eut 705 000 j de grève.

☞ On distingue les *conflits généralisés* [toute cessation collective d'activité résultant d'un mot d'ordre extérieur à l'entreprise ou à l'établissement et pouvant les affecter (dans un ou plusieurs secteurs d'activités) au niveau national, régional ou local : journées d'action nationales, grèves plurisectorielles, grèves de branche de secteur d'activité dans une localité donnée] et les *conflits localisés*.

Motifs des conflits localisés (en %, en 1983). Défense de l'emploi 33 (*en 1980* : 15 ; *81* : 21), salaires 48 (58 ; 58), conflits de droit 16 (21 ; 16), conditions de travail 3 (6 ; 5).

Congés (régime légal)

Durée légale. Ord. du 16-1-1982. 30 j ouvrables payés pour 12 mois de travail. Le congé est de 2 j ½ ouvrables par mois de travail accompli entre le 1er juin de l'année précédente et le 31 mai de l'année en cours. Sont considérés comme j ouvrables les j qui ne sont pas consacrés au repos hebdomadaire légal ou reconnus fériés par la loi et habituellement chômés par l'entreprise.

Les moins de 22 ans au 30 avril de l'année en cours ont toujours droit à 30 j ouvrables, quelle que soit leur ancienneté (indemnisés à raison du travail effectif).

Jours ouvrables supplémentaires. Sauf clauses plus favorables des conventions collectives : pour *les femmes* de moins de 21 ans au 30 avril de l'année précédente : 2 par enfant à charge de moins de 15 ans vivant au foyer (1 si le congé principal n'excède pas 6 jours).

• **Période légale pour prendre son congé.** Du 1er mai au 31 oct. (minimum de 12 j ouvrables, soit 2 sem. au minimum et 4 au maximum en 1 seule fois). Obligation de prendre la 5e sem. à part. *A défaut de convention collective,* la période de congé est fixée par l'employeur en se référant aux usages et en consultant, s'il y a lieu, les délégués du personnel et du comité d'entreprise. Elle doit être connue du personnel au moins 2 mois avant son ouverture. **Bonification.** De 1 à 6 j peuvent être ajoutés pour ancienneté, tâches pénibles, présence au travail, etc. **Conjoints travaillant dans une même entreprise :** ont droit à un congé simultané.

Durée des congés annuels

Nombre minimal de jours imposés par la loi et, entre parenthèses, par les conventions collectives (minimum légal et conventions collectives ne se cumulent pas).

All. dém. : 15 j (jusqu'à 24 j selon la qualification professionnelle). Femmes ayant 3 enfants et +, 21 j (24 si elles travaillent en équipe). **All. féd. :** 15-18 (15 à 24 environ) + parfois indemn. de congé partiel ; adolescents 24 + indemn. de congé. 10 à 13 j fériés. **Autriche :** 24 j ouvrables. 13 j fériés. **Belgique :** 18 j ouvrables au min. (payés double). 10 j fériés. **Finlande :** 24 j par an. 14 j fériés. **France :** *1814* loi sur le repos hebdomadaire (elle n'est pas appliquée). *1906-16-7* repos hebdomadaire. *1936-20-6* congés payés (15 j). *1956-27-3 :* 3 sem. *1969-16-5 :* 4 sem. *1982-1-2 :* 5 sem. 13 j fériés. **G.-B. :** pas de loi (14-21). 8 j fériés. **Israël :** 15 j et + selon l'ancienneté et le poste. 14 j fériés. **Italie :** pas de loi (15-22). 17 à 18 j fériés. **Japon :** 6 à 20 j. 12 j fériés. **Luxembourg :** 25 j (26 à partir du 1er janv. de l'année où le travailleur atteint 50 ans). 10 j fériés. **P.-Bas :** adultes 16 + supplément d'un pécule de congé ; adolescents 18-23 + pécule. 6 à 7 j fériés. **U.R.S.S. :** 15 ; adolescents 1 mois. **U.S.A. :** pas de loi (7 à 35).

Fractionnement : l'*employeur* ne peut obliger l'employé (sauf autorisation ministérielle) à fractionner son congé légal. L'employé peut le fractionner, au-delà de 12 j ouvrables mais dans la limite de 24 j (c.-à-d. 5e sem. non comprise). **Maladie :** un salarié qui tombe malade pendant ses vacances doit reprendre son travail le j de la rentrée, s'il est guéri, et peut réclamer un reliquat de vacances (et si le 31 oct. est atteint, une indemnité).

• **Ordre des départs.** Fixé en tenant compte de la situation de famille des bénéficiaires et de la durée de leurs services, doit être communiqué à chacun 15 j au moins avant la date de son départ et affiché au lieu de travail. **Rentrées de congés tardives :** peuvent justifier un licenciement. **Journées de grève :** ne sont pas à comprendre dans le temps de travail déterminant la durée du congé. En pratique elles le sont souvent.

• **Sommes perçues.** L'employé peut choisir soit 1/10 du salaire total perçu pendant l'année de référence, y compris les primes ayant caractère de salaire (sauf les primes annuelles qui feraient double emploi) ; soit une somme égale à ce qui aurait été perçu en cas de travail, pendant le congé, selon l'horaire effectif, h. supplémentaires comprises.

Contrat résilié avant congé : si le salarié résilie son contrat avant d'avoir pu bénéficier de son congé, il doit recevoir une indemnité correspondant au congé auquel il a droit d'après le temps passé dans l'entreprise. L'indemnité peut ne pas être due si la résiliation du contrat de travail est provoquée par une faute lourde du salarié.

Congé d'adoption. Auparavant réservé aux femmes. Désormais, lorsque les 2 conjoints assurés sociaux travaillent, l'indemnité journalière de repos versée par la Sécurité sociale en cas d'adoption est accordée à la mère ou au père adoptif ; l'autre conjoint doit alors avoir renoncé à son droit de congé.

L'assuré, à qui un enfant est confié en vue de son adoption, peut suspendre son contrat de travail pendant plusieurs semaines ; des indemnités journalières de repos lui seront versées par la Sécurité sociale, à condition de cesser tout travail salarié pendant la durée d'indemnisation : 10 semaines à compter de l'arrivée de l'enfant au foyer, en cas d'adoption simple ; 12 semaines, en cas d'adoptions multiples ; 18 et 20 semaines lorsque, du fait de la ou des adoptions, l'assuré, ou le ménage, assume la charge de 3 enfants au moins.

Congé éducation. Tous les travailleurs et apprentis ont droit, sur leur demande, à 12 j ouvrables par an, en 1 ou 2 fois, non rémunérés, pour un stage dans un centre syndical ou un institut agréé par le ministère du Travail.

Congé individuel de formation. Voir p. 1587.

Congé parental d'éducation. Pendant les 2 ans suivant l'expiration du congé de maternité ou d'adoption, le salarié (femme ou homme) justifiant une ancienneté minimale d'une année à la date de naissance de son enfant ou de l'arrivée au foyer d'un enfant de — de 3 ans, confié en vue de son adoption, a le droit, sous réserve des dispositions propres aux entreprises employant — de 100 salariés, soit de bénéficier d'un congé parental d'éducation durant lequel le contrat de travail est suspendu, soit de réduire sa durée de travail à la moitié de celle applicable à l'établissement. *Durée du congé parental et de la période d'activité à mi-temps :* 1 an au + ; ils peuvent être prolongés une fois et prennent fin, au plus tard, au terme de la période de 2 ans définie ci-dessus, quelle que soit la date de leur début.

Rémunération : non rémunéré, mais indemnités prévues. *En cas de décès de l'enfant ou de diminution importante des ressources du ménage :* le bénéficiaire du congé peut reprendre son activité initiale ou exercer son activité à mi-temps ; le salarié exerçant à mi-temps pour élever son enfant peut reprendre son activité initiale.

A l'issue du congé, le salarié retrouve son emploi précédent ou un emploi similaire, avec une rémunération au moins équivalente. Le congé entre dans l'ancienneté du salarié pour la moitié de sa durée.

Congés pour événements familiaux. Naissance : 3 j légaux pour le père dans les 15 j suivant la naissance (remboursés à l'employeur par la caisse d'all. fam.). Sinon, résultent des usages, accords ou conventions collectives : ex. *mariage* de 4 j à 10 j (banque) ; *mariage d'un enfant* du salarié 1 ou 2 j ; *décès* 1 à 4 j payés par l'employeur.

Congé pour la création d'entreprise. *Durée :* 1 an ; peut être portée à 2 ans si le salarié informe son employeur, par lettre recommandée avec A.R. (au moins 3 mois avant le terme de la 1re année de congé), de son intention de la prolonger. *Conditions :* ancienneté d'au moins 36 mois dans l'entreprise [1]. **Congé sabbatique.** Durée minimale 6 mois, maximale 11 mois. *Bénéficiaires :* avoir une ancienneté dans l'entreprise d'au moins 36 mois et 6 années d'activité ; ne doivent pas avoir bénéficié, au cours des 6 années précédentes dans l'entreprise, d'un congé sabbatique, d'un congé pour la création d'entreprise ou d'un congé de formation d'une durée d'au moins 6 mois.

Nota. — (1) Le salarié retrouvera son précédent emploi ou un emploi similaire avec une rémunération au moins équivalente. Il y a des dispositions particulières selon la taille de l'entreprise. Le salarié ne peut invoquer aucun droit à être réemployé avant l'expiration de son congé.

Contrats

De progrès. Formule d'accord entre syndicats et employeurs. Ainsi le 10-12-69, tous les syndicats (sauf C.G.T.) ont signé la « convention sociale » de l'E.G.F. prenant effet au 1-1-70 qui prévoit pour 2 ans : une progression des salaires liée à la croissance du produit national et à la prospérité de l'entreprise, l'engagement des syndicats de ne pas entrer en conflit sur les salaires en conservant cependant la possibilité de dénoncer la convention.

De solidarité. Accords conclus entre État et entreprises dans le cadre de la lutte pour l'emploi. *Objectif :* permettre aux entreprises d'embaucher de nouveaux salariés grâce à une réduction de la durée du travail dans l'entreprise ou à des départs volontaires en préretraite. En contrepartie, les entreprises reçoivent une aide financière de l'État (en 1983), 1 000 F par heure de réduction effective du travail par rapport au 1-9-82). **Statistiques.** *Nombre total (1983) :* 4 756 contrats conclus, dans des entreprises occupant un total de 464 958 salariés. *Nombre de contrats pour la réduction de la durée de travail : 1983 :* 277, *84 :* 174, *85 :* 142. *Nombre de salariés bénéficiaires d'une RDT : 1982 :* 92 920, *83 :* 84 976, *84 :* 28 173, *85 :* 14 800. *Nombre de contrats sur la préretraite progressive : 1983 :* 254, *84 :* 236, *85 :* 751 ; *nombre de bénéficiaires potentiels de la préretraite progressive : 1983 :* 570, *84 :* 1 052, *85 :* 5 859.

Convention collective

• **Définition.** Accord relatif aux conditions de travail et aux garanties sociales, conclu entre un ou plusieurs patrons ou organisations patronales et une ou plusieurs organisations syndicales représentatives.

Convention. Étendue. Par arrêt ministériel publié au *J.O.* L'employeur doit afficher un avis signalant l'existence de la convention, remettre un exemplaire de la convention au comité d'entreprise et en tenir un à la disposition des salariés (mêmes obligations pour la conv. non étendue) ; s'applique dans les entreprises de la région et de la prof. intéressées y compris aux salariés des employeurs non syndiqués.

Non étendue. Communiquée gratuitement à tout intéressé (greffe du tribunal des prud'hommes ou du tribunal d'instance, direction départementale du travail, ministère du Travail, organisations syndicales). On peut en obtenir, à ses frais, une copie conforme. A force de loi pour tout employeur de la profession intéressée s'il a signé la convention ou s'il est membre d'une organisation patronale signataire ou adhérente (même s'il a démissionné de cette organisation).

• **Statistiques (en 1983).** 1 048 (1 003 avenants et 45 accords) dans les branches professionnelles (620 sur les salaires) et 4 850 accords dans les entreprises (2 895 sur le droit d'expression des salariés, 1 995 sur les salaires et la durée du travail).

Création d'entreprises par les demandeurs d'emploi

(Loi du 22-12-1980.) **Nature des aides.** 1) Versement en 1 fois de l'indemnité (allocations spéciale, de base, forfaitaire, garantie de ressources, allocations de fin de droits). Montant maximal pour un salarié licencié pour motif économique 87 000 F (1981). 2) Couverture sociale gratuite pendant 6 mois. 3) Intervention des ASSEDIC pour des prêts et dons. **Bénéficiaires.** Les salariés involontairement privés d'emploi qui perçoivent une des allocations versées par les ASSEDIC : en cours d'indemnisation, en cours de préavis de licenciement ou remplissant les conditions de reprise du versement des allocations précitées (fin d'une période d'emploi ou de stage). Les intéressés doivent créer ou reprendre une entreprise industrielle, commerciale, artisanale ou agricole, à titre individuel, ou dans le cadre d'une Sté ou d'une Sté coopérative ouvrière de production, ou exercer une activité indépendante non salariée (notamment une profession libérale). Ils doivent exercer le contrôle effectif de l'entreprise créée. (Détenir au minimum 50 % du capital ou être dirigeant en détenant ⅓ du capital.)

Nombre de chômeurs créateurs d'entreprises. *1979 :* 9 200, *80 :* 13 800, *81 :* 29 400, *82 :* 39 900, *83 (est.) :* 45 000.

Cumuls emploi/retraite

Principe. Limités par l'ordonnance du 30-3-1982. Cumul autorisé jusqu'à 60 ans dans les cas où il est actuellement prévu. Du 1-4-83 au 31-12-90 ; l'assuré qui demandera à 60 ans la liquidation d'une pension de salarié devra cesser son activité professionnelle salariée, voire non salariée dans la même entreprise. Ceux qui reprendront ou conserveront une activité salariée et dont les pensions dépasseront un certain seuil devront payer une contribution de solidarité au régime d'assurance chômage. **Statistiques.** — *de 60 ans :* env. 250 000 cumulards (dont la moitié de militaires). *60 à 65 a. :* 200 000 (surtout retraités des régimes spéciaux). *+ de 65 a. :* env. 300 000 (non-salariés travaillant à temps partiel et percevant de petits revenus).

Déclarations obligatoires annuelles de l'employeur

• **1° 1re quinzaine d'avril. Priorité d'emploi.** Toute entreprise de + de 10 salariés (+ de 15 pour une exploitation agricole) âgés de + de 18 ans doit employer, dans une proportion de 10 % de ses effectifs, des ressortissants du code des pensions militaires d'invalidité (pensionnés de g. ou assimilés, veuves ou orphelins de g.) et des trav. handicapés officiellement reconnus comme tels. Sinon redevance calculée par j de travail effectif et bénéficiaire manquant sur la base de 3 fois le SMIC.

• **2° Avant le 1er février. Taxe sur les salaires.** *Assujettis :* employeurs (publics ou privés) payant traitements, salaires ou indemnités (exceptions : certaines professions du régime agricole, particulier employant personnel domestique), sur modèle 2 460 ou 2 461 (rémunération supér. à 30 000 F) ou 2 464 (régime agricole) ou 2 466 (personne ayant pensions ou rentes viagères). *Taux normal :* 4,25 % des traitements ou salaires, 3 % des pensions. Majoration de 4,25 % pour la fraction annuelle comprise entre 30 000 F et 60 000 F. 9,35 % pour la fraction sup. à 60 000 F. *Supprimée* depuis le 1-12-68 pour les employeurs assujettis à la T.V.A.

Cotisations de Sécurité sociale (déclaration nominative annuelle des salaires ; régularisation annuelle des cotisations).

• **3° Avant le 5 avril. Taxe d'apprentissage. Participation au financement de la formation.** *Assujettis :* employeurs ayant + de 10 salariés, modèle 2 483.

• **4° Avant le 15 avril. Participation obligatoire à la construction** (1 %). *Assujettis :* employeurs occupant au min. 10 salariés. Exclus : État, collect. publiques, établ. publics admin. et employeurs agricoles.

Délégués du personnel

Statut. Obligatoirement élus pour 1 an (18 ans min., un an d'ancienneté) dans *tous* établissements industriels, commerciaux ou agricoles, offices publics et ministériels, professions libérales, sociétés civiles, syndicats professionnels, sociétés mutualistes, organismes de Sécurité sociale (sauf ceux ayant caractère d'établissement public administratif), associations, quels que soient leur forme et leur objet, où sont occupées au moins 11 personnes pendant 12 mois consécutifs ou non au cours des 3 années précédentes. 2 collèges : *1er* ouvriers et employés, *2e* ingénieurs, chefs de service, techniciens, agents de maîtrise. Conditions pour être électeur : 16 ans min. ; ancienneté : 3 mois. Dans les entreprises de + de 50 salariés où il n'y a pas de comité d'entreprise, ils exercent les fonctions économiques de celui-ci, en l'absence de comité d'hygiène, de sécurité et des conditions de travail ; ils ont les mêmes droits et les mêmes moyens que les membres de celui-ci. Ils bénéficient d'un crédit d'heures supplémentaires.

Nombre (autant de suppléants par tranche) : entreprises *de 11 à 25 salariés :* 1. *26 à 74 :* 2. *75 à 99 :* 3. *100 à 124 :* 4. *125 à 174 :* 5. *175 à 249 :* 6. *250 à 499 :* 7. *500 à 749 :* 8. *749 à 999 :* 9. *A partir de 1 000 salariés :* 1 titulaire et 1 suppléant en + par tranche supplémentaire de 250 salariés. En cas d'absence de comité d'entreprise ou de CHSCT (comité d'hygiène, de sécurité et des conditions de travail), le nombre des délégués du personnel est modifié : *50 à 99 :* 4 titul., 4 sup. *100 à 124 :* 5 titul., 5 sup. En 1985, 47,6 % des établissements, regroupant 73,9 % des salariés, ont des délégués.

Nombre de salariés	Appartenance syndicale en %						
	CGT	CFDT	CFTC	CGT-FO	CGC	Autres synd.	Non synd.
11 à 49	12,5	7,8	1,2	5,6	1,9	2,2	68,8
50 à 99	20,6	16,4	2,4	9,4	3,3	2,7	45,1
100 à 199	31,2	18,6	3,3	12,4	5,0	3,9	25,5
200 à 499	37,0	20,5	3,6	13,7	8,0	4,5	12,6
500 à 999	36,7	23,9	3,3	14,6	11,4	5,0	5,2
1 000 et +	35,5	25,3	4,1	14,9	12,2	5,8	2,4
Ensemble	*24,8*	*15,5*	*2,5*	*10,1*	*5,1*	*3,4*	*38,5*

Délégués « de site » (loi du 26-10-1982). Prévus dans les établissements occupant — de 11 salariés mais dont l'activité s'exerce sur un site où sont employés durablement au moins 50 salariés : par ex. dans les grands magasins pour représenter les vendeurs salariés des entreprises dont ils représentent la marque.

Durée du travail

Statistiques

• **Durée de la semaine de travail. En Europe** (en h) : *1850 :* 84. *1870 :* 78. *1890 :* 69. *1910 :* 60. *1930 :* 56. *1950 :* 48. *1974 :* 43. *1979 :* 41. *1980 :* 40,8. *1981 :* 40,5. *82* (1-2) : 39,5.

Le salarié moderne subit, si l'on tient compte des trajets, une fatigue proche de l'ouvrier de 1830 habitant à la porte de son usine, où il travaillait 73 h.

• **Durée du travail dans le monde** (en 1986, en j, durée réelle et, entre par., durée légale). Japon 274 (278), U.S.A. 231 (239), Suisse 228 (241), Danemark 212 (224), Autriche 206 (225), G.-B. 206 (220), *France 205 (220),* Italie 204 (222), Finlande 203 (227), Belgique 202 (215), P.-Bas 201 (217), Norvège 201 (230).

Dans les industries manufacturières (en h., 1983). Suisse 43,2, G.-B. 42,6 (hommes), 38,1 (femmes), Japon 41,1, Irlande 40,8, P.-Bas [1] 40,7, All. féd. 40,5, U.S.A. 40,1, N.-Zélande 33,5, *France* [1] *38,9,* Grèce 38,5, Canada [2] 38,4, Belgique 33,5, Danemark 33,5, Finlande 32,3, Norvège 30,6 (h.), 24,9 (f.).

Nota. — (1) Ouvriers. (2) Moyennes sur 10 mois.

• **Durée hebdomadaire du travail des salariés, en France, en janv. 1985 (en heures).** Toutes activités 38,9 dont transports (y compris S.N.C.F. et R.A.T.P.) 39,5, commerces 39,4, ind. de transformation (y compris bâtiment) 38,8, ind. extractives 39,1, services 38,8, ind. transform. des métaux 38,6, ind. chimique 38,1.

Répartition en % selon la durée du travail en heures. Ouvriers et, entre parenthèses : employés. Durée hebdomadaire du travail : *39 h (38,9)* dont *— de 39 h :* 30,4 % (28,3 %), *39 :* 47,3 (59,2), *+ de 39 à — de 40 :* 3,1 (2,7), *40 :* 8 (4,3), *+ de 40 à — de 42 :* 3,9 (3), *42 à — de 44 :* 4,1 (1,8), *44 et + :* 1,3 (0,7).

• **Durée de repos des Français en 1986, en jours.** 160 j (5 mois + 3 j) dont week-ends 104, vacances 25, j fériés 10, absentéisme 16 (en moy.), ponts 5 (en moy.).

Absentéisme (nombre de jours par an). Norvège 29, Suède 28, Finlande 24, Autriche 19, Italie 18, P.-Bas 16,5, All. féd. 16, *France 15,5,* G.-B. 14,5, Suisse, Belgique 13,5, Danemark 12, U.S.A. 7,5, Japon 4.

Législation en France

• **Évolution. 1841**-*22-3* journée de travail des enfants de — de 11 ans dans l'industrie 8 h ; 12 à 16 ans 12 h. Adultes par j 14 à 16 h. **1848** *mars* 10 h à Paris, 11 en province. **1849**-*9-9 :* 12 h (dispenses possibles). **1892** *mars* loi de 10 h par j. **1906** institution du repos hebdomadaire. **1919**-*23-4 :* 8 h. **1936**-*21-6* semaine de 40 h au lieu de 48 h (durée max. 54 h). **1966**-*18-6* durée max. de la sem. 54 h (au lieu de 60 dep. 1946). **1971**-*24-12* durée max. 50 ou 46 h (dérogation dans certains secteurs : 57 h). **1974**-*27-12* alignement de la durée du travail et de la rémunération des h suppl. en agriculture sur les règles prévues par le code du travail pour l'industrie et les services. **1981**-*17/18-7* accord national interprofessionnel signé par C.N.P.F. et syndicats (sauf C.G.T. et P.M.E.) sur les 39 h et la 5e semaine de congés payés.

Ordonnance du 16-1-1982.

• **Durée légale.** *Hebdomadaire :* 39 h sur 5, 5,5 ou 6 j. Repos hebdomadaire obligatoire de 24 h consécutives min. le dimanche. *Quotidienne :* elle ne peut excéder 10 h, sauf dérogations déterminées par décret, voir ci-dessous (jeunes gens et apprentis 8 h). *Durée max. hebd. :* calculée sur une période de 12 semaines : 46 h (au lieu de 48). Au cours d'une même semaine : 48 h (au lieu de 50).

• **Heures supplémentaires** (ne concerne pas les cadres). Rétribuées au-delà de la 39e h avec une majoration de : 25 % (39e à 47e h) ou 50 % (au-delà de la 47e h). Les employeurs disposent d'un contingent d'h supplémentaires (130 h par an et par salarié) qui peuvent être effectuées sur simple information (dans la limite de ce contingent). Un contingent supérieur ou inférieur peut être fixé par une convention ou un accord collectif étendu. Les h supplémentaires effectuées *au-delà* du contingent annuel de 130 h, à la condition de ne pas dépasser la limite max. hebd. fixée, peuvent être autorisées par l'inspection du travail, après avis du comité d'entreprise (ou à défaut des délégués du travail).

Repos compensateur. Dans les entreprises de + de 10 salariés (ne concerne pas les cadres), les h supplémentaires, effectuées au-delà de la 42e h par semaine et comprises *dans* le contingent annuel de 130 h, donnent lieu à un repos compensateur égal à 20 % du temps accompli au-delà de la 42e h et 50 % au-delà du contingent. Dans toutes les entreprises, les h suppl. *au-delà* du contingent annuel de 130 h, ouvrent droit à un repos compensateur « en temps » égal à 50 % des h suppl. ainsi effectuées.

Modulation de la durée. Une entreprise peut, par convention ou accord collectif étendu, faire varier la durée hebd. du travail dans la mesure où, sur 1 an, la durée moyenne hebd. ne dépasse pas 39 h. Ainsi, une entreprise pourra effectuer 36 h une semaine et 42 h la semaine suivante ; les 3 h accomplies entre 39 et 42 h sont rétribuées avec majoration de 25 % (sauf si cette société applique les horaires variables).

• **Aménagement du temps de travail.** *Travail en continu :* en équipes successives. Durée max. sur 1 an : 35 h par semaine travaillée (31-12-1983 au plus tard). *Jours fériés* (11) : chômés et payés, ils ne peuvent donner lieu à récupération. *Horaires individualisés :* dans les entreprises sans représentation du personnel, autorisés par l'inspection du travail après accord du personnel. Dans une limite déterminée par décret, les reports d'h de travail, d'une semaine à une autre, ne sont pas considérés comme h supplémentaires s'ils résultent d'un libre choix du salarié concerné. Les reports peuvent être de 3 h et cumulés jusqu'à 10 h. Mais des accords collectifs peuvent prévoir des possibilités de reports plus larges (circulaire du 23-2-1982). 3,5 à 4 millions de salariés ont adopté cette formule (dont du personnel administratif des banques 60 %, Stés d'assurances, industrie pharmaceutique 25 %, électronique et mécanique 10 %, fonctionnaires 5 %). Temps partiel. Voir p. 1589.

Dérogations. Limitées à 10 h par j de travail effectif. Autorisées seulement pour des travaux devant être exécutés dans un délai déterminé, des travaux saisonniers ou impliquant une activité accrue certains jours. Le dépassement de la durée maximale de 10 h, limité à 2 h, peut faire l'objet d'un accord collectif.

Employés de maison

☞ **Statistiques (1984).** *Employeurs* 490 018. *Salariés* 395 899. Le métier est le plus souvent exercé par des femmes, à temps partiel et de plus en plus pour des tâches spécialisées : gardes d'enfants ou de vieillards, repassage, etc.

☞ **Renseignements.** *Fédération nationale des groupements d'employeurs de personnel employé de maison* (11 bis, rue d'Alésia, 75114 Paris).

Conditions générales

• **Congés payés.** Ordonnance du 16-1-1982 : 2 j 1/2 ouvrables par mois de travail, quel que soit l'horaire hebdomadaire, l'indemnité ne pouvant être inférieure à ce qu'aurait perçu le salarié s'il avait travaillé pendant ses congés.

• **Démission de l'employé. Préavis :** *jusqu'à 6 mois d'ancienneté :* 1 semaine, *2 ans :* 2, *au-delà de 2 ans :* 1 mois. Certaines annexes modifient ces durées.

Indemnité de congés payés : 1/10 de la rémunération totale perçue au cours de la période de référence (*pour les enployés nourris et logés :* le salaire brut comprend la valeur des prestations en nature.

L'employeur ne peut retenir d'indemnité compensatrice au cas où l'employé n'effectuerait pas son préavis, mais il peut faire une demande reconventionnelle devant les prud'hommes.

• **Convention collective nationale** applicable dans la métropole dep. le 27-6-1982 et complétée par des annexes départementales. Mise en place de postes d'emploi à caractère familial (veiller au confort moral et physique d'adultes ou d'enfants ; clauses particulières en matière de durée du travail, repos hebdomadaire, garde de nuit, rémunération).

• **Contrat.** A la fin de la période d'essai (1 mois max.), l'employeur doit remettre à l'employé un contrat ou une lettre d'engagement, rédigé sur papier libre.

• **Durée du travail.** Fixée à 40 h par semaine. Les h d'équivalence réduites à 3 h depuis le 27-6-1985 ont disparu le 27-6-1986. Les h supplémentaires sont compensées par du repos ou payées avec majoration.

• **Immatriculation** (Séc. soc.). **Employeur n'ayant jamais eu d'employé de maison :** faire une demande à l'U.R.S.S.A.F. du département (région par. : 3, rue Franklin, 93518 Montreuil Cedex) par lettre, en indiquant nom, prénoms, qualité, adresse et date d'embauche. L'U.R.S.S.A.F. donnera un numéro d'immatriculation et enverra une formule pour acquitter les cotisations et, à la fin de chaque trimestre civil, une formule de versement.

Si l'employé n'est pas immatriculé : le faire immatriculer. *Pour Paris et la région par.* à la C.P.A.M. (départementale) du domicile du salarié. Demander l'imprimé 1202.

L'employé ne peut bénéficier du remboursement des soins médicaux et des indemnités journalières s'il n'a pas pu effectuer au min. 120 h dans le mois précédent ou 200 h dans le trimestre précédant la demande de remboursement, mais il est couvert en cas d'accident du travail et bénéficie des avantages vieillesse. La M.U.T.E.M. (Mutuelle des empl. de maison),22, rue d'Aumale, Paris 9ᵉ, peut verser des remboursements de frais médicaux et indemnités journalières complémentaires à la Sécurité sociale.

Si l'employé refuse d'être immatriculé parce qu'il bénéficie déjà des prestations par son conjoint assuré social, lui rappeler qu'il ne bénéficie pas par lui d'une retraite personnelle S.S. ni complémentaire (IRCEM), d'indemnités journalières en cas de maladie ou d'accident, ni de pension personnelle d'invalidité et d'accident du travail. Mais refuser de l'embaucher, n'entraînerait risques et sanctions que pour l'employeur.

Si l'employé a déjà travaillé et a un numéro de S.S. : faire connaître sa nouvelle résidence au centre de paiement de son nouveau domicile, et relever son numéro de S.S. et la caisse dont il dépend.

Si l'on engage du personnel temporairement *à son lieu de résidence secondaire :* se faire immatriculer à l'U.R.S.S.A.F. dont dépend la résidence secondaire.

Sanctions *pour non-déclaration : pénales :* amende de 300 à 600 F par infraction constatée, infligée par le tribunal de police ; récidive, de 600 à 1 200 F ; *civiles :* remboursement par l'employeur à la S.S. des prestations servies par la caisse à l'assuré social.

• **Licenciement.** L'employeur doit envoyer une lettre recommandée avec accusé de réception. En période d'essai : une lettre constatant que l'essai n'a pas été concluant, pas de délai-congé ; si l'employé a — de 6 mois de présence : délai-congé conventionnel ou d'usage (région par. : 1 semaine) ; de 6 mois à 2 ans : préavis de 1 mois ; + de 2 ans : 2 mois [certaines annexes départementales prévoient un préavis même pour la période d'essai (48 h)].

Les h pour recherche d'emploi sont données aux employés à temps complet et leur nombre varie avec l'ancienneté du salarié : 2 h/j pendant 6 j ouvrables si l'employé a moins de 2 ans de présence, 2 h/j pendant 10 j ouvrables si l'employé a plus de 2 ans de présence. Certaines annexes départementales modifient la durée de ce temps.

Indemnité de licenciement : obligatoire après 2 ans de présence. Calculée sur la base de 1/10 par année, plus 1/15 après 10 ans. Certaines annexes départementales ont des conditions plus avantageuses, par ex. la région parisienne a maintenu l'avantage acquis des employés à temps complet : 1 mois de salaire brut après 4 ans d'ancienneté, plus 1 semaine par année d'ancienneté jusqu'à 8 ans. Lorsque l'application de la loi de mensualisation est plus avantageuse pour le salarié, c'est elle que l'on doit appliquer (très grande ancienneté, par exemple). Considérée comme dommages et intérêts, cette indemnité ne donne lieu à aucune retenue de S.S.

Indemnité compensatrice de congés payés. Période de référence du 1ᵉʳ juin au 31 mai de l'année suivante ; on calcule combien de temps l'employé a travaillé entre le 1ᵉʳ juin précédant le renvoi (ou la démission) et la date de départ ; sauf faute lourde, l'employé a droit à la partie de congé payé acquise pendant cette période. L'employeur peut être condamné à des dommages et intérêts pour rupture abusive du contrat si l'employé apporte la preuve de l'abus de l'employeur ou de la légèreté blâmable dans son licenciement. Seuls les prud'hommes sont habilités à statuer sur les litiges concernant le licenciement abusif.

• **Maladie.** *L'employé* doit envoyer à l'employeur (dans les 2 j ouvrables) un certificat d'arrêt de travail signé du médecin et prescrivant la durée probable de cet arrêt. *L'employeur* qui ne peut se passer d'une aide (vieillard, femme qui travaille ayant de jeunes enfants) demandera à l'employé de reprendre son travail. A la fin de l'arrêt de travail, l'employé doit reprendre son travail. S'il est hors d'état de le faire, il doit adresser avant sa date de reprise un nouveau certificat. **Pour être remboursé de ses dépenses de maladie,** l'employé doit avoir effectué au min. 200 h de travail dans les 3 mois précédant la date des soins, ou 120 h de travail au cours du mois précédant la date des soins. **Pour être pris en charge par la S.S. en cas d'arrêt de travail :** *pendant 6 mois :* il doit avoir effectué 200 h de travail dans les 3 mois précédant l'arrêt de maladie ; *au-delà de 6 mois,* justifier : d'une immatriculation à la S.S. de 12 mois au 1ᵉʳ j du mois précédant l'arrêt et d'au moins 800 heures dans les 12 mois précédant l'arrêt, dont 200 heures les 3 premiers mois. *Pour l'employé faisant + de 1 200 h dans l'année,* fournir l'attestation d'annalisation des droits, désormais obligatoire pour les empl. de maison.

Indemnité journalière : employé mensuel : 50 % du SMIC mensuel si les cotisations sont acquittées sur le forfait. Si les cotisations sont réglées sur le salaire réel, l'ind. est calculée comme pour les autres salariés. Pendant un arrêt de maternité, le contrat est suspendu, l'employé perçoit de la S.S. 90 % du gain journalier établi comme pour la maladie.

• **Remplacement.** L'employeur qui ne peut se passer d'une aide peut prendre une remplaçante sous contrat à durée déterminée.

• **Suspension du contrat** (rég. par.) : la Convention collective nationale prévoit que le contrat peut être suspendu : par le *rappel sous les drapeaux* ou l'accomplissement d'*une période militaire ; maladie* pendant 1 semaine dès le début de la période d'essai, 2 s. à la fin de cette période, 2 mois après 2 mois de présence ; *maternité ; accident de travail.* Si l'employé qui a dû être mis en demeure d'exécuter son préavis ne le peut du fait de maladie, il ne sera pas dû d'indemnité compensatrice de préavis. **Logement de fonction.** Accessoire du contrat de travail. Tant que le contrat n'est pas rompu, le logement ne peut être repris ; l'employeur peut y loger un remplaçant avec l'accord du salarié. Dans ce cas, l'employeur aura la garde des affaires personnelles de l'employé.

• **Période d'essai.** Varie selon les annexes, mais ne peut dépasser 1 mois.

• **Placement.** A.N.P.E. et bureaux de placement privés (contrôlés par le ministère du Travail, et la préfecture de police à Paris, ou la préfecture en province). *Tarifs* (homologués par la chambre syndicale des bureaux de placement autorisés de Paris et des dép., 163, rue Saint-Honoré, Paris 1ᵉʳ) à la charge de l'employeur : après 30 j de présence de l'employé, 1/6 du salaire du 1ᵉʳ mois, + T.V.A. 23 %. Si l'employé reste moins de 30 j, droit au prorata des j de présence de 2,50 F par j (+ T.V.A. 23 %).

• **Prestations en nature.** Déduites du salaire brut. *1-10-1986 :* repas 13,72 F, logement par mois 274,40 F (par accord paritaire).

• **Repos hebdomadaire et jour férié.** Seul le 1ᵉʳ mai doit être chômé et payé. Les conventions collectives fixent les autres repos. Dans la rég. par., l'employé a droit à un repos hebdomadaire de 24 h consécutives, en principe le dimanche (du samedi soir au lundi matin). Certaines annexes donnent 1 j supplémentaire, modifient ou suppriment les conditions d'ouverture au droit. Sinon le mode de repos hebd. doit être établi d'un commun accord et notifié dans le contrat individuel.

• **Retraite.** Service assuré par l'IRCEM (Institution de retraite complémentaire des employés de maison).

• **Taxe sur les salaires.** Due par l'employeur ayant plusieurs employés, sauf si le nombre d'ascendants de + de 65 ans, d'infirmes, d'enfants de — de 16 ans vivant au foyer est au moins de 4 et le nombre d'employés de 1 ou 2.

Aides au pair

• **Définition. Stagiaires-aides familiaux,** jeunes étranger(e)s célibataires venu(e)s pour leurs études qui, dans une famille française, font à temps partiel des travaux ménagers en contrepartie du logement et de la nourriture. Agés de 18 à 30 ans, ils doivent avoir un titre de séjour et une autorisation de travail, et justifier de la réalité de leurs études.

• **Formalités.** *Pour régulariser leur situation,* ils doivent présenter au service des Étrangers de la préfecture de police à Paris (si leur domicile est à Paris) le document sous couvert duquel ils sont entrés en France ; acquitter une taxe de visa de régularisation de 50 F (en sont dispensés ressortissants de la C.E.E., Marocains et Suisses). L'engagement pour accueil délivré par le directeur départemental du Travail (6 mois à 1 an, non prorogeable au-delà de 18 mois) tient lieu d'autorisation de travail. Pour ceux qui viennent pour un court séjour, visa du directeur dép. du Travail sur la demande d'autorisation de travail (lettre).

A l'expiration du visa, sur présentation de l'*engagement pour accueil* et de la justification de leurs études, on remet aux ressortissants de la C.E.E. une *autorisation provisoire de séjour* (aux autres une *carte de séjour temporaire* gratuite valable 1 an). En cas de scolarité mensuelle ou trimestrielle, carte de séjour temporaire gratuite valable 6 mois et renouvelable.

Le *séjour* au titre de « stagiaire-aide familial » ne peut excéder 18 mois. Au-delà, ils peuvent solliciter leur transformation en *étudiant* ou en *travailleur salarié permanent* (ressortissants de la C.E.E.). Quand le stagiaire a reçu son titre de séjour, il doit déclarer ses changements de domicile au commissariat de police du nouveau domicile.

L'employeur doit, s'il loge le stagiaire (ou aide), le déclarer au commissariat de police de son domicile (ainsi d'ailleurs que pour tout autre étranger qu'il hébergerait à un titre quelconque).

• **Assurances sociales.** Obligatoires. La famille d'accueil verse une cotisation égale au tiers de celle fixée pour les personnes employées dans les services domestiques. *Pour les stagiaires,* l'Accueil familial des jeunes étrangers prend à sa charge une assurance maladie-accident complémentaire.

• **Normes habituelles. Argent de poche.** *Au pair :* aucune somme donnée. *Stagiaire :* de 500 à 700 F au minimum par mois, sans transports dans Paris. En banlieue, transports payés en sus, de la résidence à Paris.

Congés : journée complète hebdomadaire (dont 1 dimanche obligatoire par mois). En cas d'empêchement fortuit, accord pour 2 demi-journées dans la semaine. **Contrat** signé entre la famille et le stagiaire, après un essai de 8 j. Permet d'obtenir le permis de séjour. **Logement** *au pair* ou *stagiaire :* dans l'appartement, ou dans une chambre confortable indépendante. **Travail** *au pair :* doit en général de 2 à 3 h par jour, selon repas offerts et logement [en appartement ou à l'extérieur (en général, chambre dans l'appartement : 2 h par j ; à l'étage du personnel, ch. chauffée 1 h 1/2 ; petit déjeuner 1/2 h)]. *Stagiaires :* 5 h de travail légal par j moyennant repas, logement et argent de poche. Dans les 2 cas, aucun gros travail ménager. Le temps légal peut comprendre 2 à 3 soirs par semaine pour une garde d'enfants, mais pas plus tard que minuit si la chambre est indépendante.

• **Quelques adresses (Paris).** *Alliance française,* 101, boulevard Raspail, 75006. *Centre Richelieu* « Service d'Entraide », 8, place de la Sorbonne, 75005. *Bureau des élèves de l'Institut d'études politiques,* 27, rue St-Guillaume, 75007. *C.R.O.U.S.,* 39, av. de l'Observatoire, 75005. *Fédération nationale des Associations du bureau des élèves des grandes écoles,* 18, rue Dauphine, 75006. *La Grande Sœur,* 18, rue d'Armenonville, 92 Neuilly. *Institut catholique,* 21, rue d'Assas, 75006. *Kid-Service,* 17, rue Molière, 75001. *Nurses Service,* 33, rue Fortuny. *Opération Biberon S.O.S. Étudiant médecin,* 26, rue du Fbg-St-Jacques, 75005.

Baby-sitting

Définition. Étudiant(e)s venant contre rémunération surveiller à domicile les enfants quand les parents s'absentent.

Réglementation. Doivent être légalement immatriculés à la Séc. soc., comme les employés de maison : les cotisations doivent être calculées dans les mêmes conditions s'ils sont au service de particuliers qui les rémunèrent directement. S'ils sont rémunérés par un groupement ou une association, les cotisations sont calculées dans les conditions générales. Le *risque d'accident* peut paraître inexistant mais il faut noter les risques d'accidents de trajet. La responsabilité de l'étudiant peut être lourde ; plusieurs associations s'occupant du placement des étudiants chez des particuliers souscrivent des assurances de « responsabilité civile » pour les étudiants. Sinon l'étudiant sera bien avisé de souscrire lui-même pour son compte une assurance de responsabilité civile précisant la garantie des risques découlant de son activité.

Travailleuses familiales

Rôle. Accomplit temporairement à domicile les activités ménagères et familiales au foyer des mères de famille ne pouvant assumer leur rôle (ex. : mère hospitalisée ou alitée pour maladie ou maternité), intervient auprès des personnes isolées, âgées, infirmes ou invalides.

Recrutement. Sur le plan local par les associations agréées. Il faut avoir 19 ans, le niveau BEPC et obtenir le certificat de travailleuse familiale. *Formation :* 8 mois (par cours théoriques et stages pratiques). La stagiaire reçoit une bourse lui assurant le statut de salariée sur la base du SMIC et souscrit en contrepartie un engagement de travail avec obligation d'accomplir au moins 6 000 h dans les 5 ans suivant le début de la préparation au certificat.

Rémunération. Réglée par une convention collective comme les *conditions de travail* (semaine de 39 h). Les familles contribuent selon leurs ressources, d'après un barème établi avec les caisses d'A.F. ou d'ass. maladie dont elles relèvent.

Associations agréées. *Féd. nat. des associations d'aide aux mères de famille,* 12, r. Chomel, Paris 7e. *Union nat. des ass. d'aides fam. rurales,* 27, rue de La Rochefoucauld, Paris 9e. *Féd. nat. des ass. populaires de l'aide fam.,* 1, r. de Maubeuge, Paris 9e. *Féd. nat. des ass. d'aides fam. populaires,* 54, bd Garibaldi, Paris 15e. *Féd. nat. des associations, Service des familles,* 5, rue Morère, Paris 14e. *Union nat. des ass. générales pour l'aide fam.,* 28, pl. St-Georges, Paris 9e.

Étudiants

Étudiants et impôts

Si l'enfant majeur a – de 25 ans, son père peut toujours le considérer comme à sa charge à la condition de faire figurer sur sa déclaration personnelle la rémunération en espèces reçue par son enfant, augmentée de la valeur de la nourriture. Il fait abstraction des avantages constitués par logement et habillement.

Étudiants se livrant accidentellement à un travail rémunéré. Ils sont imposables. Si l'étudiant est compté à charge par son père, celui-ci doit faire figurer les rémunérations en question sur sa déclaration. Pour les étudiants au pair dans des colonies de vacances ou au sein d'une famille (sans rémunération en espèces ni allocation représentative de frais), la valeur des avantages en nature ne compte pas.

Étudiants et élèves des écoles techniques effectuant des stages dans des entreprises industrielles ou commerciales. Pas imposables si les stages font partie intégrante du programme de l'école ou des études, s'ils présentent un caractère obligatoire, et si leur durée n'excède pas 3 mois.

Bourses d'études. *Pour poursuivre leurs études personnelles :* en général, peuvent être regardées comme de simples secours n'ayant pas le caractère de revenu imposable. *Pour des travaux de recherches :* rémunérations imposables.

Élèves des grandes écoles (Saint-Cyr, Polytechnique, etc.). Solde, traitement et avantages en nature sont imposables.

Étudiants et allocations familiales

Travail rémunéré. L'activité rémunérée de l'étudiant fait perdre à ses parents le bénéfice des A.F. sauf, s'il a 20 ans au max. et poursuit ses études, dans certains cas ; ex. : leçons et répétitions particulières et autres travaux d'enseignement ; emplois à temps partiel ; activités ayant un caractère de formation ; emplois offerts par l'intermédiaire des organismes universitaires (O.N.I.S.E.P.) et des associations d'étudiants, présentant certaines garanties (en période de vacances, la tolérance est plus large : notamment pour travaux agricoles, colonies de vacances, activités ayant un caractère culturel ou touristique, ex. : guide ou accompagnateur).

La rémunération procurée ne doit pas dépasser les 55 % du S.M.I.C. par mois (somme calculée en faisant une moyenne sur 6 mois).

Pour les – de 16 ans (âge de fin de la scolarité) et pour les – de 18 a., l'activité salariée n'est admise que pendant le trimestre d'été et la rémunération ne doit pas dépasser 3 fois le salaire mensuel de référence servant de base au calcul des prestations familiales.

Bourses d'études. Cumul généralement accepté pour un emploi à temps partiel lié à l'enseignement (maîtres auxiliaires, d'internat, etc.) à concurrence d'une fois et demie le taux maximal des bourses.

Étudiants et Sécurité sociale

• **Étudiant non salarié. Assurance obligatoire. Conditions.** Être âgé de – de 26 ans au 1er oct. de l'année universitaire (prolongation possible : service militaire, interruption des études par suite de maladie, préparation de certains diplômes...) ; être élève d'un établissement d'enseignement sup., d'une école technique sup., d'une grande école ou d'une classe préparatoire à ces écoles : être Français ou ressortissant d'un pays étranger ayant passé une convention de Séc. soc. avec la France, ou réfugié bénéficiaire de la convention de Genève du 28-7-51. L'ét. doit être immatriculé auprès de la caisse primaire dont dépend son établissement, par l'intermédiaire de celui-ci, dans les 8 j de son inscription.

Immatriculation. Faite durant le 1er trimestre de scolarité, elle rétroagit au 1er oct. (pour les élèves des classes sup. des lycées et collèges, au j de l'ouverture de l'établ. donc éventuellement avant le 1er oct.). Elle ouvre droit aux prestations pour l'année universitaire jusqu'au 30 sept. (pour ceux qui subissent leurs examens aux sessions d'oct. et nov. : jusqu'à la publication des résultats).

Cotisation forfaitaire. 450 F pour l'année scolaire 1985-86 (les étudiants recevant une aide pécuniaire de l'État sont exonérés).

Prestations. Assurées par des mutuelles d'étudiants moyennant une cotisation supplémentaire pour les risques d'accidents survenant du fait et à l'occasion de la scolarité, et la responsabilité civile. Pas de délai minimal d'immatriculation pour avoir droit au remboursement des soins, sauf pour l'assurance maternité (10 mois d'im. à la date de l'accouchement).

• **Étudiant assuré volontaire.** Ex. : étudiant de + de 26 ans au 1er oct. de la nouvelle année scolaire et n'ayant pas de prolongation de la limite d'âge. Élève des classes terminales des lycées et collèges ayant + de 20 ans et ne bénéficiant plus de la S.S. des parents.

• **Étudiant ayant un salaire.** Il doit être déclaré à la S.S. par l'employeur. A droit aux prestations du régime s'il satisfait aux conditions d'ouverture des droits (120 h de travail ou assimilées dans le mois précédant la date des soins ou de l'arrêt de travail, ou 200 h dans le trimestre, 1 j d'inscription à la S.S. étudiante, 6 h de travail salarié). Ceux qui n'étaient pas inscrits avant à la S.S. étudiante bénéficient des dispositions en faveur des assurés nouvellement immatriculés et âgés de – de 25 ans [pour les prestations en nature, remboursement des soins : 60 h de travail salarié ou assimilé à la date des soins ; prestations en espèces, indemnités journalières : le minimum de 200 h d'emploi se calcule en tenant compte du temps de travail effectué par l'assuré dont l'étudiant était ayant droit (parents, conjoint assuré social)].

Étudiant qui était déjà à la S.S. étudiante. Bénéficie sans délai des prestations en nature de l'assurance-maladie, étant couvert soit par le régime étudiant, soit par le régime salarié ; pour les prestations en espèces, le délai minimal de 200 h s'applique mais chaque journée d'inscription à la S.S. étudiante est considérée comme équivalent à 6 h de travail salarié pour l'ouverture des droits aux prestations (interprétation variable suivant les caisses : se renseigner). Si l'activité salariée de l'étudiant apparaît définitive, la section locale déclenche éventuellement le transfert du dossier au bénéfice du centre de Séc. soc. du domicile de l'étudiant salarié.

En cas d'accident du travail, l'étudiant salarié bénéficie des prestations en espèces comme les autres salariés (si l'accident a eu lieu à l'occasion d'un emploi temporaire pendant les vacances d'été et si l'incapacité totale de travailler se poursuit après la rentrée scolaire, il continue à en bénéficier).

• **Stagiaire bénéficiant d'une formation professionnelle,** *d'avantages en nature et, éventuellement, d'une gratification accordée à titre bénévole et non pas contractuelle :* il y a cotisation patronale sur ces différents éléments, mais pas de cotisation ouvrière. Se renseigner.

• **Étudiant au pair :** il faut le déclarer à la S.S., afin de le faire bénéficier des prestations accidents (le régime « étudiant » ne comporte que des prestations maladie). S'il n'est pas déclaré correctement, la S.S. pourra aller jusqu'à réclamer à l'employeur les prestations maladie versées pour un accident du travail. D'autre part, l'étudiant au pair étant un « préposé », le chef de famille employeur sera présumé responsable de tous dommages causés par l'étudiant aux tiers.

• **Étudiant donnant des répétitions :** l'inscription à la Sécurité sociale est aussi nécessaire.

Fardeaux (limites)

Charges [1] (en kg)	*J. gens* 14/16	16/18	*J. filles et femmes* 14/16	16/18	18 et +
Porté	15	20	8	10	25
brouette	40	40	0	0	40
3 ou 4 roues	60	60	35	35	60
2 roues	130	130	0	0	30
Tricycle à p.	50	75	0	0	0

Nota. – (1) Véhicule compris.

Hommes de plus de 18 ans : 105 kg max. (charges exceptionnelles), 55 kg (charges habituelles), plus si le travailleur a été reconnu apte par le médecin du travail.

Femmes

• **Femmes enceintes. Congé de maternité** (assimilé à une période de travail effective), DURÉE : pour le *1er ou 2e enfant :* 6 semaines avant la date prévue pour l'accouchement et 10 après. *Pour le 3e et + :* 8 sem. avant, 18 après (on peut majorer de 2 sem. le congé prénatal sous réserve de réduire de 2 sem. la durée du congé postnatal). Le congé de maternité peut être prolongé de 2 semaines en cas de naissances multiples ; de 2 sem. à partir du 6e mois de grossesse et avant le début du congé ; de 4 sem. après la fin du congé si un certificat médical en atteste la nécessité. **Congé sans solde pour allaiter :** 1 h par j pendant un an à compter de la naissance. Le salaire peut être maintenu par la convention collective. **Congé pour élever son enfant :**

congé parental d'éducation pour la salariée ayant plus d'un an d'ancienneté. De droit dans les entreprises de 100 salariés ou plus. Possibilité de travailler à mi-temps dans les mêmes conditions (loi du 4-1-1984).

Démission : dès qu'elle est en état de grossesse, une femme peut donner sa démission sans effectuer de préavis. A la suite de son congé de maternité, elle peut rompre son contrat de travail sans préavis à condition d'en avertir son employeur au moins 15 j avant la fin du congé de maternité par lettre recommandée avec accusé de réception, et disposer ensuite d'une *priorité de réembauchage* pendant un certain temps.

Embauche. Lors de son embauchage, une femme n'est pas tenue d'avertir son futur employeur qu'elle est enceinte, et elle est fondée à ne pas répondre aux questions de celui-ci concernant son éventuel état de grossesse.

Indemnité journalière : 90 % du salaire brut plafonné pendant congé de maternité et évent. pendant les 2 sem. supplémentaires accordées sur certificat médical ; les 4 semaines supplémentaires accordées sur certificat médical : 50 %. Si le salaire est supérieur au plafond, un complément de salaire peut être versé par l'employeur.

Licenciement : une femme ne peut être licenciée pendant une grossesse, un congé de maternité et les 4 semaines qui suivent, sauf faute grave non liée à la grossesse ou impossibilité de maintenir le contrat. Quel que soit le motif, elle ne peut être licenciée pendant le congé de maternité.

Mutation : sur présentation d'un certificat médical, la salariée peut obtenir un changement d'affectation temporaire et conserver son salaire si elle a au moins 1 an d'ancienneté avec l'accord du médecin du travail. L'employeur peut proposer un changement d'affectation. Dans ce cas, le salaire doit être maintenu.

• **Rémunération.** En principe égale à celle des hommes pour un travail égal ou de valeur égale (loi Roudy du 13-7-1983). Voir salaires.

• **Repos de nuit.** Au minimum : 11 h consécutives. **Hebdomadaire.** Min. 24 h et en principe le dimanche sauf exceptions. **Fêtes légales.** Trav. interdit (sauf activités commerciales et domestiques), même pour rangement d'atelier, dans usines, manufactures, chantiers, etc. (exception pour les femmes majeures, dans les usines à feu continu).

• **Travail. Durée hebdomadaire pour 39 h max.** *+ de 18 ans :* 48 h au cours d'une même semaine ou 46 h en moyenne au cours d'une période quelconque de 12 semaines consécutives ; *— de 18 ans :* 39 h ; **journalière max.** *+ de 18 ans :* 10 h coupées par 1 h de repos min. ; *— de 18 ans :* 8 h avec un max. de 4 h 30 consécutives. *Dérogations à la durée max.* (journalière et hebdomadaire) possibles sous certaines conditions.

Travail de nuit. Interdit, sauf dérogations, entre 22 h et 5 h pour les femmes. L'ordonnance du 16-1-1982 prévoit qu'une convention ou un accord collectif étendu pourra déterminer une autre période de 7 h consécut. entre 22 h et 7 h (par ex. de 23 h à 6 h).

Nota. — Magasins de vente et locaux de travail doivent être munis de sièges.

Fêtes légales

Liste des jours fériés légaux en France. *Dimanches* (Loi 18 germinal an X, art. 57) ; *Ascension, Assomption, Toussaint, Noël* (Arrêté 29 germinal an X) ; *1er janvier* (avis Conseil d'État, 23-3-1810) ; *14 juillet* (L. 6-7-1880) ; *lundi de Pâques* et *lundi de Pentecôte* (L. 8-3-1886) ; *11 novembre* (anniversaire de l'armistice de 1918) (L. 24-10-1922) ; *1er mai* (fête du travail) (L. 30-4-1947, modif. par L. 29-4-1948) ; *8 mai* (jour anniversaire de la victoire de 1945 (L. 2-10-1981). *Pour les mineurs*, la Sainte-Barbe (4 déc.) est chômée et fériée. En *Alsace-Lorraine*, le Vendredi saint est reconnu comme un jour férié dans les localités où existe un temple protestant ou une église mixte.

• **Repos obligatoire.** *En dehors des conventions, le 1er mai est le seul j férié pour lequel le repos est légalement obligatoire.* Les autres j fériés, le repos n'est obligatoire *que pour les femmes et les jeunes* (— de 18 ans) *ouvriers* apprentis des établissements industriels (la loi ne s'oppose pas à ce que ceux-ci travaillent un j férié dans les usines à feu continu).

• **Paiement.** *Le 1er mai :* payé à tout le monde, mais s'il tombe un dimanche, il n'y a pas d'indemnisation. *Pour les autres j fériés : pour le personnel payé au mois* (arrêté du 31-5-1946) : salaire habituel, sauf réduction éventuelle correspondant aux h supplémentaires qui auraient été normalement effectuées le jour chômé. *Salariés récemment mensualisés* (loi du 19-1-1978) : paiement de l'intégralité du salaire (y compris les h supplémentaires éventuelles qui auraient été accomplies le j chômé) si le salarié a 3 mois d'ancienneté dans l'entreprise et 200 h de travail accomplies au cours des 2 mois précédant le j férié ; s'il s'est présenté le dernier j de travail précédant le j férié et le 1er jour de travail qui lui fait suite, sauf autorisation d'absence préalablement accordée. Sont exclus du champ d'application de la loi du 19-1-1978 : salariés : agricoles, des entreprises publiques bénéficiant d'un statut législatif ou réglementaire ; travailleurs : à domicile, temporaires, saisonniers, intermittents. *Personnel payé à l'heure ;* pas de rémunération pour les h chômées ; les h de travail accomplies le j férié sont payées au tarif normal.

• **Récupération.** Interdite depuis l'ordonnance du 16-1-1982.

« Ponts ». Il n'y a aucune obligation d'accorder le j de pont. Il faut un accord entre employeur et personnel.

L'employeur doit demander l'avis du comité d'entreprise, afficher le nouvel horaire et notifier à l'inspecteur du travail. La récupération (qui s'impose aux salariés) ne peut avoir lieu, en principe, avant le j du « pont ». Seules les h perdues en dessous de 39 h sont récupérables ; elles sont rémunérées au taux normal sans majoration.

Formation professionnelle continue

• **Définition** (Livre IX du Code du travail. Loi du 16-7-1971 modifiée par la loi du 24-2-1984). Fait partie de l'éducation permanente. Permet l'adaptation des travailleurs au changement des techniques et des conditions de travail, favorise leur promotion sociale par l'accès aux différents niveaux de la culture et de la qualification professionnelle et leur contribution au dév. culturel, économique et social. Assurée par État, collectivités locales, établ. publics, d'enseign. public et privé, associations, organisations profess., syndicales et familiales, entreprises.

• **Types d'actions.** Préformation et prépar. à la vie professionnelle ; l'adaptation ; promotion ; prévention ; conversion ; acquisition ; entretien ou perfectionnement des connaissances.

• **Publics bénéficiaires.** Salariés d'entreprises, agents de l'État (réglementation spéciale), demandeurs d'emploi. (Pour les mesures spéciales en faveur de l'insertion professionnelle des jeunes de 16 à 25 ans. Voir encadré ci-dessous.)

> **Congé individuel de formation** (CIF). *Créé par l'accord nat. interprofessionnel de 1970, les lois de 1971, du 17-7-1978 et du 24-2-1984. Tout salarié peut demander un CIF quelle que soit la taille de l'entreprise et sa structure, indépendamment des stages décidés dans le cadre du plan de formation de l'entreprise. Durée max. :* 1 an (temps plein), 1 200 h (temps partiel). *Conditions :* min. 24 mois d'ancienneté dans la branche prof., dont 6 mois dans l'entreprise, consécutifs ou non. *Délai de franchise entre 2 stages :* de 6 mois à 6 ans en fonction de la durée du 1er stage. *Demande* à faire par écrit 60 j avant le début du stage pour un stage de 6 mois ou + ; sinon 30 j avant. L'employeur doit répondre au max. dans les 10 j ; il peut reporter (d'un max. 1 an) la demande pour raisons de service s'il estime l'absence préjudiciable à la production et à la marche de l'entreprise (si désaccord, l'inspecteur du travail arbitre), par ex. en cas d'absences simultanées d'effectifs. **Financement :** assuré par les organismes paritaires agréés par l'État pour collecter le 0,10 % de la masse salariale brute que les entreprises de + de 10 salariés doivent verser au titre du financement du congé individuel de formation (loi du 24-2-1984). Peuvent être pris en charge par ces organismes paritaires : la rémunération du salarié pendant son temps de formation (dans la limite d'un an ou 1 200 h) ainsi que les frais de formation.

• **Participation des employeurs au financement.** *Assujettis :* tout employeur occupant au min. 10 salariés, à la seule exception de l'État, des collectivités locales et de leurs établissements publics à caractère administratif. *Montant :* 1,1 % des salaires bruts payés au cours de l'année (1984 : 2,15 % de la masse salariale). *Modalités de versement :* financement d'actions de formation au profit de son personnel et/ou versement à des organismes de mutualisation des fonds (F.A.F., F.O.N.G.E.C.I.F.). *Modes exonératoires de cette obligation :* financement d'actions de formation à l'intérieur de l'entreprise ; à l'extérieur par voie de conventions de formation. *Versement libératoire :* à des F.A.F. (Fonds d'assurance formation) organisés au sein des professions ; à des organismes agréés au titre du congé individuel de formation (maximum 0,10 %, voir encadré ci-dessous) ; à des organismes agréés pour leur programme de recherche (maximum 10 % du montant de la participation obligatoire) ; à des organismes collecteurs de mutualisation agréés pour le financement des formations alternées pour les jeunes (0,10 % additionnel à la taxe d'apprentissage et 0,20 % complémentaire à la participation au financement de la formation professionnelle continue) ; à des jeunes sans emploi ou des demandeurs d'emploi.

☞ Voir enseignement p. 1163.

• **Rémunération des stagiaires.** *Stagiaires salariés :* dans le cadre du plan de formation de l'entreprise : maintien du salaire habituel ; dans le cadre du congé individuel de formation : montant décidé par organisme paritaire (100 % ou 80 % du salaire habituel).

Stagiaires demandeurs d'emploi : sommes fixées par décret.

☞ **Renseignements. Centre Inffo.** [ouvert uniquement aux entreprises (établissements publics, associations diverses...)]. Tour Europe Cedex 07, 92080 Paris-La Défense.

Handicapés

• **Législation.** Depuis 1957, les handicapés bénéficient d'une priorité à l'embauche et les employeurs de + de 10 salariés sont tenus de compter 10 % de personnel handicapé, rémunéré légalement 20 % au-dessous du salaire normal (sinon, ils doivent payer à la Séc. soc. une redevance égale à 3 fois le SMIC par j et par handicapé manquant).

• **Statistiques.** Sur 1 200 000 handicapés de 15 à 60 ans, 560 000 exercent une profession, dont 50 000 en milieu protégé. 30 % de ceux considérés comme aptes au travail ne trouvent pas d'emploi.

Inspection du travail

• **Rôle.** *Créée* en 1874 pour contrôler l'application des règles relatives aux conditions de travail dans les entreprises. *Attributions actuelles :* ensemble du droit du travail (relations individuelles et collectives du travail, législation sur l'emploi et la formation professionnelle, conditions de travail). *Corps de l'inspection du travail* réorganisé en 1975, désormais corps interministériel (travail, transports, agriculture). *Services extérieurs du travail et de l'emploi* relèvent du ministère chargé du Travail, organisés en 23 directions régionales, 101 dir. départementales et 440 sections d'inspection du tr. Personnel : membres du corps de l'insp. du tr. (directeurs et inspecteurs), contrôleurs du tr., agents d'exécution, spécialistes divers (médecins inspecteurs, ingénieurs de prévention, économistes, statisticiens).

• **Statistiques (1-1-1986).** *Agents* des services du Travail et de l'Emploi 9 155 dont : de niveau A 1 123 (826 directeurs et inspecteurs, 26 attachés de statistiques, 50 médecins-inspecteurs, 23 ingénieurs de sécurité, 30 économistes, 44 chargés de mission et 92 chargés d'étude ou divers) ; 2 683 de niveau B (2 439 chefs de centre, chefs de sections, contrôleurs) ; 5 439 de niveau C et D. *Visites de l'inspection (1984) :* 178 960 visites complètes d'établissements et 167 170 contre-visites (4 154 695 salariés), 807 607 infractions constatées dont 790 060 ont donné lieu à un conseil ou une observation, 19 344 à une mise en demeure et 19 203 à un procès-verbal. L'inspection est intervenue dans 2 537 conflits collectifs localisés et a présidé 772 commissions paritaires ou mixtes.

Jeunes

• **Age minimum pour travailler.** Celui où cesse l'obligation scolaire (en principe 16 ans ; exceptions : apprentissage, professions ambulantes, enfants employés occasionnellement pour les spectacles ou travaillant sous l'autorité du père, de la mère ou du tuteur. Travail pendant les vacances, à partir de 12 ans et pour une période ne dépassant pas la moitié des vacances. On considère comme « enfants » les adolescents jusqu'à 18 ans.

Les plus de 14 ans peuvent effectuer, dans les secteurs indust. et commercial, des travaux légers pendant leurs vacances scolaires si on leur laisse un repos effectif au moins égal à la moitié de chaque période de congé. L'autorisation de l'inspecteur du travail est nécessaire. Dans le secteur agricole, l'âge est abaissé à 12 ans si l'enfant travaille sous la surveillance d'un parent ou du tuteur ; on doit lui laisser un repos d'un mois au minimum en été et faire une déclaration à l'inspecteur des lois sociales en agriculture.

● **Capacité dans l'entreprise.** Adhésion à un syndicat possible à partir de 16 ans (sauf opposition du père, de la mère ou du tuteur). Électeurs (comité d'entreprise, délégués du personnel) à partir de 16 ans (et 6 mois d'ancienneté), éligibles à partir de 18 ans. Le mineur peut saisir l'inspection du travail mais seul son représentant légal peut agir devant les prud'hommes.

● **Congés :** les — de 22 ans ont droit, sur leur demande, à 24 j quelle que soit la durée de leur travail effectif pendant la période de référence précédente.

● **Durée du travail. 1841**-*22-3* loi interdisant de faire travailler des enfants de — de 8 ans ; durée 8 h de 8 à 11 ans ; 12 h de 12 à 16 ; travail de nuit et du dimanche interdits. **1874**-*19-3* âge min. : 12 ans ; durée max. : 12 h ; exception : de 10 à 12 ans les enfants peuvent travailler 6 h. **Actuellement :** 39 h, dérogation exceptionnelle 45 h max. par semaine.

● **Étudiants.** Voir p. 1586.

● **Fardeaux.** Voir p. 1586.

● **Fêtes légales.** Trav. interdit, même pour rangement d'atelier, dans usines, manufactures, chantiers, etc. (exception, avec jour de repos compensateur, dans usines à feu continu).

● **Repos de nuit.** 12 h au minimum, travail de nuit interdit, sauf dérogation entre 22 h et 6 h.

● **Salaire.** S'il n'y a pas de contrat d'apprentissage écrit, le jeune ne peut percevoir moins que le min. gar. Salaire minimum égal au SMIC (abattement de 20 % avant 17 ans, de 10 % entre 17 et 18 ans). Ceux qui travaillent au rendement ou aux pièces ne doivent pas subir ces abattements.

● **Stages de formation.** Jeunes de 16 à 18 ans, sortant de l'école sans formation professionnelle. *St. de formation alternée, de « qualification » :* formation générale et théorique par un organisme de form., + form. pratique en milieu de travail, durée de 6 mois à 2 ans (dont 30 % en entreprise), indemnité forfaitaire de 580 F pendant 6 mois et 798 F au-delà (+ indemnités de transport et d'hébergement). *St. de formation alternée d'insertion :* réservés aux jeunes rencontrant des difficultés d'insertion professionnelle et sociale (échec scolaire, difficultés personnelles) ; durée max. 10 mois (dont 50 % en entreprise), indemnité forfaitaire (idem, voir ci-dessus). *St. d'orientation collective approfondie :* destinés à aider les jeunes à choisir une profession, durée de 4 à 6 semaines (dont 50 % au plus en entreprise), indemnité forfaitaire 535 F par mois.

● **Travaux dangereux ou immoraux :** interdits aux mineurs.

Libertés dans l'entreprise

(Loi du 4-8-1982).

Règlement intérieur. Obligatoire dans toute entreprise à partir de 20 salariés. Il doit être soumis pour avis au comité d'entreprise (ou à défaut aux délégués du personnel) et au C.H.S.C.T. puis à l'inspecteur du travail. Il ne peut contenir des dispositions contraires aux libertés individuelles (alcootest, ouverture du courrier personnel, etc.). En matière de droit disciplinaire, constitue une sanction toute mesure autre qu'une observation verbale. Elle doit être motivée par écrit et signifiée oralement par l'employeur au salarié qui peut se faire assister d'une personne de son choix. **Droit d'expression des salariés.** Introduit par la loi Auroux. *Entreprise de — de 200 salariés :* l'employeur doit consulter le comité d'entreprise, ou les organisations syndicales, ou les délégués du personnel sur ses modalités d'exercice. Au bout de 2 ans, il doit, avec leur avis, rédiger l'analyse des résultats obtenus et la communiquer au ministère du Travail. *Entreprise de + de 200 salariés :* l'employeur doit négocier ses modalités d'exercice avec les organisations syndicales représentatives.

Licenciement

En France

● **Formalités. Le patron qui veut licencier un salarié doit :** 1) le convoquer par lettre recommandée [1] comportant ses motifs (nécessité pour l'entreprise ou faute du salarié) pour conciliation ; 2) lui envoyer une lettre rec. [1] 24 h au moins après la conciliation notifiant la décision ; 3) respecter le délai de préavis et les garanties imposées éventuellement par la convention coll. ; 4) demander l'autorisation du service de main-d'œuvre ; 5) aviser le comité d'entreprise (cas de licenciements collectifs) ; 6) demander les autorisations préalables (élu, ancien élu, candidat) ; 7) remettre un certificat de travail contenant exclusivement la date d'entrée, de la sortie et la nature de l'emploi ou, le cas échéant, des emplois successivement occupés, ainsi que les périodes pendant lesquelles ces emplois ont été tenus. Si le salarié réclame des dommages intérêts pour retard dans la remise de cette pièce, il doit justifier qu'il l'a réclamée et qu'il s'est heurté au refus ou à l'inertie de son employeur. L'employeur peut ajouter des mentions élogieuses mais ne peut indiquer aucun renseignement susceptible de nuire au salarié ; 8) payer salaires dus et indemnités de rupture : congés payés, préavis (en cas de brusque rupture), éventuellement indemnité légale de licenciement (ou conventionnelle) ; 9) s'il fait signer un *reçu pour solde de tout compte,* le remettre avec la mention du délai de 2 mois pour dénonciation (le reçu peut être dénoncé dans les 2 mois de la signature par lettre rec. dûment motivée) ; après ce délai, la forclusion ne peut être opposée à l'employé que si la mention « pour solde de tout compte » est écrite de sa main et suivie de sa signature, et si le reçu mentionne le délai de forclusion de 2 mois et sa rédaction en double exemplaire dont 1 remis à l'employé ; 10) dans les 10 j de son départ, le salarié peut demander (par lettre rec. avec accusé de réception) les causes « réelles et sérieuses » de son licenciement ; l'employeur doit répondre dans le même délai et dans les mêmes formes.

Nota. — (1) Si l'employé refuse sa lettre ou ne va pas la chercher à la poste, le délai-congé part cependant de la date de la 1re présentation de la lettre à son domicile.

● **Droit du salarié.** Droit au préavis et éventuellement à l'indemnité légale ou conventionnelle de licenciement. S'il a commis une **faute grave** (négligence entraînant des conséquences graves : vols, coups, blessures et rixes au cours du travail, refus d'obéissance non justifié, absence non autorisée sans justification, retards répétés) celle-ci lui fait perdre le droit au préavis et à l'indemnité, mais lui-même ne doit aucune indemnité de préavis à son employeur. S'il a commis une **faute lourde**, il perd en outre le droit à l'indemnité aux congés payés.

En revanche, le préavis reste dû s'il y a faute prof. involontaire d'un bon ouvrier, attitude incorrecte occasionnelle ou à la suite de reproches injustifiés, témoignage en justice contre l'employeur, refus d'exécuter un travail autre que le sien, pointage du carton d'un autre salarié, envoi tardif d'un certificat médical à l'employeur déjà prévenu de la maladie du salarié. *Le salarié qui s'estime lésé* peut saisir le conseil des prud'hommes.

● **Indemnité légale.** Due à partir de 2 ans d'ancienneté : ne peut être inférieure à une somme calculée sur la base : soit de 20 h de salaire (personnel horaire), soit de 1/10 du mois (personnel mensuel) par année de service dans l'entreprise (calculé sur le salaire moyen des 3 derniers mois). **L'indemnité prévue par convention collective** est due si elle est supérieure à l'ind. légale (sinon c'est l'ind. légale).

● **Préavis.** *A partir de 6 mois d'ancienneté :* 1 mois au min. *Après 2 ans :* 2 mois ou 1 accompagné d'une indemnité égale à l'indemnité légale de licenciement, au choix de l'employeur. *Cadre :* souvent 3 mois (d'après les conventions). *Au-dessous de 6 mois :* cela dépend des usages ou des conventions (en gén. 1 mois pour les mensuels, 1 semaine pour les autres). **Pendant le préavis,** le salarié peut s'absenter tous les j pour chercher un nouvel emploi tant qu'il n'en a pas trouvé (en gén. 2 h par j, rémunérées suivant usages ou conventions). Le droit de s'absenter est également valable en cas de démission du salarié (il cesse dès que celui-ci a trouvé un emploi). **Licenciement. Sans préavis :** a droit à une indemnité de brusque rupture égale au salaire qui aurait été gagné pendant la durée du préavis y compris les h suppl.

● **Licenciement abusif.** En cas de litige, le juge apprécie la régularité de la procédure et la valeur des motifs invoqués par l'employeur. *Si seules les formalités de licenciement n'ont pas été respectées :* l'employeur se voit imposer le respect de cette procédure, et une indemnité (au max. 1 mois de salaire) est versée au salarié. *Si le motif du licenciement n'est « ni réel ni sérieux »,* le tribunal peut prononcer la réintégration du salarié, ou à défaut, fixer une indemnité (min. : égale aux 6 derniers mois de salaire si le salarié a + de 2 ans d'ancienneté dans une entreprise de + de 10 salariés), ou ordonner le remboursement aux Assedic des allocations de chômage.

● **Pour motifs économiques. Définition.** Tout licenciement, même individuel, lorsque dans un même mois sont intervenus les licenciements, pour cause économique, de 10 salariés au moins. *Loi du 3-1-1975 :* concerne entreprises industrielles, commerciales et agricoles, offices publics et ministériels, professions libérales, Stés civiles, syndicats professionnels et toutes associations ; dispositions spéciales à venir pour entreprises publiques, Stés nationales et certains organismes publics. Ne concerne pas les employeurs de personnel de maison. Autorisation nécessaire de l'autorité administrative (directeur dép. ou inspecteur du travail). **Procédure.** 1) *Phase d'information et de consultation des représentants du personnel :* dans les entreprises comptant moins de 50 salariés, consultation obligatoire des délégués du personnel ; dans celles de plus de 50 salariés, consultation obligatoire des comités d'entreprise. L'employeur doit fournir, par écrit, aux représentants du personnel tous renseignements touchant aux causes des licenciements (techniques, économiques, financiers), au nombre, à la répartition par catégorie professionnelle, au calendrier prévisionnel des licenciements et indiquer les mesures envisagées pour favoriser le reclassement des travailleurs. 2) *Phase administrative :* l'employeur transmet une demande d'autorisation préalable au directeur du Travail et de la Main-d'œuvre, qui a 30 j pour statuer s'il y a plus de 10 licenciements. Sinon 7 j. Le licenciement est déclaré valable si, à l'expiration de ces délais, l'inspecteur du travail n'a pas manifesté son opposition. Au 1-1-1987 l'autorisation préalable sera supprimée.

En cas de règlement judiciaire ou liquidation des biens. *Entreprises de 10 salariés au max. :* information préalable de l'autorité administrative. *Entreprise de + de 10 salariés :* information des représentants du personnel. *Des dommages-intérêts* peuvent être réclamés par le s. (en plus des indemnités légales) si l'employeur n'a pas demandé l'autorisation à l'administration ou attendu que son délai de réponse soit écoulé : montant fixé par le juge.

Accord du 21-11-1974 : concerne les entreprises adhérant à un syndicat patronal représenté au C.N.P.F. Signé par C.N.P.F., C.G.C., C.F.T.C. et F.O., complète l'accord du 10-2-69. La direction doit communiquer au comité d'entreprise un *plan social* pour atténuer au maximum les mesures de lic. puis donner une réponse motivée aux suggestions de celui-ci ; le comité d'entr. est informé aussitôt en cas de dépôt de bilan. Indemnisation augmentée pour les salariés mutés avec déclassement à l'intérieur de l'entreprise : salaire antérieur maintenu pendant 3 mois, indemnité compensatrice dégressive dans le temps si le salaire est réduit d'au moins 5 % (10 % auparavant).

● **Nombre.** *1981 :* 365 138, *82 :* 316 173, *83 :* 366 173 (dont en % femmes 29,7 ; — *de 25 ans :* 27,3, *de 25 à 49 :* 59,1, *50 et + :* 23,6). *84 :* 429 127. *85 :* 438 387. *Raisons (1983) :* motif structurel 11,2 %, conjoncturel 56,8, liquidation de biens ou règlement judiciaire 32 (soit env. 2,8 % des salariés du secteur industriel et commercial privé). 26 % des salariés licenciés en 1983 travaillaient dans le bâtiment et les travaux publics alors que 11 % seulement des actifs salariés y sont occupés. *Nombre de licenciés :* représentait 6,6 % en 1983 des effectifs de la branche du bâtiment et des T.P.

Prud'hommes

● **Compétence.** Exclusive pour les différends soulevés à l'occasion d'un contrat de travail. Étendue à toute la métropole et aux D.O.M., ainsi qu'à toutes les professions. Compétent à charge d'appel quel que soit le chiffre de la demande si l'un des chefs dépasse 14 200 F (art. D 517-1 du Code du travail). Les affaires sont traitées par la section correspondant à l'activité *principale* de l'employeur, sauf pour le personnel d'encadrement et les V.R.P. qui dépendent de la section de l'encadrement. En cas de litige sur l'attribution d'affaire à une section, le Pt du conseil décide en dernier ressort.

Nota. — L'État prend en charge la quasi-totalité des dépenses des conseils.

● **Élections :** pour 5 ans, à la représentation proportionnelle (14 millions d'électeurs), par collège (employeurs, salariés) et par section (industrie, commerce, agriculture, activités diverses, encadrement) avec en général un minimum de 8 conseillers dans chaque section, soit 20 salariés + 20 employeurs par conseil. Ils sont rééligibles. L'employeur doit maintenir le salaire du conseiller salarié absent pour l'exercice de ses fonctions. Il est remboursé par l'État.

Élections prud'homales du 8-12-1982. Total 1982 et, entre parenthèses 1979 [(encadrement 1982 entre parenthèses 1979)]. **Inscrits** 13 547 411 (12 323 163) [1 543 936 (1 271 273)]; **votants** (en %) 58,60 (63,1) [58,83 (63,8)]; **exprimés** (en %) 56,41 (61) [57,71 (62,5)]; **abst.** (en %) 41,39 (36,8) [41,16 (36,1)]. **C.G.T.**: (en %) 36,81 (42,4) [12,99 (17)], S. 2 748 (2 796) [109 (193)]; **CFDT**: (en %) 23,50 (23,1) [17,51 (17,8)], s. 1 937 (1 750) [229 (194)]; **F.O.**: (en %) 17,78 (17,4) [11,64 (14)], s. 1 381 (1 242) [106 (138)]; **C.F.T.C.**: (en %) 8,46 (6,9) [9,13 (6,7)], S. 374 (172) [62 (24)]; **C.G.C.**: (en %) 9,64 (5,2) [41,45 (36)], s. 800 (577) [711 (567)]; **A.L.S.** [1]: (en %) (2,5) [(1,5)], s. (22) [(1)]; **C.S.L.** [1]: (en %) 1,71 [1,65], s. 40 [2]; **C.A.T.** [1]: (en %) 0,11 [0,16], s. 1 [0]; **U.F.T.**: (en %) 1,10 (1) [0,44 (1)]; **F.G.S.O.A.** [2]: (en %) 0,22 (0,1) [0,22 (0,1)], s. 33 (30) [0 (0)]; **divers**: (en %) 0,62 (1) [4,74 (5,5)], s. 23 (41) [20 (25)].

Nota. — (1) Alliance pour les libertés syndicales. (2) Fédération générale des salariés des organisations agricoles.

• **Formation des conseillers**: organisée par des organismes spécialisés créés par les syndicats. Prise en charge des frais par l'État sous certaines conditions et contrôles. L'absence pour stage de formation d'un conseiller salarié est cumulable avec des absences pour formation syndicale.

• **Instance.** En 2 phases: 1°) Tentative de conciliation obligatoire. 2°) Les parties doivent comparaître en personne et peuvent se faire assister par: salarié, employeur de la même branche, avocat, avoué, délégué syndical, conjoint. Elles peuvent se faire représenter par les mêmes pers. si elles justifient de motifs légitimes (ex.: maladie). Si les 2 parties comparaissent, le bureau entend leurs explications et essaie de les concilier directement, ou en désignant un expert, si la demande n'est pas sérieusement contestable bureau de conciliation peut ordonner des mesures conservatoires ou provisionnelles: par ex. versement d'une provision sur salaire, sur indemnité de préavis, etc.) En cas de non-conciliation, l'affaire est alors renvoyée à la prochaine audience de jugement. *Appel*: si le montant demandé dépasse 14 200 F pour l'un des chefs ou est indéterminé, les parties peuvent faire appel, dans le mois qui suit la notification ou la signification du jugement. Sinon, elles ne peuvent que se pourvoir en cassation dans les 2 mois qui suivent. En cas de jugement ne portant que sur la compétence, seule la procédure du contredit est permise dans les 15 j du jugement, quel que soit le montant des chefs de la demande.

• **Statistiques. Nombre** (1984): 282 conseils de prud'hommes en métropole et D.O.M.-T.O.M. **Affaires terminées.** *1979*: 100 282; *80*: 81 811; *81*: 93 000; *82*: 116 845; *83*: 140 000; *84*: 150 000.

Travail à domicile

• **Plainte.** *Ex. de motifs*: travail très différent de celui qui avait été annoncé, ou absence de paiement. *S'adresser* à l'inspecteur du travail qui engagera les poursuites devant les tribunaux (procédure gratuite).

• **Rémunération.** *Minimum* le SMIC. Si les délais fixés pour la remise du travail imposent plus de 8 h par j ouvrable, majoration de 25 % min. pour les 2 premières h faites, 50 % min. pour les h suivantes; majoration pour les travaux du *dimanche* ou des *jours fériés*. *Congés payés*: une allocation de 8 % (ou selon la convention collective) de la rémunération brute sous déduction des frais d'atelier est versée avec la rémunération.

• **Sécurité sociale.** Inscription obligatoire; mêmes prestations que les autres salariés; allocations d'aide publique s'il a accompli 1 000 h de travail salarié au cours des 12 mois précédant l'inscription comme demandeur d'emploi; allocations ASSEDIC.

• **Statistiques.** *1900*: + de 1 million de femmes. *1960*: 116 000 travailleurs dont 101 000 femmes, 15 000 hommes. *1980*: 34 061 dont 29 746 femmes, 4 135 hommes. *Groupes professionnels*: ouvriers 27 970 f., 3 894 h. Employés: 1 776 f., 421 h. *Principaux secteurs*: textile et habillement, jouet, cuir et chaussure, ameublement, pêche, transformation des matières plastiques, coutellerie, horlogerie.

• **Télétravail.** Travail à distance ou à domicile utilisant les techniques des télécommunications et/ou de l'informatique. *Avantages*: permet aux femmes de concilier vie familiale et vie professionnelle, aux handicapés d'accomplir des tâches de qualification élevée; facilite la décentralisation. *Inconvénients*: isolement social et syndical, peu protégé par les conventions collectives, facteur d'inégalité.

Travail au noir

Généralités

• **Différentes formes. Salariés.** 1) *Travail accessoire, en dehors des horaires normaux*, sans inscription au registre des métiers ou du commerce. 2) *Cumul d'emplois au-delà de la durée maximale du travail*; les h supplémentaires ne sont pas autorisées au-delà de 54 h pour une période de 12 semaines consécutives (mais en aucun cas + de 60 h par semaine). 3) *Travail pendant les congés payés*. 4) *Pendant les suspensions de travail pour cause de maladie*; sauf avis du médecin traitant pour la maladie et du médecin-conseil de la caisse primaire pour l'accident du travail. 5) *Pendant les périodes de chômage* (même de courte durée) sans déclaration à l'A.N.P.E. (le chômeur perdra les droits à l'indemnisation). 6) *Travail accompli à l'insu de l'employeur*.

Nota. — Il est interdit d'exercer une activité privée rémunérée à tout *fonctionnaire* ou *assimilé* (agents des offices, établissements ou entreprises publics à caractère commercial; liste *J.O.* des 20-8 et 13-9-64).

Non-salariés. Pour être en règle, ils doivent en particulier: 1) *S'immatriculer au répertoire des métiers ou au registre du commerce* lorsque cette inscription est requise. 2) *S'acquitter des charges fiscales*: T.V.A., impôt sur les bénéfices, taxe complémentaire de 6 % (s'ils emploient eux-mêmes des salariés), patente, taxes diverses (apprentissage, etc.). 3) *S'acquitter des charges sociales et personnelles*: allocations fam., Séc. soc.

• **Statistiques. France. Centre de documentation et d'information de l'assurance (C.D.I.A.)**: + de 800 000 personnes exerçaient en 1985 une activité clandestine et percevaient chaque année de la main à la main env. 10 milliards de F sans payer d'impôts, de T.V.A., de cotisations sociales.

A l'étranger: *% de la population active travaillant au noir*: All. féd. 8 à 12, Belgique 19 à 20, Italie 10 à 35, Norvège 40, Suède 13 à 14, U.S.A. 10, Yougoslavie 10 à 25.

• **Dérogations. 1°) Travaux d'ordre scientifique, littéraire ou artistique** et concours apportés aux œuvres d'intérêt général, notamment d'enseignement, d'éducation ou de bienfaisance. **2°) Travaux effectués pour son propre compte ou à titre gratuit** sous forme d'une entraide bénévole (ex. travaux agricoles saisonniers). **3°) Travaux d'extrême urgence** pour prévenir des accidents imminents ou organiser des mesures de sauvetage.

Sanctions des infractions

• **A la réglementation du travail. a) Non-inscription au répertoire des métiers ou au registre du commerce.** Amende de 1 200 à 3 000 F. Si les travailleurs se qualifient eux-mêmes d'artisans, il y a une circonstance aggravante. **b) Congés payés.** L'action ne peut être intentée que par le maire ou le préfet dans le cas où le travail a causé un préjudice aux chômeurs de la localité. L'employeur peut toujours faire la preuve de sa bonne foi, mais celle-ci n'est pas présumée. Les dommages et intérêts ne pourront être inférieurs au montant de l'indemnité due au travailleur pour son congé payé. **c) Cumul d'occupations.** Amendes de 3 à 54 F et, en cas de récidive, de 21 à 54 F, par chaque journée. L'employeur peut justifier de sa bonne foi s'il produit une déclaration du salarié préalable à son embauchage attestant qu'il n'effectue pas un travail supplémentaire. **d) Travail à l'insu de l'employeur.** Peut être considéré comme une faute grave justifiant le licenciement sans préavis et permettant une demande en dommages-intérêts de l'employeur.

• **A la réglementation de la Sécurité sociale. a) Pour l'employeur. Défaut d'immatriculation**: les *salariés* non immatriculés travaillant pour plusieurs patrons ou de façon occasionnelle sont responsables de leur immatriculation. *L'employeur* est passible d'une amende de 18 à 54 F et du paiement des majorations de retard. L'amende (appliquée autant de fois qu'il y a de personnes employées ainsi) ne peut dépasser 4 500 F. *En cas de récidive* (quand la 1re condamnation est devenue définitive dans les 12 mois antérieurs à la nouvelle infraction): amende de 60 F à 450 F avec plafond de 30 000 F. **Bulletin de paie inexact**: cela constitue une fraude.

Sanctions civiles: *recours de la Séc. soc. contre l'employeur. Celui-ci* doit rembourser les prestations servies par la S.S. jusqu'à l'acquittement des cotisations arriérées pour le personnel concerné (suivant la situation du débiteur, la créance peut être réduite). *Autres sanctions*: majorations de retard de 10 % à partir de la date d'exigibilité des cotisations, + 3 % par trimestre ou fraction de trimestre écoulée après l'expiration d'un délai de 3 mois; la S.S. dispose d'un privilège sur les biens meubles et immeubles du débiteur. *Le salarié*, s'il n'est pas immatriculé par faute de son employeur, peut se retourner contre l'employeur si la Sécurité sociale ne le prend pas en charge (par exemple: maladie de longue durée, maternité ou invalidité). *Des tiers blessés par un salarié* peuvent se retourner contre l'employeur.

Sanctions pénales: peuvent être évitées si l'on respecte avertissement ou mise en demeure de la S.S.

a) Pour le salarié. Court le risque de se voir réduire (cotisations insuffisantes) ou supprimer totalement (absence de cotisations) toute prestation. En cas de fraude, amende de 360 à 7 200 F. Le tribunal doit établir l'existence de l'intention frauduleuse.

b) Pour le trav. indépendant (non immatriculé à l'assurance maladie-maternité). Majorations de retard, pas de remboursement de prestations, sanctions pénales (non affilié aux régimes obligatoires de vieillesse): en général paiement rétroactif avec majorations de retard, parfois sancions pénales (amendes).

• **A la réglementation fiscale.** *Amendes.* Les donneurs d'ouvrage sont solidairement responsables du paiement de la taxe complémentaire (au taux de 15 %).

Mesures envisagées

Obligation de déclarer tout travailleur à la Séc. soc. dans les 24 h suivant son embauche (voire avant l'embauche). Renforcement des moyens de l'URSSAF (contrôle des entrées et sorties de travail). Interdiction de toute activité industrielle, commerciale ou artisanale sans inscription au répertoire des métiers ou au registre du commerce. Sanctions pénales frappant l'employeur qui devrait verser au salarié employé au noir une lourde indemnité forfaitaire récupérée pour celui-ci par la Séc. soc. En contrepartie, on pourrait exonérer de la T.V.A. l'artisan travaillant seul ou avec un salarié, autoriser les chômeurs à effectuer certains travaux, exonérer de toutes impositions sociales les petits travaux effectués par des personnes âgées. Création d'une vignette mensuelle remplaçant déclarations et paiements à l'URSSAF.

Travail à temps partiel

• **Définition.** Tout horaire inférieur aux 4/5 de la durée légale hebdomadaire du travail (39 h) soit — de 136 h par mois. L'employeur peut proposer des horaires à temps partiel (accord du comité d'entreprise ou des délégués du personnel). Dans les entreprises de — de 11 salariés, les horaires devront être autorisés par l'Inspection du Travail après accord du personnel.

• **Droits du travailleur.** Les mêmes en matière de salaires, de congés et d'avantages sociaux que le salarié à temps plein. *Salaire* calculé sur la base du nombre d'h travaillées, ne peut être inférieur au SMIC. *Congé*: le droit au congé annuel est ouvert après un mois de travail effectif quel que soit l'horaire hebdomadaire. La durée est calculée, comme pour les salariés à plein temps, sur la base de la rémunération effectivement perçue. En cas de création ou d'aménagement de postes à temps partiel dans l'entreprise, priorité est donnée aux volontaires déjà en place. Droit pour eux de revenir du partiel au complet (loi du 28-1-1981).

Contrat de travail écrit mentionnant la durée hebdomadaire du tr., les conditions d'établissement de sa répartition, les limites des heures complémentaires. Un salarié ne peut imposer à son employeur de passer d'un travail à temps plein à un tr. à temps partiel sauf dans le cadre du congé parental d'éducation.

Incitations à l'embauche à temps partiel de certains chômeurs. *Pour l'employeur qui embauche sous contrat de travail à durée indéterminée et à temps partiel* (18 h/hebd. au moins) des chômeurs indemnisés ou ayant épuisé leurs droits à indemnisation ou inscrits depuis plus d'un an à l'A.N.P.E. (décret n° 85-301 du 5-3-1985, J.O. du 6): 6 000 F par embauche réalisée avant le 31-12-1985; 3 000 F par embauche réalisée entre le 1-1-1986 et le 31-12-87. *Pour le chômeur embauché*: compensation financière si la rémunération est inférieure à l'allocation de chômage.

• **Statistiques. Salariés à temps partiel selon la taille des établ.** 1982, et entre parenthèses 1979 en %. *Ensemble 5,1 (4,2)* dont 10 à 49 salariés 7,2 (6,6), 50 à 199 s. 5 (3,1), 200 à 499 s. 5 (4), 500 s. et + 3,3 (2,5).

• **Femmes actives à temps partiel dans les administrations publiques** (enquête emploi INSEE, avr. 1982), en %. *Ensemble 14,7* dont 15-24 a. *14,9*, 25-39 a. *14,4*, 40-49 a. *13,7*, 50-59 a. *15,1*, 60 a. et + *23*.

• **Salariés à temps partiel, en % de la population active (1982).** Norvège 28,3, Suède 25,2, Danemark 20,8, P.-Bas 19,4, G.-B. 15,4, U.S.A. 14,4, All. féd. 10,2, Belgique 6,4, Italie 2,7.

Travail temporaire

• **Législation. Cas de recours** (art. L 124-2 et L 124-2.1 nouveau du Code du tr. et loi du 23-7-1985). 1°) Absence temporaire ou suspension du contrat de travail d'un salarié, ne résultant pas d'un conflit collectif de travail. 2°) Survenance d'un surcroît exceptionnel et temporaire d'activité. 3°) Exécution d'une tâche occasionnelle précisément définie et non durable. (durée max. 1 an). 4°) Survenance de la fin d'un contrat de travail à durée indéterminée dans l'attente de l'entrée en service effectif du salarié appelé à remplacer celui dont le contrat a pris fin. 5°) Travaux urgents pour prévenir un accident imminent, organiser des mesures de sauvetage ou réparer les insuffisances du matériel, des installations ou des bâtiments de l'entreprise présentant un danger pour les salariés. 6°) Survenance d'une commande exceptionnelle nécessitant la mise en œuvre de + de 6 mois de moyens supplémentaires. 7°) Remplacement d'un salarié sous contrat à durée indéterminée ayant quitté son poste et ne pouvant être remplacé par un autre sous contrat à durée indéterminée en raison de mutations devant aboutir à des suppressions d'emplois dans les 24 mois. 8°) Emplois à caractère saisonnier. 9°) Emplois temporaires pour lesquels il est d'usage constant de ne pas recourir au contrat à durée indéterminée.

Contrat. *Entre l'E.T.T. et l'entreprise utilisatrice :* il doit être rédigé par écrit, pour chaque salarié employé, et au plus tard dans les 2 j ouvrables suivant la mise à disposition.

Contrat de mission entre l'E.T.T. et le salarié : mêmes obligations ; il doit mentionner la qualification du salarié, les modalités de sa rémunération, les conditions d'une éventuelle période d'essai, l'absence d'interdiction de l'embauche du salarié par l'utilisateur à la fin de la mission, une clause de rapatriement dans le cas d'une mission hors du territoire métropolitain.

Durée de la mission. La loi du 23-7-1985 permet d'étendre jusqu'à 1 an les cas n° 3, de 6 à 24 mois cas n° 6, 24 mois max. n° 7. Une entreprise peut renouveler 1 fois la durée d'une mission avec l'accord de l'intéressé dans la limite de la durée maximale légale. Le terme prévu de la mission peut être avancé ou reporté de 1 j pour 5 travaillés. Cet aménagement peut être égal à 2 j travaillés ; il ne peut réduire la mission prévue de plus de 10 j.

Droits de l'intérimaire. Il bénéficie d'une rémunération minimale qui ne peut être inférieure à celle des autres travailleurs, d'une indemnité de précarité d'emploi (10 % si l'E.T.T. propose dans les 3 j suivant la fin de la mission une autre mission dans des conditions identiques, 15 % dans les autres cas), une *indemnité compensatrice de congés payés* (10 % des sommes perçues), des *prestations de la Séc. soc.* dans les conditions de droit commun, de l'*allocation publique de chômage* s'il peut justifier de 507 h de travail dans les 12 mois précédant son inscription à l'A.N.P.E. comme demandeur d'emploi, d'une indemnisation complémentaire de maladie (à condition de justifier d'un minimum d'h de travail dans la profession). Les intérimaires bénéficient des accords collectifs en matière de formation prof., indemnisation complémentaire de la maladie et des accidents du travail, droit syndical... **Obligations :** mener sa mission au terme prévu, se conformer au règlement intérieur et aux horaires de travail de l'entreprise, signaler à l'E.T.T. tout accident de travail ou toute indisponibilité due à la maladie.

Statistiques

• **Entreprises** (au 30-3-1986) : 850 gérant 2 750 établissements. **Chiffre d'affaires** (en 1985) : 20 milliards de F.

Salariés. *En 1984.* Moyenne occupée chaque jour : 101 988 (0,7 % de la pop. active) dont ouvriers qualifiés 34,6 %, non qualifiés 33,7 ; employés qualifiés 18,2, non qualifiés 4,6 ; — de 25 ans 44,6 ; femmes 32,1.

Contrats. *1975 :* 1 004 824, *80 :* 2 374 226, *81 :* 2 192 268, *83 :* 2 139 720, *84 :* 2 220 904, *85 :* 2 776 473.

Utilisateurs *(en % des semaines/travail, 1984).* Industries de transformation 44,8, bâtiment et T.P. 20,3, commerces et banques, services 20,3, transport et télécom. 3,1, activités hors territoire 1,4, énergie et extraction 2,1, agriculture 0,4. Moyenne (1985) 1,9 semaine. 68 % des entreprises qui ont fait appel à du personnel intérimaire s'en déclarent satisfaites (non : 19,5).

• **Syndicats professionnels. UNETT** (Union nationale des entreprises de travail temporaire), 9, rue du Mont-Thabor, 75001 Paris. **Promatt.** 6, bd des Capucines, 75009 Paris.

Travail pendant les vacances

• **Conditions préalables.** Toute personne peut, dans certaines limites, avoir une occupation rémunérée, sauf le salarié (qui n'a pas le droit d'exercer une activité rémunérée pendant son congé payé).

Age : avoir 16 ans et être libéré de l'obligation scolaire. Dérogation : dans certains spectacles ; 14 ans révolus dans le commerce et l'industrie (stages de formation pratique), 12 ans révolus dans l'agriculture (travaux légers, surveillance d'un parent ou du tuteur), les professions ambulantes (si l'employeur est l'un des parents), pas de limite d'âge dans les établissements familiaux, les orphelinats et institutions de bienfaisance (pas + de 3 h par jour), activités littéraires. Restrictions pour les — de 18 ans (et les femmes) dans certains établissements ou pour certains travaux présentant un danger physique ou moral ou excédant les forces (y compris l'emploi aux étalages extérieurs des boutiques et magasins).

Formalités : obligations pour l'employeur : notamment de demander une autorisation à l'inspecteur du travail (dans l'industrie et le commerce, entre 14 et 16 ans), de faire une déclaration à l'inspecteur des lois sociales en agriculture (— de 16 ans).

L'autorisation du père ou du représentant légal est nécessaire pour les — de 18 ans (de 16 ans, s'ils sont émancipés).

• **Conditions de travail. Généralités.** *Durée :* 39 h par semaine ou 8 h par jour au max. dans l'industrie et le commerce.

Agriculture : travaux légers pendant les vacances scolaires. — *de 14 ans :* travaux ne dépassant pas 4 h par jour : désherbage à la main, cueillette de fleurs, ramassage de légumes, coupe de raisin ; ou travaux ne dépassant pas 8 h par jour : moisson et fenaison (à l'exclusion du fauchage à la main, de la conduite de tracteurs et de machines), pesages, mise en bouteilles et étiquetage du vin, ramassage de bois mort et de champignons, gardiennage de petits troupeaux, petit entretien, rangement, petite manutention. Transport de charges lourdes et travail au rendement interdits.

+ de 14 ans : travaux légers (ni charges lourdes, ni travail au rendement) ; p. ex. : élevage de vignes, bouchage manuel des bouteilles, gardiennage des troupeaux, nettoyage des basses-cours, conditionnement du miel et de la cire, nettoyage, tri et emballage des huîtres, entretien des sulkys des pistes d'entraînement, nett. du matériel d'exploitation.

Industrie et commerce : travaux légers, n'entraînant aucune fatigue anormale (interdiction des travaux répétitifs ou effectués dans une ambiance ou à un rythme pénible ; uniquement pendant les vacances scolaires ayant au — 14 j, sous réserve que l'intéressé jouisse d'un repos continu au moins égal à la moitié des vacances).

Rémunération minimale : égale au S.M.I.C. avec un abattement de 20 % ou plus.

Repos de nuit : 12 h au moins.

Sauriez-vous répondre ?

Quels prénoms donnent-on le plus souvent en France ?

Les 10 prénoms masculins les plus fréquents et % d'enfants qu'ils représentent suivant le groupe d'années de naissance : 1900-1904. Louis 4,8, Pierre 4,6, Jean 4,3, Marcel 4,2, Henri 4,2, Joseph 4,1, André 3,6, Georges 3,4, René 3,3, Paul 2,7 ; *1910-1914.* Jean 5,2, André 5,1, Pierre 4,7, Marcel 4,6, Louis 4,5, René 4, Henri 3,8, Joseph 3,3, Georges 3,2, Roger 3. *1920-1924.* Jean 6,7, André 6,1, Pierre 5,1, René 4,8, Marcel 4,5, Roger 4,2, Robert 3,7, Louis 3,5, Henri 3,4, Georges 3,1. *1930-1934.* Jean 7,9, André 5,5, Pierre 5,1, Michel 4,6, René 4,1, Roger 3,8, Jacques 3,6, Claude 3,5, Robert 3,4, Marcel 3,1. *1940-1945.* Michel 7,1, Jean-Claude 5, Jean 4,4, Bernard 4, Daniel 3,9, Claude 3,8, Gérard 3,8, Jacques 3,8, Jean-Pierre 3,7, André 3,7. *1950-1954.* Michel 5,7, Alain 5,3, Bernard, Patrick, Christian et Gérard 4, Daniel 3,6, Jean-Pierre 2,8, Philippe 2,7, Jacques 2,5. *1960-1964.* Philippe 6, Pascal 4,6, Éric 4,4, Thierry 4,2, Patrick 3,9, Alain 3,2, Michel 3, Didier 2,9, Bruno 2,6, Dominique 2,4. *1970-1974.* Stéphane 5,1, Christophe 4,8, David 4,4, Laurent 4, Frédéric 3,4, Olivier 3,2, Sébastien 2,7, Éric 2,6, Philippe 2,4, Jérôme 2,3. *1980-1981.* Nicolas 5,3, Julien 3,9, Sébastien 3,6, Cédric 2,6, Mickaël 2,5, Guillaume et David 2,3, Frédéric et Jérôme 2,2, Christophe 2,1.

Les 10 prénoms féminins les plus fréquents et % d'enfants qu'ils représentent suivant le groupe d'années de naissance : 1900-1904. Marie 11,7, Jeanne 5,5, Marguerite 3,8, Marie-Louise et Germaine 3,7, Louise 2,6, Madeleine 2,4, Yvonne et Suzanne 2,3, Marthe 1,8. *1910-1914.* Marie 8,5, Jeanne 5,6, Marie-Louise 3,5, Marguerite, Yvonne et Madeleine 3, Germaine 2,7, Simone et Suzanne 2,6, Marcelle 2,2. *1920-1924.* Marie 5,1, Jeanne 4,7, Simone 3,9, Madeleine 3, Yvonne 2,9, Suzanne 2,8, Denise 2,6, Paulette 2,5, Marie-Louise 2,4, Marcelle 2,3. *1930-1934.* Jeannine 4,6, Jacqueline 3,8, Monique 3, Simone 2,8, Yvette 2,7, Denise et Marie 2,5, Jeanne 2,4, Paulette et Marie-Thérèse 2,3. *1940-1945.* Monique 4,6, Nicole et Danielle 3,9, Michèle 3,5, Jacqueline 3,2, Françoise 3, Jeannine 2,9, Christiane 2,8, Marie 2,1, Marie-Thérèse 1,9. *1950-1954.* Martine 5,2, Françoise 3,7, Chantal 3,4, Monique 3, Michèle 2,9, Nicole 2,7, Annie 2,4, Dominique et Danielle 2,3, Christiane 1,9. *1960-1964.* Sylvie 5,9, Catherine 4,9, Christine 3,9, Isabelle 3,8, Véronique 3,6, Patricia 2,8, Corinne, Nathalie et Martine 2,6, Brigitte 2,5. *1970-1974.* Sandrine 5,9, Nathalie 4,9, Isabelle 3,6, Valérie 3,5, Karine et Stéphanie 3,3, Sophie 2,5, Sylvie 2,4, Chris et Laurence 2,1. *Années 1980-1981.* Céline 3,5, Aurélie 3,4, Émilie 3, Virginie 2,9, Sandrine 2,6, Stéphanie 2,5, Laetitia 2,1, Audrey 1,9, Sabrina et Élodie 1,8.

Prénoms masculins les plus fréquents selon la catégorie socioprofessionnelle du père : Agriculteurs. *1945-1949.* Michel 8,3, Bernard 4,7, André et Jean-Claude 4, Gérard 3,8. *1980-1981.* Nicolas 6,1, Frédéric et Jérôme 4,3, Sébastien 3,9, Guillaume 3,3. **Cadres.** *1945-1949.* Michel 6,5, Alain 6,4, Bernard 5, Pierre 4,3, Christian 3,8. *1980-1981.* Julien 7, Nicolas 5,3, Guillaume 3,4, Pierre 3,3, Mathieu 3,2. **Ouvriers.** *1945-1949.* Michel 7,5, Daniel 5,3, Alain 5,1, Gérard 4,5, Jean-Claude 4,3. *1980-1981.* Nicolas 5,2, Sébastien 4,4, Mickaël 3,3, Cédric 3,1, Julien 2,8.

Prénoms féminins les plus fréquents selon la catégorie socioprofessionnelle du père : Agriculteurs. *1945-1949.* Monique 4,9, Françoise et Marie-Thérèse 3, Christiane et Nicole 2,8. *1980-1982.* Aurélie 4,5, Émilie 4, Sandrine et Stéphanie 3, Marie 2,8. **Cadres.** *1945-1949.* Françoise 5, Michèle 4,5, Catherine 4,3, Martine 3,8, Danielle 3,4. *1980-1982.* Marie 4,4, Émilie 4,2, Sophie 3,1, Julie 2,9, Claire 2,7. **Ouvriers.** *1945-1949.* Danielle 4,2, Monique 4,1, Nicole 4, Michèle 3,3, Annie 3. *1980-1982.* Céline 4, Virginie 3,7, Aurélie 3,3, Sandrine 2,9, Émilie 2,8.

☞ Voir également les prénoms et les dates des fêtes, p. 1513.

Finances publiques françaises

Comptabilité nationale

Définitions

La Comptabilité nationale vise à représenter l'économie sous une forme simplifiée.

• **Secteurs institutionnels. Sociétés et quasi-sociétés non financières** : produisent des biens et des services (sauf les services financiers) s'échangeant sur le marché : sociétés, organismes sans but lucratif mais vendant des services, entreprises publiques (avec P.T.T.), succursales en France d'entreprises étrangères (même sans personnalité juridique), organismes sans but lucratif exclusivement au service des entreprises (ex. : syndicats patronaux). **Institutions de crédit** : collectent l'épargne et accordent des crédits. **Entreprises d'assurances. Administrations publiques** : organismes produisant des services « non marchands » destinés à la collectivité et affectant des redistributions de revenus et de patrimoines pour le compte de la collectivité ; État, collectivités locales, organismes de Sécurité sociale, organismes qui en émanent. **Administrations privées** : organismes sans but lucratif, autres que ceux qui sont classés avec les sociétés (au service des entreprises ou vivant de la vente de leurs produits) ou avec les administrations publiques (financés par elles). **Ménages** : ensemble des personnes physiques, en tant que titulaires de revenus et consommateurs, et en tant que producteurs (entrepreneurs individuels). *Reste du monde :* relations entre les agents français et le reste du monde (unités non résidentes).

• **Opérations. Sur biens et services** : production, consommation, investissement, transactions commerciales. **De répartition** : la valeur ajoutée par la production est répartie entre les unités économiques (versement sans contrepartie directe sous la forme d'un bien ou d'un service) ; comprennent les transferts courants (rémunération des salariés, impôts liés à la production, subventions d'exploitation, revenus de la propriété et de l'entreprise, opérations d'assurance, impôts sur le revenu et le patrimoine, cotisations et prestations sociales...). **Financières** : créations et circulation des moyens de paiement.

• **Tableaux. Entrées-sorties (T.E.S.)** : présente à la fois l'équilibre des ressources et des emplois des biens et services décomposé par produit et le compte de production et d'exploitation des branches. **Des opérations financières (T.O.F.)** : décrit l'ensemble des flux nets de créances et de dettes (sous ses différentes formes : moyens de paiement internationaux, monnaie, dépôts « non monétaires », bons négociables, obligations et actions, crédits...) des secteurs non financiers (sociétés, ménages...) et des intermédiaires financiers (institutions de crédit monétaires et non monétaires, entreprises d'assurances, administrations publiques). **Économie d'ensemble (T.E.E.)** : présente l'ensemble des comptes des secteurs institutionnels, le compte des relations avec le reste du monde et le compte des biens et services.

• **Agrégats.** Grandeurs synthétiques mesurant le résultat de l'ensemble de l'économie. Principaux agrégats :

Produit intérieur brut (P.I.B.). [Principal agrégat du SECN *(Système Élargi de Comptabilité Nationale).*] Somme de toutes les valeurs ajoutées (différence entre biens et services produits et biens et services consommés) + la T.V.A. et les droits de douane sur les produits importés ; l'ancienne production intérieure brute ne comptabilisait pas les productions de l'Administration, des institutions de crédit, des entreprises d'assurances et des employés de maisons.

Produit intérieur brut marchand (P.I.B.M.). Particulier à la sphère marchande le P.I.B.M. est défini par l'égalité : P.I.B. marchand + importations et le total des emplois finals en produits marchands + consommations intermédiaires (nettes des ventes résiduelles) des branches non marchandes.

Produit national brut (P.N.B.). Produit intérieur brut auquel on ajoute les revenus de facteurs en provenance de l'extérieur et dont on retranche les revenus de facteurs versés à l'extérieur (par ex., revenus de capitaux nationaux investis à l'étranger et de capitaux étrangers investis en France).

Revenu national des facteurs. Égal au *produit national net (P.N.N.) au coût des facteurs.* Pour le déterminer : 1° on retranche les amortissements du P.N.B., obtenant ainsi le P.N.N. ou *revenu national aux prix du marché ;* 2° on retranche les impôts (liés à la production et à l'exportation) du P.N.N. *aux prix du marché* et on y ajoute les subventions d'exploitation versées par les administrations aux entreprises (impôts négatifs), obtenant ainsi le *produit national au coût des facteurs ; le revenu national des facteurs* est donc constitué par la rémunération du travail salarié (salaires et charges sociales) et les excédents nets d'exploitation des producteurs (revenus de la propriété, de l'entreprise et du travail non salarié).

• **Comptes. De production** : décrit la liaison entre la production de biens et services par un agent qui figure en ressources de ce compte et les consommations intermédiaires de biens et services que cet agent a effectuées pour assurer la production qu'on trouve en emploi du compte ; son solde est la valeur ajoutée. **D'exploitation** : montre la répartition de la valeur ajoutée (et des subventions d'exploitation) entre les emplois courants liés à la production (frais de personnel, impôts et taxes) ; son solde est l'excédent brut d'exploitation. **De revenu** : comprend en ressources l'excédent brut d'exploitation et les revenus non liés à la production (transferts), en emplois les dépenses de transfert et charges obligatoires (financières, fiscales, sociales...) ; son solde est le revenu disponible brut (destiné à l'épargne et à la consommation). **De capital** : décrit les investissements réalisés (emplois) et leur financement par l'épargne (ressources) ; son solde est la capacité de financement pour les ménages, le besoin de financement pour les sociétés. **Financier** : décrit les mouvements de créances (emplois) et de dettes (ressources) ; pour une société, le solde de ce compte est égal au solde du compte de capital (besoins de financement).

Nota. — Selon les secteurs (sociétés, ménages...), ces comptes présentent certaines différences.

• **Comptes satellites.** Permettent de calculer *la dépense nationale.* Ils sont liés à une fonction ou à un domaine déterminé, ensemble des dépenses (courantes et en capital) engagées par tous les secteurs pour financer les activités concernées et acquérir les biens ou services concernés.

Comptes satellites existants ou en cours de création : santé, éducation, recherche, logement, protection sociale.

Nota. — D'autres sortes de comptes sont ou pourraient être envisagés : comptes de patrimoine, indicateurs écologiques et sociaux (pollution, qualité de vie), comptes trimestriels, comptes régionaux.

Comptes de la nation

En milliards de F en 1985 et entre parenthèses en **1986. Ressources et emplois de biens et services marchands. Ressources** : 5 065,9 (5 353,3) dont P.I.B. marchand 3 961,7 (4 205,5), importations 1 104,2 (1 147,6). **Emplois** : 5 065,9 (5 353,3) dont consommation finale des ménages 2 922,8 (3 073), c. intermédiaire nette des administrations publiques 162,9 (173,7), privées 6,9 (7,4). Formation brute de capital fixe 851,9 (908,5) [*dont* Stés et E.I. 479 (515), ménages hors E.I. 195,7 (207), administrations publiques 127,7 (133,8), privées 3,2 (3,4), assurances et institutions de crédit 46,1 (49,3)] ; exportations 1 101,6 (1 163,3) ; variations de stocks 19,6 (27,4).

Produit intérieur brut 4 570,9 (4 848,4) dont P.I.B. marchand 3 961,7 (4 205,5), non marchand 609,2 (642,9).

Compte des entreprises non financières. Compte d'exploitation : ensemble des Stés et des E.I. *Emplois :* rémunération des salariés 1 778,8 (1 833,4) [dont salaires bruts 1 2777,7 (1 314)] ; cotisations totales effectives 464,6 (481,8) ; impôts liés à la production et à l'importation 256,9 (275,6) ; excédent brut d'exploitation 1 258,2 (1 387,9). *Ressources :* valeur ajoutée 3 198,7 (3 398,9) ; subventions d'exploitation 95,2 (98). **Compte de revenu des Stés.** *Emplois :* revenus de la propriété et de l'entreprise 394,7 (405,7) [*dont* intérêts effectifs 242,6 (238,6)] ; impôts courants sur revenu et patrimoine 78,9 (90,5) ; revenu disponible brut 314,7 (390,9). *Ressources :* revenus de la propriété et de l'entreprise 120,5 (125,1) ; excédent brut d'exploitation 671 (768,3). **Éléments du compte du capital des Stés** : F.B.C.F. 399,7 (429,5) ; variations de stocks 11,8 (17,6) ; besoin de financement 88,3 (47,2).

Compte des ménages. Compte de revenu. *Ressources :* salaires nets 1 501,4 (1 540,6) ; excédent brut d'exploitation des entrepreneurs individuels 587,2 (619,7), des autres ménages 291,1 (311,5) ; prestations soc. brutes 1 237,4 (1 306,6) ; intérêts, dividendes et autres revenus 276,7 (289). *Emplois :* impôts courants sur revenu et patrimoine 307,7 (317,7) ; intérêts, dividendes et autres revenus 146,8 (146,6). *Revenu disponible brut* 3 375,7 (3 536) [*dont* consom. finale 2 921,9 (3 072,3), épargne brute 453,7 (463,7)].

Éléments du compte de capital : F.B.C.F. des entreprises individuelles 79,4 (85,5) ; F.B.C.F. (hors E.I.) 195,7 (207) ; variations de stocks − 0,3 (2,2) ; capacité de financement 179,7 (171,4).

Recettes consolidées des administrations publiques. 2 112,5 (2 225,7) dont *impôts* 1 099,6 (1 161,2) [i. liés à la production 667,6 (704,1), i. courants sur le revenu et le patrimoine 412 (433,85), i. en capital 19,9 (23,3)]. *Cotisations sociales effectives* 812,9 (852,9) [employeurs 501 (520,2) ; salariés 248,4 (266,1) ; non-salariés 63,6 (66,6)]. *Autres recettes* 200 (211,6).

Dépenses consolidées. *Intérêts versés* 125,4 (134,3). *Fonctionnement et développement des services :* 737,8 (774,7) ; salaires bruts 378,9 (395,4) ; consommation intermédiaire 235 (250,6) ; investissements 123 (127,5) [*dont* F.B.C.F. 120,8 (126,5)] ; autres 0,85 (1,14). *Opérations de redistribution* 1 397, 5 (1 473,9) ; transferts économiques 115,6 (119,9) ; prestations sociales 1 177,1 (1 242,4) ; relations avec le reste du monde 41,9 (44,5). Autres 63 (67,14). *Total* 2 260,7 (2 382,8),

Budget

Généralités

• **Lois de finances. Définition.** Déterminent la nature, le montant et l'affectation des ressources et des charges de l'État en fonction d'un équilibre économique et financier qu'elles définissent. Ont caractère de lois de finances : 1° *la loi de finances de l'année* qui prévoit et autorise pour chaque année civile l'ensemble des ressources et des charges de l'État ; 2° *les lois de finances rectificatives* (ou *collectifs*) qui, en cours d'année, modifient les dispositions de la loi de finances de l'année ; 3° *la loi de règlement* qui constate les résultats financiers de chaque année civile et approuve les différences entre les résultats et les prévisions de la loi de finances de l'année complétée, le cas échéant, par ses lois rectificatives.

• **Élaboration. Préparation gouvernementale.** *Février :* le directeur du budget dresse pour le min. chargé du budget un panorama de la situation à partir duquel il propose, pour l'année suivante, une esquisse prévoyant une progression minimale de l'ensemble des dépenses publiques et de chacun des postes qui les composent, ainsi que certaines orientations d'ensemble en matière de recettes fiscales. Le ministre met au point un projet à partir des indications fournies par le directeur du budget ; ce projet permet l'adoption par un premier conseil des min. consacré au budget des orientations générales notifiées ensuite par le Premier ministre aux membres du gouvernement qui font, dans les semaines qui suivent, parvenir à la direction du budget leurs demandes. *Avril-mai :* les ministres, lors de « conférences budgétaires », doivent justifier leurs demandes ; d'éventuels désaccords avec le min. chargé du budget sont soumis à l'arbitrage du Premier min. ou du Pt de la République. Le volume global des dépenses définitives et leur ventilation entre ministères sont arrêtés en conseil des ministres. *Juin-juillet :* mise au point définitive des dépenses. *Août :* évaluation des recettes. *Mi-septembre :* présentation au gouvernement par le min. chargé du budget du projet de loi de finances, ensuite soumis au Parlement.

Approbation par le Parlement. *1er mardi d'octobre :* dépôt du projet de loi de fin. sur le bureau de l'Assemblée nat. *Dans un délai de 40 j :* examen sur rapport de la Commission des fin. du projet et des amendements ; vote unique pour les « services votés » et, par titre, et ministère pour les mesures nouvelles. *2e quinzaine de novembre :* projet transmis au Sénat qui doit se prononcer dans les 20 j.

En cas de désaccord entre les 2 Chambres, il y a navettes et réunions de commission mixte paritaire. Si le délai de 70 j est dépassé, le gouvernement peut mettre en vigueur la loi de fin. par ordonnance.

Nota. — Le projet de loi de finances pour 1980, déposé le 2-10-79 et adopté sans vote par le Parlement, a été déclaré non conforme à la Constitution le 24-12-79 par le Conseil constitutionnel (saisi par le Pt de l'Ass. nat. et le groupe socialiste de celle-ci), la 2e partie de la loi de finances ayant été mise en discussion avant l'adoption de la 1re partie (le vote avait été négatif). Un nouveau projet de loi de finances a été adopté par le Parlement réuni en session extraordinaire le 17-1-80.

• **Règles de présentation. Unité budgétaire.** L'ensemble des recettes et des dépenses de l'État doit être regroupé dans un document unique. *Entorses :* les *budgets annexes* (8 en 1985) qui concernent certains services autonomes à caractère plus ou moins commercial, ex. : P.T.T. ; les *comptes spéciaux du Trésor :* comptes d'affectation spéciale, ex. : F.F.N. (Fonds forestier national), *comptes de prêts* de + de 4 ans [prêts aux H.L.M., prêts du F.D.E.S. (Fonds de développement économique et social)], comptes de règlement avec les gouv. étrangers ; les *établissements publics* (non soumis au vote au Parlement).

Universalité budgétaire. Le document budgétaire regroupe toutes les rentrées et dépenses prévues dans leur montant brut et interdit les compensations entre recettes et dépenses (principe de *non-affectation*). *Entorses :* les *fonds de concours* versés par des personnes morales ou physiques pour concourir avec ceux de l'État à des dépenses d'intérêt public ; le *rétablissement de crédit* qui consiste à annuler les dépenses déjà réalisées en « restituant » des crédits aux chapitres d'un ministère à la suite de reversements de fonds dont le paiement avait été imputé sur les crédits de ce ministère ; l'*affectation de droit* pour les budgets annexes et les C.S.T. (comptes spéciaux du Trésor).

Annualité budgétaire. L'autorisation de percevoir des recettes et d'effectuer des dépenses est valable une année. *Entorses :* les *autorisations de programme :* données par le Parlement pour entreprendre une opération qui se prolongera sur plusieurs exercices budgétaires, les *crédits de paiement* étant la limite supérieure des dépenses pouvant être ordonnancées ou payées pendant l'année pour la couverture des engagements contractés dans le cadre des autorisations et programmes correspondants ; les *reports de crédits.*

Spécialité budgétaire. Les crédits budgétaires ne sont pas acceptés en bloc, mais spécialisés par chapitres. *Entorses :* les *transferts de crédits :* modification de la répartition des dotations entre les chapitres touchant la détermination du service responsable de l'exécution de la dépense, sans modifier la nature de cette dernière ; les *virements de crédits :* modification de la répartition des dotations entre les chapitres touchant la nature de la dépense prévue par la loi de fin. sans modifier le titre et le ministère intéressés.

Budget de l'État

• **Définition.** Partie chiffrée de la loi de finances. « Ensemble des comptes qui décrivent pour une année civile toutes les ressources et toutes les charges permanentes de l'État » (Art. 16, Ordonnance 2-1-1959). Il comprend des opérations *à caractère définitif* (le budget général et ses comptes d'affectation spéciale), *temporaire* (dép. remboursées à plus ou moins brève échéance) et les *budgets annexes.*

Recettes de l'État. Comprennent : des opérations *à caractère définitif* (impôts et recettes non fiscales du budget général ; recettes des budgets annexes et des comptes spéciaux du Trésor après déduction des doubles emplois avec le budget général) ; *à caractère temporaire* (remboursements de prêts et solde net des emprunts).

Dépenses de l'État. Redistribution des recettes entre les 3 autres agents économiques : *les ménages* qui reçoivent des rémunérations d'activité et de pensions (agents de la Fonction publique et leurs ayants droit, pensions des anciens combattants), et des transferts (subventions de caractère social et culturel) ; *les entreprises* qui reçoivent les subventions économiques des crédits de matériel et d'investissement par le fait des achats de l'État ; *l'extérieur,* outre-mer compris, qui reçoit des rémunérations versées aux fonctionnaires en poste hors métropole ; le remboursement de la dette extérieure, les contributions aux organismes internationaux et l'aide aux pays en voie de développement.

On distingue dépenses *ordinaires* (ou *courantes*) : dette publique, dépenses des Pouvoirs publics, dépenses de fonctionnement (personnel et matériel) et dépenses de transferts ou interventions publiques ; et dépenses *en capital* (ou *d'équipement*) : investissements directs, subventions, dommages de guerre.

• **Budget social de la Nation.** Document d'information contenant l'ensemble des dépenses et des recettes en matière sociale.

• **Budget économique.** Simple prévision portant sur l'ensemble de l'activité économique de la Nation (peut être « prospectif » ou « exploratoire »).

• **Budget fonctionnel.** Mode de présentation particulier du budget de l'État permettant de classer les dépenses et de les regrouper suivant leurs finalités (ex. : éducation et culture, secteur social, santé, emploi, extérieur...).

• **Budget général.** Partie non affectée du budget : l'ensemble des ressources sert à couvrir l'ensemble des charges sans qu'une ressource particulière assure le financement d'une charge particulière.

• **Budget de programme.** Tranche annuelle d'exécution de l'ensemble des programmes d'action d'un groupe de services (approche R.C.B. : rationalisation des choix budgétaires).

• **Budgets annexes.** Retracent des dépenses engagées sur des recettes qui leur sont spécialement affectées. Ils sont gérés par des services qui, sans être dotés de la personnalité civile, ont leur personnel propre et sont présentés en équilibre : leurs recettes proviennent de ressources propres, d'emprunts ou de subventions du budget général, et doivent couvrir leurs dépenses.

Déficits et excédents budgétaires
(millions de F)

Année	Prévision [1]	Exécution [2]	Écart [3]
1975	+ 27	– 38 204	– 2,6
1976	+ 7	– 20 239	– 1,2
1977	+ 5	– 18 339	– 1,0
1978	– 8 914	– 34 310	– 1,2
1979	– 15 060	– 37 572	– 0,9
1980	– 31 156	– 30 302	0
1981	– 29 384	– 80 885	– 1,7
1982	– 95 456	– 98 954	– 0,1
1983	– 117 762	– 129 614	– 0,3
1984	– 125 800	– 146 184	– 0,5 [4]
1985	– 140 192	– 149 628	– 0,2 [4]
1986	– 145 342 [3]		

Nota. — Des excédents peuvent être obtenus artificiellement en mettant hors budget certaines dépenses publiques. (1) Lois de finances initiales. (2) Lois de règlement, non comprises les opérations avec le F.M.I. et le Fonds de stabilisation des changes. (3) En % du P.I.B. (4) Écart entre loi de finances rectifiée et L.F.I.

• **Comptes spéciaux du Trésor. Les comptes d'affectation spéciale** sont, pour l'essentiel, placés dans les opérations à caractère définitif ; les plus importants sont le Fonds spécial d'investissement routier alimenté par un prélèvement sur la taxe sur les carburants et le compte d'emploi de la redevance radiotélé. **Les comptes de prêts** retracent des opérations temporaires dont le remboursement intervient en plus d'un an (H.L.M., F.D.E.S.). **Les comptes d'avance** concernent des opérations qui se dénouent en un an maximum (trésorerie des collectivités locales assurée par l'État). Pour les **autres comptes du Trésor** — comptes de commerce, comptes d'opérations monétaires et de règlement avec des gouvernements étrangers — la loi de finances autorise non des opérations mais un solde positif ou négatif entre les ressources et les charges.

• **Déficit budgétaire.** Excédent de l'ensemble des dépenses du budget général sur l'ensemble des recettes budgétaires.

• **Fonds de concours.** 1° Fonds versés par des personnes morales ou physiques pour concourir avec ceux de l'État à des dépenses d'intérêt public ; 2° Produit de legs ou de dons attribués à l'État ou à une administration publique.

• **Fonds d'action conjoncturelle.** *Institués dep. 1969* pour certains exercices budgétaires. Ils sont mis en œuvre par simple arrêté ministériel.

• **Impasse.** Solde négatif prévisionnel de la totalité de la loi de finances.

• **Plan Pinay 1952. Mesures prises :** stabilité des tarifs publics, maintien de la pression fiscale, diminution des investissements publics, maintien de la parité du franc, maintien du pouvoir d'achat (sauf pour les agriculteurs), emprunt indexé sur l'or, blocage des prix. **Résultats :** taux d'inflation ramené de 20 % à 0 %, stagnation économique en 1953-1954, chute de la production industrielle, léger déficit budgétaire, déficit de la balance commerciale en 1952 et 53. Équilibre en 1954, faible augmentation des réserves de change due à l'amnistie fiscale (retour des capitaux).

• **Plan Rueff-Pinay 1958. Mesures prises :** hausse des tarifs publics, augmentation de la pression fiscale, maintien des investissements publics, dévaluation du F (17,55 %) et création du F lourd convertible, baisse du pouvoir d'achat (sauf des catégories les plus défavorisées), emprunt classique, liberté des prix et ouverture des frontières. **Résultats :** taux d'inflation ramené de 18 % à 3,5 %, reprise de la croissance écon. en 1959, forte hausse de la production industrielle, équilibre budgétaire, excédent de la balance com. dès 1959, augmentation des réserves de change.

• **Plan Giscard d'Estaing 1969. Mesures prises :** dévaluation du F (11,1 %), encadrement modéré du crédit, allégements fiscaux sur les revenus, réduction des dépenses publiques, liberté surveillée des prix, politique contractuelle avec les entreprises et les salariés. **Résultats :** baisse de l'inflation en 1970, excédent de la balance commerciale en 1970, reconstitution des réserves de change, forte hausse de la production et des investissements.

• **Plan Barre 1976 (sept.). But :** baisse de l'inflation et relance de l'inv. productif grâce à l'austérité financière. **Mesures prises :** blocage des prix jusqu'en janv. 1977 (avril pour les tarifs publics) et limitation ultérieure à 6,5 % ; baisse du taux de T.V.A. de 20 à 17,6 % à dater du 1-1-77. Hausse des impôts : 4 à 8 % pour les contribuables ayant payé + de 20 000 F d'IRPP, 4 % pour les Stés, de la vignette. Hausse de 15 % des prix de l'essence. Majoration des cotisations d'assurance-maladie. Indemnisation des paysans victimes de la sécheresse. **Résultats :** hausse de la prod. ind. (1,6 % en 78, 3,9 % en 79), du P.I.B.M. (3,4 % en 78, 3,4 % en 79), stabilisation du pouvoir d'achat, forte reprise des inv. (+ 2,7 % en 78, + 3,7 % en 79), hausse des exp. (6,4 % en 78, 7,3 % en 79), forte progression du chômage (+ 60 % dep. sept. 76), permanence de l'inflation (9,7 % en 78, 11,8 % en 79), stabilisation du F, équilibre de la balance des paiements, redressement de la situation des entreprises (productivité : + 5,9 % en 79).

• **Plan Delors 1983 (mars). But :** suite à la dévaluation du franc, un plan de rigueur de lutte contre les causes structurelles de l'inflation et de maintien de l'activité économique tout en réduisant le déficit du commerce extérieur. **Mesures prises :** *épargne :* emprunt obligatoire exceptionnel, encouragement à l'épargne-logement, fonds salariaux ; hausses accélérées des *tarifs publics* (8 %) ; *fiscalité :* prélèvement de 1 % sur les revenus imposables et taxe sur l'essence ; *économies :* réaliser 12 milliards d'économies pour EDF, GDF, SNCF et RATP et 15 milliards sur les dépenses publiques ; *sécurité sociale :* vignette sur l'alcool et le tabac, forfait hospitalier à la charge du malade ; *change :* limitation des dépenses touristiques à l'étranger ; *masse monétaire :* croissance ramenée de 10 % (objectif fixé) à 9 % pour 1983 et adaptation de dispositifs de contrôle ; *prix :* contrôles renforcés et sanctions plus sévères.

Équilibre général

Lois de finances initiales pour 1985 et en italique pour 1986 (en millions de F).

1) Opérations à caractère définitif. CHARGES. Dépenses ordinaires civiles 729 860, *757 139* [1] ; en capital civiles 83 027, *78 405* ; ordinaires militaires 110 322, *119 596* ; en capital militaires 71 700, *75 680* ; Comptes d'affectation spéciale 11 402, *11 798*. Total 1 006 311, *1 042 618*. RECETTES [2] 855 725, *889 590* ; recettes des comptes d'affectation spéciale 11 649, *11 980* ; total 867 374, *901 570*. *Solde* − 138 937, *− 141 048*.

2) Opérations à caractère temporaire. Solde − 1 255, *− 4 294*. **Solde général de la loi de finances** − 140 192, − 145 342.

Nota. − (1) Nettes des dégrèvements et remboursements fiscaux des versements à l'État à lui-même, et y compris pensions militaires. (2) Nettes des dégrèvements et remboursements fiscaux, des versements de l'État à lui-même et des prélèvements en faveur des collectivités locales et de la C.E.E.

Modifications de la loi de finances rectificative pour 1986 (en millions de F). *Dépenses supplémentaires :* 21 139 dont plan emploi : jeunes 4 000, dotations insuffisantes 8 729, mesures nouvelles 410 (dont Intérieur 295, Agriculture 115), apurement de dotations ind. 8 000.

Mesures de redressement. 22 506 dont économies 10 016, prélèvement C.A.E.C.L. 2 000, cession d'actifs 8 000, recettes non fiscales 1 968, recettes fiscales 522.

Nouveau solde : − 143 975.

Charges

Accroissement des dépenses budgétaires par rapport à la loi de finances précédente (en %)

1963 + 10,68	*1971* + 8,22	*1979* + 15,2
1964 + 8,81	*1972* + 9,74	*1980* + 14,4
1965 + 6,85	*1973* + 11,1	*1981* + 18,9
1966 + 6,59	*1974* + 12,4	*1982* + 27,6
1967 + 11,08	*1975* + 13,9	*1983* + 11,9
1968 + 9,26	*1976* + 13,4	*1984* + 6,4
1969 + 16,10[1]	*1977* + 13,7	*1985* + 5,9
1970 + 6,33	*1978* + 12,5	*1986* + 3,6

Nota. − (1) Après les économies décidées à la suite de la crise monétaire de novembre 1968 (18,40 % avant).

Produit intérieur brut marchand (en milliards de F) et montant des **dépenses définitives publiques** (en % du P.I.B.M.)

Année	P.I.B.M.	Dépenses définitives	%
1970	697,9	161,79	23,18
1971	777,3	173,2	22,28
1972	875,2	188,93	21,58
1973	993,8	211,53	21,28
1974	1 134,4	243,00	21,42
1975	1 278,5	305,25	23,87
1976	1 473,9	345,10	23,41
1977	1 649,4	383,98	23,27
1978	1 870,8	442,34	23,64
1979	2 137,1	506,65	23,70
1980	2 416,3	592,25	24,51
1981	2 701,8	709,48	26,25
1982	3 090,3	834,60	27,00
1983	3 401,1	927,30	27,26
1984	3 694,8	1 010,69	27,35
1985	3 969,3	1 006,3	25,35

Nota. − (1) Loi de finances initiale.

% du déficit budgétaire par rapport au produit national brut. En 1985 : France 3 ; All. féd. 2,4 ; Italie 15,8 ; G.-B. 2,5.

Évolution du % du déficit budgétaire en France par rapport au P.I.B. 1975 2,6, *76* 1,02, *77* 1,03, *78* 1,78, *79* 1,59, *80* 0,86, *81* 2,07, *82* 2,57, *83* 3,48, *84* 3,68, *85* 3,35, *86* (loi de fin. initiale) 2,99 (est.).

Présentation juridique

Loi de finalité initiale. En millions de F, 1986.

I) Budget général. *1) Dépenses ordinaires :* 876 735 dont dette publique 94 251, pouvoirs publics 2 904, rémunérations et charges sociales 284 942 (dont militaires 56 745), pensions 90 819 (dont militaires 36 926), subventions de fonctionnement 29 935, matériel, entretien et charges diverses de fonctionnement 51 119, interventions économiques 101 490, interventions sociales 152 134, autres interventions 69 141. *2) Dépenses en capital :* 154 085 dont investissements civils directs 23 373, subventions d'investissements civils 55 015, réparation des dommages de guerre 17, équipement militaire 75 680.

Total *1* **et** *2* 1 030 820.

II) Comptes d'affectation spéciale (opérations à caractère définitif) 11 798.

III) Comptes d'affectation spéciale (opérations à caractère temporaire) **et comptes de prêts** (charge brute) 7 945.

IV) Autres comptes spéciaux du Trésor (charge nette) − 275.

☞ Ajustement permettant une présentation fonctionnelle : charge du BAPSA (Budget Annexe des Prestations sociales agricoles) couvertes par des recettes fiscales 18 051, élimination des doubles emplois : budget général (charges communes et comptes d'affectation spéciale) − 14 112.

Dépenses étudiées dans la présentation fonctionnelle 1 053 778.

Dépenses d'interventions économiques du budget général en millions de F. *Emploi.* Exonération de charges sociales 1 574. Reclassement des travailleurs handicapés 2 493. Fonds national de l'emploi 22 462. Convention sociale de la sidérurgie 4 541. Emploi d'initiative locale 158. Chômeurs créateurs d'entreprises 1 450. *Agriculture.* Charges de bonification du Crédit agricole 5 873. Amélioration des structures agricoles (indemnités viagères de départ et autres subventions) 2 769. Autres interventions bénéficiant à l'agriculture (valorisation de la production agricole notamment) 7 912. *Action économique.* Subvention aux houillères nationales 7 420. Transport de voyageurs à courte distance : lignes déficitaires 3 484. Concours à l'assainissement financier de la SNCF 3 000. Maintien du potentiel ferroviaire 10 929. Charges d'emprunts à caractère économique 12 177. Application des lois de nationalisations 5 555. *Logement.* Primes à la construction 6 380. *Divers.* 3 313. *Total 101 490.*

Dépenses d'interventions sociales du budget général (en millions de F). Concours à divers régimes de sécurité sociale 30 788 (dont : Prestations sociales agricoles 7 381, Régime des gens de mer 3 428, Charges de retraite de la SNCF 12 362, Régime des mines et des chemins de fer secondaires 7 617. Aide sociale obligatoire 5 748. Anciens combattants (pensions d'invalidité et aides diverses) 25 814. Fonds national de solidarité 22 160. Allocations aux adultes handicapés 13 600. Rapatriés d'outre-mer (indemnisation et moratoire des dettes) 1 455. Fonds national de chômage 19 576. Réduction de tarifs SNCF 1 593. Contribution de l'État aux transports collectifs parisiens 5 405. Majoration des rentes viagères 2 033. Fonds national d'aide au logement et aide personnalisée au logement 14 400. Actions et services obligatoires de santé 510. Divers 9 052. *Total 152 134.*

Présentation fonctionnelle

En millions de F.

Pouvoirs publics et administration générale. 128 704 dont : pouvoirs publics 3 553, administrations centrales 10 061, justice 12 176, administration territoriale 23 049, sécurité intérieure 47 415, administrations économiques et financières 27 203, recherche 354, dotations non réparties 4 891.

Éducation et culture. 246 505 dont : enseignement du 1er degré 55 454, 2e degré 112 035, supérieur 25 004, sports et activités socio-éducatives 2 601, orientation et formation continue 16 312, formation des personnels 5 353, action culturelle 9 926, recherche 13 413, dotations non réparties 6 407.

Secteur social, santé, emploi. 199 042 dont : santé 1 702, action sociale 55 062, régimes sociaux et séc. soc. 57 910, travail et emploi 52 315, anciens combattants 24 808, formation des personnels 1 062, recherche 2 125, dotations non réparties 4 058.

Agriculture et espace rural. 25 726 dont : aménagement foncier 214, hydraulique 311, amélioration de l'habitat rural 674, espace naturel et forêts 2 362, production agricole et moyens des exploitations 1 966, conditionnement, stockage, transformation et commercialisation 619, action sur les marchés 5 080, actions de type social 1 904, recherche 2 481, dotations non réparties 10 114.

☞ **Dépenses bénéficiant à l'agriculture.** 113 650 dont : budget du ministère de l'Agriculture (dont enseign. agric.) 33 570, de la Consommation 226, des Charges communes 0,4, de l'Intérieur et de la Décentralisation 32, des Services généraux du Premier ministre 54, du Plan et de l'Aménagement du territoire 365, de la Recherche 2 296, BAPSA 44 925, comptes spéciaux du Trésor 1 592 (Fonds forestier national 558, Fonds de développement des adductions d'eau 603, Fonds national des haras et des activités hippiques 431), détaxe du carburant agricole 0, versements nets des ressources propres à la CEE 30 589.

Logement et urbanisme. 48 023 dont : aménagement foncier 659,7, réseaux et services urb. 131,5, transp. urb. 5 892,5, logement 40 961,1, enseignement de l'urbanisme 3,4, dotations non réparties 375,2.

Transports et communications. 43 052 dont : ports et voies navigables 1 664,3, flotte de commerce et navig. intérieure 1 161,2, routes et circulation routière 16 697,5, transports ferroviaires (réseau grandes lignes, à l'exclusion du réseau banlieue) 17 620,3, aviation civile 3 616,7, postes et télécommunications (subventions aux stations de radiodiffusion outremer et versement du budget général du Centre nat. des Télécom.) 211,3, recherche 492,9, dotations non réparties 1 087,7.

Industries et services. 51 301 dont : énergie 9 361,3, minerais et métallurgie 4 690,3, constr. mécanique, électr. et électron. 5 667,6, industries textiles et divers 615, matériaux de construction, bâtiments et trav. publics 61,4, tourisme 873,7, artisanat 230,8, recherche 8 303,4, dotations non réparties 21 497,2.

Extérieur. 26 236 dont : représentation à l'étranger 4 699,9, action à l'étr. 3 298,5, aide au développement et à la coop. 6 450,4, org. internat. 6 612,7, aide à l'étranger dans le domaine militaire 68,7, recherche 2 055,8, dotations non réparties 3 050,1.

Défense. 167 834 dont : commune 40 318,6, air 39 607,3, terre 53 578,4, marine 34 329,9.

Dépenses non fonctionnelles et dotations non réparties. 117 355 dont intérêts de la dette et frais fin. 91 965, dépenses adm. communes 2 427, provisions globales 10 689, secteurs divers 12 274.

Autorisations de programme 1984 (et 1985)
(en millions de F)

Budget général 71 194 (100 796) dont logement et urbanisme 13,6 % ; équipement social et culturel 12,8 %. *Budgets annexes* 42 906 (40 359) dont P.T.T. 42,3 %. *Comptes spéciaux du Trésor* 1 603 (1 493). − *Total général* 115 703 (142 648).

Nota. − Ne concernent que les dépenses civiles.

Évolution des dépenses fonctionnelles de l'État

	1981 [1]	1984 [1]	1985 [1]	1986 [1]	1986 [2]
Pouvoirs publics et administration générale	10,7	11,3	11,4	12,2	2,7
Éducation et culture	24,3	23,2	23,4	23,4	5,1
Secteur social, santé, emploi	19,8	20,8	19,7	18,9	4,1
Agric. et espace rural	3,1	2,5	2,5	2,4	0,5
Logement et urbanisme	4,9	4,5	4,6	4,6	1,0
Transports et communic.	4,8	4,5	4,2	4,1	0,9
Industrie et services	4,3	4,8	5	4,9	1,1
Extérieur	2,7	2,9	2,6	2,5	0,5
Défense	17,5	15,7	15,7	15,9	3,4
Dép. non fonctionnelles et dotations non réparties	7,9	9,8	10,9	11,1	2,4
	100	100	100	100	21,7

Nota. − (1) % des dépenses budgétaires au stade des lois de finances initiales. (2) En % du produit intérieur brut (4 848 milliards de F, prévisions d'oct. 1985).

Budget fonctionnel. Dépenses de l'État par catégories (lois de finances initiales) en %. En 1980 et, entre parenthèses, en 1986. Personnel 36,7 (34,4), fonctionnement 8,4 (8), transferts (y compris dette publique) 37,5 (42,2), équipement 16,1 (14,7), prêts et avances 1,3 (0,7).

Interventions publiques

Concours financiers que l'État accorde aux entreprises nationales sous diverses formes (subventions d'exploitations et versements compensatoires pour tarifs réduits, subventions et dotations en capital, prêts du Fonds de développement économique et social). En millions de F 1985 et en italique 1986[1]. *Entreprises. Énergie.* C.D.F. 7 180, *7 420 ;* E.D.F. 0, *0 ;* G.D.F. 0, *0. Transports.* S.N.C.F. 21 216, *21 910 :* R.A.T.P. 4 092, *4 492 ;* C.G.M. 557, *298 ;* S.N.C.M. 485, *460 ;* Aéroport de Paris 0, *0 ;* Air France 178, *102. Industrie*[2] 14 810, *19 015 ; divers* 1 183, *500. Sous total :* 48 765, *53 407. Charges de retraite.* S.N.C.F. 14 790, *14 035 ;* C.D.F. 9 764, *6 623 ;* S.E.I.T.A. 446, *423. Sous total :* 25 000, *21 081. Total général :* 73 765, *74 488.*

Nota. — (1) Prévision. (2) S.N.I.A.S., S.N.E.C.M.A., Renault, E.M.C., C.D.F. chimie, S.E.I.T.A., Rhône-Poulenc, Péchiney, St-Gobain, Thomson, C.G.E., Bull, Usinor, Sacilor, C.G.C.T., Matra.

Contributions françaises en 1985. Montant en millions de F. *Contributions obligatoires :* O.N.U. 411,3, U.N.E.S.C.O. 65,3, O.A.A. (F.A.O.) 114,9, O.I.T. 77, O.M.S. 148,8, A.I.E.A. 64,4, Forces d'urgence des Nations unies au Proche-Orient (F.N.U.O.D. 29,9, F.I.N.U.L. 67,1), Centre international de l'enfance 18,3, U.E.O. 12,5, Conseil de l'Europe 66,9, O.C.D.E. 57,9, Eurocontrol 65,6, Secrétariat international de l'O.T.A.N. 56,5, Agence de coopération culturelle et technique 40,3, C.E.R.N. 577,9, E.S.O. 36,1. *Contributions bénévoles :* P.N.U.D.[1] 243,6, P.A.M.[1] 22,8, F.I.S.E. 38, U.N.R.E.F. 13,5, U.N.R.W.A. 10, P.N.U.E.[1] (Programme des Nations unies pour l'environnement) 6,7.

Nota. — (1) Les contributions au P.N.U.D., P.A.M. et P.N.U.E. sont attribuées pour 2 années, ces chiffres concernent la période 1984-85.

Recettes du budget 1986
(en millions de F)

I. Budget général

A. Recettes fiscales. 1 062 854 dont : **Impôts directs et taxes assimilées.** *Impôt sur le revenu* 210 507. *Autres impôts directs* perçus par voie d'émission de rôles 20 350. *Retenue à la source* sur certains bénéfices non commerciaux et sur l'impôt sur le revenu des non-résidents 699. Prélèvements sur les revenus de capitaux mobiliers 33 325. *Impôt sur les sociétés* 99 926. *Prélèvement sur les bénéfices* tirés de la construction immobilière 790. *Précompte* dû par les s. au titre de certains bénéfices distribués 560. *Impôt sur les grandes fortunes* 5 630. *Prélèvements sur les entreprises d'assurances* 110. *Taxe sur les salaires* 26 232. *Taxe d'apprentissage* 410. *Taxe de participation* des employeurs au financement de la formation professionnelle continue 650. *Taxe forfaitaire sur métaux précieux* (bijoux, objets d'art) 397. *Sur certains frais généraux* 1 900 (contribution des institutions financières 1 520). *Prélèvement sur entreprises de production pétrolière* 1 120. *Recettes diverses* 1.

Enregistrement. Mutations : *à titre onéreux :* Meubles : Créances, rentes, prix d'offices 435. Fonds de commerce 2 910. Meubles corporels 155. Immeubles et droits imm. 22. *A titre gratuit :* Entre vifs (donations) 970. Par décès 12 600. *Autres conventions* et actes civils 5 548. *Actes judiciaires* et extrajudiciaires 88. *Taxe de publicité foncière* 350. *Taxe spéciale sur les conventions d'assurances* 21 500. *Taxe annuelle sur les encours* 1 370. *Recettes diverses et pénalités* 1 010.

Timbre et impôt sur les opérations de bourse. *Timbre unique* 3 179. *Taxes sur les véhicules* à moteur (pour mémoire) de tourisme des sociétés 2 020. *Actes et écrits assujettis au timbre* de dimension 991, transports 397. *Permis de chasser* 50. *Impôts sur les opérations* des bourses 1 380. *Recettes diverses* et *pénalités* 1 195.

Droits d'importation, taxe intérieure sur les produits pétroliers et divers produits des douanes. *Droits d'importation* 8 750. *Prélèvements et taxes compensatoires* institués sur divers produits 600. *Taxe intérieure* sur les produits pétroliers 90 915. *Autres taxes intérieures* 12. *Autres droits et recettes* accessoires 2 189. *Amendes* et confiscations 480.

T.V.A. (taxe sur la valeur ajoutée) 470 950.

• **Contributions indirectes.** *Tabacs* (droits de consommation) et *allumettes* (impôt spécial) 15 720. *Vins, cidres, poirés et hydromels* 970. *Alcools* (droits de consommation) 8 900 (droits de fabrication) 286. *Bières et eaux minérales* 590. *Débits de boissons* (taxe spéciale) 5. *Appareils automatiques* (taxes sur certains) 210. *Or et argent* (garantie des matières) 70. *Amendes*, confiscations et droits sur acquits non rentrés 19. Autres droits 40.

Autres taxes indirectes. *Publicité télévisée* (taxe spéciale) 30. *Exploitations forestières* (taxe sur les produits) 26. *Véhicules routiers* (taxe spéciale sur certains) 430. *Cotisations* à la production sur les sucres 1 360.

Total : 1 062 854.

B. Recettes non fiscales 67 714 dont :

• **1° Exploit. ind. et comm. et ét. publics à caractère financier** 14 750 dont : produits de l'exploitation du service des fabrications d'armement au titre de ses activités à l'exportation 300, produits des participations de l'État dans des entreprises financières 3 557, *bénéfices* de divers établissements publics financiers 2 100, *produits des participations de l'État dans les entreprises non financières* 1 673, *produits* de la loterie nationale et du loto 4 550, de la vente des publicat. du gouv. pour mémoire. Versement du budget annexe des P.T.T. 3 500. Versement des autres budgets annexes pour mémoire.

• **2° Produits et revenus du domaine de l'État** 2 315 dont transports aériens par moyens militaires 5,5 ; établ. pénitentiaires 40, établ. éducation surveillée 2, redevances sur les aérodromes de l'État et remboursements divers par les usagers 0,2, redevances de routes perçues sur les usagers de l'espace aérien et versées par l'intermédiaire d'Eurocontrol 150, produits et revenus du domaine encaissés par les comptables des impôts 2 100. Produit de la cession de biens appartenant à l'État pour mémoire, produits et revenus divers 17,3. Produits de la cession de biens appartenant à l'État 538.

• **3° Taxes redevances et recettes assimilées** 11 730, dont taxe de protection sanitaire et d'organisation des marchés des viandes 273,5, taxes de solidarité sur céréales et graines oléagineuses 175, frais d'assiette et de recouvrement des impôts directs et taxes assimilées établis et perçus au profit des coll. loc. et de divers organismes 3 800, recouvrements de frais de justice, de frais de poursuites et d'instance 61, amendes forfaitaires de la circulation 570, autres amendes et condamnations pécuniaires et pénalités infligées pour infraction à la législation sur les prix 2 252, prélèvement progressif sur les jeux dans les casinos régis par la loi du 15-6-1907 356, prélèvement sur pari mutuel et recettes des Stés de courses parisiennes 3 245, cotisation, participation des employeurs à l'effort de construction 350, recettes diverses des comptables des impôts 100, des receveurs des douanes 224, service instruments de mesure 50, frais de contrôle des établ. classés pour la protection de l'environnement 11, recettes diverses du service du cadastre 50, versement au Trésor des produits visés par l'art. 5 de l'ordonnance 45-14 du 6-1-1945 48, contribution aux frais de contrôle et de surveillance de l'État p. les assurances, et aux frais de fonctionnement du Cons. nat. des assurances 57,8, droits d'inscription pour les examens org. par les diff. min., les diplômes, la scolarité, perçus dans les écoles du gouv. 6,5.

• **4° Intérêts des avances, des prêts et dotations en capital** 8 499.

• **5° Retenues et cot. soc.** 15 372.

• **6° Recettes venant de l'extérieur** 2 890 (dont remboursement par la C.E.E. des frais d'assiette et de perception des impôts et taxes perçus au profit de son budget 1 153).

• **7° Opérations entre administrations et services publics** 2 470,5.

• **8° Divers** 8 219,5.

C. Fonds de concours et recettes assimilées : pour mémoire.

D. Prélèvement sur les recettes de l'État au profit des collectivités locales — 86 428 dont prélèvement sur les recettes de l'État au titre de la dotation globale de fonctionnement — 66 589.

E. Prélèvement sur les recettes de l'État au profit de la C.E.E. — 42 660.

F. Total général : A + B + C — D — E = 996 990.

Crédits ouverts par ministère

(En millions de F)	1986	Rappel 1985
Affaires sociales et Solidarité nationale, Travail, Santé, Emploi :		
I. Section commune	*2 375*	*2 157*
II. Santé, Solidarité nationale	*35 721*	*29 681*
III. Travail, Emploi	*65 524*	*49 097*
Agriculture	33 510	32 441
Anciens combattants	26 895	26 239
Commerce, Artisanat et Tourisme	928	870
Culture	9 626	8 566
Départ. et terr. d'outre-mer	1 371	1 370
Économie, Finances et Budget :		
I. Charges communes (1)	*196 183*	*207 842*
II. Services financiers	*32 886*	*30 881*
Éducation nationale :		
I. Enseignement scolaire	*164 734*	*158 402*
II. Enseignement universitaire	*21 051*	*20 144*
Environnement	876	818
Redéploiement industriel et Services communs	24 900	29 127
Recherche et Technologie	26 230	23 270 (2)
Intérieur et Décentralisation	53 949	44 296
Jeunesse et Sports	2 193	2 223
Justice	12 137	11 152
Mer	5 415	5 664
Plan et Aménagement du territoire	2 763	2 530
Relations extérieures :		
I. Serv. diplomat. et généraux	*9 794*	*9 296*
II. Coop. et Développement	*6 341*	*6 202*
Services du Premier ministre	2 742	13 408
Urbanisme, Logement et Transports	97 399	97 211
Total des dépense civiles	835 543	812 887
Dépenses	195 276	182 022
Total des charges budgétaires	**1 030 819**	**994 909**

Nota. — (1) Déduction faite des dégrèvements et remboursements d'impôts (107 400 millions F). (2) La baisse apparente s'explique par le transfert du CNES au budget des PTT.

Source : les Notes bleues.

Recettes

Recettes restant à l'État (en millions de F) après versement pour la C.E.E. et les collectivités locales (129 088) et les remboursements et dégrèvements d'impôts (107 400) : 894 080.

Recettes du budget de l'État, hors prélèvements (1985). Montent en milliards de F et, entre parenthèses, part en % dans le budget. *Recettes fiscales.* T.V.A. 447,2 (41,9). Impôt sur le revenu 207,3 (19,4). Sur les sociétés 89 (10,8). Autres impôts 180,3 (16,9). Taxe sur les produits pétroliers 83,6 (7,8). *Recettes non fiscales* 60,2 (5,6).

II. Budgets annexes

Imprimerie nationale 1 597,5. *Légion d'honneur* 111,1 : dont droits de chancellerie 0,44, pensions des élèves des maisons d'éducation 2,72, produits accessoires 0,4, subvention du budget général 107. *Ordre de la Libération* 3,5. *Monnaies et médailles* 695,9 : monnaies françaises 512, étrangères 42, médailles 80, poinçons 3,5, navigation aérienne 1 941,3. *Postes et télécommunications* 179 388,4 : recettes de fonctionnement 129 260,1 dont produits d'exploitation des télécommunications 90 150, autres recettes 40 820,4 (produits accessoires 1 410,2, produits des placements de la Caisse nationale d'épargne 20 710,9), recettes exceptionnelles ou sur exercices antérieurs 3 655,2. *Prestations sociales agricoles* 65 059. *Journaux officiels* 459,5.

III. Comptes d'affectation spéciale

12 061,5 dont : **Fonds national** pour le développement des adductions d'eau 603,4. **Fonds forestier** national 558. **Fonds de soutien aux hydrocarbures** ou assimilés 332. **Fonds de secours aux victimes de sinistres et calamités**, pour mémoire. **Soutien financier de l'industrie cinématographique** 1 016, **compte d'emploi de la redevance de la radiodiffusion-télévision française** 8 434,5. **Fonds national du livre** 84. **Fonds nat. pour le développement du sport** 582,3 **Compte d'emploi des jetons de présence et tantièmes revenant à l'État** 1,6. **Fonds pour la participation des pays en voie de développement aux ressources des grands fonds marins,**

pour mémoire. **Fonds des Haras et des activités hippiques** 430,8. **Fonds national pour le développement de la vie associative** 19.

IV. Comptes de prêts et de consolidation 2 811,6.

V. Comptes d'avances du Trésor 176 015.

Recettes du budget général. 1980 et, entre parenthèses, en 1984 (en milliards de F). *R. fiscales* 597 (950) dont impôt sur le revenu 119 (203,4), sur les Stés 61,4 (89,3), autres directs 51,7 (39,9), enregistrement, timbre, bourse 36,3 (50), T.I.P.P. 41,5 (67,4), autres produits, douanes 7,5 (10,4), T.V.A. 261,7 (415,8), autres indirects 17,8 (25,9). *R. non fiscales (hors F.S.C.)* 29,1 (54). *Prélèvements* − 57,7 (− 107,9) dont col. locales − 40,8 (− 76,9), C.E.E. − 16,9 (− 31). *Total budget général* 568,4 (906,7). *Remboursements et dégrèvements* − 44,9 (− 73,6). *Total net* 523,5 (833,1). *R. fiscales nettes* 494,5 (827,8).

Dette publique de la France

Définition

• **Dette publique** (ou dette de l'État). Conséquence des déficits successifs des budgets de l'État et des collectivités publiques. C'est l'ensemble des sommes empruntées par l'État en France et à l'étranger. Elle peut être divisée ainsi : *1°) dette publique à moyen et long terme* intérieure et extérieure ; *2°) dette à court terme,* regroupant : les bons du Trésor sur formules placés dans le public dont l'encours est appelé dette flottante et les bons en comptes courants portés par les institutions financières ; les bons souscrits par les organismes financiers étrangers ou internationaux ; *3°) engagements à vue* regroupant : les dépôts des correspondants du Trésor stricto sensu, dont les principaux sont les collectivités locales, l'administration des Postes et Télécommunications et la Caisse des dépôts et consignations ; la situation nette vis-à-vis de la Banque de France et les postes divers.

• **Dette extérieure** : encours des emprunts à l'étranger autorisés à + d'1 an, contractés par des résidents et cédés ou ayant vocation à être cédés sur le marché des changes. Le mode de financement de ces emprunts peut revêtir la forme soit d'emprunts directs à l'étranger sur les euromarchés ou les marchés étrangers de capitaux (marchés nationaux), soit d'avances en devises à + d'1 an consenties par le secteur bancaire résident à des résidents et n'ayant pas une finalité commerciale. De ce fait, les emprunts en devises réalisés par les banques résidentes pour financer leur activité de prêts en devises à des non-résidents ne sont pas pris en compte.

L'encours est le montant global des crédits de toute nature enregistrés par une personne ou une entité déterminées.

Le service de la dette comprend, par définition, toutes les charges afférentes aux obligations contractées : remboursement du capital et paiement des intérêts. Cependant, s'agissant de la dette publique, le règlement des intérêts est inscrit en charges définitives dans les comptes budgétaires de l'État tandis que le remboursement du capital figure parmi les charges de la trésorerie, c'est-à-dire qu'il fait l'objet d'une inscription à un compte spécial du Trésor.

Montant

Dette publique

• **Dette publique (en milliards de F). 1940** 0,5, **45** 15, **67** 147,59, **68** 161,44, **69** 166,54, **70** 166,93, **71** 176,39, **72** 177,76, **73** 179,9, **74** 201,5, **75** 237,5, **76** 260,8, **77** 287, **78** 320,2, **79** 372,7, **80** 418,3 (dont dette à moyen et long termes 119,9, à court terme 145,4 ; engagements à vue 153), **81** 500,4 (dont 145,7 ; 201,5 ; 153,2), **82** 616,7 (dont 203,8 ; 286,9 ; 126), **83** 779,6 (dont 261,7 ; 337,2 ; 180,7). **84** 915,6 (dont 335,3 ; 385,6 ; 194,5). **86** *(24-4)* 1 200 (dont 500 à court terme et 500 à moyen et long terme, 200 auprès des correspondants du Trésor). Entre 1974 et 1978, la dette à court terme − à moins de 5 ans d'échéance − a sensiblement cru notamment sous l'effet des émissions de bons en compte courant. Par ailleurs, à partir de 1976, le gouvernement voulant contenir la progression de la masse monétaire, le Trésor dut développer ses appels au marché financier. Ainsi le financement non monétaire du solde budgétaire en 1982 a représenté 62 % des ressources du Trésor.

Évolution par rapport au P.I.B. *73 :* 16,9, *74 :* 16,4, *75 :* 16,1, *76 :* 15,1, *77 :* 15,0, *78 :* 14,7, *79 :* 15,1, *80 :* 15,0, *81 :* 15,9, *82 :* 17,2, *83 :* 19,7, *84 :* 21,4 ; *85 :* 23,2.

Dette publique des administrations (État + collectivités locales) par rapport au P.I.B. (en %), prév. 1985. Italie 92,8, Japon 67,7, G.-B. 55,3, U.S.A. 47,8, *France 40,7,* All. féd. 39,4.

Charge de la dette publique (évolution). De 1974 à 1986, les intérêts payés par l'État sont passés de 6,5 milliards de F à 92 milliards de F (+ 1 300 %). Le service de la dette qui représentait moins de 3 % du total des charges définitives inscrites sous la loi de Finances en 1974, atteignait 8,9 % en 1986 (9,1 % en 1985).

☞ Pour le détail sur les emprunts d'État, v. Quid 82, p. 1575.

Montant des emprunts d'État en milliards de F et part dans le total des émissions, en %. 1976 : 2,5 (6 %), **77** 8 (16), **78** 13,5 (23,3), **79** 15 (22,9), **80** 31 (27,8), **81** 25 (23,4), **82** 40 (25,8), **83** 51 (25,8), **84** 85,2 (34), **85** 99,9 (25,8).

Dette extérieure

Évolution récente. Au très fort accroissement des années 1980-84 a succédé une baisse sensible en 1985, qui s'est poursuivie les 1ers mois de 1986 (remboursements anticipés de 3,54 milliards de F, 25,7 milliards de F d'avril à juillet).

Dette extérieure (non bancaire à moyen et long termes en cours en fin d'année) en milliards de F. *1980 :* 123, *83 :* 451, *84 :* 528,5 (12,35 % du produit intérieur brut), *85 :* 469 (10,25 % du PIB) *Charge obligatoire de la dette, remboursements contractuels et intérêts effectivement versés : 1980 :* 15, *84 :* 68.

Perspectives selon Raymond Barre, si la balance des paiements courants est équilibrée ou si elle est positive de 40 millions de F chaque année de 1985 à 88 : *charge obligatoire : 1985 :* 87 (87), *86 :* 104 (98), *87 :* 124 (110), *88 :* 153 (131). *En cours en fin d'année : 1985 :* 541 (541), *86 :* 621 (541), *87 :* 661 (541), *88 :* 701 (541).

Dette directement contractée par l'État. En milliards de F. *1984 (31-12) :* 73, *85 (31-12) :* 44, *86 (fin mars) :* 43. [*(9-7) :* 17.]

Dette extérieure brute (à moyen et long termes) de la France. En cours en milliards de F, et entre parenthèses, en milliards de $. *1975 :* 31,2 (7), *76 :* 56,9 (12,7), *77 :* 79 (15,9), *78 :* 88 (21), *79 :* 93,8 (23,3), *80 :* 122,9 (26,9), *81 :* 187,7 (32,8), *82 :* 295,4 (44,2), *83 :* 451 (53,7), *84 :* 528,56 (60,5), *85 (fin déc.) :* 469 (62,5) [dont en DM 8,7 %, ECU 8,4, Yen 7,3, F. Suisse 6,4, France 5,5, Livre Sterling 4,2, Florin 3,7, autres 4,6], *86 (31-3) :* 463 (63,7) [dont 49,9 % libellés en $ et 51,1 % en d'autres monnaies].

Flux annuels autorisés d'emprunts (en milliards de F). *1974 :* 14,8, *75 :* 13,5, *76 :* 21,8, *77 :* 24,7, *78 :* 11,9, *79 :* 9, *80 :* 18, *81 :* 33,6, *82 :* 78,1, *83 :* 89,1, *84 :* 36,1, *85 :* 16,8.

Créances à moyen et long terme de la France sur l'étranger (en milliards de F). *Au 31-12-1983 :* résultent des crédits à l'exportation à + d'1 an consentis directement par des exportateurs français à leurs clients, des crédits à l'exportation à + d'1 an consentis par les banques françaises dans le cadre de la procédure du crédit acheteur et des prêts accordés par le secteur public à des États ou organismes étrangers. Total 250 dont en % : pays en voie de développement 55, p. socialistes 20, p. membres de l'O.P.E.P. 15, de l'O.C.D.E. 10 [dont Brésil 50 (dont 40 en devises), Mexique 40 (dont 20 en devises), Venezuela 20, Pologne 16, Égypte 14, Argentine 13, Côte-d'Ivoire 13, Nigeria 13, Maroc 12, Roumanie 10]. *1984 :* 292. *1986 (31-3) :* 311.

Endettement net (en milliards de F). *1984 (31-12) :* 236, *85 (31-12) :* 158, *86 (31-3) :* 152.

Capitaux empruntés (en 1983, en milliards de F). *Exemples :* E.D.F. 35 (dont 15 à l'étranger), S.N.C.F. 12 (dont 5), C.N.T. 11 (dont 6), G.D.F. 6 (dont 2,5).

Dette extérieure garantie par l'État (en %). Organismes financiers 29, E.D.F. 25, Caisse nat. des télécom. 17, S.N.C.F. 10, G.D.F. 4, Caisse nat. des autoroutes 3, C.E.A. 3, Charbonnages 2 ; reste 7.

Réserves officielles de change de la France (en milliards de F ; entre parenthèses, dont or) *1979 :* 209,62 (138,4) ; *80 :* 359,6 (226,98) ; *81 :* 315,99 (194,65) ; *82 :* 352,03 (247,14) ; *83 :* 430,02 (259,09) ; *84 (janv.) :* 429,76 (259,09) ; *85 (janv.) :* 469 (or 257, *86 :* 411,6 [*(avril) :* 459,4] (or 210,3, devises 158,8, écus 65,3, créances sur F.M.I. 17,3, le F.E.C.O.M. 7,7).

Balance des paiements (en milliards de F). En 1984 et, entre parenthèses, en 1985 [1]. *Transactions courantes :* − 6,6 (+ 3,1), commerce extérieur − 39,7 (− 41,9), invisibles + 3,2 (+ 12,4), négoce + 3,7 (+ 0,1), services + 24,7 (+ 35,8), transferts − 22,2 (− 23,5), autres biens et services + 29,9 (+ 32,5). *Mouvements de capitaux* − 0,9 (+ 9,3), *long terme* + 12,4 (− 2,3) [dont crédits commerciaux − 18,9 (− 7,3), emprunts autorisés nets + 36,1 (+ 16,7), investissements directs − 0,6 (− 1,3), inv. du secteur public − 2 (− 2,4), inv. de portefeuille + 6,5 (+ 5,2), prêts − 10 (− 13,3)]. *Court terme du secteur privé* − 13,3 (+ 11,6). *Erreurs et omissions* + 5,8 (− 8,8). *Variation de la position monétaire extérieure* + 1,7 (− 3,6), secteur bancaire + 28,7 (+ 17,8), public − 27 (− 21,4).

Nota. − (1) Chiffres provisoires.

Secteur public local

L'ensemble du secteur public local comprend : collectivités territoriales, Offices publics d'habitations à loyer modéré (O.P.H.L.M.), Offices publics d'aménagement et de construction (O.P.A.C.), hôpitaux et régies locales à caractère industriel et commercial. *Collectivités territoriales :* régions, départements, communes, leur groupement et leurs services. *Groupements de communes :* syndicats, districts et communautés urbaines. On parle aussi d'A.P.U.L. (Administrations publiques locales).

En millions de F

Dépenses. *1983 :* 558,1. *1984 :* 609 dont O.P.H.L.M. et O.P.A.C. 24,9, hôpitaux 145,4, collectivités territoriales 436,9 [dont régions 14,4, départements 105,1, communes 232,3, groupements de communes 51,9].

Ressources. *1983 :* 563,2. *1984 :* 625,9 dont O.P.H.L.M. et O.P.A.C. 24,8, hôpitaux 148,6, collectivités territoriales 450,4 [dont régions 15, départements 107,2, communes 237,5, groupements de communes 53].

Principales ressources des collectivités territoriales en 1984. Impositions directes (taxes foncières, d'habitation et professionnelle) 140,8, dotation globale de fonctionnement 63,2, générale de décentralisation 6,7, autres subventions et participations de fonctionnement versées par l'État (non compris 2,9 MF de participations aux dépenses d'aide sociale versées au titre de la journée complémentaire de 1983) 9,5, subventions d'équipement versées par l'État 17,7 (dont F.C.T.V.A. 10,8, dotation globale d'équipement 2,2), emprunts auprès de la caisse des dépôts, de la C.A.E.C.L. et des caisses de Crédit agricole 50,4.

Recettes budgétaires par région (métropole)

	1980 en millions de F	1981	1981 en F (1)
Ile de France	283 396	352 653	35 035
Champ.-Ardenne	11 136	12 821	9 545
Picardie	12 252	14 253	8 245
Hte Norm.	18 656	21 079	12 824
Centre	17 683	20 412	9 091
Basse Norm.	9 296	10 432	7 768
Bourgogne	12 620	14 171	8 905
Nord-P.-de-Calais	38 018	43 575	11 104
Lorraine	19 047	21 581	9 305
Alsace	18 806	21 523	13 826
Franche-Comté	7 575	7 940	7 358
Pays de la Loire	21 695	24 755	8 528
Bretagne	19 109	21 862	8 131
Poitou-Ch.	12 378	13 815	8 848
Aquitaine	22 035	25 856	9 801
Midi-Pyr.	14 546	16 784	7 247
Limousin	3 929	4 663	6 323
Rhône-Alpes	49 550	56 526	11 368
Auvergne	8 925	10 070	7 558
Languedoc-Roussillon	14 524	16 408	8 627
Prov.-Alpes-C.-d'Azur	37 095	41 938	10 714
Corse	1 001	1 222	5 329
Ensemble	653 272	774 321	19 264

Nota. − (1) Recettes par hab. Sont comptabilisées les recettes du budget général constatées par les comptables du Trésor au 31-12 de chaque année. Les recettes de l'enregistrement des contributions directes et indirectes sont ventilées géographiquement entre leurs départements d'origine ; les recettes douanières restent attachées aux départements où il existe une direction régionale des douanes. Le versement des taxes sur le chiffre d'affaires est effectué au lieu de déclaration et non dans la région réellement bénéficiaire des activités en cause. Le versement forfaitaire de l'État sur les traitements et pensions des fonctionnaires est rattaché à Paris, de ce fait, les chiffres de la région parisienne sont artificiellement gonflés.

Prêts accordés par les principaux prêteurs au secteur public local. *1983 :* 59,9. *1984 :* 62,8, dont Caisse des dépôts et consignations (C.D.C.) 32, Caisse pour l'équipement des collectivités locales (C.A.E.C.L.) 20,4, Caisse de prêts aux organismes d'H.L.M. (C.P.H.L.M.) 6,8 (probablement sous-évalué), Caisses régionales de Crédit agricole (C.R.C.A.) 3,5.

Fiscalité dans les villes de + de 100 000 h. Impôt ménage[1] (en F, 1984). Nice 1 255,30. Orléans 1 133,29. Caen 1 027,94. Nantes 993,56. Paris 980,51. Toulon 970,16. Besançon 957,78. Bordeaux 926,40. Marseille 917,45. Tours 916,31. Angers 902,10. Grenoble 871,76. Dijon 849,94. Lyon 843,47. Limoges 822,62. Toulouse 820,41. Nîmes 806,79. Villeurbanne 800,43. Rouen 800,18. Aix-en-Provence 791,48. Lille 790,29. Metz 775,67. Rennes 756,70. Saint-Étienne 750,37. Mulhouse 748,54. Brest 737,08. Perpignan 728,99. Le Havre 711,97. Roubaix 710,16. Strasbourg 697,77. Amiens 691,10. Boulogne-Bill. 652,38. Montpellier 633,13. Le Mans 560,50. Clermont-Ferrand 554,20. Reims 533,23.

Nota. — (1) L'impôt ménage se calcule en additionnant les principales recettes fiscales que la ville perçoit auprès de ses habitants, puis en divisant le résultat obtenu par le nombre d'habitants. Entrent ainsi en ligne de compte la taxe d'habitation, la taxe foncière sur les propriétés bâties, 30 % des revenus de la taxe foncière sur les propriétés non bâties et le produit de la redevance d'enlèvement des ordures ménagères.

Dettes contractées dans l'année (en milliards de $)
Source : Morgan Guaranty Trust Company of New York

	1983	1984	1985	1986 janv. à mars
Pays industrialisés	**102,65**	**177,08**	**226,71**	**57,82**
dont U.S.A.	20,28	65,05	69,19	15,88
G.-B.	2,73	8,90	25,42	6,09
Japon	14,43	17,53	21,27	5,71
France	*8,63*	*11,30*	*18,77*	*2,99*
Canada	8,57	13,12	17,18	4,09
Australie	5,74	5,82	14,41	5,48
Italie	4,88	6,93	11,03	2,04
Suède	7,14	11,26	9,89	4,29
Espagne	4,98	4,93	3,91	0,42
Norvège	1,97	1,32	3,90	0,64
Danemark	3,94	4,82	3,59	0,47
All. féd.	3,20	2,16	3,45	1,54
Belgique	2,17	1,85	3,27	1,76
N.-Zélande	0,80	3,21	2,71	1,09
Autriche	1,29	2,25	2,43	1,10
Portugal	1,03	1,80	2,38	0,65
Pays-Bas	1,21	1,97	2,30	1,14
Pays en voie de développement	**38,26**	**39,72**	**32,14**	**5,40**
dont Brésil	4,47	6,65	n.c.	n.c.
Corée du S.	4,39	6,20	5,90	1,12
Malaisie	2,20	2,60	2,22	0,03
Argentine	3,70	4,21	1,75	0,02
Thaïlande	0,75	1,22	1,50	0,50
Algérie	1,99	0,82	1,45	0,11
Turquie	1,11	0,74	1,20	0,28
Nigeria	2,34	0,98	n.c.	n.c.
Mexique	5,14	3,92	1,09	n.c.
Chili	1,40	0,78	1,08	n.c.
Pays de l'Est	**1,29**	**3,24**	**5,24**	**1,01**
dont Hongrie	0,74	1,39	1,58	0,31
U.R.S.S.	0,09	1,05	1,49	0,55

Importance de l'endettement brut dans le produit intérieur brut (P.I.B.) en %. Norvège 36, Canada 34, Danemark 33, Suède 33, Espagne 17, Italie 14, Belgique 11, *France 9,* G.-B. 5, Japon 4, U.S.A. 4, All. féd. 1.

Finances publiques internationales

Définitions

Le F.M.I. tire ses ressources de souscriptions mais peut les compléter par des emprunts. En vertu des Accords généraux d'emprunt (A.G.E.), entrés en vigueur en oct. 1962, 10 pays ind. membres du F.M.I. (le Groupe des dix) et la Suisse ont mis des lignes de crédit à la disposition du Fonds. Les A.G.E. ont été renouvelés périodiquement. En 1984, l'Arabie Saoudite s'est jointe aux 11 autres participants. *Montant total des lignes de crédit :* mises à la disposition du F.M.I. au titre des A.G.E. et de mécanismes associés 18,5 milliards de DTS.

Accords généraux d'emprunt en DTS (déc. 1983). 17 milliards dont (en millions de DTS) U.S.A. 4 250, All. féd. 2 380, Japon 2 125, G.-B. 1 700, *France 1 700,* Italie 1 105, Suisse 1 020, Canada 892,5, P.-Bas 850, Belgique 595, Suède 382,5.

Nota. — 1 D.T.S. = 0,96 dollar (févr. 85).

• **Balance des paiements.** Ensemble des comptes enregistrant pour une période donnée l'ensemble des transactions économiques et financières (et leurs soldes) entre un pays et le reste du monde. Principaux postes :

— **Biens et services :** marchandises (exportations et importations : *balance commerciale*) et services (transports, assurances, voyages, brevets, revenus du capital, salaires...).

— **Transferts** (« dons et autres transactions unilatérales ») : économies de travailleurs, paiements au titre de réparations, contributions au financement d'organismes internationaux, dons... L'ensemble des biens et services et des transferts constitue la *balance des paiements courants.*

— **Mouvements de capitaux non monétaires :** capitaux à long terme (investissements de portefeuille, investissements directs, prêts, crédits commerciaux, crédit-bail...) et capitaux à court terme et liquides (prêts et avances, crédits commerciaux...).

• **Balances courantes** (en milliards de $). **1985 :** États-Unis — 128, Japon 48, Europe 17, O.P.E.P. — 26. **86 :** États-Unis — 146, Japon 57, Europe 35, O.P.E.P. — 20.

• **Balances dollar et balances sterling.** Avoir en dollars ou en livres sterling que les banques centrales autres que celles des États-Unis et de la Grande-Bretagne détiennent à titre de réserve sous le régime de l'étalon de change or.

Bretton Woods (accords de). U.S.A. (New Hampshire). Là se réunirent, du 1er au 21-7-1944, des délégués de 44 pays (dont *France :* P. Mendès France ; *G.-B. :* J.-M. Keynes ; *U.S.A. :* Harry Dexter White) pour établir les bases d'une coopération internationale sur le plan monétaire en vue de faciliter l'expansion du commerce international. Ils décidèrent de créer le *Fonds monétaire international* (F.M.I.) et la Banque mondiale et fixèrent les parités des monnaies. Ce système de taux de change fixe, reposant sur un dollar lié à l'or, dont le F.M.I. devait être le gardien, ne fut en vigueur que le 1-1-1959, date à partir de laquelle toutes les monnaies des pays industrialisés, et pas seulement le dollar, sont redevenues librement convertibles, au moins pour les non-résidents. *Effondrement :* entre 1971 et 1973 avec l'abandon de la parité or de la devise américaine et le flottement généralisé.

• **Convertibilité.** Une monnaie est convertible quand ceux qui la possèdent peuvent librement la transformer en n'importe quelle autre monnaie.

La plupart des monnaies convertibles ne sont en fait convertibles que par les non-résidents. Par exemple, un Français ne peut pas convertir en quantité illimitée les francs qu'il possède en marks, dollars, livres sterling, etc. Cependant, un non-résident étranger peut transformer ses francs, sans autorisation ni limite, en n'importe quelle autre devise. On parle alors de *convertibilité externe.*

Quelques monnaies sont convertibles à volonté par les résidents et les non-résidents, exemple : le mark et le F suisse.

Pays très endettés. Total de la dette en 1985, entre parenthèses service de la dette 1985-87, dont en italique les intérêts (en milliards de $). *Source.* — Banque mondiale.

Total 445,9 (194,9) *106,9* dont Argentine 50,8 (20,4) *12,7.* Bolivie 4 (1,6) *0,6.* Brésil 107,3 (39,7) *28.* Chili 21 (9,2) *5.* Colombie 11,3 (6,4) *2,5.* Costa Rica 4,2 (2,4) *0,9.* Équateur 8,5 (3,4) *2,1.* C.-d'Ivoire 8 (4) *1,4.* Jamaïque 3,4 (1,3) *0,5.* Mexique 99 (44,4) *27,2.* Maroc 14 (6) *2,4.* Nigeria 19,3 (9,1) *3,1.* Pérou 13,4 (5,2) *3,1.* Philippines 24,8 (9,5) *4,9.* Uruguay 3,6 (1,4) *0,8.* Venezuela 33,6 (17,8) *7,8.* Yougoslavie 19,6 (13,6) *4. Ratio dette/P.N.B. (en %) :* Jamaïque 238,5, Costa Rica 136,3, Côte-d'Ivoire 135,4, Chili 126,9, Bolivie 121,1, Maroc 111,4, Pérou 97,9, Équateur 91,5, Philippines 76,1, Venezuela 73,3, Uruguay 72,7, Argentine 71,9, Mexique 60,9, Brésil 49,7, Yougoslavie 44,1, Colombie 36,8, Nigeria 22,9.

• **Dévaluation.** Opération consistant à réduire la valeur d'une monnaie déterminée par rapport à l'or, donc également par rapport aux autres monnaies.

Il ne faut pas confondre dévaluation et *dépréciation de la monnaie.* Toutes les monnaies subissent en permanence une certaine perte de leur pouvoir d'achat intérieur du fait de la hausse des prix.

Quand un pays subit une hausse de prix anormalement forte et durable, le gouvernement peut dévaluer pour réduire l'écart avec les niveaux de prix étrangers.

La dévaluation entraîne toujours une certaine hausse des prix, liée au renchérissement des importations.

Elle refrène donc celles-ci et favorise les exportations dont les prix baissent pour les étrangers.

• **Devise.** Toute créance sur l'étranger libellée en monnaie étrangère et payable à l'étranger. Elle peut prendre la forme d'avoirs auprès des banques étrangères (comptes en banque) ou de traites ou de chèques libellés en monnaie étrangère payables à l'étranger.

Dans une banque, on appelle *« position à la hausse »* les avoirs en devises et *« position à la baisse »* les dettes en devises. On peut acheter ou vendre à terme une devise, selon que l'on s'attend à sa hausse ou à sa baisse. Cependant, de nombreuses opérations à terme (effectuées pour des industriels ou des chefs d'entreprises) n'ont aucun but spéculatif. Ainsi, un importateur français qui a acheté en G.-B. des marchandises payables à 90 j en livres sterling doit, pour faire ses calculs (prix de revient, prix de vente en France, etc.), savoir combien ces livres sterling lui coûteront : il en fixera alors le cours avec sa banque par un achat à terme (s'il ne le faisait pas, il spéculerait en fait à la baisse sur la livre ou à la hausse du franc).

• **Droits de tirage spéciaux (D.T.S.).** Instrument de réserve international créé par le F.M.I. en 1970 pour compléter les actifs de réserve existants. Il est aussi utilisé comme unité de compte par le F.M.I. et par d'autres institutions. La création des D.T.S., dans le cadre du 1er amendement aux statuts du F.M.I., répondait à l'inquiétude générale devant la possibilité d'une croissance insuffisante de la liquidité internationale. Les pays membres ont l'intention — qu'ils ont exprimée dans les Statuts — de faire en sorte que le D.T.S. devienne le principal instrument de réserve du système monétaire international. Les D.T.S. sont alloués aux pays membres qui le demandent au prorata de leur quote-part, sur des périodes spécifiées. 9,3 milliards de D.T.S. ont été alloués dans la 1re période (1970-72). Aucune autre allocation n'a eu lieu avant le 1-1-1979. Des allocations de 4 milliards de D.T.S. chacune ont été effectuées le 1-1-1979, le 1-1-1980 et le 1-1-1981. *Montant total* 21,4 milliards de D.T.S. (soit env. 7 % des réserves intern. actuelles, or non compris).

Les D.T.S. se différencient des droits de tirage ordinaires créés à Bretton Woods en 1944. Leur utilisation n'est soumise à aucune restriction, sinon qu'ils ne peuvent être employés par une banque centrale pour modifier la composition de ses réserves.

Un pays qui accepte les D.T.S. doit participer au Département des D.T.S. du F.M.I., à l'heure actuelle, tous les membres y participent. Un participant peut utiliser des D.T.S. pour effectuer des versements au F.M.I., notamment au titre de rachats, et le F.M.I. lui-même peut transférer des D.T.S. à un participant, à diverses fins ; il peut, notamment, transférer des D.T.S. au lieu de monnaie à des pays membres qui utilisent les ressources du F.M.I. Un participant peut aussi utiliser les D.T.S. de diverses manières par accord avec un autre participant. Il peut, par exemple, utiliser des D.T.S. pour obtenir une monnaie dans une transaction au comptant, pour s'acquitter d'une obligation financière, pour un prêt, pour garantir un prêt, pour effectuer un swap contre une monnaie ou pour réaliser une opération de change à terme. En outre, un participant peut se servir de ces D.T.S. pour obtenir une monnaie utilisable d'un autre participant désigné par le F.M.I.

Valeur en D.T.S. : le Fonds la définit de juillet 1974 à la fin décembre 1980 ; la valeur était calculée en fonction des taux de change sur le marché d'un panier comprenant les monnaies des 16 pays membres dont les exportations de biens et de services étaient les plus importantes. Dep. janvier 1981, le panier se compose des monnaies des 5 pays membres dont la part dans les exportations mondiales de biens et services est la plus importante : dollar (coefficient de pondération (42 %), deutsche mark (19 %), yen, franc français et livre sterling (13 % chacun). Chaque jour ouvrable, le F.M.I. publie le taux de change d'un grand nombre de monnaies exprimé en D.T.S.

Taux d'intérêt servi sur le D.T.S. : égal à la moyenne pondérée des taux des instruments du marché monétaire à court terme dans les 5 pays dont la monnaie entre dans la composition du panier qui sert à calculer la valeur du D.T.S., calculée chaque vendredi pour la semaine commençant le lundi suivant (ex. du 22 au 28-4-85 : 8,07 %).

Quotes-parts. De 59,6 milliards de D.T.S. en 1980, le montant total des quotes-parts est passé en sept. 84 à 89,5 milliards de D.T.S.

En novembre 1983, les membres du F.M.I. ont décidé de relever certaines quotes-parts d'un montant total d'environ 90 milliards de D.T.S. dont 40 % de cette augmentation (soit env. 12 milliards de D.T.S.) ont été répartis entre tous les pays membres, en fonction de leur quote-part, et 60 % ont été répartis de manière sélective. Chaque pays membre a payé 25 % de l'augmentation de sa quote-part en D.T.S. ou en monnaies indiquées par le Fonds et 75 % en sa propre monnaie.

En cours des crédits accordés par le Fonds (millions de D.T.S) = *1983* : 23 590, *84* : 31 742, *85* : 34 973.

Facilité pétrolière. V. Quid 1982, p. 1577.

Facilité de financement supplémentaire. En vigueur dep. le 30-4-1978. Ensemble de lignes de crédit permettant au F.M.I. d'emprunter auprès d'un certain nombre de pays industrialisés ou export. de pétrole afin d'accorder des prêts supplémentaires aux pays membres accusant des déficits de balance des paiements considérables par rapport à leur quote-part.

Le 25-4-1980 : le F.M.I. s'est dit prêt à jouer un rôle de plus en plus important dans l'ajustement et le financement des problèmes des balances de paiements en fournissant plus d'aide pour des périodes plus longues que dans le passé.

ECU (European Currency Unit). Unité monétaire européenne constituant l'élément central du Système monétaire européen (S.M.E.) entré en vigueur le 13-3-1979 (V. S.M.E. ci-contre). (Unités de compte antérieures en Europe : *1950* UC dans le cadre de l'Union Européenne des Paiements, *1975* UCE.)

Euro-monnaie. Monnaie détenue par un ressortissant d'un autre pays que celui d'émission ou, si le détenteur et la monnaie ont la même nationalité, qui est déposée dans une banque étrangère. Un *euro-dollar* est un dollar qui appartient à un non-Américain ou un dollar appartenant à un Américain mais déposé dans une banque autre qu'américaine (les euro-monnaies ne concernent donc pas que l'Europe). Le marché des euro-monnaies était à l'origine un marché financier à court terme (arbitrages entre les différents taux d'intérêt de chacun des marchés nationaux). Il permet aujourd'hui des emprunts à long terme d'entreprises privées ou publiques, non libellés en monnaies nationales à l'abri du contrôle des changes et des réglementations des banques centrales nationales.

Principes. a) *Fournisseurs :* importateurs et exportateurs qui se couvrent à terme et laissent leurs devises en dépôt en attendant le dénouement de leurs opérations ; résidents des U.S.A. qui confient leurs avoirs à des banques en Europe autres que celles de leur propre pays ; banques commerciales recherchant des placements à l'extérieur ; banques centrales qui mettent des devises à la disposition de leurs banques commerciales pour diverses raisons : financement du commerce extérieur, régulation de la liquidité interne, aménagement du volume des réserves officielles, recherche de taux de rendement supérieurs à celui du marché américain. b) *Principaux utilisateurs :* les opérateurs qui désirent et peuvent financer leurs règlements étrangers ou leurs besoins de trésorerie internes avec des euro-dollars : les résidents des U.S.A. qui rapatrient les avoirs qu'ils ont placés sur le marché ; des banques centrales qui retirent de ce marché des devises qu'elles lui avaient fournies.

Marché de l'euro-monnaie (chiffres bruts) en déc. 83 : 1 760 milliards de $ (110 en 1970, 695 en 1977, 895 en 1978, 1 155 fin 1979).

● **Liquidités internationales.** Ensemble des disponibilités dont les banques centrales disposent (or, balances dollar ou sterling, droits de tirage spéciaux et positions de réserve au Fonds). En plus des liquidités officielles il existe des liq. privées. Dans le système actuel, la création des liq. est fonction de l'offre et de la demande. L'augmentation du prix du pétrole a créé un besoin de financement durable et difficilement compressible des pays importateurs, mais jusqu'à présent le système international a été à même de fournir les liq. au-delà des besoins.

Évolution des réserves officielles des pays membres du F.M.I. (en milliards de D.T.S.), 1er chiffre or exclu, et entre parenthèses, montant en or. *1975 :* 160,1 (122,2) ; *77 :* 229,9 (139,8) ; *78 :* 247,0 (179,9) ; *79 :* 274,0 (367,1) ; *80 :* 321,5 (440,5) ; *81 :* 336,4 (325,5) ; *82 :* 330,6 (392,9) ; *83 :* 362,5 (345,2) ; *84 :* 403,1 (297,5). [*Répartition au 31-12-84 :* P.V.D. exportateurs de pétrole 67,9 (13,8) ; non exp. pétrole 110,6 (36,6)]. *85* (31-3) : 386,5 (314,6).

Nota. — Avoirs et, entre parenthèses, revenus des investissements à l'étranger des pays musulmans de l'O.P.E.P. (en millions de $) : *1972 :* 9 733 (781,4), dont Arabie Saoudite 2 303 (125) ; *1977 :* 122 265 (8 740,6), dont Arabie Saoudite 66 000 (4 447) ; *1978 :* 138 651 (11 100), dont Arabie Saoudite 75 000 (6 000).

● **Marché des changes.** Marché sur lequel vendeurs et acheteurs de monnaies étrangères se rencontrent pour négocier les titres de créance libellés en monnaies étrangères. L'ensemble de ces titres, chèques, lettres de changes, transferts télégraphiques, forment les *devises.*

Ventes et achats s'équilibrent à un certain prix appelé *taux de change.* Lorsqu'il y a égalité des taux sur 2 marchés différents (ex. : Paris et New York), on dit qu'il y a *parité des changes.* L'opération consistant à vendre ou acheter des devises pour ramener les différents taux à la parité s'appelle l'*arbitrage.*

● **Parité.** Rapport de la valeur d'une monnaie à une autre (V. Taux de change).

● **Réévaluation.** Inverse de la dévaluation. La valeur d'une monnaie est relevée par rapport à celle d'autres monnaies. La réévaluation risque d'affaiblir la position compétitive extérieure du pays concerné.

● **Réserves internationales.** Fonds représentés par l'or et les devises (dollar et livre), les D.T.S. et les positions de réserve sur le F.M.I. détenus par les banques centrales ou banques d'émission de chaque pays.

● **Swap.** *D'intérêt :* consiste à transformer une dette à taux fixe en une dette à taux variable et réciproquement. *De devises :* consiste à échanger une dette libellée dans une monnaie contre un montant identique dans une autre. Sur 3 euro-émissions obligatoires, 2 sont basées sur des échanges d'intérêt, de devises ou des deux. Volume des swaps en circulation (en milliards de $), *1983 :* 40, *84 (estim.) :* 80 à 100.

● **Système monétaire européen (S.M.E.).** Approuvé le 5-12-1978 par les pays du Marché commun (sauf la G.-B.), entré en vigueur le 13-3-1979. En **1985**-*15-3* accord signé entre les gouverneurs des banques centrales pour encourager l'usage officiel de l'Ecu : revalorisation des taux d'intérêts servis sur l'Ecu (pour inciter les banques centrales des Dix à préférer l'Ecu au dollar comme instrument de réserve), engagement des banques centrales à utiliser davantage l'Ecu dans leurs interventions sur le marché des changes lorsqu'il faut assurer la stabilité des cours des monnaies européennes. *2-12* le Conseil européen de Luxembourg institutionnalise le SME et l'Ecu. L'union monétaire va figurer dans le texte révisé du traité de Rome. L'Ecu est devenu désormais, en volume échangé, la 5e monnaie internationale derrière dollar, livre sterling, mark et yen.

But : limiter et contrôler les fluctuations des monnaies des pays participants. *Moyens :* une unité monétaire européenne (Ecu) en constitue l'él. central.

Fonctions : unité de compte dans le budget des institutions européennes et dans la PAC (Pol. agric. communautaire) possédant les attributs classiques d'une monnaie (étalon de référence, instrument de règlement et de réserve) : dénominateur dans le mécanisme des taux de change, base pour l'établissement d'un indicateur de divergence, dénominateur pour les opérations des mécanismes d'intervention et de crédit, moyens de règlement entre les autorités monétaires de la Communauté européenne. Comme pour les D.T.S., la valeur de l'Ecu est calculée en additionnant la valeur des monnaies concernées qui sont affectées d'un coefficient (en fonction du P.N.B. et du commerce extérieur des pays). Chaque monnaie a un « taux-pivot » (parité) rattaché à l'Ecu ; à partir de ces taux-pivots (qui déterminent des parités bilatérales entre les monnaies), sont fixées des marges de fluctuation de 2,25 % (en plus ou en moins) sauf — provisoirement — pour l'Italie (6 %).

Si une monnaie franchit son « seuil de divergence » (75 % de l'écart maximal de divergence par rapport à l'ensemble des monnaies : « indicateur de divergence »), les autorités du pays concerné doivent réagir (« présomption d'action ») : interventions sur le marché des changes, mesures monétaires et économiques, modification des taux-pivots, recours au fonds d'intervention (facilités de crédit illimitées à très court terme). Le Fonds dispose de 25 milliards d'Ecu (env. 120 milliards de F) dont 14 pour le soutien monétaire à court terme (— d'un an) et 11 pour les concours à moyen terme ; alimenté par la remise de 20 % des avoirs en or et de 20 % des réserves en $ des membres qui reçoivent en contrepartie des Ecus destinés au règlement des soldes des interventions des banques centrales.

Usages privés de l'Ecu

En développement rapide. Causes : 3 avantages : protection contre le risque de change, possibilité pour les opérateurs de diversifier leurs avoirs en devises et d'avoir accès à des devises europ. dont le marché est étroit, taux d'intérêt plus stables et plus pondérés que ceux des monnaies constituant l'Ecu. *Usage financier :* comprend par ex. les émissions obligatoires [1] (encours de 6,2 milliards d'Écus en févr. 1985 [2]), les crédits bancaires internationaux (23,6 milliards de $ en 1984, 5e monnaie internationale), des produits d'épargne. *Usage commercial.* Facturation par certains groupes : interne entre filiales (ex. : St-Gobain) ou vis-à-vis de fournisseurs (ex. : Lesieur), crédits-imports-exports (ex. : l'Italie, la France pour les échanges agro-alim., le commerce avec l'U.R.S.S.).

Nota. — (1) Le 18-2-1985, 1er emprunt en Écus coté à la Bourse de Paris : emprunt de la Banque europ. d'inv. : 200 millions d'Écus (dont 160 millions pour la Fr.), en obligations de 1 000 Écus (7 000 F env.) pour 10 ans, 9,25 %. (2) Dont inst. europ. 1,86, *Fr. 1,48.*

Ajustements (en % par rapport aux autres monnaies du SME). **1979**-*23-9 :* DM + 2, cour. dan. — 3 ; *29-11* cour. dan. — 4,8 ; **81**-*22-3 :* lire it. — 6 ; *4-10* DM et florin + 5,5, FF et lire it. — 3 ; **82**-*23-2 :* FB — 8,5, C. dan. — 3 ; *12-6 :* DM, florin + 4,25, FF — 5,25, lire it. — 2,75 ; **83**-*21-3 :* DM + 5,5, florin + 3,5, C. dan. + 2,5, livre irl. — 3,5 ; **85**-*20-7 :* lire — 6, autres monnaies + 2 ; **86**-*6-4 :* FF — 3, DM et florin + 3, C. dan. et F franco-luxemb. + 1.

Cours-pivot (au 7-4-1986) : 1 F = 0,14362 Ecu, 1 Ecu = 6,9628 F (en F : 1 DM = 3,25617, 1 florin = 2,88991, 1 lire = 0,00465362, 1 F belge = 0,159419, 1 couronne danoise = 0,879257, 1 livre irlandaise = 9,7661.

Composition d'un Ecu (coefficients en montants fixes) : Francs belge et luxembourgeois 3,85, Deutsche Mark 0,719, Florin néerlandais 0,256, Couronne danoise 0,219, Franc français 1,31, Drachme 1,5, Lire italienne 140, Livre irlandaise 0,00871, Livre britannique 0,0878.

Poids relatif des monnaies composant l'Ecu (en %, au 1-8-85) : DM 32 ; FF 19 ; florin 10,1 ; lire 10,2 ; FB et L 8,5 ; couronne dan. 2,7 ; livre irl. 1,2, livre sterling 15. Drachme 1,3.

Nota. — Les Ecus figurent à l'actif du bilan de chaque Institut d'émission nat. parmi les réserves en devises (50 milliards d'Ecus au total en mars 1985).

• **Taux de change.** Prix d'une monnaie par rapport à une autre. Cette parité est définie par rapport au poids d'or fin que la monnaie contient (sur la base, pour une once d'or fin, de 35 $ de 1934 à 1971, de 42,22 $ à partir du 12-2-1973). Les parités étaient fixes depuis les accords de Bretton Woods, les pays signataires s'étant engagés à intervenir sur les marchés des changes afin que les cours ne varient pas de plus de 1 % (de 2,25 % dep. le 18-12-71). Lorsque les réserves d'un pays, c'est-à-dire ses avoirs en or et en devises qui garantissent sa propre monnaie, diminuent considérablement pour des raisons économiques ou politiques excluant un redressement, ce pays est contraint de modifier la parité de sa monnaie par rapport à l'or : c'est la *dévaluation,* qui permet de maintenir la libre convertibilité monétaire. Lorsque s'accumulent les réserves, la *réévaluation* peut être décidée.

Les accords de la Jamaïque (7/8-1-76) ont légalisé le flottement des monnaies (celles-ci flottent dorénavant isolément ou par bloc), et contrairement à un régime de taux fixe, il n'y a pas de marge de variation prescrite. Voir tableau p. 1604.

☞ Dettes de la 1re Guerre mondiale. Voir Quid 82, p. 1578. Liquidités internationales voir page 1597.

Monnaies

Quelques définitions

Disponibilité monétaire ou monnaie proprement dite. Comprend l'ensemble des moyens de paiement : monnaie (passif du système monétaire sous forme de monnaie fiduciaire et dépôts à vue à l'égard du secteur privé national) et monnaie de réserve (passif des autorités monétaires en monnaie fiduciaire et en dépôts à vue à l'égard des banques de dépôt et du secteur privé national). **Monnaie fiduciaire :** ensemble des billets de banque et de la monnaie métallique. **Scripturale :** ensemble des chèques, traites et lettres de change. **Quasi-monnaie.** Constituée par les avoirs aisément transformables sans perte en capital : dépôts à terme, comptes sur livrets dans les banques.

Placement liquide ou à court terme. Ensemble de la quasi-monnaie, des avoirs en caisses d'épargne et des bons du trésor. **Masse monétaire.** Comprend les disponibilités monétaires et la quasi-monnaie. **Contrepartie de la masse monétaire.** Monnaie et quasi-monnaie constituent des dettes des banques et du trésor public à l'égard des entreprises et des particuliers. En contrepartie sont comptabilisées à l'actif de ces institutions les opérations de monétisation des créances qui sont à l'origine de la création monétaire : l'acquisition d'or et de devises, les créances sur le trésor public (concours accordé à l'État par la Banque de France et les banques ; dépôts à vue ou à terme des entreprises et des particuliers dans les centres de chèques postaux et sur les livres comptables publics) et les crédits aux entreprises et aux particuliers.

Liquidité de l'économie. Comprend les éléments de la masse monétaire et les dépôts dans les caisses d'épargne et les bons du trésor souscrits par le public. La liquidité de l'économie permet d'apprécier l'évolution de la situation monétaire du pays et de la comparer à celle des pays étrangers. Elle est mesurée par le rapport entre le montant moyen annuel et l'ensemble des liquidités et la dépense nationale brute qui prend en compte les importations.

Monnaies les plus anciennes. Les 1res *pièces de monnaie connues :* statères lydiens d'électrum du roi Gygès (690-650 av. J.-C.) ; des pièces chinoises auraient été émises v. 770 av. J.-C. (dynastie Tchéou) ; *1re pièce datée connue :* p. danoise de l'évêque de Roskilde (1234). *Papier-monnaie :* d'origine chinoise (xe s. apr. J.-C.) ; 1ers *billets de banques :* suédois (banco-sedlar) : juillet 1661.

Vitesse de circulation de la monnaie. Nombre de fois où, pendant une période donnée, une unité de monnaie sert à acquérir un bien. Si, pendant un an, la totalité des transactions effectuées dans un pays est de 1 000 et que la masse monétaire est restée égale à 200, chaque unité de monnaie a servi 5 fois. A court terme, il semble que la vitesse de circulation soit assez stable (25 fois env.).

Zones monétaires

Une zone monétaire se présente comme un système institutionnel et centralisé de défense externe de la monnaie qui regroupe plusieurs pays. Le système est protégé de l'extérieur par un contrat des changes ; les transferts sont libres à l'intérieur de la zone, les monnaies convertibles entre elles sur la base de parités fixes ; les devises acquises sont mises en commun et gérées par un seul pays.

• **Zone dollar.** Il n'existe pas de zone dollar, mais un certain nombre de pays en voie de développement rattachent le cours de leur monnaie à celui du dollar, notamment beaucoup de pays d'Amérique latine.

• **Zone escudo.** Comprenait le Portugal et ses provinces d'outre-mer, mais Angola (8-1-77) et Mozambique (9-3-77) s'en sont détachés.

• **Zone franc.** *Constituée* en 1945-46. Au 1-1-1985, outre la France, ses DOM-TOM, Mayotte et Monaco comprend 13 États africains et les Comores. Les États africains sont regroupés en 2 unions monétaires ; l'Union monétaire ouest-africaine (UMOA) comprenant Bénin, Burkina-Faso, Côte-d'Ivoire, Mali, Niger, Sénégal, Togo. Les pays membres de la banque des États d'Afrique centrale (BEAC), créée 1972, comprenant Cameroun, Centrafrique, Congo, Gabon, Guinée équatoriale et Tchad.

Aire géographique : dep. 1960, Madagascar, Mauritanie en sont sortis le 1er et 9-7-1973 (la Mauritanie quittant également l'UMOA). Le Mali a quitté la zone en 1962, l'a réintégrée en 1967, en gardant un institut d'émission autonome ; il a été admis dans l'UMOA, en 1984, et a cessé d'émettre une monnaie nationale. La Guinée équatoriale a été admise à la BEAC par les pays membres en 1985.

Cadre institutionnel en Afrique : les 2 unions monétaires sont fondées sur des accords : 22-11-1972, convention de coopération monétaire pour l'Afrique centrale ; 1962, puis 14-11-1973, traité instituant l'UMOA. Ils ont été suivis de conventions de coopération monétaire avec la France, les 23-11-1972 (BEAC) et 4-12-1973 (UMOA), complétées des conventions de compte d'opérations, les 13-3-1973 (BEAC) et 4-12-1973 (UMOA).

Organisation de l'UMOA : Conférence des chefs d'État, autorité suprême, se réunit au moins 1 fois par an. Elle décide de tout changement dans la composition de l'union, et intervient en cas de désaccord au sein du *Conseil des ministres* (2 ministres, mais 1 seule voix par pays) qui se réunit au moins 2 fois par an. *Banque centrale des États de l'Afrique de l'Ouest (BCEAO) :* siège à Dakar, établissement public international, institut d'émission de l'union ; participe au capital de la banque ouest-africaine de développement (BOAD).

Organisation de la zone BEAC : Comité monétaire constitué des ministres des Finances. *BEAC :* siège à Yaoundé, mêmes fonctions que la BCEAO.

Fonctionnement de la zone monétaire : les monnaies de la zone sont librement convertibles entre elles et s'échangent à un taux fixe. *Monnaies de la zone :* Franc français, Franc CFP, Franc comorien, Franc CFA (Communauté Financière Africaine) de l'UMOA et Franc CFA (Coopération Financière en Afrique centrale) de la BEAC. La liberté interne des transferts a été conservée, avec des aménagements. L'accord avec l'UMOA prévoit qu'un État membre peut avoir besoin d'y déroger. Les pays de la zone BEAC ont fixé chacun un plafond aux transferts, quelle que soit leur destination (aucun n'est appliqué). La parité d'une monnaie de la zone peut être modifiée, mais dep. 1948 (création du Franc CFA), cela ne s'est pas produit.

La mise en commun des réserves : est assurée par le **compte d'opérations** où les banques centrales déposent une partie de leurs réserves contre rémunération. Elles peuvent aujourd'hui en détenir 35 % au maximum (hors D.T.S. et tranche de réserve au F.M.I.) sous des formes déterminées ; par exemple, en dépôts en compte auprès de la B.R.I. Les avoirs mis en commun et détenus en FF bénéficient d'une **garantie de change** par rapport au D.T.S., qui s'ajoute à la possibilité de détenir une partie des réserves en devises autres que le FF, choix déterminé par le double critère, des cours réciproques et des taux d'intérêt Banque de France — monnaies fortes.

Parité avec le Franc français. 1 Franc CFP = 0,055 FF. 1 Franc CFA = 0,02 FF. 1 Franc comorien = 0,02 FF.

• **Zone rouble transférable** (système monétaire international des pays membres de C.A.E.M.). Fonctionne conformément à l'Accord concernant les règlements multilatéraux en roubles transférables et l'organisation de la Banque internationale pour la coopération économique (1964). Pays participants : Bulgarie, Hongrie, Viêt-nam, R.D.A., Cuba, Mongolie, Pologne, Roumanie, Tchécoslovaquie, U.R.S.S. Tous les types de règlements et opérations de crédit entre ces pays s'effectuent en devise collective (rouble transférable).

Zone sterling (G.-B., pays du Commonwealth sauf Canada et, à différentes époques : Islande, Irlande, Jordanie, Koweit, Libye, Pakistan). Née à la suite de la dévaluation de la livre sterling anglaise en 1931. Ses membres gardèrent la plus grande part de leurs avoirs en devises étrangères sous forme de £, en retour la G.-B. n'appliquant avec eux aucune restriction dans le contrôle des changes jusqu'en juin 1972. Les contrôles des changes furent alors étendus à tous les pays sauf l'Irlande et, après 1973, à Gibraltar. Des contrôles furent appliqués à la Rhodésie du Sud entre novembre 1965 et décembre 1979. La zone sterling a cessé d'exister quand le contrôle des changes a été établi en octobre 1979.

Taux des changes

☞ De sa création au début des années 70, le F.M.I. exerçait une surveillance sur un système de taux de change reposant sur les parités — système qui s'est effondré en raison des équilibres grandissants de l'économie mondiale. Depuis mars 1973, le système monétaire a été caractérisé par le flottement généralisé des monnaies des principaux pays industrialisés commerçants, tandis que la plupart des autres pays rattachaient leur monnaie à celle d'un pays industrialisé, au D.T.S. ou à un autre panier de monnaies. Depuis le milieu des années 70, le F.M.I. s'emploie essentiellement à encourager et à favoriser le processus d'ajustement, tant dans les pays membres industrialisés que dans les pays membres en développement, en vue de rétablir des conditions favorables à une croissance stable de la production et une nouvelle expansion du commerce international.

Les pays peuvent choisir leurs dispositions en matière de change et peuvent notamment laisser flotter leur taux de change, mais ils doivent informer le F.M.I. des dispositions qu'ils appliquent. Ils peuvent aussi adopter un taux de change rattaché à une autre monnaie ou un taux de change rattaché au D.T.S. (dont la valeur est fixée en fonction d'un panier de 5 monnaies) ou un taux de change rattaché à un autre panier de monnaies.

Les pays membres du Système monétaire européen maintiennent des marges fixes pour les taux de change de leurs monnaies par rapport aux autres monnaies au sein du groupe, mais laissent flotter leurs taux de change par rapport aux monnaies des pays qui n'appartiennent pas au groupe.

En févr. 1985, il y avait 148 pays membres du Fonds monétaire international (voir p. 773) ; 148 monnaies flottaient, 38 étaient rattachées à une monnaie (34 au $ US, 14 au FF, 1 £, 2 au rand sud-africain, 1 roupie indienne), 11 rattachées au D.T.S., 28 à un panier de monnaies, 6 ajustées en fonction d'un groupe d'indicateurs, 8 dans le cadre du S.M.E., 39 soumises à un régime plus flexible. *Monnaies non membres du F.M.I. :* F suisse, $ de Hong Kong, monnaies des pays de l'Europe de l'Est (sauf Roumanie et Hongrie).

Régimes des changes (au 30-6-1985 [1]). Monnaies dont le taux est établi par rapport : au dollar EU : Antigua et Barbuda, Bahamas, Barbade, Belize, Bolivie, Djibouti, Dominicaine (Rép.), Dominique, Égypte, El Salvador, Éthiopie, Ghana, Grenade, Guatemala, Haïti, Honduras, Irak, Laos, Liberia, Libye, Nicaragua, Oman, Panama, Paraguay, St-Christophe-et-Nevis, Sainte-Lucie, St-Vincent, Sierra Leone, Soudan, Surinam, Syrie, Trinité et Tobago, Venezuela, Yémen Rép. arabe, Yémen Rép. dém. pop. **Au franc français :** Bénin, Burkina, Cameroun, Centrafricaine (Rép.), Comores, Congo, Côte-d'Ivoire, Gabon, Guinée équat., Mali, Niger, Sénégal, Tchad, Togo. **A une autre monnaie :** Bhoutan (roupie indienne), Gambie (livre sterling), Lesotho (rand sud-afr.), Swaziland (rand suf-afr.). **Au D.T.S. :** Birmanie, Burundi, Guinée, Iran, Jordanie, Kenya, Rwanda, São Tomé et Principe, Seychelles, Sierra Leone, Vanuatu, Viêtnam. **A un ensemble d'autres monnaies**[2] : Algérie, Autriche, Bangladesh, Botswana, Cap-Vert, Chine pop., Chypre, Fidji, Finlande, Guyane, Hongrie, Koweït, Madagascar, Malaisie, Malawi, Malte, Maurice, Mauritanie, Mozambique, Népal, Norvège, Papouasie, Roumanie, Singapour, Salomon (îles), Suède, Tanzanie, Thaïlande, Tunisie, Zambie, Zimbabwe.

Régime prévoyant une flexibilité limitée par rapport : à une seule monnaie[3] : Afghanistan, Arabie Saoudite, Bahreïn, Émirats arabes unis, Qatar. **Mécanismes de coopération monétaire**[4] : Allemagne, Belgique, Danemark, *France*, Irlande, Italie, Luxembourg, P.-Bas. **Régime prévoyant une plus grande flexibilité. Ajusté en fonction d'un groupe d'indicateurs**[5] : Brésil, Chili, Colombie, Pérou, Portugal, Somalie. **Autres régimes de flottement dirigé :** Argentine, Corée, Costa Rica, El Salvador, Équateur, Espagne, Grèce, Guinée-Bissau, Inde, Indonésie, Islande, Israël, Maroc, Mexique, Nigeria, Pakistan, Samoa occident., Sri Lanka, Turquie, Yougoslavie. **Régime de flottement indépendant :** Afrique du Sud, Australie, Canada, G.-B., Jamaïque, Japon, Liban, N.-Zélande, Ouganda, Philippines, Rép. dominicaine, Uruguay, U.S.A., Zaïre.

Nota. — (1) Non compris la monnaie du Kampuchea démocratique, sur laquelle on ne dispose pas de données récentes. Pour les pays ayant institué des marchés des changes doubles ou multiples, le régime des changes indiqué est celui qui est en vigueur sur le marché principal. (2) Comprend les monnaies dont le taux de change est établi par rapport à divers « paniers » de monnaies qui, contrairement au panier du D.T.S., sont choisis par les pays membres. (3) Taux de change de toutes les monnaies qui se sont révélés peu flexibles par rapport au dollar EU. (4) Il s'agit de mécanismes de coopération monétaire maintenus dans le cadre du Système monétaire européen. (5) Englobe les régimes de change dans le cadre desquels le taux de change est ajusté à intervalles relativement rapprochés, en fonction d'indicateurs déterminés par les pays membres respectifs.

Histoire du franc

Sous l'Ancien Régime la livre était souvent appelée « franc » ; *pièces en circulation :* louis d'or (24 livres), écu d'argent (6 livres), sol en billon, liard en cuivre (divisé en deniers), avec leurs multiples et sous-multiples.

Convention *loi du 17 frimaire an II (7-12-1793),* la livre est divisée en décimes et centimes (sous et deniers étant abolis). *Loi du 18 germinal an III (7-4-1795),* la livre prend le nom de franc. *Loi du 28 thermidor an III (15-8-1795),* teneur métallique, taille et poids des pièces d'or et d'argent sont définis, la pièce de 1 F en argent pèse 5 g.

Directoire *loi du 17 floréal an VIII (7-5-1799)* impose le mot « franc » à la place de « livre » (bien que le franc vaille 1 livre et 3 deniers) ; les anciennes pièces continuent à circuler.

Consulat *loi du 7 germinal an XI (28-3-1803),* la pièce de 1 F en argent pèse 5 g au titre de 9/10, des pièces de 5 F, 2 F, 1 F, 0,50 F, 0,25 F sont créées ainsi que des pièces d'or de 20 et de 40 F, au titre de 9/10 sur la base de 155 pièces de 20 F au kg (le rapport légal de la valeur de l'or et de l'argent étant, comme sous Louis XVI, de 15,5). La teneur en or du « franc germinal » est la même que sous Louis XVI : 0,29 g. D'après le rapport de 1 à 15 ½ ainsi établi entre l'or et l'argent, le franc se trouve contenir 0,32258 g d'or au titre de 900/1 000, soit 0,290322 g d'or fin. Le titre de 900 millièmes a été maintenu pour les pièces de 5 francs. Celui des monnaies divisionnaires a été fixé à 835 millièmes en 1864 pour les pièces de 0,50 et en 1866 pour les pièces de 1 et 2 francs.

Livre tournois. Teneur en or fin, en grammes, pour une pièce. **1266** St Louis (1 livre = 2 écus d'or) 8,271 ; **1300** Philippe IV 4,90 ; **1360** Jean le Bon 3,88 ; **1541** François Ier (1 écu or = 2 livres) 1,46 ; **1602** Henri IV (1 écu or = 3 livres 5 sous) 0,99 ; **1640** Louis XIII (1 louis = 10 livres) 0,62 ; **1700** Louis XIV 0,44 ; **1726** Louis XV (1 louis = 4 écus ou 24 livres) 0,31 ; **1775** Louis XVI 0,29.

La fabrication des monnaies d'or et d'argent demeure suspendue en raison des prix du métal fin. Pendant la guerre de 1914-18, des coupures de *bons de monnaie* ont été émises par les chambres de commerce et ont été progressivement remplacées, à partir de 1921, par des jetons en bronze d'aluminium de 0,50, 1 et 2 francs, frappés pour ces chambres sous leur responsabilité ; ils étaient distribués par la Banque de Fr. (ces émissions étaient garanties par des fonds de contre-valeurs déposés à la Banque de France).

Du franc germinal à nos jours

Dates	Définition du franc en mg d'or		Parité officielle	
	à 0,900	fin	dollar	livre
Germinal, an XI[1] ..	322,58	290,3225	5,182	25,221
25-6-1928	65,5	58,95	25,224 15,19[2]	124,213
1-10-1936[3]	49	44,1	—	—
22-7-1937	43	38,7	—	—
12-11-1938	27,5	24,75	—	—
29-2-1940	—	—	43,80	176,625
8-11-1942	23,34	21	—	—
2-2-1943	—	—	50	200
26-12-1945	8,29	7,46	119,10	480
26-1-1948	—	—	214,39	864
18-10-1948	—	—	263,50	1 062
27-4-1949	—	—	272	1 097[4]
20-9-1949	—	—	350	980[4]
16-8-1950	2,80	2,52	—	—
10-8-1957	—	—	420[5]	1 176[5]
24-7-1958	2,35	2,115	—	—
27-12-1958	2	1,80	493,705	1 382,376
1-1-1960 (NF)	200	180	4,937	13,823
11-8-1969[8]	177	160	5,554[6]	13,330[7]

Nota. — (1) Avril 1803 à août 1914. (2) Après la dévaluation américaine du 30-1-1934. (3) Du 1-10-36 au 1-9-39, franc flottant non défini par un poids d'or (les teneurs or indiquées constituaient la base de réévaluation de l'encaisse de la Banque de France). (4) Après la dévaluation britannique du 18-9-1949. (5) Compte tenu du prélèvement ou du versement de 20 p. 100. Le 1-1-1963, la dénomination *nouveau franc* devient *franc.* (6) Après les dévaluations américaines du 18-12-1971, cours central du dollar 5,116 F et du 12-2-1973, 4,604 F. (7) La livre flotte depuis le 23-6-72. (8) Depuis le 9-1-75, le franc flotte : il n'a plus de parité officielle avec la livre, le dollar et l'or. La Banque de France évalue son encaisse-or sur la base des cours pratiqués sur le marché libre.

Dévaluations de la Ve République. Pt de la République Ch. De Gaulle (min. des Finances A. Pinay) *1958 :* — 17,5 %. **Pt Pompidou** (P.M. Chaban-Delmas, min. des Finances Giscard d'Estaing) *1969 (8-8) :* — 12,5 %. *1974 (janv.) :* (P.M. P. Messmer, min. des F. Giscard d'Estaing) : le franc sort du système monétaire européen (S.M.E.) et perd env. 5 %. **Pt V. Giscard d'Estaing** (P.M. J. Chirac, min. des F. J.-P. Fourcade) *1975 (juillet) :* le F entre dans le S.M.E. *1976 (15-3) :* le F sort du S.M.E. **Pt. V. Giscard d'Estaing** (P.M. et min. des F. R. Barre) *1979 (13-3) :* nouveau S.M.E. Les monnaies varient entre + 2,25 et — 2,25 %. **Pt F. Mitterrand** (P.M. P. Mauroy, min. de l'Économie J. Delors) *1981 (4-10) :* — 8,5 % (— 3 % + réévaluation du DM de 5,5 %). *1982 (12-6) :* — 5,75 % (et réévaluation du DM de 4,25 %). *1983 (21-3) :* — 2,5 % + réévaluation du DM de 5,5 %, soit 8 %. **Pt F. Mitterrand** (P.M. J. Chirac, min. de l'Économie Balladur) *1986 (6-4) :* — 3 % + réévaluation du DM de 3 %, soit 6 %.

Principales monnaies dans le monde

Age des monnaies

Stabilité passée des monnaies (sans dévaluation ou réévaluation). Franc français 1814-1914 (100 ans), florin hollandais 1816-1914 (98), livre sterling 1821-1914 (93), franc suisse 1850-1936 (86), franc belge 1832-1914 (82), couronne suédoise 1873-1931 (58), mark allemand 1875-1914 (39), lire italienne 1883-1914 (31), dollar 31-1-1934/20-12-1971 (38).

Quelques monnaies

● **Dollar.** Le mot vient du *thaler* germanique, pièce frappée v. 1518 en Bohême, dans la vallée (en all. : *thal*) de St-Joachim.

Un seigneur, surpris par un orage, au cours d'une partie de chasse découvrit, dans une grotte où il s'était réfugié, un gisement d'argent. L'Empereur lui accorda le droit de battre des pièces qui prirent le nom de « Joachimsthaler Groschen ». Puis Charles Quint lui retira le privilège, fit frapper des pièces à ses propres armes. Le thaler devint ainsi la monnaie officielle des territoires sous la domination des Habsbourg (Autriche, Bohême, Allemagne puis Pologne et Suède). Les Habsbourg d'Autriche, régnant aussi, grâce à l'Espagne, sur Amérique du Sud et Am. centrale firent frapper avec l'argent du Mexique et du Pérou des pièces de 8 réaux appelés « thaler » ou « tolar » par analogie aux pièces circulant en Europe, puis « Pillars-dolars » du nom des 2 colonnes qui figuraient. Connues comme « Spanish pillar dollar ; elles étaient transcrites en abréviation « S II » ce qui donnera le $. Dans la mer Rouge et sur la côte orientale d'Afrique, on désigne encore sous le nom de « dollar à la grosse dame » l'écu de Marie-Thérèse frappé en 1780 pour l'impératrice d'Autriche, et qui circule encore.

Le 22-6-1775, le Congrès américain décide l'émission du « dollar continental » ; le 2-4-1792, il lui donne une valeur de 371,25 grains (soit 24,0571 g) d'argent fin, ou de 24,75 grains (soit 1,6038 g) d'or fin. Ces 2 métaux étaient alors dans un rapport de valeur de 15 pour 1.

Évolution du dollar par rapport à l'or

Dates de dévaluation	$ en mg d'or	Once en $	Déval. %
2- 4-1792	1,603,8	19,39	
28- 6-1834	1 503,4	20,69	6,3
13- 1-1837	1 504,7	20,67	0,1
31- 1-1934	888,7	35,00	40,9
8- 5-1972	818,5	38,00	7,9
18-10-1973	736,7	42,22	10,0

Jusqu'à la guerre de Sécession (1861-65), la monnaie métallique prévalut, et les billets émis (par de multiples banques) portèrent intérêt. Pendant cette guerre les Sudistes émirent env. un milliard de $ en billets (1/60 de la valeur initiale) ; les Nordistes décrétèrent le cours forcé (1861) et émirent pour 450 millions de $ en billets (« greenbacks », 1ers billets — en 1862 — ne portant pas intérêt).

Le *bimétallisme* (définition de la monnaie par rapport à 2 métaux précieux) fut aboli en 1873, les États-Unis adoptant l'étalon-or. Abolition du cours forcé fut décidée en 1879 ; les greenbacks revinrent au pair.

Cours du $ en F français depuis 1913 : Voir p. 1604.

Évolution récente

Hausse 1980-85 : jusqu'à 10,61 F le 26-2-85. *Raisons :* faible inflation, taux d'intérêt élevés (forte hausse à partir de 1981), rendement réel plus élevé des placements en $ (bons du Trésor U.S...), grandes garanties offertes par le système fin. U.S. aux investisseurs étrangers ; forte reprise aux U.S.A. en 1983-84 alors que l'activité écon. stagnait ou progressait peu en Europe. Les besoins américains de crédits (déficit budgétaire de l'État, besoins de fin. des entreprises) conjugués à l'attrait des placements en $ ont donc provoqué un accroissement du flux des capitaux (à court, moyen et long termes) vers les U.S.A. *Dès le début 1985 :* baisse. *Raisons :* importance du déficit budgétaire fédéral et de la dette publique, dégradation de la balance commerciale (*82 :* 42,7 milliards de $, *83 :* 70, *84 :* 100) et de la balance des paiements, endettement du secteur bancaire U.S.

● **Florin hollandais** *(gulden, de gulden munt :* pièce d'or). De l'italien *fiorino* (fleur). Nom donné à partir de 1252 à la monnaie d'or de Florence (avec des fleurs de lis, armes de la ville). A ensuite désigné des pièces de nombreux pays, notamment françaises (XIIIe s.), autrich., holland. (dep. 1325 env., en argent depuis 1540). Fait partie du Système monétaire européen (dep. le 13-3-79) ; 1 Ecu = 2,4215 Fl. (29-4-86).

● **Franc belge.** Au 1-1-1970, parité officielle (loi du 12-4-1957) exprimée par un poids d'or fin de 0,0177734 g (50 FB = 1 $ U.S.). Poids d'or fixé à 0,0182639 g, le 18-12-1971 (confirmé par loi du 3-7-1972), mais pas de date d'entrée en vigueur fixée. Fait partie du Système monétaire européen (dep. le 13-3-1979) ; 1 Ecu = 43,6761 FB (cours pivot : 7-4-86) ou 44,5058 FB (cours moyen en janvier 1986).

● **Franc suisse.** Réévalué le 9-5-1971 de 7,07 %, réévalué le 18-12-71 de 6,4 % par rapport $ dans le cadre du « réalignement » ; cours flottant depuis le 23-1-73.

● **Lire italienne.** Comme d'autres noms de monnaies (livre, lev bulgare, leu roumain), vient du latin *libra,* unité de poids des Romains. Fait partie du Système monétaire européen (dep. le 13-3-79). Au 20-7-1985 la lire a été dévaluée de 6 % et les 6 autres monnaies du S.M.E. ont été surévaluées de 2 % ; 1 Ecu = 1 520,6 L.

● **Livre sterling.** Le mot *livre* correspond à l'unité de poids, et *sterling* (en vieux français esterlin ou estrelin) vient du vieil anglais *steorling* (« pièce avec une étoile » : *star*) car il y avait de petites étoiles sur certaines pièces (pennies) normandes. Le 15-2-1971, la G.-B. adopte le syst. décimal. Depuis, la livre comprend 100 pence (au lieu de 240). Le 1/2 penny a été retiré de la circulation en août 1969, la 1/2 couronne qui valait 2 sh et 6 pence est périmée depuis le 1-1-1970. Anciennes pièces (non décimales) : 1/2 penny, penny, 3 pence, 6 pence, shilling, 2 shillings, 2 shillings et 6 pence. Les nouvelles pièces sont décimales : en cupro-nickel : 50 nouveaux pennies (10 anciens shillings), 20 nouveaux p. (dep. juin 82), 10 nouveaux p. (2 shillings), 5 nouveaux p. (1 shilling) ; en bronze : 2 nouveaux pences, nouveau penny (2,4 anciens p.), nouveau demi-penny (1,2 p.) retiré de la circulation le 31-12-1984 ; en 1983, pièce d'une livre (en cuivre, nickel et zinc) L'abréviation pour les nouveaux pennies est « p » au lieu de « d » ; doit être utilisé pour donner l'équivalent des anciens pennies en 2 nouveaux pennies (4,8 d). Dep. 1982, les pièces sont frappées avec la mention « pence » et non plus « new pence ».

La G.-B. a adhéré au système monétaire européen et participe à son fonctionnement sauf en ce qui concerne le mécanisme d'intervention du taux de change. La livre sterling entre dans la composition de l'Ecu dans la limite de 0,0878 £.

Équivalence de la livre sterling en grammes d'or fin (après 1695, prix d'achat de la Banque d'Angleterre et, entre parenthèses, prix du marché, quand il est différent) : **1344** (Édouard III) 26,44. **1351** (Édouard III) 23,21. **1400** (Guerre de Cent Ans) 23,21. **1412** (Henri IV) 20,89. **1450** (Henri VI) 20,89. **1465** (Guerre des Deux Roses) 15,47. **1543** (Henri VIII) 13,75. **1544** (Henri VIII) 12,89. **1552** (Édouard VI) 10,37. **1603** (Jacques Ier) 9,5. **1604** (Jacques Ier) 9,19. **1695** (Fondation de la Banque d'Angleterre : 1694) 5,3. **1790** (Guerres de la Révolution puis de l'Empire) 7,32. **1797** 7,32. **1815** (Georges III) 7,32 (6,16) Étalon or. **1914** (Guerres du xxe s.) 7,32 (7,33). **1920** 7,32 (5,51). **1925** 7,32 (7,28). **1931** 7,32 (6,73). **1945** 3,70. **1946** 3,61. **1949** 2,49. **1967** 2,13. **1970** 2,07. **1975** 0,43. **1980** 0,12. **1984** 0,12.

● **Mark.** Vient du nordique *mqrk* et de l'anglo-saxon *mearc*, unité de poids dès le IXe s. (2/3 de livre romaine) ; en Allemagne unité de poids des métaux précieux à partir du XIe s. Ce mot désigna plusieurs monnaies germaniques. Deutsche Mark (DM) créé le 21-6-*1948* (réforme monétaire en All. féd.) ; 1 DM = 0,30 $ (1 $ = 3,3333 DM). **1949** 19-9, dévaluation par rapport au dollar de 20,6 % (1 $ = 4,20 DM). **1953**-30-1, 1re parité fixée à 0,211588 g d'or fin = 1 $ = 4,20 DM après l'adhésion de l'All. féd. au F.M.I. **1961** 6-3, 1re réévaluation, de 5 % (le $ valait 4,20 DM dep. sept. 1949, il vaut alors 4 DM). **1969**-30-9 au 24-10 flottement ; 27-10 réévaluation 9,3 % (1 $ = 3,66 DM). **1971**-10-5 au 17-12 flottement ; 21-12 réévaluation par rapport au $ 13,6 % (1 $ = 3,2225 DM). **1972**-24-4 mise en vigueur du serpent monétaire européen. **1973**-14-2 réévaluation 11,1 % (1 $ = 2,9003 DM) ; 2-3 début du flottement généralisé ; 19-3 réévaluation 3 % (1 $ = 2,81583 DM) et début du flottement en commun des monnaies europ. au sein du serpent ; 29-6 réévaluation 5,5 % (1 $ = 2,66903 DM) par rapport aux monnaies du serpent. **1976**-18-10 réévaluation 2 % et le 16-10-*1978* 4 % par rapport aux monnaies du serpent. **1979**-13-3 mise en vigueur du Système monétaire européen. *Modification des cours pivots :* **1979**-24-9, -30-11, **1981**-23-3, -5-10, **1982**-22-2, -14-6, **1983**-21-3, -18-5. **1985**-22-7, **1986**-6-4.

Depuis le 7-4-1986, la part du DM dans l'Ecu, calculée sur la base des cours bilatéraux dans le S.M.E., est de 33,6 %. *7-4-1986 :* 1 Ecu = 2,13834 DM.

Records. Billets. *Le plus grand :* 1 yuan chinois (sous les Ming, 1368 à 1399), 22,8 × 33 cm. *Le plus petit :* 10 bani roumain (1917), 27,5 × 38 mm (partie imprimée). **Pièces.** *La plus lourde :* p. de 10 dalers suédoise (1664) en cuivre, 19,710 kg. *La plus petite :* p. de 1/4 de dam népalaise (jawa), en argent (v. 1740), 2 × 2 mm (poids : 0,088 à 0,014 g) ; il y eut des 1/2 jawa ou 1/4 de jawa : 0,0002 g.

● **Rouble.** Divisé en 100 kopecks. Depuis 1917, le rouble a été « alourdi » 5 fois (un rouble « lourd » valant 10 roubles « légers ») : 1921, 1922, 1924, 1947, 1961. Jusqu'en 1950, le cours du rouble était fixé par référence au $ (sauf pendant quelques mois en 1936-37 au franc français). Depuis 1950, il est défini par rapport à sa teneur en or : 0,222168 g d'or en 1950, soit 4 roubles pour un $. Le dernier rouble lourd créé (1961) vaut 0,987412 g d'or, 1,11 $. Cet « alourdissement » a camouflé une dévaluation. En 1963 est apparu, avec la création de la BICE (Banque internationale de coopération économique), un rouble « transférable ». Le cours officiel du rouble est établi par la Banque d'État de l'U.R.S.S. Le rouble est coté en Occident librement, mais un voyageur ne peut importer des roubles en U.R.S.S. Le rouble n'est pas négociable à l'étranger.

● **Yen.** Réévalué de 16,88 % par rapport au dollar U.S. le 19-12-1971 (marché des changes fermé le 20-12, rouvert le 21-12) ; flotte depuis le 14-2-73.

Cours des monnaies

Cours des devises

Nom de l'unité monétaire, symbole, monnaie divisionnaire, cours de l'unité en francs français et, en italique, cours du franc français en unité du pays. **Exemple :** l'Afghani (symbole AFA) égale 100 pool. 1 Afghani vaut à la banque 0,11 F, au bazar 0,05. 1 franc vaut à la banque 9 afghanis, au bazar 19,5 afghanis.

Source : B.F.C.E. (juin 1986).

Abu-Dhabi Dinar de Bahreïn V. *Bahreïn.* **Açores** Escudo portugais V. *Portugal.* **Afghanistan** Afghani (AFA = 100 pool), Banque 0,11 *9,* au bazar 0,05 *19,5.* **Afrique du Sud** Rand (ZAR = 100 cents) 2,82 *0,35.* **Albanie** Nouveau Lek (ALL = 100 quintar), transactions officielles n.c., non commercial n.c.. **Algérie** Dinar (DZD = 100 centimes) 1,52 *0,66.* **Allemagne dém.** Mark de la D.D.R. (DDM = 100 pfennig) 3,24 *0,31.* **Allemagne féd.** Deutsche Mark (DEM = 100 pfennig) 3,19 *0,31.* **Andorre** Peseta espagnole et franc V. *Esp.* **Angola** Kwanda (AOK = 100 iwei) 23,67 *4,23.* **Antilles françaises** Franc (FRF = 100 centimes). **Antilles néerlandaises** Florin des Antilles néerl. (ANG = 100 cents) 3,91 *0,26.* **Arabie Saoudite** Rial (SAR = 100 halalas) 1,87 *0,53.* **Argentine** Austral (ARA = 100 centavos) 7,86 *0,13.* **Australie** Dollar australien (AUD = 100 cents) 4,72 *0,21.* **Autriche** Schilling (ATS = 100 Groschen) 0,45 *2,2.*

Bahamas Dollar de Bahamas (BSD = 100 cents) 7,01 *0,14.* **Bahreïn** Dinar (BHD = 1 000 fils) 18,61 *0,05.* **Bangladesh** Taka (BDT = 100 paisa) 0,24 *4,23.* **Barbade** Dollar de Barbade (BBD = 100 cents) 3,49 *0,29.* **Belgique** Franc belge (BEC = 100 centimes) 0,16 *6,41.* **Belize** Dollar de Belize (BZD = 100 cents) 3,51 *0,29.* **Bénin (Rép. pop. du)** Franc CFA. (XOF = 100 centimes) 0,02 *50.* **Bermudes** Dollar des Bermudes (BMD = 100 cents) 7,01 *0,14.* **Bhoutan** Ngultrum (N = 100 chetrums). **Birmanie** Kyat (BUK = 100 pyas) 0,97 *1,03.* **Bolivie** Peso (BOP = 100 centavos) 0,0000037 *270270,27.* **Botswana** Pula (BWP = 100 thebe) 3,45 *0,29.* **Brésil** Cruzeiro (BRC = 100 centavos) 0,51 *2.* **Brunei** Dollar de Brunei (BND = 100 cents) : $ B. = $ de Singapour. **Bulgarie** Lev lourd (BGL = 100 stotinka) 7,69 *0,13.* **Burkina Faso** Franc CFA (XOF = 100 centimes) 0,02 *50.* **Burundi** Franc du Burundi (BIF = 100 centimes) 0,07 *14,83.*

Cameroun Franc CFA (XAF = 100 centimes) 0,02 *50.* **Canada** Dollar canadien (CAD = 100 cents) 5,06 *0,2.* **Canaries (îles)** Peseta (ESP = 100 centimos) V. *Espagne.* **Cap-Vert (îles du)** Escudo du Cap-Vert (CVE = 100 cantavos) 0,08 *12,72.* **Caraïbes de l'Est** Dollar des Caraïbes de l'Est (XCD = 100 cents) 2,6 *0,39.* **Centrafrique (Rép.)** Franc CFA (XAF = 100 centimes) 0,02 *50.* **Chili** Nouveau Peso (CLP = 100 centavos) 0,04 *26,98.* **Chine (Rép. populaire)** Renminbi yuan (CNY = 10 chiao = 100 fen) 2,19 *0,46.* **Chypre** Livre cypriote (CYP = 1 000 mils) 14,1 *0,07.* **Colombie** Peso colombien (COP = 100 centavos) 0,04 *27,34.* **Comores (Rép. féd. islamique des)** Franc des Comores (XMF = 100 centimes) 0,02 *50.* **Congo (Rép. populaire du)** Franc CFA (XAF = 100 centimes) 0,02 *50.* **Corée du Nord** Won (KPW = 100 cheun) 7,47 *0,13.* **Corée du Sud** Won (KRW = 100 chon) 0,008 *126,26.* **Costa Rica** Colon (CRC = 100 centimos) 0,13 *7,96.* **Côte-d'Ivoire** Franc CFA (XOF = 100 centimes) 0,02 *50.* **Cuba** Peso cubain (CUP = 100 centavos) 8,06 *0,12.* **Curaçao.** Voir *Antilles néerlandaises.*

Danemark Couronne danoise (DKK = 100 öre) 0,86 *1,16.* **Djibouti (Rép. de)** Franc de Djibouti (DJF = 100 centimes) 0,04 *25,36.* **Dominicaine (Rép.)** (DOP = 100 centavos) 2,54 *0,39.*

Égypte Livre égyptienne (EGP = 100 piastres) cours officiel 8,45 *0,12,* cours fixé 5,27 *0,2.* **Émirats Arabes Unis** Dirham (AED = 100 fils) 1,91 *0,52.* **Équateur** Sucre (ECS = 100 centavos) 0,06 *15,58.* **Espagne** Peseta (ESP = 100 centimos) 0,05 *19,99.* **États-Unis** Dollar des États-Unis (USD = 100 cents) 6,97 *0,14.* **Éthiopie** Birr (ETB = 100 cents) 3,38 *0,3.*

Falkland (îles) Livre des Falkland (FKP = 100 nouveaux pence) 10,76 *0,09.* **Fidji (îles)** Dollar des îles Fidji (FJD = 100 cents) 6,16 *0,16.* **Finlande** Mark finlandais (FIM = 100 pennia) 1,37 *0,73.*

Gabon Franc CFA (XAF = 100 centimes) 0,02 *50.* **Gambie** Dalasi (GMD = 100 bututs) 0,98 *1,02.* **Ghana** Nouveau Cedi (GHC = 100 pesewas) 0,08 *0,16.* **Gibraltar** Livre de Gibraltar (GIP = 100 nouveaux pence) 10,76 *0,09.* **Grèce** Drachme (GRD = 100 lepta) 0,05 *20,02.* **Groenland.** Voir *Danemark.* **Guadeloupe** Franc (FRF = 100 centimes). **Guatemala** Quetzal (GTQ = 100 centavos) cours officiel 7,01 *0,14,* cours libre 2,46 *0,41.* **Guinée (Rép. de)** Sily (GNS = 100 cauris) cours officiel 0,02 *42,37,* cours libre 0,02 *48,02.* **Guinée-Bissau** Peso (GWP = 100 centavos) 0,04 *24,08.* **Guinée Équatoriale (Rép. de)** Franc CFA (XAF = 100 centimos) 0,02 *50.* **Guyana (Rép. coopérative de)** Dollar de Guyana (GYD = 100 cents) 1,75 *0,57.* **Guyane Française** Franc (FRF = 100 centimes.

Haïti Gourde (HTG = 100 centimes) 1,4 *0,71.* **Hte-Volta** Voir *Burkina Faso.* **Hawaii** Dollar des États-Unis (USD = 100 cents). Voir *États-Unis.* **Honduras** Lempira (HNL = 100 centavos) 3,51 *0,29.* **Hong Kong** Dollar de Hong Kong (HKD = 100 cents) 0,9 *1,11.* **Hongrie (Rép. populaire de)** Forint (HUF = 100 filler) 0,15 *6,48.*

Inde Roupie (INR = 100 paise) 0,57 *1,76.* **Indonésie** Rupiah (DR = 100 sen) 0,006 *161,48.* **Irak** Dinar irakien (QD = 5 rials = 20 dirhams = 1 000 fils) 22,56 *0,04.* **Iran (Rép. islamique d')** Rial (RR = 100 dinars) 0,09 *11,25.* **Irlande** Livre irlandaise (IEP = 100 nouveaux pence) 9,67 *0,1.* **Islande** Couronne islandaise (ISK = 100 aurar) 0,17 *5,88.* **Israël (État d')** Sheqel (ILS = 100 nouveaux agorots) 4,7 *0,21.* **Italie** Lire italienne (ITL = 100 centesimi) 0,005 *214,96.*

Jamaïque Dollar jamaïcain (JMD = 100 cents) 1,29 *0,77.* **Japon** Yen (JPY = 100 sen) 0,04 *23,39.* **Jordanie (Royaume Hachemite de)** Dinar jordanien (JOD = 1 000 fils) 20,18 *0,04.*

Kampuchéa (Rép. populaire du) Riel (KHR = 100 sen) n. c. **Kenya** Shilling du Kenya (KES = 100 cents) 0,44 *2,28.* **Koweït (État du)** Dinar koweitien (KWD = 10 dirhams = 1 000 fils) 23,92 *0,04.*

Laos (Rép. démocratique populaire du) Nouveau Kip (LAK = 100 at) 0,2 *4,99.* **Lesotho** Maloti (LSM = 100 lisente Nouvelle monnaie depuis le 7-12-1979 maloti 1 = rand 1). Voir *Afrique du Sud.* **Liban** Livre libanaise (LBP = 100 piastres) 0,17 *6,05.* **Liberia** Dollar libérien 7,01 *0,14.* **Libye** (Jamahiriya arabe populaire socialiste) Dinar (LYD = 1 000 dirhams) 21,54 *0,05.* **Liechtenstein.** Voir *Suisse.* **Luxembourg** Franc luxembourgeois (LUF = 100 centimes) Valeur identique à celle du franc belge. Voir *Belgique.*

Macao Pataca (MOP = 100 avos) 0,86 *1,16.* **Madère** Escudo. V. *Portugal.* **Malaisie** Ringgit (MYR = 100 son) 2,68 *0,37.* **Malawi** Kwacha (MWK = 100 tambalas) 3,9 *0,26.* **Malgache (Rép. démocratique)** Franc malgache (MGF = 100 centimes) 0,01 *88,83.* **Mali** Franc malien (MLF = 100 centimes) 0,02 *50.* **Malte** Livre maltaise (MTP = 100 cents = 1 000 miles) 18,16 *0,06.* **Maroc (Royaume du)** Dirham (MAD = 100 centimes) 0,77 *1,3.* **Martinique** Franc (FRF = 100 centimes). **Mascate et Oman.** Voir *Oman.* **Maurice (îles)** Roupie de Maurice (MUR = 100 cents) 0,53 *1,88.* **Mauritanie (Rép. islamique de)** Ouguiya (MRO = 5 khoums) 0,09 *10,73.* **Mexique (États-Unis mexicains)** Peso mexicain (MXP = 100 centavos) cours contrôlé 0,01 *81,1,* libre 0,01 *90,05.* **Monaco (Principauté)** Franc (FRF = 100 centimes). **Mozambique (Rép. populaire du)** Metical (MZM = 100 centavos) 0,17 *5,72.*

Namibie (ou Sud-Ouest africain) Rand (ZAR = 100 cents). Voir *Afrique du Sud.* **Népal (Royaume du)** Roupie népalaise (NPR = 100 pice) 0,34 *2,93.* **Nicaragua** Cordoba (NIC = 100 centavos) 0,1 *9,98.* **Niger** Franc CFA (XOF = 100 centimes) 0,02 *50.* **Nigeria (Rép. féd. du)** Naire (NGN = 100 kobos) 5,91 *0,17.* **Norvège** Couronne norvégienne (NOK = 100 öre) 0,93 *107,02.* **Nlle-Calédonie** Franc CFP (XPF = 100 centimes) 0,055 *18,18.* **Nlles-Hébrides** Vatu (VAV). Voir *Rép. de Vanuatu.* **Nlle-Zélande** Dollar néozélandais (NZD = 100 cents) 3,84 *0,26.*

Oman (Sultanat d') Rial Omani (OMR = 1 000 baizas) 18,24 *0,05.* **Ouganda** Shilling ougandais (UGS = 100 cents) cours préférentiel 0,005 *192,41,* cours libre 0,001 *678,56.*

Pakistan (Rép. islamique du) Roupie pakistanaise (PKR = 100 paisa) 0,42 *2,37.* **Panama** Balboa (PAB = 100 centesimos) 7,01 *0,14.* **Papouasie-Nouvelle-Guinée** Kina (PGK = 100 tosa) 7,27 *0,14.* **Paraguay** Guarani (PYG = 100 centesimos) cours bancaire importations 0,03 *34,23,* cours bancaire exportations 0,02 *45,64,* cours libre 0,01 *96,8.* **Pays-Bas** Florin

(NLG = 100 cents) 2,83 *0,35*. **Pérou** Sol (PES = 100 centavos) 0,5 *1,99*. **Philippines** Peso philippin (PHP = 100 centavos) 0,35 *2,88*. **Pologne (Rép. pop. de)** Zloty (PLZ = 100 groszy) 0,04 *23,24*. **Polynésie Française** Franc CFP (XPF = 100 centimes) 0,05 *18,1818*. **Porto Rico** Dollar des États-Unis (USD = 100 cents). Voir *États-Unis*. **Portugal** Escudo (PTE = 100 centavos) 0,05 *21,31*.

Qatar (État de) Rial (QAR = 100 dirhams) 1,93 *0,52*.

Réunion (île de La) Franc (FRF = 100 centimes). **Roumanie (Rép. socialiste de)** Leu (ROL = 100 bani) cours non commercial 0,64 *1,56*, cours commercial n.c. **Royaume-Uni** Livre (GBP = 100 nouveaux pence) 10,74 *0,09*. **Rwanda** Franc du Rwanda (RWF = 100 centimes) 0,08 *12,33*.

Salvador Colon (SVC = 100 centavos) 1,4 *0,71*. **Sénégal** (Féd. de Sénégambie) Franc CFA (XOF = 100 centimes) 0,02 *50*. **Seychelles** Roupie de Seychelles (SCR = 100 cents) 1,17 *0,86*. **St-Marin** Lire italienne. Voir *Italie*. **Sierra Leone** Leone (SLL = 100 cents) marché officiel n.c. cours flottant dep. le 27-6-1986. **Singapour** Dollar de Singapour (SGD = 100 cents) 3,21 *0,31*. **Somalie (Rép. démocratique de)** Somali Shilling (SOS = 100 centesimi) cours officiel 0,1 *9,74*, cours commercial 0,08 *11,93*. **Soudan (Rép. démocratique du)** Livre soudanaise (SDP = 100 piastres = 1 000 millièmes) 2,8 *0,36*. **Sri Lanka (Rép. démocratique socialiste de)** Roupie de Sri Lanka (LKR = 100 cents) 0,25 *3,95*. **Sud-Ouest Africain** Rand (ZAR = 100 cents). **Suède** Couronne suédoise (SEK = 100 öre) 0,98 *1,02*. **Suisse** Franc suisse (CHF = 100 centimes) 3,92 *0,26*. **Surinam** Florin de Surinam (SRG = 100 cents) 3,92 *0,26*. **Swaziland (Royaume du)** Lilangeni (SZL = 100 cents). Valeur identique à celle du Rand. Voir *Afrique du Sud*. **Syrie (Rép. Arabe de)** Livre syrienne (SYP = 100 piastres) cours officiel 1,79 *0,56*, cours parallèle 1,29 *0,77*.

Cours des billets anciens

Algérie : en circulation dès 1848. En bon état : *5 F* : 1 500, *20 F* : 4 500, *50 F* : jusqu'à 4 500, *100 F* : env. 5 000, *500 F (1874)* : + de 5 000, *1 000 F* : 4 000 à 8 000, *10 000 F bleu et polychrome (1952) surchargé 100 Nouveaux Francs en 1960* : 2 500 et +. **Australie** : *20 livres bleu 1914* : 40 000 $ (+ de 160 000 F, en parfait état). **Canada** : *1* et *2 $ 1870* (noir et vert, inscription « Payable à Victoria ») : 5 000 $ (+ de 20 000 F), 1 ou 2 spécimens dans des collections particulières ; *100 $ 1862* et *1869* : 5 000 $ (pas de spécimen connu) ; *100 piastres 1880, 1848* et *1911* : 800 $ (+ de 3 200 F, en parfait état) ; *billet de la banque Pictou* (de Nlle-Écosse) *de 1874 à 1887* : jusqu'à 900 $ (+ de 3 600 F). **France** : *b. de Monoye (sous Louis XIV)* : 80 000 à 100 000 F, *b. de Law (av. 1720)* : 15 000 F, *b. de la Caisse d'Escompte (sous Louis XVI)* : 8 500, *assignat de 300 livres (1790) à l'effigie de Louis XVI* : 3 000 F, *ass. vendéen à l'effigie de Louis XVII* : 5 000 F, *200 F 1874* et *1848* (4 types) : 8 000 à 15 000 F, *5 000 F janv. 1918* : 5 000 F. **G.-B.** : *1 000 livres 1855, 1860, 1864, 1866, 1873, 1893, 1902, 1918* : 50 000 F. **Guadeloupe** : *1 000 F (1848)* : env. 30 000, *1 000 F (1927)* : env. 20 000. **Guyane** : *1 000 F (1901)* : 15 000. **Hawaii** : *1895* entre 4 000 et 12 000 $ (+ de 16 000 F à + de 48 000 F). **Iles Cocos** (imprimés pour leur propriétaire, l'Anglais Ross) : 10 000 à 15 000 $ (+ de 40 000 F à + de 60 000 F). **Martinique** : *1 000 F (1927)* : 15 000, *1 000 F bleu (1942)* : 15 000 F, *série du Trésor colonial (1894), 10 F* : env. 13 000. **Nlle-Calédonie** : *5 F (1874)* et *20 F (1875)* : 9 000. **Océanie** : *100 F (1908)* : env. 2 000, *1* et *2 F (1920, émis par la banque André Krajewski* : env. 1 000. **Porto Rico** : *100 $ 1902* (1 exemplaire) : 15 000 $. **Réunion** : *100 F (1901)* : jusqu'à 10 000, *500 F (1901)* : 20 000. **U.S.A.** : *20 $ 1861* (payable à St Louis, pas de spécimen connu) : 15 000 $, *100 $ 1882* et *1 000 $ 1891* (1 spécimen connu) : 15 000 $, *100 $ 1863* (contresigné et post-daté *1870* à la main) : 20 000 $ (+ de 80 000 F), *50* et *100 $ 1891* : 15 000 à 20 000 $ (+ de 60 000 à + de 80 000 F), *1 000 $ 1861* : 4 000 $ (+ de 16 000 F).

T'ai-wan (Rép. de) Nouveau dollar de T'ai-wan (TWD = 100 cents) 0,18 *5,44*. **Tanzanie (Rép. unie de)** Shilling tanzanien (TZS = 100 cents) 0,18 *5,62*. **Tchad** Franc CFA (XAF = 100 centimes) 0,02 *50*. **Tchécoslovaquie (Rép. socialiste de)** Couronne tchécoslovaque (CSK = 100 haleru) opérations commerciales 1,16 *0,86*, touristique 0,7 *1,43*. **Thaïlande (Royaume de)** Baht (THB = 100 satang) 0,27 *3,75*. **Togo** Franc CFA (XOF = 100 centimes) 0,02 *50*. **Trinité et Tobago** Dollar de Trinité et Tobago (TTD = 100 cents) 1,95 *0,51*. **Tunisie** Dinar tunisien (TND = 1 000 millimes) 8,95 *0,112*. **Turquie** Livre turque (TRL = 100 kurus) 0,01 *95,26*.

U.R.S.S. (Union des Républiques socialistes) Nouveau Rouble (SUR = 100 kopeks) 10,02 *0,1*. **Uruguay (Rép. orientale de l')** Nouveau Peso (UYP = 100 centimos) 0,05 *21,34*.

Vanuatu (Rép. du) Vatu (VUV) 0,07 *13,4*. **Venezuela** Bolivar (VEB = 100 centimos) cours officiel 0,93 *1,07*, cours préférentiel 1,63 *0,61*, cours libre 0,36 *2,75*. **Viêt-nam (Rép. socialiste du)** Dông (VND = 10 hâo = 100 xu) 0,48 *2,102*.

Yémen (Rép. arabe du) (Sanaa) Ryal (YER = 40 bugshahs) 10,02 *1*. **Yémen (Rép. populaire démocratique) (Aden)** Dinar (YDD = 1 000 fils) 20,41 *0,05*. **Yougoslavie (Rép. socialiste féd. de)** Nouveau Dinar (YUD = 100 paras) 0,02 *59,86*.

Zaïre Zaïre (ZRZ = 100 makuta) 0,12 *8,16*. **Zambie** Kwacha (ZMK = 100 ngwee) 0,94 *1,07*. **Zimbabwe** Dollar de Zimbabwe (ZWD = 100 cents) 40,44 *0,25*.

Nota. — (1) Au 31-03-82.

Billets et pièces en France

Premiers billets émis en France. 100 F (1848), 50 F (juin 1857, adoptés le 12-11-1863). **Unités de production.** *Laboratoire d'essais* à Puteaux. *Papeterie* à Vic-le-Comte (P.-de-D.). *Imprimerie* à Chamalières (P.-de-D.) qui imprime chaque année env. 600 à 700 millions de billets français et 100 à 200 étrangers. **Vie moyenne des billets** : *500 F* 7 ans, *100 F* 3, *50* et *10 F* 2.

Billets déchirés, brûlés ou lessivés : ne doivent pas être jetés. En droit, la Banque de France peut refuser de les échanger ; en fait, si elle a pu les identifier (grâce aux numéros, aux lettres et à la date que porte chaque vignette), elle les échange. *De 100 F et moins*, fragments de + de 50 % de la surface, échangés immédiatement ; de — de 50 %, considérés comme sans valeur ; *de 500 F*, fragments de + des 2/3, échangés immédiatement ; inférieurs au 1/3, considérés comme sans valeur ; entre 1/3 et 2/3, rembours. ajourné jusqu'à présentation des parties manquantes ou après 3 ans.

Billets

• **Billets en circulation.** *Total à la fin de l'année* (en milliards de F) : **1939** : 151,3, **44** : 572,5, **50** : 1 560,6, **55** : 2 852,7, **60** : 50,1, **70** : 73,4, **75** : 106,7, **80** : 144,6, **81** : 161,9, **82** : 179,2, **fin 83** : 194,5, **fin 84** : 203,1 **fin 85** : 212,3 dont billets de *500 F* 97,5, *200 F* 38,6, *100 F* 69,4, *50 F* 5,3, *20 F* 1,1, *10 F* 0,5.

• **Cours légal. Billets ayant cours légal (filigrane et effigie). 500** F Masque mortuaire de Pascal (Pascal). **200 F** Montesquieu (émis en 1982). **100 F** Horace et Auguste (Corneille) ; Delacroix. **50 F** Andromaque (Racine) ; Quentin de La Tour. **20 F** C. Debussy (émis en 1981). **10 F** Voltaire (Voltaire) ; Berlioz (Berlioz).

Billets privés du cours légal. 1) Remboursables aux guichets de la Banque de France. AF. 5 (1871, 1905, 1917, 1943). **10** (type 1915, 1941). **20** (1873, 1905, 1916, 1940, 1942). **50** (1946). **100** (1945). **300** (1938). **500** (1945, 1953). **1 000** (1945). **5 000** (1949, 1957). **10 000** (1945, 1955). **NF. 5** (1959). **10** (1959). **50** (1959). **100** (1959, Bonaparte). **500** (1959, Molière). **F. 5** (1966, Pasteur).

2) Non remboursables. 50 AF et plus, émis avant le 30-5-1945 et soumis à échange obligatoire ; **5 000 AF** *« type 1942 »* privés du cours légal (loi du 30-1-1948), ont été changés en 1948 afin de repérer les bénéficiaires du marché noir lors de l'occupation.

Nota. — Certains billets de fabrication étrangère mis en circulation en 1944-45 sont également remboursables.

• **Faux billets et fausses pièces. Faux billets en circulation** (en millions de F) env. 120. *Saisie de fausse monnaie française en 1984* : billets 183 695 (20,7 millions de F), pièces 849 049 (*83* : 290 000).

Pièces

Généralités

• **Coût des pièces.** Le produit de la fabrication des monnaies françaises dépend de leur prix de cession au Trésor (prix de revient + 10 % en général). Le prix de cession est réévalué en fonction de la hausse des coûts de fabrication et du relèvement des cours des métaux utilisés.

Coupures. Prix de cession et, entre parenthèses, bénéfice d'émission du Trésor (en F, en 1985). *100 F* 42,1 (57,9), *10 F* 0,91 (9,09), *5 F* 1,355 (3,645), *2 F* 1,186 (0,814), *1 F* 0,7029 (0,2971), *1/2 F* 0,483 (0,017), *20 c* 0,3324 (— 0,1324), *10 c* 0,2527 (— 0,1527), *5 c* 0,1951 (— 0,1451), *1 c* 0,185 (— 0,175).

Nota. — Sauf pour la pièce de 100 F, le prix de cession est établi suivant le prix de revient de la comptabilité analytique, actualisé chaque année suivant l'évolution du coût de la vie et majoré de 10 %, marge forfaitaire reconnue à l'Administration des Monnaies et Médailles par la Direction du Trésor.

• **Pièces en circulation.** 1986 (en millions de F) : **1 c** + **2 c** + **5 c** 152, **10 c** 228, **20 c** 388, **50 c** 525, **1 F** 1 551, **2 F** 696, **5 F** (cuivre, nickel, alu) 1 572, **10 F** (cuivre, nickel) 5 844, **100 F** (argent) 1 140. En 1986 (en millions d'exemplaires) : **1 c** 328,18, **5 c** 2 855,13, **10 c** 2 562,53, **20 c** 1 942,42, **½ F** 1 049,94, **1 F** 1 551,43, **2 F** 348,17, **5 F** 314,49, **10 F** 584,46.

• **Pièces ayant cours légal.** Les 3 pièces de 5, 10 et 50 F en argent (frappées jusqu'en 1979-80) ont été démonétisées le 20-2-1980. Du fait de la hausse du cours de l'argent, leur prix de revient dépassait leur valeur faciale.

• **Pouvoir libératoire des pièces.** Un créancier n'est tenu d'accepter des pièces en règlement d'une dette que jusqu'à concurrence d'un montant plafond. Pièces de **50 F** : non fixé ; **10** ; 500 F, **5** ; 250 F, **1** ; 50 F, **1/2** ; 10 F, **20 c, 10 c, 5 c** 5 F, **1 c** 1 F, **2 AF** et **1 AF** 0,50 F.

• **Programme de frappe (en millions de pièces). En 1986 et, entre parenthèses, en 1985.** Total 705,06 (592,1) dont *100 F* 5 (5), *10 F commémorative* 10 (10), *10 F* 110 (30), *5 F* 0,015 (0,02), *2 F* 0,015 (0,02), *1 F* 0,015 (7), *1/2 F* 110 (50), *20 c* 40 (150), *10 c* 150 (170), *5 c* 280 (170), *1 c* 0,015 (0,02).

Monnaies et médailles

Direction des Monnaies et Médailles. *Chargée* : d'assurer l'exécution des lois et règlements sur les monnaies et médailles ; de fabriquer des monnaies métalliques françaises ; pour les États ou instituts d'émission étrangers qui lui en passent commande ; de la fabrication et vente des décorations officielles françaises ; de l'édition, de la fabrication et de la vente des médailles ; de la fabrication des instruments de marque ; pour le service français de la garantie et le service des instruments de mesure du ministère de l'Industrie et de la Recherche ; d'attributions annexes de caractère administratif ; d'expertise des monnaies présumées fausses ; de délivrance aux essayeurs de commerce et de leur certificat de capacité ; de délivrance à des ateliers privés d'autorisations de fabriquer des médailles (par dérogation au principe du monopole de droit que détient l'Administration) ; de la conservation et de la présentation au public des collections qui composent le musée des monnaies et médailles.

Nombre de médailles nouvelles mises en vente en 1985. Collection générale 292, Club français de la médaille 199.

Métaux consommés en 1985 par l'adm. des monnaies et médailles : or : 247 kg, argent : 72 t ; métaux communs (bronze, cuivre, étain) : 2 877 t.

Pièces françaises frappées depuis la Révolution

Argent et autres métaux

Légende. — *a.i.* acier inoxydable, *al.* aluminium, *b.* bronze, *b.-al.* bronze aluminium, *c.* cuivre, *c.-n.* cupro-nickel, *f.* fer, *m.* maillechort, *n.* nickel, *z.* zinc.

• **1 centime. Directoire.** (Dupré an 6-an 7), b., 2 g 18 mm. **Consulat.** (Dupré an 8), b., 2 g 18 mm. **IIe Répu-**

blique. (Dupré 1848-1851), b., 2 g 18 mm. **IIe Empire.** Napoléon III, tête nue (Barre 1853-1857), b., 1 g 15 mm ; laurée (Barre 1861-1870), b., 1 g 15 mm. **IIIe Rép.** Cérès (Oudiné 1872-1897), b., 1 g 15 mm. Dupuis (Dupuis 1898-1920), b., 1 g 15 mm. **Ve Rép.** (Atelier de Paris 1959-1980), a.i., 1,65 g 15 mm.

● **2 centimes. IIe Empire.** Napoléon III, tête nue (Barre 1853-1857), b., 2 g 20,2 mm ; laurée (Barre 1861-1897), b., 2 g 20,2 mm. **IIIe Rép.** Cérès (Oudiné 1877-1897), b., 2 g 20,2 mm. Dupuis (Dupuis 1898-1920), b., 2 g 20,2 mm. **Ve Rép.** (Atelier de Paris 1959-1961), a.i., 2,3 g 17 mm.

● **5 centimes. Directoire.** (Dupré an 4-an 5), c., 5 g 23 mm. **Directoire et Consulat.** (Dupré an 5-an 9), b., 10 g 28 mm. **Directoire.** (Dupré an 5-an 7), c., 10 g 28 mm. **Ier Empire.** Napoléon Ier (Tiolier 1808), c., 8 g 28 mm. Nap. Ier, siège d'Anvers (Wolschot 1814), b., 18 g 34 mm. Nap. Ier (Gagnepain, Van Goor 1814), b., 13 g 30 mm. **1re Restauration.** Louis XVIII (Wolschot, Gagnepain, Van Goor 1814), b., 15 g 30 mm. (Gagnepain, Van Goor 1814), b., 12 g 30 mm. **IIe Empire.** Napoléon III, tête nue (Barre 1853-1857), b., 5 g 25 mm ; laurée (Barre 1861-1865), b., 5 g 25 mm. **Gouvernement de la Défense Nationale.** Cérès (Oudiné 1871), b., 5 g 25 mm. **IIIe Rép.** Cérès (Oudiné 1872-1898), b., 5 g 25 mm. Dupuis (Dupuis 1847-1921), b., 5 g 25 mm. Grand module (Lindauer 1914-1920), c.-n., 3 g 19 mm ; petit (Lindauer 1920-1938), c.-n., 2 g 17 mm. (Lindauer 1938-1939), m. 1,5 g 17 mm. **Ve République.** (Atelier de Paris 1959-1964), a.i., 3,4 g 19 mm. (Lagriffoul et Dieudonné 1966-1981), b.-al., 2 g 17 mm.

● **1 décime. Directoire.** (Dupré an 4-an 5), c., 10 g, 28 mm. (Dupré an 4-an 8), c., 20 g, 31 mm. (Dupré an 4-an 5), c., 20 g, 31 mm. (Dupré an 5-an 9), b., 20 g, 32 mm.

● **10 centimes. Ier Empire.** Napoléon Ier (Tiolier 1808-1810), billon, 2 g, 19 mm. (Gagnepain 1814), b., 24 g, 34 mm. (Ransonnet, Wolschot 1814), b., 24 g, 34 mm. **1re Restauration.** Louis XVIII (Gagnepain 1814), b., 24 g, 34 mm. (Ransonnet 1814), b., 24 g, 34 mm. **Ier Empire et Cent-Jours.** Napoléon Ier (1814-1815), b., 22 g, 31,5 mm. **1re et 2e Restauration.** Louis XVIII (1814-1815), b., 22 g, 31,5 mm. **IIe Empire.** Napoléon III, tête nue (Barre 1852-1857), b., 10 g, 30,2 mm ; laurée (Barre 1861-1868), b., 10 g, 30 mm. **Gouvernement de la Défense Nationale.** Cérès (Oudiné 1870-1871), b., 10 g, 30 mm. **IIIe Rép.** Cérès (Oudiné 1872-1898), b., 10 g., 30 mm. Dupuis (Dupuis 1897-1921), b., 10 g., 30 mm. Cmes Souligné (Lindauer 1914), n., 4 g, 21 mm. Lindauer (Lindauer 1917-1938), c.-n., 4 g, 21 mm. (Lindauer 1938-1939), m., 3 g, 21 mm. **État Français.** (Lindauer 1941), z., 2,5 g, 21 mm. Grand module (Atelier de Paris 1941-1943), z., 2,5, 21 mm ; petit (Atelier de Paris 1943-1944), z., 1,5 g, 17 mm. **Gouvernement provisoire.** Petit module (Atelier de Paris 1944-1946), z., 1,5 g, 17 mm. **Ve Rép.** (Lagriffoul, Dieudonné 1962-1981), b.-al., 3 g, 20 mm.

● **2 décimes. Directoire.** (Dupré an 4-an 5), c., 20 g, 31 mm.

● **20 centimes. Argent. IIe République.** Cérès (Oudiné 1849-1851), 900 ‰, 1 g, 15 mm. **IIe Empire.** Napoléon III, tête nue (Barre 1853-1863), 900 ‰, 1 g, 15 mm ; laurée, petit module (Barre 1864-1866), 835 ‰, 1 g, 15 mm, grand (Barre 1867-1868), 835 ‰, 1 g, 16 mm. **IIIe Rép.** Cérès (Oudiné 1878-1889), 900 ‰, 1 g, 15 mm. **Autres métaux. État Français** (Atelier de Paris 1941), z., 3,5 g, 24 mm. 20 (At. de Paris 1941-1944), z., 3,5 g, 24 mm. (At. de Paris 1943-1944), f., 3 g, 24 mm. **Gouvernement provisoire.** (Lindauer 1945-1946), z., 3 g, 24 mm. **Ve Rép.** (Lagriffoul, Dieudonné 1962-1981), b.-al., 4 g, 23,5 mm.

● **1/4 Franc. Argent. Consulat.** Bonaparte 1er Consul (Tiolier an 12), 900 ‰, 1,25 g, 15,3 mm. **Ier Empire.** Napoléon Empereur (Tiolier an 12-an 14), 900 ‰, 1,25 g, 15,3 mm. **Ier Empire.** Napoléon Empereur (Tiolier, Calendrier grégorien, 1906-1907), 900 ‰, 1,25 g, 15,3 mm. Tête de Nègre (Tiolier 1807), 900 ‰, 1,25 g, 15,3 mm. T. Nègre laurée (Tiolier 1807-1808), 900 ‰, 1,25 g, 15,3 mm. Tête laurée, revers EMP-FRA (Tiolier 1809), 900 ‰, 1,25 g, 15,3 mm. **Louis XVIII.** Louis XVIII (Tiolier 1817-1824), 900 ‰, 1,25 g, 15 mm. **Charles X.** Charles X (Michaut 1825-1830), 900 ‰, 1,25 g, 15 mm. **Louis-Philippe Ier.** L.-Ph. Ier (Domard F. 1831-1845), 900 ‰, 1,25 g, 15 mm.

● **25 centimes. Argent. Louis-Philippe Ier.** L.-Ph. Ier (Domard F. 1845-1848), 900 ‰, 1,25 g, 15 mm. **Autres métaux. IIIe Rép.** (Patey 1903), n., 7 g, 24 mm. (Patey 1904-1905), n., 7 g, 24 mm. Cmes soulignés (Lindauer 1913-1917), n., 5 g, 24 mm. (Lindauer 1917-1937), c.-n., 5 g, 24 mm. Points avant et après la date (Lindauer 1938-1940), m., 4 g, 24 mm.

● **½ Franc. Argent. Consulat.** Bonaparte 1er Consul (Tiolier an 11-an 12), 900 ‰, 2,5 g, 18 mm. **Ier Empire.** Napoléon Empereur (Tiolier an 12-an 14), 900‰, 2,5 g 18 mm. (Tiolier, Calendrier grégorien, 1806-07), 900 ‰, 2,5 g, 18 mm. Tête de Nègre (Tiolier 1807), 900 ‰, 2,5 g, 18 mm. Revers « République » (Tiolier 1807-08), 900 ‰, 2,5 g, 18 mm. 11 717 421 ex. Revers « Empire » (Tiolier 1809-1814), 900 ‰, 2,5 g, 18 mm. 12 602 759 ex. **Louis XVIII.** (Michaut 1816-1824), 900 ‰, 2,5 g, 18 mm, 3 662 749 ex. **Charles X.** (Michaut 1825-1830), 900 ‰, 2,5 g, 18 mm, 4 146 937 ex. **Louis-Philippe Ier.** (Domard F. 1831-1845), 900 ‰, 2,5, g. 18 mm.

● **50 centimes. Argent. Louis-Philippe Ier.** (Domard F. 1845-1848), 900 ‰, 2,5 g, 18 mm. **IIe Rép.** Cérès (Oudiné 1849-1851), 900 ‰, 2,5 g, 18 mm. Louis-Napoléon Bonaparte (Barre 1852), 900 ‰, 2,5 g, 18 mm. 1 010 267 ex. **IIe Empire.** Napoléon III, tête nue (Barre 1853-1863), 900 ‰, 2,5 g, 18 mm ; laurée (Barre 1864-1869), 835 ‰, 2,5 g, 18 mm. **Gouvernement de la Défense Nationale et IIIe Rép.** Cérès (Oudiné 1871-1895), 835 ‰, 2,5 g, 18 mm. Semeuse (Roty 1897-1920), 835 ‰, 2,5 g, 18 mm. 377 530 982 ex. **Autres métaux. IIIe Rép.** Chambre de Commerce (Domard 1920-1929), b.-al., 2 g, 18 mm. Morlon (Morlon 1931-1940), b.-a., 2 g, 18 mm. **État Français.** Morlon (Morlon 1941), b.-al., 2 g, 18 mm. 82 957 663 ex. **Gouvernement provisoire.** Morlon (Morlon 1947), b.-al., 2 g, 18 mm. 2 170 000 ex. **État Français.** Bazor (Bazor 1942-1944), al., 0,8 g, 18 mm. **État Français.** (Morlon 1941), al., 0,7 g., 18 mm. **Gouvernement provisoire.** (Morlon 1944-1946), al., 0,7 g., 18 mm. **IVe Rép.** (Morlon 1947), al., 0,7 g, 18 mm. **Ve Rép.** (Lagriffoul, Dieudonné 1962-1964), n., 7 g, 25 mm.

½ Franc. Ve Rép. Semeuse (Roty 1964-1981), n., 4,5 g, 19,5 mm.

1 Franc. Argent. Consulat. Bonaparte 1er Consul (Tiolier an 11 A-an 12 W), 900 ‰, 5 g, 23 mm. **Ier Empire.** Napoléon Empereur, tête nue (Tiolier an 12 A-an 14 W), 900 ‰, 5 g, 23 mm ; (Tiolier 1806-1807), 900 ‰, 5 g, 23 mm. Tête de Nègre (Tiolier 1807), 900 ‰, 5 g, 23 mm. Revers « République » (Tiolier 1807-1808), 900 ‰, 5 g, 23 mm ; « Empire » (1809-1814), 900 ‰, 5 g, 23 mm. **Louis XVIII.** (Michaut 1816-1824), 900 ‰, 5 g, 23 mm. **Charles X.** (Michaut 1826-1830), 900 ‰, 5 g, 23 mm. **Louis-Philippe Ier.** L.-Ph., tête nue (Tiolier 1831-1848), 900 ‰, 5 g, 23 mm. **IIe République.** Cérès (Oudiné 1849-1851), 900 ‰, 5 g, 23 mm. Louis-Napoléon Bonaparte (Barre 1852), 900 ‰, 5 g, 23 mm. **IIe Empire.** Napoléon III, tête nue (Barre 1853-1864), 900 ‰, 5 g, 23 mm ; laurée (Barre 1862-1870), 835 ‰, 5 g, 23 mm. 82 765 949. **Gouvernement de la Défense Nationale.** Cérès (Oudiné 1871), 835 ‰, 5 g, 23 mm. 33 555 162. **IIIe Rép.** 1872-1895 type Semeuse (Roty 1898-1920), 835 ‰, 5 g, 23 mm, 421 486 625. **Autres métaux. IIIe République.** Chambre de Commerce (Domard 1920-1927), b.-al., 4 g, 23 mm. Morlon (Morlon 1931-1940), b.-al., 4 g, 23 mm. **État Français.** Morlon (1941), b.-al. Bazor (1942-44), al., 1,3 g, 23 mm. Morlon (Graziani 1943), z., 4,2 g, 23 mm. Morlon (1941-43), al., 1,3 g, 23 mm. **Gouvernement provisoire** (1944-46). **IVe Rép.** (1947-58). **Ve Rép.** Semeuse (Roty 1959-81), n., 6 g, 24 mm.

2 F. Argent 900 ‰. Consulat. Bonaparte 1er Consul (Tiolier an 12), 10 g, 27 mm, 454 162 ex. **Ier Empire.** Napoléon Empereur (Tiolier an 12-an 14), 10 g, 27 mm, 1 727 676 ex. ; tête nue (Tiolier 1806-07), 10 g, 27 mm. Tête de Nègre (Tiolier 1807), 10 g, 27 mm. Revers « République » (Tiolier 1808), 10 g, 27 mm, 1 524 320 ex. ; « Empire » (Tiolier 1809-14), 10 g, 27 mm, 8 328 471 ex. **Cent-Jours** (Tiolier 1815), 10 g, 27 mm. **Louis XVIII** (Michaut 1816-24), 10 g, 27 mm, 3 687 382 ex. **Charles X** (Michaut 1825-30), 10 g, 27 mm, 4 044 802 ex. **Louis-Philippe Ier** (Domard F. 1831-48), 10 g, 27 mm. **IIe Rép.** Cérès (Oudiné 1849-51), 10 g, 27 mm, 2 115 452 ex. **IIe Empire.** Napoléon III, tête nue (Barre 1853-59), 10 g, 27 mm, 1 910 622 ex. **Argent** 835 ‰. Nap. III tête laurée (Barre 1866-70), 10 g, 27 mm, 25 905 068 ex. **Gouvernement de la Défense Nationale.** Cérès sans légende (Oudiné 1870-71), 10 g, 27 mm, 2 054 525 ex. Cérès (Oudiné 1870-71), 10 g, 27 mm, 16 224 733 ex. **IIIe Rép.** Idem (1872-95). Semeuse (Roty 1898-1920), 10 g, 27 mm, 102 438 423 ex. **Autres métaux. IIIe Rép.** Chambre de Commerce (Domard 1920-27), b.-al. 8 g, 27 mm. Morlon (Morlon 1931-40), b.-al., 8 g, 27 mm. **État Français.** Idem (Morlon 1941), al., 2,2 g, 27 mm. Bazor (1943-44), al., 2,2 g, 27 mm. **France libre** (1944), b.-al., 8,15 g, 27 mm. **Gouvernement provisoire** (1944-46), Morlon, 2,2 g, 27 mm. **IVe Rép.** Idem (1947-58). **Ve Rép.** Idem (1959) (Roty 1959), n., 8 ou 8,35 g, 27 mm (d'après Roty 1977-81, n. pur, 7,5 g, 26,5 mm).

5 Francs. Argent 900 ‰. **Directoire.** Hercule (Dupré an 4-an 11), 25 g, 37 mm, 21 247 401 ex. **Consulat.** Bonaparte 1er Consul (Tiolier an 11-an 12), 25 g, 37 mm, 11 543 842 ex. **Ier Empire.** Napoléon Empereur (Brenet et Tioler an 12), 25 g, 37 mm, 1 482 221 ex. ; (Brenet et Tiolier an 13-an 14), 25 g, 37 mm ; (Brenet et Tiolier, 1806-07), 25 g, 37 mm, 3 238 197 ex. Transitoire (Brenet et Tiolier 1807), 25 g, 37 mm. Napoléon tête laurée, revers « République » (Brenet et Tiolier 1807-08), 25 g, 37 mm ; revers « Empire » (Brenet et Tiolier 1809-14), 25 g, 37 mm. **Cent-Jours** (1815). **Argent** 900 ‰. **Louis XVIII. 1re Restauration,** buste habillé (Tiolier 1814-15), 25 g, 37 mm, 15 959 985 ex. **2e Rest.** buste nu (Michaut 1816-1824), 25 g, 37 mm, 104 249 625 ex. **Charles X** (Michaut et Tiolier 1824-26), 25 g, 37 mm. Effigie modifiée (Michaut et Tiolier 1827-30), 27 g, 37 mm. **Louis-Philippe Ier.** L.-Ph. tête nue (N.P. Tiolier 1830), 25 g, 37 mm, 600 000 ex. (N.P. Tiolier 1830-31), 25 g, 37 mm, 32 000 000 ex. ; laurée (Domard F. 1831), 25 g, 37 mm, 13 000 000 ex. ; variété tranche relief (1831) ; laurée (Domard F 1832-48), 25 g, 37 mm, 292 921 640 ex. **IIe Rép.** Hercule (Dupré 1848-49), 25 g, 37 mm, 51 925 769 ex. Cérès (Oudiné 1849-51), 25 g, 37 mm, 37 697 365 ex. Louis-Napoléon Bonaparte (Barre 1852), 25 g, 37 mm. **IIe Empire. Napoléon III,** tête nue (Bouvet 1854-59), 25 g, 37 mm, 14 150 830 ex. ; laurée (Barre 1861-70), 25 g, 37 mm, 50 094 449 ex. **Gouvernement de la Défense Nationale.** Cérès sans légende (Oudiné 1870-71), 25 g, 37 mm ; avec (Oudiné 1870), 25 g, 37 mm. **Gvt de la Commune.** Hercule (Dupré 1871), 25 g, 37 mm ; (Lupear 1871). **Gvt de la Défense Nationale.** Hercule (Dupré 1870-71), 25 g, 37 mm. **IIIe Rép.** (1872-89) Semeuse (non adapté). **Ve Rép.-Argent** 835 ‰. Semeuse (Roty 1959-69), 12 g, 29 mm , 195 209 000 ex. **Autres métaux. IIIe Rép.** Bazor 1933, n., 6 g, 23,7 mm. Lavrillier 1933-39, n., 12 g, 31 mm. Lavrillier 1938-40, b.-al., 12 g, 31 mm. **État Français.** Mal Pétain (Bazor 1941), c.-n., 4 g, 22 mm. **Gvt provisoire.** Lavrillier (1945-47), b.-al., 12 g, 31 mm. Lavrillier (1945-47), b.-al., 12 g, 31 mm. Lavrillier (1945-46), al. 3,5 g, 31 mm. **IVe Rép.** (1947-52). **Ve Rép.** Semeuse (Roty 1970-81), c.-n., 10 g, 29 mm.

10 F. Argent 680 ‰. **IIIe Rép.** Turin (1929-39), 10 g, 28 mm. **Ve Rép.** 900 ‰. Hercule (Dupré 1964-73), 25 g, 37 mm, 38 915 400 ex. **Autres métaux. Gouvernement provisoire.** Type avec grosse tête (Turin 1945-47), c.-n., 7 g, 26 mm ; petite tête (Turin 1947-49), c.-n., 7 g, 26 mm. **IVe Rép.** Guiraud (1950-58), b.-al., 3 g, 20 mm. **Ve Rép.** Mathieu (1974-81), c.-n., 10 g, 26 mm. Commémoration : Daniel Ponce 1983 bicentenaire de la conquête de l'espace, c.-n., 10 g, 26 mm et bic. de la naissance de Stendhal c.-n., 10 g, 26 mm.

20 F. Argent 680 ‰. **IIIe Rép.** Turin (1929-39), 20 g, 35 mm. — **Autres métaux. Gouvernement provisoire.** Turin (1945), c.-n., 10 g, 30 mm. **IVe Rép.** G. Guiraud (1950), b.-al., 4 g, 23 mm. G. Guiraud (1950-54), b.-al., 4 g, 23,5 mm.

50 F. Argent 900 ‰. **Ve Rép.** Hercule (Dupré 1974-80), 30 g, 41 mm, 46 074 200 ex. **Autres métaux.** Guiraud (1950-58), b.-al., 8 g, 27 mm.

100 F. IVe Rép. R. Cochet (1950-58), c.-n., 6 g, , 24 mm. **Ve Rép. Argent** 900 ‰. Panthéon (1982-84), 15 g, 16 millions d'ex. prévus.

Monnaies en or. 1792-1936. (Sauf indication contraire) toujours 900 ‰.

Louis d'or 24 livres. Gouvernement Constitutionnel. Type constitutionnel (Dupré 1792-1793), 7,649 g, 23 mm, 52 000 ex. **Convention.** Type Convention. (Dupré 1793), 7,649 g, 23 mm. 140 000 ex.

5 F. IIe Empire. Napoléon III, Petit module (Barre 1854-1855), 1 612 g, 14,4 mm, 4 499 940 ex. ; grand module. (Barre 1855-1860), 1,612 g, 16,7 mm, 24 181 302 ex. Tête laurée. (Barre 1862-1869), 1 612 g, 17 mm, 18 006 784 ex. **IIIe Rép.** Cérès. (Merley 1878-1889), 1 612 g, 16,5 mm, 70 ex.

10 F. IIe Rép. Cérès. (Merley 1850-1851), 3,22 g, 19 mm, 3 707 277 ex. **IIe Empire.** Nap. III, Petit module. (Barre 1854-1855), 3,2 g, 17,2 mm, 3 900 030 ex. ; grand module. (Barre 1854-1860) 3,22 g, 19 mm, 61 132 063 ex. ; tête laurée. (Barre 1861-1869), 3,22 g, 19 mm, 31 689 923 ex. **IIIe Rép.** Cérès. (Merley 1878-1899), 3,22 g, 19 mm, 2 399 139 ex. Marianne. (Chaplain 1899-1914), 3,22 g, 19 mm, 23 860 424 ex.

20 F. Consulat. Premier Consul. (Tiolier an 11-an 12), 6,45 g, 21 mm, 1 046 506 ex. **Ier Empire.** Napoléon Empereur. (Tiolier an 12), 6,45 g, 21 mm, 428 143 ex. Nap. Ier, tête nue. (Droz et Tiolier an 13-an 14), 6,45 g, 21 mm, 674 730 ex. ; (1806-07), 6,45 g, 21 mm, 15 924 990 ex. Revers « République ». (Droz et Tiolier 1807-08), 6,45 g, 21 mm, 1 727 451 ex. Revers « Empire » (Droz et Tiolier 1809-1814), 6,45 g, 21 mm, 14 297 399 ex. **Cent-Jours, 1815 1re Restauration.** Louis XVIII, buste habillé. (Tiolier 1814-15), 6,45 g, 21 mm, 5 185 186 ex. (T. Wyon Jr. 1815), 6,45 g, 21 mm, 871 581 ex. **2e Rest.** Louis XVIII, buste nu (Michaut 1816-1824), 6,45 g, 21 mm, 9 696 690 ex. **Charles X.** Charles X. (Michaut 1825-1830), 6,45 g, 21 mm, 1 688 298 ex. **Louis-Philippe.** L.-Ph., tête nue. (Tiolier 1830-1831), 6,45 g, 21 mm, 3 967 833 ex. ; tête laurée. (Domard 1832-1848), 6,45 g, 21 mm, 6 869 802 ex. **IIe Rép.** Génie (Dupré 1848-49), 6,45 g, 21 mm, 2 846 061 ex. Génie (Dupré 1849-1851), 6,45 g, 16 720 353 ex. Louis-Napoléon Bonaparte (Barre 1852), 6,45 g, 21 mm, 10 493 758 ex. **IIe Empire.** Napoléon III, tête nue (Barre 1853-1860), 6,45 g, 21 mm, 146 226 337 ex. ; tête laurée (Barre 1861-1870), 6,45 g, 21 mm, 85 457 540 ex. **IIIe Rép.** Génie (Dupré 1871-1898), 6,45 g, 21 mm, 86 091 086 ex. Marianne, (Chaplain 1898-1906), 6,45 g, 21 mm, 43 034 473 ex. (1907-1914), 6,45 g, 21 mm, 74 212 056 ex.

40 F. Consulat. Bonaparte, 1er Consul. (Tiolier an 11-an 12), 12,9 g, 26 mm, 479 521 ex. **Ier Empire.** Napoléon, Empereur (Droz et Tiolier an 13-an 14), 12,9 g, 26 mm, 372 696 ex. ; tête nue. (Droz et Tiolier 1806-1807), 12,9 g, 26 mm, 291 584 ex. ; au revers « République ». (Droz et Tiolier 1807-1808), 12,9 g, 26 mm, 71 866 ex. ; au revers « Empire ». (Droz et Tiolier 1809-1813), 12,9 g, 26 mm, 2 101 580 ex. **Louis XVIII.** Louis XVIII. (Michaut 1816-1822), 12,9 g, 26 mm, 539 486 ex. **Charles X.** Charles X. (Michaut 1824-1830), 12,9 g, 26 mm, 478 824 ex. **Louis-Philippe Ier.** L.-Ph. Ier (Domard F. 1831-1839), 12,9 g, 26 mm, 773 249 ex.

50 F. IIe Empire. Napoléon III, tête nue (Barre 1855-1859), 16,12 g, 28 mm, 764 385 ex. ; tête laurée. (Barre 1862-1869), 16,12 g, 28 mm, 168 989 ex. **IIIe Rép.** Génie (Dupré 1878-1904), 16,12 g, 28 mm, 26 945 ex.

100 F. IIe Empire. Napoléon III, tête nue (Barre 1855-1860), 32,25 g, 35 mm, 346 514 ex. ; tête laurée (Barre 1862-1869), 32,25 g, 35 mm, 96 950 ex. **IIIe Rép.** Génie. Dieu protège la France (Dupré 1878-1906) 32,25 g, 35 mm, 273 892 ex. Génie. Liberté, Égalité, Fraternité (Dupré 1907-1914), 32,25 g, 35 mm, 164 673 ex. Bazor (Bazor 1929-1936), 6,55 g, 21 mm, 13 791 116 ex. **Ve Rép.** Marie Curie (Raymond Corlin) 13,49 g. Une version d'une pièce d'or de 17 g a été frappée à 5 000 ex., mais n'a pas de valeur légale.

Cours du kg d'argent (à Paris en F) : **1979** *janv.* 800, *18-9* 2 701, *nov.* 2 416 ; **1980** *3-1* 5 570, *18-1* 6 942 (record absolu 654 % par rapport à janv. 79), *3-4* 2 383 ; **1981** *18-6* 1 954, *juillet* 1 598 ; **1982** *janv.* 1 496, *juin* 1 176, *juil.* 1 419 ; **1983** *janv.* 2 640, *juill.* 3 004 ; **1984** *janv.* 2 460, *mars* 2 695, *déc.* 2 251 ; **1985** *janv.* 2 099, *juillet* 1 914 ; **1986** *janv.* 2 533, *juillet* 1 122.

L'or

Sources : Comptoir Lyon-Alemand-Louyot, Gold Field et Mme Guyonnet-Vinchon.

Généralités

• **Gisements.** L'or est assez répandu. L'*écorce terrestre* connue en contient en moyenne 1 cg à la tonne. *L'eau de mer* en contiendrait de 1 à 8 µg par m³ (soit en tout près de 10 milliards) (la Dow Chemical a fait en Caroline du Sud un essai sur 15 m³ qui n'a donné que 0,09).

Les gisements comprennent une ou plusieurs couches (*reef* ou filon) peu épaisses de cailloux enrobés dans un ciment renfermant l'or, affleurant parfois en surface et pouvant s'étendre sur des dizaines de km², mais présentant souvent des « failles ». *Prof. max. exploitée :* 3 800 m [Afr. du Sud, Puits 8 du Western Deep Levels, (mine d'Anglo-American)], 2 400 m (Brésil, Morro Velho ; mines du Far West Rand ou de l'Orange Free State).

Nota. — Un gisement évalué à 2 milliards de $ a été découvert en 1978 au Canada (île Graham, dans l'archipel de la Reine-Charlotte, côte Ouest). La hausse de l'or en 1979 a entraîné la remise en exploitation de mines fermées (U.S.A., Australie, Mexique, Philippines, Venezuela, Afr. du S., etc.).

• **Pépites. Les plus grosses :** Helle End (350 kg, en Afr. du S.), celle de Molvaque (95 kg) et le Welcome Stranger (72 kg) trouvées en Australie. On en a trouvé de 40 à 70 kg aux États-Unis, en U.R.S.S. (Oural) et au Zaïre. **En France**, pépite de 543 g trouvée en 1889, à Gravières (Ardèche), par un berger. La plupart des pépites trouvées ces dernières années ont — de 1 g ; exceptions : 1 de 15 g dans le Blavet en 1976, 2 de 18 et 32 g, près de Loudéac (Côtes-du-Nord) en 77.

• **Mines d'or.** *Durée de vie (années), production d'or (en t), entre parenthèses teneur (g/t), coût d'exploitation ($ US/once).* **Afrique du Sud :** Buffelsfontein (15 ans) 30 t (8,9 g/t) *214 $*, Driefontein (50) 75 (12,9) *115*, Free State Geduld (20) 28 (6,1) *298*, Harmony (20) 32 (4,1) *312*, Hartebeestfontein (20) 30 (9,8) *182*, Kloof (30) 28 (15,4) *115*, President Brand (20) 24 (6,6) *224*, President Steyn (20) 25 (6,6) *238*, Vaal Reefs (20) 80 (7,0) *191*, Western Deep Levels (25) 40 (9,4) *180*. **Australie :** Emperor Mines (10) 1,5 (8,0) *350*, Metana (12) 1 (4,0) *185*, North Kalgurli Mines (10) 1,9 (6,2) *345*, Poseidon (10) 1,6 (5,7) *245*, Whim Creek (10) 1,3 (2,3) *228*. **Canada :** Campbell Red Lake (20) 8,2 (5,4) *150*, Dickenson Mines (8) 1,2 (8,1) *230*, Echo Bay (15) 4,8 (12,3) *260*, Lac Minerals (20) 8,5 (5,6) *266*. **États-Unis :** Homestake Mining (15) 12,4 (5,4) *300*.

Changements dans l'exploitation des mines d'or sud-africaines entre 1972 et 1983 et, entre parenthèses, variation (%, 1972-83). Prix de l'or $/once 53/424 (+ 700 %) ; production d'or 909/664 (— 27) ; coût d'exploitation (millions de rands) 618/4 780 (+ 673) ; bénéfice d'exploitation (milliards de rands) 525/4 732 (+ 801) ; dépenses d'investissement (M.R.) 106 ¹/1 408 (+ 1 228) ; total dividendes (M.R.) 196/1 731 (+ 783).

Nota. — (1) Estimé.

Plus grands groupes. Driefontein Consolidated (Afrique du Sud) : production 80 t de métal par an (broyage de 5,7 millions de t de minerai), 28 000 salariés. Mines de Muruntau (U.R.S.S.) : 80 t/an.

• **L'or en France. Origine.** La Gaule était réputée riche en or. Depuis l'or a toujours été exploité. Le sous-sol renferme de nombreux indices de minerais aurifères et, en surface, des alluvions et des sables contiennent de l'or, mais ces gisements ne paraissent pas exploitables économiquement.

Gisements abandonnés : *La Bellière* (M.-et-L.), *Le Châtelet* (Creuse), *La Lucette* (Mayenne), *St-Yrieix* (Hte-Vienne). **Exploités :** *Salsigne* (Aude) ; déc. en 1895 ; à plusieurs dizaines de m de profondeur ; par an : 1 600 à 1 700 kg d'or ; réserves est. : env. 30 t d'or. Le minerai contient 12 à 15 g/t d'or. St-Yrieix-la-Perche (Hte-Vienne) ; espérance en or-métal : 10 t env. Gisement français (Hte-Vienne) ; début de la prod. en juillet 82, réserves 124 t d'or. **Or recueilli en rivière :** env. 10 kg de paillettes par an. Il reste 4 **orpailleurs** professionnels en France ; ils lavent 2 t de sable pour obtenir env. 5 g d'or.

Statistiques

☞ Depuis la préhistoire, on a extrait 150 000 t d'or métal dont 50 000 perdues par usure ou négligence, 40 000 à 50 000 utilisées pour des objets (bijoux, etc.), 40 000 à 50 000 thésaurisées par les États et particuliers.

• **Production (en t). Pays non communistes.** *1970 :* 1 273,4 (dont Afr. du Sud 1 000). *75 :* 954,9 (713,4). *80 :* 950,1 (675). *81 :* 971,1 (657,6). *82 :* 1 012,8 (664,3). *83 :* 1 088,2 (679,7). *84 :* 1 134. 85 : 1 187 (dont Afr. du S. 672, Canada 86, U.S.A. 67, Australie 56, Philippines 39, Papouasie-Nlle-Guinée 28, Ghana 13, Amér. latine 153, Europe 15, divers 58).

Pays communistes (ventes nettes). *1975 :* 149, *76 :* 412, *77 :* 401, *78 :* 410, *79 :* 199, *80 :* 90, *81 :* 280, *82 :* 203, *83 :* 93, *84 :* 205, *85 :* 210.

• **Offre au secteur privé non communiste.** Total, dont, entre parenthèses, prod. minière non communiste, ventes des pays communistes, ventes (+) ou achats (—) des États ou organismes officiels, en t. **1975** 1 104 (946, 149, + 9). **1976** 1 434 (964, 412, + 58). **1977** 1 632 (962, 401, + 269). **1978** 1 744 (972, 410, + 362). **1979** 1 702 (959, 199, + 544). **1980** 814 (954, 90, — 230). **1981** 980 (976, 280, — 276). **1982** 1 143 (1 025, 203, — 85). **1983** 1 347 (1 112, 93, + 142). **1984** 1 439 (1 149, 205, + 85). **1985** 1 288 (1 213, 210, — 135).

Achats (a) ou ventes (v) officiels. *1972 :* a 151, *73 :* v 6, *74 :* v 20, *75 :* v 9, *76 :* v 58 ¹, *77 :* v 269 ¹, *78 :* v 362 ¹, *79 :* v 544 ¹, *80 :* a 230 ¹, *81 :* a 276, *82 :* a 85, *83 :* v 142, *84 :* v 85, *85 :* a. 135. Les autorités monétaires des différents pays s'abstiennent de vendre directement l'or et préfèrent utiliser, le cas échéant, la souplesse que procurent les accords du type « swap ».

Nota. — (1) Y compris vente du FMI et du trésor américain.

Demandes privées. *1975 :* 1 104. *76 :* 1 434. *77 :* 1 632. *78 :* 1 744. *79 :* 1 702. *80 :* 812. *81 :* 977. *82 :* 1 140. *83 :* 1 299. *84 :* 1 265 (dont bijouterie 650, autres usages industriels 230, monnaies et médailles 175, investissement 210).

• **Utilisation (en t). 1980 :** 953 (+ disponibilité pour investissement privé sous forme de lingots 337). **1981 :** 1 192 (+ 7). **1982 :** 1 223. **1983 :** 1 197. **1984 :** 1 570. **1985 :** 1 645 dont bijouterie 890, consommation ind. 225, fabrication des monnaies et achats des investisseurs 385, achats des autorités monétaires 145.

Par régions (en 1985) : Asie 740 (dont Moyen et Extrême-Orient 530), *Europe* 455 (dont Italie 170, All. féd. 125, *France 45*), *Amérique* 340 (dont U.S.A. 240).

Consommation par pays d'or nouveau (déchets exclus) des pays non communistes (en 1985, en t). **Europe** 430,9, dont Italie 240, All. féd. 58,3, G.-B. et Irl. 30, Suisse 29, *France 23,4* (bijouterie 17,6 ; électronique 2,5 ; art dentaire 0,9 ; autres industries et décorations 2,2 ; médailles et médaillons 0,2). **Amérique** 246, dont U.S.A. 162,3, Canada 70,9. **Asie** 516,4, dont Proche-Orient 118,8, sous-continent indien 145,8 (dont Inde 124,3), Extrême-Orient 251,8 (dont Japon 121,7). **Afrique** 36,5 (dont Afr. du S. 26,2). **Australie** 3,5. **Total** *1 233,3*.

Nota. — Dans certains pays, une partie des pièces fabriquées n'est pas vendue l'année de leur production, mais seulement comptabilisée dans les réserves officielles.

Or détenu dans le monde. Avoirs officiels (31-12-85) **en millions d'onces troy** (1 once troy = 31,1 grammes). *Monde* 747,70 dont U.S.A. 262,65. All. féd. 95,18. Suisse 83,28. *France* 81,85. Italie 66,67. P.-Bas 43,94. Autriche 21,14. G.-B. 19,02. **Réserves privées** en t (1981). 30 000 dont Asie 5 000, France 4 650 (dont 2 500 en pièces), U.S.A. 3 000, Europe sans la France 4 500, Afrique 3 000, pays communistes 2 650, divers 5 350.

L'or et la monnaie

Régime de l'or

• **Régime de l'étalon-or. Avant la guerre de 1914**, les principales monnaies étaient convertibles entre elles, en or et à des taux fixes. Les règlements entre banques centrales s'effectuaient principalement en or. Les pièces d'or circulaient librement dans le public. L'or représentait 91 % des réserves monétaires mondiales (aujourd'hui 53 %).

A la fin de la guerre de 1914-18, les prix ayant doublé et le stock d'or n'ayant pas augmenté en conséquence, il eût fallu pour revenir à la situation antérieure, soit dévaluer les monnaies de moitié (en doublant le prix de l'or), soit faire baisser les prix. La 1re solution fut écartée pour des raisons de prestige, la 2e était irréalisable. Cependant les principales monnaies retrouvèrent ensuite leur convertibilité en or (tout au moins pour les règlements internationaux), à la parité d'avant-guerre pour le dollar (1919) et la livre sterling (1925), à une nouvelle parité pour le franc (1928).

Gold Exchange Standard (étalon de change-or). 1922, pour réduire l'usage de l'or, on invita les États à détenir une partie de leurs réserves sous forme de devises convertibles en or (dollars et livres). Ce fut le Gold Exchange Standard que la France adopta *de facto* en 1926. Le dollar et la livre, qui auraient dû rester stables pour tenir correctement le rôle de réserve, furent dévalués après la crise de 1929 (livre 21-9-1931, dollar 30-6-1934). **1936**, on rétablit en partie l'or comme moyen de règlement (la convertibilité de Bretton Woods (New Hampshire U.S.A.), 44 signataires (dont la France). Ils pouvaient, pour leurs règlements, bénéficier de l'aide du Fonds monétaire international qui disposait d'importantes réserves d'or et de devises étrangères et compensait ou corrigeait les fluctuations brèves des balances de paiement (V. aussi p. 1596).

Les monnaies étaient définies par rapport à l'or, qui restait monnaie de règlement. Les U.S.A. détenant alors les 3/4 du stock mondial d'or (en 1949, leurs réserves dépassaient 24,5 milliards de $) et le dollar étant la seule monnaie convertible en or, le Gold

Exchange Standard fut institué de fait avec le dollar comme seule réserve internationale.

Les citoyens américains ne pouvaient demander le remboursement en or de leurs dollars, mais les dollars cédés à une banque d'émission étrangère et présentés par elle à une autorité américaine étaient échangés contre un poids d'or équivalent. En outre, les dollars pouvaient être librement vendus à Londres, où l'ensemble des banques d'émission, associées dans le *pool de l'or*, fournissaient les quantités d'or demandées au cours de la parité légale (soit 1 once d'or pour 35 $). Les billets émis par la Banque de réserve fédérale étaient couverts à 25 % par les réserves publiques d'or.

• **Les États-Unis et l'or.** Les E.-U., qui étaient les créanciers du monde (plan Marshall, voir p. 619) et détenaient le plus gros stock d'or (V. ci-dessus) ont commencé à s'endetter à partir du début des années 60. Tandis que les investissements, l'aide au développement et les dépenses militaires à l'étranger ont fortement augmenté, l'excédent commercial a stagné, puis s'est transformé en déficit (1971). Il en est résulté un déficit important de la balance des paiements et une accumulation des balances-dollars à l'étranger. De 1958 à 1971, les déficits cumulés de la balance des paiements dépassèrent 60 milliards de $, et le stock d'or tomba en mai 1971 à 10,9 milliards de $ (17,5 en 1960).

Cependant, longtemps par solidarité politique et stratégique, les U.S.A. bénéficièrent des concours extérieurs pour leurs échéances. La plupart des banques occidentales renonçaient à demander le remboursement en or des dollars en réserve qu'elles avaient. Certaines, comme celle de Bonn, allégeaient artificiellement la dette américaine à leur égard en achetant des bons du trésor américain (bons *Roosa*).

Enfin, toutes les banques centrales devaient soutenir le $ (étalon monétaire international) sur leur marché des changes en achetant, au cours officiel, tous les $ offerts. En août 1971, le Pt Nixon décida l'inconvertibilité du $ qui perdit ainsi tout rapport avec l'or, alors que des banques centrales demandaient à Washington le remboursement de plusieurs centaines de millions de $ contre de l'or. Depuis le 31-12-74, les Américains peuvent acheter et vendre de l'or librement (interdit depuis 1933).

Nota. — Pour les privilèges conférés au $ par le statut de monnaie de réserve internationale, v. Quid 1982, p. 1584.

• **Démonétisation de l'or à la suite de la modification des statuts du F.M.I.** (accords de la Jamaïque de janv. 1976 ; mise en vigueur en avril 1978). 1) Les pays membres peuvent laisser flotter leur monnaie, ou définir sa valeur par une relation fixe avec les D.T.S. ou toute autre devise à l'exclusion de l'or. 2) Élargissement de la liquidité du F.M.I. 3) Avant 1971, le F.M.I. recevait de ses pays membres des versements en or, essentiellement au titre de leur souscription. Ces dernières années, le F.M.I. a vendu près de 50 millions d'onces d'or, conformément à des programmes adoptés d'un commun accord en vue de réduire le rôle monétaire de l'or dont, néanmoins, le F.M.I. détient encore env. 100 millions d'onces.

Marché de l'or

En France. Il n'y a pas (contrairement à ce qui se passe souvent ailleurs) de restriction à la propriété privée de l'or ; jusqu'en 1977, les frais d'acquisition étaient réduits (0,5 % environ du montant de l'achat) et aucun impôt ne frappait les transactions. Dep. le 1-1-77, une taxe sur toute vente de lingots et pièces d'or ou d'argent effectuée par des particuliers (portée à 7 % le 1-1-86) est perçue + une commission de courtage de 0,5 % env. sur chaque transaction (à l'achat comme à la vente).

• **Marchés principaux. Europe :** Londres (transactions quotidiennes 1 à 5 t), Zurich, Paris (200 à 300 kg). **Asie :** Dubay, Koweït, Djeddah, Macao, Hong Kong (300 000 à 400 000 onces/jour), Singapour. **Amérique du Nord :** Chicago, New York, San Francisco ; **Amérique du Sud :** Montevideo, Buenos Aires.

• **Unités de vente.** *Barre d'or* : entre 350 et 430 onces (10,89 à 13,37 kg), titre au moins 995/1 000, dimension modèle sud-africain : 25,5 cm de large et 4 cm d'épaisseur ; signes gravés : firme qui a fondu la barre, numéro d'ordre, titre. *Lingot* de 1 kg (qui titre de 985 à 1 000 g d'or fin).

Le lingot porte 4 signes distinctifs : *cachet* avec nom du fondeur ; *poinçon* blasonné de l'essayeur qui certifie le titre ; *chiffre* qui indique le titre (varie de 995 à 999,9) ; *numéro* qui renvoie à un registre où sont notés les résultats des contrôles prescrits (une demi-douzaine de fondeurs d'or, à Paris et à Lyon).

Cours de l'once d'or en $; extrême atteint dans l'année. 1980 *22-9* : 710, *18-3* : 481. **81** *9-10* : 453, *30-6* : 426. **82** *7-7* : 307, *30-12* : 457. **83** *1-2* : 509, *1-11* : 378. **84** *5-3* : 406, *3-12* : 303. **85** *26-2* : 285, *28-8* : 339,30.

L'anonymat des ventes et achats de lingots et pièces d'or, supprimé le 1-10-1981, a été rétabli le 1-6-86 mais avec obligation pour l'acquéreur de payer par chèque tout achat d'or supérieur à 10 000 F et celle pour l'intermédiaire agréé de payer par chèque tout apport d'or supérieur à 1 000 F.

L'emprunt Pinay à 4,5 % (1952-58), indexé sur le napoléon, a suivi d'assez près son cours. L'intérêt servi était faible (compte tenu du cours atteint), mais il était exonéré de l'impôt sur le revenu et le capital était

Changes à la Bourse de Paris de 1913 à 1984

Années	Livre Sterling (1 livre)	Dollar U.S.A. (1 dollar)	Franc Belge (100 F.B.)	Lire (100 L.)	Peseta (100 P.)	Franc Suisse (100 F.S.)
1913	25.256	5.180	99.390	98.280	93.070	99.710
1919	31.835	7.307	98.600	82.600	143.800	137.500
1920	52.803	14.476	104.800	69.500	226.400	242.100
1921	51.849	13.494	100.064	57.300	182.395	233.800
1922	54.624	12.246	93.683	58.300	190.830	234.700
1923	75.689	16.573	85.882	75.989	238.546	299.378
1924	85.675	19.413	88.850	84.460	257.831	353.293
1925	102.235	21.176	100.493	83.865	303.663	408.740
1926	151.558	31.211	(1) 502.854	120.516	466.191	601.702
1927	123.861	25.479	354.564	130.395	433.975	490.554
1928	(2) 124.101	25.499	355.238	134.084	423.473	491.052
1929	124.026	25.534	355.319	133.669	375.859	492.276
1930	123.885	25.479	355.496	133.439	298.407	493.708
1931	124.064 (3) 93.399	25.511	355.311	132.441	243.506	494.834
1932	89.139	25.460	354.315	130.450	204.827	493.988
1933	84.675	(4) 20.568	355.461	132.749	212.879	493.134
1934	76.811	15.237	354.498	130.497	207.220	492.694
1935	74.235	15.150	282.087	125.250	207.250	492.226
1936	(5) 82.388	16.592	280.677	118.446	207.250	493.725
1937	(6) 124.748	25.214	425.713	132.690		578.707
1938	(7) 170.760	34.996	591.232	184.162		799.514
1939	176.700	40.268	671.258	199.645		857.538
1940 (8)	176.750	43.800		221.000	440.000	985.000
			Juin 1940 800.000		Octobre 1940 425.000	23 octobre 1940 1 000.000
1941 (8)	176.750	43.800	800.000	221.000	425.000	1 000.000
1942 (8)	176.750	43.800	800.000	221.000	425.000	1 000.000
1943 (8)	176.750	43.800	800.000	221.000	425.000	1 000.000
1944 (8)	176.750	43.800	800.000	221.000	425.000	1 000.000
	5 déc. 1944 200.000	5 déc. 1944 49.600	10 oct. 1944 113.260	Oct. 1944 50.000	1er déc. 1944 456.600	1er déc. 1944 1 152.000
1945	200.000	49.600	113.260	50.000	456.600	1 152.000
	27 déc. 1945 480.000	27 déc. 1945 119.100	27 déc. 1945 271.800	5 mars 1945 52.500	27 déc. 1945 1 095.800	27 déc. 1945 2 763.000
1946	480.000	119.100	271.800	52.500	1 095.800	2 763.000
1947	480.000	119.100	271.800	52.500	1 095.800	2 763.000
1948	480.000	119.100	271.800	52.500	1 095.800	2 763.000
	26 janv. 1948 864.500	26 janv. 1948 **Offi.** : 214.390	26 janv. 1948 489.150	26 janv. 1948 61.250		26 janv. 1948 **Offi.** : 4 974.000
	17 oct. 1948 1 062.000	**Libre** : 308.858 (9)	17 oct. 1948 601.500	17 oct. 1948 46.500	17 oct. 1948 2 410.000	**Libre** : 7 799.400 (9)
1949	27 avril 1949 1 097.000	**Libre** : 330.000 (10)	27 avril 1949 620.850	27 avril 1949 55.500	29 avril 1949 2 490.000	**Libre** : 8 330.000 (10)
	20 sept. 1949 980.000	20 sept. 1949 350.000	20 sept. 1949 700.000		18 oct. 1949 1 480.000	20 sept. 1949 8 180.000
1950	980.000	350.000	700.000	1er déc. 1950 56.030	900.000	8 180.000
1951	980.708	349.965	701.965	56.099	885.020	8 087.144
1952	982.187	349.967	701.103	56.439	893.454	8 013.256

Années	Livre Sterling (1 livre)	Dollar U.S.A. (1 dollar)	Franc Belge (100 F.B.)	Lire (100 L.)	Peseta (100 P.)	Franc Suisse (100 F.S.)	Deutsch Mark (1 D.M.)
1953	982.835	349.965	701.388	56.449	909.658	8 034.393	83.600
1954	981.849	349.969	700.763	56.448	921.650	8 032.446	83.650
1955	978.119	349.969	700.880	56.238	863.770	8 000.587	83.328
1956	982.846	349.988	704.701	56.121	885.000	8 038.031	83.944
1957	983.402	349.985	701.085	56.130	927.648	8 033.893	(19) 83.816
1958 (11)	1 086.478	387.293	779.441	62.294	(12) 1 000.000	8 884.096	(20) 100.557
1959 (13)	13.775	4.904	9.815	0.790	11.765 depuis 18/7/1959 8.230	113.495	117.352
1960	13.768	4.904	9.836	0.790	8.230	113.542	1.1759
1961	13.747	4.905	9.839	0.790	8.205	113.569	(21) 1.2303
1962	13.759	4.900	9.848	0.789	8.225	113.322	1.2257
1963	13.721	4.900	9.828	0.788	8.175	113.391	1.2293
1964	13.683	4.901	9.844	0.785	8.185	113.465	1.2329
1965	13.703	4.904	9.874	0.785	8.183	113.257	1.2272
1966	13.724	4.913	9.862	0.787	8.202	113.582	1.2290
1967	13.734 (14) 11.826	4.920	9.904	0.789	8.214 (14) 7.015	113.675	1.2344
1968	11.805	4.955	9.918	0.794	7.134	114.708	1.2406
1969	11.864 (15) 13.310	4.963 (15) 5.567	9.882 (15) 11.143	0.792 (15) 0.887	7.110 (15) 7.966	115.028 (15) 129.258	1.2393 (22) 1.4318 1.5117
1970	13.241	5.528	11.136	0.882	7.938	128.257	1.5162
1971 (16) Avant la dévaluation du dollar	13.477	5.520	11.353	0.892	7.966	133.954	1.5185 (23) 1.6235 1.5989
1971 (17) Après la dévaluation du dollar	13.332	5.225	11.559	0.880	7.929	133.764	
1972	12.619	5.045	11.464	0.865	7.853	132.122	1.5819
1973	10.896	(18) 5.066 4.359	11.444	0.764	7.642	140.707	1.5879 (24) 1.6164 1.7395
1974	11.211	4.806	12.333	0.738	8.357	161.544	1.8515
1975	9.513	4.288	11.676	0.657	7.474	166.059	1.7448
1976	8.622	4.779	12.404	0.576	7.230	191.450	1.9014
1977	8.577	4.914	13.718	0.557	(25) 7.196 5.804	205.123	2.1172
1978	8.655	4.512	14.337	0.532	5.893	253.377	2.2465
1979	9.058	4.251	14.511	0.512	6.354	255.926	2.3236
1980	9.820	4.221	14.457	0.494	5.900	252.068	2.3255
1981	11.028 (26) 10.661	5.362 5.655	14.517 14.991	0.487 (27) 0.478 0.472	5.885 5.891	266.734 309.755	2.3658 2.5206
1982	11.044 (28) 11.827	6.066 6.989	14.925 (29) 13.828 14.563	0.473 0.496	5.898 6.161 (30) 5.377	316.949 329.246	2.5775 2.8098
1983	11.546	7.622	14.899	0.502	5.313	362.587	2.9811
1984	11.640	8.740	15.125	0.498	5.431	372.043	3.0705

Nota. — (1) A partir d'octobre 1926 jusqu'au 10 octobre 1944, par 100 Belgas au lieu de 100 Francs belges. (2) Stabilisation du Franc (Loi du 25 juin 1928). (3) Abandon par le Royaume-Uni de l'étalon-or (21 septembre 1931). (4) Nouvelle politique monétaire des États-Unis (Loi du 29 avril 1933). (5) Alignement monétaire du Franc (Loi du 1er octobre 1936). (6) Abandon par la France de l'étalon-or (Décret-Loi du 30 juin 1937). (7) Réévaluation du stock d'or sur la base de 1 £ = 170 F (Décrets-Lois des 12 et 13 novembre 1938). (8) Accords de Clearing, à l'exception de la livre et du dollar. (9) Depuis le 17 octobre 1948 toutes les transactions commerciales se traitaient sur la base de la moyenne entre le cours officiel et le cours du marché libre. (10) Le cours officiel a été supprimé le 20 septembre 1949. (11) Les changes de 1958 (sauf pour la Peseta) ne tiennent pas compte de la taxe de 20 % en vigueur du 1er janvier au 20 juin 1958. (12) Ne tient pas compte de la dévaluation du 26 décembre 1958, date à partir de laquelle la Peseta a été fixée à 11,7647. (13) En Francs nouveaux depuis 1959. (14) Après les dévaluations de novembre 1967. (15) Après la dévaluation du Franc le 8 août 1969. (16) Du 1er janvier au 17 décembre 1971. (17) Du 21 au 31 décembre 1971. (18) Dévaluation du dollar le 12 février 1973. (19) Compte non tenu du prélèvement ou du versement de 20 % institué par le décret n° 57-910 du 10-8-57 (20) 83,692 pour les cinq premiers mois de l'année, 100,557 les six derniers mois de l'année : à partir de juin 1958, les moyennes mensuelles sont calculées en tenant compte des 20 %. (21) 10 derniers mois de l'année, après réévaluation du DM du 6-3-61. (22) Successivement : avant la dévaluation du FF du 10-8-69 — après cette dévaluation — du 27-10 (réévaluation du DM) au 31-12-69. (23) Successivement : avant le 10-5 — du 10-5 au 17-12 — du 18-12 au 31-12-71. (24) Successivement : jusqu'au 1-3 — du 19 au 28-6 — du 29-6 au 31-12-73. (25) Du 3-5 au 8-7 et du 12-7 au 30-12-77. (26) Dévaluation du Franc français, de la Lire et réévaluation du Deutsche Mark le 5-10-81. (27) Dévaluation de la Lire le 23-3-81. (28) Dévaluation du Franc français et de la Lire, réévaluation du Deutsche Mark le 14-6-82. (29) Dévaluation du Franc belge le 22-2-82. (30) Dévaluation de la Peseta le 6-12-82.

affranchi de tous droits de succession. **L'emprunt Giscard à 4,5 %,** qui lui a succédé en 1973, suit également d'assez près le cours de l'or.

☞ Propriétés et utilisations de l'or, voir Quid 82, page 1584.

Évolution du prix de l'or

1934-68 : le prix de l'or est fixé à 35 $ l'once. Le marché de l'or ne devient libre qu'avec la suppression du pool de l'or en mars 1968. **1968 à 71 :** l'or varie peu (34/35 $). **1971**-*15-8* suspension de la convertibilité du $; *-18-12* dévaluation de 7,89 % déclenchant les grandes fluctuations. **1971 (déc.) à 1974 (déc.) :** l'or passe de 45 $ à 197,50 $ l'once (+ 340 %), mines + 720 %. *Raisons :* la généralisation des taux de change flottants en 1972/1973 et les craintes de répercussion sur le développement du commerce international et la circulation des capitaux ; la dévaluation du dollar de 10 % en février 1973 ; la crise pétrolière déclenchée en octobre 1973 ; l'accélération de l'inflation (taux moyen de hausse des prix des pays de l'O.C.D.E. 13,6 % en 1974) ; l'annonce de l'autorisation d'achat d'or par les citoyens américains à partir de janvier 1975. **1975 (janv.) à 1976 (sept.) :** l'or revient à − 48 % l'once (de 197,50 $ à 103,50 $), mines − 82 %. *Causes :* décision du gouvernement américain de procéder aux ventes publiques d'or pour tempérer la spéculation généralisée sur l'or et dissuader les Américains d'en acheter (2 ventes publiques d'or : en janv. et en juin 1975 portent sur 1,25 million d'onces). Annonce en sept. 1975 de ventes par le F.M.I. de 25 millions d'onces (780 t) réparties sur 4 ans. Les 1res ventes étaient prévues pour juin 1976. **1976 (sept.) à 1980 (sept.) :** l'or augmente de + de 600 % l'once (atteint le 20-1-1980 : 850 $), mines + 675 %. Hausse d'autant plus remarqu. entre le 2-6-1976 et le 7-5-1980 que le F.M.I. avait vendu 25 millions d'onces (780 t) sur le marché libre. *Causes de la hausse :* faiblesse du $ (revenu de 2,36 DM au 31-12-1976 à 1,70 DM au 31-12-1980) ; le 2e choc pétrolier ; le 26-6-1979, le prix du baril est fixé dans une fourchette de 20/23,5 $ et en oct. 79 à + de 30 $; taux d'inflation élevé aux U.S.A. et dans les pays industrialisés, hausse de 5,8 % en 1976 à 13,5 % en 1980 (en janv. 1980 : 18 %) ; situation politique internationale : aggravation de la crise iranienne et pénétration soviétique en Afghanistān. **1980 (sept.) à 1984 (sept.) :** or 52 % (l'once revient de 720 $ le 23-9-1980 à 340 $ le 10-9-1984). Compte tenu de l'évolution de la parité $/FF (4 F en sept. 1980 et 9 F en nov. 1984), le prix de l'once d'or exprimée en FF a vu celui-ci progresser de 11 % (de 2 880 F à 3 120 F). *Raisons :* hausse du dollar due à l'élection du Pt Reagan en nov. 1980 et hausse des taux d'intérêt (le Prime Rate est passé de 14,5 % fin oct. à 17,75 % fin nov.). Entre la fin sept. 1980 et le 10 sept. 1984, le dollar passa de 4,02 F à 9,25 F (+ 130 %) et de 1,80 DM à 3,01 DM (+ 67 %), le dollar redevenant l'investissement-refuge attirant les capitaux du monde entier vers les U.S.A. en raison notamment des taux d'intérêt américains réels élevés. En 1980, les taux d'intérêt des obligations des sociétés industrielles étaient en moyenne de 13 %, le taux d'inflation étant alors de 13,5 % ; le rendement réel était de − 0,5 %. Au cours des 9 premiers mois de 1984, le taux des obligations des sociétés industrielles était de 13 % mais le taux d'inflation était descendu à 3 %. Le rendement réel s'était établi à 10 %. La baisse de l'inflation est intervenue entre 1980 et 84 : hausse du $, baisse du prix de l'énergie, accroissement de la productivité de l'industrie américaine.

Pièces d'or

Caractéristiques

● **Pièces de « bonne » ou de « mauvaise livraison ».** Définies par l'article 22 du règlement du marché de l'or en France. **Bonne :** monnaie d'or présentant les caractéristiques légales de frappe, poids et alliage... Y compris celles portant des éraflures dues à la circulation et les pièces normalement usées, dont le *frai* (l'usure) ne dépasse pas 5 ‰ du poids brut théorique de la pièce ou 15 ‰ pour les demi-pièces, les pièces de 5 roubles et de 5 $. **Mauvaise :** pièces montées, limées, gondolées, tachées, ayant subi une transformation susceptible d'en modifier l'aspect ou portant des marques apparentes de détérioration.

En cas de litige, p. ex. entre le particulier et le négociant, un comité est prévu par l'art. 23 du règlement arbitreur. Mais, faute d'intervention de ce comité, il n'y avait pas de jurisprudence et la pratique était plus rigoureuse que le règlement. Si plusieurs négociants refusaient d'acheter des pièces d'or (ex. : napoléon) parce qu'ils les estimaient de « mauvaise livraison », celles-ci ne pouvaient être vendues qu'au poids de l'or. Depuis mai 1981, sur l'initiative de la chambre syndicale des agents de change, une commission de caissiers et de responsables est chargée d'examiner les pièces en litige et de trancher sur leur qualité, en se fondant sur l'art. 22 qu'elle interprète sans excès de rigueur.

Nota. — Pour être certain que des pièces de « mauvaise livraison » seront fondues (et non revendues comme des pièces de « bonne livraison »), exiger de les faire plier et les vendre à des fondeurs professionnels qui ont une « autorisation permanente de destruction » (p. ex. : le comptoir Lyon-Alemand). Pour éviter le risque d'avoir des pièces usées ou détériorées (ou fausses), et celui de contestation ultérieure, exiger leur livraison sous sachet scellé.

Pièces cotées à Paris

● **Cotations quotidiennes. Pièces d'or françaises** *20 F* (dites napoléons) : env. 617 millions d'ex. ont été frappés depuis la loi du 17 germinal an XI, dont 117 depuis 1906 ; 37 483 500 p. de 20 F (type « Coq » de Chaplain) ont été frappées de 1951 à 1960, mais millésimées de 1907 à 1914. **Pièces étrangères** *20 F suisse :* émissions moins nombreuses que le napoléon. *Union latine de 20 F :* diam. 21 mm, poids 6,45 g (or fin : 5,8 g), titre 900/1 000e ; on trouve des exemplaires frappés en Autriche-Hongrie, Belgique, Bulgarie, Grèce, Italie, Roumanie, Russie, Sardaigne, Serbie et Monaco. *Souverain (britannique) :* toutes les pièces frappées dep. la loi monétaire du 22-6-1816 sauf les pièces australiennes et sud-africaines. *20 dollars (U.S.) :* diam. 34 mm, poids 34,436 (or fin : 30,09), titre 900/1 000e ; 2 types : *liberté, aigle. 10 dollars (U.S.) :* diam. 27 mm, poids 16,718 (or fin : 15,046 g), titre 900/1 000e ; *2 types : Coronet :* portrait de la Liberté à l'avers : [période 1838-1907 ; ateliers : CC (Carson City), D (Denver), O (New Orléans), S (San Francisco-Philadelphia)]. *Tête d'indien :* D (Denver), S (San Francisco-Philadelphia). *50 pesos mexicains. 10 florins hollandais. 1 livre Élisabeth :* frappée par périodes. Seules celles frappées entre 1957 et 1968 sont admises. *10 florins néerlandais :* diam. 22,5 mm, poids 6,729 g (or fin : 6,048 g), titre 900/1 000e ; 10 types différents. *Effigies :* Guillaume II, Guillaume III, Wilhelmine.

● **Cotations hebdomadaires.** *10 F (demi-napoléon). Souverain* (Elisabeth II). Titre 916,66 ‰, poids 7,9881 g (or fin 7,322), diam. 22 mm ; *1er type :* 1957 à 59 et 62 à 68 (seul type admis sur le marché français) ; *2e type :* 1974-76 à 82. *Demi-souverain. 20 marks. Tunisienne de 20 F. 5 roubles Nicolas II. 5 dollars U.S.*

Nota. — Certaines émissions sont interdites sur le marché parisien, comme le *Krugerrand* 1967-1978, le *Chervonetz* (10 roubles) 1975-1978 et la « Feuille d'Érable » 50 $ Canada 1979.

● **Pièces d'or non cotées.** Exemples : *livre d'Afrique du Sud, 20 dinars yougoslave, 100 F d'Albanie, 5 livres d'Angleterre, livre australienne, ducats, schillings d'Autriche, 100 levas bulgare, 10 dollars canadien, 100 pesos chilien, 20 pesos de Cuba, 20 kr Danemark, 500 piastres d'Égypte et bien d'autres monnaies dont la 100 lires italienne,* la *100 lires du Vatican.*

Nota. — Certaines pièces (ex. : napoléons et louis, frappés entre 1803 et 1845) ont un prix de collection supérieur à leur cote boursière (parfois plus du double). Les monnaies d'or ont été démonétisées en application de la loi du 25-6-1928, ou antérieurement à la promulgation de celle-ci.

Cours de l'or à Paris

Création le 2-2-1948 d'un marché officiel de l'or. Avant cette date, il n'existait pas de marché. Entre 1900 et 1939, et de 1939 à 1948, l'or se négociait directement entre banquiers (pas de cotation).

Cours extrêmes sur le marché officiel de la Bourse de Paris dep. la réouverture du marché de l'or (3-2-1948) (en francs actuels courants).

	Napoléon	Kilogramme
1948	62 — 38,50	8 800 — 5 500
1949	61,70 — 39,50	8 360 — 5 280
1950	42,80 — 29,80	5 900 — 4 280
1951	46,60 — 39,70	6 180 — 4 900
1952	50,70 — 37,30	6 330 — 4 840
1953	39,30 — 30,40	5 160 — 4 340
1954	30,60 — 26,30	4 400 — 4 140
1955	29,60 — 24,70	4 520 — 4 200
1956	35,70 — 29,20	4 880 — 4 450
1957	43,40 — 33,60	5 900 — 4 580
1958	40,60 — 33,30	5 490 — 5 120
1959	37,20 — 34,50	5 730 — 5 560
1960	40 — 35	6 150 — 5 545
1961	42 — 36,80	5 755 — 5 565
1962	43,80 — 39,20	5 675 — 5 555
1963	42,80 — 40,60	5 600 — 5 535
1964	42,90 — 40,90	5 555 — 5 530
1965	45,90 — 42	5 640 — 5 550
1966	48,80 — 43,70	5 650 — 5 540
1967	56,90 — 47,80	5 665 — 5 555
1968	66,80 — 51,60	7 265 — 5 565
1969	78,70 — 65	7 865 — 6 535
1970	65,50 — 52,70	6 885 — 6 285
1971	63,20 — 57,10	7 280 — 6 705
1972	82,90 — 61	10 945 — 7 465
1973	190 — 80,10	17 750 — 10 700
1974	318,50 — 175	29 365 — 18 440
1975	288 — 208,50	27 020 — 20 000
1976	244,30 — 210	22 120 — 16 560
1977	254,50 — 230,90	24 940 — 21 440
1978	309,90 — 246,10	31 400 — 25 000
1979	671 — 265,80	70 000 — 30 230
1980	1 130 — 611	99 010 — 66 000
1981	959,80 — 819,50	97 000 — 83 000
1982	709,90 — 579	99 500 — 62 460
1983	750 — 645	115 400 — 94 850
1984	660 — 592	105 600 — 93 550
1985	608 — 509	105 050 — 78 000
1986 [1]	625 — 500	89 500 — 74 500

Nota. — En 1972, le lingot avait perdu près de 70 % de son pouvoir d'achat depuis 1948 ; son cours aurait dû atteindre 38 000 F env. pour compenser l'érosion monétaire. Le 27-12-73, la pièce de 20 F cotée 190 F (soit 19 000 anciens F) a battu son record historique du 5-6-1796 (17 prairial an IV), établi par le louis avec un cours de 17 950 livres-assignats. Ce nouveau record a été dépassé depuis. (1) Fin juillet.

Cours officiels d'achat du napoléon (pièce d'or de 20 anciens francs). En francs anciens par la Banque de France. *Source :* I.N.S.E.E. **17 germinal an XI** 20 ; **1926**-*27-9 :* 114,7, *-11-10 :* 113,52, *-25-10 :* 110,32, *-3-11 :* 104,52, *-8-11 :* 95,8, *-23-11 :* 90, *-16-12 :* 81,28 ; **1928**-*9-2 :* suspension de l'achat des pièces d'or, *-2-7* 97,55.

Dep. le 1-10-1936, les cours varient journellement ; modifications : *1936-1-10 :* 130,74 ; *1937-20-6 :* 148,98 ; *1938-12-11 :* 232,95 ; *1939-12-9 :* 274,49 ; *1940-29-2 :* 274,49 ; *1945-1-1 :* 310, *-26-12 :* 760,5 ; *1948-26-1 :* 136,8 ; *1950-16-8 :* 226,6. *En nouveaux*

	Cours [1] F	Poids [2] g	Primes [3] %	Prime la + élevée %	Prime la + basse %
Napoléon (20 F)	514	5,806	20,26	129,22	− 0,23
Demi-Napoléon (10 F) [4]	382	2,903	108,58		
Croix suisse (20 F)	516	5,806	16,71	86	0,13
Union latine (20 F)	456	5,806	8,95	67	− 1,41
Tunisie (20 F) [4]	440	5,806	7,61		
Souverain (£)	585	7,322	5,84	64	− 2,12
Souverain [4] Élisabeth (£)	565	7,322	2,85		
Demi-souverain [4]	351	3,661	20,26		
Dollar ($ 20)	2 960	30,092	30,15	80	31
Dollar ($ 10)	1 465	15,046	30,15	94	29
Dollar ($ 5) [4]	1 050	7,522	57,45		
Mexique (50 pesos)	2 955	37,500	1,07	31	− 0,93
Allemagne (20 DM)	600	7,164	4,25		
Pays-Bas (10 florins) [4]	464	6,048	−470,08	19	− 1,11
Nicolas II (5 roubles) [4]	355	3,871	11,40		

Nota. — (1) 18-7-1986. (2) Poids d'or pur. (3) Par rapport au cours du lingot. (4) Cotation hebdomadaire.

francs. 1958-24-7 : 27,32 ; *1959-30-1 :* 32,13 ; *1969-8-8 :* 36,18.

Prime du napoléon. Différence entre la valeur du poids d'or contenu dans la pièce (5,89) et le cours coté de celle-ci. Pour calculer la prime ou la décote d'une pièce d'or, calculer le prix de la pièce au poids de l'or contenu (multiplier son poids d'or contenu par le coût du gramme d'or), comparer le résultat obtenu au cours officiel de la pièce. Exemple : si le lingot (1 000 g) cote 102 250 F, le g d'or vaut 102,25 F ; le napoléon qui contient 5,806 g d'or devrait valoir, au poids de l'or, 5,806 × 102,25 = 593,66 F ; s'il cote 614 F, la différence de 20,34 F (614 − 593,66) représente une « prime » de 3,42 % (20,34 : 593,66). Suivant l'année : plus haut et, en italique, plus bas (en %). **1974** 99,88 *57,50*, **75** 98,88 *71,96*, **76** 125,64 *62,87*, **77** 90,69 *62,47*, **78** 83,61 *44,96*, **79** 65 *30,22*, **80** 129,33 *33,58*, **81** 82,25 (9-10) *56,80*, **82** 67,99 (janv.) *12,88* (sept.), **83** 29,83 (mars) *10,97* (mai), **84** 12,08 (mars) *− 0,12* (sept.), **85** 9,88 (janv.) *− 0,04* (25-4). **86** 28,4 + 22,92.

Banque et crédit

Définitions

Accréditif. La banque ayant fait le nécessaire auprès d'une de ses succursales ou d'un de ses correspondants, le bénéficiaire pourra retirer une certaine somme en une ou plusieurs fois au cours d'une période déterminée (accréditif simple) ou par périodicité fixée au départ (jour, semaine, décade ou mois) jusqu'à révocation de l'émetteur (accréditif permanent). Dans ce cas, la somme non prélevée pendant la période prévue peut être ou non reportée sur la période suivante (accréditif permanent reportable ou non reportable).

Dates de valeur (régime standard). *Débit.* Retrait d'espèces *− 1 j.c.*, paiement de chèque *− 2 j.c.*, virement de compte à compte *j.*, virement émis *− 1 j.c.*, paiement de domiciliation *− 1 j.c.*, échéance d'un prêt *j.* (ou veille), prélèvement *− 1 j.c.*, erreur *même date que l'opération d'origine.* **Crédit.** Versement d'espèces *+ 1 j.c.*, remise de chèque sur caisse (tireur et bénéficiaire ont un compte dans la même agence) *+ 1 j.o.*, remise de chèque sur place *+ 2 j.o.*, remise de chèque hors place *+ 5 j.o.*, virement de compte à compte *j.*, virement reçu *+ 1 j.c.*, encaissement d'effet échéance *+ 4 j.(c.)*, effet escompté *+ 1 j.c.*, octroi d'un prêt *j.*, intérêts sur compte à terme *j. de l'échéance du blocage.*

Légende : j.c. : jour calendaire. j.o. : jour ouvré.

Découvert bancaire. L'autorisation de découvert varie suivant les établissements financiers ; montant de 12,15 à 20,50 %. *Compte-chèque postal :* la Poste permet un découvert de 5 000 F par trimestre si le découvert n'excède pas 40 % du salaire domicilié ou de l'avoir moyen du trimestre précédant (frais : 16,6 % par an). La plupart des établis. fin. tolèrent un découvert en fonction de leur client.

Escompte. Opération qui permet au détenteur d'un titre de crédit public ou privé, à court terme, d'en percevoir le montant, déduction faite d'un prélèvement effectué par le prêteur proportionnel au nombre de jours restant à courir, et dépendant de la qualité du client, de celle de l'effet et des conditions du moment. Les banques se refinancent sur le marché monétaire, où la Banque de France intervient, soit par achats ou ventes d'effets de crédit privés ou de bons du Trésor, soit par prise ou mise en pensions (achat/vente d'effets avec engagement de revente/rachat). La Banque de France assure seule la contrepartie pour un certain nombre d'effets dits de 1re catégorie, parmi lesquels les crédits à moyen terme mobilisables au Crédit foncier de France, au Crédit national ou au Crédit d'équipement des P.M.E.

Le papier représentatif d'escompte commercial se négocie entre banques à des taux supérieurs à ceux pratiqués par la Banque de France.

Liquidité. Désigne généralement l'aptitude d'un placement financier a être transformé facilement en moyen de paiement. « Les liquidités », terme qui désigne le stock de moyens de paiement et de placements financiers répondant à la définition précédente.

Open market. La plupart des banques centrales interviennent activement sur le marché monétaire en achetant ou vendant des effets (ce qui leur permet de rentrer dans leurs fonds sans attendre l'échéance). Sur l'open market, le taux peut varier tous les jours et même plusieurs fois par jour.

Taux d'intérêt. Taux directeur. Celui auquel la Banque de France refinance les banques commerciales. Porté à 22 % en mai 1981 (record historique) ; 16 % en mai 1982 ; abaissé à 7 % au 16-6-86. **Taux d'escompte** (voir ci-dessus). Celui auquel la Banque de France réescompte les traites commerciales que lui présentent les banques commerciales : 7,25 % en mai 1986. Le *taux d'escompte*, fixé par la Banque de France, n'est plus, dep. 1971, qu'un taux de référence. **Taux du marché monétaire.** Résulte du jeu de l'offre et de la demande sur le marché de l'argent entre banques. **Taux de base bancaire.** Celui que fixent les banques en fonction du coût global de leurs ressources dont le principal élément est le prix de l'argent sur le marché monétaire. A atteint 17 % en mai 1981 (record historique) ; précédent record : 13,25 % en mars 1981 ; plafonné à 14 % en 1982, stabilisé à 12,75 % en 1983, descendu à 12 % en août 1984, 11,50 % en janv. 1984, 11,25 % en mai 1985, 10,85 % en juillet, 10,60 % en nov., 10,10 % en avril 1986, 9,60 % en mai.

Nota. − Taux nominal (t. facial) : t. affiché, correspondant au montant des intérêts (en %) payés en une seule fois, au terme d'une année complète, pour un capital nominal donné (placement ou emprunt). *Taux réel (t. effectif global) :* souvent différent du t. nominal car plusieurs facteurs interviennent : ex. : le prix d'émission d'un titre de placement peut être inférieur à sa valeur nominale (achat d'obligations anciennes), frais engagés pour l'obtention d'un crédit, paiement des intérêts mensuels ou trimestriels et non annuels. *Taux actuariel :* calculé en tenant compte de la capitalisation des intérêts ; tient compte du t. nominal, de la durée de l'émission, des cours, des modalités de remboursement et du t. auquel est effectué le placement (ou l'emprunt des intérêts capitalisés) ; méthode de calcul reposant sur 2 conventions : les intérêts capitalisés sont prêtés (ou empruntés) au même t. que le prêt initial, et pour une durée égale à celle qui sépare la date de versement effectif des intérêts de la fin de la période de référence.

L'organisation bancaire en France

Les lois des 13 et 14-6-1941, ainsi que la loi du 2-12-1945 sont abrogées par la loi du 24-1-1984 relative à l'activité et au contrôle des établissements de crédit, dite « loi bancaire ».

Organes de contrôle

Conseil national du crédit. Présidé par le ministre de l'Économie et des Finances, le gouverneur de la Banque de France étant vice-président, il comprend des représentants de l'État, des établissements de crédit, des activités économiques, des organisations syndicales, ainsi que des personnalités désignées en raison de leur compétence ; y sont également représentés les assemblées parlementaires, le Conseil économique et social, les régions et les D.O.M.-T.O.M., soit au total 51 membres. Le Conseil national du crédit est investi d'un rôle consultatif, notamment sur les orientations de la politique monétaire et du crédit.

Comité de la réglementation bancaire. Composé du ministre chargé de l'Économie et des Finances, président, du gouverneur de la Banque de France, vice-président, et de 4 membres. Il dispose d'un pouvoir de réglementation concernant l'ensemble des établissements de crédit, et portant notamment sur le montant du capital des établissements de crédit, les conditions d'implantation des réseaux, les conditions des opérations effectuées avec la clientèle, l'organisation des services communs.

Comité des établissements de crédit. Composé du gouverneur de la Banque de France ou de son représentant, président, du directeur du Trésor et de 4 membres, il est chargé des décisions, des autorisations et des dérogations prévues par la loi et la réglementation, à l'exception de celles relevant de la compétence de la Commission bancaire.

Commission bancaire. Composée du gouverneur de la Banque de France ou de son représentant, président, du directeur du Trésor, vice-président, et de 4 membres. Chargée de veiller au respect de la législation et de la réglementation bancaires, et à la qualité de la situation financière des établissements, elle peut faire effectuer des contrôles dans tout établissement de crédit. Elle est également investie d'un pouvoir disciplinaire, et peut prononcer des sanctions allant de l'avertissement au retrait d'agrément.

Comptes bancaires

• **Sortes. Comptes de dépôts.** *Comptes de chèques à vue :* les sommes déposées peuvent être retirées immédiatement, aucun intérêt n'est versé. *C. à terme :* les sommes ne peuvent être retirées qu'à date fixée, un intérêt est versé (après au moins 1 mois de dépôt). **Comptes courants commerciaux :** ouverts aux commerçants qui peuvent escompter traites et billets à ordre. **Comptes sur livrets :** pas de carnet de chèques ; rémunérés à 4,5 % l'an. **Compte joint.** Permet à plusieurs personnes (ménage, parents, concubins, amis, etc.) d'utiliser un seul compte pour toutes opérations : dépôts, retraits ou virement.

• **Lors du décès.** Le compte cesse de fonctionner à partir de la date du décès et reste bloqué jusqu'au jour où les héritiers justifient officiellement de leur qualité (certificat d'hérédité ou de propriété). Tout ce qui est sur le compte entre dans la succession et est partagé comme celle-ci.

S'il s'agit d'un *compte joint*, celui-ci continue à fonctionner, et seule une partie de son montant (au jour du décès) sera prise en compte dans la succession (part virile).

Monnaie électronique

• **Système « on line ».** Le commerçant est relié, en permanence et en temps réel, par un « terminal » à la banque du client ou à un centre de traitement ou d'autorisation. Le centre, suivant sa fonction, accorde ou non une autorisation au commerçant (interrogation du compte du client, ou d'une liste noire) et, éventuellement, enregistre la transaction, tout cela en temps réel. Le débit du compte du client se fait comme pour un chèque (expériences à Bourg-en-Bresse et, pendant le 2e semestre 1982, à St-Étienne).

• **Système « off line ».** La carte du client est lue à l'aide d'un terminal placé chez le commerçant. *1re solution : la carte à piste magnétique* contient le code du client et le plafond hebdomadaire à ne pas dépasser (fixé par les banques). Le terminal enregistre la transaction sur un support magnétique ; à la fin de la journée, ces informations sont transmises par le terminal à la banque par les réseaux P.T.T. ou Transpac (expériences à Aix-en-Provence, en cours à Lyon, Blois et Caen). *2e : la carte à mémoire* contient un microprocesseur qui possède des informations (sur le compte du client) lues par le terminal du commerçant (la carte fait le calcul selon l'état du compte du client) ; donne une plus grande sécurité au commerçant et permet au client de vérifier son compte à la banque. Avec la carte bleue, le débit reste différé.

Organismes professionnels

Association française des banques (A.F.B.). Est, au sein de l'A.F.E.C., l'organisme professionnel représentatif des banques. Elle assure la représentation des banques françaises vis-à-vis de l'extérieur (pouvoirs publics, organisations professionnelles françaises ou internationales) et participe aux études et à la mise au point des techniques destinées à améliorer les services rendus par les banques à leur clientèle. Elle représente la profession dans ses négociations avec les partenaires sociaux.

Organisation de la profession

Association française des établissements de crédit (A.F.E.C.). Tout établissement de crédit doit adhérer à un organisme professionnel ou à un organe central affilié à l'A.F.E.C. ; certaines institutions financières spécialisées peuvent y adhérer directement.

Association française des sociétés financières (A.S.F.).

Organes centraux

Caisse nationale de crédit agricole ; Chambre syndicale des banques populaires ; Confédération nationale du crédit mutuel ; Caisse centrale de crédit coopératif ; Fédération centrale du crédit mutuel agricole et rural ; Centre national des caisses d'épargne et de prévoyance.

Mécanismes de contrôle

Régulation de l'émission de monnaie et de la distribution du crédit. Cette action est mise en œuvre par la

Banque de France en liaison avec le ministère de l'Économie et des Finances. Plusieurs méthodes sont utilisées, notamment :

1° Maniement des taux d'intérêt. Un grand nombre de banques et d'établissements financiers, notamment ceux qui sont spécialisés dans les crédits à la construction et les concours à l'équipement, sont obligés d'emprunter une partie des fonds dont ils ont besoin auprès d'autres établissements ayant des ressources excédentaires (par exemple Caisse des dépôts et consignations). Mais seule la Banque de France dispose des moyens nécessaires pour assurer l'équilibre du marché. Elle contrôle donc celui-ci et, en faisant varier le taux du marché monétaire, elle peut agir sur les conditions finales faites aux clients des établissements.

2° Réserves obligatoires. Le maniement des taux d'intérêt sur le marché monétaire, jugé insuffisant, fut complété, au début de 1967, par le blocage sans intérêt, auprès de la Banque de France, de fonds correspondant à un % variable des dépôts à vue ou à terme, et, de 1971 à 1974, puis de nouveau à partir du 21-10-1976, des crédits distribués. Comme les banques ne peuvent percevoir des intérêts sur ces fonds bloqués, et qu'elles doivent au contraire emprunter auprès de la Banque de France pour constituer ces réserves, elles sont amenées à majorer les taux des crédits consentis à leur clientèle (à moins d'en être empêchées par la concurrence et de voir ainsi baisser leurs bénéfices).

3° Modulation de la progression des crédits distribués. Une réglementation autoritaire fixe des taux maximaux de progression des crédits. Des dérogations peuvent être accordées pour une activité prioritaire (ex. : l'exportation) ou des secteurs « sensibles » (équipements industriels, économies d'énergie...). Cette méthode, plus connue sous le nom d'*encadrement du crédit,* a été pratiquée : de juillet 1957 à févr. 1959, de févr. 1963 à janv. 1967, de nov. 1968 à oct. 1970. Les banques qui enfreignaient la réglementation se voyaient imposer des sanctions par la Banque de France (abaissement du plafond de réescompte accordé par la Banque de France ; en 1970, dépôts obligatoires non rémunérés auprès de la Banque de France). On a reproché à l'encadrement du crédit de geler arbitrairement des situations de fait, en abolissant toute concurrence et en pénalisant les établissements les plus actifs. Un système voisin a été rétabli en déc. 1972 : les banques peuvent dépasser une norme indicative préalablement fixée, mais sont, dans ce cas, assujetties à la constitution de réserves supplémentaires, c'est-à-dire de dépôts obligatoires auprès de la Banque de France, calculés suivant un barème fortement progressif en fonction du dépassement constaté.

Le système précédent a été renforcé de 1977 à 1984 par la publication annuelle d'un objectif de croissance maximal : **1977** 12,5 %, **78** 12, **79 et 80** 11, **81** 10, **82** 12,5 à 13,5, **83** 10 ramené à 9, **84** entre 5,5 à 6,5. **85** entre 4 à 6.

A partir du 1-1-1985, système abandonné au profit d'un régime proche dit « régulation du crédit ». Il n'est plus établi de normes annuelles de progression. Les réserves obligatoires sur les emplois sont calculées selon la formule suivante : le montant des réserves est égal à 0,2 t (t + 2). Cette formule, modifiée plusieurs fois ensuite, est, dep. le 26-4-1986, $T = 0,2\,t^2 + 0,4$ (tx min. ^{1} 0,4 %). La lettre t représente la progression en % des crédits de la banque à la fin de chaque trimestre, par rapport au trimestre correspondant de l'année précédente. Dans ce calcul, les crédits privilégiés bénéficient d'une réfaction de 30 %. En outre, l'augmentation des fonds propres entre les 2 trimestres à comparer est déduite de la progression des crédits. Pour 1986, la formule de réserves progressives a été adoucie ; le taux des réserves est désormais égal à $0,2\,t^2 + 0,2$.

Nota. — (1) Quand le taux de progression « t » est négatif pour un établissement. Mais les banques de taille modeste bénéficient d'un abattement de 10 ou 20 millions de F quand leur coefficient de couverture des risques est satisfaisant.

Ressources et emplois des banques

Ressources. Essentiellement les fonds déposés à leurs guichets par les particuliers (salaires et autres revenus) et par les entreprises, et les ressources de trésorerie.

Au 31-12-1985, ces fonds atteignaient 1 857 milliards (dont 45,8 % en dépôts non rémunérés). Depuis 1966, l'État a favorisé la constitution d'une épargne liquide rémunérée : comptes sur livrets (analogues aux livrets B des Caisses d'épargne), dépôts à terme, bons de caisse, épargne-logement, livrets d'épargne populaire, comptes pour le développement industriel (CODEVI).

Emplois. Prêts à court terme aux particuliers (prêts personnels, financement des achats à tempérament) et surtout aux entreprises ; **escompte** des traites reçues par des commerçants ou des industriels en paiement de leurs fournitures : la banque verse aux entreprises le montant de leurs créances avant l'échéance de la traite en retenant l'intérêt de l'argent sur la durée restant à courir ; **ouverture de crédit, avance en compte courant, découvert par caisse, cautions** accordées pour les paiements des droits de douane et des droits indirects, *avances sur* **titres,** *sur marchés et sur marchandises,* **avals** de toute nature. **Prêts à moyen et long terme.** *Particuliers :* acquisition ou construction de logements. *Entreprises :* crédits d'équipement, financement des opérations d'import. ou d'export. **Autres emplois :** opérations de change et transactions sur le marché de l'euro-dollar ; prises de participations minoritaires ou majoritaires dans le capital des entreprises ; placements des émissions des entreprises.

Services assurés. Gestion des comptes de dépôts à vue et à terme, délivrance des chéquiers, paiement et recouvrement des chèques et effets de commerce, règlement automatique des factures (électricité, gaz, téléphone...), prélèvement fiscal mensuel, virement direct des traitements et salaires, location des coffres-forts, change, garde des titres et paiement des coupons des actions, opérations de bourse (achats ou ventes), placement des obligations, gestion des portefeuilles SICAV et fonds communs de placement.

Services informatisés. Les premiers distributeurs automatiques de billets (D.A.B.) ont été installés en France en 1968. Les guichets automatiques de banques (G.A.B.) ont été mis en place à partir de 1979 ; en plus de la fonction retrait d'espèces, ils permettent d'effectuer des virements de compte à compte, d'obtenir l'historique des mouvements et le dernier solde, de commander des chéquiers ou des relevés d'identité bancaire (R.I.B.), et de déposer des espèces ou des chèques. *Au 31-12-84 :* 6 100 appareils étaient installés en France. Beaucoup de banques offrent la possibilité par téléinformatique (vidéotex, minitel) de connaître des renseignements financiers (cours de bourses, devises, etc.), le montant de son compte, ou de passer des ordres de virement, de paiement, d'achat ou vente.

Banque de France

Origine. Société par actions, créée le 18-1-1800 par des négociants et des banquiers (dont Perrégaux et Lecouteulx de Canteleu) avec l'appui de Bonaparte. Elle avait le droit d'émettre des billets à Paris, en même temps que 5 établissements (Caisse d'escompte du commerce, Comptoir commercial, Banque territoriale, Factorerie du commerce, Caisse d'échange des monnaies), puis elle reçut le privilège exclusif d'émission pour Paris en 1803 (pour la France entière en 1848). A partir de la loi du 22-4-1806, le gouverneur et les sous-gouv. ont été nommés par le chef de l'État. La loi du 24-7-1936 substitua aux 15 régents (élus par les 200 plus forts actionnaires) un Conseil général dont presque tous les membres étaient nommés par l'État, et codifia les statuts de la Banque. Le 2-12-1945, l'État la nationalisa et devint le seul actionnaire. La loi du 31-1-1973 actualisa les statuts. **Comptoirs** en France 233 (fin 1985). **Effectifs :** 17 406 personnes (au 31-12-85). **Laboratoires d'essais** à Puteaux (études et travaux préparatoires à l'impression, fabrication des coupures de valeur élevée). **Papeterie** à Vic-le-Comte (P.-de-D.). **Imprimerie** à Chamallières (P.-de-D.).

Gouverneurs. 1979 (21-11) Renaud de La Genière (9-2-1925). **1984** (14-11) Michel Camdessus (1-5-1933) était 1er sous-gouv. dep. le 2-8-1984.

Émission de monnaie. La B. de Fr. a le privilège exclusif d'émission. Depuis l'institution du cours légal puis du cours forcé du billet de banque [le 15-3-1848, le « cours forcé » dispensait l'Institut d'émission de rembourser les billets qui lui étaient présentés. Les billets avaient un cours légal (et non plus libre). Les particuliers et les caisses publiques étaient obligés d'accepter les billets en paiement. En contrepartie, les émissions furent plafonnées. « Cours forcé » et « cours légal » furent supprimés le 6-8-1850, puis remis en vigueur le 12-8-1870. A partir du 3-8-1875, le « cours légal » fut définitivement instauré. Le « cours forcé », aboli le 1-1-1878, fut rétabli du début de la g. de 1914 jusqu'au 25-6-1928, puis réapparut le 19-10-1936 et n'a pas cessé depuis lors d'être en vigueur]. Jusqu'en 1939, l'émission a été limitée par la fixation d'un plafond, ou, depuis la loi du 25-6-1928, par la fixation d'un % de couverture des engagements à vue (billets en circulation et comptes créditeurs) par l'encaisse-or. Depuis 1939, le montant des émissions est redevenu libre. En 1985 les billets représentent 19,4 % environ des disponibilités monétaires et 10,1 % de la masse monétaire.

Politique monétaire et du crédit (voir ci-dessus pour le contrôle des pouvoirs publics). La B. de F., qui est la *banque des banques,* assure en dernier ressort la liquidité de l'ensemble du système bancaire. Elle surveille l'évolution des crédits et s'efforce d'en adapter le volume aux besoins de l'économie.

Pour ce faire, elle *règle le prix des concours qu'elle consent* et qui s'effectuent essentiellement sous la forme d'interventions sur le marché monétaire (achats et ventes ferme, ou pensions à terme, et éventuellement au jour le jour, réalisés à intervalles irréguliers, sur appels d'offres, et portant sur des effets publics ou des effets privés). Le *réescompte* est devenu exceptionnel dep. janv. 1971, sauf pour certains crédits à moyen terme, à l'exportation, bénéficiant de conditions privilégiées. La Banque de Fr. exerce également une action indirecte, quantitative ou qualitative, sur la distribution du crédit, en définissant de manière sélective les actifs bancaires capables de servir de supports à ses interventions sur le marché monétaire.

Elle fixe les modalités d'emploi de leurs disponibilités par les banques. Les banques sont tenues : de détenir auprès de la B. de F. des réserves obligatoires sous forme de dépôts non rémunérés au montant fixé en fonction de leurs exigibilités à l'égard des tiers, et des crédits distribués (le taux de ces réserves varie selon les exigences de la politique monétaire) ; *de respecter, éventuellement, les limitations globales* fixées à l'accroissement de leurs concours ; de *se conformer aux instructions* réglementant le financement des ventes à tempérament.

Services d'intérêt général. La B. de F. établit et publie des statistiques sur la monnaie, les crédits et l'épargne, et les résultats de ses enquêtes de conjoncture.

Enfin, elle s'est attachée à faciliter les règlements interbancaires et a progressivement assumé le rôle d'*organe centralisateur des renseignements bancaires* en créant des centrales de risques, chèques impayés, incidents de paiement, bilans des entreprises, et en gérant un fichier bancaire des entreprises.

La Banque de France est le banquier du Trésor (les *ressources* du Trésor — personnification financière de l'État — sont principalement le produit des impôts et des taxes, et sont liées aussi aux opérations de ses correspondants — notamment le service des Chèques postaux ; ses *emplois* sont effectués au profit des créanciers de l'État et des collectivités locales, pour le règlement des dépenses publiques). La B. de F. consent traditionnellement des avances à l'État. Dep. le 27-12-1973, le Trésor dispose d'une ligne de crédit gratuit. **Montant maximal des concours non rémunérés.** *Fixé initialement* à 10,05 milliards de F : **1974**-*31-1* 13,7, *-18-7* 13,4 ; **75**-*31-1* 13,45, *-31-7* 16,35 ; **76**-*29-1* 13,03, *-23-7* 11,37 ; **77**-*27-1* 10, *-28-7* 10,05 ; **78**-*26-1* 11,05, *-27-7* 12,14 ; **79**-*25-1* 14,95, *-26-7* 13,81 ; **80**-*24-1* 16,27, *-26-7* 15,46 ; **81**-*29-1* 9,76, *-6-8* 0 ; **83**-*29-7* 5,8 ; **84**-*26-7* 11,5 ; **85**-*31-1* 19,5, *23-7* 23,6. Le Trésor peut aussi obtenir des concours supplémentaires, rémunérés selon les conditions pratiquées sur le marché monétaire (montant max. de 10 milliards de F). Par ailleurs, le *solde créditeur* figurant au compte courant du Trésor public est rémunéré par la B. de F. dans les mêmes conditions. Elle ouvre gratuitement ses guichets au placement des emprunts de l'État et des bons émis par le Trésor. Dep. déc. 1985, elle gère en compte courant une nouvelle catégorie de bons du Trésor négociables d'une durée max. de 7 ans, d'un montant unitaire de 5 millions de F et émis par des adjudications. Elle gère la nouvelle procédure (mise en place le 6-2-1986) d'émission, par le Trésor, sous la forme d'adjudication, d'obligations assimilables du Trésor — O.A.T. (titres de fonds d'État assimilables à des titres qui ont été émis précédemment ou qui pourraient l'être ultérieurement). Elle gère les comptes courants de bons auxquels sont obligatoirement inscrits les effets publics détenus par les institutions financières, et organise les adjudications de ces valeurs.

Rôle international. La Banque de France intervient sur le marché des changes pour le compte du *Fonds de stabilisation des changes* (créé en 1936 afin d'assurer le secret des interventions sur le marché). Il est géré par la direction gén. des Services étrangers de la Banque pour le compte et sous la responsabilité du Trésor public. La Banque gère les avoirs officiels en or et devises, et négocie, si besoin est avec les autres banques centrales des pays étrangers les accords de crédit réciproque (accords de *swaps*), pour stabiliser les mouvements de capitaux monétaires. Enfin, la Banque de France remplit les obligations contractées dans le cadre de la participation de la France au Système monétaire européen (S.M.E.).

Autres fonctions. Chargée des relations avec les org. monétaires et bancaires internat. [F.M.I., B.I.R.D., B.R.T. (Banque des règlements internationaux) à Bâle, Comité monétaire de la C.E.E., Accord monétaire européen qui fonctionne dans le cadre de l'O.C.D.E., etc.] ; elle prépare avec le ministère de l'Économie les accords relatifs aux règlements avec l'étranger et apporte son concours à ce min. pour l'élaboration et l'application de la réglementation des changes ; elle établit la balance des paiements de la France.

Établissements de crédit

Définition. Loi du 24-1-1984 : « Personnes morales qui effectuent à titre de profession habituelle des opérations de banque comprenant la réception de fonds du public, les opérations de crédit, ainsi que la mise à disposition de la clientèle ou la gestion de moyens de paiement. Avant d'exercer leur activité, les établissements de crédit doivent obtenir l'agrément délivré par le Comité des établissements de crédit. Ils sont agréés en qualité de banque, de banque mutualiste ou coopérative, de caisse d'épargne et de prévoyance, de caisse de crédit municipal, de société financière ou d'institution financière spécialisée. »

Nombre des établissements de crédit (et établissements relevant de l'art. 99, loi du 24-1-84) au 31-12-85. *1. Établissements de crédit (art. 98, loi du 24-1-84) (Métropole et outre-mer) :* Banques 357. Banques mutualistes ou coopératives 194 dont sociétés coopératives de banque 5, banques populaires 41, crédit agricole mutuel 95, crédit coopératif 1, crédit maritime mutuel 14, crédit mutuel 23, crédit mutuel agricole rural 15. Caisses d'épargne et de prévoyance 430. Caisses de crédit municipal 21. Stés financières 1 010 dont caisse nationale de l'énergie 1, Stés de cautions mutuelles 309, Stés de crédit différé 4, Stés de crédit immobilier 168, Stés de crédit d'outre-mer 6, Stés de financement des télécommunications 5, Sofergie 20, Sicomi 62, Stés rég. de financement des Caisses d'épargne 21, Stés habilitées à effectuer des opérations de banque résultant de la décision d'agrément qui les concerne 414. Institutions financières spécialisées 30. *Principauté de Monaco* 17 : banques 10. Stés financières 7. *2. Établissements (art. 99, loi du 24-1-84)* 67. *Total 2 126.*

Banques. Peuvent effectuer toutes les opérations de banque.

Banques mutualistes et coopératives, caisses d'épargne et de prévoyance, et caisses de crédit municipal. En principe, seules habilitées à recevoir du public des fonds à vue ou à moins de 2 ans de terme. Peuvent effectuer toutes les opérations de banque.

Sociétés financières. Ne sont autorisées à recevoir des fonds du public qu'à titre accessoire.

Institutions financières spécialisées. Établissements de crédit auxquels l'État a confié une mission permanente d'intérêt public ; ne peuvent effectuer d'autres opérations de banque qu'à titre accessoire.

Endettement des banques envers la Banque de France : 137,9 milliards de F, fin 1985 (22, fin avril 1968 ; 51, fin 1969). **Bilan cumulé des banques** *inscrites sur la liste du C.N.C.* (France métropolitaine, à la fin de 1985) : 3 778,3 milliards de F. Elles avaient reçu 898,9 milliards de F de dépôts et distribué 1 067,9 milliards de F de crédits.

Fonds propres. *Évolution* (en millions de F). 1er ch. : capital, 2e ch. : réserves, 3e ch. : report à nouveau, 4e ch. : provisions, 5e ch. (en italique) : total. **1978 :** 22 188, 13 043, 540, 7 574, *43 345*. **79 :** 25 321, 23 470, 614, 10 832, *60 237*. **80 :** 30 725, 24 816, 740, 14 301, *70 582*. **81 :** 33 891, 25 762, 1 071, 17 846, *78 570*. **82 :** 37 069, 29 192, 1 059, 27 777, *94 597*. **83 :** 40 415, 32 675, 1 237, 39 303, *113 630*. **85 :** 41 511, 37 674, 1 162, 59 688, *140 035*.

Nombres de banques [1] (au 31-12). **1946** 444. **50** 409. **60** 338. **70** 308. **75** 361. **80** 391. **81** 399. **82** 402. **83** 406 dont 293 banques de dépôts, 40 banques d'affaires, 73 banques de crédit à long et moyen terme.

Les banques privées, françaises et étrangères, représentent 13 % de la profession sur le plan des dépôts (40 % avant les nationalisations de 1982).

Il existe 320 établissements bancaires de droit français sur le territoire nat., 13 dans les départements et territoires d'outre-mer, et 9 à Monaco. Tous ne sont pas indépendants. Ainsi, par le biais de participation, le groupe C.I.C. comprend 15 banques, le C.C.F. 9, le Crédit du Nord 7. Certains de ces groupes bancaires sont eux-mêmes réunis au sein de *groupes financiers*.

Principales banques dans le monde

RAISON SOCIALE	PAYS	Consolidation	TOTAL DU BILAN	1984/1983 en %	FONDS PROPRES	DEPOTS	CREDITS	RESULTAT NET
CITICORP	USA	C	**1 316 121 640**	11,8	56 163 240	789 650 260	897 659 180	7 778 600
DAI-ICHI KANGYO BANK	JAP		**1 202 786 056**	13,2	19 656 444	890 142 562	638 412 718	2 210 606
FUJI BANK	JAP	C	**1 147 939 772**	18,3	22 442 349	855 909 531	553 014 424	2 528 072
SUMITOMO BANK	JAP		**1 140 967 620**	17,4	23 329 525	857 336 785	576 704 577	2 838 368
MITSUBISHI BANK	JAP		**1 072 754 942**	16,2	20 119 867	792 837 151	533 690 814	2 284 504
BANKAMERICA CORP.	USA	C	**1 028 518 847**	—2,9	44 735 786	821 976 924	734 539 849	3 019 889
SANWA BANK	JAP	C	**972 985 725**	13,0	17 757 495	752 090 576	540 739 620	2 386 049
BANQUE NATIONALE DE PARIS	F	C	**949 573 306**	12,6	13 444 066	652 679 393	688 792 363	1 633 954
CREDIT AGRICOLE	F		**886 631 200**	17,7	25 541 200	490 306 500	648 382 100	1 066 200
CREDIT LYONNAIS	F	C	**868 051 630**	17,9	11 677 086	609 189 197	654 520 287	1 020 534
BARCLAYS BANK	GB	C	**856 971 720**	13,4	30 275 640	742 247 880	685 374 840	3 387 240
SOCIETE GENERALE	F	C	**835 814 099**	16,0	10 121 266	590 622 281	623 705 321	927 265
NATIONAL WESTMINSTER BANK	GB	C	**832 457 880**	19,2	30 671 400	762 594 600	644 751 240	3 363 960
INDUSTRIAL BANK OF JAPAN	JAP		**819 098 391**	19,0	15 993 951	669 508 003	451 893 578	1 618 910
NORINCHUKIN BANK	JAP	C	**794 936 507**	13,0	4 985 334	699 417 360	418 113 639	3 441 204
CHASE MANHATTAN CORP.	USA	C	**759 357 577**	6,1	29 358 158	521 603 296	535 254 617	3 546 849
BANK OF TOKYO	JAP		**755 944 025**	9,2	11 950 978	514 880 737	349 228 603	1 238 723
TOKAI BANK	JAP	C	**746 956 159**	14,0	12 901 905	590 145 052	382 255 815	1 420 342
MITSUI BANK	JAP		**724 944 035**	12,0	12 652 712	543 971 705	381 215 697	1 288 503
MIDLAND BANK	GB	C	**715 675 390**	17,0	19 613 400	651 386 040	616 908 360	516 816
DEUTSCHE BANK	RFA	C	**713 088 223**	10,5	22 465 938	653 910 000	544 311 000	2 067 848
LONG-TERM CREDIT BANK	JAP		**680 004 521**	17,3	12 598 079	540 640 722	379 845 465	1 039 347
MANUFACTURERS HANOVER CORP.	USA	C	**661 737 799**	17,7	28 732 287	386 358 334	508 767 811	3 080 929
MITSUBISHI TRUST AND BANKING	JAP		**628 985 694**	23,9	7 439 104	562 551 559	272 141 736	690 483
TAIYO KOBE BANK	JAP		**596 626 832**	15,3	9 392 355	461 069 865	350 810 306	707 542
ROYAL BANK OF CANADA	CDN	C	**593 754 271**	3,9	25 242 113	523 488 564	398 169 131	3 036 723
HONG KONG AND SHANGAI BANKING	HK	C	**590 450 182**	2,4	25 578 038	517 866 078	547 806 224	3 176 566
SUMITOMO TRUST AND BANKING	JAP		**575 007 247**	20,2	7 438 662	522 816 866	270 438 671	696 917
JP MORGAN CO	USA	C	**560 461 240**	10,5	32 635 160	338 762 400	307 988 860	4 698 624
MITSUI TRUST AND BANKING	JAP		**542 577 870**	23,0	6 176 520	463 643 415	291 142 035	551 475
PARIBAS	F	C	**539 030 000**	17,6	9 846 000	352 501 000	425 301 000	193 000
DRESDNER BANK	RFA	C	**536 398 750**	8,6	14 241 730	457 555 870	316 771 810	1 154 013
DAIWA BANK	JAP		**534 241 406**	20,0		307 435 621	242 237 747	591 475
BANQUE DE MONTREAL	CDN	C	**516 087 604**	21,0	19 873 997	449 831 828	323 374 554	1 912 100
LLOYDS BANK	GB		**512 264 760**	14,5	23 885 280	471 943 800	410 286 720	2 677 200
UNION DE BANQUES SUISSES	CH	C	**487 435 666**	13,8	24 823 627	421 704 735	360 670 550	2 169 779
CHEMICAL NEW YORK CORP.	USA	C	**456 545 489**	2,1	22 240 949	294 517 758	322 345 097	2 978 374
BANCO DO BRASIL	BR	C	**456 073 560**	189,3	37 217 879	174 619 281	389 361 053	5 514 792
CANADIAN IMPERIAL BANK	CDN	C	**452 735 170**	0,1	19 296 420	394 331 114	339 484 076	1 924 244
YASUDA TRUST AND BANKING	JAP	C	**446 933 723**	18,0	4 490 109	384 065 573	210 913 452	375 003
SOCIETE DE BANQUE SUISSE	CH	C	**442 779 064**	13,2	21 976 108	394 878 644	31 876 252	1 871 123

Nota. — En milliers de F au 31-12-1984. (*Source :* Le Nouvel Économiste.)
En Angleterre : on appelle les *Big Five* la Barclay's Bank, la Midland Bank, la Lloyds, la National Principal Bank et la Westminster Bank.
Belgique (dépôts de milliards de FF) : Sté générale de banque 19, Banque Bruxelles Lambert 6.
États-Unis : la loi interdit à chaque établissement de s'implanter dans plus d'un État de la Féd.
Les grandes banques n'ont guère plus de dépôts que les françaises.

Le groupe de la Financière de Suez contrôle les groupes bancaires du C.I.C., de l'Indochine et de Suez, etc. ; et la Financière de Paris et des Pays-bas le groupe bancaire du Crédit du Nord, etc. La Fin. de Suez contrôle ainsi 30,9 % et la Fin. de Paris et des Pays-bas 16,4 % du total des dépôts bancaires du secteur privé, le C.C.F. 7,7 % soit au total 54,9 %.

141 banques sont regroupées au sein de l'Office de coordination des banques privées (O.C.B.P.) ; elles emploient + de 50 000 personnes, gèrent env. 3 millions de comptes de particuliers et 1 million de comptes d'entreprises. Elles représentent 10 % des dépôts bancaires.

Nota. — (1) Avant la loi du 24-1-1984.

Caractéristiques des banques. Total du bilan. FONDS PROPRES : capital social + réserves + bénéfices mis en report. CAPITAUX PERMANENTS : fonds propres + obligations émises par les banques.

Engagements envers les agents économiques non financiers (liquidités gérées par les banques) : dépôts à vue reçus des sociétés et des ménages ; dépôts à terme, bons de caisse, comptes sur livrets, épargne-logement.

Ressources provenant d'opérations de refinancement (net des postes de refinancements reçus — passif — et des refinancements accordés — actif) : comptes de correspondants français, valeurs données en pension ou vendues ferme, valeurs prises en pension ou achetées ferme.

Crédits distribués à la clientèle non financière (sociétés et ménages) : avances en comptes débiteurs, crédits de toutes échéances, créances douteuses et litigieuses.

Portefeuille-titres : titres de placement et de participation détenus par les banques.

Principales banques françaises

☞ Voir tableau p. 1610.

Établissements à statut spécial. Banque française du commerce extérieur. Caisse centrale du crédit mutuel. Caisse des dépôts et consignations. Comptoir des entrepreneurs (C.D.E.). Crédit agricole. Crédit d'équipement des P.M.E. Crédit foncier de France (C.F.F.). Crédit national. Groupe du crédit coopératif. Voir Quid 1982, p. 1589 et 1590.

Banques. V. tableaux. Pour les notices sur les principales banques, voir Quid 1982, p. 1590 et 1591. Voir aussi nationalisations p. 1410.

Autres établissements. Organismes contrôlés par l'État : ex. : Chèques postaux, Maisons de réescompte. Stés traitant des opérations sur métaux précieux. Banques françaises exerçant leur activité principale à l'étranger et banques des départements et territoires d'outre-mer. Banques de crédit à long et moyen terme. Organismes à statut particulier : caisses d'épargne et de prévoyance, banques populaires. Stés de crédit-bail (leasing).

Nota. — Pour les notices sur ces établissements, voir Quid 1982, p. 1591.

Liste des établissements financiers privatisables (avril 1986). Actionnaires en avril 1986 ; bilan en millions de F (b.), résultat net en millions de F (r.n.), effectifs en 1984. *Banque nationale de Paris (B.N.P.) :* actionnaires État 100 %, b. 950, r.n. 1 635 (*85* 1 988 de F), eff. 51 000. *Sté générale :* a. État 100 %, b. 835, r.n. 1 635 (*85* 1 308), eff. 35 000. *Sté centrale de banque :* a. Sté générale 100 %, b. 8,4, r.n. — 3,7, eff. 860. *Sté générale alsacienne de banque :* a. Sté générale 52,27 %, État 47,42 %, b. 48, r.n. 76, eff. 1 700. *Crédit Lyonnais :* a. État 100 %, b. 870, r.n. 1 020, eff. 45 000. *Banque Laydernier :* a. Crédit Lyonnais

LE CRÉDIT AGRICOLE, BANQUE UNIVERSELLE

Spécialisé à ses origines, le Crédit Agricole est, en un siècle, devenu une banque à part entière.
Il l'a fait sans renier sa vocation première, le financement de l'agriculture.

Le Crédit Agricole Mutuel est né d'un mouvement de solidarité : à la fin du XIXe siècle, pour trouver les financements qui leur manquaient, les agriculteurs français entreprirent de devenir leurs propres banquiers, en créant des sociétés de crédit dont ils étaient eux-mêmes les sociétaires.

Un développement maîtrisé

Né de la base, ce mouvement mutualiste évoluera tout au long du XXe siècle, suivant en cela l'élargissement de l'économie régionale et nationale, vers l'agro-alimentaire, les activités rurales, le logement, les services aux particuliers (qui représentent désormais 80 % de ses clients), l'international. En 1985, la dernière extension de ses compétences s'est faite au profit des artisans et commerçants en zone urbaine.

Aujourd'hui, le Crédit Agricole est une banque universelle, offrant à ses clients une gamme complète de produits et services.

Ses parts de marché varient de 20 à 30 % pour les produits bancaires courants. Un Français sur trois utilise aujourd'hui ses services : tenue de comptes, placements (le Crédit Agricole est le principal gestionnaire de SICAV en France), moyens de paiement (chèques, cartes bancaires), prêts de toute nature.

Le Crédit Agricole occupe la première place dans des secteurs essentiels de l'économie française, le financement de l'agriculture bien sûr, mais aussi celui du logement, où il accorde un prêt bancaire sur trois.

Les moyens de la réussite

Sa structure associe 3 084 Caisses Locales, regroupées au niveau des départements en 94 Caisses Régionales – qui sont des sociétés coopératives de droit privé – et un établissement public à caractère industriel et commercial, la Caisse Nationale de Crédit Agricole. Celle-ci est au service des Caisses régionales pour les appuyer dans leur développement et remplir toutes les fonctions généralement assurées par l'organe central d'un groupe bancaire important, au profit de ses clientèles et de son réseau. Elle exerce, par ailleurs, une fonction bancaire directe sur le marché des capitaux, auprès des grandes entreprises et du réseau international du Crédit Agricole, qui le rend présent sur les cinq continents.

Avec un bilan approchant, avec ses filiales et à la fin de 1985, 1 000 milliards de francs, le Crédit Agricole est un rouage essentiel du système bancaire français.

LE CRÉDIT AGRICOLE EN FAITS

Le Crédit Agricole, banque des particuliers

Un réseau unique de 11 000 agences réparties dans toute la France fait tout naturellement du Crédit Agricole la première banque des familles. Une banque qui répond à leurs préoccupations quelles qu'elles soient : logement, équipement ménager, loisirs, avenir des enfants, préparation de la retraite...

Un exemple concret : le Crédit Agricole finance un logement toutes les 90 secondes.

Le Crédit Agricole, banque des jeunes

Il leur propose de leur apprendre l'argent dès leur plus jeune âge avec une gamme de produits adaptée à leur évolution vers l'autonomie financière et à la conduite de leur avenir : compte sur livret, compte-chèque, carte de retrait Espace, Plan Epargne-Projet, Sicav, clubs d'investissement...

Un exemple concret : le Crédit Agricole lance sur le marché financier Quartz, une Sicav spécialement destinée aux 16-24 ans, deux jeunes font partie du Conseil d'Administration.

Le Crédit Agricole, banque de l'agriculture

Des racines communes, des liens étroits unissent depuis toujours le Crédit Agricole au monde de l'agriculture. Partenaire privilégié des agriculteurs, le Crédit Agricole prépare et accompagne les mutations du monde agricole et joue un rôle prépondérant dans la création, le développement et la modernisation des exploitations.

Un exemple concret : l'agriculture a besoin de financements pour se moderniser, le Crédit Agricole lui accorde un prêt toutes les 2 minutes.

Le Crédit Agricole, banque des artisans, commerçants et professions libérales

Que ce soit en milieu rural ou en milieu urbain, le Crédit Agricole connaît parfaitement les enjeux du développement régional. En soutenant activement les artisans, les commerçants et les professions libérales, il s'emploie à relever les défis de demain.

Un exemple concret : la Carte Bancaire est le moyen de paiement de l'avenir : le Crédit Agricole en a équipé 5 millions de ses clients. Il met à la disposition des commerçants des terminaux points de vente électroniques pour gérer avec efficacité le flux de règlements liés à cette carte.

Le Crédit Agricole, banque des entreprises

Renforcer financièrement les entreprises dont les projets de développement permettent la création d'emplois en milieu rural, assurer des débouchés aux produits agricoles et participer à la modernisation du secteur agro-alimentaire, autant de priorités qui confirment que le Crédit Agricole est prêt à aborder la 3e Révolution industrielle.

Un exemple concret : les produits agro-alimentaires s'exportent ? Le Crédit Agricole ouvre des filiales sur toutes les places fortes internationales et les grands marchés des matières premières agricoles (Londres, Milan, Hong Kong, New York, Chicago...).

LES CLIENTS DU CRÉDIT AGRICOLE

PARTICULIERS	80,9 %
Salariés – Etudiants – Retraités...	
PROFESSIONNELS	19,1 %
Agriculteurs exploitants – Industriels – Artisans – Commerçants – Professions libérales...	

Source : clientèle acquise 1984.

LE CRÉDIT AGRICOLE EN CHIFFRES (au 31 décembre 1985)

BILAN (en milliards de francs)	
929,2	Bilan d'ensemble
638	Encours des ressources clientèle
114,9	Encours de collecte hors-bilan
507,5	Encours des crédits clientèle
38,4	Fonds propres*
1,1	Résultat de l'exercice 1985
STRUCTURE (en nombre)	
3 084	Caisses Locales
94	Caisses Régionales
10 605	Bureaux
13 776 000	Comptes ordinaires de la clientèle
4 343 000	Sociétaires
74 091	Salariés

* Capital, dotation de la CNCA, réserves, provisions, subventions à amortir.

(Information)

Principales banques françaises (en milliers de F)

RANG	RAISON SOCIALE	SECTEUR	Conso-lidation	TOTAL DU BILAN	1984/1983 en %	FONDS PROPRES	DEPOTS (a)	CREDITS (b)	RESULTAT NET
1	**BANQUE NATIONALE DE PARIS**	BDF	C	**949 573 306**	12,6	13 444 066	338 754 536	373 894 283	1 633 954
2	**CREDIT AGRICOLE**	BDF	C	**886 631 200**	17,7	25 541 200	373 201 700	469 291 000	1 066 200
3	**CREDIT LYONNAIS**	BDF	C	**868 051 630**	17,9	11 677 086	298 250 370	363 195 332	1 020 534
4	**SOCIETE GENERALE**	BDF	C	**835 814 099**	16,0	10 121 266	284 242 431	322 618 221	927 265
—	**PARIBAS** (1)	BDF	C	**539 030 000**	17,6	9 846 000	144 456 000	303 107 000	193 000
5	**FINANCIERE DE CIC**	BDF	C	**267 719 210**		3 718 812	116 075 484	116 980 598	278 521
—	**FINANCIERE DE SUEZ** (1)	BDF	C	**263 616 136**	16,5	11 069 653	65 895 761	110 568 324	704 962
6	**BANQUE INDOSUEZ** (SUEZ)	AFF	C	**248 636 685**	17,5	5 458 237	63 714 298	105 932 337	561 551
7	**BANQUE PARIBAS** (PARIBAS)	BDF		**238 034 489**	16,0	2 352 580	49 722 970	119 501 512	198 075
8	**BANQUES POPULAIRES**	BDF	C	**194 659 000**	14,5	6 818 000	112 823 000	85 893 000	556 000
9	**CREDIT COMMERCIAL DE FRANCE**	BDF	C	**160 791 789**	20,0	2 850 530	46 159 073	73 566 233	228 613
10	**CREDIT MUTUEL**	BDF	C	**156 726 745**	9,4	5 799 589	125 522 058	70 530 496	468 517
11	**COMPAGNIE BANCAIRE**	AFF	C	**108 671 000**	15,5	3 885 000	1 042 000	94 261 000	510 779
—	**CIC PARIS** (CIC)	BDF	C	**105 847 589**		2 195 463	28 470 514	34 100 653	123 836
12	**CREDIT DU NORD** (PARIBAS)	BDF	C	**96 272 175**	19,3	1 619 203	38 214 177	45 561 962	29 811
13	**CEPME**	LMT		**72 592 549**	20,7	460 091		60 466 795	48 566
—	**UCB** (CIE BANCAIRE)	LMT	C	**55 635 642**	7,0	2 282 879		52 475 725	237 662
14	**UBAF**	AFF		**53 010 540**	6,0	430 662	4 572 589	15 580 686	51 005
15	**BANQUE WORMS** (UAP)	AFF	C	**52 882 399**	20,0	1 224 081	15 506 053	20 537 611	—474 739
16	**SOGENAL**	BDF	C	**47 912 356**	15,5	520 779	20 348 779	25 911 326	76 162
17	**CITIBANK**	BDE		**45 950 110**	34,8	80 362	2 802 786	11 310 527	
18	**EUROBANK**	BDE		**44 651 620**	25,9	910 080	630 989	8 628 834	
—	**LYONNAISE DE BANQUE** (CIC)	BDF	C	**40 255 212**	11,1	705 107	17 383 664	15 072 145	80 265
19	**BANQUE DE L'UNION EUROPEENNE**	BDF		**38 077 863**	0,2	699 287	6 837 317	21 381 099	23 475
20	**BIAO** (COFICA)	BDF	C	**32 661 631**	12,3	466 016	12 972 879	17 916 909	44 706
21	**CMI SOVAC** (EURAFRANCE)	AFF	C	**28 902 400**	11,4	1 856 900	527 400	24 221 800	314 800
22	**THE CHASE MANHATTAN BANK**	BDE		**28 891 716**	13,0	135 789	2 969 605	5 347 370	
23	**BANQUE SUDAMERIS**	BDE	C	**28 439 519**	10,9	1 018 335	10 518 537	11 760 868	40 662
24	**BANQUE DE LA HENIN**	BDF	C	**28 140 060**	9,5	404 766	5 283 654	23 673 753	2 061
—	**BRED** (BP)	BDF	C	**27 419 957**	11,2	780 088	19 595 801	19 139 282	77 191
—	**CIAL** (CIC)	BDF	C	**26 734 483**	13,1	1 146 922	18 792 167	11 300 036	102 053
25	**BAII**	AFF		**25 159 588**	16,2	405 691	5 199 444	11 678 116	50 053
26	**BANQUE FEDERAT. CREDIT MUTUEL**	BDF		**24 956 485**	16,3	401 169	3 622 882	5 645 333	49 137
27	**BARCLAYS BANK**	BDE	C	**24 900 794**	8,8	740 724	6 051 957	11 882 235	60 584
—	**UNION FRANCAISE DE BANQUES** (CIE BANCAIRE)	LMT	C	**22 866 173**	14,1	1 313 645	374 537	17 503 332	181 084
28	**MARINE MIDLAND BANK**	BDE	C	**22 055 697**	—3,6	1 109 330	15 690 831	15 042 480	106 451
29	**BANK OF TOKYO**	BDE		**21 250 542**	23,1	125 191	483 991	3 768 919	18 667
—	**CAISSE DE GESTION MOBILIERE** (INDOSUEZ) (2)	BDF		**21 109 265**	15,5	145 344	459 371	201 106	31 060
30	**FUJI BANK**	BDE		**20 717 674**	69,9	200 000	207 157	3 553 454	
—	**CETELEM** (CIE BANCAIRE)	BDF	C	**20 376 654**	5,4	1 316 308	80 196	18 897 430	241 044
31	**MIDLAND BANK FRANCE**	AFF	C	**20 268 326**	31,9	543 613	3 209 910	10 848 251	51 257
32	**NEUFLIZE,SCHLUMBERGER,MALLET**	BDE		**19 585 000**	0,9	432 000	4 846 000	7 345 000	51 000
—	**CIE PARISIENNE DE REESCOMPTE** (INDOSUEZ) (2)	BDF		**18 539 782**	—16,5	588 671	70 007	774 126	126 638
33	**CREDIT COOPERATIF**	BDF	C	**17 649 338**	8,2	463 800	3 086 000	13 899 000	19 933
34	**BANQUE INTERCONTINENTALE ARABE**	AFF		**16 903 652**	9,8	342 231	1 438 238	2 624 226	24 127
—	**BNP INTERCONTINENTALE** (BNP)	BDF	C	**16 796 600**	3,6	783 172	12 287 230	7 193 249	121 779
—	**BANQUE SCALBERT DUPONT** (CIC)	BDF		**16 200 931**	17,9	277 871	10 012 217	7 707 320	8 228
—	**SNVB** (CIC)	BDF		**16 165 439**	7,9	306 832	10 834 145	8 702 474	18 416
—	**CREDIT INDUSTRIEL DE L'OUEST** (CIC)	BDF		**15 966 207**	6,9	225 050	9 826 129	8 344 272	7 282
35	**FRANCETEL** (CNT)	LMT		**15 880 617**	6,1	16 170	3 252 000	14 483 968	2 893
36	**INTERNATIONAL WESTMINSTER**	BDE		**15 612 445**	4,1	185 556	1 353 865	3 392 781	8 900
37	**CREDIT CHIMIQUE** (PUK)	BDF	C	**15 512 684**	1,2	252 585	5 839 928	6 640 965	23 681
38	**EUROPEENNE DE BANQUE**	BDF		**15 245 437**	2,8	667 665	4 100 233	7 021 607	—337 333
39	**BANQUE DE LA SFE**	LMT		**15 073 344**	9,9	834 710	228 811	5 684 878	10 822
40	**BANQUE VERNES**	AFF		**14 843 372**	21,1	268 338	3 948 295	6 491 858	—369 795
—	**NATIOTRESORERIE** (BNP)	BDF		**14 247 200**	—20,9	189 869		23 980	45 991
—	**VALORIND** (SG)	AFF		**14 184 280**	58,5	1 106 189	1 961	510 433	167 743
41	**CAISSE CENTRALE DE REESCOMPTE** (2)	BDF		**13 802 878**	1,4	188 373	2 134	199 635	30 612
42	**STE MARSEILLAISE DE CREDIT**	BDF		**13 697 099**	11,6	242 090	9 076 458	5 974 253	14 538
—	**UNICREDIT** (CNCA)	BDF		**13 332 508**	56,4	349 801	635 585	6 592 778	9 015
43	**CREDIPAR**	AFF	C	**12 986 400**	17,2	1 057 000	268 000	10 770 200	204 900
44	**STE PRIVEE DE REESCOMPTE** (2)	BDF		**12 602 897**	19,5	97 729	1 106	135 403	12 829
45	**BANQUE LOUIS-DREYFUS**	AFF		**11 864 865**	14,4	220 000	2 315 494	5 829 487	16 155
46	**BANQUE INT. DE PLACEMENT**	BDF		**11 618 440**	8,0	132 642	478 836	343 563	39 998
47	**AL SAUDI BANQUE**	BDE		**10 505 496**	—6,7	359 821	3 852 749	4 711 070	41 015
48	**BANQUE SOFINCO**	BDF		**10 321 055**	2,6		775 711	6 858 389	40 173
49	**BFACM**	BDF		**10 142 167**	—11,4	81 662	564 937	820 541	16 455

Nota. — (a) Comptes de passif : comptes créditeurs de la clientèle + comptes d'épargne à régime spécial + bons de caisse. (b) Comptes de l'actif : crédits à la clientèle + comptes débiteurs de la clientèle. (1) Établissement financier. (2) Maison de réescompte.
Source : Le Nouvel Économiste. Résultats au 31-12-84.

La *Haute Banque,* expression née sous la Restauration, désignait les grandes banques privées, établies à Paris (exemple au XIXe s. : Heine, Hottinguer, Mallet, Lazard, Vernes et Cie, Rothschild, Mirabaud, de Neuflize).

---

100 %, b. 1,6, r.n. 2, eff. non connu. *Cie financière du C.I.C. :* a. État 60,25 %, Cie fin. de Suez 5,75 %, G.A.N. 34 %, b. 268, r.n. 280, eff. 26 519. *C.I.C. (Crédit industriel et commercial de Paris) :* a. Cie financière du C.I.C. 100 %, b. 69, r.n. 80, eff. 5 300. *Banque de l'Union européenne :* a. Cie financière du C.I.C. 100 %, b. 38, r.n. 24, eff. 1 360. *Crédit industriel d'Alsace et de Lorraine :* a. Cie fin. du C.I.C. 51 %, État 49 %, b. 18, r.n. 48, eff. 3 000. *Crédit industriel de l'Ouest :* a. Cie fin. du C.I.C. 57,39 %, État 42,61 %, b. 16, r.n. 7, eff. 2 800. *Banque régionale de l'Ouest :* a. Cie fin. du C.I.C. 51 %, État 49 %, b. 5, r.n. 12, eff. 1 055. *Crédit industriel de Normandie :* a. Cie fin. du C.I.C. 63,7 %, État 36,3 %, b. 4, r.n. 4, eff. 930. *Banque régionale de l'Ain :* a. Cie fin. du C.I.C. 51 %, État 49 %, b. 3, r.n. 4, eff. 650. *Banque Scalbert Dupont :* a. Cie fin. du C.I.C. 57,75 %, État 42,25 %, b. 16, r.n. 8, eff. 2 700. *Sté lyonnaise de banque :* a. Cie fin. du C.I.C. 57 %, État 43 %, b. 40, r.n. 80, eff. 4 200. *Sté nancéenne de crédit industriel et Varin Bernier (S.N.V.B.) :* a. Cie fin. du C.I.C. 51 %, État 49 %, b. 31, r.n. 61, eff. 4 200. *Sté bordelaise de crédit industriel et commercial :* a. Cie fin. du C.I.C. 53 %, État 47 %, b. 4, r.n. — 1,5, eff. 950. *Cie financière de Paribas :* a. État 100 %, b. 539, r.n. 193, eff. non connu. *Banque Paribas :* a. Cie fin. Paribas 69,8 %, Paribas international (elle-même filiale de la Cie financière Paribas) 30,2 %, b. 238, r.n. 198, eff. 5 000. *Crédit du Nord :* a. Groupe Paribas 51 %, État 49 %, b. 90, r.n. 25, eff. 10 000. *Banque Tarneaud :* a. Crédit du Nord 100 %, b. 2, r.n. 9, eff. 420. *Cie fin. de Suez :* a. État 100 %, b. 264, r.n. 350, eff. 200. *Banque Indosuez :* a. Cie fin. de Suez 100 %, b. 249, r.n. 86 625, eff. 13 000 (dont 8 000 hors de France). *Banque parisienne de Crédit :* a. Cie fin. de Suez 51,24 %, État 48,67 %, b. non connu, r.n. 47, eff. non connu. *Banque Sofinco :* a. Cie fin. de Suez 61 %, État 39 %, b. non connu, r.n. 40, eff. non connu. *Banque Vernes et commerciale de Paris :* a. Cie fin. de Suez 100 %, b. 15, r.n. 370, eff. 1 100. *Banque La Hénin :* a. Groupe Suez 100 %, b. non connu, r.n. 15, eff. non connu. *Banque Monod :* a. Groupe Suez 100 %, b. non connu, r.n. 11, eff. non connu. *Banque financière du C.C.F. :* a. État 90 %, C.C.F. 6 %, Européenne de banque 2 %, Union de banques à Paris 2 %, b. non connu, r.n. non connu, eff. non connu. *C.C.F. (Crédit commercial de France) :* a. Cie fin. C.C.F. 51 %, État 49 %, b. 161, r.n. 229, eff. 7 000. *Européenne de Banque :* a. Cie fin. du C.C.F. 51 %, État 49 %, b. 15, r.n. — 337, eff. 1 325. *Union de banques à Paris (U.B.P.) :* a. Cie fin. du C.C.F. 51 %, État 49 %, b. 2, r.n. 7, eff. non connu. *Banque Odier Bungener Courvoisier :* a. Groupe C.C.F. 100 %, b. non connu, r.n. non connu, eff. non connu. *Banque de Bretagne :* a. État 100 %, b. non connu, r.n. 8, eff. non connu. *Banque du bâtiment et des travaux publics :* a. État 100 %, b. non connu, r.n. 11, eff. non connu. *Banque Hervet :* a. État 100 %, b. non connu, r.n. 40, eff. non connu. *Banque industrielle et mobilière privée :* a. État 92 %, b. 2,5, r.n. 7,5, eff. non connu. *Banque Chaix :* a. État 80 %, b. non connu, r.n. 22, eff. non connu. *Société marseillaise de crédit :* a. État 100 %, b. 14, r.n. 15, eff. 3 400. *Banque Worms :* a. U.A.P. 100 %, b. 53, r.n. — 475, eff. non connu. *Crédit chimique :* a. Péchiney 100 %, b. 14, r.n. 15, eff. 500.

Banques protestantes. Ont été nationalisées (ex. : Banques Vernes, Odier-Bungener-Courvoisier), sauf la B. Hottinger et la B. NSM (Neuflize, Schlumberger, Mallet S.A., issue des rapprochements entre 3 établissements protestants, mais contrôlée dep. 1977 par l'Algemene Bank Nederland, majoritaire).

Banques suisses

Nombre de banques. Au 1-1-1985, il y avait en Suisse 581 banques (bilan total 722 844 millions de FS ; effectif 98 476 personnes) dont : *29 b. cantonales* (bilan 134 337, effectif 14 705), *5 grandes b.* (b. 368 229, ef. 50 512), *217 b. régionales ou caisses d'épargne* (b. 59 954, ef. 7 064), *2 organisations de caisses de crédit mutuel* comportant 1 232 comptoirs (b. 18 863, ef. 2 323), *186 autres b.* (b. 107 723, ef. 19 104), *103 sociétés financières* (b. 16 034, ef. 932), *15 succursales de b. étrangères* (b. 14 195, ef. 1 921), *24 banques privées* (b. 3 509, ef. 1 915).

Bilan au 1-1-85 des principales banques suisses
(en millions de F suisses)

Raison sociale	Bilan	Fonds propres	Bénéfice net
Union de B. Suisses	131 031	6 673,0	583,3
Société de Banque Suisse [1]	119 027	5 907,6	503,0
Crédit Suisse	84 028	5 241,8	417,4
B. Cantonale de Zurich	25 883	963,6	60,0
B. Populaire Suisse	22 495	1 304,1	75,0
B. Leu	11 648	725,9	39,4
B. Cantonale de Berne	9 068	369,5	24,0
B. Cantonale Lucernoise	8 471	410,3	26,1
B. Cantonale Vaudoise	8 350	423,7	40,4
B. Cantonale de St-Gall	7 610	345,0	21,0
Trade Development Bank	7 603	526,9	48,9
Crédit Foncier Vaudois	6 408	318,0	25,2
B. Cantonale de Thurgovie	6 240	314,0	17,1
B. de la Suisse italienne	5 979	407,9	33,5
B. Paribas (Suisse)	5 562	575,7	61,3
Caisse Hypothécaire du canton de Berne	5 395	183,6	12,1
B. Cantonale de Bâle-Campagne	5 317	248,0	18,6
B. Cantonale des Grisons	5 158	237,0	16,4
B. Cantonale de Bâle	5 070	232,1	14,1
B. Centrale Coopérative	4 347	296,0	16,5

Nota. — (1) La Sté de Banque Suisse a 7 banques affiliées en Suisse, 13 à l'étranger et 8 Stés financières en Suisse. Avoirs français déposés en Suisse à fin 1984 : 11 milliards de FS (G.-B. : 32,6, U.S.A. 26,1, Moyen-Orient 16,2).

Banques « communistes » en Europe occidentale

Banques soviétiques. *Banque commerciale pour l'Europe du Nord (Eurobank).* A Paris. Actionnaires principales : Gosbank (Banque de l'État de l'U.R.S.S.) et Vneshtorgbank (Banque pour le commerce extérieur de l'U.R.S.S.). Bilan (au 31-12-84) : 41,3 milliards de F ; bénéfices : 60,3 millions de F. *Moscow*

Narodny Bank (M.N.B.). A Londres, depuis 1919. Plusieurs filiales : notamment à Beyrouth (1963), Singapour (1971). *Ost-West Handelsbank,* à Francfort (1971). *Danau Bank,* à Vienne (1974). *Banque unie Est-Ouest,* à Luxembourg (1974). Des liens étroits existent entre ces banques (participations notamment) qui opèrent comme les banques des économies du marché.

Banques et participations bancaires d'autres pays communistes. Pologne : *Bank Polska Kasa Opieki* à Paris, Tel-Aviv, f. en 1929 ; 14 % des actions de la Centro Internationale Handelsbank (Vienne, 1974). **Roumanie :** *Banque franco-roumaine* (Paris, 1971) ; *Anglo-Romanian Bank* (Londres, 1973). **Hongrie :** *Central Wechsel und Credit Bank* (Vienne, dep. 1973) ; *Hungarian International Bank* (Londres, 1973). **Tchécoslovaquie :** *Zivnostenska* (Londres, dep. 1922). **Chine :** 13 banques chinoises sont installées à Hong Kong (4 y ont leur siège social) ; elles ont 120 succursales et gèrent 1/3 des dépôts ; la *B. de Chine* a 3 succursales (Hong Kong, Singapour, Londres).

Chèques et crédits

☞ La loi de finances pour 1984 (art. 90) oblige les particuliers non commerçants (sauf ceux n'ayant pas leur domicile fiscal en France) à régler par chèque barré, virement bancaire ou postal, carte de crédit ou de paiement, tout achat de biens ou de services de plus de 10 000 F. On peut refuser un paiement par chèque [1] ; si celui-ci est obligatoire, on peut exiger un chèque certifié ou un chèque de banque (cf. le *Journal Officiel* du 16-9-1978).

Nota. — (1) Sauf les commerçants adhérents d'un centre de gestion agréé.

Chèques

Différentes sortes

Au porteur. Le demandeur de chèques endossables ou non barrés d'avance doit payer un droit de timbre de 4,50 F par chèque. **A ordre :** le nom du bénéficiaire est spécifié et celui-ci devra prouver son identité. **Barré :** ne peut être payé qu'à un client de chèques postaux, un agent de change ou un comptable du Trésor chez qui il a un compte ouvert habituellement. Dep. le 1-4-79, seuls les chèques barrés d'avance et non endossables sont livrés gratuitement par les banques. **Certifié :** le tireur ou le porteur d'un chèque peuvent, à condition que la provision soit suffisante, le faire certifier par la banque tirée ; celle-ci appose sur le chèque, outre sa signature, les mentions relatives à la certification (montant, date). La certification entraîne le blocage de la provision du chèque, au profit du bénéficiaire, jusqu'à expiration du délai légal de présentation, soit 8 jours en général ; c'est pourquoi la plupart des banques proposent de délivrer des chèques de banque aux lieu et place de chèques certifiés. **De banque :** chèque émis par une banque sur ses guichets ou sur ses correspondants, à la demande de personnes qui l'achètent, soit par débit de leur compte, soit par versement d'espèces. *Validité :* 1 an et 8 j.

Chèques de voyage (ou Traveller's checks). Moyens de paiement et de retrait émis pour un montant fixe dans une monnaie déterminée. Négociables dans les banques et acceptés en paiement par des milliers de commerçants, hôteliers et restaurateurs. Par définition établis « à ordre... » ; s'ils ont été remis à un commerçant, celui-ci endosse au profit de la banque où ils sont payables.

Nota. — Depuis septembre 1980, des chèques rédigés en français et en breton sont émis par le Crédit mutuel de Bretagne. Ex. de chèques bilingues à l'étranger : G.-B., anglais et gallois ; Espagne : espagnol et catalan.

☞ Chèques postaux, voir p. 1612.

Réglementation générale

• **Chèque postdaté.** Un chèque présenté au paiement avant le jour indiqué comme date d'émission est payable le jour de la présentation.

• **Chèque de garantie.** Est prohibé, car le chèque n'est pas, comme la traite, un instrument de crédit, mais un instrument de paiement.

• **Chèques-vacances.** Voir aussi p. 1411. Titres nominatifs (10, 50, 100 F) émis par l'Agence nationale des chèques-vacances. Peuvent être utilisés auprès de certains prestataires de services agréés par l'Agence (hôtels, autoroutes, restaurants, campings, trains, cars...). Ces chèques sont encaissés par la Caisse des dépôts et remboursés au commerçant dans les 3 semaines.

Transmission. Les chèques se transmettent par *endossement* (ou *endos*) : *en blanc :* par une simple signature au dos du chèque ; *au porteur :* on écrit la formule « payez à l'ordre du porteur », on date et l'on signe ; *à personne dénommée,* en précisant le nom. On appelle *tiré* celui qui doit payer et *tireur* celui qui émet le chèque.

• **Chèques sans provision. Quelqu'un qui a émis un chèque sans provision ne peut, pendant 1 an, émettre des chèques sur tous les comptes ouverts à son nom.** Mais, s'il s'agit du 1er incident, il peut, dans un délai de 30 jours, à compter de la date d'envoi de la lettre d'injonction par la banque, recouvrer le droit d'émettre des chèques s'il constitue à son compte la provision suffisante ou s'il justifie auprès du tiré qu'il a réglé directement le montant du chèque impayé par la remise du chèque (et non plus du chèque acquitté).

En cas de chèque impayé. Si l'on ne peut s'entendre à l'amiable avec le tireur du chèque. 1° *Se procurer la preuve de non-paiement.* Le tiré doit remettre au porteur, sur sa demande, un certificat de « non-paiement » lorsque le chèque reste impayé « à l'issue du délai de régularisation ». La signification du certificat de non-paiement au tireur, par le ministère d'huissier, vaut commandement de payer ; l'huissier, s'il n'a pas reçu justification du paiement du chèque et des frais dans un délai de 20 jours, délivre, sans autre acte de procédure, un titre exécutoire ; muni de ce titre, le porteur peut engager toutes les voies d'exécution.

2° *Intenter une action judiciaire : a) Soit se constituer partie civile* (en portant plainte) devant le tribunal correctionnel (qui aura d'ailleurs pu être saisi directement par le procureur de la Rép., car tout protêt enregistré lui est obligatoirement transmis). Si le procureur n'a pas exercé de poursuites, lui adresser une plainte ou, si l'affaire présente des difficultés, adresser la plainte au doyen des juges d'instruction ; *b) Soit exercer une action en paiement* devant le trib. civil de gde instance ou le trib. de commerce compétent. Si le montant n'excède pas 3 000 F entre non-commerçants, on peut utiliser la procédure simple de recouvrement des petites créances civiles.

La Banque de France peut communiquer au Procureur de la République tout incident de paiement de chèque qui lui a été déclaré. Elle est tenue de communiquer au Procureur de la République les incidents de paiement dont il a demandé à avoir connaissance.

Le tribunal est obligé de prononcer une peine dès qu'il est établi que le chèque n'était pas couvert ou qu'il l'était insuffisamment. Il peut tenir compte de la bonne foi, de l'inexpérience du délinquant, du fait que la dette a été réglée en espèces dès la 1re sommation. En cas de récidive, des peines doivent obligatoirement être prononcées. Les mêmes peines frappent celui qui consent sciemment à recevoir un chèque sans provision. Si la banque indique une provision inférieure à la réalité, ne déclare pas les incidents de paiement, n'applique pas les mesures prévues par la loi contre le tireur de chèque sans provision, elle est passible d'une amende de 2 000 à 60 000 F.

Pour un chèque postal. Un certificat de non-paiement est envoyé automatiquement si l'on a indiqué dans le cadre réservé la mention « bénéficiaire », ou apposé cachet ou signature. On n'a donc aucune demande particulière à faire, sauf si l'on a mis sur le chèque « sans certificat » ou « sans frais » (dans ce cas, le chèque est retourné et l'on doit réclamer un certificat de non-paiement au centre de chèques postaux dans les 2 mois de l'émission).

Si le chèque est remis à l'encaissement par l'intermédiaire d'une banque, le certificat de non-paiement, qui permet d'exercer un recours contre le tireur d'un chèque sans provision, n'est établi que sur demande expresse du bénéficiaire. Les frais d'inscription, au greffe du tribunal, sont à la charge du bénéficiaire, et varient en fonction du montant du chèque.

• **Obligation. On doit régler par chèque barré** (ou virements en banque ou à un C.C.P.) : 1° *Les sommes de plus de 1 000 F* payant loyers, transports, services, fournitures, travaux, acquisitions, immeubles ou objets mobiliers. 2° *Les traitements et salaires excédant 2 500 F* pour un mois entier. 3° *Le paiement des produits de tous titres nominatifs de plus de 100 F* admis par les collectivités publiques ou privées lorsqu'ils dépassent 100 F par certificat et échéance.

Sont dispensés ceux qui sont incapables de s'obliger par chèque ou auxquels il est interdit de se faire ouvrir en France un compte en banque ou un C.C.P., les particuliers (non commerçants) réglant des particuliers, des commerçants ou artisans.

Les infractions sont punies d'une amende fiscale fixée à 5 % des sommes indûment réglées en numéraire, qui incombe pour moitié au débiteur et au créancier, chacun d'eux étant solidairement responsable.

• **Perte de chèques. Par le signataire :** faire opposition : avertir la banque pour mettre obstacle au paiement (dans les 1 an et 8 j à partir de la date du chèque). Si le chèque est en blanc, l'opposition est maintenue tant que le compte existe. **Par le bénéficiaire :** avertir le plus tôt possible le signataire pour qu'il fasse opposition ; en son absence, prévenir la banque ; le tireur du chèque régularisera la situation en faisant opposition à son retour.

• **Lettre de crédit.** Délivrée par la banque, elle permet d'obtenir des fonds pour un montant déterminé dans une succursale (lettre de crédit simple), ou toutes les succursales de la banque (circulaire). Le bénéficiaire peut retirer de l'argent au fur et à mesure de ses besoins.

• **Précautions.** Pour éviter lavage, gommage ou surcharge du chèque barré : utiliser des stylos-bille noirs, appuyer fort ; éviter les stylos-feutre de couleur ; laisser le minimum d'espace entre lettres et chiffres inscrits après les mentions « BPF », « la somme de », « à l'ordre de » ; tirer un trait jusqu'au bout de la ligne ; utiliser des chèques prébarrés par la banque ; dans le cas d'une remise à sa propre banque par courrier : marquer le nom de la banque où le chèque doit être encaissé. Les grands utilisateurs de chèques peuvent employer une machine spéciale à encre indélébile. Utiliser d'autres moyens de règlement : domiciliation de certains paiements au guichet de sa banque (P.T.T., E.D.F.-G.D.F., primes d'assurance, etc.) ; virement (nécessité de connaître la banque et le n° de compte du bénéficiaire) ; paiement par carte bleue.

• **Durée de validité.** *Délais de présentation.* Émis et payable en France métropolitaine : 8 jours. Payable en métropole, mais émis en Europe ou pays riverains de la Méditerranée : 20 jours. Émis hors d'Europe : 70 jours. La présentation tardive du chèque est sanctionnée, le cas échéant, par la perte des recours du porteur contre les endosseurs. *Délais de prescription.* Ils sont calculés à partir de l'expiration des délais de présentation : recours du porteur contre le tireur du chèque : 6 mois ; du porteur contre la banque tirée : 1 an. Après, les poursuites pénales ne sont plus possibles, mais la dette correspondant à ce chèque reste exigible 30 a., le bénéficiaire d'un chèque impayé ou non présenté peut poursuivre son recouvrement 29 a. et 8 j.

Chèque postal. 2 mois à compter de son émission. Au regard de l'administration, le chèque postal périmé est nul.

• **Vols de chèques.** La banque n'est responsable en cas de paiement des chèques qu'à l'égard du client et non envers les bénéficiaires de ces chèques ; si le voleur utilise les chèques (ou la carte) avant l'opposition, la banque n'est plus responsable. Les chèques volés sont en général utilisés dans les jours qui suivent le vol. L'opposition est valable pendant 10 ans. La jurisprudence tient de plus en plus pour responsable le titulaire du compte qui a fait preuve de négligence dans la garde du chéquier.

Statistiques

Chèques émis par an (en millions). *1970 :* 478 ; *73 :* 930 ; *80 :* 2 600 ; *85 :* 4 500.

Chèques non payés. Avis de non-paiement enregistrés par la Banque de France (en millions). *1970 :* 0,7. *78 :* 0,8. *79 :* 1. *80 :* 1,37. *81 :* 1,57. *82 :* 2. *83 :* 2,35. *84 :* 3,07. *85 :* 3,5 (dont 56 % de — de 500 F, 73 % de — de 1 000 F) tirés par 1 740 000 personnes physiques.

Personnes interdites de chèque. *1980 :* 390 000 ; *85 :* 730 000. **Condamnations.** *1980 :* 23 000 ; *85 :* 71 000.

☞ La tenue des comptes bancaires coûte env. 10 F par mois. Le traitement de 4,5 milliards de chèques émis chaque année coûte 14 milliards de F (env. 3 F par unités) et représente le double de l'ensemble des bénéfices des banques françaises sur un exercice.

Chèques passés en compensation *(1985)* 3 419 686 000.

Escroqueries avec des chèques volés, puis falsifiés ou contrefaits : *1972 :* 23 414 ; *77 :* 86 898 ; *78 :* 90 411 ; *79 :* 83 338 ; *80 :* 101 024 ; *81 :* 116 196 ; *82 :* 166 156 ; *83 :* 191 554 ; *84 :* 197 053.

☞ **Effets de commerce.** Voir Quid 1982, p. 1594.

Cartes de crédit

Définition. Cartes plastiques utilisées comme moyen de paiement, avec ou sans crédit associé. Émises par des milliers d'organismes dans le monde.

Cartes de crédit bancaires (U.S.A. 180 millions, France + de 6 m.). **Groupes Visa** (créé 1976) : 135 millions de cartes ; 187 000 guichets de banque, 17 000 banques participantes, 4 800 000 commerçants dans 160 pays ; membres du réseau : banques du groupement : *Carte bleue* (créée 1967). En France (au 31-3-86) 6 890 000 cartes, 325 000 commerçants affiliés) ; *Barclays* et d'autres banques en G.-B. ; *Banco de Bilbao* et toutes les autres banques en Espagne, 140 banques en Italie, toutes les grandes banques aux U.S.A. **Groupe Mastercard Eurocard-Acess.** (*créé* 1968) : 120 millions de titulaires, 4,5 millions de commerçants, 25 000 banques participantes, 150 000 guichets de banque, dans 167 pays et territoires ; branche européenne du réseau représentée par Eurocard (*créée* 1967) : 11 000 banques en Europe diffusées par le Crédit agricole et le Crédit mutuel en France (950 000 cartes, 330 000 commerc. affiliés, 7 000 DAB/GAB dès la mise en place des accords interbancaires). **Eurochèque** (*créé* 1972) : 41 000 000 env. (France 1 200 000) ; la carte garantit le paiement des chèques (750 F en France en janv. 81) ; tous les commerçants (4 500 000 en Europe) acceptent les chèques.

Non bancaires : American Express (*créé* 1958 ; France 1961) : 17 millions (France 360 000 cartes, 50 000 comm. affiliés). **Diner's Club** (*créé* 1951 ; France 1954) 4 500 000 (France 160 000 cartes, 21 500 com.). **CETELEM** 1 118 000 cartes de clientèle (grands magasins, vente par correspondance).

Cartes de clientèles : grands magasins, locations de voitures, etc. : env. 1 200 000.

Carte bancaire unique. En usage dep. 1985 pour le réseau Carte bleue, le Crédit agricole (7 500 000 cartes) et le Crédit mutuel.

Chèques postaux

France et D.O.M.

● **Carte CCP 24/24.** Permet de retirer de l'argent : *1°* 24 h sur 24 aux distributeurs automatiques de billets installés en façade de nombreux bureaux de poste.

Montant maximum des retraits : 1 800 F par semaine, en une ou plusieurs fois. Retraits possibles en Belgique et au Luxembourg sous réserve des dispositions de la réglementation des changes ; *2°* Dans tous les bureaux de poste sur présentation du chéquier. *Montant max. des retraits : 3 000 F par période de 7 j, en une ou plusieurs fois.*

● **Carte bleue de la Poste.** Les PTT ont adhéré au Groupement Carte bleue et délivrent des Cartes bleues nationales et internationales (VISA). La C.B. nationale permet de : retirer 1 800 F par semaine aux distributeurs CCP 24/24 de la Poste et « POINT ARGENT » (gares SNCF, stations RER, aéroports, centres commerciaux) et sur les appareils des agences bancaires du réseau ; faire des retraits de dépannage, aux guichets de la Poste (max. par période de 7 j : 3 000 F) et dans les agences bancaires (max. par période de 7 j : 2 000 F) ; régler les achats chez les commerçants adhérents au réseau (signature d'une facture). En 1985, les services se sont élargis grâce à l'apport des réseaux Crédit agricole et Crédit mutuel (agences, DAB, commerçants). Dep. mars 86 la Carte bleue de la Poste peut être à débit différé.

● **Carte à puce.** Dep. le 2e semestre 1985, les Cartes bleues de la Poste sont équipées du microprocesseur. Gamme élargie de services et une sécurité renforcée dans les régions de Rennes et de Caen. La carte à puce sera progressivement étendue à l'ensemble du territ.

● **Canal 16.** Compte multiproduits, pour les jeunes de 13 à 18 ans, expérimenté dans le Nord/Pas-de-Calais dep. déc. 85. Comprend un compte chèque postal, une carte contact et des options (carte magnétique, livret d'épargne, postchèques, etc.). Le montant des retraits hebdomadaires peut être modulé par les parents. Lancement national prévu pour 1987.

● **Postchèques.** Titres internationaux nominatifs délivrés par les centres de chèques postaux. Payables à vue en monnaie locale dans les bureaux de poste de 30 pays étrangers ou TOM, sur présentation d'une carte de garantie. Aucune avance de fonds au départ. Débités après utilisation. Gratuits. Pour réglementation des changes : se renseigner à la Poste.

● **Chèques de voyage.** La Poste propose des chèques de voyage en FF et en $ U.S. émis par American Express et Visa. Obtention dans les bureaux de poste participant au service des changes. Service exclusif de vente par correspondance aux titulaires de CCP. Commission de vente 1 %.

● **Vidéoposte.** Service de la banque à domicile de la Poste, sur Minitel. Accessible par carte à mémoire ou mot de passe, il permet d'effectuer des virements d'un compte à l'autre, de consulter le solde de ses comptes chèques et livrets d'épargne de la Poste, de commander ses carnets de chèques et de la documentation. Il sera progressivement étendu à l'ensemble du territ.

● **Chèques de paiement. Retrait à vue** (avec ou sans dépôt de garantie) gratuit. **Chèque de retrait** (au profit du titulaire) gratuit. **Postchèques** : titres de paiement internationaux qui peuvent être encaissés, en monnaie locale, dans les bureaux de poste de 30 pays [on peut disposer ainsi d'env. 2 000 F par semaine en devises (en 20 postchèques par voyage)].

● **Titre universel de paiement (TUP).** Peut être utilisé comme mandat optique (paiement en numéraire au guichet) ou comme ordre de virement (gratuit). La signature du débiteur est obligatoire. Offre une grande sécurité contre le vol.

● **Statistiques.** *Comptes chèques* (au 31-12-85) : 7 898 315. *Opérations* (en millions) : 2 324 (crédit 1 186 ; débit 1 138). *Montant* (en milliards de F) : 13 143 (crédit 6 590 ; débit 6 553). *Les fonds en dépôt* sont gérés et utilisés par le Trésor public, qui verse au budget annexe des P.T.T. un intérêt calculé sur la moyenne arithmétique des avoirs des comptes courants postaux des particuliers et collectivités privées (en % : **1945** 0,33, **48** 1, **53** 1,5, **79** 6,8, **82** 6,5, **83** 5,5, **84** 2,72. **85** 0,01).

Crédit

Généralités

Crédit gratuit. *Loi du 24-1-1984* : les crédits consentis pour 3 mois et + ne peuvent être proposés qu'à l'intérieur des magasins. *Les vendeurs doivent afficher :* prix avec crédit gratuit, prix pour paiement au comptant ou le montant de la réduction accordée, durée de l'opération et période de crédit. *Il doit remettre une offre préalable et l'on a 15 j pour signer.* Après signature, l'offre devient contrat de crédit. On a, alors, 7 j pour *se rétracter ;* [ce délai *peut expirer :* le 3e j (si l'on exige la livraison immédiate de l'achat et si elle intervient dans les 3 j suivant l'acceptation, c'est-à-dire la signature de l'offre), ou le j de la livraison (si elle intervient entre le 4e et le 7e j suivant la signature)].

Paiement comptant : on doit bénéficier d'une réduction ; ex. : 410 F pour un produit ou un service de 5 000 F payable en 10 mensualités de 500 F avec un crédit gratuit.

● **Durée. Crédit à court terme** (de quelques jours à 2 ans). Ex. : *crédit de courrier* (48 h), *facilité de caisse* (ex. : fin de mois), *crédit de campagne* ou découvert de durée variable. Il est accordé par les banques de dépôts et d'affaires. **A moyen terme** (de 2 à 7 ans au maximum). Permet de financer l'équipement industriel ou agricole, l'habitat, les exportations. Accordé par les banques, avec ou sans le concours d'organismes tels que Crédit foncier de France, Crédit national, B.F.C.E. et le crédit d'équipement des P.M.E., généralement mobilisable sur le marché monétaire. **A long terme** (plus de 7 ans). Permet le financement de la construction immobilière, de la création ou de l'extension des entreprises industrielles, des exportations. Accordé directement par banques et Crédit foncier, Crédit national, et le crédit d'équipement des P.M.E.

Nota. — Nouveau régime (1983) : durée : 8-15 ans ; montant max. : 20 millions de F par entreprise pour financer au max. 70 % de l'investissement H.T. et le fonds de roulement ; taux : fixes (11,25 % au 20-5-1984) ou variables (en fonction de l'évolution du taux de base bancaire ; 10,85 % au 10-7-1985).

Volume des crédits aux particuliers (en milliards de F, en 1985) : crédits au logement [1] : 184 ; prêts personnels : 46,4 ; ventes à tempérament [2] : 43,9 ; avances en compte bancaire [2] : 8,8.

Nota. — (1) Crédits nouveaux. (2) 1983.

● **Différentes avances possibles.** A découvert, sur garanties, sur documents, sur caution et aval ; formules spéciales de crédit aux particuliers ; prêts personnels ou immobiliers ; crédit-bail (leasing).

Formes particulières

Billets de trésorerie. *Créés* en déc. 1985. **Caractéristiques.** Sont émis par les entreprises, hors établ. de crédit, qui ont + de 2 ans d'existence : stés par actions qui peuvent faire appel public à l'épargne, entreprises du secteur public ayant des capitaux propres de + d'1,5 MF, groupements d'intérêt écon. et stés en nom collectif composées de stés par actions. Ils sont stipulés au porteur. *Montant unitaire :* 5 millions de F. *Durée :* 10 j à 2 ans. Ils sont négociables et donnent lieu à un marché réglementé par le Comité de la régl. bancaire. Ils doivent être émis au pair, sans prime de remboursement, et être domiciliés auprès d'un établ. de crédit.

Tout émetteur de billets de trésorerie doit avoir obtenu d'un ou plusieurs établ. de crédit l'engagement qu'un concours lui sera consenti si la situation du marché ne permettait pas de procéder à leur renouvellement. Montant de l'engagement de substitution : au moins égal à 95 % de l'encours des billets de trésorerie en circulation. Dans les 4 mois suivant le 1er semestre de l'exercice, les entreprises émettrices doivent publier un rapport sur le chiffre d'affaires et le résultat afférents au semestre écoulé, et une situation semestrielle de trésorerie.

● **Crédit à la consommation. Coût** : élevé en raison des charges administratives (constitution des dossiers, recouvrement, multiples échéances) portant sur de faibles montants. Exemple : machine à laver (crédit de 2 500 F sur 12 mois au taux l'an de 27 %) : coût total du crédit : 380,52 F, soit 31,71 F par mois et 1,06 F par jour. **Principaux organismes spécialisés :** voir Quid 1982, p. 1595.

● **Crédit social. Prêts des caisses de Crédit municipal. Origine.** Les 1ers Monts-de-Piété [*créés* 1462, Pérouse (Italie)] en France : 1577 (Avignon, alors domaine pontifical), 1696 (Marseille), 1777 (Paris) ; en 1918, les Monts-de-Piété prirent le nom de caisses de Crédit municipal. **Activité initiale : prêts sur gages** (bijoux, argenterie et objets d'art, divers). La vente du gage peut être demandée par l'emprunteur après *3 mois* à partir du jour du dépôt. Lorsque le prêt n'est ni remboursé, ni renouvelé à l'échéance, le gage est vendu aux enchères (le surplus ou boni va à l'emprunteur). **Statistiques 1984.** *Établissements* 21 caisses et 25 agences. *Prêts :* 222 401 pour 367 345 684 F ont été consentis. 70 % des gages étaient des bijoux et des fourrures. 90 % des emprunteurs sont venus retirer leur gage. *Prêt moyen en 1984 :* 1 651 F. *Age des emprunteurs : 18 à 30 a.* 22 % ; *31 à 40 a.* 24 % ; *41 à 50 a.* 27 % ; *+ de 51 a.* 27 %. Ayant une mission d'aide sociale, elles consentent notamment des prêts aux fonctionnaires et assimilés (251 130 prêts pour 4,3 milliards de F), aux salariés, retraités, familles en difficulté, chômeurs, associations, pour l'acquisition d'automobiles, des crédits à la consommation, et pratiquent des avances sur valeurs mobilières. Afin de se financer, elles offrent des services bancaires : comptes-chèques, sur livret, à terme, LEP, Codévi, bons de caisse et d'épargne ; proposent la carte bancaire ; tiennent des comptes-titres (dématérialisés) et lancent des emprunts obligatoires.

● **Prêts personnels sur traitement** aux agents des secteurs public et para-public. Taux d'intérêt fixés librement par les caisses.

● **Prêts entre particuliers. Prêt hypothécaire** (avec ou sans notaire) : taux d'intérêt déterminé librement entre prêteur et emprunteur dans les limites des taux usuraires. *Prélèvement libératoire* 38 %.

Prêts participatifs. Introduits en France par la loi du 13-7-1978. Peuvent être accordés par les banques, les institutions fin. bancaires et non bancaires, ou l'État. En cas de liquidation de l'entreprise, les créanciers ordinaires touchent un intérêt fixe et une participation variable, mais avant les actionnaires. L'emprunteur peut déduire les intérêts fixes et l'intéressement, sans plafonnement.

Prêts simplifiés (*créés* 1982). Concernent les entreprises ayant un C.A. max. de 20 millions de F (H.T.) et employant 50 personnes au max. ; montant max. : 400 000 F (sur 8 ans) ; taux (1983) : 7 % (2 ans). *Nombre* (début 1983) : 3 500 entreprises bénéficiaires (montant 600 millions de F).

● **Prêts à une entreprise. Par un dirigeant ou un associé.** Intérêt librement débattu, mais ne peut être en pratique supérieur de 2 % au taux des avances sur titres de la Banque de France. Prélèvement libératoire 38 % si le montant laissé en compte courant n'excède pas 200 000 F.

Taux d'intérêt

● **Taux réel d'intérêt. Formule rapide :** calcul pour courtes durées et crédits remboursés par mensualités constantes.

$$\text{Intérêt réel (i)} = \frac{24 \times F}{c\,(n+1)}$$

i = taux d'intérêt réel ; c = capital prêté ; n = nombre de mensualités ; F = montant des agios = n × montant de chaque mens.

Exemple : pour un crédit de 400 F sur 4 mois à 5 %, le montant des agios est de 20 F et le taux

$$i = \frac{24 \times 20}{400\,(4+1)} = 24\,\%$$

Taux réel maximal légal. Taux, publié au début de chaque semestre au J.O., que les banques et les établ. financiers pour des ventes à tempérament ou de crédits immobiliers ne peuvent dépasser. Il est égal au double du taux de rendement des obligations émises au cours du semestre précédent (**1982** 1er sem. 35,38. **83** 1er sem. 32,74, 2e sem. 30,02. **84** 1er sem. 28,94, 2e sem. 27,78). **85** 1er sem. 25,38, 2e sem. **86** 1er sem. 23,52, 2e sem. 18,28.

Taux d'escompte (France) : 1968 : *27-6* 3,5. *3-7* 5. *12-11* 6. **69 :** *1-1* 6. *8-5* 6. *13-6* 7. *11-8* 7. *8-10* 8. **70 :** *19-2* 8. *27-8* 7,5. *20-10* 7. **71 :** *8-1* 6,5. *13-5* 6,75. *28-10* 6,5. **72 :** *13-1* 6. *6-4* 5,75. *2-11* 6,5. *30-11* 7,5. **73 :** *5-7* 8,5. *2-8* 9,5. *20-9* 11. **74 :** *20-6* 13. **75 :** *9-1* 12. *27-2* 11. *10-4* 10. *5-6* 9,5. *4-9* 8. **76 :** *22-7* 9,5. *23-9* 10,5. **77 :** *dep. 31-8* 9,5. **86 :** *15-4* 7,5.

Taux d'escompte des banques centrales. 1983 *(déc.)* Italie 17, G.-B. 9, France 9,50, U.S.A. 8,50, All. féd. 4, Japon 5. **84** *(déc.)* Italie 16,50, G.-B. 9,38, France 9,50, U.S.A. 8, All. féd. 4,50, Japon 5. **85** *(déc.)* Italie 15, G.-B. 11,31, France 9,50, U.S.A. 7,50, All. féd. 4, Japon 5. **86** *(janv.)* Italie 15, G.-B. 12,31, France 9,50, U.S.A. 7,50, All. féd. 4, Japon 4,50. *(mi-avril)* Italie 13, G.-B. 11,31, France 7,75, U.S.A. 7, All. féd. 3,50, Japon 3,50.

Taux de l'argent au jour le jour, en % (mars 1986). G.-B. 12,09. Espagne 11,20. Canada 11,10. *France 8,5.* Belgique 7,74. U.S.A. 7,48. P.-Bas 5,72. Japon 5,54. All. féd. 4,76. Suisse 2,25.

Rendements des bons d'État à long terme, en % (mars 1986). Italie 13,37. Canada 9,54. *France 9,19.* G.-B. 8,7. Belgique 8,41. U.S.A. 7,50. P.-Bas 6,44. All. féd. 6,21. Japon 4,80. Suisse 4,22.

Source : Morgan Guaranty Trust.

● **Coût du crédit** (taux en % au 2-7-1986). **Crédit aux entreprises :** mobilisation de créances commerciales 10,7/16,1. Crédits financiers à court terme 10,7/14,1, à moyen terme (2 à 7 a.) 10/13,6. Découverts et avances 11,15/17. Financement des ventes à tempérament de matériel d'équipement prof. 12/21. **Crédit aux particuliers :** prêts personnels 14,9/23,4. Financement de ventes à tempérament de biens de consommation 16,9/23,4. Prêts immobiliers promoteurs 13,3/18,3. Acquéreurs 17,7/17,5. *Taux de l'usure :* 23,52.

Montant à rembourser pour 100 000 F empruntés sur 15 ans suivant le taux du crédit. Remboursement trimestriel (assurance comprise) et, entre parenthèses, remboursement total sur 15 ans en F. *Épargne-logement : 4,75 %* 2 321 (139 241), *5,5 %* 2 440 (146 405), *7 %* 2 671 (160 234), *8 %* 2 831 (169 841). *PAP : 9 %* 3 000 (180 011), *9,75 %* 3 122 (187 247), *11,75 %* 3 470 (208 213). *Prêt conventionné : 12 %* 3 511 (210 637), *12,5 %* 3 600 (216 025), *13 %* 3 690 (221 418), *13,5 %* 3 780 (226 814), *14 %* 3 870 (232 214). *Prêts des banques (immobiliers classiques) : 16 %* 4 231 (253 845), *17 %* 4 420 (265 217), *18 %* 4 601 (276 056), *19 %* 4 791 (287 447).

Épargne en France

Généralités

Comparaisons internationales. Épargne des ménages en % du revenu national disponible en 1983 (*source :* O.C.D.E.) : Italie 22,6, Japon 17,5, *France 14,9* (*1975 :* 18,6, *1981 :* 14,8), All. féd. 11,8, G.-B. 8,4, Canada 13,1, U.S.A. 5.

Nota. — Origine des liquidités, voir Quid 82, p. 1597.

Taux de l'argent sur le marché monétaire [1] (Pensions entre banques)

(% l'an)	Effets privés sous dossier							
	Jour le jour		1 mois		3 mois		6 mois	
	max.	min.	max.	min.	max.	min.	max.	min.
1973	12	7 1/8	12 1/8	7 3/8	12	7 1/2	12	7 3/4
1974	15	11 1/2	15 1/4	11 3/8	15	11 1/4	15	11
1975	12	6	11 7/8	6 1/4	11 5/8	6 1/2	11 1/2	6 3/4
1976	12 1/16	6	11 3/8	5 7/8	11 3/8	6	11 1/2	6 1/8
1977	10 1/4	8 1/8	10 3/8	8 1/8	10 1/2	8 3/16	10 5/8	8 7/16
1978	10 1/2	6 1/2	10 7/8	6 3/8	10 15/16	6 1/2	10 15 /16	6 1/2
1979	12 3/8	6	12 1/2	6 7/16	13 1/8	6 1/2	13 1/8	6 1/2
1980	13 1/2	10 1/2	13 5/8	10 1/2	14 1/4	10 7/8	14 3/8	11 3/8
1981	20	10 1/2	20	10 3/4	20	11 1/4	18 1/4	12
1982	18	12 3/4	17 5/8	12 5/8	17	12 1/2	15 7/8	12 1/2
1983	12 15/16	11 3/4	13 1/4	12	13 1/4	12 1/8	13	11 3/4
1984	12 7/8	10 1/2	12 1/2	10 1/4	12 5/8	10 1/4	12 3/4	10 1/8
1985	11 1/4	8 3/4	10 7/8	8 3/4	10 7/8	8 3/4	10 7/8	8 3/4

Nota. — (1) **1914/18** 5%. **3-1-1939** 2 %. **17-3-1941** 1,75 %. **20-1-1945** 1,625 %.

Liquidités (en milliards de F, en déc. 1985). **Disponibilités monétaires** (M1) 1 097,1 dont billets en circulation 195,6, monnaies divisionnaires en circulation 11,8, dépôts à vue 889,7. **Quasi monétaires** (M2-M1) 1 003,9 dont dépôts à terme dans les banques et au Trésor 240,7, bons de caisse et d'épargne dans les banques 113,6, bons de la C.N.A. 84,6. *Placements dans les banques :* comptes sur livret 510,9 (d'épargne-logement 62, plans d'épargne-logement 181,5, livrets d'épargne des travailleurs manuels 1,5, livrets d'épargne populaire 24,7), CODEVI (comptes pour le développement industriel) 53,4. *Placements dans les Caisses d'épargne :* 916,1 dont comptes sur livret 733,9, c. d'épargne-logement 19,3, plans d'épargne-logement 99,5, livrets d'épargne populaire 28,6, CODEVI 18,2, bons G.R.E.P. 66,5. *Bons du Trésor* sur formules 36,2. *Bons d'épargne* des P.T.T. 6,5 ; de la Caisse nat. de l'énergie 3,9. **Placements liquides ou à court terme** (M3-M1) 196,4. **Ensemble des liquidités** 3 063,5.

Crédits et dépôts des banques A.F.B. (inscrites à l'Association des Banques). Répartition en % au 2-1-1986 (activité métropolitaine) : dépôts, en italique crédits. *Banques contrôlées par l'État :* 87,9 *82,1,* dont B.N.P., Crédit lyonnais, Société générale 59,0 *49,* banques nationalisées en 1982 25,6 *26,2,* autres banques ou institutions contrôlées directement ou indirectement par l'État 3 *5. Autres banques sous contrôle français ou monégasque :* 3,2 *4. Banques sous contrôle étranger :* 8,9 *13,9.*

Collecte de l'épargne liquide ou à court terme : part (en %) de chaque réseau au 31-12-85. *Banques :* 49,5, dont Banques A.F.B. 22, Crédit agricole 17,8, Banques populaires 3,4, Crédit mutuel 5,8, B.F.C.E. 0,1. *Autres :* 50,5, dont Caisses d'épargne et de prévoyance 31,5. Caisse nationale d'épargne 15,1. Trésor 2,0, divers 1,9.

Caisse d'épargne

● **Réseaux. Caisse d'épargne et de prévoyance (CEP)** à l'emblème de l'Écureuil, 420, dont celle de Paris, *fondée* 1818 ; 4 480 agences permanentes, 1 733 ag. non permanentes, 14 144 points d'arrêt de 333 cars-succursales.

Dépôts 659 milliards de F au 1-1-86 (intérêts capitalisés compris) sur 37,5 millions de livrets et comptes dont 24,7 en SICAV, Fonds communs de placements et emprunts, 66,8 en bons d'épargne, 50,4 en épargne-logement, 13,4 en CODEVI, 19,7 en LEP, 38,1 en livrets B, 430,9 en livrets A, 15 en comptes-chèques. Crédit aux particuliers : 120,5 milliards de F (dont 20,9 milliards versés en 1985). Prêts aux collectivités locales (Prêts « Minjoz ») 190 milliards de F. Nombre d'opérations sur les comptes-chèques et comptes sur livret : 527 millions de F.

Dep. 1985, les CEP sont regroupées en 21 Stés régionales de financement (SOREFI) dont le capital est détenu à 50 % par les C. d'épargne et 50 % par la C. des dépôts et consignations. Dépôts décentralisés : 180 milliards de F. Dep. le 8-7-1983, à la tête des CEP, le Centre nat. des CEP (CENCEP). *Capital détenu :* CEP 50 %, SOREFI 15 %, CDC 35 %.

Caisse nationale d'épargne (CNE) : met à la disposition de sa clientèle les 18 000 *bureaux* des P.T.T. ; les préposés des P.T.T. peuvent servir d'intermédiaires entre clients et bureaux de poste pour les opérations d'épargne. *Dépôts* 298,8 milliards de F au 1-1-86 dont livret A 251, livret B 16,2, compte épargne logement 5,6, plan épargne logement 12,1, livret épargne populaire 9, CODEVI 4,9.

● **Fonctionnement.** On peut faire virer sur un livret traitements, pensions et allocations familiales, payer par prélèvements automatiques les factures d'électricité, de gaz, de téléphone, la redevance « Radio-Télé », l'impôt sur le revenu, acheter des bons d'épargne (bons des CEP, des SICAV, des fonds communs de placement, et des obligations), ouvrir un compte d'épargne-logement (livret ou plan), obtenir prêts principal et complémentaire d'épargne-logement. Les CEP seules peuvent accorder des prêts sans épargne préalable, prêts à l'habitat, prêts conventionnés, ainsi que des prêts personnels (à la consommation). Elles délivrent tous les carnets de chèques aux déposants (3,5 millions de comptes en 1985) et la gamme complète des cartes bancaires : Express (de retrait), Bleue et Visa.

Excédent des dépôts sur livret (en milliards de F) : **1981** 51,5 (dont C.E.P. 20,8) ; **82** 9,005 pour les 2 réseaux ; **83** 46, épargne logement 3 (intérêt compris). **84** 7.

Crédit mutuel

Organisation. Confédération nat. et Caisse centrale, au niveau national. Fédérations et caisses fédérales (20 en 1985). 3 000 caisses locales et 1 350 bureaux. *Clients :* 5 000 000 dont 4 000 000 de sociétaires.

Statistiques. *Dépôts* 138 milliards de F (au 31-12-1985) dont 67 % de comptes sur livret (mêmes conditions que les livrets de Caisses d'épargne). *Crédits* 80,3 milliards de F dont 28 % aux personnes de droit moral et 72 % aux sociétaires.

Placements d'argent

Bons

● **Bons de caisse. Durée :** max. 5 ans. **Taux :** de 3,50 % (3 mois) à 10,50 % (5 ans). Taux libres au-delà de 500 000 F placés à plus de 6 mois. **Souscription** anonyme possible. **Formules :** *bons à échéance fixe* susceptibles d'être remboursés à tout moment ; les intérêts peuvent être précomptés au moment de l'émission. Bons à 5 ans émis selon les mêmes conditions que les bons du Trésor à intérêt progressif. *2 possibilités :* les intérêts des 2 premières années sont précomptés lors de l'émission, ceux des 3 dernières années étant réglés lors du remboursement ; les intérêts sont versés lors du remboursement. **Régime fiscal :** prélèvement libératoire de 45 % (porteur déclinant son identité et son domicile) ou de 50 % (b. anonymes) ; prélèvement supplémentaire de 1,50 % pour les b. anonymes (v. ci-dessous).

● **Bons d'épargne de la Caisse nationale de Crédit agricole.** *Bons émis au pair.* **Montant :** 1 000 ou 10 000 F. **Durée :** 5 ans. **Taux :** libre dep. 15-5-86, versé à l'échéance. Remboursement anticipé possible. **Régime fiscal :** prélèvement forfaitaire (45 % avec jus-

Prélèvement fiscal supplémentaire sur les bons anonymes. *Institué* par la loi de Finances pour 1982. *Montant* : 2 %. *Bons concernés* : du Trésor, sur formules, de la Caisse nat. de Crédit agricole, d'épargne des P.T.T., de caisse de Crédit mutuel, du Crédit foncier, émis par les Groupements régionaux d'épargne et de prévoyance, de la Caisse nat. de l'énergie, de caisse émis par les banques, ainsi que les autres bons qui peuvent être souscrits de façon anonyme (p. ex. b. de capitalisation). *Conditions d'application* : quand le détenteur s'abstient de révéler son identité et son domicile fiscal lors d'un paiement d'intérêts ou d'un remboursement (anonymat fiscal). *Modalités d'imposition* : prélèvement dû autant de fois que le 1er janvier d'une année est inclus dans la période comprise entre la date d'émission du bon (entre le 1-1-1982 en cas d'émission antérieure) et celle du remboursement effectif (et non celle de l'échéance du bon) ; si la période de détention est inférieure à 1 an et ne comprend aucun 1er janvier, prélèvement calculé au prorata de la durée du bon. Prélèvement effectué par l'établissement payeur sur le montant nominal des bons (intérêts exclus). *Bons de capitalisation* : prélèvement effectué à la date du remboursement (à l'échéance normale ou par anticipation).

tification de l'identité et du domicile fiscal du porteur, 50 % dans le cas contraire) sauf option pour IRPP. Si souscription anonyme : prélèvement fiscal suppl. (2 % du nominal par 1er janvier inclus dans la période de détention des bons).

• **Bons d'épargne des banques. Montant** : minimum 1 000 F. **Durée** : 3 mois à 5 ans, anonymes ou nominatifs. **Taux** : suivant durée et montant (libre depuis le 15-5-86). **Régime fiscal** des valeurs à revenu fixe.

• **Bons d'épargne des P.T.T.** A intérêt progressif émis dans les mêmes conditions que les bons du Trésor à intérêt progressif. **Montant** : 1 000 F, 5 000 F et 10 000 F. 1re catégorie : bons émis au pair à 1 000 F, 5 000 F et 10 000 F. **Durée** : 5 ans, avec possibilité de demander le remboursement au bout de 3 mois après émission. **Valeurs de remboursement** : calculées suivant un barème trimestriel. **Taux actuariels bruts** (en %) dep. le 15-5-86 : 9 à l'échéance de 5 ans, taux intermédiaires : 1 an : 4,5, 2 a. : 5,5, 3 a. : 6,5, 4 a. : 7,5. **Régime fiscal** : droit d'opter pour les intérêts, entre l'assujettissement des intérêts à l'impôt sur le revenu et le prélèvement forfaitaire à 45 % (avec justification d'identité) ou à 50 % ; pour le capital, entre la justification d'identité et du domicile fiscal et le prélèvement annuel de 1,50 % pour 1982 et 1983, 2 % à compter du 1-1-84 sur la valeur nominale (en cas d'option prélèvement pour les intérêts 1 % perçu au profit de la C.N.A.F.).

• **Bons des Caisses d'épargne. Durée** : 1 à 5 ans. Intérêt progressif, émis au pair, taux de rendement actuariel brut jusqu'à 7,5 % depuis le 15-5-86. **Régime fiscal** : droit d'opter entre le prélèvement forfaitaire de 46 ou 51 % ou l'assujettissement des intérêts à l'impôt sur le revenu.

• **Bons du Trésor. 1 catégorie.** Bons à intérêt progressif émis au pair à 1 000 F, 5 000 F et 10 000 F. **Durée** : 5 ans, avec possibilité de demander le remboursement au bout de 3 mois après l'émission. *Taux actuariels bruts* (en %) depuis le 1-7-86 : 9 à l'échéance de 5 ans, taux intermédiaires, bons émis au pair à 1 a. : 4,5, 2 a. : 5, 3 a. : 5,5, 4 a. 6,5, 5 a. : 7,5. **Régime fiscal** : *pour les intérêts*, droit d'opter entre le prélèvement forfaitaire de 45 ou 50 % et l'assujettissement des intérêts à l'impôt sur le revenu ; *pour le capital*, option entre la justification d'identité et du domicile fiscal et le prélèvement annuel sur la valeur nominale de 1,50 % pour 1982 et 1983, 2 % à compter du 1-1-84. En cas d'option prélèvement pour les intérêts, 1 % perçu au profit de la CNAF.

• **Bons de capitalisation. Montant** min. 5 000 F ; pas de plafond. *L'intérêt* (qui ne s'applique qu'au capital versé — les frais) s'ajoute chaque année au capital et porte à son tour intérêt ; taux minimal garanti 7 à 8 % (avec parfois participation aux bénéfices liés au produit des souscriptions des Stés : 1 à 2 %). **Régime fiscal** : impôt sur le revenu : si le bénéficiaire révèle son domicile fiscal et son identité 45 % (— de 2 a.), 25 % (2 à 4 a.), 15 % (4 à 6 a.), si anonymat 50 % dans tous les cas ; exonération si + de 6 a. Taxe de 4,8 %. **Durée** : 10 à 30 ans ; s'ils sont remboursés par anticipation, leur valeur de rachat est assortie d'une pénalisation (en cas de remboursement au cours des 5 premières années, le rendement net ne peut dépasser celui des b. du Trésor à 5 ans soumis au prélèvement obligatoire).

Titres au porteur pouvant être cédés à des tiers sans formalité. Quelques bons : Esca, « le Ducat »-la Hénin-vie, la Pérennité, Top-Capi-Umac-Vie, C.A.R.D.I.F., CARDIMMO.

Certificats de dépôts. Les établissements de crédit, habilités à recevoir du public des fonds à — de 2 ans et tenus de constituer un montant min. de réserves sur leurs exigibilités, peuvent émettre des certificats de dépôts dont des titres sont négociables sur le marché monétaire, et qui revêtent la forme de billets au porteur ou de billets à ordre. Échéance : entre 3 mois et 7 ans ; montant unitaire min. : à 5 millions de F sont rémunérés obligatoirement à taux fixe.

Comptes

• **Comptes sur livret. Des Banques** : intérêt nominal brut (dep. le 15-5-86) 4,5 %. *Montant des opérations* 100 F min. ou multiples de 100 F. *Régime fiscal* : prélèvement libératoire (45 %) ou I.R.P.P. **Des Caisses d'épargne** : *livret A*, montant max. 72 000 F[1], intérêts 4,5 % exonérés d'impôts ; *livret B*, montant illimité, intérêts 4,5 %, prélèvement libératoire (46 %) ou I.R.P.P. **Du Crédit mutuel** : montant max. 72 000 F[1], liquidité totale, intérêts 4,5 % exonérés d'impôts.

Nota. — A partir du 16-6-1986.

Taux d'intérêt du livret A par rapport à l'inflation : *1966* : + 0,2 %, *67* : — 0,3, *74* : — 8,95, *75* : — 2,1, *76* : — 3,4, *77* : — 2,5, *78* : — 3,2, *79* : — 5,4, *80* : — 6,25, *81* : — 6,29, *82* : — 1,2, *83* : — 1,12, *84* : + 0,43, *85* : + 1,25.

Évolution comparée de la rémunération du livret A, entre parenthèses, du rendement des obligations (en fin d'année) et, en italique, de la hausse des prix en %. 1971 5 (8,5) *8*. **72** 5 (8,4) *6,9*. **73** 5 (9,8) *8,5*. **74** 6,25 (11,3) *15,2*. **75** 7,5 (10,2) *9,6*. **76** 6,5 (11) *9,9*. **77** 6,5 (11,1) *9,1*. **78** 6,5 (10) *9,7*. **79** 6,5 (12,2) *11,8*. **80** 7,25 (14,7) *13,7*. **81** 7,71 (17) *14*. **82** 8,5 (15,45) *9,7*. **83** 7,5 (13,96) *9,3*. **84** 6,5 (12,70) *6,7*.

Évolution en pouvoir d'achat de l'épargne du livret A. Cas d'un souscripteur qui a déposé 1 000 F le 31-12-1969 et a laissé les intérêts sur son livret. Par le jeu de la capitalisation les 1 000 F sont devenus en F courants et, entre parenthèses, en F constants : *1975* : 1 292 (865). *1980* : 1 786 (743). *1983* : env. 2 250 (659) soit une perte en pouvoir d'achat d'env. 33 %.

Livret d'épargne populaire (ou livret rose). *Créé* le 27-4-1982. *Peuvent l'obtenir* : toutes personnes n'ayant pas payé d'impôt l'année précédente ou ayant payé un impôt sur le revenu inférieur à une certaine somme. 2 livrets par ménage au max. *Modalités* : dépôt max. : 30 000 F dep. avril 1984 (intérêts et primes en plus). Minimum du 1er versement : 200 F. *Rémunération* : 5,5 % + prime (versée en fin d'année compensant la hausse des prix) pour les dépôts stables pendant au moins 6 mois consécutifs ; intérêts exonérés d'impôt sur le revenu. *Souscription* : aux guichets de la Caisse d'épargne de la poste, des Caisses d'épargne et de prévoyance, des banques, des établ. du Crédit agricole et du Crédit mutuel.

Encours du LEP (en milliards de F, au 31-12). *1982* : 7,7, *83* : 30,1, *84* : 45,4, *85* : 53,3 [dont banque 24,7 (dont Crédit agricole 15,4)], CEP 19,6, CNE 9.

Nombre de comptes au 31-12-1985. 2 700 000 dont banques 1 500 000 (dont Crédit agr. 925 000), CEP 800 000, CNE 524 000.

Solde moyen au 31-12-1985. CEP 21 250 F, CNE 21 430, banques 13 650 (dont Crédit agr. 14 400).

Compte pour le développement industriel (Codevi). Institué le 8-7-1983. *Conditions* : seul un contribuable ou son conjoint peut être titulaire d'un Codevi. *Modalités* : dépôt max. 10 000 F. Versements ou retraits possibles à tout moment. *Rémunération* : identique à celle du livret A des Caisses d'épargne (4,5 % net d'impôt dep. le 15-5-86).

Livret d'épargne-entreprise. Créé le 9-7-84. *Conditions* : ouverture du livret accordée aux personnes physiques fiscalement domiciliées en France (1 livret par foyer fiscal). *Modalité* : le rythme et le montant des versements est libre, sous réserve d'un plafond de dépôts de 200 000 F, intérêts capitalisés non compris. Ce livret permet l'obtention de prêts, à l'expiration du délai d'indisponibilité (min. 2 ans). *Rémunération* : 3 % + prime. *Souscription* : banques, Cr. agricole, Cr. mutuel, Banques populaires, Caisse d'épargne.

• **Comptes à terme. Rémunération** : *libre* pour les comptes à plus de 3 mois dep. le 15-5-1986 ; *réglementée jusqu'à 3 mois* : de 0 à 500 000 F 4,5 %, + de 500 000 F 2/3 MM (marché monétaire). *Intérêts* payables à terme échu ou éventuellement annuellement à terme échu pour les bons de + de 1 an. *Déblocage* avant l'échéance prévue : l'intérêt n'est plus le taux initial, mais un taux calculé en fonction du taux initial et de la durée effective du placement. **Régime fiscal** : prélèvement libératoire de 45 %.

Épargne-logement

• **Comptes d'épargne-logement. Ouverture** : Caisse d'épargne, banques ou organismes de crédit (et Crédit mutuel).

On ne peut avoir qu'un seul compte, mais un compte peut être ouvert pour chaque membre de la famille (même aux enfants mineurs). *Plafond des dépôts* : 150 000 F par compte (au 1-1-1984). 1er dépôt au moins 750 F (versements ultérieurs : minimum 150 F par an). Les fonds déposés sont remboursables, à vue, mais il doit toujours rester un compte au minimum 750 F. Intérêts créditeurs au 15-5-1985 : 2,75 % + 1,25 % de prime versée lors de l'obtention d'un prêt immobilier (5/11e des intérêts acquis).

Utilisation : permettent, si l'on veut acheter un logement ou faire des réparations, de bénéficier d'un prêt à taux réduit et d'avantages fiscaux. Réservé aux résidences principales.

Après 18 mois, si les intérêts produits atteignent au moins 500 F (250 F en cas de travaux), ils ouvrent droit : **1° A un prêt** dont le montant et la durée sont fixés en fonction des intérêts produits de sorte que les intérêts à payer soient égaux à une fois et demie les intérêts acquis : montant max. 150 000 F. *Intérêt* 4,75 % (+ frais d'assurance). *Durée* max. 15 ans. **2° Au paiement d'une prime d'épargne** si l'on sollicite un prêt et si l'on en bénéficie effectivement. Cette prime est égale au montant des intérêts pris en compte pour le calcul du prêt (plafond : 7 500 F par opération).

• **Plan d'épargne-logement. Versements** : périodiques, fixés par contrat, 1 ou plusieurs peuvent être majorés (sans que le total dépasse le plafond des dépôts) ou minorés, mais il faut verser en tout au minimum 2 400 F par an. **Dépôts** : *plafond* 300 000 F ; indisponibles jusqu'au terme normal du contrat (5 ans) mais possibilité, moyennant réduction de la prime, de sortir à 3 ou 4 ans, et rémunérés au taux de 5,5 % : 3,25 % + 2,25 % de prime (9/13e des intérêts acquis, les 4/10e venant d'une prime d'État max. de 10 000 F). Quand la rémunération dépasse 25 000 F, intérêt de 5,5 %. En cas de rupture du contrat avant *2 a.*, transformation du Plan d'É.-L. en Compte d'É.-L. au taux en vigueur ; *entre 2 et 4 a.*, transformation en Compte d'É.-L. ou rémunération des dépôts à 5,3 % ; *entre 3 et 4 a.*, réduction de la prime de 1/2 ; *entre 4 et 5 a.*, conservation des droits liés au Plan mais réduction de la prime d'État de 1/4.

Prêts. Lorsque le plan est venu à terme, on peut obtenir un prêt pour financer un logement destiné à l'hab. principale (sans obligation d'occupation personnelle) ou des travaux d'amélioration de l'habitat.

Taux d'intérêt annuel : 6,5 % + assurance (+ de 5,5 % pour les plans signés avant le 1-1-81). *Montant et durée* : déterminés par le contrat, afin que le total des intérêts à payer par l'emprunteur soit égal au total des intérêts acquis à l'échéance du contrat multiplié par 2,5. Montant max. 200 000 F. Il peut être tenu compte des intérêts acquis sur les plans d'ép.-log. du conjoint, des descendants et ascendants, des frères, sœurs, oncles, neveux, tantes, nièces, conjoints des frères, sœurs et descendants du bénéficiaire ou de son conjoint, si l'on a laissé l'autorisation. Chacun des plans doit être venu à terme ; si les divers plans concernés ne sont pas souscrits dans le même établissement, le prêt doit être consenti par l'établissement où est domicilié le plan d'épargne-logement ayant le maximum d'intérêts acquis.

Hypothèques

• **Formules. Par l'entremise d'un notaire** : *Durée* de 2 à 4 ans. *Rendement* 15 % env. avant impôt (9,3 après). *Prélèvement libératoire* de 38 % + 1 % de contribution sociale. *Remboursement du capital* généralement en une seule fois, à l'échéance du prêt ; les intérêts sont versés par trimestre, semestre ou par an. Faire assortir le prêt d'une garantie de bonne fin pour éviter de perdre sa mise en cas de défaillance du débiteur. **D'une banque spéciale** : comptes à terme avec affectation hypothécaire de la SOBI (Sté de banque et d'investissements monégasques).

● **Renseignements.** Pour savoir si un immeuble est hypothéqué, il faut demander, à la Conservation des hypothèques, une copie ou un extrait du registre des inscriptions et du fichier immobilier. Certains biens d'une valeur inférieure à 50 000 F peuvent être constitués en *bien de famille insaisissable.* [Ils ne peuvent être hypothéqués et ne peuvent être vendus qu'avec l'accord des 2 époux (si le propriétaire du bien est marié), ou avec l'autorisation du conseil de famille (si le pr. a des enfants mineurs).]

Rentes viagères

● **Définition.** Contrat par lequel une personne (le *débirentier*) s'engage à verser à une autre personne (le *crédirentier*) une certaine somme d'argent *(arrérages)*, périodiquement (tous les ans, tous les semestres, etc.) pendant la durée fixée au contrat. *2 types de rentes : 1) du secteur public :* constituées auprès de la Caisse nationale de prévoyance, des caisses autonomes mutualistes et des compagnies d'assurances ; *2) du secteur privé :* constituées entre particuliers. La rente est *temporaire* si les versements sont limités dans le temps (10 ans, 20, 30, etc.) (ex. : rente attribuée à des orphelins mineurs) ; *viagère* s'ils cessent au décès du ou des crédirentiers.

● **Formes. Rente viagère. Immédiate :** le capital constit. de la rente est versé en une seule fois, les arrérages en sont servis sans délais. **Différée :** les arrérages sont versés quand le rentier a atteint un certain âge, fixé par le contrat. On peut souscrire auprès de la Caisse nationale de prévoyance. 3 formules de rentes immédiates : 1° fixe ; 2° à participations aux bénéfices ; 3° indexée, et une formule de rente différée exprimée en unités de compte représentatives d'un patrimoine immobilier.

Rente viagère. A capital aliéné *(immédiate* ou *différée) :* aucun remboursement de capital n'est prévu au décès du rentier ou de l'assuré. *Rentes versées :* exemple pour rente viagère immédiate avec participation aux résultats, sur une tête : si l'on veut obtenir 1 F de rente, il faut à *50 ans* verser un capital de 15,693 F, *60 :* 13,020, *70 :* 9,919, *81 :* 6,654. Si l'on a versé un capital de 100 F, on obtiendra à *50 ans* une rente de 6,37 F, *60 :* 7,68, *70 :* 10,08, *81 :* 15,03. **A capital réservé** *(immédiate* ou *différée) :* le capital constitutif de la rente est remboursé sans intérêt au décès de l'assuré. La C.N.P. ne présente plus de rente immédiate à capital réservé depuis 1976.

Rente viagère. Réversible *(immédiate* ou *différée) :* au décès du rentier, la rente sera servie à son conjoint (ou à toute autre personne désignée) en totalité ou en partie (1/2, 1/3, 3/4) jusqu'au décès de celui-ci. **Réductible :** le contrat est souscrit sur 2 têtes. Les arrérages sont versés en totalité tant que les crédirentiers sont en vie et réduits dans une certaine proportion, fixée par le contrat, lors du décès de l'un d'eux.

● **Fiscalité. I.R.P.P. :** le crédirentier ne déclare avec ses revenus qu'un forfait déterminé par son âge à l'entrée en jouissance de la rente : à – *de 50 ans :* 70 %, *50 à 59 :* 50 %, *60 à 69 :* 40 %, *après 69 :* 30 %. **I.G.F. :** le crédirentier soumis à cet impôt doit inclure dans son patrimoine la valeur de capitalisation de la rente au 31-12 de l'année précédant l'année d'imposition.

● **Rachat des rentes perpétuelles.** Constituées contre versement d'un capital (r. constituées), peuvent être rachetées après un délai d'au max. 10 ans. Les r. perpétuelles constituées moyennant une amélioration immobilière (r. foncières) peuvent être rachetées après un délai d'au max. 30 ans.

● **Majorations. Légales** votées chaque année dans le cadre de la loi de Finances. Soumises à la prescription de 5 ans. Acquises de plein droit aux *rentes du secteur privé* non indexées (sauf r. constituées moyennant l'aliénation de valeurs mobilières ou de droits incorporels autres qu'un fonds de commerce) et *aux r. du secteur public* constituées avant le 1-1-1979 ; pour celles constituées à partir du 1-1-1979, cela dépend des ressources (pour les majorations de 1984, plafond de ressources brutes de 1982 : pour une personne seule 61 166 F, un ménage 114 685). **Judiciaires :** possibles pour les rentes du secteur privé. *Rentes non indexées :* le crédirentier peut obtenir une majoration plus élevée que la majoration légale. Il doit faire la preuve en justice qu'en raison des circonstances économiques, le bien vendu a acquis une plus-value supérieure à celle de la majoration légale. *Rentes indexées :* révisables, lorsque les circonstances écon. bouleversent, malgré l'indice, l'équilibre que les parties avaient entendu maintenir (ex. : soit que l'indice ait été défectueux, soit que la rente ne soit plus proportionnée à la valeur du bien). Dans ces 2 cas, la revalorisation judiciaire sera au max. de 75 % du coeff. de la plus-value déterminée par le trib. après expertise.

Taux de majoration forfaitaire (en %) : pour les rentes ayant pris naissance avant le 1-8-1914 *65 102,60,* (1-8-14/31-12-18) *37 160,* (1-1-19/31-12-25) *15 591,20,* (1-1-26/31-12-38) *9 524,20,* (1-1-39/31-8-40) *6 846,70,* (1-9-40/31-8-44) *4 129,20,* (1-9-44/31-12-45) *1 987,80,* (1-1-46/31-12-48) *908,90,* (1-1-49/31-12-51) *475,80,* (1-1-52/31-12-58) *335,80,* (1-1-59/31-12-63) *263,60,* (1-1-64/31-12-65) *244,* (1-1-66/31-12-68) *228,20,* (1-1-69/31-12-70) *209,90,* (1-1-71/31-12-73) *176,90,* (1-1/31-12-74) *111,60,* (1-1/31-12-75) *100,10,* (1-1-76/31-12-77) *82,90,* (1-1/31-12-78) *69,70,* (1-1/31-12-79) *54,90,* (1-1/31-12-80) *37,40,* (1-1/31-12-81) *21,90,* (1-1/31-12-82) *13,* (1-1/31-12-83) *7,50,* (1-1/31-12-84) *2,90.*

Valeurs mobilières

Types

● **Actions.** Représentant une part du capital de la société, indiquée par leur valeur nominale. L'actionnaire est un associé. Il a droit : 1° *A une part des bénéfices* après constitution des amortissements industriels des provisions et des réserves (légales, statutaires ou facultatives) ; le dividende est payé 1 fois par an (l'assemblée peut décider de ne pas en verser). 2° *De participer aux assemblées gén.* 3° *Par préférence aux augmentations de capital* (avec un délai de 15 j minimum pour en profiter). Ce droit, proportionnel au nombre de ses actions, est négociable. 4° *Au remboursement de la valeur nominale des actions,* mais il ne sera payé qu'une fois les créanciers désintéressés et au moment de la dissolution de la société. Le remboursement peut avoir lieu par anticipation (voir action de jouissance). 5° *Aux bénéfices de liquidation :* après le désintéressement des créanciers et le remboursement de la valeur nominale des actions. 6° *De communication des documents* soumis à l'approbation des assemblées générales ordinaires. Les Stés cotées et leurs principales filiales doivent publier au BALO, outre les documents soumis à l'approbation de l'assemblée générale ordinaire (bilan, compte de résultat, etc.), un tableau d'activité et de résultats du 1er semestre de l'exercice et un rapport semestriel, et le chiffre d'affaires trimestriel. Elles doivent publier des comptes consolidés si elles sont à la tête d'un groupe. 7° *De négocier librement son action :* par la simple remise (titre au porteur), ou par transfert sur les registres de la société (titre nominatif) ; parfois soumis à l'agrément du conseil. Les actions d'apport ne sont négociables que 2 ans après leur création. Les actions déposées par chaque administrateur en garantie de gestion sont inaliénables pendant son mandat. 8° *D'être désigné aux fonctions sociales* (conseil d'administration, directoire, conseil de surveillance). 9° *D'agir en justice* (contre les organes sociaux ou même contre la société).

Action de jouissance : action dont le capital a été amorti par prélèvement sur les réserves et par conséquent remboursé aux actionnaires ; n'a pas droit au dividende statutaire. **Action de priorité ou action privilégiée :** a droit en priorité au dividende (qui peut être majoré par rapport à celui des actions ordinaires). **Action à dividende prioritaire sans droit de vote :** donne droit à un dividende prioritaire en contrepartie de la suppression du droit de vote. **Action accumulante :** l'actionnaire a le choix entre le paiement du dividende en numéraire et l'attribution d'actions nouvelles. **Action à droit de vote plural :** libérée dès l'origine, nominative (éventuellement pendant 2 ans suivant l'origine), bénéficiant d'un droit de vote double.

Régime fiscal des actions. *Avoir fiscal* égal à la moitié du dividende distribué. *Imposition à l'I.R.P.P. des dividendes* (y compris avoirs fiscaux) : abattement forfaitaire de 3 000 F.

Compte d'épargne en actions (C.E.A.). Institué par la loi de Finances pour 1983. Remplace les possibilités de déduction prévues par la loi du 13-7-1978 (loi *Monory*). Valable du 1-1-83 au 31-12-87. Réduction d'impôt égale à 25 % des achats nets d'actions françaises effectués en cours d'année. *Limites :* 7 000 F pour une personne seule, 14 000 F pour un couple marié. *Conditions :* se faire ouvrir un compte chez un intermédiaire agréé (banque, agent de change), ne pas être redevable de l'I.G.F., déposer l'ensemble des actions chez un ou plusieurs intermédiaires agréés, maintenir le portefeuille d'actions au niveau atteint le 1-1-1982 (si compte ouvert en 1983 ou 1984) ou le 1-1 précédant l'ouverture du compte (si compte ouvert en 1985, 1986 ou 1987). *Avantages divers :* le bénéfice du C.E.A. est cumulable avec la franchise de 3 000 F sur les revenus d'action ; les personnes nées avant 1932, ayant pratiqué une déduction au titre de la loi du 13-7-1978, bénéficient des dispositions de celle-ci jusqu'à leur départ en retraite.

Nota. – Peuvent toujours bénéficier des avantages de la loi Monory les personnes nées avant le 1-1-1932 en activité (l'avantage fiscal s'éteint avec la retraite) et ayant bénéficié au moins une fois de la détaxation au titre des années 78, 79, 80 ou 81 ; montant : 5 000 F max. (par an et foyer fiscal + 500 F pour chacun des 2 premiers enfants à charge, + 1 000 F à partir du 3e), relevé à 6 000 F à partir de la 5e année suivant celle de la 1re déduction.

Valeurs mobilières créées par la loi du 3-1-1983. *Obligations avec bons de souscription d'actions* (v. ci-dessous). **Certificats d'investissement :** créés par le démembrement de l'action d'une Sté ; l'action conserve le droit de vote et le certificat d'investissement en reçoit les droits pécuniaires. **Titres participatifs :** voir p. 1616b.

● **Fonds d'État.** Titre générique qui recouvre *rentes perpétuelles* (sorte de rente viagère) et *emprunts d'État* (en 1984, 3 emprunts, total 54,5 milliards de F). La rente perpétuelle de 3 %, dont l'origine remonte à 1825 et qui servit au règlement de l'indemnité de 1 milliard de F-or allouée aux émigrés et à leurs descendants dont les biens avaient été confisqués pendant la Révolution, est encore négociée.

Emprunts d'État indexés : 4,5 % en 1973 : sur la base d'un prix de référence de 36 F fixé par l'administration, chaque année un prix de remboursement ou de reprise le 1-6 et le 1-11 en fonction de la moyenne des cours du napoléon durant les 110 séances de Bourse précédant le 15-5 et le 15-11. *Valeur instantanée de remboursement* selon la formule :

$$\frac{\text{cours du napoléon}}{\text{cours de référence}} \times \text{nominal},$$

soit par exemple :

$$\frac{595\ \text{F} \times 100}{36\ \text{F}} = 1\,652{,}77\ \text{F}.$$

8,80 % en 1977 : le nominal (1 000 F) est indexé sur la valeur en F de l'Unité de compte européenne (UCE) sur la base de sa composition et de sa valeur au 29-4-1977 (5,60127 F). *Valeur instantanée :*

$$\frac{\text{cours de l'UCE}}{\text{cours de référence}} \times \text{nominal}.$$

7 % en 1973. A l'origine indexé (capital et intérêt) sur la base des valeurs en or du F et de l'Unité de compte européenne (U.C.E.). Dep. avril 1978 (à la suite des accords de la Jamaïque, les monnaies ayant cessé d'être rattachées à l'or par un lien fixe) est indexé sur le lingot sur la base d'un cours de 10 483 F. Chaque coupure de 1 000 F représente 95,3925 g d'or et les coupons versés annuellement 6,6775 g. Il reste 3 coupons à distribuer soit 20,0325 g. L'équivalent or de l'emprunt 7 % s'élève donc à 95,3925 g + 20,0325 g soit 115,425 g. Sur la base du cours du lingot de 80 000 F, la valeur instantanée calculée en fonction de l'équivalent or de l'emprunt s'établit à 9 234 F $\frac{(80\,000 \times 115{,}425\ \text{g})}{1\,000}$. Le montant du coupon distribué chaque année est calculé sur la base du cours du lingot durant les 30 séances de Bourse précédant le 1-1. Il a été de 538,59 F le 16-1-1986, pour un cours moyen du lingot de 80 657,81 F. Le coupon de 1973 ne peut plus bénéficier de l'option de prélèvement libératoire à 26 %. **Obligations** 3 % *de la Caisse nationale de l'énergie :* réparties entre les actionnaires des Stés de gaz et d'électricité en compensation de leur nationalisation en 1946 ; indexation sur un prélèvement d'au moins 1 % des recettes d'E.D.F.-G.D.F.

● **Obligations.** Valeur mobilière (au min. de 100 F nominal) négociable, représentant une créance exigible généralement à long terme (+ de 7 ans). Seules les sociétés et collectivités publiques et les groupements d'intérêt économique peuvent émettre des obligations : le 1er exercice d'exploitation doit être achevé et le 1er bilan dressé, les actions doivent être entièrement libérées (payées). Le min. des Finances doit être informé 10 j avant l'émission et donner son autorisation (émission de 1 milliard ou +). Les obligations sont remboursées au terme indiqué, ou annuellement, par tirage au sort. Une prime est souvent prévue, l'obligation ayant été émise au-dessous de la valeur nominale mais étant remboursée à celle-ci.

Droits des obligataires. D'information, de faire partie d'une masse qui se réunit en assemblées, d'aliéner les obligations, d'être remboursé avant l'actionnaire en cas de dissolution de la Sté, droit au paiement des intérêts.

Taux d'intérêt à l'émission 1985, moyenne secteur public 11,78 %, secteur privé 11,99 %. Les taux sont rarement indexés ; ils ne peuvent l'être que sur un indice propre à l'entreprise (chiffre d'affaires, volume des ventes, etc.) ou à son secteur industriel.

Obligations à taux variable. Le taux figurant sur le titre indique la valeur min. garantie ; le taux variable varie contractuellement pour chaque échéance, en fonction du niveau moyen de l'intérêt sur le marché monétaire ou sur le marché obligataire.

Obligations à bons de souscription. D'obligations : chaque titre est assorti d'un bon de souscription qui donne le droit, pendant une certaine période à des dates fixes, de souscrire une nouvelle obligation de même taux nominal, mais à un prix différent selon les dates de souscription. **D'actions :** chaque titre est assorti d'un ou plusieurs bons de souscription qui donnent le droit de souscrire des actions à émettre par la Sté, à un ou plusieurs prix, et dans les conditions et délais fixés par le contrat d'émission. Des obligations à bons de souscription de certificats d'investissement ou de titres participatifs ont aussi été émises.

Obligations à sorties optionnelles, dites « à fenêtres ». Une clause de remboursement anticipé, à des échéances fixées à l'avance, au gré du porteur (au pair avec une réduction dernier coupon payé) ou de l'émetteur (avec une prime de remboursement).

Obligations à lots. Doivent être autorisées par une loi.

Obligations convertibles en actions. Seules les Stés en commandite par actions (après décision de l'ass. gén. extr.) et les Stés anonymes peuvent en émettre. Leurs porteurs, pendant une courte période, peuvent convertir leurs titres en actions ou les conserver sous forme d'obligations. Pendant la période qui précède la possibilité de conversion, le taux d'intérêt est plus faible, mais le cours de l'obligation varie en fonction de celui de l'action contre laquelle elle pourra être échangée. Les actionnaires renoncent à leur droit préférentiel de souscription pour les actions remplaçant les obligations.

Obligations convertibles à tout moment. Conversion en actions réalisée à tout moment, sans formalité, par le porteur.

Titres subordonnés à durée indéterminée. Remboursés seulement en cas de liquidation de la Sté, après désintéressement des créanciers.

Obligations renouvelables du Trésor (O.R.T.). Émission (autorisée par un décret du 9-9-1982) par séries successives ; durée : 5 à 8 ans ; forme nominative ou au porteur, au choix des souscripteurs. *1re émission :* 6-6-1983 ; durée : 6 ans, intérêts capitalisés avec option de renouvellement au bout de 3 ans ; coupures au nominal de 1 000 F émises au pair ; taux d'intérêt : 12,75 % ; régime fiscal : retenue à la source exonérée, abattement de 5 000 F l'année de versement du coupon, option possible pour le prélèvement forfaitaire de 25 %.

Régime fiscal des obligations françaises (ou assimilées : émises en France par des organismes étrangers ou internationaux) **non indexées,** 2 options : 1° déclarer l'intérêt net perçu augmenté du crédit d'impôt (10 %) dans la déclaration annuelle de revenus ; 2° prélèvement libératoire de 25 % qui tient lieu de tout impôt.

En pratique, on a intérêt à appliquer, au moins partiellement, la 1re solution jusqu'à 5 000 F (montant de l'exonération des intérêts) et tant que la tranche d'imposition est inférieure à 25 %.

Nota. — Les cours des obligations tendent à monter et à baisser en raison inverse de l'évolution des taux d'intérêt à long terme (du moins en période de stabilité monétaire). Le mécanisme est, en partie, le même pour le cours des actions (mais ce phénomène peut être annulé par les avantages fiscaux attachés à l'achat d'actions).

Taux nominal ou facial. Taux d'intérêt auquel l'obligation est émise au moment de son lancement et qui figure sur le titre. **T.M.O.** (taux du marché obligataire). Index le moins sujet à de brusques variations. **T.S.M.** (taux du marché monétaire à 6 mois). Dénommé « taux flottant », déterminé à l'avance, formule d'obligations intermédiaires entre celles à taux fixe et celles à taux variable. **T.A.M. (ou T.M.M.M.M. ou T.4M.)** (taux moyen mensuel du marché monétaire au jour le jour). Il dépend surtout de la Banque de France, donc de l'attitude des pouvoirs publics en fonction de l'évolution du F par rapport aux autres monnaies. **Transactions** (en milliards de F). *Cote officielle* 135,09 (3,26). *Second marché* 11,8 (1,54). *Total* 146,89 (4,8). **Capitalisation boursière.** *Cote officielle* 617,3 (19,3). *Second marché* 58,43 (6,48). *Total* 675,73 (25,78). **T.R.O.** (taux révisable tous les 3 ans en fin de période). **T.A.M.** (taux annuel monétaire). Permet de capitaliser les intérêts au taux du marché monétaire sur 12 mois. **T.M.E.** (taux moyen en bourse des emprunts d'État). Sert surtout de référence aux emprunts indemnitaires C.N.I. et C.N.B. **T.R.A.** (taux révisable annuel).

• **Parts de fondateurs.** Elles n'ont pas de valeur nominale et ne sont pas comprises dans le capital social, mais confèrent un droit à répartition des bénéfices. Négociables en bourse.

• **Titres participatifs.** Créés par la loi du 3-1-1983. Seules peuvent en émettre les Stés par actions de droit public, les Stés anonymes coopératives, et les établ. publics à caractère ind. et commercial. Perpétuels, ils ne sont pas remboursables, sauf en cas de liquidation de la Sté. Négociables en bourse, dans le cadre d'opérations publiques d'achat et d'opérations publiques d'échange. *Rémunération :* comprend une partie fixe, souvent fixée par rapport au taux du marché obligataire, et une partie variable, fonction du résultat net de la Sté, ou de sa marge d'autofinancement, ou de son chiffre d'affaires consolidé (elle peut comporter un plancher et un plafond). *Régime juridique :* celui des obligations. *Cotation :* à la cote officielle au comptant. *Fiscalité :* identique à celle des obligations (abattement de 5 000 F et possibilité de prélèvement libératoire à 26 %). Certaines émissions peuvent être accompagnées de bons de souscription.

Dématérialisation des valeurs mobilières. A partir du 3-11-1984, les valeurs mobilières émises en France et soumises à la législation française doivent être déposées en compte par leurs détenteurs auprès de leur intermédiaire agréé (banque, agent de change, etc.) ; ces valeurs seront inscrites auprès de la Sicovam (Sté interprofessionnelle pour la compensation de valeurs mobilières). Pour les titres déjà confiés aux intermédiaires agréés, l'inscription en compte par ceux-ci est automatique ; pour les titres « vifs » (matériellement représentés), délai de 3 ans et demi à partir de cette date. **Exceptions (titres non dématérialisés) :** *emprunts d'États : 1973 :* 4 1/2 %, *45-54 :* 3 %, *42-55 :* 3 %, *41-60 :* 4 %, *42-52 :* 3 % ; *emprunts P.T.T. : 64 :* 5 %, *65 :* 5,75 %, *66 :* 5,75 %, *67 :* 6,25 %, *68 :* 6,5 %, *69 :* 7 %, *70 :* 8,5 %, *71 :* 8,5 %.

Nota. — Début 1983, la Sicovam avait en dépôt env. 1,4 milliard de valeurs mobilières (près de 80 % des valeurs françaises cotées en bourse).

Titres émis (en milliards de F, en 1985) : actions 73,2 dont par appel public à l'épargne 17,4, obligations 307 dont « classiques » 288,9, titres participatifs 389,9.

Modalités particulières de diffusion

• **Clubs d'investissement ou d'actionnaires.** Groupes de 5 à 20 personnes, constitués pour pratiquer des achats et des ventes de titres en commun. *Versements mensuels max. :* 1 000 F par membre après un vers. initial de 3 000 F (max.). La *Fédération nationale des clubs d'investissements* (F.N.A.C.I., 22, bd de Courcelles, 75017 Paris) représente l'ensemble des clubs.

• **Fonds communs de placement (clientèle privée et entreprises).** *Créé* par la loi du 13-7-1979. Copropriété de valeurs mobilières et de sommes placées à court terme ou à vue. Le fonds n'a pas de personnalité morale et n'est pas une indivision ; chaque part correspond à une fraction des actifs qui y sont compris ; elle est obligatoirement nominative. Il y a notamment des *fonds investis en obligations courtes et à taux variables* (créés en oct. 1981) et des *fonds « à risques »* créés par la loi du 3-1-1983 (40 % des actifs au min. constitué par des titres de Stés non cotées ; sommes investies indisponibles pendant 3 ans au min.) ; ils bénéficient d'un régime fiscal plus favorable. **Montant min. des actifs de chaque fonds au départ :** 2 500 000 F. Au-delà de 500 millions de F, il ne peut être émis de nouvelles parts.

Souscriptions : peuvent être effectuées en espèces ou en valeurs mobilières (le gérant peut les refuser), les rachats ne se font qu'en espèces, *montant de la 1re :* 5 000 F au moins. *Droits d'entrée et de sortie :* pas + de 4 % de la valeur liquidative. *Frais de gestion :* pas + de 2 % de la moyenne des actifs gérés n'excédant pas + de 250 millions, pas + de 1,5 % pour la partie excédant ce montant ; pour les fonds « à risques » fixés librement par le règlement intérieur.

Fiscalité : pas d'impôt à l'intérieur du fonds sur les plus-values réalisées lors des cessions de valeurs mobilières, à condition qu'aucune personne physique ne possède plus de 10 % des parts. Pas de droit d'enregistrement pour les souscriptions ni de droit de partage pour les rachats ; les crédits d'impôt et avoirs fiscaux liés aux revenus des fonds sont répartis suivant leur quote-part entre les porteurs.

Statistiques. Voir p. 1619.

• **Fonds off shore.** *Régime juridique de droit étranger :* souvent créés par des banques nationales mais domiciliés dans un autre pays (ex : Jersey, Guernesey, île de Man, Bermudes, Curaçao, Luxembourg, Hong Kong...) au droit duquel ils sont soumis. Ouverts aux résidents français (fonds cotés sur une bourse étrangère ou bénéficiant d'une autorisation de vente en France par la Banque de France), mais le démarchage est interdit en France ; la demande doit venir du souscripteur. *Avantages, pour le gestionnaire* (banque française par ex.) : montant de l'actif illimité, échappe à la contrainte de la devise-titre, placement possible des liquidités sur le marché international des capitaux, endettement possible sur certaines places (ex. Hong Kong) ; *pour le souscripteur* (Français par ex.) : valorisation dépendant de la gestion et des variations de change (en 1983, faible hausse des fonds en $, mais + de 20 % en FF), possibilité de placements sans équivalents en France ; fiscal : possibilité de ne pas percevoir de coupons. *Nombre :* 580. *Conditions d'achat :* par le biais de la devise-titre et l'intermédiaire d'une banque ou d'un agent de change. Frais élevés : commission du courtier étranger et courtage de l'intermédiaire français.

• **Participation et actionnariat des salariés. Fonds communs de placement de la participation.** Gèrent les sommes venant de la participation et des plans d'épargne d'entreprises. **Actionnariat des salariés. Secteur privé :** *plans d'options sur action* (1970) : env. 7 000 salariés de 40 Stés ; *plans de souscription ou d'achat d'actions* (déc. 1973) : env. 11 000 salariés de 45 Stés. Actions incessibles pendant 5 ans ; distribution gratuite d'actions (loi du 24-10-1980) dans la limite max. de 3 % du capital ; au 1-9-1982, 584 000 salariés bénéficiaires appartenant à 315 Stés dont 215 cotées. **Secteur public :** Actionnariat à la Régie Renault (1970) : 7 % du capital distribué gratuitement à 70 000 salariés ; dans les entreprises d'assurances nationales (1973) à titre gratuit (actions indisponibles 5 ans) et à titre onéreux (actions négociables dep. le 1-10-1973). Env. 25 000 salariés actionnaires.

• **Plans d'épargne en valeurs mobilières. Compte d'épargne à long terme (C.E.L.T.).** Versements fixes annuels (en une ou plusieurs fois) d'un montant déterminé lors de l'engagement et pendant au moins 5 ans. Plus de nouveaux contrats ou de prolongations de contrat dep. le 31-12-81.

• **Plans d'épargne libre.** *2 sortes : p. comptants* (versement initial d'un montant minimum) ; *p. à versements successifs* (obligation d'effectuer pendant 5, 10 ou 15 ans des versements périodiques et réguliers).

• **S.C.I. (Stés civiles immobilières).** *Montant* min. 1 000 F ; pas de plafond. *Rendement* de 7 à 11 %, plus-value de 3-4 %. *Fiscalité :* revenus imposés (déduction de 20 % de leur montant), plus-values imposées (comme les plus-values immobilières). *Taxe* de 4 % à la revente.

• **S.C.P.I. (Stés civiles de placements immobiliers).** *Montant* min. des parts 1 000 F ; pas de plafond. *Rendement* moyen 6 à 10 %, plus-value de 3 % env. *Fiscalité :* dividendes soumis à l'impôt sur le revenu, taxe de 4,8 % à la revente.

• **Sicav (Sté d'investissement à capital variable).** Sté anonyme ayant pour objet la gestion d'un portefeuille de valeurs mobilières presque toutes cotées en bourse, et pour particularité la variabilité de son capital, en fonction des souscriptions et des rachats d'actions.

Elles ne peuvent investir plus de 10 % de leur actif dans une même valeur ni acquérir plus de 10 % du capital d'une même Sté. 30 % au moins de l'actif doivent être conservés en obligations fr., fonds d'État et liquidités. Elles ne sont pas soumises à l'impôt sur les Stés et doivent distribuer à leurs actionnaires, sous forme de dividende, tous les revenus du portefeuille, déduction faite des frais de gestion.

Commissions : 4,75 % maximum prélevée lors de la souscription et/ou du rachat de l'action de Sicav (sauf en général lors des souscriptions effectuées en réemploi de dividende) ; réduit à 2,5 % lors de la souscription contre l'apport de valeurs mobilières (qui peut être refusée).

Pour les Sicav de « court terme » créées en oct. 1981 au portefeuille composé d'obligations à taux variable ou à échéance rapprochée, droits d'entrée réduits. Prix de souscription et de rachat sont publiés quotidiennement. On peut souscrire ou racheter tous les jours de bourse.

• **SII (Stés immobilières d'investissement).** *Créées* 1958. Garantie de l'État contre toutes mesures de blocage des loyers. Doivent distribuer à leurs actionnaires 85 % de leurs bénéfices. Exonérées de l'impôt sur les sociétés.

Rendement (1985) : 4,5 à 6 %.

Placements divers (exemples)

☞ **Placements divers.** La loi du 3-1-1983 a institué une surveillance de certains placements mobiliers (conteneurs, wagons, baraques de chantier, cheptel, chevaux...) ou immobiliers (bâtiments, forêts, carrières...) dont les acquéreurs n'assurent pas eux-mêmes la gestion, dès lors qu'ils sont assortis d'appel public à l'épargne ou de démarchage. Aucun appel public ou démarchage en faveur de tel placement ne pourra être réalisé, sous peine de sanctions pénales, avant que la C.O.B. ait pu vérifier le document d'information, clair et précis, qui doit être établi, ainsi que le contrat type proposé à la signature des épargnants. La C.O.B. dispose d'un délai de 30 j, renouvelable 1 fois, pour formuler ses observations : le document définitif ne sera diffusé que lorsqu'il aura été mis en conformité avec les observations formulées, ou, à défaut de remarques, à l'expiration du délai. Le juge peut annuler tout contrat dont les stipulations ne seraient pas conformes au contenu du document d'information.

• **Baraques de chantier** (« transit bungalow »). Coût à partir de 16 000 F. Revente difficile : après 10 ans, le bungalow usagé a perdu 90 % de sa valeur. Intérêt annuel : 16 à 17 % la 1re année. Les intérêts sont exonérés d'impôt les 5 premières années, sauf s'ils atteignent un niveau exceptionnel.

• **Boutiques** (murs). 8 à 10 %.

• **Bureaux.** 6,5 à 9,5 %.

• **Capitaux placés en report.** Chez les agents de change. Taux : 6 3/4 à 11 1/4 en 1982.

• **Cheval de course.** *Formules d'achat : foal* ou poulain de l'année (en général investissement de professionnels ou d'investisseurs à long terme), *yearling* ou cheval né l'année précédente et prêt à commencer l'entraînement (ventes aux enchères à Deauville en août et à Paris à l'automne, compter au min. 50 000 F), *cheval qui commence à courir* (2, 3 ou 4 ans, 150 000 F au min.). On peut constituer une écurie de groupe sous forme de Sté civile. *Rentabilité :* 2 sources : prix des courses (40 % du 1er prix pour le 2e, 20 % pour le 3e, 10 % pour le 4e) ; gains sur les parts d'étalon : avec 40 saillies possibles par an et une hausse jusqu'à 50 % de la valeur de la part en 1 an, on peut amortir son investissement en 2 ans.

• **Conteneur.** Prix d'achat d'un conteneur (fin 82) : à partir de 17 000 F pour un c. « sec », 24 000 F pour l'« open-top » (c. bâché), 120 000 F pour le c.-citerne. *Rendement :* annoncé 14 à 18 % brut, réel 0 à 8. On peut aussi acheter des parts de la Sté qui possédera et gérera, en pool, plusieurs centaines de conteneurs. *Inconvénients :* revente difficile ; usure : durée de vie d'environ 8 à 15 ans, les frais d'entretien s'élevant avec les années. *Fiscalité :* TVA récupérée ; amortissement sur 8 ans : 12,5 % permettant l'exonération d'une partie des revenus pendant la durée de vie du conteneur.

• **Diamant.** Placement à (très) long terme : il faut amortir la taxe sur la plus-value, la TVA (33,3 % dep. le 1-1-82 sur une pierre non montée) et la commission du joaillier (10 à 90 %). Les pièces les plus faciles à négocier sont des diamants de 1 à 5 carats, parfaitement purs, d'une couleur dite « premier blanc » et parfaitement taillés. La formule du dépôt-vente (le négociateur n'achète pas la pierre, il la prend en dépôt), assimilée à une vente entre particuliers, échappe à la TVA.

• **Emprunts russes.** Voir Quid 1982, p. 1602.

• **Fonds du trésor.** On peut se faire ouvrir dans les recettes-perceptions des comptes à vue (non rémunérés) et à terme à 1, 3 ou 6 mois (mêmes taux que dans les banques pour des durées analogues).

• **Forêts.** *Formule du groupement forestier :* forêt achetée par un gestionnaire et revendue par parts de 10 000 à 200 000 F à des particuliers. Ensemble des frais (plantation, entretien) et des revenus (coupes de bois) partagé entre les associés proportionnellement à leurs investissements. *Fiscalité :* droits d'enregistrement réduits (4,80 %), exonération des 3/4 de la valeur pour les droits de mutation et de l'I.G.F. (sous certaines conditions), exonération pour successions et donations ; revenu de la forêt taxé sur le revenu cadastral (et non celui des ventes) ; peuplements exonérés durant 30 ans (feuillus) ou 20 ans (résineux) ; cessions de terrains exonérées quand prix de — de 50 000 F. *Rendement brut :* 1 à 4 %. *Durée optimale :* très long terme.

• **Groupement foncier agricole (G.F.A.)** (voir aussi p. 1233). Le porteur de part est responsable en proportion de sa quote-part détenue dans le capital du G.F.A. *Liquidité :* faible (plusieurs semaines ou mois pour vendre la part). *Rentabilité :* revenus annuels de 1-2 %, plus-value aléatoire. *Fiscalité :* exonération des 3/4 de la valeur à la 1re mutation si le G.F.A. laisse ses terres par bail rural à long terme ; revenus assimilés aux autres revenus fonciers ; droits d'enregistrement réduits (4,80 %).

• **Groupements fonciers viticoles (G.F.V.).** Minimum de souscriptions pour des parts de 5 000 F : 4 à 5 parts (au Crédit agricole), 6 à 7 (Banque Agriculture), env. 100 000 F (B.N.P.). *Revenu :* 3 % avec avantages en nature (vin, etc.). Plus-values potentielles. Demande soutenue.

• **Locaux industriels.** 11 à 12,5 %. **Boutiques :** 3 à 10 %. **Bureaux :** 4 à 10 %. **Logements :** rendement brut (avant déduction des frais ou provisions pour travaux) par rapport à la valeur vénale. Loyer libre 3 à 7 % (le rendement a baissé depuis la loi Quilliot et la limitation des augmentations de loyer). Logements soumis à la loi de 1948 2 %. **Log. de vacances :** 1 à 1,5 %. **Terres agricoles :** 0,3 à 1 %.

• **Micro-centrale électrique. E.D.F.** n'ayant que le monopole de la distribution, et non celui de la production d'électricité, un particulier peut construire une micro-centrale hydraulique après autorisation préfectorale [pour 75 ans max. (— de 4 500 kWh)] ou concession accordée par le Conseil d'État (pour 75 ans renouvelable pour 30 ans). 1 000 producteurs autonomes gèrent ainsi des centrales et produisent 2 à 2,5 milliards de kWh (1 % de la consommation). INVESTISSEMENTS NÉCESSAIRES : 8 000 à 12 000 F par kW installé. E.D.F. doit acheter la production (39,16 c le kWh de nov. à mars et 12,18 c d'avril à oct., plus primes si le débit est régulier) ; baisse prévue d'au moins 1 % par an en F constants jusqu'en 1994. Des Stés achètent des moulins abandonnés, les équipent et les vendent clés en main aux investisseurs en se chargeant du montage financier. *Avantages :* pas de stocks, une usine qui doit tourner 24 h sur 24 sauf incidents, avec un matériel simple et automatique, un contrat d'ingéniérie pour l'entretien (contrôle par 1 personne à temps partiel). *Fiscalité :* amortissement sur 15 a., possible sur 5 a., assurances déductibles.

• **Objets d'art.** V. Index. Très variable, médailles nouvelles (vendues 2 à 3 fois leur valeur, au poids de métal précieux) revente quasi impossible ; argenterie [baisse dep. 1983 sur les objets courants au poinçon minerve : couverts 2 F le g (3 F en 1982)].

• **Vaches.** L'investisseur achète des vaches, les fermiers les entretiennent, gardent le lait, fumier et descendants mâles, et partagent la descendance femelle avec l'investisseur. *Rendement :* 8,5 % par an indexé sur le prix du bétail. *Régime fiscal :* taxées au bénéfice réel normal (bén. agric.) ; amortissement : 10 % an ; à la vente, plus-value au taux réduit de 15 %.

• **Wagons.** Prix (1982) d'un w. bogie citerne neuf : 200 000 à 350 000 F H.T., d'un w. trémie neuf : 150 000 F H.T. Des Stés spécialisées vendent des parts (Simotra, Algeco, Sati, etc.) : 50 000 F. *Rentabilité* annoncée : brute 14 %, nette 9-10 %. *Régime fiscal :* on peut déduire la part d'amortissement correspondant à l'année en cours, amortissement linéaire ou dégressif selon les sociétés (sur 10 a.).

Grandes places boursières

Grandes places boursières

Nombre d'actions inscrites (fin 1984). Londres 2 753, New York S.E. 1 543, Tokyo 1 455, Osaka 1 023, Ass. des Bourses australiennes 1 027, Amex 792, Toronto 993, Paris 683, Ass. des Bourses allem. 623.

Bourses étrangères. Capitalisations boursières [1] des actions nationales (en milliards de F, fin 1985). New York Stock Exchange 14 235,1. Tokyo 7 170,8. G.-B. 2 657,2. All. féd. 1 346,2. Toronto 1 188,4. Zurich 636. Paris 598. American Stock Exchange 477,8. Milan 441,4. Bruxelles 157,7. Madrid 147,7.

Nota. — (1) Capitalisation boursière en fin d'année des actions nationales. Le taux de conversion retenu est le cours de change contre FF en fin d'année.

Indices des places

Cours à la fin d'année	1980	1981	1982	1983	1984	1985	Cours le plus haut
Amsterdam (ANP CBS) 1970 : 100	61,6	63,1	83,8	129,3	145,3	242,5	242,5 (85)
Bruxelles (ind. du comptant) 1963 : 100	59,79	56,3	75,43	136,16	2 187,13	2 943,48	2 986,36 (85)
Düsseldorf (Commerzbank Gesamt) 1953 : 100	683,6	675,2	763,4	1 041,7	1 107,9	1 951,5	1 951,5 (85)
Hong Kong (Hang-Seng Bank) 31-7-64 : 100	1 473,59	1 405,82	783,82	874,94	1 200,38	1 752,45	1 752,45 (85)
Johannesburg (Industrielles) 1958 : 100	594,2	701,2	738,1	966,1	934,7	1 164,8	1 164,8 (85)
Londres (Financial Times Industrielles) 1-7-35 : 100.	475,5	530,4	595,7	775,7	952,3	1 131,4	1 146,9 (85)
(Mines d'or) 12-9-1955 : 100	407,5	307,5	556,5	575,7	478,9	249,8	734,7 (83)
Madrid (Ind.gén.) fin 1983 : 100	–	100	81,5	100	102	135,31	137,65 (85)
Milan (Banca commerciale) 1972 : 100	–	194,8	165,92	117,97	230,31	457,04	460,04 (85)
Montréal 1956 : 100	172,16	332,59	329,12	124,83 [3]	119,84 [3]	141,84	468,90 (83)
New York [1] (Dow Jones Ind.) 2-10-31 : 100	963,99	875	1 046,45	1 258,64	1 211,57	1 546,67	1 882,35 (83)
Paris (CAC) Ind. gén. 31-12-81 : 100	–	100	96,9	158,9	180,2	243,3	243,3 (85)
Stockholm (Jacobson and P.) 1-1-58 : 100	423,25	612,9	902,67	1 445,48	1 354,48	1 737,66	1 737,66 (85)
Sydney (Ind.) 1-1-80 : 100	n.c.	595,5	485,5	775,3	726,1	1 003,8	1 052,2 (85)
Tokyo [2] (T.S.E. général) 4-1-68 : 100	491,10	570,3	593,72	731,8	913,37	1 049,40	1 057,55 (85)
Toronto (Composite) 1975 : 100	2 268,7	1 954,2	1 956,10	2 552,30	2 400,30	2 900,60	2 900,60 (85)
Zurich (Sté de Bque Suisse) 1958 : 100	299,4	285,5	288,3	383,8	385,6	618	460,1 (73)

Nota. — (1) Dite Wall Street (au n° 11 de cette rue se trouve le Stock Exchange). (2) Dite Kabutocho. (3) Nouvel indice Portfolio le 4-1-83 : 100.

Transactions [1] (en milliards de F, fin 1985). New York Stock Exchange 8 720,1. Tokyo 2 965. All. féd. 2 723,4. G.-B. 629,9. Zurich 477. Toronto 2 290,4. American Stock Exchange 2 236,3. Paris 166,1. Amsterdam 155,9. Milan 123,7. Madrid 26. Bruxelles 16,9.

Nota. — (1) Taux de conversion, cours moyen publié par l'INSEE.

Évolution des marchés locaux (en %) dep. fin 1980 et entre parenthèses variations pour le porteur français compte tenu des fluctuations monétaires (au 5-5-1986). Milan + 359 (+ 342), Bruxelles + 340 (+ 369), Paris + 217 (+ 217), Amsterdam + 210 (+ 278), Bourses All. + 208 (+ 285), Londres + 191 (+ 191), Tokyo + 153 (+ 377), Bourses Suisses + 91 (+ 183), New York + 86 (+ 186), Australie + 72 (+ 67), Toronto + 35 (+ 79).

Valeurs les plus capitalisées du monde au 21-3-1986 (en milliards de $). IBM 91,7. Exxon 40,1. General Electric 34,7. General Motors 26,5. ATT 24,3. Du Pont 17,4. Sears Roebuck 16,7. Amoco 15,6.

☞ Voir le tableau « Indices des places » p. 1617.

Variation en %	1981	1982	1983	1984	1985 [1]
Amsterdam	− 1,8	+ 32,8	+ 54,3	+ 12,4	66,9
Bruxelles	+ 0,3	+ 33,9	+ 80,5	+ 16,3	34,6
Düsseldorf	− 0,6	+ 13,1	+ 36,5	+ 6,4	76,1
Johannesburg .	+ 18	+ 5,2	+ 30,9	− 3,3	24,6
Londres	+ 10,8	+ 12,5	+ 30	+ 22,8	18,8
Madrid	+ 24	− 18,5	+ 18	+ 40,7	35,3
Milan	+ 13,9	− 14,8	+ 15,4	+ 20,3	98,4
New York	− 9,6	+ 19,6	+ 20,3	− 3,7	27,7
Paris	−	− 3,1	+ 64	+ 13,4	35
Stockholm	+ 44,8	+ 47,3	+ 60,1	− 6,3	28,3
Sydney	− 17,2	− 18,5	+ 59,7	− 6,3	38,2
Tokyo	− 15,9	+ 4,1	+ 23,3	+ 24,8	14,9
Toronto	− 13,8	+ 0,1	+ 30,5	− 6	20,8
Zurich	− 12,6	+ 11,5	+ 31,3	+ 0,5	52,5

Nota. — (1) En monnaie locale.

Poids des Bourses dans l'économie en %, entre parenthèses capitalisation boursière et production nationale brute (en milliards de $). Suisse 78,18 % (capit. boursière 72 milliards de $/P.I.B. 92,10 milliards de $). G.-B. 75,06 (320/426,3). Japon 68,34 (843/1 233,5). U.S.A. 48,93 (1 775/3 627,9). Hollande (R.D. incl.) 36,35 (45/123,8). Suède 25 (24/96). Belgique 24,9 (19/76,3). All. féd. 24,51 (151/616,1). Hollande (R.D. excl.) 22,62 (28/123,8). Danemark 21,78 (12/55,1). Norvège 18,25 (10/54,8). Italie 14,76 (52/352,3). *France 12,68 (63/496,8).* Espagne 10,6 (17/160,4). Finlande 7,75 (4/51,6). Autriche 4,62 (3/64,9).

Bourse américaine

Source : New York Stock Exchange.

Marchés

New York Stock Exchange (NYSE). Société à but non lucratif composée de courtiers individuels *(brokers)* et de firmes de courtage. C'est la plus importante bourse américaine. 1 366 membres réguliers et autres membres qui pour la plupart représentent les 599 firmes membres, dans des maisons de courtage *(brokerage houses)*. 2 298 valeurs (1 541 Stés) dont 54 valeurs étrangères sont cotées [109 millions d'actions environ échangées chaque jour au NYSE (et 21 millions dans les autres bourses américaines) ; capitalisation fin mai 1986 : 1 950,3 milliards de $ (env. 88 % de la capitalisation totale américaine)] ; RECORD DE VOLUME : *des échanges :* 236 565 110 actions, le 3-8-1984 ; *des transactions pour une Sté :* (en valeur et nombre d'actions) Navistar Int. 487 888 000 $ (48 788 800 actions). Transactions de 10 h à 16 h du lundi au vendredi.

Capitalisation boursière (en milliards de $). Au 31-12-84 : I.B.M. 75,1, Exxon Corp. 40,8. Total des valeurs cotées sur les bourses américaines (en milliards de $) : 3 600.

American Stock Exchange (AMEX). 930 titres cotés (dont 53 étrangers). 1984 : 6,1 millions de titres traités par jour. Montant total des actions cotées (sauf garanties et droits) : 21,3 milliards de $. Marché des options : 111, volume par jour : 158 493 contrats. Les Stés cotées à l'AMEX tendent à être les plus importantes des Stés moyennes.

Record de volume des échanges : 159 999 031 titres, le 5-1-1984. *Plus gros volume de transactions pour une Sté* (en valeur et nombre de titres) : Superior Oil 423 750 000 $ (10 millions d'actions) le 21-6-1984.

Autres bourses. Boston, Cincinnati, Midwest, Philadelphie, Spokane, Pacific Intermountain.

Marché hors cote (over the counter). Traité hors de la bourse, par téléphone, et par l'intermédiaire d'un réseau de terminaux d'ordinateur (système NASDAQ), directement et librement. Y sont cotées plus de 90 % des 55 000 sociétés américaines.

Troisième marché (marché hors cote). Gros blocs d'actions cotées sur une place officielle, mais négociées hors bourse pour ne pas peser sur les cours.

Marché des options. CBOE (Chicago), AMEX (N.Y.), Pacific, PBW (Philadelphie), Midwest. L'option est le droit d'acheter (Call) ou de vendre (Put) un certain nombre (100 en général) d'actions d'une compagnie déterminée à un prix donné (Striking Price) jusqu'à une date donnée dite d'expiration. Ex. : quand Eastman Kodak était (le 21-3-80) à 64, le call Kodak juillet 60 valait 7 (soit une valeur de 700 $ par contrat) et le call juillet 70 $ était coté 2 1/2.

Indices

• **Dow Jones** (Industrielles). Moyenne des cours de 30 valeurs de 1er plan (les *blue chips*) : Allied Chemical, Aluminium Corp., American Brands, American Can, Amer. Tel and Tel, Bethlehem Steel, Du Pont, Eastman Kodak, Exxon, General Electric, General Foods, General Motors, Goodyear, IBM, Inco, Int. Harvester, Int. Paper, Johns Manville, Merck, Minnesota Mining, Owens Illinois Glass, Procter and Gamble, Sears Roebuck, Standard Oil California, Texaco, Union Carbide, United Technologies, U.S. Steel, Westinghouse Elec., Woolworth. Il y a 40 ans, la capitalisation boursière des 30 valeurs du Dow Jones représentait 20 % de la capitalisation totale des titres cotés à N. York (en 1949, elle représentait 45 %, en 1968, 25 %).

Cours atteint 1895 (2e sem.) : 33. **1906** *9-1 :* 75,57 (record jusqu'en août 1914). **1929** *3-3 :* 386,10 (record jusqu'en 1955) ; *20-10 jeudi noir :* baisse de 13 %, 16,4 millions de titres échangés qui ne seront dépassés que 39 ans plus tard. **1932** *8-7 :* 40,56 (record de baisse). **1955 :** le niveau de 1929 est retrouvé. **1962 :** baisse brutale le 28-5 de 34,95 points (indice à 576,93) ; cours le plus bas de l'année le 14-6 (561,3). **1970 :** baisse de 21 % de janvier à mai ; hausse de 33 % de mai à déc. [records en une séance : *hausse* 32,04 points (27-5-70) ; *baisse* (record dep. 1963) 20,81 points (25-5-70)]. **1974 :** point le plus bas 573,22. **1975 :** extrêmes 570,01 et 888,85. **1976 :** 850 et 1 026. **1977 :** 793 et 1 008. **1978 :** 736 et 917. **1979 :** 794 et 905. **1980 :** 729,95 et 1 009. **1981 :** 824 et 1 024. **1982 :** 776,92 et 1 070,54 (hausse record 36,43 points le 30-11). **1983 :** 1 027,04 et 1 287,20 (le 29-11-83). **1984 :** 1 086,57 à 1 286,64 (le 2-8 : 172,3 millions de titres échangés). **1985 :** 1 184,96 et 1 556,1. **1986 :** 1 502,29 (le 22-1) et 1 909,03 (le 2-7). Le 8-6 baisse de 47,75 points.

• **Standard and Poor's** (industries) : 425 valeurs ; (composite) : 500 valeurs.

• **Indice global du New York Stock Exchange** établi sur le cours moyen de toutes les actions cotées sur ce marché.

• **Value Line** (diff. indices larges). Ces 2 indices sont plus précis et donnent une idée plus générale du marché, mais leurs bases (Standard : 10 en 1941-43, New York Stock : 50 le 21-12-65) sont faibles et les variations quotidiennes moins visibles. Moins suivis que le Dow Jones.

• **OTC.** Composite : ensemble des valeurs du marché hors cote.

Nombre d'Américains possédant des actions ou des parts de fonds d'investissements. *1952 :* 6,5 millions, *70 :* 30,8, *75 :* 25,27, *80 :* 29,8, *85 :* 47,04.

Nombre de Stés amér. faisant appel à l'épargne publique. 11 000 env.

Principales firmes de courtage américaines en 1984. Capital (en millions de $) et, entre parenthèses, nombre de salariés, et de bureaux. *Source :* Institutional Investor, avril 1984. Merrill Lynch 2 023 millions de $ (*43 064 salariés ;* 10 700 bureaux). Salomon Brothers 1 279 (*2 878 ;* 812). Shearson/American Express 1 056 (*13 465 ;* 4 758). Dean Witter Reynolds 964 (*17 200 ;* 5 900). E.F. Hutton Group 746 (*15 824 ;* 6 062). Goldmand, Sachs 712 (*3 251 ;* 887). Paine Webber 499 (*11 383 ;* 4 176). Prudential Bache 493 (*11 300 ;* 4 800). First Boston Inc. 424 (*2 248 ;* 760). Bear, Stearas 420 (*3 640 ;* 900). Drexel, Burnnam Lambert 407 (*5 310 ;* 1 600).

Autres places étrangères

• **Canada.** 5 bourses de valeurs : Toronto, Montréal. [*Valeur des actions échangées* (en millions de $C) : *1980 :* 3 857. *1985 :* 10 553. *Nombre d'émissions inscrites fin 1985 :* 933, *de Stés inscrites fin 1985 :* 490, *de nouvelles Stés inscrites en 1985 :* 71], Vancouver, Calgary et Winnipeg.

• **Belgique.** 4 bourses : Bruxelles, Anvers, Gand et Liège. Vers 1360, les négociants de Bruges se réunissaient pour traiter leurs affaires devant l'hôtel du chevalier Van der Buerse dont les armes, composées de 3 bourses, étaient sculptées sur le fronton de l'édifice. On se rendait « aux bourses ». De là vient le mot Bourse. **A Bruxelles :** opérations de liquidation quotidiennes (comptant) et bimensuelles (terme ; au milieu et à la fin de chaque mois). Séances 11 h 30 à 14 h 30. Au marché à primes s'est ajouté dep. le 1-1-85 un marché des options. Au 19-6-86, il y avait 281 agents de change : 168 emprunts d'État et 30 obligations belges, 192 actions belges, 144 actions étrangères, 5 obligations étrangères, 3 fonds communs de placement.

Volume des transactions (en milliards de capitaux). **Actions et obligations de Stés :** valeurs belges, entre parenthèses, étrangères puis obligations secteur public : *1981 :* 26,1 (34,2) 113,3. *84 :* 91,1 (68) 115,9. *85 :* 118,6 (7,5) 121,8. **Capitalisation boursière des Stés belges cotées à Bruxelles** (milliards de FB., fin déc.) : *1981 :* 321,9. *82 :* 401,9. *83 :* 599,7. *84 :* 776. *85 :* 1 051.

• **Royaume-Uni et Irlande. London Stock Exchange (LSE).** *Membres :* 5 009 groupés en 225 firmes (dont 18 de « stock jobbers » : teneur de marché). *Séances :* lundi au vendredi de 9 h à 15 h 30 mais les firmes peuvent après cette heure passer leurs ordres par téléphone. *Valeurs cotées :* (au 31-5-86) : 7 054 (dont 1 904 actions). *Actionnaires :* env. 2 millions. Env. 56 % des actions britanniques étaient détenues fin 1984 par les investisseurs institutionnels (banques, assurances...). *Capitalisation boursière* (ensemble des titres cotés, en milliards de £), au 1-3-86 : 1 247,6. *Valeurs britanniques :* 292,8.

U.S.M. (second marché). *Capitalisation* (en milliards de £) au 31-3-86 : 3,9. *Valeurs cotées :* 341.

La Bourse en France

Source : Compagnie des Agents de Change.

Organisation

• **Bourses.** Les bourses de valeurs sont des marchés officiels où se négocient des valeurs mobilières (actions, obligations et fonds de l'État). Les 7 bourses françaises constituent les unités décentralisées d'un marché unique dont l'organisation et le fonctionnement ont été confiés à des intermédiaires officiels et spécialisés : les agents de change. Le Palais de la Bourse à Paris fut construit entre 1808 et 1826 d'après les plans de Théodore Brongniart (1739-1813).

• **Agents de change. Historique. 1303** les *changeurs* obtiennent le privilège exclusif des changes. **1791** *8-5* une loi dissout la *compagnie des agents de change.* **1795** désordres boursiers dus à l'absence d'intermédiaires officiels. *9-9* fermeture de la Bourse. *20-10* réouverture avec 25 *agents de change* officiels bénéficiant du monopole des opérations de bourse.

La corbeille où seuls les agents de change ont le droit d'opérer, à la Bourse de Paris, disparaîtra à partir du 1-1-87. Tous les titres seront désormais traités de la même façon, groupe par groupe.

Statut. Après un stage d'au moins 4 ans, suivi d'un examen d'aptitude, les candidats qui ont obtenu, sur présentation de leurs prédécesseurs, l'approbation de la Chambre syndicale et de l'Assemblée générale de leur Cie, sont nommés par arrêté du ministre de l'Économie. Ils sont officiers ministériels, commerçants et solidairement responsables. Ils ont seuls le droit de négocier les valeurs mobilières.

Nombre. *Agents* au 1-3-86 : 101 (68 à Paris, 33 en province). *Charges* 61 dont 35 sont parisiennes, 10 fusionnées Paris-Province, 16 uniquement provinciales. *Employés :* 3 800 (Ch. syndicale comprise).

Bénéfice net des charges parisiennes (millions de F), *1983 :* 264, *84 :* 300 (?). *C.A. le plus important pour une charge :* 0,12 milliard de F (comparaisonn : Merrill Lynch aux U.S.A., 60).

Compte d'exploitation consolidé des charges parisiennes (1983). **Crédit** (en % du total) : produits boursiers 65,62 (dont courtages bruts actions 44,42, obligations 22,54, divers 0,66), produits des emplois 18,09 (dont trésorerie 13,95, divers 4,14), commissions 15,87 [dont conservation et gestion 7,65, divers (négociations étranger, commissions réglées par des intermédiaires 8,22)], autres produits d'exploitation 0,42. **Débit** (en % du total) : frais variables 28,89 (dont remises et rétrocessions 18,81, contributions corporatives 9,21, divers 0,87), frais fixes 41,13 [dont personnel, titulaires et cogérants (charges sociales comprises) 27,51, frais généraux 13,62], amortissements, provisions, moins-values et divers 1,88. *Total des charges :* 71,90. **Solde créditeur :** 28,10.

A partir du 1-7-1985, sur 100 F de courtage perçus sur un ordre collecté par un établissement, les a. de change ne conserveront plus que 60 F (avant : 72,50 F) ; sur les gros blocs de titres à échanger, ils devront négocier la remise.

• **Commission des opérations de bourse (COB).** Institution publique *créée* en 1968. *But :* contrôler le bon fonctionnement des opérations boursières, garantir l'information fournie par les stés cotées. Dep. le 3-1-83, contrôle les placements en biens réels (conteneurs, diamants...). *Pt :* Yves Le Portz (dep. août 1984), nommé en Cons. des min. *Effectif :* 90. *Budget :* 28,9 millions de F (1984). *Pour déposer une plainte :* écrire sur papier libre ; réponse en général sous 1 ou 2 mois.

Opérations de bourse

• **Fixation des cours (ou cotation).** S'opère : **1°) à la criée** pour les valeurs les plus importantes : offreurs et demandeurs crient, littéralement, les cours auxquels ils sont disposés à vendre et à acheter telle valeur en fonction des limites préalablement fixées par leurs clients ; le cours coté est le point d'équilibre entre l'offre et la demande sur une valeur donnée, à un moment donné ; **2°) par casiers ; 3°) par boîtes ; 4°) par adjudications.** Réforme en cours qui utilisera la télématique.

Réduction (des ordres). Si le marché ne permet pas de satisfaire à un cours donné toutes les offres (ou les demandes), les ordres devront être partiellement réduits. Si la réduction porte sur + du 1/4, la Chambre syndicale décide généralement de différer la cotation à la séance suivante ; dans ce cas, seul un cours indicatif est inscrit à la cote officielle, en hausse (demandé) ou en baisse (offert) de 4 % (comptant) ou de 8 % (règlement mensuel).

Frais d'opérations. En bourse. Actions (bourse de Paris et, entre parenthèses, bourse régionale) (en %) : courtage 0,65 à 0,215 (0,75 à 0,25), impôt de Bourse 0,30 (exonéré), T.V.A. sur courtage 18,60 (18,60), total minimal 1,07 à 0,55 (0,88 à 0,30). **Obligations :** varient selon l'échéance de l'emprunt et le montant ; pour 1 an d'échéance et +, et entre parenthèses, pour 10 ans d'échéance et + : *de 1 à 100 000 F :* 0,045 (0,45), *au-dessus de 10 millions de F :* 0,0074 (0,074).

Dans une banque ou une maison de titres. Les courtages de base des agents de change sont majorés d'une commission variable. **Marché à règlement mensuel (R.M.) :** depuis la réforme du 24-10-1983, les valeurs font l'objet d'une cotation unique (R.M. ou comptant). Si le nombre de titres faisant l'objet d'une opération correspond à la quotité du marché R.M. (5, 10, 25, 50 ou 100 titres) : le montant des frais ne subit aucune majoration spécifique. S'il est inférieur à la quotité du marché R.M. : l'ordre est traité comme un rompu, il doit être libellé en « règlement immédiat » et non en règlement mensuel ; frais majorés de 0,60 % + T.V.A., soit 0,71 %. S'il correspond à la quotité du marché R.M., mais si l'ordre est stipulé en « règlement anticipé » (il est débité ou crédité » au client sans attendre le jour de la liquidation) : frais majorés de 1 % + T.V.A. soit 1,18 %. **Droit de garde, commissions d'encaissement de coupons :** tarif variable. Droits de garde : de 0,10 à 0,5 % du montant du portefeuille. Encaissement de coupons : jusqu'à 10 %.

• **Types d'opérations. 1°) Au comptant :** règlement et livraison des titres en principe immédiats (en fait, dans les 48 h). **2°) A règlement mensuel :** régl. et livraison se font aux dates prévues par le calendrier de *liquidation* (une fois par mois, au début de la 7ᵉ séance de Bourse avant la fin du mois). Porte sur un nombre minimal de titres, on doit déposer une « couverture ».

a) Opérations fermes. Intéressant toutes les valeurs cotées à règlement mensuel. **Achat ferme :** règlement et livraison sont différés au jour de la *liquidation.* Si l'acheteur ne veut pas *dénouer* (c.-à-d. ne pas régler le montant des titres ni les vendre), il peut se faire *reporter :* il revend en liquidation courante les titres qui lui sont livrables afin de payer son vendeur et les rachète au même cours à la liquidation suivante. **Vente ferme :** le vendeur vend à terme des titres qu'il possède ou non. Il doit les livrer au jour de la liquidation.

b) Opérations conditionnelles. Pour toutes les valeurs du marché à règlement mensuel.

Call of more *(option du double).* Achat ferme avec faculté de lever à l'échéance fixée le double de la quantité initiale. L'acheteur ne doit aucun dédit.

Opérations à options. L'acheteur, moyennant un prix librement débattu et payé au vendeur de l'option à la conclusion du marché, peut se porter à l'une des 9 échéances suivantes, soit acquéreur si l'option traitée est une *option d'achat,* soit vendeur si elle est une *option de vente,* d'une certaine quantité de titres d'une même valeur, à un cours qui est celui pratiqué sur le marché à règlement mensuel ferme au moment de la conclusion du contrat.

Opérations à primes. Elles peuvent être conclues pour la liquidation en cours ou les 2 suivantes. La veille de la liquidation convenue (jour de *réponse des primes*), l'acheteur peut soit lever les titres (c'est-à-dire les régler et en prendre livraison), soit payer une prime au vendeur qui le dispense d'effectuer son achat.

Put of more. Opération inverse du « call of more » : le *vendeur* se réserve le droit de livrer le double des titres ayant fait l'objet du marché.

Stellage. L'*acheteur* d'un stellage a le choix, à une échéance donnée, entre un achat avec un écart supérieur au cours du marché du jour et une vente avec un écart inférieur. Il pense donc qu'ici à l'échéance le titre va faire l'objet de fluctuations importantes des cours, soit en hausse, soit en baisse. Le *vendeur* pense au contraire que les cours du titre resteront stables dans la fourchette du stellage.

• **Libellé des ordres.** Au mieux ; à cours limité ; au 1ᵉʳ cours, à cours limité « stop » ; ordre lié ; arbitrage.

☞ *Frais d'encaissement des coupons :* 0 % et 5,3 %, moyenne 3-3,5. Parfois dégressifs en fonction de l'importance du portefeuille.

Définitions

Capital flottant. Part du capital qui n'est pas détenue par les actionnaires qui contrôlent la Sté et qui peut donc être vendue (ou achetée) à tout moment sur le marché des valeurs. *Ex. :* pour Havas, flottant de 49 %, pour Avions Marcel Dassault ou Roussel Uclaf, moins de 5 %.

Décote. Rapport entre le cours de Bourse de l'action de la Sté de portefeuille et la valeur par action de ses participations. Appelée parfois « valeur à la casse » la valeur réelle du patrimoine de toute Sté doit être minorée des frais éventuels liés à une cession de ses actifs (impôts, passifs, frais de dissolution, de vente, etc.).

Devises-titre. Instaurée en France le 22-5-1981. *But :* éviter la spéculation contre le F. *Modalités :* interdire aux ressortissants français d'acheter des devises sur le marché des changes pour payer l'achat de valeurs mobilières étrangères ; s'ils vendent des valeurs mob. sur une place étrangère, ils doivent acquérir, avec des devises ainsi obtenues, d'autres valeurs sur cette place sous 1 mois, ou les céder à un intermédiaire agréé qui les achètera pour son compte ou pour celui d'un ressortissant français ayant besoin de ces devises (p. ex. souscrire à une augmentation de capital). *Cours :* prix de vente en FF des devises ; peut varier à tout moment de la journée : $ titre en F (au 31-12-84) : 10,075.

Hors cote. Marché ouvert à toutes les entreprises sans formalité particulière (présentation de 2 bilans, comptes de pertes et profits et comptes d'exploitation). *But :* permet aux Stés de se familiariser avec le fonctionnement de la Bourse avant de demander leur admission à la cote officielle, dans un délai de 3 ans (avec introduction progressive sur le marché d'un nombre accru de titres). Réservé dans la pratique aux Stés dont les titres sont peu répandus dans le public.

Marge brute d'autofinancement (M.B.A. ou « cash flow »). Excédent, après impôt, des recettes sur les dépenses d'exploitation. Correspond à la somme du bénéfice net courant, des amortissements et des provisions à caractère de réserves, mesure la capacité de financement et d'endettement d'une Sté.

P.E.R. ou C.C.R. (Price Earning Ratio ou coefficient de capitalisation des résultats). Rapprochement par action du cours et du bénéfice d'une Sté. Quand une Sté a un P.E.R. de 10, on dit qu'elle capitalise 10 fois ses bénéfices. *Ex. :* pour une Sté en forte croissance (30, 35 % par an) un P.E.R. de 15 est courant, pour une Sté en stagnation, un P.E.R. de 10 est élevé.

P.E.R. du marché. Rapport entre la capitalisation boursière [valeur totale des actions cotées au cours du jour (env. 450 milliards de F, en mars 85 en France)] et le bénéfice global additionné de l'ensemble des Stés cotées (env. 11 milliards, en mars 85). Le P.E.R. du marché tend à s'élever en période de ralentissement de l'inflation, et à baisser en cas de reprise de la hausse des prix.

Évolution à Paris (en janvier). 1970 : 13,8. *75 :* 9,3. *76 :* 10,4. *77 :* 7,8. *78 :* 5,9. *79 :* 7,6. *80 :* 7,8. *81 :* 7,7. *82 :* 7,1. *83 :* 6,6. *84 :* 9,9. *85 :* 10,7 (au 3-5 : 11,6).

Position de place. Situation qui ressort de la confrontation, lors de chaque liquidation, des acheteurs et des vendeurs sur le marché à terme, qui ont décidé de reporter leur position sur la liquidation suivante.

Second Marché. *Créé* le 1-1-1983 (inauguré le 1-2). *But :* accueillir les Stés moyennes (2 800 env.) ne pouvant satisfaire aux conditions d'accès (trop lourdes et coûteuses) à la cote officielle ou non intéressées par le « hors cote ». La cotation de leurs titres (à Paris ou en province) leur permet de faire appel à l'épargne publique et, par l'émission de valeurs mobilières, de se procurer des fonds propres. Remplace le compartiment spécial du marché hors cote. *Conditions :* diffusion des actions dans une proportion d'au moins 10 % du capital, information régulière du public sur activités et résultats de la Sté et nomination d'un 2ᵉ commissaire aux comptes (s'il n'y en a qu'un).

Au 1-1-86 : 84 affaires représentant une capitalisation boursière de 51,6 milliards de F.

Zinzins ou gendarmes. Investisseurs institutionnels (compagnie d'assurances, caisses de retraites, Sté d'investissement et Caisse des dépôts).

Part du capital détenu par les porteurs institutionnels français (en %, au 31-12-83). *Source :* Dafsa-Sédes. Caisse de l'Énergie 3 % *1947 :* 66,5. Emprunt Caisse nat. de l'Industrie *1982 :* 57,31. Obligation renouvelable du Trésor 12,75 %, *1983 :* 40,5. B.S.N.-Gervais-Danone : 37,71. Emprunt d'État 7 %, *1973 :* 35,24. Emprunt Caisse nationale des Banques *1982 :* 34,67. Club Méditerranée : 31,65. Lafarge-Coppée 31,52. Essilor : 27,63. Moet-Hennessy : 27,04. Emprunt d'État 16,20 %, *1982 :* 26,94. Emprunt d'État 8,8 % 1977 : 26,29. Carrefour : 19,77. Elf-Aquitaine : 15,64. Usinor : 11,68. Thomson-C.S.F. : 8,55. Peugeot : 8,35. Matra : 6,6. Avions Marcel Dassault : 0,25.

Statistiques

Évolution du marché financier
(en milliards de F)

• **Nombre de Stés françaises cotées. Cote officielle** (dont Paris). *1980 :* 794 (586). *81 :* 773 (568). *82 :* 712 (535). *83 :* 688 (516). *84 :* 665 (501). *85 :* 642 (489). **Second marché** (dont Paris). *1983 :* 42 (28). *84 :* 72 (46). *85 :* 127 (80).

• **Émissions.** *1980 :* 135,9, *81 :* 138, *82 :* 193,3, *83 :* 240,8, *84 :* 298,3, *85 :* 389,9 dont actions (augmentation de capital) 73,2 dont par appel public à l'épargne 17,4 (dont Stés cotées 16,8, autres 0,6). Titres participatifs. *85 :* 9,7. Obligations. *85 :* 307 [dont services publics 30,4, secteur industriel et commercial 56,4 (dont émissions réalisées directement 14,3 par intermédiation 42,1) ; autres institutions financières 96,1, administration 119,3 (dont État 97,6, collectivités locales 21,7), étranger 4,8] dont obligations : convertibles 5,3 ; à bons de souscription d'actions ou de certificats d'investissement 5,2 ; de titres participatifs 0,6 ; d'obligations 7 ; classiques 288,9 (dont emprunts d'État 97,6).

• **Marché boursier des valeurs françaises** (cote officielle de Paris). **Capitalisation** (en fin d'année) : actions, obligations entre parenthèses, et titres participatifs. *1980 :* 248 (567,3). *81 :* 219,2 (580,5). *82 :* 199,4 (778,9). *83 :* 318,4 (978) 4,4. *84 :* 393,8 (1 212,8) 9,5. *85 :* 598 (1 491,5) 21,5. **Transactions sur l'année :** actions et entre parenthèses obligations. *1980 :* 42,8

(63). *81 :* 45,7 (83,7). *82 :* 46,2 (151,3). *83 :* 63,6 (221,5). *84 :* 67,2 (409,6). *85 :* 131,8 (717,6).

Placements collectifs. Sicav : souscriptions nettes de l'année et, entre parenthèses, actifs gérés au 31-12. *1980 :* 7,5 (62,6). *81 :* 10,6 (72,3). *82 :* 16,4 (104,2). *83 :* 53,6 (190,8). *84 :* 83,2 (298,6). *85 :* 110,6 (449,6).

Fonds communs de placement : souscriptions nettes de l'année, entre par. actifs gérés au 31-12, et nombre de fonds au 31-12. *1980 :* 3,9 (3,9) 272. *81* 10,7 (13,9) 522. *82 :* 21,1 (37,5) 878. *83 :* 36,8 (82,8) 1 505. *84 :* 57,7 (137,4) 1 879. *85 :* 61,9 (194,1) 2 152.

Bourse de Paris. Transactions de 1976 à 1985 (en milliards de F). Total dont entre parenthèses règlement mensuel en %. *1976 :* 55 (33). *80 :* 121,7 (35,4). *81 :* 149,7 (31). *82 :* 216,8 (19,6). *83 :* 321,3 (27,9). *84 :* 503,9 (16,4). *85 :* 883,8 (14,8). **Part des obligations et titres participatifs (en %).** *1976 : 51. 80 :* 51,9. *81 :* 56. *82 :* 69,8. *83 :* 69. *84 :* 81,3. *85 :* 81,2. **Parts des valeurs étrangères (en %).** *1976 :* 12. *80 :* 11,3. *81 :* 18,5. *82 :* 8,2. *83 :* 10,6. *84 :* 4,4. *85 :* 12,4.

• **Actions françaises** total et, entre parenthèses, cote officielle, puis second marché (au 31-12-1985). *Nombre de Stés :* 777 (693 ; 131) [bourse de Paris 573 (489 ; 84), b. régionales 204 (157 ; 47)]. *Transactions* (en milliards de F) : 171,18 (155,92 ; 11,79) [b. Paris 166 (152,61 ; 10,26), b. régionales 5,17 (3,30 ; 53)]. *Capitalisation boursière* (en milliards de F) : 675,3 (623,7 ; 51,6) [b. Paris 649,6 (598 ; 51,6), b. régionales 25,7 (19,2 ; 6,5)].

En 1977 : un peu plus d'1 million de foyers fiscaux, *en 1982 :* 2 189 000 avaient perçu des dividendes d'actions françaises.

Achats d'actions dans le cadre de la détaxation Monory ou d'un CEA (en milliards de F). *1978 :* 4. *79 :* 5,4. *80 :* 6,77. *81 :* 7,47. *82 :* 5,4. *83 :* 7,5. *84 :* 8,4.

Bénéficiaires en milliers. *1978 :* 870. *79 :* 1 155. *80 :* 1 415. *81 :* 1 575. *82 :* 1 225. *83 :* 943 (dont 677 pour les CEA).

Dividendes versés en 1985 au titre de l'exercice (en millions de F). Elf-Aquitaine 2 032. Total (ex. C.F.P.) 606. Air Liquide 500. Avions Marcel Dassault 418. Esso 358. Générales des Eaux 316. Alsthom Atlantique 296. Carrefour 273. Casino 242.

Sicav

• **Actif net des Sicav (en milliards de F).** *1984 :* 298,6, *85 :* 449,6 (dont actions françaises 13,47 %, obligations fr. 66,71, actions étrangères 5,17, obligations étr. 2,61, bons du Trésor 3,37, créances hypothécaires 0,2, liquidités 8,47).

Sicav répondant aux exigences des lois du 13-7-1978 et du 3-1-1983 (au 28-12-1984). 50,2 [dont (en %) portefeuille 89,5 (dont act. fr. 53, obl. fr. 32,6, act. étr. 3,4, obl. étr. 0,5), b. du tr. 1,9, liq. 8,6].

Sicav « court terme » (au 28-12-1984). 131,2 [dont (en %) portefeuille 75,61 (dont act. fr. 0,03, obl. fr. 75,54, obl. étr. 0,04), b. du tr. 9,17, billets hypothécaires 0,40, liq. 14,82].

Fonds communs de placement (31-12-1985)

Légende. — (A) fonds ouvrant droit aux avantages des lois du 13-7-1978 et 29-12-1982. (B) fonds spécialisés en obligations à échéance rapprochée à taux variable.

Nombre de fonds communs de placement en activité au 31-12-1985, 2 152 dont agents de change uniquement 482, banques inscrites, banques populaires et banques à statut légal spécial 1 382, établissements financiers, compagnies d'assurances et auxiliaire de la profession boursière ou divers 288.

Répartition des actifs au 31-12-1985. *Actif net* 194,1 milliards de F dont en % : *valeurs françaises* 72,8 (dont obligations 67,3, actions 4,7 ; titres participatifs 0,8) ; *étrangères* 10,3 (dont obligations 2,5, actions 7,8) ; *non cotées* 1,9 ; *intérêts courus* 0,9 ; *autres emplois* 10 ; *débiteurs et créditeurs divers* — 1,1 ; *fonds en dépôt* 5,2.

Porteurs de parts. 1984 *(31-12) :* 1 291 249. **1985** *(31-12) :* 1 798 374 dont personnes physiques 1 724 762, morales 73 612.

Variation des cours ajustés du 31-12-1980 au 30-4-1986 (en %). Arjomari 1 348. UTA 1 328,1. Merlin Gerin 1 147. Galeries Lafayette 1 141,4. DMC 1 025,6. Spie Batignolles 893,6. Nouvelles Galeries 825,6. Peugeot 729,3. Eaux (Générale des) 720,1. Hachette 687,2.

☞ **Portefeuille-titres des Français.** *Fin 1984,* selon une étude de la Banque de France. *Valeur moyenne des portefeuilles-titres des particuliers :* 120 500 F (*fin 83 :* 113 700).

Porteurs de parts (31-12-1985). *Nombre total :* 1 798 374 (dont A 199 712 ; B 725 756).

Porteurs de valeurs mobilières : env. 3 500 000 foyers fiscaux dont : 1 200 000 actionnaires directs, 1 500 000 actionnaires de Sicav, 2 000 000 d'obligataires. Estimation de la Banque de France, fin 1984 : 5 652 000.

Bourse de Paris

Valeurs les plus actives de la cote en 1985. Moyenne quotidienne en millions de F. *Emprunt d'État (83) 13,20 % :* 99 ; *Emprunt d'État (80) 12 % :* 93,7 ; *Emprunt d'État ; (84) 12,20 % :* 72,5 ; *Emprunt d'État (7-84) TRA* 69,4 % ; *Emprunt d'État (84) 11,60 % :* 53,4 ; *Emprunt d'État (83) 13,70 % :* 53,2 ; *Emprunt d'État (73) 7 % :* 53,1 ; *Emprunt d'État (83) 13,40 % :* 48,8 ; *Emprunt d'État (3-84) TRA :* 41,9 ; *Emprunt d'État (82) 15,30 % :* 37,7 ; *Trésor (84) 10 % ren. :* 34,2 ; *Trésor (84) 12,25 % ren. :* 28,7 ; *Emprunt d'État (81) 16,75 % :* 28,2 ; *Emprunt d'État (83) 12,90 % :* 28 ; *Caisse nationale de l'Industrie (1-82) TMO :* 23,4.

• **Rendement. Actions** (en %, avoir fiscal compris, en fin d'année). *Fin 1972 :* 4,54 ; *73 :* 5,40 ; *74 :* 7,82 ; *75 :* 6,70 ; *76 :* 6,96 ; *77 :* 7,68 ; *78 :* 5,84 (8,36 au plus haut) ; *79 :* 5,72 ; *80 :* 6,88 ; *81 :* 8,25 ; *82 :* 8,11 ; *83 :* 5,30 ; *84 :* 8,11. **Obligations** (à fin déc., secteur public et semi-public et, entre parenthèses, secteur privé) ; *1978 :* 9,94 (10,27) ; *79 :* 12,59 (12,92) ; *80 :* 14,31 (14,68) ; *81 :* 16,44 (17,33) ; *82 :* 15,5 (15,9) ; *83 :* 13,32 (14,5) ; *84 :* 11,79 (12,94).

Capitalisation. Valeurs les plus capitalisées (en milliards de F, au 31-12-85). Elf Aquitaine 20,2, Air Liquide 19,9, Cie du Midi 14,9, Avions Dassault 12,5, L'Oréal 12,2, Moët-Hennessy 11,7, Thomson-CSF 10,8, Générale des Eaux 10,3, BSN 10, Sanofi 9,1, Carrefour 9,1, Cie Bancaire 8,9, Michelin 8,5, Groupe Victoire 7,8, Peugeot 7,5, Lafarge Coppée 7, Roussel-Uclaf 6,9, Pernod-Ricard 6,7, Total 6,4, Esso 5,6, Alsthom 5,5, Machines Bull 5,1, Merlin-Gerin 4,9, Louis Vuitton 4,8, Eurafrance 4,6, Bouygues 4,6, CGIP 4,5, Crédit Foncier de France 4,5, Club Méditerranée 4,4, OPFI-Paribas 4,4, Immeubles Plaine Monceau 4,4, Casino 4,2, Lyonnaise des Eaux 3,9, UAP 3,8, Chargeurs 3,8.

• **Variation de l'indice général des valeurs françaises à revenu variable en %.**

1950	— 13,1	1962	+ 3,6	1974	— 24,8
1951	+ 58,2	1963	— 15,2	1975	+ 28,4
1952	+ 11,4	1964	— 7,4	1976	— 17
1953	+ 57,1	1965	— 7,8	1977	— 6
1954	+ 63,7	1966	— 10	1978	+ 46,6
1955	+ 64	1967	— 0,4	1979	+ 17
1956	+ 5	1968	+ 7,1	1980	+ 10,3
1957	+ 24,6	1969	+ 31,6	1981	— 17
1958	— 6,2	1970	— 5,5	1982	+ 0,2
1959	+ 53,8	1971	— 7,1	1983	+ 56,4
1960	+ 2,1	1972	+ 20,1	1984	+ 16,4
1961	+ 20,5	1973	— 1,2	1985	+ 45,7

Variations les plus importantes (en 1985, en %). Valeurs françaises. Marché à règlement mensuel. *En hausse :* CFDE + 242, Marine-Wendel + 227, Galeries Lafayette + 218, Jean Lefebvre + 186, Schneider + 182, DMC + 180, Vallourec + 173, Prouvost + 172, Carnaud + 169, Cetelem + 164. *En baisse :* Promodès — 34, SCREG — 34, Géophysique — 33, Signaux et Entreprises Électriques — 33, Sodexho — 23, Moulinex — 15. **Marché au comptant.** *En hausse :* Piles Wonder + 566, Protectrice AIAR + 536, Bains de Mer à Monaco + 501, AGF + 498, Pneumatiques Kléber + 486, Luciz + 428, Patrimoine Participations + 428, GAN + 417, Guitel-Étienne-Mobilor + 407, SAFT + 380. *En baisse :* Amrep — 74, Saxby — 57, Sopelem — 46, Dragages et Travaux Publics — 45, SMAC-Aciéroïd — 40, Caoutchoucs Padang — 28.

Valeurs étrangères. Marché à règlement mensuel. *En hausse :* Union Phenix Espagne + 80, Banco Popular Espagne + 56, Asturienne Mines + 52, Plant. Terre Rouge + 52, Fiat SPA + 51. *En baisse :* Barlow Rand — 54, Telegraph Nord — 44, Union Carbide — 43, Noranda Mines — 43, Mineral Resources — 42, Caterpillar — 41, Bowater Indust. — 40.

Bourses de province (au 31-12-1985)

Cote officielle (structure). Sur les 538 lignes de cotations, 354 sont utilisées pour les obligations et 184 pour les actions. **Émetteurs inscrits :** 258 (dont Bordeaux 38, Lille 38, Lyon 67, Marseille 44, Nancy 51, Nantes 21).

Variations des cours en %. *1975 :* + 14,1. *76 :* — 9,8. *77 :* — 8. *78 :* + 30,2. *79 :* + 22,6. *80 :* + 7,3. *81 :* — 10,9. *82 :* + 5,4. *83 :* + 22,3. *84 :* + 30,7. *85 :* + 29,3.

Transactions en 1985 (capitaux en milliers de F). Bordeaux 1 846 239, Lille 2 270 960, Lyon 1 807 600, Marseille 1 517 886, Nancy 2 316 292, Nantes 1 740 515. *Ensemble 27 768 692.*

Capitalisations boursières les plus fortes (capitaux en milliers de F, 1985). *Bordeaux :* Ruche Méridionale 398 023. *Lille :* Usine Arthur Martin 564 147, Ruche Picarde 434 531, S.I.M.N.O.R. 608 066. *Lyon :* Salomon 3 405 566, Majorette 656 772, rue Impériale 1 851 606. *Marseille :* Mines et Produits chimiques Salsigne 297 143. *Nancy :* Rhin et Moselle 994 800, Alsacienne de Supermarchés 446 511.

Marchés à terme de matières premières

Dans le monde

Des transactions à terme sont effectuées sur des marchés internationaux pour un certain nombre de produits d'origine végétale, animale, minérale ou financière.

Bourses étrangères. Places principales. U.S.A. : New York, Chicago, Kansas City, Minneapolis, plus de 60 produits faisant l'objet de transactions (céréales, textiles, oléagineux, animaux, sucre, métaux, caoutchouc, actifs financiers, etc.) ; **G.-B. :** plusieurs bourses à Londres. **Autres places :** P.-Bas (Amsterdam), Canada (2), Japon, Australie, Singapour, Hong Kong, Brésil.

Activités des principales bourses de commerce. *En 1985,* en millions de contrats. Bourses des U.S.A. 158,7 [dont Chicago Board of Trade 70,6 (44,5 %), Chicago Mercantile Exchange 52,1 (32,8 %), New York Commodity Exchange 15,1 (9,5 %)]. Autres pays : LIFFE (London International Financial Futures Exchange) 3,39, Londres (sauf LIFFE et London Mercantile Exchange) 3,38, Winnipeg Commodity Exchange (Canada) 1,78, Sydney International Mercantile Exchange (Australie) 0,539. *B. de commerce de Paris.*

Organisation en France

• **Opérations.** Pour exécuter les ordres en corbeille à *Paris,* sont seuls habilités les commissionnaires agréés près la Bourse de c. Au *Havre* et à *Roubaix-Tourcoing* les opérations sont faites par des courtiers assermentés. Ils doivent prêter serment devant le Pt du tribunal de commerce et adhérer à une caisse mutuelle de garantie.

Les transactions doivent être enregistrées au fur et à mesure de leur exécution en corbeille par la B.C.C. (Banque centrale de compensation). Le capital de la B.C.C. est réparti entre les principales banques de la place, qui garantit la bonne fin des opérations, et l'International Commodities Clearing House (I.C.C.H. de Londres) y participe pour 10 %.

La *Cie des commissionnaires agréés* publie chaque jour une « mercuriale » constatant le cours des marchandises et les volumes traités, une lettre mensuelle et des documents d'information.

Opérations possibles. En ferme : *professionnels :* il s'agit de couvrir leurs opérations d'achat ou de vente de marchandises effectives par une opération inverse sur le marché à terme ; *particuliers :* on achète, en espérant la hausse, ou l'on vend, en espérant la baisse. **A prime :** options permettant d'acheter ou de vendre à un prix déterminé, pendant un certain temps. On effectue les transactions sur une échéance donnée (jusqu'à 16 mois de distance en sucre, café et cacao) avec une mise relativement peu élevée.

Contrat : conclusion d'une opération entre un acheteur et un vendeur à un prix déterminé et sur une échéance ferme de livraison et de paiement déterminée (2 à 16 mois). En enregistrant une opération, la B.C.C. débite le compte du commissionnaire agréé ou du client d'une somme appelée *dépôt ;* il s'agit d'une couverture financière qui représente environ 10 % du total de l'engagement.

Variations de cours, déterminées par aspect des récoltes, importance des stocks, variation de la production et de la consommation, faits politiques ou économiques importants. Le *déposit* doit rester constant. Si le cours fluctue défavorablement, l'opérateur est débité par le commissionnaire d'un montant permettant de laisser intact le *déposit* initial. Cette différence est nommée *marge.* Chaque jour, le cours d'*appel de marge* est fixé en fonction du cours de clôture ou du cours du marché. Soit, au 1-12-1985, pour 1 lot de *cacao en fèves* 20 000 F, *sucre blanc* 7 000 F, *café Robusta* 14 000 F, *tourteaux de soja* 9 000 F.

Statistiques de la Bourse de commerce de Paris. 2, rue de Viarmes, 75001. En 1985 et, en *italique,* en 1984, en milliers de tonnes. Place : 22 212, *17 663,* dont cacao en fèves 212, *391,* café 47, *70,8,* sucre 21 953, *17 200.* En duplex avec Le Havre : café Robusta ; Roubaix-Tourcoing : laine peignée.

Commission des marchés à terme de marchandises (C.O.M.T.). *Créée* le 8-7-1983, entrée en vigueur le 1-12-1985. Placée sous la tutelle des ministères de l'Économie et des Finances et du Commerce. *Pte :* Nicole Briot.

Cours des extrêmes de matières premières (en 1984). *Aluminium* (t) 1 149 – 805 £. *Argent* (once de 31 g) 694,4 – 545 pence. *Blé* (boisseau) 379 – 322 cents U.S. *Cacao* [1] (100 kg) 2 460 – 1 815 F. *Café* [1] (100 kg) 3 180 – 1 735 F. *Caoutchouc* (t) 915 – 590 £. *Coton* (livre de 454 g) 85 – 63 cents U.S. *Cuivre* (t) 1 150 – 970 £. *Étain* (t) 9 935 – 8 510 £. *Laine* (kg) 53 – 44,3 F fr. *Maïs* (boisseau) 360 – 252 cents U.S. *Plomb* (t) 387 – 267 £. *Soja* (boisseau) 869 – 695 cents U.S. *Sucre (blanc)* [1] (t) 1 763 – 1 125 F. *Zinc* (t) 720 – 591 £.

Nota. – (1) En 1985.

Indice des prix internationaux (en F) des matières premières importées par la France, base 100 en 1978. 1980 et 1983 en italique.

Denrées tropicales 85,6 *132,6,* oléagineux 96,4 *168,6,* fibres textiles naturelles 127,3 *211,6,* caoutchouc 134,2 *178,9,* bois tropicaux 140,8 *186,4,* pâte à papier 150,7 *216,2,* minerai de fer 131,4 *211,3,* métaux précieux 315,8 *372,5,* autres non ferreux 137,3 *203,5,* phosphate 137,7 *174,7.*

Fiscalité

Comparaisons internationales

Données globales

☞ **Taux** (1984). Suède (1983) 60,7, P.-Bas 46, *France 44,* Italie 43,3, All. féd. 37,6, G.-B. 37,2, Suisse 30,9 (1983), U.S.A. 29,9, Japon 27,3.

Impôt sur le revenu

Taux maximum et, entre parenthèses, minimum pour les contribuables imposées (%). Suède 85 (31), Japon [1] 80 (14), Italie 76,54 (24,32), Belgique 76,32 (24), *France 72 (5),* P.-Bas 72 (17), G.-B. 60 (30), U.S.A. [1] 58,89 (14,70), All. féd. 56 (22), Suisse 44,39 (6,16).

Nota. – (1) Impôts des collectivités locales inclus.

Ce qui reste en % du revenu brut après impôts et transferts sociaux (allocations familiales, allocations logement, etc.). *Cas d'un ouvrier de l'industrie manufacturière :* célibataire et, entre parenthèses, marié 2 enfants (en %, 1983). Japon 86,29 (91,98), Italie 77,76 (80,14), Canada 77,74 (90,85), *France 77,39 (92,93),* U.S.A. 70,30 (78,11), Belgique 68,72 (89,15), G.-B. 68,58 (81,84), Irlande 66,89 (8,01), All. féd. 66,12 (77,84), Suède 64,51 (74,10).

Taux maximal, hors majoration (%) et, entre parenthèses, seuil pour un couple marié sans enfant (en F, en 1984). Japon 70 (3 008 800), *France 65 (425 500),* G.-B. 60 (436 626), All. féd. 56 (399 100), U.S.A. [1] 50 (1 827 800).

Nota. – (1) Projet d'abaisser le taux max. à 35 %.

Impôt sur les sociétés

Taux général d'imposition des Sociétés dans la CEE (en %). *Allemagne :* sur les bénéfices non distribués 56, distribués 36. *Belgique :* bénéfices supérieurs à 14,4 millions de FB. : 45 ; inférieurs : 31. *Danemark :* 40. *France :* 50. *Grande-Bretagne :* bénéfices sup. à 500 000 52 ; inf. : taux réduit. *Irlande :* bénéfices sup. à 35 000 £ ; inf. : taux réduit, dans certains cas : 10. *France :* 45 dep. 1986 (avant 50). *Italie :* 36. *Luxembourg :* bénéfices sup. à 312 000 florins : 40 ; inf. : taux réduit. *Pays-Bas :* bénéfices sup. à 50 000 florins : 48 ; inférieurs : taux réduits. *U.S.A.* : 15 à 46 selon les bénéfices.

Taux de prélèvements obligatoires de 1955 à 1983 (en % du P.I.B.). *Source :* O.C.D.E.

	1965	1970	1975	1980	1983	1984 (a)
All. féd.	31,6	32,9	36	37,9	37,4	37,3
Australie	24,3	25,4	29,1	30,3	30	–
Autriche	34,7	35,7	38,6	41,2	41	42
Belgique	30,8	35,2	41,1	43,9	45,4	–
Canada	25,9	32	32,9	32	33	34,8
Danemark	29,9	40,4	41,4	45,5	46,2	47,3
Espagne	14,7	17,2	19,6	24,1	27,2	–
Finlande	29,6	31,6	35,4	34,2	35,2	37,1
France	*35*	*35,6*	*37,4*	*42,5*	*44,6*	*45,4*
G.-B.	30,6	37,2	35,5	35,4	37,8	38,6
Grèce	20,6	24,3	24,6	28,6	32,9	–
Irlande	26	31,2	31,6	34,7	39,2	40,1
Italie	27,3	27,9	29	33,2	40,6	–
Japon	18,4	19,7	21	25,9	27,7	–
Luxemb.	30,5	30,5	36,5	36,3	42,5	40,8
Norvège	33,2	39,2	44,8	47,1	46,6	46,3
N.-Zél.	24,9	26,9	29,6	30,9	32,5	–
Pays-Bas	33,6	37,8	43,6	45,8	47,3	45,4
Portugal	18,4	23,1	24,7	29,2	32,9	31,2
Suède	35,7	40,2	43,9	49,4	50,5	50,6
Suisse	20,7	23,8	29,6	30,8	31,6	32,2
Turquie	15	17,7	20,7	19	18,8	14,4
U.S.A.	26,3	29,8	29,6	30,4	29,0	–

Principaux prélèvements obligatoires en 1983 (en % du P.I.B.). *Source :* O.C.D.E.

Pays ou zones	Impôts sur						Sécurité sociale	Total
	Revenu	Bénéfices	Salaires	Patrimoine	Biens et services	Autres impôts		
All. féd.	10,6	1,9	–	1,3	10,3	ε	13,3	37,4
Belgique	16,0	2,7	–	0,8	12,0	ε	13,9	45,4
Canada	11,9	2,5	–	3,0	10,8	0,5	4,3	33,0
France	*6,0*	*1,9*	*1,1*	*1,7*	*12,9*	*1,4*	*19,6*	*44,6*
G.-B.	10,5	4,1	0,5	4,8	11,2	ε	6,7	37,8
Italie	11,2	3,7	–	1,1	9,5	0,5	14,6	40,6
Japon	7,1	5,4	–	2,6	4,2	0,1	8,3	27,7
Luxembourg	11,6	7,4	0,2	2,6	10,1	–	10,6	42,5
Pays-Bas	10,1	2,9	–	1,5	11,4	0,1	21,3	47,3
U.S.A.	10,8	1,6	–	3,1	5,2	–	8,3	29,0

Taux d'imposition (en %) pour un célibataire (c) et un couple marié avec 2 enfants (m) suivant leur revenu brut (en F) (1983)

Revenus bruts (en F) / Pays	100 000		150 000		250 000		500 000	
	c	m	c	m	c	m	c	m
All. fédérale	21,77	15,54	28,74	18,62	37,57	26,03	46,51	37,92
France	*19,59*	*4,01*	*21,83*	*7,30*	*28,29*	*14,04*	*36,09*	*22,49*
G.-B.	23,84	20,35	25,89	23,56	30,63	28,53	42,22	40,83
U.S.A.	10,79	4,80	14,33	8,39	20,57	13,50	31,80	22,86

En France

Source : INSEE direction gén. des Impôts, direction de la Prévision.

Impôt sur les grandes fortunes

Principe. *En vigueur* à partir du 1-1-1982, annuel. **Concerne** les personnes physiques possédant au 1-1 des biens taxables dépassant 3,6 millions de F ; seule est imposée la fraction dépassant 3,6 millions de F. **Exonérations :** biens professionnels (rétroactivement), droits de propriété littéraire et artistique, placements financiers des non-résidents, objets d'antiquité, d'art ou de collection, valeur de capitalisation des rentes viagères assimilées à des retraites, rentes ou indemnités perçues en réparations de dommages corporels, bois et forêts (jusqu'aux 3/4 de leur valeur). **Calcul :** tarif en % appliqué sur la fraction de la valeur nette taxable du patrimoine : si le patrimoine ne comprend pas de biens professionnels, jusqu'à 3,6 millions de F : 0 % ; de *3,6 à 6 :* 0,5 % ; *6 à 11,9 :* 1 % ; *11,9 à 20,6 :* 1,5 % ; *+ de 20,6 :* 2 %. **Majoration** conjoncturelle en 1986 : 8 %.

Bons anonymes : prélèvement de 2 % dep. 1-1-1984 (1,5 % avant).

Définition des biens professionnels : b. nécessaires à l'exercice à titre principal, par leur propriétaire et son conjoint, d'une profession industrielle, commerciale, artisanale, agricole ou libérale ; sous certaines conditions, les baux ruraux et parts de groupements fonciers agric. sont considérés dep. 1984 comme des biens prof. (et exonérés). **Obligations des redevables :** déclaration à souscrire et paiement avant le 15-6 (report au 18-6 en 1984) ; calcul et paiement de l'impôt par le redevable lors du dépôt de la déclaration. **Sanctions :** indemnité de retard de 10 % pour le 1er mois, 1 % pour chaque mois suivant. On peut s'acquitter en remettant des œuvres d'art, biens, objets de collections ou documents artistiques ou historiques. La loi de finances pour 1986 prévoit la suppression de l'impôt sur les grandes fortunes à compter de 1987. **Statistiques.** V. Index Fortune.

Nota. — **Impôt sur le capital à l'étranger :** P.-Bas, Danemark, Suède, Norvège, Luxembourg, Suisse, Finlande, All. féd., Autriche ; aux U.S.A., la « property tax », impôt foncier à l'origine, prend maintenant en compte, outre les immeubles, biens meubles et actifs financiers.

☞ **Statistiques.** Voir p. 1624.

Impôt sur le revenu des personnes physiques (I.R.P.P.)

Définition

Le revenu imposable des personnes physiques englobe : revenus fonciers, bénéfices industriels et commerciaux (B.I.C.), rémunération des gérants et associés, bénéfice de l'exploitation agricole, traitements, salaires, pensions et rentes viagères, bénéfices des professions non commerciales, revenus de valeurs et capitaux mobiliers, créances, dépôts, revenus encaissés hors de France, plus-values de cession d'éléments d'actifs, de biens immobiliers, de droits sociaux, d'autres biens meubles, et professionnelles.

☞ Pour l'imposition des revenus des placements voir p. 1617.

Caractéristiques de l'impôt sur le revenu français

Taux maximaux : parmi les plus élevés du monde, atteints très vite.

Impôt très concentré sur les contribuables aisés du fait de la progressivité élevée et de la faible imposition des petits et moyens revenus. Les 64 % les moins imposés paieront 10 % de l'impôt et les 2 % les plus imposés 30 %. Le quotient familial joue un rôle important pour les revenus moyens du fait du plafonnement institué en 1983.

Le revenu imposable est assez fortement réduit par rapport au revenu réel du fait d'abattements surtout sur les revenus du travail. L'abattement forfaitaire de 10 % pour frais professionnels et les déductions supplémentaires dont bénéficient certaines professions (qui représentaient en 1984 une moins-value fiscale de 1,8 milliard) n'ont pratiquement pas d'équivalent à l'étranger. L'abattement de 20 % pour les salaires et pensions, qui s'étend à de nombreuses professions non salariées avec le développement des centres de gestion agréés, n'existe qu'en France.

La sous-imposition des revenus agricoles marquée en France se retrouve dans les principaux pays étrangers. *L'imposition des revenus industriels, commerciaux ou libéraux* est déterminée à peu près de la même manière dans les différents pays, les règles de déduction des charges étant sans doute un peu plus strictes en France.

Les exonérations portant sur les prestations sociales et les revenus de transfert (notamment les allocations familiales) sont un peu plus étendues en France qu'à l'étranger. *Les exonérations et abattements concernant les revenus d'épargne* (livrets d'épargne, intérêts d'obligations, dividendes d'actions) sont plus larges qu'en Allemagne et en G.-B. (mais dans ces 2 pays, il existe désormais un avoir fiscal égal, ou presque, à 100 %) ; moins qu'au Japon et aux U.S.A. (mais ces pays n'ont pas de système d'avoir fiscal). *L'imposition des plus-values* se situe dans la moyenne.

L'ensemble des règles françaises reste plus simple que dans les autres pays. Mais la déduction des charges professionnelles a toujours été plus « formaliste » et réglementée en France. La multiplication des demi-parts supplémentaires de quotient familial, la mise en place de seuils spécifiques et d'exonérations, puis, plus récemment, l'introduction de majorations exceptionnelles, de plafonnement (quotient familial, abattements) et de décotes ont compliqué un barème qui était assez simple. Les mesures concernant l'épargne ou les incitations fiscales diverses (déductions et crédits liés à la résidence principale, à l'assurance-vie, etc.) sont devenues une des causes majeures de complexité pour le contribuable.

La fraude fiscale existe en France (en gros 10 %) comme dans tous les autres pays. Elle concerne à peu près partout les mêmes secteurs : économie « souterraine », travail noir, petites entreprises, certaines professions libérales, etc.

L'impôt français sur le revenu est le seul qui ne soit pas retenu à la source. Les revenus sont déclarés au début de l'année suivante et le contribuable doit payer lui-même l'impôt par acomptes ou mensualités, l'impôt total à payer effectivement sur les revenus d'une année étant régularisé à la fin de l'année suivante.

La proportion des ménages non imposables [37,8 % en 1982 (60 % en 1960)] reste plus élevée qu'en G.-B., U.S.A., Allemagne (10 à 15 %). *La faiblesse apparente de l'impôt sur le revenu dans les recettes fiscales* en France tient essentiellement à ce que les revenus petits et moyens ne payent pas ou peu d'impôt.

Une comparaison entre les pays doit inclure les cotisations sociales : chez nos principaux partenaires, une part beaucoup plus grande qu'en France de la protection sociale est fiscalisée.

Quelques dates

En France. 1791-*17-3* l'Assemblée constituante instaure la patente pour remplacer « droits de maîtrise, de jurande et des vingtièmes ». **1872** impôt sur le revenu des valeurs mobilières. **1876** Gambetta propose la création d'un impôt proportionnel sur les revenus. **1889** projet de Peytral (min. des Fin. du gouv. Floquet) déposé au Parlement (le programme radical prévoit la création d'un impôt sur le revenu) mais non discuté. **1893-94** proposition Pelletan (impôts progressifs sur le capital et le revenu), Goblet, Doumer et Cavaignac (imp. sur le rev. à taux progressif), Jaurès, Rameau, Ducos, etc. ; création d'une commission extra-parlementaire pour étudier le problème : favorable à la taxation de nouveaux revenus (fonds d'État, profits agricoles, traitements et salaires) mais opposé à l'impôt global de superposition. **1896** projet Doumer, min. des Fin. du gouv. Bourgeois (radical homogène) : impôt progressif sur les successions, impôt gén. sur le revenu ; adopté par la Chambre, mais, devant l'hostilité du Sénat, le gouv. démissionne. **1898** controverse entre partisans et adversaires de l'impôt sur le revenu lors des élections à la Chambre ; le gouv. Brinon doit renoncer à l'impôt progressif faute de majorité homogène. **1900** projet Caillaux, min. des Fin. du gouv. Waldeck-Rousseau, rejeté. **1901** progressivité des droits de succession. **1907** projet Caillaux, min. des Fin. : impôt cédulaire sur les revenus et impôt progressif sur le revenu global. **1909** voté par la Chambre, mais le Sénat adopte un texte différent. **1914** *(15-7)* l'impôt progressif général sur le revenu global introduit dans la loi de Fin. [1]. **1917** *(31-7)* loi créant les impôts cédulaires [1] : les *quatre vieilles* (contr. personnelle et mobilière, foncière, des portes et fenêtres, des patentes) remplacées (mais conservées en tant qu'impôts locaux) par des impôts proportionnels sur 7 catégories de revenus (foncier, bénéfices ind. et commerciaux, agric., des prof. non commerciales, traitements, salaires, pensions et rentes viagères, revenus des créances, des valeurs mob.). **1959-***7-3* l'ordonnance prévoit la modernisation des « quatre vieilles » et le remplacement de la patente par la taxe professionnelle. **1975** l'Assemblée nationale adopte le remplacement de la patente par la taxe professionnelle.

Nota. — (1) Raisons et buts : plus grande égalité fiscale et sociale, accroissement du rôle écon. et social de l'État et de ses besoins fin. Principe : substitution, à des impôts réels assis sur les signes extérieurs de richesse, d'impôts personnels (avec déclaration des contribuables).

A l'étranger. *Grande-Bretagne :* income tax [impôt cédulaire créé en 1803 (ébauche en 1798)], supprimé de 1816 à 1841, rétabli en 1842 ; progressif sur le revenu global en 1910. *Allemagne :* Hambourg et Lübeck avant 1870, Saxe 1874, Bade 1884, Prusse 1891, Wurtemberg 1893, Bavière 1910. *Italie* 1864. *États-Unis* pendant la guerre de Sécession (1861-65), loi votée en 1894 mais déclarée inconstitutionnelle ; impôt fédéral en 1913. *P.-Bas* 1914-18. *Belgique* 1919.

Renseignements pratiques

Déclarations

La déclaration d'ensemble des revenus est obligatoire si l'on est passible de l'impôt sur le revenu ; si l'on possède un avion de tourisme, une automobile de tourisme, un yacht ou un bateau de plaisance, un ou plusieurs chevaux de course ; si l'on emploie un domestique autre qu'une femme de ménage ; si l'on dispose d'une ou de plusieurs résidences secondaires ; si la résidence principale présente une valeur locative supérieure à 1 000 F (à Paris ou dans un rayon de 30 km de Paris) ou à 750 F (autres localités).

La notion de chef de famille est supprimée à partir de l'imposition des revenus de 1983 ; les époux sont soumis à une imposition commune. Dep. l'imposition des revenus de 1982, les époux doivent conjointement signer la déclaration d'ensemble des revenus de leur foyer. La déclaration comprend les revenus personnels des époux et ceux des enfants à charge.

Exceptions. *En cas de divorce ou de séparation,* les revenus de la femme, depuis la date de l'événement, doivent être déclarés séparément : 1° si, séparée de biens, elle ne vit pas avec son mari ; 2° si, en instance de séparation de corps ou de divorce, elle a une résidence séparée ; 3° si, abandonnée par son mari ou ayant quitté le domicile conjugal, elle dispose de revenus distincts (ne constituent pas un revenu imposable les sommes versées par le mari sans décision de justice). Si elle était à charge dans le foyer paternel, elle peut demander le rattachement à ce foyer pour cette période. En dehors de ces cas, les conjoints ont le choix entre une déclaration globale ou séparée (à partir de la date du divorce).

En cas de mariage dans l'année, à partir de l'imposition des revenus de 1984, 3 impositions distinctes sont établies l'année du mariage et 3 déclarations doivent être souscrites par les nouveaux époux : la femme pour les revenus perçus du 1-1 (1984) au jour du mariage, le mari pour les revenus perçus pendant cette période, les époux pour les revenus perçus du jour du mariage au 31-12 (1984).

Déclaration de l'enfant imposé distinctement. Si le chef de famille a demandé une imposition distincte pour son enfant mineur qui tire un revenu de son propre travail ou d'une fortune personnelle, l'enfant doit souscrire une déclaration séparée. L'enfant majeur fait aussi une déclaration distincte s'il ne demande pas le rattachement au foyer des parents.

En général, on a intérêt à demander l'imposition distincte d'un enfant à charge, sauf si le revenu personnel de l'enfant ne représente qu'une fraction très faible du revenu des parents.

Nota. — En cas de décès *d'un des époux,* les ayants droit doivent faire une déclaration dans les 6 mois ; le conjoint survivant fait 2 déclarations distinctes : l'une pour les revenus communs jusqu'au décès, l'autre pour ses revenus propres dep. le décès jusqu'au 31-12.

Pénalités pour retard ou absence de déclaration. Déclaration déposée hors délais, mais spontanément ou dans les 30 j suivant la 1re mise en demeure : majoration de 0,75 % par mois de retard avec minimum de 10 % du montant de l'impôt ; + de 30 j après la 2e mise en demeure ou dans les 30 j de la seconde : possibilité de taxation d'office et + 25 % ; non produite dans les 30 j de la 2e mise en demeure : taxation d'office et + 100 %.

Imprimés à utiliser. *Imprimé 2042.* L'ordinateur calcule désormais : la déduction forfaitaire et l'abattement de 20 % (lorsqu'il est applicable) afférent aux traitements et salaires ; l'abattement de 20 % pour les pensions ; la fraction taxable des rentes viagères à titre onéreux. Il établit automatiquement les limites fixées par la loi en ce qui concerne certaines charges déductibles du revenu global, à l'exception des primes d'assurance-vie.

Déclarations annexes : *A (feuillet bleu n° 2044) :* revenus fonciers ; *B (feuillet rose n° 2047) :* revenus encaissés à l'étranger ; *D (feuillet vert n° 2049) :* plus-values sur immeubles et biens meubles autres que valeurs mobilières ; *feuillet n° 2074 :* plus-values de cession de valeurs mobilières.

Déclarations spéciales. Date limite de **dépôt des déclarations : Bénéfices industriels et commerciaux :** *forfait, imprimé n° 951 M :* 15-2 (ou 15-4 pour la 2e année de la période biennale). *Réel simplifié n° 2033 NRS + 2034 NRS pour Stés de personnes :* 31-3 quelle que soit la date de clôture de l'exercice, 15-4 si le bénéfice n'a pas dépassé 130 000 F. *Réel normal n° 2031 :* 29-2 (31-3 lorsque l'exercice est clos au 31-

12, 15-5 dans ce cas si le bénéfice n'a pas dépassé 130 000 F). **Bénéfices non commerciaux :** *Déclaration contrôlée n° 2035* 29-2. *Évaluation adm. n° 2037 :* 29-2. **Bénéfices agricoles :** *Bénéfice réel n° 2143 et annexes n°s 2144 à 2150 :* 29-2 (ou 31-1 lorsque l'exercice est clos au 31-12). *Mini-réel n° 2139 :* 15-6.

Revenus des traitements et salaires. Principe. Imposables sur la rémunération principale et toutes les sommes et avantages alloués à l'occasion ou en contrepartie de l'activité exercée. Par ex. : *indemnités* [congés payés, résidence, logement, intempéries, cherté de la vie, départ à la retraite pour la fraction au-dessus de 10 000 F, fonctions, encadrement, caisse ou manipulation de fonds, travaux insalubres, dangereux ou fatigants en altitude ou dans des conditions atmosphériques particulières, travail de bureau, travail temporaire, gardiennage, travail de nuit, dépaysement, séparation, indemnités journalières de la Séc. soc. pour maladie (exception si traitement thérapeutique très coûteux, indemnité de soins des tuberculeux, si le revenu net global ne dépasse pas 28 780 F)], *primes* (fin d'année, rendement, bilan, assiduité, ancienneté, responsabilité, risques, trajet), *allocations* (supplément familial, chômage ASSEDIC, préretraite), *pourboires, gratifications* [étrennes, enveloppes ou cadeaux (y compris ceux accordés à l'occasion d'un événement familial sauf s'il s'agit d'un simple cadeau)], *subventions* (versées par l'employeur pour le logement), *participation* (aux bénéfices ou versée en espèces par suite d'un contrat d'association ou d'intéressement), *pourcentage* [sur le chiffre d'affaires, en nature (logement, nourriture, etc.), ou en espèces].

Gains du tiercé et paris sur les champs de course n'ont pas à être déclarés (Conseil d'État 21-3-1980).

Projet de prélèvement progressif (loi de finances, rectification pour 1986).

Revenus exonérés. Allocations spéciales destinées à couvrir les frais d'emplois. *Prestations familiales ;* certaines allocations, indemnités, pensions, gratifications ou subventions de caractère social. **Indemnité de licenciement,** si elle constitue des dommages-intérêts pour un préjudice (distinct de la perte de l'emploi) subi du chef de l'employeur, sinon imposable pour un salarié mis à la retraite à l'âge prévu par la convention coll., ne subissant aucun préjudice imputable à l'employeur. **Sommes diverses.** Indemnités de départ à la retraite à concurrence de 10 000 F. *Salaire différé* de l'héritier d'un exploitant agricole. *Indemnités de stage* versées à des étudiants ou des élèves d'écoles techniques, si les stages font partie du programme de l'école ou des études, s'ils sont obligatoires et n'excèdent pas 3 mois. *Bourses d'études* pour permettre de continuer des études personnelles. *Rentes viagères* servies aux victimes d'accidents du travail ; servies en représentation de dommages-intérêts (condamnation judiciaire pour réparation d'un préjudice corporel entraînant une incapacité permanente totale). **Pensions militaires** d'invalidité et des victimes de la guerre. *Traitements attachés à la Légion d'honneur* ou à la Médaille militaire. *Participations des salariés. Salaires des apprentis. Titres de restaurant. Cadeaux en nature de faible valeur. Certains revenus mobiliers* (épargne-logement, certains emprunts d'État...).

Frais professionnels. Abattement général. 10 % (min. 1 800 F, max. 54 770 F) ; augmenté le cas échéant de la déduction supplémentaire (min. 1 800 F, max. 50 000 F).

Les salariés peuvent déduire leurs frais professionnels réels, sur justification, si leur montant dépasse la déduction forfaitaire de 10 % (éventuellement augmentée de la déduction supplémentaire), ou un forfait de 10 %.

Déductions supplémentaires. *Taux :* 5 à 40 %. *Professions* énumérées art. 5 de l'annexe IV du Code des impôts. Ex. : journalistes ou VRP 30 %. La pratique d'une déduction supplémentaire entraîne l'imposition des allocations pour frais d'emploi versées par l'employeur. On peut choisir la déduction normale de 10 % ou la déd. supplémentaire avec incorporation des all. pour frais d'emploi dans le revenu brut ; déd. normale de 10 % seulement, en ne retenant alors que les salaires proprement dits, à l'exclusion des all. pour frais d'emploi.

Bénéfices agricoles

Définition. Revenus tirés de la culture ou de l'élevage. Peuvent être taxés comme des BIC quand l'activité agricole n'est que l'accessoire d'une profession industrielle ou commerciale. Si l'activité agricole est prépondérante ou nettement distincte de l'autre activité, les produits des 2 activités sont en général rattachés aux bénéfices agricoles d'une part, aux bénéfices industriels et commerciaux d'autre part. Les revenus accessoires ayant leur source dans le droit de propriété sont imposés comme des revenus fonciers ou des bénéfices agricoles selon les cas.

Régimes d'imposition. Forfait : Quand la moyenne des recettes annuelles (t.t.c.) sur 2 ans n'excède pas 500 000 F. **Mini-réel :** Quand la moyenne des recettes annuelles sur 2 ans est comprise entre 500 000 et 1 800 000 F. Ce régime peut être choisi par les agriculteurs relevant du forfait et est applicable à ceux dont le forfait a été dénoncé par l'Administration. **Réel normal :** Quand les recettes annuelles moyennes sur 2 ans excèdent 1 800 000 F ; peut être choisi par les personnes relevant du forfait ou du mini-réel. **Adhésion à un centre de gestion agréé d'assistance comptable.** Permet à l'adhérent de pratiquer un abattement sur son bénéfice imposable de : 20 % jusqu'à 192 200 F, 10 % de 192 200 à 523 000 F. Conditions : être placé sous un régime de bénéfice réel (mini-réel ou réel normal).

Bénéfices industriels et commerciaux

Bénéfice des professions industrielles, commerciales et artisanales. Régimes d'imposition. *Bénéfice réel* traditionnel ou régime simplifié (C.A. entre 150 000 F et 590 000 F pour les prestataires de services, 500 000 F et 3 000 000 F pour les entr. de vente). *Forfait* réservé aux entreprises de faible importance.

Adhésion à un centre de gestion agréé d'assistance comptable. Permet à l'adhérent de pratiquer un abattement sur son bénéfice imposable de : 20 % jusqu'à 192 200 F, 10 % de 192 200 F à 523 000 F. Conditions : l'entreprise doit être placée sous un régime réel d'imposition, de droit ou sur option.

Charges non déductibles. *Dépenses personnelles* de l'exploitant, et d'une manière générale *toutes les dépenses qui n'ont pas été exposées dans l'intérêt de l'exploitation* ou qui ne se rattachent pas à cette exploitation. *Dépenses ayant pour contrepartie l'entrée dans l'actif d'un nouvel élément, ou l'augmentation de valeur d'un élément de l'actif. Dépenses n'ayant pas pris naissance au cours de la période d'imposition. Dépenses somptuaires. Charges* résultant de l'achat, de la location ou de toute autre opération faite en vue d'obtenir la disposition de résidences de plaisance ou d'agrément ainsi que de l'entretien de ces résidences. *Dépenses relatives à l'achat ou à la location de yachts,* bateaux de plaisance à voile ou à moteur, ainsi que leur entretien. *Transactions, amendes, confiscations et pénalités.*

Bénéfices non commerciaux

Assujettis. *Profession libérale* (médecin, avocat, conseil juridique, architecte, etc.) et *revenus assimilés.* Ex. : produits des inventions, hommes de lettres [1], auteurs et compositeurs de musique [1], rémunération des dirigeants de Stés (administrateurs de S.A. dans l'exercice de fonctions non salariées, comme celles d'ingénieur-conseil, d'architecte, de conseil juridique, etc.), ou à titre de redevances de propriété ind. ; membres des conseils de surveillance des Stés en commandite par actions ; administrateurs des Stés purement civiles passibles de l'impôt sur les Stés ainsi que toute activité lucrative ne se rattachant pas à une autre catégorie de bénéfice.

Nota. — (1) Les produits des droits d'auteur sont imposés comme des salaires quand ils sont intégralement déclarés par les tiers.

Régimes : déclaration contrôlée (obligatoire pour ceux dont les recettes non commerciales excèdent 175 000 F par an, les officiers publics et ministériels, certains contribuables dont les bénéfices sont d'origine littéraire, scientifique ou artistique ou réalisant des opérations soumises à la T.V.A. ; on doit tenir un livre-journal au j le j et présentant le détail des recettes et des dépenses professionnelles et enregistrant des immobilisations et amortissements) ou évaluation administrative. Dans le cas où des revenus non commerciaux n'excèdent pas 21 000 F, on peut se dispenser de produire la déclaration 2035 ou 2037 et les faire figurer sur la déclaration 2042 (col. bénéf. non commerciaux) après réfaction forfaitaire de 25 % avec minimum de 2 000 F.

Adhésion à un centre de gestion agréé d'assistance comptable. Permet à l'adhérent de pratiquer un abattement sur son bénéfice imposable (et sur ses plus-values à long terme), de : 20 % sur la fraction du bénéfice ne dépassant pas 192 200 F et de 10 % sur celle comprise entre 192 200 F et 523 000 F. Conditions : le contribuable doit être placé sous le régime de la déclaration contrôlée.

Revenus immobiliers

Propriétés rurales (exploitations agricoles, terrains nus non cultivés, étangs et lacs). On peut déduire : 1° une partie pour frais divers ; 2° les frais réels de gérance et de rémunération des gardes ; 3° travaux ; 4° primes d'assurances ; 5° intérêts des dettes contractées pour acquisition, construction, réparation, amélioration, conservation des immeubles ; 6° taxes foncières et annexes, fraction de la part du propriétaire.

Propriétés urbaines données en location. On peut déduire : 1° 15 % du revenu brut pour frais divers (de gestion, d'assurances, amortissement de l'immeuble) ; 2° frais réels de gérance et de rémunération des concierges ; 3° travaux d'amélioration, réparation et entretien ; 4° intérêts et frais des emprunts contractés pour acquisition, construction, réparation, amélioration, conservation. La déduction ne peut être faite que sur les revenus fonciers ; 5° taxes foncières sur les propriétés bâties, régionale et spéciale d'équipement. Le déficit éventuel est reportable 5 ans (9 pour les immeubles donnés à bail dans le cadre du statut du fermage).

Monuments historiques et inscrits à l'inventaire supplémentaire. Régime particulier. Les charges peuvent, dans certaines conditions, être déduites de l'ensemble des revenus et non seulement des revenus fonciers.

Taxation des plus-values

Régime d'imposition des plus-values immobilières réalisées dep. le 1-1-1982 modifié par la loi de fin. pour 1983. 2 catégories (au lieu de 5) : p.-v. à court terme (— de 2 ans), intégralement soumises à l'impôt sur le revenu ; p.-v. à long terme (+ de 2 ans), imposées pour leur montant, corrigé de l'érosion monétaire et d'un abattement (3,33 % par an au-delà de la 2e année de détention pour les terrains à bâtir, 5 % pour les autres immeubles) progressant avec le temps jusqu'à l'exonération totale. Exonération pour la 1re cession d'une résidence secondaire (sous certaines conditions) si vente dep. 1-1-82.

Coefficients de revalorisation applicables aux plus-values réalisées sur les dépenses d'acquisition (et de travaux éventuels ultérieurs) **pour corriger les dépréciations monétaires** (plus-values réalisées + de 2 ans après l'acquisition ou les dépenses pour un bien immobilier, après 1 an pour les biens mobiliers). **Plus-values réalisées en 1985 et p.-v. à déclarer en 1986 (c.-à-d. réalisées avant leur décès par résidents en France et non-résidents). 1953** 7,86. **54** 7,90. **55** 7,82. **56** 7,67. **57** 7,45. **58** 6,47. **59** 6,12. **60** 5,89. **61** 5,70. **62** 5,44. **63** 5,19. **64** 5,03. **65** 4,90. **66** 4,77. **67** 4,64. **68** 4,45. **69** 4,18. **70** 3,97. **71** 3,76. **72** 3,54. **73** 3,30. **74** 2,90. **75** 2,60. **76** 2,37. **77** 2,17. **78** 1,98. **79** 1,79. **80** 1,58. **81** 1,39. **82** 1,25. **83** 1,14. **84** 1,06. **85** 1.

Plus-values réalisées en 1986 (calcul provisoire) du Revenu français (chiffres définitifs publiés par l'administration courant 1987). 1953 8,06. **54** 8,10. **55** 8,02. **56** 7,86. **57** 7,64. **58** 6,63. **59** 6,27. **60** 6,04. **61** 5,84. **62** 5,58. **63** 5,32. **64** 5,16. **65** 5,02. **66** 4,89. **67** 4,76. **68** 4,56. **69** 4,28. **70** 4,07. **71** 3,85. **72** 3,63. **73** 3,38. **74** 2,97. **75** 2,67. **76** 2,43. **77** 2,22. **78** 2,03. **79** 1,83. **80** 1,62. **81** 1,42. **82** 1,28. **83** 1,17. **84** 1,09. **85** 1,03. **86** 1.

Un abattement annuel de 5 % est en outre accordé sur la plus-value des immeubles à partir de la 3e année. Ainsi, il sera de 5 % pour un achat réalisé en 1982, de 10 % en 1981, de 15 % en 1980, de 95 % en 1964, de 100 % en 1963 (la plus-value sera alors totalement exonérée). Pour les terrains à bâtir, l'abattement est de 3,33 % à partir de 1982, pour 1981 6,66 %, pour 1980 9,99 %, pour 1953 99,9 %.

Charges déductibles

Liste limitative. Au 1-1-1984, 2 groupes :

1°) ouvrant droit à réduction d'impôt dont déductions relatives à l'*habitation principale* (habitation au sens strict + partie réservée au stationnement du véhicule), 20 % du montant des intérêts d'emprunt ou dépenses de ravalement payés en 1984 (25 % à partir du 1-1-1984), base max. commune 15 000 F + 2 000 F par pers. à charge (déduction limitée aux 10 premières annuités pour les emprunts contractés avant 1985, et 5 premières après). Versements au profit des fonds salariaux dans la limite de 25 % de leur mouvant, lui-même limité à 5 000 F ; *dépenses destinées à économiser l'énergie,* accordée au propriétaire ou au locataire : 25 % des dépenses effectuées avant le 1-1-1982, limite de 8 000 F + 1 000 F par pers. à charge ; 12 000 F + 2 000 F par pers. à charge dep. le 1-1-85 ; *assurance-vie* (limitée), 25 % de la fraction de la prime assimilée à une épargne dans la limite de 4 000 F +

1 000 F par enfant à charge. *Acquisition de logements neufs destinés à la location :* 5 % du prix de revient, déduction limitée à 10 000 F pour personne seule et 20 000 F pour les couples mariés. *Compte épargne en action :* 25 % du solde net des achats des valeurs mobilières françaises, dans la limite de 7 000 F pour les personnes seules et 14 000 F pour les couples mariés. *Adhérents des centres de gestion agréés :* sous certaines conditions, réduction d'impôt égale aux dépenses de tenue de leur comptabilité limitée à 20 000 F ou à l'impôt dû s'il est inférieur. 25 % des dépenses de grosses réparations de la résidence principale limitée à 8 000 F (célibataire), 16 000 F (couple) + 2 000 F par pers. à charge, 2 500 F 2e enfant, 3 000 F 3e enfant.

2°) donnant lieu à déduction du revenu global dont *frais de garde* des enfants dans la limite de 5 000 F par an et par enfant ; *pensions alimentaires* (versées aux ascendants, à des enfants mineurs dont le contribuable n'a pas la charge, à certains enfants majeurs, entre époux séparés de corps ou divorcés ou en instance de séparation ou de divorce). *Arrérages de rentes payées* à titre obligatoire et gratuit, constituées avant le 2-11-1959 ; *intérêt des emprunts* contractés avant le 1-11-1959. *Retraite mutualiste* du combattant ; charges foncières de certains monuments historiques (limitées). Versement à des œuvres d'intérêt général y compris culturel (1 à 5 %, si association d'utilité publique, du revenu global). *Pour les contribuables nés avant le 1-1-1932 :* excédent net annuel des acquisitions d'actions ou de parts des Stés françaises dans la limite annuelle de 5 000 F par foyer. + 500 F pour les 2 premiers enfants à charge et + 1 000 F pour les suivants. Majoration de 1 000 F à compter de la 5e année de déduction. Jusqu'en 1985, sous certaines conditions, déductions des investissements réalisés dans les DOM-TOM. Cotisations de Sécurité sociale non déduites d'un revenu catégoriel (gens de maison, cotisations exclues). A compter du 1-1-84, frais d'accueil des personnes âgées (de 75 ans au moins) dans le besoin, dans la limite de 13 310 F. Dep. le 1-1-85 souscription au capital des Stés exclusivement d'œuvres cinématographiques dans la limite de 25 %.

Barème de l'impôt sur le revenu (applicable à chaque part du revenu imposable pour les revenus de l'année 1985)

Tranches	Fraction du revenu imposable	TAUX %
1re tranche	N'excédant pas 15 650 F	0
2e tranche	» 16 360 F	5
3e tranche	» 19 400 F	10
4e tranche	» 30 680 F	15
5e tranche	» 39 440 F	20
6e tranche	» 49 550 F	25
7e tranche	» 59 550 F	30
8e tranche	» 69 170 F	35
9e tranche	» 115 250 F	40
10e tranche	» 158 510 F	45
11e tranche	» 187 490 F	50
12e tranche	» 213 280 F	55
13e tranche	» 241 740 F	60
14e tranche	Au-delà de 241 740 F	65

Calcul du nombre de parts. *Couple marié sans enfant* à charge 2. *Célibataire* ou *divorcé* avec 1 enfant à charge 2 puis 0,5 par enfant en +. *Marié ou veuf* avec 1 enfant à charge 2,5 (avec 2 enf. à charge 3, 3 enf. à charge 4, puis 0,5 par enf. en +). Majoration de 1/2 part pour les familles ayant au moins 3 enf. à charge, de 1 part quand les 2 époux sont invalides, de 1/2 part quand l'un des époux est invalide, de 1/2 part pour les anciens combattants de + de 75 ans.

Quotient familial. *Plafond.* Réduction d'impôt plafonnée à 10 520 F pour chacune des 1/2 parts s'ajoutant au nombre de parts suivant : 1 part pour les contribuables célibataires, divorcés ou veufs ayant ou non des personnes à charge, 2 parts pour les contribuables mariés ayant ou non des enfants à charge. *Abattement sur le revenu au titre des enfants mariés rattachés au foyer fiscal :* 16 190 F par enfant. *Quotient familial des personnes seules invalides chargées de famille.* Dep. l'imposition des revenus de 1982, 1/2 part en + pour les contribuables célibataires, divorcés ou veufs ayant 1 ou plusieurs enfants à charge quand ils ont : une pension d'invalidité pour accident du travail d'au – 40 %, une pension militaire pour invalidité d'au – 40 %, la carte d'invalidité prévue à l'art. 173 du Code de la famille et de l'aide sociale.

☞ L'impôt n'est pas établi si le revenu net imposable ne dépasse pas 32 190 F pour 1 part et 35 700 F pour 2 parts.

Si l'impôt établi n'excède pas 340 F (quel que soit le nombre de parts), il n'est pas mis en recouvrement.

Jusqu'à 15 650 F de revenu net global imposable par part, il n'y a pas d'impôt.

Abattement pour les personnes de + de 65 ans ou invalides : revenu (net de frais prof.) de – de 45 600 F ; 7 360 F, entre 45 600 et 73 600 F : 3 680. L'abattement forfaitaire de 20 % dont bénéficient les salaires, pensions, rentes n'est pas applicable à la fraction supérieure à 523 000 F.

Nombre de mois payés au fisc selon le salaire mensuel (hors charges), en 1985

	1 part	2 parts	2,5 parts	3 parts	4 parts
6 000 F	2,77	2,10	1,94	1,79	1,71
8 000 F	3,13	2,30	2,12	1,98	1,77
10 000 F	3,38	2,49	2,29	2,13	1,93
15 000 F	3,80	2,90	2,62	2,43	2,16
20 000 F	4,11	3,35	3,03	2,73	2,36
25 000 F	4,38	3,58	3,32	3,06	2,65
30 000 F	4,70	3,78	3,50	3,29	2,94
40 000 F	5,09	4,10	3,87	3,65	3,90

Précisions diverses

Décote. Créée en 1982, est une diminution d'impôt accordée aux personnes seules de condition modeste (SMIC) ; égale à la différence entre 4 300 F et le montant de l'impôt (1 part), 1 700 F et le montant de l'impôt (1 part 1/2).

Minoration. Minoration de 8 % lorsque la cotisation n'excède pas 22 730 F, variant de 3 à 8 % jusqu'à 28 410 F.

Impôt complémentaire. 1 % des revenus de capitaux mobiliers si plus de 340 F d'impôts.

Paiement mensuel. Si on choisit ce mode de paiement, l'indiquer avant le 30-9 de l'année précédant celle du paiement. Le prélèvement sera effectué sur un compte bancaire, postal ou d'épargne en principe le 8 de chaque mois, de janvier à oct., montant égal au 1/10 de l'impôt établi au titre des revenus de l'avant-dernière année. Paiement du solde à partir de nov. en 1 ou 2 fois selon le montant. Si l'État doit reverser au contribuable des sommes perçues en trop (erreur ou s'il est condamné à un dégrèvement d'impôt par une juridiction), les sommes remboursées donnent lieu au paiement d'intérêts (au taux de l'intérêt légal). L'option reste valable pour les années suivantes sauf dénonciation du contribuable ou défaillance de sa part (2 retards de paiement dans l'année par suite d'approvisionnement insuffisant du compte). En 1982, formule adoptée par 29,67 % des contribuables (env. 4 500 000) dans 97 départements.

Nota. – Si l'on n'a pas réglé à temps son impôt sur le revenu et si l'on n'a pas répondu aux sommations réglementaires adressées, le percepteur peut, sans avis préalable, faire opposition sur un compte et faire prélever les sommes dues au fisc. Il peut aussi demander des intérêts de retard et entamer des poursuites correctionnelles. Pour le recouvrement de tous les impôts directs, il dispose durant 2 ans d'un privilège sur meubles et effets mobiliers du contribuable.

Cas spéciaux de cession ou de cessation. Souscrire des déclarations spéciales.

Acompte provisionnel

A verser par tout contribuable imposé l'année précédente pour plus de 1 000 F (sauf s'il a opté pour le paiement mensuel) au 31-1 et au 30-4 correspondant chacun au tiers de l'impôt payé l'année précédente (ou 1 seul versement le 30-4 égal à 60 % de l'imposition de l'année précédente). Si les acomptes ne sont pas versés les 15-2 et 15-5 au plus tard, majoration de 10 % du montant de la fraction des impositions non payées à cette date (applicable le 15 du 2e mois suivant la date de mise en recouvrement du rôle). Si le contribuable estime ses revenus inférieurs à ceux de l'année précédente, il peut diminuer d'autant le montant de ses versements. En général, il reçoit un avertissement du percepteur indiquant le montant de la somme à payer.

Train de vie (imposition)

● **Conditions d'application.** En cas de *disproportion marquée* entre le train de vie d'un contribuable et les revenus qu'il déclare, sa base d'imposition à l'impôt sur le revenu peut être fixée à une somme *forfaitaire* déterminée en appliquant un barème à certains éléments de ce train de vie. Si l'on dispose d'au moins 4 éléments constitutifs du train de vie auxquels correspond une base de 90 000 F et +, les bases des éléments (sauf la résidence principale) sont majorées de 20 % pour 3 éléments, 40 % pour 4, 60 % pour 5, 80 % pour 6,10 % pour + de 6.

La base d'imposition forfaitaire doit excéder 45 000 F ; elle doit être supérieure d'au moins 1/3 au revenu net global déclaré ; l'écart entre le « forfait train de vie » et le revenu déclaré doit avoir été constaté au titre de l'année de l'imposition ainsi qu'au titre de l'année précédente, soit pendant 2 années consécutives.

Sont déduits de la base forfaitaire les revenus expressément exonérés d'impôt par la loi (arrérages emprunt 4,5 % ; allocations familiales, intérêts livret A, Caisse d'épargne, etc.).

● **Éléments du train de vie. Résidence principale, après déduction de la valeur locative des locaux professionnels :** valeur locative × 3 (pour les logements assujettis à la loi du 1-9-1948 × 5). **Résidences secondaires :** valeur locative × 3 (× 6). **Employés de maison, précepteurs, gouvernantes :** 1er employé de – de 60 ans : 30 000 F, chaque personne en plus de la 1re : 37 500 F. Base réduite de moitié pour le personnel de maison employé principalement pour l'exercice d'une profession. Il n'est pas tenu compte du 1er employé de maison au service de + de 65 ans, malades ou invalides ou infirmes ; du 2e employé lorsque le nombre de personnes âgées de + de 65 ans ou infirmes est de 4 au moins. **Automobiles :** 3/4 de la valeur de la voiture neuve avec abattement de 20 % après 1 an d'usage et de 10 % supplémentaire par année pendant les 4 années suivantes. **Motocyclette de + de 450 cm³ :** valeur de la motocyclette neuve avec abattement de 50 % après 3 ans d'usage. **Yachts ou bateaux de plaisance à voile, jaugeant au moins 3 tonneaux :** les 3 premiers 7 500 F ; chaque tonneau supplémentaire : de 4 à 10 tx 2 250 F, de 10 à 25 tx : 3 000 F, au-dessus de 25 tx 6 000 F. Le nombre de tx à retenir s'obtient en pratiquant sur les tonneaux correspondant à la jauge brute un abattement pour vétusté égal à 25 %, 50 % ou 75 %, selon l'âge du bateau (5, 15 ou 25 ans). **Bateaux de plaisance à moteur fixe ou hors-bord, d'une puissance réelle d'au moins 20 CV.** Les 20 premiers chevaux : 6 000 F, cheval-vapeur supplémentaire : 450 F. Abattements similaires selon l'âge du moteur. **Avions de tourisme :** par cheval-vapeur réel : 450 F. **Chevaux.** Par cheval de course âgé au moins de 2 ans, pur-sang : 30 000 F, autre que pur-sang ou trotteur 18 000 F. Base réduite de 1/3 pour les chevaux de course dont l'écurie ou le centre habituel d'entraînement est situé dans les départements autres que ceux d'Ile-de-France et de l'Oise. **Chevaux de selle :** de – de 2 ans (1er non retenu) : 9 000 F. **Location de droits de chasse et participation dans des sociétés de chasse :** 2 fois le montant des loyers payés ou des participations versées. **Participation dans des clubs de golf et abonnements payés en vue de disposer de leurs installations :** 2 fois le montant des sommes versées.

☞ **Informations sur les contribuables.** Consultation possible de la liste des contribuables (impôt sur le revenu, les stés, les grandes fortunes) à la direction des services fiscaux ; à partir de 1984 (art. 114 de la loi de Fin.), liste dressée par commune. Nature des renseignements : nombre de parts de quotient familial, montant de l'impôt sur le revenu acquitté 2 ans avant ; à partir de juin 1985 : revenu imposable, montant de l'avoir fiscal ; pour l'IGF, montant de l'impôt et valeur du patrimoine, nom des personnes non assujetties à l'impôt sur le revenu ou sur les stés bien qu'ayant une résidence dans la commune.

☞ **Ligue des contribuables.** *Créée* 22-10-1983. *Fondateur* Jacques Bloch-Morhange (n. 31-1-1921). Association loi de 1901. *Buts :* suppression en 10 ans de l'impôt sur le Revenu des Personnes Physiques, réduction du nombre des fonctionnaires par abrogation du « Statut général des fonctionnaires (ordonnance du 4-2-1959) », modification du prélèvement des charges sociales par remise directe au salarié des prestations prélevées à son profit. *Adhérents :* 100 000.

Statistiques

Contribuables

● **Nombre total** (nombre d'articles primitifs D.O.M. non compris). *1960 :* 5 685 675. *65 :* 8 580 936. *70 :* 10 530 987. *75 :* 12 768 000. *80 :* 15 001 000. *81 :* 15 289 641. *82 :* 15 056 169. *83 :* 15 029 000 (dont 71 000 atteignant la tranche de 65 %). *84 :* 14 985 000.

Nota. – L'année indiquée est celle de l'émission de l'impôt sur le revenu au titre de l'année précédente.

Nombre par tranche de revenu annuel imposable au titre 1983. Il s'agit des ressources nettes, après abattements et exemptions diverses. Les plus-values sur cessions de terrains à bâtir et les revenus encaissés hors de France ne sont pas comptabilisés.

Voir Quid 1985, p. 1533 ; mesures du plan de rigueur d'avril 1983 : emprunt obligatoire et contribution sociale de 1 % (celle-ci subsiste seulement pour les revenus de capitaux mobiliers et les profits de constructions).

Tranches	Nombre	%
0 à 30 000	363 385	2,4
30 001 à 35 000	1 035 546	6,9
35 001 à 40 000	1 158 131	7,7
40 001 à 50 000	2 327 658	15,5
50 001 à 60 000	1 820 491	12,1
60 001 à 70 000	1 417 679	9,4
70 001 à 80 000	1 349 131	9
80 001 à 90 000	1 131 905	7,5
90 001 à 100 000	906 020	6
100 001 à 125 000	1 481 549	9,9
125 001 à 150 000	780 169	5,2
150 001 à 200 000	663 039	4,4
200 001 à 400 000	491 138	3,3
+ de 400 000	103 524	0,7
Ensemble	15 029 365	100

Nombre imposé par catégorie de revenu perçu en 1982 et, entre parenthèses, 1970 (D.O.M. non compris). Traitements, salaires, pensions et rentes viagères 16 042 737 (9 389 346). Bénéfices agricoles 624 271 (360 893). B. ind. et commerciaux 1 199 465 (1 301 743). B. des professions non commerciales 363 767 (342 566). Revenus fonciers 1 688 943 (1 135 210). Revenus de valeurs et capitaux mobiliers, créances, dépôts 4 085 478 (1 634 319). *Total :* 24 358 484 (14 245 366).

● **Revenus nets globaux des contribuables imposés** (en millions de F). *1960 :* 59 327. *65 :* 122 924. *70 :* 207 175. *75 :* 451 733. *80 :* 866 335. *81 :* 995 564. *82 :* 11 230 970. **Revenus nets moyens** (en F). *1965 :* 4 212. *70 :* 19 941. *75 :* 34 617. *80 :* 56 660. *81 :* 66 123. *82 :* 74 456.

Nota. — Année de perception des revenus.

Coefficient de « sous-estimation » des revenus par catégorie socio-professionnelle (en %). Exploitants agricoles 71,7. Salariés agricoles 24,6. Professions indépendantes 45,1. Cadres supérieurs 7,8, moyens 6,7. Employés 8,4. Ouvriers 9,8. Inactifs 17,4. Ensemble 23,2.

Selon le C.E.R.C. (Centre d'études des revenus et des coûts), 50 % des professions artisanales, commerciales et libérales seraient sous-déclarées, le bénéfice réel étant en moyenne supérieur de 28 % au bénéfice moyen déclaré. En moyenne, les exploitants agricoles ne laissent au fisc que 6 % de leurs revenus (employés 8 % et cadres moyens 10 %). Sur 100 F encaissés par l'État au titre de l'impôt sur le revenu, 1,50 F vient des agriculteurs (4,6 % des foyers fiscaux), 21,90 F des cadres supérieurs (4,9 % des foyers fiscaux).

% des revenus non déclarés (calculé d'après l'écart moyen entre bénéfice estimé et bénéfice déclaré aux services fiscaux). *Source :* C.E.R.C. Taxis, pâtissiers, cordonniers 52 %. Fabricants de bijoux 44. Peintres-décorateurs 42. Coiffeurs 41. Fabricants de meubles, teinturiers-blanchisseurs 40. Restaurateurs, cafés-restaurants 39. Commerçants forains, poissonniers 37. Avocats 36. Réparateurs de matériel électrique 35. Hôteliers (sans restaurant) 33. Détaillants fruits et légumes 32, vétérinaires, menuisiers-serruriers, libraires-papetiers 31. Droguistes, crémiers 30. Bouchers-tripiers, radio-électriciens 29. Entrepreneurs de bâtiment, quincailliers, horlogers-bijoutiers 27. Vendeurs d'automobiles, gérants de débit de boissons, gérants d'auto-école 26. Prothésistes 25. Médecins généralistes, garagistes, électriciens 24. Boulangers 23. Plombiers-couvreurs 22. Marchands de cycles, gérants de débit de tabac, épiciers 21. Conseils juridiques et fiscaux 20. Électro-radiologistes 19. Marchands de bestiaux 18. Chirurgiens-dentistes 17. Architectes, médecins spécialistes 16. Charcutiers 15. Métreurs-géomètres 14. Masseurs-kinésithérapeutes 13. Marchands de meubles, marchands de chaussures, stations-service 11. Experts-comptables 7.

● **Émissions de rôles** (en 1984 et, entre parenthèses, en 1983, en milliards de F). Émissions au profit du budget de l'État 231 (209), dont impôt sur les Stés 7,5 (7,1), sur le revenu 195,5 (177,3), i. sur le revenu et majoration exceptionnelle au titre des années antérieures 15,5 (12,9), i. divers et produits divers 12,5 (11,7). *Émissions au profit des collectivités locales* [1] 134,4 (111,7).

Nota. — (1) Hors frais d'assiette, de recouvrement et de dégrèvement.

Montant total des impôts payés en 1985, par catégorie (en milliards de F) **et, entre parenthèses, effectifs.** Cadres supérieurs 38,2 (1 090 000), moyens 33,6 (2 600 000), retraités 20,4 (2 100 000), ouvriers 19,6 (3 600 000), professions libérales 18,5 (247 000), artisans, commerçants 17,8 (860 000), agriculteurs 4,6 (360 000).

Taux de croissance du revenu et, entre parenthèses, des impôts (en %, de 1979 à 1984), par catégorie. Ouvriers + 83 (+ 64), retraités + 80 (+ 83), cadres moyens + 79 (+ 76), supérieurs + 74 (+ 73), artisans, commerçants + 66 (+ 55), professions libérales + 62 (+ 63), agriculteurs [1] + 38 (+ 61).

Nota. — (1) De 1979 à 1983.

Nombre de mois travaillés pour le fisc selon le salaire mensuel net (hors charges sociales, en F). 1 part, entre parenthèses, 2 parts, et 4 parts. **10 000 F :** 3,4 (2,5 ; 1,9). **12 500 F :** 3,9 mois (2,7 mois ; 2 mois). **15 000 F :** 4 (3,1 ; 2,2). **17 500 F :** 4,2 (3,3 ; 2,3). **20 000 F :** 4,4 (3,5 ; 2,5). **22 500 F :** 4,6 (3,6 ; 2,6). **25 000 F :** 4,7 (3,7 ; 2,7). **27 500 F :** 4,9 (3,9 ; 2,9). **30 000 F :** 5,1 (4 ; 3,1). **40 000 F :** 5,5 (4,4 ; 3,5). **50 000 F :** 6,1 (5 ; 4,3).

Nota. — Salariés bénéficiant de la déduction de 10 % pour frais professionnels et de l'abattement de 20 %. On a pris en compte l'impôt direct sur le revenu et les taxes frappant leurs dépenses de consommation. Pour la TVA au taux moyen de 10,4 % quelle que soit l'importance du revenu ; pour les autres taxes, indirectes (taxes sur les produits pétroliers, tabac, etc.) : taux forfaitaire de 5 %. Le poids des taxes est calculé sur le revenu disponible hors impôts directs et épargne. On a exclu les charges sociales (Sécurité sociale, retraite, etc.) supportées par les salariés, qui ne vont pas directement dans les Caisses de l'État et sont la contrepartie de prestations.

Augmentation des impôts pour un célibataire (c), **et un couple marié avec 2 enfants** (m), **par catégorie socio-professionnelle** (en %)

	Augmentation du salaire (en %)	Cadre confirmé		Cadre supérieur		Cadre dirigeant	
		c	m	c	m	c	m
1982	+ 13,40	+ 20,25	+ 13,28	+ 22,29	+ 29,42	+ 23,51	+ 29,23
1983	+ 11,80	+ 10,91	+ 19	+ 10,86	+ 12,30	+ 15,21	+ 11,27
1984	+ 9,10	+ 14,86	+ 14,18	+ 12,62	+ 14,78	+ 11,30	+ 11,95

Ceux qui n'ont pas payé d'impôts sur le revenu en 1985. Salaire brut et, entre parenthèses, revenu disponible (hors prestations sociales) (en F). *Célibataire :* 46 500 (40 300). *Marié, sans enfant à charge :* 47 000 (41 000). *Marié, 2 enfants à charge :* 70 000 (61 000).

Les 10 % qui paient le plus d'impôt. *Célibataire :* 380 000 (230 000). *Marié, sans enfant à charge :* 480 000 (320 000). *Marié, 2 enfants à charge :* 575 000 (400 000).

1,5 million de gros contribuables, dont env. 1 million de cadres supérieurs, 250 000 professionnels libéraux, architectes, avocats, médecins, notaires, experts-comptables ou conseil.

Activité de la Direction générale des Impôts en 1983. La D.G.I., qui emploie 83 000 agents, a : *géré* 35 300 000 dossiers individuels (personnes morales ou physiques) ; *traité* plus de 60 000 000 de déclarations souscrites par 23 200 000 contribuables à l'impôt sur le revenu, 2 900 000 redevables des taxes sur le chiffre d'aff. et 520 000 (chiffre provisoire) entreprises redevables de l'impôt sur les Stés ; *établi* + de 75 000 000 d'avis d'imposition (feuilles d'impôt) ; *encaissé* 382 milliards de F au profit de l'État et 28 milliards de F au profit des collectivités locales et d'organismes divers ; *délivré* 5 000 000 de documents cadastraux et 3 600 000 renseignements relatifs à la propriété des terres ou des immeubles ; *vérifié* + de 11 800 000 d'objets en or, argent ou platine (en outre, + de 11 000 000 d'ouvrages importés soumis à la formalité de l'essai) ; *assuré la tutelle administrative* de 42 000 débits de tabacs ; enregistré 1 674 000 ventes, donations, legs ou successions de terres ou d'immeubles.

Les C.D.I. (Centre des Impôts) comprennent chacun une O.R.D.O.C. (cellule d'ordre et de documentation) de « secteurs d'assiette » et d'inspections spécialisées (fiscalité personnelle, des entreprises, immobilière).

Contestation, vérification et fraude

Vérification

Formes. Le contrôle fiscal comporte 2 phases : 1) *étude des dossiers* au vu des dossiers et des informations disponibles : « contrôle sur pièces » ; 2) *recherches extérieures* sous forme de vérifications comptables (revenus professionnels et bénéfices des sociétés) et de vérification approfondie de situation fiscale d'ensemble (revenu global) : « contrôle sur place ». **Durée.** La vérification sur place ne peut dépasser 3 mois pour les contribuables dont le C.A. ou le montant des recettes brutes n'excède pas 1 800 000 F (entreprises ind. et commerciales de négoce ou de fourniture de logement et entr. agric.), 540 000 F (prestataires de services). **Période.** En principe, porte sur les déclarations des 4 dernières années. **Lieu.** En principe, domicile du contribuable ou siège de l'entreprise. Sur demande écrite du vérificateur, celui-ci peut emporter les documents dans ses bureaux (après avoir délivré un reçu détaillé des pièces remises).

Assistance. Le contribuable peut à tout moment se faire assister d'un conseil de son choix (qui peut le représenter).

Avis de vérification de comptabilité. En principe, envoyé par l'agent du fisc à l'entreprise 15 j avant sa visite (sous pli recommandé avec accusé de réception). Mais le vérificateur peut se présenter à l'improviste si nécessaire (il remet alors l'avis en mains propres à son arrivée) ; dans ce cas, il ne peut que constater matériellement les « éléments physiques de l'exploitation » (stocks...) et apprécier s'il existe une comptabilité et son état ; dans un 2e temps seulement, après un délai « raisonnable », il pourra procéder à l'examen au fond.

Polyvalents. Créés en 1952, ils vérifient les comptabilités selon : les impositions indirectes, directes et d'enregistrement. Au lieu de 3 vérificateurs, il n'y en a plus qu'un. Ils jouent un rôle important dans la montée du poujadisme (leur contrôle se montrant plus efficace).

Contestation et sanctions

Si l'administration des impôts estime un contribuable en infraction (volontaire ou non) avec la législation en vigueur, elle lui adresse une notification de redressement motivée. Elle peut y ajouter une pénalité, modérée en cas de simple méconnaissance des règles, mais allant jusqu'à 150 % en cas de manœuvres frauduleuses. Le contribuable dispose d'un délai de réflexion et de réponse de 30 j, pour accepter, présenter des observations, ou rejeter les conclusions de l'administration.

Il peut y avoir désaccord pour : **1° Une question de principe** (application d'un texte légal ou réglementaire). Le contribuable se trouve dans la situation d'un citoyen quelconque défendant ses droits. Un recours gracieux lui est offert auprès de la hiérarchie administrative. Si sa requête est rejetée, il peut porter le litige devant le juge (*tribunal administratif* pour l'impôt sur le revenu, la T.V.A. ou *civil — trib. d'instance —* pour les droits d'enregistrement et de timbre) en sollicitant le sursis de paiement de l'impôt litigieux (sursis fréquemment accordé). Insatisfait du jugement de première instance, il peut faire appel devant le Conseil d'État ou la Cour de cassation.

2° Une question de fait entraînant une part de subjectivité (litige par ex. sur une minoration de recette ou de bénéfices). Le contribuable peut demander l'intervention d'une commission paritaire. Celle-ci émet un avis. Si le contribuable ne l'accepte pas, il peut saisir le juge de l'impôt. Il devra alors faire la preuve de ce qu'il soutient (en général, l'administration se soumet à l'avis de la commission, même si cet avis lui est défavorable ; si elle ne se soumet pas, elle peut aussi saisir le juge et doit aussi faire la preuve).

Dans les cas graves (manœuvre frauduleuse pour se soustraire à l'impôt : comptabilité truquée, vente sans facture, facture sans vente...), l'administration peut, parallèlement à cette procédure de sanctions administratives, s'adresser à la justice pénale (avec sa hiérarchie : tribunal correctionnel, cour d'appel, Cour de cassation) en portant plainte pour « fraude fiscale » et en demandant que le redevable récalcitrant soit frappé de peine de 1 à 5 ans de prison, avec ou sans sursis, d'amende à partir de 5 000 F, exclusion des marchés publics, incapacité commerciale et retrait du permis de conduire. Cette poursuite n'est pas intentée d'office par le procureur de la République, comme en droit commun : il faut une plainte du service chargé de l'impôt, qui est libre de décider si le contribuable sera poursuivi ou non.

Transactions. L'administration fiscale peut en proposer (bien que le mot ne soit pas énoncé par le Code). Le ministère de l'Économie et des Finances en est seul juge.

Elles peuvent intervenir avant tout recours à une juridiction ou après un jugement, même pénal (le ministère pouvant alors accepter de réduire la somme à recouvrer).

Il établit un compte maximal de ce qu'aurait pu être le préjudice de l'État dans l'hypothèse où le contribuable n'avait rien à faire valoir. Il ajoute des majorations, des amendes spéciales, des intérêts de retard.

Sanctions fiscales en matière d'impôt sur le revenu. *Défaut de production ou production tardive d'un document :* amende de 25 F par doc. non produit ou produit tardivement, portée à 200 F si les doc. n'ont pas été fournis dans les 30 j à compter de la mise en demeure.

Omissions ou inexactitudes relevées dans les doc. produits : amende de 25 F par omission ou inexactitude, min. 200 F par doc. omis, incomplet ou inexact.

Insuffisance de déclaration ou de versement conduisant l'administration à effectuer des redressements. Bonne foi : intérêts de retard de 0,75 % par mois. Mauvaise foi : majoration des droits de 30 % ou de 50 % suivant que les droits n'excèdent pas ou dépassent 50 % des droits réellement dus. *Manœuvres frauduleuses :* majoration de 150 %.

Défaut de déclaration ou déclaration tardive entraînant une taxation d'office : suivant les cas, intérêts de retard 10 %, majoration des droits 25 à 100 %.

Opposition à l'exercice du contrôle fiscal donnant lieu à une évaluation d'office : majoration de 150 %.

Dissimulation juridique ou abus de droit : amende fiscale de 200 % des droits.

Fraude

Généralités

Formes. Évasion fiscale : le contribuable utilise les failles de la législation et échappe à l'impôt sans commettre d'infraction. Le fraudeur crée une société de base dans un paradis fiscal qui accumulera des revenus « passifs » sans déployer d'activité économique propre. *3 types de Stés sont utilisés : Sté d'achat et de vente,* qui recueille, par le jeu des prix à l'importation et à l'exportation, les fruits commerciaux et financiers du travail de production réalisé par les filiales dans différents pays, notamment ceux à haute pression fiscale ; Sté de gestion de brevets, qui sert à percevoir à des conditions favorables, du point de vue fiscal, les droits de licence venant de la cession de brevets ; *Stés de financement,* dont l'objet est, par ex., d'éviter à une Sté nationale la retenue à la source sur les intérêts en servant de prête-nom.

Paradis fiscaux. *Pays ne percevant aucun impôt sur le revenu :* Iles Bahamas, Bermudes ; du Caïman. *Territoire où le niveau de charge fiscal est particulièrement bas :* îles Vierges ; Hong Kong ; î. de Man. *Pays refuge ne taxant pas les revenus de source étrangère :* Antilles néerlandaises : avantages fiscaux multiples pour les non-résidents ; Panamá et Liberia : spécialité du pavillon de complaisance ; Uruguay, Venezuela. *Autres pays :* Gibraltar : exonération d'impôt, sous certaines conditions, pour les Stés internationales de vente et les holdings ; Jamaïque et Jersey : avantages divers ; Luxembourg : exonération ou réduction de certains impôts pour holdings ; Liechtenstein : exonération d'impôt pour Stés domiciliées et holdings ; Suisse : secret bancaire ; tolérances fiscales diverses pour les Stés domiciliées et holdings.

Dissimulation *de la matière imposable,* ex. : achats et ventes sans factures (ind. et commerçants), déclarations minorées d'honoraires (prof. libérales), transmission de la main à la main d'éléments mobiliers du patrimoine. **Travestissement d'opérations** pour obtenir un régime fiscal plus avantageux (ex. : donations transformées en vente à prix fictif). **Sous-estimation** *de valeurs.* **Opérations fictives,** ex. : délivrance de factures ne correspondant à aucune livraison de marchandises (« taxis fiscaux »).

Importance. Elle représenterait 14 % de l'impôt sur le revenu, 6 à 10 % de la T.V.A.

Statistiques

Contrôle sur place. Nombre de vérifications de comptabilité d'entreprises : générales (1re éch.), simples (2e éch.) : *75 :* 26 200 (18 016), *76 :* 28 866 (12 661), *77 :* 29 158 (10 391), *78 :* 29 721 (8 705), *79 :* 32 565 (7 027), *80 :* 33 654 (5 417), *81 :* 31 895 (4 040), *82 :* 32 829 (3 615), *83 :* 33 239 (3 389).

Montant net des droits rappelés (1re éch.), des pénalités (2e éch.), en millions de F : *75 :* 6 709 (2 185), *76 :* 6 747 (2 234), *77 :* 6 079 (2 016), *78 :* 5 340 (1 766), *79 :* 5 764 (2 185), *80 :* 6 592 (2 572), *81 :* 6 805 (2 503), *82 :* 9 157 (4 032), *83 :* 11 176 (5 128).

Nombre de vérifications approfondies de situations fiscales d'ensemble : *75 :* 7 794, *76 :* 7 977, *77 :* 7 273, *78 :* 6 405, *79 :* 6 529, *80 :* 7 347, *81 :* 6 676, *82 :* 6 755, *83 :* 6 393.

Montant des droits simples rappelés (1re éch.), des pénalités (2e éch.), en millions de F : *75 :* 461 (—), *76 :* 462 (201), *77 :* 490 (209), *78 :* 511 (227), *79 :* 758 (424), *80 :* 837 (407), *81 :* 879 (463), *82 :* 1 313 (747), *83 :* 1 365 (756).

Contrôle sur pièces. Montant des droits simples rappelés (en millions de F) : *78 :* 3 498, *79 :* 4 013, *80 :* 4 279, *81 :* 4 823, *82 :* 5 539, *83 :* 6 734.

Recouvrement. Montant (en millions de F) des paiements effectifs au titre des émissions des années antérieures (dep. 1976) et de l'année en cours (au 31-12) : i. sur le revenu : *81 :* 1 606, *82 :* 2 235, *83 :* 2 278 ; i. sur les stés : *81 :* 2 109, *82 :* 2 635, *83 :* 2 255.

Nombre de poursuites pénales en 1983. Défaut de déclaration 231, dissimulation de recettes ou revenus 271, opération fictive 1, fraudes diverses 10. *Personnes visées :* industriels, commerçants et artisans 329, professions non commerciales 63, dirigeants de Stés et salariés 106, agriculteurs et exploitants forestiers 6, divers 8. *Total* 512 (*79 :* 274, *80 :* 408, *81 :* 420, *82 :* 504, *83 :* 512).

☞ En 1985, la fraude fiscale a été estimée à 130 milliards de F, dont 58 fraudés sur l'impôt sur le revenu, 18 sur l'impôt sur les Stés, 44 sur la TVA, 5 sur l'impôt sur les grandes fortunes et sur les droits d'enregistrement, 5 sur les autres taxes, contributions ou impôts de l'État.

☞ Sur 900 000 entreprises, environ 31 450 ont été vérifiées en 1984. Une Sté au chiffre d'affaires de 5 à 20 millions de F court le risque d'être contrôlée tous les 14,2 ans [entre 1 et 5 MF : tous les 25,2 ans] ; pour les entreprises agricoles, la moyenne est de 39,8 ans, et pour les professions libérales de 22,9 ans. En 1983, la taxation d'office a été appliquée 22 fois dans toute la France, et celle sur les signes extérieurs de richesse, 123 fois (en 1974 : 1 800 fois).

Fréquence des contrôles fiscaux selon le montant du C.A., en 1984, pour les commerçants et, entre parenthèses, **pour les prestataires de service.** — *de 1 million de F (— de 0,3 million de F) :* 1 tous les 56 ans. *1 à 5 MF (0,3 à 1 MF) :* 1 tous les 28,7 a. *5 à 10 MF (1 à 5 MF) :* 1 tous les 18,3 a. + *de 20 MF (5 MF) :* 1 tous les 9,9 a.

☞ **Amnistie fiscale. 1948** paiement d'une taxe forfaitaire de 25 % du montant des capitaux. **1952** (Antoine Pinay) totale, notamment pour les avoirs à l'étranger ; rentrées plusieurs millions de F. **1981** taxe forfaitaire de 25 % sur le montant des capitaux rapatriés (600 millions de F). **1986** paiement d'une taxe de 10 %, anonymat conservé.

Finances locales et régionales

Source : Direction de la comptabilité publique du min. des Finances.

Impôts locaux

● **Nature.** Les impôts locaux sont perçus au profit des communes, des départements, des groupements de collectivités locales (communautés urbaines, syndicats de communes), certains syndicats mixtes, districts, agglomérations nouvelles, établissements publics administratifs (région, district de la région parisienne, Basse-Seine, Métropole lorraine), établissements consulaires (chambres de commerce et d'industrie, ch. de métiers, ch. d'agriculture), ou d'organismes divers (budget annexe des prestations sociales agricoles).

● **Taxe foncière sur les propriétés bâties** (exonération de 2 ans pour constructions nouvelles ou additions de construction, à partir de la date d'achèvement). *Base :* valeur locative de la propriété, réduite à 50 %, pour tenir compte des frais incombant à tout propriétaire, établie et recouvrée par l'État pour le compte des collectivités locales qui en fixent le taux + montant des frais d'établissement et de recouvrement (7,60 % de la taxe à Paris). En 1970, la valeur locative de chaque logement a été déterminée par comparaison avec des logements types et revalorisée depuis pour tenir compte de l'évolution des loyers. Ainsi, pour 1985, les valeurs locatives de 1984 ont été majorées de 6 %. **Non bâties** (exonération pendant 30 ans pour terrains plantés ou replantés en bois ; 10 ans pour terres incultes depuis 15 ans et +, remises en culture ou plantées d'arbres fruitiers). *Base :* revenu net cadastral déterminé en appliquant à la valeur locative cadastrale des propriétés un abattement de 20 %. Cette valeur locative déterminée lors des révisions générales est actualisée tous les 3 ans et majorée chaque année. Dernière révision générale mise en application à partir du 1-1-1974 (application de coefficients d'adaptation, date de référence le 1-1-1970) aux valeurs locatives cadastrales issues de la révision quinquennale précédente (référence 1-1-1961). Valeurs actualisées 1°) au 1-1-1978 (rôles de 1980), 2°) au 1-1-1983 (coefficients forfaitaires).

● **Taux d'imposition. Bâti,** et entre parenthèses, **non bâti (en %, en 1985).** Nantes 20 (44,44). Toulouse 18,64 (72,26). Nice 17,80 (28,80). Marseille 15,31 (18,06). Bordeaux 8,61 (35,35). Strasbourg 7,60 (26,63). Lyon 7,22 (8,70). Paris 5,83 (11,76).

● **Taxe spéciale d'équipement.** Ile-de-France : 0,431 %.

● **Taxe d'enlèvement des ordures ménagères** Paris : 4,70 %.

● **Taxe d'habitation** (a remplacé la contribution mobilière). **Taux (en %, en 1985).** Paris 9,66. Montpellier 15,81. Bordeaux 19,8. Strasbourg 20,15. Lyon 20,47. Nice 22,12. Nantes 22,74. Le Havre 22,95. St-Étienne 23,63. Toulouse 23,96. Rennes 24,65. Marseille 39,22.

● **Taxe professionnelle** (loi du 29-7-1975) a remplacé depuis le 1-1-1976 la contribution des patentes. Due chaque année par les personnes physiques ou morales qui exercent à titre habituel une activité professionnelle non salariée. *Base d'imposition :* valeur locative des immobilisations corporelles utilisées par le redevable pour les besoins de son activité et le 1/5 des salaires (cas général) ; les professions libérales, agents d'affaires et intermédiaires commerciaux employant — de 5 salariés sont imposés sur le 1/10 de leurs recettes. *A partir de 1983 :* la fraction de 1/5 des salaires est réduite de 10 % (il faudra retenir 18 % des salaires de 1981 pour le calcul de la base d'imposition de 1983) ; pour les artisans, réduction de base d'imposition de : 3/4 s'ils emploient 1 salarié, 1/2 s'ils en emploient 2, 1/4 s'ils en emploient 3 ; remplacement de la cotisation de 2 % par une cotisation de péréquation. *Exonérations* (ex.) : exploitants et organismes agricoles, pêcheurs et chauffeurs de taxi, éditeurs de presse, etc.

Taux (en %, en 1985). Paris 10,70. Strasbourg 18,57. Montpellier 18,69. Marseille 20,14. Lyon 20,61. St-Étienne 20,65. Le Havre 22,55. Rennes 23,74. Nantes 25,23. Toulouse 26,10. Bordeaux 26,20. Nice 31,11.

Reproches. La T.P. pénalise les entreprises qui créent des emplois ou augmentent les salaires (car elle augmente avec la masse salariale), qui engagent des investissements nouveaux (car elle augmente aussi avec la valeur des équipements), qui exportent car elle n'est pas déductible comme la T.V.A. Aussi a-t-on modifié les bases de l'assiette comme en 1982, accordé une remise de 10 % sur son montant ou érigé des plafonnements. *Projets :* baser son assiette sur la valeur ajoutée, la remplacer par une augmentation de la T.V.A. de 2,6 points (conséquences : hausse des prix de 1,9 % dès la 1re année, mais stimulation de la croissance sans accroître le déficit extérieur).

● **Taxe professionnelle payée par les entreprises et,** entre parenthèses, **allègements pris en charge par l'État (en milliards de F). 1981** 43,1 (6,4). **1985** 61,3 (17,2).

T.V.A.

Principe. Dep. déc. 1978, toutes les activités lucratives sauf exonération expresse sont assujetties à la T.V.A. (taxe à la valeur ajoutée) : industrielles, commerciales, artisanales, extractives, agricoles, libérales et civiles. Exonérations (régime intérieur) : avec option possible pour le paiement de la T.V.A. : vétérinaires, auteurs et artistes, avocats et avoués d'appel, officiers publics et ministériels ; sans option : professions médicales ou paramédicales, exploitants de laboratoires d'analyses médicales, d'établissements d'enseignement ou de formation professionnelle continue gérés sous la forme de personnes morales de droit public, VRP, courtiers d'assurances, prothésistes dentaires, publications de presse quotidienne. Elle est calculée à partir du prix hors taxe.

Extension du champ d'application depuis 1981. *Professions libérales :* soins dispensés aux animaux par les vétérinaires, prestations effectuées par les membres des professions juridiques et judiciaires (autres qu'avocats et avoués d'appel), expertises judiciaires ou ayant trait à l'évaluation des indemnités d'assurance. *Formation professionnelle continue :* actions dispensées par les établissements privés. *Exploitants agricoles :* dont la moyenne des recettes sur 2 années civiles consécutives est sup. à 300 000 F.

Taux normal : 18,6 % (dep. 1-7-1982, 17,6 % avant). **Majoré :** 33,33 % : voitures de tourisme, pelleteries (sauf celles de lapins ou de moutons d'espèces communes) et vêtements et accessoires dans lesquels elles entrent pour 40 % et + ; pierres précieuses, tabacs et allumettes, films porno ou d'incitation à la violence, disques, magnétoscopes, locations de voitures et de cassettes vidéo pré-enregistrées, rémunérations des organisateurs et intermédiaires de la loterie nat., du loto et des paris mutuels hippiques. **Réduit :** 7 % : hôtels classés de tourisme, villages de vacances agréés, pensions, gîtes ruraux, terrains de camping ; livres ; conserves, plats cuisinés, potages préparés, entremets et desserts, produits diététiques ; théâtres, concerts ; produits pharmaceutiques. **5,5 %** (dep. 1-7-82) : produits agricoles non transformés : céréales, fruits, viandes ; produits alim. de large consommation : huiles, pâtes, sucre, chocolat, confitures, pain ; produits laitiers. *Déduction pour le gazole :* 10 % en 82, 20 en 83, 30 en 84, 40 jusqu'au 30-6-85, 50 à partir du 1-7-85. **4 %** jusqu'au 31-12-83 pour publications de presse non quotidiennes.

Part dans la consommation des produits soumis aux divers taux de T.V.A. En % de la consommation totale. P. exonérés 19,8, P. soumis aux taux réduits : 26,8, au taux normal : 45,9, au taux majoré : 5,7. *Source :* Économie et statistique.

Droits de timbre et d'enregistrement

Droit de timbre. En général, impôt prélevé à l'occasion de certains actes ; correspond parfois au coût de la délivrance de certains documents ou de formalités administratives. *Timbre-impôt :* 1) *timbres de dimension :* dus sur certains actes (art. 899 du C.G.I.), p. ex. ceux des notaires et autres officiers publics ou ministériels, les reconnaissances de dettes, certains bulletins de souscription d'actions, etc. ; 2) *timbres des effets de commerce,* chèques et contrats de transport. *Timbre de délivrance de documents et des formalités administratives :* ex. : cartes d'entrée dans les casinos, cartes frontalières, passeports...

Nota. — Dep. le 1-1-1983, le timbre des quittances et l'impôt des opérations de bourse pour certaines obligations (V. Bourse) ont été supprimés.

Droits d'enregistrement. *Actes soumis à la formalité de l'enregistrement :* actes et opérations juridiques les plus importants (p. ex. : ventes d'immeubles achevés dep. + de 5 ans, de fonds de commerce, successions...) ; le plus souvent passés par devant notaire. *Actes non soumis obligatoirement à l'enregistrement :* actes sous seing privé (p. ex. : compromis de vente, baux d'habitation à durée limitée...). *Droits :* fixes, proportionnels, progressifs selon les cas.

Divers

• **Taxe sur les salaires.** *Redevables :* employeurs non assujettis à la T.V.A. l'année de versement des salaires et non soumis à la T.V.A. sur 90 % de leur C.A. l'année précédant celle du paiement des salaires. Exonérés : collectivités locales, organismes et œuvres mentionnés par l'art. 261-7 du C.G.I., cantines, employeurs agricoles, employeurs de domestiques et gens de maison.

Base d'imposition : rémunérations brutes (y compris valeur des avantages en nature) avant déduction de la cotisation ouvrière de S.S., des retenues pour la retraite, de certaines cotisations d'assurance chômage. Exonérations diverses : primes de transport, etc.

Taux : normal 4,25 %, majoré 8,50 % (fraction des rémunérations annuelles individuelles entre 32 800 et 65 600 F) et 13,60 % (fraction excédant 65 600 F).

Paiement mensuel : 15 1ers jours du mois suivant celui du versement des salaires.

• **Vignette sur le tabac.** *Créée* en avril 1983. *But :* financement de la Séc. soc. *Montant :* 25 % du prix du produit. *Mise en place :* en 5 étapes semestrielles égales à 5 % du prix du produit, à partir du 1-7-1983. *Supprimée* en juillet 1984.

Salaires et prix

Fortune des Français

Patrimoine calculé par des enquêtes

Patrimoine brut par foyer (en F, 1984). *Moyenne :* 600 000. Professions libérales 3 900 000. Industriels et gros commerçants 3 200 000. Exploitants agricoles 1 750 000. Artisans et petits commerçants 1 600 000. Cadres supérieurs 1 400 000. Inactifs et retraités 600 000. Cadres moyens 580 000. Employés 310 000. Ouvriers, salariés agricoles, personnel de service 220 000.

Patrimoine total par catégorie (en milliards de F, 1984). 13 900 dont inactifs et retraités 4 500. Artisans et petits commerçants 1 800. Cadres supérieurs 1 680. Ouvriers, salariés agricoles, personnel de service 1 650. Exploitants agricoles 1 575. Employés 820. Industriels et gros commerçants 700. Professions libérales 650. Cadres moyens 525.

Répartition des patrimoines nets des Français de 20 ans et +

1982	Français concernés	% de la pop. adulte (chiffres cumulés)
53 500 000 F et +	700	0,0019
26 700 000 F et +	3 500	0,0095
13 400 000 F et +	18 000	0,049
9 000 000 F et +	45 700	0,125
6 000 000 F et +	116 000	0,317
4 500 000 F et +	226 000	0,617
3 000 000 F et +	575 000	1,57
2 000 000 F et +	1 205 000	3,29
1 500 000 F et +	1 875 000	5,12
900 000 F et +	3 125 000	8,54
750 000 F et +	4 125 000	11,27
600 000 F et +	5 417 000	14,80
450 000 F et +	6 749 000	18,43
300 000 F et +	8 509 000	23,24
150 000 F et +	11 574 000	31,62
de 0 à 150 000	36 604 000	100

Patrimoine révélé par l'impôt sur les grandes fortunes

L'impôt sur les grandes fortunes a été institué par décret en 1981 à compter de 1982. Le seuil minimal imposable a été relevé en 1983 à 3 200 000 F (après abattement des 2 200 000 F pour l'outil de travail). Au 31-12-1982, sur 104 000 déclarations reçues, 101 050 avaient pu faire l'objet d'une exploitation informatique.

Patrimoine total déclaré. *Brut* 736,5 milliards de F, dont biens professionnels (non imposables) 118, immeubles 357,5, biens meubles 260,9. *Net* après déclaration du passif mobilier 701,5.

En 1983, le Parti communiste estimait le capital réel des grosses fortunes à 1 500 milliards de F, en tenant compte, 1° de la valeur réelle des bois et forêts (évaluée au quart de la valeur effective) et des œuvres d'art (non comptées pour le calcul de l'impôt), soit pour le tout 200 milliards de F ; 2° de la sous-estimation par les déclarants, des dérogations diverses légales et de la hausse des prix depuis 1981 ; 3° d'un nombre total de 110 000 familles au lieu de 101 050 après vérification des déclarations.

Composition des patrimoines de 3,2 à 4 millions de F (et de + de 100 millions F) en %. *Immeubles* 68,6 (7,3) dont résidences principales 18,2 (1,5) ; secondaires 8,9 (0,9) ; bois et forêts 0,5 (0,2) ; autres immeubles bâtis 34,4 (3,9) ; autres immeubles non bâtis 6,6 (0,8). *Meubles* 31,4 (92,7) dont valeurs mobilières 20,6 (85,9) ; liquidités 7,2 (4,4) ; autres meubles (y compris le forfait mobilier) 3,6 (2,4).

Montant (millions de F)	% des déclarations traitées	% du patrimoine détenu	% de l'impôt payé
de 3,2 à 4	30,3	16,2	2,0
de 4 à 5	25,0	16,7	5,4
de 5 à 10	34,2	34,3	26,5
de 10 à 50	10,0	24,2	43,8
+ de 50	0,5	8,6	22,3
Total	100	100	100

Impôts sur la fortune par région

Contribuables (C) et impôt acquitté (I) en % du total national

Régions	C	I
Ile-de-France	41,83	62,30
(+ non-résidents) [1]	1,76	0,94
Champagne-Ardenne	2,42	1,68
Picardie	1,97	1,15
Haute-Normandie	3,24	1,96
Centre	4,12	3,90
Nord-Pas-de-Calais	1,77	1,01
Lorraine	1,67	0,99
AlsaceFranche-Comté	0,78	0,51
Basse-Normandie	1,46	1,12
Pays-de-Loire	3,06	2,02
Bretagne	2,62	1,28
Limousin	0,68	0,39
Auvergne	1,46	0,90
Poitou-Charentes	1,37	0,91
Aquitaine	3,79	2,19
Midi-Pyrénées	2,47	1,17
Bourgogne	1,78	1,03
Rhône-Alpes	7,43	5,32
Languedoc-Roussillon	2,60	1,30
Provence-côte-d'Azur	11,05	7,32
Corse	0,08	0,07
Métropole	99,41	99,46
D.O.M.	0,59	0,54

Nota. — (1) Dont Paris 22 593, reste Ile-de-Fr. 18 175, non résidents 1 277.

Patrimoines de + de 100 millions de F (141 contribuables concernés) : moyenne 218 186 000 F (biens professionnels 80 911 000 F, immeubles 15 300 000 F, biens meubles 121 975 000 F dont valeurs mobilières 108 470 000 F).

☞ Sur 100 redevables : 86 étaient propriétaires de leur résidence principale ; 60 d'une ou plusieurs résidences secondaires ; 86 d'autres immeubles ; 53 d'immeubles non bâtis autres que les bois et forêts ; 12 de bois et forêts.

En moyenne, les déclarants possédaient près de 2 millions de F en valeurs mobilières et 450 000 F de liquidités.

☞ Voir tableau Impôts sur la fortune par région, p. 1627.

Les 50 premières fortunes de France. *Source :* L'Expansion des 6/19-12-85 en md (en milliards de F). En ne se limitant pas à la conception servant de base à l'assiette de l'impôt sur les grandes fortunes et qui exclut notamment l'outil de travail (pour les dirigeants détenant plus du quart du capital de leur entreprise). **Marcel Dassault** : 7 à 7,5 md dont Avions Marcel Dassault 4,1, Sté centrale d'études Marcel Dassault qui regroupe bon nombre de ses participations et détient 20 % d'Europe (0,2), 10 % de l'Institut Mérieux (0,2), 28 % d'Intertechnique (0,3), 10 % de Gaz et Eaux (0,2), auxquels devraient maintenant s'ajouter 50 % de Serge Dassault Électronique (0,1), plus le patrimoine immobilier]. **Liliane Bettencourt** : 6,6 à 7 md, fille unique d'Eugène Schueller, fondateur de L'Oréal, détient 51 % de Gesparal Holding détenant 58,3 % de L'Oréal, soit 2,8 md, 5 % de Nestlé soit 2 md, env. 30 % de Cosmair, soit 1,8 md. **Marcel Bich** : 2,1 à 2,2 md (détient 50 % de BICSA). **Edmond de Rothschild** : 2 à 2,5 md (contrôle une centaine de Stés). **Robert Hersant** : 2 à 2,2 md. **Michel David-Weill** : 1,5 à 2 md dont 20 % de l'actif net de Lazard-France, et probablement 30 % de Lazard Frères and Co à New York. **Geneviève Seydoux** : 1,5 à 1,6 md, fille de Marcel Schlumberger, mère de Véronique, Jérôme, Nicolas, Michel, voir plus bas. **Jean-Noël Bongrain** : 1,3 à 1,4 md dont 5 % de Bongrain (0,1) et env. 25 % par l'intermédiaire du holding familial Soparind (0,7). **Sylvain Floirat** : 1,2 à 1,3 md [dont son holding personnel Aigle-Azur avec des participations dans Matra-Hachette et une multitude de Stés dans transport, immobilier, aéronautique, textile, pharmacie, électronique], ancien apprenti charron en 1911. **Philippe Rossillon** : 1,2 à 1,25 md. Mari de Véronique, née Seydoux. **Jérôme Seydoux** : 1,1 à 1,2 md. A transformé Pricet en Chargeurs SA (U.T.A., Chargeurs Réunis, Cie Fabre S.G.T.M., Spontex, Gillet Thaon...) dont il contrôle 20 à 25 % (0,4) ; a lancé avec Silvio Berlusconi la 5 (chaîne privée de télé). **Nicolas Seydoux** : 1,1 à 1,2 md dont Gaumont (0,5) et Le Point. **Anne Gruner-Schlumberger** : 1,1 à 1,2 md [fille de Conrad Schlumberger]. **Michel Seydoux** : 1 à 1,1 md [regroupe une vingtaine d'entreprises audiovisuel et aviation (possède 40 % d'Euralair et une participation dans Mooney Aircraft Corp.)]. **Francis Bouygues** : 1 à 1,1 md. Il a démarré en 1952 avec l'équivalent en capital de 12 000 F de 1985. Contrôle env. 30 % du capital de ses entreprises (0,8). **Gustave Leven** : 1 à 1,1 md [Patron de la source Perrier (Vichy, San Pellegrino, Producteurs réunis de Roquefort, Sellier-Leblanc...). Contrôle familial : 50 % des actions de son groupe, personnel : 25 % (0,9) et 20 % des Chaussures André]. **Kilian Hennessy** : 0,9 à 1 md. A env. 10 % dans Moët-Hennessy. **Frédéric Chandon de Briailles** : 0,9 à 1 md. A env. 10 % dans Moët-Hennessy. **Philippe Bouriez** : 0,9 md (P.-D.G. de Cora en 1969, P.-D.G. de Revillon en 1981). **Laura Mentzelopoulos** : 0,85 à 0,9 md [veuve d'André Mentzelopoulos, † en 1980, qui a transmis à sa femme et à sa fille la chaîne d'épiceries Félix Potin, Château-Margaux (acheté 72 millions en 1977), un capital immobilier important et le holding Exor]. **Jean Mantelet** : 0,85 à 0,9 md (Moulinex). **Serge Kampf** : 0,85 à 0,9 md (Sté Sogeti, créée 1967, détient plus de 50 % des actions.) **Anne-Marie Hériard-Dubreuil** : 0,85 à 0,9 md, 2e fille d'André Renaud qui lança le cognac Rémy Martin, possède 50,8 % des parts de Rémy Martin. **James Goldsmith** : 0,8 à 1 md (Générale occidentale). **Léon Cligman** : 0,8 à 0,9 md [a développé l'affaire de son beau-père, Pierre Lévy, patron de Devanlay-Recoing et la sienne, Indreco (détient 20 % dans Devanlay et 75 % dans Indreco)]. **Henry Vuitton** : 0,8 à 0,9 md [héritier du fondateur Louis Vuitton (1821-1890), 25 % des parts de la sté]. **Odile Racamier** : 0,8 à 0,9 md [détient 25 % des parts de Vuitton]. **Gaston Burtin** : 0,8 à 0,9 md (sté de champagne). **Simone del Duca** : 0,8 à 0,9 md [veuve de Cino del Duca († 1967), qui possédait une activité d'édition à Milan et a lancé en 1937 les Éditions mondiales dont elle a cédé, pour 600 millions, le contrôle au groupe Revillon, en conservant env. 50 % des parts ; gère haras et patrimoine immobilier important, distribue chaque année, par l'intermédiaire de fondation Del Duca, 3 millions de F à des écrivains et des chercheurs]. **Georgette Deutsch de la Meurthe** : 0,8 à 0,85 md (son grand-père Alexandre Deutsch se lance en 1877 dans le raffinage), détient 5 à 6 % de la Royal Dutch Shell. **Daniel Filipacchi** : 0,8 à 0,85 md [détient 55 % des Publications Filipacchi et des parts de 260 millions de Hachette]. **Denis Defforey** : 0,8 à 0,85 [détient 15 % du capital de Carrefour]. **Paul Ricard** : 0,75 à 0,8 md détient — de 10 % de Pernod-Ricard et un important capital foncier et immobilier]. **Gérard Mulliez** : 0,75 à 0,8 md [son père détient Phildar, son oncle St-Maclou et les Filatures St-Liévin, lui détient env. 25 % des actions Auchan]. **Pierre Bellon** : 0,7 à 0,75 md (Sodexho, n° 1 de la restauration collective), **Serge Dassault** : 0,7 à 0,75 [a développé, en 1963, Électronique Marcel Dassault, devenue en 1982 Électronique Serge Dassault, dont il détient au moins 25 %]. **Geneviève Cointreau** : 0,7 à 0,75 md [fille d'André Renaud († 1965), qui créa Rémy Martin]. **Nicholas Clive Worms** : 0,6 à 0,8 md [seul descendant direct actif de Worms & Cie, le holding Pechelbronn contrôle Héli Union, la Préservatrice foncière Tiard, 20 % de Générale Biscuit, 24 % d'Arjomari-Prioux]. **Georges Salomon** : 0,65 à 0,7 md [leader mondial de la fixation de skis, contrôle son affaire et détient 27,2 % du capital de l'affaire]. **Jacques Durand** : 0,65 à 0,7 (Verrerie et Cristallerie d'Arques). **Guy de Rothschild** : 0,6 à 0,65 md [a reçu pour la nationalisation de sa banque 440 millions à partager avec sa famille, il lui reste un holding Paris-Orléans et des participations industrielles (Imetal, Peñarroya, P.L.M.]. **Josepf Szydlowski** : 0,6 à 0,65 md (80 % de Turboméca).

Les 20 premières fortunes de France en md (milliards de F). En excluant des calculs l'outil de travail. *Source :* Le Nouvel Observateur du 18-10-85. Liliane Bettencourt 2,1 md, Marcel Dassault 1,5, Geneviève Seydoux 1,5, Philippe Rossillon 1,2, Edmond de Rothschild 1,15, Anne Gruner-Schlumberger 1,1, Michel Seydoux 0,9, Jérôme Seydoux 0,9, Nicolas Seydoux 0,85, Georgette Deutsch de la Meurthe 0,8, Simone del Duca 0,6, Guy de Rothschild 0,4, Nicolas Boissonnas (fils d'Éric et de Sylvie née Schlumberger) 0,3, Pierre Schlumberger 0,25, Sylvain Floirat 0,25, Serge Dassault 0,22, Francis Bouygues 0,2, Sylvie Boissonnas 0,15, Suzanne Hommet (détient 50 % de Leroy-Somer) 0,14, Jean Ollivier (industriel vendéen) 0,13.

Les 5 plus gros contribuables. Ayant disposé de + de 50 millions de F de revenus annuels en 1984 (selon le Nouvel Observateur). *André Bettencourt. Baron Bich. Georgette Deutsch de La Meurthe* : actions. *Jacques Setton* : importateur d'électronique Pioneer, ITT, Fuji. *Jean-Claude Decaux* : fils d'un ouvrier, a créé les Abribus avec publicité.

Le plus gros salaire déclaré. *David Vidal-Madjar, gérant de portefeuilles. En 1984* a reçu 8 864 355 F et a versé aux impôts 5 518 941 F.

Revenu des ménages

Revenu des ménages en 1984. *Professions indépendantes* 301 500. *Cadres supérieurs* 258 000. *Agriculteurs* 176 700. *Cadres moyens* 170 300. *Ouvriers* 170 300. *Inactifs* 139 300. *Employés* 131 400. *Salariés agricoles* 116 000. *Source* BIPE (Bureau d'informations et de prévisions économiques).

Hiérarchie des revenus. *Minimum vieillesse 1984* : 28 355 F/an ; *le revenu imposable moyen des 41 292 plus gros contribuables en 1981* (sur les revenus de 1980) : 703 895 F.

Revenu annuel brut des ménages par habitant. Ile-de-France 68 283. Alsace 54 376. Provence-Alpes-Côte d'Azur-Corse 53 889. Champagne-Ardenne 53 543. Rhône-Alpes 52 442. Centre 52 051. Haute-Normandie 51 661. Aquitaine 51 126. Midi-Pyrénées 50 864. Limousin 50 840. Bourgogne 50 660. Lorraine 50 358. Languedoc-Roussillon 49 328. Auvergne 49 050. Franche-Comté 48 985. Pays-de-la-Loire 48 736. Bretagne 48 650. Basse-Normandie 48 627. Poitou-Charentes 48 546. Picardie 47 973. Nord-Pas-de-Calais 47 935.

Source : SIRF 1983 (1ers résultats avril 1986).

Revenu disponible en F par an (1984). Salariés (0 enfant, et, entre parenthèses, 3 enfants). **Homme cadre supérieur, femme cadre moyen** : *salaire net* 307 658 (brut 354 528 ; charges sociales, part salariale 46 870), prestations familiales 0 (13 234), impôt sur le revenu 63 299 (36 698). *Revenu disponible total* 244 359 (284 194) ; par unité de consommation 143 741 (88 811). **Cadre moyen, femme sans activité professionnelle** : *salaire net* 110 359 (brut 128 500, charges soc. 18 220), prest. famil. 0 (22 545), impôt sur le revenu 8 807 (2 233). *Revenu total* 101 552 (130 571) ; par unité de consomm. 59 737 (40 804). **Ouvrier spécialisé, femme sans activité professionnelle** : *salaire net* 61 781 (brut 72 675, charges soc. 10 894), prest. famil. 0 (25 779), impôt sur le revenu 2 194 (0). *Revenu total* 59 587 (87 560) ; par unité de consomm. 35 051 (27 362).

Retraités. Couple, un retraité cadre : *retraite nette* 97 835 (brute 99 371, cotisations sociales 1 536), impôt [1] sur le revenu 6 713. *Revenu disponible total* 95 122 ; par unité de consommation 55 954. **Couple, un retraité ouvrier** : *retraite nette* 51 135 (brute 51 170, cotis. 35), impôt [1] 0. *Revenu disponible total* 51 135 ; par unité de c. 30 070. **Couple, deux retraités employés** : *retraite nette* 92 006 (brute 93 204, cotis. 1 198), impôt [1] 4 578. *Revenu disponible total* 87 428 ; par unité de c. 51 428. **Personne seule, allocataire du minimum vieillesse** : *retraite nette* 28 355 (brute 28 355, cotis. 0), impôt [1] 0. *Revenu disponible total* 28 355 ; par unité de c. 28 355.

Nota. — (1) Impôt payé dans l'année, sur les revenus de l'année précédente.

Revenu du patrimoine d'un ménage moyen de cadre supérieur (en F, 1984). Revenus fonciers nets d'impôts et charges spécifiques 4 900, d'actions et parts 7 600, d'obligations 4 800, de l'épargne liquide et des comptes courants d'associés 15 200.

Structure du patrimoine de rapport et, entre parenthèses, structure des revenus courants de ce patrimoine (en %, 1984). Immobilier (bâti ou non bâti) 39 (17), valeurs mobilières 26 (33), autres placements 35 (50) dont épargne liquide ou à court terme 33 (47).

Revenu courant du patrimoine de rapport des particuliers (en milliards de F, 1984). 284 dont immobilier (bâti ou non bâti) 48, valeurs mobilières (y c. dividendes des sociétés non cotées) 94, autres placements (épargne liquide ou à court terme pour l'essentiel) 142.

Prestations sociales versées aux ménages (en milliards de F, 1985). Emploi 133,6, vieillesse 434,3, famille 167,3, santé 422,3, survie 84,7, divers 1,8. *Total* 1 244 soit 36,9 % du revenu disponible des ménages.

Saisie-arrêt sur salaire. Depuis le 4-8-1983. Part qui peut être saisie par les créanciers selon les rémunérations annuelles. 5 % (de la portion inférieure ou égale à 13 000 F) ; 10 % (entre 13 001 et 26 000 F) ; 20 % (26 001 à 39 000 F) ; 25 % (39 001 à 52 000 F) ; 33 % (52 001 à 65 000 F) ; 66 % (65 001 à 78 000 F) ; 100 % (+ de 78 000 F). Chaque tranche est majorée de 4 140 F par enfant à charge.

Salaires

Éventail des salaires

Mesure

Il existe plusieurs façons de le mesurer.

1° *On peut mesurer l'écart entre 2 catégories extrêmes.* Exemples : entre le smicard et le P.D.G. le mieux payé de France (écart de 1 à 100) ; entre le groupe des cadres supérieurs gagnant plus de 28 000 F par mois, et les ouvriers les plus mal payés (écart de 1 à 15) ; entre les salaires moyens de la femme manœuvre et du cadre administratif supérieur (écart de 1 à 6,8) ; entre l'ensemble des ouvriers et l'ensemble des cadres supérieurs (écart de 1 à 4) ; entre 2 couples types avec 2 enfants et un seul salaire en tenant compte du salaire direct cadre moyen et ouvrier (écart de 1 à 3), et du revenu disponible (cotisations diverses et prestations sociales comprises) (écart de 1 à 1,9).

2° *Méthode des déciles* : le 1er décile est le seuil audessous duquel se trouvent les 10 % de la population aux salaires les + bas, et le dernier décile celui audessus duquel se trouvent les 10 % aux salaires les + élevés.

Rapport cadres sup./ouvriers (maîtrise exclue) *1951* 4,1, *1967* 4,8, *1970* 4,5, *1975* 3,9, *1980* 3,6, *1983* 3,57. *1985* 3,55.

Inégalités entre hommes et femmes. *La loi du 22-12-1972* oblige tout employeur à assurer, à travail égal, une même rémunération quel que soit le sexe. *La loi du 11-7-1975* a instauré le principe d'égalité en matière d'embauche (rédaction des offres d'emploi par ex.) et de licenciement (poursuites pénales). **Différence entre les salaires moyens des hommes et des femmes**, toutes catégories confondues en 1985 : 25,2 % du salaire des hommes (34,7 % si on la rapporte au salaire des femmes ; en 1978 : 28 % à 39 %). En 4 ans, le nombre de femmes cadres supérieurs s'est accru d'env. 30 %, alors que le nombre d'employées se stabilisait et que celui d'ouvrières diminuait.

Salaires d'autrefois

Ouvriers artisans

Sal. Journaliers (en F)	1806	1840	1860	1880	1900	1919
France entière						
Ouvrier des mines de houille	1,80	2,00	2,50	3,50	4,65	13,50
Ouvrier agricole non nourri	1,00	1,50	1,85	2,20	3,00	12,00
Région parisienne						
Tailleur de pierre	3,25	4,20	5,50	7,50	8,50	22,00
Maçon	3,25	4,15	5,25	7,50	8,00	22,00
Garçon maçon	1,70	2,45	3,30	5,00	5,00	17,20
Couvreur	5,00	5,50	7,00	8,50	8,50	22,00
Plombier	3,00	3,50	4,00	6,00	7,50	20,00
Charpentier	3,00	4,00	6,00	8,00	9,00	22,00
Menuisier	3,50	3,25	4,50	7,00	7,00	22,00
Tapissier	3,00	3,50	4,00	5,00	9,00	22,00
Serrurier	3,75	3,25	4,00	6,50	7,50	22,00
Forgeron	5,00	5,00	6,50	7,75	8,00	22,00
Terrassier	2,25	2,75	4,00	5,50	5,50	20,00
Boulanger	3,50	4,00	4,55	7,00	8,00	13,00

Salaires, en 1832. *Famille ouvrière :* 760 F par an dont le père ouvrier 450 F (pour 300 j de travail), la mère 180 F (200 j), leurs 2 enfants 65 F chacun (80 j). *Budget familial annuel* 860 F (dont nourriture 570, logement 130, vêtements 140, divers 19). L'ouvrier doit donc se restreindre d'autant plus que le plein-emploi n'existe pas, que les salaires varient d'une région à l'autre (73 centimes par j dans certaines manufactures d'Alsace) et que la moindre maladie vient bouleverser cet « équilibre ». 10 centimes par j au-dessus ou au-dessous du taux nécessaire à l'entretien d'un travailleur économe et sans famille suffisent pour le placer dans une sorte d'aisance ou pour le jeter dans une grande gêne (étude Vuillermé).

Salaire journalier. Pour 15 h, *homme* 2 F, *femme* 1 F, *enfant* 0,30 à 0,45 F. Les rétributions des ouvriers agricoles sont plus faibles.

Salaires en 1894 (en F). *Par jour :* ouvrier 2,25 pour 10 h de travail ; repasseuse, blanchisseuse 3 ; passementière 3,5 à 5 ; couturière 3,7. *Par mois :* cuisinier 50 à 75 ; femme de chambre 40 à 70 ; bonne d'enfants 20 à 40 ; nourrice 60 à 80 ; vendeuse 150 à 200 (12 h par jour de 8 h à 20 h, avec 2 h pour le repas). *Par an :* instituteur 1 000 à 1 500 ; chef de rayon 3 000 à 20 000 ; employé de poste 900 à 1 800.

Fonctionnaires

Sous l'Empire (en F par an). *Ponts et chaussées :* inspecteur général 12 000, divisionnaire 8 000, ingénieur en chef 5 000, ordinaire 1 800 à 2 800. *Conseil d'État :* conseiller 25 000, maître des requêtes 5 000, auditeur 2 000. **1901-07** Pt de la Chambre et du Sénat 72 000, Gouverneur gén. de l'Indochine 60 000, ambassadeur 40 000. *P. et Ch. :* inspecteur général 12 000 et 15 000. *C. d'État :* conseiller 16 000, maître des requêtes 8 000, auditeur 2 000 à 4 000.

En 1914, 1934 et en 1982. Directeurs de ministères. *Salaires directs bruts* (en F de chaque époque) : 25 000 *117 000* (320 000). *Salaires directs disponibles* (après impôt sur le revenu) 25 000 *93 000* (200 000). *Revenu salarial disponible* (y compris prestations sociales reçues) 25 000 *102 000* (220 000).

Fonctionnaires les moins payés. *Brut :* 1 200 *11 240* (42 220). *Net :* 1 200 *10 500* (39 000). *Rev. disp. :* 1 200 *12 500* (58 000).

Évolution des salaires ouvriers (en %)	1982		1983		1984		1985	
	G.	M. a.	G.	M. a.	G.	M. a.	G.	M. a.
Taux de salaire horaire brut	12,6	15,4	9,8	11,2	6,4	7,6	5,3	5,9
Pouvoir d'achat du taux de salaire horaire brut	+ 2,7	+ 3,2	+ 0,7	+ 1,5	− 0,1	+ 0,2	+ 1,1	+ 0,1
Pouvoir d'achat du taux de salaire mensuel brut ..	− 0,4	+ 0,3	− 0,2	+ 0,1	− 0,4	− 0,6	−	−
Part des cotisations sociales salariales sous plafond		12,98		13,66		15,01	−	15,19
Pouvoir d'achat du taux de salaire horaire net	+ 2,1	+ 2,3	− 0,9	+ 0,6	− 0,4	− 1,4	+ 0,6	− 0,1
Pouvoir d'achat du taux de salaire mensuel net	− 1,0	− 0,7	− 1,8	− 0,6	− 0,7	− 2,1	−	−

Nota. — Pour le calcul du pouvoir d'achat en glissement, on a pris l'évolution des prix entre les dates de l'enquête Activité et conditions d'emploi de la main-d'œuvre, soit janvier, avril, juillet et octobre.

Évolution des traitements de la fonction publique (en%)	1982		1983		1984		1985	
	G.	M. a.	G.	M. a.	G.	M. a.	G.	M. a.
Rémunérations brutes	9,8	11,4	9,4	9,2	5,5	8,0	n.c.	4,0
Rémunérations nettes	8,9	10,2	9,3	9,2	4,4	6,2	n.c.	3,5
Pouvoir d'achat des rém. brutes	+ 0,1	− 0,4	+ 0,1	− 0,4	− 1,1	+ 0,6	n.c.	− 1,7
Pouvoir d'achat des rém. nettes	− 0,7	− 1,3	0	− 0,4	− 2,2	− 1,2	n.c.	− 2,2

Légende. G. : glissement. M. a. : moyenne annuelle.

Le rapprochement des taux horaires des ouvriers hommes et femmes (écart de 15 % vers 1946, de 3,9 % aujourd'hui) ne se reflète pas dans les salaires mensuels car 1° *La durée moyenne de travail des femmes est inférieure de 10 % à celle des hommes.* En raison de leurs tâches ménagères et de l'éducation des enfants, les femmes choisissent des horaires plus souples et courts, leur absentéisme est plus fort (congés de maternité, absences pour soigner les enfants malades). Elles interrompent souvent leur carrière, ce qui influe sur leur ancienneté (donc sur leur rémunération) ; elles ont du mal à allonger leurs horaires et ont ainsi plus difficilement accès à la formation permanente. 2° *Différences de qualification :* elles forment 36 % des salariés, mais 13 % des cadres supérieurs et 45,5 des employés. Une femme cadre sup. gagnait en moyenne 26,2 % de moins qu'un homme en 1984. La différence des études expliquait en partie cette inégalité. 3° Les employeurs, prévoyant une durée d'emploi moins longue (mariage, maternité), répugnent souvent à confier nombre de postes à des femmes : de leur côté, les femmes choisissent souvent entre leurs responsabilités familiales et professionnelles. 4° *Hommes et femmes ne se dirigent pas vers les mêmes emplois.* Il s'établit 2 marchés du travail relativement distincts.

☞ Voir Quid 1983 p. 62, salaires hommes-femmes (enquête de F. Magazine).

Si l'on voulait ramener tous les Français à égalité de salaire, chacun gagnerait 2 SMIC (si l'économie tournait au même rythme, c'est-à-dire si les hauts salaires continuaient à produire autant de valeur malgré la diminution de leur salaire). Cette réduction serait réalisée sans perte de production, si l'État renonçait à conserver pour lui-même l'impôt sur le revenu et reversait aux petits ce qu'il reçoit des grands. L'égalité arithmétique absolue ne pourrait élever les salaires au-dessus de 2 SMIC, salaire direct moyen national.

Plus de 2 milliards d'hommes vivent aujourd'hui dans le monde avec des salaires dont le pouvoir d'achat est inférieur au 1/10 de notre SMIC.

• En 1982, sur 10 000 salariés, 1 000 (soit 10 %) avaient perçu + de 114 200 F, 519 + de 150 000 F, 85 + de 300 000 F, 35 + de 400 000 F, 16 + de500 000 F, 4 + de 700 000 F.

% des salariés au-dessous du plafond de la Sécurité sociale. *1982 :* 67,8. *1983 :* 68,5.

Salaires annuels nets offerts selon la catégorie socio-professionnelle et le sexe, dans les secteurs privé et semi-public, de 1980 à 1985

Salaire annuel net (en F/an)	1980	1981	1985	Effectifs 1985 (en milliers)
Hommes	**59 874**	**69 032**	**95 786**	**7 593**
Cadres supérieurs	146 946	168 019	226 275	791
Cadres moyens	76 991	87 672	116 193	1 228
Contremaîtres	70 381	79 896	104 053	387
Employés	51 585	59 107	79 413	882
Ouvriers qualifiés	47 471	54 447	73 054	2 485
Ouvriers spécialisés	41 622	47 577	65 089	1 187
Manœuvres	35 317	40 542	56 402	249
Autres catégories	35 845	42 091	58 535	383
Femmes	**43 974**	**51 303**	**71 620**	**4 284**
Cadres supérieurs	103 532	120 091	167 393	142
Cadres moyens	62 132	72 374	99 540	682
Contremaîtres	59 902	68 899	91 226	37
Employées	41 781	48 330	66 272	1 785
Ouvrières qualifiées	38 365	44 255	59 916	386
Ouvrières spécialisées	32 951	38 163	52 566	538
Manœuvres	29 166	33 820	47 094	148
Autres catégories	39 033	45 783	62 031	567

Évolution du SMIC horaire brut (en %)

	1982		1983		1984		1985	
	G.	M. a.	G.	M. a.	G.	M. a.	G.	M. a.
Montant horaire	14,2	17,6	10,1	12,2	9,1	9,4	6,9	8,1
Pouvoir d'achat	4,1	5,2	0,7	2,4	2,2	1,9	2,1	2,2

Variations du pouvoir d'achat du revenu disponible par ménage de 1980 à 82 et, entre parenthèses, de 1982 à 85 (en %). *Source :* Bureau d'informations et de prévisions économiques (Bipe). Inactifs + 5 (+ 2), ouvriers + 2 (− 3), salariés agricoles + 4 (− 6), employés + 1 (− 4), agriculteurs + 6 (− 10), cadres moyens 0 (− 5), professions indépendantes 0 (− 7), cadres supérieurs − 1 (− 6).

Salaires mensuels (en oct. 85). Cadre 16 720, agent de maîtrise, technicien ou dessinateur 9 468, employé 6 691, ouvrier 6 355.

Salaire annuel en mf (milliers de F) au 1-7-85 et nombre de salariés. *Source :* enquête du Nouvel Observateur auprès de l'AGURC et de l'IRICASE. + de 840 mf (900 à 4 500 sal.), 735/840 mf (4 100 sal.), 630/735 mf (10 000 sal.), 525/630 mf (22 000 sal.), 420/525 mf (47 000 sal.), 315/420 mf (130 000 sal.), 210/315 mf (180 000 sal.), 105/210 mf (1 220 000 sal.), 0/105 mf (14 400 000 sal.).

Salaires des P.-D.G. les mieux payés d'Europe. *Source :* Executive Compensation Service Inc. Salaire annuel brut, primes et avantages compris (en milliers de F français), et, entre parenthèses, salaire net après impôt, en Suisse 2 405 (1 370). Belgique 2 177 (588). Italie 1 563 (719). France 1 476 (736). G.-B. 1 293 (601). All. féd. 1 267 (645). Pays-Bas 1 054 (400). Espagne 1 007 (544). Portugal 371 (174).

☞ Quelques métiers à + de 400/500 000 F/an : prostituées, cascadeurs, gardes du corps de riches étrangers, courtiers d'assurances, gérants de portefeuilles, crieurs de salles des ventes.

Salaire minimal

• **S.M.I.G.** (salaire minimum national interprofessionnel garanti). *Créé* par la loi du 11-2-1950. La loi du 18-7-1952 introduisit une clause d'*échelle mobile.* En cas d'augmentation égale ou supérieure à 5 % de l'indice mensuel des prix (à l'époque « 213 articles »), le S.M.I.G. devait être, par arrêté, majoré proportionnellement. La loi du 26-6-1957 indexa le S.M.I.G. sur l'indice des « 179 articles », spécialement créé et représentant le budget d'un célibataire parisien (à partir de 1966, indice national des prix à la consommation dit des « 259 » articles) ; le relèvement était automatique quand il y avait 2 mois consécutifs une augmentation d'au moins 2 %.

• **S.M.A.G.** (salaire minimum garanti annuel en agriculture). *Créé* le 9-10-1950, aligné sur le S.M.I.G. en juin 1968 (accords de Varenne).

• **S.M.I.C.** (salaire minimum de croissance). *Créé* par la loi du 2-1-1970 pour éliminer toute distorsion durable entre la progression du salaire minimal et l'évolution générale des salaires. Le S.M.I.G., créé pour préserver le pouvoir d'achat des travailleurs les plus défavorisés, n'avait pas atteint son objectif ; de janvier 1956 à janvier 1968, il avait progressé de 76,1 % au lieu de 137,4 % pour l'ensemble des salaires horaires.

Le S.M.I.C. est *le niveau de salaire horaire brut* (primes comprises) *au-dessous duquel aucun employeur ne peut descendre pour rémunérer un salarié valide adulte* (18 a. révolus). Avant 18 ans, il est appliqué avec des abattements (20 % avant 17 ans, 10 % 17-18 a.) qui sont supprimés après 6 mois de pratique professionnelle dans la branche d'activité considérée. De nombreuses conventions collectives ou accords d'entreprise réduisent ou suppriment ces abattements.

Évolution du salaire minimal

Date d'application ; taux horaire du SMIG[1], zone d'abattement nul[2], montant en F ; taux horaire du SMIC, montant en F.

Date	SMIG	SMIC	Date	SMIG	SMIC
1- 9-50	78 AF		1- 7-74	4,63	6,40
1- 4-51	87		1- 9-74	4,74	6,55
16- 6-51	87		1-12-74	4,89	6,75
10- 9-51	100		1- 2-75	5,03	6,95
8- 2-54	115		1- 6-75	5,16	7,12
11-10-54	121,50		1- 7-75	5,20	7,55
4- 4-55	126		1-10-75	5,31	7,71
1- 4-56	126		1- 1-76	5,43	7,89
1- 8-57	133,45		1- 4-76	5,56	8,08
1- 1-58	139,20		1- 7-76	5,69	8,58
1- 3-58	144,80		1-10-76	5,81	8,76
1- 6-58	149,25		1-12-76	5,93	8,94
1- 2-59	156		1- 4-77	6,06	9,14
1-11-59	160,15		1- 6-77	6,19	9,34
1-10-60	1,6385 NF		1- 7-77	6,25	9,58
1-12-61	1,6865		1-10-77	6,39	9,79
1- 6-62	1,7280		1-12-77	6,50	10,06
1-11-62	1,8060		1- 5-78	6,68	10,45
1- 1-63	1,8060		1- 7-78	6,82	10,85
1- 7-63	1,8820		1- 9-78	6,96	11,07
1-10-64	1,9295		1-12-78	7,11	11,31
1- 3-65	1,9680		1- 4-79	7,29	11,60
1- 9-65	2,0075		1- 7-79	7,51	12,15
1- 3-66	2,05		1- 9-79	7,68	12,42
1-10-66	2,10		1-12-79	7,92	12,93
1- 1-67	2,10		1- 3-80	8,19	13,37
1- 7-67	2,15		1- 5-80	8,37	13,66
1- 1-68	2,22		1- 7-80	8,55	14,00
1- 7-68	3,00		1- 9-80	8,73	14,29
1-12-68	3,08		1-12-80	8,99	14,79
1- 4-69	3,15		1- 3-81	9,24	15,20
1-10-69	3,27	3,27	1- 6-81	9,54	16,72
1- 3-70	3,36	3,36	1- 3-82	10,52	18,62
1- 7-70	3,42	3,50	1- 5-82	10,75	19,03
1- 1-71	3,50	3,63	1- 7-82	10,97	19,64
1- 4-71	3,55	3,68	1-12-82	11,22	20,29
1- 7-71	3,61	3,85	1- 3-83	11,53	21,02
1-12-71	3,69	3,94	1- 7-83	11,96	21,89
1- 5-72	3,77	4,10	1-10-83	12,20	22,33
1- 7-72	3,80	4,30	1- 1-84	12,44	22,78
1-11-72	3,90	4,55	1- 5-84	12,74	23,56
1- 2-73	3,98	4,64	1- 7-84	12,89	23,84
1- 7-73	4,08	5,20	1-11-84	13,17	24,36
1-10-73	4,17	5,32	1- 4-85	13,46	24,90
1-12-73	4,25	5,43	1- 5-85	13,46	25,54
1- 3-74	4,39	5,60	1- 7-85	13,72	26,04
1- 5-74	4,50	5,95	1- 7-86	14,04	26,92

Nota. — (1) Devenu le **minimum garanti** le 1-1-1970. (2) Le 1-6-1968, le taux du SMIG est devenu uniforme dans toute la France et il s'applique aujourd'hui aussi bien dans l'ind., le commerce, les services et l'agriculture.

Le SMIC est resté de février 1982 à avril 1985 calculé sur 173,33 h pour les seuls salariés présents dans l'entreprise le 1-2-1982 (il était calculé sur 169 h pour les nouveaux embauchés). Depuis le 1-5-1985, il est calculé sur 169 h pour tous les salariés.

La réévaluation se fait automatiquement sur l'indice des prix de l'INSEE, dès que celui-ci a augmenté de + de 2 % depuis la dernière augmentation du S.M.I.C. Son niveau est *fixé annuellement, avec effet au 1er juillet,* par décret en Conseil des ministres, après avis motivé de la Commission sup. des conventions coll., devenue « Commission nationale de la négociation collective », et compte tenu de l'évolution des conditions économiques générales. Il évolue selon les prix et la croissance. En aucun cas, l'accroissement annuel du pouvoir d'achat du S.M.I.C. ne peut être inférieur à la moitié de l'augmentation du pouvoir d'achat du taux de salaire horaire enregistrée par l'enquête trimestrielle du ministère du Travail, entre le 1-4 de l'année précédente et le 1-4 de l'année considérée. Le gouvernement peut décider une augmentation supérieure à celle qui résulte de l'avis de la Commission.

Montant. *Taux horaire du S.M.I.C.* (1-6-86). Heure normale (en F) 26,59.

Montants mensuels (au 1-6-1986). Salaires y compris majorations légales pour h. supplémentaires obligatoires au-delà de 39 h de travail hebdomadaire (25 % jusqu'à la 47e h comprise et 50 % à partir de la 48e). *Pour 39 h/semaine (soit 169 h/mois) :* 4 493,71 F. *40 h/s (173 h 1/3) :* 4 637,74 F. *41 h/s (177 h 2/3) :* 4 781,77. *42 h/s (182 h) :* 4 925,80 F. *43 h/s (186 h 1/3) :* 5 069,83 F. *44 h/s (190 h 2/3) :* 5 213,86 F. *45 h/s (195 h) :* 5 357,88 F.

Avantages en nature. Déduits du S.M.I.C. pour les *professions non agricoles ; nourriture* 2 fois le minimum garanti pour 2 repas, 1 fois pour 1 repas (personnel des hôtels, cafés, restaurants et établissements assimilés : la moitié) ; *professions agricoles ; nourriture* 2 fois 1/2 le minimum garanti (par jour) ; *logement* 8 fois le minimum garanti (par mois). **Bénéficiaires** (juillet 84). + 1 200 000 salariés (estimation).

• **Minimum garanti.** Indexé sur les prix selon les mêmes modalités que le S.M.I.C. : lorsque l'indice nat. des prix à la consom. subit une hausse d'au moins 2 % par rapport à l'indice constaté lors de l'établissement du S.M.I.C. immédiatement antérieur, le niveau du minimum garanti est relevé dans la même proportion, à compter du 1er j du mois qui suit la publication de l'indice entraînant le relèvement.

Salaires des cadres

Étude du CERC

Champ de l'enquête. Les sociétés de capitaux employant au moins 10 salariés, ou au chiffre d'affaires d'au min. 1 million de F en 1977. Sont exclus les « patrons » d'entreprises individuelles, les associés de sociétés de personne, dont la rémunération est constituée par le bénéfice même de l'entreprise. *Nombre de dirigeants ainsi définis :* 300 000 à 400 000, soit — de 2 % de la population active.

Rémunération moyenne annuelle des dirigeants de sociétés (montant de 1977 actualisé en F 1983). Ensemble des dirigeants, entre parenthèses, président du conseil d'administration, en italique directeurs généraux : **entreprises de 10 à 29 salariés :** 227 430 (266 380) *255 360.* **30 à 99 :** 318 440 (339 530) *329 270.* **100 à 349 :** 453 910 (470 440) *435 670.* **350 à 999 :** 576 460 (624 340) *527 440.* **1 000 à 4 999 :** 737 200 (835 050) *655 690.* **5 000 et + :** 1 044 810 (1 139 810) *913 900.*

La rémunération moyenne des dirigeants est supérieure de 25 % à celle des cadres supérieurs, et 3 fois plus élevée que le salaire moyen versé par l'entreprise [*entreprises de — de 10 sal. :* 2 fois, *de 10 à 29 s. :* 2,8, *de 30 à 99 s. :* 3,9, *de 100 à 349 s. :* 5,6, *de 350 à 999 s. :* 7, *de 1 000 à 4 999 s. :* 8,1, *de 5 000 s. et + :* 10,5. *Ensemble* 3].

10 % des dirigeants ont touché en 1983 moins de 8 500 F (bruts) par mois, soit le salaire d'un ingénieur débutant, 10 % plus de 41 000 F par mois. Les mieux rémunérés ont en général des revenus complémentaires : indemnités, remboursements (le plus souvent en nature) jusqu'à 5 % du total, et des revenus extérieurs (exemples : revenus de capitaux mobiliers imposables représentant souvent 19 % du total de leur revenu, salaire du conjoint 5 %, revenus fonciers 5, revenus non salariaux 4, retraites, rentes viagères et pensions 2).

Enquête de la C.G.C.

Pour toutes les catégories socio-professionnelles (sauf les cadres supérieurs), les carrières atteignent leur apogée entre 40 et 55 ans. Au-delà, les salaires plafonnent ou régressent (surtout pour les agents de maîtrise). 50 ans environ est l'âge d'une promotion qui, pour les ingénieurs et les cadres, ouvre l'accès à la catégorie des cadres supérieurs ou, au contraire, est l'âge après lequel la carrière plafonne ou décline.

Salaires annuels nets en F en 1984

Par catégorie	France	Ile-de-F.	Province
Cadres sup.	274 768	299 026	257 142
Ingénieurs	208 823	219 313	202 412
Cadres	172 777	184 464	166 222
Assimilés cadres	133 799	130 432	134 794
A. maîtr. techn.	120 393	117 119	120 942

Par secteur	Cadres sup.	Ingén.	Cadres	Agents de maît. et tech.
Alimentation	273 028		159 835	116 877
Assurances	250 189		183 912	112 417 [1]
Banque	297 786	185 695 [1]	210 469	121 889
Bâtiment et tr. publics	298 413	179 673	162 718	120 942
Bureaux d'études	268 726	204 361	161 297	104 488
Commerce	242 315	219 016	156 375	97 607
Pétrole	317 702	223 144	212 497	134 777
Chimie	299 306	220 619	193 410	130 358
Métallurgie	263 556	204 493	167 975	117 586
Textile	262 717	184 138	164 660	106 180
Transports	294 909	279 950	158 425	120 777

Nota. — (1) 1983.

Avantages en nature. % des bénéficiaires par catégorie (direction générale, cadres supérieurs, supérieurs commerciaux, moyens) : *voiture :* 63, 43, 41, 19. *Assurances* (retraite par capitalisation, assurance : maladie, décès, rente éducation, enfants) : 50, 45, 44, 51. *Logement, prêts :* 12, 5, 3.

Enquête de l'Expansion

Source : l'Expansion (6-6/3-7-1986). Salaires annuels en milliers de F.

Cadres débutants

Écoles d'ingénieurs. *Polytechnique :* 140-175, *Centrale (Paris) :* 145-180, *Télécom :* 145-170, *Ensta :* 145-170, *Ponts et Chaussées :* 140-170, *Mines :* 130-164, *Supélec :* 134-161, *Sup Aéro :* 140-170, *Espci :* 130-170, *Arts et Métiers :* 130-165, *Centrale (Lyon) :* 130-160, *Inpg :* 127-158, *Isep :* 125-158, *Ina :* 125-160, *Isen :* 130-158, *Idn :* 130-158, *Cesti :* 122-158, *Hei :* 122-155, *Insa :* 120-160, *Esiee :* 125-155, *Esme* (Sudria) : 120-145, *Estp :* 120-148, *Escom :* 120-150, *Ensais :* 110-145.

Écoles commerciales et de gestion. *Hec :* 135-165, *Essec :* 130-165, *Ensae :* 130-165, *Escp :* 125-160, *Sciences-Po :* 117-144, *Esc Lyon :* 120-150, *Eap :* 115-150, *Edhec :* 100-150, *Isg :* 114-150, *Icn :* 100-150, *Eslsca :* 105-150, *Isc :* 105-145, *Escae :* 100-150, *Ebs :* 100-145, *Essca :* 105-145, *Iecs :* 95-145, *Esg :* 95-140.

Universités. *Doctorat en droit ou ès sciences éco :* 120-160, *maîtrise Dauphine :* 114-144, *licence ou maîtrise en droit ou en sciences éco :* 90-145, *maîtrise Panthéon-Sorbonne* (gestion) : 109-140, *maîtrise d'Information et de Communication (Celsa) :* 85-140, *Iut :* 85-128.

Cadres confirmés

Direction générale. *Président-directeur général :* 510-1 300, *dir. gén. :* 468-1 000, *dir. gén. adjoint :* 430-940, *dir. de division :* 350-710, *secrétaire gén. :* 275-692, *dir. de la communication :* 270-580.

Production et recherche. *Dir. industriel :* 324-769, *dir. de la recherche :* 282-650, *dir. de la production :* 264-540, *dir. d'usine :* 260-553, *dir. des achats :* 232-556, *responsable d'un laboratoire de recherche :* 212-436, *chef de fabrication :* 196-401, *resp. du contrôle qualité :* 170-354, *resp. d'une ligne de fabrication :* 166-349, *resp. des méthodes :* 170-320, *resp. de l'entretien et de la maintenance :* 165-350, *resp. de l'ordonnancement et des lancements :* 175-320, *ingénieur de recherche :* 152-330, *ing. de production ou chef d'atelier :* 155-275, *ing. qualité :* 146-280, *ing. méthodes :* 153-267.

Finance et administration. *Dir. financier* : 312-672, *resp. des affaires juridiques* : 195-530, *resp. du contrôle de gestion* : 200-448, *resp. des services comptables* : 202-422, *resp. de la trésorerie* : 160-400, *resp. de la comptabilité d'un établissement* : 180-364, *contrôleur de gestion* : 145-315, *cadre juridique* : 146-324, *chargé d'études financières* : 146-270, *comptable ou chef de groupe comptable* : 140-268.

Gestion du personnel. *Dir. du personnel* : 270-620, *resp. de la formation* : 174-390, *resp. de la gestion des cadres* : 205-489, *chef de personnel d'un établissement* : 180-390, *chargé de recrutement* : *144-300*, *resp. de l'administration du personnel d'un établ.* : 140-312, *chargé d'études sur le personnel* : 130-300.

Fonction commerciale. *Dir. commercial* : 323-714, *dir. de l'exportation* : 243-553, *dir. des ventes (France)* : 268-515, *resp. régional des ventes* : 200-426, *chef de zone export* : 177-349, *ing. d'affaires* : 192-405, *chef des ventes* : 179-370, *resp. de l'adm. commerciale* : 175-331, *ing. commercial* : 165-321, *délégué com. (vendeur)* : 126-280.

Marketing. *Dir. du marketing* : 290-639, *resp. des études marketing* : 210-411, *chef de groupe de produits* : 220-423, *resp. de la publicité* : 180-360, *chef de produit* : 167-327, *chargé d'études marketing* : 140-272, *assistant-chef de produit* : 130-250.

Informatique. *Dir. de l'informatique* : 280-532, *chef de service ou chef de centre informatique* : 201-410, *resp. des études informatiques* : 229-380, *resp. système* : 168-364, *chef d'exploitation* : 183-338, *chef de projet* : 170-286, *ing. système* : 165-278, *analyste* : 147-227, *an.-programmeur* : 120-213.

Banque. *Dir. d'un groupe d'agences* : 402-601, *dir. d'agence* : 245-421, *cambiste* : 220-650, *resp. d'une clientèle d'entreprises (PME)* : 170-450, *an. financier* : 125-350.

Distribution. *Dir. de grande surface* : 210-540, *chef de rayon* : 95-195.

Publicité. *Dir. de clientèle* : 280-440, *resp. média* : 220-480, *dir. artistique* : 160-460, *chef de groupe* : 180-260, *chef de publicité* : 115-190.

Enquête de l'Express

Source. N° du 6/12-12-1985. Salaires annuels en milliers de F.

Selon la dimension de l'entreprise. *A* chiffre d'affaires − de 100 millions de F, salariés − de 150 ; âge − de 35 ans, expérience − de 2 ans. *B* CA 101 à 350, sal. 150 à 750 ; âge 35 à 42 ans, exp. 2 à 5 ans. *C* CA 351 à 800, sal. 751 à 1 500 ; âge 43 à 50 ans, exp. 6 à 9 ans. *D* CA 801 et +, sal. 1 501 et + ; âge 51 et +, exp. 10 et +.
Direction générale : *P.-D.G.* A 464,7, B 523, C 689,3, D 854,6. *Directeur général* A 417,1, B 490, C 632,8, D 789,9. *Dir. gén. adjoint* A 393, B 470,3, C 580, D 751,8. *Dir. de division* A 296,8, B 367,8, C 487,7, D 601,8. **Cadres commerciaux :** *Dir. de marketing* A 283,6, B 377,7, C 508,7, D 538,7. *Dir. commercial* A 280,7, B 356,6, C 458,9, D 539,9. *Respons. export* A 230,7, B 305,7, C 384,9, D 408,6. *Respons. régional des ventes* A 212, B 287,9, C 336,2, D 364,8. *Chef du serv. études de marché* A 198,2, B 257,4, C 304,8, D 323. *Chef du secteur des ventes* A 179,8, B 250,4, C 286,8, D 325,8. *Chef de produit* A 209,7, B 290,3, C 351,8, D 390,2. *Chef du serv. distribution* A 175,1, B 252,1, C 298,9, D 324,1. *Chef du serv. relations avec la clientèle* A 158,7, B 206,4, C 241,7, D 270,5. *Vendeur confirmé* A 124,2, B 165, C 215,9, D 232,9. **Cadres financiers :** *Dir. financier* A 284,9, B 386,4, C 449,9, D 488,7. *Chef de la comptabilité gén.* A 213, B 275,3, C 321, D 328,9. *Respons. du contrôle budgétaire* A 208,1, B 262,7, C 317,8, D 337,9. *Chef de la trésorerie* A 181,6, B 249,4, C 282,9, D 342. *Chef de la comptabilité analytique* A 176,5, B 226,8, C 283,7, D 317,5. **Cadres techn. et de production :** *Dir. d'usine* A 299,4, B 363,8, C 439,8, D 468,7. *Dir. de la recherche* A 282,8, B 362,5, C 482,4, D 557,6. *Dir. de la production* A 274, B 372,4, C 442,8, D 498,1. *Dir. technique* A 260,4, B 349,2, C 441,6, D 490,8. *Ingénieur en chef du bureau d'études* A 212,8, B 286,5, C 355,1, D 391,4. *Respons. des achats* A 189,4, B 225,9, C 245,3, D 268,9. *Respons. du contrôle de qualité* A 183,5, B 252,2, C 304,7, D 341,4. *Adjoint du dir. d'usine* A 174,3, B 214, C 283,7, D 323,4. *Responsable du planning* A 166,3, B 240,8, C 293, D 308,8. *Chef du serv. technique après-vente* A 165,9, B 218, C 288,5, D 333,4. *Chef du serv. approvisionnement* A 162,6, B 204,8, C 247,1, D 318,3. *Chef du serv. recherche et développement* A 157,9, B 205,9, C 276, D 344,3. **Cadres administratifs :** *Dir. de l'informatique* A 276,1, B 361,8, C 424,6, D 455,2. *Dir. administratif* A 242,7, B 365,5, C 421,3, D 430. *Respons. de l'informatique* A 202,3, B 254,6, C 286, D 301,9. *Ingénieur systèmes* A 165,8, B 211,9, C 245,5, D 282,3. *Analyste* A 132,5, B 159,5, C 181,6, D 193,9. *Secrétaire de direction* A 98, B 111,7, C 132,6, D 155,3. **Personnel :** *Dir. des affaires sociales* A 295,1, B 374, C 417,2, D 456,3. *Respons. de la formation* A 200,5, B 242,5, C 306,4, D 350,5.

Enquête du Nouvel Observateur

Source. N° du 15-11-1985.

Salaires annuels moyens selon les formations d'origine, en milliers de F. 1) Ingénieurs. *150* : Polytechnique, Centrale Paris. *148* : Sup. aéro. Supélec, Télécom. *147* : Ponts et Chaussées, Mines (Paris, Nancy, Saint-Étienne). *145* : Physique et Chimie (Paris). *140* : Arts et Métiers (Paris). *135* : Polytechnique (Grenoble), Institut supérieur d'Électronique (Paris), Inst. sup. d'Élec. du Nord, Centrale (Lyon), Inst. nat. des Télécom. (Évry). *134* : Centrale (Lyon). *132* : Inst. ind. du Nord. *130* : Inst. nat. des Sciences appliquées, Hautes Études ind. (Lille). *125* : ESIEE (Éc. sup. d'Ingénieurs en Électr. de Paris), Éc. spéciale de Mécanique et d'Électricité, Éc. spéciale de Travaux Publics. *120* : Éc. nat. sup. des Arts et Ind. (Strasbourg). *95* : IUT. **2) Gestion.** *140* : HEC, ESSEC. *135* : E.S.C.P. *130* : Doctorat en droit et en sciences écon. *125* : Sciences po (Paris), Éc. sup. de Gestion (Lyon), Éc. sup. des Affaires, H.E.C. Lyon. *122* : Maîtrise Dauphine, Inst. sup. de Gestion, Inst. com. (Nancy), Éc. sup. libre des Sciences commerciales appliquées. *120* : Maîtrise et licence en droit ou en sciences éco., Inst. sup. de Commerce, ESCAE, European Business School. *118* : Maîtrise Panthéon-Sorbonne, Celsa (maîtrise de communication), Éc. sup. de Commerce (Angers), Inst. européen d'Ét. commerciales sup. (Strasbourg), Éc. sup. de Gestion.

Enquête du Point

Source. N°s 684 du 28-10-85, 685 du 4-11-85, 718 du 23-6-86 (sur les jeunes diplômés).

Jeunes diplômés. Rémunération annuelle brute selon l'expérience professionnelle, pour moins de 6 mois et entre parenthèses supérieure à 1 an.

Écoles scientifiques. EP (Éc. polytechnique) 162 (203). EMP (Éc. nat. sup. des mines de Paris) moyenne 176. Télécom moy. 167. ECP/Piston (Éc. centrale de Paris) 152 (172). EMSE (mines de St-Étienne) 157 (167). ENSMIM (mines de Nancy) moy. 163. Supélec 156 (164). Supaéro (espace) moy. 160. ENPC (ponts et chaussées) 157 (163). Gadzarts (arts et métiers) 146 (161). INA/Grignon moy. 152. ECL (Éc. centrale de Lyon) 148 (156). ENITA (Éc. nat. d'ingénieurs des trav. agricoles de Dijon) 140 (154). ISEN (Inst. sup. d'électronique du Nord) 130. ISEP (Inst. sup. d'électronique de Paris) 145 (154). IDN (Inst. ind. du Nord) 130 (157). ENSEEG (Éc. nat. sup. d'électrochimie et d'électrométal.) 142. ICAM (Inst. cathol. d'arts et métiers) 143 (158). ENSEEIHT (Éc. nat. sup. d'électrotechnique, d'électronique, d'informatique et d'hydraulique de Toulouse) moy. 147. HEI (Htes Études ind. de Lille) 138 (150). ENSAIS (Éc. nat. sup. des arts et industr. de Strasbourg) moy. 144. INSA [Inst. nat. des sciences appl. (Lyon, Toulouse, Rennes)] 136 (148). ESTP (Éc. sup. de travaux publics) 137 (145). ESME-SUDRIA (Éc. sp. de mécanique et d'électricité) 130 (146). UTC (Univ. de technologie de Compiègne) 134 (153). EPF (Éc. polytechnique féminine) 137 (152). ENI [Éc. nat. d'ingénieurs (Tarbes, Brest, Metz, St-Étienne)] moy. 138.

Écoles commerciales et de gestion. HEC 153 (168). ESCP 151 (166). ESSEC 158 (166). IEP/Paris (Inst. d'études pol. de Paris) 143 (162). EDHEC (Éc. des htes études com. du Nord) 135 (149). Écoles sup. de commerce (Lyon et Reims) 133 (152). ESCAE (Bordeaux, Clermont-Ferrand, Amiens, Rouen, Dijon, Poitiers, Le Havre, Toulouse, Lille, Nantes) 131 (145). ISG (Inst. sup. de gestion) 119 (139). ESG (Éc. sup. de gestion) moy. 126. IEP/Province (Inst. d'études pol. de province) moy. 121.

Formation universitaire. Doctorat 149 (170). DESS/DEA 138 (148). Licence/maîtrise 127 (138).

Rémunération selon branches et filières

Branche 1 qui paie le moins (− 6 % à − 9 % d'un salaire moyen). *2* − 3 % à − 5 %. *3* salaire moyen. *4* + 3 % à + 9 % du sal. moyen. *5* + 10 % à + 15 % du sal. moyen. *Aéronautique et aérospatiale*, branche 5 (compt.-finances et adm.-personnel 4). *Agriculture et coop. agricoles* 1. *Alimentation, boissons, tabac* 3 (technique, administration 4). *Assurances* 5 (technique 4). *Atomiques* (ind.) 4. *Automobile* 4. *Banques, organismes financiers* 5 (technique 4). *Bâtiment, travaux publics* 4 (comptab.-finances 3). *Bois* (ind. du) 3. *Bureaux d'études* 4 (comptab.-finances 5). *Caoutchouc* 3 (gestion gén. et technique 2). *Chaussures* 3. *Chimie* lourde 5 (gestion gén. 4). *Commerce et distribution* 1 (gestion gén. 3). *Confection* 1 (commerciale et technique 2). *Construction électrique* 3 ; *navale* 3. *Cuirs et peaux* 3. *Édition, presse, imprimerie* 2 (technique 3). *Électronique* 4. *Hôtellerie, restauration, tourisme* 3 (gestion gén., commerciale 4). *Informatique, ingénierie* 5 (technique, adm.-personnel 4). *Matériaux briques et ciment* 3. *Mécanique* 3, *de précision* 4. *Mines et carrières* 1. *Papier, carton* 3. *Parfums* 3 (gestion gén., technique 2). *Peintures et encres* 3 (gestion gén. et technique 2). *Pétrole* 5. *Pharmacie* 4 (commerciale, administr.-pers. 5). *Produits chimiques* divers 3 (gestion gén. et technique 2). *Sidérurgie* 3 (commerciale et technique 2). *Transports et communications* 2 (commerciales et comptab.-finances 1). *Travail temporaire* 3 (gestion gén. 4). *Textile 1 (commerciale et technique 2). Verre, faïence, porcelaine* 3.

Rémunération selon les branches

Légende : salaire annuel en milliers de F dans la branche payant le moins et, en italique, la branche payant le + selon la taille des sociétés [PME (entreprises de 75 à 250 personnes dont le chiffre d'affaires est de 43 à 88 millions de F) ; autres sociétés : *A* : Sté dont le chiffre d'affaires est de 88 à 180 millions de F et qui englobe 250 à 500 personnes. *B* : CA 180 à 355 MF ; 500 à 1 000 pers. *C* : CA 355 à 885 MF ; 1 000 à 2 500 pers. *D.* : CA + 885 MF ; + de 2 500 pers.].

Dirigeants (44 à 52 ans)

P.M.E. Responsable général 397,5 à 543,5 *473 à 845,5* ; commercial 315,5 à 412,5 *364,5 à 548,5* ; technique 225,5 à 352 *259,5 à 478,5* ; administratif et financier 221 à 373,5 *274,5 à 415,5* ; gestion du personnel 213,5 à 298,5 *247 à 396*. **Filière gestion générale 48 à 57 ans.** A 461,5 à 658 *607,5 à 871*. B 489 à 697 *620,5 à 903*. C 543 à 774,5 *645,5 à 967*. D 597,5 à 852 *671 à 1 031*.

Cadres dirigeants (44 à 52 ans)

Filière commerciale. 320 à 441,5 *429 à 583*. B 338,5 à 467,7 *461,5 à 635*. C 376 à 529,5 *501,5 à 662*. D 421,5 à 571 *552 à 692,5*. **Technique et étude-recherche.** A 364,5 à 443,5 *482,5 à 532*. B 386 à 470 *501,5 à 597*. C 429 à 520 *543,5 à 627,5*. D 471,5 à 574 *590 à 656*. **Comptabilité-finances.** A 335 à 374,5 *444 à 490*. B 373,5 à 398,5 *503,5 à 544,5*. C 392,5 à 449,5 *507,5 à 573*. D 455,5 à 501 *538 à 607*. **Administration-personnel.** A 331 à 351,5 *440 à 464*. B 350,5 à 373,5 *457 à 492*. C 389 à 413,5 *470 à 509,5*. D 432 à 455 *507,5 à 530*.

Cadres supérieurs (40 à 51 ans)

Filière commerciale. 258 à 371,5 *339 à 439*. B 273,5 à 383,5 *361 à 486,5*. C 303,5 à 405,5 *380 à 487*. D 303,5 à 405,5 *380 à 487*. **Technique et études-recherche.** A 214 à 404 *289 à 530,5*. B 240 à 433 *322 à 565*. C 268,5 à 488 *346,5 à 580*. D 319,5 à 534,5 *395,5 à 592*. **Comptabilité-finances.** A 277 à 303 *347,5 à 385*. B 304 à 322 *397,5 à 407,5*. C 338 à 355,5 *429,5 à 446*. D 372 à 395,5 *465,5 à 490,5*. **Administration-personnel.** A 244 à 298 *321 à 394*. B 264 à 315 *341,5 à 406*. C 305,5 à 351 *372,5 à 450*. D 329,5 à 385 *420,5 à 478,5*.

Cadres confirmés et expérimentés

A Paris et, entre parenthèses, dans un centre industriel de moyenne importance [branche payant le moins (en deçà de − 8 % d'un salaire moyen) et, en italique, branche payant le plus (+ de 6 % du sal. moyen)].

37 à 43 ans. Filière commerciale 223,5 à *291,5 243 à 342* (199 à 259 *234 à 304,5*). **Technique-études-recherche** 224 à 287,5 *263 à 343* (207 à 273,5 *241,5 à 314,5*). **Comptabilité-finances** 238 à 293 *276,5 à 337,5* (214 à 275 *255 à 307,5*). **Administration-personnel** 224 à 291 *266 à 342,5* (214,5 à 273 *245,5 à 308,5*).

30 à 35 ans. Filière commerciale 167 à 194 *194,5 à 226* (159,5 à 180,5 *180,5 à 209,5*). **Technique-études-recherche** 159 à 184,5 *187 à 216* (152 à 173,5 *173,5 à 200,5*). **Comptabilité-finances** 172 à 184 *199 à 217* (161 à 172,5 *185 à 202*). **Administration-personnel** 161 à 199 *188 à 234* (153,5 à 184,5 *173,5 à 212,5*).

Qui sont les cadres ?

Sondage opéré, en juin-juillet 1982 par voie postale auprès de 600 cadres, par GIMCA et le Crédit du Nord.

Origine sociale des cadres. Profession exercée par le père et *par la mère* (en %). Entrepreneur, industriel ou commerçant 14,4 *4,8*. Cadre dirigeant 13,7. Enseignant du primaire ou du secondaire, technicien, infirmier 12,8 *3,9*. Cadre supérieur 12,6 *1,4*. Agriculteur 12,3 *2,6*. Enseignant du supérieur, chercheur 8 *0,6*. Petit entrepreneur, industriel ou commerçant 5,2 *0,4*. Cadre moyen 5 *2,6*. Employé, ouvrier 4,6 *6,9*. Profession libérale 2,2 *0,3*. Autres catégories : artiste, militaire, policier 5,7 *0,7*. Sans profession 1,1 *64,4*.

Formation des cadres (en %). École de commerce (ESSEC, HEC, ESCP, ENSAE) et de gestion 14,7. Autodidacte, sans formation particulière 11,7. Bac. seul 7,2. X, Centrale, Mines, P et C 6,3. Diplôme complémentaire (INSEA, IAE, etc.) 4,4. Univ. 3ᵉ cycle 2,8 – 2ᵉ 1,6 – 1ᵉʳ 1,4. Autre grande école d'ingénieurs 28. Autre école 18,6.

Durée de travail hebdomadaire (en %). Près de 35 % des cadres travaillent plus de 50 h par semaine (avec 38,5 % d'hommes contre 24,5 % de femmes).

Plus de 80 % dépassent l'horaire légal. Parmi les moins de 30 ans, 55,7 % travaillent moins de 45 h par semaine.

Les cadres et leurs biens. *Résidence principale actuelle (en %)* : propriétaire 68,1 ; locataire 23,5 ; hébergé chez des amis ou parents 7,2. *Acquisition d'une propriété (en %)* : par achat crédit 75,5 ; héritage 10,1 ; revente d'un bien immobilier 6,3 ; achat comptant 5,2 ; achat viager 0,3 ; autre 2,6. *Résidence secondaire* : oui 28,3 %. *Voitures possédées (en %)* : jusqu'à *7 CV* 71,3. *8 à 11 CV* 40,9. *12 CV ou +* 4,7.

Station de radio écoutée le plus souvent (en %) : Europe-*1* 21,8 ; France-Inter 18,7 ; R.T.L. 11,4 ; France-Musique 9,1 ; Radios libres 6,2 ; France-Culture 0,6 ; l'une ou l'autre indifféremment 20 ; aucune 11,2.

Animal domestique (en %) : aucun 43,1. Chien 33. Chat 21,8. Poissons 6,6. Oiseaux 2,7. Cheval 0,7. Autre 1,6.

Débutants

Rémunération brute mensuelle des débutants

Enquête parue le 14-1-1985.

(Sur 13 mois, primes comprises, avantages exclus). Directeur général 31 320. Architecte de réseau 19 950. Directeur financier 17 250. Directeur commercial 16 700. Directeur de marketing 15 450. Directeur des ventes export 15 300. Responsable de trésorerie 15 100. Contrôleur de gestion 14 880. Directeur régional des ventes 14 820. Directeur du personnel 14 250. Cambiste 14 000. Chef de service recherche 14 000. Concepteur base de données 13 800. Chef comptable 13 480. Chef de service juridique 13 150. Logisticien 12 960. Responsable audit interne 12 950. Ingénieur commercial 11 650. Directeur des achats 11 590. Ingénieur d'affaires 11 450. Chef de service analyse financière 11 430. Ingénieur en organisation 10 830. Directeur agence de banque 10 780. Médecin de labo-pharmacie 10 780. Chef de projet informatique 10 730. Pharmacien de laboratoire 10 350. Délégué médical 10 250. Chef de salle informatique 10 240. Ingénieur technico commercial 10 130. Chef de publicité 9 920. Ingénieur des méthodes 9 800. Analyste financier 9 700. Bureauticien 9 700. Chef de produit 9 700. Gestionnaire de clientèle 9 590. Inspecteur d'assurances 9 220. Secrétaire général 9 160. Responsable de formation 9 100. Ingénieur de production 8 850. Responsable de recrutement 8 800. Chef de ventes 8 730. Ingénieur de bureau d'études 8 530. Ingénieur contrôle de qualité 8 520. Psychologue d'entreprise 8 400. Chef de chantier 8 150. Analyste programmeur 8 090. Chargé d'études 8 090. Chef de service administratif 7 930. Chef d'atelier 7 820. Mannequin 7 560. Attaché de direction 7 450. Steward, Hôtesse de l'air 7 350. Chef de bureau 7 080. Statisticien 7 000. V.R.P. exclusif 6 950. Technicien de maintenance 6 750. Gérant succursale de distribution 6 550. Opératrice traitement de texte 6 470. Responsable rayon grande surface 6 470. Dessinateur-projeteur 6 450. Pupitreur 6 400. Clerc de notaire 5 930. Documentaliste 5 930. Hôtesse d'accueil 5 900. Infirmier 5 900. Rédacteur d'assurances 5 900. Attaché de presse 5 850. Assistant d'ingénieur 5 820. Caissier manipulateur 5 810. Agent d'essai 5 800. Comptable 5 650. Responsable de saisie de données 5 650. Gestionnaire de stocks 5 600. Guichetier banque 5 600. Mécanicien réparateur auto 5 600. Sténodactylo bilingue 5 390. Pompiste 5 340. Secrétaire de direction 5 180. Technicien de contrôle 5 180. Dessinateur industriel 5 150. Boucher salarié 5 130. Agent technique coût de production 5 080. Aide-soignant 5 050. Employé administratif 4 950. Chef magasinier 4 800. Aide-comptable 4 750. Dactylo facturière 4 700. Agent de planning 4 650. Conducteur de machines 4 650. Démonstrateur [1] 4 600. Ajusteur-monteur 4 500. Coursier [1] 4 315,9. Caissière hypermarché 4 315,9. Employé aux écritures 4 315,9. Manutentionnaire 4 315,9. Ouvrier qualifié 4 315,9. Serveur de restaurant [1] 4 315,9. Standardiste 4 315,9. Sténodactylo 4 315,9. Vendeur 4 315,9.

Nota. – (1) Non compris pourboires et intéressement.

☞ Voir également :
– les salaires par secteur, page 1634 et suivantes ;
– les revenus dans le monde, page 1641.

☞ D'autres enquêtes sont parues dans l'Usine Nouvelle (nov. 1985), le Nouvel Observateur (11/13-4-1986) et le Nouvel Économiste.

Fonctionnaires

Effectifs

Effectifs budgétaires. 2 579 545 emplois dont (en 1985) 2 516 618 budgétaires, 316 404 militaires, 2 263 141 civils dont 1 956 789 titulaires, 120 367 ouvriers, 108 633 contractuels, 47 334 auxiliaires administratifs, 19 209 enseignants, 1 621 vacataires à temps plein, 1 042 à temps partiel, 8 146 emplois non-titulaires.

Emplois publics supplémentaires créés pendant le Plan intérimaire de 2 ans (1981-83). Le Pt Mitterrand s'était engagé en 1981 à créer 210 000 emplois publics dont 150 000 dans les services publics sociaux et 60 000 d'utilité collective. A fin 1985, 143 400 emplois avaient été créés dont 107 600 dans la fonction publique, dont Éducation nationale 34 800, P.T.T. 21 100, Économie et Finances 10 200, Intérieur et Décentralisation 9 400, Urbanisme, Logement et Transports 3 000 et, pour les emplois d'utilité collective, 28 700 dont initiative locale 20 000 et emplois subventionnés 8 700.

Secteur public. 6 036 000 dont État 2 650 000 (non compris la majeure partie des agents employés à moins d'un mi-temps), dont administrations (janvier 1982) 2 508 000, établissements publics nationaux (mai 1978) 142 000 ; services et entreprises publics 1 963 000 (dont collectivités territoriales 1 423 000), anciens services et entreprises publics 1 289 000, nouvelles nationalisations 674 000.

Le *total* représente 28,1 % de la pop. active et 34,1 % des salariés.

☞ Augmentation *1981-84* (113 875, soit + 5,4 %) [1977-80 (142 412, soit + 7,3 %)]. *Du 1-1-1981 au 31-12-1982*, selon l'I.N.S.E.E., + 85 400, soit + 3,3 % par rapport à 1980. *1983* : + 21 500. *1984* : + 2 900.

Au 1-1-1985, fonctionnaires civils travaillant à temps partiel 112 223 (soit 6,1 % des effectifs) (non compris les services de l'urbanisme et du logement) dont femmes 106 965.

Agents non titulaires. 490 000, dont 77 229 contractuels, 114 173 auxiliaires (dont 54 339 enseignants), 112 709 ouvriers, 142 000 agents des établissements publics nationaux, 72 570 vacataires et divers.

Corps de fonctionnaires titulaires. Près de 800.

Candidats aux concours de la Fonction publique, 1981 : postes mis au concours et entre parenthèses candidats présents. Total 80 426 (819 087) dont concours externes 42 383 (568 422), internes 33 955 (169 942), uniques 4 088 (80 733).

Hiérarchie

Catégorie hors échelle. Hauts fonctionnaires [militaires 13 136, personnel de la Défense 1 541 (1980), personnel établ. publics 2 223 (1978)] classés en 8 groupes. *A :* Conseiller référendaire 2ᵉ classe (Cour des comptes), administrateur civil hors classe, maître des requêtes au Conseil d'État, Pt du tribunal (hors classe), colonel, inspecteur général de ministère, sous-directeur de min., ing. en chef ponts et chaussées, ing. en chef mines, TPG. *B :* Gén. de brigade, dir. régional des impôts, sous-dir. de ministère. TPG. *BB :* Pt de section trib. adm., chef de service de min., conseiller référendaire 1ʳᵉ cl. (Cour des comptes), maître des requêtes au Conseil d'État, inspecteur des Finances 1ʳᵉ cl. *C :* Préfet, directeur min., conseiller maître de la Cour des comptes, professeur agrégé titulaire de chaire. *D :* Receveur des Finances, payeur général du Trésor, dir. min., ingénieur général 1ʳᵉ classe mines, recteur d'académie, conseiller d'État, inspecteur gén. des Fin., conseiller maître Cour des comptes, ingénieur gén. des ponts et chaussées. *E :* Directeur min., Pt du tribunal de Paris, Conseiller d'État, inspecteur gén. des Fin., conseiller Cour des Comptes. *F :* Pt de section et de chambre. Conseil d'État, préfet hors classe. *G :* 21 personnes dont le recteur de l'université de Paris, le secrétaire général du Gouv., le 1ᵉʳ Pt de la Cour de cassation, le vice-Pt du Conseil d'État, le 1ᵉʳ Pt de la Cour des comptes, le préfet de Paris, ambassadeur de France (ayant le rang d'ambassadeur).

Effectifs des agents de l'État (1984)

	Titulaires civils	Non-titulaires et ouvriers	Total des agents civils	Militaires	Total général
Éducation nationale	877 219	131 615	1 008 234		1 008 834
P.T.T.	443 693	40 227	483 920		483 920
Économies, Finances et Budget	184 483	12 354	196 837		196 837
Intérieur	142 882	3 266	146 148		146 148
Défense	32 526	109 784	142 310	310 811	453 121
Urbanisme et Logement	72 754	23 197	95 951		95 951
Justice	44 238	1 746	45 984		45 984
Relations extérieures	16 759	14 233	30 992	1 540	32 532
Agriculture	19 779	9 968	29 747		29 747
Affaires sociales	24 946	4 258	29 204		29 204
Transports	13 286	4 940	18 226	941	19 167
Culture	9 160	2 192	11 352		11 352
Jeunesse et sports	3 899	3 287	7 186		7 186
Industrie	4 272	1 740	6 012		6 012
Premier ministre	913	2 085	2 998		2 998
DOM-TOM	1 079	197	1 276	833	2 109
Total	**1 891 888**	**365 089**	**2 256 977**	**314 125**	**2 571 102**

Répartition des fonctionnaires civils par catégorie hiérarchique (au 1-1-84)

	A	%	B	%	C	%	D	%
Éducation nationale	374 618	42,7	364 513	41,5	63 666	7,3	74 422	8,5
P.T.T.	37 381	8,4	127 336	28,7	273 264	61,6	5 712	1,3
Économie, Finances et Budget	34 135	18,5	42 790	23,2	97 054	52,6	10 504	5,7
Intérieur	7 530	5,3	23 138	16,2	105 920	74,1	6 294	4,4
Défense	3 797	11,7	8 498	26,1	18 014	55,4	2 217	6,8
Urbanisme et Logement	6 998	9,6	8 850	12,2	54 982	75,6	1 924	2,6
Justice	8 575	19,4	9 925	22,4	24 406	55,2	1 332	3,0
Agriculture	9 607	48,6	4 338	21,9	4 307	21,8	1 527	7,7
Affaires sociales	4 336	17,4	8 292	33,2	9 428	37,8	2 890	11,6
Relations extérieures	10 626	64,1	3 348	20,2	2 404	14,5	191	1,2
Transports	2 298	17,3	8 015	60,3	2 418	18,2	557	4,2
Culture	2 385	26,0	1 612	17,6	4 463	48,7	700	7,7
Jeunesse et sports	2 091	53,6	1 321	33,9	268	6,9	219	5,6
Industrie	1 441	33,7	825	19,3	1 431	33,5	575	13,5
Anciens Combattants	176	3,9	584	13,0	2 662	59,2	1 073	23,9
Premier ministre	239	26,2	144	15,8	419	45,9	111	12,1
DOM-TOM	371	34,4	254	23,5	311	28,8	143	13,3
Total	**506 604**	**26,7**	**613 783**	**32,4**	**665 417**	**35,1**	**110 391**	**5,8**
Total hors Éducation nationale	**131 986**	**13,0**	**249 270**	**24,5**	**601 751**	**59,0**	**35 969**	**3,5**

Catégorie A (Indices 340-1 015). Fonction de conception et de direction. Niveau théorique de recrutement : enseignement supérieur.

Exemples : enseignement (professeurs agrégés et certifiés, etc.), *régies financières et postes* (inspecteur des impôts, des P.T.T., insp. central, insp. principal, directeur départemental des Impôts, régional des Douanes, etc.), *emplois adm.* des adm. centrales (attaché d'adm., attaché principal d'adm., administrateur civil, sous-directeur, chef de service, directeur, secrétaire général), *e. techniques* (ingénieurs des Travaux publics de l'État, ing. divisionnaire, ing. et ing. en chef des Ponts et Chaussées).

Catégorie B (Indices 210-579). Fonction d'application. Niveau de recrutement : diplômes de l'enseignement du 2e degré.

Exemples : enseignement (instit.), *régies financières et postes* (contrôleur et contr. principaux des Impôts, des Douanes, des Postes, chef de section des Impôts, des Douanes), *emplois admin.* (secr. admin., chef de section), *techniques* (techn. des Tr. publics de l'État).

Catégorie C (Indices 203-390). Fonctions d'exécution spécialisée (niveau fin de classe de 3e). *Ex. : régies financières et postes :* préposé (facteur), préposé-chef, agent de constatation ou d'assiette des Impôts, des Douanes, des Postes, *emplois administratifs* (sténodactylo et secrétaire-sténodactylo, agent adm., chef de groupe), *emplois techniques* (agents de travaux, cantonnier).

Catégorie D (Indices 189-253). Fonctions d'exécution simple (niveau certificat d'études). *Ex. : emplois admin.* (huissier, agent de bureau, dont la plupart des dactylos).

Rémunération

Fonctionnaires hors échelle (au 1-2-1985). Salaires bruts et, entre parenthèses, salaires nets mensuels. Groupe A *chevron 1* 18 610 F (16 423), *2* 19 359 (17 084), *3* 20 364 (17 971). **B** *1* 20 364 (17 971), *2* 21 241 (18 745), *3* 22 396 (19 765). **BB** *1* 22 396 (19 765), *2* 22 995 (20 293), *3* 23 615,5 (20 841). **C** *1* 23 615,5 (20 841), *2* 24 129 (21 294), *3* 24 664 (21 766). **D** *1* 24 664 (21 766), *2* 25 797 (22 766), *3* 26 931 (23 767). **E** *1* 26 931 (23 767), *2* 28 001 (24 710,5). **F** 29 049 (25 636). **G** 31 872 (28 127).

Exemples. *Conseil d'État. Pt :* Rémunération moy. mens. (1982). 31 537 F (salaire + indemnité de résidence et autres indemnités). *Vice-Pt :* brut 20 500 F (+ 1 275 F d'indemnité de résidence et autres indemnités, soit réel. 34 425 à 39 525). *Pt de section :* brut 23 098 (réel. 31 181 à 35 801). *Conseiller nommé depuis + de 5 ans :* brut 21 304 (réel. 28 760 à 34 000). *Maître des requêtes* (réel. 10 948 à 18 681). Sans compter primes et indemnités très variables. Rémun. annuelle brute (1984). *Membres du gouvernement et ambassadeurs de France* (F et G) : 336 770 à 369 505 F. *Préfets, directeurs départementaux ou régionaux d'administration et certains profeseurs* (A et B), env. 9 000 fonct. : 215 751 à 273 789 F/an. *Directeurs et inspecteurs généraux d'administrations centrales* (C et D) — de 3 000 fonct. : 273 781 à 299 076 F/an. *Directeurs des administrations au ministère des Finances, de la direction des télécommunications aux P.T.T., etc.* (E) : 312 219 à 324 619 F.

• **Autres fonctionnaires.** De l'indice 150 (brut : 3 208,66 ; net : 2 831,65 ; indemnité zone 1 : 180,32) à l'indice 810 (17 326,58 ; 15 290,71 ; 519,79).

Traitement min. mensuel brut d'un fonctionnaire à Paris ayant 2 enfants à charge au 1-7-1985. Total 5 137,53 F dont : traitement brut 4 667,08, indemnité de résidence 182,99, supplément familial 287,47.

Nota. — **Indemnité de résidence** proportionnelle au traitement soumis aux retenues pour pension (trait. net). Varie selon les zones de salaire. Au 1-7-85 : 1re zone 3 % ; 2e zone 1 % ; 3e zone 10 %. **Supplément familial annuel** (1-7-85). Élément fixe : *1 enf.* 180 F, *2* 480, *3* 720, *par enf. en +.* 240. Él. proportionnel : *2* 3 %, *3* 8 %, *autres enf.* 6 %.

Cas particuliers

Avantages divers. Logements de fonction : env. 2 millions mis à disposition, soit 10 % du parc national (selon l'INSEE). **Automobiles :** env. 12 000 dites de « liaison » (Finances, fournies à partir du poste de chef de service). **Vacances :** conseiller d'État, Cour des comptes, prof. de l'ens. sup. 3 mois de vacances ; Éd. nat. (services extérieurs), Jeunesse et Sports 2 mois ; Finances, Industrie, Culture, Travail 31 jours + 1 semaine ; P.T.T., Agriculture 31 jours + 4 j. **Temps de travail réel** (Paris, grandes villes) 32 à 38 h (except. P.T.T.) sauf les j de contrôle ; en mai 1978. Une étude a démontré que 34 % (Industrie) à 44 % (Commerce) des employés arrivaient en retard, les 41 h réglementaires n'étant respectées alors que par 29 %. **Double emploi :** certains fonctionnaires peuvent cumuler leur emploi avec celui d'enseignant.

Fonctionnaires du Parlement (950). Outre leur salaire de base, ils bénéficient d'*indemnités de séance de nuit* (séance prolongée au-delà de 21 h 30) : égales à 1/30 du salaire. Indemnités supplémentaires en cas de séance prolongée au-delà de minuit et après 4 h 05 ; *de non-séance* s'il n'y a pas eu suffisamment de séances de nuit ; *indemnités de logement, de chauffage* (dite « de charbon »), *de transport, service, résidence, traitement, majorations, guerre, diplôme, direction, représentation, et indemnités spéciales.* Les indemnités sont exemptes d'impôt (sauf un mois de séances de nuit).

Frais de déplacement. Indemnités de mission [1] et, entre parenthèses, indemnités de tournée en F, au 1-7-1983. I (cat. A) 246 (173) ; II (cat. B) 218 (152) ; III (autres) 218 (152).

Nota. — (1) En cas de séjour dans une même localité, les indemnités de mission sont réduites de 10 % à partir du 11e jour et 20 % à partir du 31e jour.

Garanties des fonctionnaires. De l'emploi. Sauf : faute professionnelle d'une extrême gravité ; licenciement pour insuffisance professionnelle (très rare) entouré de garanties et assorti d'indemnités ; dispositions législatives exceptionnelles (tombées en désuétude).

Les fonctionnaires ne perdent leur emploi que lorsqu'ils atteignent la limite d'âge de leur corps.

Indemnités kilométriques (en F). Voir Transports routiers, p. 1386.

Indemnité de mutation. Agents ayant au moins 1 enfant à charge ne pouvant réinstaller leur foyer à leur nouvelle résidence. Groupe I 2,90 F, II 2,50, III 2,50.

Rémunérations ann. dans 12 banques (en 1982). Moyennes des 5 plus hautes rémunérations (en F) et, entre parenthèses, nombre de rémunérations supérieures à 520 000 F. Banque parisienne de crédit 2 290 000 (5). Union de banques à Paris 1 698 000 (12). Crédit commercial de France 1 032 000 (34). Hervet 970 000 F (5). Worms 965 000 F (21). Vernes 905 000 (15). Crédit chimique 694 000 (8). Société générale alsacienne de banque (Sogénal) 640 000 (5). Société centrale de banque 570 000 (4). Banque industrielle et mobilière privée (BIMP) 565 000 (2). Laydernier [1] (0). Séquanaise de banque 483 000 (2).

Nota. — (1) Aucun cadre au-dessus de 520 000 F.

Rémunérations des dirigeants dans le secteur nationalisé (en F). *Charbonnages de France (1981) :* dir. gén. : 659 114 par an. Pt : 547 092. *Rhône-Poulenc (1984) :* Pt : 720 000, 2 dir. généraux adj. : 1 100 000. *C.G.E. :* dir. gén. : 2 800 000. Pt : 800 000. *Banque de Paris et des Pays-Bas (1981) :* une centaine de cadres : + de 1 million de F par an. *Pts des « anciennes » nationalisées : E.D.F. (1981) :* 647 018, *G.D.F. :* 632 743. *Cie nationale du Rhône :* 486 775. *Renault :* la plus haute rémunération : 991 949. *Société générale (1981) :* 1 427 629 (il cumule sa retraite de directeur général de 527 827 avec celle de PDG, poste occupé jusqu'en 1977, 899 792) ; son successeur : 880 000. *Crédit Lyonnais :* 1 013 342. *B.N.P. :* 864 315. *Banque de France :* Gouverneur (1981) : 951 000, sous-gouv. : 660 000. *Assurances (1981) : A.G.G. :* 749 508 ; *U.A.P. :* 745 134 ; *G.A.N. :* 719 793 ; *COFACE (1982) :* 768 000 ; *Caisse centrale de réassurance :* 462 000. *Cadres dirigeants : ELF Aquitaine :* Pt : 620 000 (2 salaires supérieurs à 827 000) ; *EMC :* Pt : 530 000 ; *Cogema :* Pt : 562 000. *BECE :* Pt : 1 200 000 (1er salaire).

Rémunérations supérieures à 480 000 F (1981). Nombre de cadres touchant + de 480 000 F et, entre parenthèses, total des cadres. *Banques nationalisées :* 97 (17 389) [dont Société Générale 37 (4 969), B. Nationale de Paris 31 (5 952), Crédit Lyonnais (ensemble du groupe) 29 (6 468)]. *Assurances :* 52 (5 984) [dont Groupement des assurances nationales 17 (1 788), Union des ass. de Paris 13 (2 073), Ass. gén. de France 8 (1 181), Société commerciale de réassurance 8 [1] (395), Mutuelle gén. française 6 (523)]. *Secteur du pétrole et de la chimie :* 42 (8 094 [dont Elf Aquitaine 24 (6 252), Entreprise minière et chimique 11 (748), CDF Chimie 7 (1 094)]. *Renault* 33 (8 517). *Secteur énergétique classique :* 21 (19 708) [dont Électricité de France 10 (14 976), Charbonnages de France 6 (1 246), Gaz de France 5 (3 486)].

Nota. — (1) + de 2 % de l'effectif des cadres.

Indemnités diverses. Plusieurs milliers représentant env. 10 milliards de F distribués par le Trésor. Ex. : primes de chaussures (facteurs) 110 F, bicyclette (douanier), habillement (agents des labor.), costume (Cour des comptes, magistrats), langues étrangères (douaniers et P.T.T.), éloignement (DOM et TOM), danger (hôpital psychiatrique), contrôle des casinos (agents du Trésor), risque (douaniers et policiers), jauge (douaniers) ; prime d'égout versée aux Conseillers d'État (en tant que contrôleurs des fonds d'assainissement des travaux de mise à l'égout recueillis par les collect. locales) représente 20 000 F régulièrement versés. Impôts et douanes touchent un ‰ sur fonds publics. Env. 5 000 agents des P.T.T. ont un tél. de service (gratuité du raccordement 500 F, de l'abonnement 50 F, dégrèvement de 3 000 taxes de base à 50 c.).

Traitement total (brut mensuel + primes et indemnités) en F dont en % primes et indemnités pour un célibataire sans enfant à Paris après 5 ans de carrière, en 1984 : assistants sociaux 7 056 (3,5), inspecteurs du permis de conduire 7 326 (4,9), instituteurs [1] 7 590 (11), inspecteurs du travail 10 240 (15), inspecteurs de police 9 685 (17,5), commissaires de police 11 753 (21,8), conseillers des tribunaux administratifs 15 353 (26,2), gendarmes 7 600 (24,3), attachés à la Culture 10 473 (26,7), à la D.G.I. 11 830 (43,1), secrétaires aux Affaires étrangères 17 738 (37), auditeurs à la Cour des comptes 20 032 (45,4), au Conseil d'État 19 322 (40,2), administrateur à l'Intérieur 18 184 (40), aux Douanes 19 226 (48,5), inspecteurs des finances 21 882 (58,8), I.G.R.E.F. [2] 17 733 (55,6), ingénieurs des Ponts et Chaussées 18 715 (64,2).

Nota. — (1) Y compris l'indemnité compensatrice du logement. (2) Ingénieur du Génie rural, des Eaux et Forêts.

Primes et indemnités de certains hauts fonctionnaires. Montant moyen mensuel en F en 1984. Trésorier-payeur-général 27 000. Directeur départemental de l'équipement 11 300. Conseiller d'État 11 200. Pt de chambre régionale des comptes 11 000. Directeur départemental de l'agriculture 10 300. Dir. d'administration centrale hors échelle E 9 500. Conseiller-maître à la Cour des comptes, inspecteur général des finances 9 200. Receveur principal régional des Douanes 8 600. Ingénieur des Ponts et Chaussées 1re cl. 7 800. Ing. du Génie rural, des Eaux et Forêts 1re cl. 6 600. Maître des requêtes au Conseil d'État 6 100. Inspecteur des finances débutant 5 700. Auditeur à la Cour des comptes (après 2 ans) 4 300. S'ajoutent parfois des avantages en nature — logements et voitures de fonction, facilités en personnels, etc.

Selon M. Le Pors, au 1-6-1984, la masse des primes représentait 10,6 % des traitements de base, réparties inégalement ; pour les hauts fonctionnaires des finances : de 3 à 8 mois de traitement.

Grille hiérarchique dans la fonction publique

Les traitements sont en principe des multiples du traitement de base d'une grille hiérarchique exprimée, en indices nets *jusqu'au* 31-12-55, bruts *du* 1-1-56 au 30-11-62, nouveaux *du* 1-12-62 *au* 31-3-68, majorés (*de* 15 *points pour les indices inférieurs ou égaux à* 304, *de* 10 *points pour les autres*) *du* 1-6-68 *au* 30-9-70, indices majorés *du* 1-10-70 *au* 1-9-79 *(majoration uniforme de 5 points d'indice), et majorés à nouveau depuis cette date de 3 points (pour les indices 147 à 262), 2 points (ind. 265 à 399), 1 point (400 à 445).*

En 1956, *la grille hiérarchique concerne les traitements bruts et non pas nets (de retenue pour retraite et d'impôts sur le revenu pour les fonctionnaires célibataires) comme on l'avait décidé à l'origine en* 1948. *En* 1962, *on a intégré dans le traitement brut l'indemnité spéciale dégressive attribuée à partir de* 1953 *aux petits fonctionnaires, puis, en* 1968 *et en avril* 1970, *on a intégré une partie de l'indemnité de résidence. Les majorations indiciaires accordées en* juin 1968 *et en* sept. 1979, octobre 1970, *bénéficient aux fonctionnaires de façon inégale suivant leur situation dans la hiérarchie.*

La grille des salaires est telle qu'une augmentation de 1 % du point d'indice coûte 2,84 milliards de F aux contribuables.

Primes mensuelles des énarques débutants (s'ajoutent à un traitement de base de 9 106 F/mois en 1984). Inspection générale des Finances 5 657, de l'Administration 3 394, des Affaires sociales 2 980, Cour des comptes 4 766, Chambre régionale des comptes 4 610, Conseil d'État 4 340, Tribunal administratif 2 952, Caisse des dépôts et consignations 5 255, Finances [1] 5 209, Agriculture 4 940, Éducation nat. 4 540, Coopération et Développement 4 221, Solidarité nat. 4 150, Urbanisme et Logement 4 136, Industrie 3 854, Défense 3 551, Intérieur 3 377, Attaché commercial 5 169, Secrétaire d'ambassade 4 270.

Nota. — (1) Hors direction des Douanes et Impôts.

Primes dans la Fonction publique. *Source :* Le Point du 27-1-1986. *Conseil d'État et Cour des comptes :* traitements et primes comparables (50 000 F/mois tout compris), 1er Pt de la Cour des comptes 28 500 F de traitement net par mois + une indemnité de résidence, 12 000 à 14 000 F de primes, voiture avec chauffeur et secrétaire ; conseiller-maître 23 000 + 1 000 à 8 000 F de primes selon le travail fourni, s'il préside un organisme public, prime de 1 000 F. *Finances :* directeurs (12) et sous-directeurs (100) doublent leurs traitements grâce aux primes. Un sous-directeur (aux Douanes, au Budget ou aux Impôts) gagne env. 34 000 F (au Quai d'Orsay, 22 000 à 23 000 F net) ; directeurs 21 149 à 25 076 F + prime de 20 000 F env. Directeurs des Impôts, du Budget ou des Douanes 41 000 à 50 000 F par mois ; trésoriers-payeurs, certains touchent de 400 000 à 500 000 F par an (celui de Paris env. 1 million) ; conservateurs des hypothèques (20 env. toucheraient de 500 000 à 600 000 F par an) ; un gros receveur divisionnaire des Impôts (30 000 F par mois) reçoit + de 200 000 F par an au titre de remises sur les obligations cautionnées. Au même titre, un receveur principal touchera 120 000 F. *P.T.T. :* une centaine de primes. *Justice :* les magistrats reçoivent une indemnité de fonction (de 13 à 25 % de leur traitement de base) + pour certains responsables de cours et tribunaux, une indemnité forfaitaire de frais de représentation. Juge d'instruction 9 500 F par mois. Un procureur général près une cour d'appel (sauf Paris), un procureur de la République près les tribunaux de grande instance les + importants (Nanterre, Lyon, Marseille, Paris) touche 25 000 à 28 000 F par mois + 4 000 F de primes. Quelques hauts magistrats bénéficient d'un appartement de fonction. *Préfets :* touchent env. 30 000 F, mais sont « logés, éclairés, chauffés et servis » + voiture, chauffeur, cuisinière, maître d'hôtel-huissier, femme de ménage et frais de représentation pouvant aller jusqu'à 300 000 F par an. *Préfet de police de Paris :* 28 543,72 F net + 900 F d'indemnité de résidence + enveloppe pour frais de police. *Ambassadeur* à Washington : env. 30 000 F par mois + 100 000 F par mois de représentation.

Retraite. Calcul : 2 % des émoluments de base × par le nombre d'annuités liquidables (années effectives de service + temps fictif des bonifications et campagnes). Ex. : pour un traitement de 26 000 F et 32 annuités liquidables, la pension $= \frac{26\,000 \times 2}{100} = 520 \times 32 =$ 16 640 F.

Si le fonctionnaire a au moins 25 ans de service, sa pension est au moins égale au traitement brut afférent à l'indice net 100. S'il a — de 25 ans de service, elle est au moins égale à 4 % de ce traitement × par le nombre d'annuités.

Sécurité des salaires. Développement progressif au long de la carrière.

Trésorier-payeur général. Un par département, chargé du recouvrement d'impôts et de créances de l'État et des collectivités locales, du paiement des dépenses publiques et du contrôle de nombreux organismes (caisses d'épargne, établissements d'enseignement, caisses de Sécurité sociale, etc.). Comptables publics, ils sont personnellement et pécuniairement responsables devant la Cour des Comptes des opérations dont ils ont la charge. En garantie de leur gestion, ils doivent verser un cautionnement ; leurs biens meubles sont grevés d'un privilège général et leurs biens immeubles d'une hypothèque légale.

Fonctionnaires des DOM-TOM

La loi de départementalisation de 1946 a assimilé Gdes Antilles, Guyane, Réunion à la Métropole sociale (salaire min. garanti avec abattement de 20 %, même droit aux prestations sociales et à la Séc. soc.), puis plus récemment droit aux alloc. famil. jusque-là versées à un fonds soc. et alloc. de chômage [total annuel 1980 : 9 000 F par h., 40 000 F par famille moyenne (env. 4,5 personnes)]. Les *fonctionnaires* corps préfectoral et directeurs des services départementaux (autochtones compris) touchent une indemnité de 40 %, une indemnité de résidence de 2 %. Autrefois, Antilles, Réunion et Guyane étaient assimilées aux colonies d'Afr. et d'Indochine pour les traitements des fonct. métropolitains. Ceux-ci touchaient des suppléments, doublant en moyenne leurs salaires métrop., pour « compenser les fatigues du climat et l'éloignement (il fallait des semaines de bateau pour rejoindre son poste) », avaient des avantages en nature (frais de représentation, voiture et logement de fonction, personnel domestique plus ou moins rémunéré sur le budget d'un cercle), un congé de 6 mois tous les 2 ou 3 ans, selon le degré d'insalubrité du territoire (avec transport gratuit en métropole pour eux et leur famille). En 1946, les fonct. métrop. ont conservé ces avantages qui ne se justifiaient plus (le climat des îles est même recherché par les vacanciers ; les maladies tropicales ont disparu ; l'avion a aboli l'éloignement ; nombre de produits alimentaires y sont moins chers qu'en métropole). Les fonct. autochtones ont obtenu les mêmes avantages (règle d'assimilation).

Fonctionnaires européens

Traitements fixés par Conseil des ministres sur proposition de la Commission des Communautés européennes. Publiés au J.O. En 1986 (en FF, par mois), **salaires de base :** directeur général 28 600 à 34 600 ; administrateur débutant (diplômé d'université) 13 700 à 16 400. **Indemnités :** 5 % du traitement de base pour les chefs de famille ; 16 %, de prime de dépaysement pour ceux affectés hors de leur pays d'origine ; 885 F de prime mensuelle fixe par enfant à charge et 293 F d'allocation scolaire. **Cotisations sociales :** assurance maladie et pension : 8,2 % du traitement de base. **Fiscalité :** l'impôt, pouvant atteindre 45 % du salaire, est prélevé à la source et constitue une recette pour le budget général des communautés. **Prélèvements de crise :** par solidarité, un prélèvement exceptionnel de crise est déduit du salaire (2 990 à 3 860 FF pour un directeur général ; 823 à 1 216 FF pour un administrateur débutant).

Salaires de quelques secteurs

Salaires, en F.

● **Administrateurs de sociétés. Rémunérations. Jetons de présence.** Rémunèrent en principe la participation aux séances du conseil d'adm. Aujourd'hui, ces jetons consistent en une somme fixe annuelle répartie librement entre les administrateurs, une part plus forte pouvant être allouée à ceux qui sont membres de comités. Les jetons de présence sont déductibles des bénéfices imposables de la société débitrice, mais seulement dans la mesure où ils n'excèdent pas une certaine proportion des salaires des dirigeants. Ils ne sont déductibles que dans la limite de 5 % du produit obtenu en multipliant la moyenne des rémunérations déductibles attribuées aux 10 ou 5 personnes les mieux rémunérées, selon que l'effectif du personnel excède ou non 200 salariés, par le nombre des membres composant le conseil. Pour l'impôt sur le revenu, les jetons de présence sont assimilés à des revenus de valeurs mobilières sans ouvrir droit à l'avoir fiscal, qu'ils soient déductibles ou non des bénéfices sociaux [assimilables à un salaire pour les fonctions de direction (président, directeur général, délégués ou fonctions techniques) dans la mesure où cela correspond à un travail effectif].

Rémunérations exceptionnelles. Le conseil d'administration peut en allouer aux administrateurs pour les missions ou mandats exceptionnels qu'il leur confie, c.-à-d. ne rentrant pas dans le cadre normal de leurs fonctions et ne revêtant pas un caractère permanent. Ces rémunérations doivent correspondre à un travail effectif et ne pas être exagérées. Une attribution constitue une convention entre la société et l'un de ses administrateurs.

Tantièmes. % (max. 10 % dep. la loi de 1966 sur les *superbénéfices*) Supprimés par la loi du 31-12-1975. Toute clause statutaire prévoyant leur attribution est réputée non écrite.

Mandats. Un administrateur peut cumuler 8 mandats au maximum (non compris les mandats d'outre-mer) + 5 mandats dans des sociétés ou des firmes qu'il administre et dans lesquelles il a une participation d'au moins 20 % ; il reçoit donc autant de fois des jetons de présence.

Aux administrateurs d'autrefois, grands actionnaires personnellement attachés à l'expansion des profits, se substituent de plus en plus des représentants de grandes sociétés ou de grandes banques. Ils rétrocèdent alors souvent à la société ou à la banque qui les appointe les jetons qu'ils reçoivent. Les représentants de l'État dans les conseils reversent aussi à une caisse commune la plus grande partie de leurs jetons.

Statistiques. Il y a en France env. 300 000 sociétés commerciales et 900 000 mandats d'administrateurs (mais le nombre réel d'administrateurs est moindre car les cumuls sont fréquents).

Dans les fausses sociétés (entreprises individuelles déguisées), la plupart des administrateurs sont de simples prête-noms. Ils ont des responsabilités théoriques, donnent 1 ou 2 signatures par an et reçoivent en contrepartie soit un petit chèque, soit des invitations, un cadeau, des commandes.

● **Agents commerciaux.** Mandataires qui, à titre de profession habituelle et indépendante, sans être liés par un contrat de louages de services, négocient et éventuellement concluent des achats, ventes, locations ou prestations de service au nom et pour le compte de producteurs, industriels ou commerçants. Plus de 15 000 (matières premières, biens d'équipement, prod. de consommation, services).

● **Agents immobiliers.** Salaires minimaux mensuels garantis (au 1-5-1984). Constituent une avance sur les commissions ; régularisés par comparaison avec celles-ci tous les 6 mois. *Négociateur 1er échelon* 4 472 F ; *négociateur 2e éch.* 5 366,4 ; *négociateur 3e éch. cadre* 6 708 ; *chef de service admin. ou commercial* 7 602,4, *juridique ou contentieux* 8 496,8.

● **Agriculteurs** (pop. active agric.) % de la pop. active. *1921 :* 42, *54 :* 27, *62 :* 20, *68 :* 15, *78 :* 8, *81 :* 8, *83 :* 7,3, *84 :* 7, *85 :* 6,7 dont conjoints et aides familiaux 45,6 %, salariés agr. 7,3 ; 62 % d'agr. actifs familiaux travaillent à temps partiel en 1983.

Nombre et % en France en 1981. *15 à 19 ans* : env. 62 000 (2,5). *20 à 30* : env. 238 000 (9,9). *31 à 54* : env. 1 209 000 (50,6). *55 et +* : env. 880 000 (36,8).

Chefs d'exploitation. 1983 : 1 129 600 dont 11 % sont des femmes (– de 35 a. 9 %, 65 a. et + 16 %). Env. 60 % des exploitants ont + de 50 a. Les exploitantes sont plus âgées car elles n'exploitent en général qu'à la mort de leur mari (env. 100 000 sont des veuves). La superficie moyenne diminue avec l'âge. 30 % des chefs travaillent moins d'un mi-temps sur l'exploitation (essentiellement des retraités ou actifs ayant une double activité).

Conjoints et aides familiaux (1983). 1 094 000 dont env. 69 % de femmes. 7 % n'ont aucun lien familial avec le chef d'exploitation. 55 % de conjoints, 28,4 % de descendants, 9,9 % d'ascendants.

Salariés agricoles (oct. 1984). 164 000 permanents dont femmes env. 16 %. On trouve en moyenne un salarié pour 10 exploitations. *Origine* : Français 82,4 %, Nord-Africains 7,5 %, Portugais 6 %, Espagnols 2,8 %, Italiens 0,6, autres nationalités 3,3. 6,6 % de salariés ont moins de 21 ans.

Salaire brut horaire moyen des salariés agricoles, Francs/heure. *1980* 17,34, *81* (1) 20,22, *82* 22,83, *83* (1) 26,51, *84* 28,16.

Nota. (1) Salaire estimé d'après les données MSA.

Salaire horaire moyen brut en espèces perçu par les ouvriers permanents à temps complet qualifiés et non qualifiés par type d'avantage en nature et en fonction de l'activité exercice. Qualifiés et, entre parenthèses non qualifiés, en oct. 1984. Ni logés, ni nourris 31,38 (27,14), logés seulement 30,01 (26,66), nourris seulement 28,57 (24,36), logés et nourris 23,48 (20,05).

Revenus non salariaux agricoles. Voir Index.

● **Archivistes.** Traitement net mensuel (tr. brut moins 6 % de retenue pour pensions civiles) en 1985 : *conservateurs 2e classe* (1er échelon) 6 862 F (6e éch.) 10 384 F ; *c. 1re classe* (1er éch.) 10 519 F, (except.) 14 029 F ; *c. en chef* (1er éch.) 11 029 F, (except.) 16 598 F.

Nota. – S'ajoutent : indemnité de résidence (de 3 à 6 % du traitement brut selon les zones) + indemnité forfaitaire du personnel enseignant + indemnité spéciale du personnel du corps scientifique (taux moyen annuel au 1-1-81 : c. en chef : 6 550 F, c. de 1re classe : 5 460 F, c. de 2e classe : 3 640 F) + supplément familial fonctionnaire, indemnité de transport et prestations familiales. *A déduire* cotisation à la Séc. soc.

● **Architectes.** *Nombre 1973* : 8 000 (pour 570 000 chantiers/an) ; *1984* : 22 000 (pour 300 000). *Chômeurs* (1985) : 20 %. **Gains** : 60 % des arch. diplômés gagnent moins de 8 000 F/mois, charges déduites.

● **Artisans. Entreprises artisanales** (1983) : 853 500, représentant 2 324 500 personnes (1 082 000 salariés, 146 000 apprentis, 243 000 auxiliaires familiaux), soit 10 % de la population active du pays. A raison de 3 personnes en moyenne par famille, l'artisanat fait vivre + de 6 millions de Français.

Valeur ajoutée (1983). 180 milliards de F. *Apprentis* 146 000 en 1983. 50 % des entreprises sont au forfait, 29 % au réel simplifié, 21 % au réel normal.

● **Artistes, vedettes, virtuoses. Nombre** (France, 1979) : musiciens 4 567, chefs d'orchestre 82, artistes lyriques 689, a. de chœur 450, a. chorégraphiques 1 154, a. de variétés 1 119, a. dramatiques 4 664, *total 12 725.*

Chanteurs. Vedettes internationales. [*Frank Sinatra* ; *Bob Dylan* (2 700 000 F pour un concert près de Londres au festival de Blackbushe en 1978 ; env. 4 500 F/mn sur scène) ; *Elvis Presley* (300 millions de disques, 30 films) ; *Barbara Streisand* ou, jusqu'à leur séparation, les *Beatles*] et quelques artistes adulés de leur public (comme la chanteuse égyptienne *Oum Kalsoum*, qui aurait obtenu pour une seule soirée le plus gros cachet jamais versé par l'Olympia). *En France* : **Disques** : touche de 2 à 15 % du prix de vente en gros du disque (le prix de gros d'un 45 tours est d'env. 2,80 F). **Télévision** : cachet de 503 F (minimum répétition), 1 140 F (minimum enregistrement) à 1 500 F pour 2 ou 3 chansons, 10 000 F pour un show (seuls les « grands » en font, à peu près 1 tous les 2 ans). **Radio** : cachets très faibles. **Galas** : peu réussissent à en faire. Mais un « grand » chanteur peut en faire 100 dans l'année. Pour un gala (où il passe de 45 mn à 1 h), il peut toucher entre 10 000 et 100 000 F de fixe, ou être rémunéré en % de la recette, mais il doit verser env. 40 % de sa part à son orchestre (dont les musiciens ont de toute manière un cachet minimal garanti). **Chanteurs passant dans les cabarets parisiens** (en particulier rive gauche) : de 60 à 400 F (pour les connus) à chaque passage. Aussi, ces chanteurs se produisent-ils dans plusieurs établissements chaque nuit (parfois plus de 5). Certains établissements donnent + (ex. 1 200 à 1 500 F) à la vedette.

Les numéros deux sur l'affiche et les bénéficiaires provisoires du succès d'une chanson touchent 3 000 à 9 000 F par gala et de 1 000 à 3 000 F par soirée.

Évolution des salaires du cinéma

● **Crise mondiale 1929. Baisse des salaires** : (*1927* : 40 vedettes touchaient plus de 5 000 $ par semaine ; *à partir de 1931* : 23 vedettes seulement touchaient plus de 3 500 $, notamment : John Barrymore (30 000 par semaine), Constance Bennet (30 000 par semaine), Greta Garbo (250 000 pour The Painted Veil, 1934, et Anna Karénine 1935). Plus hauts salaires *1935* : Mae West (480 833), *1938* Shirley Temple (307 014), *1939* : James Cagney (368 333).

● **Après la Deuxième Guerre mondiale. Hausse.** Plus hauts salaires (en $, pour un film) : *1946* Bing Crosby (325 000), *années 1940 et 1950* 250 000-400 000, *1959* Elisabeth Taylor en G.-B. (500 000, pour Soudain l'été dernier), et John Wayne et William Holden aux U.S.A. (750 000 chacun, pour The Horse Soldiers, + 20 % du net) ; *années 1960* : 1 million ; *années 1970* : plusieurs millions, *v. 1975* : Charles Bronson (20 000-30 000 $ par semaine, + indemnité de 2 500 par jour) ; *1978-79* Marlon Brando (2,5 millions pour 12 jours de tournage de Superman, soit 208 333 F par jour), Paul Newman, Robert Redford et Steve McQueen (3 millions), John Travolta et Olivia Newton John (10 millions comme % sur les profits de Grease, 1978), Clint Eastwood (env. 10 millions pour Escape from Alcatraz, 1979), *1982-83* Sean Connery (42 millions + % pour « Jamais plus jamais »), Roger Moore (25 millions pour « Octopussy »).

Cinéma. Acteur : après un film raté, sa cote peut baisser de 50 % et +, après un succès fulgurant elle peut se multiplier par 10 ou 20 en quelques mois. En 1973, M. Brando aurait touché 10 % des recettes sur le « Dernier Tango à Paris » (1 500 millions de F) et 800 millions avec « le Parrain ».

Les acteurs français d'envergure internationale (au maximum 5 ou 6) touchent de 1 000 000 à 7 000 000 F par film [ceux d'envergure nationale (environ 10 ou 12) gagneraient au maximum 500 000 à 900 000 F par film].

Au-dessous, un acteur peut descendre jusqu'au tarif min. synd. que gagne la majorité des comédiens, soit, au 1-1-86 : engagement au cachet (1 446 F/cachet), à la semaine (pour 2 semaines au moins : pour 5 j 4 401 F/sem., pour 6 j 5 119 F/sem.). La rétribution au % sur les recettes se répand de plus en plus.

Acteurs et réalisateurs français (cachets en millions de F, 1984). L. Ventura 8 (pour *les Misérables*), J.-P. Belmondo 7, Coluche 4, P. Richard, A. Delon, C. Zidi 3,5, Y. Montand, L. Ventura, C. Sautet, H. Verneuil, G. Oury, G. Depardieu 3, I. Adjani 2,5, C. Deneuve, P. Noiret 2, M. Serrault, N. Baye 1,5, Miou-Miou, C. Brasseur, A. Maccione 1.

Acteurs américains. Certains avec des participations sur recettes auraient touché + de 100 millions de F par film (Marlon Brando 119, dans *Superman* : 24 + 95 de % sur bénéfices) ; 80 (S. Stallone dans *Over the top*) ; env. 50 (ex. R. Redford, B. Streisand, M. Brando pour *Apocalypse Now*), 35 (R. Gere dans *Cotton Club*), 14 Al Pacino, D. Hoffman, C. Bronson, J. Nicholson, B. Reynolds dans *Cannonball Run*) : 2 par j de tournage.

Actrice de film porno. 1 500 à 2 500 F par j (France).

Compositeur, auteur et éditeur de musique. Tube : *Chacun fait c'qu'il lui plaît*, de Presgurvic, 1 300 000 disques vendus ayant rapporté + de 2 000 000 F de droits ; *Coup de Folie*, de Thierry Pastor, 700 000 ex., + de 1 500 000 F. *Africa*, de Rose Laurens, 995 000 ex. (+ de 2 240 000 F) ; *Mise au point*, de Jacky Quartz, 880 000 ex. (+ de 1 000 000 F) ; *Quand la musique est bonne*, de Jean-Jacques Goldman, 780 000 ex. (+ de 2 000 000 F).

En France, la Société des auteurs, compositeurs et éditeurs de musique (S.A.C.E.M.), v. encadré p. 431, perçoit leurs droits d'auteur dits soit *d'exécution publique*, quand les œuvres passent à la radio, la télévision, dans les sonorisations commerciales (restaurants, hôtels, supermarchés, magasins), juke-boxes, discothèques, les bals, concerts, galas, salles de cinéma, etc. ; auteur, compositeur et éditeur touchent alors chacun 1/3 de ces droits perçus auprès des organisateurs ; soit *de reproduction mécanique*, œuvres enregistrées : disques et cassettes (113 millions d'ex. vendus en 1984), bandes de musique de film, vidéogrammes, etc. Le plus souvent, auteur et compositeur se partagent alors 50 % de ces droits perçus auprès des reproducteurs, l'éditeur touchant le reste.

Divers. Salaires minimaux d'enregistrement (au 1-4-86). *Base musicien* : 523 F. *Artistes de variétés* (par tranche indivisible de 20 mn utiles) : ayant enregistré 8 titres ou + (300 %) 1 569 F, – de 8 titres (125 %) 653 F. *Artistes dramatiques et lyriques solistes* (par séance indivisible de 3 h) (120 %) : 628 F. *Artistes lyriques choristes* (par séance indivisible de 3 h) : 523 F.

Concertiste. Musicien d'orchestre 7 000 à 11 000 F.

Danseuses *du « Crazy Horse » à Paris (créé 19-5-51).* 14 000 à 35 000 F par mois, dont 20 % obligatoirement placés sur un compte d'épargne logement.

Théâtre. Répartition des acteurs (en %) selon la rémunération moyenne annuelle (1980). Artistes dramatiques. – *de 9 000 F* : 29,8. *9 000 à 30 000* : 32. *30 000 à 60 000* : 19,2. *60 000 à 120 000* : 11,8. + *de 120 000* : 7,2. **Lyriques.** – *de 9 000* : 27,4. *9 000 à 30 000* : 34,8. *30 000 à 60 000* : 20,8. *60 000 à 120 000* : 13,3. + *de 120 000* : 3,7. **Chorégraphiques.** – *de 9 000* : 29,9. *9 000 à 30 000* : 37,7. *30 000 à 60 000* : 22,9. *60 000 à 120 000* : 8,2. + *de 120 000* : 1,3. Les femmes sont défavorisées, sauf les danseuses (nombre et durée, engagements, rémunération journalière).

Durée d'emploi dans l'année. Artistes dramatiques – de 51 jours 49 %. 51 à 100 j 20 %. 100 à 200 j 20 %. + de 200 j 11 %. **Lyriques** – de 51 j 52 %. 51 à 100 j 23 %. 100 à 200 j 20 %. + de 200 j 5 %. **Chorégraphiques** – de 51 j 36 %. 51 à 100 j 21 %. 100 à 200 j 19 %. + de 200 j 24 %.

Centres dramatiques – C.A.C. – Th. nationaux (sauf Comédie-Française). Salaires (au 1-3-86). *Contrats de plus de 3 mois* : artistes-interprètes 6 439 F, stagiaires 1re année 4 522, 2e a. 5 385 ; *3 mois et* – : artistes et interprètes 6 861, stagiaires (– 15 %) 5 839 ; *au cachet* : – *de 150 lignes* 243, + *de 150* : 276. Artistes-musiciens. *Cachet de base* 397 ; *salaire min. mensuel* (cachet × 25) 9 928. *Répétitions* (SMIC horaire) : 26,04 × 4 (au 1-7-85) = 104,16. **Indemnités journalières de déplacement** (au 1-2-86) : 1 chambre 125 F, 1 petit déjeuner 16, 1 repas (éventuellement 2) 77, installation (artistes, art. 4) 147,50, découché (artiste, art. 4) 141, panier (annexe F) 38,50. Indemnité de repas Grande-Couronne de la Région parisienne (tournées, art. 4) 55 (jusqu'au 31-12-86).

Théâtres de Paris (du 1-10-85 au 1-4-86). **Artistes dramatiques** (+ 2,5 %) : théâtres, jusqu'à 400 places, par représentation et, entre parenthèses, pour saisons 6 mois minimum (30 repr./m), par mois : *utilités ou rôles de figuration* 166,60 (4 499,24 F), *petits rôles jusqu'à 13 lignes* 187,49 (5 624,11), *doublure et rôle de 14 à 30 l.* 229,14 (6 748,90), *31 à 150 l.* 249,91 (7 423,80), + *de 150 l.* 304,09 (8 886,06).

Artistes lyriques et des chœurs (+ 2,5 %) : pièce par représentation et, entre parenthèses, à l'année ou à la longue, durée – 9 mois minimum (30 représentations par mois) : utilités ou rôle de figuration 166,60 (4 499,24), 3e emploi/ou artistes lyriques d'ensemble et doubles 289,16 (8 097,56), 2e emploi 361,48 (10 121,94), 1er emploi comique, 2e emploi 397,57 (11 134,15), 1er emploi chant 437,40 (12 247,61).

Artistes chorégraphiques (+ 2,5 %) : Pièce par représentation et, entre parenthèses, à l'année ou à la longue durée – 9 mois minimum (30 représent. par mois) : utilités 166,60 (4 499,24), élèves exclusivement pour les théâtres entretenant une école de danse (limitée à 15 ans pour les filles, 16 a. pour les garçons, pas plus de 20 % de l'effectif total des danseurs engagés) 187,49 (5 249,16), artistes ballet ou artistes chorégraphiques d'ensemble 289,16 (8 097,56), sujets 361,48 (10 121,94), 1er danseur (ne dansant pas dans les ensembles) 397,57 (11 134,15), étoiles-attractions, de gré à gré (de gré à gré).

Musiciens (+ 2,5 %) : 1re partie, par service 355,96.

Artistes de revue (+ 2,5 %) : par représentation, entre parenthèses, jusqu'à 3 mois et, en italique, + de 3 mois : mannequin habillé 181,65 (5 091,18) *4 582,05*, mannequin nu 194,55 (5 285,82) *5 042,71*, danseur 284,74 (7 981,21) *7 176,15*, rôles 333,28 (9 355,82) *8 412,55*.

Artistes de variétés (+ 2,5 %) : par représentation : numéro à 1 artiste 455,05, à 2 artistes 757,62, à 3 artistes 1 212,23, assistant d'attraction 303,27, personne supplémentaire (par personne) 303,27.

● **Assurances (courtage).** *Salaires minima mensuels au 1-4-1986, en F. Niveau hiérarchique : A* 3 903, *F* 5 574 ; *cadres : 1*er 7 433, *4*e 11 148 ; *salariés producteurs* (ressources minima annuelles) *1* 75 172, *4* 115 264.

● **Aviation civile.** *Traitement moyen pour une activité minimale garantie en 1985. Source :* Air France. Sans compter les indemnités de blanchissage (uniquement pour personnel navigant Cial) et de transports, l'ensemble du personnel navigant bénéficie d'un abattement fiscal supplémentaire de 30 %. *Personnel navigant technique* sur B 747 (sur Airbus) : commandant de bord 53 000 F (48 000 F), pilote 38 000 F (34 000 F), officier mécanicien 36 000 F (32 000 F). *Personnel navigant commercial* (avril 86) : hôtesse ou steward 11 000 à 18 000 F, chef de cabine 16 500 à 22 800 F.

Nota. — Salaires mensuels, 1981. Allemagne (Lufthansa) : commandant *B 747* 40 400 F, pilote *B 727* 20 600. *G.-B.* (British Airways) : commandant 25 500, pilote 14 400. *Belgique* (Sabena) : commandant 40 800, pilote 16 700. *P.-Bas* (KLM) : commandant 39 800, pilote 19 900.

Officiers contrôleurs de la navigation aérienne. Rémunérations globales mensuelles (au 1-11-85). *Élève* 5 038 F. Dans un centre de contrôle en route : *stagiaire 1re a.* 7 540, *fin de carrière* (après 23 a. env.) 15 739. Étant en partie constituée d'indemnités de sujetions particulières, elles diffèrent selon la fonction et le lieu d'exercice de la fonction.

● **Banque** au 1-1-84. **Garantie minimale annuelle** de ressources à l'embauche : 58 156 F. **Salaires mensuels :** *Employés. Moy.* 5 414. **Gradés.** *Min.* classe II 4 484, III 5 092, IV 6 025. *Moy.* 7 697. **Cadres.** *Min.* cl. V 7 320, VI 8 363, VII 9 680, VIII 11 107. *Moy.* 12 962. 14,5 mois de salaire. A ces rémunérations s'ajoutent, notamment pour démarcheurs et cadres d'agence, des commissions variables.

Salaires annuels (1983) (bruts, primes comprises en milliers de F). Directeur d'agence 266, de succursale 250, des relations internationales 328, de l'informatique 241, cambiste 230 (janv. de 500 à 600), gestionnaire de fortune 288, de clientèle 200, analyste financier 201, directeur général adjoint 373, financier 270.

● **Bâtiment. Salaires bruts mensuels** à Paris, au 1-1-86 (pour 39 h 50 par semaine en tenant compte d'une indemnité mensuelle de petits déplacements de 750 F). **Gros œuvre :** chef d'équipe (maçonnerie) 7 400 ; convoyeur 6 590. **Bois :** métreur 9 600 ; commis d'entreprise 10 800 ; charpentier 7 200. **Métal :** chef d'équipe 7 700 ; dessinateur projeteur 9 500 ; soudeur 6 100 ; conducteur de travaux 12 000. **Équipement technique :** chef d'éq. (install. thermiques) 7 350 ; commis technicien (électr.) 10 000 ; aide-monteur (électr.) 5 750 ; contremaître (électr.) 10 100. **Décoration :** métreur (peinture) 7 500 ; commis d'entreprise (peinture) 10 300 ; chef peintre 7 600.

Par ailleurs, différents avantages sociaux : intéressement, primes de vacances, indemnisation pour les intempéries, retraites complémentaires, régimes de prévoyance, etc. ; indemnités de « petits déplacements » pour les ouvriers.

● **Bibliothèque. Traitement mensuel net,** à Paris, primes incluses, en 1985 (bibliothèque de l'État). *Gardien :* 1er échelon 4 504 F, 9e éch. 5 399 F. *Magasinier groupe III :* 1er éch. 4 599 F, 10e éch. 5 399 F. *Magasinier groupe IV :* 1er éch. 4 751 F, 10e éch. 5 742 F. *Adjoint administratif de bibliothèque G 5 :* 1er éch. 4 891 F, 10e éch. 6 179 F. *Adjoint admin. G 6 :* 1er éch. 4 986 F, 10e éch. 6 610 F. *Adjoint admin. G 7 :* 1er éch. 5 158 F, 10e éch. 7 000. *Bibliothécaire adjoint :* 1er éch. 5 289 F, 12e éch. 8 155 F. *Bibliothécaire adjoint chef de section :* 1er éch. 7 385 F, 5e éch. 9 091 F. *Bibliothécaire adjoint principal :* 1er éch. 7 013 F, 5e éch. 9 738 F. *Autres carrières :* voir Fonctionnaires.

● **Bourse.** Salaires mensuels minimaux (au 1-7-86). *Employés cat. A* 4 047 F (durée max. 6 mois), *B* (2 a.) 4 486, *C 1* 5 127, *C 2* 5 641, *D 1* 6 485, *D 2* 6 809. *Agents de maîtrise cat. E* 7 412. *Cadres cat. F* (chefs de section) 7 959, *G* (chefs de section II) 8 557, *H* (chef de division) 9 989, *I* (sous-chef de service) 11 617, *J* (chef de service) 14 874. Le personnel touche 14 mois et demi par an. + diverses primes : complément familial (99 F/mois et par enfant à charge), participations bénéficiaires variables selon les résultats de chaque charge, mais représentant au minimum 1/4 de mois.

● **Cantonniers et éboueurs.** A Paris, traitement brut mensuel et indemnité de résidence en F (au 1-1-1985). *Éboueur :* 5 407 à 7 077. *Ouvrier 2e catégorie :* 5 299 à 6 896 ; *1re catégorie :* 5 825 à 7 395. *Cantonnier :* 5 120 à 6 443.

● **Chauffeurs. Rémunération globale mensuelle garantie pour 39 h de travail par semaine et 169 h par mois** (au 1-3-84). **Transports marchandises :** grand routier hautement qualifié à l'embauche : 4 668 F ; après 15 ans : 5 041. *Durée de conduite journalière,* territoire national : 9 h, 10 h deux fois par semaine ; *max. hebdom. :* 48 h. **Voyageurs :** Conducteur de car-receveur à l'embauche : 4 231, après 15 ans : 4 569, amplitude maximale journalière : 12 h. Paiement des bonifications d'amplitude à la journée. Au-delà de 12 h, autorisation de l'Inspection du travail, paiement de 12 à 13 h à 75 % du salaire. **Déménagement :** déménageur-facteur à l'embauche : 4 322 ; après 15 ans : 4 668, région parisienne + 5 % et primes diverses. Les primes ayant un caractère de rendement (kilométrique, chiffre d'affaires, tour, tonnage) sont interdites.

Routiers. D'après le comité des transports du VIIIe plan, les conducteurs routiers travaillaient en moy. 60 h par semaine et 60 % d'entre eux plus de 60 h. 80 à 90 % des grands routiers (transport à longue distance, sur plus de 250 km) travaillaient de 60 h à 100 h. 40 % d'entre eux conduisaient plus de 8 h par j. Les primes représentaient env. 25 % du salaire (5 % dans les autres branches de l'écon.). Il s'agissait souvent de primes de rendement présentées sous diverses appellations (bonne conduite, nettoyage) qui incitent à dépasser la durée du travail et la vitesse.

Dep. le 1-1-83, le personnel roulant est affilié à un régime de prévoyance en cas d'inaptitude à la conduite résultant soit d'un retrait de permis pour raisons médicales, soit d'une décision du médecin du travail. Critères : 15 ans de métier, âgé d'au moins 50 ans. *Conducteurs en déplacement* indemnités au 1-7-84 : repas 38,40 F, casse-croûte 23,75 F, repos journalier (chambre + casse-croûte) 76,45 F. A l'étranger : + 18 %.

● **Chercheurs au CNRS.** *Rémunérations annuelles (primes comprises)* (en milliers de F, 1985). *Chercheurs : Dir. de rech. de classe exceptionnelle* 307,5 à 348,7. *Dir. de rech.* 216,8 à 307,5. *Maître de rech.* 173,7 à 254,4. *Chargé de rech.* 110 à 217,1. *Attaché de rech.* 105,2 à 142,8. *ARNAG* 96,8 à 139,9. *Ingénieur : 0A* 201,4 à 282,1. *1A* 177,2 à 240,4. *2A* 123,6 à 188,9. *3A* 113,8 à 175,6. *Techniciens : 1B* 103,9 à 164,5. *1B bis* 103,2 à 146,1. *2B* 80,1 à 134. *3B* 76,2 à 115,2.

● **Chimie — Pétrole.** Salaires mensuels minima de l'industrie du pétrole au 1-4-86 (majoration conventionnelle incluse). Ouvrier spécialisé 1er degré 4 837 F ; qualifié 1er d. 5 470 ; hautement qualifié 6 104 ; très hautement qualifié 1er d. 6 579 ; Secr. sténodact. 1er d. 6 579 ; Aide-chimiste 1er d. 6 579 ; Chimiste 1er d. 8 639 ; 3e 10 540 ; Dessinateur d'études 1er d. 8 639 ; Agent de maîtrise 7 530/11 491 ; Cadre débutant 9 906/12 441 ; confirmé III A1 15 293 ; III B 21 630.

● **Clergé — Prêtres.** Env. 3 500 F (par mois) + logement (à Paris logé 3 335, sinon 3 950). Le prêtre, sauf dans quelques diocèses, reverse à une caisse centrale les sommes lui parvenant directement (honoraires de messe, casuels, dons divers). Une fois payés nourriture, chauffage et éclairage, il lui reste environ 1 500 F pour les autres dépenses. *L'évêque* perçoit le même traitement. Des indemnités de charges variables selon fonctions sont versées directement.

Minimum interdiocésain de ressources garanti aux **prêtres retirés :** 39 500 F en 1986. *Prêtres relevés de leurs vœux* bénéficient de la retraite versée par la Caisse mutuelle d'assurance vieillesse des cultes, proportionnellement à leurs années passées dans le ministère (17 300 F pour 37 ans 1/2 au service de l'Église). Si le montant cumulé de cette retraite avec celles perçues pour leurs années de salariat n'atteint pas le minimum garanti de 39 500 F, l'Église leur verse un complément jusqu'à concurrence de ce montant.

Personnel paroissial (sacristains ou employés d'église, musiciens du culte, secrétaires et assistantes paroissiales...) : chacun reçoit un salaire établi par accord paritaire.

Recettes ordinaires des paroisses. Denier du clergé ou denier du culte, quêtes ordinaires, honoraires de messes, casuels (à l'occasion des obsèques et mariages), dons divers.

● **Concierges. Catégories (au 1-1-1986).** *A, effectuant 169 heures par mois :* agent de surveillance 4 075,2, employé d'immeuble 4 075,2, surveillant 4 414,8, employé d'immeuble spéc. 4 584,6, surveillant en chef 5 094, agent de sécurité IGH 5 263,8, chef d'équipe de sécurité IGH 6 452,4 ; employé d'im. qualifié 5 263,8 ; *B, totalisant 10 000 unités de valeur :* gardien concierge 4 584,6, gardien concierge de sécurité IGH 5 263,8, gardien principal A 5 433,6, B 6 452,4, gardien chef 7 471,2. Val. point (au 1-1-1986) : 33,96.

● **Contractuelles.** Payées par la ville (coût prév. 106 millions de F) mais, comme auxiliaires de la police, elles sont sous l'autorité du préfet de police. Salaire mensuel environ 3 700 F. Les contraventions dressées par les contractuelles reviennent à l'État (100 millions de F par an), le prix du stationnement (200 millions) revient à la mairie.

● **Couture.** Salaires mensuels minima conventionnels, en F, au 1-1-85. *Seconde main débutante* SMIC, *1re main qualifiée ayant 1 an de qualification* 5 848, *1re main d'atelier* 7 655 à 14 086, *coupeur* 9 798 à 14 392 (les salaires effectifs sont supérieurs).

● **Cover-girls** les plus cotées : 2 000 F par journée de travail dans un magazine, 6 000 F min. pour une publicité.

● **Détectives privés.** *Enquêteurs salariés :* 5 276 à 6 037 F, *indépendants :* payés à la vacation et selon l'importance de l'affaire (frais km et de repas en +), de 7 849 à 14 490 F par mois selon qualification et horaire des missions.

Les prix des enquêtes sont calculés selon le nombre de vacations nécessaires (1 vacation = 4 h indivisibles).

● **Dockers.** *Salaire annuel* moyen (1985) : 120 300 F env., variable suivant travaux effectués, embauche journalière réservée en priorité aux dockers professionnels immatriculés par le Bureau central de la main-d'œuvre du port. *147 j de travail par an.*

● **Employés de maison.** *Salaire horaire* et, entre parenthèses, *salaire mensuel minimal brut* y compris prestations en nature au 1-10-85 sous réserve de l'application du SMIC (en F, sur le plan national). *Débutant* (sans qualification, coef. 100) : SMIC ; *qualifié (femme de chambre, valet de chambre,* coef. 150) : 28,60 (4 976,40) ; *femme de ménage d'immeubles* (1-6-85) : 23,64 F ; *chef cuisinier, maître d'hôtel, chauffeur,* (coef. 180) : 31,64 (5 505,36). Salaires réels souvent plus élevés.

Prestations en nature, sauf contrat particulier. *1 repas :* 13,72 F ; *logement,* par mois : 274,40 F. Le montant des prestations en nature est à déduire du salaire brut pour obtenir le salaire en espèces.

● **Enseignement. Traitement mensuel total** (au 1-1-86). **Instituteur :** 5 936,05 à 9 159,62 F ; *Inst. spécialisé :* 6 230,90 à 9 454,45. **Professeur d'enseign. général de collège** (P.E.G.C.) : 6 034,34 à 9 945,85 ; *de C.E.T. :* 6 034,34 à 10 437,24 ; *certifié :* 6 624,01 à 12 756,63 ; *agrégé :* 7 665,47 à 15 960,53 ; *agrégé hors classe ou de chaire sup. :* 12 756,63 à 18 751,66. **Maître assistant :** *2e classe* 7 999,92 à 12 756,63, *1re cl.* 12 068,68 à 15 960,53. **Professeur d'université :** *2e cl.* 12 756,63 à 18 751,66, *1re cl.* 15 960,53 à 22 702,48, *cl. exceptionnelle* 23 744,24 à 25 768,79.

Ces traitements ne comprennent que l'*indemnité de résidence moyenne* (zone intermédiaire province 1 %) à l'exclusion de toutes autres indemnités. Il s'agit de rémunérations nettes mensuelles après prélèvement de la cotisation de Séc. sociale, du 7 % pour la retraite pour un célibataire vivant en province. En plus de cette rémunération, les enseignants touchent, ou peuvent toucher des indemnités (forfaitaires aux enseignants, conseils de classe, prof. principal, conseiller pédagogique, etc.).

Majoration due au complément indiciaire maximal lié à l'exercice d'une fonction quel que soit le grade de l'enseignant (au 1-1-86). *Directeur d'école nouveau régime* 294,84 F, *d'établissement spécialisé* 668,30, *adjoint chargé de section d'éducation spécialisée* 982,79, *principal collège (3e catégorie)* 1 965,58, *proviseur de L.E.P. (4e catégorie)* 2 456,98, *proviseur de lycée (4e catégorie)* 2 948,37.

Heures supplémentaires annuelles calculées à partir d'un maximum hebdomadaire déterminé statuairement. *Pour les prof. d'enseign. secondaire :* par heure décomptée au-delà de ce maximum, supplément mensuel de rémunération pour : un pr. d'enseignement gén. de collège 473,68 F, de lycée d'enseignement professionnel 488,24 F, certifié 670,22 F, agrégé 962,50. *Pour les prof. d'enseign. supérieur :* par h. supplémentaire effective, supplément mensuel de rémunération pour : les cours : dispositions générales 182,70 F (cours de capacité des disciplines juridiques, politiques, économiques et de gestion 109,62) ; les travaux dirigés : 121,80 (73,08) ; les travaux pratiques : 81,20 (48,72).

Logement. Instituteurs et directeurs d'école primaires ont droit au logement en nature ou à une indemnité représentative payée par la commune. Les enseignants occupant des fonctions de direction peuvent bénéficier d'un complément indiciaire. Le max. mensuel est (au 1-1-84) dans le 1er degré (dir. d'école spécialisée) de 903,93 F, le 2e d. (lycée) de 2 711,80 F.

Supplément familial (au 1-1-84) : 1 enfant : 15 F, *2* : 40 F et 3 % du salaire mensuel, *3* : 60 F et 8 %, *autres enfants* : 20 F et 6 %. *Mutuelle générale de l'Éducation nationale (M.G.E.N.)* : cotisations 2,5 % sur traitement mensuel brut + ind. résidence.

Temps de service hebdomadaire. *Instituteurs* 30 h (27 h d'enseignement plus 3 h de perfectionnement), *professeurs de collège d'enseignement général* (P.E.G.C.) 21 h, *pr. certifiés* 18 h, *agrégés* 15 h, *pr. d'université* 3 h, *maîtres assistants* 12 h.

• **Étrennes. Concierges** : quand les loyers étaient très bas : 2 à 5 % du loyer annuel, charges non comprises. Actuellement pour les services habituels, selon la catégorie de l'immeuble, de 100 à 700 F. **Éboueurs** : un arrêté préfectoral de 1936 interdit aux agents des services municipaux, sous peine de sanctions, de solliciter des étrennes auprès des particuliers. Cependant, certains leur donnent de 5 à 30 F. **Pompiers** : aucun texte n'autorise ni n'interdit leur tournée annuelle. On leur donne souvent de 10 à 30 F.

• **Étudiants salariés.** Voir p. 1586.

• **Gardes du corps** : 60 à 100 F l'h. *Soirée mondaine* : 500 à 1 000 F par garde (plus 37 % de charges sociales et 20 % de T.V.A.). *Garde d'un appartement une nuit (20 h à 8 h)* : 700 à 2 800 F HT par garde du corps selon les risques. *Protection d'une femme seule pendant une soirée (4 h)* : 600 F HT.

• **Gardes républicains.** Voir Gendarmerie nat.

• **Gardiens de nuit.** *Sédentaire. Salaire* : pour 169 h par mois, compris entre SMIC et 1,5 du SMIC pour la majorité (de 3 875 à 8 675 F par mois, agents de maîtrise 6 150 à 10 400 F, ingénieurs et cadres 8 148 à 18 978 F). **Nombre** : environ 60 000 dans les entreprises spécialisées dans la sécurité des biens et des personnes.

• **Gendarmerie nationale (y compris Garde rép.). Solde mensuelle nette** (pour un célibataire au 1-1-86, en zone d'abattement 0). *Officiers* : sous-lieutenant à colonel 8 881,20 à 19 185,95 F. *Sous-officiers* : élève gendarme à gendarme (fin de carrière) 6 622,50 à 9 492,70 F. Maréchal des logis-chef (10 a. de services) à adjudant-chef (21 a. de services) 8 763,90 à 10 790,40 F. Major (échelon except., 29 a. de services) 11 907,18 F.

Carrières. *Officiers.* Age moyen au 1-1-86 : général de corps d'armée 60, G. de division 59, G. de brigade 56, colonel 51, Lt-col. 50, chef d'escadron 43, capitaine 42, lieutenant 39. Début de carrière 23 ans 10 mois, fin 55 à 61. *Sous-officiers.* Age moyen au 1-1-86 : major 50, adjudant-chef 49, adjudant 44, maréchal des logis-chef 39, gendarme 33, élève-gendarme 23. Moyenne générale 35 ans 11 mois. Début de carrière : engagement possible à 18 ans. *Probabilité de terminer* (en %) et âge moyen de franchissement des grades (entre parenthèses) : gendarme 56,2 (23), maréchal des logis-chef 15,2 (41), adjudant 8,2 (45), adjudant-chef 11 (48), major 9,4 (47 sur concours, 53 au choix).

• **Hôtellerie-Restauration. Effectifs** 1975 : environ 210 000 dont *cadres sup.* 3 000, *personnel qualifié* 65 000, *autres personnels* 141 500.

Salaires mensuels moyens. Hôtellerie (en 1983). Paris (hôtel 1 étoile et, entre par. 4 étoiles). *Femme de chambre, valet* 2 740-3 080 F (3 190-3 880 F). *Gouvernante* (3 080-3 990). *Débutant (après apprentissage) cuisinier* (2 850-3 420). *D. restaurant* (2 850-3 420). *Chef de rang* (4 100-4 330). *C. de partie cuisine* (4 560-5 700). *Maître d'hôtel* (6 610-9 120). *Directeur de restaurant* (7 410-8 550). *Réceptionniste* 2 850-3 420 (4 220-4 560). *Secr. de réception bilingue* (3 190-3 650). *Standardiste* (3 190-3 650). *Chef de réception* (4 100-5 470). *Attaché de direction* (4 560-5 130). *Cadre supérieur* (5 700-10 260). **Restauration** (1982). *Maître d'hôtel bilingue* 5 700 à 10 260 F. *Garçon de restaurant* 4 560 à 6 840. *Commis de salle* 2 960 à 4 560. *Chef cuisinier* 5 760 à 9 120. *Sous-chef* 4 560 à 6 840. *Pâtissier* 4 560 à 6 840. *Chef de partie* (saucier, rôtisseur, etc.) 3 990 à 6 270. *Commis de cuisine* 2 960 à 4 560. *Plongeur* 2 960 à 4 560.

Le personnel rémunéré par le service a chaque mois des salaires différents ; l'ensemble des sommes est assujetti à l'impôt sur le revenu.

• **Infirmières. Rétribution mensuelle** au 1-1-82. **Hôpitaux publics.** *2e échelon* (indice brut 283, majoré 264), entre parenthèses *classe exceptionnelle* (indice brut 474, majoré 401). Salaire net 3 013,16 F (4 576,82 F) ; indemnité de résidence 1re zone 251,15 (358,96) ; prime spécifique 100 (250). *Total 3 364,7 (5 185,78).* A ces traitements s'ajoutent l'indemnité des « 13 h » (13/19e partie du salaire annuel brut et de l'indemnité de résidence annuelle) et la prime de service (env. 7,5 % du salaire brut annuel). **Secteur privé à but non lucratif** (1983). Carrière sur 24 ans : 1er échelon (indice 308) salaire brut 5 078,91 F, 11e échelon (indice 440) 7 255,60 F [prime spécifique de 11e éch. 100 (250), indemnité de sujétion (8,21 %), prime d'assiduité (7,50 %)]. **Secteur privé** (1980). *Diplômée d'État* de 3 650 à 6 200 (fin de carrière). Carrière sur 21 ans.

• **Informaticiens. Salaires annuels** (en milliers de F, 1985). *Directeur de l'informatique* : de 335 à 457. *Concepteur, chef de projet* : de 209 à 215,5. *Concepteur de logiciel* : de 221 à 269. *Analyste fonctionnel* : de 158 à 204. *Programmeur* : de 136 à 184.

• **Journalistes. Salaires mensuels** dans les hebdomadaires parisiens de 1re catégorie (+ de 100 000 ex.) en 1985. Rédacteur en chef 13 801 F, secrétaire gén. de rédaction 10 870, chef de service 9 539, 1er secr. de rédaction 10 294, reporter photographique 6 970, rédacteur 6 770, stagiaire (1re année) 5 974.

Piges. Ligne 5,90, écho 69,06, dessin accepté 382,65, croquis le 1er 230,13, 2e 155,32, 3e 77,62, cabochon, lettrine illustrée, culs-de-lampe 136,47.

• **Magasins. Grands magasins (Paris). Salaires moyens au 1-1-86** : *magasinier* 5 500, *employé de service administratif* 6 900, *caissier 2e échelon* 5 200, *vendeur rayon mercerie* 6 040, *confection-dames* 7 020, *électro-ménager* 8 800, *meubles* 8 720. Primes d'ancienneté mensuelles : variables selon catégorie et ancienneté. Ex. pour cat. VI (la plus nombreuse) : 112,80 F après 3 ans ; 752 F après 20 ans.

M. populaires parisiens. Salaires moyens (au 1-1-86). *Vendeur débutant* 4 401 F, *v. très qualifié* 4 401, *v. technique* 4 401, *étalagiste qualifié* 4 800. Primes d'ancienneté mensuelles variables selon catégorie et ancienneté. Ex. pour cat. VI : 107,20 F après 3 ans ; 714,70 F après 20 ans.

M. parisiens divers. (Salaires moyens au 1-1-83). *Électroménager* 7 375, *meubles* 7 305, *confection-dames* 5 875, *employé de service administratif* 5 780, *vendeur rayon mercerie* 5 060, *magasinier* 4 610, *caissier 2e échelon* 4 350.

• **Mannequins.** Payés à Paris de 1 300 à 7 500 F par défilé. Les plus recherchés : 600 000 F et + par an.

• **Marine marchande.** Salaires mensuels min. (au 1-10-1985). **Cabotage ou long cours.** *Matelot* cabotage 4 832 F (long cours 5 289) ; *qualifié* 5 018 (5 526) ; *maître d'équipage* 5 820 (6 564). Sur cargo : *6e éch. second capitaine, 1er échelon* 10 466 (11 577) ; *8e éch.* 12 149 (13 704) ; *capitaine 1er éch.* 13 704 (15 661) ; *capitaine* 15 661 (18 280). *Chef mécanicien* 1er éch. 12 409 (14 221) ; *6e éch.* 14 349 (16 514) ; *lieutenant officier mécanicien 1er éch.* 7 560 (9 181) ; *10e éch.* 10 077 (11 391). *Officier de port* 10 077 (11 391) (1982). **Commandant du port** : 13 000 ; *officier de port* 9 700 à 12 000 ; *pilote* 14 000 à 18 000 (variable selon mois et trafic). **Remorqueur (capitaine)** 9 000 ; *matelot* 5 000. **Scaphandrier** 10 000 à 12 000 ; *indépendant* 60 000 (pour mission de 2 mois).

Nota. — Ces salaires varient *pour les officiers* selon brevet détenu (capitaine au long cours, officier chef de quart...), ancienneté, taille du navire et genre de navigation (long cours, cabotage, remorquage). *Pour les marins du personnel d'exécution* selon ancienneté, fonction exercée, volume d'h supplémentaires incluses dans les rémunérations, genre de navigation.

• **Masseurs-kinésithérapeutes. Exercice libéral. Honoraires** à l'acte selon nomenclature officielle établie par le ministère de la Santé. **Lettre clé** AMM au 15-2-86 : 10,95 F. Tarif fixé par arrêté ministériel. **Frais d'installation** : 80 000 F. **Revenu brut annuel moyen** (1984) : 222 000 F. **Frais professionnels** : 40 à 50 %.

Exercices salariés (en F, au 1-11-85). *Établissements publics 1er échelon* 5 814 ; *11e* 8 919 + indemnité de résidence et éventuellement supplément forfaitaire. *Éts privés à but lucratif* (au 1-11-85) : 6 275 F (coeff. 264), *non lucratif* (au 1-11-85) : 7 031 F (coeff. 334).

• **Médecins et assistants. Nombre moyen d'actes médicaux par jour.** *Généraliste* 23 (8 visites et 13 consultations, 2 actes techniques) ; *spécialiste* 15 (5 consultations, 10 actes pratiqués par jour). Mais on a vu des médecins atteindre de 50 à 200 « consultations » par jour (psychiatre 30 par jour).

Revenu peut aller de pratiquement zéro (débutant malchanceux) à 220 000 F par mois (pour une dizaine de médecins non conventionnés), échelle 1 à 20.

Médecins conventionnés. En 1981, 98,91 % des praticiens (soit 77 791 au total). Un médecin conventionné ne peut déduire de ses recettes de 35 à 70 % (parfois plus) de frais professionnels (patente, matériel, téléphone, voiture, linge, etc.).

Médecins libéraux. Résultats, bénéfice en F et, entre parenthèses, en % (1982). *Omnipraticiens* : honoraires 357 358, bén. 215 632 (60,3). *Cardiologues* : honoraires 486 471, bén. 276 412 (56,8). *Dermatologues* : bén. 229 616 (59,5). *Gynécologues* : 291 026 (57,9). *Ophtalmologues* : 267 114 (56,7). *O.R.L.* : 244 161 (55,7). *Pédiatres* : 161 694 (57,4). *Rhumatologues* : 225 773 (52,5).

• **Militaires.**

Soldes et indemnités. Total en F (y compris solde nette par mois, indemnité de résidence à Paris, charges militaires), en 1985. *Non officiers* : caporal-chef, quartier-maître de 1re classe (1 an de service) 5 481. Sergent, second-maître (après 5 ans) 6 107. Sergent-chef, maître (après 10 ans) 7 606. Adjudant, premier maître (après 13 ans) 8 280. Adjudant-chef, maître principal (après 17 ans) 8 947. Major, major de la flotte (après 26 ans) 9 801. Gendarme : 3 ans de service 5 759, 10 ans 7 000, 15 ans 7 541, 21 ans 8 125.

Officiers du régime général (Terre, Air, Mer, Gendarmerie) : lieutenant (1 an de grade), enseigne de vaisseau 9 187,5. Capitaine (4 ans de grade), lieutenant de vaisseau 10 813. Commandant (2 ans de grade), capitaine de corvette 12 589. Lieutenant-colonel (2 ans de grade), capitaine de frégate 14 965. Colonel (3 ans de grade), capitaine de vaisseau 17 820. Général de brigade (après un an), contre-amiral 21 633. *Médecins des armées* : Médecin (capitaine, 4 ans de grade) 12 397. Médecin principal (commandant, 2 ans de grade) 14 172,6. Médecin en chef (lieutenant-colonel, 2 ans de grade) 15 444. Médecin en chef (colonel, 6 ans de grade) 17 028. Médecin Chef des services (entre colonel et général) 20 779. *Ingénieurs de l'Armement* : Ingénieur de l'armement (28 ans, capitaine à 3 ans de grade) 11 230. Ingénieur principal de l'armement (35 ans, commandant 2 à 3 ans de grade) 13 994. Ingénieur en chef (42 ans, colonel 2 ans de grade) 14 881. Ingénieur général de 2e classe (52 ans, général de brigade) 21 633.

Nota. — A la solde mensuelle nette s'ajoutent : une indemnité concernant les charges militaires ; primes de qualification, indemnité de résidence, supplément familial de solde et prestations familiales et se retranche la retenue au titre de la S.S. Les militaires à solde spéciale peuvent bénéficier de l'indemnité pour services aériens (montant mensuel 427,90 F en 1983) ou de l'ind. pour services en campagne (6 F par j).

Solde mensuelle des appelés, au 1-7-1985, en F. Soldat, matelot 2e classe 405. Soldat, matelot 1re classe 507. Caporal, quartier-maître 2e classe 708. Caporal-chef, quartier-maître 1re classe 810. Sergent, second maître 1 012. Aspirant 1 215. Sous-lieutenant, enseigne de vaisseau prolongeant la durée légale 1 278.

Volontaires au service long. Solde mensuelle avant 12 mois, entre parenthèses après 12 mois, en F (en métropole au 1-7-1985). Sous-lieutenant (3 195). Aspirant 2 430 (3 038). Sergent 2 024 (2 530), Caporal-chef 1 620 (2 025). Caporal 1 416 (1 770). Soldat 1re classe 1 014 (1 268). Soldat 2e classe 810 (1 012).

Contingent en Allemagne indemnité supplémentaire de séjour par an : aspirant 1 389 F, sergent 938 F, caporal-chef 834 F, caporal 729 F, soldat 660 F. [R. payée partie en F français, partie en deutsche mark (mensuellement 25 DM pour aspirants et sergents et 12 DM pour hommes du rang.)] Militaires à Berlin une indemnité supplémentaire d'expatriation par an : aspirants 1 618 DM, sous-officiers 1 166 DM, caporaux A.D.L. 640 DM, hommes du rang 527 DM.

Légionnaires solde (par mois, en F, à Aubagne et, entre parenthèses, à Djibouti au 1-1-82). Soldat début de contrat 1 510 (5 190), + de 9 ans de service 2 150 (7 300). Caporal chef 4 500 (15 400). Adjudant-chef 6 700 (22 900). Prime d'outre-mer pour séjour de 2 ans à Djibouti : soldat ayant + de 10 mois de service 22 800 F, + de 3 a. 25 200, cap.-chef 64 000.

• **Mineurs (charbon).** *Ouvrier du fond* (1984) 8 417 F, *du jour* (sauf centrales thermiques) 6 455 F, usines annexes et centrales thermiques 7 027 F.

• **Musée.** Personnel de la Ville de Paris. Traitement brut mensuel et indemnité de résidence (au 1-2-1986) : Agent de la surveillance spécialisée des musées de 2e cl. : 5 120 à 6 443 F. 1re cl. : 5 296 à 6 896. Agent-chef : 5 407 à 7 395. Inspecteur adjoint : 5 561 à 7 849. Inspecteur : 5 825 à 9 141. Conservateur de 2e cl. : 7 645 à 11 137, de 1re cl. : 11 524 à 15 584. Chef : 12 998 à 18 419.

Groupes de grade. 1° OFFICIERS SUBALTERNES : [sous-lieutenant : durée 1 an (*éch. 3* : après 15 ans de service, *2* : après 5 a., *1* avant 5 a.) ; lieutenant : durée 4 ans (*éch. 5* : après 21 a. ; *4* : 2 a. ou après 16 a. ; *3* : 2 a. ou après 11 a., *2* : 1 a. ou après 6 a. ; *1* : 1 a.) ; capitaine : durée 5 ans (*éch. 4* : après 26 a. ; *3* : 1 a. ou après 24 a./1 a. ou après 23 a., *2* : 2 a. ou après 22 a., *1* : 2 a.)]. 2° OFFICIERS SUPÉRIEURS [commandant : durée 4, 5 ou 6 ans (*éch. 2* : 2 a., *1* : 2 a.) ; lieutenant-colonel : durée min. 3 ans (*éch. 2* : 1 a., *1* : 2 a.)]. 3° COLONELS (*éch. exceptionnel* : accessible après 4 ou 5 a. dans la limite d'un contingent, *2*, *1* : 3 a.). 4° OFFICIERS GÉNÉRAUX [général de brigade (au choix)].

Avancement. *De capitaine à commandant* : se fait exclusivement au choix avec condition (au – 5 ans et au + 9 dans le grade) ; ceux qui ont dépassé 9 ans accèdent à l'échelon spécial et ne peuvent plus passer Cdt au choix sauf dans la limite de 2 % des promouvables du grade.

De lieutenant-colonel à colonel : exclusivement au choix avec condition (au – 3 ans et au + 7 ans dans le grade) ; ceux qui ont dépassé 7 ans accèdent à l'échelon spécial et ne peuvent plus passer colonel au choix sauf dans la limite de 2 % des promouvables au grade.

Carrière moyenne et, entre parenthèses, brillante. *Sous-officiers.* Engagé 18 ans (18 ans), sergent A.D.L. (au-delà de la durée légale) (échelle 3) 19 (19), sergent-chef (éch. 4) 27 (25), adjudant (éch. 4) 33 (28), adjudant-chef 40 (33), major (36). *Officiers des armes.* Sous-lieutenant 22 (22), lieutenant 23 (23), capitaine 27 (27), Cdt 35 (33), lieut.-col. 40 (37), colonel 46 (41), Gal de brigade (48).

Avantages matériels. Prime de service en campagne : 6 F/j (au-dessus de 36 h en manœuvre hors du casernement). Indemnité spéciale pour les forces fr. d'All. pour compenser les variations du cours du D.M. Prêt du soldat (solde) (dep. 1-7-83) : *2e cl.* : 12,50 F/j, *1re cl.* : 14,40 F, *caporal* 17,50 F, *cap.-chef* 20 F, *sergent* 25 F, *aspirant* 33,10 F. *Permissions annuelles* 16 j (+ pour événements familiaux 3 j, récompense 5 j, obtention de brevets militaires 4 j), affaires personnelles (sous réserves des nécessités du service) permissions possibles de 72, 48, 36 et 24 h ; 10 j de perm. de longue durée en + pour agriculteurs et appelés en All. féd. ; autorisations d'absence « quartiers libres », en dehors du service, avec autorisation de se mettre en civil. *Réductions chemin de fer* : 11 voyages gratuits garnison/domicile et 75 % de réduction sur les autres trajets. *Protection sociale.* Soins médicaux gratuits, pensions d'invalidité ; extension à la famille des allocations d'aide sociale en cas de besoin. *Droit de réclamation.* 1° Recours hiérarchique. 2° Réclamation personnelle adressée à l'Inspecteur général de l'Armée à laquelle appartient l'appelé. *Formation professionnelle.* 94 200 bénéficiaires en 1982 (35 % des appelés). Formes : entretien ou perfectionnement de la pratique professionnelle civile acquise avant l'incorporation, enseignement pour les appelés volontaires et engagés [comparaison en 1982 : *Allemagne féd.* mariés 410 F, 35 j de perm., 1 voyage gratuit par mois ; 50 % sur tout trajet. *Belgique* 280 F (6 mois) 372 F (6e-12e mois), 15 j ; 50 %. *Espagne* 21 F, 30 j ; 90 %. *Italie* 81 F, 15 j ; accès aux centres d'accueil des gares. *Pologne* 14,65 F. *Pays-Bas* 910 F, 19 j ; 2 voyages gratuits par mois pour célib. ; 4 pour mariés ; *Suède* 300 F (3 mois), 403 F après le 3e mois ; n.c. 1 voyage gratuit par mois. *U.R.S.S.* 25/100 F ; 10 j ; gratuité complète].

• **Pêcheurs. Chalutiers de grande pêche** (soldes et salaires minimaux au 1-1-86). Capitaine 6e échelon 22 913 à 23 765 F. 1er échelon 19 418 à 20 360. Chef mécanicien 6e éch. 20 697 à 21 469 ; 1er éch. 18 146 à 18 488. Second capitaine et 2e mécanicien 14 396 à 17 815. Lieutenant 11 449 à 14 809. Chef d'usine 6 244. Cuisinier 6 029. Matelot 4 918. Novice 3 602. Indemnité nourriture 71,87 F par jour, frais de route 46,67 à 49,67 par jour.

Nota. – 1/5 du produit brut de la pêche est réparti entre l'équipage (salaires du capitaine et du chef mécanicien, fixés par accord particulier, exclus), en parts dont le nombre est égal à celui des membres de l'équipage restants multiplié par un coefficient déterminé (entre 1,60 et 1,77). *Nombre de parts attribuées selon les fonctions* : second capitaine 4, mécanicien 2,30 à 4, matelot 1,25 à 1,35, novice 0,75 à 0,85. Les capitaines ont un contrat commercial avec leur armement (rémunération annuelle 350 000 à 550 000 F).

• **Pharmacie. Chiffre d'affaires moyen** (toutes taxes comprises) (en millions de F, 1986). – *de 1* : 4 % des officines. *1 à 1,5* : 13 %. *1,5 à 2* : 15 %. *2 à 3* : 36 %. *3 à 4* : 11 %. *+ de 4* : 21 %.

% du chiffre d'affaires (hors taxes). *Spécialités normales* 80,5, *publiques* 4,7, *préparations* 0,5, *droguerie, conditionnés* 1,1, *pansements* 3,2, *accessoires* 2,2, *diététique* (sauf le lait) 2,2, *laits* 2,3, *parfumerie* 2,8, *analyses, locations* 0,3, *récipients* 0,2.

Salaires. Personnel des pharmacies : pour 39 h de travail par semaine (1986). *Préparateur en pharmacie* 5 650 à 8 600 F par mois. *Pharmacien assistant* 10 000 à 20 000.

• **Police nationale. Traitement mensuel** net pour un célibataire au 1-2-86, en zone d'abattement 0. **Commissaire de police** (recrutement : licence ou diplôme d'ét. supérieures). *Élève à C. divisionnaire* (fin de carrière) 8 072 à 22 115 F. **Officier de paix** (recrutement : baccalauréat ou brevet de techn. sup.). *Élève* 6 482. *Stagiaire à off. de paix principal* (fin de carrière) 7 371 à 11 591. **Commandant** 1er échelon à échelon exceptionnel 11 350 à 13 863. **Inspecteur** (recrutement : baccalauréat, capacité en droit ou brevet de technicien). *Élève* 6 482. *Inspecteur de police stagiaire à insp. divisionnaire* (dernier) 6 911 à 12 707. *Chef-inspecteur divisionnaire* 13 863. **Enquêteur** (recrutement : B.E.P.C. ou niveau équivalent). *Élève et enquêteur stagiaire* 5 902. *Enquêt. 10e échelon* 8 939. **Gardien de la paix** (recrutement : C.E.P. ou niveau équivalent). *Élève et stagiaire* 6 117. *Sous-brigadier* 8 391. *Brigadier à brigadier-chef* 8 733 à 10 526. **Agent et agent technique de surveillance de la police** (Paris) 4 694 à 5 650.

• **Politique** : voir encadré ci-contre.

• **Pompiers. Solde mensuelle. A Paris** : (après la durée légale du service pour un célibataire, au 1-2-85). *Sapeur* 6 276,87 à 7 181,76. *Caporal* 6 508,35 à 7 385,58. *Caporal-chef* 6 660,76 à 7 909,53. *Sergent* 6 806,09 à 8 985,57.

Communes et départements. Professionnels (traitement net, calculé au 1er échelon du grade, résidence province, retenues faites pour les pensions, Sécurité sociale ; avec indemnité du feu de 16 %, de logement, de conduite de véhicules du grade de sapeur à sergent-chef inclus). *Sapeur 2e classe* 5 921 ; *1re cl.* 6 023 ; *caporal* 6 149 ; *c.-chef* 6 325 ; *sergent* 6 325 ; *s.-chef* 6 325 ; *adjudant* 7 977 ; *a.-chef* 8 104. **Volontaires** (vacation horaire) : *officiers* 47,80 ; *s.-off.* 38,35 ; *caporaux* 34,05 ; *sapeurs* 31,60.

• **Pourboire.** Imposable il doit être déclaré. *Ouvreuse de cinéma* environ 5 000 F (jusqu'à 15 000 F à Paris pour un très grand succès). *Shampooineuse* 5 000 F et +.

• **Prisons. Agents pénitentiaires,** traitement mensuel net (1984). *Quelques exemples* : directeur catégorie A (sous-direct., direct., direct. régional) 8 282 à 22 434 F. Surveillant (surveillant à surv.-chef) 6 338 à 10 800 F.

Détenus. *Stagiaires de formation professionnelle* : rémunération horaire au 1-1-84 : 54 % du S.M.I.C. *Employés au service général* : en moyenne entre 11 et 26 F par j sans prélèvements pour frais d'entretien ; *travaillant en atelier* : rémunérations calculées par référence aux salaires fixés pour des activités correspondantes du secteur privé pouvant atteindre 4 000 F. Depuis 1975, le détenu participe aux frais de son entretien (300 F par mois) ; (ce prélèvement ne peut excéder 30 % de la rémunération totale) et 20 % de la rémunération nette est bloquée pour indemniser les victimes et constituer un pécule de sortie (moitié de cette masse de réserve). Il lui reste donc au moins 50 % de la rémunération.

Nota. – Les prévenus qui font l'objet d'un non-lieu, d'une relaxe ou d'un acquittement peuvent demander le remboursement des sommes prélevées au titre des frais d'entretien.

• **Professions libérales.** *Source.* Assemblée permanente des chambres des professions libérales.

Statistiques. Nombre de professionnels, entre parenthèses, nombre de salariés, et en italique chiffre d'affaires global (en milliards de F). **Professions de santé** 204 000 (363 000) *124* dont : médecins 96 679 (175 132) *49,5* ; kinésithérapeutes 22 250 (3 000) *3,7* ; dentistes 29 521 (32 768) *15,3* ; pharmaciens 21 000 (85 700) *43,8*. **Professions juridiques** 21 500 (90 200) *18 700* dont : notaires 5 730 (59 520) *9,2* ; avocats 14 690 (16 600) *5,2*. **Professions techniques** 176 000 (687 000) *2 657* ; dont : auto-écoles 10 125 (11 267) *2,8* ; représentants libres 11 000 (2 290) *1,7* ; agents d'assurances 17 072 (35 874) *6,2*. **Professions artistiques et enseignements** 74 000 (58 500) *14,6* dont : artistes peintres 13 428 (6 260) *2,1*. *Total* 453 000 (1 084 610) *423,9*.

Au rec. de mars 1982, 237 200 personnes exerçaient pour leur propre compte (salariés exclus) dont médecins spécialistes : 25 940 ; généralistes : 51 980 ; chirurgiens-dentistes : 31 420 ; psychologues, psychana-

Chef d'État

• **France** (LISTE CIVILE EN F) : **Louis XVI** 26 000 000. **Bonaparte** (1er Consul an VIII) 500 000. **Napoléon Ier** (Empereur) 25 000 000 (il eut en outre le domaine de la couronne, un domaine dit d'extension, et un d. privé). **Louis XVIII** 25 000 000 pour sa maison civile, 9 000 000 pour sa maison privée, 4 000 000 de dotation immobilière. **Louis-Philippe** 12 000 000 (Comte de Paris 1 000 000, Duchesse d'Orléans 300 000). **IIe République,** *Pt* 600 000 F, plus les frais de représentation 600 800 F. **Napoléon III,** *1849-1851* 1 500 000, puis 25 000 000 (princes de la famille impériale 2 200 000). **IIIe République,** *Pt* 600 000 F (plus les frais de maison : *1873* 143 000, *1875* 300 000, *1877* 600 000). *1928* 1 800 000 (plus frais de maison 1 800 000). **IVe,** *1953* 73 000 000 AF (avec frais de maison). **Ve,** *1965* 1 624 000 F pour la Présidence de la Rép. et 2 320 256 F pour la Communauté (avec frais de maison). *1985* Dotation et frais de maison 4 444 000 F ; secrétariat général, cabinet, état-major particulier, services administratifs 5 830 000 F ; frais de représentation, de déplacement et de voyages 2 625 000 F ; parc automobile (frais de renouvellement et de fonctionnement) 1 467 000 F, soit au total 14 366 000 F. Taxe d'habitation acquittée en 1985 par le président de la Rép. pour son appartement de fonctions : 13 465 F.

Nota. – Soumis à l'impôt sur le revenu pour son traitement.

Retraites des anciens Pts de la République. La loi de Finances du 3-4-1955 (art. 19 toujours en vigueur) attribue « aux anciens Pts une dotation annuelle d'un montant égal à celui du traitement indiciaire brut d'un conseiller d'État en service ordinaire », soit, en 1985, 336 000 F, la moitié de cette dotation étant réversible sur sa veuve ou ses enfants jusqu'à leur majorité. L'usage s'établit aussi de mettre gratuitement à la disposition des anciens Pts certains avantages en nature (logement, voiture, secrétariat). Depuis la constitution de 1958 (art. 56), les anciens Pts « font, de droit, partie à vie du Conseil constitutionnel ». Ils perçoivent à ce titre « une indemnité égale aux traitements afférents aux deux catégories supérieures des emplois de l'État classés hors échelle », soit, en 1985, 349 000 F ; cette indemnité étant réduite de moitié pour les membres du Conseil qui continuent d'exercer une activité compatible avec leur fonction. Cette indemnité est cumulable avec celle de la loi du 3-4-1955, mais le cumul n'a pas joué dans le cas du Pt Giscard d'Estaing.

• **Étranger. Souverains** (LISTE CIVILE GLOBALE) et, entre parenthèses, part personnelle du souverain (en millions de F, 1978) : *Belgique* (Baudoin Ier) 17,3 (14,7). *Danemark* (Margareth II) 14,4 (11,8). *Espagne* (Juan-Carlos Ier) 182 millions de pesetas en 79. *G.-B.* (Elisabeth II) 24,6 (16,1). *Luxembourg* (Grand-duc Jean) 4,9 (4,3). *Monaco* (Rainier) 24,4. *Norvège* (Olaf V) 12,2. *Pays-Bas* (Béatrix) 5 236 000 florins en 80. *Suède* (Carl-Gustaf XVI) 17 (7).

Autres dirigeants. Salaire annuel (F, 1982). *Allemagne* (chancelier) 780 000. *C.E.E.* (Pt) 910 000. *Chine* 25 424. *G.-B.* (P.M.) 320 000. *Inde* (P.M.) 20 000. *Italie* (Pt Rép.) 3 000 000. *O.N.U.* (secrétaire) 1 470 000. *Sri Lanka* 1 520. *U.S.A.* en 1983 le *Président Reagan* a reçu 200 000 $ (imposables) par an, plus une indemnité de 50 000 $ pour frais. 100 000 $ pour frais de voyage et représentation et 20 000 $ d'allocation (non imposables) ; ses placements lui ont rapporté + de 400 000 $ (l'ensemble de ses biens est estimé à 1,4 million de $) [et *les anciens présidents* reçoivent une pension de 69 630 $ par an et la gratuité postale (peut être porté à 96 000 $ pour l'aider et à 150 000 $ pendant les 30 premiers mois)]. *En cas de décès*, « chacune de ses veuves » perçoit une annuité de 20 000 $.

• **France. Ministres** (1986, en F) (traitement brut + indemnité représentative de frais + indemnité de résidence = 3 % du traitement brut). *Premier ministre* 469 670 + 192 605. *Ministre* 426 315 + 87 312. *Secr. d'État* 419 720 + 41 972.

lystes non médecins : 9 060 ; vétérinaires : 8 000 ; pharmaciens : 23 120 ; avocats : 14 600 ; notaires : 6 780 ; conseillers juridiques et fiscaux : 4 200 ; experts comptables et comptables agréés : 10 260 ; ingénieurs-conseil en recrutement, organisation, études économiques : 2 080 ; en études techniques : 10 140 ; architectes : 19 640 ; huissiers de justice et officiers ministériels : 4 620 ; aides familiales non salariées effectuant un travail administratif : 15 360.

On peut ajouter 100 000 indépendants agents immobiliers, agents de voyage, courtiers ; 6 000 professionnels rattachés à la santé (sages-femmes, infirmières).

Nota. — Dans chacune de ces professions ne sont recensés que les « libéraux ».

Revenus moyens [avant impôts et entre parenthèses après impôts (1983)]. Notaire 650 000 F (343 000 F). Chirurgien 410 000 (252 000). Radiologue 400 000 (249 000). Dentiste 309 000 (217 000). Expert-comptable 260 000 (197 000). Vétérinaire 251 000 (195 000). Médecin généraliste 235 000 (189 000). Conseil juridique 215 000 (180 000). Avocat 200 000 (169 000). Architecte 177 000 (153 000). Kinésithérapeute 139 000 (125 000).

• **P.T.T. Rémunérations mensuelles (agent débutant, affecté à Paris, primes comprises). Indice brut, entre parenthèses, rémunération mensuelle brute et en italique rémunération mensuelle nette, au 1-5-1986, en F.** Inspecteur (services admin.) (8 407) *7 535*. Contrôleur (6 207) *5 545*. Technicien des installations de télécom. (6 884) *6 216*. Agent d'exploitation du service général (5 789) *5 176*. Dessinateur (5 994) *5 381*. Mécanicien dépanneur (6 413) *5 750*. Préposé (5 856) *5 276*. Sténodactylo. (5 837) *5 237*. Assistant(e) social(e) (7 110) *6 370*. Conducteur de travaux (6 532) *5 870*. Dessinateur projeteur (6 507) *5 844*. Infirmier(e) (6 426) *5 764*. Secrétaire admin. (6 450) *5 787*. Adjoint administratif (6 014) *5 401*. Agent technique de 1re classe (6 054) *5 453*. Agent technique (5 856) *5 276*.

Nota. — Traitement mensuel net (après déduction : cotisation de 7 % pour pension civile, de Séc. soc. et contribution de solidarité de 1 %) + primes (de résultat d'exploitation : 3 000 F/an, de rendement : 1 500 F/an), jusqu'à 80 000 F/an pour les très hauts salaires, indemnités pour risques et sujétions, et, le cas échéant, prestations familiales.

Élus en France

• **Traitements passés. Directoire** : m. du Conseil des 500 et du C. des Anciens : indemnité annuelle en nature égale à la valeur de 613 quintaux 32 livres de froment. **Consulat** *par an : tribuns* 15 000 F, législateurs 10 000 F, sénateurs 25 000 F. **Empire** : sénateurs 30 000 F. **Restauration, gouv. de juillet** : aucun traitement. **IIe Rép.** : sénateur 30 000 F par an, députés 25 F par j. **IIe Empire** : la Constitution ne prévoyait aucune indemnité ; plus tard on verse une indemnité journalière selon la durée des sessions à raison de 2 500 F par mois. **IIIe Rép. 1871** : 9 000 F par an. **Ve Rép.** : indemnité mensuelle (montant fixé par l'ordonnance 58-1210 du 13-12-58) égale à la moyenne du traitement le plus bas et du traitement le plus élevé des fonctionnaires de l'État classés dans la catégorie hors échelle + indemnité de résidence (3 % des 2 indemnités précédentes) + indemnité de fonction égale à 25 % du total du traitement et de l'indemnité de résidence.

• **Conseillers généraux. Nombre** 3 982. **Indemnités** (Moy. par an et par cons. gén. en 1982). **+ 70 000 F** Ardennes (111 809), Alpes-Mar., B.-du-Rhône, Dordogne, Drôme, Gard (106 441), Indre-et-Loire, Loire, Marne, Meurthe-et-Moselle, Nord, Oise, P.-de-Calais (147 399), Ht-Rhin, Rhône (104 249), S.-et-Marne, Yvel., Essonne, Hts-de-Seine, S.-St-Denis (93 098), Val-de-Marne (160 090), Val-d'Oise, Vaucluse (133 666), Yvelines (135 208). **+ 50 000** Aisne, Alpes-de-Hte-Prov., Aube, Aude, Aveyron, Charente, Doubs, Hte-Gar., Gironde, Hérault, Ille-et-Vil., Indre, Isère, Jura, Loir-et-Cher, Loire-Atl., Loiret, M.-et-Loire, Meuse, Orne, P.-de-Dôme, P.-Atl., P.-Or., Savoie, S.-Mar., Somme, Vendée, Vienne, Yonne, Guadeloupe. **+ 40 000** Ardèche, Calvados, Ch.-Mar., C.-d'Or, C.-du-Nord, Eure, Landes, B.-Rhin, Sarthe, Hte-Savoie, D.-Sèvres, Tarn, Var, Hte-Vienne, T.-de-Belfort, Martinique. **+ 30 000** Ain, Allier, Cantal, Cher, Corrèze, Creuse, Gers, Manche, Hte-Marne, Mayenne, Nièvre, Htes-Pyr., Hte-Saône, T.-et-Gar., Vosges. **+ 20 000** Htes-Alpes, Hte-Corse (23 369), C.-d.-Sud, Eure-et-Loir (22 476), Hte-Loire, Lot, Lozère, Morbihan, Guyane 29 442. **+ 10 000** Ariège (10 476), S.-et-Loire (15 782), La Réunion, St-Pierre-et-Miquelon.

• **Conseillers régionaux.** *Nombre :* 1 840 se réunissant 3 ou 4 fois par an pour des sessions de 1 à 2 j. *Indemnité de base min. :* 600 à 800 F par jour de présence. *Pays de la Loire :* les c. perçoivent en + une prime de 250 F par jour. *Languedoc-Roussillon :* indemnité mensuelle de 1 100 F.

Les indemnités journalières des conseillers généraux et régionaux sont fixées librement par chaque assemblée départementale ou régionale, en fonction : — du montant de l'indemnité journalière fixée par délibération de l'assemblée dép. ou rég. ; — du nombre de réunions ou missions auxquelles a participé l'intéressé.

Députés. Indemnité brute : 33 458,97 F dont indemnité parlementaire 25 987,54, de résidence 779,63, de fonction 6 691,8. **Indemnité nette** : 27 656,6 F (après déduction des cotisations retraite 4 948,02, Sécurité sociale 586,68 et solidarité 267,67). Il est imposable sur 11/20 de son indemnité brute, soit sur 18 402,43. **Avantages annexes** : il touche personnellement une indemnité pour frais de secrétariat de 17 240 F et l'Assemblée verse 20 000 F aux assistants qu'il embauche (2 ou 3). En outre, les vice-présidents de l'Assemblée et les Pts de commission reçoivent une indemnité supplémentaire de 3 000 à 4 000 F par mois et disposent d'un secrétariat renforcé, d'une voiture et d'un chauffeur.

Autres facilités. Forfait de communications téléphoniques gratuites à partir de la circonscription, gratuité à l'Assemblée des appels inter-urbains, affranchissement par l'Assemblée du courrier parlementaire, carte de circulation SNCF, 40 aller et retour gratuits sur les lignes aériennes intérieures. **Retraite** : variable selon la durée du mandat : 7 300 F par mois pour une législature complète ; 27 700 F pour 37 annuités ½ (maximum de pension).

Les élus qui cumulent un poste de président de conseil général, de maire d'une grande ville et de député, ne sont imposés que sur leur indemnité de député, à hauteur des onze vingtièmes.

Charges : cotisation au parti [ex. P.C. (le parti leur reverse 9 000 F par mois), P.S. 4 200 F, U.D.F. 2 000 F], reversement au parti d'une partie du droit à des assistants (ex. : 4 600), frais dans la circonscription (loyer de permanences, matériel de secrétariat, essence pour tournées + la moitié des frais d'entretien de sa voiture = 9 000/mois, secrétaire dans la circonscription 8 200 F).

Reversion à leur parti. Socialistes 8 400 F ; U.D.F. 5 000 F ; R.P.R. 3 500 F.

Cumuls d'indemnités. Les indemnités parlementaires ne peuvent pas être cumulées avec celles de conseiller général ou régional. Les indemnités de fonction versées à un maire ou à un adjoint, également parlementaire, sont réduites de moitié. Les élus municipaux peuvent également percevoir des indemnités au titre des responsabilités qu'ils exercent dans des établissements publics locaux (syndicats intercommunaux en particulier).

• **Députés européens.** Indemnités fixées par chaque pays de la Communauté (en F, net par mois, juillet 1983). *France 29 000*, All. féd. 24 000, Italie 22 800, Belgique 22 100, P.-Bas 20 450, G.-B. 16 000, Luxembourg 15 300, Danemark 13 500, Irlande 13 000, Grèce 11 960. Indemnités versées directement par l'Assemblée européenne (1 ECU = 6,90 F en juil. 1983) : frais de secrétariat 2 656 écus/mois, frais généraux 1 776/mois (— 50 % pour les députés qui n'assistent pas à au moins la moitié des journées de session parlementaire) ; indemnités de présence 125 E./jour ; frais de voyage et séminaires 2 500 E./an ; déplacement pour session : 0,47 E./km pour les 400 1ers (0,23 au-delà).

• **Maires.** Indemnités annuelles de fonction des maires (en F) et des adjoints (en %) au 1-11-1985, maximum fixé par décret selon le nombre d'habitants de la commune : — *de 501 hab. :* 16 068 (50), *501 à 1 000 :* 20 086 (50), *1 001 à 2 000 :* 30 128 (50), *2 001 à 3 000 :* 47 042 (50), *3 001 à 5 000 :* 55 235 (45), *5 001 à 9 000 :* 70 563 (40), *9 001 à 15 000 :* 79 020 (40), *15 001 à 30 000 :* 89 855 (40), *30 001 à 50 000 :* 103 862 (40), *50 001 à 80 000 :* 112 055 (40), *80 001 à 120 000 :* 123 419 (40), *120 001 à 150 000 :* 137 161 (40), *+ de 150 000 :* 157 511 (40), *Lyon-Marseille* 166 232 (50), *Paris* 211 424 (50).

Sauf exception, les conseillers municipaux ne touchent aucune indemnité de fonction (conseillers de Paris 87 212 F, Marseille 58 141, au 1-11-85). En cas de mission, on leur rembourse frais de transport et de séjour.

Nota. — Ces indemnités peuvent être majorées : a) chefs-lieux de départements 25 %, arrondissement 20 %, cantons 15 % ; b) communes sinistrées : % égal à celui des immeubles sinistrés ; c) communes classées stations hydro-minérales, climatiques, touristiques ou uvales : population totale inférieure à 5 000 hab. 50 %, supérieure à 5 000 hab. 25 % ; d) pop. augmentée à la suite de travaux ; e) communes de + de 2 500 hab. de la Région parisienne dans la 1re zone de salaires : échelon immédiatement supérieur ; f) communes suburbaines à caractère ind. de + de 120 000 hab.

Les conseils municipaux peuvent voter sur les ressources ordinaires des indemnités aux maires pour frais de représentation.

Élus cumulant plusieurs mandats. Rémunérations. Moyennes mensuelles pour 1985. *Source :* Le Nouvel Observateur, Vie publique. **Jean Lecanuet** (UDF) : 61 500 F [1]. Pt de la commission sénatoriale des Affaires étrangères et de la Défense. Maire de Rouen, député européen, Pt du conseil général de la Seine-Maritime, conseiller régional de la Hte-Normandie. **Alain Carrignon** (RPR) : 58 200 F [1]. Maire de Grenoble, député européen, Pt du conseil général de l'Isère, Vice-Pt de la communauté urbaine de Grenoble. **Marcel Rudloff** (UDF) : 52 500 F. Sénateur, maire de Strasbourg, Pt du conseil régional d'Alsace, Pt de la communauté urbaine de Strasbourg, conseiller général du Bas-Rhin. **Jacques Chaban-Delmas** (RPR) : 44 700 F. Député, maire de Bordeaux, Pt du conseil régional d'Aquitaine, Pt de la communauté urbaine de Bordeaux. **Michel Giraud** (RPR) : 43 800 F. Sénateur, maire du Perreux, Pt du conseil régional de l'Ile-de-Fr., Pt de l'Association des Maires de France. **Louis Philibert** (PS) : 42 500 F. Député, maire du Puy-Sainte-Réparade, Pt du conseil général des B.-du-R., vice-pt du conseil régional de Provence-Côte-d'Azur, Pt de la SEM Provençale d'Équipement.

Nota. — (1) Y compris l'indemnité de frais généraux de député européen de 12 185 F, mais sans le défraiement de 862 F par jour.

• **Parlementaires étrangers.** *Allemagne :* Bundestag 40 000 F (13 139 DM) dont 25 000 imposables ; Bundesrat pas d'indemnité. *Etats-Unis :* Sénat ou Chambre des Représentants 55 000 F (6 050 $). *Royaume-Uni :* Chambre des Communes 15 500 F (1 410 £), Chambre des Lords 1 400 F (127 £).

• **Publicité. Salaire annuel brut dans les agences en milliers de F, juin 1985 (moyennes).** *Dir. de création* 454. *Dir. de clientèle* 324. *Dir. des médias* 336. *Dir. des études* 347. *Chef de groupe* 209. *Dir. artistique et concepteur rédacteur (junior)* 155, *(senior)* 239. *Chef de publicité (2e catégorie)* 126, *(1re cat.)* 154.

• **R.A.T.P. Rémunérations statutaires mensuelles brutes** (en F, 1-4-85) début et fin de carrière, entre parenthèses part des primes. **Autobus** : machinistes, receveurs (voiture à 1 agent) 7 920 à 9 610 (dont primes env. 700). **Réseau ferré (métro et RER).** *Conducteurs* 8 210 à 10 950 (env. 720). *Chefs de station* 6 740 à 8 610 (env. 630). *O.S.* et *O.P.* 5 780 à 8 120 (env. 500). *O. qualifiés* 7 040 à 8 850 (env. 540). *Maîtrise* 8 100 à 13 490 (570 à 860). *Cadres* 11 070 à 13 490 (880 à 1 280).

• **Relations publiques. Effectifs.** Plus de 5 000 professionnels dont env. 1/3 occupe la fonction complète (information et communication interne et externe), 1/3 d'attachés de presse, 1/3 de responsables de communication interne et journalistes d'entreprise.

Salaires mensuels (1986) : débutants diplômés 7 000 à 11 000 ; cadres confirmés 16 000 à 28 000 ; cadres supérieurs 25 000 à 60 000 ; salaires inférieurs dans les administrations, supérieurs dans les agences de conseil (env. 400 personnes).

• **Secrétariat. Statistiques.** *Nombre :* env. 800 000 secrétaires. *Records : dactylographie :* 100 mots/minutes pendant 30 mn. *Sténo (championnats) :* 300 mots à la minute en 5 mn et 350 mots par minute en 2 mn.

Rémunérations annuelles. Assist. de direction 130 000 à 170 000 F, secr. de direction 110 000 à 150 000 F, secr. 68 000 à 100 000 F.

• **S.N.C.F.** La rémunération d'un cheminot comprend : une **part fixe mensuelle** variable selon la résidence d'emploi, une **prime de fin d'année** égale à la part fixe mensuelle de décembre, une **prime de travail**, éventuellement des **indemnités** pour travaux supplémentaires ou certaines sujétions particulières (travail de nuit, des dimanches et fêtes, etc.). *Rémunérations brutes moyennes* comprenant la part fixe mensuelle, le 1/12 de la prime de fin d'année et la prime de travail (valeur moyenne), calculées pour la dernière zone qui regroupe env. 72 % du personnel (2,2 % d'abattement par rapport aux salaires de la rég. par.) et pour une ancienneté égale à l'ancienneté moyenne du personnel tenant l'emploi considéré. (Au 1-4-86.) *Agent d'exploitation, d'entretien de la voie* 5 830 (début 5 150). *Ouvrier qualifié* 6 560 (début 5 870). *Aide conducteur de locomotive* 6 290. *Conducteur de locomotive* 9 710. *Contrôleur de route* 6 810. *Chef de gare (petite gare)* 7 750 ; *(gare moyenne)* 12 560 ; *(grande gare)* 20 350.

● **Sociales (carrières). Salaires mensuels** bruts (au 1-1-1986), du secteur public. *Assistant(e) de service social* 6 254 à 10 769 F. *Conseiller en économie sociale et familiale* 6 254 à 10 769. *Éducateur de jeunes enfants* 5 241 à 8 479. *Moniteur éducateur* 5 241 à 8 258. *Travailleuse familiale* (1984) 4 800 à 5 700. *Agent technique (dactylo)* 4 646 à 5 439. *Rédacteur juridique (économie)* 7 047 à 11 936. *Monitrice d'enseignement ménager* 6 012 à 10 262. *Assistante maternelle :* au moins 2 fois le montant horaire du S.M.I.C. horaire par enfant et par journée de 8 h. *Cadre (éducateur chef)* 7 069 à 11 298. *Agent de direction (direct. de foyer 1re classe)* 10 527 à 13 896.

● **Sports et jeux.** Exemples. **Automobile.** Nicki Lauda 10 000 000 F/an, Jacques Laffite 3 000 000, Jean-Pierre Jarier 1 000 000. **Boxe.** Pour le championnat du monde des poids lourds entre J. Frazier et George Foreman, quelle qu'en soit l'issue, Frazier était assuré de recevoir 5 millions de F et Foreman était assuré de recevoir 2 millions de F.

Casino. Croupier partic. + de 10 000 F par mois.

Cyclisme. *Prix et primes attribuées au Tour de France 1983 :* vainqueur d'étape *8 000 F ;* 1er au classement général final *un appartement Merlin de 120 000 ;* 1er au class. final par points (maillot vert) (trophée Michelin) *25 000 ;* 1re équipe au class. final par pts (casquette verte) *10 000 ;* classement par équipe (casquette jaune) (temps) *25 000 ;* prix des jeunes (maillot blanc) *10 000 ;* le meilleur grimpeur (maillot à pois rouges) du tour *10 000 ;* brassard rente (maillot jaune) *1 300* en moy. par étape ; rush Talbot : classement général *7 000 ;* prime combativité *8 000 ;* meilleur rouleur *10 000 ;* prix équipier n° 1 *4 000 ;* souvenir H. Desgranges *6 000. Total 2 304 260 F.*

Football. Salaire moyen 1re division (1980) 21 484 F par mois. 39 joueurs professionnels sur 440 joueurs salariés gagnent plus de 35 000 F par mois. Contrat de Pelé au « New York Cosmos » de 1975 à 1978 : 1 570 000 $ par an. Ivan Curkovic gagne env. 700 000 F par an (1980). Transfert de Karl-Heinz Rummenigge 52,5 millions de F (1984).

Golf. En 1981, 16 joueurs ont gagné plus de 1 000 000 de F sur le circuit américain. En 1979 chez les femmes, Nancy Lopez fut la 1re femme à atteindre 1 000 000 de F de gains.

Hippisme. (Salaires moyens). *Moniteur* 6 500 F ; *instructeur* 10 500 F ; *palefrenier* 4 600 F ; *accompagnateur* 3 700 F ; *personnel administratif* 4 100 F. **Jockey.** *En course :* gagnant 8,5 % de la valeur nominale du prix, monte placée 8,5 % de l'allocation attribuée selon la place à l'arrivée, perdante 68 F (Région parisienne).

En 1985, 9 jockeys ont gagné, du fait de leurs victoires et places, plus de 5 000 000 F (gains des chevaux).

Classement d'après les gains (1985). F. Head 20 600 900 F, Y. Saint-Martin 18 644 650, C. Asmussen 18 630 900, E. Legrix 13 711 800, A. Gibert 10 328 850, G. Guignard 9 924 600, M. Philipperon 9 116 600, L. Piggott 8 026 700, A. Badel 5 920 100, A. Lequeux 4 668 550.

Maître-nageur-sauveteur. Effectifs. Env. 15 000 maîtres-nageurs sauveteurs dont 9 000 exerçant à temps plein ou temporaire titulaire du diplôme d'État.

Salaire brut mensuel (1986) : de début (maître-nageur recruté à l'année par les communes) 6 000 F, moyen (maître-nageur saisonnier) 6 650.

Ski. *Moniteurs de ski* (travailleurs indépendants brevetés env. 9 700 répartis entre 210 écoles de ski du Ski français et 50 centres de collectivité) pour un travail saisonnier d'env. 4 mois et demi (15-12 au 30-4) : 30 000 à 60 000 F net (pour 90 % d'entre eux). *Pisteurs secouristes* brevet pour 4 mois et demi d'activité : 15 000 à 30 000 F. Un quart d'entre eux ont des contrats à l'année.

Squash. Jahanghir (dit Janghi) Khan : 800 000 $ par an.

Tennis. *Joueurs internationaux :* 3 catégories : professionnel international (sauf joueurs d'État des rép. populaires de l'Est qui prétendent au statut amateur) ; ils sont autorisés, à partir de 19 ans, à gagner des prix en espèces et à laisser faire de la publicité commerciale sur leur nom, amateurs (masse des pratiquants) n'ont droit qu'à des prix en nature et ne peuvent se faire rembourser leurs frais.

Professeurs. E.P.S. certifié 4 500 à 8 700 F. *E.P.S. adjoint* 3 700 à 5 900. *Dans un club* 50 à 120 F de l'h. *Entraîneur professionnel* 6 000 à 20 000 plus primes de matches. *Conseiller technique régional* 6 000 à 8 000.

Gains. Gains de match, + recettes publicitaires. Ainsi le Suédois Borg (1,80 m, 73 kg) touchait (en F) pour porter chemise, short, chaussettes, pull-over et survêtement Fila 1 500 000 ; employer la raquette Bancroft 1 000 000 ; chausser Tretorn 250 000 ; corder ses raquettes avec VS 10 000 ; utiliser la balle Penn 100 000 ; le poignet-éponge 150 000 ; vanter Tuborg sur son bandeau 250 000 ; le badge SAS sur sa manche gauche 125 000. En 1980, il aurait gagné 20 000 000 de F. La vente de l'exclusivité des photos de son mariage (24-7-80) lui a rapporté 250 000 F plus les droits de reproduction. L'Américain John Mac Enroe gagne 60 millions de F par an. Il a touché en 1982 (en $) pour porter les vêtements Tacchini 400 000, jouer avec la raquette Dunlop 600 000, porter les chaussures Nike 300 000 et la montre Omega (en 84) 75 000 (contrat de 1984 pour porter des vêtements : env. 1 million de $). Dep. la retraite de Borg, son contrat avec Donnay est passé de 500 000 à 125 000 $. Le Français, Yannick Noah a gagné 3 270 000 F en 1983.

Gains en tournois simples et doubles (en dollars). *Hommes :* Björn Borg (Suède) 4 141 449, Jimmy Connors (U.S.A.) 3 506 715, John McEnroe (U.S.A.) 3 425 399, Guillermo Vilas (Arg.) 2 880 206, Brian Gottfried (U.S.A.) 2 090 551, Raul Ramirez (Mex.) 2 012 612, Ilie Nastase (Roumanie) 1 932 691, Eddie Dibbs (U.S.A.) 1 830 403, Vitas Gerulaitis (U.S.A.) 1 800 591, Stan Smith (U.S.A.) 1 722 162. *Femmes :* Chris Evert-Lloyd (U.S.A.) 3 657 352, Martina Navratilova (U.S.A.) 3 399 004, Billie Jean King (U.S.A.) 1 688 217, Tracy Austin (U.S.A.) 1 581 703, Virginia Wade (G.-B.) 1 404 351, Evonne Goolagong (Australie) 1 312 683, Wendy Turnbull (Australie) 1 187 320, Rosie Casals (U.S.A.) 1 077 645, Betty Stowe (P.-B.) 1 007 960, Hana Mandlikova (Tchéc.) 784 564. En 1983, Ivan Lendl 10 600 000 F, Martina Navratilova 12 000 000 F, Yannick Noah 3 222 600 F.

Vainqueurs des Championnats de Roland-Garros.

Messieurs, et entre parenthèses dames. Prix reçus en 1985 (en milliers de F).

Simple. Vainqueur 1 338,2 (1 262,7), finaliste 669,1 (640,5), ½ fin. 334,6 (315,7), 1/4 fin. 169,5 (160,1), 1/8 fin. 98,1 (78,7), 1/16 fin. 53,5 (41,2), 1/32 fin. 31,2 (21), 1/64 fin. 15,1 (11,4). **Double** (83). Vainqueur 263 (210), finaliste 131,5 (112,2), ½ fin. 65,7 (63,1), 1/4 fin. 26,3 (35), 1/8 fin. 13,1 (18,2), 1/16 fin. 4,4 (9,8), 1/32 fin. 2,2 (5,3). **Double mixte** (83). Prix total : 100.

● **Télévision. Artistes interprètes (1-1-86).** *Dramatiques :* journée répétition ou enregistrement : 872 F (journée unique : 919). *Variétés* (répétitions effectuées en dehors de la journée au cours de laquelle a lieu l'enregistrement) : répétition 4 h ou − : 557, 4 h et + : 872 ; enregistrement : 1 262. *Lyriques :* répétition ou enregistrement : solistes 1 307, artistes des chœurs 872 ; préparation ou déchiffrage (3 h par jour au max.) : solistes 500, artistes des chœurs 333. *Chorégraphiques :* répétition ou enregistrement (6 h au max.) : solistes 1 307, corps de ballet 872. *Reportages en direct ou différé d'extraits de spectacles :* 222 (pas de gré à gré) ; prestations pour l'actualité : 512 (pas de gré à gré). *Indemnités :* costumes (art. 7.5). Tenue de ville 57, de soirée 91. Costumes (art. 13.5) : homme : pourpoint 57 ; femme : tutu court 57, romantique 91. Collants et chaussons (art. 13.5) par j de répétition 22.

Personnel technique (par jour au 1-9-85) (intermittents techniques). *Directeur photo* 834,26 à 1 261,17. *Directeur de production* (fonction cinéma correspond en TV à chef de production) 643,79 à 1 051,14. *Chef décorateur* 566,83 à 1 022,87. *Créateur de costumes* 566,83 à 1 022,87. *Chef opérateur du son* (garantie minimum) 1re collaboration de 2 semaines 480,14, 2e 515,49. *Cameraman* (opérateur de prises de vue), 1er et 2e assistants opérateurs, photographe : 1re c. 480,14, 2e 515,49. *Chef monteur :* 1re c. 480,14, 2e 515,49. *Régisseur général* (fonction cinéma) : 1er et 2e assistants réalisateurs 1re c. 480,14, 2e 515,49. *Administrateur* (chargé de production) : 643,79 à 1 051,14. *Chef maquilleur* (fonction cinéma), *maquilleur :* 1re c. 366,19, 2e 389,27. *Assistant du son* 1re 480,14, 2e 515,49. *Script-girl :* 1re c. 480,14, 2e 515,49. *1er et 2e assistants décorateurs :* 1re c. 480,14, 2e 515,49. *Ensemblier* (décorateur, ensemblier, costumier, maquettiste, régisseur d'extérieurs, chef costumier) : 1re c. 480,14, 2e 515,49. *Coiffeur-perruquier :* 1re c. 391,77, 2e 439,80. *Costumier-tapissier-habilleuse-accessoiriste :* 1re c. 354,34, 2e 386,15.

Indemnités : repas 45,00 F, cantine 18,00 F, transport 50 % carte orange au prorata des j travaillés. H. supplémentaires : + 25 % de la 40e à la 47e h, + 50 % au-delà.

Responsables divers. Certains sont payés au cachet, à l'émission ; d'autres au mois (certains 10 mois sur 12 ; d'autres 11 ou 13 mois). Certains sont payés comme animateurs ou comme producteurs ; d'autres comme animateurs et producteurs. Quelques-uns bénéficient d'avantages en nature : voiture, chauffeur, frais de représentation. Certains touchent d'autres salaires [radios, autres médias, édition, à-côtés : animations de débats, de fêtes ou de galas (ex. 10 000 à 30 000 F pour une conférence ; 20 000 à 50 000 F pour animer un gala ; 15 000 à 20 000 pour une présentation)]. Aux U.S.A. les présentateurs peuvent toucher 1,5 à 2,5 millions de dollars (ex. Bill Cosby 10 millions de dollars).

Salaire mensuel en milliers de F. Stéphane Collaro *« Cocoricocoboy »* (1) 200. Patrick Sabatier *« Le jeu de la vérité », « Porte-bonheur »* (1) 170. Jacques Martin *« Dimanche-Martin »* (2) 140. Philippe Bouvard *« Le petit Bouvard illustré »* (2) 110 à 130. Bernard Pivot *« Apostrophes »* (2) 80. Michel Drucker *« Champs-Élysées »* (2) 68,5. Alain Gillot-Pétré *« C'est beau la vie »* (4) 60. Michel Denisot *« Zénith »* (3) 55. Roger Zabel *« Cherchez la femme », « Pentathlon »* (4) 55. Pierre Lescure *« Directeur de l'antenne »* (3) 54. Jacques Chancel *« Le grand échiquier »* (2) 50,5. Michel Polac *« Droit de réponse »* (1) 50. Armand Jammot *« Les dossiers de l'écran »* (2) 50. Joseph Pasteur *« Conseiller de la présidence »* (2) 49. Yves Mourousi *Présentateur* (1) 48. Henri Perez *Directeur général* (2) 46. François-Henri de Virieu *« L'heure de vérité », direction* (2) 45,5. Philippe Gildas *« Direct »* (3) 45. Jean Drucker *P.-D.G.* (2) 45. Bernard Bouthier *Producteur de « Moi je » et de « Psy show »* (2) 45. Ève Ruggieri *« Musiques au cœur »* (2) 44,5. Marcel Zemour *Réalisateur de la télévision du matin* (2) 44,5. Robert Chapatte *Conseiller de la présidence* (2) 43,5. Stellio Lorenzi *Réalisateur* (2) 42,5. Hervé Bourges *P.-D.G.* (1) 42. Albert Mathieu *Directeur des programmes* (3) 42. Alain de Greef *Directeur de la production* (3) 42. Pierre Wiehn *Directeur des programmes* (2) 41,5. Pierre-Henri Arnstam *Directeur de l'information* (2) 40,5. Charles Biétry *Chef du service des sports* (3) 40. Louis Bériot *« Journal d'un siècle »* (2) 40. Jacques Rousseau *Directeur financier* (2) 40. Michel Astorg *Directeur général de l'administration* (1) 40. Alain Denvers *Directeur de l'information* (1) 38. Jean Lanzi *Direction* (1) 38. Marie-France Brière *Chef de l'unité de variétés* (1) 38. Catherine Chaillet *Ex-conseillère du P.-D.G.* (1) 35. Christian Bernadac *Ex-directeur adjoint de l'information* (1) 35. Erik Gilbert *Directeur de l'information* (3) 35. Joseph Poli *Présentateur* (1) 33. François de Closets *« L'enjeu »* (1) 32. Pascal Josèphe *Directeur des programmes* (1) 32. Marc Toesca *« Top 50 »* (3) 30. Ladislas de Hoyos *Présentateur* (1) 27. Jacques Idier *Présentateur* (1) 27. Jean-Claude Bourret *Présentateur* (1) 25. Anne Sinclair *« 7 sur 7 »* (1) 25. Claude Sérillon *Présentateur* (2) 23. Bernard Rapp *Présentateur* (2) 23. Bruno Masure *Présentateur* (1) 23. Marie-France Cubadda *Présentatrice* (1) 21. Marie-Laure Augry *Présentatrice* (1) 18. *Source :* Le Point 5-5-1986.

Nota. − (1) TF1. (2) A2. (3) Canal +. (4) « La 5 ».

● **Tribunaux. Greffiers.** Traitement mensuel en 1983 net + indemnité de résidence et indemnité forfaitaire. *En chef :* 6 221 à 15 206 F. *Greffiers :* 4 721 à 8 609. **Jurés.** Indemnité journalière : 40 + (S'x 8) ; s'il y a perte de salaire, indemnité supplémentaire S × nombre d'h.

Magistrats. Traitement mensuel net (1983). *Juges de tribunaux de grande instance, d'instance, d'instruction, d'enfants, d'application des peines et substituts :* (ind. de base 443) env. 8 600 F + indemnités de fonctions env. 18 %. Salaire mensuel moyen (fin de carrière) 19 000 F. *Auditeurs de justice* env. 7 000 F + indemnités.

Témoins. Indemnité de comparution : 10 + (S [1] × 4) ; s'il y a perte de salaire, indemnité supplémentaire : S × nombre d'h.

Nota. — (1) S est le montant du SMIC.

Tribunal de commerce. Pas de rémunération.

• **Vendeurs. Effectifs** (au 1-1-85). Représentants de commerce statutaires 200 000, vendeurs à domicile 50 000, autres catégories (inspecteurs des ventes, technico-commerciaux, marchandisiers, attachés commerciaux, etc.) 250 000. **Rémunérations** des représentants statutaires (1981) : de 0 à + de 800 000 F par an. Moyenne brute env. 150 000 F.

• **Vétérinaires. Nombre** (31-12-1984) : 8 480 (dont près de 7 000 inscrits au tableau de l'ordre, 7 300 en 86), dont par activité : *exercice libéral* 6 100 (72 %) [dont (en 81) 1 200 vacataires de l'Administration pour l'inspection des denrées alim. d'origine animale ; 2 017 exercent la clientèle des animaux de rente (élevage) ; 1 107 la médecine des animaux de compagnie. 2 597 en clientèle mixte (rurale et an. de compagnie). 2 470 cabinets individuels et 1 241 associations] ; *secteur salarié privé* 750 (8 %), *État, fonctionnaires, contractuels* 870 (10 %), *recherche et pharmacie* 355 (5 %), *enseignement* 405 (5 %).

Honoraires. Libres, soumis à la T.V.A. (18,60 %). Les interventions médicales ou chirurgicales importantes doivent, si possible, faire l'objet d'une entente préalable entre praticien et propriétaire.

Salariés. Salaire annuel 124 000 à 520 000 F.

• **Voleur à la tire (expérimenté).** A Paris, dans le métro, env. 40 000 F par mois.

Revenus dans le monde

Comparaison par villes

Source : Union des Banques Suisses.

• **Instituteur.** *Revenu annuel net/an en milliers de F suisses en 1985.* Entre parenthèses nombre d'heures hebdomadaires d'enseignement et, en italique, jours ouvrables de vacances payées/an pour un instituteur (depuis 10 ans dans l'enseignement public ; env. 35 ans, marié, sans enfants). Abu Dhabi [5] 55 (42 h) *60 j.* Amsterdam 22,4 (26) *57.* Athènes 15,1 (27) *55,5.* Bangkok 4,9 (27,5) *20.* Bogotá 4,8 (43) *32,5.* Bombay 2 (40) *30.* Bruxelles 18,1 (28) *100.* Buenos Aires 7 (20) *60.* Caire (Le) 2,5 (42) *30.* Caracas 9,2 (30) *65.* Chicago 43,3 (30) *10.* Copenhague 20,6 (40) *25.* Djakarta 2,6 (18) *15.* Djedda 46,4 (24) *90.* Dublin 25 (30,3) *56.* Düsseldorf 28,1 (28) *60.* Genève 53,9 (27) *53.* Helsinki 17,7 (21,5) *85.* Hong Kong 29,9 (36) *90.* Istanbul 2,6 (27,5) *90.* Johannesburg (race blanche) 21,5 (32) *79.* Kuala Lumpur 10,9 (29) *57,5.* Lagos 7,8 (30) *21.* Lisbonne 9,4 (22,2) *22.* Londres 20,5 (31) *65.* Los Angeles 47,8 (40) *12,5.* Luxembourg 35,1 (37,5) *83.* Madrid 18,5 (36) *61,5.* Manama (Bahreïn) 27,1 (38) *56.* Manille 2,7 (25) *30.* Mexico 6,5 (25) *40.* Milan 18,1 (27,5) *40,5.* Montréal 44,4 (35) *60.* New York 52,4 (37) *52.* Oslo 27,2 (28) *71.* Panamá 9,8 (27,5) *90.* Paris 18,6 (27) *110.* Rio de Janeiro 6,2 (28,7) *60,5.* Séoul 20,2 (24) *82,5.* Singapour 17,6 (28) *70.* Stockholm 20,7 (29) *78,5.* Sydney 33,9 (30) *50.* Tel-Aviv 10,2 (32) *92.* Tokyo 39,7 (37) *20.* Toronto 48,3 (37,5) *62,5.* Vienne 17,7 (24) *62.* Zurich 51,6 (29) *83.*

• **Manœuvre et mécanicien.** *Revenu net (après déduction des impôts et des cotisations sociales) par an, en milliers de F suisses.* Pour un manœuvre du bâtiment et, entre parenthèses, un mécanicien sur autos. Abu Dhabi [1] 13,8 (travailleur immigré) (27,5). Amsterdam 15,4 (17,4). Athènes 10,6 (8,4). Bangkok 2,4 (5,3). Bogotá 5 (7,3). Bombay 1,2 (2,4). Bruxelles 16,9 (17,9). Buenos Aires 3,6 (5,9). Caire (Le) 5,1 (3,7). Caracas 4,4 (26,2). Chicago 55,8 (53,8). Copenhague 19,4 (21,1). Djakarta 3,9 (3,1). Djedda 13,4 (16,3). Dublin 11,8 (12,7). Düsseldorf 15,7 (21,7). Genève 24,5 (31,3). Helsinki 17,3 (16,2). Hong Kong 13,2 (13,7). Houston 40,6 (48,9). Istanbul 2,6 (3,8). Johannesburg 9,2 (race noire) [18,9 (race blanche)]. Kuala Lumpur 8,9 (7,9). Lagos 5 (7,4). Lisbonne 4,2 (6,3). Londres 15,5 (15,6). Los Angeles 48,3 (47). Luxembourg 14,3 (15,1). Madrid 9,4 (10,3). Manama (Bahreïn) 8,1 (18,3). Manille 2,4 (3,4). Mexico 6,1 (6,4). Milan 13,2 (15,5). Montréal 34,9 (28,5). New York 38,5 (50,7). Oslo 28,4 (25,5). Panamá 7,9 (10,5). Paris 10,8 (12,7). Rio de Janeiro 2,2 (4,2). São Paulo 3,9 (10,6). Séoul 9,5 (11,5). Singapour 8,4 (9). Stockholm 18,9 (19). Sydney 25,2 (24,4). Tel-Aviv 7,6 (13,4). Tokyo 28,2 (26,5). Toronto 41,2 (33,3). Vienne 15,9 (17,8). Zurich 26,8 (31,5).

Nota. — (1) L'employeur verse en plus une allocation de logement ou procure gratuitement un log.

Vacances payées. Par année, jours ouvrables pour un mécanicien sur autos et un manœuvre du bâtiment. Abu Dhabi 30. Amsterdam 24 (30 [1]). Athènes 24 (0 [1]). Bangkok 11 (0 [1]). Bogotá 15. Bombay 30. Bruxelles 21 (24 [1]). Buenos Aires 10. Caire (Le) 18. Caracas 15. Chicago 15. Copenhague 25. Djakarta 15. Djedda 15 (30 [1]). Dublin 20. Düsseldorf 29 (22,5 [1]). Genève 20. Helsinki 30 (26 [1]). Hong Kong 10.5 (7 [1]). Houston 10. Istanbul 16.5 (15 [1]). Johannesburg 15 (20 [1]). Kuala Lumpur 14 (0 [1]). Lagos 24 (14 [1]). Lisbonne 22. Londres 20 (21 [1]). Los Angeles 5 (10 [1]). Luxembourg 25. Madrid 22. Manama (Bahreïn) 22. Manille 7 (0 [1]). Mexico 15 (12 [1]). Milan 20 (21 [1]). Montréal 10. New York 15 (5 [1]). Oslo 21. Panamá 30. Paris 25,7. Rio de Janeiro 25. São Paulo 26. Séoul 24 (0 [1]). Singapour 14. Stockholm 25. Sydney 20. Tel-Aviv 16 (12 [1]). Tokyo 16 (14 [1]). Toronto 16.5 (10 [1]). Vienne 23. Zurich 20.

Nota. — (1) Manœuvre.

Salaires dans quelques pays

• **États-Unis. Milliardaires (en $). Décédés :** *Paul Getty* (1892-1976), *John Davison Rockefeller* (1839-1937), *Henry Ford* (1863-1947), *Andrew William* (1863-1937). **Vivants** (plus grosses fortunes selon le magazine « Forbes » en milliards de $, en 1984) : *Gordon Peter Getty :* fils de Jean-Paul Getty, 4,1 (soit 38,9 milliards de F.) *Sam M. Walton :* propriétaire de la chaîne de magasins « Wal-Mart », 2,3. *David Packard :* cofondateur de la firme informatique Hewlett-Packard, 1,8. *Henry Ross Perrot :* créateur de « Data Systems », 1,4. *David Rockefeller :* est à 65 ans au 9ᵉ rang, avec une fortune estimée à plus d'1 milliard de $. *Daniel Keith Ludwig :* est passé du 3ᵉ rang en 1983 au 56ᵉ rang avec 1/2 milliard de $ après en avoir transféré 1,5 sur 2 à l'Institut du cancer de Zurich. *Les fils et filles Hunt :* héritiers du milliardaire texan H. L. Hunt.

Millionnaires (en $). *Nombre : 1976 :* 180 000, *1982 :* 410 000. Près de 4,4 millions d'Amér. disposent d'au moins 300 000 $ dont 2 millions possèdent au minimum 500 000 $.

La revue Forbes recense chaque année environ 400 millionnaires en $ dont en 1985 14 possédant + d'1 milliard de $: Sam Moore Walton 2,8, Henry Ross Perot 1,8, David Packard 1,5, Margaret Hunt Hill 1,4, Caroline Rose Hunt Schoellkopf 1,3, Samuel Irving Newhouse Jr., Donald Edward Newhouse 2,2, David Rockefeller + d'1, Henry Lea Hillman + d'1, John Werner Kluge 1, Harry Brakmann Helmsley, Marvin Davis, Warren Edward Buffett, Leslie Herbert Werner. 69 possèdent de 500 à 999 millions de $, 218 de 200 à 500, 99 moins de 200.

Dirigeants américains les mieux payés. 141 ont gagné plus de 12 000 000 $ (en 1984). *Le mieux payé :* Victor Posner (financier de Miami) 12 700 000 $ et Lee Iacocca (P.-D.G. de Chrysler) 11 400 000 $, Boone Pickens (pétrolier) 8 400 000.

Patrimoine d'une famille américaine moyenne (1983) : 24 574 $ dont maison familiale 63 %. 2 % des familles amér. possèdent 28 % du total des patrimoines familiaux ; les 10 % les + riches contrôlaient 57 % des patrimoines amér.

Salaires annuels en F suisses dans quelques pays : voir Quid 1985, p. 1551.

• **Grande-Bretagne. Traitement annuel des hauts fonctionnaires (£, 1983).** Directeur général des Services de Police, Secrétaire permanent du Trésor 38 910. Amiral de la Flotte, Maréchal de l'Armée de Terre, Maréchal de la Royal Air Force 48 000. Chef suprême de la Magistrature 50 500. 1 £ = env. 12 F.

Quelques émoluments annuels (en £). Paul McCartney 25 000 000. P.-D.G. d'I.C.I. 124 380, de British Steel 56 390. Premier ministre 38 910. Archevêque de Canterbury 22 930.

• **Inde** (1981). Salaire moyen horaire dans l'ind. : 3 roupies. *Enfants :* 4 roupies par mois dans l'agriculture (2,20 F). *Cadre :* rémunération max. 72 000 roupies par an et 60 000 d'indemnités. **Ouvrier spécialisé** à Calcutta 600 roupies par mois. On estime qu'un pauvre est celui qui n'a pas une roupie (soit env. 0,5 F) par j pour « vivre ». 300 millions d'h. sont dans ce cas (un kg de riz vaut 1,50 roupie, 1 l de lait 2 roupies).

• **Japon** (en 1982, en F). *Débutant* 18 ans 2 800, sortie de l'université 4 400, ouvrier (ind. manuf.) de 30 a. 5 200, directeur 10 000 à 13 500 + un bonus (env. 6 mois de salaire par an). A grade égal, un ouvrier de 50 ans gagne env. le double de celui de 25 ans.

Congés. 38 % des travailleurs prennent annuellement le minimum de congés légaux (env. une semaine). Les congés, dans la plupart des cas, sont pris au jour le jour. Il est de règle que l'employé prenne une partie de ses vacances sur les congés maladie.

Caractéristiques du travail : emploi à vie et salaire à l'ancienneté, absentéisme presque nul, congés payés réduits, nombreuses h. suppl., débordement de l'activité professionnelle au-delà des h. de travail. **Syndicalisation** : 31,6 % soit 12 300 000 travailleurs sur 39 000 000 d'employés. *Grève* rarissime.

• **U.R.S.S.** En 1979, une famille de 2 travailleurs avait un salaire moyen de 308 roubles (412 avec allocations et avantages). En 1981, un mineur gagnait entre 450 et 600 roubles.

Prix

Définitions

• **Inflation.** Causée par un excès de la demande par rapport à l'offre des biens et services, ou par une hausse des coûts de production. Ces 2 phénomènes, le plus souvent combinés, sont liés à une augmentation du pouvoir d'achat de l'État, des particuliers et des entreprises, qui n'est pas équilibrée par une croissance de la production. Le déficit des finances publiques est aussi un facteur d'inflation : il introduit trop de monnaie sans compensation de production dans les circuits écon. Notre société de consommation est une société d'inflation. Elle multiplie les besoins et les exaspère. Les groupes sociaux s'affrontent et s'organisent pour défendre leur pouvoir d'achat, anticipant même sur la hausse des prix pour être sûrs de ne pas en être victimes. Dans de nombreux secteurs, les grandes firmes fixent des prix « concertés » qui poussent le niveau général des prix en avant, quel que soit le volume de la demande. En outre, la forte augmentation du crédit, des déficits des balances des paiements, des réserves des Banques centrales, des prix des matières premières, le surendettement des entreprises et la croissance trop rapide de la masse monétaire ont renforcé l'inflation ces dernières années. La généralisation de l'inflation a été une cause supplémentaire de sa prolongation. Quand un pays était seul à connaître l'inflation (par exemple la France en 1958), il devait prendre rapidement des mesures pour en sortir, car il risquait d'être asphyxié par les autres. La lutte a été plus molle par la suite car ce n'était plus le cas.

Évolution. Dep. 1914, les prix ont presque toujours monté. Il n'y a eu que 9 années de baisse et 3 de stabilité. Les poussées d'inflation se sont terminées par la baisse des prix des matières premières (ex. : en 1920) ou par la chute du pouvoir d'achat des salariés pendant une période plus ou moins longue.

• **Déflation.** Contraire de l'*inflation.* Elle freine la demande sans porter préjudice à la production. Au *XIXᵉ siècle,* on voit avec les progrès de l'industrialisation des périodes de baisse de prix, ainsi aux États-Unis (1820-50 et 1870-90) ou en France (fin du XIXᵉ siècle).

• **Politique récente des prix. 1972** *mars* pour réduire le rythme annuel de hausse des prix (5,8 % en 1971), le gouv. met en place des contrats antihausse (entre l'État et les entreprises) fixant des augmentations annuelles maximales. **1974** *oct.* on passe à un système d'accords forfaitaires : l'administration n'autorise les hausses de prix qu'à intervalles et dans des proportions déterminées. **1975** *janv.* réglementation des marges commerciales. *Juin* fixation autoritaire des prix de certains produits pendant 3 mois. *Nov.* les marges commerciales de 50 produits de grande consommation sont plafonnées pour 6 mois. **1976** *sept.* blocage des prix de tous les produits (sauf prix agricoles à la prod., les prix pétroliers et matières 1ʳᵉˢ importées) durant 3 mois 1/2. **1977** *janv.* système négocié de contrats appelés « engagements de modération » pour toutes les entreprises de + de 20 salariés. *Nov.* blocage des prix de certains produits alim. **1978**-*1-6* libération des prix ind., puis de ceux du commerce et des services, pour la 1ʳᵉ fois depuis 40 ans. Seuls demeurent fixés par l'administration les prix des taxis, des prod. pétroliers, des médicaments remboursables et les prix d'intervention agricoles.

Depuis 1981. 1981 *oct.* blocage durant 3 mois des prix de certains produits alim. et des services. Blocage des marges des importateurs. **1982** *janv.* accords de modération dans les services et opération « trêve des prix » sur des produits de grande consommation. *Avr.* blocage des marges commerciales sur certains produits alim. *Juin* blocage général des prix (sauf prod. pétroliers, matières 1res importées et prod. agricoles) durant 4 mois 1/2. *Oct.* signature d'accords par profession, limitant les hausses pour 1983 à 7 % en moyenne, hausses sur les produits importés non comprises. **1983** *nov.* fixation des prix par arrêté pour tous les prestataires de services n'ayant pas respecté les accords contractuels d'oct. 1982. **19-11-1984** certains prix sont libérés. **Depuis avril 1986** libération des prix en cours.

Prix dans le monde

Évolution depuis 1980

Prix à la consommation (indice 1980 = 100). *Source :* O.N.U. (janv. 1986).

Afr. du S.	207,3 [1, a]	Indonésie	160,7 [2]
Algérie	138,8 [10]	Iran	201,4 [4]
All. féd.	121,6	Irlande	180,5 [2]
Arabie S.	104,9 [11, b, c]	Israël	30 280 [2]
Argentine	188 580,3 [1, d]	Italie	198,6 [2]
Australie	150,6 [4, e]	Japon	115,4
Autriche	127,8 [1]	Luxembourg	141,7 [h]
Belgique	142 [h, i]	Madagascar	243,6 [6, h]
Bolivie	4 419 122 [1]	Mali	159,5 [7, k]
Brésil	5 813,7 [8]	Maroc	165,7 [3]
Cameroun	170,5 [9]	Mexique	1 196,9 [3]
Canada	149,4	Nigeria	233,2 [9, n]
Chili	293,9	Norvège	159,2
Colombie	294,8 [g]	N.-Zélande	180,8 [1, e]
Corée (Rép.)	143,4	Pakistan	147,7 [1]
Costa Rica	467,3 [d]	P.-Bas	122,6 [5]
Danemark	147,9 [1]	Pérou	4 760,1 [d]
Égypte	198,9 [4]	Philippines	259
Espagne	167,8 [6]	Portugal	299,3 [1, h]
États-Unis	133,1	Sénégal	176,2 [8]
Éthiopie	139,5 [2, h]	Suède	158,9
Finlande	153,5	Suisse	124,5
France	*159,8 [3]*	Tanzanie (Rép.-Unie)	280,2 [10]
Gabon	160,2 [7, l, m]	Tchécosl.	110,3 [7, e]
Ghana	909,3 [4]	Thaïlande	128,9 [d]
G.-B.	144	Tunisie	121,2 [1, q]
Grèce	295,4	Turquie	332,9 [1, f, h]
Guatemala	137,5 [1, o, p]	Venezuela	174,2 [2, d]
Hong Kong	155,6	Yougoslavie	843,7 [3]
Hongrie	145,3 [1]	Zambie	276,6 [3, g]
Inde	161,5 [1, j]		

Nota. — (1) déc. 85. (2) nov. 85. (3) oct. 85. (4) sept. 85. (5) août 85. (6) juillet 85. (7) juin 85. (8) mai 85. (9) févr. 85. (10) 1984. (11) 1983.

(a) pop. blanche. (b) familles ayant un revenu moyen. (c) ensemble des villes. (d) région métropolitaine. (e) indice trimestriel pour trimestre se terminant au mois indiqué. (f) base 1982 = 100. (g) familles ayant un revenu modique. (h) non compris le groupe loyer. (i) non compris le groupe divers. (j) travailleurs de l'industrie. (k) prix aliments uniquement. (l) africains. (m) y compris les groupes loyer et divers. (n) régions rurales et urbaines. (o) région urbaine. (p) base 1984 = 100 (Guatemala : à partir de 1983). (q) base 1983 = 100 (Tunisie : à partir de 1983).

Allemagne. En *1922* et *1923*, l'inflation allemande atteignit un record (à l'époque, dépréciation d'env. 50 % en France). En juillet 1922, le dollar cotait 606 marks (1 501 fois la parité or), fin déc. 8 412 ; en 1923, fin mars 29 975, fin juill. 1 100 000, fin oct. 75 500 000 000. Pour trouver les capitaux nécessaires, on vécut d'expédients : paiements des fournisseurs par traites escomptables, émissions de bons du Trésor (45 milliards en 1918 à 272 en 1920), crédit aux entreprises qui voulaient se rééquiper en se refinançant par réescompte à la Reichsbank. Le volume de la monnaie fiduciaire crût de 22 milliards à 49 en 1919 et 122 en 1921. La circulation monétaire passa en 1922 de 211 milliards le 30-6 à 1 396 le 23-12, en 1923 de 17 291 en juin à 2 500 000 000 en oct., à 92 844 720 700 le 15-11.

Dans les entreprises, chez les commerçants, les prix étaient alignés sur le dernier cours des changes avec une majoration de précaution. Les taux d'intérêt atteignirent 5 % par jour en oct. 1923. Les entreprises, qui jusqu'en 1922 avaient profité de l'avilissement de la monnaie qui les libérait de leurs dettes et du retard des salaires sur les prix, ne pouvaient plus suivre pour établir leurs prix de revient. Les paysans refusant de livrer leurs produits, la famine menaçait. L'État créait des billets pour combler le déficit du budget.

Depuis 1974, les tendances inflationnistes n'épargnent plus les pays socialistes. *Causes :* ouverture de l'économie au marché mondial ; répercussion des hausses des prix des matières premières et des produits industriels ; importance de la masse monétaire par rapport à la faiblesse de la production des produits de consommation ; insuffisance des produits agricoles.

Taux d'inflation en U.R.S.S. : 4,5 à 5,5 %.

Indices des prix de détail en France

Plusieurs indices ont été établis dep. 1900 sur des bases et selon des modalités différentes. Jusqu'à la guerre de 1939-45 ces indices étaient de champ très restreint en ne contenant que peu d'articles, essentiellement dans le secteur alimentaire. A partir de 1949 le nombre des articles s'accroît considérablement et couvre, outre le secteur alim., la plupart des prod. manufacturés et de nombreux services. Cependant le caractère public des prod. figurant dans l'indice permet aux gouv. de l'époque des manipulations. Ainsi Ramadier put agir l'hiver 1956-57 sur les prix de certains prod. (détaxation, subvention, blocage), et empêcher l'indice de monter). Dep. 1970 les prod. dont on relève le prix et qui figurent dans l'indice sont secrets, ce qui rend quasi impossible le risque de manipulation.

- **Indice. Des 235 articles.** Adopté 1957 (1957 p. base 100), il mesurait l'évolution des prix en province. **I. Des 250 articles.** Adopté 1957 (période 1-7-56/30-6-57 : base 100), calculé pour l'agglomération parisienne. Ces 2 indices ne correspondaient plus aux habitudes de consommation de la période considérée.

- **Indice national des 259 articles.** Publié de nov. 1963 à févr. 1971, il mesurait l'évolution des prix des produits ou services consommés par les ménages de toutes tailles (célibataires exclus) dont le chef était ouvrier, employé ou « personnel de service » dans les agglomérations de plus de 10 000 h. (plus de 2 000 h. à partir de 1964). Par rapport aux indices précédents, l'observation était plus étendue, et plus diversifiée.

- **Indice des 295 postes de dépenses.** On peut raccorder cet indice à l'indice des 259 articles en multipliant l'indice des 295 postes, base 100 en 1980 par 3,448.

Population de référence : ménages urbains (vivant dans des communes de 2 000 h. agglomérés ou +) dont le chef est ouvrier ou employé (les contremaîtres considérés ici comme cadres moyens sont exclus).

Postes de dépenses. *295* rangés en *59 sous-groupes,* classés en *3 grands groupes :* produits alimentaires, manufacturés, services. **Relevés.** Au total, il y a environ 1 000 *variétés* et environ 160 000 *relevés mensuels* de prix, soit en moyenne 500 relevés par poste et par mois (de 150 pour l'habillement à + de 900 pour l'alimentation).

La liste des variétés-échantillons est régulièrement adaptée aux changements du marché et n'est communiquée à aucune personne extérieure à l'I.N.S.E.E. La liste des postes de dépenses avec leur pondération est publique. *Cette pondération est depuis 1971 révisée chaque année,* en fonction de l'évolution des dépenses de consommation.

L'indice exclut : achat de logements, frais financiers impliqués par les achats à crédit, impôts directs sur le revenu des personnes physiques et impôts directs locaux (contribution mobilière), cotisations de Sécurité sociale, primes d'assurance (assurance auto et assurance incendie entraient dans l'indice des 259 art.), loteries et jeux, salaires versés aux domestiques (inclus dans l'indice des 259 art.), dépenses d'hospitalisation, services juridiques, frais de vétérinaire, achat d'œuvres d'art.

Les impôts indirects ne sont exclus que s'ils sont liés à l'activité « productrice » des ménages : **contribution mobilière,** droits de mutation. Les prix incluent T.V.A. et autres impôts sur la dépense. Loyers, services de santé, pharmacie et réparations de véhicules sont suivis en valeur brute (à la différence de l'indice des 259 articles).

Indice des prix de détail (base 100 en 1980, et entre parenthèses base 100 en 1970). En mars 1986. *Indice d'ensemble* 160,4 (403,1). *Alim. et boissons* 162,1 (411,7). *Prod. manufacturés* 156,5 (378,1). *Habillement-textiles* 165,2 (398,3). *Autres prod. manufacturés* 154,4 (371,5) dont appareils. ménagers 143,8 (252,5) ; papeterie-librairie-journaux 180,2 (512,7) ; photo-optique-électro-acoustique 112,4 (150,3) ; combustible énergie 157,5 (522,7) dont chauffage-éclairage 172,0 (619,4) ; tabac et prod. manufacturés divers 151,4 (394,2). Services 165,1 (433,4) ; loyers 161,5 (361,3) ; services de santé 145,7 (343,7) ; transports publics 168,4 (451,5) ; hôtels 178,6 (453,1) ; restaurants 167,2 (515,1).

Augmentation annuelle en %
Prix à la consommation

	80	81	82	83	84	85
All. féd.	5,5	6,3	4,6	2,6	2	1,8
Austr.	9,3	11,3	11	8,6	2,6	7,6 [2]
Autr.	6,7	6,4	4,7	3,8	5	2,8
Belg.	7,5	8,1	8,1	7,2	5,3	4
Canada	11,2	12,1	9,3	4,5	3,8	4,4
Dan.	10,9	12,2	9	6,0	5,6	3,6
Esp.	15	14,5	14	12,2	9	8,1
Finl.	13,8	9,9	9	8,3	6,1	4,9
France	*13,6*	*14*	*9,7*	*9,3*	*6,7*	*4,7*
G.-B.	15,1	12	5,4	20,0	4,6	5,7
Grèce	24,7	22,5	19,1	10,3	18,2 [1]	25
Irl.	18,2	23,3	12,3	84,3	6,7	4,9
Isl.	50,9	47,4	60,3	12,4	14,9	38,4 [1]
Italie	21,3	18,1	16,4	1,8	9,2	8,9 [1]
Japon	7,1	4,3	1,8	8,0	2,6	1,8
Lux.	7	8	10,4	7,1	2,3	4,1
Norv.	13,7	11,9	11,7	3,6	5,9	5,6
N.-Zél.	16,1	15,7	15,3	3,0	9,4	15,3
P.-Bas	6,7	7,2	4,3	33,9	2,8	1,7
Port.	13,1	25	18,8	5,3	21,2	16
Suède	14,1	9,1	9,6	9,2	8,2	5,6
Suisse	4,4	6,6	5,5	2,1	2,9	3,2
Turq.	75,1	28,6	29,6	24,6	43,3	47,5
U.S.A.	12,4	8,9	3,9	3,8	4	3,8

Nota. — (1) nov. (2) 3e trimestre. *Source :* O.C.D.E.

Poursuite de la base 100 en 1949. Pour mars 1986 (série France entière). *Indice d'ensemble* 1 149,6. **En 1962.** Pour mars 86 (série France entière). *Indice d'ensemble* 550,0. Alimentation (y compris restaurants, cantines, cafés) 577,1. Habitation 635,2. Loyers 721,5. Chauffage-éclairage 813. Habillement-textile 493,5. Prod. manufacturés (sans chauffage-éclairage) 444,2. Services (y compris restaurants) 768,8. Services (sans restaurants-cantines-cafés) 745,6.

Indice des 295 postes. Pondérations en 1986 et, entre parenthèses, indice mars 1986. Ensemble 10 000 (160,4). *Alimentation* 2 516 (162,1) dont boulangerie-pâtisserie 242, autres prod. à base de céréales 34, viandes de boucherie 319, viandes de porc et charcuterie 262, volailles-lapins-gibiers 128, autres prod. contenant de la viande 63, prod. de la pêche 126, lait et fromages 293, œufs 32, beurre et corps gras 93, légumes 180, fruits 137, sucre et prod. à base de sucre 124, prod. alim. divers 106, boissons alcoolisées 246, café-thé-infusions 63, autres boissons non alcoolisées 68. *Produits manufacturés* 4 438 (156,5). Habillement et art. textiles 854 (165,2) dont vêtements de dessus 287, autres vêt. et accessoires 300, lingerie-bonneterie-accessoires 265, linge de maison-textiles d'ameublement 51, tissus-fils-mercerie 46. *Autres prod. manufacturés* 3 584 (154,4), meubles et tapis 406, app. ménagers élect. et à gaz 120 (143,8), articles de ménage 140, électr.-quincaillerie 40, savons de ménage et prod. d'entretien 83, articles de toilette et soins 442, véhicules 400 ; art. de papeterie 25, livres-journaux 199 (181,0) ; photo-optique non médicale 25, art. électro-acoustiques 126 (104,0) ; autres art. de loisirs 173 ; combustible-énergie 1 026 (157,5) ; tabacs et art. divers 379 (151,4). *Services* 3 046 (165,1) dont loyers-eau 700 (163,2) dont loyers (161,5) ; réparations et entretien logement et app. ménagers 127 ; ressemelage-blanchissage-nettoyage-teinture 35 ; soins personnels 69 ; services santé 448 (145,7) ; transports publics 208 (168,4) ; services d'utilisation de véhicules privés 275 ; postes et télécomm. 118 ; frais d'enseignement 49 ; spectacles 45 ; hôtels-restaurants-cantines 529 dont hôtels 73 (178,6), restaurants 275 (167,2) ; consommations dans les cafés 292 ; services de vacances-sport-camping 69 ; services divers 82. Chauffage-éclairage 585 (172,0).

Autres indices

Indice C.G.T. Publié tous les mois, base 100 au 1-1-80, 365 postes, établi à partir de 15 000 relevés mensuels en région parisienne (l'I.N.S.E.E. en faisant 160 000 sur la France entière), sur les dépenses d'une famille type dont le chef est ouvrier qualifié dans la région parisienne, a 2 enfants de 10 et 15 ans et est locataire.

Pour la C.G.T., l'indice de l'I.N.S.E.E. englobe des situations très différentes (revenus, nombre et âges des membres du ménage non précisés) ; voulant être une moyenne, il ne correspondrait à aucune réalité. Par contre, l'indice de la C.G.T. ne traite qu'un cas, mais plus concret, plus proche de la réalité.

La C.G.T. fait entrer les loyers et les charges pour 16,2 % du total dans son indice. L'I.N.S.E.E. le fait pour un plus faible %, différence due à la proportion de 40 % de propriétaires parmi les ménages considérés comme n'ayant pas de dépenses de loyer (les remboursements sont comptés comme formation de capital fixe et non dépenses de consommation).

La prise en compte par l'I.N.S.E.E. de *« l'effet qualité »* ainsi que les méthodes de *lissage d'augmentations brusques de prix des articles saisonniers* ont également pour effet, selon la C.G.T., de ne pas enregistrer au fur et à mesure la hausse réelle des prix. En attribuant une partie de ces hausses à l'amélioration qualitative des produits, l'indice de l'I.N.S.E.E. enregistrerait une hausse de prix inférieure à celle effectivement subie par les consommateurs, qui souvent ne trouvent plus les anciens produits aux prix inférieurs sur le marché. C'est pourquoi la C.G.T. ne prend pas cette amélioration en considération dans le cas où le consommateur n'a pas le choix entre le produit « amélioré » et l'ancien.

C.F.D.T. L'indice n'est plus publié, faute de moyens nécessaires, il était calculé à partir des relevés de l'INSEE, en utilisant une pondération différente ; la C.F.D.T. a estimé qu'il n'était donc pas en mesure de répondre utilement aux critiques qu'elle adressait à l'INSEE.

Indice C.G.T.-F.O. Indice des prix à la consommation et budget type correspondant au minimum indispensable à une personne active salariée résidant en ville. 160 articles ou services regroupés en 118 postes. Calculé mensuellement et publié sur différentes bases (indices 100 en 1980, 1970, 1962, 1949).

Pondération (pour 10 000) début 1984 : alimentation 3 796, habitation 2 046, équipement 538, hygiène 842, habillement 1 074, transports 777, distractions et divers 928.

Indice C.G.C. Établi en 1972, supprimé depuis janvier 1985.

Évolution des prix

● **On distingue 2 manches : 1°) La hausse « en glissement ».** On compare le niveau de l'indice des prix d'un mois donné à l'indice d'un autre mois. Pour déterminer le glissement « annuel » (hausse des prix en 12 mois), on compare les indices de décembre des années *n* et *n-1*.

Exemple. Hausse des prix de décembre 84 à décembre 85 : *4,7 % :*

$$\frac{160{,}3}{153{,}1} = 1{,}047 = 4{,}7\ \%.$$

2°) La hausse « en moyenne annuelle ». On compare l'indice moyen des prix de l'année *n* par rapport à l'indice des prix de l'année *n-1*. L'indice moyen d'une année est calculé à partir d'une série des 12 indices mensuels recalculés par l'INSEE (et non publiés) tenant compte de la spécificité des évolutions saisonnières de 6 postes de produits frais.

En période de décélération des prix, la hausse en glissement annuel est plus faible que la hausse en moyenne. Ainsi, en 1985 : + 5,8 % en « moyenne annuelle », + 4,7 % en « glissement annuel ». En période d'accélération, elle est plus forte.

● **Baisse de moy. annuelle** dep. *1980 :* 13,6. *81 :* 13,4. *82 :* 11,8. *83 :* 9,6. *84 :* 7,4. *85 :* 5,8 (4,7).

En juin 1986 les prix ont baissé de 0,2 % [1re baisse mensuelle constatée dep. juin 1966 (− 0,1 %)].

● **Inflation selon les indices en 1985.** Coût de la vie de la C.G.T.-Force ouvrière (d'après le budget type « Minimum social ») + 5,5 % (7,7 % en 1984). C.G.T. + 6,1 % (+ 9,7 % en 1984). U.N.A.F. (budget type A d'une famille comprenant 2 adultes et 2 enfants de 6 et 12 ans) + 6,4 %.

● **Années de grande inflation.** Depuis 1910, + de 20 % de hausse des prix. **1917** + 20 %. **1918** + 30. **1919** + 25. **1920** + 37. (De 1915 à 1920, les prix ont augmenté de 300 % en raison de la pénurie de guerre.) La chute des prix des matières premières en 1920 et 1921 mit fin à l'inflation. **1926** crise de « confiance » dans le franc des créanciers de la France. Arrêtée par la « stabilisation Poincaré ». De 1930 à 1935, *déflation* (en 1935, les prix ont baissé de 25 % par rapport à ceux de 1930). Le pouvoir d'achat des salaires augmente de 30 % en 6 ans, mais le chômage s'étend. Après la dévaluation de la livre (1932), les prix français sont supérieurs aux prix mondiaux. La production stagne. **1937** le Front Populaire élu en 1936 (Léon Blum) relève les salaires horaires de 25 % en un an, impose la semaine de 40 h avec 2 semaines de congés payés. Le pouvoir d'achat des salaires horaires monte d'abord de 26 % en 2 ans, mais la production ne suivant pas (par suite de la limitation de la durée du travail), les années 1938, 1939 et 1940 enregistrent une baisse du pouvoir d'achat égale aussi à 26 %. En 1940, le niveau de vie retombe à son niveau de 1935. **Occupation : 1942** + 20 %. **1943** + 24. **1944** + 22. Due à la pénurie. **Libération.** De 1944 à 1949, les prix augmentent de 600 % (**1945** + 48 %. **1946** + 53. **1947** + 49. **1948** + 58). De très fortes hausses de salaires ont été accordées sans que la production augmente suffisamment. La hausse nominale du pouvoir d'achat (55 %) ainsi obtenue en 1945 est aux 3/4 reperdue. En 1949, prix et salaires retrouvent leur équilibre.

● **Années de déflation.** Baisse du pouvoir d'achat (%). **1926** − 10. **1933** − 3. **1939** − 6. **1940** − 14. **1946** − 16. **1947** − 9. **1948, 1949** − 5. **1952** − 9.

Variations des prix en % depuis 1900

Année	Prix de gros	Prix de détail	Année	Prix de gros	Prix de détail
1900	+ 8,3	−	1943	+ 16,1	+ 24,1
1901	+ 7,6	+ 7,6	1944	+ 12,6	+ 22,1
1902	+ 7,6	+ 7,6	1945	+ 41,3	+ 48,5
1903	+ 7,6	+ 7,6	1946	+ 42,4	+ 52,6
1904	+ 7,6	+ 7.6	1947	+ 52,1	+ 49,1
1905	+ 7,6	+ 7,6	1948	+ 72,3	+ 36,9
1906	+ 7,1	+ 7,6	1949	+ 11,6	+ 13,1
1907	+ 9,1	+ 8,3	1950	+ 8,2	+ 12,5
1908	− 6,6	+ 9,6	1951	+ 27,7	+ 21,6
1909	+ 9,1	+ 9,6	1952 [2]	+ 4,7	+ 1,5
1910	+ 7,1	+ 9,6	1953 [3]	− 9,5	− 2,0
1911	+ 6,6	+ 15,3	1954	− 1,7	+ 1,5
1912	+ 6,2	+ 6,6	1955	− 0,1	− 1,0
1913	+ 6,2	+ 6,6	1956 [4]	+ 4,3	+ 1,5
1914	+ 6,2	+ 6,6	1957	+ 5,7	+ 9,8
1915	+ 50	+ 20	1958	+ 11,5	+ 9,4
1916	+ 36,3	+ 11,1	1959	+ 4,76	+ 5,7
1917	+ 40	+ 20	1960	+ 2,6	+ 3,9
1918	+ 28,5	+ 95,8	1961	+ 2,05	+ 4,1
1919	+ 35,1	+ 22,5	1962	+ 2,7	+ 4,3
1920	+ 42,1	+ 39,4	1963 [5]	+ 3,6	+ 5,8
1921	− 32	− 13,2	1964	+ 1,5	+ 2,3
1922	− 5,4	− 2,1	1965	+ 1,5	+ 2,5
1923	+ 9,6	+ 8,8	1966 [6]	+ 2,2	+ 2,8
1924	+ 16,4	+ 14,2	1967	− 0,8	+ 3,6
1925	+ 12,8	+ 28,5	1968	+ 1,4	+ 5,2
1926	+ 27,2	+ 31,6	1969	+ 8,5	+ 5,8
1927	− 12,5	+ 3,7	1970	+ 8,9	+ 5,5
1928	+ 1,02	+ 1,2	1971 [7]	+ 2,1	+ 6,2
1929	− 2,02	+ 6,09	1972	+ 5,8	+ 7,0
1930	− 12,3	+ 1,1	1973 [8]	+ 12,6	+ 8,5
1931	− 15,2	− 4,5	1974	+ 23,7	+ 15,0
1932	− 11,1	− 8,3	1975	+ 1	+ 9,8
1933	− 4,6	− 3,8	1976 [9]	+ 10,3	+ 9,8
1934	− 6,5	− 4,05	1977	+ 6,7	+ 9,0
1935	− 5,2	− 8,4	1978	+ 8,2	+ 9,7
1936	+ 16,6	+ 23	1979	+ 13,2	+ 11,7
1937	+ 39,6	+ 25,7	1980	+ 11,7	+ 13,7
1938	+ 13,8	+ 13,6	1981	+ 14,6	+ 13,9
1939 [1]	+ 5	+ 7	1982	+ 12,7	+ 9,7
1940	+ 31,4	+ 17,7	1983	+ 16,6	+ 9,3
1941	+ 22,4	+ 16,6	1984		+ 6,7
1942	+ 17,1	+ 20,2	1985		+ 4,7

Nota. — (1) Septembre blocage Reynaud. (2) Antoine Pinay, en conjuguant en 1952 le blocage et l'appel à la confiance, puis Edgar Faure, ont obtenu en 1953-1954 le meilleur résultat ; la fin de la guerre de Corée, qui fit baisser en flèche le coût des matières premières, les aurait aidés. De mi-1952 à mi-1955, la stabilité a été obtenue par des mesures arbitraires créant des distorsions qui expliquent quelque peu l'explosion ultérieure. (3) Février blocage Mendès France. (4) Juillet blocage Mollet. (5) Septembre blocage Pompidou. (6) Mars contrats de progrès. (7) 9,5 % selon l'indice de la C.G.T. : produits alim. 11,3 % (6,8 % selon l'I.N.S.E.E.), habillement 14,1 (4,8 selon l'I.N.S.E.E.). (8) Crise de l'énergie. (9) Plan Barre fin 1976 et baisse de la T.V.A. en janv. 1977. En *1925,* les prix étaient en anciens francs ce qu'ils étaient, en mars 1974, en nouveaux francs, tandis que le salaire horaire des manœuvres (8 NF en 74) était 4 fois sup. au salaire correspondant de 1925 (2,12 AF). Le salaire était de 8 AF en avril 42.

Hausse annuelle des prix de détail

	1981	1982	1983	1984	1985
Alimentation : boissons	16,5	9,3	10,1	6,1	4,7
Produits manufacturés secteur privé	10,4	8,1	9,2	6,7	5,3
Services secteur privé (hors santé, hors loyers)	15,7 [2]	11,0	10,6	6,4	5,9
Tarifs publics	17,4	14,7	5,6	2,8	3,4
Énergie	18,8	16,6	4,2	10,3	1,8
Loyers-eau	13,2	8,1	10,5	6,9	6,4
Santé	11,9	5,0	9,5	3,4	3,5
Ensemble	**14,0**	**9,7**	**9,3**	**6,7**	**4,7**

Nota. — Hausse entre décembre de l'année précédente et décembre de l'année considérée. En 1974 : 1er choc pétrolier, en 1979 : 2e choc pétrolier. (1) Y compris effet (à la baisse) de la modification des taux de TVA concernant surtout les produits industriels. (2) Y compris les effets du blocage des prix des services au dernier trimestre 1981, en l'absence duquel la hausse aurait été encore plus forte. (3) Rapport des accroissements annuels des services à ceux des produits manufacturés.

Prix relevés par le Figaro

A la mi-mai 1986 en F et variation en italique, en % depuis la mi-mai 1981.

Alimentation. Pain au levain (1 kg) 14 + *55,6.* Beurre laitier (250 g) 6,20 + *14,8.* Lait frais entier (1 l) 4,50 + *57,9.* Œufs « extra », les 12 (calibre 60-65) 14 + *125,8.* Gruyère de Comté (1 kg) 49,90 + *44,2.* Camembert 45 % (pièce) 6,50 + *54,8.* Spaghetti (1 kg) 6,95 + *41,8.* Riz long étuvé (1 kg) 10,90 + *77,2.* Café en grains ordinaire 250 g 12,10 + *103,4.* Huile arachide (1 l) 13,50 + *31,7.* Eau minérale (1,5 l) 2,75 + *44,7.* Sucre en morceaux (1 kg) 6,35 + *67.* Boîte conser. pts pois extra-fins 4/4 5,80 * + *20,8.* Petit pot de viande/légumes pour bébés (130 g) 3,45 + *50.* Rumsteck (1 kg) 77,80 + *44,6.* Échine de porc (1 kg) 33,50 + *25.* Poulet effilé classe A (1 kg) 15,90 + *16.* Poulet prêt à cuire (1 kg) 18,90 + *17,4.* Lieu noir (1 kg) 26,50 + *2.* Truites (1 kg) 35 + *34,6.* Aliment complet pour chat en boîte de conserve (400 g) 3 + *76,5.*

Hygiène. Poudre à laver le linge (835 g) 15,80 + *69,9.* Liquide pour vaisselle (1 l) 10,20 + *47,8.* Tube dentifrice (modèle 2) 13,50 + *73.* 6 paquets de 10 mouchoirs papier 7,90 + *75,6.* 5 lames rasoir 11,60 + *63,4.*

Santé. Médecin : consultation généraliste 75 + *50.*

Transports. Carte orange métro Paris (2 zones) 152 + *78,8.* S.N.C.F. : km 2e classe 0,402 [2] + *48,* couchette 2e classe 71 + *24,6.* Carte routière 8 + *60.* 2 CV 6 (spéciale) 34 300 + *58,8.*

Énergie. Électricité (heures pleines) le kWh, T.T.C. 0,642 + *68,9.* Abonnement mensuel [3] 43,04 + *23,2.* Gaz 1re tranche, T.T.C. 0,216 + *44.* Fioul (à domicile, par 1 000 l) le litre 2,30 + *16,7.* Essence super 4,84 + *28,7.* Essence ordinaire 4,71 + *32,7.*

Services. Blanchissage un drap couleur [1] 9,80 + *55,6.* Nettoyage costume homme (2 pièces) [1] 60 + *71.* Nettoyage pull (homme ou femme) [1] 28 + *115,4.* Plombier (une heure) [3] 180 + *34,3,* déplacement [3] 187 + *38,5.* Dépannage TV (une heure) [3] 160 + *18,5,* déplacement [3] 160 + *18,5.* Garagiste (heure main-d'œuvre) [3] 113,54 + *39,9.*

Divers. Cigarettes Gauloises 4,55 + *56,9.* Timbre-poste 2,20 + *57.* Communicat. téléphonique urbaine 0,77 + *54.* Livre de poche (2 étoiles) 16,50 + *50.*

Nota. — * Promotions. (1) Changement de propriétaire entre 1981 et 1982. (2) Les trois nouveaux tarifs S.N.C.F. succédant au tarif unique donnent une moyenne de 0,40 F le kilomètre (départ Paris). Rappelons : 0,42 F jusqu'à 399 km ; 0,40 F de 400 à 449 km et 0,38 F à partir de 450 km. (3) T.T.C.

Prix dans le monde

Source : Union des Banques Suisses.

Appartements. Non meublés construits après 1960 (3 pièces, cuisine, bain, sans garage, y compris les charges), répondant dans l'ensemble aux exigences de confort locales, situés à proximité d'une ville. Loyers

Évolution du pouvoir d'achat, de 1925 à 1980, selon le produit auquel on rapporte le salaire

	1925		1980		Soit un pouvoir d'achat multiplié par
	Prix (en anciens F)	Équivalent en temps de travail (1)	Prix (en nouveaux F)	Équivalent en temps de travail (1)	
1 ha de bonne terre en Beauce	6 000	2 830 h	35 000	1 650 h	1,72
Coupe de cheveux (hommes)	2,5 à 3	1 h 17	20	57	1,36
Ticket de métro (2e cl.)	0,39	11	1,75	5	2,24
Beefsteack (1 kg)	18,47	8 h 43	53,01	2 h 30	3,49
Vin ordinaire (1 l)	1,34	38	3,75	11	3,57
Petits pois	3,25	1 h 32	7,70	22	4,22
Lait (1)	1,10	31	2,61	7	4,22
Farine (1 kg)	2,27	1 h 04	3,89	11	5,85
Crayons Conté (12)	5,00	2 h 21	10,20	29	4,90
Merlans (1 kg)	6,38	3 h	12,38	35	5,16
Jambon de Paris (1 kg)	29,10	13 h 44	39,47	1 h 52	7,38
Beurre laitier (1 kg)	18,54	8 h 45	22,08	1 h	8,41
Bicyclette	425	200 h	795	37 h 30	5,34
Oeufs (la douzaine)	8,37	3 h 57	7,89	22	10,61
Confiture	3,20	1 h 30	8,36	24	3,83
Kwh d'électricité	1,00	28	0,38	1	26,37
Ampoule électrique (100 W)	17,50	8 h 15	3,86	11	45,38
Récepteur radio	2 700	1 275 h	245	11 h 33	110

Nota. — (1) En heures et minutes, pour un salaire horaire du manœuvre de 2,12 F/h en 1925 et de 21,22 F/h en 1980.

mensuels moyens (sur le marché libre du logement) en F suisses. Abu Dhabi 1 910. Amsterdam 630. Athènes 830. Bombay 870. Bruxelles 1 200. Buenos Aires 760. Caire (Le) 1 380. Caracas 1 750. Chicago 3 510. Copenhague 720. Djedda 3 130. Dublin 560. Düsseldorf 870. Genève 1 200. Hong Kong 3 890. Istanbul 660. Johannesburg 640. Lagos 1 210. Lisbonne 540. Londres 1 850. Luxembourg 730. Madrid 1 150. Mexico 980. Milan 880. Montréal 850. New York 5 590. Oslo 890. Paris 1 340. Rio de Janeiro 670. Singapour 3 880. Stockholm 660. Sydney 1 320. Tel-Aviv 610. Tokyo 6 100. Toronto 1 420. Vienne 770. Zurich 1 250.

Prix d'un dîner (entrecôte/rumsteck avec garniture, dessert, sans boisson), service compris, dans un bon restaurant et, entre parenthèses, **d'une chambre d'hôtel** à 2 lits avec bain et W.C., avec petit déjeuner pour 2 personnes dans un hôtel de 1re cl. (internationale), en F suisses. Abu Dhabi 153 (340). Amsterdam 34 (280). Athènes 30 (380). Bangkok 20 (250). Bogotá 32 (200). Bombay 43 (130). Bruxelles 23 (250). Buenos Aires 52 (360). Caire (Le) 58 (270). Caracas 25 (210). Chicago 60 (520). Copenhague 44 (280). Djakarta 13 (390). Djedda 67 (430). Dublin 29 (220). Düsseldorf 25 (230). Genève 37 (280). Helsinki 43 (250). Hong Kong 48 (350). Houston 75 (420). Istanbul 25 (470). Johannesburg 35 (160). Kuala Lumpur 45 (310). Lagos 53 (260). Lisbonne 17 (170). Londres 38 (390). Los Angeles 59 (390). Luxembourg 43 (170). Madrid 28 (120). Manama (Bahreïn) 110 (380). Manille 24 (350). Mexico 40 (400). Milan 36 (330). Montréal 32 (290). New York 91 (550). Oslo 42 (250). Panamá 61 (360). Paris 33 (310). Rio de Janeiro 22 (340). São Paulo 36 (410). Séoul 35 (310). Singapour 63 (240). Stockholm 39 (280). Sydney 44 (240). Tel-Aviv 19 (220). Tokyo 108 (360). Toronto 45 (270). Vienne 23 (260). Zurich 35 (280).

Pouvoir d'achat

Le pouvoir d'achat d'un ménage (individu ou groupe — en général la famille) est l'ensemble des biens et des services de toute nature que l'on peut se procurer avec ses revenus. Il dépend de l'ensemble des *revenus* perçus (ex. : salaire + assur. maladie, prest. fam.) ; des *biens* qu'on peut ou doit acheter ; de leurs *prix*.

Les hausses du pouvoir d'achat des salaires ne sont possibles que lorsque la hausse des salaires est supérieure à celle des prix. Une baisse relative des prix s'obtient par l'amélioration de la productivité, mais il est des secteurs (celui des services) où cette amélioration est difficile.

Évolution du pouvoir d'achat du F. Coefficient de transformation en F de 1985. Ex. 150 F de 1960 sont équivalents à 892,50 F de 1985 (soit 150 × 5,95). *1901* 14,55. *1902* 14,55. *1903* 14,55. *1904* 14,55. *1905* 14,55. *1906* 15,77. *1907* 14,55. *1908* 14,55. *1909* 14,55. *1910* 14,55. *1911* 12,61. *1912* 12,61. *1913* 12,61. *1914* 12,61. *1915* 10,51. *1916* 9,46. *1917* 7,80. *1918* 6,10. *1919* 4,98. *1920* 3,57. *1921* 4,11. *1922* 4,20. *1923* 3,86. *1924* 3,38. *1925* 3,15. *1926* 2,39. *1927* 2,31. *1928* 2,31. *1929* 2,17. *1930* 2,15. *1931* 2,25. *1932* 2,46. *1933* 2,56. *1934* 2,66. *1935* 2,91. *1936* 2,70. *1937* 2,15. *1938* 1,59. *1939* 1,77. *1940* 1,50. *1941* 1,28. *1942* 1,06. *1943* 0,86. *1944* 0,70. *1945* 0,47. *1946* 0,309. *1947* 0,207. *1948* 0,131. *1949* 0,115. *1950* 0,105. *1951* 0,090. *1952* 0,081. *1953* 0,082. *1954* 0,081. *1955* 0,081. *1956* 0,078. *1957* 0,075. *1958* 0,065. *1959* 0,062. *1960* 5,95. *1961* 5,76. *1962* 5,50. *1963* 5,24. *1964* 5,08. *1965* 4,95. *1966* 4,79. *1967* 4,64. *1968* 4,43. *1969* 4,16. *1970* 3,95. *1971* 3,74. *1972* 3,52. *1973* 3,28. *1974* 2,89. *1975* 2,58. *1976* 2,35. *1977* 2,15. *1978* 1,97. *1979* 1,78. *1980* 1,57. *1981* 1,36. *1982* 1,24. *1983* 1,13. *1984* 1,05. *1985* 1,00. *Source :* INSEE et Lettre mensuelle du CIC.

Prix fin 1964 et, entre parenthèses, en 1984

Baisse en % : taxe de raccordement au téléphone 400 (250) — 37,5. Bracelet montre femme (la — chère, mécanique en 1964, à quartz en 1984) 69 (49) — *30.* Téléviseur Philips noir et blanc 59/61 cm 2 097,70 (1 700) — *19. Hausse (coefficient de multiplication) :* machine à laver, cuve acier 1,5 kg-3 kg 710 (840) *1,18.* Réfrigérateur 220 1 975 (1 490) *1,52.* Autocuiseur 8 l. 135 (399) *2,95.* KWh (prix moyen usage domestique) 0,184 (0,545) *2,96.* Téléphone (taxe de base) 0,25 (0,75) *3.* Gauloises brunes 1,35 (4,25) *3,14.* Club Méditerranée : 1 semaine (Paris-Paris en avion au Maroc) 940 (3 395) *3,61.* Matelas (laine) 1,40 m 1 519 (1 999) *3,85.* Aspirine du Rhône, comprimé 0,055 (0,23) *4,18.* Indice des prix (INSEE) *4,78.* Panier de la ménagère relevé de 49 art. pour famille de 5 personnes établi par l'U.F.C.S. (Union féminine civique et sociale) de Lyon 616 (2 956) *4,19.* « Petit Larousse illustré » 35 (169) *4,82.* Contravention de base 10 (50) *5.* Robe de chambre (homme) laine des Pyrénées 67,50 (340) *5,03.* Essence (1 l.) super 1,04 (5,65) *5,43.* Journal « Le Nouvel Observateur » 2 (11) *5,5.* Jean Levis 501 non délavé 55 (310) *5,63.* Livre de poche simple 1,95 (11) *5,64.* Baguette de pain 0,44 (2,50) *5,68.* 2 CV Citroën 5 200 (30 100) *5,78.* Montre Cartier or massif et émail 2 800 (17 500) *6,25.* Salaire moyen ouvrier 715 (4 689) *6,56.* Cinéma (place, prix moyen) 3,03 (20,22) *6,67.* Carnet de tickets de métro 2e cl. 3,70 (25,50) *6,89.* Visite chez généraliste 10 (70) *7.* Enterrement 2e cl. 676,50 (4 989,66) *7,38.* Coupe de France de football en mai (prix moyen, place en finale) 8,60 (65) *7,55.* Allocations familiales pour 2 enfants (3 à 10 ans) 63,36 (495,78) *7,82.* Timbre 0,25 (2,10) *34.* Trench (homme) Burberrys coton 400 (3 470) *8,67.* SMIC horaire 1,92 (24,36) *12,68.* Quotidiens nationaux 0,30 (4) *13,3.* Kg d'or fin oct. 5 555 (103 502) *18,63.*

Nota. — (1) Prix extraits des catalogues 64 et 84 de la Redoute. *Source :* « Le Nouvel Observateur ».

Indices et budgets types

Indice à mars 1986

C.G.T. Indice des prix à mars 1986 (base 100 : 1980). Alimentation 197,1 ; habillement 189,2 ; habitation 208,4 ; hygiène-santé 184,2 ; transports-télécom. 188,6 ; culture-loisirs 200,9. *Global* 197,5.

C.G.T.-F.O. Indices du coût de la vie d'après le budget type « minimum social » (base 100 : 1980). Pour avril 84 : alimentation 155,7 ; habitation 157,4 ; équipement 148,5 ; hygiène 141,5 ; habillement 147,7 ; transports 147,5 ; distraction et divers 149,2. *Ensemble* 152,2 (base 100 en *1970* 427,2 ; *1962* 637,1 ; *1949* 2 018,3).

U.N.A.F. 4 budgets familiaux (ensemble du territoire) mensuels. Famille de 4 personnes dont 2 enfants 6-12 ans : (dont 2 adolescents 15-17 ans), pour février 1986 : *alimentation* 3 047,94 (3 749,74 ; *habillement :* 1 159,50 (1 424,37) ; *logement* 1 435,90 (1 672,44) ; *entretien* 455,14 (447,03) ; *amortissements du mobilier* 297,48 (305,16) ; *transports* 1 039,17 (1 121,63) ; *loisirs et divers* 1 410,92 (1 587,31). *Total* 8 846,05 (10 307,68).

Évolution de la valeur de 1 F depuis 1840

Exemple : 1 F de 1840 valait 451 F en 1970 et 1 732 F en 1984 ; 1 F de 1940 valait 38 F en 1970 et 146 F en 1984.

	1840	1860	1880	1900	1920	1940	1950	1960	1970	1980	déc. 1983	déc. 1985
1840	1	1,13	1,06	1,22	4,96	11,93	173,0	305	451	1 127	1 633	1 818,6
1860		1	0,94	1,08	4,39	10,56	153,1	270	399	997	1 437	1 609,6
1880			1	1,15	4,68	11,23	162,9	287	424	1 061	1 528	1 711,5
1900				1	4,07	9,77	141,7	249,4	369,1	923	1 329	1 489
1920					1	2,40	34,8	61	91	229	328	367,5
1940						1	14,5	25,5	38	95	137	153
1950							1	1,76	2,62	6,6	9,44	10,6
1960								1	1,48	3,7	5,36	6
1970									1	2,5	3,6	4
1980										1	1,44	1,6
déc. 83											1	1,1
déc. 84												1,05
déc. 85												1

Liste des abréviations	Canada : Ca.	Distributeur : Dis.	Japon : Jap.	Publicité : Pu.
	Chansonnier : Ch.	Éditeur : Ed.	Journaliste : J.	Radio : R.
Accordéoniste : Acc.	Chanteur : C.	Égypte : Eg.	Magicien : Ma.	Réalisateur : Ré.
Acteur : A.	Chorégraphe : Cho.	Explorateur : Expl.	Magistrat : Mag.	Reporter : Rep.
Aéronautique : Aé.	Cinéma : Cin.	France : F.	Médecin : Méd.	Restaurateur : Rest.
Affaires : Af.	Coiffeur : Coi.	Général : Gl.	Metteur en scène : M.	Roumanie : R.
Allemagne : All.	Clown : Cl.	Grande-Bretagne : G.-B.	Monégasque : Mon.	Scénariste : S.
Animateur : An.	Collectionneur : Coll.	Grèce : Gr.	Musicien : Mu.	Scientifique : Sc.
Arabie Saoudite : Ar. Sa.	Compositeur : Cp.	Guitariste : G.	Non connu : n. c.	Sociologue : Soci.
	Couturier : Cou.	Historien : Hist.	Opérateur : Op.	Speaker : Sp.
Astrologue : Ast.	Critique : Cr.	Hongrie : Ho.	Pays-Bas : P.-Bas	Sportif : Spo.
Auteur : Au.	Cuisinier : Cui.	Humoriste : Hum.	Philosophe : Phi.	Suède : Suè.
Autriche : Aut.	Danemark : Dan.	Ingénieur : Ing.	Photographe : Ph.	Suisse : Su.
Aventurier : Avent.	Danseur : Da.	Inde : Ind.	Pianiste : Pi.	Tchécoslov : Tc.
Avocat : Av.	Décorateur : Déc.	Inspecteur des Finances : Insp. Fin.	Politicien : Po.	Télévision : T.
Banquier : Bq.	Dessinateur : Des.		Présentateur : Pré.	Théâtre : Th.
Batteur : Bat.	Dialoguiste : Di.	Inventeur : Inv.	Président : Prés.	Turquie : Tu.
Belgique : Be.	Directeur : Dir.	Irlande : Irl.	Prêtre : Prêt.	U.R.S.S. : Ur.
Brésil : Br.	Dir. de la photo : Ph.	Italie : It.	Producteur : Pr.	U.S.A. : U.

☞ Voir aussi littérature, danse, musique, notices sur les grands journaux, politique (leaders de partis, ministres, etc.), prix Nobel.

Légende : Les acteurs et réalisateurs cités également à la section cinéma sont signalés par un astérisque (*). Entre parenthèses, nom légal ou d'origine.

(Chanson, cinéma, radiodiffusion, télévision, théâtre...)

AARON, Jean-Claude (2-8-16), F., Af.
ABBA (n.c.), Suè., C.
ABBOT, Bud (William) (1895-1974), U., A.
ABRAHAM, Claude (7-4-1931), F., Af.
ABRIAL, Patrick (1947), F., C.
ADAM, Alfred (Roger), (1909-82), F., A.
ADAM, Jean-François (1938/80), F., Ré.
ADAMO, Salvatore (1943), Be., C.
ADAMS, Julie (Betty May Adams) (1926), U., A.
ADDAMS, Dawn (1930-85), G.-B., A.
ADJANI, Isabelle (27-6-55), F., A.
ADLER, Philippe (1936), F., R.
ADORÉE, Renée (F. 1898-1933), U., A.
AGACINSKI, Sophie (15-12-43), A. Pseudo : Jeanne de la Fonte.
AGOSTINI, Philippe (1910), F., Op., Ré.
AGOSTINO, Jean d' (1918), F., R., T.
AGUETTAND, Lucien (1901), F., Dé.
AHERNE, Brian (2-5-1902), G.-B., A.
AIMABLE (A. Puchart) (1922), F., Acc.
AIMÉE *, Anouk (Nicole Dreyfus ; Mme A. Finney) (27-4-32), F., A.
AIMOS (Raymond Condurier) (1889-1944), F., A.
AJAR, Émile (Romain Gary 1914-80) et non son neveu (5-2-42) F., Au.
ALAMO, Frank (J.-Fr. Grandin) (1944), F., C.
ALBERT, Marcel (7-3-38), F., Af.
ALBERT, Michel (25-2-30), F., Af.
ALBICOCCO, Jean-Gabriel (1936), F., Ré.
ALBY, Pierre (23-11-1921), F., Af.
ALCOVER, Pierre (1893-1957), F., A.
ALDA, Alan (28-1-36), U., A.
ALDRICH *, Robert (1918-83), U., Ré.
ALEKAN, Henri (1909), F., Op.
ALERME, André (1887-1960), F., A.
ALESSANDRI, J.-Pierre (8-7-42), F., T.
ALESSANDRINI, Goffrédo (1904), It., Ré.
ALEXANDRE (A. Raimon) (6-9-22), F., Coi.
ALEXANDRE, Jacqueline (1942), F., J., T.
ALEXANDRE, Philippe (14-3-32), F., J., R.
ALEXANDRE, Roland (1927-56), F., A.
ALEXANDROV *, Grigori (Mormonenko) (1903), Ur., Ré.
ALEXEIEFF, Alexandre (1901-82), F., Ré., Déc.
ALFA, Michèle (1915), F., A.
ALFONSI, Philippe (n.c.), F., J., R.
ALIBERT (M. Allibert) (1889-1951), C.
ALLAIN, Jean-Philippe (n.c.), F., An., R.
ALLASIO, Marisa (1937), It., A.
ALLÉGRET, Catherine (16-4-46), F., A.
ALLÉGRET *, Marc (1900-73), F., Ré.
ALLÉGRET *, Yves (13-10-07), F., Ré.
ALLEN, Nancy (1955), U., A.
ALLEN *, Woody (Allen Stewart Knisberg) (1-12-35), U., A., Ré.
ALLIO, René (1921), F., Déc., Ré.
ALLISON, Luther (17-8-39), U., C.
ALLMAN BROTHERS BAND (Greg Allmon, 8-12-47), U., C.
ALLWRIGHT, Graeme (7-11-26), N.-Zél., A., Cp., C.
ALLYSON, June (Ella Geisman) (7-10-1923), U., A.
ALPERT, Herb (31-3-35), U., C.
ALRIC, Catherine (1954), F., A.
ALTÉRY, Mathé (M.-T. Altare) (1933), F., C.
ALTMAN *, Robert (20-2-25), U., Ré.
AMADE, Louis (1915), F., Au.
AMADOU, Jean (1-10-29), F., Ch.
AMARANDE (Marie-Louise de Chamarande) (1939), F., A.
AMECHE, Don (Dominic Amichi) (31-5-08), U., A.
AMIDEI, Sergio (1904-81), It., S.
AMIDOU (n.c.), Alg., A.
AMINEL, Georges (n.c.), F., A.
AMONT, Marcel (Miramon) (1929), F., C.
AMOUROUX, Henri (1-7-20), F., J.
ANCONINA, Richard (1953), F., A.
ANDERSON, Lindsay (17-9-23), G.-B., Ré.
ANDERSON, Michaël (1920), G.-B., Ré.
ANDERSON, William « Cat » (1961-81), U.S.A., Mu.
ANDERSSON *, Bibi (11-11-35), Suè., A.
ANDERSSON *, Harriet (1932), Suè., A.
ANDRÉ, Nicole (n.c.), F., Pré.
ANDREANI, Henri (1872-1936), F., Ré.
ANDREOTA, Paul (1917), F., Au.
ANDRESS, Ursula (19-3-36), Su., A.
ANDREU, Gaby (1923-72), F., A.
ANDREWS, Dana (1-1-09), U., A.
ANDREWS, Julie (Wells) (1-10-35), G.-B., A.
ANDREWS Sisters, Patty (1918), Maxime (1916), Laverne (1913-67), U., C.
ANDREX (A. Jaubert) (1907), F., A.
ANDRIEU, René (1920), F., J.
ANÉMONE (Anne Bourguignon) (9-8-50), F., A.
ANGELI, Pier (Anna-Maria Pierangeli) (1932-71), It., A.
ANGELO, Jean (1875-1933), F., A.
ANGLADE, Catherine (2-11-20), F., A.
ANGLADE, Jean-Hughes (1956), F., A.
ANIMALS (The) : Eric Burdon, Alan Price, Chas Chandler, Hilton Valentine, John Steel, G.-B., C.
ANJUBAULT, Jacques (1918), F., J., T.
ANKA, Paul (Ca. 30-7-41), U., C.
ANNABELLA (Suzanne Charpentier) (28-11-10), F., A.
ANNENKOV, Georges (1901), Ur., Ré., Cp.
ANN-MARGRET (Ollson) (Suè. 28-4-41), U., A.
ANNOUX, Jean-Claude (Bournizien) (1939), F., C.
ANT, Adam (Stuart Goddard) (3-11-54), U., C.
ANTHONY, Richard (R. Btesh) (1938), F., C.
ANTOINE, André (1858-1943), F., M.
ANTOINE, Jacques (1924), F., Pr. T.
ANTOINE (Pierre Muracciole) (1944), F., C.
ANTONELLI, Laura (1941), It., A.
ANTONIONI *, Michelangelo (29-9-12), It., Ré.
APPARECIDA, Maria d' (n.c.), Br., C.
ARCY, Jean d' (1913-1983), F., T.
ARDANT, Fanny (1950), F., A.
ARDEN, Ève (Quedens) (30-4-12), U., A.
ARDITI, Pierre (1944), F., A.
ARESTRUP, Niels (1949), F., A.
ARKIN, Alan (26-3-34), U., A.
ARLETTY * (Léonie Bathiat) (1898), F., A.
ARLISS, George (Andrews) (G.-B., 1868-1946), U., A.
ARMENDARIZ, Pedro (1912-63), Mex., A.
ARMONTEL, Roland (1904-80), F., A.
ARMSTRONG, Robert (Donald R. Smith) (1890-1973), U., A.
ARNAUD, André (1923), F., R.
ARNAUD, Michèle (Caré, Mme Patrick Lehideux) (1919), F., C., Pr. T.
ARNOLD, Edward (1890-1956), U., A.
ARNOUL, Françoise (Gautsch) (3-6-31), F., A.
ARNOULD, Sophie (1740-1802), F., A.
ARNOULD-PLESSY, Jeanne (1819-97), F., A.
ARNOUX, Robert (n.c.), F., A.
ARRAUZAU, Francine (1925-81), F., C.
ARRIEU, René (1924-82), F., A.
ARSAN, Emmanuelle (Marayat Rollet-Andriane) (1938), F., A., Au.
ARTAUD, Antonin (1896-1948), F., A., Au.
ARTHUR, Jean (Gladys Greene) (17-10-05), U., A.
ARTUR, José (20-5-27), F., R.
ASHBY, Hal (1936), U., Ré.
ASHCROFT, Peggy (22-12-07), G.-B., A.
ASHLEY, Laura (1925-85), G.-B., Cou.
ASKAIN, Danièle (9-9-44), F., Pré.
ASLAN, Grégoire (dit Coco) (1908-82), F., A.
ASQUITH *, Anthony (1902-68), G.-B., Ré.
ASSO, Raymond (1901-68), F., Au.
ASTAIRE, Fred (Frederick Austerlitz) (10-5-1899), U., A., Da.
ASTIER DE LA VIGERIE, Em. d' (1900-69), F., J.
ASTOR, Junie (1912), F., A.
ASTOR, Mary (Lucille Lange-Hanke) (3-5-06), U., A.
ASTRUC *, Alexandre (13-7-23), F., Ré., T.
ATIF, Yilmaz (n.c.), Tu., Ré.
ATKINE, Féodor (n.c.), F., A.
ATTALI, Bernard (1-11-43), F., A.
ATTENBOROUGH, Richard (29-8-23), G.-B., A., Ré.
AUBERJONOIS, René (1941), Ca., A.
AUBER, Brigitte (M.-Claire Cahen de Labzac) (1928), F., A.
AUBERT, Michel (1930), F., C., Cp.
AUBRET, Isabelle (Thérèse Coquerelle) (1938), F., C.
AUBRY, Cécile (Anne-Josée Bénard) (1928), F., A., M., Ré., T.
AUCLAIR, Michel (Wladimir Vujovic) (14-9-22), F., A.
AUDERES, Dominique (1898-1981), Au., J.
AUDIARD, Michel (1920-85), F., S. et Di., A.
AUDOUARD, Yvan (1914), F., Di., Au.
AUDRAN, Stéphane (Mme Chabrol) (2-11-32), F., A.
AUDRET, Pascale (Auffray) (1936), F., A.
AUDRY, Jacqueline (1908-77), F., Ré.
AUER, Misha (M. Ounskowsky) (1905-67), U., A.
AUFRAY, Hugues (Jean Auffray) (1932), F., C.
AUGER, Claudine (26-4-42), F., A.
AULANT, François d' (5-1-31), F., Af.
AUMONT, Jean-Pierre (Salomons) (5-1-11), F., A., Au.
AUMONT, Michel (1936), F., A.
AUREL, Jean (1925), F., Ré., S.
AURENCHE, Jean (1904), F., S., Di.
AURIC, Georges (1899-1983), F., Cp.
AURIOL, Jean-Georges (1907-50), F., S., Cr.
AUTANT-LARA *, Claude (5-8-03), F., Ré.
AUTEUIL, Daniel (24-1-50), F., A.
AUTRY, Gene (29-9-07), U., A.
AVELINE, Claude (Avstine) (1901), F., Au., Pr. T.
AVERTY, Jean-Christophe (1928), F., T.
AVERY, Tex (1908-80), U., Ré.
AVRIL, Claire (n.c.) F., Sp.
AVRIL, Rose (Michèle Masseyeff) (1920-74) F., C.
AVRON, Philippe (1928), F., A.

Axelrod, Georges (9-6-22), U., Ré.
Ayres, Lew (28-12-08), U., A.
Azaïs, Paul (1903-74), F., A.
Azema, Sabine (20-9-49), F., A.
Azzola, Marcel (1927), F., Mu.
Aznavour, Charles (Aznavourian) (22-5-24), F., A., C., Cp.
Bac, André (1905), F., Chef op.
Babenco, Hector (1946), Br., Ré.
Bacall *, Laureen (Betty Jean Perske) (16-5-24), U., A.
Bach (Ch.-Jos. Pasquier) (1882-1953), F., C.
Bachelet, Jean (1894), F., Op.
Bachelet, Pierre (1943), F., C.
Bacon, Lloyd (1890-1955), U., Ré.
Bacri, J.-Pierre (1951), F., A.
Badel, Pierre (1928), F., Ré. T.
Badie, Laurence (1934), F., A.
Badinter, Robert (30-3-28), F., Av., Min.
Baez, Joan (9-1-41), U., C.
Baker, Carroll (28-5-31), U., A.
Baker, Joséphine (1906-75), U., A., C., Da.
Baker, Lenny (n.c.), U., A.
Baker, Stanley (1927-76), G.-B., A.
Baky *, Joseph von (1902-66), All., Ré.
Balachova, Tania (1902-73), Russie, A.
Balasko, Josiane (15-4-52), F., A.
Balavoine, Daniel (1952-86), F., C.
Balaz, Béla (1884-1949), Ho., Au.
Balcon, Sir Michael (1896-1977), G.-B.
Baleine, Philippe de (1921), F., J.
Balin, Mireille (1911-69), F., A.
Ball, Lucille (6-8-11), U., A.
Balmer, Jean-François (1946), F., A.
Baloud, Alexandre (Alain Barthélemy) (1940), F., J., R.
Balpêtré, Antoine (1898-1963), F., A.
Balthy, Louise (1869-1925), F., C.
Balutin, Jacques (William Buenos) (1936), F., A.
Bancroft, Anne (Anna-Maria Italiano) (17-9-31), U., A.
Bancroft, George (1882-1956), U., A.
Bankhead, Tallulah (1902-65), U., A.
Banton, Trovis (1894), U., Cp.
Baptiste, Aîné (1761-1835), F., A.
Baptiste, Cadet (1765-1839), F., A.
Baquet, Maurice (26-5-11), F., A.
Baratier, Jacques (1918), F., Ré.
Barbara (Monique Cerf) (1930), F., C.
Barbaro, Umberto (1902-59), It., Cr., S.
Barbelivien, Didier (1954), F., C.
Barbier, Bruno (23-6-44), F., J.
Barbier, Christian (Espitalier) (1939), F., R.
Barbus (Les 4), J. Tritsh (1913), P. Jamet (1910), M. Quinton (1916), G. Thibault (1911), F., C., séparés en 1969.
Barclay, Eddie (Edouard Ruault) (21-6-21), F., Cp., Pr.
Bardem *, Juan Ant. (2-6-22), Esp., Ré., S.
Bardin, Jean (1927), F., Pr., Pré.
Bardot *, Brigitte (28-9-34), F., A.
Barelli, Aimé (1917), F., S.
Barillet, Pierre (1923), F., Au.
Barker, Lex (1919-73), U., A.
Barma, Claude (1918), F., M., Ré., T.
Barnett *, Boris (1902-65), Ur., Ré.
Barnier, Lucien (1918-79), F., R.
Barnole, François (1932), F., J., Rep., T.
Baron, Boyron (1653-1729), F., A.
Baroncelli, Jac. de (1881-1951), F., Ré.
Barouh, Pierre (1934), F., C., Au., Ré.
Baroux, Lucien (1888-1968), F., A.
Barrat, Robert (1891-1970), F., R., J.
Barrault, Jean-Louis (8-9-10), Pr., A., M.
Barrault, Marie-Christine (Mme Boisrond) (21-3-44), F., A.
Barray, Gérard (Baraillé) (1931), F., A.
Barrère, Igor (1931), F., T.
Barret, Pierre (15-7-36), F., Af.
Barreto *, Lima (1906-82), Br., Ré.
Barrière, Alain (Bellec) (1935), F., C.
Barry, John (1933), U., Cp.
Barrymore, Ethel (Blythe) (1879-1959), U., A.
Barrymore, John (Blythe) (1882-1942), U., A.
Barrymore, Lionel (Blythe) (1878-1954), U., A.
Barsac, Jacqueline (n.c.), F., T.
Barsacq, André (1909-73), F., M.
Barsacq, Léon (Russie 1906-69), F., Déc.
Bartet, Julia (Regnault (1854-1941), F., A., Th.
Barthelmess, Richard (1897-1963), U., A.
Bartholomew, Freddie (Frederick Llewellyn) (28-3-24), G.-B., A.
Bartök, Eva (Sjoke) (1929), Ho., A.
Basehart, Richard (1914-84), U., A.
Bashung, Alain (n.c.), F., C.
Bassey, Shirley (8-1-37), U., C.
Bastia, Jean (1878-1940), F., Ch., J., Th.
Bastia, Pascal (11-9-08), F., Ch., Th.
Bataille, Nicolas (1926), F., A., M.
Bataille, Sylvie (1912), F., A.
Batcheff, Pierre (Piotr Bacer) (1907-32), F.
Bates, Alan (17-2-34), G.-B., A.
Baty, Gaston (1885-1952), F., M.
Bauchard, Philippe (1924), F., Pré., R.
Baudis, Dominique (1947), F., T.
Baudrier, Jacqueline (Vibert, Mme Roger Perriard) (16-3-22), F., J.
Baur, Harry (1880-1943), F., A.
Bava, Mario (1914-80), It., Ré.
Bavastro, Michel (28-12-06), F., Af.
Baxter, Anne (1923-85), U., A.
Baxter, Bill (n.c.), F., C.
Baxter, Jane (Feodora Forde) (1909), G.-B., A.
Baxter, Warner (1892-1951), U., A.
Baye, Nathalie (6-7-48), F., A.
Baylet, Évelyne (14-6-13), F., J., A.
Bazin, André (1918-58), F., Cr.
Beach Boys (The): Brian, Carl, Dennis Wilson, Mike Love, Al Jardine, C.
Béart, Guy (1930), F., C.
Beatles (The): John Lennon (1940-80), P. McCartney (18-6-42), Ringo Starr (Starkey) (7-7-40), George Harrisson (25-2-43), G.-B., C.
Beatty, Robert (1909), Ca., A.
Beatty, Warren (30-3-37), U., A.
Beauchamps, Annik (17-6-40), F., J., T.
Beaulieu, François (1943), F., A.
Beaumont, Susan (Black) (1936), G.-B., A.
Beauregard, Georges de (1920-84), F., Pr.
Beauvais, Robert (1911-82), F., R., Pr.
Beauvillain, Kléber (27-2-35), F., Af.
Bebear, Claude (29-7-35), F., Af.
Bécaud, Gilbert (François Silly) (1927), F., C.
Beck, Jef (24-6-44), G.-B., G.
Beck, Julian (1925-85), U., M., A.
Becker *, Jacques (1906-60), F., Ré.
Bedos, Guy (15-6-34), F., A., Ch.
Beery, Wallace (1885-1949), U., A.
Bee Gees [Barry (1946), Maurice (1949), Robbin (1949) Gibb], G.-B., C.
Beffa, Jean-Louis (11-8-41), F., Af.
Beghin, Ferdinand (1902), F., Af.
Béguin, Jean-François (22-10-21), F., Af.
Beineix, J.-Jacques (1946), F., Ré.
Béjart, Maurice (Jean de Berger) (1927), F., Cho.
Beketch, Serge de (12-12-46), F., J.
Bel, François (1936), F., Ré.
Belafonte, Harry (1-3-27), U., A., C.
Bell, Marie (Bellon-Downey, Mme J. Chevrier) (1900-85), F., A.
Belle, Marie-Paule (25-1-47), F., C.
Bellemare, Pierre (1929), F., Pr. T. R.
Belli, Agostina (A.M. Magnoni) (13-4-47), It., A.
Bellochio, Marco (9-9-39), It., Ré.
Bellon, Loleh (1925), F., A.
Bellon, Pierre (24-1-30), F., Af.
Belmondo *, Jean-Paul (9-4-33), F., A.
Belmont, Véra (n.c.), F., Ré.
Belus (n.c.), F., Des.
Belvaux, Lucas (n.c.), F., A.
Benamou, Roger (1927), F., Ré., T.
Benazeraf, José (1922), F., Ré.
Bendix, William (1906-64), U., A.
Benedek, Laszlo (Ho., 1907), U., Ré.
Benichou, Jacques (12-5-22), F., Af.
Bennett, Constance (1904-65), U., A.
Bennett, Joan (27-2-10), U., A.
Benny, Jack (Kubelsky) (1894-1974), U., A.
Benoît, Denise (1921-73), F., A., C.
Benoit-Lévy, Jean (1888-1959), F., Ré.
Benson, George (22-3-43), U., C.
Béranger, François (1937), F., C.
Béranger, Macha (1941), F., J., R.
Bérard, Christian (1902-49), F., Déc., Cp.
Bercholz, Joseph (Russie, 1898), F., Pr.
Berenson, Marisa (15-2-48), U., A.
Beresford, Bruce (1940), U., Ré.
Bergé, Francine (1938), F., A.
Bergen, Candice (8-5-46), A.
Berger, Helmut (1944), All., A.
Berger, Michel (Hamburger) (1947), F., C.
Berger, Nicole (1935-67), F., A.
Berger, Senta (1941), All., A.
Bergerac, Jacques (1927), F., A.
Bergman *, Ingmar (14-7-18), Suè., Ré.
Bergman, Ingrid (Mme Lars Schmidt) (1915-82), Suè., A.
Bergner, Elisabeth (Ethel) (All., 1898), G.-B., A.
Bérimont, Luc (André Leclercq) (1915-1983), F., Au., R.
Beriot, Louis (1939), F., T.
Berkeley, Busby (1895-1976), U., Cho., Ré.
Berlanga *, Luis Garcia (1921), Esp., Ré.
Berlin, Irving (Israël Baline) (1888-1964), U., Cp.
Berlusconi, Silvio (n.c.), It., Af., T.
Bernadac, Christian (1-8-37), F., J., T.
Bernadac, Lucienne (1905-73), F., Cp., Pr., Pré.
Bernard, Armand (1893-1968), F., A.
Bernard, Aubert-Claude (1930), F., Ré.
Bernard, Guy (1907-79), F., Cp.
Bernard, Jean (1907), F., Méd.
Bernard, Joëlle (n.c.), F., A.
Bernard, Paul (1898-1958), F., A.
Bernard, Raymond (1891-1977), F., Ré.
Bernard-Deschamps, Dominique (1892), F., Ré.
Bernardet, Jean (n.c.), F., J., R.
Bernardet, Maurice (18-9-21), F., J., R.
Bernett, Sam (n.c.), U., An., R.
Bernhardt, Sarah (Rosalie Bernard) (1844-1923), F., A.
Berri, Claude (Langmann) (1-7-34), F., Ré.
Berriau, Simone (Bossis) (1896-1984), F., A.
Berry, Chuck (15-1-31), U., C.
Berry, Jules (Paufichet) (1889-1951), F., A.
Berry, Maddy (1887-1965), F., A.
Berry, Richard (31-7-50), F., A.
Bertheau, Julien (1910), F., A.
Berthomieu, André (1903-60), F., Ré.
Bertin, Pierre (Bernac) (1891-1984), F., A.
Bertini, Francesca (1888), It., A.
Bertolucci *, Bernardo (16-3-41), It., Ré.
Bertrand, Jean-Pierre (n.c.), F., T.
Bertrand, Paul (1915), F., Déc.
Bertrand, Plastic (Roger Jouret) (1958), Be., C.
Bertucelli, J.-Louis (1942), F., Ré.
Besançon, Julien (18-4-32), F., J., T.
Bescont, Jean (1925-83), F., Ré., T.
Besse, Georges (25-12-27), F., Af.
Besson, Luc (1959), F., Ré.
Betti, Laura (1-5-34), It., A.
Beunat, Mario (1928), F., J.
Beydts, Louis (1895-1953), F., Cp.
Beytout, Jacqueline (20-2-18), F., J., Af.
Bianchetti, Suzanne (1894-1936), F., A.
Bich, Marcel (baron) (29-7-14), F., Af.
Bickford, Charles (1891-1967), U., A.
Bideau, J.-Luc (1940), Su., A.
Bidermann, Maurice (M. Zylberberg) (1935), Af.
Bietri, Charles (1943), F., J.
Bilalian, Daniel (10-4-47), F., J., T.
Billecocq, Pierre (1921), F., Af.
Billetdoux, François (7-9-27), F., Au.
Billy the kid (William H. Bonnay) (1859-81), U., Avent.
Binoche, Juliette (1962), F., A.
Biraud, Maurice (1922-82), F., A., T.
Birkin, Jane (14-12-47), G.-B., A., C.
Bisset *, Jacqueline (13-9-44), G.-B., A.
Bizet, Marie (1906), F., C.
Björk, Anita (1923), Suè., A.
Björnstrand *, Gunnar (1909-86), Suè., A.
Black, Karen (Ziegler) (1-7-42), U., A.
Blain, Estella (Micheline Estellat) (1934-82), F., A.
Blain, Gérard (23-10-30), F., A., Ré.
Blair, Betsy (Elisabeth Boger) (1923), U., A.
Blakey, Art (1919), Bat.
Blanc, Jean-Pierre (1942), F., Ré.
Blanc, Michel (16-6-52), F., A., Ré.
Blanc-Francart, Patrice (n.c.), F., J., R.
Blanchar, Dominique (1927), F., A.
Blanchar, Pierre (1896-1963), F., A.
Blanche, Francis (1921-74), F., A., C.
Blasetti *, Alessandro (3-7-1900), It., Ré.
Bleustein-Blanchet, Marcel (21-8-06), F., Pu.
Blier *, Bernard (11-1-16), F., A.
Blier *, Bertrand (14-3-39), F., Ré.
Blin, Roger (1907-84), F., A., M.
Bloch, Jean-Jacques (19-6-19), F., J.
Blondell, Joan (1909-79), U., A.
Blondin, Antoine (11-3-22), F., J., Au.
Blondo, Lucky (Gér. Blondiot) (1944), F., C.
Bloom, Claire (Blume) (15-2-31), G.-B., A.
Bloom, Verna (n.c.), U., A.
Blot, Florence (n.c.), F., A.
Bluwal, Marcel (1925), F., M., Ré., T.
Blyth, Ann (16-8-23), U., A.
Boardman, Eleanor (1898), U., A.
Bobet, Louison (1925-83), F., Spo., Af.
Boccara, Frida (1940), F., C.
Bocuse, Paul (11-2-26), F., Rest.
Bodard, Lucien (1914), F., J.
Bodoin, Jacques (1921), F., Ch., A.
Boetticher, Budd (1916), U., Ré.
Bogaërt, Lucienne (1893-1983), F., A.
Bogarde *, Dirk (Derek Van Den Bogaerde) (28-3-20), G.-B., A.
Bogart *, Humphrey (1899-1957). U., A.
Bogdanoff, Igor et Grichka (1949), F., Pr. T.
Bohringer, Richard (1941), F., A.

BOILLOT, Jean (1926), F., Af.
BOISROUVRAY, Albine du (n.c.) F., Pr.
BOISROND, Michel (1921), F., Ré.
BOISSET, Yves (14-3-39), F., Ré.
BOISSIEU, Michel de (18-11-17), F., Af.
BOISSONNAT, Jean (1929), F., Pré., R., J.
BOITEL, Jeanne (1904), F., A.
BOITEUX, Marcel (9-5-22), F., Af.
BOIX-VIVES, Laurent (30-8-26), F., Af.
BOLAN, Marc (1947-77), G.-B., C.
BOLESLABSKY, Richard (1937), U. or. pol., Ré.
BOLLING, Claude (10-4-30), F., Cp., Pi. jazz.
BOLLORE, Vincent (1-4-52), F., Af.
BOLOGNINI*, Mauro (28-6-23), It., Ré.
BONO, Ward (1904-60), U., A.
BONDARTCHOUK*, Sergueï (25-9-20), Ur., A., Ré.
BONGRAIN, J.-Noël (28-12-24), F., Af.
BONNAIRE, Sandrine (31-5-67), F., A.
BONNARDOT, C.J. (1923-81), F., Ré.
BONNET, Pierre (19-10-27), F., Af.
BONNIE, Parker (n.c.-1934); CLYDE, Barrow (n.c.-1934), U.
BONTE, Pierre (15-9-32), F., Pré. R., J.
BONTEMPELLI, Guy (1940), F., Cp., C.
BOONE, Pat (1-6-34), U., A., C.
BOORMAN*, John (18-1-33), G.-B., Ré.
BORDERIE, Bernard (1924-78), F., M.
BORDERIE, Raymond (1897-1982), F., Pr., Dis.
BOREL (Ch. Clerc) (1879-1959), Cp.
BOREL, Jacques (9-4-27), F., Af.
BORELLI, Lyda (1884), It., A.
BORGNINE, Ernst (24-1-17), U., A.
BORNICHE, Roger (7-6-19), F., Au.
BOROWCZYCK, Walerian (2-9-23), Pol., Ré.
BORTOLI, Georges (1923), F., J., Pr. T.
BORY, Jean-Marc (17-3-30), Su., A.
BORZAGE*, Franck (1893-1962), U., Ré.
BOSE*, Lucia (28-1-31), It., A.
BOSSIS, Héléna (1919), F., A.
BOST, Pierre (1901-75), F., S.
BOSUSTOW, Stephen (1911), U., Ré.
BOTREL, Théodore (1868-1925), F., C., Cp.
BOTTON, Frédéric (n.c.), F., Mu.
BOUCHER, Victor (1877-1942), F., A.
BOUDET, Alain (1928), F., Ré., T.
BOUDET, Micheline (1926), F., A.
BOUDRIOZ, Robert (1877-1949), F., Ré.
BOUFFÉ, Hugues (1800-88), F., A.
BOUILHET, Albert (31-8-29), F., Af.
BOUILLON, J.-Claude (27-12-41), F., A.
BOUILLON, Joseph (1907-84) (dit Jo), F., Mu.
BOUISE, Jean (3-1-29), F., A.
BOUJENAH, Michel (Tun., 1952), F., A., Ch.
BOULEZ, Pierre (1925), F., Mu.
BOULIN, Jacques (21-10-23), F., Af.
BOULIN, Philippe (1925), F., Af.
BOUQUET*, Michel (6-11-25), F., A.
BOURDIN, Lise (1930), F., A., T.
BOURGEOIS, Gérard (1874-1944), F., Ré.
BOURGEOIS, J.-Manuel (25-3-39), F., Af., Éd.
BOURGES, Hervé (2-5-33), F., J., T.
BOURGINE, Raymond (1925), F., J.
BOURGOIN, J.-Serge (1913), F., Pré.
BOURGOIN, Marie (1781-1834), F., A.
BOURGUIGNON, Serge (1929), F., Ré.
BOURIEZ, Philippe (11-8-33), F., Af.
BOURRAT, Patrick (20-9-52), F., An., T.
BOURRET, J.-Claude (17-7-41), F., J., T.
BOURSEILLER, Antoine (1930), F., M., A.
BOURVIL* (André Raimbourg) (1917/70), F., A., C.
BOUSSAC, Marcel (1889-1980), F., Af.
BOUTEILLE, Romain (1937), F., A.
BOUTEILLER, Pierre (22-12-34), F., J., R.
BOUTET, Michel (26-4-27), F., Af.
BOUTIN, René (1802-72), F., A.
BOUVARD, Philippe (6-12-29), F., J., R.
BOUYGUES, Francis (5-12-22), F., Af.
BOUYSSONNIE, Jean-Pierre (1920), F., Af.
BOVY, Berthe (Liège) (1887-1977), F., A.
BOW, Clara (1905-65), U., A.
BOWIE, David (Jones) (8-1-47), G.-B., C., Cp. A.
BOYD, William (1898-1972), U., A.
BOYD, Stephen (William Miller) (1928-77), G.-B., A.
BOYER, Charles (1897-1978), F., A.
BOYER, Jacqueline (1940), F., A., C.
BOYER, Jean (1901-65), F., Ch., Au. Di., M.
BOYER, Lucienne (1901-83), F., C.
BOZON, Louis (25-6-34), F., An., R.
BOZZUFFI, Marcel (28-10-29), F., A.
BRANDO*, Marlon (3-4-24), U., A.
BRANT, Mike (Moshé Brant) (1947-75), C.
BRASSAÏ (Gyula Halasz) (1899-1984) Ph.
BRASSENS, Georges (1921-81), F., C., Poète.
BRASSEUR, Claude (Espinasse) (15-6-36), F., A.
BRASSEUR*, P. (Espinasse) (1905-72), F., A.
BRAUMBERGER, Hervé (1915), F., A.
BRAUNBERGER, Pierre (1905), F., Pr.
BRAY, Yvonne de (1889-1954), F., A.
BRAZZI, Rossano (18-9-16), It., A.
BRECHT, Bertolt (1898-1956), All., Au., M.
BREEM, Danièle (n.c.), F., J., T.
BREGOU, Christian (19-11-41), F., Af.
BREILLAT, M.-Hélène (2-6-47), F., A.
BREL, Jacques (1929-78), Be., C., Cp., Ré., A.
BRENNAN, Walter (1894-1974), U., A.
BRENT, Georges (Nolan) (1904-79), U., A.
BRÈS, Pierrette (n.c.), F., J.
BRESSON*, Robert (1907-79), F., Ré.
BRETAGNE, Yves de (29-4-38), F., Af.
BRÉTÉCHER, Claire (1943), F., Des.
BRETON, Jean (J.-P. Bretonnière) (1911), F., Ch.
BRETON, Jean (1936), F., R.
BRETTY, Béatrice (Bolchesi) (1895-1982), F., A.
BRÉVAL, Lucienne (Bertha Schilling) (1869-1935), Su., C.
BRIALY*, J.-Claude (30-3-33), F., A., Ré.
BRIDGES, Jeff (4-12-49), U., A.
BRIGNAC, Guy de (17-4-33), F., A.
BRIGNEAU, François (Em. Allot) (1919), F., J.
BRIGONE, Guido (1886), It., Ré.
BRILLIÉ, Michel (1946), F., R.
BRINCOURT, Christian (1935), F., Rep.
BRINDEAU, Louis (1814-82), F., A.
BRINGUIER, J.-Claude (1925), F., T.
BRION, Françoise (de Ribon, Mme J. Doniol-Valcroze) (29-6-34), F., A.
BRIQUET, Sachat (1931), F., A.
BRISVILLE, J.-Claude (n.c.), F., Au.
BRITT, May (Maybritt Wilkens) (22-3-33), Suè., A.
BRIZZART, Philippe (n.c.), F., A.
BROCA*, Ph. de (15-3-33), F., Ré.
BROCHE, François (31-8-39), F., J., Au.
BROCHAND, Bernard (5-6-38), F., Af.
BROHAN, Augustine (1824-93), F., A.
BROHAN, Madeleine (1833-1900), F., A.
BROMBERGER, Hervé (1918), F., Ré.
BRONSON*, Charles (Brchinsky) (3-11-21), U., A.
BROOK, Clive (Clifford Brook) (1891-1974), G.-B., A.
BROOK, Peter (21-3-25), G.-B., Ré., M.
BROOKS, Louise (1906-85), U., A.
BROOKS, Mel (Melvyn Kaminsky) (1926), U., Ré.
BROOKS*, Richard (18-5-12), U., Ré.
BROOMHEAD, Laurent (1954), F., Pr., T.
BROSSEAU, Jean-Michel (1946), F., An.
BROSSET, Claude (1943), F., A.
BROSSET, Colette (Mme Robert Dhéry) (1923), F., A.
BROVELLI, Claude (n.c.), F., J.
BROWN*, Clarence (1890), U., Ré.
BROWN, James (3-5-33), U., C.
BROWN, Johnny Mack (1904-74), U., A.
BROWNING, Tod (1882-1962), U., Ré.
BRU, Myriam (1932), F., A.
BRUANT, Aristide (1851-1925), F., C., Cp.
BRUCE, David (Marden Mc Broom) (1899), F., Ph.
BRUCE, Nigel (1895-1954), G.-B., A.
BRUHN, Erik (1928-86), Dan., Da.
BRUKBERGER (Père) (1907), F., Au., J., Ré.
BRULÉ, André (n.c.), F., A.
BRULÉ, Claude (1925), F., S.
BRUN-BUISSON, Francis (31-5-47), F., Af.
BRUNET, J.-Pierre (20-1-20), F., Af.
BRUNET, Mira (1766-1853), F., A.
BRUNOT, André (1879-1973), F., A.
BRUNOY, Blanchette (Mme R. Maillot) (1918), F., A.
BRYNNER*, Yul (Taidje Khan) (Russie, 1915-85), U., A.
BUCHANAN, Jack (G.-B., 1891-1957), U., A.
BUCHMAN, Sydney (1902-75), U., S., Pr.
BUCHOLZ*, Horst (1932), All., A.
BUFFET, Eugénie (1866-1934), F., C.
BUJOLD, Geneviève (1-7-42), Ca., A.
BUNUEL*, Luis (1900-83), Esp., Ré.
BURDON, Eric (1941), G.-B., Mu.
BUREL, Léonce-Henry (1892), F., Op.
BURKE, Billie (1885-1970), U., A.
BURON, Nicole de (n.c.), F., Ré.
BURR, Raymond (21-5-17), U., A.
BURTON*, Richard (Jenkins) (1925-84), G.-B., A.
BURSTYN, Ellen (Gillooly) (7-12-32), U., A.
BUSHMAN, Francis X. (1883-1966), U., A.
BUSSIÈRES, Raymond (1907-82), F., A.
BUYLE, Évelyne (1951), F., A.
CAAN, James (26-3-39), U., A.
CABREL, Francis (1953), F., C.
CACOYANNIS*, Michel (Michaelis Cacoghiannis) (1922), Gr., Ré.
CAGNEY*, James (1899-86), U., A.
CAINE, Michaël (Maurice Micklewhite) (14-3-33), G.-B., A.
CAIRE, Reda (Joseph Gandhour) (1908-63), Ég., C.
CALAMAI, Clara (1915), It., A.
CALE, J.-J. (5-12-38), U., C., G.
CALEF, Henri (1910), F., Ré.
CALFAN, Nicole (4-3-47), F., A.
CALMETTES, André (1861-1942), F., Ré.
CALONI, Philippe (24-6-40), F., T.
CALVET, Corinne (Dibos) (30-4-25), F., A.
CALVET, Jacques (19-9-31), F., Af.
CALVI, Gérard (Grégoire Kretty) (1922), F., Cp.
CAMERINI*, Mario (1895-81), It., Ré.
CAMERON, Rod (Nathan Cox) (1910-83), Ca., A.
CAMOIN, René (1932), F., A.
CAMOLETTI, Marc (1923), F., Au.
CAMPION, Léo (1905), F., Ch.
CAMUS*, Marcel (1912-82), F., Ré.
CAMUS, Mario (n.c.), Esp., Ré.
CANALE, Gianna Maria (1927), It., A.
CANDIDO, Maria (Simone Marius) (1927), F., C.
CANGIONI, Pierre (29-7-39), F., T.
CANNON, Dyan (4-1-38), U., A.
CANTEGREIL, Henri (21-7-35), F., Af.
CANTINFLAS, Mario Moreno (1911), Mex., A.
CANTOR, Eddie (Edward Israël Iskowitz) (1892-1964), U., A.
CANUDO, Riciotto (1879-1923), It., Cr.
CAPELLANI, Albert (1870-1959), F., Ré.
CAPELOVICI, Jacques (1932), F., T.
CAPRA*, Frank (Italie, 18-5-1897), U., Ré.
CAPRI, Agnès (Sophie-Rose Friedmann) (1915-76), F., C.
CARADEC, Jean-Michel (1946-81), F., C.
CARAN D'ACHE (Emmanuel Poiré) (1858-1909), F., Des.
CARBONNAUX, Norbert (1918), F., Ré.
CARDIFF, Jack (1914), Brit., Op., Ré.
CARDIN, Pierre (7-7-22), F., Cou.
CARDINAL, Pierre (15-4-24), F., Pr., Ré.
CARDINALE*, Claudia (15-4-39), It., A.
CAREL, Roger (Blancherel) (1927), F., A.
CARETTE, Julien (1897-1966), F., A.
CAREY, Harry (Henry De Witt Carey II) (1878-1947), U., A.
CAREY, Joyce (Lawrence) (1898), G.-B., A.
CARIES, François (27-8-27), F., Af.
CARLE*, Gilles (1934), Ca., Ré.
CARLÈS, Roméo (1897-1971), F., Ch.
CARLETTI, Louise (1924), F., A.
CARLI, Patricia (Rosetta Ardito) (1943), F., C.
CARLIER, Jean (Bassin) (24-5-22), F., J., Ré.
CARLO-RIM (J.-Richard) (1905), F., S., Ré.
CARLOS (Jean Dolto), (1943), F., C.
CARLOS, Roberto (1943), Bré., C.
CARMET, Jean (25-4-23), F., A.
CARNÉ*, Marcel (18-8-06), F., Ré.
CAROL*, Martine (Mourer) (1922-67), F., A.
CARON, Leslie (1-7-31), F., A., Da.
CAROUS, Léonard (1923), F., Af.
CARPENTIER, Gilbert (20-3-20), Pr. T.
CARPENTIER, Maritie (1920), F., Pr. T.
CARRADINE, David (8-12-40), U., A.
CARRADINE, John (Richmond C.) (1906), U., A.
CARRADINE, Keith (1951), U., A.
CARRÉ, Michel (1865-1945), F.
CARREL, Dany (Suzanne Chazelles du Chaxel) (1935), F., A.
CARRÈRE, Christine (1930), F., A.
CARRÈRE, Jean-Paul (1926), F., Ré.
CARREYROU, Gérard (1943), F., J., R.
CARRIER, Henri (1925), F., Ré., T.
CARRIER, Suzy (1922), F., A.
CARRIÈRE, Anne-Marie (Blanquart, Mme Ph. Brilman) (1925), F., Ch.
CARRIÈRE, Jean-Claude (19-9-31), F., S.
CARRIÈRE, Mathieu (2-8-50), All., A.
CARROLL, Madeleine (O'Carroll) (26-2-06), G.-B., A.
CARS, Jean des (1943), F., J.
CARSON, Jack (1910-63), U., A.
CARTIER, Raymond (1904-75), F., J.
CARTIER-BRESSON, Henri (22-8-08), F., Ph.
CARTON, Pauline (Biarez) (1888-1974), F., A.
CASADESUS, Gisèle (1914), F., A.
CASAMAYOR (Serge Fuster) (28-11-19), F., Mag., Au.
CASARÈS*, Maria (M. Quiroga) (Esp., 21-9-22), F., A.
CASERINI, Mario (1874-1920), It., Ré.
CASH, Johnny (1932), U., C., Cp.
CASILE, Geneviève (Vaneufville, Mme Jean-Louis Babu) (1937), F., A.
CASSAVETES, John (9-12-29), U., Ré., A.
CASSEL*, J.-Pierre (Crochon) (27-10-32), F., A.
CASSIDY, Butch (Robert Le Roy Parker) (1866-1909), U., Avent.
CASSOT, Marc (1923), F., A.
CASTANS, Raymond (1921), F., R.
CASTEL, Colette (1937), F., A.
CASTEL, Robert (1933), F., A.
CASTELLANI*, Renato (4-9-13), It., Ré.
CASTELLI, Philippe (1925), F., A.
CASTELOT, André (Storms) (Be., 23-11-11), F., Hist., Pr. T.

Catelain, « Jaque » (1897-1965), F., A.
Cau, Jean (20-10-25), F., J.
Caunes, Georges de (26-4-19), F., J., T.
Caurat, Jacqueline (J. Hein, Ép. J. Mancier) (1929), F., Sp., Pré., Pr. T.
Caussimon, Jean-Roger (1918-85), F., A., Au.
Cavada, J.-Marie (24-2-40), F., J., T.
Cavalcanti*, Alberto (1897-82), Br., Ré.
Cavalier, Alain (Léon Fraissé) (1931), F., Ré.
Cavanna, François (1923), F., J., Au.
Cayatte*, André (Marcel Truc) (3-2-09), F., Ré.
Cazal, Daniel (n.c.), F., J., T.
Cazavre, Maurice (n.c.), F., J., R.
Cazenave, Jean (29-11-35), F., T.
Cazeneuve, Jean (1915), F., T.
Cazeneuve, Maurice (1923), F., M., T.
Cazes, Roger (13-5-13), F., Rest.
Ceccaldi, Daniel (25-7-27), F., A.
Cecchid'Amico, Suso (1914), It., S.
Celentano, Adriano (1938), It., C., A.
Célérier de Sanois, Hubert (1924), F., Af.
Célérier de Sanois, Marie-Th. (1906), F., T.
Célis, Élyane (Delmas) (1914-62), F., C.
Celli, Adolfo (1922), It., A.
Cellier, Caroline (7-8-45), F., A.
Cerval, Claude (1914-72), F., A.
Cervi*, Gino (1901-74), It., A.
Ceyrac, François (12-9-12), F., Af.
Chabannes, Jacques (1900), F., Pr., T.
Chabouis, Daniel (5-8-43), F., Pr., T.
Chabrier, Carole (n.c.), F., A.
Chabrol*, Claude (24-6-30), F., Ré., Pr.
Chadeau, André (8-4-27), F., Af.
Chahine, Youssef (1926), Ég., M.
Chakiris, George (1934), U., A., Da.
Chalais, Franç. (Bauer) (1919), F., T.
Chalandon, Albin (1920), F., Af.
Chalonges, Christian de (21-1-37), F., Ré.
Chamarat, Georges (1901-82), F., A.
Chamberlain, Richard (31-3-35), U., A.
Chamfort, Alain (Legovic) (1949), F., C.
Champi (François Champenois) (1900), F., Ch.
Champion, Gower (1921-80), U., A., Da.
Champmeslé, Marie (1642-98), F., A.
Chancel, Jacques (Joseph Crampes) (2-7-28), F., R.
Chandler, Jeff (Ira Grossel) (1918-61), U., A.
Chandon de Briailles, Frédéric (1927), F., Af.
Chaney, Lon (1883-1930), U., A.
Chantal, Marcelle (1898-1960), F., A.
Chapatte, Robert (1922), F., J., T.
Chapel, Jean-Pierre (n.c.), F., J.
Chaplin* (Sir Charles, dit Charlie) (G.-B., 1889-1977), U., Ré., A.
Chaplin, Géraldine (31-7-44), G.-B., A., Da.
Chaplin, Sydney (1926), U., A.
Chapsal, Madeleine (1925), F., Cr., Au.
Charden, Éric (1942), F., C., Cp.
Chardon, Martine (1947), F., Pré.
Charensol, Georges (1899), F., Cr.
Charette de la Contrie, Patrice (1949), F., Mag.
Charisse, Cyd (Tula Ellice Finklea) (8-3-23), U., A., Da.
Charlebois, Robert (1944), Ca., C.
Charles, Ray (R. C. Robinson) (23-9-30), U., C.
Charles-Roux, Edmonde (7-4-20), F., J., Au.
Charlots (Les) : Guy Fechner, Gérard Filippelli, Gérard Rinaldi, Jean Sarus, F., A., C.
Charon, Jacques (1920-75), F., A.
Charpin (1887-1944), F., A.
Charpini, Jean (1901), F., A.
Charpy, Pierre (1919), F., J., T.
Charrier, Jacques (1936), F., A., Pr.
Chartier, Jean-Pierre (1919-78), F., J., Pr., Ré.
Chase, Charley (Parrott) (1893-1940), U., A.
Chassagne, Yvette (28-3-22), F., Af.
Chatel, Fr. (de Chateleux) (1926-82), F., T.
Chatel, Philippe (1948), F., C.
Chattard, Jacques-Olivier (20-2-25), T.
Chatterton, Ruth (1893-1961), U., A.
Chaumette, François (1923), F., A.
Chaussade, Pierre (3-7-13), F., Af.
Chauveau, Zoé (28-3-59), F., A.
Chauvet, Louis (1906-81), F., J.
Chavance, Louis (1907-79), F., S.
Chavane, François (1910), F., Pr.
Chavanon, Christian (1913), F., R.
Chazot, Jacques (27-9-28), F., Da., Cho., Au.
Chazal, Robert (1912), F., J.
Chebel, Claude (1939), F., An., R.
Checker, Chubby (Ernest Evans) (1941), U., C.
Chedid, Louis (1948), F., C.
Chelon, Georges (1943), F., C.
Chenal, Marthe (1881-1947), F., C.
Chenal, Pierre (Cohen) (1903), F., Ré.
Chepitko, Larissa (1938-79), Ur., Ré.
Chéreau, Patrice (1942), F., M.
Chéri, Rose (Cizos) (1824-61), F., A.
Chéryl, Karen (Isabelle Morizet) (1955), F., C.
Chesnais, Patrick (18-3-47), F., A.
Chevalier, Alain (16-8-31), F., Af.
Chevalier, Maurice (1888-1972), F., C., A.
Chevit, Maurice (1923), F., A.
Chevrier, Jean (L. Dufayard) (1915-75), F., A.
Chevrillon, Olivier (28-1-29), F., J.
Chiappe, Jean-Fr. (1931), F., T.
Chiari, Walter (Annichiarico) (1924), It., A.
Choisel, Fernand (16-4-29), F., J.
Chollet, Jean (1798-1892), F., A.
Chomette, Henri (1895-1941), F., Ré.
Choupin, Joseph (1928), F., J., T.
Chouraqui, Élie (n.c.), F., Ré.
Choureau, Etchika (1923), F., A.
Chrétien, Henri (1879-1956), F., Inv.
Crichton, Michael (1942), U., Ré.
Christensen*, Benj. (1879-1959), Dan., Ré.
Christian, Linda (Bianca Rosa Welter) (1923), U., A.
Christian-Jaque* (Ch. Maudet) (1904), F., Ré.
Christie, Julie (14-4-41), G.-B., A.
Christin, Pierre-Marie (n.c.), F., J. R.
Christiné, Henri (1867-1941), F., Au., Cp.
Christophe (D. Bevilacqua) (1945), F., C.
Christophe, Françoise (1923), F., A.
Churchill, Sarah (1914-82), G.-B., A.
Chytilova, Véra (1929), Tc., Ré.
Ciampi, Yves (1921-82), F., Ré.
Cimino, Michaël (1943), U., Ré.
Cinquetti, Gigliola (1947), It., C.
Clair*, René (Chomette) (1898-1981), F., Ré.
Clairon (Claire-Josèphe de La Tude) (1723-1803), F., A.
Clapton, Eric (30-3-45), G.-B., C., Cp.
Clarendon (V. Gavoty).
Clariond, Aimé (1894-1960), F., A.
Clark, Petula (1932), G.-B., C.
Clarke, Shirley (1925), U., Ré.
Clarke, Stanley (30-6-51), U., C.
Clash (The) : Joe Strummer, Mick Jones, Paul Simonon, Nicky Headon, G.-B., Mu.
Claude, Francis (Charles Saüt) (1905), F., A., C.
Claudius (Maurice Jouet) (1858-1932), F., A., C.
Clave, André (1916-81), F., T.
Claveau, André (1915), F., C.
Clavier, Christian (6-5-52), F., A.
Clay, Philippe (Mathevet) (1927), F., C.
Clayburgh, Jill (30-4-44), U., A.
Clayderman, Richard (1954), F., Mu.
Clayton, Jack (1921), G.-B., Ré., Pr.
Cleitman, René (22-5-40), F., R.
Clément, Andrée (1918-54), F., A.
Clément*, René (18-3-13), F., Ré.
Clementi, Pierre (1942), F., A.
Clerc, Julien (Paul-Allain Leclerc) (4-10-47), F., C.
Clerc, Michel (1922), F., J., R.
Clermont, René (1921), F., A.
Clermont-Tonnerre, Antoine de (18-6-41), F., Af., Éd.
Cliff, Jimmy (Jam., 1948), G.-B., C., Cp.
Clift*, Montgomery (1920-66), U., A.
Cline, Eddie (1892), U., Ré.
Cloche, Maurice (1907), F., Ré.
Cloërec, René (1911), F., Cp.
Cloquet, Ghislain (1924-81), F., Op.
Closets, François de (1933), F., J.
Clouzot*, Henri-Georges (1907-77), F., Ré.
Cluzet, François (21-9-55), F., A.
Cobb, Lee (Jacoby) (1911-76), U., A.
Cobham, Billy (16-5-44), U., Bat., Cp.
Coburn, Charles (1877-1961), U., A.
Coburn, James (31-8-28), U., A.
Cocciante, Richard (1946), F., C.
Coccinelle (Jac.-Ch. Dufresnoy) (1931), F., A.
Cocéa, Alice (1893-1970), F., A.
Cochran, Eddy (1938-60), U., C.
Cochran, Steve (Robert) (1917-65), U., A.
Cocker, Joe (20-5-44), G.-B., C.
Cocteau*, Jean (1889-1963), F., Au., Ré.
Coëdel, Lucien (1899), F., A.
Coffinet, Anne-Marie (1936-84), F., A.
Coggio, Roger (1934), A., Ré.
Cogoni, Michel (n.c.), F., R.
Cohen, Gérard (n.c.), F., A.
Cohen, Léonard (21-9-34), Ca., C., Cp.
Cohl, Émile (Courtet) (1857-1938), F., Ré.
Cohn-Bendit, Daniel (4-4-45), F., Po.
Colbert, Claudette (Lily Chauchoin) (Paris, 13-9-05), U., A.
Coldefy, Jean-Marie (2-6-22), F., M.
Colette (Sidonie Gabrielle Colette) (1873-1954), F., Au.
Collange, Christiane (Mme Ferniot) (1930), F., J.
Collaro, Stéphane (20-5-43), F., J., R., T.
Collins, Joan (23-5-33), G.-B., A.
Collins, Judy (1-5-39), U., C.
Collins, Phil (31-1-51), G.-B., C.
Colman, Ronald (1891-1958), U., A.
Colombo, Pia (1934-86), F., C., A.
Colomès, Michel (1938), F., J.
Colpi, Henri (1921), F., Ré.
Coluche (Michel Colucchi) (1944-86), F., A., Ch.
Comencini*, Luigi (8-6-16), It., Ré.
Commandon, Jean (1877), F., Ré.
Compagnons de la Chanson (Les) : J.-P. Calvet (1925), J. Frachon (1919), J.-L. Jaubert (1920), H. Lancelot (1923), F. (1926) et H. Mella (1926), G. Sabbat (1926), Gaston (1935), F., C.
Companeez, Nina (1937), F., Ré.
Comte, Gilbert (29-11-32), F., J.
Connery, Sean (Thomas Conner) (25-8-30), U., A.
Connors, Mike (Krekor Ohanian) (1925), U., A.
Conrad, Robert (1935), U., A.
Consigny, Anne (1964), F., A.
Constantin, Jean (1926), F., C.
Constantin, Michel (Hokhloff) (13-7-24), F., A.
Constantine*, Eddie (U., 29-10-17), F., A.
Contamine*, Claude (29-8-29), F., T.
Contat, Louise (1760-1813), F., A.
Conte, Arthur (31-3-20), Po., Au.
Conte, Louise (1923), F., A.
Conte, Richard (1914-75), U., A.
Contet, Henri (1904), F., Au.
Conway, Jack (1887-1957), U., Ré.
Coogan, Jackie (1914-84), U., A.
Cook, Elisha Jr (26-12-06), U., A.
Cook, Sam (1939-64), U., C.
Cooper, Alice (Vincent Furnier) (4-2-48), U., C.
Cooper*, Gary (1901-61), U., A.
Cooper, Jacky (15-9-21), U., A.
Copeau, Jacques (1879-1949), F., M.
Copin, Noël (n.c.), F., J. T.
Coppola*, Francis Ford (7-4-39), U., Ré.
Coquatrix, Bruno (1910-79), F., Au., Cp.
Coquelin, Constant (dit Aîné) (1841-1909), F., A.
Coquelin, Ernest (dit Cadet) (1848-1909), F., A.
Cordelier, Pierre (9-7-18), F., R.
Cordy, Annie (Cooreman, Mme Henri Bruno) (1928), Be., C.
Cordy, Raymond (Cordiaux) (1898-1956), F., A.
Corea, Chick (2-6-41), U., C., Cp.
Corman, Roger (5-4-26), U., Ré.
Corneau, Alain (7-8-43), F., Ré.
Cornelius*, Henry (1913-58), G.-B., Ré.
Cortez, Ricardo (Jacob Krantz) (1899-1977), U., or. aut., A.
Corti, Josè (Corticchiato) (1895-1984), Éd.
Cosima, Renée (1926-81), F., A.
Cosmos, Jean (Gaudrat) (1923), F., Au.
Costa Gavras* (Constantin Gavras) (13-2-33), F., or. gr., Ré.
Costa, Mario (1910), It., M.
Costa, Nikka (1972), U., C.
Costa de Beauregard, Albert (n.c.), F., Af.
Costelle, Daniel (1936), It., Pr., Ré., T.
Costello, Elvis (1954), G.-B., C., Cp.
Costello, Lou (Louis Crisillo) (1906-59), U., A.
Coster, Claudine (Mme R. Manuel) (1939), F., A.
Cotta, Michèle (15-6-37), F., J., R., T.
Cottafavi, Vittorio (1914), It., Ré.
Cotten*, Joseph (15-5-05), U., A.
Cottençon, Fanny (1957), F., A.
Couderc, Philippe (21-1-32), F., J.
Couderc, Roger (1918-84), F., J., T.
Courcel, Nicole (Andrieux) (21-10-30), F., A.
Courchelle, Gérard (5-6-1949), F., J., R.
Cournot, Michel (1922), F., J., Di., Ré.
Courtenay, Tom (25-2-37), G.-B., A.
Courtioux, Marie-Christiane (n.c.), F., J., R.
Courtois, Jacques (5-4-28), F., Ch.
Cousteau, Jacques-Yves (11-6-10), F., Ré.
Coutard, Raoul (16-9-24), F., Op.
Cover, Francis (Convert) (1913-75), F., J., T.
Coward, Noël (1899-1973), G.-B., Au., A., Ré.
Crabbe, Larry « Buster » (Clarence Lindon Crabbe) (1907-83), U., A.
Craig, James (Meador) (1912), U., A.
Craig, Michaël (Gregson) (27-1-28), G.-B., A.
Crain, Jeanne (25-2-25), U., A.
Crauchet, Paul (1920), F., A.
Cravenne, Marcel (Cohen) (1908), F., Ré.

Crawford, Broderick (1910-86), U., A.
Crawford*, Joan (Lucille Le Sueur) (1904-77), U., A.
Cream (The) : Eric Clapton (30-3-45), Ginger Baker (1942), Jack Bruce (1940), G.-B., C.
Creedence Clearwater Revival : Tom Fogerty (1941), John Fogerty (1945), Stuart Cook (1945), Douglas Clifford (1945), U., C.
Crémer, Bruno (6-10-29), F., A.
Crémieux, Henri (1896-1980), F., A.
Crespeau, Virginia (n.c.), F., Pré.
Creton, Michel (1942), F., A.
Crichton*, Charles (1910), G.-B., Ré.
Croisille, Nicole (1936), F., C.
Cromwell, John (1887-1979), U., Ré.
Cromwell, Richard (R. Radebaugh) (1910-60), U., A.
Crosby, Bing (1901-77), U., A., C.
Cruze, James (1884-1942), U., Ré.
C.S.N. and Y : David Crosby (1941), Stephen Still (1941), Graham Nash (1942), Neil Young (12-11-45), U., C., Cp.
Cubbada, Marie-France (n.c.), F., J., T.
Cukor*, George (1899-83), U., Ré.
Cummings, Robert (9-6-10), U., A.
Cuny, Alain (1908), F., A.
Cuny, Louis (1907-62), F., Ré.
Curtis, Tony (Bernie Schwartz) (3-6-25), U., A.
Curtiz, Michael (Mihaly Kertesz) (Ho., 1888-1962), Ré.
Cushing, Peter (26-5-13), G.-B., A.
Cybulski, Zbigniew (1900), Pol., A.
Dabadie, J.-Loup (27-9-38), F., S., Au.
Dac, Pierre (André Isaac) (1893-1975), F., A., J., Ch.
Dacqmine, Jacques (1924), F., A.
Daëms, Marie (1928), F., A.
Dagover, Lil (Marta Maria Liletts) (1897-1980), All., A.
Dagues, Claude (1923), F., Ré., T.
Dahl, Arlène (11-8-24), U., A.
Dahlbeck*, Eva (1920), Suè., A.
Dailey, Dan (1914-78), U., A.
Dalban, Robert (Gaston Barré) (1903), F., A.
D'Albray, Muse (1903), F., A.
Dalida (Yol. Gigliotti) (Ég., 1933), F., C.
Dalio, Marcel (1900-83), F., A.
Dalle, François (1918), F., Af.
Dalmès, Mony (Simone Etennemare, Mme C. Philippe) (1914), F., A.
Dalsace, Lucien (1893-1980), F., A.
Daltrey, Roger (1-3-44), G.-B., C.
Damia (M.-Louise Damiens) (1889-1978), F., C.
Damian, J.-Michel (8-9-47), F., An., R.
Damita, Lili (Liliane Carré) (F., 1901), F.-All.-U., A.
Dana, Viola (Virginia Flugrath) (28-6-1897), U., A.
Dancourt (M.-Thérèse Le Noir de la Thorillière) (1663-1725), F., A.
Dandridge, Dorothy (1922-65), U., A.
Dandry, Evelyne (1939), F., A.
Danel, Pascal (1944), F., C.
Dani (Danièle Graule) (1944), F., A., C.
Daniel, Jean (Bensaid) (21-7-20), F., J.
Daniderff, Léo (F. Niquet) (1878-1943), F., Cp.
Daniels, Bébé (Virginia Daniels) (1901-71), U., A.
Danno, Jacqueline (1935), F., C., A.
Daquin*, Louis (30-5-08), F., Ré.
Darbois, Guy (n.c.), F., T.
Darbois, Roland (1922), F., Pr., T.
Darc*, Mireille (Aigroz) (15-5-38), F., A.
Darcante, Jean (Albassier) (1910), F., A.
Darcey, Claude (n.c.), F., R.
Darel, Sophie (Mme B. Golay) (1-7-44), F.
Darget, Claude (Chr. Savarit) (1910), F., J.
Darmon, Gérard (n.c.), F., A.
Darnal, Jean-Claude (1929), F., C.
Darnell, Linda (Marretta Darnell) (1921-65), U., A.
Darras, Jean-Pierre (Dumontet) (1927), F., A.
Darrieux*, Danièle (1-5-17), F., A.
Darry Cowl (André Darricau) (1925), F., A.
Darty, Bernard (12-12-34), F., Af.
Darvi, Bella (Wégier) (1928-71), F., A.
Dary, René (Antoine Mary) (1905-74), F., A.
Dassary, André (Deyhérassary) (1912), F., A., C.
Dassault, Marcel (1892-1986), F., Af.
Dassault, Serge (4-4-25), F., Af.
Dassier, Jean-Claude.
Dassin, Joe (1938-80), U., C.
Dassin*, Jules (18-12-11), U., Ré.
Dasté, Jean (1904), F., A.
Dauberton, Dany (n.c.), F., A.
Daumier, Sophie (Mme Hugon) (1934), F., A.
Dauphin, Claude (Legrand) (1903-78), F., A.
Dauriac, Christian (1-3-52), F., J., T.
Dautin, Yvan (6-5-45), F., C.
Dautresne, David (5-1-34), F., Bq.
Dautun, Bérangère (1939), F., A.
Dave (Wouter Levenbach) (4-5-44), P.-Bas, C.
Daves*, Delmer (1904-77), U., Ré.
David, Jean-Louis (1935), F., Coi.
David, Mario (1927), F., A.
David-Weill, Michel (23-11-32), F., Bq.
Davies, Marion (Marion Douras) (1897-1961), U., Da., A.
Davila, Jacques (n.c.), F., Ré.
Davis*, Bette (Ruth Eliz. Davis) (5-4-08), U., A.
Davis, Miles (25-5-26), U., Mu.
Davis, Sammy Jr. (8-12-25), U., C.
Dax, Micheline (Mme J. Bodoin) (1926), F., A., C.
Day, Doris (Kappelhoff) (3-4-24), U., A., C.
Day, Josette (Mme Vassilopoulos) (1914-78), F., A.
Day, Laraine (Johnson) (13-10-20), U., A.
Daydé, Joël (1947), F., C.
Dazincourt (Joseph Albouy) (1747-1809), F., A.
Déa, Marie (Odette Deupès) (1919), F., A.
Dean*, James (Byron) (1931-55), U., A.
Dearden*, Basil (1911-71), G.-B., Ré.
Dearly, Max (1874-1942), F., A.
Debatisse, Michel (1929), F., Af.
Debauche, Pierre (1930), F., Th., A.
Debout, Jean-Jacques (1942), F., C., Cp.
Debucourt, Jean (Pelisse) (1894-1958), F., A.
Debureau, Jean-Bap. Gaspard (1796-1846), F., Mime.
Decae, Henri (31-7-15), F., Op.
De Carlo, Yvonne (Peggy Middleton) (1-9-22), C., A.
Decaux, Alain (23-7-25), F., Hist., Pr., T.
Decaux, Jean-Claude (15-9-37), F., Pu.
Decoin*, Henri (1896-1969), F., Ré.
Decout, Bob (n.c.), F., Ré.
Dee, Sandra (Alexandra Zuck) (23-4-42), U., A.
Deed, André (1884-1931), F., A.
Defforey, Denis (7-7-25), F., Af.
De Fillippo, Eduardo (1900-84) It., A., Ré.
Deflassieux, Jean (11-7-25), F., Bq.
Deforges, Régine (15-8-35), F., Éd., Au.
Deguelt, François (1932), F., C.
Deharme, Lise (n.c.-1980), F., Au.
Dehelly, Suzanne (1902), F., A.
Deiber, Paul-Émile (1925), F., A.
Déjazet, Virginie (1798-1875), F., A.
Dejean, J.-Luc (1921), F., Pr., T.
Delagrange, Christian (n.c.), F., C.
Delair, Suzy (Suzanne Delaire) (1917), F., A., C.
Delamare, Georges (1881-1975), F., J., T.
Delamare, Lise (1913), F., A.
Delannoy*, Jean (12-1-08), F., Ré.
Delannoy, Jean-Claude (1931), F., T.
Delannoy, Léopold (1817-88), F., A.
Delanoë, Pierre (Leroyer) (1918), F., Au., R.
Delaroche, Christine (Palle), (1944), F., A.
Delaunay, Louis (1826-1903), F., A.
De Laurentis, Dino (8-8-19), It., Pr.
Del Duca, Cino (1899-1967), It., Pr., J.
Delerue, Georges (12-3-25), F., Mu.
Delluc, Louis (1890-1924), F., Ré., S., Cr.
Delmet, Paul (1862-1904), F., Cp.
Delmont, Edouard (Autran) (1883-1955), F., A.
Delon*, Alain (8-11-35), F., A., Pr.
Delon, Nathalie (1-8-41), F., A.
Delorme*, Danièle (Girard, Mme Yves Robert) (9-10-26), F., A.
Delorme, Jean (25-10-02), F., Af.
Delpech, Michel (1946), F., C.
Del Rio, Dolorès (Asunsolo-Martinez) (1905-84), Mex., A.
Del Ruth, Roy (1895-1961), U., Ré.
Delubac, Jacqueline (1910), F., A.
Delvaux, André (Delvigne) (21-3-26), Be., Ré.
Delyle, Lucienne (1917-62), F., C.
Demachy, Jean (1925), F., J.
Demai, Michèle (1941), F., Sp.
Demazis, Orane (18-9-04), F., A.
De Mille*, Cecil Blount (1881-1959), U., Ré., Pr.
Demongeot, Mylène (Mme M. Simenon) (29-9-36), F., A.
Demy*, Jacques (5-6-31), F., Ré.
Deneuve*, Catherine (Dorléac) (22-10-43), F., A.
Deniaud, Yves (1901-59), F., A.
Denis, Jean-Pierre (n.c.), F., Ré.
Denis d'Inès (Octave Denis) (1884-1968), F., A.
Denis, Mère (Jeanne Le Calvé) (n.c.), F., A.
Denisot, Michel (1945), F., J., T.
Denner, Charles (28-5-26), F., A.
Dennis, Sandy (27-4-37), U., A.
Denny, Reginald (Daymore) (1891-1967), U., A.
Denoyan, Gilbert (8-11-37), F., J., R.
Depardieu*, Gérard (27-12-48), F., A.
Deray, Jacques (Desrayaud) (19-2-29), F., Ré., Au.
Deréal, Colette (1927), F., A., C.
Derek, Bo (M.K. Collins) (10-12-55), U., A.
Derek, John (Harris) (12-8-26), U., A., Ré.
Dern, Bruce (4-6-36), U., A.
De Robertis, Francesco (1902-59), U., Ré.
Derval, Tania (Mme P. Pitron) (1880-1966).
Dery, Michel (10-10-24), F., J.
Desailly, Jean (1920), F., A.
De Santis*, Giuseppe (1917), It., Ré.
Deschamps, Hubert (1923), F., A.
Deschamps, Noël (1942), F., C.
Deschodt, Éric (30-3-37), F., J., Au.
Descrières, Georges (Bergé) (1930), F., A.
De Seta*, Vittoro (1923), It., Ré.
Desgilberts, Guillaume (1594-1653), F., A.
Desgraupes, Pierre (1918), F., J., Pr., T.
De Sica*, Vittorio (1901-74), F., or. it., Ré.
Désiré, Amable (1823-73), F., A.
Desjeunes, J.-Michel (1943-79), F., J., T.
Deslys, Gaby (Gabrielle Caire) (1881-1920), F., C.
Desmarets, Sophie (1922), F., A.
Desny, Yvan (1922), F., A.
Desprès, Suzanne (1874-1951), F., A.
Desproges, Pierre (1939), F., A., Au.
Destailles, Pierre (1909), F., A.
Destoop, Jacques (1931), F., A.
Devaivre, Jean (1912), F., Ré.
Devère, Arthur (Be., 1893-1961), F., A.
Deverloy, Christian (13-10-42), F.
Deville*, Michel (13-4-31), F., Ré.
Devillers, Renée (Mme J.-C. Hottinguer) (1903), F., A.
Devine, Georges-Alex. (1910), G.-B., A.
Devos, Raymond (1922), F., Ch.
Dewaere*, Patrick (1947-82), F., A.
Dhéliat, Évelyne (1948), F., Sp.
Dhéran, Bernard (Poulain) (1926), F., A.
Dhéry, Robert (Fourrey) (27-4-21), F., A., Ré.
Dhordain, Roland (1924), F., R.
Diamant-Berger, H. (1895-1972), F., M., Pr.
Dickinson, Angie (Pol., 30-9-31), U., A.
Dickinson, Thorold (1903-84), G.-B., Ré.
Diddley, Bo (Ellas Mac Daniel) (30-12-28), U., C.
Didier, Arlette (Petitdidier) (1933), F., A.
Dieterle, William (1893-1972), U., Ré.
Dietrich, Gilbert de (17-11-28), Su., Af.
Dietrich*, Marlène (Maria Magdalena von Losch) (All., 27-12-01), U., A., C.
Dieudonné, Albert (1889-1976), F., A.
Dieudonné, Hélène (1887-1980), F., A.
Dieuleveult, Philippe de (1952-85), F., J., An.
Diligent, Robert (1924), F., Pr., T.
Dillinger, John (1903-34), U.
Diot, Richard (n.c.), F., J., T.
Dinel, Robert (Roger Boudinelle) (1911), F., Ch.
Disney*, Walt (Elias) (1901-66), U., Ré.
Distel, Sacha (1933), F., C., Cp.
Diwo, François (1955), F., An., R.
Diwo, Jean (1914), F., J.
Dix, Richard (Ernst Brimmer) (1894-1949), U., A.
Dmytryk*, Edward (4-9-08), U., Ré.
Doat, Anne (1936), F., A.
Doillon, Jacques (15-3-44), F., Ré.
Doll, Dora (Dorothée Feinberg) (1922), F., A.
Dombasle, Arielle (n.c.), F., A., Ré.
Domino, Fats (26-2-28), U., Mu.
Dona, Alice (Donadel) (1946), F., C.
Dona, Jo (Donagemma) (24-8-24), Mu.
Donahue, Troy (Merle Johnson Jr) (27-1-36), U., A.
Donat, Robert (1905-58), G.-B., A.
Don Cherry (n.c.), U., Mu.
Donegan, Lonnie (1931), G.-B., G. jazz.
Donen*, Stanley (13-4-24), U., Ré.
Doniol-Valcroze*, Jacques (1920), F., Cr., Ré.
Donlevy, Brian (1899-1972), U., A.
Donnadieu, Bernard-Pierre (1939), F., A.
Donner, Clive (1920), G.-B., Ré.
Donohue, Jack (1914), U., Ré.
Donot, Jacques (1914), F., J., T.
Donovan (Ph. Leitch) (10-5-46), G.-B., C.
Donskoi*, Mark (1897-1981), Ur., Ré.
Doors (The) : Jim Morrison (1943-72), Raymond Manzarek (1942), Robert Krieger (1944), John Densmore (1943), U., C., Cp.
Dorfmann, Robert (1912), F., Pr.
Dorin, Françoise (1928), F., Au.

Dorin, René (1891-1970), F., Ch.
Doris, Pierre (Tugot) (1919), F., Ch.
Dorléac, Catherine (V. Deneuve).
Dorléac, Françoise (1942-67), F., A.
Dorothée (Frédérique Hoschédé) (1953), F., Pré.
Dors, Diana (Fluck) (1931-84), G.-B., A.
Dorval, Marie (1798-1849), F., A.
Dorziat, Gabrielle (Mme M. de Zogheb née Moppert) (1880-1979), F., A.
Douai, Jacques (Gaston Tranchon) (1920), F., C.
Douglas, Gordon (1909), U., M.
Douglas *, Kirk (Demsky) (9-12-16), U., A.
Douglas, Melvyn (Hesselberg) (1901-81), U., A.
Douglas, Paul (1907-59), U., A.
Douglas, Pierre (1941), F., J., T.
Dougnac, France (10-6-51), F., A.
Doumeng, Jean-Baptiste (2-12-19), F., Af.
Douy, Max (1914), F., Déc.
Dovjenko *, Alek. (1894-1956) Ur., Ré.
Drach, Michel (18-10-30), F., Ré., T.
Drancourt, Michel (1928), F., J.
Dranem (Armand Ménard) (1869-1935), F., C. caf. conc.
Draper, Ruth (1889-1956), U., A.
Dressler, Marie (Leila Koerbir) (Ca., 1869-1935), U., A.
Dréville, Jean (1906), F., Ré.
Dreyer *, Carl Theod. (1889-1968), Dan., Ré.
Dreyfuss, Richard (1948), U., A.
Drhey, Michel (1944), F., J.
Droit, Michel (1923), F., J., T.
Dromer, Jean (2-9-29), F., Bq.
Drot, J.-Marie (1929), F., Pr., Ré., T.
Drouin, Dominique (1921), F., J.
Drouot, J.-Claude (Be. 1938), A.
Drucker, Michel (27-7-42), F., J., T.
Dubas, Marie (1894-1972), F., A., C.
Dubillard, Roland (n.c.) F., Au., A.
Dubois, Marie (Mme S. Rousseau) (12-1-37), F., A.
Dubost, Paulette (8-10-11), F., A.
Dubout, Albert (1905-76), F., Des.
Duby, Jacques (1922), F., A.
Duc, Hélène (1919), F., A.
Ducaux, Annie (1908), F., A.
Duchaussoy, Michel (29-11-38), F., A.
Duchesnois (Raffin) (1777-1835), F., A.
Ducrest, Philippe (1928), F., Ré., T.
Ducrocq, Albert (1921), F., Au. sc., T.
Dudan, Pierre (1916-84), F. or. su., C.
Dudow *, Slatan (1903-63), All., Ré.
Duez, Sophie (n.c.), F., A.
Duffy, Patrick (1949), U., A.
Dufilho, Jacques (10-2-14), F., A.
Duforest, Jacqueline (25-5-26), F., T.
Dufresne, Claude (9-8-20), F., R., T.
Dufresne, Diane (1945), Ca., C.
Dugazon (J.-H. Gourgaud) (1746-1809), F., A.
Dugazon, Rose (1755-1821), F., A.
Duhamel, Alain (1940), F., Pr., R., J.
Duhamel, Marcel (1901-77), F., A.
Duhamel, Patrice (12-12-45), F., J., T.
Dulac, Germaine (1882-1942), F., Ré.
Dulac, Jacqueline (n.c.), F., C.
Duleu, Édouard (1909), F., Mu.
Dullin, Charles (1885-1949), F., M., A.
Dumas, Roland (23-8-22), F., Av., J., Po.
Dumayet, Françoise (1923), F., Pr., T.
Dumayet, Pierre (1923), F., J., Pr., T.
Dumesnil, Jacques (9-11-04), F., A.
Dumesnil, Marie-Françoise (Mlle Marchand, dite) (1711-1803), F., A.
Dumont, Charles (1929), F., Au., Cp., C.
Dunaway *, Faye (14-1-41), U., A.
Duncan, Isadora (1878-1927), Da.
Dunne, Irène (20-12-1898), U., A.
Duperey, Anny (A. Legras, Mme Giraudeau) (28-6-47), F., A.
Du Parc (La), Thérèse (1633-68), F., A.
Dupont, Jacques (1921), F., Ré.
Dupont-Fauville, Antoine (15-11-27), F., Bq.
Duprez, Gilbert (1806-96), F., A.
Duprez, June (1918-84), G.-B., A.
Duquesne, Jacques (18-3-30), F., J., Au.
Duquesne, Roger (1922), F., An.
Durand, Jean (1882-1946), F., Ré.
Durand, Jean-Claude (n.c.), F., A.
Durante, Jimmy (1893-1980), U., A., C.
Duras, Marguerite (1914), F., S., Ré., Au.
Durbin, Deana (4-12-21), U., A., C.
Du Roy, Albert (2-8-38), F., J., T.
Duryea, Dan (1907-68), U., A.
Duse, Eleonora (1858-1924), It., A. Th.
Dussane, Béatrix (Coulond-Dussan) (1894-1969), F., A., T.
Dussolier, André (17-2-46), F., A.
Duteil, Yves (24-7-49), F., C.
Duthu, Hervé (1952), F., J.
Dutronc, Jacques (28-4-43), F., C., A.
Dutt, Gurn (1925-64), Ind., Ré.
Duvaleix, Christian (1923-79), F., A.
Duvall Robert (5-1-31), U., A.
Duvall, Shelley (7-7-49), U., A.
Duvallès, Fréd. (Coffinières) (1894-1971), F., A.
Duverney, Anne-Marie (1-7-22).
Duvivier *, Julien (1896-1967), F., Ré.
Dux, Pierre (Martin) (1908), F., A., M.
Dwan *, Allan (1885), U., Ré.
Dylan, Bob (R. Zimmerman) (24-5-41), U., C.
Eastwood, Clint (31-5-30), U., A., Ré.
Eaubonne, Jean d' (1903), F., Déc.
Edeline, Jean-Charles (1923), F., T.
Edgren, Gustaf (1895-1954), Suè., Ré.
Edwards, Blake (McEdwards) (26-7-22), U., Ré., S.
Effel, Jean (1908-22), F., Des.
Egal, Fabienne (n.c.), F, Pré.
Eggerth, Martha (1912), Ho., A., C.
Eine, Simon (1936), F., A.
Eisenstein *, Sergueï (1898-1948), Ur., Ré.
Ekberg, Anita (29-9-31), Su., A.
Elam, Jack (1917), U., A.
Elina, Lise (1913), F., J., Pr., T.
Elkabbach, J.-Pierre (29-9-37), F., J.
Elleviou, Jean (1769-1842), F., A.
Emer, Michel (1906), F., Cp.
Emilfork, Daniel (1924), F., A.
Emmer, Luciano (1918), It., Ré.
Emmery, Arlette (n.c.), F., A.
Empain, Édouard-Jean (baron) (7-10-37), Be., Af.
Eno, Brian (15-5-48), G.-B., C., Cp.
Enrico, Robert (13-4-31), F., Ré.
Epinoux, J.-Marc (1934), F., An., R.
Epstein, Jean (Pol. 1897-1953), F., Ré.
Ermler *, Fridrik (1898-1967), Ur., Ré.
Escande, Maurice (1892-1973), F., A.
Escudero, Leny (1932), Esp., C.
Espinasse, Lucien (n.c.), F., J. R.
Esposito, Giani (1930-73), Be., A., C.
Essel, André (4-9-18), F., Af.
Estérel, Jacques (Charles Martin) (1917-74), F., C.
Estrangin, Louis (24-7-14), F., Af., J.
Étaix *, Pierre (23-11-28), F., A., Ré.
Etchegaray, Claude (1923), F., Af.
Etcheverry, Michel (1919), F., A.
Etcheverry, Robert (1938), F., A.
Étienne, sœurs Louise (1925) et Odette (1928), F., C.
Eustache, Jean (1937-81), F., Ré.
Evans, Edith (1888-1976), G.-B., A.
Evans, Linda (Evenstad) (18-11-42), U., A.
Evein, Bernard (n.c.), F., Déc.
Evenou, Danièle (1943), F., A.
Everly Brothers : Don (1937), Phil (1939), U., C.
Ewald Jean-Luc (7-5-26), F., Af.
Ewell, Tom (S. Yewell Tompkins) (29-4-09), U.., A.
Eyser, Jacques (Eysermann) (1912), F., A.
Fabbri, Jacques (Fabricotti) (1925), F., A.
Fabian *, Françoise (Becker, née Michèle Cortes de Leonce y Fabianera) (10-5-32), F., A.
Fabre, Denise (1942), F., Sp. T., R.
Fabre, Fernand (1899), F., A.
Fabre, Saturnin (1883-1961), F., A.
Fabrega, Christine (n.c.), F., A.
Fabri *, Zoltan (1917), Ho., Ré.
Fabrice, Simon (1942), F., An., R.
Fabrizi, Aldo (1905), It., A. Ré.
Fainsilber, Samson (1904-84), F., A.
Fairbanks, Douglas (Julius Ullman) (1883-1939), U., A.
Fairbanks, Douglas Jr (9-12-08), U., A.
Faithful, Marianne (1947), G.-B., C.
Faivre, Abel (1867-1945), F., Des.
Faivre d'Acier, Bernard (12-7-44), Af.
Faizant, Jacques (30-10-18), F., Des.
Falcon, André (1924), F., A.
Falcon, Marie (1812-97), F., A.
Falconetti, Georges (1949-84), F., A.
Falconetti, Renée (1901-46), F., A.
Fallaci, Oriana (n.c.), It., A.
Falk, Peter (16-9-27), U., A.
Fame, Georgie (Clive Powell) (1943), G.-B., C.
Fanck, Arnold (1889), All., Ré.
Fanon, Maurice (1929), F., Au., Cp., C.
Farell, Claude (Paula von Suchon) (1922), Aut., A.
Fargueil, Anaïs (1819-96), F., A.
Farkas, Jean-Pierre (1933), F., R.
Farmer, Frances (1913-70), U., A.
Farmer, Mimsy (28-2-45), U., A.
Farran, Dominique (1948), F., An., R.
Farran, Jean (1920), F., J., Pr., T.
Farrel, Glenda (1904-71), U., A.
Farrow, John (1904-63), Aust., A.
Farrow, Mia (9-2-45), U., A.
Fassbinder *, Rainer-Werner (1946-82), All., A., Ré.
Fatty (1881-1933), U., A. Ré.
Fauche, Xavier (30-4-1946), F., R., Au.
Faure, Edgar (18-8-08), F., Pol.
Faure, Renée (1919), F., A.
Faure, Roland (1926), F., J.
Fauroux, Roger (21-11-26), F., Af.
Fauvet, Jacques (9-6-14), F., J.
Favalleli, Max (1905), F., J., Pr., T.
Favart (Justice Duronceray) (1727-72), F., C., A.
Favart, Marie (P.-I. Pingot) (1833-1908), F., A.
Favières, Maurice (1923), F., R.
Fawcett, Farrah (2-2-47), U., A.
Faye, Alice (Leppert) (5-5-15), U., A.
Fechner, Christian (1944), F., A.
Fechter, Charles (1823-79), F., A.
Feher, Fridrich (1895), All., Ré.
Feher *, Imre (1926), Ho., Ré.
Fejos, Paul (1898-1963), Ho., Ré.
Feldman, Marty (1933-82), G.-B., A.
Félix, Maria (1916), Mex., A.
Felix (Cellerier) (1807-1870), F., A.
Fellini * Federico (20-1-20), It., Ré., A.
Féral, Roger (Lazareff) (1904-64), F., T.
Férandez, Mauricio de (1859-1932), F., A.
Féraudy, Maurice de (1859-1932), F., A.
Ferjac, Anouk (A.-Marie Levain) (1932), F., A.
Ferland, Jean-Pierre (1934), Ca., C.
Fernandel * (F. Contandin) (1903-71), F., A.
Fernandel, Frank (Contandin) (1935), F., C.
Fernandez *, Emilio (1904), Mex., Ré.
Ferniot, Jean (1918), F., J., R.
Ferrat, Jean (Tennenbaum) (26-12-1930), F., C.
Ferré, Léo (24-8-16), Monaco, C., Cp.
Ferreol, Andréa (1947), F., A.
Ferrer, José (Ferrer y Centron) (8-1-09), U., A., Ré.
Ferrer, Mel (25-8-17), U., A.
Ferrer, Nino (Ferrari) (It., 1937), F., C.
Ferreri, Marco (11-5-28), It., Ré.
Ferrero, Anna-Maria (1924), It., A.
Ferry, Brian (26-9-45), G.-B., C.
Ferry, Catherine (n.c.), F., C.
Ferry, Jacques (1913), F., Af.
Ferry, Jean (1906), F., S. Di.
Fescourt, Henri (1880-1966), F., Ré.
Feuillade, Louis (1874-1925), F., Ré.
Feuillère *, Edwige (Mme Caroline Cunati) (29-10-07), F., A.
Feyder, Jac. (Frédérix) (Be. 1888-1948), F., Ré.
Field, Sally (6-11-46), U., A.
Fields, W.C. (William-Claude Dunkinfield) (1879-1946), U., A.
Fiess, Robert (16-8-37), F., J.
Figueroa, Gabriel (1907), Mex., Op.
Filipacchi, Daniel (12-1-28), F., J., Ed.
Finch, Peter (Ingle-Finch) (1916-77), G.-B., A.
Finney, Albert (9-5-36), G.-B., A.
Firino-Martell, René (13-2-27), F., Af.
Firmin, J.-F. (Becquerelle) (1784-1859), F., A.
Fischer, Eddie (10-8-28), U., A., C.
Fischer, O.W. (1915), Aut., A.
Fischer, Terence (1904), G.-B., Ré.
Fisher, Carrie (1956), U., A.
Fishinger, Oscar (1902), All., Ré.
Fitzgerald, Barry (William Shields) (1888-1961), Irl., A.
Fitzgerald, Ella (25-4-18), U., C.
Flaherty *, Robert J. (1884-1951), U., Ré.
Flament, Georges (n.c.), F., A.
Flammarion, Henri (1910-85), F., Éd.
Flanagan, Bud (Chaim Reuben Brodribb), (1896-1968), G.-B., A.
Fleetwood Mac, G.-B., C.
Fleischer, Max (1889-1972), U., Ré., Pr.
Fleischer *, Richard (8-12-16), U., Ré.
Fleming, Rhonda (Marilyn Louis) (10-8-23), U., A.
Fleming *, Victor (1883-1949), U., Ré.
Fleury (Laute de F.) (1750-1822), F., A.
Fleury, Françoise (1932), F., A.
Floirat, Sylvain (28-9-1899), F., Af., R.
Flon, Suzanne (1918), F., A.
Florelle, Odette (Rousseau) (1901-74), F., A.
Florey, Robert (1900-79), F., Ré.
Flornoy, Bertrand (1910-80), F., Expl.
Flotats, José-Maria (1945), F., A.
Flynn, Errol (1909-59), U., A.
Folgoas, Georges (1927), F., Ré. T.
Folliot, Yolande (1952), F., A.
Folon, J.-Michel (1-3-34), F., Des.
Fonda *, Henry (1905-82), U., A.
Fonda *, Jane (21-12-37), U., A.
Fonda, Peter (23-2-39), U., A.
Fontaine, André (30-3-21), F., J.
Fontaine, Brigitte (1940), F., C.
Fontaine, Joan (J. de Havilland) (22-10-17), U., A.
Fontan, Gabrielle (1880-1957), F., A.
Fontanel, Geneviève (1936), F., A.
Fonteyn, Margot (Margaret Hookham) (18-5-19), G.-B., Da.

FORBES, Bryan (1926), G.-B., Ré.
FORD *, Aleksander (24-11-08), Po., Ré.
FORD, Glenn (1-5-16), U., A.
FORD, Harrison (13-7-42), U., A.
FORD *, John (O'Fearna) (1895-1973), U. or. irl., Ré.
FOREMAN, Carl (1914-84), U., M.
FORLANI, Remo (1927), F., J., R.
FORMAN *, Milos (18-2-32), Tc., Ré.
FORSYTHE, John (Freund) (29-1-18), U., A.
FORT, Marcel (29-5-19), F., An., R.
FORTUGÉ, Gabriel (Fortuné) (1887-1923), F., C.
FOSSE, Bob (23-6-25), U., Ré.
FOSSEY, Brigitte (15-6-46), F., A.
FOSTER, Jodie (19-11-62), U., A.
FOSTER, Paul (1936).
FOSTER, Preston (1902-70), U., A.
FOUCAULT, Jean-Pierre (23-11-47), F., An., R.
FOUCHET, Max-Pol (1913-80), F., Au., Pr., T.
FOULQUIER, Jean-Louis (24-6-43), F., An., R.
FOURNIER, Marcel (1914-85), F., Af.
FOX, Edward (13-4-37), G.-B. A.
FOX, James (19-5-39), G.-B., A.
FRACHON, Éric (2-10-26), F., Af.
FRAGSON, Harry (Léon Pot) (1869-1913), F., C.
FRAMPTON, Peter (20-4-50), G.-B., C.
FRANCE, Henri de (1911-86), F., Ing.
FRANCELL, Jacqueline (1908-62), F., A.
FRANCEN, Victor (1889-1977), Be., A.
FRANCIS, Eve (Be. 1896-1980), F., A.
FRANCIS, Kay (Katherine Gibbs) (1903-68), U., A.
FRANÇOIS, Claude (1939-78), F., C.
FRANÇOIS, Frédéric (Franco Barracato) (1950), It., C.
FRANÇOIS, Jacqueline (Guillemautot) (1923), F., C.
FRANÇOIS, Jacques (1920), F., A.
FRANJU *, Georges (12-4-12), F., Ré.
FRANKENHEIMER, John (19-2-30), U., Ré.
FRANKEUR, Paul (1905-74), F., A.
FRATELLINI, Albert (1885-1961), F., Cl.
FRATELLINI, Annie (Mme P. Étaix) (1930), F., A.
FRATELLINI, François (1879-1951), F., Cl.
FRATELLINI, Gustave (1842-1902), F., Cl.
FRATELLINI, Paul (1877-1940), F., Cl.
FRATELLINI, Victor (1901), F., Cl.
FREDA, Ricardo (Ég. 1909), It., Ré.
FREDERICK-LEMAITRE (1800-56), F., A.
FREED, Arthur (Grossman) (1894-1973), U., R.
FREGOLI, Léopoldo (1867-1936), It., A.
FRÉHEL (Marguerite Boule'h) (1891-1951), F., C.
FRÈRES ENNEMIS (Les): A. Gaillard (1927), T. Vrignault (1928), F., Ch.
FRESNAY *, Pierre (Laudenbach) (1897-1975), F., A.
FRESSON, Bernard (27-5-31), F., A.
FREUND, Karl (1890-1969), All., Op.
FREY, Sami (13-10-37), F., A.
FREYCHE, Michel (31-10-23), F., Af.
FRIANG, Brigitte (1924), F., J., T.
FRIEDKIN, William (1939), U., Ré.
FRIEDMANN, Jacques (15-10-32), F., Af.
FRITSCH, Willy (1901-73), All., A.
FROEBE, Gert (25-12-12), All., A.
FROEHLICH, Gustav (1902), All., A.
FROGERAIS, Jacques-Pierre (1893), F., Pr.
FROMENT, Raymond (1913), F., Pr.
FUGAIN, Michel (12-5-42), F., C.
FULLA, Pierre (1939), F., J.
FULLER, Loïe (1862-1928), U., Da.
FULLER *, Samuel (12-8-11), U., Ré.

FUNÈS *, Louis de (1914-83), F., A.
FUSIER-GIR, Jeanne (1892-1973), F., A.
GAAL, Istvan (1933), Ho., Ré.
GABIN *, Jean (Moncorgé) (1904-76), F., A.
GABLE *, Clark (1901-60), U., A.
GABOR, Zsa-Zsa (6-2-19), Ho., A.
GABRIEL, Peter (13-5-50), G.-B., C., Cp.
GABRIELLO (André Galopet) (1896-1975), F., A.
GABRIELLO, Suzanne (Galopet) (1932), F., A.
GABRIO, Gabriel (1888-1946), F., A.
GAEL (Josselyne-Janine Blancœuil) (1917), F., A.
GAILLARD, Anne (A. Frey) (20-8-39), F., J.
GAINSBOURG, Serge (Lucien Ginsburg) (2-4-28), F., C., Ré., Cp.
GALABRU, Michel (30-1-29), F., A.
GALARD, Daisy de (1929), F., Pr., T.
GALIL, Esther (n.c.), Isr., C.
GALIPAUX, Félix (1860-1931), F., A.
GALL, France (Mme Michel Berger) (1947), F., C.
GALLIA, Chantal (n.c.), F., Ch.
GALLONE, Carmine (1886-1973), I., Ré.
GALLUP, George (1901-84) U., Af.
GALWAY, James (1939), G.-B., Mu.
GAME, Marion (1942), F., A.
GANCE *, Abel (1889-1981), F., Ré., Cin., T.
GANDOIS, Jean (7-5-30), F., Af.
GARAT, Henri (Garascu) (1902-59), F., A.
GARAUDY, Roger (17-7-13), F., Phi., Po.
GARBO *, Greta (Gustafson) (18-9-05), Suè., A.
GARCIA, Nicole (1948), F., A.
GARCIMORE (José Garcia Moreno) (n.c.), Esp., Ch.
GARCIN, Bruno (1949), F., A.
GARCIN, Ginette (1928), F., A., Ch.
GARCIN, Henri (Anton Albers) (1928), A.
GARDEN, Mary (1877-1967), U., A.
GARDIN, Vladimir (1877-1965), Ur., Ré.
GARDNER *, Ava (Lucy Johnson) (24-1-22), U., A.
GARETTO, Jean (20-2-32), It., R.
GARFIELD, John (Julius Garfinkle) (1913-52), U., A.
GARFUNKEL, Arthur (5-11-41), U., C.
GARLAND, Judy (Frances Gumm) (1922-69), U., A., C.
GARMES, Lee (1898), U., Op.
GARNER, James (Baumgarner) (7-4-28), U., A.
GARNETT *, Tay (1895-1977), U., Ré.
GARNIER, Simone (1931), F., Pr., An.
GARON, Jessie (n.c.), F., C.
GARREL, Maurice (1923), F., A.
GARRICK, David (1717-79), G.-B., A.
GARRO, Frédérique (n.c.), F., J., T.
GARSON, Greer (Irl., 29-9-08), U., A.
GASNIER, Louis (1882-1962), F., Ré.
GASPARD-HUIT, Pierre (1917), F., M.
GASSMAN *, Vittorio (1-9-22), It., A.
GASTÉ, Loulou (1908), F., Au., Cp.
GASTONI, Lisa (1935), It., A.
GATTAZ, Yvon (17-6-25), F., Af., Pt CNPF.
GATTI, Armand (1924), F., Ré., Au., Th.
GAUDEAU, Yvonne (1921), F., A.
GAUDIN, Thierry (15-5-40), F., Ing., Af.
GAUJOUR, Françoise (10-12-50), F., J., Au.
GAULT et MILLAU : Gault Henri (Gaudichon) (1929), Millau Christian (Dubois-Millau) (1929), F., J.
GAUMONT, Léon (1864-1946), F., Pr.
GAUTHIER, Jacqueline (1921-82), F., A.
GAUTY, Lys (Alice Gauthier) (1908), F., C.
GAVIN, John (Jack Golenor) (8-4-28), U., A.
GAVOTY, Bernard (Clarendon) (1908-1981), F., J., Pr., Cr., Mu.

GAYE, Marvin (1939-84), U., C., Cp.
GAYNOR, Gloria (n.c.), U., C.
GAYNOR, Janet (1906-84), U., A.
GAYNOR, Mitzi (Francesca Mitzi von Gerber) (4-9-30), U., A.
GÉBÉ (Georges Blondeau) (1934), F., Des.
GEFFROY, Florentin (1806-95), F., A.
GELDOF, Bob (5-10-54), G.-B., C.
GÉLIN *, Daniel (1921), F., A.
GÉLIN, Xavier (1946), F., A.
GÉMIER, Firmin (1869-1933), F., A., M.
GENCE, Denise (1924), F., A.
GENÈS, Henri (E. Châtenet) (1920), F., C.
GÉNIA, Claude (Génia Arnovtich, Mme J. Le Beau) (1916-79), F., A.
GÉNIAT, Marcelle (Martin) (1881-1959), F., A.
GÉNIN, René (1890-1967), F., A.
GENINA *, Augusto (1892-1957), It., Ré.
GENSAC, Claude (1927), F., A.
GENTY, Sylvie (n.c.), F., A.
GEOFFROY (1813-83), F., A.
GEORGE (Marg.-Jos. Weimer) (1787-1867), F., A.
GEORGE, Yvonne (Y. de Knops) (1896-1930), Be., C.
GEORGIUS (G. Guilbourg) (1891-1970), F., Ch.
GÉRARD, Charles (1926), F., A.
GÉRARD, Danyel (1939), F., C.
GÉRARD, Frédéric (n.c.), F., An., R.
GERBAUD, François (1927), F., J.
GERE, Richard (31-8-49), U., A.
GÉRET, Georges (1924), F., A.
GERMI *, Pietro (1914-74), It., Ré.
GÉRÔME, Raymond (1920), F., A., M.
GICQUEL, Roger (22-2-33), F., J., T., R.
GIELGUD, John (14-4-04), G.-B., A.
GIL, Ariane (n.c.), F., R.
GILBERT, Danièle (20-3-43), F., An., T., R.
GILBERT, Éric (n.c.), F., J., T.
GILBERT, John (Pringle) (1895-1936), U., A.
GILDAS, Philippe (1935), F., Pré., R., J.
GILLIAN, Terry (1929), G.-B., Ré., A.
GILLOIS, André (Maurice Diamant-Berger dit) (1902), F., T.
GILLOT-PETRÉ, Alain (1950), F., J.
GIOVANNI, José (22-6-23), F., Ré., Au.
GIR, François (Girard) (1920), F., Ré., T.
GIRARDOT *, Annie (Mme Salvatori) (25-10-31), F., A.
GIRAUD, Claude (1936), F., A.
GIRAUD, Yvette (1922), F., C.
GIRAUDEAU, Bernard (18-6-47), F., A.
GIRAUDET, Pierre (1919), F., Af.
GIRAULT, Jean (1924-82), F., Ré.
GIROD, Francis (1944), F., Ré.
GIROTTI, Massimo (1918), Ital., A.
GISCARD D'ESTAING, François (1926), F., Bq.
GISH Lilian (de Guiche) (14-10-96), U., A.
GLASER, Denise (1920-83), F., Pr., Pré., T.
GLEASON, Jackie (26-2-16), U., A.
GLORY, Marie (1905), F., A.
GOBBI, Sergio (1938), F., M.
GODARD *, Jean-Luc (3-12-30), F., Ré.
GODDARD, Paulette (Marion Levy) (3-6-11), U., A.
GODDET, Jacques (21-6-05), F., J.
GOLAY, Bernard (24-3-44), F., R.
GOLDSMITH, Clio (16-6-57), G.-B., A.
GOLDSMITH, James Michael (26-2-33), G.-B., Fin., Presse.
GOLDWYN, Samuel (Goldfish) (Pol. 1882-1974), U., Pr.
GOLDMANN, J.-Jacques (1951), F., C.
GOLMANN, Stéphane (1921), F., Au.-Cp.
GOMEZ, Alain (18-10-38), F., Af.
GOMEZ, Francine (12-10-32), F., Af.
GOODMAN, Benny (1909-86), U., Mu.
GORDINE, Sacha (1910-68), F., Pr.

GORDON, Ruth (30-10-1898), U., A.
GORETTA, Claude (23-6-29), Su., Ré.
GORINI, Jean (1924-80), F., R.
GOSCINNY, René (1926-78), F., S.
GOSHO, Heinesuke (1902), Jap., Ré.
GOTAINER, Richard (1948), F., C.
GOTLIB, Marcel (1934), Des.
GOUDEAU, J.-Claude (5-6-35), F., J.
GOUJON, Guy (1-7-21), F., J.
GOULD, Eliott (Goldstein) (29-8-38), U., A.
GOULDING, Edmond (1891-1959), U., Ré.
GOUYOU-BEAUCHAMPS, Xavier (25-1-37), F., J.
GOUZE-RENAL, Christine, Madeleine Gouze (dite Mme Roger Hanin) (30-12-14), F., Pr.
GOYA, Chantal (Mme J.-J. Debout) (1946), F., C.
GOYA, Mona (Simone Marchand) (1912-61), F., A.
GRABLE, Betty (1916-73), U., A.
GRAD, Geneviève (1944), F., A.
GRAETZ, Paul (1899-66), F.-Aut., Pr.
GRAHAME, Gloria (Hallward) (1925-1981), U., A.
GRAMATICA, Emma (1875-1965), It., A.
GRAND, Bernard (1934), F., T.
GRANGER, Farley (1-7-25), U., A.
GRANGER, Stewart (James Stewart) (6-5-13), U., A.
GRANGIER, Gilles (1911), F., Ré., Cr.
GRANIER, Jeanne (n.c.), F.
GRANIER-DEFERRE, Pierre (22-7-27), F., Ré.
GRANIER DE LILLIAC (27-10-19), F., Af.
GRANT *, Cary (Archibald Leach) (G.-B. 18-1-04), U., A.
GRANT, Marcha (n.c.), U., A.
GRASSOT (1804-60), F., A.
GRATEFUL DEAD (The), (Jerry Garcia 1-8-42). U., C.
GRAVES, Peter (Aurness) (18-3-25), U., A.
GRAVEY, Fernand (Mertens) (1905-70), Be., A.
GRAY, Linda (12-9-41), U., A.
GRAY, Nadia (Keyner Kujnir-Herescu) (1923), Ro., A.
GRAYSON, Kathryn (Hedrick) (9-2-22), U., A.
GRÉCO, Juliette (7-2-27), F., A., C.
GREENSTREET, Sydney (G.-B. 1879-1954), U., A.
GREENWOOD *, Joan (4-3-21), G.-B., A.
GRÉGOIRE, Ménie (née Marie Laurentin) (15-8-19), F., R.
GRELLIER, Michèle (1938), F., A.
GRELLO, Jacques (Greslot) (1911-78), F., A., Ch.
GRÉMILLON *, Jean (1902-59), F., Ré.
GRENIER, Jean-Pierre (1914), F., A.
GREVILLE, Edmond (1906), F., Ré.
GREY, Denise (17-9-1896), F., A.
GREY, Marina (Denikine, Mme J.-François Chiappe) (1920), F., T.
GRIERSON, John (1898), G.-B., Ré. Pr.
GRIFFITH *, David W. (Wark) (1875-1948), U., Ré.
GRIMAULT, Paul (23-3-05), F., Ré., Pr.
GRIMBLAT, Pierre (1927), Ré., R.
GROCK (Adrien Wettach) (1880-1959), Su., Cl.
GROSPIERRE, Louis (1927), F., Ré.
GROULX, Enrico (1876-1949), It., Ré.
GRUMBACH, Philippe (1924), F., J.
GRÜNDGENS, Gustav (1899-1963), All.
GUAZZONI, Enrico (1876-1949), It., Ré.
GUERARD, Michel (1933), F., Cuis.
GUERASSIMOV *, Sergueï (1896-1985), Ur., Ré.
GUERRA *, Ruy (1931), Bré., Ré.
GUERRIER, Thierry (11-8-59), F., J., R.
GUERS, Paul (Dutron) (1927), F., A.
GUÉTARY, Georges (Lambros Worloou) (1915), F., C.
GUGGENHEIM, Peggy (1898-1979), U., Coll.

Guichard, Daniel (1948), F., C.
Guilbert, Yvette (1867-1944), F., C.
Guillaud, Jean-Louis (5-3-29), F., R., T.
Guillaumin, Claude (1929), F., J.
Guillebaud, Jean-Louis (21-7-44), F., J.
Guilleminault, Gilbert (1914), F., J.
Guillermaz, Jacques (1911), F., J.
Guillermin, John (1925), G.-B., M.
Guillet, Raoul (1920), F., A.
Guinness *, Sir Alec (2-4-14), G.-B., A.
Guiomar, Julien (3-5-28), F., A.
Guisol, Henri (Bonhomme) (1904), F., A.
Guitry, Lucien (1860-1925), F., A.
Guitry *, Sacha (1885-1957), F., Ré., A., Au.
Güney, Yilmas (1937-84), Turq., Ré.
Gunzburg, Alain de (25-1-25), U., Af.
Gus (Gustave d'Erlich) (1911), Des.
Guthrie, Woody (1912-67), U., C., Cp.
Guy, Alice (1873-1968), F., Ré.
Guybet, Henri (1936), F., A.
Gwynn, Nell (1650-87), G.-B., A.
Haberer, Jean-Yves (17-12-32), F., Bq.
Habib, Ralph (1912-67), F., Ré.
Hackmann, Gene (30-1-31), U., A.
Hading, Jane (J. Tréfouret) (1859-1934), F., A.
Hagen, Nina (All. dém., 11-3-55), C.
Hagman, Larry (21-9-31), U., A.
Hakim, Raymond (1909), F., Pr.
Hakim, Robert (1907), F., Pr.
Haley, Bill (1927-81), U., C.
Halimi, André (1930), F., J., T.
Halimi, Gisèle (27-7-27), F., Av.
Hall, Peter (1930), G.-B., Ré.
Haller, Bernard (Su. 5-12-33), F., A., Ch.
Halley des Fontaines, André (1910-1960), F., Pr.
Hallyday, Johnny (Jean-Philippe Smet) (15-6-43), F., C., A.
Hamelin, Daniel (23-12-42), F., R.
Hamer *, Robert (1911-63), G.-B., Ré.
Hamill, Mark (25-9-51), U., A.
Hamilton, David (15-4-33), G.-B., Ph.
Hamilton, George (12-8-39), U., A.
Hamina, Mohamed Lokhdar (1934), Alg., Ré.
Hamman, Joe (1885), F., A.
Han, René (1930), F., T., Af.
Hancock, Herbie (12-4-40), U., C., Cp.
Handke, Peter (1942), All., Au., Ré.
Hanin, Roger (Lévy) (20-10-25), F., A.
Harari, Clément (n.c.) F., A.
Harari, Roland (29-3-23), F., J.
Harbou (von), Thea (1888-1954), All., S., Ré.
Harding, Ann (Dorothy Gatley) (1901-81) U., A.
Hardwicke, Cédric (1883-1964), G.-B., A.
Hardy, Françoise (Mme J. Dutronc), (17-1-44), F., C.
Hardy, Olivier (1892-1957), U., A.
Harlan *, Veit (1899-1964), All., Ré.
Harlow, Jean (Harlean Carpentier) (1911-37), U., A.
Harman, Hugh (1903-82), U., Ré.
Harnois, Jean (12-3-23), F., Af., T.
Harper, Jessica (1949), U., A.
Harris, André (1933), F., Pr., T.
Harris, Julie (2-12-25), U., A.
Harris, Richard (St John Garris) (32), G.-B., A.
Harrison *, Rex (Reginald Carey) (5-3-08), G.-B., A.
Harrisson, Georges (25-2-43), G.-B., C.
Harrold, Kathryn (n.c.), U., A.
Hart, William (1870-1946), U., A.
Harvey, Antony (1931), G.-B., Ré.
Harvey, Laurence (Larushka Mischa Skine) (Litua., 1927-73), G.-B., A.
Harvey, Lilian (1907-68), G.-B., A.
Hasegawa, Kazuo (1906-84), Jap., A.
Haskin, Byron (1899-1984), U., Ré.
Hasse *, Otto E. (1903-78), All., A.
Hathaway *, Henry (1898-1985), U., Ré.
Hauser, Gayelord (1895-1984), U., Méd.
Havers, Higel (n.c.), U., A.
Havilland, Olivia de (1-7-16), U., A.
Hawkins, Jack (1910-73), G.-B., A.
Hawks *, Howard (1896-1977), U., Ré.
Hawn, Goldie (21-11-45), U., A.
Hayakawa, Sessue (1889-1973), Jap., A.
Hayden, Sterling (John Hamilton) (1916-86), U., A.
Hayer, Nicolas (1898), F., Op.
Hayes, Helen (Brown) (1900-57), U., A.
Hayward, Susan (Edythe Marriner) (1918-75), U., A.
Hayworth *, Rita (Cansino) (17-10-18), U., A.
Head, Murray (1946), G.-B., C.
Héberlé, J.-Claude (3-2-35), F., J., T.
Hébertot, Jacques (A. Daviel) (1886-1970), F., M.
Hebey, J.-Bernard (2-1-45), F., R.
Hecht, Ben (1893-1964), U., S.
Hecht, Bernard (1917), F., Ré., T.
Hechter, Daniel (30-7-38), F., Af.
Heflin, Van (1910-71), U., A.
Hegann, Yann (1946), F., An., R.
Held, Jean-Francis (9-7-30), F., J.
Hélian, Jacques (1912-86), F., C. d'orc.
Helm, Brigitte (Gisèle Ève Schittenhelm) (1906), All., A.
Hemmings, David (18-11-41), A.
Hendrix, Jimmy (1942-70), U., Mu.
Henie, Sonja (1913-1969), Norvège, A.
Henreid, Paul (It., 10-1-08), U., A.
Henrion, Marc (25-2-27), F., Af.
Hepburn *, Audrey (Hepburn-Ruston) (4-5-29), U., or. holl., A.
Hepburn *, Katharine (9-11-07), U., A.
Hergé (Georges Rémi, R.G.) (1907-83), Be., Des.
Hernandez, Gérard (n.c.), F., A.
Herrand, Marcel (1897-1953), F., A.
Hersant, Robert (31-1-20), F., J.
Hervet, Georges (5-6-24), F., Bq.
Herzog *, Werner (1942), All., Ré.
Hesling, Catherine (1899-1979), F., A.
Heston, Charlton (4-10-24), U., A.
Hiegel, Pierre (1913-80), F., R.
Higelin, Jacques (1940), F., C.
Hill, Benny (Alfred Hawthorne Hill) (21-1-25), G.-B., A.
Hill *, Georges Roy (20-12-22), U., Ré.
Hill, Terence (Mario Girotti) (29-3-39), It., A.
Hiller, Wendy (G.-B., 15-8-12), A.
Hines, Earl (1905-83), U., Pi.
Hirigoyen, Rudy (1919), F., C.
Hirsch, Robert (26-7-25), F., A.
Hitchcock *, Alfred (G.-B. 1899-1980), U., Ré.
Hobson, Valérie (1917), G.-B., A.
Hodeir, André (1921), Cp.
Hodges, Michael (n.c.), U., Ré.
Hoffman, Dustin (8-8-37), U., A.
Hoffmann *, Kurt (1912), All., Ré.
Holden, William (Beedle) (1918-81), U., A.
Holliday, Judy (Judith Tuvim) (1923-65), U., A.
Holloway, Nancy (1937), U., C.
Holloway, Stanley (1890), G.-B., A.
Holly, Buddy (1938-59), U., C.
Holm, Celeste (29-4-19), U., A.
Holt, Jany (Ro., 1912), F., A.
Holtz, Gérard (1946), F., J.
Hooker, John Lee (22-8-17), U., C.
Hope, Bob (Leslie Town Hope) (29-5-03), U., A.
Hopins, Anthony (31-12-37), U., A.
Hopkin, Mary (3-5-50), G.-B., C.
Hopkins, Myriam (1902-72), U., A.
Hopper, Dennis (17-5-36), U., A., M.
Horbiger, Paul (1894), Aut., A.
Horgues, Maurice (1923), F., Ch.
Horner, Yvette (1934), F., Mu.
Horowicz, Bronislaw (1910), F., M.
Hossein, Robert (Hosseinoff) (30-12-27), F., A., M., Ré.
Houdini, Harry (Weiss Erich) (1874-1926), U., Ma.
Houssin, Michel (5-7-21), F., Af.
Howard, Leslie (Stainer) (1893-1943), U., A.
Howard *, Trevor (29-9-16), G.-B., A.
Hubert (H. Wayaffe) (1938), F., R.
Hubert, Roger (1903), F., Op.
Hubley, John (1914-77), U., Ré.
Hudson, Hugh (n.c.), G.-B., Ré.
Hudson, Rock (Roy Scherer) (1925-85), U., A.
Huet, Jacqueline (1929), F., Sp. T.
Hughes, Howard (1905-76), U., Pr., Ré.
Hughes, J.-Baptiste (1931), F., Déc.
Hughes, Ken (1922), G.-B., Ré.
Hunnebelle, André (1896-1985), F., Pr., Ré.
Hunt, Peter (1928), G.-B., M.
Hunter, Tab (Arthur Gelien), (1-7-31), U., A.
Huppert, Caroline (1951), F., Ré.
Huppert, Elisabeth (1950), F., A.
Huppert *, Isabelle (16-3-55), F., A.
Huppert, Jacqueline (1946), F., A.
Hurt, John (22-1-40), U., A.
Hurt, William (1950), U., A.
Hussenot, Olivier (1913-78), F., A.
Huster, Francis (8-12-47), F., A.
Huston *, John (5-8-06), U., Ré.
Huston, Walter (1884-1950), U., A.
Hutin, Jean-Pierre (7-9-31), F., J.
Huttin, François-Régis (26-6-29), F., Af.
Hutton, Betty (Betty Jane Thornburg) (26-2-21), U., A., Ré.
Hutton, Lauren (17-11-43), U., A.
Hyacinthe (Duflost) (1814-87), F., A.
Ichac, Marcel (1906), F., Ré.
Ichikawa *, Kon (20-11-15), Jap., Ré.
Iglesias, Julio (1944), Esp., C.
Iglésis, Roger (1920), F., Ré.
Il était une fois (n.c.), F., C.
Illery, Pola (n.c.), Ro., A.
Imbach, J.-Pierre (23-6-47), F., Pré., R.
Imbert, Claude (1929), F., J.
Ince, Thomas Haper (1882-1924), U., Ré.
Indochine (n.c.), F., C.
Ingram, Rex (1892-1950), U., Ré.
Inkijinoff, Valery (1895-1973), Ur., A.
Interlenghi, Franco (1931), It., A.
Intra *, Claude (1927), Ca., Ré.
Ireland, Jill (1936), G.-B., A.
Ireland, John (Ca., 30-1-14), U., A.
Irving, Henry (John Heary Brodribb) (1838-1905), G.-B., A.
Isker, Abdel (11-12-20), Ré., T.
Isorni, Jacques (3-7-11), F., Av., Au.
Ito, Keito (n.c.), Jap., A.
Ivens *, Joris (18-11-98), P.-Bas, Ré.
Ivernel, Daniel (1920), F., A.
Ivory, James (1928), U., Ré.
Izard, Christophe (30-5-37), F., A., T.
Jabor, Arnaldo (1940), Br., Ré.
Jackson, Glenda (9-5-36), G.-B., A.
Jacky (Jakubowicz) (1948), F., Pr. T.
Jackson, Joe (11-8-55), U., C., Cp.
Jackson, Michaël (19-8-58), U., C.
Jacobsson *, Ulla (1929-82), Suè., A.
Jacques, Brigitte (1948), F., M.
Jacques (Les Frères) : André (1914) et Georges Bellec (1918), François Soubeyran (1919), Paul Tourenne (1923), F., C.
Jade, Claude (8-10-48), F., A.
Jaeckin, Just (n.c.), Au., Ré.
Jagger, Mick (26-7-43), G.-B., C.
Jaigu, Yves (1924), F., T., R.
Jaïro (Mario Gonzalès) (1953), Arg., C.
Jakubisko, Juraj (1938), Tc., Ré.
James, John (n.c.), U., A.
Jamet, Dominique (16-2-36), F., J.
Jammot, Armand (4-4-22), F., Pr., S. T.
Jamois, Marguerite (1901-64), F., A.
Jancsó *, Miklós (27-9-21), Ho., Ré.
Janin, François (1935), F., J., T.
Jannings, Emil (Theodor Emil Janenz) (1884-1950), All., A.
Jannot, Véronique (1957), F., A.
Japrisot, Sébastien (J.-Baptiste Rossi) (n.c.), F., Ré.
Jaque-Catelain (1897-1964), F., A.
Jarmusa, Jim (n.c.), U., Ré.
Jarre, J.-Michel (24-8-48), F., Mu.
Jarre, Maurice (1924), F., Cp.
Jarreau, Al (n.c.), U., C.
Jasny, Vojtach (1925), Tc., Ré.
Jasset, Victorin (1862-1913), F., Ré.
Jaubert, Maurice (1900-40), F., Cp.
Jautini, Pierre (n.c.), F., A.
Jean, Gloria (Schoonover), (14-4-26), U., A.
Jean-Charles (2-12-22), F., Ch.
Jean-Jacques (n.c.), F., A.
Jeanmaire, Zizi (Renée, Mme Roland Petit) (1924), F., A., Da., C.
Jeanneney, Jean-Noël (2-4-42), F., J., R.
Jeanson, Henri (1900-70), F., S., Di.
Jefferson Airplane : Marty Balin (1943), Jack Casady (1944), Spencer Dryden (1943), Paul Kantner (n.c.), Jorma Kaukonen (1940), Grace Slick (1943), U., C.
Jenning, Humphrey (1907-50), G.-B., Ré.
Jérôme, Alain (1936), F., Pré. T.
Jérôme, C. (Cl. Dhôtel) (1947), F., C.
Jethro Tull : Ian Anderson (1947), Martin Berre, John Evon, Barriemore Barlow, John Glascock (n.c.), G.-B., C.
Jessua, Alain (16-1-32), F., Ré.
Jett, Joan (22-9-60), U., Mu.
Jeunesse, Lucien (Jennes) (24-8-23), F., T.
Jewison, Norman (1926), U., M., T.
Jires, Jaromil (1935), Tc., Ré.
Joannon, Léo (1904-69), F., Ré.
Jobert *, Marlène (4-11-43), F., A.
Joffé, Alex (1918), F., Au., Ré.
Joffé, Roland (n.c.), F., Ré.
Joffo, Francis (n.c.), F., Au., M.
John, Elton (Reginald Dwight) (25-3-47), G.-B., C., Cp.
Johnson, Ben (13-6-20), U., Ré.
Johnson, Celia (1908-82), G.-B., A.
Johnson, Nunnally (1897-1977), U., S., Ré., Pr.
Johnson, Van (25-8-16), U., A.
Jolivet, Anne (Mme Gilles Dreu) (1947), F., A.
Jolivet, Marc (1950), F., Ch.
Jolivet, Pierre (1952), F., Ch.
Jolson, Al (Asa Yoelson) (Rus., 1886-1950), U., A.
Joly, Sylvie (n.c.), F., A.
Jonasz, Michel (21-1-47), F., C.
Jones, Grace (19-5-52), U., C.
Jones, Brian (1942-69), G.-B., C.
Jones *, Jennifer (Phyllis Isley) (2-3-19), U., A.
Jones, Paul (24-2-42), G.-B., C., A.
Jones, Shirley (31-3-34), U., A.
Jones, Tom (Thomas Jones Woodward) (7-6-40), G.-B., C.
Joplin, Janis (1943-70), U., C.
Jordan, Frankie (1941), G.-B., C.
Josephsson, Erland (1923), Suè., A.
Jouanneau, Jacques (1926), F., A.
Joubert, Jacqueline (Pierre, Mme Ph. Lagier) (1921), F., A., Pr. T.
Jourdan, Louis (Pierre Gendre) (16-6-19), F., A.
Jouven, Claude (10-3-40), F., Af.
Jouvet *, Louis (1887-1951), F., A., M.
Jouvin, Georges (1923), F., Mu.
Joyeux, Odette (Mme Philippe Agostini) (5-12-17), F., A., S.
Jugert, Rudolph (1907-79), All., Ré.
Jugnot, Gérard (4-5-51), F., A., Ré.
Julie (n.c.), F., An., R.
Julien, Pauline (n.c.), Ca., C.
Jullian, Marcel (1922), F., J., S., Di.
Jurgens *, Curd (1912-82), All., A.
Justice, James Robertson (1905-75), G.-B., A.
Juvet, Patrick (1950), F., C.
Kadar, Jan (1918-79), Tch., Ré.

Kahn, Gilbert (28-3-38), F., Pr., T.
Kahn, J.-François (12-6-38), F., J., R., T.
Kalatozov *, Mikhaïl (1903-73), Ur., Ré.
Kalfon, Jean-Pierre (1938), F., A.
Kalin, Twins (Harold, Herbie, 1939), U., C.
Kalsoum, Oum (1898-1975), Ég., C.
Kamenka, Aleksandre (1888), F., Pr.
Kanin, Garson (24-11-12), U., S., Ré.
Kaplan, Nelly (1931), F., Ré.
Kapriski, Valérie (Cherès) (1962), A.
Karim, Patricia (n.c.), F., A.
Karina *, Anna (Hanne Karin Bayer, Mme Duval) (Dan. 22-9-40), F., A.
Karloff, Boris (William Pratt) (G.-B. 1887-1969), U., A.
Karmen, Roman (1906), Ur., Ré.
Karyo, Tchéky (1953), F., A.
Kast *, Pierre (1920-84), F., Ré.
Kaufmann, Boris (n.c.), Ur., Op.
Käutner *, Helmut (1908-80), All., Ré.
Kawalerowicz *, Jerzy (1922), Pol., Ré.
Kay, Harold (Kyzanowski) (26-3-26), F., R.
Kaye *, Danny (David Daniel Kaminsky) (18-1-13), U., A.
Kazan *, Elia (Kazanjoglous) (7-9-09), U., Ré.
Kean, Edmund (1787-1833), G.-B., A.
Keaton *, Buster (Joseph Francis) (1895-1966), U., A., Ré.
Keaton, Diane (5-1-46), U., A.
Kedia, Guy (1935), F., J., R.
Kedrova, Lila (1919), A.
Keel, Howard (Leck), (13-4-17), U., A.
Keeler, Ruby (Ca., 25-8-09), U., A.
Keitel, Harvey (1947), U., A.
Kelber, Michel (1908), F., Op.
Keller, Marthe (28-1-45), A.
Kelly, Chantal (1950), F., C.
Kelly, Gene (23-8-12), U., A., Ré., Da.
Kelly, Grace, Pcesse de Monaco (1928-82), U., A.
Kelly, Martine (1945), A.
Kelly, Paul (1899-1956), U., A.
Kendall, Kay (Justine McCarthy) (1926-59), G.-B., A.
Kennedy, Burt (1923), U., Ré.
Kerchbron, Jean (1924), F., Ré., M., T.
Kermadec, Liliane de (1933), F., Ré.
Kerr *, Deborah (Kerr-Trimmer) (Écosse, 30-9-21), U., A.
Kersauson, Olivier de (n.c.), F., An. T., R.
Ketty, Rina (Rina Pichetto) (1911), It., C.
Kidder, Margot (Ca., 17-10-48), U., A.
Kiejman, Georges (1932), F., Av.
Kiepura, Jan (1902-66), All., Ch.
King, B.B. (16-9-25), U., C.
King, Henry (1888-1982), U., Ré.
Kinski, Klaus (18-10-26), All., A.
Kinski, Nastassia (24-1-61), All., A.
Kinugasa *, Teinosuke (1896-1982), Jap., Ré.
Kirsanoff, Dimitri (1899-1957), F., Ré.
Kishi, Keiko (1932), Jap., A.
Kitt, Eartha (26-1-28), U., A., C.
Klaiser, Rondall (n.c.), U., Ré.
Klein, Gérard (1942), F., R.
Klein-Rogge, Rudolf (1889-1955), All., A.
Kluge, Alexander (1932), All., Ré.
Knapp, Hubert (1924), F., S. T.
Knef *, Hildegarde (Neff) (1925), All., A.
Kobayashi, Setsuo (4-2-16), Jap., Op., Ré.
Koch (ou Cook), Marianne (1931), All., A.
Kohler, Pierre (n.c.), F., Ré.
Konchalonsky, Andreï (n.c.), U., Ré.
Konk (1944), F., Des.
Kooper, Al (1943), U., Mu., C.
Korber, Serge (1-2-36), F., Ré.
Korda, Sir Alexander (Ho., 1893-1957), G.-B., Pr., Ré.
Korda, Zoltan (Ho., 1895-1961), U., Ré.
Korène, Véra (Korelzsky) (1901), F., A.
Kosa, Ferenc (n.c.), Ho., Ré.
Koscina, Sylvana (Youg., 22-8-33), It., A.
Kozintsev *, Grig. (1905-73), Ur., Ré.
Kosma, Joseph (Ho., 1905-69), F., Cp.
Koulechov, Lev (1899-1970), Ur., Ré.
Kramer, Stanley (29-9-13), U., Pr., Ré.
Krasker, Robert (1913), G.-B., Op.
Krauss, Alain (1943), F., J., R.
Krauss, Werner (1884-1959), All., A.
Kreicher, Roger (1925), F., R.
Kriegel, Annie (9-9-26), F., J.
Krier, Jacques (1927), F., Pr., T.
Krivine, Emmanuel (1947), F., Mu.
Kristel, Silvia (28-9-52), A.
Kruger *, Hardy (1928), All., A.
Kruger, Jules (1891), F., Op.
Krumbachova, Ester (1923), Tch., Ré.
Kubnick, Henri (1912), F., Au., Pr., T.
Kubrick *, Stanley (26-7-28), U., Ré.
Kumel, Harry (1940), Be., Ré.
Kurosawa *, Akira (23-3-10), Jap., Ré.
Kyo, Machiko (1924), Jap., A.
Laage, Barbara (Claire Colombat) (1925), F., A.
Labourasse, Guy (1927), F., Ré., T.
Labourdette, Elina (1919), F., A.
Labourier, Dominique (n.c.), F., A.
Labro, Philippe (27-8-36), F., J., T., Ré.
Labrusse, Bertrand (7-6-31), F., Af, T.
Lachens, Catherine (n.c.), F., A.
Lacombe, Alain (13-6-48), F., J., R., Au.
Lacombe, Georges (1902), F., Ré., T.
Lacroix, Jean (1922), F., Ch., S.
Ladd, Alan (1913-64), U., A.
Laemmle, Carl (1867-1939), U., Pr.
Laffin, Dominique (1952-85), F., A.
Laffont, Patrice (1939), F., Pré. T.
Laffont, Robert (30-11-16), F., Éd.
Lafforgue, René-Louis (1928-67), F., Au., Cp., A., C.
Lafont, Bernadette (26-10-38), F., A.
Lafont, Jean-Loup (1940), F., An., R.
Lafont, Pierre (1801-73), F., A.
Laforêt, Marie (Maïtena Doumenach) (1939), F., A., C.
Laforet, Pierre (1927), F., Ré., T.
Lagardère, J.-Luc (10-2-28), F., Af.
La Grange, François de (1920-76), F., J., T.
Lagrange, Louise (1899-1979), F., A.
Lagrange, Valérie (Danielle Charaudeau) (1942), F., A.
Lahaye, Jean-Luc (23-12-58), F., C.
Lai, Francis (1932), F., Cp.
Laine, Frankie (Lo Vecchio) (30-3-13), U., C.
Lajarrige, Bernard (de Laj.) (1912), F., A.
Lake, Veronica (Constance Ockleman) (1919-73), U., A.
Lalanne, Francis (1959), F., C.
Lalou, Étienne (1918), F., J., Pr., Pré.
Lama, Serge (Chauvier) (1943), F., C.
Lamarr, Hedy (Hedwig Kiesler) (Aut., 9-11-13), U., A.
Lamas, Fernando (1915-82), A.
Lambert, Christophe (1957), F., A.
Lambotte, Janine (1929), Be., T.
Lamorisse, Albert (1922-70), F., Ré.
Lamour, Dorothy (Kaumeyer) (10-12-14), U., A.
Lamoureux, Robert (4-1-20), F., A., Au., Ré.
Lampin, Georges (Rus., 1895-1979), F., Ré.
Lancaster *, Burt (2-11-13), U., A.
Lancelot, Jacques (1938), F., Mu.
Lancelot, Michel (1938-84), F., R.
Lanchester, Elsa (Elizabeth Sullivon), (28-10-02), G.-B., A.
Landis, Carole (Fonces hidste), (1919-48), U., A.
Lang *, Fritz (Aut., 1890-1976), U., Ré.
Lang, Georges (16-11-47), F., An., R.
Lang, Michel (1939), F., Ré.
Langdon, Harry (1884-1944), U., A., Ré.
Lange, Élise (n.c.), F., A.
Lange, Jessica (1950), U., A.
Langeais, Catherine (Marie-Louise Sabbagh, née Terrasse) (1923), F., Pré., An., T.
Langlois, Henri (1914-77), F., Dir. cinémathèque.
Langlois-Glandier, Janine (16-5-39), F., T. Af.
Lanoux, Victor (18-6-36), F., A.
Lantier, Jack (1938), F., C.
Lanvin, Gérard (21-6-50), F., A.
Lanza, Mario (Alfredo Cocozza) (Italie, 1921-59), U., C.
Lanzac, Roger (1920), F., Pré. T.
Lanzi, Jean (1934), F., J., Pré. T.
Lanzmann, Claude (n.c.), F., Au., Ré.
La Patellière, Denys de (1921), F., Ré.
Lapautre, René (11-10-30), F., Af.
La Plante, Laura (1-11-04), U., A.
Lapointe, Bobby (1922-72), F., C.
Lara, Catherine (n.c.), F., C.
Larère, Xavier (1933), F., T.
La Rocque, Rod (Roderick la Rocque de la Rour) (1896-1969), U., A.
Larquey, Pierre (1884-1962), F., A.
Larriaga, Gilbert (1926), F., Pr. T.
Larrivoire, J.-Claude (n.c.), F., J., R.
Lartigue, Jacques-Henri (13-6-1894), F., Ph.
Lassagne (1819-63), F., A.
Lasso, Gloria (Esp. 1928), F., C.
Laszlo, Andy (1926), U., Pr.
La Taille, Emmanuel de (1932), F., J.
La Taille, Renaud de (1934), F., J.
Lattès, Robert (13-12-27), F., Af., Au.
Lattès, Jean-Claude (n.c.), F., Éd.
Lattuada *, Alberto (3-11-14), It., Ré.
Laughton *, Charles (1899-1962), G.-B., A.
Laure, Carole (1948), Ca., A., C.
Laure, Odette (Roussillon) (1917), F., A.
Laurel, Stan (Jefferson) (1890-1965), U., A.
Laurens, André (7-12-34), F., J.
Laurens, Vic (Victor-Laurent Darpa) (1946), F., C.
Laurentiis (de), Dino (1919), It., Pr.
Laurie, Piper (Rosetta Jacobs), (22-1-32), U., A.
Lautner, Georges (24-1-26), F., Ré.
Lauzier, Gérard (1932), F., Ré., Hum.
Laval, J.-Claude (1951), F., Pré., R.
Lavalette, Bernard (Fleury) (1926), F., A., Ch.
Lavallière, Ève (1866-1929), F., A.
Lavanant, Dominique (24-3-44), F., A.
Lavelli, Jorge (1931), F., M.
Lavil, Philippe (1947), F., C.
Lavila, Patricia (La Villa, Mme D. Alexandre Winter) (1957), F., C.
Lavilliers, Bernard (1946), F., C.
Lawford, Peter (1923-84), G.-B., A.
Laydu, Claude (Be., 1927), F., A., P., T.
Lazareff, Pierre (1907-72), F., J., Pr., T.
Lazitch, Branko (n.c.), F., J.
Lazure, Gabrielle (1957), Ca., A.
Lean *, David (25-3-08), G.-B., Ré.
Leander, Zarah (1907-81), Suè., A.
Lear, Amanda (n.c.), U., C., Pré. T.
Léaud, Jean-Pierre (5-5-44), F., A.
Lebail, Christine (1947), F., C.
Le Bargy, Charles (1858-1936), F., A.
Lebas, Renée (1917), F., A., C.
Le Boucher, Monette (n.c.), F., T.
Lebovici, Gérard (1932-84), F., Pr., Ed., Dis.
Lebrun, Danielle (n.c.), F., A.
Lecerf, Olivier (2-8-29), F., Af.
Le Chanois, Jean-Paul (Dreyfus) (1909-85), F., Ré.
Leclerc, André (1903), F., J., Pr., T.
Leclerc, Édouard (20-11-26), F., Af., Dist.
Leclerc, Évelyne (1951), F., Pré. T.
Leclerc, Félix (1914), Ca., C., Cp.
Leclerc, Ginette (Geneviève Menu) (9-2-12), F., A.
Leclerc, Marcel (14-8-21), F., J.
Lecoq, Yves (1946), F., Imitateur.
Lecourtois, Daniel (1902-85), F., A.
Lecouvreur, Adrienne (1692-1730), F., A.
Ledoux, Fernand (24-1-1897), F., A.
Led Zeppelin : John Bonhem (1949), John Paul Jones (1946), Jimmy Page (1944), Robert Plant (1948), G.-B., C.
Lee, Belinda (1935-61), G.-B., A.
Lee, Brenda (Tarpley) (1944), U., A., C.
Lee, Bruce (1940-73), U., A.
Lee, Christopher (27-5-22), U., A.
Leeb, Michel (1949), F., Ch.
Leenhardt *, Roger (1903-85), F., Ré., Pr., Cr.
Lefaur, André (1879-1952), F., A.
Leféburé, Anne (n.c.), F., Sp.
Lefebvre, Jean (3-10-22), F., A.
Lefebvre, J.-Pierre (1942), Ca., Ré.
Lefèvre, Jean (8-3-28), F., Rep., T., R.
Lefèvre, René (1898), F., A.
Lefort, Bernard (29-7-22), F., Adm. Opéra.
Le Forestier, Maxime (1949), F., C., Cp.
Legrand, Michel (1932), F., Cp., C.
Legrand, Raymond (1908-74), F., Au. Cp.
Legrand, Renée (1935), F., Sp. T.
Legras, Jacques (n.c.), F., A.
Legris, Jacques (1919), F., Pr., T., R.
Legros, Fernand (n.c.-1983), F., Coll.
Lehmann, Maurice (1895-1974), F., Mu.
Leigh, Janet (Jeanette Morrison) (6-7-27), U., A.
Leigh *, Vivien (Hartley) (1913-67), G.-B., A.
Leighton, Margareth (1922-76), G.-B., A.
Leisen, Mitchell (1898-1972), U., Ré.
Leitao de Barros, José (1896), Portug., Ré.
Lekain, Esther (1870-1948), F., A., C.
Lekain (Henri Louis Cain) (1729-78), F., A.
Le Lionnais, François (1901-84), F., Ing., Au.
Lelouch *, Claude (30-10-37), F., Ré.
Le Luron, Thierry (2-4-52), F., A., Ch.
Lemaire, Francis (n.c.), Be., A.
Lemaire, Georgette (1943), F., C.
Lemaire, Philippe (1927), F., A.
Lemarchand, Jacques (1908-44), F., J.
Lemarque, Francis (Korb) (1917), F., Mu., C.
Lemas, André (15-4-29), F., J., R.
Le Ménager, Yves (1926), F., Ré., T.
Lemeret, Claudine (1937), F., Sp.
Lemmon, Jack (8-2-25), U., A.
Lemoine, Claude (1932), F., T.
Lemoine, François (13-6-43), F., J., Au.
Lemonnier, Meg (1908), U., A.
Leni, Paul (1885-1929), All., Ré.
Lenica, Jan (1928), Pol., Ré.
Lennon, John (1940/8-12-80), G.-B., C.
Lenoir, Bernard (n.c.), F., J., R.
Lenorman, Gérard (1945), F., C.
Léonard, Herbert (1946), F., C.
Leonard, Robert Z (1889-1968), U., Ré.

Leone *, Sergio (1921), It., Ré.
Léotard, Philippe (28-8-40), F., A.
Le Pen, Jean-Marie (20-6-28), F., Po.
Lepers, Julien (1951), F., An., R.
Le Person, Paul (n.c.), F., A.
Le Poulain, Corinne (Mme Duchaussoy), (n.c.), F., A.
Le Poulain, Jean (1924), F., A.
Leroy, Georges (Claude Topakian) (1931), F., R.
Le Roy, Mervyn (1900-72), U., Ré.
Leroy, Roland (4-5-26), F., J.
Le Royer, Michel (1932), F., A.
Le Sache, Bernadette (n.c.), F., A.
Lesaffre, Roland (26-6-27), F., A.
Lescure, Emmanuel (20-11-29), F., Af.
Lescure, Pierre (2-7-45), F., Pré., R., J.
Lessertisseur, Guy (1927), F., Ré., T.
Lester *, Richard (1932), G.-B., Ré.
Lesueur, François (1820-76), F., A.
Leterrier, François (1929), F., M.
Leulliot, Jean-Michel (1938), F., J.
Levaï, Ivan (1937), F., Pré., R., J.
Levasseur, André (1927), F., Déc.
Léveillée, Claude (1932), Ca., C.
Level, Charles (n.c.), F., C.
Leven, Gustave (7-3-14), F., Dir. soc.
Leveque, J.-Maxime (9-9-23), F., Af., Bq.
Levesque, Marcel (1877-1959), F., A.
Lévesque, Raymond (1928), Ca., C., Cp.
Le Vigan, Robert (1900-72), F., A.
Lévy, Catherine (24-2-47), F., J., T.
Lévy, Maurice (7-7-22), F., Sc.
Lévy, Raoul (Be. 1922-66), F., Pr.
Lévy-Lang, André (26-11-37), F., Bq.
Lewis *, Jerry (Joseph Levitch) (26), U., A., Ré.
Lewis, Jerry Lee (29-9-35), U., C.
Leymergie, William (1947), F., Pr., R., T.
L'Herbier *, Marcel (1890-1979), F., Ré., T.
Lhermitte, Thierry (24-11-52), F., A.
Lhoste, Pierre (1913), F., J., R.
Lifar, Serge (1905), F. or. rus., Da.
Ligier, Pierre (1797-1872), F., A.
Lignac, Gérard (18-1-28), F., J., Af.
Lignel, J.-Charles (21-11-42), F., Af.
Linder, Max (Gabriel Leuvielle) (1883-1925), F., A., Ré.
Lindfors, Viveca (29-12-20), Sué., A.
Lindtberg *, Léopold (1902-84), Su., Ré.
Lion, Bernard (23-3-39), F., Ré., T.
Lion, Margo (1904), F., A.
Lipsik, Frank (1943), F., An., R.
Lisi, Virna (Pieralisi) (8-9-37), It., A.
Little Tich (Harry Relph), (1868-1928), G.-B., A.
Littleton, John (1930), U., C.
Litvak, Anatole (Rus., 1902-74), U., Ré.
Livio, Antoine (n.c.), Su., J., R., Au.
Lizzani *, Carlo (1917), It., Ré.
Lloyd, Frank (G.-B., 1886-1960), U., Ré.
Lloyd, Harold (1893-1971), U., A., Pr.
Loach, Ken (1936), G.-B., Ré.
Lockwood, Margareth (Margaret Day) (15-9-16), G.-B., A.
Loew, Marcus (1870-1927), U., Pr., Dis.
Logan *, Joshua (5-10-08), U., Ré.
Loiseau, Yves (6-4-43), F., J., R.
Lollobrigida *, Gina (4-7-27), It., A.
Lombard, Carole (Jane Peters) (1908-42), U., A.
Long, Marceau (22-4-26), Af.
Long-Chris (Christian Blondiour) (1943), F., C.
Lonsdale, Michael (24-5-31), F., A.
Lopez, Francis (1916), F., Cp., Pr.
Lopez, Trini (5-12-37), U., C.
Loren *, Sophia (Scicoloné) (20-9-34), It., A.
Lorenzi, Stellio (7-5-21), F., M., Pr., Ré.
Lorre, Peter (Laszlo Loewenstein) (1904-64), U., A.
Lorsac, Olivier (n.c.), F., R.
Lory, Sabrina (1956), T., C.
Losey, Joseph (Walton Losey) (1909-84), U., Ré.
Lotar, Éli (1905), F., Op.
Louiguy (Louis Guglielmi) (Barcelone, 1916), Cp.
Louis, Roger (1925-82), F., J., Pr., T.
Louise, Anita (Fremault), (1915-70), U., A.
Louka, Paul (1936), Be., C.
Louki, Pierre (Varenne) (1926), F., C.
Lourau, Georges (1898), F., Pr.
Lourie, Eugène (1905), Déc. cin.
Loursais, Claude, (1919) F., Ré., T.
Loussier, Jacques (1934), F., Cp.
Louvier, Nicole (1933), F., C.
Love, Bessie (Juanita Horton) (10-9-1898), U., A.
Loy, Myrna (Williams) (2-8-05), U., A.
Lualdi *, Antonella (6-7-31), It., A.
Lubitsch *, Ernst (All., 1892-1947), U., Ré.
Lucas, Georges (14-5-44), U., Ré.
Luccioni, Micheline (1930), A.
Lucot, René (1908), F., Ré., T.
Lugné-Poe (Aurélien-Marie) (1869-1940), F., A.
Lugosi, Bela (Blasko) (1882-1956), Ho., A.
Luguet, André (1892-1979), F., A.
Lukas, Paul (Pal Lukacs) (1891-1971), U., A.
Lulli, Folco (1912-70), It., A.
Lumet *, Sidney (25-6-24), U., Ré.
Lumière, Auguste (1862-1954), F., Inv., Ré.
Lumière, Jean (Anezin) (1905-79), F., C.
Lumière, Louis (1864-1948), F., Inv., Ré.
Lupino, Ida (4-2-18), G.-B., A.
Lupu-Pick (1880-1931), All. or. ro., Ré., A.
Lux, Guy (21-6-19), F., Pr., An., T.
Lysès, Charlotte (n.c.) F., A.
Lyssy, Rolf (1936), Sui., Ré.
Mac Avoy, May (18-9-01), U., A.
Mac Callum, David (1933), Écos., A.
Mac Carey *, Leo (1898-1969), U., Ré.
Mac Cartney, Paul (18-6-42), G.-B., C.
Mac Crea, Joël (5-11-05), U., A.
Mac Donald, Jeannette (1901-65), U., A., C.
Mac Dowall, Roddy (17-9-28), G.-B., A.
Mac Dowell, Malcom (15-6-43), G.-B., A.
Mac Graw, Alice (1938), U., A.
Mac Guire, Barry (1935), U., C.
Mac Guire, Dorothy (14-6-18), U., A.
Machaty, Gustave (1901-63), Tch., Ré.
Mackendrick *, Alexander (U., 1912), G.-B., Ré.
Mac Laglen, Andrew (1920), U., Ré.
Mac Laglen, Victor (1886-1959), U., or. irl., A.
Mac Laine *, Shirley (Maclean Beaty) (24-4-34), U., A.
Mac Laren, Norman (11-4-14), Ca., Ré.
Mac Laughlin, John (4-1-42), G.-B., G.
Mac Leod, Norman (1898-1964), U., Ré.
Mac Murray, Fred (30-8-08), U., A.
Mac-Nab, Maurice (1856-89), F., Ch.
Mac Queen *, Steve (1930-80), U., A.
Mac Rae, Gordon (12-3-21), U., A.
Maccione, Aldo (1935), It., A.
Macias, Enrico (Gaston Ghrenassia) (11-12-38), F., C.
Maciste (Bertolomev Pagano) (n.c.), It., A.
Madona (Blanche, Louise, Ciccome Neige), (1957), U., C., A.
Maeght, Aimé (1906-81), F., Coll., Mécène.
Maffei, Claire (1924), F., A.
Magdane, Roland (n.c.), F., Hum.
Magnani *, Anna (1907-73), It., A.
Magni, Luigi (n.c.), It., Ré.
Magnier, Claude (1920), F., Au.
Magny, Colette (1926), F., C.
Magre, Judith (n.c.), F., A.
Mahal, Taj (1942), U., Mu., C.
Mahé, René (24-6-26), F., J., Af.
Mahuzier, Albert (1912-81), F., Rep.
Maillan, Jacqueline (11-1-23), F., A.
Mairesse, Valérie (8-6-55), F., A.
Maïs, Suzet (1907), F., A.
Maisonneuve, François de la (1934), F., J.
Maistre, François (1925), F., A.
Majax, Gérard (1943), F., J., T.
Makavejev, (1932), Youg., Ré.
Makk, Karoly (1925), Ho., Ré.
Malavoy, Christophe (1952), F., A.
Malclès, J.-Denis (1912), F., Déc.
Malden, Karl (Mladen Sekulovitch) (22-3-13), U., A.
Malet, Laurent et Pierre (3-9-55), F., A.
Malet, Philippe (5-2-25), F., Af.
Malibran (Maria de la Felicidad Garcia) (Esp., 1808-36), F., C.
Malidor, Lisette (n.c.), F., A.
Malle *, Louis (30-10-32), F., Ré.
Mallory, Michel (1941), F., Cp., C.
Malone, Dorothy (Maloney) (30-1-25), U., A.
Malraux, André (1901-76), F., Au., Ré.
Mamère, Noël (25-12-48), F., Pré., T.
Mamoulian, Rouben (Russie, 8-10-1898), U., M.
Manès, Gina (1895), F., A.
Manevy, Alain (9-3-30), F., J., R.
Manfredi, Nino (22-3-21), It., Ré.
Mangano *, Silvana (21-4-30), It., A.
Maniere, Jacques (22-10-23), F., Cui.
Manitas de Plata, (Ricardo Bellardo) (Sète, 1921), G.
Mankiewicz *, J.-L. (11-2-09), U., Ré.
Mann *, Anthony (1906-67), U., Ré.
Mann, Daniel (1912), U., Ré.
Mann, Delbert (1920), U., Ré.
Manni, Etore (1927-79), It., A.
Mansfield, Jayne (Vera Jane Palmer) (1933-67), U., A.
Manson, Héléna (1900), F., A.
Mantelet, Jean (10-8-1900), F., Af.
Manuel, Robert (1916), F., A.
Marais *, Jean (Villain-Marais) (1913), F., A.
Marceau, Marcel (Mangel) (1923), F., Mime.
Marceau, Sophie (17-11-66), F., A.
Marcelle-Maurette (Ctesse de Becdelièvre) (1892-1972), F., Au., M.
March, Fredrich (Frederick Mc Intyre Bickel) (1897-1975), U., A.
Marchal, Georges (1920), F., A.
Marchand, Corinne (1931), F., A.
Marchand, Guy (22-5-37), F., A.
Marchat, Jean (1902-66), F., A.
Marcillac, Raymond (1917), F., J., T.
Mardel, Guy (1944), F., C.
Maréchal, Marcel (1938), F., M.
Margaritis, Gilles (1912-65), F., Pr., Ré.
Margaritis, Hélène (n.c.-1977).
Margy, Lina (Marguerite Verdier) (1914-1973), F., C.
Mariano, Luis (Gonzalès) (1914-70), Esp., C.
Mariassy, Félix (1919-75), Ho., Ré.
Marielle, J.-Pierre (12-4-32), F., A.
Marie Séline, (Esselin) (1946), F., A.
Marin, Christian (1929), F., A.
Marin, Jacques (1919), F., A.
Marischka *, Ernst (1893-1963), Aut., Ré.
Marjane, Léo (Gérard) (1918), Be., C.
Marken, Jane (Krab) (1895-1976), F., A.
Marker *, Chris (Bouche-Villeneuve) (29-7-21), F., Ré.
Markevitch, Igor (1912-83), Ur., Cp.
Marley, Bob (1945-81), C.
Marquand, Christian (1927), F., A.
Marque, Henri (9-12-26), F., J., T.
Marquet, Mary (1895-1979), F., A.
Mars, Colette (Nicole Huot; Mme Raymond Cassier) (1916), F., C.
Mars, Mlle (Boutet) (1779-1847), F., A.
Marsac, Jean (Henri Delanglade) (1894-1976), F., A., Ch.
Marsh, Mae (1895-1968), U., A.
Marshall, George (1891-1975), U., M.
Marshall, Herbert (1890-1966), U., A.
Marshall, Mike (1944), F., A.
Marten, Félix (1919), F., A., C.
Martin, Blaise (1764-1837), F., C.
Martin Circus : Bob Brault, Gérard Pisani, Patrick Diessch, Paul-Jean Borowski, J.-Fr. Leroy, C.
Martin, Dean (Dino Crocetti) (17-6-17), U., A., C.
Martin, Hélène (1928), F., C.
Martin, Jacques (22-6-33), F., C., Pré., Au.
Martin, Maryse (n.c.), F., A.
Martin, Roger (8-4-15), F., Af.
Martinelli, Elsa (1935), It., A.
Martinelli, Jean (1910-83), F., A.
Martre, Henri (1928), F., Af.
Marvin, Lee (19-2-24), U., A.
Marx Brothers : Arthur (Harpo) (1893-1964), Julius (Groucho) (1895-1977), Léonard (Chico) (1891-1961), Herbert (Zeppo) (1901-79), Milton (Gummo) (1897-1977), U., A.
Mary, Renaud (1918), F., A.
Maryse (1940), F., An., R.
Masina, Giuletta (22-2-21), It., A.
Mason, Dave (n.c.), G.-B., Mu., G.
Mason *, James (1909-84), G.-B., A.
Massari, Léa (1934), It., A.
Massey, Raymond (1896-83), Ca., A.
Massimi, Pierre (1935), F., A.
Masson, Jean (1899), F., J., Ré.
Massoulier, J.-Claude (1934), F., R.
Mastroianni *, Marcello (28-9-24), It., A.
Masure, Bruno (14-10-47), F., J., T.
Matahari (Margareta Zelle) (1876-1917), P.-Bas, Da.
Mate, Rudolph (1898-1964), U., Ré.
Mathieu, Mireille (22-7-46), F., C.
Mathis, Johnny (30-9-35), U., C.
Mathis, Milly (Émilienne Tomasini) (1901-65), F., A.
Mathot, Léon (1896-1968), F., A., Ré.
Matras, Christian (1903-77), F., Op.
Matthau, Walter (1-10-20), U., A.
Mattoli, Mario (1898), Ital., Ré.
Mattson *, Arn (1919), Suè., Ré.
Mature, Victor (29-1-16), U., A.
Mauban, Maria (Versini) (1924), F., A.
Mauclair, Jacques (1919), F., A.
Mauer, Michel (3-10-36), F., Af.
Maurel, Claude (2-7-29), F., R.
Maurey, Nicole (1925), F., A.
Mauriac, Jean (15-8-24), F., J.
Mauriat, Paul (1925), F., Mu., Cp.
Maurier, Claire (1929), F., A.
Maus, Bertrand (1932), F., Af.
Max, Éduard de (Ro., 1869-1924), F., A.
Max, Zappy (Max Doucet) (1921), F., An. R.
Max Dearly (Lucien-Max Rolland) (1874-1943), F., A.
May, Joe (1880-1954), All., Ré.
May, Paul (1909-76), All., Ré.
Mayall, John (29-11-33), U., C., Mu.
Mayer, Louis B. (1885-1957), U., Pr.
Mayniel, Juliette (1936), F., A.
Mayo, Archie (1891-1968), U., Ré.
Mayo, Virginie (1922), U., A.
Mayol, Félix (1872-1941), F., C.
Mayoux, Jacques (18-7-24), Insp. fin., Af.
Mead, Margaret (1901-78), U., Soc.
Meerson, Lazare (Rus., 1900-38), F., Déc.
Mehdi (El Glaoui) (1956), F., A.
Mekas, Jonas (1922), U., Ré.

MELBA, Nellie (Helen Mitchell) (1861-1931), Austr., C.
MÉLIÈS, Georges (1861-1938), F., Ré.
MELVILLE *, J.-P. (Grumbach) (1917-73), F., Ré.
MENEGOZ, Robert (1923), F., Ré.
MÉNESTRELS (Les Trois) : G. Sandrini, J.-L. Fenoglio, R. de Ryekert.
MÉNESTRIERS (Les) : H. Agnel, M. Ar Dizzona, J.-N. Catrice, B. Pierrot, F., C.
MENEZ, Bernard (8-8-44), F., A.
MENIER, Paulin (1822-98), F., A.
MENJOU, Adolphe (1890-1963), U., A.
MENZEL, Jiri (1938), Tc., Ré.
MERCADIER, Marthe (1928), F., A.
MERCIER, Michèle (1939), F., A.
MERCOURI, Melina (18-10-23), Gr., A., C.
MERCURE, Jean (P. Libermann) (1909), F., A., M.
MEREDITH, Burgess (16-11-08), U., A.
MERIEUX, Alain (10-7-38), F., Af.
MERIKO, Maria (Bellan) (1920), F., A.
MÉRIL, Macha (30-9-40), F., A.
MERKÈS, Marcel (1922), F., A. lyr.
MERLIN, Louis (1901-76), F., Pr., R.
MÉRODE, Cléo de (n.c.-1966), F., A.
MERVAL, Paulette (Mme M. Merkès) (1928), F., A. lyr.
MÉRY, Michel (Raymond Meyer) (1916), F., Ch.
MESGUICH, Daniel (1952), F., A.
MESGUISCH, Félix (1871-1949), F., Op.
MESSEGUE, Maurice (1921), F., Méd.
MESSEMER *, Hannes (1924), All., A.
MESTRAL, Armand (1917), F., C., A.
MÉTAYER, Alex (n.c.), F., Ch.
MEUNIER, Edmond (1916), F., Ch.
MEURISSE, Paul (1912-79), F., A.
MEUTHEY, Pierre (1930), F., R.
MEYER, Jean (1914-79), F., A.
MEYNIER, Max (30-1-38), F., R.
MICHELIN, François (3-7-26), F., Af.
MICHEYL, Mick (Paulette Michey) (1922), F., C.
MICHU, Clément (1936), F., A.
MIDLER, Bette (1-12-45), U., C., A.
MIFUNE, Toshiro (1920), Jap., A.
MIKHAËL, Ludmilla (1947), F., A.
MIKHALKOV-KONTCHALOVSKI, Andrei (1937), Ur., Ré.
MIKIO, Naruse (1905), Jap., Ré.
MILES, Budy (1946), U., Mu. bat.
MILES, Sarah (31-12-41), G.-B., A.
MILES, Vera (23-8-30), U., A.
MILESTONE, Lewis (Leiba Milstein) (Roum., 1895-1980), U., M.
MILLAND, Ray (Reginald Truscott-Jones) (1905-86), G.-B., A.
MILLER, Ann (12-4-19), U., Da., A.
MILLER, Claude (1942), F., Ré.
MILLS, John (22-2-08), G.-B., A.
MILOWANOFF, Sandra (1897), F. (née Russie), A.
MILTON, Georges (Michaux) (1888-1970), F., A.
MIMICA, Vatroslav (1923), Youg., Ré.
MINAZZOLI, Christiane (1935), F., A.
MINEO, Sal (1939-76), U., A.
MINEUR, Jean (1902), F., Pr., M., Ré.
MINGUS, Charlie (1926-1979), U., Contrebas.
MINNELLI, Liza (12-3-46), U., A., C.
MINNELLI *, Vincente (1910-86), U., Ré.
MIOU-MIOU (Sylvette Héry) (22-2-50), F., A.
MIRANDA, Carmen (Port., 1909-55), U., A.
MIRANDA, Isa (Ines Isabella Sanpietro) (1909-82), It., A.
MIRAT, Pierre (1924), F., A.
MIREILLE (M. Hartuch ; Mme Emmanuel Berl) (1906), F., C., Cp.
MISRAKI, Paul (Misrachi) (Turq., 1908), F., Cp.
MISSIAEN, Jean-Claude (1939), F., Ré.
MISTIGRI (Mme Ganne) (1935), A., T.
MISTINGUETT (Jeanne Bourgeois) (1873-1956), F., A., Da., C.
MITCHELL, Eddy (Claude Moine) (3-7-42), F., C.
MITCHUM *, Robert (6-8-17), U., A.
MITHOIS, Jean-Pierre (26-5-34), J., R., Au.
MITRANI, Michel (1930) F., Ré.
MITRY, Jean (1907), F., S., Cr.
MITTERRAND, Frédéric (n.c.), F., Pr., T.
MITTERRAND, Jacques (21-7-18), Gl. Air, Af.
MITTERAND, Olivier (18-7-43), F., A.
MIX, Tom (Thomas Edwin Mix) (1880-1940), U., A.
MIYET, Bernard (16-12-46), F., R., Af.
MIZOGUCHI *, Kenji (1898-1956), Jap., Ré.
MNOUCHKINE, Ariane (1939), F., M.
MOATI, Serge (17-8-46), F., Ré.
MOCKY, Jean-Pierre (J. Mokiejewski) (6-7-29), F., A., Ré., Pr.
MODOT, Gaston (1887-1970), F., A.
MOGADOR (Céleste Vénard, dame Lionel de Bobreton, Ctesse de Chabrillan) (1824-1909), F., Da., Au.
MOGUY (L. Maguilevsky) (Rus., 1899-1976), Ré.
MOINE, Michel (n.c.), F., A.
MOLANDER, Gustav (Finl., 1888-1973), Suè., Ré.
MOLINARO, Édouard (13-5-28), F., Ré., A.
MÔME MOINEAU (La) (Lucienne Garcia) (1905-68), F., C.
MONDY, Pierre (Cuq) (10-2-25), F., A.
MONFORT, Sylvia (Mme Silvia Fabre-Bertin) (1923), F., A.
MONICELLI *, Mario (16-5-15), It., Ré.
MONNIER, Henri (1799-1867), F., A.
MONNOT, Marguerite (1903-61), F., Cp.
MONOD, Jacques (1918-85), F., A., C.
MONOD, Jérôme (7-9-30), Fr., Af.
MONROE *, Marilyn (Norma Jean Baker) (1926-62), U., A.
MONROSE, Claude (1783-1843), F., A.
MONTAGNÉ, Gilbert (1952), F., C.
MONTAGNÉ, Guy (n.c.), F., R.
MONTAND *, Yves (Livi) (It. 13-10-21), F., C., A.
MONTARON, Georges (10-4-10), F., J.
MONTERO, Germaine (Heygel) (1909), F., A.
MONTÈS, Lola (Eliza Gilbert) (1818-61), Irl., A.
MONTEZ, Maria (Maria de Sarto Silas) (19-20-51), U., A.
MONTGOMERY, Robert (1904-81), U., A.
MONTY (Jacques Bullastin) (1943), F., C.
MOORE, Colleen (Kathleen Morrison), (19-8-1900), U., A.
MOORE, Roger (14-10-28), G.-B., A.
MOOREHEAD, Agnes (1906-74), U., A.
MORE, Kenneth (1914-82), G.-B., A.
MOREAU *, Jeanne (23-1-28), F., A., C.
MOREAU, Jean-Luc (n.c.), F., M.
MOREL, Jacques (1922), F., A.
MORENO, Dario (Dario Druguet) (Turquie 1921-68), F., A., C.
MORENO, Marguerite (Monceau) (1871-1948), F., A.
MORETTI, Noni (1953), It., Ré.
MORGAN *, Michèle (Simone Roussel) (29-2-20), F., A.
MORIN, Christian (2-3-45), F., Mu., An. R.
MORISSE, Lucien (1929-70), F., R.
MORLAY, Gaby (Blanche Fumoleau) (1897-1964), F., A.
MORLEY, Robert (26-5-08), G.-B., A.
MORRICONE, Ennio (1928), It., Cp., Mu.
MORRISON, Jim (1943-71), U., C., G.
MORRISON, Van (31-8-45), G.-B., C., Mu.
MORRISSEY, Paul (1939), U., M.
MOSJOUKINE, Ivan (1889-1939), Ur., A.
MOTTE, Claire (1937-86), Da.
MOUEZY-EON, André (1880), F., A.
MOUGEOTTE, Étienne (1-3-40), F., J.
MOULAERT, René (1901-65), F., Déc. cin.
MOULINOT, Jean-Paul (1912), F., A.
MOULIN-ROUSSEL, Philippe (1-11-31), F., Af.
MOULOUDJI, Marcel (1922), F., A., Ch.
MOUNET, Paul (1847-1922), F., A.
MOUNET-SULLY, Jean (1841-1916), F., A.
MOUROUSI, Yves (20-7-42), F., Pré. T.
MOUSKOURI, Nana (1936), Gr., C.
MOUSSA, Pierre (1922), F., Af.
MOUSSEAU, Jacques (1932), F., J., T.
MOUSSINAC, Léon (1890-1964), F., Cr.
MOUSTACHE (14-2-29), F., Mu., C.
MOUSTAKI, Georges (Joseph Mustacchi) (1934), F., Cp., C., A.
MULLIEZ, Gérard (13-5-31), F., Af.
MULLIGAN *, Robert (1925), U., Ré.
MUNDVILLER, Joseph Louis (1886), F., Op.
MUNGO, Jerry : Ray Dorset, Paul King, Colin Earl, Mike Cole, U., C.
MUNI, Paul (Muni Weisenfreund, dit) (1895-1967), U., A.
MUNK *, Andrzej (1921-61), Pol., Ré.
MURAT, Jean (1888-1968), F., A.
MURNAU *, Fried. Wil. (Plumpe) (1889-1931), All., Ré.
MURPHY, Audie (1924-71), U., A.
MURPHY, Eddie (1963), U., A.
MURPHY, George (4-7-02), U., A.
MURRAY, Mac (Marie Koening), (1885-1965), U., A.
MURRAY, Sunny (1937), U., Bat.
MUSIDORA (Jeanne Roques) (1889-1957), F., A.
MUTI, Ornella (Francesca Romana Rivelli) (9-3-55), It., A.
MYRIAM, Mary (1957), F., C.
NAGY, Kate de (1909-73), Ho., A.
NANTEAU, Olivier (Rist) (1949), F.
NARCY, Jean-Claude (16-1-38), F., J., T.
NARUSE *, Mikio (1905-69), Jap., Ré.
NASH, Clarence (1905-85), U., A.
NAT, Lucien (1897-1972), F., A.
NAT, Marie-José (Drach, née Benhalassa) (22-4-40), F., A.
NATANSON, Jacques (1901), F., Di.
NAUDET, J.-Baptiste (1743-1830), F., A.
NAVADIC, Jacques (1923), F., T.
NAY, Catherine (n.c.), F., J.
NAZIMOVA, Alla (Nazimoff) (Rus., 1879-1945), U., A.
NAZZARI, Amédéo (Buffa) (1907-79) It., A.
NEAGLE, Anna (Robertson) (20-10-04), G.-B., A.
NEAL, Patricia (20-1-26), U., A.
NEAME, Ronald (1911), G.-B., Ré.
NEGRI, Pola (Appolonia Chalupek) (Pol., 31-12-94), U., A.
NEGULESCO, Jean (26-2-1900), Ro., Ré.
NEIL, Louis-Roland (1925), F., J., T.
NELSON, Ralph (1916), U., M.
NELSON, Rick (1940-85), U., C.
NEMEC, Jan (1936), Tc., Ré.
NERO, Franco (Sparomero), (It., 1942), U., A.
NEROT, Edme (30-6-29), F., Af.
NERVAL, Michel (n.c.), F., Ré.
NETTER, Michel (1934), F., R.
NEUVILLE, Marie-Josée (Mme Herzog, née Josée de Neuville) (1938), F., C.
NEVEUX, Georges (1900-82), F., Au., Pr., T.
NEWMAN *, Paul (26-1-25), U., A., Ré.
NEWTON-JOHN, Olivia (26-9-48), U., A.
NICAUD, Philippe (1926), F., A.
NICHOLS, Dridley (1895-1960), U., S., Ré.
NICHOLSON *, Jack (22-4-37), U., A.
NICOLAS, Roger (1919-77), F., C., Au., Th.
NICOLETTA (Nicole Grisoni) (11-4-44), F., C.
NICOT, Claude (1925), F., A.
NIELSEN, Asta (1883-1972), Da., A.
NIELSEN, Claude (13-6-28), F., Éd.
NILSSON, Harry (15-6-42), U., A.
NIRO, Robert de (17-8-45), U., A.
NIVEN *, David (1909-83), G.-B., A.
NOBEL, Chantal (1948), F., A.
NOËL, Bernard (1928-70), F., A.
NOËL, Denise (1922), F., A.
NOËL, Jacques (1924), F., Déc.
NOËL, Magali (Guiffray) (27-6-32), F., A.
NOELLE, Paule (1942), F., A.
NOËL-NOËL * (Lucien Noël) (9-8-1897), F., A., Ré.
NOGNERO, José (n.c.), A.
NOGUERA, Louis (1910-84), F., C.
NOHAIN, Dominique (1927), F., A.
NOHAIN, Jean (J.-M. Legrand) (1900-81), F., Pr.
NOIRET *, Philippe (1-10-31), F., A.
NOLLIER, Claude (1923), F., A.
NOLTE, Nick (8-2-40), U., A.
NORMAND, Mabel (1894-1930), U., A.
NORO, Line (1900-85), F., A.
NORRIS, Chuck (1942), U., A.
NOUGARO, Claude (1932), F., C.
NOVAK *, Kim (Marilyn) (13-2-33), U., A.
NOVARRO, Ramon (Samaniegos) (Mex., 1899-1968), U., A.
NUMA (Marc Beschefer) (1802-69), F., A.
OAKIE, Jack (Lewis Delaney Offield) (1903-78), U., A.
OATES, Warren (1928-82), U., A.
OBERON, Merle (Estelle O'Brien Merle Thompson) (1911-79), Aust., A.
O'BRIEN, Edmund (1915-85), U., A.
O'BRIEN, Margaret (15-1-37), U., A.
O'BRIEN, Pat (1899-1983), U., A.
OCKRENT, Christine (25-4-44), F., R., T.
OFFREDO, Jean (1944), F., J.
O'CONNEL, Arthur (1908-81), U., A.
O'CONNOR, Donald (28-8-25), U., A.
OGIER, Bulle (9-8-39), F., A.
OGOUZ, Philippe (1939), F., A.
O'HARA, Maureen (Fitzsimmons) (17-8-20), Irl., A.
OLAND, Warner (Suè., 1880-1938), U., A.
OLFIELD, Mike (15-5-53), G.-B., Mu., Cp.
OLIVEIRA *, Manuel de (1905), Port., Ré.
OLIVER, Edna May (1883-1942), U., A.
OLIVER, Michel (1932), F., Cuis.
OLIVER, Raymond (1909), Fr., Rest., Pr. T.
OLIVIER *, Sir Laurence (22-5-07), G.-B., A., Ré.
OLLIVIER, Éric (du Parc) (1927), Fr., Au., T.
OLMI *, Ermanno (24-7-31), It., Ré.
ONASSIS, Christina (11-12-51).
ONDRA, Annie (1909), F., A., Pr.
O'NEAL, Ryan (20-4-41), U., A.
ONO Yoko (Jap., 18-2-33), U., C., Cp.
OPHÜLS, Marcel (Oppenheimer) (1927), F., Ré.
OPHÜLS *, Max (Oppenheimer) (1902-57), F., Ré.
ORAISON, Marc (1914-79), F., Méd., Pr., Au.
ORCIVAL, François d' (1942), F., J.
ORMESSON, Antoine d' (1924), F., Ré.
ORMESSON, Jean d' (16-6-25), F., J.
ORTOLI, François-Xavier (16-2-25), F., Af.
OSHIMA, Nagisa (31-3-32), Jap., Ré.
OSSO, Adolphe (1894-1961), F., Pr.
O'SULLIVAN, Maureen (17-5-11), Irl., A.
OSWALD, Marianne (Colin) (1903-85), F., A., Ch., Pr.
O'TOOLE, Peter Seamus (2-8-32), Irl., A.
OUREVITCH, Jacques (n.c.), F., J.
OURY *, Gérard (Max-Gérard Tannenbaum), (29-4-19), F., A., Ré.
OUVRARD, Gaston (1890-1981), F., Cp., C.
OZERAY, Madeleine (1910), F., A.

Ozu *, Yasujiro (1903-63), Jap., Ré.
Pabst *, Georg W. (George Wilhelm) (Aut., 1885-1967), Ré.
Pache, Bernard (13-10-34), F., Af.
Pacino, Al (25-4-40), U., A.
Pacôme, Maria (1923), F., A.
Pado, Dominique (1922), F., J., Sénateur.
Page, Geneviève (Bonjean) (Mme J.-C. Bujard) (1927), F., A.
Page, Geraldine (22-11-24), U., A.
Page, Louis (1905), F., Op.
Page, Michel (1945), F., C.
Pagès, Évelyne (25-2-42), F., J., R.
Pagezy, Bernard (22-1-28), F., Af.
Pagezy, Pierre (20-11-30), F., Af.
Pagliero, Marcello (1907-80), It., A., Ré.
Pagnol, Jacqueline (1926), F., A.
Pagnol *, Marcel (1895-1974), F., Ré., Au.
Painlevé, Jean (1902), F., Ré.
Pakvla, Alan (7-4-28), U., Ré.
Pal, Georges (Ho. 1908-80), U., M., Ré.
Palance *, Jack (Walter Palanvik) (18-2-19), U., A.
Palau, Pierre (P.P. del Vidri) (1885-1966), F., A.
Palma, Brian de (1941), U., Ré.
Palmer, Lilli (Peiser) (Aut., 1914-86), All., A.
Pampanini, Silvana (1927), It., A.
Paoli, Jacques (15-12-24), F., J.
Papas, Irène (1926), Gr., A.
Paqui, Jean (Chr. Thonel d'Orgeix) (1921), F., A.
Parayre, Jean-Paul (5-7-37), Fr., Ing., Af.
Paredes, Jean (Victor Categnac) (1918), F., A.
Parely, Mila (9-10-17), F., A.
Parillaud, Anne (1960), F., A.
Paris, Simone (n.c.), F., A.
Parker, Alan (1944), G.-B., Ré.
Parker, Eleanor (26-6-22), U., A.
Parlo, Dita (Grethe Kornstadt) (1906-71), All., A.
Parola, Danielle (n.c.), F., A.
Parrish, Robert (1916), U., M.
Parry, Gisèle (1921), F., A., Pr., T.
Parton, Dolly (1946), U., A.
Pascal, Christine (n.c.), F., A., Ré.
Pascal, Giselle (Mme Raymond Pellegrin) (1923), F., A.
Pascal, Jean-Cl. (Villeminot) (1927), F., A., C.
Pasolini *, Pier Paolo (1922-75), It., Au., Ré.
Pasquali, Alfred (1898), F., A.
Passer, Yvan (1933), Tc., Ré.
Pasteur, Joseph (Rocchesani) (1921), F., J., T.
Pastorius, Jaco (1-12-51), U., G.
Patachou (Mme Arthur Lesser née Henr. Ragon) (1918), F., C.
Pathé, Charles (1863-1957), F., Ré.
Patricia (1950), F., C.
Paturel, Dominique (3-4-31), F., A.
Paugam, Jacques (1944), F., R.
Paul, Bernard (1930-80), F., Ré.
Paulus (J.-Paul Habans) (1845-1908), F., C.
Paulvé, André (1898-1982), F., Pr., Dis.
Pautrat, Daniel (1940), F., J.
Pauwels, Louis (1920), F., Au., T.
Pavan, Marisa (Pierangeli) (1932), It., A.
Paviot, Paul (1925), F., Ré.
Pechin, Pierre (10-2-47), F., Ch.
Peck *, Gregory (5-4-16), U., Ré.
Peckinpah *, Sam (1926-84), U., Ré.
Pecqueur, Michel (18-8-31), Fr., Af.
Pellegrin, Raymond (Pellegrini) (1-1-25), F., A.
Penchenier, Georges (1919), F., J., T.
Penn, Arthur (27-9-22), U., Ré.
Peppard, George (1-10-29), U., A.
Perault, Pierre (1929), Ca., Ré.
Perdriel, Claude (25-10-26), F., J.
Perdrière, Hélène (1910), F., A.
Père, Bernard (1939), F., J.
Pereira Dos Santos, Nelson (1938), Brés., Ré.
Péricard, Michel (1929), F., J., T.
Périer, Étienne (1931), Be., Ré.
Périer *, François (Pillu) (10-11-19), F., A.
Périlhou, Isabelle (1961), F., A.
Périnal, Georges (1897-1965), F., Op.
Perkins *, Anthony (4-4-32), U., A.
Perlet, Adrien (1795-1850), F., A.
Perret, Léonce (1880-1935), F., A., Ré.
Perret, Pierre (1934), F., C.
Perrin, Francis (1947), F., A., Ré.
Perrin, Jacques (Simonet) (13-7-41), F., A.
Perrin, Marco (n.c.), F., A.
Perrine, Valerie (3-9-44), U., A.
Perrot, Luce (1941), F., J., T.
Peter, Solange (1-2-30), F., Ré., T.
Petit, Pascale (1938), F., A.
Petri, Élio (1929), It., Ré.
Petrovic *, Alexandre (1929), Youg., M.
Peugeot, Bertrand (30-10-23), F., Af.
Peugeot, Roland (20-3-26), F., Af.
Peyrac, Nicolas (1945), F., C.
Peyrelon, Michel (10-10-36), F., A.
Peysson, Anne-Marie (J. Falloux) (24-7-35), F., Sp., T, R.
Philipe *, Gérard (1922-59), F., A.
Philippe, Annie (1946), F., C.
Philippe, Claude-Jean (n.c.), F., J.
Phillips, Esther (1935-84), U., C.
Pia, Pascal (1902-79), F., J.
Piaf, Édith (Giovanna Gassion) (1915-63), F., C., A.
Pialat, Maurice (21-8-25), F., Ré.
Piat, Jean (1924), F., A.
Picasso, Paloma (n.c.), F., A.
Piccoli *, Michel (27-12-26), F., A., Pr.
Pickett, Wilson (1941), U., C.
Pickford, Mary (Gladys Smith) (1893-1979), U., A.
Pidgeon, Walter (1897-1984), U., A.
Piéplu, Claude (9-5-23), F., Pr.
Piem (Pierre de Montvallon) (1923), F., Des.
Piéral (Pierre Aleyrangues) (1923), F., A.
Pierre, Louis (Pierre Amourdedieu) (1917), F., J., P. T.
Pierre, Roger (Jean Le Gall) (1923), F., A.
Pierre-Brossolette, Claude (5-3-28), F., Af.
Pierry, Marguerite (1888-1963), F., A.
Pigaut, Roger (1919), F., A.
Pignol, Jean (1924), F., Ré., T.
Pills, Jacques (René Ducos) (1906-70), F., C.
Pineau, Gilbert (1931), F., Ré., T.
Pineau-Valencienne, Didier (31-3-31), F., Af.
Pink Floyd : Syd Barrett, Roger Waters, Rick Wright, Nick Mason, David Gilmour, G.-B., Mu.
Pinoteau, Claude (1925), F., Ré.
Pinoteau, Jack (1923), F., M.
Pirès, Gérard (1942), F., Ré.
Pisier, M.-France (10-5-44), F., A.
Pitoëff, Georges (1884-1939), F., A.
Pitoëff, Ludmilla (1895-1951), F., A.
Pitoëff, Sacha (1920), F., A.
Pitou, Ange-Louis (1767-1846), F., J., C.
Pitts, Zasu (1898-1963), U., A.
Pivot, Bernard (5-5-35), F., J., T.
Plana, Georgette (1918), F., C.
Planchon, Roger (1931), F., M.
Plantu (n.c.), F., Des.
Platters : Tony Williams, David Lynch, Paul Robi, Herb Reed, Zola Taylor, U., C.
Pleasance, Donald (5-10-19), U., A.
Plescoff, Georges (9-3-18), F., Bq.
Ploquin, Raoul (1900), F., Pr.
Plummer, Christopher (1927), Ca., A.
Plunckett, Patrice de (n.c.), F., J., Au.
Podesta *, Rossana (1934), It., A.
Poiré, Alain (1917), F., Pr., T.
Poiret, Jean (Poiré) (17-8-26), F., A., Ch.
Poirier, Léon (1876-1968), F., Ré.
Poitier, Sydney (20-2-24), U., A.
Poivre, Annette (Mme R. Bussières) (1917), F., A.
Poivre d'Arvor, Patrick (20-9-47), F., J., T.
Polac, Michel (1930), F., J., Ré.
Polaire (Émilie-M. Bouchaud) (1887-1939), F., C.
Polanski *, Roman (Pol. 18-8-33), U., Ré.
Poli, Joseph (n.c.), F., J., T.
Poligny, Serge de (1904-83), F., Ré.
Polin (P.-P. Marsalès) (1863-1927), F., C.
Pollack *, Sidney (1-7-34), U., Ré.
Polnareff, Michel (3-7-44), F., C., Cp.
Ponnelle, Jean-Pierre (1932), F., M., Déc., Cp.
Pons, Lily (1898-1976), U., A.
Pons-Seguin, Gérard (18-6-42), F., Af.
Pontecorvo, Gillo (1919), It., Ré.
Ponti, Carlo (11-12-13), It., Pr.
Ponty, Jean-Luc (29-9-42), F., Mu.
Pop, Iggy (James Osterburg) (1947), U., C., Cp.
Popeck (Jean Herbert) (18-5-1936), F., Ch.
Popesco, Elvire (Ro. 10-5-1896), F., A.
Porel, Jacqueline (1918), F., A.
Porel, Marc (1949-83), F., A.
Porte, Bernard (7-3-38), F., Af.
Porter, Cole (1893-1964), U., Cp.
Potier (1774-1838), F., A.
Pottecher, Frédéric (1905), F., J., T.
Pottier, Richard (Ernst Deutsch) (1906), F., M.
Pouctal, Hervé (1859-1922), F., Ré.
Poudovkine *, Vsevolod (1893-1953), Ur., Ré.
Poujouli, Georges (1940), F., A.
Poulet, Manuel (1921), F., Ré., Pr., R.
Pourcel, Frank (n.c.), F., Mu., Cp.
Pousse, André (1919), F., A.
Powel, Eleanor (1912-82), U., A.
Powell, Dick (1904-63), U., A., Ré.
Powell, Jane (Suzanne Burce) (1-4-29), U., A.
Powell *, Michael (30-9-05), G.-B., Ré.
Powell, William (1892-1984), U., A.
Power, Romina (1951), It., C.
Power, Tyrone (1913-58), U., A.
Pradal, Bruno (n.c.), F., A.
Pradel, Jacques (1947), F., An. R.
Pradier, Perrette (Chevau) (1938), F., A.
Pradines, Roger (1925), F., Ré., T.
Pralon, Alain (1939), F., A., M.
Prasteau, Jean (1921), F., Pr., T.
Prat, Jean (1927), F., Ré., T.
Préboist, Paul (1927), F., A.
Préjean, Albert (1893-1979), F., A.
Préjean, Patrick (1944), F., A.
Preminger *, Otto (Aut., 1906-86), U., Ré.
Presle *, Micheline (Chassagne) (28-8-22), F., A.
Presley, Elvis (8-1-35/16-8-77), U., C., A.
Prévert, Jacques (1900-77), F., S., Di.
Prévert *, Pierre (1906), F., Ré.
Préville (1721-1800), F., A.
Prévost, Daniel (1939), F., A.
Prévost, Françoise (1930), F., A.
Price, Alan (1942), G.-B., C.
Price, Dennis (1915-73), G.-B., A.
Price, Vincent (27-5-1911), U., A.
Prim, Suzy (1895), F., A.
Primrose, William (1903-82), G.-B., Mu.
Prince (Roger Nelson) (7-6-58), U., C.
Prince dit Rigadin (Charles Petit-Demange) (1875-1933), F., A.
Principal, Victoria (Concettina Principale) (3-1-50), U., A.
Printemps, Yvonne (Wignolle, Mme Pierre Fresnay) (1894-1977), F., C., A.
Priouret, Roger (1913), F., J.
Prisset, Serge (1946), F., C.
Pronteau (1919-84), F., Po.
Proslier, Jean-Marie (1928), F., A.
Prouvost, Jean (1885-1978), F., Ed.
Provost, Jean (1798-1869), F., A.
Pryor, Richard (1-12-40), U., A.
Puenzo, Luis (n.c.), Arg., Ré.
Puhl-Demange, Marguerite (25-3-33), F., J., Af.
Pulver *, Liselotte (1929), Su., A.
Purviance, Edna (1894-1958), U., A.
Pyriev *, Ivan (1901-68), Ur., Ré.
Quayle, Anthony (7-9-13), G.-B., A.
Quidet, Christian (10-12-32), F., J., T.
Quin, Claude (1-5-32), F., Af.
Quine, Richard (1920), U., Ré.
Quinn *, Anthony (Mex. 21-4-15), U., A.
Rabal, Francesco (8-3-25), Esp., A.
Rachel (Elisabeth Félix) (Su., 1821-58), F., A.
Radvanyi, Geza von (1907), Ho., Ré.
Raft, George (Ranft) (1895-1980), U., A.
Ragueneau, Philippe (1917), F., T.
Raik, Étienne (1904), F., An.
Raimbourg, Lucien (1903-73), F., A.
Raimu *, Jules (Muraire) (1883-1946), F., A.
Rainer, Luise (Aut., 12-1-10), U., A.
Rains, Claude (1890-1967), U., A.
Raisner (Trio d'harmonica) : Albert Raisner (1925), Pr. T. ; André Dionnet (1924) ; Sirio Rossi (1923).
Raizman *, Youli (1903), Ur., Ré.
Rampling, Charlotte (5-2-45), G.-B., A.
Randall, Tony (26-2-20), U., A.
Rank, lord Arthur (Joseph Arthur, Lord Rank) (1888-1972), G.-B., Pr.
Rapp, Bernard (1945), F., J., T.
Rappeneau, Jean-Paul (8-4-32), F., Ré.
Rapper, Irwing (1898), U., Ré.
Rathbone, Basil (Afr. S., 1892-1967), U., A.
Raucourt (Josèphe Saucerotte) (1756-1815), F., A.
Ravaud, René (11-4-20) F., Af.
Ravel, Pierre (1814-85), F., A.
Ray, Charles (1891-1943), U., A.
Ray, Man (1890-1976), U., Ph.
Ray *, Nicholas (Kienzle) (1911-79), U., Ré.
Ray *, Satyajit (2-5-21), Inde, Ré.
Raymond, Jean (n.c.), F., A., imit.
Raynaud, Fernand (1926-73), F., A., Ch.
Ré, Michel de (Gallieni) (1925-79), F., A.
Reagan, Ronald (6-2-11), U., A.
Rebroff, Ivan (1931), Ur., C., A., Cp.
Redding, Otis (1941-67), U., C.
Redford *, Robert (18-8-37), U., A.
Redgrave *, Michael (1908-85), G.-B., A.
Redgrave, Vanessa (30-1-37), G.-B., A.
Reed *, Sir Carol (1906-76), G.-B., Ré.
Reed, Lou (2-3-44), U., C., G.
Reed, Oliver (13-2-38), G.-B., A.
Reeve, Christopher (25-9-52), U., A.
Reeves, Steve (21-1-26), U., A.
Reggiani *, Serge (2-5-22), F., A., C.
Régine, (Mme Roger Choukroun née R. Sylberberg) (1929), F., C., A.
Régnier (1807-85), F., A.
Rego, Luis (n.c.), F., A.
Régy, Claude (1929), F., M.
Reichenbach, François (1924), F., Ré.
Reiser, J.-Marc (1941-83), F., Des.
Reisz *, Karel (1926), G.-B., Ré.
Réjane (Gab. Réju) (1856-1920), F., A.
Rellys (Henri Bourrely) (1905), F., A.
Remick, Lee (14-12-35), U., A.
Rémy, Albert (9-4-15), F., A.

Rémy, Constant (1882-1957), F., A.
Renant, Simone (G. Buigny) (1911), F., A.
Renard, Colette (Mme R. Legrand née Raget) (1924), F., C., A.
Renaud (R. Sechan) (11-5-52), F., C.
Renaud, Line (Jacqueline Gasté née Enté) (2-7-28), F., A., C.
Renaud, Madeleine (Mme J.-L. Barrault) (21-2-1900), F., A.
Rénier, Yves (1942), F., A.
Rennie, Michael (1909-71), G.-B., A.
Renoir, Claude (4-12-14), F., Op.
Renoir *, Jean (1894-1979), F., Ré.
Renoir, Pierre (1885-1952), F., A.
Renucci, Robin (1956), F., A.
Resnais *, Alain (1922), F., Ré.
Rétoré, Guy (1924), F., M.
Revel, J.-François (19-1-24), F., J.
Rey, Fernando (1917), Esp., A.
Reybaz, André (1922), F., A.
Reynaud, Émile (1844-1918), F., Inv., Ré.
Reynaud, Fernand (n.c.), F., A.
Reynolds, Burt (11-2-36), U., A.
Reynolds, Debbie (Marie-Fr. R.) (1-4-32), U., A.
Reznikoff, Nathalie (1958), F., R.
Ribadeau-Dumas, Roger (1910-1982), F., Pr.
Ribaud, André (Roger Fressoz) (1921), F., J.
Ribeiro, Catherine (n.c.), C.
Riboud, Antoine (24-12-18), F., Af.
Riboud, Jean (1919-85), Fr., Af.
Ricard, Patrick (12-5-45), F., Af.
Ricet-Barrier (Maur.-Pierre Barrier) (1932), F., Cp.
Rich, Catherine (n.c.), F., A.
Rich, Claude (8-2-29), F., A.
Richard, Cliff (Harry Webb) (14-10-40), G.-B., C.
Richard, Gilbert (Hecquet) (1928), F., Pr., An.
Richard, Jean (1921), F., A.
Richard, J.-Louis (1927), F., Ré., M.
Richard, Little (1932), U., C.
Richard, Pierre (Defays) (16-8-34), F., A., M.
Richard-Willm (P. Richard) (1896-1983), F., A.
Richardson, Sir Ralph (1902-83), G.-B., A.
Richardson *, Tony (5-6-28), G.-B., A., Ré.
Riefenstahl *, Leni (1902), All., Ré., Ph.
Rieu de Pey, Nicole (16-5-52), F., C.
Rigaud, Francis (1920), F., Ré.
Rigaud, Jacques (1932), Fr., Af.
Rigaux, Jean (1909), F., Ch.
Rignac, Jean (1912), F., Ra.
Rignault, Alexandre (1901-85), F., A.
Rihoit, Catherine (1950), F., J.
Ringo (Guy Bayle) (11-5-47), F., C.
Rio Jim (William Hart) (1870-1946), U., A.
Riou, Georges (19-6-20), T.
Risi *, Dino (23-12-17), It., Ré.
Rispal, Jacques (1923-86), F., A.
Ritt, Martin (2-3-20), U., Ré.
Ritter, Thelma (1905-69), U., A.
Ritz Brothers, Al (1901-65), Jim (1903), Harry (1906), Joachim, U., A.
Riva *, Emmanuelle (1927), F., A.
Rive (de la) (1747-1827), F., A.
Rivers, Dick (Hervé Forneiri) (24-4-46), F., C.
Rivers, Fernand (1879-1960), F., Pr.
Rivette *, Jacques (1928), F., Ré.
Rivière, J.-Marie (1937), F., C., Cp.
Roanne, André (1897-1957), F., A.
Robards, Jason (22-7-22), U., A.
Robert *, Yves (19-6-20), F., A., Ré.
Roberts, Jean-Marc (3-5-1954), F., Écr.
Robertson, Cliff (9-9-25), U., A.
Robertson, James (n.c.-1975), U., A.
Robeson, Paul (1898-1976), U., A.
Robin, Dany (14-4-27), F., A.
Robin, Michel (n.c.), Su., A.
Robinson *, Edward G. (Emmanuel Goldenberg) (Roum., 1893-1973), U., A.
Robinson, Madeleine (Svoboda) (5-11-16), F., A.
Robson, Dame Flora (1902-84), G.-B., A.
Robson, Mark (1913-78), U., Ré.
Rocard, Pascale (n.c.), F., A.
Rocca, Robert (Canaveso) (1912), F., Ch., Pr.
Rocha, Glauber (1938-1981), Brés., M., Ré.
Rocha, Paulo (1935), Port., Ré.
Rochal, Grigori (1899), Ur., Ré.
Roche, France (1921), F., J., Pr., T.
Rochefort *, Jean (29-4-30), F., A.
Rodgers, Richard (1902-79), U., Cp.
Rodriguez, Amalia (1920), Port., C.
Roger, Gustave (1815-79), F., C.
Rogers, Ginger (Mac Math) (16-7-11), U., A.
Rogers, Roy (Leonard Slye) (5-11-12), U., A.
Rohmer *, Eric (Jean Schrerer) (4-4-20), F., Ré.
Roland, Gilbert (Luis Antonio de Alonso) (Mex., 11-12-05), U., A.
Roland, Thierry (4-8-37), F., J., T.
Rollan, Henri (1888-1967), F., A.
Rollet, Claude (1938), F., A.
Rolling Stones (The): Mike Jagger (26-7-43), Brian Jones (1944-69), Keith Richard (1944), Mick Taylor (1948), Charlie Watts (1941), Bill Wyman (1941), G.-B., C.
Roman, Ruth (22-12-44), U., A.
Romance, Viviane (Pauline Ortmans) (4-7-12), F., A.
Rome, Sydney (17-3-46), U., A.
Romm *, Mikhail (1901-71), Ur., Ré.
Ronet *, Maurice (Robinet) (1927-83), F., A.
Ronstadt, Linda (15-7-46), U., C.
Rooney, Mickey (Joe Yule) (23-9-20), U., A.
Roquevert, Noël (1894-1973), F., A.
Rosa, Robert (16-5-34), F., Af.
Rosay, Françoise (de Bandy de Nalèche ; Mme J. Feyder) (1891-1974), F., A.
Rose, Liliane (n.c.), R.
Rosenberg, Stewart (1928), U., Ré.
Rosi *, Francesco (15-11-22), It., Ré.
Rosko (Président) (Mike Pasternak) (1943), R.
Rosnay, Arnaud de (9-3-46), F., Spo.
Ross, Diana (26-3-44), U., C., A.
Rossellini *, Roberto (1906-77), It., Ré.
Rossellini, Isabella (1953), It., A.
Rossen, Robert (1908-66), U., Ré.
Rossi, Franco (1919), It., Ré.
Rossi, Laurent (1949), F., C.
Rossi, Maria (de Renzulli) (25-1-52), F., C.
Rossi, Tino (1907-83), F., C.
Rossidrago, Eleonora (Palmina Omiecioli) (1925), It., A.
Rossif, Frédéric (1922), F., Pr., T, Ré.
Rota, Nino (1911-79), It., Cp.
Rotha, Paul (1907), G.-B., Ré., Pr.
Rothschild, Alain de (1910-82), F., Af.
Rothschild, David de (15-12-42), F., Af.
Rothschild, Edmond de (1926), F., Af.
Rothschild, Guy de (1909), F., Af.
Rotten, Johnny (Lydon) (31-1-56), G.-B., C.
Rouanet, Pierre (1921), F., J.
Roubaix, François de (1938-75), Cp., Mu.
Rouch *, Jean (31-5-17), F., Ré.
Rouché, Jacques (1862-1957), F., M.
Rouer, Germaine (1897), F., A.
Rouffio, Jacques (14-8-28), F., Ré.
Rouland, Jacques (13-11-30), F., A., T.
Rouland, J.-Paul (28-5-28), F., A., Pr.
Rouleau, Raymond (1904-81), Be., A., Ré.
Rouquier, Georges (1909), F., Ré.
Rourke, Mickey (n.c.), U., A.
Roussel, Myriam (n.c.), F., A.
Rousselet, André (1-10-22), F., Af.
Roussillon, J.-Paul (1931), F., A., M.
Roussin, André (1911), F., Au., A.
Roussos, Demis (1947), Gr, C.
Roustan, Didier (1958), F., J.
Rouvel, Catherine (31-8-39), F., A.
Roux, Ambroise (26-6-81), F., Af.
Roux, Bernard (5-6-35), Af.
Roux, Michel (1929), F., A.
Rowlands, Gena (6-19-36), U., A.
Royère, Édouard de (26-6-32), F., Af.
Rubik, Cube (1944), Ho., Sculp.
Rubin, Claude (n.c.), F., An., T.
Rufus (1943), F., A.
Ruggieri, Ève (1939), F., J., Pr.
Ruspoli, Mario (1925-86), It., Ré.
Russel, Jane (21-6-21), U., A.
Russel, Léon (2-4-41), U., Mu., C.
Russell *, Kenneth (1927), G.-B., Ré.
Russell, Rosalind (1912-76), U., A.
Rutherford, Margaret (1892-1972), G.-B., A.
Ruttmann, Walter (1887-1941), All., Ré.
Ryan, Robert (1909-73), U., A.
Rydel, Mark (1934), U., Ré.
Rysel, Ded (1903-75), F., C., A.
Sabas, André (20-11-30), J., T.
Sabatier, Patrick (1951), F., J., T.
Sabatier, William (1923), F., A.
Sabbagh, Pierre (1918), F., S., Pr., Pré.
Sabine, Thierry (1947-86), F., Org. Ral.
Sablier, Édouard (Chamard) (29-2-20), F., J.
Sablon, Germaine (1899-1985), F., C.
Sablon, Jean (25-3-06), F., C.
Sacré, José (n.c.), An. R.
Sadé (Sadé Adu) (n.c.), G.-B., C.
Sainderichin, Gabrielle (1925), F., An., T.
Saint, Eva-Marie (4-7-24), U., A.
Saint-Bris, Gonzague (1948), F., J., R.
Saint-Cyr, Renée (M.-Louise Vittore, Mme C. Lautner) (1907), F., A.
Saint-Denis, Michel (1897-1971), F., A.
Saint-Géours, Jean (1925), F., Af.
Saint-Granier (J. de Granier de Cassagnac) (1890-1976), F., A., Au., Ch.
Saint-Paul, Gérard (25-6-41), F., J., T.
Sainville (1805-54), F., A.
Sallebert, Jacques (1920), F., J., T.
Sallée, André (1920), F., R.
Salmon, André (n.c.), F., Au.
Salmon, Robert (1918), F., J.
Salou, Louis (1902-48), F., A.
Salvador, Henri (1917), F., C., Cp.
Salvatori, Renato (1933), It., A.
Salviac, Pierre (1946), F., J.
Samary, Jeanne (1857-90), F., A.
Samie, Catherine (1933), F., A.
Samson, Joseph (1793-1871), F., A.
Sanda, Dominique (Varaigne) (11-3-51), F., A.
Sanders, Dick (n.c.), F., Da.
Sanders, Georges (Rus., 1906-72), U., A.
Sandrel, Micheline (Michèle Bardel) (n.c.), F., J.
Sandrelli, Stefana (5-11-46), It., A.
Sangla, Raoul (1-9-30), F., Ré., T.
Sang-Ku et Huang-Sha, Chi., Ré.
Sanson, Véronique (21-4-49), F., C., Cp.
Santana, Carlos (20-7-47), C.
Santelli, Claude (1923), F., Pr., T.
Santini, Pierre (n.c.), F., A.
Santoni, Joël (5-11-43), F., Ré.
Sapritch, Alice (29-7-20), F., A.
Sarandon, Susan (Tomaling) (4-10-46), U., A.
Sarapo, Théo (Lamboukas) (1936-70), F., C., A.
Sarcey, Martine (n.c.), F., A.
Sardou, Fernand (1910-76), F., A.
Sardou, Jackie (Rollin) (n.c.), F., A.
Sardou, Michel (26-1-47), F., C.
Sarment, Jean (Bellemère) (1897-1976), F., Au.
Sarre, Claude-Alain (1928), F., Af.
Sarthoulet, Guy (n.c.), F., J.
Sassier, Philippe (n.c.), F., J., T.
Sassy, Jean-Paul (1932), F., M., Ré.
Saulnier, Jacques (1928), F., Déc.
Saura *, Carlos (1932), Esp., Ré.
Saury, Maxime (1928), F., Cp., J., Jazz.
Sautet *, Claude (23-2-24), F., Ré.
Sautier, René (16-2-23), F., Af.
Sautter, Rémy (15-4-45), F., Af., T.
Sauvage, Catherine (Janine Saunier) (1929), F., C.
Saval, Dany (Salle ; Mme M. Drucker) (1942), F., A.
Savalas, Telly (21-1-25), U., A.
Savary, Jérôme (n.c.), F., Au., A., M.
Schaffner, Franklin (1920), U., Ré.
Schatzberg, Jerry (1927), U., M.
Sheen, Martin (Ramon Estevez) (3-8-40), U., A.
Scheider, Roy (10-11-35), U., A.
Schell *, Maria (15-1-26), Aut., A.
Schell, Maximilien (8-12-30), Aut., A.
Sheridan, Ann (1915-67), U., A.
Schlesinger *, John (16-2-26), G.-B., Ré.
Schneider, Gilles (1933), F., J., T.
Schneider, Magda (1908), Aut., A.
Schneider, Maria (1935), F., A.
Schneider *, Romy (Rosemarie Albach-Retty) (23-9-1938-82), Aut., A.
Schlöndorff *, Volker (31-3-39), All., Ré.
Schmid, Daniel (1941), Su., Ré.
Schoeller, François (25-3-34), F., Af.
Schoendorffer *, Pierre (5-5-28), F., Ré., Au.
Schorm, Evald (1931), Tc., Ré.
Schrader, Paul (1946), U., J., Ré.
Schroeder, Barbet (1940), Lux., Ré.
Schu, Bernard (1947), F., An., R.
Schuetan, Eugen (1893), All., Op.
Schwarzenegger, Arnold (Aut. 1940) U., A.
Schygulla, Hanna (25-12-43), Pol., A.
Scitiveaux, Thierry de (n.c.), F., J.
Scob, Édith (1937), F., A.
Scoff, Alain (n.c.), F., J.
Scofield, Paul (David S.) (1922), G.-B., A.
Scola *, Ettore (10-5-31), It., Ré.
Scorsese, Martin (17-11-42), U., Ré.
Scott, George (18-10-27), U., A.
Scott, Jack (1938), U., C.
Scott, Randolf (Randolph Crane) (23-1-03), U., A.
Scotto, Vincent (1876-1952), F., Cp.
Seaton, George (1911-79), U., Ré.
Sébastien, Patrick (Boutot) (1953), F., Ch.
Seberg, Jean (1938-79), U., A.
Sédouy, Alain de (1929), F., J., T., Ré.
Seeger, Pete (3-5-19), U., C.
Segal, George (13-1-34), U., A.
Segal, Gilles (n.c.), F., A.
Segond-Weber (1867-1941), F., A.
Seguela, Jacques (23-2-34), F., Pu.
Séguillon, Pierre-Luc (13-9-40), F., J. T.
Seigner, Françoise (1928), F., A.
Seigner, Louis (1903), F., A.
Seillière, Ernest-Antoine (20-12-37), F., Af.
Seller, Jacques (n.c.), F., M.
Sellers, Catherine (1928), F., A.
Sellers, Peter (1925-80), G.-B., A.
Selznick, David (1902-65), U., Ré.
Sen, Mrinal (1923), Ind., Ré.
Sennett, Mack (Michel Sinnot) (1880-1960), U., A., Ré.
Senney, Jean (1894-1982), F.
Sérillon, Claude (1951), F., J., T.
Sernas, Jacques (1925), F., A.
Serrault, Michel (24-1-28), F., A.
Serreau, Coline (1947), F., Ré.
Servais, Jean (1910-76), Be., A.
Servais, Raoul (n.c.), Be., Ré.
Servan-Schreiber, J.-Claude (1908), F., J.
Servan-Schreiber, J.-Jacques, v. Index.

SERVAN-SCHREIBER, J.-Louis (31-10-1937), F., J.
SÉTY, Gérard (Plouviez) (1922), F., A.
SEUL, Gérard (14-9-35), F., Af.
SÉVENO, Maurice (1925), F., J., T.
SÉVERIN-MARS (1873-1921), F., A.
SÉVERINE (1949), F., C.
SEVILLA, Carmen (1930), Esp., A., Da.
SEVRAN, Pascal (1945), F., Au., T.
SEX PISTOLS (The) : Steve Jones, Paul Cook, Sid Vicious, Johnny Rotten, G.-B., C.
SEYDOUX FORNIER de CLAUSONNE, Jérôme (21-9-34), F., Af.
SEYDOUX FORNIER de CLAUSONNE, Nicolas (16-7-39), F., Af.
SEYRIG, Delphine (1932), F., A.
SHADOWS : Hank Marvin, Bruce Welch, Ian Samwell, Terry Smart, G.-B., Mu.
SHANKAR, Ravi (7-4-20), Ind., Mu.
SHARIF, Omar (Michel Shalhouz) (10-4-32), Ég., A.
SHAW, Robert (1927-78), U., A.
SHAW, Sandie (Sandra Goodrich) (1947), G.-B., C.
SHAYNE, Robert (R. Shaen Dawe) (1910), U., A.
SHEARER, Moira (King) (17-1-26), G.-B., A., Da.
SHEARER, Norma (1900-83), U., A.
SHEEN, Martin (3-8-40), U., A.
SHEILA (Annie Chancel, Mme Guy Bayle) (1946), F., C.
SHELLER, William (1946), F., C.
SHERIDAN, Ann (1915-67), U., A.
SHIELDS, Brooke (31-5-65), U., A.
SHIMKUS, Johanna (Ca., 1943), G.-B., A.
SHINDO*, Kaneto (1912), Jap., Ré.
SHUMAN, Mort (1939), U., A., C.
SIBIRSKAÏA, Nadie (n.c.), F., A.
SIDDONS, Sarah (1755-1831), G.-B., A.
SIDNEY, George (Sammy Greenfield) (1911), U., M.
SIDNEY, Sylvia (Sophia Kosow) (18-8-10), U., A.
SIEGEL, Don (1912), U., Ré.
SIEGEL, Maurice (1919-85), F., J., R.
SIGNORET, Gabriel (1869-1937), F., A.
SIGNORET*, Simone (Kaminker, Mme Yves Montand) (1921-85), F., A., Au.
SIGURD, Jacques (1920).
SILVER, Ron (n.c.), U., A.
SIM (Simon Berryer) (1929), F., A.
SIMMONS*, Jean (31-1-29), G.-B., A.
SIMON, Albert (1920), F., R.
SIMON*, Michel (Su., 1895-1975), F., A.
SIMON, Paul (11-5-41), U., C.
SIMON, Simone (1911), F., A.
SIMON, Yves (3-5-45), F., C., Cp.
SIMONE (Mme F. Porché) (1877-1985), F., A.
SIMONE, Nina (Eunice Waymon) (21-1-35), U., C.
SINATRA*, Frank (12-12-15), U., C., A.
SINATRA, Nancy (12-12-40), U., C.
SINCLAIR, Anne (n.c.), F., J.
SINÉ, Maurice (Sinet) (31-12-28), F., Des.
SINIGALIA, Annie (n.c.), F., A.
SINOËL (n.c.), F., A.
SIODMAK, Curt (1902), All., Au.
SIODMAK, Robert (1900-73), U., Ré.
SIPRIOT, Pierre (1921), F., J.
SIRE, Gérard (1927-77), F., T.
SIRK*, Douglas (Detlef Sierck) (1900-62), U., Ré.
SIVEL, William (1908-82), F., (né en Grèce), Ing. son.
SJÖBERG*, Alf (1903-80), Suè., Ré.
SJÖMAN*, Vilgot (1924), Suè., Ré.
SJÖSTRÖM*, Victor (1879-1960), Suè., A., Ré.
SKELTON, Red (18-7-10), U., A.
SKOLIMOWSKI, Jerzy (5-5-38), Pol., Ré.
SMITH, Maggie (28-12-34), G.-B., A.
SMITH, Patti (31-12-46), U., C., Cp.
SÖDERBAUM, Kristina (Suè., 1912), All., A.
SŒUR SOURIRE (Jeanne Deckers) (1933-85), Be., C.
SOLDATI, Mario (1906), It., Au., Ré.
SOLEIL (Madame), Germaine (1913), F., Ast., Pré.
SOLIDOR, Suzy (Rocher) (1906-83), F., A., C.
SOLLEVILLE, Francesca (1935), F., C.
SOLNESS, Jacques (30-9-25), F., T.
SOLOGNE, Mad. (Vouillon) (27-10-12), F., A.
SONDERGAARD, Gale (15-2-1899), U., A.
SOPHIE (Arlette Hecquet) (1944), F., C.
SORAL, Agnès (n.c.), F., A.
SORANO, Daniel (1920-62), F., A.
SORDI*, Alberto (15-6-19), It., A.
SOREL, Cécile (Seurre) (1873-1966), F., A.
SOREL, Jean (de Combaud) (1934), F., A.
SOTHA (n.c.), F., A.
SOTHERN, Ann (Harriette Lake) (22-1-09), U., A.
SOUCHIER, Dominique (25-11-47), F., J., R.
SOUCHON, Alain (27-5-45), F., C.
SOUPLEX, Raymond (Guillermain) (1901-72), F., A., Ch.
SOURZA, Jeanne (1904-69), F., A.
SOUTTER*, Michel (2-6-32), Su., Ré.
SPAAK, Catherine (1946), F., A.
SPAAK, Charles (Bel., 1903-75), F., S., Di.
SPACEK, Sissy (25-12-49), U., A.
SPADE, Henri (1921), F., An. T., Ré.
SPENCER, Bud (Carlo Pendersoli) (1929), It., A.
SPIEGEL, Sam (1903-85), U. (orig. pol.), Pr.
SPIELBERG, Steven (18-12-47), U., Ré.
SPIERO, Jean-Pierre (4-8-37), Ré., T.
SPIERS, Pierre (1917-80), F., Ch. d'orch.
SPINDLER, Bernard (n.c.), F., J.
SPIRA, Françoise (1928-65), F., A.
SPRINGSTEEN, Bruce (23-9-49), U., C., Cp.
STACK, Robert (Modini) (13-1-19), U., A.
STALLONE, Sylvester (6-7-46), U., A., Ré.
STAMP, Terence (1939), G.-B., A.
STANCZACK, Wadeck (30-11-61), F., A.
STANWYCK, Barbara (Stevens) (16-7-07), U., A.
STARK, Johnny (1924), F., Imprésario.
STARR, Ringo (Richard Starkey) (7-7-40), G.-B., C.
STAUDTE*, Wolfgang (1906-84), All., Ré.
STEEL, Anthony (21-5-60), G.-B., A.
STEELE, Tommy (Hicks) (17-12-36), G.-B., C.
STEENBURGER, Mary (1953) U., A.
STEIGER, Rod (14-4-25), U., A.
STEINER, Max (1888-1972), U., Mu.
STEKLY, Karel (1903), Tc., Ré.
STELLA (1950), F., C.
STEN, Anna (Sudakevich) (Rus., 3-12-08), U., A.
STÉPHANE, Roger (Worms) (1919), F., J., T.
STERNBERG*, J. von (Autr., 1894-1969), U., Ré.
STEVENIN, J.-François (1944), F., A.
STEVENS, Cat (Steve Georgiou) (21-7-47), G.-B., C.
STEVENS*, George (1904-75), U., Ré.
STEWART*, Alexandra (1939), Ca., A.
STEWART*, James (Maintland) (20-5-08), U., A.
STEWART, Rod (10-1-45), G.-B., C.
STILL, Pierre (Letévé) (1914-†), F., Ch.
STILLER*, Mauritz (1883-1928), Suè., Ré.
STING (Gordon Summer) (2-10-51), G.-B., C.
STIVELL, Alan (Alain Cochevelou) (1944), F., Au., Cp., C.
STOCKWELL, Dean (5-3-36), U., A.
STONE (Annie Gautrat) (1947), F., C.
STOPPA, Paolo (1906), It., A.
STORCK, Henri (1907), Be., Ré.
STRANGLERS (The) : Hugh Cornwell, Jean-Jacques Burnel, Dave Greenfield, Jet Black, G.-B., C.
STRASBERG, Susan (22-5-38), U., A.
STRAUB, Jean-Marie (1933), All., Ré.
STREEP, Meryl (22-6-51), U., A.
STREISAND, Barbra (24-4-42), U., A., C.
STROHEIM*, Eric von (Autr., 1885-1957), U., Ré., A.
STROYBERG, Annette (1936), Dan., A.
STURGES, John (3-1-11), U., M.
STURGES, Preston (Edmond P. Biden) (1898-1959), U., Ré.
SUCKSDORFF, Arne (1917), Suè., Ré.
SUFFERT, Georges (14-7-27), F., J., Au.
SULITZER, Paul-Loup (22-7-46), Af.
SULLAVAN, Margaret (Brooke) (1911-60), U., A.
SULLIVAN (1945), F., C.
SULLIVAN, Barry (Patrick Barry) (29-8-12), U., A.
SUMMER, Donna (Gaines) (31-12-48), U., C.
SUN RA (Sonny Blondt) (1925), U., Mu.
SUPERTRAMP (G.-B.) : R. Davies, R. Hodgson, J.A. Helliwell, D. Thomson, U., B.C. Benberg (1970).
SURFS (n.c.), F., C.
SUTHERLAND, Donald (17-7-35), Ca., A.
SUZA, Linda de (22-2-48), Port., C.
SWANSON, Gloria (1899-1983), U., A.
SWEET, Blanche (18-6-1895), U., A.
SYDOW*, Max von (10-4-29), Suè., A.
SYLVA, Berthe (1886-1941), F., C.
SYLVESTRE, Anne (Beugras) (1934), F., C.
SYLVIA, Gaby (Zigani) (1920-80), F., A.
SYLVIE, (1885-1970), F., A.
SZABO, Laslo (1938), Ho., Ré.
TABOUIS, Geneviève (1892-1985), J., R.
TACCHELLA, J.-C. (1929), F., Ré.
TACHAN, Henri (n.c.), F., C.
TAILLE, Emmanuel (de la) (n.c.), F., J., T.
TAITTINGER, Claude (2-10-27), F., Af.
TAITTINGER, Jean (25-1-23), F., Af.
TALLIER, Armand (1887-1958), F., A.
TALMA, François-Joseph (1768-1826), F., A.
TALMADGE, Norma (1893-1957), U., A.
TAMIROFF, Akim (Ur., 1899-1972), U., A.
TANNER*, Alain (6-12-29), Su., Ré.
TAPIE, Bernard (26-1-45), F., Af.
TARBÈS, Monique (1937), F., A.
TARDIEU, Michel (17-8-35), F., J., T.
TARKOVSKI*, Andréï (1932), Ur., Ré.
TARLÉ, Antoine de (1939), F., Af., T.
TARTA, Alexandre (1-6-28), F., Ré., Pr., T.
TASHLIN*, Frank (1913-72), U., Ré.
TASSO, Jean (n.c.), F., M.
TATE, Sharon (1943-69), G.-B., A.
TATI*, Jacques (Tatischeff) (1908-82), F., Ré., A.
TAUROG, Norman (1899-1981), U., M.
TAVERNIER, Bertrand (25-4-41), F., Ré.
TAVIANI, Paolo (1931) et Vittorio (1929), It., Ré.
TAYLOR*, Elizabeth (27-2-32), U., A.
TAYLOR, Robert (Spangler Arlington Brugh) (1911-69), U., A.
TAYLOR, Vince (1939), U., C.
TAZIEFF, Haroun (1914), F., Ré.
TCHENKO, Katia (n.c.), F., A.
TCHERINA, Ludmilla (Mme Monique Roi) (1924), F., Da.
TCHERKASSOV, N. (1903-66), Ur., A.
TCHERNIA, Pierre (né Tcherniakovsky) (20-1-28), F., An., Ré. T.
TCHIAOURELLI*, Mikhaïl (1894), Ur., Ré.
TCHOUKRAI*, Grigori (1921), Ur., Ré.
TEARLE, Conway (Frederick Levy) (1878-1938), U., A.
TÉCHINÉ, André (13-3-43), F., Ré.
TEISSIER, Elisabeth (n.c.), F., A., T.
TÉLÉPHONE (n.c.), F., C.
TEMPLE, Shirley (23-4-28), U., A.
TENNBERG, Jean-Marc (1918-73), F., Ch.
TÉNOT, Franck (1925), F., J.
TERRY, Alice (Taafe) (24-7-1899), U., A.
TERZIEFF, Laurent (Tchemerzine) (27-6-35), F., A.
TESSIER, Valentine (1892-1981), F., A.
TESSON, Philippe (1928), F., J.
TEXEL, Paul (n.c.), P.-Bas, C.
TEYNAC, Maurice (Garros) (1915), F., A.
THALBERG, Irving (1899-1936), U., Pr.
THAMAR, Tilda (1921), Arg., A.
THEODORAKIS, Mikis (29-7-25), Gr., Cp.
THÉRÉSA (Emma Valandon) (1837-1913), F., C.
THÉRON, André (1926), F., J., R., T.
THÉROND, Roger (1924), F., J.
THÉVENET, René (1926), F., Pr.
THÉVENIN, Raymond (1915-80), F., J., R.
THÉVENOT, Jean (1916-83), F., J., An., Pr.
THIBAUD, Anna (Marie-Louise Thibaudet) (1891-1936), F., C.
THIBAULT, J.-Marc (24-8-1923), F., A.
THIBEAULT, Fabienne (1952), Ca., C.
THIELE*, Rolf (1918), All., Ré.
THIL, Georges (1932-84), F., Ré.
THIRARD, Armand (1899), F., Op.
THIRIET, Maurice (1906), F., Cp.
THIRIEZ, Gérard (25-10-18), F., Af.
THIRON (1830-91), F., A.
THOMAS, Guy (1924), F., Pré., R.
THOMAS, Pascal (1947), F., Ré.
THOMAS, René (13-1-29), F., Af.
THOMAS, Robert (1930), F., Au.
THOMPSON, Danièle (n.c.), F., S.
THOMPSON, J. Lee (1914), G.-B., Ré.
THORPE, Richard (Rollo Smolt Thorpe) (1896), U., M.
THULIN*, Ingrid (27-1-29), Suè., A.
TIERNEY, Gene (20-11-20), U., A.
TILLER*, Nadia (1929), Aut., A.
TISOT, Henri (1937), F., A.
TISSIER, Jean (1896-1973), F., A.
TISSOT, Alice (1895-1971), F., A.
TITRE, Claude (1930), F., A.
TODD, Ann (24-1-09), G.-B., A.
TODD, Michaël (Avrom Godenberg) (1909-58), U., Pr.
TODD, Olivier (1929), F., J.
TODD, Richard (11-6-19), G.-B., A.
TOGNAZZI, Ugo (23-3-22), It., A.
TOJA, Jacques (1-9-29), F., A.
TOLAND, Gregg (1904-47), U., Op.
TOMLINSON, David (1917), G.-B., A.
TONE, Franchot (1903-68), U., A.
TONIETTI, Anne (It., 1940), F., A.
TOPALOFF, Patrick (1944), F., R., C.
TOPART, Jean (1927), F., A.
TOPOR, Roland (n.c.), F., Des., Au.
TORN, Rip (6-2-31), U., A.
TORNADE, Pierre (21-1-30), F., A.
TORR, Michèle (7-4-47), F., C.
TORRE* NILSSON, Leopoldo (1924-78), Ar., Ré.
TORRENT, André (27-7-45), Be., An., R.
TOSCAN DU PLANTIER, Daniel (1941), F., Af.
TOSH, Peter (19-10-44), Jam., C., Cp.
TOTO (Antonio de Curtis) (1897-1967), It., A.
TOULOUT, Jean (1887-1962), F., A.
TOURET, Michel (6-7-41), F., An., R.
TOURNEUR*, Jacques (1904-77), U., Ré.
TOURNEUR, Maurice (Thomas) (1873-1961), F., A.
TOUTAIN, Roland (1905-77), F., A.
TRACY*, Spencer (1900-67), U., A.
TRAMEL (Félicien Martel) (1880-1948), F., A.
TRANCHANT, Jean (1904-72), F., Au., Cp.

Trauberg*, Ilia (1905-48), Ur., Ré.
Trauberg*, Léonid (1902), Ur., Ré.
Trauner, Alexandre (Ho., 1906), F., Déc.
Travolta, John (18-2-54), U., A.
Tréjan, Guy (18-9-21), F., A.
Trenet, Charles (1913), F., C., A.
Trevor, Claire (Wemlinger) (8-3-09), U., A.
Trigano, Gilbert (28-7-20), F., Af.
Trintignant*, J.-Louis (11-12-30), F., A.
Trintignant, Nadine (1934), F., Ré.
Trnka*, Jiri (1910-69), Tc., Ré.
Troell, Jan (1931), Suè., Ré.
Trotta, Margarethe von (1943), All., Ré.
Truffaut*, François (1932-84), F., Ré., Cr.
Truffaut, Paul-Jacques (1931), F., J., R.
Turcat, André (23-10-21), F., Pilote.
Turenne, Henri de (1921), F., J.
Turner, Kathleen (n.c.), U., A.
Turner, Lana (8-2-20), U., A.
Turner, Tina (Annie Mac Bullock) (26-11-38), U., C.
Tushingham, Rita (14-3-40), G.-B., A.
Twiggy (Lesley Hornby) (1946), U., C., Da.
Ucicky*, Gustav (1900-61), All., Ré.
Uderzo, Albert (1925), F., Des.
Ullman, Liv (Tokyo, 16-12-39), Suè., A.
Ullman, Marc (n.c.), F., J., R.
Ulmer*, Edgard (Autr., 1900-72), U., Ré.
Ulmer, Georges (Jorgen) (Dan., 1919), F., C., Cp.
Ustinov, Peter (16-4-21), G.-B., A., Ré.
Vacardy, André (n.c.), F., A.
Vadim*, Roger (Plemiannikov) (26-1-28), F., Ré.
Vaillard, Pierre-J. (1918), F., A., Ch.
Vajda, Ladislav (1905-65), Ho., M.
Vajou, J.-Claude (16-3-29), F., Ra.
Valandry, Charlotte (n.c.), F., A.
Valardy, André (Knoblauch) (Be., 17-5-38), F., A.
Valente, Caterina (1931), All., C.
Valentin le Désossé (1847-1907), F., Da.
Valentino, Rudolph (Rodolfo Guglielmi di Valentina d'Antongnolla) (It., 1895-1926), U., A.
Valère, Simone (1923), F., A.
Valéry, François (J.-Louis Mougeat) (1948), F., C.
Valette, Jean-Pierre (19-3-29), F., R., Af.
Valli*, Alida (Altenburger (1921), It., A.
Vallier, Hélène (Poliakov) (1932), F., A.
Vallières, Benno-Claude (28-7-10), F., Af.
Vallone*, Raf (1916), It., A.
Valmy, André (1919), F., A.
Valton, Jean (1921-80), F., Ch.
Van Cleef, Lee (1925), U., A.
Vanderlove, Anne (Van der Leeuwe) (P.-B., 1943), C.
Vaneck, Pierre (P. Van Hecke) (1931), F., A.
Vanel*, Charles (21-8-1892), F., A.
Van Eyck*, Peter (1913-69), U., A.
Van Heflin (n.c.-1971), U., A.
Vani, Paule (1945), F., R.
Vanier, Élie (n.c.), F., J., R.
Van Lee, Loïs (1905-82), F., J.
Van Parys, Georges (1902-71), F., Cp.
Varda*, Agnès (Belg., 30-5-28), F., Ré.
Varen, Olga (Poliakov) (n.c.), F., A.
Varna, Henri (1897-1969), F., Pr.
Vartan, Sylvie (1944), F., C., Da.
Varte, Rosy (22-11-27), F., A.
Vassiliev*, Sergueï (1895-1959), Ur., Ré.
Vassiliu, Pierre (1937), F., C.
Vattier, Robert (1906-82), F., A.
Vaucaire, Cora (Geneviève Colin) (1921), F., C.
Vaughn, Robert (22-11-32), U., A.
Vebel, Christian (Schvaebel) (1915), F., Ch., J.
Veber, Francis (1937), F., Ré., Di., S.
Védrès, Nicole (1911-65), F., Ré.
Vega, Claude (1930), F., A.
Veidt, Conrad (Weidt) (1893-1943) All., A.
Veil, Antoine (28-7-26), F., Af.
Veille, Pierre (1951), F., An. R.
Veiltet, Pierre (2-10-43), J., Au.
Velez, Lupe (1908-44), Mex., A.
Velle, Louis (29-5-26), F., Au., A.
Ventura*, Lino (Borrini, It., 14-7-19), F., A.
Ventura, Ray (1908-79), F., Pr., Ch. d'orc.
Vera-Ellen (Westmeyr Rohe) (1926-81), U., A.
Verchuren, André (1922), F., A., Accor.
Verdier, Jean-Paul (n.c.), F., C.
Verley, Bernard (1940), F., A.
Vermorel, Claude (1906), F., S.
Vernay, Alain (n.c.), F., J.
Vernes, Jean-Marc (3-7-22), F., Af.
Vernet, Claire (1945), F., A.
Verneuil, Henri (Achod Malakian) (1920), F., Ré.
Verneuil, Louis (Colin du Bocage) (1893-1952).
Vernier, Pierre (Rayer) (1931), F., A.
Vernier-Palliez, Bernard (2-3-18), F., Af.
Vernon, Anne (Éd. Vigneau) (1925), F., A.
Versois, Odile (Militza Tania Poliakov-Boïdarov, Ctesse François Pozzo di Borgo) (1930-80), F., A.
Vertov*, Dziga (Dennis Kaufman) (1896-1954), Ur., Ré.
Very, Pierre (1900-60), F., Au.
Vestris, Françoise (Gourgaud) (1743-1804), F., A.
Vial, Guy (1925), F., R.
Vian, Boris (1920-59), F., Au., Cp., C., Au., Tromp.
Viansson-Ponté, Pierre (1920-79), F., J.
Victor, Éliane (Decrais) (1928), F., Pr. T.
Victor, Paul-Émile (1907), F., J., Expl.
Vida, Hélène (1938), F., J., T.
Vidal, Gil (1931), F., A.
Vidal, Henri (1915-59), F., A.
Vidalin, Robert (n.c.), F., A.
Vidor, Charles (1900-59), U., Ré.
Vidor*, King (1894-82), U., Ré.
Vierny, Sacha (1919), Op.
Vigneault, Gilles (1928), Ca., Au., Cp., C.
Vigo*, Jean (Almereyda) (1905-34), F., Ré.
Vilar, Antonio (1916), Port., A.
Vilar, Jean (1912-71), F., A., M.
Vilgrain, Jean-Louis (22-1-34), F., Af.
Villard, Hervé (1946), F., C.
Villalonga, José-Luis de (1920), Esp., Au., A.
Villeneuve, Charles (19-7-41), J., R.
Villeret, Jacques (6-2-51), F., A.
Villers, Claude (Marx) (22-7-44), F., R.
Villers, Robert (1921), F., R.
Villin, Philippe (23-10-54), F., Af.
Vincent, Céline (n.c.), F., R.
Vincent, Gene (Craddock) (1935-71), U., C.
Vincent, Jean-Pierre (26-8-42), F., A.
Vincent, Yves (1921), F., A.
Virieu, François Henri (18-12-31), F., J., T.
Virlojeux, Henri (1924), F., A.
Visconti*, Luchino (L.V. de Modrone) (1906-76), It., Ré.
Vissotski, Vladimir (1937-80), Ur., A., C.
Vital, J.-Jac. (Lévitan) (1913-77), F., Au., A., Pr.
Vitaly, Georges (Garkouchenko) (1917), F., M.
Vitez, Antoine (1930), F., M.
Vitold, Michel (Sayanoff) (Russie, 1915), F., A.
Vitti*, Monica (M. Luisa Ceciarelli) (3-11-31), It., A.
Viviane (Blassel) (1944), F., An. R.
Vlady, Marina (Poliakov-Boïdarov) (10-5-38), F., A.
Vogue, Alain de (31-8-27), F., Af.
Voight, John (29-12-38), U., A.
Volker, Bernard (1942), F., J.
Volonte*, Gian Maria (9-4-33), It., A.
Voulsy, Laurent (1948), F., C.
Voutsinas, Andréas (n.c.), M.
Vozlinsky, Pierre (n.c.), F., T.
Wademant, Annette (1928), F., S.
Wagner, Robert (10-2-30), U., A.
Waits, Tom (7-12-49), U., C.
Wajda*, Andrzej (6-3-26), Pol., Ré.
Wakhevitch, Georges (Rus., 1907-84), F., Déc.
Walbrook, Anton (Aut. 1900-67), All., G.-B., A.
Walker, Robert (1918-51), U., A.
Wall, Jean (1900-59), F., A.
Wallach, Eli (7-12-1915), U., A.
Wallis, Hal (14-9-1899), U., Pr.
Walsh*, Raoul (1887-1980), U., Ré.
Walters, Charles (1912-82), U., Ré.
Wanger, Walter (W. Feuchtwanger) (1894-1968), U., Ré.
Wang-Pin* et Shvi-Hua*, Chi., Ré.
Warden, Jack (18-9-20), U., A.
Warhol, Andy (8-8-30), U., Peintre, Ré.
Warner, Eddie (All., 1917), F., Cp.
Warner, Harry (1881-1958), U., Pr. dis.
Warner, Jack L. (1892), U., Pr. dis.
Warwick, Dionne (1941), U., C.
Waterston, Sam (15-11-40), U., A.
Watkins, Peter (1935), G.-B., M.
Watt, Harry (1906), G.-B., Ré.
Wayne*, John (Marion Michael Morrison) (1907-1979), U., A.
Webb, Clifton (Webb Parmelee Hollenbeck) (1893-1966), U., A.
Webb, Dominique (n.c.), F., Ma.
Weber, Jacques (1949), F., A.
Weber, Jean (1906), F., A.
Weidenmann*, Alfred (1916), All., Ré.
Weir, Peter (1944), Aust., Ré.
Weiss, Louise (25-1-1893), F., J., Au.
Weiss, Peter (1912-82), All., Au., M.
Weissmuller, Johnny (1904-84), U., A.
Welch, Raquel (Tejada) (5-9-40), U., A.
Weld, Tuesday (27-8-43), U., A.
Welles*, Orson (1915-85), U., Ré., A.
Wellman, William (1896-1975), U., Ré.
Wendel, Henri de (1913-82), F., Af.
Wenders*, Wim (14-8-45), All., Ré.
Werner, Oscar (1922-84), Autr., A.
Werther, Maurice (1920), F., J., T.
Wessely, Paula (1908), Aut., A.
West, Mae (1892-1980), U., A.
Whale, James (1889-1957), G.-B., Ré.
Wheeler, René (1912), F., S., Ré.
White, Pearl (1889-1938), U., A.
Whitman, Stuart (1926), U., A.
Who (The): Peter Townsend (1942), Roger Daltrey (1945), John Entwhistle (1944), Keith Moon (1946), G.-B., C., Cp.
Wicki, Bernhard (1919), Su., A., Ré.
Widerberg, Bo (1930), Suè., Ré.
Widmark*, Richard (26-12-14), U., A.
Wiehn, Pierre (1934), F., T.
Wiene, Robert (1881-1938), All., Ré.
Wiener, Elisabeth (1946), F., A.
Wiener, Jean (1896-82), F., Cp.
Wilde, Cornell (13-10-15), U., A.
Wilde, Kim (1960), C.
Wilder*, Billy (Aut., 22-6-06), U., Ré.
Wilder, Gene (Jérôme Silberman) (11-6-34), U., A.
Wilding, Michael (1912-79), G.-B., A.
Willar, Robert (1927), F., R.
William, John (1923), U., C.
Williams, Andy (3-12-30), U., C.
Williams, Esther (8-8-23), U., A.
Williams, Hank (1923-53), U., Mu.
Wilson, Georges (1921), F., A., Ré.
Wilson, Lambert (1956), F., A.
Wilson, Robert (n.c.), F., A., M.
Winckler, Gustav (1926-79), Da., C.
Windsor, Marie (Emily Bertelson) (11-12-22), U., A.
Winkler, Paul (1898), F., J.
Winter, Claude (1931), F., A.
Winter, David Alexander (1943), P.-Bas, C.
Winters, Shelley (Shirley Shrift) (18-8-22), U., A.
Wisbar*, Frank (1902-67), All., Ré.
Wise*, Robert (10-9-14), U., Ré.
Wolinski, Georges (1934), F., Des.
Wolm, Pierre Richard (1896-1983), A.
Wonder, Stevie (13-5-51), U., C.
Wood, Nathalie (Natasha Gurdin) (1938-81), U., A.
Wood, Sam (1883-1949), U., Ré.
Woodward, Joanne (27-7-31), U., A.
Worms, Gérard (1-8-36), F., Af.
Wray, Fay (15-9-07), U., A.
Wright, Basil (1907), G.-B., Ré.
Wright, Teresa (27-10-19), U., A.
Wyler*, William (1902-81), U., Ré.
Wyman, Jane (Sarah Jane Fulks) (4-1-14), U., A.
Xanrof, Léon (Fourneau) (1867-1953), F., Au., Cp.
Yanagimachi, Mitsuo (n.c.), Jap., Ré.
Yanne*, Jean (Gouyé) (10-7-33), F., Fant., R., A., Ré.
Yd, Jean d' (1880-1964), F., A.
Yonnel, Jean (Schachmann) (1891-1968), F., A.
York, Michaël (27-3-42), U., A.
York, Suzannah (Yolande Fletcher) (9-1-41), G.-B., A.
Yoshimura, Kimisaburo (1911), Jap., Ré.
Young, Loretta (1-6-12), U., or. all., A.
Young, Neil (1945), Ca., C.
Young, Robert (22-2-07), U., A.
Young, Terence (1915), G.-B., Ré.
Youtkevitch*, Serg. (1904-85), Ur., Ré.
Zabel, Roger (1952), F., J.
Zadora, Pia (1956), U., C.
Zampa*, Luigi (2-1-05), It., Ré.
Zampi, Mario (1904-63), It., Ré.
Zanini, Marcel (1923), F., C.
Zanuck, Darryl (1902-79), U., Ré., Pr.
Zappa, Franck (21-12-40), Cp., Mu.
Zarai, Rika (Gussman) (1939), Isr., C.
Zardi, Dominique (1930) F., A.
Zavatta, Achille (1915), F., A., Cl.
Zavattini, Cesare (1902), It., S.
Zecca, Ferdinand (1864-1947), F., Ré.
Zeffirelli, Franco (F.Z. Corsi) (12-2-23), It., Ré.
Zeman*, Karel (1910), Tc., Ré.
Zero Divide: B. Anfray (1958), B. Guay (1955), J. Vabre (1957), Totol (1957), F., Gr., C.
Zetterling, Mai (1925), Suè., A., Ré.
Zidi, Claude (25-7-34), F., Ré.
Zimmer, Bernard (1893-1963), F., S.
Zinnemann*, Fred (Aut., 29-4-07), U., Ré.
Ziqueira, Raul (1920-84), Cub., C.
Zitrone, Léon (Rus., 25-11-14), F., T.
Zouc (Isabelle von Allmen) (1950), Su., A., C.
Zuber, Christian (1930), F., Rep.
Zukor, Adolf (Ho., 1873-1976), U., Pr.
Zulawski, Andrzej (22-11-40), Pol., Ré.
Zurlini*, Valerio (1926-82), It., Ré.
Zviak, Charles (8-2-22), F., Af.

Athlétisme

1 Français sur 10 pratique un sport de manière régulière. Plus de la moitié des sportifs français ont moins de 18 ans. Sur 5 000 000 de pratiquants, il y a 1 000 000 de femmes.
Près de 15 000 000 de Français n'ont *jamais* pratiqué de sport.

Généralités

Définition. Sport comprenant un certain nombre d'épreuves (individuelles ou par équipes) de courses à pied, sauts, lancers d'engins et épreuves combinées, l'ensemble étant codifié.

Origine. Du grec *athlos* (combat). L'Iliade décrit les courses et les concours de saut organisés lors des funérailles de Patrocle. **VIIIe s. av. J.-C.** Les jeux Olympiques comprenaient 3 courses et le *pentathle* (5 disciplines) : courses, lancers de disque et javelot, saut en longueur et lutte. Le 1er record enregistré fut un saut en longueur d'environ 6,92 m, effectué aux J.O. de 656 av. J.-C. par un athlète de Sparte nommé Chionis. **1861** 1er club en Angleterre : Mincing Lane A.C. **1866** création de l'Amateur Athletic Club, en Angleterre. **1867** les Anglais organisent quelques compétitions à Boulogne. **1875** fondation à Paris du Club des coureurs (Blondel et Gerling). **1883** création du Racing-Club (devenu en 1885 Racing-Club de France). **1884** fondation du Stade français par des lycéens. **1885** 1re participation internationale d'athlètes français à Bruxelles. **1887** création de l'Union des Stés françaises de course à pied, devenue plus tard Union des Stés fr. de sports athlétiques puis, en 1920, Fédération française d'athlétisme. **1888** 1ers championnats de France à la Croix-Catelan (100 m, 400 m, 1 500 m, 110 m haies). **1896** 9 athlètes du Racing-Club de France participent aux 1ers J.O. modernes à Athènes. **1923** 1ers jeux universitaires internationaux à Paris. **1934** 1ers championnats d'Europe à Turin. **1965** 1re Coupe d'Europe des Nations à Stuttgart. **1973** 1re Coupe d'Europe des épreuves combinées (décathlon, pentathlon). **1977** 1re Coupe du Monde par équipes à Düsseldorf. **1981** 1re Coupe d'Europe de marathon à Agen. **1983** 1ers champ. du Monde à Helsinki (jusque-là les J.O. constituaient les champ. du monde).

Comparaisons des résultats dans le temps : certaines *sont faussées* par divers éléments. Pour *les courses et les sauts :* utilisation de matériaux synthétiques pour pistes et aires d'élan (dep. 1967) remplaçant les anciennes cendrées. *Saut en hauteur :* remplacement de la fosse de sable par des matelas de mousse rehaussés permettant l'exécution du saut à réception dorsale dit « Fosbury » (inventé par l'Américain vainqueur des J.O. de 1968). *Saut à la perche :* mêmes matelas de réception et perche en fibre de verre ont permis un gain moyen d'environ 1 m depuis 1961. *Javelot :* les engins nouveaux (Held depuis 1953), meilleurs planeurs, ont permis de gagner 5 à 10 m en moyenne.

Extraits des règlements

Hommes

● **Courses plates. Courses de vitesse (sprint) :** disputées en couloirs (lignes blanches parallèles distantes de 1,22 m). *60 m* (en salle), *100 m* et *100 yards* sont disputés en ligne droite. Le *200 m* comporte un virage complet. Les lignes de départ sont décalées de façon à égaliser les distances d'un couloir à l'autre (aux U.S.A. on court parfois des 200 m en ligne droite).

Vitesse prolongée : le *400 m,* couru sur un tour de piste et en couloirs. Pour le *800 m,* les 100 premiers m seulement sont disputés en couloirs avec décalage. Les cales de départ *(starting-blocks)* ont été adoptées en 1928 pour les courses de vitesse jusqu'au 400 m.

Demi-fond et demi-fond prolongé : courses classiques *1 500, 5 000* et *10 000 m.* Autres courses reconnues : *1 000, 2 000, 3 000, heure* et *20 000 m.*

Marathon : course de *42,195 km* (distance séparant Windsor du stade White City à Londres, parcours des J.O. de 1908). Inspirée par la course légendaire de Philippidès, mort après 4 h de course (Marathon-Athènes : 40 km) pour avoir voulu annoncer aux Grecs leur victoire sur les Perses (490 av. J.-C.).

Relais : les coureurs d'une même équipe se transmettent un bâton cylindrique de 30 cm de long (témoin) dans une zone de 20 m limitée par 2 lignes tracées sur le sol. La 1re est située 10 m avant le point de la distance à parcourir, la 2e 10 m après. *Relais classiques :* 4 × 100 m et 4 × 400 m. *Autres :* 4 × 200 m, 4 × 800 m et 4 × 1 500 m. Le 4 × 100 m se court intégralement en couloirs. Le 4 × 200 m partiellement, les 2 premiers parcours sont disputés en couloirs et les 100 premiers m du 3e ; au 4 × 400 m, le 1er parcours et les 100 premiers m du 2e.

● **Courses d'obstacles. 3 000 m steeple :** épreuve de demi-fond. Les coureurs ont à enjamber 28 fois une barrière de 0,914 m et 7 fois la rivière, de 3,66 m de large et 0,76 m de profondeur, située au pied d'une barrière (0,914 m) qui la précède. **Haies :** *110 m :* 10 haies de 1,06 m (espacées de 9,14 m, la 1re à 13,72 m du départ, la dernière à 14,02 m de l'arrivée). *400 m :* 10 haies de 0,91 m (espacées de 35 m, la 1re à 45 m du départ, la dernière à 40 m de l'arrivée).

● **Concours. Sauts. Hauteur :** l'athlète doit franchir la plus grande hauteur possible en prenant impulsion d'une seule jambe. **Perche :** même principe mais en s'aidant d'une perche (matériau actuellement utilisé : fibre de verre) qu'il plante dans un butoir situé au pied de l'aire de réception. Pour ces 2 sauts verticaux, l'athlète est éliminé après avoir échoué par 3 fois consécutivement, quelle que soit la hauteur tentée. Il a le droit à 3 essais à chaque hauteur. **Longueur :** l'athlète doit franchir la plus grande distance possible en prenant appel sur une planche de 20 cm située au bord d'une fosse de réception ensablée où il se reçoit. **Triple saut :** même principe mais la planche d'appel se situe à 12 ou 13 m du sable et le saut consiste en un cloche-pied suivi de 2 foulées bondissantes. Pour ces 2 sauts longitudinaux, 6 essais maximum (dont les 3 premiers de « qualification », les 3 suivants n'étant accordés qu'aux 8 athlètes en tête).

● **Lancers. Poids :** sphère métallique de 7,260 kg minimum, lancée de l'épaule à une main, à partir d'un cercle cimenté de 2,135 m de diamètre. **Disque :** engin circulaire avec jante en métal pesant 2 kg minimum, lancé d'une seule main d'un cercle de 2,50 m de diamètre. **Marteau :** sphère métallique reliée à une poignée par un câble, l'ensemble pesant au minimum 7,260 kg et mesurant au maximum 1,22 m. On lance d'un cercle cimenté de 2,135 m de diamètre. Pour ces 3 lancers, l'athlète doit sortir du cercle par l'arrière, équilibré, après que l'engin a touché le sol. L'angle des secteurs de chute est de 40°. **Javelot :** engin métallique de 800 g minimum, lancé d'un couloir de 30 à 36,50 m de long sur 4 m de large terminé par un arc de cercle qu'on ne peut dépasser. Angle du secteur de chute : 29°. A la chute, l'engin doit toucher le sol par la pointe (tête) en premier. Dep. le 1-4-1986, nouveau javelot de 800 g, centre de gravité déplacé de 4 cm vers l'avant pour diminuer la portance (distance diminuée de 20 %).

● **Épreuves combinées. Décathlon :** ensemble de 10 épreuves disputées dans un ordre particulier en 2 jours successifs. 1er j : 100 m, saut en longueur, lancer du poids, s. en hauteur et 400 m. 2e j. : 110 haies, lancer de disque, s. à la perche, l. du javelot et 1 500 m. Chaque performance est cotée à une table internationale, le vainqueur étant celui qui totalise le plus de points à l'issue des 10 épreuves.

Dames (particularités)

● **Courses plates.** *3 000 m* (classique). Depuis 1981 : *5 000 m* et *10 000 m.* Pas de relais 4 × 1 500 m.

● **Courses d'obstacles.** *100 m haies :* 10 haies de 0,84 m de haut (espacées de 8,50 m, la 1re étant à 13 m du départ et la dernière à 10,50 m de l'arrivée).

400 m : seule la hauteur des obstacles (0,76 m) diffère de l'épreuve hommes. Pas de course de steeple.

● **Sauts.** Pas de perche ni de triple saut.

● **Lancers. Poids** de 4 kg. **Disque** de 1 kg. **Javelot** de 600 g. Pas de marteau.

● **Épreuves combinées. Heptathlon** (depuis 1981) : ensemble de 7 épreuves disputées dans un certain ordre en 2 jours successifs. 1er j : 100 m haies, hauteur, poids, 200 m. 2e j : longueur, javelot, 800 m. Même principe de cotation que pour le décathlon.

Résultats

Records de France féminins

Juniors

100 m 11"38, M.F. Loval (AA Pointe-à-Pitre) 20-08-81. **200 m** 23"56, R. Naigre (Siroco-les-Abymes) 31-08-78. **400 m** 53"66, Ficher (CASG) 29-6-84. **800 m** 2'03"98, Giolitti (NUC) 1-7-84. **1 000 m** 2'44"63, B. Bretagne (VS Ozoir-la-Ferrière) 18-8-83. **1 500 m** 4'13"81, V. Renties (AS Anzin) 23-07-78. **3 000 m** 9'35"88, Y Yessad (PL Pierre Bénite) 28-7-84. **100 m haies** 13"46, V. Truwant (Touquet AC) 9-7-83. **400 m haies** 58"85, H. Huart (AS l'Union Toulouse) 26-8-83. **Hauteur** 1 m 89, M. Ewanje-Epée (Montpellier UC) 08-08-82. **Longueur** 6 m 44, J. Curtet (AC Cannes) 31-05-73. **Poids** 15 m 04, S. Guillot (Marignane Athl.) 8-7-83. **Disque** 57 m 50, C. Beauvais (Racing CF) 18-8-83. **Javelot** 57 m 10, M. Fiafialoto (ASM Nouméa) 24-7-83. **4 × 100 m** 44"61, Équipe nationale : V. Ponchot (AS Fontenay), M.-C. Cazier (Stade Metz EC), L. Bily (UA Bressuire), M.-F. Loval (AA Pointe-à-Pitre) 23-08-81. **4 × 400 m** 3'40"3, Équipe nationale : S. Malbranque (CA Cauchois), V. Bret (US Issoire), M. Desax (US Gyonnax), V. Brun (Sp. Thionville) 21-08-77. **4 × 100 m (club)** 46"88 (ES Viry-Châtillon) V. Vidal, F. Cuciz, C. Cuciz, A. Benezech 08-06-81. **Heptathlon** 5 602 pts, M. Ewanje-Epée (Montpellier UC) 24/25-07-82 (14"10, 11 m 16, 1 m 84, 25"33, 5 m 81, 32 m 90, 2'28"93). **Marche : 5 000 m** 25'19", A.-C. Berthonnaud (SVA Ruelle) 14-10-84.

Cadettes

100 m 11"56, F. Ficher (CASG Paris) 06-06-82. **200 m** 23"80, F. Ficher (CASG Paris) 28-05-82. **400 m** 54"77, N. Simon (Stade Sotteville) 23-07-78. **800 m** 2'05"1, V. Renties (AS Anzin) 16-05-76. **1 000 m** 2'47"12, F. Giolitti (Nice UC) 16-10-82. **1 500 m** 4'24"3, V. Renties (AS Anzin) 05-05-76. **100 m haies** 13"79, Bernard (GUC), 06-84. **320 m haies** 47"25, P. Witz (AC Cannes) 5-6-83. **Hauteur** 1 m 80, H. Lefevre (ASPTT Grenoble) 25-9-83. **Longueur** 6 m 05, C. Missoudan (Racing CF) 21-7-84. **Poids** 15 m 44, D. Johann (CSL Neuf-Brisach) 02-07-78. **Disque** 44 m 52, Teppe (VAB) 06-84. **Javelot** 51 m 40, M. Fiafialoto (Ind. Nlle-Calédonie) 14-12-80. **4 × 100 m** 47"81, C. Bordier, C. Huchon, V. Lecaillon, C. Caristan

(Saint-Maur AC) 10-07-77. **4 × 1 000 m** 12'00"38, V. Zimber, C. Bury, M. Rusch, E. Fey (Unitas Brumath) 08-07-79. **Heptathlon** 5 329 pts (14"34, 1 m 75, 12 m 35, 26"92, 5 m 27, 44 m 58, 2'45"81), H. Lefevre (ASPTT Grenoble) 16/17-7-83. **Marche : 3 000 m** 14'59"0, S. Cuttat (SR Delle) 25-04-82.

Minimes

80 m 10"10, Peyre (MJC Salon-de-Provence) 26-6-83. **150 m** 18"33, Fischer (CASG Paris) 28-6-80. **500 m** 75"46, Landre (Siroco Agymes) 27-6-84. **1 200 m** 3'35"6, V. Renties (AS Anzin) 30-6-84. **80 m haies** 11"71, Bernard (Olympique Grenoble) 26-6-82. **250 m haies** 36"10, Morena (ASPTT Marseille) 27-6-84. **Hauteur** 1 m 73, R. Rougeaux (Dreux AC) 3-6-78. **Longueur** 5 m 67, Ch. Caristan (St-Maur AC) 30-5-76. **Poids** 13 m 87, M. Gally (CSM La Seyne) 28-9-80. **Disque** 40 m 08, A. Teppe (EA Bourg-en-Bresse) 31-10-82. **Javelot** 49 m 80, M.-D. Teanyouen (AS Le Nickel Nouméa) 20-10-84. **4 × 80 m** 39"5, (ASU Perpignan) 5-7-80. **Pentathlon** 3 588 pts (12"59, 5 m 47, 9 m 68, 1 m 60, 19 m 87), L. Arnaudet (SO Arles) 29-4-84. **Marche, 2 000 m** 9'20"1, N.Collin (ASPTT Charleville) 29-4-84. **Relais F2** 12'57"2 (Fenylorian) 28-6-84,**F3** 5'00"68 (Dol-de-Bretagne) 28-6-81.

Records de France masculins

Juniors

100 m 10"29, B. Marie-Rose (CA-Ouest) 30-06-84. **200 m** 20"62, B. Cherrier (AAJ Blois) 03-09-72. **400 m** 46"31, G. Bertould (Stade Rennes) 16-10-68. **800 m** 1'47"7, R. Sanchez (Revin AC) 04-07-71. **1 000 m** 2'20"6, D. Bouchard (VS Ozoir-la-Ferrière) 26-05-82. **1 500 m** 3'40"8, J. Boxberger (FC Sochaux) 04-07-68. **3 000 m** 7'58"4, C. Laventure (Stade Vanves) 29-6-83. **5 000 m** 14'03"8, L. Brosseau (CO Cerizay) 03-06-81. **45 minutes** 14,666 km, H. Zouhair (ASPTT Strasbourg) 17-10-82. **110 m haies** 13"86, S. Caristan (AC Paris) 23-7-83. **400 m haies** 50"55, O. Gui (US Tours) 19-07-81. **2 000 m steeple** 5'33"1, F. Fillaut (Stade Rennes) 07-08-77. **Hauteur** 2 m 23, Gicquel 1985. **Perche** 5 m 61, T. Vigneron (Racing CF) 30-09-79. **Longueur** 7 m 96, G. Ugolini (Stade Reims) 04-10-68. **Triple saut** 16 m 40, P. Camara (USC Albi) 13-05-84. **Poids (6 kg)** 19 m 08, R. Gressier (AS Berck) 16-09-78. **(7,260 kg)** 17 m 67, R. Coquin (AA Pointe-à-Pitre) 21-09-75. **Disque** 56 m 26, P. Journoud (Toulouse UC) 23-7-83. **Marteau** 68 m 24, J. Accambray (SO Bruay) 31-05-69. **Javelot** 83 m 56, J.-P. Lakafia (AS Magenta Nouméa) 13-12-80. **4 × 100 m** 39"69, Équipe nationale : P. Thessard (ES Nantes AC), Patrick Barré (Neubourg AC), H. Panzo (IA Fort-de-France), Pascal Barré (Neubourg AC) 6-8-77. **4 × 400 m** 3'08"97, Équipe nationale : V. Quentrec (Racing CF), B. Le Bouette (WM Suresnes), O. Gui (US Tours), J.-J. Février (AS Fumel) 23-8-81. **4 × 100 m (club)** 40"05, J. Chedeville, S. Adam, Patrick et Pascal Barré (Neubourg AC) 22-07-78. **Décathlon** 7 745 pts (11"23, 6 m 94, 13 m 28, 2 m 13, 50"89, 15"04, 41 m 84, 4 m 50, 70 m 38, 5'02"67), W. Motti (AC Cannes) 24/25-07-82. **Marche : 10 000 m** 42'58"39, P. Lenglart (CLL Armentières) 20-08-81. **Heure** 13,596 km, P. Lenglart (CLL Armentières) 03-05-81.

Cadets

100 m 10"54, M. Genest (TA Rennes) 06-06-76. **200 m** 21"29, Pascal Barré (Neubourg AC) 11-07-76. **400 m** 47"61, O. Gui (US Tours) 24-06-79. **800 m** 1'50"8, F. Gonzalez (ASPTT Bordeaux) 26-6-69. **1 000 m** 2'25"39, P. Szalajka (USA Liévin) 16-09-81. **1 500 m** 3'50"6, Y. Gardes (USM Gagny) 23-06-82. **3 000 m** 8'21"7, L. Brosseau (CO Cerizay) 24-06-79. **45 minutes** 13,430 km, J Puech (Stade Rodez) 14-7-84. **110 m haies** 13"39, Ph. Tourret (SC Aiguillon) 15-07-84. **400 m haies** 52"63, Maran (CCFF) 06-84. **1 500 m steeple** 4'10"79, J.-N. Pelissier (Nice UC) 09-07-82. **Hauteur** 2 m 19, W. Motti (AC Cannes) 21-08-81. **Perche** 5 m 10, T. Vigneron (Racing CF) 17-09-77. **Longueur** 7 m 57, C. Morinière (AS Fréjus Saint-Raphaël) 09-07-77. **Triple saut** 15 m 26, J.-H. Stievenart (SC Abbeville) 03-07-71. **Poids** 19 m 10, L. Viudes (Stade Saint-Quentin) 30-06-73. **Disque** 52 m 54, K. Janik (AS Draguignan) 25-06-77. **Marteau** 69 m, R. Piolanti (AC Amneville) 14-07-84. **Javelot** 72 m 10, P. Beaudoin (ESR Colmar AC) 08-10-78. **4 × 100 m** 42"03, Pousse, Ximenes, P. Chazot, G. Chazot (CA Saint-Étienne) 06-07-75. **4 × 1 000 m** 10'20"8, D. Losfeld, M. Gode, E. Boussendorfer, O. Merigot (Paris UC) 05-10-75. **Ennéathlon** 7 093 pts (11"24, 7 m 12, 17 m 15, 2 m 15, 14"54, 45 m 22, 3 m 80, 64 m 60, 5'10"64), W. Motti (AC Cannes) 27/28-06-8J. **Marche : 5 000 m** 22'00"5, F. Chausson (ASQI Étrechy) 14-10-84.

Minimes

80 m 9"04, P.-L- Agat (GS Fort-de-France) 10-7-76. **150 m** 16"56, Felten (ASC Strasbourg) 25-6-77. **500 m** 1'07", A. Paisley (AC Bouillante, Guadeloupe) 25-6-83. **1 200 m** 3'10"2, B. Rihet (AC Cannes) 30-6-79. **3 000 m** 8'59"4, M. Bouchard (Antony Sports) 15-10-78. **100 m haies** 13"20, Dubuquoy (Lingolsheim) 26-6-84. **250 m haies** 31"24, H. L'Hopitaux (Salsbris Sports) 28-6-81. **Hauteur** 2 m, E. Lacheny (Neubourg AC) 5-7-81. **Perche** 4 m 45, C Mattei (Nice UC) 30-9-84. **Longueur** 6 m 89, G. Martial (GS Fort-de-France) 16-6-84. **Triple saut** 13 m 99, Tison (Grignard Cherbourg) 22-6-75. **Poids** 18 m 06, J. Carrière (AL Cartaix-Plonguer) 19-5-76. **Disque** 49 m 28, H. Yvard (CS Bourgoin-Jallieu) 19-10-77. **Marteau** 63 m 90, Maillet (Gre Benit Bourgoin) 26-6-84. **Javelot** 68 m 10, A. Mihoubi (US Oyonnax) 29-9-79. **4 × 80 m** 36"27, Pointe-des-Nègres 26-6-84. **Hexathlon** 3 658 pts (14"5, 36 m 72, 6 m 20, 1 m 80, 44 m 08, 3'34"5), B. Ozdirekcan (ASF-USO Nevers) 21/22-5-83 [1]. **Marche : 3 000 m** 13'48"6, M. Fesselier (ASC Rennes) 14-3-76. **Relais F2** 11'32"59, Privé Montcoutant 28-6-81, **F3** 4'28"78, Condorcet Paris 26-6-82.

Nota. — (1) Recordman précédent : Yvan Lagarde (1981-1983).

Principales épreuves d'athlétisme

Légende : (a) Amérique. (b) Europe. (c) Afrique. (d) Océanie. (e) Asie. (1) U.S.A. (2) U.R.S.S. (3) France. (4) G.-B. (5) P.-Bas. (6) All. féd. (7) All. dém. (8) Pologne. (9) Suède. (10) Suisse. (11) Italie. (12) Hongrie. (13) Yougoslavie. (14) Finlande. (15) Tchécoslovaquie. (16) Belgique. (17) Bulgarie. (18) Danemark. (19) Espagne. (20) Roumanie. (21) Autriche. (22) Grèce. (23) Portugal. (24) Jamaïque. (25) Brésil. (26) Maroc. (27) Irlande. (28) Australie. (29) Éthiopie. (30) Chine. (31) Nigeria. (32) Cuba. (33) Mexique. (34) Canada. (35) Norvège.

Outre les épreuves citées ci-dessous, il faut énumérer les Jeux olympiques modernes (créés en 1896), les J. de l'Emp. britan. et du Commonwealth (créés en 1930), les J. Panaméricains (1951), J. Asiatiques (1951), J. Africains (1965) irréguliers, J. de l'Amérique centrale et des Caraïbes (1926), J. Bolivar (réservés dep. 1938 aux nations d'Am. du S. affranchies par lui), J. des îles de l'océan Indien (1979), J. Méditerranéens (1951), Maccabiades (Israël), J. Universitaires (1923), Championnats d'Amérique du S. (1919, irréguliers), Ch. Nordiques et J. Balkaniques, Ch. Militaires internationaux annuels, Spartakiades (1955). La plupart ont lieu tous les 4 ans.

Championnats du monde

Résultats des premiers ch. organisés à Helsinki (Finlande) du 7 au 14 août 1983.

Hommes. 100 m. *1er* C. Lewis [1] 10"07. *2e* C. Smith [1] 10"21. *3e* E. King [1] 10"24. **200 m.** *1er* C. Smith [1] 20"14. *2e* E. Quow [1] 20"41. *3e* P. Mennea [11] 20"51. **400 m.** *1er* B. Cameron [24] 45"05. *2e* M. Franks [1] 45"22. *3e* S. Nix [1] 45"24. **800 m.** *1er* Wulbeck [6] 1'43"65. *2e* R. Druppers [5] 1'44"20. *3e* J. Cruz [25] 1'44"27. **1 500 m.** *1er* S. Cram [4] 3'41"59. *2e* S. Scott [1] 3'41"87. *3e* S. Aouita [26] 3'42"02. **5 000 m.** *1er* E. Coghlan [27] 13'28"53. *2e* W. Schildhauer [7] 13'30"20. *3e* M. Vainio [14] 13'30"34. **10 000 m.** *1er* A. Cova [11] 28'01"04. *2e* W. Schildhauer [7] 28'01"18. *3e* H.J. Kunze [7] 28'01"26. **Marathon.** *1er* R. de Castella [28] 2 h 10'03". *2e* K. Balcha [29] 2 h 10'27". *3e* W. Cierpinski [7] 2 h 10'37". **3 000 m steeple.** *1er* P. Ilg [6] 8'15"06. *2e* B. Maminski [8] 8'17"03. *3e* C. Reitz [4] 8'17"75.

110 m haies. *1er* G. Foster [1] 13"42. *2e* A. Bryggare [14] 13"46. *3e* W. Gault [1] 13"48. **400 m haies.** *1er* E. Moses [1] 47"50. *2e* H. Schmid [6] 48"61. *3e* A. Kharlov [2] 49"03.

Hauteur. *1er* G. Avdeienko [2] 2,32 m. *2e* T. Peacock [1] 2,32 m. *3e* J. Zhu [30] 2,29 m. **Longueur.** *1er* C. Lewis [1] 8,55 m. *2e* J. Grimes [1] 8,29 m. *3e* M. Conley [1] 8,12 m. **Perche.** *1er* S. Bubka [2] 5,70 m. *2e* C. Volkov [2] 5,60 m. *3e* A. Tarev [17] 5,60 m. **Triple saut.** *1er* Z. Hoffman [8] 17,42 m. *2e* W. Banks [1] 17,18 m. *3e* A. Agbebaku [31] 17,18 m. **Poids.** *1er* E. Sarul [8] 21,39 m. *2e* U. Timmermann [7] 21,16 m. *3e* R. Machura [15] 20,98 m. **Disque.** *1er* I. Bugar [15] 67,72 m. *2e* L. Delis [32] 57,36 m. *3e* G. Valent [15] 66,08 m. **Javelot.** *1er* D. Michel [7] 89,48 m. *2e* T. Petranoff [1] 85,60 m. *3e* D. Kula [2] 85,58 m. **Marteau.** *1er* S. Litvinov [2] 82,68 m. *2e* Y. Sedykh [2] 80,96 m. *3e* Z. Kwasny [8] 79,42 m. **Décathlon.** *1er* D. Thompson [4] 8 666 pts. *2e* J. Hingsen [6] 8 561 pts. *3e* S. Wentz [6] 8 478 pts.

4 × 100 m. *1er* U.S.A. (E. King, W. Gault, C. Smith, C. Lewis) 37"36. *2e* Italie (S. Tilli, C. Simionato, P.F. Pavoni, P. Mennea) 38"37. *3e* U.R.S.S. (A. Prokofiev, N. Sidorov, V. Muraviev, V. Bryzgine) 38"41. **4 × 400 m.** *1er* U.R.S.S. (S. Lovatchev, A. Trochilo, N. Chernetsky, V. Markin) 3'00"79. *2e* All. féd. (E. Skamrahl, J. Vaihinger, H. Schmid, H. Weber) 3'01"83. *3e* G.-B. (A. Bennett, G. Cook, T. Bennett, P. Brown) 3'03"53. **20 km marche.** *1er* E. Canto [33] 1 h 20'49". *2e* J. Pribilinec [15] 1 h 20'59". *3e* E. Yevsukov [2] 1 h 21'06". **50 km.** *1er* R. Weigel [7] 3 h 43'08". *2e* J. Marin [19] 3 h 46'42". *3e* S. Iung [2] 3 h 49'03".

Femmes. 100 m. *1re* M. Goehr [7] 10"97. *2e* M. Koch [7] 11"02. *3e* D. Williams [34] 11"06. **200 m.** *1re* M. Koch [7] 22"13. *2e* M. Ottey [24] 22"19. *3e* K. Cook [4] 22"37. **400 m.** *1re* J. Kratochvilova [15] 47"99. *2e* T. Kocembova [15] 49"59. *3e* M. Piningina [2] 49"19. **800 m.** *1re* J. Kratochvilova [15] 1'54"68. *2e* L. Gurina [2] 1'56"11. *3e* E. Podkopaeva [2] 1'57"58. **1 500 m.** *1re* M. Decker [1] 4'00"90. *2e* Z. Zaitseva [2] 4'01"19. *3e* E. Podkopaieva [2] 4'02"25. **3 000 m.** *1re* M. Decker [1] 8'34"62. *2e* B. Kraus [6] 8'35"11. *3e* T. Kazankina [2] 8'35"13. **Marathon.** *1re* G. Waitz [35] 2 h 28'09". *2e* M. Dickerson [1] 2 h 31'09". *3e* R. Smekhnova [2] 2 h 31'13".

100 m haies. *1re* B. Jahn [7] 12"35. *2e* K. Knabe [7] 12"42. *3e* Zagortcheva [17] 12"62. **400 m haies.** *1re* E. Fessenko [2] 54"14. *2e* A. Ambrozene [2] 54"15. *3e* E. Fiedler [7] 54"55.

Hauteur. *1re* T. Bykova [2] 2,01 m. *2e* U. Meyfarth [6] 1,99 m. *3e* I. Ritter [1] 1,95 m. **Longueur.** *1re* H. Daute [7] 7,27 m. *2e* A. Cusmir [20] 7,15 m. *3e* C. Lewis [1] 7,04 m. **Poids.** *1re* H. Fibingerova [15] 21,05 m. *2e* H. Knorrscheidt [7] 20,70 m. *3e* I. Slupianek [7] 20,56 m. **Disque.** *1re* M. Opitz [7] 68,94 m. *2e G. Murachova [2] 67,44 m* *3e* M. Petkova [17] 66,44 m. **Javelot.** *1re* T. Liliak [14] 70,82 m. *2e* F. Whitbread [4] 69,14 m. *3e* A. Verouli [22] 65,72 m. **Heptathlon.** *1re* R. Neubert [7] 6 714 pts. *2e* S. Paetz [7] 6 652 pts. *3e* A. Vater [7] 6 532.

4 × 100 m. *1re* All. dém. (S. Gladisch, M. Koch, I. Auesswald, M. Goehr) 41"76. *2e* G.-B. (J. Baptiste, K. Cook, B. Callender, S. Thomas) 42"71. *3e* Jamaïque (L. Hodges, J. Pusey, J. Cuthbert, M. Ottey) 42"73. **4 × 400 m.** *1re* All. dém. (K. Walther, S. Busch, M. Koch, D. Rubsam) 3'19"73. *2e* Tchécosl. (T. Kocembova, Z. Moravcikova, M. Matejkovicova, J. Kratochvilova) 3'20"32. *3e* U.R.S.S. (E. Korban, M. Ivanova, I. Baskakova, M. Piningina) 3'21"16.

Coupe du Monde

Créée en 1977, a lieu tous les 2 ans jusqu'en 1981 ; tous les 4 ans ensuite. *Équipes* : U.S.A., 2 premiers pays de la Coupe d'Europe des Nations, Amérique, Afrique, Asie, Océanie et « Reste de l'Europe ».

Hommes. 1979 *1* U.S.A. 119 pts. *2* Europe 112. *3* All. dém. 108. **81** *1* Europe 147. *2* All. dém. 130. *3* U.S.A. 127. **85** 1er U.S.A. 123, 2e All. dém. 113, 3e U.R.S.S. 111.

Femmes. 1979 *1* All. dém. 105 pts. *2* U.R.S.S. 97. *3* Europe 96. **81** *1* All. dém. 120,5. *2* Europe 110. *3* U.R.S.S. 98. **85** 1er All. dém. 121, 2e U.R.S.S. 105,5, 3e Europe 86.

Coupe d'Europe des Nations

Créée en 1963 : tous les 2 ans actuellement.

Hommes. 1965 1er U.R.S.S. 2e All. féd. 3e Pologne. **1967** 1er U.R.S.S. 2e All. dém. 3e All. féd. **70** 1er All. dém. 2e U.R.S.S. 3e All. féd. **1973** 1er U.R.S.S. 2e All. dém. 3e G.-B. **77** 1er All. dém. 2e All. féd. 3e U.R.S.S. **79** 1er All. dém. 2e U.R.S.S. 3e All. féd. **81** 1er All. dém. 2e U.R.S.S. 3e G.-B. **83** 1er All. dém. 2e U.R.S.S. 3e All. féd. **85** 1er U.R.S.S. 2e All. dém. 3e All. féd.

Femmes. 1965 1er U.R.S.S. 2e All. dém. 3e Pologne. **67** 1er U.R.S.S. 2e All. dém. 3e All. féd. **70** 1er All. dém. 2e All. féd. 3e U.R.S.S. **73** 1er All. dém. 2e U.R.S.S. 3e Bulgarie. **77** 1er All. dém. 2e U.R.S.S. 3e G.-B. **79** 1er All. dém. 2e U.R.S.S. 3e Bulgarie. **81** 1er All. dém. 2e U.R.S.S. 3e All. féd. **83** 1er All. dém. 2e U.R.S.S. 3e Tchéc. **85** 1er U.R.S.S. 2e All. dém. 3e G.-B.

Records du Monde, d'Europe et de France. Hommes et Dames (au 23-7-86)

Épreuves	Monde		Europe		France	
Hommes						
100 m	9"93	Calvin Smith (U.S.A. 83).	10"00	Marian Woronin (Pol. 84).	10"11	Roger Bambuck (C.A.M. 68).
200 m	19"72	Pietro Mennea (Italie 79).	19"72	Pietro Mennea (Italie 79).	20"38	Pascal Barré (N.A.C. 79).
400 m	43"86	Lee Evans (U.S.A. 68).	44"50	Erwin Skamrahl (All. féd. 83).	45"09	Aldo Canti (Stade fr. 84).
800 m	1'41"73	Sebastian Coe (G.-B. 81).	1'41"73	Sebastian Coe (G.-B. 81).	1'43"9	José Marajo (Stade fr. 79).
1 000 m	2'12"18	Sebastian Coe (G.-B. 81).	2'12"18	Sebastian Coe (G.-B. 81).	2'16"6	Philippe Collard (C.S.G.L. 86).
1 500 m	3'29"46	Saïd Aouita (Maroc 85).	3'29"67	Steve Cram (G.-B. 85).	3'34"	Jean Wadoux (Racing CF 70).
Mile	3'46"32	Steve Cram (G.-B. 85).	3'46"32	Steve Cram (G.-B. 85).	3'50"98	José Marajo (S.F. 83).
2 000 m	4'51"39	Steve Cram (G.-B. 85).	4'51"39	Steve Cram (G.-B. 85).	4'56"2	Michel Jazy (C.A.M. 66).
3 000 m	7'32"1	Henry Rono (Kenya 78).	7'32"79	David Moorcroft (G.-B. 82).	7'40"99	Francis Gonzales (A.S.P.T.T. 79).
5 000 m	13'00"40	Saïd Aouita (Maroc 85).	13'0"41	David Moorcroft (G.-B. 85).	13'20"24	Francis Gonzales ((A.S.P.T.T. 79).
10 000 m	27'13"81	Fernando Mamede (Port. 84).	27'13"81	Fernando Mamede (Port. 84).	27'50"30	Pierre Levisse (R.C.F. 85).
20 000 m	57'24"2	Jos Hermens (P.-Bas 76).	57'24"2	Jos Hermens (P.-Bas 76).	59'11"	Lucien Rault (JS Plouguenast 73).
Heure	20,944 km	Jos Hermens (P.-Bas 76).	20,944 km	Jos Hermens (P.-Bas 76).	20,305 km	Lucien Rault (JS Plouguenast 73).
25 000 m	1 h 13'55"8	Toshihiko Seko (Japon 81).	1 h 14'16"8	Pekka Paivarinta (Finl. 75).	1 h 16'03"8	F. Kolbeck (A.S.P.T.T. 73).
30 000 m	1 h 29'18"8	Toshihiko Seko (Japon 81).	1 h 31'30"4	Jim Alder (G.-B. 70).	1 h 33'28"9	Bernard Faure (E.S.T. 83).
110 m haies	12"93	Renaldo Nehemiah (U.S.A. 81)	13"28	Guy Drut (Fr. 75).	13"28	Guy Drut (Stade fr. 75).
400 m haies	47"02	Edwin Moses (U.S.A. 83).	47"48	Harald Schmid (All. féd. 82).	48"94	Jean-Claude Nallet (A.C.P. 74).
3 000 m steeple	8'05"4	Henry Rono (Kenya 78).	8'07"62	Joseph Mahmoud (Fr. 84).	8'07"62	J. Mahmoud (CM.S. Marignane 84).
Hauteur	2 m 41	Igor Pakline (U.R.S.S. 85).	2 m 41	Igor Pakline (U.R.S.S. 85).	2 m 32	Frank Verzy (P.L. Pierre-Bénite 83).
Perche	6 m 01	Sergei Bubka (U.R.S.S. 86).	6 m 01	Sergei Bubka (U.R.S.S. 86).	5 m 91	Thierry Vigneron (R.C.F. 84).
Longueur	8 m 90	Robert Beamon (U.S.A. 68).	8 m 61	Robert Emmian (U.R.S.S. 86).	8 m 26	Jacques Rousseau (R.C.F. 76).
Triple saut	17 m 97	Willie Banks (U.S.A. 85).	17 m 78	Nikolai Musienko (U.R.S.S. 86).	16 m 95	Serge Hélan (Montreuil 86).
Poids	22 m 62	Ulf Timmermann (All. dém. 85).	22 m 62	Ulf Timmermann (All. dém. 85).	20 m 20	Yves Brouzet (St. fr. 73).
Disque	74 m 08	Jürgen Schult (All. dém. 86).	74 m 08	Jürgen Schult (All. dém. 86).	61 m 76	Frédéric Piette (E.O. 77).
Marteau	86 m 66	Yuri Sedyk (U.R.S.S. 86)	86 m 34	Yuri Sedyk (U.R.S.S. 84).	78 m 50	Walter Ciofani (85).
Javelot	79 m 86	Brian Crouser (U.S.A. 86).	78 m 70	Urgo Nikkanen (Fin. 38).	78 m 06	Charles Bertimon (C.A.M. 86).
Décathlon	8 846 pts	Daley Thompson (G.-B. 85).	8 846 pts	Daley Thompson (G.-B. 85).	8 306 pts	William Motti (ind. 85).
4 × 100 m	37"83	Eq. nat. des U.S.A. (84), Graddy, Brown, Smith, Lewis.	38"19	Eq. nat d'U.R.S.S. (86), Eugeniev, Lushmanov, Muraviev, Brizgyn.	38"42	Eq. nat. (68), Fenouil, Delecour, Piquemal, Bambuck.
4 × 200 m	1'20"26	Univ. S. Californie U.S.A. (78), Andrews, Sandford, Mullins, Edwards.	1'21"10	Eq. nat. d'Italie (83), Tilli, Simionato, Bongiorni, Mennea.	1'21"58	Sél. fr. (81), Panzo, Petitbois, Canti, Barré.
4 × 400 m	2'56"16	Eq. nat. des U.S.A. (68) Matthews, Freeman, James, Evans.	2'59"13	Eq. nat. de G.-B. (84). Akabusi, Cook, Bennett, Brown.	3'00"65	Eq. nat. (72), Berthoud, Velazquez, Kerbiriou, Carette.
4 × 800 m	7'03"89	Eq. nat. de G.-B. (82), Elliot, Cook, Cram, Coe.	7'03"89	Eq. nat. de G.-B. (82), Elliot, Cook, Cram, Coe.	7'13"6	Eq. nat. (79), Sanchez, Riquelme, Dupont, Milhau.
4 × 1 500 m	14'38"8	Eq. nat. d'All. féd. (77), Wessinghage, Hudak, Lederer, Fleshen.	14'38"8	Eq. nat. d'All. féd. (77), Wessinghage, Hudak, Lederer, Fleshen.	14'48"2	Eq. nat. (79), Begouin, Lequement, Philippe, Dien.
1 heure marche		Non homologué		Non homologué	15 094 m	Gérard Lelièvre (A.L.C.L.-G.Q. 84).
2 heures marche	28 165 m	José Marin (Esp. 79).	28 165 m	José Marin (Esp. 79).	27 598 m	Gérard Lelièvre (A.L.C.L.-G.Q. 84).
20 km marche	1 h 18'40"	Canto (Mex. 84).	1 h 20'36"07	Andersen (Norv. 84).	1 h 22'14"0	Gérard Lelièvre (A.L.C.L.-G.Q. 84).
30 km marche	2 h 07'59"8	José Marin (Esp. 79).	2 h 07'59"8	José Marin (Esp. 79).	2 h 11'09"0	Gérard Lelièvre (A.L.C.L.-G.Q. 79).
Marathon	2 h 07'12"	Carlos Lopez (Port. 85).	2 h 07'12"	Carlos Lopez (Port. 85).	2 h 10'49"	Jacky Boxberger (1985).
50 km marche	3 h 41'38"4	Raul Gonzalez (Mex. 79).	3 h 48'59"0	Vladimir Resajev (U.R.S.S. 80).	3 h 53'56"9	Gérard Lelièvre (A.L.C.L.-G.Q. 83).
Dames						
100 m	10"76	Evelyn Ashford (U.S.A. 84).	10"81	Marlies Goehr (All. dém. 83).	11"15	Chantal Rega (E.S.M.E.-U.S.D. 76).
200 m	21"71	Marita Koch (All. dém. 79).	21"71	Marita Koch (All. dém. 79).	22"51	M.-Christine Cazier (86).
400 m	47"60	Marita Koch (All. dém. 85).	47"60	Marita Koch (All. dém. 85).	51"72	Nicole Duclos (C.A.B. 69).
800 m	1'53"28	Jarmila Kratochvilova (Tchéc. 83).	1'53"28	J. Kratochvilova (Tchéc. 83).	1'59"32	Florence Giolitti (A.S.P.T.T. 86).
1 000 m		Non homologué		Non homologué	2'37"02	M.-F. Dubois (St fr. 77).
1 500 m	3'52"47	Tatiana Kazankina (U.R.S.S. 80).	3'52"47	Tatiana Kazankina (U.R.S.S. 80).	4'08"6	M.-F. Dubois (A.S.P.T.T.-L. 75).
Mile	4'16"71	Mary Decker-Slaney (U.S.A. 85).	4'17"44	Maricica Puica (Roum. 82).	4'28"72	Florence Giolitti (A.S.P.T.T. 86).
3 000 m	8'22"62	Tatiana Kazankina (U.R.S.S. 84).	8'22"62	T. Kazankina (U.R.S.S. 84).	8'46"94	Annette Sergent (A.S.U.L. 86).
5 000 m	14'48"07	Zola Budd (G.-B. 85).	14'48"07	Zola Budd (G.-B. 85).	15'32"92	Annette Sergent (A.S.U.L. 86).
10 000 m	30'13"74	Ingrid Christiansen (Norv. 86).	30'13"74	Ingrid Christiansen (Norv. 86).	33'42"5	Martine Pajot (E.S.-Bruges 82).
100 m haies	12"36	Grazyna Rabsztyn (Pologne 80).	12"36	Grazyna Rabsztyn (Pologne 80).	12"69	Laurence Elloy (St. fr. 86).
400 m haies	53"55	Sabine Busch (All. dém. 85).	53"55	Sabine Busch (All. dém. 85).	54"93	Chantal Rega (E.S.M.E.-U.S.D. 82).
4 × 100 m	41"37	Eq. nat d'All. dém. (85), Gladisch, Auerswald, Reiger, Goehr.	41"37	Eq. nat d'All. dém. (85), Gladisch, Auerswald, Reiger, Goehr.	42"68	Eq. nat. (82), Bily, Cazier, Bacoul, Gaschet.
4 × 200 m	1'28"15	Eq. nat. d'All. dém. (80), Goehr, Mueller, Woeckel, Koch.	1'28"15	Eq. nat. d'All. dém. (80), Goehr, Mueller, Woeckel, Koch.	1'32"17	Sélect. nat. (82), Bily, Gaschet, Rega, Naigre.
4 × 400 m	3'15"92	Eq. nat. d'All. dém. (84), Siemon, Busch, Ruebsam, Koch.	3'15"92	Eq. nat. d'All. dém. (84), Siemon, Busch, Ruebsam, Koch.	3'27"52	Eq. nat. (72), Duvivier, Besson, Martin, Duclos.
4 × 800 m	7'50"17	Eq. nat. d'U.R.S.S. (84), Olizarenko, Gurina, Borisova, Podyalovskaya.	7'52"3	Eq. nat. d'U.R.S.S. (76), Providokhina, Gerasimova, Styrkina, Kazankina.	8'22"0	Sélect. nat. (75), Jouvhomme, Rooms, Thomas, Dubois.
5 000 marche	21'36"2	Olga Kristop (U.R.S.S. 84).	22'06"0	Olga Yaroutkina (U.R.S.S. 83).	23'16"0	S. Griesbach (A.S.-Str. 82).
10 000 marche	45'39"5	Yan Hong (Chine 84).	46'14"3	Ann Jansson (Suè. 85).	48'21"4	S. Griesbach (A.S.-Str. 84).
Hauteur	2 m 08	Stefka Kostadinova (Bulg. 86).	2 m 07	Ludmilla Andorona (Bulg. 84).	1 m 96	Maryse Ewanje-Epée (M.-U.C. 85).
Longueur	7 m 45	Heike Dante-Dreschler (All. dém. 86).	7 m 44	Heike Dante-Dreschler (All. dém. 85).	6 m 81	Nadine Dubois (C.S.M. Clamart 86).
Poids	22 m 53	Natalia Lissovskaia (U.R.S.S. 84).	22 m 53	Lissovskaia (U.R.S.S. 84).	17 m 45	Simone Créantor (St. fr. 84).
Disque	74 m 56	Zdenda Silhava (Tchéc. 84).	74 m 56	Zdenda Silhava (Tchéc. 84).	59 m 04	Patricia Katona (A.S.P.T.T.-Paris 84).
Javelot	75 m 40	Petra Felke (All. dém. 85).	75 m 40	Petra Felke (All. dém. 85).	62 m 46	Nadine Schoellkopf (S.R.-O. 83).
Pentathlon	5 083 pts	Nadejda Tkachenko (U.R.S.S. 80).			4 803 pts	Nadine Debois (C.S.M. Clamart 86).
Heptathlon	7 161 pts	Jackie Joyner (U.S.A. 86).	6 946 pts	Sabine Paetz (All. dém. 85).	6 333 pts	Nadine Debois (C.S.M. Clamart 86).
Marathon	2 h 21'6"	Ingrid Christiansen (Norv. 85).	2 h 21'6"	Ingrid Christiansen (Norv. 85).	2 h 33'44"	Bonnet (I.S.M. 85).

Barème de cotation des épreuves sportives des concours d'entrée aux grandes écoles pour les garçons et, en italique, pour les filles [1]

NOTE	80 m	100 m	600 m	1 000 m	Saut en hauteur (en m)		Lancer de poids (en m)		Grimper		Natation [2]	
									6 m en	*5 m en*		
20	*10″7*	11″6	*1′47″*	2′45″9	1,73	*1,40*	14,56	*9,96*	5″4	*5″4*	31″3	*40″4*
19	*10″9*	11″8	*1′49″2*	2′49″3	1,69	*1,36*	13,73	*9,39*	5″8	*5″8*	32″3	*41″7*
18	*11″1*	12″	*1′51″5*	2′52″9	1,64	*1,33*	12,95	*8,86*	6″2	*6″2*	33″4	*43″1*
17	*11″2*	12″2	*1′53″7*	2′56″6	1,60	*1,30*	12,21	*8,35*	6″6	*6″7*	34″4	*44″5*
16	*11″4*	12″4	*1′56″*	3′00″2	1,56	*1,26*	11,51	*7,88*	7″1	*7″2*	35″6	*45″9*
15	*11″6*	12″6	*1′58″3*	3′04″	1,52	*1,23*	10,86	*7,43*	7″7	*7″7*	36″7	*47″4*
14	*11″8*	12″8	*2′00″8*	3′07″9	1,48	*1,20*	10,24	*7,00*	8″2	*8″3*	37″9	*49″*
13	*12″*	13″	*2′03″3*	3′11″9	1,44	*1,17*	9,65	*6,60*	8″8	*8″9*	39″1	*50″5*
12	*12″2*	13″3	*2′05″8*	3′16″	1,40	*1,13*	9,10	*6,23*	9″5	*9″6*	40″4	*52″2*
11	*12″4*	13″5	*2′08″4*	3′20″1	1,36	*1,11*	8,58	*5,87*	10″2	*10″3*	41″7	*53″8*
10	*12″6*	13″7	*2′11″*	3′24″4	1,33	*1,08*	8,09	*5,54*	11″	*11″1*	43″1	*55″6*
9	*12″8*	13″9	*2′13″8*	3′28″8	1,30	*1,05*	7,63	*5,22*	11″8	*12″*	44″5	*57″4*
8	*13″*	14″2	*2′16″4*	3′33″2	1,26	*1,02*	7,20	*4,92*	12″7	*12″9*	45″9	*59″2*
7	*13″3*	14″4	*2′19″2*	3′37″8	1,23	*0,99*	6,79	*4,64*	13″6	*13″9*	47″	*1′01″1*
6	*13″5*	14″7	*2′22″1*	3′42″6	1,20	*0,97*	6,40	*4,38*	14″6	*14″9*	49″	*1′03″1*
5	*13″7*	14″9	*2′25″1*	3′47″3	1,17	*0,94*	6,03	*4,13*	15″7	*16″1*	50″5	*1′05″1*
4	*13″9*	15″2	*2′28″1*	3′52″1	1,13	*0,92*	5,69	*3,89*	16″8	*17″3*	52″2	*1′07″2*
3	*14″2*	15″4	*2′31″2*	3′57″1	1,11	*0,90*	5,37	*3,69*	6 m	*18″6*	53″8	*1′09″4*
2	*14″4*	15″7	*2′34″3*	4′02″3	1,08	*0,88*	5,06	*3,46*	5,5 m	*5 m*	55″6	*1′11″6*
1	*14″7*	16″	*2′37″5*	4′07″5	1,05	*0,86*	4,77	*3,26*	5 m	*4,5 m*	57″4	*1′13″9*

Nota. — (1) En cas de performance intermédiaire, arrondir systématiquement au nombre entier correspondant à la performance immédiatement inférieure et coté sur la table des barèmes.
(2) 50 m nage libre.

Championnats d'Europe en plein air

Tous les 4 ans. Alternent avec les J.O. Au moment de la création de la Coupe d'Europe, ont été placés les années impaires puis replacés tous les 4 ans.

• **Hommes.** *Créés* en 1932, 1res épreuves en 1934. *100 mètres.* **58** Hary [6] 10″3. **62** Piquemal [3] 10″4. **66** Maniak [8] 10″5. **69** Borzov [2] 10″4. **71** Borzov [2] 10″3. **74** Borzov [2] 10″27. **78** Mennea [11] 10″27. **82** Emmelmann [7] 10″21.

200 m. **58** Germar [6] 21″2. **62** Jonsson [9] 20″7. **66** Bambuck [3] 20″9. **69** Clerc [10] 20″6. **71** Borzov [2] 20″3. **74** Mennea [11] 20″60. **78** Mennea [11] 20″16. **82** Prenzler [7] 20″46.

400 m. **58** Wrighton [4] 46″3. **62** Brightwell [4] 45″9. **66** Gredzinski [8] 46″. **69** Werner [8] 45″7. **71** Jenkins [4] 45″5. **74** Honz [6] 45″04. **78** Hofmeister [6] 45″73. **82** Weber [6] 44″72.

800 m. **58** Rawson [4] 1′47″8. **62** Matuchewski [7] 1′50″5. **66** Matuchewski [7] 1′45″9. **69** Fromm [7] 1′45″9. **71** Arzhanov [2] 1′45″6. **74** Susanj [13] 1′44″1. **78** Beyer [7] 1′43″80. **82** Ferner [6] 1′46″33.

1 500 m. **58** Hewson [4] 3′41″9. **62** Jazy [3] 3′40″9. **66** Tummler [6] 3′41″9. **69** Whetton [4] 3′39″4. **71** Arese [11] 3′38″4. **74** Justus [7] 3′40″6. **78** Ovett [4] 3′35″60. **82** Cram [4] 3′36″49.

5 000 m. **58** Kryzkowiak [8] 13′53″4. **62** Tulloh [4] 13′40″6. **66** Jazy [3] 13′42″8. **69** Stewart [4] 13′44″8. **71** Vaatainen [14] 13′32″6. **74** Foster [4] 13′17″2. **78** Ortis [11] 13′28″50. **82** Wessinghage [6] 13′28″90.

10 000 m. **58** Kryzkowiak [8] 28′56″. **62** Bolotnikov [2] 28′54″. **66** Haase [7] 28′26″. **69** Haase [7] 28′41″6. **71** Vaatainen [14] 27′52″8. **74** Kuschman [7] 28′25″8. **78** Vaino [14] 27′31″. **82** Cova [11] 27′41″03.

Marathon. **58** Popov [2] 2 h 15′17″. **62** Kilby [4] 2 h 23′18″. **66** Hogan [4] 2 h 20′4″. **69** Hill [4] 2 h 16′47″. **71** Lismont [16] 2 h 13′9″. **74** Thompson [4] 2 h 13′18″. **78** Mosseiev [2] 2 h 11′57″5. **82** Nijboer [5] 2 h 15′16″.

110 m haies. **58** Lauer (All.) 13″7. **62** Mikhailov [2] 13″8. **66** Ottoz [11] 13″7. **69** Ottoz [11] 13″5. **71** Siebeck [7] 14″. **74** Drut [3] 13″40. **78** Munkelt [7] 13″54. **82** Munkelt [7] 13″41.

400 m haies. **58** Lituiev [2] 51″1. **62** Morale [11] 49″3. **66** Frinolli [11] 49″8. **69** Skomorokhov [2] 49″7. **71** Nallet [3] 49″2. **74** Pascoe [4] 48″82. **78** Schmidt [6] 48″51. **82** Schmidt [6] 47″48.

3 000 m steeple. **58** Chromik [8] 8′38″2. **62** Roelants [16] 8′32″9. **66** Kudynski [2] 8′26″6. **69** Zelev [17] 8′25″2. **71** Villain [3] 8′25″2. **74** Malinowski [8] 8′15″. **78** Malinowski [8] 8′15″10. **82** Ilg [6] 8′18″52.

4 × 100 m. **58** All. 40″2. **62** All. 39″5. **66** France 39″4. **69** France 38″8. **71** Tchéc. 39″3. **74** France 38″69. **78** Pologne 38″58. **82** U.R.S.S. 38″60.

4 × 400 m. **58** G.-B. 3′7″9. **62** All. 3′5″8. **66** Pol. 3′4″5. **69** France 3′2″3. **71** All. féd. 3′2″9. **74** G.-B. 3′3″3. **78** All. féd. 3′02″00. **82** All. féd. 3′00″51.

Hauteur. **58** Dahl [14] 2,12 m. **62** Brumel [2] 2,21. **66** Madubost [3] 2,12. **69** Gavrilov [2] 2,17. **71** Chapka [2] 2,20. **74** Toerring [18] 2,25. **78** Yatchenko [2] 2,30. **82** Moegenburg [6] 2,30.

Perche. **58** Landstrœm [14] 4,50 m. **62** Nikula [14] 4,80. **66** Nordwig [7] 5,10. **69** Nordwig [7] 5,30. **71** Nordwig [7] 5,35. **74** Kichkune [2] 5,35. **78** Trofimenko [2] 5,55. **82** Krupsky [2] 5,60.

Longueur. **58** Ter Ovanessian [2] 7,81 m. **62** Ter Ovanessian [2] 8,19. **66** Davies [4] 7,98. **69** Ter Ovanessian [2] 8,17. **71** Klauss [7] 7,92. **74** Podluzny [2] 8,12. **78** Rousseau [3] 8,18. **82** Dombrowski [7] 8,41.

Triple saut. **58** Szmidt [8] 16,43 m. **62** Szmidt [8] 16,55. **66** Stoïkovski [17] 16,67. **69** Saneev [2] 17,34. **71** Drehmel [1] 17,16. **74** Saneev [2] 17,23. **78** Srejovic [13] 16,94. **82** Connor [4] 17,29.

Poids. **58** Rowe [4] 17,76 m. **62** Varju [12] 19,02. **66** Varju [12] 19,43. **69** Hoffmann [7] 20,12. **71** Briesenick [7] 21,08. **74** Briesenick [7] 20,50. **78** Beyer [7] 21,08. **82** Beyer [7] 21,50.

Disque. **58** Piatkowski [8] 53,92. **62** Trusseniev [2] 57,11. **66** Thorith [7] 57,42. **69** Losch [7] 62,62. **71** Danek [15] 63,90. **74** Kahma [14] 63,62. **78** Schmidt [7] 66,82. **82** Bugar [15] 66;64.

Marteau. **58** Rut [8] 64,68 m. **62** Szyvotski [2] 69,64. **66** Klim [2] 70,02. **69** Bondartchuk [2] 74,58. **71** Beyer [6] 72,36.**74** Spiridonov [2] 74,70. **78** Sedykh [2] 77,28. **82** Sedykh [2] 81,66.

Javelot. **58** Sildo [8] 80,18. **62** Lusis [2] 82,04. **66** Lusis [2] 84,48. **69** Lusis [2] 91,52. **71** Lusis [2] 90,68. **74** Siitonen [14] 89,58. **78** Wessing [6] 89,12. **82** Hohn [7] 91,34.

20 km marche. **58** Vickers [4] 1 h 33′09″. **62** Matthews [4] 1 h 35′54″. **66** Lindner [7] 1 h 29′25″. **69** Nihill [4] 1 h 30′49″. **71** Smaga [2] 1 h 2′22″. **74** Golubnichy [2] 1 h 29′30″. **78** Wieser [7] 1 h 23′11″5. **82** Marin [19] 1 h 23′43″.

50 km marche. **58** Mazinkov [2] 4 h 17′15″. **62** Pamich [11] 4 h 18′42″. **66** Pamich [11] 4 h 18′42″. **69** Hoehne [7] 4 h 13′32″. **71** Soldatenko [2] 4 h 2′22″. **74** Hoehne [7] 3 h 59″5. **78** Llopart [19] 3 h 53′29″9. **82** Salonen [14] 3 h 55′29″.

Décathlon. **58** Kuznetzov [2] 7 865 pts. **62** Kuznetzov [2] 8 206. **66** Von Moltke [6] 7 740. **69** Kirst [7] 8 401. **71** Kirst [7] 8 195. **74** Skowronek [8] 8 200. **78** Grebeniuk [2] 8 340. **82** Thompson [4] 8 743.

• **Femmes.** *100 mètres.* **58** Young [2] 11″7. **62** Hyman [4] 11″3. **66** Klobukowska [8] 11″5. **69** Vogt [7] 11″6. **71** Stecher [7] 11″4. **74** Szewinzka [8] 11″01. **78** Goehr-Oelsner [7] 11″13. **82** Goehr [7] 11″1.

200 m. **58** Janiszewska [8] 24″01. **62** Heine [7] 23″5. **66** Kirzenstein [8] 23″1. **69** Vogt [7] 23″2. **71** Stecher [7] 22″7. **74** Szewinska [8] 22″5. **78** Kondratieva [2] 22″52. **82** Woeckel [7] 22″04.

400 m. **58** Itkina [2] 53″7. **62** Itkina [2] 53″4. **66** Chmelkova [15] 52″9. **69** Duclos [3] 51″7. **71** Seidler [7] 52″1. **74** Salin [14] 50″1. **78** Koch [7] 48″94. **82** Koch [7] 48″15.

800 m. **58** Yermolayeva [2] 2′06″3. **62** Kraan [5] 2′02″8. **66** Nikolic [12] 2′02″8. **69** Board [4] 2′01″4. **71** Nikolic [13] 2′. **74** Tomova [17] 1′58″1. **78** Providokhina [2] 1′55″8. **82** Mineieva [2] 1′55″41.

1 500 m. **69** Jehlickova [15] 4′10″7. **71** Burneleit [7] 4′09″6. **74** Hoffmeister [7] 4′02″. **78** Romanova [2] 3′59″. **82** Dvirna [2] 3′57″8.

3 000 m. **74** Holmen [14] 8′55″2. **78** Ulmasova [2] 8′33″2. **82** Ulmasova [2] 8′30″28.

80 m haies. **58** Bustrova [2] 10″9. **62** Ciepla [8] 10″6. **66** Balzer [7] 10″7.

100 m haies. **69** Balzer [7] 13″3. **71** Balzer [7] 12″9. **74** Erhardt [7] 12″7. **78** Klier [7] 12″62. **82** Kalek [8] 12″45.

400 m haies. **78** Zelentsova [2] 45″89. **82** Skoglund [9] 54″58.

Hauteur. **58** Balas [20] 1,77 m. **62** Balas [20] 1,83 m. **66** Tchenchik [2] 1,75 m. **69** Rezkova [15] 1,83 m. **71** Gusenbauer [21] 1,87 m. **74** Witschas [7] 1,95 m. **78** Simeoni [11] 2,01 m. **82** Meyfarth [6] 1,97 m.

Longueur. **58** Jakobi [6] 6,14 m. **62** Chelkanova [2] 6,37 m. **66** Kirszenstein [8] 6,55 m. **69** Sarna [8] 6,49 m. **71** Mickler [6] 6,76 m. **74** Bruzsenyak [12] 6,65 m. **78** Bardauskene [2] 6,88 m. **82** Ionescu [20] 6,79 m.

Poids. **58** Werner [6] 15,74 m. **62** Press [2] 18,55 m. **66** Chizova [2] 17,22 m. **69** Chizova [2] 20,43 m. **71** Chizova [2] 20,16 m. **74** Chizova [2] 20,78 m. **78** Splupianek 21,41 m. **82** Slupianek [7] 21,59 m.

Disque. **58** Press [2] 52,32 m. **62** Press [2] 56,91 m. **66** Spielberg [7] 57,76 m. **69** Danilova [2] 59,28 m. **71** Myelnik [2] 64,22 m. **74** Myelnik [2] 69 m. **78** Jahl [7] 66,98 m. **82** Christova [17] 68,34 m.

Javelot. **58** Zatopkova [15] 56,02 m. **62** Ozolina [2] 54,93 m. **66** Luttge [7] 58,74 m. **69** Ranky [12] 56,76 m. **71** Jaworska [8] 61 m. **74** Fuchs [7] 67,22 m. **78** Fuchs [7] 69,16 m. **82** Verouli [22] 70,02 m.

Pentathlon. **58** Bystrova [2] 4 733 pts. **62** Bystrova [2] 4 833. **66** Tikhomirova [2] 4 787. **69** Prokop [21] 5 030. **71** Rosendahl [6] 5 299. **74** Tkachenko [2] 4 776. **78** Papp [12] 4 655.

Heptathlon. **82** Neubert [7] 6 622 pts.

4 × 100 m. **58** U.R.S.S. 45″3. **62** Pologne 44″5. **66** Pologne 44″4. **69** All. dém. 43″6. **71** All. féd. 43″3. **74** All. dém. 42″5. **78** U.R.S.S. 42″54. **82** All. dém. 42″19.

4 × 400 m. **69** G.-B. 3′30″8. **71** All. dém. 3′29″3. **74** All. dém. 3′25″2. **78** All. dém. 3′21″2. **82** All. dém. 3′19″04.

Marathon. **82** Mota [23] 2 h 36′04″.

Championnats de France

En France, les premières compétitions furent organisées vers 1880 par les élèves des lycées Condorcet et Rollin dans la salle des Pas-Perdus de la gare St-Lazare. Les Ch. de France furent créés en 1888.

• **Hommes. 100 m** *79* Lejoncour, *80* Panzo, *81, 82, 83* Richard, *84* Marie-Rose ; *85* Richard, **200 m** *78, 79* Barré, *80* Arame, *81* Barré, *82* Lomba, *83, 84* Boussemart, *85* Richard ; **400 m** *78, 79* Demarthon, *80* Dubois, *81* Bourdin, *82* Barré, *83* Canti, *84* Quentrec, *85* Canti ; **800 m** *78, 79, 80* Milhau, *81* Dupont, *82* Marajo, *83, 84, 85* Dupont ; **1 500 m** *78, 79* F. Gonzalez, *80* Bégouin, *81, 82* A. Gonzalez, *83* Dien, *84, 85* Thiébaut ; **5 000 m** *79* Coux, *80* Legrand, *81* Bouster, *82* Boxberger, *83* Watrice, *84* F. Gonzalez, *85* Prianon ; **10 000 m** *78* Bouster, *79* Coux, *80, 81* Bouster, *82, 83, 84* Legrand, *86* Prianon ; **Marathon** *78* Gomez, *79, 80* Bobes, *81* Chauvellier, *82* Faure, *83* Lazare, *84* Joannès ; **110 m haies** *78, 79* Raybois, *80* Drut, *81, 82* Hatil, *83, 84, 85* Caristan ; **400 m haies** *79, 80* Chazot, *81, 82* Guillen, *83, 84* Brunel, *85* Gui ; **3 000 m steeple** *78* Lemire, *79* Gauthier, *80, 81, 82, 83, 84, 85* Mahmoud ; **Hauteur** *79* Agbo, *80* Tanon, *81* Bonnet, *82, 83, 84* Verzy, *85* Hernandez ; **Perche** *78, 79* Houvion, *80* Vigneron, *81* Bellot, *82, 83, 84* Quinon, *85* Collet ; **Longueur** *79* Bohème, *80* Deroche, *81, 82* Pinabel, *83* Deroche, *84* Morinière, *85* Brige ; **Triple saut** *78* Stievenart, *79, 80* Valétudie, *81* Dorina, *82 83* Valétudie, *84, 85* René-Corail ; **Poids** *78, 79* Viudes, *80* Beer, *81, 82* Viudes, *83* Djebaili, *84, 85* Viudes ; **Disques** *78, 79, 80, 81* Piette, *82, 83* Niare, *84* Coquin, *85* Niare ; **Marteau** *79* Accambray, *80, 81, 82* Suriray, *83, 84, 85* Ciofani ; **Javelot** *78, 79* Lutui, *80* Leroy, *81, 82* Lutui, *83, 84* Lakafia, *85* Lecurieux ; **20 km marche** *78, 79, 80, 81, 82, 83, 84* Lelièvre, *85* Lafleur ; **50 km marche** *78* Gebey, *79, 80, 81, 82, 83* Lelièvre. *84* Guebey, *86* Neisse ; **100 km marche** *81, 82* Lelièvre, *83* Labbe, *84* Lelièvre, *85* Laval ; **Décathlon** *78* Leroy, *79* Delaune, *80* Sommero, *81* Leroy, *82, 83* Claverie, *84* Sacco. *86* Blondel. **Pentathlon** *86* Sacco.

• **Femmes. 100 m** *78, 79, 80* Réga, *81, 82, 83* Bacoul, *84* Loval, *85* Cazier ; **200 m** *78, 79, 80* Réga, *81, 82, 83* Bacoul, *84* Gaschet, *85* Cazier ; **400 m** *79* Delachanal, *80, 81* Malbranque, *82* Champenois, *83, 84* Naigre, *85* Ficher ; **800 m** *79, 80* Renties, *81, 82, 83* Thoumas, *84* Giolitti, *85* Thoumas ; **1 500 m** *78, 79, 80* Renties, *81* Roussel, *82* Rush, *83* Fays, *84, 85* Sergent ; **3 000 m** *78* Debrouwer, *79* Loir, *80, 81* Debrouwer, *82* Bouchonneau-Pajot, *83, 84* Sergent ; **Marathon** *80* Audibert, *81* Navarro, *82* Langlace, *83* Lévêque, *84* Langlacé ; **100 m haies** *79* Elloy, *80* Lebeau, *81* Chardonnet, *82* Macchabey, *83* Chardonnet, *84, 85* Elloy ; **400 m haies** *78* Lairloup, *79* Laval, *80, 81* Le Disses, *82* Réga, *83, 84* Le Disses, *85* Huart ; **Hauteur** *79* Dumon, *80* Prenveille, *81* Rougeron, *82, 83, 84, 85* Ewanje-Épée ; **Longueur** *79* Gacon, *80* Curtet, *81* Madkaud, *82* Nilusmas, *83* Legrand, *84* Bonnin, *85* Debois ; **Poids** *78, 79, 80* Bertimon, *81* Creantor, *82, 83, 84* Bertimon, *85* Créantor ; **Disque** *78, 79* Despierre, *80* Raynaud, *81, 82* Accambray, *83, 84* Beauvais, *85* Dupont ; **Javelot** *79* Van Thournout, *80* Bocle, *81, 82* Dupont, *83, 84* Schoellkopf, *85* Frafialoto ; **5 km marche** *78* Delassaux, *79, 80* Vignat, *81, 82, 83, 84, 85* Griesbach ; **Pentathlon/Heptathlon** *78, 79, 80, 81, 82, 83* Picau, *84* Beaugeant, *86* Menissier. **Pentathlon** *86* Debois.

Cross-Country

• **Origine.** Couru pour la 1re fois en 1877 à Roehampton (G.-B.).

1er cross-country international : France-Angleterre le 20-3-1898 à Ville-d'Avray (Fr.). 1er championnat international : en Écosse le 28-3-1903.

Légende : (1) G.-B. (2) Belgique. (3) Espagne. (4) Finlande. (5) France. (6) Maroc. (7) Tunisie. (8) Portugal. (9) Yougoslavie. (10) Irlande. (11) U.S.A. (12) Éthiopie. (13) Italie. (14) Norvège. (15) Roumanie. (16) Kenya.

• **Championnat du monde.** *Créé* en 1977, faisant suite à l'« International » qui lui-même avait remplacé le « Cross des Nations » créé en 1903.

Hommes. *1946-47* Pujazon [5]. *48* Doms [2]. *49* Mimoun [5]. *50* Theys [2]. *51* Saunders [1]. *52* Mimoun [5]. *53* Mihalic [9]. *54* Mimoun [5]. *55* Sando [1]. *56* Mimoun [5]. *57* Sando [1]. *58* Eldon [1]. *59* Norris [1]. *60* Rhadi [6]. *61* Heatley [1]. *62* Roelants [2]. *63* Fowler [1]. *64* Arizmendi [2]. *65* Fayolle [5]. *66* El Ghazi [6]. *67* Roelants [2]. *68* Gammoudi [7]. *69* Roelants [2]. *70* Tagg [1]. *71* Bedford [1]. *72* Roelants [2]. *73* Paivairinta [1]. *74* De Beck [2]. *75* Stewart [1]. *76* Lopez [8]. *77* Shots [2]. *78* Treacy [10]. *79* Treacy [10]. *80-81* Graig Virgin [11]. *82* Kedir [12]. *83* Délébé [12]. *84, 85* Lopes [8]. *86* Ngugi [16]. **Par équipes.** *78* France. *79, 80* G.-B. *81, 82, 83, 84, 85* Éthiopie. *86* Kenya.

Femmes. *1967* Brown [11]. *68* pas couru. *69* Brown [11]. *70* Pigni [13]. *71* Brown [11]. *72* Pigni [13]. *73, 74* Pigni [13]. *75* Brown [11]. *76, 77* Valero [3]. *78, 79, 80, 81* Waitz [14]. *82* Puica [15]. *83* Waitz [15]. *84* Puica [15]. *85, 86* Budd [1]. **Par équipes.** *67* G.-B. *68* pas couru. *69* U.S.A. *70* P.-Bas. *71, 72, 73, 74* G.-B. *75* U.S.A. *76, 77* U.R.S.S. *78* Roumanie. *79* U.S.A. *80, 81, 82* U.R.S.S. *83, 84, 85* U.S.A. *86* G.-B.

• **Championnat de France (« National »).**

Hommes. *1966* Jazy. *67* Tijou. *68* Wadoux. *69, 70, 71* Tijou. *72* Wadoux. *73* Tijou. *74* Rault. *75* Tijou. *76* Boxberger. *77* Tijou. *78* Coux. *79* Levisse. *80* Coux. *81* Boxberger. *82* Watrice. *83* Boxberger. *84, 85, 86* Lévisse.

Femmes. *1977-78-79* Debrouwer. *80-81* Bouchonneau. *82* Lefeuvre. *83-84* Debrouwer. *85, 86* Sergent.

• **Cent kilomètres de Millau.** *Créés* en 1972. *1981* Gaudin 6 h 59'. *82* Bellocq 7 h 13'25".

• **Cross du Figaro.** *Créé* par *Le Figaro* en 1961. Ouvert à tous les athlètes masculins et féminins licenciés ou non à la Fédération française d'athlétisme. A lieu chaque année en décembre au bois de Boulogne à Paris. En 1985 : 28 500 engagés.

Cross des « As ». *1961-62-63-64* Michel Jazy. *65* Guy Texereau. *66* Jean Wadoux. *67* Noël Tijou. *68* Jean Wadoux. *69* Noël Tijou. *70-71* Jean Wadoux. *72-73* Noël Tijou. *74-75-76-77* Jacky Boxberger. *78* Radhouane Bouster. *79-80-81* J. Boxberger. *82* Aouita. *83* Thierry Watrice. *84* Francis Gonzalez. *85* Paul Arpin.

• **Vingt kilomètres de Paris.** Créés en 1979. *1981* : 20 000 participants, vainqueur Bouster 57'35. *82* :

Quelques records

Les hommes les plus rapides du monde. Les Américains : Carl Lewis a atteint 44,912 km/h dans les 2 derniers m du 100 m aux J.O. le 7-8-84 et Tommie Smith (n. 1944) a atteint 37,139 km/h en 1966 sur un 220 yards en ligne droite.

La femme la plus rapide. C'est la coureuse Evelyn Ashford (U.S.A.) 10"70 aux 100 m.

Plus grande distance en 24 h. *Homme* : 272,624 km, Jean-Gilles Boussiquet (Fr. 2/3-5-81). *Femme* : 198,56 km, Sue Ellen Trap (U.S.A., 29-2/1-3-1980).

Traversée des U.S.A. *New York-San Francisco* (3 207 miles) 53 j 12 h 15 mn par John Lees.

Don Shephard (Afr. du Sud) *New York-Los Angeles* (5 149 miles) 73 j 8 h 20 mn soit 43 miles par jour (en 1864). Pesant 165 livres au départ, il n'en pesait plus que 132 à l'arrivée. *San Francisco-New York*, 4 989 km, Franck Gianino du 1-9 au 17-10-1980.

Marche sans interruption. 554 km, Tom Benson (G.-B.) en 130 h 43' du 31-3 au 5-4-80.

Record des sélections (en équipe de France au 1-1-85). Mimoun 84, Beer 72, Bernard 67, Husson 65, Allard 62, Colnard 61, Battista, Delecour et Jazy 59, Macquet et Tijou 56. *Femmes* : Bertimon 57, Créantor 56, Tellier 49, Laborie-Guénard 47, Picault 47, Debrouwer 43, Réga 41.

25 000 participants, vainqueur Boxberger 57'47". *83* : 25 000 participants, vainqueur Watrice 57'15". *84* : 30 000 participants, vainqueur Levisse 57'22". *85* : 27 000 participants, vainqueur Moore.

• **Paris-Versailles** (17,5 km) : *1976* : 3 000 participants. *77* : 6 000. *78* : 9 000. *79* : 15 000. *80* : 19 000. *81* : 26 000, vainqueur Spadding (G.-B.). *82* : 20 000, Boxberger 50'55". *83* : 25 000, Puttemans (Bel.) 50'08". *84* : 20 000, Harrisson (G.-B.) 50'51". *85* : 27 000, Milovsorov (G.-B.) 53'29".

• **Coupe du monde de Marathon.** *Créée* 1983. **85** *hommes* Salah (Djibouti) 2 h 8'9", *dames* Doerre (All. dém.) 2 h 33'30" ; *équipes hommes* Djibouti, *dames* Italie.

• **Marathon de New York. 85** 18 000 participants dont 700 Français, *hommes* O. Pizzolato (Italie) 2 h 11'34", *dames* G. Waitz (Norvège) 2 h 28'34".

• **Marathon de Paris.** *1984* 13 000 participants. 1er Salah (Djibouti) 2 h 11'59". *1985* 10 000 p. 1er Boxberger (Fr.) 2 h 10'49". *1986* 11 000 p. 1er Salah 2 h 12'33".

Marche

Figure aux Jeux olympiques depuis 1932 pour les épreuves de 20 et 50 km actuellement disputées.

Championnat de France. V. ci-dessus.

Strasbourg-Paris. Distance env. 500 km. *1971-72, 75* Josy Simon (Lux.) *77* Schouchens (Belg.). *78* Josy Simon (Lux.). *79* Roger Quemener (Fr.). *80, 81* [1] Roger Pietquin (Fr.). *82* Adrien Pheulpin (Fr.) 66 h 03'49". *83* R. Quemener 64 h 12'. *84* [1] J.-C. Gouvenaux (Fr.) 62 h 31'. *85* [1] R. Quemener (Fr.) 64 h 57'. *86* [1] R. Quemener (Fr.) 62 h 27'.

Palmarès. 6 victoires Roger, 4 vict. Simon.

Nota. — (1) L'épreuve se déroula dans le sens Paris-Colmar.

Quelques athlètes

Date de naissance et spécialité.

Courses

Vitesse + Haies
(100 m, 200 m, 400 m, 110 m haies, 400 m haies)

Abrahams Harold (G.-B.) 15/2-1899/1978 : 100 m. Akii-Bua John (Ouganda) 5-12-1949 : 400 m haies. André Georges (dit Géo André) (Fr.) 13-8-1889/4-5-1943 : 110 m haies, 400 m haies. André Jacqueline (Fr.) 29-8-46 : 100 m haies. Ashford Evelyn (U.S.A.) 15-4-57 : 100 m, 200 m. Attlesay Dick (USA) 10-5-29 : 110 m haies.

Babers Alonzo (U.S.A.) 31-10-61 : 400 m. Bally Étienne (Fr.) 17-4-23 : 100 m, 200 m. Balzer Karim (All. dém.) 5-6-38 : 80 et 100 m haies. Bambuck Roger (Fr.) 22-11-45 : 100 m, 200 m. Beard Percy (USA) 26-1-08 : 110 m haies. Berruti Livio (It.) 19-5-39 : 200 m. Besson Colette (Fr.) 7-4-46 : 400 m. Blankers-Koen Fanny (P.-Bas) 26-4-18 : 100 m, 200 m, 80 m haies. Borzov Valeri (URSS) 20-10-49 : 100 m, 200 m. Brisco-Hooks Valerie (U.S.A.) 6-7-60 : 200 m, 400 m. Busch Sabine (All. dém.) 21-11-62 : 400 m haies.

Calhoun Lee (USA) 23-2-33 : 110 m haies. Capdevielle Catherine (Fr.) 2-9-38 : 100 m. Carlos John (USA) 5-6-45 : 100 m, 200 m. Carr Henry (USA) 27-11-42 : 200 m. Carr William Arthur (USA) 24-10-09 : 400 m. Casanas Alejandro (Cuba) 29-1-54 : 110 m haies. Cawley Rex (USA) 6-7-40 : 400 m haies. Chardel Michel (Fr.) 15-11-32 : 110 m haies. Chi-Cheng (T'ai-wan) 15-3-44 : 200 m, 100 m haies. Cochran Roy V. (USA) 6-1-19 : 400 m haies. Cuthbert Betty (Austr.) 20-4-38 : 100 m, 200 m, 80 m haies.

Davenport Willie (USA) 8-6-43 : 110 m haies. Davis Glenn (USA) 12-9-34 : 400 m haies. Davis Harold (USA) 5-1-21 : 100 m, 200 m. Davis Jack (USA) 11-9-30 : 110 m haies. Davis Otis (USA) 12-7-32 : 400 m. Delecour Jocelyn (Fr.) 2-1-35 : 100 m. Demarthon Francis (Fr.) 8-8-50 : 400 m. Dillard Harrison (USA) 8-7-23 : 110 m haies, 100 m. Drut Guy (Fr.) 6-12-50 : 110 m haies. Duclos Nicole (Fr.) 15-8-47 : 400 m. Duriez Marcel (Fr.) 20-6-40 : 110 m haies.

Eastman Benjamin (USA) 9-7-11 : 400 m. Eckert Barbel (née Wockel) (All. dém.) 21-3-55 : 100 m, 200 m. Ehrhardt Annelie (All. dém.) 18-6-50 : 100 m haies. Evans Lee (USA) 25-2-47 : 400 m.

Fiasconaro Marcello (It.) 19-7-49 : 400 m. Figuerola Enrique (Cuba) 15-7-38 : 100 m. Floyd Stanley (USA) 23-6-61 : 100 m.

Goehr Marlies [(n. Oelsner) (All. dém.)] 21-3-58 : 100 m. Greene Charles (USA) 21-3-45 : 100 m. Guenard Denise (née Laborie) (Fr.), 13-1-34 : 80 m haies.

Hardin Glenn (USA) 1-7-10 : 400 m haies. Hary Armin (All. féd.) 22-3-37 : 100 m. Hayes Robert (dit Bob) (USA) 20-12-42 : 100 m. Hemery David (G.-B.) 18-7-44 : 400 m haies. Hill Thomas (USA) 17-11-49 : 110 m haies. Hines Jim (USA) 10-9-46 : 100 m. Hitomi Kinuye (Japon) 1-1-08 : 100 m. Hunty Shirley (Austr.) 18-7-25 : 100 m, 80 m haies.

Jenkins David (G.-B.) 25-5-52 : 400 m. Jerôme Harry (Can.) 30-9-40/1983 : 100 m. Jones Louis (Lou) (USA) 15-1-32 : 400 m. Joye Prudent (Fr.) 15-12-15/1981 : 400 m haies. Juantorena Alberto (Cuba) 3-12-51 : 400 m.

Kaufmann Carl (All. féd.) 25-3-36 : 400 m. Koch Marita (All. dém.) 18-2-57 : 100 m, 200 m, 400 m. Kraenzlein Alvin (USA) 22-12-1876/1928 : 110 m haies. Kratochvilova Jarmila (Tchécosl.) 26-1-51 : 200 m, 400 m.

Larrabee Mike (USA) 2-12-33 : 400 m. Lauer Martin (All. féd.) 2-1-37 : 110 m haies. Leonard Silvio (Cuba) 20-9-55 : 100 m, 200 m. Lewis Carl (USA) 1-7-61 : 100 m, 200 m. Lituyev Yuryi (URSS) 11-4-25 : 400 m haies. Long Maxey (USA) 1878 : 400 m. Lunis Jacques (Fr.) 27-5-23 : 400 m.

Mac Kenley Herbert (dit Hurricane Herbert) (Jamaïque) 10-7-22 : 400 m. Marie André-Jacques (Fr.) 14-10-25 : 110 m haies. Mennea Pietro (It.) 28-6-52 : 100 m, 200 m. Metcalfe Ralph (USA) 29-5-10 : 100 m, 200 m. Milburn Rod (USA) 18-5-50 : 110 m haies. Moore Charles (USA) 12-8-29 : 400 m haies. Morale Salvatore (It.) 4-11-38 : 400 m haies. Morrow Robert (Bobby) (USA) 15-10-35 : 100 m, 200 m. Moses Edwin (USA) 31-8-55 : 400 m haies. Mourlon André (Fr.) 9-10-03/31-7-70 : 100 m. Munkelt Thomas (All. dém.) 3-8-52 : 110 m haies. Myers Lou (USA) 6-2-1858/1899 : 100 m.

Nallet Jean-Claude (Fr.) 15-3-47 : 400 m, 400 m haies. Nehemiah Renaldo (USA) 24-3-59 : 110 m haies. Noirot Monique (Fr.) 10-10-41 : 400 m.

Owens James-Cleveland (Jesse) (USA) 12-9-13/1982 : 100 m, 200 m.

Paddock Charles (USA) 11-8-1900/43 : 100 m. Pani Nicole (née Montandon) (Fr.) 30-10-48 ; 200 m. Panzo Hermann (Fr.) 8-2-58 : 100 m. Pascoe Alan (G.-B.) 11-10-47 : 400 m haies. Patton Melvin (USA) 16-11-24 : 100 m, 200 m. Piquemal Claude (Fr.) 13-3-39 : 100 m, 200 m. Poirier Robert (Fr.) 16-6-42 : 400 m haies.

Quarrie Donald (Jam.) 25-2-51 : 200 m.

Rabsztyn Grazyna (Pol.) 20-9-52 : 100 m haies. Radideau Marguerite (Fr.) 2-3-07 : 100 m. Réga Chantal (Fr.) 7-8-55 : 100 m, 200 m, 100 m haies, 400 m haies. Rhoden Georges (Jam.) 13-12-26 : 400 m. Richter Annegret (All. féd.) 13-10-50 : 100 m. Rossley Karin (All. dém.) 5-4-57 : 400 m haies. Rudolph Wilma (USA) (dite la Gazelle noire) (USA) 23-6-40 : 100 m, 200 m.

Sanford James (USA) 27-12-57 : 100 m. Schmid Harald (All. féd.) 29-2-57 : 400 m haies. Schoenbele Thomas (All. dém.) 8-6-65 : 400 m. Schoebel Pierre (Fr.) 24-12-42 : 110 m haies. Sempe Gabriel (Fr.) 1-4-01 : 110 m haies. Seye Abdoulaye (dit Abdou) (Fr.) 30-7-34 : 100 m, 200 m. Siebeck Franck (All. dém.) 17-8-49 : 110 m haies. Sime David (USA) 25-7-36 : 100 m, 200 m. Smith Calvin (USA) 8-1-61 : 100 m, 200 m. Smith John (USA) 5-8-50 : 400 m. Smith Tommie (USA) 12-6-44 : 100 m, 200 m, 400 m. Stanfield Andy (USA) 29-12-27 : 100 m, 200 m. Stecher Renate (All. dém.) 12-5-50 : 100 m, 200 m. Szewinska Irena (n. Kirszenstein) (Pol.) 24-5-46 : 100 m, 200 m, 400 m.

Taylor Morgan F. (USA) 17-4-03 : 400 m haies. Telliez Sylvianne (Fr.) 30-10-42 : 100 m, 200 m. Thomson Earl (Can.) 15-2-1895/1971 : 110 m haies. Tisdall Robert (Irl.) 16-5-05 : 400 m haies. Tolan Edward (USA) 29-9-08/67 : 100 m, 200 m. Towns Forest (USA) 6-2-14 : 110 m haies. Tyus Wyoma (USA) 29-8-45 : 100 m.

Valmy René (Fr.) 24-12-21 : 100 m.

Walasiewicz Stella (Pol.) 11-4-11/81 : 100 m, 200 m. Wefers Bernie (USA) 1877 : 100 m, 200 m. Whitfield Melvyn (USA) 11-10-24 : 400 m. Williams Archie (USA) 01-05-15 : 400 m. Williams Steve (USA) 13-11-53 : 100 m, 200 m. Wint Arthur (Jam.) 29-5-20 : 400 m. Wykoff Franck (USA) 29-10-09 : 100 m.

Demi-fond/fond
(800 m au marathon, 3 000 m steeple et cross)

Ameur Hamoud (Fr.) 6-1-32 : steeple-cross. Andersson Arne (Suède) 27-10-17 : 1 500 m. Aouita Said (Maroc) 2-11-60 : 1 500 m, 5 000 m. Arzanov Evgueni (URSS) 22-4-48 : 800 m.

Bannister Roger (G.-B.) 23-3-29 : 1 500 m, mile. Bayi Filbert (Tanzanie) 22-6-53 : steeple, 1 500 m. Beccali Luigi (It.) 19-11-07 : 1 500 m. Bedford Dave (G.-B.) 30-12-49 : 10 000 m. Bernard Michel (Fr.) 21-12-31 : 1 500 m, 5 000 m. Beyer Olaf (All. dém.) 4-8-57 : 800 m. Bikila Abebe (Éthiopie) 7-8-32/25-10-73 : marathon. Boit Mike (Kenya) 1-1-49 : 800 m. Bolotnikov Piotr (URSS) 8-3-30 : 5 000 m, 10 000 m. Bouin Jean (Fr.) 20-12-1888/29-9-14 : 5 000 m, 10 000 m, heure, cross. Bouster Radhouane (Fr.) 2-12-54 : 5 000 m, 10 000 m. Boxberger Jacky (Fr.) 6-4-49 : 1 500 m. Bragina Lyudmila (URSS) 24-7-43 : 1 500 m, 3 000 m. Budd Zola (G.-B.) 1967 : 3 000 m, 5 000 m.

Chataway Christopher (G.-B.) 31-1-31 : 3 miles, 5 000 m. Cierpinski Waldemar (All. dém.) 3-8-50 : marathon. Clarke Ronald-William (dit Ron Clarke) (Austr.) 21-2-37 : 5 000 m, 10 000 m. Coe Sebastian (G.-B.) 29-9-56 : 800 m, 1 500 m, mile. Cram Steve (G.-B.) 14-10-60 : 1 500 m, mile. Cruz Joaquim (Brésil) 12-3-63 : 800 m. Cunningham Glenn (USA) 4-8-09 : 800 m, 1 500 m.

Debrouwer Joëlle (Fr.) 18-10-50 : 3 000 m, cross. Decker Mary (USA) 4-8-58 : 1 500 m, 3 000 m. Doubell Ralph (Austr.) 1-2-45 : 800 m. Dubois Marie-Fr. (Fr.) 25-3-48 : 800 m. Dupureur Maryvonne (Fr.), 24-5-37 : 800 m.

Elliot Herbert (Austr.) 25-2-38 : 1 500 m. El Mabrouk Patrick (Fr., Algérie) 30-10-28 : 1 500 m. El Ouafi Mohamed Boughera (Fr.) 1899-1960 : marathon.

Foster Brendan (G.-B.) 12-1-48 : 5 000 m, 10 000 m.

Gaerderud Anders (Suède) 28-8-46 : 3 000 m steeple. Gammoudi Tlili Mohammed (Tunisie) 11-2-38 : 5 000 m, 10 000 m. George Walter (G.-B.) 9-9-1858/1943 : mile à heure. Gonzalez Alexandre (Fr.) 16-3-51 : 1 500 m, 5 000 m. Gonzalez Francis (Fr.) 6-2-52 : 1 500 m. Guillemot Joseph (Fr.) 1-10-1899/1975 : 5 000 m, 10 000 m.

Haase Jurgen (All. dém.) 19-1-45 : 10 000 m. Hagg Gunder (Suède) 31-12-18 : 1 500 m, 5 000 m. Hampson Tom (G.-B.) 28-10-07/68 : 800 m. Hansenne Marcel (Fr.) 24-1-17 : 800 m. Harbig Rudolf (All.) 8-11-13/5-3-44 : 800 m. Heino Viljo (Finl.) 1-3-14 : 5 000 m, 10 000 m, fond. Hermens Jos (P.-Bas) 8-1-1950 : heure, 20 km. Hill Albert (G.-B.) 24-3-1889/1969 : 800 m, 1 500 m. Hill Ronald (dit Ron) (G.-B.) 25-9-1938 : marathon.

Iharos Sandor (Hongrie) 10-3-30 : 1 500 m, 3 000 m, 5 000 m, 10 000 m. Iso-Hollo Volmari (Finl.) 1-5-07/69 : 10 000 m, steeple.

Jazy Michel (Fr.) 13-6-36 : 1 500 m, mile, 2 000 m, 3 000 m, 5 000 m. Jipcho Benjamin (Kenya) 1-3-43 : 3 000 m, steeple.

Kazankina Tatiana (URSS) 17-12-51 : 800 m, 1 500 m, 3 000 m. Keino Kipchoge (Kenya) 17-1-40 : 1 500 m, 3 000 m, 5 000 m, steeple. Kolehmainen Hannes (Finl.) 9-12-1889/1967 : marathon, 5 000 m, 10 000 m. Krzyszkowiak Zdzislaw (Pol.) 3-8-29 : 3 000 m, 5 000 m, 10 000 m, 3 000 m steeple. Kusocinski Janusz (Pol.) 15-1-07/40 : 5 000 m, 10 000 m. Kuts Vladimir (URSS) 7-2-27/75 : 5 000 m, 10 000 m.

Ladoumègue Jules (Fr.) 10-12-06/73 : 1 500 m. Lehtinen Lauri (Finl.) 10-8-08/74 : 5 000 m. Louys Spiridon (Grèce) 1872/1940 : marathon. Lovelock Jack (N.-Zél.) 5-1-10/49 : 1 500 m.

Maeki Taisto (Finl.) 2-12-10 : 5 000 m, 10 000 m. Malinowski Bronislaw (Pol.) 4-6-51/81 : steeple. Marajo José (Fr.) 10-8-54 : 800 m. Martin Séraphin (Fr.) 2-7-06 : 800 m, 1 000 m. Matuschewski Manfred (All. dém.) 2-9-39 : 800 m. Meredith James (USA) 14-11-1892/1947 : 800 m. Mimoun Alain (Fr.) 1-1-21 : 5 000 m, 10 000 m, marathon, cross. Moorcroft David (G.-B.) 10-4-53 : 5 000 m.

Nikolic Véra (Youg.) 23-9-48 : 800 m. Norpoth Harald (All. féd.) 22-8-42 : 1 500 m, 5 000 m. Nurmi Paavo (Finl.) 13-6-1897/2-10-1973 : 1 500 m à 10 000 m.

Ovett Steve (G.-B.) 9-10-55 : 800 m, 1 500 m, mile.

Peltzer Otto (All.) 8-3-1900/68 : 800 m, 1 000 m, 1 500 m. Pizzolato Orlando (It.) 30-7-68 : marathon. Pirie Gordon (G.-B.) 10-2-31 : 3 000 m, 5 000 m. Puica Maricicia (Roum.) 29-7-50 : 1 500 m, 3 000 m. Pujazon Raphaël (Fr.) 12-2-18 : 3 000 m steeple, 5 000 m, cross. Puttemans Émile (Belg.) 8-10-47 : 3 000 m, 5 000 m.

Ragueneau Gaston (Fr.) 10-10-1881/14-7-1978 : cross. Reiff Gaston (Belg.) 24-2-21 : 5 000 m. Ritola Ville (Finl.) 18-1-1896/1982 : 5 000 m, 10 000 m, steeple. Rochard Roger (Fr.) 20-4-13 : 5 000 m. Roelants Gaston (Belg.) 5-2-37 : 3 000 m steeple-cross. Rono Henry (Kenya) 12-2-52 : 3 000 m, 5 000 m, 10 000 m, steeple. Ryun James (dit Jim) (USA) 29-4-47 : 800 m, 1 500 m.

Salazar Alberto (USA) 7-8-58 : marathon. Salminen Ilmari (Finl.) 21-9-02 : 10 000 m. Sheppard Melvin (USA) 5-9-1883/1942 : 800 m, 1 500 m. Shorter Frank (USA) 31-10-47 : 10 000 m, marathon. Shrubb Alfred (G.-B.) 12-12-1878/1954 : 5 000 m, 10 000 m, heure. Snell Peter (N.-Zél.) 17-12-38 : 800 m, 1 500 m. Stewart Ian (G.-B.) 15-1-49 : 5 000 m. Strand Lennart (Suède) 13-6-21 : 1 500 m.

Texereau Guy (Fr.) 14-5-35 : 3 000 m, steeple. Theato Michel (Fr.) 1877 : marathon. Tijou Noël (Fr.) 12-12-41 : 10 000 m, cross.

Vaatainen Juha (Finl.) 12-7-41 : 5 000 m, 10 000 m. Van Damme Ivo (Belg.) 21-2-54/76 : 800 m, 1 500 m. Villain J.-Paul (Fr.) 1-11-46 : 3 000 m, steeple. Viren Lasse (Finl.) 22-7-49 : 5 000 m, 10 000 m. Virgin Craig (USA) 2-8-55 : 10 000 m, cross.

Wadoux Jean (Fr.) 29-1-42 : 1 500 m, 5 000 m. Waitz Grete (Norvège) 1-10-53 : 3 000 m, marathon. Walker John (N.-Zél.) 12-1-52 : 1 500 m. Wolde Mamo (Éth.) 12-6-43 : 10 000 m, marathon. Wolhuter Rick (USA) 23-12-48 : 800 m, 1 500 m. Wooderson Sydney (G.-B.) 30-8-14 : 800 m, 1 500 m, 5 000 m. Woodruff John (USA) 5-7-15 : 800 m. Wootle Dave (USA) 8-7-50 : 800 m.

Zatopek Emil (Tchéc.) 19-2-22 : 5 000 m, 10 000 m, fond, marathon.

Sauts

Hauteur. Ackermann (née Witschas) Rose-Marie (All. dém.) 4-4-52. Albritton Dave (USA) 13-4-13. André Géo (France) 13-8-89/4-5-43. Balas Yolanda (Roumanie) 12-12-36. Barnay Ghislaine (ép. Bambuck) (Fr.) 8-10-45. Beilschmidt Rolf (All. dém.) 8-8-53. Bonnet Franck (France) 3-10-54. Brumel Valeri (URSS) 14-4-42. Bykova Tamara (URSS) 21-12-58. Colchen Anne-Marie (Fr.) 8-12-25. Damitio Georges (Fr.) 20-5-24. Davis Walter (USA) 5-1-31. Debourse Marie-Christine (Fr.) 24-9-51. Dumas Charles (USA) 12-2-37. Fosbury Dick (USA) 6-3-47. Horine George (USA) 3-2-1890. Johnson Cornelius (USA) 21-8-13. Lewden Pierre (Fr.) 26-2-01. Madubost Jacques (Fr.) 6-6-44. Matzdorf Pat (USA) 26-12-49. Menard Claude (Fr.) 14-4-06/2-9-80. Meyfarth Ulrike (All. féd.) 4-5-56. Moegenburg Dietmar (All. féd.) 15-8-61. Ni Chih-Chin (Chine) 14-4-42. Osborn Harold (USA) 13-4-99/1975. Pakline Igor (U.R.S.S.) 15-7-63. Poaniewa Paul (Fr.) 8-11-53. Povarnitsin Victor (U.R.S.S.) 15-7-62. Simeoni Sarah (It.) 19-4-53. Steers Lester (USA) 16-6-17. Stones Dwight (USA) 6-12-53. Thomas John (USA) 3-3-41. Verzy Franck (Fr.) 13-5-61. Wessig Gerd (All. dém.) 29-8-52. Wszola Jacek (Pol.) 30-12-56. Yatchenko Vladimir (URSS) 12-1-59. Zhu Jianhua (Chine) 29-5-63.

Perche. Abada Patrick (Fr.) 20-3-54. Bell Earl (USA) 25-8-55. Bellot Jean-Michel (Fr.) 16-12-53. Bragg Donald (dit Don) (USA) 15-5-35. Bubka Sergei (URSS) 4-12-63. D'Encausse Hervé (Fr.) 7-9-43. Gonder Fernand (Fr.) 12-6-1883/1969. Gutowski Bob (USA) 25-4-35/1960. Hansen Fred Morgan (USA) 29-12-40. Hoff Charles (Norv.) 1902. Houvion Philippe (Fr.) 5-10-57. Isaksson Kjell (Suède) 28-2-48. Kozakiewicz Wladislav (Pol.) 17-10-1953. Meadows Earl (USA) 29-6-13. Nordwig Wolfgang (All. dém.) 28-8-43. Olson Billy (USA) 19-7-58. Pennel John (USA) 25-6-40. Polyakov Vladimir (URSS) 17-4-60. Quinon Pierre (Fr.) 20-2-62. Ramadier Pierre (Fr.) 1902-83. Richards Bob (USA) 20-2-26. Roberts Dave (USA) 23-7-51. Seagren Bob (USA) 17-10-46. Sillon Victor (Fr.) 23-12-27. Slusarski (Pol.) 19-5-50. Tracanelli François (Fr.) 4-2-51. Tully Mike (USA) 21-10-56. Vigneron Thierry (Fr.) 9-3-60. Volkov Konstantin (URSS) 28-2-60. Warmerdam Cornelius (USA) 22-6-15.

Longueur. Bardauskiene Vilma (URSS) 15-6-53. Beamon Bob (USA) 29-8-46. Boston Ralph (USA) 9-5-39. Cator Sylvio (Haïti) 9-10-00/59. Curtet Jacky (France) 9-5-55. Cusmir Anisoara (Roum.) 28-1-62. Davies Lynn (G.-B.) 20-5-42. De Hart Hubbard W. (USA) 25-11-03/75. Dombrowski Lutz (All. dém.) 25-6-59. Drechsler Heike (All. dém.) 16-12-64. Ducas Odette (Fr.) 4-11-40. Ewry Ray (USA) 14-10-73. Hamm Edward (USA) 13-4-06. Lewis Carl (USA) 1-7-61. Long Lutz (All. féd.) 27-4-13/43. Myrricks Larry (USA) 10-3-56. O'Connor Peter (Irl.) 18-10-72. Owens (V. course). Pani Jacques (Fr.) 21-5-46. Paul Robert (Fr.) 20-4-09. Peacock Eulace (USA) 27-8-14. Prinstein Myer (USA) 1878-1928. Robinson Arnie (USA) 7-4-48. Rousseau Jacques (Fr.) 10-3-51. Siegl-Thon Sigrun (All. dém.) 19-10-54. Steele Willie (USA) 14-7-23. Ter-Ovanessian Igor (dit P^ce^ Igor) (URSS) 19-5-38. Toomey (née Bignal) Mary-Denise (G.-B.) 10-2-40. Voigt Angela (USA) 18-5-51.

Triple saut. Ahearne Timothy (Irl.) 10-8-86/1968. Battista Éric (Fr.) 14-5-33. Banks Willie (USA) 11-3-56. Da Silva Ferreira (Brésil) 29-9-27. De Oliveira Joao Carlos (Brésil) 28-5-54. Drehmel Joerg (All. dém.) 3-5-45. Ewry Ray (USA) 14-10-73. Hoffman Zdzislaw (Pol.) 27-8-59. Lamitié Bernard (Fr.) 7-6-46. Nambu Chuhei (Japon) 27-5-04. Oda Mikio (Japon) 30-3-05. Oudmae Jaak (URSS) 3-9-54. Prudencio Nelson (Brésil) 4-4-44. Saneiev Viktor (URSS) 3-10-45. Schmidt Josef (Pol.) 28-3-35. Tajima Naoto (Japon) 15-8-12. Tcherbakov Leonide (URSS) 7-4-27.

Lancers

Poids. Albritton Terry (USA) 14-1-55. Barychnikov Alexandre (URSS) 11-11-48. Beer Arnjolt (Fr.) 19-6-46. Bertimon Léone (Fr.) 16-8-50. Beyer Udo (All. dém.) 9-8-55. Briesenick Hartmut (All. dém.) 17-3-49. Brouzet Yves (Fr.) 5-9-48. Colnard Pierre (Fr.) 18-2-29. Fibingerova Helena (Tchéc.) 13-7-49. Fonville Charles (USA) 27-4-27. Fuchs James C. (USA) 6-12-27. Gummel Margitta (All. dém.) 29-6-41. Komar Wladyslaw (Pol.) 11-4-40. Long Dallas C. (USA) 13-6-40. Matson Randy (USA) 5-3-45. Nieder William (Bill) (USA) 10-8-33. O'Brien Parry (USA) 28-1-32. Oldfield Brian (USA) 1-6-45. Ostermeyer Micheline (Fr.) 23-12-22. Press Tamara (URSS) 10-5-37. Rose Ralph W. (USA) 17-3-84/1913. Slupianek Ilona (All. dém.) 24-9-56. Tchizhova Nadejda (URSS) 29-9-45. Timmermann Ulf (All. dém.) 1-11-62. Torrance Jack (USA) 20-6-12/69. Velu Lucienne (Fr.) 1902. Woods George (USA) 11-2-43. Zybina Galina (URSS) 22-1-31.

Disque. Alard Pierre (Fr.) 17-9-37. Bugar Imrich (Tchéc.) 14-4-55. Consolini Adolfo (Italie) 5-1-17/69. Danek Ludvik (Tchéc.) 6-1-37. Dumbadze Nina (URSS) 23-1-19. Gordien Fortune (USA) 9-9-22. Houser Clarence (USA) 25-9-01. Iness Sim (USA) 9-7-30. Jahl Evelyne (née Schlaak) (All. dém.) 28-3-56. Manoliu Lia (Roum.) 25-4-32. Mauermayer Gisela (All.) 24-11-13. Melnik Faina (URSS) 9-6-45. Milde Lothar (All. dém.) 8-1-34. Noël Jules (Fr.) 27-1-03/19-5-40. Oerter Alfred (USA) 19-9-36. Ostermeyer (V. poids) 23-12-22. Press Tamara (URSS) 10-5-37. Piette Frédéric (Fr.) 22-9-46. Schmidt Wolfgang (All. dém.) 16-1-54. Sheridan Martin (USA) 1918/28-3-81. Silvester Jay (USA) 27-8-37. Velu Lucienne (V. poids). Wilkins Mac (USA) 15-11-50. Winter Paul (Fr.) 6-2-06.

Marteau. Accambray Jacques (Fr.) 23-5-50. Beyer Uwe (All. féd.) 14-5-45. Bondartchuk Anatoly (URSS) 30-5-40. Connolly Harold (USA) 1-8-31. Flanagan John (USA) 9-1-1868/1938. Hein Karl (All.) 11-6-08. Husson Guy (Fr.) 2-3-31. Klim Romuald (URSS) 25-5-33. Krivonosov Mikhaïl (URSS) 1-5-29. Litvinov Sergey (URSS) 23-1-58. McGrath Matthew (USA) 18-12-76/1941. O'Callaghan Patrick (Irl.) 15-9-05. Riehm Karl-Heinz (All. féd.) 31-

3-51. Ryan Patrick (Pat) (USA) 4-1-1883/1964. Sedykh Yuri (URSS) 11-5-55. Zsivotzky Gyula (Hongrie) 25-2-37.

Javelot. Danielsen Egil (Norv.) 9-11-33. Demys Michèle (Fr.) 17-9-43. Fuchs Ruth (All. dém.) 14-12-46. Hanisch Wolfgang (All. féd.) 6-3-51. Held Frank (USA) 25-10-27. Jarvinen Matti (Finl.) 1909-85. Kinnunen Jorma (Finl.) 15-12-41. Kula Danius (URSS) 28-4-59. Kulcsar Gergely (Hongrie) 10-3-34. Lemming Erik (Suède) 22-2-1880/1930). Lillak Tina (Finl.) 15-4-61. Lusis Janis (URSS) 19-5-39. Macquet Michel (Fr.) 3-4-32. Michel Detlef (All. dém.) 13-10-55. Myyrae Jonni (Finl.)13-7-1892/1964. Nemeth Miklos (Hongrie) 23-10-46. Nevala Pauli Lauri (Finl.) 30-11-40. Nikkanen Yrjo (Finl.) 31-12-14. Ozolina Elvina (URSS) 10-8-39. Paragi Ferenc (Hongrie) 21-8-53. Pedersen Terje (Norv.) 9-2-43. Petranoff Tom (USA) 8-4-58. Schmidt Kathy (USA) 29-12-53. Sedykh Yuri (URSS) 11-6-55. Sidlo Janusz (Pol.) 19-6-33. Siitonen Hannu (Finl.) 18-3-49. Wolfermann Klaus (All. féd.) 31-3-46. Zatopkova Dana (Tchéc.) 19-9-22.

Épreuves combinées

Décathlon. Pentathlon. Avilov Nikolay (URSS) 6-8-48. Bendlin Kurt (All. féd.) 22-5-43. Campbell Milton (USA) 9-9-33. Debourse Marie-Christine (Fr.) 24-9-51. Guenard Denise (Fr.) 13-1-34. Heinrich Ignace (Fr.) 31-7-25. Hingsen Jürgen (All. féd.) 25-1-58. Jenner Bruce (USA) 28-10-49. Johnson Rafer (USA) 18-8-35. Kirst Joachim (All. dém.) 29-5-47. Kratschmer Guido (All. féd.) 10-1-53. Kuznetsov Vassili (URSS) 7-2-32. Le Roy Yves (Fr.) 23-2-51. Mathias Bob (USA) 17-11-30. Morris Glenn (USA) 18-6-12/74. Neubert Ramona (All. dém.) 26-7-58. Osborn Harold (voir Saut en hauteur). Picaut Florence (Fr.) 25-10-52. Pollak Burglinde (All. dém.) 10-6-51. Thompson Daley (G.-B.) 30-7-58. Thorpe Jim (USA) 28-5-1888/1953. Tkatchenko Nadezhad (URSS) 19-9-48. Toomey William (dit Bill) (USA) 10-1-39.

Marche. Bautista Daniel (Mex.) 4-8-52. Delerue Henri (Fr.) 14-11-39. Golubnichy Vladimir (URSS) 2-6-36. Hoehne Christoph (All. dém.) 12-2-41. Kannenberg Bernd (All. féd.) 20-8-42. Lelièvre Gérard (Fr.) 13-11-49. Pamich Abdon (It.) 3-10-33. Smaga Nikolay (URSS) 22-8-38.

Athlètes pratiquant plusieurs disciplines

Vitesse et demi-fond. Eastman (USA) 400 m, 800 m. Fiasconaro (It.) 400 m, 800 m. Harbig (All.) 400 m, 800 m. Juantorena (Cuba) 400 m, 800 m. Myers (USA) 100 m à 800 m. Whitfield (USA) 400 m, 800 m. Wint (Jamaïque) 400 m, 800 m.

Course et concours. André (Fr.) 110 m et 400 m haies, hauteur. Hitomi (Japon) 100 m, longueur. Kraenzlein (USA) 110 m haies, longueur Lewis (USA) 100 m, 200 m, long. Owens (USA) 100 m, 200 m, long. Szewinska (Pol.) 100 m, 200 m, 400 m, longueur.

Automobile (Sport)

Premières courses

1er concours *(sans classement)* 22-7-1894, en France : *Paris-Rouen*, 126 km, 13 véh. à pétrole, 2 à vapeur ; 1 à vapeur (de Dion) réalise le temps le plus court avec env. 17,78 km/h de moyenne (pas de chronométrage officiel pour la pause-déjeuner obligatoire à Mantes) ; le 1er prix fut néanmoins partagé entre Panhard et Peugeot. **1re course officiellement contrôlée** : *Paris-Bordeaux-Paris* du 11 au 13-6-1895, 1 178 km, 16 véh. à pétrole, 5 à vapeur, 1 électrique, moy. 24,4 km/h ; *Paris-Marseille-Paris* en 1896 ; *Paris-Dieppe* en 1897 ; *Paris-Madrid* en 1903, moy. 105 km/h [arrêtée à Bordeaux par ordre gouvernemental en raison des accidents causés : 15 corporels, 7 † (2 pilotes, 3 mécaniciens, 2 spectateurs)]. **Coupe Gordon Bennett** disputée en France (1901-02-05), Irlande (1903), Allemagne (1904). **1er Grand Prix de l'A.C.F.** (Le Mans 1906). Ensuite, apparurent d'autres grands prix nationaux.

1res victimes du sport automobile. Officiellement Émile Levassor en 1896 : projeté hors de sa voiture à la suite d'une collision avec un chien, il ne termina pas un Paris-Marseille-Paris et mourut 1 an plus tard des suites de ses blessures. *1er accident en pleine course :* Mis de Montaignac en 1897 dans le Paris-Dieppe : ayant voulu se découvrir pour saluer un concurrent qu'il allait dépasser, il l'accrocha et perdit le contrôle de son véhicule.

Quelques grands records

☞ Voir aussi p. 1376.

Vitesse record. 1 019,25 km/h, 4-10-1983, par Richard Noble sur Thrust II (turbine développant 8,5 t de poussée soit 34 000 ch). Le record (1 183,466 km/h, le 18-12-1979) par Stan Barrett n'a pas été homologué, le trajet n'ayant pas été effectué dans les 2 sens. **Sur anneau de vitesse :** 403,878 km/h [Hans Liebold (All. féd.) à Nasdo (Italie) le 5-5-1979 sur un tour de 12,64 km (1'52"67) avec un coupé expérimental Mercedes-Benz (C111-1V)]. **Sur circuit routier :** 262,461 km/h [Henri Pescarolo (Fr.) à Spa-Francorchamps (Belg.) le 6-5-1973, tour de 14,10 km sur Matra Simca 670]. *Course sur circuit routier :* 249,670 km/h [Pedro Rodriguez et Jackie Olivier à Spa-Francorchamps (Belg.) le 9-5-1971, 1 001,10 km en 4 h 01' 7" sur Porsche 917-K].

Plus grande accélération. 400 m en 5"63 (vitesse finale : 403,45 km/h) par Garlits en 1979.

Distance parcourue. *1933* mars-juill., en 133 j., à Montlhéry : 298 298 km à 93,452 km/h par une Citroën Rosalie par 8 pilotes. *1963* à Miramas : 300 000 km (du 10 juillet au 4 nov.) à 106,49 km/h par 7 pilotes se relayant sur une Ford Taunus 12M (7 ch, 4 cyl., traction avant, 4 vitesses).

Types d'épreuves

● **Épreuves disputées sur circuit.** Épreuves de vitesse et/ou d'endurance disputées sur circuits fermés avec distance ou durée imposées. **Principaux circuits.** *Afr. du S. :* Kyalami. *All. féd. :* Hockenheim, Nürburgring. *Argentine :* Buenos Aires. *Autriche :* Zeltweg (Oesterreichring). *Belgique :* Spa-Francorchamps, Zolder. *Brésil :* Jacarapegua (Rio), Interlagos (São Paulo). *Canada :* Mosport, Montréal[1]. *Espagne :* Jamara, Fuengirola[1]. *États-Unis :* Daytona, Indianapolis, Long Beach[1], Riverside, Sebring, Watkins-Glen, Detroit[1], Las Vegas[1], Dallas[1]. *France :* Albi, Bugatti (Le Mans), Clermont-Ferrand[1] (Charade), Croix-en-Ternois, Dijon-Prénois, Folembray, Le Mans (circuit des 24 h)[1], Magny-Cours, Linas-Montlhéry, Nîmes-Ledenon, Nogaro, Pau[1], Paul-Ricard (Le Castellet), Rouen les Essarts[1]. *G.-B. :* Brands-Hatch, Donington-Park, Mallory-Park, Oulton-Park, Silverstone, Snetterton, Thruxton. *Italie :* Enna-Pergusa, Imola, Misano, Monza, Mugello, Vallelunga. *Japon :* Fuji, Suzuka. *Monaco. P.-Bas :* Zandvoort. *Suède :* Anderstorp, Kinekulle-Ring, Knutstorp, Mantorp-Park. *Tchécosl. :* Brno[1].

Nota. — (1) Circuits non permanents.

● **Rallyes.** Épreuves de régularité et d'endurance avec épreuves de classement dans la plupart des cas, se déroulant totalement ou partiellement sur des routes ouvertes à la circulation normale (étroites, sinueuses, glissantes en hiver et rendues difficiles par le brouillard, la pluie ou la neige). Le parcours comprend des étapes spéciales disputées contre la montre sur des portions de routes où toute circulation est interdite. Entre 2 étapes spéciales, les pilotes suivent les itinéraires (secteurs de liaison) dans des conditions de circulation normale au milieu des usagers habituels. Ils doivent respecter le Code de la route et la moyenne imposée. Classement final établi en fonction des temps réalisés dans les secteurs chronométrés et des pénalisations encourues sur route. Le vainqueur est celui dont le total est le plus faible [Monte-Carlo, Safari, Acropole, 1 000 Lacs, San Remo, RAC, Bandama, Côte-d'Ivoire]. Safari et Bandama ne possèdent pas d'épreuves de classement, mais se déroulent selon un parcours à moyenne imposée pratiquement irréalisable (le classement s'effectue en fonction des pénalisations).

Catégories : rallyes régionaux, fédéraux, nationaux et internationaux.

1er long rallye. Pékin-Paris (12 000 km), en 1907 ; organisé par le quot. de Paris Le Matin ; 5 voitures ; départ le 10-6, arrivée du 1er (Prince It. Scipione Borghese sur une Itala) le 10-8. **Le plus long rallye.** Londres-Sydney, organisé par les Singapore Airlines (en tout 17 pays), parti de Covent Garden le 14-8-77, arrivé à Sydney le 28-9-77 après 13 107 km. Remporté par Andrew Cowan, Colin Malkin et Michael Broad (G.-B.) sur une Mercedes 280 E.

● **Courses de côtes.** Épreuves de vitesse disputées sur des portions de routes fermées et réservées aux voitures des groupes A à N, sport et formule libre (Ampus, Rossfeld, Mont-Dore, Montseny...). Ces compétitions sont inscrites au calendrier international (FIA) ou national.

Toutes ces épreuves sont réalisées, en France, sous la responsabilité de la Féd. fr. du sport automobile et des associations affiliées.

Catégories de voitures

Catégorie I : v. fabriquées en série destinées à la vente. **Groupe N :** v. de production (ex. Renault 11 turbo). Tourisme de grande série. Produites à 5 000 ex. min. en 12 mois consécutifs. Homologuées par la F.I.S.A. en v. de tourisme (Groupe A). 4 places min. Changements autorisés répondant à des homologations précises (transmission, suspension, système électrique, freins, carrosserie, moteur et dispositifs de sécurité). **Groupe A :** v. de tourisme (ex. Mercedes 190 2,3 l). Tourisme de grande production. Produites à 5 000 ex. min. en 12 mois consécutifs. 4 places min. Modifications selon les homologations de la F.I.S.A. (moteur, poids, transmission, suspension, roues, pneus, freins, direction, châssis, système électrique, dispositifs de sécurité). **Groupe B :** v. de sport (ex. Peugeot 205 turbo 16). Grand tourisme de sport. Produites à 200 ex. min. en 12 mois consécutifs. 2 places min. Modifications comme pour le groupe A ainsi que le poids, les roues et les pneus. Le constructeur a aussi droit à *une évolution* (20 exemplaires plus performants par an).

Nota. — En mai 1986, à la suite de nombreux accidents mortels en rallyes, le Pt de la F.I.S.A. a décidé, pour le championnat 1987, de supprimer le groupe B et d'annuler la création du **groupe S** (prévu pour remplacer en 1988 le groupe B, 10 ex. voitures d'usines pour les pilotes vedettes, max. 300 CV).

Catégorie II : v. fabriquées à l'unité, uniquement destinées à la compétition. **Groupe C :** v. de sport prototype (ex. Porsche 962). *Groupe C1 :* v. de compétition, construites pour courses en circuit fermé, toutes les modifications sont autorisées pour le moteur, max. 100 l de carburant, 850 kg. *Groupe C2 :* mêmes règles que pour groupe C1, 700 kg, moins de carburant que pour les C1. **Groupe D :** v. de course de formule internationale. *Formule I :* uniquement destinées aux courses de vitesse en circuit fermé. Min. 540 kg (réservoir vide). Max. 1 500 cm^3 de cylindrée. Suralimentation permise. Max. 12 cylindres. 195 l de carburant. Ravitaillement en course interdit. *Formule II :* n'existe plus. *Formule III :* v. conçues pour la course de vitesse en circuit fermé. Min. 455 kg Max. 2 000 cm^3. Max. 4 cylindres. Suralimentation interdite. *Formule 3000 :* créée 1985 pour remplacer la Formule II. V. conçues pour course de vitesse en circuit fermé. Max. 3 000 cm^3. Max. 12 cylindres. Max. 9 000 tours/minute (limiteur électronique sur chaque voiture). **Groupe E :** v. de course de formule libre (autres que celle des groupes N, A, B, C, D). Règlement fixé par les organisateurs. Les *formules nationales* (ex. Formule Renault Turbo) appartiennent aux formules libres et ont une réglementation spéciale (ex. obligation d'utiliser un moteur ou des pièces d'une marque donnée).

Compétitions en circuits

Championnat du monde des conducteurs de Formule I

Créé en 1950. Ouvert aux voitures de Formule I. 2 titres sont décernés en fin de saison : *Championnat du monde pilotes :* attribution des points pour les 6 premiers pilotes classés : 9, 6, 4, 3, 2, 1 points. *Ch. du monde constructeurs :* attribution des points pour les 6 premiers classés : 9, 6, 4, 3, 2, 1 points. Les points sont cumulables si un constructeur a 2 v. classées parmi les 6 premières.

Les Grands Prix sont disputés sur une distance min. de 250 à 315 km, la durée de l'épreuve ne pouvant excéder 2 h. 8 à 16 épreuves autorisées par saison (16 en 1986).

Les pilotes ont une super-licence (env. 50 dans le monde). Seuls ceux ayant réalisé les 26 meilleurs temps des essais participent à la course (20 à Monaco).

Champions. 1950 Giuseppe Farina (It.) Alfa-Roméo. **51** Juan Manuel Fangio (Arg.) Alfa-Roméo. **52**

Alberto Ascari (Italie) Ferrari. **53** Alberto Ascari (Italie) Ferrari. **54** Juan Manuel Fangio (Arg.) Maserati et Mercedes. **55** Juan Manuel Fangio (Arg.) Mercedes. **56** Juan Manuel Fangio (Arg.) Ferrari. **57** Juan Manuel Fangio (Arg.) Maserati. **58** Mike Hawthorn (G.-B.) Ferrari. **59** Jack Brabham (Austr.) Cooper Climax. **60** Jack Brabham (Austr.) Cooper Climax. **61** Phil Hill (USA) Ferrari. **62** Graham Hill (G.-B.) BRM. **63** Jim Clark (G.-B.) Lotus Climax. **64** John Surtees (G.-B.) Ferrari. **65** Jim Clark (G.-B.) Lotus Climax. **66** Jack Brabham (Austr.) Brabham Repco. **67** Dennis Hulme (N.-Z.) Brabham Repco. **68** Graham Hill (G.-B.) Lotus Ford. **69** Jacky Stewart (G.-B.) Matra Ford. **70** Jochen Rindt (Autr.) Lotus Ford, à titre posthume. **71** Jacky Stewart (G.-B.) Tyrrell-Ford. **72** E. Fittipaldi (Br.) Lotus-Ford. **73** Jacky Stewart (G.-B.) Tyrell-Ford. **74** Emerson Fittipaldi (Br.) Mc Laren-Ford. **75** Niki Lauda (Autr.) Ferrari. **76** James Hunt (G.-B.) Mc Laren-Ford. **77** Niki Lauda (Autr.) Ferrari. **78** Mario Andretti (U.S.A.) Lotus-Ford. **79** Jody Scheckter (Afr. du S.) Ferrari. **80** A. Jones (Austr.) Williams-Ford. **81** Nelson Piquet (Brésil) Brabham-Ford. **82** Keke Rosberg (Finl.) Williams-Ford. **83** Nelson Piquet (Br.) Brabham-BMW. **84** N. Lauda (Autr.) McLaren-Porsche. **85** A. Prost (Fr.) McLaren-TAG-Porsche, 2e M. Alboreto (It.) Ferrari, 3e K. Rosberg (Fin.) William-Honda.

Records des titres de champion du monde. Juan Manuel Fangio (5 titres dont 4 consécutifs), Jack Brabham, Jacky Stewart et Niki Lauda (3 titres).

Records des victoires en Grand Prix au 1-1-1984. Jacky Stewart 27. Jim Clark 25. J.M. Fangio 24. Prost 21. Niki Lauda 19. Stirling Moss 16. Graham Hill, Emerson Fittipaldi, Jack Brabham. Alberto Ascari 13. Carlos Reutemann, Mario Andretti et Alan Jones 12. James Hunt, Jody Scheckter et Ronnie Peterson 10. De ces pilotes, seuls Lauda et Prost sont encore en activité en F.I. *10 Français ont remporté 1 ou plusieurs Grands prix comptant pour le Championnat du monde :* Alain Prost 21 victoires. René Arnoux 7 (Afr. du S., Brésil 80, Fr., It. 82, Canada, Holl. et All. 83). Jacques Laffite 6 (Suède 77, Arg. et Brésil 79, All. 80, Autr. et Can. 81). Didier Pironi 3 (Belg. 80, St-Marin et Holl. 82). Patrick Depailler 2 (Monaco 78 et Esp. 79). J.-P. Jabouille 2 (Fr. 79 et Autr. 80). Patrick Tambay 2 (All. 82 et St-Marin 83). Maurice Trintignant 2 (Monaco 55 et 58). J.-P. Beltoise 1 (Monaco 72). François Cevert 1 (U.S.A. 71).

Records de victoires par marque (au 1-1-1984). Ferrari 88. Lotus 72. Brabham 32. Mc Laren 31. Tyrrell 23. BRM 17. Cooper 16. Williams 15, Renault 15. Alfa-Roméo 10. Maserati, Matra, Mercedes, Vanwall 9. Talbot-Ligier 8.

Record de participations. N. Graham Hill, 176 Grands Prix (186 possibles) du 18-5-1958 au 26-1-1975.

Champions du monde : le plus jeune : Emerson Fittipaldi le 10-9-1972 (à 25 ans 273 jours) ; **le plus vieux** Juan Manuel Fangio le 18-8-1957 (à 46 ans 55 jours).

Vainqueurs d'un Grand Prix : le plus jeune : Bruce Leslie McLaren (G.-P. des U.S.A., le 12-12-1959) à 22 ans 104 jours ; **le plus vieux :** Tazio Georgio Nuvolari (G.P. de France le 14-6-1946) à 53 ans 240 jours.

Les sponsors et le sport automobile. Jusqu'en 1968, seules les publicités ayant un lien direct avec le sport automobile (pneumatiques, carburants, accessoires) étaient autorisées sur les voitures. Les 1res pub. extra-sportives sont apparues en 1968 sur la Lotus avec Gold Leaf. Actuellement, parmi les principaux sponsors : tabac, alcool, Cies aériennes, électro-ménager, carburants, lubrifiants, etc.

Circuits. *Le plus rapide :* Silverstone (G.-B.), 4,719 km ; rec. du tour : 1'09"46,2 (244,57 km/h), R. Arnoux le 15-7-83 ; en course : 1'14"21 (228,89 km/h), A. Prost, le 16-7-83. *Le plus difficile :* Monaco, 3,312 km dans les rues et sur le port, avec 11 virages et plusieurs côtes sévères ; course de 76 tours (251,7 km) qui exige en moyenne 1 600 changements de vitesse.

Championnat du monde des constructeurs de Formule I

1958 Vanwall. **59, 60** Cooper-Climax. **61** Ferrari. **62** BRM. **63** Lotus-Climax. **64** Ferrari. **65** Lotus-Climax. **66, 67** Brabham-Repco. **68** Lotus-Ford. **69** Matra-Ford. **70** Lotus-Ford. **71** Tyrrell-Ford. **72, 73** Lotus-Ford. **74** Mc Laren-Ford. **75, 76, 77** Ferrari. **78** Lotus-Ford. **79** Ferrari. **80, 81** Williams-Ford. **82, 83** Ferrari. **84** Mc Laren. **85** Mc Laren-TAG-Porsche.

Rétrospective

Légende : A : Alfa-Roméo. Ar : Arrows. Ar-BMW : Arrow-BMW. ATS.B : ATS-BMW. B : BRM. Br : Brabham. BrA : Brabham-Alfa-Roméo. BrB : Brabham-BMW. BrF : Brabham-Ford. BR : Brabham-Repco. C. : Cooper. CC : Copersucar Cosworth. Co : Colt. F : Ferrari. Fo : Ford. L : Lotus. LF : Ligier-Ford. LR : Ligier-Renault. LoC : Lola-Cosworth. LoF : Lotus-Ford. LoR : Lotus-Renault. LM : Ligier-Matra. M : Mercedes-Benz. Ma : Maserati. Mar : March. MaC : March-Cosworth. Mat : Matra. ML : Mc Laren. MLP : McLaren-Porsche. O : Osella. P : Porsche. R : Renault. RH : RAM-Hart. S : Shadow. Su : Surtees. Sp : Spirit-Art. T : Talbot. TL : Talbot-Ligier. To : Toleman. Ty : Tyrrell. Van : Vanwall. W : Williams. Wo : Wolf. WH : Williams-Honda.
Vainqueurs et, entre parenthèses, voiture.

Afrique du Sud. *Créé* 1932. **62** G. Hill (Br). **63** Clark (L). **68** Jim Clark (L). **69** J. Stewart (Mat). **70** Brabham (Br). **71** Andretti (L). **72** Dennis Hulme (ML). **73** J. Stewart (Ty). **74** C. Reutemann (Br). **75** J. Scheckter (Ty). **76** N. Lauda (F). **77** N. Lauda (F). **78** R. Peterson (L). **79** Gilles Villeneuve (F). **80** René Arnoux (R). **81** (épreuve non qualificative pour le Champ. du monde, disputée uniquement par les écuries Foca) C. Reutemann. **82** A. Prost (R). **83** R. Patrese. **84** N. Lauda (MLP). **85** N. Mansell (WH), 2e K. Rosberg (WH), 3e A. Prost (MLP). **86** non disputé.

Allemagne féd. *Créé* 1926. **60** Bonnier (P). **61** Stirling Moss (L). **62** G. Hill (B). **63, 64** J. Surtees (F). **65** J. Clark (L). **66** J. Brabham (BR). **67** D. Hulme (Br). **68** J. Stewart (Mat). **69** J. Ickx (BrF). **70** J. Rindt (L). **71** J. Stewart (Ty). **72** J. Ickx (F). **73** J. Stewart (Ty). **74** C. Regazzoni (F). **76** J. Hunt (ML). **77** N. Lauda (F). **78** M. Andretti (L). **79** A. Jones (W). **80** J. Laffite (LM), (LF). **81** N. Piquet (BrF). **82** P. Tambay (F). **83** R. Arnoux (F). **84** A. Prost (MLP). **85** M. Alboreto (F), **86** N. Piquet (WH) 2e A. Senna (LoR), 3e N. Mansell (WH).

Argentine. *Créé* 1953. **60** B. Mc Laren (C). **71** C. Amon (Mat) (hors championnat). **72** J. Stewart (Ty). **73** E. Fittipaldi (L). **74** D. Hulme (ML). **75** E. Fittipaldi (ML). **76** annulé. **77** J. Scheckter (Wo). **78** M. Andretti (L). **79** J. Laffite (LF). **80** A. Jones (W). **81** N. Piquet (B). **Dep. 82**, non disputé.

Australie. *Créé* 1985. **85** K. Rosberg (WH), 2e J. Laffite (LR), 3e P. Streiff (LR).

Autriche. *Créé* 1964. **64** Bandini (F). **70** J. Ickx (E). **71** S. Siffert (BRM). **72** E. Fittipaldi (L). **73** R. Peterson (L). **74** C. Reutemann (Br). **75** V. Brambilla (March 751). **76** J. Watson (Penske). **77** A. Jones (S). **78** R. Peterson (L). **79** A. Jones (W). **80** J.-P. Jabouille (R). **81** J. Laffite (T). **82** De Angelis (LoF). **83** A. Prost (R). **84** N. Lauda (MLP). **85** A. Prost (MLP), 2e A. Senna (LoR), 3e M. Alboreto (F).

Belgique. *Créé* 1925. **50** Fangio (A). **51** Farina (A). **52, 53** Ascari (F). **54** Fangio (Ma). **55** Fangio (M). **56** Collins (F). **57** pas couru. **58** Brooks (V). **59** pas couru. **60** Brabham (C). **61** Phil Hill (F). **62, 63, 64, 65** Jim Clark (L). **66** Surtees (F). **67** Gurney (Eagle). **68** B. Mc Laren (ML). **69** annulé. **70** Rodriguez (B). **71** J. Stewart (Ty-Ford). **72** E. Fittipaldi (L). **73** J. Stewart (Ty). **74** E. Fittipaldi (ML). **75** N. Lauda (F). **76** N. Lauda (F). **77** G. Nilsson (L). **78** M. Andretti (L). **79** J. Scheckter (F). **80** D. Pironi (LM). **81** C. Reutemann (W). **82** J. Watson (ML). **83** A. Prost (R). **84** M. Alboreto (F). **85** A. Senna (LoR). **86** N. Mansell (WH), 2e A. Senna (LoR), 3e S. Johansson (F).

Brésil. *Créé* 1972. **72** C. Reutemann (BrF). **73** E. Fittipaldi (ML). **74** E. Fittipaldi (L). **75** C. Pace (Br). **76** N. Lauda (F). **77** C. Reutemann (F). **78** C. Reutemann (F). **79** J. Laffite (LF). **80** R. Arnoux (R). **81** C. Reutemann (W). **82** A. Prost (R). **83** N. Piquet (Br). **84** A. Prost (MLP). **85** A. Prost (MLP). **86** N. Piquet (WH), 2e A. Senna (LoR), 3e J. Laffite (LR).

Canada. *Créé* 1961. **67** J. Brabham (Br). **68** D. Hulme (ML). **69** J. Ickx (BrF). **70** J. Ickx (F). **71** J. Stewart (Ty-Ford). **72** J. Stewart. **73** Revson (Yardley ML). **74** E. Fittipaldi (ML). **75** annulé. **76** J. Hunt (ML). **77** Scheckter (Wo). **78** G. Villeneuve (F). **79** A. Jones (W). **80** A. Jones (W). **81** J. Laffite (T). **82** N. Piquet (Br.BMW). **83** Arnoux (F). **84** Piquet (BrB). **85** M. Alboreto (F). **86** N. Mansell (WH), 2e A. Prost (MLP), 3e N. Piquet (WH).

Espagne. *Créé* 1913. **68** G. Hill (L). **69** J. Stewart (Mat). **70** J. Stewart (March). **71** J. Stewart (Ty). **72** E. Fittipaldi (L). **73** E. Fittipaldi (L). **74** N. Lauda (F). **75** J. Mass (ML). **76** J. Hunt (ML). **77** M. Andretti (L). **78** M. Andretti (L). **79** P. Depailler (LF). **80** A. Jones (W), ne compte pas pour le champ. du monde. **81** 1er G. Villeneuve (F), 2e J. Laffite (LM), 3e J. Watson (ML). **81** A. Jones (W), course Foca, ne compte pas pour le champ. **82, 83, 84, 85** non disputé. **86** A. Senna (LoR), 2e N. Mansell (WH), 3e A. Prost (MLP).

États-Unis Est (Watkins-Glen puis Detroit). *Créé* 1960. **60** Moss (L). **61** Ireland (L). **62** Clark (L). **63, 64, 65** G. Hill (Br). **66, 67** Clark (L). **68** J. Stewart (Mat). **69** J. Rindt (L Ford). **70** E. Fittipaldi (L). **71** F. Cevert (Ty-Ford). **72** J. Stewart (Ty). **73** Peterson (L). **74** C. Reutemann (Br). **75** N. Lauda (L). **76** J. Hunt (ML). **77** J. Hunt (ML). **78** Reutemann (F). **79** G. Villeneuve (F). **80** A. Jones (W). **81** remplacé par le G.P. de Detroit. **82** Watson (ML-C). **83** Alboreto (T-F). **84** N. Piquet (BrB). **85** K. Rosberg (WH). **86** A. Senna (LoR), 2e J. Laffite (LR), 3e A. Prost (MLP).

États-Unis Ouest (Long Beach). *Créé* 1976. **76** C. Regazzoni (F). **77** M. Andretti (L). **78** C. Reutemann (F). **79** G. Villeneuve (F). **80** Piquet (BrF). **81** A. Jones (W). **82** N. Lauda (ML). **83** Watson (ML). **Dep. 84**, non disputé.

États-Unis Ouest (Las Vegas). *Créé* 1981. **81** A. Jones (W). **82** M. Alboreto (Ty). **Dep. 83**, non disputé.

États-Unis (Dallas). **84** K. Rosberg (WH), 2e R. Arnoux (F), 3e E. De Angelis (LR). **Dep. 85**, non disputé.

Europe. **83** N. Piquet (BrB), 2e A. Prost (R), 3e N. Mansell (LoR). **84** A. Prost (MLP). **85** N. Mansell (WH), 2e A. Senna (LoR), 3e K. Rosberg (WH).

France. *Créé* 1906. **50** Fangio (A). **51** Fangio-Fagioli (A). **52** Ascari (F). **53** Hawthorn (F). **54** Fangio (M). **55** pas couru. **56** Collins (F). **57** Fangio (Ma). **58** Hawthorn (F). **59** Brooks (F). **60** Brabham (C). **61** Baghetti (F). **62** Gurney (P). **63** J. Clark (L). **64** Gurney (B). **65** J. Clark (L). **66** J. Brabham (BR). **67** J. Brabham (BR). **68** J. Ickx (F). **69** J. Stewart (Mat). **70** J. Rindt (L). **71** J. Stewart (Ty). **72** J. Stewart (Ty). **73** R. Peterson (L). **74** R. Peterson (L). **75** N. Lauda (F). **76** J. Hunt (ML). **77** M. Andretti (L). **78** M. Andretti (L). **79** J.-P. Jabouille (R). **80** A. Jones (W). **81** A. Prost (R). **82** R. Arnoux (R). **83** A. Prost (R). **84** N. Lauda (MLP). **85** N. Piquet (BrB), **86** N. Mansell (WH), 2e A. Prost (MLP), 3e N. Piquet (WH).
Nota. — Records de victoires : Louis Chiron et Juan Manuel Fangio (4).

Grande-Bretagne. *Créé* 1926. **60** Brabham (C). **61** Von Trips (F). **62, 63, 64, 65** J. Clark (L). **66** J. Brabham (BR). **67** J. Clark (L-F). **68** J. Siffert (L). **69** J. Stewart (Mat). **70** J. Rindt (L). **71** J. Stewart (Ty). **72** E. Fittipaldi (L). **73** P. Revson (ML). **74** J. Scheckter (Ty). **75** E. Fittipaldi (ML). **76** N. Lauda (F). **77** J. Hunt (ML). **78** C. Reutemann (F). **79** C. Regazzoni (W). **80** A. Jones (W). **81** J. Watson (ML). **82** N. Lauda (ML-Fo). **83** A. Prost (R). **84** 1er N. Lauda (MLP). **85** A. Prost (MLP), **86** N. Mansell (WH), 2e N. Piquet (WH), 3e A. Prost (MLP).

Hongrie. *Créé* 1986 (1er grand prix disputé dans un pays de l'Est.

Italie. *Créé* 1921. **60, 61** P. Hill (F). **62** G. Hill (B). **63** J. Clark (L). **64** J. Surtees (F). **65** J. Stewart (B). **66** Scarfiotti (F). **67** J. Surtees (Honda). **68** D. Hulme (ML). **69** J. Stewart (Mat-Ford) (à 236, 523 km/h). **70** C. Regazzoni (F). **71** P. Gethin (B). **72** E. Fittipaldi (L). **73** R. Peterson (L). **74** R. Peterson (L). **75** C. Regazzoni (F). **76** R. Peterson (March). **77** M. Andretti (Lotus). **78** N. Lauda (B). **79** J. Sckeckter (F). **80** N. Piquet (B). **81** A. Prost. **82** R. Arnoux (R). **83** N. Piquet (BrB). **84** N. Lauda (MLP). **85** A. Prost (MLP), 2e N. Piquet (BrB), 3e A. Senna (LoR).

Mexique. Disputé jusqu'en 1970. Reprend en oct. 1986.

Monaco. *Créé* 1929. **50** Fangio (A). **51-55** pas couru. **56** Moss (Ma). **57** Fangio (Ma). **58** Trintignant (C). **59** Brabham (C). **60** Moss (L). **61** pas couru. **62** Mac Laren (C). **63, 64, 65** G. Hill (B). **66** Stewart (B). **67** D. Hulme (Br). **68** G. Hill (L). **69** G. Hill (L). **70** Rindt (L). **71** J. Stewart (Ty). **72** J.-P. Beltoise (BRM). **73** J. Stewart (Ty Ford). **74** R. Peterson (L). **75** N. Lauda (F). **76** N. Lauda (F). **77** J. Scheckter (Wo). **78** P. Depailler (Ty). **79** J. Scheckter (F). **80** C. Reutemann (W). **81** G. Villeneuve (F). **82** R. Patrese (BrF). **83** K. Rosberg (WF). **84** A. Prost (MLP). **85** A. Prost (MLP). **86** A. Prost (MLP), 2e K. Rosberg (MLP), 3e A. Senna (LoR).

Pays-Bas. *Créé* 1949. **60** p.c. **61** Von Trips (F). **62** G. Hill (B). **63, 64, 65** J. Clark (L). **66** J. Brabham (B). **67** J. Clark (L). **68** J. Stewart (Mat-Ford). **69** J. Stewart (Mat-Ford). **70** J. Rindt (L). **71** J. Ickx (F). **73** J. Stewart (Ty). **74** N. Lauda (F). **75** J. Hunt (Hesketh). **76** J. Hunt (ML). **77** N. Lauda (F). **78** M. Andretti (L). **79**

A. Jones (W). **80** Piquet (BrF). **81** A. Prost (R). **82** D. Pironi (F). **83** R. Arnoux (F). **84** A. Prost (ML). **85** N. Lauda (MLP), 2e A. Prost (MLP), 3e A. Senna (LoR). **86** non disputé.

Portugal. 84 A. Prost (MLP). **85** A. Senna (LoR), 2e M. Alboreto (F), 3e P. Tambay (R.).

Saint-Marin. 81 N. Piquet (BrF). **82** D. Pironi (F). **83** P. Tambay (F). **84** A. Prost (MLP). **85** E. De Angelis (LoR). **86** A. Prost (MLP), 2e N. Piquet (WH), 3e Berger (BMW).

Suisse. *Créé* 1950. **50** Farina (A). **51** Fangio (A). **52** Taruffi (F). **53** Ascari (F). **54** Fangio (M). **82** K. Rosberg (WF). **Dep. 83**, non disputé.

Nota. — Les grands prix du Japon et de Suède ne sont plus courus (v. Quid 1981, p. 1598).

Championnat d'Europe de Formule II

Couru de 1967 à 1984. Réservé aux pilotes ne faisant pas partie de la liste de notoriété Grand Prix. Les épreuves sont disputées en 2 ou plusieurs manches et une finale en 2 manches comptant pour le résultat final, ou bien en une seule course. Attribution des points pour les 6 premiers : 9, 6, 4, 3, 2 et 1 pts. Les pilotes de notoriété peuvent participer aux épreuves de ce championnat sans pouvoir néanmoins marquer de points. **Palmarès. 67** J. Ickx (Matra). **68** J.-P. Beltoise (Matra). **69** J. Servoz-Gavin (Matra). **70** C. Regazzoni (Tecno). **71** R. Peterson (March). **72** M. Hailwood (Surtees). **73** J.-P. Jarier (March-BMW). **74** P. Depailler (March-BMW). **75** J. Laffite (Martini-BMW). **76** J.-P. Jabouille (Elf 2-Renault). **77** R. Arnoux (Martini-Renault). **78** B. Giacomelli (March-BMW). **79** M. Surer (March-BMW). **80** B. Henton (Toleman-Hart). **81** G. Lees (Ralt-Honda). **82** C. Fabi (March-BMW). **83** J. Palmer (Ralt-Honda). **84** 1er M. Thackwel (Ralt-Honda), 2e Moreno (Ralt-Honda), 3e M. Ferté (Martini-BMW).

Championnat de Formule III puis 3000

Championnat d'Europe. 75 Larry Perkins (Austr.). **76** Ricardo Patrese (It.). 77 Ghinzani (It.). **78** Lammers. **79** Prost. **80** Alboreto. **81** M. Baldi (March-Alfa-Roméo). **82** O. Larrauri (Euro-racing-Alfa-R.). **83** G. Martini (Ralt-Alfa), 2e J. Nielsen (Ralt-VW), 3e E. Pirro (Ralt-Alfa). **84** I. Capelli (It., Alfa Romeo), 2e J. Dumfries (G.-B., Ralt VW). **85** Danner (All. féd., March), 2e Thackwell (N.-Zél., Ralt), 3e Pirro (It., March).

Grand Prix de Monaco. *Créé* 1962. **62** P. Arundell (Lotus). **63** R. Attwood (Lola). **64** J. Stewart (Cooper). **65** P. Revson (Lotus). **66** J.-P. Beltoise (Matra). **67** H. Pescarolo (Matra). **68** J.-P. Jaussaud (Tecno). **69** R. Peterson (Tecno). **70** T. Trimmer (Brabham). **71** D. Walker (Lotus). **72** P. Depailler (Alpine). **73** J. Laffite (Martini). **74** T. Pryce (March). **75** R. Zorzi (G.R.D.). **76** B. Giacomelli (March). **77** D. Pironi (Martini). **78** E. de Angelis (Chevron). **79** A. Prost (Martini). **80** Baldi (March-Alfa-R.). **81, 82** A. Ferté (Martini-Alfa-R.). **83** M. Ferté (Martini MK 39-Alfa-R.). **84** I. Capelli (Martini MK 42-Alfa-R.). **86** Y. Dalmas (Martini V-W).

Championnat du monde d'endurance

Origine. De 1953 à 1961 : champ. du monde des voitures de sport. **De 62 à 67** : champ. internat. des constructeurs. **De 68 à 71** : champ. internat. des marques. **De 72 à 81** : champ. du monde des marques. **A partir de 1982** : champ. du monde d'endurance.

Caractéristiques. Ouvert aux voitures des groupes B et C. Distance et durée des épreuves : 800 km, 1 000 km, 6 h, 12 h ou 24 h. Nombre de pilotes par voiture limité à 3. 2 titres sont décernés en fin de saison : **Pilotes.** Attribution des points : 20, 15, 12, 10, 8, 6, 4, 3, 2 et 1 respectivement aux 10 premiers classés. **Constructeurs** : même barème d'attribution que pour les pilotes.

Épreuves qualificatives en 1985 : 1 000 km de Mugello, de Monza, de Silverstone, d'Adac, de Mosport, de Spa, de Brands-Hatch, du Mont Fuji et 24 Heures du Mans.

Résultats (marques). 1953, **54** (sport) Ferrari. **55** (sport) Mercedes. **56, 57, 58** (sport) Ferrari. **59** (sport) Aston-Martin. **60, 61** (sport) Ferrari. **62, 63** (GT) Ferrari. **64, 65** (sport) Ferrari. **66** (sport) Ford. **67** (sport) Ferrari. **68** (sport) Ford. **69, 70, 71** (sport) Porsche. **72** (sport) Ferrari. **73, 74** (sport) Matra-Simca. **75** (sport) A.-Roméo. **76, 77, 78, 79** (gr. 5) Porsche. **80, 81** (gr. 5) Lancia. **82, 83, 84, 85** (gr. c) Porsche.

Résultats (pilotes). 78 John Paul Sr. **79** Don Whittington. **80** John Paul Sr. **81** Bob Garretson. **82, 83** Jacky Ickx. **84** Stefan Bellof. **85** Hans Stück.

Championnats de France

Formule I. 74 P. Depailler, 2e J.-P. Beltoise. **75** P. Depailler, 2e J. Laffite. **76** P. Depailler, 2e J. Laffite. **77** J. Laffite, 2e P. Depailler. **78** P. Depailler, 2e J. Laffite. **79** J. Laffite, 2e P. Depailler. **80** J. Laffite, 2e D. Pironi. **81** J. Laffite, 2e A. Prost. **82** D. Pironi, 2e A. Prost. **83** A. Prost, 2e R. Arnoux, 3e P. Tambay.

Formule II. 74 1er P. Depailler, 2e J. Laffite. **75** J. Laffite, 2e P. Tambay. **76** J.-P. Jabouille, 2e R. Arnoux. **77** R. Arnoux, 2e D. Pironi. **78** J.-P. Jarier, 2e P. Tambay. **79** P. Gaillard. **80** R. Dallest, 2e Gaillard. **81** R. Dallest. **82** P. Streiff, 2e Fabre. **83** P. Streiff, 2e P. Alliot. **84** M. Ferté, 2e P. Streiff.

Formule III. 1974 à 77 non attribué. **78** A. Prost. **79** A. Prost. **80** A. Ferté. **81** P. Streiff. **82** Petit. **83** M. Ferté. **84** O. Grouillard. **85** Raphanel.

Voitures de production. 76 J.-P. Beltoise (BMW 3.0 CSi). 77 J.-P. Beltoise (BMW 530 iUS). **78** L. Guitteny (Ford Capri). **79** D. Snobeck (Ford Capri). **80** D. Snobeck (Ford Escort RS). **81** J.-P. Malcher (BMW 530 i). **82** R. Metge. **83** A. Cudini. **84** D. Snobeck. **85** Bousquet, 2e Jarier.

Formule Renault. 68 M. Jean. **69** D. Dayan. **70** F. Lacarrau. **71** A. Cudini. **72** J. Laffite. **73** R. Arnoux. **74** D. Pironi. **75** C. Debias. **76** A. Prost. **77** J. Gouhier. **78** P. Alliot. **79** A. Ferté. **80** D. Morin. **81** P. Renault. **82** G. Lempereur. **83** J.-P. Hoursourigaray. **84** Y. Dalmas. **85** Bernard, 2e Comas.

Autres compétitions nationales : Championnat de France des rallyes, Champ. de Fr. de la montagne, Champ. de Fr. de rallycross, Champ. de Fr. des circuits, Champ. de Fr. des coéquipiers de rallyes, Coupe Renault 5 Elf, Champ. de Fr. d'autocross, Trophée des circuits Talbot-Shell, Coupe Talbot-Racing Team des rallyes, Coupe de l'avenir, Coupe Peugeot-Esso 104 ZS des rallyes, Trophée Leyland-Castrol, Trophée Opel des rallyes, Trophée Visa Citroën-Total des rallyes, Trophée Renault des rallyes, Renault Cross Elf.

Critériums nationaux

Des Circuits. De la Montagne. Des Rallyes. Féminin des Rallyes. De Formule Renault. Challenge des copilotes. *Réservés aux pilotes français possédant les licences 2e série (1 étoile), 3e (2 ét.), 4e (3 ét.).*

Les 24 Heures du Mans

Épreuve d'endurance *créée* en 1923.

Classements. *1°) général à la distance* : représentant le nombre de tours effectués avant la fin + la fraction du tour course à l'heure 24, fin de l'épreuve, cette distance étant calculée d'après la vitesse moyenne réalisée sur ce dernier tour (qui doit être terminé par le concurrent). Le maximum de temps accordé pour ce dernier tour est de 4 fois le meilleur temps aux essais. Toute voiture arrivée après ce délai est éliminée.

2°) A l'indice au rendement énergétique : calculé en fonction de la vitesse moyenne réalisée sur la distance parcourue en 24 h, du poids réel de la voiture réservoirs pleins, de la consommation réelle aux 100 km en carburant.

Classement à l'indice de performance : supprimé 1972 (voir Quid 1981).

Nombre de partants minimum 18 (1930), maximum 60 (1950-51-53-55). Maintenant fixé à 55 voitures. **Abandons maximum** 40 sur 53 (1959), sur 55 (1966), sur 57 (1952-1954). **Record de victoires** : 6 par le Belge Jacky Ickx.

Records. *Distance max.* : 5 337,724 km (Helmut Marko et Gijs Van Lennep en 1971). *Moyenne max. sur le tracé actuel* : 210,330 km/h (Holbert-Haywood-Vern Schuppan en 1983). *Du tour* : 234,818 km/h (3'28"9, Bob Wollek en 1984) ; aux essais : 249,56 km/h (3'16"56, Jacky Ickx en 1983).

Classement général

Année, constructeur, distance, pilotes, moyenne, nombre de partants et d'abandons.

1923 *Chenard et Walker* 2 209,536 km Lagache-Léonard 92,064 km/h (33 partants, 3 abandons). **24** *Bentley* 2 077,340 km J. Duff-Clément 86,555 km/h (40 p., 23 a.). **25** *La Lorraine* 2 233,982 km Courcelles-Rossignol 93,082 km/h (49 p., 33 a.). **26** *La Lorraine* 2 552,414 km Bloch-Rossignol 106,350 km/h (41 p., 28 a.). [1res tribunes ; le pilote devait effectuer seul les réparations]. **27** *Bentley* 2 369,807 km Benjafield-S.C.H. Davis 98,740 km/h (22 p., 15 a.). [Apparition de la 1re traction avant (Tracta de J.A. Grégoire) ; toutes pièces de rechange doivent être emportées à bord]. **28** *Bentley* 2 669,272 km Barnato-Rubin 111,219 km/h (33 p., 16 a.). [1re participation de constructeurs américains (Chrysler et Stutz)]. **29** *Bentley* 2 843,830 km Barnato-Hrs Birkin 118,492 km/h (25 p., 15 a.). [Circuit réduit à 16,340 km].

1930 *Bentley* 2 930,663 km Barnato-Kidston 122,111 km/h (18 p., 9 a.). [1re année où des femmes pilotent (Bugatti 1 496 cm³, Mareuse et Siko)]. **31** *Alfa Romeo* 3 017,654 km Lord Howe-Hrs Birkin 125,735 km/h (26 p., 17 a.). [Déchappage des pneus de toutes les voitures Bugatti]. **32** *Alfa Romeo* 2 954,038 km Sommer-Chinetti 123,084 km/h (25 p., 16 a.). [Circuit de 13,492 km avec la route privée de l'A.C.O.]. **33** *Alfa Romeo* 3 144,038 km Nuvolari-Sommer 131,001 km/h (29 p., 14 a.). [Nuvolari bat Chinetti de 400 m]. **34** *Alfa Romeo* 2 886,938 km Chinetti-Etancelin 120,298 km/h (44 p., 21 a.). **35** *Lagonda* 3 006,797 km Hindmarsh-Fontes 125,283 km/h (58 p., 30 a.). **36** *Annulation* (grèves en France). **37** *Bugatti* 3 287,938 km Wimille-Benoist 136,997 km/h (48 p., 31 a.). **38** *Delahaye* 3 180,940 km Chaboud-Tremoulet 132,539 km/h (41 p., 27 a.). [Chaboud et Trémoulet gagnent avec une boîte de vitesses défaillante : il ne restait que la prise directe]. **39** *Bugatti* 3 354,760 km Wimille-Veyron 139,781 km/h (42 p., 22 a.). [Prime de 1 000 F à la voiture de tête à la fin de chaque heure de course].

1949 *Ferrari* 3 178,299 km Lord Selsdon-Chinetti 132,420 km/h (49 p., 30 a.).

1950 *Talbot* 3 465,120 km Louis Rosier, J.-L. Rosier 144,380 km/h (60 p., 32 a.). [L. Rosier gagne en conduisant 3 458 km, son fils assurant 27 km (2 tours)]. **51** *Jaguar* 3 611,193 km Walker-Whitehead 150,466 km/h (60 p., 30 a.). [Levegh, conduisant seul sa Talbot depuis le départ, casse son vilebrequin à un peu plus de 2 h de la fin (il avait 4 tours d'avance)]. **52** *Mercedes Benz* 3 733,800 km Lang-Riess 155,575 km/h (57 p., 40 a.). **53** *Jaguar* 4 088,064 km Rolt-Hamilton 170,336 km/h (60 p., 34 a.). [1ers freins à disques sur les Jaguar qui, grâce à eux, gagnent la course]. **54** *Ferrari* 4 061,150 km Gonzalès-Trintignant 169,215 km/h (57 p., 40 a.). [Battent Hamilton de 90"]. **55** *Jaguar* 4 135,380 km Hawthorn-Bueb 172,308 km/h (60 p., 39 a.). [3 Mercedes munies de freins aérodynamiques. Hawthorn (Jaguar) double Macklin (Austin Healey), Malcolm gêné freine, se déporte, Levegh (Mercedes) l'accroche, s'envole et se retourne sur le talus. L'avant-train explose, la voiture prend feu. Levegh est tué ainsi que 82 spectateurs. Il y a des centaines de blessés. La course continue (pour éviter toute panique du public). Les Mercedes se retirent de la course à la fin de la 9e heure en signe de deuil.] **56** *Jaguar* 4 034,929 km Flockhart-Sanderson 168,122 km/h (52 p., 39 a.). **57** *Jaguar* 4 397,108 km Flockhart-Bueb 183,217 km/h (54 p., 34 a.). [Record du tour à 203,015 km/h]. **58** *Ferrari* 4 101,926 km P. Hill-Gendebien 170,914 km/h (55 p., 35 a.). **59** *Aston Martin* 4 347,900 km Salvadori-Shelby 181-163 km/h (53 p., 40 a.).

1960 *Ferrari* 4 217,527 km Frère-Gendebien 175,730 km/h (55 p., 35 a.). **61** *Ferrari* 4 475,580 km Gendebien-P. Hill 186,527 km/h (55 p., 33 a.). **62** *Ferrari* 4 461,225 km Gendebien-P. Hill 185,469 km/h (55 p., 37 a.). [Dernière victoire d'une voiture à moteur avant. Admission de voitures expérimentales dites « prototypes »]. **63** *Ferrari* 4 561,170 km Scarfiotti-Bandini 190,071 km/h (49 p., 36 a.). [1re participation d'une voiture à turbine (Rover) (moy. : 173 km/h)]. **64** *Ferrari* 4 695,310 km Guichet-Vaccarella 195,638 km/h (55 p., 30 a.). **65** *Ferrari* 4 677,11 km Gregory-Rindt 194,880 km/h (51 p., 37 a.). [Défaite de toutes les voit. d'usine]. **66** *Ford* 4 843,090 km Amon-McLaren 201,196 km/h (55 p., 40 a.). **67** *Ford* 5 232,900 km D. Gurney-A.J. Foyt 218,038 km/h (54 p., 38 a.). **68** *Ford* 4 452,880 km P. Rodriguez-L. Bianchi 185,536 km/h (54 p., 36 a.). [Disputée en septembre. Aménagement du Virage Ford qui modifie un peu la distance, 13,469 km au tour]. **69** *Ford* 4 998,00 km J. Ickx-J. Oliver 208,250 km/h (45 p., 31 a.). [Après 3 h de lutte roue dans roue, la Ford de Ickx-Oliver bat la Porsche de Hermann-Larousse d'un souffle].

1970 *Porsche* 4 607,810 km Attwood-Herrmann 191,992 km/h (51 p., 35 a.). 2e Larousse-Kauhsen (Porsche) 189,248 km/h. 3e Lins-Marko (Porsche) 187,616 km/h. [Nouveau type de départ : pilotes à bord des véhicules, moteurs arrêtés ; presque tout le parcours fermé par des glissières de sécurité]. 71 *Porsche* 5 335,313 km H. Marko-G. Van Lennep 222,304 km/h (55 p., 35 a.). 2e H. Muller-R. Attwood (Porsche) 221,181 km/h. 3e S. Posey-T. Adamowickz (Ferrari) 205,087 km/h. [Record du tour à 243,905 km/h (départ lancé style Indianapolis)]. 72 *Matra-Simca* 4 691,343 km H. Pescarolo-G. Hill 195,472 km/h. 2e Cevert-Ganley (Matra-Simca) 4 554,933 km. 3e Jost-Weber (Porsche) 4 428,904 km. [Nouveau tracé de Maison Blanche. Tour : 13,640 km]. 73 *Matra-Simca* 4 853,945 km Pescarolo-Larousse 202,747 km/h. 2e Merzario-Pace (Ferrari) à 6 tours. 3e Jabouille-Jaussaud (Matra) à 24 tours. [Record du tour de 13,640 km en 3 h 39' 6" à 223,607 km/h par François Cevert (Matra Simca 670 B)]. 74 *Matra-Simca* 4 606,571 km Pescarolo-Larrousse 191,940 km/h (49 p., 19 a.). 2e Muller-Van Lennep (Turbo-Porsche) à 6 tours. 3e Jabouille-Migault (Matra-Simca) à 13 tours. 75 *Gulf-Mirage Ford* 4 597,577 km Ickx-Bell 191,482 km/h. 2e Chasseuil-Lafosse (Ligier-Ford) à 1 tour. 3e Jaussaud-Schuppan (Gulf Mirage-Ford) à 6 tours. [Admission des voitures Grand Tourisme de Série et des G.T. type Le Mans. Les voitures doivent effectuer 20 tours sans se ravitailler]. 76 *Porsche 936 turbo* 4 769,923 km Ickx-Van Lennep 198,746 km/h. 2e Lafosse-Migault (Mirage-Ford-Cosworth) à 11 tours. 3e De Cadenet-Craft (Lola-Ford) à 12 tours. [Catégories : course biplace, Productions Spéciales, Grand Tourisme, IMSA, NASCAR. Apparition de 2 nouvelles cat. type Le Mans : Grand Tourisme de Production et G.T. Prototypes, sans limitation de cylindrée]. 77 *Porsche 936 turbo* 4 671,630 km Barth-Haywood-Ickx 194,651 km/h. 2e Jarier-Schuppan (Mirage-Renault turbo) à 11 tours. 3e Ballot-Lena-Gregg (Porsche 935 turbo) à 27 tours (1er G.5). [Nouveau record du tour par Ickx à 226,494 km/h]. 78 *Renault Alpine A 442 B* 5 044,430 km Jaussaud-Pironi 210,188 km/h. 2e Wollek-Barth-Ickx (Porsche 936) à 5 tours. 3e Haywood-Gregg-Joest (Porsche 936) à 5 tours. [Nouveau record du tour par Jabouille à 228,923 km/h]. 79 *Porsche 935* 4 173,93 km Ludwig-Whittington 173,913 km/h. 2e Stommelen-Barbour-Newman (Porsche 935) à 7 tours. 3e Ferrier-Servanin (Porsche 935) à 14 tours.

1980 *Rondeau Cosworth* 4 608 km J.-P. Jaussaud, 2e pilote Jean Rondeau, 192 km/h (1er pilote constructeur à gagner dep. 1923). 2e Joest-Ickx (Porsche 908/80). 3e A. de Cadenet-F. Migault (de Cadenet). 81 *Porsche 936 turbo* 4 825 km J. Ickx. 2e pilote D. Bell 201 km/h. 2e Haran-Schlesser-Streiff (Rondeau). 3e Spice-Migault (Rondeau). [Course endeuillée par la mort d'un commissaire de l'ACO et du coureur Jean-Louis Lafosse]. 82 *Porsche 956* 4 899,686 km J. Ickx, D. Bell (204,129 km/h), nouveau record. 2e Mass-Schuppan (Porsche 956). 3e Haywood-Holbert-Barth (Porsche 956). 83 *Porsche 956* 5 047, 934 km Holbert Haywood-Vern Schuppan (210,330 km/h), 2e Ickx-Bell (Porsche 956). 3e Andretti-Alliot (Porsche 956). 84 *Porsche 956* 4 900, 276 km Pescarolo-Ludwig. 2e Rondeau-J. Paul Jr (Porsche 956). 3e Hobbs-Streiff-Van der Merwe (Porsche 956). 85 *Porsche 956* 5 088,507 km Ludwig-Barilla-Winter (212,021 km/h). 2e Palmer-Weaver (Porsche 956 Canon). 3e Bell-Struck (Porsche 962 Rothmans). 86 *Porsche 962* 4 972,730 km Bell-Stück-Hobert (207,197 km/h), 2e Gouhier-Larrauri-Pareja (Porsche 962), 3e Follmer-Morton-Miller (Porsche 956).

Classement à l'indice de rendement énergétique

1959 D.B. (Consten-Armagnac). **1960** Lotus (Wagstaff-Marsh). **61** Sunbeam (Harper-Procter). **62** Lotus (Hobbs-Gardner). **63** René Bonnet (Beltoise-Bobrowski). **64** Alpine (Delageneste-Morrogh). **65** Porsche (Koch-Fischhaber). **66** Alpine Renault (Cheinisse-Delageneste). **67** Ford (Gurney-Foyt). **68** Alpine Renault (Thérier-Tramont). **69** Ford G.T. 40 (Ickx-Oliver). **1970** Porsche 917 (Larrousse-Kaushen). **71** Ferrari (Chinetti-Grossmann). **72** Ferrari (Andruet-Ballo Léna). **73** Porsche-Carrera (Keller-Kremer-Schickentanz). **74** Ferrari (Grandet-Bardini). **75** Supprimé. **76** Supprimé. **77** Chevron B 36 (Pignard-Henry-Dufrenne). **78** Porsche 936 (Wollek-Barth-Ickx). **79** Rondeau ITT Océanic NN 379 (Pescarolo-Beltoise). **1980** Rondeau ITT Océanic (J.P. Jaussaud-Rondeau). **81** Rondeau M. 379 (Haran-Schlesser-Streiff).

☞ **La Targa-Florio** (Sicile 1906-1973), les **Mille Miglia** (Brescia-Rome-Brescia 1927-57) ne sont plus courues (v. Quid 1981, p. 1599).

Épreuves américaines

• **500 miles d'Indianapolis.** Indiana (U.S.A.). **Créée** 1911. *Longueur* : 804 km sur 200 tours. **Moteurs admis** : de 2 650 cm³, suralimentés, avec arbre à cames en tête, à 5 250 cm³ non suralimenté, sans arbre à cames en tête. Une voiture consomme 100 l aux 100 km d'un mélange spécial. Sur 52 courses (jusqu'en 1968), il y eut 58 coureurs tués. **Record** de la piste (établi sur 4 tours chronométrés) : 325,338 km/h (Tom Sneva en 1972) ; de la course : 263,308 km/h (3 h 3'21", Rick Mears le 26-5-1984) ; du tour ; en course : 344,170 km/h (Scott Brayton, le 24-5-1985), de qualification : 344,882 km/h (Teo Fabi en 1983). Le total des primes a atteint en 1984, 27 000 000 F. Le vainqueur 1984, Rick Mears, a gagné 4 000 000 F.

Palmarès 80 J. Rutherford (Chapparal-Cosworth). **81** B. Unser (Penske-Cosworth). **82** G. Johncock (Wildcat-Cosworth). **83** T. Sneva (March-Cosworth). **84** R. Mears (id.). **85** D. Sullivan (id.). **86** B. Rahal (id.).

• **CANAM** (Challenge Canada-Amérique). *80* Tambay (Lola). *81* Brabham (Lola et VDS). *82* Al Unser Jr (Frisbee-Chevrolet). *83* J. Villeneuve (Frisbee-Chevrolet).

• **24 heures de Daytona. 86** Al Holbert, Al Unser et Derek Bell (E.-U.) (Porsche 962) ont parcouru 4 079 km (moy. 240,750 km/h).

Nota. — Voir Quid 1982 p. 1715 palmarès antérieur.

Rallyes

• **Championnat du monde des rallyes.** Ouvert aux voitures des groupes A, B, N. Longueur des épreuves : minimum de 2 000 km, dont au moins 1 000 km de parcours de liaison. 2 titres sont attribués en fin de saison : *Championnat du monde des rallyes pilotes.* Attribution des points : 20, 15, 12, 10, 8, 6, 4, 3, 2, et 1 pts respectivement aux 10 premiers pilotes classés.

• **Championnat du monde des rallyes constructeurs.** Attribution des points : 10, 9, 8, 7, 6, 5, 4, 3, 2 et 1 pts respectivement aux 10 premières marques (au cas où une même marque aurait plusieurs voitures classées dans les 10 premières, seule la mieux placée marque des points), auxquels s'ajoutent 8, 7, 6, 5, 4, 3, 2 et 1 pts aux 10 premières voitures de chaque groupe à condition qu'elles figurent parmi les 10 premières du classement général.

• **Épreuves qualificatives en 1986.** R. Monte-Carlo, R. de Suède (championnat pilotes uniquement), R. du Portugal, Safari Rallye (Kenya), Tour de Corse, R. Acropole (Grèce), R. de N.-Zélande, R. d'Argentine, R. des 1 000 lacs (Finlande), R. San Remo (Italie), R.A.C. Rallye (G.-B.).

• **Champions du monde (marques). 1968** Ford G.-B., 2e Saab. **69** Ford Europe, 2e Porsche. **70** Porsche, 2e Alpine. **71** Alpine-Renault, 2e Saab. **72** Lancia, 2e Fiat. **73** Alpine, 2e Fiat. **74** Lancia, 2e Fiat. **75** Lancia, 2e Fiat. **76** Lancia, 2e Opel. **77** Fiat, 2e Ford. **78** Fiat, 2e Ford. **79** Ford, 2e Datsun. **80** Fiat, 2e Ford. **81** Talbot, 2e Datsun. **82** Audi, 2e Opel. **83** Lancia, 2e Audi. **84** Audi, 2e Lancia. **85** Peugeot, 2e Audi.

• **Coupe F.I.A. des conducteurs de rallyes. 1977** Mussari (It.). **78** Alen (Fin.). (Remplacée en 79 par le Ch. du monde des cond. de rallyes.)

• **Championnat du monde des conducteurs de rallyes. 1979** Waldegaard (Fin.), 2e Mikkola (Fin.). **80** Röhrl (All. féd.), 2e Mikkola (Fin.). **81** Vatanen (Fin.), 2e Fréquelin (Fr.). **82** Röhrl (All. féd.), 2e Mouton (Fr.). **83** Mikkola (Fin.), 2e Röhrl (All. féd.). **84** S. Blomqvist (Suè.), 2e H. Mikkola (Fin.). **85** T. Salonen (Fin.), 2e S. Blomqvist (Suè.).

Palmarès des pilotes par victoires (de 1970 au 1-4-1984). Hannu Mikkola 17. Waldegaard 15. Röhrl 13. Alen 12. Blomqvist 10. Munari 8. Darniche et Thérier 7. Vatanen, Nicolas, Andersson et Mehta 5. Michèle Mouton et Makinen 4. Salonen et Andruet 3. Ragnotti et Kallstrom, Singh, Clark, Hermann, Warmbold et Lindbergh 2. Fréquelin, Deschazeaux, Pinto, Boyce, Henderson, Ballestrieri, Eklund, Toivonen, Bacchelli, Kullang, Hamalainen, Tony Fassina et Lampinen 1.

Nota. — Michèle Mouton (Fr.) est la seule femme à avoir remporté un rallye de championnat du monde (San Remo 1981, r. du Portugal, r. Acropole, et r. du Brésil 1982).

Palmarès des marques par victoires (depuis 1970). Lancia 26. Ford 22. Fiat 21. Audi 14. Alpine 12. Datsun 10. Saab 7. Porsche et Peugeot 5. Opel, Toyota et Renault 3. Mitsubishi, Mercedes et Talbot 2. BMW, Citroën et Jeep 1.

• **Rallye de Monte-Carlo.** *Créé* en 1911. Comprend 3 parties : parcours de concentration, parcours de classement (1re sélection réelle), parcours commun, puis, pour les 60 équipages les mieux classés, le parcours final. Records. *De victoires* : 4 (Jean Trévaux, Sandro Munari) ; *de victoires consécutives* : 3 (Sandro Munari, 1975 à 1977). **60** Schock-Moll (Mercedes). **61** Martin-Bateau (Panhard). **62** Carlsson-Haggbom (Saab). **63** Carlsson-Palm (Saab). **64** Hopkirk-Liddon (B.M.C.-Cooper). **65** Makinen, Easter (B.M.C.-Cooper). **66** Toivonen-Mikander (Citroën). **67** Aaltonen, Liddon (B.M.C.-Cooper). **68** Elford-Stone (Porsche 911). **69** Waldegaard-Helmer (Porsche 911 S. 2,2 l). **70** Waldegaard-Helmer (Porsche 911 S. 2,2 l). **71** Andersson Stone (Alpine-Renault 1 600). **72** Munari-Mannucci (Lancia Fulvia 1 600 HF). **73** Andruet-Biche (Alpine-Renault). **74** Annulé (crise du pétrole). **75** Munari-Mannucci (Lancia-Stratos). **76** Munari-Maiga (Lancia-Stratos). **77** Munari-Maiga (Lancia-Stratos). **78** Nicolas-Laverne (Porsche Carrera). **79** Darniche-Mahé (Lancia-Stratos). **80** Röhrl-Geisdorfer (Fiat 131 Abarth). **81** Ragnotti-Andrié (Renault 5 Turbo). **82** Röhrl-Geistdorfer (Opel Ascona). **83** Röhrl-Geistdorfer (Lancia Abarth Rally). **84** Röhrl-Geistdorfer (Audi-Quattro). **85** Vatanen-Haaryman (Peugeot 205). **86** Toivonen-Cresto (Lancia-Delta), 2e Salonen-Harjanne (Peugeot 205), 3e Mikkola-Hertz (Audi Quattro).

• **Rallye Acropole. 68** Clark-Porter (Ford Escort TC). **69** Toivonen-Kolari (Porsche 911 S). **70** Thérier-Callewaert (Alpine R 1 600). **71** Andersson-Hertz (Alpine R 1 600). **72** Lindberg-Eisendle (Fiat 124 Abarth). **73** Thérier-Delferrier (Alpine R 1 800). **74** non disputé. **75** Röhrl-Berger (Opel Ascona). **76** Karlstrom-Andersson (Datsun Violet TC). **77** Waldegaard-Thorszelius (Ford Escort). **78** Röhrl-Geistdorfer (Fiat 131 Abarth). **79** Waldegaard-Thorszelius (Ford Escort). **80** Vatanen-Richards (Ford Escort). **81** Vatanen-Richards (Ford Escort). **82** Mouton-Pons (Audi-Quattro). **83** Röhrl (Lancia). **84** Blomqvist-Cederberg (Audi-Quattro). **85** Salonen-Harjanne (Peugeot 205). **86** Kankkunen-Piironen (Peugeot 205), 2e Blasion-Siviero (Lancia-Delta), 3e Saby-Fauchille (Peugeot 205).

• **Rallye du Brésil. 79** Alen-Kivimaki (Fiat 131 Abarth). **80** Hees-Andre (Fiat 147 Alcool). **81** Vatanen-Richards (Ford Escort RS). **82** Mouton-Pons (Audi-Quattro), 2e Röhrl-Geistdorfer (Opel Ascona 400), 3e De Vitta-Muzio (Ford Escort RS). **Dep. 83,** non disputé.

• **Rallye d'Argentine. 80** Röhrl-Geistdorfer (Fiat 131 Abarth). **81** Fréquelin-Todt (Talbot Sunbeam). **83** Nicolas Mikkola-Hertz (Audi-Quattro). **84** S. Blomqvist-B. Cederberg (Audi-Quattro), 2e H. Mikkola-Hertz (Audi Quattro), 3e Recalde-Del Bueno (Audi Quattro). **85** Salonen-Harjanne (Peugeot 205), 2e Wiedner-Zchetner (Audi-Quattro), 3e Reutemann-Fauchille (Peugeot 205).

• **Rallye Côte-d'Ivoire (ex. Bandama). 71** Neyret-Terramorsi (Peugeot 504). **73** Hermann-Schuller (Datsun 180 B). **74** Makinen-Liddon (Peugeot 504). **75** Consten-Flocon (Peugeot 504). **76** Makinen-Liddon (Peugeot 504 Coupé V6). **77** Cowan-Syer (Mitsubishi Lancer). **78** Nicolas-Gamet (Peugeot 504 Coupé V6). **79** Mikkola-Hertz (Mercedes 5.0 SLC). **80** Waldegaard-Thorszelius (Mercedes 5.0 SLC). **81** Salonen-Harjanne (Datsun 160). **82** Röhrl-Geistdorfer (Opel Ascona 400). **83** Waldegaard-Thorszelius (Toyota Celica Turbo). **84** Blomqvist-Cederberg (Audi-Quattro). **85** Kankkunen-Gallagher (Toyota), 2e Waldegaard-Thorszelius (Toyota), 3e Ambrosino-Le Saux (Nissan).

• **Rallye des 1 000 lacs (Finlande). 68, 69, 70** Mikkola-Palm (Ford Escort TC). **71** Blomqvist-Hertz (Saab V4). **72** Lampinen-Sohlberg (Saab V4). **73** Makinen-Liddon (Ford Escort RS). **74** Mikkola-Davenport (Ford Escort RS). **75** Mikkola-Aho (Toyota Corolla). **76** Alen-Kivimaki (Fiat 131 Abarth). **77** Hamalainen-Tiukkanen (Ford Escort RS). **78, 79, 80** Alen-Kivimaki (Fiat 131 Abarth). **81** Vatanen-Richards (Ford Escort RS). **82** Mikkola-Hertz (Audi-Quattro Turbo). **83** Mikkola-Hertz (Audi-Quattro). **84** A. Vatanen (205 Peugeot). **85** Salonen-Harjanne (Peugeot 205), 2e Blomqvist-Cederberg (Audi-Quattro), 3e Alen-Kivimaki (Lancia).

• **Rallye de Nouvelle-Zélande. 84** Blomqvist-Cederberg (Audi-Quattro), 2e Mikkola-Hertz (Audi-Quattro), 3e Recalde-Del Bueno (Audi-Quattro). **85** Salonen-Harjanne (Peugeot 205), 2e Vatanen-Harryman (Peugeot 205), 3e Röhrl-Geistdorfer (Audi Quattro)

86 Alen-Kivimaki (Lancia), 2ᵉ Kankkunen-Piironen (Peugeot), 3ᵉ Biasion-Siveiro (Lancia).

• **Rallye du Portugal.** 68 Fall-Crellin (Lancia Fulvia 1 300). 69 Romaozinho-Jocames (Citroën DS 21). 70 Lampinen-Davenport (Lancia Fulvia 1 600). 71 Nicolas-Todt (Alpine R 1 600). 72 Warmbold-Davenport (BMW 2 002 TI). 73 Thérier-Jaubert (Alpine R 1 800). 74 Pinto-Bernacchini (Fiat 124 Abarth). 75 Alen-Kivimaki (Fiat 124 Abarth). 76 Munari-Maiga (Lancia Stratos). 77, 78 Alen-Kivimaki (Fiat 131 Abarth). 79 Mikkola-Hertz (Ford Escort). 80 Röhrl-Geistdorfer (Fiat 131 Abarth). 81 Alen-Kivimaki (Fiat 131 Abarth). 82 Mouton-Arii (Audi Quattro). 83 Mikkola-Hertz (Audi-Quattro). 84 Mikkola-Hertz (Audi-Quattro). 85 Salonen-Harjanne (205 Peugeot). 86 Moutinho-Fortes (Renault 5), 2ᵉ Bica-Junior (Lancia), 3ᵉ Del Zoppo-Roggia (Fiat).

• **Rallye San Remo.** 68 Toivonen-Tiukkannen (Porsche 911 T). 69 Kallstrom-Haggbom (Lancia Fulvia 1 300 HF). 70 Thérier-Callewaert (Alpine Renault). 71 Andersson-Nash (Alpine Renault). 72 Ballestrieri-Bernacchini (Lancia Fulvia HF). 73 Thérier-Jaubert (Alpine Renault). 74 Munari-Mannucci (Lancia Stratos). 75, 76 Waldegaard-Thorszelius (Lancia Stratos). 77 Andruet-Delferrier (Fiat 131 Abarth). 78 Alen-Kivimaki (Lancia Stratos). 79 « Tony »-Mannini (Lancia Stratos). 80 Röhrl-Geistdorfer (Fiat 131 Abarth). 81 Mouton-Pons (Audi-Quattro). 82 Blomqvist-Cederberg (Audi-Quattro Turbo). 83 Alen-Kivimaki (Lancia Rally). 84 Vatanen-Harryman (205 Peugeot). 85 Röhrl-Geistdorfer (Audi-Quattro), 2ᵉ Salonen-Harjanne (Peugeot 205), 3ᵉ Toivonen-Piirinen (Lancia).

• **Rallye de Suède.** 68, 69, 70 Waldegaard-Helmer (Porsche 911 S). 71 Blomqvist-Hertz (Saab 96 V4). 72, 73 Blomqvist-Hertz (Saab 96 V4). 74 non disputé. 75 Waldegaard-Thorszelius (Lancia Stratos). 76 Eklund-Cederberg (Saab 96 V4). 77 Blomqvist-Sylvan (Saab 99). 78 Waldegaard-Thorszelius (Ford Escort RS). 79 Blomqvist-Cederberg (Saab 99 Turbo). 80 Kullang-Berglund (Opel Ascona 400). 81 Mikkola-Hertz (Audi-Quattro). 82 Blomqvist-Cederberg (Audi Quattro). 83 Mikkola-Hertz (Audi-Quattro), 2ᵉ Blomqvist-Cederberg (id.), 3ᵉ Lampi-Kuukkala (id.). 84 Blomqvist-Cederberg (Audi-Quattro). 85 Vatanen-Harryman (Peugeot 205). 86 Kankkunen-Piironen (Peugeot 205), 2ᵉ Alen-Kivimaki (Lancia Delta), 3ᵉ Grundel-Melander (Ford).

• **Safari Rallye.** 1963 Nowicki-Cliff (Peugeot 404). 64 Hugues-Young (Ford Cortina GT). 65 Singh-Singh (Volvo PV 544). 66, 67 Shankland-Rothwell (Peugeot 404). 68 Nowicki-Cliff (Peugeot 404). 69 Hillyar-Aird (Ford 20 M). 70 Herrmann-Schuller (Datsun 1 600). 71 Herrmann-Schuller (Datsun 240 Z). 72 Mikkola-Palm (Ford Escort). 73 Mehta-Drews (Datsun 240 Z). 74 J. Singh-Doig (Mitsubishi-Colt). 75 Andersson-Hertz (Peugeot 504). 76 J. Singh-Doig (Mitsubishi Colt). 77 Waldegaard-Thorszelius (Ford Escort). 78 Nicolas-Lefebvre (Peugeot 504). 79 Metha-Doughty (Datsun). 80 Metha-Doughty (Datsun 160 J). 81 Metha-Doughty (Datsun Violet). 82 Metha-Doughty (Datsun 160 J). 83 Vatanen-Harryman (Opel Ascona 400), 2ᵉ Mikkola-Hertz (Audi-Quattro), 3ᵉ Mouton-Pons (Audi-Quattro). 84 Waldegaard-Thorszelius (Toyota Celica Turbo). 85 Kankkunen-Gallagher (Toyota). 86 Waldegaard-Gallagher (Toyota Celica Turbo), 2ᵉ Thorp-Thorszelius (Toyota Celica Turbo), 3ᵉ Alen-Kivimaki (Lancia).

• **RAC Rallye de Grande-Bretagne.** 1968 Lampinen-Davenport (Saab). 69,70 Kallstrom-Haggbom (Lancia Fulvia). 71 Blomqvist-Hertz (Saab). 72 R. Clark-Mason (Ford Escort). 73, 74, 75 Makinen-Liddon (Ford Escort). 76 R. Clarg-Pegg (Ford Escort). 77 Waldegaard-Thorszelius (Ford Escort). 78 Mikkola-Hertz (Ford Escort). 79 Mikkola-Hertz (Ford RS 1800). 80 Toivonen-White (Talbot Lotus). 81, 82 Mikkola-Hertz (Audi-Quattro). 83 Blomqvist-Cederberg (Audi-Quattro). 84 Vatanen-Harryman (205 Peugeot). 85 Toivonen-Wilson (Lancia), 2ᵉ Alen-Kivimaki (Lancia), 3ᵉ Pond-Arthur (Austin).

• **Tour de Corse.** 1970 Darniche-Demange (Alpine Renault). 71 non disputé. 72 Andruet-« Biche » (Alpine Renault). 73 Nicolas-Vial (Alpine Renault). 74 Andruet-« Biche » (Lancia Stratos). 75 Darniche-Mahé (Lancia Stratos). 76 Munari-Maiga (Lancia Stratos). 77, 78 Darniche-Mahé (Fiat 131 Abarth). 79 Darniche-Mahé (Lancia Stratos). 80 Thérier-Vial (Porsche 911 SC). 81 Darniche-Mahé (Lancia Stratos). 82 Ragnotti-Andrié (Renault 5 Turbo). 83 Alen-Kivimaki (Lancia). 84 Alen-Kivimaki (Lancia). 85 Ragnotti-Thimonier (Renault 5). 86 Saby-Fauchille (Peugeot 205), 2ᵉ Chatriot-Périn (Renault 5 Turbo), 3ᵉ Loubet-Andrié (Alfa-Roméo).

• **Championnat d'Europe des rallyes pour conducteurs.** 1971 Zasada. 72 Raffaele Pinto. 73 Sandro Munari. 74 Walter Röhrl. 75 Maurizio Verini. 76, 77 Darniche. 78 Carello. 79 Kleint. 80 Zanini. 81 Vudafieri. 82 T. Fassina. 83 Biasion. 84 C. Capone. 85 D. Cerrato.

• **Tour de France.** *Créé* en 1889. *Palmarès depuis 1951.* Le Tour n'a pas été organisé en 1955, 1965, 1966, 1967 et 1968.

1951 Pagnibon-Barraquet (Ferrari). **52** Gignoux-Gignoux (id.). **53** Peron-Bertramier (Osca). **54** Pollet-Gauthier (Gordini). **56** De Portago-Nelson (Ferrari). **57, 58, 59** Gendebien-Bianchi (Ferrari). **60, 61** Mairesse-Berger (Ferrari). **62** Simon-Dupeyron (id.). **63** Guichet-Behra (id.). **64** L. Bianchi-Berger (id.). **69** Larrousse-Gelin (Porsche 911-R). **70** Beltoise-Todt (Matra-Simca 650). **71** Larrousse-Rives (Matra-Simca). **72** Andruet-« Biche » (Ferrari). **73** Munari-Mannucci (Lancia Stratos). **74** Larrousse-Nicolas-Rives (Ligier). **75** Darniche-Mahé (Lancia Stratos). **76** Henry-Grobot (Porsche Carrera). **77** Darniche-Mahé (Lancia Stratos). **78** Mouton-Conconi (Fiat 131 Abarth). **79, 80** Darniche-Mahé (Lancia Stratos). **81** Ragnotti-Andrié (Renault 5 Turbo). **82** Andruet-Bouchetal (Ferrari 308 GTB). **83** Fréquelin-Fauchille (Opel Manta 400). **84** Ragnotti-Thimonier (Renault 5). **85** Ragnotti-Thimonier (Renault 5), 2ᵉ Beguin-Tilber (Porsche), 3ᵉ Chomat-Breton (Lancia).

Courses de côtes

Championnat d'Europe de la montagne. *Créé* 1957. Réservé aux voitures des groupes 1 à 6. Parcours d'au moins 5 km, dénivellation minimale entre le départ et l'arrivée est de 350 m.

Raids

Raid Alger-Le Cap. En 1970, la Renault 12 de Bernard et Claude Marreau et d'Yves Garin, partie du Cap le 5-12 à 14 h, arrivait à Alger le 15-12 à 21 h 14' après 15 745 km de route à 63,170 km/h de moyenne (battant le record de 62,800 km/h détenu dep. 1958 par le colonel Henri Debrus, le commandant Robert Monnier et le lieutenant Robert Clausse).

Principaux raids. 1893 *Panhard Levassor :* Hippolyte Panhard (23 ans), d'Ivry à Nice. **1907** *Pékin-Paris :* départ le 10-6. engagés Pᶜᵉ Borghèse (Itala), Charles Godard (Spyker), Georges Cornier (De Dion-Bouton), Victor Vollignon (De Dion-Bouton), Auguste Pons (Tricar Contal). **1908** *New York-Paris :* traverse U.S.A. (New York-San Francisco), Alaska, Sibérie, puis route Paris-Pékin (l'hiver en Alaska détourna la route par le Japon et Vladivostok), 6 équipages, départ le 12-2-1908 devant 25 000 personnes, 38 820 km à couvrir. **1920** *traversée du Sahara :* victoire de Fiat. 28 jours, Alger Tamanrasset, 3 000 km, colonne de 70 h. **1920** *expédition Wanderwell :* 43 pays, 4 continents visités en 7 ans, arrivée à Paris d'Aloha Wanderwell le 5 août 1929. **1926** *1ᵉʳ tour du monde à moto :* Robert Sexé et Henry Andrieux, 25 000 km. **1927** *raid en Rolland Pilain :* Paris-Saigon par G. Duverne. **1927** *raid du Ct Loiseau :* en Bugatti. **1920** *traversée du Sahara :* 17-12-1920, 6-3-1923. **1924-25** *croisière noire :* v. index. **1931-32** *croisière jaune :* v. index. **1934** *croisière blanche :* traversée du Canada, 2 000 km.

Paris-Dakar. *Créé* 1979. Distance 12 000 km. **79** *toutes catégories confondues :* Neveu (Yamaha 500 XT), 2ᵉ Comte (Yamaha), 3ᵉ Vassard (Honda), 4ᵉ Genestier (Range Rover), 5ᵉ Marreau (R4 Sinpar). **80** *moto* Neveu (Yamaha 500 XT) ; *auto :* Kotulinsky-Luffelman (VW Iltis) ; *camion :* Atouat-Boukrif-Kaoula (Sonacome). **81** *moto :* Auriol (BMW GS 800) ; *auto :* Metge-Giroux (Range Rover) ; *camion :* Villeste-Gabrelle-Voillereau (ALM Acmar). **82** *moto :* Neveu (Honda 550 XR) ; *auto :* Marreau B.-Marreau C. (Renault 20 Turbo) ; *camion :* Groine-de-Saulieu-Malferiol (Mercedes-Benz U 1700 L). **83** *moto :* Auriol (BMW) ; *auto :* Ickx-Brasseur (Mercedes) ; *camion :* Groine-de Saulieu-Malfériol (Mercedes 1936 AK). **84** *moto :* Rahier (BMW) ; *auto :* Metge-Lemoyne (Porsche 911) ; *camion :* Lalleu-Durce (Mercedes). **85** *moto :* Rahier (BMW), *auto :* Zaniroli-Da Silva (Mitsubishi) ; *camion :* Capito-Capito (Mercedes). **86** *moto :* Neveu (Honda) ; *auto* Metge-Lemoyne (Porsche 959) ; *camion :* Vismara-Minelli (Mercedes).

Écoles de pilotage françaises

Renault-Elf, Circuit Paul Ricard, route nationale nº 8, 83330 Le-Beausset. **Winfield,** Circuit Magny-Cours, 1, rue de Nièvre, 58470 Magny-Cours. **Le Mans,** Circuit Bugatti, A.C.O., Cedex 19 72040, Le Mans Cedex. **Montlhéry-Linas** A.G.A.C.I. 212, boulevard Péreire, 75017 Paris. **Nogaro,** A.S.A. Armagnac-Bigorre, B.P. 24, place de l'Église, 32110 Nogaro. **Vetraz-Monthoux,** 74100 Annemasse. **La Châtre,** École de pilotage F. III, 36400 La Châtre. **Crédit mutuel Croix-en-Ternois,** B.P. 2, 62130 St-Pol-sur-Ternoise.

Quelques noms

Pilotes Circuit

Nom, prénom, nationalité, date de naissance et éventuellement de décès.

Alboreto Michele (It.) 23-12-56. Alliot Philippe (Fr.) 27-7-54. Amon Chris (N.-Zél.) 20-7-43. Andretti Mario (U.S.A.) 28-2-40. De Angelis Elio (It.) 1958-86. Arnoux René (Fr.) 4-7-48. Ascari Alberto (It.) 1918-65 (tué aux essais). Attwood Richard (G.-B.) 4-4-40.

Baldi Mauro (It.) 31-1-54. Beaumont Marie-Claude (Charmasson) (Fr.) 17-9-41. Behra Jean (Fr.) 1921-59. Bell Derek (G.-B.) 31-10-1941. Bellof Stefan (All.) 1958-85. Beltoise Jean-Pierre (Fr.) 26-4-37. Benoist Robert (Fr.) 1895-1944. Bianchi Lucien (Belg.) † 1969. Boesel Raul (Br.) 4-12-57. Boillot Georges (Fr.) 1885-1916. Bonnier Joachim (Suède) 1930/6-11-72 (Le Mans). Borgudd Slim (Suède) 25-11-46. Boutsen Thierry (Belg.) 13-7-57. Brabham Geoff (Austr.) 20-5-52. Brabham Jack (Austr.) 2-4-25. Brambilla Vittorio (It.) 11-11-37. Brooks Tony (G.-B.). Brundle Martin (G.-B.).

Campari Guiseppe (It.) 1892-1933. Caracciola Rudolf (All. féd.) 1901-59. Ceccotto Johnny (It.) 25-1-56. De Cesaris Andrea (It.) 31-5-59. Cevert François (Fr.) 6-1944/10-73 à Watkins Glen. Cheever Eddie (U.S.A.) 10-1-57. Chinetti Luigi (It.). Chiron Louis (Monaco) 1899-1979. Clark Jim (Écosse) 4-4-36/7-4-68, Trophée d'Allemagne. Collins Peter (G.-B.) 1931/3-8-58, Grand Prix d'Allemagne. Courage Piers (G.-B.) 1944/70 à Zandvoord.

Daly Derek (G.-B.) 11-3-53. Depailler Patrick (Fr.) 9-8-1944/1-8-80 à Hockenheim. Donohue Mark (U.S.A.) 18-3-37/20-8-75. Dreyfus René (Fr.) 1905.

Elford Vic (G.-B.) 10-6-1935. Etancelin Philippe (Fr.) 1894-1981.

Fabi Teo (It.). Fabi Corrado (It.) 12-4-61. Fangio Juan Manuel (Arg.) 24-6-11. Farina Giuseppe (dit Nino) (It.) 1906-66. Ferte Alain (Fr.) 8-10-55. Ferté Michel (Fr.). Fittipaldi Emerson (Brésil) 12-12-1946. Fittipaldi Wilson (Brésil) 25-12-1943. Foyt Anth. Joseph (U.S.A.) 1935. Frère Paul (Belg.) 1917.

Gabbiani Beppe (It.) 2-1-57. Gabelitch Gary (U.S.A.) 29-8-40. Gendebien Olivier (Belg.) 1935. Gethin Peter (G.-B.) 21-2-40. Ghinzani Pier-Carlo (It.). Giacomelli Bruno (It.) 10-9-52. Giunti Ignacio (It.) 30-8-1941/10-1-71 à Buenos-Aires. Gordini Amédée (Fr.) 1899-1979. Graffenried Emmanuel (de) (Suisse) 1919. Guerrero Roberto (Colombie) 16-11-58. Gurney Dan (U.S.A.) 1931.

Hailwood Mike (G.-B.) 2-4-1940. Hawthorn Mike (G.-B.) 10-4-29, accident route 21-1-59. Henton Brian (G.-B.) 19-9-46. Hesnault François (Fr.). Hill Graham (G.-B.) 15-2-29/24-11-75. Détenait le record des grands prix disputés (176) [entre le 18-5-58 et le 26-1-75, seul champion du monde vainqueur aux 24 h et aux 500 miles d'Indianapolis]. Hill Phill (U.S.A.) 20-4-27. Hobbs David (G.-B.) 9-6-39. Hulme Dennis (N.-Zél.) 18-6-36. Hunt James (G.-B.) 29-8-47.

Ickx Jacky (Belg.) 1-1-45.

Jabouille Jean-Pierre (Fr.) 1-10-42. Jarier Jean-Pierre (Fr.) 10-7-46. Jaussaud Jean-Pierre (Fr.) 3-6-37. Jenatzy Camille (Belg.) 1868-1913. Johanson Stefan (Suède) 8-9-56. Johncock Gordon (U.S.A.) 5-8-36. Jones Alan (Austr.) 2-11-46. Jöst Renhold (All. féd.) 24-4-37.

Laffite Jacques (Fr.) 21-11-43. Lammers Jan (Hollande) 2-6-56. Lang Hermann (All.) 1909. Larraudi Oscar (Arg.) 19-8-54. Larrousse Gérard (Fr.) 23-5-40. Lauda Niki (Autr.) 22-2-49. Lees Geoff. (G.-B.) 1-5-51. Ligier Guy (Fr.) 12-7-30.

Mc Laren Bruce (N.-Zél.) 30-8-37, accident 2-6-70 à Goodwood. Mairesse Willy 1928-69. Mansell Nigel (G.-B.) 8-10-54. Mass Jochen (All. féd.) 30-9-46. Mears Rick (U.S.A.) Merzario Arturo (It.) 11-3-

1943. Migault François (Fr.) 4-12-44. Moss Pat (G.-B.). Moss Stirling (G.-B.) 17-9-29. Musso Luigi (It.) 27-7-24/6-7-58, G.P.A.C.F.

Nazzaro Felice (It.) 1881-1940. Neve Patrick (Belg.) 13-11-49. Nilsson Gunnar (Suède) 20-11-48/20-10-78. Nuvolari Tazio (It.) 16-11-92/11-8-53.

Oliver Jackie (G.-B.) 14-8-1942. Ongais Danny (Hawaii) 21-5-42.

Pace Carlos (Br.) 6-10-1944/18-3-77 (accident d'avion). Paletti Ricardo (It.) 15-6-58. Palmer Jonathan (G.-B.) 7-11-56. Patrese Ricardo (It.) 17-4-54. Pescarolo Henri (Fr.) 25-9-42. Peterson Ronnie (Suède) 14-2-44/9-11-78 au Gd prix de Monza. Pilette Teddy (Belg.) 26-7-42. Petty Richard (U.S.A.). Piquet Nelson (Br.) 17-8-52. Pironi Didier (Fr.) 26-3-52. Prost Alain (Fr.) 24-2-55. Pryce Tom (G.-B.) 11-6-49/7-3-77 à Kyalami.

Redman Brian (G.-B.) 9-3-1937. Regazzoni Clay Gianclaudio (Suisse) 5-9-1940. Reutemann Carlos (Arg.) 12-4-1942. Revson Peter (U.S.A.) 1939/22-3-74 à Kyalami. Rindt Jochen (Autr.) 18-4-42, essais Monza 5-9-70. Rodriguez Pedro (Mex.) 1940/11-11-71 Nuremberg. Rondeau Jean (Fr.) 1946-85. Rosberg Keke (Finl.) 6-12-48. Rosier Louis (Fr.) 1905-56.

Scarfiotti Ludovic (It.) 13-10-33/8-6-68 à Rossfeld. Scheckter Jody (Afr. du S.) 29-1-1950. Schenken Tim (Austr.) 26-9-1943. Senna Da Silva Ayrton (Br.). Serra Chico (Br.) 3-2-57. Servoz-Gavin Johnny (Fr.) 8-2-42. Siffert Joseph (Suisse) 1936/24-10-71 à Brands-Hatch. Sommer Raymond (Fr.) 31-8-06/circuit 10-9-50. Stewart Jackie (Écosse) 11-6-1939, abandonne la comp. oct. 73. Stommelen Rolf (All. féd.) 11-7-1943. Streiff Philippe (Fr.) 25-6-55. Stuck Hans Joachim (All. féd.) 1-1-1951. Surer Marc (Suisse) 18-9-51. Surtees John (G.-B.) 11-2-34.

Tambay Patrick (Fr.) 25-6-49. Thackwell Mike (N.-Zél.) 30-3-61. Thirion Gilberte (Belg.) 1928. Thomas René (Fr.) 1886. Trautmann Claudine (Fr.) 28-11-31. Trintignant Maurice (Fr.) 30-10-17.

Unser Al (U.S.A.) 1939. Unser Bobby (U.S.A.) 1934. Varzi Achille (It.) 1904-48. Villeneuve Gilles (Can.) 18-1-52/9-5-82 à Zoldes.

Warwick Derek (G.-B.) 27-8-54. Watson John (G.-B.) 4-5-1956. Williamson Roger (G.-B.) 1948-73, à Zandvoort. Wimille Jean-Pierre (Fr.) 26-6-08/1949, en course. Winkelhock Manfred (All.) 1952-85. Wollek Bob (Fr.) 4-11-43.

Pilotes Rallye

Aaltonen Rauno (Finl.). Airikkala Penti (Finl.). Alen Markku (Finl.) 15-2-51. Andersson Ove (Suède) 3-1-38. Andruet Jean-Claude (Fr.) 13-8-42. Beguin Bernard (Fr.) 24-9-47. Bettega Attilio (It.) 1953-85. Blomqvist Stig (Suède) 26-1-46. Brookes Russel (G.-B.) Carlsson Erik (Suède). Clark Roger (G.-B.). Darniche Bernard (Fr.) 28-3-42. Eklund Per (Suède) 26-6-46. Fall Tony (G.-B.). Fréquelin Guy (Fr.) 2-4-45. Hopkirk Paddy (G.-B.). Kallstrom Harry (Suède). Kleint Jochi (All.). Kullang Anders (Suède) 23-9-43. Lampinen Simo (Finl.). Makinen Timo (Finl.). Mehta Shekhar (Kenya) 20-6-45. Mikkola Hannu (Finl.) 24-5-42. Moss-Carlsson Pat (G.-B.). Mouton Michèle (Fr.) 23-6-51. Munari Sandro (It.) 27-3-40. Nicolas Jean-Pierre (Fr.) 22-1-45. Piot Jean-François (Fr.) 1945-80. Pond Tony (G.-B.) 23-11-45. Ragnotti Jean (Fr.) 29-8-45. Rohrl Walter (All. féd.). Saby Bruno (Fr.) 23-2-49. Salonen Timo (Finl.) 8-10-51. Singh Joginder (Kenya). Therier Jean-Claude (Fr.) 7-10-45. Toivonen Henri (Finl.) 1956-86. Toivonen Pauli (Finl.). Vatanen Ari (Finl.) 1952. Verini Maurizio (It.) 1942. Vincent Francis (Fr.). Waldegaard Bjorn (Suède) 12-11-43. Wittmann Franz (Autr.).

Aviron

Origine. Antiquité l'Énéide de Virgile donne la plus ancienne description d'une course d'aviron. **1716** 1re compétition des temps modernes en G.-B., sur la Tamise : la Doggett's Coat and Badge. **1818** 1er club d'amateurs en G.-B. **1834** 1res régates en France. **1893** fondation de la Fédération fr. des Stés d'aviron. **1900** l'aviron est reconnu comme sport olympique.

Types de bateaux

Bateaux de course (outriggers) (pour eaux calmes). En bois ou polyester. Avirons supportés par des portants extér. en métal. Sièges à coulisse. Armé en pointe (le rameur n'a qu'un aviron), en couple (il en a 2).

Outriggers en pointe. *Deux de pointe* (11 m), 30 à 35 kg : avec ou sans barreur. *Quatre de pointe* (13 m), 50 à 60 kg : avec ou sans barreur. *Huit de pointe* (18 m), 100 kg : toujours barré (racing eight).

Outriggers en couple. Même poids que les outriggers en pointe sauf pour le *skiff* (embarcation à 1 rameur avec 2 avirons ; 7 à 8 m, 14 à 18 kg). *Deux de couple* (double sculls). *Quatre de couple* avec barreur, réservé aux compétitions féminines. *Quatre de couple* sans barreur. *Huit de couple* (pas de compétition officielle).

Ramaplan. Entre la planche à voile et le skiff, avec un siège à coulisse et 2 avirons légers en aluminium et matière plastique.

Yole (en principe pour la mer ou eaux agitées). Construite à clins (lames de bois se chevauchant). Avirons supportés par des dames fixées sur le bord même du bateau. Les yoles de mer sont armées en pointe avec barreurs, à 2 rameurs (8,5 × 1 m ; 60 kg) ; 4 (10,5 × 1,05 m ; 90 kg) ; ou 8 (14,5 × 1,15 m ; 150 kg). Les bateaux de mer en couple s'appellent *canoës* [constr. à clins, long. max. : canoë simple (1 rameur) 7 m, double (2) 8 m].

Records

Records. Les diverses qualités d'un plan d'eau et les variations de la vitesse du vent rendent impossible l'établissement de performances absolues. *Records non homologués : vitesse* 22,01 km/h par le huit d'All. dém. (2 000 m en 5'27"14 à Lucerne le 17-6-1984 ; *cadence* 56 coups d'aviron à la mn par le huit japonais à Henley (1936) ; *course la plus longue :* tour du lac Léman (160 km) par équipes de 4 avec barreur ; le record de l'épreuve : équipe hollandaise LAGA Delf en 12 h 52' le 3-10-1982.

Temps moyens sur 2 000 m (haut niveau). *Skiff* 7'15" ; *double-scull* 6'35" ; *deux sans barreur* 6'55" ; *deux barré* 7'25" ; *quatre sans barreur* 6'15" ; *quatre barré* 6'30" ; *huit* 5'45" (soit 21 km/h).

Cadence des coups d'aviron par minute. Elle n'est pas significative de la qualité d'un équipage. Tout dépend de la longueur, de la vitesse et de la force du coup d'aviron.

Principales épreuves

Légende : a : skiff ; *b :* deux de couple ; *c :* 2 sans barreur ; *d :* 2 avec barreur ; *e :* 4 sans barreur ; *f :* 4 avec barreur ; *g :* huit ; *h :* 4 de couple.

• **Jeux olympiques.** Voir p. 23.

• **Championnats du monde. Hommes** [1]. *Créés* 1962. **79 :** *a :* Finlande ; *b :* Norvège ; *c, d, e, f, h :* All. dém. ; *g (avec barreur) :* All. dém. ; **81 :** *a :* All. féd. ; *b :* All. dém. ; *c :* U.R.S.S. ; *d :* Italie ; *e :* U.R.S.S. ; *f :* All. dém. ; *g :* U.R.S.S. ; *h :* All. dém. **82 :** *a, h, f :* All. dém. ; *b, c :* Norvège ; *d :* Italie ; *e :* Suisse ; *g :* N.-Zélande. **83 :** *a, h, e :* All. féd. ; *b, c, d :* All. dém. ; *f, g :* N.-Zélande. **85 :** *a :* Finlande ; *b :* All. dém. ; *c, f, g :* U.R.S.S. ; *d :* Italie ; *e :* All. féd. ; *h :* Canada.

Dames. *Créés* 1974. **79 :** *a :* Roumanie ; *b, c, h :* All. dém. ; *f, g (avec barreuse) :* U.R.S.S. **81 :** *a :* Roumanie ; *b :* U.R.S.S. ; *c :* All. dém. ; *f, g, h (avec barreuse) :* U.R.S.S. **82 :** *a, b, h, f, g :* U.R.S.S. ; *c :* All. dém. **83 :** *a, b, c, f :* All. dém. ; *h, g :* U.R.S.S. **85 :** *a, b, f, h :* All. dém. ; *c :* Roumanie ; *g :* U.R.S.S.

Nota. — (1) Ont lieu tous les ans depuis 1974, sauf années où se déroulent les jeux olympiques.

Juniors. *Créés* 1967. **Hommes : 79 :** *a, f :* U.R.S.S. ; *b :* Bulgarie ; *c :* All. féd. ; *d :* U.R.S.S. ; *e, f :* U.R.S.S. ; *h (sans barreur) :* All. dém. ; *g (avec barreur) :* U.R.S.S. **81 :** *a, b, c, d, e, f, g, h :* All. dém. **82 :** *a, b, c, h, e, f :* All. dém. ; *d :* U.R.S.S. ; *g :* All. féd. **83 :** *a, f :* U.R.S.S. ; *b, c, d, e, g, h :* All. dém. **84 :** *a, b, c, h, e, f :* All. dém. ; *d :* Roumanie ; *g :* France. **Dames : 79 :** *a :* Bulgarie ; *b, f, h, (avec barreuse) :* All. dém. ; *c :* Roumanie ; *g :* Canada. **81 :** *a, b :* Roumanie ; *c :* Bulgarie ; *f :* U.R.S.S. ; *g, h :* All. dém. **82 :** *a, b, h, g :* All. dém. ; *c, f :* U.R.S.S. **83 :** *a, b, h, c, f :* All. dém. ; *g :* U.R.S.S. **84** *a, h, c, f, g :* All. dém. ; *b :* U.R.S.S.

Poids légers. Hommes. *Créés* 1973. **79 :** *a :* U.S.A. ; *e :* G.-B. ; *b :* Norvège ; *g (avec barreur) :* Espagne. **81 :** *a :* U.S.A. ; *b :* Italie ; *e :* Australie ; *g :* Danemark. **82 :** *a :* Autr. ; *b, e, g :* Italie. **84 :** *a :* Dan ; *b :* Italie ; *e :* Esp. **Dames. 84 :** *a, e :* All. féd. ; *b :* Dan. ; *g :* U.S.A.

• **Championnats d'Europe.** *Créés* hommes 1893, femmes 1954. Devenus « championnats du monde » en 1974 (voir Quid 1981, résultats p. 1601).

• **Championnats de France. Hommes.** *Créés* en 1892. **1986 :** *a* Body (SN Saumur) ; *b* Pons frères (SN Monaco) ; *c* Purier-Granjon (CA Vichy) ; *d* Berthou frères (SN Nancy) ; *e* Vibert-Vichet, Mantovani, Lacasa, Darcher (CS Annecy-le-Vieux) ; *f* Chevalier, Orieux, Sedeau, Louvet (Cognac YRC) : *g* Brunel, Crispon, Lecointe, Fauché, Merel, Lezy, Fourcroy, Marseille (EN Boulogne) ; *h* Boudoux, Imbert, Body, Gaté (SN Avignon).

Dames. *Créés* en 1925. **1986 :** *a* Le Moal (CNA Rouen) ; *b* Gossé sœurs (CN Hte-Moselle) ; *c* Matthews-Pelou (AN Fontainebleau) ; *f* Chamberlain, Rettien, Godlenski, Nosal (Régates marines) ; *h* Ledoux, Dubedat, Chanteux, Masclet (SN Bayonne).

Junior. 1984. *Masculins. a :* Donnette (S.N. Soissons). *b :* Cocuan-Marais (Tours A.C.). *c :* Pedro-Gelin (A.V. Les Mureaux). *d :* Pichardie-Brimaldi (R.C. Castillon). *e :* C.A. Marseille. *f :* S.N. Bergerac. *g :* E.N. Boulogne. *h :* S.N. Caen. *Féminins. a :* Masclet (S.N. Bayonne). *b :* Garzino-Raynal (S.N. Avignon). *c :* Vallet-Glaude (S.N. Bergerac). *h :* S.N. Bergerac.

• **Régates de Henley** (G.-B.) Sur 2 111 m. *Créées* en 1839. Chaque année le 1er week-end de juillet.

• **Régates de Lucerne** (Suisse). *Créées* en 1891. Les plus importantes régates privées. 2e dim. de juillet.

• **Course Oxford-Cambridge.** Disputée par 2 huit de pointe. *Créée* le 10-6-1829 à Henley, la course a lieu maintenant à Londres (entre Henley et Hambledon Lock sur la Tamise) sur 6 840 m (4 miles 1/4). Sur 129 courses courues, Cambridge en a gagné 69, Oxford 60, 1 match nul (1877). En 1912, les 2 bateaux ayant coulé, ont recommencé la course. De 1924 à 36, Cambridge a gagné 13 fois de suite. De 1975 à 1985, Oxford a gagné 10 fois. En 1986, victoire de Cambridge.

• **Course Harvard-Yale** (U.S.A.). *Créée* en 1852. Disputée entre 2 huit sur 4 miles.

Base-ball

Généralités

Origine. Connu au xviiie s. **1846-18-6** à Hoboken (New Jersey, U.S.A.) 1er match selon les règles du 23-9-1845 d'Alexander J. Cartwright (1820-92). Pratiqué dans 60 pays pour 135 millions de licenciés. **Catégories.** *Minimes :* 8-12 ans ; *cadets :* 13-15 a. ; *juniors :* 16-18 a. ; *seniors :* 19 a. et +.

All. féd., Autriche, Belgique, Canada, Corée du S., Danemark, Espagne, Finlande, France, G.-B., Hollande, Italie, Japon, P.-Bas, Pologne, Saint-Marin, Suède, Suisse, Tchéco., Yougoslavie disputent leur championnat national ainsi que les championnats d'Europe et de Coupe d'Europe.

En France on compte env. 10 000 pratiquants et 5 500 licenciés répartis dans 62 clubs. Un championnat de France est disputé dans chaque catégorie ; il se déroule d'avril à juin et reprend en sept. La saison s'achève vers la fin oct. et reprend en mars. Féd. Fr. de Base-Ball et Softball 73, rue Curial 75019 Paris.

Règles du jeu. 2 équipes de 9 joueurs sous la direction d'un gérant ou manager. Partie jouée en 9 manches et prolongation jusqu'à la victoire d'une équipe, une manche correspondant au passage des 2 équipes à l'attaque et à la défense. Pas de match nul. Une partie dure 2 h env. L'équipe dont c'est la tournée envoie un à un sur le terrain ses 9 joueurs ou « batteurs ». Le 1er se place sur un des coins du « diamant » appelé « home-plate » (plateau du logis), qui est la base de départ et d'arrivée des batteurs. Il attend la balle que va lui envoyer du centre du « diamant » le lanceur de l'équipe adverse. 7 des coéquipiers du lanceur sont dispersés autour du carré sur toute la surface du jeu ; le 8e se place derrière le batteur, c'est l'« attrapeur », chargé d'attraper et de renvoyer à l'un de ses coéquipiers la balle lorsqu'elle est manquée par le batteur. Le batteur laisse passer la balle s'il pense qu'elle ne traversera pas la zone de « prises » délimitée par l'espace situé au-dessus du marbre et entre la ligne des genoux et des aisselles du frappeur, ou essaie de la renvoyer hors de portée de ses adversaires. S'il y parvient ou si le lanceur lui a envoyé 4 balles mauvaises, il tente de faire le tour complet du « diamant » pour marquer un point, mais il peut le faire en une seule fois ou en s'arrêtant successivement sur chaque base. Un coureur est en droit de voler une base (sur inattention du lanceur, sur une balle passée par le receveur) lorsque la balle est en jeu. Dès qu'il a atteint la 1re base, il devient coureur, et l'un de ses coéquipiers lui succède comme batteur. Le batteur est éliminé s'il manque successivement 3 balles, si la balle qu'il a frappée est attrapée au vol par un de ses adversaires, si un joueur de l'équipe adverse le touche avec la balle avant qu'il ait atteint la première base, ou si la balle est déjà sur la base avant qu'il y soit parvenu. L'élimination de 3 joueurs de l'équipe battante inverse les rôles.

Terrain. Éventail de 100 à 150 m de côté comportant le *champ extérieur (outfield)* occupé par 3 joueurs et le *champ intérieur*, un carré de 27,43 m *(infield)* par 6 joueurs où sont placés 3 bases et le « marbre ». Les côtés de ce carré forment les « sentiers » sur lesquels vont courir les joueurs de l'équipe offensive à l'issue de leur tour à la batte.

Équipement. *Balle* (liège et corde, recouverte de peau, 141 à 148 g, circonférence 23 cm, diam. 7,5 cm). Les lanceurs portent un *gant de cuir*, le batteur une *batte* [en bois ou en aluminium, long. 1,06 m, larg. 6,98 cm, diam. 7 cm). L'arbitre et l'attrapeur ont le visage protégé.

Jet le plus long : *homme* 135,88 m (Glen Borbous, Canada, le 1-8-1957), *femme* 90,2 m (Mildred Didrikson, U.S.A., le 25-7-1931) ; **lancer le plus rapide :** 162,3 km/h (Nolan Ryan, U.S.A., le 20-8-74).

Principales épreuves

Jeux Olympiques 1984. Sport de démonstration. Japon b. U.S.A.

Championnat du monde (créé 1938). **1965** Colombie. **69, 70, 71, 72** Cuba. **73** Cuba (FIBA), U.S.A. (FEMBA). **74** U.S.A. **76, 78, 80** Cuba. **82** Corée. **84** Cuba.

Championnat d'Europe (créé 1954). **54** Italie. **55** Espagne. **56 à 65** P.-Bas. **67** Belgique. **69 à 73** P.-Bas. **75 à 80** Italie. **81** P.-Bas. **83** Italie. **85** P.-Bas. **86** All. féd.

Nota. — 59, 61, 63, 66, 68, 70, 72, 74, 76, 78 non disputé.

Championnat de France 64. B.C. Charenton. **65, 66** P.U.C. (Paris Université Club). **67** B.C. de France. **68** C.S.S. Cagnes-sur-Mer. **69** Pirates de Paris. **70** P.U.C. **71** Nice Université Club. **72, 73** P.U.C. **74** Nice Université Club. **Divis I.** Créée en 1975. **75, 76, 77** P.U.C. **78, 79** Nice U.C. **80** P.U.C. **81** Nice Université Club. **82, 83, 84** P.U.C. **Divis. II** (créée en 1975). **76** Sarcelles. **77** Limeil. **78** Strasbourg. **79** Sarcelles. **80** Meyzieu. **81** Sarcelles. **82** B.C.F. **83** Pineuilh.

Coupe intercontinentale (créée 1973). **73** Japon. **75** U.S.A. **77** Corée du Sud. **79** Cuba. **81** U.S.A. **83** Cuba.

Coupe méditerranéenne (créée 1970). **70, 71** Picadero Barcelone. **72** Filomatic Barcelone. **73, 74** Bernazzoli Parme. **75** F.C. Barcelone. **76** Germal de Parme. N'est plus disputée depuis.

Coupe d'Europe des Clubs (créée 1963). **70** E. de Milan. **71** Milan B.C. **72** Glen Grant Nettuno. **73** Fortitudo Amaro Montenegro. **74, 75** Haarlem Nicols. **76** Derbigum de Rimini. **77, 78** Germal de Parme. **79** Derbigum de Rimini. **80** Parme B.C. **81** Berchem Stars (Belg.). **82** Parme B.C. **83** Berchem Stars (Belg.). **84** Worldvision (Parme).

Coupe latine (moins de 23 ans). Organisée pour la 1re fois en 72. **72** Espagne. **74** Italie. N'est plus disputée depuis 1974.

Coupe du Nord (créée en 1976). **76** P.-Bas. **78** Belg. **80-81** non disputée. **82** France-Belg. ex-aequo.

Basket-ball

Généralités

Origine. Créé en 1891 au collège de Springfield (Massachusetts, U.S.A.) par le Canadien James Naismith (1861-1939).

Terrain : 28 m × 15 m. *Panneau :* largeur 180 cm, haut. 120 cm, bord inférieur à 2,75 m du sol. *Panier :* diamètre 45 cm. Fixé à 3,05 m du sol. *Ballon :* poids 600 à 650 g. Circonférence 75 à 78 cm.

Équipes. 2 de 5 joueurs sur le terrain. Chacune a 10 joueurs (12 pour les compétitions de plus de 5 jours) qui peuvent se remplacer à volonté. 2 arbitres dirigent le jeu, leur coup de sifflet rend la balle morte et arrête le jeu. Ils font comprendre leurs décisions par geste. Ils sont assistés d'un chronométreur, d'un marqueur et d'un opérateur des 30 secondes. Celui-ci fait fonctionner son signal chaque fois que l'équipe attaquante n'a pas tiré au panier 30 s après être entrée en possession de la balle.

Taille des joueurs : *le plus grand :* Suleiman Ali Nashnush (né en 1943) 2,45 m (Libye) ; *la plus grande :* Ouliana Semenova (née le 9-3-52) 2,18 m, 127,4 kg (U.R.S.S.).

Principales règles

Partie : 2 mi-temps de 20 mn séparées par un intervalle de 10 mn. Chaque arrêt de jeu (ballon hors des limites du terrain, changement de joueur, temps mort, lancer franc, etc.) est décompté. Le manager peut demander 4 temps morts (2 par mi-temps) d'1 mn chacun pendant les ballons morts. En moyenne, une *mi-temps* dure de 35 à 40 mn. Une balle mise dans le panier compte 2 points sauf si le tir est tenté derrière la ligne circulaire des 6,25 m (3 pts) et si c'est un lancer franc (1 pt). En cas de match nul, on joue des prolongations de 5 mm autant de fois qu'il est nécessaire pour obtenir un résultat positif. En France, pas de prolongations, match nul possible.

Progression : (légende b. : ballon, p. : panier, l.f. : lancer franc, j. : joueur) le b. peut être passé, lancé, frappé, roulé ou dribblé en le faisant rebondir au sol avec une seule main. Il est interdit de faire plus d'un pas avec le b. Après avoir terminé un dribble, le joueur ne doit pas en effectuer un second. Il est interdit pour l'équipe attaquante de revenir dans sa zone arrière (retour en zone) une fois qu'elle a franchi la ligne médiane.

Il est interdit : de frapper le b. avec le poing ; de donner un coup de pied dans le b. ; de rester plus de 3 sec. dans la zone réservée (la règle ne s'applique plus lorsque le b. est en l'air lors d'un tir au p. ou que les j. se disputent le b. au rebond) ; de mettre plus de 5 sec. pour remettre le b. en jeu (touche et l. f.) ; à une même éq. de garder le b. plus de 30 sec. sans tenter un tir.

Un j. attaquant : qui se trouve dans la zone réservée ne doit pas toucher le b. lorsque celui-ci est sur sa trajectoire descendante au-dessus du niveau de l'anneau. Il ne doit pas toucher le p. adverse ou le panneau alors que le b. touche l'anneau lors d'un tir au p. *Pénalité :* aucun point n'est accordé et le b. est remis en jeu par les adversaires de l'extérieur du terrain du point de la ligne de touche le plus proche.

Un j. défenseur : ne doit pas toucher le b. lorsque celui-ci, lors d'un tir d'un adversaire, est sur sa trajectoire descendante et qu'il est au-dessus du niveau de l'anneau, lors d'un tir et jusqu'au moment où le b. touche l'anneau ou qu'il est visible qu'il ne le touchera pas. Ne doit pas toucher son propre p. ou le panneau, lorsque le b. touche l'anneau lors d'un tir au panier. *Pénalité :* le b. est mort à l'instant de la violation. Le tireur a droit à 1 point dans le cas d'un l. f. et à 2 ou 3 points dans le cas d'un tir en cours de jeu. Le b. est remis en jeu de l'extérieur du terrain, derrière la ligne de fond, comme si le lancer avait été réussi.

Principales fautes personnelles (contact avec un adversaire) : *obstruction*, action qui empêche la progression d'un j. Un j. en possession du b., qui essaie de dribler entre 2 adversaires ou entre un opposant et une ligne de touche alors qu'il n'a pas « une chance raisonnable » de passer, commet une faute (passage en force). *Faute sur joueur tirant au p. :* si le p. est réussi, l'arbitre accorde le p. et le tireur a 1 l. f. à tenter en plus) ; s'il est manqué, 2 ou 3 l. f. sont accordés au j. lésé. Si un j. attaquant marque un p. et retombe sur un défenseur après son tir, le p. est accordé et une faute inscrite sur le compte de l'attaquant. *Faute multiple,* commise par 2 ou plusieurs j. au même moment sur le même adversaire. Une faute est inscrite sur le compte de chaque j. fautif mais ne donne droit qu'à 2 l. f. pour le j. lésé. *Double faute,* cas où 2 j. adverses commettent l'un sur l'autre une faute au même moment. Il n'y a pas de l. f. mais une remise en jeu par entre-deux « dans le cercle restrictif » le plus proche ; une faute est inscrite sur le compte des 2 j. *Faute intentionnelle* (entre la faute normale et la faute disqualifiante qui est de caractère antisportif). Dès qu'une équipe a commis 7 fautes au cours d'une mi-temps, toutes les fautes personnelles suivantes sont sanctionnées par 1 l. f. et un 2e si le 1er est réussi. Tout j. qui commet une faute doit immédiatement lever le bras en se tournant vers la table de marque. En cas de faute intentionnelle après les 2 lancers francs, la balle revient à l'équipe qui a bénéficié des lancers francs.

Panier réussi de la plus longue distance 28,17 m (Bruce Morris, U.S.A., 8-2-1985), *réussi le plus de fois de suite* 2 036 lancers francs (Ted Saint-Martin, U.S.A., le 25-6-77). *Record de points marqués par un joueur dans une partie :* Mats Wermelin (Suède) a marqué les 272 points (à 0) de son équipe (5-2-74, Stockholm). *Dans sa carrière :* De 1969 à 1986, Kareem Abdul-Jabbar a marqué 35 108 points dans le championnat (saison régulière) de la NBA (U.S.A.).

Fautes techniques : s'adresser à un officiel en termes incorrects ; employer un langage offensant ; agacer un adversaire ou gêner sa vision du jeu en agitant les mains devant ses yeux ; retarder le déroulement de la partie en empêchant la remise immédiate du ballon en jeu ; ne pas lever la main convenablement quand une faute est sifflée contre lui ; changer de numéro sans en avertir le marqueur et l'arbitre ; entrer sur le terrain en tant que remplaçant sans se présenter au marqueur et à l'arbitre. Pour l'entraîneur ou des remplaçants : entrer sur le terrain sans permission.

Toutes les fautes techn. donnent droit à 2 l. f. (si la faute techn. est commise sur le terrain, la partie reprend normalement après le 2e l. f. ; si elle est commise par l'entraîneur, après le 2e l. f., la b. est remise en jeu depuis la ligne médiane par l'équipe qui a bénéficié de la faute). Pour une faute pers., le lanceur doit être celui sur lequel la faute a été commise ; pour une faute technique, les lancers sont tentés par un des membres de l'éq. bénéficiaire. Les l. sont tentés dep. la ligne des l. f. ; personne ne doit se trouver dans le cercle restrictif et dans la zone réservée au moment du lancer ; le tireur a 5 sec. pour tenter son shoot.

Balle morte : se produit chaque fois qu'un officiel interrompt le jeu. La balle redevient vivante lorsqu'elle est frappée lors d'un entre-deux, quand elle est placée à la disposition du tireur de l. f. ou lorsqu'elle touche un j. sur le terrain après une remise en jeu. **Balle tenue :** se produit lorsque 2 ou plusieurs adversaires la tiennent fermement d'1 ou des 2 mains. **Balle hors jeu :** se produit quand elle touche un j. qui se trouve hors des limites, quand elle touche une personne, le sol ou un objet situé hors des limites du terrain ou les supports ou le dos des panneaux ; le b. est alors remis par l'arbitre à l'éq. adverse.

Principales épreuves

Légende. — (1). U.S.A. (2) U.R.S.S. (3) Italie. (4) Mexique. (5) Yougoslavie. (6) Espagne. (7) France. (8) Tchécosl. (9) Israël. (10) Bulgarie. (11) Hongrie. (12) All. féd.

Jeux Olympiques. Voir p. 23.

Championnats masculins

Championnats du monde. *Créés* 1950. **50** Arg.-U.S.A. **54** U.S.A.-Brésil. **59** Brésil-U.S.A. **62** Annulés. **63** Brésil-Youg. **67** U.R.S.S.-Youg. **70** Yougoslavie-Brésil. **74** U.R.S.S.-Youg. **78** Youg.-U.R.S.S. **82** U.R.S.S.-U.S.A. **86** U.S.A.-U.R.S.S.

Championnats d'Europe. *Vainqueur et vaincu.* **35** Lettonie-Esp. **37** Lituanie-Italie. **39** Lituanie-Lettonie. **46** Tchéc.-It. **47** U.R.S.S.-Tchéc. **49** Égypte-France. **51** U.R.S.S.-Tchéc. **52** U.R.S.S.-Hongrie. **55** Hongrie-Tchéc. **57** U.R.S.S.-Bulgarie. **59** U.R.S.S.-Tchéc. **61** U.R.S.S.-Youg. **63** U.R.S.S.-Pol. **65** U.R.S.S.-Youg. **67** U.R.S.S.-Tchéc. **69, 71** U.R.S.S.-Youg. **73** Youg.-Espagne. **74** Grèce-Roumanie. **75, 77** Youg.-U.R.S.S. **79** U.R.S.S.-Israël. **80-81** U.R.S.S.-Youg. **83** Italie-Espagne. **85** U.R.S.S.-Tchéc.

Coupe d'Europe des clubs champions. *Créée* 1958. *Vainqueur et vaincu.* **80** Real Madrid [6], Maccabi Tel-Aviv [9]. **81** Maccabi Tel-Aviv [9], Bologne [3]. **82** Squibb Cantu [3], Maccabi Tel-Aviv [9]. **83** Cantu [3], Milan [3]. **84** Rome [3], Barcelone [6]. **85** Zagreb [5], Real Madrid [6]. **86** Zagreb [5], Kaunas [2].

Coupe des coupes. *Vainqueur et vaincu. Créée* 1967. **80** Varese [3], Cantu [3]. **81** Gabetti Cantu [3], F.C. Barcelone [6]. **82** Zagreb [5], Real Madrid [6]. **83** Pesaro [3], Villeurbanne [7]. **84** Real Madrid [5], Milan [3]. **85** F.C. Barcelone [6], Kaunas [2]. **86** F.C. Barcelone [6], Pesaro [3].

Coupe d'Europe Radivoj Korac. *Vainqueur et vaincu.* **80** Rieti [3], Zagreb [5]. **81** Juventud Badalone [3], Venise [3]. **82, 83** Limoges C.S.P. [7], K.K. Sibenik [3]. **84** Orthez [7], Belgrade [10]. **85** Milan [3], Varèse [3]. **86** Rome [3], Caserte [3].

Championnats de France. Masculins div. nationale 1. *Créés* 1950. **78-79-80** Le Mans. **81** A.S. Villeurbanne. **82** S.C.M. Le Mans. **83, 84, 85** Limoges. **86** Orthez.

Coupe de France. *Créée* 1952-53. **53** A.S. Vil. **54-55** Paris Université Club. **56** C.S.M. Auboue. **57** A.S. Vil. **58** Étoile de Mézières. **59** Étoile de Charleville. **60** A.S. Denain-Voltaire. **61** S.A. Lyon. **62-63** Paris Univ. Club. **64** S.C.M. Le Mans. **65** A.S. Vil. **66** A.B.C. Nantes. **67** A.S. Vil. **68** Pas de coupe. **69-70** Vichy.

Coupe de la fédération. 1982, 83 C.S.P. Limoges. **84** Villeurbanne. **85** C.S.P. Limoges.

Championnats féminins

Championnats du monde. *Créés* 1953. *Vainqueur et vaincu.* **53** U.S.A.-Chili. **57** U.S.A.-U.R.S.S. **59** U.R.S.S.-Bulgarie. **64** U.R.S.S.-Tchéc. **67** U.R.S.S.-Corée du S. **71** U.R.S.S.-Tchéc. **75** U.R.S.S.-Japon. **79** U.S.A.-Corée du S. **80, 81, 82** non disputés. **83** U.R.S.S.-U.S.A.

Championnats d'Europe. *Créés* 1938. *Vainqueur et vaincu.* **70** U.R.S.S.-France. **72** U.R.S.S.-Bulgarie. **74-76** U.R.S.S.-Tchéc. **78** U.R.S.S.-Youg. **80, 81** U.R.S.S.-Pologne. **82** non disputés. **83** U.R.S.S.-Bulgarie. **85** U.R.S.S.-Bulgarie.

Coupe d'Europe des clubs champions. *Créée* 1959. *Vainqueur et vaincu.* **80** Turin, E.R. Belgrade [5]. **81** Riga [2], E.R. Belgrade [5]. **82** Riga [2], Mineur Pernik [10]. **83** Vincenze [3], Düsseldorf [12]. **84** LS Sofia [10], Vicenze [3]. **85** Vicenze [3], Riga [2]. **86** Vicenze [3], Düsseldorf [12].

Coupe Ronchetti. *Créée* 1972. *Vainqueur et vaincu.* **81** Spartak Moscou [2], Zagreb [5]. **82** Spartak Moscou [2], T.J.K. Brno [8]. **83** Budapest [11], Spartak Moscou [2]. **84** Rome [3], Busapest [11]. **85** TSKA Moscou [2], Viterbe [3]. **86** Novossibirsk [2], Budapest [11].

Championnats de France. Féminins division nationale 1. *Créés* 1951. **De 68 à 79** Clermont Université Club. **80** Stade Français. **81** Clermont U.C. **82** Asnières Sport. **83, 84, 85, 86** Stade Français.

Coupe du printemps féminine. 1982, 83 Stade Français. **84** RCF Paris. **85** Stade français.

Mini-Basket

Règles du basket aménagées. *Terrain* 26 × 14 ou moins si les proportions sont respectées. *Panneau :* 1,20 × 0,90. *Hauteur de l'anneau* 2,60 m. *Balle :* 68 cm de circonf., 450 g. *Temps de jeu :* 4 périodes de 10 mn ; les arrêts de jeu ne sont pas décomptés par le chronométreur ; changements de joueurs autorisés au moment des pauses, seulement au cours des 3 prem. périodes ; pas de temps mort, sauf pendant la dernière période (possibilité d'un arrêt d'1 mn à chacune des 2 équipes qui peuvent changer de joueurs). *Équipes :* 10 joueurs dont chacun doit jouer au moins 10 mn.

Quelques noms

Abdul-Jabbar Kareem [1], 16-4-47. Antoine Roger, 28-6-29. Baltzer Christian, 5-7-36. Barrais André, 22-2-20. Barry Rick [2], 28-3-44. Baylor Elgin [1], 16-9-34. Belov Alexandre [2], 1951-78. Belov Serge [2], 23-1-44. Berkowitz Micky [3], 1954. Bertorelle Louis, 5-8-32. Beugnot Éric, 22-3-55. Beugnot Jean-Paul, 25-6-31. Bird Larry [1], 7-12-56. Boel Pierre, 4-7-11. Bonato Jean-Paul, 23-3-46. Bradenber Wayne [4], 16-10-45. Bradley Bill [1], 28-7-43. Brody Tal [3], 30-8-43. Buffière André, 12-11-22. Buscato Francisco [4], 21-4-40. Busnel Robert 14-9-14. Cachemire Jacques 27-2-47. Chamberlain Wilt [1], 21-8-36. Chazalon Jackie, 24-3-45. Chocat René 28-11-20. Cohu Robert, 28-8-11. Corbalan Juan-Antonio [4], 3-8-54. Cosic Kresimir [5], 26-11-48. Cousy Robert [1], 9-8-28.

Dalipagic Drazen [5], 27-11-51. Daneu Ivo [5], 1937. Degros Jean 18-11-39. Dessemme Jacques, 19-9-25. Dorigo Maxime 27-9-36. Dubuisson Hervé 8-8-57. Erving Julius [1], 22-2-50. Fabrikant Wladimir, 10-4-17. Flouret Jacques 8-9-07. Freimuller Jacques, 31-8-29. Frezot Émile, 11-11-16. Fulks Joseph [1], 26-10-21. Gilles Alain 5-5-45. Gola Tom [1], 13-1-33. Grange Henri 14-9-34. Guidotti Irène 11-3-50. Haudegand Roger, 20-2-32. Havlicek John [1], 8-4-40. Hayes Elvin [2], 17-11-45. Hell Henri, 26-4-11. Jaunay Joë, 30-5-19. Johnson Earvin [1], 14-8-59. Kicanovic Dragan [5], 17-8-54. Korac Radivoj [5] 1938-69. Kurland Bob [1], 1925. Le Ray Michel, 9-2-43. Lesmayoux Henri 19-12-13. Lucas Jerry [1], 30-3-30.

Malone Moses [1], 23-3-55. Maravich Pete [1] 22-6-48. Marcellot Maurice, 1-4-29. Marzorati Pierluigi [6], 12-9-52. Mayeur Bernard, 23-2-28. Meneghin Dino [6], 18-1-50. Mikan George [1], 18-6-24. Monclar Robert 13-8-30. Passemard Colette 6-1-46. Perniceni Jean 5-4-30. Perrier Jacques 12-10-24. Rat Michel 16-3-37. Riffiod Elisabeth, 20-7-47. Robertson Oscar [1], 24-11-38. Roland Étienne, 31-8-12. Russel Bill [1], 12-2-34. Sallois Maryse 19-1-50. Semenova Ouliana [2] (19-3-52). Sénégal Jean-Michel 5-6-52. Specker Justy, 18-8-19. Staelens Jean-Pierre, 15-6-45. Theron Henri, 18-1-31. Thiolon Pierre, 17-1-27. Tondeur André, 9-12-1899. Vacheresse André, 12-10-27. Walton Bill [1], 5-11-52. West Jerry [1], 28-5-38. Zidek Jiri [7], 8-2-44.

Nota. – Tous Français sauf: (1) U.S.A, (2) U.R.S.S., (3) Israël, (4) Espagne, (5) Yougoslavie, (6) Italie, (7) Tchécoslovaquie.

Boules

Généralités

Origine. Connu dans l'antiquité. *XVII*e *s.* en G.-B. se pratiquait sur du gazon tondu, les « Boulingrins » (de l'Anglais Bowlinggreens). Fin *XIX*e *s.* et début *XX*e *s.* se répand en Provence avec le « Jeu Provençal ». *1907* création de la Pétanque. *1910* 1er concours de pétanque à La Ciotat. *1922* création de l'Union des fédérations boulistes (Boule lyonnaise) qui en *1933* devient la Féd. fr. de boules (F.F.B.) et en *1962* la Féd. fr. du sport-boules (F.F.S.B.).

Principes. Tous les jeux de boules suivent en gros les mêmes. Ils se jouent avec 2 équipes en individuel (1 contre 1), en doublettes (2 contre 2), en triplettes (3 contre 3) ou en quadrettes (4 contre 4).

Consiste à placer ses boules le plus près possible du but. L'adversaire essaie de placer les siennes plus près de ce but ou d'enlever en tirant celles qui le gênent. L'équipe qui a gagné le but, le lance et joue la 1re boule. Puis, l'équipe qui ne tient pas le point, doit jouer jusqu'à ce qu'elle le reprenne ou le détruise. Si en tirant une équipe n'a plus de boules, son adversaire joue et essaie de placer d'autres points en pointant, ou en tirant les boules qui le gênent. Il peut aussi tirer le but. Toutes les boules étant jouées, une équipe compte autant de points qu'elle a de boules plus proches du but que la meilleure de l'adversaire. Le jeu reprend dans l'autre sens et le but est lancé par l'équipe qui a marqué 1 ou plusieurs points.

Boules. Diamètre min. 90 mm, max. 110 mm ; poids min. 700 g. max. 1 300 g. Pour les minimes, diamètre min. 88 mm. Les boules en métal cémenté, les b. en bois, les b. cloutées ou plombées sont interdites ; les b. employées sont métalliques (bronze ou acier sans remplissage). Les b. en matières synthétiques peuvent être utilisées. La main doit être souple, décontractée. Le lancement de la boule doit se faire paume de la main tournée vers le sol, les doigts accolés. Les autres méthodes manquent de précision, le bras doit effectuer un mouvement de balancier assez ample, sans être plié.

But. Diam. de 35 à 37 mm, en bois non ferré, non coloré et non gravé ; sur entente des joueurs, un but coloré peut être utilisé.

Record. En une heure, en 1984, Jean-Marc Foyot a tiré 1 046 boules, en a frappé 950 dont 105 carreaux réussi.

Sport-Boules (la lyonnaise)

Généralités. Se joue au cadre [partie du terrain (5 m) dans lequel le « but » doit obligatoirement s'arrêter]. **Terrain** 2,50 m à 4 m × 27,50 m. **But** (diam. 37 mm) est lancé de la limite des 12,50 m sur la raie dite pied de jeu et doit obligatoirement s'arrêter à l'intérieur du cadre de 5 m. Les boules lancées de la même limite peuvent déborder sur la zone de 2,50 m juste avant la ligne de fond. Elles ne sont annulées que si elles dépassent cette ligne située à 50 cm de l'extrémité du terrain. On joue alternativement d'un côté puis de l'autre.

Le pointeur lance sa boule vers le but en la faisant rouler sur le sol. Le tireur prend son élan avant de lancer sa boule en l'air en direction de la boule (ou du but) à chasser. Avant qu'il tire, on trace un arc de cercle de 50 cm de rayon devant la boule (ou le but) à chasser. Le coup est bon si la boule de tir tombe à l'intérieur de l'arc de cercle ou directement sur la boule à frapper.

Joueurs licenciés (France) 150 000 (surtout à Lyon, Sud-Est, Paris, Provence, Sud-Ouest, etc.)

Principales épreuves annuelles. *Championnat de France* en quadrettes, doublettes. *Championnat d'Europe* en doublette. *Championnat du Monde* en quadrette. *Tournoi mondial* Cadets en quadrette. 3 rencontres *France-Italie* avec aller et retour. *Champions les plus réputés :* Granaglia (Italie), Cheviet (France).

Pétanque et Jeu provençal

Fédération fr. de pétanque et jeu provençal. *Créée* 1945. 12, Cours Joseph-Thierry, Marseille. En 1986, 22 lignes et 101 comités départementaux dont 4 D.O.M. (Guadeloupe, Guyane, Martinique, Réunion) et 1 T.O.M. (Polynésie) groupant 488 842 licenciés (dont 43 697 femmes, 27 171 juniors, 27 165 cadets et 15 171 minimes). *Comités départementaux principaux :* Hte-Garonne 24 428, B.-du-Rh. 22 711, Hérault 19 033, Gard 15 514, A.-Mar. 14 638, répartis en 7 629 sociétés.

Fédération nationale de pétanque (F.N.P.). *Créée* 1969. Palais Rihour, 459 000 Lille. Non habilitée. 5 000 adhérents dans N.-Pas-de-C. et Somme.

Pétanque

• **Généralités.** Née à La Ciotat vers 1910, elle tira son nom du provençal « pieds tanqués » qui se traduit par « pieds joints et touchant le sol ». **Terrains,** se joue sur tous, à une distance comprise entre 6 et 10 m. **Boules métalliques** (de 7,05 à 8 cm de diamètre, poids 650 g à 800 g). **But ou cochonnet,** en bois (diam. 25 à 35 mm), lancé d'un cercle de 35 à 50 cm de diam. tracé sur le sol.

• **Championnats de France. Seniors** (créés 1946). **Triplettes. 79, 80** Palazon-Pancin-Jaffuel (Vaucl.). **81** Lagarde-Capello-Delzers (T.-et-G.). **82** Cuziol-Claudié-Rouzaud (Ar.). **83** Lagarde-Capello-Delzers (T.-et-G.). **84** Fazzino-Rochelet-Voisin (Allier). **85** Chou-pay-Dideau-Lopeze (S.-et-M.). **Juniors** (créés 1956). **79** Lacroux Maris-Domec (Hte-G.). **80** P. Thorel-B. Thorel-G. Thorel (L.-Atl.). **81** Lambert-Zemmour-Bigoin (V.-de-M.). **82** Dulong-Pety-Manoir (P.-A.). **83** Abad-Pedurand-Soisgnon (T.-et-G.). **84** Asir-Peifer-Bardot (Moselle). **85** Rocher-Germain-Ureau (Sarthe). **Doublettes. 79** Widemann-Regouffre (Gir.). **80** Foyot-Stefani (Paris). **81** Moraldo-Uhlman (Vaucl.). **82** Trebosc-Boyer de la Girauday (V.-de-M.). **83** Binet-Pedron (L.-Atl.). **84** Fazzino-Voisin (Allier). **85** Chatelain-Rocher (Yv.).

Féminins (créés 1977). **Doublettes. 79** Mmes Gros-Lombard (Var). **80** Mmes Grimaldier-Martelsat (B.-du-R.). **81-82-83** Mmes Gros-Innocenti (Var). **84** Dubarry-Pere (Htes-Pyr.). **85** Carbillet-Rodriguez (S.-et-M.).

Cadets (créés 1962). **79** Martin-Delvault-Chaigneau (Vienne). **80** Crovi-Munoz-Rabet (Var). **81** Villielm-Alba-Kourane (B.-du-R.). **82** Morandet-Tarin-Depoil (S.-et-L.). **83** Marco-Brindari-Perez (Hérault). **84** Bacon-Barcelona-Treglia (B.-du-Rh.) **85** Doisel-Norgate-Payet (Réunion).

Minimes (créés 1984). **84** Vigue-Gomez-Ausset (Pyr. O.). **85** Pecot-Formentini-Cherkaoui (Var).

Tête-à-tête ou Individuel (créés 1966). **79** Valissant (Aisne). **80, 81** Coulomb (Var). **82** Fazzino (Allier). **83** Combarnous (Bas-Rhin). **84** Loize (Aisne). **85** Lacaze (Vaucluse).

Corporatifs (créés 1978). **79** Lendre-Bouneau-Salas (Landes). **80** Mainiero-Combes-Ribes (Htes-A.). **81** Fargues-Thibault-Guyard (Sarthe). **82** Semeria-Raffalli-Driguez (Var). **83** Lacas-Chanas-Verdier (Vaucl.) **84** Sargentini-Senes-Verdino (Var). **85** Vernet-Triaire-Berta (Var).

• **Licenciés.** 605 000 dans 28 pays : Algérie, All. féd., Australie, Belgique, Canada, Congo, Côte-d'Ivoire, Danemark, Djibouti, Espagne, États-Unis, Finlande, France, G.-B., Guinée, Italie, Japon, Luxembourg, Madagascar, Maroc, Monaco, Norvège, P.-Bas, Sénégal, Suède, Suisse, Thaïlande, Tunisie.

● **Championnats du monde** (créés 1959). **59, 61, 63** France, **64** Algérie, **65, 66** Suisse, **71** Espagne, **72** France, **73** Suisse, **74** France, **75** Italie, **76, 77** France, **78, 79** Italie, **80** Suisse (Camelique-Franzin-Savio), **81** Belgique (Hémon-A. Hémon-C. Bergh), **82** Monaco (Bandoli-Cornutello-Calpier), **83** Tunisie (Ferjani-Jabeur-H'Mida). **84** Maroc (Alaoui-Kouider-Safri). **85** France (Choupay-Bideau-Lopeze).

Jeu provençal

Généralités. Boules : les mêmes que pour la pétanque. **Terrain** de 25 m au minimum. **But** (cochonnet ou bouchon), lancé d'un cercle tracé sur le sol à une distance min. de 15 m, max. 21 m. S'il pointe, le joueur fait un pas dans la direction qu'il désire, à partir d'un cercle tracé sur le sol, puis il relève le pied sur lequel il a pris appui et joue en se tenant sur une jambe. S'il tire, il sort de son cercle, fait 3 pas et lance sa boule en plein élan lorsqu'il pose le pied à terre à la fin du 3ᵉ bond. **Pratique.** En particulier dans Bouches-du-Rh., Gard, Vaucluse, Alpes-de-Hte-Prov., Htes-Alpes, Alpes-Mar., Var, Hérault, Aude, Région paris., Centre, Nord.

Championnats de France. *Créés* 1946. **Triplette. 78, 79** Bruno-Gastaldi-Cortes (B.-du-R.). **80** Blanc-Rossi-Wailly (Var). **81** Partengo-Colonna-Bain (Var). **82** Vial-Molinier-Lovera (Var). **83** Macari-Ferret-Sigal (Gard). **84, 85** Bonifay-Mussi-Calvez (B.-du-Rh.). Doublette. **78** Massoni-Pironti (B.-du-R.). **79** Blanc-Bernard (Gard). **80** Benoit-Conin-Rocchi (B.-du-R.). **81** Vial-Molinier (Var). **82** Macari-Ferretje (Gard). **83** Benoit-Gonin-Gastaldi (B.-du-R.). **84** Gregoire-Carrara (Vaucluse). **85** Lanari-Abad (Ht-Rhin).

Nota. — La *boule parisienne* se pratique dans une longue cuvette dont les bords conduisent la boule vers le but. La *boule de fort* (allongée à chaque extrémité), dans l'Ouest et sur les bords de la Loire.

Bowling

Origine européenne. Organisé aux U.S.A. dep. 1895 (American Bowling Congress). **Pratiquants.** *U.S.A. (1981)* : hommes 9 500 000 dont femmes 4 500 000. *France (1981-82)* : 12 000 licenciés et 100 bowlings homologués (le 1ᵉʳ fut créé en 1960, Bowling de Paris, 24 pistes) comportant env. 1 300 pistes. Plus fort gain : 1978 : Mark Roth 124 517 dollars.

Règles. Le joueur doit faire tomber avec 1 boule 10 quilles disposées en triangle à l'extrémité d'une piste en bois poli, verni et huilé. *Quille* : hauteur 381 mm ; bois 1,30 à 1,64 kg, plastique 1,47 à 1,53 kg. *Boule* : circonférence max. 685 mm, poids max. 7,26 kg, 3 trous pour le pouce et 2 doigts. *Piste* : longueur 18,92 m + 4,57 m pour l'approche, largeur 1,06 m. Les quilles sont relevées et les boules renvoyées automatiquement.

En 10 reprises ; chaque quille abattue compte pour 1 point. Si les 10 quilles tombent à la 1ʳᵉ boule, c'est un *strike*. Le joueur marque 10 points et a droit à 2 boules supplémentaires. Dans le meilleur des cas, un joueur pourra donc atteindre 300 points [réalisés pour la 1ʳᵉ fois en Fr. par J.-P. Courel (Paris) à Rennes en 1978, égalé 7 fois]. S'il lui faut 2 coups pour faire tomber les 10 quilles, c'est un *spare*. Le joueur marque 10 points et a droit à 1 boule supplémentaire. Un spare au 10ᵉ essai donne droit à 1 boule. *Bon score* : 120 pour un débutant, 170 pour un joueur de club.

Championnats du monde. *Créés* 1954. *Tous les 4 ans.* **1981** : *Femmes* : *général* : Bon Coo (Philippines) ; *individuelle* : L. Sulkanen (Suède) ; *hommes* : *général* : Kailsson (Suède) ; *individuel* : Cariello (U.S.A.) ; *hommes par équipes de 5* 1ʳᵉ Finlande, 2ᵉ U.S.A., 3ᵉ Suède ; *doublettes* 1ᵉʳ Australie, 2ᵉ G.-B., 3ᵉ All. féd. ; *triplettes* 1ᵉʳ Suède, 2ᵉ Philippines, 3ᵉ U.S.A. *Femmes par équipes de 5.* 1ʳᵉ Suède, 2ᵉ Japon, 3ᵉ U.S.A. ; *doublettes* 1ᵉʳ Danemark, 2ᵉ Finlande, 3ᵉ G.-B. ; *triplettes* 1ᵉʳ All. féd., 2ᵉ U.S.A., 3ᵉ Philippines.

Championnats d'Europe. *Créés* 1962. Tous les 4 ans. **1985** (Vienne) : *Hommes* : individuel : 1ᵉʳ Rosenquist (Suè.), 2ᵉ Given (P.-Bas), 3ᵉ Oeagre (Dan.), 13ᵉ Dubois (Fr.). *Femmes* : 1ʳᵉ Hamseur. *Doublette hommes* : 1ʳᵉ Finlande, 2ᵉ P.-Bas, 3ᵉ P.-Bas ; *femmes* : 1ʳᵉ Suède, 2ᵉ Finlande, 3ᵉ Belgique, 13ᵉ France. *Triplette hommes* : 1ᵉʳ Finlande, 2ᵉ Espagne, 3ᵉ Suède, 16ᵉ France ; *femmes* : 1ʳᵉ Finlande, 2ᵉ Danemark, 3ᵉ Belgique. *Equipe de 5 hommes* : 1ʳᵉ Finlande, 2ᵉ Suède, 3ᵉ All. féd., 7ᵉ France ; *femmes* : 1ʳᵉ France, (Borie, Hanot François, Malard, Bottechia), 2ᵉ G.-B., 3ᵉ Suède.

Championnats de France. *Créés* 1959. *Tous les ans.* **Hommes** *79* J.-C. Benichou, *80* Ch. Megalophanos, *81* S. Reneau, *82* J.-P. Cayez, *83* Rolland, *84* 1ᵉʳ Rolland, *86* Calonnec, 2ᵉ Dubois, 3ᵉ Aschieri. **Femmes** *79* N. Levrut, *80* A. François, *81* D. Noyon, *82* Fr. Borie, *83* N. Crassat, *84* François. *86* Mugnier, 2ᵉ Bizet, 3ᵉ Chevassus. **Equipe de 5 hommes** *79* IFB Sharks Creil, *80* IFB Sharks Creil AMF, *82* Sharks Creil Valke, *83* Sharks Sorevi, *84* Sharks Creil Sorevi, *86* 1ʳᵉ Sharks Creil, 2ᵉ Inter Exter, 3ᵉ BC31 Toulouse. **De 4 femmes** *79* AFB Lopez, *80* AFB Lopez Sharkets, *82* AFEB Nancy, *83* Sharks Sorevi, *84* Sharks Creil Sorevi. *86* 1ʳᵉ Rollers Team Paris, 2ᵉ BCZ Paris, 3ᵉ CA Mantes.

Coupe de France. *Hommes* (*créée* 1964) : en équipe de 5. *1980* B.C. Gennevilliers All Stars ; *81* I.B.M. Montpellier ; *82* Sharks Creil Valke, *83* Sharks Creil Sorevi, *84* (St-Gratien) Strike Bowl de Boussy. *Femmes* (*créée* 1979) : en équipe de 4. *1980* A.F.B. Sharkets ; *81* AFEB Nancy ; *82* A.F.B. Paris, *84* Sharks Creil Sorevi.

Boxe

Boxe anglaise

☞ Jeux Olympiques, voir p. 23.

Origine. De l'anglais *to box,* combattre avec les poings. **1715-19** James Figg [(1675-1734), 1,83 m, 84 kg] se proclame champion du monde. **1743** Jack Broughton [(1704-89), 1,80 m, 90 kg] élabore la 1ʳᵉ réglementation à poings nus. **1751-8-4** Jack Slack bat Monsieur Petit (1ᵉʳ boxeur français connu). **1790-29-9** match du siècle Daniel Mendoza [(1764-1836), 1,70 m, 72 kg], Richar Humphries. **1849-7-2** Tom Hyer (1819-64) bat Yankee Sullivan. **1849** Mik Madden b. Bill Hoves (en 6 h 31, match le + long sans gants). **1860-17-4** 1ᵉʳ championnat du monde : Tom Sayers (Angl.), John C. Heenan (U.S.A.) à Farnborough. **1867** John Graham Chambers qualifie la boxe sous le patronage du marquis de Queensberry. **1892-7-9** 1ᵉʳ championnat selon les nouvelles règles. James Corbett bat John Sullivan à la 21ᵉ reprise. **1908-6-12** Jack Johnson 1ᵉʳ champion lourd noir.

Généralités

Age limite. France : amateurs 16 ans révolus et autorisation des parents ; *professionnels* 21 a. révolus. **Étranger** : États-Unis, Amér. du Sud, G.-B., Extrême-Orient permettent le passage prof. à 14 ou 18 a.

Catégories de poids. Boxe professionnelle. Mi-mouche 48,988 kg ; mouche 50,820 ; super-mouche 52,095 ; coq 53,525 ; super-coq 55,338 ; plume 57,152 ; super-plume 58,967 ; léger 61,237 ; super-léger 63,500 ; welter (mi-moyen) 66,678 ; super-welter (super-mi-moyen) 69,850 ; moyen 72,574 ; mi-lourd 79,378 ; lourd-léger 86,182 ; lourd WBA 79,378 ; WBC 86,182. **Amateurs.** Mi-mouche 48 kg ; mouche 51 ; coq 54 ; plume 57 ; il n'y a pas de super-plume ; léger 60 ; super-léger 63 ½ ; welter (mi-moyen) 67 ; super-welter (super-mi-moyen) 71 ; moyen 75 ; mi-lourd 81 ; lourd + de 81 kg ; super-lourd.

Aucun combat ne peut être autorisé entre 2 boxeurs si la différence de poids entre eux excède la différence de poids entre les limites max. et min. de la catégorie du boxeur le plus léger.

Coups autorisés. Ceux portés avec le poing fermé sur le devant et les côtés de la face et du corps au-dessus de la ceinture. *Direct* : de son point de départ au point d'impact : visage, cœur, estomac... *Crochet* (en américain *cross* ou *jab*) : coup demi-circulaire frappant mâchoire, carotide, flancs ou creux de l'estomac. *Uppercut* : donné de bas en haut ; crochet vertical. *Swing* : décoché de côté par un mouvement en forme de demi-cercle avec un grand balancement du corps. *Jab* : considéré comme un gauche ; jadis, coup asséné de haut en bas, sur le haut de la poitrine, la base du cou, le nez ou en travers de la bouche. *Hook* : coup demi-circulaire horizontal. *Chop* ou *chopping-blow* : coup frappé à la façon d'un « coup de sabre au ventre ». *Contre* : coup qui, parti après l'attaque adverse, arrive avant celle-ci. A l'origine de la plupart des k.-o. *Esquive* : rotation du torse ou du corps qui permet d'éviter les coups adverses. *Remise* : coup de riposte immédiat à une attaque adverse. *Une-deux* : combinaison de 2 coups (gauche doublé du droit pour un droitier). *Clinch* : corps-à-corps. *Infighting* : combat de près.

Décisions. *Avant la limite* : knock-out lorsque l'un des deux adversaires reste au sol 10 secondes ; arrêt de l'arbitre ; disqualification ; abandon ; no contest. *Dans les limites* : déc. aux points ; match nul.

Délais de repos (en France). *Professionnel* : 6 j pleins de repos entre 2 combats. *Amateur* : 5 sauf pour les championnats nationaux et les J.O. où il peut faire jusqu'à 2 matches en 24 h. Toute *défaite avant la limite* entraîne un repos obligatoire d'1 mois ; 2 déf. 3 mois ; 3 déf. 1 an et un examen médical avant d'être autorisé à boxer de nouveau.

Durée (en France). Un combat de boxe est divisé en reprises (rounds de 2 ou 3 mn, séparés par un intervalle d'1 minute). AMATEURS : *cadets non surclassés* : 3 reprises de 2 mn ; *2ᵉ série* : 3 de 2 mn ou 3 de 3 mn ; *1ʳᵉ série* : 3 de 2 mn ou 3 de 3 mn ou 6 de 2 mn ; *série nationale et série internationale* : 3 de 3 mn ou 4 de 3 mn ou 6 de 2 mn. INDÉPENDANTS : 4 de 3 mn ou 6 de 2 mn ou 6 de 3 mn. PROFESSIONNELS : reprises par combat ainsi limitées : *3ᵉ série* : 6 reprises de 3 mn ou 8 de 3 mn si le boxeur a au moins 5 combats à son palmarès ; toutefois, pour rencontrer un 2ᵉ série internationale en 8 reprises, il devra avoir au moins 8 combats à son palmarès ; *2ᵉ série* et *2ᵉ série intern.* : 10 de 3 mn ; *1ʳᵉ série* 12 de 3 mn. Lors d'un match comptant pour l'attribution d'un titre, le nombre des reprises est fixé par la réglementation propre à cette compétition.

Équipement. GANTS. *Amateurs* : 8 onces (228 g) pour toutes catégories de poids. *Professionnels* : 5 onces (143 g) jusqu'à 60 kg ; 6 onces (171 g) au-delà. Les championnats sans gants de boxe se sont arrêtés en 1892. Les boxeurs entourent leurs mains de BANDAGES souples pour se protéger des fêlures ou fractures (pas obligatoire). La COQUILLE est une protection obligatoire du bas-ventre contre les coups bas.

Irrégularités. Frapper au-dessous de la ceinture ; frapper ou fouetter avec : gant ouvert, paume de la main, poignet, avant-bras, coude, tranchant ou côté extérieur de la main ; frapper en pivotant en arrière ; frapper un adversaire à terre ou qui est en train de se relever ; tenir l'adversaire ; passer les bras sous ceux de l'adversaire ; donner des coups de pied, des coups de tête ou d'épaule ; utiliser les genoux, lutter ou bousculer l'adversaire ; frapper volontairement sur les reins dans les corps-à-corps ; le dessus ou le derrière de la tête ou dans le dos de l'adversaire ; un adversaire engagé dans les cordes du ring ; se cacher dans ses gants en refusant le combat ; tenir d'une main la corde du ring pour frapper ou esquiver ; esquiver en abaissant la tête au-dessous du niveau de la ceinture de l'adversaire ; frapper en sautant ; parler en boxant.

Jugement. Rendu par un arbitre juge unique ou par 3 juges dont l'un fait fonction d'arbitre. Décisions sans appel sauf erreur dans le décompte des points. Aux J.O., 5 juges donnent la décision ; l'arbitre ne fait que diriger le combat.

Ring. Dimensions 4,90 m à 6,10 m au carré limité par 3 hauteurs de cordes.

Quelques records

Boxeurs devenus rapidement champions. *James J. Jeffries* est devenu champion du monde des poids lourds après seulement 12 combats. *Jeff Fenech* devint champion du monde des coqs à son 7ᵉ combat professionnel. Saensar Muangsurin au 3ᵉ combat.

● **Poids lourds. Champion du monde. Le plus jeune.** *Floyd Patterson*, en 1956 à 21 ans et 331 j.

Le plus longtemps champion du monde : *Joe Louis* (Noir américain 1914-81) (ch. lourds 11 ans 8 mois et 7 j du 22-6-1937 au 1-3-1949). *Cassius Clay* (Noir américain) alias Mohammed Ali (n. 17-1-42 ; 1,90 m ; 98,5 kg) domina de 1963 à 1978. Déchu de son titre pour refus du service militaire en 1970, il le reprit le 23-10-74. Il fut battu le 15-2-78 par l'Américain Léon Spinks (n. 11-7-53), plus léger de 12 kg. **Invaincu.** *Rocky Marciano* est le seul champion du monde des lourds à n'avoir jamais été battu pendant sa carrière professionnelle (1947-56) et sur 49 combats gagnés, il en gagna 43 par knock-out. *Primo Carnera* (1906-67), 2,06 m, pesant 120,5 kg, sur 100 combats en gagna 86, en perdit 13, 1 match nul. Dans un championnat poids lourds, *Max Baer* envoya au tapis Primo Carnera 11 fois, en 1934.

● **Moyens.** *Carlos Monzon* (Argentin n. 7-8-42 ; 1,83 m) domina les poids moyens de 1970 à 1977. Il disputa 102 combats pour 61 victoires par K.O., 28 aux points, 8 nuls, 1 sans décision, 3 défaites (la dernière le 9-10-64). Il s'est retiré invaincu ayant battu son successeur le Colombien Rodrigo Valdès 2 fois le 26-6-76 et le 30-7-77. **Le moins longtemps :** *Dave Sullivan*, 46 j, du 26-9 au 11-11-1898.

Le plus petit : *Tommy Burns* en 1908, 1,70 m. **Le plus léger :** Robert Prometheus Fitzsimmons, 75 kg.

La plus grande différence de poids entre 2 adversaires dans un combat pour le championnat mondial : 39 kg. Carnera (122 kg), Loughran (83 kg).

Le plus long combat avec gants [110 rounds (7 h 19 mn)] eut lieu du 6 au 7-4-1893 à la N.-Orléans (U.S.A.). Il opposa Andy Bowen à Jack Burke. Pas de vainqueur. **Le plus court** eut lieu le 4-11-1947 à Minneapolis : Pat Browson fut mis K.O. à la 4ᵉ s en un coup de poing par Mike Collins.

Réalisa le plus de knock-out : *Archie Moore* (145).

Bob Fitzsimmons (Anglais) a remporté *3 titres de champion du monde :* moyens (Jack Dempsey 14-1-1891), lourds (J.J. Corbett 17-3-1897), lourds-légers (George Gardner 25-11-1903). *Henri Armstrong* (plumes, légers et welters). *Ray Sugar Robinson* regagna le titre de *champion du monde 4 fois.*

Champions du monde morts de blessures reçues sur le ring : Benny Paret mort le 3-4-1962 après un combat le 24-3 ; Davey Moore 4 j après un combat le 21-3-1963.

Trucages. *Carpentier* avoua dans ses Mémoires que son match contre Battling Siki, le 24-9-1922, était minutieusement réglé : le Noir, que Carpentier aurait pu mettre K.O. en 1 ou 2 rounds, devait « se coucher » au 5ᵉ round ; mais Carpentier se brisa la main droite et Siki en profita pour le mettre knock-out.

Marcel Cerdan, lors d'un combat à New York en 1947 contre Harold Green, se blessa la main droite ; le médecin de service (qui avait misé, mais on le sut plus tard, sur Green) lui fit une piqûre de novocaïne truquée, donc à effet nul ; Cerdan gagna quand même.

☞ *Sonny Liston* avait des poings larges de 38 cm. *Mario d'Agata* était sourd-muet ; *Henri Greb* borgne ; *Criqui*, blessé à la guerre, avait une mâchoire d'argent.

Principales épreuves

Championnats du monde [1]

Nota. — (1) Sauf indication, les champions sont Américains. (2) France. (3) Irlande. (4) G.-B. (5) Canada. (6) Grèce. (7) Philipp. (8) Cuba. (9) Suisse. (10) Danemark. (11) Mex. (12) Panama. (13) Niger. (14) Afr. du S. (15) Australie. (16) Italie. (17) Brésil. (18) Japon. (19) Argentine. (20) Thaïlande. (21) Corée du S. (22) Colombie. (23) All. féd. (24) Porto Rico. (25) Ghana. (26) Nicaragua. (27) Venezuela. (28) Autriche. (29) Espagne. (30) Yougoslavie. (31) Bahamas. (32) Ouganda. (33) Jamaïque. (34) P.-Bas. (35) Rép. dominicaine. (36) Norvège.

(a) New York State Athletic Commission. (b) World Boxing Association. (c) World Boxing Council. (d) National Boxing Association. (e) International Boxing Federation (IBF).

Il n'y a pas d'organisation mondiale reconnue par tous dans le secteur professionnel : au niveau européen, l'*European Boxing* regroupe toutes les fédérations d'Europe occidentale ; au niveau mondial 3 groupements : la *World Boxing Association* (W.B.A. fondée en 1962, ancienne National Boxing Association f. en 1920 ; contrôle la plus grande partie de la boxe de l'Am. du N. et du S. et de l'Extrême-Orient), le *World Boxing Council* [W.B.C., f. en févr. 1963, comprend la fédération européenne, la British Boxing Board of Control (B.B.B.C.), l'Union d'Am. latine et l'Oriental federation], la *New York State Athletic Commission* (N.Y.A.C.). Effort d'unification de la W.B.A. et de la W.B.C. : 2 titres de champion du monde poids moyen et poids welter. Le F.B.I. (Fédération boxing international).

Poids lourds [1] (toutes catég.) depuis 1882. **82** John L. Sullivan (1858-1918). **92** James J. Corbett (1866-1933). **97** Bob Fitzsimmons [4] (1862-1917). **99** James J. Jeffries (1875-1953). **1905** Marvin Hart (1876-1931). **06** Tommy Burns (1891-1955). **08** Jack Johnson (1878-1946, accident de voiture). **15** Jesse Willard (1881-1968). **19** Jack Dempsey (n. 1895, 1,86 m, 86 kg). **26** Gene Tunney (1898-1978). **28** (sans). **30** Max Schmeling [24] (n. 28-9-05). **32** Jack Sharkey (n. 6-10-02). **33** Primo Carnera [16] (1906-67). **34** Max Baer (1909-59). **35** James J. Braddock (1905-74). **37** Joe Louis Barrow (1914-81). **49** Ezzard Charles (1921-75). **51** Joe Walcott (3-1-1914). **52** Rocky Marciano (Rocco Francis Marchegiano, blanc, 1923-69 † accident d'avion). **56** Floyd Patterson (n. 1935). **59** Ingemar Johansson (n. 22-9-32, Suède). **60** Floyd Patterson (n. 4-1-35). **62** Sonny Liston (1932-71, assassiné). **64** Cassius Clay (n. 17-1-42). **70** Joe Frazier (n. 12-1-44). **73** George Foreman (n. 22-1-46). **74** Cassius Clay, alias Mohammed Ali [b,c]. **78** Léon Spinks [b] (n. 11-7-53), Ken Norton [c] (n. 9-8-45), Larry Holmes [c] (1949-73, 1,93 m, 98 kg). **79** Mohammed Ali [b,c], Larry Holmes [c], John Tate [b]. **80** John Tate [b], Larry Holmes [c], Mike Weaver [b]. **81** Larry Holmes [c], Mike Weaver [b,c]. **82** Larry Holmes [c], Michael Dokes [b]. **83** Larry Holmes [c], Michael Dokes [b], Gerrie Coetzee [14,b]. **84** Tim Witherspoon [c], Pinklon Thomas [c], Larry Holmes [e], Greg Page [e]. **85** Pinklon Thomas [c], Tony Tubbs [b], Michael Spinks [e]. **86** Trevor Berbick [5,c].

Lourd-léger. **1979** Marvin Camel. **80** Carlos de León. **82** Oswaldo Ocasio [6,b], Carlos de León [24,c], S.T. Gordon [c]. **83** S.T. Gordon [c], Oswaldo Ocasio [24,b], Carlos de León [24,c], Marvin Camel [e]. **84** Carlos de León [24,c], Oswaldo Ocasio [24,b], Lee Roy Murphy [e], Piet Crous [b]. **85** Dwight Muhammad Qawi [b], Bernard Benton [c], Lee Roy Murphy [e]. **86** Carlos de León [c].

Mi-lourds [1]. *Disputés* dep. 1903. **03** Jack Root puis George Gardner et Bob Fitzsimmons [4]. **05** Phil Jack O'Brien. **12** Jack Dillon. **16** Battling Levinski. **20** *Georges Carpentier* [2]. **22** *Battling Siki* [2]. **23** Mike Mc Tigue [3]. **25** Paul Berlenbach. **26** Jack Delaney. **27** Tommy Loughran. **30** Jimmy Slaterry. **32** Maxie Rosenbloom. **34** Bob Olin. **35** John Henry Lewis. **39** Melio Bettina puis Billy Conn. **41** Anton Christoforidis [6]. **46** Gus Lesnevich. **48** Freddie Mills [4]. **50** Joe Maxim. **52** Archie Moore. **62** Harold Johnson. **63** Willie Pastrano. **65** Jose Torres. **66** Dick Tiger [13]. **68** Bob Foster [b] (n. 1939). **75** John Conteh [4,c], Victor Galindez [19,b]. **77** Miguel Angel Cuello [19,c]. **78** Maté Parlov [30,c]. **79** Mike Rossman [c]. **80** Marvin Johnson [b], Matthew S. Muhammad (ex. M. Franklin). **81** Eddie Mustafa Muhammad (ex. E. Gregory). **82** Dwight Braxton. **83-84** Michael Spinks [b,c]. **85** Michael Spinks [c], Slobodan Kacar [30,e], J.B. Williamson [c].

Super-moyens [1]. **84** Murray Sutherland [4,e] Chong-Pal Park. **85** Chong-Pal-Park [21,e]. **86** Chong-Pal-Park [21,e].

Moyens [1]. *Disputés* depuis 1884. **84-90** Jack Dempsey. **91** Bob Fitzsimmons [4]. **1898** Tommy Ryan. **1907** Stanley Ketchel. **08** Billy Papke, puis Stanley Ketchel. **10** Billy Papke. **11** Johnny Thompson puis Billy Papke. **13** Frank Klaus puis George Chip. **14** Al Mac Coy. **17** Mike O'Dowd. **20** Johnny Wilson. **23** Harry Greb. **26** Tiger Flowers puis Mickey Walker. **31** Gorilla Jones. **32** *Marcel Thil* [2,a] (N. B. A. et E. B. U. tient jusqu'au 23-9-37), puis Ben Jeby (N. Y.). **33** Gorilla Jones [d], puis Lou Brouillard (N. Y.) et Vince Dundee [a]. **34** Teddy Yarosz [a]. **35** Babe Risko [a]. **36** Freddie Steele [a]. **37** Fred Apostoli [a]. **38** Al Hostack puis Solly Krieger [a]. **39** Ceferino Garcia [7] puis Al Hostack [a]. **40** Ken Overlin [a] puis Tony Zale (tenant jusqu'au 16-7-47). **41** Billy Soose [a]. **47** Rocky Graziano. **48** Tony Zale, *Marcel Cerdan* [2]. **49** Jake La Motta. **51** Ray Sugar Robinson [a], Randy Turpin [4], Ray Sugar Robinson [a]. **53** Carl Olson. **55** Ray Sugar Robinson [a]. **57** Gene Fullmer [d], puis Ray Sugar Robinson, Carmen Basilio. **58** Ray Sugar Robinson [a]. **59** Gene Fullmer [d], Ray Sugar Robinson [a]. **60** Gene Fullmer [d], Paul Pender [a]. **61** Gene Fullmer, Terry Downes [4,a]. **62** Gene Fullmer, Dick Tiger [13], Paul Pender [a]. **63** Dick Tiger, Joey Giardello. **65** Dick Tiger [13]. **66** Émile Griffith. **67** Nino Benvenuti [16] (n. 1938). Émile Griffith. **68** Nino Benvenuti. **70** Carlos Monzon [19,b,c] (n. 7-8-42). **77** Rodrigo Valdès [22,b,c]. **78, 79** Hugo Corro [19,b,c]. **80** Vito Antuofermo [16,b,c]. **81** Alan Minter [b,c]. **82** Marvin Hagler. **83** Marvin Hagler [b,c]. **84** Marvin Hagler. **85** Marvin Hagler [a,b,c].

Super-welters [1]. *Disputés* dep. 1962. **63** Ralph Dupas puis Sandro Mazzinghi. **65** Nino Benvenuti [16]. **66** Kim Ki-Soo. **68** Sandro Mazzinghi. **69** Freddie Little. **70** Carmelo Bossi. **71** Koichi Wajima. **74** Oscar Alvarado. **77** Wilfredo Benitez [24,c], Eckhard Dagge [23,b], Rocky Mattioli [15,c], Eddie Gazo [26,b], Elisha Obeb [31,c]. **78** Rocky Mattioli [15,c]. **81** Ayub Kalule [32,b]. **82** Wilfredo Benitez [24,c]. **83** Roberto Duran [12,b], Thomas Hearns [e]. **84** Thomas Hearns, Mark Medal, Mike McCallum [4], Carlos Santos [24]. **85** Mike McCallum [b], Thomas Hearns [c], Carlos Santos [e].

Welters [1]. *Disputés* dep. 1888. **88** Paddy Duffy. **92** Billy Smith. **94** Tommy Ryan [4]. **96** Kid Mac Coy. **97** Billy Smith. **1900** Jim Ferns puis Matty Matthews. **01** Matty Matthews puis Ferns et Joe Walcott. **04** Joe Walcott puis Dixie Kid. **06** Billy « Honey » Mellody. **07** Mike « Twin » Sullivan. **15** Ted « Kid » Lewis [4]. **19** Jack Britton. **22** Mickey Walker. **26** Pete Latzo. **27** Joe Dundee. **29** Jackie Fields. **30** Young Jack Thompson puis Tommy Freeman. **31** Young J. Thompson puis Lou Brouillard. **32** Jackie Fields. **33** Young Corbett III puis Jimmy Mc Larnin. **34** Barney Ross puis Jimmy Mc Larnin. **35** Barney Ross. **38** Henry Armstrong. **40** Fritzie Zivic. **41** Fred « Red » Cochrane. **46** Marty Servo, Ray Robinson. **47** Ray Robinson. **51** Ray Robinson, Johnny Bratton [d], Kid Gavilan [8]. **54** Johnny Saxton. **55** Tony De Marco, Carmen Basilio. **56** Carmen Basilio, Johnny Saxton, Carmen Basilio. **57** Carmen Basilio. **58** Virgil Akins, Don Jordan. **59** Don Jordan. **60** Benny Paret [8]. **61** Émile Griffith, Benny Paret [8]. **62** Benny Paret [8], Émile Griffith. **63** Luis Rodriguez [8], Émile Griffith. **64** Émile Griffith (n. 1938). **66** Curtis Cokes. **69** José Napoles [11]. **70** Billy Backus. **71** José Napoles [11] (n. 13-4-40). **75** Carlos Palomino [11,c], José Pipino Cuevas [11,b]. **79** Masashi Kudo [18,c]. **80** Ayub Kalule [32,b], Maurice Hope [4,c]. **81** Thomas Hearns [6], Sugar Ray Leonard. **82** Sugar Ray Leonard. **83** Donald Curry [b], Milton Mc Crory [c]. **84** Milton Mc Crory [c], Donald Curry [b]. **85** Donald Curry [b,c].

Super-légers [1]. *Disputés* dep. 1922. **Début 59** Carlos Ortiz. **60** Duilio Loi. **62** Eddie Perkins puis Duilio Loi. **63** Roberto Cruz, puis Eddie Perkins. **64** Eddie Perkins. **65** Carlos Hernandez. **66** Sandro Lopopolo [16]. **67** Paul Fuji. **68** Nicolino Loche. **72** Alfonso Frazier, Antonio Cervantes [22,b]. **77** Sansak Muangsurin [20,c]. **79** Sang Hyun Kim. **80** Antonio Cervantes [22,c]. **80** Saoul Mamby [33,b]. **81** Aaron Pryor [b]. **82** S. Mamby [33,b]. **83** Aaron Pryor [b], Leroy Haley [c], Bruce Curry [c]. **84** Johnny Bumphus, Bill Costello, Gene Hatcher, Aaron Pryor [b]. **85** Ubaldo Sacco [19,b], Lonnie Smith [c], Aaron Pryor [e]. **86** Patrizio Oliva [16,b], Lee Roy Murphy [e].

Légers [1]. Disputés dep. 1886. **1886** Jack Mc Auliffe [3]. **96** George Kid Lavigne. **99** Franck Erné [9]. **1902** Joe Gans. **08** Battling Nelson [10]. **10** Ad. Wolgast. **12** Willie Ritchie. **14** Freddie Welsh [4]. **17** Benny Leonard. **25** Jimmy Goodrich, Rocky Kansas. **26** Sammy Mandell. **30** Al Singer puis Tony Canzoneri. **33** Barney Ross. **35** Tony Cansoneri. **36** Lou Ambers. **38** Henry Armstrong. **39** Lou Ambers. **40** Lew Jenkins. **41** Sammy Angott [d]. **43** Bob Montgomery [a], Beau Jack [a]. **44** Bob Montgomery [a]. Juan Zurita [11,d]. **45** Ike Williams [d]. **47** Ike Williams [d]. **51** James Carter. **52** Lauro Salas [11], James Carter. **53** James Carter. **54** Paddy De Marco, James Carter. **55** James Carter, Bud Smith. **56** Bud Smith, Joe Brown. **57** Joe Brown. **62** Carlos Ortiz. **65** Ismael Laguna [12], Carlos Ortiz. **68** Carlos-Teo Cruz. **69** Mando Ramos. **70** Ismael Laguna [12], Ken Buchanan [4]. **72** Roberto Duran [12,b]. **74** Ishimatsu Suzuki [18,c]. **76** Esteban De Jesus [24,c]. **78** Roberto Duran [12,b,c]. **79** Jim Watt [4,c]. **80** Ernesto Espana [27,b]. **81** James Hilmer Kenty. **82** Alexis Arguello [26,c]. **83** Ray Mancini [b], Edwin Rosario [24,c]. **84** Charlie Choo Brown, Edwin Rosario [24,c], Harry Arroyo, Livingston Bramble [b], José luis Ramirez [11]. **85** Harry Arroyo [e], Livingstone Bramble [b], Hector Camacho [24,c], Jimmy Paul [e].

Super-plume [1]. *Disputés* dep. 1921. **1921** Johnny Dundee. **23** Jack Bernstein, puis Johnny Dundee. **24** Steve Kid Sullivan. **25** Mike Ballerino, puis Tod Morgan. **29** Benny Bass. **31** Kid Chocolate [8]. **33** Frankie Klick. **59** Harold Gomes. **60** Flash Elorde. **67** Yoshiaki Numata [18] puis Hiroshi Koboyashi [18]. **71** Alfredo Marcano. **72** Ben Villaflor [7]. **73** Kuniaki Shibata puis Ben Villaflor [7]. **77** Alfredo Escalera [24,c], Samuel Serrano [24,b], Alexis Arguello [26,c]. **79, 80** Samuel Serrano [24,c]. **80** Alexis Arguello [26,b]. **81** Yatsutsune Uehara [18,b]. **82** Rafael Limon, Cornélius Boza-Edwards, Roland Navarette. **83** Roger Mayweather [b], Hector Camacho [24,c]. **84** Rocky Lockridge [b], Julio-César Chavez. **85** Rocky Lockridge [b], Wilfredo Gomez [24,b], Julio Cesar Chavez [11,c], Lester Ellis [e], Barry Michael [15,e]. **86** Julio Cesar Chavez [11,c].

Plume [1]. *Disputés* dep. 1889. **89** Ike O'Neil Weir. **90** Billy Murphy puis Young Griffo. **91** George Dixon. **96** Frankie Erne [9]. **97** George Dixon [5] puis Solly Smith. **98** Dave Sullivan [3] puis George Dixon. **1900** Terry Mac Govern. **01** Abe Attel puis Young Corbett. **04** Abe Attel. **12** Johnny Kilbane. **23** *Eugène Criqui* [2], Johnny Dundee. **25** Louis Kid Kaplan. **27** Benny Bass. **28** Tony Canzoneri puis *André Routis* [2]. **29** Battling Battalino. **32** Tommy Paul, puis Kid Chocolate [8] (N.Y.) **33** Freddie Miller, puis Kid Chocolate. **34** Freddie Miller. **36** Petey Sarron [a] puis Mike Belletoise. **37** Babbie Arizmendi, Henry Armstrong. **38** Joe Archibald [a]. **40** Harry Jeffra [a], Petey Scalzo [d]. **41** Joe Archibald [a], Charly Wright [a], Ritchie Lemos [d], Jack

Wilson [d]. **42** Willy Pep [a]. **43** Jackie Callura [d], Phil Terranova [d]. **44** Sal Bartolo. **46** Willie Pep. **48** Sandy Saddler. **49** Willie Pep. **50** Sandy Saddler. **57** Hogan Kid Bassey [13]. **59** Davey Moore. **63** Sugar Ramos [8]. ?. **75** Alexis Arguello [26,b], David Kotey [25,c]. **77** Danny Lopez [c], Rafael Ortega [12,b], Cecilio Lastra [29,b]. **78, 79, 80** Eusebio Pedroza [12,b]. **80** Salvador Sanchez [11,c]. **81** Eusebio Pedroza [12,b]. **82** Juan Laporte [c]. **83** Eusebio Pedroza [12,b], Juan Laporte [c]. **84** Min-Keun Oh, Wilfredo Gomez [24,c], Eusebio Pedroza [12,b], Azumah Nelson [4]. **85** Eusebio Pedroza [12,b], Min-Keun Oh [e], Barry Mc Guigan [4,b], Azumah Nelson [25,c], Kee Young Chung [21,e]. **86** Barry Mc Guigan [4,b].

Super-coq [1]. *Disputés* dep. 1976. **1976** Rigoberto Riasco, puis Royal Kobayashi, Dom Yum Kyun. **77** Dom Yum Kyun [21,c], Soo Hwang Hong [21,b], Ricardo Cardona [22,b]. **78** Wilfredo Gomez [24,c]. **79, 80** Ricardo Cardona [22,b]. **80** Wilfredo Gomez [24,c]. **81** Sergio Palma [b]. **82** Wilfredo Gomez [24,c]. **83** Aldo Cruz [35,b], Bobby Berna [7]. **84** Loris Stecco [16], Seung-In Suh, Victor Callejas [b], Jaime Garza [c], Juan Meja. **85** Kim-Ji-Won [21,e], Victor Calejas [24,b], Guadalupe Pintor [11,c], Juan Meza [c], Guadalupe Pintor [c].

Coq [1]. *Disputés* dep. 1856. **1887** Tommy Kelly. **90** George Dixon. **92** Billy Plimmer. **94** Jim Barry. **99** Terry Mc Govern. **1901** Harry Harris. **02** Harry Forbes. **03** Frankie Neil, Joe Bowker [1]. **05** Jimmy Walsh. **10** Johnny Coulon. **14** Kid Williams [10]. **17** Peter Herman. **20** Joe Lynch. **21** Peter Herman puis Johnny Buff. **22** Joe Linch. **24** Abe Goldstein puis Cannonball Martin. **25** Phil Rosenberg. **27** Charles Bud Taylor. **28** Bushy Graham (N.Y.). **29** Al Brown [12]. **34** Sixto Escobar [d]. **35** Lou Salica [d], Sixto Escobar [d], Baltazar San Schilli. **36** Tony Marino, Sixto Escobar. **37** Harry Jeffra. **40** Lou Salica. **42** Manuel Ortiz [11]. **47** Harold Dade, Manuel Ortiz [11]. **50** Vic Toweel [14]. **52** Jimmy Carruthers. **53** Jimmy Carruthers [15]. **54** *Robert Cohen* [2]. **56** Mario d'Agata [16]. **57** *Alphonse Halimi* [2]. **59** Joe Becerra [11]. **61** Eder Jofre [17]. **65** Masahiko Fighting Harada [18]. **68** Lionel Rose. **69** Ruben Olivares. **70** Jesus Chucho Castillo. **71** Ruben Olivares. **72** Rafael Herrera, Enrique Pinder. **73** Romero Anaya, Arnold Taylor. **74** Rodolfo Martinez, Soo Hawn Hong [21,b]. **75** Carlos Zarate [11,c], Alfonso Zamora [11,b]. **77, 78** Carlos Zarate. **79, 80** Jorge Lujan [12,b]. **80** Jeff Chandler, José Guadalupe Pintor [11,c]. **81** Julian Solis [11,b]. **82** José Guadalupe Pintor [11,c]. **83** Jeff Chandler [b], Alberto Davila [c]. **84** Richard Sandoval [b], Alberto Davila [c]. **85** Richard Sandoval [b], Miguel Lora [22,c], Jeff Fenech [15,e].

Mouche [1]. *Disputés* dep. 1916. **1916** Jimmy Wilde [4]. **23** Pancho Villa. **25** Fidel La Barba. **27** Corporal Issy Schwartz, Albert Frenchie Belanger [d]. **28** Frankie Genaro [d]. **29** *Émile Pladner* [2,b], Frankie Genaro [d]. **30** Midget Wolgast. **31** *Young Perez* [2,b], Victor Young Perez (I.B.U.). **32** Jacky Brown [4,d]. **35** Benny Lynch [4,d], Small Montana [a]. **37** Benny Lynch [4]. **38** Peter Kane [4]. **43** Jacky Paterson [4]. **47** Rinty Monaghan [3]. **50** Terry Allen [4], Dado Marino. **52** Yoshio Shirai [18]. **54** Pascual Perez [19]. **60** Pone Kingpetch [20]. **62** Masahiko Harada [18,d]. **63** Pone Kingpetch [20], Hiroyuki Ebihara [18]. **64** Pone Kingpetch [20]. **65** Salvatore Burruni [16]. **66** Horacio Accavallo [d], Walter McGowan. **67** Chartchai Chionoi [20]. **69** Efren Torres. **70** Erbito Salavaria. **73** Venice Borkorsor [c], Rafael Herrera [11,c], Chartchai Chionoi [20,b], Betulio Gonzalez [27,c]. **74** Chartchai Chionoi [20,b], Betulio Gonzalez [27,c], Shoji Oguma [18,c], Susumu Hanagata [18,b]. **75** Miguel Canto [11,c]. Erbito Salavarria, Miguel Canto. **76** Alfonso Lopez, Miguel Canto [11,c], Gustavo Espadas [11,b]. **77** Gustavo Espadas [11,b], Miguel Canto [11,c]. **78** Gustavo Espadas [11,b], Miguel Canto [11,c], Betulio Gonzalez [27,c], Miguel Canto [11,c]. **79** Betulio Gonzalez [27,c], Miguel Canto [11,c], Chang Hee Park, Betulio Gonzalez [27,c], Chang Hee Park, Luis Ibarra, Chang Hee Park. **80** Kim Thae Shik [21,b], Chang Hee Park, Shoji Oguma [18,c], Tae Shik Kim [21,b], Shoji Oguma [18,c], Peter Mathebula. **81** Shoji Oguma [18,c], Santos Laciar, Antonio Avelar, Luis Ibarra, Antonio Avelar, Juan Herrera. **82** Prudencio Cardona, Santos Laciar [19,b], Freddie Castillo, Santos Laciar [19,b], Eleoncio Mercedes. **83** Santos Laciar [19,b], Charli Magri, Frank Cedeno [7,c], Soo-Chun Kwon [21,c]. **84** Koji Kobayashi [18], Santos Laciar [b], Soo-Chun Kwon [21,c], Gabriel Bernal [11,c], Sot Chitalada [20,c]. **85** Soo-Chun Kwon [21,e], Sot Chitalada [20,c], Santos Laciar [6], Hilario Zapata [12,b], Chong Kwan Chung [21,e].

Mi-mouche. *Disputés* dep. 1975. **1975** Franco Udella [c], Jaime Rios [b], Luis Esteba [27,c]. **76** Jaime Rios [c], Luis Esteba [c], Juan José Guzman, Luis Esteba [c], Yoko Gushiken [18,b], Luis Esteba. **77** Yoko Gushiken [18,b], Luis Esteba. **78** Yoko Gushiken, Freddy Castillo [11,c], Yoko Gushiken [18,b], Netrnoi Vorasing [20,c], Kim San Jun, Yoko Gushiken [18,b]. **79** Kim Sung Jun, Yoko Gushiken [18,b]. **80** Shigeo Nakajima, Yoko Gushiken [18,b], Hilario Zapata. **81** Pedro Flores, Hilario Zapata, Kim Hwan-Jin, Katsuo Tokashiki. **82** Amado Ursua, Katsuo Tokashiki, Tadashi Tomori, Katsuo Tokashiki, Hilario Zapata. **83** Katsuo Tokashiki [18,b], Lupe Madera [11,b], Chang Jung Koo [21,c], Doddie Penalosa [7,e]. **84** Chang Jung-Koo [21,c], Francisco Quiroz [35,b], Doddie Penalosa [7,e]. **85** Joey Olivo [b], Chang-Jung-Koo [21,c], Dodie Penalosa [7,e], Myung-Woo Yuh [21,b].

Super-mouche. 80 Rafael Orono. **81** Chul Ho Kun. **82** Jiro Watanabe [18]. **83** Jiro Watanabe [18,b], Payao Pooltarat [20,c], Joo-Do Chun. **84** Jiro Watanabe [18], Joo-Do Chun, Payao Pooltarat, Kaosai Galaxy. **85** Joo-Do Chun [e], Kaosai Galaxy [20,b], Jiro Watanabe [18,e], Ellyas Pascal [e].

Championnats professionnels
Europe

Poids lourds. 84 Steffen Tangstad [36]. **85** Bruno [4]. **Mi-lourds. 84, 85** Alex Blanchard [34]. **Mi-moyens. 86** Saïd Skouma. **Moyens. 84** Tony Sibson [4]. **85** Kalule [10]. **Super-welters. 85, 86** Saïd Skouma [2]. **Welters. 84** Gianfranco Rosi [16]. **85** Honeyghan [4]. **Super-légers. 84** Patrizio Oliva [16]. **85** Marsh [4]. **Légers. 84, 85** René Weller [2]. **Super-plumes. 84** Pat Cowdell [4]. **Plumes. 84** Barry McGuiguan [4]. **Coqs. 84, 85** Ciro De Leva [16]. **Mouches. 84, 85** Charlie Magri [4].

France

Poids lourds. 78, 79, 80, 81 Lucien Rodriguez. **85** Dominique Nato. **86** Balbouli. **Mi-lourds. 78, 79, 80, 81** Hocine Tafer. **83, 84, 85, 86** Richard Caramanolis. **Moyens. 78, 79** Gratien Tonna, **80, 81** Jacques Chinon, **83** Pierre-Frank Winterstein, **85, 86** Pierre Joly. **Super-mi-moyens. 79** G. Warusfel, **80** Vacant, **81** Claude Martin, **83** Winterstein. **Mi-moyens. 77** Alain Marion, **78** Louis Acaries puis Alain Ruocco, **79** Louis Acaries, **80** Ronald Zenon, **81** Jean-Claude Warusfel. **Super-légers. 77** Claude Lormeau, **79** Vacant, **80** Jo Kimpuani, **84, 85** Tex N'Kalankete. **Légers. 78, 79, 80** Didier Kowalski, **83, 84, 85** Frédéric Geoffroy. **86** Alain Simoes. **Super-plumes. 78** René Martin, Georges Cotin puis Maurice Apeang, **79, 80** Charles Jurietti. **81** Francis Bailleul. **83, 84** Michel Siracusa. **85** Daniel Londas. **Plumes. 78** Michel Lefebvre. **79** Gérard Jacob, **80** Laurent Grimbert, **81** Guy Caudron, **82, 83** Kamel Djadda, **84, 85** Farid Gallouze. **86** Marc Amand. **Coqs. 79, 80** Guy Caudron, **81** Jean-Jacques Souris. **85** vacant. **Mouches. 79, 80** Vacant, **81** Dominique Piedeleu, **83** Antoine Montero. **85** Limarola. **Welters. 84** Jean-Marie Touati. **85** Brahim Messaoudi. **Super-welters. 84** Germain Le Maître. **85** Saïd Skouma. **86** Yvon Segor.

Autres épreuves

Amateurs. Championnats de France 86 : *Mi-mouche :* Desaroye. *Mouche :* Leclercq. *Coq :* Jacob. *Plume :* Marin. *Légers :* Samalingue. *Super-légers :* Vaste. *Mi-moyens :* Boudouani. *Super-mi-moyens :* Boudouani. *Moyens :* Marmoun. *Mi-lourds :* Le Campion. *Lourds :* Gitton. *Super-lourds :* Tumataaroa.

Champ. d'Europe 86. *Mi-mouche :* Breitbart (All. dém.). *Mouche :* Berg (All. dém.). *Coq :* Simic [30]. *Plume :* Hatchatrian (U.R.S.S.). *Légers :* Tchuprenski (Bulg.). *Super-légers :* Mehnert (All. dém.). *Welters :* Apopkokhian (U.R.S.S.). *Super-welters :* Timm (All. dém.). *Moyens :* Maske (All. dém.). *Mi-lourds :* Shanavasov (U.R.S.S.). *Lourds :* Jagubkin (U.R.S.S.). *Super-lourds :* Somodi (Hong.).

Champions du monde français [1]

Mouches. Émile Pladner (n. 1906), ch. du 2-3 au 18-4-1929 (47 j). Young Perez (Victor) (1911-42) 1931.

Coqs. Robert Cohan (n. 1930) 1954 et 1956. Alphonse Halimi (n. 1932) 1957 et 1960.

Plumes. Eugène Criqui (1893-1977) 2-6-1923. André Routis (n. 1900) 1928-1929.

Moyens. Marcel Thil (n. 1904) 1932 et 1938. Édouard Tenet (n. 1907) 1937. Marcel Cerdan (22-7-16/27-10-49) 1949 ; sur 108 combats professionnels entre 1936 et 1949, il ne fut battu que quatre fois.

Mi-lourds. Georges Carpentier (12-1-1894/27-10-76) 1920-22. Battling Siki (Louis Phal) (n. 1897) 1922.

Nota. – (1) Champions du monde de l'International Boxing Union.

263 boxeurs (amateurs ou professionnels) sont morts dans le monde des suites d'un combat de 1945 au 25-5-69.

Boxe française

Généralités

Histoire. Origine. 1820 née dans le faubourg parisien de la Courtille, elle s'appelait alors la *« savate »* ou le *« chausson »* lorsqu'il s'agissait d'enseignement militaire. **V. 1850** Lecour ajoute la technique des poings à celle des pieds ; celle de la Boxe française. **1877** Joseph Charlemont (1939-1914) publie le 1er livre technique de boxe française. **V. 1900** elle est enseignée dans l'armée, les écoles et sociétés sportives, devient le sport national des Français. **En 1899** combat historique de Charlemont (qui l'emporta) contre l'Anglais Driscoll, champion de boxe anglaise. **V. 1940** sous l'effet de la concurrence de la boxe anglaise professionnelle, la boxe fr. décline. **1965** renouveau. **1972** création de la Féd. nat. de boxe française. **1976** devient la *Fédération fr. de boxe française-savate et disciplines assimilées* (25, bd des Italiens, 75002 Paris).

Technique. Sport de combat utilisant pieds et poings. Sont exclus les coups dans la nuque, le dos et le triangle génital. *Principaux coups de poing :* ceux de la boxe anglaise ; *pied : le coup de pied bas, chassé, fouetté* (bas, médian et figure – tournant, sauté et croisé), *revers* (bas, médian, et figure – simple et tournant). Au cours des compétitions, chassés et revers frontaux sont autorisés. *Ring :* enceinte carrée de 6 m de côté.

Combats : 5 reprises de 2 mn série nationale et rencontres internat. 1 mn 30 championnats de Fr. Espoirs. 4 de 1 mn 30 ch. de Fr. Juniors. Fém. 4 de 1 mn 30 en championnat de Fr. (assauts).

Décisions. Victoire par hors combat ou « aux points », match nul ou non-combat, arrêt de l'arbitre, abandon, disqualification.

Grades. Progrès techniques. *1er degré :* gant bleu ; *2e :* vert ; *3e :* rouge ; *4e :* blanc ; *5e :* jaune ; *6e :* violet technique 1er degré ; *2e :* GAT 2e degré ; GAT 2e degré ; *8e :* GAT 3e degré. **Valeur combative.** *1er degré :* gant de bronze ; *2e :* argent compétition 1er degré ; *3e :* GAC 2e ; *4e :* GAC 3e ; *5e :* GAC 4e ; *6e :* GAC 5e. *Grades honorifiques :* gant vermeil et g. d'or. Fém. 3 séries. Rencontres (challenges, critériums et coupes) toujours sous forme d'assaut.

Rencontres : *assaut,* jugé sur technique et précision des coups portés. *Combat 2e série,* ajoute à l'assaut une énergie suffisante pour que les coups soient portés avec efficacité (port du casque et des jambières obligatoire). Hors-combat possible, noté de 0 à 6 pour la technique et le style et de 0 à 4 pour la combativité et l'efficacité. *Combat 1re série et série nationale ;* port du casque et des jambières interdit, même critère de jugement mais une seule note de 0 à 10.

Catégories de poids (en kg) : mouche 48-51 ; coq 51-54 ; plume 54-57 ; super-plume 57-60 ; léger 60-63 ; super-léger 66 ; mi-moyen 66-70 ; super-mi-moyen 70-74 ; moyen 74-79 ; mi-lourd 79-85 ; lourd plus de 85. *Fém. :* de 45 kg à plus de 77 kg. Scolaires, de – de 27 kg à 48 kg inclus.

Équipement. Chaussures sans œillets, tenue intégrale. En combats de 1re série et de série nationale, protège-dents et coquille obligatoires, casque et jambières interdits. Gants de 8 à 12 onces. Pour les universitaires protège-dents, coquille, casque, jambières obligatoires.

Boxe française de compétition

Pays pratiquants. All., Belgique, Canada, Espagne, États-Unis, France, G.-B., Grèce, Italie, Pays-Bas, Suède, Suisse, Portugal, Yougoslavie.

Licenciés et clubs. *1975* 3 000 (120), *78* 6 000 (300), *81* 14 000 (400), *83* 18 000 (420), *85* 21 000 (590).

Championnat d'Europe. *Créé* 1982. *1986. Plumes :* Dominique Peltier (Fr.), *moyens :* Pascal Ducros (Fr.), *super-légers :* Gilles Leduigou (Fr.), *légers :* Richard Sylla (Fr.), *mi-moyens :* Yvan Hyppolyte (P.-B.), *super-plumes :* Laurent Mercadier (Fr.), *super-mi-moyens :* Marco Noccentini (It.), *mi-lourds :* Mark Holland (P.-B.).

Championnat de France. Créé 1965. **Résultats.** Seniors. *Coq* **82** Guillard. **83** Oulieu, **84** Mezières, **85, 86** Borg. *Plume* **82** Benketache, **83** Abella, **84** Djadda, **85** Abella, **86** Peltier. *Super-plume* **82** Marie, **83** Benghafour, **84** Mezaache, **85** Benghafour, **86** Dreinaza. *Léger* **82** Sylla, **83** Mouth, **84, 85, 86** Sylla. *Super-léger* **82, 83, 84** Dakhlaoui, **85** Leduigou, **86** Dakhlaoui. *Mi-moyen* **82** Santoncini, **83** Favre, **84** Santoncini, **85, 86** Malis. *Super-mi-moyen* **82, 83, 84** Paturel, **85, 86** May. *Moyen* **82** Tardits, **83** Ducros, **84, 85, 86** Postel. *Mi-lourd* **82, 83, 84, 85, 86** Mazoué. *Lourd* **82** Chebab, **83** n'ont pas eu lieu, **84, 85** Bangui, **86** Brunet.

Pratiquants célèbres. Alexandre Dumas, Eugène Sue, Théophile Gautier, Honoré Daumier, Courteline, Georges Carpentier, Hemingway...

☞ Boxe française universitaire. Créée 1964. Organise des compétitions sous l'égide de la FNSU.

Canne

Sport de combat pratiqué sous forme d'assauts de 3 reprises de 2 mn, 4 de 2 mn (finales hommes), 3 de 2 mn (finales femmes) ; le gagnant est celui qui a réussi le plus grand nombre de touches. *Coups principaux :* brisés (croisés tête et croisés jambe), enlevés et coups latéraux (droite et gauche). *Protections obligatoires :* masque avec bourrelets spéciaux, gants avec manchette renforcée, tunique et pantalon matelassés. **Licenciés en France** (1985) : 3 500. **Clubs** (1985) : 150. **Championnat de France. Hommes. 81-82** M. Boréanaz, **83** Rozier, **84** Marra, **85** Filipowski, **86** M. Deville. **Dames. 85, 86** Lebrun.

Canoë-Kayak

Origine. *Canoë,* héritage des Indiens d'Amérique du Nord qui l'utilisaient comme engin de transport. *Kayak* vient des Esquimaux qui s'en servent pour chasser le phoque. **1866** 1er club : Royal Canoë Club de Londres.

Types de bateaux

Légende. — K : kayak. C : canoë ; les chiffres indiquent le nombre d'équipiers.

Types d'embarcations. *Canoë :* embarcation mue à la pagaie simple par 1 équipier (canoë mono ou C1), 2 équipiers (canoë bi ou C2), 1 équipier et 1 équipière (canoë mixte ou C2M). Position à genoux. *Kayak :* embarcation mue à la pagaie double par 1 seul équipier (kayak mono ou K1H), 1 seule équipière (kayak mono ou KID), ou par 2 ou 4 équipiers ou équipières (K2 et K4) (course en ligne seulement). Position assis. Ces bateaux sont le plus souvent en polyester renforcé par de la fibre de verre, mais les bateaux de course en ligne et de compétitions internationales sont en bois moulé. La pagaie est sans contact avec le bateau et les équipiers sont dans le sens de la marche (en aviron, l'engin de propulsion est fixé sur le bateau et les rameurs ont le dos tourné au sens de la marche).

Canoës et kayaks de course en ligne. Discipline olympique en eau calme, sur un bassin balisé de 9 couloirs. Se court sur 500 m et 1 000 m. Des épreuves de fond ont lieu sur 3 000, 5 000 et 10 000 m. Longueur max. en cm et, entre parenthèses, poids min. en kg : K1 520 (12). K2 650 (18). K4 1 100 (30). C1 520 (16). C2 650 (20). C4 650 (35).

Canoës et kayaks de slalom. Course contre la montre sur un parcours naturel ou artificiel en eaux-vives de 600 m. max., jalonné de 25 portes max. formées chacune de 2 perches suspendues. On doit passer dans les portes sans toucher les perches, les franchir dans l'ordre de leur numéro. Sens de franchissement libre. Le pagayeur choisira de passer en avant ou en arrière pour aller le plus vite possible sur la trajectoire qui lui sera imposée, en descente ou en remontée. Épreuve en 2 manches. Le meilleur résultat est retenu pour le classement. Il est établi en effectuant un total de points : temps du parcours exprimé en sec. et transformé en points (1 point = 1 sec.), points de pénalisation ajoutés. Le barème (5 ou 50 points) est appliqué pour chaque touche de porte ou pour un franchissement de porte contraire au règlement. *Temps de course pour le meilleur kayak homme* (embarcation la plus rapide) : 3 min 30 à 4 min. Bateaux kayaks monoplaces et canoës à 1 ou 2 places). *Longueur min., largeur min. en cm, poids en kg :* K1 400 (60) *9.* C1 400 (70) *10.* C2 458 (80) *15.*

Canoës et kayaks de descente. Course contre la montre en descente, sur un tronçon de rivière sportive. Le n° de dossard de chaque coureur indique la minute à laquelle il prend le départ par rapport à une heure de référence. En slalom et en descente, des courses en équipes ou courses de patrouilles ont lieu. Dans ce cas, 3 bateaux de même type effectuent le parcours ensemble. *Longueur max., largeur min. en cm, poids en kg :* K1 450 (60) *10.* C1 430 (70) *11.* C2 500 (80) *18.*

Randonnée nautique. Pratique non compétitive de détente ou de découverte. Suivant les difficultés des rivières, 6 classes : *I* eau courante, *II* eau vive, *III* et *IV* haute rivière, *V* rivière extrême (pour pratiquants audacieux et entraînés), *VI* infranchissable.

Autres pratiques. *Kayak mer* randonnée le long des côtes ou traversée. *Kayak-surf* utilisation des vagues en kayaks courts à fond plat. *Kayak-polo* en piscine, par équipes de 5 avec buts et ballon de water-polo. *Raid* parcours sur longues distances, marathons, croisières. *Free-style* acrobaties en eaux vives.

Quelques termes techniques. Appel : manœuvre provoquant le déplacement latéral du bateau vers le point où la pagaie appuie dans l'eau. **Appui :** appui d'une face de la pagaie sur la surface de l'eau. **Arrêt contre-courant :** arrêt dans une zone de contre-courant afin de faire demi-tour vers l'amont. **Bac :** partir d'un point situé sur une rive en vue d'en atteindre un autre sur l'autre rive situé à la même hauteur. **Contre-courant :** courant en sens inverse du fil principal de l'eau et situé derrière un obstacle. **Dénager :** aller en arrière. **Écart :** manœuvre provoquant le déplacement latéral du bateau qui se trouve chassé par le travail de la pagaie contre son franc-bord (ou tout près de celui-ci). **Esquimauter :** après chavirage, ne pas quitter son bateau et le rétablir en position de navigation par mouvements synchronisés du corps et de la pagaie. **Gîter :** incliner son bateau dans le sens transversal. **Jupe ou jupette :** toile plastifiée fixée autour de la taille et sur le bateau pour assurer l'étanchéité. **Porte (en slalom) :** plan figuré par les 2 perches suspendues au-dessus de l'eau, l'une rouge et blanche, l'autre verte et blanche. **Porte-arrière :** en slalom, la pénétration se fait par l'étrave arrière, rouge à gauche et vert à droite. Cette porte se signale par la lettre R qui suit le n°. **Porte avant :** en slalom, se dit d'une porte que l'on franchit dans le sens normal de progression du parcours (par l'étrave avant). **Propulser :** aller de l'avant. **Reprise de courant :** quitter une zone de contre-courant pour regagner le courant principal en faisant un demi-tour vers l'aval.

Épreuves

Plusieurs types, ex. : en eaux calmes (500 m pour les courses internationales Dames, 3 000 m pour le championnat de France de fond dames et cadets), 500 m, 1 000 m, 5 000 m, 10 000 m ; sur torrents pour le slalom (sur 600 m avec 20 portes) et la descente de rivière (3 à 10 km env.).

Légende. — (1) Roumanie. (2) All. dém. (3) Hongrie. (4) U.R.S.S. (5) Italie. (6) Autriche. (7) All. féd. (8) France. (9) G.-B. (10) Tchécoslovaquie. (11) U.S.A. (12) Suisse. (13) Bulgarie. (14) Yougos. (15) Norvège. (16) Belgique. (17) Pologne. (18) Nlle-Zélande. (19) Canada. (20) Suède.

Principales épreuves

Jeux Olympiques. Voir p. 23.

● **Championnats du monde.** *En ligne* (18 épreuves, tous les ans, sauf l'année des J.O.) dep. 1938. *Slalom* dep. 1949 et *descente de rivière* toutes les années impaires dep. 1959. Seniors des 2 sexes sans limitation inférieure d'âge.

Courses en ligne. 1985. Hommes. *K1 (500 m)* Stahle [2]. *K2 (500 m)* Ferguson-McDonald [18]. *K4 (500 m)* All. dém. *C1 (500 m)* Heukrodt [2]. *C2 (500 m)* Sarusi-Vaskuti [3]. *K1 (1 000 m)* Csipes [3]. *K2 (1 000 m)* Boccara-Boucherit [8]. *K4 (1 000 m)* Suède. *C1 (1 000 m)* Klementiev [4]. *C2 (1 000 m)* Heukrodt-Schuck [2]. *K1 (10 000 m)* Barton [11]. *K2 (10 000 m)* Berger-Edholm [20]. *K4 (10 000 m)* Hongrie. *C1 (10 000 m)* Vrdlovec [10]. *C2 (10 000 m)* Ljubek-Nisovic [14]. **Dames.** *K1 (500 m)* Fischer-Schmidt [2]. *K2 (500 m)* Fischer-Schmidt-Kuhn [2]. *K4 (500 m)* All. dém.

Descente de rivière. 1985. Hommes. *K1* Previde [5]. *C1* Zok [8]. *C2* Durand-Ponchon [8]. **Dames** *K1* Wahl [7]. **Par équipes nationales. Hommes.** *K1,* All. féd. *C1, C2* France. **Dames.** *K1* All. féd.

Slalom. 1985. Hommes. *K1* Fox [9]. *C1* Hearn [11]. *C2* Kueppers-Klein [7]. **Dames.** *K1* Messelhausser [7]. **Par équipes nationales. Hommes.** *K1* All. dém. *C1* U.S.A. *C2* Tchéc. **Dames.** *K1* Fr.

● **Championnats de France.** *En ligne* dep. 1934, *slalom* dep. 1946, *rivière sportive* dep. 1955.

Championnats de France. 1985. Course en ligne. Hommes. *K1 (500 m)* Brégeon. *C1 (500 m)* Renaud. *K1 (1 000 m)* Brégeon. *K2 (1 000 m)* Boucherit-Hanot. *K4 (1 000 m)* Nevers. *C1 (1 000 m)* Hoyer. *C2 (1 000 m)* D. et J. Hoyer. *K1 (10 000 m)* Bréjeon. *K2 (10 000 m)* Boucherit-Hanot. *K4 (10 000 m)* Nevers. *C1 (10 000 m)* Renaud. *C2 (10 000 m)* D. et J. Hoyer. **Dames.** *K1 (500 m)* Brégeon-Hettich. *K2 (500 m)* Mathevon-Verpy. *K4 (500 m)* Boulogne/mer. *K2 (3 000 m)* Mathevon-Verpy.

Slalom. 1985. Hommes. *K1* Prigent. *C1* Sennelier. *C2* Saidi-Delrey. **Dames.** *K1* Boixel. **Par équipes. Hommes.** *K1* St-Martin-d'Hyères. *C1* Villeneuve/Yonne *K2* Golbey-Épinal. **Dames.** *K1* Ancerville.

Rivière. 1986. Hommes. *K1* Benezit. *C1* Zok G. *C2* Bernard-Rigaut. **Dames.** *K1* Menetrey. **Mixte.** *C2* Chauviré-Roisin. **(1985) Par équipes de club. Hommes.** *K1* La Mulatière. *C2* Vaulx-en-Vélin. *C1* Issoire. **Dames 1985.** *K1* Pont St-Esprit. **Mixte.** *C2* Rennes.

Nota. — Pour les Ch. du monde et de France, 5 catégories en slalom et 5 en rivière : K1 hommes, K1 dames, C1, C2 hommes, C2 mixte ; les mêmes par équipes nationales (et de club en champ. nat.).

Pratique dans le monde

Courses en ligne. All. dém., All. féd., Australie, Autriche, Belgique, Bulgarie, Canada, Chine, Côte-d'Ivoire, Cuba, Danemark, Espagne, Finlande, France, G.-B., Hollande, Hongrie, Irlande, Israël, Italie, Japon, Luxembourg, Mexique, Norvège, N.-Zélande, P.-Bas, Pologne, Roumanie, Suède, Suisse, Tchécoslovaquie, U.R.S.S., U.S.A., Yougoslavie.

Eaux vives. All. dém., All. féd., Australie, Autriche, Belgique, Canada, Espagne, France, G.-B., Italie, Japon, Luxembourg, N.-Zélande, P.-Bas, Pologne, Suisse, Tchécosl., U.S.A., Yougoslavie.

Pratique en France

● **Athlètes olympiques 1984.** *Hommes :* Bregeon, Hervieu, Legras, Boccara, Le Foulon, Vavasseur, Barouh, Boucherit, Renaud, Hoyer. *Femmes :* Basson, Hettich, Mathevon.

● **Licenciés.** *1978 :* 12 659, *81 :* 23 500, *84 :* 34 300, *85 :* 43 000.

● **Principaux sites. Courses en ligne :** Marne (Val-de-M.), Seine (autour de Paris et en aval), Loire (retenue de Roanne), Allier (retenue de Vichy), Mulhouse, Nevers, Bretagne (ret. de Mur-de-Bretagne), Choisy-le-Roi (bassin nation.), Tours, Boulogne-sur-Mer (ret. du bass. à flots).

Slaloms et descente en course ou tourisme : *Débit naturel :* Rouvre (Normandie), Scorff et Elle (Bretagne), Cousin et Serein (Morvan), Hte-Seine et Armancon (Champagne), Petit et Grand Morin, boucles de la Marne (près de Paris), Ardèche, Tarn, Var, les Gaves, les Nives, Allier moyen et bas, Loire, Garonne et, l'été, rivières alpines (Durance, Severaisse, Guil, Ubaye-Dranse, Guisanne, Bonne, Arve, Giffre, Buech), riv. cévenoles (Hérault, Vis, Luech, Gardons, Ceze) et provençales (Aigues, Ouveze, Roanne, Loup). Torrents scevas (au printemps).

Débits assurés par lachures E.D.F. ou par délestage accidentel : Cure et Chalaux (Morvan), haut Allier, Vézère, Rhue, haute Dordogne (Massif central), Neste d'Aure (Pyrénées), Roya, Bréda, Isère, Verdon (Alpes), Orne (Normandie).

Tourisme de randonnée et découverte : Loire, courants landais, Loue, Doubs, Dordogne, Lot, Célé, Baïse, Gartempe, Aveyron, etc.

Chasse

Formes de chasse

Chasse à tir

● **Formes.** Devant soi, en battue, traditionnelle (tenderie, etc., voir statistiques), au gabion.

● **Fusils. Calibre.** Théoriquement le calibre 1 serait celui d'une arme tirant une balle de 489,5 g (ancienne livre de plomb). Le 12 est le cal. d'une arme tirant des balles d'un diamètre calculé tel qu'on puisse faire 12 projectiles semblables dans 1 livre de plomb.

Longueur. *Canon :* 70 cm en général (au-delà de 75 cm la portée n'augmente plus avec la longueur). *Chambre :* 70 mm de moins en 20 ans.

Portée. *Max. normale* (distance à laquelle les plombs retombent au sol) *plomb n° 1* 350, *2* 330, *4* 280, *6* 240, *7* 220, *8* 200 ; *balle* 1 200-1 500 m, *b. de carabine rayée* 2 000 à 4 000 m.

Si les plombs s'agglutinent, la portée max. augmente accidentellement. Les ballettes brisent les grands os à 120 m et pénètrent les chairs à 250 m. Les plombs *n° 0* à 75 et 125 m, *n° 2* à 65 et 110 m, *n° 4* à 55 et 95 m, *n° 6* à 50 et 85 m, *n° 8* à 45 et 75 m. Portée utile très inférieure.

Vitesse. Plomb ou balle. A la sortie du canon 370 m/s. Il leur faut 1/10 de s pour atteindre un gibier à 40 m (le perdreau a pu se déplacer de 2 m, le lièvre de 1 m). Compte tenu du temps de réaction du chasseur, il faut tirer de 2 à 4 m devant (parfois 7 m et + sur le perdreau par grand vent).

Nota. — En 1980, 200 à 250 millions de cartouches ont été tirées pour la chasse sur un total de 300 à 350 millions.

Quelques dates. 1818 *Fusil à piston* (le chien frappe sur une capsule fulminante pour assurer la mise à feu). **1845** *F. à percussion centrale* (utilisant la cartouche à amorçage central de Pottet). **1848** *F. à percussion centrale sans chien extérieur.* **1870** *Greener* (G.-B.) commercialise le *choke* (rétrécissement de la bouche du canon améliorant la portée et régularisant la dispersion des plombs). **1871** *Murcott* (G.-B.) dépose le brevet *hammerless* (système perfectionné de percussion sans chien extérieur). *Éjecteurs automatiques* (inventés en G.-B.). **1880** *F. automatique* (inventé par les frères Clair de St-Étienne, système abandonné depuis). **1897** *Darne* (France) : fusil à canon fixe dont la culasse coulisse automatiquement. **1910** *Browning* (U.S.A.) : fusil automatique moderne.

Marques renommées. *Holland-Holland* (fondée en 1825), *Purdey* (1814) et *Boss* fabriquent 220 à 250 fusils par an, 1ers prix : fusil 120 000 F, paire 270 000 F. *Gastine-Renette* (fondée 1812) : chiffre d'aff. 14 M. de F pour 1 200 armes vendues.

Chasse sous terre ou déterrage

Pratiquée autour d'un terrier avec des pioches, bêches, fourches, pelles, sondes et barres à mine. *Animaux chassés :* renard, blaireau, ragondins... On introduit un seul chien (un 2e empêchant le 1er de reculer dans le cas d'une charge) qui fixera l'animal à l'accul à l'extrémité d'une galerie. Puis, en se guidant sur les aboiements, on creuse de manière à déboucher sur la croupe du chien. *Durée :* 1 h 30 à 3 h et +.

Nombre d'équipages en France : 80 avec des meutes de 2 à 6 chiens (en général fox-terriers, parfois teckels). *Association des déterreurs,* 19, rue Legendre, 75017 Paris.

R.O.C. (Rassemblement des opposants à la chasse. Association nationale pour la défense des droits des non-chasseurs et le respect du patrimoine naturel, propose la création de refuges où la chasse serait interdite), Maison de la nature et de l'environnement, 23, rue Gosselet, 59000 Lille Cedex. Pt : Professeur Th. Monod.

Fauconnerie et autourserie

On distingue : *haute volerie* (oiseaux de haut-vol : gerfaut, faucon sacre, faucon pèlerin) et *basse volerie* (autour, épervier) ; oiseaux *rameurs* (battant l'aile avec force et rapidité) dits aussi rapaces nobles parce qu'ils se nourrissent de proies vivantes (ex. : les falconidés) et oiseaux *voiliers* (battant l'air avec noblesse) dits ignobles parce qu'ils se repaissent souvent de proies mortes (ex. : aigles, buses, milans).

En France, tous les rapaces sont protégés depuis 1972. Un arrêté du 17-4-1981 fixe la liste des oiseaux protégés, dont la destruction, la capture, la naturalisation, le transport, la vente, l'achat, etc. sont interdits, en application de la loi du 10-7-1976 sur la protection de la nature. Un arrêté du 30-7-1981 réglemente l'utilisation des rapaces pour la chasse au vol. Dep. 1984, restrictions supplémentaires : suppression des pièges à poteaux ou à mâchoires. Dep. 1985, l'aéroport de Roissy utilise des fauconniers pour détruire les oiseaux.

Association nationale des fauconniers et autoursiers. 10, rue de Lisbonne, 75008 Paris. En 1985, env. 200 pratiquants en France.

Prix (contrebande). Faucon pèlerin 5 000 F, sacre 10 000 F, gerfaut 200 000 F.

Vénerie

● **Accidents.** Env. 10 par saison dans les grands équipages (chutes de cheval).

● **Animaux chassés.** *Cerf :* durée 2 h 30 à + de 5 h ; au dernier moment, quand l'animal arrêté fait face aux chiens pour tenir « les abois », il est servi à l'arme blanche ou à l'arme à feu, puis il est dépecé ; les bons morceaux sont offerts aux riverains et suiveurs, les abats, recouverts de la peau de l'animal, sont donnés aux chiens (c'est la curée). En compagnie du piqueur, le maître d'équipage remet à une personne qu'il veut honorer le pied antérieur droit de l'animal (ce sont les « honneurs »). *Sanglier,* durée 5 à 6 h. *Chevreuil,* plusieurs heures. *Renard* 2 h env. : à la curée les honneurs sont rendus avec la queue et parfois le masque. *Lièvre :* plusieurs h, 15 à 20 km parcourus. Chasse difficile : l'animal repasse plusieurs fois sur sa trace puis s'en écarte d'un bon de 4 m, court sur le goudron qui ne retient pas son odeur, se laisse porter par le courant d'une rivière ou retient son odeur, caché dans une ornière (la « rase »).

Tableau de chasse en Fr. (1980). 5 000 chamois et isards, 9 000 cerfs et biches, 65 000 chevreuils, 200 daims, 400 mouflons, 60 000 sangliers, dont chasse à courre : 800 à 850 cerfs, 250 sangliers, 450 chevreuils, ce qui est peu par rapport au nombre existant.

● **Bouton de Vénerie.** Louis XIV le 1er adopta une tenue de vénerie (bleue à parements cramoisis) gardant le bouton de livrée de sa maison (bois recouvert d'étoffe rouge, brodé d'une fleur de lys d'or). Au XVIIIe s., la Vénerie Royale porta un bouton d'or « à cul de panier » ou « mille points » ; sous Louis XVI : bouton « au cerf », en or estampé monté sur bois. Peu à peu les équipages eurent leurs boutons personnels. Le plus ancien serait celui du Cte de Poter chassant à Chantilly (fin XVIIIe s.).

● **Chiens. Nombre par meutes et races principales.** Grande Vénerie : *Cerf* 50 à 100 chiens (min. 30 par chasse) ; Anglo-Français tricolores, Poitevins, Anglo-Français blanc et noir. *Sanglier* 70 à 80 (min. 30 par chasse) ; Anglo-Français tricolores ou fox-hounds. *Chevreuil* env. 40 (min. 20 par chasse) ; Poitevins, Français noir et blanc, Français tricolores, plus rarement les Billy. *Lièvre* 20 à 25 (12 à 15 par chasse) ; Beagles, Beagles-harriers, Harriers, Petits griffons et Anglo-Français de petite vénerie. Petite Vénerie : 6 à 30 chiens de petite taille.

Taille des chiens *de cerf, chevreuil ou sanglier :* 60 à 72 cm ; *de lièvre :* de 45 à 56 cm. **Saisons.** Un chien peut faire 6 ou 7 saisons au chevreuil, un peu moins au cerf, beaucoup moins au sanglier. Un chien fait en moyenne 40 à 50 km par chasse. **Nourriture.** 1 fois par j (pour 100 chiens, on compte env. 500 kg de viande impropre à la consommation humaine par semaine et 600 kg de carcasses par mois).

● **Participants.** Au moins 7 000 personnes à cheval, env. 8 000 boutons [*le b. d'équipage* est habilité à faire acte de chasse (port de la trompe, du fouet et éventuellement de la dague), d'après les ordres du maître d'équipage et du piqueux, se distingue de loin par la tenue, de couleur différente selon les équipages], 50 000 suiveurs, 400 salariés ; 6 000 chiens pour la grande vénerie, et 2 000 pour la petite vénerie ; 4 000 chevaux utilisés régulièrement ou occasionnellement. Plus d'un million de personnes suivent épisodiquement les chasses à titre gracieux en auto, moto, vélo ou à pied.

● **Équipages français** (en 1983 et, entre par., en 1914). *Grande Vénerie* (se pratiquant à cheval). 115 (142) dont cerf 33 (30), chevreuil 55 (47), vautrait (sanglier) 14 (28), renard 44 (33), loup 0 (en 82) (9). *Petite Vénerie* (se pratiquant en général à pied, au pas de gymnastique sur 15 à 20 km). Lièvre 101. Il y a 15 équipages de plus de 80 chiens et 58 de 40 à 80. *Meute la plus ancienne :* équipage Champchevrier (1815).

Prises. *Équipage de cerf* (10 000 à 15 000 ha) env. 30 pour 50 sorties par saison. *Chevreuil* (5 000 ha) env. 12 pour 45 sorties. *Lièvres :* 1 fois sur 3 pour les meilleurs équipages.

Budget annuel d'un équipage : 300 000 à 400 000 F (location du territoire, salaire du piqueur, homme d'écurie, garde, entretien de 3 ou 4 chevaux). *Cheval* 5 000 à 20 000 F à l'achat, + entretien 550 à 600 F par mois (parfois 1 000 F). *Tenue :* bottes sur mesure 3 500 F (en caoutchouc sur mesure 500 F), culotte sur mesure 600 F (300 F en confection), redingote 3 500 F. Un bouton (membre d'un équipage) dépensera de 5 000 à 10 000 F par an selon les frais engagés par l'équipage et le nombre d'adhérents.

● **Régions.** *Cerf :* Ile-de-France, Normandie, Centre. *Chevreuil :* Pays de la Loire, Poitou, Aquitaine. *Sanglier :* Centre, Auvergne. *Lièvre :* Pays de Loire, Centre, Normandie et Ile-de-France. Env. 300 chasses par semaine de début octobre à fin mars.

Se pratique en France sur env. 1 250 000 ha de forêts et plaines dont massifs domaniaux (adjugés par l'O.N.F.) 300 000, forêts privées 200 000, plaines et boqueteaux 100 000 (renards, lièvres).

● **Trompes.** *V. 1680,* la « trompe de chasse » remplaça cors, cornet, huchets, etc. Un chaudronnier parisien aurait, dit-on, trouvé le moyen d'enrouler sur lui-même un long tube de cuivre mince et cônique (en y coulant du plomb fondu). Sous Louis XIV, trompe de 2,27 m enroulée à 1 tour ½, sonnant en « ut mineur ». *V. 1705,* la Dampierre 4,545 m à 1 tour ½. *1729,* la Dauphine 4,545 m à 2 tours ½, sonnant en « ré ». *V. 1818,* la d'Orléans 4,545 m à 3 tours ½ en « ré » (diam. 35 cm, la plus courante aujourd'hui). *Dep. le XIXe s.,* autres trompes, Maricourt, enroulée à 6 ou 8 tours, en « ré ». Autres enroulements, serrés : Lorraine, Étron. *Airs de chasse :* les 1ers (dus à Philidor l'aîné) remontent à 1705, les fanfares à 1723 (1res dues au Mis de Dampierre). *Fanfares :* environ 1 000 répondent aux normes du ton Vénerie.

Féd. internationale des Trompes de France. 4, rue du Gal-Foy, 75008 Paris. *Pt :* Cte Gérard de La Rochefoucauld. *Créée* en 1928 par Gaston de Marolles. Regroupe 3 000 sonneurs (150 Stés françaises et étrangères).

Que pensent les Français de la chasse à courre ? *Sondage Ifres réalisé pour la S.P.A. du 3 au 10-2-1984.* 74 % sont pour l'abolition, 18 % contre, 8 % sans opinion. 44 % pensent que c'est un acte de cruauté gratuite, 21 % que la reproduction des cerfs est mise en péril et l'équilibre naturel menacé, 20 % que ce sport est réservé à une élite, 10 % que c'est un sport démodé.

Gibier

Animaux chassables

● **Mammifères.** Belette [1]. Blaireau. Chamois ou Isard. Cerf élaphe. Sika. Chevreuil. Daim. Fouine. Hermine [1]. Lièvre brun. L. variable. Lapin de garenne. Marmotte. Mouflon. Martre [1]. Putois [1]. Renard. Rat musqué. Ragondin. Sanglier.

Nota. — (1) Peuvent être détruits mais non transportés ou naturalisés.

● **Oiseaux.** Alouette des champs. Barge à queue noire. B. rousse. Bécasse des bois. Bécasseau maubèche. Bécassine des marais. B. sourde. B. double. Caille des blés. Canard chipeau. C. colvert. C. pilet. C. souchet. C. siffleur. Chevalier aboyeur. C. arlequin. C. combattant. C. cul-blanc. C. gambette. C. stagnatile. C. sylvain. C. à pattes jaunes (petit). Choucas. Colin de Californie. C. de Virginie. Corbeau freux. Corneille noire. C. mantelée. Courlis cendré. C. corlieu. C. à bec grêle. Eider à duvet. E. à tête grise. Étourneau sansonnet. Faisan de Colchide. Foulque noire. Foulque milouin. F. milouinan. F. morillon. Garrot à œil d'or. Geai des chênes. Gélinotte. Gravelot à collier interrompu. G. petit. G. grand. Grive draine. G. musicienne. G. mauvis. G. litorne. Harelde de Miquelon. Huîtrier-pie. Lagopède alpin. Macreuse brune. M. à lunettes. M. noire. Merle noir. Nette rousse. Oie cendrée. O. des moissons. O. rieuse. o. à bec court. O. naine. Perdrix bartavelle. P. grise. P. rouge. Pie bavarde. Pigeon biset. P. colombin. P. ramier. Poule d'eau. Pluvier argenté. P. doré. P. guignard. Râle d'eau. Sarcelle d'été. S. d'hiver. Tétras-lyre (coq maillé). Tétras (Grand coq maillé). Tournepierre à collier. Tourterelle des bois. T. turque. Vanneau huppé.

Animaux protégés en France

Arrêté du 17-4-1981 (J.O. du 19-5-) (cf. décret du 25-11-1977).

● **Mammifères. Sont interdits :** destruction, mutilation, capture ou enlèvement, naturalisation des mammifères de ces espèces non domestiques (vivants ou morts), transport, colportage, utilisation, mise en vente, vente ou achat. *Chiroptères :* chauve-souris.

Insectivores : desman des Pyrénées, hérisson d'Europe, h. d'Algérie, musaraigne aquatique. *Rongeurs* : écureuil, castor. *Carnivores* : genette, loutre, vison, ours, chat sauvage, lynx d'Europe. *Ongulés* : bouquetin. *Pinnipèdes* : veau marin, phoque gris, phoque moine.

Sont interdits (cf. décret du 25-11-1977) : mutilation, naturalisation des mammifères de ces espèces non domestiques (vivants ou morts), transport, colportage, utilisation, mise en vente, vente ou achat des spécimens détruits, capturés ou enlevés sur tout le territoire national. *Carnivores* : martre, fouine (mais celui qui la capture peut la naturaliser pour son usage personnel), belette, hermine, putois.

● **Oiseaux. Sont interdits** sur tout le territoire et en tout temps : destruction ou enlèvement des œufs et des nids, destruction, mutilation, capture ou enlèvement, naturalisation des oiseaux d'espèces non domestiques suivantes ou, qu'ils soient vivants ou morts, leur transport, leur colportage, leur utilisation, leur mise en vente, leur vente ou leur achat : *Gaviiformes* : plongeons et grèbes. *Procellariiformes* : puffins, fulmars, pétrels. *Pélécaniformes* : fous de Bassan, cormorans. *Ciconiiformes* : hérons, butors, aigrettes, blongios ; cigogne blanche, cigogne noire, ibis falcinelle, spatule blanche, flamant rose. *Ansériformes* : cygnes, oies des neiges, bernaches, tadornes, fuligule nyroca, harles, érismature à tête blanche. *Falconiformes* : accipitridés, falconidés, pandionidés, vulturidés. *Rapaces diurnes* : grue cendrée, marouette, râle des genêts, outardes. *Charadriiformes* : chevalier guignette, bécasseaux (sauf bécasseau maubèche), échasse blanche, avocette, œdicnème criard, glaréoles, courvite. *Lariformes* : labbes, goélands (sauf l'argenté), mouettes (sauf la rieuse), sternes, guifettes. *Alciformes* : petit pingouin, guillemots, mergule nain, macareux moine. *Columbiformes* : ganga cata. *Cuculiformes* : coucous. *Strigiformes* : rapaces nocturnes. *Caprimulgiformes* : engoulevents. *Apodiformes* : martinets. *Coraciiformes* : martin pêcheur, guêpier d'Europe, rollier d'Europe, huppe fasciée. *Piciformes* : pics, torcol familier. *Passériformes* : alouette calandrelle, calandre, cochevis huppé, alouette lulu, hausse-col, hirondelles, pipits, bergeronnettes, pies grièches, jaseur boréal, cincle plongeur, troglodyte mignon, accenteurs, traquets, merle de roche, merle bleu, rougequeue, rouge-gorge, rossignol philomèle, gorge bleue, merle à plastron, fauvettes, pouillots, hypolaïs, rousserolles et phragmites, locustelles, cisticole des joncs, roitelets, gobe mouches, mésange à moustaches, mésanges, sittelles, tichodrome, grimpereaux, becs croisés, gros bec, verdier, pinsons, tarin, chardonneret, sizerins et linottes, serin cini, venturon montagnard, bouvreuil, bruant proyer, bruant jaune, bruant fou, bruant zizi, moineau friquet, moineau soulcie, niverolle, loriot jaune, casse-noix, crave à bec rouge, chocard à bec jaune, grand corbeau.

Sont interdits (arrêté du 20-12-1983) : l'importation sous tous régimes douaniers (à l'exception du transit de frontière à frontière sans rupture de charge et du régime de perfectionnement actif) : colportage, mise en vente, vente, achat des spécimens vivants ou morts détruits, capturés ou enlevés sur tout le territoire national, de toutes espèces d'oiseaux non domestiques considérées comme gibier dont la chasse est autorisée (sauf canard colvert, étourneau sansonnet, faisan de chasse, perdrix grise, rouge et pigeon ramier, lièvre), dérogations pour les expériences et le repeuplement.

Principaux animaux

Alouette. *Poids* 30 g. *Couvée* 6 à 8 œufs (mai à fin juin. 15 j).

Bartavelle (Alectoris sexatilis). Ressemble à la perdrix rouge. *Vit* entre 1 000 et 3 000 m d'alt. En régression.

Bécasse. *Poids* 300 à 400 g. *Long.* 35 cm. *Accouplement* févr.-mars. *Couvée* 3 à 5 œufs (20 à 23 j). *Nourriture* vers de terre, larves, petits mollusques. *Vient* du Nord de l'Europe début oct., reste env. 6 sem., repart vers le Sud ou l'Ouest (Bretagne) fin nov. Revient en févr.-mars. A la chute du jour, les mâles volent dans les bois en poussant des cris doux, ils *croulent*. En mars, à cette heure de la croule, mâles et femelles se cherchent ; ce sont presque uniquement des mâles que l'on tire. Depuis le 28-2-1980 interdiction définitive de la chasse à la croule. Des bécasses à bec court ont été signalées assez souvent, ces dernières années (action des pesticides ? mutation ? sous-espèce naissante ?).

Blaireau. *Long.* 90 cm (dont queue 15 cm). *Poids max.* 20 kg. *Rut* automne. *Portée* 4. *Gestation* 4 mois. *Nourriture* omnivore (racines, fruits, mulots, larves). *Terrier* en terrain boisé, 3 chambres (maire, osse, accul).

Bouquetin. *Poids* 75 à 110 kg. *Long.* 1,40 à 1,50 m. *Taille* au garrot 65 à 85 cm. *Rut* déc.-janv. *Mise bas* 1 à 2 (mai-juin). Animal protégé.

Caille. *Poids* 120-150 g. *Long.* 17 cm. *Vol* court (100 m) à 1 ou 2 m du sol. La nuit en migration, plus de 500 km. *Couvée* 6 à 12 œufs (16 à 21 j). Les petits se dispersent dès 5 semaines.

Canard de surface. Plonge peu ou pas. Plumage plus vif chez le mâle. Bande de couleur *(miroir)* nettement tranchée sur l'aile. S'envole en bondissant hors de l'eau sans courir à la surface (sauf le canard siffleur). Nage la queue hors de l'eau. *Nourriture* surtout végétale. *Principales espèces nichant en France* : **colvert** (poids 800 à 1 400 g, ponte fin févr. à avril, 10 à 15 œufs (28 j), 2e ponte en mai-juin si la 1re nichée est détruite, petit de 8 semaines sachant voler *(halbran)*, mâle *(malard)*, femelle *(bourre)*, arrive oct. à déc., repart févr.-mars, nourriture (surtout la nuit, graines, plantes aquatiques ou terrestres : céréales, glands, graines, insectes, mollusques, vermisseaux), attiré par plans d'eau peu profonds (30 cm)] ; **sarcelle d'été** (s'envole vers l'Afrique à la fin de l'été, mâle sourcil blanc) ; **d'hiver** (ne nichant pratiquement pas en France, mâle : sourcil vert) ; **chipeau** (surtout en Camargue et Dombes, arrive nov., repart févr.) ; **souchet** (bec en forme de spatule) ; **nette rousse** (Camargue, mâle : tête rousse gonflée, bec rouge ; femelle : tête bicolore, joues blanches) ; **pilet** (mâle : tache blanche au cou, queue d'hirondelle ; femelle : queue pointue : migrateur printemps-automne) ; **tadorne** de Belon (protégé en France) ; **siffleur ou vingeon** (régions côtières, mâle tête rousse à bande frontale dorée, arrive isolé ou en bande dès oct., repart en mars).

Canard plongeur ou **fuligule** (de *fuligula* : suie). Plonge et nage sous l'eau pour chercher sa nourriture surtout animale (larves, crustacés, mollusques) sauf pour le milouin. S'envole en courant à la surface de l'eau. Corps trapu. Pattes très en arrière du corps. Tête enfoncée dans les épaules. Palmures très larges. *Principales espèces* : **garrot** (tête mordorée, passage printemps-automne) ; **milouin** (mâle : tête rousse et dos moucheté, arrive en oct., reste jusqu'aux gelées, repart en mars, marais) ; **morillon** (mâle : huppe plaquée sur la nuque, ventre blanc, arrive en oct. de nuit, l'hiver préfère la mer au marais, Dombes) ; **macreuse** *(noire*, mâle : dessus du bec orange, caroncule, envol au ras de l'eau sur 30 m ; *brune*, mâle : bec supérieur orangé, virgule blanche sur l'œil, régions côtières) ; **nyroca** (tête et cou rouge, sarcelle d'Égypte, peu abondant) ; **eider** (canard édredon ou à duvet, tête noire avec raie blanche, arrive en oct. dans les baies).

Cerf. *Poids* 100 à 270 kg. *Rut* 20 j fin sept.-mi-oct. *Gestation* 8 mois. *Portée* 1, rarement 2. La femelle met bas à partir de 2 ou 3 ans jusqu'à 12 ou 13 ans. *Faon* jusqu'à 6 mois, *hère* jusqu'à 1 an, *daguet* (2 a., 2 dagues), *2e tête* (3 a., 4 cors et plus), *3e tête* (4 a., 6 cors et plus), *4e tête* (5 a., 8 cors et plus), *10 cors jeunement* (6 a., 10 cors et plus), *10 cors* (7 a., 12 cors), *vieux 10 cors, vieux cerf, grand vieux cerf. Bois* tombent de fin févr. à avril et repoussent en 4 ou 5 mois (de 3 à 8 kg en Europe). Le trophée peut valoir jusqu'à 25 000 et même 50 000 F. *Nourriture en forêt* (7 à 12 kg par j d'herbe, bourgeons, feuilles, tiges d'arbustes et d'arbrisseaux, glands, faînes, châtaignes), prairies et champs (céréales). Le *mâle* brame ; ceux de plus de 2 ans vivent seuls ou par petits groupes (sauf à la période du rut). Les *biches* vivent en groupes (hardes) avec les jeunes.

Chamois (isard dans les Pyrénées). *Poids* chamois 25 à 40 kg (Carpates 60), isard 30-35. *Long.* 1,25 à 1,40 m. *Taille* au garrot 70 à 85 cm. *Cornes* étui noir poussant sur des chevilles osseuses, ne tombent pas, plus grêles et moins recourbées chez la femelle, poussent fortement jusqu'à 4 ans. *Polygame. Rut* nov. *Gestation* 25 sem. env. *Portée* 1 chevreau, rarement 2 (mai-juin). *Mâle* bouc. *Femelle chèvre. Jeune* faon ou chevreau. *Vit* entre 800 et 2 500 m d'alt. en hardes conduites par des femelles, atteignent parfois 50 têtes en nov. Les mâles de plus de 20 ans vivent à l'écart et fuient vers les sommets. En 1981, nombreuses bêtes malades (kératoconjonctivite) dans les Alpes et Pyrénées, 1 000 abattues. Surdensité dans certaines réserves (bauges, Alpes et parc nat. d'Ossau, Pyrénées).

Chat sauvage (grand chat). *Poids* jusqu'à 15 kg. *Accouplement* févr.-mars. *Mise bas* 4 à 5 (avril). *Rare* (Ardennes, Vosges, Bourgogne, Pyrénées), protégé.

Chevalier. Oiseau migrateur limicole (recherchant vase et terrain marécageux), bec droit ou légèrement relevé, un peu plus long que la tête, pattes rouges [*ch. gambette* (mer et marais), *arlequin* (eau douce)], vertes [*ch. aboyeur* (mer et marais), *cul-blanc* (eau douce), *guignette* (eau douce), *sylvain* (eau douce)], jaunes [*gambette jeune* (mer et marais), *ch. combattant* (mer)].

Chevreuil. *Poids* 15 à 30 kg. *Bois* tombent fin oct.-début nov., sont repoussés fin janv. et restent en velours (couverts de peaux) jusqu'à mi-avril. *Rut* juill.-août. *Gestation* 9 mois et demi. *Portée* 1re 1 petit, les suivantes 2, rarement 1 ou 3. *Petit* faon, puis à 6 mois, chevrillard, *Mâle* brocard à 1 an. *Femelle* chevrette. Elle peut avoir son 1er petit à 2 ans. *Nourriture* herbe, céréales, bourgeons, feuilles d'arbrisseaux, fruits forestiers, ronces, lierre. *Miroir* (ou rase) tache postérieure en forme de rein ou de haricot (mâle) ou de cœur (femelle). Très rusé, a beaucoup de fond et se défend au change, voie très légère.

Coq de bruyère (grand tétras). *Poids* 2 à 5 kg. *Long.* 70-90 cm. *Polygame. Parades nuptiales* fin avril début juin (4 semaines) ; à l'aurore, le mâle, d'abord perché sur une branche, puis à terre, émet des cris en devenant sourd et aveugle quelques secondes. En Europe centrale, on le chasse en profitant de ces instants pour s'approcher de lui (cette pratique est interdite en France). *Couvée* 6 à 9 œufs (25-29 jours). *Vit* entre 500 et 1 800 m d'alt. dans les forêts (Vosges, Pyrénées). *Nourriture* baies, jeunes herbes, graines, bourgeons et aiguilles de résineux l'hiver.

Tétras-lyre (petit coq de bruyère). *Poids* 0,9 à 1,6 kg. *Long.* 60 à 65 cm. *Queue* en forme de lyre chez le mâle. *Polygame. Parades nuptiales* à terre, mi-avril à mi-mai (surtout). *Couvée* 6 à 9 œufs (24-28 j). *Vit* entre 1 400 et 2 500 m d'alt. dans les zones de lisière ou de clairière (Alpes du N. et du S.). *Nourriture* baies, jeunes herbes, pousses et bruyère, graines, insectes, vermisseaux.

Corbeau freux (Europe). 46, aile repliée 28/34, poids 3,60/6,7 kg. Omnivore. Livrée noire, bec long et effilé. Les couples s'unissent pour toute leur vie, cependant le mâle effectue tous les ans une parade nuptiale. *Ponte* : 3 à 7 œufs, *incubation* 16 à 18 j.

Courlis cendré. *Hauteur* 55 cm. Seul grand échassier dont le tir est permis.

Daim. *Poids* 65 kg. *Hauteur* au garrot 1 m. *Rut* oct.-nov. *Mise bas* 1 ou 2 (fin juill.). *Bois* du mâle jusqu'à 7 kg. *Femelle* daine. *Jeune* faon.

Élan. *Poids* 400 kg. *Taille* 2,50 m au garrot. *Rut* sept. *Bois* chute déc. à févr., refaits en juill. *Vit* en forêt marécageuse (Russie, Pologne, Pays du N.).

Faisan commun. *Poids* coq 1,5 kg, poule 1 kg. *Reproduction* parade mars à mai. *Couvée* 10 à 16 œufs (23 à 25 j) ; si le 1er nid est détruit, la poule peut recoqueter (5 à 8 œufs). *Vit* 10 ans. Le jeune *faisandeau* prend le plumage adulte à 5 mois, on dit qu'il est *maillé. Nourriture* jeune (insectes, larves, œufs de fourmis, vermisseaux, etc.), adulte (surtout graines, fruits, châtaignes, glands, herbes).

Faisan vénéré. Origine Mongolie. *1838* rapporté en G.-B. par Reewes. *Poids* 1 à 2 kg. Exclusivement forestier. *Coq* queue jusqu'à 2 m.

Gélinotte. *Poids* 350 à 450 g. *Long.* 35 cm. *Accouplement* oct.-nov. *Couvée* 7 à 12 œufs (3 sem.).

Grive. *Pontes* 2 ou 3 par an. *Couvée* 4 à 6 œufs (14 à 16 j). *Espèces en France* : *draine* (taille d'une tourterelle, ailes blanches, grosses taches sur le ventre), *musicienne* (poitrine et flancs avec de petites taches), *mauvis* (dessous des ailes et flancs roux, flancs rayés plus que tachetés), *litorne* ou *tia-tia* (dos châtain, tête et croupion gris-bleu, taches des flancs en V). *Nourriture* baies, fruits (raisin), genièvre, cornouiller...

Grouse (lagopède d'Écosse). *Poids* jusqu'à 200 à 250 g max. *Taille* 60 à 70 cm. *Vit* dans les tourbières (moors) à bruyère et airelles (l'été), en plaine (l'automne). Pas acclimatée en France.

Grue cendrée. *Taille* 1,40 m, *envergure* + de 2 m. Cri caractéristique : en coup de trompette dont l'onomatopée est à l'origine du nom de l'espèce.

Lagopède des Alpes (perdrix des neiges, ou tétras blanc ou jalabre). *Poids* 400 à 500 g. *Long.* 35 cm. *Monogame. Appariement* printemps. *Ponte* fin mai, 5 à 9 œufs (22-24 j). *Vit* à plus de 2 000 m (Alpes, Pyrénées). *Densité* très faible. Grises l'été, plumage blanc l'hiver.

Lapin. *Poids* 1 à 2 kg. *Gestation* 30 j. *Portée* 4 à 8 par an de 4 à 10 petits ; la lapine met bas généralement dans une *rabouillère* (galerie à une seule issue). Les jeunes peuvent se reproduire à leur tour à partir de 6 mois. L'espèce a été décimée à partir de 1952, presque partout, par la myxomatose (transmise par des piqûres de puces et de moustiques, elle sévit surtout l'été). *Vit* 10 ans cantonné sur env. 350 ha. *Nourriture* végétale variée. *Sylvilagus :* lapin américain réfractaire à la myxomatose, élevage toléré en France.

Lièvre. *Poids* 2 à 5 kg. *Longueur* 55 cm. *Rut (bouquinage)* en févr. La femelle peut être fécondée à nouveau avant d'avoir mis bas. *Gestation* 41 j. *Portées* 2 à 5 par an de 2 à 5 petits. *Naissance* févr. à sept. *Mâle* bouquin. *Femelle* hase. *Vit* 7 à 8 a. *Nourriture* végétale variée. *Petit* levraut. *Voie* légère. Ruse : souvent à l'eau et sur les routes. *Vitesse de pointe* 60 km/h.

Lièvre variable ou blanchon. *Poids* 2,5 kg. Bouquinage dès fin février (le lièvre ne s'accouple pas ; il est polygame). *Portées* 2, de 2 à 4 petits. *Naissance* de mai à septembre. *Pelage* gris cendré (été), blanc (hiver). *Vit* à plus de 1 500 m dans les Alpes.

Loup. *Poids* 35 à 45 kg. *Long.* 1,50 m (queue 40 cm). *Taille* au garrot 75 à 80 cm. *Gestation* 9 sem. (4 à 6 *louveteaux* qui de 1 à 2 ans sont *louvarts*). A disparu progressivement d'Europe occid. sauf quelques têtes en Espagne et en Italie (Abruzzes, Apennin). *1823 :* 2 131 loups tués ; *1883 :* 1 300 ; *1910 :* – de 50 ; *vers 1930 :* 2 ou 3 captures par an. Domaines : Lozère, Limousin, Angoumois d'une part, Haute-Marne, Hte-Saône, d'autre part. Actuellement les rares loups français signalés pendant les hivers rigoureux sont d'une authenticité douteuse. Dernier tué en 1958.

Loutre. *Poids* 15 à 16 kg. *Gestation* 12 sem. *Mise bas* mars (3 ou 4 petits). *Terrier (atiche)* au bord de l'eau. *Nourriture* poisson, gibier d'eau, lapins. Réintroduction projetée dans les Vosges et Alpes. Protégée en France. Réintroduite en Suisse et en All. féd.

Lynx. *Taille* au garrot 60 cm (N. de l'Europe) et 50 cm (Espagne, Portugal). *Rut* fin février à début avril. *Gestation* 9 à 10 sem. (2 à 5 petits). *Territoire de chasse* de 300 à 50 km² (Tchécosl.). Réintroduit en France, dans les Ardennes en 1983 ; protégé.

Marmotte. *Poids* 4 kg, jusqu'à 8 kg pour les vieux mâles. Europe : *accouplement* en mai. *Vit* en famille autour de profonds terriers, passe la mauvaise saison (octobre à avril) en léthargie entrecoupée de courts réveils (1 j par mois pour uriner) ; commune entre 1 500 et 2 500 m dans les Alpes (acclimatation dans les Pyrénées). *Nourriture* herbe. Trapue, pelage grisroux, queue fournie, incisives supérieures souvent découvertes. Se dresse constamment sur ses pattes pour surveiller ; dès qu'elle entend un bruit suspect, elle lance un sifflement aigu pour avertir ses congénères (quand elle reconnaît un aigle, son sifflement est différent et toute la communauté se réfugie sous terre). Vue très fine. *Territoire :* quelques centaines de mètres autour de son refuge. *Gestation :* 33/34. *Portée :* 4 ou 5.

Martre. 4 espèces : **Martre commune ; Zibeline** (Eurasie) 45/60 cm, poids 0,9/1,8 kg, omnivore ; **Américaine** 75 cm ; **de Pennant ou pêcheuse** (A. du Nord) 100, h 15, poids 0,5/1,5 kg. Prédateurs carnivores, elles peuvent faire des sauts de 4,20 m. Aire du mâle : 250 ha couvrant le domaine de 2 ou 3 femelles. *Gestation :* 8/9 mois. *Portée :* 3 à 6.

Merle. *Poids* env. 90 g. *Ponte* 2 ou 3 par an en avril-mai et juin. *Couvée* 3 à 6 œufs (12 à 14 j). Le merle à plastron, qui vit en altitude, est protégé.

Mouflon. *Poids* 25 à 30 kg. *Hauteur* au garrot 70 cm. *Cornes* jusqu'à 85 cm. Ne tombent pas. *Polygame. Rut* nov.-déc. *Naissance* 1 jeune, rarement 2, le plus souvent de mars à mai. *Vit* en harde (Allemagne, Corse, Sardaigne, réserves françaises). Forte densité dans les réserves nationales, le Massif central (Cévennes et Auvergne) et toutes les montagnes françaises de moyenne altitude.

Oie sauvage. *Envergure* 1,40 à 1,60 m. *Poids* 5 kg. *Couvée* 5 à 8 œufs (4 sem.). Revient l'hiver (vol triangulaire) en grand nombre si l'hiver est rigoureux. *Nourriture* herbivore.

Outarde barbue. *Envergure* 1,70 à 2,20 m. *Poids* 4 à 10 kg. Vivant jusqu'au XIXᵉ s. dans les plaines de Champagne et du Poitou ; subsiste uniquement dans quelques régions d'Espagne centrale, et Europe centrale et orientale. Protégée en France.

Outarde canepetière (petite outarde). Migratrice. Dans le Midi sept. à nov. Repasse mars-avril. Protégée en France.

Perdrix grise. *Poids* 350 g. *Accouplement* févr.-mars. *Ponte* avril-mai. *Couvée* 15 à 22 œufs (23 j). *Mâle* coq ou bourdon. *Femelle* poule ou chanterelle [les petites plumes de l'épaule ont des stries claires transversales (mâle : 1 strie longitudinale)]. *Jeune* pouillard. *Vit* 8 à 10 a. *Nourriture* jeune (insectes, petites proies animales), ensuite s'ajoutent graines et verdure. **En France.** *Aires de répartition :* historique 355 000 km², actuelle 347 000 ; potentielle : 250 000. Densité « normale » 40,6 %, inférieur de 50 % à la normale 33,50 %, de 20 % 25,92. *Couples* 923 500 en 1980. *Reproduction :* pour 100 couples, en moyenne 12,5 œufs par nid, mais comme beaucoup de nids sont détruits, on aura après l'hiver de 160 à 300 perdrix dans l'hypothèse où on ne les chasse pas. *Perdrix d'élevage :* 4 à 6 millions sont lâchées par an. Pour 100 p. lâchées en août, 37 sont encore en vie en novembre si elles n'ont pas été chassées, sinon 14 (23 ayant été tuées par les chasseurs). En août suivant, si elles n'ont pas été chassées, 2 % semblent survivre. *En 1974,* 5 millions de perdrix avaient été tuées (500 000 auraient été lâchées en août). Depuis le nombre est en régression.

Perdrix rouge. *Poids* 400 à 500 g. *Femelle* très difficile à distinguer. *Appariement* janv.-mars. *Couvée* 8 à 15 œufs jaunâtres piquetés de brun roux (23 j). *Vit* dans le Midi de la France, au Maroc et en Espagne.

Pigeon ramier (palombe). *Poids* 450 à 600 g. *Couvées* 2 ou 3/an, mars à août, de 2 œufs couvés par les 2 sexes (15 à 17 j). *Nourriture* graines, fruits (glands), feuilles. *Migrateur. Passage des palombes* à certains cols des Pyrénées (oct.-nov.) ou du Massif central (lors du retour en févr.-mars).

La palombière : abri perché sur un arbre à environ 30 m du sol (jusqu'à 5 chasseurs). En partent des fils avec lesquels les chasseurs provoquent des battements d'ailes de palombes vivantes (attachées dans les arbres alentour). Ces battements incitent les vols de palombes sauvages qui passent à venir se poser. Dans les cols on s'ingénie à rabattre leur vol en les faisant passer sous un filet. En 1986, env. 2 % ont été capturées par les chasseurs.

Poule d'eau. *Poids* 250 à 300 g. *Accouplement* avril-mai. *Couvée* 8 à 10 œufs (22 j).

Râle des genêts. *Couvée* 6 à 10 œufs (21 j). *Vient* d'Afrique début mai, reste jusqu'à fin sept.-oct. Protégé en France.

Renard. *Poids* 5 à 6 kg. *Longueur* du museau à la naissance de la queue 70 cm, *hauteur* du garrot 30 cm. *Accouplement* janvier à mars. *Gestation* 9 sem. *Portée* 2 à 8. *Mise bas* fin mars à mai. *Vit* 12 à 15 a. Occupe souvent les terriers de blaireaux ou de lapins. *Omnivore* (fruits, racines, levrauts, batraciens, mulots, volailles). *Voie* très forte mais légère (disparaît vite : s'il prend 15 min d'avance sur les chiens ceux-ci se perdent et ne peuvent plus rien sentir). Considéré dans la plupart des départements comme nuisible. La « chasse à courre sur drag » (parcours d'obstacles avec chevaux et chiens effectué à la suite d'un homme traînant une peau de renard à distance) est pratiquée en Angleterre et en Irlande. Capture au piège interdite.

Renne. *Poids* jusqu'à 110 kg. *Taille* au garrot 1,20 m. *Bois* (dans les 2 sexes) envergure jusqu'à 1,50 m ; 1 andouiller aplati vers le bas (1 au-dessus palmé jusqu'à 30 pointes). *Rut* juill. à oct. *Vit* en troupeau, plateaux au-dessus de 1 000 m en Scandinavie.

Sanglier. *Poids* 1 an : 25 à 40 kg ; 2 a. : 50-70 ; 3 a. : 80-100 ; 4 a. : 100-120. *Accouplement* oct.-janv. *Gestation* plus de 4 m. *Portée* 1 ou 2 par an de 3 à 10. *Femelle* laie commence à produire v. 18 mois. *Jeunes* marcassins en livrée (blond-roux rayé de noir), à 6 m. *bête rousse* sans rayures, 1 an *bête de compagnie* (noir ou gris), 2 a. et demi *ragot*, 3-4 a. *tiers-an*, 2-3-4 *quartenier*, 4 à 5 *vieux-sanglier, grand sanglier, grand vieux-sanglier* ou *solitaire*. Vers 1 an, les *défenses* (canines inférieures) commencent à poindre, elles s'aiguisent en se frottant contre les canines supérieures (*grès*). Défenses et grès sont appelés *crocs* chez la femelle. Laies et mâles (jusqu'à 2 ans) vivent en compagnies (jusqu'à 20). *Vit* 25 à 30 ans. *Nourriture* omnivore [racines et tubercules (pommes de t.), herbe, céréales, fruits (glands, châtaignes), lapereaux, souris, vers, charognes]. Les chasseurs français payent + de 5 milliards de F de dégâts par an aux agriculteurs.

Sarcelle. *Poids* 310 g. *Envergure* 59 à 63 cm.

Tourterelle. Petit pigeon migrateur (hiver en Afrique, mai en France). *Couvées* 2 de 2 œufs (mai et juill.). En 1985, chasse uniquement tolérée en Gironde. Le 7-12-1984, le Conseil d'État a cassé les arrêtés ministériels du 24-4-1982 d'Huguette Bouchardeau, min. de l'Environnement autorisant, dans certaines conditions, pour 1983 et les années suivantes, la chasse à la tourterelle dans l'arrond. de Lesparre (Gironde) et 12 communes de l'arrond. de Bordeaux au moment du retour de ces oiseaux vers leur lieu de nidification (généralement en mai). Ces arrêtés étaient en contradiction avec la Directive européenne sur la conservation des oiseaux sauvages. En 1986, tolérance interdite.

Jusqu'en 1920, la capture s'effectuait au filet, puis au fusil et enfin au pylône (mirador en bois). 3 400 pylônes recensés (prix de location : 4 500 à 12 000 F pour la saison). En France, on aurait abattu env. 1,3 million de tourterelles en 1974, 600 000 en 1984.

● **Accroissement moyen annuel par femelle** (compte tenu du climat et des hasards divers). Canard 4 à 6, cerf 0,6, chamois 0,6, chevreuil 0,6, faisan commun 4, lapin 10 à 20, lièvre 3 à 4, perdrix grise 0 à 4, perdrix rouge 6, sanglier 2.

● **Vitesse moyenne.** En mètres/seconde. Bécasse 10-12, Caille 10-17, Colvert 20-25, Faisan 14, Lapin 12, Lièvre 12, Perdreau 13-15, Sarcelle 30.

● **Densité du gibier. Gros gibier. Forêts continues** (par lot de 400 ha). *Feuillues (chêne, hêtre) et riches en herbe :* 8 cerfs, 8 chevreuils, 6 sangliers. *Résineuses :* 6 cerfs, 6 chevreuils, 3 sangliers. **Bois limités par des terres.** *Feuillus :* 4 cerfs, 8 chevreuils, 2 sangliers. *Résineux :* 3 cerfs, 8 chevreuils, 1 sanglier. **Petits lots de bois.** *Feuillus :* 2 cerfs, 8 chevreuils. *Résineux :* 2 cerfs, 6 chevreuils, pas de sanglier.

Petit gibier. *Lapin :* 10 par ha (au printemps). Sur l'île d'Ouessant (1 500 ha) évaluation de 25 000. *Lièvre :* 1 pour 2 ha. *Perdrix rouge :* 1 par ha en Espagne, dans la « Mancha », 4 par ha). *P. gris :* 1 par ha. *Faisan :* 2 par ha.

Proportion des mâles et des femelles. 1 cerf suffit pour 6 biches, 1 daim pour 8 à 12 daines, 1 brocard pour 3 chevrettes, 1 bouquin (lièvre) pour 2 hases, 1 coq faisan pour 3 poules faisanes, le perdreau est monogame.

Législation

Droit de chasse

● **Appartenance.** Au propriétaire de la terre. Celui-ci peut céder son droit à un autre (même sans bail).

Fermier et métayer peuvent chasser personnellement sur le fonds loué. S'ils ne le désirent pas, ils doivent le dire au bailleur par lettre recommandée avec accusé de réception avant le 1ᵉʳ juillet précédant chaque campagne de chasse. La renonciation doit être renouvelée chaque année. Il lui est absolument interdit de chasser le « gibier d'élevage », nourri, gardé, protégé, et dont la reproduction est favorisée.

Le propriétaire (ou son locataire) peut réglementer, dans une certaine mesure, l'exercice du droit de chasser du fermier (nombre des j de chasse, espèce, sexe ou nombre des pièces de gibier en vue de sa protection et de l'amélioration de la chasse) dans la mesure où il s'impose les mêmes restrictions ; le fermier doit respecter ces restrictions sauf décision contraire du tribunal paritaire (si elles étaient jugées excessives).

Même s'il exerce son droit de chasser, le fermier peut demander au bailleur ou au détenteur du droit de chasse (dans le cas où la responsabilité de ce dernier se trouverait engagée) réparation des dommages causés par le gibier.

Cas particuliers. *Moselle, Bas-Rhin et Ht-Rhin :* le droit de chasse, régi par la loi du 7-2-1881, est administré par la commune pour le compte des propriétaires. Le droit de chasser du fermier ou du métayer n'est pas prévu dans la loi. Pour chaque territoire communal, la chasse est, par voie d'adjudication publique, louée pour 9 ans. Le propriétaire d'un territoire de 25 ha au moins d'un seul tenant (5 ha pour les lacs et les étangs) peut conserver son droit de chasse mais, dans de nombreux cas, il doit alors en payer la valeur à la commune. Les parcelles inférieures à 25 ha sont réunies en lots de 200 ha au moins, mis en location par la commune. Voir encadré.

Nota. — Il est interdit de chasser : 1) là où l'on ne possède pas le droit de chasser (dans les communes où existe une A.C.C.A., le chasseur doit se renseigner pour savoir où il peut aller) ; 2) dans les localités, sur les routes et chemins publics et voies de chemins de fer ; 3) souvent à moins de 100 ou 150 m des habitations (arrêtés préfectoraux ou municipaux) ; 4) sur les terres portant des récoltes, sauf consentement du propriétaire de celles-ci.

Appartenance du gibier. Un chasseur devient le propriétaire du gibier qu'il a tué. Si le gibier tiré va mourir sur le terrain d'autrui, il peut aller le ramasser mais devra abandonner son fusil et son chien. Le gibier trouvé mort appartient à celui qui l'a trouvé si le chasseur ne le recherche plus. Le gibier *mortellement blessé* appartient au chasseur qui l'a blessé,

même si un autre chasseur achève l'animal (à condition que le chasseur ayant blessé l'animal le poursuive) ; *légèrement blessé* (gibier pouvant s'échapper) appartient à celui qui l'attrape et l'achève.
Un gibier pris par un chien devient immédiatement la propriété du maître du chien.

● **Plan de chasse.** S'applique obligatoirement au cerf, daim, mouflon, chevreuil et facultativement selon les départements, au chamois ou à l'isard ; pour ces 2 dernières espèces, un arrêté ministériel, sur proposition du commissaire de la Rép., décide son application à un département (ou à un massif depuis la promulgation de la loi montagne). Le nombre d'animaux des espèces concernées pouvant être prélevés sur un territoire de chasse est fixé chaque année avant l'ouverture par le préfet sur avis d'une commission comprenant des chasseurs, des forestiers et des agriculteurs. Les détenteurs de droits de chasse reçoivent autant de bracelets que d'animaux auxquels ils ont droit. Un bracelet doit être fixé à une patte arrière de l'animal pris, avant tout transport. À la fermeture, chaque détenteur doit rendre compte de l'exécution de son plan de chasse. La surface pour les attributions varie selon la densité des animaux dans le massif considéré, les possibilités nourricières de ce massif, les risques de dégâts aux cultures environnantes ou aux plantations, l'objectif poursuivi (favoriser une espèce ou la contenir).

Associations communales de chasse agréées (A.C.C.A.)

Créées par la loi Verdeille du 10-7-1964 qui ne s'applique pas aux départements du Bas-Rhin, Haut-Rhin et Moselle. Englobent les droits de chasse sur les territoires de la commune situés à plus de 150 m des maisons, inférieurs à une certaine superficie (20 ha au min. pour plaine et bois ; 100 ha en montagne ; 3 ha pour les marais non asséchés) et non clos. Ces minimums sont, dans certains départements où une A.C.C.A. doit exister dans chaque commune, doublés ou triplés. Les droits de chasse leur sont dévolus, même contre le gré des propriétaires (gratuitement si le propriétaire ne tirait aucun revenu de la chasse, sinon contre indemnité).

Il ne peut y avoir qu'une A.C.C.A. par commune. Elle doit mettre en réserve au moins 1/10 de son territoire. Sont membres de droit de l'A.C.C.A., à leur demande, lorsqu'ils ont un permis de chasser validé : les apporteurs de droits de chasse (si ne chassant pas, ils ne sont pas titulaires d'un permis, ils ne paient aucune cotisation) qu'ils aient fait leur apport volontairement ou non, leurs conjoint, ascendants et descendants directs, quel que soit leur nombre, les fermiers ou métayers cultivant une parcelle donnant lieu à leur apport à l'A.C.C.A., les personnes domiciliées dans la commune ou y ayant une résidence pour laquelle elles sont inscrites depuis au moins 4 ans au rôle des Contributions directes.

Les membres de droit de l'A.C.C.A. paient une cotisation selon la catégorie à laquelle ils appartiennent. L'A.C.C.A. doit, en outre, accueillir 10 % des chasseurs étrangers à la commune (ils paient une cotisation plus élevée). Les A.C.C.A. bénéficient par rapport aux autres associations de chasse de nombreux avantages (ex. : aide financière de l'Office national de la chasse).

Époques de chasse

Ouverture. Fixée par le ministre chargé de la chasse (Bas-Rhin, Haut-Rhin et Moselle par les préfets). **Gibier d'eau.** S'échelonne selon les départements de juillet (il y a encore des nids avec œufs ou des jeunes non-volants) à la date d'ouverture générale. Quand la chasse du gibier d'eau est seule ouverte, on ne peut chasser que sur les fleuves, rivières, étangs, lacs et marais non asséchés et sur le domaine public maritime dans les départements côtiers. Il est interdit de tirer sur les terrains momentanément inondés ou sur un simple ruisseau et de tirer du gibier d'eau posé en plaine ou volant au-dessus d'elle. Théoriquement, le chasseur doit se trouver lui-même sur le plan d'eau. **Générale.** En général, entre le 2e et le 4e dimanche de septembre. Souvent la chasse du faisan, de la perdrix et du lièvre est retardée ; celle du chevreuil et du cerf, autrement qu'à l'approche, n'ouvre fréquemment qu'un mois plus tard.

Fermeture générale. De la mi-janvier au 28 février selon les départements. Après la clôture générale, quand elle a lieu avant le 28 février, on peut encore chasser le gibier d'eau (col-vert jusqu'au 15 février, autres espèces jusqu'à fin février sur fleuves, rivières, étangs, lacs et marais non asséchés), la bécasse et autres gibiers de passage (grive, palombe) dans certaines conditions, les nuisibles (ex. : sanglier, lapin) dans de nombreux départements. La chasse à courre peut se pratiquer jusqu'au 31 mars.

Heures de chasse. La chasse de nuit est interdite (quand l'œil humain ne peut plus discerner les objets ; Bas-Rhin, Haut-Rhin et Moselle, la nuit s'achève et commence 1 h avant et 1 h après l'heure légale du lever et du coucher du soleil).

Temps de neige. Il est interdit de chasser sauf le gibier d'eau et, dans certains départements, les grands animaux soumis au plan de chasse légal, les nuisibles et, dans quelques départements, le faisan (la loi locale du Bas-Rhin, Haut-Rhin et Moselle n'interdit que poule faisane et perdrix).

Infractions de chasse

Délit de chasse. Constaté par un garde champêtre ou un garde particulier, il doit être « affirmé » dans les 24 h devant le juge ou le maire sous peine de nullité.

Défaut du port de permis. Amende de 30 à 250 F.

Permis non valable pour le temps et le lieu où l'on chasse. Amende de 2 500 à 5 000 F.

Chasse sur le terrain d'autrui. 1 200 à 3 000 F d'amende. S'il touche une maison habitée ou servant à l'habitation et s'il est entouré d'une clôture continue faisant obstacle à toute communication, amende de 180 F à 8 000 F et emprisonnement de 6 j à 3 mois. Délit commis la nuit : 360 F à 16 000 F, empris. 3 mois à 2 ans sans préjudice de plus fortes peines prévues par le Code pénal. Poursuite d'office exercée par le ministère public sur plainte de la partie intéressée quand l'infraction est commise dans un terrain clos attenant à une habitation ou sur des terres non encore dépouillées de leurs fruits.

Chasse en temps prohibé ou dans les réserves de chasse. Seront passibles d'une amende de 1 200 à 3 000 F et d'un emprisonnement de 6 j à 2 mois : ceux qui seront détenteurs, ou trouvés munis, hors de leur domicile, de *filets, engins ou autres instruments de chasse prohibés* par le Code rural et les textes réglementaires ; en un temps de chasse prohibée, auront mis en vente, vendu, acheté ou colporté du gibier ; en toute saison mis en vente, vendu, acheté, transporté ou colporté ou même acheté sciemment du gibier tué à l'aide d'engins ou instruments prohibés ; auront employé des drogues ou appâts de nature à enivrer le gibier ou à le détruire ; auront chassé avec appeaux, appelants (dérogation pour la chasse aux oiseaux d'eau) ou chanterelles.

Ces peines pourront être doubles en cas de chasse pendant la nuit sur les terrains d'autrui avec des instruments et moyens prohibés ou si les chasseurs étaient munis d'une arme apparente ou cachée. Les amendes prononcées pour un acte de chasse effectué dans un lieu, un temps ou au moyen d'engins prohibés subiront une majoration de 50 % au profit du Fonds de garantie. Les peines *seront toujours portées au maximum* lorsque les délits auront été commis par les gardes champêtres ou forestiers des communes ou établissements publics, ainsi que par les chefs de district et agents techniques des Eaux-et-Forêts.

Peines complémentaires. Confiscation des filets, engins et autres instruments de chasse, des avions, automobiles ou autres véhicules utilisés pour le délit. Destruction des instruments de chasse prohibés, confiscation des armes (*sauf dans le cas où l'infraction aurait été commise par un individu muni d'un permis de chasser dans le temps où la chasse est autorisée*). Si les armes, filets (sauf dérogation comme pour la chasse au pigeon-ramier dans les Pyrénées), engins, instruments de chasse ou moyens de transport n'ont pas été saisis, le délinquant peut être condamné à les représenter ou à en payer la valeur. Le permis de chasser peut être suspendu par l'autorité judiciaire en cas d'homicide involontaire ou de coups et blessures involontaires survenus à l'occasion d'une action de chasse ou de destruction d'animaux nuisibles. Les tribunaux peuvent priver l'auteur de l'infraction du droit de conserver ou d'obtenir un permis de chasser pour un temps max. de 5 ans en cas de condamnation pour une infraction de chasse ou de condamnation pour homicide involontaire ou pour coups et blessures involontaires survenus à l'occasion d'une action de chasse ou de destruction d'animaux nuisibles. En cas de condamnation pour l'une des infractions de chasse et lorsque l'infraction aura été commise avec un véhicule à moteur, les tribunaux peuvent suspendre le permis de conduire des auteurs de l'infraction, qu'ils soient ou non conducteurs du véhicule, pour un temps max. de 3 ans.

Permis de chasser

● **Formalités. Examen du permis.** *Age minimal :* 15 ans au 31-3 de l'année de l'examen, mais on ne peut faire valider son permis qu'à partir de 16 ans (ne peut donc chasser à tir avant cet âge). *Inscription :* remplir imprimé (mairies ; pour Paris Préfecture de police), l'adresser au commissaire de la Rép. (préfet) de son domicile avant le 31-3 de l'année de l'examen, en joignant : fiche individuelle d'état civil, enveloppe timbrée. Si la demande concerne un mineur, elle est formulée par le père, la mère ou le tuteur. *Examen :* droit de 44 F. Les candidats refusés ne peuvent se représenter que l'année suivante. S'il manque un point, et que l'on a correctement répondu à toutes les questions éliminatoires, admission à la session complémentaire suivante de l'année en cours. Pour les Français résidant à l'étranger, session spéciale prévue.

Permis. Délivré à la préfecture du domicile (à Paris, Préfecture de police). Fournir certificat de réussite à l'examen, pièce d'identité et 2 photographies d'identité, déclaration au sujet des causes d'incapacité ou d'interdiction pouvant faire obstacle à la délivrance du permis de chasser ; régler un droit de timbre de 55 F.

Visa. Le chasseur doit faire viser et valider annuellement son permis (1er juillet-30 juin) à la mairie de la commune où il est domicilié, réside, est propriétaire foncier ou possède un droit de chasser (à Paris, Préfecture de police). *Présenter :* permis de chasser, attestation d'assurance chasse (pour les mineurs de 16 à 18 ans, autorisation des parents ou tuteur), récépissé de la Fédération départementale des chasseurs du département de validation constatant le versement de la cotisation statutaire pour la campagne de chasse considérée, déclaration au sujet des causes d'incapacité ou d'interdiction pouvant faire obstacle au visa du permis de chasser.

Validation (au 1-7-86). A la perception (à Paris, à la Régie de recettes de la Préf. de police). Validation départementale 144 F pour le premier départ., 112 F pour les autres, nationale 568 F, redevance cynégétique nationale « gibier d'eau » en complément permettant la chasse du gibier d'eau pendant la période précédant l'ouverture générale, de la chasse maritime en tout temps d'ouverture 45 F, redevance complémentaire permettant le passage de la redevance départementale en redevance nationale 456 F. Pour une 2e ou une 3e validation départementale demandée simultanément avec la 1re, le timbre au profit de l'État et la taxe communale (22 + 10) ne seront acquittés qu'une fois.

● **Incapacités et interdictions.** *Visa non accordé :* – de 16 ans ; mineurs non émancipés de + de 16 ans (demande par leur père, mère ou tuteur) ; majeurs en tutelle, non autorisés à chasser par le juge des tutelles (au tribunal d'instance) ; personnes privées du droit de port d'armes ou qui n'ont pas exécuté les condamnations prononcées contre elles pour infractions de chasse ; condamnés interdits de séjour, atteints d'une affection médicale ou d'une infirmité rendant dangereuse la pratique de la chasse ; alcooliques dangereux ; personnes venant de subir certaines condamnations (art. 367 du Code rural). Les condamnés pour infraction de chasse ou pour homicide involontaire ou pour coups et blessures involontaires survenus à l'occasion d'une action de chasse ou de destruction d'animaux nuisibles peuvent être privés, par les tribunaux, du droit de conserver ou d'obtenir un permis de chasser durant 5 ans au max.

Statistiques

● **Accidents.** Année, nombre d'accidents, tués, blessés. *1976 :* 234 a., 63 t., 183 bl. ; *80 :* 125 a., 29 t., 96 bl. ; *81 :* 107 a., 25 t., 79 bl. ; *82 :* 99 a., 30 t., 67 bl ; *83 :* 111 a., 33 t., 75 bl.

● **Chasse payante.** Prix par jour et par fusil (exemples). *En battues* (12 à 15 fusils), tableau jusqu'à 150 pièces : 1 200 F ; *devant soi*, chasseur seul 450 F, 2 fusils 350, 3 fusils 300, 4 fusils 250. *Chasse à la bécasse :* 1 chasseur seul 440 F, 2 et + 270 F. *Au sanglier* (en parc, 15 à 16 fusils ; 5 à 6 traques jour) : 1 500 F.

Safaris et shikars. Expéditions de chasse organisées avec des guides en Afrique (safaris) ou en Inde (shikars). Le tireur paye une taxe d'abattage (exemple en F suivant les pays : éléphant 17 000 en Centrafrique, 2 000 au Cameroun, élan de Derby 100 000, panthère

100 000, buffle 1 200 en Centrafrique), n'a droit qu'à un nombre limité d'animaux (souvent une seule pièce pour le gros gibier). En Bulgarie, taxe proportionnelle au nombre d'oiseaux tirés. Au Tchad, un safari avec séjour de 14 j pour 2 personnes coûte 50 000 F.

• **Chasses traditionnelles.** *Prises. Alpes-de-Hte-Provence* g. [3] n.c., g. [2] n.c. *Alpes-Marit.* g. [1] n.c., g. [2] n.c. *Ardennes* v. [4] 10 000, g. [6] 30 000, g. [7] n.c. *Aude* r. [5] n.c. *Aveyron* g. [3] 40 000. *Bouches-du-Rhône* g. [1] 50 000, g. [2] 1 090 000, p. [11] n.c., p. [2] n.c. *Corse* g. [8] n.c. *Deux-Sèvres* a. [13] n.c. *Drôme* g. [3] n.c., g. [2] n.c. *Gers* r. [9] n.c., a. [12] n.c. *Gironde* r. [9] 80 000, a. [5] n.c. *Hautes-Alpes* g. [3] n.c. *Landes* r. [9] n.c., p. [12] 215 000, a. [5] n.c., a. [12] n.c. *Loir-et-Cher* a. [13] n.c. *Lot-et-Garonne* r. [9] n.c., a. [5] n.c., a. [12] 1 000 000. *Lozère* g. [3] n.c. *Pas-de-Calais* a. [13] n.c. *Pyrénées-Atl.* r. [10] 25 000, a. [5] n.c. *Rhône* a. [13] n.c. *Tarn-et-Garonne* a. [12] n.c. *Var* g. [1] n.c., g. [2] n.c., p. [11] n.c., p. [2] 1 700 000. *Vaucluse* g. [2] n.c., g. [1] n.c., p. [11] n.c., p. [2] n.c.

Nota. — n.c. : non connu, g. : grives (mauvis, musiciennes, litornes, draines et merles noirs), v. : vanneaux (à côté des vanneaux peuvent aussi être prélevés des courlis cendrés, des chevaliers aboyeurs et des pluviers dorés : 1 000), r. : ramiers, p. : pinsons et ortolans, a. : alouettes. (1) Aux gluaux. (2) Tir au poste. (3) Aux lèques. (4) Tenderie. (5) Filet. (6) Tenderie à terre. (7) Tenderie à la branche. (8) Baguette, collets, tir au poste. (9) Pantes. (10) Pantières. (11) Poste au vif. (12) Matoles. (13) Au miroir.

• **Chasseurs. % de chasseurs par rapport à la population.** *France 3,4*, Espagne 2,8, Italie 2,6, Suède 2,6, G.-B. 2, Autriche 1,2, All. féd. 0,4, Belg. 0,3.

Caractéristiques (1982). *Source :* enquête du Comité national d'Information chasse-nature. *Catégorie socio-professionnelle :* agriculteurs 29,30, ouvriers 28,52, retraités 11,68, commerçants et artisans 8,89, cadres moyens 7,47, employés 4,10, professions libérales 3,27, étudiants 3,09, cadres supérieurs 1,85, industriels 0,92, divers 0,91. *Statut :* propriétaires 52,32, locataires 24,77, actionnaires 15,98, invités 8,69, permissionnaires 6,14. *Régime juridique :* chasse communale 70,29, privée 16,91, banale 12,85, domaniale 3,34, sans réponse 0,15. *Type de permis :* p. départemental 88,47, national 6,36, 2 permis départementaux 5,17. *Gibier préféré :* de bois 62, plaine 53,32, de passage 42,83, d'eau 13, grand gibier 16,77, d'eau 13,08. *Territoire :* plaine 76,50, bois 72,77, zone humide 10,48. *Mode de chasse :* au chien d'arrêt devant soi 61,75, à la billebaude (rencontre) 26,39, en battue 24,64, aux chiens courants 8,52, à la hutte 5,19, en barque 3,37, divers 6,99, sans réponse 0,04. *Pression de chasse :* env. 1 fois/sem. 47,67, 2 fois/sem. 31,13, + de 2 fois/sem. 13,83, env. 1 fois/mois 4,35, env. tous les 15 j 1,98, autres (semaines bloquées, etc.) 1,04.

Fusils de chasse (équipement des ménages en %), *par catégories.* Agriculteur 53 ; artisan, commerçant, industriel 29 ; ouvrier 18 ; cadre sup., prof. libérale 17 ; employé 15 ; inactif 14 ; cadre moyen 12. *Ensemble 18.*

Par régions. Aquitaine, Limousin 34 ; Midi-Pyrénées 31 ; Centre, Poitou-Charentes 27 ; Languedoc-Roussillon, Auvergne 25 ; Picardie 23 ; Provence-Côte d'Azur, Corse 22 ; Basse-Normandie 21 ; Rhône-Alpes 20 ; Champagne-Ardennes 19 ; Bourgogne 18 ; Haute-Normandie, Pays de la Loire, Franche-Comté 17 ; Bretagne 14 ; Nord 12 ; Lorraine 11 ; Ile-de-France 9 ; Alsace 6. *France 18.*

Permis de chasser. Examen. *Inscrits 1984 :* 75 044, *85* 66 130, *présents* 59 709 (29,37 % à la 1re session de candidats recalés). **Nombre de validations** *(1983)* 1 740 139 dép. ; 188 827 nation. ; 6 465 suppl. ; 273 035 timbres gibier d'eau.

Comparaisons. *Nombre moyen d'ha par porteur de permis et, entre parenthèses, nombre de permis.* All. dém. 380 (28 000), All. féd. 90 (260 000), Autriche 89 (85 000), Belg. 73 (28 000), Danemark 40 (110 000), Espagne 45 (1 050 000), Finlande (140 000), *France 27 (2 253 514)*, G.-B. 11 (300 000), Hongrie 310 (30 000), Irlande 120 (56 000), Italie 18 (1 500 000), Luxembourg 125 (2 000), Norvège 410 (80 000), P.-Bas 150 (22 000), Suède 191 (200 000), Suisse 340 (31 000), Tchécoslovaquie 110 (120 000), Yougoslavie 280 (90 000).

Grands fusils. On peut citer Lord Grey qui, en 59 ans, tua près d'un million de pièces, jusqu'à 880 faisans ou 420 grouses en une journée ; le marquis de Ripon (Angl. 1852-1923) 556 000 oiseaux ; 245 000 pièces en 55 ans ; le maharadjah Dhuleep Singh, 780 perdreaux, le Cte Clary (France 1876-1923), 316 160 pièces dont *oiseaux* (y compris oiseaux volant au ras du sol) : faisans 112 543, perdreaux 60 216, oiseaux d'eau des marais et de mer 16 876, corbeaux 14 904, grouses 5 881, canards et sarcelles 4 701, alouettes 3 399, rapaces 2 255, pies 2 025, geais 1 913, cailles 1 615, grives 1 574, tourterelles 1 546, bécassines 673, bécasses 618, râles 195, oies sauvages 7, pintades 6, dindons sauvages 4, paons 2, cygne 1, aigle 1 ; *autres :* lapins 48 555, lièvres 16 402, chevreuils 438, cerfs, biches 242, sangliers 156, chats sauvages 122, renards 39, daims 2, loups 2, renne 1. Divers 16 987.

Nota. — En Autriche, chez le Cte Trautmannsdorf, 7 fusils tirèrent en une journée (sept. 1887) 1 cerf, 205 lapins, 209 faisans, 1 018 lièvres, 1 612 perdreaux, soit au total 3 045 pièces.

En Nouvelle-Zélande (où 100 000 cerfs sont tués par an) 2 fusils peuvent tuer 100 cerfs par jour en les traquant en hélicoptère.

Sociétés de chasse. 30 000 officielles à la Fédération.

• **Collisions véhicules et grands animaux en France.** *(1984).* **Collisions** constatées + de 3 100, tuant ou blessant 3 250 animaux [dont Dordogne 154 (146 chevreuils), Ht-Rhin 130, Moselle 126, Landes 118, Bas-Rhin 115].

Animaux tués. 3 140 dont chevreuils 2 480, sangliers 367, cerfs élaphes 269, daims 12, chamois 5, cerfs sika 2, mouflons 2, autres et non identifiés 3.

Heures des collisions. *Aube et crépuscule :* 50 %. *Entre 11 h et 16 h :* 15 %. *Entre 21 h et 3 h du matin :* 12 %.

• **Dépenses liées à la chasse** (en millions de F, en 1984). **Dépenses imposées :** *inscriptions au permis de chasser* 7. *Validation annuelle du permis départemental* 450 (dont pour État 39, communes 17,9, O.N.C. 177, fédérations départementales 209). *Assurance chasse* 607 à 718.

Dépenses liées à l'acquisition d'un droit de chasse. 1 776 MF dont Stés civiles 16 % [répartis en 100 000 chasseurs (Alsace, Sologne, X 10 000 F) : 1 000 MF ; 204 000 (reste de la France, X 2 500 F) : 510 MF] ; assoc. communales 68 % (1 278 000 chasseurs, X 150 F) : 192 MF ; chasse en forêt domaniale (valeur 1982) : 74 MF ; chasse banale 12,5 % (237 000 chasseurs, X 0 F).

Dépenses optionnelles. 143 MF [dont permis nationaux 128 MF (199 000 à 645 F) (dont O.N.C. 97, fédérations 24, État 4,7) ; timbre spécial gibier d'eau 11,1 MF (277 000 X 40 F) ; achat de bracelets grand gibier 3,7 MF].

Dépense de la vénerie. 150 MF (+ de 2 000 chasseurs, + 3 000 pratiquants occasionnels).

Tourisme cynégétique. Irlande, Hongrie, Espagne, Sénégal, Mongolie, Canada... 15 MF. Licence pour 48 h pour des étrangers venant chasser en France : 0,112 MF.

Biens et services connexes. Fusils. Achat et entretien 399 MF (ventes par an 150 000 ; parc 4 500 000). **Cartouches.** 425 MF pour 286 millions de cartouches (1 575 000 chasseurs consomment 80 cartouches à 1,50 F ; 304 000 : 500 c. à 1,50 F ; et 60 000 : 50 c. à 5 F). **Équipement** (vêtements : jumelles, canne-siège, insignes) 376 MF. **Déplacements.** 813 MF (75 % des chasseurs feraient 300 km et 25 % 1 000 km à 0,91 F/km). **Chiens.** 353 MF (47 % des chasseurs ont un chien pour env. 400 F). **Hébergement et restauration.** 470 MF. **Pourboires. Revues cynégétiques.** 78 MF (150 000 abonnés + ventes aux numéros, etc.).

Total 2 840 à 2 983 MF.

• **Gardes-chasse.** 10 000 gardes privés.

• **Gibier. Consommation annuelle de gibier (1979).** Chaque Français consomme 330 g par an dont 1/3 acheté et 2/3 autoconsommés. Agriculteur 790 g (autoconsommation), ouvrier 210 g (dont 20 % achetés). Bassin parisien 480 g, Est 130 g. *Consommation totale de viandes* 5 300 000 t [dont gibier 17 500 t (3 %)].

Dégâts de gibier *(1983).* 15 245 dossiers déposés auprès de l'Office national de la chasse et des Fédérations. Paiements effectués (en milliers de F) : 41 404 dont indemnisations 37 011, frais d'exp. 3 636, frais de secrét. 757. Départ. les plus touchés : Hte-Marne, Marne, Aisne, Seine-et-Marne, Yvelines.

Importations françaises de gibier vivant. Nombre de pièces, 1985-86). *Lièvres* 57 343 (dont Hongrie 29 548, Tchécoslovaquie 15 319, Pologne 9 104, Espagne 3 000, Danemark 372). *Faisans* 34 239 (dont Hongrie 4 818, Pologne 23 321, Tchéc. 6 100). *Perdrix* 10 450 (du Dan.). *Gros gibier* 118 (dont Dan. 100, Hongrie 15, Belgique 3).

Montant (en milliers de F, 1985-86). 21 916 dont Hongrie 11 273 (lièvres 18 895), Tchéc. 7 190 (l. 6 746), Pologne 3 452 (l. 2 721).

Prélèvement possible par les chasseurs. Pour 100 animaux vivant à l'ouverture sur un territoire, s'ils désirent en retrouver autant l'année suivante. Cerfs 20, chamois et isards 12, chevreuils 20 à 25, faisans communs 50 (laisser un coq pour 3 ou 4 poules), lièvres 50, perdrix grises 40 (de 0 à 60 selon les années), perdrix rouges 50, sangliers 50.

• **Prix du gibier vivant (en francs T.T.C., 1985). Gibier de repeuplement (sans transport).** Lièvres d'Europe centrale (couple) 1 160 (févr.) ; lapins de garenne (trio) (mars) 450 ; perdrix rouges (couple) (mars) 185 ; grises de France (couple) 185 (mars) ; faisans d'Europe centrale (pièce) (mars) 93 ; de France (pièce) (mars) 88.

Gibier de tir (par pièce). *Lièvres* 250 à 300 ; *lapins* 75 ; *faisans sauvages* 54. **Gros gibier (par couple).** *Bisons (de Pologne) :* jeunes 25 500, adultes 36 000 ; *cerfs élaphes :* jeunes 6 000, 1 à 3 ans 8 500, 4 à 5 a. 10 800 ; *cerfs sika :* jeunes 4 200, 1 à 3 a. 6 500 ; *chevreuils (de Hongrie) :* faons 4 500, 1 à 3 a. (par lot de 1 brocard et 1 chevrette) 7 000, 1 à 3 a. (par lot de 1 br. et 2 ch.) 10 500 ; *mouflons (de Hongrie) :* agneaux 5 000, cornes de 10 à 20 cm 6 500, 20 à 35 cm 9 500.

Prix de vente du gibier mort au M.I.N. de Rungis (1982). **A plume** (F/pièce). *Perdreau* français 39,07, importé 30,17. *Faisan* coq 35,46 (importé 28,85) ; poule 30,14 (imp. 25,61). *Perdrix* 27,57. *Canard* sauvage 23,83. **A poil** (F/kg). *Chevreuil* 39,35. *Lièvre* 32,44 (imp. frais 25,26, congelé 13,98). *Daim* 26,23. *Sanglier* petit 25,52, gros 26,32. *Lapin* 18,57 (importé frais 18,36, congelé 10,17).

• **Tableau. Gibier tué en France en 1983-84. Quantité estimée (en millions), entre parenthèses, % de chasseurs en ayant tué :** grives 13,2 (28,7), lapins de garenne 6,4 (47,4), faisans 6,2 (55), pigeons ramiers 5,8 (39,7), perdrix grises 2,2 (23,3), lièvres 1,6 (34,7), canards colverts 1,4 (13,5), vanneaux 1,4 (13,6), bécasses 1,3 (19,3), perdrix rouges 1,2 (18,6), corbeaux, pies, geais 1,1 (11,5), bécassines 0,6 (8,9), cailles 0,6 (9,5), tourterelles 0,6 (8), sarcelles 0,4 (5,4), renards 0,4 (8,7), foulques 0,27 (3,1), canards plongeurs 0,08 (1,2), oies 0,08 (0,5), tétras-lyres 0,015 (0,2), gélinottes 0,002 (0,1). Autres échassiers 0,24 (2), autres canards de surface 0,19 (2,4), autres gibiers 1,6 (10,1).

Cyclisme

Bicyclette

Origine. 1861 invention par Pierre Michaux († 1883), revendiquée par le Français Galloux 1837. **1866** 1er brevet de vélocipèdes à pédale, déposé à Washington par le Français Pierre Lallement. **1868** 1er club cycliste : Véloce club de Rouen, Paris, Toulouse. *-31-5* **1re course** de vélocipède (2 km) : parc de St-Cloud à Paris ; *vainqueur :* James Moore (Anglais, 1847-1935). **1869** 1er Paris-Rouen. **1880** l'Anglais Starley lance une bicyclette à roue arrière motrice grâce à une chaîne. **1881** 1er Championnat de France. Union vélocipédique de France créée. **1887** l'Irlandais John Boyd Dunlop, vétérinaire à Belfast (1840-1921), invente le pneumatique et la valve. **1890** Robertson en G.-B. et Michelin en France le rendent démontable. **1900**-*14-4* création de l'Union cycliste internationale. **1905** expérimentation du dérailleur par Paul de Vivie (vulgarisé à partir de 1908 par l'industriel Lucien Juy). **1940** l'U.V.F. devient la Fédération fr. de cyclisme.

Vélo de course. Poids de 8,5 à 11 kg (7 pour les records sur piste), il a en général 36 rayons (Anquetil s'est servi de roues à 24 rayons). *Boyaux* de 100 à 300 g. Ils sont gonflés à l'hélium lors de tentatives contre les records. *Braquet* 47 et 51 dents (pédalier), 14 à 18 (roue arrière). *Développement* de 47 × 18 (5,37 m) à 51 × 14 (7,78 m), parfois 56 × 14 (8,74) dans le Bordeaux-Paris. *Diamètre d'une roue* 68 cm.

Développement (D) ou *braquet :* distance parcourue lorsque la pédale a fait un tour complet :

$$D = R \times \frac{P}{p}.$$

R : circonférence de la roue, P : nombre de dents au pédalier, p : au pignon arrière. Ex. : un 51 × 15 (51 dents au plateau, 15 au pignon arrière) a un dév. de 7,26 m :

$$\frac{P\ 51}{p\ 15} \text{ soit } 3{,}4 \times R\ 2{,}136 = 7{,}26 \text{ m.}$$

En 79, création d'une bicyclette aérodynamique, « vélo profil ». Permet à 45/50 km/h une réduction de 50 % (soit 100 watts) de la résistance offerte par la machine seule. Utilisation en 1980 dans des épreuves officielles (course contre la montre).

Cadence idéale du grimpeur escaladant une rampe : 48 à 55 tours de pédale/minute.

Vitesse (records). 79,47 km/h en 1977, Ralph Therrio (U.S.A.). *Sur tricycle aérodyn.* 87,60 km/h, Jan Russel et Butch Stanton (U.S.A.). *Derrière une voiture de course.* 245,077 km/h le 20-7-1985 à Bonneville (U.S.A.), John Howard (U.S.A.) ; record de France : 204,778 km/h le 19-7-1962 à Fribourg (All. féd.), José Meiffret (Fr., 1913-83).

Pistes. Composée de 2 lignes droites plates et de 2 virages relevés à 35° au minimum. *Largeur* 5 à 8 m ; *long.* 200 à 500 m. *Pistes en cendrée :* pistes d'athlétisme utilisées par les cyclistes qui ne peuvent, par sécurité, les emprunter fréquemment. *Vélodromes à ciel ouvert* (environ 80 en France) : pistes en ciment ou bois ; de 250 à 500 m. *Vélodromes couverts,* les *« Vel d'Hiv »* (2 en France : Grenoble 120 à 250 m en bois). Le *Palais Omnisports de Paris-Bercy* remplace depuis 1984 le P. des Sports de Paris démoli 1959.

Nota. — En 3 ans, de 1974 à 77 inclus, 17 coureurs en activité, ou depuis peu à la retraite, sont morts d'une crise cardiaque. La plupart semblent avoir été victimes de la cortisone et des amphétamines.

Épreuves sur piste

Types d'épreuves sur piste

Il existe en France plus de 12 000 courses enregistrées officiellement.

Course de vitesse. *Sprint* sur 1 000 m (en réalité sur les 200 derniers m, seuls officiellement chronométrés). Les sprinters cherchent à s'abriter derrière l'adversaire le plus longtemps possible pour surgir dans les derniers mètres. Par calcul, ils se livrent à des séances de *surplace* pour contraindre l'adversaire à démarrer le premier. *Champions professionnels les plus titrés :* Jeff Scherens (Belge) (7 fois champion du monde de 1932 à 1947), Antonio Maspes (Ital.) (7 fois de 1955 à 1964), Thorwald Ellegaard (Danois) (6 fois de 1901 à 1911), Piet Moeskops (Holl.) (5 f. de 1921 à 1926), Lucien Michard (Fr.) (4 fois de 1927 à 1930). *Champion amateur :* Daniel Morelon (Fr.) (7 f. champion du monde amateur de 1966 à 1975 et champion olympique en 1968 et 1972).

Course poursuite. Se dispute individuellement ou par équipes. L'un des coureurs ou l'une des équipes se place au milieu de la ligne droite de l'arrivée, l'autre coureur ou l'autre équipe se place au milieu de la ligne droite opposée. L'enjeu consiste pour chacun à rejoindre l'autre ou tout au moins à réduire l'intervalle qui l'en sépare. *Distance habituelle :* amateurs 4 km ; professionnels 5 km ; femmes 3 km.

Omnium. Comprend en général une course de vitesse, une poursuite et une individuelle se disputant le plus souvent sur 5 ou 10 km suivant le nombre de coureurs engagés, avec classement tous les km et élimination (le coureur franchissant la ligne d'arrivée le dernier, en général tous les tours ou tous les 2 tours, doit se retirer).

Course de demi-fond. Se dispute derrière des motos équipées d'un rouleau réglable à distance pour faire varier la vitesse limite susceptible d'être atteinte par le coureur (appelé *stayer*). La roue avant de la bicyclette est plus petite, sa fourche est retournée vers l'avant. De 1920 à 1940, la France a compté de bons *stayers :* Sérès, Grassin, Paillard, Lacquehay, Raynaud, tous champions du monde. Après la guerre, la spécialité a été dominée par l'Espagnol Timoner, 6 fois champion du monde.

Bol d'Or

Épreuve (disparue) courue sur 24 h. Régulièrement remportée jusqu'en 1914 par Léon Georget (qui parcourait jusqu'à 914 km en 24 h). On désigne actuellement par « Bol d'Or » toute épreuve d'endurance (quel que soit le sport).

Course à l'américaine. Se dispute par équipes de 2 coureurs se relayant à volonté. *Distance habituelle :* 100 km.

Les *Six Jours* peuvent être considérés comme une américaine de 144 h (les plus anciens à New York 1899, à Boston 1901, Philadelphie 1902, Pittsburgh 1903) ; sont régulièrement organisés : 7 en Allemagne [Berlin (dep. 1909), Brême (1910), Cologne (1928), Dortmund (1906), Francfort (1911), Munich (1933), Munster (1950)] ; 3 en Belgique [Anvers (1934), Bruxelles (1932), Gand] ; 2 en Hollande [Groningen (1970), Rotterdam (1936)] ; 1 en Italie [Milan (1973)] ; 1 en Suisse [Zurich (1954)].

En France : il y eut des *Six jours* à Paris [de 1913 à 1958 et en 1984 (record 4 467,580 km, les Australiens Goulet-Fogler sur les Français Dupré-Lapize en 1913). Le record ne sera jamais amélioré même avec les équipes à 3 hommes à partir de 1915], à Lille (en 1960), Marseille (en 1928, 30, 32, 33), Nice (en 1928), Toulouse (en 1906) et à Grenoble dep. le 25-1-71 (chaque j est limité à 3 ou 4 h de course).

Principales épreuves sur piste

Légende : (1) Fr. (2) Belg. (3) P.-Bas. (4) Suisse. (5) G.-B. (6) Ital. (7) All. féd. (8) Esp. (9) Lux. (10) Dan. (11) Port. (12) Suède. (13) Australie. (14) Japon. (15) U.R.S.S. (16) All. dém. (17) U.S.A. (18) Tchécoslovaquie. (19) Irlande. (20) Colombie. (21) Pologne. (22) Écosse.

Professionnels

• **Championnat du monde. Vitesse.** *Créé* 1895. **78, 79, 80, 81, 82, 83, 84, 85** Nakano [14]. **Poursuite sur 5 km.** *Créé* 1939. **78** Braun [7]. **79** Oosterbosch [3]. **80** Doyle [5]. **81, 82** Bondue [1]. **83** Bishop [13]. **84, 85** Oersted [10].

• **Demi-fond.** *Créé* 1895. **78** Peffgen [7]. **79** Venix [2]. **80** Peffgen [7]. **81** Kos [3]. **82** Venix [3]. **83** Vicino [6]. **84** Horst Schutz [7]. **85** Vicino [6].

• **Championnat de France. Poursuite 5 km. 78** Bossis. **79, 80** Hosotte. **81, 82, 85** Bondue. **Vitesse. 78, 79** Daniel. **80** Morelon. **81, 82** Castaing. **84** Duclos-Lassalle. **85** Cahard.

• **Demi-fond. 78** Dupontreue. Ne figure plus depuis 1979.

• **Six jours de Grenoble. 78, 79** Moser [3]-Lintguier [1]. **80, 81** Thévenet [1]-Clark [13]. **82, 84** Vallet [1]-Frank [10].

• **Six jours de Paris. 84** Vallet [1]-Frank [10]. **85** Tourné-De Wilde [2].

Amateurs

Championnats du monde. Vitesse. Hommes (*créé* 1893). **78** Tkac [18]. **79** Hesslich [16]. **81, 82** Kopilov [15]. **83** Hesslich [16]. **85** Hesslich [16]. **Dames** (*créé* 1958). **78** Tsareva [15]. **79** Galina [15]. **80** Novarra-Rebert [17]. **81** Young [17]. **82, 83, 84** Paraskevin [17]. **85** Nicoloso [1]. **Poursuite. Hommes** (*créé* 1946). **78** Macha [16]. **79** Makarov [15]. **81, 82** Macha [16]. **83** Koupovets [15]. **85** Ekimov [15]. **Dames** (*créé* 1958). **78, 79** Van Oostan [3]. **80, 81** Kibardina [15]. **82** Twigg [17]. **83** Carpenter [17]. **84, 85** Twigg [17]. **Olympique** (*par équipes*) (*créé* 1962). **78, 79, 81** All. dém. **82** U.R.S.S. **83** All. féd. **85** Ital. **Demi-fond** (*créé* 1893). **Hommes. 78** Podlesch [7]. **79** Pronk [3]. **80** G. Mineboo [3]. **81** Pronk [3]. **82** Mineboo [3]. **83** Podlesch [7]. **84** Jan de Nijs [3]. **85** Dotti [6]. **Kilomètre** (*créé* 1966). **Hommes. 78, 79, 81** Thoms [7]. **82** Schmidtke [7]. **83** Kopilov [15]. **85** Glucklich [16]. **Tandem** (*créé* 1966). **Hommes. 78** Vackar [18]-Vyzal [18]. **79** Kahard [2]-Depine [1]. **80, 81, 82** Kucirek [16]-Martinek [18]. **83** Vernet-Dépine. **84** Greil-Weber [7]. **85** Rehounek [18]-Voboril [18]. **Individuels par points. Hommes. 78** De Jonckhare [6]. **80** G. Sutton [13]. **81** Haueisen [16]. **82** Pohl [16]. **83** Marcussen [10]. **85** Penc [18].

Nota. — 1980, 1984. Certaines épreuves n'ont pas eu lieu en raison des J.O.

Records du monde sur piste

Ces records ont une valeur relative : chaque vélodrome possède pratiquement ses propres records.

Légende : (1) Milan (Vigorelli). (2) Rome (Vél. Olymp.). (3) Wuppertal-Elberfeld. (4) Monthléry (piste de vitesse). (5) Mexico (Centre Sportif Olymp.). (6) Erevan. (7) Irkoutsk. (8) Zurich-Oerlikon (Hallenstadion). (9) Bruxelles (P. des Sports). (10) Paris (Vél. d'Hiv.). (11) Anvers (Sport palais-Merksem). (12) St-Étienne. (13) Berlin-Est (Hal). (14) Avec multiplication de 54 × 15 soit 7,69 m de développement, Anquetil avait parcouru, le 27-9-67, 47,493 km, mais son record n'avait pas été homologué, car il avait refusé le contrôle antidopage. (15) Bassano del Grappa. (16) Brno. (17) Copenhague (Ordrup). (18) Moscou. (19) Tbilissi. (20) Leicester. (21) Munich. (22) Vienne. (23) S. Sébastien. (24) Montréal. (25) Rotterdam. (26) La Paz. (27) Medelin. (28) Col Springs.

En plein air

• **Records masculins professionnels. Départ arrêté sans entraîneur. 1 km** 1'05"200 E. Dominguez (Col.) (1985) [5]. **5 km** 5'44"700 G. Braun (All.) [26] (12-1-86). **10 km** 11'39"720 F. Moser (It.) [5] (23-1-84). **20 km** 23'21"592 F. Moser (It.) [5] (23-1-84). **100 km** 2 h 11'21"43 B. Meister (Sui.) [8] (17-7-86). **1 heure** 51,15135 km F. Moser (It.) [5] (23-1-84) à 2 260 m et 48,144 km H. Oersted (Dan.) (9-9-85) au niveau de la mer.

Nota. — En 1893, *Henri Desgrange,* qui établit le record en 25,325 km, avait un vélo de piste de 13 kg 500. *Ole Ritter* (48,653 km en 1968) : 7 kg 110, développement de 7 m 69 (54 × 15), 175 mm, roues à 28 rayons. *Eddy Merckx* (en 1972) : 5 kg 900, pneus de 90 et 110, développement de 7 m 93 (52 × 14), manivelles de 175 mm, roue avant à 28 rayons, roue arrière à 32 rayons. *Francesco Moser* (en 1984) : 7,4 kg, développement de 8,17 m (57 × 15), cadre plongeant, roues pleines, gainées de plastique, boyaux de 100 g.

Lancé sans entraîneur. 200 m 10"778 E. Dominguez (Col.) [5] (1985). **500 m** 27"827 E. Dominguez (Col.) [5]. **1 000 m** 1'00"329 R. Dill-Bundi (Suis.) [8] (13-8-84). **1 heure** 94 km 016 W. Lohmann (All.) [3] (24-10-55).

Arrêté avec entraîneur moto. 100 km 1 h 03'40" et **1 heure** 94 016 m Walter Lohmann (All. féd.) [3] (24-10-55).

• **Records masculins amateurs. Arrêté sans entraîneur. 500 m** 26"325 O'Reilly (U.S.A.) [26] (1985). **1 km** 1'02"547 M. Malchow (All. dém.) [5] (14-10-80). **4 km** 4'37"824 Guintaoutas (U.R.S.S.) [27] (1985). **5 km** 5'50"680 Oersted [5]. **10 km** 11'54"906 Oersted [5]. **20 km** 24'35"630 et **1 heure** 48 200,113 m H.-H. Oersted (Dan.) [5] (31-10-79). **100 km** 11'21"43 B. Meister (Sui.) [8] (17-7-86).

Lancé sans entraîneur. 200 m 10"441 Hesslich (All. dém.) (1984) et **500 m** 27"310 G. Singleton (Can.) [5] (9-10-80). **1 000 m** 59"682 A. Cuff (N.-Z.) [5] (27-7-80).

Arrêté avec entraîneur. 50 km 40'35"60 V. Gouveukov (U.R.S.S.) (2-10-79). **100 km** 1 h 13'31"326 et **1 heure** 83 261 m A. Romanov (U.R.S.S.) [19] (11-5-83).

• **Records féminins amateurs. Arrêté sans entraîneur. 1 km** 1'14"249 E. Saloumiae (U.R.S.S.) (1984). **5 km** 6'41"750 A. Jones (G.-B.) [20] (31-7-82). **10 km** 13'34"390. **20 km** 27'26"660 et **1 heure** 43 082 m K. van Oostenhage (P.-B.) [21] (16-9-78). **100 km** 2 h 31'28"374 F. Galli (It.) [1] (1985).

Lancé sans entraîneur. 200 m 11"393 C. Paraskevin (U.S.A.) [28] (1985). **500 m** 31"700 G. Tsareva (U.R.S.S.) [19] (6-10-78). **1 km** 1'10"463 E. Saloumiae (U.R.S.S.) [6] (1984).

Nota. — Les records du monde ne sont pas nécessairement les meilleures performances. Ils doivent en effet être réussis dans des tentatives officielles. Les performances enregistrées dans toutes les autres compétitions, y compris les championnats du monde, ne sont pas prises en considération.

(a) Meilleure performance : 1'05"500 par Patrick Sercu (Belg.) à Mexico (Mex.) le 10-12-1972.

(b) Meilleure performance : 5'46"720 par Ponsteen (P.-B.) à Munich (All. féd.) le 18-8-1978.

(c) Meilleure performance d'un professionnel sur la distance : 4'42"28 [Robert Dill-Bundi (Sui.) à Zurich le 13-8-1983].

Sur piste couverte

• **Records masculins professionnels. Départ arrêté sans entraîneur. 1 km** 1'06"603 U. Freuler (Sui.) [8] (30-10-81). **5 km** 5'59"099 H.-H. Oersted (Dan.) [17] (28-10-80). **10 km** 12'26"800 Roger Rivière (Fr.) [10] (19-10-58). **20 km** 25'18" et **1 heure** 46 847 m S. Adler (All. féd.) [8] (2-8-68).

Lancé sans entraîneur. 200 m 10"99 O. Plattner (Suisse) [8] (1-12-61). **500 m** 28"486 U. Freuler (Sui.) [22] (2-10-81). **1 000 m** 1'01"23 P. Sercu (B) [11] (3-2-67).

Arrêté avec entraîneur moto. 100 km 1 h 23'59"800 G. Timoner (Esp.) [23] (12-9-65). **1 heure** 74 642 m G. Solente (Fr.) [10] (13-2-55).

Arrêté derrière moto commerciale. 1 heure 64 km 189 E. Browaeys (Fr.) (4-3-50).

• **Records masculins amateurs. Départ arrêté sans entraîneur. 1 km** 1'02"955 L. Thomas (All. dém.)[18] (22-7-80). **4 km** 4'37"687 Koupovets (U.R.S.S.)[18] (1983). **5 km** 5'48"256 Guintaoutas (U.R.S.S.)[18] (1984). **10 km** 12'06"290 H.-H. Oersted (Dan.)[17] (26-11-78). **20 km** 24'41"197 Stepanov (U.R.S.S.)[18] (1985). **1 heure** 48,448 km Echimov (U.R.S.S.)[18] (1985).

Lancé sans entraîneur. 200 m 10"249 S. Kopylov (U.R.S.S.)[18] (6-8-82). **500 m** 27"469 Panfilov (U.R.S.S.)[18] (1984). **1 km** 1'00"279 S. Kopylov (U.R.S.S.)[18] (30-7-84).

Avec entraîneur. 50 km 34'59"962 A. Romanov (U.R.S.S.)[18] (31-1-84). **1 heure** 87 430 m A. Romanov (U.R.S.S.)[18] (30-1-83). **100 km** 1 h 15'04"490 A. Romanov (U.R.S.S.)[18] (8-4-84).

• **Records féminins amateurs. Départ arrêté sans entraîneur. 1 km** 1'13"777 E. Salumyae (U.R.S.S.)[18] (21-9-83). **5 km** 6'29"606 Jeannie Longo (Fr.) (1985). **10 km** 13'41"519 G. Tsareva (U.R.S.S.)[18] (18-1-83). **20 km** 27'46"730 G. Tsareva (U.R.S.S.)[18] (28-4-83). **100 km** 2 h 31'30"430 M. Mavik (P.-B.)[25] (19-9-83). **1 heure** 42,319 km B. Ganz (Sui.)[8] (1985).

Lancé sans entraîneur. 200 m 11"394 E. Saloumiae (U.R.S.S.)[18] (1985). **500 m** 30"580 et **1 km** 1'07"189 I. Nicoloso (Fr.) (1985).

Épreuves sur route

☞ Voir aussi Jeux Olympiques, p. 23.
Légende : Voir p. 1683 b.

Professionnels

Tour de France

Généralités. Créé en 1903 par Henri Desgrange (1865-1940) sur une idée de Géo Lefèvre, 6 étapes (2 248 km), 60 participants, 20 arrivants. Les uns concourent pour le classement général, les autres participent aux étapes de leur choix. En 1904, 6 étapes (2 248 km), 88 participants, 22 arrivants ; les 4 premiers, dont Garin, sont disqualifiés ; l'épreuve a donné lieu à des incidents et à un attentat. En 1911, Duboc est victime d'un empoisonnement (attentat qui ne sera pas démasqué). Le 7-7-1982, lors de l'étape Orchies-Fontaine-au-Pire, la course est arrêtée à Denain par des manifestants d'Usinor.

Départ de l'étranger. 1954 Amsterdam, **1958** Bruxelles, **1965** Cologne, **1973** La Haye, **1975** Charleroi, **1978** Leiden (P.-Bas).

Équipes. 1903-29 de marque, **1930-61** nationales, **1962-66** de marque, **1967** nationales, **1969** de marque.

Longueur. *Tour le plus long :* 5 745 km (1926), *le plus court :* 2 428 km (1903-04).

Étapes. *Nombre :* de 6 (1903) à 31 (1937). *La plus longue :* 488 km (Les Sables d'Olonne-Bayonne, 1919).

Participants (nombre). *Le plus grand :* 210 (1986), *le moins grand :* 60 (1903, 1905 et 1934).

Vainqueurs ayant porté le maillot jaune durant tout le tour. Bottecchia (1924), Franz (1928), Romain Maès (1935), Anquetil (1961). Ont occupé la 1re place de bout en bout : Garin (1903), Trousselier (1905), Garrigou (1911), Thys (1914).

Nota. — Maillot jaune créé en 1919 (Eugène Christophe, 1885-1970, fut le 1er à le porter). Ne l'ont jamais porté pendant le tour : Robic et Janssen.

Vainqueurs depuis l'origine. 1903 Garin[1] en 94 h 33 mn, 2e Pothier[1] en 97 h 22 mn. **04** Cornet[1]. **05** Trousselier[1]. **06** Pothier[1]. **07-08** Petit-Breton[1]. **09** Faber[9]. **10** Lapize[1]. **11** Garrigou[1]. **12** Defraye[2]. **13-14** Thys[2]. **19** Lambot[2]. **20** Thys[2]. **21** Scieur[2]. **22** Lambot[2]. **23** H. Pélissier[1]. **24-25** Bottecchia[6]. **26** Buysse[2]. **27-28** Franz[9]. **29** Dewaele[2]. **30** Leducq[1]. **31** Magne[1]. **32** Leducq[1]. **33** Speicher[1]. **34** Magne[1]. **35** R. Maès[2]. **36** S. Maès[2]. **37** Lapébie[1]. **38** Bartali[6]. **39** S. Maès[2]. **47** Robic[1]. **48** Bartali[6]. **49** Coppi[6]. **50** Kubler[4]. **51** Koblet[4]. **52** Coppi[6]. **53-54-55** Bobet[1]. **56** Walkowiak[1]. **57** Anquetil[1]. **58** Gaul[9]. **59** Bahamontès[8]. **60** Nencini[6]. **61-62-63-64** Anquetil[1]. **65** Gimondi[6]. **66** Aimar[1]. **67** Pingeon[1]. **68** Jan Janssen[3]. **69** 1er Merckx[2] (24 ans), 2e Pingeon[1] à 17'54". **70** 1er Merckx[2], 2e Zoetemelk[3] à 12'41", 3e Pettersson[5]. **71** 1er Merckx[2], en 96 h 45'14", 2e Zoetemelk[3] à 9'51"1, 3e Van Impe[2]. **72** 1er Merckx[2] en 108 h 18'34", 2e Gimondi[6] à 10'41", 3e Poulidor[1] à 11'34". **73** 1er Ocaña[8], 2e Thévenet[1] à 15'51", 3e Fuente[8]. **74** 1er Merckx[2] en 116 h 53'3", 2e Poulidor à 8'4", 3e Carril[8]. **75** 1er Thévenet[1] en 114 h 35'31", 2e Merckx[2] à 2'47", 3e Van Impe[2] à 5'1". **76** 1er Van Impe[2] en 109 h 59'24", 2e Zoetemelk[3] à 4'21", 3e Poulidor[1] à 12'15". **77** 1er Thévenet[1] en 115 h 38'30", 2e Kuiper à 48", 3e Van Impe[2] à 3'32". **78** 1er Hinault[1] en 108 h 18', 2e Zoetemelk[3] à 3'56", 3e Agostinho[11] à 6'54". **79** 1er Hinault[1] en 103 h 6'50", 2e Zoetemelk[3] à 3'7", 3e Agostinho[11] à 26'53". **80** 1er Zoetemelk[3] en 109 h 19'14", 2e Kuiper[3] à 6'55", 3e Martin[1] à 7'56". **81** 1er Hinault[1] en 96 h 19'44", 2e Van Impe[2] à 14'34", 3e Alban[1] à 17'4". **82** 1er Hinault en 92 h 8'46", 2e Zoetemelk à 6'21", 3e Van de Velde à 8'21" **83** 1er Fignon en 105 h 7'52", 2e Arroyo à 4'04", 3e Winnen à 4'09". **84** 1er Fignon en 112 h 3'40", 2e Hinault à 10'32", 3e Lemond à 11'45". **85** 1er Hinault, 2e Lemond à 1'42", 3e Roche à 4'29". **86** 1er Lemond, 2e Hinault à 3'10", 3e Zimmermann à 10'54".

Tour de France, dames. *Créé en 1984.* **1984** Marianne Martin[17]. **85** 1re Maria Canins[6], 2e Longo[1], 3e Odin[1]. **86** Canins[6], 2e Longo[1], Thompson.

Moyenne horaire du vainqueur. *La plus faible :* 23,958 km/h (Bottecchia 1924) ; *la plus forte :* 37,844 (Hinault 1981).

Age. *Les plus âgés :* Firmin Lambot (36 ans en 1922). Gino Bartali (34 ans en 1948), seul coureur qui ait gagné le Tour à 10 ans d'intervalle ; *le plus jeune :* Cornet (20 ans en 1904). Sur 51 vainqueurs en 1975, 17 avaient 30 ans ou plus ; 24 de 25 à 29 ; 10 de 20 à 24.

Vainqueur ayant gagné : 5 fois le tour : Anquetil (1957, 61, 62, 63, 64), Merckx (1969, 70, 71, 72, 74). Hinault (1978, 79, 81, 82, 85). **3 fois :** Bobet (1953, 54, 55) et Thys (1913, 14, 20).

Nationalité. Sur 69 épreuves : 32 victoires françaises, 18 belges, 8 ital., 4 luxemb., 2 espagnoles, 2 suisses, 2 hollandaises, 1 américaine.

Coureurs ayant fini à la 2e place : 6 fois, Zoetemelk[3] (1970, 71, 76, 78, 79, 82). **3 fois :** Garrigou[1] (1907, 09, 13) ; Poulidor[1] (1964, 65, 74).

Écarts entre le 1er et le 2e : 2 h 51' en 1903 ; *les moindres :* 56" en 1964 (1er Anquetil, 2e Poulidor) ; 38" en 1968 (1er Jan Janssen, 2e Van Springel).

Meilleurs grimpeurs. 1933 Vincente Trueba[8]. **34** René Vietto[1]. **35** Félicien Vervaecke[2]. **36** Julian Berrendero[8]. **37** Félicien Vervaecke[2]. **38** Gino Bartali[6]. **39** Sylvère Maes[2]. **47** Pierre Brambilla[6]. **48** Gino Bartali[6]. **49** Fausto Coppi[6]. **50** Louison Bobet[1]. **51** Raphaël Geminiani[1]. **52** Fausto Coppi[6]. **53** Jésus Lorono[8]. **54** Federico Bahamontès[8]. **55, 56** Charly Gaul[9]. **57** Gastone Nencini[6]. **58, 59** Federico Bahamontès[8]. **60, 61** Imerio Massignan[6]. **62, 63, 64** Federico Bahamontès[8]. **65, 66, 67** Julio Jimenez[8]. **68** Aurelio Gonzales[8]. **69, 70** Eddy Merckx[2]. **71, 72** Lucien Van Impe[2]. **73** Pedro Torres[8]. **74** Domingo Perurena[8]. **75** Lucien Van Impe[2]. **76** Giancarlo Bellini[6]. **77** Lucien Van Impe[2]. **78** Martinez[1]. **79** Battaglin[6]. **80** R. Martin[1]. **81** Lucien Van Impe[2]. **82** Vallet[1]. **83** Van Impe[2]. **84** Millar[5]. **85** Herrera. **86** Hinault.

Federico Bahamontès et Lucien Van Impe 6 fois *roi de la montagne*, Julio Jimenez 3 fois. Pour l'Espagne 15 victoires, Italie 10, Belgique 9, France 4, Lux. 2.

Le Belge Eddy Merckx, qui a gagné 525 courses sur route, a remporté toutes les « classiques », sauf Paris-Tours (devenu Tours-Versailles) et Bordeaux-Paris, soit : *7 fois* Milan-San Remo (66, 67, 69, 71, 72, 75, 76) ; *5 fois* Liège-Bastogne-Liège (69, 71, 72, 73, 75) ; *3 fois* la Flèche Wallonne (67, 70, 72) ; Gand-Welvegen (67, 70, 73) ; Paris-Roubaix (68, 70, 73) ; *2 fois* le Tour de Lombardie (71, 72) et le Tour des Flandres (69, 75) ; *1 fois* Paris-Bruxelles (73). Il a en outre remporté 4 fois le championnat du monde sur route (1 fois chez les amateurs, 3 fois chez les professionnels).

Le Belge Rik Van Looy a gagné toutes les classiques : *3 fois* Paris-Roubaix (61, 62, 65) et Gand-Welvegem (56, 57, 62), *2 fois* Paris-Bruxelles (56, 58), le Tour des Flandres (59, 62), et Paris-Tours (59, 67), *1 fois* Milan-San Remo (58), le Tour de Lombardie (59), Liège-Bastogne-Liège (61) et la Flèche Wallonne (68). Il a en outre remporté 2 fois le championnat du monde professionnel sur route (60 et 61). Au total, il a gagné 360 victoires chez les professionnels.

Bernard Hinault. Né le 14-11-1954 à Yffiniac, passe professionnel en 1975. *Principaux succès :* **1975 :** t. de la Sarthe, Ch. de France de poursuite. **76 :** t. d'Indre-et-Loire, t. de l'Aude, Paris-Camembert, tour du Limousin, Paris-Vimoutiers. **77 :** Gand-Welvegem, Liège-Bastogne-Liège, Grand Prix des Nations, Critérium du Dauphiné, T. du Limousin. **78 :** Champ. de France, t. d'Espagne, t. de France, Critérium Nat., Grand Prix des Nations. **79 :** Flèche Wallonne, Critérium du Dauphiné, t. de France, Grand Prix des Nations, t. de Lombardie, lauréat du Trophée Super-Prestige, T. de l'Oise, Circuit de l'Indre. **80 :** Ch. du monde, t. d'Italie, t. de Romandie, Liège-Bastogne-Liège, lauréat du Trophée Super-Prestige. **81 :** Amstel Gold Race, Critérium Internat., Paris-Roubaix, Critérium du Dauphiné, t. de France, lauréat du Trophée Super-Prestige, Critérium Internat. de la route. **82 :** t. de Corse, t. d'Armor, t. d'Italie, t. du Luxembourg, t. de France, Grand Prix des Nations, Critérium des as. **83 :** Flèche wallone, t. d'Espagne. **84 :** Grand Prix des Nations, t. de Lombardie. **85 :** t. d'Italie, t. de France.

4 coureurs ont gagné la même année les tours d'Italie et de France : Coppi, Anquetil, Merckx, Hinault. Seul Hinault a gagné la même année les tours d'Italie et de France et le Grand Prix des Nations (contre la montre).

Championnat du monde sur route professionnels

Créé en 1927. **1971** (Mendrisio) Merckx[2]. **72** (Gap) Basso[6]. **73** (Barcelone) Gimondi[6]. **74** (Montréal) Eddy Merckx[2]. **75** (Yvoir) Kuiper[3]. **76** (Ostuni) Maertens[2]. **77** (San Cristobal) F. Moser[6]. **78** (Nurburgring) Gerrie Knetemann[3]. **79** (Valkenburg) Jan Raas[3]. **80** (Sallanches) Bernard Hinault[1]. **81** (Prague) Freddy Maertens[2]. **82** (Goodwood) Giuseppe Saronni[6]. **83** (St-Gall) Greg Lemond[17]. **84** (Barcelone) Claude Criquelion[2]. **85** (Montello) Joop Zoetemelk[3].

Tour de l'Avenir

Créé en 1961 par Jacques Goddet et Félix Lévitan ; réservé aux amateurs, couru par équipes nationales. 1961-80 open, dep. 1981 amateurs. *Durée :* 15 j. Parcours plus court que le Tour de France.

Vainqueurs : 61 Di Rosso[6]. **62** Gomez del Moral[8]. **63** Zimmermann[1]. **64** Gimondi[6]. **65** Diaz[8]. **66** Denti[6]. **67** Robini[1]. **68** Boulard[1]. **69** Zoetemelk[3]. **70** pas couru. **71** Régis Ovion[1]. **72** Fedor Den Hertog[4]. **73** Giambattista Baronchelli[6]. **74** Henrique Martinez[8]. **75** pas couru. **76** Sven Nilsson[12]. **77** Eddy Schepers[2]. **78-79** Sergei Soukhoroutchenkov. **80** Alfonso Florez (Colombie). **81** Pascal Simon[1]. **82** Greg Lemond[17]. **83** Olaf Ludwig[16]. **84** Charles Mottet[1]. **85** Martin Ramirez[20].

Autres grandes épreuves

Épreuves par étapes

Tour d'Italie (Giro). *Créé* 1909. **70** Merckx[2]. **71** Petterson[12]. **72-73-74** Merckx[2]. **75** Bertoglio[6]. **76** Gimondi[6]. **77** Pollentier[2]. **78** De Muynck[2]. **79** Saronni[6]. **80** Hinault[1]. **81** Battaglin[6]. **82** Hinault[1]. **83** Saronni[6]. **84** Moser[6]. **85** Hinault[1]. **86** Visentini[6]. *Record* 37,488 km/h (Nencini 1957).

Tour d'Espagne (Vuelta). *Créé* 1935. **70** Ocaña[8]. **71** Bracke[2]. **72** Fuente[8]. **73** Merckx[2]. **74** Fuente[8]. **75** Tamamès[8]. **76** Pesarrodona[8]. **77** Maertens[2]. **78** Hinault[1]. **79** Zoetemelk[3]. **80** Ruperez[6]. **81** Battaglin[6]. **82** Lejarreta[8]. **83** Hinault[1]. **84** Caritoux[1]. **85** Delgado[8]. **86** Pino[8]. *Record* 2 921 km à 39,843 km/h (Pingeon 1969).

Tour de Belgique. *Créé* 1908. **70, 71** Merckx[2]. **72** Swerts[2]. **73** Mortensen[10]. **74** Swerts[2]. **75** Maertens[2]. **76** Pollentier[2]. **77** Planckaert[2]. **78** Dierickx[2]. **79** Willems[2]. **80** Knetemann[3]. **81** Wijnands[3]. **82** annulé. *Record* 39,535 km/h (Swerts 1974).

Tour de Suisse. *Créé* 1933. **69** Adorni[6]. **70** Poggiali[6]. **71** Pintens[2]. **72** Pfenninger[4]. **73** Fuente[8]. **74** Merckx[2]. **75** De Vlaeminck[2]. **76** Kuiper[3]. **77** Pollentier[2]. **78** Wellens[2]. **79** Wesemael[2]. **80** Beccia[6]. **81** B. Brev. **82** Saronni[6]. **83** Sean Kelly[19]. **84** Zimmermann[4]. **85** Anderson[13]. **86** Hampsten[12]. *Record* 1 634 km à 37,228 km/h (Poggiali 1970).

Paris-Nice. *Créé* 1933. **69, 70, 71** Merckx[2]. **72, 73** Poulidor[1]. **74, 75** Zoetemelk[3]. **77** Maertens[2]. **78**

Knetemann [3]. **79** Zoetemelk [3]. **80** Duclos-Lassalle [1]. **81** Roche [19]. **82, 83, 84, 85, 86** S. Kelly [19].

Critérium du Dauphiné libéré. *Créé* 1947. **70** Ocaña [8]. **71** Merckx [2]. **72** Ocaña [8]. **73** Ocaña [8]. **74** Santy [1]. **75, 76** Thévenet [1]. **77** Hinault [1]. **78** Pollentier [2]. **79** Hinault [1]. **80** Van de Velde [1]. **81** Hinault [1]. **82** Laurent [1]. **83** Simon [1]. **84** Martin Ramirez [20]. **85** Anderson [13]. **86** Zimmermann [4].

Midi-Libre. *Créé* 1949. **70** Ricci [1]. **71** Merckx [2]. **72** Guimard [1]. **73** Poulidor [1]. **74** Danguillaume [1]. **75** Moser [6]. **76** Meslet [1]. **77** Panizza [6]. **78** Bertolotto [6]. **79** Saronni [6]. **80, 81, 82, 83** Bernaudeau [1]. **84** Dominique Garde [1]. **85** Silvano Contini [6]. **86** C. Criquielion [2].

Autres courses. *Quatre Jours de Dunkerque.* **83** Van Vliet [2]. **84** Hinault [1]. **85** Vandenbroucke [2]. **86** De Wolf [2]. *Tour de Luxembourg.* **82** Hinault [1]. **85** Teun Van Vliet [3]. **86** Rooks [3]. *Tour de Romandie (Suisse).* **81** Prim [12]. **82** Wimann [20]. **83, 84** Roche [19]. **85** Muller [4]. **86** Criquielion [2]. *Tour d'Ile-de-France* (vainqueur **80** Stephen Roche [19] ACB B). *Tour de Catalogne.* **80** Van de Velde [3]. **81** Rupierez [8]. **82** Fernandez [8]. **83** Recio [8]. **84** Kelly [19]. **85** Millar [22].

☞ Jeux Olympiques. Voir p. 23.

Épreuves en lignes

Amstel Gold Race. *Créé* 1966. **66** Stablinski [1]. **67** Den Hartog [3]. **68** Steevens [3]. **69** Reybrouck [2]. **70** Pintens [2]. **71** Verbeck [2]. **72** Planckaert [2]. **73** Merckx [2]. **74** Knetemann [3]. **75** Merckx [2]. **76** Maertens [2]. **77, 78, 79, 80** Raas [3]. **81** Hinault [1]. **82** Raas [3]. **83** Anderson [13]. **84** Hanegraaf [3]. **85** Knetenann [3]. **86** Rooks [3].

Paris-Brest-Paris. Couru en **1891** (Terront, 1 200 km à 16,814 km/h), **1901** (Garin, 22,995), **1911** (Georget, 23,893), **1921** (Mottiat [2], 21,771), **1931** (Opperman [13], 24,121), **1948** (Hendrickx [2], 28,405), **1951** (Diot, 1 182 km à 30,362 km/h).

Paris-Roubaix. *Créé* 1896. **70** Merckx [2]. **71** Rosiers [2]. **72** De Vlaeminck [2]. **73** Merckx [2]. **74 et 75** R. De Vlaeminck [2]. **76** M. De Meyer [2]. **77** De Vlaeminck [2]. **78, 79, 80** Moser [6]. **81** Hinault [1]. **82** Raas [3]. **83** Kuiper [3]. **84** Kelly [19]. **85** Madiot [1]. **86** Kelly [19]. *Record* 45,129 km/h (Post 1964).

Paris-Tours devenu **Blois-Chaville** devenu **Créteil-Chaville** en 1985 (Grand Prix d'Automne). *Créé* 1896. **70** Tschan [7]. **71** Van Linden [2]. **72** Van Tyghem [2]. **73** Van Linden [2]. **74** Gerben Karstens [2], déclassé pour dopage, 1er Moser [6]. **75** Maertens [2]. **76** R. de Witte [2]. **77** Zoetemelk [3]. **78** Raas [3]. **79** Zoetemelk [3]. **80** Willems [2]. **81** Raas [3]. **82** Vandenbroucke [2]. **83** Peeters [2]. **84** Kelly [19]. **85** Peeters [2]. *Parcours* 234 à 347 km. *Record* 45,029 km/h (Karstens 1965).

Paris-Bruxelles. *Créé* 1893. **73** Merckx [2]. **74** De Meyers [2]. **75** Maertens [2]. **76** Gimondi [6]. **77** Peeters [2]. **78** Raas [3]. **79** Peeters [3]. **80** Gavazzi [6]. **81** De Vlaeminck [2]. **82** Hanegraaf [3]. **83** Tommi Prim [12]. **84** Vanderaerden [2]. **85** Van der Poel [3]. *Record* 46,988 km/h (Maertens 1975).

Tour des Flandres. *Créé* 1913. **70** Leman [2]. **71** Dolman [1]. **72, 73** Leman [2]. **74** Bal [3]. **75** Merckx [2]. **76** Planckaert [2]. **77** De Vlaeminck [2]. **78** Godefroot [2]. **79** Jan Raas [3]. **80** Pollentier [2]. **81** Kuiper [3]. **82** Maertens [2]. **83** Raas [3]. **84** Lammerts [3]. **85** Vanderaerden [2]. **86** Van der Poel [3]. *Record* 268 km à 43,225 km/h (Dolman 1971).

Flèche wallonne. *Créée* 1936. **70** Merckx [2]. **71** De Vlaeminck [2]. **72** Merckx [2]. **73** Dierickx [2]. **74** Verbeeck [2]. **75** Dierickx [2]. **76** Zoetemelk [3]. **77** Moser [6]. **78** M. Laurent [1]. **79** Hinault [1]. **80** Saronni [6]. **81** Willems [2]. **82** Beccia [6]. **83** Hinault [1]. **84** Andersen [10]. **85** Criquielion [2]. **86** Fignon [1]. *Record* 39,469 km/h (Zoetemelk 1976).

Grand prix de Francfort. *Créé* 1962. **62** Desmet [2]. **63** Junkerman [7]. **64** Roman [2]. **65** Stablinski [1]. **66** Hoban [5]. **67** Van Rijckeham [2]. **68** Beugels [3]. **69** Pintens [2]. **70** Altig [7]. **71** Merckx [2]. **72** Beltone [1]. **73** Pintens [2]. **74** Godefroot [2]. **75** Schuiter [3]. **76** Maertens [2]. **77** Knetemann [3]. **78** Braun [7]. **79** Willems [2]. **80** Baronchelli [6]. **81** Jos Jacobs. **82** Peeters [2]. **84, 85** Anderson [13].

Milan-San-Remo. *Créé* 1907. **70** Dancelli [6]. **71, 72** Merckx [2]. **73** De Vlaeminck [2]. **74** Gimondi [6]. **75, 76** Merckx [2]. **77** Raas [3]. **78, 79** De Vlaeminck [2]. **80** Gavazzi [6]. **81** De Wolf [2]. **82** Gomez [1]. **83** Saronni [6]. **84** Moser [6]. **85** Kuiper [3]. **86** Kelly [19]. *Record* 288 km à 44,805 km/h (Merckx 1967).

Liège-Bastogne-Liège. *Créé* 1892. **70** R. De Vlaeminck [2]. **71, 72, 73** Merckx [2]. **74** Pintens [2]. **75** Merckx [2]. **76** Bruyère [2]. **77** Hinault [1]. **78** Bruyère [2]. **79** Thurau [7]. **80** Hinault [1]. **81** Funchs [4]. **82** Contini [6]. **83** Rooks [3]. **84** Kelly [19]. **85, 86** Argentin [6]. *Record* 236 km à 37,869 km/h (Merckx 1973).

Tour de Lombardie. *Créé* 1905. **70** Bitossi [6]. **71, 72** Merckx [2]. **73** Merckx [2] déclassé, Gimondi [6]. **74** De Vlaeminck [2]. **75** Moser [6]. **76** De Vlaeminck [2]. **77** Baronchelli [6]. **78** Moser [6]. **79,** Hinault [1]. **80** De Wolf [2]. **81** H. Kuiper [3]. **82** G. Saronni [6]. **83** Kelly [19]. **84** Hinault [1]. **85** Kelly [19]. **86** Herrera [20]. *Record* 240 km à 40,899 km/h (Van Looy 1959).

Boucles de la Seine [1]. *Créées* 1945. **70** Genet. **71** Moneyron. **72** Annulé. **73** Mintkiewicz. Ne se court plus dep. 1973. *Record* 41,211 km/h (Anastasi 1964). **80** De Wolf [2].

Nota. — (1) Tous Français.

Championnat de France sur route [1]. *Créé* 1907. **61** Poulidor. **62, 63, 64** Stablinski. **65** Anglade. **66** Theillière. **67** Non attribué. **68** Aimar. **69** Delisle. **70, 71** Non attribué. **72** Berland. **73** Thévenet. **74** Talbourdet. **75** Ovion. **76** Sibille. **77** Tinazzi. **78** Hinault. **79** Berland. **80** Villemiane. **81** S. Beucherie. **82** R. Clère. **83** M. Gomez. **84** L. Fignon. **85** J.-C. Leclercq. **86** Y. Madiot.

Nota. — (1) Tous Français.

Critérium international [1] (avant 1981 : Critérium national). *Créé* 1932. **69** Bellone. **70** Chappe. **71, 72** Poulidor. **73** Danguillaume. **74** Thévenet. **75** Esclassan. **76** Béon. **77** Chassang. **78** Hinault. **79** Zoetemelk [2]. **80** Laurent. **81** Hinault. **82** Laurent Fignon. **83, 84** Kelly [3]. **85** Roche [3]. **86** Zimmermann [4]. *Record* 38,840 km/h (Chassang 1977).

Nota. — (1) Tous les coureurs sont Français sauf : (2) P.-Bas. (3) Irlande. (4) Suisse.

Gênes-Nice. Voir Quid 1982 p. 1731.

Épreuves contre la montre

Gd Prix des Nations. *Créé* 1932, couru sur 140 km jusqu'en 1936, puis sur 160. **67, 68** Gimondi [6]. **69, 70** Van Springel [2]. **71** Ocaña [8]. **72** Swerts [2]. **73** Merckx [2]. **74, 75** Schuiten [3]. **76** Maertens [2]. **77, 78, 79,** Hinault [1]. **80** Vandenbroucke [2]. **81** Gisiger [4]. **82** Hinault [1]. *Record* 47,518 km/h (Gimondi 1968). **83** Gisiger [4]. **84** Hinault [1]. **85** Mottet [1].

Nota. — Anquetil [1] a gagné 9 fois de 1953 à 58 et 61, 65, 66.

Grands Prix de Lugano, de Belgique, de Forli, voir Quid 1981, p. 1615 c.

Trophée Baracchi (avant amateur). *Créé* 1947. **70** G. et T. Petterson [12]. **71** Ocaña [8]-Mortensen [10]. **72** Merckx [2]-Swerts [2]. **73** Gimondi [6]-Rodriguez (Colombie). **74** Moser [6]-Schuiten [6]. **75** Moser [6]-Baronchelli [1]. **76** Maertens [2]-Pollentier [2]. **77** Barone [2]-Johansson [12]. **78** Schuiten [6]-Knudssen [3]. **79** Moser [6]-Saronni [6]. **80** Vandenbroucke [2] De Wolf [2]. **81** Gisiger [4]-Demierre [4]. **82** Gisiger [4]-Visentini [6]. **83** Gisiger-Contini [6]. **84** Moser [6]-Hinault [1]. **85** Moser [6]-Oersted [10].

Épreuves derrière entraîneurs

Bordeaux-Paris. *Créé* 1891. **1968** Bodard [2]. **70** Van Springel [2]. **71, 72** pas couru. **73** Mattioda [1]. **74** Van Springel [2] et Delépine [1] (2 vainqueurs, Van Springel ayant parcouru davantage de km à la suite d'une erreur de parcours). **75** Van Springel [2]. **76** Godefroot [2]. **77, 78** Van Springel [2]. **79** Chalmel [12]. **80, 81** Van Springel [2]. **82** Tinazzi [1]. **83** Duclos-Lassalle [1]. **84** Linard [1]. **85** Martens [2]. **86** Glaus [4]. *Parcours* 351 à 620 km. *Record* 47,21 km/h (584,5 km en 12 h 23'12") (Chalmel 1979).

Amateurs

• **Championnat du monde sur route.** *Créé* 1921. **Hommes. 78** Glaus [4]. **79** Giaccomini [6]. **80** année des J.O. **81** A. Verdenikov [1]. **82** B. Drogan [16]. **83** Uve Raab [16]. **85** Piasecki [21].

Dames. *Créé* 1958. **78** Abetz [7]. **79** De Bruin [2]. **80** Heiden [17]. **81** Enzenauer [7]. **82** M. Jones [5]. **83** M. Berglund [12]. **85** Longo [1].

Par équipes (100 km contre la montre). *Créé* 1962. **78** P.-Bas. **79** All. dém. **80** année des J.O. **81** All. dém. **82** P.-Bas. **83** U.R.S.S.

• **Championnat de France sur route. Hommes. 78** Desserkenne. **79** Duteil. **80** Faure. **81** Dalibard. **82** Biondi. **83** Bernard. **85** Leclercq. **86** Carlin.

Dames. 78 Fortier. **79, 80, 81, 82, 83, 86** Longo.

• **Course de la Paix** (course amateurs). Organisée par les pays de l'Est. **79** Soukhoroutchenkov [17]. **80** Barinov [7]. **81** Zagreddinov [20]. **82** Ludwig [16]. **83** Boden [16]. **84** Soukhoroutchenkov [17]. **85** Piasecki [21]. **86** Ludwig [16].

Cyclo-cross

Généralités

Abréviation de cross-country cyclo-pédestre : course à bicyclette et à pied à travers la campagne sur un parcours constitué de routes, bois, labours, prairies, déclivités, descentes rapides mais non dangereuses. *Distance totale maximum* 24 km, *min.* 3 km, en plusieurs tours de circuit (épreuves officielles), 1,5 km pour les autres épreuves. *Période des courses :* novembre à mars. *1902* 1er championnat de France. *1924* 1er critérium international qui devient en *1950* championnat du monde.

Championnats du monde

1o **1950 à 1966 :** *une seule épreuve open.* **50** Jean Robic (Fr.). **51-52-53** Roger Rondeaux (Fr.). **54-55-56-57-58** André Dufraisse (Fr.). **59** Renato Longo (It.). **60-61** Rolf Wolfshohl (All. féd.). **62** R. Longo (It.), **63** R. Wolfshohl (All. féd.). **64-65** R. Longo (It.). **66** Éric de Vlaeminck (B.).

2o **Depuis 1967 :** *2 épreuves. Amateurs* **67** Michel Pelchat (Fr.). **68** Roger de Vlaeminck (B.). **69** René Declercq (B.). **70-71** Robert Vermeire (B.). **72** N. de Deckere (B.). **73** Klauss Thaler (All. féd.). **74-75** R. Vermeire (B.). **76** Thaler (All. féd.). **77** Vermeire (Belg.). **78** Liboton (Belg.). **79** Ditano Vito (It.). **81** Milos Fisera (Tchéc.) 53'34". **82** Milos Fisera (Tch.) 52'38". **83** Radomir Simunek (Tch.) 47'11" ; 2e Van der Fraenen (Belg.) ; 3e Kloucek (Tch.). **84** Radomir Simunek (Tchéc.) 24 km en 1 h 5'24" ; 2e Kvanicka (Tchéc.) ; 3e Van Bakel (P.-B.). **86** Vito di Tano (It.). 2e Messelis (B.), 3e De Rey (B.)

Professionnels : 67 R. Longo (It.). **68-69-70-71-72-73** Éric de Vlaeminck (B.). **74** Van Damme (B.). **75** Roger de Vlaeminck (B.). **76** Albert Zweifel (Suisse). **77** Zweifel (Suisse). **78** Zweifel (Suisse). **79** Zweifel (Suisse). **81** J. Stamsnijder (Holl.) 1 h 1'53". **82** Roland Liboton (Belg.) 1 h 06'36". **83** Roland Liboton (Belg.) 53'17" ; 2e Zweifel (Sui.) à 9" ; 3e Thaler (All. féd.) à 10". **84** Roland Liboton (Belg.) 1 h 8'18" ; 2e Stamsnÿder (P.-B.) ; 3e Zweifel (Suisse). **85** Klaus-Peter Thaler (All. féd.), 2e Van der Poel (P.-B.) à 2", 3e Michely (Lux.) à 4". **86** Zweifel (Suisse), 2e Richard (Suisse), 3e Stamsnijder (P.-B.).

Championnats de France

Professionnels : 86 M. Gayant. **Amateurs : 86** R. Bleuze.

Bicrossing

Origine. Venu des U.S.A. Motocross à vélo. **Bicross.** Vélo de cross trial. **Piste.** Ligne de départ haute de 2 m, large de 9 m env. ; virage à 15-30 m de la ligne de départ ; virages à gauche et à droite ; 1 ou 2 bosses (arrondies et non pointues) de 0,60 m à 1,20 m de haut ; éventuellement série de 3 bosses de 30 cm ; longueur : 150 m au minimum à 250 m.

Règles. Parcours à effectuer en moins d'une mn. Dérapages, virages pris comme sur une moto de trial, utilisation par moments de la seule roue arrière, etc. **3 catégories :** junior, expert, super-classe.

Championnat de France. Épreuves réparties dans 5 villes différentes : Vaux-le-Pénil, Clermont-Ferrand, Beaune, Baudoncourt, Draguignan.

Association française de bicrossing, faubourg St-Nicolas, 21200 Beaune. Créée 1981. 1985 : licenciés 8 441, clubs 350.

Cyclotourisme

Quelques dates. 1891 : Alcide Bouzigues effectue le raid Paris-Lannemezan (975 km) en 8 jours. **1896 :** 1er raid officiel de 200 km, Rome-Naples, par 9 Italiens. **1898-***16-1 :* Vito Pardo crée à Rome l'Audax italiano, organisateur des 1ers brevets audax de 200 km (de *audax :* audacieux ; désigne les cyclistes capables d'effectuer 200 km entre lever et coucher du soleil). Henri Desgrange, directeur de l'Auto et promoteur du Tour de France, fonde les Audax français.

Randonnée cycliste. Activité sportive de plein air sans esprit de compétition où seule compte la lutte avec soi-même pour acquérir l'endurance à l'effort prolongé. Le cyclotouriste peut arriver, par des brevets d'entraînement organisés par la Féd. franç. de cyclot., à parcourir d'une seule traite de très longues distances (jusqu'à 600 km). Un randonneur parcourt en moyenne 4 000 à 8 000 km par an.

Parmi les *activités les plus caractéristiques :* Provence (Pâques), Concentration nationale de Pentecôte, Semaine fédérale de cyclotourisme (août), Concentration nationale du souvenir à Rethondes (11 novembre), Diagonales de France et randonnées Mer-Montagne, brevet Cyclo-Montagnard français, brevet des Provinces françaises, brevet de Cyclotourisme national.

Adeptes en France. Membres 90 000, clubs 2 500.

Conseils pratiques. *Selle* réglée afin que la jambe tendue mais sans raideur puisse poser son talon déchaussé sur la pédale. *Guidon,* type randonneur, hauteur sensiblement identique à celle de la selle. Distance entre selle et guidon égale à celle de l'avant-bras du cycliste, la main ouverte, le coude appuyé sur le bec de selle, le bout des doigts arrivant à l'axe du guidon. *Manivelles* 16,5 cm pour un entrejambe de moins de 80 cm et 17 cm au-dessus. Ainsi le cycliste aura la poitrine bien dégagée (respiration), le buste incliné à environ 45°. *Pédalage,* cadence moyenne 70 tours/minute (non sur la pointe du pied). *Roues,* montées de pneus. *Développement,* 2 ou 3 plateaux à l'avant (pédalier) et 4 ou 5 dentures à l'arrière (roue libre) ; développement principal de 5 m. env. soit : 44 × 17, ou 46 × 19, ou 48 × 20 ; on pourra ainsi avoir : 48 × 46 × 30 (ou 28) à l'avant et 15 × 17 × 19 × 21 (ou 22) × 23 (ou 26) à l'arrière.

Quelques noms

Légende : Tous Français, sauf (1) All. féd. (2) Espagne. (3) Italie. (4) Belgique. (5) Suisse. (6) Luxembourg. (7) P.-Bas. (8) Suède. (9) G.-B. (10) Portugal. (11) U.R.S.S. (12) U.S.A.

Adorni Vittorio [3] 14-11-37. Agostinho Joaquim [10] 1943-84. Aimar Louis 5-1-11. Aimar Lucien 28-4-41. Altig Rudi [1] 18-3-37. Anglade Henri 6-7-33. Anquetil Jacques 8-1-34. Archambaud Maurice 1908-55. Argentin Moreno [3] 17-12-60. Aucouturier Hippolyte 1870-1944.

Bahamontes Federico [2] 9-6-28. Baldini Ercole [3] 26-1-33. Balmanion Franco [3] 11-1-40. Baronchelli Giambattista [3] 6-9-53. Bartali Gino [3] 17-7-14. Beghetto Giuseppe [3] 8-10-39. Bellenger Jacques 25-12-27. Bevilacqua Antonio [3] 22-10-18. Binda Alfredo [3] 1902-86. Blanchonnet Armand 23-12-03. Bobet Jean 22-2-30. Bobet Louison 12-3-25/13-3-83. Bottechia Ottavio [3] 1-8-1894. Bracke Ferdinand [4] 25-5-39. Buysse Lucien [4] (11-9-1892).

Caput Louis 1921-85. Caritoux Éric [1]. Carlesi Guido [3] 6-11-36. Carrara Émile 11-1-25. Cerami Joseph (Pino) [3] 28-4-22. Chaillot Louis 2-3-22. Chapatte Robert 14-10-22. Christophe Eugène 22-1-1885. Civry (de) Frédéric (1861-93). Coppi Fausto [3] 15-9-19/2-1-60.

Daems Émile [4] 4-4-38. Dancelli Michèle [3]. Danguillaume Jean-Pierre 14-12-49. Danneels Gustave [4] 6-9-13. Darrigade André 24-4-29. Debaets Gérard [4] (17-4-1899). Debruyne Alfred [4] 21-10-30. Delisle Raymond 11-3-43. De Roo Joop [4] 5-8-37. Derycke Germain [4] 2-11-29. Desgrange Henri 31-1-1865/1940. De Vlaeminck Éric [4] 23-8-45. De Vlaeminck Roger [4] 24-8-47.

Egg Oscar [5] 1890-1961.

Faber François [6] 1887-1915. Faggin Leandro [3] 1933-70. Fignon Laurent [1] 12-8-60. Fore Noël [4] 23-12-32. Forestier Jean 7-10-30. Fornara Pasqua [3] 29-3-25. Frantz Nicolas [6] 1899. Friol Émile (n. 1881).

Gambillon Geneviève 30-6-54. Garin Maurice 1871-1957. Garrigou Gustave 1884-1963. Gaul Charly [6] 18-12-32. Gauthier Bernard 22-9-24. Geminiani Raphaël 12-6-25. Gerardin Louis 1912-82. Gimondi Felice [3] 29-9-42. Girardengo Constante [3] 1893-1978. Godefroot Walter [4] 2-7-43. Graczyk Jean 26-5-33. Grosskost Charly 5-3-44. Guerra Leargo [3] 1903-63. Guimard Cyrille 20-1-47.

Harris Reginald [9] 31-3-20. Hassenforder Roger 23-7-30, Hinault Bernard 14-11-54.

Idée Émile 19-7-20. Impanis Raymond [4] 19-10-25.

Janssen Jan [7] 19-5-40.

Kaers Karel [4] 14-7-14. Kint Marcel [4] 20-9-14. Kelly Sean [19]. Koblet Hugo [5] 21-3-25/6-11-64 (acc. de voit.). Kubler Ferdinand [5]. 24-7-19.

Lambot Firmin [4] 1886-1964. Lapébie Guy 28-11-16. Lapébie Roger 6-1-11. Lapize Octave 1899-1917. Lazarides Apo 16-10-25. Leducq André 1904-80. Lemond Greg [12] (26-6-61). Linart Victor [4] 1889-1977.

Madiot Yvon 21-6-62. Maertens Freddy [4] 13-2-52. Maes Romain [4] 10-8-1893. Maes Sylvère [4] 1912. Magne Antonin 1904-83. Magni Fiorenzo [3] 7-12-20. Mahé François 2-9-30. Maspes Antonio [3] 14-1-32. Maye Paul 19-8-13. Merckx Eddy [4] 17-6-45. Michard Lucien 1903-85. Moore James [9] 1849-1940. Morelon Daniel 28-7-44. Moser Francisco [6]. Motta Gianni [3] 12-3-43.

Nencini Gastone [3] 1-3-30.

Ocaña Luis [2] 9-6-45. Ockers Constant (dit Stan) [4] 1920-55. Ovion Régis 3-3-49.

Peeters Ludo [2] 9-8-53. Pélissier Charles 1903-60. Pélissier Francis 1894-1961. Pélissier Henri 1890-1936. Petit-Breton, Mazan Lucien dit 1883-1917. Pingeon Roger 28-8-40. Pino Alvaro [2] 17-8-56. Plattner Oscar [5] 17-5-22. Poblet Miguel [2] 18-3-28. Post Peter [7] 20-11-33. Poulidor Raymond 15-4-36.

Rebry Gaston [4] 1905-53. Rivière Roger 1936-76. Robic Jean 1921-80. Rolland Antonin 3-9-24. Ronsse Georges [4] 1906-69. Rousseau Michel 5-2-36.

Scheerens Joseph 7-2-09. Schotte Albéric (dit Brik) [4] 7-9-19. Schulte Guerrit [7] 1916-63. Sercu Patrick [4] 27-6-44. Simpson Tom [9] 1937-67. Speicher Georges 1907-78. Stablinski Jean 21-5-32. Sterckx Ernest [4] 1-12-22. Suter Henri [5] 1899.

Teisseire Lucien 11-12-19. Terront Charles 25-4-1857/1932. Thévenet Bernard 10-1-48. Thys Philippe [4] 1890-1971. Trentin Pierre 15-5-44. Trousselier Louis 1881-1939.

Van Est Whilhem [7] 25-3-23. Van Looy Rik [4] 20-12-33. Van Springel Hermann [4] 14-8-43. Van Steenbergen Rik [4] 9-9-24. Van Vliet Arie [7] 1916. Verschuren Théo [4] 10-7-22. Vietto René 17-2-14. Visentini Roberto [6] 2-6-1955.

Walkowiak Roger 8-3-27. Wolfshohl Rolf 27-12-38.

Zaaf Abdelkader 12-1919. Zoetemelk Joop [7] 3-12-46.

Escrime

Généralités

Origine. Antiquité. XVIe s. se développe en Italie. **1383** 1re association d'escrimeurs en All. **1510** l'Espagnol Gonzalo invente la coquille protège-main. **xviie s.**, les Français (Le Porche du Coudray, La Touche) définirent et classèrent méthodiquement coups et parades de l'escrime moderne. **1896** admission aux J.O. du fleuret et du sabre. **1900** admission de l'épée. **1906** création de la Féd. des salles d'armes et de Stés d'escrime de Fr. **1913** création de la Féd. internat.

Nombre de licenciés en France (en 1985). 33 906.

Positions. Dans chacune des *4 lignes* (dedans, dessus, dessous, dehors), il peut y avoir *2 positions* suivant que la main qui porte l'arme se trouve en pronation (paume en dessous) ou bien en supination (paume en dessus).

Langue. Le français est la langue obligatoire de l'escrime, quel que soit le pays où se déroule l'épreuve et quelle que soit la nationalité des juges.

Spécialités

Fleuret (long. max. 1,10 m dont 90 cm pour la lame, poids 350 à 500 g). *Touches valables :* devant du sommet du col au pli des aines ; dos jusqu'au sommet des hanches. Pour qu'un coup soit valable, il faut qu'il ait été porté nettement de la pointe de l'arme. Tout coup frôlé ou donné avec le plat de la lame ne compte pas. Les fleurettistes portent un plastron en tissu lamé qui recouvre toute la surface valable. *Arbitrage électrique* [1] : le coup porté sur une surface non valable allume une lampe blanche située du côté du tireur touché, le coup porté sur une surface valable allume une lampe verte ou rouge.

Épée (mêmes dimensions, poids 500 à 770 g, lame triangulaire). *Coups valables :* sur tout le corps. Toutes les touches doivent être portées avec la pointe. *Arbitrage électrique* [1].

Sabre (long. max. 1,05 m dont 90 cm pour la lame, poids 300 à 500 g). *Coups valables :* tête et bras compris, jusqu'à la taille. Le sabre est une arme d'*estoc* et de *taille :* les touches peuvent être portées indifféremment de l'*estoc* (pointe), de la *taille* (tranchant) et de la *contre-taille* (tranchant du tiers supérieur de revers de la lame). Il n'y a pas d'arbitre mais un président de jury et 4 asseseurs. Sabre électrique à l'étude.

Assauts. En 5 ou 10 touches (8 pour dames). **Matches.** *Par poules* en 5 touches ou par élimination directe en 10. *Par équipes,* les assauts se disputent en 5 touches.

Nota. — (1) Si la touche est donnée avec une force suffisante (fleuret 500 g ; épée 750 g).

Principales épreuves

Championnats du Monde

Créés en 1937. Chaque année sauf les années des Jeux Olympiques, voir p. 23.

Légende. — (1) U.R.S.S. (2) Hongrie. (3) Suède. (4) Italie. (5) France. (6) Roumanie. (7) All. féd. (8) Suisse. (9) Suède. (10) Pologne. (12) Chine. (13) Bulgarie.

• **Fleuret. Hommes ind. : 74** A. Romankov [1] ; **75** Christian Noël [5] ; **76** Dalzotto [4] ; **77** Romankov [1] ; **78** Flament [5] ; **79, 82, 83** Romankov [1] ; **80-81** Smirnov [1] ; **84, 85** Numa [4]. **86** Borella [4]. **Par équ. : 74** U.R.S.S. ; **75** France ; **76-77** All. féd. ; **78** Pologne ; **79** U.R.S.S. ; **80** France ; **81, 82** U.R.S.S. ; **83** All. féd. ; **84, 85, 86** Italie.

Femmes ind. : 74 Ildikos Bobis [2] ; **75** E. Stahl [6] ; **76** Schwarzenberger [2] ; **77-78** Sidorova [1] ; **79** Hanisch [7] ; **80** Pascale Trinquet [5] ; **81** Hanisch [7] ; **82** Giliazova [1] ; **83** Vacaroni [4] ; **84** Luan Ju Jie [12]. **85** Hanisch [7]. **86** Fichtel [7]. **Par équi. : 74, 75, 76, 77, 78, 79** U.R.S.S. ; **80** France ; **81** U.R.S.S. ; **82-83** Italie ; **84, 85** All. féd. ; **86** U.R.S.S.

• **Épée. Hommes ind. : 74** R. Edling [9] ; **75, 76** Alexander Pusch [7] ; **77** Harmenberg [9] ; **78** Pusch [7] ; **79** Riboud [5] ; **80** Harmenberg [9] ; **81** Szekely [2] ; **82** Pap [2] ; **83** Bormann [7] ; **84, 85** Boisse [5] ; **86** Riboud [5]. **Par équ. : 74, 75, 76, 77** Suède ; **78** Hongrie ; **79** U.R.S.S. ; **80** France ; **81** U.R.S.S. ; **82, 83, 84** France ; **85, 86** All. féd.

• **Sabre. Hommes ind. : 74** P.A. Montano [4] ; **75** Nazlinov [1] ; **76** Krovopouskov [1] ; **77** Gerevitch [2] ; **78** Krovopouskov [1] ; **79** Nazlinov [1] ; **80** Krovopouskov [1] ; **81** Wodke [10] ; **82** Krovopouskov [1] ; **83** Etropolski [13] ; **84** Lamour [5] ; **85** Nebald [2]. **86** Mindirgassov [1]. **Par équ. : 74, 75, 76, 77** U.R.S.S. ; **78** Hongrie ; **79, 80** U.R.S.S. ; **81, 82** Hongrie ; **83** U.R.S.S ; **84** Italie ; **85, 86** U.R.S.S.

Autres épreuves internationales

Tous les ans Champ. du Monde « juniors » (moins de 20 ans) et Universiades (tous les 2 ans). Coupe d'Europe des Clubs. Dans chaque pays champ. nationaux annuels et tournois internationaux.

Principaux tournois internationaux en France. *Fleuret masc.* Challenge Martini ; Chge Rommel. *Épée.* Chge Monal ; Chge Ch. Martel. *Fleuret fém.* Chge Jeanty.

Masters au fleuret. Créés en 1986. Réunit les 8 1ers de la coupe du monde. **86** 1er Mathias Gey [7], 2e Federico Cervi [4]. 240 000 F de bourses.

Championnat de France

• **Fleuret. Homme ind. : 76** Christian Noël ; **77** Bruno Boscherie ; **78** Frédéric Pietruszka ; **79** Bruno Boscherie ; **80** Didier Flament ; **81** Pietruszka ; **82** Omnes ; **83** Pietruszka ; **84, 85** Omnes ; **86** Conscience. **Par équipes : 76** Cercle d'escrime de Melun ; **77** C.E. de

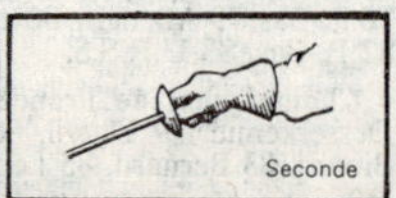

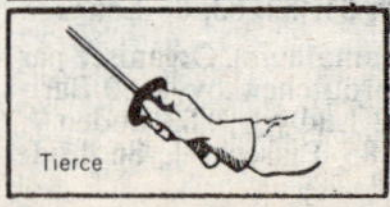

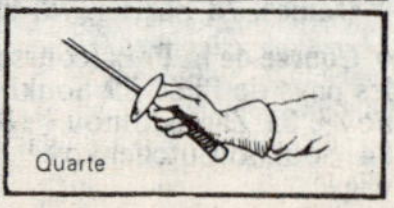

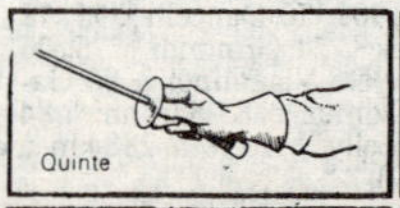

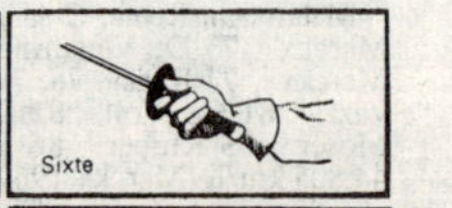

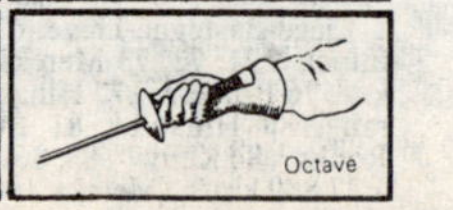

Melun ; **78** C.E. Melun ; **79, 80** C.E. Melun ; **81** C.E. Charenton ; **82, 83** Racing Club de France ; **84, 85** C.E. Melun ; **86** Racing Club de France.

Femmes ind. : 76 B. Dumont ; **77** Christine Muzio ; **78** Brigitte Latrille ; **79, 80** Pascale Trinquet ; **81** Isabelle Begard ; **82** Véronique Brouquier ; **83** Begard ; **84, 85, 86** L. Modaine. **Par équ. : 74** Racing C.F. ; **75, 76** U.S.A.C. ; **77, 78** U.S.A.C. ; **79** P.U.C. ; **80, 81, 82** O.G.C. Nice ; **83, 84** Racing C.F. ; **85** St-Maur.

• **Épée. Hommes ind. : 76** Philippe Boisse ; **77** Philippe Riboud ; **78** Philippe Boisse ; **79, 80** Philippe Riboud ; **81** Patrick Picot ; **82** Philippe Riboud ; **83, 84** Boissé ; **85** Srecki ; **86** Lenglet. **Par équ. : 76**

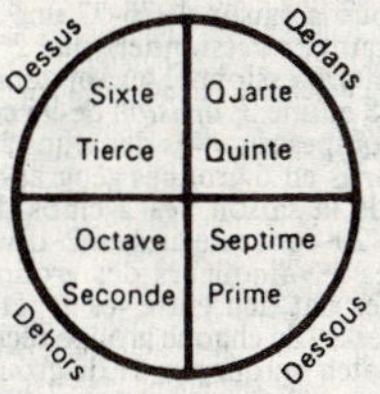

P.U.C. ; **77** St-Gratien ; **78, 79, 80** Masque de fer Lyon ; **81, 82** Racing Club de France ; **83** M.D.F. Lyon ; **84** R.C.F. ; **85** St-Maur.

Femmes ind. : 86 Benon.

• **Sabre. Hommes ind. : 77, 78** Jean-François Lamour ; **79** J.-M. Dierckens ; **80, 81, 82, 83, 84, 85** J.-F. Lamour ; **86** Granger-Veyron. **Par équ. : 76** Racing Club de France ; **77** La Française ; **78** Tourcoing ; **79, 80, 81, 82** La Française ; **83** Tarbes ; **84** R.C.F. ; **85** La Française ; **86** US Métro.

Quelques noms

Bégard Isabelle 7-7-60. Bema Philippe 1952. Boisse Philippe 1955. Bonnin Philippe 30-1-55. Brodin Jacques 22-12-46. Brouquier Véronique 28-5-57. Dalzotto Fabio [2]. Fékété Christine 7-3-58. Flament Didier 1951. Gardas Hubert 17-4-57. Gerevitch Aladar [4] 16-3-10. Gorokhova Galina [4] 1937. Hanisch Cornelia [5] 1952. Harmenberg Johann [6]. Hein [5]. Herbster Claude 28-3-46. Jolyot Pascal 26-6-58. Lamour Jean-François 2-2-56. Mangiarotti Edoardo [2] 7-4-19. Montano Aldo [2] 1910. Muzio Christine 1958. Nazlimov [1]. Omnes Philippe. Oriola Christian (d') 3-10-28. Paramarov Serge [1] 1945. Pawlowski Gerzy [3] 1929. Pécheux Michel 1911-85. Pesza Tibor [4] 1931. Picot Patrick 22-9-51. Quivrin Patrick 1952. Riboud Philippe 9-4-57. Salesse Michel 3-1-55. Schwarzenberger Ildiko [4] 1951. Sidorova [1] 1954. Stankovitch [1] Vassili 1945. Trinquet Pascale 11-8-58. Trinquet Véronique 15-6-56.

Nota. – Tous Français sauf indication. (1) U.R.S.S. (2) Italie. (3) Pologne. (4) Hongrie. (5) All. féd. (6) Suède.

Football

Source : Fédération française de Football.

☞ Voir aussi Jeux Olympiques, p. 23.

Quelques dates

Origine. Antiquité : nombreux jeux de balle connus. **XIXe s.,** le football, sous sa forme actuelle, apparaît dans les « public schools » anglaises (Cheltenham, Rugby, Eton, Harrow, etc.). Peu à peu 2 types de jeu émergent. L'un, très brutal, sera l'origine du rugby. L'autre, codifié par les étudiants de Cambridge (1848). **1863** Football Association fondée, s'en inspire pour fonder ses propres lois sous le nom de *simplest play* (le jeu le plus simple). **1872** 1er club français : Le Havre Athletic Club. **1894** 1er championnat de France entre les 6 clubs parisiens. **1906** 1re rencontre France-Angleterre au parc des Princes (15-0 pour l'Angl.). **1904** Féd. intern. de football créée. **1919**-*7-4* Féd. franç. de football créée.

Principales règles

• **Généralités. Terrain.** *Longueur* 90 à 120 m ; *largeur* 45 à 90 m ; *surface de but* 5,50 m de chaque côté du but, *de réparation* 16,50 m. *But :* hauteur 2,44 m, largeur 7,32 m. **Ballon.** Circonférence 68 à 71 cm, 396 à 453 g. **Joueurs.** 2 équipes de 11 dont 1 gardien de but. **2 juges de touche** assistent le directeur de jeu : ils aident l'**arbitre** en lui signalant à l'aide d'un drapeau les sorties en touche, l'équipe à laquelle revient le droit de tirer un corner, les hors-jeu.

• **Partie.** 2 mi-temps de 45 mn (40 mn pour les juniors) séparées par un arrêt de 15 mn au plus. Prolongations possibles sur décision de l'arbitre.

Coup d'envoi. Choix du côté tiré au sort par l'arbitre, en présence des 2 capitaines, avec une pièce de monnaie. Au moment du coup d'envoi, les joueurs n'engageant pas devront se trouver à 9,15 m du ballon. Le jeu reprend ainsi après chaque but. Après la mi-temps, les joueurs changent de côté.

• **Fautes et sanctions. Hors-jeu.** Un joueur est hors jeu s'il est plus rapproché de la ligne de but adverse que le ballon au moment où il est joué sauf : si le joueur est dans sa propre moitié de terrain, si le ballon a été touché ou joué en dernier lieu par un adversaire, s'il y a au moins 2 adversaires plus rapprochés que lui de leur propre ligne de but, s'il reçoit directement le ballon sur un coup de pied de but, un coup de pied de coin, une rentrée de touche. *Sanctions :* pour toute infraction, un coup franc indirect sera accordé à l'équipe adverse à l'endroit où la faute a été commise. En cas de hors-jeu : équivalent d'un coup franc tiré à l'endroit où le joueur a été signalé hors jeu.

Quelques fautes ou incorrections. Coup de pied à un adversaire ; croc-en-jambe ; charge volontairement dangereuse sur l'adversaire ; tenir un adversaire par le maillot ou par le bras ; à terre, continuer à frapper la balle, toucher la balle de la main (si le joueur touche la balle de la main dans ses 16 m, il y a penalty).

Coup franc. *Direct :* le but peut être marqué directement. *Indirect :* passe intermédiaire obligatoire avant le tir au but, depuis la ligne des 16,50 m.

Corner. Coup de pied de coin accordé à l'équipe attaquante dont une tentative a été dégagée hors des limites du terrain (côté but) par un joueur de l'équipe défendante.

Penalty. Sanction donnée pour une faute grave commise à l'intérieur de la *surface de réparation* (le point de penalty est à 11 m de la ligne de but).

Rentrée en touche. Effectuée à la main par un joueur de l'équipe opposée à celle dont fait partie le joueur ayant touché le ballon en dernier lieu.

• **Tactiques. WM.** Créée vers 1930 en G.-B. par Johny Hunter et mis en pratique par H. Capman. 3 joueurs à l'arrière (2 arr. latéraux, 1 central), 2 demis, 5 à l'avant (A l'origine : 1-2-3-5 : priorité aux attaquants). **4-2-4.** Mise au point par les Hongrois en

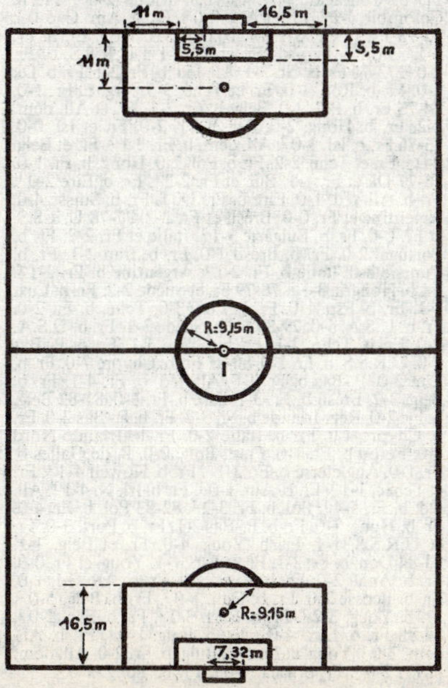

1953. 4 arrières, 2 demis, 4 avants. **1-4-2-3.** Adoptée depuis 1960. 1 *libero* ou *couvreur,* libre de ses mouvements mais destiné à renforcer la défense, 4 arrières, 2 demis, 3 avants. **4-3-3.** Évolution récente. 4 arrières dont 1 *stoppeur,* 3 milieux de terrain, 3 avants. Progressivement la notion d'attaquants et de défenseurs disparaît au profit de celle de possession ou de perte du ballon, la 1re permettant l'attaque, la 2e imposant la défense du but par tous les joueurs. **4-4-2.** Le milieu de terrain est renforcé. Un joueur du milieu se joint aux 2 attaquants quand le besoin s'en ressent.

Quelques chiffres

Arbitres. Tout candidat doit avoir au moins 18 ans et 50 ans au plus (sauf interrégionaux 45 ans). *Effectifs* (1-1-84) : 19 717 dont (82) 7 internationaux, 72 fédéraux, 120 interrégionaux, 2 170 de ligues, 16 603 de districts, 145 féminins.

Associations affiliées à la Féd. franç. de football : 22 608 en 84-85.

Licenciés. Nombre dont, entre parenthèses, professionnels (1981). U.R.S.S. 4 505 000 (pas de prof.). All. féd. 3 611 431 (1 000). France 1 733 597 (634) en 1985. G.-B. 1 505 000 (5 000). Pays-Bas 964 215 (850). Italie 833 564 (4 609). Au total (en 1984) environ 35 millions de joueurs dans le monde dont 70 % en Europe.

☞ **Football féminin.** Reconnu par la Féd. fr. de football le 29-3-1970. 1er championnat de France en 1974. 1985 : 26 558 licenciées, 1 100 clubs.

Football américain. *Né* à Harvard en 1872. Très violent. *Nombre de blessés par an* dans les 20 000 équipes de lycées : 1 000 000 ; dans les 900 équipes universitaires : 70 000. En 1905, chez les professionnels, il y avait eu 18 morts et 159 blessés. Dérivé du rugby traditionnel. *Équipe* de 11 joueurs casqués et protégés par un équipement spécial (poids du joueur moyen 110 kg). *Terrain* de 91 × 45 m, divisé en tranches de 4,50 m. *La balle ovale* (long. 28 cm, circonf. 55 cm) ne se joue jamais au pied sous peine de pénalisation (cession du ballon à l'adversaire). N'importe quel joueur peut plaquer un adversaire, même si celui-ci n'a pas le ballon. *Partie* de 4 fois 15 mn. L'équipe à l'attaque doit progresser de 2 tranches en 4 mises en jeu, sinon la balle passe à l'équipe adverse. On marque 6 points quand la balle est portée au-delà de la ligne de but adverse, et 3 quand elle franchit la barre transversale du but, le coup de pied n'étant autorisé qu'à ce moment.

Un football moins brutal se joue entre 2 équipes de 6 joueurs, sur un terrain de 70 × 40 m.

Champion des U.S.A. (super bowl) 1983 Redskins (Washington), bat Dolphins (Miami) 27-17. Chaque joueur victorieux touche une prime de 36 000 $; perdants, 18 000. 1985 Bears (Chicago) bat Patriots (New England) 46-10.

Football australien. *Codifié* en 1868. *Terrain* de forme ovale. *Ballon* analogue à celui du rugby. *Équipes* de 18 joueurs, plus 2 remplaçants. 15 joueurs occupent sur le terrain des positions définies et marquent directement un adversaire. Les 3 autres (un roover et 2 followers) représentent les éléments mobiles. Lorsque le ballon passe dans le goal post, il y a *behind* (1 point). Si l'équipe attaquante réussit à faire passer la balle entre les 2 poteaux verticaux (sans barre transversale), il y a *goal* (6 points).

Football gaélique. *Réglementé* en 1884. *Terrain* 170 × 90 m. *Équipes* 15 joueurs. 2 *mi-temps* de 30 mn. Tous les coups sont permis. On marque des points en faisant pénétrer le ballon dans un but de 6,40 m de large sur 2,40 m de haut ou en le faisant passer au-dessus.

Principales épreuves internationales

Légende. – Af. : Afrique. Alg. : Algérie. All. : Allemagne. Am. C. : Amérique centrale. Arg. : Argentine. Austr. : Australie. Aut. : Autriche. Belg. : Belgique. Br. : Brésil. Bul. : Bulgarie. Col. : Colombie. Dk : Danemark. Ei. : Eire. Esp. : Espagne. Fr. : France. Gr. : Grèce. Hong. : Hongrie. Isl. : Islande. It. : Italie. Nor. : Norvège. Por. : Portugal. Rou. : Roumanie. Su. : Suède. Tché. : Tchécoslovaquie. Ur. : Uruguay. Youg. : Yougoslavie.

• **Coupe du monde.** *Créée* en 1928, disputée pour la 1re fois en 1930. Tous les 4 ans. Vainqueurs et vain-

Catastrophes

23-5-1964, Lima (Pérou) : 320 †, 1 000 bl. Rencontre de qualification pour les J.O. opposant Pérou-Argentine ; un but refusé au Pérou qui lui permettait d'égaliser déclenche une émeute. Un incendie se déclare même dans le stade.

17-9-1967, Kayseri (Turquie) : 40 † (dont 27 à coups de couteau), 600 bl. Échauffourées entre les supporters de Kayseri et ceux de Siwas pour un but contesté.

23-6-1968, Buenos-Aires (Argentine) : 80 †, 150 bl. Match River-Plate-Boca Juniors, les supporters du 1er club allument des feux de joie, le public croit à un incendie, panique aux portes, dont l'une est bloquée par les tourniquets d'entrée.

25-6-1969, Kirikhala (Turquie) : 10 †, 102 bl. Bagarres et coups de feu lors d'un match.

25-12-1969, Bukavu (Zaïre) : 27 †, 52 bl. Les portes du stade s'ouvrent après l'arrivée du Pt Mobutu. La foule s'engouffre. Nombreux spectateurs piétinés.

2-1-1971, Glasgow (G.-B.) : 66 †, 108 bl. Match du derby de Glasgow, Celtic contre Rangers, un but de dernière minute amène une partie du public qui quittait le stade à remonter dans les tribunes, se heurtant aux partants. Bousculade.

11-2-1974, Le Caire (Égypte) : 48 †, 47 bl. 80 000 personnes veulent assister au match entre une équipe cairote et le Dukla Prague dans le stade Zamalek (capacité 40 000). Une grille de bas de tribune s'effondre sous la poussée.

11-5-1985, Bradford (G.-B.) : 52 †, 200 bl. Incendie dans les tribunes, au cours d'un match de football de championnat d'Angleterre de division 3, entre Bradford et Lincoln.

29-5-1985, Bruxelles, stade du Hysel (Belg.) : 38 † (26 Italiens, 4 Belges, 2 Français et 1 Anglais, 5 non identifiés), 454 bl., finale de la coupe d'Europe Juventus de Turin-Liverpool. Des supporters anglais écrasent des Italiens contre le mur des tribunes, nombreux tués par étouffement. *20-6* l'Union europ. des ass. de football suspend la participation des clubs anglais aux compétitions europ. pour une durée indéterminée.

cus. Finale (en italique) et demi-finales. Depuis 1974 finale et match pour la 3e place. Résultats et lieu du match. **30** *Ur.-Arg. (4-2).* Arg.-U.S.A. (6-1). Ur.-Youg. (6-1) ; tous les 3 à Montevideo. **34** *It.-Tché. (2-1 Rome).* Tché.-All. (3-1 Rome). It.-Aut. (1-0 Milan). **38** *It.-Hong. (4-2 Paris).* Hong.-Su. (5-1 Paris). It.-Br. (2-1 Marseille). **50** *Ur.-Br. (2-1 Rio).* Br.-Su. (7-1 Rio). Ur.-Esp. (2-2 São Paulo). Br.-Esp. (6-1 Rio). Ur.-Su. (3-2- São Paulo). Su.-Esp. (3-1 São Paulo). **54** *All.-Hong. (3-2 Berne).* All.-Aut. (6-1 Bâle). Hong.-Ur. (4-2 Lausanne). **58** *Br.-Su. (5-2 Stockholm).* Br.-Fr. (5-2 Stockholm). Su.-All. (3-1 Göteborg). (France 3e en battant l'Allemagne 6-3). **62** *Br.-Tché. (3-1 Santiago).* Br.-Chili (4-2 Santiago). Tché.-Youg. (3-1 Vina del Mar). **66** *G.-B.-All. (4-2 Wembley).* G.-B.-Por. (2-1 Wembley). All.-U.R.S.S. (2-1 Liverpool). **70** *Br.-Ital. (4-1 Mexico).* Br.-Ur. (3-1 Guadalajara). It.-All. féd. (4-3 Mexico, après prolongation). **74** *All. féd.-P.-Bas (2-1 Munich).* Pologne-Br. (1-0 Munich). **78** *Argentine-P.-Bas (3-1 Buenos Aires).* Brésil-Italie (2-1 Buenos Aires). **82** *Italie-All. féd. (3-1 Madrid).* Pologne-France (3-2 Alicante). **86** *Argentine-All. féd.* (3-2 Mexico). Fr.-Belg. (4-2 Puebla).

En 1986, elle s'est déroulée au Mexique. *Budget* (millions de F) : 612 dont recettes publicité statique 172, droits TV 190, billets 250. *Organisée* par Televisa (chaîne de TV privée) et Immevision (chaîne de TV d'État). Coupe en or massif (5 kg, 36 cm, 60 000 $).

Meilleurs buteurs de chaque coupe du monde. J. Fontaine (Fr.) : *13 buts* (1958). Kocsis (Hong.) : *11* (1954). G. Muller (All.) : *10* (1970). Eusebio (Port.) : *9* (1966). Stabile (Arg., 1930), Leonidas (Brés., 1938), Adémir (Brés., 1950) : *8*. Lato (Pol.) : *7* (1974). Kempes (Arg., 1978), Rossi (It., 1982), Lineker (G.-B., 1986) : *6*. Jerkovic (Youg.) : *5* (1962). Schiavo (It., 1934), Nejedly (Tchéc., 1934), Conen (All., 1934) : *4*.

• **Championnat d'Europe des Nations.** *Créé* en 1958. Les 2 premières épreuves (1960 et 1964) se sont appelées Coupe d'Europe des Nations. **60** U.R.S.S. b. Youg. 2-1. **64** Esp. b. U.R.S.S. 2-1. **68** It. b. Youg. 2-0. **72** All. féd. b. U.R.S.S. 3-0. **76** Tchéc. b. All. féd. 2-2 (5-4 aux pénalties). **80** All. féd. b. Belg. 2-1. **84** Fr. b. Esp. 2-0.

• **Coupe d'Europe des Clubs champions.** *Créée* en 1955. **70** Feyenoord Rotterdam b. Celtic Glasgow 2-1. **71** Ajax Amsterdam b. Panathinaïkos Athènes 2-0. **72** Ajax A. b. Inter Milan 2-0. **73** Ajax A. b. Juventus Turin 1-0. **74** Bayern Munich b. Atletico Madrid 4-0. **75** Bayern M. b. Leeds United 2-0. **76** Bayern M. b. *St-Étienne* 1-0. **77** F. C. Liverpool b. Borussia de Moenchengladbach 3-1. **78** F. C. Liverpool b. Bruges 1-0. **79** Nottingham Forest b. Malmoe 1-0. **80** Nottingham F. b. Hambourg 1-0. **81** F.C. Liverpool b. Real Madrid 1-0. **82** Aston Villa b. Bayern M. 1-0. **83** Hambourg b. Juventus 1-0. **84** Liverpool b. Rome 4-3. **85** Juventus b. Liverpool 1-0. **86** Bucarest b. Barcelone 0-0 (2-0 aux pénalties).

• **Coupe d'Europe des Clubs vainqueurs de coupe.** *Créée* 1960. Réservée aux clubs ayant remporté la coupe de leurs pays respectifs. **70** Manchester City bat Cornik Zabrze 2-1 ; **71** Chelsea b. Real Madrid 1-1 puis 2-1 ; **72** Glasgow Rangers b. Dynamo Moscou 3-2 ; **73** Milan AC b. Leeds 1-0 ; **74** Magdebourg b. Milan AC 2-0 ; **75** Dynamo Kiev b. Ferencvaros 3-0 ; **76** Anderlecht b. West Ham 4-3 ; **77** Hambourg b. Anderlecht 2-0 ; **78** Anderlecht b. Austria 4-0 ; **79** Barcelone b. Düsseldorf 4-3 ; **80** Valence b. Arsenal 5-4 (pen.) ; **81** Dynamo Tbilissi b. Carl Zeiss Iéna 2-1 ; **82** F.C. Barcelone b. Standard Liège 2-1 ; **83** Aberdeen b. Real Madrid 2-1. **84** Juventus Turin b. F.C. Porto 2-1. **85** Everton b. Rapid Vienne 3-1. **86** Dynamo Kiev b. Atletico Madrid 3-0.

• **Coupe de l'U.E.F.A.** Issue de la coupe des villes de foires. *Créée* en 1955. Réservée aux clubs ayant terminé aux premières places du championnat immédiatement derrière le champion national et le vainqueur de la coupe nationale. **70** Arsenal bat Anderlecht 1-3 puis 3-0 ; **71** Leeds b. Juventus 2-2 puis 1-1 : Leeds, deux buts à l'extérieur ; **72** Tottenham b. Wolver Hampton 2-1 puis 1-1 ; **73** Liverpool b. Moenchengladbach 3-0 puis 0-2 ; **74** Feyenoord b. Tottenham 2-2 puis 2-0 ; **75** Moenchengladbach b. Twente 0-0 puis 5-1 ; **76** Liverpool b. Bruges 3-2 puis 1-1 ; **77** Juventus b. Bilbao 1-0 puis 1-0 ; **78** Eindhoven b. Bastia 0-0 puis 3-0 ; **79** Moenchengladbach b. Étoile rouge de Belgrade 1-1 puis 1-0 ; **80** Francfort b. Moenchengladbach 3-2 puis 1-0 ; **81** Ipswich b. A.Z. 67 3-0 puis 2-4 ; **82** I.F.K. Göteborg bat Hambourg 1-0 et 3-0 ; **83** Anderlecht bat Benfica 1-0 et 1-1. **84** Tottenham b. Anderlecht 1-1 et 1-1 (4-3 aux pénalties). **85** Real Madrid b. Videoton 3-0 et 0-1. **86** Steaua Bucarest b. Barcelone 0-0 (2-0 aux pénalties).

• **Matches internationaux français.** **70-71** Fr. b. Tché. 3-0. Aut. b. Fr. 1-0. Fr. b. Nor. 3-1 [2]. Fr. b. Belg. 2-1. Fr. b. Arg. 4-3 [1]. Arg. b. Fr. 2-0 [1]. Esp. et Fr. 2-2. Hong. et Fr. 1-1 [2]. **71-72** Fr. b. Nor. 3-1 [2]. Hong. b. Fr. 2-0 [2]. Fr. b. Bul. 2-1. Bul. b. Fr. 2-1 [2]. Rou. b. Fr. 2-0. Fr. b. Concacaf 5-0 [1]. Fr. b. Afrique 2-0 [1]. Fr. b. Colombie 3-2 [3]. Fr. et Arg. 0-0 [3]. Fr. b. Am. C. 5-0 [3]. **72-73** Fr. b. Gr. 3-1. Fr. b. U.R.S.S. 1-0 [1]. Ei. b. Fr. 2-1 [1]. Por. b. Fr. 2-1. Fr. et Ei. 1-1 [1]. U.R.S.S. b. Fr. 2-0 [1]. **73-74** Fr. b. Gr. 3-1. All. féd. b. Fr. 2-1. Fr. b. Dk 3-0. Fr. b. Rou. 1-0. Fr. et Tché. 3-3. Arg. b. Fr. 1-0. **74-75** Fr. b. Pol. 2-0. Belg. b. Fr. 2-1. Fr. et All. dém. 2-2. Fr. b. Hong. 2-0. Por. b. Fr. 2-0. Fr. et Isl. 0-0. **75-76** Fr. b. Isl. 3-0 [2]. All. dém. b. Fr. 2-1 [2]. Fr. et Belg. 0-0 [2]. Fr. et Tché. 2-2. Fr. b. Pol. 2-0. Hong. b. Fr. 1-0. **76-77** Dk et Fr. 1-1. Bul. et Fr. 2-2 [1]. Fr. b. Eire 2-0 [1]. Fr. b. All. féd. 1-0. Eire b. Fr. 1-0 [1]. Fr. b. Suisse 4-0. Argentine et Fr. 0-0. Brésil et Fr. 2-2. **77-78** U.R.S.S. et Fr. 0-0. Fr. b. Bulgarie 3-1 [1]. Italie et Fr. 2-2. Fr. b. Portugal 2-0. Fr. b. Brésil 1-0. Fr. b. Iran 2-1. Fr. b. Tunisie 2-0. Italie b. Fr. 2-1 [1]. Argentine b. Fr. 2-1 [1]. Fr. b. Hongrie 3-1 [1]. **78-79** Fr. et Suède 2-2. Fr. b. Lux. 3-1. Fr. b. Esp. 1-0. Fr. b. Lux. 3-0. Tché. b. Fr. 2-0. Fr. b. U.S.A. 6-0. **79-80** Fr. b. Suède 3-1. Fr. b. U.S.A. 3-0. Fr. b. Tché. 2-1. Fr. b. Grèce 5-1. Fr. et P.-Bas 0-0. U.R.S.S. b. Fr. 1-0. **80-81** Fr. b. Chypre 7-0. Fr. b. Eire 2-0. P.-Bas b. Fr. 1-0. All. féd. b. Fr. 4-1. Fr. b. Belg. 3-2. Brésil b. Fr. 3-1. Esp. b. Fr. 1-0. **81-82** Belg. b. Fr. 2-0. Rép. Irlande b. Fr. 3-2. Fr. b. P.-Bas 2-0. Fr. b. Chypre 4-0. Fr. b. Italie 2-0. Fr. b. Irlande Nord 4-0. Pérou b. Fr. 1-0. Fr. et Bulg. 0-0. P. de Galles b. Fr. 1-0. Angleterre b. Fr. 3-1 [1]. Fr. b. Koweit 4-1 [1]. Fr. et Tchéc. 1-1 [1]. Fr. b. Aut. 1-0 [1]. Fr. b. Irl. N. 4-1 [1]. All. féd. b. Fr. 5-4 [1]. Pol. b. Fr. 3-2 [1]. **82-83** Pol. b. Fr. 4-0. Fr. b. Hong. 1-0. Fr. b. P.-Bas 2-1. Fr. b. Port. 3-0. Fr. et U.R.S.S. 1-1. Fr. b. Youg. 4-0. Fr. et Belg. 1-1. **83-84** Dan. b. Fr. 3-1. Fr. et Esp. 1-1. Youg. et Fr. 0-0. Fr. b. Angl. 2-0. Fr. b. Autr. 1-0. Fr. b. All. féd. 1-0. Fr. b. Écosse 2-0. Fr. b. Dan. 1-0 [2]. Fr. b. Belg. 5-0 [2]. Fr. b. Youg. 3-2 [2]. Fr. b. Port. 3-2 [2]. Fr. b. Esp. 2-0 [2]. **84-85** Fr. b. Lux. 4-0 [1]. Fr. b. Bulg. 1-0 [1]. Fr. b. All. dém. 2-0 [1]. Youg. et Fr. 0-0. Bulg. b. Fr. 2-0. All. dém. b. Fr. 2-0 [1]. Fr. b. Lux. 6-0 [1]. Fr. b. Youg. 2-0 [1].

Nota. — (1) Coupe du monde. (2) Coupe d'Europe des Nations. (3) Mini-Coupe du monde.

• **Championnat du monde des clubs.** *Créé* en 1960. Oppose certaines années par matches aller et retour le club champion d'Europe au champion d'Amérique du Sud. N'est plus organisé depuis 1973. N'était pas officiel.

Principales épreuves nationales

Championnat de France

Groupe pour la saison 1976-77 une *1re division* de 20 clubs (à statut professionnel), une *2e division* de 36 clubs (à statut professionnel ou amateur) répartis en 2 groupes de 18 et une *3e division* de 96 clubs (majorité amateurs + équipes réserves des clubs à statut professionnel) répartis en 6 groupes géographiques.

A l'issue de la saison, les 2 clubs de 1re division classés 19e et 20e sont relégués en 2e div. Ils sont remplacés par les 2 vainqueurs des groupes de IIe div. Deux barrages ont lieu entre les 2es et les 3es de ces groupes : a/ les 2es de chaque groupe reçoivent sur leur terrain, en match unique, les 3es du groupe opposé ; b/ les 2 vainqueurs s'affrontent dans un match aller et retour. Le vainqueur rencontre le club de 1re div. classé 18e (matches aller et retour) ; le vainqueur de ce 3e barrage joue en 1re div. la saison suivante ; le vaincu en 2e div. DERNIERS RÉSULTATS : *1982* Mulhouse (2e) bat Valenciennes (1re) ; *1983* Nîmes (2e) bat Tours (1re).

Clubs de 1re division 1986-87 : Auxerre, Bordeaux, Brest, Le Havre, Laval, Lens, Lille, Marseille, Metz, Monaco, Nancy, Nantes, Nice, Paris-St-Germain, Racing C.F., Rennes, St-Étienne, Sochaux, Toulon, Toulouse.

Vainqueurs du champ. de France professionnel (1re div.) dep. sa création (1933). **33** Lille. **34** Sète. **35** Sochaux. **36** R.C. Paris. **37** Marseille. **38** Sochaux. **39** Sète. **40** Rouen (Nord), Nice (Sud-Est), Bordeaux (Sud-Ouest). **41** Red Star (Nord), Marseille (Sud). **42** Reims (Nord), Sète (Sud). **43** Lens (N), Toulouse (S). **44** Artois-Lens. **45** Rouen (N), Lyon (S). **46** Lille. **47** Roubaix-Tourcoing. **48** Marseille. **49** Reims. **50** Bordeaux. **51** Nice. **52** Nice. **53** Reims. **54** Lille. **55** Reims. **56** Nice. **57** St-Étienne. **58** Reims. **59** Nice. **60** Reims. **61** Monaco. **62** Reims. **63** Monaco. **64** St-Étienne. **65-66** Nantes. **67-68-69-70** St-Étienne. **71-72** Marseille. **73** Nantes. **74-75-76** St-Étienne. **77** Nantes. **78** Monaco. **79** Strasbourg. **80** Nantes. **81** St-Étienne. **82** A.S. Monaco. **83** F.C. Nantes. **84-85** Bordeaux. **86** Paris-St-Germain.

Meilleurs buteurs du championnat de France, nombre de buts marqués. **70 :** H. Revelli (St-Étienne) 28 ; **71 :** Skoblar (Marseille) 44 ; **72 :** Skoblar (Marseille) 30 ; **73 :** Skoblar (Marseille) 26 ; **74 :** Bianchi (Reims) 43 ; **75 :** Onnis (Monaco) 30 ; **76 :** Bianchi (Reims) 30 ; **77 :** Bianchi (P.-St-Germain) 28 ; **78 :** Bianchi (P.-St-Germain) 37 ; **79 :** Bianchi (P.-St-Germain) 27 ; **80 :** Onnis (Monaco), Kostedde (Laval) 21 ; **81 :** Onnis (Tours) 24 ; **82 :** Onnis (Tours) 29 ; **83** Halilhodzic (Nantes) 27 ; **84** Garande (Auxerre) ; Onnis (Toulon) 21 ; **85** Halilhodzic (Nantes) 28 ; **86** Bocande (Metz) 23.

Coupe de France

Généralités. Jouée la 1re fois le 6-4-1918 sur le terrain (aujourd'hui disparu) de la *Légion St-Michel,* rue Olivier-de-Serres, devant 2 000 spectateurs. Depuis, elle a eu sa finale à Paris (en général à Colombes ou au Parc des Princes). **Affluence** maximale (depuis le début) 61 722 spectateurs (1950 Colombes) ; minimale (depuis 1945) 24 910 (1963 rejouée au Parc des Princes). En 1986, au Parc des Princes, pour la finale Bordeaux-Marseille, 45 429 spectateurs (recette 4 505 062 F).

Vainqueurs. *5 fois :* Marceau Sommerlinck (arrière-gauche ou demi-gauche) (1946-47-48-53-55 avec Lille) ; *4 fois :* Baratte (46-47-48-53), Bereta (68-70-74-76), Boyer (19-24-26-27), Dupuis (36-39-40-45), Nicolas (21-22-23-28), Revelli Hervé (68-70-75-77).

Villes souvent victorieuses. Paris 17 fois, avec Red Star *5* (1921, 22, 23, 28, 42), Racing *5* (1936, 39, 40, 45, 49), Paris- St-G. *2* (82, 83), C.A.S.G. *2,* Olympique *1,* C.A.P. *1,* Club Français *1* ; **Marseille** *9* (1924, 26, 27, 35, 38, 43, 69, 72, 76) ; **St-Étienne** *6* (1962, 68, 70, 74, 75, 77) ; **Lille** *5* (1946, 47, 48, 53, 55) ; **Lyon** *3* (1964, 67, 73) ; **Paris S.-G.** *2* (1982, 83).

Vainqueurs et vaincus de la Coupe de France dep. sa création (1918). **18 :** Ol. de Pantin b. F.C. Lyon 3-0.

19 : C.A.S.G. b. Ol. de Paris 3-2 (prolongation). **20** : C.A. Paris b. Le Havre 2-1. **21** : Red Star b. Ol. de Paris 2-1. **22** : Red Star b. Rennes 2-0. **23** : Red Star b. Sète 4-2. **24** : Marseille b. Sète 3-2 (prolongation). **25** : C.A.S.G. b. Rouen 1-1, puis 3-2. **26** : Marseille b. Valentigney 4-1. **27** : Marseille b. Quevilly 3-0. **28** : Red Star b. C.A. Paris 3-1. **29** : Montpellier b. Sète 2-0. **30** : Sète b. Racing C.F. 3-1. **31** : Club Français b. Montpellier 3-0. **32** : Cannes b. R.C. Roubaix 1-0. **33** : Excelsior b. R.C. Roubaix 3-1. **34** : Sète b. Marseille 2-1. **35** : Marseille b. Rennes 3-0. **36** : Racing C.P. b. Charleville 1-0. **37** : Sochaux b. Strasbourg 2-1. **38** : Marseille b. Metz 2-1 (prolongation). **39** : Racing C.P. b. Lille 3-1. **40** : Racing C.P. b. Marseille 2-1. **41** : Bordeaux b. Fives 2-0. **42** : Red Star b. Sète 2-0. **43** : Marseille b. Bordeaux 2-2 puis 4-0. **44** : Nancy-Lorraine b. Reims Champagne 4-0. **45** : Racing C.P. b. Lille 3-0. **46** : Lille b. Red Star 4-2. **47** : Lille b. Strasbourg 2-0. **48** : Lille b. Lens 3-2. **49** : Racing C.P. b. Lille 5-2. **50** : Reims b. Racing C.P. 2-0. **51** : Strasbourg b. Valenciennes 3-0. **52** : Nice b. Bordeaux 5-3. **53** : Lille b. Nancy 2-1. **54** : Nice b. Marseille 2-1. **55** : Lille b. Bordeaux 5-2. **56** : Sedan b. Troyes 3-1. **57** : Toulouse b. Angers 6-3. **58** : Reims b. Nîmes 3-1. **59** : Le Havre b. Sochaux 2-2, puis 3-0. **60** : Monaco b. Saint-Étienne 4-2. **61** : Sedan b. Nîmes 3-1. **62** : St-Étienne b. Nancy 1-0. **63** : Monaco b. Lyon 0-0, puis 2-0. **64** : Lyon b. Bordeaux 2-0. **65** : Rennes b. Sedan 2-2, puis 3-1. **66** : Strasbourg b. Nantes 1-0. **67** : Lyon b. Sochaux 3-1. **68** : St-Étienne b. Bordeaux 2-1. **69** : Marseille b. Bordeaux 2-0. **70** : St-Étienne b. Nantes 5-0. **71** : Rennes b. Lyon 1-0. **72** : Marseille b. Bastia 2-1. **73** : Lyon b, Nantes 2-1. **74** : St-Étienne b. Monaco 2-1. **75** : St-Étienne b. Lens 2-0. **76** : Marseille b. Lyon 2-0. **77** : St-Étienne b. Reims 2-1. **78** : Nancy b. Nice 1-0. **79** : Nantes b. Auxerre 4-1, **80** : Monaco b. Orléans 3-1. **81** : R.C. Bastia b. St-Étienne 2-1. **82** : Paris-S.-G. b. St-Étienne 6-5. **83** : Paris-S.-G. b. Nantes 3-2. **84** : F.C. Metz b. Monaco 2-0. **85** Monaco b. Paris-S.-G. 1-0. **86** Bordeaux b. Marseille 2-1.

Clubs de 2e division ou de catégories inférieures ayant atteint les quarts de finale. 1970 Limoges, Paris-Neuilly. **71** Blois, Monaco, Dunkerque. **72** Avignon, Lens. **73** Avignon. **74** Paris-S.-G. **75** aucun. **76** Angers. **77** Lorient. **78** aucun. **79** Geugnon, Auxerre, Angoulême, Avignon. **79-80** Orléans, Montpellier, P.-Football-Club, Auxerre. **80-81** Montpellier, Martigues. **81-82** Toulon. **82-83** Guingamp, Racing Paris 1. **83-84** Mulhouse, Cannes. **84-85** St-Étienne.

Compétitions régionales

Chacune des 22 ligues rég. métropol. (102 districts) ainsi que les 9 ligues d'outre-mer organisent leurs propres compétitions, dont la répartition par division s'étend sur un certain nombre de catégories hiérarchiques (champ. de ligues, de districts, aux échelons seniors, juniors, cadets...).

Quelques noms

Joueurs français.

Alcazar Joseph, 1911 (St-Tropez). Alpsteg René, 3-12-20 (St-Étienne). Amisse Loïc, 9-8-54 (Nantes). Amoros Manuel 1-2-62 (Monaco). Anatol Manuel, 8-5-03 (R.C. France). Artelesa Marcel, 2-7-38 (Marseille). Aston Fred, 16-5-12 (Angers). Aubour Marcel, 17-6-40 (Reims). Ayache William 10-1-61 (Nantes).

Baratelli Dominique, 26-10-47 (Paris-St-Germain). Baratte Jean, 7-6-23 (Lille). Bard Henri, 1892 (Paris). Baronchelli Bruno, 1956 (Nantes). Barreau Gaston, 7-12-1883 (Levallois). Bathenay Dominique, 13-2-54 (Paris-St-Germain). Batteux Albert, 2-7-19 (Reims). Battiston Patrick, 12-3-57 (Saint-Étienne, Bordeaux). Bats Joël, 4-1-57 (Paris-St-Germain). Bellone Bruno, 14-3-62 (Monaco). Ben Barek Larbi, 16-6-17 (Stade Fr.). Berdoll Marc, 1953 (Marseille). Bereta Georges, 15-5-46 (Marseille). Bernard Pierre, 27-1-32 (St-Étienne). Bertrand-Demanes Jean-Paul, 13-5-52 (Nantes). Bigot Jules, 22-10-15 (Lille). Bihel René, 1916-† (Strasbourg). Blanchet Bernard, 1-12-43 (Nantes). Bongiorni Émile, 1921-49 (Racing). Bonifaci Antoine, 4-9-31 (Nice). Bonnardel Philippe, 28-7-1899 (Quevilly). Bonnel Joseph, 4-1-39 (Marseille). Bosquier Bernard, 19-6-42 (Marseille). Bossis Maxime, 26-6-55 (Nantes, R.C. Paris). Bourbotte François, 24-2-14 (Lille). Boyer Jean, 2-2-01 (Marseille). Budzinski Robert, 21-5-40 (Nantes).

Canthelou Jacques, 1904 (Rouen). Carnus Georges, 13-8-42 (Marseille). Chantrel Augustin, 1907 (Red Star). Chardar André, 1906 (Nîmes). Chayrigues Pierre, 1-5-1892 (Red Star). Chiesa Serge, 25-12-50 (Lyon). Chorda André, 20-1-38 (Nice). Cisowski Thadée, 16-1-27 (Valenciennes). Colonna Dominique, 4-9-28 (Reims). Cottenet Maurice, 1895 (Cannes). Courtois Roger, 30-5-12 (Sochaux). Cuissard Antoine, 19-7-24 (Rennes).

Dalger Christian, 18-12-49 (Monaco). Darui Julien, 16-2-16 (Roubaix). Dauphin Robert, (Stade Fr.). Deladerière Léon, 26-6-27 (Nancy). Delfour Edmond, 1-11-07 (Paris). Delmer Célestin, 1907 (Red Star). Dewaquez Jules, 8-3-1899 (Marseille). Diagne Raoul, 10-11-10 (Racing). Di Lorto Laurent, 1-1-09 (Sochaux). Di Nallo Fleury, 1943 (Lyon). Djorkaeff Jean, 27-10-39 (Marseille). Domergue Marcel (Red Star). Douis Yvon, 16-5-35 (Monaco). Dubly Raymond, 5-11-1893 (Roubaix). Ducret Jean, 1887 (Stade Fr.).

Fernandez Luis, 2-10-59 (Paris-St-Germain). Ferrier René, 7-12-36 (St-Étienne). Flamion Pierre, 13-12-24 (Troyes). Floch Louis, 1947 (Brest). Fontaine Just, 18-8-33 (Reims).

Gallay Maurice (Marseille). Gamblin Lucien, 1890-1972 (Red Star). Gemmrich Albert, 1955 (Bordeaux). Genchini Bernard, 10-4-1958 (Monaco). Gianessi Lazare, 1925 (Monaco). Giresse Alain, 2-8-52 (Bordeaux). Glovacki Léon, 19-2-28 (Reims). Gondet Philippe, 17-5-42 (Nantes). Goujon Yvon, 21-1-37 (Rouen). Grégoire Jean, 1922 (Stade Fr.). Grillon André, 1-11-21 (Stade Fr.). Grumellon Jean, 1-6-23 (Le Havre). Guillou Jean-Marc, 20-12-45 (Nice).

Hanot Gabriel, 1889 (A.S.F.). Hausser Gérard, 1939 (Metz). Heisserer Oscar, 18-7-14 (Paris). Herbet Yves, 1945 (Avignon). Herbin Robert, 30-3-39 (St-Ét.). Hidalgo Michel, 22-3-33 (Monaco). Hon Louis, 11-9-24 (Stade Fr.). Huck Jean-Noël, 20-12-48 (Nice). Hugues François, 14-8-1896 (Rennes). Huguet Guy, 1923 (Nice).

Janvion Gérard, 21-8-53 (St-Ét.). Jonquet Robert, 3-5-25 (Reims). Jordan Gusti, 21-2-09 (Paris).

Kaelbel Raymond, 31-1-32 (Reims). Kargu (Kargulewiecz) Édouard, 16-12-25 (Bordeaux). Kaucsar Joseph, 1904 (Montpellier). Keruzore Raymond, 17-6-48 (Guingamp). Kopa (Kopaszewski) Raymond, 13-10-31 (Angers, Reims, Real Madrid). Koranyi Désiré [17], 1914-81 (nat. Français). Korb Pierre, 1908 (Sochaux).

Lacombe Bernard, 15-8-1952 (Bordeaux). Lamia Langiller Marcel, 2-6-08 (St-Ét.). Landrup Michael, 1964. Larios J.-François, 27-8-56 (St-Ét.). Larque Jean-Michel, 8-9-47 (St-Ét.). Laurent Lucien, 1907 (Besançon). Lech Georges, 2-6-45 (Reims). Lerond André, 6-12-30 (Stade Fr.). Liberati Ernest, 1908 (Valenciennes). Lieb Jean (Mulhouse). Llense René, 1913 (St-Ét.). Lopez Christian, 15-3-53 (St-Ét.). Loubet Charly, 26-1-46 (Marseille). Louis Xerxès, 21-10-26 (Lens).

Maes Eugène, 1890 (Red Star). Marcel Jean-Jacques, 13-6-31 (R.C. Paris). Marche Roger, 5-3-24 (Reims). Maryan Synakowski, 1936 (Stade Fr.). Mattler Étienne, 1905-86 (Sochaux). Mesnier Paul (Paris). Mezy Michel, 15-8-48 (Strasbourg). Michel Henri, 29-10-47 (Nantes). Muller Lucien, 3-9-34 (Reims, Barcelone).

Nicolas Jean, 1914 (Rouen). Nicolas Paul, 1899-1959 (Amiens). Novi Jacky, 18-7-47 (Strasbourg).

Papi Claude, 1949-83 (Bastia). Pavillard Henri, 1905 (Stade Fr.). Penverne Armand, 26-11-26 (Reims). Petit Jean, (Monaco). Piantoni Roger, 26-12-31 (Reims). Platini Michel, 21-6-55 (Nancy, St-Ét., Turin). Prouff Jean, 12-9-19 (Aix).

Quittet Claude, 1941 (Nice).

Remetter François, 8-8-28 (Strasbourg). Repellini Pierre, 1950 (St-É.). Revelli Hervé, 15-5-46 (Nice, St-Ét.). Revelli Patrick, 1951 (Sochaux). Rey André, 22-1-48 (Metz). Rigal Jean, 1890 (La Garenne-Colombes). Rio Patrice, 15-8-48 (Nantes). Rio Roger, 13-2-13 (Rouen). Rocheteau Dominique, 14-1-55 (Paris-St-Germain). Rodzik Bruno, 29-5-35 (Reims). Rostagni Jean-Paul, 14-1-48 (Nice). Rouyer Olivier, 1-12-55 (Nancy).

Salva Marcel, 1-10-22 (Paris). Sarramagna Christian, 1951 (St-Ét.). Simon Jacques, 20-3-41 (Rouen). Sinibaldi Pierre 29-2-24 (Reims). Six Didier, 21-8-54 (Lens). Soler Gérard, 29-3-54 (Bordeaux-Toulouse). Stopyra Yannick, 9-1-61 (Toulouse). Strappe André, 23-2-28 (Bastia). Synaeghel Christian, 28-1-51 (St-Ét.)

Thepot Alex, 30-7-06 (Red Star). Tigana Jean, 23-6-55 (Bordeaux). Trésor Marius, 15-1-50 (Marseille, Bordeaux). Tusseau Thierry, 19-1-58 (Nantes).

Ujlaki Joseph, 10-8-29 (R.C. Paris).

Vaast Ernest, 28-10-22 (Red Star). Vandooren Jules, 30-12-08 (Reims). Veinante Émile, 12-6-07 (R.C. Paris). Verriest Georges, 15-7-09 (Roubaix). Vignal René, 12-8-26 (Paris). Villaplane Alex, 1905 (R.C. France). Vincent Jean, 29-11-30 (Reims).

Wallet Urbain (Amiens), Wendling Jean, 29-4-34 (Reims). Wisnieski Maryan, 1-2-37 (Sochaux).

Joueurs étrangers.

Abegglen André [1], 7-3-09. Ademir François [2], 8-11-22. Aguas José [3], 1935. Albert Florian [4], 15-9-41. Alberto Carlos, 17-7-47. Altafini José [2], 27-8-38. Amalfi Yeso [2], 6-12-25. Amancio Amara Varelos [22], 17-10-39. Amaral Joan [2], 21-12-54. Amarildo Tavares de Silveira [2], 29-6-39. Anastasi Pietro [6], 7-4-48. Andrade José Léandro [5], 1938-57. Andreolo Michele [6], 1912. Anoul Léopold [7], 19-8-22. Antenen Charles [1], 3-11-29. Antognoni Giancarlo [6], 1-4-54. Ardiles Osvaldo [8], 3-8-52. Armfield Jimmy [9], 21-9-35. Augusto José [3], 13-4-37.

Ball Alan [9], 12-5-45. Banks Gordon [9], 30-12-37. Beara Vladimir [10], 1928. Beckenbauer Franz [11], 11-9-45. Benetti Romeo [6], 20-10-45. Bergmark Orvar [12], 16-11-30. Best George [13], 22-5-46. Bettega Roberto [6], 27-12-50. Bican Josef [14], 1913. Bickel Fred [1], 2-5-18. Blanchflower Danny [13], 10-2-26. Blankenburg Horst [11], 10-7-47. Blokhine Oleg [15], 5-11-52. Bojkov Stephan [16], 1924. Boniperti Gian Piero [6], 4-7-28. Bozsik Josef [17], 28-9-25. Braine Raymond [7], 1907-61. Breitner Paul [11], 5-9-51.

Capelle Jean [7], 26-10-13. Carbajal Antonio [18], 7-6-29. Carter Raich Horatio [9], 21-12-13. Causio Franco [6], 1-2-49. Charles John [19], 27-12-31. Charlton Bobby [9], 11-10-37. Charlton Jacky [9], 8-5-35. Chesternev Albert [15], 13-8-41. Chislenko Igor [15], 8-9-39. Coppens Henri [7], 29-4-30. Corso Mario [6], 25-8-41. Cruijff Johan [20], 25-4-47. Cubilla Luis [5], 28-3-40. Czibor Zoltan [17], 1929.

Dean Bill « Dixie » [9], 1907. Deyna Kazimierz [21], 23-10-47. Didi Waldyr Pereira [2], 8-10-28. Dirceu José [2], 15-6-52. Di Stefano Alfredo [8], 4-7-26. Dunai Antal [17], 21-3-43. Durkovic Vladimir [10], 6-11-38.

Edstroem Ralph [12], 7-10-52. Eusebio [3], 5-1-43.

Facchetti Giacinto [6], 18-7-42. Fazekas Laszio [17], 15-10-47. Fillol Ubaldo [8], 21-7-50. Finney Tom [9], 5-4-22.

Gadocha Robert [21], 10-1-46. Garrincha Manoel [2], 1936-82. Gento Francisco [22], 21-10-33. Gerson De Oliveira Numez [2], 11-1-41. Gilmar Dos Santos Neves [2], 22-8-30. Graziani Francesco [6], 16-12-52. Gren Gunnar [12], 31-10-20. Gustavsson Bengt [12], 13-1-28.

Hamrin Kurt [12], 19-11-34. Hanappi Gerhard [23], 16-2-29. Hapgood Eddie [9], 1909-73. Happel Ernst [23], 29-11-25. Hidegkuti Sandor [17], 3-3-22. Hurst Geoff [9], 8-12-41. Jairzinho Ventura [2], 25-12-44. Jekov Petar [16], 10-10-44.

Keegan Kevin [25], 14-2-51. Keita Salif [26], 6-12-46. Keizer Piet [20], 14-6-43. Kempès Mario [8], 15-7-54. Kocsis Sandor [17], 1929-79. Kolev Yvan [16], 1932. Krankl Hans [23], 14-2-53. Kubala Lazlo [17], 1-6-27.

Law Denis [24], 24-2-40. Lawton Tommy [9], 6-10-19. Leao Emerson [2], 11-7-49. Léonidas [2], 11-11-10. Liddell Billy [24], 10-1-22. Liebrich Werner [11], 1927. Liedholm Nils [12], 8-10-22. Lofthouse Nat [9], 27-8-25. Lubanski Wladimierz [21], 28-2-47. Luque Leopoldo [8], 3-5-49.

Magnusson Roger [12], 20-3-45. Maier Josef « Sepp » [11], 28-2-44. Maradona Diego [8], 30-10-60. Masopust Josef [14], 1931. Matthews Stanley [9], 1-2-15. Mazurkiewicz Ladislav [5], 14-2-45. Mazzola Sandro [6], 8-11-42. Mazzola Valentino [6], 1919-49. Meazza Giuseppe [6], 23-8-10. Mees Victor [7], 26-1-27. Meredith Billy [19], 1875-1958. Moore Bobby [9], 12-4-41. Muller Gerd [11], 3-11-45.

Neeskens Johann [20], 15-9-51. Nejedli Ildrich [14], 1909. Netto Igor [15], 1930. Netzer Gunther [11], 14-9-44. Nordahl Gunnar [12], 19-10-21. Novak Ladislav [14], 1931. Nyers Étienne [17], 23-3-24.

Ocwirk Ernst [23], 7-3-26. Overath Wolfgang [11], 29-9-43.

Passarella Daniel [8], 25-5-53. Pelé (Edson Arantès do Nascimento) [2], 23-10-40. Piola Silvio [6], 1913. Pirri José [22], 11-3-45. Planicka Frantisek [14], 1904. Puskas Ferenc [17], 2-4-27.

Rahn Helmut [11], 16-8-29. Reinaldo José [2], 11-1-57. Rep Johnny [20], 25-11-51. Ressenbrinck Bob [20], 3-7-47. Riva Luigi [6], 7-11-44. Rivelino Roberto [2], 1-1-46. Rivera Gianni [6], 18-8-43. Rocha Pedro Virgilio [5], 3-12-42. Rossi Paolo [6], 23-9-56. Rummenigge Karl [11], 25-9-55.

Salnikov Serge [15], 1925. Santos Djalma [2], 1929. Santos Nilton [2], 1926. Sarosi Georg [17], 15-8-13. Schiaffino Juan Albert [5], 28-7-25. Schnellinger Karl Heinz [11], 31-3-39. Schumacher Harald [11], 6-4-54. Seeler Uwe [11], 5-11-36. Simonsen Allan [27], 15-12-52. Sindelar Mathias [23], 18-2-03. Sivori Omar [8], 2-10-35. Skoblar Joszip [10], 11-3-41. Sotil Hugo [28], 10-5-47. Stabile Guillermo [8], 1906. Suarez Luis [22], 2-5-35. Svensson Karl [12], 11-11-25. Swift Frank [9], 1915-58.

Tardelli Marco [6], 24-9-54. Tostao (Eduardo Gonçalvès Andrade) [2], 21-1-47.

VAN HIMST Paul [7], 2-10-43. VAVA Nello Evaldo Izidio [2], 20-11-34. VOGTS Berti [11], 30-12-46. VUKAS Bernard [10], 1927.
WALTER Fritz [11], 31-10-1920. WRIGHT Billy [9], 6-2-24.
YACHINE Lev [15], 20-10-1929.
ZAGALO Mario [2], 1932. ZAMORA Ricardo [22], 21-1-01. ZICO Arthur [2], 3-3-53. ZITO Miranda José Ély [2], 8-8-32. ZOFF Dino [6], 28-2-42.

Nota. — (1) Suisse. (2) Brésil. (3) Portugal. (4) Hongrie. (5) Uruguay. (6) Italie. (7) Belgique. (8) Argentine. (9) G.-B. (10) Yougoslavie. (11) All. féd. (12) Suède. (13) Irlande du N. (14) Tchécoslovaquie. (15) U.R.S.S. (16) Bulgarie. (17) Hongrie. (18) Mexique. (19) Pays de Galles. (20) Hollande. (21) Pologne. (22) Espagne. (23) Autriche. (24) Écosse. (25) Angleterre. (26) Mali. (27) Danemark. (28) Pérou.

Golf

Source : Golf européen.

Généralités

Origine. XIIe s. né en Écosse. **1744** 1er Club de golfeurs. Honourable Company of Edinburgh Golfers (cap., l'écrivain Sir Walter Scott). **1850** se répand en Europe et aux États-Unis. **1856** fondation à Pau du plus ancien club européen hors d'Écosse. **1912** création de l'Union des golfs de France. **1932** devient Féd. française de golf.

Balle. *Anglaise :* diam. 41,2 mm, 45,9 g. *Amér. :* 42,7 mm, 45,9 g. Peut atteindre 250 km/h au départ d'un drive ; balles angl. et amér. sont utilisées en France (surtout amér. en championnats).

Clubs. Cannes servant à lancer la balle. 14 par joueur. **4 bois :** 1° *driver* (sert aux départs, face d'attaque verticale, porte à 190/230 m) ; 2° *brassie* ou *bois 2* (face d'attaque plus inclinée, longs coups sur le fairway ; 180 à 210 m) ; 3° *spoon* ou *bois 3* (plus court et plus incliné ; 170 à 190 m) ; 4° *bois 4* (165 à 180 m). **10 fers :** *3 longs :* fers 2.3.4 ; *3 moyens :* 5.6.7 ; *3 courts :* 8.9 et *sand wedge* (pour les bunkers) ; *1 putter* (pour les greens).

Définitions. Divot : morceau de gazon enlevé par la canne en même temps que la balle. **Drive :** coup de longue distance joué du départ. **Par :** chaque trou doit être joué dans un nombre idéal de coups déterminé, appelé « par ». Pour un trou long de 228 m, le « par » est de 3. Il est de 4 jusqu'à 434 m et, au-dessus, de 5. *Trou réussi* en 3 coups de moins que le « par » : *albatros ;* en 2 : *eagle ;* en 1 : *birdie.* **Parcours :** comprend 18 trous (7 km), de 10 cm de diamètre, répartis sur une surface de 30 à 60 ha. *Green :* terrain de 150 à 500 m² spécialement aménagé autour du trou. *Fairway :* parcours tondu situé entre le départ et le green. *Rough :* terrain bordant le fairway où la végétation est à l'état naturel. *Bunker :* obstacle contenant du sable, généralement placé autour du green. *Practice :* terrain réservé à l'entraînement et à l'initiation. **Putting :** action de faire rouler la balle vers le trou sur le green avec la canne appelée « putter ». **Tee :** petite cheville de bois ou de plastique enfoncée dans le sol par le joueur pour surélever la balle au départ.

Formes. Medal play : on additionne tous les coups joués pour parvenir à boucler le parcours. Toutes les grandes épreuves se disputent suivant cette formule, surtout chez les professionnels. **Match play :** oppose 2 joueurs ou 2 équipes par élimination directe ; chaque trou compte séparément, et le joueur de l'équipe qui gagne le plus grand nombre de trous sur un parcours l'emporte. **Foursome :** 2 joueurs par équipes jouent chacun 1 coup sur 2 avec la même balle. Peut être joué en match play ou en medal play. **Fourball :** dérivé du foursome, chacun des 4 joueurs disposant de sa balle et le meilleur score de l'équipe entrant en ligne de compte pour chaque trou. **Greensome** *(ou greensome-foursome) :* 2 joueurs par équipe jouant chacun 1 balle au départ. La meilleure balle est choisie et les compétiteurs jouent ensuite 1 coup sur 2.

Frais. Paire de chaussures cloutées 250 F, gants env. 100 F, série de clubs (3 bois, 9 fers) 3 000 à 10 000 F, sac 350 à 1 000 F, chariot 380 à 800 F. Droits d'inscription à un club. *Golfs privés :* voir p. 1146. *Golfs publics de la région parisienne :* abonnement annuel « multigolfs » 4 500 F, semainier 2 000 F (couple 3 000 F). Green fee : semaine 65 F, week-end 117 F.

Règles. ORIGINE : code établi par le Royal and Ancient Club of St Andrews (club écossais fondé en 1754). Il s'agit, à partir d'une base de départ, de mettre la balle dans les trous (en général 18), avec le moins de coups possible. Le parcours dure env. 3 h pour 6 km. Une balle doit être jouée où elle se trouve. On ne peut pas déplacer les obstacles adhérant au sol (pierres, arbrisseau, racine, etc.). Une balle qui sort du jeu doit être remise à l'endroit où celle-ci était précédemment jouée. Elle entraîne alors une pénalité.

Le joueur qui ne trouve pas sa balle après 5 mn de recherches doit rejouer une nouvelle balle, tout en tenant compte des coups joués avec la balle perdue. On joue toujours en premier lieu la balle la plus éloignée du trou.

Ace ou trou réussi en un coup. *De la plus longue distance :* 408 m (Robert Mitera, 7-10-1965, U.S.A.). *Le plus grand nombre pour un joueur :* 66 dans sa vie (Harry Lee Bonner, U.S.A.). 15 joueurs ont réalisé à la suite 2 trous en 1 coup. Un *drive* de 406 m (par E.C. Bliss) a été officiellement mesuré en 1913.

Golfeurs. Nombre : env. 60 000 000 (85) dont U.S.A. 20 000 000, Japon 15 000 000, G.-B. 3 000 000, Canada 600 000, Australie 500 000, Afrique du S. 100 000, Suède 100 000, *France 76 837* (85), All. féd. 56 000, Espagne 21 000, Italie 15 000, P.-Bas 12 000, Belgique 6 000, Suisse 6 000. *Fédérations nationales.* 55 affiliées au World Council. **Classement :** chaque joueur amateur est *classé* de 0 (joueur idéal) à 24. En *medal-play,* on retranche du score final le handicap de chaque joueur pour effectuer le classement. En *match play,* on répartit les 3/4 de la différence entre les handicaps des 2 joueurs en présence sur les trous les plus difficiles (ex. : si un joueur classé 2 rencontre un joueur classé 10, ce dernier bénéficiera de 1 point d'avance à chaque départ des 6 trous les plus difficiles du parcours).

Terrains affiliés (1985). U.S.A. 15 000, G.-B. 2 000, Japon 1 450, France [147 dont 25 parcours publics à Villeray (Melun-Sénart) (parcours fédéral), Limoges, St-Aubin, Brest, Chalon-sur-Saône, Bordeaux, Royan, St-Brieuc, Brive, Chevry II, Brehal (le 1er, ouvert en 1964), St-Quentin-en-Yvelines, St-Pierre-du-Perray, etc].

Principales épreuves

Légende : (1) Australie. (2) Afr. du S. (3) Argentine. (4) Canada. (5) G.-B. (6) Japon. (7) N.-Zélande. (8) U.S.A. (9) Italie. (10) France. (11) Brésil. (12) Espagne. (13) Suède. (14) Zimbabwe. (15) Irlande. (16) Écosse. (17) Suisse. (18) Allemagne. (19) Belgique. (20) Chine. (21) Afr. du S. (22) Taïwan.

Tournois amateurs

Championnat du monde (tous les 2 ans). *Eisenhower Trophy* (créé 1958), remplacé en 1964 par l'*Espiritu Santo Trophy.* **Hommes 76** G.-B. et Irlande. **78, 80, 82** U.S.A. **84** Japon. **Dames 76** U.S.A. **78** Austr. **80, 82, 84** U.S.A.

Championnat d'Europe. Hommes (créé 1959). **59, 61** Suède, **63** Angleterre, **65, 67** Irlande, **69, 71, 73** Angl., **75, 77** Écosse, **79, 81** Angl., **83** Irlande, **85** Écosse, **86** Angl. **Individuels** (créé 1986). **86** Haglund [13]. **Dames** (créé en 1967). **67** Angl., **69** *France,* **71, 73** Angl., **75** *France,* **77** Angl., **79** Irlande, **81** Suède, **83** Irlande, **84** U.S.A., **85** G.-B., **86** Angl. **Individuels. 86** Koch [18].

France international (créé 1904). **Hommes 76 et 77** T. Planchin [10], **78** G. Levenson [2], **79** A. Godillot [10], **80** Gresham [4], **81, 82** Illouz [10], **83** S. Prati [9]. **84** Alexis Godillot [10], **85** R. Vignal. **Dames** (créé en 1930) **76** C. Maestre [12], **77** A.M. Palli [10], **78** Mourgue d'Algue [10], **79** M. Figueras [12], **80** De Lorenzi [10], **81** Mourgue d'Algue [10], **82** M.-L. De Lorenzi-Taya [10], **83** R. Lautens [17]. **84** L. Chen [20], **85** L. Segard. **Jeunes gens 76** G. Tunner [6], **77** Brand [16], **78** G. Knuttson [13], **79** A. Webster [16], **80** A. Oldcorn [5], **81** A. Stubbs [5], **82** non disputé, **83** S. Bottomley [5], **85** J. Van de Velde **J. filles 76** De Lorenzi [10], Montgomery [13], **77** Montgomery [13], **78** De Lorenzi [10], Lautens [17], **79** Bromet [10], **80** Lautens [17], **81** Decercq [10], **82** Soules [10], **83** E. Dahllof [13].

France national (créé 1930). **Hommes 76** G. Leven [10], **77** P. Ploujoux [10], **78, 79, 80** A. Godillot [10], **81** T. Planchin [10], **82** A. Godillot [10], **83** L. Lassalle [10], **84** Yvon Houssin. **Dames 76** A.M. Palli [10], **77** A. Lanrezac, **78** N. Jeanson, **79** M.-C. Ubald-Bocquet [10], **80** E. Berthet [10], **81** C. Soulès [10], **82** E. Berthet [10], **83** M.L. de Lorenzi-Taya [10]. **84** Corinne Soulès.

Tournois professionnels

Monde

● **1° 4 grands tournois. Masters** (créé 1934, se déroule à Augusta, U.S.A. ; 72 trous medal-play) : **76** R. Floyd [8]. **77** T. Watson [8]. **78** Gary Player [2]. **79** F. Zoeller [8]. **80** S. Ballesteros [12]. **81** Tom Watson [8]. **82** Craig Stadler [8]. **83** S. Ballesteros [12]. **84** B. Crenshaw [8]. **85** B. Langer [18]. **86** J. Nicklaus [8].

Open américain (créé 1896 ; 72 trous, medal-play) : **76** Jerry Pate. **77** H. Green [8]. **78** A. North [8]. **79** H. Irwin [8]. **80** J. Nicklaus [8]. **81** D. Graham [1]. **82** T. Watson [8]. **83** L. Nelson [8]. **84** F. Zoeller [8]. **85** A. North [8]. **86** R. Floyd [8].

Open britannique (créé 1860 ; 72 trous, medal-play) : **76** J. Miller [8]. T. Watson. **78** J. Nicklaus [8]. **79** Ballesteros [12]. **80** T. Watson. **81** R. Rogers [8]. **82, 83** T. Watson [8]. **84** S. Ballesteros [12]. **85** Sandy Lyle [16]. **86** G. Norman [1].

Championnat de l'Association des professionnels américains (U.S. P.G.A.) (créé 1916 ; 72 trous, medal-play) : **76** D. Stockton [8]. **77** L. Wadkins [8]. **78** J. Nicklaus [8]. **79** D. Graham [8]. **80** J. Nicklaus [8]. **81** L. Nelson [8]. **82** Floyd [8]. **83** Hal Sutton [8]. **84** Lee Trevino [8]. **85** H. Green [8].

● **2° Tournoi annuel** par équipes nationales de 2 joueurs. **World Cup** (Coupe du monde, ex-Canada Cup de 1953 à 66 ; 72 trous medal-play) : **76** Espagne (M. Pinero/S. Ballesteros). **77** Espagne (S. Ballesteros/Garrido). *Indiv.* Player Afr. du S.). **78** U.S.A. (J. Mahaffey/A. North). **79** U.S.A. (J. Mahaffey/H. Irwin). **80** Canada (J. Halldorson/J. Nelford). **81** non disputé. **82** Espagne (M. Pinero/Canizares). **83** U.S.A. (Caldwell-Cook). **85** Canada (D. Halldorson/D. Barr), *indiv.* H. Clark (Angl.).

Europe continentale

Trophée Lancôme (Golf de St-Nom-la-Bretèche, France ; organisé dep. 1970 ; 72 trous, medal-play) : **76** S. Ballesteros [12]. **77** G. Marsh [1]. **78** L. Trevino [8]. **79** J. Miller [8]. **80** L. Trevino [8]. **81, 82** D. Graham [1]. **83** S. Ballesteros [12]. **84** Sandy Lyle [16]. **85** Nick Price [2].

Open d'Allemagne (créé 1911 ; 72 trous, medal-play) : **76** S. Hobday [14]. **77** T. Britz [2]. **78** S. Ballesteros [12]. **79** T. Jacklin [5]. **80** M. Mac Nulty [2]. **81, 82** B. Langer [18]. **83** C. Pavin [8]. **84** W. Grady [1]. **85** B. Langer [18].

Open d'Espagne (créé 1945 ; 72 trous, medal-play) : **76** E. Polland [5]. **77** B. Gallacher [5]. **78** B. Barnes [5]. **79** D. Hayes [2]. **80** E. Polland [5]. **81** S. Ballesteros [12]. **82** Torrance [16]. **83** E. Darcy [15]. **84** B. Langer [18]. **85** S. Ballesteros [12].

Open de France (créé 1906 ; 72 trous, medal-play) : **76** V. Tshabalal [2]. **77** S. Ballesteros [12]. **78** D. Hayes [2]. **79** B. Gallacher [18]. **80** G. Norman [1]. **81** S. Lyle. **82** S. Ballesteros [12]. **83** Nick Faldo [5]. **84** J. Rivero [12]. **85, 86** S. Ballesteros [12].

Open de Hollande (créé 1925 ; 72 trous, medal-play) : **76** S. Ballesteros [12]. **77, 78** B. Byman [8]. **79** G. Marsh [1]. **80** S. Ballesteros [12]. **81** H. Henning [2]. **82** P. Way [5]. **83** K. Brown [16]. **84** B. Langer [18]. **85** M. Graham [1]. **86** S. Ballesteros [12].

Open d'Italie (créé 1925 ; 72 trous, medal-play) : **76** B. Dassu [9]. **77** A. Gallardo [12]. **78** D. Hayes [2]. **79** B. Barnes [16]. **80** M. Manelli [9]. **81** Canizares [12]. **82** M. James [5]. **83** B. Langer [18]. **84** Lyle [16]. **86** Feherty [15].

Open du Portugal (créé 1953) : **74** B. Huggett [5]. **75** H. Anderwood [9]. **76** S. Balbuena [12]. **77** M. Ramos [12]. **78** H. Clark [5]. **79** B. Barnes [16]. **80, 81** non disputé. **82, 83** S. Torrance [16]. **84** Johnstone. **85** W. Humphreys.

Open de Scandinavie (créé 1973) : **76** Baiocchi [2]. **77** B. Byman [8]. **78** S. Ballesteros [12]. **79** S. Lyle [8]. **80** G. Norman [1]. **81** S. Ballesteros [12]. **82** B. Byman [8]. **83** S. Torrance [16]. **84** I. Woosnam [5]. **85** I. Baker-Finch [1]. **86** G. Turner [7].

Open de Suisse (créé 1923 ; 72 trous, medal-play) : **76** M. Pinero [12]. **77, 78** S. Ballesteros [12]. **79** H. Baiocchi [2]. **80** N. Price [14]. **81** M. Pinero [12]. **82** I. Woosnam [5]. **83** N. Faldo [5]. **84** J. Anderson [4]. **85** C. Stadler [8].

Sur Alliance (créée 80-81) : **81** N. Faldo [5]. **82** T. Jacklin [5]. **83** S. Ballesteros [12].

Open de Madrid (72 trous, medal-play) : **76** Francisco Abreu [12]. **77** A. Garrido [12]. **78** H. Clark [5]. **79** S. Hobday [14]. **80** S. Ballesteros [12]. **81** M. Pinero [12]. **82** S. Ballesteros [12]. **83** Lyle [16]. **84, 86** H. Clark [16].

Hennessy Ladies Cup (créée 1985). Femmes uniquement. **85** J. Stephenson [1]. **86** K. Leadbetter [8].

France

Championnat de France professionnel (créé en 1973) (challenge P.E. Guyot) : **74, 75, 76, 77** Jean Garaïalde. **78** Michel Damiano. **79** Bonardi. **80** Garaïalde. **81** P. Léglise. **82** Garaïalde. **83** Ducoulombier. **85** Garaïalde. **86** Tapia.

Grand prix de L'APGF (créé 1946) : **77** P. Cotton [10]. **78** M. Tapia [10]. **79** J. Garaïalde [10]. **80** M. Damiano [10]. **81** M. Tapia [10]. **82** Garaïalde [10]. **83** Ducoulombier.

Omnium national (créé 1913) : **77** Pascassio. **78** P. Cotton. **79** J.P. Charpenel. **80** P. Léglise. **81** P. Cotton. **82** G. Watine. **83** non disputé.

Quelques noms

AARON Tommy [8] 1937. ARCHER George [8] 1939. BAIOCCHI Hugh [2] 1946. BALLESTEROS Severiano [12] 9-4-57. BARBER Jerry [8] 1916. BARNES Brian [5]. BEMBRIDGE Maurice [8] 1945. BEVIONE Franco [9] 1926. BOLT Tommy 1918. BONALLACK Michaël 1935. BOROS Julius [8] 1920. BREWER Gay [8] 1932. BURKE Jack 1923. BURKEMO Walter [8] 1919. BURNS Gorge [8] 1949. CARLIAN Michel [10]. CARR Joseph [15] 1922. CASPER William Earl [8] 1931. CHARLES Robert [7] 1936. CHUNG CHEN Tze [22]. CLAES Joncke. COLE Boby [3] 1948. COLLENOT Chantal [10] 1951. COODY Charles [8] 1937. COTTON Henry [5] 1907. COTTON Patrick [10] 1953. CROS Claudine [10] 24-10-40. CROS Patrick [10] 12-10-43. DASSU Baldovino [10] 1953. DEMARET James Newton [8] 1910. FAUKNER Max [5] 1916. FINSTERWALD Dow [8] 1929. FLECK Jack [8] 1922. FLOYD Raymond [8] 1942. FORD Doug [8] 1922. FURGOL Ed [8] 1917.

GAHAM Lou [8] 1938. GANCEDO José [12] 31-3-38. GARAIALDE Jean [10] 1936. GEIBERGER Al [8] 1937. GILLES Viny [8] 1943. GOALBY Bob [8] 1931. GODILLOT Alexis [10] 1943. GONZALES Jaime [14]. GREEN Hubert [8] 1946. GULDAHL Ralph [8] 1912. HAGEN Walter [8] 1892-1969. HAMON Claude [10] 1921. HARBERT Melvin R. [8] 1915. HARPER Chandler [8] 1914. HAYES Dale [3] 1952. HEARD Johnny [8] 1947. HEATHCOAT-AMORY Lady [5] 1901. HEBERT Jay [8] 1923. HEBERT Lionel [8] 1920. HOGAN Ben [8] 1912. HUGGET Brian [5] 1936. IRWIN Hale [8] 1945. JACKLIN Antony [5] 1944. JANUARY Don [8] 1929. JONES Robert [8] junior 1900. KEISER Herman [8] 1915.

LACOSTE Catherine [10] 27-6-45. LAGARDE Roger [10] 1934. LAMAZE Henri [10] 2-8-18. LEADBETTER Kelly [8] 1958. LEMA Anthony David [5] 1934-66. LITTLER Gene [8] 1930. LOCKE Arthur d'Arcy [5] 1917. LORENZI (de) Marie-Laure [10]. LYLE Sandy [5] 9-2-58. MANGRUM Lloy [8] 1914. MASSY Arnaud [1] 1877-1950. MAURA Ivan [12]. MIDDLECOFF Carge 1921. MILLER Johnny [8] 29-4-57. MOERMAN Jacques 31-3-27. MOODY Orville 1934. MORRIS Tom junior [5] 1851-75. MORRIS Tom senior [5] 1821-1908. MOURGUE D'ALGUE Cecilia 4-8-46. MOURGUE D'ALGUE Gaëtan 1-6-39. NAGLE Kelvin [1] 1920. NELSON Byron [8] 1932. NICHOLS Bobby [8] 1936. NICKLAUS Jack [8] 21-1-40. NORTH Andy 9-3-50. OOSTERHUIS Peter [5] 3-5-48. OUIMET Francis de Sales [8] 1893-1967. OWEN Simon [7] 1950.

PALLI Anne-Marie [10] 1955. PALMER Arnold [8] 1929. PICARD Henry [8] 1906. PLANCHIN Tim [10] 23-5-59. PLAYER Gary [2] 1-11-35. POLLAND Eddie [5] 1947. RANKIN Judy [8] 18-2-45. ROSBURG Bob [8] 1926. SAINT-SAUVEUR SEGARD Lally [10] 4-4-21. SARAZEN Gene [8] 1902. SMITH Horton [8]. SNEAD Sam [8] 1912. SOTA Ramon [12] 1939. STEPHENSON Jane [1]. STOCKTON David [8] 1942. SWAELENS Donald [8] 1935-75. TAPIA Michel [10]. TAYLOR Reginald [2] 1928. THOMSON Peter [5] 1929. TREVINO Lee [8] 1939. UNDERWOOD Hall [8] 1945. VAGLIANO André 1896-1971. VARANGOT Brigitte [10] 1940. VENTURI Ken [8] 1931. VICENZO (DE) Roberto [3] 1923. WADKINS Jerry Lonston [8] 1961. WALL Art [8] 1923. WATSON Tom [8] 1949. WEISKOPF Tom [8] 1942. WHITWORTH Kathy [8] 27-9-39. WOOD Craig [8] 1901-68. ZOELLER Fuzzy 11-11-51.

Classement mondial (au 14-7-86). 1er S. Ballesteros, 2e B. Langer, 3e G. Norman, 4e T. Nakajima, 5e H. Sutton.

Classement européen. 1er Bernhard Langer. 2e Sam Torrance. 3e Howard Clark. 4e Sandy Lyle. 5e Severiano Ballestros.

Gymnastique

☞ Voir aussi Jeux Olympiques, p. 23.

Origine. Du grec *gumnos :* nu, car les athlètes s'exerçaient nus. Les Romains inventèrent le cheval de bois pour les exercices de saut. **1800 à 1875** écoles : **allemande** Friedrich Ludwig Jahn (1778-1852), le « père de la gymnastique » ; **suisse** [Phokion Heinrich Clias (1782-1854), inventeur du trapèze] ; **française** [colonel espagnol François Amoros (1769-1848)] ; **suédoise** [docteur Per Henrick Ling (1776-1839)] ; **tchèque** (Sokols) [Miroslav Tyrs (1832-84) et Hindrich Fugner (1822-65). **1873** création de l'Union des Stés de gymnastique française. **1881** de la Fédération internationale. **1984** 88 fédérations, affiliées à la F.I.G. ; 10 300 000 H., 19 200 000 F.

1896 1ers Jeux Olympiques. **1936** épreuves féminines aux Jeux Olympiques.

En France. Clubs 1875 : 10 ; **1923 :** 1 300. **53 :** 981 ; **82 :** 1 151.

Licences 1 900 : 66 600. **30 :** 500 000. **50 :** 47 000. **60 :** 50 000. **70 :** 85 000. **80 :** 103 000. **83 :** 107 387. **85 :** 126 000.

Compétitions

Nota. – (1) Japon. (2) U.R.S.S. (3) U.S.A. (4) Hongrie. (5) All. dém. (6) All. féd. (7) Roumanie. (8) Chine. (9) Tchécoslovaquie. (10) Bulgarie.

● **Principales épreuves.** Championnats du monde, Jeux Olympiques, championnats d'Europe (créés en 1955) : ont lieu en 2 phases : a) *Concours général ;* b) *C. ind.* Des 36 gymnastes les mieux classés au cours de la compétition sont extraits les 8 meilleurs par épreuve, qui disputent ensuite le titre individuel à chaque engin. Ils présentent un programme libre avec difficulté accrue.

● **Championnats du monde.** *Créés 1900.* **Hommes. Équipes. 1974, 78** Japon ; **79, 81** U.R.S.S. ; **83** Chine ; **85** U.R.S.S. **C.G. individuels. 74** Kasamatsu [1] ; **78** Andrianov [2] ; **79** Ditiatine [2] ; **81** Korolev [2] ; **83** Bilozerchev [2] ; **85** Korolev [2]. **Sol. 74** Kasamatsu [1] ; **78, 79** Thomas [3] ; **81** Korolev [2] ; **83, 85** Tong Fei [8]. **Arçons. 74, 78, 79** Magyar [4] ; **81** Nikolay [5] ; **83** Bilozerchev [2] ; **85** Moguilny [2]. **Anneaux. 74, 78** Andrianov [2] ; **79, 81** Ditiatine [2] ; **83** Bilozerchev [2] ; **85** Li Ning [8] et Korolev [2]. **Saut. 74** Kasamatsu [1] ; **78** Shimizu [1] ; **79** Ditiatine [2] ; **81** Hemman [5] ; **83** Akopian [2] ; **85** Korolev [2]. **Barres parallèles. 74, 78** Kenmotsu [1] ; **79** Conner [3] ; **81** Gushiken [1] ; **83** Artemov [2] ; **85** Kroll [5] et Moguilny [2]. **Barres fixes. 74** Gienger [6] ; **78** Kasamatsu [1] ; **79** Thomas [3] ; **81** Tkatchev [2] ; **83** Bilozerchev [2] ; **85** Tong Fei [8]. **Dames. Équipes. 74, 78** U.R.S.S. ; **79** Roumanie ; **81, 83, 85** U.R.S.S. **C. G. individuels. 74** Touritcheva [2] ; **78** Mukhina [2] ; **79** Kim [2] ; **81** Bitcherova [2] ; **83** Yurchenko [2] ; **85** Schouchounova [2] et Omelianchik [2]. **Saut. 74** Korbut [2] ; **78** Kim [2] ; **79** Turner [7] ; **81** Gnauck [5] ; **83** Stoyanova [10] ; **85** Schouchounova [2]. **Barres asymétriques. 74** Zinke [5] ; **78** Frédérick [3] ; **79** Ma Yanhong [8] ; **81, 83** Gnauck [5] ; **85** Fahnrich [5]. **Poutre. 74** Touritcheva [2] ; **78** Comaneci [7] ; **79** Cerna [9] ; **81** Gnauck [5] ; **83** Mostepanova [2] ; **85** Silivas [7]. **Sol. 74** Touritcheva [2] ; **78** Kim [2] ; **79** Eberle [7] ; **81** Ilyenko [2] ; **83** Szabo [7] ; **85** Omelianchik [2].

● **Coupe du monde.** *Créée 1975.* **Hommes. C.G. individuels. 75, 77** Andrianov [2] ; **78, 79** Ditiatine [2] ; **80** Makuts [2] ; **82** Li Ning [8]. **Sol. 75** Kajiyama [1] ; **77** Andrianov [2] ; **78** Bruckner [5] ; **79** Kasamatsu [1] ; **80** Bruckner [5] ; **82** Li Ning [8]. **Arçons. 75** Magyar [4] ; **77** Markelov [2] ; **78** Magyar [4] ; **79** Conner [3] ; **80** Bruckner [5] ; **82** Li Ning [8]. **Anneaux. 75** Tsukahara [1] ; **77** Andrianov [2] ; **78** Ditiatine [2] ; **80** Huang Yubin [8] ; **82** Li Ning [8]. **Saut. 75** Shamugia [2] ; **77** Markelov [2] ; **78** Shimizu [1] ; **79** Barthel [5] ; **80** Bruckner [5] ; **82** Lin Ning [8]. **Barres parallèles. 75, 77** Andrianov [2] ; **78** Azarian [2] ; **79** Kenmatsu [1] ; **80** Li Yuejiu [8] ; **82** Korolev [2]. **Barres fixes. 75** Tsukahara [1] ; **77** Markelov [2] ; **78, 79** Gienger [6] ; **80** Makuts [2] ; **82** Tong Fei [8]. **Dames. C. G. individuels. 75** Touritcheva [2] ; **77, 78** Filatova [2] ; **79, 80** Zakharova [2] ; **82** Bitcherova [2]. **Saut. 75** Touritcheva [2] ; **77, 78** Shaposhnikova [2] ; **79** Comaneci [7] ; **80** Zakharova [2] ; **82** Yurchenko [2]. **Barres asymétriques. 75** Touritcheva [2] ; **77** Moukhina [2] ; **78, 79** Krader [5] ; **80, 82** Gnauck [5]. **Poutre. 75** Touritcheva [2] ; **77** Moukhina [2] ; **78** Cerna [9] ; **79** Eberle [7] ; **80** Naimoushina [2] ; **82** Yurchenko [2]. **Sol. 75** Touritcheva [2] ; **77, 78** Filatova [2] ; **79** Comaneci [7] ; **80** Gnauck [5] ; **82** Bicherova [2].

Cotation. Pour champ. du monde et J.O., chaque concurrent présente un exercice imposé et un exercice libre (pour champ. d'Europe : exercice libre seulement) ; à chaque épreuve, un jury cote chaque exercice sur 10 points. La moyenne des notes intermédiaires donne la note définitive. Sur les 10 points interviennent l'exécution du mouvement, la difficulté, la combinaison des différentes parties, le courage, l'originalité, la virtuosité. Chaque exercice : 12 parties liées entre elles. 4 juges + 1 juge arbitre. En France, 6 J. et 2 J.A.

● **Championnats d'Europe.** *Créés 1955.* **Hommes. C. G. individuels. 75** Andrianov [2] ; **77** Markelov [2] ; **79** Deltchev [10] ; **81** Tkatchev [2] ; **83, 85** Bilozerchev [2]. **Sol. 75** Andrianov [2] ; **77** Tkatchev [2] ; **79** Deltchev [10] ; **81** Korolev [2] ; **83** Petkov [10]. **85** Bilozerchev [2]. **Arçons. 75, 77** Magyar [10] ; **79** Ditiatine [2] ; **81, 83** Guczoghy [10]. **85** Bilozerchev [2]. **Anneaux. 75** Grecu [7] ; **77** Markelov [2] ; **79** Ditiatine [2] ; **81** Korolev [2] ; **83** Petkov [2]. **85** Bilozerchev [2]. **Saut. 75** Andrianov [2] ; **77** Tabak [9] ; **79, 81** Makuts [2] ; **83** Bilozerchev [2]. **85** Kroll [5]. **Barres parallèles. 75** Andrianov [2] ; **77** Tikhonov [2] ; **79, 81** Makuts [2] ; **83** Korolev [2]. **85** Bilozerchev [2]. **Barre fixe. 75** Gienger [6] ; **77** Delchev [10] ; **79, 81** Tkatchev [2] ; **83** Bilozerchev [2]. **85** Bilozerchev et Borkai. **Dames. C. G. individuels. 75, 77, 79** Comaneci [2] ; **81** Gnauk [5] ; **83** Bitcherova [2]. **85** Schouchounova [2]. **Saut. 75** Comaneci [7] ; **77** Kim [2] ; **79** Comaneci [7] ; **81** Grigoras [7] ; **83** Bitcherova [2]. **85** Schouchounova [2]. **Barres asymétriques. 75** Comaneci [7] ; **77, 79** Moukhina [2] ; **81** Gnauck [5] ; **83** Szabo [7]. **85** Schouchounova [2] et Gnauk [5]. **Poutre. 75** Comaneci [7] ; **77** Moukhina [2] ; **79** Shaposhnikova [2] ; **81** Gnauck [5] ; **83** Agache [7]. **85** Omelianchik [2]. **Sol. 75** Kim [2] ; **77** Moukhina [2] ; **79** Comaneci [7] ; **81** Gnauck [7] ; **83** Bitcherova [2]. **85** Schouchounova [2].

● **Championnats de France individuels. Hommes. Concours général. 1977** Henri Boerio ; **78, 79** Michel Boutard ; **80** Willy Moy ; **81** M. Boutard ; **82** Laurent Barbieri ; **83, 84** J.-L. Cairon ; **85** Barbieri. **Par appareil. Cheval d'arçons. 77, 78, 79** M. Boutard ; **80** Boutard, Cairon ; **81, 83, 84** J. Def ; **85** J.-L. Cairon. **Anneaux. 77** H. Boerio ; **78, 79, 80, 81** W. Moy ; **83** L. Barbieri. **84** Cairon ; **85** Barbieri. **Sol : 78** Moy ; **79** Barbieri ; **80** Vatoune ; **81** L. Barbieri ; **83, 84** Ph. Vatoune ; **85** Barbieri. **Saut de cheval. 77** H. Boerio ; **78, 79** Marc Touchais ; **80** Cairon ; **81, 83** Ph. Vatoune. **84** Barbieri. **Barres parallèles. 77, 78, 79, 80** M. Boutard ; **81** G. Jamet ; **83** L. Barbieri et J.-L. Cairon. **84** Vatoune ; **85** C. Carmona. **Barre fixe. 77** H. Boerio ; **78** Moy ; **79** Suty ; **80** Moy ; **81** L. Barbieri ; **83** J.-L. Cairon et Ph. Vatoune. **84** Suty ; **85** S. Machetto. **Dames. Concours général. 77** Audin ; **78** Pidoux ; **79, 80** Fiandrino ; **81, 82, 83, 84** C. Ragazzacci ; **85** V. Guillemot. **Par appareil. Saut de cheval. 77** Audin ; **78** Audin et Pidoux ; **79, 81** V. Sanguinetti ; **80** Tudesco ; **83** C. Ragazzacci. **84** Laborderie ; **85** Degret. **Barres asymétriques. 77** Bolotti ; **78** Pidoux, Fiandrino, Sanguinetti, Hervé ; **80** Sanguinetti, Fiandrino ; **81** V. Fiandrino ; **83** V. Guillemot. **84** Ragazzacci ; **85** Guillemot. **Poutre : 77, 78** Audin ; **79** Fiandrino ; **80** Hervé ; **81** V. Grandjean ; **83** C. Ragazzacci. **84** Laborderie ; **85** Robert. **Sol. 77** Audin ; **78** Hervé, Fiandrino ; **80** Hervé ; **81** C. Ragazzacci ; **83, 84, 85** F. Laborderie.

Quelques noms

Nota. – (1) U.R.S.S. (2) Espagne. (3) All. dém. (4) Italie. (5) Tchécoslovaquie. (6) Yougoslavie. (7) Roumanie. (8) U.S.A. (9) Canada. (10) All. féd. (11) Japon. (12) Hongrie. (13) Chine. (14) Finlande. (15) Autriche. (16) Suisse. (17) Pologne. (18) Bulgarie.

Monde. AZARIAN Édouard [1] 1-12-59. BILOZERCHEV Dimitri [1] 66. BITCHEROVA Olga [1] 26-10-66. BLUME Joachim [2] 1933-59. BOUCHARD Franck [3] 1962. BRAGILIA Alberto [4] 1883-1954. BRUCKNER Roland [3] 14-12-55. CASLAVSKA Véra [5] 3-5-42. CERAR Miroslav [6] 28-10-39. CERNA Véra 17-5-63. CHACKLINE Boris [1] 27-1-32. CONNER Bart [8] 28-3-58. COMANECI Nadia [7] 12-11-61 (1976 : 15 ans, 1,53 m, 41 kg, + jeune ch. olymp.). DAGGET Tim [8] 22-5-62. DELASSALLE Philippe [9] 18-7-58. DIAMIDOV Sergei [1] 9-7-43. DITIATINE Alexandre [1] 7-8-57. EBERLE Emilia [7] 4-3-64. ENDO Yukio [11] 3-10-50. EYSER George [8] 1871. FILATOVA Maria [1] 19-7-61. FRÉDÉRICK Marcia [8] 4-1-63. FREY Konrad [10] 19-9-74. GAYLORD Mitch [8] 5-3-63. GEIGER Jurgen [10] 5-5-59. GIENGER Eberhard [10] 25-7-51. GNAUCK Maxi [3] 10-10-64. GOODWIN Michelle [8] 3-4-66. GOTO Kiyoshi [11] 20-10-55. GRABOLLE Régina [3] 18-5-65. GRECU Danut [7] 26-9-50. GRIGORAS Christina [7] 1966. GROZDOVA Stevtlana [1] 24-1-59. GUSHIKEN Koji [11] 12-11-56. GUCZOGHY Gyorgy [12] 3-3-62. HARTUNG Jim [8] 6-7-60. HEIDA Anton [8] 1878. HEMMAN Ralf Peter [3] 8-12-58. HOFFMANN Lutz [3] 30-1-59. HOFFMANN Ulf [3] 8-9-61. HOMNA Fumio [11] 30-1-48. HUANG Yubin [13] 1958. HUHTANEN Veikko [14] 1919-76. ILIENKO Nathalie [1] 26-3-66. JANZ Karin [3] 17-2-52. JOHNSON Kathy [8] 3-9-59. KAJIYAMA Hiroshi [11] 3-6-53. KAJITANI Nobuyoki [11] 23-1-55. KATO Sawao [11] 11-10-46. KASAMATSU Shigeru [11] 16-7-47. KELETI Agnès [12] 9-6-21. KENMOTSU Eiso [11] 13-

2-48. Kim Nelly [1] 29-7-57. Kim Tatiana [1] 28-7-68. Korbut Olga [1] 16-5-55. Korolev Yuri [1] 28-9-59. Kraker Steffi [3] 21-4-60.

Labakova Jana [5] 26-1-66. Latynina Larissa [1] 27-12-34. Lenhardt Julius [15] 1875-1962. Li Ning [3] 8-9-63. Li Yeyuiu [3] 19-11-57. Li Xiaoping [13] 19-9-62. Mack Eugène [16] 1907-78. Ma Yanhong [13] 1964. Magyar Zoltan [12] 13-12-53. Makuts Bogdan [1] 4-4-60. Mc Namara Julianne [8] 10-11-65. Menichelli Franco [4] 3-8-41. Miez Georges [16] 21-9-07. Misnik Alla [1] 1966. Moukhina Elena [1] 1-6-60. Naimuschika Elena [1] 19-11-64. Nakayama Akinori [11] 1-3-43. Nikolay Jurgen [3] 13-12-56. Nikolay Michael [3] 13-12-56 (jumeau de Jurgen). Ono Takashi [11] 26-7-31. Palassou Roy [8] 5-6-63. Retton Mary-Lou [8] 24-1-58. Rigby Cathy [8] 12-12-52. Ruhn Mélita [7] 19-4-65.

Schumann Carl [10] 1869-1946. Scharwarzmann Alfred [10] 23-3-12. Senff Birgit [3] 3-12-65. Shaposhnikova Natalia [1] 24-6-61. Shimizu Junichi [11] 29-7-53. Stadler Joseph [16] 6-2-19. Stukely Léon [6] 1898. Szabo Ecaterina [7] 1963. Szajna Andrezej [17] 30-9-49. Tabak Jiri [5] 8-8-65. Talavera Tracy [8] 1-9-66. Thomas Kurt [8] 29-3-56. Titov Yuri [1] 27-11-35. Tkatchev Alexandre [1] 4-11-57. Toneva Krassimira [18] 23-6-65. Tong Fei [13] 25-3-61. Topalova Silvia [18] 7-3-64. Touritcheva Liudmilia [1] 7-10-52. Turner Dumitruta [7] 12-2-64. Tschukarin Viktor [1] 9-11-21. Tsukahara Mitsuo [11] 22-12-47. Ungureanu Theodora [7] 13-11-60. Voronine Mikhail [1] 26-3-45. Widmar Peter [8] 6-3-61. Wu Jiani [13] 23-4-66. Yanhong Ma [13] 21-3-64. Yongyang Chen [13] 23-4-66. Yurchenko Natalia [1] 26-1-65. Zakharova Stella [1] 12-7-63. Zemanova Radka [5] 5-12-63. Zuchold Erika [3] 19-3-47. Zhu Zeng [13] 1962.

France. Barbiéri Laurent 30-10-60. Bernard Sophie 27-7-68. Boerio Henri 13-6-52. Boquel Yves 10-3-55. Boutard Michel 21-4-56. Boutet Patrick 14-12-51. Burette Maurice 20-5-16. Cadot Marie Laurence 7-7-68. Cairon Jean-Luc 14-2-62. Coulon-Sicot Danièle 1935. Decoux Bernard 9-9-56. Deuza Christian 9-1-44. Dot Raymond 20-12-26. Farjat Bernard 7-9-45. Fiandrino Valérie 26-10-62. Giroux Carole 27-1-68. Guiffroy Christian 21-1-47. Guillemot Véronique 13-2-67. Hermant Pascal 11-5-57. Jamet Gilles 31-3-59. Koloko Éric 1-11-50. Lalu Marcel 1882. Lemoine Alexandra. Letourneur Evelyne 13-9-47. Magakian Arthur 11-11-25. Martinez Joseph. Micheli Valérie 19-5-68. Moy Willi 13-6-56. Pellerin Cécile 8-12-67. Ragazzacci Corinne 27-1-69. Ramamonjisoa Colombe 3-1-67. Sandras Gustave 1872-1954. Sanguinetti Véronique 16-4-64. Seggiaro Chantal 4-4-56. Suty Joël 4-7-60. Torres Marco 1888. Vatuone Philippe 13-4-62. Weingand André.

Gymnastique rythmique et sportive (G.R.S.)

Généralités

Principes. Exclusivement féminine. Se pratique à mains libres ou avec de petits engins. L'acrobatie y est interdite. Elle comporte des compétitions individuelles et par équipes. *4 grandes tendances.* 1°) l'esthétique et l'expression du mouvement du Français François Delsarte (1811-71) avec des théories diffusées principalement aux U.S.A. par Geneviève Stebbins et Hedwig Kallemeyer, Allemande; 2°) gymnastique scientifique, hygiénique et esthétique de Besse Mesendiek, Allemande, adepte du Suédois Ling et du Danois Muller; 3°) gymnastique rythmique du Français Jacques Dalcroze (1865-1950) et des Allemands Rudolf Bobe et Heinrich Medau; 4°) écoles de danse d'Isadora Duncan (1878-1929), Rudolf Von Laban et Marie Wigmann. *En France,* Irène Popard (1894-1950), adepte de l'École Duncan, l'associera aux méthodes Dalcroze et Demeny pour fonder « une Gymnastique Harmonique ».

Quelques dates. 1963 1ers championnats du monde. **1978** création des championnats d'Europe. **1983** création de la coupe du monde. **1980** le Comité International Olympique reconnaît la valeur sportive de la G.R.S. **1984** L'inscrit au programme des Jeux Olympiques de Los Angeles.

Matériels. Ballon. Caoutchouc ou plastique souple. Diamètre 18 à 20 cm. Poids 400 g minimum. **Cerceau.** Bois ou plastique. Diamètre intérieur 80 à 90 cm. Poids 300 g minimum. **Corde.** Chanvre. Longueur proportionnée à la taille de la gymnaste. **Massue.** Bois. Poids 150 g minimum pour chaque massue. **Ruban.** Baguette en bois, bambou, plastique, fibre de verre. Diamètre 1 cm au maximum. Longueur 50 à 60 cm y compris l'anneau de fixation du ruban. Poids 35 g minimum. Longueur 6 m min.

Compétitions

Nota. — (1) Japon. (2) U.R.S.S. (3) U.S.A. (4) Hongrie. (5) All. dém. (6) All. féd. (7) Roumanie. (8) Chine. (9) Tchécoslovaquie. (10) Bulgarie. (11) RPC.

Championnats du monde. Équipes. 1967 U.R.S.S. : **69, 71** Bulgarie ; **73** U.R.S.S. ; **75** Italie ; **77, 79** U.R.S.S. ; **81, 83, 85** Bulgarie. **C.G. individuels. 63** Szavinkova [2] ; **65** Micechova [9] ; **67** Karpoukhina [2] ; **69, 71** Gigova [10] ; **73** Shugurova [2] ; **75** Rischer [6] ; **77, 79** Deriugina [2] ; **81** Ralenkova [10] ; **83, 85** Gueorguiva [10]. **Sols mains libres. 63** Szavinkova [2] ; **65** Kravtchenko [2] ; **67** Sereda [2] ; **69** Guigova [10] ; **71** épreuve supprimée. **Exercices avec engins. 63** Szavinkova [2] ; **65** Micechova [9] ; **67** épreuve supprimée. **Cerceau. 67, 69, 71, 73** Gigova [10] ; **75** Hiraguschi [1] ; **77** Shugurova [2] ; **79** pas disputé ; **81** Ignatova [10] ; **83** Ralenkova [10] ; **85** non disputé. **Corde. 67** Sitniaska [9] ; **69** Shugurova [2] ; **71** Gigova [10] ; **73, 75** pas disputé ; **77** Shugurova [2] ; **79** Guiourova [2] ; **81** Ignatova [10] ; **83** non disputé ; **85** Gueorguieva [10]. **Ballon. 69** Shugurova [2] ; **71** J.S. Duck [11] ; **73** Shugurova [2] ; **75** Rosenberg [6] ; **77** Shugurova [2] ; **79** Gabashvili [2] ; **81** pas disputé ; **83** Beloglazova [2] et Ignatova [10] ; **85** Ignatova [10] et Gueorguieva [10]. **Ruban. 71** Nazmutdinova [2] ; **73** Shugurova [2] ; **75** Rischer [6] ; **77** Deriugina [2] ; **79** Tomas [2] ; **81** Devina [2] ; **83** Gueorguiva [10] et Ignatova [10] ; **85** Panova [10] et Beloglazova [2]. **Massues. 73** Shugurova [2] ; **75** Rosenberg [6] ; **77** pas disputé ; **79** Bosanka [9] ; **81** Ralenkova [10] ; **83** Gueorguiva [10] et Beloglazova [2] ; **85** Ignatova [10] et Gueorguieva [10].

Championnats d'Europe. Équipes. 1978, 80 Bulgarie ; **82** U.R.S.S. **C.G. individuels. 78** Shugurova [2] ; **80** Raeva [10] ; **82** Ralenkova [10]. **Cerceau. 80** Raeva [10] ; **82** Ralenkova [10]. **Corde. 78** Shugurova [2] ; **80** Raeva [10] ; **82** Ralenkova [10]. **Ballon. 78** Deriugina [2] ; **80, 82** pas disputé. **Ruban. 78** Shugurova [2] ; **80** Ignatova [10] ; **82** Kutkaite [2]. **Massues. 80** Raeva [10] ; **82** Kutkaite [2].

Coupe du monde. Équipes 1983 U.R.S.S. **C.G. individuels. 83** Ignatova [10]. **Cerceau. 83** Ignatova [10]. **Ballon. 83** Ralenkova [10]. **Ruban. 83** Kurkaite [2]. **Massues. 83** Ralenkova [10].

Championnats de France. 1985. Équipe Calais 33,50 pts. **Individuel** A. Walle. **Corde** A. Walle. **Ruban** A. Walle. **Ballon** A. Walle. **Massues** B. Augst.

Haltérophilie

☞ Jeux Olympiques, voir p. 23.

Généralités

Origine. *Grèce antique,* les athlètes s'exterminent en tenant dans chaque main une massue de plomb appelée *Halteria* (balancier). *Jusqu'au XIXe s.,* reste du domaine des hercules de foire. *A la fin du XIXe s.,* 1er classement mondial amateur à Londres en 1891. *1896* création de l'Haltér. Club de France. *1918* de la Fédération fr. des poids et haltères. *1920* de la Fédération internationale.

Mouvements. *Arraché :* la barre est élevée à bout de bras d'un seul temps au-dessus de la tête. *Épaulé-jeté :* la barre est élevée à hauteur de l'épaule puis projetée à bout de bras au-dessus de la tête.

Pour que l'arbitre donne le signal « à terre », le concurrent doit avoir les pieds sur la même ligne et conserver une immobilité complète. Chaque concurrent a 3 essais par mouvement pour arriver à son maximum. La progression entre chaque exercice ne doit pas être inférieure à 5 kg, sauf entre le 2e et le 3e essai (2,5 kg). L'addition des meilleures performances dans chaque mouvement constitue le total olympique. Records du monde et nationaux ne sont homologués que lorsqu'ils sont battus de 500 g au minimum. Un 4e essai hors compétition est accordé pour une tentative de record. 3 arbitres jugent la compétition qui se déroule sur un plateau en bois de 4 × 4 m (si l'athlète en sort, ses performances sont considérées comme nulles). Les athlètes s'enduisent les mains de *magnésie* pour améliorer la « serre » de la barre et éviter la transpiration. La *ceinture en cuir* (max. 12 cm de largeur) qui consolide la région lombaire est réglementaire. Les *poignets de force* sont tolérés. *Barre :* 1,30 m minimum entre les disques, longueur totale 2,20 m., diamètre 28 mm.

Principaux résultats

Légende. — (1) U.R.S.S. (2) France. (3) U.S.A. (4) Finlande. (5) All. féd. (6) Japon. (7) Belgique. (8) Cuba. (9) Iran. (10) Bulgarie. (11) Suisse. (12) Corée du N. (13) Pologne. (14) Tchécoslovaquie. (15) Autriche. (16) Hongrie. (17) Chine. (18) All. dém. (19) Roumanie.

Quelques exploits

Sur le dos (le poids étant sur des tréteaux), record de développé : homme 2 844 kg en 1956 (Paul Anderson, Américain, n. 1933, 165 kg) ; femme 1 616 kg en 1895 (Joséphine Blatt, Américaine, 1869-1923).

Puissance. *En appuyé* 284 kg, *en ramassé* 345 kg (soit 1 200 kg au total avec 371 kg de poids mort) par Paul Anderson. *Levée d'un poids mort à 2 mains :* homme 371 kg (Paul Anderson) ; femme 178,9 (Jan

Records d'haltérophilie (15-7-1986, en kg)

Épreuves			Records du monde	Records de France
52	kg	arraché	115,5 N. Terziiski (Bulg., 63)	97,5 J.-N. Miette (85)
			116 H. Zhuoqiang (Chi., 86)	
		épaulé-jeté	152,5 N. Terziiski (Bulg., 84)	118 J.-N. Miette (85)
		Total	262,5 N. Terziiski (Bulg., 84)	212,5 J.-N. Miette (85)
56	kg	a.	133 O. Mirzoian (Bulg., 84)	110,5 B. Lebrun (81)
		é.-j.	170 N. Suleimanov (Bulg., 84)	141 B. Lebrun (81)
		T.	300 N. Suleimanov (Bulg., 84)	252,5 B. Lebrun (80)
60	kg	a.	145,5 N. Shalamanov (Bulg., 86)	120,5 B. Maier (84)
		é.-j.	187,5 N. Shalamanov (Bulg., 86)	155 J.-C. Chavigny (82)
		T.	332,5 N. Shalamanov (Bulg., 86)	272,5 J.-C. Chavigny (81)
67,5	kg	a.	155,5 V. Gratchev (U.R.S.S., 84)	150 D. Senet (81)
		é.-j.	200 A. Varbanov (Bulg., 84)	175 D. Senet (79)
		T.	352,5 A. Behm (All. dém., 84)	322,5 D. Senet (80)
75	kg	a.	167,5 V. Kuznetsov (U.R.S.S., 83)	150 D. Senet (81)
		é.-j.	212,5 A. Varbanov (Bulg., 86)	180,5 N. Lasorsa (84)
		T.	377,5 Z. Stoichkov (Bulg., 84)	322,5 D. Senet (81)
82,5	kg	a.	182,5 Y. Vardanian (U.R.S.S., 84)	152,5 D. Leroux (81)
		é.-j.	224 Y. Vardanian (U.R.S.S., 84)	188,5 P. Senet (82)
		T.	405 Y. Vardanian (U.R.S.S., 85)	337,5 P. Senet (85)
90	kg	a.	195,5 B. Blagoev (Bulg., 83)	156,5 H. Lagarrigue (84)
		é.-j.	233 V. Solodov (U.R.S.S., 84)	192,5 P. Gourrier (70)
		T.	422,5 V. Solodov (U.R.S.S., 84)	337,5 P. Teillon (85)
100	kg	a.	200 Y. Zakharevitch (U.R.S.S., 83)	154 J.-M. Kretz (84)
		é.-j.	241,5 P. Kuznetsov (U.R.S.S., 84)	203 P. Gourrier (81)
		T.	440 Y. Zakharevitch (U.R.S.S., 83)	357,5 P. Gourrier (81)
110	kg	a.	200,5 Y. Zakharevitch (U.R.S.S., 84)	161 P. Gourrier (81)
		é.-j.	247,5 V. Klokov (U.R.S.S., 83)	205 P. Gourrier (81)
		T.	442,5 L. Taranenko (U.R.S.S., 84)	362,5 P. Gourrier (76)
+ 110	kg	a.	211 A. Guniachev (U.R.S.S., 84)	158 J. Oliger (86)
		é.-j.	265 A. Pissarenko (U.R.S.S., 84)	215,5 G. Koller (82)
		T.	467,5 L. Taranenko (U.R.S.S., 86)	372,5 J.-F. Hiller (82)

Suffolk Todd, Amér., en 1975 ; avant, Jeanne de Vesley, fr., 177 kg le 14-10-1926) ; *à une main* 335 kg (H. Gorner).

Championnats

Monde. *Créés* 1920. **1985.** *52 kg :* Marinov[10]. *56 kg :* Terziiski. *60 kg :* Shalamanov[10]. *67,5 kg :* Petrov[10]. *75 kg :* Varbanov[10]. *82,5 kg :* Vardanian[1]. *90 kg :* Chrapati et Sodolov. *100 kg :* Szanyi[16]. *110 kg :* Zakharevitch[1]. *+ de 110 kg :* Krastev[10].

Europe. *Créés* 1939. Groupés depuis 1981 avec les championnats du Monde (les années olympiques se déroulent avec les J.O.). **1986** *52 kg :* Marinov[10]. *56 kg :* Terziiski[10]. *60 kg :* Shalamanov[10]. *67,5 kg :* Behm[18]. *75 kg :* Varbanov[10]. *82,5 kg :* Arsamanov[1]. *90 kg :* Krapatyi[1]. *100 kg :* Vlad[19]. *110 kg :* Zakharevitch[1]. *+ de 110 :* Krastev[10].

France. *Créés* 1920. **1985.** *52 kg :* Larget 200 kg. *56 kg :* Miette 230 kg. *60 kg :* Maier 255 kg. *67,5 kg :* Rontard 267,5 kg. *75 kg :* Lagrange 290 kg. *82,5 kg :* Lopez 325 kg. *90 kg :* Leverino 332,5 kg. *100 kg :* Tournefier 340 kg. *110 kg :* Kretz 335 kg.

Quelques noms

Alexeiev Vassili[1] n. 7-1-42 (ancien bûcheron ; 1,87 m, 145 kg, tour de poitrine 150 cm, de cuisse 80 cm, de biceps 55 cm). Anderson Paul[3] 1933. Beonarski Robert[2] 1944. Cadine Ernest[2] 12-7-1893. Dame Jean[2] 1897-1970. Debuf Jean[2] 31-5-24. Decottignies Edmond[2] 1898-1963. Dube Joe[3] 1941. Duverger René[2] 30-1-11. Ferrari Henri[2] 23-9-12. Fouletier Jean-Paul[2] 1-7-39. François Roger[2] 1900-48. Fulla Pierre[2] 1939. Gange Henri[2] 17-3-1888. Gerber Roger[2] 28-12-33. Gourrier Pierre[2] 2-3-47. Herbaux Raymond[2] 1922. Hostin Louis[2] 21-4-08. Jabotinski Leonid[1] 28-1-38. Kangasniemi Kaarlo[4] 4-2-41. Kangasniemi Kauko[4] 18-11-42. Kono Thomas[3] 27-6-30. Lahdenranta Kaveli[4] 1942. Levecq Roger[2] 24-8-35. Maier Rolf[3] 6-12-36. Mang Rudolf[5] 1951. Miyake Yoshinobu[6] 1940. Paterni Marcel[2] 22-9-36. Reding Serge[7] 23-12-41. Rigert David[1]. Rigoulot Charles[2] 1903-1962 (fut l'un des premiers haltérophiles très connus. Champion olympique à 21 ans, on l'appela à l'époque « l'homme le plus fort du monde ». Il réalisa 152,5 kg à l'épaulé-jeté en 1925 et, après être passé professionnel, 182,5 kg ; en essayant d'améliorer cette performance, avec 185 kg, il se blessa et fut ensuite une grande vedette de catch). Schemanski Norbert[2] 30-5-24. Senet Daniel[2] 26-6-53. Shalamanov Naim[10] 23-11-67. Tatts Jan[1] 1-8-43. Terme Aimé[2] 25-9-45. Vardanian Youri[1] 1956. Vincent François[2] 10-4-36. Vlassov Yuri[1] 5-12-35. Weaver Paul n.c.

Handball

☞ Jeux Olympiques, voir p. 23.

Généralités

Origine. 1915 Allemagne (où il est alors pratiqué par des femmes). S'inspire peut-être de l'*azéna* tchèque. Se prononce *handballe* et non *handbôle*. **1925** 1er match international. **1936** figure pour la 1re fois aux J.O. **1927** création de la Féd. internationale de handball. **1941** de la Féd. fr. de handball.

Terrain : 40 × 20 m, *buts* hauteur 2 m, largeur 3 m. **Joueurs :** 7 (avec 5 rempl.). **Ballon :** 425 à 475 g (seniors), 325 à 400 g (benjamins et féminines).

Jeu : 2 fois 30 mn avec une pause de 10 mn entre les 2 mi-temps. Pour jouer, il ne faut pas faire plus de 3 pas avec le ballon, le toucher avec la jambe ou le pied, sinon : coup franc. Un *attaquant* qui pénètre dans la *surface de but* reçoit un coup franc : s'il marque, le but est annulé. Mais il peut sauter au-dessus de la surface de but à condition de relâcher la balle avant de reprendre contact avec le sol. Le *gardien* peut arrêter la balle avec les pieds. Il peut jouer dans le champ, hors de sa surface de but, mais devient alors un joueur comme les autres. Il y a 2 *arbitres* pour un match.

Principales épreuves

Coupe du monde masculine. 1er championnat 1938 Berlin puis création officielle en 1952. **38** 1. All. ; 2. Autriche ; 3. Suède. **54** 1. Suède ; 2. All. féd. ; 3. Tchéc. **58** 1. Suède ; 2. Tchéc. ; 3. All. unifiée. **61** 1. Roum. ; 2. Tché. ; 3. Suède. **64** 1. Roum. ; 2. Suède ; 3. Tché. **67** 1. Tché. ; 2. Dan. ; 3. Roum. **70** 1. Roum. ; 2. All. dém. ; 3. Youg. **74** 1. Roum. ; 2. All. dém. ; 3. Youg. **75** 1. Roum. ; 2. U.R.S.S. ; 3. Pol. **78** 1. All. féd. ; 2. U.R.S.S. ; 3. All. dém. **82** 1. U.R.S.S. ; 2. Youg. ; 3. Pol. **86** 1. Youg. ; 2. Hongrie ; 3. All. dém.

Championnats du monde féminins. 57 1. Tché. ; 2. Hong. ; 3. Youg. **62** 1. Roum. ; 2. Dan. ; 3. Tché. **65** 1. Hong. ; 2. Youg. ; 3. All. féd. **71** 1. All. dém. ; 2. Youg. ; 3. Hong. **73** 1. Youg. ; 2. Roum. ; 3. U.R.S.S. **75** 1. All. dém. ; 2. U.R.S.S. ; 3. Hong. **78** 1. All. dém. ; 2. U.R.S.S. ; 3. Hongrie. **82** 1. U.R.S.S. ; 2. Hong. ; 3. Youg.

Coupe d'Europe masculine. *Créée* 1957 à l'initiative de la F.F.H.D. **1957** Prague b. Orebro 23-21. **58** Non jouée. **59** R.I.K. Göteborg b. F.A. Goeppingen 18-13. **60** F.A. Goeppingen b. Aarhus 18-13. **61** Non jouée. **62** F.A. Goeppingen b. Partizan Bjelovar 13-11. **63** Dukla Praha b. Dynamo Bucarest 15-13 (avant prolongation 13-13). **64** Non jouée. **65** Dynamo Bucarest b. RK Medvescka 13-11. **66** *Paris.* DHFK Leipzig b. Honved Budapest 16-14. **67** V.F.L. Gummersbach b. Dukla Prague 17-13. **68** Steava Bucarest b. Dukla Prague 13-11. **69** Non jouée. **70** V.F.L. Gummersbach (All. féd.) b. S.C. Dynamo (Berlin-Est) 14-11. **71** V.F.L. Gummersbach (All. féd.) b. Steauas Stars (Bucarest) 17-16. **72** N.C. Partizan Bjelovar (Youg.) b. V.F.C. Gummersbach (All. féd.) 19-14 (mi-temps 9-9). **73** Moscou b. N.C. Partizan Bjelovar (Youg.) 26-23. **74** V.F.L. Gummersbach (All. féd.) b. Moscou 19-17. **75** A.S.K. Vorwaerts de Francfort b. Benja-Luka (Youg.) 19-17. **76** Borac-Benja-Luka (Youg.) b. Kfum-Fredericia (Dan.) 17-15. **77** S.T.E.A.U.A. Bucarest (Roum.) b. C.S.K.A. Moscou 21-20. **78** S.C. Magdebourg (All. dém.) b. W.S.K. Slask de Wroclaw (Pologne) 28-22. **79** T.V. Grosswallstadt (All. féd.) b. S.C. Empor-Rostock (All. dém.) 30-28. **80** T.V. Grosswallstadt (All. féd.) b. Valur Rejkjavik (Isl.) 21-12. **81** S.C. Magdebourg (All. dém.) b. K.S. Ljubljana (Youg.) 19-18. **82** Honved SC Budapest (Hong.) b. TSV St-Omar St-Gallen (Suisse) 24-18. **83** ZSKA Moscou (U.R.S.S.) b. VFL Gummersbach (All. féd.) 14-13. **84** Dukla Prague b. Metaloplastika Sabac (Youg.) 21-17. **85** Métaloplastika Sabac (Youg.) b. Athletico Madrid (Esp.) 30-20. **86** Metaloplastika Sabac (Youg.) b. Wybrzeze Gdansk (Pol.) 30-23.

Coupe d'Europe des vainqueurs de coupes. *Créée* 1975. **79** V.F.L. Gummersbach (All. féd.) b. S.C. Magdebourg (All. dém.) 30-29. **80** Calipsa Alicante (Esp.) b. V.F.L. Gummersbach 36-33. **81** T.U.S. Nettestatt (All. féd.) b. S.C. Empor-Rostock (All. dém.) 33-32. **84** F.C. Barcelone (Esp.) b. Sloga Doboj (Youg.) 24-21. **85** F.C. Barcelone (Esp.) b. C.S.K.A. Moscou (U.R.S.S.) 27-20. **86** Grosswalstadt (All. féd.) b. F.C. Barcelone (Esp.) 21-19.

Championnats de France masculins. A 11 : créés en 1941-42 avec 2 zones Nord et Sud ; **à 7 :** créé en 1952-53, championnat unique (3 divisions).

Dep. 1984-85, le championnat de France Nationale 1 est constitué d'une poule unique de 10 clubs. Le club terminant 1er du classement est déclaré champion de France.

Résultats (Division nationale I). **1959-60** A.S. Mulhouse. **60-61** Bataillon de Joinville. **61-62** P.U.C. **62-63** U.S. Ivry. **63-64** U.S. Ivry. **64-65** S.M.U.C. **65-66** P.U.C. **66-67** S.M.U.C. **67-68** Stella Sports St-Maur. **68-69** S.M.U.C. **69-70** U.S. Ivry. **70-71** U.S. Ivry. **71-72** Stella Sports St-Maur. **72-73** C.S.L. Dijon. **73-74** P.U.C. **74-75** S.M.U.C. **75-76** Stella Sports St-Maur. **76-77** R.C. Strasbourg. **77-78/79-80** Stella Sports St-Maur. **81-82** U.S.M. Gagny. **82-83** U.S. Ivry. **83-84** S.M.U.C. **84-85/85-86** U.S.M. Gagny.

Coupe de France. *Créée* 1957. Dep. 1978, **Challenge de France.** Vainqueur et vaincu. **78-79** Stella Sports St-Maur/E.S. St-Martin d'Hères. **79-80** R.C.A. Strasbourg/P.U.C. **80-81** U.S. Tury/U.S.M. Gagny. **81-82** U.S. Ivry/U.S.M. Gagny. **82-83** Nîmes/Besançon. **83-84** U.S.A.M. Nîmes/A.P.A.S. **84-85** A.S. Cannes/U.S. Saintes. **85-86** U.S.A.M. Nîmes/U.S. Ivry.

Coupe de France masculine. Créée 1984. **84-85** U.S.A.M. Nîmes/U.S.M. Gagny. **85-86** U.S.A.M. Nîmes/U.S. Ivry.

Coupe de France féminine. 86 Stade Français/E.S. Besançon.

Quelques noms

Aggoune Rachid[3] n. 24-9-49. Alba Pierre[3] 3-2-48. Birtalan[1] 28-4-44. Boulle Patrick[3] 20-4-57. Brunet Jean-Jacques[3] 1943. Buchheit Raoul[3] 26-4-50. Cailleaux Éric[3] 4-5-58. Caritte Jean-Pierre 12-1-45. Chastanier Maurice[3] 1931-82. Deckarm[4] 1953. Druais Jean-Luc[3] 1947. Etcheverry Jean-Pierre[3] 1939. Ferignac Jean[3] 21-9-36. Fleury Joël 19-5-19. Gallant Claude[3] 1945. Gatu[5] 20-4-44. Gaudion Marcel 12-1-24. Geoffroy Jean-Michel[3] 29-9-55. Germain Jean-Michel 1945. Goupy Jean 24-1-1934. Gruia Georghe[1] 1940. Hofmann[4] n.c. Iljin[5] n.c. Istchenko[5] n.c. Laplagne Jean-Paul 1943. Legrand Jean-Louis[3] 10-2-49. Lelarge Christian[3] 1947. Mares Vojteck[2] 1936. Martin Carole[3] 18-1-55. Meyer Gilles[3] 22-3-53. Nita André[3] 5-9-49. Nouet Sylvain[3] 24-5-56. Pluen Jacques 1929. Portes Maurice 1938. Richard Michel 5-10-45. Richard René[3] 6-11-42. Rignac Bernard[3] 4-6-50. Rochepierre Michel 6-9-21. Sagna Claude 21-3-31. Sellenet André 25-5-40. Sellenet Bernard[3] 29-3-49. Silvestro Jean-Louis[3] 24-9-39. Taillefer Jacques 13-6-46. Tchernyshev[5] n.c. Waltke Dieter[4] 1954. Zhuk[5] n.c.

Nota. — (1) Roumain. (2) Tchécosl. (3) Français. (4) All. féd. (5) U.R.S.S.

Hippisme et Sports équestres

Chevaux

Noms

Foal : jeune cheval jusqu'au 1er janvier de l'année qui suit celle de sa naissance. **Weanling :** nom du foal après le sevrage (vers 8 mois) jusqu'au 1er janvier de l'année suivante. **Yearling :** jeune cheval du 1er janv. au 31 déc. de l'année qui suit celle de sa naissance. **Poulain, pouliche :** jeune cheval ou jument jusqu'au 1er janv. de sa 5e année. **Poulinière :** jument en carrière de reproducteur au haras. **Poulinière suitée :** jument suivie de son foal. **Hongre :** cheval castré. **Inbreed :** cheval dont le père et la mère possèdent un ancêtre commun plus ou moins rapproché. Ex. : un cheval est « inbreed 2 × 3 sur » tel étalon ou telle poulinière quand celui-ci ou celle-ci figure dans son ascendance à la fois à la 2e génération par son père et à la 3e génération par sa mère.

Races

Pur-sang *(anciennement pur-sang anglais).* Cheval issu d'un père et d'une mère eux-mêmes de pur sang anglais. Cette race a été constituée par le croisement d'étalons orientaux avec des juments anglaises d'origines diverses. Les pur-sang descendent de *Byerley Turk* (né 1680), *Darley Arabian* (né 1700), *Godolphin Arabian* (né 1734), par leurs produits : *Hérod* (n. 1708), *Matchem* (n. 1748), *Éclipse* [n. 1764, le jour d'une éclipse de soleil (remporta 27 courses sur 27) ; sa descendance, qui comporte 36 gagnants de l'Arc de Triomphe (Hérod 7, Matchem 2) est aujourd'hui la plus nombreuse]. Les produits ainsi obtenus montrèrent des qualités si remarquables pour la course que les Anglais enregistrèrent leurs naissances sur un livre spécial ; le *General Stud-Book* (1er volume publié en 1808), puis le Stud-Book fut fermé : n'y furent plus inscrits que les produits issus de parents eux-mêmes inscrits. Les autres pays où des pursang anglais avaient été importés ouvrirent eux-mêmes des Stud-Books [1er Stud-Book français (créé 1833) publié en 1838 par le ministère de l'Agriculture].

Anglo-arabe. Origine : croisements de juments de pur sang anglais avec des étalons de race arabe, pratiqués à partir de 1740 par le gd-duc Christian IV des Deux Ponts, pour produire des chevaux de chasse à courre. Le vétérinaire E. Gayot est considéré comme le « père » de l'anglo-arabe en France. Les chevaux turc *Aslan* (ramené d'Égypte par Bonaparte) et arabe *Massoud* (importé par M. de Portes sous Louis XVIII) servirent 3 juments de pursang anglais *Selim Mare, Comus Mare* et *Daer.* Avec *Prisme* (1890-1917), on estima que les caractéristiques de la race étaient fixées.

Les 1ers sujets, obtenus par croisement direct entre les races arabe et pur-sang, furent inscrits dans le registre (ou Stud-Book) des anglo-arabes institué en 1833. Mais des intercroisements s'étant effectués entre pur-sang, arabes et anglo-arabes, la teneur en sang arabe des produits varia de 1 à 100 % ; aussi, en 1880, l'Administration des Haras décida de qualifier *« anglo-arabe »* le cheval possédant au moins 25 % de sang arabe ou n'ayant, dans 6 de ses ascendants directs, que des pur-sang, des arabes, des anglo-arabes ou des *« selles français »* ayant eux-mêmes au moins 25 % de sang arabe. *Taille :* 1,58 m à 1,66 m env.

Selle français. Descendant des anciennes races de service françaises (la plus importante était fixée en Normandie) améliorées par des croisements avec des races plus affinées (pur-sang, trotteur français, arabe et anglo-arabe) pour aboutir à un cheval de selle appelé autrefois *demi-sang vendéen, charolais, normand, angevin, charentais,* etc.

La Normandie était réputée pour ses chevaux. Dès 1663, des étalons *Barbes* furent importés par Colbert afin d'améliorer la race locale et de fournir des chevaux de selle pour l'armée. Puis ce furent des importations d'étalons danois en vue de la production du *carrossier.* L'Administration des Haras systématisa l'amélioration par des reproducteurs anglais de demi-sang et de pur-sang. Les premiers géniteurs employés furent des *norfolks* qui, au fur et à mesure des progrès de la race, furent remplacés par des anglo-normands.

En 1898, fut créée la Sté du cheval de guerre, qui fusionna ensuite avec la Sté hippique française. L'emploi du pur-sang dans la production du cheval de selle fut consacré et défini par la formule « du sang sous la masse ». L'appellation actuelle « selle français » date de l'arrêté min. du 8-3-1967 et regroupe tous les anciens demi-sang d'origines connues.

Trotteur français. Nom donné autrefois en France aux chevaux participant aux courses au trot. Appelé longtemps *demi-sang trotteur,* le trotteur fr. apparut en Normandie au milieu du XIXe s. à partir de chevaux anglo-normands croisés à l'origine avec des pur-sang anglais (procurant la vitesse et l'influx nerveux) et des norfolks anglais (améliorant le mécanisme du trot) puis, plus tard, avec des trotteurs américains. Aujourd'hui, c'est une race parfaitement définie.

Arabe. Plus ancienne race de chevaux de selle. Issue de la péninsule arabique. Se répand dans les pays conquis par les musulmans. A l'origine, cheval de guerre, sobre et résistant, vivant avec la tribu, pendant des siècles il améliora les chevaux élevés en Europe en vue de la guerre ou de la selle. Au XVIIIe s., à l'origine du pur-sang anglais. Au XXe s., cheval de courses, ch. de sport et plus récemment de raid équestre d'endurance et ch. de « show ». Très développé en Amérique où il est utilisé dans toutes ses spécialités. Après un recul en France après la guerre de 1939-45, s'est développé ces 10 dernières années. Actuellement, env. 400 juments livrées à la reproduction.

Races reconnues en France et inscrites sur un livre généalogique (stud-book). Définies par l'arrêté du 23-7-1976. *Chevaux de sang :* arabe (AR), pur-sang (PS), anglo-arabe (AA), trotteur français (TF), cheval de selle français (SF). *Chevaux lourds :* ardennais, ardennais du Nord, auxois, boulonnais, breton, cob, comtois, percheron, poitevin. *Poneys :* Connemara, Dartmoor, fjord de Norvège, français de selle, Haflinger, Highland, islandais, landais, de Merens, New-Forest, Porrok, Shetland, Welsh. Le cheval *Camargue* est un cas particulier.

Appellations. Ch. de sang : celle de leur race. Ch. lourds : trait ou cob. Poneys : poneys. Ch. n'appartenant à aucune race : ch. de selle (CS), d'origine inconnue (OI) ou étrangère (OE).

Le S.I.R.E. (Système d'identification répertoriant les Équidés, créé 26-7-1976) répertorie tout cheval de sang ou poney.

Élevage. Pur-sang (1985). Sur 2 990 élevages, 25 regroupent au moins *21* poulinières, 209 de *6 à 20* et 2 756 de *5* ou moins. Régions : Normandie, S.-O. (Pau).

Trotteur français (1985). Sur 6 639 éleveurs, 3 961 possèdent une seule poulinière et 144 + de 10. Zones d'herbages ou complément de l'élevage bovin.

Sur 88 687 juments saillies en 1985, 43,6 % sont génératrices de chevaux lourds et 56,4 % de ch. de sang ou poneys.

Produits nés en France (en 1985 et immatriculés au 16-5-1986) : pur-sang 3 712, trotteurs français 8 054, arabes 245, anglo-arabes et de complément 1 429, selle français 6 250, Camargue 209, chevaux de selle 2 592, poneys 3 174.

Haras nationaux. 1665 organisés par Colbert : mise en dépôt chez des particuliers des étalons achetés par l'État pour « servir à l'amélioration de la production chevaline ». Un haras royal est fondé à Montfort-l'Amaury (Yvelines). **1714-28** création du H. du Pin (Orne) remplaçant le « H. de Normandie » ; avec celui de Pompadour (Corrèze) fondé en 1761, constituent le « H. du Roi » ; création ensuite du H. de Rozières (Lorraine) incorporé à l'administration des h. en 1764. **1790** suppr. de l'administration des h. **1806** rétablie. **Sous Louis XVIII,** Le Pin devient École des H. et dépôts d'étalons. **Sous Napoléon III,** disparaissent ; l'armée manquera de chevaux pendant la g. de 1870. **1874** loi Bocher rétablissant les h. But : « Faciliter la production du cheval en coordonnant les efforts des éleveurs, en permettant les saillies de leurs juments, et en les aidant par l'attribution de secours en argent. » Dirigés par des inspecteurs (actuellement contrôleurs) (min. de l'Agr.). Les divers établ. (dépôts d'étalons) dirigés par des officiers des h. forment des « circonscriptions » dans les grandes régions d'élevage (23 en 1982). **1961** remplacement du Conseil sup. des haras (1874) par un *Conseil sup. de l'élevage* avec une section « équidés » et « de selle ». Les étalons nationaux (de l'État) correspondent aux races locales : ils sont répartis dans les *stations de monte* de chaque circonscription (383 en 1982, en sus des dépôts d'étalons eux-mêmes).

Prix

• **Achats. Conditions.** Un cheval de course peut être acheté : 1° *à l'amiable ;* 2° *à l'issue d'une course à réclamer :* les chevaux y ayant participé peuvent être acquis par soumission écrite. Il y a env. une course à réclamer en lever de rideau de chaque réunion de courses dans la rég. parisienne. Les chevaux participants coûtent en général de 15 000 à 50 000 F ; on y fait parfois d'excellentes affaires ; 3° *aux enchères publiques :* marchés les plus importants de yearlings : Deauville fin août (env. 550 sujets) et vers le 20 nov. (200), La Baule et Pau.

Prix moyens [lors des ventes de « sélection » (où sont offerts les produits les plus prestigieux) et des ventes mixtes]. **Aux enchères de Deauville (en milliers de F). 1975** 51 (prix record 610) ; **80** 133 (1 800) ; **81** 176 (1 950) ; **82** 202 (3 700) ; **83** 199 (4 600) ; **84** 238 (7 600) ; **85** (7 600).

Quelques records. *Record mondial* 85 000 000 F (au Kentucky en 1983 pour un yearling) ; *européen* 40 000 000 $ (Londres, 1983). *Sea Bird,* après avoir gagné plus de 3 millions, fut loué comme étalon 7,5 millions pour les 5 premières années de monte. Mort en 1973, il rapporta + de 10 millions à son propriétaire. *Lyphard* et *Caro,* vendus, en 1977, 24 645 000 F et 18 000 000 de F.

Chevaux syndiqués (mis en copropriété) comme étalon. **1970** *Nijinsky,* gagnant de la triple couronne anglaise (2 000 guinées, Derby, St-Léger) pour 30 000 000 F. **72-73** *Secrétariat* (meilleur cheval américain) 30 000 000 F. **75** *What a Pleasure* 36 000 000 F. **77** *Seattle Slew* 60 000 000 F. **79** *Spectacular Bird* 120 000 000 F. **81** *Storm Bird* 180 000 000 F. **83** *Sharef Dancer* 336 000 000 F. *Shergar,* syndiqué en 1981 pour 336 000 000 de F, a été kidnappé le 8-2-1983 ; les ravisseurs réclamèrent 24 millions de F de rançon (ils en obtinrent 14,5 en avril). Jamais retrouvé, probablement mort.

Meilleurs étalons en 1985 (classement en fonction des gains de course en France de leurs produits) : Crystal Palace 5 217 800, Kenmare 5 169 450, Blushing Groom 4 825 150, Riverman 4 461 850, Fabulous Dancer 4 235 900, Artic Tern 4 006 650, Irish River 3 879 200, Kaldoun 3 756 250, Iron Duke 3 715 900, Kris 3 698 500.

• **Frais d'entretien et d'entraînement.** Pur-sang à Chantilly et Maisons-Laffitte : env. 6 000 F par mois (province 4 000 F) ; moins s'il s'agit d'un trotteur. Un yearling courant au plus tôt vers 28 mois revient à 45 000 F en frais d'entraînement avant de pénétrer sur une piste. *Pension :* 1 000 à 2 500 F/mois à Paris.

• **Saillie** (en F). Cheval de trait 150 (85), selle 300 (85) (bon cheval), pur-sang 6 000 à 200 000 (82) en France (aux U.S.A. moyenne 150 000 F ; + élevée 450 000 F à 600 000 F). Un étalon saillit normalement env. 40 juments par saison de monte. Record : 1 000 000 $ en janv. 85 (saillie de Northern Dancer).

Records

Performance. Saut. Hauteur 2,47 m Huaso ex-Faithfull (15 ans) (Cap. Alberto Larraguibel Morales, Chilien, 5-2-1949) [*1906* 2,35 m Conspirateur (Cap. Grousse). *1912* (17-8) 2,35 m Biskra (F. de Juge Montespieu) et Montjoie III (René Richard). *1933* (10-4) 2,38 m Vol au vent (Lt Christian de Castries, futur Gal). *1938* (27-10) 2,44 m Ossopo (Cap. Antonio Guttierez, Ital.)]. *Record de France* 2,41 m Tancarville (Michel Parrot, 21-10-73). **Longueur** 8,40 m Something (André Ferreira, 26-4-1975).

Vitesse (en km/h). *Moyenne :* pas 6 à 8, trot 10 à 48, galop 15 à 62. **Records.** *Départ lancé* (sur piste en liège abritée du vent) 1 000 m : galop 53"6, trot 1'14" (Watt). *Randonnée :* 100 km 4 h 21' (1902, le Norvégien Smith Krelland). *Courses d'obstacles :* 52/53 km/h. *Courses en plat :* 65 km/h sur 1 000 m, 57 km/h sur 3 000 m. *Longchamp :* 55"50 Adraan le 11-5-80 dans le prix de St-Georges. *Deauville :* 1'22"90 Helen Street le 26-8-84 dans le prix du Calvados. *Chantilly :* 2'5"90 Lypharita le 16-6-85 dans le prix de Diane-Hermès.

Endurance. Voiture légère attelée, 302,81 km en 24 h (en 1901).

Quelques chiffres en France

• **Établissements hippiques.** *1984 :* 2 715 (ayant 48 414 chevaux). **Cavaliers :** 333 812 env. **Titulaires de la carte nationale :** 145 071 (70 000 en 72).

• **Chevaux** (1983). 276 133 env. dont chevaux de sang 159 321 (chevaux de course, de selle, poneys), chevaux lourds 116 812 (races de trait).

• **Commerce** (1983, nombre et, entre parenthèses, valeur en milliers de F). *Importations :* pur-sang 887 (481 077). Trotteurs 21 (2 336). Chevaux de selle 308 (4 224). Poneys 149 (795). *Exportations :* pur-sang 1 154 (613 592). Trotteurs : 309 (26 625). Chevaux de selle 977 (40 010). Poneys 73 (357). *Balance :* + 1 148 (+ 192 151).

• **Courses.** *Concurrents (1984) :* galop 10 873, trot 11 616. *Épreuves (1984) :* galop 6 256, trot 8 676. *Sommes distribuées* (prix et allocations, en millions de F en 1985) : courses plates 303, à obstacles 160, au trot 405,4. *Prime aux éleveurs (1984, total courses : plat + obstacles + trot) :* 102. *Sociétés de courses (1984) :* 280 ; *réunions :* 2 109.

• **Financement du « Secteur cheval » en France. Pari mutuel.** Prélèvement légal sur les sommes engagées par les parieurs (28,65 % en 1984), autofinancement de l'institution des courses et profit à l'État et aux collectivités locales ainsi qu'au Secteur cheval dans son ensemble via l'Administration des Haras nationaux. Sur une mise de 100 F en 1986, 71,84 F reviennent aux parieurs gagnants, 18,02 à l'État, 9,97 à l'institution des courses et 0,64 à l'Administration des Haras pour l'encouragement à l'élevage et au commerce, le développement de l'équitation (dotation des compétitions équestres et implantation de centres hippiques) et le fonctionnement des dépôts d'étalons nationaux. **1984 :** 30 142 597 468 F joués dont prélevés 8 634 507 690 F (dont 5 433 624 106 F au bénéfice de l'État hors Secteur cheval).

• **Emplois relevant du secteur cheval** (1984). 73 000 dont élevage 20 000, ind. hippophagique 20 000, stés de courses 14 600, entraînement 7 700, établissements équestres 7 000, vétérinaires 1 200, administration des Haras nationaux 1 063, maréchaux-ferrants 780, négociants 600, jockeys et drivers 200, organismes administratifs d'élevage-commerce et utilisations 150.

Sports équestres

• **Origine.** VIe s. avant J.-C. en Asie centrale, on emploie selle, mors et étriers. **Moyen Age,** en Europe, joutes sportives et tournois. **XVIe s.,** 1res académies d'art équestre en Italie. **XVIIe s.,** création de l'École française d'équitation par Pluvinel, écuyer de Louis XIII ; Robichon de la Guérinière, « père de l'équitation française », publie l'« École de cavalerie » en 1733 à Paris. **XIXe s.,** apparition du jumping. **1900,** concours de dressage aux J.O.

• **Disciplines. 1. Concours hippiques.** Différents types : *Parcours normaux :* hauteur et nombre d'obstacles (de 10 à 12 généralement) laissés au jugement des organisateurs. Épreuves avec ou sans chronomètre et avec 1 ou 2 barrages obligatoires pour la 1re place s'il y a égalité. *Parcours à l'américaine :* épreuve au chronomètre ; le cavalier est éliminé au 1er obstacle renversé ou s'il dépasse le temps accordé. *Épreuves de puissance :* comme pour les parcours normaux mais tous les obstacles, sauf le 1er, mesurent au moins 1,4 m. *Parcours de chasse :* barres identiques disposées à la même hauteur ou à des hauteurs variables. Si l'obstacle tombe, le cavalier ne peut le reprendre, il continue. Ne prennent part au tour suivant que ceux qui n'ont aucune faute ou, à défaut, la pénalisation minimale. La faute est la même si le cheval effleure la barre ou s'effondre dans l'obstacle.

2. Concours complet. 3 compétitions : *Dressage :* sur carrière de dimensions olympiques ; reprise no 1, 2 ou 3 selon les concurrents (difficulté croissante avec le numéro). Le but est de prouver le calme, la mise en main, la soumission du cheval, l'aptitude du cavalier à le manier. *Parcours de fond :* cross-country de tracé sinueux sur terrain accidenté. Chutes et refus sont pénalisés. Vitesse imposée. *Épreuves d'obstacles :* concours hippique normal.

3. Dressage. Destiné à développer les aptitudes naturelles du cheval, la franchise du pas, le soutenu du trot, la légèreté, la régularité des allures ; le soutien de la main, l'engagement de l'arrière-main. En France, les concours nationaux comprennent les reprises les plus difficiles : n° 5 (St-Georges), n° 6 (Gal Decarpentry), n° 7 (Gal Wattel).

• **Attelage.** Association française d'attelage (51, rue Dumont-d'Urville, 75116 Paris). Créée 1973. 1 000 membres. Concours complet d'attelage à 1, 2 et 4 chevaux ou poneys ; rallyes de tourisme attelé ; examens de guide.

• **Grandes écoles d'équitation actuelles.** Voir Quid 1982, p. 1741.

Principales épreuves

Jeux Olympiques. Voir p. 23.

Championnats du monde

Saut d'obstacles (jumping). *Créé* 1953. **53** *Paris :* Francisco Goyoaga sur Quorum (Esp.). **54** *Madrid :* H. Gunther Winkler sur Halla (All. féd.). **55** *Aachen :* H.G. Winkler sur Halla (All. féd.). **60** *Venise :* R. D'Inzeo sur Gowran Girl (It.). **66** *Buenos Aires :* P. Jonquères d'Oriola sur Pomone B (Fr.). **70** *La Baule :* D. Broome sur Beethoven (G.-B.). **74** *Hickstead : ind.* Hartwig Steenken (U.S.A.) sur Simona III ; *par équipe* All. féd. et Irlande. **78** *Aix-la-Chapelle : ind.* Gerd Wiltfang (All. dém.) ; *éq. :* G.-B. **82** *Dublin : ind.* Koof (All. féd.) ; *éq. :* France. **86** *Aix-la-Chapelle : ind.* Gail Greenough (Can.) ; *éq.* U.S.A.

Concours complet d'équitation. *Créé* 1966. **66** *Burghley : ind.* Capt. C. Moratorio sur Chalan (Arg.) ; *par équipe* Irlande. **70** *Pünchestown : ind.* Miss Mary Gordon-Watson sur Cornishman V (G.-B.) ; *éq. :* G.-B. **74** *Burghley : ind.* Davidson (U.S.A.) sur Irish-Cap ; *éq. :* U.S.A. **78** *Lescington : ind.* B. Davidson (U.S.A.) ; *éq. :* Canada. **82** *Luhmuehlen : ind.* L. Green (G.-B.) ; *éq. :* G.-B. **86** *Gawler* (Austr.) : *ind.* V. Leng (G.-B.) ; *éq. :* G.-B.

Concours hippique dames. *Créé* 1965. **65** *Hickstead :* M. Coakes (G.-B.). **70** *Copenhague.* **74** Janou Lefebvre (Fr.). N'est plus pratiqué depuis ; concours devenu mixte.

Dressage. *Créé* 1970. **70** *Aix-la-Chapelle :* Elena Petushkova (U.R.S.S.) sur Pepel. **74** *Copenhague : ind.* Klinke (All. féd.) sur Mehned ; *éq. :* All. féd. **78** *Goodwood* (G.-B.) : *ind.* Christine Stückelberger (Suisse) sur Granat. **82** *Lausanne : ind.* Klimke (All. féd.) sur Ahlerich ; *éq. :* All. féd.

Attelage. 1980 *Windsor : ind.* Bardos (Hongrie) ; *équipe* G.-B. **81** *Suisse : ind.* Bardos (Hongrie), *équipe* Hongrie. **82** *P.-B. : ind.* Velstra (P.-B.), *équipe* P.-B. **84** *Hongrie : ind.* Juhasz (Hongrie), *équipe* Hongrie.

Championnats d'Europe

Sauts d'obstacles. Tous les 2 ans. *Créé* 1952. **79 :** *ind.* Gerd Wiltfang ; *éq. :* G.-B. sur Roman (All. dém.). **81 :** *ind.* P. Schockemöhle (All. féd.) ; *éq. :* All. féd. **83 :** *« Seniors » ind.* P. Schockemöhle (All. féd.) ; *éq. :* Suisse. *« Jeunes cavaliers » ind.* R.Y. Bost (Fr.) ; *éq. :* G.-B. *« Juniors » ind.* I. Morgan (G.-B.) ; *éq. :* France. **85** *« Seniors » ind.* P. Schockemohle (All. féd.) ; *éq. :* G.-B. *« Juniors » ind.* Kalender (All. féd.) ; *éq. :* Belgique.

Concours complet. *Créé* 1953. **79 :** *ind.* Nil Haagensel ; *éq. :* Irlande sur Monaco (Dan.). **81 :** *ind.* H. Schmutz (Sui.) ; *éq. :* G.-B. **83 :** *« Seniors » ind.* M. Bayliss (G.-B.) ; *éq. :* Suède. *« Jeunes cav. » ind.* J.-P. Saint-Vigne (Fr.) ; *éq. :* G.-B. *« Juniors » ind.* E. Brown (G.-B.) ; *éq. :* G.-B. **85** *« Seniors » ind.* Holgate (G.-B.) ; *éq. :* G.-B. *« Jeunes cav. » ind.* P. Delaveau (Fr.).

Dressage. *Créé* 1979. **79 :** *ind.* Elisabeth Theurer (Autriche) sur Mon Chéri ; *éq. :* All. féd. **81 :** *ind.* Uwe Schulten, Baumer (All. féd.) ; *éq. :* All. féd. **83 :** *« Seniors » ind.* A. Grethe-Jensen (Dan.) ; *éq. :* All. féd. *« Jeunes cav. » ind.* H. Kemmer (All. féd.) ; *éq. :* All. féd. **85** *ind.* Klimbe (All. féd.) ; *éq. :* All. féd.

Championnats de France

Dressage. *« Seniors ». Créé* 1954. Cavalier et cheval. **79** Cdt Carde (Solitaire). **80** Margit Otto Crepin (Caprici). **81** Mme Margit Otto-Crepin. **82, 83, 84, 85** Mlle D. D'Esme.

« Juniors ». Créé 1972. **79** Dominique Brieusselle. **80. 81** Mlle Pascaline Bayard. **82, 83** D. Brieussel. **85** Mlle M. Léonardi.

Concours complet. *« Seniors ». Créé* 1949. **79** Philippe Deschesnes. **80** Thierry Lacour. **81** J.-Y. Touzaint. **82** T. Lacour. **83, 84** Pascal Morvillers. **85** Mme M.-C. Duroy.

« Jeunes cav. ». **83** Christophe Pic. **85** Jean-Loup Bigot

« Juniors ». Créé 1967. **79** Olivier Depagne. **80** Gaël Sebillau. **81, 82** L. Joubert. **83** Valérie Darmoise. **85** Christophe Certain.

Saut d'obstacles. *Créé* 1950. *Cavaliers.* **79** Gilles Bertran de Balanda. **80** Frédéric Cottier. **81** L. Elias. **82** E. Durand. **83** Michel Robert. **84** Gilles Bertran de Balanda. **85** Michel Robert.

Cavalières. **79, 80, 81** Catherine Bonnefous. **83** Renée Pierre. **84** Sophie Poilvet. **85** Sophie Tramoni.

« Jeunes cav. ». **83** Roger-Yves Bost. **84** Ph. Rozier. **85** Patrice Delaveau.

« Juniors ». **79** Philippe Luiget. **80** Patrice Delaveau. **81, 82** P. Delaveau. **83** Pascale Wittmer. **85** Eugénie Legrand.

« 2e catégorie ». **83** Yannick Patron. **84** C. Roguet. **85** T. Touzaint.

Critériums nationaux

« Juniors ». Créé 1960. **79** Thierry Chambaud. **80** Gérard Taillefer. **81** *Saut d'obstacles.* F. Coudène. **82** *Concours complet.* O. Guelin. *Dressage.* G. Bouvier. **83** *Saut d'obstacles.* Philippe Barbot. *Concours complet.* Éric Chaumont. *Dressage.* Marc-Antoine Meunier.

« Seniors ». **83** *Concours complet.* J.-J. Gimaret. *Dressage.* Mlle D. d'Esme.

« Cadets ». **83** *Saut d'obstacles.* Franck Sollacaro.

Quelques noms

Allhusen Derek Swithin (G.-B.) n. 1914. Anderson John Brinker (G.-B.) 1930. Angioni Stefano (Ital.) 1939. Anne, Princesse d'Angleterre (G.-B.) 1950. Asratyan Rudolph (U.R.S.S.) 1941. Aveyro Luis Jaime, duc d' (Esp.) 1942. Backhouse Ann Sophia (G.-B.) 1940. Baillie John David Storrie (G.-B.) 1948. Bentejac Dominique (Fr.) 6-8-44. Blickenstorfer Arthur (Suisse) 1935. Bohorques y Perez de Guzman José de (Esp.) 1935. Brennan Thomas (Irlande) 1940. Broome David (G.-B.) 1-5-1940. Callado Henrique (Portugal) 1920. Campion Edward (Irlande) 1937. Caprilli Frederico (Ital.) 1868-1907. Castellini Gualtiero (Ital.) 1940. Chabrol Jérôme (Fr.) 3-7-31. Chapot Frank Davis (U.S.A.) 1932. Chapot Mary Wendy (U.S.A.) 1944. Chevalier Bernard (Fr.) 1912. Coakes Marion (Mould) (G.-B.) 1947. Cobcroft Brien William (Australie) 1934. Cochenet Michel (France) 1927. Dawes Alison Selena (G.-B.) 1944. Day Jim (Canada) 2-7-46. Deev Pavel (U.R.S.S.) 1942. Delia Carlos (Argentine) 1923. D'Esme Dominique (Fr.) 26-12-45. D'Inzeo Piero (Ital.) 1923. D'Inzeo Raimondo (Ital.) 1925. Durand Pierre (Fr.) 15-12-31. Durston-Smith Tom (G.-B.) 1944. Flament Dominique (France) 1946. Fletcher Graham (G.-B.) 1951. Freeman Kevin (U.S.A.) 1941.

Geneste Bernard (Fr.) 1934. Gordon-Watson Mary Diana (G.-B.) 1948. Guyon Jean-Jacques (Fr.) 1932. Hill Albert Edwin (G.-B.) 1927. Hoffman Carol Isabelle (U.S.A.) 1942. Houssin Marc (Fr.) 28-6-40. Jonquères d'Oriola Pierre (France) 1920. Jousseaume André (Fr.) 1894-1961. Koechlin-Smythe Patricia Rosemary (G.-B.) 1928. Kowalczyk Jan (Pol.) 1941. Kusner Kathryn Hallowell (U.S.A.) 1940. Lefebvre J. voir Tissot-Lefebvre (Fr.). Lefrant Guy (Fr.) 1923. Le Goff Jack (Fr.) 1931. Le Rolland (Fr.) 15-5-43. Le Roy Jehan (Fr.) 1923. Lesage Xavier (Fr.) 1885. Linsenhof Liselotte n.c. Lithgow William (G.-B.) 1920. Llewellyn Henry Morton (G.-B.). Mancinelli Graciano (Ital.) 1937. Meade Richard (G.-B.) 1938. Moore Ann Elisabeth (G.-B.) 1950. Moratorio Carlos (Argentine) 1932. Morgan Lawrence Robert (Australie) 1915. Oliver Alan (G.-B.) 1932. Page Michaël Owen (U.S.A.) 1938. Parker Bridgett (G.-B.) 1939. Parot Hubert (Fr.) 23-5-36. Pessoa Nelson (Brésil) 1935. Philipps Mark Anthony (G.-B.) 1948. Robeson Peter David (G.-B.) 1929. Rozier Marcel (Fr.) 22-3-1936. Saint-Martin Yves (Fr.) 1941. Schockemohle Alvin (All. féd.) 1937. Shapirot Neal (U.S.A.) 1945. Smith Robert Harvey (G.-B.) 1939. Steenken Hartwig (All. féd.) 1941. Steinkraus William Clarke (U.S.A.) 1925. Stevens Stewart (G.-B.) 1950. Tissot-Lefebvre Janou (Fr.) 1945. Weldon Frank (G.-B.) 1913. Willcox Sheila (G.-B.) 1936. Wiltfang Gerd (All. féd.) 1946. Winkler Hans Gunter (All. féd.) 1926. Woffard James Cunningham junior (U.S.A.) 1944. Wucherphennig Elisabeth Ann (G.-B.) 1937.

Écuyers français célèbres

Gal Wattel (à Saumur : 1919-29). François Baucher (1805-73). Gal Alexis François L'Hotte (à Saumur : 1864-70). Cel Lesage (de 1935 à 39). James Fillis. Cdt Duthil. Cdt de Montjoux (Saumur : 1903-06). Gal Decarpentry. Cel Danloux (Saumur : 1929-33). Cap. de Saint-Phalle. Lt-Cel de Saint-André (Saumur : 1864-72). Lt-Cel Margot.

Courses de chevaux

Quelques dates

Angleterre

1603 1res courses. Jacques Ier († 1625) édifie les 1ers hippodromes gazonnés, dont Newmarket. *Prix :* sonnettes d'or et d'argent ; le vainqueur est nommé *Gagneur de cloche.* **1660** Charles II († 1675) réglemente le calendrier, conditions d'âge et poids de monte. **1709** J. Weatherby commence à publier les résultats dans les *Racing calendars.* **1711** courses *Plates d'York :* le prix de la course consiste en une pièce d'orfèvrerie (piece of plate). **1751** Jockey-Club fondé. **1801** le colonel St-Léger crée à Doncaster la course portant son nom, le plus vieux « classique » du monde (2 miles = 3 200 m pour chevaux de 3 ans). Lord Derby aménage un hippodrome sur les landes d'Epsom, où il fonde les Oaks (1,5 mile pour pouliches) et le Derby (1,5 mile, pour chevaux de 3 ans), couru pour la 1re fois en 1830. **1801** Gold Cup (2,5 miles pour chevaux de 4 ans et au-dessus) fondée sur terrain d'Ascot qui appartient à la famille royale. **1809** 1res Mille et Deux Mille Guinées à Newmarket.

France

• **Historique. V. 1370,** courses données à l'occasion des foires ou fêtes locales à Semur-en-Auxois. **Sous Louis XIV,** courses avec paris importants ; on courait sur toutes distances, parfois jusqu'à 60 km. **1776**-*nov.* courses dans la plaine des Sablons. **1788,** *1re course officielle :* Prix du Plateau du Roi (3 000 ou 4 000 m), réservée aux juments fr. et étrangères. **Sous la Révolution,** au Champ-de-Mars, courses antiques (à pied, à cheval, en char). **1805,** courses départementales (Orne, Corrèze, Seine, Morbihan, C.-du-Nord, H.-Pyr.) pour chevaux entiers et juments nés en Fr. (4 000 m), couronnées par un Grand Prix disputé à Paris (Limoges fut un des 1ers centres de courses de chevaux, plus tard les C.-du-N.). **1819,** Prix Royal créé. **1823,** Prix du Dauphin et de l'Hippodrome du Pin créés. **1830**-*4-3, 1er steeple-chase* à Jouy. **1832,** Houel organise une *course au trot* monté (gagné en 2 mn 32 s au km). **1833**-*11-11* fondation, sous le patronage des ducs d'Orléans et de Nemours, de la *Sté d'encouragement pour l'amélioration des races de chevaux en France,* et du *Jockey Club.* Le duc d'Aumale loue à long terme les pelouses de Chantilly. **1835,** 1res courses de haies. Un peu plus tard, on aménage des hippodromes spécial. à La Croix-de-Berny, Craon, Dieppe, Pau, etc. **1836,** Prix du Jockey Club créé. Normandie : épreuves de sélection au trot pour animaux de service. **1837,** Prix du Cadran. **1840,** Poule d'Essai. **1841,** Poule des produits. **1843,** Prix de Diane. **1857,** 1re Sté de trot importante créée à Caen. -*17-4* inauguration de Longchamp pour courses plates. **1863,** Grand Prix de Paris. *Sté des steeple-chases* créée (1er Pt : le Pce Murat entouré du Cte de Juigné et de MM. de Montgomery et de La Haye Jousselin). Hippodrome à Vincennes, sur le plateau de Gravelle. **1864,** *Sté pour l'amélioration du cheval fr. de ½ sang,* fondée par le Mis de Croix. Hippodrome de Deauville. **1866,** *Sté sportive d'encouragement* fondée par Eugène Adam et Maurice Papin. -*16-5* arrêté (dit maréchal Vaillant, min. de l'Agriculture) délègue aux 3 Stés mères (plat, obstacle, trot) le pouvoir d'édicter la réglementation technique des courses sur tout le territoire. **1873**, Hippodrome d'Auteuil. **1882**, *Sté de sport de France* créée par Cte Greffulhe. **1891**-*2-6*, loi interdisant aux Stés de courses de faire des bénéfices et les soumettant au contrôle de l'État, en contrepartie leur accorde le monopole de l'organisation des courses publiques et des paris sur les hippodromes. Seules les épreuves ayant pour but exclusif l'amélioration de la race chevaline seront autorisées ; création du Pari Mutuel sur l'hippodrome.

1920. Prix de l'Arc de Triomphe créé. **1921**, les courses de Deauville, fondées 1864 par le duc de Morny, passent sous l'obédience de la Sté d'encour. **1930**-*16-4* loi étendant les dispositions de la loi du 2-6-1891 au Pari mutuel urbain. **1935**, 1ers sweepstakes en Fr. (Grand Prix de Paris et Prix de l'Arc de Triomphe). **1945**, internationalisation des principales épreuves françaises de sélection de la race pure. **1984**, Darie Boutboul, 1re femme à gagner le tiercé.

• **Sociétés mères. Plat :** Sté d'encouragement pour l'amélioration des races de chevaux en France (fondée 1833), 11, rue du Cirque, Paris 8e. **Obstacle :** Sté des steeple-chases de France (fondée 1863), 137, rue du Fg-St-Honoré, Paris 8e. *Trot :* Sté d'encouragement à l'élevage du cheval français, 7, rue d'Astorg, Paris 8e.

Sortes de courses

• **Plat (galop).** La distance à couvrir est la même pour tous les concurrents, la notion essentielle étant le poids. En raison des différences de développement physique dues à l'âge, les plus âgés portent des surcharges, appelées le *poids pour âge*. Ex. : un 4 ans portera, selon l'époque de l'année et selon les distances, 8, 10 ou 15 livres de plus qu'un 3 ans. En octobre, sur 1 600 m, lorsque les 2 ans rencontrent leurs aînés, la différence de poids pour âge entre un 2 ans et un 4 ans est de 22 livres.

Courses particulières. Certaines épreuves comportent des conditions particulières, par ex. moins réservées à une catégorie déterminée de cavaliers (apprentis, militaires, gentlemen, cavalières) ou de chevaux (ch. de l'armée).

Réclamers. Tous les concurrents sont à vendre aux enchères pour un montant min. dit « taux de réclamation ». Les enchères sont déposées après la course, et les chevaux déclarés acquis aux plus offrants. Le supplément éventuel de l'offre par rapport au taux de réclamation va à la Sté organisatrice. Si le cheval réclamé n'est pas le gagnant, l'acquéreur doit verser au cédant, outre le taux de réclamation, la totalité du prix si le cheval est non placé ou, si le cheval est placé, la différence entre son allocation et celle versée au premier. Les transactions ne portent pratiquement que sur le seul gagnant de l'épreuve.

Prix de courses, ou « encouragements ». *Prix de courses :* attribué aux propriétaires des 4 premiers (plat) ou 5 premiers (trot et obstacles) de chaque épreuve. Allocation au vainqueur de 20 000 F pour une petite course de province et de 400 000 F pour l'Arc de Triomphe.

Prime « au propriétaire » : supplément de 15 à 50 % suivant les Stés, accordé en plat aux propr. de chevaux nés et élevés en France en cas de victoire ou place. Cette mesure a été supprimée en obstacles et n'a pas lieu d'être au trot où seuls sont admis en France les « nés et élevés ». *Prime aux éleveurs :* versée dans certaines épreuves, par le Fonds Commun aux éleveurs des chevaux nés et élevés en France qui obtiennent une victoire ou une place. Montant selon épreuves : 10 à 25 % de l'allocation perçue par le propr. S'applique au galop, quel que soit la nationalité de l'éleveur. Joue également pour certaines grandes épreuves à l'étranger.

Indemnités diverses versées aux propr. : indemnité pour transport des chevaux vers hippodromes, indemnités pour chevaux non classés (500 F à Auteuil), indemnités d'abattage en courses (12 000 F à Auteuil), etc.

Courses. Classiques : les chevaux de même âge portent le même poids (les femelles portant 3 livres de moins que les mâles). **Courses à conditions :** les chevaux sont ou non qualifiés selon qu'ils ont ou non remporté tel ou tel prix ou telle ou telle somme d'argent. En outre, le poids augmente en fonction des victoires ou des sommes gagnées antérieurement selon les conditions de la course (ex. : un cheval ayant gagné 100 000 F dans sa carrière portera 3 kg de plus que les autres ; s'il a gagné 300 000 F, 5 kg, etc.) ; ceux qui n'ont pas remporté de prix ou gagné la somme fixée par les conditions de la course peuvent bénéficier de décharges. *Handicaps :* le handicapeur attribue des poids dans le but d'égaliser les chances de gagner de chaque concurrent.

• **Obstacles. Sortes :** haies et obstacles fixes. V. dessins ci-dessus. *Haies.* En gén. passées dans la foulée, la barre étant à 0,50 m et la haie proprement dite dépassant de 0,50 m, on « brosse » au-dessus de la barre au travers de la haie. *Rivière* (à Auteuil, obstacle de 6 m de largeur, 1,50 m de largeur de haie, 4,50 m d'eau et 1 m de hauteur).

Courses. Nombre d'obstacles variable. Des *steeple-chases* de 3 000 m doivent comprendre au min. 8 obstacles, dont 4 différents, choisis parmi : banquette, barrière fixe, barrière fixe avec brook, bull finch, double barrière, douve, mur en pierre, mur en terre, open ditch, oxer ou rivière. *Des courses de haies* de 2 500 m : 7 haies au moins, à l'exclusion de tout autre obstacle. Au-delà de ces distances, ces 2 parcours devront comprendre un obstacle en plus par allongement de 300 m. *Cross-country :* les chevaux quittent un moment la piste permanente pour une piste provisoire à travers champs comportant aussi des obstacles.

• **Trot. Courses classiques :** réservées aux meilleurs, tous les concurrents partent à distance égale ; *parcours les plus utilisés :* 2 250 m, 2 600 m, 2 800 m.

Prix de série : des reculs gradués de 25 en 25 m sont imposés aux chevaux ayant gagné, dans leur carrière, le plus d'argent. En général, les 5 ans « rendent » 25 m aux 4 ans, et 50 m aux 3 ans (Uranie ou Amazone rendirent 100 m. Ozo et Buffet II, 75 m). Les *rendements en fonction de l'âge* varient selon la distance de la course et l'époque.

• **Handicaps :** le handicapeur répartit les chevaux engagés sur des distances diverses, de 12 en 13 m, à son gré. Certains chevaux partiront à 2 600 m, pour égaliser les chances des concurrents, d'autres à 2 612, 2 625, 2 637, 2 650 m.

En général, on court sur les *obstacles* en janvier (à Pau), en mars, le jours de Pâques, un ou deux dimanches en été, puis de fin octobre à la mi-décembre, et en *plat* du début mars au 30 novembre. Un galopeur peut participer à des courses de plat et d'obstacles dans une même saison.

Les *chevaux de trot* courent de 2 à 9 ou 10 ans, atteignant leur plénitude vers la 5e année ; les *ch. de galop*, de 2 à 4 ans.

Le *Beecher's Brook* est l'obstacle le plus difficile du grand Steeple-Chase de Liverpool créé le 29-2-1836 (distance 7 200 m, 16 obstacles).

Quelques définitions

Canter. Galop d'allure réduite d'un cheval à l'entraînement, ou se rendant au départ sur la piste. **Champ.** Lot de chevaux disputant une course.

Dead-heat. Chevaux classés ex-aequo lorsque le juge à l'arrivée n'a pu les départager. **Départ.** *Trot :* donné aux élastiques tendus en travers de la piste, au signal « partez » on lâche les élastiques ; parfois, donné à l'*autostart :* les chevaux sont rangés derrière les ailes déployées d'une automobile qui, au poteau de départ, démarre à 120 km/h et replie ses ailes d'acier. *Plat :* les chevaux sont rangés dans des stalles de départ qui s'ouvrent toutes ensemble, ou derrière des élastiques qui sont lâchés sur l'ordre du starter. *Obstacles :* le *starting gate* (ensemble d'élastiques) se lève instantanément, sur un déclic du starter. **Distances à l'arrivée.** Intervalles séparant les chevaux. Mesures utilisées : nez, courte tête, tête, courte encolure, encolure, demi-long., 3/4 de long., 1 long. (de cheval, soit env. 2 m), 1 long. et demie, 2, 2 et demie, 3, 4, 5, 6, 8, 10, 15 et loin (pour tout intervalle supérieure).

Flyer. De l'anglais « to fly » : voler. Cheval affectionnant les courtes distances (de 1 000 à 1 400 m).

Jockey : *plat,* poids de 50 à 54 kg pour 1,55 m ; *d'obstacles,* jusqu'à 60 kg pour 1,60 à 1,70 m. **Poids :** poids du jockey, pesé avec selle, tapis de selle et collier de chasse. Serviette numérotée, œillères, cravache, bride dont font partie muserolle, alliance et martingale, ne sont pas pesées. Pour parfaire le poids qu'il doit porter, le jockey ajoute dans les poches d'un tapis, placé sous la selle, des feuilles de plomb en quantité suffisante ou utilise une selle plus ou moins lourde. N'a pas le droit de parier ni d'accepter de l'argent, comme présent, d'une personne autre que celle qui l'emploie. Sauf s'il est également entraîneur, il ne peut être propriétaire ni en totalité, ni en partie, et sa femme ne peut pas l'être non plus.

Jockey Club. Cercle fondé en France en 1834. Pour y être admis, il fallait être membre de la Sté d'encouragement. En 1840, cette règle fut inversée. Encore maintenant, un certain nombre des membres du Comité de la Sté d'encouragement sont pris parmi les membres du cercle. En Angleterre, le J.C. assure l'organisation des courses plates (comme la Sté d'encouragement en Fr.), mais il a confié son secrétariat à une société (MM. Weatherby and Sons). **Juge au départ ou starter.** Donne le départ. *En plat ou en obstacles,* s'il décide que le départ est non valable, il lève son drapeau ; le porte-drapeau placé sur la piste à 200 m env. après le départ répète ce geste ; il le maintient levé. Les jockeys doivent alors arrêter leurs chevaux et revenir directement se placer sous les ordres du juge. Celui-ci peut décider qu'un cheval refusant d'entrer dans sa stalle ne prend pas part à la course.

Lads. Chargés de l'entretien et de l'entraînement des chevaux.

Pari particulier. Course disputée entre 2 chevaux par convention spéciale entre leurs propriétaires. Assez fréquent au XIXe s., n'est guère usité de nos jours. Un des derniers et des plus célèbres opposa, le 19-5-1924 à St-Cloud, Épinard à Sir Gallahad (qui, recevant 5 kg de son adversaire, le battit d'une courte encolure). **Poule de produits.** Épreuve disputée par des chevaux de 3 ans pour laquelle les engagements se font quand le cheval est yearling ; avant 1966, c'était avant la naissance du cheval. 9 courses sont des Poules de produits : Prix Greffulhe, Hocquart, Noailles, Poule d'essai des poulains, Poule d'essai des pouliches, Prix de Lupin, du Jockey Club, de Diane et Prix St-Alary.

Walk-over. Quand un seul cheval prend part à l'épreuve par suite du retrait de ses adversaires. Pour être considéré comme vainqueur, il doit effectuer le parcours et remplir les conditions de la course et celles exigées par le code des courses.

Courses plates en France

Généralités

• **Réunions (1985).** 4 219 courses plates dont 1 219 organisées sur les hippodromes des Stés de courses parisiennes : St-Cloud (328), Maisons-Laffitte (243), Évry (253), Longchamp (211), Deauville (102), Chantilly (60), Vichy Sport de France (22), et 3 000 courses sur les 205 hipp. de province (Corse incluse).

• **Chevaux. Ayant gagné le plus (en F). Carrière complète.** *Allez France* (1970 par Sea Beard) 6 254 156 (75). *All Along* (1979 par Targowice) 16 855 476 (83). **Dans une même année depuis 1949. Galop 4 ans et au-dessus.** *Dahlia* 2 877 694 (74). *Sagace* 2 840 000 (84). *Gold River* 2 682 000 (81). *Rheingold* 2 559 800 (73). **Trot.** *Idéal du Gazeau* 1 637 000 (81). *Jorky* 1 532 000 (80). **3 ans.** *Sassafras* 3 277 866 (70). *Youth* 3 108 510 (76). *Sea Bird* 3 012 652 (65). *Dahlia* 2 925 920 (73). **Femelles.** *Three Troikas* 2 920 000 (79). *Pistol Packer* 2 635 275. *Blushing Groom* 1 242 000 (76).

Ayant gagné le plus en 1985. 2 ans. Baiser volé (1er La Salamandre, 1er Soya, 1er Robert Papin, 3e Morny) 1 053 300 F. **3 ans.** Sumayr (1er Grand Prix de Paris, 1er Preis von Europa, 2e Rothmans International, 4e Arc de Triomphe) 2 826 050 F. **4 ans et plus.** Strawberry Road (1er Grand Prix de St-Cloud, 1er Harcourt, 2e Breeders Cup Turf) 6 574 886.

• **Éleveurs (meilleurs). Primes** (en F). **70** Bon Guy de Rothschild 156 320. **71** Bon F. Dupré et Mme 456 820. **72** Bon Guy de Rothschild 326 970. **73** id. 398 100. **74** Marcel Boussac 525 840. **75** W. Stora 370 080. **76** Dayton Ltd 668 200. **77** Dayton Ltd 1 061 120. **78** J. et P. Wertheimer 865 155. **79** A. Pfaff 857 602. **80** A. Head 700 425. **81** J. et Suc. P. Wertheimer 1 291 950. **82** S.A. Aga Khan 1 144 030. **83** Dayton Ltd 873 600. **84** Dayton Ltd 873 075. Bon G. de Rothschild 754 142. Aga Khan S.A. 633 105. J. Wertheimer 528 300. Suc. F. Mathet 348 980. A. Head et Sté Aland 348 767. **85** A. Head et Sté Aland 636 535, Dayton Ltd 563 100, J. Wertheimer 504 010, Maulepaire et Tarragon 415 142, Sté Ret M. Wattinne 362 005, Petra Bloodstock Ltd 361 520.

• **Entraîneurs (meilleurs gains, en F). 70** F. Mathet (1908-83) 6 758 239. **71** id. 7 410 529. **72** G. Watson 6 817 624. **73** F. Mathet 8 656 288. **74** A. Penna

8 380 186. **75** A. Head 7 334 943. **76** F. Boutin 8 486 900. **77** F. Mathet 10 828 150. **78** F. Boutin 9 135 150. **79** id. 13 269 700. **80** id. 10 182 400. **81** id. 11 165 200. **82** F. Mathet 13 352 550. **83** F. Boutin 13 818 950. **84** F. Boutin 16 641 850. A. Fabre 13 111 300. C. Head 11 700 700. A. de Royer-Dupré 10 637 750. P.-L. Biancone 9 685 750. R. Collet 7 763 375. **85** P.-L. Biancone 18 478 400, C. Head 15 725 800, F. Boutin 13 127 900, A. de Royer-Dupré 11 519 350, A. Fabre 10 834 500, R. Collet 9 623 350.

● **Jockeys. Classement d'après leurs victoires. 70** F. Head 117. **71** id. 132. **72** id. 103. **73** Y. Saint-Martin 117. **74** id. 121. **75** id. 125. **76** id. 109. **77** P. Paquet 108. **78** A. Gibert 116. **79** P. Paquet 116. **80** F. Head 122. **81** Y. Saint-Martin 125. **82** F. Head 137. **83** Y. Saint-Martin 125. **84** F. Head 134. **85** C. Asmussen 148.

V. Salaires à l'Index.

● **Propriétaires. Classement d'après les gains** (en F). Nombre de victoires. **70** A. Plesch 3 916 963 (24). **71** Mme F. Dupré 4 112 956 (39). **72** Mme P. Wertheimer 4 956 259 (44). **73** D. Wildenstein 8 044 810 (87). **74** id. 9 313 215 (74). **75** S. Wertheimer 7 334 943 (61). **76** D. Wildenstein 6 107 500 (42). **77** id. 5 731 000 (47). **78** J. Wertheimer 7 072 300. **79** S.A. Aga Khan 6 106 800 (97). **81** Aga Khan 6 974 700. M. Fustok 6 953 600. J. Wertheimer 6 900 500. S. Niarchos 4 617 500. **82** S.A. Aga Khan 8 620 600 (77), S. Niarchos 6 811 750 (58), M. Fustok 5 342 500 (29). **83** S. Niarchos 9 618 950, S.A. Aga Khan 6 247 400, D. Wildenstein 5 346 650, M. Fustok 4 736 900. **84** S. Niarchos 11 637 600. S.A. Aga Khan 8 720 950. J. Wertheimer 5 232 800. D. Wildenstein 5 232 800. **85** D. Wildenstein 12 958 150, S.A. Aga Khan 9 135 250, S. Niarchos 8 691 850, K. Abdullah 5 567 750.

D'après le nombre de victoires. 82 Aga Khan 77, Mis de Moratalla 61, Niarchos 58. **83** S. Niarchos 76, Mis de Moratalla 63, S. Khalifa 62. **84** S.A. Aga Khan 83, S. Niarchos 71, S. Khalifa 49. **85** S. Niarchos 74, J. Bedel 65, S.A. Aga Khan 57.

Principales épreuves

Légende. C : Chantilly ; D : Deauville ; F : courses réservées aux femelles ; L : Longchamp ; M : Marseille ; ML : Maisons-Laffitte ; SC : St-Cloud ; V : Vincennes ; Vic. : Vichy. Distance en m et allocations au premier en 1986 (en F).

● **Galop. Courses pour 2 ans.** Gd Critérium (L 1 600) 500 000. P. Morny (D 1 200) 300 000. P. de la Salamandre (L 1 400) 300 000. P. Marcel Boussac (L 1 600) 300 000. P. Robert Papin (ML 1 100) 300 000. Critérium de ML (ML 1 400) 200 000. **2 ans et au-dessus.** P. de la Forêt (L 1 400) 300 000. P. de l'Abbaye de Longchamp (L 1 000) 300 000. **3 ans.** P. du Jockey Club. *Créé* 1836 (C 2 400) 1 000 000. P. Vermeille (L 2 400) 700 000. P. Lupin (L 2 100) 500 000. Gd P. de Paris (L 3 000) 450 000. P. Saint-Alary (L 2 000) 450 000. Poule d'essai des Poulains (L 1 600) 1 000 000. Des Pouliches (L 1 600) 1 000 000. P. Greffulhe (L 2 100) 250 000. P.P. Hocquart (L 2 400) 300 000. P. Noailles (L 2 200) 250 000. P. Eugène Adam (SC 2 000) 300 000. P. de Malleret (L 2 000) 200 000. P. de la Côte Normande (D 2 000) 200 000. P. de Flore (SC 2 100) 160 000. P. Pénélope (SC 2 100) 160 000.

3 ans et au-dessus. P. de l'Arc de Triomphe (L 2 400) 4 000 000. Gd P. de Saint-Cloud (SC 2 500) 1 000 000. P. d'Ispahan (L 1 850) 450 000. P. du Conseil de Paris (L 2 400) 300 000. P. Royal Oak (L 3 100) 300 000. Gd P. de Deauville (D 2 700) 300 000. P. Jean de Chaudenay (SC 2 400) 300 000. P. Jacques Le Marois (D 1 600) 600 000. P. du Moulin de Longchamp (L 1 600) 900 000. Gd P. de Marseille (M 2 000) 300 000. P. Maurice de Nieul (SC 2 500) 300 000. P. Kergorlay (D 3 000) 200 000. P. Messidor (ML 1 600) 170 000. Gd P. de Vichy (Vic. 2 400) 250 000. Coupe de Maisons-Laffitte (ML 2 000) 170 000. P. de Royallieu (L 2 500) 170 000. P. Quincey (D 1 600) 170 000. P. Fille de l'Air (SC 2 100) 170 000. P. de Pomone (D 2 700) 200 000.

4 ans et au-dessus. P. Ganay (L 2 100) 450 000. P. du Cadran (L 4 000) 300 000. P. Dollar (L 2 000) 250 000. P. d'Harcourt (L 2 000) 200 000. P. Gontaut-Biron (D 2 000) 170 000. P. Gladiateur (L 4 000) 170 000. P. Foy (L 2 400) 170 000.

Handicaps pour 3 ans et au-dessus. Gd H. de Deauville (D 1 600) 150 000. Gd H. de la Manche (D 3 600) 140 000.

● **Courses au trot. Pour 4 à 10 ans.** P. d'Amérique (V 2 600) 2 000 000. P. Cornulier (V 2 600) 1 000 000. P. de Paris (V 3 150) 1 000 000. P. de France (V 2 250) 1 000 000. **4 à 6 ans.** P. des Centaures (V 2 250) 600 000. P. de Sélection (V 2 250) 600 000. **5 ans.** Critérium des 5 ans (V 3 000) 700 000. P. de Normandie (V 3 000) 700 000. **4 ans.** Critérium des 4 ans (V 2 800) 800 000. P. du Pt de la Rép. (V 2 800) 800 000. **3 à 5 ans.** P. de l'Étoile (V 2 275) 600 000. P. des Élites (V 2 275) 600 000. **3 ans.** Critérium des 3 ans (V 2 600) 750 000. P. de Vincennes (V 2 600) 750 000.

Rétrospectives

Légende : Année. Cheval vainqueur. Propriétaire et cote (rapport entre les probabilités de perdre et celles de gagner qu'offre un cheval dans une course).

Grand Prix de Paris

Origine. Couru pour la 1re fois le 31-5-1863. (Poulain anglais « The Ranger », vainqueur, gagna 100 000 F.) 1re grande épreuve internationale fondée par la Sté d'encouragement confrontant ainsi sur une plus longue distance les chevaux qui se sont distingués dans les épreuves classiques du printemps et les stayers. A lieu le dernier dimanche de juin à Longchamp. Distance : 3 000 m.

Pour poulains entiers et pouliches de 3 ans. Poids 56 kg. 450 000 F en 1985.

110 épreuves disputées ont été remportées par 85 produits français, 20 britanniques, 1 italien, 3 américains, 1 hongrois. Palmarès : 100 poulains, 10 pouliches.

Gagnants depuis 1970 : 70 Roll of Honour (Earl A. Scheib) 73/10. **71** Rheffic (Mme F. Dupré) 14/10. **72** Pleben (Bon de Rédé) 6/1. **73** Tennyson (F.W. Burmann) 4/1. **74** Sagaro (G.A. Oldham) 47/10. **75** Matahawk (Mme E. Stern) 14/1. **76** Exceller (N.B. Hunt) 4/10. **77** Funny Hobby (Mme Th. Carally) 18/1. **78** Galiani (A. Ben Lassin) 97/1. **79** Soleil Noir (Bon G. de Rothschild) 8/10. **80** Valiant Heart (H. Michel) 18/1. **81** Glint of Gold (P. Melon). **82** Le Nain jaune (Bon G. de Rothschild). **83** Yawa (E. Holdings). **84** At Talaq (H. Al Maktoum). **85** Sumayr (S.A. Aga Khan).

Records. Spectateurs : 166 654 en 1926 dont pesage 34 445, pavillon 12 552, pelouse 119 657. **Concurrents,** le plus : 26 (1949), le moins : 5 (1864). **Engagements :** 914 (1969). **Temps** *le plus rapide sur 3 000 m :* Phil Drake, 1955 (3′8″ 2/5 soit à 54,4 km/h) ; *3 100 m :* Dhaudevi, 1968 (3′18″ 60/100). **Cote :** 125/1 (Reine Lumière 1925). **Dotation :** Tennyson, 1973, 1 098 200 F. **Victoires :** *Écuries :* Blanc 7 vict., Édouard ou Guy de Rothschild 6, Bon A. de Shickler, Dupré 4, Delamarre, Volterra-St-Alary 3. *Entraîneurs :* Mathet 7, Bonaventure 4, Carver, Watson 3, Pollet 2. *Jockeys* (depuis 1918) : F. Palmer 4 (1950-52-54-55), Poincelet 3 (1957-58-63), Garcia 2 (1956-61), St-Martin 3 (1965-66-76), Flavien 2 (1959-61), Head 2 (1968-69). *Propriétaires ayant gagné 2 années consécutives :* Duc de Castries (1884, 85), Edmond Blanc (1891, 92 ; 1895, 96 ; 1903, 04), Bon A. de Shickler (1893, 94), Mme Léon Volterra (1955, 56), F. Dupré (1965, 66).

Gladiateur († 1876) qui, en 1865, gagna en Angl. le Derby d'Epsom, les Deux Mille Guinées et le St-Léger et, en France, le Gd Prix de Paris, a sa statue à Longchamp.

Prix de l'Arc de Triomphe

Origine. Couru pour la 1re fois en 1920. A lieu début oct. à Longchamp. *Distance :* 2 400 m. Pour 3 ans et au-dessus. *Prix :* 2 500 000 F. V. Légende ci-dessus.

Gagnants depuis 1970 : 70 Sassafras (A. Plesch) 19/1. **71** Mille Reef (P. Mellon) 7/10. **72** San San (Ctesse Bathyany) 18/1. **73** Rheingold (R.K. Zeisel) 8/1. **74** Allez France (D. Wildenstein) 15/10. **75** Star Appeal (W. Zeitelhack) 111/1. **76** Ivanjica (J. Wertheimer) 9/1. **77** Alleged (R. Sangster) 6/1. **78** Alleged (R. Sangster). **79** Three Troïkas (Mme A. Head) 10/1. **80** Detroit (R. Sangster). **81** Gold River (J. Wertheimer). **82** Akiyda (Aga Khan). **83** All Along (D. Wildenstein). **84** Sagace (D. Wildenstein). **85** Rainbow Quest (A. Clore).

Records. Allocation *au 1er* 2 500 000 (1983). **Engagements** 156 (1955). **Partants** 30 (1967). **Vitesse** 2′28″3 Mille Reef (1971) et San San (1972), 2′29″ Levmoss (1969), 2′29″7 Sassafras (1970), 2′28″ Detroit (1980). **Rapport** 111/1 (Star Appeal en 75). **Enjeux** 171 321 520 (1982).

6 concurrents l'ont emporté 2 fois : Ksar (1921, 22), Motrico (1930, 32), Corrida (1936, 37), Tantième (1950, 51), Ribot (1955, 56), Alleged (1977, 78). *11 pouliches ont gagné :* Pearl Cap (1931), Samos (1935), Corrida (1936, 37), Nikellora (1945), Coronation (1949), La Sorellina (1953), San San (1972), Allez France (1974), Ivanjica (1976), Gold River (1981), Akiyda (1982). *13 concurrents étrangers* ont battu les français : **G.-B. 20** Comrade, **75** Star Appeal, **Irl. 23** Parth, **48** Migoli, **58** Ballymoss, **73** Rheingold. **Italie. 29** Orthello, **33** Crapon, **55-56** Ribot, **61** Molvedo, **69** Levmoss. **71** Mille Reef, **76** Ivanjica, **77-78** Alleged.

1 propriétaire a gagné 6 fois : M. Boussac (en 1936, 37, 42, 44, 46 et 49). *Entraîneurs :* Semblat, Mathet 4 ; Carter, Pollet 3. *Jockeys :* Doyasbere 4, Semblat, Elliot, Camici-Poincelet 3, F. Head 4, L. Piggott 3. *Premiers favoris* ont triomphé 23 fois en 60 épreuves.

Prix de Diane

Origine. Couru depuis 1843. A lieu le dimanche après le Jockey Club, en juin, à Chantilly. *Distance :* 2 100 m. *Prix :* 800 000 F. V. légende ci-contre.

Gagnants depuis 1968 : 68 Roselière (Mme Bridgland) 138/10. **69** Crepellana (M. Boussac) 91/10. **70** Sweet Mimosa (S. Mc Grath) 23/1. **71** Pistol Packer (Mme A. Head) 4/1. **72** Rescousse (Bon de Redé) 27/2. **73** Allez France (D. Wildenstein) 12/10. **74** Highclere (S.M. Reine Elisabeth II) 47/10. **75** non couru. **76** Pawneese (D. Wildenstein) 7/2. **77** Madelia (D. Wildenstein) 5/4. **78** Reine de Saba (J. Wertheimer) 3/10. **79** Dunette (Mme Harry A. Love) 10/6. **80** Mrs Penny (E.N. Kronfeld) 5/10. **81** Madame Gay (Kelleway) 11/2. **82** Harbour (Aland) 12/10. **83** Escaline (Mme John Fellows) 11/1. **84** Northern Trick (S. Niarchos). **85** Lypharita (L.T. Al Swaidi). **86** Lacovia (G.-A. Oldham).

Nota. — En 1974, record de gains 1 029 050 F.

Prix du Jockey Club

Origine. Couru depuis 1836. Ou Derby français. A lieu début juin à Chantilly. *Distance :* 2 400 m. *Montant :* 1 000 000 F. V. légende ci-contre.

Gagnants depuis 1970 : 70 Sassafras (A. Plesch) 22/10. **71** Rheffic (Mme F. Dupré) 21/2. **72** Hard to beat (J. Kashiyama) 36/10. **73** Roi Lear (Mme P. Wertheimer) 11/2. **74** Caracolero (Mme M.-F. Berger) 42/1. **75** Val de l'Orne (J. Wertheimer) 5/2. **76** Youth (N.B. Hunt) 4/1. **77** Crystal Palace (Bon G. de Rothschild) 6/4. **78** Acamas (M. Boussac) 3/1. **79** Topville (S.A. Aga Khan) 3/10. **80** Policeman (F.E. Tinsley) 3/1. **81** Bikala (Ouaky) 20/10. **82** Assert (R. Sangster) 21/10. **83** Caerleon (R. Sangster) 7/4. **84** Daarshaan (Aga Khan). **85** Mouktar (Aga Khan). **86** Bering (G.-W. Moore).

Records. Propriétaires *ayant gagné plusieurs fois :* M. Boussac 11 ; Cte F. de Lagrange 8 ; A. Lupin 6 ; E. Blanc, Bon A. de Shickler 5 ; Lord Seymour, H. Delamare, A. Aumont 4 ; E. Martinez de Hoz 3. *Ayant gagné consécutivement :* Lord Seymour (1836-37-38), Bon A. de Schickler (1892-93), H. Delamare (1866-67), A. Lupin (1850-51), Cte F. de Lagrange (1858-59 ; 1878-79 ; 1881-82), Duc de Castries (1883-84), W.K. Vanderbilt (1908-09), M. Boussac (1938-39 ; 1944-45). **Entraîneurs** *ayant compté le plus grand nombre de succès depuis 1900 :* Ch. Stern 6 victoires, F. Mathet, F. Carter 5. **Jockeys** *ayant compté le plus grand nombre de succès dep. 1900 :* G. Stern, Y. St-Martin 6, C. Elliot, Ch. Semblat, F. Head 4. *Nombre de partants le plus élevé :* 28 en 1942. *Gain record* 1 348 950 F en 1974.

Prix d'Amérique

Origine. Fondé le 1-2-1920. **De 1920 à 1928,** tous les concurrents partaient à 2 500 m. **1929** 1er rendement de distance de 50 m, appliqué à *Uranie.* **1930** distance de 2 600 m, désormais classique. **1960 et années suivantes :** recul de 25 m pour tout gagnant du P. d'Amérique à Vincennes ; de 50 m pour tout cheval ayant gagné plusieurs fois l'épreuve. **1965** suppression des rendements de distance. **1985** Épreuve de trot, distance de 2 650 m. Couru à Vincennes le dernier dimanche de janvier. *Montant* (86) 2 000 000 F.

Gagnants depuis 1970 : 70 Toscan (P. de Montesson). **71-72** Tidalium Pelo (Roger Lemarié). **73** Dart Hanover (écurie Fläkt). **74** Delmonica Hanover (D. Miller). **75-76-77** Bellino II (M. Macheret). **78** Grandpré (P.D. Allaire). **79** High Echelon (P. de Senneville). **80** Eléazar (A. Weisweiller). **81** Idéal du Gazeau (P.J. Morin). **82** Hymour (J.P. Dubois). **83** Idéal du Gazeau (P.J. Morin). **84** Lurabo (M. Macheret). **85** Lutin d'Isigny (M.G. Cornière). **86** Ourasi (M.R. Ostheimer).

Records. Propriétaires *ayant gagné plusieurs fois :* H. Levesque 5 ; Cte Orsi Mangelli, M. Macheret 4 ; F. Vanackère, H. Céran-Maillard 3 ; Mme Vanlandeghem, S. Karle, L. Olry-Roederer, J. Cabrol, A.V. Bulot, D. Palazzoli, R. Massue, R. Lemarié, P.J. Morin 2.

Jockeys *lauréats :* A. Finn 6 (1924, 35, 37, 38, 39, 51), J.R. Gougeon 6 (66, 68, 75, 76, 77, 86), V. Capovilla 3 (26, 27, 28), Ch. Mills 3 (34, 56, 57), R. Céran-Maillard 3 (45, 46, 55), J. Fromming 3 (64, 65, 74), Th. Monsieur 2 (20, 21), Th. Vanlandeghem (30, 33), O. Dieffenbacher 3 (31, 32), J. Riaud 2 (58, 59), J. Mary 2 (71, 72), J.P. Dubois 2 (79, 82), E. Lefèvre 2 (81, 83), M. M. Gougeon 2 (70, 84).

Chevaux gagnants 3 fois : Uranie (1926, 27, 28), Roquépine (1966, 67, 68), Bellino II (1975, 76, 77). *13 ont gagné 2 fois.* **Ayant gagné la même année le P. de Cornulier** *(monté, 2 600 m) et le P. d'Amérique (attelé, 2 600 m) :* Venutar (1949), Masina (1961), Tidalium Pelo (1972), Bellino II (1975-76) ; **les trois grands internationaux** *(créés en 1956, au trot attelé) :* Gélinotte (1956, 57), Jamin (1959), Bélino II (1976). **Vitesse :** Hymour (mâle, 9 ans) 1 mn 16 s 9/10 sur 2 600 m en 1982.

Courses d'obstacles en France

Principales épreuves

Légende : A : Auteuil. E : Enghien. Distance en m et allocations au premier en 1986 (en F).

Steeple-chases

Courses pour 5 ans et plus. Gd Steeple-ch. de Paris (A 5 800) 700 000. P. du Pt de la Rép. (A 4 700) 500 000. P. La Haye Jousselin (A 5 500) 400 000. P. Montgomery (A 4 700) 400 000. P. Georges Courtois (A 4 400) 350 000. P. Murat (A 4 400) 400 000. P. Richard Hennessy (A 4 300) 250 000. P. Ingré (A 4 400) 300 000. P. R. Clermont Tonnerre (A 4 100) 250 000. P. Troytown (A 4 100) 300 000. P. Robert Hennessy (A 4 300) 250 000. P. des Drags (A 4 400) 220 000. P. Lutteur III (A 4 100) 250 000. **4 ans et plus.** Gd Steeple-ch. d'Enghien (E 5 000) 400 000. **4 ans.** P. Maurice Gillois (Gd Steeple-ch. des 4 ans) (A 4 400) 500 000. P. Ferdinand Dufaure (A 4 100) 300 000. P. Jean Stern (A 4 100) 300 000. P. James Hennessy (A 3 500) 200 000. P. Duc d'Anjou (A 3 600) 200 000. P. Triquerville (A 4 100) 200 000. P. Fleuret (A 4 100) 200 000. P. Morgex (A 4 100) 200 000. **3 ans.** P. Georges Brinquant (A 3 500) 250 000. P. Daniel et Jean Gillois (A 3 500) 180 000. P. Congress (A 3 500) 150 000.

Courses de haies

Courses pour 5 ans et plus. Gde C. de H. d'Auteuil (A 5 100) 500 000. Gde C. de H. de Printemps (A 4 100) 350 000. P. Maréchal Vaillant (A 3 900) 250 000. P. Chakhansoor (A 3 600) 200 000. P. J. Granel (A 4 100) 200 000. P. de la Croix Dauphine (A 3 600) 250 000. P. Juigné (A 3 900) 250 000. P. L. Rambaud (A 4 100) 300 000. P. Hypothèse (A 3 900) 270 000. P. A. Masséna (A 3 900) 200 000. P. Mortemart (A 3 900) 200 000. P. P^ce d'Ecouen (A 3 900) 200 000. P. G. Pastré (A 4 100) 200 000. P.F. de Ganay (A 3 900) 250 000. **4 ans et plus.** Gd Prix d'Autome (A 4 100) 350 000. P. Léon Olry-Roederer (A 4 800) 400 000. P. Léopold d'Orsetti (Gde C. de haies d'Enghien 3 800) 250 000. **4 ans.** P.R. du Vivier-Gde C. de haies des 4 ans (A 4 100) 450 000. P. Gérald de Rochefort (A 3 900) 250 000. P. G. de Pracomtal (A 3 900) 250 000. P. Alain de Goulaine (A 3 600) 200 000. P. Amadou (A 3 900) 350 000. P. J. d'Indy (A 3 600) 250 000. P. C. de Tredern (A 3 600) 200 000. P. M. Antony (A 3 600) 200 000. **Course de haies d'été des 4 ans** (A 3 900) 250 000. **3 ans.** P. Cambacérès (G. C. de haies des 3 ans) (A 3 600) 350 000. P. G. de Talhouet Roy (A 3 600) 300 000. P. Fifrelet (A 3 600) 250 000. P. Wild Monarch (A 3 000) * 150 000. P. Wild Monarch (A 3 000) ** 150 000. P. Finot (A 3 000) * 150 000. P. Finot (A 3 000) ** 150 000.

*Nota. — * poulains, ** pouliches.*

Grand Steeple-chase de Paris

Origine. Couru dep. 1901. A lieu mi-juin à Auteuil. *Distance :* 6 500 m jusqu'en 1980, en 81 : 5 800 m. Cheval vainqueur, propriétaire et cote. **70** Huron (M. B. Larrousé) 11/10. **71** Pot d'Or (M. R. Weill) 14/10. **72** Morgex (Mme M. Marie) 82/10. **73** Giquin (Mme M.F. Berger) 7/1. **74** Chic Type (M.G. Murray) 41/4. **75** Air Landais (Mme M.-C. Frolich) 45/2. **76** Piomarès (M.J. Kaida) 11/1. **77** Corps à Corps (Bon Thierry Zuylen de Nyevelt). **78** Mon Filleul (M. J.C. Weill) 76/10. **79** Chinco (M.G. Campanella) 13/2. **80** Fondeur (Albert Bézard) 26/10. **81** Isopani (M.P. David) 8/1. **82** Metatero (G. Margogne) 5/1. **83** Jasmin II (M. Thibault) 5/2. **84** Brodi Dancer (Mme C. Diallo) 96/10. **85** Sir Gain (Mme L. Belotti) 8/10. **86** Otage du Perche (M. Lamotte d'Argy).

Nota. — Hyère III gagna 3 années de suite (1964, 65, 66).

Statistiques

Propriétaires. Classement selon les gains (en F). **85** Wildenstein 3 304 062, Mme R. Chérruau 2 169 625, Mme R. Cottin 1 916 812.

Éleveurs (meilleurs). Primes (en F). **85** Mme G. Alboreo 327 350, A. Michel 257 712, Haras des Coudraies 241 500.

Entraîneurs (meilleurs). Gains (en F). **85** J.-H. Barbe 8 409 061, G. Collet 6 140 621, J.-P. Gallorini 5 161 937.

Chevaux (ayant gagné le plus dans l'année). (En F). **85** Gacko 1 522 500, Le Rheusois 1 422 500, Sir Gain 1 267 500.

Quelques hippodromes de province

278 Stés ont fonctionné en 1985 [2 121 réunions (Paris 465, province 1 644)].

Amiens (Somme) [1]. Angers (M.-et-L.) [2]. Argentan (Orne) [2]. Avignon (Vaucl.) [3]. Bordeaux (Gironde) [2]. Caen (Calv.) [5]. Cagnes (A.-M.) [3]. Carpentras (Vaucl.) [6]. Cavaillon (Vaucl.) [6]. Clairefontaine-Deauville (Calv.) [3]. Compiègne (Oise) [3]. Craon (May.) [3]. Dax (Landes) [3]. Dieppe (S.-Mar.) [3]. Divonne-les-Bains (Ain) [2]. Durtal (M.-et-L.) [3]. Feurs (Loire) [2]. Fontainebleau (S.-et-M.) [3]. Hyères (Var) [2]. La Capelle (Aisne) [2]. Le Croisé-Laroche (Nord) [2]. Le Touquet (P.-de-C.) [3]. Limoges (Hte-V.) [12]. Lyon (Rhône) [2]. Marseille (B.-du-Rh.) [2]. Mont-de-Marsan (Landes) [2]. Nancy (M.-et-M.) [2]. Nantes (L.-Atl.) [2]. Nort-sur-Erdre (L.-Atl.) [2]. Pau (Pyr.-Atl.) [11]. Pompadour (Corrèze) [10]. Pornichet-La Baule (L.-Atl.) [2]. Rambouillet (Yv.) [3]. Reims (Marne) [7]. Rouen (S.-Mar.) [2]. Royan-La Palmyre (Ch.-Mar.) [2]. Saint-Malo (I.-et-V.) [3]. Strasbourg (B.-Rh.) [2]. Tarbes (H.-Pyr.). [9]. Toulouse (H.-Gar.) [2]. Verrie-Saumur (M.-et-L.) [2]. Vichy (Allier) [3].

Principales spécialités. P : Plat. O : Obstacles. T : Trot. E : Centre d'entraînement.

Nota. — (1) P.T. (2) P.O.T.E. (3) P.O.T. (4) P.O. (5) T. (6) P.T.E. (7) T. (8) P. (9) O. (10) P.O.E. (11) O.E. (12) T.E.

Courses de chevaux à l'étranger

Légende. — (1) Principales courses plates. (2) Juments. F : course réservée aux juments.

● **Allemagne** [1]. **Baden-Baden.** *Grosser Preis von Baden,* 3 ans et +, 2 400 m, 165 000 DM. **Cologne.** *Preis von Europa,* 3 ans et +, 2 400 m, 235 000 DM. **Dortmund.** *Deutsches St Leger,* 3 ans, 2 800 m, 60 000 DM. **Düsseldorf.** *Grosser Preis von Berlin,* 3 ans et +, 2 400 m, 120 000 DM. **Gelsenkirchen.** *Aral-Pokal,* 3 ans et +, 2 400 m, 94 000 DM. **Hambourg.** *Deutsches Derby* (1869), 3 ans, 2 400 m, 175 000 Deutsche Mark (DM). **Mulheim.** *Preis der Diana,* 3 ans (Femelles), 2 200 m, 70 000 DM.

● **Australie** [1]. **Sydney.** *A.J.C. Derby* (1861) 3 ans, 2 400 m, *A.J.C. Doncaster Handicap* (1866) 3 ans et +, 1 600 m, *Sydney Cup* (1866) 3 ans et +, 3 200 m, *A.J.C. Epsom Handicap* (1868) 3 ans et +, 1 600 m. **Melbourne.** *Caulfield Cup* (1879) 3 ans et +, 2 400 m, *Melbourne Cup* (1851) 3 ans et +, 3 200 m. *Victoria Derby* (1855) 3 ans, 2 400 m.

● **États-Unis** [1]. **Aqueduct.** *Wood Memorial,* 3 ans, 1 800 m, 250 000 $. **Belmont.** *Belmont Stakes* (1867), 3 ans, 2 400 m, 350 000 $. *Coaching Club American Oaks,* F 3 ans, 2 400 m, 200 000 $. *Woodward,* 3 ans et +, 2 000 m, 250 000 $. *Man O'War,* 3 ans et +, 2 200 m, 250 000 $. *Jockey Club Gold Cup,* 3 ans et +, 2 400 m, 750 000 $. **Churchill Dows.** *Kentucky Derby* (1875), 3 ans, 2 000 m, 250 000 $. **Hialeah.** *Flamingo,* 3 a., 1 800 m, 250 000. **Pimlico.** *Preakness Stakes* (1873), 3 ans, 1 900 m, 350 000 $. **Santa Anita.** *S.A. Derby,* 3 ans, 1 800 m, 300 000 $. **Woodbine.** *Rothman International,* 3 ans et +, 2 600 m, 600 000 $.

Nota. — 9 chevaux ont remporté aux U.S.A. la Triple Couronne en gagnant le Kentucky Derby, le Preakness Stakes et le Belmont Stakes.

En trot attelé, Lutin d'Isigny (Fr.) est champion du monde depuis 1984 et a remporté en 1985 la Challenger Cup.

● **Grande-Bretagne. Principales courses plates. Ascot Heath.** *King George VI et Queen Elizabeth Diamond Stakes* (1951), 3 ans et +, 2 400 m, 175 000 £. **Doncaster.** *St Leger Stakes* (1776), 3 ans, 2 800 m, 120 000 £. **Epsom** (Derby d'). 3 ans, 2 400 m, 150 000 £. Le 1er Derby fut gagné par Diomed (à Sir Charles Bunbury). Le 1er cheval français gagnant fut Gladiateur (1865), le 2e Pearl Diver au Bon de Waldner (1948).

Record 56,42 km/h (2 413 m en 2'33"8) par Mahmoud (à l'Aga Khan) qui gagna à 100 contre 8 en *1936.* **Résultats depuis 1940. 1940** Pont l'Évêque [1]. **41** Owen Tudor [1]. **42** Walting Street [1]. **43** Straight Deal [1]. **44** Ocean Swell [1]. **45** Dante [1]. **46** Airbone [1]. **47** Pearl Diver [2]. **48** My Love [2]. **49** Nimbus [1]. **50** Galcador [2]. **51** Arctic Prince [1]. **52** Tulyar [3]. **53** Pinza [1]. **54** Never Say Die [1]. **55** Phil Drake [2]. **56** Lavandin [2]. **57** Crepello [1]. **58** Hard Ridden [3]. **59** Parthia [1]. **60** St Paddy [1]. **61** Psidium [1]. **62** Larkspur [3]. **63** Relko [2]. **64** Santa Claus [3]. **65** Sea Bird II [2]. **66** Charlottown [1]. **67** Royal Palace [1]. **68** Sir Ivor [3]. **69** Blakeney [1]. **70** Nijinsky [4]. **71** Mille Reef [4]. **72** Roberto [4]. **73** Morston [1]. **74** Snow Knight [1]. **75** Grundy [1]. **76** Empery [4]. **77** The Minstrel [1]. **78** Shirley [1]. Heights [1]. **79** Troy [3]. **80** Henbit [1]. **81** Shergar [5]. **82** Golden Fleece [4]. **83** Teenoso. **84** Secreto. **85** Slip Anchor. **Goodwood.** *Sussex Stakes,* 3 ans et +, 1 600 m, 175 000 £. **Newmarket.** *2 000 Guineas Stakes* (1809), 3 ans, 1 600 m, 75 000 £. *1 000 Guineas Stakes* (1814), 3 ans, 1 600 m, 70 000 £. **Royal Ascot.** *Gold Cup* (1807), 3 ans et +, env. 4 000 m, 1 Coupe de 750 £ + 60 000 £.

York Benson and Hedges Gold Cup, 3 ans et +, 2 000 m, 100 000 £.

Nota. — Suffixe (pays de naissance du cheval) : (1) G.-B. (2) Fr. (3) Irl. (4) U.S.A. (5) Pakistan.

Principale course d'obstacles. Liverpool. *Grand National* (Steeple-chase 7 200 m). 66 000 £. Couru depuis 1837. Réservé aux chevaux de 6 ans et +, 7 220 m, 30 obstacles (record 9'20"2 en 1935). Le 1er cheval français gagnant fut Lutteur III à James Hennessy (1909). Il y eut 66 partants en 1929. En 1911, un seul concurrent sur 26 termina la course, en 1951 3 sur 36 firent la course sans chute. Le Beecher's brook, l'obstacle le plus redoutable, mesure 1,60 m, côté enlever, 2,40 m en hauteur, côté réception, et 4 m en largeur, fossé compris. **1940** Bogskar. **41 à 45** pas couru. **46** Lovely Cottage. **47** Caughoo. **48** Sheila's Cottage [2]. **49** Russian Hero. **50** Freebooter. **51** Nickel Coin [1]. **52** Teal. **53** Early Mist. **54** Royal Tan. **55** Quare Times. **56** E.S.B. **57** Sundew. **58** Mr What. **59** Oxo. **60** Merryman II. **61** Nicolaus Silver. **62** Kilmore. **63** Ayala. **64** Team Spirit. **65** Jay Trump. **66** Anglo. **67** Foinavon. **68** Red Alligator. **69** Highland Wedding. **70** Gay Trip. **71** Specify. **72** Well to do. **73** Red Rum. **74** Red Rum. **75** L'Escargot. **76** Rag Trade. **77** Red Rum. **78** Lucius. **79** Rubstic. **80** Ben Nevis. **81** Aldaniti. **82** Grittar. **83** Corbières. **84** Hallo Dandy. **85** West Tip.

Autres courses. Cheltenham. *The Waterford Crystal Champion Hurdle Challenge Trophy,* c. de h., 60 000 £. *The Queen Mother Champion Steeple-Chase,* s.-c., 35 000 £. *The Sun Alliance,* s.-c., 35 000 £. *The Tote Cheltenham Gold Cup Steeple-Chase,* s.-c., 85 000 £.

Kempton. *King George VI,* s.-c., 40 000 £.

● **Irlande** [1]. **Curragh.** *The Irish 1 000 Guineas* (1922), F 3 ans, 1 600 m, 20 000 £ au moins. *The Irish 2 000 Guineas* (1921), 3 ans, 1 600 m, 30 000 £ au moins. *The Irish Sweeps Derby,* créé en 1866, 3 ans, 2 400 m, 50 000 £. *The Irish Guinness Oaks* (1895), F 3 ans, 2 400 m, 25 000 £. *The Irish St Leger* (1916), 3 ans, 2 800 m, 30 000 £ au moins.

● **Italie** [1]. **Derby Italiano** (1884). 3 ans, 2 400 m, 100 millions de lires. **Gran Premio d'Italia.** 3 ans, 2 400 m, 60 millions de lires. **Gran Premio del Jockey Club** (1921). 3 ans et +, 2 400 m, 100 millions de lires. **Gran Premio di Milano** (1924). 3 ans et +, 2 400 m, 100 millions de lires. **Oaks d'Italia.** 3 ans (femelles), 2 200 m, 60 millions de lires. **Premio del Presidente della Republica.** 3 ans et +, 2 000 m, 50 millions de lires. **Premio Roma.** 3 ans et +, 2 800 m, 60 millions de lires.

Hockey sur gazon

Généralités

Origine. 2000 av. J.-C., fondé en Perse. **Moyen Age** connu sous le nom de « crosses », dériverait du hocquet (vieux français), bâton en forme de houlette de berger. XIXe **s.** codifié en G.-B. **1861** 1er club Blackheath créé. **1899** 1er championnat national hommes en France. **1906** 1re rencontre intern. hommes à Paris, France-Angleterre 0-3. **1920** Féd. fr. de hockey créée. **1923** 1er championnat national dames. 1re rencontre intern. dames à Londres, France-Angleterre 0-23. **1924** Féd. intern. créée : 1er Pt Paul Leautey (Fr.).

Hockey en plein air

Règlements. Terrain : 91,40 × 55 m. **Partie** : 70 mn (2 périodes de 35 mn). 2 *équipes* de 11 joueurs (et 2 remplaçants) munis d'une crosse de 90 cm env. (340 à 790 g). **Balle** : 156 à 163 g (circonf. 23 cm). **But** : 3,66 m de long, 2,14 haut.

Chaque joueur doit avoir sa crosse en main. La balle ne peut être stoppée intentionnellement par une partie quelconque du corps. Il est défendu de tenir la crosse d'un adversaire, de l'attaquer par la gauche, à moins de jouer la balle. Le gardien de but est autorisé à jouer la balle avec son corps uniquement dans sa zone. *2 corners :* le grand (déviation involontaire du défenseur dans ses 22 m) et le petit (faute volontaire dans ses 22 m ou involontaire dans le cercle). L'obstruction est interdite. Les actions brutales sont sanctionnées. Toute faute volontaire d'un défenseur dans le cercle et toute faute involontaire sur tir au but est sanctionnée par un penalty-stroke tiré à 6,40 m du centre du but. Pour ne pas être hors jeu, l'attaquant doit se trouver dans la moitié du terrain, sinon avoir la balle devant lui ou en contrôle ou avoir 2 adversaires entre lui et la ligne de but adverse. Toute faute non sanctionnée par un penalty, petit corner ou grand corner, est sanctionnée par un coup franc.

But : marqué lorsque la balle passe entre les montants verticaux et sous la barre transversale. Valable seulement si un joueur attaquant a touché la balle avec sa crosse à l'intérieur de la zone d'attaque.

Pratiquants. *1984 :* env. 3 000 000, dont P.-Bas 110 000, All. féd. 90 000, France 8 000 (+ 300 000 scolaires), Belgique 8 000, Espagne 7 000.

Joueurs internationaux *français ayant le plus de sélections : joueuses* Marilyne Hatté 55, Micheline Courjeau 50, C. Guérin 49, N. Berly 45, B. Delavenne

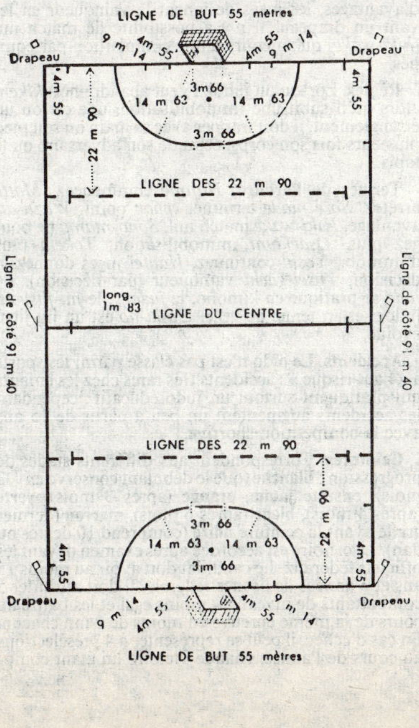

44, M.C. Brehan 42, N. Stefani 40, Régine Odinet 35, E. Coutou 34, B. Thual 34, Perrine Got 32, Marie-Thérèse Teynie 31, Florence Schindler 31. *Joueurs* Patrick Burtschell 125, Christian Barrière 103, B. Delavenne, Gilles Verrier 98, Alain Têtard 89, Claude Windal 84, Georges Corbel 83, Philippe Reynaud 81, Marc Chapon 70, Charles Pous 68, Jean-Luc Darfeuille 66.

Résultats hockey masculin

Jeux Olympiques. Voir p. 23.

Coupe du monde. *Créée* 1971. **71** 1er Pakistan. 2e Espagne. 7e France. **73** 1er P.-Bas. 2e Inde. 3e All. féd. **75** 1er Inde. 2e Pak. 3e All. féd. **78** 1er Pak. 2e P.-Bas. 3e Australie. **82** 1er Pak. 2e All. féd. 3e Australie.

Coupe du monde juniors. *Créée* 1979. **79** 1er Pakistan. 2e All. féd. 3e P.-Bas. **82** 1er All. féd. 2e Australie. 3e Pak. **85** 1er All. féd., 2e P.-Bas, 3e Pakistan.

Coupe d'Europe. *Créée* 1970. **70** 1er All. féd. 2e P.-Bas. 3e Espagne. 4e France. **74** 1er Esp. 2e All. féd. 3e P.-Bas. 6e France. **76** 1er All. féd. 2e Belg. 3e P.-Bas. **78** 1er All. féd. 2e P.-Bas. 3e Angl. **83** 1er P.-Bas. 2e U.R.S.S. 3e All. féd.

Coupe intercontinentale. *Créée* 1977. Challenge Air Marshall Nur Khan. **1977** 1er Pologne. 2e Irlande. 3e U.R.S.S. **81** 1er U.R.S.S. 2e Malaisie. 3e N.-Zélande. **85** 1er Espagne, 2e N.-Zélande, 3e Pologne.

Coupe d'Europe des clubs champions. *Créée* 1969. **70** C.D. Egara Tarrassa, Esp. **71, 72, 73, 74, 75, 76, 77, 78** 1er Southgate, G.-B. **79** H.C. Klein Zwitserland, P.-B. **80** Slough H.C., G.-B. **81** H.C. Klein Zwitserland, P.-B. **82, 83** Alma-Ata, U.R.S.S. 2e H.C. Klein Zwitserland, P.-B. **84** Frankenthal (All. féd.), 2e R. Uccle Sport (Belg.). **85** A. Terrasa (Esp.), 2e H.C. Klein Zwitserland (P.-B.).

Coupe de France. *Créée* 1933. **1972** Lille H.C. **1973-74** Cambrai H.C. **1975-76** Stade Français. **77** Football Club de Lyon. **78** Lille-Hockey. Interruption jusqu'en **84** : Amiens S.C. **85** Lille H.C.

Championnat de France. *Créé* 1899. **1964-66** Lille H.C. **67** Lyon Olymp. Univ. **1968-77** F.C. Lyon. **78** Stade Fr. **79** R.C. Fr. **80** F.C. Lyon. **81-82** Amiens Sporting Club. **83** R.C.F. **84** Lille H.C. **85** R.C.F. **86** Amiens F.C.

Résultats hockey féminin

Coupe du monde. Trophée Josselin de Song. *Créée* 1974. **74** 1er P.-Bas. 2e Arg. 3e All. féd. **76** 1er All. féd. 2e Arg. 3e P.-Bas-Belg. **78** 1er P.-Bas. 2e All. féd. 3e Arg. **81** 1er All. féd. 2e P.-Bas. 3e U.R.S.S. **83** 1er P.-Bas. 2e Canada. 3e Austr.

Coupe d'Europe des clubs champions. *Créée* **1974** Harvestchuder T.H.C. Hambourg. **75, 76, 77, 78, 79, 80, 81, 82** Amsterdam. **83** La Haye H.G.C. P.-Bas. **84, 85** H.G.C. Wassenaar (P.-Bas).

Championnat de France. *Créé* 1923. **71** Stade Fr. **72** RCF. **73, 74** Stade Fr. **75** La Baumette d'Angers. **76-82** Stade Fr. **83** Amiens S.C. **84** Stade Français. **85** Amiens S.C. **86** Stade Français.

Coupe Intercontinentale. 1re en Malaisie. **1983** 1re Irlande. 2e Espagne. 3e Malaisie (France 10e). **85** 1er U.R.S.S. 2e Argentine, 3e Corée du S.

Coupe d'Europe des Nations. Lille, mai **1984.** 1er P.-Bas. 2e U.R.S.S. 3e All. féd.

Hockey en salle

- **Généralités.** Apparu v. 1950, règles fixées le 3-2-1952. **Terrain** : long. 36 à 44 m, larg. 18 à 22 m ; les côtés les plus longs sont délimités par des bandes de 10 cm de section, inclinées d'env. 1 cm vers le terrain et destinées à renvoyer la balle. **Joueurs** : 6 sur le terrain et 6 remplaçants. Différence avec le h. sur gazon : interdiction du shoot, pas de hors-jeu.
- **Coupe d'Europe en salle : masculine.** *Créée* 1974. **74** 1er All. féd. 2e P.-Bas. 3e Suisse. **76** 1er All. féd. 2e Belg. 3e P.-Bas. **80** 1er All. féd. 2e P.-Bas. 3e Écosse. **84** 1er All. féd. 2e G.-B. 3e P.-Bas.
- **Coupe d'Europe juniors.** *Créée* 1982. **82** 1er Autriche. 2e Écosse. 3e France. **Féminine.** *Créée* 1975. **75** 1er All. féd. 2e P.-Bas. 3e Belg. **77** 1er All. féd. 2e P.-Bas. 3e Belg. **81** 1er All. féd. 2e Écosse. 3e Canada.
- **Championnat de France : Masculin.** *Créé* 1968. **68** F.C. Lyon. **69** Lyon O.U. **70-71** Lille H.C. **72** Lyon O.U. **73** Stade Fr. **74** Lille H.C. **75** Stade Fr. **76** Cambrai H.C. **77** C.A. Montrouge. **78** Stade Fr. **79** Lille H.C. **80** F.C. Lyon. **81** Lille H.C. **82** Amiens S.C. **83** Amiens S.C. **84** R.C.F. **85** Lille H.C. **86** Amiens S.C.

Féminin. *Créé* 1972. **72** S.A. Mérignac. **73** Stade Fr. **74-75** F.C. Lyon. **76-77** La Baumette d'Angers. **78** La Baumette d'Angers. **79-80** Stade Français. **81** La Baumette d'Angers. **82** Amiens S.C. **83** St-Malo. **84** Amiens S.C. **85** Amiens S.C. **86** Stade Français.

Hockey sur glace

Généralités

Origines. *Pour certains Européens,* dérivé du jeu de « la crosse » (XIIIe s.) d'origine française, transformé par les Hollandais en « Ken Jaegen » ; *pour les Nord-Américains,* dérivé du *bandy*, inventé par les Indiens Hurons sur le lac Ontario ; *pour les Anglo-Saxons,* dérivés du *shinney* (anglais), du *shinty* (écossais) ou du *hurley* (irlandais). **1855** 1re ligue de hockey sur glace à Kingston (Ontario). **1894** 1er club fr. Hockey club de Paris. **1908** Ligue internationale créée. **1942** Fédération fr. de glace créée.

Joueurs. U.S.A. 2 300 000, Canada 2 000 000, U.R.S.S. 2 000 000, Tchéc. 120 000 licenciés, France 9 000.

Patinoire. 26 à 31 m sur 56 à 61 m. *Buts :* haut. 1,22 m, largeur 1,83 m. **Match.** 3 périodes de 20 mn, déduction faite des arrêts de jeu. Jugé par 1 arbitre, 2 juges de lignes et 1 chronométreur. **Équipe.** 20 joueurs au max., mais chaque équipe n'en a que 6 à la fois sur la glace : 1 gardien de but, 2 arrières et 3 avants qui peuvent se faire remplacer à n'importe quel moment. Changement à peu près toutes les 1 ou 2 mn, de préférence à l'occasion d'un arrêt de jeu. Le *joueur le plus rapide* (l'Américain Bobby Hull, n. 1939) a atteint 44,7 km/h.

Équipement. *Crosse :* 135 cm (maximum du talon au bout du manche et 37 cm max. du talon au bout de la lame). *Palet* (ou *puck* ou *rondelle*) : caoutchouc vulcanisé, 170 g, disque de 2,54 cm d'épaisseur et de 7,62 cm de diamètre ; peut atteindre 190 km/h. *Masque :* sur le gardien de but, *casque* obligatoire pour tous les joueurs. *Protection faciale* obligatoire en France jusqu'aux juniors. *Coût :* équipement hockeyeur 700 à 2 500 F, gardien de but 6 000 à 7 500 F.

Jeu. De sa zone de défense, l'équipe A peut pratiquer la passe en avant jusqu'à la ligne rouge sans encourir de faute. Si un joueur se trouve au-delà de la ligne rouge quand il reçoit le palet qui vient de sa zone de défense, il est *hors jeu.* Dans la *zone neutre,* passes autorisées sans tenir compte de la ligne rouge. Dans la *zone d'attaque,* le palet doit pénétrer le premier. Si un joueur se trouve dans cette zone avant de recevoir le palet, il est hors jeu. Nouvelle règle du *dégagement interdit :* l'arbitre ne siffle cette faute que lorsque l'équipe à la défense touche le palet la première. Tout *shoot* (lancer) doit être effectué après la ligne rouge, sinon le shoot est considéré comme un dégagement interdit, sauf si le palet passe dans la zone de but.

Les arbitres arrêtent le jeu quand il y a : hors-jeu de ligne rouge, bleue ; dégagement interdit ; faute de jeu quand un joueur retient le palet dans sa main ou quand le gardien de but le retient plus de 3 s ; quand le palet coincé par exemple entre 2 joueurs est injouable ou en dehors des limites.

Pénalités. *Mineure :* le fautif va en prison pour 2 mn et son équipe joue à 5 contre 6. Si elle encaisse un but, la pénalité s'arrête aussitôt. *Majeure :* le joueur est exclu pour 5 mn. *De méconduite :* dure 10 mn et souvent s'ajoute à la pénalité majeure. Pendant 5 mn, l'équipe du fautif joue à 5, et, pendant les 10 mn suivantes, à 6 sans que le joueur puni puisse entrer sur la glace. Quand l'arbitre siffle une pénalité, il en fait connaître les raisons.

Épreuves

Championnat du monde (*créé* 1920). **1920, 24, 28, 30, 31, 32** Canada. **33** U.S.A. **34, 35** Canada. **36** G.-B. **37, 38, 39** Can. **47** Tchéc. **48** Can. **49** Tchéc. **50, 51, 52** Can. **53** Suède. **54** U.R.S.S. **55** Can. **56** U.R.S.S. **57** Suède. **58, 59** Can. **60** U.S.A. **61** Can. **62** Suède. **63,**

64, 65, 66, 67, 68, 69, 70, 71 U.R.S.S. **72** Tchéc. **73, 74, 75** U.R.S.S. **76, 77** Tchéc. **78, 79** U.R.S.S. **80** U.S.A. **81, 82, 83, 84** U.R.S.S. **85** Tchéc. **86** U.R.S.S.

Championnat d'Europe juniors. *Créé* (A) (6 équipes) **75, 76, 77, 78** U.R.S.S. **79** Tchéc. **80, 81** U.R.S.S. **82** Suède. **83, 84** U.R.S.S. (B) (10 équi.) **75** Suisse. **76** Roum. **77** Norv. **78** Italie. **79** Suisse. **80** Italie. **81** France. **82** Norvège. **83** Suisse. (C) **82** Bulgarie.

Coupe Stanley. *Créée* 1893 (équipes américaines et canadiennes). **1970** Boston Bruins. **71** Can. de Montréal. **72** Boston Bruins. **73** Can. de Montréal. **74** Philadelphia Flyers. **75-79** Can. de Montréal. **80, 81, 82, 83** New York Islanders. **84** Edmonton Oilers.

Championnat de France. *Créé* **1904**. *Organisation : 1re série* [2 groupes : *Nationale A* : 12 meilleurs clubs ; *Nat. B* : 2 poules géographiques de 8], *2e série* ou *Nat. C* : environ 50 clubs. **Résultats.** *Nat. A* : **77, 78** Gap ; **79** Chamonix ; **80** Tours ; **81, 82** Grenoble ; **83** St-Gervais ; **84** Megève. **85** St-Gervais. *Nat. B* : **77** Tours ; **78** Français-volants ; **79** Caen ; **80** Lyon ; **81** Épinal ; **82** Amiens ; **83** Caen ; **84** Français-volants. *Nat. C* : **82** Français-volants ; **83** Viry-Châtillon ; **84** Nice ; **85** Amiens.

Meilleurs joueurs

Canadiens professionnels. Hull Bobby (1939), Orr Bobby, Howe Gordie, Hodge Ken, Esposito Phil, Beliveau Jean, Lafleur Guy, Perreault Gil, Lapointe Guy. Ils jouent dans des formations canadiennes ou amér. (les plus célèbres : Montréal, Boston Bruins, New York Islanders, Chicago-Black-Hawks, Los Angeles King, Philadelphia Flyers et la Nlle Ligue professionnelle « Mondial »). **France.** Guricka Ivan (n. 1943), Lang Paul (n. 1944), Le Blond Bernard (n. 1957), Rey Philippe (n. 1954), Vassieux Jean (n. 1950), Treille Philippe (n. 1958), Ville Ch. (n. 1963).

Jeu à XIII

Généralités

Origine. 1893 les clubs du nord industriel de l'Angleterre, désireux de payer à leurs joueurs des indemnités de manque à gagner, se retirent de la Rugby Union. **1895** ils forment la Northern Rugby Union, qui devint en **1922** la Rugby League. Pour rendre le jeu plus rapide, ils suppriment 2 avants et édictent de nouvelles règles. **1934-*6-4*** introduit en France par Jean Gallia (1905-49), international de rugby à XV, grand succès. **1941-44** interdit pendant la guerre.

Terrain. *Long.* 100 m. *Larg.* 65 à 68. *En-but* 6 à 11 m. *But, ballon* (long. 28 cm, poids 410 g, couleur blanche). Voir rugby p. 1716.

Règles. Les joueurs portent des épaulières. **Tenu.** A lieu lorsque le joueur, porteur de la balle, est plaqué. Le joueur plaqué talonne la balle pour le coéquipier qui fait office de relanceur derrière lui. Adversaire et partenaire doivent se trouver à 5 m du tenu. Au 6e tenu joué par une même équipe, il y a un tenu dit de transition. **Touché.** Si la balle sort directement (sans toucher le terrain de jeu), il y a mêlée à 10 m, face au point de sortie en touche. **Mêlée.** Formation 3, 2, 1 obligatoire. La ligne du hors-jeu se situe derrière les pieds du dernier joueur de la mêlée. **Pénalité.** Peut se jouer pour soi, en but, ou en coup de pied de volée. Dans ce cas, si la balle sort directement en touche, l'équipe bénéficie du tap-penalty (2e phase de la pénalité). Posé au sol à 10 m face au point de sortie, le ballon est jouable dans n'importe quelle direction. **Hors-jeu.** Tout joueur placé devant un partenaire qui joue le ballon est hors jeu. Il l'est également s'il ne respecte pas certaines distances de reprise du jeu. **En avant.** Ballon joué avec les mains prenant la direction du ballon mort adverse (passe ou maladresse). **Coup d'envol et de renvol.** Le ballon doit généralement passer 10 m et toucher le terrain de jeu. **Décompte des points** : essai 3 pts ; but 2 (transformation ou pénalité) ; drop-goal 1.

Licenciés (1985). Australie 500 000, G.-B. 140 000, N.-Zélande 80 000, N.-Guinée 35 000, France 25 000.

Féd. fr. de Jeu à XIII : créée en 1947, 7, rue Jules-Breton, 75013 Paris.

Principales épreuves

Goodwin Trophy. Série de 3 tests avec l'Australie. **1951** France 2 victoires, 1 défaite. **1955** Fr. 2 vict., 1 déf. **1960** Fr. 1 vict., 1 match nul, 1 déf. **1964** Fr. 3 déf. N'est plus disputé.

Coupe du monde. *Créé* 1954 entre France, G.-B., Australie, N.-Zélande. **54** (Paris) : G.-B.-France 16-12. **57** (Sydney et Brisbane) : 1er Australie (pas de finale), 3e France. **60** (G.-B.) : 1er G.-B. (pas de finale), 4e France. **68** (Australie) : Australie-France 20-2. **70** (France) : G.-B.-Australie 7-12, 3e France. **72** (France) : G.-B.-Australie 10-10, 3e France. Remplacée par le championnat se déroule sur 4 ans (1985-88).

Championnat international. Joué en matches aller et retour entre les 5 nations, Australie, G.-B., France, N.-Zélande, Pays de Galles. **75** Australie. **77** 1er Australie, 2e G.-B., 3e N.-Zélande, 4e France. Remplacé dep. 1978 par des tournées. **78** Australiens en Europe. **79** Britanniques en Australie et N.-Zélande, Guinéens en France. **80** N.-Zélande en Europe. **81** Français en Australie et N.-Zélande. **82, 83** Australie en Europe. **84** suspendu.

Compétition internationale France A. 80-81 Fr. b. N.-Zélande 6 à 5 ; N.-Zélande b. Fr. 11 à 3 ; Fr. b. Galles 23 à 5 ; Fr. b. G.-B. 5 à 1. **81-82** G.-B. b. Fr. 37 à 0. **82-83** Fr. b. G.-B. 19 à 4 ; Australie b. Fr. 15 à 4 et 23 à 9 ; G.-B. b. Fr. 20 à 5 et 17 à 5. **1984-85** G.-B. b Fr. 50 à 4 ; Fr. b. G.-B. 24 à 16.

Tournoi des 3 nations (coupe Jean Gallia). *Créé* 1934. **75** 1er G.-B., 2e France et Galles. **76** 1er Fr., 2e G., 3e G.-B. **77** 1er Fr., 2e G.-B., 3e G. **78** 1er Fr., 2e G.-B., 3e G. **79** 1er G.-B., 2e Fr., 3e G. **80** 1er G.-B., 2e Fr., 3e G. **81** 1er Fr., 2e G.-B., 3e G.

Coupe de France (coupe Lord Derby). Jouée depuis 1935. Villeneuve 15/8. **70** Lézignan-Villeneuve 14/8. **71** Marseille-Lézignan 17/2. **72** St-Estève-Villeneuve 12/5. **73** St-Gaudens-Carcassonne 22/8. **74** Albi-Lézignan 21/11. **75** Pia-Marseille 9/4. **76** Perpignan-Toulouse 23/8. **77** Carcassonne-Perpignan 21/16. **78** XIII Catalan-Lézignan 18/7. **79** Villeneuve-Carcassonne 15/9. **80** XIII Catalan-Carcassonne 18/8. **81** XIII Catalan-Carcassonne : match annulé en raison des incidents lors du championnat de France. **82** Avignon-Carcassonne 18/12. **83** Carcassonne-XIII Catalan 10/3. **84** U.S. Villeneuve-Limoux 18/7. **85** XIII Catalan-Limoux 24/7. **86** Le Pontet-St-Estève 35/10.

Championnat de France (trophée Max Rousie). Joué depuis 1935. **70** St-Gaudens-Perpignan 32/10. **71** St-Estève-St-Gaudens 20/7. **72** Carcassonne-St-Gaudens 21/9. **73** Toulouse-Marseille 18/0. **74** St-Gaudens-Villeneuve 21/8. **75** Toulouse-St-Estève 10/9. **76** Carcassonne-Lézignan 14/6. **77** Albi-Carcassonne 19/10. **78** Lézignan-XIII Catalan 3/0. **79** XIII Catalan-Carcassonne 17/2. **80** Villeneuve-Estève 12/7. **81** XIII Catalan-US Villeneuve. Pas de champion, match arrêté, violents incidents sur le terrain. **82** XIII Catalan-St-Estève 21/8. **83** XIII Catalan-US Villeneuve 10/8. **84** XIII Catalan-US Villeneuve 30/5. **85** XIII Catalan-US Le Pontet 26/6. **86** US Le Pontet-XIII Catalan 19/6.

Meilleurs joueurs

Aillières Georges [1], 3-12-34. Barthe Jean [1] 22-7-32. Beetson Artie [2] 21-1-45. Benausse Gilbert [1], 21-1-32. Bernabé Thierry [1]. Bescos Marcel [1] 28-6-37. Bevan Ar. [2] 24-4-24. Bourret Jean-Marc [1], 19-5-57. Bradshaw Tommy [3]. Brousse Élie [1], 28-8-21. Chantal Max [1]. Churchill Clive [2]. Coote Ron [2]. De Nadai Francis [1]. Drumond Dess [3]. Fox Neil [3] 4-5-39. Fulton Bobby [2] 1-9-47. Gallia Jean [1], 1905-49. Gasnier Rég. [2]. Gee Kenn [3]. Grahan Marck [4]. Greseque Yvan [1], 20-7-53. Hermet Didier [1], 19-12-49. Jimenez Antoine [1] 9-5-29. Laforgue Guy [1] 13-4-58. Leuluai James [4]. Macalli Christian [1]. Maïque Michel [1] 13-7-48. Mantoulan Claude [1], 1936-83. Meminga Mal [2]. Merquey Jacques [1], 26-9-29. Millward Roger [3] 16-9-47. Murphy Alex [2] 22-4-39. Pierce Wayne [2]. Ponsinet Édouard [1], 18-11-23. Price Ray [2]. Puig Aubert [1] (il a réussi un coup de pied de 62 m et a le record français des points marqués), 24-3-25. Raper John [2] 12-4-39. Ratier Hugues [1]. Roosebrook Joël [1], 1-5-54. Rousié Max [1] 14-7-12, 1912-59. Rysman Gus. [3] 21-3-11. Sterling Peter [2]. Sullivan Jim [3] 2-12-03. Valentine Dave [3]. West Graeme [4]. Zalduendo Charles [1].

Nota. — (1) Français. (2) Australien. (3) Britannique. (4) N.-Zélandais.

Judo

Généralités

Origine. Du japonais *ju* : souple, et *dô* : voie, sport de défense et de combat, basé sur la combinaison du meilleur emploi de l'énergie et de l'équilibre et par des techniques de projection et d'immobilisation. Les *samouraï* (guerriers japonais) ont, du XIIIe au XIXe s., créé et amélioré de génération en génération des techniques de combat à mains nues (destinées à leur assurer la victoire même en cas de perte de leurs armes), connues sous le nom de *jiu-jitsu*, ou ju-jitsu (*ju* : souplesse, *jitsu* : technique).

A partir de ces techniques, un universitaire japonais, Jigoro Kano (1860-1938), inventa le judo en 1882 et édicta les principales règles du judo actuel. En 1935, un expert japonais, Mikinosuke Kawaishi, vint enseigner le judo en France et créa une classification des techniques.

Organisation. *Fédération internationale de Judo. Créée* 1952, regroupe 106 nations dans l'*Union européenne de Judo* (34 nations), l'U. asiatique, l'U. panaméricaine, l'U. océanienne, l'U. africaine.

Pratiquants. Japon : 3 000 000 (actifs). France 600 000 [(actifs) 500 000 licenciés dont 80 000 femmes (y compris les licenciés de aïki-do, kendo)]. All. féd. 150 000. Italie 40 000. G.-B. 38 000. Belg. 35 000. U.R.S.S. 25 000. Espagne 25 000. All. dém. 18 000. Tchécosl. 15 000. Suède 14 000. Suisse 10 000. Autriche 8 000. Yougosl. 7 000. Danemark 4 000. Hongrie 4 000. Pologne 3 000. Norvège 3 000. Bulgarie 2 000. Israël 2 000. Irlande 2 000.

Technique. *Projections debout* (nagewaza) : mouvements de hanche (haraï-goshi, o-goshi, uchi-mata) ; m. d'épaule (ippon - séoï - nage) ; m. de jambes (o-soto-gari, de-ashi-baraï, hiza-guruma) ; m. de bras (taï-otoshi). *Immobilisation* au sol (katame-waza) : contrôle latéral (hongesa-gatame, yoko shiho-gatame) ; c. arrière (ushiro-gesa-gatame) ; c. sternal (kuzuretate-shiho-gatame). *Étranglements. Clés.*

Lorsqu'un combattant porte une projection techniquement réussie et que l'adversaire est tombé nettement sur le dos, ou si l'un des 2 combattants tient 30 secondes l'autre au sol en immobilisation, l'arbitre annonce *ippon*, ce qui met fin au combat. Si un combattant porte un mouvement presque parfait, mais qui n'a pas complètement mis l'adversaire sur le dos, l'arbitre annoncera *waza-ari* (avantage). 2 waza-ari valent *ippon*.

S'il n'y a pas eu de *ippon* à la fin du temps réglementaire, le vainqueur est celui qui a marqué le plus d'avantages techniques (*yuko* : avantage, ou *koka* : petit avantage). Si aucun combattant n'a marqué d'avantages, les juges désignent le vainqueur en levant un drapeau. Il n'y a possibilité de match nul *(hiki-wake)* qu'au cours d'une compétition par équipes.

Règles. Lorsqu'un judoka veut abandonner *(kiken)* alors qu'il subit une immobilisation, une clé ou un étranglement, il doit frapper avec sa main ou son pied plusieurs fois son corps, celui de son adversaire ou le tapis.

Termes de l'arbitre. *Hajime* commencez, *Matte* arrêtez, *Sore made* terminé, *Ippon* point, *Waza-ari* avantage, *Hiki-wake* match nul, *Sono-mama* ne bougez plus, *Osaekomi* immobilisation, *Toketa* plus d'immob., *Yoshi* continuez, *Hantei* juges donnez la décision, *Yusei-gachi* vainqueur (par décision). Le *judo* se pratique en kimono, le *judogi* ; le *jiu-jitsu* en judogi et en tenue de ville. L'*aïki-do* est un jiu-jitsu évolué.

Accidents. Le judo n'est pas classé parmi les sports à « haut risque » : accidents très rares chez les enfants qui pratiquent surtout un judo éducatif ; cependant les accidents augmentent un peu à partir de 15 ans avec la compétition sportive.

Ceintures. Correspondent aux différents stades de progression : **blanche** (que le débutant conserve env. 2 mois), ensuite **jaune, orange** (après 3 mois), **verte** (après 4 mois), **bleue** (après 6 mois), **marron** (dernier grade avant la ceinture **noire** (comprend 10 degrés ou dan). La c. noire est accordée après examen devant les officiels fédéraux. Le candidat doit avoir au moins 15 ans et 3 années de licence fédérale. Il doit affronter 5 combattants de niveau au moins égal et les battre au cours de la même épreuve en moins de 2 mn chacun. En cas d'échec, il peut se représenter à 4 présélections au cours de l'année, chaque victoire lui étant comptée. Il y a plus d'un million de ceint. noires dans le monde dont 25 000 en France.

Catégories de poids. Hommes : super-légers : moins de 60 kg. Mi-légers : 60 à 65. Légers : 65 à 71. Mi-moyens : 71 à 78. Moyens : 78 à 86. Mi-lourds : 86 à 95. Lourds : + de 95. Il existe également un championnat « toutes catégories ». **Dames :** jusqu'à 48 kg. 52 kg. 56 kg. 61 kg. 66 kg. 72 kg. Plus de 72 kg. Plus un championnat « toutes catégories ».

Épreuves de judo

Légende. — (1) Japon. (2) Hollande. (3) France. (4) U.R.S.S. (5) All. féd. (6) All. dém. (7) G.-B. (8) Espagne. (9) Youg. (10) Pologne. (11) Hongrie. (12) Autriche. (13) Italie. (14) Suisse. (15) Belgique. (16) Roumanie. (17) Australie. (18) Bulgarie. (19) Corée du S. (20) U.S.A. (21) Venezuela. (22) Roumanie.

• Jeux Olympiques. Voir p. 23.

• **Championnats du monde. Masculins.** *Créés* 1956. Tous les 2 ans : disputé en « toutes catégories » puis en *1964* en 3 cat., en *1967* 5 cat., en *1977* 7 cat. **Champions toutes catégories. 56** Natsui [1]. **58** Sone [1]. **61** Geesink [2]. **65** Inokuma [1]. **67** Matsunaga [1]. **69** et **71** Shinomaki [1]. **73** Ninomiya [1]. **75** Uemura [1]. **79** Endo [1]. **81** Yamashita [1]. **83** Saïto [1]. **85** Masaki [1]. **Par catégories. Super-léger**s : **79** Rey [3]. **81** Moriwaki [1]. **83** Tletseri [4]. **85** Hosokawa [1]. **Mi-légers : 79** Solodouchine [4]. **81** Kashiwasaki [1]. **83** Solodouchine [4]. **85** Sokolov [4]. **Légers : 65** Matsuda [1]. **67** Sigioka [1]. **75** Minami [1]. **79** Katzuki [1]. **81** Park [10]. **83** Nakanishi [1]. **85** Ahn [12]. **Mi-moyens : 67** Minatoya [1]. **75** Nevzorov [4]. **79** Fujii [1]. **81** Adams [7]. **83, 85** Hikage [1]. **Moyens : 65** Okano [1]. **67** Maruki [1]. **75** Fujii [1]. **79** Ultsch [6]. **81** Tchoullouyan [3]. **83** Ultsch [6]. **85** Seisenbacher [12]. **Mi-lourds : 67** N. Sato [1]. **75** Rougé [3]. **77** Les ch. n'ont pas eu lieu. **79, 81** Khubuluri [4]. **83** Preschel [6]. **85** Sugai [1]. **Lourds : 65** Geesink [2]. **67** Ruska [2]. **75** Endo [1]. **79, 81, 83** Yamashita [1]. **85** Cho [19].

Féminins. *Créés* 1980. **Par catégories. 48 kg :** *80* Bridge, *82* Briggs *84* Briggs [7]. **52 :** *80* Hrovat, *82* Doyle, *84* Yamaguchi [1]. **56 :** *80* Winkelauer, *82* Rodriguez Burns [20]. **61 :** *80* Staps, *82* Rottier, *84* Hernandez [21]. **66 :** *80* Simon, *82, 84* Deydier. **— de 72 :** *80* Triadou, *82* Classen, *84* Berghmans [15]. **+ de 72 :** *80* de Cal, *82* Lupino, *84* Motta [13]. **Toutes catégories :** *80, 82, 84* Berghmans.

• **Championnats d'Europe. Masculins.** *Créés* 1951. **Toutes catégories. Individuels. 51** De Herdt [3]. **52** Verrier [3]. **53, 54** Geesink [2]. **55** Pariset [3]. **57-61** Geesink [2]. **62** Kiknadzé [4]. **63** Nitz. **64, 65** et **66** Kiknadzé [4]. **67** Geesink [2]. **68** Saunin [2]. **69** Ruska [2]. **70** Hennig [6]. **71** Kuznetzov [2]. **72** Ruska [2]. **73** et **74** Novikov [3]. **75** Onashvili [4]. **76** Kazatchenko [4]. **77** A. Parisi [3]. **78** Lorenz [6]. **79** Tiurin [4]. **80** Van de Wall [15]. **81** Reszko [10]. **82** Tiurin [4]. **83** Parisi [3]. **85** Van der Groeben [5]. **86** Stohr [6]. **Par catégories. Légers : 72** Mounier [3]. **73** et **74** Melnichenko [4]. **75** Reissmann [6]. **76** Tunczik [11]. **77** Nevzorov [4]. **78** Kruger [6]. **79** Adams [7]. **80** Vlad [16]. **81** Lehmann [6]. **82** Gamba [13]. **83** Melillo [3]. **84, 85** Namgalaurin [4]. **86** Haftos [11]. **Super-légers : 77** Pogorelov [4]. **78, 79, 80** Mariani [13]. **81** Dziemianiuk [10]. **82, 83, 84, 85** Tletseri [4]. **86** Csak [11]. **Mi-légers : 77** Delvingt [3]. **78** Reissmann [6]. **79** Solodouchine [4]. **80** Reissmann [6]. **81** Nicolae [16]. **82** Reissmann [6]. **83** Rey [3]. **84** Alexandre [3]. **85** Serban [22]. **86** Sokolov [4]. **Moyens : 72** Coche [3]. **73** Jacks [7]. **74** Coche [3]. **75** Reiter [10]. **76** Coche [3]. **77** Volosov [4]. **78** Iatskevitch [4]. **79** Rothlishberger [14]. **80** Iatskevitch [4]. **81** Bodaveli [4]. **82** Iatskevitch [4]. **83, 84, 85** Pesniak [4]. **86** Seisenbacher [12]. **Mi-moyens : 72, 73** Hotger [6]. **74** Kruger [6]. **75** Nevzorov [4]. **76** Dvoïnikov [4]. **77** Adamczyk [10]. **78, 79** Heinke [6]. **80** Adams [7]. **81** Petrov [18]. **82** Fratica [16]. **83, 84, 85** Adams [7]. **86** Wienecke [5]. **Mi-lourds : 72** Parisi [3]. **73** Rougé [3]. **74** Zuvela [9]. **75** Lorenz [6]. **76** Khoubouloun [4]. **77, 78** Lorenz [6]. **79** Khoubouloun [4]. **80** Rougé [3]. **81** Vachon [3]. **82** Kostenberger [12]. **83** Divisenko [4]. **84** Neureuther [5]. **85, 86** Van de Walle [15]. **Lourds : 72** Ruska [2]. **73** Ojeda [8]. **74** Onashvili [4]. **75** Nijaradze [4]. **76** Novikov [4]. **77** Rougé [3]. **78** Adelaar [2]. **79** Rougé [3]. **80** Tivrin [4]. **81** Veritchev [4]. **82** Stohr [4]. **83** Biktachev [4]. **84** Von der Grobben [5]. **85** Veritchev [4]. **86** Wilhem [2]. **Équipes : 72, 73, 74, 75** U.R.S.S. **76** France. **77** U.R.S.S. **78** France. **79** U.R.S.S. **80** France. **81** non disputé. **82, 84** France. **85** U.R.S.S.

Féminins. *Créés* 1975. **Super-légers : 75** Briggs [7]. **76** Hrovat [12]. **77** Hillesheim [5]. **78** Briggs [7]. **79** Bouthemy [3]. **80** Briggs [7]. **81** Fridrich [5]. **82, 83, 84** Briggs [7]. **85** Colignon [3]. **86** Briggs [7]. **Mi-légers : 75** Hrovat [12]. **76** Herzog [3]. **77, 78, 79** Hrovat [12]. **80** Montagutti [13]. **81, 82** Hrovat [12]. **83** Doyle [7]. **84** Hrovat [12]. **85** Doger [3]. **86** Brun [3]. **Légers : 75, 76, 77** Mapp [6]. **78, 79, 80, 81** Winklbauer [12]. **82** Rodriguez [3]. **83** Winklbauer [12]. **84** Bell [7]. **85, 86** Rodriguez [3]. **Mi-moyens : 75, 76** Rottier [3]. **77, 78** Berg [5]. **79** Deydier [3]. **80** Di Toma [13]. **81** Hughes [7]. **82** Reiter [12]. **83** Hughes [7]. **84** Rottier [3]. **85** Olechnowicz [10]. **86** Bell [7]. **Moyens : 75, 76** Fouillet [3]. **77** Czerwinsky [5]. **78** Krueger [5]. **79** Mil [15]. **80** Pierre [3]. **81** Mil [15]. **82** Simon [12]. **83** Di Toma [13]. **84** Deydier [3]. **85, 86** Deydier [3]. **Mi-lourds : 75, 76, 77** Pierre [3]. **78** Classen [5]. **79, 80, 81, 82** Triadou [3]. **83** Berghmans [15]. **84** Classen [5]. **85** Berghmans [15]. **86** Dekok [2]. **Lourds : 75** Kieburg [5]. **76** Childs [7]. **77, 78, 79** Kieburg [5]. **80, 81** De Cal [13]. **82** Van Unen [2]. **83** Motta [13]. **84** Van Unen [2]. **85** Bradshaw [7]. **86** Maksymow [10]. **Toutes catégories : 75** Di Toma [13]. **76** Pierre [3]. **77** Triadou [3]. **78** Rotacher [14]. **79, 80, 81** Classen [5]. **82** Simon [12]. **83** Berghmans [15]. **84** Lupino [3]. **85** Van Unen [2]. **86** Dekok [2]. **Équipes : 85** France.

• **Coupe d'Europe des clubs.** *Créée* 1974. **77** Dynamo Hoppegarten. **80** J.C. Maisons-Alfort. **81** Wolffburg. **82** J.C. Villiers-le-Bel. **83** T.S.V. Munich. **85** U.S. Orléans.

• **Championnats de France. Masculins.** *Créés* 1943. **Par équipe. 1973, 74** R.C.F. (Racing). **75** J.C.M.A. (Maisons-Alfort). **77** R.C.F. **82** J.C. Maisons-Alfort. **83** J.-C. Villiers-le-Bel. **85** R.C.F. **86** J.C. Villiers-le-Bel. **Individuels : toutes catégories : 71** Jean-Luc Rougé. **72** J.-Cl. Brondani. **73** J.-P. Coche. **74** J.-L. Rougé. **75** J.-P. Coche. **76** R. Berthet. **77** J.-L. Rougé. **78, 79, 80, 81, 82, 83** R. Vachon. **84** Berthet. **85** C. Vachon. **Par catégorie. 60 kg :** *82* Rincourt, *83* Lebaupin, *84* Douet, *85, 86* Roux. **65 :** *82* Dyot, *83* Rey, *84, 85* Le Sonn, *86* Hansen. **71 :** *82* Dyot, *83* Melillo, *84* Dyots, *85* Guillaume, *86* Melillo. **78 :** *82* Novak, *83* Menu, *84, 86* Novak. **86 :** *82* Sanchis, *83* Canu, *84* Fournier, *85* Novak, *86* Canu. **— de 95 :** *82, 83, 84* Vachon, *85* Jaladon, *86* Vachon. **+ de 95 :** *82, 83* Parisi, *84* Del Colombo, *85* Bessé, *86* Vachon.

Féminins. *Créés* 1974. **Individuels : 48 kg :** *82* Colignon, *83* Boffin, *84* Baudry, *85* Lebbihi, *86* Boffin. **52 :** *82, 83* Doger, *84* Brun, *85* Doger, *86* Brun. **56 :** *82* Rodriguez, *83* Arnaud, *84, 85, 86* Rodriguez. **61 :** *82, 83* Rottier, *84* Bardin, *85* Rottier, *86* Géraud. **66 :** *82* Dekarz, *83* Deydier, *85* Lionnet, *86* Deydier. **— de 72 :** *82* Triadou, *83* Vigneron, *84* Cicot, *85* Lupino, *86* Meignan. **+ de 72 :** *82* Loore, *83, 84* Lupino, *85* Carlus. **Toutes catégories :** *83* Vigneron, *85* Vigneron, *86* Paque.

Nota. — Participation aux championnats de France : sélection au niveau départemental, puis de ligue (26 en France), de l'interrégion (8), en individuels ou par équipes.

Tournois internationaux à l'initiative de chaque pays organisateur avec les meilleurs judoka mondiaux sans titre officiel en jeu (ex. : Paris en janv. et Tbilissi en févr. en U.R.S.S.).

Quelques noms

Guy Auffray [3] (8-2-45). Rémi Berthet [3] (31-10-47). André Bourreau [3] (3-12-34). Jean-Claude Brondani [3] (2-2-44). Chochosvili [4]. Jean-Paul Coche [3] (25-7-47). Henri Courtine (11-5-30). Shozo Fujii [1] (12-5-50). Anton Geesink [2] (6-4-34). Lionel Grossain [3] (12-2-38). Jean de Herdt [3] (1923). Jigoro Kano [1] (1860-1938). Takao Kawaguchi [1] (13-7-50). Mikinosuke Kawaishi [1] (1899-1969). Masahito Kimura [1] (1917). Kuznetzov [4], Jacques Leberre [3] (21-9-37). Mifune [1] (1885-1965). Hiroshi Minatoya [1] (17-10-43). Jean-Jacques Mounier [3] (12-6-49). Shokichi Natsui [1] (1926). Bernard Pariset [3] (12-2-29). Angelo Parisi [3] (3-1-53). Thierry Rey [3] (1-6-59). Jean-Luc Rougé [3] [(30-5-49) champion de Fr. des mi-lourds 69, 73 à 76 ; des lourds 77, toutes catég. 71 et 74, d'Europe des espoirs 67 (mi-l.), juniors 69, seniors 73 (mi-l.), du Monde seniors 75 (mi-l.)]. Wilhem Ruska [2] (29-8-40). Fumio Sasahara [1] (28-3-45). Noboyuki Sato [1] (12-1-44). Yoshinori Shigematsu [1] (8-2-51). Masatoshi Shinomaki [1] (20-9-43). Sone [1] (1929). B. Tchoullouyan [3] (12-4-53). Hizashi Tsuzawa [1] (8-6-49). Roger Vachon [3] (29-8-57). Laurent Villiers [3] (20-1-49). Yamashiki [1] (1924). Yasuhiro Yamashita [1] (1-6-57). **Féminins** J. Triadou [3] (31-5-54).

Tailles et poids de quelques champions. Anton Geesink 1,98 m (125 kg). Bernard Pariset 1,70 (80). Isao Inokuma 1,78 (95). Masatoshi Shinomaki 1,82 (118). Ninomiya 1,90 (100). Uemura 1,80 (100). Jean-Luc Rougé 1,90 (95), Jean-Paul Coche 1,74 (80).

Karaté

Généralités

Origine. *Karaté* signifie : main (té), vide (kara). Art martial mettant en valeur l'emploi des pieds et des poings ; **v. 1600** apparut l'Okinawa-Te, méthode où les membres sont employés comme de véritables armes dans l'île d'Okinawa, sous l'occupation japonaise. **V. 1920,** le maître Gichin Funakoshi l'introduisit au Japon et fonde sa méthode, le *Shotokan ;* d'autres styles de base sont nés depuis : le *Goju-Ryu* et le *Shito-Ryu* (association japonaise créée en 1948), *Wado-Ryu, Kiokushinkai.* **1957** *1re école fr.* créée à Paris.

Caractère. Utilisation rationnelle des armes naturelles du corps (poings, coudes, tranchant de la main, etc.). But : mise hors de combat de l'adversaire dans le minimum de temps. Coups donnés avec poings et pieds en attaques circulaires ou directes tenant compte des principes d'équilibre et de dynamique du corps ; puissance d'impact obtenue par l'utilisation simultanée de différentes parties du corps suivie d'une tension de ces parties au moment du choc. L'efficacité n'est atteinte que par un long entraînement (sur sac ou cibles). Le *kiaï,* cri impressionnant pour le néophyte, correspond à l'expiration profonde au moment de l'attaque ou du blocage.

Règles. Attaques contrôlées en fonction de la violence des mouvements pratiqués. *Durée des combats :* en moy. 3 et 5 mn pleines ; les adversaires portent une ceinture de couleur en dehors de leur grade normal (arbitrage : rouge et blanc). **Pratiquants.** *Monde :* 15 000 000 env. *France :* + 120 000 licenciés (1985-86).

Épreuves de karaté

Légende. — (1) Espagne. (2) Finlande. (3) All. féd. (4) Japon. (5) Suède. (6) G.-B. (7) Suisse. (8) P.-Bas. (9) U.S.A. (10) France. (11) Italie. (12) Brésil. (13) Belgique. (14) Norvège. (15) Yougoslavie.

Championnats du monde. Hommes. 72 Watanabe [12]. **75** Murakami [4]. **77** Roethof [8]. **78** Wada [4]. **Par catégories.** *Super-légers :* **80** Abad [1]. **82** Vayrynen [2]. **84** Betzien [3]. *Légers :* **80** Maeda [4]. **82** Suzuki [4]. **84** Malave [5]. *Mi-moyens :* **80** Gonzales [1]. **82** Nishimura [4]. **84** Collins [6]. *Moyens :* **80** Sadao [4]. **82** Gomez [7]. **84** Stelling [8]. *Mi-lourds :* **80** Hill [9]. **82, 84** Mac Kay [6]. *Lourds :* **80** Montama [10]. **82** Thompson [6]. **84** Atkinson [6]. *Toutes catégories :* **80** Ricciardi [11]. **82** Muraze [4]. **84** Pinda [10]. **Par équipes. 82, 84** G.-B.

Dames. *Légers :* **82, 84** Berger [10]. *Moyens :* **82** Yamakawa [4]. **84** Konishi [4]. *Lourds :* **82, 84** Van Mourik [8].

Championnats d'Europe. Hommes. 66, 67 Bareux [10]. **68** Sauvin [10]. **69, 70, 71** Valera [10]. **Par catégories.** *Super-légers :* **81** Castellui [1]. **82** Marques [7]. **83** Stephens [6]. **84** D'Agostino [11]. **85** Ronning [14]. **86** Gomez [1]. *Légers :* **72, 73, 75** Paschy [10]. **76** Massoni [11]. **77** Saidane [10]. **78, 83** Coulter [6]. **79, 81** De Luca [11]. **80** Arsenal. **82** Cebolla [1]. **84** Timonen [2]. **85** Abad Cebolla [1]. **86** Malave [5]. *Mi-moyens :* **77** Voss [3]. **78** Jerome [6]. **79, 80** Gonzales [1]. **81** Nasci [10]. **82** Aguado [1]. **83** Kaunisinaki [2]. **84** Rodriguez [1]. **85** Mossel [8]. **86** Thomas [6]. *Moyens :* **72** Sauvin [10]. **73** Alifax [10]. **74, 75** Higgins [6]. **76** White [6]. **77** Martinez [1]. **78** Gauze [10]. **79** Royer [8]. **80** Poley [8]. **81** Martinez, Amillo [1]. **82** Amillo [1]. **83** Merino [1]. **84** Leewin. **85** Martinez [1]. **86** Serfati [10]. *Mi-lourds :* **77** Knighton [6]. **78** Renaud [10]. **80, 82, 84** Pettinella [10]. **81** Mossel [8]. **83** Pirttiosa [2]. **85, 86** Egea [1]. *Lourds :* **72** Valera [10]. **73** Petitdemange [10]. **74** Kallenbach [8]. **75, 78** Codrington [6]. **76** Fitkin [6]. **77** Montel [10]. **79** Reeberg [8]. **80** Carbilla. **81, 83** Ruggiero [10]. **82** Atkinson [6]. **84** Charles [6]. **85** Zazo [1]. **86** Usenagic [15]. *Toutes catégories :* **72** Gruss [10]. **73** Didier [10]. **74** Mac Farland [6]. **75** Abdermann [10]. **76** Belrhiti [10]. **77** Kotzebue [8]. **78** Reeberg [8]. **79** Carbilla [1]. **80, 81, 84** Ruggiero [10]. **82** Charles [6]. **83** Egea [1]. **85** Pinda [10]. **86** Torres [1]. **Par équipe. 86** Espagne.

Dames. *Légers :* **82** Fillios [10]. **83** Raye [6]. **84** Berger [10]. **85** Girardet [10]. **86** Berger [10]. *Moyens :* **82, 83, 84, 85** Morris [6]. **86** Samuels [6]. *Lourds :* **82** Joffroy [10]. **83, 84, 85, 86** Van Mourik [8]. **Par équipe. 1978, 79** P.-Bas. **80, 81** France. **82** P.-Bas. **83** G.-B. **84** Écosse. **85** G.-B.

Coupe d'Europe des clubs. 86 Arguelles (Esp.).

Championnats de France. Hommes. *Super-légers :* **82, 83** Khatiri. **84, 85** Vallé. **86** Khatiri. *Légers :* **1971** Gourpil. **72 à 74** Paschy. **76** Daniel. **77, 78, 79, 80** Saidane. **81, 82, 83** Gofin. **84** Dorville. **85, 86** Gofin. *Mi-moyens :* **77** R. Montama. **78** Thuiliez. **79** Gargulio. **80** Bilicky. **81** Bilicky. **82** Thuiliez. **83** Sigliano. **84** Signat. **85** Serfati. **86** Gérard. *Moyens :* **71** Sauvin. **72, 73** Baroux. **74, 75, 76** Alifax. **77, 78, 79** Gauze. **80** Luconi. **81** Moreau. **82, 83** Serfati. **84** Moreau. **85, 86** Serfati. *Mi-lourds :* **77** De Luca. **78** Renaud. **79** Belrhiti. **80** Tapol. **81** Pyrée. **82, 83, 84** Petinella. **85** Tapol. **86** Pinar. *Lourds :* **71, 72, 73** Valéra. **74** Lenoir. **75** Valéra. **76** Montel. **77, 78** Montama. **79** Ruggiero. **80** Micholet. **81, 82** Ruggiero. **83, 84** Pyrée. **85** Ruggiero. **86** Pyrée. *Toutes catégories :* **71, 72, 73** Valéra. **74** Mami. **75** Valéra. **76** Pivert. **77** Montama. **78** Pivert. **79** Montama. **80, 81, 82, 83, 84, 85** Ruggiero. **86** Masci. **Par équipe. 79** Savigny-s.-Orge. **80** Marseille. **81** Clouange. **82** C.K.F. **83, 84, 85** SIK Paris.

Dames. *Créés* 1981. *Légers :* **81, 82, 83** Berger. **84** Thouze. **85** Depolier. **86** Girardet. *Moyens :* **81, 82, 83, 84, 85** Sarkis. **86** Morel. *Lourds :* **81, 82** Joffroy. **83** Martinez. **84** Le Calvez. **85** Macquet. **86** Brunet.

Championnats de France. *Karaté « contact ».* Protection de la face et des extrémités (gants de boxe et chaussures spéciales). *Créés* 1980. **Super-légers : 80** A. Desjardin. **81** Touatioui. **84, 85** Vallé. **Légers : 80** Parisi. **81** Dole. **84** Dorville. **85** Gofin. **Mi-moyens : 80** Gérard. **81** Jacquet. **84** Signat. **85** Daniel Serfati. **Moyens : 80** Gauze. **81** Guillot. **84** Moreau. **85** Serge Serfati. **Mi-lourds : 80** Tapol. **81** Gauze. **84** Pettinella. **85** Papol. **Lourds : 80** Tirolien. **81** Serisier. **84** Pyrée. **85** Ruggiero. **Super-lourds : 80** Lombardo. **81** Tirolien. **84, 85** Ruggiero.

Quelques noms

Fondateur du karaté : Gichin Funakoshi (1869-1957). **Grands maîtres japonais :** Oyama, Oshima, Kase, Murakami, Nanbu, Suzuki, Mochizuki, Amada, Goyen, Yamagushi (1909). **Grands champions :** Watanabe (Brés., 1946), Fitfins et Higgins (Brit.), Lemmens (Belg.), Reeberg et Kotzebue (Holl.), Ozaka et Hayakawa (Jap.), Stevens, Blanks et Evans (U.S.A.). *Français :* Patrice Belrhiti, Sophie Berger, Marc de Luca, Francis Didier (1949), Gilbert Gruss (1942), Jean-Luc Mami (1941), Jean-Luc Montama, Roger Paschy (1944), Francis Petitdemange (1941), Pettinella, Emmanuel Pinda, Patrice Ruggiero, Laurent Saidane, Guy Sauvin (1942), Alain Setrouk (1941), Dominique Valéra (10-2-43).

Lutte

Généralités

Origine. Très ancienne (Égypte ; Grèce : *pentathlé*). *1889* 1res compétitions de lutte *free-style* (style libre) aux U.S.A. *1904* admise aux Jeux Olympiques. *1912* création de la Féd. internationale des luttes amateurs (F.I.L.A.). *1914* 1res épreuves officielles en France.

Lutte gréco-romaine. Règles. D'origine française, modifiées par Exbrayat en 1848 : seules les prises portées entre tête et ceinture sont permises, prises et torsions douloureuses sont interdites. Projection de l'adversaire au sol interdite. *Tenue :* maillot à bretelles et chaussures de lutte (montant à la cheville). **Catégories** (en kg) : 48, 52, 57, 62, 68, 74, 82, 90, 100 et +.

Lutte libre. Prises de jambes (interdites en gréco-romaine) sont ici permises. *Combat* en 6 mn (2 périodes de 3 mn avec arrêt d'1 mn entre chacune) sur un tapis de 9 m de diamètre en compétition internationale. Si la défaite a lieu avant la fin du temps réglementaire, la victoire est acquise par « tomber ». L'athlète battu doit avoir les 2 épaules touchant simultanément le tapis.

Les autres victoires peuvent être obtenues aux points attribués au cours du combat par un juge, qui note de 1 à 4 les actions, et aux prises accomplies par chaque lutteur. Si à la fin de la durée de l'assaut aucun lutteur n'est tombé, la décision est donnée aux points au lutteur en ayant obtenu le plus grand nombre ; il n'existe plus de match nul. Des points de pénalité sont attribués après chaque décision ; ils servent à départager 2 ou plusieurs concurrents éliminés dans un même tour dans un tournoi ou un championnat (est éliminé tout lutteur ayant eu 2 défaites).

Luttes folkloriques. Bretonne (le Gouren) : lutteurs en chemise de toile et short, pieds nus. Victoire *(lamon)* acquise par le lutteur qui projette son adversaire sur le dos en restant lui-même debout. **Sambo** (lutte soviétique reconnue par la Féd. internationale de lutte) : lutteurs en culotte, chaussures montantes et veste en toile. Toutes les prises de lutte sont permises, plus les prises douloureuses aux jambes et aux bras ainsi que les immobilisations. Règles similaires à celles des luttes libres et gréco-romaine. **Turque** (le Gurès) : lutteurs vêtus d'une culotte de cuir souple jusqu'en dessous des genoux et oints d'huile sur tout le corps. Victoire acquise lorsqu'un lutteur réussit à mettre le « ventre » de l'adversaire face au soleil.

Principales épreuves

Légende. (1) Bulg. (2) All. dém. (3) Roum. (4) Hongrie. (5) U.R.S.S. (6) Youg. (7) Finl. (8) Tchéc. (9) Jap. (10) U.S.A. (11) All. féd. (12) Suède. (13) Pol. (14) Turquie. (15) Corée du N. (16) Turquie. (17) Cuba. (18) Norvège.

Voir Jeux Olympiques p. 23.

Championnats du monde

• **Lutte gréco-romaine** (*créés* 1950). **Par nation** (nombre de points). *70* U.R.S.S. 43. Bulg. 28. Youg. 22. *71* Bulg. 46. U.R.S.S. 39,50. Hongrie 23. *73* U.R.S.S. 47. Pol. 35. Bulg. 29. *74* U.R.S.S. 55. Bulg. 36. Pol. 23. *75* U.R.S.S. 56. Bulg. 34. *77* U.R.S.S. 37. Bulg. 30. Roum. 25. *79* U.R.S.S. 43. Hongrie 30. Bulg. 27. *81* U.R.S.S. 49. Hongrie 23. Finlande 21. **Individuels. 48 kg :** *81* Uchkempirov [5], *82* Kazaraschvili, *83* Tsenov [1], *85* Alakherdiv [5]. **52 :** *81* Blaguidze [5], *82, 83* Pazajan, *85* Roenningen [18]. **57 :** *81* Passarelli [11], *82* Michalik [13], *83* Eto [9], *85* Balov [1]. **62 :** *81* Toth [4], *82* Swierad [13], *83* Lahtinen [7], *85* Vanguelov [1]. **68 :** *81, 82* Ermilov [5], *83* Sipilä [7], *85* Negrisan [3]. **74 :** *81* Kudriavzev [5], *82* Rusu [3], *83* Mamiashvili [5], *85* Mamiasjvili [5]. **82 :** *81* Korban [5], *82, 83* Abrazava [5], *85* Daras [13]. **90 :** *81* Kaniguine [5], *rov* [1], *85* Mouk [10]. **100 :** *85* Dimitrov [1]. **+ de 100 :** *81* Memisevic [6], *82* Dinev [1], *83* Artushin [5], *85* Rostozotski [5].

• **Lutte libre** (*créés* 1949). **Par nation** (nombre de points). *70* U.R.S.S. 40. U.S.A. 32. Iran 27,5. *71* U.R.S.S. 42,50. Bulg. 31. Iran 31. *73* U.R.S.S. 55. Iran 28. Bulg. 28. *74* U.R.S.S. 52. Bulg. 29,5. Turquie 25. *75* U.R.S.S. 43. Bulg. 31. *77* U.R.S.S. 46. Bulg. 23. All. féd. 19. *79* U.R.S.S. 50. U.S.A. 35. R.D.A. 21. *81* U.R.S.S. 42. Bulg. 33. U.S.A. 28. *82* U.R.S.S. 55. U.S.A. 28. Bulg. 25. **Individuels. 48 kg :** *1981, 82* Kornilaev [5], *83, 85* Chol Hwan [15]. **52 :** *81* Asakura [9], *82* Reich [2], *83, 85* Jordanov [1]. **57 :** *81* S. Belogasov [5], *82* S. Belogasov [5], *83, 85* S. Belogasov [5]. **62 :** *81* Chterev [1], *82* S. Belogasov [5], *83, 85* Aleksjev [5]. **68 :** *81* Absaïdov [5], *82* Kharachura [5], *83, 85* Fadzaev [5]. **74 :** *81* Knups [11], *82* Kemp [10], *83* Shultz [10], *85* Cascaret [17]. **82 :** *81* Cambell [10], *82, 83* Dzgoev [5], *85* Shultz [10]. **90 :** *81* Aganisiyan [5], *82* Neupert [2], *83* Neniev [5], *85* Sherr [10]. **100 :** *81* Gehrke [2], *82* Mate [5], *83* Hadartsev [5], *85* Khabelov [5]. **+ de 100 :** *81, 82, 83* Khasimikov [5], *85* Gobedchivili [5].

Championnats d'Europe

• **Lutte gréco-romaine** (*créés* 1925). **Par nation** (nombre de points). *76* U.R.S.S. *77* U.R.S.S. *78* U.R.S.S. *79* U.R.S.S. *80* U.R.S.S. 49. Bulg. 38. Roumanie 25. *81* U.R.S.S. 47. Bulg. 33. Pologne 26. *82* U.R.S.S. 48. Bulg. 33. Roumanie 25. *83* U.R.S.S. 44. Bulg. 41. Hongrie 36. *85* U.R.S.S. 55. Roumanie 32. Pologne 32. *85* U.R.S.S. 53, Bulgarie 42, Roumanie 25.

Individuels. 48 kg : *81* Andonov [1], *82* Anikine [5], *83* Tzenov [1], *84* Alaxsjeverdijiev [5], *85* Tzenov [1], *86* Samtaev [5]. **52 :** *81, 82* Pachayan [5], *83* Racz [4], *84* Tasetdinov [5], *85* Kierpacz [13], *86* Dioudaev [5]. **57 :** *82* Balov [1], *83* Ivanov [1], *84* Fatkulin [5], *85* Arutjunjan [5], *86* Kalemulin [5]. **62 :** *82* Nassiboulov [5], *83* Vanguelov [1], *84* Madsjidov [5], *85* Madsjidov [5], *86* Sipos [4]. **68 :** *82, 83* Ermilov [5], *84, 85* Prohudin [5], *86* Dzulfakian [5]. **74 :** *81, 83* Kocsis [4], *82* Supron [13], *84* Tallroth [12], *85* Rusu [3], *86* Memiasvilli [5]. **82 :** *81* Korban [5], *82* Janimov [5], *83, 84* Apkhazava [5], *85* Batalov [5], *86* Kamaromi [4]. **90 :** *81* Anderson [12], *82, 83* Kanyguine [5], *84* Kontjev [1], *85* Kanyguine [5], *86* Komshev [1]. **100 :** *81* Inkov [5], *82, 83* Dimitrov [1], *84* Gaspar [4], *85* Fodorenko [5], *86* Tertei [6]. **+ de 100 :** *81* Guewowski [1], *82, 83* Dinev [1], *84* Tomov [1], *85* Rostorozki [5], *86* Dinov [1].

• **Lutte libre** (*créés* 1929). **Par nation** (nombre de points). *73* U.R.S.S. 55. Bulg. 39. Turquie 26. *74* U.R.S.S. Bulg. Roum. *75* U.R.S.S. 48. Bulg. 39. All. dém. 28. *76* U.R.S.S. 49. Bulg. 34. *77* U.R.S.S. 55. Bulg. 37. *78* Bulg. *79* Roum. 41. U.R.S.S. 40. Bulg. 29,5. *80* U.R.S.S. 54. Bulg. 49. Pologne 23,5. *82* U.R.S.S. 51. Bulg. 40. Hongrie 32. *83* Bulg. 46. U.R.S.S. 40. Hongrie 24. *84* U.R.S.S. 55, Bulgarie 36. *85* U.R.S.S. 55. Bulg. 35. All. dém. 33. *86* U.R.S.S. 54. Bulg. 39, All. dém. 22. **Individuels. 48 kg :** *81* Mehmedov [1], *82* Biro [4], *83* Mehmedov [1]. *84* Kornilaiev [5], *85* Gogolev [5]. *86* Dorzou [5]. **52 :** *81* Reich [2], *82, 83* Jordanov [1], *84* Trstena [6], *85* Jordanov [1], *86* Dimitrov [1]. **57 :** *81* Ivanov [1], *82, 84* Beloglazov [5], *83* Ivanov [1], *85* Stefan [1], *86* Calchev [1]. **62 :** *81* Ibrahimov [5], *82, 83, 84* Szterev [1], *85* Remus [2], *86* Isaev [5]. **68 :** *81* Dukov [1], *82* Budaev [5], *83* Penev [1], *84, 85* Fadsaiev [5], *86* Magamedov [5]. **74 :** Korajev [5], *82* Knops [11], *83* Sejdi [6], *84* Magamadov [5], *85* Polamarey [5], *86* Varaev [5]. **82 :** *81* Kolojev [5], *82, 84* Kamberov [1], *83* Karabaçak [16], *85* Varobiev [5], *86* Nanev [1]. **90 :** *81* Neupert [2], *82* Ginov [5], *83* Naniev [5], *84* Javloiev [5], *85* Tibilov [5], *86* Oganisian [5]. **100 :** *81* Magomedov [5], *82* Hutaba [5], *83, 84* Magomedov [5], *85* Khabelov [5], *86* Caraduchev [1]. **+ de 100 :** *81* Hasimikov [5], *82* Andiev [5], *83* Balla [3], *84* Sandurski [13], *85* Gobedjichvili [5], *86* Schroeder [2].

Championnats de France

• **Lutte gréco-romaine. Hommes** (*créés* 1919). **48 kg :** *81* Lebourg, *82, 83* Mas, *84, 85, 86* Gannachaud. **52 :** *80* Chambellan, *81* Cipolla, *82, 83, 84, 85, 86* Robert. **57 :** *80, 81, 82, 83* Mourier, *84* Mercader Michel, *85, 86* Mourier. **62 :** *80* Mercader, *81, 82, 83* Jalabert, *84, 85, 86* Naboulet. **68 :** *80* Lacase, *81* Zwada, *82* Mercader, *83* Abrial, *84* Mercader J.P, *85, 86* Jalabert. **74 :** *80* Lassuye, *81* Lacaze, *82* Vidal, *83* Cenci, *84* Vidal, *85, 86* Mischler. **82 :** *80, 81* Marx, *82* Bouchoule, *83* Lassuye, *84* Bouchoule, *85, 86* Meiss. **90 :** *80* Bouchoule, *81* Biscioni, *82* Marx, *83* Court, *84* Marx, *85* Court, *86* Marx. **100 :** *80, 81* Belmer, *82* Court, *83* Belmer, *84* Kolahi, *85* Belmer, *86* Manhart. **+ de 100 :** *80, 81* Bourgoin, *82, 83* Berma, *84, 85* Lasvaud, *86* Belmer.

Dames 1986. 44 kg : Delvaux. **48 :** Dumont. **52 :** Vanguelt. **56 :** Maret. **60 :** Sagon. **65 :** Legleut. **70 :** Jean. **+ de 70 :** Rossignol.

• **Lutte libre** (*créés* 1919). **48 kg :** *80* Faucher, *81* Bourdin, *82* Mimoun. *83* Fradin, *84* Ganachaud, *85* Eyermann, *86* Seco. **52 :** *80* Favy, *81* Dlimi, *82* Andrieu. *83* Mas, *84* Chirain, *85, 86* Bourdin. **57 :** *80, 81* Mercader, *82* Lobrutto. *83* Mercader, *84, 85, 86* Lobrutto. **62 :** *80, 81* Chelmowski, *82, 83* Santoro, *84* Shatteman, *85* Curi, *86* Arjomandi. **68 :** *80* Nicolas, *81, 82, 83* Brulon, *84* Vidal, *85, 86* Santoro. **74 :** *80* Mathis, *81* Legendre, *82, 83, 84* Legrand, *85* Gourdin, *86* Brulon. **82 :** *80* Mege, *81, 82, 83* Stanciu, *84, 85* Mege, *86* Legrand. **90 :** *80* Stanciu, *81* Kolahi, *82* Andanson. *83* Kolahi, *84* Marx, *85, 86* Stanciu. **100 :** *80* Grangier, *81* Vonau, *82* Deronzier. *83, 84* Bouchoule, *85, 86* Kolahi. **+ de 100 :** *80* Diliégro, *81* Collin, *82* Murat. *83* Vonau, *84* Martinez, *85, 86* Colliard.

Nota. — Il ne faut pas assimiler le *catch* (abrégé de *catch as catch can :* attrape comme tu peux) à la lutte. Dans le catch, toutes les prises sont permises, c'est davantage un spectacle qu'un sport.

Quelques noms

Champions internationaux actuels. Lutte libre. Alexandru Constantin [3] (n.c.) 48 kg. Kemp Lee [2] (n.c.) 74 kg. Novojilov Viktor [1] (5-6-50) 82 kg. Oidov Zeveg [4] (25-5-49) 62 kg. Peterson Benjamin [2] (27-6-50) 90 kg. Peterson John [2] (22-10-48) 82 kg. Seger Adolf [5] (2-1-45) 82 kg. Takada Yuji [6] (17-2-54) 52 kg. Tedjashvili Levan [1] (15-3-48) 90 kg. Yarygin Ivan [1] (7-11-48) 100 kg. Ymin Vladimir [1] (n.c.) 62 kg. **Gréco-romaine.** Balboshin Nikolaï [1] (8-6-49) 100 kg. Berceanu Gheorghe [3] (28-12-49) 48 kg. Davidian Nelson [1] (6-4-50) 62 kg. Draica Ion [3] (21-4-58) 82 kg. Kocsis Ferenc [9] (8-7-53) 74 kg. Kolev Ivan [8] (17-4-51) 82 kg. Lipien Kazimir [7] (6-2-49) 62 kg. Rezantsev Valery [1] (8-10-46) 90 kg. Rusu Stefan [3] (2-2-56) 68 kg. Supron Andrej [7] (22-10-52) 68 kg.

Nota. — (1) U.R.S.S. (2) U.S.A. (3) Roumanie. (4) Mongolie. (5) All. féd. (6) Japon. (7) Pologne. (8) Bulgarie. (9) Hongrie.

Champions français. Christophe Andanson (12-7-1957). Georges Ballery (18-7-37). Michel Ballery (5-4-52). André Bouchoule (23-5-48). Éric Brulon (2-9-60). Georges Carbasse (29-9-44). Jean-Pierre Chambellan (7-10-1958). Richard Chelmowski (2-8-57). Henri Deglane (1902-75). André Gaudinot (27-8-47). Michel Grangier (2-4-48). Lionel Lacaze (24-3-55). Diego Lo Brutto (26-8-53). Guy Marchand

(23-6-43). Jean-Pierre MERCADER (18-3-55). Didier NICOLAS (27-2-57). Charles PACOME (1902-78). Émile POILVÉ (19-9-03). Daniel ROBIN (31-5-43). René SCHIERMEYER (27-9-38). Pierre TABERNA (2-8-44). Théodule TOULOTTE (21-12-50). André ZOETTE (30-8-31).

Montagne

Guides et clubs

L'alpinisme n'est pas un sport compétitif : il ne figure pas au programme des Jeux Olympiques, il n'y a pas de règlement écrit. Des compétitions chronométrées ont été organisées en U.R.S.S. pour l'escalade de courtes falaises rocheuses. Écoles d'escalade nombreuses en France (Fontainebleau, Connelles, le Saussois, Surgy, etc.).

Guides (loi Mazeaud). *Classes :* 3. Accompagnateur de moyenne montagne ; aspirant guide ; guide de haute montagne. *Diplômés :* env. 4 000 en France. *Formation :* assurée par l'E.N.S.A. (Chamonix).

Quelques dates. 1823 1re Cie de guides créée à Chamonix. **1857** Club alpin italien et C.A. suisse créés. **1865** Sté Ramond (club de montagne) créée au pied du cirque de Gavarnie (Pyrénées). **1866** Club jurassien créé. **1869** Clubs alpins allemand et autrichien créés. **1872** Club des Vosges créé. **1873** Club des Karpathes (Hongrie) créé. **1874** Club alpin français et Sté alpine de Cracovie créés. **1919** Groupe de Hte montagne créé par l'élite des grimpeurs français.

Acclimatement. Durée nécessaire pour un adulte : – de 3 000 m : quelques j ; 4 000 à 5 000 m : 2 semaines ; + de 5 000 m : plusieurs semaines. Un alpiniste très bien acclimaté peut séjourner quelques j à + de 8 000 m, quelques h au sommet de l'Everest (8 848 m, pression réduite au tiers de la normale), alors qu'un homme placé brutalement dans des conditions semblables (caisson, dépressurisation d'un avion) perd connaissance et meurt rapidement. Une montée trop rapide peut entraîner un œdème pulmonaire ou cérébral pouvant être mortels.

Modifications physiologiques. La diminution de la pression d'oxygène dans l'air inspiré en altitude est compensée, à *court terme,* par l'augmentation des rythmes cardiaque et respiratoire, à *long terme,* par une redistribution sanguine, augmentation considérable du nombre de globules rouges permettant le transport d'oxygène par le sang, des modifications intracellulaires mal connues permettant aux cellules de s'adapter, etc. *Au-delà de 5 500 m env.,* la compensation ne permet plus la survie permanente : on observe progressivement une perte de poids avec fonte musculaire, disparition de l'appétit, insomnies. Le sang des hommes et des animaux vivant en haute altitude (Bolivie, Pérou, Tibet : plus de 5 000 m dans certaines régions) est plus riche en globules rouges que celui des hommes de la plaine. On observe un accroissement apparent du nombre des globules rouges dès le début d'une ascension en haute montagne, par hémoconcentration. L'augmentation réelle est beaucoup plus lente et demande plusieurs semaines.

Accidents

Catégories. *Les accidents les plus nombreux* (touchant les néophytes) résultent d'imprudences, de la non-observation des règles de sécurité (erreur d'orientation, manque d'équipement, méconnaissances des techniques d'assurances, mépris des prévisions météo) ; *quelques-uns* concernent des alpinistes confirmés, engagés dans des ascensions difficiles.

Statistiques. *Alpes* (moy. annuelle). *1859-85 :* 5 † ; *1886-91 :* 36 † ; *1911-13 :* 162 †. *France. 1980-83 :* 170 †. *1978 :* 93 †. *1979 :* 119 †. *1980 :* 153 †. *1981 :* 122 †. *1982 :* 104 † dont en alpinisme 48, ski alpin 40, randonnée alpine 16 ; interventions 633 (dont 589 aériennes). *1983 :* 117 † ou disparus. En 1981 alpinistes 42 %, touristes et randonneurs 22, skieurs 18, malades et évacués 18. Les avalanches sont responsables de 84 % des accidents mortels.

Répartition (alpinisme) : plus de 80 % par beau temps ; 82 % en juil.-août-sept. (dont juillet-août 71 %), 55 % en neige et glace, 32 % en rochers, 13 % terrain mixte. Env. 56 % des accidents et des morts sont dus aux chutes, glissades (dévissage). On compte à peu près autant d'accidents en montée qu'en descente (souvent plus facile).

Avalanches

• **Types.** *De neige récente :* se produisent pendant la chute de neige ou peu après, dès que la pente ne peut contenir la neige accumulée. Neige de faible cohésion peut être à caractère de plaque friable, de neige poudreuse avec aérosol, ou de coulée si la superficie et l'épaisseur restent modestes ; *de plaque avec de la neige plus ancienne :* la transformation des cristaux, qui se détruisent partiellement et se compactent (effet du poids ou du vent), rend la strate solide et forme une plaque instable, qu'une surcharge peut mettre en mouvement (cas de la plaque à vent, principale cause des accidents) ; *de fonte (neige très humide ou mouillée) :* lors d'un redoux avec pluie, et au printemps, la neige gorgée d'eau s'alourdit au point de se décrocher.

• **Prévention. Permanente.** *Défense passive :* par déviation (tunnel ou galerie, toit-tremplin, étraves, tournes et digues de déviation), freinage ou dissipation d'énergie (coins, tas freineurs, murs d'arrêt en fin de course). *Défense active :* retenue (râteliers, claies, croisillons, filets, pieux, palissades, terrasses ou banquettes), modification des lieux de dépôt de la neige (barrières à vent, panneaux virevents orientables, toits-buses) ou de la surface du sol (reboisement). **Temporaire.** *Déclenchements préventifs :* au pied par skieurs expérimentés ; à l'explosif lancé à la main (charges de 2,5 kg), transporté par câbles (CATEX), tiré par lanceur (avalancheur, avec projectile flèche, explosif liquide autostérilisable).

Prévision. Bulletin journalier de risque du 15 déc. au 30 avr. par régions (départements). Drapeau à damiers noirs et blancs dans les stations en cas de risque.

• **Ensevelis.** *Accidents en France : 1975 :* 11 morts, *76 :* 41, *77 :* 29, *78 :* 32, *79 :* 22, *80 :* 32, *81 :* 57, *82 :* 28, *83 :* 36, *84 :* 28, *85 :* 45, *86 (au 30-5) :* 34.

Chances de survie des ensevelis : à moins de 2 m pendant *1/2 h :* chances importantes, *1 h :* 40 %, *2 h :* 20 %. A plus de 3 m, *1 h :* 20 %, *2 h :* 0 %.

Recherche des ensevelis. *Sonde métallique :* de 4 m par éléments de 1 m. 20 hommes bien entraînés sondent rapidement un ha (60 % de chances de retrouver l'enseveli) en 4 h et minutieusement (100 % de chances de le retrouver) en 20 h pour une profondeur d'ensevelissement de 2 m (85 % des ensevelis le sont à moins de 2 m). *Chien :* met 1/2 h à 1 h pour sonder un ha. *Appareils radioélectriques :* émetteur-récepteur efficace pour localiser la victime, dimensions 12 × 8 × 2 cm, poids 300 g, portée de 30 à 60 cm ; balise émettrice nécessitant un récepteur plus grand, portée 600 m ; répondeur passif, languette ou carte répondeuse, pas cher, nécessitant système émetteur et récepteur encombrant (de 7 à 12 kg, plus antenne). *Appareil à détecter le CO^2,* ballon permettant de rester en surface de l'avalanche.

Artificiers déclencheurs d'avalanches 1 100 ; *observateurs nivo-météorologiques* 712 ; *responsables chargés de la sécurité* 154 ; *équipes cynophiles* (avec des chiens) 114.

Ascensions célèbres

Vers 1280. *Canigou* (2 875 m) par le roi d'Aragon Pierre III. **1336.** *Mont Ventoux* (1 912 m) par Pétrarque (It.). **1492.** *Mont Aiguille* (*Mons inaccensibilis,* 2 097 m) ; Dom Julien de Beaupré, capitaine de Montélimar, avec un charpentier, 4 prêtres et plusieurs chasseurs de chamois. Vers la même époque, Léonard de Vinci aurait gravi le *Monboso ;* un professeur de l'univ. de Zurich, Conrad Gesner, le *Mont-Pilate* (3 132 m).

1760. *Brévent* (2 526 m) par Horace Bénédict de Saussure (prof. de philosophie, physicien et minéralogiste, 1740-1799). Il promet ensuite une prime pour l'ascension du mont Blanc à partir duquel il espère découvrir le secret de la formation géologique du massif des Alpes. **1786** *(8-8). Mont Blanc ;* après plusieurs recherches d'itinéraires, Jacques Balmat (cultivateur et cristallier), 1er guide de haute montagne, et le Dr Michel Paccard. **1787** *(3-8). Mont Blanc* par Horace de Saussure (1740-99) avec une caravane de 19 personnes (payant chacune 5 louis). L'ascension sera tentée régulièrement après 1800. Actuellement le mont Blanc est escaladé chaque été par 2 000 à 3 000 alpinistes (la plupart sans guide) (le 15-8-79, 300 personnes ont atteint la cime). Par beau temps, la montée ne présente pas de difficultés techniques. Le grimpeur doit être entraîné à la marche et habitué à l'usage des crampons. Le mauvais temps arrive parfois rapidement (vent de 150 km/h, température de – 40 °C, brouillard et neige effaçant les traces). *Record de vitesse :* Bailly-Bazin en solitaire : 8 h 28 mn. *En 1922,* Morand a escaladé le dôme final sur une moto (il s'était fait déposer au refuge du Goûter par hélicoptère). *La plus jeune conquérante* Christel Bochatey avait 8 ans. *9-4-1980,* le plus grand exploit : Mitsumeri Shigi[7], 34 ans, ascension en solitaire du Freney (4 807 m). Une cordée franco-suisse a réussi à gravir la face nord des Droites (4 000 m) par la « voie des Américains ». *Grand Pic du Midi d'Ossau* (2 885 m) par un berger inconnu.

1811. *Jungfrau* (4 166 m) par 4 Suisses. **1820** *(20-8).* Accident de la caravane conduite par le Dr Hamel. **1823.** *Pelvoux :* Jacques-Étienne Mathioud et Alexis Léotard. **1828.** *Mont Pelvoux* (3 946 m) : Durand, officier géographe. **1829.** *Finsteraarhorn* (4 275 m), point culminant de l'Oberland, par 4 Suisses. **1839.** *Aiguille centrale d'Arves :* frères Magnin, chasseurs de chamois de Valloire (Savoie). **1842.** *Pic d'Aneto* (3 404 m), point culminant des Pyrénées : 6 personnes. **1855.** *Mont Rose* (Pointe Dufour, 4 638 m) ; 9 Anglais et guides. **1858.** *Dom des « Mischabel »* (4 554 m) : 4 personnes, Angl. et guides suisses. *Eiger* (3 974 m) : 3 personnes. **1859.** *Alestschorn* (4 182 m) : Tuckett, Angl. et 3 guides. **1860.** *Grand Paradis* (4 061 m) : 2 Angl., 2 guides français. **1861.** *Weisshorn* (4 512 m) : Tyndall et 2 guides suisses. **1862.** *Dent Blanche* (4 363 m) : 4 Angl. et guides. **1864.** *Barre des Écrins* (4 101 m) : Whymper et cordée de 4 personnes. **1865.** *Grandes Jorasses,* Pointe Whymper (4 184 m) : Whymper et 2 guides suisses. *Aiguille Verte* (4 121 m) : Whymper et 2 guides suisses. *Cervin* (4 477 m) : caravane Whymper, 7 personnes dont 4 avec le guide Michel Croz meurent à la descente. **1868.** *Grandes Jorasses,* Pointe Walker (4 208 m) : Walker et 3 personnes. *Elbrouz* (5 641 m) : D.W. Freshfields (angl.). *Kasbek* (5 043 m) : D.W. Freshfields. **1877.** *La Meije* (3 983 m) par 3 Français, les guides Pierre Gaspard et son fils conduisant Boileau de Castelnau. **1878.** *Grand Dru* (3 754 m) : 2 Angl. et 2 guides suisses. *Petit Dru* (3 733 m) : 3 guides chamoniards. **1881.** *Grépon* (3 484 m) : Mummery, Burgener (guide suisse) et Venetz (porteur) ; naissance de l'alpinisme sportif qui se suffit à lui-même et se passe des objectifs scientifiques ou d'exploration. *Chimborazo* (6 272 m) : Whymper. **1882.** *Aiguille du Géant* (4 013 m) : Ital. et Angl. ; emplois de broches de fer scellées. **1889.** *Les Grands Chamoz* (3 456 m) : 6 personnes. **Fin du XIXe s.** Presque tous les grands sommets alpins sont gravis : la technique s'améliore (pitons, mousquetons, poulies, étriers).

1911. *Grépon,* par le versant Mer de Glace : G.W. Young et le guide Joseph Knubel. **1912 et 1913.** *La Meije,* face S. ; paroi N.-O. des *Écrins ;* arête de *Coste Rouge* à l'Aile froide (cordée Mayer-Dibona). **1931 à 1939.** Ascension de parois difficiles, en particulier les faces nord. **1927.** *Aiguille du Plan* face N. (Armand Charlet). **1931.** *Cervin* (frères Schmid de Munich). **1933.** *Meije* (Casimir Rodier). **1933.** *Cima Grande di Lavaredo* face N. (2 999 m) en 3 jours (3 Italiens). **1934.** *La Meije* face S. (P. Allain et R. Leininger, 2 Parisiens fondateurs de l'école de Fontainebleau). **1935.** Face N. des Grandes Jorasses (All. Meier et Peters) dans la tempête. **1935.** Face N. des Drus (Pierre Allain et Raymond Leininger). **1936.** Face N.-O. de l'Aile Froide (cordée Gervasutti-Devies). **1938.** Face N. du Râteau (cordée Madie-Fourastier). **1937.** *Piz Badile,* face N.-E. (5 It. dont 2 morts d'épuisement à la descente). **1938** *(4-8). Grandes Jorasses* (4 208 m), face N., éperon Walker : 3 It. (Cassin, Esposito, Tizzoni). *Eiger,* face N. : All. Heckmair et Vorg ; Autr. Harrer et Kaspareck. **1951.** *Grand Capucin du Tacul* (700 m verticaux ou surplombant) ; Walter Bonatti. **1952.** *Drus,* face O. : 4 Français. **1955** *(août). Drus,* pilier S.-O. : en solitaire, Walter Bonatti. **1959** *(22-7). Cervin,* face N. : solitaire par Deiter Machart. **1961.** *Eiger,* face N. en hiver : équipe austro-all. **1962.** *Cervin,* face N. en hiver : Hilti von Allmen et Paul Etter. **1983** *(25-6). Chacraraju* (Pérou) : R. Desmaison et 3 Français.

Nota. — L'alpinisme se pratiquait autrefois surtout en été. Les difficultés de l'alpinisme hivernal sont le froid (– 20° ou – 30° en Europe), la brièveté des jours et l'enneigement des parois.

Hauteur des sommets en mètres et 1re ascension

• **Afrique. 5 895 Kibo** Kilimandjaro *1887* H. Meyer (All.). **5 199 Kenya** *1899* Mc Kinder (Angl.). **5 120 Ruwenzori** *1906* Duc des Abruzzes (It.).

• **Amérique. 6 768 Huascaran** *1932* E. Kinzl, E. Schneider, etc. **6 960 Aconcagua** *1897* Zurbriggen (Sui.). *1954* Face sud Berardini et éq. fr. **6 550 Tupungato** *1897* M. Zurbriggen (Sui.). **6 194 Mc Kinley** *1913* H. Stuck (Amér.). **5 545 Popocatepetl** *1591* D. de Ordas

(Esp.). **3 441 Fitz Roy** *1952* G. Magnone, L. Terray (Fr.).

• **Asie. 8 848 Everest.** *Tentatives.* Bilan : 81 de 1873 à fin 1984 dont 39 succès (versant népalais 33, chinois 6), 42 échecs (v. népalais 21, chinois 21). *Conquêtes :* 174, par 163 montagnards différents [dont Népal 25 (31 victoires), USA 24, Japon 15 (18 v.), Inde 13 (14 v.), All. féd. 13, Chine 12, URSS 11, Autriche 7, Italie 6 (7 v.), Suisse 6, G.-B. 5, Bulgarie 5, Pologne 5, Youg. 4, France 3 (Pierre Mazeaud, Jean Afanassieff, Nicolas Jaeger, le 15-10-1978), Tchécosl. 2, N.-Zélande 2, Canada 2, Espagne 1, Corée du Sud 1, P.-Bas 1.

Ont réussi 3 fois, le Sherpa Sungdare et le Japonais Yasuo Kato (26-10-73 versant népalais, 2-5-80 vers. tib., 1er montagnard ayant atteint le sommet par les deux faces, 27-12-82, mourut à la descente). *2 fois,* les Sherpas Angu Phu, Per Temba, Ang Dorje et Ang Rita, l'Italien Reinhold Messner et le Japonais Osaka Takashi.

Femmes ayant réussi : 1975, 16-5 Junko Tabei (Jap., n. 1939); *1975,* 26-5 Phanthong (Tibéto-Chin.) ; *1978,* 16-10 Wanda Rutkiewicz (Pol.) ; *1979,* 2-10 Hanne-Lore Schmatz (All. féd.) mourut en bivouaquant à la descente à 8 400 m ; *1984,* 23-6 Bachendra Pal (Ind.). Toutes par le versant nép. sauf Phanthong.

Historique. *Avant 1950* toutes les tentatives eurent lieu par le versant tibétain, le Népal étant fermé aux étrangers. 1ers : *1873* (Gén. brit. C.G. Bruce). *1921* C.K. Howard-Bury (atteignit le col Nord (6 985 m), 1 mort. *1922* pour la 1re fois, usage de bouteilles d'oxygène [(expédition brit. dirigée par C.G. Bruce ; Somervell atteint 8 170 m et G.I. Finch 8 325 m (record d'altitude) ; 7 sherpas tués par avalanche]. *1924* exp. dirigée par C.G. Bruce (*4-6* E.F. Norton bat le record d'altitude : 8 572 m ; G.L. Mallory et A. Irvine atteignent peut-être le sommet mais disparaissent). *1933* exp. Ruttledge (Brit.) ; W. Harris et F. Smythe arrêtés à 8 573 m. *1934* 1re tentative en solitaire par W. Wilson qui disparaît. *1936* Ruttledge (abandonne au col Nord). *1938* exp. Tilman (Brit.) : échec. *1947* 2e solitaire : E. Deman (Canad., disparaît).

Entre 1950 et 53 1res tentatives du côté népalais : 4 échecs : *1950* Ch. Houston et W. Tilman. *1951* K. Becker-Larsen (Danois), solitaire parti du Népal, contourne le massif en franchissant le col de Nang-pa, atteint le col Nord et gagne Darjeeling. *1952 (printemps)* exp. suisse de E. Whyss-Dunant, avec Norkay Tenzing comme chef sherpa ; atteint 8 500 m (record du côté népalais), doit rebrousser ; *(automne)* exp. suisse avec G. Chevalley. **1re réussite** *1953 :* exp. brit. dirigée par le Col. John Hunt (n. 26-6-1910 ; sera anobli), par la cascade de glace du Khumbu jusqu'au col Sud (8 000 m), puis l'escalade de l'arête S.E. (appelée depuis « la voie normale ») ; sommet atteint le 29-5 par Edmund Hillary (n. 20-7-1919) et le sherpa Norgay Tensing (1914-86, né au Népal, vécut à Darjeeling en Inde), victoire coïncidant avec le couronnement de la reine Elisabeth II.

2e réussite. *1956 :* Exp. suisse, versant népalais, par le Col Sud ; 2 cordées au sommet : *23-5* J. Marment et E. Schmied, *24-5* R. Reist et H.V. Gunten, tous Suisses. **1re réussite versant tibétain :** *Printemps 1960,* 3 Chinois au sommet : Wang Fou Chou, Chou Ying Hua et Sherpa tib. Gompa. Aucune date précise ni détails furent publiés. **3e réussite :** *Printemps 1963,* versant nép. Plus forte expédition jamais entreprise : USA : 19 montagnards, 47 Sherpas, 900 porteurs. **1re réussite par arête Ouest :** *22-5* T. Hornbein, W. Unsoeld et une cordée **via Col Sud :** *1-5* J. Whittaker et Ngawang Gombu. *22-5* B. Bishop et J. Arstad. **1re traversée de l'arête O. au versant S.-E.** (appelée voie normale via Col Sud) : *24-9-1975* Doug Scott et Dougal Haston (G.-B.). **1re victoire sans oxygène :** *8-5-1978* par Reinhold Messner (n. 17-9-44) et Peter Habeler, par Col Sud, vers. nép. **1re réussite hivernale :** *17-2-1980* Lesek Cichy et Krzystof Wielicki par Col Sud (– 30° à – 60 °C, vent 150 km/h).

Karakorum (massif), *1909,* exploration par le duc des Abruzzes. **Pic K2** (ou Mt Godivin Austen ou Chogo Ri en tibétain), le plus haut sommet du Karakorum, *31-7-1954* Compagnoni et Lacedelli après 4 tentatives (It.), assaut 70 j. **8 586 Kanchenjunga,** *25-5-1955* Angl., après 6 tentatives. Assaut 47 j. **8 516 Lhotse,** *18-5-1956* Luchsinger et Reiss (Suisse), assaut 45 j. **8 463 Makalu I,** *15-5-1955* Franco et éq. fr., assaut 47 j. **8 201 Cho Oyu,** *19-10-1954* Tichy (Autr.) et Pasang (Nép.), assaut 31 j. **8 172,** *13-5-1960* équipe austro-népalo-sui., assaut 52 j. **8 163 Manaslu,** *9-5-1956* (Japonais). Après 4 tentatives, assaut 50 j. **8 126 Nanga Parbat,** *3-7-1953* Hermann Buhl (Autr.) en solitaire, sans oxygène et sans équipement spécial. Après 10 tentatives, assaut 42 j. Env. 30 personnes moururent dans différentes tentatives. *1980 14-7* Hans Egel (All.) versant O., fait les derniers m en solitaire. **8 091 Annapurna I,** *3-6-1950* Herzog et Lachenal (Fr.), 1er 8 000 m conquis, assaut 18 j. *1980,* Yves Morin descendant à ski du sommet de l'Annapurna mourut suspendu à une corde fixe dans un passage délicat. **8 068 Gasherbrum I** ou **Hidden Peak,** *5-7-1958* (Amér.), assaut 36 j. *77-1956* Moravec (Autr.), assaut 46 j. **8 047 Broad Peak,** *9-6-1957* (Autr.), assaut 28 j. **8 013 Xixa Pangma** ou **Gosainthan,** *2-5-1964* (Chine), assaut 47 j. **7 816 Nanda Devi,** *1936* Tilman (Angl.). **7 710 Jammu** ou **Khumbakarnu,** *1962* Lionel Terray et équipiers français.

☞ **Quelques records. Montagne la plus haute encore inviolée.** Zemu Gap Peak (7 780 m) dans l'Himalaya, 31e sommet du monde. **Paroi la plus abrupte** face N.-E. du Half Dome, Yosemite (Californie, U.S.A.) 975 m de large sur 670 m de haut, ne s'écarte jamais de + de 14° de la verticale. Escaladée pour la 1re fois en 5 j par Royal Robbins, Jerry Galwas et Mike Sherrik, en juillet 1957. **Vitesse.** Marc Batard parcourut en une nuit 3 grands itinéraires dans l'envers du Mt-Blanc : la Major, la Sentinelle rouge et la Brenva. **Endurance.** Jacques Sangnier (46 ans) a franchi en courant 24 cols entre 2 000 et 3 200 m de l'Arc alpin en 20 étapes. Il a parcouru 580 km sur une dénivellation totale dépassant 24 000 m (en 1965 : il avait réalisé la 1re traversée hivernale des Alpes à ski en reliant Innsbruck à Grenoble en 33 j).

Quelques noms

Alpinistes actifs. Jean Afanassieff [1] (1953). Louis Audoubert. Walter Cecchinel [1] (1946). Patrick Cordier [1]. Jim Coudray [1]. Peter Kabeler [4]. Reinhold Messner [2]. Alain Rousse [8]. Douglas Scott [8]. Yannick Seigneur.

Les grands noms de l'alpinisme. Pierre Allain [1] (n.c.). Walter Bonatti [2] (1930). Chris Bonington [8] (n.c.). Hermann Buhl (1924-57) [4]. Riccardo Cassin [2] (1909). Armand Charlet [1] † (1900). Emilio Comici (1901-40) [2]. Jean Couzy [1] (1923-58). René Desmaison [1] (1932). Hans Düllfer (1893-1915) [5]. Jean Franco [1] (1917-72). Giusto Gervasutti [1] (n.c.). John Harlin [6] (1935-66). Anderl Heckmair (1906) [5]. Toni Hiebeler [5] (1927). Nicolas Jaeger [1] (1946-80). Yasuo Kato [7] (1949-82). Louis Lachenal [1] (1921-55). Franc Lochmatter † (n.c.) [9]. George Leigh Mallory [8] (1886-1924). Albert Frédérick Mummery [8] (1855-96). Robert Paragot [1]. Georges Payot [1]. Giovanni Bastita Piaz [2] (1879-1948). Y. Pollet-Villard [1] (1929-81). Paul Preuss [9] (1889-1913). Gaston Rébuffat [1] (1921-85). Ryan [8]. Lionel Terray [1] (1921-65). Willo Welzembach †. Edward Whymper [8] (1840-1911).

Nota. – (1) Fr. (2) Ital. (3) Autr. (4) All. féd. (5) U.S.A. (6) N.-Zél. (7) Japon. (8) G.-B. (9) Suisse.

Motocyclisme

☞ Voir Motocyclette à l'Index.

Généralités

Courses. De côte. Disputée sur route. Les concurrents partent isolément toutes les minutes. Championnat de la montagne 50 à 125, 126 à 250, 251 à 500, 501 à 1 300, side-cars jusqu'à 500. **Sur glace.** Avec pneus équipés de longs clous, machines fonctionnant à l'alcool ou au méthanol. **De vitesse.** Sur circuit fermé à revêtement dur et continu. Nécessite précision mécanique, finesse de trajectoire et grande concentration dans le pilotage.

Enduro. Épreuve d'endurance et de régularité en terrain varié sur des sentiers forestiers ou des chemins de terre non carrossables. Comme le rallye : moyenne exigée et épreuves de vitesse.

Grass-track. Sur piste ovale, gazonnée et aussi plane que possible. Les concurrents (4 ou 6) disputent plusieurs manches au nombre de tours limité.

Moto-ball. Dérivé du football, pratiqué sur des motos d'une cylindrée inférieure à 250 cm³. Se déroule en 4 périodes de 25-20-20-25 mn. Équipe de 5 joueurs : 3 avants, 1 arrière, 1 gardien de but (1 ou 2 remplaçants devant être prévus). **Moto-cross.** Sur une piste fermée et très accidentée avec de fortes dénivellations et variations de pentes qui nécessitent robustesse de la machine, audace et force physique.

Rallye (ou circuit de régularité). Épreuve sportive organisée sur route libre et non gardée, au kilométrage bien déterminé et aux horaires rigoureusement minutés. Ces épreuves comportent fréquemment une course de côte ou de vitesse pure destinée à départager les ex-aequos.

Speedway. Sur piste ovale assez courte. Sol en cendrée, sable, terre, etc., pratiquement plat. 4 ou 6 pilotes lâchés ensemble tournent sur l'ovale en grand dérapage contrôlé. Motos : 500 cm³ monocylindriques dépourvues de boîte de vitesses.

Trial. La maniabilité de la machine, les qualités d'adresse et d'équilibre sont prépondérantes surtout dans les passages de zones dites non-stop. Parcours de 80 à 120 km (souvent une boucle, à parcourir 2 ou 3 fois). Une moyenne de 20 km/h est imposée. En arrivant à une *zone contrôlée* (ou *non-stop*), le pilote va reconnaître le terrain à pied. *Pénalisations* (points) : pied posé au sol : 1 ; poser 2 fois le pied : 2 ; plusieurs touchés des pieds : 3 ; chute ou arrêt dans le non-stop avec les 2 pieds au sol : 5 ; par minute de retard à l'arrivée : 0,1. En cas d'ex-aequo, on tient compte du plus grand nombre de non-stop réussis sans faute et, au besoin, des non-stop exécutés avec un pied au sol ou plusieurs touchés des pieds au sol.

Fédération française de motocyclisme. 74, avenue Parmentier, 75011 Paris. *Licenciés* (85) : 13 000.

Marques célèbres

Entre les 2 guerres, marques britanniques : Sunbeam, Matchless A.J.S. (7 R. de 350 cc), Vélocette, Norton (500 cc « Manx »). *Après la guerre,* marques italiennes : Guzzi (250 cc, 350 cc), Gilera (500 cc), Meccanica Verghera (38 titres de champion du monde des constructeurs). *Depuis 1961 :* japonaises : Honda, Yamaha, Suzuki, Kawasaki.

Épreuves

Origine. 1897 1re course Paris-Dieppe. **1907**-*28-5* séries des Auto-cycle Union Tourist Trophy (île de Man, G.-B.). **1920,** 1er Grand Prix en France.

Championnats du monde. Grands Prix : épreuves disputées à l'échelon mondial, regroupant les catégories 80, 125, 250, 500 + side-car 500. Attribution des points pour les 10 premiers de chaque course : 15, 12, 10, 8, 6, 5, 4, 3, 2, 1. Total portant sur les points obtenus dans un certain nombre de Grands Prix (en général, la moitié des épreuves plus une). Parallèlement, *champ. du monde des constructeurs,* (même formule), sans tenir compte des pilotes.

Modifications du règlement technique. 1949 interdictions de tout système d'alimentation forcée de type compresseur, d'utiliser un autre carburant que celui vendu dans le commerce. *1958* interdiction des carénages intégraux. *1970* interdiction (pour les 125 et 250 cc) d'utiliser des moteurs de plus de 2 cylindres et des boîtes de vitesses de plus de 6 rapports.

Championnats de France. *Vitesse :* open (inters et nationaux confondus), national (80, 125, 250, 500 et sides), inter (80, ch. d'endurance, de la montagne, promosport, des rallies, challenge productions), ch. *Trial* Experts 1, Seniors 1 ; *Motocross* (250-500 Inter, 125 Inter, 250-500 National, 125 National, 125 Junior, 80 Cadet, Inter side-car, Inter Police-Armée).

Coupes de marques : *cross :* trophée Kawasaki-Igol (125 cc). *Vitesse :* coupe Gauloises-Yamaha (350 cc).

Records

Vitesse. A l'heure. 513,165 km/h de moyenne départ lancé aux Bonneville Salt Flats (Utah, U.S.A.) par Donald A. Vesco (U.S.A., n. 8-4-39) le 28-8-1978 sur sa Lightning Bolt 2 122 cc carénée de 6,4 m de long propulsée par 2 moteurs de 1 016 cc Kawasaki.

1 km départ arrêté. En 16"68 (215,82 km/h) par Henk Vink (P.-Bas, n. 24-7-39), le 24-7-77 sur une Kawasaki 4 cylindres 984 cc à compresseur.

100 km départ arrêté. En 25'44"74 (203,04 km/h) Mike Hailwood (2-2-1964) sur MV-Augusta 500 cc.

1 000 km. 205,933 km/h par les It. Mandracci, Patrignani, Trabalzini, le 30-10-1969 sur Guzzi.

Parcours. 50 000 km en 19 j à 109,4 km/h par des officiers français sur une Yacco Gnome-et-Rhône à Montlhéry, du 19 juin au 8-7-1939.

Course. G. Meier (All. féd.) B.M.W. 215,6 km/h en 1934.

Saut. Record du monde 71 m (15 autobus côte à côte) par Philippe Ouada [15] en avril 1982.

Plus longue distance sur circuit. 4 060 km (moy. 169,200 km/h) par les Français Jean-Claude Chemarin et Gérard Debrock les 17 et 18-8-74 sur une Honda 4 cylindres 860 cm^3.

Quelques résultats

Légende. (1) Espagne. (2) P.-Bas. (3) All. féd. (4) Suède. (5) G.-B. (6) Finlande. (7) Italie. (8) Suisse. (9) Canada. (10) Venezuela. (11) Australie. (12) U.S.A. (13) Belgique. (14) U.R.S.S. (15) France. (16) Japon. (17) Afr. du S. (18) Brésil. (19) Autr.

• **Bol d'Or.** *Créé* 1922, abandonné de 61 à 68, repris en 69. Course de vitesse toutes catégories, qui dure 24 h. **Lieux : 22** Vaujours (près de Livry-Gargan), **23 à 26** St-Germain (C. des Loges), **27** Fontainebleau, **28 à 39** St-Germain (C. de la ville), **47 à 51** St-Germain, **52 à 60, 69-70** Montlhéry, **dep. 71** Le Mans, puis Castellet. **Palmarès : 72** Debrock-Ruiz [15] (950 Honda-Japauto, 2 896,41 km, 120,662 km/h). **73** Debrock-Tchernine [15] (id., 2 764,139 km, 115,672 km/h). **74** Godier-Genoud [15-8] (1 000 Kawasaki) 2 877,624 km, 119,901 km/h. **75** Godier-Genoud [15-8] (id., 2 988,568 km, 124,524 km/h). **76** Georges [15]-Chemarin [15] (941 Honda, 3 235 km, 134 km/h). **77** Léon-Chemarin [15] (Honda 997) 3 235,46 km, 136,608 km/h. **78** Léon-Chemarin [15] (Honda) 3 503,430 km, 146,618 km/h. **79** Léon [15]-Chemarin [15] (Honda) 3 600,2 km, 150,55 km/h. **80** P.-E. Samin [15]-F. Gross [15] (Suzuki) 3 515,5 km, 147,797 km/h. **81** D. Sarron [15], J.-C. Jaubert [15] (Honda) 3 544,1 km, 147,555 km/h. **82** J. Lafond [15], H. Guilleux [15], P. Igoa [15] (Kawasaki) 3 637 km, 151,75 km/h. **83** R. Roche [15], G. Bertin [15], D. Sarron [15] (Honda) 3 607,6 km, 150,693 km/h. **84** J.-P. Oudin [15], P. de Radiguès [13] (Suzuki), moy. 126,313 km/h. **85** Coudray-Igoa-Vieira [15] (Honda), moy. 153,622 km/h. 2e Bertin-Le Liard-Luc [15] (Japauto). 3e P. de Radiguès [13]-Oudin [15]-Delcamp (Suzuki).

• **24 h du Mans.** *Créés* 1978. Classement à la distance. **78** Léon-Chemarin (Honda RCB), 3 189,120 km, 132,88 km/h. **79** Léon-Chemarin [15]. **80** Fontan-Moineau [15] (Honda RS 1 000 TT F1), 3 192,72 km, 133,039 km/h. **81** Huguet-Chemarin (Kawasaki), 3 300,11 km, 137,504 km/h. **82** Samin-Pernet (Suzuki) 3 239 km, 135,29 km/h. **83** Cornu-Coudray-Pellandini (Kawasaki 1 000 J), 3 057 km, 127,37 km/h. **84** Van der Mark-Brand [2] (Suzuki 998), 3 277,397 km, 136,558 km/h. **85** Bertin [15]-Millet [15]-Guichon [15] (Suzuki), 137,976 km/h. **86** Coudray-Igoa-Vieira [15] (Honda), 132,493 km/h. 2e Bolle-Battistini [15] (Honda). 3e Moineau-Le Bihan-Delcamp [15] (Suzuki).

• **Tour de France.** *Créé* mai 1973. **73** Renouf (900 Kawasaki). **74** William Gougy (750 Kawasaki). **75** Rigal (B.M.W. 900). **76** Rigal (940 Honda). **77** Chomat (900 Honda). **78** Rigoni (1000 Honda). **79** Geneletti (Honda SCI). **80** Husson (Honda) 34 h 37'34". **81** Chevelle (Kawasaki) 34 h 22'59". Pas organisé depuis 1982.

• **Championnats du monde.** *Créés* 1949 (50 cm^3 en 1962).

50 cm^3. 69, 70 A. Nieto [1] (Derbi). **71** J. de Vries [2] (Kreidler). **72** A. Nieto [1] (Kreidler). **73** J. de Vries [2] (Kreidler). **74** H. Van Kessel [2] (Kreidler). **75, 76, 77** A. Nieto [1] (Bultaco). **78** Tormo [1] (Bultaco). **79, 80** E. Lazzarini [7] (Kreidler). **81** R. Tormo. **82** (Bultaco). **83** S. Dörflinger [8] (Kreidler). **Dep. 1984, 80 cm^3 84** Dörflinger [8] (Zundapp). **85** Dörflinger [8] (Krauser).

125 cm^3. 70 D. Braun [3] (Suzuki 2). **71, 72** A. Nieto [1] (Derbi 2). **73, 74** K. Andersson [4] (Yamaha 2). **75** K. Andersson [4]. **76, 77** P. Bianchi [7] (Morbidelli). **78** E. Lazzarini [7] (Kreidler). **79** E. Nieto [1] (Minarelli). **80** P. Bianchi [7] (MBA). **81** A. Nieto [1] (Minarelli). **82, 83, 84** A. Nieto [1] (Garelli). **85** F. Gresini (Garelli).

250 cm^3. 70 R. Gould [5] (Yamaha 2). **71** Phil Read [5] (Yamaha 2). **72** J. Saarinen (Yamaha 2). **73** D. Braun [3] (Yamaha 2). **74, 75** W. Villa [7] (Yamaha 2). **76** W. Villa [7] (Harley-Davidson). **77** Lega [7] (Morbidelli). **78, 79** K. Ballington [11] (Kawasaki). **80** A. Mang [3] (Kawasaki). **81** Mang [3] (Kawasaki). **82** J.-L. Tournadre [15] (Yamaha). **83** C. Lavado [10] (Yamaha). **84** C. Sarron [15] (Yamaha). **85** F. Spencer [12] (Honda). **86** J. Vimond [15] (Yamaha).

350 cm^3. 64, 68, 70, 71, 72, 73 G. Agostini [7] (M. V. Agusta 4). **74** G. Agostini [7] (Yamaha 2). **75** Ceccoto [10]. **76** W. Villa [7] (Harley-Davidson). **77** Katayama [16] (Yamaha). **78, 79** K. Ballington [11] (Kawasaki). **80** J. Ekerold [17] (Bimota-Yamaha). **81, 82** A. Mang [3] (Kawasaki). Catégorie supprimée en 83.

500 cm^3. 66 G. Agostini [7] (Honda 4). **67, 68, 69, 70, 71, 72** G. Agostini [7] (M. V. Agusta 3). **73** Phil Read [5] (M. V. Agusta 3-4). **74** Phil Read [5] (M. V. Agusta 4). **75** G. Agostini [7]. **76, 77** B. Sheene [5] (Suzuki). **78, 79, 80** K. Roberts [12] (Yamaha). **81** M. Lucchinelli [7] (Suzuki). **82** F. Uncini [7] (Suzuki). **83** F. Spencer [12] (Honda). **84** Lawson [12] (Yamaha). **85** F. Spencer [12] (Honda).

Side-cars. 69 K. Enders [3] (B.M.W. 2). **71** O. Orveslе [2] (B.M.W. 2). **72, 73** K. Enders [3] (B.M.W. 2). **74** K. Enders [3] (B.M.W. Busch). **75** Steinhausen [3]. **76** Steinhausen [3]. **77** O'Dell/Holland [5] (Yamaha). **78** Biland [8]-Williams [5]. **79** Biland [8]-Waltisperg [8] (BZA). Holzer-Meierhans [8] (Yamaha B2B). **80** Taylor [3]-Johnsson [4] (Yamaha). **81** Biland-Waltisperg [8] (LCR Yamaha). **82** W. Schwärzel/Huber [3]. **83** Biland-Waltisperg [8] (LCR Yamaha). **84, 85** Streuer-Schnieders [2] (LCR Yamaha).

750 cm^3 (prix FIM). **74** Dodds [11] (350 Yamaha). **75** Findlay (Yamaha). **76** V. Palomo (Yamaha). **77** S. Backer [12] (Yamaha). **78** J. Cecotto [10] (Yamaha). **79** P. Pons [15] (Yamaha). Pas de ch. dep. *80*.

Moto-cross. *Créés* en 1952. **500 cm^3 70** Abery. **71, 72, 73** de Coster [13]. **74** Mikkola [6]. **75, 76** R. de Coster [13] (Suzuki). **77, 78** Mikkola [6] (Yamaha). **78, 79** Noyce (Honda). **80, 81** Malherbe [13] (Honda). **82** J. Robert. **83** H. Carlqvist [6] (Yamaha). **84** A. Malherbe [13] (Honda). **85** Thorpe [5] (Honda). **250 cm^3.** *Créés* 1952. **70, 71, 72** Joël [13]. **73** Andersson [4]. **74** Moïsseev [14]. **75** Everts [13]. **76** Mikkola [6] (Husqvarna). **77, 78** Moïsseev [14] (KTM). **78, 79** Carlqvist [4] (H.V.A.). **80, 81** Jobe [13] (Suzuki). **82** D. Laporte [12] (Yamaha). **83** J. Jobe [13] (Suzuki). **84, 85** H. Kinigadner [19] (KTM). **125 cm^3 77** Rahier [13] (Suzuki). **78** Watanabe [13] (Suzuki). **79, 80, 81** Everts [13] (Suzuki). **82, 83** E. Geboers [13] (Suzuki). **84** M. Rinaldi [7] (Suzuki). **85** Vehkonen [6] (Cagiva).

Trial. 77, 78 Y. Vesterinen [6] (Bultaco). **78, 79** Schreiber [12] (Bultaco). **79, 80** U. Karlson (Montesa). **81** G. Burgat [15] (S.W.M.). **82, 83, 84** E. Lejeune [13] (Honda). **85** T. Michaud [15].

• **Championnats de France.** *Créés* 1960.

Vitesse. Internationaux 750 cm^3. 77 C. Estrosi [1], **78** J.-P. Boinet [2], **80** P. Pons [2], **81** M. Fontan [2] (plus de catégorie 750). **500** *82* Fontan [2], **83** L.L. Maisto [17], **84** Moineau [27], **85** C. Sarron [2]. **86** Roche. **250 77, 78** G. Bertin [2], **79** C. Estrosi [1], **80** T. Espié [2], **81** J.-F. Balde [1], **82** Bolle [2], **83** C. Sarron [2], **84** C. Sarron [2], **85, 86** J.-F. Baldé [24]. **125 77** J.-L. Guignabodet [3], **78** C. Gorry [2], **79** T. Espié [8], **80** G. Bertin [8], **81** J. Bolle [8], **82** Selini, **83, 84, 85, 86** J.C. Selini [16]. **80 83** Ph. Linarès [1], **85** Bordes [25]. **50 77, 78** Y. Le Toumelin [4], **79, 80** J. Hutteau [9], **81, 82** P. Kambourian [20]. **Side-car 77, 78** Y. Trolliet-P. Muller [2], **79** A. Michel-S. Cousins [2], **80** Y. Trolliet-D. Vernet [2], **81** A. Michel-M. Burckart [2], **82** Burckart-Tergella, **83** A. Michel-C. Ronchaud [2], **84, 85** M. Fresc [26]. **Nationaux 750 77** T. Laurens [2], *78* G. Coudray [2], **79** J.-L. Tournadre [2], **80** A. Magro [2], **81** P. Bissiana [2] (plus de cat. 750). **500 77** H. Precious [2], **78, 79, 80** pas de champions, **82** Meyer [17], **83** C. Titone [17]. **84** D. Dalet. **85** C. Sarron [2]. **250 77** F. Gross [2], Ph. Roussel [2], C. Berthod [2], **80** J.-L. Albera [2], **81** B. Piaton [1], **82** Calatayud [21], **83** J. Onda [2], **84** G. Olla [2]-C. Couturier [21]. **85** Baldé et Mattioli [2]. **125 77** J.-C. Sélini [2], **78** J.-P. Magnoni [3], **79** M. Galbit [3], **80** F. Michel [16], **81** R. Gaillard [3], **82** Lagrive [16], **83** E. Quartararo [16], **84** Ph. Jault [3]. **80 83** Th. Bonpais, **84** F. Raoul. **85** Selini [16]. **50 77** N. Arnal [4], **78** S. Gilbert [3], **79** J.-M. Torro [3], **80** J.-M. Van Pé [4], **81** P. Linares [11], **82** Vanzetto [3]. **Side-car 77** B. Chabert-P. Jourdain [2], **78** Ph. Filek-M. Prigent [2], **79** C. Bay-P. Rossi [2], **80** P. Thomas-J.-M. Fresc [2], **81** D. Lacour-P. Marais [2], **82** Gomez-Guilbaud [2], **83** Nigrowsky-Bigot [2], **84** Bouzigue-Gamba [2]. **85** Michel-Fresc [26].

Moto-cross. Internationaux 500 cm^3. **77** J. Bacou [5], **78, 79, 80, 81** J.-J. Bruno [17], **82** Boniface [10], **83** P. Fura [19], **84** J.-P. Mingels [2]. **85** J.-J. Bruno [1]. **250 77** J.-J. Bruno [6], **78** D. Dean [12], **79** P. Boniface [10], **80** J.-M. Baron [18], **81** P. Fura [19], **82** Vimond [2], **83** Y. Kervella [6], **84** J. Vimond [2]. **85** J. Vimond [2]. **125 77** P. Boniface [6], **78** P. Gervaise [2], **79, 80, 81** J. Vimond [2], **83** P. Perrier [2], **84** J.-L. Fouchet [2]. **85** C. Vimond [10]. **Side-car 77** C. Hennequin-D. Vurpillot [7], **78** M. Freund-R. Freund [7], **79** F. Barat-Come [7], **80** Bonnaz-Gregis [2], **81** F. Barat-J.-C. Patrier [2], **82** Bonnaz-Clavel [2], **83, 84** Samofal-Caggiano [2]. **85** Mecène-Clavel [30].

Trial. Internationaux 77 C. Coutard [5], **78** C. Desnoyers [15], **79** C. Coutard [11], **81** G. Burgatt [11], **82** Burgat [14], **83** Th. Michaud [11]. **Nationaux 77** C. Desnoyers [15], **78** F. Michaud [5], **79, 80** G. Burgat [11], **81** T. Michaud [11], **82** Couturier [14], **83** Ph. Berlatier [22], **84** T. Michaud [14].

Enduro. Internationaux plus de 125 cm^3 77, 78, 79 J. Queirel [6], **80** P. Drobecq [19], **81** J. Queirel [6], **82** Moralès [19], **83, 84, 85** G. Lalay [10]. **Moins de 125 77** J.-L. Fleurence [6], **78** M. Mallet [13], **79, 80** Y. Cadoret [14], **81** G. Lalay [11], **82** G. Lalay [15], **83, 84** F. Crespo [10]. **85** P. Poyard [29].

Nota. — (1) Kawasaki. (2) Yamaha. (3) Morbidelli. (4) Kreidler. (5) Bultaco. (6) K.T.M. (7) Norton. (8) Motobécane. (9) A.B.F. (10) Honda. (11) S.W.M. (12) Maïco. (13) Sachs. (14) Fantic. (15) Montesa. (16) M.B.A. (17) Suzuki. (18) Portal. (19) H.V.A. (20) Stock-Exp. (21) Armstrong. (22) Italjet. (23) Cardel. (24) Pernod. (25) SCRAB. (26) Krause. (27) Cagiva. (28) Ossa. (29) Aprilia. (30) E.M.L.

Grand Prix de France (1985). 125 cm^3 Gianola [7] (Garelli). **250** Spencer [12] (Honda). **500** Spencer [12] (Honda). **Side-car** Streuer-Schnieders [2] (LCR-Yamaha).

• **Enduro du Touquet.** Créé 1974. **82, 83, 84, 85, 86** Van der Ven [2] (K.T.M.).

• **I.S.D. 1976** (Autriche). Résultats français : *méd. d'or* J.-Y. Titaire, N. Samofal, P. Ramade ; *argent* G. Galland, M. Samofa, B. Costes, J.-P. Lloret, J.-M. Huguet, J.-L. Fleurance ; *bronze* J.-P. Mathieu. **1978** (Suède). *Or* Y. Cadoret, M. Malet, A. Francru, G. Francru, N. Samofal, P. Ramade ; *argent* C. Neveu, D. Andrieu, P. Blanc-Tailleur. **1980** (France). *Argent* D. Delavault, G. Francru. **1981** (Italie). *Or* G. Francru, Y. Kervella, P. Povard ; *argent* F. Debussy, C. Linder. **1982** (Tchéc.). *Or* F. Guérand ; *argent* D. Chabanette, Th. Charbonnier, J.-P. Charles ; *bronze* G. Albaret, D. Lacroix. **1983** (Angl.). *Or* Gilles Lalay, M. Morales ; *argent* P. Poyard, Th. Magnaldi, M. Roche ; *bronze* D. Chabanette, Th. Castan, Th. Viardot, D. Tirard, Ph. Vellas, J.F. Canier, D. Comte, D. Simon, Th. Charbonnier, J.P. Charles, G. Albaret. **1984** (Hollande). *Or* Gilles Lalay ; *argent* G. Albaret, E. Berthet-Rayne, A. Boissonnade, T. Castan, J.-P. Charles, F. Guérand, M. Morales, S. Peterhansel, P. Povard, D. Tirard, T. Viardot ; *bronze* T. Charbonnier, J.-P. Raymond, M. Roche.

Quelques noms

AGOSTINI, Giacomo (It., 16-6-42), BERTIN, Guy (Fr., 1954), HAILWOOD, Mike (G.-B., 1940-81), MALHERBE, André (Belgique), MICHAUD, T. (Fr.), MILLER, Samuel Hamilton (G.-B., 11-11-35), NIETO, Angel Roldan (Esp., 1947), PARNELL, Keith (G.-B., 1936), PONS, Patrick (Fr., 1952-80), REDMAN, Jim A. (Rh., 1931), ROBERT, Joël (B., 11-11-43), ROBERTS, Kenny (U.S.A., 1952), ROUGERIE, Michel (Fr., 1950-81), SARRON, Christian (Fr., 1955), SHEENE, Barry (G.-B.), SMITH, Jeffrey Vincent (1934), SPENCER, Freddie (U.S.A., 20-12-61), VAN DER VEN, Kees (P.-B.), VESCO, Don (U.S.A., 8-4-39).

Motonautisme

Source : Union internationale motonautique.

Origine. 1887 Gottlieb Daimler fit la 1re démonstration de bateau à moteur à essence. **V. 1889** Création de l'Hélice Club de France. **1903** 1re course en pleine mer (Calais-Douvres) et premier championnat international. **1908** Création de l'Association internationale de yachting automobile.

Séries internationales

En-bord de course (Classe R). *R* 1 000 cm^3 incl. *R* 1 500. *R* 2 000. *R* 2 500. *R* 5 000. *R* 7 000. *R* ∞ (+ de 7 000). Carène, coque, moteur et carburant libres.

En-bord sport (E). *E* 1 000 cm^3. *E* 1 500. *E* 2 000. *E* 2 500. *E* 5 000. *E* 7 000. *E* ∞ (+ de 7 000). Carène et coque libres.

Hors-bord de course (O). *O* 175 cm^3. *O* 250. *O* 350. *O* 500. *O* 750. *O* 850. *O* 1 000. *O* 1 500. *O* 2 000. *O* ∞ (+ de 2 000). Carène, coque, moteur, carburant libres.

Hors-bord sport (S). *S* 175 cm^3. *S* 250. *S* 350. *S* 500. *S* 750. *S* 850. *S* 1 000. *S* 1 500. *S* 2 000. *S* ∞ (+ de 2 000). Carène et coque libres.

Bateaux pneumatiques hors-bord (P). *P* 750 cm^3. *P* 550. *P* 3 000 S.

Hors-bord sport coque en V (T). *T* 850 cm^3. *T* 750. *T* 550. *T* 400.

Principales courses

Légende. (1) U.R.S.S. (2) All. féd. (3) France. (4) U.S.A. (5) Suisse. (6) Finlande. (7) G.-B. (8) Italie. (9) Argentine. (10) Australie. (11) Suède. (12) Tchécoslovaquie. (13) P.-Bas. (14) Brésil. (15) Autriche. (16) Japon. (17) All. dém. (18) Belgique. (19) Yougoslavie. (20) Pologne. (21) Hongrie. (22) Danemark. (23) Norvège. (24) Chine.

Courses off shore. *Championnats du monde :* Trophée Sam Griffith (créé 1967, devient en 1976 les champ. du monde). *Championnats d'Europe* (classes 1 et 2, créés 1964, classe 3). *Gd Prix Allemagne fédérale. Championnats continentaux :* épreuves Dauphin d'or (créé 1965, chaque année en août), *Viareggio-Bastia-Viareggio* (créé 1964, Italie, juillet), *Cowes-Torquay* (créé 1962, G.-B., août), *Naples-Messine* (créé 1975, It., juillet).

Courses en circuit. *Coupe d'Europe. Coupe du monde. Championnat continental d'endurance. Champions du monde. Trophée Buysse* (créé 1961). *Trophée Boucquey* (créé 1977). *6 heures de Paris* (1er dimanche d'octobre). *Harmsworth Cup* (créé 1903). *Coupe d'Europe, Gd Prix des Nations. Canon Trophy. Record de vitesse en pleine mer. 24 h. de Rouen* (1er mai). *7 h. d'Elbeuf.*

Course la plus longue. Marathon off shore de Londres à Monte-Carlo qui se courut sur 2 947 milles (4 742 km) en 14 étapes du 10 au 25-6-1972. *Vainqueurs* Mike Bellamy, Eddie Charter et Jim Brooks en 71 h 35'56″ (moyenne 66,240 km/h) sur un canot anglais H.T.S.

Courses pour bateaux de plaisance

Trophée Mario Agusta. *Créé* 1973. Attribué au motonaute qui a parcouru avec le même bateau le plus grand nombre de milles marins en un ou plusieurs déplacements en mer ou sur rivière. *Vainqueurs.* **1973** G. Supparo [8] ; **74** Ervin Pales [12] ; **75** Jiri Fiala [12] ; **76** Jozef Medvecki [12] ; **78** Nihil [12] ; **79** J. Medvecki [12] ; **80** F. Szekeres ; **83, 84** J. Medvecky [12].

Trophée croisière Sanz Pinal. *Créé* 1973. Attribué au motonaute ayant parcouru la plus longue distance lors d'une croisière individuelle de 30 j. max. *Vainqueurs.* **1973** Jan Rudolph van Bennekum [13] ; **74** I.J. van Haren [13] ; **75** Giovanni Supparo [8] ; **76** Carl-August Aweh [2] ; **77, 78** Nihil [12] ; **79** A.M. Westerhout [12] ; **80** I. Schuster ; **83** J. Horyna ; **84** J. Chmelar [12].

Records du monde de vitesse

Vitesse en km/h, année, canot et pilote.

Propulsion classique. 149,35 **1928** Miss America VII Gar Wood [1]. 158,80 **30** Miss England II Henry Segrave [1]. 166,51 **31** Miss England II Kaye Don [2]. 177,38 **32** Miss America IX Gar Wood [1]. 192,68. Miss England III Kaye Don [2]. 200,90. Miss America X Gar Wood [2]. 208,40 **37** Blue Bird Malcolm Campbell [2]. 210,68 **38**. 228,10 **39** Blue Bird II Malcolm Campbell [2]. 258,01 **50** Slo-Mo-Shun IV Stan S. Sayres [1]. 287,26 **52.** 296,95 **57** Miss Supertest II A.C. Asbury [3]. 302,14 Hawaii-Kaï III Jack Regas [1]. 314,35. 322,54 **62** Miss U.S. 1 (Staudach/Merlin) Ray Duby [1].

Propulsion par réaction (fusées-jets). 325,61 **1955** Blue Bird Donald Campbell [2]. 348,02. 363,12 **56** 384,74. **57.** 400,18 **58.** 418,98 **59** Blue Bird III Donald Campbell [2]. 444,72 **64** Blue Bird IV Donald Campbell [2]. 459 **67** Hustler Lee Taylor [1]. 464,45 **77.** 511,18 **78** Hydroplane Westinghouse Ken Warby [10] 511,11.

Propulsion par hélice aérienne. 120,53 **1923** Marcel Besson *Canivet* [4]. 137,87 **24** Hydroglisseur Farman *J. Fischer* [4]. 155,87 **51** Centro Spar Venturi [5]. Classe périmée.

Propulsion par diesel. *Vitesse* 218,25, Carlo Bonomi [8] 1986. *Fond* 157,84 C. Bonomi [8] 86. *1 heure* 151,53 C. Bonomi [8] 86. *2 heures* 144,46 F. Buzzi [8] 78.

Hors-bord de course classe 0I. 210,90 *1966* Starflite 4 (Mc Donald) Gerry Walin.

F 3 000 S. 169, 01 *1985* Y. Jaubertie.

Nota. – Le 4 janvier 1967, D. Campbell, avant de se tuer, avait atteint 515 km/h.

Natation

Origine. Pratiquée de tout temps. *1603* au Japon, obligatoire dans les écoles. *Fin XVIIIe s.* à la mode en G.-B. *1837* 1res courses en Angleterre. *1858*-9-2 compétitions internationales à Melbourne (Australie). *1896* admise aux 1ers J.O. *1899* 1er championnat de France. *1908* création de la fédération intern. amateur. *1920* de la Fédération fr. de nat.

Principales épreuves

Record de vitesse (en dehors des courses de relais, où le départ n'est pas pris en station immobile) : Dano Halsall (Suisse) 21-7-1985, 50 m à 7,993 km/h. Dara Torres (U.S.A.) 6-8-1983, 7,030 km/h.

Jeux Olympiques. Voir page 1687.

Légende. – (1) U.S.A. (2) Austr. (3) Fr. (4) Suède. (5) Ital. (6) P.-Bas. (7) All. féd. (8) All. dém. (9) Afr. du S. (10) Hongrie. (11) U.R.S.S. (12) Écosse. (13) Japon. (14) G.-B. (15) Canada. (16) Finl. (17) Tchéc. (18) Danemark. (19) Allemagne (avant 1945). (20) Belgique. (21) Yougosl. (22) Brésil. (23) Bulgarie.

Championnats du monde

(*Créés* en 1973, ont lieu tous les 4 ans)

● **Hommes nage libre : 100 m :** *73* Montgomery [1] 51″708, *75* Coan [1] 51″25, *78* Mc Cagg [1] 50″24, *82* Woithe [8] 50″18. **200 m :** *73* Montgomery [1] 1′53″02, *75* Shaw [1] 1′51″04, *78* Forrester [1] 1′51″02, *82* Gross [7] 1′49″84. **400 m :** *73* De Mont [1] 3′58″18, *75* Shaw [1] 3′54″88, *78* Salnikov [11] 3′51″94, *82* Salnikov [11] 3′51″30, *85* Dassler [8] 3′51″52. **1 500 m :** *73* Holland [2] 15′31″859, *75* Shaw [1] 15′28″92, *78* Salnikov [11] 15′03″99, *82* Salnikov [11] 15′01″77.

Dos. 100 m : *73* Matthes [8] 57′477, *75* Matthes 58″15, *78* Jackson [1] 56″36, *82* Richter [8] 55″95. **200 m :** *73* Matthes [8] 2′01″87, *75* Verreszto [10] 2′05″05, *78* Vassallo [1] 2′02″16, *82* Carey [1] 2′0″82.

Brasse. 100 m : *73* Hencken [1] 1′04″23, *75* Wilkie [12] 1′04″26, *78* Kusch [7] 1′03″56, *82* Lundquist [1] 1′02″75. **200 m :** *73* Wilkie [12] 2′19″28, *75* Wilkie [14] 2′18″23, *78* Nevid [1] 2′18″37, *82* Davis [15] 2′14″77.

Papillon. 100 m : *73* Bobertson [15] 55″69, *75* Jagenburg [1] 55″63, *78* Bottom [1] 54″30, *82* Gribble [1] 53″88. **200 m :** *73* Backaus [1] 2′03″32, *75* Forrester [1] 2′01″95, *78* Bruner [1] 1′59″38, *82* Gross [7] 1′58″95.

4 nages. 200 m : *73* Larsson [4] 2′08″36, *75* Hargitay [10] 2′07″72, *78* Smith [14] 2′03″65, *82* Sidorenko [11] 2′3″30. **400 m :** *73* Hargitay [10] 4′31″11, *75* Hargitay [11] 4′32″57, *78* Vassallo [1] 4′20″05, *82* Prado [22] 4′19″78.

Relais nage libre. 4 × 100 m : *73* U.S.A. 3′27″18, *75* U.S.A. 3′24″85, *78* U.S.A. 3′19″74, *82* U.S.A. 3′19″26. **4 × 200 m :** *73* U.S.A. 7′33″22, *75* All. féd. 7′39″44, *78* U.S.A. 7′20″82, *82* U.S.A. [1] 7′21″09. **4 nages. 4 × 100 m :** *73* U.S.A. 3′49″49, *75* U.S.A. 3′49″, *78* U.S.A. 3′44″63, *82* U.S.A. 3′40″84.

● **Dames nage libre. 100 m :** *73* Ender [8] 57″542, *75* Ender 56″50, *78* Krause [8] 55″68, *82* Meineke [8] 55″79. **200 m :** *73* Rothammer [1] 2′04″99, *75* Babashoff [1] 2′02″50, *78* Woodhead [1] 1′58″53, *82* M. Verstappen [6] 1′59″53. **400 m :** *73* Greenwood [1] 4′20″28, *75* Babashoff [1] 4′16″87, *78* Wickham [2] 4′06″28, *82* Schmidt [8] 4′8″98. **800 m :** *73* Galligaris [5] 8′52″973, *75* Turrall [2] 8′44″75, *78* Wickham [2] 8′24″94, *82* Linehan [1] 8′29″48.

Dos. 100 m : *73* Richter [8] 1′05″427, *75* Richter [8] 1′03″30, *78* Jezek [1] 1′02″55, *82* Otto [8] 1′1″30. **200 m :** *73* Belote [1] 2′20″52, *75* Treiber [8] 2′15″46, *78* Jezek [1] 2′11″93, *82* C. Sirch [8] 2′9″91.

Brasse. 100 m : *73* Vogel [1] 1′13″748, *75* Anke [1] 1′12″73, *78* Bogdanova [11] 1′10″31, *82* U. Geweniger [8] 1′9″14. **200 m :** *73* Vogrl [8] 2′40″01, *75* Anke [8] 2′37″25, *78* Kachushite [11] 2′31″42, *82* S. Varganova [11] 2′28″82.

Papillon. 100 m : *73* Ender [8] 1′02″531, *75* Ender 1′01″24, *78* Pennington [1] 1′00″20, *82* M.T. Meagher [1] 59″41. **200 m :** *73* Kother [8] 2′13″76, *75* Kother 2′13″82, *78* Caulkins [1] 2′09″87, *82* I. Geissler [8] 2′8″66.

4 nages. 200 m : *73* Hubner [8] 2′20″51, *75* Heddy [1] 2′19″80, *78* Caulkins [1] 2′14″07, *82* P. Schneider [8] 2′11″79. **400 m :** *73* Wegner [8] 4′57″51, *75* Tauber [8] 4′52″76, *78* Caulkins [1] 4′40″83, *82* Prado [22] 4′19″78.

Relais nage libre. 4 × 100 m : *73* All. dém. 3′52″35, *75* All. dém. 3′49″37, *78* U.S.A. 3′43″43, *82* All. dém. 3′43″97.

Relais 4 nages. 4 × 100 m : *73* All. dém. 4′16″84, *75* All. dém. 4′14″74, *78* U.S.A. 4′08″21, *82* All. dém. 4′5″88.

Championnats d'Europe

(*Créés* en 1889, interrompus de 1904 à 1925, repris en 1926)

● **Hommes nage libre. 100 m :** *70* Rousseau [3] 52″9, *74* Nocke [7] 52″18, *77* Nocke [5] 51′55, *81* Johansson [4] 50″55, *83* Johansson [4] 50″20, *85* Caron [3] 50″20. **200 m :** *70* Fassnacht [7] 1′55″2, *74* Nocke [7] 1′53″10, *77* Nocke [7] 1′51″72, *81* Kopliakov [11] 1′51″23, *83* Gross [7] 1′47″87, *85* Gross [7] 1′47″95. **400 m :** *70* Larsson [4] 4′2″6, *74* Sam Sonov [11] 4′2″11, *77* Rusin [11], 3′54″83, *81* Petric [21] 3′51″63, *83* Salnikov [11] 3′49″80, *85* Dassler [8] 3′51″52. **1 500 m :** *70* Fasschnacht [7] 16′19″9, *74* Pfuetze [8] 15′54″57, *77* Salnikov [11] 15′16″45, *81* Salnikov [11] 15′09″17, *83* Salnikov [11] 15′08″84, *85* Dassler [8] 15′08″56.

Dos. 100 m : *70* Matthes [8] 58″9, *74* Matthes [8] 58″21, *77* Rolko [17] 58″35, *81* Wladar [10] 56″72, *83* Richter [8] 56″10, *85* Polianski [11] 55″24. **200 m :** *70* Matthes [8] 2′08″8, *74* Matthes [8] 2′04″64, *77* Verraszto [10] 2′03″88, *81* Wladar [10] 2′00″10, *83* Zabolotnov [11] 2′01″, *85* Polianski [11] 1′58″50.

Brasse. 100 m : *70* Pankin [11] 1′06″8, *74* Pankin [11] 1′05″63, *77* Moerken [7] 1′2″86, *81* Kis [11] 1′03″44, *83* Julpa [11] 1′03″32, *85* Moorhouse [14] 1′2″99. **200 m :** *70* Katzur [8] 2′26″, *74* Wilkie [14] 2′20″42, *77* Moerken [7] 2′16″78, *81* Shulpa [11] 2′16″15, *83* Moorhouse [14] 2′17″49, *85* Volkov [11] 2′19″53.

Papillon. 100 m : *70* Lampe [7] 57″5, *74* Pyttel [8] 55″90, *77* Pyttel [8] 55″49, *81* Markowski [11] 54″39, *85* Gross [7] 54″02. **200 m :** *70* Poser [8] 2′08″, *74* Hargitay [10] 2′03″80, *77* Kraus [7] 2′04″40, *81* Gross [7] 1′59″19, *83* Gross [7] 1′57″05, *85* Gross [7] 1′56″65. **4 nages. 200 m :** *70* Larsson [4] 2′9″3, *74* Wilkie [4] 2′6″32, *77* Hargitay [10] 2′6″82, *81* Sidorenko [11] 2′03″41, *83* Franceschi [5] 2′02″48, *85* Darnyi [10] 2′03″23. **400 m :** *70* Larsson [4] 4′36″2, *74* Hargitay [10] 4′28″89, *77* Fessenko [11] 4′26″83, *81* Fessenko [11] 4′22″77, *83* Franceschi [5] 4′20″41, *85* Darnyi [10] 4′20″70. **4 × 100 m :** *70* All. dém. 3′54″4, *74* All. féd. 3′51″57, *77* All. féd. 3′48″73, *81* U.R.S.S. 3′44″23, *83* U.R.S.S. 3′43″79, *85* All. féd. 3′43″59.

Relais. 4 × 100 m : *70* U.R.S.S. 3′32″3, *74* All. féd. 3′30″61, *77* All. féd. 3′26″57, *81* U.R.S.S. 3′21″48, *83* U.R.S.S. 3′20″88, *85* All. féd. 3′22″18. **Nage libre. 4 × 200 m :** *70* All. féd. 7′49″5, *74* All. féd. 7′39″70, *77* U.R.S.S. 7′28″21, *81* U.R.S.S. 7′23″41, *83* All. féd. 7′20″40, *85* All. féd. 7′19″23.

● **Dames nage libre. 100 m :** *70* Wetzko [8] 59″6, *74* Ender [8] 56″96, *77* Krause [8] 56″55, *81* Metschuck [8] 55″74, *83* Meineke [8] 55″18, *85* Friedrich [8] 55″71. **200 m :** *70* Wetzko [8] 2′8″2, *74* Ender [8] 2′3″22, *77* Thumer [8] 2′0″20, *81* Schmidt [8] 2′00″27, *83* Meineke [8] 1′59″45, *85* Friedrich [8] 1′59″55, *86* Jardin 2′3″92. **400 m :** *70* Schmisch [8] 4′32″9, *74* Franke [8] 4′17″83, *77* Thumer [8] 4′8″91, *81* Diers [8] 4′08″58, *83* Strauss [8] 4′8″07, *85* Strauss [8] 4′9″22. **800 m :** *70* Neugebauer [8] 9′29″1, *74* Dorr [8] 8′52″45, *77* Thumer [8] 8′38″32, *81* Schmidt [8] 8′32″79, *83* Strauss [8] 8′32″12, *85* Strauss [8] 8′32″45.

Dos. 100 m : *70* Lekveishvili [11] 1′7″8. *74* Richter [8] 1′3″03, *77* Treiber [8] 1′2″63, *81* Kleber [8] 1′02″81, *83* Kleber [8] 1′01″71, *85* Weigang [8] 1′2″16. **200 m :** *70* Gyarmati [10] 2′25″5, *74* Richter [8] 2′17″35, *77* Treiber [8] 2′13″10, *81* Polit [8] 2′12″55, *83* Sirch [8] 2′12″05, *85* Sirch [8] 2′10″89.

Brasse. 100 m : *70* Stepanova Prozumenchikova [11] 1′15″6, *74* Justen [7] 1′12″55, *77* Bogdanova [11] 1′11″89, *81* Geweniger [8] 1′08″60, *83* Geweniger [8] 1′08″51, *85* Gerasch [8] 1′08″62. **200 m :** *70* Stepanova Prozumenchikova [11] 2′40″7, *74* Kinde [8] 2′34″99, *77* Bogdanova [11] 2′35″04, *81* Geweniger [8] 2′32″41, *83* Geweniger [8] 2′30″64, *85* Bogomilova [23] 2′28″57.

Papillon. 100 m : *70* Gyarmati [10] 1′5″, *74* Kother [8] 1′01″99, *77* Pollack [8] 1′00″61, *81* Geweniger [8] 1′00″40, *83* Geissler [8] 1′00″31, *85* Grebler [8] 59″46. **200 m :** *70* Lindner [8] 2′20″2, *74* Kother [8] 2′14″45, *77* Fiebig [8] 2′12″77, *81* Geissler [8] 2′08″50, *83* Polit [8] 2′07″82, *85* Alex [8] 2′11″78, *86* Castelain 2′22″70.

4 nages. 200 m : *70* Grunert [8] 2′27″6, *74* Tauber [8] 2′18″97, *77* Tauber 2′15″95, *81* Geweniger [8] 2′12″64, *83* Geweniger [8] 2′13″07, *85* Nord [8] 2′16″07, *86* Bensimon 2′22″50. **400 m :** *70* Stolze [8] 5′7″9, *74* Tauber [8] 4′52″42, *77* Tauber 4′45″22, *81* Schneider [8] 4′39″30, *83* Nord [8] 4′39″95, *85* Nord [8] 4′47″08.

Relais 4 nages. 4 × 100 m : *70* All. dém. 4′30″1, *74* All. dém. 4′13″78, *77* All. dém. 4′14″35, *81* All. dém. 4′09″72, *83* All. dém. 4′05″79, *85* All. dém. 4′06″93. **Nage libre. 4 × 100 m :** *70* All. dém. 4′0″8, *74* All. dém. 3′52″48, *77* All. dém. 3′49″52, *81* All. dém. 3′44″37, *83* All. dém. 3′44″72, *85* All. dém. 3′44″48.

Coupe d'Europe
(*Créée* en 1969, annuelle dep. 79)

• **Hommes.** *69* All. dém., *71* U.R.S.S., *73* All. dém., *75, 76, 79, 80, 81, 82, 83* U.R.S.S., *84* All. dém., *85* All. féd.

• **Dames.** *69, 71, 73, 75* All. dém., *76* U.R.S.S., *79, 80, 81, 82, 83, 84, 85* All. dém.

Championnats de France
(*Créés* en 1899)

Résultats d'avant 1980, voir Quid 1982.

• **Hommes nage libre. 100 m :** *80* Boutteville 52″63, *81* Boutteville 52″75, *82* Noël 52″96, *83* Caron 52″14, *84* Caron 51″23, *85* Bataille 52″36, *86* Caron 51″24. **200 m :** *80* Noël 1′53″31, *81* Andraca 1′53″45, *82* Noël 1′54″08, *83* Pou 1′53″77, *84* Bataille 1′53″22, *85* Pou 1′53″67, *86* Caron 1′51″41. **400 m :** *80* Noël 4′03″81, *81* Iacono 3′59″64, *82* Boulonnois 4′05″37, *83* Iacono 3′57″49, *84* Iacono 4′0″56, *85* Diederichs 4′00″68, *86* Iacono 3′56″87. **800 m :** *86* Faure 8′50″58. **1 500 m :** *80* Boulonnois 15′57″70, *81* Iacono 15′43″27, *82* Boulonnois 16′12″69, *83* Iacono 15′30″01, *84* Iacono 15′49″07, *85* Diederichs 15′52″27, *86* Iacono 15′38″9.

Dos. 100 m : *80* Delcourt 59″43, *81* Delcourt 58″94, *82* Delcourt 58″74, *83* Jambet 58″20, *84* Delcourt 59″02, *85* Delcourt 58″04, *86* Delcourt 58″04. **200 m :** *80* Delcourt 2′06″67, *81* Delcourt 2′05″63, *82* Delcourt 2′07″50, *83* Delcourt 2′02″81, *84* Delcourt 2′06, *85* Delcourt 2′05″62, *86* Delcourt 2′5″30.

Brasse. 100 m : *80* Borios 1′07″04, *81* Borios 1′06″67, *82* Borios 1′06″57, *83* Gastaldello 1′5″23, *84* Boucher 1′05″04, *85* Boucher 1′05″99, *86* Pata 1′5″77. **200 m :** *80* Borios 2′28″12, *81* Borios 2′24″70, *82* Boucher 2′27″96, *83* Pata 2′23″55, *84* Pata 2′19″59, *85* Pata 2′22″03, *86* Pata 2′22″10.

Papillon. 100 m : *80* Savin 55″81, *81* Savin 56″32, *82* Savin 56″59, *83* Plançon 57″, *84* Savin 57″41, *85* Rosenblatt 56″26, *86* Depickere 55″21. **200 m :** *80* Donzé 2′06″75, *81* Savin 2′05″47, *82* Donzé 2′08″08, *83* Horter 2′5″84, *84* Horter 2′04″55, *85* Moine 2′06″43, *86* Bordeau 2′2″98.

4 nages. 200 m : *80* Plançon 2′10″73, *81* Delcourt 2′09″91, *82* Delcourt 2′09″23, *83* Delcourt 2′8″61, *84* Granger 2′09″81, *85* Granger 2′07″75, *86* Gutzeit 2′5″89. **400 m :** *80* Lesaffre 4′38″80, *81* Delcourt 4′35″11, *82* Lesaffre 4′45″13, *83* Delcourt 4′38″52, *84* Granger 4′37″10, *85* Bordeau 4′33″03, *86* Bordeau 4′29″02.

Relais. Nage libre : 4 × 100 m : *80* C.N. Marseille 3′33″23, *81* R.C.F. 3′52″53, *82* Créteil 3′35″82, *83* Créteil 3′34″74, *84* C.N. Marseille 3′33″42, *85* C.N. Marseille 3′31″84, *86* C.N. Marseille 3′32″76, **4 × 200 m :** *80* C.N. Marseille 7′52″22, *81* C.N. Marseille 7′47″03, *82* C.N. Marseille 7′55″15, *83* C.N. Marseille 7′47″11, *84* C.N. Avignon 7′51″04, *85* C.N. Marseille 7′47″02, *86* Toulouse O.E.C. 7′45″53.

4 nages : 4 × 100 m : *80* C.N. Marseille 4′00″97, *81* C.N. Marseille 3′58″09, *82* C.N. Marseille 4′02″50, *83* S.F.O.C. 3′58″21, *84* D. Toulouse OEC 3′58″72, *85* Toulouse OEC « A » 3′56″19, *86* Toulouse O.E.C. 3′55″72.

Interclubs : *80* Stade Français O.C., *81* C.N. Marseille, *82* C.N. Marseille, *83* C.N. Antibes, *84-85-86* D. Toulouse O.E.C.

• **Dames nage libre. 100 m :** *80* Berger 58″50, *81* Amoric 59″05, *82* Verstappen 56″38, *83* Jardin 58″26, *84* Kamoun 57″49, *85* Lacombe 57″23, *86* Kamoun 57″48. **200 m :** *80* Berger 2′05″80, *81* Stephan 2′06″06, *82* Verstappen 2′04″26, *83* Jardin 2′03″69, *84* Jardin 2′03″69, *85* Jardin 2′04″12, *86* Prunier 2′3″64. **400 m :** *80* Morange 4′26″60, *81* Lacour et Stephan 4′21″26, *82* Van de Meer 4′21″28, *83* Bensimon 4′21″92, *84* Bensimon 4′17″72, *85* Prunier 4′19″30, *86* Prunier 4′18″38. **800 m :** *80* Morange 9′09″73, *81* Lacour 9′01″47, *82* Van de Meer 8′53″47, *83* Rabbe 8′58″47, *84* Bensimon 8′45″39, *85* Faure 8′51″89, *86* Faure 8′50″58.

Dos. 100 m : *80* Ricaud 1′05″81, *81* Ricaud 1′06″83, *82* Verstappen 1′04″53, *83* Jardin 1′05″41, *84* Ricaud 1′04″88, *85* Jardin 1′05″92, *86* Jardin 1′6″43. **200 m :** *80* Ricaud 2′23″22, *81* Ricaud 2′23″85, *82* Narbomand 2′25″48, *83* Jardin 2′20″99, *84* Jardin 2′19″41, *85* Jardin 2′19″04, *86* Magnier 2′18″46.

Brasse. 100 m : *80* Poirot 1′13″23, *81* Billotet 1′14″21, *82* Van Staveren 1′13″22, *83* Poirot 1′13″31, *84* Poirot 1′10″69, *85* Manfredi 1′16″17, *86* Louvrier 1′11″11. **200 m :** *80* Poirot 2′39″80, *81* Bihan 2′39″52, *82* Van Staveren 2′41″74, *83* Redon 2′43″14, *84* De Suzini 2′36″84, *85* Vetter 2′44″20, *86* Louvrier 2′36″59.

Papillon. 100 m : *80* Falandry 1′04″96, *81* Falandry 1′05″72, *82* Verstappen 1′2″16, *83* Falandry 1′5″33, *84* Falandry 1′04″07, *85* Plewinski 1′02″76, *86* Plewinski 1′2″67. **200 m :** *80* Falandry 2′21″89, *81* Buron 2′21″91, *82* Falandry 2′21″13, *83* Braguer 2′19″71, *84* Clug 2′17″30, *85* Plewinski 2′18″58, *86* Supiot 2′18″22.

4 nages. 200 m : *80* Charles 2′27″45, *81* Charles 2′26″56, *82* Lefevre 2′25″41, *83* Bensimon 2′23″32, *84* Bensimon 2′20″11, *85* Bensimon 2′22″31, *86* Louvrier 2′20″58. **400 m :** *80* Buron 5′09″12, *81* Buron 5′06″62, *82* Guil 5′13″82, *83* Bensimon 4′59″67, *84* Bensimon 4′55″96, *85* Magnier 4′58″81, *86* Magnier 4′52″94.

Relais. Nage libre : 4 × 100 m : *80* A.M. Vittel 4′06″49, *81* Mouettes de Paris 4′05″49, *82* Antibes 4′05″70, *83* C.S. Clichy 4′0″78, *84* C.S. Clichy 3′59″28, *85* C.S. Clichy 4′01″76, *86* C.S. Clichy 4′1″23. **4 × 200 m :** *80* Mouettes de Paris 8′54″28, *81* Mouettes de Paris 8′44″98, *82* Massy 8′50″51, *83* C.S. Clichy 8′36″62, *84* C.S. Clichy 8′36″62, *85* Natation 66 8′44″47, *86* C.S. Clichy 8′2″97. **4 nages : 4 × 100 m :** *80* C.N. Paris 4′30″58, *81* C.N. Paris 4′36″63, *82* Stade Poitevin 4′38″19, *83* C.S. Clichy 4′31″76, *84* S.N. Charleville 4′30″52, *85* Mulhouse ON 4′36″44, *86* S.M. Charleville 4′27″67.

Interclubs : *80* E.N. Tours, *81* C.N. Paris, *82* E.S. Massy, *83-84* C.S. Clichy, *85* Mulhouse ON, *86* S.N. Charleville-Mézières.

Quelques noms

Andraca Pierre [3] 25-9-58. Anke Hannelore [8] 8-12-57. Arvidsson Par [4] 27-2-60. Babashoff Shirley [1] 31-1-57. Baron Bengt [4] 6-3-62. Berger Guylaine [3] 12-4-56. Berjeau Jean-Paul [3] 21-6-53. Berlioux Monique [3] 12-11-23. Biondi Matt [1]. Boiteux Jean [3] 20-6-33. Borg Arne [4] 18-8-01. Borios Olivier [3] 23-6-59. Bottom Joë [1] 18-4-55. Boutteville Yvan [3] 27-4-62. Bozon Gilbert [3] 19-3-35. Brighita Emith [6] 15-4-55. Bruner Mike [1] 23-7-56. Burton Michaël [1] 3-6-47. Buttet Serge [3] 14-12-54. Calligaris Novella [5] 27-12-54. Caron Christine [3] 10-7-48. Caulkins Tracy [1] 11-1-60. Christophe Robert [3] 22-2-38. Clug Patricia [3] 17-10-60. Combet Bernard [3] 21-9-53. Crapp Lorraine [2] 17-10-38.

Delcourt Frédéric [3] 14-2-64. Delouvrier Pascaline [3] 1972. Den Ouden Willie [6] 27-9-14. De Varona Donna [1] 26-4-47. Devitt John [2] 4-2-37. Diers Inès [8] 2-11-63. Duprez Bénédicte [3] 8-8-51. Écuyer René [3] 4-9-56. Ender Kornélia [8] 25-10-58. Falandry Sophie [3] 14-9-61. Fassnacht Hans [7] 28-11-50. Ferguson Kathy [1] 17-7-48. Forrester Bill [1] 18-12-57. Fraser Dawn [2] 4-9-37. Frost Héda [3] 15-9-36. Furniss Bruce [1] 27-5-57. Furniss Steve [1] 12-12-52. Geissler Inès [8] 16-2-63. Geweniger Ute [8] 24-2-64. Goodell Brian [1] 2-4-59. Goodhew Junean [14] 27-5-57. Gottvalles Alain [3] 22-3-42. Gould Shane [2] 23-11-56. Gyamarti Andrea [10] 15-5-54. Hall Gary [1] 7-8-51. Hargitay Andras [10] 17-3-56. Hencken John [1] 29-5-54. Hveger Raghnild [18] 10-12-20. Iacono Franck [3] 14-6-66. Jany Alex [3] 5-1-29. Jardin Véronique [3] 15-9-66. Jezek Linda [1] 10-3-60.

Kachushite Lina [11] 1-1-63. Kahanamoku Duké [1] 1890-1969. Konrads John [2] 21-5-42. Kopliakov Serge [11] 23-1-59. Kother-Gabriel Rosemarie [8] 27-2-56. Krause Barbara [8] 7-7-59. Lacombe Laurence [3] 1-8-69. Lacour Sandra [3] 5-6-67. Lazzaro Marc [3] 10-1-55. Leamy Robin [1] 1961. Le Noach Sylvie [3] 2-7-55. Lineham Kim [1] 1962. Luyce Francis [3] 13-2-47. Madison Helen [1] 1913-70. Mandonnaud Claude [3] 2-4-50. Matthes Roland [8] 17-11-50. Meagher Mary [1] 1964. Menu Roger Philippe [3] 30-6-48. Metschuck Caren [8] 27-9-63. Meyer Deborah [1] 18-5-52. Montgomery Jim [1] 24-1-55. Morken Gabriel [7] 1959. Mosconi Alain [3] 9-9-49. Muir Karen [9] 16-9-52. Naber John [1] 20-1-56. Nakache Alfred [3] 1915. Noël Fabien [3] 5-1-59. Paulus William [1] 1961. Poirot Catherine [3] 9-4-63. Pollack Andréa [8] 8-5-61. Prozumenchikova Galina [11] 26-11-48. Prunier Cécile [3] 28-8-69.

Reinisch Rica [3] 6-4-65. Richter Ulrike [8] 17-6-52. Rose Murray [2] 6-1-39. Rousseau Michel [3] 8-6-49. Salnikov Vladimir [11] 21-5-60. Savin Xavier [3] 15-6-60. Schneider Petra [8] 11-1-63. Schollander Donald [1] 4-3-46. Shaw Tim [1] 8-11-57. Sidorenko Alexander [11] 27-5-60. Skinner Jonty [9] 1954. Spitz Mark [1] 10-2-50. Stephan Véronique [3] 28-9-63. Sterkel Gill [1] 27-5-61. Susini Annick de [3] 17-5-60. Tanaka Satoko [13] 1942. Taris Jean [3] 1909-77. Tauber Ulrike [8] 16-6-58. Testuz Sylvie [3] 4-6-59. Thumer Petra [8] 29-1-61. Treiber Birgit [8] 26-2-60. Vallerey Georges [3] 1927-54. Vassallo Jesse [1] 9-8-61. Vasseur Paul [3] 10-10-1884. Verraszto Zoltan [10] 15-3-56. Vial Anne [3] 5-9-63. Weissmuller John [1] 2-7-04/21-1-84 (Tarzan). Wickham Tracey [2] 24-11-62. Wilkie David [12] 8-3-54. Woithe Jorg [8] 11-4-63. Woodhead Cynthia [1] 7-2-64. Yamanaka Tsuyoshi [13] 18-1-39. Zins Lucien [3] 14-9-22.

Marathon

• **Organisation.** La Fédération mondiale professionnelle de natation « Marathon » (*créée* en 1963) (Dennis Matuch c/o Swimming World, P.O. Box 45 457 Los Angeles Californie 90 045 U.S.A.) attribue chaque année depuis 1964, les titres de champions du monde de marathons professionnels (Messieurs et Dames) par un classement aux points sur une série d'épreuves. **Quatre formes :** *en circuit* (ovales ou triangulaires) ; *en traversée d'un bras de mer, d'un estuaire ou d'un lac ; en descente de rivière ; en bordure de côte.* Distances entre 16 et 60 km.

Bien avant 1964, certains marathons étaient considérés comme des championnats mondiaux : le *Canadian National* (dont la distance et le montant des prix ont souvent varié), le tour de l'île d'*Atlantic City* et *Capri-Naples*.

• **Principaux marathons et, entre parenthèses, meilleurs résultats.** *Lac St-Jean* (Québec) 33 km [John Kinsella, U.S.A., 7 h 13′35″ en 1978] ; *lac Michigan* (26 km) en circuit ; *Capri à Naples* 30 km [Ahmed Youssef, Égypte, 7 h 14′42″ en 1975] ; *Mar del Plata* (Argentine) 37 km en mer ; *Caire* 32 km (Nil) ; *Santa Fé* (Argentine) 62 km dans le Parana ; *Atlantic City* (U.S.A.) 37 km en mer autour de l'île [James Barry, U.S.A., 7 h 18′38″ en 1979]. **Marathons amateurs :** lac Windermare (Angleterre) 16 km. **Longs parcours individuels (« raids ») en traversée de détroit ou de lac :** Gibraltar 14 km [José Da Freitas, Portugal, 3 h 4′15″] ; détroit de San Pedro (de Los Angeles à l'île Catalina) 30 km [Penny Dean, U.S.A., 7 h 15′55″]. **Raids réussis par un seul nageur :** canal de Panama (80 km) en 34 h 15′ par l'Indien Mihir Sin en 1966 ; Bahamas-Floride (142 km) en 27 h 28′ par l'Américaine Diana Nyad en 1980.

• **Records sur 24 h en bassin de 50 m :** *Hommes :* Bertrand Malègue (Fr.) 87,528 km en 1980. *Femmes :* Irène Van der Laan (P.-Bas) 80, 825 km en 1982.

☞ *En 1984*, Bernard Bougroin et Patrick Benoit (Fr.) ont descendu le Mississippi, 1 700 km, en 23 j.

Nota. — Les courants (en rivière et en mer) peuvent allonger ou raccourcir les parcours ; une température trop basse ou trop haute gêne les nageurs.

• **Champions du monde. Hommes. 1964, 65** Abd El Latif Abou Heif (Égypte). **66** Guilio Travaglio (It.). **67** Horatio Iglesias (Arg.). **68** Abd El Latif Abou Heif (Égypte). **69** Horatio Iglesias (Arg.). **70** John Schans (Holl.). **71, 72, 73** Horatio Iglesias (Arg.). **74** John Kinsella (U.S.A.). **75** Claudio Plitt (Arg.). **76, 77, 78, 79** John Kinsella (U.S.A.). **80, 81** Paul Asmuth (U.S.A.).

Femmes. 63 Marty Sinn (U.S.A.). **64 à 68** Judith de Nijs-Van Berkel (All.). **69** Patti Thompson (Can.). **70** Judith de Nijs-Van Berkel (All.). **71, 72** Shadia El Rageb (Égypte). **73** Corrie Dixon (Holl.). **74** Diana Nyad (U.S.A.). **75** Angela Marchetti (Arg.). **76** Cynthia Nicholas (Can.). **77, 78** Lorren Passfield (Can.). **79** Penny Dean (U.S.A.). **80, 81** Christine Cossette (Can.).

Traversée de la Manche

Environ 3 500 tentatives (dont 300 couronnées de succès) ont eu lieu dep. 1875. La traversée (32 km) s'effectue généralement entre le cap Griz-Nez (France) et Douvres (G.-B.). Le sens France-G.-B. est le plus facile mais actuellement le sens G.-B.-France est le plus « fréquenté ». C'est le « raid » de natation le plus prisé en raison des difficultés rencontrées (eau froide, mer agitée d'une manière imprévisible, brouillards impromptus, passages fréquents de navires, nappes d'huile). Les conditions varient et aucune tentative ne peut être comparée à une autre. Les nageurs se couvrent de lanoline (les nageurs rapides se servent de vaseline ou d'huile d'olive).

1res traversées connues. *Masculines. Sens Angleterre-France* (en 1815 un Italien, Jean-Marie Saletti, soldat de Napoléon, prisonnier des Anglais, se serait évadé d'Angl. à la nage). *1er, 1875* (24/25-8) capitaine Mathew Webb (Anglais, 1848-83), en 21 h 45′ de Douvres à Calais. Plusieurs fois déporté par les va-

Records de natation au 23-7-86

	RECORDS DU MONDE		RECORDS D'EUROPE		RECORDS DE FRANCE	
HOMMES						
Nage libre						
50 m	22"33	M. Biondi (U.S.A. 86)	22"52	D. Halsall (Suisse 85)	23"53	S. Caron (86)
100 m	48"74	M. Biondi (U.S.A. 86)	49"58	G. Woithe (All. dém. 83)	48"89	S. Caron (86)
200 m	1'47"44	M. Gross (All. féd. 84)	1'47"44	M. Gross (All. féd. 84)	1'49"71	S. Caron (85)
400 m	3'47"80	M. Gross (All. féd. 85)	3'47"80	M. Gross (All. féd. 85)	3'54"58	F. Iacono (84)
800 m	7'50"64	V. Salnikov (U.R.S.S. 86)	7'50"64	V. Salnikov (U.R.S.S. 86)	8'05"02	F. Iacono (84)
1 500 m	14'54"76	V. Salnikov (U.R.S.S. 83)	14'54"76	V. Salnikov (U.R.S.S. 83)	15'26"96	F. Iacono (84)
Brasse						
100 m	1'01"65	S. Lundquist (U.S.A. 84)	1'2"61	G. Minervini (It. 85)	1'05"04	N. Boucher (84)
200 m	2'13"34	V. Davis (Canada 84)	2'15"11	D. Wilkie (G.-B. 76)	2'19"59	T. Pata (84)
Dos						
100 m	55"19	R. Carey (U.S.A. 83)	55"24	I. Polianski (U.R.S.S. 85)	57"66	F. Delcourt (82)
200 m	1'56"73	I. Polianski (U.R.S.S. 86)	1'56"73	I. Polianski (U.R.S.S. 86)	2'01"75	F. Delcourt (84)
Papillon						
100 m	52"84	P. Morales (U.S.A. 86)	53"08	M. Gross (All. féd. 84)	55"66	X. Savin (80)
200 m	1'56"24	M. Gross (All. féd. 86)	1'56"24	M. Gross (All. féd. 86)	2'02"98	C. Bordeau (86)
4 nages						
200 m	2'01"42	A. Baumann (Canada 84)	2'02"48	G. Franceschi (It. 83)	2'5"89	B. Gutzeit (86)
400 m	4'17"41	A. Baumann (Canada 84)	4'18"29	J.P. Berndt (All. dém. 84)	4'29"13	C. Bordeau (86)
Relais N. libre						
4 × 100 m	3'17"08	Biondi, McAdam, Heath, Wallace (U.S.A. 85)	3'20"19	Smiriagine, Krassiouk, Kourbatov, Markouski (U.R.S.S. 84)	3'22"58	Éq. nat. (84)
					3'31"21	C.N. Marseille (86)
4 × 200 m	7'15"69	Gaberino, Laron, Hayes, Faeger (U.S.A. 84)	7'15"73	Fahrner, Schowta, Schmidt, Gross (All. féd. 84)	7'27"40	Éq. nat. : Andraca, Bataille, Caron, Pou (84)
					7'43"17	C.N. Marseille : Moine, Bataille, Faure, Delcourt (86)
					9'02"31	Racing C.F. (81)
Relais 4 nages						
4 × 100 m	3'38"28	Carey, Moffet, Morales, Biondi (U.S.A. 85)	3'42"15	Chemetov, Volkov, Markovski, Smiriagine (U.R.S.S. 84)	3'49"19	Éq. nat. : Delcourt, Borios, Savin, Écuyer (80)
					3'53"66	Toulouse O.E.C. (86)
DAMES						
Nage libre						
50 m	25"34	T. Costache (Roum. 86)	25"31	T. Costache (Roum. 86)	26"49	S. Kamoun (86)
100 m	54"79	B. Krause (All. dém. 80)	54"79	B. Krause (All. dém. 80)	56"83	S. Kamoun (85)
200 m	1'57"55	H. Friedrich (All. dém. 86)	1'57"55	H. Friedrich (All. dém. 86)	2'03"53	C. Plewinski (86)
400 m	4'06"28	T. Wickham (Australie 78)	4'06"85	H. Friedrich (All. dém. 86)	4'16"21	C. Prunier (86)
800 m	8'24"62	T. Wickham (Australie 78)	8'24"77	S. Hardcastle (G.-B. 86)	8'45"39	L. Bensimon (84)
1 500 m	16'04"49	K. Linehan (U.S.A. 79)	16'13"55	A. Strauss (All. dém. 84)	16'43"85	K. Faure (86)
Brasse						
100 m	1'7"05	S. Hoerner (All. dém. 86)	1'7"05	S. Hoerner (All. dém. 86)	1'10"69	C. Poirot (84)
200 m	2'28"20	S. Guerasch (All. dém. 86)	2'28"20	S. Guerasch (All. dém. 86)	2'33"24	P. Louvrier (85)
Dos						
100 m	1'00"59	I. Kleber (All. dém. 84)	1'00"59	I. Kleber (All. dém. 84)	1'04"88	M. Ricaud (80)
200 m	2'08"60	B. Mitchell (U.S.A. 86)	2'09"91	C. Sirch (All. dém. 82)	2'16"90	C. Magnier (86)
Papillon						
100 m	57"93	M. Meagher (U.S.A. 81)	59"41	T. Kournikova (U.R.S.S. 84)	1'01"71	C. Plewinski (86)
200 m	2'05"96	M. Meagher (U.S.A. 81)	2'07"82	C. Polit (All. dém. 83)	2'17"30	P. Clug (77)
4 nages						
200 m	2'11"73	U. Geweniger (All. dém. 81)	2'11"73	U. Geweniger (All. dém. 81)	2'20"11	L. Bensimon (83)
400 m	4'36"10	P. Schneider (All. dém. 82)	4'36"10	P. Schneider (All. dém. 82)	4'51"61	C. Magnier (86)
Relais N. libre						
4 × 100 m	3'42"41	Otto, Koenig, Freidrich, Meineke (All. dém. 84)	3'42"41	Otto, Koenig, Freidrich, Meineke (All. dém. 84)	3'51"67	Éq. nat. : Kamoun, Lacombe, Amoric, Jardin (85)
					3'59"28	C.S. Clichy (84)
4 × 200 m	8'02"27	Otto, Strauss, Sirch, Meinecke (All. dém. 83)	8'02"27	Otto, Strauss, Sirch, Meinecke (All. dém. 83)	8'19"36	Éq. nat. : Jardin, Bensimon, Braguer, Kamoun (83)
					8'36"62	*C.S. Clichy* (83)
Relais 4 nages						
4 × 100 m	4'03"69	Kleber, Guerasch, Guessier, Meineke (All. dém. 84)	4'03"69	Kleber, Geweniger, Geissler, Meinecke (All. dém. 84)	4'19"63	Éq. nat. : Jardin, Louvrier, Plewinski, Lacombe (85)
					4'26"55	Stade poitevin (86).

Nota. — Depuis 1957, la Fédération internationale de natation ne reconnaît que les records obtenus dans une piscine de 50 m et de 55 yards ; depuis 1969, que dans une piscine de 50 mètres. (1) Meilleur temps réalisé par un club.

gues, il parcourut env. 61 km. Webb mourut en tentant de traverser le Niagara (il est enterré à plus de 11 km des chutes, à l'endroit où son corps fut retrouvé). *2e, 6-9-1911* Thomas Burgess (n. en G.-B., habitant en France dep. 1889) en 22 h 35' après 20 tentatives ; entre-temps 70 tentatives avaient échoué. *3e, 1923* Henry Sullivan (U.S.A.) en 26 h 50'. *Sens France-Angl. 1er, 1923* (12-8) Enrico Tiraboshi (It., habitant l'Argentine) en 16 h 33'.

1re traversée féminine. 1926 (6-8) *sens France-Angl.* Gertrude Ederlé (n. 1906, U.S.A.) en 14 h 39'. *Sens Angl.-France. 1951* (11-9), Florence Chadwick (n. 1918, U.S.A.) 16 h 19'.

1er aller et retour non-stop. 20/22-9-1961. Antonio Abertondo (n. 1919, Argentine) en 43 h 10' ; il avait, au début de sa carrière, descendu le Mississippi sur 419 km. Ted Erikson (U.S.A.) en sept. 1965 en 30 h 3' ; Kevin Murphy (G.-B.) en 1970 en 35 h 10' ; Jon Erikson (U.S.A., fils de Ted) en 30 h en 1975. *1re femme. 1977* (sept.) Cynthia Nicholas (Can., 19 ans) en 19 h 55'. *Triple traversée* en *1981* Jon Erikson (U.S.A.) en 38 h 27'.

• **Records. Vitesse. Aller Fr.-Angl. :** *Homme :* Eric Johnson (U.S.A.) 8 h 20' (1985). *Femme :* Cynthia Nicholas (Canada) 9 h 46' (juillet 1975). **Angl.-France :** *Homme :* Penny Dean (U.S.A.) 7 h 40' (1978). *Homme :* Paul Asmuth (U.S.A.) 8 h 12' (1985). **Aller et retour.** Le meilleur : *Femme :* Irene Van Der Laan (P.-Bas) en 18 h 15' (1983). *Homme :* Osama Ahmed, Momtaz (Égypte) 21 h 37' (1984).

Le plus grand nombre de traversées. *Homme :* 31 (Michael Read, G.-B.). *Femme :* 19 (Cynthia Nicholas, Canada). **Les plus jeunes.** *Garçon :* Marcus

Hooper (12 ans et 53 j, G.-B.) 14 h 37′ (Angl.-Fr., 1979). *Fille :* Samantha Druce (12 ans 118 j) 15 h 27′ (1983, Angl.-Fr.). **Aller et retour.** Jon Erikson (15 ans, U.S.A.), 29 h 58′ (1975, fils de Ted Erikson). **Les plus âgés.** *Homme :* Ashby Harper (65 ans et 332 j, U.S.A.) 13 h 52′ (1982, Angl.-Fr.). *Femme :* Stella Taylor (45 ans 8 m., U.S.A.) 18 h 15′ (1975, Angl.-Fr.).

Traversées diverses (Manche). S.-marine : Fred Baldasare (n. 1924, U.S.A.) 67 km en 18 h 1′ *(1962).* Alimenté par une bouteille d'air comprimé chargée tous les 3/4 d'h. **Voiture-amphibie :** Jacob Baulig et Wilhelm Pickel (All. féd.) 7 h 30′ *(29-5-1935).* **Hydrosphère** (ballon avec enveloppe en caoutchouc et des hélices) : Charles Flourens (cap Gris-Nez-Douvres) en 13 h 47′ le *28-10-1934.* **Gilet de sauvetage :** Capitaine Paul Boyton (cap Gris-Nez à Sud Foreland) 23 h 30′, le *29-5-1875.* **Ski nautique :** Alain Crompton (aller et retour Douvres-Calais) en 3 h le *15-8-1955.* **Matelas pneumatique :** Clarence N. Mason, 6 h le *1-9-1936.* **Aviron :** 6 officiers (Douvres à Boulogne, *1845*) en 6 h ; Rev. S. Swann (Douvres à France, *12-9-1911*) en 3 h 50′ ; Georges Adam, 70 ans (Boulogne à Folkestone, *1950*) en 6 h (en 1905 il l'avait réalisé en 7 h 45′).

Piscines

Bassin de compétition. *Longueur :* 50 m, *largeur :* 21 m min., 8 *couloirs* de 2,50 m chacun (plus 50 cm de chaque côté), délimités par des cordes soutenues par des flotteurs d'une couleur distincte pour les 5 premiers et derniers mètres du reste des flotteurs. Au fond de la piscine et à chaque couloir, une ligne guide les concurrents.

Profondeur : min. 1,80 m (pour J.O. et champ. du monde). A 5 m de chaque virage, une corde est tendue au-dessus de la piscine pour orienter les nageurs de dos. A 15 m de la ligne de départ, est suspendue une corde qui doit tomber — en cas de faux départ — pour arrêter les nageurs.

Plots de départ anti-dérapants (50 × 50 cm, avec un angle d'inclinaison vers le bassin ne dépassant pas 10°), placés de 50 cm minimum à 75 cm maximum au-dessus de l'eau. Pour les départs de dos, les nageurs prennent appui sur des poignées placées entre 30 cm et 60 cm au-dessus du niveau de l'eau.

Nombre. En France, env. 100 000 piscines familiales, 500 d'hôtels, 700 de collectivités non publiques.

Au 1-1-83. *Piscines publiques* 3 496, dont couvertes 749, tous temps 559, mixtes 199, de plein air 1 989. Fin 1979. *Bassins* 4 775 dont couverts ou tous temps 1 793, de plein air 2 982.

Plongeon

Record officieux (volontaire). 75 m (*du pont George Washington,* New York) le 11-2-68 par Jeffrey Kramer (24 ans). Le 10-7-21, un cascadeur nommé Terry saute *d'un avion* dans Ohio River à Louisville (Kentucky) ; altitude estimée 94,50 m. *A Acapulco* (Mexique), des professionnels plongent de 36 m de haut dans une eau profonde de 3,66 m.

Sortes. Il existe plus de 100 plongeons différents. Départ d'un tremplin (1 à 3 m) ou d'une plateforme de haut vol (5 à 10 m). Répartis en 6 groupes : plongeons avant, arrière, renversé, retourné, tire-bouchon, en équilibre. Chacun peut être exécuté groupé, carpé ou droit.

Championnats du monde. *Créés* en 1973. **Hommes.** *Tremplin 78* P. Boggs (U.S.A.). *82* C. Louganis [1]. *Haut vol 78, 82* L. Louganis (U.S.A.). **Dames.** *Tremplin 78* I. Kamnina (U.R.S.S.). *82* Meyer (U.S.A.). *Haut vol 78* I. Kaunina (U.R.S.S.). *82* W. Wyland (U.S.A.).

Championnats d'Europe. *Créés* 1927. **Hommes.** *Tremplin 77* P. Hoffmann [8]. *81* A. Portnov [11]. *83* Georgiev [23]. *85* Drozjin [11]. *Haut vol 77* V. Aleink [11]. *81, 83* D. Ambartsumyan [11]. Knuths [8]. **Dames.** *Tremplin 77* C. Kholer [8]. *81* Z. Sirulnikova [11]. *83* Baldus [8]. *85* Tsurulnikova [11]. *Haut vol 77* K. Schopke [8]. *81* K. Zipperling [8]. *83* Lobankina [11].

Championnats de France. *Créés* 1907. **Hommes.** *Tremplin 77* H. Souetre. *78* J.-M. Olivier. *79* A. Goosen. *80, 81* A. Bahon. *82* R. Lecornu. *83, 84, 86* A. Bahon. *Haut vol 77, 78* J.-M. Oliver. *79, 80* A. Banon. *81* R. Lecornu. *82* P. Lemayer. *83* R. Lecornu. *86* Bourlat. **Dames.** *Tremplin 77* L. Cherigui. *78, 79, 80, 81* I. Arene. *82* C. Izacard. *83, 84, 86* C. Izacard. *Haut vol 77* Ch. Rozier. *78, 79* L. Cherigui. *80, 81, 82* C. Renaux. *83, 84* N. Moisdon. *86* Jaillardon.

Natation synchronisée

Origine. Australie vers 1912, se développe aux U.S.A. après 1920, en France en 1947. Sport féminin : exécution de figures séparées (ayant chacune un coefficient de difficulté) et enchaînées. Compétitions à une nageuse (soli), à 2 (duo), en équipe (max. 8).

Championnats du monde (créés en 1978). *Solitaire : 78* H. Vandenburg (Canada), *82* T. Ruiz (U.S.A.) ; *duo : 78, 82* Canada ; *équipes : 78* U.S.A., *82* Canada.

Championnats d'Europe (créés en 1974). *Solo : 74* J. Holland (G.-B.) ; *77* J. Cox (G.-B.) ; *81, 83, 85* C. Wilson (G.-B.) ; *duo : 74* G.-B. ; *77* G.-B. ; *81, 83* G.-B. ; *85* Worisch-Edinger (Austr.) ; *équipes : 74* G.-B. ; *77* Hollande ; *81, 83* G.-B. ; *85* Fr.

Championnats de France (créés en 1950). *Soli : 78, 79* A. Chantrel, *80* P. Besson, *81* A Chantrel, *82* P. Besson, *83* (open) W. Barber (Can.), *84* (open) Paradis (Québec), *85, 86* M. Hermine ; *duo : 78, 79* N. Andegaves , *80* N.E. Chalonnaise, *81, 82* N. Andegaves, *83* (open) Canada, *84* (open) Audit-Paradis (Québec), *85* Hermine-Moisson, *86* Reed-Long (U.S.A.) ; *équipes : 78, 79, 80, 81, 82* N. Andegaves, *83, 84* (open) Canada, *85* All. féd., *86* U.S.A.

Parachutisme

Généralités

Origine. Des parasols auraient été utilisés en Chine par des acrobates, avant notre ère. **V. 1502** projet de parachute de L. de Vinci. **1783,** *26-12* 1re expérience scientifique non controversée, par L.-S. Lenormand à Montpellier (avec 2 parasols). **1799,** *21-6* (3 Messidor an VII) André-Jacques Garnerin (1769-1823) saute d'un ballon (à 680 m) avec un engin de son invention (brevet du 11-10-1802) au-dessus de la plaine Monceau à Paris. **1815,** *21-9* 1er saut en parachute féminin ; Elisa Garnerin, nièce d'André-Jacques, d'un ballon (env. 3 500 m) devant le roi de Prusse (2e saut : 24-3-1816, elle reçoit le titre d'*aéroporiste*). **1912,** *1/10-3* 1ers sauts d'un avion par le capitaine Berry, à St-Louis (U.S.A.). **1918,** *19-8* le Français Pégoud est le 1er pilote seul à bord à abandonner son appareil. **1919,** *19-4* 1re descente en chute libre : Leslie Irvin ; *juin* certaines escadrilles de l'aviation française ont des parachutes de sauvetage. **1930** développement du *parachutisme militaire* en U.R.S.S. (1er saut de groupe le 18-8-33). **1938** 1re descente en chute libre de plus de 10 000 m [Jean Niland (Fr.)]. **1946** le *parachutisme civil* se développe en U.R.S.S. et France. **1955** 1re éjection à vitesse supersonique (Smith, U.S.A.).

Pratiquants en France (1985). Licenciés parachutistes sportifs, 20 501 dont 20 % femmes. 394 213 sauts effectués.

Conditions (en France). Être âgé de 16 ans révolus, avoir une autorisation des parents, un certificat médical d'aptitude délivré par un médecin agréé par la F.F.P. (Fédération Française de Parachutisme) ; être licencié à la F.F.P., 35, rue Saint-Georges, 75009 Paris (45 centres-écoles en France et outre-mer).

Techniques. L'ensemble de saut (9 à 15 kg) comporte essentiellement voilure (suspentes + voiles) et harnais. *Grandes catégories :* voilures hémisphériques, à tuyères et voilures de type « aile ». Équipement dorsal-ventral ou tout dans le dos.

Vitesse. Un corps humain atteint, après 500 m de chute, 190 km/h (vitesse limite), mais peut atteindre 300 km/h environ en position verticale. Après 12 secondes de chute libre, la vitesse se stabilise, pesanteur et résistance de l'air s'équilibrent. Les parachutes modernes ont une *vitesse de descente* (verticale) d'env. 2 à 7 m/s selon les types, et une *vitesse horizontale* pouvant atteindre 10 m/s.

Altitude maximale de saut : 4 000 m sans inhalateur d'oxygène, 12 000 m avec inhalateur. Au-delà, un équipement pressurisé est indispensable.

En chute libre : le parachutiste peut évoluer à peu près comme un nageur dans l'eau et venir rejoindre un camarade (une figure constituée par 100 parachutistes a déjà été réalisée).

Parachute ouvert : en déflectant l'écoulement de l'air autour de la voilure, en modifiant sa forme à l'aide de commandes spéciales, le parachutiste peut faire varier sa vitesse, et se diriger afin d'effectuer des précisions d'atterrissage. Les parachutes de type « aile » (ayant un profil d'aile d'avion une fois gonflés) permettent de planer sur de grandes distances compte tenu de leur vitesse et de leur faible taux de descente. Formes particulières de parachutisme : ascensionnel ; vol de pente ; saut de falaise ; voile contact.

Accident. En 1985, 0,58 mortel pour 1 000 licenciés. 0,30 mortel pour 1 000 sauts.

Compétitions

Discipline de compétition. Atterrissage : saut exécuté à partir de 1 000 m, fait toucher un plot de 5 cm de diamètre situé au centre d'une cible de graviers ou sable. Le « carreau », soit 0,00 cm, est la performance optimale. Les distances sont mesurées électroniquement jusqu'à 5 m (au cm près) ; *2 épreuves : précision individuelle :* chaque concurrent choisit son point de départ ; *par équipe :* 4 concurrents sautent au même passage. Afin d'éviter des arrivées simultanées sur la cible, les équipiers conviennent d'ouvrir leur parachute à des altitudes différentes et évoluent en cours de descente pour se présenter à l'atterrissage avec un décalage de 10 à 20 sec. **Voltige :** saut effectué à partir de 2 000 m ; épreuve en chute libre (30 secondes autorisées) ; il faut exécuter une série de 6 figures imposées en un min. de temps [spirale à gauche, spirale à droite, saut périlleux arrière (appelé salto), spirale à droite, spirale à gauche et salto]. Des pénalités en seconde viennent s'ajouter au temps chronométrique pour les figures mal exécutées. **Vol relatif :** consiste à réaliser en chute libre et à 4 ou 8 parachutistes, une suite de figures imposées (séquence) tirées au sort avant chaque compétition. L'équipe doit exécuter toutes les figures dans l'ordre prescrit et peut éventuellement recommencer la séquence. Toute figure réussie accorde 1 point jusqu'au temps limite de 35 secondes de chute libre pour les épreuves à 4 ou de 50 s en équipe à 8. Hauteurs de saut : 2 750 m et 3 500 m. Au-delà du temps limite, les équipiers se séparent pour ouvrir leur parachute en sécurité. **Voile contact :** réalisation de figures, voile ouverte. Par éq. de 4 : maximum de figures imposées. Par éq. de 8 : réalisation chronométrée de l'empilage de 8 parachutistes. *Record d'Europe du max. de parachutistes accrochés ensemble en chute libre (nombre) :* 53 personnes (France : 6/7-10-1983).

Ascension : décollage sous parachute tracté par une automobile ou un bateau, la descente s'effectuant dès la fin de la traction. Sport d'initiation et discipline de compétition en précision d'atterrissage.

Voile contact : seuls les parachutes de la génération ailes volantes sont utilisables. Pratiqué à partir de 2 000 m ou 2 500 m : permet aux p. d'effectuer des vols de groupe, parachute ouvert, en s'accrochant par les mains ou les pieds à la voilure d'un partenaire. *Record de la + grande formation :* 17 parachutistes. *Épreuves : séquence fixes :* 4 figures à exécuter le max. de fois en 4 m, chacune est séparée par des évolutions à 2 + 2 ou 3 + 1 ; *libres :* 3 figures tirées au sort : chacune marque 1 point, la séquence peut être répétée jusqu'à la limite de 4 m ; *rotations à 4 :* saut à 2 000 m, réalisation d'une figure à 4, puis l'équipier du dessus se détache pour rejoindre la base de la formation ; chaque figure à 4 marque 1 point jusqu'à la limite de 3 m ; *vitesse à 8 :* saut à 2 500 m de 8 équipiers devant réaliser dans le minimum de temps une formation à 8 et la tenir 20 secondes en 4 minutes.

Biathlon : saut sur neige en hiver avec précision d'atterrissage et performances en ski (slalom géant).

Para pente : voilures rectangulaires de type « aile », s'apparente au vol libre : permet des décollages à partir de pentes moyennes ou fortes ; exploitée pour effectuer des vols en montagne avec un entraînement à la précision d'atterrissage sur des cibles aménagées dans la vallée. Nécessite ni avion, ni pliage, ni formation préalable à la chute libre.

Principales épreuves

• **Championnats du monde civils** organisés par la F.A.I. tous les 2 ans depuis 1951. Années impaires : championnats de vol relatif ; paires, championnats individuels de précision d'atterrissage et de voltige. Ces 2 compétitions ne concernent pas les mêmes participants.

Individuels (*a :* voltige, *b :* précision d'atterrissage. *c :* combiné). **Hommes. 1951** P. Lard [1]. **54** Fetchichine [2]. **56** Koubeck [3]. **58** Ostrovski [2]. **60** Kaplan [2] Arender [4] et G. Treves [1]. **64** D. Fortenbery [4]. **66** Kristianikov[2]. **68** Tatchenko[2]. **70** *a* et *c* : Jakmenev[2]. *b* : D. Rice[4]. **72** *a* : J.-C. Armaing[1]. *b* : Sidor[6]. *c* : Schoelpple[4]. **74** *a* : J.-C. Armaing[1]. *b* : Sidor[6]. *c* : Usmajev[2]. **76** *a* et *c* : G. Surabko[2]. *b* J. Dermine[1]. **78** *a* : Usmajev[2]. *b* : Partsch[5]. *c* : Tjorlo[2]. **80** *a* et *c* : Usmajev[2]. *b* : Boidin[7]. **82** *a* : Fernandez[4]. *b* et *c* : Wiesner[5]. **84** *a* : Usmajev[2]. *b* : Skouropat[2]. *c* : Eilenstein[5]. **Dames. 51** M. Laroche[1]. **54** M. Violin[1]. **56** Maxova. **58** Prischinova[2]. **60** M. Gallimard[1], Rajzlova[3]. **62** Simbro[4]. **64** Taylor[4]. **66** Jeremina[2]. **68** Voinova[2]. **70** *a* : Zakorchaja[2]. *b* : Zarybnicka[3]. *c* : F. Baulez[1]. **72** *a* : F. Baulez[1]. *b* : Dioujova[2]. *c* : Karkoschka[5]. **74** *a* : Kosztyina[2]. *b* : Mamai[2]. *c* : Szergejeva[2]. **76** *a* : Klabuhnn[5]. *b* : Ledbetter[4]. *c* : Zakoreckaja[2]. **78** *a* et *c* : Stearns[4]. *b* : Smith[8]. **80** *a* : Chvatchko[2]. *b* : Cox[9]. *c* : Walkhaff[5]. **82** *a* : Walkhoff[5]. *b* : Stearns[4]. *c* : Koriceva[2]. **84** *a* et *c* : Harzbecker[5]. *b* : Yu Mei[10].

Nota. — (1) France. (2) U.R.S.S. (3) Tchécoslovaquie. (4) U.S.A. (5) All. dém. (6) Pologne. (7) Belgique. (8) G.-B. (9) Canada. (10) Chine.

• **Championnats de France** tous les ans. *Créés* sept. 1953 à St-Yan (tous les 2 ans jusqu'en 1961. Toutes catégories jusqu'en 1964). **Hommes. 1953** Laroche. **55, 57** Cledassou. **59, 61** Arrassus. **62, 63** Grivet. **64** Arrassus. **65** *a* : Arrassus. *b* : Bachelier. *c* : Rode. **66** *a* : Civetta. *b* et *c* : Rode. **67** *a* : Guery. *b* et *c* : Proly. **68** *a* : Félix. *b* : Grivet. *c* : Proly. **69** *a* : Félix. *b* : Gravat. *c* : Hardouin. **70** *a* et *c* : Félix. *b* : Gailland. **71** *a* et *c* : Rode. *b* : Florit. **72** *a* : Armaing. *b* : Bottry. *c* : Willaime. **73** *a* : Félix. *b* : Vandenbogaerde. *c* : Willaime. **74** *a* : Le Floch. *b* et *c* : Gailland. **75** *a* : Verpillot. *b* : Armaing. *c* : Hautem. **76** *a* : Dermine. *b* : Gailland. *c* : Le Floch. **77** *a, b, c* : Dermine. **78** *a* : Le Floch. *c* : Gailland. **79** *a* : Dermine. *b* et *c* : Grangeon. **80** *a* : Dermine. *b* : Latorre. *c* : Kourline. **81** *a* : Dermine. *b* : Lubbe. *c* : Gravier. **82** *a* : Lubbe. *b* : Grangeon. *c* : Dermine. **83** *a* et *c* : Dermine. *b* : Lubbe. **84** *a, b, c* : Lubbe. **85** *a, b, c* : Dermine. **Dames. 1961** La Besse. **62, 63** Curci. **64** Bera. **65** *a, c* : Bera. *b* : Derville. **66** *a* : Maréchal. *b, c* : Bera. **67** *a* : Baulez. *b* : Blanchard. *c* : Prouvost-Bera. **68** *a* : Baulez. *b* : Laffitte. *c* : Milella. **69** *a* : Baulez. *b* : Blanchard. *c* : Laffitte. **70** *a* : Baulez. *b, c* : Binet. **71** *a* : Baulez. *b, c* : Staub. **72** *a, c* : Binet. *b* : Chatelain. **73** *a* : Virvaux. *b* : Pellegrin. *c* : Binet. **74** *a* : Virvaux. *b* : Couste. *c* : De Pury. **75** *a, c* : De Pury. *b* : Benoit. **76** *a* : Capdevielle. *b, c* : De Pury. **77** *a* : De Pury. *b* : Jardel. *c* : Ferre. **78** *a* : De Pury. *b* : Bernachot. *c* : Drouet. **79** *a* : De Pury. *b* : Gailland. *c* : Souliez. **80** *a, c* : De Pury. *b* : Ferre. **81** *a, b, c* : De Pury. **82** *a* : Souliez. *b, c* : De Pury. **83** *a* : Souliez. *b, c* : De Pury. **84** *a, b, c* : Carjuzaa. **85** *a, c* : De Pury. *b* : Le Roy.

Champions du monde français. Hommes. LARD Pierre (7-6-24). TRÈVES Gérard (4-6-62). ARMAING Jean-Claude (6-10-46). DERMINE Jean (15-5-50). **Dames.** LAROCHE-MACHAVOINE Monique (29-8-29). PREMAT-VIOLIN Micheline (8-12-31). GALLIMARD-PELLETIER Monique. BAULEZ Marie-France (16-12-43).

Records

Homme-oiseau. Léo Valentin (Fr.) s'est tué en sautant d'un avion à 3 000 m d'altitude le 21-6-56 à Liverpool.

Records d'altitude. *Officieux* : 31 151 m par le capitaine américain Joseph W. Kittinger (32 ans), le 16-8-1960. Il sauta d'un ballon et atterrit 13′8″ plus tard après une chute libre de 25 617 m (4′38″). *Officiel* : 25 808 m, le 7-6-1960, par le Russe Pyotr Dolgev.

Record de chute libre : 24 540 m par le Russe E. Andreyev, le 1-11-1962. *Records féminins* : 10 711 m par la Russe Valentina Rouleva, le 20-9-1975 ; 12 080 m par la Française Colette Duval le 23-5-1956.

Record du monde classe G2C (précision d'atterrissage avec ouverture immédiate à 2 000 m) : le 11-12-1967 par les Français Gilbert Pupin, Édouard-D. Beaussant et Jean-Pierre Pauzat (moy. de distance obtenue : 0,00 m).

Plus grande chute sans parachute. 6 705 m en janvier 1942 : le lieutenant russe Chissov atterrit sur le bord neigeux d'un ravin et ne fut que blessé. Le 23-3-1944, Nicolas Stephen, aviateur de la R.A.F., tombe de 5 490 m, chute amortie par un sapin et une couche de neige.

Plus grand nombre de descentes. Anatoli Ossipov (U.R.S.S.) : 10 000 sauts. Barinov (U.R.S.S.) : 10 000 sauts. Valentina Sokorejkaya (U.R.S.S.) : 8 000 sauts. Ivan Savkine (1913, U.R.S.S.), + de 5 000 sauts au 12-8-1967 (27 h en chute libre, 587 h en parachute ouvert, 12 552 km de descente).

Vitesse vent	Vit. d'atterrissage en m/s	Vit. d'atterrissage en km/h	Haut. de chute corresp.
0	5 m/s	18 km/h	1,25 m
5 m/s	7 m/s	25 km/h	2,50 m
7 m/s	8,5 m/s	30 km/h	3,70 m
10 m/s	11 m/s	40 km/h	6,00 m
12 m/s	13 m/s	47 km/h	8,50 m

Vitesse limite. Atteinte lorsque la résultante aérodynamique équilibre le poids du parachutiste. R = P. $R = \frac{1}{2} r S V^2 C$; r (masse volumique de l'air à une altitude donnée). S (surface offerte perpendiculairement au vent relatif), V^2 (vitesse au carré), C (coefficient de forme). En faisant varier S et C, on peut obtenir des vitesses de 50 et 80 m/s et des trajectoires de 0 à 90°. Les parachutistes qui font du vol relatif se servent habilement des variations de surface en utilisant des combinaisons de vol très amples.

Patinage

☞ Voir Hockey sur glace, p 1699.

Généralités

Origine. Très ancienne. **XIIe s.** on patinait sur des os en Scandinavie. **V. 1600** apparaissent les patins en métal. **XVIIIe s.** 1res courses de patinage de vitesse en Hollande. **1842** création du Skating Club d'Edimbourg (le plus ancien club). **1876** *1re patinoire artificielle* : Glaciarium de Chelsea (Londres, G.-B.). **1882** invention à Vienne de l'axel par Axel Paulsen. **1909** du salchow par Ulrich Salchow. **1892** création de l'Union internationale de patinage. **1910** inv. de la boucle par Werner Rittberger. **1913** du lutz par Alois Lutz. **1925** 1re double boucle par Karl Schafer. **1928** 1er double salchow par Gillis Grafstroem et Montgomery Wilson. **1942** création de la Féd. française. **1944** 1er double lutz par Richard Button. **1945** double axel par Richard Button. **1952** 1er triple saut (boucle) en compétition par Richard Button. **1962** triple lutz par Donald Jackson à Prague. **1978** 1er triple axel par Vern Taylor. **1986** 1er quadruple saut par Jozef Sabovcik.

Patinage artistique. Les épreuves avec *figures imposées* (6 tirées au sort parmi 41, chacune devant être exécutée 3 fois sur chaque pied, sans pause), des *figures libres* (durée dames 4 mn et messieurs et couples 5 mn) et un *libre-imposé* (short-program).

L'axel se fait en avant ; le patineur se tourne en avant pour sauter, exécute l'axel et retombe en arrière. Les autres sauts s'exécutent en sautant en arrière. Pour les différencier, regarder : pied de départ et pied d'arrivée, position de la carre du patin. L'Américain Gordon Mac Kellen (n. 1951) est le seul à avoir réussi un triple axel. *Salchow* : départ dedans arrière, retombée dehors arrière sur le pied contraire à celui du départ. *Boucle* (ou *rittberger*) : départ dehors arrière, arrivée dehors arrière sur le pied de départ. *Lutz* : départ dehors arrière avec piqué de la pointe du pied libre tourné en contre-rotation de la courbe d'impulsion, arrivée dehors arrière sur le pied qui a piqué. *Flip* : départ dedans arrière piqué, retombée en dehors arrière sur le pied qui pique. *Toe loop* (ou boucle piquée) : départ dehors arrière, aidé d'un piqué, dans le sens de rotation de l'impulsion initiale, retombée en dehors arrière sur le pied d'élan.

Total des sauts possibles (avec doubles et triples sauts) : 22.

Danse sur glace. Se pratique en couple, sans saut porté, avec danses imposées, libres et de création ; même genre de calcul que le patinage artistique.

Patinage de vitesse. PRINCIPALES ÉPREUVES. *Hommes* 500 m, 1 000 m, 1 500 m, 3 000 m, 5 000 m, 10 000 m, combiné (4 épreuves sauf aux J.O. où il y a 5 médailles en jeu pour les hommes et 4 pour les dames). *Dames* 500 m, 1 000 m, 1 500 m, 3 000 m, combiné 4 épreuves et sprint pour h. et d. sur 500-1 000 m (2 fois).

Patinage de vitesse sur courte piste. Création en 1980 d'un championnat du monde, organisé en automne à Paris-Meudon. Les meilleurs patineurs du monde sont actuellement Jim Lynch (Austr.), Gaëtan Bouchev (Can.), S. Daigle (Can.), G. Daigneault (Can.).

Quelques chiffres en France. Licenciés *(1983)* : 25 854 ; **clubs** : 221. **Patinoires** : 120, 21 dans la région paris.

Dimensions maximales : 61 m × 31 m (Paris : Pailleron 56 × 26, Molitor 52 × 22, Montparnasse 56 × 26, Eaubonne 58 × 28, Boulogne 60 × 30).

Principales épreuves

☞ Jeux Olympiques. Voir p. 23.

Légende. — Nationalités. (1) U.S.A. (2) Autriche. (3) Tchéc. (4) Suède. (5) U.R.S.S. (6) All. dém. (7) Canada. (8) P.-Bas. (9) G.-B. (10) Norvège. (11) France. (12) Hongrie. (13) Suisse. (14) All. féd. (15) Japon.

Patinage artistique

Championnats du monde. *Créés* 1896. **Messieurs.** *68* Emmerich Danzer[2]. *69* Tim Wood[1]. *70, 71, 72, 73* Ondrej Nepela[3]. *74* Jean Hoffman[6]. *75* Sergeï Volkov[5]. *76* John Curry[9]. *77* Vladimir Kovalev[5]. *78* Charles Tickner[1]. *79* Vladimir Kovalev[5]. *80* Jan Hoffman[6]. *81, 82, 83, 84* Scott Hamilton[1]. *85* Alexandre Fadeiev[5]. *86* Brian Boitano[1]. **Dames.** *Créé* 1906. *68* Peggy Fleming[1]. *69,70* Gabrielle Seyfert[6]. *71, 72* B. Schuba[2]. *73* K. Magnussen[7]. *74* Christina Errath[6]. *75* Diane de Leuwe[8]. *76* Dorothy Hamill[1]. *77* Linda Fratiane[1]. *78* Anette Pœtzsch[6]. *79* Linda Fratiane[1]. *80* Anette Pœtzsch[6]. *81* Denise Biellmann[13]. *82* Zayak[1]. *83* Sumners[1]. *84, 85* Katarina Witt[6]. *86* Debi Thomas[1]. **Couples.** *Créé* 1908. *68* Ludmila Belousova-Oleg Protopopov[5]. *69, 70, 71, 72*

Records de patinage de vitesse (1986)

Épreuves	Records du monde	Records de France
Messieurs		
500	36″49 Jelezovski (U.R.S.S., 85)	38″74 Nicouleau (85)
1 000	1′12″58 P. Pegov (U.R.S.S., 83)	1′17″58 H. Van Helden (84)
1 500	1′53″ Jelezovski (U.R.S.S., 85)	1′58″63 H. Van Helden (83)
3 000	4′3″22 V. Chacherin (U.R.S.S., 86)	4′8″11 H. Van Helden (84)
5 000	6′49″15 V. Chacherin (U.R.S.S., 84)	7′4″32 H. Van Helden (84)
10 000	14′12″14 Karlstad (Norv., 86)	14′54″74 H. Van Helden (84)
Combiné court	148,785 pts G. Boucher (Canada, 81)	
Combiné long	162,312 pts V. Chacherin (U.R.S.S., 86)	
Dames		
500	39″52 K. Kania-Enke (All. dém., 86)	43″38 M.-F. Van Helden (84)
1 000	1′18″84 K. Kania-Enke (All. dém., 86)	1′27″27 M.-F. Van Helden (84)
1 500	1′59″30 K. Kania-Enke (All. dém., 86)	2′14″19 M.-F. Van Helden (84)
3 000	4′20″91 A. Schone (All. dém., 84)	4′44″65 M.-F. Van Helden (84)
5 000	7′20″99 A. Schone (All. dém., 86)	8′18″77 M.-F. Van Helden (85)
Combiné court	168,272 pts K. Kania-Enke (All. dém., 86)	
Combiné long	171,149 pts N. Petruseva (U.R.S.S., 81)	

Nota. — La *Course des onze villes* en Hollande (200 km) a été organisée pour la première fois en 1909. Elle n'a eu lieu que 12 fois de 1909 à 1963 et en 1985 car il faut une glace assez épaisse et pas de neige. En 1912, il y avait 60 patineurs ; en 1963, 10 000 ; en 1985, 16 000 (la course est ouverte à tous). Le record fut battu en 1985 en 6 h 46 mn 47 s par Eefert von Bentem. Il y a des courses similaires en Suède et en Norvège.

Irina Rodnina-Alexei Oulanov [5]. *73, 74, 75, 76, 77, 78* Irina Rodnina-Zaitsev [5]. *79* Taï Babilonia-Randy Gardner [1]. *80* Marina Cherkasova-Sergeï Shakhraï [5]. *81* Irina Vorobieva-Igor Lisovsky [5]. *82, 83* S. Baess-Tassilio Thierbach [6]. *84* Underhill-Martini [7]. *85* Valova-Vasiliev [5]. *86* Gordeiva-Grinkov [5]. **Danse.** *Créé* 1950. *68, 69* Diana Towler-Bernard Ford [9]. *70, 71, 72, 73, 74* Ludmila Pachomova-Alexandre Gorshkov [5]. *75* Irina Moïseeva-Andrei Minenkov [5]. *76* Ludmila Pachomova-Alexandre Gorshkov [5]. *77* Irina Moïseeva-Andrei Minenkov [5]. *78, 79* Natalia Linichuk-Guennadi Karponosov [5]. *80* Kristina Regoczy-Andras Sallay [12]. *82, 83, 84* Jane Torvill-Christopher Dean [9]. *85, 86* Bestemaniova-Bukin [5].

Championnats d'Europe. *Créés* 1892. **Messieurs.** *77, 78, 79* Hoffmann [6]. *80* Cousins [9]. *81* Bobrin [5]. *82, 83, 84* Vadeiev [5]. *85, 86* Sabovchik [5]. **Dames.** *77, 78, 79, 80* A. Pœtzsch [6]. *81* D. Biellmann [13]. *82, 83, 84, 85, 86* Witt [6]. **Couples.** *77, 78* Rodnina-Zaïtsev [5]. *79* Cherkasova-Shamria [5]. *80* Rodnina-Zaïtsev [5]. *81* Vorobieva-Lissovski [5]. *82, 83* Baess-Thierbach [6]. *84, 85, 86* Valova-Vassiliev [5]. **Danse.** *77, 78* Moïseeva-Minenkov [5]. *79, 80* Linichuk-Karponosov [5]. *81, 82* Torvill-Christopher Dean [9]. *83* Bestemaniova-Bukin [5]. *84* Torvill-Christopher Dean [9]. *85, 86* Bestemianova-Bukin [5].

Championnats de France. *Créés* 1908 pour les Messieurs, 1909 pour les Dames. **Messieurs.** *76, 77* J.-C. Simon. *78* G. Beyer. *79 à 84* J.-C. Simon. *85* F. Fedronic. *86* L. Depouilly. **Dames.** *76, 77* M.-C. Bierre. *78, 79* A.-S. de Kristoffy. *80* C. Antonelli. *81* B. Farinacci. *82 à 86* A. Gosselin. **Couples.** *76* Verchère-Rondel. *77* Fucks-Videau. *78, 79, 80* Videau-Glabeck. *81, 82* Tortel-Videau. *83* Tortel-Douillard. *84, 85, 86* Vaquero-Manaud. **Danse.** *86* Paliard-Courtois.

Patinage de vitesse

• **Championnats du monde. All round** (combiné). **Messieurs.** *80* Hilber van der Duin [8]. *81* Amund Sjoebrend [10]. *82* H. van der Duin [8]. *83* Jalk Larsen [10]. *84* O. Bogiev [5]. *85, 86* Vergeer [8]. **Dames.** *80, 81* Natalia Petruseva [5]. *82* K. Bush [6]. *83* Schöne [6]. *84* Enke [6]. *85* Schöne [6]. *86* Enke [6].

Sprint. Messieurs. *80* Eric Heiden [1]. *81* Frode Ronning [10]. *82* S. Khlebnikov [5]. *83* Kuroiwa [15]. *84* Boucher [7], *85, 86* Jelezovski [5]. **Dames.** *80, 81* K. Enke [6]. *82* N. Petruseva [5]. *83, 84* Enke [5]. *85* Rothenberger [5]. *86* Enke [6].

Short track (piste courte). Créé 1980. **Messieurs.** *86* Ishihara [15]. **Dames.** *86* Blair [1].

• **Championnats d'Europe. All round. Messieurs.** *80* Stenshjemmet [10]. *81* Sjoebrend [10]. *82* Gustafson [4]. *83, 84* Van der Duin [8]. *85, 86* Vergeer [8]. **Dames.** *86* Ehring [6].

• **Championnats de France. All round. Messieurs.** *80* D. Bella. *81* H. Vernier. *82, 83, 84, 85* H. Van Helden. **Dames.** *80* M.-F. Vivès. *81* M.-A. Le Deuff. *82, 83, 84, 85* M.-F. Vivès.

Sprint. Messieurs. *80* E. Michon. *81* M. Bella. *82, 83, 84* H. Van Helden. *85* Vernier. *86* Nicouleau. **Dames.** *80, 81* M.-F. Vivès. *82* V. Lautier. *83, 84, 85* M.-F. Vivès. *86* Van Helden.

Short track. Messieurs. *80* M. Bella. *81* M. Bella et E. Michon. *82* M. Bella. **Dames.** *80* C. Doreau. *81* V. Delsignore. *82* Y. Geggroy et Ribaut.

Quelques noms

Patinage artistique. Belousova Ludmila. Biellmann Denise [13] 1964. Calmat Alain [11] 31-8-40. Cousins Robin [9] 1958. Curry John [9]. Du Bief Jacqueline [11] 4-12-30. Fleming Peggy [1] 1948. Giletti Alain [11] 11-9-39. Gorshkov Alexandre [5]. Grapström Gillis [4] 7-6-1893. Hassler Nicole [11] 6-1-41. Heiss Carol [1] 20-1-40. Henie Sonja [10] 1912-69. Hoffmann Ian [6]. Jenkins David [1] 29-6-36. Kovalov Vladimir [5]. Lynn Janet [1] 6-3-56. Mc Kellen [1] 26-9-53. Nepela Ondrej [3] 22-1-51. Oulanov Alexei [5]. Pachomova Ludmila [5] 1947-86. Pera Patrick [11] 17-1-49. Protopopov Oleg [5]. Rigoulot Dany [11] 1944. Rodnina Irina [5] 1950. Salchow Ulrich [4] 7-8-1877. Seyfert Gabrielle [6] 1948. Thomas Deb. [1] 1967. Witt Katarina [6] 1965. Zaitsev Alexandre [5] 1953.

Patinage de vitesse. Burka Sylvia [7]. Granath Johan [4]. Heiden Beith [2] 1959. Heiden Eric [1] 14-6-58. Ivangine Martine [11] 1947. Krouprianoff André [11] 1938. Lucas Françoise [11] 1939. Maier Fred Anton [10] 1943. Ronning Frode [10]. Sadchikova Liubov [5] 1951. Skoblikowa Lydia [5] 1938. Thunberg Clas 5-4-93. Tourne Richard [11] 1951. Verkerk Cornelius [8] 1941. Vive Marie-France [11] 1959. Voronina Inge. Young Sheila [1] 14-10-50.

Paume

Origine. Au début, on renvoyait la balle avec le creux de la main. Remonte à l'Antiquité. **Moyen Age :** se développe. *France :* devient jeu national, après avoir surtout été pratiqué dans les monastères. **1292**, on comptait à Paris 13 paumiers ou fabricants de pelote (pour 8 libraires seulement). **XVIe** 250 salles de courte paume. François Ier fut un brillant champion. **1592** ordonnance royale en 24 articles (1res règles). **Sous Henri IV** 500 jeux. Très populaire : devient le lieu d'enjeux et de débauche. **Sous Louis XIV** mal vu par l'Église, puis interdit par le roi, se trouve réservé à la noblesse, donne naissance au billard. **XVIIe** la vogue décline ; en Europe (notamment Angleterre et Écosse) il prend le nom de tennis. **Fin du XIXe** s., on l'adapte en Angleterre au gazon en plein air et on l'appelle *lawn-tennis* (les lignes extérieures représentent à peu près les murs du jeu de paume qui se joue en salle spécialement agencée et sous un toit d'env. 10 m de haut).

• **Longue paume.** Se joue en plein air à 1 contre 1, jusqu'à 6 contre 6. Le rebot basque et la balle au tambourin à Montpellier font partie de sa descendance. Pratiquée en Picardie (nombreuses sociétés dans la Somme et dans l'Oise), à Paris (dans le jardin du Luxembourg). *Terrain :* 60 m min. × 11 à 14 m, pas de filet mais une tresse de 2 mm d'épaisseur posée sur le sol (2 tresses formant une zone neutre pour le 1/1 et le 2/2). Balle en liège de 16 à 20 g. Raquette à petit tamis et long manche.

Championnats de France (depuis 1892). **1980** *1re catégorie :* 1/1 René Leclaire. 2/2 et 4/4 Tartigny, 6/6 Péronne. **81 :** Gilles Forest, 2/2 et 6/6 Tartigny, 4/4 Cléry. **82 :** 1/1 René Leclaire, 2/2 Tartigny, 4/4 Broyes, 6/6 Rosières. **83 :** 1/1 André Coulon, 2/2 Méry-la-Bataille (femmes : Barleux), 4/4 Tartigny, 6/6 Broyes. **84 :** 1/1 Laurent Delporte, 2/2 et 6/6 Broyes, 4/4 Cléry, 2/2 (femmes) St-Christ.

• **Courte paume.** En anglais, *court tennis.* Ancêtre du *lawn-tennis.* Se pratique dans un espace couvert ou découvert de 28,50 à 30 m de long × 9,30 à 9,80 m de large et 10 m env. de haut. Carreau (sol) en dalles de pierre. Terrain séparé au milieu par un filet (haut 0,92 m au centre, 1,50 m aux bouts). *Raquettes* asymétriques, un peu plus petites que les raquettes modernes de tennis. *Balles* 65 à 70 g) pleines de chiffons recouvertes de drap. *Points et sets* comptés comme au tennis mais une balle de paume non touchée avant son 2e rebond sur le carreau met le point en suspens. C'est une *chasse* mise en jeu ultérieurement selon des modalités particulières ; elle entraîne le changement de service bien que le jeu ne soit pas terminé ; l'absence de chasse permet de garder le service plusieurs jeux d'affilée. Les rebonds sur les murs sont libres et jouent un rôle important surtout entre le 1er et le 2e rebond sur le carreau. Des *ouverts* formant *galerie* sous les toits sont tendus de filets pour arrêter la course de la balle qui, en y pénétrant, ou bien fait chasse ou bien fait point gagnant (galerie des « dedans », « derrière » galerie côté « devers », grille). *Jeux :* France (Paris, 74 *ter,* rue Lauriston et Mérignac, Gironde), il reste 22 jeux inutilisés ; G.-B. une vingtaine ; U.S.A. 7, et Australie 4. *Adeptes* G.-B. 2 000, U.S.A. 1 500, Australie 2 000, France 80.

Championnat du monde open. *Créé* 1862. **1928-56** P. Etchebaster (Fr.), **76-81** H. Angus (G.-B.), **82-83** C. Ronaldson (G.-B.), **84** W. Davies (Austr.), **85** C. Ronaldson (G.-B.). **Coupe Bathurst.** *Créée* 1899. 4 matches de simple et 1 de double. Amateurs. **Dep. 1899** vict. de la G.-B. devant U.S.A., Fr., Austr. **Grand prix de Paris Marcel Dupont.** *Créé* 1976. Tournoi international open, réservé aux 20 meilleurs joueurs mondiaux. **Dep. 1976,** H. Angus (G.-B.).

Championnat de France amateur (Raquette d'or). *Créé* 1901. **1976-85** B. Sarlangue. **Amateur** 2e série (Raquette d'argent). *Créé* 1901. **1976-82** P. Sarlangue, **83** D. Newman, **84** A. Hahn. **Coupe Gould Eddy** (Ch. de France, double open). *Créé* 1904. **1976** B. Bostwick et R. Howe (U.S.A.). **Ch. de France open.** *Créé* 1976. **1981** B. Sarlangue, **82** D. Grozdanovitch, **83** P. Sarlangue, **84** Non disputé.

Pêche

Classification des eaux

Loi sur la pêche du 29-6-84 entrée en vigueur le 1-1-86. S'applique à tous les cours d'eau, canaux, ruisseaux et aux plans d'eau avec lesquels ils communiquent, même de façon discontinue.

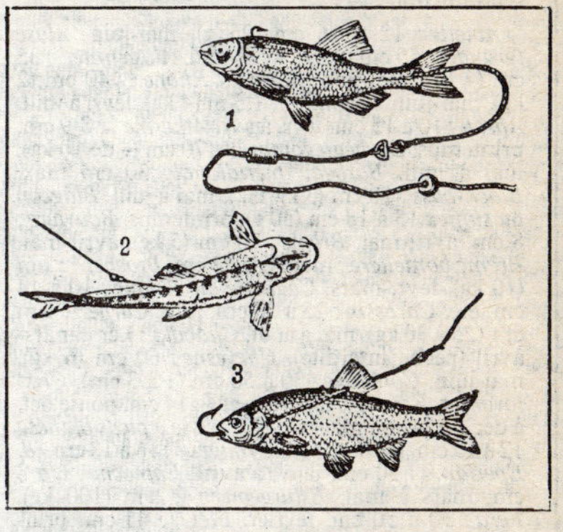

Pêche au vif (en ferrage du poisson) : 1 sur le côté. 2 sur le dos. 3 par la nageoire dorsale et l'ouïe.

Classement biologique : *1re catégorie* (truites, saumons, ombles, ombres...) déterminée par arrêté préfectoral et *2e catégorie* dans laquelle sont classées automatiquement toutes les autres eaux peuplées de blancs (gardons, rotengles, brèmes, chevesnes, carpes, tanches...).

Classement administratif : *domaine public* (cours d'eau et canaux navigables ou flottables et ceux rayés de la nomenclature des voies navigables ou flottables, ainsi que les lacs où le droit de pêche appartient à l'État) où l'on peut pêcher à une seule ligne si l'on a une carte de pêche d'une APP, et *domaine privé* (autres eaux).

Pêcheurs

Nombre en France. 1 pêcheur pour 12 ou 13 hab. (U.S.A. 1 pour 7, Belg. 1 p. 60, Italie 1 p. 200, All. féd. 1 p. 700).

En 1985, 2 181 105 pêcheurs ont acquitté la taxe piscicole. Mais il y a en fait + de 4 000 000 de pêcheurs compte tenu des exonérés. Ils disposent de 4 680 km de canaux, 11 800 km de cours d'eau navigables ou rayés de la nomenclature, plus de 250 000 km de cours d'eau non domaniaux et plus de 180 000 ha de lacs, retenues et étangs privés dont 30 000 ha du domaine public.

Chacun dispose en moy. de 70 m de berge et de 500 m² de lac ou d'étang et prend en moy. 2 kg de poisson par saison.

Budget du pêcheur en 1985. Env. 4 000 F par an.

Chiffre d'affaires de l'industrie de la pêche à la ligne. Env. 9 milliards de F.

Réglementation

En France, pêche gérée par les 4 300 *Associations de pêche et de pisciculture* (A.P.P.) groupées en *Fédérations départementales* et en une *Union nationale des Fédérations de pêche et de pisciculture* (17, rue Bergère, 75009 Paris). Pour pêcher dans les eaux du domaine public, il faut une carte de pêche. Dans celles du domaine privé, les propriétaires riverains ont le droit de pêche de leur côté jusqu'au milieu du cours d'eau. Ils peuvent passer des accords avec les sociétés de pêche.

Carte de pêche. Il faut adhérer à une A.P.P. (la *carte de sociétaire* vaut 20 à 200 F) et être muni d'une *carte de pêche* valable un an du 1-1 au 31-12. La carte munie de timbres est délivrée aux personnes de plus de 16 ans ayant payé les taxes [en 1986 : taxe de base 29 F, taxe de 1re catégorie pour tous les pêcheurs 83 F, taxe de 2e catégorie pour les pêcheurs à 4 lignes équipées de 2 hameçons max. 29 F, pêcheurs au lancer, à la mouche artificielle, au vif, au poisson mort ou arti-

Principaux poissons d'eau douce pêchés en France

On rencontre en France environ 64 espèces de poissons d'eau douce.

Taille et poids maximaux habituels (il est impossible d'indiquer avec certitude des records de prise mondiaux ou même français). Période de reproduction :

Ablette : 12 à 16 cm (25 g), mai-juin. *Alose (grande)* : 50 cm (3 kg), avril-mai. *Alose finte* [1] : 35 cm (1 kg), mai-juin. *Alose du Rhône* [2] : 40 cm (2 kg), mai-juin. *Anguille* [3] : 1,5 m (4 kg), févr. à juill. *Apron* : 10 à 15 cm, févr. à avr. *Athérine* [5] : 8-9 cm, printemps. *Barbeau commun* : 70 cm (+ de 10 kg), mai à juill. *Barbeau méridional* : 30 cm max. *Black-bass* : 50 cm (3 kg 1/2), mai à juill. *Blageon ou suiffe* : 15 à 18 cm (50 g), printemps. *Bouvière* : 8 cm, avril-mai. *Brème* : 70 cm (5 kg), avril-mai. *Brème bordelière* : moins de 22 cm. *Brochet* [4] : 1 m (10 kg), févr.-mars. *Cagnette ou blennie* : 10 à 14 cm, été. *Carassin* : 25 à 30 cm, juin. *Carpe* [6] : 1 m et + (25 à 30 kg), mai à août. *Chabot* : 11 cm, mars-avril (pêche interdite). *Chevesne* : 60 cm (6 kg), mai-juin. *Corégone* : 30 à 50 cm (1 à 3 cm). *Cristovomer*. *Écrevisse américaine* [7] : 14 cm, ponte oct. à déc., éclosion mai-juin. *Écrevisse à pieds blancs* : 12 à 13 cm, *id. Écr. à pieds rouges* [2] : 16 à 18 cm, *id. Éperlan* [14] : 30 cm, janv. à avril. *Épinoche* : 6 à 8 cm, mars à mai. *Esturgeon* [9] : 2,2 m (100 kg). *Féra* : 30 à 50 cm, février. *Flet* [10] : 45 cm, printemps. *Gambusia* : 4 à 6 cm, toute l'année. *Gardon* : 25 cm (+ de 750 g), mai-juin. *Goujon* : 15 à 18 cm, avr. à juill. *Gravenche* : 15 à 35 cm, déc.-janv. *Grémille* : 15 à 18 cm, avril. *Hotu* : 15 à 45 cm et + (2 kg), mars à mai. *Huchon* : 0,8 à 1,6 m (10 kg), mars-avril. *Ide* : 50 cm (4 kg), avril-mai. *Lamproie de Planer* : 25 cm. *Lamproie fluviale* [12] : 25 à 60 cm, mai-juin. *Lamproie marine* [11] : 1 m (2 kg), mai-juin. *Loche de rivière* : 8 à 10 cm, avril-mai. *Loche d'étang* : 30 cm, avril à juin. *Loche franche* : 10 à 21 cm, avril-mai. *Lotte* : 30 cm à 1 m (500 g et +), janv. *Muge cabot* [3] : 60 cm (3 kg), automne-hiver. *Muge capiton (mulet)* [3] : 40 cm (2 kg), automne-hiver. *Omble chevalier* : 50 cm (2 kg), déc. *Ombre* : 40 cm (1 à 2 kg), printemps. *Perche* : 15 à 50 cm (3 kg), mi-mars à juin. *Perche soleil* : 100 à 150 g, mai-juin. *Poisson-chat* : 40 cm (500 g) mai-juin. *Rotengle* : 36 cm (0,5 kg), mai à juin. *Sandre* : 1,20 m (+ de 10 kg), avril. *Saumon* : 1,50 m (17 kg), nov. à janv. *Saumon de fontaine* : 40 cm (2 kg), nov. *Silure glane* : 4 m (200 kg), mai-juin. *Soffie* : 25 cm (150 g), avril-mai. *Spirlin* : 15 cm, mai-juin. *Tanche* : 60 cm (+ de 3 kg), mai à juill. *Truite arc-en-ciel* : 60 cm et + (5 kg). *Truite fario* : + de 50 cm (18 cm riv. mont., 23 cm autres eaux) (500 g à 3 kg), oct. à janv. ; peut atteindre 8 à 10 kg dans certains lacs. *Vairon* : 9 cm, mai-juin. *Vandoise* : 25 à 30 cm (1,2 kg), mars à mai.

Certaines espèces ne peuvent être pêchées et doivent être rejetées à l'eau si leurs longueurs sont inférieures à : *esturgeon* 1,45 m (pêche interdite jusqu'en 1985) ; *huchon* 0,70 m ; *saumon* 0,50 m ; *brochet*, sauf dans les eaux de 1re catégorie, 0,40 ; *sandre* et *cristivomer* 0,35 ; *alose* 0,30 ; *ombre commun* 0,30 ; *lamproies* marine et fluviatile 0,27 ; *truite, saumon de fontaine omble chevalier* 0,23 ; *corégone, mulet, muge* 0,20 ; *écrevisses* autres qu'écrevisse américaine 0,09.

Nota. — (1) Vit en mer, se reproduit en eau douce (France : Loire, Garonne, Adour). (2) Vit en Méditerranée, se reproduit en eau douce. (3) Pond en mer près des Bermudes ; les larves dérivent vers les embouchures des fleuves et, transformées en civelles puis en anguilles, remontent les rivières. (4) Prise de 1,80 m signalée. (5) Pond en eau douce. (6) Vit env. 30 ans. (7) Rare. (8) Très rare (Alpes, Morvan, Vosges). (9) Vit en mer, se reproduit en eau douce (France : Gironde et Garonne, parfois Bas-Rhin, Rhône et Adour) ; ses œufs donnent le caviar. (10) Monté en eau douce en juillet, regagne la mer en octobre ; se nourrit normalement et se reproduit en eau salée. (11) Vit en mer, se reproduit en eau douce (France : Loire, Adour, Garonne, Rhône). (12) Reste plus longtemps en eau douce. (13) Pond en mer, vit en eau douce. (14) Vit en mer, pond aux emb. des fleuves.

ficiel, à la vermée, à la balance à écrevisses ou à crevettes, à la bouteille ou carafe à vairons 83 F, taxe pour le saumon 83 F (et supplément spécial de 200 F)].

Sont dispensés de la taxe piscicole, mais pas de la carte de pêche (au 1-1-1986) : grands invalides de guerre ou du travail (85 %), économiquement faibles, conjoints des membres des A.P.P., mineurs de moins de 16 ans, militaires du contingent pendant leurs permissions.

Nota. — *Pêche maritime.* Tout plaisancier a droit à 2 lignes de 2 hameçons chacune, et peut demander des lignes supplémentaires à l'inscription maritime, taxe de 30 F + 5 F par tonneau ou fraction de tonneau au-dessus de 5 tonneaux. *Pêche sous-marine* : praticable à partir de 16 ans.

Dates d'ouverture (1985). *Eaux de 1re catégorie.* Variables selon les départements. Fixées par les préfets, commissaires de la Rép.

Eaux de 2e catégorie. Pêche interdite du 3e lundi d'avril au 2e samedi de juin. Dérogations possibles accordées par les préfets.

Renseignements : Conseil supérieur de la Pêche, 10, rue Peclet, 75015 Paris.

Pelote basque

Généralités

• **Origine.** Descend de l'ancien jeu de paume français. Mentionnée pour la 1re fois au XVe s. S'est développée à partir du XVIIIe s. et surtout au XIXe s. avec l'invention du *chistera* d'osier et châtaignier (v. 1857). Pratiquée aujourd'hui en Amérique, en Espagne et en France (notamment dans le Sud-Ouest).

• **Lieux.** 3 aires de jeux différentes : la *place libre*, un mur de pierre à l'air libre ; le *mur à gauche* comprenant 3 murs, installation généralement couverte d'une longueur de 36 m pour un fronton court et 55 m pour un fronton long (*jaï alaï*) ; le *trinquet*, installation couverte et très particulière où l'on peut jouer sur 4 murs, longueur 28 à 30 m.

• **Modalités. Main nue.** Se joue dans les 3 aires citées plus haut par équipe de 2 joueurs ou en simple. Le pelotari se sert uniquement de sa main pour frapper la pelote.

Petit et grand chistera. Se joue en place libre et en fronton mur à gauche. Le « grand chistera », instrument utilisé pour renvoyer la pelote, est un gant de cuir terminé par un panier d'osier de 56 à 65 cm. Le joueur de « grand gant » peut garder la pelote dans le gant dont la poche d'osier est profonde (plus grande force de propulsion). Par contre, « à petit chistera » ou *joko garbi* (jeu pur), la courbe du gant étant moins appuyée, la balle est renvoyée dès réception et donne un jeu plus rapide. Les équipes sont formées de 3 joueurs. Le joko garbi se joue aussi en mur à gauche par équipe de 2 joueurs.

Pala et paleta. La pala est le nom à la fois de la spécialité et de l'instrument étroit en bois avec lequel on frappe la pelote. Se joue en place libre, mur à gauche, trinquet et *jaï alaï*. La paleta, toujours en bois, est plus légère et moins étroite ; se pratique en place libre, en trinquet comme en mur à gauche court. 2 joueurs par équipe (à pala comme à paleta).

Rebot. Place libre de 90 à 100 m divisée en 2 rectangles inégaux. 2 camps de 5 joueurs. Jeu direct comme le tennis, mais il n'y a pas de filet. Balles de 130 g. Partie en 13 jeux (comptés 15, 30, 40 et jeu). C'est le jeu de pelote basque le plus ancien.

Cesta punta. Se joue avec un grand chistera mais en fronton mur à gauche *jaï alaï*, avec des pelotes très différentes de celles utilisées en place libre (beaucoup plus rapides et recouvertes de parchemin). Se joue principalement 2 contre 2, parfois en simple (pour le pari).

Balles *(pelotes)*. Faites d'un petit noyau de caoutchouc entouré de laine et enveloppé dans une gaine en cuir (peau de chien ou de chèvre). *Poids* : cuir 50 g, gomme 35 g, main nue env. 90 g, pala 100 à 125 g, petit chistera 120 g, grand 125 g.

Championnats du monde

Tous les 4 ans dep. 1952, en Europe ou en Amérique. *Participants* : Argentine, Brésil, Chili, Espagne, France, Mexique, Philippines, Uruguay, U.S.A., Italie, Venezuela. **1952** (St-Sébastien) : 8 premières places pour la France. **55** (Montevideo). **58** (Hossegor) : 7 médailles d'or à la Fr. **62** (Pampelune). **66** (Montevideo). **70** (St-Sébastien). **74** (Montevideo) : 4 méd. d'or à la France. **78** (Bayonne-Biarritz-St-Pierre d'Irube) : *médailles d'or* Espagne 4, Argentine 3, Mexique, France 2, Uruguay 1. **82** (Mexico) *méd. d'or* : France 6, *de bronze* : France 3.

Quelques noms

AGUER J.B. APESTEGUY Joseph *dit* Chiquito de Cambo 1881-1955. ARCE Amédée. DONGAITZ Léon 1886. DURRUTY Étienne. HARAMBILLET Jean-Baptiste 1917. LADUCHE Joseph. SAINT-MARTIN Prosper. URRUTY Jean 19-10-13.

Plaisance

Bateaux

Statistiques

• **Grandes flottes de plaisance.** U.S.A. 12 421 600, Canada 1 402 300, Suède 850 000, All. féd. 711 000, G.-B. 709 000, *France 604 800*, Finlande 524 000, Italie 469 800, Norvège 300 000, P.-Bas 240 000, Danemark 182 000.

• **Flotte de plaisance française.** *Source* : Secrétariat d'État chargé de la Mer. **Flotte de plaisance « maritime »** (au 30-9-85). 647 637 navires immatriculés : 433 199 navires à moteur (477 972 — de 2 tx, 169 665 + de 2 tx), 214 438 voiliers.

Env. 55 000 b. non immatriculés naviguant sur les voies intérieures, ou aux formalités non remplies (dont 1 400 petites embarcations), ou à moyen de propulsion indéterminé.

Répartition (au 30-9-85). Méditerranée 263 240 navires (40,64 %), Atlantique 216 159 (33,38 %), Manche et mer du Nord 168 238 (25,98 %).

Immatriculations. *1973* : 24 774, *74* : 25 869, *75* : 25 683, *76* : 32 446, *77* : 31 081, *78* : 32 021, *79* : 34 995, *80* : 34 302, *81* : 30 551, *82* : 27 514, *83* : 25 295. *84* : 21 577. *85* : 21 337 (dont Méditerranée 8 614, Atlantique 7 157, Manche et mer du Nord 5 566).

Matériaux (en %). Plastique 61,4 ; pneumatique 29,4 ; bois 7,1 ; métal 1,7 ; ciment 0,1. **Moteurs** (en %). Types. Hors-bord 77,4, fixe 20,5 ; relevable 2 ; turbine 0,1. **Puissance.** — de 10 cv 59,2 ; 10 à 50 25,9 ; 50 à 100 12,6 ; 100 à 150 3,7 ; 150 et + 2,5.

Professions des plaisanciers (immatriculations 1983, en %). Cadres moyens, petits patrons, représentants 27,6. Employés, ouvriers, petits agr. 35. Prof. lib., cadres sup. grands et moyens patrons, grands agr. 18,7. Divers (étudiants, non actifs, sociétés, associations) 19,8.

Navires assurés. Voiliers 61,6 %, navires à moteur 52 %.

Principaux quartiers d'immatriculations pour l'ensemble de la flotte (navires immatriculés). Toulon 67 262, Nice 47 839, Marseille 41 904, Sète 39 353, St-Malo 22 881, Arcachon 22 813, St-Nazaire 22 621, Port-Vendres 20 953, Caen 20 266, Rouen 19 912.

• **Accidents et événements en mer. Accidents survenus à des bateaux de plaisance dans les 3 zones C.R.O.S.S.** (France, du 1-1-85 au 31-12-85). **Nombre d'événements.** 2 540 dont planches à voile 587, pannes et avaries diverses 543, fausses alertes 525, échouements-heurts 246, chavirements 160, aides aux équipages inexpérimentés 104, engins de plage (sauf pl. à voile) 68, voies d'eau, envahissements par l'eau 56, pannes de carburant 45, aides aux blessés 40, démâtages 39, incendies, explosions 34, immobilisations des engins de pêche 33, hommes à la mer 24, plongées 12, disparitions inexpliquées 11, abordages 9, accidents personnes isolées 3, ski nautique 1. **Nombre d'accidentés** : personnes assistées 3 294, tirées d'affaire 973, localisées 555, sauvées 410, blessées 92, décédées 49, disparues 36.

Nota. — Opérations dirigées ou coordonnées par les C.R.O.S.S. (Centres régionaux opérationnels de surveillance et de sauvetage), et opérations menées en dehors, mais dont les C.R.O.S.S. ont été informés (les accidents de baignade survenus près des plages étant exclus). En 1970, en France, 40 % des victimes d'accidents de la voile ont été retrouvées flottant dans leur brassière de sauvetage et mortes vraisemblablement de froid. Sur des sujets en excellente santé, d'un âge moyen, vêtus normalement, plongés dans une eau très calme, il y a 50 % de probabilité de perte de connaissance, et donc vraisemblablement de noyade au bout de : 30 mn dans de l'eau à 5 degrés ; 1 h à 10° ; 2 h 30 à 3 h 17°.

Ces délais peuvent être réduits car tout effort physique effectué dans l'eau froide provoque un épuisement rapide. Aussi doit-on rester accroché à son bateau, et le port d'un gilet de sauvetage maintenant la tête hors de l'eau est-il indispensable. Une *combinaison de plongée* réduit la déperdition calorique : elle permet de multiplier par 3 ou 4 la durée du séjour dans l'eau avant la perte de connaissance.

Types

• **Bateaux à moteur non habitables. Dinghy** (canot pour moteurs hors-bord, jusqu'à 6,50 m environ, 30 à 850 kg) : 2 200 à 100 000 F (sans moteur). Navigation de jour, par beau temps, pour les – de 5 m (cat. 5). Permis de conduire obligatoire pour moteurs de 10 CV et +. Règlements spéciaux pour ski nautique. A l'origine, désignait embarcations annexes (canots, youyous sur les unités importantes).

Runabout (canot à moteur Z drive ou en ligne, jusqu'à 9 m environ, 230 à 3 000 kg) : 200 000 F (avec moteur). Nav. en vue des côtes.

• **Bateaux à moteur, habitables. Day cruiser** (4 à 11 m environ, 300 à 5 000 kg) : 8 000 à 400 000 F avec moteur. Nav. de jour par beau temps.

Cabin cruiser (moteur à transmission en Z – Z drive – ou en ligne droite – moteur in board à essence ou diesel ; 5 à 10 m : 500 à 50 000 kg) : 14 000 à 3 200 000 F. Habitabilité réelle à partir de 7 à 8 m. Navigation (selon dimensions, construction et armement, près des côtes ou petites traversée). Titre de nav. délimitant les zones de nav. autorisées et la catégorie de nav. attribuée aux embarcations lors de leur approbation par la Commission nat. de sécurité de la nav. de plaisance. Le matériel de sécurité doit correspondre alors à la catégorie pratiquée.

Vedettes et yachts. De 200 000 à 5 000 000 de F et plus. A partir de 10 m et de 4 000 kg. Les grandes vedettes et les yachts peuvent effectuer toutes les navigations. Permis B ou C selon le tonnage.

• **Bateaux à voile.** Voir p. 1732.

Puissance et fiscalité

• **Calcul de la puissance administrative.** *Moteur à essence :* P = 0,00015 × N × D2 × L × 30. *Moteur diesel :* même opération par 0,7 (N : nombre de cylindres. D : alésage en cm. L : course piston en cm). Droits payables à réception du rôle émis par la douane.

• **Droits annuels** (par CV) pour les moteurs de navires de plaisance ou de sport de + de 5 CV : *6 à 8 CV :* 40,70 F ; *9 à 10 CV :* 50,60 F ; *11 à 20 CV :* 101,20 F ; *21 à 25 CV :* 112,20 F ; *26 à 50 CV :* 127,60 F ; *51 à 99 CV :* 140,80 F ; *100 et + :* taxe spéciale de 220 F.

Un abattement pour vétusté s'applique à compter du 1-1-84 aussi bien à la coque qu'au moteur. Il est calculé de la manière suivante, quel que soit l'âge du moteur en tenant compte uniquement de l'âge de la coque : 25 % pour les bateaux de 10 à 20 ans, 50 % pour les bateaux de 20 à 25 ans, 75 % pour les bateaux de plus de 25 ans.

• **Imposition sur le revenu.** Les bateaux dépassant 3 tonneaux pour un voilier (correspondant env. à une l. de 6,2 m à 6,6 m) ou 20 CV fiscaux pour les bateaux à moteurs intérieurs (env. 155 ch réels) doivent être déclarés.

☞ **C.A. des plus grands chantiers de l'ind. nautique** (en 1981, millions de F). Beneteau 195 ; Jeanneau 192 ; Bic Marine 140 ; Yachting-Fr. 102 ; Dufour 95 ; Wauquiez 45 ; Gibert-Marine 40 ; Kelt 36 ; Amel 32 ; Guy Couach 30 ; Kirié 27 ; Neptune-Smapp 22 ; CNSO 16 ; Pouvreau 16 ; Ocqueteau 15.

Permis de conduire

• **Nombre de permis délivrés.** *Total au 30-9-84 :* 637 203 ; *du 1-10-83 au 30-9-84 :* 39 977.

• **Permis en mer. Obligatoire** dep. le 15-3-66 pour tous les bateaux à moteur dont la puissance réelle max. totale est supérieure à 7,36 kW (10 CV) et pour les voiliers à moteur auxiliaire lorsque le quotient S/P (L - B) + 1,5 est inférieur à 10 (S : surface de la voilure en m² non compris voiles d'étai et spinnaker. P : puissance réelle du ou des moteurs en CV. L : longueur à la flottaison. B : bau maximum, 1,5 constante de correction). Donne uniquement le droit de piloter à titre d'agrément. Le permis n'est pas exigé des étrangers lorsqu'ils naviguent en transit sur leur bateau. Pour commander un b. de plaisance à titre lucratif, la qualification de capitaine professionnel est exigée.

Permis A : conduite d'un navire ne s'éloignant pas à plus de 5 milles de la côte. *B :* conduite en toutes zones d'un navire de – de 25 tx de jauge brute. *C :* conduite en toutes zones de tout navire de plaisance.

Conditions requises. *Age* min. 17 ans et demi. *Aptitudes physiques :* acuité visuelle 6/10 d'un œil et 4/10 de l'autre ou 5/10 de chaque œil [verres correcteurs admis sous réserve de verre organique, d'un système d'attache des lunettes et d'une 2e paire de lunettes de rechange à bord ; lentilles précornéennes admises sous réserve du port de verres protecteurs neutres sur les lentilles (engins découverts) et d'une paire de verres correcteurs de rechange à bord]. Le permis ne peut être délivré aux borgnes que 1 an seulement après la perte de l'œil sous réserve que l'œil sain ait un minimum de 8/10 avec ou sans correction. Sens chromatique satisfaisant (reconnaissance des couleurs). Acuité auditive : voix chuchotée perçue à 0,50 m de chaque oreille, voix haute à 5 m (prothèse auditive tolérée). Membres supérieurs pouvant assurer de façon satisfaisante des fonctions de préhension nécessaires au pilotage. En cas de prothèse, elle doit être reconnue satisfaisante et les systèmes de commande du moteur et de la barre doivent avoir été modifiés en fonction. Intégrité des 2 membres inférieurs ou de l'un des membres et appareillage mécanique satisfaisant de l'autre, sinon présenter un examen et, en cas de succès, être accompagné d'une autre personne n'ayant aucune infirmité (elle ne possède pas forcément le permis). Bon état de santé.

Examen. Comprend des épreuves pratiques et théoriques (écrites ou orales). Les examens du permis C se passent exclusivement en mer.

Pièces à fournir. Demande sur papier libre précisant la catégorie du permis demandé, 2 photos d'identité, timbre fiscal de 95 F, fiche d'état civil ou photocopie d'une pièce d'identité officielle et récente, certificat d'aptitude physique, photocopie du permis de conduire en eaux intérieures si le candidat en est titulaire. Droit de délivrance : 240 F.

S'adresser : au chef du Bureau de la Navigation de plaisance, secr. d'État chargé de la Mer, 3, place de Fontenoy, 75007 Paris ; au quartier des Affaires maritimes ; dans un centre de préparation à l'examen du permis de conduire en mer.

• **Eaux intérieures (fleuves-lacs-canaux). Permis obligatoire** pour bateaux et engins avec moteur de + de 10 CV. Les titulaires du permis A, B, ou C pour la conduite en mer ne passent que les épreuves théoriques. Le permis n'est pas exigé des étrangers soumis à la réglementation de leur pays lorsqu'ils naviguent sur leur bateau. Délivré par les services de la navigation fluviale. *Age min. :* 17 ans et demi.

Pièces à fournir : demande sur papier libre, certificat d'aptitude physique établi depuis moins de 3 mois ; 3 photos d'identité, 1 timbre fiscal à 30 F à apposer sur la demande, 1 timbre fiscal à 75 F à apposer sur le permis de conduire, fiche d'état civil ou photocopie d'une pièce d'identité officielle datant de moins de 3 mois.

S'adresser : *Paris :* au Bureau de la Plaisance, 2, quai de Grenelle, Paris 15e, ou aux bateaux-écoles de la Région parisienne (dossier d'inscription). *Province :* à l'ingénieur en chef des ponts et chaussées de votre localité.

Ports de plaisance en France

Situation juridique

Les ports de plaisance sont construits sur le domaine public maritime et l'ensemble des ouvrages constituant ces ports ont la qualité d'ouvrages publics. L'acte de concession aux termes duquel une collectivité locale, une chambre de commerce et d'industrie ou une Sté privée construit, équipe, entretient et exploite à ses frais un port de plaisance ne confère à son titulaire aucun droit de propriété, mais seulement – pour une durée déterminée – un droit d'exploitation des ouvrages réalisés sur le domaine public de l'État. A la fin de la concession, l'État rentre en possession des ouvrages et installations construits par le concessionnaire. De plus, le public a librement accès à tous les ports de plaisance, qu'ils soient concédés à des personnes morales de droit public ou de droit privé, à condition de satisfaire aux obligations du règlement de police du port – pris par le préfet – et du règlement d'exploitation du port établi par le concessionnaire et approuvé par le préfet. Enfin, dans tous les ports de plaisance, il existe un certain nombre de places dites « réservées aux usagers de passage » qui ne sont pas titulaires d'une location de longue durée leur donnant droit à la jouissance exclusive (sauf cas de force majeure) d'une place dans le port.

Plus de 85 % des ports de plaisance français sont réalisés à l'initiative des collectivités locales ou des Chambres de commerce et d'industrie.

Statistiques

• **Nombre de ports** (au 1-7-81). 200 concédés. Postes d'accostage disponibles sur le littoral français : 130 000 places. Jusqu'en 1960, il y avait très peu de ports de plaisance : les navires s'abritaient dans les ports de pêche. 1965 : 20 000 places pour 25 000 bateaux.

Nota. – Sur l'Atlantique, 6 ports de pl. ont été financés avec capitaux privés, dont 2 en Gironde et 1 en Loire-Atlantique. un 7e est en construction dans le Calvados.

• **Grands ports de plaisance** (nombre de places en 1981). Marseille Vieux-Port 3 000 ; La Rochelle 2 700 ; Port-Camargue 1 971 ; Arcachon 1 773 ; Cannes Marina 1 769 ; Bandol 1 543 ; Marseille Friout 1 500 ; St-Raphaël 1 500 ; Antibes 1 422 ; Cap d'Agde 1 344 ; La Napoule 1 340 ; Marseille Pointe Rouge 1 200 ; Hyères 1 200 ; Marines-de-Cogolin 1 150 ; Port-Grimaud 1 100 ; La Grande-Motte 1 100 ; Saint-Cyprien 1 063 ; Saint-Laurent-du-Var 1 055 ; Cap-Breton-Hossegor-Selgnosse 950 ; Oranville 870 ; Pornic 860 ; La Baule 840 ; Cavalaire 830 ; Bormes-les-Mimosas 820 ; Courseulles 810 ; Port-Deauville 800 ; Golfe-Juan 797 ; Vallauris 790 ; Beaulieu-sur-Mer 780 ; Sainte-Maxime 760 ; Saint-Tropez 760 ; Cannes-Vieux Port 760 ; La Trinité-sur-Mer 750 ; Le Canet 720 ; Palavas-les-Flots 720 ; La Ciotat 690 ; Saint-Valéry-en-Caux 660 ; Cannes-Pierre Canto 650 ; Le Havre 640 ; Ouistreham 630 ; Toulon 620.

• **Prix. Location annuelle d'un emplacement** (en F, 1982). *Manche* 4 200 (St-Malo) à 9 000 (Deauville), *Atlantique* 2 500 (Arcachon) à 11 000 (La Baule), *Méditerranée* 4 000 (Port-Camargue) à 15 000 (St-Raphaël).

Amodiation de poste à quai de longue durée (concession pour une durée déterminée) et, entre parenthèses, *prix de revient annuel* (1982). Exemple pour un 8 mètres : *pour 5 ans :* 11 500 F (5 000 F) ; *pour 10 ans :* 20 000 (4 000 F) ; *pour 20 ans :* 35 000 F (3 500 F).

Tourisme fluvial en France

Conditions de navigation

• **Dimensions admises pour les bateaux. Voies navigables de la Manche à la Méditerranée, du Nord et de l'Est.** *Longueur :* 38,50 m. *Largeur :* 5 m. *Tirant d'eau :* 1,80 m (canal du nivernais 30, 5, 1,20). *Tirant d'air :* 3,50 m (mât à rabattre le cas échéant) ; souterrain de Pouilly-en-Auxois, canal de Bourgogne 3,10 m ; canal du Nivernais 2,70 m. **Canaux du Midi.** *Longueur :* 30 m. *Largeur :* 5,50 m. *Tirant d'eau :* 1,60 m. *Tirant d'air* dans l'axe : 3,10 m ; sur les bords : 2,20 m. **Canal latéral à la Garonne.** *Longueur :* 38,50 m. *Largeur :* 5,80 m. *Tirant d'eau :* 1,80 m. *Tirant d'air :* dans l'axe du bateau 3,50 m, sur les bords du bateau 2,50 m. **Canaux reliant la Manche à l'océan Atlantique entre St-Malo et Nantes.** *Longueur :* 25,80 m. *Largeur :* 4,50 m. *Tirant d'eau :* 1,20 m. *Tirant d'air :* 2,50 m. **Canal de Nantes à Brest dans les limites du Finistère** (de Carhaix à Châteaulin). *Longueur :* 26 m. *Largeur :* 4,60 m. *Tirant d'eau :* 1,50 m. *Tirant d'air :* 3,50 m. **Maine, Mayenne, Oudon, Sarthe.** *Longueur :* 30 m. *Largeur :* 5 m. *Tirant d'eau :* 1,40 m (Maine : 1,60 m). *Tirant d'air :* 3 à 4 m suivant les sections.

Arrêts et restrictions de navigation. *En cas de sécheresse prolongée* (tirant d'eau réduit ou interruption totale) ; *en période de crue* (forte pluviosité, fonte des neiges) ou *de glace* (surtout dans le Nord et l'Est) ; *pendant les périodes de « chômages ».* Le programme des travaux nécessitant la fermeture de certaines voies ou sections de voies navigables est établi au début de chaque année. Se renseigner auprès des services locaux de navigation ou au ministère de l'Équipement, du Logement, de l'Aménagement du territoire et des Transports, sous-direction des Transports par voies navigables.

● **Horaires de fonctionnement des écluses.** *1er oct. au 30 nov. :* 7 h-18 h. *1er déc. au 31 janv. :* 7 h 30-17 h 30. *Février :* 7 h-18 h. *Mars :* 7 h-19 h. *1er avril au 30 sept. :* 6 h 30-19 h 30. Sur la *Seine* de Port-à-l'Anglais (Val-de-M.) à Cléon (S.-M.) : toute l'année de 7 à 19 h. Sur la section maritime de la Seine, entre Rouen et la limite de la mer (confluent de la Risle), la navigation de plaisance est interdite pendant la nuit. Sur le *Rhône* à l'aval de Lyon, les écluses fonctionnent toute l'année de 5 h à 21 h. *Fonctionnement interrompu sur l'ensemble du réseau :* jours de Noël, de Pâques, 11 nov., 1er mai et 14 juillet ; Pentecôte, 1er nov., 1er janv. sur certaines voies.

● **Vitesse de marche des bateaux à propulsion mécanique.** Déterminée sur chaque voie par les règlements particuliers. En général : fleuves et rivières : 10 à 25 km/h ; canaux et dérivations de rivières canalisées : 6 à 10 km/h ; Rhône : 35 km/h ; Basse-Seine : 18 km/h [du pont périphérique aval (point km 8,79) au point km 233] et 12 km/h [du point km 233 au pont Jeanne-d'Arc à Rouen (pt km 242,4)].

Plans d'eau en France

● **Surface totale.** *187 710 ha (1 877 km²)* aménagés ou aménageables pour la navigation de plaisance, dont Aquitaine 61 784, Rhône-Alpes 38 396, Languedoc 23 250, Pays de la Loire 10 453, Provence-Côte d'Azur 8 349, Auvergne 6 123, Midi-Pyrénées 5 245, Région parisienne 4 856, Limousin 4 705, Champagne 4 345, Bretagne 4 240, Fr.-Comté 3 430, Bourgogne 2 874, Lorraine 2 579, Alsace 2 438, Centre 2 000, Nord 791, Hte-Normandie 671, Basse-Normandie 581, Picardie 390, Poitou-Charente 210.

● **Principaux plans d'eau** (1985, superficie en ha et, entre par., n° du département). Lac Léman (partie française) 23 900. Étang de Berre 15 530 (13). Étang de Salses et de Leucate 6 000 (66). Bassin de Thau 4 500 (34). Lac du Bourget 4 462 (73). Étang de Bages et de Signan 3 800 (11). Plan d'eau sur la Loire 3 750 (49). Biscarosse 3 600 (40). Sanguinet 3 600 (40). Lac d'Hourtin et Carcans 3 400 (33). Retenue de Serre-Ponçon 2 835 (05). Lac d'Annecy 2 813 (74). Lacanau 2 620 (33). Plan d'eau sur la Loire 2 500 (49). Lac de St-Cassien 2 500 (83). Lac de la forêt d'Orient 2 300 (10). Usine marémotrice de la Rance 2 200 (35). Rhône vif 2 000 (30). Barrage de Vouglans 1 700 (39). Étang de Layrolles 1 300 (11). Bort-les-Orgues 1 280 (15). Pareloup 1 200 (12). Barrage de Salagou 1 100 (34). Sarrans 1 000 (15). Lac du Vassivière 976 (23). Grandval 880 (15). Retenue de Castillon 880 (04). Stock 750 (54). L'Aigle 725 (15). Gondrexange 670 (54). Soustons 670 (40). Mt-Cenis 668 (73). Barrage de Monteynard 657 (38). Chambon-Eguzon 620 (36). Der-Champaubert aux Bois 617 (51).

Quelques précisions

● **Avis de partance.** Recommandés (à remplir dans tous les ports) ; transmis par les capitaineries au CROSS (Centre régional opérationnel de surveillance et de sauvetage) de la région. Avertir une personne de ses projets (horaires, description du navire, escales, etc.) et la prévenir de l'arrivée à bon port.

● **Balisage. Marques. Latérales.** *A bâbord :* marques rouges cylindriques, voyant cylindrique rouge, feu rouge rythmé (laissées à bâbord). *A tribord :* vertes, coniques, voyant conique vert, feu vert rythmé (laissées à tribord). **Cardinales.** *On passe au Nord :* noire en haut et jaune en bas, voyant formé de 2 cônes noirs superposés, pointe en haut, feu blanc scintillant continu. *A l'Est :* noires en haut et en bas, bande jaune au milieu, voyant formé de 2 cônes noirs superposés par la base, feu blanc à 3 scintillements. *Au Sud :* jaune en haut et noire en bas, voyant formé de 2 cônes noirs superposés, pointes en bas, feu blanc à 6 scintillements suivis d'un éclat long. *A l'Ouest :* jaunes en haut et en bas, bande noire au milieu, voyant formé de 2 cônes noirs opposés par le sommet, feu blanc à 9 scintillements. *Marques de danger isolé :* on peut naviguer autour des marques rouge et noire, voyant formé de deux sphères noires superposées, feu blanc deux éclats. *D'eaux saines :* on peut naviguer tout autour des marques à bandes verticales rouge et blanc, voyant formé d'une sphère rouge, feu blanc isophase à occultation, ou à éclats longs, qui indiquent le milieu d'un chenal ou l'approche d'une embouchure. *Marques spéciales :* jaune, feu jaune, voyant jaune en forme de « X », signification variable indiquée sur les cartes marines, les arrêtés préfectoraux affichés sur les plages ou tout autre règlement (ex. : balisage de plages, pêche interdite, câbles téléphoniques, canalisations, etc.).

● **Brassières de sauvetage.** Doivent être portées constamment même sur un dériveur pour un maximum de sécurité.

● **Catégories de navigation.** Caractérisées par la distance maximale autorisée d'un abri (port ou plan d'eau refuges). *6e catégorie :* moins de 2 milles d'un abri ; *5e cat. :* – de 5 milles ; *4e cat. :* – de 20 milles ; *3e cat. :* – de 60 milles ; *2e cat. :* – de 200 milles ; *1re cat. :* pas de limitation.

● **Chavirage.** Ne pas tenter de regagner la rive à la nage. Les embarcations de – de 5 m sont munies de réserves de flottabilité qui maintiennent le navire à flot et permettent de s'accrocher en attendant les secours. Rester groupés, pour être plus facilement repérés par les sauveteurs.

● **Démarrage.** Toujours ouvrir le compartiment moteur avant le démarrage. Si vous possédez un ventilateur de cale, actionnez-le au moins pendant 5 mn avant le démarrage.

● **Essence répandue à bord.** Nettoyez soigneusement ; peu d'essence dans les fonds suffit à créer une atmosphère explosive.

● **Harnais de sécurité.** A porter sur les voiliers de croisière. Un équipier tombé à la mer par mauvais temps n'est que rarement récupéré.

● **Ligne de mouillage.** Obligatoire pour toutes les embarcations. Permet d'éviter de dériver vers le large en cas de panne de moteur, manque de vent, etc.

● **Météo (prévisions).** Bulletins diffusés 2 fois par j par France Inter ; transistors possédant la « bande marine » : bulletins des stations côtières P.T.T. ; consulter aussi les bulletins affichés en divers endroits (capitaineries des ports, clubs, etc.) ; téléphoner à certains serv. locaux de la météo. nat. (en particulier les aérodromes).

● **Pêche en mer.** Autorisée pour les plaisanciers ayant un titre de navigation avec un nombre limité d'engins de pêche pour des poissons de taille réglementaire [12 hameçons, 2 palangres, 2 casiers, 1 foene, 1 épuisette ou salabre, un trémail de 50 m max. (en mer du N., Manche, Atlantique), une grapette à dents (en Méditerranée)]. Il est interdit de pêcher dans les ports et de vendre le produit de sa pêche.

● **Personnes à bord (nombre).** Ne doit pas être supérieur à celui indiqué sur la plaque apposée par le constructeur.

● **Plongeurs sous-marins.** Ils signalent leur présence au moyen de la lettre « A » du Code international des signaux (pavillon blanc et bleu) ou par un pavillon rouge avec une diagonale blanche ou une croix de St-André blanche. Passez avec précaution à 50 m au moins du signal.

● **Sécurité des baigneurs.** Zones de protection, souvent balisées par des bouées sur une bande littorale de 300 m de large ; vitesse limitée à 5 nœuds (env. 9 km/h). Des chenaux traversiers (en général env. 25 m de large) interdits aux baigneurs peuvent permettre à des activités nautiques d'accéder au rivage (motonautisme, ski nautique, planche à voile, etc.).

● **Signaux de détresse** (fusées, feux à main). Leur emploi injustifié constitue une infraction.

● **Ski nautique.** Il faut 2 personnes obligatoirement à bord, l'une se consacrant entièrement à la conduite de l'embarcation. Le ski est interdit dans les zones de baignades où la vitesse est limitée ; empruntez les chenaux de départ réservés aux skieurs.

● **Vitesse maximale.** 5 nœuds (3 en Méditerranée), à moins de 300 m du bord effectif des eaux. En général, les bateaux à moteur doivent laisser la priorité aux bateaux à voile.

Planche à voile

Généralités

Origine. 1950 en Californie des régates de planches. **1958** réinventée par l'Anglais Peter Chilvers. **1964** l'Américain Newman Darby monte une voile sur un surf. **1968** 27-3 les Américains Jim Drake et Hoyle Schweitzer déposent la marque de *Windsurfer* (planche de surf munie d'une dérive et d'un wishbone). **1970** introduite en France. **1974** fondation de l'Association française des windsurfers. **1974** 1ers championnats du monde. **1984** introduction aux J.O. (uniquement régate monotype).

Description. Chavirable mais insubmersible. Se dirige en maintenant et en orientant la voile par un arceau, bôme en arc de cerle appelé « wishbone ». La voile étant tenue dressée par l'usager, l'engin s'arrête immédiatement quand l'arceau est lâché. Dès que la voile touche l'eau, elle immobilise l'engin comme une ancre flottante. Il doit naviguer au-delà de 300 m et en deçà de la bande de 1 mile de la côte. *Caractéristiques :* **Standard,** *long.* 3,65 m ; *larg.* 0,65 m ; *tirant* 0,60 m ; *voile* 5,4 m² ; *mât* 4,2 m en époxy ; *wishbone* en teck ; *cardan* en teck-inox ; *poids* 29 kg ; *construction* en polyéthylène polyuréthane. **Junior,** *long.* 3,65 m ; *larg.* 0,65m ; *tirant* 0,60 m ; *voile* 4 m² ; *mât* 3,6 m en alu. ; *wishbone* en alu. ; *cardan* en plastique ; poids 26 kg ; *construction* en polyéthylène polyuréthane. **Vitesse :** peut atteindre 2 nœuds par des vents de 15 nœuds, et 20 nœuds en surfing sur les lames. **Coût** 4 000 à 6 000 F. *Fun-board :* planche de 2,40 à 2,70 m, spécialisation vitesse, saut des vagues. *Championnats du monde* dep. 1984. **Ventes en France. 1980** 120 000. **1984** 85 000 (dont 50 % Bic Marine et Tiga). **1985** 171 000 (82 000 à l'exportation). **Pratiquants.** Monde 1 000 000 [All. féd. 65 000, *France (83) 500 000* Pour 300 000 planches)]. **1984** juill.-août en France, 3 302 planches secourues et 36 noyades. **Nombre.** Env. 440 000 non immatriculés.

> **Arnaud de Rosnay. 1979** *août* traverse le détroit de Behring (96 km). **1980** *13-8* en 12 j îles Marquises, atoll d'Athé près Tahiti. **1982** *juill.* record de la traversée de la Manche en 1 h 4 mn. **1983** *janv.* île des Caraïbes à Puerto Rico. *12-11* traverse aller et retour le détroit de Gibraltar. **1984** *janv.* relie Floride à Cuba par mer très forte (160 km ; 7 h). *31-7* Japon au cap Sakhaline (43 km, 3 h). *21-11* disparaît en voulant traverser le détroit de Formose (entre Chine et T'ai-wan, soit env. 160 km). Le vent (60 km/h) était bien orienté. Il avait emporté 2 boîtes de boisson à l'orange, un miroir de détresse, un sifflet, du colorant, mais ni balise Argos, ni rations de survie.

Principales épreuves

Compétitions. *Régates :* monotype (matériel identique pour tous les concurrents : Windsurfer, Wingli-der, Mistral, Dufour) ou open (toutes marques, avec une jauge précise). *Fun board :* ins and outs (aller-retour avec 2 bouées par vent de travers), vitesse sur 500 m, vagues, sauts et surf ou longue distance.

Records. *Distance sans escale :* 329,650 km en 23 h 22' par Yann Roussel (Fr.). Record (controversé) de Arnaud de Rosnay parti de Nuku-Hiva (Marquises) le 31-8-1980 et arrivé à Ahé le 11-9 après avoir franchi 600 miles à 2,33 nœuds, durant 257 h. Ch. Marty parti le 12-12-81 de Dakar ; arrivé le 18-1-82 à Kourou (Guyanne) après avoir franchi 2 400 miles (4 800 km) en 37 j 16 h 25 mn. En 24 j par l'Italien Sergio Ferrero, parti le 6-6-82 des Caraïbes, arrivé à la Barbade le 30-6-82. Vitesse : 71,96 km/h (38,86 nœuds) par le Français Pascal Maka en juill. 1986 aux Canaries. Officieux : 54,3 km/h (29,31 nœuds) par Olivier Augé en 1984. Michael Pucher (Autr.) atteint 59,92 km/h (32,35 nœuds) le 17-4-1985 à Port-St-Louis-du-Rhône (vent force 9).

Championnats du monde. *Hommes :* **1975** Matt Schweitze (U.S.A., 15 ans). **76** Robbie Naish (Hawaii, 13 ans).**77** *plumes* Robbie Naish (U.S.A.), *légers* Nicko Sticki (All. féd.), *mi-lourds* Guy Ducrot (Fr.), *lourds* Foyen (Norv.). **78** *plumes* Robbie Naish (U.S.A.), *légers* M. Schweitze (U.S.A.), *mi-lourds* Ken Winner (U.S.A.), *lourds* Andréas Foyen (Norv.). **79** (aucune catégorie n'a été reprise) Karl Messmer (Suisse). **80** Michael Scott (Australie). **82** *plumes* Caluet (Fr.), *légers* Hendricks (Belg.), *mi-lourds* Gautier (Fr.), *lourds* Person (Suède). **83** (Ciat du monde Open) *légers* Nagy (Fr.), *lourds* Guillerot (FR.). *Femmes :* **1978** Bep Thys (U.S.A.). **1979** Marie-Annick Maus (Fr.). **82** De Jong (P.-B.). **83** (Ciat du Monde Open) Graveline (Fr.). **Les 24 h de La Baule. 1982** John Van der Tarre (P.-Bas) a réalisé 37 révolutions d'un circuit de 1,8 mile.

Championnats d'Europe. *Hommes. Plumes.* **82** Gilles Caluet (Fr.). **84** Noesmen (Fr.). *Légers.* **82** J.-P. Boghossian (Fr.). **83** (Open) Nagy (Fr.). **84** Zasthen (Dan.). *Mi-lourds.* **82** Johnny Myrinn (Suède). **84** Tellier (P.-B.). *Lourds.* **82** Person Thomas (Sué.). **83** Chandoy (Fr.). **84** Mironneau (Fr.). *Femmes.* **83** V. Salles (Fr.). **84** Chaake (P.-B.).

Championnats de France (Critérium national). *Hommes.* **1974** Yves Loisance. **75** René Keruzoré. **76** Jacques Guiauchain. *Plumes.* **78** Robert Magy. **82** Guillaume Nicolas. **83** Franck Leven. *Légers.* **78** Patrice Walton. **79** Stéphane Descorfo. **82** Christophe Sainglin. **83** Denis Tranchand. *Mi-lourds.* **78** Michel Garaudée. **79** André Martinie. **82, 83** François Bertucci. *Lourds.* **78** Guy Jouve. **79** Alain Claudel. **82, 83** Pierre-Franck Mironneau. *Femmes.* **78** Manuelle Graveline. **79** Marie-Hélène Robick. **82, 83** Christine Chevalas. **Tour de France Open**, cat. winglider. **84** G. Guillerot.

• **Planche à voile sur 4 roues (speed-sail).** Planche de 1,55 m de long sur articulations sensibles au déplacement latéral du poids du corps, avec roues gonflables (diam. 38 cm), mât ultra-léger (long. 3,50 m) et voilure de 5,20 m. Entièrement démontable (tient dans un coffre de voiture). 50 à 90 km/h. *Fonctionnement :* comme le wind-surf excepté le changement de direction : au lieu de passer devant la voile pour tourner, on ne sert que de ses bras et du déplacement de son propre poids. *Prix (1985) :* 2 500 à 4 000 F. *Licenciés* 3 500 en France.

• **Planche à voile (« speed sail ») sur pneumatique.** *Championnats de France 81* Marcq. *D'Europe 81* Spriet (Fr.). *83* Ph. Sik.

16/6-23/7/1985 : 1re traversée de l'Atlantique (New York-Cap Lizard-Brest) sur une planche à voile (planche de 8,20 m sur 1,90 m, 800 kg, 9,44 m × 18,78 m, 2 voiles) par Frédéric Beauchêne et Thierry Caroni.

Plongée, exploration sous-marines

Généralités

• **Origine. V. 1860** 1er appareil de plongée réalisé par les Français Rouquayrol et Denayrouze. **1935** le commandant Yves Le Prieur et M. Jean Painlevé créent le 1er club de plongée sous-marine (d'abord Club des scaphandres et de la vie sous l'eau, puis Club des sous-l'eau). **1948** 8 clubs, 718 plongeurs. **1955** (17-6) naissance de la Fédération française d'études et de sports sous-marins (F.F.E.S.S.M.) par fusion de la fédération créée en 1948 par le Pt Borelli et la Féd. fr. des activités sous-marines créé par le Dr Clerc. **1959** (11-1) création de la Conféd. mondiale des activités sous-marines (C.M.A.S.) par le Cdt Cousteau à Monaco. **1985** 1 277 clubs et 81 000 licenciés à la F.F.E.S.S.M. 2 000 moniteurs auxiliaires et fédéraux.

• **Parcs nationaux sous-marins.** États-Unis, Espagne (îles Médas), Italie (Punta Tresino-Calabre), France [Réserve de Cerbère-Banyuls dans les Pyrénées-Orientales ; Réserve de Scandola en Corse ; Port-Cros, plongée libre ou avec scaphandre, chasse interdite, embarquement au Lavandou ; lac de St-Cassien (commune de Montauroux, Var)].

• **Techniques.** Plongée en « apnée » (pêcheurs de perles ou d'éponges) ; *XVIe s. :* cloches à plongée ; *XIXe s. :* scaphandre à casque (air fourni par une pompe en surface), développement du travail en caisson, et découverte des problèmes de la vie en atmosphère comprimée (décompression) ; *1930 :* scaphandres autonomes (avec bouteilles sur le dos) ; *1962 :* plongée à saturation inventée par le capitaine Bond (Amér.) et le commandant Cousteau (Fr., 11-6-1910) ; depuis, développement des « maisons sous la mer » puis « sur la mer » (le plongeur vit en pression dans un grand caisson sur un bateau ; la tourelle de plongée ou sous-marin porte-plongeurs, toujours en pression, peut être immergée à la prof. de travail puis être ramenée à bord).

• **Accidents de plongée.** *Ivresse des profondeurs (narcose) :* peut apparaître dès 40 m et varie selon les individus. Manifestations : euphorie, altération des facultés de raisonnement et de coordination. *Décompression :* en cas de remontée trop brutale ou accidentelle, le processus d'amélioration de l'azote est perturbé ; les bulles d'azote libérées dans l'organisme provoquent des troubles assez graves ; aussi doit-on remonter par paliers. Des tables de plongée indiquent les paliers à effectuer en fonction de la profondeur atteinte et du temps passé sous l'eau dans des conditions normales. La vitesse de remontée ne doit pas dépasser 15 m/mn.

• **Causes des accidents et profils des plongeurs en pourcentage.** *Non-respect des tables* 30, *efforts importants* 15, *plongées successives* 15, *antécédents pathologiques* 15, *panne d'air* 10, *situations psychologiques* 8. *Plongeurs occasionnels* 72, *confirmés* 25, *néophytes* 3.

• **Chasse au « trésor ».** En France, la loi appelle *inventeur d'un trésor* (objet ou épave tiré de fonds marins et ramené dans les eaux territoriales ou sur le domaine public maritime) celui qui découvre l'épave. Obligation lui est faite de déclarer sa découverte à l'Administration des Affaires maritimes dans les 48 h suivantes. S'il s'agit d'un « trésor », l'inventeur a droit à une indemnité fixée à l'amiable ou par un expert.

• **Photo sous-marine.** Sous l'eau, il est difficile de photographier au-delà de 6 m (maximum 10 m). Les jaunes, orange, rouges sont absorbés par l'épaisseur de l'eau à partir de 10 m.

• **Quelques profondeurs (en m).** *Corail* noble (Méditerranée) : 35 et +. *Algues* (limites) : Océan, 50, Méditerranée 100. Plateau continental (limite) : 200. *Temp.* voisine de 13° (Médit.) : 300. *Pénétration solaire* (noir absolu) : 495. *Pêche* (commerciale) : 500. *Radiations vertes* (au luxmètre) : 500, *bleues :* 1 000. *Cellules vég.* (Adriatique) : 1 200. *Poisson* (Careproctur Amblystomopsis) : 7 200. *Animaux divers :* 10 190. *Bathyscaphe* Trieste, 23-1-1960 (fosse Challenger) : 10 916 ± 50 m ; Piccard (Suisse) et Walsh (U.S.A.) ; Archimède (fosse Kouriles, Japon) : 9 552 m (Marine France-CNRS).

Code de communication en plongée

Signaux internationaux. *1* Tout va bien (ou signal reçu). *2* Remonte ! ou je remonte. *3* Descends ! ou je descends. *4* J'ai ouvert ma réserve. *5* Je n'arrive pas à ouvrir ma réserve, ouvre-moi ma réserve ! *6* Ça ne va pas normalement ! *7* Détresse — j'ai besoin d'aide ! (signal de surface). *8* Je n'ai plus d'air ! *Complémentaires F.F.E.S.S.M. 9* Tout va bien (signal de surface). *10* Stop, reste là ! ou je reste là ! *11* Je suis essoufflé ! *12* Rapprochez-vous de moi, regroupez-vous !

Chaque signal donné doit obligatoirement être suivi d'une réponse signal 1 apportant sans équivoque la preuve de sa parfaite compréhension. Les signaux 5, 7 et 8 commandent l'aide *immédiate* du plongeur qui les aperçoit.

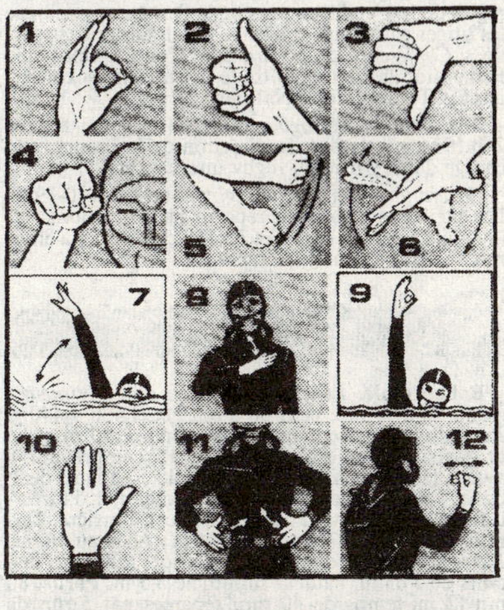

Records de plongée

La Confédération mondiale des activités subaquatiques ne reconnaît pas ces records afin d'éviter que des tentatives trop risquées ne se multiplient.

Durée. *Sans appareil respiratoire :* 3 mn 42 s 5 (Robert Foster, U.S.A., 15-3-1959). 3 mn 41 s (Jean Médina, Fr.). *Avec :* Pierre Passot 236 h, Fr., 1983.

Profondeur. *Sans appareil respiratoire :* 105 m, durée 3 mn 40 s (oct. 83), île d'Elbe (Italie), Jacques Mayol, Français. *Avec appareil :* équipés de combinaisons chauffantes et respirant un mélange de 96 % d'hélium et de 4 % d'oxygène, 4 plongeurs dont 2 de la Marine nationale, Jacques Verpeaux et Gérard Vial, ont plongé et séjourné 20 mn à − 501 m (record du monde) le 20-10-77 (opération « Janus IV »).

Expérience de plongée fictive en caisson. *1980 :* 3 Américains sont restés 24 h sous une pression de 66 atmosphères (prof. fict. 650 m). L'expérience a commencé le 6-3-80, la décompression le 15-3, et s'est achevée vers le 30-3. *1983 :* du 30-5 au 9-7 : record simulation avec plongée en eau. Expérimentation ENTEX 9, centre Hyperbare Marine Nationale/Comex : Ohrel et Raude ont vécu 42 j en caisson, dont 20 j au-delà de 450 m et 2 j à 610 m, avec plongée en eau de 2 h à 450 m (6 j), 520 m (1 j), 570 m (1 j), 613 m (2 j) ; décompression de 23 j. *1985 :* du 3-5 au 6-6, centre hyperbase de la COMEX à Marseille, un plongeur effectue des travaux à − 450 m.

Immersion en grotte sous-marine. En sept. 1970, les Italiens Lamberto Ferri-Ricchi et Carlo Dernini ont parcouru 470 m dans la galerie Cala Gonone, dans le golfe d'Orossi, sur la côte est de la Sardaigne, et ont couvert 1 080 m en grotte.

Travail en plongée

Législation de la plongée professionnelle (décret de juillet 1974). **Classes 1 et 2 :** jusqu'à 60 m (plongée autonome), 75 m (plongée profonde), 90 m (bulle). **Classe 3 :** plongée avec tourelle et sous-marin.

Durée. En 8 h un homme peut travailler 2 h 30 à − 40 m, 1 h 30 à − 100 m, 30 mn à − 150 m et 10 mn à − 210 m, le restant des 8 h étant consacré uniquement à la décompression.

Saturation. Plongée avec séjour sous pression supérieur à 24 h. *Durée de séjour dans l'eau :* au max. 6 h par 24 h. *Durée totale autorisée :* 21 j.

Il est plus avantageux de maintenir les plongeurs sous pression, puisqu'ils n'auront à se soumettre qu'à une seule séance de décompression finale. Des plongeurs remontent sur le navire de surface après chaque séance de travail au fond, mais passent directement d'une cloche-ascenseur pressurisée dans un caisson-vie, également pressuré, où ils continuent à évoluer sous la pression du lieu de travail (procédé Cousteau). *Autre procédé :* on les garde sous la mer, mais la pression est diminuée (procédé Ludion, mis au point par la Comex de Marseille).

Organisations. *Institut national de la plongée professionnelle,* Port de la Pointe-Rouge, 13008 Marseille. Conditions d'admission : entre 18 et 40 ans. *Centre Doris-Sogetram,* 27780 Garennes-sur-Eure. *Syndicat national des travailleurs sous-marins,* 6, rue de l'Isly, 75008 Paris.

Travailleurs sous-marins (1979). G.-B. 1 200, France env. 1 000, Italie 600, Norvège 600, U.R.S.S. 500, All. féd. 300, Grèce 150, Espagne 80 à 150, Belgique 30 à 50, P.-Bas 30 à 50, Suède 40, Yougoslavie 30, Suisse 12.

Accidents mortels (1980-81). Taux de 2,5 % (150 fois supérieur au taux moyen de toutes les prof. confondues).

Pêche sous-marine

• Législation. Age min. : 16 ans. **Déclaration.** Obligatoire et gratuite [l'envoyer au Quartier des Affaires maritimes d'une ville côtière et conserver le récépissé de déclaration (les membres d'une fédération d'associations de pêcheurs sous-marins reconnue par le min. chargé de la Marine marchande en sont dispensés)]. Permet de pêcher 1 an sur tout le littoral de la France continentale ou de la Corse.

Prescriptions. Ne pas utiliser d'appareil permettant de respirer en plongée, de fusil à gaz comprimé autrement que par la force de l'utilisateur, des foyers lumineux ; ne pas détenir en même temps, sur le navire, scaphandre autonome et engins de pêche sous-marine ; ne pas chasser entre coucher et lever du soleil, à moins de 150 m des navires ou des embarcations de pêche ainsi que des filets signalés par des balisages ; ne pas prendre le poisson capturé dans d'autres engins de pêche ; ne pas vendre les prises. *Pêcheurs sous-marins non déclarés :* risquent une contravention de 20 à 150 F.

• **Poissons les plus chassés en Méditerranée.** Dans l'ordre des profondeurs (petits à grands fonds) : *Blade,* à proximité des sars, dans les failles sombres. *Girelle,* toujours isolée. *Serran,* brun rouge. *Rouquier,* vit sous les roches. *Rouget,* sur les fonds sablonneux. *Rascasse,* dans la pierraille ; appelée chapon lorsqu'elle est grosse et rouge. *Saupe,* par groupes. *Poulpe,* près des côtes ou dans les récifs et épaves. *Congre,* caché pendant le jour. *Sar,* vit dans les trous, entassements rocheux : appelé mouraguette en Provence. *Daurade,* isolée, au ras des algues, clairières ensoleillées. *Corb,* vit en colonies peu nombreuses, dans les failles ou sous les roches profondes. *Mulet,* se cache dans les trous (ragues). *Loup,* solitaire ou en bandes à la saison du frai, capture facile. *Mérou,* tête très volumineuse. *Denti,* rarement rencontré. *Liche,* peut atteindre 40 kg.

☞ Fédération française d'études et sports sous-marins, 34, rue du Colisée, 75008 Paris.

Polo

Généralités

Origine. 525 av. J.-C. joué en Perse à l'époque de Darius. **1860-80** importé des Indes par les Anglais. **1869** 1er match en G.-B. **1892** joué en France au Polo de Bagatelle. Très populaire en Angl., en Amérique et aux Indes.

Règles. Pelouse gazonnée de 150 × 300 m. **Équipes :** 2 généralement de 4 cavaliers, portant chacun un maillet à manche flexible (long. 1,30 m). *Contrôle :* 2 arbitres à cheval ; chacun est responsable d'une moitié de terrain, un juge-arbitre hors du terrain, sa décision est déterminante en cas de désaccord entre les 2 arbitres ; 2 juges de but derrière chaque but. L'arbitre lance une balle de bois (8,5 cm de diam., 130 g) entre les 2 équipes. Celle qui place la balle dans le but adverse (2 poteaux de 3 m d'un écartement de 7,50 m) marque un point. *Partie* en 6 périodes *(chukkas)* de 7 mn + 30 s si la balle est encore en jeu (8 périodes uniquement en Argentine). **Paddock Polo :** se joue à 2 équipes de 3 joueurs sur terrain plus petit. **Qualités requises :** bon cavalier, assiette, mains souples, courage, self-contrôle, esprit d'équipe, réflexes rapides. Pas de contre-indications d'âge. Très peu de femmes y jouent.

Renseignements : Union des polos de France, Polo de Paris, route des Moulins, Bois de Boulogne, 75016.

Épreuves

Championnat de polo de Paris. *Créé* 1892 par le Vte de La Rochefoucauld.

Open Cup. 79 *Berengeville* [C. Mercier (cap.), F. Martin, L. Macaire, E. Mayer]. **80** *Berengeville* [C. Mercier (cap.), L. Macaire, E. Mayer, P. de Charbonnière]. **81** *Selangor* [P. Lechever, A. Pierson (cap.), C. Laprida, J. Cantrel]. **82** *Berengeville* [C. Mercier (cap.), P. Lechever, O. Annunziata, L. Macaire]. **83** *Santa-Barbara* [W. Meeker (cap.), S. Belisha, A. d'Astorg, F. Gomez]. **84** *Santa Barbara* [W. Meeker, S. Belisha, E. Bourhis, L. Macaire]. **85** *Brattas* [O. Annunziata (cap.), A. Pierson, Y. Guillemin, S. Moreno].

Coupe d'Or de Deauville. 80 *Berengeville* [C. Mercier (cap.), L. Macaire, G. Pieres, S. Macaire]. **81** *The Falcons* [A. Ebeid (cap.), N. Aguerro, A. Harriott, J.-M. Plaza di Ayala]. **82** *The Falcons* [A. Ebeid (cap.), E. Trotz, H. Hipwood, N. Aguerro]. **83** *The Falcons* [A. Ebeid (cap.), E. Trotz, C. Gracida, T. Ebeid]. **84** *Kinz* [A. Bernard (cap.), P. Withers, A. Kent, A. Hine]. **85** *The Falcons* [A. Ebeid (cap.), T. Ebeid, E. Trotz, C. Gracida].

Rugby

Généralités

Origine. Antiquité : phaininda (Grèce), harpestum (Rome), soule (Moyen Age) en France, puis en Angleterre. **1823-*nov.*** William Webb Ellis commet une infraction aux règles du football (il s'empare à la main de la balle), à l'école de Rugby (Angl.), et crée un nouveau jeu. **1843** 1er club en G.-B. (Guy's Hospital). **1846-*7-9*** 1res règles écrites. **1859** club à Oxford. **1870** Lindon (de l'École de Rugby) remplace la vessie de porc par une vessie en caoutchouc. **1871** 1er match international Écosse-Angleterre à Edimbourg. *-26-1* fondation de la Rugby Union d'Angl. **1872** 1er club français (Le Havre Athlétic Club), le jeu s'appelant *la combination.* **1877** 15 et non plus 20 joueurs. **1882** fondation du Racing Club (lycée Condorcet). **1883** f. du Stade Français (Lycée St-Louis). **1885** 1re confrontation franco-brit. à Levallois. **1892** 1er championnat de France (Racing Club bat Stade français par 4 à 3). **1906-*1-1*** 1er match France-N.-Zélande (8-38). *-22-3* France-Angl. (8-35). **1900-*2-3*** Galles-Fr. (36-4). **1909-*20-3*** Irlande-Fr. (19-8). **1910-*22-1*** Écosse-Fr. (27-0) et 1er Tournoi des 5 Nations. **1913-*11-1*** France-Afr. du S. à Bordeaux (5-35). **1920** la Fédér. fr. de rugby remplace l'U.S.F.S.A. *-3-4* France bat Irlande à Dublin (15-7). *-10-10* Fr. b. Amérique à Colombes (14-5). **1924-*4-5*** Fr. b. Roumanie à Colombes (59-3). **1926-*26-12*** Fr. b. Maoris à Colombes (3-12). **1927-*17-4*** Fr. b. Allemagne (30-5). **1931** dissidence : 10 clubs français créent l'U.F.R.A. et disputent leur championnat. *-13-2* les Unions rompent avec le rugby fr. pour ses divers abus. **1934-*2-1*** fondation de la F.I.R.A. (Féd. internat. de rugby amateurs). **1937** Fr. b. Italie au Parc (43-5). **1943-*5-6*** reprise du championnat. Création de la coupe de Fr. **1949-*28-8*** Argentine b. Fr. à Buenos Aires (5-0). **1968** 1er grand chelem de la Fr. **1977** 2e grand chelem. **1979** victoire dans le 2e test-match à l'Eden Park d'Auckland sur les All Blacks. **1981** 3e grand chelem. **1987** projet d'organiser une coupe du monde en Australie et N.-Z.

Emblèmes des équipes les plus célèbres. *France* (Coq), *Galles* (3 plumes d'autruche et non le poireau qui est l'emblème du P. de Galles), *Écosse* (Chardon), *Angleterre* (Rose), *Irlande* (Trèfle), *All-Blacks* (N.-Zél., fougère argentée), *Springboks* (Afr. du S., sorte d'antilope), *Wallabies* (Australie, kangourou).

Terrains les plus célèbres. Arms Park (Cardiff, P. de Galles). Eden Park (Auckland, N.-Zélande). Ellis Park (Johannesbourg, Afr. du S.). Lansdowne Road (Dublin, Irlande). Murrayfield (Edimbourg, Écosse). Parc des princes et Colombes (Paris, France). Twickenham (Londres, Angleterre).

Organisation du rugby. *International Rugby Football Board* (appelé habituellement *l'International Board*), fondée le 5-12-1887, groupait à l'origine les Home Unions (Angl., Écosse, P. de Galles, Irlande), l'Angl. assurant la représentation des Unions du Commonwealth (Afr. du S., Australie, N.-Zélande). Depuis leur autonomie, celles-ci ont leur représentation propre. En 1978, la France a été admise. Chacun des 8 pays est représenté par 2 membres. Édicte les règles du jeu, veille au respect de l'amateurisme, juge les litiges entre pays et agence le calendrier des tournées. *Conférence des 5 Nations* (4 Home Unions et la Fédération fr. de rugby) traite des questions concernant le Tournoi des 5 Nations.

Féd. internat. de rugby amateur (F.I.R.A.), fondée 2-1-1934, placée sous la direction de la France, a la charge d'une partie du rugby international.

Fédération française de rugby, fondée 11-10-1920. Les meilleurs clubs sont répartis en 3 divisions : 1re (80 clubs), 2e (120 clubs) et 3e (160 clubs). Il y a environ 187 000 joueurs en France.

Règles

Ballon ovale. *Longueur* 28 à 30 cm. *Périmètre :* grand 76 à 79 cm, petit 58 à 62. *Poids* 400 à 440 g. *Record* pour but en coup de pied placé 90 m et en drop-goal 82 m. **Équipes.** 2 de 15 comprenant 8 avants (1 talonneur, 2 piliers de mêlée, 2 avants de 2e ligne, 3 de 3e ligne), 2 demis (1 de mêlée, 1 d'ouverture), 4 trois-quarts (2 centres, 2 ailes), 1 arrière. **Terrain.** 100 m × 68,57 m au plus ; 96 m × 66 m au moins. *Barre horizontale* du but à 3 m du sol ; *montants* distants de 5,65 m, hauteur minimale 3,5 m. **Partie.** 80 mn (2 mi-temps de 40 mn, séparées par 5 mn de pause).

Principe. Marquer des *essais* en portant le ballon au-delà de la ligne de but adverse et marquer des *buts* par-dessus la barre transversale. *Transformation de l'essai en but :* après l'essai, coup de pied placé ou tombé, accordé sur une ligne parallèle à la ligne de but, en face du point où l'essai a été marqué. *Drop-goal marqué* lorsque, en cours de jeu, un joueur bien placé « botte » le ballon qu'il tenait en main après l'avoir laissé rebondir, et le fait passer entre les poteaux, au-dessus de la barre transversale. *Arrêt de volée :* reconnu lorsqu'un joueur qui se trouve derrière la ligne des 22 mètres bloque le ballon, botté par un joueur adverse, en gardant les 2 pieds au sol. Le joueur doit valider son geste en criant « marque ». Cette action ne rapporte pas de points, mais fait bénéficier son auteur de l'initiative d'un nouveau départ du jeu.

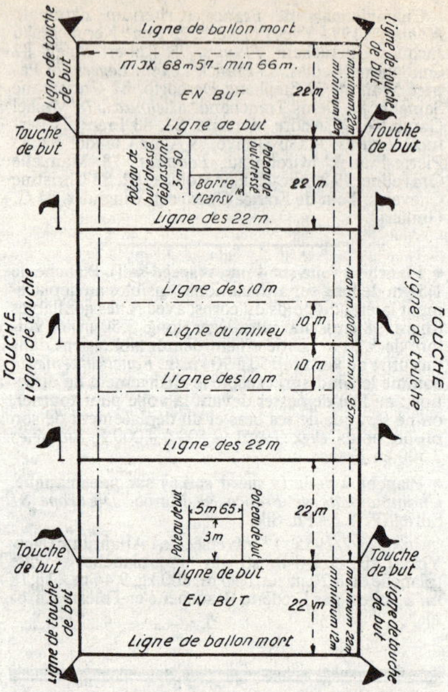

Points. *1 essai* 4 points ; *1 transformation* 2 ; *1 but* (sur pénalité ou en drop-goal) 3. *Record des points* marqués en 1 saison par des joueurs : Robin Williams en 1974-75 (P. de Galles) : 597 pts ; Sam Doble en 1971-72 (G.-B.) : 581.

Mêlée. Ordonnée. Dans chaque équipe, le talonneur et les 2 piliers se prennent par les épaules, puis entrent en contact, épaule contre épaule, avec les 3 joueurs adverses. Ils doivent être fermement liés entre eux, le talonneur encerclant avec ses bras le corps de ses piliers en dessous des aisselles et chaque pilier encerclant de la même manière avec son bras intérieur le corps du talonneur. Tous les autres joueurs de la mêlée (les 2 deuxième ligne et les 3 troisième ligne) doivent être liés au moins avec un bras et une main au corps du partenaire. En position de poussée, les joueurs de 1re ligne ont les 2 pieds au sol, les positions des têtes doivent être alternées entre les joueurs de chaque camp, le pilier gauche de chaque équipe ayant la tête en dehors de la mêlée. Le reste du pack tente alors, en poussant, de gagner du terrain et de désorganiser l'adversaire ; le demi de mêlée de l'équipe non fautive lance la balle sous le « dôme » ainsi formé. Le talonneur est chargé de gagner la balle en la ratissant avec un pied. **Spontanée ou mêlée ouverte.** Utilisée pour fixer les opposants et relancer l'attaque. Regroupement de joueurs debout face à l'adversaire et autour du ballon au sol. Les joueurs doivent se lier en passant au moins un bras autour du corps d'un partenaire. Mêmes règles que pour la mêlée ordonnée, mais il n'y a pas d'introduction.

Maul. Regroupement de joueurs autour d'un joueur portant le ballon. Mêmes règles que la mêlée spontanée.

Touche. Reconnue quand le ballon a franchi les limites latérales du terrain. Les joueurs se placent sur 2 rangs, perpendiculairement aux côtés du terrain, au point de sortie de la balle si celle-ci a été bottée des 22 m ou si elle a rebondi dans le champ de jeu avant de sortir : dans le cas contraire, la touche est jouée au point de départ du ballon. Les joueurs qui participent à la touche n'ont pas le droit de franchir la ligne de remise de jeu qui sépare les 2 alignements, tant que le ballon n'a pas touché un joueur ou le sol.

La touche est limitée en profondeur par le *verrouilleur.* Un joueur n'a pas le droit de reculer au-delà du verrouilleur tant que la touche n'est pas terminée, c'est-à-dire tant que le ballon n'a pas touché un joueur ou le sol.

Tous les joueurs qui ne participent pas à la touche doivent se tenir au moins à 10 m en arrière de la ligne de jeu qui sépare les 2 alignements. Ils doivent rester à 10 m tant que la touche n'est pas terminée, sauf pour une remise en jeu au-delà du verrouilleur. En ce cas, ils peuvent s'élancer dès que le ballon quitte les mains du lanceur.

Fautes et sanctions. En-avant. Quand un joueur propulse le ballon avec la main ou le bras en direction de la ligne de but adverse. Toutefois, il n'y a pas en-avant quand un joueur contrôle mal un b. et le rattrape avant qu'il ait touché le sol ou un autre joueur. *Sanctions. 1) en-avant involontaire :* mêlée au point de faute avec introduction par l'équipe adverse. *2) volontaire :* coup de pied de pénalité.

Tenu. Quand le porteur du b., immobilisé au sol par un ou plusieurs adversaires, ne lâche pas immédiatement le b. *Sanction :* coup de pied de pénalité au point de faute.

Hors-jeu. Un joueur, placé en avant du b. joué par un partenaire, ne doit pas faire acte de jeu. Le hors-jeu peut se produire dans le *jeu courant, lors d'une mêlée spontanée ou d'un maul et lors d'une touche.*
Un joueur hors jeu peut être remis en jeu. *Par sa propre action :* il doit dans le jeu courant se replier derrière le joueur de son équipe qui a botté ou passé le b. le dernier ; lors d'une mêlée spontanée ou d'un maul derrière la mêlée ou le maul. *Par l'action d'un partenaire :* le joueur hors jeu est remis en jeu si un partenaire porteur du b. l'a dépassé ou si un partenaire, provenant d'un point situé à hauteur du point où le b. a été botté, l'a dépassé. *Par l'action d'un adversaire* (à condition de n'être pas à moins de 10 m de celui-ci) *porteur du b. :* dès qu'il a parcouru 5 m ou lorsqu'il botte ou passe le b. Lorsque le joueur hors jeu est à moins de 10 m de l'adversaire, il doit se retirer à plus de 10 m. *Sanction :* coup de pied de pénalité.

Obstruction. Il est interdit d'empêcher un adversaire d'aller vers le b. Un joueur porteur du b. ne peut pas charger au travers de ses partenaires faisant écran. *Sanction :* coup de pied de pénalité.

Jeu déloyal, incorrection. Il est défendu de frapper un adversaire, de plaquer prématurément, à retardement ou de manière dangereuse. *Sanction :* coup de pied de pénalité (si la faute a lieu sur un joueur qui a botté le b., l'équipe non fautive peut choisir entre une pénalité au point de faute ou au point de chute) ; essai de pénalisation ; exclusion du fautif en cas de récidive.

Faute technique ou faute vénielle. Remise en jeu à la touche faite incorrectement, mauvaise introduction en mêlée, mauvaise position de la 1re ligne. *Sanction :* coup franc.

Coup de pied de pénalité. Tapé directement vers le but adverse. Il peut être exécuté placé (ballon posé au sol), tombé (drop-goal) ou de volée. Tous les joueurs de l'équipe du botteur doivent se trouver derrière le ballon. Dès que la faute est sifflée par l'arbitre, les joueurs de l'équipe sanctionnée doivent courir sans délai pour se replier à 10 m du point de faute. Si l'équipe fautive commet une infraction pendant que la pénalité est jouée, une nouvelle pénalité sera accordée 10 m en avant (jusqu'à la limite de 5 m de la ligne de but). Si l'infraction est commise par l'équipe du botteur, une mêlée avec introduction adverse sera ordonnée au point où la pénalité avait été accordée.

Coup franc ou pénalité différentielle (n'existe que depuis 1977). Ne peut être tapé directement en direction du but adverse. Le joueur qui joue le coup franc peut donner un long coup de pied à suivre ou en touche, ou un petit coup de pied et reprendre le b. lui-même pour le passer à un partenaire qui pourra tenter un drop-goal.

Tournoi des Cinq Nations

De 1883 à 1910, ne concerne que les 4 Unions britanniques. Dep. 1910, sont admis : France (F), Angleterre (A), Pays de Galles (G), Écosse (E) et Irlande du S. (Ir). Pas de tournoi de 1915 à 1919 et de 1932 à 1946. *Classement :* d'après le nombre de points obtenus à l'issue des 4 matches. 1 victoire = 2 pts ; 1 nul = 1 pt ; 1 défaite = 0 pt. Une équipe qui remporte les 4 matches réalise le Grand Chelem. Celle des 4 nations britanniques qui est victorieuse des 3 autres remporte la Triple Couronne.

Résultats particuliers depuis 1950

France-Angleterre. 50 Fr. 6-3. **51** Fr. 11-3. **52** An. 6-3. **53** An. 11-0. **54** Fr. 11-3. **55** Fr. 16-9. **56** Fr. 14-9. **57** An. 9-5. **58** An. 14-0. **59** Match nul 3-3. **60** M. nul 3-3. **61** M. nul 5-5. **62** Fr. 13-0. **63** An. 6-5. **64** An. 6-3. **65** An. 9-6. **66** Fr. 13-0. **67** Fr. 16-12. **68** Fr. 14-9. **69** An. 22-8. **70** Fr. 35-13. **71** M. nul 14-14. **72** Fr. 37-12. **73** An. 14-6. **74** M. nul 12-12. **75** Fr. 27-20. **76** Fr. 30-9. **77** Fr. 4-3. **78** Fr. 15-6. **79** An. 7-6. **80** An. 17-13. **81** Fr. 16-12. **82** An. 27-15. **83** Fr. 19-15. **84** Fr. 32-18. **85** M. nul 9-9. **86** Fr. 29-10.

France-Écosse. 50 E. 8-5. **51** Fr. 14-12. **52** Fr. 13-11. **53** Fr. 11-5. **54** Fr. 3-0. **55** Fr. 15-0. **56** E. 12-0. **57** E. 6-0. **58** E. 11-9. **59** Fr. 9-0. **60** Fr. 13-11. **61** Fr. 11-0. **62** Fr. 11-3. **63** E. 11-6. **64** E. 10-0. **65** Fr. 16-8. **66** M. nul 3-3. **67** E. 9-8. **68** Fr. 8-6. **69** E. 6-3. **70** Fr. 11-9. **71** Fr. 13-8. **72** E. 20-9. **73** Fr. 16-13. **74** E. 19-6. **75** Fr. 10-9. **76** Fr. 13-6. **77** Fr. 23-3. **78** Fr. 19-16. **79** Fr. 21-17. **80** E. 22-14. **81** Fr. 16-9. **82** E. 16-7. **83** Fr. 19-15. **84** E. 21-12. **85** Fr. 11-3. **86** E. 18-17.

France-Pays de Galles. 50 G. 21-0. **51** Fr. 8-3. **52** G. 9-5. **53** G. 6-3. **54** G. 19-13. **55** G. 16-11. **56** G. 5-3. **57** G. 19-13. **58** Fr. 16-6. **59** Fr. 11-3. **60** Fr. 16-8. **61** Fr. 8-6. **62** G. 3-0. **63** Fr. 5-3. **64** M. nul 11-11. **65** Fr. 22-13. **66** G. 9-8. **67** Fr. 20-14. **68** Fr. 14-9. **69** M. nul 8-8. **70** G. 11-6. **71** G. 9-5. **72** G. 20-6. **73** Fr. 12-3. **74** M. nul 16-16. **75** G. 25-10. **76** G. 19-13. **77** Fr. 16-9. **78** G. 16-7. **79** Fr. 14-13. **80** G. 18-9. **81** Fr. 19-15. **82** G. 22-12. **83** Fr. 16-9. **84** Fr. 21-16. **85** Fr. 14-3. **86** Fr. 23-15.

France-Irlande. 80 M. nul 3-3. **51** Ir. 9-8. **52** Ir. 11-8. **53** Ir. 16-3. **54** Fr. 8-0. **55** Fr. 5-3. **56** Fr. 14-8. **57** Ir. 11-6. **58** Fr. 11-6. **59** Ir. 9-5. **60** Fr. 23-6. **61** Fr. 15-3. **62** Fr. 11-0. **63** Fr. 24-5. **64** Fr. 27-6. **65** M. nul 3-3. **66** Fr. 11-6. **67** Fr. 11-6. **68** Fr. 11-6. **69** Ir. 17-9. **70** Fr. 8-0. **71** M. nul 9-9. **72** Ir. 14-9. **73** Ir. 6-4. **74** Fr. 9-6. **75** Ir. 25-6. **76** Fr. 26-3. **77** Fr. 15-6. **78** Fr. 10-9. **79** M. nul 9-9. **80** Fr. 19-18. **81** Fr. 19-13. **82** Fr. 22-9. **83** Ir. 22-16. **84** Fr. 25-12. **85** M. nul 15-15. **86** Fr. 29-9.

• **Soit par nations : France-Angleterre** (dep. 1906) : 61 matches joués (dont 7 nuls). An. 32 vict. Fr. 22. **France-Écosse** (dep. 1910) : 56 matches joués (dont 2 nuls). Fr. 27 vict. E. 27. **France-Pays de Galles** (dep. 1908) : 61 matches joués (dont 3 nuls). G. 37 vict. Fr. 21. **France-Irlande** (dep. 1909) : 60 matches joués (dont 5 nuls). Fr. 30 vict. Ir. 25.

Résultats généraux depuis 1910

10 A 7, G 6, E 4, Ir 3, F 0.
11 G 8, Ir 6, A 4, F 2, E 0.
12 A 6, Ir 6, E 4, G 4, F 0.
13 A 8, G 6, E 4, Ir 2, F 0.
14 A 8, G 6, Ir 4, E 0, F 0.
20 A 6, E 6, G 6, F 2, Ir 0.
21 A 8, F 4, G 4, E 2, Ir 2.
22 G 7, A 5, E 4, Ir 2, F 2.
23 A 8, E 6, Ir 2, G 2, F 2.
24 A 8, E 4, Ir 4, G 2, F 2.
25 E 8, A 5, Ir 5, G 2, F 0.
26 Ir 6, E 6, G 5, A 3, F 0.
27 E 6, Ir 6, A 4, G 2, F 2.
28 A 8, Ir 6, E 2, G 2, F 2.
29 E 6, Ir 5, G 5, A 4, F 0.
30 A 4, Ir 4, G 5, F 4, E 3.
31 G 7, E 4, Ir 4, F 4, A 1.
47 G 6, A 6, Ir 4, F 4, E 0.
48 Ir 8, F 4, E 4, G 3, A 1.
49 Ir 6, A 4, F 4, E 4, G 2.
50 G 8, E 4, Ir 3, F 3, A 2.
51 Ir 7, F 6, G 3, E 2, A 2.
52 G 8, A 6, Ir 4, F 2, E 0.
53 A 7, G 6, Ir 5, F 2, E 0.
54 A 6, F 6, G 6, Ir 2, E 0.
55 F 6, G 6, E 4, A 3, Ir 1.
56 G 6, A 4, F 4, Ir 4, E 2.
57 A 8, Ir 4, E 4, G 4, F 0.
58 A 6, G 5, F 4, E 3, Ir 2.
59 F 5, Ir 4, A 4, G 4, E 3.
60 F 7, A 7, G 4, E 2, Ir 0.
61 F 7, G 4, E 4, A 3, Ir 2.
62 F 6, E 5, A 4, G 3, Ir 0.
63 A 7, F 4, E 4, Ir 3, G 2.
64 E 6, G 6, F 3, A 3, Ir 2.
65 G 6, F 5, Ir 5, A 3, E 1.
66 G 6, F 5, E 5, I 3, A 1.
67 F 6, A 4, E 4, Ir 4, G 2.
68 F 8, Ir 5, A 4, G 3, E 0.
69 G 7, Ir 6, A 4, E 2, F 1.
70 F 6, G 6, Ir 4, E 2, A 2.
71 G 8, F 4, Ir 3, A 3, E 2.
72 Tournoi inachevé.
73 G, F, E, Ir, A 4 [1].
74 Ir 5, E 4, F 4, G 4, A 3.
75 G 6, E, F, Ir 4, A 2.
76 G 8, F 6, E 4, Ir 2, A 0.
77 F 8 [2], G 6, A 4, E 2, Ir 0.
78 G 8, F 6, A 4, Ir 2, E 0.
79 G 6, F 5, Ir 4, A 3, E 2.
80 A 8, G 4, Ir 4, E 2, F 2.
81 F 8, A 6, G 4, E 2, Ir 0.
82 Ir 6, A 5, E 5, G 2, F 2.
83 F 6, Ir 6, G 5, E 2, A 1.
84 E 8, F 6, G 4, A 2, Ir 0.
85 Ir 7, F 6, G 4, A 3, E 0.
86 F 6, E 6, G 4, A 4, Ir 0.

Nota. — (1) C'est la 1re fois que toutes les équipes ont terminé à égalité. (2) La France a gagné le tournoi sans encaisser un seul essai et en gardant la même équipe.

• **Grands chelems** (4 victoires sur 4 matches joués). **1908** [1] G., **09** [1] G., **11** G., **13** An., **14** An., **21** An., **23** An., **24** An., **25** E., **28** An., **48** Ir., **50** G., **52** G., **57** An., **68** Fr., **71** G., **76** G., **77** Fr., **78** G., **80** An., **81** Fr. **84** E.

Nota. — (1) Avant l'ouverture officielle du Tournoi des 5 Nations.

Autres matches internationaux de la France

Tests-matches

Un test-match est une rencontre entre une équipe en tournée et celle du pays où a lieu la tournée.

Avec les All-Blacks (N.-Zélande). 1906 N.-Z. 38-8. **25** N.-Z. 30-6. **54** Fr. 3-0. **61** N.-Z. 13-6 ; 5-3 ; 32-3. **64** N.-Z. 12-3. **67** N.-Z. 21-15. **68** N.-Z. 12-9 ; 9-3 ; 19-12. **73** Fr. 13-6. **77** Fr. 18-13 ; N.-Z. 15-3. **79** N.-Z. 23-9 ; Fr. 24-19. **81** N.-Z. 13-9 ; 18-6. **84** N.-Z. 10-9 ; 31-18. **86** N.-Z. 18-9.

Avec les Wallabies (Australie). 1928 Aus. 11-8. **48** Fr. 13-6. **58** Fr. 19-0. **61** Fr. 15-8. **67** Fr. 20-14. **68** Aus. 11-10. **71** Aus. 13-11 ; Fr. 18-9. **72** Match nul 14-14. **72** Fr. 16-15. **76** Fr. 18-15 ; Fr. 34-6. **81** Aus. 17-15 ; 24-14. **83** Fr. 15-6 ; 15-15. **86** Aus. 27-14.

Avec les Springboks (Afr. du S.). 1913 Af.-S. 35-5. **52** Af.-S. 25-3. **58** Match nul 3-3 ; Fr. 9-5. **61** Match nul 0-0. **64** Fr. 8-6. **67** Af.-S. 26-3 ; 16-3 ; Fr. 19-14 ; Match nul 6-6. **68** Af.-S. 12-9 ; Af.-S. 16-11. **71** Af.-S. 22-9 ; Match nul 8-8. **74** Af.-S. 13-4 ; 10-8. **75** Af.-S. 38-25 ; 33-18. **80** Af.-S. 37-15.

Avec les Pumas (Argentine). 1949 Fr. 5-0 ; 12-3. **54** Fr. 22-8 ; 30-3. **60** Fr. 37-3 ; 12-3 ; 29-6. **74** Fr. 20-15 ; 31-27. **75** Fr. 29-6 ; 36-21. **77** Fr. 26-3 ; Match nul 18-18. **82** Arg. 38-15 ; Fr. 25-15 ; Fr. 27-9 ; Arg. 22-8 ; Fr. 25-12 ; Arg. 12-9 ; Fr. 13-6. **86** Arg. 15-13 ; Fr. 22-9.

Autres matches avec...

Allemagne. 1927 Fr. 30-5 ; All. 17-16. **28** Fr. 14-3. **29** Fr. 24-0. **30** Fr. 31-0. **31** Fr. 34-0. **32** Fr. 20-4. **33** Fr. 38-17. **34** Fr. 13-9. **35** Fr. 18-3. **36** Fr. 19-14 ; Fr. 6-3. **37** Fr. 27-6. **38** All. 3-0 ; Fr. 8-5. **82** Fr. 53-15.

Canada. 1978 Fr. 24-9.

Fidji. 1964 Fr. 21-3.

Italie. La France est toujours gagnante. **1937** 43-5. **52** 17-8. **53** 22-8. **54** 39-12. **55** 24-0. **56** 16-3. **57** 38-6. **58** 11-3. **59** 22-0. **60** 26-0. **61** 17-0. **62** 6-3. **63** 14-12. **64** 12-3. **65** 21-0. **66** 21-0. **67** 60-13. **83** 6-6. **86** 18-0.

Japon. 1973 Fr. 30-18. **78** 55-16. **84** (1er test) Fr. 52-0, (2e test) Fr. 40-12. **85** (1er test) Fr. 50-0, (2e test) Fr. 52-0.

Maroc. 1983 Fr. 16-9.

Roumanie. 1924 Fr. 59-3. **38** Fr. 11-8. **57** Fr. 18-15. **58** Fr. 39-0. **60** Fr. 11-5. **62** Match nul 5-5. **63** R. 3-0. **64** Match nul 6-6. **65** Fr. 9-6. **66** Fr. 8-3. **67** Fr. 9-3. **68** Fr. 11-3. **69** R. 15-14. **70** Fr. 14-9. **71** Fr. 14-3. **72** Fr. 31-12. **73** Fr. 15-6. **74** Fr. 7-6. **75** R. 15-10. **76** Fr. 10-6. **77** Fr. 9-6. **78** Fr. 29-6. **79** Fr. 30-12. **80** R. 15-0. **81** Fr. 17-9. **82** R. 13-9. **83** Fr. 26-15. **84** Fr. 18-3. **86** Fr. 25-13.

Tchécoslovaquie. 1957 Fr. 28-3. **68** Fr. 19-6.

U.R.S.S. 1982 U.R.S.S. 12-6. **85** Fr. 36-21.

U.S.A. 1920 Fr. 14-5. **24** U. 17-3. **76** Fr. 33-14.

Championnat de France

Organisation. Intéresse 360 clubs nommément invités par la F.F.R. (1re division 80, 2e 120, 3e 160), et 80 autres participant au championnat de nationale B et les clubs désignés par les comités régionaux pour participer aux phases finales : 64 pour le championnat d'Honneur ; 64 1re, 2e, 3e et 4e séries ; 32 équipes de réserves ; 24 éq. de la coupe Roger Taddeï réservée aux juniors (1 club par comité) ; 80 coupe Frantz Reichel (juniors A) ; 64 coupe René Crabos (jun. B) ; 64 coupe Balandrade ; 128 coupe des cadets.

La *1re division* a été créée en 1892, la *2e d.* en 1925, la *3e d.* en 1926. *Le championnat de la 1re div.* est divisé en 2 groupes A et B de 40 clubs chacun (4 poules de 10). Au sein d'une même poule, chaque club rencontre ses 9 adversaires en matches aller et retour (une fois sur son terrain, une fois sur terrain adverse, soit un total de 18 rencontres). Ces matches sont qualificatifs pour des phases finales qui désigneront le champion de France. Chaque match donne lieu à une attribution de points : 3, match gagné ; 2, match nul ; 1, perdu (par disqualification ou forfait : 0).

Le vainqueur du championnat de France reçoit le *bouclier de Brennus*, dû sans doute à Charles Brennus (1859-1943), maître graveur et Pt d'honneur de la Fédération française de rugby.

1re division. Vainqueurs (1892 à 1949). 1892 RCF. **93, 94, 95** S.F. **96** Olympique. **97, 98** S.F. **99** Stade Bordelais. **1900** RCF. **01** S.F. **02** RCF. **03** S.F. **04, 05, 06, 07** S. Bordelais UC. **08** S.F. **09** S. Bordelais UC. **10** FC Lyon. **11** S. Bordelais UC. **12** S. Toulousain. **13** Aviron Bayonnais. **14** AS Perpignan. **16** S. Toulousain. **17** S. Nantais UC. **18** RCF. **19** S. Tarbais. **20** Stadoceste Tarbais. **21** US Perpignan. **22, 23, 24** S. Toulousain. **25** US Perpignanaise. **26, 27** S. Toulousain. **28** Section paloise. **29** US Quilian. **30** SU Agen. **31** RC Toulon. **32, 33** Lyon OU. **34** Aviron Bayonnais. **35** Biarritz Olympique. **36** RC Narbonne. **37** CS Vienne. **38** USA Perpignan. **39** Biarritz Olympique.

43 Aviron Bayonnais. 44 USA Perpignan. 45 SU Agen. 46 Section Paloise. 47 Stade Toulousain. 48 FC Lourdes. 49, 50 Castres Olympique. 51 US Carmaux. 52, 53 FC Lourdes. 54 FC Grenoble. 55 USA Perpignan. 56, 57, 58 FC Lourdes. 59 RCF. 60 FC Lourdes. 61 AS Béziers. 62 SU Agen. 63 S. Montois. 64 Section Paloise. 65, 66 SU Agen. 67 Montauban. 68 Lourdes (désigné au bénéfice des essais). 69 Bègles. 70 La Voulte-Montferrand. 71 Béziers-Toulon 15-9. 72 Béziers-Brive 9-0. 73 Tarbes-Dax 18-12. 74 Béziers-Narbonne 16-14. 75 Béziers-Brive 13-12. 76 Agen-Béziers 13-10. 77 Béziers-Perpignan 12-4. 78 Béziers-Montferrand 31-9. 79 Narbonne-Bagnères 10-0. 80 Béziers-Stade toulousain 10-6. 81 Béziers-Bagnères 23-13. 82 Agen-Bayonne 18-9. 83 Béziers-Nice 14-6. 84 Béziers-Agen 21-21 (3-1 aux Tirs aux buts). 85 Toulouse-Toulon 36-22 (après prolongations). 86 Toulouse-Agen 16-6.

Nota. — RCF : Racing Club de France. SF : Stade français.

Autres épreuves

Coupe de France. *Créée* 1906, supprimée en 1951. A été rejouée en 1984 (Toulouse-Lourdes 6-0) et 1986 (Béziers-Aurillac 18-6).

Challenge du Manoir. *Créé* 1931. **Vainqueurs.** *1932* Agen. *33* Lyon OU. *34* Toulon et Stade toulousain ex æquo. *35* USA Perpignan. *36* Aviron Bayonnais. *37* Biarritz. *38* Montferrand. *39* Pau. *53* Lourdes. *54* Lourdes. *55* USA Perpignan. *56* Lourdes. *57* Dax. *58* Mazamet. *59* Dax. *60-61-62* Mont-de-Marsan. *63* Agen. *64* Béziers. *65* Cognac. *66-67* Lourdes. *68* Narbonne. *69* Dax. *70* Toulon. *71* Dax. *72* Béziers. *73-74* Narbonne. *75* Béziers. *76* Montferrand. *77* Béziers. *78-79* Narbonne. *80* Bayonne. *81* Lourdes. *82* Dax. *83* Agen. *84* Narbonne. *85* Nice. *86* Montferrand.

Nota. — 5 équipes ont réalisé le doublé Championnat et Challenge du Manoir la même année : Béziers (72, 75, 77), Lourdes (53, 56), Perpignan (55), Lyon (33) et Narbonne (79).

Autres épreuves. *Ch. de l'Espérance* (SC Tulle), *ch. Béguère* (FC Lourdais), *ch. Cadenat* (AS Béziers). *Coupe de l'Avenir* créée 1942. *Coupe Frantz Reichel* créée 1931. *Coupe René Crabos* créée 1950.

Grands joueurs français

Aguirre Jean-Michel 2-11-51. Albaladejo Pierre 13-2-33. Astre Richard 28-8-48. Azarete Jean-Louis 8-5-45. Barrau Max 26-11-50. Basquet Guy 13-7-21. Bastiat Jean-Pierre 11-4-49. Belascain Christian 1-11-53. Benesis René 29-8-44. Bergougnan Yves 8-5-24. Bertranne Roland 6-12-49. Biemouret Paul 1-4-43. Bilbao Louis 14-9-56. Blanco Serge 31-8-58. Boniface André 14-8-34. Boniface Guy 1937-68. Bouquet Jacques 3-7-33. Bourgarel Roger 21-4-47. Bustaffa Daniel 11-1-56. Cabanier Jean-Michel 15-5-36. Cabrol Henri 11-2-47. Camberabero Guy 27-5-36. Camberabero Lilian 15-7-35. Cantoni Jacques 11-5-48. Carrère Christian 27-7-43. Carrère Jean 5-4-30. Celaya Michel 27-7-30. Cester Élie 27-7-42. Cholley Gérard 1945. Codorniou Didier 13-2-58. Crabos René 7-2-1899. Crauste Michel 6-7-34. Danos Pierre 4-6-29. Darrouy Christian 13-1-37. Dauga Benoît 8-5-42. Dauger Jean 12-11-19. Dedieu Paul 8-5-35. De Gregorio Jean 9-12-35. Desclaux Joseph 1-2-12. Dintrans Philippe 29-1-57. Domenech Amédée 3-5-33. Dospital Pierre 15-5-50. Dourthe Claude 20-11-48. Dubroca Daniel 25-4-54. Dufau Gérard 27-8-24. Du Manoir Yves 1904-28. Dupuy Jean 25-5-34. Estève Alain 15-9-46. Estève Patrick 14-2-59. Fouroux Jacques 24-7-47. Gachassin Jean 23-12-41. Gallion Jérôme 4-4-55. Gourdon Jean-François 8-9-54. Gruarin Aldo 5-2-38. Haget Francis 1949. Herrero André 28-1-38. Imbernon Jean-François 1951. Iracabal Jean 6-7-41. Jaureguy Adolphe 1898-1977. Joinel Jean-Luc 21-8-53. Labazuy Antoine 9-2-29. Lacaze Claude 5-3-40. Lacroix Pierre 23-1-35. Lafond Jean-Baptiste 1962. Lasserre Jean-Claude 12-5-38. Lasserre Michel 29-11-40. Lasserre René 9-10-1895. Le Droff Jean 22-6-39. Lescarboura J.-Patrick 19-1-61. Lira Maurice 1941-86. Lux Jean-Pierre 9-1-46. Martine Roger 3-1-30. Maso Joseph 27-12-44. Mias Lucien 24-9-30. Moga Alban 1-5-23. Mongla François 1-4-32. Noves Guy 5-2-54. Paco Alain 1-5-52. Palmié Michel 1951. Paparemborde Robert 8-7-48. Pique Jean 17-9-35. Prat Jean 1-8-23. Prat Maurice 17-9-28. Rancoule Henri 6-2-23. Rives Jean-Pierre 31-12-52. Romeu Jean-Pierre 15-4-48. Roques Alfred 17-2-25. Rousié Marc 14-2-12. Skrela Jean-Pierre 11-4-49. Spanghero Claude 5-6-48. Spanghero Walter 21-12-43. Thiers Pierre 16-4-14. Trillo Jean 27-10-44. Vannier Michel 21-7-31. Vaquerin Armand 1951. Vigier Robert 15-12-26. Villepreux Pierre 5-7-43. Viviès Bernard 3-9-55. Yachvili Michel 25-9-46.

Grands joueurs étrangers

Légende. — (1) Angleterre. (2) Écosse. (3) Pays de Galles. (4) Irlande. (5) Australie. (6) N.-Zélande. (7) Afrique du Sud. (8) Italie. (9) Argentine.

Batty Grant [6] 1951. Bennett Phil [3] 1949. Brand Gerry [7] 8-10-1906. Bruce Doug [6] 1947. Butterfield Jeff [1] 1928. Campbell-Lamerton M.J. [2] 1933. Carmichael A.B. [2] 1944. Catchpole Kenneth William [5] 21-6-39. Caulton Ralph Walter [6] 1937. Chisholm D.H. [2] 1937. Claassen Johan [7] 23-9-1929. Clarke Donald Barry [6] 1933. Clarke Jan James [6] 1932. Cobner J.J. [3] 1948. Cook Albert E. 1901-77. Craven Danie 1909.

Davies Mervyn [3] 1947. Davies T.G.R. [3] 1946. Dawes John 29-9-40. Dawson A. Ronnie [4] 1933. De Villiers David Jacobas [7] 10-7-40. De Villiers Henry Oswald [7] 10-3-45. Dick Malcolm John [6] 1941. Donaldson Mark [6] 1955. Duckham David [1] 1946. Du Preez Frederick Christoffel [7] 28-11-35. Edwards Gareth [3] 12-7-47. Ellis Hendrick Jakobis [7] 1941. Engelbrecht Jean Pieter 10-11-38. Evans Eric [1] 1-12-21.

Faulkner Charly [3] 1943. Fenwick Steve [3] 1952. Frame John [2] 1946. Gibson Mike [4] 3-12-42. Going Sydney [6] 1943. Gould Arthur [3] 1866. Graham David John [6] 1936. Gravell Raymond [3] 12-9-51. Gray Kenneth Francis [6] 1938. Greyling Pieter Johannes [7] 16-5-42. Haeden Andy [6] 29-9-50. Hawthorne Philip [5] 24-10-43. Henderson Noël J. [4] 1933. Herewini Farlane Alexander [6] 1938. Hiller Robert [1] 1942. Hopwood Douglas 1935. Horton Nigel [1] 1948.

Ifwersen Karl D. [6] 1893-1967. Irvine Andy [2] 16-9-51. Jarden Ronald A. [6] 1929-77. John Barry [3] 1944. Jones Cliff [3] 1913. Jones Kenneth [3] 30-12-21. Jones Peter [6] 13-9-36. Kavanagh J. Ronnie [4] 1932. Keane Maurice I. [4] 1949. Kennedy Kenneth [4] 1941. Kiernan Tom [4] 7-1-49. Kirpatrick Ian [6] 1946. Knight Lawrie [6] 1949. Kyle Jack William [4] 10-2-26.

Laidlaw Christopher Robert [6] 1944. Laidlaw Frank [2] 1940. Larter Peter [1] 1944. Loane Mark [5]. Lochore Brian [6] 1940. Mc Bride William [4] 1940. McGann Barry John 1948. Mc Harg Alistair [2] 1944. McLauchlan Ian [2] 1943. Mc Loughlin Ray 1939. Marais Johannes [7] 21-9-41. Marques David [1] 9-12-32. Martin Allan 1948. Meads Colin Earl [6] 1936. Millar Syd. [4] 1935. Molloy Mick [4] 1943. Morkel Gerhard [7] 14-10-1888. Mourie Graham [6] 1952. Mulcahy William 1935. Mullen Karl [5] 1926. Muller Hennie [7] 26-3-22. Murphy Noël A. [4] 1937. Myburgh Johannes Lodewikus [7] 1936. Nathan Waka [6] 1940. Nel Philip [7] 17-6-02. Nepia George [6] 1905. Nicholls Gwynn [3] 1875. Nicholls Mark [6] 1901-72. O'Driscoll John [4] 26-11-53. O'Reilly Anthony 7-5-36. Pask Alun [2] 1939. Pedlow A. Cécil [4] 1934. Porta Hugo [9] 1951. Poulton-Palmer Ronald [1] 12-9-1889. Price Brian 1937. Price Graham [3] 1952.

Quinnell Derek [3] 1950. Robertson Bob [6] 1952. Scotland Kenneth [2] 1936. Seeling Charles [6] 14-5-1883. Slattery Fergus [4] 1949. Smith Ian [2] 1903. Smith Johnny [6] 1922-74. Squire Jeff [3] 1952. Stagg Peter [3] 1941. Stephen Rees [3] 1922. Stewart Alian James 1942. Stoop Adrian Dura [1] 27-3-1883.

Tanner Haydn [3] 1917. Telfer Jim [2] 1941. Thornett John [5] 30-3-35. Tremain Kelwin [6] 1938. Trew Bily [3] 1880. Van Wyk Christian [7] 5-11-23. Visagie Petuts [7] 16-4-43. Wakefield William [1] 1898. Wallace William [6] 2-8-1878. Watkins Stuart [3] 1941. Weston Mike [1] 1938. Wheel Geoff [3] 1952. Whineray Wilson James [6] 1935. Williams Bryan [6] 1950. Williams John [3] P.R. 2-3-49. Windsor Bobby [3] 1948. Wooller Wilfred [3] 1912. Young Dennis 1930. Zani Francisco [8] 24-10-38.

Ski

Généralités

Origine

On a trouvé en Suède un ski dans un marais datant d'env. 3000 av. J.-C. (ski de Hoting conservé à Stockholm). **1853** diffusion du ski en Autriche et Allemagne. **1855** en N.-Zélande ; le lieutenant Windham introduit en France des skis de Norvège ; il est suivi par Henri Duhamel, le docteur Pilet à Colmar, le docteur Étienne Payot à Chamonix (1897). **1867** 1er grand concours de ski à Christiana (Norvège). **1880** apparition du *ski recourbé* (inventé par le Norvégien Sondve Nordheim). **1889** *1er brevet pour des fixations de ski.* **1895** essais du commandant Windham au Lautaret. **1896** *1er club de ski français* (Ski club des Alpes). **1897** *12-2 1re expérience de ski alpin en France*, lieut. Widman (28e bat. des chasseurs alpins) : ascension (en 7 h) et descente (en 1 h 30) du Mt-Guillaume (Htes-Alpes). **1900** introduction du ski dans les troupes alpines à Briançon. **1902** 1res courses, descentes libres à Davos. **1903** à Adelboden. **1904** la garde suisse du St-Gothard adopte les skis ; création de l'École normale de ski par le min. de la Guerre. **1907** *1er concours international de ski en France*, organisé par le Club alpin fr., au Montgenèvre. **1911** Arnold Lunn organise le « Challenge de Roberts of Kandahar » à Montana. **1922** 1er slalom moderne à Murren. **1924** *1ers J.O. d'hiver* à Chamonix ; Féd. intern. (F.I.S.) et Féd. française de ski créées. **1927** école de ski de St-Moritz.

Ski alpin

● **Origine. 1896** 1res règles quand Mathias Zdarsky (Autrichien ; 1856-1940) codifie la technique. L'Autr. Hans Schneider fixe ensuite les données de l'école de l'*Arlberg* [*christiania, stem-christiania* (du verbe *stemmen* : appuyer), *virage parallèle*]. **1938** Paul Gignoux et Émile Allais fixent la méthode de l'*École française*, fondée sur le virage parallèle (né v. 1930), grâce à l'Autrichien Toni Seelos. **1960** Juan Vuarnet adopte la position en *œuf*. Viennent ensuite *Christiania léger, virage-angulation*. Actuellement virage évasion et virage G.T. : tous 2 font appel aux *effets directionnels* des skis.

● **Épreuves. Types. Descente.** Épreuve de ski alpin créée le 7-1-1911 par Sir Arnold Lunn à Montana. Le skieur doit franchir des portes (chaque montant est constitué par 2 piquets reliés par un rectangle de 0,75 m de large × 1 m de haut, bleu (hommes) ou alterné bleu et rouge (dames). *Piste* : larg. min. 30 m, dénivellation 800 à 1 000 m (messieurs), 500 à 700 m (dames), pour championnats du monde, coupe du Monde-F.I.S., coupe d'Europe.

Slalom. *Le 1er* fut organisé à Mürren (Suisse) en janvier 1922. *Départ* : à discrétion du comité de course (pour la coupe du monde, 1 coureur en course). *Piste* : dénivellation 180 à 220 m (dames 120 à 180 m), 1/4 de la piste doit présenter une dénivellation supérieure à 30 %. *Portes* : 55 à 75 pour les messieurs, 40 à 60 pour les dames (largeur : 4 à 6 m, piquets hauts de 1,80 m au-dessus de la neige avec 3 à 4 cm de diamètre). Le skieur doit franchir toutes les portes sous peine de disqualification. Courses en 2 manches, sur 2 parcours différents. Classement par addition des temps des 2 manches. Le skieur peut reconnaître le parcours avant la course en montant ou en descendant mais sans emprunter le tracé. 1983-84 obligation pour les courses F.I.S. (Féd. internat. de Ski) d'utiliser des piquets articulés.

Slalom géant. *1950*-13-3, 1re course. *1956* apparaît aux champ. du monde à Aspen (U.S.A.). *1976* se court en 2 manches comme le slalom spécial. *Portes* (chaque montant est constitué par 2 piquets reliés par un rectangle de couleur de 75 × 50 cm). Nombre : dep. 1984-85, 12 à 15 % de 4 à 8 m de large. A Aspen, au cours du match États-Unis-France, **slalom parallèle**, le 1er eut lieu le 6-12-68 (2 skieurs luttent simultanément sur 2 parcours similaires et changent de parcours pour la 2e manche, une « belle » pouvant éventuellement être disputée). **Super-Géant** (G[1], créé 1982) couru en 1 manche, casque obligatoire. *Piste* : terrain vallonné dénivellé *messieurs* 500 à 650 m, *dames* 350 à 500 m, largeur min. 30 m, largeur des portes de 6 à 12 m.

Combiné alpin. Pour les championnats du monde : l'ensemble des épreuves de descente, slalom spécial et slalom géant ; pour les épreuves classiques (Lauberhorn, Hahnenkamm, Kandahar, etc.). *2 épreuves* : descente et slalom spécial. On additionne les points correspondant aux résultats des différentes épreuves ; les points sont calculés selon les barèmes de la F.I.S. en partant du temps effectué par le vainqueur de chaque épreuve (chiffre zéro). Les 100e de seconde et les secondes qui le séparent de ses suivants sont transformés en points pour chacun d'eux et affectés d'un coefficient calculé d'après la durée de la course et les différences de temps. Le vainqueur est celui qui a le plus faible total des points.

Grande classique. En dehors des Jeux Olympiques, des championnats du monde et de la coupe du monde, chaque nation peut en organiser une chaque année, reconnue par la F.I.S. et comptant pour la coupe du monde. ORGANISATEURS : *Autriche* Badgastein, Schruns ou Kitzbühel, *Canada* à Mt-Ste-Anne ou Vancouver, *États-Unis* Aspen, Vail ou Waterville, *France* Val-d'Isère, Megève, St-Gervais, Chamonix, Morzine, Courchevel, *Italie* Cortina, Madonna di Campiglio, Sportinia ou Val Gardena, *Suisse* Mürren, Wengen ou Grindelwald, *Tchécoslovaquie* Vysoké Tatry.

Kandahar. Un ancien officier de l'armée des Indes, Lord Roberts of Kandahar (1832-1914), dota la 1re course de descente, l'Arlberg-Kandahar (aujourd'hui Kandahar), organisée le 6-1-1911 à Montana (auj. Crans). K. de diamant attribué aux skieurs classés 5 fois dans les 3 premiers de la descente, du slalom ou du combiné (ou 4 fois si le palmarès comporte une victoire au combiné). L'Autrichien Karl Schranz a remporté 2 fois le K de diamant.

• **Enseignement.** Délivré dans les écoles du ski français en cours collectif (60 %), particulier, à l'h ou à la journée (20 %), classes de neige (20 %).

Épreuves de progression enfants. Flocon. *Nature des épreuves : 1.* Chasse-neige glissé. *2.* Parcours de type nordique facile. *3.* Trace directe face à la pente. Candidat jugé sur aisance et efficacité. **1re étoile.** *1.* Trace directe en traversée simple. *2.* Pas tournants à la sortie d'une trace directe sur pente faible. *3.* Enchaînement de 7 à 8 virages élémentaires sur un tracé coulé. Candidat jugé sur aisance et efficacité. **2e étoile.** *1.* Dérapage en biais contrôlé sur pente moyenne. *2.* Pas tournants vers l'amont. *3.* Descente technique sur pente moyenne en virages parallèles de base imposés par 4 à 5 piquets. Enchaînement terminé en ski libre. Candidat jugé sur aisance et efficacité. Note inférieure à 9, éliminatoire pour la descente. **3e étoile.** *1.* Slalom chronométré. Ouverture 20″ environ. Dénivelé 40 à 50 m, longueur 100 m. Trace simple. La note 0 correspond à un temps double de celui de l'ouvreur. La note 20 correspond au temps de l'ouvreur. *2.* Trace directe 3e degré terminée par un dérapage frein. Descente technique en virages skis parallèles. Pente moyenne, virages imposés par 4 à 5 piquets et de rayons moyens. Enchaînement terminé ski libre (virages courts ou godille). Une note inférieure à 9 est éliminatoire. Candidat jugé sur aisance et efficacité.

Épreuves de performance. Chamois de France : *slalom.* Longueur de tracé 300 à 350 m. Dénivelé 150 à 200 m. Portes en fonction du profil du terrain. Temps de base min. 30″. % autorisé en + du temps de base : or 5, vermeil 15, argent 25, bronze 50, cabri 70. **Flèche :** *slalom géant.* Tr. 700 à 800 m. Dén. 200 à 250 m. Ptes 25 à 35. T. de b. 45″. % aut. : or 5, v. 15, a. 25, b. 50, fléchette 70. **Fusée :** *descente.* Tr. 800 à 1 000 m. Dén. 200 à 300 m. Ptes 15 à 20. T. de b. 40″ à 60″. % aut. : or 5, v. 10, a. 15, b. 30. **Record :** *vitesse de pointe.* Tr. 300 à 500 m. Dén. 150 à 250 m. Ptes pentes max. 40 %. Suivant le mode de chronométrage, vitesse appréciée instantanément sur 10 à 100 m. **Ski :** *chamois, flèche, fusée, lièvre, aiglon.* % autorisé : 3 tests or, 3 v., 3 a., 3 b.

• **Règles.** Le skieur en aval a la priorité sur celui qui se trouve en amont ; il doit respecter la nature de la piste, rester maître de sa vitesse et de son comportement ; le stationnement est prohibé dans goulets, passages étroits, sous talus ou bosses.

Ski nordique

• **Épreuves** (types). **Biathlon.** Comprend une course de 20 km (cross-country à ski) entrecoupée de 4 séances de 5 tirs à la carabine. On ajoute au temps de la course 1 minute de pénalisation par tir manqué. Championnats du monde dep. 1958. Sport olympique en 1960.

Combiné nordique. On totalise les points acquis dans l'épreuve de saut et dans une course de fond (15 à 18 km) par transformation des temps en points selon le barème de la F.I.S.

Courses de fond. L'altitude ne peut dépasser 2 000 m et les dénivellations ne peuvent être excessives. Les concurrents partent de minute en minute et suivent un parcours délimité en luttant contre la montre. Pour les relais, tous les concurrents partent ensemble. Le classement s'effectue *aux temps.* Skis légers, en bois ou en plastique, sans *carre,* fortement cambrés, longs et assez étroits. Le pied, moulé dans une chaussure souple et peu montante, est fixé uniquement par l'avant.

Course de Vasa (89 km, Suède), commémore la piste suivie en 1520 par les Dalécarliens pour rejoindre le roi Gustav Vasa afin de lui demander de combattre les Danois et de rétablir l'indépendance de la Suède. Créée 1922. Elle réunit 12 000 concurrents. Record : 3 h 48′55″. **Marcia Longa** (70 km, Italie, 7 500 concurrents). **Traversée du Vercors** (53 km, France, 2 000 concurrents par équipes de 2). **Foulée blanche** (42 km, Autrans, Isère). En *85* 1er Jlan Gadiolet 2 h 6′07″. En *86* 1er Balland 2 h 2′28″.

Marathon. 602,640 km en 45 h 45 mn : Chip Bennet (U.S.A.) les 18/19-4-1984.

• **Raids.** L'un des plus connus est celui de la « Haute Route » qui relie en plusieurs journées Chamonix à Zermatt (Suisse).

• **Piste de fond.** Doit comprendre en parties égales : montées, descentes, plats. Partie la plus facile au début, la plus pénible au milieu ; dénivellation à aucun endroit + de 150 m pour les dames (hommes 275 m) pour une course de − de 30 km. Pour + de 30 km : 350 m. Montée max. (sans palier, ni descente intermédiaire) dames 75 m (hommes 150).

Piste de relais. Dénivellation totale 150 m et montée continue de plus de 100 m.

• **Enseignement. Progression adultes. Trace de France. Bronze.** Marche glissée. Trace directe 1er degré. Poussée simultanée. Changement de direction. Chasse-neige glissé. Montée en escalier. **Argent.** Pas glissé. Poussée simultanée. Trace directe 2e degré. Descente en traversée. Changements de direction : pas tournants, virage chasse-neige. Montée en ciseaux. **Or.** Pas alternatif en terrain plat, en montée. Pas de un, pas de deux. Passages creux et bosses. Descente 3e degré. Pas tournants. Dérapage. Virage élémentaire.

Progression enfants. Flocon fond. *1.* Marche, changement de direction en terrain plat, avec passages imposés et poussée simultanée. *2.* Trace directe 1er degré. *3.* Chasse-neige glissé. **1re étoile fond.** *1.* Marche glissée. *2.* Changements de direction entre quelques piquets sur pente faible, sans l'aide de bâtons. *3.* Trace directe 2e degré avec passage de creux et bosses, terminée par un chasse-neige. **2e étoile fond.** *1.* Petit circuit avec enchaînement, pas glissé, poussée simultanée, pas de un et changement de direction. *2.* 4 virages chasse-neige, enchaînés par deux changements de direction en pas tournants aval. *3.* Descente en trace directe en traversée. **3e étoile fond.** *1.* Petit circuit, enchaînements techniques, pas de un et deux, passage creux et bosses, changement de direction. *2.* Passage imposé de 4-6 portes en virage élémentaire. *3.* Passage imposé en pas tournants, avec accélération et relance du mouvement (4 portes). Candidat jugé sur son aisance et son efficacité. Moyenne exigée à chaque épreuve.

Épreuves de performance. Le Lièvre de France. Ski nordique de fond, chronométré. HOMMES : 2 boucles de 2,5 km (5 km). ENFANTS (moins de 15 ans) et DAMES : 2,5 km.

% autorisé en plus du temps de base. Or 5, V. 15, A. 25, B. 50, Levrault 70, Blanchot 100.

Nota. − Dep. le 9-1-1985, pour faire du ski de fond en France, il faut être muni d'un badge (adulte 80 F, enfant 40 F en 1986) destiné à financer l'aménagement des pistes.

Ski de saut

• **Piste de saut.** En général aménagée artificiellement. Comprend piste d'élan, tremplin (homologué par la F.I.S.), piste de réception et de dégagement. Un « tremplin olympique » doit permettre des sauts de plus de 75 m (il y en a une trentaine dans le monde). Beaucoup permettent des sauts de 90 m.

Petits tremplins d'entraînement et d'exhibition permettant des sauts de 40, 50, 60 m. *Tremplins géants* permettant des vols à skis de 120 m (tr. de Planika, Youg. ; Kulm, Autr. : Obersdorf, Allem.). La F.I.S. a limité les sauts à 10 % au-delà du point critique, limitant tous les records à 132 m.

• **Enseignement. Aiglon.** Saut à skis sur un tremplin permettant de réaliser des sauts de base de 20 m environ. Réussir au moins 2 sauts sans chute sur les 3 autorisés. *% en moins du saut de base.* Or 10, A. 25, B. 50.

Définition d'un saut « sans chute » : le candidat devra être équilibré à la réception et jusqu'à l'entrée de l'aire de dégagement (plat d'arrêt). Poser ou toucher la neige avec 1 main ou 2 mains est considéré comme une chute et ne permet pas l'homologation de la distance (1 chute au virage d'arrêt n'entre pas en ligne de compte). L'usage des bâtons est proscrit.

• **Épreuves.** Réservées aux hommes. Se disputent aux tremplins de 70 et 90 m. Un jury de 5 juges cote les sauts en fonction de leur longueur, et du style. On retient les 2 meilleurs sauts de chaque concurrent.

Résultats

Championnats du monde

Légende. − (1) All. (2) All. féd. (3) All. dém. (4) Autr. (5) Bulg. (6) Can. (7) Esp. (8) Finl. (9) Fr. (10) It. (11) Liech. (12) Norv. (13) Pol. (14) Autr. (15) St-Marin. (16) Suède. (17) Suisse. (18) Tchéc. (19) U.R.S.S. (20) U.S.A. (21) Youg. (22) Lux. (23) Finlande.

Créé en **1924**, uniquement disciplines nordiques. **1931** introd. du ski alpin. **1950** tous les 4 ans (2 ans après les J.O.). **1985** tous les 2 ans (années avant et après les J.O.).

Ski alpin

• **Messieurs. Descente.** *Créée* 1911. **48** Oreiller [9]. **50, 52** Colo [10]. **54** Pravda [4]. **56, 58** Sailer [4]. **60** Vuarnet [9]. **62** Schranz [4]. **64** Zimmermann [4]. **66, 68** Killy [9]. **70, 72** Russi [17]. **74** Zwilling [4]. **76** Klammer [4]. **78** Walcher [4], 2e Veith [2], 3e Grissmann [4]. **82** Weirather [4], 2e Cathomen [17], 3e Resch [4]. **85** Zurbriggen [17], 2e Mueller [17], 3e Lewis [20].

Slalom spécial. *Créé* 1922. **48** Reinalter [17]. **50** Schneider [17]. **52** Schneider [4]. **54** Eriksen [12]. **56** Saller [4]. **58** Rieder [4]. **60** Hinterseer [4]. **62** Bozon [9]. **64** Stiegler [4]. **66** Senoner [10]. **68** Killy [9]. **70** Augert [9]. **72** Fernandez-Ochoa [7]. **74** Thoeni [10]. **76** Gros [10]. **78** Stenmark [16], 2e Gros [10], 3e Frommelt [11]. **82** Stenmark [16], 2e Krisaj [21], 3e Fjaelloerg [16]. **85** Nilsson [16], 2e Girardelli [22], 3e Zoller [4].

Slalom géant. *Créé* 1905. **50** Colo [10]. **52, 54** Eriksen [12]. **56, 58** Sailer [4]. **60** Staub [17]. **62** Zimmermann [4]. **64** Bonlieu [9]. **66** Périllat [9]. **68** Killy [9]. **70** Schranz [4]. **72, 74** Thoeni [10]. **76** Hemmi [17]. **78** Stenmark [16], 2e Wenzel [11], 3e Frommelt [11]. **82** Mahre [20], 2e Stenmark [16], 3e Srrel [21]. **85** Wasmeier [2], 2e Zurbriggen [17], 3e Girardelli [22].

Combiné alpin. *Créé* 1928. **48** Oreiller [9]. **54** Eriksen [12]. **56, 58** Sailer [4]. **60** Périllat [9]. **62** Schranz [4]. **64** Leither [1]. **66, 68** Killy [9]. **70** Kidd [20]. **72** Thoeni [10]. **74** Klammer [4]. **76** Thoeni [10]. **78** Wenzel [11], 2e Ferstl [2], 3e Patterson [20]. **82** Vion [9], 2e Luescher [17], 3e Sreiner [4]. **85** Zurbriggen [17], 2e Riedelsperger, 3e Buergler [17].

• **Dames. Descente. 54** Schöpfer [17]. **56** Berthod [17]. **58** Wheeler [6]. **60** Biebl [1]. **62, 64** Haas [4]. **66** Schinegger [4]. **68** Pall [4]. **70** Zryd [17]. **72** Nadig [17]. **74** Proell [17]. **76** Mittermaier [2]. **78** Proell-Moser [4], 2e Epple [2], 3e de Agostini [17]. **82** Sorensen [6], 2e Nelson [20], 3e Graham [6]. **85** Figini [17], 2e ex æquo Ehrat [17] et Gutensohn [4].

Slalom spécial. 54 Klecker [4]. **56** Colliard [17]. **58** Björnbakken [12]. **60** Heggtveit [6]. **62** Jahn [4]. **64** Goitschel [9]. **66** Famose [9]. **68** Goitschel [9]. **70** Lafforgue [9]. **72** Cochran [20]. **74** Wenzel [11]. **76** Mittermaier [2]. **78** Soelkner [4], 2e Behr [2], 3e Kaserer [4]. **82** Hess [17], 2e Cooper [20], 3e Zini [10]. **85** Pelen [9], 2e Guignard [9].

Slalom géant. 54 Schmith [9]. **56** Reichert [1]. **58** Wheeler [6]. **60** Ruegg [17]. **62** Jahn [4]. **64, 66** Goitschel [9]. **68** Greene [6]. **70** Clifford [6]. **72** Nadig [17]. **74** Serrat [9]. **76** Kreiner [6]. **78** Epple [2], 2e Morerod [17], 3e Proell-Moser [4]. **82** Hess [17], 2e Cooper [20], 3e Konzerr [11]. **85** Roffe [20], 2e Kirchler [4], 3e Twardokens [20].

Combiné alpin. 54 Schöpfer [17]. **56** Berthod [17]. **58** Dänzer [17]. **60** Heggtveit [6]. **62, 64, 66** Goitschel [9]. **68** Greene [6]. **70** Jacot [9]. **72** Proell [4]. **74** Serrat [9]. **76** Mittermaier [2]. **78** Proell-Moser [4], 2e Wenzel [11], 3e Serrat [9]. **82** Hess [17], 2e Pelen [9], 3e Cooper [20]. **85** Hess [17], 2e Eder [4], 3e McKinney [20].

Ski nordique

• **Messieurs. 15-18 km. 29** Saarinen [8]. **30** Rustadstuen [12]. **31** Gröttumsbraaten [12]. **33** Englund [16]. **34** Nurmela [8]. **35** Karppinen [8]. **37** Bergendahl [12]. **38** Pitkänen [8]. **39** Kurikkala [8]. **50** Astrom [16]. **54, 58** Hakulinen [8]. **62** Roennlund [16]. **66** Eggen [12]. **70** Aslund [12]. **74** Myrmo [12]. **78** Luszczek [13]. **82** Braa [12]. **85** Haerkonen [23].

30 km. 78 Saveliev [19]. **82** Erichsson [16]. **85** Svan [16].

50 km. 50 Eriksson [16]. **54** Kuzin [19]. **58, 62** Jernberg [16]. **66** Eggen [12]. **70** Oikarainen [8]. **74** Crimmer [3]. **78** Lundbaeck [16]. **82** Wassberg [16]. **85** Svan [16].

Relais 4 × 10 km. 78 Suède. **82** U.R.S.S. **85** Norvège.

Saut (grand tremplin 90 m). 50 Bjornstad [12]. **54** Pietikainen [8]. **62** Recknagel [2]. **66** Wvijola [12]. **70** Napalkov [19]. **74** Aschenbach [3]. **78** Raisanen [8]. **82** Nykaenen [8]. **85** Bergerud [12].

Saut (tremplin de 70 m). 78 Buse [3]. **82** Kogler [4]. **85** Weissflog [4].

Combiné. 50 Hasu [8]. 54 Sternersen [12]. 58 Korhonen [8]. 62 Larsen [12]. 66 Kaelin [13]. 70 Rygl [18]. 74 Legiersky [13]. 78 Winkler [3]. 82 Sandberg [12]. 85 Weinbuch [2].

• **Dames. 5 km.** 62, 66 Koltchina [19]. 70 Kulakova [19]. 78 Takalo [8]. 82 Aunli [12]. 85 Boe [12].

10 km. 62 Koltchina [19]. 66 Bolarskikh [19]. 70 Oljunina [19]. 78 Amosova [19]. 82 Aunli [12]. 85 Boe [12].

20 km. 78 Amosova [19]. 82 Smetanina [19]. 85 Nykkelmo [12].

Relais 4 × 5 km. 78 Finlande. 82 Norvège. 85 U.R.S.S.

Coupe du monde

Créée en 1966-67. Classement aux points.

Biathlon

• **Hommes. 10 et 20 km.** 86 Medvetzev [19]. **Relais 4 × 7,5 km.** 86 U.R.S.S.

• **Dames. 10 km.** 86 Korpela [16].

Ski alpin

• **Classement général. Messieurs. 67, 68** Killy [9]. **69** Schranz [4]. **70** Schranz [4], 2e Russel [9] et Thoeni [10]. **71** Thoeni [10], 2e Duvillard [9], 3e Russel [9]. **72** Thoeni [10], 2e Duvillard [9], 3e Bruggmann [17]. **73** Thoeni [10], 2e Zwilling [4], 3e Collombin [17]. **74** Gros [10], 2e Thoeni [10], 3e Hinterseer [4]. **75** Thoeni [10], 2e Stenmark [16], 3e Klammer [4]. **76** Stenmark [16], 2e Gros [10], 3e Thoeni [10]. **77** Stenmark [16], 2e Heidegger [4], 3e Klammer [4]. **78** Stenmark [16], 2e Mahre [20], 3e Wenzel [11]. **79** Luescher [17], 2e Stock [4], 3e Mahre [20]. **80** Wenzel [11], 2e Stenmark [16], 3e Mahre [20]. **81** Mahre [20], 2e Stenmark [16], 3e Jirov [19]. **82** P. Mahre [20], 2e Stenmark [16], 3e S. Mahre [20]. **83** Mahre [20], 2e Stenmark [16], 3e Wenzel [11]. **84** Zurbriggen [17], 2e Stenmark [16], 3e Girardelli [22]. **85** Girardelli [22], 2e Zurbriggen [17], 3e Wenzel [11]. **86** Girardelli [22], 2e Zurbriggen [17], 3e Mueller [17].

Dames. 67, 68 Greene [6]. **69** Gabl [4]. **70** Jacot [9], 2e Macchi [9], 3e Steurer [9]. **71** Proell [4], 2e Jacot [9], 3e Mir [9]. **72** Proell [4], 2e Macchi [9], 3e Lafforgue [9]. **73** Proell [4], 2e Kaserer [4], 3e Emonet [9]. **74** Proell [4], 2e Kaserer [4], 3e Wenzel [11]. **75** Moser-Proell [4], 2e Wenzel [11], 3e Mittermaier [2]. **76** Mittermaier [2], 2e Morerod [17], 3e Kaserer [4]. **77** Morerod [17], 2e Moser-Proell [4], 3e Kaserer [4]. **78** Wenzel [11], 2e Moser-Proell [4], 3e Morerod [17]. **79** Moser-Proell [4], 2e Wenzel [11], 3e Eppel [2]. **80** Wenzel [11], 2e Moser-Proell [4], 3e Nadig [17]. **81** Nadig [17], 2e Hess [17], 3e Wenzel [11]. **82** Hess [17], 2e Epple [2], 3e Cooper [20]. **83** Mc Kinney [20], 2e Wenzel [11], 3e Hess [17]. **84** Hess [17], 2e Wenzel [11], 3e Mc Kinney [20]. **85** Figini [17], 2e Oertli [17], 3e Walbser [17]. **86** Walliser [17], 2e Hess [17], 3e Figini [17] et Oertli [17].

• **Classement par disciplines. Messieurs. Descente : 67** Killy [9]. **68** Nenning [4]. **69, 70** Schranz [4]. **71, 72** Russi [17]. **73, 74** Collombin [17]. **75 à 78** Klammer [4]. **79, 80** Mueller [17]. **81** Weirather [4]. **82** Podborski [6]. **83** Klammer [4]. **84** Raeber [17]. **85** Hoeflehner [4]. **86** Wirnsberger [4].

Slalom spécial. 67 Killy [9]. **68** Giovanoli [17]. **69** Augert [9]. **70** Russel [9]. **71** Augert [9]. **72, 73, 74** Thoeni [10]. **75 à 81** Stenmark [16]. **82** Mahre [20]. **83** Stenmark [16]. **84, 85** Girardelli [22]. **86** Petrovic [21].

Slalom géant. 67, 68 Killy [9]. **69** Schranz [4]. **70** Thoeni [10]. **71** Russel [9]. **72** Thoeni [10]. **73** Hinterseer [4]. **74** Gros [10]. **75, 76** Stenmark [16]. **77** Hemmi [17]. **78 à 81** Stenmark [16]. **82, 83** Mahre [20]. **84, 85** Girardelli [22]. **86** Gaspoz [17].

Dames. Descente : 67 Goitschel [9]. **68** Mir [9] et Pall [4]. **69** Drexel [4]. **70** Mir [9]. **71 à 75** Moser-Proell [4]. **76, 77** Totschnig [4]. **78, 79** Moser-Proell [4]. **80, 81** Nadig [17]. **82** Gros-Gaudenier [9]. **83** de Agostini [17]. **84** Walliser [17]. **85** Figini [17]. **86** Walliser [17].

Slalom spécial. 67, 68 Goitschel [9]. **69** Gabl [4]. **70, 71, 72** Lafforgue [9]. **73** Emonet [9]. **74** Zechmeister [2]. **75** Morerod [17]. **76** Mittermaier [2]. **77** Morerod [17]. **78** Wenzel [11]. **79** Sackl [4]. **80** Pelen [9]. **81 à 83** Hess [17]. **84** Mc Kinney [20]. **85** Figini [17]. **86** Steiner [4].

Slalom géant. 67, 68 Green [6]. **69** Cochran [20]. **70** Jacot [9] et Macchi [9]. **71, 72** Moser-Proell [4]. **73** Kaserer [4]. **74** Wenzel [11]. **75** Moser-Proell [4]. **76 à 78** Morerod [17]. **79** Kinshofer [2]. **80** Wenzel [11]. **81** Mc Kinney [20]. **82** Epple [2]. **83** Mc Kinney [20]. **84** Hess [17]. **85** Kiehl [2]. **86** Schneider [17].

Ski nordique

Ski de fond. Messieurs. 84, 85, 86 Svan [16]. **Dames.** 86 Matikainen [8].

Combiné nordique. 86 Weinbuch [2].

Tremplin 90 m. 86 Nykaenen [8].

Biathlon. 86 Schmisch [4].

Coupe d'Europe (ski alpin)

Créée en 1972.

Messieurs. 1972 Pegorari [10]. **73** F. Radici [10]. **74** Witt-Dorring [4]. **75** D. Amplatz [10]. **76** Bruno Confortola [10]. **77** Peter Popangelov [5]. **78** David [4]. **79** Jarle Halsnes [12]. **80** S. Kerschbaumer [10]. **81** Ernst Riedelsperger [4]. **82** Hubert Strolz [4]. **83** Johnson. **84** Koelbichler. **85** Genolet [17]. **86** Nierlich [4].

Dames. 1972 *Serrat* [9]. **73** *M. Couttet* [9]. **74** Matous [15]. **75** D. Kuzmanoga [18]. **76** Gabi Hauser [4]. **77** Ursula Konzett [11]. **78** Cori Loike [4]. **79** Bente Dahlum [12]. **80** E. Gfrerer [4]. **81** Diana Haight [6]. **82** Sonia Stolz [2]. **83** Gruenigen. **84** Wachter. **85** K. Buder [4]. **86** Bournissen [17].

Championnats de France

Ski alpin

• **Messieurs. Slalom spécial. 77** Hardy. **78** Navillod. **79** Mougel. **80** Canac. **81** Fontaine, 2e Péchaux, 3e Garcia. **82** Tavernier. **83** Bouvet, 2e Fontaine, 3e Tavernier. **84** Bouvet, 2e Mongel, 3e Canac. **85** Gaidet, 2e Fontaine, 3e Rouvet. **86** Bouvet, 2e Gaidet, 3e Mougel.

Slalom géant. 77 Navillod. **78** Vion. **79** Hardy. **80** Morisset. **81** Lamotte, 2e Bouvet, 3e Blanc. **82** Perez-Villanueva et Hirt (All. féd.). **83** Tavernier, 2e Salvadores [7], 3e Lamorre. **84** Tavernier, 2e Piccard, 3e Garcia. **85** Tavernier, 2e Gaidet, 3e Fontaine. **86** Gaidet, 2e Grand, 3e Noviant.

Descente. 77 Pellat-Finet. **78** Muffat. **79** Raber. **80** Pugnat. **81** Vion, 2e Muffat, 3e Pouguet. **82** Verneret. **83** Vuilliet, 2e Lee, 3e Verneret. **84** Vion, 2e Piccard, 3e Pons. **85** Alphand, 2e Piccard, 3e Rey. **86** Rey, 2e Vuilliet, 3e Pons.

• **Dames. Slalom spécial. 77** Emonet. **78** Serrat. **79** Pelen. **80** Pelen. **81** Pelen, 2e Kästle (Monaco), 3e Gros-Gaudenier. **82** Pelen. **83** Pelen, 2e Rey, 3e Serrat. **84** Guignard, 2e Merle, 3e Serrat. **85** Pelen, 2e Guignard, 3e Merle. **86** Pelen, 2e M. Tlalka-Mogore, 3e D. Tlalka-Mogore.

Slalom géant. 77 Serrat. **78** Serrat. **79** Serrat. **80** Pelen. **81** Serrat. **82** Barbier. **83** Serrat, 2e Merle, 3e Pelen. **84** Barbier, 2e Merle, 3e Serrat. **85** Merle, 2e Pelen, 3e Rey. **86** Pelen, 2e Tlalka-Mogore, 3e Barbier.

Descente. 77 Non disputée. **78** Serrat. **79** Attia. **80** Waldmeier. **81** Gros-Gaudenier. **82** Gros-Gaudenier. **83** Waldemeier, 2e Emonet, 3e Quittet. **84** Gros-Gaudenier, 2e Quittet, 3e Attia. **85** Emonet, 2e Attia, 3e Gros-Gaudenier. **86** Quittet, 2e Rey, 3e Chaud.

Ski nordique

• **Messieurs. 15 km. 77 à 82** Pierrat. **83** Durand-Poudret, 2e Bardonnet, 3e Fire. **84** D. Locatelli, 2e J. Jaussaud, 3e Ph. Poirot. **85** Jaussaud, 2e Fine, 3e Locatelli. **86** Locatelli, 2e Fine, 3e Roux-Didier.

30 km. 77, 78, 79, 80, 81, 82 Pierrat. **83** Henriet. **84** Locatelli. **85** Jaussaud. **86** Poirot.

50 km. 77 Pierrat. **78** Blondeau. **79, 80, 81, 82** Pierrat. **83** Henriet. **84** Locatelli. **85** Locatelli et Pierrat (ex æquo). **86** Grandclément.

Relais 4 × 10 km. 77 Vosges (Thierry, Reichenbach, Mougel, Pierrat). **79, 80** Jura (Gindre, Vandel, Blondeau, Letoublond). **81** Vosges (Thierry, Reichenbach, Badonnel, Pierrat). **82** Vosges (Badonnel, Poirot, Reichenbach, Pierrat). **84, 85** Dauphiné (Rousset, Durand-Poudret, Bonthoux, Locatelli). **86** Dauphiné (Saillet, Bonthoux, Bulle, Locatelli).

Saut grand tremplin (90 m). **81** Guillaume, **84** F. Trèves. **85** Colin (70 m). **85** Colin. **86** Berger.

• **Dames. 10 km. 77, 78** Subot. **79, 80** Dabudyck. **81, 82, 83, 84** Subot. **85** Galland. **86** Frasse-Sombet.

20 km. 81, 82, 83 Subot. **84** Gindre. **85** Galland. **86** Claude.

Relais 3 × 5 km. 77 Mt-Blanc (Tavernier, d'Halloin, Dabudyck). **79, 80** Mt-Blanc (Faure-Bonvin, Massillier, Dabudyck). **81** Dauphiné (Bernard, Devaux, Subot). **82** Mt-Blanc (Missillier, Robert, Dabudyck). **83** Dauphiné. **84** Mt-Blanc (Missillier, Ruel, Dabudyck). **85** Vosges I (Claudel, Claude, Didier-Laurent). **86** Jura (Gindre, Frasse-Sombet, Mancini).

• **Biathlon. Messieurs. 10 km. 85** Epp. **86** Mougel. **20 km. 85** Epp. **86** Claudon. **Relais 3 × 7,5 km. 85** Vosges. **Dames. 85** Claude.

Jeux olympiques d'hiver

☞ Voir page 25.

Stations de sports d'hiver

En France

Station la plus basse. St-Maurice/Moselle (Vosges) 550 m. **Les plus hautes.** Tignes 2 100, La Plagne 2 100, Val-Thorens 2 050, Montgenèvre 1 850, Isola 1 800. **La plus longue descente sur piste balisée.** Alpe-d'Huez : piste du glacier de Sarenne (16 km).

Capacité d'accueil (1986, entre par. n° du département). Chamonix (74) 37 150. Megève (74) 30 000. Courchevel (73) 32 430. Les Deux-Alpes (38) 20 080. Morzine-Avoriaz (74) 21 985. La Clusaz (74) 15 000. Orcières-Merlettes (05) 16 165. Alpe-d'Huez (38) 21 000. Tignes (73) 25 165. Val-d'Isère (73) 15 400. Font-Romeu (66) 19 000. Les Rousses (39) 16 000. Le Mont-Dore (63) 9 465. La Plagne (73) 24 690. Serre-Chevalier (05) 29 700. St-Gervais (74) 25 735.

Équipement 1986. *Légende :* altitude en m (station point bas et plus haute remontée), nombre de pistes de + de 300 m de dénivelée, nombre de remontées.

Les Agudes (H.-G.) 1 450-2 200 m, 15 p., 8 ts. *Allos-le-Seignus* (A.-H.-P.) 1 400-2 425 m, 19 p., 11 ts. *Alpe-d'Huez* (I.) 1 860-3 350 m, 68 p., 55 ts. *Alpe du Grand-Serre* (I.) 1 400-2 300 m, 14 p., 12 ts. *Les Angles* (P.-O.) 1 600-2 400 m, 40 p., 19 ts. *Les Arcs-Bourg-St-Maurice* (S.) 1 600-3 220 m, 67 p., 53 ts. *Arèches-Beaufort* (S.) 1 050-2 150 m, 12 p., 10 ts. *Auris-en-Oisans* (I.) 1 400-2 175 m, 16 p., 14 ts. *Auron* (A.-M.) 1 600-2 450 m, 44 p., 25 ts. *Autrans* (I.) 1 050-1 650 m, 17 p., 14 ts. *Avoriaz* (H.-S.) v. Morzine. *Ax-les-Thermes* (A.) 700-2 400 m, 22 p., 17 ts. *Barèges* (H.-P.) 1 250-2 340 m, 28 p., 24 ts. *Bellecombe* (S.) 1 135-2 030 m, 29 p., 15 ts. *Beuil-les-Launes* (A.-M.) 1 410-2 000 m, 15 p., 8 ts. *Le Bonhomme* (V.) 700-1 235 m, 11 p., 10 ts. *Bonneval-sur-Arc* (S.) 1 800-3 000 m, 21 p., 10 ts. *La Bresse* (V.) 630-1 365 m, 9 p., 30 ts. *Les Carroz d'Arraches* (H.-S.) 1 140-2 500 m, 74 p., 41 ts. *Cauterets Lys* (H.-P.) 1 350-2 300 m, 23 p., 18 ts. *Chamonix* (H.-S.) 1 035-3 795 m, 44 p., 41 ts. *Chamrousse* (I.) 1 650-2 200 m, 27 p., 25 ts. *La Chapelle d'Abondance* (H.-S.) 1 020-1 650 m, 9 p., 9 ts. *Châtel* (H.-S.) 1 200-2 100 m, 41 p., 43 ts. *La Clusaz* (H.-S.) 1 040-2 600 m, 50 p., 40 ts. *Col du Bonhomme* (H.-R.) 700-1 235 m, 11 p., 10 ts. *Le Collet-d'Allevard* (I.) 1 430-2 100 m, 24 p., 15 ts. *La Colmiane Valdeblore* (A.-M.) 1 420-1 800 m, 21 p., 11 ts. *Combloux* (H.-S.) 1 000-1 870 m, 40 p., 23 ts. *Les Contamines* (H.-S.) 1 165-2 500 m, 33 p., 25 ts. *Le Corbier* (S.) 1 550-2 265 m, 55 p., 39 ts. *Courchevel* (S.) 1 100-2 710 m, 91 p., 65 ts. *Crest-Voland* (S.) 1 230-1 950 m, 43 p., 11 ts. *Les Deux-Alpes* (I.) 1 650-3 570 m, 160 p., 58 ts. *Flaine* (H.-S.) 1 500-2 500 m, 45 p., 30 ts. *Flumet* (S.) 1 000-2 030 m, 20 p., 13 ts. *Font-Romeu* (P.-O.) 1 700-2 250 m, 28 p., 26 ts. *La Foux-d'Allos* (A.-H.-P.) 1 800-2 600 m, 34 p., 20 ts. *Gérardmer* (V.) 670-1 115 m, 17 p., 12 ts. *Les Gets* (H.-S.) 1 170-1 850 m, 30 p., 30 ts. *Gourette* (P.-A.) 1 400-2 400 m, 35 p., 23 ts. *Le Grand-Bornand* (H.-S.) 1 000-2 100 m, 42 p., 37 ts. *Les Houches* (H.-S.) 1 010-2 000 m, 21 p., 15 ts. *Isola 2 000* (A.-M.) 1 900-2 610 m, 44 p., 22 ts. *Lans-en-Vercors* (I.) 1 020-1 840 m, 17 p., 15 ts. *Megève* (H.-S.) 1 115-2 040 m, 52 p., 40 ts. *Les Menuires* (S.) 1 750-2 850 m, 47 p., 41 ts. *Méribel* (S.) 1 450-2 700 m, 56 p., 45 ts. *Métabief* (D.) 840-1 430 m, 45 p., 36 ts. *Montgenèvre* (H.-A.) 1 860-2 700 m, 39 p., 22 ts. *La Mongie* (H.-P.) 1 800-2 500 m, 34 p., 28 ts. *Le Mont-Dore* (P.-de-D.) 1 050-1 840 m, 21 p., 21 ts. *Morzine-Avoriaz* (H.-S.) 1 000-2 275 m, 51 p., 46 ts. *Orcières-Merlettes* (H.-A.) 1 450-2 650 m, 46 p., 30 ts. *Les Orres* (H.-A.) 1 550-2 720 m, 30 p., 20 ts. *Peisey-Nancroix* (S.) 1 300-2 300 m, 20 p., 14 ts. *La Plagne* (S.) 1 250-3 250 m, 100 p., 86 ts. *Pralognan-la-Vanoise* (S.) 1 410-2 600 m, 20 p., 14 ts. *Pra-Loup* (A.-H.-P.) 1 500-2 500 m, 56 p., 52 ts. *Praz-sur-Arly* (H.-S.) 1 035-2 030 m, 10 p., 8 ts. *Puy-St-Vincent* (H.-A.) 1 400-2 700 m, 35 p., 17 ts. *Risoul* (H.-A.) 1 850-2 570 m, 31 p., 15 ts. *La Rosière* (S.) 1 850-2 400 m, 20 p., 16 ts. *Les Rousses* (J.) 1 120-1 600 m, 50 p., 34 ts. *Saint-François Longchamp* (S.) 1 350-2 305 m, 21 p., 15 ts. *St-Gervais* (H.-S.) 600-2 350 m, 43 p., 38 ts. *Saint-Lary-Soulan* (H.-P.) 830-2 450 m, 34 p., 30 ts. *Saint-Maurice-sur-Moselle* (V.) 550-1 250 m, 10 p., 8 ts. *Saint-Pierre-de-Chartreuse* (I.) 900-1 800 m, 16 p., 12 ts. *Samoëns* (H.-S.) 720-2 280 m, 76 p., 45 ts. *Le Sauze* (A.-H.-P.) 1 400-2 450 m, 30 p., 29 ts. *Les-7-Laux* (I.) 1 350-2 100 m, 51 p., 32 ts. *Serre-Chevalier* (H.-A.) 1 350-2 780 m, 91 p., 63 ts. *Superbagnères-Luchon* (H.-G.) 600-2 260 m, 21 p., 15 ts. *Super-Besse* (P.-de-D.) 1 300-1 850 m, 19 p., 20 ts. *Super-Devoluy* (H.-A.) 1 455-2 510 m, 60 p., 27 ts. *Super-Lioran* (C.) 1 160-1 850 m, 42 p., 24 ts. *Thollon-les-Memises* (H.-S.) 1 020-2 000 m, 29 p., 16 ts. *Tignes* (S.) 1 550-3 460 m, 55 p., 54 ts. *La Toussuire* (S.) 1 250-2 230 m, 28 p., 19 ts. *Valberg* (A.-M.) 1 700-2 025 m, 53 p., 26 ts. *Val-Cenis* (H.-S.) 1 400-2 800 m, 31 p., 23 ts. *Val Fréjus* (S.) 1 500-2 730 m, 18 p., 13 ts. *Val d'Isère* (S.) 1 785-3 350 m, 65 p., 51 ts. *Valloire* (S.) 1 430-2 550 m, 58 p., 31 ts. *Valmorel* (S.) 1 400-2 405 m, 100 p., 28 ts. *Val-Thorens* (S.) 2 300-3 300 m, 33 p., 30 ts. *Vars* (H.-A.) 1 650-2 550 m, 38 p., 29 ts. *Villars-de-Lans* (I.) 1 050-2 170 m, 27 p., 37 ts.

Nota. — I. : Isère. A.-M. : Alpes-Mar. V. : Vosges. H.-S. : Hte-Savoie. P.-O. : Pyr.-Orientales. J. : Jura. H.-G. : Hte-Garonne. P.-de-D. : Puy-de-Dôme. H.-A. : Htes-Alpes. S. : Savoie. A.-H.-P. : Alpes-de-Hte-Provence. A. : Ariège. H.-P. : Htes-Pyrénées. P.-A. : Pyr.-Atlantiques. C. : Cantal. D. : Doubs. H.-R. : Haut-Rhin.

En Europe

Légende : nom de la station en italique, altitude en m entre parenthèses, pistes balisées en km.

Allemagne. *Berchtesgaden* (530-1 800) 28,5. *Garmisch-Partenkirchen* (708-2 964) 60.

Autriche. *Badgastein* (1 083-2 246) 70. *Igls* (900-2 247) 14. *Innsbruck* (579-2 343). *Kitzbühel* (800-2 000) 90. *Saint-Anton* (1 304-2 811) 70. *Zell am See* (757-2 000) 60.

Italie. *Cervinia-Breuil* (2 050-3 500). *Cortina* (1 224-3 243) 100. *Courmayeur* (1 224-3 456). *Ortisei* (1 236-2 450).

Suisse. *Anzère* (1 500-2 420) 30. *Arosa* (1 750-2 639) 65. *Crans-sur-Sierre* (1 500-3 000) 150. *Davos* (1 560-2 844) 303. *Gstaad* (1 100-3 000). *Montana-Vermala* (1 500-3 000) 50. *Saint-Cergue* (1 050-1 680) 12. *Saint-Moritz* (1 856-3 303) 380. *Verbier* (1 500-3 023) 100. *Villars* (1 300-2 200) 50. *Zermatt* (1 620-3 500) 120.

Divers

• **Accidents. De ski.** Env. 30 000 par an en France dont env. 10 000 avec des conséquences graves. Acc. le + fréquent : lésion des ligaments du genou due au blocage des chevilles par les chaussures très rigides. 90 % des acc. sont dus à un manque de préparation. *Morts (1980-81) :* sur pistes 22 ; hors pistes 5.

De benne *29-8-61 :* un avion à réaction coupe le câble de la télécabine de la vallée Blanche, 6 †, 25 personnes bloquées de nombreuses heures au-dessus du vide. *18-3-62 :* rupture du bras reliant la benne au câble à la Clusaz, le jour de la mise en marche, 35 blessés. *25-12-65 :* une benne s'ouvre au Puy-de-Sancy, 6 †, 12 blessés. *13-7-72 :* Betten-Bettmerald (Suisse) : 13 †. *25-10-72 :* 2 bennes se heurtent en cours d'essai aux Deux-Alpes, 9 †. *11-3-76 :* Cavalese (Italie), une benne se détache à la suite de l'affaissement d'un pylône : 42 †.

• **Canon à neige.** Groupe de motopompes et un compresseur d'air. La neige est obtenue par la pulvérisation d'un mélange d'eau et d'air qui se cristallise au contact de l'air ambiant à zéro degré. Rendement en fonction de la température : en une heure, couche de 10 cm d'épaisseur sur 100 m² pour − 2 °C ; 300 m² pour − 10 °C.

• **Domaine skiable** (km²) et, entre parenthèses, enneigement par an (j). U.S.A. 9 500 (100), *France 1 950 (170),* Italie 1 350 (150), Autriche 1 050 (160), Suisse 950 (160), All. féd. 450 (160), Canada n.c. (180).

Pistes. Les + longues. *12,230 km :* Weissfluhjoch-Küblis à Davos (Suisse). *20,9 km* (hors piste) : de l'Aiguille du Midi à Chamonix dans la vallée Blanche. **Descente. La + raide.** *+ de 60° :* Sylvain Saudan (Suisse) le 17-10-1967 dans le couloir Gervasutti du Mt Blanc.

• **Fart.** Produit pour recouvrir la semelle du ski pour qu'il glisse mieux.

• **Professions du ski en France.** 210 écoles du ski français, 50 centres de collectivités, 10 000 moniteurs, dont 850 monitrices d'enfants, 500 moniteurs guides et 150 entraîneurs, env. 1 500 pisteurs secouristes, env. 6 000 employés des remontées mécaniques.

• **Skieurs. Allemagne fédérale :** 4 500 000 skieurs (60 000 vont en France, 560 000 en Autriche et 250 000 en Suisse). **Belgique :** 100 000 (en France, 55 000). **France :** *83-84 :* 6 000 000 ; *85-86 :* 5 000 000 (dont ski de fond 2 500 000 en 86) ; *88 :* 7 millions ; (*adhérents de la Fédération fr. de ski : 1924 :* 5 167 ; *1938-39 :* 48 922 ; *1950-51 :* 57 376 ; *1960-61 :* 188 448 ; *1971-72 :* 639 075 ; *1980-81 :* 590 867 ; *85 :* 750 000 (dont 300 000 femmes). **G.-B. :** 150 000 (75 000 en Autriche, 25 000 en Suisse, 30 000 en France). **Japon :** 10 000 000. **Monde :** 60 000 000 (s. alpin 75 %, de fond 25 %).

% de skieurs alpins par rapport à la population du pays. Suisse 42,4 ; Autriche 36 ; All. féd. 10,1 ; *France 9,2 ;* U.S.A. 5,6 ; Japon 5,2 ; Canada 5,2 ; Italie 5,1.

• **Randonnée.** En 63 j (9/3-11/5-1986), le docteur Jean-Louis Étienne (n. 1947) va seul à skis de l'île de Ward Hunt au pôle Nord (750 km) en traînant un traîneau de 50 kg.

• **Records. Saut.** *186 m :* Matti Nykaenen (Finl.) le 17-3-1985 à Oberstdorf (All. féd.). *110 m :* Tiina Lehtola (Finl.) le 29-3-1981 à Ruka (Finl.).

Vitesse. Moyenne. Egon Schopf (Autr.) 1948 sur la Marmoplata (Italie) à 96,264 km/h. Léo Lacroix (Fr.) 1966 à Courchevel à 98,820 km/h. J.-C. Killy (Fr.) 1966 à Portillo à 101,448 km/h. Zeno Colo (It.) dans un 100 m lancé sur les pentes du Petit-Cervin a atteint en 1948 la vitesse moyenne de 159,290 km/h.

Aux J.O. de 1968, J.-C. Killy (Fr.) atteignit 86,79 km/h et Olga Pall (Autr.) 77,08 km/h.

• **Ski Joering.** Origine scandinave. Le skieur se fait traîner par un cheval au moyen de 2 rênes reliées entre elles par une pièce de toile très résistante (en Laponie : *tolking*). *Record derrière un avion :* 175,788 km/h (Reto Pitsch à St-Moritz), 1956.

• **Skis. Consommation** (milliers de paires, 1984). *Alpin* 5 600 (dont U.S.A. 1 000, Japon 1 000, All. féd. 800, France 550, Autr. 480, Suisse 340, Italie 320, Canada 260). *Fond* 3 300 (dont France 250). **Principales marques.** *All. féd.* Sarner, Erbacher. *Autriche* Fischer, Kastle. *France* Rossignol, Dynastar, Dynamic. *Italie* Maxel. *Suisse* Authier. *U.S.A.* Head, K2, Olin. *Yougoslavie* Elan.

Kilomètre lancé

• **Piste** d'env. 1 500 m. Pente forte (77 % à La Clusaz). **Skis** de 2,40 m assez lourds. Calculer la vitesse que sur une portion de la distance. **Records du monde.** *208,936 km/h :* Frans Weber (Autr.) 19-4-1984 aux Arcs. *200,780 km/h :* Melissa Dimino (U.S.A.) 19-4-1984 aux Arcs. **Records de France.** *200,111 km/h :* Olivier Lamit 25-4-1983 à Silverton. *182,002 km/h :* Annie Breyton mars 1983 aux Arcs.

Championnat du monde. 86. Hommes : Leppala (Finl.). **Dames :** Culver (U.S.A.).

Ski artistique

• **Origine. V. 1920** l'All. Fritz Rauel adapte au ski les figures du patinage. **1929** il publie « Nouvelles Possibilités du ski ». **V. 1960,** lancé par le Suisse Roger Staub, l'Allemand Hermann Gollner et le Norvégien Stein Eriksen. **1970** 1ʳᵉ compétition. **1979** reconnu par la Féd. internationale. **1988** sport de démonstration aux J.O.

• **Disciplines. Saut** (tremplin, pente de 67°, propulse à env. 12 m de haut, puis sauts périlleux et vrilles). **Bosses** (descente d'une piste de 250 m très pentue et bosselée). **Ballet** (figures sautées, glissées et gymniques sur un thème musical et une pente faible de 11 à 16°).

• **Épreuves. Coupe du monde.** *Créée* 1980. **85. Messieurs :** Bron (Fr.). **Dames :** Tiampo (U.S.A.).

Championnat du monde. 85. Messieurs. *Bosses :* P. Bon (Fr.). **Dames.** *Ballet :* C. Rossi (Fr.). **86. Messieurs :** *Saut :* Langlois (Can.). *Bosses :* E. Berthon (Fr.). *Ballet :* Schabl (All. féd.). *Combiné :* Laroche (Can.). **Dames.** *Saut :* Quintana (U.S.A.). *Bosses :* Tiampo (U.S.A.). *Ballet :* Bucher (U.S.A.). *Combiné :* Kissling (Suisse).

Quelques noms

Ski alpin

Allais Émile (25-2-12) Fr. Anzi Stefano (22-5-49) It. Arpin Michel (29-12-35) Fr. Augert Jean-Noël (17-8-49) Fr.

Bachleda Andrej (21-1-47) Pologne. Biebl Heidi (17-2-41) All. féd. Bonlieu François (1937-73) Fr. Bonnet Honoré (1919) Fr. Bozon Charles (1932-64) Fr. Bozon Michel (1950-70) Fr.

Cochran Barbara (4-1-50) U.S.A. Colo Zeno (30-6-20) It. Couttet James (18-7-21) Fr. Couttet Lucienne (27-11-26) Fr. Cranz Christl (1-7-14) All.

Debernard Danielle (21-7-54) Fr. Duvillard Adrien (7-11-34) Fr. Duvillard Henri (23-12-47) Fr.

Emonet Patricia (22-7-56) Fr. Ericksen Stein (11-12-28) Norv. Famose Annie (16-6-44) Fr. Ferstl Sepp (6-4-54) All. féd. Figini Michela Sui. Frommelt Willi (18-11-52) Liech.

Gabl Gertrud (1946) Autr. Giordani Claudia (27-10-55) It. Goitschel Christine (9-6-44) Fr. Goitschel Marielle (28-9-45) Fr. Good Ernst (14-1-50) Sui. Greene Nancy (11-5-43) Canada. Gros Piero (30-10-54) It. Grosfilley Bernard (3-8-49) Fr. Guignard Christelle (27-9-62) Fr.

Haas Christl (1943) Autr. Heidegger Klaus (19-8-57) Autr. Hemmi Heini (17-1-49) Sui. Hess Erica (6-3-62) Sui.

Jacot Michèle (5-1-52) Fr. Jauffret Louis (21-2-43) Fr. Kaserer Monica (11-5-52) Autr. Kidd Bill (1940) U.S.A. Killy Jean-Claude (30-8-43) Fr. Klammer Franz (3-12-53) Autr. Kreiner Kathy (4-5-57) Canada. Kulakova Galina (1942) U.R.S.S.

Lacroix Léo (26-11-37) Fr. Lafforgue Britt (5-11-48) Fr. Lafforgue Ingrid (5-11-48) Fr. Leduc Thérèse (4-1-34) Fr.

Macchi Françoise (12-7-51) Fr. Mac Coy Penny (1945) U.S.A. Mac Kinney Steve (1953) U.S.A. Mauduit Georges (3-12-40) Fr. Milne Malcolm (1949) Austr. Mir Isabelle (2-3-49) Fr. Mittermaier Rosi (5-8-50) All. féd. Morerod Louise-Maria (16-4-56) Suisse. Moser-Proell Anne-Marie (27-3-53) Autr. Nadig Marie-Thérèse (8-3-54) Sui.

Nagel Judy (1951) U.S.A. Nelson Cindy (19-8-55) U.S.A. Nones Franco (1-2-41) It.

Orcel Bernard (2-4-45) Fr. Oreiller Henri (1925-62) Fr. Patterson (n.c.) U.S.A. Pelen Perrine (3-7-60) Fr. Perillat Guy (24-2-40) Fr. Perillat Jocelyne (3-5-55) Fr. Plank Herbert (3-9-54) It.

Rossat-Mignot Roger (24-9-46) Fr. Rouvier Jacqueline (26-10-49) Fr. Russel Patrick (22-12-46) Fr. Russi Bernard (20-8-48) Sui.

Sailer Anton (19-11-35) Autr. Saudan Sylvain (1935) Sui. Schranz Karl (18-11-38) Autr. Seelos Toni (4-11-11) Autr. Serrat Fabienne (5-7-56) Fr. Stenmark Ingemar (18-3-56) Suè. Steurer Florence (1-11-49) Fr.

Thoeni Gustavo (28-2-51) It. Totschnig Brigitte (30-8-54) Autr. Tresch Walter (4-5-48) Suisse. Tyldum Paal (28-2-42) Norv.

Vedenine Viatcheslav (1941) U.R.S.S. Veich Michaël (1956) All. féd. Vuarnet Jean (18-1-33) Fr. Walcher Josef Seep (8-12-54) Liecht. Wenzel Hanny (14-12-54) Liecht. Werner Wallace Bud (1935) U.S.A. Zimmermann Egon (8-2-39) Autr. Zurbriggen Pirmin Sui.

Ski nordique

Arbez Victor (17-5-34) Fr. Beloussov Vladimir (4-7-46) U.R.S.S. Birger frères, Norv. Carracra Benoît (7-3-26) Fr. Eggen Gjermund (5-6-41), Norv. Engan Thorleif, Norv. Gustafsson Toini (1938) Finl. Haug Thorleif (1907) Finl. Jernberg Sixten (6-2-39) Suè. Kakulinen Veikko, Finl. Karlson Niels (25-6-17) Suè. Kulakova Galina (29-4-42) U.R.S.S. Lundstroem Martin (30-5-18) Suè. Maentyranta Eero (20-11-37) Finl. Mathieux Dominique (3-5-53) Fr. Nones Franco (1-2-41) It. Pierrat Jean-Paul (3-7-52) Fr. Poirot Gilbert (21-9-44) Fr. Raska Jiri (4-2-41 Tchéc. Romand Paul (25-9-30) Fr. Ruud Asbjörn (6-10-19) Norv. Ruud Sigmund (30-12-07) Norv. Svan Gunde Suède. Vedenine Viatcheslav (1-10-41) U.R.S.S.

Ski nautique

Généralités

Sources : Fédération française de ski nautique, 16, rue Clément-Marot, 75008 Paris. *Union mondiale de ski nautique,* 70, av. des Alpes, Montreux (Suisse).

Quelques dates. 1921 *1ers essais* individuels puis collectifs sur le lac d'Annecy en 1929-30 par une section de chasseurs alpins. Développements sur la côte d'Azur (Juan-les-Pins). **1947** création de la Féd. française de ski nautique. **1948-49** création de l'Union mondiale de ski nautique.

Pratiquants. Plusieurs dizaines de millions de personnes dans le monde. En France, env. 200 000 dont 8 500 licenciés.

Sortes de ski. *Tourisme,* 180 cm, 3,5 kg ; *saut.* 180 cm mais plus larges ; *figures,* 90 à 115 cm de long. ; *slalom,* dit *mono,* 150 à 180 cm. La largeur ne doit pas dépasser 30 % de la longueur.

Matériel de traction. *Bateau* (*hors-bord* 5 à 6,50 m, puissance 50 à 150 CV ; *in-bord* 5 à 6,50 m, puiss. 100 à 250 CV) doit être muni d'un mât central où se fixe la corde de longueur variable suivant les disciplines. *Le palonnier* recouvert de caoutchouc antidérapant est relié à la corde de traction.

Disciplines classiques

Saut. *Tremplin :* largeur 3,70 à 4,30 m, long. hors de l'eau 6,4 à 6,7 m, sous l'eau 1 m. Il doit comporter une protection latérale. RECORDS DU MONDE. *Hommes :* Gleen Thurlow (Austr.) 61,5 m (Fr. Pierre Carmin, 53,50 m). *Dames :* Sur Lipplegoes (Austr.) 46,20 m (Fr. Chantal Sommer, 37,40 m).

Slalom. *Jalonné* par 6 bouées disposées en quinconce, 3 de part et d'autre d'un chenal de 2,3 m de largeur. *Largeur totale* du parcours : 23 m. *Longueur :* 259 m. *Distance entre 2 bouées d'un même côté :* 82 m. La *vitesse* augmente de 3 km/h à chaque parcours réussi, jusqu'à 58 km/h (vitesse max.). La *corde* est ensuite réduite progressivement jusqu'à ce que le skieur tombe ou ne contourne pas de façon réglementaire la bouée en question. *Est vainqueur* celui qui a contourné correctement le plus grand nombre de bouées. **Records du monde.** *Hommes :* Bob Lapoint (U.S.A.), 5 bouées à 10,75 m (Fr. Hervé Henry 4 à 11,25 m). *Dames :* Deena Brush (U.S.A.) 4 bouées à 11,25 m (Fr. : Chantal Sommer, 2 à 11,25 m).

Figures. Cotées, comme en patinage artistique, suivant la difficulté. Le concurrent doit en passer un maximum au cours de 2 passages de 20 secondes. Effectuées sur 1 ou 2 skis qui n'ont pas de dérives. **Records du monde.** *Hommes :* Patrice Martin (France) 10 440 pts (juill. 1986). *Dames :* Ana-Maria Carrasco (Venezuela) 8 350 pts le 14-9-1984 (France : Odile Flubacker 6 740 pts en 1983).

Autres disciplines

Ski pieds nus. Plus facile qu'on ne le pense. On part sur 1 ski en prenant appui sur l'eau avec le pied libre, puis on quitte l'autre ski. Vitesse min. 50 à 60 km/h pour que l'eau soit suffisamment dure sous les pieds. Un canot automobile ou un hors-bord de 100 CV min. est indispensable. Récemment codifié, permet à ses pratiquants d'effectuer slalom, figures et saut.

Courses. Sur une distance à parcourir ou pendant une durée déterminée, le vainqueur est celui qui parcourt la plus grande distance. Chutes tolérées.

Vitesse maximale. *Hommes :* 239,59 km/h, Grant Torranus (Austr.) en 1984. *Dames :* 178,81 km/h, Donna Patterson Brice (U.S.A.) le 21-8-77.

Record de distance à ski nautique. 1 916 km H. Johansen et T. Larsen (Norvège, 14/16-8-1980).

Principales épreuves

Légendes. — (1) Italie. (2) U.S.A. (3) Venezuela. (4) G.-B. (5) Belgique. (6) All. féd. (7) France. (8) U.R.S.S. (9) Suède. (10) Israël. (11) Canada. (12) P.-Bas. (13) Autriche. (14) Australie.

● **Championnats du monde.** *Créés* en 1949. Tous les 2 ans. **Hommes.** *Slalom :* **75** Zucchi [1]. **77, 79** Lapoint [2]. **81** Mapple [4]. **84, 85** Lapoint [2]. *Saut :* **75** Grimditch [2]. **77** Suyderhoud [3]. **79, 81** Hazelwood [4]. **83** Duvall [2]. **85** Carrington [14]. *Figures :* **75, 77** Suarez [3]. **79** Martin [7]. **81, 83** Pickos [2]. **85** Martin [7]. *Combiné :* **75** Suarez [3]. **77** Hazelwood [4]. **79** McClintock [11]. **81, 83, 85** Duvall [2].

Dames. *Slalom :* **75** Liz Allen Shetter [3]. **77, 81** Todd [2]. **79** Messner [11]. **85** Duvall [2]. *Saut :* **75** Liz Allen Shetter [3]. **77** Giddens [3]. **79** Todd [2]. **81** Deena Brush [2]. **83** Tood [2]. **85** Brush [2]. *Figures :* **75, 77** Carasco [3]. **79** Roumyantzeva [8]. **81** Carasco [3]. **83** Ponomareva [8]. **85** McClintock [11]. *Combiné :* **75** Liz Allen Shetter [3]. **77, 79** Todd [2]. **81** K. Boberge. **83** Carasco [3]. **85** Neville [14].

● **Championnats d'Europe.** *Créés* 1947. Tous les ans. **Hommes.** *Slalom :* **78** Detelder [3]. **79** Zucchi [1]. **80** Hazelwood [4]. **81** Kjellander [6]. **82** Mapple [4]. **83, 84** Kjellander [9]. **85** Martin [7]. **86** Hazelwood [4]. *Saut :* **78, 79** Ganzi [1]. **80, 82, 83, 84** Hazelwood [4]. **85** Oberleitner [13]. **86** Hazelwood [4]. *Figures :* **78, 79, 80, 81, 82** Martin [7]. **83** Battleday [4]. **84, 85** Martin [7]. **86** Carmin [7]. *Combiné :* **78, 79, 80, 82, 83** Hazelwood [4]. **84, 85** Martin [7]. **86** Hazelwood [4].

Dames. *Slalom :* **78** Cariman [4]. **79** Morse [4]. **80** Amade-Escot [7]. **82** Kjellander [10]. **83** Sommer [7]. **84, 85** Kjellander [10]. **86** Morse [4]. *Saut :* **78, 79, 80** Van Dijk [12]. **81** Morse [4]. **82** Hulme [4]. **83, 84** Morse [4]. **85** Robert [4]. **86** Morse [4]. *Figures :* **78** Potess [2]. **79, 80, 81, 82** Roumjantzeva. **83** Seigneur [7]. **84** Ponomareva [8]. *Combiné :* **78, 79** Carlman [9]. **80** Van Dijk [12]. **82** Roumjantzeva [8]. **83** Carlman [9]. **84** Ponomareva [8]. **85** Roumjantzeva [8]. **86** Roberts [4].

Classement par nation. 78, 79, 80, 82 G.-B. ; **83** 1er G.-B., 2e Suède, 3e Italie ; **84** 1er G.-B., 2e France, 3e U.R.S.S. ; **85** 1er G.-B., 2e France, 3e Suède.

● **Championnat de France. Hommes.** *Slalom :* **80** J.-M. Jamin. **81** R. Henry. **82** Pierre Carmin. **83** Henry. **84** P. Martin. **85** Carmin. *Saut :* **80** G. Cambery. **81, 82** P. Carmin. **83** Perez. **84** P. Martin. **85** Carmin. *Figures :* **80, 81, 82** T. Benet. **83, 84, 85** P. Martin. *Combiné :* **80, 81, 82** P. Carmin. **83** Legall. **84, 85** P. Martin. **Dames.** *Slalom :* **80, 81** Amade. **82** Sommer. **84** Seigneur. **85** Detelder. *Saut :* **80, 81, 82, 83, 84** Sommer. **85** Seigneur. *Figures :* **80** Sommer. **81** M.-P. Seigneur. **82** Besombes. **83, 84** Flubacker. **85** Besombes. *Combiné :* **80** Amade. **81** M.-P. Seigneur. **82, 83, 84** Sommer. **85** Seigneur.

Quelques noms

France. Pierre CARMIN. Dany DUFLOT. Pascale GAUTIER. Hervé HENRY. Jean-Michel JAMIN. Philippe LOGUT. Patrice MARTIN. Sylvie MAURIAL. Jean-Marie MULLER. Jean-Yves PARPETTE. Christian SOMMER. Jacques TILLMENT. Maxime VAZEILLE. M.-P. SEIGNEUR. Gilles CAMBRAY. Ch. AMADE.

Monde. Deena BRUSH [2]. Maria Victoria CARASCO [3]. Sammy DUVALL [2]. Wayne GRIMDITCH [2]. Mike HAZELWOOD [4]. Allan KEMPTON [2]. Kris LAPOINT [2]. Lucky LOWE. Alfredo MENDOZA [3]. Corry PICKOS [2]. Martin SHAKEFORD [2]. Liz ALLAN-SHETTER [2]. Chuk STEARNS [2]. Carlos SUAREZ [3]. Mike SUYDERHOUD [2]. Janette STEEWARD WOOD [4]. Willa WORTHGTON [2]. Roby ZUCCHI [1].

Spéléologie

Lieux explorés

Nota. — (1) France. (2) Autriche. (3) Espagne. (4) Italie. (5) Mexique. (6) Suisse. (7) Pologne. (8) Yougoslavie. (9) Iran. (10) U.R.S.S. (11) Maroc. (12) Liban. (13) U.S.A. (14) G.-B. (15) P.-de-Galles. (16) Papouasie. (17) Cuba. (18) Tchécoslovaquie. (19) Grèce. (20) Venezuela. (21) Guatemala. (22) Pérou.

Gouffres d'au moins 500 mètres de dénivellation (2-3-81) (d'après P. Courbon).

Réseau Jean-Bernard (Hte-Savoie) 1 490. Complexe de la Pierre Saint-Martin (Pyr.-Atl., Fr. et Navarre, Esp.) 1 332. Batman Höhle (Autr.) 1 220. Avenc B. 15 (Huesca-Esp.) 1 150. Gouffre Berger (Vercors, Isère) [1] 1 148. Schneeloch [2] (— 952, + 134) 1 111. Sima G.E.S. Malaga [3] 1 098. Lamprechtsofen (Salzbourg [2]) (— 10, + 1 014) 1 024. Réseau Trombe (Hte-Gar. [1] dont 20 m plongés) 1 018. Réseau des Aiguilles (Dévoluy, Htes-Alpes [1]) (— 958, + 22) 980. Garma Ciega-Sumidero de Cellagua (Cantabriques [3]) 970. Kievskaya (Pamiro-alay [10]), 964. Antro del Corchia [4] 950. Grotta di Monte Cucco (Ombrie [4]) 922. Abisso Michele Gortina (Frioul [4]) 920. Réseau Trombe (Hte-G. [1] dont 20 m plongés) 919. Gouffre du Cambou de Liard (P.-A. [1]) 915. Feuertalsystem [2] 913. Gouffre André-Touya (P.-A. [1]) 906. Platteneckeishöhle (Salzbourg [2]) 897. Hochlecken-Grosshöhle (Oberost [2]) 896. Platteneck-Bergerhöhlensystem [2] (— 877, + 18) 895. Sistema Purification [5] 893. Spluga della Preta (Vénétie [4]) 878. Sotano de San Augustin [5] 859. Trunkenboldshacht [2] 859. Grüberhornhöhle (Salzbourg [2]) (— 784, + 70) 854. Sotano de Agua Lecarrizo [5] 848. Hölloch (Schwyz [6] dont 17 m plongés) (— 111, + 716) 828. Réseau des Sieben Hengste [6] 828. Buca del Cacciatore [4] 825. Sistema Cueto-Coventosa (Cantabriques [3]) 825. Jaskini Snieznej (Tatra [7]) 783. Réseau Ded (Chartreuse, Isère [1]) 780. Abisso Emilio omici (Frioul [4]) 774. Brezno Pri Glavici (Slovénie [8]) 773. Gouffre Lonné-Peyret (P.-A [1]) 769. La Grieta [5] 760. Ghar Parau (Zagros [9]) 751. Abisso Enrico Davanzo (Frioul [4]) 737. Abisso Coltelli [4] 730. Wieserloch [2] 730. Raucherkarhöhle (Salzbourg [2]) 723. Puits Francis (Chartreuse, Isère [1]) 723. Cueva Sara [3] 701. Snieznaja (Caucase [10]) 700. Kef Toghobeït (Rif [11]) 700. Gouffre Georges (Ariège [1]) 694. Pozzo della Neve (Molise [4]) 693. Faustloch (Berne [6]) 690. Poloska Jama (Slovénie [8]) 685. Abisso di Bifurto (Calabre [4]) 683. Abisso Simi [4] 680. Scialet de Génieux (Chartreuse, Isère [1]) 675. Gouffre du Caladaïre (Alpes-de-Hte-Provence [1]) 667. Gouffre d'Arphidia (P.-A. [1]) (— 494, + 170) 665. Abisso Cappa (Marguareis, Piémont [4]) 662. Mosse de Las Garças (P.-A. [1]) 658. Buca di Monte Pelato [4] 656. Abisso C. Prez (Frioul [4]) 654. Complesso di Piaggia Bella (Piémont [4]) 640. Avenc C. 9-Sistema Badalona (Huesca [3]) 630. Sima del Liagu de las Monietas [3] 630. Gouffre de Couey Lotge [1] 625. Abisso Eugenio Boegan (Frioul [4]) 624. Réseau de la Dent de Crolles (Chartreuse, Isère [1]) 623. Faouar Dara (Djebel Zarour [12]) 622. Brezno Gamsovi Glavici [8] 621. Cueva del Diamante [5] 620. Sistema Aranonera [3] 620. Pozo Estella [3] 614. Abisso Straldi (Marguareis, Piémont [4]) 614. Réseau Bel-Espoir-Diau (Hte-Savoie [1]) 613. Ahnenschacht (Totesgebirge, Salzbourg [2]) 612. Aven du Vallon des Soupirs (Vaucluse [1]) 603. Réseau du Massif de Ger [1] 500.

Cavités d'au moins 20 km de longueur (longueur en m ; au 2-3-81). Flint Ridge — Mammoth Cave System [13] 341 000. Hölloch [6] 135 000. Peschtschera Optimititscheskaja [10] 119 300. Ozernaja Peschtschera [10] 104 000. Jewel Cave [13] 100 000. Réseau Trombe [1] 62 000. Réseau de Palomera-Dolencias (Ojo Guarena [3]) 60 000. Greenbrier Caverns — Organ System [13] 51 500. Wind Cave [13] 45 000. Lancaster-Easegill System [14] 43 000. Eisriesenwelt [2] 42 000. Cumberland Caverns [13] 39 600. Ogof Ffynnon Ddu [15] 38 500. Complexe de la Pierre St-Martin [1] 38 500. Sloan's Valley Cave System [13] 36 100. Crevice Cave [13] 36 000. Réseau de la Dent de Crolles [1] 35 600. Réseau des Siebenhengste (Suisse) 35 000. Carlsbad Caverns [13] 33 200. Blue Spring Cave [13] 30 900. Tantalhöhle [2] 30 600. Atea Kanada [16] 30 500. Blinkley's Cave System [13] 30 000. Butler Cave-Sinking Creek System [13] 28 800. Mammuthöhle [2] 27 700. Ogof Agen Allwedd [14] 27 500. The Hole [13] 26 900. Sistema de las Perdidos [17] 26 000. Culverson Creek cave [13] 25 700. Réseau du Verneau [1] 25 200. Fern Cave [13] 25 100. Baradia Berland-Jaskyna Domica (Hongrie [18]) 25 000. Gran Caverna de Santo Tomas [17] 25 000. Bone Norman Cave System 20 200.

Puits naturels d'au moins 200 mètres (au 1-7-79). El Sotano ou Sotano del Barro [5] 410. Abîme de Provatina [19] 392. Gross Höhle-Hochlecken [2] 350. Mavro Skiadi [19] 341. Sotano de la Golondrinas [5] plus petite verticale (descendue) 333 ; plus grande verticale (non descendue) 376. Grand puits d'Aphanicé [1] 328. Puits Lépineux, Pierre-St-Martin [1] 320. Pot II [1] 314. Puits Juhue, Sima de la Pena Blanca [3] 302. Abisso Enrico Revel [4] plus petite verticale (descendue) 299 ; plus grande verticale (non descendue) 316. André-Touya [1] 298. Sotanito de Ahuacatlan [5] 288. Sima de Sarisarinami [20] 280. Torca del Vivero [3] 275. Grallera de Guara [3] 270. Brezno Na Leupa [8] 250. Voragine di Golfo [4] 240. Puits de l'Assommoir [1] 240. Sima Grande [21] 240. Puits des Naufragés [2] 240. Eutorie Schacht [2] 226. Il Gravattone [4] 224. Sotano de Coatmundi [5] 220. P. 2 [1] 220. D. 10 [1] 220. Puits de l'Osque [1] 219. Sotano de Sendero [5] 217. Sima Txomin I [3] 213. Sima del Morterro [3] 210. Abisso Pierro Saragato 210. Brezno Pri Lipici [8] 207. Golet du Tambourin [1] 205. Coume Ferrat [1] 204. Torca Vega [3] 200.

Cavités les plus élevées (altitude en m). Grotte de Rakhiot Pic (Nanga Parbat, Cachemire) 6 600. Cueva de Saco [22] 4 800. Cueva de Sanson Machay [22] 4 500. Cueva de Pachacayo [22] 4 500. Cuevas de Laurichocca [22] 4 400. Cueva de Taypunta [22] 4 000. Sima de Milpu [22] (— 407) 3 992. Cueva de Chirimachay [22] 3 720. Ghar Parau [9] (— 751) 3 100. Aven de la Cascade du Marboré [1] 3 050. Aven de la Mortice [1] 2 950 à 3 010. Gr. du Mont-Cenis (Alpes [1]) 2 680. Rotloch [6] 2 560. Gouffre Gaché (Alpes [4]) 2 525. Drachenloch [6] 2 427. Aven du Triglav [8] 2 426. Gouffre S.C. 3 (entrée sup. de la Pierre-St-Martin) 2 093.

Autres records

Plus grande salle connue : Gunung Mulu (Malaisie. 700 × 300 m et 70 m de haut). Découverte en 1980.

Plus importante résurgence du monde : Dumanli (Taurus, Turquie), débit moyen 50 m^3/s (min. 25 m^3/s).

Plus grand fleuve souterrain : Trebinjcica en Herzégovine (Yougosl.), 5 parcours totalisant 100 km.

Plus célèbre fontaine intermittente : Fontestorbes (Ariège), période env. 1 h.

Plus longue percée hydrogéologique colorée : Homat Burnu-Homa (Taurus, Turquie), 130 km.

Plus profonde cheminée : El Sotano (Mexique) à 410 m de profondeur, avec une ouverture de 9 ha.

Plus grandes stalactites : grotte de Nerja, près de Malagua (Espagne), colonne de 59 m de haut. *Stalactite indépendante (sans appui) la plus longue :* 11,60 m, grotte Poll an Jonain (Irl.).

Spéléologues les plus connus

Précurseurs. Autriche : LINDNER, 1re moitié du XIXe s. HANKE (1840-91) qui fit équipe avec MARINITSCH et MÜLLER. SCHMIDL, milieu XIXe s. **États-Unis :** Horace-C. HOVEY (1833-1914). **Italie :** Luigi-Vittorio BERTARELLI (1859-1926). Eugenio BOEGAN (1875-1939). **Roumanie :** Emil RACOVITZA (1868-1947). **France :** Louis BALSAN (1903). Norbert CASTERET (1897). Pierre CHEVALIER (1905 spéléol. alpine). Eugène FOURNIER (1871-1941). René JEANNEL (1879-1965). Robert DE JOLY (1887-1968). Guy DE LAVAUR (1903, plongées). Édouard-Alfred MARTEL (1859-1938). Félix TROMBE (1906).

Spéléologues en activité. Autriche : H. TRIMMEL. **All. féd. :** J. HASENMAYER. **U.R.S.S. :** DJUBLJANSKI. **Espagne :** A. ERASO. **Belgique :** P. D'URSEL. **G.-B. :** A.C. WALTHAM. **Suisse :** M. AUDETAT, A. BÖGLI. **France :** B. BORDIER, C. CHABERT, N. CHOCHON, Y. CREAC'H, P. COURBON, J.-C. DOBRILLA, B. DRESSLER, M. DUCHÊNE, J.-C. FRACHON, B. GÈZE, R. GINET, M. LETRONE, G. MARBACH, G. MARCHAND, M. MEYSSONNIER, G. PROPOS, P. RENAULT, J. SAUTEREAU DE CHAFFE.

Séjours de longue durée. *Le plus long séjour sous terre :* Milutin Veljkovic (Yougoslave, né 1935) : 463 j (24-6-1969 au 30-9-1970) dans une grotte des monts Svrljig (Youg.).

Michel Siffre (n. 1939) est resté du 16-7 au 17-9-1962 dans le gouffre de Scarasson entre Tende et Limone (A.-M.), puis du 14-2 au 5-9-1972 dans le Midnighthole (Texas).

En France. Cavernes 15 000 (400 à 500 dans granit et grès ; autres dans calcaire, dolomie ou gypse). **Clubs de spéléologie.** 50 spéléologues (monde 50 000). **Fédération française de spéléologie,** 130, rue Saint-Maur, 75011 Paris.

Tauromachie

Corrida

● **Origine. Début du Moyen Age :** 2 sortes de combat en Espagne : chasse aux taureaux, sans règle, ni rituel ; le combat à cheval, pratiqué par les nobles organisant entre eux des joutes équestres pendant lesquelles ils attaquent le taureau à la lance. **Fin du XIIIe s. :** les 2 types fusionnent quand la noblesse organise les fêtes publiques de taureaux à l'occasion de solennités importantes. **XVIIe s. :** apogée du combat équestre : les cavaliers emploient le *rejon* (sorte de javelot en bois flexible) et vont, au galop, au devant du taureau au lieu de l'attendre. **XVIIIe s. :** la noblesse se désintéresse de l'arène pour plaire à Philippe V formé à Versailles : les toreros à pied commencent à jouer un rôle important (surtout en Aragon, Navarre). En Andalousie, les hommes du peuple se servent d'abord du *rejon* abandonné par les nobles ; puis, d'anciens bouviers introduisent la *garrocha* (ancêtre de la pique actuelle). Ils se font aider par des toreros à pied qui exécutent les manœuvres. **1853** *août* 1re corrida en France, à Bayonne, devant Napoléon III. **1904**-*24-7* dernier combat de fauves (dans une cage, tigre contre taureau) aux arènes de St-Sébastien. **1951**-*24-4* loi indiquant que la corrida est légale en France dans les villes de « tradition ininterrompue » pendant plus de 10 ans (29 communes).

● **Pays pratiquants.** *Sous sa forme habituelle :* surtout en Espagne, Amérique latine et France. *Rejoneo :* divertissement aristocratique des 1ers temps équestres où le combat du taureau est assuré par un cavalier *(rejoneador).* Pratiqué au Portugal et en Espagne (surtout depuis 1969).

● **Saison. Espagne** (mars à oct. inclus). *Feria de Séville* (après Pâques). *Gde Semaine de Madrid* (mai). *Pampelune, Feria del Toro* (début juill.). *Valence* (fin juill.). *Malaga* (début août). *Victoria* (début août). *Bilbao* (sem. suivant le 15 août). *Linarès* (fin août). *Albacete, Salamanque, Valladolid, Barcelone* (sept.). *Saragosse* (oct.). **Nombre de corridas : 1961 :** 357, **65 :** 479, **70 :** 659, **74 :** 683, **78 :** 577, **79 :** 654, **80 :** 428, **81 :** 388 corridas de toros, 289 novilladas avec picadors, **82 :** 432 c. et 333 n., **83 :** 487 c. et 281 n., **84 :** 493 c. et 351 n.

France (avril à début oct.). En 1980 il y a eu 88 spectacles taurins (corridas, novilladas et corridas de rejoneo) dont Nîmes 9 spectacles, Arles 8, Dax 7, Bayonne 6, Mont-de-Marsan, Palavas, Béziers et Collioure 4, Vic-Fezensac, Fréjus, Le Grau-du-Roi, Lunel et Méjanes 3. En 1984, 94 spectacles taurins.

● **Arènes. 1707** arènes en bois et démontables. Séville, a. de l'Arsenal. **1749** construction d'arènes permanentes en maçonnerie (vieille plaza de Madrid, démolie en 1874). **1761** a. de Séville. **1764** a. de Saragosse. **1785** a. de Ronda. **1796** a. d'Aranjuez.

Principales arènes. Mexique. Mexico (la Monumentale, plaza Deportes) 48 000 places ; El Toreo 26 000. **Espagne.** On compte plus de 400 arènes, dont 40 de plus de 10 000 places. Madrid 23 000. Barcelone 20 000. Pampelune 19 000. Murcie 18 000. Valence 17 000. Alicante 15 000. Grenade 14 000. Saragosse 13 000. Séville 13 000. La 1re arène permanente fut celle de Madrid (1749). **France.** Nîmes, amphithéâtre (Gard) 20 000. Béziers (Hér.) 14 000. Toulouse (Hte-G.) 14 000. Arles (B.-du-R.) 12 000. Fréjus 12 000. Bayonne (P.-Atl.) 11 000. Dax (Landes) 8 000. Mont-de-Marsan (Landes) 8 000. Vic-Fezensac (Gers) 6 000.

● **Déroulement des corridas** (course de taureaux). 3 parties précédées du *paseo* (défilé). **1. Les picadores.** Entrée du taureau. Passes de cape (en percale et soie rose et jaune) pour juger le taureau. Les picadores réduisent la puissance du taureau. **2. Les banderilles.** Posées par les peones (éventuellement le matador). Ce sont des bâtonnets ronds (long. 70 cm), ornés de papier de couleur découpé et munis d'un crochet de 4 cm en forme de harpon, qui se clouent par paires sur le haut du garrot du taureau. *B. courtes* (l. 25 à 30 cm) : réservées à la pose en *al quiebro. B. de feu :* une amorce de fulminate met le feu à des pièces d'artillerie disposées le long des hampes, provoquant la déflagration (ne sont plus posées). *« Veuves » :* band. de couleur noire aux harpons plus longs que la normale sont un signe de honte pour le taureau qui a refusé les piques. **3. La faena de muleta et mise à mort.** Passes de muleta (morceau de flanelle rouge monté sur un bâton de 50 cm) du matador avant la mise à mort. **Mise à mort.** En général, la course en comprend 6. Est interdite en France, sauf dans les villes qui peuvent se réclamer d'une tradition tauromachique vieille d'au moins 50 ans (loi de 1952) : pratiquement, toutes les villes au sud d'une ligne allant de Bordeaux à Fréjus, plus Vichy.

Au Portugal, depuis un décret de 1928 : les taureaux sont achevés au mousqueton dans le toril, en dehors du public.

● **Personnes présentes. Torero** tout homme présent dans l'arène (*toreador,* employé en France, n'est utilisé que par les profanes). **Alguazil,** vêtu de noir à la mode du règne de Philippe II, précède les combattants dans le défilé *(paseo) ;* chargé de la police de la piste ; donne au préposé du toril la clé qu'il reçoit à la volée du président de la course, et transmet les ordres de ce dernier aux toreros pendant le combat.

Matador principal acteur ; il tue les taureaux. Son costume pèse jusqu'à 10 kg et coûte parfois jusqu'à 25 000 F. Un matador fait parfois plus de 110 courses par an (El Cordobès en 1970 : 121). Les plus célèbres gagnent de 70 000 à 400 000 F par course, mais ils doivent, là-dessus, payer leur *cuadrilla* (équipe de 2 picadors et 3 banderilleros). L'*alternative* est une consécration officielle donnée sur la plaza de Madrid (ou confirmée si la cérémonie a déjà eu lieu en province). Le *novillero* devient alors *matador de toros.*

Picador monté sur un cheval protégé pique les taureaux. **Banderillero** pose les banderilles. **Novillero,** torero débutant, combat les novillos (jeunes taureaux de 3 ans). **Rejoneador** torée et tue à cheval (son cheval n'est pas protégé).

Présidence. Revient, en Espagne, au gouverneur civil qui délègue son autorité ; en France, à une notabilité que l'on veut honorer ou à un aficionado notoire. Quand il accorde l'*oreille du taureau* à un matador, il élève un *mouchoir blanc.* Le *mouchoir vert* ordonne le remplacement d'un animal défectueux (boiterie, défaut de vue, cornes abîmées) ; le *rouge* ordonne de poser les band. noires ; le *vert* accorde un tour d'honneur à la dépouille d'un animal particulièrement brave. Un timbalier et 2 clairons, face à la présidence, surveillent les gestes de celle-ci et sonnent les changements de phases du combat.

☞ En 1979, il y avait 124 matadors d'alternative, 113 novilleros et 58 rejoneadores espagnols + 1 512 toreros subalternes et 424 toreros étrangers.

● **Quelques termes. Brega :** travail des subalternes (peons). **Brindis :** offrande de la mort du taureau par le matador à une personne de l'assistance ou à toute l'arène. **Citar :** citer, appeler le taureau pour provoquer sa charge. **Faena :** travail du matador. **Lidia :** combat. **Parar :** attendre de sang-froid ladite charge. **Pelea :** combat du taureau et plus particulièrement à la pique. **Quite :** action de détourner le taureau du cheval et de secourir un camarade en danger. **Recoger :** recueillir, retenir l'animal en fin de passe pour enchaîner la passe suivante. **Suerte :** chance mais aussi les multiples épisodes du combat : banderilles, piques, mises à mort. **Templar :** accorder le mouvement du leurre en parfait synchronisme avec la vitesse de charge de son adversaire.

● **Taureaux.** Élevés dans la *ganaderia.* La caste dominante en Espagne et Portugal a été créée par le comte de Vistahermosa en Andalousie fin XVIIIe s.

Age. *A 3 ans,* novillo ; il atteint 325 kg min., peut combattre dans les petites courses *(novilladas)* avec toreros débutants. Il n'a ni la puissance, ni la résistance, ni l'ardeur au combat du véritable taureau. *A 4 ans,* il devient *toro de lidia ;* il sait se servir de ses cornes. Un taureau combattu dans les arènes de 1re catégorie doit peser au moins 460 kg et avoir 4 ans (on dit « cinq herbes »). Les *« toros de bandera »,* à la bravoure exceptionnelle, sont surnommés *« t. à oreilles »* car leurs oreilles sont souvent données en récompense à ceux qui les ont tués. On en voit 25 à 40 par an.

Taureaux d'aujourd'hui. Divers éléments ont diminué la résistance physique des taureaux : la fièvre aphteuse, la consanguinité excessive, la raréfaction de l'étendue du territoire qui leur était réservé et l'excès d'aliments composés mis à leur disposition qui les dispense de rechercher leur nourriture.

Plus jeunes, manquant de puissance pour renverser la masse constituée par le picador et sa monture protégée par un lourd caparaçon, les taureaux d'aujourd'hui ne supportent guère plus de 2 ou 3 piques, desquelles ils sortent souvent ébranlés. A la fin du XIXe s., où l'on combattait des bêtes de 5 et 6 ans, où les chevaux n'étaient pas protégés, il en allait autrement.

Nombre de taureaux tués (en Espagne, France et Portugal) : de 7 000 à 7 500 taureaux ou novillos par an dans les corridas régulières, et 4 000 novillos environ dans les courses sans picadores réservées aux aspirants-matadors.

Prix. De 30 000 à 60 000 F et + [les + réputés sont les Miura (160 000 F) et les Victorino Martin].

Taureaux célèbres. *Almendrito,* le 22-8-1876, prit 43 piques. *Libertado,* le 23-12-1864, prit 36 piques et tua 6 chevaux. *Gordito,* le 26-7-1869, prit 30 piques et tua 21 chevaux. *Caramelo* 8 ans le 17-6-1867, prit 27 piques et blessa grièvement le picador Gallardo et le matador José Ponce. *Azuleio,* le 24-6-1857, prit 23 piques, tua 9 chevaux, fut gracié et survécut. *Civilon* lécha la main de son éleveur et fut gracié (1936). *Bravio* provoqua la panique du matador Saleri. *Jaqueton* fut gracié mais dut être achevé en piste car il avait un poumon perforé et des lésions importantes à la nuque. *Pamado* franchit 14 fois la barrière et provoqua la déroute du matador Lagartijo. *Granizo* sauta 22 fois la barrière à Madrid et tenta encore de la sauter à 6 reprises. *Cucharrero* que Lagartijo mit une demi-heure à tuer.

Taureaux meurtriers. *Perdigon* tua El Espartero (27-5-1894). *Bailador* José Gomez « Gallito » (16-5-1920). *Pocapena* Granero (7-5-1922). *Islero* Manolete (28-8-1947). *Cuchareto* José Falcon (1-8-1974). *Avispado* Francisco Rivera Paquirri (25-9-1984). *Burleo* El Yiyo (30-8-1985).

● **Matadors célèbres. En activité,** en 1986 (année de début d'activité) : *Curro Romero* (1935), revenu en 1980 après une retraite de 7 ans, blessé le 30-5-80 par un taur. de 530 kg. *Rafael de Paula* (1940). *Palomo Linares* (1947). *Manolo Cortès* (1948). *Damaso Gonzalez* (1948). *Francisco Ruiz Miguel* (1950). *Curro Vazquez* (1951). *Julio Roblès* (1952). *José Maria Manzanares* (1953). *El Nino de la Capea* (1953). *José Luis Galloso* (1953). *El Nimeno II* (Christian Mont Couquiol, 1954). *José Antonio Campuzano* (1954). *Paco Ojeda* (1955). *Tomas Campuzano* (1957). *Espartaco* (1958). *Victor Mendes* (1958). *José Ortega Cano* (1958). *Luis Francisco Espla* (1958). *Emilio Munoz* (1962). *Rafi Camino* (1986).

Morts ou retirés : (période d'activité) *Joselito* (1895-1920), tué par un taureau ; *Jean Belmonte Garcia* (1892-1962) ; *Manolete* (1907-47), tué par un taureau ; *Domingo Ortega* (1906) ; *Carlos Arruza,* Mexicain (1920-66, dans un acc. de voiture) ; *Cesar Giron*, Vénézuélien (1933-71, dans un acc. de voiture) ; *José Mata* (1940-1971) ; *José Falcon* (1944-74), tués par un taureau ; *Antonio Bienvenida* (1922-75) ; *Luis Miguel Dominguin* (1926) ; *Litri* (Miguel Baez, 1930) ; *Manolo Vazquez* (1930) ; *Julio Aparicio* (1932) ; *Antonio Ordonez* (1932) ; *Pèdres* (1932) ; *Jaime Ostos* (1933) ; *Chamaco* (Antonio Borrero, 1935) ; *El Cordobes* (Manuel Benitez, 1936) ; *Paco Camino* (1940) ; *Diego Puerta* (1941) ; *Paquirri* tué en 1984 ; *El Viti* (1958). *Chenel Albaladejo Antonete* (1934) ; *Angel Teruel* (1950) ; *El Yiyo* (José Cubero, 1964-85) tué par un taureau.

Records : *Lagartijo* (1841-1900) a tué 4 867 taureaux. *Belmonte* a toréé pendant 26 saisons (1909-37), a fait 3 000 mises à mort et a été encorné 50 fois. *Dominguin* aurait tué 2 900 taureaux. *Guerrita* (en 1895) en tua 18 en une seule journée dans 3 villes différentes. Le Mexicain *Luis Freg* (1888-1934) a été blessé 80 fois, a reçu 4 extrême-onctions ; il est mort noyé.

• **Rejoneadores célèbres. En activité.** Angel (1926) et Rafael Peralta, Alvaro Domecq Romero, José Samuel « Lupi », Manuel Vidrié, Joao Moura (1959).

Retirés. *Antonio Cañero ; Alvaro Domecq Diaz* (1940) ; *Conchita Cintron* (Péruvienne née au Chili 9-8-22).

• **Classement des toreros en 85 :** Espartaco 91 corridas (156 oreilles). José Antonio Campuzano 87 (115). Tomas Campuzano 75 (106). Ruiz Miguel 69 (92). José Maria Manzanares 59 (64). El Soro 56 (81). Julio Robles 53 (60). Luis Francisco Espia 52 (27). Victor Mendes 51 (51). Ortega Cano 50 (56). Yiyo 49 (48). Damaso Gonzalez 42 (42).

☞ *Le Français Nimeño II* a toréé 16 fois et coupé 7 oreilles en France et en Espagne, mais est apprécié en Amérique latine.

Bibliogr. : l'Histoire de la corrida en France (Auguste Laffront). Dictionnaire tauromachique (Paul Casanova et Pierre Dupuy). Pour ou contre la corrida, la Passion taurine, les Démons intérieurs et les Échelles de la mort (Roger Dumont).

Course landaise

Origine. Très ancienne, 1er témoignage en 1547. *Région :* Béarn, Gers, Landes.

Principe. Pratiquée avec les taureaux jusqu'en 1900 env. puis avec des vaches landaises issues d'élevages espagnols, portugais et camarguais auxquels, en 1905, on plaça des tampons dans les cornes. *Arène :* en forme de fer à cheval. Chaque cuadrilla (appartenant au ganadero) est composée de 7 toreros : 1 *sauteur* (élément très attractif), 1 ou 2 *entraîneurs* (1 entraînant la vache dans le terrain adéquat et l'y maintenant jusqu'à ce que l'écarteur soit en mesure de provoquer et d'écarter l'animal ; le second attirant l'attention de la bête avec un mouchoir, afin d'éviter son retour inopiné), 1 *teneur de corde* (ou *cordier* qui doit prévoir la charge de la vache et ce que va réaliser l'écarteur ; en fonction d'un écart qui sera fait « en dedans » ou à « l'extérieur », il doit doser l'appel de la corde, indispensable pour le bon déroulement de la suerte ; il doit être prêt à intervenir si l'écarteur est en difficulté) ; plusieurs *écarteurs* (en pantalon blanc, avec un drap de couleur enroulé plusieurs fois autour de leur taille, chemise blanche, gilet de velours et boléro aux épaulettes avec broderie d'or et d'argent, souliers de cuir à tige montante). Un jury pointe les écarts.

Principales suertes. *Écart à l'extérieur :* l'écarteur, les bras levés, au centre de la piste provoque la charge de la vache par des sifflets et des cris. Lorsque l'animal n'est plus qu'à quelques mètres, il saute, prend appui sur un pied, pivote dans un minimum de terrain et exécute son écart pieds réunis sur la pointe en infléchissant le corps afin d'éviter d'être bousculé par l'animal. *La feinte :* l'écarteur amorce un mouvement du buste du côté opposé où il va tourner. Quand la vache parvient à sa hauteur, il rectifie son mouvement et pivote en esquivant uniquement par la cambrure des reins. *La feinte tourniquet :* tour complet du torero sur lui-même au moment où s'élance la bête et se termine de la même façon que la feinte décrite plus haut. *Sauts à pieds joints, périlleux, saut de l'ange :* spécialistes Henri Duplat et Michel Agruna.

Vedettes de la course landaise : Jean-Claude Ley, Darracq II, Bergez, Ramuntchito (11 fois champion de Fr. des écarteurs), Duplat (sauteur, tué à l'entraînement), Agruna, Ribeiro, Dubos, Lafitte, Marc-Henri (champion de Fr. des écarteurs 1982), Alain Nogues (champ. de Fr. des écarteurs 1983), Didier Laplace (champ. de Fr. des écarteurs 1984), Didier Bordes (champ. de Fr. des écarteurs 1985).

En 1982, au Vieux-Boucau (Landes), le jeune écarteur Duvaquier (19 ans) a reçu une grave blessure qui l'a paralysé à vie.

Principaux éleveurs de vaches landaises : Deyris, Descazeaux, Labat, Larrouture, Latapy, Lines, Maigret, Pussacq.

Tennis

Généralités

• **Origine.** Dérivé du jeu de paume ; tennis vient du vieux français « tenetz », expression utilisée par les joueurs de paume lors du service (en anglais, paume se dit *tennis*). **1874** breveté en G.-B. sous le nom de *sphairistike* par le major Wingfield qui en fait un jeu de plein air sur pelouse. **1877** réglementé lors du 1er tournoi à Wimbledon. **1878** 1er club français fondé à Dinard. **1913** Féd. intern. de Lawn-tennis créée (siège à Paris). **1928** Féd. française de tennis créée.

• **Balles.** Noyau de caoutchouc dans lequel on injecte de l'air comprimé (0,98 kg/cm^2), revêtement en feutre. *Diamètre* 6,35 à 6,67 cm. *Poids* 56,7 à 58,7 g. *Rebond* 1,346 à 1,473 m, quand la balle tombe d'une hauteur de 2,54 m sur du béton. *Couleur* jaune (70 % du marché français, 98 % américain), blanche (20 %), et orange (10 %).

• **Court.** Nom du terrain. 23,77 m × 8,23 m en simple et 10,98 m en double. En gazon (d'où le nom originel de *lawn tennis*), en terre battue, en brique pilée, en asphalte, en bois, en ciment ou en tout autre revêtement. **Filet.** Haut. au centre : 0,915 m (en 1874 1,42 m ; 1877 0,99 m). Suspendu entre 2 poteaux par un câble recouvert d'un ruban blanc.

• **Raquette :** bois (frêne 90 %, hêtre pour raidir, noyer pour habillage du cadre, érable pour nervosité), 70 % du marché ; bois et fibre de verre ; métalliques (acier ou aluminium) ; métalloplastiques (zycral) plus polyuréthane ; fibre de verre à 100 % ; fibre de carbone et mélanges. *Taille* 67,5 à 68,5 cm pour adultes, 63 à 67,5 cm enfants. *Poids* 350 g (enfants), 368,5 à 382,5 (femmes), 382,7 à 396,9 (hommes). Moyen et grand *tamis* augmentent de 15 à 50 % la surface classique. Raquette Ergonom : étudiée par ordinateur pour s'adapter idéalement au mouvement du bras selon les nouvelles techniques de l'ergonomie. **Boyau :** naturel (de bœuf ; il faut 2 intestins de bœuf pour une garniture) ; synthétique (nylon). Grosseur appelée jauge : 7,5 (115 à 120/100 mm) ; 8 (120 à 125/100 mm) ; 8,5 (125 à 130/100 mm) ; 9 (130 à 140/100 mm). *Tensions des cordages* naturels 22 à 26 kg, nylon 18 à 22 kg.

• **Épreuves. Types.** Simple messieurs, s. dames, double messieurs, d. dames et d. mixte (chaque équipe comprend un joueur et une joueuse). Le jeu consiste à faire franchir la balle, à l'aide d'une raquette, pardessus le filet, de telle façon qu'elle rebondisse dans les limites du court et que l'adversaire ne puisse ni la reprendre, ni la renvoyer. **Déroulement.** Un match comprend 5 sets 3 manches (sets) pour les messieurs et 3 pour les dames. La partie s'achève quand l'un des adversaires a remporté 3 manches sur 5 ou 2 manches sur 3. Le jeu se déroule sans interruption. Toutefois, un arrêt de 30 s entre chaque échange et un arrêt de 90 s à chaque changement de côté sont prévus par les règlements de la Fédération internationale de tennis. L'arbitre peut interrompre la partie.

Changement de côté. A la fin du 1er et du 3e jeu et ainsi alternativement jusqu'à la fin du set. Un changement de côté à l'issue d'un set n'a lieu que si le nombre total des jeux de cette manche est impair. Sinon le changement s'effectue après le premier jeu.

Double. Il se joue sur une surface de jeu plus grande, on utilise les couloirs. *L'équipe devant servir* au 1er jeu (a, b) décide quel joueur servira (a). La paire adverse (x, y) décide de même pour le 2e jeu (x). Le joueur de la 1re équipe, qui n'a pas servi au 1er jeu (b), le fera au 3e et ainsi de suite. Le même ordre sera gardé durant chaque manche. *La paire recevant* dans le 1er jeu (x, y) décide qui, de x ou de y, recevra le 1er (x). Ce joueur reçoit tous les 1ers services des jeux impairs. De même la paire devant recevoir dans le 2e jeu (a, b) décide quel joueur (b) recevra le 1er service des jeux pairs. Dans chaque jeu les partenaires reçoivent alternativement. *Lors d'un tie-break*, chaque paire sert alternativement et n'importe quel joueur de chaque paire peut recevoir.

Officiels de l'arbitrage. 1 juge-arbitre assisté d'arbitres de chaise, de lignes, de fautes de pieds et de filet.

Point (perte). Un point est perdu : lorsque le joueur ne renvoie pas la balle par-dessus le filet avant qu'elle n'ait touché 2 fois le sol ; s'il la renvoie de telle façon qu'elle retombe en dehors des limites du court ou si elle touche un objet en dehors du terrain ; s'il envoie la balle dans le filet ; s'il frappe la balle deux fois ; s'il touche le filet avec son corps ou sa raquette avant que la balle n'ait rebondi une 2e fois de l'autre côté du filet ; s'il gêne volontairement les mouvements de son adversaire. Un retour est bon si la balle rebondit dans le court adverse après avoir touché le filet.

Pointage. Les points sont comptés en jeux et manches. Le 1er point marque 15, le 2e 30, le 3e 40. Le 4e point donne le jeu, sauf si les 2 joueurs ont 3 points chacun et sont donc à égalité. Dans ce cas, le point suivant marqué par un joueur lui donne l'avantage. S'il marque à nouveau un point, il s'adjuge le jeu. Sinon l'avantage est détruit (égalité) et la partie continue jusqu'à ce qu'un joueur réussisse 2 points successifs. Le 1er joueur (ou la 1re équipe) gagnant 6 jeux remporte le set. Si les adversaires sont à égalité à 5-5, la partie se poursuit jusqu'à ce que l'écart soit de 2 jeux (sauf matches où le tie-break est appliqué).

Service. Le 1er qui lance la balle est le serveur, son adversaire le *relanceur*. Le serveur placé derrière la ligne de fond et entre la marque centrale et la ligne de côté entame le jeu en envoyant la balle par-dessus le filet dans le carré de service opposé. Il sert alternativement derrière la moitié droite et la moitié gauche du court, en commençant à droite dans chaque jeu. Pour le service, la balle doit être jetée en l'air et frappée de la raquette avant qu'elle n'ait touché le sol. Pendant qu'il sert, le joueur ne peut changer de position. La balle de service doit passer au-dessus du filet et toucher le sol en diagonale dans le carré de service opposé y compris les lignes déterminant le cours. Si la balle est mauvaise ou si le serveur enfreint une règle, une 2e balle de service lui est accordée. S'il y a faute à nouveau, le serveur perd le point. Lorsque la balle servie touche le filet et tombe cependant dans le carré de service, elle est *let* et elle est à remettre. Elle est également let si elle a été servie avant que le relanceur soit prêt. Le relanceur, de son côté, doit attendre le rebond de la balle pour la relancer. Au jeu suivant le serveur passe au relanceur.

Tie-break. Système conventionnel de fin de partie utilisé dans les tournois quand le score atteint 6 partout dans un set à l'exception du set décisif. On remporte le tie-break avec 7 points à la condition que l'un des adversaires ait 2 points d'avance. Le tie-break n'est pas utilisé pour l'instant dans les rencontres de coupe Davis.

• **Quelques termes. Amorti :** revers, volée ou coup droit dont le geste est amorti au moment de l'impact avec la balle, destiné à « déposer » la balle à proximité immédiate du filet. **Avantage :** lorsqu'au cours du jeu, les 2 adversaires sont à égalité de points, à 40 partout, le point suivant donne l'avantage à l'un des joueurs. **Balle coupée ou chopée :** balle frappée de haut en bas, ce qui lui imprime un mouvement de rotation d'avant en arrière. **Balle let :** au service, on la remet au 1er ou 2e service, du moment que la balle était tombée bonne (après avoir touché le filet), dans le carré de service ; en toute circonstance, si la balle est bonne, rejouer ; on dit let pour interrompre le jeu si on n'est pas prêt. Balle let à remettre si le joueur gêné dans l'exécution de son coup par quelque chose ne dépendant pas de son contrôle. **Balle liftée ou brossée :** balle frappée de bas en haut, ce qui lui imprime un mouvement de rotation d'arrière en avant. Le lift accélère le mouvement de la balle vers le sol après le rebond. **Coup droit :** exécuté du fond du court après que la balle a bondi une fois par terre et sur le côté droit du joueur (pour un gaucher, le coup droit sera effectué sur le côté gauche). **Demi-volée :** jouer dès que la balle touche le sol. **Jouer petit bras :** se dit d'un joueur qui perd ses moyens en compétition alors qu'il est sur le point de gagner et qu'il est brusquement saisi par le trac. **Lob :** coup droit, revers, volée ou demi-volée destiné à faire passer la balle au-dessus de l'adversaire monté au filet. **Passing-shot :** coup droit, revers, volée ou demi-volée destiné à passer le joueur monté au filet ou, pour le moins, le gêner au maximum dans l'exécution de sa volée. **Revers :** coup exécuté du fond du court après le rebond de la balle et sur la gauche du joueur (pour un gaucher, le revers est effectué à droite).

• **Statistiques. Ventes en France.** *Raquettes. 83 :* 1 400 000, *84 :* 1 190 000 (dont en %, taille : standard 35, moyen tamis 50, grand tamis 15 ; matériaux : raquette bois + fibre 42, métal 38, autres composites 20). *Balles.* 1 700 000 douzaines. *Chaussures. 83 :*

3 290 000 paires, *84* : 2 784 000. **Commerce** (en millions de F). *Export.* : raquettes 91, balles 6,7. *Import.* : raquettes 228, balles 100.

Quelques records

• **Champions les plus jeunes.** *Professionnelles* : Kathy Rinaldi (n. 1967) en 1981 à 14 ans et 4 mois ; Andrea Jaeger (n. 1965) en 1980 à 14 ans et 8 mois. *Wimbledon* : Charlotte Dod (1868-1928) en 1887 à 15 ans et 285 j. Boris Becker (n. 1967) en 1985 à 17 ans et 227 j. Richard Dennis Ralston (U.S.A., n. 1942) remporta le double messieurs avec Rafael Osuna (mexicain, 1938-69) en 1960 à 17 ans et 341 j. *Championnats de France* : Ken Rosewall en 1953 à 18 ans et 7 mois. C. Truman en 1959 à 18 ans et 5 mois. Matts Willander en 1982 à 17 ans et 288 j.

• **Matches les plus longs : simple messieurs.** *Match* : 126 jeux. R. Taylor (G.-B.) b. W. Gasiorek (Pol.) 27-29, 31-29, 6-4, à Varsovie en 1966. *Set* : 70 jeux. John Brown (Austr.) b. Bill Brown (U.S.A.) 36-34, 6-1, à Kansas-City en 1960. 116 h 24 mn du 22 au 27-5-83 entre Mark Humes et Chris Long (U.S.A.).

Simple dames. 62 jeux. Kathy Blake (U.S.A.) b. Elena Subirats (Mex.) 12-10, 6-8, 14-12, à Locust Valley en 1966. *Set* : 36 jeux. Billie Jean Moffitt-King (U.S.A.) b. Christine Truman (G.-B.) 6-4, 19-17. Wigthman cup, Cleveland, en 1963.

Double messieurs. *Match* : 147 jeux. Dick Leach et Donald Dell (U.S.A.) b. Len Schloss et Tom Mozur 3-6, 49-47, 22-20, à Newport 67. *Set* : 96 jeux. D. Leach-D. Dell (U.S.A.) b. L. Schloss-T. Mozur (U.S.A.) 3-6, 49-47, 22-20 (Newport 1960).

Double dames. *Match* : 81 jeux. Nancy Richey et Carole Graebner (U.S.A.) b. Justina Bricka et Carol Hanks (U.S.A.) 31-33, 6-1, 6-4, à Orange en 1964. *Set* : 64 jeux. N. Richey-C. Graebner (U.S.A.) b. J. Bricka-C. Hancks (U.S.A.) 31-33, 6-1, 6-4 (South Orange 1964).

Double mixte. *Match* : 71 jeux. Bill Talbert et Margaret du Pont (U.S.A.) b. Bob Falkenburg et Gertrude Moran (U.S.A.) 27-25, 5-7, 6-1. *Set* : 52 jeux. M. du Pont-B. Talbert (U.S.A.)-G. Moran-R. Falkenburg (U.S.A.) 27-25, 5-7, 6-1 (Forest Hills 1948).
Une partie en simple a duré 30 h 30 min. les 10 et 11 mai 1975 à Beltsville (Maryland, U.S.A.).

• **Tie-breaks les plus longs** : *26 points à 24* à Wimbledon le 1-7-1985 en double ; *21 points à 19* double des championnats d'Égypte en mars 83 ; *20 points à 18, 3e set* : B. Borg (Suède) B. Lall (Inde) 6-3, 6-4, 9-8 (Wimbledon 1973) ; *19 points à 17 2e set* : Mark Cox (G.-B.) R. Emerson (Austr.) 4-6, 7-6, 7-6 (Dallas 1971).

• **Points les plus longs** : Cari Hagey et Colette Kavanagh (11 ans), 51 min. 30 s (en 1977). La rencontre dura 3 h 35 mn. Entre Mlles Ricard et Marot (3e point des tie-breaks balle renvoyée 989 fois au-dessus du filet) 1 h 19 mn le 28-3-1981 à Roland-Garros.

• **Victoires (séries les plus longues)** : sur terre battue, Chris Evert a remporté 118 victoires consécutives et 23 tournois dep. le 12-8-1973.

• **Service le plus rapide.** 221 km/h : Steve Denton (Austr.) le 29-7-1984.

• **Jeu le plus long dans un tournoi officiel seniors.** 31 mn avec 37 égalités entre Anthony Fawcett (Rhodésien) et Keith Glass (G.-B.) le 26-5-75 aux championnats du Surrey (G.-B.).

Tennis en France

Clubs : 1950 : 1 410, **60** : 1 056, **70** : 1 607, **79** : 4 300, **80** : 4 822, **81** : 5 467, **82** : 6 500, **83** : 7 200, **84** : 8 200, **85** 9 000. *Principaux clubs et nombre de licenciés* : R.C.F. (Paris) : 3 605, Cacel Nice (Côte d'Azur) : 2 322, U.S. Maisons Laffitte (Yvelines) : 2 199, Stade St-Germanois (Yvel.) : 2 089, A.S. Meudonnaise (Hts-de-S.) : 2 089.

Courts : 1962 : 3 050, **70** : 5 492, **76** : 9 500, **79** : 12 500, **80** : 15 000, **81** : 16 000, **82** : 17 000, **83** : 18 000, **84** : 19 500, **85** 21 500.

Joueurs. *Licenciés* : **1950** : 53 347, **60** : 71 019, **65** : 105 882, **70** : 167 110, **75** : 311 382, **79** : 651 284, **80** : 801 204, **81** : 939 447, **82** : 1 055 955, **83** : 1 176 478, **84** : 1 290 943, **85** 1 324 000, **86** 1 400 000 (2 500 000 pratiquants).

Classement 1re série (1985) : 24 joueuses + 1 à titre étranger. 30 joueurs + 4 à titre étranger. *Total des classés toutes séries (1985) : 158 576 dont 41 426 joueuses, 117 150 joueurs.*

Principales épreuves

A cause du développement du professionnalisme, et afin de maintenir l'intérêt des compétitions, les tournois sont devenus ouverts (open) à tous les joueurs professionnels ou amateurs. 1er tournoi open le 22-4-68 à Bournemouth.

Légende. — **Nationalités. Individuel** : (1) Australie. (2) France. (3) Angleterre. (4) Espagne. (5) U.S.A. (6) Tchécosl. (7) Yougosl. (8) Roumanie. (9) Afr. du S. (10) Égypte. (11) Brésil. (12) Hongrie. (13) Suède. (14) Italie. (15) U.R.S.S. (16) N.-Zélande. (17) Chili. (18) Mexique. (19) Pays-Bas. (20) All. féd. (21) Paraguay. (22) Argentine. (23) Japon. (24) Rhodésie. (25) Inde. (26) Uruguay. (27) Autriche. (28) Suisse. (29) Danemark. (30) Équateur. (31) Belgique. (32) Pologne. (33) Colombie. (34) Irlande. (35) Bulgarie. (36) Pérou. (37) Israël. (38) Équateur. (39) Canada.

Par équipe : All : Allemagne féd. Au : Australie. Be : Belgique. E : Espagne. F : France. G : Grande-Bretagne. In : Inde. It : Italie. Ja : Japon. Me : Mexique. Rou : Roumanie. U : U.S.A. A.S. : Afrique du Sud. S : Suède. Tch : Tchécoslovaquie. Ch : Chili.

Coupe Davis

Fondée par l'Anglais Dwight Filley Davis (1879-1945) et jouée pour la 1re fois en 1900.

Jusqu'en 1971, le tenant de la coupe ne jouait qu'un match ultime (le Challenge Round), où il mettait son trophée en jeu sur son terrain contre le gagnant des éliminatoires. Depuis 1972, le tenant participe à la compétition depuis ses débuts au même titre que les autres nations.

Résultats. 1900 U-G 5-0. **02** U-G 3-2. **03** G-U 4-1. **04** G-Be 5-0. **05** G-U 5-0. **06** G-U 5-0. **07**Au-G 3-2. **08**Au-U 3-2. **09** Au-U 5-0. **11** Au-U 5-0. **12** G-Au 3-2. **13** U-G 3-2. **14** Au-U 3-2. **19** Au-G 4-1. **20** U-Au 5-0. **21** U-Ja 5-0. **22** U-Au 4-1. **23** U-Au 4-1. **24** U-Au 5-0. **25** U-F 5-0. **26** U-F 4-1. **27** F-U 3-2. **28** F-U 4-1. **29** F-U 3-2. **30** F-U 4-1. **31** F-G 3-2. **32** F-U 3-2. **33** G-F 3-2. **34** G-U 4-1. **35** G-U 5-0. **36** G-Au 3-2. **37** U-G 4-1. **38** U-Au 3-2. **39** Au-U 3-2. **46** U-Au 5-0. **47** U-Au 4-1. **48** U-Au 5-0. **49** U-Au 4-1. **50** Au-U 4-1. **51** Au-U 3-2. **52** Au-U 4-1. **53** Au-U 3-2. **54** U-Au 3-2. **55** Au-U 5-0. **56** Au-U 5-0. **57** Au-U 3-2. **58** U-Au 3-2. **59** Au-U 3-2. **60** Au-It 4-1. **61** Au-It 5-0. **62** Au-Me 5-0. **63** U-Au 3-2. **64** Au-U 3-2. **65** Au-E 4-1. **66** Au-In 4-1. **67** Au-E 4-1. **68** U-Au 3-2. **69** U-Rou 5-0. **70** U-All 5-0. **71** U-Rou 3-2. **72** U-Rou 3-2. **73** Au-U 5-0. **74** A.S.-In, forf. **75** S-Tch 3-2. **76** It-Ch 4-1. **77** Au-It 3-1. **78** U-G 4-1. **79** U-It 5-0. **80** Tch-It 4-1. **81** U-Arg. 3-1. **82** U-France 4-1. **83** A-S 3-2. **84** S-U 4-1. **85** S-All 3-2.

Simple le plus long. *86 jeux* : A. Ashe (U.S.A.) C. Kuhnke (R.F.A.) 6-8, 10-12, 9-7, 13-11, 6-4 (Cleveland 1970). **Double le plus long.** *122 jeux* : A. Smith-Erik Van Dilen (U.S.A.)-Patricio Cornejo-Jaime Fillol (Chili) 7-9, 37-39, 8-6, 6-1, 6-3 (Little Rock 1973).

Coupe de la Fédération internationale

Créée en 1963. Sorte de coupe Davis féminine.

Résultats. 1963 U.S.A./Au. **64** Au./U.S.A. **65** Au./U.S.A. **66** U.S.A./All. **67** U.S.A./G. **68** Au./P.-B. **69** U.S.A./Au. **70** Au./All. **71** Au./G. **72** A.S./G. **73** Au./A.S. **74** Au./U.S.A. **75** Tch./Au. **76, 77, 78, 79, 80** U.S.A./Au. **81** U.S.A.-G.-B. **82** U.S.A./All. 3-0. **83** Tch./All. 2-1. **84** Tch./Au. 2-1. **86** U.S.A./Tch. 3-0.

Championnats de Wimbledon

Simple messieurs *créé* 1877. **46** Petra[2]/Brown[5]. **47** Kramer[5]/Brown[5]. **48** Falkenburg[5]/Bromwich[1]. **49** Schroeder[5]/Drobny[10]. **50** Patty[5]/Sedgman[1]. **51** Savitt[5]/McGregor[1]. **52** Sedgman[1]/Drobny[10]. **53** Seixas[5]/Nielsen. **54** Drobny[10]/Rosewall[1]. **55** Trabert[5]/Nielsen. **56** Hoad[1]/Rosewall[1]. **57** Hoad[1]/Cooper[1]. **58** Cooper[1]/Fraser[1]. **59** Olmedo[5]/Laver[1]. **60** Fraser[1]/Laver[1]. **61** Laver[1]/McKinley[5]. **62** Laver[1]/Mulligan[1]. **63** Mc-Kinley[5]/Stolle[1]. **64, 65** Emerson/Stolle[1]. **66** Santana[4]/Ralston[5]. **67** Newcombe[1]/Bungert[20]. **68** Laver[1]/Roche[1]. **69** Laver[1]/Newcombe[1]. **70** Newcombe[1]/Rosewall[1]. **71** Newcombe[1]/Smith[5]. **72** Smith[5]/Nastase[8]. **73** Kodes[6]/Metreveli[5]. **74** Connors[5]/Rosewall[1]. **75** Ashe[5]/Connors[5]. **76** Borg[13]/Nastase[8]. **77, 78** Borg[13]/Connors[5]. **79** Borg[13]/Tanner[5]. **80** Borg[12]/McEnroe[5]. **81** McEnroe[5]/Borg[13]. **82** Connors[5]/McEnroe[5]. **83** McEnroe[5]/Lewis[16]. **84** McEnroe[5]/Connors[5]. **85** Becker[20]/Curren[5]. **86** Becker[20]/Lendl[6].

Simple dames (*créé* 1879). **46** Betz[5]/Brough[5]. **47** Osborne[5]/Hart[5]. **48** Brough[5]/Hart[5]. **49** et **50** Brough[5]/du Pont. **51** Hart[5]/Fry[5]. **52** M. Connolly[5]/Brough[5]. **53** Connolly[5]/Hart[5]. **54** Connolly[5]/Brough[5]. **55** Brough[5]/Fleitz. **56** Fry[5]/Buxton. **57** Gibson[5]/Hard. **58** Gibson[5]/Mortimer[3]. **59** Bueno[11]/Hard. **60** Bueno[11]/Reynolds. **61** Mortimer[3]/Truman[3]. **62** Susman[5]/Sukova. **63** Smith-Court[1]/Moffitt. **64** Bueno[11]/Smith-Court[1]. **65** Smith-Court[1]/Bueno[11]. **66, 67, 68** King[5]. **69** Jones[3]/King[5]. **70** Smith-Court[1]/King[5]. **71** Goolagong[1]/Smith-Court[1]. **72** King[5]/Goolagong[1]. **73** King[5]/Evert[5]. **74** Evert[5]/Morozova[15]. **75** King[5]/Cawley[1]. **76** Evert[5]/Cawley[1]. **77** Wader[3]/Stove[19]. **78, 79** Navratilova[8]/Evert[5]. **80** Goolagong[1]/Evert[5]. **81** Evert[5]/Mandlikova[6]. **82** Navratilova[5]/Evert-Lloyd[5]. **83** Navratilova[5]/Jaeger[5]. **84, 85** Navratilova[5]/Evert-Lloyd[5]. **86** Navratilova[5]/Mandlikova[6].

Double messieurs (*créé* 1879). **35** Crawford[1]-Quist[1]. **36** Hughes-Tuckey. **37 38** Bugde[5]-Mako[5]. **39** Riggs-Cooke. **46** Brown[5]-Kramer[5]. **47** Falkenburg[5]-Kramer[5]. **48** Bromwich[1]-Sedgman[1]. **49** Gonzales[5]-Parker[5]. **50** Bromwich[1]-Quist[1]. **51, 52** McGregor[1]-Sedgman[1] **53** Hoad[1]-Rosewall[1]. **54, 55** Hartwig[1]-Hoad[1]. **56** Hoad[1]-Rosewall[1]. **57** Mulloy-Patty[5]. **58** Davidson[15]-Schmidt[5]. **59** Emerson[1]-Fraser[1]. **60** Osuna[1]-Ralston[5]. **61** Emerson[1]-Fraser[1]. **62** Hewitt[1]-Stolle[1]. **63** Osuna[18]-Palafox. **64** Hewitt[1]-Stolle[1]. **65** Newcombe[1]-Roche[1]. **66** Fletcher[3]-Newcombe[1] **67** Hewitt[1]-McMillan[1]. **68, 69** Roche[1]-Newcombe[1]. **70** Newcombe[1]-Roche[1]/Rosewall[1]-Stolle[5]. **71** Laver[1]-Emerson[1]/Ashe[5]-Ralston[5]. **72** Hewitt[9]-McMillan[9]/Smith[5]-Van Dillen[2]. **73** Connors[5]-Nastase[8]/Cooper[1]-Fraser[2]. **74** Newcombe[1]-Roche[1]/Lutz[5]-Smith[5]. **75** Gerulaitis[5]-Mayer[5]/Dowdeswell[24]-Stone[1] **76** Gottefried[5]-Ramirez[18]/Case[1]-Masters[1]. **77** Case[1]-Masters[1]/Alexander-Dent. **78** McMillan[9]-Hewitt[9]/McEnroe[5]-Fleming[5]. **79** McEnroe[5]-Fleming[5]/Gottfried[5]-Ramirez[18]. **80** McNamée[1]-McNamara[1]/Lutz[5]-Smith[5]. **81** Fleming[5]-McEnroe[5]/Lutz[5]-Smith[5]. **82** McNamara-McNamée[1]/Fleming-McEnroe[5]. **83** Fleming-McEnroe[5]/Tim et Tom Gullikson[5]. **84** Fleming-McEnroe[5]/Cash-McNamee[1]. **85** Gunthardt[13]-Taroczy[12]/Cash[1]-Fitzgerald[1]. **86** Nyström[13]-Wilander[13]/Donnelly[5]-Fleming[5].

Double dames. (*Créé* 1899, challenge round de 1899 à 1912). **46** Brough[5]-Osborne[5]. **47** Hart[5]-Tood[5]. **48, 49, 50** du Pont[5]-Brough[5]. **51, 52, 53** Fry[5]-Hart[5]. **54** Brough[5]-du Pont[5]. **55** Shilcock-Mortimer[3]. **56** Buxton[5]-Gibson[5]. **57** Gibson[5]-Hart[5]. **58** Gibson[5]-Bueno[11]. **59** Arth-Hard[5]. **60** Bueno[11]-Hard[5]. **61** Hantze[5]-Moffitt[5]. **62** Susman[5]-Moffitt[5]. **63** Bueno[11]-Hard[5]. **64** Smith-Court[1]-Turner[1]. **65** Bueno[11]-Moffitt[5]. **66** Bueno[11]-Richey[5]. **67, 68** Casals[5]-King[5]. **69** Smith-Court[1]-Tegart[1]. **70, 71** Casals[5]-King[5]. **72** King[5]-Stove[19]/Dalton[1]-Durr[2]. **73** King[5]-Casals[5]/Durr[2]-Stove[19]. **74** Goolagong[1]-Michel[5]/Gourlay[1]-Krantzcke[1]. **75** Kyomura[5]-Sawamats[23]/Durr[2]-Stove[1]. **76** Evert[5]-Navratilova[6]/King[5]-Stove[19]. **77** Cawley[1]-Russel[5]/Stove[9]-Navratilova[6]. **78** Reid[1]-Turnbull[1]/Jansovec[7]-Razuci[8]. **79** King[5]-Navratilova[6]/Stove[19]-Turnbull[1]. **80** Jourdan[5]-Smith[5]/Casals[5]-Turnbull[1]. **81** Navratilova[6]-Shriver/Jordan[5]-Smith[5]. **82** Navratilova-Shriver[5]/Jordan-Smith[5]. **83** Navratilova[5]-Shriver[5]/Casals[5]-Turnbull[1]. **84** Navratilova-Shriver[5]/Jordan-Smith[5]. **85** Jordan[5]-Smylie[1]/Navratilova[5]/Shriver[5]. **86** Navratilova[5]-Schriver[5]/Mandlikova[6]-Turnbull[1].

Double mixte. (Créé 1900. Challenge Round de 1900 à 1912). **46** Brown[5]-Brough[5]. **47, 48** Bromwich[5]-Brough[5]. **49** Sturgess[2]-Summers[5]. **50** Sturgess[2]-Brough[5]. **51** Sedgman[1]-Hart[5]. **52** Sedgman[1]-Hart[5]. **53, 54, 55** Seixas[5]-Hart[5]. **56** Seixas[5]-Fry[5]. **57** Nielsen[5]-Gibson[5]. **58** Howe-Coghlan. **59, 60** Laver[1]-Hard[1]. **61** Stolle[1]-Turner[1]. **62** Fraser[1]-du Pont[5]. **63** Fletcher[1]-Smith-Court[1]. **64** Stolle[1]-Turner[1]. **65, 66** Fletcher[3]-Smith-Court[1]. **67** Davidson[13]-King[1]. **68** Fletcher[3]-Smith-Court[1]. **69** Stolle[1]-Jones[2]. **70** Nastase[8]-Casals[1]. **71** Davidson[1]-King[5]. **72** Nastase[8]-Casals[1]. **73** Davidson[1]-King[5]. **74** Davidson[1]-King[5]. **75** Riessen[5]-Court[1]. **76** Roche[1]-Durr[2]/Stockton[5]-Canal[2]. **77** Hewitt[9]-Stevens[9]/McMillan[9]-Stove[9]. **78** Stove[9]-McMillan[9]/King[5]-Ruffels[1]. **79** Stevens[9]-Hewit[5]/Stove[9]-McMillan[9]. **80** Austin[5]-Austin[5]/Edmonsson[1]-Fromholtz[1]. **81** McMillan[9]-Stove[9]/Jr. T. Austin[5]. **83** J. Lloyd[3]-W. Turnbull[1]/Denton[5]-B. J. King[5]. **84** Lloyd[5]-Turnbull[1]/Jordan-Denton[5]. **85** McNamee[1]-Navratilova[5]/Fitzgerald[1]-Smylie[1]. **86** Jordan[5]-Flash[5]/Navratilova[5]-Gunthardt[28].

Championnats internationaux de France (Roland-Garros)

Disputés depuis 1891 pour les hommes (depuis 1897 pour les dames).

Ouverts depuis 1925 à tous les pays et joués depuis 1928 au stade Roland-Garros (Paris).

Simple juniors jeunes gens. (*Créé* 1947). **47** Brichant/Roberts[3]. **48** Nielsen[5]/Brichant. **49** Molinari[2]/Maillet[2]. **50** Dubuisson[2]/Pillet[2]. **51** Richardson/Mezzi[31]. **52** Rosewall[1]/Grinda[2]. **53** Grinda[2]/Andries. **54** Emerson[1]/Grinda[2]. **55** Gimeno[4]/Belkhodja. **56** Belkhodja/Laver[1]. **57** Arilla[4]/Renavand[2]. **58** Bucholz[5]/Bresson. **59** Buding[2]/Mandarino[11]. **60** Buding[20]/Gisbert[4]. **61** Newcombe[1]/Contet[2]. **62** Newcombe[1]/Koch[11]. **63** Kalogeropoulos/Koch[11]. **64** Richey[5]/Goven[2]. **65** Battrick[2]/Goven[2]. **66** Korotkoff[15]/Guerrero[4]. **67** Proisy[2]/Tavares[11]. **68** Dent[1]/Alexander[1]. **69** Munoz[4]/Tamin[2]. **70** Herrera/Tamin[2]. **71** Barazutti[14]/Warboys[3]. **72** Mottram[3]/Pinner[20]. **73** Pecci[21]/Slozill. **74** Casa/Marten. **75** Roger-Vasselin[1]/Elter[20]. **76** Gunthardt[28]/Clerk[22]. **77** McEnroe[5]/Kelly[1]. **78** Lendl[6]/Ajerqvist[13]. **79** Kirshman[25]/Pills[5]. **80** Leconte[2]/Tous[4]. **81** Wilander[13]/Brown[5]. **82** Benhabiles[2]/Courteau[2]. **83** Edberg[13]/Février[2]. **84** Carlsson[13]/Kratzman[1]. **85** Izaga[36]/Muster[27]. **86** Perrez-Roldan[22]/Grenier[2].

Simple juniors jeunes filles. (*Créé* 1953). **53** Brunon[2]/de Chambure[2]. **54** de Chambure[2]/Monnot. **55** Redl/Baumgarten. **56** Launay[2]/Lieffrig[2]. **57** Buding[29]/Seghers[2]. **58** Gordigiani[14]/Hastier[2]. **59** Cross/Rucquois[31]. **60** Durr[2]/Rucquois[31]. **61** Ebbern[1]/Cairtex[2]. **62** Dening[1]/Ebbern[1]. **63** Salfati[2]/Van Zill[9]. **64** Seghers[2]/Subirats[18]. **65** Emanuel[9]/Subirats[18]. **66** de Roubin[2]/Cristiani[2]. **67** Molesworth[3]/Montano[18]. **68** Hunt[1]/Izopajtyse[15]. **69** Sawamatsu[23]/Cassaigne[2]. **70** Burton[3]/Tomanova[6]. **71** Granatourova[15]/Guedy[2]. **72** Tomanova[6]/Jausovec[7]. **73** Jausovec[7]/Marsikova[6]. **74** Simionescu[8]/Barker[3]. **75** Marsikova[6]/Mottram[3]. **76** Tyler[3]/Zoni[14]. **77** Smith[5]/H. Strahonova[6]. **78** Mandlikova[6]/Rotschild[5]. **79** Sandin[13]/Lutten[20]. **80** Hovath[5]/Henry[5]. **81** Gadusek[5]/Sukova[6]. **82** Maleeva[35]/Barg[5]. **83** Paradis[2]/Spence[5]. **84** Sabattini[22]/Maleeva[35]. **85** Garrone[14]/Van Rensburg[9]. **86** Tarabini[22]/Provis[1].

Simple messieurs. (*Créé* 1891). **46** Bernard[2]/Drobny[10]. **47** Asboth[12]/Sturgess[9]. **48** Parker[5]/Drobny[10]. **49** Parker[5]/Patty[5]. **50** Patty[5]/Drobny[10]. **51** Drobny[10]/Sturgess[9]. **52** Drobny[10]/Sedgman[1]. **53** Rosewall[1]/Seixas[5]. **54** Trabert[5]/Larsen[5]. **55** Trabert[5]/Davidson[13]. **56** Hoad[1]/Davidson[13]. **57** Davidson[13]/Flam[5]. **58** Rose[1]/Ayala[17]. **59** Pietrangeli[14]/Vermaak[9]. **60** Pietrangeli[14]/Ayala[17]. **61** Santana[4]/Pietrangeli[14]. **62** Laver[1]/Emerson[1]. **63** Emerson[1]/Darmon[2]. **64** Santana[4]/Pietrangeli[14]. **65** Stolle[1]/Roche[1]. **66** Roche[1]/Gulyas[12]. **67** Emerson[1]/Roche[1]. **68** Rosewall[1]/Laver[1]. **69** Laver[1]/Rosewall[1]. **70** Kodes[6]/Franulovic[7]. **71** Kodes[6]/Nastase[8]. **72** Gimeno[4]/Proisy[2]. **73** Nastase[8]/Pilic[7]. **74** Borg[13]/Orantès[4]. **75** Borg[13]/Vilas[22]. **76** Panatta[14]/Solomon[5]. **77** Vilas[22]/Gottfried[5]. **78** Borg[13]/Vilas[22]. **79** Borg[13]/Pecci[21]. **80** Borg[13]/Gerulaitis[5]. **81** Borg[13]/Lendl[6]. **82** Wilander[13]/Vilas[22]. **83** Noah[2]/Wilander[13]. **84** Lendl[6]/Mc Enroe[5]. **85** Wilander[13]/Lendl[6]. **86** Lendl[6]/Pernfors[13].

Simple dames. (*Créé* 1897). **46** Osborne[5]/Betz[5]. **47** Todd[5]/Hart[5]. **48** Landry[2]/Fry[5]. **49** du Pont[5]/Adamson[2]. **50** Hart[5]/Todd[5]. **51** Fry[5]/Hart[5]. **52** Hart[5]/Fry[5]. **53** Conolly[5]/Hart[5]. **54** Conolly[5]/Bucaille[2]. **55** Mortimer[3]/Knode[5]. **56** Gibson[5]/Mortimer[3]. **57** Bloomer[3]/Knode[5]. **58** Kormoczy[12]/Bloomer[3]. **59** Truman[3]/Kormoczy[12]. **60** Hard[5]/Ramirez[18]. **61** Haydon/Ramirez[18]. **62** Smith-Court[1]/Turner[1]. **63** Turner[1]/Jones[3]. **64** Smith-Court[1]/Bueno[11]. **65** Turner[1]/Smith-Court[1]. **66** Jones[3]/Richey[5]. **67** Durr[2]/Turner[1]. **68** Richey[5]/Jones[3]. **69** Smith-Court[1]/Jones[3]. **70** Smith-Court[1]/Nielsen[5]. **71** Goolagong[1]/Gourlay[1]. **72** King[5]/Goolagong[1]. **73** Smith-Court[1]/Evert[5]. **74** Evert[5]/Morozova[15]. **75** Evert[5]/Navratilova[6]. **76** Barker[3]/Tomanova[6]. **77** Jausovec[7]/Mihai[8]. **78** Ruzici[8]/Jausovec[7]. **79** Evert[5]/Turnbull[1]. **80** Evert[5]/Ruzici[8]. **81** Mandlikova[6]/Hanika[20]. **82** Navratilova[5]/Jaeger[5]. **83** Evert-Lloyd[5]/Jansovec[7]. **84** Navratilova[5]/Evert-Lloyd[5]. **85** Evert-Lloyd[5]/Navratilova[5]. **86** Evert-Lloyd[5]/Navratilova[5].

Double messieurs. 46 Bernard[2]-Pétra[2]. **47** Fannin-Sturgess[9]. **48** Bergelin[14]-Drobny[10]. **49** Gonzalès[5]-F.A. Parker[5]. **50** Talbert[5]-Trabert[5]. **51-52** McGregor[1]-Sedgman[1]. **53** Hoad[1]-Rosewall[1]. **54-55** Seixas[5]-Trabert[5]. **56** Candy[1]-Perry[1]. **57** Anderson[1]-Cooper[1]. **58** Cooper[1]-Fraser[1]. **59** Pietrangeli[14]-Sirola[14]. **60** Fraser[1]-Emerson[1]. **61** Laver[1]-Emerson[1]. **62** Fraser[1]-Emerson[1]. **63** Emerson[1]-Santana[4]. **64** Emerson[1]-Fletcher[1]. **65** Emerson[1]-Stolle[1]. **66** Graebner[5]-Ralston[5]. **67** Newcombe[1]-Roche[1]. **68** Rosewall[1]-Stolle[1]/Laver[1]-Emerson[1]. **69** Newcombe[1]-Roche[1]/Emerson[1]-Laver[1]. **70** Nastase[8]-Tiriac[8]/Ashe[5]-Parasell[5]. **71** Ashe[5]-Riessen[5]/Fairley[5]-McMillan[9]. **72** Hewitt[9]-McMillan[9]/Cornejo[17]-Fillol[17]. **73** Newcombe[1]-Okker[19]/Connors[5]-Nastase[8]. **74** Crealy[1]-Parun[16]/Smith-Lutz[5]. **75** Gottfried[5]-Ramirez[18]/Alexander[1]-Dent[1]. **76** McNair[5]-S. Stewart[5]/Ramirez[18]-Gottfried[5]. **77** Gottfried[5]-Ramirez[8]/Fibak[32]-Kodes[6]. **78** Pfister[5]-Waver[5]/Higueras[4]-Orantes[4]. **79** G. et S. Mayer[5]/Case-Dent[1]. **80** Amaya[5]-Pfister[5]/Gottfried[5]-Ramirez[18]. **81** Gunghart[28]-Taroczy[12]/Moor[5]-Teltscher[5]. **82** Stewart-Taygan[5]/Gildermeister-Prajoux[17]. **83** Jarryd-Simonsson[13]/Steward[5]-Edmondson[1]. **84** Leconte-Noah[2]/Slozil-Smid[6]. **85** Edmondson-Warwick[1]/Glickstein[37]-Simonsson[13]. **86** Smid[6]-Fitzgerald[1]/Edberg-Jarryd[13].

Doubles dames. 46 Brough[5]-Osborne[5]. **47** Brough[5]-Osborne[5]. **48** Hart[5]-Todd. **49** du Pont[5]-Brough[5]. **50, 51, 52, 53** Hart[5]-Fry[5]. **54** Connolly[5]-Hopman[1]. **55** Fleitz-Hard[5]. **56** Gibson[5]-Buxton[3]. **57** Bloomer-Hard[5]. **58** Ramirez[18]-Reyes[18]. **59** Reynolds-Schuurman. **60** Bueno[1]-Hard[5]. **61** Reynolds[2]-Schuurman. **62** Price-Reynolds[5]-Schuurman. **63** Jones[3]-Schuurman. **64, 65** Smith-Court[1]-Turner[1]. **66** Smith-Court[1]-Tegart[1]. **67** Durr[2]-Sherriff. **68** Durr[1]-Jones[3]. **69** Durr[2]-Jones[3]/Smith-Court[1]-Richey[5]. **70** F. Durr[2]-Chanfreau[2]/King[5]-Casals[5]. **71** Chanfreau[2]-F. Durr[2]/Gourlay[1]-Harris[1]. **72** King[5]-Stove[19]/Shaw[3]-Truman[3]. **73** Smith-Court[1]-Wade[3]/Durr[2]-Stove[19]. **74** Evert[5]-Morozova[15]/Chanfreau[2]-Ebbinghaus[20]. **75** Evert[5]-Navratilova[6]/Anthony[6]-Morozova[15]. **76** Lovera[2]-Bonicelli[26]/Harter[5]-Masthoff[20]. **77** Teeguarden[5]-Marsikova[6]/Fox[1]-Gourlay[5]. **78** Jausovec[7]-Ruzici[8]/Bowley[5]-Lovera[2]. **79** Stove[19]-Turnbull[1]/Durr[2]-Wade[3]. **80** Jordan[5]-Smith[5]/Madruga[22]-Villogran[22]. **81** Harford[9]-Fairbank[9]/Reynolds[5]-Smith[5]. **82** Navratilova-Smith[5]/Piatek-Walsh[5]. **83** Fairbank[9]-Reynolds[5]/Jordan-Smith[5]. **84** Navratilova[5]-Shriver[5]/Kohde-Mandlikova[6]. **85** Navratilova-Shriver[5]/Kohde-Kilsch-Sukova[6]. **86** Navratilova[5]-Temesvari[12]/Graf[20]-Sabatini[22].

Double mixte. 46 Betz[5]-Patty[5]. **47** Summers-Sturgess[9]. **48** Todd[5]-Drobny[7]. **49** Summers-Sturgess[9]. **50** Scofield-Morea. **51, 52** Hart[5]-Sedgman[1]. **53** Hart[5]-Seixas[5]. **54** Conolly[5]-Hoad. **55** Hard[5]-Forbes. **56** Long-Ayala[17]. **57** Prigejova-Javorski. **58** Bloomer[3]-Pietrangeli[14]. **59** Ramirez[18]-Knight[3]. **60** Bueno[5]-Howe. **61** Hard[5]-Laver[1]. **62** Schuurman-Howe. **63, 64, 65** Smith-Court[1]-Fletcher[3]. **66** Van Zyl[5]-McMillan[9]. **67** King[5]-Davidson[13]. **68** Durr[2]-Barclay[2]. **69** Smith-Court[1]-Riessen[5]/Durr[2]-Barclay[2]. **70** King[5]-Hewitt[9]/Durr[2]-Barclay[2]. **71** Durr[2]-Barclay[2]/Shaw[3]-M. Lewis[15]. **72** King[5]-Stove[19]/Shaau-Barclay[2]. **73** Durr[2]-Barclay[2]/Stove[19]-Dominguez[2]. **74** Navratilova[6]-Molina[22]/Darmon-Lara[18]. **75** Kloss[9]-Bonicelli[24]-Koch[11]/Teagarden[5]-Fillol[17]. **76** Warwick[27]/Boshoffsas[9]-Dewdes-well[24]. **77** Carillo-McEnroe[5]/Mihai[8]-Molina[22]. **78** Tomanova[6]-Slozil[6]/Ruzici[8]-Dominguez[2]. **79** Turnbull[1]-Hewitt[9]/Tiriac[8]-Ruzici[8]. **80** Smith[5]-Martin[5]/Tomonova[6]-Birner[6]. **81** Jaeger[5]-Arias[5]/Stove[18]-McNair[5]. **82** Turnbull[1]-Lloyd[3]/Monteiro[11]-Motta[11]. **83** Jordan-Teltscher[5]/Allen-Strode[5]. **84** Smith[5]-Stockton[5]/Minter[1]-Warder[1]. **85** Navratilova[5]-Gunthardt[28]/Smith[5]-Gonzalez[21]. **86** Jordan-Flach[5]/Fairbanks[9]-Edmonson[1].

Championnats des États-Unis

Nota. — Simple et double messieurs se jouent dep. 1920, simple, double dames et double mixte dep. 1935. Disputé depuis 1923 à Forest Hills et à Flushing Meadow depuis 78. Avant 68, amateurs ; pour 68 et 69, résultat open (a) et amateurs (b) ; à partir de 70, open seulement.

Simple messieurs. 75 Orantes[4]/Connors[5]. **76** Connors[5]/Borg[13]. **77** Vilas[22]/Connors[5]. **78** Connors[5]/Borg[13]. **79** McEnroe[5]/Gerulaitis[5]. **80** McEnroe[5]/Borg[13]. **81** McEnroe[5]/Borg[13]. **82** Connors[5]/Lendl[6]. **83** Connors[5]/Lendl[6]. **84** McEnroe[5]/Lendl[6]. **85** Lendl[6]/McEnroe[5].

Simple dames. 75 Evert[5]/Cawley[1]. **76** Evert[5]/Cawley[1]. **77** Evert[5]/Turnbull[1]. **78** Evert[5]/Shriver[5]. **79** Austin[5]/Evert[5]. **80** Evert[5]/Mandlikova[6]. **81** Austin[5]/Navratilova[6]. **82** Evert-Lloyd[5]/Mandlikova[6]. **83** Navratilova[5]/Evert-Lloyd[5]. **84** Navratilova[5]/Evert-Lloyd[5]. **85** Mandlikova[6]/Navratilova[5].

Double messieurs. 75 Connors[5]-Nastase[8]. **76** Okker[19]-Riessen[5]. **77** Hewitt[9]-McMillan[9]. **78** Smith[5]/Lutz[5]. **79** Fleming[5]-McEnroe[5]/Lutz[5]-Smith[5]. **80** Lutz[5]-Smith[5]/Fleming[5]-McEnroe[5]. **81** Fleming[5]-McEnroe[5]/Gunthardt-McNamara[1]. **82** Curren-Denton[5]/Amaya-Pfister[5]. **83** Flemming[5]-McEnroe[5]/Buehning[5]-Winitsky. **84** Fitzgerald[1]-Smid[6]/Jarryd[13]-Edberg[13]. **85** Flach[5]-Seguso[5]/Noah[2]-Leconte[2].

Double dames. 75 Court[1]-Wade[3]. **76** Boshoff-Kloss. **77** Navratilova[6]-Stove[19]. **78** King[5]-Navratilova[6]. **79** Stove[19]-Turnbull[1]/King[5]-Navratilova[6]. **80** King[5]-Navratilova[6]/Schriver[5]-Stove[19]. **81** Jordan-Smith/Casals-Turnbull[1]. **82** Casals-Turnbull[1]/Potter-Walsh[5]. **83** Navratilova[6]-Shrider[5]/Fairbank[9]-Reynolds[5]. **84** Navratilova-Shriver[5]/Hobbs[3]-Turnbull[1]. **85** Kohde[20]-Sukova[6]/Navratilova[5]-Shriver[5].

Double mixte. 75 Stockton-Casals[6]. **76** King[5]-Dent[5]. **77** Stove[19]-McMillan[9]. **78** Stove[19]-McMillan[9]/King[5]-Ruffels[5]. **79** Hewitt[1]-Stevens[9]/McMillan[9]-Stove[19]. **80** Turnbull[1]-Reissen[1]/Stove[19]-McMillan[9]. **81** Smith-Curren[5]/Russel-Denton[5]. **82** Smith-Curren[5]/Taygan-Potter[5]. **83** Fitzgerald[1]-Sayers[1]/Taygan[5]-Potter[5]. **84** Maleeva[35]-Gullikson[5]/Sayers-Fitzgerald[1]. **85** Navratilova[5]-Gunthardt[28]/Smylie[1]-Fitzgerald[1].

Championnats d'Australie

Créés en 1905.

Simple messieurs. 75 Edmonson/Newcombe[1]. **76** Tanner[3]/Vilas[22]. **77** Gerulaitis[5]/Lloyds[3]. **78** Vilas[22]/Marks[1]. **79** Vilas[22]/Sadri[1]. **80** Teacher[5]/Warwick[1]. **81, 82** Kriek[9]/Denton[5]. **83** Wilander[13]/Lendl[6]. **84** Wilander[13]/Curren[5]. **85** Edberg[13]/Wilander[13].

Simple dames. 75 Cawley[1]/Tomanova[6]. **76** Reid[1]/Fromholtz[1]. **77** E. Cawley[1]/H. Cawley[1]. **78** O'Neil[1]/Nagelson[1]. **79** Jordan[5]/Wolch[5]. **80** Mandlikova[6]. **81** Navratilova[5]/Evert[5]. **82** Evert-Lloyd[5]/Navratilova[5]. **83** Navratilova[5]/Jordan[5]. **84** Evert-Lloyd[5]/Sukova[6]. **85** Navratilova[5]/Evert-Lloyd[5].

Double dames. 75 Cawley[1]/Gourlay[1]. **76** Fromholtz[1]/Gourlay[1]. **77** non disputé. **78** Tomanava[6]-Nagelsen[1]. **79** Chaloner[1]-Evert[5]. **80** Nagelsen[1]-Navratilova[5]. **81** Smith-Jordan/Navratilova[5]-Shriver[5]. **82** Shriver-Navratilova[5]/Kohde-Pfaff[20]. **83** Navratilova[5]-Shriver[5]/Hobbs[3]-Turnbull[1]. **84** Navratilova-Shriver[5]/Kohde[20]-Sukova[6]. **85** Navratilova-Shriver[5]/Kohde[20]-Sukova[6].

Double messieurs. 75 Newcombe[1]-Roche[1]. **76** Ashe[5]-Roche[1]. **77** Ruffels[1]-Stone[1]. **78** Fibak[32]-Warwick[1]. **79** McNamara[1]-McNamée[1]. **80** Edmonson[1]-Warwick[1]. **81** Edmonson[1]-Warwick[1]/Pfister[5]-Sadri[1]. **82** Alexander-Fitzgerald[1]/Andrews-Sadri[1]. **83** Edmondson[1]-Mc Namee[1]/Stewart-Denton[5]. **84** Stewart[5]-Edmondson[1]/Nyström-Wilander[13]. **85** Annacone[5]-Van Rensberg[9]/Edmondson-Warwick[1].

Nota. — Non joués en 1979.

Tournoi des Masters

Annuel. Ouvert en 85 aux 16 (*86* : 8 à 10) joueurs en tête du classement des grands prix de l'année. 1er en 1970 à Tokyo.

Simple messieurs. 70 Smith. **71, 72, 73** Nastase. **74** Vilas. **75** Nastase. **76** Orantes. **77** Connors. **78** MacEnroe. **79, 80** Borg. **81** Lendl. **82** Lendl/McEnroe. **83, 84** McEnroe/Lendl. **85** Lendl/Becker.

Double messieurs. 85 Edberg/Jarryd.

Simple dames. 77, 78 Evert. **79** Navratilova. **80** T. Austin. **81** Evert. **82** Navratilova. **83** Mandlikova. **84, 85, 86** Navratilova.

Championnats de France nationaux

Simple messieurs. Joué à partir de 1951. **51** B. Destremeau. **52** P. Rémy. **53** B. Destremeau. **54** P. Rémy. **55-56** R. Haillet. **57** P. Darmon. **58** R. Haillet. **59-61** P. Darmon. **62** G. Pilet. **63** Darmon. **64** F. Jauffret. **65-66-67-68** Darmon. **69** Jauffret. **70** J.B. Chanfreau. **71-72-73-74** Jauffret. **75** Goven. **76** Proisy. **77** Jauffret. **78** Caujolle. **79-80** Noah. **81** Noah/Tulasne. **82** Noah/Leconte. **83, 84** Tulasne/Portes. **85** Forget/Dadillon.

Simple dames. 51 N. Adamson. **52** N. Adamson. **53** S. Chatrier. **54** M. Chatrier. **55** S. Le Besnerais. **56** J. Kermina. **57** S. Le Besnerais. **58** P. Courteix. **59** F. de la Courtie. **60** Courteix. **61** de la Courtie. **62** Durr. **63** Salfati. **64-65-66** Durr. **67** Salfati. **68** Darmon. **69-70-71-72** Chanfreau. **73-74** Fuchs. **75** Sheriff. **76** Simon. **77** Rual. **78** Simon. **79** Lovera. **80** Simon. **81** Lovera/Thibault. **82** Tanvier/Vernhes. **83** Herreman/Suire. **84** Herreman/Demongeot. **85** Tauziat/Paradis.

Double messieurs. Joué depuis 1950. **60** Grinda-Pilet. **61** Darmon-Pilet. **62** Barthes-Grinda. **63** Barthes-Jauffret. **64** Barthes-Jauffret. **65** Beust-Contet. **66** Darmon-Jauffret. **67** Beust-Contet. **68** Courcol-Paul. **69** Barclay-Beust. **70** Barclay-Contet. **71** Finale non disputée. **72-73** Dominguez-Proisy. **74** Beust-Contet. **75** Goven-Deblicken. **76-77** Beust-Contet. **78** Bedel-Noah. **79-80** Noah-Portes. **81** Bedel-Vasselin. **82** Leconte-Moretton. **83** Brunet/Fritz. **84** Forget-Courteau/Piacentile-Benhabilès. **85** Potier-Vanier/Champion-Winogradsky.

Double dames. Joué à partir de 1951. **60** Courteix-Morales. **61** de la Courtie-Durr. **62** Durr-Le Besnerais. **63** Durr-Salfati. **64-65-66** Durr-Lieffrig. **67** Durr-Venturino. **68** Salfati-Terras. **69** Chanfreau-Spinoza. **70** Chanfreau-Durr. **71** Chanfreau-Fuchs. **72** Chanfreau-Darmon. **73** Darmon-Fuchs. **74** Chanfreau-Darmon. **75** Sherriff-Darmon. **76-77-78-79-80** Darmon-Lovera. **82** Duxin-Glinel. **83** Calleja-Lovera. **84** Amiach-Herreman/Thibault-Phan Thanh. **85** Herreman-Amiach/Paradis-Suire.

Championnats de France juniors

Simple jeunes gens. 60 Barclay. **61** Contet. **62** Beust. **63** Grozdanovitch. **64-65-66** Goven. **67** Proisy. **68** Bernasconi. **69** Lovera. **70** Caujolle. **71** Borfiga. **72** Haillet. **73** Gauvain. **74** Vasselin. **75** Casa. **76** Moretton. **77** Noah. **78** Chiche. **79-80** Potier. **81** Loïc Courteau. **82** Franck Hamonnet. **83** Franck Février. **84** Thierry Champion. **85** Olivier Delaître.

Simple jeunes filles. 60 Durr. **61** Salfati. **62** Langanay. **63** Spinoza. **64** Venturino. **65** de Roubin. **66** Cazaux. **67** Montlibert. **68** Sarrazin. **69** Brochard. **70** Fuchs. **71** Guedy. **72** Beillan. **73** Simon. **74** Simon. **75** Dupuy. **76** Jodin. **77** Bureau. **78-79** Franch. **80** Amiach. **81** Sylvie Gardette. **82** Catherine Bonnet. **83** Nathalie Phan-Than. **84** Marie Christine Damas. **85** Cécile Calmette.

Joueurs

Classement des meilleurs joueurs

La plupart des fédérations établissent un classement national. Sur le plan international, certains journalistes spécialisés établissent des classements officieux.

Champions du monde. Titre décerné par la Féd. intern. depuis 1978. **Messieurs. 78** Connors [5]. **79, 80** Borg [13]. **81** McEnroe [5]. **82** Connors [5]. **83, 84** McEnroe [5]. **85** Lendl [6]. **Dames. 78** Evert [5]. **79** Navratilova [5]. **80, 81** Evert [5]. **82, 83, 84, 85** Navratilova [5]. **Juniors.** *Hommes :* **78** Lendl [6]. **79** Viver. **80** Tulasne [2]. **81** Cash [1]. **82** Forget [2]. **83** Carlsson. **84** Brown. *Dames :* **78** Mandlikova [6]. **79** M.L. Piatek. **80** Mascarin [5]. **81** Garrison [5]. **82** Rush [5]. **83** Spence. **84** Sabatini [22].

Le titre de champion du monde avait été décerné en juin 1914 à Tony Wilding (N.-Zél.) après sa victoire sur André Gobert.

Classement A.T.P. au 28-7-1986. *1* Lendl [6]. *2* Wilander [13]. *3* Becker [20]. *4* Noah [2]. *5* Connors [5]. *6* Edberg [13]. *7* McEnroe [5]. *8* Nystroem [13]. *9* Leconte [2]. *10* Gomez [38]. *11* Mayotte [5]. *12* Pernfors [13]. *13* Gilbert [5]. *14* Jarryd [13]. *15* Tulasne [2].

Bjorn Borg, a été le meilleur joueur de la décennie, en raison de ses 6 victoires à Roland-Garros et de ses 5 succès à Wimbledon.

Classement français F.F.T. 1984. *Messieurs :* 1 Noah, 2 Leconte, 3 Tulasne, 4 Roger-Vasselin, 5 Bedel, 6 Courteau, 7 Fritz, 8 Forget, 9 Vanier, 10 Goven. *Dames :* 1 Tanvier, 2 Paradis, 3 Suire, 4 Vanier, 5 Herreman, 6 Calleja, 7 Glinel-Simon, 8 Amiach, 9 Phan Than, 10 Thibault.

Grand Chelem (victoire la même année à Wimbledon, Roland-Garros, Forest-Hills et au championnat d'Australie). **Hommes :** John Donald Budge (Amér. n. 1915) en 1938, Rodney George Laver (Austr. n. 1938) en 1962 comme amateur et 1969 comme professionnel. 7 joueurs l'ont manqué à cause d'un tournoi. **33** Jack Crawford (Austr.) tournoi manqué Forest Hills. **34** Fred Perry (Angl.) t. m. Roland-Garros. **55** Tony Trabert (U.S.A.) t. m. Ch. Australie. **56** Lewis Hoad (Austr.) t. m. Forest Hills. **58** John Cooper (Austr.) t. m. Roland-Garros. **64** Roy Emerson (Austr.) t. m. Roland-Garros. **74** Jimmy Connors (U.S.A.) t. m. Roland-Garros. **Dames :** Maureen Connolly (Amér. 1934-69) en 1953, Margaret Court (Austr. n. 1942) en 1970 et Martina Navratilova (Amér. n. 1956) en 1984. 7 joueuses l'ont manqué : **28** Helen Wills (U.S.A.) t. m. Ch. Austr. **29** Helen Wills (U.S.A.) t. m. Ch. Austr. **62** Margaret Smith (Austr.) t. m. Wimbledon. **65** Margaret Smith (Austr.) t. m. Roland-Garros. **69** Margaret Court (Austr.) t. m. Ch. Austr. **72** Billie Jean King (U.S.A.) t. m. Ch. Austr. **73** Margaret Court (Austr.) t. m. Wimbledon.

Joueurs qui ont gagné en simple au moins 6 grandes épreuves classiques du calendrier international. Messieurs : Roy Emerson [1] 12 ; Björn Borg [13], Rod Laver [1] 11 ; William Tilden [5] 10 ; Max Decugis [2] 9 ; Fred Perry [3], Ken Rosewall [1], Henri Cochet [2], René Lacoste [2] 8 ; John Newcombe [1] 7 ; Donald Budge [5], Jimmy Connors [5], John Crawford [1], L. Doherty [3], A. Wilding [16] 6.

Dames : Margaret Court Smith [1] 24 ; Helen Moody Wills [5] 19 ; Chris Evert Lloyd [5] 14 ; Billie Jean King [5] 10 ; Maureen Connolly [5] 9 ; Suzanne Lenglen [2] 8 ; Maria Ester Bueno [11] 7 ; Louise Brough [5] ; Evonne Cawley-Goolagong [1], Margaret Dupont Osborne [5], Doris Hart [5] 6.

Quelques noms

Abboth Joseph [12] (18-9-17). Abdesselam Robert [2] (27-1-20). Alexander John [1] (4-7-51). Amaya Victor [5] (2-7-54). Amiach Sophie [2] (10-11-63). Amritraj Vijay [25] (14-12-53). Annacone Paul [5] (20-3-63). Arias Jimmy [5] (16-8-64). Ashe Arthur [5] (10-7-43). Austin Tracy [5] (12-12-62). Barazzutti Corrado [14] (19-2-53). Barclay Jean-Claude [2] (30-12-42). Barker Sue [3] (19-4-56). Barthès Pierre [2] (13-9-41). Bassett Carling [39] (1968). Becker Boris [20] (22-11-67). Bedel Dominique [2] (20-2-57). Benhabilès Tarik [2] (5-2-65). Bernard Marcel [2] (18-6-14). Betz Pauline [5] (6-8-19). Beust Patrice [2] (1944). Borg Bjorn [13] (6-6-56). Borotra Jean [2] (13-8-98). Boussus Christian [2] (5-3-08). Brookes Norman [1] (14-11-1877/10-1-1968). Brough Althéa [5] (11-3-23). Brugnon Jacques [2] (11-6-1895/20-3-1978). Budge Donald [5] (13-6-15). Bueno Marie Esther [5] (11-10-39). Calleja M.-Christine [2] (14-1-64). Casals Rosemary [5] (16-9-48). Caujolle Jean-François [2] (31-3-53). Cawley-Goolagong Evonne [1] (31-7-51). Chanfreau Jean-Baptiste [2] (17-1-47). Chesnokov Andreï [15] (2-2-1966). Clerc José Luis [22] (16-8-58). Cochet Henri [2] (14-12-01). Connolly Maureen [5] (17-9-34). Connors Jimmy [5] (2-9-52). Contet Daniel [2] (3-11-43). Cooper Ashley [1] (15-9-36). Court Margaret [1] (16-7-42). Courteau Loïc [2] (6-1-64). Cramm Gottfried Von [20] (7-7-09). Crawford John [1] (22-3-08). Curren Kevin [5]. Darmon Pierre [2] (14-1-34). Darmon Rosie [18] (23-3-39 née Reys). Darsonval Henri [2] (20-6-91). Deblicker Éric [2] (17-4-52). Decugis Max [2] (24-9-1882/6-9-1978). Dent Phil [1] (14-2-50). Destremeau Bernard [2] (11-6-17). Dibbs Eddie [5] (23-2-51). Doherty Frank [3] (14-10-1872/29-12-1910). Dominguez Patrice [2] (12-1-50). Drobny Jaroslav [7] (12-10-21). Drysdale Cliff [9] (26-5-41). Durr Françoise [2] (25-12-42).

Edberg Stefan [13] (19-1-66). Edmondson Mark [1] (28-6-54). Emerson Roy [1] (3-11-36). Evert-Lloyd Chris [5] (21-12-54). Fibak Wojtek [32] (30-8-52). Fillol Jaime [17] (3-6-46). Fleming Peter [5] (21-1-55). Forget Guy [2] (4-1-65). Franulovic Zeljko [7] (13-6-47). Frazer Neale [1] (3-10-33). Fritz Bernard [2] (5-10-53). Fromholt Dianne [1] (10-8-56). Fry Schirley [5] (30-6-27). Gentien Antoine [2] (1906-1969). Gérulatis Vitas [5] (26-7-54). Gibson Althéa [5] (25-8-27). Gilbert Brad [5] (9-8-61). Giméno Andres [4] (3-8-37). Gobert André [2] (1890-1951). Gomez [38] (27-2-60). Gonzalès Pancho [5] (9-5-28). Goré Arthur [3] (1868-1928). Gottfried Brian [5] (27-1-52). Goven Georges [2] (26-4-48). Graf Steffi [20] (1969). Grinda Jean-Noël [2] (5-10-36). Haillet Robert [2] (26-9-31). Hard Darlen [5] (6-1-36). Hart Doris [5] (20-6-25). Haydon Arian [3] (17-10-38). Heldman Julie [5] (8-12-45). Herreman Nathalie [2] (28-3-66). Hewitt Bob [1] (12-1-40). Higueras Jose [4] (1-3-53). Hoad Lewis [1] (23-11-34). Hopman Harry [1] (1906-85). Hunt Lesley [1] (29-5-50). Jacobs Helen [5] (6-8-08). Jaeger Andréa [5] (4-6-65). Jarryd Anders [13] (13-7-61). Jauffret François [2] (9-2-42). Jausovec Mïma [7] (20-7-56). Johnston William [5] (2-11-94 au 1-6-46). King Billie Jean [5] (22-11-43). Kodès Jan (6-1-36). Kramer Jacques [5] (1-8-21). Krickstein Aaron [5] (2-8-67). Kriek Johan [5] (5-4-58).

Lambert-Chambers Dorothéa [3] (1878-1960). Lacoste Jean-René [2] (2-7-04). Laver Rod [1] (9-8-38). Leconte Henri [2] (4-7-63). Lendl Yvan [6] (7-3-60). Lenglen Suzanne [2] (29-5-99/4-7-38). Lutz Bob [5] (29-8-47). MacLoughlin Maurice [5] (1890-1957). McEnroe John [5] (16-2-59). Maleeva Manuela [15] (2-1-44). Maurer Andreas [20] (8-3-58). Mayotte Tim [5] (3-8-60). Mescir Miloslav [6] (19-5-64). Molinari Jean-Claude [2] (28-4-31). Moody Wills Helen [5] (6-10-05). Morosova Olga [15] (22-2-49). Nastase Ilie [8] (19-7-46). Navratilova Martina [5] (18-10-56). Newcombe John [1] (23-5-44). Noah Yannick [2] (16-5-60). Nyström Joakim [13] (10-2-63). Okker Tom [19] (22-2-44). Orantès Manuel [4] (6-2-49). Osborne Margaret [5] (épouse du Pont) (4-4-18).

Panatta Adriano [14] (9-7-50). Paradis Pascale [2] (24-4-66). Parker Frank [5] (31-1-16). Patty Budge [5] (11-2-24). Pecci Victor [21] (15-10-55). Pelizza Henri [2] (21-3-20). Pelizza Pierre [2] (10-7-17). Pernfors Mickael [13]. Perry Fred [3] (18-5-09). Petra Yvon [2] (1916-84). Pietrangeli Nicolas [14] (11-9-33). Pilet Gérard [2] (15-9-33). Pilic Nicolas [7] (27-8-39). Portes Pascal [2] (8-5-59). Proisy Patrick [2] (10-9-49). Ralston Dennis [5] (27-7-42). Ramirez Raul [18] (20-6-53). Remy Paul [12] (17-2-23). Renshaw William [3] (1861-1904). Richards Renée [5] (19-8-34). Richey Cliff [5] (31-12-46). Richey Nancy [5] (23-8-42). Riggs Bobby [5] (25-2-18). Roche Tony [1] (17-5-45). Roger-Vasselin Christophe [2] (8-7-57). Rose Marvin [1] (23-1-30). Rosewall Ken [1] (2-11-34). Ruzici Virginia [8] (31-1-55). Sabatini G. [22]. Santana Manuel [4] (10-5-38). Sedgman Frank [1] (29-10-27). Ségura Pancho [30] (20-6-21). Seixax Victor [5] (30-8-23). Shriver Pam [5] (4-7-62). Simon Brigitte [2] (1-11-56). Smid Tomas [6] (20-5-56). Smith Stan [5] (14-12-46). Solomon Harold [5] (17-9-52). Stolle Fred [1] (8-10-38). Stove Betty [19] (24-6-45). Sukova Helena [6] (23-2-65). Sundström Henrik [13]. Tanner Roscoë [5] (12-10-51). Tanvier Catherine [2] (28-5-65). Taroczy Balazs [12] (9-5-54). Teltscher Elist [13] (15-3-59). Tilden William [5] (10-2-93/5-6-53). Tiriac Ion [8] (9-5-39). Trabert Tony [5] (16-8-30). Tulasne Thierry [2] (12-7-63). Turnbull Wendy [1] (26-11-52). Ulrich Torben [29] (4-10-28). Vanjer Corinne [2] (20-9-63). Vanjer Jérôme [2] (2-11-57). Van Ryn John W. [5] (30-6-06). Vilas Guillermo [22] (17-8-52). Vines H. Ellsworth [5] (28-9-11). Wade Virginia [3] (10-7-45). Westphal Michael [20] (19-2-65). Wilander Matts [13] (22-8-64). Wills Helen [5] (1906).

Nota. — On appela les 4 mousquetaires : Borotra, Brugnon, Cochet, Lacoste.

Tennis de table

Généralités

Origine. Vers 1880 apparaît en Angleterre (raquette de volant, ballon en liège ou en caoutchouc). **1897** 1ers championnats nationaux en Hongrie. **1899** connu sous le nom de *Gossima*. **1900** appelé *ping-pong* (du bruit produit car on y joue avec une raquette du genre tambourin), nom déposé v. 1891 par John Jacques de Croydon, utilisé par la maison anglaise Hamley et breveté par la maison américaine Parker frères (raquette recouverte d'une couche de caoutchouc grené, balle en celluloïd). Après une certaine vogue, le jeu disparut. **1921** les Anglais transforment ce jeu de salon en sport : 1er championnat d'Angleterre. Tennis de table (nom donné pour en finir avec les récriminations des propriétaires de l'appellation contrôlée ping-pong). **1924** raquette en caoutchouc à picots due à l'Anglais Goode. **1926** Féd. internationale créée. **1927** Féd. française créée.

Licenciés. Chine 5 000 000, U.R.S.S. 3 000 000, All. féd. 580 000, Indonésie 385 000, Japon 300 000, G.-B. 220 000 (Angleterre 200 000, Galles 10 000, Irlande 5 000, Écosse 3 000, Jersey-Guernesey 700), Tchécoslovaquie 110 000, R.D.A. 105 000, *France 110 000* (dont environ 10 % de femmes ; env. 1 000 000 de pratiquants).

Balle la plus rapide. 170 km/h (selon Mr Sklorz) ; 96 km/h pour le Chinois Chuang Tsé-Tourng.

Règles

Terrain. *Salle :* de 12 × 6 m à 14 × 7 m pour les championnats internationaux. *Sol :* parquet en bois dur, non glissant, non brillant et non réfléchissant. **Table.** 274 × 152,5 cm à 76 cm du sol. En bois dur, recouverte de laque cellulosique mate et vert foncé. Au bord, ligne blanche de 2 cm de large. **Filet.** Vert, bande blanche en haut. Partie supérieure à 15,25 cm (autrefois 17,50 cm) au-dessus de la surface de jeu avec bordure blanche de 15 mm max. et extrémités attachées à un support vertical extérieur à 15,25 cm du bord de la table. **Balle.** Blanche ou jaune, sphérique et en celluloïd ou en matière plastique. *Poids* 2,5 g. *Diamètre* 38 mm. **Raquette.** Forme, poids et dimension variables. Couleur : foncée. Recouverte d'une couche de caoutchouc naturel ou synthétique à picots ou de 2 couches continues superposées ou « sandwich » (caoutchouc cellulaire à l'intérieur et naturel ou synthétique à picots à l'extérieur). Les picots sont tournés vers l'extérieur *(soft)* ou vers le caoutchouc cellulaire *(back side)*.

Partie. Consiste pour 2 ou 4 joueurs à se renvoyer 1 balle de celluloïd, à l'aide de raquettes, en la faisant rebondir sur une table par-dessus un filet. *Manche.* Gagnée par le joueur ou la paire atteignant le 1er 21 points, à moins que les 2 camps n'arrivent chacun à 20 pts. Le vainqueur sera alors celui marquant le 1er 2 points de plus que l'adversaire. *Partie.* Au meilleur des 3 ou 5 manches. Le jeu doit se poursuivre sans interruption, mais le joueur (ou la paire) peut demander un repos (jusqu'à 5 mn entre la 3e et la 4e manche d'une partie). L'arrêt n'excédera pas 1 mn entre les autres manches de la partie.

Points. Marqués par un joueur quand : son adversaire ne réussit pas un service correct ; ne réussit pas un retour correct ; frappe la balle en dehors de son tour, en doubles ; touche la surface de jeu de sa main libre pendant un échange ; un vêtement ou un objet porté par son adversaire vient en contact avec la balle avant que celle-ci ait dépassé la ligne de fond ou les lignes latérales sans avoir touché la surface de jeu (« obstruction ») ; son adversaire (ou sa palette ou un objet qu'il porte ou un vêtement) touche le filet ou ses supports, ou s'il déplace la surface de jeu pendant que la balle est en jeu.

Règle d'accélération. La durée d'une manche étant fixée à 15 mn, à l'expiration de ce délai, ou à tout autre moment auparavant, à la demande unanime des joueurs concernés, l'arbitre arrête le jeu qui doit se poursuivre selon la règle d'accélération. Celle-ci consiste à contraindre le *serveur* à marquer le point en 13 coups, service compris ; s'il n'y parvient pas, le point est gagné par son adversaire. Le service change après chaque point et la manche se poursuit jusqu'à 21 pts (avec écart normal de 2 pts).
Quand l'expiration du délai de 15 mn se produit en cours d'échange, le service sera au dernier serveur. Si elle se produit lorsque la balle n'est plus en jeu, le service sera au dernier relanceur. Les retours sont comptés à haute voix au moment de la frappe du relanceur, par un officiel autre que l'arbitre. Après 13 retours corrects, le point va au camp du relanceur.

Changement de service. En simple et double chaque fois qu'un total de 5 points a été marqué. Ordre du service en double : le joueur servant le 1er d'une paire (1a) sert en direction du joueur qui servira le 1er de l'autre équipe (2a) ; 2a sert ensuite à 1b, le partenaire de 1a ; 1b sert en direction du 4e joueur, 2b, et 2b sert vers 1a.
A partir de 20 partout ou suivant la règle d'accélération, l'ordre de service est inchangé mais chaque joueur ne sert qu'une seule fois à son tour jusqu'à la fin de la manche. Le joueur, ou la paire servant en premier dans une manche, reçoit en premier dans la suivante. Dans chaque manche de double, l'ordre initial de réception est opposé à celui de l'ordre précédent, mais la paire au service choisit toujours son serveur. Dans la dernière manche d'un double, la paire à la réception change l'ordre de réception dès qu'une paire atteint 10 points. Toute erreur au service ou à la réception doit être corrigée lorsqu'elle est remarquée. Tous les points marqués restent acquis.

Balle à remettre. Échange à l'occasion duquel aucun point n'est marqué. Cela se produit quand : sur le service la balle touche le filet ou ses supports ; un service se fait alors que le receveur ou son partenaire n'est pas prêt ; un joueur ne réussit pas un retour correct à la suite d'un incident échappant à sa responsabilité, par exemple par la faute d'un spectateur ou à cause d'un bruit soudain ; la balle se brise en cours d'échange ; un échange est interrompu pour redresser une erreur dans l'ordre de jeu ou de camp lors du passage à la règle d'accélération ; une balle ou une personne étrangère au jeu pénètre dans l'aire de jeu.

Épreuves

Légendes. Nationalités : (1) Autriche. (2) Chine. (3) G.-B. (4) Hongrie. (5) Japon. (6) Tchécosl. (7) Suède. (8) U.S.A. (9) Roumanie. (10) U.R.S.S. (11) Corée du Nord. (12) France. (13) Yougoslavie. (14) P.-B.

Les championnats du monde se disputent les années impaires et les championnats continentaux (d'Europe, etc.) les années paires.

Championnats du monde

Créés 1957. Années impaires.

• **Interpays. Messieurs** *(Coupe Swaithling créée* 1926 en mémoire de Lady Swaithling, mère du Pt fondateur de la Féd. intern.). Hongrie 13 fois, Chine 7, Tchécoslovaquie 6, Japon 6, Autriche 1, U.S.A. 1, G.-B. 1, Suède 1. **1955, 56, 57, 59** Japon ; **61, 63, 65** Chine ; **67, 69** Japon ; **71, 73** Suède ; **75, 77** Chine ; **79** Hongrie ; **81, 83, 85** Chine.

Dames *(Coupe Marcel Corbillon créée* 1934, en mémoire du donateur, Pt de la Féd. française 1933-34). Japon 7 fois, Roumanie 5, Chine 7, Tchéc. 3, All. féd. 3, U.S.A. 2, G.-B. 2, Corée du Sud 1. **1955, 56** Roumanie ; **57, 59, 61, 63** Japon ; **65** Chine ; **67** Japon ; **69** U.R.S.S. ; **71** Chine ; **73** Corée du S. **75, 77, 79, 81, 83, 85** Chine.

• **Individuels** (vainqueurs depuis 1926-27). **Simple messieurs.** Hongrie 10 fois, G.-B. 7, Japon 7, Chine 6, Tchécoslovaquie 3, Autriche 1, Suède 1.

1927 Jacobi [4]. **28** Mechlovits [4]. **29** Perry [3]. **30** Barna [4]. **31** Szabados [4]. **32, 33, 34, 35** Barna [4]. **36** Kolar [6]. **37** Bergmann [3]. **38** Vana [6]. **39** Bergmann [3]. **49** Leach [3]. **50** Bergmann [3]. **51** Leach [3]. **52** Satoh [5]. **53** Sido [4]. **54** Ogimura [5]. **55** Tanaka [5]. **56** Ogimura [5]. **57** Tanaka [5]. **59** Jung Kuo-tuan [2]. **61, 63, 65** Chuang Tse-toung [2]. **67** Hasegawa [5]. **69** Ito [2]. **71** Bengtsson [7]. **73** Hsi En Ting [2]. **75** Jonyer [4]. **77** Kohno [5]. **78, 79** Ono [5]. **81, 83** Guo Yuehua [2]. **85** Jiang Jialiang.

Simple dames. Hongrie 10 fois, Roumanie 6, Japon 6, Chine 5, Tchécoslovaquie 3, Autriche 2, U.S.A. 1, Corée du Nord 2. **1927, 28, 29, 30, 31** M. Mednyanszky [4]. **32, 33** Sipos [4]. **34, 35** M. Kettnerova [6]. **36** R.H. Aarons [8]. **37** titre vacant. **38** G. Pritzy [1]. **39** V. Depetrisova [6]. **47, 48, 49** G. Farkas [4]. **50, 51, 52, 53, 54, 55** A. Rozeanu [9]. **56** T. Okawa [5]. **57** F. Eguchi [5]. **59** K. Matsuzaki [5]. **61** Chiu Chung-hui [2]. **63** K. Matsuzaki [5]. **65** N. Fukazu [5]. **67** S. Morisawa [5]. **69** T. Kowada [5]. **71** Lin Hui Ching [2]. **73** Hu Yu Lan [2]. **75** Young Sun Kim [11]. **77** Pak Yung Sun [11]. **79** Ge Xinai [2]. **81** Tong Ling [2]. **83, 85** Cao Yanhua [2].

• **Double messieurs. 77** Liang Ko-Liang-Li Zhenshi [2]. **78** Surbeck-Stipancic [13]. **81** Li Zhen-shi [2]. **83** Surbek-Kalinic [13]. **85** Appelgren-Carlsson [7].

• **Double dames. 79** Zhang Li-Zhang, Deying. **81** Zhang Deying [2]-Cao Yan hua [2]. **83** Jiamping [2]-Dai Lili [2]. **85** Dai Lili [2]-Geng Lijuan [2].

• **Double mixte. 77** Secrétin-Bergeret [12]. **79** Liang Geliang-Ge Xinai [2]. **81** Xie Saike [4]-Huang junl kun [2]. **83** Yanhua [2]-Xialian [2]. **85** Cai Zhenhua [2]-Cao Yanhua [2].

Championnats d'Europe

Créés 1957. Années paires.

• **Interpays. Messieurs. 58, 60** Hongrie. **62** Yougosl. **64, 66, 68, 70, 72, 74** Suède. **76** Yougoslavie. **78** Hongrie. **80** Suède. **82** Hongrie. **84** France. **86** Suède. **Dames. 58** G.-B. **60** Hongrie. **62** All. **64** G.-B. **66** Hongrie. **68** All. **70** U.R.S.S. **72** Hongrie. **74, 76** U.R.S.S. **78** Hongrie. **80** U.R.S.S. **82** Hongrie. **84** U.R.S.S. **86** Hongrie.

• **Individuels. Messieurs. 58, 60** Berczik [4]. **62** Alser [7]. **64, 66** Johansson [7]. **68** Surbek [10]. **70, 72** Bengtsson [7]. **74** Orlowski [6]. **76** Secrétin [12]. **78** Gergely [4]. **80** Hilton [3]. **82** Appelgreen [8]. **84** Bengtsson [7]. **86** Persson [7] (en double : Lindk-Waldner [7]). **Dames. 58, 60** Koczian [4]. **62** Simon (All.). **64** Foldi-Koczian [4]. **66** Alexandru [9]. **68** Vostova [6]. **70, 72** Rudnova [10]. **74** Magos [4]. **76** Hammersley [3]. **78** Magos [4]. **80** Popova [10]. **82** Vriesekoop [14]. **84** Popova [10]. **86** Batorfi [5] (en double : Bolatova-Kovtun [10]).

• **Double mixte. 84** Secrétin [12]-Popova [10]. **86** Pansky-Hrachova [6].

Championnats de France

Créés 1928.

Simple messieurs. 69, 70, 71, 72, 73, 74, 75 Secrétin. **76** Birocheau. **77, 78, 79, 80, 81, 82** Secrétin. **83, 84, 85** Renversé. **86** Secrétin. **Double messieurs. 77** Secrétin-Vinitzki. **78, 79** Birocheau-Canor. **80** Martin-Hosffseter. **81** Parietti-Renversé. **82** Birocheau-Constant. **83** Renversé-Parieti. **84** Secrétin-Gernot. **85, 86** Secrétin-Farout.

Simple dames. 69 Boiteux. **70** Lecler. **71** Rioual. **72, 73, 74, 75** Bergeret. **76** Thiriet. **77** Bergeret. **78** Thiriet. **79, 80** Daviaud. **81** Germain. **82** Daviaud. **83** Bergeret. **84** Abgrall. **85** Germain. **86** Thiriet. **Double dames. 78, 79, 80** Germain-Daviaud. **81** Thiriet-Grillet. **82** Bergeret-Lecler. **83** Germain-Thiriet. **84, 85** Daviaud-Monteux. **86** Germain-Thiriet.

Double mixte. 77 Purkhart-Bergeret. **78, 79, 80** Secrétin-Bergeret. **81, 82** Martin-Thiriet. **83** Birocheau-Monteux. **84** Parietti-Daviaud. **85** Farout-Germain. **86** Martin-Thiriet.

Quelques noms

Abgrall Béatrice [12]. Amouretti Guy [12] (27-2-25). Appelgreen Mikael [8]. Barna Victor [3] (1911-72). Barouh Marcel [12] (16-1-34). Bengtsson Stellan [7] (26-7-52). Beolet Huguette (13-12-19). Bergeret Claude [12] (19-10-54). Bergmann Richard [3]. Birocheau Patrick. Cao Yanhua. Chuang Tsé-Toung [2] (n.c.). Constant Jean-Denis [12] (1956). Dai Lili [2]. Daviaud Nadine (1957). Gatien J.-Philippe [12]. Germain Patricia. Guo Yue-hua [2]. Haguenauer Michel [12] (22-1-16). Hammersley Jill [3]. Kalinic [13]. Leach Johnny [3] (n.c.). Lecler Yvelyne [12] (15-6-51). Martin Christian (1959). Mathieu Christiane [12] (14-4-34) (Watel). Ogimura Ichiro [5] (n.c.). Orlowski Milan [6]. Persson Jorgen [7]. Popova Valentina [10]. Purkart Vincent [12] (25-6-36). Renversé Patrick. Rioual Martine (Le Bras) (28-2-45). Secrétin Jacques [12] (18-3-49). Surbek [13]. Thiriet Brigitte [12] (11-8-56). Tong Ling [2]. Vriesekoop Bettine [14]. Walner Jan-Ove [8]. Weber Jean-Paul [12] (12-7-48). Xialian [2]. Yuehua [2].

Tir

Généralités

Origine. 1466 1re Sté de tir à Lucerne (Suisse). **XVIe s.** apparition en France des Stés de tir. **V. 1860** 1res Stés de tir en Suisse. **1886** la France crée l'Union des Stés de tir. **1896** admis aux 1ers J.O. **1897** 1ers championnats du monde (à Lyon). **1907** l'Union internationale de tir créée.

Licenciés en France. 1968 25 000. **75** 55 000. **80** 95 000. **82** 114 896. **84** 120 000 (1 981 associations). **86** 135 000.

Pistolet

• **Armes. Pistolet automatique.** Arme de poing munie d'un système de répétition comprenant un magasin, un ensemble à glissière (culasse), un mécanisme (leviers et ressorts) mis en action par la main et par une partie de l'énergie libérée par la cartouche. Certains ont un canon fixe, d'autres un canon à court recul (utilisé pour la plupart des armes dont le canon mesure plus de 10 cm). *Percussion :* 1) soit le percuteur est propulsé par un ressort, un ergot commandé par la détente libère le percuteur ; 2) soit le percuteur est inerte ; un marteau (chien) frappe le percuteur en l'envoyant brutalement en avant. Le percuteur vient toujours frapper une amorce enflammant la poudre contenue dans la cartouche. *Détente :* à double action quand elle permet de percuter plusieurs fois de suite sans réarmer ; à simple action quand le mécanisme de percussion doit être armé manuellement. *Canon :* longueur de 4 à 20 cm. *Chargeur :* contient 7 à 15 cartouches (7 pour le P.A. Colt 45, 15 pour le MAB P 15). *Calibre :* nombreux, du 22 LR au 44 Magnum.

Revolver (to revolve : tourner). Arme de poing dont l'approvisionnement se fait par un barillet (magasin rotatif). Les revolvers sont à simple ou à double action. Calibres : du 22 LR au 45 Long Colt.

Types d'épreuves. Pistolet. *P 10 M.* P. à air comprimé. *Cible* à 10 m. *Tir* 60 plombs en 2 h 15. *P. vitesse olympique. P. 22 Short. Cible* 5 pivotantes à 25 m. *Tir* 60 coups en 2 séries chacune de 30 (chacune décomposée en 2 séries de 5 coups tirés en 8″, 2 séries de 5 coups tirés en 6″, 2 séries de 5 coups tirés en 4″). *P. Standard. P. 22 LR. Cible* 25 m. *Tir* 60 coups : 20 coups, 4 fois 5 balles en 150″ ; 20 c., 4 fois 5 b. en 20″ ; 20 c., 4 fois 5 b. en 10″. *P. Sport.* P., revolver de gros calibre (22 LR pour Dames et Juniors). *Cible* fixe et pivotante à 25 m. *Tir* 30 coups « visé » en 6 séries de 5 balles en 6″. 30 coups « duels » en 6 séries de 5 balles (le tireur dispose de 3 s pour tirer chaque balle, la cible pivotante s'effaçant durant 7 s entre chaque coup). *P. libre. P. à 1 coup 22 LR. Cible* 50 m dont le ⌀ central a un diamètre de 50 mm. *Tir* 15 coups d'essai et 60 balles en 2 h 30, en 6 séries de 10 coups.

• **Résultats. Championnats du monde. Pistolet 10 M. 1985. Hommes** *ind.* Beutter (Suisse), *éq.* U.R.S.S. **Dames** *ind.* Dobrancheva (U.R.S.S.), *éq.* U.R.S.S.

Championnats d'Europe. 1985. Hommes. P. sport : *ind.* Paulis (Autr.), *éq.* U.R.S.S. **P. standard :** *ind.* Kuzmin (U.R.S.S.), *éq.* U.R.S.S. **P. libre :** *ind.* Stan (Roum.), *éq.* Roumanie. **P. vitesse olympique :** *ind.* Corneliu (Roum.), *éq.* Hongrie. **Dames.** *P. 30 + 30 ind.* Kaposztai (Roumanie), *éq.* U.R.S.S.

1986. 10 M. Hommes : *ind.* Kokorev (U.R.S.S.), *éq.* U.R.S.S. **25 et 50 M :** *ind.* Osijek (Youg.). **Dames :** *ind.* Sevaric (Youg.), *éq.* Suède.

Championnats de France. 1986. Hommes. *P. sport* Madubost. *P. standard* Petit. *P. libre* Harang. *P. vitesse olympique* Kovacs. **Dames.** Manchon.

Carabine

• **Épreuves C. 60 balles « couché » ou match anglais :** C. libre de petit calibre (22 LR). *Cible* à 50 m (Ø 10 = 12 mm). Durée 1 h 30.

C. Libre (3 positions) 3 × 40 : C. libre de petit calibre (22 LR). *Cible* 50 m (Ø 10 = 12 mm). *Tir* 5 h 15, 120 coups (40 « couché » 1 h 30 ; 40 « debout » 2 h ; 40 « genou » 1 h 45). **C. Libre (3 positions) 3 × 20** (réservée aux Dames et Juniors). *Arme et cible* idem ci-dessus. *Tir* 2 h 30, 60 coups (20 « couché », 20 « debout », 20 « genou »). **C. 300 M (libre et standard) :** C. libre gros calibre. *Cible* 300 m. *Tir* 120 coups en 5 h 15 : 40 c. « couché » 1 h 30, 40 c. « debout » 2 h, 40 c. « genou » 1 h 15. **C. standard gros calibre.** *Cible* 300 m. *Tir* 60 coups en 2 h 30 : 20 c. « couché », 20 c. « debout », 20 c. « genou ». **C. 10 M (debout) :** C. à air comprimé. *Cible* 10 m. *Tir* 60 plombs en 2 h 15 maximum.

• **Résultats. Championnat du monde. Tir à 10 M. C. air comprimé. 1985. Hommes :** *ind.* Héberlé (Fr.), *éq.* France. **Dames :** *ind.* Forian (Hongrie), *éq.* Bulgarie.

Championnats d'Europe. Tir à 25 et 50 M. 1985. Hommes. C. libre « couché » : *ind.* Ivanovitch (U.R.S.S.), *éq.* U.R.S.S. **C. libre « couché » (40 coups) :** *ind.* Poliakov (Bulg.), *éq.* Bulg. **C. libre « debout » (40 c.) :** *ind.* Ivanov, *éq.* U.R.S.S. **C. libre 3 × 40 :** *ind.* Ivanov (U.R.S.S.), *éq.* U.R.S.S. **Dames. C. standard :** *ind.* Matova (Bulg.), *éq.* Bulgarie. **Tir à 10 M. Carabine. 1986. Hommes :** *ind.* Weber (Fr.), *éq.* France. **Dames :** *ind.* Karlsson (Suède), *éq.* U.R.S.S.

Championnats de France 1986. Hommes. C. 60 balles couché Bury. **3 × 40 m** Bessy. **10 m** Weber. **Dames. 60 balles couchée** Goberville, **10 m** Decharne, **C.** match anglais Goberville, *C. 3 × 20 m* Esnault.

Sanglier courant

• **Épreuves.** La cible parcourt un trajet rectiligne de 10 m, face au tireur, de droite à gauche et de gauche à droite alternativement, en 2 vitesses : lente (VL) 5″ ; rapide (VR) 2,5″. La cible doit être tirée à chaque passage. On ne peut épauler ou mettre en joue avant l'apparition de la cible.

Discipline olympique. *Distance.* 50 m. *Trajet cible* 10 m. *Carabine* 22 LR, alimentation coup par coup et lunette de visée obligatoire. *Tir* 1re série : 30 coups en VL, 2e : 30 en VR. **Discipline « vitesse mixte ».** *Distance* 50 m. *Trajet cible* 10 m. *Car.* 22 LR, alimentation coup par coup et lunette de visée obligatoire. *Tir* le tireur ne connaît pas la vitesse de passage (lente ou rapide) : 1re série : 20 coups ; 2e : 20 (10 coups VL et 10 coups VR. Ordre de succession non connu. Pas plus de 5 coups successifs dans la même vitesse). **Discipline 10 M.** *Distance* 10 m. *Trajet cible* 2 m. *Car.* à air comprimé 4,5 mm et lunette de visée obligatoire. *Tir* 1re série : 30 coups en VL ; 2e : 30 en VR. **Discipline de chasse armes d'épaule et de poing.** *1° Ar. à canon lisse :* fusil de chasse calibre 12 ou 16, pas de lunette de visée. *Distance* 35 m. *Trajet cible* 10 m. *Tir* 10 coups en VL + 10 en VR (même ordre que Discipline Mixte). *2° Ar. à canon rayé :* carabine chasse — calibre min. 6 mm. *Distance* 50 m. *Tir* 1re série : 20 coups vitesse mixte. *C. Ar. de point :* pistolet ou revolver de gros calibre. *Distance* 35 m. *Tir* 1re série : 20 coups vitesse « mixte ».

• **Résultats.** SANGLIER COURANT MIXTE. **Ch. du Monde 1983** N. Dedov (U.R.S.S.), Kadenatsi (U.R.S.S.). **84** Li (Chine). **Ch. d'Europe 1985. Hommes, cible courante :** *ind.* Reczeli (Hongrie), *éq.* Hongrie. **Cible courante mixte** Weigel (R.D.A.), *éq.* R.D.A. **Ch. de France.** *Seniors :* **83** Gasquet. **84** Tricoire. **85** Abihssira. **86** Tricoire. *Juniors :* **83, 84** Th. Guiot.

Fosses

• **Description.** Équipées d'appareils de lancement pouvant distribuer des plateaux sous des angles différents. Le tireur ignore quels sont les appareils qui vont envoyer les plateaux. Selon la fosse, les vitesses de retombée sont variables. *Tireurs placés* à 15 m de la fosse.

Plateaux. 11 cm de diamètre, 25 à 28,5 mm de hauteur, 100 à 110 g. **Arme.** Fusil de chasse, calibre 12 maximum, cartouches 70 mm (2,3/4 pouces), charge 32 g, diamètre max. des plombs 2,5 mm.

• **Types d'épreuves. Fosse olympique.** 15 appareils de lancement (5 groupes de 3 app.). Chaque groupe peut lancer des plateaux sous 3 angles différents. Longueur de lancement des plateaux dans le plan horizontal : 75 m (+ ou − 5 m) ; hauteur à 10 m de l'appareil : 1,50 m à 3,50 m, la trajectoire ne devant pas dévier de plus de 45°. *Nombre de plateaux :* 200, la compétition se déroulant par groupes de 6 tireurs en séries de 25 plateaux. Le tireur peut tirer 1 ou 2 cartouches sur chaque plateau.

Fosse universelle. 5 ap. de lanc. Séries de 25 plateaux (200 en tout). *Longueur* du lancement sous tous les angles de direction et de hauteur : 70 m (+ ou − 5 m). *Hauteur* à 10 m de l'appareil : 1,75 à 3 m. Les appareils peuvent modifier puissance de projection, orientation et hauteur de la trajectoire des plateaux (qui ne doit pas s'écarter de plus de 20°).

Fosse américaine. 1 ap. de lanc., 100 plateaux (séries de 10).

• **Résultats. Championnats du monde.** *Créés* 1970. **Individuels : 70** Carrega [1] 197/200. **71** Carrega [1] 198/200. **72** (aux J.O.) Scalzome [2] 199/200. **73** Andrushkim [3] 196/200. **74** Carrega [1] 199/200. **75** Primrose [4] 197/200. **76** (aux J.O.) Haldeman [5] 190/200. **77** Azkue [6] 197/200. **78** Valduvi [6] 198/200. **79** Carrega [1] 194/200. **80** (J.O.). **81** A. Asanov [3] 197/200. **82** Giovannetti [2] et Valduvi [6] 197/200. **83** Primrose [4] 188/200. **84** aux J.O. Giovanetti 192. Primerose [4] 188/200. **Équipe : 74** France 578/600. **75** U.S.A. 388/400. **76, 77** Italie 575/600. **78** U.S.A. 580/600. **79** Italie 568/600. **80** J.O. **81** U.R.S.S. 572/600. **82** Italie 587/600. **84** U.S.A. 413/450.

Championnats du monde. 1985. Fosse olympique. Hommes : *ind.* Bednarik (Tch.), *éq.* Italie. **Dames :** *ind.* Li Chuan (Chine), *éq.* Chine. **Fosse universelle. Hommes :** *ind.* Keoche (G.-B.). **Dames :** *ind.* Pinelli (France).

Championnats d'Europe. *Créés* 1967. **Individuels : 67** Cassiano [2]. **68** Carrega [1]. **69** Baud [1]. **70** Alipov [3]. **71** Bassagni [2]. **72** Smelczynski [7]. **73** Vallduvi. **74** Azkue [6]. **75** Carneroli [2]. **76** Smelczynski [7]. **77** Assanov [3]. **78, 79** Hoppe [1] 194/200. **80** Ochotski [3]. **81** Blondeau [1]. **82** Cioni [2] 199/200. **83** Numella [9] 199/200. **84** Sancho-Navarro [6] 199/200. **85** Jacobson [10] 148. **86** Cioni [2] 218/225. **Équipe : 67** Suède. **68** France. **69** Italie. **70** U.R.S.S. **71** Italie. **72** Espagne. **73** France. **74, 75** Italie. **76** France. **77** U.R.S.S. **78** Italie. **79** U.R.S.S. **80** U.R.S.S. **81** U.R.S.S. 584/600. **82** U.R.S.S. 584/600. **83** Italie 436/450. **84** Esp. 441/450. **85** Ital. 438. **86** Ital. 434/450.

Nota. — (1) France. (2) Italie. (3) U.R.S.S. (4) Canada. (5) U.S.A. (6) Espagne. (7) Pologne. (8) All. dém. (9) Finlande. (10) Danemark.

Championnats de France. *Créés* 1884. **Individuels : 1966** Minois. **67** Candelo. **68** Carrega. **69** Baud. **70, 71** Carrega. **72** Baud. **73** Guigues. **74** Blondeau. **75, 76** Carrega. **77** Roccia. **78** Blondeau. **79** Carrega. **80** Moine. **81** Demarle. **82** Blein 194/200. **83** Carrega 196/200. **84** Carrega 199/200. **85** Guelpa 197/200. **86** Blein 196/200.

• **Nombre record en 1 h.** Joseph Wheater avec 5 fusils et 7 chargeurs 1 308 le 21-9-1957. En 42′22″5, il en avait touché 1 000. **Proportion.** 299 sur 300 A. V. Lumniczar (Hongrois, en 1933). 100 sur 100 (record de France, G. S. Blanc, 1955).

Record du monde de tir à la fosse olympique sur 24 h. Le 14/15-6-1986, Armand Chateauneuf (n. 1936) casse 8 091 plateaux sur 9 012 avec 10 842 cartouches (2 044 plateaux de plus que l'ancien record). *Moyenne de réussite :* 89,72 %.

• **Quelques noms.** Jean-Jacques BAUD [1] 1947. Pierre CANDELO [1] 9-4-34. Michel CARREGA [1] 1933. Paul COLAS [1] 1880. Pierre COQUELIN DE LISLE [1] 1900. Michèle DELAVIE [1] 8-9-44. Ho JUN-LI [2] 1946. Jacques MAZOYER [1] 1910. Elie PENOT [1] 1950. Michel PRÉVOST [1] 7-8-25. Angeloao SCALZONE [3] 1931. Ragnar SKANAKER [4] 1934. Hubert VOILQUIN [1] 1923. Konrad WIRNHIER [5] 1927. John WRITER [6] 1944.

Nota. — (1) France. (2) Corée du Nord. (3) Italie. (4) Suède. (5) All. féd. (6) U.S.A.

Parcours de chasse

Stand équipé d'un nombre d'appareils projecteurs de plateaux suffisant pour que les tireurs puissent tirer dans les mêmes conditions qu'à la chasse au gibier naturel : devant soi, rasants et montants, en battue, traversards et demi-traversards, en plaine ou au bois, gênés ou non par les arbres ou des massifs d'arbustes. *Position debout, fusil désépaulé* jusqu'à l'apparition du ou des plateaux. *Pas de tir* délimités par des carrés de 0,91 m de côté ou des cercles de 1 m de diamètre. Tir par groupe de 6 tireurs en séries de 25 plateaux, simples, doublés simultanés et doublés dits au coup de fusil dans lesquels le 2e plateau n'est envoyé qu'au coup de fusil tiré sur le 1er plateau.

Championnats du monde. Seniors : 81 J.C. Meng. **82** M. Polet (Belg.). **83** Manjor (Fr.). **83** Mangot (Fr.). **86** Delaroche (Fr.). *Équipe :* **82, 83** Fr. **83** Shooting Magazine Fitac Team. **86** Fr. **Juniors : 81** C. de Lorenzi, **82** Dodd (G.-B.). **83** Dopp (G.-B.). **Dames : 81** C. Meng, V. Mary, **82-83** Hillyer (G.-B.). **84** Ch. en Afr. du S. nombreux forfaits dont la France. **86** Hillyer (G.-B.).

Championnats d'Europe. Seniors : 81 M. Riboulet, **82** D. Lawton. **83** Come (Fr.). **84** Smith (G.-B.). **85** J.-M. Cloquemin (Fr.). *Équipe :* **83-84** G.-B. **Juniors : 81** C. de Lorenzi, **82** Y. Brottier (Fr.). **83** De Lattre (Belg.). **84** Foster (G.-B.). **85** Cloquemin (Fr.). **Dames : 81** C. Meng, **82** M. Roux (Fr.). **83** Hillyer (G.-B.). **84** Pfister (All. féd.).

Championnats de France. 84 *Senior* Riboulet. *Junior* Meng. *Dame* de Lorenzi. Discipline abandonnée.

Skeet

Skeet olympique

Parcours comprenant 2 baraques de lancement, l'une haute (PULL), l'autre basse (MARK), distantes de 40 m env. Des baraques partent des plateaux aux trajectoires bien définies et constantes. Les tireurs se déplacent sur 7 postes de tir équidistants placés sur un demi-cercle. Les fosses de lancement se trouvent à chaque extrémité du diamètre. Un 8e poste se trouve au centre du diamètre du demi-cercle. On tire des plateaux PULL ou MARK ou des doublés simultanés PULL/MARK ou MARK/PULL. Le tireur ne peut épauler qu'à l'apparition du plateau.

Armes et munitions : fusil de chasse, calibre 12 maximum, cartouche 70 mm, charge 32 g, diamètre max. des plombs 2 mm. Une seule cartouche par plateau lancé à partir de 2 fosses (une haute, une basse) situées respectivement à droite et à gauche d'un terrain en forme d'arc de cercle (rayon 19,20 m, base 36,80 m se trouvant à 5,49 m du centre), chaque concurrent occupant successivement 8 positions fixes. Tir par groupes de 6 tireurs en séries de 25 plateaux par tireur (13 lancers simples et 6 doublés).

Championnats du monde (créés 1970). **Individuels : 72** Tzaranov [1] 200/200. **73** Andreev [1] 196/200. **74** Gawlikowski [2] 198/200. **75** Tzaranov [1] 197/200. **77** Seiffert [3] 196/200. **78** Brunetti [7] 197/200. **79** Justesen [3] 198/200. **81** Annaisvili 198/200. **82** Carlisle [9] 199/200. **83, 84** Dryke [9] 195/200. **85** Hochwald [10]. **Dames** Carlisle [9].

Équipe : 72 U.R.S.S. 586/600. **73** U.R.S.S. 580/600. **74** U.R.S.S. 572/600. **75** All. dém. 386/400. **77** U.S.A. 576/600. **78** Italie 578/600. **79** U.S.A. 568/600. **80** pas de champ. en raison des J.O. **81** Italie 575/600. **82** U.S.A. 591/600. **83** U.S.A. 438/450. **85** U.S.A. **Dames** Chine.

Championnats d'Europe. Individuels : 69 Penot [4] 199/200. **70** Socharski [2]. **71** Karlson [5] 198/200. **72** Andreev [1] 198/200. **73** Zhengti [1] 200/200. **74** Petitpied [4] 199/200. **75** Ramussen [3] 200/200. **76** Avalos [6] 198/200. **77** Aliev [1] 198/200. **78** Garagnani [7] 197/200. **79** Rossetti [4] 197/200. **80** Panacek [8] 197/200. **81** Zhgenty [1] 197/200. **82** Rossetti [4] et Penot [4] 197/200. **83** Horwald [10] 197/200. **84** Hala [8] 200/200. **85** Thorwaldsson [5]. **86** Giardin [7] 220/225.

Équipe : 68 All. féd. **69** U.R.S.S. **70** All. féd. **71** Espagne. **72, 73, 74** U.R.S.S. **75** Suède. **76** Danemark. **77, 78** U.R.S.S. **79** P.-Bas. **80, 81** U.R.S.S. **82** Tchéc. 591/600. **83** U.R.S.S. 436/600. **84** U.R.S.S. 447/450. **85** U.R.S.S. 441/450. **86** Ital. 433.

Nota. — (1) U.R.S.S. (2) Pologne. (3) Danemark. (4) France. (5) Suède. (6) Espagne. (7) Italie. (8) Tchécoslovaquie. (9) U.S.A. (10) All. dém.

Championnats de France (individuels). 1966 Cassagrande. **67** Plante. **68** A. Plante. **69** Penot. **70** Penot. **71** J.-P. Roncari. **72** Penot. **73** Penot. **74** Penot. **75** Otet. **76** Mangin. **77** Petitpied et B. Rossetti. **78** Simon. **79** Penot. **80** Rossetti. **81** Petitpied. **82-83** Rossetti [4]. **84** Petitpied. **85** Rocheteau. **86** Rossetti.

Skeet de chasse. 20 plateaux se limitent aux postes 2, 3, 4, 5 et 6. Chaque planche de 20 plateaux se tire d'abord en 10 simples (position de départ épaulée ou non, au choix du tireur). Puis, aux mêmes postes en 5 tirs doubles. Au coup de fusil, le 2e plateau ne part que lorsque le 1er coup a été tiré. Trajectoire moins tendue que pour le Skeet olympique. Discipline abandonnée.

Autres tirs

• **Bench Rest Shooting. Tir de précision sur appui.** Tireur assis à une table ou banc de tir. Arme reposée sur des sacs de sable ou un support spécial. On doit grouper les impacts sur le plus petit espace possible de la cible (quelques mm). Armes d'épaule, de haute précision, lunette télescopique de fort grossissement. Cibles à 100, 200 et exceptionnellement 300 m.

Championnats de France (85). Carabine lourde 100 m Serain, 200 m Octo. C. légère 100 m Cauvain, 200 m Grosse.

• **Poudre noire.** Armes anciennes d'époque ou répliques se chargeant à la poudre noire.

Arme de poing (cible fixe). 13 coups en ½ heure à distance de 25 m. Cible U.I.T. pistolet. Seuls les 10 meilleurs impacts sont retenus. Armes: pistolet à silex ou à percussion (épreuves Cominazzo et Kuchenreuter) et revolvers à percussion (épreuves Colt et Mariette).

Ar. d'épaule (cible fixe). Fusil ou carabine à canon lisse ou rayé se chargeant par la bouche peuvent être réglementaires, civiles, à percussion, à silex ou à mèche suivant les épreuves. 13 coups dont seuls les 10 meilleurs retenus. ÉPREUVES : *Miquelet* fusil règlementaire à silex, canon lisse, position « debout », 50 m. *Maximilien* f. ou carabine à silex, canon rayé, position « couché », 100 m. *Minie* f. réglementaire à percussion, canon rayé, 100 m. *Whitworth* f. ou car. à percussion, 100 m. *Walkyrie* f. ou car. à percussion, 100 m, épreuve féminine. *Tanegashima* mousquet à mèche lisse, 50 m. *Vetterli* arme libre (mèche, silex ou percussion) 50 m.

Ar. d'épaule (cible mobile). Fosse simplifiée, en 20 plateaux. Fusil à silex (épreuve Manton), à percussion (épr. Lorenzoni).

Championnats de France (85). *Miquelet : arme d'origine* Galero, *réplique* Albert-Brunet. *Maximilien : O.* Boursin, *R.* Huchelman. *Minié : O.* Ropars, *R.* Rustichelli. *Whitworth : O.* Rousseau, *R.* Doursin. *Cominazzo : O.* Ropars, *R.* Albert-Brunet. *Kuchenreuter : O.* Bucher, *R.* Debuire. *Colt :* Deparibe. *Walkyrie : O.* Taillandier, *R.* Huchelman. *Mariette : R.* Lesage. *Tamegashima :* Ferragut. *Vetterli : O.* Ropars, *R.* Monneret. *Hizadai : O.* Marrou, *R* Bernasd *Manton : R.* Lafforgue. *Lorenzoni : R.* Roux.

DBS CUP Compétition internationale 1982. *Miquelet :* Musar. *Vettali :* Blumenauer. *Minie :* Ropars. *Cominazzo :* Bambach. *Kuchenreuter :* Bucher. *Colt :* Deparis. *Par équipe :* France.

• **Silhouettes métalliques.** Position libre mais les tireurs sont le plus souvent couchés ou assis. *Arme* pistolet ou revolver de gros calibre à canon long. *Tir* 40 coups [10 à 50 m sur 10 cibles de « poulet » (chicken). 10 à 100 m sur 10 « sanglier » (javelina). 10 à 150 m sur 10 « dindon » (turkey). 10 à 200 m sur 10 « mouflon » (ram)]. Le projectile doit renverser la cible. Depuis 1984, nouvelle catégorie : position debout.

Championnats de France (85). *Position libre : pistolet 1 coup :* Bernard, *revolver :* Bernard. *Position debout : pistolet revolver :* Boulanger.

• **Arbalète.** *A. 10 M :* poids max. 6 kg. *Trait* ⌀ de 4,5 mm. *Tir* 40 coups. *Cible* ⌀ du 10 : 1 mm. *B. 30 M :* poids max. 10 kg. *Trait* ⌀ 6 mm. *Tir* 60 coups (30 « debout », 30 « genou »).

• **Résultats. Championnats de France. 85 Seniors** Amat. **Par équipes** Racing club de France. **Dames** Dutartre.

86 Hommes Bessy. **Dames** Muris.

Nota. — Voir Jeux Olympiques p. 23.

Tir à l'arc

Généralités

• **Quelques dates. 825** création par l'évêque de Soissons des Cies de tir à l'arc françaises. Perdent leur importance militaire avec l'apparition de l'arquebusier. Dissoutes à la Révolution, elles réapparurent sous l'Empire. **1898** Féd. fr. créée. **1928** Féd. fr. de tir à l'arc créée. **1931** Féd. int. de tir à l'arc (FITA) créée à Lodz (Pologne). **1972** reconnu discipline olympique.

Pays d'arc. *Comprend :* Oise, Aisne, Somme, Marne, Nord, Est de Paris.

• **Tir à l'arc. En France.** *Tireurs :* 80 000. *Licenciés :* 25 000. *Clubs :* 1 150 (+ de 160 dans la région parisienne, dans 27 ligues). *Tireurs non licenciés appartenant aux clubs :* 10 000. *Particuliers pratiquant le tir à l'arc pour leur plaisir hors de toute organisation :* 50 000. *Compétition :* 800 par an.

Matériel

Tir sur cibles, puissance de propulsion de l'arc 7 à 25 kg, hauteur de 1,5 à 1,8 m. **Tir de chasse,** puissance 16 à 32 kg, hauteur 1,2 à 1,5 m. **Tir de loisir,** puissance hommes 13,5 kg, femmes 11 kg. **Enfants,** puissance 2 à 7 kg, hauteur 1 m à 1,25 m. *Pour choisir son arc :* connaître son *allonge :* le bras à l'horizontale dans l'alignement des épaules, la main verticale le pouce en dessus, mesurer sur le bras en partant de la base du cou jusqu'à la 1re phal. du pouce en partant du poignet.

Nota. — En termes techniques, puissance en livres anglaises et haut. en pouces.

Arcs utilisés en France. Bois et fibre de verre. *Débutants,* force de 16 à 20 livres, précision jusqu'à 30 m. *Adolescents et j. filles* 25 à 30 livres, précision jusqu'à 50 m ; h. 36 à 50 livres env. permettent le tir aux distances olympiques. *Taille :* 1,55 à 1,75 m. *Prix d'un arc :* 500 à 5 000 F. Carquois 70 à 500 F. Corde dacron (résistant) 25 F, kevlar (+ rapide) 40 F. *Flèches* (coupées sur mesure) 20 à 60 F.

Stabilisateurs (tiges et poids de différentes longueurs posés par l'archer suivant la sensation recherchée). Absorbent et retardent les vibrations parasites transmises à la poignée par les branches, au lâcher de la corde. *Prix :* 60 à 1 000 F. *Viseur :* 55 à 1 000.

Formes de tir

• **Disciplines traditionnelles françaises. Tir au beursault.** Se pratique seulement en France (surtout dans les régions du « Pays d'arc » : Picardie et région parisienne), sur 2 buttes de tir, face à face, à 50 m, placées entre 2 rangées d'arbres. Tir effectué alternativement d'une butte à l'autre. *Cible* 45 cm de diamètre. *Partie* en 40 flèches par tireur, chaque flèche fichée à l'intérieur de la cible compte pour un *honneur ;* au centre de ce diamètre, un cercle noir de 20 mm permet de mesurer les coups les plus près, du centre de la flèche au centre du cercle noir, à l'aide du « palmer d'archer », au 1/20 de mm.

Tir fédéral. Sur 30 et 50 m, 12 volées de 3 flèches.

• **Discipline internationale. Tir olympique** (Fita). *Pour messieurs* (90 m, 70 m, 50 m et 30 m), *dames* (70 m, 60 m, 50 m et 30 m). Seuls admis aux jeux Olympiques. *Compétition simple :* chaque archer tire 36 flèches, par volées de 3, à chaque distance, soit 144 flèches plus 6 d'essais. Cibles colorées et divisées en 10 zones, mesurant 1,22 m de diamètre (tirs à 90 m, 70 m et 60 m) ou 80 cm (tirs à 50 et 30 m). *Double :* dure 2 ou 4 j ; chaque archer tire 288 flèches plus 12 essais si la comp. dure 2 j., 24 si elle dure 4 j.

Record absolu : 1 440 points. *Record du monde :* 1 341 points (l'Américain Pace). Au-dessus de 1 000 points, la *Fita star* décernée par la féd. ; ont obtenu la F.S. 1 300 points, 16 hommes : Pace [1], Mac Kinney [1], Spigarelli[2], Ferrari[2], Matsushita [3], Yamamoto [3], Esheev [4], Isachenko [4], Zabrodsky [4], Van den Bossche [4], Reniers [7], Vervink [5], Todd [10], Wirthwein [9], Berg [9], Hallard [11]. *Femmes :* Rustamova [4], Losaberidze [4], Butuzova [4], Ulrich [6], Jim-Ho Kim [8], Sco Hyang-Soon [8], Kohnke [9].

Nota. — (1) U.S.A. (2) Italie. (3) Japon. (4) U.R.S.S. (5) Belgique. (6) Suisse. (7) Hollande. (8) Corée. (9) All. dém. (10) Afr. du S. (11) G.-B.

Tir en campagne. En terrain accidenté, sur 2 parcours de 14 cibles, dont les *blasons,* comportant 3 cercles concentriques, noir, blanc et noir, ayant 60, 45, 30 ou 15 cm selon les distances (de 6 à 60 m).

Parcours. *Des connues :* les distances sont connues des concurrents ; *des inconnues :* l'emplacement du pas de tir ou du blason est changé à l'insu du concurrent, qui ignore ainsi sa véritable distance. *Compétitions :* disputées sur 2 parcours de 14 cibles, chaque concurrent tirant 4 flèches par blason (soit 112). Chaque flèche fichée dans le cercle intérieur noir *(« spot »)* compte pour 5 points ; dans le cercle blanc 4 ; dans le cercle extérieur noir 3. *Score maximal :* 560 points. Il existe des catégories de tirs avec des classements différents : tir libre ou avec viseur, tire bare-bow ou tir sans viseur (sans marque, ni repère). *Parcours chasse :* forme sportive de tir à l'arc sur blasons animaliers. 21 cibles. Chaque archer tire 2 flèches.

Tir en salle. A 18 et 25 m, 10 volées de 3 flèches (pratique la plus courante : 2 parties par distance).

Tir clout ou **tir au drapeau.** Allie tir à très longue distance et tir de précision. Série de 36 flèches, tirées à 165 m pour les h. et 125 m pour les femmes. 2 volées de 3 flèches, non prises en compte, sont accordées pour estimation avant le début du tir. Le blason clout est circulaire (d. 15 m), divisé en 5 zones de 1,5 m de largeur. Le centre est marqué par un drapeau de couleur vive, le clout ; il ne doit pas excéder 80 cm de long. et 30 cm de large. et doit être fixé à une hampe de bois blanc, plantée verticalement dans le sol. La valeur des flèches qui ne se piquent pas dans la terre sera déterminée par la position de la pointe. Celles qui se piquent dans le clout sont comptées 5.

Records et résultats

Légende. — (1) Belg. (2) Fr. (3) Pol. (4) U.R.S.S. (5) U.S.A. (6) Italie. (7) Suède. (8) All. féd. (9) Corée du S. (10) Finlande. (11) Autriche. (12) G.-B. (13) Suisse. (14) Canada. (15) Japon.

• **Records de distance :** 888,86 m par le sultan Selim III (1761-1808) en 1798. **Arc à la main :** 1 126,19 m par Alan Webster [12] le 2-10-1982. **Au pied :** 1 854,40 m par Harry Drake[5] le 24-10-1971.

• **Records du monde et, entre parenthèses, records de France. F.I.T.A. Hommes : Grand total** (maximum 1 440 points) Pace[5] 1 341 (G. Douis 1 285). **90-70 m** (max. 360) Esheev[4] 322 (G. Douis 303). **70-60 m** (max. 360) Spigarelli[6] 338 (J.-P. Baron 326). **50 m** (max. 360) S. Spigarelli[6] 340 (T. Venant 333). **30 m** (max. 360) D. Pace[5] 356 (T. Venant 354). **Par équipe** (max. 4 320 points) : Esheev[4], Zabrodsky[4], Gabelkov[4] 3 887 (Schneider, Loyen, Douis 7 769). **Dames : Grand total** (max. 1 440 points) Butuzova[4] 1 321 (C. Cun 1 278). **90-70 m** (max. 360) Butuzova[4] 328 (H. Frey 315). **70-60 m** (max. 360) Jim Ho Kim[9] 336 (C. Cun 329). **50 m** (max. 360) Butuzova[4] 330 (V. Marest 322). **30 m** (max. 360) Radianova[4] 353 (V. Marest 348). **Par équipe** (max. 4 320 points) : Butuzova[4], Losaberidze[4], Togova[4] 3 878 (Bazin, Cun, Marest 3 826).

France. En salle. Hommes : *2 × 25 m* (max. 600 pts) P. Camus 582. *2 × 18 m* (max. 600 pts) P. Loyen 585. **Dames :** *2 × 25 m* (max. 600 pts) M.J. Bazin 572. *2 × 18 m* (max. 600 pts) M.J. Bazin 569.

• **Championnats du Monde.** *Créés* 1931. Tous les 2 ans. **Hommes : 81** 1er Laasonen 2 541 points. 2e Pace 2 540. 3e McKinney 2 539. **83** 1er Mc Kinney 2 617. 2e Pace 2 617. 3e Vervinck 2 589. **85** 1er Mc Kinney [5] 2 601. 2e Ja Chong [9] 2 592. 3e Matsushita [15] 2 578. **Dames : 81** 1re Butuzova 2 514. 2e Ciskowska 2 499. 3e Rumley 2 498 points. **83** 1er Hokim 2 616. 2e Bong Jung 2 547. 3e Andersson 2 545. **85** 1er Soldatova [4] 2 595. 2e Arzhanikova [4] 2 589. 3e Jin Ho [9] 2 580. **Par équipe : Hommes : 81** U.S.A., Finlande, U.R.S.S. **83** U.S.A., Corée du S., Belg. **85** Corée du S., U.S.A., Suède. **Dames : 81** U.R.S.S., Corée du S., Chine. **83** Corée du S., All. féd., U.S.A. **85** U.R.S.S., Corée du S., All. féd.

• **Championnats d'Europe.** *Créés* 1968. **Hommes : 80** Vervinck[1] 1 239. **82** Yeseev [4] 1 274. **83** Esheev [4] 1 168. **85** Leontiev [4] 1 172. **86** Polkolainen [10] 1 224. **Par équipe : 80** Suède 3 678. **82** Belgique 3 752. **83** U.R.S.S. 3 477. **85** U.R.S.S. 3 477. **86** U.R.S.S. 3 608. **Dames : 80** Butuzova[4] 1 234. **82** Butuzova [4] 1 281. **83** Butuzova [4] 1 164. **85** Marfel [4] 1 160. **86** Arzhanikova [4] 1 260. **Par équipe : 80** U.R.S.S. 3 680. **82** U.R.S.S. 3 737. **83** U.R.S.S. 3 451. **85** U.R.S.S. 3 417. **86** U.R.S.S. 3 727.

• **Championnats de France.** *Créés* 1957. **Hommes : 81** G. Douis 1 232 pts. **82** Venant 1 245. **83** Schneider 1 114. **84** 1er Venant 1 251. 2e Depreux 1 247. 3e Loyen 1 246. **85** 1er Loyen 1 263. 2e Baron 1 239. 3e Le Tyrant 1 237. **Dames : 81** 1re H. Frey 1 207. **82** Gastoué 1 219. **83** Bazin 1 170. **84** 1er Bazin 1 257. 2e Pellen 1 234. 3e Curtic 1 214. **85** 1er Mussy 1 235. 2e Turazzi 1 235. 3e Bazin 1 209.

Tir en salle

Championnats d'Europe. *Créés* 1983. Tous les 2 ans. **Hommes : 83** 1er Esheev[4] 1 168. 2e Isachenko[4] 1 166. 3e D. Schneider[2] 1 158. **85** 1er Leontiev [4] 1 172, 2e Dashitserenov [4] 1 169, 3e Bjerendal [7] 1 162. **Par équipe : 83** 1er U.R.S.S. 3 477. 2e France 3 449. 3e P.-Bas 3 437. **85** 1er U.R.S.S. 3 477. 2e Suède 3 464. 3e Pologne 3 418. **Dames : 83** 1re Butuzova [4] 1 164. 2e Rustamova [4] 1 150. 3e Arzhannikoval [4] 1 137. **85** 1re Marfel [1] 1 160 [4], 2e Rustamova [4] 1 142, 3e Karinkanta [10] 1 126. **Par équipe : 83** 1re U.R.S.S. 3 451. 2e Finlande 3 306. 3e Suède 3 272. **85** 1er U.R.S.S. 3 417. 2e All. 3 345. 3e Finlande 3 321.

Championnats de France. *Créés* 1973. **Hommes : 83** Schneider 1 149. **84** Loyen 1 156. **85** 1er Loyen 1 154, 2e Malbmeyer 1 147, 3e Baudrimont 1 142. **86** 1er Venant 1 155, 2e Baron 1 152, 3e Caron 1 138. **Dames : 83** M.L. Turazzi 1 092. **84** 1re Turazzi 1 105. **85** 1re Sochard 1 099, 2e Curtil, 3e Pellen 1 074. **86** 1re Marest 1 122, 2e Pellen 1 113, 3e Huppe 1 097. **Par équipe** (*créés* 1980) : **83** Clermont-Ferrand 4 729. **84** Clermont-Ferrand 4 283. **85** 1er Arcachon 4 691, 2e Antibes, 3e Meaux.

Tir en campagne

Championnats d'Europe. *Créés* 1971. **Hommes : 80** 1er Bjerendhal[7] 947. 2e Persson[7] 940. 3e Laassonen [10] 935. **82** Les champions du monde sont aussi champions d'Europe. **84** 1er Bjerendal [7] 963, 2e Laassonen [10] 473, 3e Quick [7] 481. **Dames : 80** 1re Jassila [10] 856. 2e Curtil[2] 837. 3e Valenta [11] 836. **82** Les championnes du monde sont aussi champ. d'Europe. **84** 1re Goodal [12] 869, 2e Meier [13] 864, 3e Klemola [10] 863.

Championnats du monde. *Créés* 1969. Tous les 2 ans. **Hommes : 80** 1er Persson[7] 929. 2e McKinney[5] 915. 3e Laassonen [10] 912. **82** 1er Rossenberg [7] 880. 2e Hilli [10] 843. 3e Welen [7] 834. **84** 1er Bjerendal [7] 963, 2e Mac Kinney [12] 963, 3e Laassonen [10] 957. **Dames : 80** 1re Jussila [10] 861. 2e Vella [6] 822. 3e Lehmann [8] 820. **82** 1re Dardenne [2] 671. 2e Stoppa [6] 662. 3e Kontilla [10] 661. **84** 1re Buscombe [14] 886, 2e Goodall [12] 869, 3e Klemola [10] 864.

Championnats de France. *Créés* 1969. Tous les ans. **Hommes : 81** 1er Reveyrotte 916. 2e Cabaret 899. 3e Simon F. 894. **82** 1er O. Bont 927. 2e E. Simon 895. 3e M. Nayrole 892. **83** 1er Pain 899. 2e Rigaud 890. *Sans viseur :* **84** 1er Legrand 1 411. **85** 1er Legrand. **86** Munden (G.-B.) 859. *Avec viseur :* **84** 1er Nayrolle 1 666. **85** 1er Pain 914. **86** 1er Nottemboom (Belg.) 972. **Dames : 81** 1re Schraen 841. 2e Libert 753. 3e Lysen 745. **82** 1re Schraen 760. 2e Collet 745. 3e Libert 730. **83** 1re Curtic 779. 2e Collet 743. *Sans viseur :* **84** 1re Dardenne 1 187. **85** 1re Visconti 650. **86** 1re Visconti 737. *Avec viseur :* **84** 1re Drach 1 542. **85** 1re Curtil 838. **86** 1re Curtil 871.

Trampoline

Généralités

• **Origine.** 2 trapézistes (les « Due Trampoline ») auraient eu l'idée d'utiliser l'élasticité du filet de protection pour terminer leur exhibition par des sauts acrobatiques. **1934** Georges Nissen et Larry Griswold reprennent le principe. Sera utilisé principalement par l'Armée pour l'entraînement des pilotes d'avion et des parachutistes. **1948** 1ers championnats nationaux (officiel 1955) aux U.S.A. **1955** importation en Europe du matériel made in U.S.A. **1964** Féd. intern. de Trampoline créée. **1965** Féd. française des sports au Trampoline de compétitions.

• **Normes des trampolines de compétitions (janv. 1981).** *Toiles :* bandes tissées cousues : longueur 428 cm, largeur 214 cm, larg. des bandes en tension 0,6 cm. *Cadre :* 505 × 291 cm. *Suspension :* à 1,15 m du sol ; 120 ressorts ; ressorts et cadre doivent être entièrement recouverts par des protections absorbant les chocs. A chaque extrémité, doivent être installées des banquettes de sécurité recouvertes de tapis de réception, d'une dimension minimale de 300 × 200 × 20 cm. *Hauteur libre des salles de compétitions :* 8 m à partir du sol. Les adultes s'élèvent à 7,80 m au cours des chandelles d'élan. *Sécurité :* sauter au moins avec 4 pareurs répartis autour du trampoline. Aucun obstacle à moins de 5 m de chaque extrémité et 2 m sur les côtés.

• **Mouvements principaux.** Sauts verticaux (groupés, carpés...) ; positions de base : assis-à genoux-ventre-dos, vrilles élémentaires et combinaisons des positions de base ; saltos simples, doubles, triples, quadruples... ; saltos avec vrilles : combinaisons de saltos et de vrilles.

• **Quelques termes. Adolph ou Ady :** salto avant et 3 vrilles ½. **Back :** salto arrière. **Ball out :** salto avant depuis le dos. **Barani :** salto avant avec ½ vrille. **Chandelle :** saut corps vertical, membres supérieurs au-dessus de la tête, membres inférieurs tendus et réunis. **Cody :** salto arrière depuis le ventre. **Front :** salto avant. **Full :** salto avec vrille (vrille-rotation 360° autour de l'axe longitudinal). **Double full :** 1 salto avec 2 vrilles. **Fliffis :** double salto avec vrille. **Half :** demi-vrille. **In :** ½ vrille (indique la figure réalisée dans le 1er salto). **Out :** indique que la figure désignée est réalisée dans le dernier salto. **Pull over :** salto arrière parti du dos. **Randolf ou randy :** salto avant avec 2 ½ vrilles. **Rudolf ou rudy :** salto avant avec 1 vrille ½. **« Tison »** ou **« Full Full Full » :** *créé* par Richard Tison. Réalisé par Lionel Pioline, saut le plus difficile : 1,80 pt. Triple salto arrière avec 1 vrille dans chaque salto. **Triffis :** salto avant avec 1 ½ vrille ; triple salto avec vrille.

Épreuves

Programme. Comprend des compétitions individuelles, synchronisées (2 H., 2 F.) et par équipes (4 compétiteurs). Chaque compétiteur réalise un exercice imposé et un exercice libre (composés de 10 sauts différents) pour les épreuves qualificatives. Les 10 meilleurs compétiteurs sont qualifiés en finale où ils effectuent un 2e exercice libre. Exercices notés en exécution (coefficient 3) et en difficulté, appréciée selon la quantité de saltos et de vrilles réalisées. Les meilleurs sauteurs mondiaux obtiennent 13 pts en difficulté. Record : A. Mirienko 14 pts.

Championnats du monde. *Créés* 1964. **Hommes : 64** Millmann[1]. **65** Erwin[1]. **66** Miller[1]. **67, 68** Jacobs[1]. **70** Miller[1]. **72** Luxon[2]. **74, 76** Tison[3]. **78** Janes[4]. **80** Mathew[2]. **82** Furrer[2]. **84** Pioline[3]. **Dames : 64 à 68** Wills[1]. **70** Ransom[1]. **72, 74** Nicholson[1]. **78** Amsimova[4]. **80, 82** Keller[6]. **84** Shotton[2].

Coupe du monde des champions. *Créée* 1981. **Hommes : 81** Furron[2]. **83** Pelle [5]. **84, 85** Pioline [3]. **Dames : 81** Scheile[5]. **83** Holmes [2]. **84, 85** Shotton [2]. **Par équipe : 81** All. féd. **83** All. féd. **84** G.-B.

Championnat d'Europe. 85. Hommes : *ind.* Krasnosjapka, *synchro* Nestrelai-Galimbartovski [4], *éq.* U.R.S.S. **Dames :** *ind.* Holmes [2], *synchro* Bahr-Kruswicki [5], *éq.* U.R.S.S.

Championnats de France. *Hommes :* **1966** Cheyrouse. **67** Aubry. **68** Cheyrouse. **69, 70, 71, 72** Bataillon. **73** Lebris. **74, 75** Tison. **76, 77** Lebris. **78** Tison. **79** Lebris. **80, 81** Pioline. **82** Foulard. **84, 86** Pioline. **Dames : 66, 67** Magne. **68** Larve. **69, 70** Forton. **71, 72, 73** Richer. **74** Rigard. **75** Lamy. **76, 77, 78, 79** Richer-Bataillon. **80, 81, 82** Conte. **84** Leroy. **85, 86** Treil.

Nota. — (1) U.S.A. (2) G.-B. (3) France. (4) U.R.S.S. (5) All. féd. (6) Suisse.

Quelques noms en France

Bataillon Jean-Michel (1-4-55). Bataillon Véronique (22-12-55). Cola Daniel (27-2-62). Conte Nadine (24-7-63). Lebris Gilles (14-5-55). Manfray Laurent (18-9-63). Péan Daniel (14-6-63). Pioline Lionel (10-8-65). Sogny Gilles (25-4-64). Tison Richard (17-8-56). Treil Nathalie, Leroy Nathalie.

Autres disciplines

Acrosport. Main à main acrobatique. Réalisé en musique sur un praticable de 12 m sur 12 m. Les compétiteurs effectuent des porters, des figures acrobatiques seuls ou avec partenaire(s), des passages chorégraphiques. *Équipes :* couple féminin, masculin, mixte ; trio féminin, 4 hommes. *Pays pratiquants :* U.R.S.S., Bulgarie, Chine.

Double mini-trampoline. *Créé* 1974. Longueur 285 cm, largeur 72 cm, hauteur 43 à 60 cm. Réalisation de sauts acrobatiques avec 2 ou 3 contacts maximum avec la toile ; le dernier saut se terminant au sol sur un tapis de réception.

Tumbling. Acrobatie au sol sur piste élastique : longueur 2 500 cm à 2 700 cm, largeur 150 cm. Vient de l'américain « to tumble » (faire des culbutes). Caractérisé par l'enchaînement, à rythme rapide, d'éléments acrobatiques en rotation avant, arrière ou latérale, avec ou sans appui des mains au sol. Exercices de souplesse, d'équilibre ou roulades, sont interdits. *Exercice le plus difficile :* double salto arrière avec 3 vrilles (Steve Elliot, U.S.A., ch. du monde en 1982). *Pays pratiquants :* U.S.A., U.R.S.S., Chine, France.

Championnat d'Europe. *Créé* 1985. **Hommes :** *ind.* Eouzan [3], *éq.* France. **Dames :** *ind.* Jagueux [3], *éq.* France.

Voile

Généralités

• **Origine. Yacht** (de *jac'hts,* chasseurs) : inventé par les Néerl. de Frise au XVIIe s. **1res régates.** *Angleterre* en **1662** (sur la Tamise) ; **1775** (sans règles) ; **1812** à Cowes (île de Wight) avec des petits paquebots particuliers conduits par un équipage professionnel. *France,* en mer (20-7-**1840,** Le Havre), en rivière (**1842** sur la Seine). **1er club de voile.** Cork Harbour Water Club, G.-B. (1820) ; *France :* Le Havre (1840).

• **Organisation.** Sport amateur faisant partie du programme olympique dep. 1908. Pas de statut professionnel. Env. 80 féd. nationales adhèrent à l'International Yacht Racing Union (I.Y.R.U.).

En France. *Féd. française de voile* (F.F.V.), 55, av. Kléber, 75784 Paris Cedex 16 : *Clubs* 1 382. *Écoles de voile* 200. *Licenciés* (1984) 93 793. *Pratiquants* env. 1 000 000.

Records

• **Vitesse. 1er Record officiel :** 16,5 nœuds (30,6 km/h), Schooner *Rainbow* (1898) 36,04. 66,78 km/h.

Records actuels. Catégories. — de 10 m² de voilure : 27,8 nœuds (52 km/h), Pascal Maka (Fr.) à Weymouth (G.-B.) sur planche à voile en oct. 82. **A (10 à 13,94 m²) :** 23 nœuds (42,6 km/h), Ben Wynne (G.-B.), catamaran à hydrofoils « Mayfly » oct. 1977. **B (13,94 à 21,84 m²) :** 23,8 no. (44,08 km/h), Alan Gragono (G.-B.), catamaran à hydrofoils, type Tornado oct. 1980. **C (21,84 à 27,88 m²) :** 24,4 no. (45,19 km/h), Sam Bradheld (U.S.A.), prototype à hydrofoils « NF2 » en 1977. **Open (+ de 27,88 m²) :** 36,04 no. (66,83 km/h), Timothy Coleman (G.-B.), catamaran « Crossbow » de 22,5 m, chavire 2 coques portant un mât et une voile, le 17-11-1980.

Traversée la plus rapide de l'Atlantique Nord. Les records sur une traversée ne sont pas très significatifs pour les spécialistes, car ils dépendent des conditions atmosphériques.

Record commercial (13/26-2-1903) : 12 j 6 h (moy. 10,54 no., soit 19,52 km/h), Philadelphie (U.S.A.) à Cherbourg : *La Rochejacquelein* (3 mâts nantais transportant du charbon, long. 85 m, 2 200 tonneaux, 29 h. d'équipage, cap. Ernest Durand). *Record officiel* (1981) : 9 j 10 h 6'34" (moy. 13,05 no. 25 km/h), New York au cap Lizard (sud de la G.-B.) sur catamaran Elf-Aquitaine (équipage Marc Pajot, Paul Ayasse, François Boucher, Gérard Fusil). Précédent record (1905) : 12 j 4 h 1 mn 7 sec. (moy. 10,4 no.) Charlie Barr (U.S.A.) et 50 h. d'équipage sur le 3-mâts *Atlantic* (57 m). De nombreuses tentatives infructueuses avaient eu lieu [ex. : *Kriter IV* le 14-4-80 (O. de Kersauson et 4 équipiers, sauvés par un cargo norvégien) ; *R.T.L.-Timex* le 9-4-78 (A. Glicksmann et 4 équipiers, sauvés par un cargo libérien après 9 j passés sur un canot de sauvetage)].

Traversée la plus rapide de l'Atlantique en équipage. 10 j 12 h (moy. 12 no., 22,22 km/h des Canaries à la Guadeloupe) : *Pen Duick IV* (équipage Éric Tabarly, Olivier de Kersauson, Alain Colas). 8 j 16 h 36' : *Jet-Services* (Patrick Morvan) le 16-4-1984. 7 j 21 h 5' : *Royale* (Philippe Facque, Caradec) le 11-7-1986.

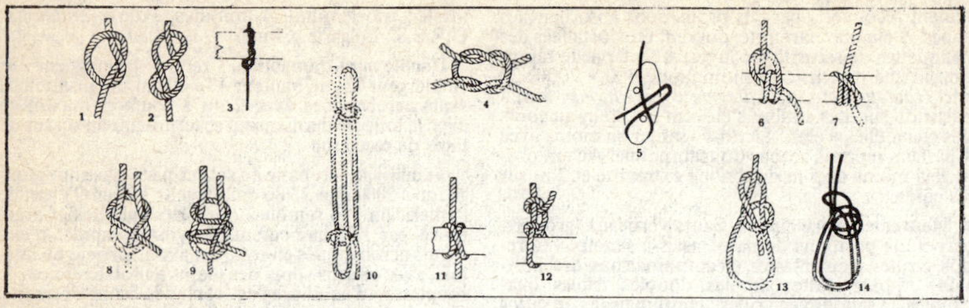

Différentes sortes de nœuds : 1 demi-nœud, 2 nœud d'arrêt, 3 nœud de bois, 4 nœud plat, 5 nœud d'ancre, 6 nœud de bonnette, 7 cabestan avec 1 tour mort supplémentaire, 8 nœud d'écoute, 9 nœud d'écoute double, 10 nœud de jambe de chien, 11 demi-clef à capeler ou cabestan, 12 deux demi-clefs, 13 nœud de chaise, 14 nœud de chaise double.

Tour du monde à la voile par équipage : 133 j (1975-76), *Great-Britain* (ketch britannique de 24 m). **En solitaire :** 169 j (1975-76), *Manureva* (Alain Colas).

Traversée Afrique-Amérique (4 000 milles) la plus rapide en solitaire (1971) : 22 j 8 h, *Gipsy Moth V* (Sir Francis Chichester).

• **Vitesses maximales pour voiliers courants.** Dériveurs de compétition (F.D. ou 505) : env. 18 nœuds (33,33 km/h) ; planches à voile : env. 8 nœuds (14,81 km/h) ; v. habitables : env. 12 nœuds (22 km/h) ; multicoques : 20 nœuds et + (37 km/h).

Depuis 1970 ont été mises en place 2 bases de vitesse (Weymouth, G.-B. et Hawaii-U.S.A.) pour les tentatives officielles de record de vitesse pure. Dep. sept. 1981, une base de vitesse est installée à Brest.

Quelques définitions

Abattée. Changement de cap d'un bateau. **Adonner.** Le vent adonne lorsqu'il tourne favorablement à la marche du navire. **Affaler.** Amener une voile. **Allure.** Orientation du bateau par rapport au vent. 5 allures : *le plus près*, en remontant contre le v. ; *v. de travers* (v. dans la voile à 45°) ; *largue*, avec v. portants (3/4 arrière par exemple) ; *grand largue ; v. arrière*, venant de l'arrière. **Amener.** Faire descendre ou abaisser une voile ou une vergue. **Amer.** Se dit de tout objet fixe et visible permettant aux navigateurs de reconnaître la côte. **Amure.** Point situé aux coins inférieurs d'une voile. La voile est fixée de manière rigide au pont du navire par ce point. Un voilier est tribord amures ou bâbord amures selon qu'il reçoit le vent par tribord ou par bâbord. **Ardent.** Voilier ayant tendance à lofer plutôt qu'à garder son cap. **Apparaux de mouillage.** Matériel utilisé lors du mouillage.

Bâbord. Côté gauche du navire quand on regarde de l'arrière vers l'avant (tribord, côté droit du navire). **Bau.** pièce de l'armature transversale de la coque (*maître bau :* la plus large). **Bôme.** Vergue inférieure d'une voile aurique (en quadrilatère). **Border une voile.** Tendre la partie inférieure de celle-ci. **Brasse.** Mesure donnant la profondeur de l'eau : 1,83 m.

Cabestan. Treuil vertical placé sur le pont d'un navire utilisé pour diverses manœuvres. **Capeler.** Fixer la boucle d'une amarre ou d'un cordage. **Mettre à la cape.** Par gros temps, réduire la voilure, diminuer la vitesse. **Caréner.** Nettoyer, réparer, peindre les œuvres vives d'un navire. **Choquer.** Laisser mollir un cordage avec prudence. **Contre-bordier.** Navire faisant une route parallèle à un autre, mais dans le sens opposé. **Dérive.** Aileron vertical escamotable qui supplée l'absence de quille (pour les dériveurs). Déviation de la route suivie par le navire. **Dériveur.** Petit voilier sans quille avec dérive rentrante. **Duc d'albe.** Poteaux de bois permettant au navire de s'amarrer.

Cordages. Toutes amarres, filins, etc. *Ajut :* mettre 2 cordages bout à bout pour en former un plus long. *Balancine :* cordage soutenant l'extrémité d'une vergue. *Bout :* morceau de cordage. *Draille :* cordage le long duquel peut glisser une voile. *Drisse :* cordage servant à hisser un pavillon, une voile, une vergue ou une corne. *Écoute :* cordage permettant de tendre ou de fixer la partie inférieure d'une voile sous le vent. *Filin :* cordage ou câble d'acier. *Ralingue :* cordage fixé tout autour d'une voile afin de la rendre beaucoup plus résistante à l'action du vent de face et à la traction des manœuvres.

Écoutille. Ouverture carrée située au milieu du pont et fermée par des panneaux de bois ou de métal. **Écubier.** Ouverture par laquelle passe la chaîne de l'ancre. **Embraquer.** Raidir un cordage. **Empanner.** Faire passer la bôme d'un bord à l'autre au vent arrière. **Empenneler.** Mouiller ensemble 2 ancres d'inégale grosseur. **Espars.** Longue pièce de bois employée comme mât, beaupré, vergue... **Étarque.** Voile complètement hissée. **Faseyer.** Voile recevant mal le vent, pas assez tendue, battant légèrement. **Foc.** Voile d'évolution triangulaire. **Franc-bord.** Sur la coque, distance entre le niveau de l'eau et le pont. **Genois (grand).** Grand foc. **Gite.** Inclinaison sur bâbord ou tribord sous l'action du vent, de la houle, ou par un manque de stabilité du navire. **Gréement.** Ensemble des cordages, des manœuvres et des poulies indispensables aux mâts et aux vergues d'un voilier. **Jusant.** Courant de marée descendante. **Ketch.** Voilier à mâts.

Lofer. Gouverner un voilier de façon que celui-ci se rapproche « au plus près » de la direction d'où vient le vent (lof : côté du vent). *Virer lof pour lof,* c'est virer de bord avec vent arrière. **Louvoyer.** Courir successivement des bordées tribord amures et bâbord amures en virant de bord vent devant. **Marnage.** Différence de niveau entre la haute et la basse mer. **Œuvres vives.** Parties de la coque en dessous de la ligne de flottaison.

Priorité au bateau le plus lent ; sous la même amure, pr. au bateau naviguant sous le vent ; sous une amure différente, pr. à celui qui est tribord amure (les voiliers sont prioritaires sur les bateaux à moteur).

Ridoir. Appareil permettant de tendre un cordage, une chaîne... **Ris.** Partie d'une voile dans le sens de sa largeur. **Roof.** Partie habitable qui dépasse du pont. **Roulis.** Oscillation d'un bateau dans le sens de sa largeur. **Safran.** Partie immergée du gouvernail. **Skipper.** Chef de bord. **Spinnaker.** Voile triangulaire. Sert au vent arrière. **Tangage.** Oscillation d'un navire dans le sens de sa longueur. **Tirant d'eau.** Distance entre la ligne de flottaison du navire et le dessous de sa quille. **Tourmentin.** Petit foc de mauvais temps, très robuste. **Trapèze.** Comprend un câble d'acier, un crochet et une ceinture. Destiné à l'équiper d'un dériveur pour lui permettre de se mettre en rappel très à l'extérieur du bord.

Varangue. Pièce triangulaire de la charpente de coque. **Vent debout.** Un voilier est vent debout quand son nez se trouve dans la direction d'où souffle le vent. Il vire de bord vent debout quand son étrave passe de l'allure du plus près tribord amures au plus près bâbord amures ou inversement. **Virer.** Haler une chaîne ou un cordage au moyen d'un cabestan.

☞ **Records de survie. En radeau.** *Poon Lim* [12], 1942. Naufragé, dérive sur l'Atlantique central 130 j. **En canot pneumatique.** *Alain Bombard,* 1952. 27 ans, sur l'*Hérétique,* 4,6 m avec une petite voile de canoë. Sans eau ni vivres ; Monaco-Tanger avec un compagnon. Las Palmas-La Barbade seul en 64 j et 12 heures.

Catégories de navigation et matériel d'armement obligatoire. Voir Plaisance p. 1712.

Bateaux

Types de voiliers

• **Selon l'habitabilité. Voiliers non habitables.** Navigation de jour et sur plan d'eau abrité[1]. Poids 50 à 1 000 kg. **Dériveurs légers :** 2 à 8 m (4 500 à 40 000 F). **Quillards :** 5 m à 9,50 m (5 000 à 100 000 F). **Multicoques de compétition :** 4 à 8 m (10 000 à 60 000 F). **Planches à voile :** 2 700 à 15 000 F.

Nota. — (1) Nav. interdite aux — de 2 tonneaux à plus de 5 milles des côtes pour les + de 300 kg, à plus de 2 milles pour les — de 300 kg.

Voiliers habitables. V. ayant une cabine pouvant abriter 2 personnes min. **Dériveurs :** 11,70 à 15 m (400 à 6 500 kg ; 15 000 à 400 000 F) ; navigation (5 zones définies par l'Administration et dépendant de leurs taille et armement de sécurité) de la sortie de jour et de la petite croisière côtière à la croisière semi-hauturière. **Quillards :** 5 à 30 m (400 à 25 000 kg ; 50 000 à 1 500 000 F) ; toute sorte de navigation.

• **Selon la coque. Monocoques** (1 seule coque). **Multicoques :** 4 à 20 m (400 à 7 000 kg ; 20 000 à 500 000 F) ; 2 coques pontées *(catamaran),* 3 coques *(trimarans),* trimarans à 1 seul flotteur situé sous le vent de la coque principale *(prao).*

Le plus grand yacht privé fut le *Savarona* (4 600 t, 124 m de long, 170 h. d'équipage). Terminé en 1931 à Hambourg pour Mrs. Emily Roebling Cadwalader. Il coûta 4 millions de dollars. Il fut revendu en 1938 au gouvernement turc. Les frais d'équipage s'élevaient chaque année à 500 000 $.

Le plus grand yacht à voile est le *Sea Cloud* (ex-Hussar) : 106 m, 4 mâts, voilure de 30 voiles de 3 160 m² ; construit en 1930 à Kiel pour l'épouse du milliardaire américain Edward Hutton, il a été réaménagé en yacht de croisière en 1978-79 à Hambourg : 40 cabines pour 80 passagers. (A 1 mât, ce fut le *Reliance* 43,84 m de long, voilure 1 501 m².)

La plus grande voile : voile parachute spinnaker du Ranger de Vanderbilt (1937) : 1 672 m².

• **Selon le gréement. Cat boat :** 1 mât, 1 voile. **Sloop :** 1 mât, gd-voile, foc. **Cotre :** 1 mât, grand-voile, foc, ou foc et clinfoc et trinquette. **Ketch :** grand mât, artimon en avant de la barre, grand-voile, foc trinquette, artimon, 1 voile d'étai. **Schooner** ou **goélette :** 2 mâts, le plus grand étant en arrière. **Yawl :** grand mât, tapecul derrière la barre, gd-voile, foc trinquette, tape-cul, 1 voile d'étai.

• **Selon la jauge sportive. 1) Jauge monotype.** Construits à partir d'un plan de base dessiné par un architecte, donnant des caractéristiques invariables : longueur, largeur, poids, plan de voilure, plan de formes, etc. Tous les bateaux d'un même type sont dits des monotypes et appartiennent à une classe, par ex. : classe des 420, 470, 505, Vaurien, F.D., etc. Il y a plusieurs classes avec une appellation donnée par l'I.Y.R.U. : *Classes olympiques* (1984) : Finn, 470, F.D., Star, Soling, Tornado. *Classes internationales* (1984) + windglider. *Quillards :* Dragon, E. 22, H. Boat, Tempest, 5,50 m. *Dériveurs :* Contender, Enterprise, Europe, Pireball, Flying Junior, 420, Yole OK, Optimist, 14 Pieds, Cadet, 505, Laser, Lightning, Snipe, Vaurien. *Multicoques :* Dart, classe A, classe C.

2) Jauge (ou rating). En *course-croisière,* pour permettre à des bateaux aux caractéristiques différentes de pouvoir courir entre eux, on a défini une formule mathématique qui tient compte des principaux facteurs de vitesse ou de ralentissement du voilier : longueur à la flottaison, largeur, franc-bord, tirant d'eau, surface de voilure, déplacement, etc. Cette formule donne une longueur, exprimée en pieds : la *jauge* ou *rating.* Pour comparer 2 bateaux on détermine à partir du rating (R) le temps nécessaire au bateau pour parcourir un mille marin ; c'est le *Basic speed figure.* On l'obtient par la formule B.S.F. = $\frac{5\,143}{\sqrt{R} + 3{,}5}$ secondes par mille. Pour calculer le **temps compensé,** on détermine la longueur de la course en traçant une route moyenne, puis connaissant le B.S.F., le temps nécessaire pour parcourir cette distance théorique. Seul système actuel de jauge universel, *I.O.R.* (International Offshore Rule) est établi par l'O.R.C. (Offshore Rating Council) rattaché à l'I.Y.R.U. Il remplace les anciennes jauges (jauge R.O.R.C., C.C.A., C.G.L., J.O.G., etc.). Cependant, on utilise encore la formule de jauge internat. J.I., en particulier pour les voiliers 12 M J.I. utilisés pour la Coupe de l'America.

Classes de la jauge I.O.R. I : bateaux de 33 à 70 pieds de rating. II : 29 à — de 33. III : 25,5 à — 29. IV : 23 à — 25,5. V : 21 à — 23. VI : 19,5 à — 21. VII : 17,5 à — 19,5. VIII : 16,5 à — 17,5.

En France les bateaux sont jaugés par la F.F.V. et courent régulièrement en Manche, Atlantique et Méditerranée dans des épreuves nationales et internat.

3) Cas particuliers. *Croiseurs à handicap :* voiliers qui se placent entre les voiliers de régate pure et de haute mer ; il existe des séries trop nombreuses et pas assez étoffées pour que les courses se disputent entre bateaux d'une même série. La F.F.V. et, depuis 1972, certaines autres fédérations europ. ont mis en place des tableaux de temps rendus de croiseurs côtiers qui utilisent un handicap pour permettre à des bateaux disparates de courir entre eux.

Principales courses

Régates (courses en circuit)

De l'italien *regata :* défi. Épreuves en circuit fermé généralement triangulaires, sur un parcours abrité d'env. 10, 12 milles marins. On distingue les : 1) *Régates de classes :* réservées à des bateaux de même classe. 2) *R. inter-classes :* bateaux de différentes classes groupés à l'intérieur de tables des temps rendus par famille en D1, D2, D3, D4, D5.

Principales régates

Jeux Olympiques (voir p. 23). Tous les 4 ans sur les classes olympiques. 7 manches étalées sur 15 j.

Championnats du monde et championnats d'Europe. Classes internationales de l'IYRU, 7 manches.

Championnats nationaux. En France 2 catégories : A) *Championnats de France par spécialités (Solitaire ou Double) et par catégories d'âge (Minime, Junior, Senior, Cadet, Féminin).* La F.F.V. se réservant le droit de désigner les classes de bateaux pour ces catégories. B) *Championnats nationaux* que peut organiser chaque classe nationale retenue par la F.F.V.

Semaines internationales. *France :* Coupe int. ski-yachting (Cannes, janvier). *Semaine* int. de la Méditerranée (Marseille, Pâques). *Semaine* préolympique d'Hyères (Pâques). *Semaine* de La Rochelle (Pentecôte). *Allemagne féd. : Semaine* de Kiel. *Angleterre : Semaine* de Weymouth. *Sem.* de Cowes (en août). *Canada :* Cork à Kingston (août). *Italie : semaine* de Gênes (mars). Pour le classement de la Coupe du monde de Voile (annuel pour les 7 cl. olympiques), on tient compte des principales grandes semaines internat., des champ. du monde et des jeux.

America's Cup (Coupe America)

Origine. Le 22-8-1851, le 1er Club de voile américain, le New York Yacht Club (N.Y.Y.C.) envoya le schooner *America* en Angleterre participer à une nouvelle course autour de l'île de Wight pour une coupe offerte par le Royal Yacht Squadron. Il battit très largement les 15 yachts anglais, remportant le trophée historique qui porte son nom.

Conditions. La coupe est attribuée au 1er yacht remportant 4 victoires, le nombre de courses étant au maximum de 7. De 1851 à 1983, le défenseur, bateau américain, l'a toujours emporté. Le parcours mesure env. 24 milles (44,5 km env.). La course a lieu dans le pays détenteur de la coupe. A la fin du XIXe s., on renonça à opposer dans un handicap des bateaux de tailles très différentes. Après 1945, la course fut réservée aux « 12 m » de jauge internat. (coque mesurant env. 20 m, pesant 27 t, env. 200 m² de voiles) ; ils peuvent dépasser les 11 nœuds, soit 20 km/h ; les classes « J » des rencontres (1930, 1934, 1937) atteignaient près de 40 m et avaient 1 000 m² de voile au près.

Résultats. Vainqueur (défenseur, États-Unis), et vaincu (challengeur, G.-B. sauf indication). **1870** Magic, Cambria. **71** Columbia et Sapho, Livonia. **76** Madeleine, Countess of Dufferin. **81** Mischief, Atlanta. **85** Puritain, Genesta. **86** Mayflower, Galatea. **87** Volunteer, Thistle. **93** Vigilant, Valkyrie II. **95** Defender, Valkyrie III. **99** Columbia, Shamrock. **1901** Columbia, Shamrock II. **03** Reliance, Shamrock III. **20** Resolute, Shamrock IV.

Classe J. 1930 Enterprise, Shamrock V. **34** Rainbow, Endeavour. **37** Ranger, Endeavour II.

12 mètres J. I. 1958 Columbia, Sceptre. **62** Weatherly, Gretel (Australie). **64** Constellation, Sovereign. **67** Intrepid, Dame Pattie (Australie). **68-70** Intrepid, Gretel II. Pour le défi de **1970,** 2 Challengers, France et Gretel II, disputèrent une épreuve éliminatoire. **74** Courageous, Southern Cross (Austr.) ; le France avait été battu aux essais. **78** Courageous, Australia (Austr.) ; le France et Sverige (Suède) avaient été battus aux essais. **80** Freedom (U.S.A.), Australia (Austr.). France 3 élimine Lion Heart (G.-B.) pour être battu par Australia. **83** Australia II (Austr.), Liberty (U.S.A.). **86** Australia III (Austr.).

Courses libres

Appelées aussi courses promotionnelles. Pour voiliers n'étant pas conçus en fonction de la jauge I.O.R. : liberté totale de conception (apparition de multicoques ou de monocoques géants) ; classement en temps réel (il n'y a plus de coefficients correcteurs ou de handicaps).

Légende. — (1) G.-B. (2) Canada. (3) France. (4) Pologne. (5) Afr. du S. (6) U.S.A. (7) Australie. (8) Argentine. (9) Jersey. (10) Allemagne puis All. féd. (11) Mexique. (12) Espagne. (13) Chine. (14) P.-Bas. (15) Suisse.

Courses en haute mer

Différentes des régates : les voiliers relient un port à un autre.

Courses côtières

En général, parcours de 10 à 40 milles. Participent : petits voiliers habitables de + de 300 kg avec cabine de 2 couchettes fixes, divisés en 3 classes H1, H2 et H3 ; bateaux jauge C (jauge cabin) capables de naviguer assez loin des côtes et la nuit ; bateaux jauge R.O.R.C., classe 4 et bateaux jauge J.O.G. Parcours de 120 milles pour les courses du championnat de France (classes 1 à 8).

Courses au large (principales)

Légende. — (1) Jauge I.O.R. (2) Jauge C.C.A. (3) Tous les ans. (4) Tous les 2 ans. (5) Tous les 3 ans.

Admiral's Cup [4]. *Créée* 1957. Considérée comme un championnat du monde de course en haute mer. Chaque nation engage 3 bateaux qui participent à la *Channel Race* (235 milles) ; au *Fastnet* (650 milles) et à 3 régates dans le *Solent* (bras de mer entre l'île de Wight et la côte anglaise) pendant la Semaine de Cowes. Tous les 2 ans (en août). *Vainqueurs* **1971** G.-B. **73** All. féd. **75** G.-B. **77** G.-B. **79** Australie. **81** G.-B. **83, 85** All. féd.

Bermudes [2,4] (630 milles). En juin. Newport (Rhode Island, U.S.A.), — Bermudes. Navigation constamment au large. **Buenos Aires-Rio de Janeiro** [1,5] (1 200 milles).

Californie-Honolulu [1] (2 500 milles). Irrégulièrement. **Channel Race** [1,3] (235 milles). **Cowes-Dinard** [1,3] (180 milles).

Course de l'Europe. *Créée* 1985. **1985.** *Classe 1 :* 1er P. Jeantot [3] *(Crédit agricole). Classe 2 :* 1er Bullimore [1] *(Apricot). Classe 3 :* 1er L. Peyron [3] *(Lada-Poch).*

Fastnet [1,4] (650 milles). *Créée* 1925. En août tous les 2 a. les années impaires. 2 régates de 30 milles et 2 épreuves de haute mer (*Channel Race,* de Cherbourg à l'île de Wight au large de Brighton ; *Fastnet,* 605 milles de Plymouth à Plymouth en tournant autour du phare du Fastnet en Irlande). **Vainqueurs. 1977** 1er Imp (U.S.A.), 2e Moonshine (G.-B.), 3e Yeomar (G.-B.). **79** 57 concurrents + 249 voiliers-spectateurs ; 19 morts, 23 voiliers coulés, 136 personnes sauvées de la noyade (surtout par les hélicoptères de la Royal Navy) lors d'une tempête force 10, vents de 100 km/h, vagues de 10 à 15 m. Les 57 bateaux participant à l'épreuve ont pu rentrer. **81** 1er Regardless (Irl.). **83 :** 1er Diva (Fr.). **85 :** 1er Panda (G.-B.).

La Giraglia [1,3] (240 milles). *Créée* 1958. L'été. Départ : Toulon, contour du rocher de la Giraglia (Corse) et San Remo ou parcours en sens inverse.

La Rochelle-Bénodet [1,2] (205 milles).

Plymouth-La Rochelle [1,4] (350 milles). **Plymouth-Santander** [1,4] (440 milles).

Santander-Belle-Ile [1,4] (235 milles). **Sydney-Hobart** [1,3] (650 milles). En déc. Australie : départ de Sydney, côte de la N.-Galles-du-S., traversée du détroit de Bass, côte de Tasmanie, rivière Derwent jusqu'à Hobart.

Cas particuliers. Championnats du monde I.O.R. On fait courir en haute mer en temps réel des bateaux de course ayant un même coefficient de jauge ou rating. *Épreuves principales :* Quarter Ton Cup (18 pieds). Half Ton Cup (21,7). One Ton Cup (27,5). Mini Ton Cup (dep. 1976) et Micro Ton Cup en 1977. **Palmarès des Ton Cups. 1/4 : 81** Lacy don Protis (Fr.), Bruno Trouble ; **82** Quartermaster (Austr.), Graham Mones. **1/2 : 81** Kingone (Fr.), Jérôme Langlois ; **82** Atalanti (Grèce), Andreanis. **83** Elf 2 (Fr.) Briand. **3/4 : 81** Soldier Blue (Dan.), Jbj Andersen ; **82** Lille Du (Dan.), Anderson. *1 :* **81, 82** annulées. **84** Ph. Briand (Fr.) sur Passion 2. *2 :* **81, 82** annulées. *Mini :* **81** Gullisara (Italie), Tiziano Nava. **84** Treves (It.) sur Ligule.

Courses dans l'Atlantique

● **Course transatlantique en solitaire.** *Créée* 1960. *Distance :* 3 000 milles. Tous les 4 ans. De Plymouth (G.-B.) à Newport (U.S.A.) ; le 1er prix : le 1er arrivé. Dep. 1980, longueur voiliers est limitée à 17,06 m.

Pen-Duick Trophy : attribué au skipper du 1er bateau ayant une flottaison supérieure à 14,02 m (commémore le Pen-Duick IV d'Alain Colas). **Gipsy Moth Trophy :** attribué au skipper du 1er bateau arrivé ayant une flottaison comprise entre 8,50 m et 14,02 m (en souvenir du Gipsy Moth III de Chichester). **Jester Trophy :** décerné au skipper du 1er bateau arrivé à Newport ayant une longueur à la flottaison inférieure à 8,50 m (porte le nom du seul bateau qui ait couru toutes les transat.).

Résultats. 1960. 1er Sir Francis Chichester [1] *Gipsy Moth III* 40 j 12 h 30'. **2e** Blondie Hasler [1] *Jester* 48 j 12 h 0'. **3e** Davis Lewis [2] *Cardinal Vertue* 55 j o h 5'. **4e** Valentine Howells [1] *Eira* 62 j 5 h 5'. **1964** 1er Éric Tabarly [3] *Pen-Duick III* 27 j 3 h 56'. **2e** Sir Francis Chichester [1] *Gypsy Moth III* 29 j 23 h 57'. **3e** Val Howells [1] *Akka* 32 j 18 h 8' **4e** Alec Rose [1] *Lively Lady* 36 j 17 h 30'. **1968. 1er** Geoffrey Williams [1] *Sir Thomas Lipton* 25 j 20 h 33'. **2e** Bruce Dalling [5] *Voortrekker* 26 j 13 h 42'. **3e** Tom Follet [6] *Cheers* 27 j 0 h 13'. **4e** Leslie Williams [1] *Spirit of Cutty Sark* 29 j 10 h 17'. **1972. 1er** Alain Colas *Pen-Duick IV* 20 j 13 h 15'. **2e** Jean-Yves Terlain [3] *Vendredi 13* 21 j 5 h 14'. **3e** Jean-Marie Vidal [3] *Cap 33* 24 j 5 h 40'. **4e** Brian Cooke [1] *British Steel* 24 j 19 h 28'. **1976. 1er** Éric Tabarly [3] (*Pen-Duick VI :* L'hors-tout 22,50 m ; l 3,40 m ; lest 17 t ; hauteur : grand mât 27 m, artimon 18 m ; voilure : 260 m², vent arrière 700 m²) 23 j 20 h 12'. **2e** Michaël Birch [2] (*The Third Turtle,* trimaran de 9,75 m) 24 j 21 h 43', vainqueur du Jester Trophy et du classement en temps corrigé. **3e** Kazimierz Jaworski [4] (*Spaniel,* monocoque de 11,58 m) 25 j 0 h 40', 2e du Jester Trophy. **4e** Alain Colas [3] (*Club Méditerranée :* monocoque ; L hors-tout 72,18 m ; l 9,60 m ; tirant d'eau 5,60 m ; déplacement 260 t ; lest 80 t ; 4 mâts, h 32,50 m ; voilure 1 000 m²) 24 j 3 h 40' + 58 h de pénalisation pour aide (à St-John, Terre-Neuve). **1980.** 110 qualifiés. **1er** Phil. Weld, 66 ans (*Moxie :* trimaran, long. 15,25 m ; 4,5 t ; 100 m² de voilures au près) 17 j 3 h 12' (record). **2e** Nick Keig, 44 a. (*Three Legs of Mann III :* trimaran, long. 16,5 m ; 5 t ; 140 m² de toile) 18 j 6 h 4'. **3e** Philippe Steggall (*Jean's Foster :* trimaran, long. 11,8 m) 18 j 6 h 45', 1er du Gtpsy Moth Trophy. **4e** Michaël (*Olympus Photo :* trimaran, long. 15,20 m ; 3,175 t) 18 j 7 h 15'. **1984.** Env. 70 sont arrivés. **1er** Y. Fauconnier (*Umupro Jardin V* 16 j 06 h 25'). **2e** Poupon (*Fleury Michon VI* 16 j 11 h 51', record de la course). **3e** Pajot (*Elf Aquitaine* 16 j 12 h 48'). **4e** Tabarly (*Paul Ricard* 16 j 14 h 21').

● **Course transatlantique en double.** *Créée* 1979. *Distance :* 10 700 km (Lorient-Bermudes-Lorient). **79 :** 1er Eugène Riguidel et Gahinet : *V.S.D.* 34 j 6 h 32'. 2e Tabarly et Pajot : *Paul Ricard* à 5'42". 3e Birch et Vidal : *Télé-7 jours* à 7 h 28'13". **81 :** distance 5 500 km Plymouth-Newport : 1er C. Blyth-R. James : *Britanny-Ferries* (G.-B.), 14 j 13 h 58'. 2e M. Pajot-P. Ayasse : *Elf-Aquitaine* (Fr.), 15 j 4 h 58'. 3e E. Loizeau-H. Mabire : *Gauloise IV* (Fr.) 15 j 5 h 48'. **83** 1ers P. Follenfant-Fountaine : *Charente Maritime* (Fr.), 22 j 9 h. 2e E. Riguidel-J.-F. Le Menec : *William Saurin* (Fr.), 22 j 10 h 40'. 3e P. Morvan-J. Le Cam : *Jet Service II* (Fr.), 22 j 11 h 55'. 1 décès : Didier Bestin disparu en mer le 09-06.

Mini-transat. *Créée* 1977. *Distance :* 4 000 milles. Tous les 2 ans pour voiliers de 6,50 m. En 2 étapes, Cornouailles-Ténériffe, Ténériffe-Antigua (Antilles anglaises). Organisée par la G.-B. **1985** 1er Y. Parlier *(Aquitaine).*

Route du rhum. *Créée* 1978. Transat française en solitaire. *Distance :* 7 200 km (St-Malo-Pointe-à-Pitre). Jauge : aucune limitation. **1978** 1er Michael Birch *Olympus Photo* en 558 h 59' 35". 2e Malinovsky à 98" *Kriter V* en 559 h 1' 13". 3e Phil Weld *Rogue Wave* en 567 h 51' 32". **1982.** 1er Marc Pajot *Elf-Aquitaine* en 433 h 39'. 2e Bruno Peyron *Jaz* en 443 h 47' 32". 3e M. Birch *Vital* en 445 h 45' 6".

Course du Figaro (et Aurore). *Créée* 1970 par Eugène Dautriche. Course en solitaire du Figaro-Trophée l'Aurore dep. 1980. Tous les ans en août, 4 étapes (1 000 milles) (France-Angl. ou Irlande-Esp. et retour vers France). Voiliers half-toners (21,7 pieds de jauge, env. 9 m de long). *Vainqueurs :* **70** Joan de Kat. **71** Michel Malinovsky. **72** Jean-Marie Vidal. **73** Gilles Lebaud. **74** Eugène Riguidel. **75-76** Guy Cornou. **77** Gilles Gahinet. **78** Gilles Lebaud. **79** Patrick Eliès. **80** Gilles Gahinet. **81** Sylvain Rosier. **83** Lionel Péan. **84** C. Cudennec. **85** Philippe Poupon.

La Baule-Dakar (ou course des Amaldies). *Créée* 1981. **81.** 1er Marc Pajot : *Elf-Aquitaine.* **83.** 1er Pierre Follenfant : *Charente-Maritime.* 2e *William-Saurin.* 3e *Jet Services.*

La Rochelle-La Nouvelle-Orléans. *Créée* 1982. **82.** 1er Pierre Follenfant : *Charente-Maritime* en 586 h 5′. 2e Marc Pajot : *Elf-Aquitaine* en 667 h 21′. 3e Delage : *Lestra Sports* en 669 h 51′.

Monaco-New York. 1985. 1er Birch [2] : *Formule-Tag.* 2e Boucher [3] : *Ker-Cadelac.* 3e Morvan [3] : *Jet Services.*

Routes pour traverser l'Atlantique Nord
(Distances sur Plymouth-New York)

Orthodromie : *2 810 milles (5 224 km).* Arc de grand cercle : le plus court chemin pour aller d'un point à un autre sur la sphère terrestre. 20 à 25 % de vents debout d'une force moyenne de 4 Beaufort. Passage au nord du courant du Gulf Stream (défavorable) à l'arrivée sur Terre-Neuve, courant du Labrador. Traversée à l'arrivée de zones d'icebergs et des brumes de Terre-Neuve, fait passer entre la côte et l'île de Sable. Route la plus courte, la plus rapide, la plus dure et la plus inconfortable, il faut sans cesse recalculer le cap à suivre.

Loxodromie : *2 920 milles (5 407 km).* Route suivie par un bateau qui se déplace sur la sphère terrestre en conservant un angle de route constant avec les méridiens. Vents contraires, gros temps. Navigation dans le courant contraire du Gulf Stream à l'arrivée. Un peu moins de vents debout que sur l'orthodromie, moins de risque d'icebergs à l'atterrissage. Chemin plus long que sur l'orthodromie, courants contraires à l'arrivée.

Route d'Hasler : *3 130 milles (5 796 km). Avantages :* sur une bonne partie du parcours vents favorables. *Inconvénients :* route plus longue que l'orthodromie. Atterrissage avec des vents forts contraires. Traversée d'une zone d'icebergs, brumes, froid.

Route des Açores : *3 520 milles (6 537 km).* Peu de gros temps, peu de vents contraires, navigation confortable (très peu de bords à tirer). Longueur plus importante, risque de calme.

Route des Alizés : *4 200 milles (7 778 km).* Petit temps, pas de vent debout ou très peu, pas de gros temps, du soleil et des brises portantes. Pratiquement aucune chance de victoire.

Courses dans le Pacifique

• **Course transpacifique en solitaire.** *Créée* 1969. Gagnant : Éric Tabarly [3], San Francisco-Tokyo en 39 j 15 h 44′ (15-3/25-4) (record) sur *Pen-Duick V.*

Course autour du monde (1968) : Robin Knox-Johnston [1] ; du 14-6-1968 au 22-4-69 (312 j) ; sans escale ; sur *Suhaili ;* d'O. en E. ; seul arrivant sur 9 partants. Bernard Moitessier [3] avait abandonné et poursuivi un tour du monde et demi ; Donald Grohurst [1] mort en route.

Courses autour du monde

Course autour du monde par équipage. *Créée* 1973 1re course **1973** (sept.), **1974** (avril). 4 étapes : *Plymouth-Le Cap, Le Cap-Sydney, Sydney-Rio, Rio-Plymouth. Classement :* 1er *Sayula II* [11] ; 2e *Adventure* [1] ; 3e *Grand-Louis* [3] (long. 18,40 m, 21 t, voilure 140 m², polyester) ; 4e *Kriter* [3] (long. 20,27 m, 23 t, voilure au près 220 m², bois moulé). **1975-1976** 1er *Great Britain II* [1], a battu sur les 2 étapes Londres-Sydney-Londres le record du clipper *Patriarche* (67 j contre 69 j). **1977-78** 1er *Flyer* [13] ; 2e *King's Legend* [1] ; 3e *Traité-de-Rome* (Europe) ; 4e *Disque-d'or* [14]. **1981-82** 1er *Flyer* (P.-Bas) C. Van Rietschoten, 2e *Charles Heidsiek III* (Fr.) A Gabbay, 3e *Kriter IX* (Fr.) A. Viant. Éric Tabarly a participé sur *Pen-Duick VI* aux 2 dernières étapes de la course, mais n'a pas été classé car il n'était pas qualifié par les règlements de l'O.R.C. (Offshore Racing Council), le lest de sa quille étant en uranium appauvri. **86** *L'Esprit d'Équipe* (Fr.) L. Péan.

Course autour du monde en solitaire. *Créée* 1982. **82-83** 1er Philippe Jeantot sur *Crédit agricole.*

Traversées célèbres

Atlantique

• **D'ouest en est. 1er avec un équipier :** Webb [6] ; 1856 ; sur une baleinière. 2es Hudson [6] et Fitch [6] avec une chienne ; sur canot ponté de 7,9 m, 3 mâts, 8 voiles en trapèze et 3 focs ; de New York à Deal en 35 j. **Le 1er en solitaire :** Alfred Johnson [2] pêcheur de Shake Harbor (N.-Écosse) ; 1876 ; de Shake Harbor à Abercastel (P. de Galles) en 46 j ; sur le *Centennial,* doris sans quille de 6,1 × 1,8 m, ponté, lesté de gueuses, 1 mât, 4 voiles. **1re à la rame :** George Harbo et Frank Samuelson partis le 7-6-1896 de New York, arrivent aux îles Sully 55 jours après et remontent la Seine jusqu'à Paris (moyenne de 56 miles/j). **Record de vitesse :** 7 j 21 h 5′ Loïc Caradec sur *Royale* le 11-7-86 (5 équipiers).

• **D'est en ouest. Le 1er seul par le Sud :** Alain Gerbault [3] ; 1923 ; ingénieur et tennisman de 30 ans ; de Gibraltar à New York en 101 j ; sur *Firecrest,* cotre français, construit en 1892, 11 × 2,6 m, 3 500 kg de plomb sous quille et 300 kg de lest intérieur. **Le 1er seul par le Nord :** R.D. Graham [1], capitaine ; 1934 ; de Bantry à St-Jean-de-Terre-Neuve en 24,5 j, puis navigation solitaire dans les eaux du Labrador, Bermudes et retour ; sur *Emmanuel,* cotre de 9,15 × 2,58 m. **Seul au moteur :** Marin-Marie [3] ; du 23-7 au 10-8-1936 ; de New York aux îles Chausey en 18 j 16 h ; sur *Arielle,* 13 × 3,45 m, quille en fonte de 2 500 kg, 5 000 l de gasoil, moteur diesel 50 CV, vitesse 8 nœuds, gouvernail automatique. Type de traversée très rare car les voiliers pourvus d'un moteur auxiliaire ne peuvent charger, en sus des vivres et de l'eau nécessaires, que peu de combustible. La précédente traversée avait été effectuée par Newman et son fils de 16 ans.

Expéditions de Thor Heyerdahl

Expédition du Kon-Tiki (1948). Liaison Pérou-Polynésie, avec 6 équipiers, pour prouver que les Indiens péruviens auraient pu aller peupler les îles polynésiennes du Pacifique de S. (les prédécesseurs des Incas et les ancêtres de certains Polynésiens actuels ayant adoré le même dieu solaire, *Kon-Tiki*). *Durée :* 101 j.

Traversée de l'Atlantique avec un équipage à bord d'un radeau (en tiges de papyrus liées par des cordes sans un seul clou, sans armature, réalisé par des artisans du lac Tchad sur le modèle des bateaux égyptiens figurant sur les bas-reliefs des sépultures). *But :* prouver que les anciens Égyptiens auraient pu découvrir l'Amérique 2 500 ans avant Christophe Colomb, 2 000 ans avant les Vikings. *1re tentative* (1969) : le *Râ I,* après plus de 5 000 km, se retrouvait, par suite de manœuvres, et de chargement, en situation critique à 900 km à l'est de l'île de la Barbade (Antilles) à 250 km du s.-est de la Martinique. *2e tentative* (1970) : le *Râ II* atteignit la Barbade en 57 j après 6 270 km, en se laissant entraîner par le courant et les alizés.

Expédition du Tigris (1977-78). Navigation sur l'océan Indien à partir de l'Irak pour voir jusqu'où ont pu aller les Sumériens (300 à 2000 av. J.-C.). Bateau en panneaux de roseaux cueillis en Irak d'après un procédé ancestral (long. 18 m, larg. 6 m, haut. 3 m, mât 10 m). Équipage international (11 membres).

Pacifique

• **D'est en ouest. Le 1er en solitaire :** Bernard Gilboy [6] ; 1882-83 ; de San Francisco aux parages de l'Australie, sans escale (6 500 milles, 164 j) ; recueilli à court de vivres ; sur Pacific, goélette de 6 m.

• **D'ouest en est. Les 1ers en solitaire :** Fred Rebell, Letton ; 1931-33 ; charpentier ; 45 ans au départ ; de Sydney (Australie) à Los Angeles (U.S.A.) en 372 j ; sur *Elain,* dériveur à clin, 6 × 2,15 m, non ponté, sans moteur. Alain Gerbault [3] ; 1932 ; sur *Alain-Gerbault,* sloop marconi norvégien de 10,45 × 3,2 m, tirant d'eau 1,9 m, quille de 4 t en plomb, pas de moteur.

Tours du monde

• **En solitaire sans moteur. Le 1er :** Joshua Slocum [6] (Canadien naturalisé) ; 1895-98 ; 51 ans au départ ; de Yarmouth à Newport par le cap Horn et le cap de Bonne-Espérance ; sur *Spray,* cotre puis yawl de 11,20 × 4,32 m, tirant d'eau 1,27 m. **Les suivants :** Harry Pidgeon [6] ; 2 tours 1921-25 et 1932-37 ; sur *Islander,* seabird de 10,50 × 2,20 m, tirant d'eau 1,50 m. Alain Gerbault [3] ; 1924-29 ; 31 ans au départ ; de Cannes au Havre par Panama et Le Cap ; sur *Firecrest,* cotre franç. 11 × 2,60 m, tirant d'eau 1,80 m. Vito-Dumas [8] ; 1942-43 ; sur *Legh II,* ketch de 9,70 × 3,30 m, tirant d'eau 1,70 m. Al Petersen [6] ; 1948-52 ; ouvrier métallurgiste ; par Panama et la mer Rouge ; sur un cotre de 10,05 m. John Guzzwel [1] ; 1956-58 ; 25 ans au départ (le plus jeune circum navigateur) ; sur *Trekka,* yawl de 6,25 m (le plus petit bateau ayant fait le tour du monde). Peter Langwald [6] (Norvégien naturalisé) ; 1959-64 ; sur Dorothéa, cotre de 9,45 m. Sir Francis Chichester [1] ; du 27-8-66 au 28-5-67 ; sur *Gypsy Moth IV,* en bois moulé, poids 10,5 t, long. 16,46 m, larg. max. 3,30 m, surface de voilure 102,90 m². Chay Blyth [1] ; 1970-71 ; sur *British Steel,* ketch de 18 m ; sans escale d'E. en O. en 292 j. Alain Colas [3] ; 1973-74 (169 jours) ; sur *Manureva,* ex-Pen-Duick, trimaran, long. hors-tout 21,24 m, long. 20,12 m, tirant d'eau 0,80 m. David Scott Cowper [1] ; 1979 ; en 225 j. Henryk Jaskula [4] ; sur un voilier en bois de 14 m. Yves Pestel [3], 1979-80 ; sur le voilier le plus petit engagé dans cette course (9 m) ; parti le 5-7-79, chavire en juin 1980 après avoir doublé le cap Horn le long des côtes argentines. Philippe Jeantot, 1982-83, sur *Crédit agricole,* en 159 j. Dodge Morgan [6], 1986, sur *American-Promise,* en 145 j 22 h 22′.

• **En solitaire avec moteur.** Edward Miles [6] ; 1928-32 ; d'O. en E. par la mer Rouge et Panama, très rare ; sur *Sturdy et Sturdy II,* 11,20 × 3,30 m ; tirant d'eau 1,45 m, moteur diesel 20 CV. Louis Bernicot [3] ; 1936-38 ; 52 ans au départ ; par Magellan et Le Cap ; sur *Anahita* 12,50 × 3,50 m, tirant d'eau 1,70 m, petit moteur. Alfred Petersen [6] ; 1948-52 ; sur *Stornoway,* cotre Colin Archer, long. 10,05 m, petit moteur. A. Hayter [1] ; 1950-55 ; colonel ; par la mer Rouge, contre la mousson, Panama ; sur un yawl à corne de 9,75 m. Marcel Bardiaux [3] ; 1950-58 ; sur les *Quatre-Vents,* sloop marconi de 9,38 × 2,70 m, tirant d'eau 1,45 m, moteur 5-7 CV. Jean Gau [6] (Français naturalisé) ; 1953-57 ; 51 ans au départ ; sur un ketch de 11 × 3 m, tirant d'eau 1,40 m, moteur 20 CV. Ed Allcard [1] ; 1961-63 ; par le Cap Horn.

• **Avec compagnon momentané. Sans moteur :** Jacques-Yves Le Toumelin [3] ; 1949-52 ; 28 ans au départ ; un équipier jusqu'à Papeete, ensuite seul ; sur *Kurun,* cotre norvégien de 10 × 3,55 m, tirant d'eau 1,60 m. Tom Steele [6] ; sur *Adios,* ketch. **Avec moteur :** Tom Murnan [6] ; 1947-52 ; 51 ans au départ ; sa femme avec lui par moment ; sur *Seven Seals II,* yawl en acier 9,15 m, 2 moteurs de 25 CV.

• **Couples. Sans moteur :** Joseph Merlot [3] ; 1950-56 ; ingénieur ; avec sa femme et un enfant né en route ; sur un bateau de régates de 6 m de jauge ; par Panama et Le Cap.

Quelques grandes premières

Le 1er solitaire certain. J.M. Crenston [6] ; 1849 ; de New Bedford à San Francisco par le Cap Horn ; 13 000 milles en 226 j ; sur *Toccra,* cotre de 12,30 m. **1re traversée de l'Atlantique à l'aviron.** Harbo et Samuelson [6] ; 1896. **1re traversée de l'Atl. en solitaire en bateau à rames.** John Fairfax [1] ; 20-1 au 19-7-1969 ; 5 600 km des Canaries à la Floride. **1re traversée de l'Atl. en kayak.** Romer [10] ; 1928 ; du cap Vincent (Portugal) aux Canaries puis à St-Thomas (Antilles), perdu ensuite sur la route de New York ; sur *Deutsches Sport,* kayak en toile de 6 × 0,95 m avec petite voilure de ketch 5 m². **1er raid seul avec un enfant.** Blanco [11] et sa fille de 8 ans ; 1931 ; de Barcelone à Tahiti par Panama ; sur *Evalu,* goélette de 11,25 × 3,35 m, avec moteur. **1re traversée de l'Atl. par une femme seule.** Ann Davidson [1] ; 1952-53 ; écrivain, 38 ans ; de Plymouth (G.-B.) à New York par Casablanca, Las Palmas (Canaries), l'île Dominique (Antilles), Miami, New York ; sur *Felicity Ann,* sloop marconi de 7 × 2,15 m, tirant d'eau 1,40 m. **1re trav. de l'Atl. en pirogue.** Hannes Lindemann [10] ; 1955-56 ; de Las Palmas à Ste-Croix (Antilles) ; sur *Liberia,* pirogue primitive en bois de 7,5 m. **1re liaison en solitaire de l'Atl. au Pacifique par le Nord.** Willy de Roos ; 1977 ; sur *Williwaw,* ketch en acier de 13 m. En août 1980, Gérard d'Aboville, sur le canot *Captain Cook,* établit un nouveau record de traversée de l'Atlantique à la rame sur le parcours Cap Code (U.S.A.) - Brest (Fr.) en 72 j.

Quelques noms

BARDIAUX Marcel (1910) Fr. BERTRAND John (1959) U.S.A. BIRCH Michael (1933) Can. BLYTH Chay (1940) Écosse. BOMBARD Alain (1925) Fr. BOUET Marc (1952) Fr. BUFFET Marcel (14-5-22) Fr. CADOT Albert (1901-72) Fr. CERET Bertrand (23-5-37) Fr. CHICHESTER Francis (1901-72). COLAS Alain (1943, disparu 1978). DELFOUR Pierre (1934) Fr. ELVSTROM Paul (1930) Dan.

FAUROUX Jacques (1945) Fr. FAUROUX Marie-Claude (1931) Fr. FOGH (1939) Dan. FOLLENFANT Pierre, Fr. GABBAY Alain (1959) Fr. GAHINET Gilles (1949-84) Fr. GERBAULT Alain (1893-1941) Fr. GLIKSMAN Alain (1934) Fr. HAEGELI Patrick (1945) Fr. HERIOT Virginie (1889) Fr. HEYERDAHL Thor (1915) Norv. KERSAUSON Olivier de (1944) Fr. KUWHEIDE Willy (1938) All. LACOMBE Jean (1919) Fr. LEBRUN Jacques (20-9-10) Fr. LE TOURMELIN Yves (1948) Fr. LOIZEAU Éric (1951) Fr. MALINOVSKY Michel (1947) Fr. MANKIN Valentin (1941) U.R.S.S. MAURY Serge (1946) Fr. MELGES Harry (1931) U.S.A. MUSTO K. (1928) (G.-B.). NOVERRAZ Louis (1902) Suisse. PAJOT Marc (1952) Fr. PAJOT Yves (1953) Fr. PARISIS Jean-Claude (1948) Fr. PATTISON Rodney (1942) (G.-B.). PÉAN Lionel (1957) Fr. RIGUIDEL Eugène (1942) Fr. TABARLY Éric (1932) Fr. TURNER Ted (1935) U.S.A. VIANT André (1920) Fr. VIDAL Jean-Marie (1945) Fr. WELD Phil (1914) U.S.A. WENNERSTROM Stig (1943) Suède.

Volley-ball

Généralités

• **Origine. 1895** imaginé par William G. Morgan (U.S.A.), exporté grâce à l'Y.M.C.A. **1913** figure aux 1ers jeux Orientaux de Manille. **1917** introduit en France par les troupes amér. **1929** 1res compétitions en France. **1936** création de la Féd. fr. de V.-B. (Pt : F. Castellant). **1947** création de la Féd. intern. de V.-B. à Paris. **1964** au programme des jeux Olympiques.

• **Terrain.** 18 m × 9. *Poteaux* distants de 10 à 11 m. *Filet* : 9,50 × 1 m de large ; partie supérieure à 2,43 m (h. seniors et juniors), 2,35 m (h. cadets), 2,24 m (d. seniors, d. cadettes, h. minimes), et 2 m (d. minimes). **Ballon** : 270 g (+ ou − 10 g) ; circ. 66 cm (+ ou − 1 cm). **Équipes** : 12 joueurs dont 6 sur terrain. **Parties** : en 3 sets gagnants de 15 points à chaque set. L'écart doit être de 2 points (si l'on arrive à 15-14 le jeu continue jusqu'à ce qu'on obtienne 2 points d'écart). Il est interdit de tenir le ballon.

• **Principe.** Tenter de faire tomber le ballon sur le sol adverse ou faire commettre une faute à l'adversaire (ex. : toucher le filet, franchir la ligne médiane, toucher le ballon et l'envoyer rebondir à l'extérieur du terrain). Dans ces cas, il y a perte du service si l'on était en possession du service ou gain du point pour l'adversaire si celui-ci avait le service. Le nombre de touches dans une équipe est limité à 3 (le contre ne compte pas).

• **Licenciés.** Dans le monde (principalement U.R.S.S., Chine et Japon), + de 140 000 000 de joueurs licenciés (80 % des joueurs sont des universitaires). *En France* : 67 135, sport totalement amateur, 1 663 clubs affiliés (mai 86).

Principales épreuves

Légende. — (1) U.R.S.S. (2) Roumanie. (3) Pologne. (4) Tchécoslovaquie. (5) Bulgarie. (6) Hongrie. (7) All. dém. (8) Italie. (9) All. féd.

Jeux Olympiques (voir p. 23).

Championnats du monde. *Créés* 1949. **Messieurs. 1949, 52** U.R.S.S. **56** Tchécoslovaquie. **60-62** U.R.S.S. **66** Tchécoslovaquie. **70** All. dém. **74** Pologne. **78, 82** U.R.S.S. **Dames. 1952, 56, 60** U.R.S.S. **62-66** Japon. **70** U.R.S.S. **74** Japon. **78** Cuba. **82** Chine.

Championnats d'Europe. Messieurs. *Créés* 1948. **1963** Roumanie. **1967, 83, 85** U.R.S.S. **Dames. 1949-51** U.R.S.S. **1955** Tchécoslovaquie. **58-79** U.R.S.S. **1981** Bulgarie. **1983** All. dém. **85** U.R.S.S. **Juniors** *masculins* : **1966, 79, 82, 84** U.R.S.S., *féminins* : **1966-79, 82, 84** U.R.S.S.

Coupe du monde. *Créée* 1965. **Messieurs. 1965** U.R.S.S. **69** All. dém. **77, 81** U.R.S.S. **85** U.S.A. **Dames. 1973** U.R.S.S. **77** Japon. **81-85** Chine.

Coupe de printemps. *Créée* 1962. Championnat de l'Europe occidentale. **Messieurs. 1974** Belgique. **75** Italie. **76** P.-Bas. **77** France. **78** Belgique. **79** Finlande. **80, 81, 82** Grèce. **83** P.-Bas. **84** Esp. **85** France. **86** All. féd. **Dames. 1977** P.-Bas. **78** Italie. **79, 80** All. féd. **81** P.-Bas. **82** France. **83, 84** All. féd. **85, 86** France.

Coupe d'Europe des clubs champions. *Créée* 1960. **Messieurs. 78** Plomien Milowice [3]. **79** Ch. Bratislava [4]. **80** Klippan Torino [2]. **81** Dynamo de Bucarest. **82, 83** CSJK Moscou [1]. **84, 85** Santal Parme [8]. **86** CSK Moscou [1]. **Dames. 78** Traktor Schwerin [7]. **79** CSKA Sofia [5]. **80** Étoile Rouge de Prague [4]. **81, 82, 83** Ouralotcha Sverdslovsk. **84** CSK Sofia [5]. **85** Alma Ata [1]. **86** CSK Moscou [1].

Coupe d'Europe des vainqueurs de coupe. *Créée* 1973. **Messieurs. 1973** Vorochilovgrad [1]. **74, 75** Riga [1]. **76** CSKA Sofia [5]. **77** Riga [1]. **78** Étoile rouge de Prague. **79** Dynamo de Bucarest [2]. **80** Panini Modena [8]. **81** Ch. Bratislava [4]. **82, 83** Automobilist Leningrad [1]. **84** Turin [8]. **85** Dynamo de Moscou [1]. **86** Panini Modène [8]. **Dames. 1973, 74** CSKA Moscou [1]. **75** Traktor Schwerin [7]. **76** UK Slavia Bratislava [4]. **77** Vorochilovgrad [1]. **78** Dynamo de Berlin [7]. **79** Étoile Rouge de Prague [4]. **80, 81** Vasas Budapest [6]. **82** CSK Sofia [5]. **83** Medine Odessa [1]. **84, 85** Dynamo de Berlin [7]. **86** Ouralotchka Sverdlovsk [1].

Coupe confédérale. *Créée* 1981. **Messieurs 81** AS Cannes. **82** Starlift Voorburg. **83, 85** Panini Modena. **86** Falconara [8]. **Dames 81** SV Lohhof. **82** USC Munster. **83** SGJDZ Feuerbach. **84** Victoria Barie [8]. **85** Victoria Augsbourg [9]. **86** Nelsen [8].

Championnat de France de Nationale I. Messieurs. *Créé* 1938. **60** Stade Français. **61** *Métropole* Stade Français ; *Algérie* C.A.I.D. Oran. **62, 63** P.U.C. **64** R.C. France. **65, 66** Asnières Sports. **67, 68** P.U.C. **69, 70, 71** R.C. France. **72, 73** M.U.C. **74** Stade Français. **75** M.U.C. **76** V.G.A. St-Maur. **77, 78** R.C. France. **79, 80** Asnières-Sport. **81, 82, 83** Cannes. **84** Asnières. **85** Grenoble. **86** Cannes. **Dames.** *Créé* 1941. **60** Stade Français. **61** Tourcoing Sports. **62** M.U.C. **63, 64** Tourcoing Sports. **65, 66** R.C. France. **67, 68, 69** P.U.C. **70, 71, 72, 73, 74, 75** A.S.P.T.T. Montpellier. **76** A.S.U. Lyon. **77** A.S.P.T.T. Montpellier. **78** P.U.C. **79, 80** A.S.S.U. Lyon. **81, 82, 83, 84, 85, 86** Clamart.

Coupe de France. Messieurs. 86 Fréjus. **Dames. 86** Clamart.

Nota. — M.U.C. : Montpellier Université Club ; P.U.C. : Paris Université Club ; R.C.F. : Racing Club de France.

Quelques noms

ARROYO Fred 1937. BARONNET Didier 1947. BLAIN Philippe 1960. BOILOT Évelyne 1959. BOULAY Brigitte 1952. BOUVIER Éric 1961. BOUZIN-MORANA Marie-Christine. CLAIDAT Catherine 1966. COMTE Michel 1943. DUJARDIN François 1923. FABIANI Alain 1958. FAURE Stéphane 1957. FOLCHERIS Janine. GENSON Michel 1947. DI GIANTOMMASO Guy 1953. GRANDVORKA Séverin 1947. LEBLEU M.-Christine 1959. LESAGE Brigitte 1964. MAZZON Hervé 1959. DE MENIAS Janine 1932. MIGUET Jean-Loup 1956. PRAWERMAN Anabelle 1963. QUISTORFF Agnès 1963. RAGUIN-BOUVIER Dominique 1952. SINOSI Françoise 1929. TILLIE Laurent 1963.

Water-polo

Généralités

Origine. *Né* en G.-B. en 1869. La 1re codification date des années 1870. Pratiqué en France dep. 1895. Figure aux J.O. depuis 1900.

Règles. 2 *équipes* de 11 joueurs dont 7 dans l'eau et 4 remplaçants. *But* 3 m de large, haut. 90 cm au-dessus de l'eau si 1,50 m de prof. ou plus et 2,40 m au-dessus du fond du bassin si prof. de moins de 1,50 m. *Ballon* 400 à 450 g. *Bassin* : 8 à 20 m de large, 20 à 30 m de long, 1 à 1,80 m de profondeur. Pour les dames, max. 25 m de long sur 17 m de large. *Matches* en 4 périodes de 5' de jeu effectif séparées par un intervalle de 2'.

Résultats. Championnats du monde. *Créés* en 1973. **73** Hongrie. **75** U.R.S.S. **78** Italie. **82** U.R.S.S.

Coupe du monde (ou coupe FINA). *Créée* en 1979. *Hommes* : **79** Hongrie ; **81** U.R.S.S. ; **82, 83** All. féd. *Dames* : **79** U.S.A. ; **80** P.-Bas ; **81** Canada.

Championnats d'Europe. *Créés* en 1926. **77** Hongrie. **81** All. féd. **83** U.R.S.S. **84** Hongrie. **85** U.R.S.S. *Dames.* **85** Pays-Bas.

Championnats de France. *Hommes.* **1973-74-75-76-77-78-79-80-81-82-83-84-85-86** C.N. Marseille. *Dames. Créés en 1984* : **84-85** R.C.F. **86** Dauphines de Créteil.

Sports divers

• **Aérobic.** Gymnastique exécutée sur un rythme entraînant. 12 millions de téléspectateurs ont suivi l'émission télévisée de Véronique et Davina, « Gym Tonic ».

• **Aéroglisseur.** Véhicule amphibie à coussin d'air. Propulsion aérienne (hélices carénées). Hauteur de franchissement d'obstacles abrupts, sans ralentissement, 20 cm. Montée de rampes de 60 %. 1 à 4 personnes. *Poids* 100 à 300 kg. *Vitesse* 60 à 140 km/h. *Prix* : manufacturé, 35 000 à 55 000 F ; construction amateur 7 000 à 20 000 F.

Séries de classement par cylindrée totale du ou des moteurs installés. *F 3* : — de 250 cm³. *F 2* : — de 500 cm³. *F 1* : cycl. illimitée. *S* : 1 moteur de cylindrée quelconque, 1 ventilateur de diam. max. 0,80 m.

Championnat de France : 5 manches de 4 courses par formule. *Championnat d'Europe* : 3 manches de 4 courses par formule. Sur circuit amphibie 50 % eau, 50 % terre de 2,5 km en 5 à 7 tours.

Utilisations : tourisme, secours ou travail. Cours d'eau non navigables, marais, terrains mouvants.

• **Arts martiaux. Généralités.** Les méthodes et moyens de combat en usage au Japon avant l'arrivée du commodore américain Perry en 1853 ont pratiquement disparu devant l'efficacité des armes occidentales. Quelques années plus tard, arcs, sabres, etc., ou méthodes à mains nues réapparaissaient après avoir changé de sens. Les *jitsu* (applications pratiques) devenaient des *do* (voies morales). En 1882, Jigoro Kano (sénateur) inventa le judo en faisant d'une méthode de combat une manière de vivre, et d'une manière de tuer « la défense du faible contre le fort ».

Les arts martiaux pratiqués aujourd'hui visent à aider le pratiquant à devenir plus généreux, plus ouvert aux autres et plus maître de lui.

En dehors des armes « nobles » (arc, sabre, lance, poignard), ils utilisent des accessoires susceptibles d'être efficaces (faux, fléaux, et autres instruments agricoles).

Aïki-do. En japonais, *ai* union, *ki* énergie, *do* voie. **Principe.** Art de combattre à mains nues. Mêmes principes de base que ceux du judo : déformer l'attaque pour utiliser, contre lui, la force apportée par l'adversaire (on récupère à son profit le déséquilibre créé au point de départ). **Rénovateur** : Grand Maître Morihei Ueshiba (1881-1969). **Entraînement** comprend la pratique du bâton long (bô), moyen (gô) ou court (tambô). **Grade** semblable au judo. Du 6e au 1er kyu et du 1er au 9e dan. **Tenue** jusqu'au 1er dan *keikoji* (comme le judoka), ensuite hakama (pantalon ample). **Technique** : étude du déséquilibre, connaissance et utilisation de l'énergie, développement des réflexes. **Morale** : coordination physique et mentale. Le pratiquant acquiert les valeurs morales les plus élevées : politesse, modestie, bonté, loyauté, fidélité, honneur, courage, maîtrise de soi.

Armes d'Okinawa. Au XVIIe s., les Japonais, en annexant l'île d'Okinawa, interdirent la détention de toutes armes connues. Les paysans découvrirent alors dans leurs outils de tous les jours des armes redoutables dont : *nunchaku* : fléau de 2 morceaux de bois ou de caoutchouc, cuir ou tissu de 30 à 60 cm ; *tonfa* : destiné à décortiquer le riz, manche en bois de chêne ou de teck carré (long. 40 à 60 cm, poids 0,8 à 1,2 kg) ; *sai* : trident ; *kama* : faucille ; *kusari* : chaîne.

Bo-do et jo-do. *Définition* : bo = bâton long ; jo = bâton court, d'où escrime au bâton. Pratiqué par les aïkidoka en costume.

Iaïdo. Art de dégainer le sabre. Appelé jadis iaï-jutsu. *Pratiquants* (France) : 13 000.

Kendo ou « voie du sabre ». Origine : XIVe s., le maître Ito fonde l'école de sabre unique (Ito Ryu). **1910** fédération créée. **1955** 1re rencontre internationale (Japon-U.S.A.). **Arme** : *shinai* : sabre (env. 1,15 m, poids 500 g) en lamelles de bambou gainées de lanières de cuir [le kendoka frappe de « taille et d'estoc » (uchi et tsuki)]. Au moment de frapper, le kendoka pousse le *kiai* en hurlant le nom de la partie du corps visée (expiration profonde venant du ventre). *Aire de combat* : 11 m sur 9. *Assaut* : 5'. *Prolongation* : 3', si aucun résultat n'a été obtenu. *Vain-*

queur : celui ayant marqué les 2 premiers points. *Si le combat dépasse 5'* : un seul point suffit pour être vainqueur. *Équipement* : kendogi (veston en coton), jupe ou hakama pour dissimuler la position des pieds, donc les évolutions prévisibles. *Pour se protéger des coups* : le *men* (ensemble de protection comportant des éléments rembourrés pour visage, cou et épaules) ; les *kote* : moufles épaisses (mains et avant-bras) ; *tare* : hanches ; *tare obi* : partie inférieure de l'abdomen ; *do* (bambou recouvert de cuir laqué) : poitrine. *Pratiquants* (Japon) : 20 000, France 1 200. *Ch. de France* : **86** *ind.* Lopiccolo, *éq.* CEPEJA.

Kobudo. Armes : *naginata* : lance de 2 à 3 m terminée par une lame en acier ; servait à couper les jarrets des chevaux ou des combattants à pied. Mêmes vêtements protecteurs que les kendoka. *Pratiquants* (Japon) : 500 000. Techniques de combat anciennes pratiquées par des petits groupes. *So-jitsu* : art de la lance pratiqué en costume d'époque. *Kyu-jitsu de Ogasawara* : mode de tir à l'arc datant de l'époque de Kamakura (1192-1333). *Taï-jitsu* : créé au XVIe s. par Nagao. *Ju-jitsu* : du Tonshin Shinyo-Ryu, fondé vers 1700 par Mataemon Iso. Synthèse des techniques de 2 écoles : Yoshin-Ryu et Shin No Shin do-Ryu. Seulement pratiqué à Osaka. *Ju-jitsu de Yanagi-Ryu* : ou École du Saule : fondé 1752 ; illustré chaque année au Budokan, de même que le ju-jitsu du Sosnishi-Ryu (« Les Deux Eaux »). Le plus ancien des ju-jitsu : Takeuchi-Ryu de 1532, utilisant toutes armes et accessoires pouvant servir en combat réel. *Hogu-jitsu* : du Hokusaïryu : synthèse des techniques visant à maîtriser un adversaire (armé ou non). *Rensa-sankaku* : de l'école de Takagi, technique des 3 bâtons ; permettaient de faire face à un samouraï porteur de son grand sabre. *Ho-jitsu* : du Yo-Ryu, école de l'art du canon. Fondée au XVIe s. Utilisation d'un petit canon, manié à la main. *Groupe Yoroi-Kumiushi* : du Yagyu-Shingan-Ryu. Fondé à l'époque de Edo (1603) ; techniques de combat au sabre, des luttes au corps à corps, adaptées au port de la lourde armure des samouraï du XVe s.

Kyudo ou « voie de l'arc », discipline traditionnelle, accompagnée de cérémonies religieuses et de fêtes, destinée à provoquer l'enrichissement intérieur de celui qui la pratique en lui procurant calme, sérénité et harmonie. *Arc* : asymétrique, haut. 2,20 m env. (la poignée étant à la limite du 1/3 moyen et du 1/3 inférieur afin de pouvoir utiliser l'arc à cheval), en bambou et bois, corde en chanvre (en tension, peut atteindre de 12 à 40 kg), carquois en écorce de cerisier (on tire généralement des flèches de 1 m, sur une cible placée de 2 à 118 m). *Grades* : 10 *dan. Titres honorifiques* : Kyushi-Hanshi. *Pratiquants* (Japon) 500 000. Épreuves jusqu'à 130 m.

Sumo. Codifé vers la fin du XIVe s. Les sumotoris (lutteurs) dépassent, souvent, 150 kg. *Pratiquants* (Japon) : quelques centaines. *Grade* : suprême : yokozuna ou « grand champion » (Tanikaze : le plus célèbre, mort 1795 : 66 victoires consécutives en tournoi). *Idoles du Japon* : *Est* : Kitanoumi, *Ouest* : Wajima. Jesse Kuhaulua, Hawaïen, a combattu sous le nom de Takamiyama. *Aire de combat* : dohyo, carré (surélevé) de 7,27 m de côté dans lequel s'inscrit un cercle de 4,55 m de diamètre. 4 houppes de couleur pendent au-dessous : blanche symbolise printemps, rouge été, bleue l'automne, noire hiver. Les sumotoris portent une sorte de tablier. Ils frappent dans leurs mains, lèvent ensuite les bras montrant qu'ils s'engagent à combattre avec sincérité et loyauté. Puis les 2 sumotoris qui se présentent exécutent un grand écart, le shiko, pour chasser les esprits malfaisants, jettent une poignée de sel au centre du cercle, s'accroupissent, face à face, pour le sonkyo (salut à l'adversaire). Les bras écartés promettent aux dieux de combattre honnêtement (Chiri). 48 techniques avec variantes.

Tae Kwon Do (karaté coréen). *1988* sport de démonstration aux J.O. *1992* sport olympique. Env. 10 000 000 pratiquants dans 60 pays.

☞ Voir Index pour **Judo** et **Karaté**.

• **Badminton. Origines.** Dès l'Antiquité, il existait des jeux de volant en Chine, au Japon et chez les Incas ; le jeu indien du « poona » semble être l'ancêtre le plus proche du badminton. Pratiqué en Europe et en France au XVIIe s. *1873* 1re partie au Badminton House (G.-B.). *1877* 1res règles (Colonel Selby). *1893* création de la Féd. anglaise. *1899* All England Championships (compétition mondiale majeure jusqu'à 1977). *1934* création de la Féd. internationale (I.B.F.). *1902* introduction en France (Le Havre). *1978* création de la Féd. française.

Terrain 13,40 × 6,10 m pour le double (13,40 × 5,18 simple) ; exclusivement joué en salle (haut. : 8 m min.). **Filet** de 0,75 à 1,524 m du sol au centre, 1,55 m aux poteaux. **Volant** 4,73 à 5,50 g. portant 14 à 16 plumes de 64 à 70 mm ; le volant de plume ou de plastique. **Raquette** bois ou métal, cordage boyaux ou plastique, 100 à 130 g. **Règles.** Se joue en simple, double ou mixte. Partie (env. 1/2 h) en 2 ou 3 manches gagnantes de 15 points (dames 11). But du jeu : envoyer le volant au sol dans le camp de l'adversaire. Seul le serveur peut marquer un point. En cas de faute, il perd le service. Le volant de *service* doit passer du premier coup. Pour servir, le joueur doit frapper le volant de bas en haut, en dessous du niveau de sa propre ceinture. Il n'a pas le droit de feinter pour tromper l'adversaire.

Pays qui s'y distinguent le plus. Indonésie, Malaisie, Japon, Suède, G.-B. (200 000 joueurs). *En France* 52 clubs, env. 2 400 licenciés.

Épreuves. CHAMPIONNATS DU MONDE. *Créés* 1977. Tous les 3 ans. Simples dames et messieurs. Doubles dames et messieurs. Doubles mixtes.

Résultats. 77. *Simple M.* F. Delfs (Danemark). *Simple D.* L. Köppen (D.). *Double M.* Tjun Tjun et J. Wahjudi (Indonésie). *Double D.* E. Toganoo et E. Uneo (Japon). *Double mixte.* S. Skovgaard et L. Köppen (D.). **80.** *Simple M.* R. Hartono (Indonésie). *Simple D.* W. Wiharjo (Indonésie). *Double M.* Handinata-Chandra (Indon.). *Double D.* N. Perry et J. Webster. *Double mixte.* Handinata et I. Wigoeno (Indonésie). **83** *Simple M.* Icuk Sugiarto (Indon.). *Simple D.* Li Lingwei (Chine). *Double M.* S. Fladberg et J. Helledie (Danemark). *Double D.* Wu Dixi et Liu Ying (Chine). *Double mixte.* T. Kihlstrom (Suède) et N. Perry. **85** *Simple M.* Han Jian (Chine). *Simple D.* Han Aiping (Chine). *Double M.* Park et Kim (Corée). *Double D.* Aiping et Lingwei (Chine). *Double mixte* Park et Yoo (Corée).

CHAMPIONNAT DE LA PLUME D'OR. *Créé* 1973. 7 pays : Autriche, Israël, France, Belgique, Portugal, Suisse, Yougoslavie. *Vainqueurs* : **72** Belgique. **75** annulé. **76** Suisse. **77, 78** Youg. **79, 80, 81** Belg. **82, 85** Autriche.

CHAMPIONNAT INTERNATIONAL. *Hommes : Coupe Thomas créée* 1948. *Dames : Coupe Uber créée* 1956.

CHAMPIONNATS D'EUROPE. *Créés* 1968. *Simple messieurs* **80** P. Delfs (Dan.) ; **82** Nierhoff (Dan.) ; **84, 86** M. Frost (Dan.). *Simple dames* **80** L. Blumer (Suisse) ; **82** L. Köppen (Dan.) ; **84, 86** H. Troke (G.-B.). *Double messieurs* **80** Karlsson-Nardin (Suède) ; **82** Karlsson-Kihlstromm (Suède) ; **84** Dew-Tredgett (G.-B.) ; **86** Fladberg-Helledie (Dan.). *Double dames* **80** Webster-Perry (G.-B.) ; **82** G. Gilks-G. Clark (G.-B.) ; **84** Chapman-Clark (G.-B.) ; **86** Clark-Gowers (G.-B.). *Double mixte* **80** Perry-Tredgett (G.-B.) ; **82, 84, 86** G. Gilks-M. Dew (G.-B.).

CHAMPIONNAT INTERNATIONAL DE FRANCE. *Créé* en 1908. A lieu tous les ans. *Simple messieurs* **81** T. Baddley (G.-B.) ; **82** Zubair (Pâkistân). **83, 84** Kumar (Indon.) ; **85** K. Brodersen (Dan.) ; **86** Harrisson (N.-Zél.). *Simple dames* **81** Beliassova (URSS) ; **82** D. Julian (Can.). **83** Fulton ; **84** Poulton (G.-B.) ; **85** M. Hennig (Suède) ; **86** McDonald (Aus.). *Double messieurs* **81** Baddley-Good (G.-B.) ; **82** Mac Dougall-Freitag (Can.). **83** Fladberg-Helledic (Dan.) ; **85** Brodersen-Thomsen (Dan.). *Double dames* **81** Beliassova-Pogosian (URSS) ; **82** Falardeau Cloutier (Can.). **83** Nu Dixi-Liu-Ying (Chine) ; **85** Hennig-Johansson (Suède). *Double mixte* **81** Tier (G.-B.)-Fulton (Ecosse) ; **82** Mac Dougall-Fallardeau (Can.) ; **83** Kihlstromm (Suède) - Perry ; **85** Lynge-Noies (Dan.).

National. *Simple messieurs* **81, 83** Jean-Claude Bertrand ; **82, 84, 85, 86** Benoît Pitte. *Simple dames* **81, 83** Catherine Lechalupé ; **82, 84, 85, 86** Anne Meniane (RCF). *Double messieurs* **81** Farrachi-Tang ; **82** Yves Corbel-Patrice Lehouerou (Le Havre BC) ; **83** Choel-Lechaluppé ; **84, 85** Jeanjean-Pitte ; **86** Bertrand-Truong. *Double dames* **81** Lechalupé-Bontemps ; **82** A. Meniane-Catherine Lechalupé (Mont-St-Aignan) ; **83** Choel-Lechaluppé ; **84** Meniane-Bonnay ; **85, 86** Debienne-Meniane. *Double mixte* **81** Robert-Tang ; **82** Jean-Claude Bertrand (RCF)-C. Lechalupé ; **84, 85, 86** Meniane-Bertrand.

CHAMPIONNAT DE FRANCE INTER-CLUBS : **82, 83, 84, 85** Racing Club de France.

Meilleurs joueurs français. *Hommes* : J.-Claude BERBRAND (1955). Joël GUEGUEN (1941) champ. de Fr. en 79 et 80. *Dames* : Catherine LECHALUPÉ (1950). Françoise BONNER (1956). Anne MENAINE (1960) champ. de Fr. 79 et 80.

• **Ballon au poing. Antiquité** : « Phaeninda », mêmes règles que le jeu actuel. **2500 ans avant J.-C.,** *les Incas jouent au ballon* (en caoutchouc ou en gomme). **Moyen Age** souvent joué en France. **1900** Ligue du Pas-de-Calais. **1911** Fédération des ballonnistes de la Somme. **1935** Fédération française des ballonnistes. **1972** Fédération française de ballon au poing. **Ballon.** Origine en peau de mouton renfermant de la bourre, du foin, du son ; on l'appelait esteuf, soule, choule. **XIXe s.** on introduisit dans la peau une vessie de porc ; puis une vessie de caoutchouc. **V. 1880,** on ramène de 8 à 6 le nombre de bandes de cuir ou de segments (chacun formé de 3 peaux de mouton assemblées). **1902** : ballon de cuir de vache. **1932** : ballon sans boutrole. Ballon : seniors 425 à 475 g, circonférence 60 à 65 cm, juniors et cadets 350 à 400 g (55 à 60 cm). **Terrain** : largeur 12 m, long. 65 m entre les lignes de rapport. Au-delà le ballon ne peut être repris que de volée. 18 mètres séparent la ligne de tir de la corde pour les équipes « Excellence », sinon 15 m.

Équipe de 6 joueurs : 1 foncier (F) frappant la plupart des coups du 1er bond, 2 basses-volées (B.V.), 1 milieu de corde (M.C.), 2 cordeliers (C.). Selon leur valeur ; excellence A ou B, 1re A ou B, 2e ; leur âge : juniors (— de 16 ans le jour du championnat annuel, le 15 août). Cadets (n'ayant pas plus de 14 ans dans l'année). Minimes (n'ayant pas plus de 12 ans dans l'année). **Partie** : Le foncier joue le plus grand nombre de coups. La balle est frappée avec le poignet (on peut le protéger d'une bande d'étoffe ou de cuir). Lorsqu'un jeu commence, le foncier livre, au-delà de la corde, dans le camp adverse, qui renvoie le ballon : l'équipe qui commet une faute au cours des échanges donne 15 à l'adversaire.

Fautes : tout contact du ballon avec l'arrière du corps, toute réception passive (genre « amorti ») 5, 6 ou 7 jeux (chaque jeu se décomposant ainsi : 15, 30, 40, jeu). Lorsque les 2 équipes sont à égalité à 40 (« 40 à deux ») l'équipe qui marque prend un avantage, qu'elle peut perdre ensuite.

Chasses : quand le ballon n'est repris ni de volée ni au 1er bond ; à hauteur de l'endroit où le ballon a été arrêté (à l'intérieur des limites, avec l'une quelconque des parties « avant » du corps) on place un repère : la chasse est une ligne imaginaire, parallèle à la corde et passant par le point d'arrêt de la balle ; elle remplace provisoirement la corde. Pour disputer une chasse, il faut changer de camp : si le ballon s'arrête au-delà de la chasse, il y a 15 pour le camp qui a livré ; dans le cas contraire il y a 15 pour l'autre camp.

Épreuves. *Championnats de France* disputé à Amiens (Ballodrome de la Hotoie), formule « coupe » par élimination directe. CHAMPIONNAT DE FRANCE. Excellence A, créé 1908. Équipe et foncier : **75** Herissart, Denis. **76** non disputé. **77** à **83** Franvilliers, J. Debart. **84** Hérissart, J.-M. Godebert. **85** Franvilliers, J. Debart. Participent toutes les équipes d'Excellence et, dans chacune des catégories inférieures, 4 équipes dont 2 qualifiées par les épreuves du championnat de régularité et 2 sélectionnées en parties éliminatoires.

Statistiques. *Sociétés en 1984* : 38 (Somme 37, Pas-de-C. 1). *Licenciés* (86) : 980. **Poing d'Or** : trophée récompensant la meilleure livrée. **1904** : 1er Souland 56,02 m. **1981** : Jacques Debart 58,77 m. **1982** : Didier Gribeauval 59,90 m. **1983** : Henri Masset 55,90 m. **1984** : Gérard Lequette 56,75 m. **1985** : Alain Denis 57,08 m.

• **Bandy.** Origine écossaise (shinty), joué en Angl. à la fin du XIXe s. et en Irlande (ice hurling). Joué sur glace avec une crosse, il a donné naissance au hockey sur glace, mais reste populaire en Scandinavie et en Pologne. *Terrain* 90 à 110 × 45 à 65 m en plein air ; 45 à 61 m × 26 à 30 m sur patinoire. *Buts* long. 3,5 m, haut. 2,1 m. *Balle* 58 à 62 g, diam. 6 cm.

• **Billard. XVIIe s.,** les médecins de Louis XIV lui prescrivent de s'y livrer pour faciliter sa digestion. Le billard détrône le jeu de paume. **1855** avril 1er match « historique », à San Francisco entre l'Américain Phelan et le Français Damon. **1875** l'Américain Schaefer, à la partie libre, en une série, dépasse 3 000 points. Le Français Edmond Graveleuse imagine de tracer des lignes divisant le billard en 6 compartiments ; si les 2 billes adverses se trouvaient dans le même, le 2e carambolage comptait si l'une des 2, ou les 2, en sortait ; sera le *jeu de cadre* 71/2.

Modes de jeu : *cadre de 0,47 m à 2 coups* ; *de 0,47 m à 1 coup* ; *de 0,71 m à 2 coups* ; *jeu aux 3 bandes* : la bille du joueur doit toucher au moins 3 fois les bandes avant de caramboler (faire entrer en contact sa propre bille avec les 2 autres) ; *jeu à la bande* : la bille du joueur doit toucher au moins 1 bande avant le carambolage ; *jeu à la rouge* : le joueur doit caramboler en premier la bille rouge ; *jeu de billard artistique* (ex. *à la fantaisie classique*) : figures imposées.

FAUTES : faire sauter une ou plusieurs billes hors du billard ; toucher une bille avec un objet quelconque ; jouer avant que les billes ne soient immobiles ; jouer sans toucher le sol au moins avec un pied ; faire sur la bande des points de repère ; queuter (il y a *queutage* lorsque le procédé est encore en contact avec la bille du joueur quand celle-ci rencontre soit la 2e bille, soit une bande).

Billard français de match : surface 2,845 m sur 1,422. *Billes :* diamètre 61 à 61,5 mm. *Billard anglais :* comprend 6 blouses (ou poches), 1 à chaque coin et 1 au milieu de chacune des 2 grandes bandes. Selon les coups réussis, le joueur marque 2 ou 3 points. *Snooker* se joue avec 21 billes.

Épreuves. CHAMPIONNATS DU MONDE dep. 1918 (cadre 45/2), 1929 (cadre 71/2) ; D'EUROPE dep. 1926 (45/2) ; DE FRANCE 1925 (libre), 1924 (45/2), 1924 (71/2).

Snooker. *Créé* en 1875 par des officiers anglais de l'armée des Indes. *1927* championnats du monde. *But.* Blouser avec une queue et une boule blanche, 21 autres boules (15 rouges, 1 noire, 1 bleue, 1 jaune, 1 verte, 1 rose, 1 brune) dans 6 poches disposées aux 4 coins de la table et au milieu des 2 principales bandes latérales. *Champion du monde actuel :* Steve Davis.

• **Billes. Terrain** tracé sur terre battue. **Billes :** diamètre 16 mm en terre fabriquées par l'usine Blacons de Crest (Drôme), unique en France. *Calot,* plus gros, en pierre, sert de cible. **Jeu du triangle :** triangle de 35 cm de côté avec 3 billes aux sommets, 3 sur les côtés et 4 au milieu. On joue généralement par doublette.Les joueurs lancent une bille en direction du triangle, le plus près commence (le jeu consiste à sortir les 10 billes se trouvant à l'intérieur). Il annonce la bille qu'il veut tirer, mais il peut aussi se placer. Il peut tirer des billes du triangle ou celle de ses adversaires pour les éloigner du triangle. Une touche est régulière si on tape une bille annoncée et si celle-ci sort du triangle en même temps que la bille lancée. On peut sortir plusieurs billes en même temps si la 1re bille touchée est une bille annoncée. On garde la main tant que l'on fait des touches régulières. Si on fait une faute, on retourne au trait de départ (de 3 à 6 m du triangle). Si lors d'une faute, des billes ont été déplacées, les adversaires peuvent choisir de les replacer ou de les laisser à leur nouvel emplacement. L'arbitre est maître du terrain. Parties en 2 ou 3 manches. Nombreuses autres manières de jouer.

Licenciés : U.S.A. 200 000. G.-B. 50 000. *France 2 000* (dont 160 femmes) surtout dans le Sud-Est.

• **Bobsleigh.** *Créé* 1888, en Suisse, par un Anglais, Wilson Smith. A l'origine véhicule forestier. De l'anglais *to bob* (secouer) et *sleigh* (traîneau). St-Moritz est l'ancienne capitale du bobsleigh : pistes à Cervinia, Cortina, Igls, Koenigsee (1re piste à réfrigération artificielle construite au monde), Lake Placid Winterberg, St-Moritz, Sinaia, Oberhof. *Fédération internat.* créée 1923 (langue officielle, le français).

Bobbeurs ont des casques, ne doivent pas porter de lest sur eux. **Épreuves** en 4 manches : concurrents répartis, par tirage au sort. Départ donné lancé. **Disciplines. Bob sur route :** neige damée ou gelée, bob presque toujours surélevé, patins de 12 à 16 mm. *Routes à bob en France* Macot-La Plagne (Savoie), Thones (Hte-Sav.), Briançon (Htes-Alpes). **Bob sur piste :** *piste* en glace vive, sol, parois et murs, virages relevés jusqu'à 90°, long. 1 200 à 1 500 m, rayon des virages tel qu'il sera impossible d'excéder plus de 3 s une force centrifuge de 4 g, dénivellation de 110 m, 6 virages au min, 4 courbes et 1 labyrinthe.

Bobsleigh de compétition, sur 4 patins de 70 cm, largeur bob *à 2* 8', *à 4* 12'. Pour le diriger et des freins en râteau pour limiter la vitesse : frein arrière à main (interdit dans les virages) ; il est interdit de freiner en cours de compétition sous peine d'élimination ; *longueur* 3,80 m à 4 pl. et 2,70 à 2, *largeur* 0,67 m entre les patins ; *poids max.* avec équipiers : 385 kg à 2 et 630 kg à 4.

Épreuves. JEUX OLYMPIQUES voir p. 23. CHAMPIONNAT DU MONDE : boblet (ou bob à 2) *créé* 1931 : **76** All. dém., **77** Suisse, **78** All. dém., **79** Suisse, **81** All. dém., **83** Suisse, **84, 85, 86** All. dém. *Bob à 4 créé* 1924 : **76, 77, 78** All. dém., **79** All. féd., **81** All. dém., **82, 83** Suisse, **84, 85** All. dém., **86** Suisse. CHAMPIONNAT D'EUROPE : *Bob à 4 :* **86** Suisse. *Bob à 2 :* **86** All. dém.

CHAMP. D'EUROPE DE BOB sur piste naturelle *créé* 1981 à Thomesmanigod (Hte-Savoie) par le Français Jacques Christaud. *Bob à 2 :* **83** All. dém. **84** U.R.S.S. **85** Italie ; *Bob à 4 :* **83, 84** Suisse, **85** Autriche, **86** France.

CHAMP. D'EUROPE SUR ROUTE. **86.** *Bob à 2 :* F. et B. Da Rin (It.). *Bob à 4 :* Christaud, Marell, Galatto, Luquet (Fr.).

CHAMP. DE FRANCE. **86.** *Bob à 2 :* Granges-Henry. *Bob à 4 :* Christaud, Marell, Galatto, Luquet.

Quelques noms : Eugenio MONTI (n. 1928, It. plusieurs fois champion olympique). Jean d'AULAN (Fr., plusieurs fois ch. de France). Gérard CHRISTAUD (Fr., plusieurs fois ch. de France, 4 participations olympiques, médaille d'argent Coupe du Monde 1983). Jacques CHRISTAUD (Fr., bob à 2). Erich SCHAERER (Suisse). Jean-Yves BARRACHIN (junior, méd. de bronze Coupe du Monde 1983).

• **Boomerang. Origine** Australie. **1969** créat. Association de boomerang d'Australie. **1971** 1ers championnats d'Australie. Engin de chasse ou de jeu. **Épreuves :** précision de retour, rattrapages à la main, durée de vol, plus grande distance atteinte avant retour au lanceur. *Tournois* chaque année en Australie, U.S.A., Europe. **Records** du monde : durée de vol : 1984 Mike Forrester (U.S.A.), 50,8 s ; distance : 1986 Christian Jabet (France), 121 m ; rattrapages consécutifs à la main 7-4-83, Bob Croll (Austr.), 653. **Pratiquants** quelques centaines de milliers dans le monde dont 30 000 en France. *La Pérouse Boomerang Club de France* (6, rue des États-Généraux, 78000 Versailles). **Prix** Boomerang 150 F.

• **Broomball on ice** (ou balai-ballon sur glace). Joué sur glace avec les mêmes règles que le hockey sur glace ; sans patins et avec un balai à la place de la crosse et une balle à la place du palet.

• **Caber.** Consiste à lancer le plus loin possible un tronc d'arbre ou une poutre de plus de 4 m de long (caber). On le porte comme un drapeau, puis on le lance, le bout le plus fin servant de pivot lors de la chute et marquant la distance franchie. 3 essais. Surtout pratiqué en Écosse.

• **Cerf-volant.** *Dimension* 16,30 × 32 × 35,5 m en nylon, a volé 37' le 8-8-1981. *Nombre* 4 128 en une seule ligne, le 21-9-1978 au Japon. *Altitude* 11 554 m par Steven Flack, U.S.A. *Durée* 180 h 17' du 21 au 29 août 1982, U.S.A. Cerf-volant club de France, BP 186, 75623 Paris Cedex ; créé en 1972.

• **Char à voile sur sable et sur glace. Sur glace :** d'abord pratiqué aux P.-Bas et sur les côtes de la Baltique puis aux U.S.A. au XIXe s. 1er dessin d'un bateau sur patins connu en 1768. Carcasse de bateau, avec mât orientable, glissant sur des patins, voilure 7 m², 140 kg, vitesse v. 140 km/h. Le plus grand fut l'Icicle (21 m de long, *voilure* 99 m², en 1870). *Record* 230 km/h en 1938 aux U.S.A. (vitesse possible avec un vent de 115 km/h). Peu pratiqué en France.

Sur sable : Histoire, origine chinoise et égyptienne. **1595** connu sur les plages de la mer du Nord. **1896** 1ers chars à voile sportifs construits en Belgique à La Panne par les frères Dumont et en 1905 en France par Cazur et Blériot. **1909** *1res compétitions.* **1913** compétition internationale à Hardelot, 43 pilotes dont Blériot et son « Aéroplage ». **1967** *1er raid international* (dans le Sahara : Colomb-Béchar-Nouakchott, 2 500 km). **1969** *1re croisière des oasis* Laghouat-El Goléa via Ghardaïa (500 km) ; 12 chars, 24 pilotes ; vainqueurs : Collinet-Flament (France). **1972** Zouerate-Dakar (1 500 km) en solitaire (Christian-Yves Nau, à bord du Saint-Louis). **1977** raid aux îles Kerguelen (Christian-Yves Nau). **1983** open intern. Tunisie Speed Sail (21-28 oct.) Y. Boussenart (B.) ; raid au Groenland (C.-Y. Naud). **1985** traversée de la Vallée de la Mort (U.S.A.), 170 km en 4 j, tout terrain, à la voile (60 %), en pédalant (20 %), à pied (10 %) et en escaladant (10 %) par C.-Y. Naud (*alt. :* de + de 1 000 m à − 86 m, température 47° à l'ombre).

Catégories de chars : selon la surface de la voilure. *Classe I* (15 m²), *II* (10 m²) et *IV* (6,5 m²) en voie de disparition. *C III,* pour les compétitions, 7,35 m², 100 kg, 100 km/h, 20 000 F. *C. V,* pouvant être construite par un amateur, très active, 5 m², 40 kg, 70 km/h, 5 000 à 12 000 F. *C. VII* planche à voile sur pneus, direction par déplacement latéral du corps et voile de planche à voile, env. 3 000 F. **Conditions :** sable ferme, vent de force 3 à 7. **Records :** *vitesse France* Christian-Yves Nau (107 km/h, Le Touquet, 1981), *monde* Nord Embroden (141,44 km/h, 1976) ; *distance* Octor-Robin-Morel (1 281 km en 24 h, 1983). **Courses :** sur circuit, 6 manches de 45'.

Fédérations : internationale de sand et land yachting (fondée 1962) ; *française de char à voile* (f. 1964 ; en 1985, 48 clubs et 1 500 licenciés) ; *Speed sail* (rattachée en 1979 à la F.F.C.V.) ou Land Board.

Épreuves. CHAMPIONS DU MONDE EN TITRE. **Messieurs. Classe II. 80** P. Demuysère (B.), **81** Ameele (B.). **III. 75** Houtseager (Belg.). **80, 81** Lambert (Fr.). **IV. 80** S. Mason (G.-B.), **81** Shakleton (G.-B.). **V. 80** Mc Cullough (Irl.), **81** White (G.-B.). **Dames : 75-80** M.P. Passet (Fr.), **81** V. Ellis (G.-B.).

CHAMPIONS D'EUROPE EN TITRE. *Créés* 1963. **Messieurs. Classe I. 1973, 74** Bertrand Defland. N'est plus disputé depuis 1974. **II. 73** Jean-Jacques Sensey. **74, 75, 77** John Healey (G.-B.). **78** J. Lowe (U.S.A.). **79** Gasneele (B.). **81** Ameele (B.). **III. 68** Demuysere (Belg.). **69** Houillez (Fr.). **71** Grassy (All. féd.). **72** Houtseager (Belg.). **73, 74** Michel Morel. **75** Alain Houtsaeger (B.). **77** R. Bellanger (Fr.). **75** N. Embroden (U.S.A.). **79, 80, 81, 82, 83** B. Lambert (Fr.). **84** Eickstadt (All. féd.). **85** B. Lambert (Fr.). **IV. 78** A. Descamps (Fr.). **79** S. Mason (G.-B.). **81** Schakelton (G.-B.). **V. 81** White (G.-B.). **83** Normand (Fr.). **Classe V. 1981, 82** White (G.-B.), **83** Normand (Fr.). **84, 85** Krischer (Fr.). **Dames : 73.** Dominique Sommier. **75** M.P. Passet. **78, 79, 81** V. Ellis (G.-B.). **83** G. Wulf (All. féd.).

CHAMPIONS DE FRANCE. *Créés* 1959. **Messieurs. Classe I. III. 74, 75** R. Bellenger. **76** B. Lambert. **77** J.-L. Collinet. **78, 79, 80, 81, 82, 83, 84, 85, 86** B. Lambert. **IV. 78** P. Giret. **79** D. Lemaître. **80, 81** J.-P. Ville. **V. 83** M. Garrel. **84** Krischer. **85** Vaillant. **86** Defresne. **Dames : 74** V. Ribaud. **75** D. Sommier. **76** M.-P. Passet. **77** C. Collinet. **78** M.-P. Passet. **79** C. Collinet. **V. 83** P. Cautin-Bouvier. **84** M.-P. Passet David. **85, 86** C. Touati.

Courses internationales (250 km aux 6 h de Berck, Rallye Wissant-Calais), *Internationale « jeunes »* (Rallye Wissant-Calais). Les courses se disputent en général en circuit (env. 15, 30, 40, 50 km selon la vitesse du vent). Pour les championnats de France et d'Europe, possibilité d'éliminer la plus mauvaise course.

• **Courses de lévriers** *(greyhound racing).* **Histoire.** *France :* 1re course organisée par Eugène Chapus à Bagatelle le 28-11-1879. Un cynodrome fixe a existé à Courbevoie de 1933 à 1951. **Épreuves. Chiens** en général 6 (max. 8) *par course,* boîtes de départ s'ouvrant automatiquement au passage du chariot supportant le leurre (en forme de lièvre ; le chariot glisse sur un rail ou est entraîné par un câble. Portent une casaque de couleur numérotée (n° 1 à la corde). Vitesse d'un lévrier 60 km/h (plus lent pour l'afghan). **Distances** 200 à 1 000 m (whippets 250 à 1 250 m, greyhounds 400 à 600 m). *Pistes (cynodromes)* ligne droite, en U, en anneau ou en « escargot ». *Courses* en ligne ou avec handicap-distance (1 m = 1/8 de seconde), en plat et quelquefois en obstacles.

En 1982, 17 Stés ont tenu 280 réunions avec pari mutuel dont une partie sur les cynodromes fixes de Carnoux, Octeville, Normanville, Maulevrier, Mont-de-Marsan, Lyon, Cabourg. *Propriétaires* (14 Stés autorisées à faire courir) 495 ; *chiens* (possédant leur « certificat d'aptitude ») 414 greyhounds, 731 whippets, 81 afghans, 11 galgos. *Pari mutuel,* autorisé sur le cynodrome uniquement, gagnant et jumelé. Enjeux 1982 montant 9 135 750 F ; même prélèvement que pour les courses de chevaux.

Nota. — Ne pas confondre avec le *coursing,* sorte de chasse à courre avec lièvre et lévriers.

• **Course d'orientation. Origine : 1850** suédoise. Introduite en France en *1941.* Course individuelle en terrain varié, sur un parcours matérialisé par des postes que le concurrent doit découvrir dans un ordre imposé, par des cheminements de son choix, en se servant d'une carte et d'une boussole. *Fédération Française de Course d'Orientation* (13 000 licenciés) B.P. 220, 75963 Paris Cedex 20. *Pratiques :* 23 pays. *Compétition :* 6 Jours de France (4 000 coureurs). 200 manifestations fédérales et régionales annuelles.

• **Cricket.** *Joué* en G.-B. vers 1550, le sport national dans les pays du Commonwealth (Austr., Antilles brit., N.-Zél., Inde, Pakistan), en Afr. du Sud et en Amérique du Nord. Joué aussi au Danemark et Pays-Bas. En France métropolitaine il n'y a qu'un terrain de cricket (Standard Athletic Club, Hauts-de-Seine). Pratiqué en N.-Calédonie.

Terrain : pelouse, 20 m de long, ovale. **Principe :** défendre le but (un guichet large de 22,5 cm, haut de 71 cm) avec une batte en saule contre la balle du lanceur (poids 160 g ; circonférence 23 cm) lancée à 20 m. *Points :* se marquent quand le batteur courant d'un guichet à l'autre réalise un aller et retour (ou plusieurs) tandis que la balle est en jeu. Le batteur est éliminé quand le guichet est abattu ou quand la balle est reprise en l'air par un joueur du camp adverse. *Équipes :* 11 joueurs.

• **Croquet. Origine** anglaise, mais dérivé du *jeu de Mail* français. Le jeu consiste à faire passer des boules de bois sous des arceaux avec des maillets. Maximum de joueurs : 8. *Roquer :* se dit du joueur qui en poussant sa boule en touche une autre. Il peut alors jouer une 2e fois en *croquant* (en plaçant la boule roquée contre la sienne sur laquelle il pose son pied pour la bloquer).

Nota. — Ne pas confondre avec le *croquet association* qui se joue dans les pays anglo-saxons. Même principe, mais terrain et règles différents.

• **Curling. Origine : 1510** *1er club* formé à Kilsyth (Écosse). **1924** J.O. de Chamonix, sport de démonstration. **1924** création de *la Féd. française de curling.* **1988** J.O. de Calgary (démonstration). **1992** sport olympique. **Règles.** Se joue sur glace avec des pierres (appelées *stones*) rondes et concaves sur le haut et sur le bas (19,86 kg), munies de poignées démontables, venant de l'île d'Ailsa Craig (Écosse). Pour polir la glace, on utilise des *brosses* en Europe, des *balais* au Canada et aux U.S.A. *Cible ou maison :* cercle de 1,83 m de rayon à 38,43 m du lanceur, formé de 3 cercles concentriques et du centre appelé *tee.* **2 équipes** de 4 joueurs lançant chacun 2 pierres alternativement par *end* ou manche. *Partie* en 10 ends.

Épreuves. Coupe Strathcona : *créée* 1903, se joue entre Écosse et Canada ; vainqueurs : Canada en 1903, 09, 12, 23, 38, 57, 65 ; Écosse : 1921, 48, 50. Championnats du monde, *créés* 1959, *1959-67 : Scotch Cup* (Sponsor Scotch Whisky Association), *dep. 1968 : Silver Broom* (Sponsor Hexagon). Hommes : **1959 à 64** Canada, **65** U.S.A., **66** Canada, **67** Écosse, **68 à 72** Canada, **73** Suède, **74** U.S.A., **75** Suisse, **76** U.S.A., **77** Suède, **78** U.S.A., **79** Norvège, **80** Canada, **81** Suisse, **82, 83** Canada, **84** Norvège, **85, 86** Canada. Juniors : **82** Suède. **83** Canada. **84** U.S.A. **85** Canada. **86** Écosse. Dames : **82** Danemark. **83** Suisse. **84, 85** Canada. **86** Écosse. Championnats d'Europe *Hommes :* **82, 83, 85** Suisse. **86** All. *Dames :* **82** Suisse. **83** Suède. **85** All. **86** Suisse. Championnats de France (dep. 1925) *Hommes :* **80** Bischeim (Als.). **81** Megève. **82** Belfort. **83** Strasbourg. **84, 85** Megève. *Dames :* **84, 85, 86** Megève.

Eisschiessen. Forme de curling joué en Allemagne, Autriche, Italie (Tyrol S.), Suisse, Tchéc., Yougoslave. Joué avec un disque de bois cerclé de fer pesant 5 à 6 kg avec une poignée (*haut. totale max.* 35 cm dont poignée 15 à 20 cm, corps 6 à 13 cm, *diam.* 27 à 29 cm).

Jam Can Curling. Variante canadienne. Se joue avec des pots de confiture remplis de ciment.

• **Cycle-ball.** Se joue en salle (équipes de 2) ou en plein air (éq. de 6). **Balle** (diam. 16 à 18 cm) doit être dirigée vers le but par les roues. Seul le gardien de but peut la toucher avec les mains. Populaire en Allemagne, Autriche, Suisse, Tchécoslovaquie.

• **Deck-tennis. Terrain :** *simples* 3 à 4,60 m × 9,10 à 12,20 m, *doubles* 4,3 à 4,6 m × 8,5 à 10,4 m. **Principes.** Lancer un anneau de caoutchouc de 18 cm de diamètre au-dessus d'un filet tendu à 1,52 m du sol, sans le heurter. Le joueur qui attrape l'anneau doit le relancer sans changer de main et sans bouger les pieds. Un joueur perd un point quand l'anneau touche le sol dans les limites de son propre camp. Une ligne tracée à 90 cm du filet délimite une *zone neutre* dans laquelle l'anneau ne peut pas tomber. On compte les points comme au tennis (d'où son nom de *anno-tennis*).

• **Échasses. Histoire.** *1891* Sylvain Dornon va de Paris à Moscou (2 945 km) en 58 j (moy. journalière 50 km). 1re course Bordeaux-Biarritz et retour, 498 km en 6 j et 8 h. *1976* Paris-Bruxelles par 2 Landais de Seignosse. *1980* Joe Bowen de Los Angeles au Kentucky 4 840 km du 20-2 au 26-7. *1981* John Russel (U.S.A.), fait 31 pas sur des échasses de 12 m de haut, pesant chacune 18 kg. *1984* Vieux-Boucau/Sète (Atlantique-Méditerranée), 520 km en 12 j, Serge Bélestin et Vincent Graciette. Bordeaux/Paris 560 km en 8 j, Patrick Larrieu. Record de l'heure seul en piste, Serge Bélestin : 13,93 km. *1985* Bordeaux/Genève 720 km en 11 j, Patrick Larrieu. **Échasses** en bois (haut. 0,60 à 1,30 m) sont fixées aux jambes par des lanières de cuir. **Échassiers** (France). 480 répartis dans 27 groupes landais, dont 180 sont licenciés course. **Compétitions.** *Catégories :* seniors 8 à 12 km ; juniors 6 à 10 km ; cadets 2 à 5 km ; féminines 6 à 10 km ; courses de relais (chaque équipe est composée de 5 concurrents qui couvrent 1 km chacun) ; marathon (42 km). Plusieurs ont lieu dans les Landes (finale à Dax en sept.). *Marathon de la Grande Lande. Créé* 1971, 42 km. **1985** Vincent Graciette (12,413 km/h).

• **Faustball.** *Terrain* de 50 × 20 m, séparé par une corde tendue à 2 m du sol ; *équipes* 2 de 5 joueurs se renvoient la balle (65 à 71 cm de circonférence, 300 à 350 g) en la frappant du poing. Le ballon peut rebondir 3 fois et être touché à 3 reprises par 3 équipiers différents avant d'être renvoyé sans toucher la corde. Il ne peut tomber dans une *zone neutre,* délimitée par une ligne tracée à 3 m de la corde centrale. Un point par faute de l'adversaire. *Partie :* 2 fois 15'.

Nombre de sections de clubs et de licences (1984)

Sections de clubs, entre parenthèses, total des licences, dont en italique dames, en France métropolitaine + D.O.M.-T.O.M. *Total* 22 419 (1 517 151) *122 401* dont Féd. française : Aéromodélisme 459 (9 818) —. Aéronautique 583 (45 913) —. Badminton 160 (6 044) *2 201.* Ballon au poing 41 (671) *6.* Base-ball 39 (5 312) *783.* Billard 377 (10 171) *162.* Boxe française 495 (20 535) *2 072.* Char à voile 43 (1 400) *224.* Course d'orientation 187 (8 548) *1 825.* Études et S.S.M. 1 189 (77 153) *13 917.* Golf 245 (63 580) *22 835.* Jeu à XIII 300 (24 967) *365.* Jeu balle au tambourin 28 (1 018) *82.* Jeu de paume 19 (580) *0.* Joutes et sauv. naut. 73 (2 910) *289.* Karaté et arts martiaux 1 754 (100 032) *16 770.* Longue paume 43 (1 520) *175.* Montagne 263 (123 302) —. Motocyclisme 974 (12 220) *211.* Motonautique 37 (1 165) —. Parachutisme 318 (21 772) *6 067.* Patinage sur roulettes 217 (11 307) —. Pêche en mer 163 (12 531) *697.* Pelote basque 231 (10 990) *734.* Pétanque et jeu provençal 7 513 (492 555) *39 534.* Rugby 1 745 (211 629) *0.* Sauvetage et secourisme n.c. Ski nautique 163 (8 206) *2 406.* Sports automobiles 220 (24 273) —. Sports de boules 3 407 (149 393) *3 439.* Sports de quilles 536 (19 071) *2 832.* Squash raquettes 193 (14 870) *3 725.* Surf et skate 58 (1 741) *116.* Trampoline 62 (4 774) —. Vol libre 149 (6 220) —. Vol à voile 135 (10 960) *934.*

Sports non olympiques agréés. Course camarguaise 125 (210) *1.* Course landaise 192 (2 213) *159.* Cyclotourisme 2 604 (89 103) *15 096.* Danse, art chorégr. 456 (37 114) *37 114.* Éd. phys., gymn. volontaire 5 517 (333 505) *310 322.* Club de France 294 (21 928) —. Tourisme équestre 853 (17 733) *8 200.* Randonnée pédestre 486 (212 286) —. Spéléologie 484 (6 448) —. Twirling baton 705 (19 566) *19 566.* Tchouk ball 44 (2 131) *333.* Viet-vo-dao 102 (6 081) —. Gymn. d'expression 174 (9 121) *9 121.*

Sports olympiques. Athlétisme 1 626 (110 597) *36 308.* Basket 5 031 (364 623) *169 909.* Boxe 480 (16 213) *382.* Canoë-kayak 623 (34 308) *9 125.* Cyclisme 2 081 (89 460) *3 093.* Équestre française 1 221 (145 071) *88 671.* Escrime 702 (32 140) *8 129.* Football 22 275 (1 707 926) *25 031.* Gymnastique 1 181 (117 939) *79 181.* Halt. musculation 448 (17 969) *0.* Hand-ball 2 536 (172 056) *59 361.* Hockey 115 (7 608) *1 683.* Judo 5 047 (389 292) *95 615.* Lutte 266 (11 254) *1 112.* Natation 1 194 (107 107) *47 759.* Pentathlon moderne 10 (139) *41.* Ski 2 356 (793 889) *278 441.* Sociétés d'aviron 232 (25 328) *6 469.* Sports de glace 215 (26 974) *0.* Tennis 8 166 (1 287 337) *453 012.* Tennis de table 4 210 (103 236) *12 017.* Tir 2 000 (126 640) *11 239.* Tir à l'arc 1 177 (21 460) *4 662.* Volley-ball 1 642 (65 158) *26 727.* Voile 1 168 (106 639) *19 855.*

Multisports. Entraînement physique dans le monde moderne 2 277 (139 101) *121 314.* Éducation par sport des handicapés mentaux 249 (7 694) *2 744.* Sourds de Fr. 61 (2 504) *367.* Handisport 244 (8 862) *2 752.* Sport et cult. de Fr. 2 165 (186 807) *95 131.* Sport et gymn. du travail 4 061 (369 605) —. Sport et cult. maccabi n.c. Union française œuvres laïques (UFOLEP) 10 872 (467 010) *147 095.* Union sportive du travail 546 (35 487) *12 351.* Espérance arabe 192 (72 159) *562.*

Sports scolaires et universitaires. Union nat. des sports scolaires 7 982 (856 404) *372 889.* Sports universitaires 525 (60 063) *14 269.* Union sportive de l'ens. 1er degré (USEP) 18 589 (986 293) *457 072.* Union gén. sport ens. libre (UGSEL) 2 116 (426 914) —.

Récapitulation générale. Féd. olympiques 66 002 (5 880 363) *1 437 822.* Non olymp. agréées-habilitées 22 419 (1 517 151) *122 401,* agréées 12 036 (757 439) *399 912.* Féd. et groupement multisports et affin. 20 667 (1 289 229) *382 316.* Féd. scolaires et universitaires 29 212 (2 329 674) *844 230.*

• **Footbag.** Football joué avec une petite balle de cuir remplie de billes en plastique.

• **Frisbee. Origine.** *1871* William Russel Frisbie fonde à Bridgeport (Connecticut) une usine de gâteaux, la *Frisbie pie company. 1946* l'Américain Walter Morrisson ayant vu des étudiants et des militaires jouer avec des moules à tartes de la *Frisbie* met au point un disque volant en bakélite, le *Pluto platter. 1955* la Sté Wham'o lui achète les droits de son moule et crée en *1967* l'*International Frisbee Association. 1967* 1er championnat du monde à Passadena. *1977* création de l'*Association française de Frisbee,* qui devient en *1982 Féd.* (Maison des Associations, 1, av. F.-Mauriac, 94000 Créteil).

Disque. En polyéthylène moulé. Poids, diam. et profil variant selon lancer et jeu. Le poids du bord d'attaque est plus lourd que la surface portante et le rapport diam./poids étudié pour donner un max. d'aérodynamisme. Fabriqués par la Wham'o.

Différents lancés : back-hand ou revers, side-arm ou coup droit (les 2 lancers les plus utilisés), overhand, Thumber ; reprise : 1, 2 mains, derrière le dos, la tête, en nail delay. **Compétitions :** *individuelles :* distance, précision, temps maximum en l'air, lancer-course-reprise, disc-golf, figures libres. *Par équipes :* guts, double-disc-court, Ultimate. L'Ultimate se joue à 7 contre 7 et consiste à rattraper le disque dans la zone de but adverse. Le terrain de 105 m sur 35 comprend 1 zone de jeu de 55 m et 2 zones de but de 25 m. La progression sur le terrain se fait par passes, le lanceur ne devant pas marcher avec le disque, l'équipe adverse devant intercepter les passes. Les contacts sont interdits et il n'y a pas d'arbitre. Les fautes sont annoncées par les joueurs.

Statistiques : monde 3 000 000 de licenciés dont France 1 500. *Joueurs* plus de 8 millions. 1 000 équipes d'Ult.

Records du monde. *Distance* 167,88 m, Frank Aquilera (U.S.A.), *temps max. en l'air* 16,72 s, Don Cain (U.S.A.), *lancer-course-reprise* 83,10 m Steve Bently (U.S.A.), *précision* 21/28 Tom Kennedy (U.S.A.) et Langdon Mead (G.-B.). **D'Europe.** *D.* 166,42 m Morten Sandorff (Dan.), *TMA* 14,07 s Mangus Nordin (Suède), *LCR* 79,82 m Nigel Thompson (G.-B.), *P.* 21/28 Langdon Mead (G.-B.). **De France.** *D.* 107,62 m Pierre Gabriel (1984), *TMA* 10,62 Jean-Luc Ferré (1979), *LCR* 63,40 m Philippe Poupet (1980), *P.* 14/28 Ferre-Fayhiro (1982). **Ch. de France d'Ultimate. 86** Hot Frisbee Club Paris.

• **Hockey subaquatique.** Sous l'eau, 2 équipes (de 6 joueurs) munies de masques et tubas marquent des points avec un palet lesté.

• **Hockey sur roulettes.** *Créé* en G.-B. vers 1880. *Terrain* 17 à 20 m × 34 à 40 m ; *but :* largeur 1,55 m, haut. 1,05 m. *Équipes* 2 de 5 patineurs à roulettes (plus 1 gardien et 2 joueurs remplaçants). Avec une crosse de 0,9 à 1,15 m, les joueurs doivent faire pénétrer une balle d'env. 23 cm (poids 155 g) dans un but. Joué généralement en 2 mi-temps de 25'.

Champion du monde : 1982 Groupe A : Portugal ; Groupe B : France. **Champion de France : 1982** La Roche-s.-Yon. **Record de durée :** 108 h (Eckard, Australie, 1913). **Vitesse :** 70 km/h.

• **Horse-ball.** Se joue à cheval. 2 équipes devant attraper un ballon muni de poignées et marquer des paniers. Pour les enfants, *poney-ball.*

• **Jeu de balle au tambourin. Origine :** jeu de paume ; se pratique dans l'Hérault, Var, Charente, Nord-Pas-de-Calais, Aveyron, à San Marin, en Suisse, Italie du Nord, All. féd. En 1955 les Français, influencés par la découverte du jeu italien, abandonnent le système du jeu des chasses pour lui substituer un règlement se rapprochant de celui du tennis. **Terrain** (80 m × 18 m) divisé en 2 camps par une ligne médiane appelée « basse ». **Règles :** envoyer la balle dans le camp de l'adversaire sans que celui-ci puisse la renvoyer. Toute balle jouée à la volée ou en premier bond tombant dans la limite du camp adverse est comptée comme bonne [équipe de 5 joueurs dont 2 devant (cordiers), 1 au milieu (tiers), 2 au fond. Points comptés de 15 en 15 jusqu'à 45 et le point. Il n'y a pas d'avantage. *Partie* en 16 ou 19 jeux suivant la catégorie. Tous les 3 jeux, les équipes changent de camp et engagent [(battent) toujours du même côté du terrain]. **Matériel :** tambourin (cercle sur lequel est tendue une peau en nylon) de 28 cm de diamètre et muni d'une poignée en cuir. Engagement à l'aide d'un battoir (cercle de 18 cm de diam.) muni d'un manche (0,70 à 1 m) et d'une balle de caoutchouc (diam. 61 mm, 75 g). **Licenciés :** env. 1 200 (+ scolaires USEP/UFOLEP) répartis dans 30 clubs env.

Championnats et coupe de France. Matches internat. (Fr.-Italie). Équipes réparties en 5 séries, éq. de 1re série : Cournonsec, Balaruc-les-Bains, Vendémian, Pézenas, Gignac, Mèze, Montarnaud, Montpellier, La Rochelle ; séries inférieures : Cazouls d'Hérault, Poussan, Sète. Équipes féminines : 1er match international France-Italie le 19-8-1984, sur le terrain de Cournonterral.

Fédération française du jeu de balle au tambourin (F.F.B.T.), Maison des Sports, B.P. 5526, , 34050 Montpellier Cedex.

• **Jogging.** Course à petite vitesse. Quand la gorge commence à brûler, quand le rythme respiratoire s'élève, on manque d'oxygène, il faut ralentir. **Records** : l'Irlandais Tom MacGraith parcourut New York-San Francisco, 4 901 km, en 53 j 7 mn (92,5 km/j). En 1980, Jacques Martin, ingénieur français, rallie Alger à Zinder, 3 300 km dont la traversée du Sahara en 50 j (66 km/j).

• **Joggling** (course en jonglant). *Record.* 42,2 km en 3 h 57 mn 35 s, en jonglant sans interruption avec 3 balles, par Michel Lauzière (Canada), le 30-5-1982.

• **Karting. Origine** : du go-kart, né dans une base militaire américaine après 1950, fabriqué avec des moyens de fortune : tubes de chauffage central, roues de queues d'avions et moteur de tondeuse à gazon. **Châssis** tubulaire sans suspension ni différentiel, transmission par chaîne. **Moteur** *sans vitesse* 100 ou 135 cm^3, admission par jupe de piston boîte à clapets ou valve rotative, *ou avec vitesses,* souvent issus de la moto, refroidissement par air ou eau, 125 à 250 cm^3.

Formules. Débutant : moteur admission par jupe de piston, 100 cm^3, pneus étroits, gomme dure, pneus pluie interdits. **Nationales :** *1* (moteurs 100 cm^3, admission par clapets), *2* (100 cm^3, par valve rotative), *3 ou 125 série* (125 cm^3, refroidissement par air, monocylindre, issus de la série, châssis munis de freins à disques sur les roues avant). **Internationales :** *sans boîte de vitesse* (intercontinentale 1 et K 135) ; *avec* [formule *C* (125 cm^3, mono ou bi-cylindre expérimentaux, pneus, châssis libres), formule *E 250* ou *super kart* (engin carrossé)]. **Kart cross :** *sans suspension* (type Honda FL 250 à variateur, moteur 250 cm^3 ou 350 cm^3) ou *avec suspensions* et moteurs boîte de vitesses type Funy Kart ou Bob Karik Kart, moteur 125 cm^3). **Prix :** châssis 4 000 F, moteur 3 000 F.

Épreuves. CHAMPIONNATS DU MONDE. *Créés* 1964 : **1971-72** François Goldstein (Belg.) ; **73** Terry Fullerton (Angl.) ; **74** Patrese (Italie) ; **75** Fr. Goldstein (Belg.) ; **76-77** Rovelli (It.) ; **78** Speed (U.S.A.) ; **79** Kone (P.-B.) ; **80** de Bruyn (P.-B.) ; **81, 82, 83** Wilson (It.) ; **84** Haase (It.) ; **85** Petersen (Dan.).

CHAMPIONNATS D'EUROPE. *Créés* 1963 : **1963** France ; **64 à 66** Italie ; **67** France ; **68 à 71** All. féd. ; **73 à 76** Italie ; **77** All. féd. ; **78** G.-B. ; **79** Suisse ; **80** Autriche ; **82** G.-B ; **85** Bott (Dan.). CHAMPIONNATS DE FRANCE. *Créés* 1960 : comporte une dizaine de catégories.

Des pilotes chevronnés en automobile (Prost, Arnoux, Bousquet, Cheever, etc.) ont commencé par le karting.

Statistiques (France). 10 000 licenciés, 280 clubs, 17 ligues régionales, 90 pistes permanentes et env. 200 circuits occasionnels. 400 épreuves par an.

• **Kayak-polo.** Permet de s'entraîner l'hiver quand l'eau des rivières est froide.

• **Korfball. Origine.** Europe du N. Pour certains, ancêtre du basket. Se joue en 2 fois 45 mn. 2 équipes mixtes de 12 joueurs et joueuses, répartis sur 3 zones divisant le terrain de 60 à 90 m sur 25 à 40 m. On envoie le ballon dans un panier accroché à un poteau à 3,50 m de haut. Les joueurs ne se déplacent pas, mais se passent la balle. On marque 1 point par panier réussi. Seuls les 4 avants peuvent marquer. Les joueurs changent de zone tous les 2 paniers.

• **Lacrosse.** *Découvert* par Jacques Cartier, était pratiqué par les Indiens d'Amér. du Nord. Actuellement, uniquement joué aux U.S.A., en G.-B., à Hong Kong, en Australie et au Canada. Consiste, pour 2 équipes de 7, 10 ou 12 joueurs, à faire pénétrer une balle lancée à l'aide d'une crosse (de 0,91 m à 1,83 m de long), à laquelle est fixé un filet de 17 cm à 30 cm de large, dans un but carré (1,83 m de côté et 2,10 m de prof.). Se joue pour les hommes en 4 périodes de 15 à 20 mn et pour les femmes en 2 mi-temps de 25 mn.

• **Luge. Origine :** 1re piste de luge construite à Davos. **1883** 1re compétition internationale. **1957** Fédération intern. de luge fondée. **1964** Sport olympique. **1980** 40 licenciés en France. Piste artificielle non réfrigérée à Villard-de-Lans (Jeux Olympiques de 68). *Luge de course* (max. 24 kg) se pratique sur des pistes de 1 000 à 1 500 m avec au moins une douzaine de tournants (le coureur est couché sur le dos). La luge est dirigée par les pieds et 2 courroies ou poignées tenues par le pilote. 2 catégories délivrent un titre mondial ou européen : la luge sur piste et la luge sur route (dép. 1980 ; piste des Plans à St-Gervais).

CHAMPIONNATS DU MONDE. *Créés* 1953. *Monoplace Hommes* **77** Hans Rinn [1]. **78** Paul Hildegartner [2]. **79** Gunther Dettlef [1]. **80** Bernhard Glass [1]. **81** Sergej Dernilin [3]. **83** Miroslav Zajonc [4]. **85** Michael Walter [1]. *Dames* **77** Marghit Schumann [1]. **78** Vera Sosulja [3]. **79** Milita Sollman [1]. **80** J.O. **81** Milita Sollman [1]. **83, 85** Martin Steffi [1]. *Biplace Hommes* **77** H. Rinn-N. Hahn [1]. **78** D. Bremse-A. Krikis [3]. **79** H. Brandner-B. Schwarm [5]. **80** J.O. **81** B. et U. Hann [1]. **83, 85** J. Hoffmann-J. Pietzach [1]. CHAMPIONNATS D'EUROPE. *Créés* 1914 (hommes), 1928 (femmes). *Monoplace Hommes* **86** Danilin [3]. *Dames* **86** Schmidt [1]. *Biplace Hommes* **86** Belausov-Beljakov [3].

JEUX OLYMPIQUES. Voir p. 23.

Quelques champions : Thomas KÖHLER [1] (25-6-40, champion du monde de luge monoplace en 1962, 1964, 1967), Otrun ENDERLEIN [1], Anton WINKLER, Manfred SCHMIDT [6]. *Record de vitesse :* 128 km/h à Krynica [3]. Hans RINN [1]. Paul HILDEGARTNER [2]. Milita SOLLMAN [1].

Nota. — (1) All. dém. (2) Italie. (3) U.R.S.S. (4) Canada. (5) All. féd. (6) Autriche.

• **Modèles réduits.** 2 000 000 de pratiquants en France. **Aéromodélisme.** ORIGINE : les 1ers avions furent des modèles réduits (Otto Lilienthal). *1933* 1re revue spécialisée française *(Le Modèle réduit d'avion).* Avion de 60 cm, en rotin et lamelles de peuplier, moteurs à caoutchouc qu'on enroulait ; à piston parfois animé par une petite bouteille d'air comprimé, gonflée à la pompe à vélo. *1930* moteurs à explosion, Diesels 2 temps de 10 cm^3 fonctionnant avec un mélange d'éther et d'huile. Puis avions de 1,50 m d'envergure. *V. 1945* vol circulaire, appareil relié au pilote grâce à 2 câbles d'env. 10 m. *1951* radiocommande. Aujourd'hui, on peut agir simultanément sur 8 commandes : gouvernail de queue (direction et profondeur), ailerons, carburateurs, aérofreins, volets de courbure, train d'atterrissage, lumières, phares, largage de bombes ou mitrailleuses factices. Moteurs 2 temps à autoallumage, puissance 200 à 250 CV, 20 000 à 30 000 tours min. grâce à un mélange méthanol-huile.

Catégories voltige : appareils d'envergure moyenne de 1,70 m, 3 CV ; *avions de vitesse :* envergure 1,20 à 1,50 m, 3 CV ; *gros modèles :* moteurs dépassant 50 cm^3, envergure 6 m. *Prix :* kit de 1 000 à 3 000 F, moteur 1 000 F pour 10 cm^3 de 2 CV, radiocommande 1 000 à 3 000 F. *Records : vitesse* (ligne droite) 455,23 km/h ; altitude 8 208 m.

Pratiquants : 10 000 licenciés regroupés dans la Féd. française d'aéromodélisme, 52, rue Galilée, 75008 Paris.

Les Israéliens ont pu détecter des missiles Sam 6 dans le Sinaï, grâce à des avions de 25 kg à moteur de 50 à 80 cm^3 porteurs d'une caméra vidéo.

Automodélisme. TYPES. Voitures de modèles réduits au 1/8, 2,8 kg, long. 60 cm, réservoir 126 cm^3, autonomie 10 min., vitesse 100 km/h (atteinte en 4 s), moteur à explosion 2 temps (30 000 t/mn), cylindrée — de 3,5 cm^3, carburant : mélange d'alcool méthylique 75 % et d'huile de ricin 25 % ; consommation 0,5 l à l'heure. *Coût :* 1 000 à 3 000 F + boîtier de radiocommande env. 1 000 F. Il y a un championnat du monde extérieur. *Voitures au 1/12* moteur électrique, vitesse jusqu'à 70 km/h, alimentation par batteries cadmium-nickel (6 × 1,2 Ah). Championnat du monde (en salle). *Coût :* 700 à 2 000 F + radio 700 F. *Voiture tout terrain « Buggy »* au 1/8 (moteur thermique) et 1/10 ou 1/12 (moteur électrique). *Coût :* 1 300 à 4 500 F (radio comprise).

Records. Modèles tournant au bout de câbles d'acier sur une piste circulaire de 62,5 m. En km/h. *1re catégorie* (10 cm^3) : Célestin Duran (Fr.) 290,79 (record du monde) ; *2e* (5 cm^3) David Giles (G.-B.) 252,45 ; *3e* (2,5 cm^3) Danièle Duran 239,09 ; *4e* (1,5 cm^3) Autan Mladenov (Bulgarie) 217,91.

PRATIQUANTS. 3 000 licenciés au Groupement national d'automodélisme radiocommandé (GNAMRC) qui fait partie de la Féd. française du sport automobile (FFSA). Plusieurs *clubs* en France dont : *Féd. fr. de modélisme automobiles radiocommandées (FFMARC),* 46, rue Louis-Lumière, 75020 Paris. *Féd. des voitures modèles réduits,* Maison de la Culture, 17, rue de Conflans, 94220 Charenton. *Assoc. nat. des amateurs de télécommande,* GAIN 19, square St-Charles, 75012 Paris. Section modèles réduits de l'Automobile-Club du Rhône, 7, rue Grolée, 69002 Lyon. *Revue l'Automodélisme,* 12, rue du Mulet, 69001 Lyon, fondée en 1984.

Modélisme ferroviaire. *Échelles. « 0 » (zéro) :* rapport de 1/43,5 par rapport au réel, écartement de 32 mm pour la voie normale, réservée aux collectionneurs, env. 10 000 F ; *« HO » (de l'anglais « half-0 », demi-zéro) :* écartement de 16,5 mm pour la voie normale, rapport de réduction de 1/87e, adopté par 80 % des amateurs, wagons à moins de 50 F, locomotives à 100 F ; *« N » :* écartement de 9 mm, réduction de 1/160e ; *Z :* écartement de 6,5 mm, réduction de 1/220e, env. 35 000 pratiquants.

Modélisme naval. Miniflotte. Courses de vitesse de bateaux à moteurs à explosion ou électrique.

• **Mountain bike.** Vélo tout terrain, à gros pneus et 12 à 18 vitesses.

• **Patinage sur roulettes.** Inventé 1815 par le Français Garcin. Devient un sport vers 1880. *En France* env. 15 000 licenciés et 140 clubs. 3 disciplines.

Patinage artistique : s'apparente au patinage sur glace. *Record :* 29 h 30 sur patins à roulettes (Jack Harris). CHAMPIONS DE FRANCE : **1977, 78, 79, 80 :** Pascal Eberlin et Françoise Léonard. **81, 82 :** P. Eberlin et L. Vieille Mecet.

Patinage de vitesse : se pratique sur piste de 200 à 400 m ou sur circuits routiers, sol lisse mais non glissant, distances de 0,4 à 20 km. RECORDS DE FRANCE : **1977** *féminin :* 500 m en 52"8 (Goulard) ; 1 000 en 1'58" (Grandsire) ; 3 000 en 6'10" (Nicoleau) ; 5 000 en 11'16"4 (Marc). *Masculin :* 500 m en 47"4 (Houssais) ; 1 000 en 1'33"6 (Houssais) ; 5 000 en 8'28" (Bouchet) ; 10 000 en 17'35" (Chapuis). CHAMPIONNATS DU MONDE. *Créés* en 1947. **76** *Simple :* Thomas Nieder (All. féd.). *Femmes :* Nathalie Dunn (U.S.A.). *Danse :* Kerry Cavazzi et Jane Puracchio (U.S.A.). *Couples :* Ron Sabo et Darmene Waters (U.S.A.). **80** *5 000 m :* Franck Peyron et Hervé Lallement. CH. D'EUROPE. *Créés* 1935-36. **79** *Masculin :* Boutshke (U.S.A.). *Féminin :* Schneider (All. féd.). CH. DE FRANCE. *Créés* 1910 (sur piste), en 1933 (sur route). **81, 82** *Piste :* Hommes : Sonue Nacibide (I.-de-Fr.) ; Dames : Annie Barthes (Aquitaine). *Route :* Hommes : Franck Peyron (I.-de-Fr.) ; Dames : Dominique Rochedreux (Midi-Pyrénées).

Nota. — Du 15-6 au 25-8-1985, B. Boyer, F. Lemoine, J.-P. Boedec, G. Rossignol ont fait le tour de France (3 681 km) en 45 étapes de 80 à 155 km.

Paris sur roulettes. *Créé* en 1981 (1 500 participants). Le 27-4-1986, 15 km (bois de Boulogne), 15 000 participants.

Hockey sur roulette. (Voir plus haut.)

Roller-skate : origine U.S.A., roues en polyuréthane, souvent associées à une chaussure type basket. *En 1979,* 28 millions d'Américains l'utilisaient comme moyen de transport : 6 000 pistes construites, 300 000 paires vendues chaque mois. *Prix* 500 à 1 000 F (France).

• **Parapente.** Aile de parachute composée de caissons gonflés d'air. On s'en sert comme d'un deltaplane.

• **Peloc.** Entre le badminton et la chistera. 2 arcs lanceurs courbes et un volant à plumes.

• **Pentathlon moderne.** Présenté par Coubertin en 1909. Figure aux J.O. pour la 1re fois en 1912, 5 épreuves : *Équitation :* concours hipp. (cheval tiré au sort) de 600 m avec 15 obstacles de 1,20 m dont 1 double et 1 triple à parcourir en 1'43". *Escrime :* poule unique d'épée en 1 touche. *Natation :* 300 m nage libre (hommes) ; 200 m (femmes). *Tir* (pistolet 22 L.R.) : à 25 m sur silhouettes mobiles, 4 séries de 5 balles. *Cross-country :* 4 000 m (hommes) ; 3 000 m (juniors) ; 2 000 m (femmes). Un barème détermine pour chaque épreuve le nombre de points suivant la performance accomplie.

Épreuves. CH. DU MONDE. *Créés* 1949. **Seniors. 81** Pyciak-Pecjak [1]. **82** Masala [2]. **83, 84** Starostin [3]. **85** Miszer [4]. (Équipe : U.R.S.S.) **Juniors. 81** Starostin [3]. **82** Khorishlo [3]. **83** Fabian [4]. **84** Shvarts [3]. **85** Jagorasvili [3]. (Équipe : U.R.S.S.) **Féminins. 81** Ahlgren [5]. **82** Norman [6]. **83** Chornobrywy [7]. **84** Jakovleva [3]. **85** Kotowska [1]. (Équipe : Pologne.) CH. DE FRANCE. *Créés* 1920. **Seniors. 84, 85** Boube. **86** P. Four. **Juniors. 84** Guyomarch. **Féminins. 84, 86** S. Moressée.

Nota. — (1) Pologne. (2) Italie. (3) U.R.S.S. (4) Hongrie. (5) Suède. (6) G.-B. (7) Canada.

Quelques noms : Guylaine BERGER (Fr.). Didier BOUBE (13-2-57). Joël BOUZOU (Fr., 30-10-55). Alain CORTES (7-7-52). Caroline DELEMER (Fr.). Paul FOUR (13-2-56). Bruno GENARD (Fr., 22-2-61). Jean-Pierre GIUDICELLI (Fr., 20-2-43). Raoul GUEGEN (Fr., 1947). Lucien GUIGUET (Fr., 26-9-42). P. MASALA (It.). Sophie MORESSÉE (Fr., 3-4-62). Janusz PECIAK-PYCIAK (Pol., 9-2-49). Sven THOFELT (Suède, 19-5-04). Christine VAN HYFTE (Fr.).

• **Platform-tennis.** Créé 1928 aux U.S.A. par James Cogswell et Fessenden Blanchard. **Terrain** en bois sur pilotis (pour pouvoir ôter la neige). 9,44 × 18,78 m. Surface indifférente sauf gazon et terre battue. **Grillage** de 3,65 m de haut très tendu pour renvoyer la balle. **Filet** à 86 cm de haut. **Raquette** bois, métal ou fibre, courte et ovale, tamis plein percé de trous et cerclé de métal, parfois attachée au poignet par une dragonne. **Balle** mousse, diam. 6,35 cm, 75 g. **Règles** et compte des points comme au tennis. Mais service avec une balle au-dessus de la tête, smash un peu différent, balle pouvant rebondir sur le grillage.

En France (1984). Env. 80 terrains et 400 licenciés. *Joueur nº 1 français :* **1980** B. Chartier, **81, 82** F. Lescuyer, **83, 84, 85** F. Lescuyer et B. Mallet. *Championnat de France :* **1981, 82** F. Lescuyer, **83** B. Mallet, **84** F. Lescuyer.

• **Quille.** Connu dans l'Antiquité, très populaire au Moyen Age. *Quilles :* actuellement plus de 100 variétés de 20 cm à 1 m de haut. 3 à 12 quilles par jeu ; en général 9, notamment dans les *2 jeux intern.* (Asphalte et Schere) et *3 jeux fédérés français* (q. de 9, q. de 8, q. de St-Galles). *Projectile :* galet, bâton ou le plus souvent boule de bois (en gaïac de St-Domingue, vera du Venezuela, quebracho d'Argentine...) ou de plastique de 10 à 27 cm de diamètre (poids 0,66 à 11,6 kg). Certaines sont pleines, d'autres ont 1 ou plusieurs trous pour les doigts. *Terrain :* 4 à 30 m.

• **Racquet-ball.** Créé aux U.S.A. *vers 1950* par Joe Sobek. *Vers 1970* prend le nom de racquet-ball. *1982* introduit en France. *1983* f. de la Féd. française (1 000 licenciés en 1986). *Terrain :* court fermé par 4 murs de 12,20 m de long, 6,10 m de large et 6,10 m de haut. On utilise 6 surfaces. *Raquette :* petit manche, grand tamis. *Balle :* 5,7 cm de diam., pression 2 kg, bleue. Vitesse env. 160 km/h. *Partie :* 2 sets en 15 pts gagnants.

• **Skate-bike.** 3 roues. Pour avancer, on tire sur 2 câbles qui l'actionnent.

• **Skate-board (ou roll-surf). Origine.** Né en Californie en 1962 avec Mickey Munoz et Phil Edwards. Les surfeurs le pratiquaient quand l'absence de vagues leur interdisait le surf sur l'eau (équilibre identique).

Matériel : *planche :* bois brut ou lamellé, en fibre de verre ou bois plus fibre, en aluminium plus résine « sandwich » (l'aluminium seul est interdit car bords tranchants). *Roues,* largeur 38 à 70 mm, diam. 400 à 750 mm ; en uréthane ou polyuréthane ; munies de roulements à billes étanches. *Essieux (trucks) :* à partie pivotante montée sur rondelles élastiques ou à roues directrices grâce à une suspension. Tous peuvent être montés sur des coussinets « pads ». *Prix 1985) :* de 270 F à 1 600 F. Des planches actionnées par un petit moteur 2 temps permettent d'atteindre 30 km/h. **Casque :** léger, aéré (normes à l'étude) ; coudières ; genouillères ; gants ; chaussures de sports. Pour l'épreuve de vitesse : casque intégral, protège-poignet, protège-hanche. *Prix (1985) :* de 250 à 1 200 F.

Compétition : descente ; slalom géant et spécial ; figures libres ; saut. **Records vitesse :** 115,53 km/h, Richard Brown (U.S.A.) le 17-6-1979. **Saut en hauteur :** 1,64 m, Trevor Baxter (G.-B.) le 26-7-1981 ; **en longueur :** 5,18 m (17 tonneaux) Tony Alva (U.S.A.) le 25-9-1977. **Endurance :** 28 h 3′, Christian Rosset (Suisse) les 1/2-12-1984.

Épreuves. CHAMPIONNATS DE FRANCE *créés* 1977 : *1977-78* José Dematos, *79* Christian Rosset. COUPE DE FRANCE CRITÉRIUM DE FRANCE. *79, 80, 81, 82* José Dematos. CHAMPIONNATS D'EUROPE : *créés* 1980, *81, 82, 83* Italie, *85* France (Rouen).

Skate-parks : Paris, porte de la Villette 6 500 m² à 4 pistes ; 1 pour *débutants 600 m plane ; 1 slalom* 85 m, pente 6 % ; 2 pour plancheurs confirmés 90 à 30 m de long, pente supérieure à 6 % ; à Issy-les-Moulineaux, Lorient, Antibes, Grenoble.

• **Skeleton. Origine.** *1884-85* construction à St-Moritz en Suisse du *Cresta Run* (va de St-Moritz au village de Celerina en passant par le hameau de Cresta). *1887* f. du St-Moritz Tobogganing Club. *1928 et 48* participe aux J.O. Luge sur laquelle le coureur est à plat ventre sur un siège à glissières. Il peut freiner et se diriger avec des souliers griffus ou en bougeant. **Compétitions : Cresta Run :** 2 parties : *Grand National* dep. 1885, 1 212,25 m dep. le haut de la piste, dénivellation 1 567 m, record (86) Franco Gausser (Suisse) 51″31 ; *coupe Curzon* dep. 1910, 890,20 m (du lieu nommé Junction au bas de la piste), dénivellation 101,2 m, record (86) N. Baracchi 41″58. **Ch. du monde** dep. 1967.

• **Ski-bob. Origine. 1951** *28-1* 1re épreuve, à Kefersfelden (Bavière, All. féd.). **1954** *30-1* 1er championnat d'All. féd. **1961** *14-1* création de la Féd. internat. de ski-bob (F.I.S.B.). **1963** *8/10-3* 1er championnat d'europe. Vélo muni de 2 skis de 10 à 12 cm de large dont l'un mobile à l'avant. Petits skis (50 cm) aux pieds. Populaire en Autriche et Allemagne. **Record :** 166,40 km/h [Erich Brenter (Autr.) à Cervinia (It.) en 1964]. **Championnats du monde.** Créés en 1967. *1967 H.* S. Schauberger (Autriche) ; *F* G. Schiffkorn. *69 H* P. Bonvin (Suisse) ; *F* G. Schiffkorn (Autriche). *71 H* J. Estner (All. féd.) ; *F* G. Gerberth (Autr.). *73 H* A. Fischbauer (Autr.) ; *F* G. Gerberth (Autr.). *75 H* A. Fischbauer (Autr.). *79-81 H* R. Muhlberger (All. féd.). *83 H* H. Irausek (Autr.). *85* M. Reindl (All. féd.). **Coupe du monde.** Créée en 1978. **Championnats d'Europe.**

• **Skidoo.** « Moto » des neiges ; atteint 30 km/h.

• **Snoboard.** Skate-board sur neige.

• **Softball.** Dérivé du base-ball. Moins violent. Hommes et femmes. *Balle* (177 à 198 g, diam. 9,5 cm) doit être jetée par le bas.

Championnat féminin. Europe (créé 1979). **79, 80, 81, 82, 83** (P.-B.). **Europe des Clubs** (Créé 1978). **78** Terrasvogel (P.-B.). **79** HHC Haarlem (P.-B.). **80, 81** Terrasvogel (P.-B.). **82** Bloemendaal (P.-B.). **83-84** Terrasvogel (P.-B.). **France** (créé 1979). **77** St-Germain. **78** N.U.C. **79, 80, 81** Woody's Nice. **82, 83** FEJP Meyzieu. **84** Woody's Nice.

• **Squash raquettes.** Onomatopée évoquant l'écrasement d'un fruit. **Origine.** Serait né en **1815** à Harrow (G.-B.) où les élèves lançaient des balles contre les murs du vestiaire, ou en **1830** quand 2 gentlemen en prison pour dettes réinventèrent le jeu de paume. **1925** réapparaît à Rowakali (Pâkistân). **1981** création de la Féd. française de Squash raquettes, 45 bis, rue d'Aguesseau, 92100 Boulogne. **Court.** Pièce close de 9,75 m sur 6,40 m et 5,33 m de haut. Limite supérieure de jeu : mur frontal à 4,57 m du sol ; mur arrière à 2,13 m ; murs latéraux : ligne rejoignant limites frontale et arrière. Sur le mur frontal : ligne de service à 1,85 m, limite inférieure de jeu à 0,48 m. **2 joueurs. Raquette.** 68,5 cm, 230 g env. tamis 19,5 cm de large, prix 200 à 900 F. **Balle.** 40,5 mm de diam., 28,349 g. **Match.** Au meilleur de 5 sets. Il faut avoir le service pour marquer un point. Le 1er arrivé à 9 gagne le jeu (set). Si le score est de 8-8, celui qui n'a pas le service décide si le jeu se termine en 9 ou 10. Le score peut donc être 9-8, 10-8, 10-9. Une partie excède rarement 3/4 d'h (correspond à la dépense énergétique faite en 2 h de tennis, 4 h de golf ou 8 km de course à pied). **Pratiquants.** Env. 10 000 000 de joueurs en 1986 dont G.-B. 3 150 000, Australie 860 000, U.S.A., All. féd. 400 000, Suède 100 000, Égypte, France 100 000 (18 500 licenciés, 750 courts), Pâkistân 35 000 (18 000 licenciés, 600 courts).

Épreuves. Championnats amateurs depuis 1922, *professionnels* depuis 1920. **Championnats du monde :** *1979, 80, 81* Geoff Hunt (Austr.). *82, 83, 84, 85* Jahangir Khan (Pak.). *85 par éq.* Pâkistân. **Championnats de France :** *Hommes créés* 1975, *77, 78, 79* Denis Grozdanovitch, *80* Michel Baulac, *81, 82* Clarence Clauss, *83, 84* Patrice Chautard, *85* Eric Claudel, *86* Jean Flynn. *Femmes créés* 78. *78* France Millet, *79* Hélène Guilbaud, *80, 81, 82* Corinne Teulières, *83* Sabine Amigorena, *84* Catherine Lebosse, *85* Sabine Amigorena, *85, 86* Corinne Castets.

Joueurs célèbres. Famille *Khan* (Pâkistân) dep. 1950. *Jahangisit,* dit Jahangir Khan (n. 10-12-1963) champion actuel. Invaincu dep. 81. *Roshan* (son père) ch. du monde en 1955. *Hashim* et *Azam* (ses cousins) ch. du m. en 1951 et 56.

• **Surf. Origine.** Iles Hawaï, Pacifique : selon la légende, épreuve réservée aux postulants au trône. **1808** plus ancienne planche connue (env. 5 m et 100 kg). **Début XIXe s.,** colonisation de Hawaï par les Américains, sous la pression des missionnaires calvinistes, le surf, pratiqué presque nu, disparaît. **1900** réapparaît à Hawaï, puis se répand en Californie (1915), Australie et dans le monde (après 1945, avec le développement des matières plastiques). **1936** en France des Biarrots (Georges Hennebute, Henri Hiriart et les frères Villalonga) essaient une planche à Miramar. **1945** nouvel essai de Paul Prieto, Jacques Rott et Birac. **1959** 1er club français (Waikiki surf club). **1964** création de la Féd. française de surf et skate.

Planche plus maniable en mousse de plastique (poids 6 kg, longueur 1,75 à 2,10 m, largeur 0,5 m). Importé en France, en 1957, sur la côte basque (vagues de 0,5 à 4 m de haut). **Pratique :** partout où il y a des vagues qui déferlent en rouleaux réguliers. Le surfer, après avoir gagné le large allongé sur sa planche en se propulsant avec les bras, utilise la pente de la vague déferlante et debout regagne le rivage en évoluant le + longtemps possible. En se perfectionnant, on arrive à évoluer au point de déferlement de la vague, ce qui permet la plus grande vitesse d'exécution des virages et des figures. *Pratiqué* à Tahiti, Hawaii, Californie, Australie, Nouvelle-Zélande, Afrique du Sud, Pérou, Japon, Brésil, G.-B., Espagne, Maroc, France (env. 20 000 pratiquants dont 3 000 licenciés).

Épreuves. CHAMPIONNATS DU MONDE. *Amateurs, créés* en 1964. *78* A. Brodowitzch (Afr. du S.). *80, 81* M. Scott (Austr.). *82* T. Curren (U.S.A.). *84* S. Farnsworth (U.S.A.). *Professionnels, créés* 1976. *78* W. Bartolomew (Austr.). *79, 80, 81, 82, 83* M. Richards (Austr.). *84* T. Carroll (Austr.). *85* T. Curren (U.S.A.).

CHAMPIONNATS D'EUROPE. *Créés* 1970. *70* G. Burgiss. *71, 72* C. Jones. *73* G. Niles. *75* G. Dabbadie. *77, 79* P. Jones. *81* N. Semmens. *83* P. Russel. *85* T. Fernandez.

CHAMPIONNATS DE FRANCE. *1965* J. de Rosnay. *66, 67, 68* J.-M. Lartigau. *69* F. Lartigau. *70* Jean Caulonque et René Bégué. *71* Henri Lucas (Tahiti). *72* Patrick Juventin (Tahiti). *73* Claude Laurent (Tahiti). *74, 75* Christophe Bordenave. *76* Arsène Harehoé (Tahiti). *77* Bernard Capdepont. *78* C. Reinhart. *79* G. Remoissenet. *80, 81* T. Sansoube. *82* P. Barland. *83* A. Harchoe et E. Graciet. *84* D. Vetea. *85* A. Harehoe.

☞ *Body surfing :* consiste à se faire ramener par la vague déferlante sans aucun accessoire. Pratiqué dans le golfe de Gascogne. *Planking :* utilise une petite planche en contre-plaqué recourbée, existe depuis 1930 mais est peu pratiqué.

• **Swin.** Forme de golf. *Club :* tête à 3 faces différentes permettant de doser les coups. *Balle :* 42 g, mousse.

• **Tchouk-ball.** Tchock : onomatopée du bruit de la balle sur le filet. Mis au point par Hermann Brandt (n. 1897, Suisse) en 1970. Féd. fr. créée 27-1-1971. **Terrain** 40 × 20 m. **Ballon** (57 cm, 410 g) lancée contre un filet de 1 × 1 m tendu d'un cordage élastique. Rebondit symétriquement, en miroir. **Équipes** *2* (de 1 à 6 joueurs par éq. pour jeu unipolaire, de 6 à 9 pour j. bipolaire), mélangées sur le terrain, jouent alternativement, la balle étant récupérée, après rebond du cadre avant qu'elle ne touche le sol, par l'éq. adverse de celle qui a tiré. **But du jeu :** faire rebondir la balle dans un secteur inoccupé par l'adversaire, de telle façon qu'elle ne soit pas récupérée (+ 1 pt). *Partie :* 3 tiers-temps de 15′. **Pratiquants.** Taiwan 30 000, G.-B. 20 000, Japon 8 000, France 5 000, Corée 3 000. **Championnats internationaux** *créés* en 1980. **80** 1er T'ai-wan, 2e G.-B., 3e France.

• **Tobogganing. Origine :** toboggan vient de l'Algonquin *tabaakum,* traîneau à l'avant recourbé des Indiens Micmacs (Canada). De tout temps, on a glissé sur la neige. Les Romains utilisaient leurs boucliers (transport ou divertissement). Dans les Alpes, on pratiquait la *ramasse* (sur des peaux de bœuf ou des traîneaux grossiers). **Toboggan :** formé de plusieurs planches de bois recourbées à un bout. Sans patins, il glisse à même le sol. Long. 2 m ; larg. 0,50 m ; sur les côtés, 2 rampes pour se tenir. S'il transporte une personne, celle-ci est couchée sur le côté et dirige à l'arrière avec le pied et en soulevant l'avant ou en déplaçant son corps. S'il en transporte plusieurs, toutes sont assises sauf une couchée pour diriger. **Spécialités :** voir *bobsleigh, luge, skeleton.*

• **Tonneaux (saut de).** Sur glace. **Origine** hollandaise. **Pratiqué** aux U.S.A. et Canada. Au moment du saut, le patineur peut atteindre 65 km/h (au décollage) et 80 km/h (en l'air). **Record :** Richard Widmark (U.S.A.) a sauté 16 tonneaux accolés sur 9 m de long le 10-3-1968.

• **Triathlon. Origine.** Inventé par l'Américain John Collins, commandant de marines pour entraîner ses hommes. **1975** repris par des civils de San Diego. **Épreuves :** dans la même journée : env. 3 km de natation, 120 km de vélo, et 32 km de course à pied pour le triathlon de Nice (Iron Man d'Hawaï, le plus dur des triathlons : 4 km de natation en mer, 182 km à vélo autour de l'île d'Oahu, 42,195 km de course à pied).

• **Vol libre (deltaplane). Féd. française,** 54 bis, rue la Buffa, 06000 Nice, *créée* en 1974. **Origine.** *1948* l'Américain Francis Melvin Rogallo, travaillant pour la NASA, fait des prototypes d'ailes en forme de delta. *1964* Bill Moyes et *1969* Bill Bennett les mettent au point. **Matériel :** structure en aluminium haubanné, voile en dacron (surface env. 15 m², long. 3 m, enverg. 10 m). Le pilote est suspendu sous l'appareil à l'aide d'un harnais. Décollage : tracté derrière une voiture ou un U.L.M., en montagne en courant pour prendre son envol. **Pratiquants (libéristes) monde :** 150 000 (*France* 7 000, 180 clubs dont 60 écoles). **Coût :** 8 000 à 15 000 F.

Championnats du monde *créés* 1976. **76** *standard* C. Steinbach, *gd allongement* T. Delore, *classe III* K. Battle. **79** *classe I* J. Guggenmos (All.), *II* R. Miller. **81** *I* P. Lopez, *II* G. Bird. **83** pas de champ. **84** S. Moyes (Austr.). *Par équipes :* **81** G.-B., Suisse, All. féd., **83** Australie, G.-B., U.S.A. **85** G.-B., Austr., Canada.

Ch. d'Europe *créés* 1980. *Classe I :* **80-81** Gérard Thévenot (Fr.), **82** A. Hughes (G.-B.) ; *II :* **80-81** Mike de Glanville (Fr.), **82** Hartl (Autr.) ; *par équipes :* **82** G.-B., Suisse, Norvège. **84** G.-B., All. féd., Autriche. *Ligne droite :* **85** G. Thévenot (Fr., 262 km).

Ch. de France. 76 *catégorie A* A.-J. Mercorelli, *B* B. Nappey, *C* G. Thévenot. **77** *classe I* J.-P. Poncet, *II* P. Bayle. **78** *I* G. Gaunard, *II* G. Thévenot. **79** G. Thévenot. **80** M. de Glanville. **81** K. Kohmstedt. **82** G. Thévenot. **83** *nationale A* G. Thévenot, *B* R. Rothmuller. **84** *A* M. de Glanville, *B* P. Gérard. **85** *A* Desbrandes.

Records. Distance *en ligne droite : aile rigide* 23-7-1980 167,83 km, G.D. Worthington Mitchell Wing (U.S.A.) ; *flexible* 13-7-83 300,62 km, John Pendry Magic III (G.-B.), *ligne droite à but fixe : a. rig. :* 3-8-79 53,15 km, G.D. Worthington Mitchell Wing (U.S.A.) ; *a. fl. :* 13-7-83 226,11 km, K. Köhmstedt Comet II (R.F.A.), à *but fixe et retour : a. rig.* 15-7-85 172,6 km, K. Köhmstedt (U.S.A.) ; *a. fl.* 15-7-83 172,6 km, K. Köhmstedt Comet II (All. féd.). **Gain d'altitude :** *a. rig.* 4-8-85 4 343 m, L. Tudor (U.S.A.).

Accidents mortels. Monde : *1973 :* 10, *74 :* 50, *75 :* 46, *76 :* 83, *77 :* 71, *78 :* 86, *79 :* 48. **En France :** dep. 1975 à janv. 1979 : 511 (20 †). *1980 :* 10. *81 :* 6. *82 :* 8. *83 :* 7. *84 :* 7. *85 :* 5.

Nota. — 1984-19-6 un aigle royal attaque un deltaplane à 2 500 m d'alt., dans les Dolomites.

● **Vol à voile. Origine.** *1856* 1er vol en planeur Jean-Marie Le Brix (Fr.) près de Douarnenez. *1891-96* Otto Lillienthal (All.) réalise plus de 2 000 vols. *1922* 1er vol d'une heure Martens (All.) *1923* 1er vol de 50 km Schulz (All.). *1925* 1er vol de 10 h Masseaux (Fr.). *1934* 1er vol de 300 km Ludwig Hofmann (All.). *1952* record de durée en monoplace 56 h 15′ Charles Atger (Fr.).

Principes. Utilise les courants ascendants de l'atmosphère : *thermiques* (dus à l'échauffement du sol par le soleil, altitude accessible 2 000 à 3 500 m, 8 000 à 10 000 m en cas d'orage) ; *dynamiques* (dus à la déflection du vent vers le haut par la présence d'un relief, altit. accessible 100 à 200 m au-dessus du sommet du relief), ascendances thermiques et dynamiques peuvent se combiner ; *ondulatoires* (dans certaines conditions, une ondulation entretenue se forme sous le vent des reliefs ; altit. accessible 10 000 à 15 000 m).

Planeurs en plastiques ou métaux, fibre de carbone, bois. *Poids :* 200 à 600 kg. *Envergure* 15 à 24 m. *Places* 1 à 3. *Vitesses* utilisables : 70 à 280 km/h.

Records. Altitude : 14 102 m Paul Bikle (U.S.A.) le 25-2-61. **Distance** *en aller et retour :* 1 646,48 km T.L. Knauff (U.S.A.) le 25-4-83. **Vitesse** *sur triangle de 100 km :* I. Renner (Austr.) le 14-12-82. *750 km :* 188,407 km/h H.W. Grosse (All. féd.) le 8-1-85. *1 000 km :* 145,328 km/h H.W. Grosse (U.S.A.) le 3-1-79.

Statistiques. France, *pratiquants* 12 000. *Planeurs* 1 450. *Clubs* 143.

Championnats du monde *créés* 1937. Tous les 2 ans. **81** *standard :* Schroeder (Fr.). *Libre :* Lee (G.-B.). *Course :* Ax (Suède). [3 Français furent champions du monde : Gérard Pierre (1954), François-Louis Henry (1965), Marc Schroeder (1981).] **De France** *créés* 1966. **77** *standard* Michel Reculé. *Libre :* François-Louis Henry. **78** pas de champ. **79** *standard :* Gabriel Chenevoy, *libre :* François Ragot. **80** pas de champ. **81** *standard :* Michel Reculé, *libre :* Lherm, *course :* Michel Mercier. **82** *standard :* Marc Schroeder, *course :* François Henry, pas de *libre.* **83** pas de champ. **84** *standard :* Lopitaux, *course :* Gerbaud, pas de *libre.* **85** *standard :* Brigliadori (It.), *course :* Jacobs (U.S.A.). *Libre :* Renner (Austr.).

Shiatsu et Do-in

Origine. Shiatsu : massage. Do-in : auto-massage (pression du doigt). **But :** Détendre, défatiguer, améliorer ou guérir diverses affections (digestives, rhumatologiques, nerveuses, etc.), rééquilibrer l'individu dans son ensemble. *Principes :* ouvrir le corps à la libre circulation de l'énergie interne (le Ki des Japonais, le Chi des Chinois, le Prana des Yogis, le Pneuma des Grecs anciens). En détendant, en étirant, en assouplissant le corps, surtout en pressant les *tsubos* ou points situés sur les méridiens d'acupuncture et correspondant à des fonctions et à des organes précis.

Par des pressions exercées dans un ordre donné, avec une intensité variable, en rythme avec la respiration du « receveur » et selon ses réactions, on débloque cette énergie et, suivant le mode d'action, on tonifie ou on disperse.

Pays (pratiqué). Japon, U.S.A., Europe. *Renseignements :* Groupe d'études des techniques traditionnelles, 20, rue Guynemer, 94120 Fontenay-sous-Bois.

Yoga

Définition : mot sanskrit ; venant de la racine *yuj,* « réunir 2 animaux sous le même joug », afin de pouvoir les diriger vers le but fixé. Au sens symbolique, le Yoga offre à l'homme un ensemble d'attitudes et d'exercices qui lui permettent de se réunifier, de se rassembler, afin de réaliser son évolution.

Le Y. n'est pas une religion, il est une philosophie et un mode de vie. Y. en Occident désigne souvent le hatha-yoga. Le Y. couramment pratiqué nous a été transmis par Patanjali dans son œuvre « Les Sutras ». Cette forme, enseignée et pratiquée en France, apparaît la mieux adaptée à la morphologie et à la psychologie des Occidentaux. Selon Patanjali, le Y. est le rassemblement dans une même direction d'un ensemble d'éléments qui, à la base, évoluaient dans des directions différentes. 5 principales sortes de yoga : **Bhakti-yoga.** *But :* union avec la divinité par la dévotion. *Moyen :* fixation de l'esprit par cette dévotion et immobilisation dans la divinité. **Karma-yoga** (yoga de l'union par l'action). *But :* détachement du fruit de l'acte. *Moyen :* effort et action. **Jnâna-yoga** (yoga de la connaissance vraie). *But :* libération à l'égard du monde des phénomènes et de nos états de conscience, découverte en nous-mêmes de l'âme *(atman)* libre et identique à l'âme universelle *(brahman). Moyen :* détachement de l'esprit. **Râja-yoga** (yoga royal). *But :* extase *(samâdhi). Moyen :* suspension de l'activité de l'esprit et des sens par la maîtrise des fonctions organiques et conscientes (contrôle de la respiration, contrôle de la volonté sur l'activité sensorielle, concentration de l'esprit). Le Raja-yoga comporte 8 degrés d'évolution, défenses ou interdictions (discipline sociale) (yamas), observances (discipline personnelle) (niyamas), postures (asanas), respiration (enseignée avec le hatha-yoga) (pranayama), retrait des sens (discipline mentale et spirituelle) (pratyahara), concentration (dhyana), méditation, union avec le divin (samadhi).

● **Hatha-yoga** est un des éléments du raja-yoga, ou plutôt l'un des degrés du chemin initiatique qui conduit l'homme de la connaissance de lui-même à la connaissance du divin, à l'union intime avec le divin. La technique de contrôle du souffle, du corps et du mental comporte des exercices de respiration ou *Pranayama* = la réunion du souffle et du mental, des postures ou *Asanas* (réunion du souffle, du corps et du mental), des exercices de concentration et de méditation ou *Dhyana* (stabilisation du mental, l'état de clarté).

Renseignements : Fédération interrégionale de Hatha-Yoga, 58, rue de Londres, 75008 Paris. Féd. française, 50, rue Vaneau, 75007 Paris.

Grands terrains de sport

Nombre de places.

Rio de Janeiro, Gd Maracana (Br.)	155 000
Glasgow (G.-B.)	150 000
Barcelone (Espagne)	130 000
Madrid (Espagne)	120 000
Londres (Wembley, G.-B.)	120 000
Ann-Arbor (Michigan, U.S.A.)	120 000
Bucarest (Roum.)	110 000
Pasadena (Calif., U.S.A.)	107 000
Philadelphie (Pens., U.S.A.)	105 000
Los Angeles (Calif., U.S.A.)	105 000
Berlin, stade olymp. (All. féd.)	105 000
Moscou, stade Lénine (U.R.S.S.)	102 000
Leipzig (All. dém.)	100 000
Melbourne, stade olymp. (Austr.)	100 000
Rome, stade olymp. (Italie)	100 000
Varsovie (Pologne)	100 000
Belgrade (Yougoslavie)	100 000
Mexico, stade Aztèque (Mexique)	100 000

A Paris (porte d'Auteuil), *le parc des Princes* est un stade ouvert de 49 329 places, réalisé à partir de structures géantes constituées par les plus grands porte-à-faux précontraints au monde. A Prague, le *stade des Sokols,* « aire de démonstration de masses », peut accueillir jusqu'à 240 000 spectateurs. 30 000 gymnastes peuvent s'y produire ensemble.

Stade couvert le plus grand : Astrodrome de Houston : 66 000 pl. pour un match de boxe, 45 000 à 150 000 pl. pour base-ball ou football.

Records d'endurance

Course de grand raid. A Newton (Afr. du Sud), 248 km en 14 h 6′ en 1934.

Cyclisme. Durée sur piste : 125 h (Assandrao Halyalkar, 22 ans, Bombay, 1953). En Belgique, sur bicyclette montée sur rouleaux : 223 h. Hors piste : 187 h 28′ (Vivekananda Selva Kumar Anandan, Sri Lanka, 2 au 10-5-1979), sans interruption autour du parc de Vihara Maha Devia à Colombo.

Danse. 5 148 h 28′ 30″ du 29-8-1930 au 1-4-1931 (Mike Ritof et Edith Boudreaux, U.S.A. ; temps de repos de 20 mn par h puis 10, 5, 0 ; les danseurs devaient faire des pas de 25 cm et ne pouvaient fermer les yeux plus de 15 s.

Équilibrisme. 6 mois sur un fil tendu à 30 m au-dessus du sol (le funambule Henry's à St-Étienne, 1973).

Marche sur les mains. Johann Hurlingen (Autriche) parcourut 1 400 km.

Rétablissements à 2 mains. 78 à la barre fixe (l'Anglais A. Lewis en 1913) ; **à 1 main :** 27 par l'Américaine Lillian Leitzel (dans les années 30).

Soif et déshydratation. La soif se manifeste à partir d'une perte de 1 à 1,5 l d'eau ; le liquide extra-cellulaire diminue de volume en même temps que sa concentration, notamment en sodium, augmente. Par pression osmotique, l'espace extra-cellulaire « pompe » l'eau des cellules.

La déshydratation s'accompagne de troubles psychiques bénins (pour 3 à 4 litres de perte hydrique) ou graves (à partir de 5 l, le sujet peut délirer et avoir des hallucinations). Les muqueuses se dessèchent. Le sujet ne peut plus saliver. La tension baisse, la température augmente. Le coma précède la mort qui survient à partir de 6 à 10 l de déshydratation.

Stylisme. Frank Perkins occupa 399 jours du 1-6-1975 au 4-7-1976 une cahute de 2,43 m sur 2,43 m au sommet d'un poteau télégraphique (U.S.A.). Siméon le Stylite (521-597) a vécu les 45 dernières années de sa vie sur une colonne de 20 m de haut, large de 1,5 m, près d'Antioche (Syrie).

Survivance en mer. *Radeau* 130 j sur un radeau (23-11-1942/5-5-1943) : le steward brit. Poon Lim après que son bateau eut été coulé dans l'Atlantique. *Alain Bombard,* 1952. 27 ans, sur l'*Hérétique,* 4,6 m avec une petite voile de canoë. Sans eau ni vivres ; Monaco-Tanger avec un compagnon. Las Palmas-La Barbade seul en 64,5 j.

Tractions. 6 006 en 4 h (Charles Lunster, 16 ans, U.S.A., le 7-10-1965).

Faites ce test

Quel pays a créé le plus d'emplois en Europe depuis 1964 ?

Selon l'Observatoire français des conjonctures économiques (O.F.C.E.), la France est le pays européen où, de 1963 à 84, la croissance de la population active a été la plus forte (0,8 % par an en moyenne). Elle a été 2 fois moindre en Italie et G.-B., 8 fois moindre en Allemagne. Durant la même période, c'est l'Allemagne fédérale qui a connu le plus fort taux d'accroissement du nombre de chômeurs : 12,6 % en moyenne annuelle, contre 10,7 % en France, 8,9 % en G.-B. et 5,3 % en Italie. De 1963 à 84, on a observé une disparition nette d'emplois en G.-B. (− 33 000 par an) et en Allemagne fédérale (− 67 000 par an), tandis que le nombre d'emplois a progressé en France (de 81 000 par an) et en Italie (de 19 000 par an).
Dans les années 60 et 70, le taux de croissance économique de la France a été en moyenne le plus élevé d'Europe. Mais pendant la période 1981-84, la France a connu une diminution annuelle du nombre d'emplois de 100 000 contre 250 000 en Allemagne, 325 000 en G.-B. et 650 000 pour l'ensemble de la C.E.E.
Aux U.S.A., en revanche, 1 450 000 créations nettes d'emplois par an ont été enregistrées entre 1981 et 84.

Quel est le poids de l'anglais comme langue de communication scientifique ?

80 % des publications scientifiques se feraient en anglais.

Combien le Français moyen dépense-t-il pour s'habiller ?

2 700 F par an ; entre 1970 et 84, ses dépenses de vêtements ne se sont accrues que de 20 %, tandis que la consommation totale progressait de 63 %. La part des vêtements dans le budget des ménages est ainsi tombée de 8,4 % à 6,2 %.

Y a-t-il un vote catholique ?

D'après un sondage de la SOFRES, paru dans La Croix le 14-2-1986, 86 % des catholiques pratiquants s'apprêtaient à voter en mars pour la droite (76 % pour les RPR-UDF, 8 % pour le Front national), 9 % pour le PS, 4 % pour le PCF. Avant 1981, 17 % des pratiquants réguliers s'étaient prononcés pour les candidats de gauche et 79 % pour ceux de droite.

Les routiers ont-ils souvent des accidents à l'arrêt ?

En France, sur 420 000 chauffeurs routiers, 80 000 ont des accidents à l'arrêt et 170 y laissent leur vie.

Pourquoi les Arabes ne veulent-ils pas mettre les journaux au panier ?

Le ministre de l'Intérieur d'Arabie Saoudite a interdit « le mauvais usage » des journaux et des magazines qui finissent dans les corbeilles à papier et/ou autres lieux. De tels actes sont sacrilèges car les journaux arabes contiennent généralement quelques versets du Coran.

Que représente la grêle en France ?

La grêle occasionne en moyenne 1 milliard de F de dégâts par an. Parmi les records, celle du 11 juillet 1984 : 19 départements atteints, 256 communes sinistrées en Côte-d'Or (plus de 900 millions de F de dégâts).
Un cumulo-nimbus représente 50 à 100 000 tonnes de grêlons, 1 million de tonnes d'eau et transmet à l'atmosphère une énergie qui est supérieure à celle de 70 bombes atomiques.

Le tabac est-il néfaste pour les non-fumeurs ?

Il tue 5 000 non-fumeurs par an aux États-Unis.

Peut-on se prémunir du cancer ?

De 20 à 40 ans, il est recommandé de faire pratiquer **tous les ans** : un examen des seins, un examen gynécologique ; **tous les 3 ans** : des examens de la bouche et de la dentition, de la peau, une recherche de nodules ou « petites boules », une palpation de la thyroïde, des testicules, un examen de la prostate par toucher rectal, une mammographie (radiographie des seins) entre 35 et 40 ans, un frottis vaginal.
En outre, dès 40 ans, il est conseillé de faire pratiquer **chaque année** : un hémocult (examen des selles), un examen rectoscopique (tous les 3 à 5 ans après 50 ans), un frottis vaginal, un prélèvement de la muqueuse utérine pour les femmes ménopausées à risque.

Quelles sont les causes du cancer ?

En France, le tabac est responsable de 95 % des cancers du poumon, 85 % des cancers du larynx, 65 % des cancers de la cavité buccale, 40 % des cancers de la vessie. 80 % des cancers ont à l'origine des facteurs extérieurs à l'organisme (dont 5 % liés à la pollution de l'air, de l'eau ou de l'alimentation). L'alcool est incriminé dans plus de 10 % des cas.

Que représentent les vols dans les magasins ?

Il y a 100 000 vols chaque jour en France (2,5 % du chiffre d'affaires). Coût : 20 milliards de F en 1985.

Fusille-t-on les femmes en U.R.S.S. ?

Oui. Ainsi, une femme de 59 ans, condamnée à mort en 1984 dans le sud de l'U.R.S.S., a été fusillée pour concussion. Pendant 10 ans, de 1972 à 82, celle-ci, directrice des cantines et d'une chaîne de restaurants de Gelendjik, avait empoché plus d'un demi-million de roubles (5 millions de F).

Les Français sont-ils musiciens ?

5 millions de Français pratiquent la musique, en chœur ou en solo (dont 50 % des 15-19 ans). Il y a environ 8 000 chorales, 5 000 fanfares et 25 000 groupes de rock. Plus de 13 500 000 instruments sont vendus chaque saison, le chiffre d'affaires global atteint 2 milliards de F, 10 000 personnes en vivent mais 80 % des ventes sont des produits importés. Notre balance commerciale est déficitaire : en 1984, la France a exporté 209 millions de F d'instruments de musique, mais en a importé pour 618 millions de F.

Quel est le salaire d'un poseur de bombes ?

Un mécanicien tunisien, alcoolique et drogué, reconverti dans le terrorisme, touchait, en dollars, un salaire équivalant à 20 000 F par mois. Il faisait partie d'un groupe de 70 permanents.

Les constructeurs d'automobiles doivent-ils souvent vérifier leurs voitures vendues ?

Fin 1985, 850 000 R9 et R11 (produites avant juillet 85), furent rappelées pour contrôle chez les concessionnaires Renault qui durent poser un cache protecteur en plastique sur le boîtier de direction, sinon remplacer la direction (coût total : env. 50 millions de F). En 1985, Ford avait rappelé 772 000 voitures ; fin 1985, Chrysler environ 1 000 000 ; en 1984, Nissan environ 330 000.

Combien y a-t-il d'uranium dans les océans ?

Près de 4 milliards de tonnes, 1 000 fois plus que dans les mines terrestres connues. On songeait, dans les années 70, à l'exploiter malgré son prix de revient élevé, aux environs de 40 $, mais depuis on a découvert de nouveaux gisements à teneur exceptionnellement élevée [près de 10 % dans certains filons de la mine de Cigar Lake (Canada)] et les prix sont tombés.

D'où vient le secret des Stradivarius ?

Le son exceptionnel des violons fabriqués par Stradivarius et Guarneri serait dû à des moisissures qui auraient modifié les formes des cellules du bois et se seraient développées au cours du transport fluvial des troncs. Ces champignons auraient eu un double effet sur le bois en digérant sélectivement l'hémicellulose, qui retient l'humidité, ils le rendraient plus léger et plus sec ; ils auraient facilité le décollement des parois cellulaires des fibres, augmentant la perméabilité.

Que représente la publicité pour le tabac aux U.S.A. ?

Plus de 2 milliards de dollars dans les journaux (elle est interdite à l'audiovisuel depuis 1971). La publicité pour les cigarettes représentait, en 1984, 9 % du total des revenus publicitaires des magazines (pour les 20 magazines les plus lus, 10 à 30 % ; pour les quotidiens, 0,65 %). Les organisations de non-fumeurs évaluent entre 27 et 60 milliards de $ les pertes totales en productivité dues annuellement à l'usage du tabac, et à 5 000 $ par an les frais supplémentaires imposés par un fumeur à son entreprise (absentéisme, temps perdu, nettoyage).

La drogue finance-t-elle le terrorisme ?

Un rapport des Nations Unies affirme : « Des liens de plus en plus manifestes existent dans maintes régions du monde entre le trafic de drogues et le trafic illégal d'armes à feu, la subversion et le terrorisme international. »

Combien y a-t-il de drogués dans le monde ?

D'après les Nations Unies, en ne comptant que les patients recensés parce que soumis à un traitement médical ou ayant à faire à la police et à la justice : 1 760 000 **opiomanes**, surtout en Asie du S.-E., Moyen-Orient et Pacifique occidental ; 750 000 **héroïnomanes** ; 1 600 000 **mâcheurs de feuilles de coca**, surtout en Amérique latine ; 4 800 000 **cocaïnomanes**, surtout dans les régions industrialisées ; 2 300 000 **consommateurs d'amphétamines** ; 3 400 000 **consommateurs de barbituriques, sédatifs et tranquillisants**.

Qui dépose le plus de brevets aux U.S.A. ?

Sur 77 251 brevets enregistrés en 1985, 43 370 ont été déposés par des Américains et 33 881 par des étrangers (dont Japon 13 351, G.-B. 2 621, France 2 516, Canada 1 452, Suisse 1 274, Italie 1 013).

Y a-t-il beaucoup d'anciens ministres à l'Assemblée nationale ?

En mars 1986, 89 ont été élus. On compte aussi à l'Assemblée 153 enseignants (161 en 1981), 35 chefs d'entreprise (13 en 81), 13 Corses, 3 champions : l'un à gauche, Alain Calmat, l'autre à droite, Guy Drut, et le 3e à la présidence, Jacques Chaban-Delmas. Il y aurait 112 francs-maçons, soit 1 député sur 5, la plupart à gauche.
13 parlementaires étaient en mars 86 entrés en famille : les Debré (Michel, le père, Bernard et Jean-Louis, les 2 fils, tous au R.P.R.) ; Françoise de Panafieu, fille d'Hélène Missoffe ; Robert Hersant et son fils Jacques ; Jean-François Deniau (U.D.F.) et son frère aîné Xavier (R.P.R.) ; André Audinot (décédé le 18-4-86) et son fils Gautier ; Gilbert Mitterrand, le fils du président de la République.

Combien coûte un disque compact ?

De 120 à 180 F en moyenne et jusqu'à 260 F pour les disques importés. Le lecteur vaut env. 2 500 F (5 900 F en 1983). En 1983, il n'y avait que 300 titres disponibles pour plus de 5 000 actuellement (env. 50 % de classiques et 50 % de variétés). En 1986, un peu plus de 200 000 foyers sont équipés en France d'un lecteur laser.

Va-t-on rétablir la peine de mort en France ?

D'après le pointage effectué auprès d'élus du 16 mars par le journal *Le Monde*, au moins 290 députés (la majorité étant de 289) s'y opposeraient ; 251 députés de gauche [dont 212 P.S. et apparentés + 4 socialistes élus contre les candidats officiels du P.S. et 35 communistes]. 24 députés de droite, députés élus qui avaient voté en 1981 l'abolition de la peine de mort : 7 R.P.R., 17 U.D.F. ou apparentés, 3 sénateurs de droite, élus députés en mars qui avaient aussi voté contre, 13 autres députés de droite ayant déclaré être hostiles au rétablissement de la peine de mort (dont 7 R.P.R. et 6 U.D.F.).
En 1979, les adversaires de la peine de mort étaient déjà majoritaires à l'Assemblée nationale. Parmi les membres du gouvernement, J. Chirac avait voté l'abolition de 1981, Albin Chalandon, ministre de la Justice, s'il avait été député en 1981, aurait agi de même, C. Pasqua, ministre de l'Intérieur, était pour le rétablissement de la peine de mort. C. Malhuret, secrétaire d'État chargé des Droits de l'homme, était contre. Jean-Marie Le Pen, estimant que la peine de 30 ans de substitution n'a aucune chance d'être appliquée, trouve nécessaire le rétablissement de la peine de mort.

Qu'est-ce que le varroa ?

Le Varroa Jacobsini (famille des acariens) est un pou venu de l'Est, qui extermine les abeilles. En France, il a été repéré pour la 1re fois à l'automne 1982 en Alsace. Depuis, il progresse vers le Sud et l'Ouest. 33 départements sont infestés. Il y a en France 100 000 apiculteurs et 1 250 000 ruches.

Qui s'occupe des victimes de la délinquance ?

Au début du mois de juin 1986, il y avait 64 associations de victimes de la délinquance en France (il y en avait 4 en 1982). Les indemnisations sont passées de 8 millions de F en 1983 à 30 millions de F en 1985. Elles atteindraient 60 millions en 1986.

Les Français aiment-ils le vin ?

33 % boivent « régulièrement » du vin (dont 11 % boivent 1 litre et + par jour), 43 % y touchent « occasionnellement » ; 19 % affirment ne jamais en boire (dont 45 % prenant de l'eau minérale, 42 % de l'eau du robinet, 16 % du jus de fruits, 8 % de la bière, 3 % autre chose).
37 % des buveurs de vin estiment être « plutôt connaisseurs » ; 38 % « plutôt pas connaisseurs » ; 40 % d'entre eux sont prêts à payer de 20 à 50 F une bouteille de vin, 24 % de 50 à 100 F, 7 % plus de 100 F. 2 % ne veulent pas dépenser plus de 10 F pour une bouteille ; 18 % sont prêts à mettre de 10 à 20 F.

Combien d'animaux y a-t-il au Muséum de Paris ?

1 500 000, dans la nouvelle zoothèque d'histoire naturelle, bâtiment de 50 000 m³, enterré à 13 m de profondeur sous la grande galerie du Jardin des Plantes, avec 40 km de rayonnages.

Les criquets menacent-ils l'Europe ?

Oui. Ils ont déjà dévasté l'Australie (depuis 1984), le Brésil (depuis 1983, 20 millions d'ha de canne à sucre perdus), 4 pays du Sahel en 1985 (Mauritanie, Sénégal, Mali et Burkina Faso), la Camargue (en 1981, en France, dévorant une bonne partie du riz camarguais). Il existe 10 000 espèces de criquets dont près d'une centaine susceptibles de développer l'instinct grégaire. Un essaim rassemble en moyenne 40 milliards d'individus, qui volent à quelques mètres du sol à près de 30 km/h ; il peut dévorer jusqu'à 80 000 tonnes de végétation par jour. Le saupoudrage par des insecticides reste souvent inefficace, il risque, en revanche, si les doses sont trop massives, de brûler les cultures. Le ramassage à la main (Maroc, en 1930) nécessite une main-d'œuvre énorme et implique un piétinement des récoltes.

Les Français apprécient-ils les fruits exotiques ?

En 1985, la France a importé 71 000 t d'ananas, 60 000 t d'avocats, 4 700 t de mangues, 3 000 t de limes, 750 t de litchies, 300 t de papayes.

Quel est le 1er producteur de kiwis ?

La Nouvelle-Zélande (110 millions de tonnes en 1985). La France en produit 9 500 t.

De quand date la ceinture de sécurité ?

Un brevet décrivant « des bretelles protectrices » pour voitures automobiles et autres a été déposé le 11 mai 1903 par Gustave Désiré Lebeau. 70 ans plus tard, un décret rendait obligatoire le port des ceintures de sécurité aux places avant des véhicules. En mars 1981, 77 % des Français étaient pour.

Qu'est-ce que le chien viverrin ?

Un canidé sauvage, court sur pattes (20 cm de haut pour un poids de 7 kg), le seul qui hiberne en hiver. On l'a appelé nyctereute procyonoïde parce qu'il ressemble au raton laveur (un procyonidé). Les Anglo-Saxons l'appellent « racoon dog », le chien raton, et les Russes : raton laveur de l'Ossouri. Il est originaire de Sibérie du Nord, de la Chine et du Japon aussi. Il se nourrit de petits rongeurs, poissons, œufs, fruits, glands et grenouilles. A cause de sa fourrure, les Russes l'ont implanté en Ukraine avant la guerre. De là, il s'est répandu en Europe, en France notamment.

Quelle subvention l'État verse-t-il à l'Opéra ?

Il a versé 300 millions de F en 1986 (70 % des ressources totales).

Quel serait le plus vieux vertébré du monde ?

L'hétérostracé, un poisson sans nageoire, vieux de 460 millions d'années, découvert en Bolivie. Son corps filiforme et cartilagineux était recouvert à l'avant d'une carapace d'os dermique de la même nature que nos dents. Il n'avait pas de mâchoires et devait se nourrir en aspirant des micro-organismes qui se déposaient dans la vase.

Où boit-on de la bière en France ?

On en boit surtout dans le Nord (35,55 litres par habitant contre 9,7 l dans le Sud-Ouest) ; on y boit aussi 2,05 l d'anisés par habitant, contre 1,57 l dans la région méditerranéenne et 0,84 l dans le S.-O. A Paris, on consomme 1 l de whisky par habitant (le double des autres régions).

Les Français sont-ils pour la procréation artificielle comme remède à la stérilité ?

En % : 63 sont plutôt pour (hommes 61, femmes 64 ; 18-24 ans 80, 65 ans et + 41 ; cadre sup., prof. libérale, industriel, gros commerçant 74 ; inactif, retraité 45 ; parti communiste 79, RPR 56 ; catholique pratiquant régulier 48, sans religion 71). 74 sont pour la loi de l'IVG.

Où est passé l'argent du pétrole ?

En échange de leurs ventes de pétrole, les pays de l'O.P.E.P. ont reçu entre 1973 et 1984, environ 2 040 milliards de $. Ces recettes ont d'abord servi à payer des importations de consommation et d'équipement. Des excédents (402 milliards de pétrodollars), 15 % environ ont été placés dans les pays en voie de développement et 5 % ont transité par les organismes internationaux, 164,6 milliards ont pris le chemin des banques, 39,8 ont été convertis en titres d'État et en bons du Trésor. 107,5 ont été investis à long terme dans des actions ou dans l'acquisition de biens immobiliers. Dans certains pays les dépenses d'importation se sont développées plus vite que les recettes pétrolières (ex. au Gabon, en Indonésie ou en Algérie). Quant aux seuls pays arabes de l'O.P.E.P., ils ont dépensé à l'étranger près de 672,4 milliards de $, soit 65 % de leurs revenus pétroliers. En 10 ans, des villes, des autoroutes quasiment désertes, des aéroports géants, parfois distants de 20 km l'un de l'autre, des raffineries surdimensionnées, des usines ont surgi des sables. Les pays se sont sur-armés s'engageant parfois dans des guerres coûteuses. Les 5 années de guerre avec l'Iran auraient coûté à l'Irak env. 1 milliard de $ par mois. Les populations ont pu accéder à un semblant de modernisation.

Où en est le SIDA ?

En Afrique : selon l'O.M.S. (Organisation mondiale de la santé), 50 000 Africains ont le SIDA et 2 millions sont contaminés (alors que le bilan officiel des 6 pays africains qui ont signalé des cas ne déclare que 378 malades). Parmi les pays les plus touchés : le Zaïre, le Rwanda, le Burundi, l'Ouganda, le Congo, le Kenya, la Zambie et la Tanzanie.
Aux États-Unis : 21 302 cas (ayant provoqué 11 645 morts) ont été officiellement recensés. Il y aurait 1 000 nouveaux cas par mois et 2 millions de personnes sont dès à présent contaminées, le temps d'incubation de la maladie pouvant dépasser 4 ans.
En France : fin 1985, 2 000 à 4 000 femmes apparemment indemnes sont déjà atteintes. 10 000 à 12 000 jeunes droguées, en âge d'être mères, sont certainement infectées. Sans compter les femmes mariées à des hémophiles, les femmes transfusées dans les 5 dernières années (avant les tests de dépistage), celles qui ont de multiples partenaires (le risque est proportionnel à leur nombre) et les prostituées. Selon *La Pratique médicale*, il y aurait déjà eu plus de 100 cas de SIDA congénital en 1985 en France.

Qu'est-ce que l'hydrate de méthane ?

Un composé de gaz et d'eau, solidifié. On le trouve au fond des océans, notamment au large de la Californie.

Dans le budget alimentaire des Français, que représentent ?

(En %, en 1984) les produits à base de céréales 11,1 (dont pain 4,3, pâtisserie fraîche 3,4), fruits 4,2, légumes (sauf pommes de terre) 4,9, pommes de terre 1,8, viande fraîche 16,2, charcuterie et conserves de viande 8,4, viande de volaille et gibier 5,4, produits de la pêche 3,3, œufs 1,3, conserves (y compris surgelés) 4,6, huile et margarine 1,8, chocolat-confiserie 4, café-thé-épices 2,8, sucre 0,8, condiments 0,7, boissons 12,1 (dont vins 4,4, alcools 2,8, boissons non alcoolisées 2,5, bière 1,1, champagne et mousseux 1,2).

D'où vient la fièvre de Lassa ?

De Lassa, au Nigeria, où elle a été diagnostiquée pour la 1re fois en 1969, chez une infirmière américaine. Cette fièvre hémorragique est due à un virus, transmis par un type particulier de rat, le Mastomys natalensis. 200 personnes sont hospitalisées chaque année.

Combien reste-t-il de loutres en France ?

De 500 à 1 000. Il y en avait 300 000 en 1900. Elles ont été décimées par les piégeurs, la pollution et l'aménagement des berges des rivières. Longue de 1,20 m, pesant de 5 à 10 kg, elle avait colonisé des petits torrents de montagne et grands fleuves, lacs, étangs, marais, et même les côtes de la mer. Elle mange en moyenne de 500 à 700 g par jour (le 10e de son poids), ses repas se composant de poissons pour 40 %. Elle chasse batraciens, insectes et petits mammifères (dont le rat musqué). Elle est protégée depuis 1972.

Où est le microscope électronique le plus puissant de France ?

A Grenoble, il a une résolution de 1,6 angström.

En combien de temps la société Treasure Salvage a-t-elle retrouvé le trésor de la Santa Margarita ?

Il lui a fallu 15 ans pour retrouver le 20-7-85 le trésor de ce galion espagnol. Coulé en septembre 1622, au large de la Floride, il renferme un trésor de 400 millions de $ (2 800 millions de F).

Que pensent les médecins de l'euthanasie ?

D'après une enquête du *Généraliste* (23/24-1-1983), 82 % des médecins interrogés étaient prêts à refuser l'acharnement thérapeutique pour les patients en ayant exprimé la demande ; 26 % accepteraient de procéder à une euthanasie active avec une même demande.

INDEX

Nota — Cet index donne la liste des principaux mots-clefs. Il n'a pas été possible d'y faire figurer tous les noms propres cités dans l'ouvrage (car il aurait fallu disposer de plus de 300 pages). Si vous désirez, par exemple, connaître :

— la superficie, la population, les souverains d'un pays, cherchez au pays en question.

— les villes, les prix des terres d'un département, cherchez à département ou à terre.

— les œuvres d'un écrivain ou d'un peintre, cherchez à littérature ou à peinture.

— la date de naissance d'une actrice, cherchez à cinéma ou personnalités, d'un homme d'État, cherchez à chefs d'États, ministres ou partis, etc.

Légende — Mots imprimés en gras : mots-clefs ; *en caractères ordinaires :* mots seconds ; *en italiques :* mots troisièmes.

Exemple : **Accident** automobile *assurance...*

— *a* colonne de gauche ; *b* colonne du milieu ; *c* colonne de droite ; V. voir.

Vos numéros de téléphone

Nous vous conseillons de recopier dans l'annuaire de votre département ces numéros que vous apprécierez peut-être d'avoir sous la main.

Horloge parlante ....

Réveil par téléphone ....

Renseignements postaux ....

— administratifs ....

— fiscaux ....

— douaniers ....

Sécurité sociale ....

S.N.C.F. (renseignements) ....

Air France (renseignements) ....

Taxi ....

État des routes ....

Banque ....

Bureau ....

Etablissements scolaires ....

Police-secours ....

Commissariat de police ....

Ambulance ....

Médecin ....

Dentiste ....

Pompiers ....

Electricité ....

Gaz ....

Plombier ....

Informations météorologiques ....

— boursières ....

Fournisseurs ....

Quid 1987 interroge ses lecteurs

Pour améliorer ce QUID qui vous est destiné, vous pouvez nous adresser ci-dessous vos suggestions.

Vos suggestions

Page .... Chapitre ....

....

Page .... Chapitre ....

....

Page .... Chapitre ....

....

NOM ....

Prénom ....

Adresse ....

Age............ *Sexe* .... *Profession* ....

Quand avez-vous connu Quid ? .... *Vous l'a-t-on offert ?* ...

L'avez-vous acheté ? .... *Si oui, l'achetez-vous chaque année,* ..

tous les 2 ans, tous les 3 ans ou plus ? ....

Consultez-vous Quid fréquemment :

Plusieurs fois par jour .... *Plusieurs fois par semaine* ......

A quelle occasion ? ....

Combien de personnes consultent votre exemplaire de Quid ? ....

Veuillez adresser vos suggestions : **Encyclopédie QUID, Éditions LAFFONT** 6, place Saint-Sulpice 75006 Paris.

Détacher suivant le pointillé et à envoyer à l'Encyclopédie Quid — Éditions LAFFONT, 6, place Saint-Sulpice, 75006 Paris

CET OUVRAGE A ÉTÉ ACHEVÉ
D'IMPRIMER LE 26 AOÛT 1986
SUR LES PRESSES DE L'IMPRIMERIE
HÉRISSEY À ÉVREUX (EURE) POUR
LES ÉDITIONS ROBERT LAFFONT

N° d'imprimeur : 39240 — N° d'éditeur : 30090
Dépôt légal : septembre 1986
ISBN 2-221-05229-3

Minuit
1h
2h
3h
4h
5h
6h
7h
8h
9h
10h
11h
180°
165°
150°
135°
120°
105°
90°
75°
60°
45°
30°
15°
OCÉAN
G L
I. Ellesmere
GROENLAND
Thulé
I. Devon
Baie de Baffin
I. Banks
MER DE BEAUFORT
I. Victoria
Ile de Baffin
I. Wrangel
Dét. de Béring
U.R.S.S.
Fairbanks
Alaska
Cercle Polaire Arctique
Gd Lac de l'Ours
TER. DU NORD-OUEST
YUKON
I. St Laurent
Anchorage
Gd Lac de l'Esclave
Baie d'Hudson
Détroit de Davis
Godthaab
ISLANDE
Reykjavik
I. Jan M
Cap Farewell
MER DE BÉRING
Golfe d'Alaska
Juneau
COLOMBIE BRIT.
ALBERTA
SASKATCHEWAN
MANITOBA
TERRE-NEUVE
QUÉBEC
Iles Aléoutiennes
CANADA
Calgary
ONTARIO
Montréal
Québec
Terre-Neuve
IRLANDE
I. Vancouver
Vancouver
Winnipeg
Ottawa
Seattle
St Pierre et Miquelon
Neau BRUNSWICK
I. du PRINCE EDOUARD
Nlle ECOSSE
ÉTATS-UNIS
Chicago
Toronto
Boston
Détroit
New-York
ESPAGNE
PORTUGAL
Lisbonne
San Francisco
Denver
Washington
Is Açores
Los Angelès
Atlanta
Dallas
Nlle Orléans
Cap Kennedy
Is Bermudes
Madère
San Diego
OCÉAN
I. Midway
MEXIQUE
GOLFE DU MEXIQUE
Miami
OCÉAN
Is Canaries
Is Bahamas
Is Hawaï
Honolulu
Tropique du Cancer
la Havane
HAITI
RÉP. DOMINICAINE
Mexico
CUBA
BEL.
Jamaïque
Puerto Rico
Guadeloupe
Martinique
MAURITANI
CAP VERT
GUATEMALA
EL SALVADOR
NICARAGUA
COSTA RICA
PANAMA
COLOMBIE
HONDURAS
VÉNÉZUELA
Trinidad
Caracas
SÉNÉGAL
GAMBIE
GUINÉE
SIERRA LEONE
LIBÉRIA
COTE D'IVOIRE
I. Clipperton
Panama
GUYANA
Cayenne
GUYANE FR.
Is Fanning
Bogota
Equateur
Is Galapagos
Ligne de changement de date
Is Phœnix
KIRIBATI
ÉQUATEUR
Quito
SURINAM
Bélem
I. Fernando de Noronha
POLYNÉSIE
Is. du Roi Georges
Is Marquises
BRÉSIL
TUVALU
Is Wallis
I. Futuna
Is. Palliser
Is Touamotou
Lima
PÉROU
La Paz
Brasilia
Salvador
FIDJI
SAMOA
Tahiti
FRANÇAISE
BOLIVIE
TONGA
Is Cook
Mururoa
Tropique du Capricorne
PARAGUAY
Rio de Janeiro
Is. Gambier
Pitcairn
Asuncion
São Paulo
I. Rapa
I. de Pâques
I. Sala y Gomez
ATLANTIQ
PACIFIQUE
Santiago
NOUVELLE-ZÉLANDE
URUGUAY
Buenos Aires
Montévideo
Tristan de Cunha
CHILI
ARGENTINE
Wellington
I. Chatham
Is Antipodes
Détroit de Magellan
Is Falkland
TERRE DE FEU
Géorgie du Sud
Cap Horn
Is Sandwich du Sud
Shetland du Sud
Orcades du Sud
TERRE DE GRAHAM
OCÉ
A. - ALBANIE
AF. - AFGHANISTAN
ALL. - ALLEMAGNE
AU. - AUTRICHE
B. - BAHREIN
BE. - BELGIQUE
BEL. - BELIZE
BEN. - BENIN
BOT. - BOTSWANA
BF. - BURKINA FASO
BU. - BULGARIE
CA. - CAMEROUN
E.A.U. - ÉMIRATS ARABES UNIS
D. - DANEMARK
Dji. - RÉPUBLIQUE DE DJIBOUTI
G. - GRÈCE
GE. - GUINÉE ÉQUATORIALE
GU. BI. - GUINÉE BISSAU
HO. - HONGRIE
I. - ISRAËL
J. - JORDANIE
KH. - KAMPUCHÉA
L. - LIBAN
LU. - LUXEMBOURG
M. - MALAWI
NIG. - NIGERIA
P. - PAYS-BAS
Rép. C. - RÉPUBLIQUE CENTRAFRICAINE
ROU. - ROUMANIE
S. - SUISSE
TC. - TCHÉCOSLOVAQUIE
YOU. - YOUGOSLAVIE

Connaissez-vous quid?

Encyclopédie annuelle, Quid est un **ouvrage d'actualité** qui vous permet de comprendre les événements, de les replacer dans leur contexte : Ce nouveau **Quid** contient des milliers de faits, de dates, de chiffres nouveaux dans tous les domaines.

A qui peut servir quid?

A tout le monde (chaque année plus de 470 000 personnes l'achètent !). Aux étudiants (pour préparer un examen ou un exposé) comme aux "hommes d'affaires", aux mères de familles (pour répondre à leurs enfants !), aux consommateurs que nous sommes tous pour défendre nos droits, aux amateurs de jeux télévisés, de mots croisés, de rallyes, au curieux... qui sommeille en nous. **Quid** vous dépanne en toutes occasions et vous divertit, Avec **Quid** vous êtes dans le vent.

Comment se servir de quid?

Quid possède une table des matières et un index.

- **La table des matières,** au début de l'ouvrage, vous permet de trouver les principaux sujets traités.
- **L'index** à la fin de l'ouvrage, (plus de 60 000 mots) vous renvoie à la page et à la colonne (**a** : colonne de gauche, **b** : colonne du centre, **c** : colonne de droite).